Scherer

Unternehmensnachfolge

Unternehmens-
nachfolge

Herausgegeben von

Prof. Dr. Stephan Scherer

Bearbeitet von

Bastian Biermann, Dr. Iris Janina Bregulla-Weber, Dr. Christoph Froning, LL.M.,
Rudolf-Matthias Hübner, Dr. Ben Koslowski, Dr. Tobias Krause, Tobias Ploß, Dipl.-Kfm.,
Dr. Georg Roderburg, Astrid Sachse, Mag. iur., Prof. Dr. Stephan Scherer,
Ulf von Sothen, MBA, Dr. Carola Stenger, LL.M.

6., völlig überarbeitete Auflage 2020

C.H.BECK

Zitiervorschlag:
Bearbeiter in Scherer Unternehmensnachfolge § … Rn. …

www.beck.de

ISBN 978 3 406 67100 5

© 2020 Verlag C.H. Beck oHG
Wilhelmstraße 9, 80801 München
Druck: Druckerei C.H. Beck Nördlingen
(Adresse wie Verlag)

Satz: 3w+p GmbH, Rimpar
Umschlaggestaltung: Ralph Zimmermann – Bureau Parapluie

Gedruckt auf säurefreiem, alterungsbeständigem Papier
(hergestellt aus chlorfrei gebleichtem Zellstoff)

Vorwort zur 6. Auflage

Eine Unternehmensnachfolgeplanung und -beratung ist nicht bereits dann erfolgreich abgeschlossen, wenn der gewünschte Nachfolger auch tatsächlich Nachfolger geworden ist und dieser Übergang keine unerwarteten Liquiditätsereignisse (Abfindungszahlung, Ausgleichszahlung, Pflichtteilszahlung, Steuerzahlung etc.) ausgelöst hat. Richtigerweise kann man erst dann von einer erfolgreichen Unternehmensnachfolge sprechen, wenn der Unternehmer auch einige Jahre nach der Übernahme das Unternehmen erfolgreich führt, sein Unternehmertum nicht durch Streitigkeiten belastet wird und er sich auch ansonsten in seinem Umfeld so wohlfühlt, dass er seine Gesellschaftsbeteiligung weder kündigen noch veräußern möchte.

Die Verfasser dieses Buches sind Anwälte mit einschlägiger Erfahrung auf dem Gebiet der Unternehmensnachfolge. Ihre Absicht ist es, den Leser nicht nur das notwendige theoretische Wissen über die Rechtsfragen, sondern auch ihr Praxiswissen so weiterzugeben, dass eine erfolgreiche Beratung im oben umrissenen Sinne durch den Leser möglich wird.

Die letzte Auflage – noch unter dem Titel *Sudhoff*, Unternehmensnachfolge – stammt aus dem Jahr 2005. Seither hat sich nicht nur das Erb- und Gesellschaftsrecht weiterentwickelt, sondern vor allem auch das Steuerrecht. Aufgrund der Vielzahl der Änderungen und des relativ langen Zeitablaufs im Verhältnis zur letzten Auflage haben sich die Autoren entschieden, eine vollständige Neuauflage vorzunehmen mit einer neuen thematischen Gliederung und einer anderen Schwerpunktsetzung als noch in der 5. Auflage. Gleichwohl soll auch mit dieser Auflage die Idee von Heinrich Sudhoff fortgeführt werden, dem Praktiker ein Handbuch in die Hand zu legen, das im Interesse der besseren Lesbarkeit des Werkes auf seltene oder weniger wichtige Fallgestaltungen, ausführliche Zitate und ausufernde Fundstellensammlungen verzichtet. Die Autoren hoffen, dem Leser die schwierige Schnittstelle aus Erbrecht, Gesellschaftsrecht und Steuerrecht auf transparente Weise vermitteln zu können. Nicht mehr berücksichtigt werden konnten die am 11. Oktober 2019 veröffentlichten neuen Erbschaftsteuerrichtlinien.

Aus dem Autorenteam der 6. Auflage ist Herr Dr. Marius Berenbrok ausgeschieden. Ihm sei an dieser Stelle für die Begleitung der 4. und 5. Auflage des Werkes von Sudhoff sehr gedankt.

Wir widmen das Buch dem Andenken an Herrn Dr. Heinrich Sudhoff, der mit seinen verschiedenen Werken jahrzehntelang neben der Vermittlung des juristischen Stoffs auch sehr viel praktisches Wissen und Ratschläge weitergegeben hat. Diesem Ansatz fühlen sich Herausgeber und Autoren verpflichtet.

Mannheim, im August 2019 *Prof. Dr. Stephan Scherer*

Inhaltsübersicht

Vorwort zur 6. Auflage	V
Inhaltsverzeichnis	IX
Literatur	XXIX
Herausgeber und Bearbeiter dieser Auflage	XXXV

1. Teil. Gestaltungsformen der Unternehmensnachfolge

1. Kapitel. Überblick über die Unternehmensnachfolge und ihre Gestaltungsmöglichkeiten 1
 § 1 Kompendium der Gestaltungsmöglichkeiten 2
2. Kapitel. Typische Gestaltungsmodelle der Unternehmensnachfolge 27
 § 2 Die lebzeitige Übertragung von Unternehmen 27
 § 3 Unternehmensverkauf 99
 § 4 Das Unternehmertestament als Vorsorgeinstrument oder Planungsmittel 193
 § 5 Die Bedeutung der Rechtsform für die Nachfolge 217
 § 6 Familienholding 274
 § 7 Betriebsverpachtung 334
 § 8 Betriebsaufspaltung 351
 § 9 Unternehmensübergang auf Stiftungen 360
3. Kapitel. Wesentliche Themen in der Unternehmensnachfolgeplanung 389
 § 10 Einbindung von Personen, die nicht Nachfolger werden 389
 § 11 Taktische Ausschlagung 398
 § 12 Unternehmensnachfolge mit Auslandsbezug 415
 § 13 Generierung und Vermeidung von Betriebsvermögen 485
 § 14 Wichtige Elemente eines Gesellschaftsvertrages im Zusammenhang mit der Unternehmensnachfolge 500
 § 15 Gestaltung des Güterstandes 545
 § 16 Pflichtteilsvermeidungsstrategien 611

2. Teil. Allgemeines zur Unternehmensnachfolge

4. Kapitel. Erbrecht 625
 § 17 Der erbrechtliche Erwerb des Nachlasses 625
 § 18 Die Anordnungen des Erblassers 669
 § 19 Die Nachlass-Abwicklung 734
 § 20 Der Ausschluss von der Erbfolge 768
5. Kapitel. Vorweggenommene Erbfolge 801
 § 21 Grundfragen 801
 § 22 Gestaltungsformen zur Durchführung der Generationennachfolge 821
6. Kapitel. Gesellschaftsrechtliche Gestaltungsmöglichkeiten 885
 § 23 Übersicht über die Gesellschaftsformen 885
 § 24 Die Gesellschaftsformen im Einzelnen 898

Inhaltsübersicht

7. Kapitel.	Steuerrecht	1107
	§ 25 Unternehmensveräußerung	1107
	§ 26 Unternehmensaufgabe	1242
	§ 27 Erbfall	1283
	§ 28 Vorweggenommene Erbfolge	1470
8. Kapitel.	Gestaltung der Nachfolge durch Umwandlung des Unternehmens	1565
	§ 29 Allgemeines	1565
	§ 30 Möglichkeiten der Umwandlung	1571
	§ 31 Der richtige Zeitpunkt	1577
	§ 32 Wechsel in haftungsbegrenzte Rechtsform	1581
	§ 33 Schrittweise Übertragung des Unternehmens auf die Nachfolger	1584
	§ 34 Ausgleich zwischen dem Unternehmer-Nachfolger und anderen Erben oder zwischen mehreren Unternehmer-Nachfolgern	1589
	§ 35 Fehlen eines Unternehmer-Nachfolgers	1597
	§ 36 Steuerliche und bilanzielle Erwägungen	1603
	§ 37 Vorgehen nach dem Umwandlungsgesetz	1606
	§ 38 Andere Methoden der Umwandlung	1632
	§ 39 Wahl der richtigen Umwandlungsmethode	1642
	§ 40 Allgemeines zum Umwandlungssteuergesetz	1651
	§ 41 Steuerliche Auswirkungen der Verschmelzung	1654
	§ 42 Steuerliche Auswirkungen der Spaltung	1671
	§ 43 Steuerliche Auswirkungen des Formwechsels	1684
Sachregister		1687

Inhaltsverzeichnis

Vorwort zur 6. Auflage	V
Inhaltsübersicht	VII
Literatur	XXIX
Herausgeber und Bearbeiter dieser Auflage	XXXV

1. Teil. Gestaltungsformen der Unternehmensnachfolge

1. Kapitel. Überblick über die Unternehmensnachfolge und ihre Gestaltungsmöglichkeiten	1
§ 1 Kompendium der Gestaltungsmöglichkeiten	2
I. Übertragung eines Unternehmens durch Schenkung	2
1. Vorbereitende Überlegungen	2
2. Schenkungsvertrag	3
II. Übertragung eines Unternehmens durch Verkauf	11
III. Übertragung eines Unternehmens im Erbgang	12
1. Herausforderungen bei der Nachfolge von Todes wegen	12
2. Das Unternehmertestament	12
3. Zu den besonderen weiteren Elementen der Unternehmensnachfolgeplanung	18
2. Kapitel. Typische Gestaltungsmodelle der Unternehmensnachfolge	27
§ 2 Die lebzeitige Übertragung von Unternehmen	27
I. Der Schenkungsvertrag zur Regelung der vorweggenommenen Erbfolge	29
1. Einleitung/Begriffserklärung	29
2. Schenkung im Sinne der Legaldefinition des § 516 Abs. 1 BGB	31
3. Exkurs: Gesellschaft als Schenker oder Beschenkter, auch steuerliche Konsequenzen	35
4. Gemischte Schenkung	36
5. Formvorschriften der Schenkung	37
6. Besonderheiten bei Zuwendungen von Gesellschafts- oder Geschäftsbeteiligungen oder im Rahmen von Gesellschaftsverhältnissen ohne Gegenleistung	40
7. Bewirkung des versprochenen Leistung/Heilung von Formmängeln der Schenkung	46
8. Zweckschenkung, Schenkung unter Auflage	57
9. Schenkung von Todes wegen (§ 2301 Abs. 1 BGB) und Schenkung aufschiebend bedingt auf den Tod des Schenkers (§ 2301 Abs. 2 BGB)	58
10. Zuwendungen durch Vertrag zugunsten Dritter auf den Todesfall	61
11. Gesetzliche Regelungen zur Rückgängigmachen der Schenkung durch den Schenker	65

Inhaltsverzeichnis

	12. Gesetzliche Korrekturmöglichkeiten des künftigen Erblassers bei nicht als Schenkung zu qualifizierenden Zuwendungen	71
	13. Gesetzliche Korrekturmöglichkeiten der weichenden Erben bei Erb- oder Pflichtteilsverzicht	75
	14. Gesetzliche Korrekturmöglichkeiten des Zuwendungsempfängers	77
II.	Besicherung von Ansprüchen im Grundbuch	78
	1. Reallast	78
	2. Grunddienstbarkeit	79
	3. Beschränkte persönliche Dienstbarkeit	80
	4. Rentenschuld	80
	5. Rückauflassungsvormerkung	81
III.	Beschränkung der Vermögenssorge der Eltern für Zuwendungen an Minderjährige	82
	1. Überblick	82
	2. Verpflichtung zur Weitergabe der Schenkung unter Beachtung der Verwaltungsanordnung	84
	3. Anforderungen an Eltern und Pfleger	85
	4. Nutzbarmachung des § 1638 BGB im Gesellschaftsrecht	85
IV.	Gesellschaftsrechtliche Zustimmungserfordernisse und Stimmquoren	86
	1. Einleitung	86
	2. Zustimmungserfordernis in Personengesellschaften	86
	3. Zustimmungserfordernisse in Kapitalgesellschaften	91
V.	Sonstige Zustimmungs- und Genehmigungserfordernisse	93
	1. Zustimmung des Ehepartners und Lebenspartners	94
	2. Ergänzungspfleger-Bestellung bei Rechtsgeschäften mit minderjährigen Kindern	95
	3. Familiengerichtliche Genehmigung	97
	4. Genehmigung nach dem Grundstücksverkehrsgesetz	98
§ 3 Unternehmensverkauf		**99**
I.	Vorüberlegungen und Formen des Verkaufs	102
	1. Vollständige Übergabe des Unternehmens	102
	2. Teilverkauf mit Optionsrechten	103
	3. Veräußerung über Kapitalerhöhung	105
	4. Verkauf in Notfällen	105
	5. Earn-Out	106
	6. Asset-Deal	107
II.	Steuern	108
	1. Besteuerung bei Veräußerung von Personengesellschaftsanteilen	108
	2. Besteuerung bei Veräußerung von Kapitalgesellschaftsanteilen	109
	3. Steuervergleich zwischen Personen- und Kapitalgesellschaft	110
III.	Planungsphase	110
	1. „Die Braut hübsch machen"	110
	2. Optimierung von Aufwand und Ertrag	111
	3. Normalisierung des EBIT(DA)	111
	4. Optimierung des Bilanzbildes	112
	5. Dokumentation für den Käufer	112
	6. Analyse der Marktstellung, SWOT-Analyse	113

Inhaltsverzeichnis

IV.	Vorgehen im Verkaufsprozess	114
	1. Bieterverfahren oder Einzelansprache der Käufer	114
	2. Team und Zeitaufwand	115
	3. M&A Berater	116
	4. Rechtsanwälte, Steuerberater als Berater	120
	5. Letter of Intent/Memorandum of Understanding	122
V.	Informationserteilung und Due Diligence	126
	1. Vorvertragliches Schuldverhältnis und Auskunftspflichten	126
	2. Wissenszurechnung	130
VI.	Inhalt des Datenraumes	132
	1. Umfang der Due Diligence	132
	2. Vertraulichkeitsvereinbarungen	133
	3. Besondere Datenrauminhalte	136
	4. Vendor-Due Diligence	136
	5. Frage und Antwort-Listen (Q&A Listen)	138
VII.	Kaufvertrag	139
	1. Strukturelle Vorfragen	139
	2. Share-Deal bei Kapitalgesellschaften	140
	3. Share-Deal bei Personengesellschaften	141
	4. Asset-Deal	146
	5. Ablösung von Finanzverbindlichkeiten und Gesellschafterdarlehen	151
	6. Beendigung von Unternehmensverträgen	153
VIII.	Kaufpreis	155
	1. Bewertungsmethoden	155
	2. Kaufpreisanpassungen	158
	3. Einfluss nicht betriebsnotwendigen Vermögens und nicht bilanzierter Haftungsrisiken	161
	4. Festkaufpreis (Locked Box)	162
	5. Berechnung und Sicherung eines Earn-Out	164
IX.	Aufschiebende Bedingungen	165
	1. Kartellrecht und Genehmigungsvorbehalt	166
	2. Neuabschluss von Geschäftsführerverträgen	167
	3. Neufassung von Satzung und Gesellschaftervereinbarung	167
	4. Beendigung und Neuabschluss anderer Vereinbarungen	169
	5. Strukturelle Maßnahmen bis zum Closing, insbesondere Carve-Out	169
	6. Übergangsvereinbarungen nach Vollzugstag	170
	7. Absicherung des Käufers gegen „Material Adverse Change"	171
	8. Rücktrittsrechte/Long-Stop Date	173
X.	Garantien und Freistellungsversprechen des Verkäufers	173
	1. Unanwendbarkeit des Kaufrechts für die Haftung des Verkäufers	174
	2. Grundsatz der Naturalrestitution	174
	3. Haftungsbeschränkungsklauseln	175
	4. Gesamtschuldnerische Haftung und Haftungsquoten	178
	5. Abwehr von Drittansprüchen	179
	6. Gesamtpaket Haftung	180
XI.	Garantiekatalog	181
	1. Objektive und subjektive Garantien	182
	2. Rechtsgarantien (sog. „Good-Title" Garantie)	183
	3. Bilanz- und Finanzgarantien	183

Inhaltsverzeichnis

	4. Garantien zu wesentlichen Verträgen	185
	5. Mitarbeitergarantien und Arbeitsrecht	185
	6. IT- und IP-Rechte, gewerbliche Schutzrechte	186
	7. Compliance und Rechtsstreitigkeiten	186
	8. Steuergarantien	187
	9. Sonstige Freistellungsverpflichtungen	189
	10. Verjährung	189
XII.	Wettbewerbsverbot, Abwerbeverbot	190
	1. Zulässigkeit von Wettbewerbsverboten	190
	2. Vertragsstrafe, Unterlassungsansprüche und Schadensersatz	191
XIII.	Gerichtsstandsklausel und Schiedsverfahren	192

§ 4 Das Unternehmertestament als Vorsorgeinstrument oder Planungsmittel ... 193

I.	Einleitung	194
II.	Regelung der Unternehmensnachfolge	195
	1. Allgemeines	195
	2. Gesellschaftsrechtliche Vorgaben für Nachfolgegestaltung	199
III.	Weitere Regelungen (ua Testamentsvollstreckung, Rechtswahl)	209
	1. Allgemeines	209
	2. Angaben betr. gewöhnlichen Aufenthalt, Staatsangehörigkeit, Familien-/Güterstand, Beschränkung der Testierfreiheit, Aufhebung/Fortgeltung bereits errichteter letztwilliger Verfügungen	209
	3. Ausschluss der Anfechtung wegen Übergehung eines Pflichtteilsberechtigten	210
	4. Testamentsvollstreckung	210
	5. Rechtswahl (Art. 22 EuErbVO)	212
	6. Salvatorische Klausel	213
IV.	Begleitende Maßnahmen	213
	1. Vollmacht über den Tod hinaus	213
	2. Pflichtteilsverzichtsvertrag	214
	3. Verzicht auf den Zugewinnausgleich	214
	4. Schaffung der erbschaftsteuerbegünstigten Rahmenbedingungen.	215
V.	Zusammenfassung der wesentlichen Aspekte	216

§ 5 Die Bedeutung der Rechtsform für die Nachfolge ... 217

I.	Einleitung	219
	1. Unternehmen und Betrieb	219
	2. Unternehmensträger	220
	3. Rechtsträger (Rechtssubjekte)	221
II.	Rechtsformen und ihre Bedeutung in der Praxis	227
	1. Einzelunternehmen	228
	2. Personengesellschaften	229
	3. Kapitalgesellschaften	240
	4. Genossenschaften	250
	5. Mischformen	250
	6. Rechtsformen der Europäischen Union	252
	7. Rechtsformen anderer Staaten	253
III.	Die Bedeutung der Rechtsform für den Übertragungsvorgang	253
	1. Rechtsnachfolge im Allgemeinen	254
	2. Rechtsnachfolge bei Unternehmen	255

3. Der Übertragungsvorgang in Abhängigkeit von der
　　　　Rechtsform des Unternehmensträgers 258
§ 6 Familienholding 274
　I. Einführung 276
　　　1. Gründe für Familienholding 276
　II. Optimierung der Steuerlast 277
　　　1. Die wichtigsten Steuervorteile 277
　III. Formen der Familienholding 287
　　　1. Kapitalgesellschaft 287
　　　2. Personengesellschaft 288
　　　3. Besonderheiten bei der GmbH & Co. KG 290
　　　4. Doppel-Holding mit Personengesellschaft und
　　　　Kapitalgesellschaft 291
　　　5. Arbeitsvergütungen bei Personengesellschaft und
　　　　Kapitalgesellschaft 291
　　　6. Gesellschaft bürgerlichen Rechts 292
　　　7. Kommanditgesellschaft auf Aktien 292
　　　8. Familienstiftung 293
　IV. Gründung der Familien-Holding 296
　　　1. Einbringung von Vermögen 296
　　　2. Abspaltung, Aufspaltung und Ausgliederung nach dem
　　　　Umwandlungsgesetz 298
　　　3. Einbringung von Wirtschaftsgütern im Wege der
　　　　Einzelrechtsnachfolge 298
　　　4. Grunderwerbsteuer 299
　　　5. Vermeidung der Entnahme von Sonderbetriebsvermögen 300
　　　6. Einbringung von Rechten 300
　　　7. Einbringung von Vermögensgegenständen aus dem
　　　　Privatvermögen 301
　　　8. Einbringung von Schulden 303
　　　9. Immobiliengesellschaften 303
　　　10. Formelle Fragen bei der Einbringung 304
　V. Innere Struktur der Familienholding 305
　　　1. Sonderrechte am Einkommen und Vermögen 306
　　　2. Typische Fehler bei der Schenkung von Anteilen 309
　　　3. Sonderstimmrechte des Gründers 310
　　　4. Entnahmeregelungen und Gewinnausschüttung 311
　　　5. Geschäftsführung 312
　　　6. Nachfolgegeschäftsführer 313
　　　7. Beirat 314
　　　8. Vinkulierung von Gesellschafts- und Geschäftsanteilen ... 316
　　　9. Veräußerung an Dritte und Vorerwerbsrechte der
　　　　Mitgesellschafter 317
　　　10. Veräußerung an gesellschaftsfremde Dritte 319
　　　11. Mitverkaufsrechte bei Veräußerung von Gesellschafts-
　　　　und Geschäftsanteilen 320
　　　12. Belastung von Gesellschafts- und Geschäftsanteilen 320
　　　13. Kündigungs- und Einziehungsklauseln 320
　　　14. Anwachsung und Abfindung 322
　　　15. Wirksamwerden des Ausscheidens, Gesellschafterrechte ... 324
　　　16. Erbfolgeklauseln 325
　　　17. Testamentsvollstreckung an Gesellschafts- und
　　　　Geschäftsanteilen 327

Inhaltsverzeichnis

		18. Vertreter bei Erbengemeinschaften	329
	VI.	Absicherung des Schenkers gegen Zweckverfehlung	330
		1. Gesetzliche und vorbehaltene Widerrufsgründe	330
		2. Aufschiebende und Auflösende Bedingungen	330
		3. Automatischer Rückfall (auflösende Bedingung) oder Rücktrittsrecht	331
		4. Verfahrensrechtlich nicht ausformulierte Rückforderungsrechte	332
		5. Steuerliche Folgen bei Rückabwicklung	333
		6. Abschließende Würdigung der Rücktrittsklauseln	333
§ 7	Betriebsverpachtung		334
	I.	Zivilrechtliche Grundlagen	334
	II.	Steuerliche Aspekte	335
		1. Einkommensteuer	335
		2. Gewerbesteuer	346
		3. Erbschaftsteuer	347
		4. Steuerliche Konsequenzen im Übrigen	348
§ 8	Betriebsaufspaltung		351
	I.	Einleitung	351
	II.	Begriffsabgrenzung und Erscheinungsformen	352
		1. Sachliche Verflechtung	353
		2. Personelle Verflechtung	354
	III.	Beendigung der Betriebsaufspaltung	356
	IV.	Betriebsaufspaltung im Erbschaftsteuerrecht	358
§ 9	Unternehmensübergang auf Stiftungen		360
	I.	Einleitung	361
	II.	Allgemeine Grundlagen des Stiftungsrechts	362
		1. Begriff der Stiftung	362
		2. Entstehung einer rechtsfähigen Stiftung	364
		3. Relevante Stiftungsformen für die Unternehmensnachfolge	365
		4. Pflicht zur Eintragung einer Stiftung in das Transparenzregister	371
	III.	Übertragung des Unternehmens auf die Stiftung	372
		1. Zivilrechtliche Anforderungen und Gestaltungsmöglichkeiten	372
		2. Besteuerung der Übertragung des Unternehmens auf eine inländische Stiftung und Gestaltungsmöglichkeiten	376
		3. Übertragung des Unternehmens auf eine ausländische Stiftung	382
	IV.	Rechtslage nach Übertragung des Unternehmens auf die Stiftung	383
		1. Fälle des rückwirkenden Wegfalls der Begünstigung	383
		2. Besteuerung der inländischen Stiftung	384
		3. Besteuerung von Leistungen der inländischen Stiftung an ihre Destinatäre	385
		4. Besteuerung bei ausländischen Stiftungen	386
3. Kapitel.	Wesentliche Themen in der Unternehmensnachfolgeplanung		389
	§ 10	Einbindung von Personen, die nicht Nachfolger werden	389
	I.	Einleitung	389
	II.	Verpflichtungen des Empfängers gegenüber Dritten	390
		1. Kompensationszahlungen an andere Erbanwärter	391

		2. Ausgleichung/Anrechnung im Erb- und Pflichtteilsrecht	391
		3. Ausgleichszahlungen an andere Erbanwärter	393
		4. Versorgungsrente an den Ehepartner des Schenkers	393
	III.	Verpflichtungen der Erben gegenüber dem Schenker oder Geschwistern	394
		1. Überblick zum Erb- und Pflichtteilsverzicht	394
		2. Abstraktes Rechtsgeschäft des Erbverzichts	395
		3. Schuldrechtliche Vereinbarung mit gesetzlichen Erben	395
		4. Sonderproblem nachehelicher Unterhaltsansprüche bei Pflichtteilsverzicht	396

§ 11 Taktische Ausschlagung ... 398
    II. Ausschlagung gegen Abfindung ... 401
    III. Ausschlagung nach Maß ... 404
    IIII. Typische Gestaltungssituationen ... 405
        1. Widerspruch zum gesellschaftsvertraglichen Erbgang ... 405
        2. Vermächtnisweise Zuwendung von Betriebsvermögen ... 406
        3. Betriebsaufspaltungen ... 407
        4. Ausgleichszahlungen im Rahmen der Erbauseinandersetzung ... 407
        5. Berliner Testamente ... 408
        6. Vorversterben ... 411
        7. Ausgeschöpfte Freibeträge zur Erbengeneration ... 411
        8. Vermächtnisweise Zuwendung von erbschaftsteuerlich begünstigtem Vermögen ... 412
        9. Vermeidung des Gläubigerzugriffs ... 412
        10. Erhöhung des Zugewinnausgleichsfreibetrags nach § 5 Abs. 2 ErbStG ... 413

§ 12 Unternehmensnachfolge mit Auslandsbezug ... 415
    I. Unternehmensnachfolge von Todes wegen ... 416
        1. Abgrenzung zwischen Erbrechts- und Gesellschaftsstatut ... 417
        2. Bestimmung des anwendbaren Erbrechts ... 418
        3. Bestimmung des anwendbaren Gesellschaftsrechts ... 421
        4. Nachfolge in die einzelnen Unternehmensformen ... 423
        5. Verfügungen von Todes wegen – Das „Unternehmertestament" ... 425
        6. Gestaltungsmöglichkeiten außerhalb des Testaments ... 430
        7. Verfahrensrecht ... 432
    II. Nachfolge zu Lebzeiten/vorweggenommene Erbfolge ... 433
        1. Verkauf ... 433
        2. Schenkung ... 434
        3. Form ... 434
    III. Steuerliche Aspekte der internationalen Unternehmensnachfolge ... 434
        1. Erbschaftsteuerrecht ... 435
        2. Ertragsteuerliche Problemfelder ... 466
        3. Die ausländische Familienstiftung ... 480
        4. Grunderwerbsteuer ... 483
        5. Anzeige-und Mitwirkungspflichten bei Auslandssachverhalten ... 483

§ 13 Generierung und Vermeidung von Betriebsvermögen ... 485
    I. Erbschaftsteuerliche Privilegierung von Betriebsvermögen ... 485
        1. Entscheidungsparameter ... 486
        2. Problem: Verwaltungsvermögen ... 488

		3. Umwandlung in Betriebsvermögen	493
		4. Konsequenzen im Übrigen	496
	II.	Ertragsteuerliche Privilegierung von Betriebsvermögen	497
		1. Privilegierungen von Einzelunternehmen und Mitunternehmeranteilen	497
		2. Privilegierungen bei relevanten Kapitalgesellschaftsbeteiligungen	499

§ 14 Wichtige Elemente eines Gesellschaftsvertrages im Zusammenhang mit der Unternehmensnachfolge 500
    I. Nachfolgeklauseln in Personengesellschaften 501
        1. Fortsetzungsklausel 502
        2. Einfache erbrechtliche Nachfolgeklausel 504
        3. Qualifizierte erbrechtliche Nachfolgeklausel 505
        4. Rechtsgeschäftliche Eintrittsklausel 507
        5. Rechtsgeschäftliche Nachfolgeklausel 509
        6. Kombinierte Nachfolge- und Umwandlungsklausel 510
    II. Nachfolgeklauseln in Kapitalgesellschaften 513
        1. Einziehungsklausel in der GmbH 513
        2. Abtretungsklausel in der GmbH 515
        3. Zwangseinziehungsklausel in der AG 517
    III. Klausel zur Zulassung von Testamentsvollstreckung 519
        1. Zweck, Inhalt und Funktionsweise 519
        2. Vor- und Nachteile der Klausel 520
        3. Formulierungsvorschlag 520
    IV. Güterstandsklausel 521
        1. Zweck und Inhalt 521
        2. Vor- und Nachteile der Klausel 522
        3. Formulierungsvorschlag 522
    V. Klausel zur Verpflichtung eine Vorsorgevollmacht zu erteilen 522
        1. Zweck und Inhalt 523
        2. Vor- und Nachteile der Klausel 523
        3. Formulierungsvorschlag 524
    VI. Klausel zur Verpflichtung einen Pflichtteilsverzichtsvertrag abzuschießen 524
        1. Zweck und Inhalt 524
        2. Vor- und Nachteile der Klausel 525
        3. Formulierungsvorschlag 525
    VII. Klauseln zur Zulassung der Nießbrauchsbestellung 525
        1. Zweck, Inhalt und Funktionsweise 525
        2. Vor- und Nachteile der Klausel 526
        3. Formulierungsvorschlag 526
    VIII. Vinkulierungsklausel 527
        1. Zweck, Inhalt und Funktionsweise 527
        2. Vor- und Nachteile der Klausel 529
        3. Formulierungsvorschlag 529
    IX. Andienungs- und Vorerwerbsrecht 529
        1. Zweck, Inhalt und Funktionsweise 530
        2. Vor- und Nachteile der Klausel 530
        3. Formulierungsvorschlag 531
    X. Abfindungsbeschränkungen 531
        1. Zweck, Inhalt und Funktionsweise 531
        2. Vor- und Nachteile der Klausel 533
        3. Formulierungsvorschlag 534

XI.	Vertretungsklausel für die Gesellschafterversammlungen	534
	1. Zweck und Inhalt	535
	2. Vor- und Nachteile der Klausel	535
	3. Formulierungsvorschlag	535
XII.	Ausschließungs- und Hinauskündigungsklausel	536
	1. Zweck, Inhalt und Funktionsweise	536
	2. Vor- und Nachteile der Klausel	536
	3. Formulierungsvorschlag	536
XIII.	Erbschaftsteuerlich motivierte Poolvereinbarung	537
	1. Inhalt, Inhalt und Funktionsweise	537
	2. Vor- und Nachteile der Vereinbarung	539
	3. Formulierungsvorschläge	540
XIV.	Konsortialvertrag	543
	1. Zweck, Inhalt und Funktionsweise	543
	2. Vor- und Nachteile der Vereinbarung	544
	3. Formulierungsvorschlag	544

§ 15 Gestaltung des Güterstandes ... 545

I.	Zugewinngemeinschaft	548
	1. Familienrechtliche Seite	548
	2. Pflichtteilsergänzung	550
	3. Steuerliche Effekte	551
II.	Gütertrennung	552
III.	Gütergemeinschaft	553
IV.	Deutsch-französische Wahl-Zugewinngemeinschaft (§ 1519 BGB)	554
V.	Vermögensstand der Ausgleichsgemeinschaft nichtehelicher Lebenspartner	554
VI.	Wenn der Gesellschaftsvertrag zum Ehevertrag zwingt	555
VII.	Das gesetzliche Erbrecht des Ehegatten und des eingetragenen Lebenspartners	556
	1. Prinzip	556
	2. Rein erbrechtliche Betrachtung	557
	3. Einbeziehung der güterrechtlichen Betrachtung	558
	4. Voraus des Ehegatten beziehungsweise eingetragenen Lebenspartners	563
	5. Der Dreißigste	564
	6. Der Eintritt des überlebenden Ehegatten beziehungsweise des eingetragenen Lebenspartners in den Mietvertrag	564
	7. Das Erbrecht bei gleichzeitigem Versterben beider Ehegatten beziehungsweise beider eingetragenen Lebenspartner	564
	8. Internationales Erbrecht und internationales Güterrecht	565
	9. Erbrecht der DDR	566
	10. Die gewillkürte Erbfolge	566
	11. Ausschluss des Ehegattenerbrechts beziehungsweise des Erbrechts des eingetragenen Lebenspartners	599
	12. Die Stellung der Pflichtteilsberechtigten im Erbrecht des Ehegatten beziehungsweise eingetragenen Lebenspartners	605
	13. Verhalten des Überlebenden nach dem Erbfall	606
	14. Die Ansprüche des geschiedenen Ehegatten beziehungsweise des ehemaligen eingetragenen Lebenspartners nach dem Erbfall	608

Inhaltsverzeichnis

§ 16 Pflichtteilsvermeidungsstrategien 611
    I. Güterstand 611
    II. Der Voraus 614
    III. Der Erb- und Pflichtteilsverzicht 614
    IV. Vorweggenommene Erbfolge, Zuwendung unter Lebenden ... 615
    V. Vor- und Nacherbschaft, Vor- und Nachvermächtnis, aufschiebend bedingtes Universalherausgabevermächtnis 617
    VI. Gesellschaftsgründung 619
    VII. Verlagerung des Wohnsitzes ins Ausland 620
    VIII. Volljährigenadoption 621
    IX. Höfeordnung 622
    X. Pflichtteilsunwürdigkeit, -entziehung und -beschränkung 623
    XI. Pflichtteilsrecht und Verfassungsrecht 624

2. Teil. Allgemeines zur Unternehmensnachfolge

4. Kapitel. Erbrecht 625
§ 17 Der erbrechtliche Erwerb des Nachlasses 625
    I. Die gesetzliche Erbfolge und die Geltung deutschen Erbrechts 627
      1. Die gesetzliche Erbfolge 627
      2. Geltungsbereich des deutschen Erbrechtes 632
    II. Die gewillkürte Erbfolge durch Testament 634
      1. Grundfragen der gewillkürten Erbfolge 634
      2. Das Testament und die Testierfähigkeit 635
      3. Das (ordentliche) einfache Testament 636
      4. Das (ordentliche) gemeinschaftliche Testament 640
      5. Das außerordentliche Testament 651
      6. Der Widerruf des Testaments 652
    III. Die gewillkürte Erbfolge durch Erbvertrag 653
      1. Einführung 653
      2. Die Errichtung und Verwahrung des Erbvertrages 654
      3. Arten des Erbvertrages 654
      4. Schutz des Bedachten und des Vertragspartners 656
      5. Die Lösung von Bindungswirkung und Erbvertrag 658
    IV. Auslegung, Anfechtbarkeit, Nichtigkeit und Unwirksamkeit letztwilliger Verfügungen 660
      1. Auslegung und Auslegungsvertrag 660
      2. Die Anfechtung der Verfügungen von Todes wegen 663
      3. Nichtigkeit und Unwirksamkeit des Testamentes 667
§ 18 Die Anordnungen des Erblassers 669
    I. Die Erbeinsetzung 670
      1. Erbeinsetzung und Enterbung 670
      2. Die Anwachsung 672
      3. Ersatzerben und Ersatzerbeinsetzung 673
      4. Erbenbestimmung durch Dritte 674
      5. Bedingte Erbeinsetzung; Verwirkungs- und Strafklauseln 674
    II. Vermächtnisse 678
      1. Überblick 678
      2. Der Erwerb des Vermächtnisanspruches 679
      3. Die Haftung des Beschwerten 680
      4. Arten der Vermächtnisse 682

III.	Vor- und Nacherbfolge	690
	1. Allgemeines	690
	2. Stellung des Nacherben	693
	3. Stellung des Vorerben	694
	4. Der Vorerbe als Unternehmensnachfolger	699
IV.	Testamentsvollstreckung und Vollmacht auf den Todesfall	702
	1. Begriff, Bedeutung und Anordnung der Testamentsvollstreckung	702
	2. Die Rechtsstellung des Testamentsvollstreckers	707
	3. Testamentsvollstreckung an Unternehmen	722
	4. Vollmacht auf den Todesfall	729
V.	Auflagen	731
	1. Allgemeines	731
	2. Auflagen zur Unternehmensfortführung	733

§ 19 Die Nachlass-Abwicklung ... 734

I.	Ausschlagung und Annahme der Erbschaft	735
	1. Ausschlagung und Annahme	735
	2. Nichtigkeit und Anfechtbarkeit von Ausschlagung und Annahme	737
II.	Die Haftung des Erben	739
	1. Das Haftungssystem	739
	2. Besondere Haftungslagen im Zusammenhang mit der Unternehmensnachfolge	744
III.	Die staatlichen Aufgaben im Erbrecht und der Erbschein	748
	1. Das Nachlassgericht und seine Aufgaben	748
	2. Der Erbschein und das Erbscheinsverfahren	749
IV.	Die Miterbengemeinschaft	751
	1. Das Gesamthandsprinzip	751
	2. Die Auseinandersetzung	756
V.	Der Erbschaftsanspruch	764
VI.	Der Erbschafts- und der Erbteilskauf	766

§ 20 Der Ausschluss von der Erbfolge ... 768

I.	Das Pflichtteilsrecht	769
	1. Einführung	769
	2. Der Schutz des Pflichtteilsberechtigten	778
	3. Pflichtteils- und Gesellschaftsrecht	785
II.	Der Erb- und der Pflichtteilsverzicht sowie die Erbunwürdigkeit	793
	1. Allgemeines	793
	2. Die Folgen des Verzichts für Abkömmlinge des Verzichtenden	797
	3. Die Erbunwürdigkeit	798

5. Kapitel. Vorweggenommene Erbfolge ... 801

§ 21 Grundfragen ... 801

I.	Welche Gesellschaftsform passt?	803
	1. Personengesellschaften	803
	2. Kapitalgesellschaften	806
II.	Checkliste zu Planung der Unternehmensnachfolge	808
III.	Der Blick auf einige erbschaftsteuerliche Regelungen zum Verständnis des Zivilrechts	810
	1. Einleitung	810
	2. Einkommensverlagerung	811

Inhaltsverzeichnis

		3. Ausschöpfung der Zehn-Jahres-Frist bei Schenkung	811
		4. Schenkung von Immobilienbesitz und Familienwohnheim	811
		5. Nutzbarmachung der Güterstandschaukel	812
		6. Rechtsnachfolge in betriebliches Vermögen	813
		7. Poolvertrag	816

§ 22 Gestaltungsformen zur Durchführung der Generationennachfolge ... 821
    I. Typische Bestandteile zur Regelung der vorweggenommenen Erbfolge ... 822
    II. Gestaltungsinstrumentarien im Vertrag der vorweggenommenen Erbfolge ... 822
        1. Unterlassungsverpflichtungen als schuldrechtliche Verfügungsverbote nach § 137 S. 2 BGB ... 823
        2. Schenkung und Nießbrauch ... 825
        3. Stille Gesellschaft und Unterbeteiligung ... 840
        4. Wohnrechte ... 845
        5. Vertragliche Ausstiegsszenarien ... 847
        6. Verpflichtungen des Zuwendungsempfängers gegenüber dem Schenker ... 855
    III. Gestaltungsinstrumentarien im Gesellschaftsvertrag ... 860
        1. Einleitung ... 860
        2. Vinkulierung ... 862
        3. Lösung des Gesellschafters aus der Gesellschaft ... 866
        4. Ungleiche Stimmgewichtsverteilung ... 869
        5. Körperschaftliche Stimmbindungsabsprachen/außerhalb der Satzung begründete Abstimmungsverpflichtungen und Stimmrechtsvollmachten ... 871
        6. Vorkaufs- und Ankaufsrecht ... 874
        7. Kontrolle der Unternehmensleitung ... 875
        8. Disparitätische Ausschüttungen/Gewinnbeteiligungen ... 876
        9. Abfindungsbeschränkungen/Abfindungsausschluss im Gesellschaftsvertrag ... 877
        10. Freie Hinauskündigungsklauseln in Gesellschaftsverträgen ... 881
        11. Pensionsleistungen ... 882

6. Kapitel. Gesellschaftsrechtliche Gestaltungsmöglichkeiten ... 885
§ 23 Übersicht über die Gesellschaftsformen ... 885
    I. Personen- und Kapitalgesellschaften, Einzelunternehmen ... 885
    II. Grundsätzliche Eigenschaften der Personengesellschaften ... 887
        1. Außengesellschaften ... 887
        2. Innengesellschaften ... 888
    III. Grundsätzliche Eigenschaften der Kapitalgesellschaften ... 889
        1. Die GmbH ... 889
        2. Die Aktiengesellschaft ... 890
        3. Die Kommanditgesellschaft auf Aktien ... 890
    IV. Mischformen ... 890
        1. Die GmbH & Co. KG ... 891
        2. Die GmbH & Co. KGaA ... 891
    V. Stiftung ... 891
    VI. Vor- und Nachteile der Personen- und der Kapitalgesellschaften ... 892
        1. Vorteile von Personengesellschaften ... 892
        2. Vorteile von Kapitalgesellschaften ... 892

	3.	Nachteile der Personengesellschaften	893
	4.	Nachteile der Kapitalgesellschaften	893
VII.	Verhältnis zwischen Erb- und Gesellschaftsrecht		894
VIII.	Gesellschaftsrechtliche Formvorschriften		895
	1.	Personengesellschaften	895
	2.	Kapitalgesellschaften	895
	3.	Übertragung von Anteilen	896
IX.	Überlegungen mit Blick auf die Unternehmensnachfolge		896
	1.	Nachfolge in der Unternehmensleitung	896
	2.	Altersversorgung	896
	3.	Verhinderung der Zersplitterung der Beteiligung	896
	4.	Haftung der Nachfolger	897
	5.	Verhinderung eines erbfallbedingten Kapitalabflusses	897
	6.	Erbschaftsteuerplanung	897

§ 24 Die Gesellschaftsformen im Einzelnen 898

I.	Die Gesellschaft bürgerlichen Rechts		909
	1.	Rechtliche Grundlagen	910
	2.	Entstehung der GbR	913
	3.	Rechte und Pflichten der Gesellschafter	918
	4.	Haftung der Gesellschafter	931
	5.	Aufsichtsrat, Beirat	935
	6.	Änderungen im Gesellschafterbestand	935
	7.	Beendigung der Gesellschaft	937
II.	Personenhandelsgesellschaften (OHG und KG)		938
	1.	Rechtliche Grundlagen	938
	2.	Entstehung der Gesellschaft	940
	3.	Rechte und Pflichten der Gesellschafter	944
	4.	Haftung der Gesellschafter	958
	5.	Aufsichtsrat, Beirat	969
	6.	Änderungen im Gesellschafterbestand	969
	7.	Beendigung der Gesellschaft	1005
III.	Die Gesellschaft mit beschränkter Haftung (GmbH und UG)		1008
	1.	Rechtliche Grundlagen	1009
	2.	Entstehung der Gesellschaft	1010
	3.	Rechte und Pflichten der Gesellschafter und der Organe	1021
	4.	Haftung der Gesellschaft, der Gesellschafter und der Organe	1033
	5.	Änderungen im Gesellschafterbestand	1040
	6.	Beendigung der Gesellschaft	1052
IV.	Die Aktiengesellschaft		1055
	1.	Rechtliche Grundlagen	1056
	2.	Entstehung der Gesellschaft	1057
	3.	Rechte und Pflichten der Gesellschafter	1064
	4.	Organe der Gesellschaft	1066
	5.	Übertragung der Mitgliedschaftsrechte	1077
	6.	Beendigung der Gesellschaft	1078
V.	Die Kommanditgesellschaft auf Aktien		1078
	1.	Rechtliche Grundlagen	1078
	2.	Entstehung der Gesellschaft	1079
	3.	Rechte und Pflichten der Gesellschafter und der Organe	1081
	4.	Haftung der Gesellschaft, der Gesellschafter und der Organe	1084
	5.	Änderungen des Gesellschafterbestandes	1084

Inhaltsverzeichnis

		6. Beendigung der Gesellschaft	1085
		7. Vorzüge der KGaA für Familiengesellschaften	1085
	VI.	Personengesellschaften als Mischgesellschaft (insbes. GmbH & Co. KG)	1086
		1. Gründe für die Rechtsformwahl	1086
		2. Entstehung der GmbH & Co. KG	1087
		3. Gestaltungsmöglichkeiten	1089
		4. Rechte und Pflichten der Gesellschafter und der Organe	1091
		5. Haftung der Gesellschafter und der Organe	1093
		6. Änderungen des Gesellschafterbestandes	1096
		7. Beendigung der Gesellschaft	1097
	VII.	Der Beirat als rechtsformunabhängiges fakultatives Organ	1097
		1. Allgemeines	1098
		2. Die Beiratsmitglieder	1098
		3. Aufgaben und Kompetenzen des Beirats	1101
		4. Innere Ordnung	1103
		5. Rechte und Pflichten des Beirats und seiner Mitglieder	1105
		6. Haftung des Beirats und der Beiratsmitglieder	1105

7. Kapitel. Steuerrecht ... 1107

§ 25 Unternehmensveräußerung ... 1107

	I.	Einkommen-/Körperschaftsteuer	1111
		1. Veräußerung von Einzelunternehmen und Personengesellschaftsanteilen	1111
		2. Veräußerung von Kapitalgesellschaftsanteilen	1176
	II.	Gewerbesteuer	1212
		1. Veräußerung von im Privatvermögen gehaltenen Kapitalgesellschaftsanteilen	1212
		2. Veräußerungsgewinne bei Betriebsvermögen	1212
		3. Die Behandlung von gewerbesteuerlichen Verlustvorträgen	1216
	III.	Schenkungsteuer	1222
	IV.	Grunderwerbsteuer	1222
	V.	Umsatzsteuer	1229
		1. Geschäftsveräußerung	1229
		2. Veräußerung von Anteilen an einer Kapitalgesellschaft	1233
		3. Veräußerung von Anteilen an einer Personengesellschaft	1234
		4. Die Veräußerung begleitende Nebengeschäfte	1234
	VI.	Abgabenordnung	1234
		1. Anzeigepflichten	1235
		2. Haftung des Eigentümers von Gegenständen nach § 74 AO	1235
		3. Die Haftung des Betriebsübernehmers nach § 75 AO	1238
		4. Sonstige haftungsrechtliche Vorschriften außerhalb der Abgabenordnung	1240

§ 26 Unternehmensaufgabe ... 1242

	I.	Einkommen-/Körperschaftsteuer	1242
		1. Aufgabe von Einzelunternehmen und Personengesellschaften	1243
		2. Auflösung und Liquidation von Kapitalgesellschaften	1269
	II.	Gewerbesteuer	1279
	III.	Schenkungsteuer	1281
	IV.	Grunderwerbsteuer	1281

V.	Umsatzsteuer	1281
VI.	Abgabenordnung	1282

§ 27 Erbfall ... 1283
   I. Erbschaftsteuer ... 1285
      1. Erwerb von Todes wegen ... 1287
      2. Ermittlung des steuerpflichtigen Erwerbs ... 1296
      3. Steuerklassen ... 1411
      4. Freibeträge ... 1412
      5. Steuertarife ... 1417
      6. Stundung und Erlöschen der Erbschaftsteuer ... 1419
   II. Einkommen-/Körperschaftsteuer ... 1421
      1. Besteuerung des Erblassers ... 1421
      2. Besteuerung des Alleinerben bei Übergang eines Einzelunternehmens ... 1421
      3. Besteuerung einer Erbengemeinschaft bei Übergang eines Einzelunternehmens ... 1424
      4. Personengesellschaftsanteil als Nachlassgegenstand ... 1434
      5. Kapitalgesellschaftsanteil als Nachlassgegenstand ... 1439
      6. Übergang auf eine Familienstiftung ... 1441
      7. Erbfallschulden ... 1442
      8. Testamentsvollstreckung ... 1453
   III. Gewerbesteuer ... 1455
   IV. Grunderwerbsteuer ... 1458
   V. Umsatzsteuer ... 1460
   VI. Verfahrensrecht ... 1462
   VII. Reparatur einer verunglückten Erbfolge ... 1465
      1. Erfüllung unwirksamer Verfügungen von Todes wegen ... 1465
      2. Auslegung nach dem Erblasserwillen ... 1466
      3. Ausschlagung und Anfechtung der Annahme ... 1467
      4. Erbvergleich ... 1467
      5. Sachspende ... 1468

§ 28 Vorweggenommene Erbfolge ... 1470
   I. Erbschaft-/Schenkungsteuer ... 1471
      1. Schenkung unter Lebenden ... 1472
      2. Ermittlung des steuerpflichtigen Erwerbs ... 1473
      3. Steuerberechnung ... 1486
      4. Stundung und Erlöschen der Schenkungsteuer ... 1486
   II. Einkommen-/Körperschaftsteuer ... 1488
      1. Abgrenzung von entgeltlichen und unentgeltlichen Übertragungen ... 1490
      2. Sonderproblematik im Bereich der wiederkehrenden Leistungen ... 1495
      3. Unentgeltliche Übertragungen ... 1530
      4. Entgeltliche (teilentgeltliche) Übertragungen ... 1538
      5. Übertragung unter Nießbrauchsvorbehalt ... 1540
      6. Ertragsteuerliche Kernprobleme bei Familiengesellschaften ... 1555
   III. Gewerbesteuer ... 1560
   IV. Grunderwerbsteuer ... 1562
   V. Umsatzsteuer ... 1563
   VI. Verfahrensrecht ... 1564

Inhaltsverzeichnis

8. Kapitel. Gestaltung der Nachfolge durch Umwandlung des Unternehmens 1565
§ 29 Allgemeines 1565
    I. Bedeutung von Umwandlungen im Rahmen der Unternehmensnachfolge 1565
    II. Die Interessen der Beteiligten 1566
        1. Interessen bei der Bestimmung des Ziels der Nachfolgeregelung 1567
        2. Interessen bei der Entscheidung über die Durchführung der Umwandlung 1569
    III. Größe des umzuwandelnden Unternehmens 1570
§ 30 Möglichkeiten der Umwandlung 1571
    I. Umwandlungsmethoden 1571
        1. Vorgehen nach dem UmwG 1571
        2. Andere Umwandlungsmethoden 1572
    II. Umwandlungsarten 1572
        1. Verschmelzung 1573
        2. Spaltung 1573
        3. Formwechsel 1574
    III. Beteiligte Rechtsträger 1574
        1. Begriff des Rechtsträgers 1574
        2. Verschmelzungen 1574
        3. Spaltung 1575
        4. Formwechsel 1575
        5. Anwachsung 1575
        6. Einzelrechtsübertragung 1576
§ 31 Der richtige Zeitpunkt 1577
    I. Vorweggenommene Erbfolge und Erbauseinandersetzung 1577
    II. Zweck der Umwandlung 1577
    III. Betriebliche Notwendigkeiten 1578
    IV. Steuerliche Überlegungen 1578
    V. Überlegungen zum Umwandlungsvorgang 1579
§ 32 Wechsel in haftungsbegrenzte Rechtsform 1581
    I. Interessenlage 1581
    II. Erleichterungen durch das Nachhaftungsbegrenzungsgesetz .. 1581
    III. Durchführung der Umwandlung 1582
§ 33 Schrittweise Übertragung des Unternehmens auf die Nachfolger ... 1584
    I. Gründung einer Familiengesellschaft 1584
    II. Restrukturierung einer bereits vorhandenen Gesellschaft als Familiengesellschaft 1585
        1. Formwechsel einer GmbH & Co. KG in eine GmbH 1585
        2. Formwechsel einer GmbH in eine GmbH & Co. KG 1587
§ 34 Ausgleich zwischen dem Unternehmer-Nachfolger und anderen Erben oder zwischen mehreren Unternehmer-Nachfolgern 1589
    I. Aufteilung des Unternehmens zur Überleitung auf verschiedene Unternehmer-Nachfolger 1589
        1. Spaltung im Rahmen der vorweggenommenen Erbfolge 1590
        2. Spaltung zur Erbauseinandersetzung 1591
    II. Abspaltung von Unternehmensteilen zur Vorbereitung einer Teilveräußerung 1593
        1. Fallbeispiel 1594
        2. Lösungsmodell 1594
        3. Durchführung der Umwandlung 1595

	III.	Sicherung der Überleitung von GmbH-Anteilen auf den Unternehmer-Nachfolger	1595
		1. Interessenlage	1595
		2. Lösungsmodell	1596
		3. Durchführung der Umwandlung	1596

§ 35 Fehlen eines Unternehmer-Nachfolgers 1597
    I. Ermöglichung von Dritt-Management 1597
        1. Interessenlage 1597
        2. Lösungsmodell, Durchführung der Umwandlung 1597
    II. Stärkung des Management, Zugang zum Kapitalmarkt 1598
        1. Formwechsel einer GmbH in eine AG zur Unternehmenssicherung 1598
        2. Die „kleine AG" 1599

§ 36 Steuerliche und bilanzielle Erwägungen 1603
    I. Vermeidung eines steuerpflichtigen Umwandlungsgewinns ... 1603
    II. Vermeidung eines handelsrechtlichen Übernahmeverlustes 1604
    III. Übertragung vorhandener steuerlicher Verlustvorträge 1604
    IV. Grunderwerbsteuer 1604

§ 37 Vorgehen nach dem Umwandlungsgesetz 1606
    I. Allgemeines 1606
        1. Typenzwang 1607
        2. Beschränkung auf das Inland 1607
        3. Gesamtrechtsnachfolge 1609
    II. Möglichkeiten der Umwandlung 1610
        1. Verschmelzung 1610
        2. Spaltung 1611
        3. Formwechsel 1612
    III. Voraussetzungen übertragender Umwandlungen 1612
        1. Umwandlungsvertrag 1613
        2. Umwandlungsbericht (§§ 8, 127 UmwG) 1618
        3. Umwandlungsprüfung (§§ 9 ff., 125 UmwG) 1618
        4. Umwandlungsbeschlüsse (§§ 13, 125 UmwG) 1619
        5. Anmeldung und Eintragung (§§ 16 ff., 129 ff. UmwG) 1619
        6. Allgemeine Gründungsvoraussetzungen 1621
        7. Check-Liste/Zeitplan 1621
    IV. Einzelfragen 1624
        1. Formwechsel einer GmbH in eine GmbH & Co. KG 1624
        2. Minderheitenschutz 1626
        3. Auswirkungen auf Verbindlichkeiten und Verträge 1629

§ 38 Andere Methoden der Umwandlung 1632
    I. Überblick 1632
    II. Anwachsungsmodelle 1633
        1. Allgemeines 1633
        2. Einfaches Anwachsungsmodell 1633
        3. Erweitertes Anwachsungsmodell 1634
    III. Einzelrechtsübertragung 1635
        1. Allgemeines 1635
        2. Ausgliederung 1636
        3. Wirtschaftliche Verschmelzung 1637
        4. Wirtschaftliche Spaltung 1637
        5. Realteilung 1639

§ 39 Wahl der richtigen Umwandlungsmethode 1642
    I. Überblick 1642

II.	Steuerliche Erwägungen	1643
III.	Zeit- und Kostenaufwand der Restrukturierung	1644
IV.	Beteiligung von Gläubigern und Vertragspartnern	1645
V.	Vertraulichkeit	1645
VI.	Arbeitsrechtliche Erwägungen	1646
VII.	Im UmwG nicht geregelte Fälle	1649
VIII.	Sonstige Überlegungen	1650

§ 40 Allgemeines zum Umwandlungssteuergesetz ... 1651
    I. Reichweite des UmwStG ... 1651
    II. Systematik des UmwStG ... 1652

§ 41 Steuerliche Auswirkungen der Verschmelzung ... 1654
    I. Verschmelzung von Kapitalgesellschaften auf Personengesellschaften ... 1654
        1. Auswirkungen bei der übertragenden Kapitalgesellschaft ... 1655
        2. Auswirkungen bei der übernehmenden Personengesellschaft ... 1657
        3. Auswirkungen bei den Gesellschaftern der übernehmenden Personengesellschaft ... 1658
    II. Verschmelzung von Kapitalgesellschaften auf Kapitalgesellschaften ... 1662
        1. Allgemeines ... 1662
        2. Auswirkungen bei der übertragenden Körperschaft ... 1662
        3. Auswirkungen bei der übernehmenden Kapitalgesellschaft ... 1664
        4. Auswirkungen bei den Gesellschaftern der übertragenden Kapitalgesellschaft ... 1665
    III. Verschmelzung von Personengesellschaften auf Kapitalgesellschaften ... 1666
        1. Allgemeines ... 1666
        2. Auswirkungen bei der übernehmenden Kapitalgesellschaft ... 1666
        3. Auswirkungen bei der übertragenden Personengesellschaft ... 1668
        4. Auswirkungen bei den Gesellschaftern der übertragenden Personengesellschaft ... 1668
    IV. Verschmelzung von Personengesellschaften auf Personengesellschaften ... 1669

§ 42 Steuerliche Auswirkungen der Spaltung ... 1671
    I. Allgemeines ... 1671
    II. Auf- und Abspaltung von Kapitalgesellschaften auf Kapitalgesellschaften ... 1672
        1. Überblick ... 1672
        2. Voraussetzungen für die entsprechende Anwendung der Verschmelzungsvorschriften ... 1672
        3. Rechtsfolgen ... 1677
    III. Auf- und Abspaltung von Kapitalgesellschaften auf Personengesellschaften ... 1678
    IV. Auf- und Abspaltungen von Personengesellschaften auf Kapitalgesellschaften ... 1679
    V. Auf- und Abspaltung von Personengesellschaften auf Personengesellschaften und Realteilung ... 1680
        1. Auf- und Abspaltung von Personengesellschaften auf Personengesellschaften ... 1680
        2. Exkurs: Realteilung ... 1681

VI.	Ausgliederung	1682
	1. Überblick	1682
	2. Ausgliederung aus Kapitalgesellschaften auf Personengesellschaften	1682
	3. Ausgliederung aus Kapitalgesellschaften auf Kapitalgesellschaften	1683
	4. Ausgliederung aus Personenhandelsgesellschaften auf Kapitalgesellschaften	1683
	5. Ausgliederung aus Personengesellschaften auf Personengesellschaften	1683

§ 43 Steuerliche Auswirkungen des Formwechsels 1684
    I.   Allgemeines 1684
    II. Formwechsel von Kapitalgesellschaften in Personengesellschaften 1684
    III. Formwechsel von Personengesellschaften in Kapitalgesellschaften 1685
    IV. Grunderwerbsteuer 1686

Sachregister 1687

Literatur

Ahrend/Förster/Rößler, Steuerrecht der betrieblichen Altersversorgung, (Loseblatt) Stand 2018
Autenrieth, Verrechnungsbeschränkte Verluste bei Umwandlungen, in: Festschrift für Haas, 1996, S. 7 ff.
Bärmann/Pick, Wohnungseigentumsgesetz, Kommentar, 19. Aufl. 2010
Baumbach/Hopt, Handelsgesetzbuch mit GmbH & Co., Handelsklausel, Bank- und Börsenrecht, Transportrecht (ohne Seerecht), Kommentar, 38. Aufl. 2018
Baumbach/Hueck, Aktiengesetz, Kommentar, 17. Aufl. 2000
Baumbach/Hueck, GmbH-Gesetz, Kommentar, 21. Aufl. 2017
Beck'sches Formularbuch zum Bürgerlichen, Handels- und Wirtschaftsrecht, hrsg. von Hoffmann-Becking/Gebele, 13. Aufl. 2019
Beck'sches Handbuch der GmbH, GesellschaftsrechtSteuerrecht, hrsg. von Prinz/Winkeljohann, 5. Aufl. 2014
Beck'sches Notar-Handbuch, hrsg. von Heckschen/Herrler/Starke, 6. Aufl. 2015
Beck'sches Prozessformularbuch, hrsg. Mes, 14. Aufl. 2019
Beisel/Klumpp, Der Unternehmenskauf, 7. Aufl. 2016
Bengel/Reimann, Handbuch der Testamentsvollstreckung, 6. Aufl. 2017
Benkard, Patentgesetz, Gebrauchsmustergesetz, 11. Aufl. 2015
Binz/Sorg, Die GmbH & Co. KG, 12. Aufl. 2018
Birkenfeld, Das große Umsatzsteuer-Handbuch, 5. Aufl. 2004
Bittler/Roth/Rudolf, Vorsorgevollmacht, Betreuungsverfügung, Patientenverfügung, 4. Aufl. 2015
Blaurock, Handbuch der Stillen Gesellschaft, 8. Aufl. 2016
Blümich, Kommentar zu EStG, KStG, GewStG und Nebengesetze (Loseblatt, Stand 2018)
Bonefeld/Kroiß/Tanck, Der Erbprozess, 5. Aufl. 2017
Boruttau, Grunderwerbsteuergesetz, 19. Aufl. 2019
Brandmüller, Gewerbliche Stiftung Stiftung & Co Familienstiftung, 3. Aufl. 2004
Brandner, Das einzelkaufmännische Unternehmen unter Testamentsvollstreckung, in: Festschrift für Stimpel, 1985, S. 991 ff.
Brox/Walker, Erbrecht, 28. Aufl. 2018
Bunjes, Umsatzsteuergesetz, 17. Aufl. 2018
Burandt, Beck'sches Mandatshandbuch Erbrechtliche Unternehmensnachfolge, 2002
Burandt/Zacher-Röder, Unternehmertestament, 2. Aufl. 2012
Canaris, Handelsrecht, 24. Aufl. 2006
Claussen, Perspektiven für die KG auf Aktien, in: Festschrift für Heinsius, 1991, S. 61 ff.
Commandeur, Betriebs-, Firmen- und Vermögensübernahme, 2. Aufl. 2002
Crezelius, Unternehmenserbrecht, 2. Aufl. 2009
Damrau, Der Minderjährige im Erbrecht, 2. Aufl. 2010
Däubler, Die Vererbung des Geschäftsanteils bei der GmbH, 1965
ders., Betriebsvermögen und Unternehmensnachfolge, 1997
ders., Familienunternehmen und Zukunftssicherung, 1997
ders., Handelsrecht, 6. Aufl. 2014
ders., Kölner Umwandlungsrechtstage: Verschmelzung, Spaltung, Formwechsel nach neuem Umwandlungsrecht und Umwandlungssteuerrecht, 1995
ders., Kommentar zum Umwandlungsgesetz, 5. Aufl. 2014
ders./Ebeling/Geck/Grune, Handbuch der Erbengemeinschaft und Erbauseinandersetzung im Zivil- und Steuerrecht (Loseblatt, Stand 2018)
ders./Fröhler, Testamentsgestaltung, 5. Aufl. 2015
ders./Gail (Hrsg.), Handbuch des Familienunternehmens (Loseblatt, Stand 2018)
ders./Hommelhoff, GmbH-Gesetz, Kommentar, 19. Aufl. 2016
ders./Piltz, Der internationale Erbfall, 2. Aufl. 2008

Literatur

Dittmann/Reimann/Bengel, Testament und Erbvertrag, 4. Aufl. 2002 (vergriffen, kein Nachdruck)

Dötsch, Die § 6 b-Rücklage bei Betriebsveräußerung und -aufgabe, in: Gedächtnisschrift für Brigitte Knobbe-Keuk, 1997, S. 411 ff.

Dötsch, Einkommen aus Gewerbebetrieb nach Betriebsveräußerung und Betriebsaufgabe, 1987

Dötsch/Pung/Möhlenbrock, Die Körperschaftsteuer (Loseblatt, Stand 2018)

Dürkes/Feller, Wertsicherungsklauseln, 10. Aufl. 1992

Ebeling/Geck, Handbuch der Erbengemeinschaft (Loseblatt, Stand 2018)

Ebenroth, Erbrecht, 1992

Eickmann, Grundstücksrecht in den neuen Bundesländern, 3. Aufl. 1996

Eisenhardt/Wackerbarth, Gesellschaftsrecht, 16. Aufl. 2015

Emmerich/Habersack, Konzernrecht, 10. Aufl. 2013

Erman, Handkommentar zum Bürgerlichen Gesetzbuch, 15. Aufl. 2017

Esch/Baumann/Schulze zur Wiesche, Handbuch der Vermögensnachfolge, 7. Aufl. 2009

Eulberg/Ott-Eulberg, Die Nachlaßpflegschaft in der anwaltlichen Praxis, 1999

Faßbender/Hötzel/v. Jeinsen/Pikalo, Höfeordnung, 3. Aufl. 1994

Feddersen/Meyer-Landrut, Partnerschaftsgesellschaftsgesetz, Kommentar und Mustervertrag, 1995

Ferid/Firsching/Dörner/Hausmann, Internationales Erbrecht (Loseblatt, Stand 2019)

Firsching/Graf, Nachlassrecht, 10. Aufl. 2014

Fischer, Wiederkehrende Bezüge und Leistungen, 1994

Fitting/Engels/Schmidt/Trebinger/Linsenmaier, Betriebsverfassungsgesetz mit Wahlordnung, Handkommentar, 29. Aufl. 2018

Flick, Richtige und rechtzeitige Erbfolgeplanung, 4. Aufl. 1992

Frey, Rechtsnachfolge in Vollmachtnehmer- und Vollmachtgeberstellungen, 1997

Friederich, Wolfgang, Rechtsgeschäfte zwischen Vorerben und Nacherben, 1999

Friedewald, Die personalistische Aktiengesellschaft, 1991

Frieser, Anwaltliche Strategien im Erbschaftsstreit, 2. Aufl. 2004

Garlichs, Passivprozesse durch den Testamentsvollstrecker, 1995

Gebel, Betriebsvermögensnachfolge, 2. Aufl. 2002

Gebel, Gesellschafternachfolge im Schenkung- und Erbschaftsteuerrecht, 1997

Geimer, Internationales Zivilprozessrecht, 7. Aufl. 2014

Gerhards, Ergänzende Testamentsauslegung wegen postmortaler Ereignisse, 1996

Gierl/Köhler/Kroiß/Wilsch, Internationales Erbrecht, 2. Aufl. 2017

Götzenberger, Optimale Vermögensübertragung, Großkommentar zum Aktiengesetz, 5. Aufl. 2017

Goutier/Knopf/Tulloch, Kommentar zum Umwandlungsrecht, 1996

Groll, Praxis Handbuch Erbrechtsberatung, 2001

Großfeld, Unternehmens- und Anteilsbewertung im Gesellschaftsrecht, 4. Aufl. 2002

Grube, Werbungskosten durch Darlehensverluste, in: Festschrift für Klein, 1994, S. 913 ff.

Haas, Nießbrauch an Gesellschaftsanteilen an Personengesellschaften, in: Festschrift für L. Schmidt, 1993, S. 315 ff.

Habig/Berninghaus, Die Nachfolge im Familienunternehmen ganzheitlich regeln, 3. Aufl. 2010

Hachenburg, Gesetz betreffend die Gesellschaften mit beschränkter Haftung, Großkommentar in 3 Bänden, 8. Aufl. 1992 ff.

Hadding, Zur Rechtsstellung des Vorerben von GmbH-Geschäftsanteilen in: Festschrift für Bartholomeyczik, 1973, S. 75 ff.

Harder, Erbrecht, 5. Aufl. 2002

Haritz/Menner, Umwandlungssteuergesetz, Kommentar, 4. Aufl. 2015

Hartmann, Kostengesetze, 48. Aufl. 2018

Hasse, Interessenkonflikte bei der Lebensversicherung zu Gunsten Dritter, 1981

Literatur

Heckelmann, Abfindungsklauseln in Gesellschaftsverträgen, 1973
Helbling, Unternehmensbewertung und Steuern, 9. Aufl. 1998
Henn, Handbuch des Aktienrechts, 8. Aufl. 2002
Hennerkes/Kirchdörfer, Unternehmenshandbuch Familiengesellschaften, 2. Aufl. 1998
Herrmann/Heuer/Raupach, Einkommen- und Körperschaftsteuergesetz mit Nebengesetzen (Loseblatt, Stand 2018)
Herzig, Steuerorientierte Umstrukturierung von Unternehmen, 1997
Heydn, Die erbrechtliche Nachfolge in Anteilen an Partnerschaftsgesellschaften, 1999
Heymann, Handelsgesetzbuch (ohne Seerecht), 2. Aufl. 1995 ff.
Hoffmann-Fölkersamb, Hofübergabe, Testament Verträge Steuern, 6. Aufl. 1994
Hölters, Handbuch des Unternehmens- und Beteiligungskaufs, 6. Aufl. 2005
Holzapfel/Pöllath, Unternehmenskauf in Recht und Praxis, 15. Aufl. 2017
Hopt, Vertrags- und Formularbuch zum Handels-, Gesellschafts- und Bankrecht, 4. Aufl. 2013
Hörger/Stephan, Die Vermögensnachfolge im Erbschaft- und Ertragsteuerrecht, 1998
Hötzel, Unternehmenskauf und Steuern, 2. Aufl. 1997
Hübner, Die Unternehmensnachfolge im Erbschaft- u. Schenkungsteuerrecht, 1998
Hueck, Das Recht der OHG, 4. Aufl. 1971
Hüffer (Begr.)/Koch, Gesellschaftsrecht, 10. Aufl. 2017
Hüffer/Koch, Aktiengesetz, Kommentar, 13. Aufl. 2018
Institut der Wirtschaftsprüfer, Erbfolge und Erbauseinandersetzung bei Unternehmen, 2. Aufl. 1995
Jansen/Jansen, Der Nießbrauch im Zivil- und Steuerrecht, 8. Aufl. 2009
Kallmeyer, Kommentar zum Umwandlungsgesetz, 6. Aufl. 2017
Kapp/Ebeling, Kommentar zum Erbschaft- und Schenkungsteuergesetz (Loseblatt, Stand 2019)
Kasper, Anrechnung und Ausgleichung im Pflichtteilsrecht, 1999
Keller, Formproblematik der Erbteilsveräußerung, 1995
Keller, Unternehmensführung mit Holdingkonzepten, 2. Aufl. 1993
Kerscher/Tanck, Pflichtteilsrecht, 2. Aufl. 1999
Kersten/Bühling, Formularbuch und Praxis der Freiwilligen Gerichtsbarkeit, 26. Aufl. 2019
Kick, Vererbung von GmbH-Anteilen, 1996
Kipp/Coing, Erbrecht, 14. Aufl. 1990
Kirchhof (Hrsg.), Einkommensteuergesetz, Kommentar, 17. Aufl. 2018
Kirst/Biehler, Unternehmensnachfolge, 1996
Klingelhöffer, Pflichtteilsrecht, 4. Aufl. 2014
Knobbe-Keuk, Bilanz und Unternehmenssteuerrecht, 9. Aufl. 1993
Kraft/Kreutz, Gesellschaftsrecht, 11. Aufl. 2000
Kropholler, Internationales Privatrecht, 6. Aufl. 2006
Krug/Rudolf/Kroiß/Bittler (Hrsg.), Anwaltformulare Erbrecht, 6. Aufl. 2019
Kuhn/Uhlenbruck, Konkursordnung, 11. Aufl. 1994
Kummer, Befreite Vorerbschaft oder Verwaltungstestamentsvollstreckung ein Gegensatz, in: Festschrift für Brandner, 1996, S. 755 ff.
Kussmann, Schenken, Erben, Steuern, 6. Aufl. 2003
Kuttler, Vermögensrechtliche Auswirkungen nachfolgesteuernder Klauseln bei OHG und GmbH für die ausgeschlossenen Erben, 1997
Lammerding, AO und FGO, 16. Aufl. 2012
Landsittel, Gestaltungsmöglichkeiten von Erbfällen und Schenkungen, 3. Aufl. 2006
Lang, Die Bemessungsgrundlage der Einkommensteuer, 1981
Lange/Kuchinke, Erbrecht, 5. Aufl. 2001
Lange/Werkmüller, Der Erbfall in der Bankpraxis, 2002
Langenfeld/Milzer, Eheverträge, 8. Aufl. 2019
Langner, Vor- und Nacherbschaft an Personengesellschaftsanteilen, 1998

Literatur

Laule, Das Erbe und der einkommensteuerliche Verlust des Erblassers, in: Festschrift für Beusch, 1993, S. 467 ff.
Lenski/Steinberg, Kommentar zum Gewerbesteuergesetz (Loseblatt, Stand 2018)
Littmann/Bitz/Pust, Kommentar zum Einkommensteuerrecht (Loseblatt, Stand 2018)
Lorz, Testamentsvollstreckung und Unternehmensrecht, 1995
Lorz/Kirchdörfer, Unternehmensnachfolge, 2002
Luckey, Unternehmensnachfolge, 2. Aufl. 1998
Lüdtke-Handjery/v. Jeinsen, Höfeordnung, 11. Aufl. 2015
Lutter/Bayer (Hrsg.), Holding-Handbuch, 5. Aufl. 2015
Märkle, Die Erbauseinandersetzung unter Kreditaufnahme bzw. Schuldübernahme, in: Festschrift für L. Schmidt, 1993, S. 809 ff.
Märkle/Hiller, Die Einkommensteuer bei Land- und Forstwirten, 11. Aufl. 2014
Mayer, Grundzüge des Rechts der Unternehmensnachfolge, 1999
Mayer/Bonefeld, Testamentsvollstreckung, 4. Aufl. 2015
Mayer/Süß/Tanck/Bittler (Hrsg.), Handbuch Pflichtteilsrecht, 4. Aufl. 2017
Meincke/Hannes/Holtz, Erbschaftsteuer und Schenkungsteuergesetz, 17. Aufl. 2018
Michalski, Gesellschaftsrechtliche Gestaltungsmöglichkeiten zur Perpetuierung von Unternehmen, 1979
Moench/Weinmann, Erbschaft- und Schenkungsteuer (Loseblatt, Stand 2018)
Möhring/Beisswingert/Klingelhöffer, Vermögensverwaltung, 7. Aufl. 1992
Müller/Ohland/Brandmüller, Erbfolge, 2. Aufl. 1998
Münchener Kommentar zum Bürgerlichen Gesetzbuch, 8. Aufl., hrsg. von Rebmann/Rixecker/Säcker, Band 1 Allgemeiner Teil, 2018; Band 3 Schuldrecht Besonderer Teil I, 2016; Band 7 Familienrecht I, 2017; Band 8 Familienrecht II, 2017; Band 9 Erbrecht, 2017
Münchener Kommentar zum Handelsgesetzbuch, hrsg. von K. Schmidt, 1996 ff.
Münchener Vertragshandbuch, Band 1 Gesellschaftsrecht, hrsg. von Böhm/Burmeister, 8. Aufl. 2018; Bände 2–4 Wirtschaftsrecht, hrsg. von Schütze/Weipert/Rieder, 7./8. Aufl. 2015–2018; Bände 5+6 Bürgerliches Recht, hrsg. von Herrler, 7. Aufl. 2016
Münchner Handbuch des Gesellschaftsrechts, Band 1, BGB-Gesellschaft, Offene Handelsgesellschaft, Partnerschaftsgesellschaft, Partenreederei, EWIV, hrsg. v. Gummert/Weipert, 4. Aufl. 2014; Band 2 Kommanditgesellschaft, GmbH + Co. KG, Publikums-KG, Stille Gesellschaft, hrsg. von Riegger/Weipert, 5. Aufl. 2019; Band 3 Gesellschaft mit beschränkter Haftung, hrsg. von Priester/Mayer/Wicke, 5. Aufl. 2018; Band 4 Aktiengesellschaft, hrsg. von Hoffmann-Becking, 4. Aufl. 2015
Nagler, Die zweckmäßige Nachfolgeregelung im GmbH-Vertrag, 1998
Neuhaus, Die Grundbegriffe des internationalen Privatrechts, 2 Aufl. 1976
Nieder/Kössinger, Handbuch der Testamentsgestaltung, 5. Aufl. 2015
Noack, Gesellschaftervereinbarungen bei Kapitalgesellschaften, 1994
Obermeier, Vorweggenommene Erbfolge und Erbauseinandersetzung, 2. Aufl. 1995
Ott-Eulberg/Schebesta/Bartsch, Praxis hdb. Erbrecht und Banken, 3. Aufl. 2017
Palandt, Bürgerliches Gesetzbuch, 78. Aufl. 2019
Peter/Crezelius, Gesellschaftsverträge und Unternehmensformen, 6. Aufl. 1995
Picot, Arbeitsrecht bei Unternehmenskauf und Restrukturierung, 4. Aufl. 2013
Piltz, Die Unternehmensbewertung in der Rechtsprechung, 3. Aufl. 1994
Raddatz, Die Nachlaßzugehörigkeit vererbter Personengesellschaftsanteile, 1991
Raiser/Veil, Recht der Kapitalgesellschaften, 6. Aufl. 2015
Rau/Dürrwächter, Kommentar zum UStG, (Loseblatt, Stand 2018)
Rawert, Die Genehmigungsfähigkeit der unternehmensverbundenen Stiftung, 1990
Reichert/Schlitt, Nießbrauch an GmbH-Geschäftsanteilen, 1997 in: Festschrift für Flick, S. 217 ff.
Reimann, Testamentsvollstreckung in der Wirtschaftspraxis, 3. Aufl. 1998

Rödder, Steuerorientierte Gestaltungen des Unternehmenskaufs unter Einbeziehung von Umstrukturierungsüberlegungen, Studienwerk der Steuerberater in Nordrhein Westfalen, 1996
Rohlfing, Erbrecht, 2. Aufl. 1999
Rose/Glorius-Rose, Unternehmensformen und -verbindungen, 2. Aufl. 1995
Roth/Altmeppen, GmbHG, 9. Aufl. 2019
Rowedder/Schmidt-Leithoff, Gesetz betreffend die Gesellschaften mit beschränkter Haftung, 6. Aufl. 2017
Rudolf/Bittler/Seiler-Schopp, Handbuch Testamentsauslegung und -anfechtung, 2. Aufl. 2013
Sagasser/Bula/Brünger, Umwandlungen, 5. Aufl. 2017
Sarres, Die Erbengemeinschaft, 2. Aufl. 2006
Schack, Internationales Zivilverfahrensrecht, 7. Aufl. 2017
Scherer, Münchener Anwaltshandbuch Erbrecht, 4. Aufl 2014
Schlegelberger, Handelsgesetzbuch, Kommentar in 6 Bänden, 5. Aufl. 1973 ff.
Schlüter/Röthel, Erbrecht, 17. Aufl. 2015
Schmidt, K., Gesellschaftsrecht, 5. Aufl, 2017
Schmidt, L., EStG, Kommentar, 37. Aufl. 2018
Schmitt/Hörtnagl/Stratz, Umwandlungsgesetz und Umwandlungssteuergesetz, 8. Aufl. 2018
Schmitt/Stratz/Dehmer, Umwandlungsgesetz und Umwandlungssteuergesetz, 4. Aufl. 2006
Scholz, Kommentar zum GmbH-Gesetz, 12. Aufl. 2018
Schotten/Schmellenkamp, Das IPR in der notariellen Praxis, 2. Aufl. 2007
Schwarz/Pahlke, Kommentar zur Abgabenordnung/Finanzgerichtsordnung (Stand 2015)
Seibert/Kiem/Schüppen, Die kleine AG, 5. Aufl. 2008
Sethe, Die personalistische Kapitalgesellschaft mit Börsenzugang, 1996
Skibbe, Zur Kumulation von Testamentsvollstreckungsaufgaben in einer Hand, in: Festschrift für Brandner, 1996, S. 769 ff.
Soergel, Bürgerliches Gesetzbuch mit Einführungsgesetz und Nebengesetzen, Kommentar in 10 Bänden, 13. Aufl. 2013
Söffing, Mittelbare Schenkung im Erbschaft- und Schenkungssteuerrecht, 2002
Spiegelberger, Vermögensnachfolge, 2. Aufl. 2010
Staub, Handelsgesetzbuch-Großkommentar, hrsg. v. Canaris, 5. Aufl. 2017
Staudinger/Großfeld, Internationales Gesellschaftsrecht, 2018
Staudinger's Kommentar zum Bürgerlichen Gesetzbuch, Neubearb. 2016.
Stimpel, Testamentsvollstreckung über den Anteil an einer Gesellschaft bürgerlichen Rechts, in: Festschrift für Brandner, 1996, S. 779 ff.
Strothmann, Die letztwillige Gesellschaftsgründungsklausel, 1983
Timmann, Vor- und Nacherbschaft innerhalb der zweigliedrigen OHG oder KG, 2000
Tipke/Kruse, Abgabenordnung/Finanzgerichtsordnung (Loseblatt, Stand Stand 2018)
Troll/Gebel/Jülicher/Gottschalk, Erbschaftsteuer- und Schenkungsteuergesetz (Loseblatt, Stand 2018)
von Bar, Internationales Privatrecht, Band I 2. Aufl. 2003, Band 2 1991
von Campenhausen/Richter, Stiftungsrechts-Handbuch, 4. Aufl. 2014
Vorwold, Unternehmensnachfolge von A–Z, 2001
Wachenhausen, Das neue Erbschaft- und Schenkungssteuerrecht, 1997
Wegmann, Ehegattentestament und Erbvertrag, 4. Aufl. 2010
Weinläder, Unternehmensnachfolge, 1998
Wendt, Renten, Raten, dauernde Lasten; der neueste Stand, in: Harzburger Steuerprotokolle 1996, S. 205 ff.
Westermann/Wertenbruch, Handbuch der Personengesellschaften (Loseblatt, Stand 2018)
Widmann/Mayer, Umwandlungsrecht (Loseblatt, Stand 2019)
Winkler, Der Testamentsvollstrecker, 22. Aufl. 2016

Literatur

Winter, Die Vererbung von GmbH-Anteilen in Zivil- und Steuerrecht, 1997
Wöhrmann/Graß, Das Landwirtschaftserbrecht, 11. Aufl. 2018
Zimmermann, Die Testamentsvollstreckung, 4. Aufl. 2014
Zöller, Zivilprozeßordnung, 32. Aufl. 2018
Zöllner/Noack (Hrsg.), Kölner Kommentar zum Aktiengesetz, 3. Aufl. 2013

Herausgeber und Bearbeiter dieser Auflage

Prof. Dr. Stephan Scherer, Rechtsanwalt
Fachanwalt für Erbrecht sowie für Steuerrecht
SZA Schilling, Zutt & Anschütz Rechtsanwaltsgesellschaft mbH, Mannheim
Honorarprofessor an der Universität Mannheim

Bastian Biermann, Rechtsanwalt
SZA Schilling, Zutt & Anschütz Rechtsanwaltsgesellschaft mbH, Mannheim

Dr. Iris Janina Bregulla-Weber, Rechtsanwältin
SZA Schilling, Zutt & Anschütz Rechtsanwaltsgesellschaft mbH, Frankfurt am Main

Dr. Christoph Froning, LL.M., Rechtsanwalt
Heuking Kühn Lüer Wojtek, Hamburg

Rudolf-Matthias Hübner, Rechtsanwalt und Fachanwalt für Steuerrecht
Osborne Clarke, Köln

Dr. Ben Koslowski, Notarassessor
Notare Büttner, Schwetzingen

Dr. Tobias Krause, Rechtsanwalt
SZA Schilling, Zutt & Anschütz Rechtsanwaltsgesellschaft mbH, Mannheim

Tobias Ploß, Rechtsanwalt und Diplom-Kaufmann
Hamburg

Dr. Georg Roderburg, Rechtsanwalt
Freshfields Bruckhaus Deringer LLP, Düsseldorf

Astrid Sachse, Mag. iur.,
Fachanwältin für Internationales Wirtschaftsrecht sowie für Steuerrrecht
Berlin

Ulf von Sothen, MBA, Rechtsanwalt
Fachanwalt für Steuerrecht und Steuerberater
Schwanenland LLP, Hamburg

Dr. Carola Stenger, LL.M., Rechtsanwältin
Hamburg

Das Sachregister wurde erstellt von *Günther R. Hagen,* Rechtsanwalt in München.

1. Teil. Gestaltungsformen der Unternehmensnachfolge

1. Kapitel. Überblick über die Unternehmensnachfolge und ihre Gestaltungsmöglichkeiten

Übersicht

	Rn.
I. Übertragung eines Unternehmens durch Schenkung	3
1. Vorbereitende Überlegungen	3
2. Schenkungsvertrag	4
a) Weitere Formfragen	4
b) Rückforderungsrechte	5
c) Anrechnung auf den Pflichtteil	6
d) Begünstigung einzelner Nachkommen im Schenkungsweg	7
e) Versorgung übergangener Nachfolger und Ehegatten	8
f) Steuerliche Folgen einer Schenkung	9
aa) Steuerliche Begünstigung der Übertragung von Unternehmen	10
bb) Sonstige Reduktionen der Steuerlast	11
cc) Wegzugsbesteuerung; Probleme bei Holdinggesellschaften	12
g) Sonstige liquiden Konsequenzen der Schenkung, insbesondere Ansprüche aus Pflichtteilsergänzung und Ausgleichung	13
aa) Wirkung der Pflichtteilsergänzung	14
bb) Berechnungsbeispiele	15
cc) Bewertung von Unternehmen	16
dd) Lauf der 10-Jahres-Frist	17
ee) Schenkung von Anteilen mit unbeschränkter Haftung	18
ff) Sonstige Ausgleichsansprüche	19
h) Übertragung des Unternehmens auf eine Familienstiftung	20
II. Übertragung eines Unternehmens durch Verkauf	22
III. Übertragung eines Unternehmens im Erbgang	23
1. Herausforderungen bei der Nachfolge von Todes wegen	23
2. Das Unternehmertestament	24
a) Wird der Nachfolger Vermächtnisnehmer, Mit- oder Alleinerbe?	24
aa) Wahl des Nachfolgers	24
bb) Vorteile der Alleinerbennachfolge	25
cc) Teilungsanordnung und Vorausvermächtnis	26
b) Drittbestimmung eines tauglichen Unternehmensnachfolgers	27
c) Vor- und Nacherbfolge	28
d) Testamentsvollstreckung	29
aa) Notwendige Klauseln	29
bb) Prüfung der Gesellschaftsverträge	30
cc) Vorab verschenkte Anteile sowie Eintrittsklauseln	31
dd) Sonstige Regelungen	32
e) Sonderrechte Einzelner und Absicherung der anderen	33
f) Minderjährige Kinder	34
g) Sonstige notwendige Bestandteile eines Unternehmertestaments	35
3. Zu den besonderen weiteren Elementen der Unternehmensnachfolgeplanung	36
a) Nachfolgeklausel bei Personengesellschaften	36
aa) Vererblichkeit von Anteilen	37
bb) Gesellschaft bürgerlichen Rechts	38
cc) Einfache Nachfolgeklausel	39
dd) Qualifizierte Nachfolgeklausel	40
ee) Störung der Nachfolge	41
ff) Steuerliche Risiken	42
gg) Sonderbetriebsvermögen	43
b) Nachfolgeklauseln bei Kapitalgesellschaften	45

	Rn.
c) Abfindungsklauseln im Gesellschaftsvertrag	46
aa) Wirkungsweise der Klausel	46
bb) Abfindung in Nachfolgefällen	47
d) Überlegungen bei Lebensversicherungen	48
e) Hinweise zu den Güterständen	49
aa) Zivilrecht	49
bb) Steuerrecht	50
f) Heilungsmöglichkeiten bei verunglückten Nachfolgeplanungen, Ausschlagung	51

§ 1 Kompendium der Gestaltungsmöglichkeiten

1 Dieses Kapitel kann die gründliche Befassung mit dem Recht der Unternehmensnachfolge als Schnittstellenbereich aus Erbrecht, Gesellschaftsrecht und Steuerrecht nicht, auch nicht annähernd ersetzen. Dem Leser soll es aber ermöglichen, sich in kurzer Zeit über einige der wesentlichen Problemfelder und Haftungsgefahren, die im Bereich der Unternehmensnachfolge drohen, zu orientieren.

2 In der Literatur über Unternehmensnachfolge finden sich häufig weitreichende Darstellungen über die Nachfolge des Unternehmens von Todes wegen. In der Praxis sind solche Übergänge indes relativ selten, in aller Regel erfolgt der Nachfolgevorgang unter Lebenden durch **Schenkung** oder durch **Verkauf** des Unternehmens. Gleichwohl muss natürlich ein vorsorgender Unternehmer auch stets einen Notfallplan bereithalten, damit im Falle des unerwarteten **Ablebens** ein geordneter Übergang des Unternehmens möglich ist. An diesen Schwerpunkten orientiert sich auch dieses Kompendium.

I. Übertragung eines Unternehmens durch Schenkung

1. Vorbereitende Überlegungen

3 In der Rechtswirklichkeit begegnet man verschiedenen Gesellschaftsformen, beispielsweise Unternehmen in den Rechtsformen der GmbH, der KG (hier oft in der Variante der GmbH & Co. KG), der OHG etc. Zunächst muss sich der Berater überlegen, welche **rechtstechnischen Schritte** für die Übertragung einer Unternehmensbeteiligung erforderlich sind. Aktien werden übertragen, GmbH-Geschäftsanteile werden aufgrund eines notariell zu beurkundenden Vertrages abgetreten, KG-Anteile sind formfrei abtretbar. Besteht das Unternehmen in der Rechtsform der GmbH & Co. KG, ist zu beachten, dass nach herrschender Auffassung die Notwendigkeiten eines notariellen Übertragungsvertrages hinsichtlich der GmbH-Geschäftsanteile auch dazu führt, dass die KG-Anteile nur durch einen notariellen Übertragungsvertrag übertragen werden können. Im Einzelnen sei hier auf die Ausführungen → § 5 verwiesen. In diesem Zusammenhang wird der Berater auch klären müssen, ob der Gesellschaftsvertrag die Übertragung von Anteilen an den beabsichtigten Unternehmensnachfolger ohne weiteres **zulässt** oder ob die anderen Gesellschafter dem zustimmen müssen. Sehr häufig ist in Gesellschaftsverträgen geregelt, dass jedenfalls auf Abkömmlinge eines Gesellschafters der Anteil ohne Zustimmung der anderen Gesellschafter übertragbar ist. Es finden sich allerdings auch oft Rückausnahmen, dass dies wiederum nicht gilt, wenn die Kinder beispielsweise noch minderjährig sind. Auch finden sich gelegentlich Regelungen, nach denen nur einer von mehreren anschließend in der Gesellschaft Verwaltungsrechte ausüben kann. Nicht selten wird auch geregelt, dass beispielsweise der Anteil auf Ehegatten nicht oder nur eingeschränkt übertragbar ist. Bestehen solche Bestimmungen, muss der Berater berücksichtigen, dass es nicht ohne weiteres möglich ist, beispielsweise den Anteil den Kindern zuzuwenden und dem Ehegatten

einen Nießbrauch zuzuwenden: Bedarf die Übertragung des Anteils auf Ehegatten der Zustimmung der anderen Gesellschafter, gilt dies in der Regel auch für die Zuwendung eines Nießbrauches. Eine Alternative kann es gegebenenfalls sein, im Schenkungsvertrag zu regeln, dass die übernehmenden Nachfolger dem Ehegatten eine Rente zahlen müssen, → Rn. 8.

2. Schenkungsvertrag

a) Weitere Formfragen. Erfolgt die Übertragung des Unternehmens durch Schenkung, ist insbesondere im Rahmen der Erstellung des Schenkungsvertrages zu überlegen, ob nicht bereits aus Schenkungsrecht folgt, dass der Schenkungsvertrag **notariell** beurkundet werden muss. Grundsätzlich bedarf das Verpflichtungsgeschäft beim Schenkungsvertrag der notariellen Beurkundung, § 518 Abs. 1 BGB. Wird indes die Schenkung sofort bewirkt, heilt der Vollzug den Mangel der Form, § 518 Abs. 2 BGB. Die finanzgerichtliche Rechtsprechung fordert indes bei der schenkweisen Begründung einer stillen Gesellschaft auch eine Beurkundung des Gesellschaftsvertrages, um einen erkennbaren Außenakt für die stille Gesellschaft zu schaffen.[1] Bei der atypisch stillen Gesellschaft und der atypischen Unterbeteiligung ist indes mit dem Abschluss des Gesellschaftsvertrages die unentgeltliche Zuwendung zivilrechtlich wirksam vollzogen.[2]

b) Rückforderungsrechte. Bei der Konzeption des Schenkungsvertrages ist zu überlegen, ob sich der Schenker Rückforderungsrechte gegenüber dem Beschenkten vorbehält. Solche Rückforderungsrechte können beispielsweise für den Fall vorgesehen werden, dass sich der Beschenkte anders verhält, als sich dies der Schenker vorgestellt hat. So kann geregelt werden, dass der Schenker berechtigt ist, den Schenkungsvertrag zu widerrufen, wenn der Beschenkte der Spielsucht verfällt, alkoholabhängig oder drogensüchtig wird. Sehr wichtig in diesem Zusammenhang ist insbesondere der Widerrufsvorbehalt für den Fall, dass der Beschenkte vor dem Schenker **verstirbt**. Grundsätzlich würde nach dem Tod des Beschenkten der geschenkte Gesellschaftsanteil auf die Erben des verstorbenen Beschenkten übergehen. Dies muss aber dem Schenker keineswegs recht sein. Man denke beispielsweise an einen Unternehmer, der zwei Kinder hat und sich nach langen Überlegungen entschlossen hat, den Gesellschaftsanteil nur einem Kind zu verschenken. Ist es dem Unternehmer wirklich recht, dass sich im Fall des Todes des beschenkten Kindes dessen Gesellschaftsanteil an dessen Ehegatte vererbt oder wäre es ihm in dieser Situation lieber, er könnte die Schenkung aufgrund eines vorbehaltenen Widerrufsrechts rückabwickeln und den Anteil anschließend dem anderen Kind übertragen. In diesem Zusammenhang ist es wichtig zu wissen, dass die Widerrufsrechte steuerlich privilegiert werden, jedenfalls dann, wenn sie an Voraussetzungen geknüpft sind (wie bspw. im Falle des Vorversterbens des Beschenkten). Der Rückfall des Anteils an den Schenker aufgrund eines vorbehaltenen Widerrufsrechts löst keine Schenkungsteuern aus, vgl. § 29 Abs. 1 Ziff. 1 ErbStG. Die ursprünglich für die Schenkung gezahlte Schenkungsteuer wird zum Teil zurückerstattet, vgl. § 13 Ziff. 10 ErbStG. Auch ist in der Regel zu überlegen, ob nicht ein Widerrufsvorbehalt für den Fall aufgenommen wird, dass der Beschenkte heiratet und keinen **Ehevertrag** abschließt; insbesondere sollte überlegt werden, ob nicht durch eine Widerrufsklausel der beschenkte Gesellschafter davor geschützt wird, dass im Falle der Scheidung der andere Ehegatte zumindest auf die Wertsteigerungen des Gesellschaftsanteils seit der Schenkung zugreifen kann. Im Einzelnen ist hier auf die Ausführung → Rn. 13 ff. zu verweisen. Widerrufsklauseln sind schließlich auch deswegen wichtig, weil durch sie auf aktuelle **steuerrechtliche Entwicklungen** reagiert werden kann. So kann vorgesehen werden, dass der Schenker berechtigt ist, den geschenkten Gesellschafts-

---
[1] Vgl. BFH ZEV 2003, 475 (478).
[2] Vgl. BFH DNotZ 2014, 949 (951).

anteil zurückzufordern, falls die Schenkung unerwartete Schenkungsteuerbelastungen, sei es dem Grunde oder der Höhe nach, nach sich zieht. Auch könnte, wenn zu erwarten ist, dass der Gesetzgeber in Kürze ein neues Erbschaftsteuerrecht erlässt, geregelt werden, dass der Schenker berechtigt ist, die Schenkung zu widerrufen, wenn das neue Schenkung- und Erbschaftsteuerrecht eine geringere Steuerbelastung als das alte Recht auslöst.

6 **c) Anrechnung auf den Pflichtteil.** Bei jedem Schenkungsvertrag sollte darüber hinaus darüber nachgedacht werden, ob nicht im Schenkungsvertrag die Bestimmung aufgenommen wird, dass sich der Beschenkte das, was er mit dem Schenkungsvertrag geschenkt bekommt, auf einen eventuellen Pflichtteilsanspruch anrechnen lassen muss, § 2315 BGB. Auch wenn im Augenblick der Schenkung das Verhältnis zwischen Schenker und Beschenkten in der Regel ungetrübt ist, gibt es immer wieder Fälle, in denen sich später das Verhältnis zwischen beiden deutlich verschlechtert und der Schenker sich bei seiner Testamentsgestaltung wünscht, er könnte den Beschenkten bei Gestaltung seines Testaments vollständig übergehen, so dass der Beschenkte noch nicht einmal mehr Pflichtteilsansprüche hat. Selbstverständlich besteht immer die Möglichkeit, dass zwischen beiden ein Pflichtteilsverzichtsvertrag vereinbart wird. Die „kleine Münze" ist indes, zumindest im Schenkungsvertrag vorzusehen, dass das Übertragene auf den Wert eines späteren Pflichtteilsanspruchs angerechnet wird, § 2315 BGB. Dazu ist es aber erforderlich, dass die Anrechnungsbestimmung bereits **im Schenkungsvertrag** mit aufgenommen wird, nachträglich kann diese Anrechnung nicht vereinbart werden (→ Rn. 13 ff.).

7 **d) Begünstigung einzelner Nachkommen im Schenkungsweg.** In der Praxis erlebt man immer wieder Überlegungen einzelner Unternehmer, bei Übertragung des Unternehmens letztlich nur einem Kind oder einem Stamm die Führung in die Hand zu geben. Gewöhnlich geschieht dies dadurch, dass entweder im Schenkungsvertrag (oder im Testament) geregelt wird, dass das Kind, das eine besondere unternehmerische Rolle spielen soll, eine Mehrheitsbeteiligung erhält, beispielsweise 51 % der Gesellschaftsanteile. Je nach Regelung im Gesellschaftsvertrag hat dann das Kind, das über 51 % der Anteile verfügt, entsprechende Möglichkeiten, sich bei Beschlussfassungen in Gesellschafterversammlungen durchzusetzen. Zu unterscheiden ist in der Regel, ob es um Beschlüsse über Gesellschaftsvertragsänderungen oder um Zustimmungen zu laufenden Geschäftsführungsmaßnahmen geht. Letztere werden in der Vertragswirklichkeit häufig an die einfache Mehrheit der abgegebenen Stimmen gekoppelt, so dass sich tatsächlich ein Gesellschafter, der über 51 % der Anteile verfügt, bei den Gesellschafterversammlungen durchsetzen kann. Bei Gesellschaftsvertragsänderungen wird das in der Regel nicht gelingen, weil hier häufig höhere Quoren (bspw. mehr als 75 % der abgegebenen Stimmen) im Gesellschaftsvertrag verlangt werden. Obgleich dem Kind mit einer solchen **Mehrheitsbeteiligung** immerhin die Möglichkeit gegeben wird, sich bei operativen Maßnahmen in der Regel durchzusetzen, ist es indes sehr fraglich, ob eine solche Regelung zu empfehlen ist. Diese Vorgehensweise führt dazu, dass auch nach dem Tod des beschenkten Kindes dessen Erben über eine Mehrheitsbeteiligung am Unternehmen verfügen. Es ist aber keineswegs ausgemacht, dass auch in der dann maßgeblichen Generation das „unternehmerische Gen" ausgerechnet bei den Kindern des verstorbenen Beschenkten liegt. Unter Umständen wäre ein geeigneter Unternehmensnachfolger eher bei den Kindern der Minderheitsgesellschafter zu finden. Ein solches Kind wird aber in der Regel kein Interesse haben, als Minderheitsgesellschafter die Geschicke des Unternehmens zu lenken und letztlich der Willkür der Mehrheitsgesellschafter ausgeliefert zu sein. Will mithin ein Unternehmer nur einem Kind eine Mehrheitsposition verschaffen, ist alternativ darüber nachzudenken, ob nicht besser diesem Kind auf Lebenszeit beispielsweise ein **Sonderrecht auf Geschäftsführung** erteilt wird, gegebenenfalls mit einem zusätzlichen Stimmrecht zur Überwindung der jeweiligen Quoren für bestimmte Entscheidungen. Ebenfalls kann, bei der Rechtsform der GmbH & Co. KG, darüber nachgedacht werden, ob nicht dem Kind, das

I. Übertragung eines Unternehmens durch Schenkung § 1

die unternehmerische Führung erhalten soll, auf Lebenszeit der Komplementär-Anteil (die GmbH-Beteiligung) im Wege des Vorausvermächtnisses zugewandt wird. Auch dann hat das Kind, insbesondere als Geschäftsführer der GmbH, in der Regel eine sehr starke Position. Nach seinem Ableben sind die Verhältnisse indes nicht zementiert, wenn vorgesehen wird, dass dann die GmbH-Beteiligung sich als Nachvermächtnis auf die gesamte Familie verteilt. Solche Gestaltungen lassen alle Chancen für die nächste Generation offen. Verfügt der Unternehmer über mehrere Unternehmensbeteiligungen, muss er sich, insbesondere wenn er mehrere Kinder hat, die als Unternehmensnachfolger in Betracht kommen, fragen, ob er jedem der Kinder eine Beteiligung überlässt oder alle Beteiligungen gegebenenfalls vor der Schenkung unter einer **Holding** bündelt. Dies gibt die Möglichkeit, durch Schenkung der Holdinganteile letztlich alle Kinder gleichermaßen an den darunter hängenden Unternehmen zu beteiligen. Geht er andere Wege, das heißt überlässt er die diversen Beteiligungen verschiedenen Kindern oder gibt er das oder die Unternehmen nur an ein beziehungsweise einige von mehreren Kindern, wird er sich die Frage stellen, ob und wie diese „Ungleichbehandlung" gegebenenfalls zu kompensieren ist. Dabei muss er indes auch vergegenwärtigen, dass jede unternehmerische Beteiligung nicht nur ihren aktuellen Wert verkörpert, sondern jeweils völlig unterschiedliche Risiko- und Chancenprofile. Die Unternehmen können sich daher in der Zukunft vollkommen unterschiedlich entwickeln. Insbesondere dann, wenn zum Beispiel einzelne Kinder liquide Mittel als Kompensation erhalten und andere das Unternehmen bekommen, muss sich der Unternehmer klar darüber sein, dass das Kind, das Liquidität erhält, weitgehend risikoloses Vermögen bekommt, was in die Überlegungen des Unternehmers einfließen sollte. Verschenkt der Unternehmer eine Beteiligung an einer Aktiengesellschaft, kann es unter Umständen interessant sein, dass das Aktienrecht satzungsmäßige Regelungen gestattet, nach denen einzelnen Aktionären ein Entsendungsrecht in den Aufsichtsrat vorbehaltenen werden kann, vgl. § 101 Abs. 2 AktG. Auch mit diesem Mittel kann gegebenenfalls einem zur Nachfolge berufenen Kind ein besonderer Einfluss gesichert werden. Schließlich finden sich häufig bereits in Gesellschaftsverträgen Bestimmungen, wonach mehrere beschenkte Personen (oder Miterben) gehalten sind, letztlich einen aus ihrer Mitte auszusuchen, der anschließend die anderen beschenkten Personen oder Miterben in der Gesellschaft vertritt (gemeinsamer Vertreter). In die gleiche Richtung gehen Überlegungen, zwischen den Kindern den Abschluss eines Stimmbindungsvertrages anzuordnen. Insgesamt steht dem Schenker mithin eine große Bandbreite an Möglichkeiten zu, sehr maßgeschneidert seine Vorstellungen umzusetzen. Sollte er sich gleichwohl entscheiden, einem Kind deutlich mehr Anteile als den anderen Kindern zu übertragen, sind natürlich immer die Grenzen des Pflichtteilsrechts und hier insbesondere der Pflichtteilsergänzungsanspruch[3] zu beachten.

e) Versorgung übergangener Nachfolger und Ehegatten. Wenn ein Unternehmer 8 sich entscheidet, seine Beteiligung nicht gleichmäßig auf alle Kinder zu übertragen, sondern nur auf einzelne, wird er sich in der Regel auch mit der Frage zu befassen haben, welche Möglichkeiten bestehen, die anderen Kinder gleichzustellen und/oder zu versorgen. Auch muss er sich diese Fragen hinsichtlich seiner eigenen Versorgung nach der Übertragung beziehungsweise der seines Ehegatten stellen. Die Frage spitzt sich insbesondere dann zu, wenn das sonstige Vermögen des Unternehmers nicht ausreicht, um aus diesem sonstigen Vermögen eine entsprechende **Kompensation** auszusuchen, die dann zur eigenen Versorgung zurückbehalten beziehungsweise den anderen Kindern übertragen wird. Viele Mittelständler bündeln letztlich ihr gesamtes Vermögen im Unternehmen, so dass kaum anderes Vermögen als Ausgleichsmasse verbleibt. Hier ist zu überlegen, wie ein Ausgleich vorgenommen werden kann: Der Schenker kann anordnen, dass das beschenkte Kind den anderen Kindern eine **Rente** zu bezahlen hat. Der Vorteil einer solchen

---

[3] Zum Pflichtteilsergänzungsanspruch → Rn. 13.

Rente ist, dass die Verhältnisse für alle Beteiligten klar sind und insbesondere die anderen Kinder wissen, was sie erhalten und sich darauf einstellen können. Nachteilig für das Kind, das die Unternehmensbeteiligung erwirbt, ist naturgemäß, dass die Rente auch dann zu bezahlen ist, wenn das Unternehmen in einer wirtschaftlich schlechten Lage keine oder nicht so hohe Gewinne abwirft. Hier kann man Regelungen vorsehen, dass in solchen Zeiten das Kind, das die Unternehmensbeteiligung erhalten hat, berechtigt ist, die Rentenzahlung abzusenken (ggf. kombiniert mit einer Nachzahlungspflicht für bessere Zeiten). Ein wichtiger Vorteil dieser Gestaltungen liegt auch im **Steuerrecht,** da unter Umständen die Möglichkeit für den Verpflichteten besteht, die Zahlungen steuerlich zu berücksichtigen, während der Leistungsempfänger die Zahlungen nicht in vollem Umfang versteuern muss. Alternativ ist darüber nachzudenken, ob nicht ein Zuwendungsnießbrauch bei der Übergabe vereinbart wird, durch den die Kinder, die nicht am Unternehmen beteiligt werden, einen **Nießbrauchanspruch** gegen das Unternehmen erwerben. Selbstredend ist in ähnlicher Weise auch über die Sicherung des übergebenden Unternehmers beziehungsweise seines Ehegatten zum Beispiel im Rahmen eines Vorbehaltsnießbrauchs oder auch durch eine Rente nachzudenken.[4] Es sei in diesem Zusammenhang noch einmal daran erinnert, dass dann, wenn dem Ehegatten ein Nießbrauch zugewendet wird, im **Gesellschaftsvertrag** zu prüfen ist, ob dies ohne Zustimmung der anderen Gesellschafter möglich ist, → Rn. 3. Hier stellt sich im Übrigen gelegentlich das Problem, dass in Gesellschaftsverträgen zwar oft im Zusammenhang mit Nachfolgeklauseln im Einzelnen geregelt wird, ob dem überlebenden Ehegatten ein Nießbrauchsrecht von Todes wegen zugewendet werden kann oder nicht. Häufig fehlt aber eine entsprechende Regelung bei der Parallelvorschrift im Gesellschaftsvertrag, bei der es um die Übertragung des Anteils unter Lebenden geht. Hier wird zwar meistens geregelt, dass eine Übertragung auf Kinder ohne Zustimmung der übrigen Gesellschafter möglich ist, häufig fehlt aber die weitere Regelung, wie es sich mit der Möglichkeit der Zuwendung des Nießbrauchs zur Versorgung des Ehegatten verhält. Unabhängig davon ist zu überlegen, ob tatsächlich die Übergabe des Unternehmens nur an ein Kind statt an alle richtig ist. Alternativen wurden bereits in Rn. 7 beschrieben.

9 **f) Steuerliche Folgen einer Schenkung.** Schenkungen sind schenkungsteuerpflichtig, im Einzelnen werden die Folgen der Schenkung (sowie des Vererbens) von Gesellschaftsanteilen in § 28 dargestellt.

10 **aa) Steuerliche Begünstigung der Übertragung von Unternehmen.** Der Gesetzgeber gewährt bedeutsame Erbschaftsteuerentlastungen bei der Übertragung von betrieblichem Vermögen. Hier gilt Folgendes: Bei jedem Unternehmen ist zunächst für die steuerliche Behandlung zu unterscheiden, in welcher Rechtsform es geführt wird. Handelt es sich um Betriebsvermögen (zB also Anteile an einer OHG oder an einer KG beziehungsweise einer GmbH & Co. KG), so kommt es auf die Höhe der Beteiligung des Schenkers nicht an. Überträgt der Schenker indes Anteile an Kapitalgesellschaften (insbesondere AG, GmbH, SE), werden die nachfolgend kurz skizzierten Begünstigungen nur gewährt, wenn der Schenker zu **mehr als 25 %** am Unternehmen beteiligt war. Ist diese Größenordnung nicht erreicht, gewährt das Erbschaftsteuerrecht aber die Möglichkeit für den Schenker, sich vor der Schenkung mit anderen Gesellschaftern im Rahmen eines **Poolvertrages** zusammenzuschließen, anschließend wird er steuerlich so behandelt, als würde er über mehr als 25 % an der Gesellschaft verfügen. Ist diese Voraussetzung genommen, besteht im Grundsatz die Möglichkeit, dass bei der Übertragung des Vermögens im Rahmen der **Regelverschonung** 85 % des Wertes des Betriebsvermögens (bei Personengesellschaften wie KG und OHG) beziehungsweise des Wertes an Kapitalgesellschaften (GmbH, AG)

---

[4] Beachte aber die Rechtsprechung des BFH DStR 2017, 1308, zur Frage, ob eine Buchwertfortführung nur möglich ist, wenn der unter Nießbrauch Übertragende seine gewerbliche Tätigkeit völlig einstellt.

I. Übertragung eines Unternehmens durch Schenkung § 1

nicht der Besteuerung unterliegen. Im Rahmen der **Optionsverschonung** kann der Unternehmer sogar wählen, dass 100% dieses Wertes von der Steuer verschont werden. Im wichtigen Gegensatz zur Rechtslage bis zum 30.6.2016 greifen diese Verschonungen aber nur hinsichtlich des begünstigungsfähigen Betriebsvermögens. Dies bedeutet im Umkehrschluss, dass das nicht begünstigungsfähige Vermögen, in der Regel **Verwaltungsvermögen** genannt, der normalen Besteuerung unterliegt. Jedem Unternehmen wird zwar nach § 13b Abs. 7 ErbStG ein Verwaltungsvermögen in Höhe von 10% des Wertes des begünstigten Vermögens zugestanden und als begünstigtes Vermögen behandelt (sog. „Schmutzvermögen"). Bei höheren Verwaltungsvermögensquoten kommt es indes in jedem Fall zur Besteuerung, hier liegt ein wesentlicher Unterschied zum alten Recht. Bis zum 30.6.2016 konnte die Regelverschonung, nach der 85% des gemeinen Werts des Unternehmens von der Steuer freigestellt wurde, auch dann in Anspruch genommen werden, wenn das Verwaltungsvermögen zumindest nicht mehr als 50% des gemeinen Wertes des Unternehmens ausmachte (bei der Optionsverschonung – 100%ige Steuerfreiheit – durfte das Verwaltungsvermögen nur 10% betragen). Die Erlangung der Regelverschonung oder der Optionsverschonung ist darüber hinaus noch an die Voraussetzungen gebunden, dass der Nachfolger das Unternehmen auch tatsächlich einen gewissen Zeitraum (5 Jahre beziehungsweise 7 Jahre bei der vollständigen Steuerbefreiung) **fortführt** und in diesem Zeitraum die **Arbeitnehmer** weiter beschäftigt. Immerhin führt der Verstoß gegen die Voraussetzungen nicht im Rahmen eines „Fallbeils" zum Verlust aller Steuervorteile, die genannten Steuerentlastungen werden aber entsprechend dem Verstoß gekürzt. Zudem werden nach neuem Recht die genannten Verschonungen nur noch bei Erwerben von bis zu 26 Mio. EUR pro Erbe in vollem Umfang gewährt. Bei darüber hinausgehenden Werten findet entweder eine Kürzung des Verschonungsabschlags oder eine sogenannte **Verschonungsbedarfsprüfung** statt. Bei der Kürzung des Verschonungsabschlags wird der genannte Verschonungsabschlag von 85% oder 100% für jeden Mehrerwerb über die 26 Mio. EUR hinaus abgeschmolzen, ab einem Großerwerb von rund 90 Mio. EUR ist der Verschonungsabschlag vollständig hinfällig, so dass auch bei Weitergabe von Betriebsvermögen keine Steuerbefreiung mehr erfolgt. Alternativ kann der Beschenkte gegebenenfalls nach dem **Erlassmodell** nachweisen, dass er nicht in der Lage ist, die Steuer aus dem Einsatz der Hälfte seines verfügbaren Vermögens zu begleichen, dann wird die Steuer ganz oder teilweise erlassen. Der Erlass der Steuer ist auch bei einem Erwerb von mehr als 90 Mio. EUR möglich.

bb) Sonstige Reduktionen der Steuerlast. Abgesehen von den dargestellten Steuervergünstigungen speziell für Betriebsvermögen sind natürlich auch bei der Unternehmensnachfolge die üblichen Strategien zur Reduktion der Steuerlast zu berücksichtigen. Insbesondere geht es um die optimale Nutzung der **Steuerfreibeträge.** Ehegatten können alle 10 Jahre maximal 500.000 EUR steuerfrei zugewandt werden, Kindern 400.000 EUR, vgl. § 16 ErbStG. Zur optimierten Nutzung der Freibeträge ist beispielsweise zu überlegen, ob nicht ein bestimmter Unternehmensteil zunächst dem Ehegatten zugewandt wird und anschließend von diesem Ehegatten an die Kinder. Die genannten Freibeträge für Kinder geltend gegenüber jedem Elternteil, so dass beispielsweise 1,6 Mio. EUR von beiden Eltern alle 10 Jahre steuerfrei an zwei Kinder übertragen werden können. Die steuerliche Anerkennung einer Kettenschenkung setzt indes zwingend voraus, dass die beschenkte Zwischenperson über die geschenkten Mittel völlig frei verfügen kann, die Weiterschenkung muss mithin **freiwillig** erfolgen. Die Schenkung an die Zwischenperson darf daher keinesfalls unter einer Auflage erfolgen, den empfangenen Betrag an die dritte Person weiter zu schenken. Zudem sollte zwischen den Schenkungen ein deutlicher zeitlicher Abstand von mehreren Monaten bestehen. Selbstverständlich ist auch im Rahmen der Unternehmensnachfolge zu überlegen, ob nicht nur die Kinder, sondern bereits die übernächste Generation mit bedacht wird, auch **Enkelkindern** können 200.000 EUR alle 10 Jahre steuerfrei zugewandt werden. In der Regel empfiehlt es sich schließlich, dass

11

der Schenker die Schenkungsteuer übernimmt. Zwar gilt die übernommene Steuer ebenfalls als Zuwendung, jedoch stellt die auf die übernommene Steuer entstehende Steuer keinen weiteren zu versteuernden Erwerb dar, § 10 Abs. 2 ErbStG. In diesem Zusammenhang ist auch der **Güterstand** bei Ehegatten zu überprüfen, insbesondere ist gegebenenfalls zu hinterfragen, ob der Güterstand der Gütertrennung aus steuerlichen Gründen der richtige ist.

12 **cc) Wegzugsbesteuerung; Probleme bei Holdinggesellschaften.** Am Ende ist noch auf § 6 Abs. 3 AStG hinzuweisen. Es kann unter Umständen die sogenannte Wegzugsbesteuerung ausgelöst werden, wenn insbesondere **Kapitalgesellschaftsanteile** an ein Kind übertragen werden, das nicht in der EU (oder im EWR-Raum) seinen Wohnsitz hat. Letztlich wird der Fall dann so behandelt, als hätte der Schenker die Unternehmensbeteiligung veräußert. Steuergefahren drohen unter Umständen aber auch bei der Verschenkung von Anteilen an **Personengesellschaften** ins Ausland. Dies gilt insbesondere dann, wenn diese nicht originär gewerblich tätig sind. Man denke beispielsweise an eine Holdinggesellschaft in der Rechtsform der GmbH & Co. KG, unter der sich die operative Gesellschaft, beispielsweise eine GmbH, befindet. Werden solche GmbH & Co. KG-Anteile, die nach deutschem steuerrechtlichen Verständnis nach § 15 EStG Mitunternehmeranteile sind, ins Nicht-EU-Ausland verschenkt, droht ebenfalls die Aufdeckung stiller Reserven. Hintergrund ist, dass international die Fiktion des Mitunternehmeranteils aufgrund der Rechtsform der GmbH & Co. KG nicht nachvollzogen wird mit der Folge, dass im Sinne einer transparenten Betrachtung auf die darunter liegende GmbH durchgeschaut wird und dann dieselbe Rechtsfolge, wie soeben dargestellt (§ 6 AStG), gelten kann.

13 **g) Sonstige liquiden Konsequenzen der Schenkung, insbesondere Ansprüche aus Pflichtteilsergänzung und Ausgleichung.** Ein Schenker, der mehrere Kinder hat, muss sich bei der Schenkung einer Unternehmensbeteiligung an nur ein Kind zwingend darüber Gedanken machen, ob und inwieweit eine solche Übertragung liquide Ansprüche auslösen kann.

14 **aa) Wirkung der Pflichtteilsergänzung.** Die ausgeklügelste Nachlassplanung kann durch die Geltendmachung zum Beispiel von Pflichtteilsansprüchen, das heißt sofort fälligen Geldforderungen, nachhaltig gestört werden. Im Rahmen des hier darzustellenden Schenkungsrechts ist der Blick insbesondere auf die Pflichtteilsergänzungsansprüche, vor allem die Ansprüche aus §§ 2325 ff. BGB, zu lenken. Dem Pflichtteilsergänzungsanspruch nach § 2325 BGB kommt in der Praxis eine erhebliche Bedeutung zu. Der Anspruch bewirkt letztlich, dass die in den letzten 10 Jahren verschenkten Gegenstände beziehungsweise deren Wert dem (insoweit fiktiven) Nachlass wieder hinzuzurechnen sind, wenn nach der Schenkung der Erbfall eintritt. So ergibt sich ein **(fiktiver) Nachlasswert,** aus dem dann der Pflichtteilsergänzungsanspruch ermittelt wird. Allerdings wird der Wert der Schenkung nur innerhalb des ersten Jahres nach der Schenkung und vor dem Erbfall im vollen Umfang angesetzt. Jedes weitere Jahr vor dem Erbfall und nach der Schenkung wird mit jeweils 1/10 des Werts weniger berücksichtigt. Nach Ablauf der 10 Jahre bleibt die Schenkung unberücksichtigt, vgl. § 2325 Abs. 3 BGB.

15 **bb) Berechnungsbeispiele.** Relativ einfach ist die Berechnung, wenn das zum Pflichtteilsergänzungsanspruch berechtigte Kind vollständig enterbt ist. Hat der Erblasser beispielsweise zwei Kinder und hinterlässt er einen Nachlass von 300.000 EUR, hat er aber einer Freundin kurz vor seinem Tod 200.000 EUR geschenkt und setzt er als Erben einen familienfremden Dritten ein, so beträgt der ordentliche Pflichtteil der Kinder bezogen auf den Nachlass jeweils 75.000 EUR. Unter Hinzurechnung der Schenkung zum Nachlass ergibt sich indes ein fiktiver Nachlass in Höhe von 500.000 EUR. Aus diesem würde sich nunmehr ein Gesamtpflichtteil von jeweils 125.000 EUR für jedes der Kinder ergeben. Beiden

steht mithin die Differenz zwischen dem ordentlichen und dem fiktiven Pflichtteilsanspruch, das heißt jeweils 50.000 EUR als Ergänzungsanspruch gegen den Erben, den Dritten, zu. Schwieriger ist die Lage jedoch, wenn der Erblasser das Kind oder die Kinder gar nicht enterbt, sondern nur einen Teil seines Vermögens verschenkt hat. In der Unternehmensnachfolgepraxis tritt häufig die Fallgestaltung ein, in der beispielsweise ein Vater eine Unternehmensbeteiligung an eines von beiden Kindern lebzeitig überträgt. Verstirbt er danach und setzt er seine beiden Kinder gleichermaßen als Erben ein, so stellt sich ebenfalls die Frage, ob nicht aus dieser Schenkung Pflichtteilsergänzungsansprüche resultieren. Einschlägig ist nunmehr § 2326 S. 2 BGB. Ist dem pflichtteilsberechtigten Erben eine Erbquote oberhalb seiner Pflichtteilsquote zugewiesen, so kann er den Pflichtteilsergänzungsanspruch zwar verlangen, er muss sich aber auf den fiktiven Gesamtpflichtteilsanspruch den Wert seines ihm zugewiesenen Erbteils anrechnen lassen. Möglicherweise ist dann aber gar kein Ergänzungsanspruch gegeben. Auch hierzu eine Fallgestaltung: Hinterlässt der Vater beim Tod ein Vermögen von 7 Mio. EUR und hat er vorab eine Unternehmensbeteiligung in Höhe von 3 Mio. EUR an eines der Kinder übertragen, so steht wertmäßig jedem Erben ein Wert von 3,5 Mio. EUR zu. Fraglich ist, ob nun überhaupt noch Pflichtteilsergänzungsansprüche für das nicht beschenkte Kind bestehen. Bildet man den fiktiven Nachlass, das heißt rechnet man den Wert des Geschenkes zum Erbteil, so ergibt sich ein fiktiver Nachlasswert für jedes Kind von 5 Mio. EUR. Der Pflichtteilsanspruch, die Hälfte des Wertes, beträgt 2,5 Mio. EUR. Da das Kind allerdings trotz Berücksichtigung der Schenkung und unter Berücksichtigung der testamentarischen Regelung 3,5 Mio. EUR erhält, bleibt kein Raum für einen Pflichtteilsergänzungsanspruch.

cc) Bewertung von Unternehmen. Tatsächliche Schwierigkeiten in diesem Zusammenhang bestehen naturgemäß bei der Frage, wie insbesondere Unternehmen im Rahmen der Pflichtteilsberechnung bewertet werden. Der Steuerwert der Beteiligung ist jedenfalls vollständig unmaßgeblich für die pflichtteilsrechtliche Bewertung. Gleiches gilt für eventuelle Wertbestimmungen des Erblassers oder den Buchwert. Vielmehr ist der **tatsächliche Wert** zu ermitteln. Dieser steht fest, falls der Erbe beispielsweise kurze Zeit nach dem Erbfall das, was er erlangte, verkauft hat. Liegt indes kein heranzuziehender Verkaufspreiserlös vor, so muss geschätzt werden. Üblicherweise wird in der Regel bei der Unternehmensbewertung das **Ertragswertverfahren** herangezogen. Der Wert bestimmt sich mithin nach dem erzielbaren Zukunftserfolg des Unternehmens. Die zu erwartenden Überschüsse des Unternehmens sind daher durch eine Ertragsprognose zu schätzen. In einem zweiten Schritt ist dann festzustellen, welchen Gesamtwert die im ersten Schritt ermittelten Ertragserwartungen – bezogen auf den Tag des Erbfalls – haben. Gleichzeitig muss berechnet werden, mit welchen Risiken diese Ertragsprognosen behaftet sind. Dazu muss überlegt werden, welche Erträge mit alternativen Anlageformen erreicht werden können. Auf der Basis dieser Vergleichs- und Risikoanalyse wird der sogenannte **Kapitalisierungszinssatz** ermittelt, mit dem die zukünftig zu erwarteten Erträge zu diskontieren sind. Außerdem ist zu beachten, dass in der Regel der Liquidationswert, das heißt der **Substanzwert,** eine Wertuntergrenze darstellt. Diese Wertuntergrenze greift allerdings nicht, das heißt ein Ertragswert unterhalb des Liquidations- oder Substanzwerts ist dann maßgeblich, wenn der Erbe etwa aufgrund bestimmter Auflagen des Erblassers zur Fortführung des Unternehmens verpflichtet ist. Hintergrund ist dann die schlichte Überlegung, dass er gar nicht die Möglichkeit hat, den Liquidationswert zu realisieren. Viele weitere Fragen stellen sich: **Latente Ertragsteuerlasten,** die bei der Veräußerung von Betriebsvermögen beim Erben entstehen würden, sind nach heute herrschender Meinung in der Regel abzugsfähig, auch wenn der Erbe das Unternehmen nicht veräußert. Sehr streitig ist indes, wie insbesondere **Abfindungsbeschränkungen** (→ Rn. 46 ff.) im Gesellschaftsvertrag des zu bewertenden Unternehmens zu berücksichtigen sind. Der Erbe wird bei der Bewertung dem Pflichtteilsberechtigten entgegenhalten, dass bei einer Kündigung der Beteiligung er selbst aufgrund der Abfindungsbeschränkungen nur einen Wert erhält, der unterhalb des tatsächlichen Wertes liegt. Der Pflichtteilsberechtigte wird erwidern, dass ihn das nicht interessiert, weil es dem Erben ja freisteht, ob er kündigt oder nicht. Immerhin hat der BGH im Rahmen der Wertermittlung im Zugewinnausgleich entschieden, dass sich solche Klauseln wertmindernd auswirken können.

17 **dd) Lauf der 10-Jahres-Frist.** Zahlreiche Schwierigkeiten im Zusammenhang mit dem Pflichtteilsergänzungsanspruch ergeben sich insbesondere aus der Frage, ab wann die 10-Jahres-Frist des § 2325 Abs. 3 BGB zu laufen beginnt. Dies spielt insbesondere dann eine Rolle, wenn der Schenker sich an dem verschenkten Gegenstand durch ein dingliches Recht, insbesondere ein **Nießbrauchsrecht**, die Nutzungen vorbehalten hat. Die aktuelle Rechtsprechung kommt zu dem Ergebnis, dass in diesen Fällen die 10-Jahres-Frist gar nicht angelaufen ist, weil sich der Schenker letztlich nicht vollständig des Genusses an der verschenkten Sache entledigt hat. In ähnlicher Weise ist fraglich, ob die 10-Jahres-Frist zu laufen beginnt, wenn sich der Schenker andere Rechte vorbehalten hat, oder – bei Übertragung auf eine Stiftung – selbst die Stiftung leitet oder Begünstigter der Stiftung ist. Im Übrigen ist zu beachten, dass die 10-Jahres-Frist bei Schenkungen an Ehegatten überhaupt nicht zu laufen beginnt, § 2325 Abs. 3 S. 3 BGB.[5]

18 **ee) Schenkung von Anteilen mit unbeschränkter Haftung.** Bei der Beurteilung von Pflichtteilsergänzungsansprüchen nach der Übertragung von einzelkaufmännischen Unternehmen und Gesellschaftsanteilen mit voller persönlicher Haftung, insbesondere Komplementär- und OHG-Anteilen ist auch zu überlegen, ob überhaupt eine Schenkung im Sinne des Pflichtteilsergänzungsanspruchs vorliegt. Immerhin ist bei diesen Gesellschaftsformen der Erwerber verpflichtet, seine persönliche Arbeitsleistung für das erworbene Unternehmen einzubringen und er ist der unbeschränkten persönlichen Haftung ausgesetzt. Daher vertritt die Rechtsprechung die Auffassung, dass in diesen Fällen gar **keine** Schenkung vorliegt mit der weiteren Folge, dass es auch keine Pflichtteilsergänzungsansprüche gibt.

19 **ff) Sonstige Ausgleichsansprüche.** Weitere liquide Ausgleichsansprüche, die die Nachfolge stören können, können aus den §§ 2050 ff. BGB resultieren. Die §§ 2050 ff. BGB legen fest, unter welchen Voraussetzungen lebzeitige Zuwendungen durch den Erblasser bei der Auseinandersetzung unter den Abkömmlingen zu berücksichtigen sind. Maßgeblich sind die §§ 2050 ff. BGB indes nur, soweit Abkömmlinge betroffen sind und auch nur, wenn entweder **gesetzliche Erbfolge** greift oder aber bei gewillkürter Erbfolge die Abkömmlinge **exakt** ihren gesetzlichen Erbteil erhalten sollen oder das Verhältnis der Erbteile der Abkömmlinge untereinander dem Verhältnis ihrer gesetzlichen Erbteile entspricht. Dann aber kann es tatsächlich dazu kommen, dass insbesondere Zuwendungen des Erblassers, die rechtlich als **Ausstattungen** im Sinne des § 2050 Abs. 1 iVm § 1624 BGB zu verstehen sind, zu Ausgleichsansprüchen führen. Ausstattungen sind Unterstützungen des Erblassers bei der Gründung einer selbstständigen Existenz des Erben, beispielsweise bei einer Unternehmensgründung. Ebenfalls können **Zuschüsse** des Erblassers zum **Einkommen** an einzelne Abkömmlinge oder Aufwendungen im Rahmen der **Berufsausbildung** zu Ausgleichsansprüchen führen. Immerhin regelt § 2050 Abs. 3 BGB, dass sämtliche sonstigen Zuwendungen, die also nicht Aufwendungen für die Berufsausbildung, Zuschüsse zum Einkommen und lebzeitige Ausstattungen sind, nur dann ausgleichspflichtig sind, wenn der Erblasser dies durch Erklärung **bei** Zuwendung anordnet. Dennoch sollte insbesondere dann, wenn der Erblasser ein Kind bei der Gründung des Unternehmens finanziell unterstützt hat, im Testament klargestellt werden, ob diese Zuwendung unter den übrigen Kindern ausgleichspflichtig ist oder nicht.

---

[5] Diese Schlechterstellung des Ehegatten wurde vom BVerfG als verfassungskonform bestätigt, BVerfG ZEV 2019, 79.

h) Übertragung des Unternehmens auf eine Familienstiftung. Wenn kein geeigneter 20 Nachfolger zur Verfügung steht, denken Unternehmer gerne an die Möglichkeit, eine Familienstiftung als Beschenkte beziehungsweise als Nachfolger einzusetzen. Aus diesem Grunde, aber auch aus steuerlichen Aspekten, auf die gleich einzugehen sein wird, hat insbesondere die Familienstiftung eine Renaissance erlebt. Zudem ist das Vermögen, wenn es in die Stiftung eingebracht ist, vor einer ganzen Reihe von Ansprüchen, insbesondere Pflichtteilsansprüchen, geschützt, wenn man von Pflichtteilsergänzungsansprüchen absieht, die in den ersten 10 Jahren nach Übertragung des Stiftungsvermögens auf die Stiftung gem. § 2325 BGB zukommen können. Aber eine Stiftung hat auch Nachteile. Sie kann ein unflexibles Instrument sein, spätere Satzungsänderungen, die oft zur Anpassung an geänderte Umstände notwendig sind, sind mitunter schwierig zu erreichen und müssen je nach Maßgabe des anwendbaren Landesstiftungsgesetzes staatlich genehmigt werden. Vor allem aber ist darauf hinzuweisen, dass durch die Errichtung einer Stiftung zwar eine juristische Person als Beschenkte erschaffen werden kann, die weitere Führung des Unternehmens aber davon abhängt, wie die als Vorstand eingesetzten natürlichen Personen agieren. Der Unternehmer kommt also nicht umhin, eine bestimmte Person für die weitere Unternehmensverwaltung auszuwählen, will er sichergehen, dass das Unternehmen auch weiterhin „in guten Händen" ist.

Steuerlich ist zu beachten, dass Stiftungen, die insbesondere den Zweck haben, den 21 Interessen einer Familie zu dienen, der **Ersatzerbschaftsteuer** gem. § 1 Abs. 1 Nr. 4 ErbStG unterliegen. Diese Ersatzerbschaftsteuer fällt zwar nur alle 30 Jahre an und die gesetzlich geregelte Fälligkeit dieser Steuer schafft immerhin Planbarkeit. Die Höhe der Ersatzerbschaftsteuer wird im Übrigen so berechnet, also würde das Vermögen im Abstand von je 30 Jahren zwei Kindern anfallen, § 15 Abs. 2 S. 3 ErbStG, das heißt es erfolgt eine Vererbung in der günstigen Steuerklasse I und Gewährung eines Freibetrages von insges. 800.000 EUR. Insbesondere ist auch zu beachten, dass bei der Familienstiftung die Übertragung des Vermögens auf die Stiftung der Schenkung- beziehungsweise Erbschaftsteuer unterliegt. Nur bei der **Erstausstattung** der Stiftung richtet sich die Steuer nach dem Verwandtschaftsverhältnis zwischen Stifter und dem nach der Satzung entferntesten Berechtigten (§ 15 Abs. 2 S. 1 ErbStG), in den übrigen Fällen (insbes. also Zustiftungen) findet die ungünstige Steuerklasse III Anwendung. Bei **Auflösung** der Stiftung wird der Rückfluss des Vermögens an die Begünstigten im Verhältnis zwischen Stifter und Empfänger besteuert, § 15 Abs. 2 S. 2 ErbStG. Das neue **Erbschaftsteuerrecht,** in Kraft seit 1.7.2016, wird für eine steigende Beliebtheit der Familienstiftung sorgen. Nach neuem Recht muss der Erwerber von Großvermögen, das heißt ab einem Erwerb von 26 Mio. EUR, entweder sein Privatvermögen hälftig zur Befriedigung der Schenkungsteuer auch auf (an und für sich steuerbegünstigtes) Betriebsvermögen einsetzen, oder das Abschmelzmodell wählen. Alternativ kann daher ein Übergang des begünstigungsfähigen Betriebsvermögens auf eine vermögenslose (neu gegründete) Familienstiftung attraktiv sein. Natürlich muss in diesem Fall genau geprüft werden, ob das Betriebsvermögen auch ausschließlich aus begünstigtem Vermögen besteht, da ansonsten gegebenenfalls Erbschaftsteuern entstehen, die eine vermögenslose Familienstiftung nicht bezahlen kann.

II. Übertragung eines Unternehmens durch Verkauf

Steht keine Person zur Verfügung, der der Unternehmer das Unternehmen übertragen 22 kann oder möchte und macht auch, aus welchen Gründen auch immer, eine Familienstiftung keinen Sinn, zum Beispiel weil es keine Familie gibt, die zu versorgen ist, so wird der Unternehmer das Unternehmen veräußern. Diese sogenannte externe Nachfolge durch Verkauf wird in → § 3 im Ergebnis dargestellt.

III. Übertragung eines Unternehmens im Erbgang

1. Herausforderungen bei der Nachfolge von Todes wegen

23 Wie bereits ausgeführt, erfolgt eine optimale Unternehmensnachfolge in aller Regel unter Lebenden. Da sich jedoch der Zeitpunkt des Todes nie vorhersagen lässt, sollte sich jeder Unternehmer mit dem Risiko auseinandersetzen, dass er vor der Durchführung einer vorweggenommenen Erbfolge verstirbt. Er muss daher auch ein Konzept für eine Unternehmensnachfolge im Falle seines Todes haben. Die Nachfolge von Todes wegen ist in der Regel aber komplizierter als die Nachfolge unter Lebenden, die Komplexität bezieht sich hierbei auf die Rechtstechnik, nicht auf die psychologische Sicht, die gerade auch bei der Nachfolge unter Lebenden oft sehr schwierig ist. Es kann bei der Nachfolge von Todes wegen zu der Situation kommen, dass der Wunschnachfolger trotz entsprechender testamentarischer Regelungen aufgrund gesellschaftlicher Umstände nicht Nachfolger wird. Diese Situation kann zwar auch beim Übergang des Unternehmens unter Lebenden auftreten, hier kann der Unternehmer in der Regel aber reagieren und hat gegebenenfalls einen zweiten und weitere Versuche, die gesellschaftsrechtliche Problematik in den Griff zu bekommen. Von Todes wegen gibt es oft nur eine Möglichkeit zu Heilungsmöglichkeiten, zum Beispiel aufgrund Ausschlagung etc. Wichtig ist in diesem Zusammenhang daher ein gutes Verständnis der Funktionsweise der Nachfolgeklauseln in Gesellschaftsverträgen und deren Verzahnung mit den letztwilligen Verfügungen, das heißt dem Testament oder dem Erbvertrag. Der Unternehmer, der die Nachfolge von Todes wegen plant, muss sich einerseits mit den Gesellschaftsverträgen auseinandersetzen und andererseits ein Testament, das sogenannte Unternehmertestament, erstellen. Das **Unternehmertestament** ist keine eigenständige juristische Kategorie, es ist vielmehr der Versuch, die besonderen Regelungsziele eines Unternehmers im Testament abzubilden. Ein junger Unternehmer, der gerade unternehmerisch gestartet ist und gegebenenfalls keine oder sehr kleine Kinder hat, wird naturgemäß ein ganz anderes Testament verfassen als der Unternehmer eines eingeführten größeren Unternehmens. Hier liegt die besondere Aufgabe des Beraters darin, über den Tellerrand der dargestellten Problemfelder hinaus zu schauen und im Sinne eines ganzheitlichen Ansatzes zu agieren und zum Beispiel auch das finanzielle Umfeld der beteiligten Personen mit zu berücksichtigen. So muss berechnet werden, ob die **Liquidität** ausreicht, Steuer- und eventuellen Ausgleichspflichten zu erfüllen. Auch muss untersucht werden, ob und gegebenenfalls welche Versicherungen auf das Leben des Unternehmers abgeschlossen sind und ob die daraus resultierenden Versicherungsansprüche einzelnen Nachfolgern zugewiesen werden sollten. Sind etwa **Lebensversicherungen** zur Finanzierung von unternehmerischen Projekten abgeschlossen worden, ist sehr darauf zu achten, ob die fällige Lebensversicherungssumme auch an die Person fällt, die sie zur Rückführung der betrieblichen Verbindlichkeiten benötigt. Dies wird hier deswegen besonders erwähnt, weil der Lebensversicherungsanspruch in der Regel nicht durch erbrechtliche Gestaltungen beeinflussbar ist, sondern sich der Übergang des Lebensversicherungsanspruchs durch Schenkung unter Lebenden auf den Todesfall vollzieht. Hier muss der Berater besonders aufmerksam sein. Vor dem Hintergrund der großen Fülle eher externer Rechtsgebiete, die in die Unternehmensnachfolgeplanung und -beratung hineinspielen können (zB das Versicherungsrecht, das Familienrecht etc.), kann vorliegend nicht der Versuch unternommen werden, auf alle diese Gebiete einzugehen. Sie müssen aber derjenigen Person, die in dem Umfeld Unternehmensnachfolge beratend tätig ist, im Einzelfall gewahr sein.

2. Das Unternehmertestament

24 **a) Wird der Nachfolger Vermächtnisnehmer, Mit- oder Alleinerbe? aa) Wahl des Nachfolgers.** Zunächst muss sich der Unternehmer bei der Konzeption des Testaments natürlich mit der Frage befassen, wem er sein Unternehmen von Todes wegen anvertrauen möchte. Hat er beispielsweise mehrere Kinder und kommt zu dem Ergebnis, dass er das Unternehmen nur einem oder einigen, nicht aber allen Kindern übergeben möchte, so stellt sich weiter die Frage, wie dies rechtstechnisch von Todes wegen verwirklicht wird. Diese zunächst einfach anmutende Frage ist indes eine der zentralen Fragestellungen der (auch steuerzentrierten) Unternehmensnachfolgeplanung. Die Beantwortung hängt sowohl von der Bedeutung des Unternehmens im Gesamtzusammenhang des Unternehmensvermögens zusammen als auch mit der Person des Nachfolgers. Hat ein Erblasser ein großes Vermögen und stellt die Unternehmensbeteiligung nur einen kleinen Teil dieses Vermögens dar und möchte er zudem diese Vermögensbeteiligung nicht seinem Erben, sondern einer anderen Person hinterlassen, so wird er in der Regel die Beteiligung per **Vermächtnis** dem designierten Unternehmensnachfolger zuleiten wollen. Hier stellen sich indes, insbesondere bei Personengesellschaftsanteilen (KG, OHG, GmbH & Co. KG), Probleme, für die der Berater sensibilisiert sein muss.

bb) Vorteile der Alleinerbennachfolge. Weiter unten (→ Rn. 36 ff.) werden die sogenannten Nachfolgeklauseln diskutiert, die letztlich das generelle Problem überwinden, dass im Grundsatz Personengesellschaftsanteile, wenn sie mit voller persönlicher Haftung versehen sind, von Gesetzes wegen nicht vererblich sind, jedoch durch Nachfolgeklauseln vererblich gestellt werden können. Dabei kann aber die Problematik auftreten, dass eine Personengesellschaftsbeteiligung nur per Erbschaft übertragen werden kann und nicht per Vermächtnis. Kommt der Unternehmer in dieser Situation zu dem Ergebnis, dass er einer anderen Person als der oder denen, die er eigentlich als Erben einsetzen wollte, das Unternehmen oder die Beteiligung am Unternehmen hinterlassen möchte und scheidet die Zuwendung per Vermächtnis aus, so kann die Situation entstehen, dass er den Dritten, der das Unternehmen oder die Beteiligung erwerben soll, letztlich doch zum Erben einsetzen muss, um dies zu erreichen. Ein Beispiel: Eine vermögende Privatperson hat eine Beteiligung an einer GmbH & Co. KG, die er seinem Neffen hinterlassen möchte. Die Nachfolgeklauseln lassen einen Übergang (→ Rn. 39, 44) auf Vermächtnisnehmer nicht zu. Hier muss der Erblasser, wenn es ihm nicht im Gespräch mit seinen Mitgesellschaftern gelingt, den Gesellschaftsvertrag anzupassen, letztlich den Weg beschreiten, den Neffen zum Alleinerben einzusetzen. Er muss anschließend alle anderen Vermögenswerte, die er besitzt, per Vermächtnis den Personen zuwenden, die er eigentlich als Erben hatte einsetzen möchten – ein unangenehmer, in der Regel zu vermeidender Weg. Es ist zu beachten, dass Personen, insbesondere vermögende Personen, oft nicht hinreichend genau wissen, was sie eigentlich besitzen beziehungsweise sich dies im Augenblick der Testamentserstellung nicht vergegenwärtigen. Dies bereitet beim Übergang auf einen Erben kein Problem, weil im Augenblick des Todes schlicht alle vererblichen Rechtspositionen im Rahmen der Universalsukzession auf den Erben übergehen. Auf den Vermächtnisnehmer geht indes nur über, was ihm auch gezielt zugewiesen wird. In der Regel hat sich in einer solchen Konstellation (die, es sei noch einmal gesagt, in der Regel vermieden werden sollte) empfohlen, mit einer Art „negativem Vermächtnis" zu arbeiten und im Testament beispielsweise vorzusehen „Meine Ehefrau erhält als Vermächtnisnehmer alle meine Vermögenswerte mit Ausnahme der Unternehmensbeteiligung an der XY GmbH & Co. KG, die an meinen Neffen als Alleinerben fällt." Diese Art zu testieren, indem der Unternehmensnachfolger Erbe wird und alle anderen Vermögenswerte insbesondere dem Ehegatten per Vermächtnis zugewandt werden, findet sich in der Literatur auch unter dem Begriff **„Alleinerbenmodell"**.

cc) Teilungsanordnung und Vorausvermächtnis. Als Alternative könnte man auch daran denken, den Neffen und die anderen Personen, die eigentlich hätten Erben werden sollen, allesamt als Miterben zu benennen und anschließend im Wege einer **Teilungsanordnung** oder **Vorausvermächtnis** (→ § 18 Rn. 42 ff., → § 19 Rn. 70 ff. zu den Unterschieden) zu regeln, dass nur der Neffe das Unternehmen erhält. Wenn indes der Gesellschaftsvertrag vermächtnisweise Zuwendungen nicht zulässt, ist ein Vorausvermächtnis keine Lösung. Aber auch die Teilungsanordnung wirft große Gefahren auf. Zum einen entsteht durch die genannte Regelung eine Miterbengemeinschaft, die sehr streitanfällig ist, insbesondere wenn sie nicht aus einer homogenen Gruppe besteht, sondern hier noch eine entferntere Person (der Neffe) Teil der Miterbengemeinschaft ist. In der Regel sollten solche Miterbengemeinschaften vermieden werden. Insbesondere aber drohen erhebliche steuerliche Gefahren, wenn ein Unternehmen zunächst allen Miterben anfällt und anschließend aufgrund der Teilungsanordnung das Unternehmen nur einem zugewendet wird und dieser die anderen Erben aufgrund der Regelungsmechanik einer Teilungsanordnung wirtschaftlich gleichstellen muss. Sehr wichtig ist, dass Ausgleichsansprüche, die nicht durch Realteilung befriedigt werden, sondern durch finanzielle Zuwendungen aus dem Vermögen der Miterben erfolgen, **steuerlich Veräußerungsvorgänge** darstellen, so dass es zu einer ungewollten Einkommensteuerbelastung kommen kann. Eine Rückausnahme besteht, wenn der Anteil in Kombination mit einer qualifizierten Nachfolgeklausel auf einen Miterben übergeht und ein Gleichstellungsentgelt gezahlt werden muss, vgl. Rn. 42 aE.

27 **b) Drittbestimmung eines tauglichen Unternehmensnachfolgers.** Weitere Fragen im Rahmen eines Unternehmertestaments stellen sich, wenn insbesondere ein junger Unternehmer noch kleine, oft minderjährige Kinder hat und sich nicht in der Lage sieht, zu entscheiden, wer später zur Unternehmensfortführung geeignet ist. Nach § 2065 Abs. 2 BGB ist ihm der Weg verwehrt, einer dritten Person die Auswahl des Erben zu überlassen, es sei denn, die Bestimmung des Dritten erfolgt anhand **exakter, objektiver Merkmale**, zum Beispiel der besten Abiturnote etc. Da solche objektiven Merkmale indes nichts über die Unternehmerqualität aussagen, verbietet sich diese Vorgehensweise in der Regel. Erbrechtlich möglich aber ist eine Drittbestimmung im Rahmen einer Vermächtnislösung (sofern diese auch gesellschaftsrechtlich umsetzbar ist, siehe vorstehend). § 2151 Abs. 1 BGB lässt es zu, dass der Erblasser einen Dritten bestimmt, der entscheidet, wer von bestimmten Personen ein **Vermächtnis** – in diesem Fall das Unternehmen oder die Unternehmensbeteiligung – erhalten soll. Wichtig ist es in einer solchen Konstellation, dem Dritten (der oft, aber nicht immer, der Testamentsvollstrecker ist) weites Ermessen für seine Entscheidung einzuräumen. Auch ist es möglich, eine **Teilungsanordnung** nach § 2048 S. 2 BGB vorzusehen und einen Dritten (wiederum oft den Testamentsvollstrecker) mit der Entscheidung zu beauftragen, wer von den Erben im Rahmen der Teilungsanordnung das Unternehmen erhält. Allerdings sind die liquiden Unterschiede, die hieraus resultieren, zu beachten. Eine Teilungsanordnung ändert nichts daran, dass die Erben im Grundsatz das wertmäßig erhalten, was ihrer jeweiligen Erbquote entspricht. Hat ein Unternehmer beispielsweise drei Kinder und setzt er alle drei Kinder gleichermaßen zu Erben ein, so hat jedes Kind Anspruch auf 1/3 des Wertes des Nachlasses. Wird das Unternehmen durch Teilungsanordnung durch den Dritten einem der drei Kinder zugeteilt, so muss der Wert dieser Beteiligung festgestellt und ein entsprechender Ausgleich unter den Erben herbeigeführt werden. Das ist der wesentliche Unterschied zum Vorausvermächtnis. Beim Vorausvermächtnis erhält der Begünstigte den Wert zusätzlich zu seiner Erbquote, ohne zu einem Ausgleich verpflichtet zu sein. Dies ist ein enorm wichtiger Unterschied, der bei der Erstellung eines Unternehmertestaments unbedingt beachtet werden muss. In jedem Fall muss aber, → Rn. 39, geprüft werden, ob die Nachfolgeklauseln in den Gesellschaftsverträgen die Nachfolge durch Vermächtnis zulassen beziehungsweise ob die Zuwendung des Unternehmens per Teilungsanordnung nicht zu **Ertragsteuerbelastungen** führt (→ Rn. 26). Selbstverständlich sind natürlich auch bei einem Vorausvermächtnis die Grenzen des **Pflichtteilsrechts** zu beachten, denn dann, wenn aufgrund des Vorausvermächtnisses die anderen Erben wertmäßig weniger als die Hälfte ihres gesetzlichen Erbteils erhalten, stehen ihnen Pflichtteilsansprüche zu. Zudem muss sich der Unternehmer gewahr sein, dass bei all diesen Regelungen jeder seiner Er-

ben, sofern er Pflichtteilsberechtigter ist (also insbes. die Kinder), gemäß § 2306 BGB berechtigt ist, die Erbschaft auszuschlagen und den Pflichtteil zu verlangen. Damit werden aber liquide Ansprüche ausgelöst, was im Rahmen der Nachfolgeplanung eigentlich möglichst verhindert werden soll.

c) Vor- und Nacherbfolge. Das Unternehmertestament sollte im Grundsatz einfach und unkompliziert gestaltet werden. Auf die Anordnung einer Vor- und Nacherbschaft sollte im Grundsatz verzichtet werden. Die Anordnung der Vor- und Nacherbschaft ist zwar sehr beliebt, weil auf diese Weise der Unternehmer Einfluss auf die Beantwortung der Frage nehmen kann, wer „sein Unternehmen" nach dem Vorerben erhält. Im Rahmen der Unternehmensnachfolge ist diese Gestaltung in der Regel jedoch völlig fehl am Platz, da dem Nachfolger, soweit er mit einem Nacherben belastet ist, Bürden aufgelegt werden, die kaum mit der unternehmerischen Freiheit, die er haben sollte, vereinbar sind. Sollte aus bestimmten Konstellationen die Anordnung einer Vor- und Nacherbschaft unumgänglich sein, müssen sehr genaue Regelungen im Testament vorgesehen werden, um die Situation für den Vorerben erträglich zu gestalten. Eine solche Situation, in der die Anordnung einer Vor- und Nacherbfolge bedenkenswert ist, kann beispielsweise dann gegeben sein, wenn der Unternehmer **geschieden** ist und er verhindern möchte, dass beim Ableben seines Kindes noch zu Lebzeiten des geschiedenen Ehegatten dem Kind übertragene Unternehmensanteile an den geschiedenen Ehegatten aufgrund gesetzlicher Erbfolge fallen. Diese Gefahr ist insbesondere dann gegeben, wenn das Kind noch nicht selbst verheiratet ist beziehungsweise noch keine Kinder hat, weil dann die gesetzliche Erbfolge bewirkt, dass zumindest die Hälfte des Vermögens an das Elternteil – den geschiedenen Ehegatten – geht. Hier kann durch die Anordnung von Vor- und Nacherbfolge verhindert werden, dass die auf das Kind übertragene Gesellschaftsbeteiligung an den geschiedenen Ehegatten fällt, denn diese würde dann der Nacherbe erwerben. Der geschiedene Ehegatte hat in dieser Situation noch nicht einmal Pflichtteilsansprüche bezogen auf diese Unternehmensbeteiligung gegen den Nachlass, weil dieser Nachlasswert, das Unternehmen, von Anfang an mit der Verpflichtung belastet war, dass er sich im Erbfall an den Nacherben vererbt. In ähnlicher Weise kann an die Situation der Vor- und Nacherbfolge zu denken sein, wenn der Unternehmer partout verhindern möchte, dass sich beim Ableben des beschenkten Kindes die dem Kind übertragene Unternehmensbeteiligung auf dessen **Ehegatten** vererbt. In all diesen Konstellationen sollte indes der Vorerbe als **befreiter** Vorerbe vorgesehen sein, es sollte weiterhin die Anordnung der Vor- und Nacherbfolge auflösend auf den Augenblick **bedingt** sein, in dem die für die Anordnung motivierende Situation nicht mehr besteht, also beispielsweise der geschiedene Ehegatte verstorben ist (→ § 4 Rn. 17). Zudem muss, insbesondere bei der Vererbung von Personengesellschaftsanteilen, im Testament in einer solchen Situation klar geregelt werden, welche **Rechte** der Nacherbe gegenüber dem Vorerben hat, um dem Vorerben ansonsten die notwendige unternehmerische Freiheit zu belassen.

d) Testamentsvollstreckung. aa) Notwendige Klauseln. Die Anordnung der Testamentsvollstreckung ist ein wichtiges und verbreitetes Instrument, um die Nachlassabwicklung professionell zu gestalten und Streit unter den Miterben möglichst zu vermeiden. Leider ist die Zahl der Streitigkeiten zwischen Erben einerseits und Testamentsvollstreckern andererseits in der Praxis recht hoch. Oft beruhen diese Streitigkeiten jedoch auf schlecht angepassten Klauseln, mit denen die Testamentsvollstreckung angeordnet wird. Zunächst bestehen bei der Unternehmensnachfolge gewisse Besonderheiten, die bei der Anordnung der Testamentsvollstreckung zwingend beachtet werden müssen, sofern sich die Testamentsvollstreckung auf **Personengesellschaftsanteile** erstrecken soll. Handelt es sich dabei um solche, die mit unbeschränkter persönlicher Haftung ausgestattet sind (insbes. also bei Beteiligungen an Gesellschaften bürgerlichen Rechts, aber auch bei Komplementärstellungen und OHG-Beteiligungen) muss durch bestimmte Klauseln im Testament (Treuhand- oder Vollmachtklausel) erreicht werden, dass entweder der Testamentsvollstrecker oder aber die Erben unbeschränkt haften. Ansonsten würde die Anordnung der Testamentsvollstreckung zu einer beschränkten Haftung führen, obwohl die Gesellschaftsbeteiligung ihrem Wesen nach mit unbeschränkter Haftung verbunden ist. Eine gute Unternehmensnachfolgeplanung wird sich indes nicht auf die entsprechenden technischen Klauseln beschränken, sondern im Vorfeld abklären, ob nicht eine **Umwandlung** der Beteiligung in eine andere Rechtsform (etwa in eine Kapitalgesellschaft) möglich und sinnvoll ist, um die angesprochene Problematik gänzlich zu vermeiden. Gegebenenfalls empfiehlt sich auch eine erbrechtliche **Auflage** an die Erben, eine solche Umwandlung zu dulden. Natürlich wird der Berater bei der Umwandlung die steuerlichen Konsequenzen intensiv zu berücksichtigen haben.

30 **bb) Prüfung der Gesellschaftsverträge.** Darüber hinaus sollte im Zuge der Unternehmensnachfolgeplanung die Anordnung der Testamentsvollstreckung auch im Übrigen sehr gut mit dem Anliegen der Gesellschafter und den Gesellschaftsverträgen verzahnt werden. So muss beispielsweise der Berater vorab prüfen, ob der **Gesellschaftsvertrag** überhaupt zulässt, dass ein Testamentsvollstrecker tätig wird. Ohne eine solche Regelung kann der Testamentsvollstrecker (wenn nicht die Mitgesellschafter dem Erscheinen des Testamentsvollstreckers ad hoc zustimmen) keine Binnenrechte in der Gesellschaft geltend machen, das heißt insbesondere nicht auf der Gesellschafterversammlung erscheinen und dort mitstimmen. Die Testamentsvollstreckung geht dann allerdings nicht völlig ins Leere, sie bezieht sich aber nur auf das **„Außenverhältnis"** der Gesellschaftsbeteiligung, das heißt insbesondere kann der Gesellschafter nicht ohne Zustimmung des Testamentsvollstreckers über die Beteiligung verfügen. Der innere Grund für diese Situation liegt wieder im persönlichen Miteinander der Gesellschafter: Ohne eine entsprechende Willensäußerung, die sich im Gesellschaftsvertrag durch eine entsprechende Anordnung manifestiert hat, müssen die übrigen Gesellschafter es nicht hinnehmen, dass während der Vollstreckung letztlich fremde Personen (also der Testamentsvollstrecker, insofern oft Rechtsanwälte, Steuerberater etc.) als „temporäre Gesellschafter" in der Gesellschafterversammlung erscheinen. Zur Abschwächung dieses Problems findet man in Gesellschaftsverträgen auch häufig Formulierungen dahingehend, dass nur Mitgesellschafter die Testamentsvollstreckung hinsichtlich des unternehmerischen Vermögens übernehmen dürfen. Fehlt eine solche Regelung im Gesellschaftsvertrag, besteht natürlich noch die Chance, dass die Mitgesellschafter nach dem Tod eines Gesellschafters sich mit dem Erscheinen des Testamentsvollstreckers einverstanden erklären, sie müssen dies aber nicht tun.

31 **cc) Vorab verschenkte Anteile sowie Eintrittsklauseln.** Eine weitblickende Unternehmensnachfolgeplanung wird auch darauf Rücksicht nehmen, dass unter Umständen dem Erben bereits vorab Gesellschaftsanteile geschenkt wurden. Wenn nun beim Tod des Gesellschafters Testamentsvollstreckung angeordnet wird, ist zu beachten, dass sich diese Testamentsvollstreckung naturgemäß nur auf die vererbten Anteile bezieht, **nicht** aber auf die Anteile, die dem Erben bereits vorab eventuell schon geschenkt wurden.[6] Sofern es sinnvoll erscheint, dass auch diese vorab verschenkten Anteile durch den Testamentsvollstrecker mitverwaltet werden, müssen im Rahmen der Testamentsgestaltung entsprechende Regelungen vorgesehen sehen. Es empfehlen sich hier Pönalen, das heißt der Erbe muss durch bestimmte Strafklauseln dazu angehalten werden, die bereits ihm gehörenden Gesellschaftsanteile der Verwaltung des Testamentsvollstreckers zu unterstellen. Sinnvoll sind solche Regelungen insbesondere zum Beispiel dann, wenn bereits minderjährigen Kindern, oft aus steuerlichen Erwägungen, vorab Anteile übertragen wurden. Ein ähnliches Problem stellt sich im Übrigen, wenn sich die Nachfolge durch sogenannte Eintrittsklauseln vollzieht, insbesondere wenn diese Eintrittsklauseln so gestaltet sind, dass sich der

---

[6] Vgl. BGH ZEV 1996, 110.

Übergang durch Schenkung auf den Todesfall unter Lebenden vollzieht. Der Berater muss daran denken, dass unter Umständen bei einer solchen Nachfolgeklausel der Anteil gar nicht der Testamentsvollstreckung unterliegt, weil er nicht im Erbgang übertragen wurde. Auch hier bietet es sich eventuell an, den Erben durch eine Pönale zu verpflichten, den Anteil der Testamentsvollstreckung zu unterstellen.

dd) Sonstige Regelungen. Ansonsten ist es dringend zu empfehlen, dass im Testament auch geregelt wird, welche Erträge der Testamentsvollstrecker gegebenenfalls an die Erben **auszahlt** und welche er unter seiner Verwaltung hält. Selbstverständlich sollte in einer ausgewogenen Testamentsvollstreckung auch das Thema der **Testamentsvollstreckervergütung** geregelt und ein praktikabler Vergütungsvorschlag implementiert werden. Oft genug treten Streitigkeiten darüber auf, was unter der vom Gesetz vorgesehenen „angemessenen Vergütung" (§ 2221 BGB) zu verstehen ist. Häufig wird daher ein klarer Prozent- oder Promillebetrag des Vermögens als Vergütung festgesetzt. Dies hat allerdings den Nachteil, dass anschließend der gesamte Nachlass zu bewerten ist. Alternativ bietet es sich an, eine fixe Vergütung zu regeln oder aber vorzusehen, dass die Honorierung nach Stundensätzen erfolgt. Ebenso ist festzulegen, ob der Testamentsvollstrecker zusätzlich **Umsatzsteuer** verlangen kann oder nicht. 32

e) Sonderrechte Einzelner und Absicherung der anderen. Unternehmer haben häufig den Wunsch, dass zwar kapitalmäßig die Unternehmensbeteiligung gleichermaßen auf die Nachfolger übergeht, aber nur Einzelne letztlich handeln können. Es gibt eine ganze Reihe von Mitteln, diesen Wunsch des Erblassers umzusetzen. Häufig ordnen Erblasser kurzerhand an, dass beispielsweise das Kind, das sie in besonderer Weise für die Nachfolge als befähigt ansehen, mehr Anteile erhält, so dass es beispielsweise mehr als 50 % der Gesellschaftsanteile auf sich vereint. Bereits oben (→ Rn. 7) wurde indes vor solchen Gestaltungen gewarnt, da sie die Verschiebung der Quoten auch für die nächste Generation perpetuieren und es wurden Alternativen diskutiert. Auch oben (→ Rn. 8) wurde bereits darauf hingewiesen, dass jeweils im Einzelfall zu prüfen ist, ob die Nießbrauchsbestellung zur Absicherung von Ehegatten auch gesellschaftsvertraglich zulässig ist. 33

f) Minderjährige Kinder. Nicht selten sieht sich der Unternehmer in der Situation, dass er gar keine andere Wahl hat, als seine noch minderjährigen Kinder als Erben vorzusehen. Kommt es dann tatsächlich zum Erbfall, entstehen eine ganze Reihe von Problemen dadurch, dass minderjährigen Kindern eine Gesellschafterstellung zufällt. Zum einen muss sich der Erblasser (und auch die Mitgesellschafter) darüber im Klaren sein, dass die minderjährigen Kinder ihre Rechte nicht selbst vertreten können. Es ist mithin unvermeidbar, dass ein gesetzlicher Vertreter für die Kinder handelt. Hier muss der Berater indes an die Rechtsnorm des **§ 1638 BGB** denken und zumindest mit dem Erblasser die Möglichkeit besprechen, einer anderen Person statt des gesetzlichen Vertreters dieses Vertretungsrecht zuzuwenden, wenn der Erblasser beispielsweise nicht möchte, dass der überlebende Ehegatte als gesetzlicher Vertreter der gemeinsamen Kinder handelt. Allerdings ist auch zu berücksichtigen, dass spätestens mit Erreichung des 18. Lebensjahrs die gesetzliche Vertretung wegfällt und danach die bislang minderjährigen Kinder ihre Rechte selbst vertreten können. Ist das nicht gewünscht, ist eine Testamentsvollstreckung anzuordnen, die über die Minderjährigkeit hinaus laufen kann. Weiterhin ist fraglich, wenn minderjährige Kinder durch ihren gesetzlichen Vertreter **vertreten** werden, ob dieser bei allen Beschlüssen mitstimmen kann oder ob nicht ein Ergänzungspfleger bestellt werden oder sogar das Gericht ebenfalls der Beschlussfassung zustimmen muss. 34

g) Sonstige notwendige Bestandteile eines Unternehmertestaments. Am Ende sollte ein Unternehmertestament, wie jedes Testament, mit einer Überlegung zum **anwendbaren Recht** enden. In der Regel empfiehlt es sich, die Geltung deutschen Rechts zu 35 wählen. Bedeutsam ist dies insbesondere in Situationen, in denen der Unternehmer seinen Lebensabend nicht in Deutschland, sondern in einem anderen Land verbringt. Seit dem Inkrafttreten der Europäischen Erbrechtsverordnung am 17.8.2015 richtet sich bekanntlich die Frage des anwendbaren Erbrechts nicht mehr nach der Staatsangehörigkeit, sondern nach dem letzten Domizil des Erblassers. Wohnt dieser aber zum Beispiel in Frankreich, so gilt unter Umständen für seine Nachfolge französisches Recht. Dies ist im Unternehmertestament besonders misslich, weil an verschiedenen Stellen Unsicherheiten im Zusammenspiel zwischen Gesellschaftsrecht und Erbrecht bestehen. Im Laufe der Jahrzehnte haben die Kautelarjurisprudenz und insbesondere die Rechtsprechung Lösungen für diese Problemfelder geschaffen („Vorrang Gesellschaftsrecht vor Erbrecht"). Noch ist indes oft unklar, wie diese Lösungsansätze dann verwendet werden können, wenn ausländisches Erbrecht auf deutsches Gesellschaftsrecht trifft. Deswegen sollte eine deutsche Rechtswahl getroffen werden. Wird diese Rechtswahl durch ein notarielles Testament oder ein Erbvertrag vereinbart, erhöht dies die Kosten, da Rechtswahlen im Erbrecht mit 30% des Bezugswerts bei der Kostenberechnung angesetzt werden, vgl. § 104 Abs. 2 GNotGK. Am Ende muss der Unternehmer noch darüber nachdenken, ob er sein Testament gegebenenfalls mit einer **Schiedsklausel** abschließt, damit im Streitfall nicht ordentliche Gerichte über den Erbstreit entscheiden, sondern ein Schiedsgericht.

3. Zu den besonderen weiteren Elementen der Unternehmensnachfolgeplanung

36 **a) Nachfolgeklausel bei Personengesellschaften.** Eine Unternehmensnachfolge ist nicht planbar und der Unternehmer nicht zu beraten, wenn sich der Berater nicht mit den Gesellschaftsverträgen der Gesellschaften auseinandersetzt, die von Todes wegen übergehen sollen.

37 **aa) Vererblichkeit von Anteilen.** Während bei den Kapitalgesellschaften (GmbH, AG, SE) in der Regel keine Probleme hinsichtlich der Vererblichkeit der Beteiligung bestehen, ergibt sich bei Personengesellschaften ein völlig anderes Bild. Abgesehen von Kommanditanteilen, vgl. hier die ausdrückliche Regelung in § 177 HGB, sind Personengesellschaftsanteile im Grundsatz **nicht** vererblich. Allerdings ist § 177 HGB dispositiv. Daher muss der Berater auch bei KG-Anteilen, die sehr häufig vor allem im Rahmen der beliebten Rechtsform der GmbH & Co. KG in der Rechtswirklichkeit vorkommen, sehr aufmerksam sein und die Verzahnung zwischen Erbrecht und Gesellschaftsrecht beachten. Stirbt ein Gesellschafter einer solchen Gesellschaft, führt dies in der Regel dazu, dass der Anteil den übrigen Gesellschaftern anwächst (vgl. § 131 Abs. 3 Ziff. 1 HGB). Die Gesellschafter sind dann allerdings verpflichtet, den Erben für die durch die Anwachsung erzielte Vermögensmehrung eine entsprechende **Abfindung** zu bezahlen.

38 **bb) Gesellschaft bürgerlichen Rechts.** Bei der in der Praxis häufig vorkommenden Gesellschaft bürgerlichen Rechts besteht sogar die Situation, dass ohne entsprechende Klauseln im Gesellschaftsvertrag die Beteiligung nicht nur nicht vererblich ist, sondern die Gesellschaft sogar **aufgelöst** wird, wenn ein Gesellschafter verstirbt, § 727 BGB. Die Gesellschaft bürgerlichen Rechts ist übriges von großer Bedeutung im Rahmen der Unternehmensnachfolge, weil häufig bei **Aktiengesellschaften,** nicht selten aber auch bei GmbH's, die Gesellschafter einen konsortialvertraglichen Poolvertrag abschließen, in dem sie bestimmen, wann und wie über Anteile verfügt werden kann. Solche **konsortialvertraglichen** Poolverträge dienen dem Schutz des Unternehmens vor dem Eindringen familienfremder Personen. Nicht selten handelt es sich dabei um Gesellschaften bürgerlichen Rechts, so dass die Besonderheiten dieser Rechtsform gerade auch bei der Nachfolge sehr großer Unternehmen eine bedeutsame Rolle spielen.

cc) Einfache Nachfolgeklausel. Das System des Gesetzes bei der Personengesellschaft 39 ist im Grundsatz richtig und nachvollziehbar. Oft besteht in den Personengesellschaften ein ganz besonders enger Verbund zwischen den Gesellschaftern und diese wollen nicht, dass beim Tod eines Gesellschafters dessen Erben nachrücken. Man denke an eine Sozietät von Ärzten, Rechtsanwälten, Unternehmensberatern, Architekten etc. Abgesehen von dem Problem, dass der Erbe auch zur Berufsausübung zugelassen sein muss, möchten die übrigen Gesellschafter in der Regel nicht, dass die Erben eines Mitgesellschafters Mitgesellschafter werden. Ganz anders sieht es bei etablierten Unternehmen aus. Hier wollen die Gesellschafter regelmäßig im Rahmen einer dynastischen Nachfolge, dass ihre Nachkommen Gesellschafter werden. Hier muss entsprechend durch Nachfolgeklauseln im Gesellschaftsvertrag der Anteil **vererblich gestellt** werden, was ohne weiteres möglich ist. Die bekannteste Nachfolgeklausel ist die schlichte „einfache Nachfolgeklausel", bei der im Gesellschaftsvertrag lediglich angeordnet wird, dass sich beim Tod eines Gesellschafters der Gesellschaftsanteil an seine Erben vererbt. Hier gilt zudem die Besonderheit, dass dann, wenn der Gesellschaftsanteil an mehrere Erben fällt, im Wege der sogenannten **Sondererbfolge** sich der Anteil unmittelbar entsprechend der Anzahl der Miterben aufspaltet und somit jeder Miterbe, ohne dass es einer **Auseinandersetzung** bedarf, Gesellschafter wird. Der Anteil fällt also nicht in die Erbengemeinschaft, sondern geht infolge der Sondererbfolge unmittelbar auf die Erben über. Zu beachten ist auch, dass im Grundsatz die einfache Nachfolgeklausel den Anteil zwar vererblich stellt, indes der oder die Nachfolger auch Erben werden müssen. Wird der Anteil lediglich per **Vermächtnis** zum Beispiel dem Neffen des Erblassers, der ansonsten nicht Erbe ist, zugewandt, stellt sich bereits die Frage, ob dies noch von der Nachfolgeklausel gedeckt ist. Gegebenenfalls kann die Klausel entsprechend umgedeutet oder ausgelegt werden. Diese Klausel birgt indes die Gefahr, dass auch **Familienfremde** Unternehmensnachfolger werden können. Man denke beispielsweise an eine Situation, in der ein kinderloser Gesellschafter irgendwelche Dritte, gegebenenfalls auch Stiftungen etc. als Erben einsetzt. Versucht der Erblasser umgekehrt, wenn er mehrere Kinder hat, den Anteil letztlich nur einem Kind zuzuwenden und bedient sich hierfür der Regelungsmechanik, einerseits alle Kinder zu Miterben einzusetzen und andererseits im Wege einer Teilungsanordnung zu bestimmen, wer den Anteil später erwirbt, ist daran zu denken, dass dies drastische ertragsteuerliche Folgen haben kann (→ Rn. 26).

dd) Qualifizierte Nachfolgeklausel. Daher finden sich in Gesellschaftsverträgen auch 40 häufig sogenannte „qualifizierte Nachfolgeklauseln", bei denen im Gesellschaftsvertrag geregelt wird, dass aus dem Kreis der potentiellen Nachfolger nur bestimmte Personen zur Nachfolge zugelassen sind, beispielsweise nur Abkömmlinge eines Gesellschafters (aber nicht sonstige potentielle Erben und auch nicht Ehegatten). Wichtig ist es aber stets, dass auch durch diese Klauseln im Gesellschaftsvertrag der Anteil nur **vererblich** gestellt werden kann. Wer ihn **erbt**, richtet sich auch bei dieser Klausel immer nach Erbrecht, sei es nach gesetzlicher Erbfolge oder nach den Regelungen der letztwilligen Verfügung. Niemals ergibt sich aus dem Gesellschaftsvertrag, wer erbt. Dies kann gelegentlich zu schwerwiegenden Missverständnissen führen, insbesondere wenn die Regelung im Gesellschaftsvertrag unklar formuliert ist. Wenn es beispielsweise in einem Gesellschaftsvertrag lautet: „Wenn einer der Gesellschafter stirbt, erhalten seine Kinder den Anteil", ergibt sich aus dem Gesellschaftsvertrag trotz des Wortlauts nicht, dass sich die Gesellschaftsbeteiligung an die Kinder vererbt, sondern nur, dass es an sie vererbbar ist. Schon aufgrund der erbrechtlichen Formvorschriften (Testamente sind handschriftlich oder im Rahmen einer notariellen Beurkundung zu errichten), ersetzt der in der Regel nicht notariell beurkundete und auch selten handschriftlich abgefasste Gesellschaftsvertrag die erbrechtliche Form nicht. Setzt der Gesellschafter in dieser Situation zum Beispiel seinen Ehegatten zum Alleinerben ein, geht der Gesellschaftsanteil gerade nicht auf die Kinder über. Er wäre zwar aufgrund der Anordnungen im Gesellschaftsvertrag an sie vererblich, sie werden indes nicht Erbe. In einem solchen Fall wächst der Anteil den übrigen Gesellschaftern an und diese schulden dem Erben – also der Ehefrau – eine entsprechende Abfindung. Dies ist ein klassisches Beispiel für eine **fehlgeschlagene** Unternehmensnachfolgeplanung, die darüber hinaus auch noch unangenehme Steuerfolgen nach sich zieht.

41 **ee) Störung der Nachfolge.** Es ist deswegen ungemein wichtig, sich mit dem System der Nachfolgeklauseln gründlich zu befassen und bei Fertigung eines Testamentsentwurfs sehr genau die Nachfolgeklauseln zu beachten. In besonderer Weise stellt sich dieses Problem auch bei den **qualifizierten Nachfolgeklauseln.** Ist im Gesellschaftsvertrag einer KG zum Beispiel geregelt, dass nur Abkömmlinge nachfolgeberechtigt sind, belässt es aber der verheiratete Unternehmer bei gesetzlicher Erbfolge, so besteht das Problem, dass auch der Ehegatte Erbe wird, an ihn der Anteil aufgrund der gesellschaftsvertraglichen Anordnung indes nicht vererblich ist, sondern nur an die Kinder. Für einen solchen Fall hat die Rechtsprechung schon früh einen **„Vorrang des Gesellschaftsrechts vor Erbrecht"** mit der Folge postuliert, dass in einer solchen Situation der Anteil aufgrund der qualifizierten Nachfolgeklausel ausschließlich im Wege der Sondernachfolge (dh auch ohne dass der Anteil zunächst durch die Erbengemeinschaft gehalten würde) unmittelbar und sofort auf die nachfolgeberechtigten Kinder übergeht. Diese Lösung des Problems ändert aber nichts an der Verbindlichkeit der erbrechtlichen Quoten. Ist beispielsweise der überlebende Ehegatte, der mit dem Unternehmer in Zugewinngemeinschaft lebte, aufgrund gesetzlicher Erbfolge Erbe zu 1/2, so gebührt ihm wertmäßig die Hälfte des Nachlasses. Wenn aber aufgrund der qualifizierten Nachfolgeklausel und des oben dargestellten Vorrangs des Gesellschaftsrechts vor dem Erbrecht die Gesellschaftsbeteiligung nur an die Kinder übergeht, so müssen diese dem überlebenden Ehegatten einen **Ausgleich** bezahlen, damit am Ende wertmäßig der Ehegatte auch die Hälfte des Nachlasswerts erreicht. Auch hier werden somit wieder liquide Ausgleichsansprüche verursacht, die es eigentlich im Rahmen einer guten Unternehmensnachfolgeplanung zu vermeiden gilt.

42 **ff) Steuerliche Risiken.** Darüber hinaus drohen steuerliche Gefahren, wenn die Nachfolgeplanung nicht hinreichend auf die Nachfolgeklauseln im Gesellschaftsvertrag angepasst wird. In aller Regel wird im Rahmen der Nachfolgeplanung angestrebt, dass der Anteil eines verstorbenen Gesellschafters steuerneutral auf den Nachfolger übergeht (sog. **Buchwertfortführung,** § 6 Abs. 3 EStG). Bei nicht hinreichend mit dem Testament verzahnten Klauseln besteht jedoch die Gefahr, dass es steuerlich zu einer **Betriebsaufgabe** kommt. Fällt beispielsweise ein KG-Anteil an einer gewerblich tätigen GmbH & Co. KG aufgrund falscher Verzahnung von Testament und Gesellschaftsvertrag nicht an die eigentlich vom Erblasser gewünschten Erben, sondern wächst er den verbleibenden Gesellschaftern an, so schulden diese, wie oben ausgeführt, den Erben als Entschädigung eine entsprechende Abfindung. Steuerlich wird dieser Vorgang aber so gewertet, als habe der verstorbene Gesellschafter seine Beteiligung auf den Zeitpunkt des Todes an die übrigen Gesellschafter **veräußert.** Folge ist, dass die Differenz zwischen den Anschaffungskosten der Beteiligung und dem erlangten Abfindungswert (der gleichsam den Kaufpreis repräsentiert) bei den Erben der **Einkommensteuer** unterliegt. Zudem unterliegt die Abfindung darüber hinaus auch der **Erbschaftsteuer.** Etwas weniger drastisch sind die steuerlichen Folgen bei einer fehlgeschlagenen **qualifizierten Nachfolgeklausel** dann, wenn der Anteil in Sondererbfolge zumindest teilweise auch an die Erben fällt, die im Gesellschaftsvertrag als Nachfolger zugelassen sind. Die Finanzverwaltung anerkennt die **Sondererbfolge** mit der Konsequenz, dass sie die Ausgleichszahlung, die in diesem Fall die Miterben, die den Unternehmensanteil erhalten, zur Gleichstellung der Werte nach den erbrechtlichen Quoten oder den Miterben, die nicht Nachfolger werden, zahlen müssen, nicht der Einkommensteuer unterwirft. Es wird argumentiert, dass aufgrund der qualifizierten Nachfolgeklausel und der Sondererbfolge der Anteil nie an die Erbengemeinschaft gefallen ist und mithin die Zahlung des Gleichstellungentgelts auch keine Zahlung im

Rahmen der Erbenauseinandersetzung darstellt.[7] Umgekehrt erhalten die Zahlenden allerdings auch kein Abschreibungspotential und selbstverständlich unterliegt natürlich diese Summe der **Erbschaftsteuer.**

gg) Sonderbetriebsvermögen. Gefahren drohen in diesem Zusammenhang auch dann, 43 wenn sich im Vermögen des Unternehmers sogenanntes Sonderbetriebsvermögen befindet. Es handelt sich dabei um Vermögen, das zwar zivilrechtlich dem Gesellschafter gehört, das aber dem Betrieb zu dienen bestimmt ist. Ein klassisches Beispiel hierfür ist ein sich im Privatvermögen eines Gesellschafters befindliches Grundstück, das an das Unternehmen vermietet und auf dem das Unternehmen betrieben wird. Solches Vermögen ist zwar zivilrechtlich Privatvermögen, wird aber steuerrechtlich behandelt, als sei es **Betriebsvermögen.** Gelangt solches Vermögen nicht an die Unternehmensnachfolger, so gibt es auch keine Buchwertfortführung gemäß § 6 Abs. 3 EStG hinsichtlich des Sonderbetriebsvermögens. Vielmehr gilt dieses Vermögen steuerlich auf den Todestag als entnommen. Konsequenz ist wiederum, dass die Differenz zwischen den historischen Anschaffungskosten und dem tatsächlichen Wert des Sonderbetriebsvermögens im Entnahmezeitpunkt von den Erben ertragsteuerlich zu **versteuern** ist. Diese Fälle sind besonders misslich, da eine Steuer ausgelöst wird, obgleich keine Liquidität fließt. Häufig entstehen Probleme dieser Art im Zusammenhang mit qualifizierten Nachfolgeklauseln. In diesem Kontext sei noch einmal der oben bereits genannte Fall aufgegriffen, in dem es ein in Zugewinngemeinschaft verheirateter Unternehmer mit zwei Kindern bei gesetzlicher Erbfolge belässt, obwohl nach dem Gesellschaftsvertrag der KG nur die Kinder nachfolgeberechtigt sind. Folge ist, dass erbrechtlich die Ehefrau die Hälfte erbt. Wie bereits oben ausgeführt, ist in dieser Situation aufgrund des Vorrangs Gesellschaftsrecht vor Erbrecht davon auszugehen, dass der gesamte Gesellschaftsanteil im Wege der Sondererbfolge nur an die nachfolgeberechtigten Kinder fällt, diese aber dem anderen Ehegatten einen Ausgleich schulden. Der Fall wird nun mit der Gestaltung angereichert, dass sich im Nachlass des verstorbenen Gesellschafters ein Grundstück befindet, das dieser einmal für 1 Mio. EUR erworben hat und das heute einen Wert von 5 Mio. EUR hat. Auf diesem Grundstück wird der Betrieb des Unternehmens geführt. Es handelt sich mithin um Sonderbetriebsvermögen. Bei dem vererbten Grundstück kommt es aber nicht zur Sondererbfolge, sondern das Grundstück fällt an die Erbengemeinschaft, das heißt auch an die Ehefrau. Dies führt zu folgenden steuerlichen Konsequenzen: Die oben genannte (steuerliche) Buchwertverknüpfung kommt nur den Personen zugute, die das Unternehmen weiterführen. Bei der Ehefrau, die nicht Unternehmerin wird, führt dieser Vorgang daher zu einer Entnahme des Sonderbetriebsvermögens in ihr Privatvermögen mit der Folge, dass die Differenz zwischen den Anschaffungskosten und dem heutigen Wert der Einkommensteuer (und natürlich auch der Erbschaftsteuer) zu unterwerfen ist.[8] Da die Ehefrau die Hälfte des Grundstücks erworben hat, ist mithin die Differenz zwischen 500.000 EUR und 2,5 Mio. EUR, mithin 2 Mio. EUR, der Einkommensteuer zu unterwerfen. Zudem fällt Erbschaftsteuer an.

In ähnlicher Weise entstehen schwerwiegende Probleme, wenn bei einer GmbH & Co. 44 KG der verheiratete Ehegatte, der beispielsweise zwei Kinder hat, nicht per Alleinerbeinsetzung seiner Kinder (und Absicherung der Ehefrau bspw. durch ein Vermächtnis) dafür sorgt, dass nur die Kinder Erben werden. Belässt er es beispielsweise bei gesetzlicher Erbfolge, erbt die Ehefrau 1/2. In Sondererbfolge fallen indes die KG-Anteile unmittelbar an die Kinder. Die GmbH-Anteile der Komplementär-GmbH fallen aber in eine Erbengemeinschaft, bestehend aus der Ehefrau und den Kindern. Die Komplementär-GmbH gehört aber in der Regel zum **funktional wesentlichen Betriebsvermögen** der KG. Auch in einer solchen Situation ist äußerst fraglich, ob die Buchwertfortführung nach § 6

---

[7] Vgl. auch BFH, Urt. v. 29.10.1991, BStBl. II 1992 S. 512, 514; Schreiben v. 14.3.2006 („Erbauseinandersetzungserlass"); ZEV 2006, 154.
[8] Vgl. auch BMF-Schreiben aaO (FN 7) Rn. 73.

Abs. 3 EStG anwendbar ist, da nun zumindest zeitweise die Komplementär-GmbH und der KG-Anteil sich nicht in den gleichen Händen (nur der Erben) befinden.[9] Sicherer wäre die Gestaltung mit einer Einheits-GmbH & Co. KG gewesen, bei der mithin rechtzeitig vor dem Erbfall die Anteile an der Komplementär-GmbH in die KG eingelegt werden. Dann kann es nicht zu einer Abtrennung der funktional wesentlichen Betriebsgrundlage „Komplementär-GmbH" durch den Erbfall kommen.[10]

45 **b) Nachfolgeklauseln bei Kapitalgesellschaften.** Geschäftsanteile an einer GmbH sind nach § 15 Abs. 1 GmbHG ohne weiteres vererblich. Die Regelung ist nicht abänderbar. Gleiches gilt auch für die Aktien einer AG oder KGaA beziehungsweise einer SE. Auch hier gilt, dass die Vererblichkeit in der Satzung der Gesellschaft nicht ausgeschlossen werden kann. Trotz dieser Vererblichkeit muss sich der Berater, wenn es um die Vererbung von Kapitalgesellschaftsanteilen geht, ebenfalls mit den Gesellschaftsverträgen, das heißt mit den Satzungen, befassen. Dies gilt insbesondere für die GmbH. Die im Grundsatz gegebene uneingeschränkte Vererblichkeit der Geschäftsanteile führt die Gesellschaften oft vor das Problem (→ Rn. 39) zum Parallelproblem der einfachen Nachfolgeklausel bei Personengesellschaften), wie sie ihren Charakter als Familiengesellschaft wahren sollen, das heißt wie sie verhindern können, dass gegebenenfalls auch Familienfremde im Erbgang Anteile erwerben. Es gilt als zulässig, dass der Gesellschaftsvertrag – um dem entgegenzuwirken – die zwangsweise **Einziehung** des Geschäftsanteils im Erbfall zulässt, vgl. § 34 GmbHG. So kann beispielsweise geregelt werden, dass die Mitgesellschafter zur Einziehung berechtigt sind, wenn der Anteil nicht an ein Familienmitglied beispielsweise einen Abkömmling fällt. Wird der Geschäftsanteil eingezogen, fällt in den Nachlass nur noch der entsprechende Abfindungsanspruch für den eingezogenen Geschäftsanteil. In der Praxis häufiger finden sich **Abtretungsklauseln.** Hierdurch wird vorgesehen, dass der Erbe verpflichtet ist, den erworbenen Geschäftsanteil an eine im Gesellschaftsvertrag in der Regel definierte Person (ein Mitgesellschafter oder ein Familienangehöriger) abzutreten, wenn er selbst nicht Familienmitglied oder Mitgesellschafter ist. Auch hier gilt, dass in diesen Fällen indes dem Nachlass das Entgelt für den abgetretenen Anteil gebührt, sofern nicht in der Satzung dieser Anspruch eingeschränkt oder sogar ausgeschlossen wird, → Rn. 46. Bei der Aktiengesellschaft sind Abtretungsklauseln unzulässig, anderes gilt für Zwangseinziehungsklauseln im Todesfall, § 237 AktG. Üblicherweise wird die Beschränkung und Koordination der Aktienübertragung auf schuldrechtlicher Ebene geregelt, zum Beispiel durch Pool- oder Konsortialverträge. Aus alledem folgt, dass es auch bei der Beteiligung des Unternehmens an einer Kapitalgesellschaft sehr wichtig ist, sich mit den gesellschaftsvertraglichen Regelungen vor Konzeption eines Unternehmertestaments auseinanderzusetzen.

46 **c) Abfindungsklauseln im Gesellschaftsvertrag. aa) Wirkungsweise der Klausel.** Ein Berater, der mit der Unternehmensnachfolgeplanung beauftragt wird, sollte sich bei der notwendigen Befassung mit den Nachfolgeklauseln auch mit einigen anderen, für die Nachfolge wesentlichen Regelungen im Gesellschaftsvertrag auseinandersetzen und diese einer kurzen Überprüfung unterziehen beziehungsweise mit dem Mandanten die spezifische Problematik der Regelungen diskutieren. Dabei geht es insbesondere um Abfindungsklauseln. Leider kann nie ausgeschlossen werden, dass ein Gesellschafter – aus welchen Gründen auch immer – die Gesellschaft verlassen möchte und je nach Regelung im Gesellschaftsvertrag entweder seinen Anteil veräußert oder das Gesellschaftsverhältnis **kündigt.** Scheidet der Gesellschafter durch Kündigung aus der Gesellschaft aus, wächst

---

[9] Vgl. BMF 14.3.2006, BStBl. I 253; BMF 3.3.2005 BStBl. I 458; vgl. Schmidt EStG § 6 Rn. 645, 648 iVm § 15 Rn, 714.
[10] Die Gestaltung der Einheits-GmbH & Co. KG hat durch die Anerkennung der gewerblichen Prägung einer Einheits-GmbH & Co. KG durch BFH DStR 2017, 2031, hohe Rechtssicherheit gewonnen.

sein Anteil den übrigen Gesellschaftern an. Folge ist, dass diese ihm eine Abfindung schulden. Diese Abfindung bemisst sich im Grundsatz am **tatsächlichen Wert** des Gesellschaftsanteils. Es liegt auf der Hand, dass solche Abfindungszahlungen eine beträchtliche Höhe erreichen und mithin die Liquiditätslage der Gesellschaft empfindlich stören können. In diesem Zusammenhang ist es wichtig zu wissen, dass es möglich ist, den Abfindungsanspruch **zu beschränken.** Keine Bedenken bestehen in der Regel gegen Klauseln, die einen gewissen Abschlag vom tatsächlichen Wert vorsehen, beispielsweise Abschläge von 20% oder 25%. Problematisch sind Klauseln, die demgegenüber einen sehr hohen Abschlag vorsehen, beispielsweise Regelungen, nach denen der Kündigende weniger als die **Hälfte des Verkehrswertes** erhält oder die bekannten **Buchwertklauseln.**[11] Letztere regeln, dass der kündigende Gesellschafter nur den Buchwert seiner Beteiligung erhält. Solche Buchwertklauseln müssen keinesfalls immer unwirksam sein, letztlich kommt es entscheidend darauf an, wie sich der tatsächliche Wert im Verhältnis zum Buchwert entwickelt hat. Bei der Beurteilung aller Abfindungsbeschränkungen muss beachtet werden, dass es ein eherner Grundsatz im Gesellschaftsrecht ist, dass jeder Gesellschafter das Recht haben muss, die Gesellschafterstellung zu kündigen.[12] Wenn aber die Abfindungsbeschränkung letztlich dazu führt, dass dieses Recht durch die Abfindungsbeschränkung so ausgehöhlt ist, dass es wirtschaftlich keinen Sinn macht, die Beteiligung zu kündigen, ist die Grenze der Zulässigkeit der Abfindungsbeschränkung überschritten. Bei den Rechtsfolgen ist zu unterscheiden: War die Abfindungsbeschränkung so bedeutsam, dass sie letztlich **von Anfang an** das Kündigungsrecht faktisch ausgeschlossen hat, so ist die Klausel **nichtig** und der kündigende Gesellschafter hat nach der Kündigung Anspruch auf den **vollen** Verkehrswert seiner Beteiligung. Wurde indes das Missverhältnis erst im Laufe der Jahre sehr hoch, was insbesondere bei Buchwertklauseln einschlägig sein kann, so ist die Klausel nicht nichtig, sondern **geltungserhaltend zu reduzieren.** Der Tatrichter ist dann aufgerufen, einen Wert zwischen dem Klauselwert und dem tatsächlichen Wert als angemessenen Wert zur Abfindung festzusetzen.

bb) Abfindung in Nachfolgefällen. Die Problematik der Abfindungsklauseln kommt in der Praxis indes nicht nur im Zusammenhang mit kündigenden Gesellschaftern auf. Wie bereits oben dargestellt, kann es auch aufgrund fehlgeschlagener Nachfolgeplanungen zur Abfindung kommen. Hier ist insbesondere an die Situation zu denken, dass sich der Anteil erbrechtlich an eine Person vererben soll, an die er gesellschaftsrechtlich nicht vererblich ist. Bereits oben wurde der Fall erwähnt, dass im Gesellschaftsvertrag angeordnet ist, dass die Gesellschaftsbeteiligung nur an Abkömmlinge vererblich ist, der Erblasser aber seinen Ehegatten zum Erben einsetzt. In einem solchen Fall wächst der Anteil den übrigen Gesellschaftern an, der überlebende Ehegatte hat einen Abfindungsanspruch. Dieser Anspruch ist indes wesentlich weitgehender beschränkbar als der Abfindungsanspruch nach Kündigung. Bei Familiengesellschaften gestattet die Rechtsprechung sowohl bei Kapitalgesellschaften als auch bei Personengesellschaften für diese Situation sogar einen vollständigen **Abfindungsausschluss.** 47

d) Überlegungen bei Lebensversicherungen. Nicht selten werden Lebensversicherungsverträge abgeschlossen zur Sicherung betrieblicher Verbindlichkeiten. In diesem Zusammenhang muss dafür Sorge getragen werden, dass auch der Unternehmensnachfolger die Lebensversicherungssumme bei Fälligkeit erhält. Tückisch in diesem Zusammenhang indes ist, dass der Anspruch auf die Versicherungssumme ohne Durchgang durch das Vermögen des Versicherungsnehmers jedenfalls dann, wenn ein Bezugsberechtigter benannt 48

---

[11] Zu beachten ist, dass das Gesetz in § 13a IX S. 3 ErbStG selbst für bestimmte Vergünstigungen einen Bewertungsabschlag von 30% erwähnt.
[12] Falls der Gesellschaftsvertrag kein Kündigungsrecht vorsieht, kann der Gesellschafter seinen Anteil veräußern.

ist, unmittelbar in dessen Person entsteht. Er fällt daher bei einer Versicherung auf den Todesfall auch **nicht** in den Nachlass. Anderes gilt nur, wenn kein Bezugsberechtigter benannt wurde, was jedoch sehr selten ist. Der Berater einer Unternehmensnachfolge muss daher sehr genau darauf achten, dass gegebenenfalls die im Versicherungsvertrag angelegte Bezugsberechtigung jedenfalls dann, wenn sie – wie üblich – widerruflich ausgestaltet ist, so abgeändert wird, dass auch der Unternehmensnachfolger als Bezugsberechtigter vorgesehen wird. Weitere Konsequenzen des Umstands, dass der Anspruch nicht in den Nachlass fällt, ist, dass sich eine angeordnete Vor- und Nacherbschaft genauso wenig auf die ausgezahlte Versicherungssumme bezieht wie beispielsweise eine Testamentsvollstreckung. Ist Letzteres indes gewünscht, muss der Erblasser im Testament alternative Wege andenken, so muss er beispielsweise den Erben mit einer Pönale dazu bewegen, gegebenenfalls freiwillig die ausgezahlte Versicherungssumme dem Testamentsvollstrecker zur Verwaltung zu übergeben.

49 **e) Hinweise zu den Güterständen. aa) Zivilrecht.** Die Wahl der Güterstände hat nicht nur Auswirkungen im Familienrecht, sondern auch im Erb- und im Erbschaftsteuerrecht. Zunächst führt der in der Praxis häufigste Güterstand, der Güterstand der Zugewinngemeinschaft, dazu, dass sich die gesetzliche Erbquote des überlebenden Ehegatten um 1/4 erhöht, vgl. §§ 1371, 1931 Abs. 3 BGB. Mit dieser Erhöhung wird pauschal der Zugewinnausgleich des überlebenden Ehegatten verwirklich, ungeachtet dessen, ob überhaupt ein Zugewinn in der Ehe erzielt wurde und ob ein eventueller Zugewinnausgleichsanspruch nun gerade dem überlebenden Ehegatten zusteht. Eine solche Erhöhung erlangt ein Ehegatte, der in Gütertrennung verheiratet war, nicht. Zwar richtet sich bei der Gütertrennung die exakte gesetzliche Erbquote nach der Anzahl der Kinder. Jedenfalls dann aber, wenn der Erblasser zwei oder mehr Kinder hinterlässt, ist die Erbquote des überlebenden Ehegatten, der mit dem Verstorbenen in Zugewinngemeinschaft lebte, höher als bei der Gütertrennung. Aus dieser Unterscheidung resultieren auch wichtige Konsequenzen für das **Pflichtteilsrecht**. Erbt der überlebende Ehegatte gesetzlich 1/2 und jedes der beiden Kinder gesetzlich 1/4, so beträgt der Pflichtteilsanspruch jedes Kindes 1/8. Erbt der Ehegatte aber nur 1/3, weil er in Gütertrennung verheiratet war, so erbt jedes Kind der beiden Kinder gesetzlich auch 1/3, der Pflichtteilsanspruch beträgt mithin 1/6. Allein durch den Wechsel von der Gütertrennung zur Zugewinngemeinschaft können mithin die Pflichtteilsansprüche von Abkömmlingen verringert werden.

50 **bb) Steuerrecht.** Für Unternehmer aber besonders wichtig ist es zu wissen, dass in der Regel die Zugewinngemeinschaft deutliche erbschaftsteuerliche Vorteile gegenüber der Gütertrennung hat. Dies beruht auf der Regelung von § 5 ErbStG: Der Betrag, den der überlebende Ehegatte bei tatsächlicher Durchführung des Zugewinnausgleichs auf den Todesfall des Erblassers verlangen könnte, ist gem. § 5 Abs. 1 ErbStG **steuerfrei.** Dies gilt im Grundsatz auch dann, wenn ehevertragliche Einschränkungen für den Zugewinnausgleich vereinbart werden, beispielsweise vereinbart wird, dass bestimmte Vermögensgegenstände – etwa das Unternehmen – von der Zugewinnausgleichsberechnung ausgenommen wird. Die Höhe des steuerfreien Betrages errechnet sich in Fällen, in denen der Zugewinn durch ehevertragliche Vereinbarung verringert würde, in der Regel sogar so, wie sich der Zugewinnausgleich ohne diese Einschränkung errechnet hätte. Auf diese, zum Teil sehr beträchtlichen Erbschaftsteuervorteile verzichten Ehegatten, wenn sie Gütertrennung vereinbaren. Die Gütertrennung ist naturgemäß deswegen für Unternehmer so beliebt, weil sie vor dem Zugewinnausgleich im Scheidungsfall schützt. Dies kann jedoch auch auf anderem Weg erreicht werden. Es lässt sich ohne weiteres im Rahmen der Zugewinngemeinschaft durch notariell zu beurkundenden Ehevertrag vereinbaren, dass im Falle der Beendigung der Ehe durch Scheidung, ein Zugewinnausgleich nicht (oder nach Maßgabe der Regelung im Ehevertrag nur eingeschränkt) geschuldet ist, wohingegen dann, wenn entweder der Zugewinn freiwillig ausgeglichen wird oder aber die Ehe durch Tod endet, keine Besonderheiten gelten (sog. **modifizierte Zugewinngemeinschaft**). Es kann sogar auch vereinbart werden, dass der Zugewinn, der im Todesfall zu zahlen ist, Einschränkungen unterworfen wird. So können auch in dieser Situation einzelne Vermögensgegenstände und ihre Wertsteigerungen vom Zugewinnausgleich ausgenommen werden. Den oben erwähnten steuerlichen Vorteil sollten Unternehmer daher nicht leichtfertig verspielen, sondern sich gut überlegen, ob nicht für sie die modifizierte Zugewinngemeinschaft die bessere Lösung ist.

f) Heilungsmöglichkeiten bei verunglückten Nachfolgeplanungen, Ausschlagung. 51
Ist, insbesondere aufgrund mangelhafter Abstimmung zwischen Testament und Gesellschaftsvertrag, die Situation eingetreten, dass die beabsichtigte Unternehmensnachfolge nicht eintreten kann, ist zu überlegen, ob das gewünschte Ergebnis nicht doch durch eine Ausschlagung erreicht werden kann. Ist beispielsweise im Gesellschaftsvertrag einer Personengesellschaft geregelt, dass Anteile nur an Abkömmlinge vererblich sind, setzt jedoch der Erblasser seinen Ehegatten als Erben ein, so kann der Anteil auf die Abkömmlinge nicht übergehen, da sie nicht Erben sind. Auch die Ehefrau wird nicht Unternehmensnachfolgerin, weil die Anteile an sie nicht durch Gesellschaftsvertrag vererblich gestellt wurden, → Rn. 40. In einer solchen Situation kann überlegt werden, ob der Ehegatte nicht die Erbschaft **ausschlägt**, wenn Folge der Ausschlagung ist, dass die Erbschaft den Kindern anfällt. Dann ist der Anteil nicht nur an die Kinder vererblich gestellt, sie werden auch Erben, so dass die in → Rn. 41 ff. aufgeführten misslichen gesellschaftsrechtlichen und auch steuerrechtlichen Konsequenzen nicht eintreten.

Als weitere Möglichkeit ist noch daran zu erinnern, dass es jedem, der etwas vermächt- 52
nisweise oder durch Erbschaft erlangt, frei steht, es innerhalb von 2 Jahren einer **gemeinnützigen Stiftung** zuzuführen, auch dann entstehen keine Schenkung- beziehungsweise Erbschaftsteuern, vgl. § 29 Abs. 1 Ziff. 4 ErbStG.

2. Kapitel. Typische Gestaltungsmodelle der Unternehmensnachfolge

§ 2 Die lebzeitige Übertragung von Unternehmen

Übersicht

	Rn.
I. Der Schenkungsvertrag zur Regelung der vorweggenommenen Erbfolge	1
1. Einleitung/Begriffserklärung	2
2. Schenkung im Sinne der Legaldefinition des § 516 Abs. 1 BGB	12
3. Exkurs: Gesellschaft als Schenker oder Beschenkter, auch steuerliche Konsequenzen	30
4. Gemischte Schenkung	36
5. Formvorschriften der Schenkung	39
6. Besonderheiten bei Zuwendungen von Gesellschafts- oder Geschäftsbeteiligungen oder im Rahmen von Gesellschaftsverhältnissen ohne Gegenleistung	50
a) Zuwendung von Gesellschafts- oder Geschäftsbeteiligungen ohne Gegenleistung	51
b) Einzelhandelsgeschäft, GBR und OHG und Komplementärbeteiligung an einer KG	55
c) Kommanditanteil, stiller Gesellschafter, Unterbeteiligter	67
d) Partnerschaftsgesellschaft, Partnerschaft „mit beschränkter Berufshaftung"	68
e) GmbH, AG, KGaA, SE, SPE geplant	71
f) Genossenschaftsanteile	74
g) Disquotale Zuwendungen an die Gesellschaft	75
7. Bewirkung des versprochenen Leistung/Heilung von Formmängeln der Schenkung	80
a) Grundsatz	81
b) Bewirkung des versprochenen Leistung bei Zuwendung eines KG-Anteils	87
c) Bewirkung der Leistung bei Beteiligung an einer Innengesellschaft	93
d) Bewirkung der Leistung bei Zuwendung einer Beteiligung als Gesellschafter an einer GbR, OHG, als Komplementär an einer KG, an einer PartG beziehungsweise PartGmbB	98
e) Bewirkung der Leistung an Mitgesellschafter durch Ausschluss der Abfindung	105
f) Bewirkung der Leistung bei Zuwendung von GmbH-Anteilen	109
g) Bewirkung der Leistung bei Zuwendung eines Nießbrauchs	114
h) Bewirkung der Leistung bei der Zuwendung von Grundvermögen	118
i) Bewirkung der Leistung bei Zuwendung des gegenwärtigen Vermögens oder des Nachlasses	125
j) Bewirkung der Leistung bei dem Leibrentenversprechen	126
k) Formbedürftigkeit des Erb- und Pflichtteilsverzichts	130
l) Vertraglich vereinbarte Formerfordernisse	132
m) Registerrechtliche Formerfordernisse	133
8. Zweckschenkung, Schenkung unter Auflage	140
9. Schenkung von Todes wegen (§ 2301 Abs. 1 BGB) und Schenkung aufschiebend bedingt auf den Tod des Schenkers (§ 2301 Abs. 2 BGB)	142
a) § 2301 Abs. 1 BGB	142
b) § 2301 Abs. 2 BGB, § 518 BGB	144
aa) Überlebensbedingung	144
bb) Grundstücke	148
cc) Gesellschafts-/Geschäftsanteile	149
10. Zuwendungen durch Vertrag zugunsten Dritter auf den Todesfall	154
a) Das Dreiecksverhältnis	155
b) Nach dem Tod des Schenkers	159

	Rn.
aa) Keine Kenntnis des Zuwendungsempfängers vor dem Tod des Schenkers	159
bb) Kenntnis des Zuwendungsempfängers vor dem Tod des Schenkers	164
cc) Was können der Erbe oder der Insolvenzverwalter noch tun?	165
c) Aufschiebend bedingte Abtretungsvereinbarung	171
d) Notgeschäftsführung	172
11. Gesetzliche Regelungen zur Rückgängigmachen der Schenkung durch den Schenker	175
a) Überblick	176
b) Rückforderung wegen Bedürftigkeit	185
c) Widerruf wegen groben Undanks	196
d) Rückforderung bei Nichtvollziehung der Auflage	199
e) Rückforderung bei Zweckverfehlung	200
f) Wegfall der Geschäftsgrundlage	201
12. Gesetzliche Korrekturmöglichkeiten des künftigen Erblassers bei nicht als Schenkung zu qualifizierenden Zuwendungen	204
a) Überblick	205
b) Ehebedingte Zuwendungen	207
aa) Einführung	207
bb) Inanspruchnahme während der Ehe	210
cc) Inanspruchnahme bei Scheidung einer Ehe im Güterstand der Gütertrennung	211
dd) Inanspruchnahme bei Scheidung einer Ehe im Güterstand der Zugewinngemeinschaft	212
ee) Inanspruchnahme bei Scheidung einer Ehe im Güterstand der Wahl-Zugewinngemeinschaft	215
ff) Inanspruchnahme bei Scheidung einer Ehe im Güterstand der Gütergemeinschaft	216
c) Familienrechtlicher Kooperationsvertrag	220
13. Gesetzliche Korrekturmöglichkeiten der weichenden Erben bei Erb- oder Pflichtteilsverzicht	221
a) Bis zum Ableben des Erblassers	222
b) Nach dem Ableben des Erblassers	229
c) Die Abfindung	230
14. Gesetzliche Korrekturmöglichkeiten des Zuwendungsempfängers	233
II. Besicherung von Ansprüchen im Grundbuch	236
1. Reallast	237
2. Grunddienstbarkeit	245
3. Beschränkte persönliche Dienstbarkeit	247
4. Rentenschuld	249
5. Rückauflassungsvormerkung	251
III. Beschränkung der Vermögenssorge der Eltern für Zuwendungen an Minderjährige	254a
1. Überblick	254b
a) Entziehung des Verwaltungsrechts	255
b) Beschränkung der Verwaltung	260
c) Bestellung, Aufgabe des Pflegers	262
2. Verpflichtung zur Weitergabe der Schenkung unter Beachtung der Verwaltungsanordnung	268
3. Anforderungen an Eltern und Pfleger	269
4. Nutzbarmachung des § 1638 BGB im Gesellschaftsrecht	270
IV. Gesellschaftsrechtliche Zustimmungserfordernisse und Stimmquoren	273
1. Einleitung	273
2. Zustimmungserfordernis in Personengesellschaften	273a
a) Einstimmigkeit/Mehrheitsbeschlüsse/Kernbereichslehre/Zweistufige Prüfung	274
aa) Gesetz	274

	Rn.
bb) Gesellschaftsvertrag	276
cc) Überprüfung von Mehrheitsklauseln	278
b) Ehemaliger Kreis der Grundlagengeschäfte	284
c) Geschäftsführungsmaßnahmen	287
d) Kreis der zustimmungsbedürftigen Geschäftsführungsmaßnahmen	290
e) Zustimmungserfordernisse in kapitalistisch strukturierten Personengesellschaften	293
3. Zustimmungserfordernisse in Kapitalgesellschaften	295a
a) Satzungsänderungen	296
aa) Aktiengesellschaft	297
bb) GmbH/UG	298
b) Geschäftsführungs- und Strukturmaßnahmen	299
aa) Aktiengesellschaft	299
bb) GmbH	303
V. Sonstige Zustimmungs- und Genehmigungserfordernisse	305a
1. Zustimmung des Ehepartners und Lebenspartners	306
2. Ergänzungspfleger-Bestellung bei Rechtsgeschäften mit minderjährigen Kindern	309
3. Familiengerichtliche Genehmigung	315
4. Genehmigung nach dem Grundstücksverkehrsgesetz	324

I. Der Schenkungsvertrag zur Regelung der vorweggenommenen Erbfolge

Die Möglichkeit, den Nachfolger bereits zu Lebzeiten in seine Verantwortung hineinwachsen zu lassen, ist durch die sog. vorweggenommene Erbfolge gegeben. Diese Nachfolge vollzieht sich durch die dem Übertragenden zur Verfügung stehenden rechtsgeschäftlichen Gestaltungsmöglichkeiten mit dem Nachfolger, bevorzugt durch den Schenkungsvertrag. Der potentielle Erblasser benötigt eine Vermögensaufstellung und entscheidet, wer „das Einkommen an diesen Wirtschaftsgütern bekommen soll und wer die Verwaltung für dieses Vermögen innehaben soll."[1] Um die Gestaltungmöglichkeiten zu diesen Faktoren geht es in § 2.

1. Einleitung/Begriffserklärung

Das Thema der lebzeitigen Übertragung von Unternehmen ist hier die zivilrechtliche Gestaltung im Rahmen der vorweggenommenen Erbfolge, auch **Generationennachfolgeregelungen**[2] genannt. Sie bezeichnen die „Übertragung des Vermögens oder eines wesentlichen Teils davon durch den künftigen Erblasser auf einen oder mehrere als künftige Erben in Aussicht genommene Empfänger" durch Rechtsgeschäft unter Lebenden,[3] typischerweise Vereinbarung einer Schenkung oder zumindest gemischten Schenkung[4] mit verschiedenen Varianten, wie Ausstattung, Nießbrauch, Erbverzicht, Pflichtteilsverzicht usw.[5]

Vermögensübergänge durch voll entgeltliche Veräußerungsgeschäfte wie zB
– der Management Buy In oder Buy Out,
– der Börsengang,

---

[1] *von Oerken, F. Hannes* FHZ 15.5.2019 S. 25.
[2] Begriff des „Generationennachfolgevertrages" geprägt von *Kirchhof/Söhn* EStG § 22 Rn. B 303, 376. Der anwaltliche Beratungsvertrag der Nachfolge hat auch Schutzwirkung für die Erben; für die Testamentserrichtung BGH NJW 1995, 2551 ff., die Notarhaftung DNotI-Report 2002, 119.
[3] BGH ZEV 2010, 190 (191); NJW 1995, 1349 (1350); DNotZ 1992, 32 (33); BMF vom 13.1.1993, BStBl. I, 80, Rz. 1; BFH BStBl II 1990, 847. OLG Stuttgart BeckRS 2012, 23633, zur gesellschaftsrechtlichen Nachfolgeplanung bei Adoptivkindern; dazu auch EGMR ZEV 2005, 162 ff. Steuerrechtlich können auch leibliche rechtlich nicht anerkannte Kinder persönliche Freibeträge nach Steuerklasse I in Anspruch nehmen: FG Hessen ZEV 2017, 288 (290) mAnm *von Oertzen*.
[4] Palandt/*Weidenkaff*, § 516 Rn. 13.
[5] *J. Mayer* DNotZ 1996, 609.

- der Unternehmensverkauf (als Asset- oder Share-Deal) oder Unternehmensteilverkauf,[6]
- Übertragung von Gesellschafts- oder Geschäftsanteilen,
- die Betriebsverpachtung,[7]
- die Unternehmenspacht,
- und die Gründung einer Stiftung,

sind ebenfalls geeignete Gestaltungsmöglichkeiten der vorweggenommenen Erbfolge, insbesondere wenn keine eigenen Erben vorhanden oder solche nicht zur Nachfolge geeignet sind. Sie werden jedoch nicht typisch mit dem Begriff der vorweggenommenen Erbfolge verbunden,[8] und werden behandelt unter §§ 3, 7, 9, 25.

4   Die vorweggenommene Erbfolge als Vertrag unter Lebenden ist **keine eigene Vertragsart** (sie wird lediglich in § 593a BGB und § 17 HöfeO erwähnt). Die vorweggenommene Erbfolge hat für die Vorsorge für die Zukunft im Gesellschaftsrecht jedoch durchaus eigenständige Bedeutung, denn der Wunsch auf eine vorweggenommene Erbfolge kann aus dem Gesichtspunkt der gesellschaftlichen Treuepflicht zB in der OHG dem Gesellschafter einen Anspruch geben auf Zustimmung des Mitgesellschafters zur Übertragung seiner Gesellschafterstellung schon zu Lebzeiten auf seinen zur Nachfolge berufenen Erben.[9]

5   Die vorweggenommene Erbfolge bietet die Möglichkeit – und auch die Notwendigkeit –, die Nachfolgeplanung langfristig anzulegen. Die rechtzeitige Planung kann nicht nur mit der **Fortführung des Lebenswerks** durch die nächste Generation, sondern auch mit **Steuerersparnissen**[10] belohnt werden.

6   Für die Übertragung unternehmerischen Vermögens beziehungsweise die Einräumung von Nutzungsrechten daran ist ein längerer zeitlicher Vorlauf von mehreren Jahren auch durch die am 4.11.2016 beschlossenen und mit Rückwirkung zum 1.7.2016 in Kraft getretenen Neuregelungen des Schenkung- und Erbschaftsteuerrechts (für Betriebsvermögen, Betriebe der Land- und Forstwirtschaft und Anteile an Kapitalgesellschaften) erforderlich geworden. So ist zB sog. Verwaltungsvermögen (Definition § 13b Abs. 4 ErbStG) erbschaftsteuerlich nicht privilegiert (mit Ausnahme unschädlichen Verwaltungsvermögens von 10% gemäß § 13b Abs. 7 ErbStG), und sogenanntes junges Vermögen, dh Einzahlung von Geldeinlagen in den letzten zwei Jahren in das Unternehmen, ebenfalls nicht, wenn das Verwaltungsvermögen nicht innerhalb einer Investitionsfrist von 2 Jahren nach dem Tod des Erblassers gemäß einem vorgefassten Willen des Erblassers (Investitionsplan) für Investitionen im Unternehmen Verwendung finden soll. Da die Voraussetzungen des § 13a Abs. 9 ErbStG am 1.7.2016 kaum vorgelegen haben dürften, wird die Regelung erst ab 1.7.2018 Geltung erlangen. Selbst ein Blick in die Bilanz des Unternehmens gibt nicht unmittelbar Aufschluss darüber, ob sich der Unternehmer noch im Rahmen der Begünstigungsmöglichkeit befindet; eine regelmäßig aufwendige Bewertung des Verwaltungsvermögens und des Gesamtbetriebes wird erforderlich werden. Die Aufgabe wird darin bestehen, den Gesellschaftsvertrag zu prüfen und gegebenenfalls zu überarbeiten, Verwaltungsvermögen zu verändern, oder Mitgesellschafter einer Kapitalgesellschaft zu ei-

---

[6] BGH NJW 2014, 294 ff.; OLG Koblenz ZEV 2002, 244 (245) zur Stundung des Kaufpreises, wodurch selbst bei Berücksichtigung einer Abzinsung kein unentgeltlicher Vertrag begründet wird. Unternehmenskaufvertragsmuster zB bei *Spiegelberger*, Unternehmensnachfolge, 2. Aufl. 2009, § 13 Rn. 136 ff.

[7] Zwecks Herbeiführung einer Verflechtung im Rahmen einer Betriebsaufspaltung als Verpachtung von Betriebsgrundlagen oder zur vorübergehenden Übergabe eines Betriebs an einen Dritten, der selbst nicht Nachfolger werden soll oder die Nachfolge vorbereiten soll.

[8] BMF vom 13.1.1993 BStBl. I, 80, Rn. 1 und 2.

[9] BGH NJW 1987, 952 (954).

[10] Wenn die Voraussetzungen, die an die Gewährung des Verschonungsabschlags geknüpft sind, innerhalb der Haltefrist eingehalten werden (Entnahme, Gewinnausschüttung, Lohnsummen), → § 21 Rn. 54 ff., § 28; Poolvertrag → § 21 Rn. 64–69; *Weber/Schwind* ZEV 2016, 688 (689) mit Beispiel zum Vorwegabschlag (§ 13a Abs. 9 ErbStG) für Familienunternehmen, der für Großerwerbe bis zu einem Übertragungswert von rund 37 Mio. EUR ohne die Einschränkungen der Verschonung bei Großunternehmen steuerbegünstigt möglich sein kann.

I. Der Schenkungsvertrag zur Regelung der vorweggenommenen Erbfolge § 2

ner Poolbildung zu gewinnen. Auch könnte zur Verwendung jungen Vermögens ein Investitionsplan geschaffen oder aktuell überarbeitet werden – der allerdings nur für die Nachfolge von Todes wegen (nicht bei Schenkungen) ermöglicht, Verwaltungsvermögen in begünstigtes Betriebsvermögen umzuwandeln (§ 13b Abs. 5 S. 2 ErbStG), und der eine Umsetzung binnen der 2-Jahresfrist verlangt.

Auch bei einer Planung, den **Altersitz in das Ausland zu verlegen,** ist zu bedenken, 7 dass die Beendigung der unbegrenzten Steuerpflicht in Deutschland auch ohne tatsächliche Übertragung einer Beteiligung an einer Kapitalgesellschaft oder bei deren Übertragung an eine Personengesellschaft zu Buchwerten zu einer Schlussbesteuerung beziehungsweise Wegzugsbesteuerung führen kann (§ 6 AStG, zB §§ 6 Abs. 3, 17 EStG).

Mit einer Verwendung des Begriffs „vorweggenommene Erbfolge" im Vertragstext ist 8 behutsam zu verfahren, da dieser zu Schlussfolgerungen auf die Parteivorstellungen führen und Klarstellungen angebracht sein könnte.[11]

> **Formulierungsbeispiel:** 9
> Die Erschienenen erklärten zur Beurkundung den folgenden gemischten Schenkungsvertrag zur Regelung der vorweggenommenen Erfolge der Familie …, verbunden mit Anrechnungsbestimmungen der unentgeltlichen Zuwendung auf einen etwaigen Pflichtteil des Beschenkten, jedoch ohne Ausgleichspflichten.

Der im Güterstand der Zugewinngemeinschaft verheiratete Schenker[12] benötigt die 10 Zustimmung des Ehegatten (§ 1365 BGB), wenn er über sein ganzes Vermögen oder dessen wesentliche Teile[13] verfügt – auf die Unentgeltlichkeit des Vertrages kommt es dabei nicht an. Für den im **Güterstand der deutsch-französischen Wahl-Zugewinngemeinschaft** verheirateten Schenker[14] existiert eine Verfügungsbeschränkung wie in § 1365 BGB nicht, allerdings eine Verfügungsbeschränkung in Bezug auf Haushaltsgegenstände nach Art. 5 Abs. 1 WZGA sowie ein Verbot für den Ehegatten, ohne die Zustimmung des anderen über die Ehewohnung zu verfügen (Art. 5, nicht disponibel gemäß Art. 3 Abs. 3 WZGA).

Die Einordnung der vorweggenommenen Erbfolge in die **zivilrechtliche Systematik** 11 der Rechtsgeschäfte ist streng zu trennen von deren steuerlicher Behandlung. Die zivilrechtliche Subsumtion darf keinesfalls zu der Annahme verleiten, dass damit eine Aussage über die steuerrechtliche Einordnung getroffen werden kann. Und die Prüfung der zivilrechtlichen Seite kann nie ohne Prüfung der steuerlichen Seite erfolgen, zumal viele Fälle der vorweggenommenen Erbfolge zur Nutzung steuerlicher Privilegien genutzt zu werden wünschen.

2. Schenkung im Sinne der Legaldefinition des § 516 Abs. 1 BGB

Tatbestandsmerkmale der Schenkung gemäß § 516 Abs. 1 BGB des Gesetzes sind: 12
– die Zuwendung aus dem Vermögen des Schenkers,

---

[11] BGH ZEV 2010,190 (191); NJW 1995, 1349 (1350): Allein der Hinweis in einem Übergabevertrag zwischen Eltern und ihrem Kind darauf, dass „in Vorwegnahme der Erbfolge" zugewendet werde, lässt nicht auf die Unentgeltlichkeit der Übergabe schließen. In einer Entscheidung des OLG Düsseldorf ZEV 1994, 173 (174) führte die Verwendung des Begriffes „vorweggenommene Erbfolge" zu dem Streit, ob eine Anrechnung der Zuwendung auf den Pflichtteil iSv § 2315 BGB zu erfolgen habe.
[12] Für die Altfälle der eingetragenen Lebenspartner gilt das Zustimmungserfordernis unabhängig vom Vermögensstand.
[13] Bei größeren Vermögen ab ca. 300.000 EUR entfällt die Zustimmungsbedürftigkeit wenn dem verfügenden Ehegatten ca. 10% seines ursprünglichen Gesamtvermögens verbleiben, bei kleineren Vermögen ca. 15%; BGH BWNotZ 1991, 141 (142) = FamRZ 1991, 669; NJW 1991, 1739 (1740); NJW 1980, 2350 (2351); OLG München BeckRS 2004, 15726 = FamRZ 2005, 272 Ls.
[14] Für die Altfälle der eingetragenen Lebenspartner gilt das Zustimmungserfordernis unabhängig vom Vermögensstand.

- die Bereicherung des Beschenkten dadurch, sowie
- die Einigung über die Unentgeltlichkeit der Zuwendung.

13 In dem Merkmal der Zuwendung aus dem Vermögen steckt die **Entreicherung des Schenkers,** die zu einer Verminderung der gegenwärtigen Vermögenssubstanz auf Dauer führen muss.[15] Damit ist zugleich eine Abgrenzung zur unentgeltlichen Gebrauchsüberlassung eines Vermögensgegenstandes gezogen,[16] die infolge des Verbleibs der Vermögenssubstanz einer Sache bei dem Erblasser als Leihe einzustufen ist,[17] auch wenn mit der Zuwendung der Wert einer möglich gewesenen Eigennutzung verbunden ist.

14 Das Schenkungsrecht selbst weist diesem Ergebnis bereits seine Richtung, da nach § 517 BGB keine Schenkung vorliegt, wenn jemand zum Vorteil eines anderen einen Vermögenserwerb unterlässt, auf aufschiebend bedingte Rechte vor Bedingungseintritt sowie aufschiebend befristete Rechte verzichtet oder eine Erbschaft oder ein Vermächtnis ausschlägt.

15 Auch bei (formgültigem) Schenkungsversprechen mit **auf den Todesfall aufgeschobener Erfüllung** in der Weise, dass das Eigentum erst mit dem Tod des Schenkers auf den Nachfolger übergeht, das Eigentum zu Lebzeiten des Schenkers bei ihm verbleibt, handelt es sich um eine Schenkung. Der Beschenkte hat in dieser Konstellation einen unbedingten Anspruch auf Übereignung.

16 **Formulierungsbeispiel in einer notariellen Urkunde:**

A schenkt hiermit dem B seiner Eigentumswohnung ... [Grundbuchangaben] unbedingt, ohne die Bedingung, dass der B den A überlebt, der die Schenkung annimmt.

Die Übergabe seiner Eigentumswohnung mit allen Rechtswirkungen erfolgt am Todestag des A.

[Vormerkung, Auflassungsvollmacht, zu nutzen nur mit Sterbeurkunde des A].

17 Im Unterschied zu den in § 2301 BGB geregelten Fällen der Schenkung von Todes wegen (§ 2301 Abs. 1 BGB) sowie der vollzogenen Schenkung unter der aufschiebenden oder auflösenden Bedingung, dass der Beschenkte den Schenker überlebt (§ 2301 Abs. 2 BGB), fällt die Zuwendung im Falle des Vorversterbens des beschenkten Nachfolgers an dessen Erben.

18 **Formulierungsbeispiel in einer notariellen Urkunde:**

A verspricht hiermit dem B die schenkweise Übereignung seiner Eigentumswohnung ... [Grundbuchangaben] unter der Bedingung, dass B den A überlebet.

Der B nimmt das Schenkungsversprechen des A an.

Die Auflassung wird zur Urkunde erklärt, der Notar wird beauftragt, diese zum Grundbuch zu reichen, wenn B dies gegen Vorlage der Sterbeurkunde des A beantragt.

---

[15] BGH NJW 1982, 820 (821); im Zusammenhang mit BGB § 1374 Abs. 2, BGH NJW 1987, 2816 (2817); Staudinger/*Chiusi* (2013) BGB § 516 Rn. 15–25; erfolgt eine Zuwendung „im Wege vorweggenommener Erbfolge unentgeltlich", sind nach BGH NJW 2010, 3023 (3024) die Frage der Ausgleichung, der Anrechnung oder kumulativ Ausgleichung und Anrechnung zu klären.

[16] BGH ZEV 2008, 192 zur Leihe bei Einräumung eines unentgeltlichen Wohnrechts, mAnm *J. Mayer;* MüKoBGB/*Koch*, § 516 Rn. 7; Staudinger/*Chiusi* (2013) BGB § 516 Rn. 17.

[17] BGH FF 2016, 217; NJW 1985, 1553; NJW 1982, 820 (821), unter Aufgabe seiner abweichenden Auffassung in NJW 1970, 941 (942); Staudinger/*Chiusi* (2013) BGB § 516 Rn. 18; mangels Sache keine leihweise Überlassung von Gesellschafts- oder Geschäftsanteilen möglich. Im Schenkungsteuerrecht ordnet der BFH BeckRS 2010, 25016086, die Gewährung eines zinslosen Darlehns als Schenkung ein.

I. Der Schenkungsvertrag zur Regelung der vorweggenommenen Erbfolge § 2

Entreicherung und **Bereicherung**[18] müssen nicht identisch sein. Als Beispiel sei die 19 schenkweise Zuwendung eines KG-Anteils genannt,[19] die auf verschiedenen Wegen bewirkt werden kann:
– unentgeltliche Übertragung des bestehenden Anteils, gegebenenfalls vollzogen durch schenkweise Einbuchung der Einlage auf den Empfänger,
– Aufnahme als Kommanditist in ein bestehendes Unternehmen unter Umwandlung in eine KG ohne Einlagen- und Gegenleistungspflicht,
– Gründung einer KG mit dem Beschenkten unter Aufbringung des Kapitals durch den Erblasser,
– Zuwendung von Geldmitteln zweckbestimmt zum Erwerb des KG-Anteils als mittelbare Schenkung,
– mittelbare Schenkung des Erlöses aus einer Anteilsveräußerung eines zuvor geschenkten KG-Anteils.[20]

Die mittelbare Schenkung verlangt in Abgrenzung zur Schenkung unter Auflage die konkrete Verknüpfung mit dem Erwerb des zu erwerbenden Gegenstandes. 20

> **Formulierungsbeispiel:** 21
>
> Der Schenker wendet hiermit dem Beschenkten einen Geldbetrag in Höhe von ... zu. Dieser Geldbetrag ist ausschließlich zu verwenden für den Erwerb des Kommanditanteils an der ...-KG (Amtsgericht ... HRA ...), bestehend aus einem festen Kapitalanteil in Höhe von EUR ... einschließlich aller damit verbundenen Rechte und Pflichten. Es ist sicherzustellen, dass die Übertragung des Kommanditanteils ihre Wirksamkeit erst mit Eintragung in das Handelsregister entfaltet.
> Die Zuwendung erfolgt ohne Gegenleistung, jedoch unter Anrechnung auf einen etwaigen Pflichtteil. Die Schenkung wird erfüllt durch Überweisung des Betrages an ....
> Der Beschenke nimmt die Schenkung hiermit an.

Unentgeltlichkeit der Zuwendung liegt vor, wenn sie objektiv nach dem Inhalt des 22 Rechtsgeschäfts nicht mit einer Gegenleistung verknüpft ist und subjektiv Einigkeit über die Unentgeltlichkeit besteht.[21] Sie ist ausgeschlossen, wenn dem Zuwendenden durch die Leistung materiell ein anderer „entsprechender" Wert zufließt, so in dem Fall, dass die Gründer einer Aktiengesellschaft nachträglich der Gesellschaft versprechen, die Gründungskosten zu tragen.[22] Soll die Gegenleistung aus dem Zuwendungsgegenstand erbracht werden, ist von einer Unentgeltlichkeit auszugehen,[23] zB bei Aufbürdung der Versorgung des Übergebers, oder wenn der Zuwendungsgegenstand wertmindernde Merkmale aufweist.

Wird ein KG-Anteils etwa in der Weise zugewandt, dass der Gesellschaftsvertrag 23 gleichzeitig für den Fall des Versterbens eines Gesellschafters dessen abfindungsloses Ausscheiden vorsieht, liegt zivilrechtlich keine Schenkung vor, sondern eine **Zuwendung innerhalb eines bestehenden Gesellschaftsverhältnisses** in Form einer vorweggenommenen, auf den Todesfall bezogenen Verfügung über den Anteilswert.[24] Steuerlich

---

[18] Die Bereicherung ist bedeutsam bei der Frage der Rückgewähr nach § 531 Abs. 2 BGB und bei §§ 10 ff. ErbStG.
[19] Eingehend zu Gesellschaftsanteilen als Gegenstand der Schenkung → Rn. 50 ff.
[20] BFH ZEV 2017, 346 (347); Im Falle einer Schenkung von Geld zum Zwecke des Erwerbs einer GmbH-Beteiligung liegt keine mittelbare Schenkung vor, es sei denn, dass der Schenker zu mehr als 25 % an der Gesellschaft beteiligt ist.
[21] BGH NJW 2017, 329 (330) mAnm *Keim* = DNotI-Report 2016, 162; OLG Koblenz ZEV 2002, 460 (461 f.).
[22] Staudinger/*Chiusi* (2013) BGB § 516 Rn. 48; → Rn. 30–35.
[23] BGH NJW 1989, 2122 (2123).
[24] BGH NJW 1981, 1956 (1957); Staudinger/*Chiusi* (2013) BGB § 516 Rn. 171; MüKoBGB/*Koch*, § 516 Rn. 95.

liegt darin durchaus eine freigebige Zuwendung unter Lebenden vor. Zuwendungen über den Umweg einer (Kapital-) Gesellschaft, zB durch Auszahlung überhöhter Anteile oder Gehälter können hingegen als Schenkung der Gesellschaft an den Empfänger gelten.

24 Zur Begründung der Entgeltlichkeit ist die objektive Gleichwertigkeit beider Leistungen nicht erforderlich, da es den Parteien freisteht, den Wert der Leistungen frei zu bewerten. Es genügt, dass die Parteien subjektiv im Hinblick auf den verfolgten Zweck ihre Leistungen gleichgestellt haben,[25] wenn auch die objektiv fehlende Gegenleistung durch den Parteiwillen nicht ersetzt werden kann. Bei einem gewissen **objektiven Missverhältnis** von Leistung und Gegenleistung[26] ist jedoch zu vermuten, dass die Parteien dieses Missverhältnis erkannt haben und sich über die teilweise Unentgeltlichkeit einig waren. Die Vermutung für das Vorliegen einer gemischten Schenkung wirkt nur zugunsten Dritter, deren schutzwürdige Interessen durch das Vorliegen einer gemischten Schenkung tangiert würden, nicht dagegen zugunsten der Vertragsparteien des Rechtsgeschäftes.[27]

25 Bei gemischter Schenkung folgen die Leistungsstörungen dem Schenkungsrecht, wenn der unentgeltliche Charakter des Geschäfts überwiegt, und Kaufrecht bei überwiegend entgeltlichem Erwerb.

26 Die Bestimmung der Anrechnung der Schenkung auf das Erbe (im Schenkungsvertrag) oder auf Pflichtteilsansprüche machen aus der Zuwendung keinen entgeltlichen Vertrag.[28] Auch die Vereinbarung oder Vornahme der Zuwendung unter einer Bedingung entscheidet nicht über den Charakter der Unentgeltlichkeit.[29] Auch die **nachträgliche** (ausdrückliche oder konkludente) **Entgeltvereinbarung** eines Schenkungsvertrages ist möglich[30] und muss auch vom Pflichtteilsberechtigten anerkannt werden, solange Leistung und Gegenleistung nicht in einem auffälligen Missverhältnis stehen.[31]

27 Typische entgeltliche Leistungen sind zB Gleichstellungsgelder an Geschwister, Übernahme von Verbindlichkeiten des Übergebers durch den Übernehmer, Leistungen in Sachwerten oder Rentenzahlungen.[32] (Teil-) Entgeltlichkeit kann bei Vereinbarung zur Erbringung von Pflegeleistungen vorliegen. Der Vorbehalt eines Nießbrauchs bei der Übertragung ist steuerrechtlich keine Gegenleistung des Empfängers des mit dem Nießbrauch belasteten im Übrigen unentgeltlich übertragenen Wirtschaftsgutes.[33] Wirtschaftlich gesehen übernimmt der Beschenkte nur das belastete, nämlich das um das Nutzungsrecht geminderte Eigentum.[34]

---

[25] Prinzip der subjektiven Äquivalenz: BGH NJW 2012, 605 (606); OLG Oldenburg NJW-RR 1992, 778 (779); OLG Düsseldorf MittRhNotK 2000, 208 (209); MüKoBGB/*Koch*, § 516 Rn. 21f.; Staudinger/*Chiusi* (2013) BGB § 516 Rn. 38.
[26] BGH NJW-RR 1989, 706; BGH NJW 1995, 1349 (1350): „objektives, über ein geringes Maß deutlich hinausgehendes Missverhältnis"; BGH NJW 1981, 1956: „auffallend grobes Missverhältnis"; BGH NJW-RR 1996, 754 (755); → § 36.
[27] BGH NJW 2014, 294 (296) zur Abgrenzung von gemischten Schenkungen und Veräußerungen nach § 1374 Abs. 2 BGB = FamRZ 2014,98 mAnm *Koch* = MittBayNot 2015, 225 mAnm *Wegmann*; Staudinger/*Chiusi* (2013) BGB § 516 Rn. 38.
[28] Der BGH hat die Frage der Gegenleistung durch Erbverzicht im Zusammenhang mit der vorweggenommenen Erbfolge in NJW 1986, 127 (129) offengelassen, jedoch für das Anfechtungsgesetz in NJW 1991, 1345 = DNotZ 1992, 32 verneint; für eine Gegenleistung durch Erbverzicht *Coing* NJW 1967, 1777 (1778); dagegen MüKoBGB/*Lange*, § 2325 Rn. 14; für eine gemischte Schenkung *H.P. Westermann*, FS Kellermann, 1991, 507. Die Finanzgerichte lehnen einen „entgeltlichen" Leistungsaustausch ab, zB FG Rheinland-Pfalz EFG 1994, 614 (615); FG Düsseldorf ZEV 2003, 299 (300).
[29] Staudinger/*Chiusi* (2013) BGB § 516 Rn. 33; MüKoBGB/*Koch*, § 516 Rn. 13 ua zur Potestativbedingung wie zB den Widerrrufsvorbehalt.
[30] BGHZ 171, 136 = ZEV 2007, 326 (327); NJW-RR 1986, 164, entgeltliches Rechtsgeschäft durch einseitige Verfügung von Todes wegen; OLG Schleswig RNotZ 2012, 513 = MittBayNot 2013, 59; OLG Schleswig ZEV 2013, 91 Ls.
[31] BGH NJW-RR 2007, 803 (804) = ZEV 2007, 326; NJW-RR 1986, 164 (165).
[32] BFH NJW 2003, 1207 (1208).
[33] → § 22 Rn. 15ff.; BFH BStBl II 1982, 378; BMF vom 30.9.2013, BStBl I, 1184, Rz. 40.
[34] Zu ertragsteuerlichen Fragestellungen *Stein* ZEV 2019, 131 ff.

I. Der Schenkungsvertrag zur Regelung der vorweggenommenen Erbfolge § 2

Schwiegerelterliche materielle und immaterielle **Zuwendungen** sind Schenkungen 28
(§ 516 Abs. 1 BGB), auch wenn sie um der Ehe des eigenen Kindes willen erfolgen.[35] Die Einordnung als Rechtsverhältnis eigener Art, welches mit den ehebezogenen Zuwendungen unter Ehegatten vergleichbar sein soll, wurde vom BGH aufgegeben.[36] Denn die Schwiegereltern übertragen den zuzuwendenden Gegenstand regelmäßig in dem Bewusstsein auf das Schwiegerkind, künftig an dem Gegenstand nicht mehr selbst zu partizipieren.

Eine Ausreichung von **Stiftungsleistungen** an die Destinatäre stellt keine Schenkung 29
dar, auch wenn diese Zuwendung unentgeltlich erfolgt. Rechtsgrund für derartige Zuwendungen ist stets der Stiftungszweck selbst.[37] Dieser bildet die Causa der Leistung, nicht ein Rechtsgeschäft im Sinne des § 518 BGB. Es handelt sich um Ansprüche sui generis (§ 305 BGB). Der Übergang des Vermögens von dem Stifter auf eine von ihm zu Lebzeiten errichtete Stiftung ist ebenfalls keine Schenkung, sondern Stiftungsgeschäft gemäß § 82 BGB, auf welche die §§ 519 ff. BGB jedoch analog anwendbar sind.[38]

3. Exkurs: Gesellschaft als Schenker oder Beschenkter, auch steuerliche Konsequenzen

Die akademische Frage, ob Personen- oder Kapitalgesellschaften überhaupt Zuwendende 30
oder Empfänger einer Schenkung sein können, wird unterschiedlich beantwortet.[39] Da zivilrechtlich schwer nachvollziehbar ist, warum Subjekte, denen Rechtspersönlichkeit zukommt, die Erwerber-Eigenschaft oder Schenker-Eigenschaft abgesprochen werden sollte,[40] ist davon auszugehen, dass der Schenkungsvertrag im Sinne von § 516 Abs. 1 BGB mit der Gesellschaft zustande kommt, gleich, ob sie Empfänger oder Geber ist. Zivilrechtlich ist die Gesellschaft Leistungsempfänger oder Leistende im Sinne von § 241 BGB und von § 812 Abs. 1 S. 1 BGB. Erklärungen, die den Schenkungsvertrag betreffen, sind gegenüber oder von der Gesellschaft abzugeben.

Für die Personengesellschaft unterscheidet zB *Daragan* nach **Schenkung im formellen** 31
und materiellen Sinne: Die Personengesellschaft verliere und erwerbe formell das Eigentum an dem Zuwendungsgegenstand (als Schenker und Beschenkte). Im materiellen Sinne bereichert an der Schenkung an die Gesellschaft seien ihre Gesellschafter, denen das Gesellschaftsvermögen dem Wert nach gehöre. Mache die Gesellschaft eine Zuwendung, bereichere sie den Beschenkten formell, materiell bereicherten ihn die Gesellschafter. Diese Unterscheidung zwischen dem formellen und dem materiellen Erwerb kann die steuerliche Sichtweise von Zuwendungen, an denen Gesellschaften beteiligt sind, erleichtern.

Steuerlich wird das Gesellschaftsvermögen einer **Personengesellschaft** nach § 718 32
BGB in Verbindung mit § 105 Abs. 3 HGB den Gesellschaftern unmittelbar zugerech-

---

[35] BGH NJW 2016, 629 (630); NJW 2015, 1014 (1015f.); NJW 2015, 690 (691f.); OLG Bremen FF 2015, 464; *Herr,* Nebengüterrecht, 2013, Rn. 212, 22 f ff., 362 ff.
[36] BGH NJW 2016, 629 (630); NJW-RR 2006, 664; NJW 1999, 353 (354); NJW 1998, 2600 Ls.; NJW 1995, 1889 (1890). Die Grundsätze des Wegfalls der Geschäftsgrundlage sind auf schwiegerelterliche Zuwendungen anwendbar, BGH NJW 2003, 510; OLG Bremen FF 2017, 402 (403f.): Ausgleichsansprüche der Schwiegereltern sind keine familienrechtlichen Ansprüche, sie unterliegen der Regelverjährung des BGB nach § 195, mAnm *Herr* FF 2017, 408; OLG Bremen NJW 2016, 83 (85).
[37] BGH DNotZ 2010, 188 (190); NJW 1957, 708.
[38] Staudinger/*Chiusi* (2013) § 516 BGB Rn. 184 mwN; aA *Muscheler* NJW 2010, 341 (343 ff.).
[39] Bejahend *Daragan,* Freigebige Zuwendungen an und von Personengesellschaften im Schenkungs- und im Schenkungsteuerrecht, http://www.daragan.de/downloads/75_freigebigezuwendungenanundvonpersonengesellschaftenfsmeincke89100.pdf; mangels Privatsphäre der Kapitalgesellschaft verneinend *Crezelius* Aktuelle Schnittstellen zwischen Gesellschaftsrecht und Steuerrecht Jahresarbeitstagung DAI 2012, 234 (250). Für die Personengesellschaft verneinend BFH 15.7.1998 – II R 82/96, BStBl. II 1998, 630.
[40] *Meincke* ErbStG, 16. Aufl. 2012, § 1 Rn. 6 f.; § 20 Rn. 4. Zur Rechtsfähigkeit der GbR BGH NJW 2001, 1056 (1058 ff.).

net.⁴¹ Danach war und ist nicht entscheidend, wer als Beschenkter am zivilrechtlichen Schenkungsvorgang beteiligt ist, sondern wer durch die Zuwendung bereichert ist.⁴² Beschenkte und Schenker im Sinne des § 516 BGB sind die Gesellschafter, nicht die Personengesellschaft. Wenn also eine Personengesellschaft beschenkt wird, werden die dahinter stehenden Gesellschafter beschenkt.

33 Die **Kapitalgesellschaft** ist zwar gegenüber ihren Gesellschaftern ein komplett verselbstständigtes Rechtssubjekt.⁴³ Hier wird rechtlich und wirtschaftlich zwischen dem Vermögen der Gesellschaft und der Gesellschafter getrennt. Allerdings regeln § 7 Abs. 8 und § 15 Abs. 4 ErbStG, dass eine Schenkung an eine Kapitalgesellschaft zu der Fiktion einer Schenkung an die an der Gesellschaft (unmittelbar oder mittelbar) beteiligten natürlichen Personen wird. Deren Anteile erhöhen sich im Wert. Das gilt auch für Zuwendungen zwischen Kapitalgesellschaften, soweit sie in der Absicht getätigt werden, Gesellschafter zu bereichern und soweit an diesen Gesellschaften nicht unmittelbar oder mittelbar dieselben Gesellschafter zu gleichen Anteilen beteiligt sind. Das hat den Vorteil, dass die gegebenenfalls günstigere Steuerklasse I genutzt werden kann, wenn der Gesellschafter der beschenkten Gesellschaft mit dem Schenker in einer Verbindung nach Steuerklasse I steht.⁴⁴ Das hat aber zugleich den Nachteil, dass eine Schenkung durch disquotale Einlage nicht durch §§ 13a und 13b ErbStG privilegiert wird.⁴⁵

34 Disquotale Einlagen sowie die Durchführung von Kapitalerhöhungen bei einer GmbH, durch die Neugesellschafter an der GmbH beteiligt werden sollen, weiterhin verdeckte Einlagen und verdeckte Gewinnausschüttungen sind nun auch dahingehend zu betrachten, ob sie als **schenkungsteuerpflichtige Zuwendung** zu behandeln sind.⁴⁶ Die Fiktion des § 7 Abs. 8 ErbStG, *nach dem* als Schenkung auch die Werterhöhung von Anteilen an einer Kapitalgesellschaft gilt, die eine an der Gesellschaft unmittelbar oder mittelbar beteiligte natürliche Person oder Stiftung (Bedachte) durch die Leistung einer anderen Person (Zuwendender) an die Gesellschaft erlangt, gilt allerdings nicht für das Körperschaftsteuergesetz.

35 Eine Schenkung/Erbschaft an eine Kapitalgesellschaft bleibt aber stets auch eine **Zuwendung an die Kapitalgesellschaft** und löst Schenkungsteuer in Steuerklasse III aus – und nach Ansicht des BFH uU sogar Körperschaft- und Gewerbesteuer, da die Schenkung als Betriebseinnahme zu werten ist, und zwischen bei Schenkung an die Kapitalgesellschaft nicht unterscheidet.⁴⁷ Von Geldschenkungen an eine (nicht gemeinnützige) Körperschaft kann daher nur abgeraten werden.

4. Gemischte Schenkung

36 Das BGB enthält keine Vorschriften über die gemischte Schenkung. Begrifflich wird sie von der Rechtsprechung angenommen, wenn die Parteien das objektive Missverhältnis von Leistung und Gegenleistung kennen und sich darüber einig sind, dass der Empfänger den Mehrwert unentgeltlich aus dem eigenen Vermögen des Zuwendenden⁴⁸ erhalten soll.

---

⁴¹ BFH 14.9.1994 – II R 95/92, BStBl. II 1995, 81.
⁴² BFH 9.12.2009 – II R 22/08, BStBl. II 2010, 363; 30.11.2011 – II B 60/11, DStR 2012, 1008 Rn. 13.
⁴³ BGH 19.11.2013 – II ZR 150/12, DStR 2014, 860 Rn. 25.
⁴⁴ Das dürfte wohl auch für die Tarifbegrenzung nach § 19a Abs. IV ErbStG gelten, wenn begünstigtes Betriebsvermögen übergeht.
⁴⁵ Keine Anwendung der §§ 13a, 13b lt. Ländererlass v. 14.3.2012, Tz. 3.5) BStBl. I 2012, 331; *Korezkij* DStR 2012, 163 (165); aA *Milatz/Herbst* ZEV 2012, 21 (23); kritisch zu §§ 7 Abs. 8, 15 Abs. 4 ErbStG *Crezelius* ZEV 2011, 393 ff.
⁴⁶ BFH 27.8.2014 (II R 43/12); → § 22 Rn. 267.
⁴⁷ BFH ZEV 2017, 169 (170) zum Nebeneinander von Ertragsteuerrecht und ErbSt, mAnm *Crezelius;* BFH ZEV 2016, 221 (223).
⁴⁸ BGH NJW 2017, 329 (331); ZEV 2012, 110; BGH ZEV 2012, 37 (38); BGH in NJW 2012, 605 (607): überwiegend unentgeltlicher Charakter, wenn die Zuwendung des Schenkers den doppelten Wert im

I. Der Schenkungsvertrag zur Regelung der vorweggenommenen Erbfolge § 2

Die Vertragsparteien müssen sich einer Wertdifferenz zwischen den beiden Leistungsgegenständen bewusst und sich insoweit einig gewesen sein, jedenfalls den überschießenden Leistungsteil dem Beschenkten unentgeltlich zuzuwenden – das ist **mehr als ein gewollt günstiger Preis**.[49] Dabei unterstellt die Rechtsprechung bei einem „auffallenden, groben Missverhältnis", dass die Vertragsparteien dieses erkannt haben. Für die Frage des Vorliegens einer gemischten Schenkung ist auf die Wertverhältnisse der wechselseitigen Leistungen im Zeitpunkt des Vollzugs des Vertrages abzustellen.[50] Gegenleistungen im Rahmen einer gemischten Schenkung sind zB in dem Überlassungsvertrag übernommene (Pflege-) Verpflichtungen oder dingliche Belastungen, und damit auch ein vorbehaltener Nießbrauch oder ein vorbehaltenes Rücktrittsrecht vom Vertrag.[51] Erst wenn in jenem Zeitpunkt das Vertragsverhältnis als gemischte Schenkung (oder Schenkung unter Auflage) eingeordnet werden kann, stellt sich die Frage, wie die mit der Schenkung jeweils verbundenen Belastungen im Pflichtteils- und Güterrecht[52] sowie eventuell im Schenkungsteuerrecht[53] zu berücksichtigen sind. Die infolge dieser Vermutung greifende Beweiserleichterung in Bezug auf den subjektiven Tatbestand der Schenkung kann von dem Vertragspartner und Dritten, etwa dem Pflichtteilsberechtigten, geltend gemacht werden.[54]

37

Ist die höherwertige Zuwendung real teilbar, liegen zwei selbständige, äußerlich zusammengefasste Verträge vor.[55] Bei realer **Unteilbarkeit** wird von gemischter Schenkung gesprochen, wenn der unentgeltliche Charakter des Geschäfts überwiegt.[56] Unter Familienangehörigen, bei denen die gemischte Schenkung eine erhebliche praktische Bedeutung hat, wird allerdings der subjektiven Bewertung insoweit ein weiter Spielraum gewährt.[57]

38

5. Formvorschriften der Schenkung

Nach § 518 Abs. 1 BGB ist das Versprechen, eine Leistung schenkweise zuzuwenden, zu beurkunden. Für die Annahme des Versprechens gilt diese Formvorschrift nicht. Beim Schenkungsversprechen über ein Grundstück bedarf allerdings nicht nur das Versprechen, sondern auch die Annahme der Beurkundung.

39

Allein die Handschenkung, dh die Einigung über eine unentgeltliche Zuwendung bei gleichzeitiger Bewirkung, soll einen Mangel der notariellen Form des Versprechens nach § 518 Abs. 2 BGB – und nur diesen, nicht auch sonstige Mängel des Schenkungsversprechens oder anderer Formvorschriften – heilen. Eine teilweise Bewirkung kann nur bei teilbaren Leistungen Heilung für den vollzogenen Teil herbeiführen.

40

Vergleich zur Gegenleistung aufweist; davon rückt der BGH in NJW 2013, 213 (214), ab: Schenkung nicht erst beim doppelten Wert der Gegenleistung; BGH NJW-RR 1993, 774; WM 1990, 1791 f.; BGH NJW 1982, 44 f.; MüKoBGB/*Koch* § 516 Rn. 34, 35; Palandt/*Weidenkaff* BGB § 516 Rn. 13.

[49] BGH NJW 1995, 1349 (1350); NJW 1972, 1709 (1710).
[50] BGH NJW 2017, 329 (331); NJW 2012, 605 (606 f.); ZEV 2012, 37 (38); NJW 2002, 2469 (2470); NJW 1995, 1349 (1350); BGH NJW-RR 1996, 754 (755) = ZEV 1996, 197.
[51] BGH NJW 2017, 329 (331); ZEV 1996, 186 Pkt. 3 c.; OLG Koblenz ZEV 2002, 460 (461); OLG Celle FamRZ 2009, 462 (463); ZEV 2003, 83 (84).
[52] BGH NJW 2017, 329 (331); BGH ZEV 2002, 460 (461); BGH NJW-RR 1996, 705; BGH NJW 1994, 1791; BGH NJW 1992, 2887.
[53] BFH ZEV 2013, 283 (284 f.) mAnm *Crezelius;* FG Münster ZEV 2016, 106 mAnm *Crezelius:* VGA kann nicht zugleich freigebige Zuwendung an Gesellschafter sein, daher keine gemischte Schenkung bei Zuwendung überhöhter Vergütung durch die Kapitalgesellschaft an ihren Gesellschafter oder an eine diesem nahe stehende Person; BFH ZEV 2009, 414 mAnm *Ebeling* DStRE 2009, 813, zu einer freigebigen Zuwendung durch die Gesellschaft an den Gesellschafter. Ausführlich zu der Problematik *Hannes/Reich* ZEV 2016, 316 ff.
[54] BGH NJW 1992, 558 (559).
[55] MüKoBGB/*Koch*, § 516 Rn. 36–39 zum Meinungsstand; Palandt/*Weidenkaff*, BGB § 516 Rn. 13.
[56] Die Unterscheidung ist von Bedeutung für Form, Gewährleistung und Rückforderungsrechten.
[57] BGH FamRZ 1970, 376; BayObLGZ 3, 601; zur verdeckten gemischten Schenkung bei Übertragung eines GmbH-Anteils zum Nennwert bzw. Einräumung eines Kapitalanteils zum Nominalwert FG Münster ZEV 1998, 238 (239 f.); BFH NJW 2003, 1207 (1208) zur gemischten Schenkung bei Zahlung eines Gleichstellungsgeldes an Dritte.

41 Die **Beurkundungspflicht** des gesamten Rechtsgeschäfts kann sich auch aus anderen Formvorschriften, etwa des Gesellschaftsrechts oder des Grundstücksrechts, oder aus vertraglichen Vorgaben ergeben. Nur die Einhaltung der notariellen Form (sowohl des Schenkungs- als auch des Gesellschafts- und Grundstücksrechts und gegebenenfalls weiterer Formvorschriften, eventuell auch des Erbrechts) oder der Form eines Beschlussvergleichs nach § 278 Abs. 6 ZPO[58] können also dem Risiko der Nichtigkeit (§ 125 BGB) vorbeugen.

42 Auch bei dem Versprechen einer gemischten Schenkung sollte für das ganze Rechtsgeschäft die Form der Beurkundung gewahrt werden. Ist der geschenkte Gegenstand der gemischten Schenkung eine unteilbare Einheit, bei welcher die Regelungen miteinander „*stehen und fallen*" sollen,[59] versteht sich dies von selbst. Für real teilbare Leistungen wird seine Zerlegung in einen entgeltlichen und einen unentgeltlichen Teil mit der Folge der Formpflicht lediglich für den unentgeltlichen Teil für möglich gehalten, es bleibt jedoch das Risiko der **Gesamtnichtigkeit** nach § 139 BGB.[60]

> **Hinweis:**
>
> Das Rechtsgeschäft der vorweggenommenen Erbfolge sollte stets vollständig notariell beurkundet werden, auch wenn möglicherweise die Zuwendung eines Gesellschaftsanteils (GbR, OHG, PartG, Komplementärstellung in KG) ohne Erbringung einer Einlage oder einer Beteiligung an einem Handelsgeschäft zivilrechtlich nicht als Schenkung einzuordnen ist, oder die Beurkundung anderer Verträge (zB Gesellschaftsvertrag) die Beurkundung der Schenkung unnötig erscheinen lässt. Die Kosten dürften verglichen mit dem Risiko des Formmangels zu verkraften sein. Die Risiken schlummern nicht nur in dem Akt der Zuwendung der Gesellschaftsbeteiligung, sondern auch in den Nachfolgeregelungen des Gesellschaftsvertrages.
>
> Die Frage der Beurkundung aller Teile der vorweggenommenen Erbfolge ist nicht gleichbedeutend mit einer Zusammenbeurkundung. Für den Ehevertrag (Unterhalt, Versorgungsausgleich, Güterrecht) und Pflichtteilsverzicht empfiehlt sich eine Beurkundung in getrennten Verträgen – denn die Inhaltskontrolle zB des ehevertraglichen Teils kann zur Gesamtnichtigkeit (Wirksamkeits- und Ausübungskontrolle) des Vertrages führen.[61]

43 Im Falle einer formnichtigen Beteiligung an einer Personenaußengesellschaft oder Personeninnengesellschaft[62] bestimmen sich die Rechtsfolgen nicht zwingend nach § 139 BGB, sondern nach den Grundsätzen der **subjektiven Teilnichtigkeit**.[63] Danach liegt ein zur künftigen Auflösung der mehrgliedrigen Gesellschaft führender Vertragsmangel nicht vor, wenn nur einzelne Klauseln unwirksam sind, denen für die Verfolgung des Gesellschaftszwecks keine maßgebliche Bedeutung zukommt. Dann ist die Gesellschaft mit den verbleibenden Gesellschaftern wirksam entstanden.

44 Sollten Vertragsklauseln unwirksam sein, die für die Verfolgung des Gesellschaftszwecks der Personen- oder Kapitalgesellschaft eine entscheidende Bedeutung haben, bestimmt

---

[58] BGH FF 2017, 366 für analoge Anwendung des § 127a BGB auf den Beschlussvergleich nach § 278 Abs. 6 ZPO.
[59] BGH NJW 1994, 2885.
[60] Staudinger/*Chiusi* (2013) BGB § 516 Rn. 81 mit Hinweis auf RG und BGH, Beschl. v. 29.7.2007 Az. IX ZR 12/06; MüKoBGB/*Koch*, § 516 Rn. 40 mwN.
[61] BGH NJW 2017, 1883 (1885f.) mAnm *Born*; NJW 2013, 457; NJW 2006, 2331 (2332); OLG Brandenburg BeckRS 2017, 118463 Rn. 17; OLG Celle FamRB 2019, 90 (91); → § 15.
[62] BGH NJW 1980, 638f.; WM 1977, 196f.
[63] MüKoHGB/*K. Schmidt*, 4. Aufl. 2016, § 105 Rn. 235; allg. Staub/*Schäfer*, 5. Aufl. 2009, HGB § 105 Rn. 180 u. 315 mwN Ggf. kann bei Fehlen von Anhaltspunkten für das Wirksamwerden des Vertrages trotz subjektiver Teilnichtigkeit ein neuer Vertrag - auch konkludent - zustande gekommen sein, etwa durch den Vollzug der Gesellschaft.

I. Der Schenkungsvertrag zur Regelung der vorweggenommenen Erbfolge § 2

sich das Schicksal der Gesellschaft meist nach den Grundsätzen der **fehlerhaften Gesellschaft**.[64] Deren Voraussetzungen sind:
– Es liegt ein Gesellschaftsvertrag vor (getragen „von dem tatsächlichen wenn auch rechtlich fehlerhaften Willen der Vertragsschließenden"[65]).
– Die Nichtigkeit dieses Gesellschaftsvertrages durch einen Fehler ist nachgewiesen.
– Die Gesellschaft hat entweder Geschäftsbeziehungen zu Dritten aufgenommen oder Gesellschafter untereinander haben bereits Leistungen auf ihre Verpflichtungen erbracht.[66]
– Der Fehler, der zur Nichtigkeit führte, ist rückwirkend nicht heilbar.
– Vorrangige Schutzinteressen, welche die rückwirkende Nichtigkeit oder Vernichtung der in Vollzug gesetzten Gesellschaft aufgrund des Vertragsmangels verhindern könnten, liegen nicht vor.[67]

45

Diese Grundsätze gelten auch für den fehlerhaften Beitritt, den fehlerhaften Austritt, die fehlerhafte Verbindung von Ein- und Austritt und fehlerhafte Vertragsänderungen.[68]

46

Für die so in Vollzug gesetzte (Innen- oder Außen-) Gesellschaft bleibt die Beendigung mit Wirkung für die Zukunft; für die Vergangenheit genießt sie als „fehlerhafte Gesellschaft" Bestandsschutz. Vorrangig gelten für die Auseinandersetzung der Gesellschafter die Regelungen des Gesellschaftsvertrages, wenn diese nicht gerade auf sittenwidriger Übervorteilung oder arglistiger Täuschung beruhen und Ergänzungen notwendig werden.

47

Die Fehlerhaftigkeit erlaubt den Gesellschaftern allerdings, die **Auflösung** der Gesellschaft herbeizuführen. Handelt es sich um eine Personengesellschaft, dann haben alle Gesellschafter gemäß § 723 Abs. 1 BGB das Recht zur Kündigung. Bei einer Personenhandelsgesellschaft wäre eine Auflösungsklage zur Auseinandersetzung der Gesellschaft erforderlich.[69] In der GmbH können die Gesellschafter kündigen beziehungsweise die Auflösung verlangen. Der möglicherweise bereits fehlerhaft ausgeschiedene Schenker kann seine Wiederaufnahme durch Rückübertragung des Anteils verlangen.[70]

48

Es kann anstelle der fehlerhaften Gesellschaft allerdings ein sog. „**faktischer Vertrag**" angenommen werden, bei dem der Tatbestand des gewollten Vertragsschlusses nicht erfüllt ist, und damit überhaupt kein rechtsgeschäftlicher Bindungswillen erzeugt wird, beispielsweise im Falle des Missbrauchs einer Vertretungsmacht.[71] Auch wenn bisher ausschließlich das Innenverhältnis der Gesellschaft in Gang gesetzt worden ist und Rückabwicklungsprobleme (dann meist) ausscheiden, oder wenn Verstöße gegen §§ 134, 138 BGB vorliegen,[72] wird vollständig „ex tunc" rückabgewickelt, so auch bei Verträgen unter unwirksamer Beteiligung von Minderjährigen.[73] Eine Haftung (volljähriger) Scheingesellschafter gegenüber gutgläubigen Dritten bleibt dennoch ein Risiko.[74]

49

---

[64] MüKoBGB/*Schäfer*, 7. Aufl. 2017, § 705 Rn. 335, 343 ff.; *Hennsler/Strohn*, Gesellschaftsrecht, 3. Aufl. 2016, HGB § 105 Rn. 125 ff.
[65] BGH NZG 2010, 1397; MüKoHGB/*K. Schmidt*, 4. Aufl. 2016, § 105 Rn. 234.
[66] Grundsätze daher auch für die Innengesellschaft anwendbar: NJW-RR 2013, 1373 (1374); NJW 2005, 1784 f.; MüKoHGB/*K. Schmidt*, 4. Aufl. 2016, § 105 Rn. 236.
[67] BGH NJW-RR 2013, 1373 (1374); NZG 2010, 1397; NJW 2000, 3558 (3560); aA MüKoHGB/ *K. Schmidt*, 4. Aufl. 2016, § 105 Rn. 237 f., insbesondere auch zum Minderjährigenschutz Rn. 239;
[68] BGH NJW 1992, 1501 (1502); NJW 1988, 1321 (1323); MüKoHGB/*K. Schmidt*, 4. Aufl. 2016, § 105 Rn. 248–252; Anerkennung durch den BGH bei fehlerhaften Vertragsänderungen nur bei Statusänderungen NJW 1974, 498.
[69] MüKoHGB/*K. Schmidt*, 4. Aufl. 2016, § 105 Rn. 245, 246 zur Zumutbarkeit der Vertragsanpassung
[70] *Hennsler/Strohn*, Gesellschafsrecht, 3. Aufl. 2016, HGB § 105 Rn. 159; MüKoHGB/*K. Schmidt*, 4. Aufl. 2016, § 105 Rn. 249.
[71] BGH NJW 2011, 66 (67 f.).
[72] BGH NJW 1980, 638 (639): im Falle einer typischen stillen Beteiligung eines Nichtapothekers an einer Apotheke liegt ein Verstoß gegen Vorb. § 7 ApothG BGH NJW 1955, 1067 (1069) zum fehlerhaften Beitritt eines Minderjährigen.
[73] AA MüKoHGB/*K. Schmidt*, 4. Aufl. 2016, § 105 Rn. 237–239.
[74] BGH NJW 2007, 2490 (2491): entsprechende Anwendung des BGB § 31 auf eine Schein-GbR; BGH NJW 2003, 1445 (1446).

6. Besonderheiten bei Zuwendungen von Gesellschafts- oder Geschäftsbeteiligungen oder im Rahmen von Gesellschaftsverhältnissen ohne Gegenleistung

50 Innerhalb des Schenkungsrechts von Privatvermögen nimmt die Zuwendung von Gesellschafts- oder Geschäftsbeteiligungen eine Sonderstellung ein. Unentgeltlichkeit der Übertragung führt nicht automatisch zur Annahme einer Schenkung. Für jedes Vermögen, das als Unternehmen oder Gesellschaft oder Anteil daran zu qualifizieren ist, bedarf es zivilrechtlich besonderer Prüfung zur Einordnung als Schenkung.

51 **a) Zuwendung von Gesellschafts- oder Geschäftsbeteiligungen ohne Gegenleistung.** Für die Zuwendung von Gesellschafts- beziehungsweise Geschäftsbeteiligungen können inhaltlich und formell Besonderheiten gelten, welche deren zivilrechtliche Einordnung als Schenkung trotz Unentgeltlichkeit in Frage stellen, etwa weil der Beschenkte mit der Annahme der Zuwendung nach der gesetzlichen Anordnung auch die Verpflichtungen zur Mitarbeit in der Geschäftsführung des Unternehmens oder die persönliche Haftung für Gesellschaftsschulden übernimmt. Zudem bestimmen die gesellschaftsvertraglichen Regelungen die Wirksamkeit der Übertragung und weiterer Gestaltungsinstrumente zur Sicherung des Schenkers, wie zB den Rücktritt, in diesem Zusammenhang.

52 Die Frage der Zuwendung einer Gesellschafts- oder Geschäftsbeteiligung als Schenkung im Sine des Zivilrechts ist für jeden Fall gesondert zu beurteilen unabhängig von der im Folgenden dargestellten schematischen Einordnung. Denn nur für den **Einzelfall** kann beantwortet werden, ob die Zuwendung zur Haftung und zur Mitarbeit im Unternehmen führt, oder ob der Empfänger mit seinem eigenen Vermögen für Verbindlichkeiten der Gesellschaft oder gegenüber der Gesellschaft haftet, oder ob ein Gestaltungsmissbrauch angenommen werden könnte.

53 Auch wenn die erbschaft- und schenkungsteuerliche Seite von der zivilrechtlichen Einordnung streng zu unterscheiden ist, gebieten das Erbschaft- und Schenkungsteuerrecht insbesondere in Familienunternehmen für Unternehmensvermögen eine Überarbeitung und ständige **Kontrolle der Gesellschaftsverträge,** wenn die Inanspruchnahme der Minderung der Erbschaftsteuerbelastung angestrebt wird.[75] Denn Familienunternehmen erhalten den sog. Vorab-Wertabschlag von bis zu 30% auf den Wert des begünstigten Vermögens[76] nur, wenn der Gesellschaftsvertrag kumulativ

(1.) die Entnahmemöglichkeit von Gewinnen beziehungsweise die Höhe von Gewinnausschüttungen (§ 13a Abs. 9 Abs. 1 ErbStG),[77]

(2.) die Verfügung über Gesellschaftsanteile[78] (dinglich auf Mitgesellschafter, eigene Angehörige iSd § 15 AO sowie Familienstiftungen/Familienvereine) (§ 13a Abs. 9 Abs. 2 ErbStG), sowie

(3.) die Höhe des gesetzlichen Abfindungsanspruchs (§ 13a Abs. 9 Abs. 3 ErbStG), beschränkt – und wenn

(4.) diese rechtlichen Verhältnisse auch den tatsächlichen Verhältnissen entsprechen (§ 13a Abs. 9 ErbStG).[79]

---

[75] *Landsittel* ZErb 2016, 383 (393), ist sogar der Ansicht, dass 99% alle Gesellschaftsverträge änderungsbedürftig seien.

[76] *Weber/Schwind* ZEV 2016, 688 (690) zum Problem der Definition des steuerrechtlichen Gewinns.

[77] Die *Höhe* des Vorababschlags entspricht der im Gesellschaftsvertrag/der Satzung vorgesehenen prozentualen Minderung der Abfindung gegenüber dem gemeinen Wert des Anteils, höchstens *30%*. Gewinnermittlung erfolgt nach Steuerbilanz, siehe dazu auch den im Einvernehmen mit den obersten Finanzbehörden der Länder mit Ausnahme von Bayern ergangenen koordinierten Ländererlass AEErbSt 2017 Abschnitt 13a.19 (zu § 13a ErbStG); → Entwurf der Erbschaftsteuer-Richtlinien 2019, der die aus dem Jahr 2011 ablösen soll, voraussichtlich Mitte 2019 in Kraft.

[78] Verfügung unter Lebenden: *Weber/Schwind* ZEV 2016, 688 (692).

[79] *Weber/Schwind* ZEV 2016, 688ff. Die Anknüpfung an den Gesellschaftsvertrag schließt das Einzelunternehmen sowie die unentgeltliche Aufnahme eines Gesellschafters in ein Einzelunternehmen mangels gesellschaftsvertraglicher Bindungen von 2 Jahren von der Begünstigung nach § 13a Abs. 9 ErbStG aus. Es

Die Regelung dieser Voraussetzungen des § 13a Abs. 9 ErbStG in einer Poolvereinbarung reicht nicht aus.[80] Im Falle der Beteiligungen an Kapitalgesellschaften bei einer Beteiligungsquote von 25% oder weniger kann der Abschluss eines Poolvertrages allerdings eine mögliche Steuerbegünstigung auch für Gesellschafter zulassen, die im Zeitpunkt der Übertragung genau oder weniger als 25% am Nennkapital der Gesellschaft halten (§ 13b Abs. 1 Nr. 3 ErbStG → § 28).

b) Einzelhandelsgeschäft, GBR und OHG und Komplementärbeteiligung an einer KG. Die unentgeltliche Übertragung der Inhaberstellung an einem Einzelhandelsgeschäft, die Einräumung einer Gesellschafterstellung an einer (Außen-) GBR,[81] einer OHG oder als Komplementär an einer KG, legt zwar eine Schenkung nahe, stellt jedoch idR dann keine Schenkung dar,[82] wenn der Empfänger der Zuwendung
– für die Verbindlichkeiten des Geschäftsbetriebs/der Gesellschaft, auch soweit diese vor seinem Eintritt begründet wurden, haftet (§ 25 HGB oder § 130 Abs. 1 HGB),
– an einem etwaigen Verlust der Gesellschaft beteiligt ist und
– zur Führung der Geschäfte der Gesellschaft zum Einsatz seiner vollen Arbeitskraft berechtigt und verpflichtet ist (§ 114 HGB).[83]

Der BGH hat diese Grundsätze für die Übertragung des Anteils an einer OHG oder die Aufnahme eines Dritten in das Geschäft eines Einzelkaufmanns als persönlich haftender Gesellschafter entwickelt. Diese Grundsätze dürften zwar im Grundsatz auch für die GBR gelten, da die Dogmatik der GBR derjenigen der OHG seit 2001 stark angenähert ist. Dennoch ist Vorsicht geboten: Eine **Gesamtbetrachtung** der gesellschaftsrechtlichen Regelungen und aller maßgeblichen Umstände, wie etwa Kapitaleinsatz, Arbeitsleistung, Haftungsrisiko und für den Todesfall getroffene Abfindungsregelungen ist vorzunehmen, um zu entscheiden, ob die Zuwendung einer Beteiligung eine (gegebenenfalls gemischte) Schenkung darstellt.[84]

Für die rein **vermögensverwaltende Personengesellschaften** – zumal wenn es sich um Familiengesellschaften handelt[85] – kann trotz persönlicher Haftung keine Entgeltlichkeit angenommen werden, da das Interesse an der Fortführung eines wirtschaftenden Unternehmens über den Tod eines Gesellschafters hinaus unter möglichster Vermeidung von

---

wird zB von *Landsittel* ZErb 2016, 383 (393), oder von *Wighardt,* http://blog.handelsblatt.com/steuerboard/2016/10/14 empfohlen, einen Formwechsel zB in die in die GmbH & Co. KG in Betracht zu ziehen.

[80] *Weber/Schwind* ZEV 2016, 688 (689).
[81] Die Haftung des neuen GBR-Gesellschafters auch für die Altverbindlichkeiten der Gesellschaft gilt erst seit 2001 mit Anerkennung der Teilrechtsfähigkeit der GBR (analog §§ 124, 128, 130 HGB). Bis dahin galt für die GBR die Theorie der Doppelverpflichtung des Gesellschafters bei Handeln für die GBR auch für sich persönlich. BGH ZIP 2003, 899 (899) zur analogen Anwendung des § 130 HGB.
[82] OLG Schleswig MittBayNot 2013, 59 (61); BGH NJW 1959, 1433; BGH NJW 1981, 1956; OLG Schleswig RNotZ 2012, 513 (517); MüKoBGB/*Lange,* § 2325 Rn. 30; offen gelassen BGH NJW 1990, 2616 (2617f.); aA MüKoBGB/*Koch,* § 516 Rn. 90, 91, sowie Staudinger/*Chiusi* (2013) BGB § 516 Rn. 172.
[83] BGH DNotZ 1991, 819 (821); BGH NJW 1990, 2616 (2617f.); BGH NJW 1981, 1956 (1956); aA OLG Frankfurt a.M. NJW-RR 1996, 1123: es handelt sich um eine gemischte Schenkung. So auch MüKoBGB/*Koch,* § 516 Rn. 90, 91; Staudinger/*Chiusi* (2013) BGB § 516 Rn. 172; *Klumpp* ZEV 1995, 385 (386).
[84] BGH NJW 1981, 1956 (1957): ob die Aufnahme eines Gesellschafters in die OHG – oder eben auch in eine GbR – eine Schenkung darstelle, sei anhand des jeweiligen Einzelfalles unter Berücksichtigung einer Vielzahl von Umständen zu entscheiden; *Mayer* ZEV 2003, 355 (356); *Pawlytta* in *Mayer/Süß ua,* Handbuch des Pflichtteilsrechts, 2. Aufl. 2010, § 7 Rn. 71.
[85] OLG Schleswig MittBayNot 2013, 59 (61); *Mayer* ZEV 2003, 355 (356): Zur Kontrolle des Ergebnisses sei zu fragen, ob der jeweilige Vertrag auch mit einem fremden Familienfremden geschlossen worden wäre oder aber – im letzteren Fall lägen Indizien für eine Schenkung vor; *Spiegelberger* Vermögensnachfolge 2. Aufl. 2010 § 11 Rn. 47, 60–62, mit Vertragsmuster zur Begründung vermögensverwaltender GbR § 11 Rn. 172

die Fortführung erschwerenden (Abfindungs-) Ansprüchen zurücktritt.[86] Die Möglichkeit, Grundvermögen über die Gründung einer GbR und die Übertragung von GbR-Anteilen an bestimmte Familienmitglieder der Pflichtteilsergänzung ohne weitere „Gegenleistungen" zu entziehen, wäre einfach zu verlocken und mit der verfassungsrechtlichen Erbrechtsgarantie nicht vereinbar.

58 Bei unentgeltlicher Einräumung einer typischen stillen Gesellschaftsbeteiligung und einer typischen Unterbeteiligung (**Innengesellschaften**) fehlt es ebenfalls an den für die Annahme einer Gegenleistung vom Empfänger zu übernehmenden (mitunternehmerischen) Verpflichtungen.

59 Die Übertragung des **einzelkaufmännischen Unternehmens** auf den Nachfolger führt nur dann zur persönlichen Haftung des Nachfolgers für die Altverbindlichkeiten, wenn er die Firma fortführt (§ 25 HGB) oder die Schuldenübernahme „handelsüblich bekannt macht",[87] sowie bei Schuldübernahme oder Schuldbeitritt.

60 Formulierungsbeispiel:
Der Übergeber überträgt hiermit unentgeltlich sämtliche Aktiva (Anlagevermögen, Umlaufvermögen gemäß Inventur …) und Passiva des Geschäftsbetriebs nach den nachfolgenden Bestimmungen des Vertrages mit Wirkung zum …, der Übernehmer nimmt diese Zuwendung an. Der Übernehmer tritt in sämtliche laufenden Verträge (gemäß Auflistung in Anlage) des Geschäftsbetriebs mit Wirkung zum … ein.
Übergeber und Übernehmer sind sich einig, dass der Übernehmer mit Übergang der Aktiva und Passiva des Geschäftsbetriebs den Teil „…" des Handelsnamens der Firma des Übergebers führt, wobei er berechtigt ist, diesen dahingehend zu ändern, dass dieser als Bestandteil in seinem Namen in abgewandelter oder ähnlicher Form mit oder ohne Zusatz geführt oder in sonstiger Weise benutzt wird.

61 In diesen Fällen wird zivilrechtlich eine **„reine" Schenkung ausgeschlossen.** Ob die Aufnahme in eine Personenhandelsgesellschaft oder ein Einzelhandelsgeschäft gesetzlich die persönliche Haftung anordnet, oder die persönliche Haftung vertraglich begründet wird, ist in beiden Fällen Folge der Vertragsgestaltung der Parteien, auch wenn damit die Pflichtteilansprüche vermindert werden sollten.[88]

62 Die Beibehaltung der **Rechtsform des Einzelunternehmens** ist im Rahmen der Planung der vorweggenommenen Erbfolge auf den **Prüfstand** zu stellen. Aus erbschaft- und schenkungsteuerlicher Sicht wird sie durchaus als nachteilige Organisationsform empfunden, weil hier kein Vorabschlag nach § 13a Abs. 9 ErbStG in Anspruch genommen werden kann.[89] Eine steuerneutrale unentgeltliche Übertragung des Gewerbebetriebs (zu Buchwerten) unter **Vorbehaltsnießbrauch** wird zudem nunmehr vom BFH abgelehnt (§ 6 Abs. 3 S. 1 EStG), weil der Übertragende seine bisherige gewerbliche Tätigkeit nicht einstelle, die einzige wesentliche Betriebsgrundlage aufgrund des vorbehaltenen Nießbrauchs vom bisherigen Betriebsinhaber weiterhin gewerblich genutzt werde.[90] Vorausset-

---

[86] BVerfG NJW 2005, 1561 ff.; in dem Fall des OLG Schleswig MittBayNot 2013, 59 (61), war das Risiko der unbeschränkten Gesellschafter(außen)haftung wegen werthaltiger Gewerbeimmobilien als äußerst gering zu bewerten; OLG Frankfurt a.M. NJW-RR 1996, 1123; OLG Koblenz ZEV 2002, 321 (322).
[87] *Baumbach/Hopt*, 37. Aufl. 2016, HGB § 25 Rn. 17.
[88] BGH NJW 1981, 1956 (1957); Ggf. der Ausschluss, jedenfalls aber die Erschwerung von Pflichtteilsergänzungsansprüchen kann auch durch Vereinbarung des Abfindungsausschlusses im Gesellschaftsvertrag geregelt werden, → § 22 Rn. 285.
[89] *Landsittel* ZErb 2016, 383 (393); *Wighardt*, http://blog.handelsblatt.com/steuerboard/2016/10/14.
[90] BFH DStR 2017, 1308 (1312 f.), ohne Unterschied, ob ein aktiv betriebener oder ein ruhender, auch ein verpachteter Betrieb unter Vorbehaltsnießbrauch übertragen wird. *Dräger* DB 2017, 2768 (2770) zu den Folgewirkungen, zB Ergänzungsbilanz für den Übernehmer, Ansetzung zum Teilwert des Mitunternehmeranteils beim Übertragenden, soweit der Nießbrauch anteilig auf dem Mitunternehmeranteil lastet. *Stein* ZEV 2019, 131–137 zu ertragsteuerlichen Fragestellungen nach der vorgenannten BGH-Entscheidung.

I. Der Schenkungsvertrag zur Regelung der vorweggenommenen Erbfolge § 2

zung einer Betriebsübertragung sei, dass der Gewerbetreibende die im Rahmen des übertragenen Betriebs ausgeübte gewerbliche Tätigkeit aufgebe, dh er sich einer weiteren Tätigkeit im Rahmen des übertragenen Gewerbebetriebs endgültig enthalte und seine bisherige Tätigkeit einstelle. Wer in den Genuss des § 6 Abs. 3 EStG kommen möchte, muss alle wesentlichen Betriebsgrundlagen übertragen, also auch Sonderbetriebsvermögen, wenn es sich um funktional wesentliches Betriebsvermögen handelt. **Land- und forstwirtschaftliche Betriebe** sind von der neusten Rechtsprechung des BGH ausgenommen, sie können unentgeltlich im Wege der vorweggenommenen Erbfolge auch dann gemäß § 6 Abs. 3 EStG ohne Aufdeckung stiller Reserven übertragen werden, wenn sich der Übertragende den Nießbrauch an dem land- und forstwirtschaftlichen Betrieb vorbehält.[91]

Steuerlich könnte die für Einzelunternehmen ergangene BFH-Rechtsprechung aus 2017 (keine Übertragung eines Einzelunternehmens unter Vorbehaltsnießbrauch zu Buchwerten)[92] auch bei Übertragung von Mitunternehmeranteilen unter Vorbehaltsnießbrauchs gelten.[93] Das wird in Teilen der Literatur noch nicht zwingend als Gefahr gesehen,[94] und die Finanzverwaltung hat die Entscheidung des BFH bisher noch nicht im BStBl. veröffentlicht. Für Dräger hat dies zur Konsequenz, die Übertragung von Mitunternehmeranteilen unter Nießbrauchvorbehalt nicht mehr zu empfehlen (Alterative stattdessen Verbleib eines Mitunternehmeranteils beim Übertragenden, Vereinbarung einer Versorgungsrente, reiner Ertragsnießbrauch). 63

Das Einzelunternehmen ist zudem zivilrechtlich hinderlich für den Übertragungsvorgang auf mehrere Erben, weil Assets und keine Shares verteilt werden müssen. 64

Es bleiben gesellschaftsrechtliche Gestaltungen auch in Zukunft für eine **Pflichtteilsminimierung** geeignet. Auch ohne Eintrittsgeld ist die Zuwendung einer Beteiligung keine Schenkung, wenn sie unter Begründung einer persönlichen Haftung, der Beteiligung an einem etwaigen Verlust und mit der Pflicht des Einsatzes der vollen Arbeitskraft in die OHG beziehungsweise das Einzelhandelsgeschäft erfolgt, zB in eine werbende gewerblichen oder freiberuflichen GbR, es sei denn, dass 65
– infolge gegebenenfalls bestehender erheblicher Diskrepanzen zwischen dem „Nominalwert" eines übertragenen Gesellschaftsanteils und dem Verkehrswert wegen stiller Reserven, oder
– bei vermögensverwaltenden Familiengesellschaften[95] mit geringem Haftungsrisiko,[96] oder
– bei besonderen Sachverhaltskonstellationen[97]
eine (gemischte) Schenkung anzunehmen wäre.

Die vermögensverwaltende Familien-GbR mit geringem Haftungsrisiko ist jedenfalls aus Pflichtteils- und Erbschaftsteuergesichtspunkten mit seinem Verwaltungsvermögen (Definition § 13b Abs. 4 ErbStG) nicht die erste Wahl. 66

---

[91] BFH DStR 2017, 1308 (1314) mwN aus der BFH-Rspr.; dazu *Dräger* DB 2017, 2768 ff.
[92] BFH DStR 2017, 1308 (1314) mwN aus der BFH-Rspr.; *Dräger* DB 2017, 2768 ff.; *Stein* ZEV 2019, 131 (132–133).
[93] So noch bei BFH DB 1989, 1752; FG Münster EFG 2014, 1951.
[94] *Dräger* DB 2017, 2768 (2770).
[95] Anteile an der vermögensverwaltenden Gesellschaft sind schenkungsteuerlich nicht begünstigt, auch wenn der Gesellschafterkreis privilegierte Personen gemäß § 15 AO sind. Zivilrechtlich handelt es sich bei diesen Gesellschaften um einen eigenen Rechtsträger, der nicht in den privilegierten Personenkreis des § 13a Abs. 9 ErbStG fällt. Es kann dann nur der persönliche Freibetrag des ErbStG zu einer Entlastung führen.
[96] OLG Schleswig MittBayNot 2013, 59 (61); *Mayer* ZEV 2003, 355 (356); *Everts*, Anm. zu OLG Schleswig MittBayNot 2013, 63 (64).
[97] BGH NJW 1981, 1956 (1957) zur gemischten Schenkung bei Einräumung einer Stellung der viel jüngeren Ehefrau als persönlich haftenden Gesellschafterin kurz vor dem Tod des Zuwendenden und Vereinbarung, dass beim Tode eines jeden Gesellschafters der Überlebende das Unternehmen ohne Abfindung fortführt. MüKoBGB/*Lange*, § 2325 Rn. 30.

67 **c) Kommanditanteil, stiller Gesellschafter, Unterbeteiligter.** Die Zuwendung eines Kommanditanteils,[98] einer Stellung als stiller Gesellschafter[99] oder einer Unterbeteiligung[100] sind Schenkung, wenn der Empfänger nichts für seinen Erwerb aufzuwenden hat, und die Parteien über die Unentgeltlichkeit einig sind. Dies gilt selbst dann, wenn die Gesellschaft erst durch den Eintritt des Aufgenommenen entsteht. Für den Kommanditisten gilt dies, soweit seine Einlage erbracht und nicht zurückgewährt worden ist, da den Kommanditisten idR keine persönliche Haftung trifft (§ 171 HGB) und er auch nicht zur Geschäftsführung (§ 164 HGB) verpflichtet ist. Auch die (unentgeltliche) Beteiligung als stiller Gesellschafter oder Unterbeteiligter führt idR nicht zu dessen persönlicher Haftung (atypische Ausnahmen möglich). Die unentgeltliche Zuwendung einer Kommanditbeteiligung oder einer stiller Gesellschafterbeteiligung oder einer Unterbeteiligung können also gegebenenfalls Pflichtteilergänzungsansprüche auslösen.

68 **d) Partnerschaftsgesellschaft, Partnerschaft „mit beschränkter Berufshaftung".** Bei Eintritt in die Partnerschaftsgesellschaft übernimmt der Eintretende die Haftung für die vor seinem Eintritt begründeten Verbindlichkeiten (§ 8 Abs. 1 PartGG iVm § 130 HGB), allerdings möglicherweise beschränkt auf das Vermögen der Partnerschaft, wenn nur einzelne Partner mit der Bearbeitung eines Auftrags befasst waren (§ 8 Abs. 2 PartGG). Zudem haftet der Gesellschafter bei der Liquidation der PartG gemäß § 1 Abs. 4 PartGG iVm § 735 BGB anteilig für Liquidationsfehlbeträge, wenn nicht § 735 BGB gesellschaftsvertraglich abbedungen wurde, was bei Rechtswahl der PartG mbH zwar konkludent zum Ausdruck kommt – eine ausdrückliche Regelung im Gesellschaftsvertrag ist aber dringend anzuraten.[101]

69 Bei Eintritt in die **Partnerschaftsgesellschaft „mit beschränkter Berufshaftung"** normiert § 8 Abs. 4 PartGG eine Haftungsbeschränkung der Gesellschafter im Außenverhältnis zu dem Auftraggeber auf das Gesellschaftsvermögen, wenn die Partnerschaft eine zu diesem Zweck durch Gesetz vorgegebene Berufshaftpflichtversicherung unterhält und der Name der Partnerschaft den Zusatz „mit beschränkter Berufshaftung" enthält.[102] Ob dem neu aufgenommenen Partner § 8 Abs. 2 PartGG hilft, wenn alle Altgesellschafter mit der Auftragsbearbeitung befasst waren, ist angesichts des Verweises in Abs. 1 fraglich. § 8 Abs. 4 PartGG hilft ohnehin nur im Außenverhältnis gegenüber dem Auftraggeber.[103] Wenn die Deckungssumme der Berufshaftpflichtversicherung für die Ausgleichung des Schadens nicht reichte, fiele die Partnerschaft in die Insolvenz, der neu hinzugetretene Partner wäre eventuell Regressansprüchen des Insolvenzverwalters der PartG mbB im Innenverhältnis ausgesetzt, insbesondere wenn der neue Gesellschafter einen Anteil an der Partnerschaft übernommen hat, dessen Vorgänger den Schadensfall zu vertreten hat. Soweit es sich um eine PartG mbB handelt, kann ein Haftungsausschluss gegen den bei der Berufsausübung fahrlässig handelnden Gesellschafter konkludent angenommen werden, bei grober Fahrlässigkeit jedoch nur im Falle ausdrückliche Vereinbarung im Gesellschaftsvertrag.[104]

70 Wie auch immer man all diese Punkte beantwortet, ist eine persönlichen Haftung des Empfängers des Gesellschaftsanteils dennoch möglich. Zudem ist der Eintretende auch persönlich zur Leistung verpflichtet (§ 6 Abs. 3 S. 2 PartGG iVm § 114 Abs. 1 HGB). Die Zuwendung eines Anteils an einen Erbfolger, dessen Berufsstand ihm den Eintritt in die

---

[98] BGH NJW 1990, 2616 (2617); BGH NJW 1990, 2616 (2617); MüKoBGB/*Koch*, § 516 Rn. 92.
[99] BGH NJW 1953, 138 (139 f.).
[100] BGH ZEV 2012, 169.
[101] *Wertenbruch*, Die Innenhaftung bei der Partnerschaftsgesellschaft mbB, NZG 2013, 1006 (1007).
[102] Oder die Bezeichnung „mbB" oder eine vergleichbare Abkürzung dieser Bezeichnung.
[103] Selbst diese Haftungsbeschränkung ist fraglich, wenn der geschädigte Auftraggeber die Forderung der PartG gegen den haftenden Partner pfändet; siehe dazu *Römermann* NJW 2013, 2305; *Wertenbruch* NZG 2013, 1006 ff.
[104] *Römermann* in Michalski/Römermann, PartGG 4. Aufl. 2014 § 8 Rn. 14; *Wertenbruch*, Die Innenhaftung bei der Partnerschaftsgesellschaft mbB, NZG 2013, 1006 (1009).

I. Der Schenkungsvertrag zur Regelung der vorweggenommenen Erbfolge § 2

Partnerschaftsgesellschaft oder PartG mbB erlaubt,[105] dürfte daher nicht unentgeltlich sein, auch wenn der Eintretende keine Einlage erbringt.[106]

e) GmbH, AG, KGaA, SE, SPE geplant. Die unentgeltliche Zuwendung von Beteiligungen an der GmbH,[107] der AG,[108] der KGaA und der SE,[109] und, nachdem der Plan einer europäischen *Societas Unius Personae* (SUP) in 2018 zurückgenommen wurde, evtl. künftig an der *Europäischen Privatgesellschaft* (SPE),[110] sind Schenkungen, denn sie sind nicht mit einer persönlichen Haftung des Empfängers verbunden, und auch nicht mit der gesetzlichen Verpflichtung zur Geschäftsführung. 71

Allein eine mögliche Haftung des Geschäftsführers für einen schuldhaften Verstoß gegen einen Mindeststandard ordnungsgemäßen unternehmerischen Verhaltens ändert nichts an einer Einordnung der Zuwendung als Schenkung. 72

Etwas anderes kann im Einzelfall gelten, wenn der Empfänger haftet, weil die Stammeinlage nicht erbracht wurde oder unzulässig zurückgezahlt wurde. 73

f) Genossenschaftsanteile. Das Geschäftsguthaben an einer Genossenschaft und damit die Beteiligung sind übertragbar, ohne dass damit bei dem Empfänger eine Verpflichtung zur Geschäftsführung begründet wird. Den Genossenschaftsgläubigern haftet das Vermögen der Genossenschaft (§ 2 GenG). Im Insolvenzfall sind die Mitglieder jedoch verpflichtet, Nachschüsse zur Insolvenzmasse zu leisten, es sei denn, dass die Nachschusspflicht durch die Satzung ausgeschlossen ist (§ 105 Abs. 1 GenG). Eine Schenkung wird daher anzunehmen sein, wenn der Genossenschaftsanteil ohne ein persönliches Haftungsrisiko des Empfängers zugewendet wird. 74

g) Disquotale Zuwendungen an die Gesellschaft. Finanzstärkere Gesellschafter leisten in der Praxis durchaus Mehrleistungen in die Gesellschaft. Diese sog. disquotalen Beiträge – als **Bareinlagen, Sacheinlagen** oder **Forderungsverzichte** einzelner Gesellschafter oder Leistungen zwischen Gesellschaften – sind zivilrechtlich eine freigiebige Zuwendung an die Gesellschaft und kommen idR nur dieser zugute. Eine Zuwendung an Mitgesellschafter sind sie jedoch nur dann, wenn die freigiebige Zuwendung an die Mitgesellschafter beabsichtigt ist. 75

Anders heute das Steuerrecht: Die zivilrechtlichen Leistungsverhältnisse sind für die steuerliche Betrachtung nicht (mehr) maßgeblich. Disquotale Zuwendungen an eine Personengesellschaft beziehungsweise Zuwendungen der Personengesellschaft sind steuerlich stets unmittelbar den hinter der Personengesellschaft stehenden Gesellschaftern zuzurechnen (Buchung auf den Gesellschafterkonten) und stellen eine Schenkung direkt an die Gesellschafter dar. 76

Aber auch die **indirekte Werterhöhung** von Kapitalgesellschaftsanteilen, die ein Gesellschafter (dh eine an der Gesellschaft unmittelbar oder mittelbar beteiligte natürliche Person oder Stiftung) durch die an die Gesellschaft erbrachte Leistungen einer anderen Person (vom Zuwendenden) erlangt, sind steuerlich als Schenkung an ihn zu behandeln 77

---

[105] → Aufzählung in § 1 Abs. 2 PartGG.
[106] AA *Klumpp* ZEV 1995, 386.
[107] Zu beachten ist auch, dass im Verhältnis zur Gesellschaft im Fall einer Veränderung in den Personen der Gesellschafter oder des Umfangs ihrer Beteiligung als Inhaber eines Geschäftsanteils nur gilt, wer als solcher in der im Handelsregister aufgenommenen Gesellschafterliste (§ 40) eingetragen ist (§ 16 Abs. 1 GmbHG).
[108] Auch die „kleine Aktiengesellschaft" (kein gesetzlich definierter Begriff) seit Änderung des AktienG 1994.
[109] Die Societas Europaea = SE ist eine bestehende Rechtsform für Aktiengesellschaften in der EU und im ER, mit der die EU seit 2004 die Gründung von Gesellschaften nach weitgehend einheitlichen Rechtsprinzipien ermöglicht.
[110] → Koalitionsvertrag vom 7.2.2018 Ziff. 6175 ff.

(§§ 7 Abs. 8. 15 Abs. 4 ErbStG).[111] Dies gilt ebenfalls für Zuwendungen zwischen Kapitalgesellschaften, soweit sie in der Absicht getätigt werden, Gesellschafter zu bereichern, und soweit an diesen Gesellschaften nicht unmittelbar oder mittelbar dieselben Gesellschafter zu gleichen Anteilen beteiligt sind.

78 Im Ergebnis können erbschaftsteuerliche Vergünstigungen nicht bei Übertragung von Gesellschaftsanteilen für bloße Werterhöhungen durch disquotale Zuwendungen an die Gesellschaft in Anspruch genommen werden.[112] Hart treffen kann dies die Gesellschafter im Falle eines Forderungsverzichts im Sanierungsfall; hier sollte die Empfehlung des gleichlautenden Ländererlasses zum vorgeschalteten Forderungsverkauf oder zum disquotalen Forderungsverzicht beachtet werden.[113]

79 Bei der zivilrechtlichen Gestaltung der Nachfolge ist daher zu prüfen, welche Leistungen an die Gesellschaft einer beabsichtigten Zuwendung einer Gesellschaftsbeteiligung vorgeschaltet werden sollten, oder ob zur Sanierung die Möglichkeit eines anteiligen dem Verzicht vorgeschalteten Forderungsverkaufs hilft.

7. Bewirkung des versprochenen Leistung/Heilung von Formmängeln der Schenkung

80 Das Schenkungsversprechen verlangt eine notarielle Beurkundung, um wirksam zu sein. Ein Mangel dieser Form kann durch Vollziehung geheilt werden;[114] auch Fristen können durch die Vollziehung in Gang gesetzt werden, weshalb die Herbeiführung des Leistungserfolges von Bedeutung ist.

81 **a) Grundsatz.** Der Mangel der Form eines Schenkungsversprechens kann durch die **Bewirkung** der versprochenen Leistung geheilt werden (§ 518 Abs. 2 BGB). Damit werden nicht auch andere Formmängel, etwa des Gesellschaftsrechts oder Grundstücksrechts, oder vertragliche Formvorgaben geheilt. Welche Maßnahmen für die Bewirkung der Leistung – im Rahmen der Schenkung zur Heilung des Formmangels – erforderlich sind, bestimmt sich im Grundsatz nach der für den jeweiligen Schenkungsgegenstand geltenden **Verschaffungsform.** Der Vollzug der Schenkung heilt auch das unter Bedingung oder Befristung oder Vorbehalt des Widerrufs stehende Schuldverhältnis.[115]

82 Für bewegliche Sachen,[116] zB für Aktien, bestimmt sich die Einräumung der dinglichen Rechtsstellung nach den Vorschriften der §§ 929 ff. BGB - nämlich durch Übergabe oder deren Ersetzung. Etwaige für die Ausübung der Rechte bestehende weitere Formerfordernisse, zB § 67 Abs. 2 AktG für die Aktiengesellschaft gegenüber der Gesellschaft oder § 40 GmbHG für die GmbH sind nicht rechtsbegründend.

83 Die Übertragung von Forderungen erfolgt durch formlose Abtretung (§ 398 BGB).[117]

84 Für Immobilien hat der BGH allein die Auflassung wegen ihrer bindenden Wirkung nach § 873 Abs. 2 BGB genügen lassen,[118] der BFH verlangt zusätzlich die Eintragungsbe-

---

[111] Subjektive Merkmale sind nach0 FinVerw Erlass v. 14.3.2012 grundsätzlich irrelevant § 7 Abs. 8 ErbStG gilt auch für Genossenschaften. Bis 2009 hat der BFH, Eg. v. 17.10.2007 II R 63/05, BStBl. II 2008, 381, Einlagen von Gesellschaftern der Kapitalgesellschaft nicht als freigebigen Zuwendungen des Gesellschafters an die Gesellschaft gewertet, da diese stets auf dem Gesellschaftsverhältnis beruhten, unabhängig davon, ob der Vermögensübertragung eine entsprechende Erhöhung des Werts des Gesellschaftsanteils gegenüberständen.
[112] Keine Anwendung §§ 13a, 13b lt. Ländererlass v. 14.3.2012, Tz. 3.5); *Korezkij* DStR 2012, 163 (165); aA *Milatz/Herbst* ZEV 2012, 21 (23); kritisch zu §§ 7 Abs. 8, 15 Abs. 4 ErbStG *Crezelius* ZEV 2011, 393 ff.
[113] BStBl. I 2012, 331.
[114] Zeitpunkt für Gläubiger- und Insolvenzanfechtung, Pflichtteilsergänzung, Rückforderung bei Notbedarf, steuerliche Zurechnung.
[115] BGH NJW-RR 1989, 1282; aA Staudinger/*Chiusi* (2013) BGB § 518 Rn. 47.
[116] BGH NJW-RR 1991, 1158 (1159): Aussonderung für im Depot befindliche Inhaberpapiere. BGH NJW 1989, 2544 (2545): zum Eltern-Kind-Verhältnis als Besitzmittlungsverhältnis.
[117] BGH NJW 1983, 1488 Ls.; → Vertrag zugunsten Dritter auf den Todesfall 154 ff.
[118] BGH NJW 1974, 2319 (2320); aA *Staudinger/Chiusi* (2013) BGB § 518 Rn. 24.

willigung des Schenkers (§ 19 GBO).[119] Die unterschiedlichen Auffassungen wirken sich kaum aus, da eine Heilung der Formnichtigkeit (nur) ex nunc die Beachtung des § 311b Absatz 1 Satz 2 BGB verlangt, der zur Gültigkeit des Grundstücksvertrages **Auflassung und Eintragung** verlangt. Die Eintragung einer Auflassungsvormerkung oder die Erteilung einer unwiderruflichen postmortalen Vollmacht reichen nicht.[120]

Bei schenkweiser Aufnahme in eine Personen- oder Kapitalgesellschaft sind der organschaftlichen Ebene (Gesellschaftsverhältnis) und der schuldrechtlichen Ebene (Schenkung) zu genügen. Die Trennung von Schenkungsvertrag und Schenkungsvollzug sollte sichtbar gemacht werden.[121] Die Heilung eines Mangels der schuldrechtlichen Ebene kann durch Erfüllung der gesellschaftsrechtlichen Ebene erfolgen, möglicherweise dann sogar ohne notarielle Beurkundung, wenn der die Heilung bewirkende Vertrag formfrei geschlossen werden darf.[122] Die Heilungswirkung funktioniert jedoch nicht in allen Fällen, wie die Innengesellschaft zeigt (→ Rn. 93–97). Für die unentgeltliche Aufnahme einer Person als persönlich haftender Gesellschafter ohne eigene Kapitaleinlage in einer Personengesellschaft stellt sich jedoch vorab die Frage, ob mit der Übernahme der Haftung und der Geschäftsführung eine Gegenleistung des hinzutretenden Gesellschafters vorliegt, wie die Rechtsprechung dies in vielen Fällen annimmt (→ Rn. 87 ff., 98 ff.), vom Schrifttum jedoch zunehmend kritisiert wird.[123] 85

Bei mittelbarer Schenkung ist zu unterscheiden: Wird ein Geldbetrag zweckbestimmt zum Erwerb einer Gesellschafterstellung oder Erbringung der Einlage zugewendet, ist die Schenkung des Geldes und damit in der Regel die Schenkung der Mitgliedschaft mit Übergabe des Geldes vollzogen. Ob der Zweck tatsächlich herbeigeführt wird, hat keine Bedeutung für die Vollziehung, sondern lediglich für einen möglichen Rückforderungsanspruch wegen etwaiger Zweckverfehlung. 86

b) Bewirkung des versprochenen Leistung bei Zuwendung eines KG-Anteils. Die Herstellung des Kommanditanteils und damit die (heilende) Vollziehung der Schenkung im Zuge der vorweggenommenen Erbfolge können auf unterschiedliche Weise erfolgen: 87

- durch Eintritt des Neugesellschafters gemäß §§ 130, 173 HGB in eine bestehende KG durch **Aufnahmevertrag** mit den vorhandenen Gesellschaftern, wobei die Einlage durch den neuen Gesellschafter oder den Schenker[124] an die Gesellschaft auf die neu geschaffene Einlage geschehen kann.
- im Falle des Eintritts des Neugesellschafters gemäß §§ 130, 173 HGB in eine bestehende KG durch Doppelvertrag zwischen dem Altgesellschafter und den verbleibenden Gesellschaftern einerseits und dem Neugesellschafter und den übrigen Gesellschaftern andererseits durch einen **Aufnahmevertrag** mit sämtlichen Gesellschaftern der KG (jeweils durch An- und Abwachsung),[125]
- oder bei Umwandlung einer OHG in eine KG durch Eintritt eines Kommanditisten mit Abschluss des **Gesellschaftsvertrages,**
- oder durch Eintritt des Beschenkten als Kommanditist gemäß § 28 Abs. 1 HGB in das Geschäft eines Einzelkaufmanns durch **Gesellschaftsvertrag,**
- oder durch sog. **Eintrittsvertrag** zwischen Neu- und Altgesellschafter (unter Zustimmung der verbleibenden Gesellschafter mit geforderter Mehrheit/Einstimmigkeit) und Erbringung einer eigenen Einlage durch den Neugesellschafter oder eines Dritten für den Neugesellschafter,

---

[119] BFH NJW 1991, 2591.
[120] BGH NJW 1974, 2319 (2320).
[121] *K. Schmidt* BB 1990, 1992 (1993); → MüKoHGB/*K. Schmitt* 4. Aufl. 2016, § 105 Rn. 140, 141.
[122] BGH ZIP 2006, 1199 (1200); MüKoHGB/*K. Schmidt*, 3. Aufl. 2012, § 161 Rn. 22.
[123] Staudinger/*Chiusi* (2013) BGB § 516 Rn. 172; MüKoBGB/*Koch*, § 516 Rn. 91 mwN.
[124] MünchHdb. GesR II/*v. Falkenhausen, Schneider*, 3. Aufl. 2009, KG § 18 Rn. 10: Einbringung durch Dritte.
[125] MüKoHGB/*K. Schmidt*, 3. Aufl. 2012, § 161 Rn. 22, § 173 Rn. 20: da die direkte Übertragbarkeit des KG-Anteils anerkannt ist, ist diese Gestaltung selten; Staub/*Casper*, 5. Aufl. 2014, HGB § 161 Rn. 56.

- oder durch **Einbuchung,** dh durch Erhalt der Gutschrift einer Einlage auf dem Konto des Empfängers, jedoch ohne eine eigene Einlage erbracht zu haben. Hier werden der Gesellschaft keine neuen Vermögenswerte zugeführt; der Kommanditist wird ohne eigene Einlageleistung unter Gutschrift der Einlage auf seinem Konto, welche die vorhandenen Gesellschafter von einem Teil ihrer bereits geleisteten Einlage von ihren beweglichen Konten abbuchen, aufgenommen.[126] Oder aber der Gutschriftbetrag wird von nur einem (iSd § 172 Abs. 4 HGB ungebundenen) Konto des zuwendenden Kommanditisten oder eines Teils der Einlageleistung eines persönlich haftenden Gesellschafters „aus- und eingebucht".[127]

88 Wie zu ersehen ist, ist es nicht zwingend, dass der schenkungsrechtliche Bereicherungsakt immer losgelöst neben einer gesellschaftsvertraglichen Grundlage zu stehen hat.[128] Verbandsgeschäft und Zuwendungsakt können zusammenfallen, wie dies insbesondere bei den **„Einbuchungsfällen"** geschieht. Ein weiterer Einbuchungsfall ist die Zuwendung in Verbindung mit einer Kapitalerhöhung, bei der die Kapitalkonten der Gesellschafter unverändert bleiben, jedoch das Kapitalkonto des Empfängers zu Lasten des Darlehenskontos des schenkenden Gesellschafters – gegebenenfalls auch des persönlich haftenden Gesellschafters[129] – eingebucht wird.

89 Der Schenker hat darauf zu achten, dass die Einbuchung aus freiem ungeminderten Kapital erfolgt, um ihn nicht dem Risiko der Haftung gemäß § 172 Abs. 4 HGB auszusetzen. Tritt der Beschenkte als Kommanditist gemäß § 28 Abs. 1 HGB in das Geschäft eines Einzelkaufmanns ein, kann die Vollziehung ebenfalls durch Einbuchung bewirkt werden.

90 Der Einzelkaufmann kann sein einzelkaufmännisches Unternehmen in die KG unter Gutschrift auf das eigene Kapitalkonto und dasjenige des als Nachfolger neu aufgenommenen Kommanditisten einbringen.

91 Es ist darauf zu achten, dass die **Anmeldung zum Handelsregister** der Begründung der Gesellschafterstellung als Kommanditist zeitlich vorangeht oder die Begründung unter der Bedingung der Eintragung erfolgt, um die Gefahr der persönlichen Haftung zwischen dem Eintritt in die Gesellschaft und der Eintragung im Handelsregister analog § 176 Abs. 1 HGB zu vermeiden. Diese wird auch nicht rückwirkend mit Eintragung erlöschen.[130] Die Registereintragung selbst ist jedoch nur deklaratorisch; die formlose unentgeltliche Einbuchung ist wirksam und führt zu einer Vollziehung der Schenkung.

92 Sowohl bei Zuwendung eines Geldbetrages als auch bei Befreiung von der gesellschaftsvertraglichen Einlageschuld oder bei Abtretung des Anteils ist als Schenkungsgegenstand in der Regel die **Mitgliedschaft** zugewendet,[131] wenn nicht der Parteiwille etwas anderes ergibt. Die Vollziehung der Zuwendung des Anteils setzt nicht voraus, dass dieser zunächst in der Person des Schenkers vorhanden war, sondern erstmals in der Person des Empfängers entsteht.[132] Mit der Erbringung der Einlage ist ein Beitrag im Innenverhältnis zwischen Kommanditist und Gesellschaft und damit die Bewirkung der Zuwendung gemeint. Diese hat nichts mit der Haftung des Kommanditisten im Außen-

---

[126] OLG Düsseldorf GmbHR 1959, 114; OLG Köln OLGZ 1976, 307; *K. Schmidt* BB 1990, 1992 (1993); MüKoHGB/*K. Schmidt*, 3. Aufl. 2012, § 173 Rn. 20; MünchHdb. GesR II/*v. Falkenhausen, Schneider*, 3. Aufl. 2009, KG § 18 Rn. 14–18.
[127] BGH BB 1973, 862; *K. Schmidt*, Gesellschaftsrecht, 4. Aufl. 2002, 1576, 1577: Es erfolgt die Übertragung durch Buchung auf Kosten des Kapitalkontos nur eines Gesellschafters in der Weise, dass ein Teil seines Anteils an den Beschenkten abgetreten wird; es handelt sich nicht wirklich um einen „Einbuchungsfall", sondern um eine Anteilsübertragung: es fehlt an dem Verbandsgeschäft, mit dem der Zuwendungsakt zusammenfällt.
[128] *K. Schmidt* BB 1990, 1992 (1994); aA *Herrmann* ZHR 147 (1983), 322.
[129] BGH BB 1973, 862 (863), zur Erstattungspflicht des neuen Kommanditisten, wenn das Darlehen des zuwendenden Komplementärs durch unberechtigte Entnahmen aus dem Gesellschaftsvermögen eingebucht wird.
[130] BGH NJW 1983, 2258 (2259); differenzierend Staub/*Thiessen*, 5. Aufl. 2014, HGB § 176 Rn. 111.
[131] Palandt/*Weidekaff*, BGB § 516 Rn. 5 mit Hinweis auf *K. Schmidt* BB 1990, 1992 (1993), der auch die Befreiung von der Einlageschuld als Zuwendung erörtert.
[132] BGH NJW 1990, 2616 (2618).

I. Der Schenkungsvertrag zur Regelung der vorweggenommenen Erbfolge § 2

verhältnis zu tun, auch wenn dies terminologisch in § 172 HGB nicht klar zum Ausdruck kommt.[133] Die Haftsumme wird im Gesellschaftsvertrag festgelegt und kann höher oder niedriger als die Einlage sein.[134]

c) Bewirkung der Leistung bei Beteiligung an einer Innengesellschaft. Bei unentgeltlicher Aufnahme in eine bestehende Innengesellschaft, insbesondere in die stille Gesellschaft, oder bei Zuwendung einer durch den Abschluss eines Gesellschaftsvertrags entstehenden typischen Unterbeteiligung ohne Gesamthandvermögen und mit schuldrechtlichen Mitberechtigungen am Gewinn[135] sind der Schenkungsvertrag und (gegebenenfalls) der Gesellschaftsvertrag zu seiner Wirksamkeit notariell zu beurkunden,[136] deren Gesellschaftsvertrag sonst formfrei abgeschlossen werden kann.[137] 93

Für die Frage der Heilung eines Formfehlers des Schenkungsversprechens durch Vollzug der Schenkung (§ 518 Abs. 2 BGB) einer stillen Beteiligung oder Unterbeteiligung kommt es darauf an, wie diese Heilung auf den Weg gebracht wird, und ob es sich um die Einräumung einer typischen stillen Beteiligung/typischen Unterbeteiligung[138] oder atypischen stillen Beteiligung/atypischen Unterbeteiligung[139] handelt. 94

Im Falle der Einräumung einer **typischen stillen Beteiligung/typischen Unterbeteiligung** bleibt es dabei, dass eine Heilung des Formmangels 95
– weder durch eine rein buchhalterische Maßnahme, also mit Einbuchung des Anteils,[140]
– noch durch steuerliche Maßnahmen
– noch durch Gesellschaftsvertrag[141]
– noch durch Auszahlung der Gewinnanteile[142]
in Betracht kommt.[143] Es bedarf zwingend eines notariellen Schenkungsvertrages.

Das galt bis 2011 auch für die **atypische stille Beteiligung/atypische Unterbeteiligung**. Das sieht der BGH nun anders: Handele es sich um eine Schenkung einer durch den Abschluss eines – hier beurkundeten – Gesellschaftsvertrags entstehenden atypischen Unterbeteiligung, genüge zum Vollzug der Schenkung der Abschluss des Gesellschaftsvertrags (§ 2301 Abs. 2, 518 Abs. 2 BGB).[144] 96

Stellt die Gewährung einer stillen Einlage statt einer Schenkung die Gewährung einer Ausstattung dar (§ 1624 BGB), liegt keine Schenkung vor, das Problem der Vollziehung 97

---

[133] Staub/*Thiessen*, 5. Aufl. 2014, HGB § 171 Rn. 25.
[134] MüKoHGB/*K. Schmidt*, 3. Aufl. 2012, §§ 171, 172 Rn. 22; Staub/*Thiessen*, 5. Aufl. 2014, HGB § 171 Rn. 25.
[135] BGH DNotZ 2012, 713 (715); BGHZ 50, 316 (320).
[136] BGH DNotZ 2012, 713 (715) = NZG 2012, 222, kommentiert von *Reimann* ZEV 2012, 167–171, und *Blaurock* NZG 2012, 521–524; Unterbeteiligung an GmbH-Anteil nicht nach GmbHG § 15 Abs. 3 zu beurkunden, aber Beurkundung der schenkweisen Einräumung erforderlich.
[137] Im Gespräch ist die Reform des Personengesellschaftsrechts und damit die Forderung nach gesetzlicher Regelung von Außen- und Innen-GbR; www.cmshs-bloggt.de/gesellschaftsrecht.
[138] Innengesellschaft ohne Gesamthandvermögen, keine Beteiligung des stillen Gesellschafters an Vermögen des Geschäftsinhabers, Geschäftsführung alleine durch den Geschäftsinhaber, Zweigliedrigkeit der Gesellschaft.
[139] Je nach Art der Abweichung von der typischen stillen Gesellschaft kann unterschieden werden zwischen atypischer stiller Gesellschaft mit (1) (schuldrechtlicher) Vermögensbeteiligung, mit (2) Geschäftsführungsbeteiligung in Form eines Zustimmungserfordernisses oder eines Widerspruchsrechts und/oder mit (3) Verbandscharakter.
[140] BGH WM 1967, 685; NJW 1952, 1412; NJW 1953, 139; Staub/*Harbarth*, 5. Aufl. 2014, HGB § 230 Rn. 127, 128; MünchHdb. GesR II/*Kühn*, 3. Aufl. 2009, StG § 83 Rn. 15, 16.
[141] AA *Kollhosser* AcP 194, 245, sowie *K. Schmidt* BB 1990, 1992 (1995) und in GesR, 2. Aufl. 1991, 1553, für atypische stille Beteiligungen schon lange vor BGH DNotZ 2012, 713 (715).
[142] BFH BStBl. II 1975, S. 141.
[143] BGHZ 191 S. 354 = NZG 2012, 222; aA *Blaurock* NZG 2012, 521–524: bei atypischer und bei typischer schenkweise eingeräumter Unterbeteiligung sei mit Abschluss des Gesellschaftsvertrages der Vollzug der Schenkung zu sehen.
[144] BGH DNotZ 2012, 713 (715); BGHZ 191 S. 354 = NZG 2012, 222; BFH BFHE 220, 513 (515 f.) = NJW-RR 2008, 986.

stellt sich dann nicht.¹⁴⁵ Die Zuwendung einer stillen Beteiligung wird ebenfalls nicht an der Form des § 518 BGB scheitern, wenn für den der still Beteiligten eine Einlageverpflichtung eingebucht wird und ihm die Mittel dafür aus dem Privatvermögen des Gesellschafters oder durch Umbuchung von einem „Gesellschafterverrechnungskonto" zugewendet werden.¹⁴⁶

98 **d) Bewirkung der Leistung bei Zuwendung einer Beteiligung als Gesellschafter an einer GbR, OHG, als Komplementär an einer KG, an einer PartG beziehungsweise PartGmbB.** Die Frage der Vollziehung der Zuwendung eines Anteils an einer GbR, an einer OHG, als Komplementär an einer KG, an einer PartG beziehungsweise PartG mbB stellt sich in den Fällen,
– in denen die Zuwendung der Beteiligung als Schenkung zu qualifizieren ist,
– und in denen trotz der im Grundsatz anzunehmenden Entgeltlichkeit der Übertragung (bei Begründung der persönlichen Haftung des neu hinzutretenden Gesellschafters) ausnahmsweise eine gemischte Schenkung anzunehmen ist.

99 Die Bewirkung der Leistung hängt davon ab, ob die Gesellschaft **gesamthänderisch gebundenes Gesellschaftsvermögen** hat. Diese Voraussetzung ist durch die Differenzierung zwischen Innen- oder Außengesellschaft bedingt und spielt bei der GbR eine Rolle, da diese Rechtform sowohl als Außengesellschaft als auch als Innengesellschaft in Erscheinung tritt.¹⁴⁷ Die OHG, die KG, die PartG beziehungsweise PartG mbB treten zwingend im Außenverhältnis auf.

100 Die Außengesellschaft bildet in der Regel ein Gesellschaftsvermögen, die Gesellschaft nimmt am Rechtsverkehr wahrnehmbar teil. Ausnahmen¹⁴⁸ - wie zum Beispiel Bankkonsortien - sind selten und werden im Rahmen der vorweggenommenen Erbfolge nicht relevant. Der Vollzug der Schenkung bei einer Beteiligung an einer **Außengesellschaft** ist formlos durch Abtretung des Gesellschaftsanteils möglich, es sei denn, dass eventuell wegen übernommener Verpflichtungen im Zusammenhang mit Grundstücken die notarielle Beurkundung erforderlich ist.

101 Eine **Innengesellschaft** kann typischerweise kein Gesellschaftsvermögen bilden; § 718 BGB soll keine Anwendung finden.¹⁴⁹ Hier treten an die Stelle eines **Gesamthandvermögens** rein schuldrechtliche Ausgleichsbeziehungen, welche die Gesellschafter so stellen, als ob ein dingliches Gesellschaftsvermögen vorläge.¹⁵⁰

102 Mangels gesamthänderischer Beteiligung der Innen-GbR kann die Änderung der dinglichen Rechtszuständigkeit nicht anders sichtbar gemacht werden als durch notarielle Beurkundung. Eine schuldrechtliche Beteiligung am Unternehmensvermögen der Innengesellschaft ist nicht ausreichend, um eine formlose Vollziehung allein durch Einbuchung der Beteiligung genügen zu lassen.¹⁵¹ Demnach bedarf der Vollzug der Schenkung eines Gesellschaftsanteils an einer Innengesellschaft wie auch bei der stillen typischen Gesellschaft der notariellen Beurkundung.

---

[145] Staub/*Harbarth*, 5. Aufl. 2014, HGB § 230 Rn. 131.
[146] Aus Privatvermögen BFH NJW-RR 1990, 1056; aus „Gesellschafterverrechnungskonto" OLG Düsseldorf NZG 1999, 652 (653); MünchHdb. GesR II/*Kühn*, 3. Aufl. 2009, StG § 83 Rn. 16; → § 22 Rn. 82–91.
[147] MünchHdb. GesR I/*Schücking*, 4. Aufl. 2014, BGB-Ges. § 3 Rn. 1.
[148] MünchHdb. GesR I/*Schücking*, 4. Aufl. 2014, BGB-Ges. § 3 Rn. 3 mwN auch zu Rspr. des BGH.
[149] Nicht immer eindeutig BGH NJW 1982, 99 (100) (kein Gesellschaftsvermögen), BGH WM 1973, 296 (297) (Gesamthandvermögen sei ausnahmsweise an einem einzelnen Gegenstand nicht schlechthin unmöglich, verlange aber eine außergewöhnliche Gestaltung, die durch den Willen der Beteiligten deutlich erkennbar sein müsse; MünchHdb. GesR I/*Schücking*, 4. Aufl. 2014, BGB-Ges. § 3 Rn. 53, 55.
[150] MünchHdb. GesR I/*Schücking*, 4. Aufl. 2014, BGB-Ges. § 3 Rn. 54 ff.
[151] MünchHdb. GesR I/*Schücking*, 4. Aufl. 2014, BGB-Ges. § 3 Rn. 62; aA *K. Schmidt* BB 1990, 1995: Schenkungsvollzug bei Beteiligungen, die eine schuldrechtliche Beteiligung am Gesellschaftsvermögen und/oder mitgliedschaftliche Beteiligungsrechte vermitteln.

Kommt es in Verbindung mit einer Schenkung zur Poolung von Anteilen oder zur Begründung einer stillen Gesellschaft oder Unterbeteiligung, sind Schenkungs- und (je nach Rechtsform) Gesellschaftsvertrag notariell zu beurkunden.[152] Eine Besonderheit hat der BGH zur atypischen Unterbeteiligungsgesellschaft angenommen: Erhält der Unterbeteiligte über eine schuldrechtliche Forderung auf Vermögensleistungen hinaus mitgliedschaftliche Teilhaberechte in der (Innen-) Gesellschaft, ist die Schenkung mit dem Abschluss des Gesellschaftsvertrages der Hauptgesellschaft vollzogen.[153]

Die Innengesellschaft wird zukünftig in der Unternehmensnachfolge eine größere Rolle spielen (→ § 21 Rn. 64 ff.), zumal für kleinere Beteiligungen an der GmbH und für Aktienbesitz, da Aktiengesellschaften eine **Poolvereinbarung** in der Satzung nicht zulassen (Grundsatz der Satzungsstrenge gemäß § 23 Abs. 5 AktienG). Durch Regelungen zur Steuerfreiheit bei der Übertragung von Anteilen an Kapitalgesellschaften ist es gegebenenfalls empfehlenswert, die Stimmrechte und Verfügungsrechte aller/einiger Gesellschafter zu poolen. Die Poolung von mehr als 25 % des Nennkapitals der Kapitalgesellschaft kann eine mögliche Steuerbegünstigung auch für Gesellschafter zulassen, die im Zeitpunkt der Übertragung genau oder weniger als 25 % am Nennkapital der Gesellschaft halten (§ 13b Abs. 1 Nr. 3 ErbStG → § 21 Rn. 64 ff.).[154]

e) Bewirkung der Leistung an Mitgesellschafter durch Ausschluss der Abfindung.
Schenkungs- und gesellschaftsrechtliche Beziehungen sind dogmatisch auseinanderzuhalten. Für gesellschaftsrechtliche Vereinbarungen, die ihren Ursprung im Gesellschaftsverhältnis haben, stellt sich die Frage der Bewirkung der Leistung nicht. Der Ausschluss einer Abfindung im Falle des Todes eines Gesellschafters mit Wirkung für alle Gesellschafter gleichermaßen wird nach h. Mg. für zulässig gehalten,[155] und dürfte die Begünstigung des Vorwegabschlags (§ 13a Abs. 9 ErbStG begrenzt auf 30 %) nicht tangieren.

Die Form bestimmt sich nach den einschlägigen satzungsrechtlichen, gegebenenfalls weiteren gesetzlichen Bestimmungen.[156]

> **Formulierungsbespiel für KG:**
>
> (1) Stirbt einer der Gesellschafter, wird die Gesellschaft nicht aufgelöst, sondern von den verbleibenden Gesellschaftern fortgeführt. Sind nur noch zwei Gesellschafter vorhanden und stirbt einer von diesen, so führt der überlebende das Unternehmen mit allen Aktiven und Passiven unter unveränderter Firma als Alleininhaber fort.
>
> (2) Die Erben eines verstorbenen Gesellschafters scheiden aus der Gesellschaft aus. Eine Fortführung des Gesellschaftsverhältnisses mit ihnen findet nicht statt.
>
> (3) Den Erben eines verstorbenen Gesellschafters steht kein Abfindungsanspruch zu. Sie scheiden entschädigungslos aus der Gesellschaft aus. Der Anteil des verstorbenen Gesellschafters am Gesellschaftsvermögen, nämlich sein Fest- oder Kommanditkapitalkonto und sein Darlehnskonto, sowie sein Anteil an den stillen Reserven, wächst den oder dem verbleibenden Gesellschaftern oder Gesellschafter im Verhältnis der Kapitalkonten gemäß § 2 Abs. 3 dieses Vertrages zu.

---

[152] BGH DNotZ 2012, 713 (715); WM 1967, 685. Poolvertrag reicht nicht für Regelungen zum Zweck des Vorwegabschlags gemäß § 13a Abs. 9 ErbStG.
[153] BGH DNotZ 2012, 713 (715) mit der Besonderheit der Zuwendung der Unterbeteiligung zu Lebzeiten, jedoch erst auf den Zeitpunkt des Todes des Schenkers.
[154] *Krauß*, Neuregelung der Schenkung- und Erbschaftsteuer (2009/2016), S. 21 (online) warnt vor einem möglichen Untergang von Verlustvorträgen infolge des Abschlusses von Poolverträgen und vor der Erpressbarkeit von Minderheitsgesellschafter, die evtl. aus Gründen der Erbschaftsteuerersparnis auf Stimmrechtsbindungsverträge angewiesen sind.
[155] BGH WM 1971, 1338 (1339 f.); MünchHdb. GesR I/*Piehler, Schulte*, 4. Aufl. 2014, BGB-Ges. § 10 Rn. 100 mwN; *Lange* ZErb 2014, 121–125; *Pogorzelski* RNotZ 2017, 489 (499).
[156] → § 22 Rn. 285; Formbedürfnis für Gesellschaftsverträge von Personengesellschaften bei Übertragung von Grundstückseigentum gemäß BGB §§ 125, 313.

108 Die Rechtsprechung wird jedoch genau hinschauen, wenn es um die Frage geht, ob in dieser Gestaltung eine sittenwidrige Knebelung liegt,[157] oder sich eine verbotenen Kündigungsbeschränkung verbirgt (→ § 22 Rn. 208–224),[158] oder ob der Einwand des Rechtsmissbrauchs entgegensteht – etwa allein die Zwecksetzung der Pflichtteilsvermeidung.[159] Insbesondere, wenn die Bestimmung nur für einen oder wenige Gesellschafter gilt oder die Gesellschafter sehr unterschiedliche Lebenserwartungen haben, soll es sich um eine auf den Todesfall bezogene unentgeltliche **Verfügung unter Lebenden** über den Wert der Beteiligung handeln.[160] Dann könnten die Abfindungsausschlussklauseln in Gesellschaftsverträgen auf schenkungsrechtliche Grundlage gestellt werden, um Wirksamkeit zu erlangen (mit der Folge des § 2325 BGB). Die Beurkundungspflicht des § 518 Abs. 1 BGB ist einzuhalten, da die Erfüllung beziehungsweise Fälligkeit auf einen späteren Zeitpunkt hinausgeschoben wird.[161] Fällt dieser Zeitpunkt auf den Tod des Schenkers, kann eine Vollziehung nicht mehr erfolgen, da dann der Erbe das Vermögensopfer zu erbringen hätte.

109 **f) Bewirkung der Leistung bei Zuwendung von GmbH-Anteilen.** Die Übertragung von Anteilen an einer GmbH bedarf der notariellen Beurkundung, und zwar sowohl der schuldrechtliche Vertrag (§ 15 Abs. 4 GmbHG) als auch die dingliche Vollziehung (§ 15 Abs. 3 GmbHG).[162]

110 Die Heilung eines formnichtigen schuldrechtlichen Vertrages erfolgt durch formgültig abgeschlossene **Abtretung** (§ 15 Abs. 3 GmbHG). Auch weitere Abtretungsvoraussetzungen (§ 15 Abs. 5 GmbHG) sind einzuhalten. Und im Zeitpunkt des Bindungseintritts des Verfügungsgeschäfts (bei befristeter oder aufschiebender Bedingung) muss für die Heilung die Willensübereinstimmung der Vertragsparteien über den Inhalt des formnichtigen Verpflichtungsgeschäfts noch vorliegen.[163]

111 Mit der dinglichen Vollziehung wird nicht nur die schuldrechtlich zunächst unwirksam abgeschlossene Abtretungsvereinbarung geheilt, sondern auch gegebenenfalls getroffene **Nebenabreden,** wie zum Beispiel eine Rückübertragungsverpflichtung, und zwar mit Wirkung ex nunc.[164] § 15 Abs. 4 S. 2 GmbHG macht insoweit eine Ausnahme von § 141 Abs. 1 BGB, der die förmliche Neuvornahme des Geschäfts verlangt.

112 Diese Heilungswirkung wird vom BGH auch für die Übertragung der gesellschaftsrechtlichen Beteiligungen an einer GmbH & Co. KG angenommen, wenn allein die Übertragung der Geschäftsanteile an einer Komplementär-GmbH beurkundet wird.[165] Allerdings kann sich die Heilungswirkung nicht auf andere Formerfordernisse erstrecken. Die Übertragung von GmbH-Anteilen gegen Auflassung eines Grundstückes erfordert neben formgerechter Abtretung die Auflassung, Grundbucheintragung und den Nachweis des formgerechten Kausalgeschäfts (§ 925a BGB).

---

[157] BGH NZG 2000, 1027 = BGHZ 144, 365 (366) für die GmbH; BGH DNotZ 1992, 526 (531 ff.).
[158] BGH NJW-RR 2006, 1270 (1271); NZG 2008, 623 (626 f.).
[159] BGH WM 1971, 1338 (1340).
[160] BGH NJW 1981, 1956 (1957); MünchHdb. GesR I/*Piehler, Schulte,* 4. Aufl. 2014, BGB-Ges. § 10 Rn. 100 mwN; *Lange* ZErb 2014, 121 (123 ff.).
[161] BGH WM 1971, 1338 (1339).
[162] MünchHdb. GesR III/*Jasper,* 5. Aufl. 2018, GmbH § 24 Rn. 32, 69. Mit wirksamer Übertragung erfolgt Eintritt des Erwerbers in Rechte und Pflichten aus zwischen Altgesellschaften geschlossenem Schiedsvertrag, BGH DB 1997, 2476.
[163] BGHZ 127, 128 (135 ff.); Scholz/*Winter, Seibt,* 10. Aufl. 2006, GmbHG § 15 Rn. 71.
[164] BGH NJW-RR 1987, 808 Ls.; WM 1985, 1000 (1001); *Klumpp* ZEV 1995, 386; Scholz/*Winter, Seibt,* 10. Aufl. 2006, GmbHG § 15 Rn. 66a, 69; keine rückwirkende Heilung im Fall BGH NJW 1994, 3227 (3228) bei dinglicher Anteilsübertragung (in Vollziehung formnichtigen Kaufvertrages) unter aufschiebender Bedingung, wenn der Begünstigte später auf die Bedingung verzichtet und die Willensübereinstimmung der Parteien hinsichtlich des Kausalgeschäfts noch bis zu einem bestimmten Zeitpunkt des Erfüllungsgeschäfts gegeben war.
[165] BGH NJW-RR 1987, 808 Ls.

I. Der Schenkungsvertrag zur Regelung der vorweggenommenen Erbfolge § 2

Die Heilung eine Schenkung von GmbH-Anteilen, die durch Kapitalerhöhung geschaffen werden (gegen Sach- oder Geldleistungen), muss gesellschaftsrechtlich sauber nachvollzogen werden (Kapitalerhöhungsbeschluss, Zulassungsbeschluss, Übernahmevertrag, Anmeldung).[166] Die Übernahmeerklärung der GmbH-Anteile kann beurkundet oder notariell beglaubigt werden (§ 55 Abs. 1 GmbHG). 113

g) Bewirkung der Leistung bei Zuwendung eines Nießbrauchs. Die wirksame Einräumung eines Nießbrauchs folgt im Wesentlichen der für die Übertragung des Gegenstandes oder Rechtes, an dem der Nießbrauch bestellt wird, **geltenden Verschaffungsform** (§§ 1032, 1069 BGB). Für bewegliche Sachen ist dies Einigung und Übergabe oder Übergabeersatz (§ 1032 BGB).[167] 114

Bei Immobilien ist die Bestellung in Form notariell beglaubigter Unterschriften der privatschriftlichen Vereinbarung und Eintragung in Abteilung II des Grundbuches (§§ 873, 874 BGB) möglich. 115

Die Bestellung des Nießbrauchs an Gesellschaftsanteilen erfolgt nach § 1069 Abs. 1 BGB. Für Personengesellschaftsanteile ist die Zulassung im Gesellschaftsvertrag oder die Zustimmung der Mitgesellschafter erforderlich.[168] Die Bestellung an GmbH-Anteilen erfolgt durch notarielle Beurkundung (§ 15 Abs. 4, 5 GmbHG). Fehlt es für die Bestellung im Gesellschaftsvertrag an der Übertragbarkeit der Anteile, ist die Bestellung des Nießbrauchs im Zweifel unzulässig (§ 1069 BGB). Für Aktien erfolgt die Bestellung des Nießbrauchs nach §§ 1069, 929, 1081 Abs. 2 BGB (auch Mitbesitzeinräumung). 116

Die Bestellung eines Nießbrauchs an einem Vermögen erfolgt nach Maßgabe der für einzelne Sachen und Rechte geltenden Einräumung (§ 1085 BGB). Ein Vertrag, durch den sich der eine Teil verpflichtet, sein gegenwärtiges Vermögen oder einen Bruchteil seines gegenwärtigen Vermögens mit einem Nießbrauch zu belasten, bedarf der notariellen Beurkundung (§ 311b Abs. 3 BGB).[169] 117

h) Bewirkung der Leistung bei der Zuwendung von Grundvermögen. Die **Beurkundungspflicht** gemäß § 311b Abs. 1 BGB ist zu beachten für jedwede vertragliche Verpflichtung zur Änderung bestehender Eigentumsverhältnisse an Grundvermögen oder Teilen davon.[170] Maßgeblich für die Beurkundungspflicht ist die durch Auflassung und Eintragung sichtbar gemachte Änderung der Identität des Rechtsträgers, auch wenn gleiche Beteiligte auf beiden Seiten mitwirken - etwa weil eine Übertragung von einer personengleichen OHG oder GbR auf eine andere personengleiche OHG oder GbR erfolgen soll.[171] Sondervorschriften im Umwandlungsrecht für die Verschmelzung und Umwandlung verdrängen § 311b Abs. 1 BGB, soweit Auflassung und Eintragung nicht erforderlich sind.[172] Hat der Vertrag eine Übertragung eines Geschäftsbetriebes zum Gegenstand, zu dem Grundvermögen gehört, erstreckt sich der Formzwang des § 311b Abs. 1 BGB auf sämtliche Bestandteile des schuldrechtlichen Veräußerungsgeschäfts.[173] 118

Formfragen aus dem Gesichtspunkt des § 311b Abs. 1 BGB stellen sich für die vorweggenommene Erbfolge auch in Verbindung mit Gesellschaftsverträgen: Jeder Gesellschaftsvertrag, der eine Veräußerungs- oder Erwerbsverpflichtung einer Immobilie aufnimmt - zum einen infolge des Beitritts, zum anderen in Gestalt einer Einbringung oder eines Er- 119

---

[166] MünchHdb. GesR III/*Wegmann*, 5. Aufl. 2018, GmbHG § 53 Rn. 4 ff.
[167] Mit Ausnahme der §§ 929a, 932a BGB.
[168] *Sass* ErbStB 2019, 82, 85.
[169] Zu den Details des Nießbrauchs und unterschiedlichen rechtlichen Konsequenzen ua im Schuldrecht, Erbrecht, Steuerrecht → § 22 Rn. 15, 41 – 80.
[170] OLG Hamm MDR 1984, 843.
[171] OLG Hamm DNotZ 1983, 750 Ls., dies kann im Rahmen der vorweggenommenen Erbfolge ggf. bei der Betriebsaufspaltung von Bedeutung sein.
[172] Auflassung und Umschreibung sind erforderlich für die Umwandlung einer AG auf eine bestehende GbR.
[173] BGH DNotZ 1979, 332 (333).

werbs bestimmter oder bestimmbarer Grundstücke für die Gesellschafter - ist beurkundungspflichtig.[174] Davon nicht erfasst ist die Gründung einer Innengesellschaft, bei der das dem Gesellschaftszweck gewidmete Grundstück dem nach außen auftretenden Gesellschafter gehört und bei ihm verbleibt. Ist die Veräußerung des Grundstückes bei Auflösung der Innengesellschaft vorgesehen, bedarf es der Beurkundung.[175]

120 Auch der Fall der GbR, in welcher das zum Gesellschaftsvermögen gehörende Grundeigentum kraft gesetzlicher Anwachsung übergeht, so zB gemäß § 738 BGB bei Ausscheiden eines Gesellschafters aus einer Personengesellschaft (beziehungsweise § 738 BGB analog bei Beitritt), ist nicht formbedürftig. Es bedarf dann der zu beglaubigenden Grundbuchberichtigung.[176]

121 Eine Verpflichtung zur Übertragung von Anteilen an einer Personengesellschaft[177] oder einer Kapitalgesellschaft, deren Vermögen im Wesentlichen aus Grundbesitz besteht, unterfällt nicht dem Formerfordernis nach § 311b Abs. 1 BGB. Dies gilt auch, wenn sämtliche Anteile oder Aktien übertragen werden.

122 Der **Umfang des Formerfordernisses** erstreckt sich auf den ganzen Vertrag einschließlich aller Rechtswirkung erzeugenden Regelungen und Vereinbarungen, aus denen sich der schuldrechtliche Vertrag zusammensetzen soll.[178] Beim Schenkungsversprechen über ein Grundstück bedarf daher nicht nur das Versprechen, wie in § 518 Abs. 1 BGB verlangt, der Beurkundung, sondern auch die Annahme. Auch bei gemischten[179] oder zusammengesetzten Verträgen erstreckt sich der Formzwang auf sämtliche Regelungen, sofern diese rechtlich eine Einheit bilden, dh miteinander „stehen und fallen" sollen.[180] Vereinbarungen über einen Nießbrauch oder die Zuwendung an Dritte sind ebenfalls beurkundungspflichtig.

123 Die gänzliche Nichteinhaltung der Form macht den Vertrag nichtig (§ 125 S. 1 BGB). Bei unvollständiger Einhaltung der Form wird unterschieden: Hatten die Vertragsparteien davon keine Kenntnis, ist der gesamte Vertrag nichtig, wenn nicht anzunehmen ist, dass er auch ohne den nichtbeurkundeten Teil abgeschlossen worden wäre (§ 139 BGB).[181] Kannten die Parteien die Teilnichtigkeit, fehlt es am rechtsgeschäftlichen Verpflichtungswillen. Das formgerecht Beurkundete ist gültig, das Nichtbeurkundete nichtig.[182] Aber: Bewusst unrichtige Beurkundungen sind als Scheingeschäft und das wirklich Vereinbarte ist nach § 125 BGB nichtig.[183]

124 Eine **Heilung** der Nichtigkeitsfolge kommt mangels Beurkundung durch Auflassung und Eintragung (§§ 873, 925 BGB) überhaupt nur dann in Betracht, wenn dem Grundbuchamt ein formbedürftiges Kausalgeschäft dokumentiert werden kann (§ 925a BGB) – praktisch also nur in den Fällen der Teilnichtigkeit. Nicht geheilt werden können dagegen andere Formmängel.[184] Die praktische Bedeutung ist daher gering. Die Heilung erfasst den Vertrag nach seinem ganzen Inhalt mit sämtlichen in ihm getroffenen Vereinbarungen, auch eine von dem Erwerber im Vertrag übernommene Verpflichtung, das Grundstück unter bestimmten Voraussetzungen wieder an den Veräußerer zurück zu übereignen.[185]

---

[174] Zur Beurkundungspflicht des Gesellschaftsvertrages, der zum Zwecke des Erwerbs bestimmter oder bestimmbarer Grundstücke geschlossen wird: BGH NJW 1978, 2505 (2506).
[175] BGH NJW 1974, 2279; RGZ 166 (165).
[176] BayObLG DNotZ 1984, 178 (181) bei liquidationsloser Übernahme des Vermögens einer Zwei-Personen-GbR.
[177] BGH NJW 1983, 1110 f., fordert allerdings eine Beurkundungspflicht bei Umgehungsfällen.
[178] BGHZ 85, 317; NJW 1986, 246, NJW 1986, 248; NJW 1961, 1764.
[179] ZB die Vereinbarung eines Nießbrauchs als Gegenleistung für eine Überlassung.
[180] BGH NJW 1994, 2885; NJW 1987, 1069 (1070).
[181] BGH NJW 1986, 248.
[182] BGH NJW 1966, 1747.
[183] BGH NJW 1986, 248.
[184] Erman/*Hähnchen*, BGB § 518 Rn. 8.
[185] BGH NJW 1978, 1577; MDR 1958, 320 Ls.

I. Der Schenkungsvertrag zur Regelung der vorweggenommenen Erbfolge § 2

i) Bewirkung der Leistung bei Zuwendung des gegenwärtigen Vermögens oder des Nachlasses. Ein Vertrag, durch den sich der Erblasser verpflichtet, sein gegenwärtiges Vermögen oder einen Teil davon zu übertragen oder mit einem Nießbrauch zu belasten, bedarf der notariellen Beurkundung (§ 311b Abs. 3 BGB). Bei Übertragung eines Anteils am Nachlass gilt die Beurkundungspflicht für das Grundgeschäft (§ 2033 BGB) und das Verfügungsgeschäft (§§ 2385 Abs. 1, 2371 BGB). Ein Vertrag des Schlusserben über seine Rechtsposition vor dem Tode des überlebenden Ehegatten ist nichtig (§ 311b Abs. 4 BGB).[186] 125

j) Bewirkung der Leistung bei dem Leibrentenversprechen. Das im Rahmen der vorweggenommenen Erbfolge zur Absicherung des Schenkers als Gegenleistung gerne geregelte Leibrentenversprechen bedarf zu seiner Gültigkeit, soweit nicht eine andere Form vorgeschrieben ist, der schriftlichen Erteilung des Versprechens. Für die Schenkung einer Leibrente bleibt es bei § 518 Abs. 1 BGB. 126

Das Formerfordernis der schriftlichen Erteilung erfasst nur das Versprechen des Leibrentenschuldners und die spätere Abänderung eines wirksamen Leibrentenversprechens, wenn der Schuldner zusätzlich beschwert ist. Die äußeren Erfordernisse der Schriftform bestimmen sich nach § 126 BGB. An die Stelle der privatschriftlichen Urkunde nach § 126 Abs. 1 BGB kann auch die notarielle Beurkundung (§ 126 Abs. 3 BGB)[187] oder die gerichtliche Protokollierung treten. Die Urkunde muss den wesentlichen Inhalt des Leibrentenversprechens enthalten. Ein Verstoß gegen das gesetzliche Formerfordernis hat nach § 125 S. 1 BGB die Nichtigkeit des Leibrentenversprechens zur Folge. 127

Die §§ 311b Abs. 1 S. 2, 518 Abs. 2 BGB sowie § 15 Abs. 4 S. 2 GmbHG sehen – im Gegensatz zu § 761 BGB – eine Heilung von Formmängeln durch Erfüllung vor. Das Gesetz sagt zur Heilungsmöglichkeit des Leibrentenversprechens nichts. Da § 761 BGB jedoch keine weiterreichenden Zwecke verfolgt als die § 311b Abs. 1, § 518 BGB und § 15 GmbHG, „nämlich den Übereilungsschutz",[188] wird nach herrschender Meinung die Leibrentenvereinbarung von der **Heilungswirkung** 128

– des §§ 311b Abs. 1 S. 2 (Auflassung und Eintragung im Grundbuch als Gegenleistung eines mündlich abgegebenen Leibrentenversprechens),
– des § 518 Abs. 2 (Erbringung der einzelnen Leistungen) und
– des § 15 Abs. 4 S. 2 GmbHG (dinglicher Abtretungsvertrag),

die sich auf alle Vereinbarungen erstreckt, erfasst.[189] Die mangelnde Form des mündlich erteilten Leibrentenversprechens wird daher geheilt bei vollzogener Leibrentenschenkung, dh für die Zahlung der Leibrenten in der **Vergangenheit.**

Ist das Versprechen Teil eines Vertrages, der nach § 311b Abs. 1 BGB durch Auflassung und Eintragung vollzogen wird, oder durch Abtretung von Anteilen an der GmbH (§ 15 GmbHG), heilt die dinglich wirksame Vollziehung die Form des gesamten obligatorischen Vertrages unter Einschluss seiner Nebenabreden.[190] Materielle Mängel des obligatorischen Vertrags werden zwar nicht geheilt, der formlose Neuabschluss ist jedoch möglich.[191] 129

k) Formbedürftigkeit des Erb- und Pflichtteilsverzichts. Der Erb- und Pflichtteilsverzicht bedarf der notariellen Beurkundung (§ 2348 BGB),[192] wenn er vor dem Erbfall 130

---

[186] BGH NJW 1988, 2726 (2727): zulässig ist ein Vertrag pflichtteilsberechtigter Abkömmlinge als Schlusserben gemäß § 311b Abs. 5 BGB.
[187] OLG Karlsruhe NJW 1962, 1774 (1775).
[188] Staudinger/*Mayer* (2015) BGB § 761 Rn. 14.
[189] BGH NJW 1978, 1577; Staudinger/*Mayer* (2015) BGB § 761 Rn. 14; aA Palandt/*Sprau*, BGB § 761 Rn. 1 sowie MüKoBGB/*Habersack*, 7. Aufl. 2017, § 761 Rn. 10.
[190] BGH GMBHR 1993, 106; NJW-RR 1987, 807 (808); MüKoGmbHG/*Reichert, Weller* 3. Aufl. 2018 § 15 Rn. 120.
[191] MüKoGmbHG/*Reichert, Weller* 3. Aufl. 2018 § 15 Rn. 125 ff.
[192] Das gesetzliche Erbrecht iSd § 2348 BGB schließt das Pflichtteilsrecht ein.

geschieht und das Pflichtteilsrecht eines künftig Berechtigten zum Gegenstand hat. Dies gilt auch für den Aufhebungsvertrag eines Erb- oder Pflichtteilsverzichts (§ 2351 BGB).

131 In diesen Fällen muss der Erblasser den Vertrag persönlich schließen (§ 2347 Abs. 2 BGB). Die Vertretung des Erblassers macht den Verzicht und damit den gesamten Vertrag unwirksam. Der Verzichtende kann sich jedoch vertreten lassen.[193] Dies gilt auch für das zugrundeliegende schuldrechtliche Verpflichtungsgeschäft, welches aber durch den formgültigen Verzicht geheilt wird.[194] Der vom Vormund des Verzichtenden geschlossene Vertrag, ebenso der von den elterlichen Sorgeberechtigten, wenn es sich nicht um einen Vertrag unter Ehegatten oder Verlobten handelt, bedarf der familiengerichtlichen Genehmigung (§ 2347 Abs. 1 BGB).[195]

132 **l) Vertraglich vereinbarte Formerfordernisse.** Vertraglich vereinbarte Schriftformerfordernisse sind in der Praxis, insbesondere in Gesellschaftsverträgen, sehr verbreitet. Ihre Nichteinhaltung führt zwar nicht zwingend zur Unwirksamkeit in zivilrechtlicher Sicht,[196] jedenfalls aber zur Unwirksamkeit ihrer steuerlichen Wirkungen.[197] Auf ihre Einhaltung sollte daher geachtet werden.

133 **m) Registerrechtliche Formerfordernisse.** Die Vermögensnachfolge in Unternehmen bringt Anmelde- und/oder Eintragungspflichten in das Handelsregister und gegebenenfalls in das Grundbuch und Vorlagepflichten mit sich. Formbedürftig sind die Anmeldungen, die zu einer Eintragung in den genannten Registern führen. Dies gilt auch für Eintragungen in das Handelsregister, selbst wenn diese im Unterschied zu den Eintragungen im Grundbuch in vielen Fällen nur deklaratorische Wirkung haben.[198] Das Handelsregister führt neben dem Register Anhänge.

134 Die jeweiligen Pflichten gegenüber dem Handelsregister ergeben sich aus Spezialvorschriften, wie zB für die GmbH zur Gesellschafterliste (§ 40 GmbHG).[199] Für einzelne Typen von Gesellschaften existieren gesonderte Register, so das Genossenschaftsregister und für Partnerschaften von Angehörigen freier Berufe das Partnerschaftsregister.

135 Anmeldungen und Vollmachten zum Handelsregister/Genossenschaftsregister/Partnerschaftsregister sind elektronisch in öffentlich beglaubigter Form einzureichen (§ 12 Abs. 1 HGB), für Vollmachten kann die Bescheinigung eines Notars nach § 21 Abs. 3 BNotO eingereicht werden. Die Rechtsnachfolge ist durch öffentliche Urkunden nachzuweisen.

136 Für Ehegatten besteht die Möglichkeit, Eintragungen in öffentlich beglaubigter Form in das Güterrechtsregister zu veranlassen (§§ 1558, 1561 BGB):
– Eheverträge oder auf gerichtlicher Entscheidung beruhende Änderung der güterrechtlichen Verhältnisse,
– Bei Ehen in Gütergemeinschaft Eintragung des Einspruchs gegen den selbständigen Betrieb eines Erwerbsgeschäfts durch den anderen Ehegatten und Eintragung des Widerrufs der Einwilligung,

---

[193] Palandt/*Weidlich*, BGB § 2347 Rn. 1.
[194] Palandt/*Weidlich*, BGB § 2347 Rn. 1.
[195] OLG Rostock Beschluss vom 18.11.2015 Az 10 UF 260/15 zur Erbausschlagung für ein minderjähriges Kind in http://www.Landesrecht-m-v.de.
[196] Es gelten die Grundsätze der fehlerhaften Gesellschaft.
[197] Gefahr der verdeckten Gewinnausschüttung bei durch mündliche Absprachen gewährten Vorteilen unter Nichteinhaltung des im Vertrag vereinbarten Schriftformerfordernisses.
[198] Konstitutive Eintragungen bei Unternehmen gemäß § 1 Abs. 2 HGB, Betrieben der Land- und Forstwirtschaft nach § 3 Abs. 2 HGB, GmbH nach § 11 GmbHG, AG nach § 41 AktG, Begründung der beschränkten Haftung von Kommanditisten gemäß § 176 HGB. Die Europäische Kommission strebt mit dem *Company Law Package* Onlinegründungen von Gesellschaften und Online-Einreichung von Dokumenten während des gesamten Lebenszyklus einer Gesellschaft an: COM (2018) 239 final.
[199] Hat ein Notar an einer anzuzeigenden Veränderung mitgewirkt und ist diese wirksam, hat er unverzüglich die Liste zu unterschreiben, (elektronisch) zum Handelsregister einzureichen und eine Abschrift an die Gesellschaft zu senden.

I. Der Schenkungsvertrag zur Regelung der vorweggenommenen Erbfolge §2

– Eintragung der Beschränkung oder Ausschließung der Berechtigung des anderen Ehegatten, Geschäfte mit Wirkung für den Antragsteller zu besorgen (§ 1357 Abs. 2).
Die Form der öffentlichen Beglaubigung richtet sich nach § 129 BGB iVm §§ 39–41 Beurkundungsgesetz, bezieht sich lediglich auf die Unterschrift, und ist gesetzlich dort ausreichend, wo es um die Feststellung der Person des Erklärenden geht, so im Falle der Zeichnung von Unterschriften (§ 12 Abs. 1 HGB, § 1560 BGB). 137

Die Form der Beurkundung gemäß § 128 BGB iVm BeurKG (oder die gerichtliche Protokollierung) ist für die Eintragung erforderlich, wenn das Dokument die Verkörperung eines rechtlich relevanten Inhaltes in einem Schriftstück ist, wie zB in den Fällen 138
– des Vertrages über gegenwärtiges Vermögen (§ 311b Abs. 3 BGB),
– des Vertrages über den Erwerb oder die Veräußerung eines Grundstücks (§ 311b Abs. 1 S. 1 BGB),
– des Schenkungsversprechens (§ 518 Abs. 1 BGB),
– des Erbverzichtsvertrages (§ 2348 BGB),
– der Errichtung einer GmbH (§ 2 Abs. 1 S. 1 GmbHG),
– der Übertragung von Geschäftsanteilen an einer GmbH (§ 15 Abs. 3, Abs. 4 S. 1 GmbHG),
– der Änderung der Satzung einer GmbH (§§ 53 Abs. 2, 55, 58 GmbHG),
– des Nachweises der Rechtsnachfolge (§ 12 Abs. 2 HGB).
Eintragungsbewilligungen in das Grundbuch müssen öffentlich beurkundet oder öffentlich beglaubigt sein (§ 29 GBO). 139

8. Zweckschenkung, Schenkung unter Auflage

Die Zweckschenkung und die Schenkung unter Auflage (§ 525 BGB) sind reguläre Schenkungen iSd § 516 BGB. Die Schenkung unter Auflage ist mit einer bestimmten Leistungspflicht für den Beschenkten verbunden (§ 525 BGB), sie hat jedoch nicht den Charakter einer Gegenleistung.[200] Ist für die Zuwendung eine Leistung (an den Schenker oder Dritte) zu erbringen, erfolgt eine Abgrenzung zwischen entgeltlichem Austauschvertrag beziehungsweise gemischter Schenkung und Schenkung unter Auflage danach, ob die auferlegte Leistung aus dem Wert der Zuwendung zu erbringen ist.[201] Gewährt der Empfänger für die Zuwendung eine Gegenleistung aus seinem eigenen Vermögen, liegt Entgeltlichkeit, gegebenenfalls Teilentgeltlichkeit vor. Durch die Auflage kann der Empfänger **zu jedem zulässigen Tun oder Unterlassen** verpflichtet werden, so zB bei Übertragung eines Unternehmens einen Unterbeteiligungsvertrag abzuschließen, bestimmte Unterhaltsleistungen oder Pflegeverpflichtungen zu erbringen oder ein Wohnrecht an einer Immobilie einzuräumen.[202] 140

Bei der Zweckschenkung sucht der Schenker den Empfänger ebenfalls zu einer Leistung oder einem bestimmten Verhalten zu bestimmen, es findet jedoch in Abgrenzung zur Auflagenschenkung keine vertragliche Einigung über eine einklagbare Verpflichtung des bezweckten Erfolges statt. Die **Zweckerreichung** ist Geschäftsgrundlage der Schenkungsabrede und setzt eine tatsächliche Willensübereinstimmung der Beteiligten über den verfolgten Zweck voraus,[203] deren Vereitelung den Rechtsgrund des Behaltendürfens entfallen lässt. 141

---

[200] OLG Hamburg FamRZ 1992, 228 (230) zur Pflegeverpflichtung als Aufl.
[201] Diese Definition passt jedoch nicht in den Fällen der Vermögensübertragung gegen Pflegeverpflichtungen, in denen der BGH NJW 1989, 2122 (2123), und das OLG Bamberg NJW 1949, 788, Schenkung unter Aufl. annehmen. BGH NJW 2017, 329: übernommene Pflegeverpflichtungen mindern die Schenkung, auch wenn der Schenker im Zeitpunkt der Schenkung nicht pflegebedürftig war; *OLG Celle* FamRZ 2009, 462 (463); *OLG Koblenz* ZEV 2002, 460 (461).
[202] OLG Celle ZEV 2003, 83 (85); BGH ZEV 1996, 186; OLG Hamburg FamRZ 1992, 228 (229f.); aA *Gerke* ZRP 1991, 430.
[203] BGH NJW 1984, 233.

9. Schenkung von Todes wegen (§ 2301 Abs. 1 BGB) und Schenkung aufschiebend bedingt auf den Tod des Schenkers (§ 2301 Abs. 2 BGB)

142 a) § 2301 Abs. 1 BGB. Das Schenkungsversprechen unter der Bedingung, dass der beschenkte Empfänger den Schenker überlebt, untersteht gemäß § 2301 Abs. 1 BGB den Vorschriften über Verfügungen von Todes wegen. Dies sind, soweit sie vertraglicher Natur sind (Schenkungsversprechen), die Vorschriften über den Erbvertrag (§ 2276 BGB).[204] Einen Anspruch auf die Zuwendung erlangt der Beschenkte erst mit dem Erbfall, sofern er ihn erlebt. Der Schenker ist an das in der erbrechtlich korrekten Form gegebene Versprechen gebunden.

143 Ist die Form des § 2276 BGB nicht beachtet, ist zu prüfen, ob das Schenkungsversprechen durch Umdeutung (§ 140 BGB) als Testament aufrechterhalten werden kann,[205] und im Falle des Versprechens der Schenkung eines einzelnen Vermögensgegenstandes insbesondere als Vermächtnis oder im Falle des Versprechens des gesamten Vermögen oder eines Teils davon als Erbeinsetzung (§ 2087 BGB). Nach dem Rechtsgedanken des § 2084 BGB ist im Zweifel die Auslegung zu wählen, bei welcher der Wille des Schenkers Erfolg hat,[206] also die Annahme einer unbedingten Schenkung.

144 b) § 2301 Abs. 2 BGB, § 518 BGB. aa) Überlebensbedingung. Vollzieht der Schenker die Schenkung durch Hingabe des zugewendeten Gegenstandes zu Lebzeiten und tritt der Leistungserfolg ein, dies unter der Bedingung, dass der beschenkte Empfänger den Schenker überlebt, unterstellt § 2301 Abs. 2 BGB den Schenkungsvorschriften unter Lebenden. Im Unterschied zu den in § 2301 Abs. 1 BGB geregelten Fällen fällt die Zuwendung im Falle des Vorversterbens des Beschenkten an dessen Erben, wenn nicht ein widerrufsvorbehalt vereinbart wurde.[207]

145 Die vertraglichen Inhalte bestimmen, ob es sich um ein Rechtsgeschäft unter Lebenden im Rahmen der vorweggenommenen Erbfolge oder um eine Schenkung von Todes wegen handelt.[208] Infolge der Verweisung in § 2301 Abs. 2 BGB auf § 518 Abs. 2 BGB muss die Schenkung **noch zu Lebzeiten** des Erblassers **vollzogen** sein.[209]

146 Die Rechtsprechung nimmt einen Vollzug der Schenkung an, wenn der Erblasser seinerseits alles getan hat, was ihm obliegt, um dem Nachfolger den Schenkungsgegenstand zu verschaffen.[210] Davon ist auszugehen, wenn der Schenkungsgegenstand zu Lebzeiten des Schenkers auf den Beschenkten übergegangen ist. Dies gilt auch dann, wenn der Schenkungsgegenstand unter der auflösenden Bedingung des Vorversterbens übertragen wurde.[211]

147 Hat der Schenker noch zu Lebzeiten die erforderliche Leistungshandlung vorgenommen oder ihre Vornahme durch einen Dritten angeordnet, ist der Leistungserfolg zu seinen Lebzeiten jedoch nicht mehr eingetreten, kommt es für die Annahme der Vollziehung darauf an, ob der Beschenkte eine sog. **gesicherte „Erwerbsanwartschaft"** inne

---

[204] Str.: für Schenkungsversprechen in Form des Erbvertrages Palandt/*Weidlich*, BGB § 2301 Rn. 6; *Reimann* in Bengel/J. Mayer, 6. Aufl. 2015, BGB § 2301 Rn. 8: Erbeinsetzungsvertrag und Vermächtnisvertrag; aA MüKoBGB/*Musielak*, § 2301 Rn. 13 (mwN zur Gegenansicht) lässt jede zulässige Form eines Testaments für das Schenkungsversprechen von Todes wegen ausreichen.
[205] Palandt/*Ellenberger*, BGB § 140 Rn. 10.
[206] BGH NJW 1988, 2731 (2732); dagegen *Bork* JZ 1988, 1059, 1063. Krit. MüKoBGB/*Musielak*, § 2301 Rn. 9 mwN zum ablehnenden Schrifttum.
[207] BGH DNotZ 2012, 713 (715); Widerrufsvorbehalt statthaft: *Spiegelberger* Vermögensnachfolge 2. Aufl. 2010 § 8 Rn. 4.
[208] Siehe dazu von *Notthoff* ZEV 1997, 255 ff.
[209] BGH NJW 2010, 3232 (3238). Die Voraussetzungen von § 2301 Abs. 2 BGB sowie § 518 Abs. 2 BGB sind demnach nicht völlig identisch, dazu Palandt/*Edenhofer*, BGB § 2301 Rn. 8.
[210] BGH DNotZ 2012, 713 (714); NJW 1983, 1487, 1488 = BGHZ 87, 19; BGH WM 1971, 1338 (1339); NJW 1970, 1639; OLG Karlsruhe FamRZ 1989, 322, 324; OLG Düsseldorf NJW-RR 1997, 199 (200). *Olzen* Jura 1987, 116 (117 f.) und *Reischl*, Zur Schenkung von Todes wegen, 1996, 214 ff.
[211] Staudinger/*Kanzleiter* (2014) BGB § 2301 Rn. 22.

hatte.²¹² Das ist bei Zugang der Willenserklärung nach dem Ableben des Schenkers nicht der Fall, da der Bedachte im Zeitpunkt des Erbfalls wegen der Widerrufsmöglichkeit der Willenserklärung (§ 130 Abs. 1 S. 2 BGB) noch keine gesicherte Rechtsposition im Sinne eines Anwartschaftsrechts erworben hatte.²¹³ Ebenso ist nicht ausreichend die Bevollmächtigung eines Dritten oder des Beschenkten, wenn die zum Vollzug der Schenkung erforderlichen Erklärungen von der eingeschalteten Person erst nach dem Tod des Schenkers abgegeben werden.²¹⁴ In diesen Fällen ist zu prüfen, ob ein Vertrag zugunsten Dritter auf den Todesfall (§§ 330, 331 BGB) – → Rn. 154 ff. sogleich – vorliegt, für den erbrechtliche Formvorschriften nicht gelten. Die gesicherte Erwerbsanwartschaft ist indes bei Vollzug unter Widerrufsvorbehalt²¹⁵ oder bei Vollzug unter (aufschiebender oder auflösender) Bedingung des Überlebens gegeben, wenn alle übrigen Voraussetzungen für den Vollzug erfüllt sind.²¹⁶

bb) Grundstücke. Grundstücksübertragungen können wegen Bedingungsfeindlichkeit 148 der Auflassung (§ 925 Abs. 2 BGB) – im Gegensatz zur Bestellung anderer Grundstücksrechte²¹⁷ – nicht mit einer Überlebensbedingung verknüpft werden.²¹⁸ Für derartige Fälle stehen ein auf den Todesfall befristetes Schenkungsversprechen oder eine auf diesen Zeitpunkt betagte Schenkung zur Verfügung,²¹⁹ welche durch Vormerkung gesichert werden kann.²²⁰ Oder der Schenker übereignet das Grundstück verbunden mit der Verpflichtung zur Rückübertragung im Falle des Vorversterbens des Beschenkten. Vollzug wird durch die Auflassungsvormerkung nur angenommen, wenn der Schenker zugleich vertraglich die **Unterlassungsverpflichtung** übernimmt, nicht anderweitig lebzeitig über das Grundstück zu verfügen.²²¹ Möchte der Schenker von der Überlebensbedingung nicht abgehen, so bleibt ihm die Möglichkeit, das Grundstück zu seinen Lebzeiten unbedingt zu übertragen, während der Schenkungsvertrag durch sein Überleben auflösend bedingt wird, gesichert durch Rückauflassungsvormerkung.²²²

cc) Gesellschafts-/Geschäftsanteile. Eine Gesellschaftsbeteiligung kann Gegenstand einer Zuwendung aufschiebend bedingt auf den Zeitpunkt des Todes des Schenkers sein.²²³ 149 Selbstverständlich verlangt die Zuwendung einer Beteiligung an einer Gesellschaft in einem Schenkungsvertrag die Billigung der Mitgesellschafter und die Herbeiführung des **Gleichlaufs** des Gesellschaftsvertrags mit den weiteren Verfügungen, sei es von Todes

---

²¹² In Abgrenzung zu dem zB von *Wieacker*, FS Lehmann, 1956, 279, vertretenen subjektiven Ansatz ist der objektive Ansatz, allerdings in verschiedenen Ausformungen, heute vorherrschend, zB in Form der Opfertheorie, vertreten von *Brox* Rn. 712, oder der Anwartschaftstheorie, vertreten von MüKoBGB/*Musielak*, BGB § 2301 Rn. 19.
²¹³ OLG Düsseldorf NJW-RR 1997, 199 (200); MüKoBGB/*Musielak* § 2301 Rn. 23.
²¹⁴ BGH NJW 1988, 2731 (2732); OLG Düsseldorf NJW-RR 1997, 199 (200); vergl. BGH NJW 1983, 1487 (1488 f.); NJW 1987, 840, (840 f.) jeweils zur Bevollmächtigung des Beschenkten. Der in der Literatur zu der in Palandt/*Weidlich*, 76. Aufl., BGB § 2301 Rn. 10, 14, vertretenen Auffassung, dass etwas anderes nur gelte, wenn der Vertreter zugleich unwiderruflich mit der Übertragung des Schenkungsgegenstands beauftragt war, folgt die Rechtsprechung nicht.
²¹⁵ BGH FamRZ 1985, 693 (695 f.); Staudinger/*Kanzleiter* (2014) BGB § 2301 Rn. 22; MüKoBGB/*Musielak*, BGB § 2301 Rn. 22.
²¹⁶ BGH NJW-RR 1986, 1133 (1134); MüKoBGB/*Musielak*, BGB § 2286 Rn. 10; BGB § 2301 Rn. 19.
²¹⁷ MüKoBGB/*Musielak*, BGB § 2301 Rn. 26.
²¹⁸ BGH NJW 1954, 633 (634); MüKoBGB/*Musielak*, BGB § 2286 Rn. 10; aA *Preuß* DNotZ 1998, 602 (608 ff.).
²¹⁹ *Reimann* in Bengel/J. Mayer, 6. Aufl. 2015, BGB § 2301 Rn. 37.
²²⁰ *Preuß* DNotZ 1998, 602 (608 ff) mwN.
²²¹ OLG Hamm NJW-RR 2000, 1389 (1390).
²²² BayObLGZ 1977, 268, 271 f.
²²³ *Siebert* NJW 55, 811; *Reinicke* NJW 57, 562; *Tiedau* MDR 57, 643; Staudinger/*Kanzleiter* (2014) BGB § 2301 Rn. 51: nur seltene Fallkonstellationen.

wegen oder aufschiebend bedingt auf den Tod des Schenkers.[224] Dem Gesellschafter muss klar sein, welche Auswirkungen Verfügungen im Hinblick auf den Gesellschaftsvertrag haben und wo die Grenzen sind. Eine nach § 518 Abs. 1 BGB beurkundungspflichtige Übertragung des Gesellschaftsanteils erfolgt unter Mitwirkung des Nachfolgers[225] und der verbleibenden Mitgesellschafter; diese Mitwirkung kann und sollte als Nachfolgeklausel im Gesellschaftsvertrag[226] zugunsten eines Mitgesellschafters bei der Übertragung unter Lebenden für den Todesfall aufgenommen werden.

150 Regelungen im Gesellschaftsvertrag zur Nachfolge unterscheiden ua die Nachfolgeklausel und die Eintrittsklausel. § 2301 BGB ist nicht anwendbar.[227] Die **Nachfolgeklausel** regelt das Nachrücken des Erben, Miterben oder Dritten als Rechtsnachfolger in die Gesellschaft. Dabei handelt es sich nicht um einen Vertrag zugunsten Dritter, auch wenn der Rechtsnachfolger an der Gesellschaft noch nicht beteiligt ist.[228] Für die GmbH gilt der Automatismus der Nachfolge nach § 15 Abs. 1 GmbHG.

151 Mit der **Eintrittsklausel** hingegen gewähren die Gesellschafter einem Erben oder Dritten das Recht, als Nachfolger des verstorbenen Gesellschafters den Eintritt in die Gesellschaft verlangen zu dürfen. Dieser schuldrechtliche Anspruch auf Herbeiführung des Eintrittsakts gegen die überlebenden Gesellschafter ist Vertrag zugunsten Dritter. Anders als bei der Nachfolgeklausel vollzieht sich der Erwerb nicht von selbst, sondern aufgrund Aufnahmevertrags zwischen Eintretendem und Gesellschaftern in der Personengesellschaft beziehungsweise Abtretung der Geschäftsanteile in der GmbH. Die Eintrittsklausel bedarf keiner besonderen Form.[229]

152 Auch gesellschaftsvertragliche Abfindungsregelungen fallen regelmäßig nicht unter § 2301 Abs. 1 S. 1 BGB. Gelten sie für alle Gesellschafter, fehlt es aufgrund der Gegenseitigkeit schon an der Unentgeltlichkeit. Da eine solche Regelung im Zusammenhang mit anderen Gegebenheiten des Gesellschaftsvertrags und des Gesellschafterverhältnisses gesehen werden muss, gilt dies auch, wenn Abfindungsansprüche weichender Erben ausgeschlossen sind.[230] Gelten Nachfolgeregelungen nur für den Geschäftsanteil eines Gesellschafters, so sind sie meist nicht durch das Überleben anderer bedingt, sondern unbedingt oder unter anderen Bedingungen getroffen.[231] Die Bedingung, dass der Beschenkte den Schenker überleben muss, erhält durch die in § 2301 Abs. 1 S. 1 BGB angeordnete Rechtsfolge den Charakter einer **Rechtsbedingung.** Daher finden die §§ 158 ff. BGB auf ein derart bedingtes Schenkungsversprechen keine Anwendung.[232]

153 Auch eine stille Beteiligung oder eine Unterbeteiligung an einem Geschäftsanteil können durch Rechtsgeschäft unter Lebenden für den Todesfall übertragen werden. Die Zuwendung der Unterbeteiligung muss vollzogen werden, um wirksam zu sein:
– Eine unentgeltliche Zuwendung einer allein durch den Abschluss eines Gesellschaftsvertrages entstehenden Unterbeteiligung ist mit notariellem Abschluss des Gesellschaftsvertrages iSv §§ 2301 Abs. 2, 518 Abs. 2 BGB nur dann vollzogen, wenn über der schuldrechtlichen Mitberechtigung an den Vermögensrechten des dem Hauptbeteiligten

---

[224] Zu achten ist auch auf Synchronisation von Gesellschaftsverträgen bei der KG und der Komplementär-GmbH.
[225] *Dänzer-Vanotti* JZ 1981, 432 (433).
[226] BGH NJW 1959, 1433, zu einer bindenden Verfügung des Gesellschafters einer OHG mit Zustimmung der übrigen Gesellschafter und damit mit der erforderlichen Zustimmungserklärung des begünstigten Gesellschafters zu Lebzeiten.
[227] Staudinger/*Kanzleiter* (2014) BGB § 2301 Rn. 51.
[228] BGH NJW 1977, 1339 (1342); MüKoBGB/*Musielak*, § 2301 Rn. 44 für die Personengesellschaft; *Scholz/Seibt,* 11. Aufl. 2012, GmbHG § 15 Rn. 24, 26.
[229] MünchHdb. GesR I/*Klein*, 2. Aufl. 2004, BGB-Ges. § 11 Rn. 35, OHG § 79 Rn. 76; MüKoBGB/*Musielak,* § 2301 Rn. 45; *Scholz/Seibt*, 11. Aufl. 2012, GmbHG § 15 Rn. 32.
[230] BGH WM 1966, 367 (368); MüKoBGB/*Musielak*, § 2301 Rn. 7; Staudinger/*Kanzleiter* (2014) BGB § 2301 Rn. 51.
[231] Staudinger/*Kanzleiter* (2014) § 2301 BGB Rn. 51.
[232] MüKoBGB/*Musielak* 7. Aufl. 2017 § 2301 BGB Rn. 10; *Reimann* in Bengel/J. Mayer, 6. Aufl. 2015, BGB § 2301 Rn. 18.

zustehenden Gesellschaftsanteils hinaus mitgliedschaftliche Rechte eingeräumt werden.[233]
– Bei unentgeltliche Zuwendung einer typischen Unterbeteiligung oder stillen Beteiligung muss das Schenkungsversprechen zwingend notariell beurkundet werden (§ 518 Abs. 1 S. 1 BGB). Ein solches Schenkungsversprechen kann nicht durch Abschluss des Gesellschaftsvertrages über die Begründung der Innengesellschaft oder die Einbuchung des Gesellschaftsanteils in die Bücher der Gesellschaft oder durch steuerliche Anerkennung gegenüber dem Finanzamt vollzogen werden.[234]

10. Zuwendungen durch Vertrag zugunsten Dritter auf den Todesfall

Als Mittel für die Übertragung von Vermögenswerten im Todesfall kann der Erblasser neben der Verfügung von Todes wegen auf Konstruktionen außerhalb des Erbrechts zurückgreifen, namentlich auf den Vertrag zugunsten Dritter auf den Todesfall, der im Folgenden als eine unentgeltliche schenkweise Zuwendung behandelt wird. 154

a) Das Dreiecksverhältnis. Mit dem Vertrag zu Gunsten Dritter auf den Todesfall, der eine herausragende Bedeutung bei Bankkonten, Lebensversicherungen[235] und Leibrentenverträgen erlangt hat (§§ 330, 331 BGB), kann der Erblasser zu Lebzeiten Zuwendungen bestimmen, die erst nach seinem Tode durchgeführt werden sollen. Dem überlebenden auserkorenen Beschenkten kann über diesen Weg der **„Sonderrechtsnachfolge"** nach dem Tod des Schenkers ein Vermögensvorteil verschafft werden, ohne dabei zugleich schenkungsrechtliche und/oder erbrechtliche Formvorschriften einhalten zu müssen.[236] 155

Die Vorschriften des Vertrages zugunsten Dritter auf den Todesfall gelten nur für Leistungsversprechen, also nur für Schuldverträge. Verfügungsverträge zugunsten Dritter sind rechtlich nicht möglich. Soweit es um Gegenstände im Eigentum des Schenkers handelt, erhält der Beschenkte einen Anspruch auf Übereignung gegen den Versprechenden (zB Wertpapiere). 156

Der Bezugsberechtigte in diesem Dreiecksverhältnis erwirbt seinen Anspruch nicht aus dem Nachlass, sondern im Rahmen eines Rechtsgeschäftes unter Lebenden.[237] Die Struktur besteht in einem Dreiecksverhältnis, deren drei Seiten für das Behaltendürfen der Zuwendung auch wirksam sein müssen: 157

- Im **Valutaverhältnis** zwischen dem Erblasser und dem Zuwendungsempfänger wird der Rechtsgrund für das Versprechen festgelegt, zB ob der Erblasser die Zuwendung als Schenkung oder als Gegenleistung für eine von dem Zuwendungsempfänger zu Lebzeiten erbrachte Leistung (Darlehen, Pflegeleistungen oder dergleichen) erbringen wollte. Bei einer im Valutaverhältnis vereinbarten Schenkung handelt es sich nicht um eine Zuwendung auf den Todesfall, sondern um eine Versprechensschenkung unter Le-

---

[233] BGH DNotZ 2012, 713 (715 ff): hier genügte es für den Vollzug einer Schenkung einer Gesellschaftsbeteiligung, dass für den Beschenkten mit Einräumung einer atypischen Unterbeteiligung ein Erwerbs- oder Anwartschaftsrecht begründet wird, das sich bei Eintritt der Bedingung (Todesfall) zu einem Vollrecht entwickelt.
[234] BGH DNotZ 2012, 713 (716); dem BGH folgende jetzt auch BFHE 220, 513 (515 f.) = NJW-RR 2008, 986.
[235] BGH NJW 2010, 3232 (3234): bei Pflichtteilsergänzung bei Zuwendung einer Lebensversicherung ist auf den Rückkaufswert abzustellen – unter Aufgabe der bisherigen Rechtsprechung in BGH NJW 1952, 1173; FamRZ 1976, 616 Ziff 2.
[236] BGH NJW 2010, 3232 (3234); ZEV 2008, 392; NJW 2004, 214 (215); NJW 1993, 2171 (2172); NJW 1976, 749; OLG Hamm VersR 2002, 1409 (1410).
[237] BGH NJW 2010, 3232 (3234), NJW 2008, 2702 (2703 f.); NJW 2004, 214 (215); *Hasse* VersR 2009, 41; *Elfring* NJW 2004, 483 ff.; *Elfring* NJW 2005, 2192 ff.; OLG Koblenz ZEV 2007, 389 (390) bei Zusammentreffen von Bezugsrecht und Sicherungsabtretung; ausführliche Hinweise zur praktischen Handhabung bei Banken und Versicherungen *Gubitz* Vererben am Nachlass vorbei S. 80 ff. und S. 111 ff.; *Pawlytta/Schmutz* ZEV 2008, 59; *Werkmüller* ZEV 2001, 87 (98); OLG Düsseldorf NJW-RR 1996, 1329 (1330).

benden.²³⁸ Eine auf den Tod aufschiebend bedingte Abtretung der Forderung ist ausreichend. Eine etwaige Formbedürftigkeit des Valutaverhältnisses wirkt sich nicht auf das Deckungsverhältnis aus.²³⁹
- Das **Deckungsverhältnis** zwischen Erblasser (Versprechensempfänger) und dem Versprechenden (Schuldner) ist das Auftragsverhältnis zur Vermittlung der Kenntnis des Vertrags zugunsten Dritter an den Zuwendungsempfänger, es entscheidet über die Form des Rechtsgeschäfts. Die zwingenden Formvorschriften des Erbrechts finden keine Anwendung. Das Deckungsverhältnis unterliegt ebenso wie der dadurch begründete Anspruch des Dritten im Grundsatz dem Schuldrecht.²⁴⁰ Mit dem Abschluss des Vertrages zugunsten Dritter erklärt der Versprechensempfänger das Angebot zum Abschluss eines Schenkungsvertrages zwischen ihm und dem Dritten (ausdrücklich oder stillschweigend). Zugleich erteilt er dem Versprechenden den Auftrag, das Schenkungsangebot nach seinem Tod an den Begünstigten zu übermitteln. Mit Übermittlung wird zugleich auch erfüllt (entweder Handschenkung gem. § 516 Abs. 1 BGB oder Vollziehung iSv § 2301 BGB und Heilung des Formmangels gemäß § 518 Abs. 2 BGB²⁴¹). Wurde kein Übermittlungsauftrag erteilt und wird der Zuwendungsempfänger von der Begünstigung nur zufällig erfahren, fehlt es an der erforderlichen Zweiseitigkeit des Schenkungsvertrages.²⁴²
- Im **Vollzugsverhältnis** erhält der Begünstigte das Angebt von dem Versprechensempfänger, er nimmt es an (§§ 130 Abs. 2, 151, 153 BGB) oder weist es zurück (§ 333 BGB). Das Zuwendungsverhältnis zwischen dem Versprechenden und dem Zuwendungsempfänger ist kein Vertragsverhältnis,²⁴³ es dient dem Leistungsvollzug, und es bestehen Rücksichtnahmepflichten (§ 241 Abs. 2 BGB).

158 Weder für das Deckungs- noch für das Valutaverhältnis greift § 2301 Abs. 1 BGB ein.

159 b) Nach dem Tod des Schenkers. aa) Keine Kenntnis des Zuwendungsempfängers vor dem Tod des Schenkers. Hatte der Zuwendungsempfänger von dem Schenkungsversprechen nach dem Tod des Schenkers durch den Versprechensempfänger im Dreiecksverhältnis noch keine Kenntnis erhalten (und lag ein wirksamer Übermittlungsauftrag vor), so fehlt es noch an der wirksamen Einigung über die Unentgeltlichkeit. Zwar kann der Zuwendungsempfänger das Angebot des Schenkungsversprechens noch nach dem Tod des Versprechensempfängers annehmen, das von dem Versprechenden als Erklärungsbote des Erblassers überbracht wird (§ 130 Abs. 2 BGB). Da das **Widerrufsrecht** des Erblassers aber auf den Erben übergeht (§ 1922 BGB), kann der Erbe die Annahme daher noch gegenüber dem Zuwendungsempfänger verhindern
– durch Erklärung des Widerrufs des Angebotes vor dessen Annahme,²⁴⁴ es sei denn, es handelt sich um die Einräumung eines unwiderruflichen Bezugsrechts einer Lebensversicherung,²⁴⁵ da dies nach § 13 Abs. 2a) ALB einen sofortigen Rechtserwerb des Beschenkten bewirkt,

---

[238] *Werkmüller* ZEV 2001, 87 (98); OLG Düsseldorf NJW-RR 1996, 1329 (1330).
[239] BGH NJW 1967, 101 (102).
[240] BGH ZEV 2010, 305 (Rückkaufwert als Schenkung der Todesfallleistung aus einem Lebensversicherungsvertrag); BGH WM 1976, 1130; BGH NJW 1976, 749 (750); OLG Köln NJW-RR 1995, 1224; OLG Düsseldorf FamRZ 1998, 774 (775). Zum Widerruf der Bezugsberechtigung ohne Zugang bei der Lebensversicherung *Schmalz-Brüggemann* ZEV 1996, 84 (88), und *Vollkommer* ZEV 2000, 10 ff.
[241] BGH ZEV 2004, 118 mAnm *Leipold* zu dogmatischen Schwächen des Leitsatzes; BGH NJW 1987, 840 (841); NJW 1988, 2731 (2732).
[242] OLG Hamm, NJW-RR 1996, 1328.
[243] *Hannes*, Formularbuch Vermögens- und Unternehmensnachfolge, 2. Aufl. 2017, B 1.21 Rn. 14.
[244] BGH NJW 1984, 480 (481); NJW 1984, 2156; OLG Düsseldorf FamRZ 1998, 774 (775); OLG Hamm NJW-Spezial 2005, 110.
[245] BGH ZEV 2013, 272 (273).

I. Der Schenkungsvertrag zur Regelung der vorweggenommenen Erbfolge § 2

– oder durch Widerruf des Auftrages an den Versprechenden, die Schenkungsofferte weiterzugeben, beziehungsweise Kündigung des Dienst- oder Geschäftsbesorgungsvertrages. Mangels Zugang wird diese dann nicht wirksam.
Es ist ratsam, beide Erklärungen abzugeben, da eventuell eine Weisung nicht befolgt wird.

Der Erbe tritt also in solchen Fällen in einen **zeitlichen Wettlauf** mit dem Versprechenden, der seinerseits den Zuwendungsempfänger erst in Kenntnis setzt. Es entscheidet der Zufall, ob der Erbe gerade noch rechtzeitig das Angebot auf Abschluss eines Schenkungsvertrages vor oder gleichzeitig mit dem Zugang gegenüber dem Begünstigen widerruft.[246] Allein die Kenntnis des Begünstigten nach dem Tod des Zuwendenden von der Bezugsberechtigung einer Lebensversicherung macht eine ordnungsgemäße Übermittlung des Schenkungsangebotes für den Erwerb nicht entbehrlich.[247]

Vorsorglich sollte auch die Vollmacht des Versprechenden widerrufen und das zwischen dem (verstorbenen) Versprechensempfänger und dem Versprechenden begründete Auftragsverhältnis gekündigt werden.[248] Wenn der Schenker allerdings eine unwiderrufliche Vollmacht erteilt hat – was für den Einzelfall, nicht für eine Generalvollmacht, möglich ist – ist der Widerruf ohne Nutzen.

Ein Wettlauf mit der Zeit ist allerdings sinnlos, wenn ein Fall des Selbstkontrahierens vorliegt, in welchem der Schenker mit sich selbst als Vertreter des Begünstigten einen Schenkungsvertrag schließt. Der Begünstigte kann den schwebend unwirksamen Schenkungsvertrag gemäß § 184 Abs. 1 BGB rückwirkend genehmigen. Die Erben haben kein Widerrufsrecht, sondern können nur gemäß § 177 Abs. 2 S. 1 BGB den Beschenkten zur Erklärung über die Genehmigung auffordern. Die fehlende notarielle Beurkundung wird gemäß § 516 Abs. 2 BGB geheilt, wenn der Begünstigte den Anspruch gegen den Dritten (Bank/Lebensversicherung) mit dem Tod des Schenkers erwirbt.

bb) Kenntnis des Zuwendungsempfängers vor dem Tod des Schenkers. Kenntnis des Zuwendungsempfängers von dem ihn begünstigenden Vertrag zu Gunsten Dritter auf den Todesfall liegt insbesondere dann vor, wenn der Zuwendungsempfänger den Vertrag zu Lebzeiten des Erblassers bereits gegengezeichnet hatte.[249] Hatte er so Kenntnis von der beabsichtigten Zuwendung, kann auch nicht mehr widerrufen werden.

cc) Was können der Erbe oder der Insolvenzverwalter noch tun? Liegt bei dem Vertrag zugunsten Dritter auf den Todesfall ein nichtiges Schenkungsversprechen im Zweipersonenverhältnis zwischen Schenker und Beschenktem vor, verbunden mit einer aufschiebend bedingten Abtretungsvereinbarung, wird (nur) der Formmangel des § 518 Abs. 1 BGB in der juristischen Sekunde des Erbfalls geheilt. Ein Widerruf der Erben gegenüber dem Beschenkten nutzt dann nichts mehr, er kommt zwar zu spät, der Begünstigte muss jedoch nach § 812 Abs. 1 S. 1 BGB das Empfangene an die Erben herausgeben.[250]

---

[246] BGH ZEV 2008, 392 mit kritischer Anm. *Leipold* ZEV 2008, 396; BGH NJW 2004, 767 Ls.; OLG Düsseldorf FamRZ 1998, 774 (775); OLG Hamm NJW-Spezial 2005, 110; *Reimann/Bengel* in Bengel/J. Mayer, 6. Aufl. 2015, BGB § 2301 Rn. 61 f., 64; der Erbe muss jedoch von dem Schenkungsangebot wissen. Einem möglicherweise als Widerruf auslegbaren schlüssigen Verhalten fehlt bei nicht vorhandener Kenntnis vom Schenkungsangebot das Erklärungsbewusstsein.

[247] Im Fall BGH ZEV 2008, 392 (394) hatte der Erbe die im Deckungsverhältnis eingeräumte Bezugsberechtigung des Begünstigten gegenüber der Versicherung angefochten, was für die Vereitlung des Bezugsrechts des Begünstigten ausreiche. In dem Fall des OLG Hamm VersR 2005, 819, hatte der Nachlasspfleger gegenüber dem Versicherer den Auftrag zur Mitteilung des Bezugsrechts gekündigt.

[248] OLG Celle WM 1993, 591 (592); *Werkmüller* ZEV 2001, 97; *Gubitz* ZEV 2006, 333 zu Lösungsvorschlägen; ders. Vererben am Nachlass vorbei S. 49 ff.

[249] OLG Hamm NJW-RR 1996, 1328: kein Schenkungsvertrag, wenn der Erblasser den Vertrag zu Gunsten Dritter nicht zu Lebzeiten von dem Dritten hat gegenzeichnen lassen und auch der Bank keinen Übermittlungsauftrag erteilt hat.

[250] Im Ergebnis auch BGH ZEV 1996, 147 in einem Nichtigkeitsfall nach § 14 HeimG, allerdings mit der Annahme, dass das Deckungsverhältnis nach §§ 14 HeimG, § 134 BGB ebenfalls nicht war, die Kontoguthaben in den Nachlass gefallen waren.

166 Es könnte den Erben die Anfechtung helfen, wenn ein durch Irrtum beeinflusstes Valutaverhältnis vorliegt (§§ 119 ff. BGB).[251] Eine erbrechtliche Anfechtung nach § 2078 BGB findet auf Verträge zugunsten Dritter auf den Todesfall keine Anwendung, der Erwerb des Dritten fällt nicht in den Nachlass.

167 Das Anfechtungsrecht nach § 119 BGB geht nach dem Tod des Erklärenden auf dessen Erben über und wird von allen Miterben gemeinschaftlich, jedoch nicht notwendigerweise zeitgleich und in einem einheitlichen Rechtsakt, ausgeübt. Richtet sich die Anfechtung gegen einen Miterben, hat dieser wegen Interessenwiderstreits kein Stimmrecht in der Erbengemeinschaft.

168 Kann der Rechtserwerb des Zuwendungsempfängers von den Erben nach dem Todesfall des Schenkers durch Widerruf des Bezugsrechts noch vereitelt werden, oder scheitert die Zuwendung wegen anderer Mängel im Dreiecksverhältnis (zB wegen fehlerhaften Valutaverhältnisses oder wegen wirksamer Anfechtung des Valutaverhältnisses), so steht dem Erben ein Bereicherungsanspruch zu.

169 Da die vorgenannten Willenserklärungen ohne weitere Förmlichkeiten (zu empfehlen jedoch schriftlich) auf den Weg gebracht werden, erlangen Eilverfahrensvorschriften hier nur Bedeutung, wenn es um die Sicherung der Zwangsvollstreckung gegen unlautere Beeinträchtigungen und Machenschaften des Schuldners geht.[252] Der Erbe verfolgt seine Ansprüche im Hauptverfahren mit der Klage, die sich auf Herausgabe der Zuwendung oder auf Zahlung der Summe, um welche der Begünstigte bereichert ist, richtet.

> **Hinweis:**
> Für die Schlüssigkeit der Klage auf Herausgabe der Bereicherung ist Vortrag zur Erbenstellung, zum Widerruf und zur Besitzerlangung des Begünstigten an dem gegebenenfalls in die Erbschaft fallenden Vermögen ausreichend. Über die Einzelheiten des Valutaverhältnisses ist zur Schlüssigkeit der Klage noch nicht zwingend vorzutragen. Es sollte die Einlassung des Beklagten abgewartet werden.

170 An eine Klage nach dem AnfG beziehungsweise an eine Insolvenzanfechtung gegen den Empfänger der Leistung ist zu denken, wenn die Zuwendung des Bezugsrechts aus einer Lebensversicherung in einem für die Insolvenzanfechtung maßgeblichen Zeitraum von vier Jahren (§ 134 InsO) erfolgte oder wenn der Anfechtende gegen den widerruflich Bezugsberechtigten antritt, da dann die Schenkung erst mit Eintritt des Versicherungsfalls als vorgenommen gilt.[253] Der Anspruch richtet sich auf Auszahlung der Versicherungssumme, nicht auf die gezahlten Prämien.

171 **c) Aufschiebend bedingte Abtretungsvereinbarung.** Liegt ein formnichtiges Schenkungsversprechen im Zweipersonenverhältnis zwischen Schenker und Beschenktem vor, verbunden mit einer aufschiebend bedingten Abtretungsvereinbarung, so wird der Formmangel in der juristischen Sekunde des Erbfalls geheilt. Ein Widerruf der Erben gegenüber dem Beschenkten nutzt nichts, da dessen Anspruch konditionsfest ist und gegen die Erben eingeklagt werden kann.

172 **d) Notgeschäftsführung.** Die Erbengemeinschaft verwaltet das Erbe gemeinschaftlich als Gesamthandvermögen (§ 2038 BGB) und ist im Prinzip nur zusammen für den Nach-

---

[251] BGH NJW 2004, 767 (769) = ZEV 2004, 188 mAnm *Leipold.*
[252] Die schlechte Vermögenslage des Schuldners gibt keinen Arrestgrund, auch nicht bei Rechtsnachfolge vom *„sicheren Schuldner"* auf einen überschuldeten Erben in einem Fall des LAG Hamm MDR 1977, 611.
[253] BGH NJW 2004, 214 (215); anders der BGH für die Pflichtteilsergänzung, der den Wert der Lebensversicherung in der letzten Sekunde des Lebens des Zuwendenden zugrunde legt, BGH ZEV 2010, 305 (306).

lass handlungsfähig. Für dringliche Maßnahmen soll jeder Miterbe eine alleinige Entscheidungskompetenz im Rahmen seines **Notverwaltungsrechtes** haben (§ 2039 Abs. 1 S. 2 BGB). Jeder Miterbe kann die zur Erhaltung des Nachlasses notwendigen Maßregeln ohne Mitwirkung der anderen Miterben treffen.[254] Anderenfalls würde ein Widerruf der Schenkung gegenüber dem Begünstigten scheitern, wenn einer der Erben selbst durch den Vertrag zugunsten Dritter begünstigt sein soll oder Miterben nicht erreichbar beziehungsweise nicht ermittelbar sind.

Maßnahmen, die nicht unter die ordnungsgemäße oder laufende Verwaltung fallen und auch keine Notgeschäftsführung sind, erfordern allerdings Übereinstimmung aller Miterben.[255] Im Innenverhältnis können sie also nur einstimmig beschlossen werden. Nach außen hin ist gemeinsames Auftreten erforderlich. 173

Jeder Miterbe kann jedoch für sich, ungeachtet des Notverwaltungsrechts, die Vollmacht widerrufen. Widerruft nur ein Erbe, erlischt sie im Übrigen nicht. Zum Widerruf der Vollmacht über den Tod hinaus ist auch während des Bestehens einer Erbengemeinschaft jeder einzelne Erbe befugt, und zwar ohne Rücksicht darauf, ob der Vollmacht ein Rechtsgeschäft zugrunde liegt oder nicht. Durch den Widerruf eines Miterben wird das Vertretungsrecht des Bevollmächtigten hinsichtlich der übrigen Miterben nicht berührt. 174

11. Gesetzliche Regelungen zur Rückgängigmachen der Schenkung durch den Schenker

Geschenkt ist nicht geschenkt! Das Gesetz hält eine Reihe von Anspruchsgrundlagen bereit, die es dem Schenker ermöglichen, eine Schenkung rückgängig zu machen. Diese sind jedoch nur schwach ausgebildet. 175

a) Überblick. Speziell für die Rückforderung des Schenkungsgegenstandes hält das Gesetz das Rückforderungsrecht wegen Bedürftigkeit (§ 528 BGB), den Widerruf wegen groben Undanks (§ 530 BGB) und im Falle der Schenkung unter Auflage das Rückforderungsrecht bei Nichtvollziehung der Auflage (§ 527 BGB) bereit. Allgemein stehen das Bereicherungsrecht bei Zweckverfehlung sowie im Falle der – wenn auch praktisch seltenen – wirksamen Anfechtung der der Zuwendung zugrundeliegenden Willenserklärung[256] für die Rückgabe der Zuwendung, weiterhin das – in engen Grenzen anwendbare – Institut des Wegfalls der Geschäftsgrundlage (§ 313 BGB) für die Anpassung des Vertrages und ultimativ für die Rückgewähr des Geschenks zur Verfügung.[257] 176

Die **gesetzlichen Rückforderungsrechte** sind idR nicht vererblich. Eine Ausnahme bildet das Recht, die Schenkung wegen groben Undanks zu widerrufen, wenn der Empfänger den Erblasser vorsätzlich und widerrechtlich getötet oder am Widerruf gehindert hatte (§ 530 Abs. 2 BGB). Der Rückforderungsanspruch wegen Verarmung des Schenkers kann auf den Sozialhilfeträger oder auf die Erben übergehen, wenn die Erben ihrerseits Ersatz für Leistungen des Dritten an den hilfsbedürftigen Erblasser erbracht haben. 177

Das Verlangen auf Herausgabe von schenkweise zugewendeten Gesellschaftsanteilen an einer Personen- beziehungsweise Personenhandelsgesellschaft, an welcher Beschenkter und Dritter beteiligt sind, der zukünftige Erblasser jedoch ausgeschieden ist, ist abhängig von der ausdrücklichen Zulassung im Gesellschaftsvertrag oder der Zustimmung des aktuellen Gesellschafterkreises.[258] In Hinblick auf einen zukünftigen Wechsel des Gesellschaf- 178

---

[254] *Damrau* ZEV 2006, 190 (191); *Muscheler* ZEV 1997, 222 (231); Palandt/*Weidlich*, BGB § 2038 Rn. 11.
[255] Die Miterben sind jedoch von der Verwaltung ausgeschlossen, wenn die Befugnis zur Verwaltung einem Testamentsvollstrecker übertragen ist (§ 2305 BGB). BGH ZEV 2008, 285: kein Recht zur Notgeschäftsführung bei lediglich nützlichen Maßnahmen.
[256] OLG Hamm VersR 1988, 458 (459).
[257] OLG Bremen FF 2017, 402 ff. mAnm *Herr* FF 2017, 406, und mAnm *Weinreich* FamRZ 2017, 107 ff.; BGH NJW 1972, 247 (248); OLG Bremen FF 2017, 120 (123); *Weinreich*, Rückübertragung von Zuwendungen, FF 2017, 107–109.
[258] BGH NJW 1990, 2616 (2618), für die Zuwendung eines KG-Anteils.

terkreises sollte der aktuelle Gesellschafterkreis sich in einer die künftigen Gesellschafter bindenden Form verpflichten, das verlangt die Zustimmung im Gesellschaftsvertrag.

179 Für Geschäftsanteile folgt die Ausübung gesetzlicher Rückforderungsrechte der freien Übertragbarkeit von GmbH-Anteilen (§ 15 Abs. 1 GmbHG); üblicherweise finden sich in Gesellschaftsverträgen jedoch Beschränkungen der Übertragbarkeit. Der Erblasser ist in solchen Fällen durch gesellschaftsrechtliche oder -vertragliche Vorgaben eventuell daran gehindert, seine Mitgliedschaft zurückzufordern. Lediglich bei gleichzeitigem Verbleib des Erblassers mit dem Beschenkten in der Gesellschaft ist eine Zustimmung der Mitgesellschafter bei Geltendmachung gesetzlicher Rückforderungsrechte entbehrlich – allerdings dürfte dann ein Fall der Verarmung selten vorliegen oder die Rückforderung nichts nutzen.

180 Fordert der Schenker selbst wegen groben Undanks oder wegen Zweckverfehlung die Zuwendung zurück, kann auch der weichende Erbe, der dafür auf sein Erbrecht oder Pflichtteilsrecht verzichtet hat, den Verzicht kondizieren, schuldet jedoch seinerseits Wertersatz.

181 Zivilrechtlich erlischt das Schuldverhältnis, wenn Forderung und Schuld in einer Person zusammenfallen, es sei denn, dass Gesetz sieht eine Fortgeltung der Forderung vor[259], oder der Fortbestand wird wie bei dem Rückforderungsrecht durch die Interessenlage erforderlich. Steuerlich wird gesetzlich fingiert, dass die Forderung fortbesteht, auch wenn sie zivilrechtlich tatsächlich erloschen sein sollte (§ 10 Abs. 3 ErbStG). Das bedeutet, dass bei Rückübertragung des Geschenks keine Schenkungsteuer anfällt.

182 Die Erbschaftsteuer auf die Schenkung erlischt mit Wirkung für die Vergangenheit, soweit ein Geschenk wegen eines Rückforderungsrechts herausgegeben werden musste (§ 29 Abs. 1 ErbStG).[260] Die frühere Schenkungsteuerfestsetzung wird aufgehoben, ein eventuelles Steuerguthaben ist zu erstatten. Allerdings sind etwaige durch den Beschenkten gezogene Nutzungen als schenkungsteuerpflichtiger Erwerb zu versteuern. Insoweit wird der Beschenkte für den Zeitraum, für den ihm die Nutzungen des zugewendeten Vermögens zugestanden haben, wie ein Nießbraucher behandelt (§ 29 Abs. 2 ErbStG).[261] Ist die Schenkung ursprünglich unter Nießbrauchvorbehalt erfolgt, gibt es keine Nutzungen zu versteuern.

183 Wird eine Rückforderung erst nach Ausführung der Schenkung vereinbart, bleibt es bei der Schenkungsteuerpflicht (§ 29 Abs. 1 Nr. 1 ErbStG); die Rückübertragung ist dann eine selbständige Rückschenkung.

184 Bei einer aus entgeltlichem und unentgeltlichem Teil zusammengesetzten Schenkung ist die Rückabwicklung nicht ausdrücklich geregelt. Überwiegt der unentgeltliche Charakter des Rechtsgeschäfts, wendet der BGH die für die Schenkung entwickelten Institute an und gewährt einen Anspruch auf vollständige Herausgabe des Geschenks gegen Rückgewähr der Gegenleistung.[262] Bei überwiegend entgeltlichem Charakter erfolgt die Rückabwicklung nach einschlägigen Kaufrechtsvorschriften, der Schenker hat einen Wertersatzanspruch in Höhe der Leistungsdifferenz zwischen Zuwendung und Gegenleistung.[263]

185 **b) Rückforderung wegen Bedürftigkeit.** Im Falle der Geltendmachung des Rückforderungsrechtes wegen Bedürftigkeit besteht ein Anspruch gemäß § 528 BGB, jedoch nur, „soweit" der Schenker zur Finanzierung seines angemessenen Lebensunterhalts nicht in

---

[259] ZB §§ 1976, 1991, 2143, 2175, 2377 BGB.
[260] Bei der Übertragung von Mitunternehmeranteilen können sich Besonderheiten ergeben, *Götz/Jorde* FR 2003, 998 (1000).
[261] Der Entwurf der Erbschaftsteuer-Richtlinien 2019 (Inkrafttreten voraussichtlich Mitte 2019) versagt dem erbschaftsteuerlich begünstigten Anteil an Personengesellschaften die Steuerbegünstigung, da Zuwendungsgegenstand, der „fiktive Nießbrauch" sei. Kritik: BSTBK in Stellungnahme vom 29.1.2019 www.bstbk.de.
[262] BGH NJW 1999, 1626; BGH NJW 2000, 598; BGH NJW 1989, 2122; BGH NJW 1953, 501; BGH NJW 1959, 1363.
[263] BGH NJW 1972, 24 Ls.

I. Der Schenkungsvertrag zur Regelung der vorweggenommenen Erbfolge § 2

der Lage ist.[264] Dieser muss nicht zwingend seinem bisherigen individuellen Lebensstil entsprechen, sondern soll objektiv seiner Lebensstellung nach der Schenkung angemessen sein.[265]

186 Da Unterhaltsbedürftigkeit nur für einen begrenzten (monatlichen) Zeitraum besteht, sowie Bedürftigkeit und Leistungsfähigkeit zugleich vorliegen müssen, kann die Rückgabe von **Sachgesamtheiten** – da unteilbar (zB Grundstücke, Pkw, bei Gesellschaftsanteilen abhängig von Teilbarkeit und Zustimmung des Gesellschafterkreises) – nicht verlangt werden.[266]

187 Die teilweise Rückgabe von Sachgesamtheiten in Höhe des (monatlichen) Fehlbetrages ist nicht möglich. Deshalb haftet der Beschenkte in Fällen der Unmöglichkeit partitionierter Herausgabe auf Wertersatz in monatlichen Raten für die Bedarfsdeckung, bis der Wert des Geschenks erschöpft ist.[267] Wurden in der Folgezeit zB Zinsen erwirtschaftet oder hat es einen erheblichen Wertzuwachs gegeben, steht der Überschuss allein dem Beschenkten zu. Hat die Sache an Wert verloren, ist nur dieser Wert zurückzuerstatten. Bei gemischten Schenkungen wird der Wertersatz durch die Höhe des Wertes des Schenkungsteils der Zuwendung begrenzt.

188 Im Übrigen bestimmen sich Art und Umfang des Anspruchs infolge des Rechtsfolgenverweises nach Bereicherungsrecht. Die bei der Rückforderung des ganzen Geschenks gewährte Ersetzungsbefugnis nach § 528 Abs. 1 S. 2 BGB ist bei Wertersatz nach § 818 Abs. 2 BGB nicht vorgesehen.[268]

189 Bei schenkweiser Zuwendung von Gesellschaftsanteilen kommt hinzu, dass für die Rückgewähr auch die Zustimmung des aktuellen Gesellschafterkreises erforderlich ist.

190 Liegen mehrere Schenkungen vor, wird die zuletzt erbrachte Schenkung wegen ihrer größeren zeitlichen Nähe zu der Notlage als erste zur Deckung des Bedarfs herangezogen werden.[269] Der Rückforderungsanspruch wird vererblich, wenn der mittlerweile verarmte Schenker bereits einen Herausgabeanspruch geltend gemacht oder diesen abgetreten hat, oder wenn er unterhaltssichernde Leistungen Dritter entgegennimmt und damit zu erkennen gibt, dass er zum Bestreiten des notwendigen Unterhalts der Rückforderung des Geschenkes bedarf.[270] Die ausdrückliche Geltendmachung des Anspruches wird der Abtretung des Anspruchs gleichgestellt. Kostenersatzansprüche nach § 92 BSHG gegen die Erben des Hilfsempfängers entstehen kraft Gesetzes mit dem Tode des Erblassers.[271]

191 Das Rückforderungsrecht nach § 529 BGB ist ausgeschlossen, wenn der Schenker seine Bedürftigkeit vorsätzlich oder grob fahrlässig herbeigeführt hat, weiterhin, wenn seit der Leistung 10 Jahre verstrichen sind. Die **Zehn-Jahres-Frist** beginnt mit Abschluss der Vornahme der Leistungshandlungen (§ 529 Abs. 1 Fall 2 BGB), also bei Schenkung eines Grundstücks mit Einreichung des Rechtsänderungsantrags nach formgerechtem Abschluss des Schenkungsvertrags und Auflassung, auch wenn gegebenenfalls der Nießbrauch vorbehalten wurde. Damit unterscheidet sich diese Zehn-Jahres-Frist deutlich vom der des Pflichtteilsrechts (§ 2325 BGB), die auf den Abschluss des Erwerbstatbestands mitsamt einer auch wirtschaftlichen Ausgliederung des Geschenks aus dem Vermögen des Schenkers beginnt.[272]

---

[264] BGH, Beschl. v. 20.2.2019 Az. XII ZB 364/18 zu dem Begriff „soweit": Keine Rückforderung der Immobilie bei Vorbehaltsnießbrauch des Schenkers, da der Vermögensgegenstand zur Verfügung steht.
[265] BGH BeckRS 2003, 92, nv; BGH ZEV 2003, 29 (30).
[266] BGH DNotZ 2011, 31 (32) = FamRZ 2010, 463; BGH FF 2019, 217.
[267] BGH DNotI-Report 2005, 13 (14); BGH NJW-RR 2003, 53 (54). BGH ZEV 2003, 114 (115) zum Umfang des Bereicherungsanspruchs; BGH NJW 1985, 2419.
[268] BGH NJW 1994, 1655.
[269] BGH NJW 1998, 537 (538).
[270] BGH NJW 2001, 2084 (2085); *Kollhosser* ZEV 2001, 289 ff.
[271] BVerwG NJW 2003, 3792; BGH NJW 2003, 2449 (2450) zum Wegfall des Notbedarfs des Schenkers nach Überleitung des Rückforderungsanspruchs auf den Sozialhilfeträger.
[272] BGH NJW 2011, 3082 Rn. 10 ff.; schon *OLG Köln* FamRZ 1986, 988 (989); *Zeranski* NJW 2017, 1345 (1347).

192 Die Durchsetzbarkeit des Rückforderungsanspruchs kann weiterhin für die Zeit ihres Bestehens durch die Einrede des Notbedarfs (§ 529 Abs. 2 BGB) gehindert sein.[273]

193 Leistet ein Dritter den notwendigen Unterhalt, bleibt der Anspruch aus § 528 BGB bestehen, ändert aber seine Zweckrichtung: Da er für die Vergangenheit den Schenker nicht mehr in die Lage versetzen kann, seinen Notbedarf aus eigenen Mitteln zu decken, dient er nun dem Zweck, die Leistungen des unterhaltssichernden Dritten zu entgelten.[274] Gibt es mehrere gleichzeitig Beschenkte, besteht hinsichtlich des Rückgewährungsanspruches eine gesamtschuldnerartige Beziehung zwischen diesen. Bei Inanspruchnahme eines Beschenkten besteht daher ein interner Ausgleichsanspruch entsprechend § 426 Abs. 1 BGB.[275]

194 Je nach Einkommensverhältnissen und Anzahl vorrangiger Unterhaltsberechtigter kann sich die Belastung bei mehreren Beschenkten völlig unterschiedlich darstellen.[276] Insbesondere in Hinblick auf eine von den verarmten Eltern getätigte vorweggenommene Erbfolge kann es dadurch zu einer Störung des Verteilungsplans kommen. Einer unterschiedlichen wirtschaftlichen Belastung mit Unterhaltslasten sollte durch vertragliche Vereinbarungen im Vertrag zur Vorwegnahme der Erbfolge vorgebeugt werden.

195 **c) Widerruf wegen groben Undanks.** Eine Schenkung, auch eine gemischte Schenkung[277] oder eine solche unter Auflage, kann widerrufen werden, wenn sich der Empfänger durch eine schwere Verfehlung gegen den Schenker oder einen nahen Angehörigen[278] des Schenkers des groben Undanks schuldig gemacht hat (§ 530 Abs. 1 BGB), und zwar auch bei Schenkung von Gesellschafts- und Geschäftsanteilen. Im Falle der Einräumung einer Gesellschafterstellung als persönlich haftender Gesellschafter in einer Personengesellschaft entfällt die Möglichkeit des Widerrufs wegen groben Undanks, wenn keine Schenkung vorliegt, oder wenn bei gemischter Schenkung der entgeltliche Teil überwiegt.
Gesellschaftsrechtliche Grundsätze stehen der Herausgabe entgegen, wenn die Zustimmung des aktuellen Gesellschafterkreises nicht zu erlangen ist.[279] Eine Ausschließung aus der Gesellschaft scheidet jedoch regelmäßig aus. Während die Ausschließung des Gesellschafters einen „wichtigen Grund" verlangt, der auch den anderen Gesellschaftern die Fortsetzung des Gesellschaftsverhältnisses unzumutbar macht, setzt der Widerruf der Übertragung der Beteiligung groben Undank allein gegenüber dem Schenker voraus. Auch die Rechtsfolgen sind unterschiedlich: Während bei gesellschaftsrechtlicher Ausschließung Anspruch auf das Abfindungsguthaben besteht, geht die bereicherungsrechtliche Herausgabepflicht auf den zugewendeten Anteil.

196 § 530 BGB verlangt nicht die Verletzung einer Rechtspflicht. Die Verfehlung verlangt auch kein vorsätzliches Tun oder Unterlassen, sondern die darin zum Ausdruck kommende **ethische Fehleinstellung** gegenüber dem Schenker oder seinen nahen Angehörigen, die objektiv eine gewisse Schwere aufweist und subjektiv die tadelnswerte Gesinnung des Empfängers offenbart und damit einen Mangel an Dankbarkeit erkennen lässt.[280] Einem en-

---

[273] OLG Köln ZEV 2017, 478 Ls. Die Einrede des Notbedarfs durch den beschenkten Angehörigen könnte nach § 242 BGB allenfalls dann ausgeschlossen sein, wenn besondere, schwerwiegende Gründe (ua Verantwortungs- und Rücksichtslosigkeit oder selbst herbeigeführte Bedürftigkeit in Kenntnis des Notbedarfs des Schenkers) vorliegen: BGH NJW 2001, 1207 (1208 f.); JR 2004, 154 (156); Erman/*Hähnchen*, BGB § 529 Rn. 5; MüKoBGB/Koch, § 529 Rn. 4.
[274] *Kollhosser* ZEV 2001, 289 (290).
[275] BGH NJW 1998, 537 (540).
[276] Dazu *Rundel* MittBayNot 2003, 177.
[277] BGH NJW 1959, 1363 f.
[278] OLG Koblenz ZEV 2002, 245 Ls. zum Widerruf der von der Großmutter beschenkten Enkelin bei wahrheitswidriger Verleumdung des Vaters.
[279] BGH NJW 1990, 2616 (2618).
[280] BGH NJW 2002, 1046 (1047): Gründung eines Konkurrenzunternehmens durch den Beschenkten; BGH NJW-RR 1993, 1410 (1411) mwN: Hinausdrücken des Schenkers aus dem Haus, auf dessen berufliche Nutzung er dringend angewiesen ist; BGH NJW-RR 1995, 77 (78); BGH NJW 1992, 183

gen Verwandtschaftsverhältnis kommt im Rahmen des § 530 BGB kein erhöhtes Gewicht zu. Eine Rechtsausübung etwa der Art, dass Gesellschafterrechte aus einem geschenkten Gesellschaftsanteil zum Nachteil des Schenkers ausgeübt werden, der Empfänger den Schenker aus der Unternehmensleitung abberuft oder dessen Ausschluss aus der Gesellschaft betreibt, führt keinesfalls zwingend zur Annahme groben Undanks. Aus gesellschaftsrechtlichen Treuepflichten heraus kann der Empfänger sogar zu derartigen Handlungen beziehungsweise dessen Mitwirkung verpflichtet sein. Er hat auch das Recht, zur Verteidigung seiner Rechtsposition gerichtliche Hilfe in Anspruch zu nehmen.[281] Die Regeln des Schenkungsrechts sollen „gesellschaftsrechtliche Grundvorstellungen nicht dahin überlagern, dass der Beschenkte in der Gesellschaft zum Partner minderen Rechts wird".[282] Der BGH hat in der Benteler-Entscheidung bei der Ausübung von Gesellschafterrechten aus einem geschenkten Gesellschaftsanteil gegen den Schenker groben Undank angenommen, weil der Beschenkte allein aus feindlicher Gesinnung heraus das Ziel verfolgte, den Schenker (Vater), der Mitgesellschafter geblieben war, aus der Unternehmensleitung zu verdrängen, es ihm also entscheidend darauf ankam, den Vater auszuschalten, nicht lediglich seine eigene Position zu verbessern.[283] Anders gewendet: Grober Undank ist zu bejahen, wenn sich das Verhalten des Empfängers vornehmlich gegen die Persönlichkeitssphäre des Schenkers richtet und dabei eine „feindliche Gesinnung" offenbar wird.[284]

Für den Fall des Widerrufs gilt für den Herausgabeanspruch das Recht der **ungerechtfertigten Bereicherung** (§ 531 Abs. 2 BGB); der Gesellschafts- oder Geschäftsanteil ist zurück zu übertragen, die Gebrauchsvorteile (zB Unternehmensgewinne) und Surrogate sind herauszugeben. Es handelt sich um eine Rechtsgrundverweisung auf die §§ 812 ff. BGB.[285] Bei Erhöhung des Wertes des geschenkten Gesellschaftsanteils durch Leistungen des Empfängers, zB bei einer Kapitalerhöhung, besteht Anspruch auf Ersatz von Aufwendungen und Verwendungen.[286]

Bei gemischter Schenkung geht der Anspruch auf Herausgabe des „geschenkten" Gegenstandes, wenn der unentgeltliche Charakter überwiegt. Ein Vergleich des Wertes des überlassenen Gegenstandes mit dem Wert der Gegenleistung dient dafür als Anhaltspunkt.[287] Kann der Erblasser beim Widerruf einer gemischten Schenkung wegen groben Undanks den Gesellschaftsanteil zurückfordern, ist der Anspruch in dem Sinne eingeschränkt, dass er nur Zug um Zug gegen Wertausgleich des entgeltlichen Teils der gemischten Schenkung geltend gemacht werden kann.[288] Ist die Herausgabe nicht möglich, etwa, weil der aktuelle Gesellschafterkreis seine Zustimmung verweigert, ist der die Gegenleistung übersteigende Wert zu erstatten.[289] Bei Schenkung unter Auflage ist der Anspruch uneingeschränkt auf Herausgabe des Gegenstandes gerichtet, da die Auflage den Umfang der Zuwendung als Geschenk nicht beeinträchtigt.

d) Rückforderung bei Nichtvollziehung der Auflage. Der Rückforderungsanspruch des Schenkers gemäß § 527 BGB bei Nichtvollziehung der Auflage steht wahlweise neben dem Erfüllungsanspruch sowie dem Schadensersatzanspruch (§§ 280, 283, 286 Abs. 1 BGB). Er gibt dem Schenker ein Rückforderungsrecht unter der Voraussetzung, dass entweder eine vom Beschenkten zu vertretende Unmöglichkeit der Auflagenerfüllung (§ 527 Abs. 1 iVm § 325 Abs. 1 BGB) oder eine fruchtlose Fristsetzung mit Ablehnungsandro-

---

(184); OLG Köln ZEV 2002, 514 Ls.: Drohende Zwangsversteigerung bei Gefährdung nachrangigen Wohnungsrechts; *Sina* GmbH-Praxis 2002, 58 (59).
[281] *Westermann*, FS Kellermann, 512; *Klumpp* ZEV 1995, 387; *Kollhosser* AcP 194, 249.
[282] *Westermann*, FS Kellermann, 513.
[283] BGH NJW 1990, 2618 (2619); *Westermann*, FS Kellermann, 511 ff.
[284] *Kollhosser* AcP 194, 249; *Klumpp* ZEV 1995, 387.
[285] MüKoBGB/*Koch*, § 531 Rn. 4.
[286] *Sina* GmbH-Praxis 2002, 59; *Mayer* ZGR 1995, 108; aA *Klumpp* ZEV 1995, 390.
[287] BGH NJW 1959, 1363 (1364).
[288] BGH NJW 1989, 2122; NJW-RR 1988, 584 (585).
[289] Dieses Risiko kann nur durch Regelung der Zustimmung im Gesellschaftsvertrag vermieden werden.

hung gegenüber dem in Verzug befindlichen Beschenkten (§ 527 Abs. 1 iVm § 326 Abs. 1 BGB) vorliegt. Wird dem Empfänger die Auflagenerfüllung infolge eines von ihm nicht zu vertretenden Umstandes unmöglich, so wird er von seiner Verpflichtung frei (§ 275 BGB). Das Gesetz sieht für diesen Fall kein Rückforderungsrecht vor, wenn nicht eine Herausgabe infolge des Nichteintritts des mit der Leistung bezweckten Erfolges (§ 812 Abs. 1 S. 2, 2. Alt. BGB) oder infolge des Wegfalls der Geschäftsgrundlage in Betracht kommt. Nach dem in § 527 BGB enthaltenen Rechtsfolgenverweis bestimmen sich Art und Umfang des Herausgabegegenstandes nach den Vorschriften über die ungerechtfertigte Bereicherung (§§ 812 ff. BGB).

200 **e) Rückforderung bei Zweckverfehlung.** Die Rechtsprechung erkennt im Falle einer Zweckschenkung – das heißt, wenn den Beteiligten der Zweck der Schenkung bewusst war, ohne dass die Zweckerfüllung zu einer Auflage erhoben worden ist – bei Nichteintritt des mit der Leistung bezweckten Erfolgs einen Rückforderungsanspruch des Schenkers in Gestalt der condictio ob rem aus dem Gesichtspunkt der Zweckverfehlung an (§ 812 Abs. 1 S. 2, 2. Alt. BGB):[290] Dabei geht sie davon aus, dass bei der Schenkung ein über den Erfüllungszweck hinausgehender Zweck Gegenstand der vertraglichen Einigung sein kann, zum Beispiel die persönliche Nutzung eines Gebäudes, die Sicherung des Bestandes des Unternehmens als Familienunternehmen im Wege der vorweggenommenen Erbfolge oder der Fortbestand einer Ehe oder die Erwartung der Eheschließung.

201 **f) Wegfall der Geschäftsgrundlage.** Die gemeinschaftlichen Erwartungen und „Vorstellungen beider Parteien oder die dem anderen Teil erkennbaren und von ihm nicht beanstandeten Vorstellungen"[291] des Schenkers vom Vorhandensein oder vom künftigen Eintritt gewisser Umstände, auf denen der Geschäftswille der Parteien aufbaut, können Geschäftsgrundlage des Kausalgeschäfts geworden sein,[292] auch wenn die Vollziehung der Schenkung schon einige Zeit zurückliegt.

202 Die Rechtsfolge im Falle des Wegfalls einer solchen Geschäftsgrundlage ist zunächst ein Anspruch auf Anpassung des Vertrages, wenn ein Festhalten an dem Vertrag einem der Vertragspartner nach Treu und Glauben zumutbar ist. Erst wenn der Anpassungsanspruch einem Vertragspartner unter Berücksichtigung aller Umstände das Festhalten am Vertrag nicht zugemutet werden kann, gewährt § 313 BGB einen Rückabwicklungsanspruch des Vertrages.[293]

Allerdings ist zu prüfen,
- ob der Anspruch auf Rückabwicklung des Vertrages wegen Wegfalls der Geschäftsgrundlage ersetzt wird, so möglicherweise im Altenteilvertrag, wenn die persönlichen Leistungspflichten durch Zahlungen abgegolten werden können,[294]

---

[290] BGH NJW-RR 1991, 1154; NJW 1984, 233; OLG Köln NJW 1994, 1540 (1541); aA *Kollhosser* AcP 194, 251 f., der alle Fälle der Zweckverfehlung nur über das Institut des Wegfalls der Geschäftsgrundlage lösen möchte; *Ehmann*, Anmerkung zu BGH NJW 1973, 1035; NJW 1973, 1036, sowie die ältere Rspr., vgl. BGHZ 44, 321, lehnen die Relevanz einer über den Erfüllungszweck hinausgehenden weiteren Zwecksetzung des Schenkers ab.
[291] BGH NJW-RR 1990, 386 (387); OLG Bremen FF 2017, 402 (403 f.).
[292] Der BGH NJW 2010, 2202 (2203 f.); NJW 2010, 2884 (2885 f.), qualifiziert Zuwendungen der Schwiegereltern an das (künftige) Schwiegerkind um der Ehe ihres Kindes willen als Schenkung, nicht als unbenannte Zuwendung, die nach den Grundsätzen des Wegfalls der Geschäftsgrundlage bei Scheitern der Ehe zurückgefordert werden können. BGH NJW-RR 2006, 664 (665); NJW 2003, 510; OLG Bremen FF 2017, 402 (403 f.): Ausgleichsansprüche der Schwiegereltern sind keine familienrechtlichen Ansprüche, sie unterliegen der Regelverjährung des § 195 BGB, mAnm *Herr* FF 2017, 408; OLG Bremen NJW 2016, 83 (85).
[293] BGH DNotZ 1996, 636 (638 f.) zum Anspruch auf Rückübertragung des Grundstücks wegen Wegfalls der Geschäftsgrundlage, wenn die im Grundstücksübereignungsvertrag übernommene Pflegeverpflichtung wegen eines tiefen Zerwürfnisses nicht mehr erbracht werden kann. Palandt/*Grüneberg*, 76. Aufl. 2017, BGB § 313 Rn. 40–42.
[294] BGH ZEV 2002, 510 (511); ZEV 2002, 116 (117); NJW-RR 1995, 77 (78).

- oder ob die Grundsätze über den Wegfall der Geschäftsgrundlage nicht vielmehr von Spezialvorschriften verdrängt werden, wie beispielsweise[295]
- durch das gesetzliche Rücktrittsrecht wegen Nichterfüllung oder Verzug,[296]
- im Falle der Anwendung der Sondervorschriften über die Bedürftigkeit des Schenkers (§ 528 BGB),
- im Falle des Widerrufs wegen groben Undanks des Beschenkten (§ 530 BGB),[297]
- bei Zweckverfehlung im Falle der Zweckschenkung, denn obwohl die Zweckerreichung Geschäftsgrundlage der Schenkungsabrede ist,[298] löst die Rechtsprechung die Zweckverfehlung über Bereicherungsrecht in Gestalt der condictio ob rem,
- und bei Zuwendungen unter Eheleuten im Falle der Scheidung, wenn der Zugewinnanspruch für einen angemessenen Vermögensausgleich sorgt.[299]

An die Anwendung der Grundsätze über den Wegfall der Geschäftsgrundlage ist auch zu denken zB im Falle eines gemeinsamen Irrtums über die steuerlichen Folgen der Schenkung,[300] wenn diese vor oder bei Vertragsschluss ausdrücklich erörtert wurden oder jedenfalls eindeutig erkennbar waren, oder im Falle eines Vertrages zur vorweggenommenen Erbfolge bei einer in Wirklichkeit nicht bestehender Pflegebedürftigkeit.[301] Bei Übertragung eines Kommanditanteils durch eine Nachfolgeklausel, durch welche eine Übertragung unter Lebenden für den Todesfall angenommen wird,[302] führt der Wegfall der Geschäftsgrundlage allerdings nicht zur Auflösung des Vertrages aus wichtigem Grund, sondern zur Anpassung gesellschaftsvertraglicher Regelungen in Bezug auf die Änderung der Nachfolgeklauseln.

12. Gesetzliche Korrekturmöglichkeiten des künftigen Erblassers bei nicht als Schenkung zu qualifizierenden Zuwendungen

Auch Zuwendungen, die nicht als Schenkung zu qualifizieren sind, können Gegenstand von gesetzlichen Rückübertragungs- oder Zahlungsansprüchen werden, wenn damit unangemessene Folgen korrigiert werden sollten.

a) Überblick. Spezielle Rückforderungstatbestände vergleichbar den §§ 527, 528, 530 BGB fehlen bei Zuwendungen, die nicht als Schenkung zu qualifizieren sind, insbesondere bei der Ausstattung (§ 1624 BGB), bei der ehebedingten Zuwendung, beim familienrechtlichen Kooperationsvertrag und in den Fällen der Schenkung von Gesellschaftsbeteiligungen gegen Übernahme persönlicher Haftung/Arbeitseinsatz.[303] Diese Vorschriften finden auch keine entsprechende Anwendung.[304] Die vertragliche Regelung einer Rückforderungsmöglichkeit für solche Fälle ist daher geraten.

Die Herbeiführung einer gesetzlichen Korrektur der vorweggenommenen Erbfolge für Zuwendungen außerhalb des Schenkungsrechts, zB
- durch Ausgleichung, Vertragsanpassung oder Rückübertragung in Anwendung des Bereicherungsrechts[305] oder
- durch Anwendung der Grundsätze des Wegfalls der Geschäftsgrundlage (§ 313 BGB)

---

[295] BGH NJW-RR 2006, 699 (701); NJW-RR 1990, 386 (387); *Mayer* DNotZ 1996, 629.
[296] BGH NJW 1981, 2568 (2569).
[297] BGH NJW-RR 1990, 386 (387); OLG Stuttgart NJW-RR 1988, 134 (135).
[298] BGH NJW 1984, 233.
[299] *Wever*, Vermögensauseinandersetzung der Ehegatten außerhalb des Güterechts, 6.A. 2014, Rn. 454; *Weinreich*, FF 2017, 107–109; BGH NJW 1995, 1889 (1890); NJW 1993, 385 (386); NJW 1991, 2553 (2554f.); NJW-RR 1990, 386 (387).
[300] *Kapp* BB 1979, 1208.
[301] BGH NJW 2007, 1884 (1886).
[302] BGH NJW 1959, 1433.
[303] → Rn. 50ff.
[304] KG Berlin NJW-RR 2009, 1301 (1302); BGH NJW 1993, 385 (386); NJW-RR 1990, 386 (387); NJW 1982, 1093 (1094); *Kollhosser* NJW 1994, 2316.
[305] BGH NJW 1982, 1093 (2094).

– oder durch Anwendung der Grundsätze der Ehegatteninnengesellschaft in Form der Gewährung einer Ausgleichsquote nach § 722 BGB,
ist in Betracht zu ziehen, soweit diese Rechtsgrundsätze nicht durch Spezialvorschriften verdrängt werden.[306] Schadensersatzansprüche dürften hingegen ausscheiden.

207 **b) Ehebedingte Zuwendungen. aa) Einführung.** Bei ehebedingter Zuwendung („unbenannter Zuwendung") als gesetzlich nicht geregeltem Vertrag sui generis familienrechtlicher Art[307] unter Ehegatten lässt ein Ehegatte dem anderen zur Verwirklichung oder Ausgestaltung, Erhaltung oder Sicherung der ehelichen Lebensgemeinschaft etwas zukommen (zB die Übertragung von Miteigentumsanteilen an einem Hausgrundstück, Dienstleistungen oder Beiträge zur Alterssicherung), und zwar güterrechtsunabhängig. Die ehebedingte Zuwendung ist (wie Schenkungen an den Ehegatten) pflichtteilsergänzungspflichtig.[308]

208 Im Unterschied zur Schenkung ist sie mit der Erwartung des Fortbestands der Ehe/Lebenspartnerschaft verbunden.[309] Trotz ihrer Güterrechtsunabhängigkeit ist im Falle einer Rückabwicklung vorrangig zu prüfen, ob bereits güterrechtliche Sondervorschriften den Ausgleich zwischen den Parteien regeln. Die Rückabwicklung hängt also maßgeblich von dem jeweiligen Güterstand sowie Grund und Zeitpunkt der Geltendmachung des Anspruches ab. Ein Rückgriff auf § 242 BGB ist extremen Ausnahmefällen vorbehalten und nur in den Fällen ernsthaft in Betracht zu ziehen, in denen güterrechtliche Ausgleichsregelungen nicht ausreichen, um „schlechthin unangemessene und untragbare Ergebnisse" zu korrigieren.[310] Im Übrigen erfolgt die Korrektur einer ehebedingten Zuwendung durch schuldrechtlichen Ausgleich, für eine dingliche Rückgewähr (zB wegen Wegfalls der Geschäftsgrundlage) bedarf es des Vorliegens besonders schutzwürdiger Interessen.[311]

209 Formulierungsbeispiel:

Der Ehegatte … wendet dem Ehegatten … den Vertragsgegenstand hiermit im Wege der ehebedingten Zuwendung zur zweckmäßigen ehelichen Vermögensordnung zu. Eine Belastung des Grundbuchs der Immobilie ist ohne Zustimmung des Ehegatten … nicht statthaft.

Der Ehegatte … hat das Recht, im Falle der Scheidung der Ehe die Zuwendung zurückzuverlangen. Der Rückforderungsanspruch entsteht mit Rechtshängigkeit der Scheidung.

210 **bb) Inanspruchnahme während der Ehe.** Eine Inanspruchnahme während der Ehe scheitert daran, dass Grundlage der Zuwendung der Bestand der Ehe ist.[312] Ein Anspruch für den Fall des Scheiterns der Ehe in Entsprechung der Regelungen, die auch bei Scheidung anwendbar sind, kommt in Betracht, wenn dem Zuwendenden nicht zuzumuten

---

[306] BGH NZG 2016, 547 (548,549) mAnm *Herr* FF 2016, 296 ff.; BGH FamRZ 2015, 2153; *Weinreich* FF 2017, 107–109.
[307] OLG Bremen FamRZ 2017, 120 ff. mAnm *Weinreich* FamRZ 2017, 107 ff.; OLG Hamm BeckRS 2016, 03022; BGH NJW-RR 1993, 774 (775) zur nichtehelichen Lebensgemeinschaft; NJW 1992, 564 ff.; *Langenfeld* NJW 1994, 2134.
[308] BGH DNotZ 1992, 513 (515); zu Ausnahmen OLG Schleswig ZEV 2010, 369 (370); OLG Oldenburg BeckRS 1999, 31030994 = FamRZ 2000, 638.
[309] OLG München NJW-RR 2002, 3 (4). *Weidlich* ZEV 2014, 345 (347) zur ausnahmsweise anzunehmenden entgeltlichen ehebedingten Zuwendung.
[310] OLG Bremen FamRZ 2017, 120 ff. mAnm *Weinreich* FamRZ 2017, 107 ff.; BGH NJW 1993, 385 (386).
[311] BGH NJW 2007, 1744 ff.; BGH BeckRS 2006, 01284; DNotZ 1998, 886 ff. = FamRZ 1998, 669 (670); OLG Celle FamRZ 2000, 668 (669); FamRZ 1997,381 (382);
[312] BGH NJW 1982, 1093 (1094).

I. Der Schenkungsvertrag zur Regelung der vorweggenommenen Erbfolge § 2

ist, bis zur Beendigung des Scheidungs- gegebenenfalls Zugewinnausgleichsverfahrens zu warten.[313]

cc) Inanspruchnahme bei Scheidung einer Ehe im Güterstand der Gütertrennung. Eine Inanspruchnahme bei Scheidung einer Ehe im Güterstand der Gütertrennung gibt es keinen speziellen vermögensrechtlichen Ausgleich (§ 1414 BGB). Rückforderungsansprüche sind ausgeschlossen, wenn die Zuwendung eine angemessene Beteiligung an dem Erarbeiteten darstellt,[314] da Haushaltsführung und Kindererziehung mit Erwerbstätigkeit als gleichwertig zu betrachten sind.[315] Wenn die Zuwendung in der Erwartung des Fortbestandes der Ehe gemacht wurde oder aus Gründen der Haftungsvermeidung gegenüber Gläubiger des Zuwendenden, kann ein Rückforderungsverlangen durchsetzbar sein.[316] Die Regeln über den Wegfall der Geschäftsgrundlage gewähren in Ausnahmefällen nur dann einen Anspruch auf Ausgleich, gegebenenfalls Änderung des Gesellschaftsvertrages bei Aufnahme des beschenkten Ehepartners in die Gesellschaft, wenn die Zuwendung den üblichen Rahmen dieser angemessenen Beteiligung[317] oder eine Gegenleistung für die Zustimmung zur Gütertrennung[318] übersteigt.[319] Eine Besserstellung im Vergleich zum Zugewinnausgleich soll jedoch nicht stattfinden.

211

Gegebenenfalls gibt es bei Scheidung eine Teilhabe am Vermögen des Ehegatten über die Konstruktion einer sog. Ehegatteninnengesellschaft.[320]

dd) Inanspruchnahme bei Scheidung einer Ehe im Güterstand der Zugewinngemeinschaft. Hier regeln die Zugewinnausgleichsvorschriften (§§ 1372 bis 1390 BGB), dass im Zweifel alle Zuwendungen, zu denen Schenkungen und ehebezogene Zuwendungen gehören, anrechnungspflichtig sind. Die Ausklammerung von Schenkungen in § 1374 Abs. 2 BGB betrifft lediglich Schenkungen Dritter, nicht unentgeltliche Zuwendungen eines Ehegatten.[321]

212

Bei der Berechnung der Ausgleichsforderung wird der Wert der Zuwendung dem Zugewinn des Ehegatten hinzugerechnet, der die Zuwendung gemacht hat, und vom Zugewinn desjenigen abgezogen, der die Zuwendung erhalten hat. Eine Anrechnung (§ 1380 BGB) findet Anwendung, wenn der Zugewinnausgleichsanspruch des Empfängers höher ist als der Wert der Zuwendung.[322] Der Zuwendende erhält sodann im Wege des Zugewinnausgleichs die Hälfte des Mehrwertes der Zuwendung zurück und erhält damit einen angemessenen Vermögensausgleich. Diese betragsmäßige Ausgleichsbegrenzung rechtfertigt nicht die Anwendung des Wegfalls der Geschäftsgrundlage,[323] auch wenn der Zuwendungsempfänger mehr erhalten hat als ihm nach dem Grundsatz des Zugewinnausgleichs zusteht.[324] Eine schuldrechtliche Korrektur oder eine ausnahmsweise Rückgewähr in ex-

213

---

[313] BGH NJW 1982, 1093 (1094).
[314] BGH DNotZ 2000, 514 ff. = FamRZ 1999, 1580; BGH NJW-RR 1990, 834 (835) = FamRZ 1990, 855.
[315] BVerfG FamRZ 2002, 527 (528).
[316] Zur Anwendung von § 242 BGB für den Rückübertragungsanspruch OLG Düsseldorf NJW-RR 2003, 1513. Verlagerung von Familienvermögen auf den nicht haftenden Ehepartner BGH NJW 1992, 238 (239).
[317] BGH NJW 1989, 1986 (1987).
[318] OLG Frankfurt a.M. FamRZ 1981, 778 (779); OLG Stuttgart NJW-RR 1988, 134 (135).
[319] BGH NJW 1982, 2236 (2237); DNotZ 1987, 315 (317).
[320] BGH FamRZ 2016, 212; NJW 2015, 2581 ff.; KG NZFam 2017, 617 Ls. mAnm *Böhne* = FamRZ 2017, 608; *Herr* FF 2016, 296 ff.
[321] BGH NJW 1991, 2553 (2555); NJW 1987, 2814 (2815); aA *Lipp* JuS 1993, 89; *Schotten* NJW 1990, 2842.
[322] BGH NJW 1982, 1093 (1094); NJW 1977, 1234 (1235).
[323] OLG Bremen Ls. NZFam 2017, 178, mAnm *Reinken*; *Weinreich* FF 2017, 107 ff: BGH NJW 1991, 830 (831) mwN.
[324] BGH NJW 1982, 1093 (1095); *Weinreich* FF 2017, 107–109.

tremen Sonderfällen,[325] in denen zu dem finanziellen Interesse des Zuwendenden an einem wertmäßigen Ausgleich besondere schützenswerte Umstände hinzukommen, kann nur Zug um Zug gegen Ermittlung und Zahlung des Zugewinnausgleichs in Geld erfolgen. Das OLG Bremen bezieht für einen Anspruch aus § 313 BGB zudem die beidseitig begründeten Altersversorgungen mit ein.[326]

214 Das KG Berlin hält eine Anspruchskonkurrenz zwischen (konkludenter) Ehegatteninnengesellschaft und Zugewinngemeinschaft für möglich.[327]

215 **ee) Inanspruchnahme bei Scheidung einer Ehe im Güterstand der Wahl-Zugewinngemeinschaft.** Seit Mai 2017 haben deutsch-französische Ehepaare/Lebenspartner beziehungsweise Paare mit gleicher Staatsangehörigkeit, deren Güterstand nach dem internationalen Privatrecht sowohl dem französischen als auch dem deutschen Recht unterliegt, die Möglichkeit, den **neu geschaffenen Güterstand der Wahl-Zugewinngemeinschaft** (§ 1519 BGB) zu wählen (→ § 15 Rn. 42–45), für den die Ausführungen zur Zugewinngemeinschaft für die Frage der Korrektur von Zuwendungen entsprechend gelten.

216 **ff) Inanspruchnahme bei Scheidung einer Ehe im Güterstand der Gütergemeinschaft.** Bei Scheidung einer Ehe im Güterstand der Gütergemeinschaft ist das Vermögen eines jeden Ehepartners, soweit es als Gesamtgut (§ 1416 BGB) zu qualifizieren ist, nach Berichtigung der Verbindlichkeiten zu teilen (§§ 1475, 1476 BGB). Ein Güterrechtsvertrag, durch den Ehegatten den Güterstand der Gütergemeinschaft aufheben und Gütertrennung vereinbaren, ist von Gläubigern nicht mit der Schenkungsanfechtung anfechtbar.[328]

217 Eine die Halbteilung (§ 1476 Abs. 1 BGB) korrigierende Ausgleichung von Gesamtgut kommt nur zu Lasten desjenigen in Betracht, der weniger eingebracht hat (§ 1478 BGB). Hierdurch kann mittelbar ein Ausgleich herbeigeführt werden. Vermögensgegenstände, die nicht übertragen werden können – so zB die Einräumung der Stellung eines persönlich haftenden Gesellschafters einer OHG oder KG, an der auch ein Dritter beteiligt ist – bleiben beziehungsweise werden **Sondergut** des jeweiligen Ehepartners (§ 1417 BGB). Dies gilt auch, wenn der Gesellschaftsanteil von dem einen Ehegatten durch Verwendung eines zum Gesamtgut gehörenden Vermögensstückes erworben wird. Erhält ein Ehepartner einen Gesellschaftsanteil zugewendet, der kraft Gesetzes oder Gesellschaftsvertrages übertragbar ist, fällt er in das Gesamtgut.

218 Die Begründung einer Personengesellschaft von den Ehepartnern ohne Beteiligung Dritter durch Aufnahme des einen Partners in das von dem anderen Partner betriebene Einzelhandelsgeschäft kann nur durch ehevertragliche Zuweisung der Gesellschaftsanteile zum **Vorbehaltsgut** jedes Ehepartners begründet werden. Anderenfalls wird das Handelsgeschäft in Gütergemeinschaft betrieben. Die Mitgliedschaftsrechte vereinigen sich zwangsläufig in dem Gesamtgut. Die Ehepartner können dann nicht Anteilsinhaber an einer aus ihnen selbst gebildeten Personenhandelsgesellschaft sein.[329]

219 Die Zuwendung an einen Ehepartner durch Begründung von Sondergut ist der Rechtslage bei Gütertrennung vergleichbar: Infolge bewusster Ausklammerung von Vermögensteilen aus dem Gesamtgut muss ein Rückübertragungsanspruch in der Regel ausgeschlossen sein.

---

[325] OLG Bremen Ls. NZFam 2017, 178, mAnm *Reinken*; *Weinreich* FF 2017, 107 ff; BGH NJW 1977, 1234 (1235).
[326] Im Fall des OLG Bremen NZFam 2017, 178, ging es um die Zuwendung von Lebensversicherungsverträgen. *Weinreich* FF 2017, 107 (109) für eine erstrangige Feststellung des Zugewinnausgleichs, nötigenfalls Aussetzung nach § 148 ZPO.
[327] KG NZFam 2017, 617 Ls. mAnm *Böhne* = FamRZ 2017, 608; *Herr* Nebengüterrecht 2013 Rn. 522 ff.; FamRB 2011, 258.
[328] BGH NJW 1972, 48 (49).
[329] BGH NJW 1975, 1774 ff.

I. Der Schenkungsvertrag zur Regelung der vorweggenommenen Erbfolge § 2

c) Familienrechtlicher Kooperationsvertrag. Der familienrechtliche Kooperationsvertrag ist neben der ehebedingten Zuwendung ein Vertrag sui generis familienrechtlicher Art.[330] Er ist ein Konstrukt, um die über die in der Ehe normalen Beistands-, Unterhalts- und Unterstützungspflichten hinausgehenden Arbeitsleistungen eines Ehegatten vertraglich einzuordnen. Der finanzielle Ausgleich solcher Leistungen geschieht in diesem Konstrukt durch (gegebenenfalls entsprechende) Anwendung der Grundsätze über den Wegfall der Geschäftsgrundlage.[331]

13. Gesetzliche Korrekturmöglichkeiten der weichenden Erben bei Erb- oder Pflichtteilsverzicht

Die Absprachen des Erblassers mit weichenden Erben bzw. Pflichtteilsberechtigten unterliegen diversen Korrekturmöglichkeiten, wenn die Grundlagen oder Vorstellungen zu der Vereinbarung entfallen oder fehlerhaft waren, und es sich dabei nicht lediglich um Motivirrtümer handelt.

a) Bis zum Ableben des Erblassers. Praktisch häufig werden Erb- oder Pflichtteilsverzichtverträge im Zusammenhang mit Abfindungsvereinbarungen geschlossen.

Beim Erbverzicht fallen der Verzichtende und sein Stamm als gesetzliche Erben weg, so als ob sie zur Zeit des Erbfalls nicht lebten (§ 2346 Abs. 1 S. 2 BGB).[332] Es entfällt damit automatisch dessen Pflichtteilsrecht. Zu bedenken ist unbedingt, dass der Verzichtende bei der Berechnung des Pflichtteils nicht mehr mitgezählt wird, und dadurch die Erb- und Pflichtteile anderer Berechtigter deutlich erhöht werden können.[333]

Beim Pflichtteilsverzicht entsteht kein Pflichtteilsanspruch, die gesetzliche Erbfolge bleibt unberührt, und für die Berechnung von Erbteilen (§ 2310) und bei der Ausgleichungspflicht (§ 2316) wird der Verzichtende berücksichtigt.[334]

Der Erbverzichtsvertrag ist kein Vertrag zugunsten Dritter (§ 328 BGB), keine Verfügung von Todes wegen und nicht bedingungsfeindlich.

Die durch (teilweisen, vollständigen, befristeten oder bedingten) Erb- und Pflichtteilsverzicht weichenden Erben haben einen Beitrag dazu geleistet, dass der Erblasser sein Konzept der Unternehmensnachfolge verwirklichen kann. Die Vorstellung falscher Tatsachen über die einer Übertragung nachfolgenden Ereignisse, wie zB die Veräußerung des Geschäftsanteils durch den Zuwendungsempfänger, nimmt diesem Beitrag die Grundlage. Rechtlich gelten für diese Fälle die allgemeinen Vorschriften, da der Erb- beziehungsweise Pflichtteilsverzicht trotz seiner Erbfolgewirkungen ein abstraktes Rechtsgeschäft unter Lebenden ist.[335]

Die Lösung von dem Verzicht auf Erb- oder Pflichtteilsansprüche ist durch einvernehmlichen Aufhebungsvertrag möglich (§ 2351 BGB),[336] im Übrigen hängt dies von der jeweiligen Störung ab. Hat sich der weichende Erbe falsche Vorstellungen über den Umfang der Erbmasse gemacht, hält der BGH eine **Anfechtung** wegen Irrtums über Eigenschaften des Nachlasses (§ 119 Abs. 2 BGB) oder das Verlangen nach **Anpassung** wegen teilweisen Fehlens oder Wegfalls der Geschäftsgrundlage (§ 313 BGB) für möglich, wenn schon im Zeitpunkt der Vereinbarung grobe Bewertungsfehler des gegenwärtigen Vermö-

---

[330] OLG Hamm BeckRS 2016, 03022.
[331] *Scholz/Kleffmann/Motzer/Uecker*, Praxishandbuch Familienrecht (2016) C Rn. 8, 99; *Wever* FamRZ 1996, 912; *Herr*, Nebengüterrecht, 1. Aufl. 2013, Rn. 406–418, 615; *Herr* in Münch. FamR, 2. Aufl. 2016, § 6. Nebengüterrechtliche Forderungen Rn. 336–339.
[332] BGH NJW 1957, 422 (423): Erbverzicht auch stillschweigend möglich; OLG Hamm ZEV 2017, 163 (165 f.) zur Sittenwidrigkeit eines Erb- und Pflichtteilsverzichts wegen erheblichen Ungleichgewichts, Anm. *Everts*.
[333] Nicht belegt.
[334] MüKoBGB/*Wegerhoff*, § 2346 Rn. 11, 19.
[335] BGH NJW 1962, 1910 ff.
[336] BGH NJW 1980, 2307 (2308); *J. Mayer* ZEV 2005, 175 (176) schlägt Schutz nach BGB Vor § 2287 vor

gens bestehen.³³⁷ Motivirrtümer dagegen rechtfertigen eine Anfechtung nicht.³³⁸ Diese Einschränkung erklärt sich daraus, dass es sich bei dem Verzicht auf Erb- beziehungsweise Pflichtteile um eine Wagnisvereinbarung handelt, die das Risiko von Fehleinschätzungen künftiger Entwicklungen des Vermögens des Erblassers in sich birgt.³³⁹ Etwas anderes kann gegebenenfalls bei wesentlicher Veränderung gelten.³⁴⁰

228 Soll der Gefahr einer späteren Aufhebung eines Erb- oder Pflichtteilverzicht vorgebeugt werden, müsste vorsorglich eine Verpflichtung zur Unterlassung (Nichtaufhebung) des Verzichts vereinbart werden, mit der Folge, dass eine Aufhebung zwar nicht unwirksam ist, aber Schadensersatzansprüche begründen kann.³⁴¹

229 **b) Nach dem Ableben des Erblassers.** Nach dem Ableben des Erblassers ist die Anfechtung eines vereinbarten Erb- oder Pflichtteilsverzichts allerdings ausgeschlossen.³⁴² Gegebenenfalls bleibt dem Verzichtenden ein **Bereicherungsanspruch** gegen die Erben. Etwas anderes gilt im Falle arglistiger Täuschung über den Umfang des Erbvermögens. Entweder kommt eine Anfechtung des weichenden Erben (§ 123 BGB) oder die Verfolgung von Schadensersatzansprüchen wegen pflichtwidrig unterlassener Information über den Bestand des Vermögens in Betracht.³⁴³ Eine Täuschung durch Unterlassen liegt eventuell vor, wenn der Erblasser bei Abschluss eines Erbverzichtsvertrages gegen Abfindung verpflichtet wäre, zumindest so viele Angaben über die Größe des vermutlichen Nachlasses zu machen, dass der Verzichtende sich über den Wert seines Pflichtteils und den der angebotenen Abfindung ein Bild machen kann.³⁴⁴ Letztlich hängt die Rechtspflicht zur Aufklärung des Verhandlungspartners von mehreren, verhältnismäßig unbestimmten Kriterien wie der geschäftlichen Erfahrenheit des aufzuklärenden Kontrahenten oder des Grades des Vertrauensverhältnisses zwischen den Parteien ab.³⁴⁵ Das genaue Ausmaß der Aufklärungspflicht ist also schwer zu bestimmen.

230 **c) Die Abfindung.** Ist der Erbverzicht beziehungsweise der Pflichtteilsverzicht erbracht worden, die Abfindung aber nicht geleistet, hat der Verzichtende die Möglichkeit, auf Leistung der Abfindung zu klagen und gegebenenfalls Schadensersatz vom Erblasser oder dessen Erben zu verlangen. Ein Rücktritt kann nur zu Lebzeiten des Erblassers mit der Folge der Aufhebung des Verzichtvertrages (§ 2351 BGB) ausgeübt werden. Die Aufhebung des Erbverzichts ist nach dem Tod des Erblassers und auch nach dem Tod des Verzichtenden³⁴⁶ ausgeschlossen, die Abfindungsleistung muss jedoch von den Erben als Nachlassverbindlichkeit erfüllt werden. Deshalb sollte der Pflichtteilsverzichtvertrag (§ 2346 Abs. 2 BGB) mit einer Abfindungsvereinbarung so verbunden sein, dass dessen Erfüllung Bedingung des Vertrages ist,³⁴⁷ oder Rücktrittsrechte vorgesehen sind. Die ausdrückliche Vereinbarung einer solchen Bedingung ist der sicherste Weg für den Verzich-

---

³³⁷ *Kollhosser* AcP 194, 255; *Edenfeld* ZEV 1997, 138.
³³⁸ OLG Frankfurt OLGZ 1992, 35 (40) = Rpfleger 1991, 368 zur Anfechtung der Ausschlagung einer Erbschaft mit Grundvermögen in der ehemaligen DDR.
³³⁹ BGH ZEV 1997, 69 (70); MüKoBGB/*Wegerhoff*, § 2346 Rn. 24; *Ebenroth/Fuhrmann* BB 1989, 2034.
³⁴⁰ Solche Fälle gab es vor der Wiedervereinigung, wenn die Beteiligten bei einem Pflichtteilsverzicht von einem endgültigen Verlust des in der damaligen DDR befindlichen Vermögens ausgegangen sind; OLG Frankfurt OLGZ 1992, 35 (40) = Rpfleger 1991, 368.
³⁴¹ *Schindler* DNotZ 2004, 824 (837).
³⁴² BayObLG 4.1.2006, 1Z BR 97/03, IWW Abruf-Nr. 060866); BGH NJW 1999, 789 (790); NJW 1997, 653 (654) = ZEV 1997, 69 mAnm *Edenfeld* = JZ 1998, 141 mAnm *Kuchinke*; BGH NJW 1991, 1345; OLG Koblenz NJW-RR 1993, 708 (709): schuldrechtlicher Ausgleichsanspruch; Palandt/*Weidlich*, BGB § 2346 Rn. 18; *Wüstenberg* ZEV 1997, 301.
³⁴³ BGH NJW 1991, 1345 (1346); OLG Koblenz NJW-RR 1993, 708 (709).
³⁴⁴ *Westermann*, FS Kellermann, 522.
³⁴⁵ *Westermann*, FS Kellermann, 522.
³⁴⁶ BGH NJW 1998, 3117 (3118) = ZEV 1998, 304.
³⁴⁷ BGH NJW 1962, 1910 (1912); *Edenfeld* ZEV 1997, 138, auch mit Ausführungen zu weiteren Verzichtsbedingungen.

tenden, den Erblasser oder die durch den Verzicht begünstigten Miterben zur Erfüllung ihrer Verpflichtung anzuhalten.[348]

231 Das kausale Grundgeschäft des Erbverzichts und des Pflichtteilsverzichts werden von dem abstrakten Erfüllungsgeschäft unterschieden.[349] Fehlt es an einer Verknüpfung von Pflichtteilsverzicht und Abfindungsvereinbarung, hat der weichende Erbe bei Nichtigkeit des kausalen Verpflichtungsvertrages einen Anspruch wegen Rechtsgrundlosigkeit der erbrachten Leistung (§ 812 Abs. 1 S. 1, 1. Alt. BGB), bei Unwirksamkeit des abstrakten Pflichtteilsverzichtvertrages einen Bereicherungsanspruch wegen Zweckverfehlung infolge seiner Vorleistung in der einseitigen Erwartung einer nicht gewährten Abfindung (§ 812 Abs. 1 S. 2, 2. Alt. BGB).[350]

232 Der Erbverzicht ist ein Risikogeschäft. Die künftige Entwicklung des „Nachlasses" ist unbekannt, nachträgliche Veränderungen des Nachlasswertes rechtfertigen keinen Anspruch auf den Wegfall der Geschäftsgrundlage, genauso wenig wie das Versterben des Verzichtenden vor Eintritt des Erbfalls. Grobe Rechen- und Bewertungsfehler (Wiedervereinigungsfälle)[351] oder Fälle der Zweckverfehlung, insbesondere bei Hofübergabeverträgen, können nach den Grundsätzen über die Rechtsfolgen bei Wegfall der Geschäftsgrundlage korrigiert werden.

14. Gesetzliche Korrekturmöglichkeiten des Zuwendungsempfängers

233 Für den Zuwendungsempfänger wird sich die Frage nach Rückabwicklung einer einmal getroffenen Vereinbarung oder Änderung der von ihm übernommenen Verpflichtung gegenüber dem Erblasser oder Erbanwärtern in den Fällen stellen, in denen
– eine wesentliche Änderung in seinen Vermögensverhältnissen eintritt, etwa bei erheblicher Verschlechterung der wirtschaftlichen Situation des übernommenen Unternehmens, oder
– in denen der Sozialhilfeträger einen Schenkungsrückforderungsanspruch wegen Notbedarf des Schenkers (§ 528 BGB) auf sich übergeleitet hat und den Beschenkten in Anspruch nimmt.

234 In beiden Fällen ist jedoch eine Befreiung von der Leistungspflicht durch Rückgabe der Zuwendung an den Schenker (zu dessen Lebzeiten) oder eine Anpassung nach den Grundsätzen über den Wegfall der Geschäftsgrundlage (nach dessen Ableben) ausgeschlossen. Nach dem Charakter des Vertrages gehört es zu dem typischen Risiko, dass eine **wirtschaftliche Verschlechterung** des übernommenen Vermögens eintreten kann. Den möglichen Eintritt des Notbedarfs des Schenkers hat das Gesetz bereits in § 528 BGB antizipiert. Eine Veränderung solcher Umstände hat in Hinblick auf die Geschäftsgrundlage außer Betracht zu bleiben.[352] Die Höhe der Zahlungsverpflichtung an Geschwister kann eine Anpassung allenfalls erfahren, wenn bereits im Zeitpunkt der Zuwendung ein Irrtum über die Bewertung des Zuwendungsobjektes bestand.[353] Nach § 818 Abs. 3 BGB entfällt eine Zahlungspflicht, wenn der Empfänger nicht mehr bereichert ist.[354]

235 Handelt es sich bei dem Empfänger eines Personengesellschaftsanteils im Zeitpunkt der Zuwendung um einen Minderjährigen, so kann der volljährig gewordene Gesellschafter die Austrittskündigung, wie sie in § 723 Abs. 1 Nr. 2 BGB normiert ist, aus der Gesamthandgemeinschaft aussprechen. Es handelt sich nicht um eine bloße Kündigungsregelung, sondern auch um eine **nachträgliche Haftungsbeschränkung.** In der OHG und bei Kündigung einer Komplementärstellung in einer KG führt dies nicht zu der durch den

---

[348] *Edenfeld* ZEV 1997, 141.
[349] BGH NJW 1962, 1910 (1912); BayObLGZ 1995, 29 (31 ff.) = ZEV 1995, 228 = NJW-RR 1995, 648; BayObLGZ 1981, 30 (33).
[350] MüKoBGB/*Wegerhoff*, § 2346 Rn. 28; *Ebenroth/Fuhrmann* BB 1989, 2053.
[351] BGH DNotZ 1992, 32 (33 f.) = BGHZ 113, 310.
[352] *Coing* NJW 1967, 1779, für die wirtschaftliche Verschlechterung des Empfängers.
[353] BGH DNotZ 1992, 32 (33 f.) = BGHZ 113, 310.
[354] Staudinger/*Chiusi* (2013) BGB § 528 Rn. 16, 38.

Wortlaut des § 723 BGB nahe gelegten Folge der Auflösung der Gesellschaft.[355] Die Haftungsbeschränkung kann als Einrede im Prozess erhoben werden.[356] Sie führt dazu, dass der Schuldner, dessen ganzes Vermögen haften würde, beschränkt ist auf den Bestand des bei Eintritt der Volljährigkeit vorhandenen Vermögens des Minderjährigen bei Eintritt der Volljährigkeit (§ 1629a BGB).[357]

II. Besicherung von Ansprüchen im Grundbuch

236 Grundbucheintragungen bieten eine dingliche Absicherung, wenn auch Grundvermögen mit zugewendet wird, und werden gerne mit Altenteilregelungen verknüpft. In Betracht kommen insbesondere Reallasten, Grunddienstbarkeiten und beschränkt persönliche Dienstbarkeiten.

1. Reallast

237 Als Reallast versteht man die **Belastung eines Grundstückes** mit dem dinglichen Stammrecht auf Entrichtung wiederkehrender Leistungen und dem dinglichen Recht auf Entrichtung jeder Einzelleistung zur Sicherung schuldrechtlicher (Versorgungs-) Ansprüche. Der Eigentümer des belasteten Grundstücks haftet für die während seines Eigentums fällig werdenden Leistungen auch persönlich – als Folge der dinglichen Haftung. (§ 1108 BGB), was zB für spätere Erwerber oder Zwischenerwerber des Grundbesitzes bedeutsam sein kann. Diese persönliche Haftung kann mit dinglicher Wirkung eingeschränkt oder ausgeschlossen werden.

238 Formulierungsvorschlag:

Der Übernehmer verpflichtet sich, an den A ab ... auf dessen Lebenszeit, eine monatlich im Voraus fällige Rente in Höhe von ... zu zahlen. [eventuell Indexierung] Nach seinem Ableben ist die Zahlung an den Ehegatten B zu erbringen, ebenfalls auf deren Lebenszeit.

Die Beteiligten bewilligen und beantragen zulasten des Grundbesitzes ... Flur ...
1. die Eintragung einer Reallast zugunsten des A zur Sicherung der in der Urkunde ... vereinbarten Zahlungsansprüche des A, mit dem Vermerk, dass die Reallast mit dem Nachweis des Todes des Berechtigten gelöscht wird, sowie
2. eine durch den Tod des Berechtigten A aufschiebend bedingte Reallast zugunsten des Ehegatten B zur Sicherung der in der Urkunde ... vereinbarten Zahlungsansprüche des B, mit dem Vermerk, dass die Reallast mit dem Nachweis des Todes des Ehegatten gelöscht wird.

Der Übernehmer unterwirft sich wegen
– der vorstehend vereinbarten persönlichen Verpflichtung zur Zahlung einer Rente an A und an B,
– wegen des dinglichen Anspruchs aus der Reallast auf Duldung der Zwangsvollstreckung in den belasteten Grundbesitz (§ 1105 BGB)
– und wegen der persönlichen Haftung des Grundstückseigentümers (§ 1108 BGB)
– der sofortigen Zwangsvollstreckung aus dieser Urkunde. Eine vollstreckbare Ausfertigung wird auf Antrag des A ohne weiteren Nachweis, an B unter Nachweis des Versterbens des A erteilt.

---

[355] Im Zuge der in Arbeit befindlichen Reformierung des Personengesellschaftsrechts soll der Tod eines GbR-Gesellschafters nicht mehr zur Auflösung der GbR führen.
[356] BFH ZEV 2003, 478 (479).
[357] Der Gesetzgeber empfiehlt eine Inventarisierung des vorhandenen Vermögens zum Zeitpunkt der Volljährigkeit; Zur Methodik der Haftungsbeschränkung *Behnke* NJW 1998, 3078 (3079).

II. Besicherung von Ansprüchen im Grundbuch § 2

Im Unterschied zur Dienstbarkeit, welche dem Berechtigten ein Duldungs- oder Unterlassungsrecht gibt, ist die Reallast auf ein **aktives Handeln** gerichtet. 239

Die Leistung muss in **Geld** bestehen oder in eine **Geldleistung** umwandelbar sein. 240
Dies ist zB gewährleistet bei Zahlung einer Rente, bei Lieferung von Nahrung oder Energie, bei Gewährung einer Wohnung (Wohnungsreallast),[358] oder bei Stellen einer Pflegeperson. Landesrechtliche Inhaltsbeschränkungen sind in diesem Zusammenhang allerdings zu beachten.[359] Sie verschaffen dem Berechtigten anders als bei der Grunddienstbarkeit (§ 1018 BGB) nicht ein Nutzungs- oder Unterlassungsrecht gegenüber dem Grundstück, sondern lediglich eine Verwertungsbefugnis. Deshalb braucht zwischen dem belasteten Grundstück und dem gesicherten Anspruch keinerlei Sachzusammenhang zu bestehen, auch wenn der Wortlaut des § 1105 BGB dies nahe legt.[360] Die Reallast kann daher auch zur Sicherung einer schuldrechtlichen Forderung als Sicherungsreallast bestellt werden.

Die Reallast eignet sich zur Sicherung des Übergebers für einen Altenteil oder zur Sicherung weichender Erben, solange es sich um wiederkehrende Leistungen[361] handelt (§ 1105 Abs. 1 BGB). Regelmäßigkeit und gleiche Art und Höhe der Leistung sind nicht erforderlich.[362] Eine Unterwerfungsklausel (sofortige Zwangsvollstreckung nach § 800 ZPO) ist unzulässig,[363] eine Löschungsklausel durch Todesnachweis ist anders als bei Löschung von Rückauflassungsvormerkungen zulässig (§ 23 Abs. 2 GBO). 241

Um eine Doppelinanspruchnahme zu vermeiden, etwa bei Abtretung der Reallast oder der zugrundeliegenden Forderung, besteht Personenverschiedenheit zwischen persönlichem und dinglichem Gläubiger, kann eine Verrechnungsbestimmung helfen. 242

Formulierungsvorschlag: 243
Leistungen aufgrund der schuldrechtlichen Verpflichtung und der dinglichen Ansprüche aus der Reallast sind gegeneinander anzurechnen, sodass ein Leistungsverweigerungsrecht für den jeweils Verpflichteten besteht.

Bei **separater Bestellung** (ohne Übertragung eines Grundstückes) wird die Reallast durch Einigung und Eintragung (§ 873 BGB) in der Grundbuchform des § 29 GBO begründet. 244

2. Grunddienstbarkeit

Die Grunddienstbarkeit ist die dingliche **Belastung eines Grundstückes zugunsten eines anderen Grundstückes** – genau genommen zugunsten des jeweiligen Eigentümers des anderen Grundstücks. Sie verschafft dem begünstigten Grundstück bestimmte Rechte, wobei nur solche Rechte in Betracht kommen, die dem herrschenden Grundstück einen wirtschaftlichen Vorteil bieten oder bieten können (§ 1019 BGB). Den möglichen Inhalt einer Grunddienstbarkeit regelt § 1018 BGB erschöpfend. Danach kann die Belastung nur darin bestehen, dass 245
– der Eigentümer des herrschenden das dienende Grundstück in einzelnen Beziehungen benutzen darf,
– auf dem dienenden Grundstück gewisse Handlungen nicht vorgenommen werden dürfen (zB Gewerbeausübungsverbot),

---

[358] BGH NJW 1972, 540.
[359] Aufzählung bei Palandt/*Herrler*, Überbl. vor § 1105 Rn. 4; in NRW zB Reallast nur als wiederkehrende Geldrentenverpflichtung zulässig.
[360] BGH NJW 2014, 1000 (1001); MüKoBGB/*Mohr*, 7. Aufl. 2017, § 1105 Rn. 5, 66 m.N.a.d. Rspr.
[361] BGH NJW 2014, 1000 (1001): keine Sicherung einmaliger Leistungen aus dem Altenteilvertrag durch Reallast gemäß BGB § 1105.
[362] MüKoBGB/*Mohr*, 7. Aufl. 2017, § 1105 Rn. 15, 23.
[363] BayObLGZ 59, 83 ff.

– die Ausübung eines Rechts ausgeschlossen ist, das dem dienenden Grundstück aus seinem Eigentumsrecht dem herrschenden gegenüber eigentlich zustünde.

246 Die Begründung erfolgt durch die dingliche Einigung zwischen Berechtigtem und Verpflichtetem sowie Eintragung nach § 873 BGB; die Eintragungsbewilligung bedarf der Grundbuchform des § 29 GBO.[364] In Entstehung und Fortbestand ist die Grunddienstbarkeit unabhängig von dem schuldrechtlichen Verpflichtungsgeschäft (zB einer Schenkung), welches nicht der Form des § 311b Abs. 1 BGB unterfällt, soweit die Verpflichtung zur Bestellung betroffen ist (aber gegebenenfalls das Schenkungsversprechen).[365]

3. Beschränkte persönliche Dienstbarkeit

247 Auch die beschränkte persönliche Dienstbarkeit stellt ein **Recht an einem belasteten Grundstück** dar, das Recht steht jedoch einer bestimmten Person und nicht dem jeweiligen Eigentümer eines anderen Grundstücks zu. Auch muss das Recht dem Begünstigten keinen wirtschaftlichen Vorteil gewähren. Ein schutzwürdiges Interesse, welches wirtschaftlich oder ideell motiviert sein kann, ist ausreichend. Sie entspricht in ihrer Rechtsnatur und ihrem gesetzlichen Inhalt weitgehend der Grunddienstbarkeit, deren Vorschriften nach § 1090 Abs. 2 BGB auch entsprechend anwendbar sind. Nach § 1092 BGB ist die beschränkte persönliche Dienstbarkeit nicht übertragbar und nach §§ 1090 Abs. 2, 1061 BGB auch nicht vererblich.[366] Diese Vorschriften sind unabdingbar.

248 Im Gegensatz zum Nießbrauch gehört die **Überlassung** der Rechtsausübung an Dritte nicht zum gesetzlichen Inhalt, sondern muss ausdrücklich gestattet sein (§ 1092 Abs. 1 S. 2 BGB). Eine solche Gestattungsvereinbarung wird mit Eintragung dinglicher Inhalt des Rechts. Die Begründung erfolgt durch Einigung und Eintragung nach § 873 BGB, die Eintragungsbewilligung bedarf der Grundbuchform des § 29 GBO. Da die beschränkte persönliche Dienstbarkeit ihrer Natur nach (längstens) auf die Lebenszeit des Berechtigten[367] beschränkt ist, kann durch Vorlage der Sterbeurkunde der Unrichtigkeitsnachweis geführt und die Löschung nach § 22 GBO herbeigeführt werden.

4. Rentenschuld

249 Die Rentenschuld ist eine besondere **Form der Grundschuld** (§ 1199 BGB) und ähnelt der (Renten-) Reallast, führt allerdings nicht zur persönlichen Haftung des Grundstückseigentümers (im Unterschied zur Reallast als Folge der dinglichen Haftung). Die regelmäßig wiederkehrenden Leistungen in Form der Zahlung einer Geldsumme werden aus dem **Grundstück** geschuldet (§ 1199 Abs. 1 BGB). Die Höhe der Geldsumme kann variieren. Für die Rentenschuld ist eine Ablösesumme zu bestimmen und einzutragen (§ 1199 Abs. 2 BGB), deren Höhe beliebig ist und keinen rechnerischen Bezug zu den wiederkehrenden Leistungen haben muss. Die Zahlung der Ablösesumme lässt eine Eigentümerrentenschuld entstehen. Der Gläubiger hat ausschließlich im Falle der Gefährdung der Sicherheit (§ 1133 BGB) das Recht, Ablösung zu verlangen (§ 1201 Abs. 2 BGB), der Eigentümer stets unter Beachtung der sechsmonatigen Kündigungsfrist. Bei separater Bestellung der Sicherung ist die Form der Beglaubigung des Antrages (§ 29 GBO) ausreichend, bei begleitender Grundstücksübertragung ist er zu beurkunden.

---

[364] BGH NJW 2010, 1074 (1075).
[365] BGH NJW-RR 2013, 652 zu einer stillschweigenden Verpflichtung zur Begründung einer Grunddienstbarkeit in Übergabevertrag.
[366] Anders das Dauerwohnrecht.
[367] Ausnahmen: §§ 1059a–1059d BGB.

II. Besicherung von Ansprüchen im Grundbuch § 2

> **Formulierungsvorschlag:** 250
> Der Übernehmer ist berechtigt, dem Rentenbezugsberechtigten anstelle der vorstehend vereinbarten monatlichen Rentenzahlungen einen einmaligen Ablösebetrag für die gesamten in der Zukunft noch zu zahlenden Rentenzahlungen zu zahlen und damit einen Anspruch auf Löschung der Rentenschuld im Grundbuch zu verlangen.
>
> Der Ablösebetrag ist mittels finanzmathematischer Grundsätze zu errechnen. Die aktuelle Lebenserwartung ist der im Zeitpunkt der Ablösung aktuellen Sterbetafel zu entnehmen, der jährliche Zinssatz beträgt … %.

5. Rückauflassungsvormerkung

Vormerkungen zur Sicherung gesetzlicher Rückübertragungsansprüche können nicht im Grundbuch eingetragen werden. Die von dem Schenker im Rahmen **vertraglicher Sicherung** vorbehaltenen (konkret benannten) Ansprüche auf Rückübertragung einer Immobilie hingegen können durch Vormerkung eines bedingten Rückauflassungsanspruchs im Grundbuch gesichert werden (§ 883), und zwar auch dann, wenn es sich um die vertragliche Sicherung der Rückübereignung für den Fall der Verwirklichung eines gesetzlichen Rückforderungsrechtes handelt.[368] Durch die Vormerkung kann jeder schuldrechtliche Anspruch gesichert werden. Anderweitige Zwischenverfügungen des Verpflichteten sind nicht möglich (§§ 883 Abs. 2, 888 BGB), und Zwangsvollstreckungsmaßnahmen in das betroffene Recht scheiden aus (§ 883 BGB). Nicht sicherbar sind dingliche Ansprüche oder solche, die nicht im Wege der Grundbucheintragung realisiert werden, sowie solche, auf die nicht verzichtet werden kann (§ 137 S. 1 BGB). Schwebend wirksame Ansprüche, deren Entstehung von der Genehmigung eines Dritten abhängen (Behörde, Familiengericht), werden wie künftige Ansprüche behandelt und sind sicherbar, wenn der Vertragspartner bereits gebunden ist und nur noch die Genehmigung des Dritten aussteht. Nicht vormerkungsfähig sind Ansprüche, wenn die Bindung erst mit Genehmigung des Dritten eintritt (Genehmigung des vollmachtlosen Vertreters oder Berechtigten, §§ 177, 185 BGB). 251

Bei Schenkung durch beide Elternteile an das Kind wird der Vorbehalt der Rückübertragung durch eine einzige Vormerkung gesichert, der zunächst beiden gemeinsam und nach dem Tod des Erstversterbenden dem Längstlebenden allein zusteht.[369] 252

> **Formulierungsbeispiel:** 253
> Die Beteiligten sind sich hiermit unbedingt darüber einig, dass
> (1.) das Eigentum an den in § … genannten Grundvermögen auf den Beschenkten übergehen soll,
> (2.) an rangbereiter Stelle in Abtlg. II für die Schenker die Eintragung einer Rückauflassungsvormerkung an dem Miteigentumsanteil des in § … genannten Grundvermögens gemäß § 883 BGB im Grundbuch für die genannten Fälle, und zwar auch dann, wenn es sich um die vertragliche Sicherung der Rückübereignung für den Fall der Verwirklichung des gesetzlichen Rückforderungsrechtes nach §§ 528, 530 BGB handelt,
> (3.) zur Sicherung des bedingten Rückübertragungsanspruchs nach wirksamer Ausübung eines vorstehend eingeräumten Rückforderungsrechtes oder des gesetzlichen Widerrufs gemäß § 528 BGB wegen Verarmung des Schenkers oder gemäß § 530 BGB wegen groben Undanks der Beschenkte zugunsten beider Eltern als Ge-

---

[368] BGH NJW 2002, 2461 (2463) zur Auflassungsvormerkung zur Sicherung bei grobem Undank; OLG München ZEV 2007, 393 (394) zur Rückauflassungsvormerkung, wenn eine wesentliche Verschlechterung in den Vermögensverhältnissen des Erwerbers eintritt.
[369] BayObLG DNotZ 1996, 366 (367 ff.) mAnm *Liedel* DNotZ 1996, 370.

> samtberechtigte gemäß § 428 BGB eine Auflassungsvormerkung am Vertragsbesitz bestellt; er bewilligt und beantragt deren Eintragung im Grundbuch. Die Vormerkung ist als Sicherungsmittel auflösend befristet. Sie erlischt mit dem Tod des letztversterbenden Elternteils.

254 Die Rückauflassungsvormerkung kann nicht (mehr) mit dem Inhalt eingetragen werden, dass zu ihrer Löschung der Nachweis des Todes des Berechtigten genügt,[370] auch wenn sie ohne zeitliche Begrenzung bestellt worden ist.[371] Alternativ kann dem Beschenkten eine unwiderrufliche Löschungsvollmacht zur Abgabe der Löschungsbewilligung im Vertrag eingeräumt werden mit der Maßgabe, diese nur unter Vorlage einer Sterbeurkunde des Berechtigten auszuüben.

III. Beschränkung der Vermögenssorge der Eltern für Zuwendungen an Minderjährige

254a Das Vermögen des minderjährigen Kindes unterliegt einschließlich einem Erwerb durch Schenkung oder Erbschaft der elterlichen Sorge (§§ 1626 Abs. 1 S. 2, 1626a BGB). Von diesem Grundprinzip darf der Schenker, der dem Minderjährigen Vermögen zuwenden möchte, abweichende Anordnungen treffen.

1. Überblick

254b Die Beschränkung der Vermögenssorge der Eltern ist möglich durch vollständigen Ausschluss der Eltern von der Vermögenssorge für das zugewendete Vermögen, durch Ausschluss eines Elternteils, oder durch Regelung der Art und Weise der Verwaltungsbefugnis.

255 **a) Entziehung des Verwaltungsrechts.** Der Schenker hat die Möglichkeit, eine unentgeltliche Zuwendung an einen Minderjährigen mit der Anordnung zu verbinden, dass die Eltern des minderjährigen Kindes das geschenkte Vermögen nicht verwalten dürfen (§ 1638 Abs. 1, 3 BGB). § 1638 BGB behandelt den Fall der Schenkung und den Fall der Begünstigung des Minderjährigen durch eine Verfügung von Todes wegen, jeweils verbunden mit der **Entziehung der Vermögenssorge der Eltern** für das dem minderjährigen Kind zugewandte Vermögen. Die Eltern dürfen dann das Kindesvermögens weder verwalten noch die Zuwendung annehmen noch im Namen des Kindes die Ausschlagung einer Schenkung/Erbschaft erklären,[372] mit der Folge der Bestellung eines Pflegers für die Verwaltung des geschenkten Vermögens (§ 1909 Abs. 1 S. 2 BGB) beim Familiengericht.

256 Die Anordnung, dass die Eltern oder ein Elternteil den Schenkungsgegenstand nicht mitverwalten sollen, ist kein rechtlicher Nachteil.

257 Formulierungsbeispiel:
Hinsichtlich des gesamten Vermögens, das mein Enkelkind X, geboren am ..., in ..., aus meinem Nachlass erwirbt, entziehe ich dessen Eltern das elterliche Vermögensverwaltungsrecht. Als Pfleger zur Ausübung des Verwaltungsrechts über das Vermögen und zur Annahme des Vermächtnisses an mein Enkelkind benenne ich Y, ersatzweise Z. Vor-

---

[370] BGH NJW 1992, 1683 f.
[371] BGH DNotZ 1996, 453 (455): Das Recht auf Rückübertragung ist mit dem Stammrecht selbst identisch und steht dem Rechtsnachfolger zu; kritisch *Lülsdorf*, DNotZ 1996, 456–458; BayObLG NJW-RR 2003, 649 (652); OLG Hamm, NJW-RR 2004, 223 (225).
[372] BGH NJW 2016, 3032 (3034) mAnm *Löhnig* mit Übersicht über die Unterschiede bei der Wahl zwischen Pfleger (§§ 1909, 1638 BGB) und Testamentsvollstrecker (§ 2197 ff. BGB), die als treuhänderische Verwalter an die Stelle des überlebenden Elternteils treten; mAnm *Muscheler*; aA OLG Düsseldorf FamRZ 2007, 93.

> sorglich für den Fall, dass das Familiengericht für die Annahme des Vermächtnisses an mein Enkelkind die Bestellung des auch zur Verwaltung berufenen Pflegers nicht anerkennt, benenne ich als Pfleger für die Annahme des Vermächtnisses A, geb. ..., ersatzweise B.
> Y beziehungsweise Z sollen in ihrer Funktion als Pfleger von ihrer Verpflichtung zur Rechnungslegung gegenüber dem Familiengericht befreit sein.

Testamentsvollstrecker und Pfleger sollten daher auch nicht personenidentisch sein. 258

Entsprechende Verwaltungsanordnungen sind auch zulässig bei Schenkung mit angeordneter Weitergabe des Geschenkes an einen Minderjährigen, oder in einem Gesellschaftsvertrag für die Aufnahme oder den Verbleib eines minderjährigen Mitgesellschafters, und auch für den Pflichtteilsanspruch. 259

b) Beschränkung der Verwaltung. Statt der Entziehung des Verwaltungsrechts kann der Schenker den Eltern auch Regeln über die Art und Weise der Verwaltung des zugewendet Vermögensauferlegen (§ 1639 BGB), zB zur Bildung von Rücklagen; eine Abweichung der Eltern ist gegebenenfalls mit Zustimmung des Familiengerichts möglich (§§ 1639 Abs. 2, 1803 Abs. 2, 3 BGB). 260

Hat der Schenker nur einen Elternteil von der Vermögenssorge ausgeschlossen, liegt die Verwaltung des zugewendeten Vermögens allein beim anderen Elternteil (§ 1638 Abs. 3 BGB). Der Schenkende hat hinsichtlich des Schenkungsvertrages das Recht zur Benennung einer konkreten Person als Pfleger (§ 1917 BGB).[373] Wenn ein Elternteil die Schenkung verwalten soll und keine weitere Person als Pfleger benannt ist, wird dieser zum Pfleger für die Entgegennahme der Schenkung bestimmt werden.[374] 261

c) Bestellung, Aufgabe des Pflegers. Die Mitwirkung des Pflegers bei der Annahme des Schenkungsversprechens und der Abwicklung des Schenkungsvorgangs ist erforderlich, solange das Kind nicht mindestens sieben Jahre alt und soweit die Zuwendung bei gebotener Gesamtbetrachtung des dinglichen Erwerbsgeschäfts nicht nur rechtlich vorteilhaft ist.[375] Ob das der Fall ist, bestimmt sich entgegen der früheren Rechtsprechung des BGH nicht nach einer Gesamtbetrachtung des dinglichen und des schuldrechtlichen Teils des Rechtsgeschäfts, sondern nach einer **isolierten Betrachtung** allein des **dinglichen Erwerbsgeschäfts**. Rechtlich nicht lediglich vorteilhaft ist die Schenkung, wenn die zur Schenkung gedachte Immobilie vermietet ist oder (bedingte) Rückübertragungsansprüche nicht auf den Wert der noch vorhandenen Bereicherung beschränkt sind. Rechtlich lediglich vorteilhaft ist die Schenkung jedoch auch bei einem Nießbrauchvorbehalt (ohne Vermietung) sowie bei Übernahme einer Grundschuld, ohne dass auch die schuldrechtliche Darlehensverpflichtung mitübernommen wird, und bei (bedingten) Rückübertragungsansprüchen nach bereicherungsrechtlichen Grundsätzen.[376] 262

---

[373] § 1917 BGB gewährt das Bestimmungsrecht, soweit es um die Verwaltung des Vermögens nach § 1909 Abs. 1 S. 2 BGB geht, spricht nicht ausdrücklich von dem Bestimmungsrecht hinsichtlich der Entgegennahme der Schenkung.
[374] OLG Karlsruhe NJW-RR 2004, 370; Palandt/*Götz*, BGB § 1638 Rn. 6.
[375] BGH NJW 2017, 3090 Ls. mAnm *Artz*, unter Aufgabe der Rspr. in NJW 1981, 109 (110), beurteilt die Frage nach der lediglich rechtlichen Vorteilhaftigkeit nicht nach einer Gesamtbetrachtung des dinglichen und des schuldrechtlichen Teils des Rechtsgeschäfts, sondern nach einer isolierten Betrachtung allein des dinglichen Erwerbsgeschäfts (hier also allein der Eigentumsübertragung).
[376] BGH NJW 1981, 109 (110). OLG Köln NJW-RR 2018, 1310: Erwerb einer voll eingezahlten UG-Beteiligung durch Minderjährige stellt lediglich rechtlichen Vorteil iSd § 107 BGB dar. AA OLG München MittBayNot 2010, 400 (401): ein Ergänzungspfleger für mehrere Kinder bei Übertragung einer Kommanditistenstellung, für jedes Kind ein Ergänzungspfleger bei Eintritt mehrerer Kinder in die KG durch Aufnahmevertrag; OLG Bremen MittRhNotK 1999, 284 für familiengerichtliche Genehmigung bei Übertragung einer Kommanditistenstellung.

263 Folgt die Bestellung des Pflegers nach, kann der Pfleger die zuvor erfolgte Schenkung an das Kind genehmigen.

264 Ist der Schenker ein Elternteil oder ein Großelternteil und will der Schenker selbst den Schenkgegenstand verwalten, so ist für die Entgegennahme der Schenkung ein Pfleger zu bestellen, dessen Aufgabe mit Vollzug beendet ist. Weder die Eltern – und zwar trotz des Ausschlusses nur eines Elternteils – noch die Großeltern können das Kind in diesem Fall vertreten (§§ 1629 Abs. 2, 1795 Abs. 1 Nr. 1 BGB für Großeltern, § 1629 Abs. 2 S. 1 BGB für den Ausschluss beider Eltern von der Vertretung bei Verwandtschaft in gerader Linie).

265 Soll ein Dritter die Verwaltung innehaben, so wird dieser als Pfleger zur Entgegennahme der Schenkung und zur Verwaltung bestellt.

266 Im Erbfall fällt die Erbschaft auch bei Untätigkeit des Vertreters des Kindes dem Kind automatisch an.[377] Für die Ausschlagung von Erbschaft bedarf es eines Tätigwerdens des Vertreters, der die Zustimmung des Familiengerichts nach § 1643 BGB benötigt. Der Pfleger wird für diese Fälle allein zur Verwaltung installiert. Zur Entgegennahme des Vermächtnisgegenstandes ist eine Mitwirkungshandlung des Vermächtnisnehmers erforderlich. Eine Fristsetzung des Erben nach § 2307 Abs. 2 BGB an den minderjährigen Vermächtnisnehmer zur Annahme zwingt daher zur Bestellung eines Pflegers.

267 Die Anordnung der Pflegschaft endet mit Erreichen der Volljährigkeit des Minderjährigen – daran könnte sich eine (Dauer-)Testamentsvollstreckung über das 18. Lebensjahr des Bedachten hinaus anschließen. Soweit eine Testamentsvollstreckung neben einer Anordnung nach § 1638 BGB besteht, würden die Kontrollrechte ihm gegenüber nicht von den Eltern, sondern von dem vom Erblasser benannten Pfleger wahrgenommen werden.

2. Verpflichtung zur Weitergabe der Schenkung unter Beachtung der Verwaltungsanordnung

268 Die Weitergabe eines Geschenks an die nächste Generation[378] kann eine Anordnung gemäß § 1638 BGB vorsehen. Ein Verstoß dagegen kann mit der Rechtsfolge der auflösenden Bedingung versehen werden, allerdings dann mit dem Nachteil des automatischen Rückfalls auf Grund des Eintritts der Bedingung. In Betracht kommt eine Schenkung unter der Auflage, der Beschenkte möge seinerseits eine Anordnung nach § 1638 BGB aufzunehmen. Die Anordnung hat familienrechtlichen Charakter, für welche die Form einer letztwilligen Verfügung im Sinne von § 2300 Abs. 2 S. 1 BGB vorgeschrieben ist, soweit es um einen erbrechtlich angeordneten Rechtserwerb geht.[379] Alternativ kann die Zuwendung mit einem Widerrufsvorbehalt oder mit einem vertraglichen Rücktrittsrecht (§§ 346 ff. BGB) oder mit einem vertraglichen Rückforderungsrecht verbunden werden. All diese Rechtsfolgen leiden jedoch an Schwächen, zB
– wegen ihres Automatismus,
– wegen des Entweder/Oder der Rechtsfolge,
– wegen der Frage, wer etwa für den verstorbenen Schenker die Rechte überhaupt ausüben soll,[380]
– wegen möglicher wertmindernder wirtschaftlicher Bewertung.[381]

---

[377] Zur Entgegennahme des Vermächtnisgegenstandes ist zwar eine Mitwirkungshandlung des Vermächtnisnehmers erforderlich. Der Anspruch verjährt nach 30 Jahren und lässt dem Vermächtnisnehmer Zeit, wenn nicht eine Fristsetzung des Erben nach § 2307 Abs. 2 BGB zur Bestellung eines Pflegers zwingt.
[378] Bei Weitergabeverpflichtung ist Vorsicht geboten, da diese erbschaftsteuerlich nachteilig sind, alte Erbschaftsteuer nicht erstattet wird, und die Weitergabe oft einer schlechteren Steuerklasse unterliegt (Verhältnis zwischen Weitergebenden und Empfänger maßgeblich.
[379] OLG Hamm DNotI-Report 2015, 46 (47).
[380] Übertragung des Rückforderungsrechtes auf einen Dritten bekannt aus dem Vertrag zu Gunsten Dritter im Grundstücksrecht. OLG Koblenz ZEV 2002, 460 ff. zur Überlegung eines wirtschaftlichen Nachteils bei vorbehaltenem Rücktrittsrecht.
[381] BGH NJW 2017, 329; ZEV 1996, 186 Pkt. 3c.; *OLG Koblenz* ZEV 2002, 460 (461).

III. Beschränkung der Vermögenssorge der Eltern für Zuwendungen an Minderjährige   § 2

3. Anforderungen an Eltern und Pfleger

Die formalen Anforderungen an die Verwaltung des Kindesvermögens durch den Pfleger 269
sind höher als die an Eltern. Durch die Bestimmung einer befreiten Pflegschaft können
diese Verpflichtungen indes reduziert werden. Die Unterschiede im Einzelnen:
– Der Pfleger hat nach §§ 1915, 1802 BGB ein Vermögensverzeichnis dem Familiengericht einzureichen, die Eltern nach § 1640 BGB dem Familiengericht nur, wenn das Kind eine unentgeltliche Zuwendung von mehr als EUR 15.000 erhalten hat. Von dieser Verpflichtung zur Einreichung eines Vermögensverzeichnisses der Eltern kann der Zuwendende Befreiung anordnen (§ 1640 Abs. 2 Nr. 2 BGB). Für den Pfleger ist eine Befreiung von der Einreichung des Vermögensverzeichnisses nicht möglich.
– Der Pfleger hat Geld mündelsicher anzulegen (§§ 1915, 1806, 1807 BGB). Von dieser und ähnlichen Verpflichtungen kann das Familiengericht eine Befreiung erteilen (§§ 1811, 1817 BGB). Von Eltern wird nur gefordert, dass sie das Kindesvermögen wirtschaftlich sinnvoll verwalten (§ 1642 BGB).
– Der Pfleger muss Geld mit einem Sperrvermerk anlegen (§§ 1809, 1810 BGB). Für die Rückzahlung benötigt er die Genehmigung des Gerichts. Eltern trifft diese Pflicht nicht. Das Familiengericht kann den Pfleger davon befreien (§§ 1915, 1852 BGB).
– Der Pfleger unterliegt Genehmigungspflichten bei der Verfügung über Forderungen und Wertpapiere (§ 1812 BGB), die Eltern nicht. Von diesen Genehmigungspflichten kann wiederum das Familiengericht Befreiung erteilen (§§ 1915, 1852 BGB).
– Der Pfleger unterliegt bestimmten Pflichten gemäß §§ 1814, 1815, 1816, 1915 BGB, ua zur Hinterlegung von Wertpapieren, die Eltern nicht.
– Der Pfleger unterliegt den familiengerichtlichen Genehmigungspflichten (§§ 1915, 1821, 1822 BGB). Für Eltern gelten gemäß § 1643 auch §§ 1821, 1822 BGB, von § 1822 allerdings nur die Nr. 1, 3, 5, 8 bis 11 BGB. Das Familiengericht kann dem Pfleger immerhin gemäß § 1825 BGB für § 1822 Nr. 8–10 BGB eine allgemeine Ermächtigung erteilen.
– Der Pfleger muss jährlich Bericht erstatten und Rechnung legen (§§ 1915, 1840 BGB, Befreiung nach §§ 1854, 1915 BGB möglich). Eltern unterliegen dieser Berichterstattungspflicht nicht.
– Bei Amtsende bei Volljährigkeit des Minderjährigen unterliegt der Pfleger einer Rechnungslegungspflicht (§§ 1915, 1890 BGB). Hiervon ist eine Befreiung nicht möglich. Eltern unterliegen dieser Rechnungslegungspflicht nicht.

4. Nutzbarmachung des § 1638 BGB im Gesellschaftsrecht

Die Anordnung nach § 1638 Abs. 1 BGB muss in Form einer Verfügung von Todes we- 270
gen oder in einer Schenkung unter Lebenden vom Gesellschafter/Schenker getroffen
werden. Die Verbindung der Nachfolgeklausel allein nur im Gesellschaftsvertrag mit der
Verwaltungsanordnung, dass ein Minderjähriger nicht durch seine Eltern, sondern durch
einen Elternteil, einen Gesellschafter oder Dritten als Pfleger vertreten wird, reicht für
eine wirksame Verwaltungsanordnung nicht aus und hätte zudem den negativen Effekt,
dass der Gesellschaftsanteil einer Personengesellschaft nicht wirksam übertragen werden
kann.

Die Satzung der GmbH kann bei Fehlen einer Regelung nach § 1638 BGB ein **Ein-** 271
ziehungsrecht bestimmen, allerdings mit der nachteiligen Folge der Vernichtung des Anteils. Eine **Abtretungsbestimmung,** die den Gesellschafter verpflichtet, den Geschäftsanteil an die GmbH oder einen von dieser bestimmten Gesellschafter abzutreten, wenn versäumt wurde, eine Regelung gemäß §§ 1638, 1917 BGB für seine minderjährigen Erben zu treffen, kann mit einer Regelung verbunden werden, dass der minderjährige Erbe den Anteil entschädigungslos an den Treuhänder abzutreten hat. Der Treuhänder kann weiter in der Satzung ermächtigt werden, unter Befreiung von der Beschränkung nach § 181 BGB die Abtretung selbst vorzunehmen, und sodann verpflichtet werden, den

Stenger   85

Anteil dem minderjährigen Erben mit einer Regelung gemäß §§ 1638, 1917 BGB zu schenken. Es handelt sich bei einer solchen Abtretungspflicht des Gesellschafters um eine mitgliedschaftliche Nebenpflicht nach § 3 Abs. 2 GmbHG, nicht um eine Pflicht schuldrechtlicher Natur.[382] Wenn sich die Gesellschafter einig sind, kann der Anspruch auf Abtretung gegen den minderjährigen Gesellschafter von den übrigen Gesellschaftern erlassen und mit dieser Schenkung eine Regelung nach §§ 1638, 1917 BGB verbunden werden.

272 Bei der Familien-AG bestehen diverse Probleme: das Mitgliedschaftsrecht wird vernichtet, wenn die Satzung Übertragungsbeschränkungen enthält, Vinkulierungsbeschränkungen kommen bei der rechtsgeschäftlichen Übertragung ohnehin nur bei Namensaktien und bei Singularsukzession in Betracht, die Einziehung nach § 237 AktG ist nur beschränkt möglich, Nebenpflichten gemäß § 1638 BGB können nicht vereinbart werden (§ 55 AktG); gegebenenfalls helfen satzungsergänzende Nebenabreden.

IV. Gesellschaftsrechtliche Zustimmungserfordernisse und Stimmquoren

1. Einleitung

273 Die Wirksamkeit von Generationennachfolgeregelungen, welche sich auf die Zusammensetzung des Gesellschafterkreises auswirken, ist je nach Gesellschaftsform gesetzlich und in den meisten Fällen im Gesellschaftsvertrag an die Zustimmung der Mitgesellschafter gebunden. Auch wenn nicht jede Nachfolgeplanung sogleich zur Mitgliedschaft des Nachfolgers in einer Gesellschaft führt, kann diese jedoch einschneidende Maßnahmen für die Gesellschaft oder Mitgesellschafter zur Folge haben, wie zB eine Übertragung von Vermögen der Gesellschaft auf diesen. In diesem Zusammenhang ist zu prüfen, ob solche Maßnahmen der Zustimmung des Gesellschafterkreises bedürfen. Diese Beschlusserfordernisse und deren Abdingbarkeit differieren zwischen Personen- und Kapitalgesellschaften sowie kapitalistisch strukturierten Personengesellschaften und hängen von der Art der Maßnahme ab.

2. Zustimmungserfordernis in Personengesellschaften

273a Die Entscheidungsgewalt liegt bei der Personengesellschaft bei allen Gesellschaftern, da das Gesetz (noch) das Einstimmigkeitsprinzip vorsieht. Vertraglich kann die Mitwirkungspflicht aller Gesellschafter durch Mehrheitsentscheidungen abgeändert werden.

Im Rahmen der von der großen Koalition geplanten Reform des Personengesellschaftsrechts wird die uneingeschränkte Zulässigkeit von Mehrheitsbeschlüssen angestrebt. Stimmverhältnisse sollten sich nach der Beteiligungsquote richten.

274 **a) Einstimmigkeit/Mehrheitsbeschlüsse/Kernbereichslehre/Zweistufige Prüfung. aa) Gesetz.** Für Personengesellschaften ordnet das Gesetz das Einstimmigkeitsprinzip an, so dass für Änderungen des Gesellschaftsvertrages die Zustimmung sämtlicher Gesellschafter herbeigeführt werden muss. Nach der gesetzlichen Konzeption gilt das Prinzip **einstimmiger Beschlussfassung** aller Gesellschafter bei der GbR, der OHG, der KG und der PartG/der Partnerschaftsgesellschaft mit beschränkter Berufshaftung (§ 709 Abs. BGB, §§ 119, 161 Abs. 2 HGB, § 6 PartGG).

275 Für Geschäftsführungsmaßnahmen in der GBR bleibt es bei der Einstimmigkeit, (§ 709 Abs. 1 BGB), bei der OHG und der KG gilt diese für ungewöhnliche Geschäftsführungsmaßnahmen (§§ 116 Abs. 2, 164 S. 1 HGB). Der Unterschied zur GBR erklärt sich historisch dadurch, dass diese an ihrem Zweck ausgerichtet ist und keinen gewöhnlichen Be-

---

[382] Zur Satzungsautonomie BGH NJW 1994, 51 f. (zur AG); BGH NJW-RR 1993, 607 (608) (zur GmbH); *Hammen* WM 1994, 765; *S. Winter*, Vererbung von GmbH-Anteilen, 1997, 207; aA wohl Scholz/*Emmerich*, 11. Aufl. 2012, GmbHG § 3 Rn. 70 ff., der eine Abtretungspflicht des Gesellschafters nicht als Nebenleistungspflicht nennt.

IV. Gesellschaftsrechtliche Zustimmungserfordernisse und Stimmquoren § 2

trieb kennt.[383] Zudem ist der Umfang der Geschäftsführung der GBR nicht wie in § 116 Abs. 1 HGB auf Handlungen des gewöhnlichen Betriebes beschränkt.[384] Den von der Geschäftsführung ausgeschlossenen Kommanditisten ist nach dem Wortlaut des Gesetzes ein Widerspruchsrecht gegen solche Geschäftsführungshandlungen zur Seite gestellt, die über den gewöhnlichen Betrieb des Handelsgewerbes der Gesellschaft hinausgehen (§ 164 S. 2 HGB), den Komplementären stets. Dieses Recht wird jedoch nicht als bloßes Widerspruchsrecht verstanden, sondern in Entsprechung zu § 119 Abs. 2 HGB als Zustimmungserfordernis.[385]

bb) Gesellschaftsvertrag. Dem Personengesellschafterkreis ist es gestattet, vertraglich das Einstimmigkeitsgebot durch das Prinzip einfacher oder qualifizierter Mehrheit (§ 709 Abs. 2 BGB) abzubedingen,[386] um die Handlungsfähigkeit der Gesellschaft zu fördern. Mehrheitsklauseln in Personengesellschaften sind an der Tagesordnung, welche die Beschlussmehrheit der Gesellschafter untereinander gestalten und gegebenenfalls die Geschäftsführung einzelnen Gesellschaftern übertragen. 276

Hat nach dem Gesellschaftsvertrag die Mehrheit der Stimmen zu entscheiden, so ist die Mehrheit im Zweifel nach der Zahl der Gesellschafter zu berechnen (§§ 709 Abs. 2 BGB, 119 Abs. 2 HGB). Das bedeutet Mehrheit der stimmberechtigten Mitglieder, eine Enthaltung wirkt dann wie eine Gegenstimme. Der Gesellschaftsvertrag kann die Mehrheit nach Kapitalanteilen oder anderen Kriterien bilden, er kann statt einfacher qualifizierte Mehrheit fordern, oder statt Mehrheit aller Gesellschafter die Mehrheit derjenigen an der Beschlussfassung teilnehmenden Gesellschafter. Für Umwandlungs- und Verschmelzungsbeschlüsse kann nur eine Dreiviertelmehrheit bestimmt werden (§ 43 Abs. 2 S. 2, § 217 Abs. 1 S. 3, § 1 Abs. 3 UmwG). Konzernbildungsbeschlüsse, durch die sich eine Gesellschaft in Abhängigkeit zu einer anderen Gesellschaft begibt, bedürfen ausnahmslos und ungeachtet anders lautender Satzungsklauseln der Zustimmung aller Gesellschafter.[387] Ein mit ausreichender Mehrheit gefasster Beschluss kann dennoch unwirksam sein, wenn nicht alle Stimmberechtigten ihre Stimme abgeben konnten und im Zweifel auch keine Gelegenheit zur Begründung hatten. 277

cc) Überprüfung von Mehrheitsklauseln. Die Rechtsprechung hat bei der Überprüfung von Mehrheitsklauseln, soweit es nicht um Publikumspersonengesellschaften[388] ging, lange Zeit mit dem Begriff des Bestimmtheitsgrundsatzes gearbeitet.[389] Der Individualbeziehungsweise Minderheitenschutz wurde dann von der sog. **„Kernbereichslehre"** mit einem absoluten und einem relativen Kernbereich abgelöst.[390] 278

In dem absoluten Kernbereich konnten Rechte unter keinen Umständen entzogen werden, zB kann nicht auf das Kündigungsrecht gemäß § 723 Abs. 3 BGB verzichtet 279

---

[383] Palandt/*Sprau*, BGB Vor §§ 709–715 Rn. 1.
[384] Keine Bestellung eines Notgeschäftsführers bei der GbR: BGH NJW 2014, 3779 (3780).
[385] RGZ 158, 305 (307); Staub/*Casper*, 5. Aufl. 2014, HGB § 164 Rn. 12; MüKoHGB/*Grunewald*, 3. Aufl. 2011 § 164 Rn. 15; Henssler/Strohn GesR, 3. Aufl. 2016, HGB § 164 Rn. 4.
[386] Für die GbR folgt dies aus § 709 Abs. 2, BGB für die OHG aus § 119 Abs. 2 HGB, für die KG aus §§ 161 Abs. 2, 119 Abs. 2 HGB.
[387] Staub/*Schäfer*, 5. Aufl. 2009, HGB Anh § 105 Rn. 57 ff.
[388] BGH NJW 2012, 1439 ff. zu einer Mehrheitsklausel im Gesellschaftsvertrag einer Publikumsgesellschaft, in welcher sämtliche Beschlüsse, auch früher sog. „Grundlagengeschäfte" mit einfacher Mehrheit gefasst werden konnten, auch wenn Beschlussgegenstände in dem Gesellschaftsvertrag nicht aufgezählt worden sind. Anders wäre es bei einem Beschluss gewesen, der entgegen BGB § 707 eine nachträgliche Erhöhung der Beitragspflichten zum Inhalt gehabt hätte.
[389] BGH NJW 1953, 102 (103); BGH NJW 1967, 2157 (2158). Nach BGH NZG 2013, 57 (59 f.) und NZG 2013, 63 (64) sowie NJW 2015, 859 (861) kommt dem Bestimmtheitsgrundsatz keine Bedeutung mehr zu. Ausführlich B. Fischer Der Bestimmtheitsgrundsatz im Personengesellschaftsrecht, 2018, 11 ff.
[390] BGH ZIP 2015, 1677 (1678); NJW 2015, 859 (861 ff.); BGH NZG 2013, 57 (59 ff.); NZG 2013, 63 (65); BGH DB 2007, 564 = WM 2007, 501; ZIP 1996, 750 (752); kritisch *Schmidt* ZGR 2008,1 (14). B. Fischer S. 35 ff.

werden. Zum relativen Kernbereich gehören Rechte, die nicht zur Disposition der Mehrheit stehen, aber mit Zustimmung des betroffenen Gesellschafters entzogen werden können. Die Kernbereichslehre setzt bei Eingriffen in den Kernbereich die Zustimmung des betroffenen Gesellschafters voraus. An Mehrheitsklauseln sind danach hohe formelle Anforderungen zu stellen, wenn sie zu Kernbereichseingriffen ermächtigen.

280 Auch der Fortbestand der „Kernbereichslehre" ist jedoch mehr und mehr in Auflösung begriffen. Die Rechtsprechung prüft Mehrheitsbeschlüsse nunmehr *in zwei Stufen:*[391]

- Auf der ersten Stufe geht es darum, ob der Gesellschafter auf die Einstimmigkeit verzichtet hat. Hier wird Eindeutigkeit der Vertragsregelung verlangt, nicht notwendigerweise die Auflistung der betroffenen Beschlussgegenstände. Soweit also der Wortlaut des Gesellschaftsvertrages keinen eindeutigen Katalog enthält und eine Auslegung des Gesellschaftsvertrags erforderlich ist, wird auf einer ersten Stufe geprüft, ob die Gesellschafter im Gesellschaftsvertrag ausdrücklich oder antizipiert erklärt haben, sich in der betreffenden Angelegenheit dem Mehrheitswillen zu unterwerfen. Dabei wird nicht allein auf den Wortlaut des schriftlichen Gesellschaftsvertrags abgestellt, sondern es können auch außerhalb des Vertragstextes liegende Umstände, die für die Auslegung von Bedeutung sein können, wie insbesondere die Entstehungsgeschichte der in Rede stehenden Bestimmungen des Gesellschaftsvertrags oder ein übereinstimmender Wille der Vertragsparteien.[392] Allerdings geht der ursprüngliche übereinstimmende Wille der Gründungsgesellschafter in den Hintergrund, je länger die Gesellschaft besteht und je größer der Gesellschafterkreis geworden ist.[393] Bei Vertragsänderungen mit ungewöhnlichem Inhalt muss sich der Beschlussgegenstand *unzweideutig,* sei es auch nur durch Auslegung, aus dem Gesellschaftsvertrag ergeben.

- Auf der zweiten Stufe geht es darum, ob der Mehrheitsbeschluss gegen schlechthin unverzichtbare oder „relativ unentziehbare" Mitgliedschaftsrechte verstößt, der eine Zustimmung des einzelnen Gesellschafters oder einen wichtigen Grund verlangt, oder gegen (auch einfache) Treupflichtverletzung – insoweit werden nicht nur die Vertragsgrundlagen oder ein Kernbereich der Mitgliedschaftsrechte betroffen. Auf einer zweiten Stufe entscheidet sich, ob einem Mehrheitsbeschluss trotz ausdrücklicher oder antizipierter Zustimmung der Minderheitsgesellschafter wegen Verstoßes gegen die Treuepflicht der Gesellschafter untereinander die Wirksamkeit zu versagen ist. Eine solche Beschlusskontrolle ist durchaus nicht auf Kernbereichseingriffe beschränkt; ist aber der Kernbereich tangiert, verlagert sich die Darlegungslast für die Übereinstimmung des Beschlusses mit der Treuepflicht auf die Gesellschaftermehrheit.

281 Der BGH ist nunmehr der Ansicht, dass die Reichweite allgemeiner Mehrheitsklauseln auf **gewöhnliche Beschlussgegenstände** beschränkt werde. Gesellschafter erfassten bei der Unterwerfung der Mitgesellschafter unter den Mehrheitswillen, die außerhalb eines konkreten Anlasses im Gesellschaftsvertrag vereinbart würde, typischerweise nicht die volle Tragweite von Beschlussgegenständen, die die Grundlagen der Gesellschaft beträfen oder ungewöhnliche Geschäfte beinhalteten, und könnten dies angesichts der Unvorhersehbarkeit späterer Entwicklungen auch regelmäßig nicht.

282 Für die Geltung des Mehrheitsprinzips sei eine ausdrückliche Aufzählung der dem Mehrheitswillen zu unterwerfenden Gegenstände nicht erforderlich, es genüge, wenn sich durch Auslegung aus dem Gesellschaftsvertrag eindeutig ergebe, dass der in Frage stehende Beschlussgegenstand einer Mehrheitsentscheidung unterworfen sein solle. Nur wenn sich der einzelne Gesellschafter schon beim Vertragsschluss in dieser eindeutigen Weise dem Mehrheitswillen unterwerfe, verfüge der spätere Mehrheitsbeschluss über die hinrei-

---

[391] BGH ZIP 20*14*, 2231 (2234); ZIP 20*13*, 66 (67, 72); ZIP 20*12*, 515 (518): Aufzählung auch dann nicht zwingend erforderlich, wenn es sich um ein so genanntes Grundlagengeschäft handelt; BGH ZIP 20*07*, 476, ZIP 20*09*, 218; *Ulmer* ZIP 20*15*, 660 ff. Dem Schutz der Minderheit auf der ersten Stufe diente früher traditionell der Bestimmtheitsgrundsatz.
[392] BGH ZIP 2015, 1677 (1678); ZIP 2014, 2231 = DStR 2014, 2403; ZIP 1996, 750 (752).
[393] *Ulmer* ZIP 20*15*, 660 (661).

chende Legitimationsgrundlage. Anderenfalls würde geprüft, ob einem Mehrheitsbeschluss wegen Verstoßes gegen die Treuepflicht der Gesellschafter untereinander die Wirksamkeit zu versagen sei. Ist demnach gesellschaftsvertraglich eine Mehrheitsbeschlussfassung vorgesehen, gilt das in der Mehrheitsklausel festgelegte Stimmquorum mit der Maßgabe der zweistufigen Prüfung nach der Kernbereichslehre.

Nach der Geltung der Lehre von den Grundlagengeschäften bedurfte es eines höheren Maßes an Bestimmtheit, der durch eine ausdrückliche Benennung von Art und Umfang des Eingriffs im Gesellschaftsvertrag vorweg bestimmt werden musste. Eine enumerative Benennung von Art und Umfang des Eingriffs wird auch in Zukunft noch nützlich sein, die Katalogisierung deckt jedoch weder Eingriffe in den Kernbereich der Mitgliedschaft noch ohne weiteres die ungewollte Belastung von Gesellschaftern mit zusätzlichen Pflichten, zB erhöhten Einlagen.[394] 283

b) Ehemaliger Kreis der Grundlagengeschäfte. Die von der Rechtsprechung ehemals als Grundlagengeschäfte definierte Beschlussinhalte werden zumindest zum relativen Kernbereich gehören, die nicht zur Disposition der Mehrheit stehen, aber mit Zustimmung des betroffenen Gesellschafters entzogen werden können. Diese Rechtsprechung kann daher immer noch eine Orientierung geben.[395] Denn die Kernbereichslehre gibt keine befriedigende Antwort auf die Frage, was zum Kernbereich der Mitgliedschaftsrechte zählt.[396] 284

Ob damit auch die zweite Stufe des Verstoßes gegen die Treuepflicht der Gesellschafter untereinander erreicht ist und dem Beschlussinhalt die Wirksamkeit zu versagen ist, ist damit nicht entschieden. In der Literatur[397] wird empfohlen, Gruppen mitgliedschaftlicher Rechte zu unterscheiden, die zum Kernbereich gehören, wie zB: 285
– Unverzichtbare Rechte, zu denen Kontrollrechte, das Recht zur Teilnahme an Gesellschafterversammlungen, das Anfechtungsrecht, das Austrittsrecht, gehören,
– unentziehbare Rechte, zu denen teilweise das Stimmrecht gehören soll,[398] sowie Gewinnbeteiligung,[399] Belastungsverbot, Recht auf Liquidationsquote, Informationsrecht, das Recht zur Mitwirkung in der Geschäftsführung.

Aufgrund der Unklarheiten ist jeder Beschluss darauf zu prüfen, ob die Verhältnisse der konkreten Gesellschaft und die Interessenlage der Gesellschafter gewahrt sind. In Vermögensverwaltungsgesellschaften oder Familiengesellschaften wird beispielsweise ein anderer Maßstab an die Ausschlussmöglichkeit einer ordentlichen Kündigung gelegt werden als für eine Berufsgruppengesellschaft wegen einer möglichen Gefährdung der Berufsfreiheit des Kündigenden.[400] 286

c) Geschäftsführungsmaßnahmen. Für Geschäftsführungsmaßnahmen ist in der GBR die Beschlussfassung aller Gesellschafter zu jedem Geschäft vorgesehen (§ 709 Abs. 1 BGB) mit Ausnahme des einzelnen Gesellschafters zur Notgeschäftsführung analog § 744 Abs. 2 BGB.[401] Unqualifizierte Mehrheitsklauseln können sie einem bestimmten Stimm- 287

---

[394] BGH ZIP 2015, 1677 (1678); Vorinstanz OLG Düsseldorf BeckRS 2015, 12500; BGH ZIP 2014, 2231 = openJur 2014, 23817; NJW 2007, 1685 ff.; DNotZ 2007, 629 ff.; Aufzählung der Grundlagengeschäfte → VorAufl. Sudhoff § 22 Rn. 3.
[395] Grundlagengeschäfte werden daher auch in jüngeren Kommentierungen noch genannt, zB bei Baumbach/Hopt/*Roth*, 37. Aufl. 2016, HGB § 116 Rn. 3.
[396] MüKoHGB/*Enzinger*, 4. Aufl. 206, § 119 Rn. 67.
[397] MüKoHGB/*Enzinger*, 4. Aufl. 2016, § 119 Rn. 68 mwN.
[398] BGH NJW 1956, 1198 (1199 f.); MüKoHGB/*Enzinger*, 4. Aufl. 2016, § 119 Rn. 70.
[399] BGH DNotZ 2007, 629 ff., anders noch BGH DNotZ 1997, 577 ff.
[400] Ausschluss von bis zu 30 Jahren zulässig BGH MDR 1967, 384; MüKoHGB/*Enzinger* 4. Aufl. 2016 § 119 Rn. 76a, 79a, 80a, 81. Nicht für Anwaltsgesellschaften BGH NJW 2007, 295 (296) = DStR 2007, 34; aA OLG Stuttgart BeckRS 2007, 09719 = ZIP 2007, 1714 ff.
[401] BGH NJW 1955, 1027 (1028 f.); *Bengel* ZEV 2002, 484 ff. zu den Voraussetzungen der Notgeschäftsführung; BGH NJW 2003, 3053 (3054) zum Nachweis der Vertretungsbefugnis eines für die GbR handelnden Vertreters.

quorum unterwerfen (§ 709 Abs. 2 Hs. 1 BGB) oder vollständig einem Geschäftsführer zur eigenständigen Wahrnehmung übertragen (§ 710 BGB). Mangels besonderer gesellschaftsvertraglicher Bestimmungen fallen dann alle Geschäftsführungsmaßnahmen unterschiedslos in den Zuständigkeitsbereich der berufenen Person – weshalb gesellschaftsvertragliche Klauseln aufgenommen werden sollten, die für im Einzelnen benannte Geschäfte eine Beschlussfassung vorsehen.

288 In der Personenhandelsgesellschaft sind gewöhnliche Geschäftsführungsmaßnahmen von vornherein beschlussfrei, lediglich außergewöhnliche Geschäfte unterliegen dem Zustimmungserfordernis (§ 116 Abs. 2 HGB). Erforderlich ist die Zustimmung sämtlicher Gesellschafter, also auch der nicht Geschäftsführungsbefugten (§ 114 Abs. 2 HGB) sowie der Kommanditisten der Gesellschaft. Vertraglich kann Mehrheitsbeschlussfassung vorgesehen sein.

289 Von dem Erblasser gewünschte Vermögensübertragungen sind daher zunächst darauf zu prüfen, ob es sich um Geschäftsführungsmaßnahmen handelt, ob diese zustimmungsbedürftig sind und inwieweit Mehrheitsbeschlüsse statthaft sind (*Zwei-Stufen-Prüfung*). Änderungen in den Vermögensverhältnissen der „personalistischen Personengesellschaften"[402] bedürfen in der Regel eines Gesellschafterbeschlusses. Denn eine entsprechende die Geschäftsführungsbefugnis überschreitende Vertretungshandlung kann zur Unwirksamkeit im Innenverhältnis und auch im Außenverhältnis führen.[403]

290 **d) Kreis der zustimmungsbedürftigen Geschäftsführungsmaßnahmen.** Außergewöhnliche Geschäftsführungsmaßnahmen alleinvertretungsberechtigter Geschäftsführer unterliegen dem Zustimmungserfordernis. Dabei handelt es sich um solche Geschäfte, die nach Art, Zweck, Umfang und den mit ihnen verbundenen Risiken im konkreten Einzelfall über den Rahmen des Geschäftsbetriebes hinausgehen.[404] Für unerlässliche außergewöhnliche Erhaltungsmaßnahmen kann dies gegebenenfalls zu Notgeschäftsführungsmaßnahmen ohne Zustimmung zwingen.

291 Hinsichtlich der Art sind außergewöhnliche Maßnahmen, zB Abweichungen von einer langjährigen Geschäftspolitik, Beteiligung an anderen Unternehmen, die Aufnahme eines typischen stillen Gesellschafters, die Gewährung von Darlehen oder Bürgschaften in größerem Rahmen. Hinsichtlich des Zweckes fallen einzelne Geschäfte, die außerhalb des Unternehmensgegenstandes liegen, in den Bereich der außergewöhnlichen Geschäftsführungsmaßnahmen. Nach Art und Umfang als außergewöhnlich einzuordnen und im Rahmen der vorweggenommenen Erbfolge möglicherweise bedeutsam sind langfristige vertragliche Bindungen oder Geschäfte, die eine potentielle „untypische" Interessenkollision zwischen dem Individualinteresse des geschäftsführenden Gesellschafters und der Gesellschaft bergen.[405]

292 Gesellschaftsvertraglich kann der Kreis der außergewöhnlichen Geschäfte durch Erweiterung oder Verkürzung der Geschäftsführungsbefugnisse verändert werden.[406]

293 **e) Zustimmungserfordernisse in kapitalistisch strukturierten Personengesellschaften.** Für kapitalistisch strukturierte Personengesellschaften hat zwar hinsichtlich der Beschlusserfordernisse eine Annäherung an die Kapitalgesellschaften stattgefunden. Die Beschlussfassung konnte bereits in der Zeit der Geltung der Lehre von den Grundlagen-

---

[402] Baumbach/Hopt/*Roth,* 38. Aufl. 2018, HGB § 116 Rn. 2 mit Beispielen.
[403] Bei Vertretung gegenüber Mitgesellschaftern oder bei fehlender Schutzwürdigkeit Dritter.
[404] BGH NJW 1980, 1463 (1464f.); Baumbach/Hopt/*Roth,* 38. Aufl. 2018, HGB § 116 Rn. 2, HGB § 164 Rn. 2.
[405] BGH NJW 1973, 465 (Ls.) = BB 73, 212f.; typische Interessenkollisionen, zumal bei Befreiung von BGB § 181, reichen nach BGH NJW 1980, 1463–1465 nicht aus.
[406] BGH NJW 1973, 465 (Ls.) = BB 73, 212f.; Baumbach/Hopt/*Roth,* 38. Aufl. 2018, HGB § 116 Rn. 11.

geschäften gesellschaftsvertraglich dem Mehrheitsprinzip unterworfen werden, auch wenn der Beschlussgegenstand im Gesellschaftsvertrag nicht näher bezeichnet waren.[407]

Die *Zwei-Stufen-Prüfung*[408] *ist* jedoch auch bei Publikumsgesellschaften zu beachten und jeder Beschluss ist darauf zu prüfen, ob die Verhältnisse der konkreten Gesellschaft und die Interessenlage der Gesellschafter gewahrt sind. Der Gesellschaftsvertrag ist für die Publikumsgesellschaft nach seinem Wortlaut und Gesamtzusammenhang.[409] Ein abweichender übereinstimmender Wille der Gesellschafter soll nur beachtlich sein, wenn sie ihren übereinstimmenden Willen einander zu erkennen gegeben haben. 294

Gesellschaftsvertraglich eingeräumte Sonderrechte, unverzichtbare und unentziehbare Rechte sind zu beachten.[410] Zu den Grundmitgliedsrechten gehören das Stimmrecht, das Recht auf Gewinnanteil und Liquidationsquote sowie das Recht jedes einzelnen Gesellschafters, über Nachschüsse und Gewährung von Gesellschafterdarlehen zu entscheiden.[411] 295

3. Zustimmungserfordernisse in Kapitalgesellschaften

Die Entscheidungsgewalt ist bei Kapitalgesellschaften gesetzlich der Mehrheit in die Hände gelegt. Unterschieden wird zwischen einfachen und qualifizierten Mehrheiten, vertretenem Kapital und Stimmenmehrheit. Einstimmigkeit ist in seltenen Fällen verlangt. 295a

a) Satzungsänderungen. Jenseits des Gründungsvertrages unterliegen Satzungsänderungen in Kapitalgesellschaften umfassend dem Mehrheitsbeschluss der Gesellschafter; Differenzierungen zwischen verschiedenen Beschlussgegenständen erfolgen durch qualifizierte Mehrheitserfordernisse. 296

aa) Aktiengesellschaft. Für die Aktiengesellschaft finden allgemeine Satzungsänderungen mit 75 % des vertretenen Grundkapitals und einfacher Stimmenmehrheit statt (§ 179 AktG). Bei der Berechnung der Bezugsgröße des vertretenen Kapitals bleiben stimmrechtslose Aktien sowie Aktien, deren Inhaber sich der Stimme enthalten, außer Betracht. Die Kapitalmehrheit von 75 % und einfache Stimmenmehrheit gilt für materielle und formelle Satzungsbestandteile.[412] Sofern Aktien mehrerer Gattungen vorliegen, sind bei Kapitalerhöhungen, bedingten Kapitalerhöhungen, genehmigtem Kapital, Bezugsrechtsausschluss, Ausgabe von Wandel- und Gewinnschuldverschreibungen und Genussscheinen, weiterhin bei Kapitalherabsetzungen zusätzlich die jeweiligen Mehrheiten in jeder Aktiengattung erforderlich (§§ 182 Abs. 2, 193 Abs. 1 S. 3, 202 Abs. 2 S. 4, 186 Abs. 3 S. 2, 297

---

[407] BGH NJW 2012, 1439 ff. zu einer Mehrheitsklausel im Gesellschaftsvertrag einer Publikumsgesellschaft, in welcher sämtliche Beschlüsse, auch früher sog. „Grundlagengeschäfte", mit einfacher Mehrheit gefasst werden konnten, auch wenn Beschlussgegenstände in dem Gesellschaftsvertrag nicht aufgezählt worden sind. Anders wäre es bei einem Beschluss gewesen, der entgegen § 707 BGB eine nachträgliche Erhöhung der Beitragspflichten zum Inhalt gehabt hätte. BGH NJW 1983, 1056 (1057 f.); NJW 1978, 1382 (1383); NJW 1976, 958 (959).
[408] BGH ZIP 2014, 2231 (2234); ZIP 2013, 66 (67, 72); ZIP 2012, 515 (518): Aufzählung auch dann nicht zwingend erforderlich, wenn es sich um ein so genanntes Grundlagengeschäft handelt; BGH ZIP 2007, 476, ZIP 2009, 218; *Ulmer* ZIP 2015, 660 ff. Dem Schutz der Minderheit auf der *ersten* Stufe diente früher traditionell der Bestimmtheitsgrundsatz.
[409] BGH NJW 2015, 859 (860 ff.)
[410] MüKoHGB/*Enzinger*, 4. Aufl. 2016, § 119 Rn. 68 ff. mwN; BGH NJW 1985, 974 (975). Zum Ausnahmefall, dass eine mehrheitlich beschlossene Verkürzung dieser Rechte aufgrund Treuepflichten bei Gefährdung des Fortbestandes der Gesellschaft hinzunehmen ist, BGH NJW 1985, 972 (973).
[411] BGH NJW 2012, 1439 ff. = DB 2012, 622; NJW-RR 2009, 753 (754); NJW-RR 2007, 757 (758); NJW-RR 2006, 827; NJW-RR 2005, 1347.
[412] Unter materielle Satzungsbestimmungen fallen alle Regelungen, welche die Gesellschaft und ihre Beziehungen zu den Aktionären betreffen. Deren Auslegung erfolgt objektiv. §§ 133 157 BGB finden keine Anwendung. Formelle Satzungsbestimmungen können zusätzlich zu den materiellen Bestimmungen Regelungen enthalten, deren Aufnahme keinen Einfluss auf Rechtsnatur des verbandsrechtlichen Kooperationsvertrages und Rechtswirkungen der Satzung hat. Es gelten die BGB §§ 133, 157; K. Schmidt/Lutter/ *Seibt*, 3. Aufl. 2015, AktG § 23 Rn. 9, 10.

221 Abs. 1 S. 4, 222 Abs. 2 S. 2 AktG). Dies gilt auch für sämtliche Umwandlungsbeschlüsse (§§ 65 Abs. 2, 125, 176 Abs. 1, 177 Abs. 1, 233 Abs. 2, 240 Abs. 1 UmwG)[413] Die Satzung kann größere (bis hin zur Einstimmigkeit) oder geringere Kapitalmehrheiten vorsehen, soweit nicht das Gesetz zwingend andere Mehrheiten vorschreibt.[414] Die Kompetenz der Hauptversammlung ist jeweils zwingend.

298 **bb) GmbH/UG.** Anders als in der Personengesellschaft muss für die Annahme eines Beschlussantrags nicht die Zustimmung aller Gesellschafter vorliegen. Entscheidend für das Ergebnis sind die abgegebenen Stimmen. Gemäß § 53 GmbHG setzen allgemeine und qualifizierte Satzungsänderungen einen Beschluss der Gesellschafter mit genau 75 % (nicht mehr) der abgegebenen Stimmen voraus, mit Ausnahme der Zweckänderung im Sinne des Grundzweckes (§ 33 Abs. 1 S. 2 BGB analog), für die 100 % der anwesenden Stimmen, teilweise 100 % des Kapitals, gefordert werden. Das gilt auch, wenn durch eine Satzungsänderung **Sonderrechte** einzelner Gesellschafter beeinträchtigen werden, und bereits gesetzlich, soweit **Leistungspflichten** einzelner Gesellschafter gegenüber der Gesellschaft (insbes. Einlage- oder Nebenleistungspflichten) erweitert werden sollen (§ 53 Abs. 3 GmbHG).[415] Bei nachträglicher Vinkulierung müssen 100 % aller betroffenen Gesellschafter (deren Kapital) dafür stimmen.[416] Für Umwandlungsbeschlüsse sind 75 % der abgegebenen Stimmen erforderlich, und soweit ein Formwechsel in eine GbR oder OHG beschlossen werden soll, 100 % der abgegebenen Stimmen (§ 233 UmwG). Die Kompetenz der Gesellschafterversammlung ist zwingend. Die Satzung kann die Mehrheitserfordernisse nur verschärfen.[417] Für den Abschluss von Unternehmensverträgen, also auch für Betriebspacht, Betriebsüberlassung, Betriebsführung, sowie bei Aufnahme eines stillen Gesellschafters[418] oder bei Begründung eines Vertragskonzerns[419] ist ein mit 75 %iger Mehrheit gefasster Beschluss der Gesellschafter der abhängigen GmbH erforderlich.

299 **b) Geschäftsführungs- und Strukturmaßnahmen. aa) Aktiengesellschaft.** In der Aktiengesellschaft ist die Ausübung der Rechte der Aktionäre gegenüber dem Vorstand gesetzlich vorgegeben.[420] Während in der Personengesellschaft die Gesellschafter zur Geschäftsführung befugt sind und in der GmbH die Gesellschafter berechtigt sind, den Geschäftsführern Weisungen zu erteilen, sind die Aktionäre in der AG von der Geschäftsführung ausgeschlossen. Die Hauptversammlung hat in Fragen der Geschäftsführung keine Zuständigkeit (§ 119 Abs. 2 AktG), wenn nicht der Vorstand von seinem Ermessen Gebrauch macht, eine Entscheidung der Hauptversammlung herbeizuführen.

300 Strukturelle Kompetenzen der **Hauptversammlung** sind im Gesetz festgeschrieben und betreffen die Gewinnverwendung (§ 174 AktG), die Bestellung und Abberufung der Aufsichtsratsmitglieder (§§ 101, 103 AktG), Entlastung von Aufsichtsrat und Vorstand (§ 120 AktG) sowie Verzicht auf Ersatzansprüche gegen Aufsichtsrat und Vorstand (§§ 93 Abs. 4, 117 Abs. 4 AktG). Über den Aufsichtsrat wird die Geschäftsführung überwacht.

---

[413] K. Schmidt/Lutter/*Seibt*, 3. Aufl. 2015, AktG § 179 Rn. 52, 53.
[414] K. Schmidt/Lutter/*Seibt*, 3. Aufl. 2015, AktG § 179 Rn. 29. Durch die EU-Richtlinie 2017/828 des Europäischen Parlaments und des Rats (Änderung der Richtlinie 2007/36/EG) wurde eine Reform des AktG angestoßen, die den Aktionären mehr Informations- und Mitbestimmungsrechte geben soll, und bis zum 10.6.2019 umgesetzt sein soll.
[415] Henssler/Strohn, GesR, 3. Aufl. 2016, GmbHG § 53 Rn. 30; MünchHdb. GesR III/*Wegmann*, 4. Aufl.2018, § 53 Rn. 4 und *Jasper* § 24 Rn. 179–182 mwN; aA Baumbach/Hueck/*Zöllner/Noack*, 21. Aufl. 2017, GmbHG § 53 Rn. 29, 34 (satzungsmäßig0e Mehrheit reicht).
[416] OLG München NZG 2008, 320; *Priester*, GmbHG 1988, aA. OLG Hamm 2001, 974.
[417] *Henssler/Strohn*, GesR, 3. Aufl. 2016, GmbHG § 53 Rn. 20; Baumbach/Hueck GmbH § 53 Rn. 32.
[418] *Schneider/Reusch* DB 1989, 713.
[419] BGH NZG 2011, 902 lässt für den Beschluss anlog § 53 Abs. 2 S. 1 GmbHG für die abhängige Gesellschaft $\frac{3}{4}$-Mehrheit genügen, wegen der Zweckänderung dürfte jedoch die Zustimmung aller Gesellschafter erforderlich sein; Baumbach/Hueck/*Zöllner/Noack*, 21. Aufl. 2017, KonzernR, Rn. 106.
[420] Abweichungen sind nach § 23 Abs. 5 AktG nur im Falle ausdrücklicher gesetzlicher Zulassung möglich.

Der Aufsichtsrat kann bestimmen, dass der Vorstand bestimmte Geschäfte nur mit seiner Zustimmung durchführen darf (§ 111 Abs. 4 S. 2 AktG); damit kann der Einfluss auf die Geschäftsführung erhöht werden, da er bestimmte Geschäfte verhindern kann.

Die Beschlussfassung erfolgt mit einfacher Mehrheit der abgegebenen Stimmen, die Kapitalmehrheit ist unmaßgeblich, wenn nicht die Satzung eine größere Mehrheit oder andere Erfordernisse bestimmt (§ 133 AktG). **301**

Der Aktionär hat jedoch über die gesetzlich kodifizierten Kompetenzen hinaus einen **verbandsrechtlichen Anspruch** auf eine Entscheidung, wenn die Geschäftsführungshandlung schwerwiegend in seine „Mitgliedschaftsrechte" und in seine „im Anteilseigentum verkörperte Vermögensinteressen" eingreift.[421] Dies gilt selbst bei Vorliegen einer entsprechenden Satzungsklausel.[422] Dabei geht es im Wesentlichen um Kompetenzübergriffe, die eine faktische Satzungsänderung zum Gegenstand haben,[423] weil sich der Zweck des Unternehmens durch Übertragung von maßgeblichen Vermögenswerten ändert. Die erforderliche Mehrheit folgt denen der Satzungsänderung. Die Aktionäre sind bei Maßnahmen des Vorstandes in Tochtergesellschaften in gleicher Weise zu beteiligen, als handele es sich um Angelegenheiten auf der Ebene der Obergesellschaft.[424] **302**

bb) GmbH. Die Rechte der Gesellschafter in der GmbH, auch in ihrem Verhältnis zur Geschäftsführung, bestimmen sich zunächst nach dem Gesellschaftsvertrag (§ 45 Abs. 1 GmbHG), hilfsweise nach den gesetzlichen Vorschriften (§§ 45 Abs. 2, 46–51 GmbHG). Die Beschlussfassung erfolgt insoweit mit einfacher Mehrheit der abgegebenen Stimmen.[425] **303**

In der Satzung können bis auf die Kompetenzen nach §§ 26, 28, 60 Abs. 1 Nr. 2, 66 GmbHG alle Beschlussgegenstände delegiert werden.[426] Erfolgt eine Delegation auf die Geschäftsführer, verbleibt das Recht ihrer Bestellung, Abberufung, Überwachung, Entlastung und Geltendmachung von Ersatzansprüchen gegen sie bei den Gesellschaftern. **304**

Der Satzungsautonomie sind jedoch Grenzen gesetzt, die den Zuständigkeitsgrenzen im Aktienrecht entsprechen: Zwingende **Organisationskompetenzen** der Gesellschafter dürfen nicht in die Hand der Geschäftsführung gelegt werden, wozu insbesondere die Ausgliederung und Übertragung von wesentlichen Vermögenswerten aus der Gesellschaft gehört.[427] Auch sind außergewöhnliche Geschäftsführungsmaßnahmen nicht von der gesetzlichen Geschäftsführungszuständigkeit gedeckt. Gemäß § 37 Abs. 1 GmbHG, § 116 HGB analog ist ein Gesellschafterbeschluss einzuholen.[428] **305**

V. Sonstige Zustimmungs- und Genehmigungserfordernisse

Bei der Eingehung von Verpflichtungs- und Verfügungsgeschäften im Rahmen der vorweggenommenen Erbfolge sind Zustimmungs- und Genehmigungserfordernisse zu beachten, die von der Rechtsordnung in einigen Fällen verlangt werden. Dies geschieht insbesondere zum Schutz des Ehegatten und minderjähriger Kinder oder im Interesse des Fortbestands land- und forstwirtschaftlicher Betriebe. **305a**

---

[421] BGH NJW 2006, 374 ff.; NJW 1997, 2815; BGH NJW 1982, 1703 ff. = ZIP 1982, 571; zur Abspaltung eines Seehafenbetriebes und seiner Verlagerung auf eine neu gegründete Tochtergesellschaft s. BGHZ 83, 131; OLG München AG 1995, 232 (233); LG Frankfurt a.M. AG 1993, 287 (288).
[422] BGHZ 83, 131 (140).
[423] *K. Schmidt*, Gesellschaftsrecht, 4. Aufl. 2002, S. 648 (unter Bezugnahme auf *Holzmüller*).
[424] BGHZ 83, 131 (140); MünchHdb GesR IV/*Krieger*, 3. Aufl. 2007, § 69 Rn. 41.
[425] Ausnahme Auflösungsbeschluss: Hier sind 75 % der abgegebenen Stimmen erforderlich.
[426] BGH NJW 1965, 1378 (1379).
[427] BGHZ 83, 131 (140); OLG München AG 1995, 232 (233); LG Frankfurt a.M. AG 1993, 287 (288).
[428] BGH WM 1991, 635 (636 f.), befasst sich mit der Notwendigkeit eines Gesellschafterbeschlusses bei Änderung der Geschäftspolitik.

1. Zustimmung des Ehepartners und Lebenspartners

306 Ein Ehepartner beziehungsweise der eingetragene Lebenspartner kann sich nur mit Einwilligung des anderen Ehepartners verpflichten, über sein Vermögen im Ganzen zu verfügen (§ 1365 Abs. 1 S. 1 BGB, Art. 1 § 8 Abs. 2 LPartG). Erfüllende Verfügungsgeschäfte bedürfen der Einwilligung, wenn die Verpflichtung ohne Zustimmung erfolgte (§ 1365 Abs. 1 S. 2 BGB). Diese Vorschrift ist im gesetzlichen Güterrecht angesiedelt und führt zu einer Einschränkung der Verfügungsfreiheit im **Güterstand der Zugewinngemeinschaft** oder im **Güterstand der Wahl-Zugewinngemeinschaft** (§ 1519 BGB). Die Gütertrennung lässt eine freie Verfügung zu. Die Gütergemeinschaft regelt eine dem § 1365 BGB entsprechende Beschränkung hinsichtlich des Gesamtgutes in § 1423 BGB für den Ehepartner, der das Gesamtgut verwaltet.

307 Der Tatbestand der **Vermögensverfügung** ist nicht wörtlich zu verstehen, sondern bereits dann begründet, wenn es sich im Wesentlichen um das ganze Vermögen handelt, auch wenn damit lediglich über einen einzelnen Gegenstand oder über Haushaltsgegenstände verfügt – auf die Unentgeltlichkeit des Vertrages kommt es dabei nicht an.[429] Zustimmungsgebundene Geschäfte sind für den Fall, dass nahezu das gesamte Vermögen betroffen ist, insbesondere:
– Verkauf des Unternehmens oder Verkauf von Gesellschaftsanteilen,[430]
– Einbringung von Vermögenswerten in eine Personen- oder Kapitalgesellschaft, auch wenn der Zuwendende an der Gesellschaft beteiligt ist;[431]
– Zustimmung zur Einziehung eines Gesellschaftsanteils,
– ordentliche Kündigung eines Gesellschaftsanteils mit der Folge der Einziehung oder Abtretungsverpflichtung, nicht bei Austritt aus wichtigem Grund,[432]
– formwechselnde oder übertragende Umwandlung,
– gesellschaftsvertragliche Maßnahmen, welche den Wert der Mitgliedschaft ausschöpfen: Änderung der Beteiligungsverhältnisse, Vereinbarung oder Änderung gesellschaftsvertraglicher Abfindungsregelungen, Ausscheiden aus der Gesellschaft, Beendigung der Gesellschaft durch Vertrag,[433]
– Auflösung durch Gesellschafterbeschluss,
– Belastungen von Grundstücken, wenn jene den verbleibenden Grundstückswert aufzehren,[434]
– Schenkung von Todes wegen, soweit sie nicht den Vorschriften über Verfügungen von Todes wegen unterfallen,
– Dienstbarkeiten (zB Nießbrauch), wenn die Belastung den wirtschaftlichen Wert des Grundstücks ausschöpft[435] und es sich nicht lediglich um eine Erwerbsmodalität (so im Falle des Vorbehalts bei Erwerb) handelt.

308 Fehlt eine Zustimmung mit Bezug auf gesellschaftsvertragliche Maßnahmen, können Grundsätze der fehlerhaften Gesellschaft über das weitere Vorgehen entscheiden (→ Rn. 44).

---

[429] Bei größeren Vermögen ab ca. EUR 300.000 entfällt die Zustimmungsbedürftigkeit wenn dem verfügenden Ehegatten ca. 10% seines ursprünglichen Gesamtvermögens verbleiben, bei kleineren Vermögen ca. 15%; BGH BWNotZ 1991, 141 (142) = FamRZ 1991, 669, NJW-RR 1991, 1157 Ls.; NJW 1980, 2350 (2351); OLG München FamRZ 2005, 272 = BeckRS 2004, 15726.
[430] MüKoBGB/*Koch*, § 1365 Rn. 72.
[431] MüKoBGB/*Koch* § 1365 Rn. 69; Palandt/*Brudermüller* BGB § 1365 Rn. 4.
[432] MüKoBGB/*Koch*, 7. Aufl. 2017, § 1365 Rn. 73.
[433] MünchHdb. GesR I/*Möhrle*, 4. Aufl. 2014, § 5 Rn. 76, § 47 Rn. 92.
[434] BGH NJW 1993, 2441 (2442); NJW 1965, 909 (910).
[435] BGH NJW 1990, 112 (113).

V. Sonstige Zustimmungs- und Genehmigungserfordernisse § 2

2. Ergänzungspfleger-Bestellung bei Rechtsgeschäften mit minderjährigen Kindern

Möchte der Erblasser seinem minderjährigen Kind eine Unternehmensbeteiligung[436] zuwenden, ist die von der elterlichen Sorge umfasste Vertretungsbefugnis (§ 1629 Abs. 1 BGB) eingeschränkt, da eine Vertretung bei Rechtsgeschäften zwischen Eltern und Kindern, welche nicht ausschließlich der Erfüllung einer Verbindlichkeit dienen, nicht statthaft ist (§§ 1629 Abs. 2, 1795 BGB).[437]   **309**

Ist die Pflegerbestellung entbehrlich, können die Eltern im eigenen Namen und als gesetzliche Vertreter des Kindes Erklärungen abgeben unbeschadet der Vorschrift des § 181 BGB.[438] Anderenfalls ist die Zustimmung eines Ergänzungspflegers erforderlich. Um den Vertrag wirksam zustande zu bringen, ist durch das Familiengericht (§ 151 Nr. 5 FamFG) ein Ergänzungspfleger (§ 1909 Abs. 1 S. 1 BGB) für das Kind zu bestellen. Den Antrag stellen die Eltern persönlich, ein Vorschlag für den Ergänzungspfleger kann enthalten sein.[439] Jeder Minderjährige erhält einen eigenen Ergänzungspfleger,[440] es sei denn, dass die mehreren Kinder nur zu dem Geschäftsinhaber, nicht auch zueinander – wie zB im Fall der typischen stillen Gesellschaft – in Rechtsbeziehungen treten, denn auch für den Ergänzungspfleger gilt das Selbstkontrahierungsverbot. Die Einschränkung der Vertretung des Kindes wird gesetzlich auch auf den anderen Elternteil ausgedehnt, wenn ein Elternteil von der Vertretungsmacht ausgeschlossen ist (§ 1629 Abs. 2 BGB). Eine Vertretung durch einen Elternteil scheidet daher aus, wenn im Falle des Erwerbs der Gesellschafterstellung durch einen Minderjährigen der andere Elternteil Mitgesellschafter ist.[441] Der Ergänzungspfleger wird nur für den Abschluss des Schenkungsvertrages benötigt, danach sind die Eltern wieder zuständig.   **310**

Die Vertretungshandlung des zuwendenden Elternteils ist wirksam, wenn das Rechtsgeschäft ausschließlich in der **Erfüllung einer Verbindlichkeit** besteht (§§ 181, 1795 Abs. 2 BGB), oder soweit es sich um eine Schenkung handelt und diese dem Kind lediglich einen **rechtlichen Vorteil** bringt.[442] Eine Ergänzungspfleger-Bestellung ist entbehrlich, wenn der beschränkt Geschäftsfähige (nach § 106 BGB ein Minderjähriger, der das siebente Lebensjahr vollendet hat) das Rechtsgeschäft, welches ihm allein einen rechtlichen Vorteil bringt, selbständig annimmt (§ 107 BGB). Nicht lediglich rechtlich vorteilhaft und damit zustimmungspflichtig durch den Ergänzungspfleger sind
– die Beteiligung des Minderjährigen an einer Gesellschaft, insbesondere bei Schenkung eines GmbH-Anteils oder nicht voll eingezahlen Kommanditanteils,[443] des Anteils an   **311**

---

[436] Bei der Schenkung von Aktien gilt dies erst bei Zuwendung von 100% der Aktien, KG JW 1926, 601; OLG Köln NJW-RR 2018, 1310: Schenkung einer voll eingezahlten Kommanditbeteiligung an einer KG stellt lediglich rechtlichen Vorteil dar; vgl. *Mutter* im Beck'schen Formularbuch Erbrecht, 3. Aufl. 2014, G III 4. Rn. 1; → Rn. 262–267.
[437] Zu beachten ist, dass das Transparenzregister Pflichtangaben ua zu wirtschaftlich berechtigten Gesellschaftern (§ 3 GWG) verlangt. Das sind natürliche Personen, die – unmittelbar oder mittelbar – mehr als 25 % der Kapitalanteile halten oder mehr als 25 % der Stimmrechte kontrollieren. Für die minderjährigen Gesellschafter macht der gesetzliche Vertreter die Meldung.
[438] OLG Köln NJW-RR 2018, 1310ff.; OLG Oldenburg, Beschl. v. 18.3.2019, Az. 12 W9/19, jurisonline: Pflegerbestellung bei mehreren Gesellschafter-Kindern; OLG Frankfurt a.M. MittBayNot 1981, 66 Ls.
[439] LG München RPfleger 1975, 130: keine Bindung an Vorschlag, dennoch Berücksichtigung; Überblick zur Unternehmensnachfolge mit Minderjährigen zu Personen-und Kapitalgesellschaften *Pauli* Zerb 2016, 131ff.
[440] BayObLG NJW-RR 2003, 649 (652) zur Genehmigung eines Vertrages mit Anrechnungsbestimmung (BGB § 2315); OLG Hamm NJW-RR 2004, 223 (225).
[441] LG Aachen NJW-RR 1994, 1319 (1320) zur GbR.
[442] BGH NJW 1972, 2262f.; BGH NJW 1975, 1885 (1886).
[443] BGH NJW 2005, 1430 (1431); NJW 1981, 109 (110); BayObLG DNotI-Report 2003, 117; OLG München OLG München MittBayNot 2010, 400 (401): ein Ergänzungspfleger für mehrere Kinder bei Übertragung einer Kommanditistenstellung, für jedes Kind ein Ergänzungspfleger bei Eintritt mehrerer Kinder in die KG durch Aufnahmevertrag; OLG Frankfurt a.M. NZG 2008, 749. Das OLG Köln NJW-RR 2018, 1310, (1311) und das OLG Bremen NZG 2008, 750 (751) vertreten die Auffassung, dass die schenkweise Übertragung eines voll eingezahlten Kommanditanteils an einen Minderjährigen lediglich rechtlich vorteilhaft ist, der unentgeltliche Beitritt des Minderjährigen in eine vermögensverwaltende Fa-

einer GbR oder Personenhandelsgesellschaft,[444] und die Änderungen des Gesellschaftsvertrages nach erfolgter Beteiligung,
- die Bestellung eines Nießbrauchs zugunsten des Kindes[445] (nicht zwingend beim Vorbehaltsnießbrauch),
- die Beteiligung an einer Innengesellschaft/Einräumung einer Unterbeteiligung, es sei denn, dass der Empfänger dieser Beteiligung nicht am Verlust teilnimmt, keine Leistungen auf Anteile rückständig sind und ihm keine besonderen Tätigkeits- oder Treuepflichten obliegen,[446]
- Schenkungen unter Auflage/Rückforderungsvorbehalt und gemischte Schenkungen;[447] sofern der Beschenkte nach §§ 280 ff. BGB haftet, allerdings macht nicht jeder entfernte geringfügige rechtliche Nachteil, der mit einer Schenkung verbunden ist, die Bestellung eines Ergänzungspflegers erforderlich,
- Schenkungen unter Anrechnung auf den Pflichtteil,[448]
- Schenkungen eines Grundstücks unter Nießbrauchvorbehalt, wenn der Nießbrauchnehmer die außergewöhnlichen Kosten und Nutzen trägt, es sei denn, das Grundstück ist vermietet/verpachtet,[449]
- Schenkung einer Eigentumswohnung wegen der damit verbundenen Unterwerfung des Beschenkten unter die Gemeinschaftsordnung,[450]
- Auch die der Beteiligung nachfolgende Maßnahmen, wie zum Beispiel die Änderung des Gesellschaftsvertrages oder die Umwandlung einer Gesellschaft, können von dem Vertretungsverbot Minderjähriger erfasst werden.

312 Die Schenkung eines mit einem Nießbrauch oder Grundpfandrecht belasteten Grundstücks ist jedoch ausnahmsweise als rechtlich vorteilhaft zu bewerten,[451] es sei denn, der Nießbraucher hat das Grundstück vermietet oder verpachtet, und zwar auch dann, wenn der Schenker selbst sich ein Nießbrauchrecht am Grundstück vorbehält und das Miet- oder Pachtverhältnis für die Dauer des Nießbrauchs nur mit ihm fortgesetzt wird.[452]

313 Fehlt eine wirksame Vertretungshandlung, kann auch keine familiengerichtliche Genehmigung erteilt werden. Ist die Vertretungshandlung wegen Vorliegens eines Ausnahmetatbestandes wirksam, berührt dies jedoch eine etwa erforderliche Genehmigung des Familiengerichts nicht.[453] Zudem ist eine zivilrechtliche Rückwirkung der Genehmigung schenkungsteuerlich unbeachtlich.[454]

314 Der als Minderjähriger oder Geschäftsunfähiger aufgenommene Gesellschafter der Personengesellschaft hat mit Erreichen der Volljährigkeit ein Sonderkündigungsrecht (§ 723

---

milien-KG nicht der [familiengerichtlichen] Genehmigung nach § 1822 Nr. 3 BGB bedarf; anders noch OLG Bremen MittRhNotK 1999, 284: familiengerichtliche Genehmigung bei Übertragung einer Kommanditistenstellung. Dagegen für den Kommanditanteil *Pauli* Zerb 2016, 131 (132), differenziert für GmbH S. 136.

[444] BFH NJW-RR 2006, 78 (80); LG Aachen NJW-RR 1994, 1319 (1320) auch bei geringem Haftungsrisiko bei Aufnahme in die vermögensverwaltende Familien-GBR.
[445] LG Kaiserslautern MittBayNot 1977, 8 Ls.
[446] LG Aachen NJW-RR 1994, 1319 (1320).
[447] MüKoBGB/*Spickhoff* § 107 Rn. 60.
[448] MüKoBGB/*Spickhoff* § 107 Rn. 71 mwN Fn. 132.
[449] MüKoBGB/*Spickhoff* § 1795 Rn. 20.
[450] OLG Celle NJW 1976, 2214 (2215); MüKoBGB/*Spickhoff*, § 1795 Rn. 20.
[451] BGH NJW 2005, 415 ff. = FamRZ 2005, 359; BayObLGZ 1979, 49 (51) = RPfleger 1979, 197; NJW 2003, 1129 bei Nießbrauch und Vermietung. OLG München ZEV 2007, 493 ff. = FamRZ 2008, 820.
[452] BGH NJW 2005, 1430 (1431); NJW 1981, 109 (110); BayObLG DNotI-Report 2003, 117; *Führ/Menzel* FamRZ 2005, 1729.
[453] MüKoBGB/*Spickhoff*, § 1795 Rn. 20.
[454] BFH NJW-RR 2006, 78 (79): Vollziehung der Schenkung eines Grundstücks an einen Minderjährigen erst, wenn die Vertragsparteien die Auflassung erklärt haben (§ 925 Abs. 1 S. 1 BGB, § 873 Abs. 1 BGB), die Eintragung der Rechtsänderung in das Grundbuch von dem Schenker bewilligt worden ist (§ 19 GBO) und der Beschenkte jederzeit seine Eintragung als Eigentümer in das Grundbuch beantragen und damit den Eintritt der – dinglichen – Rechtsänderung herbeiführen kann.

Abs. 1 Nr. 2 BGB); Auflösungsklage nach § 133 HGB bei Eintritt der Volljährigkeit als wichtiger Grund.

3. Familiengerichtliche Genehmigung

Nach § 1643 Abs. 1 BGB bedürfen die Eltern der familiengerichtlichen Genehmigung für: **315**
- die in § 1822 Nr. 1, 3, 5 und 8 bis 11 BGB genannten Rechtsgeschäfte,
- die in § 1821 BGB genannten Rechtsgeschäfte,
- die Schenkung unter Auflage, deren Auflage ein in §§ 1821, 1822 Nr. 1, 3, 5 und 8 bis 11 BGB genanntes Rechtsgeschäft zum Gegenstand hat.

Der Ergänzungspfleger bedarf nach der Verweisung in § 1915 BGB der familiengerichtlichen Genehmigung für: **316**
- sämtliche in § 1822 BGB genannten Rechtsgeschäfte,
- die in § 1821 BGB genannten Rechtsgeschäfte,
- die Schenkung unter Auflage, wenn die Auflage ein in §§ 1821, 1822 BGB genanntes Rechtsgeschäft zum Gegenstand hat.

Von Bedeutung für die vorweggenommene Erbfolge ist § 1822 Nr. 3 BGB, der zwei Alternativen enthält: Erstens die Genehmigungspflicht zu einem Vertrag, der auf den entgeltlichen Erwerb[455] oder die Veräußerung[456] eines Erwerbsgeschäfts, ebenso auf die Bestellung eines Nießbrauchs an einem solchen gerichtet ist,[457] zweitens die Genehmigungspflicht zu einem Gesellschaftsvertrag, der zum Betrieb eines Erwerbsgeschäfts eingegangen wird, oder zu gesellschaftsvertraglichen Abfindungsvereinbarungen.[458] **317**

Auch wenn der Wortlaut der ersten Alternative den Erwerb eines Erwerbsgeschäfts durch Schenkung mangels Entgeltlichkeit nicht erfasst, ist eine Genehmigung auch bei unentgeltlicher Zuwendung eines Erwerbsgeschäfts erforderlich.[459] Die Beteiligung an einer AG oder GmbH fällt dann unter die erste Alternative, wenn **sämtliche Aktien oder sämtliche Geschäftsanteile** beziehungsweise ein so erheblicher Teil daran **übernommen** werden, dass nicht mehr nur eine reine Kapitalbeteiligung vorliegt, sondern diese sich wirtschaftlich als Beteiligung an dem Erwerbsgeschäft[460] darstellt. Die schenkweise Übertragung eines (geringeren) GmbH-Anteils auf den Minderjährigen ist folglich nach dieser Alternative genehmigungsfrei.[461] **318**

Die zweite Alternative, die den **Abschluss des Gesellschaftsvertrages** zum Betrieb eines **Erwerbsgeschäfts** adressiert, verlangt die Genehmigung ungeachtet der Frage der Entgeltlichkeit oder Unentgeltlichkeit.[462] Über den Wortlaut der Vorschrift hinaus wird nicht nur der Abschluss eines Gesellschaftsvertrages, sondern auch der Beitritt in eine bestehende Gesellschaft der Genehmigungspflicht unterworfen.[463] Auf die Begründung der persönlichen Haftung oder die Beschränkung der Verlustübernahme auf die Einlage **319**

---

[455] Der Tatbestand der Veräußerung eines Erwerbsgeschäfts bzw. von Gesellschaftsanteilen wird hier nicht behandelt. Übersicht bei *Pauli* Zerb 2016, 131 ff.
[456] BGH ZEV 2003, 375 (376 f.) mAnm *Damrau*.
[457] Palandt/*Götz*, BGB § 1822 Rn. 7.
[458] OLG Bremen NJW 2013, 2527–2530 = ZEV 2013, 460–463.
[459] BVerfG NJW 1986, 1859 (1860) zu der Fortführung eines Handelsgeschäfts durch Eltern für ihre Kinder kraft elterlicher Vertretungsmacht (§ 1629 BGB), die durch Erbgang in ungeteilter Erbengemeinschaft finanziell verpflichtet werden; *Behnke* NJW 1998, 3078.
[460] Erstmals KG JW 1926, 601; KG NJW 1976, 1946 für die Veräußerung.
[461] BGH GmbHR 1989, 327 (328 f.); BGH ZEV 2003, 375 (376 f.) mAnm *Damrau* zum Genehmigungserfordernis bei Beteiligung eines Minderjährigen an einer GmbH mit über 50 % oder bei Beteiligung nur Minderjähriger an einer GmbH und Anteile veräußert werden sollen.
[462] MüKoBGB/*Groll-Ludwigs*, § 1822 Rn. 21; Ermessensentscheidung BayObLG LSK 1990, 260030 = FamRZ 1990, 208; LG Aachen NJW-RR 1994, 1319 (1321); aA OLG Bremen vertritt in NZG 2008, 750 (751) für den unentgeltliche Beitritt des Minderjährigen in eine vermögensverwaltende Familien-KG.
[463] LG Aachen NJW-RR 1994, 1319 (1321); zur Definition des Erwerbsgeschäfts s. Beck'sches Notarhandbuch E Rn. 60 und BayObLGZ 1995, 230 (234).

kommt es nicht an, solange die Gesellschaft auf den Betrieb eines Erwerbsgeschäfts gerichtet ist. In den Fällen des Abschlusses eines Gesellschaftsvertrages oder des Beitritts in eine Gesellschaft, deren Zweck die **reine Vermögensverwaltung** ist, bedarf es keiner familiengerichtlichen Genehmigung.[464]

320 Auch der Abschluss des Gesellschaftsvertrages zur Gründung einer Kapitalgesellschaft bedarf der Genehmigung, die Beteiligung an einer GmbH jedenfalls dann, wenn der Minderjährige damit zugleich eine fremde Verbindlichkeit übernimmt, etwa die Haftung für die nicht (voll) erbrachte Stammeinlage.[465]

321 Umstritten ist die Frage der Beteiligung des Minderjährigen als stiller Gesellschafter an einem Handelsgewerbe, wird jedoch aus Gründen der Rechtssicherheit empfohlen.[466]

322 Bei Fortführung eines ererbten Handelsgeschäfts durch mehrere Miterben in ungeteilter Erbengemeinschaft – also ohne Abschluss eines (neuen) Gesellschaftsvertrages – bedürfen die gesetzlichen Vertreter minderjähriger Miterben nicht der Genehmigung des Familiengerichts (§ 1629a BGB).[467]

323 Jedenfalls bei einer Beteiligung an einer Gesellschaft ohne Verlustbeteiligung ist die familiengerichtliche Genehmigung entbehrlich.[468] Änderungen des Gesellschaftsvertrages einer Personengesellschaft sind mit der Errichtung einer Gesellschaft unter Beteiligung des Minderjährigen nicht gleichzustellen, so dass eine Genehmigung nur im Falle gewichtiger Änderungen des Gesellschaftsvertrages erforderlich ist.[469] Veräußerungsvorgänge von Wirtschaftsgütern durch die Gesellschaft können genehmigungsbedürftig sein, auch wenn die Beteiligung des Minderjährigen zuvor vom Familiengericht genehmigt worden ist.[470]

4. Genehmigung nach dem Grundstücksverkehrsgesetz

324 Die rechtsgeschäftliche Veräußerung eines **land- und forstwirtschaftlichen Grundstückes** sowie von Moor- und Ödland-Grundstücken und der schuldrechtliche Vertrag hierüber bedürfen der Genehmigung nach dem Grundstücksverkehrsgesetz. Es soll sichergestellt sein, dass die Veräußerung eines landwirtschaftlichen Grundstücks keine ungesunde Verteilung des Grund und Bodens bedeutet, also zB dann, wenn die Veräußerung Maßnahmen zur Verbesserung der Agrarstruktur widerspricht. Diese Maßnahmen zielen in erster Linie auf die Schaffung und die Erhaltung selbstständiger und lebensfähiger landwirtschaftlicher Betriebe ab.[471] Landwirtschaft im Sinne dieses Gesetzes ist die Bodenbewirtschaftung und die mit der Bodennutzung verbundene Tierhaltung, um pflanzliche oder tierische Erzeugnisse zu gewinnen, besonders der Ackerbau, die Wiesen- und Weidewirtschaft, der Erwerbsgartenbau, der Erwerbsobstbau und der Weinbau sowie die Fischerei in Binnengewässern. Der Veräußerung stehen die Einräumung und die Veräußerung eines Miteigentumsanteils an einem Grundstück, die Veräußerung eines Erbanteils an einen anderen als an einen Miterben gleich, wenn der Nachlass im Wesentlichen aus einem land- oder forstwirtschaftlichen Betrieb besteht, sowie die Bestellung des Nießbrauchs an einem Grundstück.

---

[464] OLG Bremen NZG 2008, 750 (751); MüKoBGB/*Groll-Ludwigs*, § 1822 Rn. 21 mwN zur Rspr. sowie zu Abgrenzungskriterien zwischen gewerblicher und vermögensverwaltender Tätigkeit; anders noch BayObLGZ 1995, 230 (235) = DB 1995, 1800, zu einer GbR, deren Zweck in der Verwaltung, Vermietung und Verwertung von Grundbesitz besteht; OLG Koblenz NJW 2003, 1401 (1402).
[465] BGH GmbHR 1989, 327 (328 f.); MüKoBGB/*Groll-Ludwigs*, 7. Aufl. 2017, § 1822 Rn. 17, 25.
[466] MüKoBGB/*Groll-Ludwigs*, § 1822 Rn. 26.
[467] BGH NJW 1985, 136 (137 f.) mAnm *K. Schmidt*.
[468] BGH NJW 1957, 672 (Ls.).
[469] Palandt/*Götz*, BGB § 1822 Rn. 10; die Genehmigungsbedürftigkeit der Änderung von Gesellschaftsverträgen für den Gesellschafterwechsel Dritter verneint BGH NJW 1962, 2344 (2346).
[470] OLG Koblenz NJW 2003, 1401 (1402).
[471] BGH DNotZ 2017, 476 (477); NJW-RR 2006, 1245 (1246); NJW-RR 2015, 553 Rn. 6.

§ 3 Unternehmensverkauf

Übersicht

	Rn.
I. Vorüberlegungen und Formen des Verkaufs	5
1. Vollständige Übergabe des Unternehmens	5
2. Teilverkauf mit Optionsrechten	7
3. Veräußerung über Kapitalerhöhung	18
4. Verkauf in Notfällen	22
5. Earn-Out	24
6. Asset-Deal	28
II. Steuern	31
1. Besteuerung bei Veräußerung von Personengesellschaftsanteilen	34
2. Besteuerung bei Veräußerung von Kapitalgesellschaftsanteilen	38
3. Steuervergleich zwischen Personen- und Kapitalgesellschaft	43
III. Planungsphase	45
1. „Die Braut hübsch machen"	45
2. Optimierung von Aufwand und Ertrag	48
3. Normalisierung des EBIT(DA)	52
4. Optimierung des Bilanzbildes	55
5. Dokumentation für den Käufer	57
6. Analyse der Marktstellung, SWOT-Analyse	60
IV. Vorgehen im Verkaufsprozess	63
1. Bieterverfahren oder Einzelansprache der Käufer	63
2. Team und Zeitaufwand	68
3. M&A Berater	71
a) Erfolgshonorar	72
b) Zusatzhonorar bei besonderem Vermittlungserfolg	76
c) Exklusivität bei Beratern	77
d) Vorkenntniseinwand	80
e) Aufwandspauschale	83
f) Höhe von Aufwandspauschale und Erfolgshonorar	85
g) Erfolgshonorar bei Optionen oder Earn-Out	89
4. Rechtsanwälte, Steuerberater als Berater	91
a) Verbot des Erfolgshonorars	93
b) Stundenhonorar	96
c) Deckelung des Honorars (Cap) und Festpreise	98
5. Letter of Intent/Memorandum of Understanding	102
a) Absichtserklärungen zum Kauf und ihr Rechtscharakter	102
b) Rechtliche Relevanz von Vorvereinbarungen	107
c) Exklusivitätsvereinbarungen mit dem Käufer	109
d) Break-up Fee	111
e) Kündigung einer Exklusivitätsvereinbarung	115
f) Typische Verstöße gegen Exklusivitätsvereinbarungen/Haftung Dritter	117
V. Informationserteilung und Due Diligence	119
1. Vorvertragliches Schuldverhältnis und Auskunftspflichten	119
a) Aufklärungspflichten in der Rechtsprechung	119
b) Vertraglicher Ausschluss der Haftung aus „culpa in contrahendo"	124
c) Verdrängung der Culpa in Contrahendo durch Garantien im Kaufvertrag	130
d) Haftung wegen vorsätzlich falscher Aufklärung.	132
e) Vermutung des aufklärungsrichtigen Verhaltens	134
f) Schadensnachweis	135
2. Wissenszurechnung	138
a) Haftung für Erfüllungsgehilfen und Wissensvertreter	139
b) Beweiserleichterung durch fingierte Wissenszurechnung	144
c) Klauseln zur Vermeidung einer Wissensfiktion	146
VI. Inhalt des Datenraumes	151

	Rn.
1. Umfang der Due Diligence	151
a) Checklisten	151
b) Elektronische Datenerfassung	155
2. Vertraulichkeitsvereinbarungen	157
a) Inhalt von Vertraulichkeitsvereinbarungen	158
b) Vertragsstrafe bei Verletzung der Vertraulichkeit	162
c) Insider-Listen und Vernichtung von Unterlagen	164
d) Kopien von Unterlagen, Herunterladen	167
3. Besondere Datenrauminhalte	170
4. Vendor-Due Diligence	173
a) Due Diligence durch unabhängiges Prüfungsunternehmen	174
b) Vertrag zu Gunsten Dritter	177
5. Frage und Antwort-Listen (Q&A Listen)	178
a) Allgemeine Hinweise zu Q&A Listen	179
b) Nachladen von Dokumenten	182
c) Zeitfenster für Due Diligence	186
VII. Kaufvertrag	188
1. Strukturelle Vorfragen	188
2. Share-Deal bei Kapitalgesellschaften	191
3. Share-Deal bei Personengesellschaften	198
a) Gesellschafterkonten	199
b) Zuweisung des laufenden Gewinns	206
c) Besonderheit bei GmbH & Co KG (Mitveräußerung der GmbH-Anteile)	211
d) Sonderbetriebsvermögen	214
e) Betriebsaufspaltung	217
4. Asset-Deal	220
a) Vorüberlegungen	221
b) Praktische Durchführung	225
c) Übergang von Kunden- und Lieferantenverträgen	228
d) Change-of-Control Klauseln, Vertragsübergang	233
e) Übergang von Arbeitsverhältnissen	236
5. Ablösung von Finanzverbindlichkeiten und Gesellschafterdarlehen	246
6. Beendigung von Unternehmensverträgen	255
a) Zivilrechtliche und steuerliche Anforderungen an Organschaftsverträge	257
b) Unternehmensverkauf und rechtsfehlerhafte Organschaft	259
c) Vorgehen zur Auflösung der Organschaft im Verkaufsfall	260
VIII. Kaufpreis	263
1. Bewertungsmethoden	264
a) Vergleichswertmethode	264
b) Multiplikatorenmethode	267
c) Discounted Cash Flow Methode	272
d) Ertragswertmethode nach IdWS1 Fachgutachten	278
2. Kaufpreisanpassungen	280
a) Finanzverbindlichkeiten, Liquide Mittel	280
b) Net Working Capital	283
c) Wechselseitige Abhängigkeit von Cash/Debt und Working Capital	285
d) Vorläufiger und endgültiger Kaufpreis	287
e) Durchschnittlicher Bestand an Cash/Debt und Net Working Capital	289
f) Zwischenabschluss/Closing Accounts	294
3. Einfluss nicht betriebsnotwendigen Vermögens und nicht bilanzierter Haftungsrisiken	296
4. Festkaufpreis (Locked Box)	300
5. Berechnung und Sicherung eines Earn-Out	309
IX. Aufschiebende Bedingungen	317
1. Kartellrecht und Genehmigungsvorbehalt	318
2. Neuabschluss von Geschäftsführerverträgen	324

	Rn.
3. Neufassung von Satzung und Gesellschaftervereinbarung	327
4. Beendigung und Neuabschluss anderer Vereinbarungen	334
5. Strukturelle Maßnahmen bis zum Closing, insbesondere Carve-Out	336
6. Übergangsvereinbarungen nach Vollzugstag	341
7. Absicherung des Käufers gegen „Material Adverse Change"	343
8. Rücktrittsrechte/Long-Stop Date	351
X. Garantien und Freistellungsversprechen des Verkäufers	355
1. Unanwendbarkeit des Kaufrechts für die Haftung des Verkäufers	356
2. Grundsatz der Naturalrestitution	358
3. Haftungsbeschränkungsklauseln	360
a) De Minimis Klausel	360
b) Haftungscap	362
c) Entgangener Gewinn und Folgeschaden	363
d) Sonderfall der Jahresabschlussgarantie (Bilanzgarantie)	369
4. Gesamtschuldnerische Haftung und Haftungsquoten	373
5. Abwehr von Drittansprüchen	379
6. Gesamtpaket Haftung	381
a) Escrow und Sicherheitsleistung	383
b) Höhe des Escrow oder der Sicherheitsleistung	386
XI. Garantiekatalog	388
1. Objektive und subjektive Garantien	394
2. Rechtsgarantien (sog. „Good-Title" Garantie)	400
3. Bilanz- und Finanzgarantien	403
4. Garantien zu wesentlichen Verträgen	411
5. Mitarbeitergarantien und Arbeitsrecht	413
6. IT- und IP-Rechte, gewerbliche Schutzrechte	416
7. Compliance und Rechtsstreitigkeiten	418
8. Steuergarantien	422
a) Personen- und Kapitalgesellschaften bei der Steuerklausel	424
b) Steuerhaftung als separate Freistellungsverpflichtung	426
c) Vermeidung der Doppelerfassung der Steuerhaftung	428
d) Vorteilsausgleich bei Steuern	430
9. Sonstige Freistellungsverpflichtungen	432
10. Verjährung	435
XII. Wettbewerbsverbot, Abwerbeverbot	439
1. Zulässigkeit von Wettbewerbsverboten	440
2. Vertragsstrafe, Unterlassungsansprüche und Schadensersatz	443
XIII. Gerichtsstandsklausel und Schiedsverfahren	448

In Deutschland stehen nach neueren Untersuchungen während des Zeitraums von 2014 bis 2018 etwa 110.000 Familienunternehmen vor einer Unternehmensnachfolge.[1] Nur etwa die Hälfte von ihnen kann aber tatsächlich von einem Nachfolger aus dem Familienkreis weitergeführt werden.[2] Vielen von ihnen fehlt einfach die Möglichkeit, aus eigener Kraft überleben zu können.

Unternehmerverbände beschäftigen sich mit der Unternehmensnachfolge durch Verkauf in der Regel ungern. Familienunternehmen haben sich häufig als erfolgreicher erwiesen als Großkonzerne.[3] Sie sind ihrer sozialen Verantwortung hervorragend gerecht geworden.[4] In Deutschland grassieren außerdem zahlreiche Vorurteile, wenn es um den Verkauf von Familienunternehmen geht. Finanzinvestoren sind als Kaufinteressenten unbeliebt, seit sie einmal von dem ehemaligen Wirtschaftsminister Franz Müntefering

---

[1] BeckHdB Unternehmenskauf/*Jaques* A Rn. 1.
[2] BeckHdB Unternehmenskauf/*Jaques* A Rn. 3.
[3] Studie des BDI, Faktencheck Mittelstand und Familienunternehmen vom 23.9.2015, S. 6.
[4] Studie des BDI, Faktencheck Mittelstand und Familienunternehmen vom 23.9.2015, S. 8.

despektierlich als „Heuschrecken" bezeichnet wurden.[5] Angeblich verfolgen sie nur kurzfristige Renditeinteressen und überziehen Mittelstandsunternehmen mit einer existenzbedrohlichen Fremdverschuldung.[6] Wettbewerbern (sog. Strategen) sagt man nach, Familienunternehmen ohne Rücksicht auf deren langjährige Kultur in einen Konzern eingliedern zu wollen und dabei Arbeitsplätze zu vernichten. Dem Wunsch, das Lebenswerk des Unternehmers zu erhalten und Arbeitsplätze zu sichern, könne dabei kaum entsprochen werden.[7]

3   Abgesehen davon, dass diese Behauptungen häufig unbegründet sind und im Wesentlichen nur bekannte Vorurteile bedienen, bleibt der Verkauf eines Familienunternehmens aber auch trotz der durchaus ernst zu nehmenden Gegenargumente in vielen Fällen unausweichlich. Wenn wir uns in diesem Buch damit beschäftigten, dann deshalb, weil man nicht rund die Hälfte aller Nachfolgefälle einfach ignorieren kann. Der Verkauf von Familienunternehmen verdient gerade in einem Buch über Unternehmensnachfolge eine Kommentierung.

4   Eine erschöpfende Darstellung aller Aspekte des Unternehmensverkaufs wird man an dieser Stelle allerdings nicht erwarten dürfen, füllen doch einschlägige Handbücher über den Unternehmenskauf ein Vielfaches der hier zur Verfügung stehenden Textseiten. In dem nachfolgenden Kapital kann es nur um eine komprimierte Betrachtung der wesentlichen Themen gehen, die sich beim Verkauf eines Familienunternehmens stellen. Das Kapitel ist als ein Leitfaden zu verstehen, wie man den Verkauf wirtschaftlich vorteilhaft und rechtlich sicher gestalten kann. Steuerliche Fragen, umwandlungsrechtliche Fragen aber auch manche Formen der Vertragsgestaltung können hier nur gestreift werden.

I. Vorüberlegungen und Formen des Verkaufs

1. Vollständige Übergabe des Unternehmens

5   Ein Unternehmensverkauf wird in der Regel durch den Verkauf und die Abtretung sämtlicher Gesellschafts- oder Geschäftsanteile eines Unternehmens vollzogen („Share-Deal").[8] Der Share-Deal hat den Vorteil, dass das Unternehmen mit all seinen Aktiva und Passiva allein durch Abtretung der Rechte an den Gesellschafts- oder Geschäftsanteilen auf den Käufer übergehen kann. Der Zeitpunkt des Gefahrübergangs kann beim Share-Deal frei vereinbart werden. Mitarbeiter, Kunden, Lieferanten und Vertragsbeziehungen verbleiben beim Unternehmen und werden automatisch mitverkauft.

6   Der Verkäufer wird sich allerdings fragen lassen müssen, wie seine Erfahrungen und persönlichen Verbindungen beim Share-Deal auf den Käufer ohne weiteres übergeleitet werden können. In der Praxis wird er dem Käufer zur Erleichterung des Übergangs häufig einen Geschäftsführer- oder Beratervertrag, meist für die Dauer von ein bis drei Jahren, anbieten.[9] Aber ein solcher Vertrag wird in den meisten Fällen nicht ausreichen, um die Erfahrungen und Verbindungen des Verkäufers tatsächlich auf den Käufer übergehen zu lassen. Geschäftsführer- oder Beraterverträge schaffen nur eine begrenzte Motivation, um weiter mit Engagement für das Unternehmen tätig zu sein.[10] Den wenigsten Unternehmern gelingt auch der Sprung vom selbständigen Unternehmer zum Fremdgeschäftsführer oder Berater.

---

[5] Erstmals geäußert am 22.11.2004 bei einem öffentlichen Vortrag unter dem Titel „Freiheit und Verantwortung" in der Friedrich-Ebert-Stiftung.
[6] *Michler*, Wirtschaftswunder 2010, S. 155.
[7] Der Verkauf an einen Wettbewerber/strategischen Investor ist gleichwohl als Regelfall zu sehen, BeckHdB Unternehmenskauf/*Jaques* A Rn. 6.
[8] Holzapfel/Pöllath, Unternehmenskauf in Recht und Praxis/*Engelhardt/v.Woedtke*, A Rn. 6.
[9] BeckHdB Unternehmenskauf/*Ettinger* B Rn. 96.
[10] BeckHdB Unternehmenskauf/*Ettinger* B Rn. 189; Holzapfel/Pöllath, Unternehmenskauf in Recht und Praxis/*Pupeter*, A Rn. 233.

2. Teilverkauf mit Optionsrechten

Beim Verkauf mittelständischer Unternehmen wird aus diesen Gründen häufig von einem vollständigen und sofortigen Verkauf Abstand genommen. Viele Käufer, insbesondere Finanzinvestoren, sind sogar davon abhängig, den Verkäufer mit Aussicht auf weitere Gewinnausschüttungen und einen weiteren Veräußerungsgewinn zu motivieren, denn ihnen fehlt schlicht das Management-Personal, um ohne den Verkäufer weitermachen zu können. Bleibt der Verkäufer am Unternehmen beteiligt, sorgt dies zusätzlich für Stabilität und erleichtert die Aufrechterhaltung der Bindung von Mitarbeitern, Kunden und Lieferanten. Schließlich behält, was psychologisch wichtig für die Herstellung der Verkaufsbereitschaft ist, der Verkäufer auch einen gewissen Einfluss auf sein Lebenswerk. Er kann dieses geordnet in andere Hände übergehen lassen. 7

Einen gestuften Verkauf des Unternehmens erreicht man, indem man in einem ersten Schritt die Mehrheit der Anteile an dem Unternehmen veräußert und dem Käufer Optionsrechte zum Kauf (sog. Call-Option), dem Verkäufer aber Optionsrechts zum Verkauf (sog. Put-Option) auf die verbleibenden Anteile einräumt.[11] Die Optionen können nach einer Übergangsfrist, deren Dauer die Parteien nach Gutdünken im Kaufvertrag bestimmen können (meist ein bis drei Jahre), ausgeübt werden, so dass es erst dann zur Vollendung des Unternehmensverkaufs kommt. Die Optionsrechte sind meist so ausgestaltet, dass mit der Ausübung der Call-Option oder der Put-Option ziemlich sicher gerechnet werden kann.[12] 8

Der Verkäufer bleibt dabei in der Übergangszeit meist in der Geschäftsführung. Er genießt das Vertrauen der Mitarbeiter und des Käufers. Der Käufer wird zwar häufig einen weiteren Geschäftsführer bestellen, um seine Interessen abzusichern, aber dabei dem Verkäufer auch eigene Gestaltungsrechte belassen, um den Übergangsprozess nicht zu gefährden. Die genaue Form der Zusammenarbeit wird meist über eine Gesellschaftervereinbarung und eine Geschäftsordnung mit einem Katalog zustimmungspflichtiger Geschäfte geregelt.[13] 9

Die Optionsrechte sollten bereits im Kaufvertrag über den Verkauf der Mehrheitsanteile klar geregelt werden. Vorzugsweise werden sie so ausgestaltet, dass es zur Ausübung des Optionsrechts und damit zum Wirksamwerden des weiteren Anteilsverkaufs nur noch der Abgabe einer einfachen schriftlichen Erklärung des Optionsberechtigten bedarf.[14] Möglich wird dies durch den Abschluss eines aufschiebend bedingten Kaufvertrages über die Optionsanteile, in welchem alle Einzelheiten des späteren Verkaufs bereits geregelt sind, und bei welchem die aufschiebende Bedingung eintritt, wenn der Optionsberechtigte die Ausübung der Option erklärt.[15] 10

Ein aufschiebend bedingter Kaufvertrag bereitet in der Praxis insofern Schwierigkeiten, als der Käufer gerne Garantien des Verkäufers zu den wertbildenden Umständen des Unternehmens zum Optionszeitpunkt erhalten würde. Schließlich will der Käufer die Optionsanteile nicht um jeden Preis erwerben. Die Abgabe solcher Garantien fällt aber schwer, denn der Verkäufer wird sich bei der Abgabe solche Erklärungen, welche bestimmte wertbildende Umstände auf einen Zukunftzeitpunkt garantieren sollen, natürlich vorsehen müssen. Außerdem bereitet die Kaufpreisbestimmung oft Schwierigkeiten, denn der Kaufpreis ist wegen des naturgemäß volatilen und nur schwer prognostizierbaren Un- 11

---

[11] Holzapfel/Pöllath, Unternehmenskauf in Recht und Praxis/*Engelhardt/v. Maltzahn,* Rn. 666.
[12] Empfehlenswert ist die Definition einer Maximalfrist, bis zu deren Ablauf die Call-Option gezogen werden kann; die Put-Option sollte als Exit-Option erst nach fruchtlosem Ablauf der Call-Options-Frist gezogen werden dürfen.
[13] Zwischen Käufer und Verkäufer entsteht vorübergehend eine Joint-Venture Gesellschaft; deshalb sollte es zwischen Käufer und Verkäufer auch eine detaillierte Gesellschaftervereinbarung geben, welche die Art und Weise der Zusammenarbeit näher regelt; vgl. Holzapfel/Pöllath, Unternehmenskauf in Recht und Praxis/*Engelhardt/v. Maltzahn,* Rn. 669.
[14] Optionskaufvertrag unter aufschiebender Bedingung, vgl. BeckHdB Unternehmenskauf/*Jaques* C Rn. 65.
[15] Vgl. auch BGH NJW 2006, 2843 (2844).

12 Empfehlenswert ist es, Optionskaufverträge lediglich mit einem schlanken Korsett an Verkäufer-Garantien auszustatten. Es sollte sich dabei nur um Garantien handeln, welche der Verkäufer bei normalem Verlauf der Dinge überblicken und einhalten kann. Zu nennen wären hier beispielsweise Garantien zur unbeschränkten Inhaberschaft der Optionsanteile und zur Erhaltung des darauf eingezahlten Stammkapitals.

13 Der Kaufpreis braucht aus Rechtsgründen im Optionskaufvertrag noch nicht betragsmäßig fixiert zu werden. Es reicht aus, wenn der Kaufpreis am Tag der Optionsausübung eindeutig bestimmbar ist.[16] Dazu sollte man eine „atmende" Kaufpreisformel vereinbaren, welche die Messung der für den Kaufpreis relevanten Kennzahlen des Unternehmens vorsieht und in einer einfachen Rechnung die Ermittlung des zu zahlenden Kaufpreises ermöglicht. Am häufigsten finden sich Kaufpreisformeln, welche auf das EBITDA des Unternehmens abstellen und darauf einen Multiplikator anwenden, zum Beispiel das durchschnittliche EBITDA aus den letzten zwei oder drei Jahren vor Ausübung der Option, multipliziert mit dem Faktor X.[17]

14 Für die Kaufpreisbestimmung ist es bei einer solchen Klausel im Zeitpunkt der Optionsausübung dann lediglich erforderlich, die maßgeblichen Jahresabschlüsse beizuziehen. Unter Umständen kann auch mit einem vorläufigen und einem endgültigen Kaufpreis für die Optionsanteile gearbeitet werden (letzterer würde dann erst nach Prüfung der maßgeblichen Jahresabschlüsse feststehen). Variable Kaufpreisklauseln dieser Art erlauben eine Feinsteuerung des Kaufpreises, indem man zum Beispiel das EBITDA mehrerer Geschäftsjahre unterschiedlich gewichten oder auf bestimmte Teilergebnisse des Unternehmens abstellen kann. Auch lassen sich Finanzverschuldung und Working Capital zum Stichtag der Wirksamkeit des Anteilübergangs über Closing Accounts kaufpreismindernd oder kaufpreiserhöhend berücksichtigen (vgl. unten Abschnitt VIII, 2).

15 Beim Abschluss des Optionsvertrages sind stets die Formvorschriften zu beachten, die auch für das Verkaufsgeschäft selbst gelten.[18] Sind Verkauf und Abtretung der Optionsanteile bereits durch einen aufschiebend bedingten Kaufvertrag geregelt, bedarf die Options-Ausübungserklärung selbst nicht mehr der für den Kaufvertrag erforderlichen Form.[19]

16 Vielfach wird im Kaufvertrag aber auch nur ein schuldrechtlicher Anspruch auf Abschluss des weiteren Kaufvertrages über die Optionsanteile vereinbart. Dies ist beispielsweise der Fall, wenn der Verkäufer dem Käufer lediglich ein verbindliches Angebot zum Kauf der Optionsanteile macht, welches dieser noch förmlich annehmen muss. In diesem Fall bedarf die Optionsausübungserklärung selbst noch der entsprechenden Form des Kaufvertrages.[20] Gleiches gilt vom umgekehrten Fall, dem Angebot des Käufers, dem Verkäufer die verbleibenden Anteile abzukaufen. Auch hier bedarf dann die Annahmeerklärung des Verkäufers spiegelbildlich noch der für den Kaufvertrag erforderlichen Form.

17 Abzuraten ist von nicht konkretisierten Versprechungen, zurückbehaltene Gesellschafts- oder Geschäftsanteile des anderen Vertragspartners zu einem späteren Zeitpunkt kaufen zu wollen. Hierdurch wird ein wirksames Optionsrecht nicht begründet, allenfalls ein Anspruch auf Eintritt in die entsprechenden Kaufvertragsverhandlungen. Der Streit darüber, unter welchen Voraussetzungen dann die Ablehnung der Kaufs treuwidrig wäre, ist in einem solchen Fall vorprogrammiert.

---

[16] Vgl. *Werner* DStR 2012, 1662; *Hilgard* BB 2010, 2912; *v. Braunschweig* DB 2010, 713 (717).
[17] Wenn mit abstrakten Bewertungsformeln gearbeitet wird, sollte man durch Berechnungsbeispiele die Auswirkungen von Ergebnisschwankungen auf den künftigen Kaufpreis berechnen, vgl. *Hilgard* BB 2010, 2912 (2914).
[18] Beurkundungspflicht bei GmbH-Anteilen (§ 15 Abs. 3 GmbHG), BGH NJW 2006, 2843 (2844).
[19] BGH LM BGB § 433 Nr. 16; Palandt/*Ellenberger* BGB Einf. v. § 145 Rn. 23.
[20] Vgl. BGH NJW 2006, 2843 (2844) und *Mülsch/Penzel* ZIP 2004, 1987.

3. Veräußerung über Kapitalerhöhung

Die Übernahme von Gesellschafts- oder Geschäftsanteilen an Familienunternehmen erfolgt häufig auch über eine Kapitalerhöhung. Die Ausgangslage hierfür ist meist ein Kapitalbedarf des Unternehmens, welchen der Inhaber oder seine Familie nicht mehr abdecken können oder wollen. In diesem Fall würde der Verkauf von Gesellschafts- oder Geschäftsanteilen den Betroffenen wenig nützen, weil dem Unternehmen einfach neues Kapital zugeführt werden muss. In diesen Fällen ist die Zulassung eines Investors zum Eintritt in die Gesellschaft über eine Kapitalerhöhung Erwägung zu ziehen. Auch dies ermöglicht den Übergang der Leitungsmacht auf einen familienfremden Nachfolger und damit eine Unternehmensnachfolge.

Unabhängig vom Finanzierungsbedarf des Familienunternehmens wird diese Gestaltung auch gewählt, um dem eigenen Management sukzessive Anteile an dem Unternehmen anbieten zu können. Der Verkauf von Anteilen an das Management wäre mit der Realisierung stiller Reserven verbunden und damit steuerlich ungünstig.[21] Auch können viele Manager die angebotenen Anteile nicht bezahlen.[22] Durch Zulassung des Managers zu einer Kapitalerhöhung lässt sich für den Verkäufer steuerlich eine günstigere Möglichkeit zur Anteilsübertragung schaffen als durch einen Verkauf.[23] Dem zu beteiligenden Manager kann ein von ihm zu zahlendes Aufgeld auf der privaten Vermögensebene ganz oder teilweise darlehensweise vom Verkäufer vorgestreckt werden.[24] Das Aufgeld kann dann aus der Gewinnbeteiligung des Managers sukzessive zurückgezahlt werden. Verlässt der Manager das Unternehmen vor einem gemeinsamen Verkauf, sollte eine Call-Option auf dessen Anteile bestehen; der Preis sollte schwanken, je nachdem aus welchem Grund der Manager ausscheidet (sog. Good-Leaver/Bad-Leaver Regelung).[25]

Die Kapitalerhöhung unter Zulassung eines Dritten entspricht weitgehend dem Teilverkauf des Unternehmens, auch wenn die von dem Dritten erbrachte Gegenleistung (Kapitaleinlage) nicht in das Vermögen der Gesellschafter, sondern in das Vermögen der Gesellschaft eingeht. Durch die neu geschaffenen Anteile sinkt wie bei einem Verkauf die Beteiligungsquote der bisherigen Gesellschafter. Die mit der Kapitalerhöhung verbundene Stärkung des Eigenkapitals vermag sogar in vielen Fällen den Wertverlust, der sich aus der Verwässerung ihrer Anteile ergibt, wieder auszugleichen. Das Mittel, um die Verwässerung der Anteile wirtschaftlich zu vermeiden, ist das Aufgeld, welcher der neu Eintretende Gesellschafter in die Kapitalrücklage der Gesellschaft einzahlen muss.[26]

In Vereinbarungen über eine Kapitalerhöhung finden sich wegen der Ähnlichkeiten zu einem Anteilsverkauf häufig dieselben Absprachen und Vertragsklauseln wie in einem Unternehmenskaufvertrag. Vielfach ist der Einstieg über eine Kapitalerhöhung zusätzlich mit Optionsrechten auf den Erwerb weiterer Anteile verbunden. Daher kann letztlich auch über diesen Weg eine vollständige Unternehmensnachfolge in mehreren Schritten vollzogen werden.

4. Verkauf in Notfällen

Im wieder müssen bei Familiengesellschaften Gesellschafts- oder Geschäftsanteile auch in Sondersituationen verkauft werden, wie zum Beispiel bei einem Gesellschafterstreit, einer

---

[21] Verkäufer realisiert Veräußerungsgewinn gemäß §§ 16, 17 EStG
[22] Man sollte zuvor auch das Potential verfügbarer Akquisitionskredite prüfen (für beteiligungswillige Manager gibt es viele Möglichkeiten zur Erlangung von Gründerdarlehen und öffentlich geförderten Darlehen).
[23] Einlagen sind im Unterschied zu Kaufpreiszahlungen steuerneutral.
[24] Es handelt sich dabei um Darlehen auf der privaten Vermögensebene; diese können durch Verpfändung der Anteile oder aufschiebend bedingte Anteilsabtretung zu Gunsten des Darlehensgebers abgesichert werden.
[25] Vgl. Holzapfel/Pöllath, Unternehmenskauf in Recht und Praxis/*Gröger*, Rn. 5.309.
[26] Vgl. Holzapfel/Pöllath, Unternehmenskauf in Recht und Praxis/*Tönies/Fischer*, Rn. 1804; vor der Kapitalerhöhung zur Bestimmung des Aufgeldes eine Unternehmensbewertung durchgeführt werden (sog. Pre-Money Bewertung).

Kündigung oder im Todesfall. Kernproblem dabei ist, dass solche Fälle meist nur einzelne Gesellschafter betreffen und nicht das gesamte Unternehmen. Den übrigen Gesellschaftern sollen aber nicht einfach fremde Dritte aufgedrängt werden. Die Veräußerung einzelner Beteiligungen unterliegt daher nach den Gesellschaftsverträgen der meisten Familiengesellschaften der Zustimmung der übrigen Gesellschafter.[27]

23 Der Verkauf solcher Beteiligungen ist in der Praxis sehr schwierig. Für Beteiligungen an Familienunternehmen gibt es de facto keinen funktionierenden Markt, weil mit diesen Beteiligungen meist kein beherrschender Einfluss auf das Unternehmen verbunden ist. Zusätzlich muss die Zustimmung der übrigen Gesellschafter erteilt werden, die meist eine reine Ermessensentscheidung ist. Die Zustimmung kann auch daran scheitern kann, dass Mitgesellschafter nach dem Gesellschaftsvertrag über vorgreifliche Vorkaufs- oder Vorerwerbsrechte verfügen.[28] Nicht selten sieht der Gesellschaftsvertrag auch vor, dass die übrigen Gesellschafter die Anteile eines ausscheidenden Gesellschafters zu einem festen Preis übernehmen können, zum Beispiel zu dem gleichen Preis, der auch als Abfindung für den Fall der Kündigung der Gesellschaft vereinbart ist.[29] Mit diesen besonderen Konstellationen des Verkaufs von Gesellschafts- und Geschäftsanteilen soll sich dieses Kapital nicht befassen. Sie sind einem Unternehmensverkauf im Ganzen nicht vergleichbar und stellen nur eine gesellschaftsvertraglich regulierte Form der Nachfolge für einzelne Gesellschafts- und Geschäftsanteile dar. Mit einer echten Unternehmensnachfolge hat diese Form der Veräußerung nichts zu tun.

5. Earn-Out

24 Als Variante des Options-Modells findet man häufig Vereinbarungen über eine mögliche nachträgliche Kaufpreiserhöhung (sog. Earn-Out).[30] In diesem Fall werden zwar 100% der Gesellschafts- und Geschäftsanteile veräußert, die Höhe des endgültigen Kaufpreises hängt aber wie häufig beim Optionsmodell von der weiteren Geschäftsentwicklung des Unternehmens ab. Entwickelt sich das Geschäft, wie im Businessplan des Verkäufers vorgesehen oder sogar besser, kommt es zu einer Nachzahlung auf den Kaufpreis, sonst bleibt es bei dem gezahlten Betrag.[31]

25 Der Earn-Out sollte von einem Verkäufer richtigerweise nur als „Chance" auf Erlangung eines Zusatzkaufpreises begriffen werden. Vor allem bei stark aufstrebenden, jüngeren Unternehmen, bei denen die Erreichung des Businessplanes sehr unsicher erscheint (zB im „Seed- und Startup"-Bereich), greift man sehr gerne zu solchen Earn-Out Regelungen[32] Meist sind dazu im Voraus fest definierte, wirtschaftliche Ziele zu erreichen. Ähnlich liegen die Dinge, wenn bei reiferen Unternehmen erheblichen Differenzen zwischen Käufer und Verkäufer bei der Einschätzung der Zukunftsentwicklung vorliegen. In solchen Fällen ist die Vereinbarung eines Earn-Out oft das einzige Mittel, um die sehr unterschiedlichen Vorstellungen und Bewertungsansätze beim Unternehmenskauf überbrücken zu können.[33]

26 Earn-Out Regelungen sind für den Verkäufer vor allem dann unsicher, wenn die Leitungsmacht über das Unternehmen infolge des Gesamtverkaufs der Gesellschafts- oder Geschäftsanteile bereits unwiderruflich auf den Käufer übergangen ist, so dass dem Verkäufer nur noch ein begrenzter Einfluss auf die Erreichung der Earn-out relevanten Ziele verbleibt. Dem Verkäufer bleibt in solchen Fällen oft keine andere Wahl, als darauf zu vertrauen, dass der Käufer die Erreichung der Earn-Out Ziele ebenfalls anstrebt, diese je-

---

[27] *Wilts/Häger* WIB 1995, 409 (410); *Kowalski* GmbHR 1992, 347 jeweils mwN.
[28] *Wilts/Häger* WIB 1995, 409 (411); *Kowalski* GmbHR 1992, 347 (348) jeweils mwN.
[29] Baumbach/Hueck/*Fastricht* GmbHG Anh. § 34 Rn. 10 mwN.
[30] Vgl. Holzapfel/Pöllath, Unternehmenskauf in Recht und Praxis/*Bergjahn*, Rn. 829–838.
[31] Diese Gestaltung darf nicht mit einer bloßen Anzahlung auf den Kaufpreis verwechselt werden, bei der der Kaufpreis steht beim Earn-Out bei Vertragsschluss gerade noch nicht fest.
[32] *Hilgard* BB 2010, 2912 (2913).
[33] *Werner* DStR 2012, 1662; *Hilgard* BB 2012, 2912.

I. Vorüberlegungen und Formen des Verkaufs § 3

denfalls nicht torpedieren wird. Hierfür spricht immerhin, dass der Käufer in der Regel ebenfalls an einem bestmöglichen Geschäftserfolg des Unternehmens interessiert ist. Er trägt meist das größere Risiko als der Verkäufer, wenn das gekaufte Unternehmen nicht performt.

Als Verkäufer wird man aber, selbst wenn man noch in der Geschäftsführung verbleibt, in der Regel keine maßgeblichen Entscheidungsrechte mehr besitzen. Möglich sind zur Absicherung des Earn-Out Anspruchs Vereinbarungen, welche wesentliche Veränderungen des Geschäftsbetriebs oder gar die Umwandlung bzw. Integration in ein anderes Unternehmen von der Zustimmung des Verkäufers abgängig machen oder aber eine Korrektur der Betriebsergebnisse durch Herausrechnung solcher Maßnahmen vorsehen[34] In Betracht kommt auch eine Vereinbarung, welche den Earn-Out in solchen Fällen vorzeitig fällig stellt. 27

6. Asset-Deal

Manche Unternehmensverkäufe können nicht durch den Verkauf von Gesellschafts- oder Geschäftsanteilen vollzogen werden, sondern nur durch den Verkauf von Wirtschaftsgütern des Betriebsvermögens. Hierbei kommt es zum dinglichen Übergang der verkauften Gegenstände des Betriebsvermögens, während die verkaufende Gesellschaft selbst nicht veräußert wird (sog. Asset-Deal).[35] Asset-Deals werden insbesondere dann durchgeführt, wenn nur Teile eines Unternehmens verkauft werden sollen (zum Beispiel beim sog. „Spartenverkauf"), hierbei spricht man auch von sog. „Carve-out" Deals.[36] 28

Der Carve-Out von Unternehmensteilen oder Wirtschaftsgütern kann statt des Verkaufs mit Wege eines Asset-Deals auch alternativ über eine Einbringung oder Ausgliederung der entsprechenden Wirtschaftsgüter nach §§ 123 Abs. 2 und 3 UmwG durchgeführt werden[37] Bei dieser Gestaltung gehen die Wirtschaftsgüter, Vertragsbeziehungen und Schulden, die zu dem verkauften Betriebsteil gehören, im Wege der sog. partiellen Gesamtrechtsnachfolge entsprechend dem dafür aufgestellten Spaltungsvertrag auf ein (meist neu gegründetes) Zielunternehmen über.[38] Anschließend werden dann die Anteile an dem Zielunternehmen, was den entsprechenden Betriebsteil aufgenommen hat, auf den Käufer übertragen, so dass letztendlich wieder ein Share-Deal vorliegt. Meist wird die Abspaltung oder Ausgliederung erst nach Abschluss des Kaufvertrages über den entsprechende Betriebsteil vorgenommen, ist also eine aufschiebende Bedingung für den Vollzug des Kaufvertrages. 29

Asset Deals sind in der Regel komplex.[39] Während beim Share-Deal das Unternehmen mit allen seinen Bestandteilen und vertraglichen Beziehungen auf den Käufer übergeht, müssen nach einem Asset-Deal mindestens zwei rechtlich und funktional lebensfähige Unternehmen übrig bleiben.[40] Eine vollständige Unternehmensnachfolge lässt sich hierbei nur erreichen, wenn auch für den nicht verkauften Betriebsteil später noch ein Käufer gefunden werden kann. Wenig befriedigend und in den seltensten Fällen abschließend geklärt, ist die Frage einer Liquidation des verbleibenden Betriebsteils, wenn ein Käufer dafür nicht gefunden werden kann. 30

---

[34] *Ihlau/Gödecke* BB 2010, 687 (688); *von Braunschweig* DB 2002, 1815 (zur Gestaltung einer Earn-Out Klausel).
[35] Holzapfel/Pöllath, Unternehmenskauf in Recht und Praxis/*Engelhardt/v. Woedtke*, Rn. 6.
[36] Vgl. Holzapfel/Pöllath, Unternehmenskauf in Recht und Praxis/*Hörmann*, Rn. 2099.
[37] Holzapfel/Pöllath, Unternehmenskauf in Recht und Praxis/*Hörmann*, Rn. 2159.
[38] Widmann/Mayer UmwandlungsR/*Schwarz*, § 123, 4.1.3; *Schreier/Leicht* NZG 2011, 121.
[39] BeckHdB Unternehmenskauf/*Jaques* A Rn. 31.
[40] Sonst droht Haftung wegen existenzgefährdendem Eingriff, Baumbach/Hueck/*Fastrich* GmbHG § 13 Rn. 49 mwN.

II. Steuern

31 Wie in der Vorbemerkung schon gesagt, kann aus Platzgründen in diesem Kapitel keine erschöpfende Kommentierung der steuerlichen Folgen eines Unternehmenskaufs erfolgen.

32 Die Besteuerung des Verkäufers hängt weitgehend davon ab, in welcher Rechtsform das Unternehmen betrieben wird und ob der Verkäufer die Gesellschafts- oder Geschäftsanteile in einem Betriebs- oder Privatvermögen hält. Von Bedeutung ist aber auch, ob zum Beispiel steuerliches Sonderbetriebsvermögen vorhanden ist oder eine sog. Betriebsaufspaltung vorliegt.[41] Werden Kapitalgesellschaftsanteile aus einer Holding heraus verkauft, kann es darauf ankommen, wie lange diese Geschäftsanteile bereits von der Holding gehalten worden sind, wenn sie verkauft werden sollen[42]

33 Auf viele dieser wichtigen Themen wird in diesem Kapitel zwar eingegangen werden, ein profunde steuerliche Beratung ist jedoch wegen der Komplexität des Steuerrechts und der zahlreichen Ausnahmen zu steuerlichen Grundregeln bei einem Unternehmensverkauf immer unverzichtbar. Wichtig erscheint, zumindest einmal kurz exemplarisch auf die elementaren Unterschiede einzugehen, die sich typischerweise bei einem Verkauf von Personengesellschaftsanteilen und Kapitalgesellschaftsanteilen ergeben.

1. Besteuerung bei Veräußerung von Personengesellschaftsanteilen

34 Ein mittelständischer Unternehmer hält die Anteile an seinem Unternehmen in der Regel im Privatvermögen. Meist veräußert er Anteile an einer GmbH & Co KG, KG (also Anteile an einer Personengesellschaft). Bis heute werden die meisten Familienunternehmen in dieser Rechtsform betrieben.[43]

35 Beim Verkauf der Anteile an einer Personengesellschaft unterliegt die Differenz zwischen dem Buchwert der Anteile (buchmäßiger Eigenkapitalwert) und dem Veräußerungspreis gemäß § 16 EStG als Veräußerungsgewinn der Einkommensteuer. Darauf wird der persönliche Steuersatz erhoben. Ab einem zu versteuernden Veräußerungsgewinn von EUR 55.961 bei Einzelveranlagung kommt im Jahr 2019 bereits der Spitzensteuersatz von 42% und ab einem zu versteuernden Veräußerungsgewinn von EUR 265.327 sogar der sog. Reichensteuersatz von 45% zuzüglich Solidaritätszuschlag zur Anwendung, vorausgesetzt, der Verkäufer hat im Verkaufsjahr überhaupt keine weiteren Einkünfte[44] Bei Verkäufen von Personengesellschaftsanteilen im mittelständischen Bereich werden daher Steuersätze von 42% bis 45% in aller Regel erreicht. Einschließlich des Solidaritätszuschlages und, wenn anwendbar der Kirchensteuer, erreicht die Belastung sogar fast 50%.

36 Wenn der Veräußerer das 55. Lebensjahr vollendet hat oder dauerhaft berufsunfähig ist, kann er einmal im Leben den sog. halben Steuersatz (56% des durchschnittlichen Steuersatzes, der auf sein insgesamt zu versteuerndes Einkommen Anwendung findet) für den von ihm zu versteuernde Veräußerungsgewinn in Anspruch nehmen, allerdings nur bis zu einem Betrag von EUR 5 Mio. (Betragsgrenze). Der darüber hinaus gehende Veräußerungsgewinn ist nicht mehr begünstigt. Dies gilt nur bei einer Betriebsveräußerung im Ganzen, bei Veräußerung eines Teilbetriebs oder eines Mitunternehmeranteils. Für den Verkauf von Anteilen an einer Kapitalgesellschaft gilt diese Regelung nicht (§ 34 Abs. 3 EStG)[45] Ferner ist es erforderlich, dass der Verkäufer seine Tätigkeit für das verkaufte Unternehmen aufgibt[46] und nicht nur einen Teil-Mitunternehmeranteil verkauft[47] Insbeson-

---

[41] Bei Aufgabe der steuerlichen „Verstrickung" droht Entnahme ins Privatvermögen und damit Versteuerung der stillen Reserven.
[42] Bei Anteilen, die durch Einbringung entstanden sind, droht zum Beispiel unter Umständen die rückwirkende Aufdeckung stiller Reserven, § 22 UmwStG.
[43] Es handelt sich um eine traditionelle Rechtsform des deutschen Mittelstandes, die häufig gewählt wird, um Haftungsbeschränkung und Flexibilität bei Entnahmen und Einlagen sicherzustellen.
[44] § 32a Abs. 1 EStG
[45] Vgl. Rödder/Hötzel/Mueller-Thuns, Unternehmenskauf Unternehmensverkauf, § 22 Rn. 16.
[46] Vgl. Schmidt/*Wacker* EStG § 16 Rn. 97, 98.
[47] BeckHdB Unternehmenskauf/*Ettinger* B Rn. 98.

dere ist der Behalt einer weiteren Beteiligung (wie in den Call- und Put-Optionsfällen) schädlich, weil dann der ganze Veräußerungsgewinn als laufender Gewinn angesehen wird (vgl. § 16 Abs. 1, S. 2 EStG).

Anstelle der Vergünstigung nach § 34 Abs. 3 kann der Steuerpflichtige bei kleineren Transaktionen von der sog. Fünftel-Regelung nach § 34 Abs. 1 EStG Gebrauch machen und den zu versteuernden Veräußerungsgewinn auf bis zu fünf Kalenderjahre verteilen. Hierdurch kann der Verkäufer eine Abmilderung der Steuerprogressionsbelastung aber nur erreichen, wenn seine Einkünfte ohne den Gewinn aus dem Veräußerungsgeschäft unter dem Spitzensteuersatz bleiben würden[48] Bei einem Veräußerungsgewinn von bis zu EUR 136.000 kann der Steuerpflichtige auch einen Freibetrag von EUR 45.000 in Anspruch nehmen (§ 16 Abs. 4 EStG). Dieser wird aber Euro für Euro abgeschmolzen, wenn der Veräußerungsgewinn den Betrag von EUR 136.000 übersteigt, so dass bereits ab einem Veräußerungsgewinn von EUR 181.000 rechnerisch kein Freibetrag mehr existiert[49] Auch diese Regelungen gelten aber nur für Veräußerer, die das 55. Lebensjahr vollendet haben oder dauernd berufsunfähig geworden sind. Und auch diese Vergünstigungen können nur einmal im Leben in Anspruch genommen werden[50]

2. Besteuerung bei Veräußerung von Kapitalgesellschaftsanteilen

Beim Verkauf von Anteilen an einer GmbH oder AG, also bei Verkauf von Anteilen an einer Kapitalgesellschaft, ist der Veräußerungsgewinn vom Verkäufer nach § 17 EStG zu versteuern, wenn die Anteile im Privatvermögen gehalten werden und der Verkäufer in den letzten 5 Jahren vor dem Verkauf zu mindestens 1% an der Gesellschaft beteiligt war[51] Zu versteuern sind aber im Unterschied zum Verkauf eines Anteils an einer Personengesellschaft nur 60% des Veräußerungsgewinns[52] Dies führt zu einer deutlichen Reduktion der Steuerbelastung aus dem Verkauf gegenüber dem Verkauf einer Beteiligung an einer Personengesellschaft. Auch bei Ansatz des Spitzensteuersatzes liegt die definitive Maximal-Steuerbelastung des Veräußerungsgewinns nur bei 27% (45% von 60%) und nicht bei 45% des Veräußerungsgewinns wie bei der Personengesellschaft.

Noch günstiger fällt der Vergleich aus, wenn die Kapitalgesellschaftsanteile im Zeitpunkt der Veräußerung von einer Kapitalgesellschaft (zum Beispiel einer Familienholding) gehalten werden. In diesem Fall kann die Kapitalgesellschaft ihre Beteiligung nach § 8b KStG nahezu steuerfrei veräußern, denn nur 5% des Veräußerungserlöses sind dann als sog. nicht abzugsfähige Betriebsausgabe von der Holding zu versteuern[53] Dies führt bei einer angenommenen Gesamtbelastung mit Körperschaftsteuer und Gewerbesteuer von 30%[54], welche auf die zu versteuernden 5% des Veräußerungserlöses anwendbar ist, zu einer definitiven Steuerbelastung auf Holding-Ebene von nur 1,5% auf den Veräußerungserlös.

Bei der Weiterausschüttung des danach verbleibenden Betrages beträgt die Steuerbelastung 25% des verbleibenden Betrages zuzüglich Solidaritätszuschlag (§ 20 Abs. 1 Nr. 1 iVm § 32d Abs. 1 EStG; sog. Ausschüttungsbelastung). Bezogen auf den Gesamterlös aus dem Verkauf kommt es bei dieser Gestaltung zu einer Steuerbelastung der Gesellschaft von 1,5% auf den Veräußerungserlös und zu einer Steuerbelastung des Verkäufers von 25% zuzüglich Solidaritätszuschlag auf den verbleibenden Veräußerungserlös.

---

[48] Vgl. Rödder/Hötzel/Mueller-Thuns, Unternehmenskauf Unternehmensverkauf, § 22 Rn. 16.
[49] Schmidt/*Wacker* EStG § 16 Rn. 587.
[50] BFH DStR 2016, 33.
[51] Schmidt/*Weber-Grellet* EStG § 17 Rn. 33.
[52] Sog. Teileinkünfteverfahren, § 3 Nr. 40 EStG, vgl. Schmidt/*Weber-Grellet* EStG § 17 Rn. 130 ff.
[53] § 8b Abs. 3 KStG.
[54] 15% Körperschaftsteuer, fester Steuersatz gemäß § 23 KStG zzgl. 15% Gewerbesteuer bei dem in Deutschland durchschnittlichen Hebesatz von 400% (vgl. die Veröffentlichung im Archiv des Statistischen Bundesamtes für der Gewerbesteuerbelastung im Jahr 2016).

41 Von großem Vorteil erweist sich bei dieser Gestaltung, dass die Herstellung der Ausschüttungsbelastung auf den Veräußerungserlös (auf der privaten Veräußerungsebene) zunächst vermieden werden kann. Die Holding kann die Mittel, die ihr aus der Veräußerung der Geschäftsanteile zufließen (nach Abzug der Steuer verbleiben ihr immerhin 98,5% des Veräußerungserlöses), ungeschmälert neu investieren. Damit lässt sich für die Gesellschafter der Holding eine wesentlich höhere Rendite erzielen, als wenn sie nur den nach Herstellung der persönlichen Ausschüttungsbelastung verbleibenden Betrag neu investieren könnten.

42 Die steuerlichen Vorteile beim Verkauf aus einer Holding heraus sind allerdings in Fällen einer dem Verkauf vorausgehenden Einbringung der Kapitalgesellschaftsanteile nur dann uneingeschränkt nutzbar, wenn zwischen der Einbringung und der Veräußerung mindestens sieben Jahre vergangen sind.[55] Mit jedem nicht eingehaltenen Jahr dieser Haltefrist müssen 1/7 der bei dem Einbringungsvorgang zunächst nicht aufgedeckten stillen Reserven nachversteuert werden.[56] Eine Einbringung kurz vor Veräußerung des Unternehmens nützt daher wenig. Am besten ist es, die entsprechende Struktur so früh wie möglich aufzusetzen, um im späteren Verkaufsfall die entsprechenden Besteuerungsvorteile nutzen zu können. Keine Probleme ergeben sich, wenn die Holding die Anteile an der Tochtergesellschaft nicht im Wege der Einbringung, sondern bereits bei Gründung dieser Gesellschaft oder durch Kauf erworben hat.

3. Steuervergleich zwischen Personen- und Kapitalgesellschaft

43 Im Ergebnis ist der Verkauf von Anteilen an einer Kapitalgesellschaft daher, wie die Beispiele zeigen, bei größeren Verkaufserlösen in der Regel deutlich günstiger als der Verkauf von Anteilen an einer Personengesellschaft, insbesondere in der Konstellation, in welcher die Anteile an der Kapitalgesellschaft von einer Holding-Kapitalgesellschaft gehalten werden.

44 Dennoch kann es natürlich eine Menge Gründe geben, die Personengesellschaft der Kapitalgesellschaft generell vorzuziehen, zum Beispiel wegen der dort möglichen unbeschränkten Verlustverrechnung, zur Vermeidung von Publizitätspflichten oder auch wegen der größeren Flexibilität bei Entnahmen und Einlagen. Ein pauschaler Rat zur Steueroptimierung eines Unternehmensverkaufs durch Wechsel der Rechtsform oder Umstrukturierung der Familiengesellschaft kann daher nicht gegeben werden. Die Beispiele sollen nur exemplarisch zeigen, wie wichtig die steuerliche Beratung und Herstellung einer optimalen Steuerstruktur vor Durchführung eines Unternehmensverkaufs ist.

III. Planungsphase

1. „Die Braut hübsch machen"

45 Mit der Planung eines Unternehmensverkaufs sollte man so früh wie möglich beginnen. Für die Verkaufsphase sollte man 6 bis 12 Monate veranschlagen.[57] Bei größeren Unternehmen kann diese Phase auch deutlich länger dauern. Im Vordergrund sollte die Überlegung stehen, wie man „die Braut hübsch" macht. Jeder Betriebswirt weiß, dass der maßgebliche Treiber für den Unternehmenswert die Ertragsaussichten des Unternehmens sind. Hierzu erwartet der Käufer einen aussagefähigen und detaillierten Businessplan. Die zu erwartenden Erträge des Unternehmens sind der Kern eines solchen Businessplans.[58]

46 Sämtliche heute üblichen Bewertungsmethoden[59] für Unternehmen orientieren sich an der Profitabilität des Unternehmens. Dabei ist die Zukunftsbetrachtung und nicht die

---

[55] § 22 Abs. 1 UmwStG.
[56] § 22 Abs. 2 UmwStG.
[57] BeckHdB Unternehmenskauf/*Jaques* A Rn. 17.
[58] *Munkert* DStR 2008, 2501 (2502); vgl. auch noch *Munkert* DStR 2008, 116 (119).
[59] BeckHdB Unternehmenskauf/*Behringer* B Rn. 30 ff.

III. Planungsphase § 3

Vergangenheitsbetrachtung entscheidend[60] Letztlich besteht der Wert des Unternehmens in dem Zufluss künftiger Erträge und in der erzielbaren Rendite auf das zum Kauf eingesetzte Kapital.[61]

Bei der Beurteilung geht der Käufer in der Regel zunächst vom Istzustand aus. Umsatz und Ertrag des Unternehmens werden zueinander in Beziehung gesetzt, um die aktuelle Umsatzrendite zu ermitteln. Eine höhere Profitabilität (und damit ein höherer Kaufpreis) kann sich nur ergeben, wenn es gelingt, die bisherige Umsatzrendite zu steigern. Hieran lässt sich im Vorfeld einer Transaktion arbeiten. 47

2. Optimierung von Aufwand und Ertrag

Größere Investitionen unmittelbar vor einem Verkauf sollten in der Regel vermieden werden, denn sie belasten meist negativ den Jahresüberschuss des Unternehmens. Man denke nur an den erhöhten Aufwand für Anschaffungen, Bauten, neues Personal, Miet-, Leasing- oder Finanzierungkosten. Diesem Aufwand stehen zeitgleich meist noch keine höheren Umsatzerlöse gegenüber. 48

Dagegen lassen sich unter Umständen die Einkaufs- und Verkaufsbedingungen vor einem Verkauf noch kurzfristig verbessern, zum Beispiel durch Vereinbarung neuer Zahlungsziele, Boni oder Skonti. Auch die Lagerhaltung lässt sich in vielen Fällen optimieren und der Lagerbestand abbauen. Dadurch kann das Unternehmen Einkaufskosten und Finanzierungsaufwand drücken und hat höhere liquide Mittel zur Verfügung. 49

Die Umsätze des Unternehmens vor einem Verkauf zu steigern, erweist sich in der Regel als viel schwieriger als das Einsparungspotential eines Unternehmens zu nutzen. Neue Produkte, welche zu Mehrumsätzen führen könnten, lassen sich oft nicht aus dem Boden stampfen. Die Marktlage ist auch nicht beliebig veränderbar. 50

Bei fremdvermieteten Immobilien kann aber zum Beispiel eine Neuvermietung, die kurz vor dem Verkauf des Unternehmens abgeschlossen wird, dazu beitragen, die Einnahmen des Unternehmens für die Zukunft zu steigern. Bei manchen Kunden lassen sich unter Umständen die Konditionen bestehender Lieferverträge neu verhandeln. Auch der Abschluss neuer Vertriebsverträge oder die Erweiterung des Vertriebsgebietes kann zu einem höheren Umsatzes in der Zukunft führen. In all diesen Fällen ist es möglich, auch wenn das Unternehmen kein einziges neues Produkt vorzuweisen hat, im Businessplan von einer Umsatzsteigerung auszugehen. 51

3. Normalisierung des EBIT(DA)

Maßgebend für die ertragswertorientierte Bewertung von Unternehmen ist vor allem das Ergebnis vor Abzug von Steuern, Zinsen, Abschreibungen und Zuschreibungen (EBITDA).[62] Bei Unternehmen, die über wenig Abschreibungen und Zuschreibungen verfügen, weil sie kein großes Betriebskapital unterhalten, wird oft auch vereinfacht nur auf das Ergebnis vor Abzug von Steuern und Zinsen abgestellt (EBIT).[63] 52

Steuern, Zinsen, Abschreibungen und Zuschreibungen sagen oft wenig über den operativen oder auch längerfristigen Erfolg eines Unternehmens aus. Der Zinsaufwand hängt zum Beispiel von der gewählten Art der Finanzierung ab. Wer sein Unternehmen mit Eigenkapital betreibt, zahlt keine Zinsen. Die Steuerbelastung hängt nicht selten davon ab, ob das Unternehmen Verlustvorträge nutzen kann, in welcher Rechtsform es betrieben wird oder welchen abzugsfähigen Finanzierungsaufwand es gerade geltend machen kann. Die Höhe der Abschreibungen und Zuschreibungen hängt vielfach von den gerade getätigten Investitionen ab, ohne dass dies für den operativen Erfolg auf Dauer maßge- 53

---

[60] *Schüler* DB 2015, 2277 (2281).
[61] *Schüler* DB 2015, 2277: Der Barwert der den Eigentümern zufließenden Zahlungen; zur Subjektivität solcher Bewertungen aber auch BeckHdB Unternehmenskauf/*Behringer* B Rn. 25.
[62] *Hachmeister/Ruthardt* DStR 2015, 1702 (1707).
[63] *Hachmeister/Ruthardt* DStR 2015, 1702 (1707).

bend sein muss. Dementsprechend ist es in der Regel üblich, auch Abschreibungen und Zuschreibungen aus der Bewertung des Zukunftsergebnisses herauszurechnen[64]

54 Das anzunehmende Zukunftsergebnis muss um außerordentliche oder periodenfremde Aufwendungen und Erträge berichtigt werden. Ziel der Unternehmensbewertung ist, ein „normalisiertes EBITDA"[65] zu ermitteln, was den tatsächlichen operativen Erfolg des Unternehmens zuverlässig widerspiegelt. Zu den außerordentlichen, also herauszurechnenden Erträgen zählen zum Beispiel in der Regel die Erlöse aus dem Kauf oder Verkauf von Wirtschaftsgütern des Anlagevermögens, ebenso Versicherungsentschädigungen oder einmalige Zuwendungen Dritter, weil diese Vermögensmehrungen im normalen Geschäftsverlauf nicht zu erwarten sind. Zu den außerordentlichen Aufwendungen zählen Schadensersatzzahlungen, Gewährleistungszahlungen, die nur einmalig anfallen, und andere Aufwendungen, die typischerweise nicht das normale Geschäftsergebnis beeinflussen. Periodenfremde Erträge und Aufwendungen, wie Anzahlungen oder Nachzahlungen aus Lieferungen und Leistungen, sind ebenfalls nicht typisch für das Geschäftsergebnis und deshalb aus der Ergebnisrechnung herauszurechnen.[66]

4. Optimierung des Bilanzbildes

55 Der Verkäufer sollte sich aber nicht nur darauf beschränken, dem Käufer ein von der Ertragsseite her optimiertes Unternehmen vorzustellen. Besonders wichtig ist es auch, die Bilanzstruktur selbst zu optimieren. Für den Käufer ist es wenig zielführend, Immobilien oder Beteiligungen an fremden Unternehmen übernehmen zu müssen, wenn diese Wirtschaftsgüter für das operative Geschäft des verkauften Unternehmens ohne Bedeutung sind (sog. „nicht betriebsnotwendiges Vermögen").[67] Zu viele Aktiva binden unnötig Kapital, was dem Unternehmen anderweitig fehlt oder besser in das operative Geschäft investiert werden sollte. Auch ist es nicht immer hilfreich, gewerbliche Schutzrechte, Marken- oder Namensrechte im Unternehmen selbst zu belassen, wenn man diese Rechte nach einem Verkauf gerne auch anderweitig nutzen möchte. Hier könnte man dem Käufer alternativ auch eine langfristige Nutzungslizenz anbieten.[68]

56 Auf der Passivseite der Bilanz sollte man versuchen, die Verbindlichkeiten aus Lieferungen und Leistungen sowie die Finanzverschuldung abzubauen. Dies schafft eine bessere Eigenkapitalquote und verbessert wegen sinkender Finanzierungskosten das laufende Ergebnis. Besonders ungünstig sind Verpflichtungen gegenüber Dritten, wie Bürgschaften, Finanzgarantien und Ähnliches. Diese wird der Käufer in der Regel wertmindernd mit ihrem vollen Nominalbetrag vom Unternehmenskaufpreis abziehen, denn sie belasten mutmaßlich das Zukunftsergebnis mit einem entsprechenden Mittelabfluss. Das Bilanzbild bedarf daher vor jedem Unternehmensverkauf einer genauen Analyse und häufig einer entsprechenden Bereinigung.[69]

5. Dokumentation für den Käufer

57 Jedem Verkauf geht die Aufbereitung der maßgeblichen Finanzkennzahlen voraus. Hierzu gehört eine objektive (nicht geschönte) Darstellung der Vermögens- Finanz- und Ertragslage des Unternehmens.[70] Neben einer ausführlichen Analyse der Gewinn- und Verlust-

---

[64] *Gleißner*, Wertorientiertes Risiko-Management für Industrie und Handel, S. 94.
[65] *Gleißner*, Wertorientiertes Risiko-Management für Industrie und Handel, S. 63 ff. mit Darstellung der Strategien zur Normalisierung des EBIT(DA).
[66] *Gleißner*, Wertorientiertes Risiko-Management für Industrie und Handel, S. 63 ff.
[67] Allerdings sind vor einer „Entnahme" die steuerlichen Konsequenzen zu prüfen, insbesondere sollte die Aufdeckung stiller Reserven vermieden werden.
[68] Ob eine Lizensierung ausreichen ist, dürfte allerdings letztlich davon abhängen, wie wesentlich das entsprechende Schutzrecht für das operative Geschäft des verkauften Unternehmens ist.
[69] Nichts einzuwenden ist dagegen gegen die Übernahme der normalen Finanzverschuldung durch den Käufer, auch wenn dieser die damit verbundenen Verpflichtungen natürlich vom Kaufpreis abziehen wird.
[70] *Gran* NJW 2008, 1409 (1410).

III. Planungsphase § 3

rechnung, auch mit Blick auf die einzelnen Leistungsbereiche des Unternehmens, geht es vor allem um eine korrekte Darstellung des Anlage- und Umlaufvermögens, der Finanzverschuldung, der liquiden Mittel, des Working-Capitals und des vorhandenen Eigen- und Fremdkapitals.[71] Die finanzwirtschaftliche Analyse sollte alle üblichen Verhältniskennzahlen enthalten, wie zB Umsatzrentabilität, Eigenkapitalquote, Verschuldungsgrad, Eigenkapitalverzinsung etc. Diese Daten sollten in der Regel für mindestens drei Jahre rückwirkend aufbereitet werden.

Aus den Vergangenheitsergebnissen sollte man eine schlüssige Umsatz- und Ertragsplanung für die Zukunft (in der Regel auf drei bis fünf Jahre) ableiten (Business-Plan)[72] Gut vorbereitete Verkäufer „wissen" (oder sollten jedenfalls wissen), welche Ergebnisse ihr Unternehmen in den folgenden drei bis fünf Geschäftsjahren aller Voraussicht nach erzielen wird. Eine Garantie, dass die dort vorgerechneten Ergebnisse tatsächlich eintreten werden, wird man ihnen nicht abverlangen.[73] Zu jeder Verkaufsdokumentation gehört heute ein verständlicher und realistischer Businessplan. Der Businessplan sollte sich im Ausgangspunkt auf die bisherigen Erträge und Aufwendungen stützen, dann aber im Schwerpunkt der zukünftigen Entwicklung widmen. Fehlt es an aussagekräftigen Referenzzahlen aus der Vergangenheit, zB bei jungen aufstrebenden Unternehmen, sollte eine plausible Ableitung der erwarteten Zukunftsergebnisse aus den bereits heute vorhandenen und entsprechend zu extrapolierenden Fakten (zB Vertragsabschlüsse mit Kunden) vorgenommen werden. 58

Von erheblicher Bedeutung ist schließlich eine aussagefähige Dokumentation über das operative Geschäft des Unternehmens (Informationsmemorandum).[74] Dazu gehört eine Beschreibung aller wesentlichen Geschäftsbereiche sowie der wesentlichen Produkte und Leistungen des Unternehmens. Ferner sollte ein Organigramm über den Personalaufbau und das Management Team erstellt werden. Bei einem Unternehmenskauf geht es am Ende des Tages um diejenigen Produkte und Dienstleistungen, mit denen künftig das Geld verdient werden wird und um diejenigen Mitarbeiter und Manager, durch deren Tätigkeit dies gelingen soll. Dazu muss der Verkäufer dem Käufer die Produkte und Dienstleistungen des Unternehmens sowie den Personalbestand und dessen Qualifikation erläutern und verständlich machen. 59

6. Analyse der Marktstellung, SWOT-Analyse

Ein Verkäufer sollte auch stets versuchen, die Stellung seines Unternehmens im Markt selbst darzustellen[75] Jedenfalls für Finanzinvestoren ist es unverzichtbar, dass ihnen auch die wesentlichen Wettbewerber und deren Produkte vorgestellt werden, denn sie verfügen anders als strategische Käufer oft nur über eine begrenzte Marktkenntnis. Dabei ist auf eine möglichst seriöse und präzise Darstellung zu achten. Je höher der Detaillierungsgrad der dem Käufer zur Verfügung gestellten Unterlagen, desto mehr Vertrauen wird der Käufer dem Verkäufer entgegenbringen. Eine naive Fehlvorstellung wäre es zu glauben, dass man sich heutzutage noch mit oberflächlichen oder gar „geschönten" Angaben über das zu verkaufenden Unternehmen und seine Marktposition Vorteile verschaffen könnte. Das Gegenteil ist der Fall. Mangelnde Seriosität zerschlägt nur Vertrauen und zerstört nicht selten die Chance, das Unternehmen überhaupt verkaufen zu können. 60

Der Käufer wird in aller Regel spezialisierte Wirtschaftsprüfer, Steuerberater und Anwälte mit der Prüfung des Zielunternehmens beauftragen, welche über ausführliche, oft auf die entsprechende Branche abgestimmte, Checklisten verfügen (sog. Due Diligence 61

---

[71] BeckHdB Unternehmenskauf/*Jaques* C Rn. 51.
[72] Schacht/Fackler, Praxishandbuch Unternehmensbewertung/*v.Ahsen/deWitt*, Planungrechnung 5.2.
[73] BeckHdB Unternehmenskauf/*Jaques* C Rn. 52; Rn. 4 ff.; ggf. aber Haftung im Rahmen eines falschen Informations-Memorandums/Verkaufsexposés denkbar.
[74] Holzapfel/Pöllath, Unternehmenskauf in Recht und Praxis/*Haberstock*, Rn. 1304.
[75] Rotthege/Wassermann, Unternehmenskauf bei der GmbH/*Rotthege*, 1. Kap. Rn. 122–123.

Check Listen).[76] Nicht selten wird der Käufer auch noch eine finanzielle[77] oder umweltrechtliche[78] Due Diligence durchführen. Zunehmend von Interesse ist auch die Prüfung der Compliance des Unternehmens mit den für das Unternehmen geltenden Rechtsvorschriften, insbesondere dort, wo Unternehmen in regulierten Märkten arbeiten.[79]

62 Erfahrungsgemäß ist es nützlich, offen mit dem zu erwartenden Prüfungsumfang umzugehen und auch die Schwächen des eigenen Unternehmens nicht zu verschweigen.[80] Es ist nicht zu erwarten, dass einem Käufer dies in einem wochenlangen Due Diligence Prozess, wie er heute die Regel ist, verborgen bleiben könnten. Für bestehende Schwachstellen lassen sich in der Regel Lösungen finden. Käufer mögen Offenheit, Ehrlichkeit und Risikobewusstsein. Sie verabscheuen Geheimniskrämerei und das Schönreden der Dinge. Generell wird eine Haltung, welche das Risiko der Transaktion allein auf den Schultern des Käufers abladen will, meist durchschaut und wirkt sich in der Regel sehr kontraproduktiv auf die weiteren Verhandlungen aus.

IV. Vorgehen im Verkaufsprozess

1. Bieterverfahren oder Einzelansprache der Käufer

63 Der Verkauf setzt die detaillierte Planung des eigentlichen Verkaufsprozesses voraus. Soll ein Bieterverfahren durchgeführt werden? Oder will man handverlesene Interessenten einzeln ansprechen? Wie viel Zeit will man dem Verkauf einräumen? Dies sind Fragen, die sich jeder Verkäufer rechtzeitig stellen sollte. Sie können sich erheblich auf die Verkaufschancen, den erzielbaren Preis und die Kosten des Verkaufsprozesses auswirken.

64 Bei gut laufenden Unternehmen sind ab einer bestimmten Größe strukturierte Auktionsverfahren zu empfehlen.[81] Hierbei werden mehrere Käufer zeitgleich angesprochen und in wettbewerbsorientierter Weise um Abgabe von Kaufangeboten gebeten.[82] Das Bieterverfahren erlaubt eine flächendeckende Ansprache aller relevanten Interessenten (so dass dem Verkäufer mutmaßlich kein möglicher Käufer entgeht). Für die Verkaufsaussichten ist es, wie unmittelbar einleuchtet, förderlich, wenn ein Wettbewerb zwischen den Bietern um das zu verkaufende Unternehmen entsteht.

65 Ferner kommt es durch Bieterverfahren zu einer Standardisierung des Verkaufsprozesses und der Verkaufsbedingungen. Grundsätzlich werden nur miteinander inhaltlich vergleichbare Angebote eingeholt. Regelmäßig werden Aufbau und Pflichtinhalt der Angebote sowie Zeitrahmen vom Verkäufer vorgegeben. Der Verkäufer hat so den Vorteil, miteinander vergleichbare Angebote zeitgleich prüfen zu können. Der Verkäufer bleibt, ähnlich wie der Auktionator bei einer Auktion, regelbestimmend. Meist wird der Verkäufer auch den Kaufvertragsentwurf vorgeben und so versuchen, die Vertragsbedingungen in seinem Sinne für alle Bieter einheitlich zu gestalten.[83]

66 Bieterverfahren sind wegen der Konkurrenzsituation auf Käuferseite unbeliebt.[84] Es besteht die Gefahr, dass man als Interessent viel Aufwand und Mühe in die Prüfung eines Unternehmens investiert, ohne dabei zum Zuge zu kommen. Dies kann manche Käufer so sehr abschrecken, dass sie sich von vornherein nicht an solchen Bieterverfahren beteiligen. Für den Verkäufer kann es daher im Einzelfall Gründe geben, trotz der grundsätzli-

---

[76] *Schönhaar* GWR 2014, 273 (274).
[77] *Peemöller/Gehlen* BB 2010, 1139.
[78] *Schönhaar* GWR 2014, 273 (275).
[79] Wecker/Ohl, Compliance in der Unternehmenspraxis/*Mellert*, S. 57.
[80] Zum Inhalt der sog. Swot-Analyse *Sattes/Brodbeck/Bichsel/Spinas*, Praxis in kleinen und mittleren Unternehmen, 2001, S. 44.
[81] BeckHdB Unternehmenskauf/*Jaques* A Rn. 15.
[82] BeckHdB Unternehmenskauf/*Jaques* A Rn. 21 ff.
[83] Hierbei wird allerdings Raum für einen Mark-Up gelassen, weil kein Käufer bereit sein dürfte, einen in jeder Hinsicht vorformulierten Kaufvertrag abzuschließen.
[84] Holzapfel/Pöllath, Unternehmenskauf in Recht und Praxis/*Haberstock*, Rn. 1300.

chen Vorteilhaftigkeit eines Bieterverfahrens, zunächst davon Abstand zu nehmen und erst einmal solche Interessenten, die sich grundsätzlich nicht an Bieterverfahren beteiligen, vertraulich anzusprechen. Das Bieterverfahren sollte man in solchen Fällen aber dann ausrufen, wenn die vorab angesprochenen vermeintlichen Interessenten kein attraktives Angebot abgegeben haben.

Nicht zu empfehlen sind Bieterverfahren, wenn von vornherein nicht mit einem entsprechenden Interesse an dem Zielunternehmen zu rechnen ist, zB bei kleinen, strategisch eher uninteressanten Unternehmen oder bei sehr ertragsschwachen Unternehmen.[85] Dort würde man durch die Einleitung eines Bieterverfahrens das Gegenteil dessen erreichen, was man sich davon versprochen hat. Für jeden Interessenten ist es leicht zu durchschauen, wenn ein Verkäufer seine Wettbewerbsstellung überschätzt hat. Wettbewerb durch Einholung verschiedener Angebote zu erzeugen, funktioniert nur, wenn auch ein Wettbewerb möglich ist, sich also genügend Interessenten finden lassen. Bieterverfahren sprechen sich wegen der flächendeckenden Ansprache schnell herum. Ein erfolgloser Versuch, das Unternehmen in einem Bieterverfahren zu verkaufen, wird nur als Beweis für die Schwäche des Unternehmens angesehen. Gescheiterte Bieterverfahren machen solche Unternehmen daher oft auf Jahre hinweg unverkäuflich.[86]

2. Team und Zeitaufwand

Von großer Bedeutung ist die frühzeitige Einbeziehung der richtigen Personen in den Verkaufsprozess.[87] Unternehmenskäufe sind komplexe Projekte, die nach einem dazu passenden Drehbuch umgesetzt werden müssen. Regelmäßig muss die Zusammenarbeit einer Vielzahl von Personen koordiniert werden. Dazu gehören die wichtigsten Angestellten des Unternehmens, der potentielle Käufer und sein Team, aber auch Rechtsanwälte, Steuerberater und M&A Berater auf beiden Seiten. Die Mitglieder des Käufer-Teams und des Verkäufer-Teams müssen fachlich, zeitlich und örtlich in der Lage sein, die ihnen vorzugebenden Aufgaben fristgerecht zu erfüllen. Die Informationsflüsse müssen sinnvoll geregelt werden.[88]

Auf Verkäuferseite geht es vor allem um die rechtzeitige und zutreffende Aufbereitung des Materials über das Unternehmen, die Beantwortung von Fragen des Käufers, die Durchführung von Management Präsentationen, die Teilnahme an Vertragsverhandlungen sowie um die Prüfung, Anpassung und Finalisierung der meist umfangreichen Vertragsunterlagen. Das verlangt ein hohes Maß an Zeit, welche neben dem eigentlichen Tagesgeschäft aufgebracht werden muss. Vor allem die Einrichtung eines Datenraumes und die Erteilung von weiterführenden Auskünften und Informationen überfordert viele Mittelständler.[89]

In der Regel sind Käufer und Verkäufer gleichermaßen daran interessiert, den Zeitverlust bis zum Abschluss eines Unternehmenskaufvertrages so gering wie möglich zu halten. Nur dies erspart ihnen vermeidbaren internen und externen Aufwand. Ein enger Zeitplan trägt auch in erheblichem Maße dazu bei, bei allen Beteiligten einen gewissen Einigungs- und Handlungsdruck entstehen zu lassen, ohne den ein Unternehmenskauf leicht im Dschungel der dabei zu klärenden Fragen stecken bleibt. Unternehmenskäufe verlangen das systematische Abarbeiten einer Vielzahl von Schritten. Dies gelingt nicht, wenn man die Dinge einfach laufen lässt.

---

[85] BeckHdB Unternehmenskauf/*Jaques* A Rn. 15.
[86] Dieser Effekt lässt sich auch durch Vertraulichkeitsvereinbarungen meist nicht vermeiden, denn allein die Tatsache, dass in Bieterverfahren eine Vielzahl von Interessent anschreibt, führt zur Ausbreitung des Wissens über den beabsichtigten Verkauf.
[87] Vgl. dazu auch BeckHdB Unternehmenskauf/*Jaques* B Rn. 8 ff.
[88] BeckHdB Unternehmenskauf/*Jaques* A Rn. 18 ff.
[89] Der Aufwand ähnelt demjenigen bei einer gründlichen internen Revision, welche im mittelständischen Bereich als laufendes Kontrollinstrument der Geschäftsführung meist nicht etabliert ist.

3. M&A Berater

71 Betriebswirtschaftliche Berater, die sich auf den Verkauf von Unternehmen spezialisiert haben (auch M&A Berater genannt), gibt es mittlerweile genügend.[90] Die Qualität dieser Berater ist allerdings sehr unterschiedlich, denn eine Berufsausbildung oder besondere Qualifikation ist für eine solche Tätigkeit nicht vorgeschrieben. In der Regel sind M&A-Berater allerdings einschlägig im Verkauf von Unternehmen tätig gewesen und verfügen über einen Abschluss als Betriebswirt, Volkswirt oder Jurist. Die meisten von ihnen haben das Geschäft in Großbanken oder in Steuerberatungs- und Wirtschaftsprüfungsgesellschaften gelernt. Wesentlich für einen guten M&A Berater ist vor allem seine Erfahrung bei der Bewertung von Unternehmen. Daneben sollte er spezielle Branchenkenntnis in dem Geschäftsbereich des Zielunternehmens mitbringen sowie die Fähigkeit zur objektiven Analyse von Schwachstellen und Stärken besitzen. Schließlich sollte er über ein gutes Netzwerk verfügen, um alle Betracht kommenden Kaufinteressenten ansprechen zu können. Allerdings findet die Ermittlung möglicher Käufer heute vielfach auch sehr systematisch über eine Internet-basierte Käuferrecherche statt, was den Prozess des Verkaufs aus der zufälligen Vernetzung des Beraters im potentiellen Käuferkreis herausnimmt.

72 a) Erfolgshonorar. M&A Berater arbeiten in der Regel auf Erfolgshonorarbasis, dh sie erhalten ein von der Größe der Transaktion abhängiges Erfolgshonorar[91], das mit Vollzug der Transaktion anfällt. Das Erfolgshonorar ist dabei in den meisten Fällen so ausgestaltet, dass es nur fällig wird, wenn eine gewisse Ursächlichkeit der Verkaufsbemühungen des Beraters für den Vertragsabschluss nachgewiesen werden kann.

73 Aus dem Maklerrecht (§ 652 BGB) ergibt sich, dass ein Erfolgshonorar theoretisch schon beim bloßen Nachweis der Gelegenheit zum Vertragsschluss anfallen kann (sog. „Nachweismakler"[92]). Hierfür reicht es aus, dass der Vermittler dem Verkäufer die Gelegenheit zum Abschluss eines konkreten Vertrages mit einem bestimmten Käufer nachweist und es infolge dessen zum Vertragsabschluss kommt.[93] Die bloße Namensnennung eines späteren Käufers dürfte allerdings bei einem Unternehmenskauf nicht ausreichen. Der Nachweis der „Abschlusswilligkeit" eines potentiellen Käufers wird allerdings durch die Vorlage eines vom späteren Käufer akzeptierten Letter of Intent erbracht werden können, wenn sich daraus bereits die Eckdaten des späteren Unternehmenskaufvertrages ergeben.

74 Regelmäßig sehen Vereinbarungen zwischen Verkäufern und M&A Beratern zur Vermeidung von Unklarheiten über die Voraussetzungen des Erfolgshonoraranspruchs vor, dass der Berater nicht nur den Kontakt zum Käufer hergestellt und dessen Abschlusswilligkeit nachgewiesen muss, sondern dass er auch an der Herstellung der Abschlussbereitschaft des Käufers aktiv mitgewirkt haben muss (Vermittlungsmakler). Die Vereinbarungen mit M&A Beratern sind leider in ihrer Diktion an diesem Punkt oft sehr ungenau und unklar. Im Ergebnis sollte das Erfolgshonorar vom Verkäufer nur akzeptiert werden, wenn auch tatsächlich eine für den Vertragsabschluss wesentliche, das heißt zumindest als „mitursächlich" anzusehende Tätigkeit des M&A Beraters nachgewiesen werden kann. Kann der Berater zum Beispiel nachweisen, dass er dem Käufer zur Herstellung von dessen Abschlussbereitschaft das Informationsmemorandum, einen Vertragsentwurf oder andere für den Vertragsabschluss wesentliche Informationen übermittelt hat, sollte diese Mitwirkung ausreichen, um von einem ausreichenden Kausalbeitrag ausgehen zu können. Erst recht dürfte dies anzunehmen sein, wenn der M&A Berater zusätzlich auch noch an den Vertragsverhandlungen teilgenommen hat. Auf Teilnahme des Beraters an den Vertragsverhandlungen sollte der Verkäufer in der Regel auch bestehen, da er nur so die Erfahrungen seines Beraters in diese Verhandlungen einbringen kann.

---

[90] Zu den Auswahlkriterien bei der Hinzuziehung vgl. BeckHdB Unternehmenskauf/*Jaques* B Rn. 9 ff.
[91] BeckHdB Unternehmenskauf/*Jaques* B Rn. 15.
[92] BGH NJW 2005, 753 (753).
[93] Vgl. BGH NJW 2005, 753 (754).

Problematisch sind demnach vor allem diejenigen Fälle, in denen der M&A Berater einfach nur den Erstkontakt vermittelt hat und dann weder an den weiteren Verhandlungen teilgenommen noch dem Käufer irgendwelche Unterlagen oder nennenswerte Informationen übermittelt hat. Dies kann zum Beispiel der Fall sein, wenn ein M&A Berater zu Beginn des Mandats einfach eine flächendeckende Ansprache aller in Betracht kommenden Interessenten vorgenommen hat und es geschafft hat, damit den gesamten möglichen Käufermarkt abzudecken. Da zu erwarten ist, dass aus einer solchen flächendeckenden Ansprache auf irgendeine Weise der spätere Käufer hervorgehen wird, besteht die Gefahr, dass der M&A Berater sein Erfolgshonorar auch ohne die an sich von ihm geschuldete, weitere Gegenleistung, nämlich die aktive Beratung und Vermittlung, beanspruchen könnte. Streitfällen sollte man am besten durch eine klare und schriftliche Definition der Voraussetzungen, unter denen das Erfolgshonorar verdient wird, begegnen. 75

b) Zusatzhonorar bei besonderem Vermittlungserfolg. In einigen, eher seltenen Fällen wird das Erfolgshonorar nicht nur von dem Vertragsabschluss, sondern auch von einem bestimmten Verhandlungserfolg abhängig gemacht[94], zum Beispiel von der Erzielung eines bestimmten Kaufpreises. Häufig werden Zusatzhonorare neben dem üblichen Erfolgshonorar vereinbart, die einen besonderen (preislichen) Verhandlungserfolg vergüten sollen. Solche Zusatzvergütungen können einen erheblichen Anreiz für den M&A Berater darstellen, den erzielbaren Kaufpreis im Verkaufsprozess durch geschicktes Taktieren zu erhöhen. Im Ergebnis sollte die Schwelle, ab welcher der Berater überproportional am Kaufpreis beteiligt wird, allerdings nicht zu niedrig gewählt werden, denn sonst würde die Zusatzvergütung bereits für eine Leistung gezahlt, die auch mit der üblichen Vergütung zu erzielen gewesen wäre. 76

c) Exklusivität bei Beratern. Viele M&A Berater sind (ähnlich wie Immobilienmakler) nur bereit, Verkaufsmandate anzunehmen, wenn ihnen für eine gewisse Zeit Exklusivität bei der Käufersuche versprochen wird.[95] Beraterverträge beinhalten daher nicht selten Klauseln, welche den Anfall des Erfolgshonorars auch für den Fall vorsehen, dass der Kunde innerhalb der Laufzeit des Beratervertrages mit einem anderen Käufer zum Vertragsabschluss gekommen ist, also mit einem Käufer, welchen der Berater nicht selber vorgeschlagen hat. Derartige Klauseln erscheinen bedenklich[96], denn sie fingieren einen Vermittlungserfolg, welcher in Wirklichkeit gar nicht stattgefunden hat. Jedenfalls sollte der Verkäufer Abstand von Klauseln nehmen, welche ihn über einen längeren Zeitraum ohne nachweisbare Bemühungen des Beraters an diesen binden. 77

Manche Berater vereinbaren nicht nur mit dem Verkäufer, sondern auch mit dem Käufer ein Erfolgshonorar. Dies ist solange rechtlich nicht zu beanstanden, als man dabei Interessenkonflikte ausschließen kann und der Berater nicht von Berufs wegen, wie zum Beispiel ein Rechtsanwalt, an der Vertretung von Personen mit gegenläufigen Interessen gehindert ist. Der Berater kann eine solche Preisvereinbarung aber wohl nur rechtfertigen, wenn er als ein echter Vermittler zwischen Käufer und Verkäufer eingeschaltet wird und nicht dann, wenn er nur den Verkaufsauftrag des Verkäufers ausführen soll. In dem letzteren Fall steht er ausschließlich im Lager des Verkäufers und darf nicht durch die Honorargestaltung in Interessenkonflikte geraten. 78

Ein Interessenkonflikt könnte insbesondere darin liegen, dass der Käufer geneigt sein mag, das an den M&A Berater zu zahlende Vermittlungshonorar einfach von dem gebotenen Kaufpreis für das Unternehmen abzuziehen. Immerhin verteuert sich für ihn die Transaktion nicht unerheblich, wenn er auch noch eine Käuferprovision zu zahlen hat. 79

---

[94] BeckHdB Unternehmenskauf/*Jaques* B Rn. 15.
[95] Palandt/*Sprau* BGB § 652 Rn. 75a, sog. „qualifizierter Alleinauftrag".
[96] Palandt/*Sprau* BGB § 652 Rn. 82, der jedoch individualvertraglich vereinbarte „Provisionssicherungsklauseln" grundsätzlich für wirksam hält.

Als Verkäufer sollte man sich daher die Honorierungsform des M&A Beraters auf jeden Fall offenlegen lassen, um unliebsamen Überraschungen zu entgehen.[97]

80 **d) Vorkenntniseinwand.** Ein immer wiederkehrendes Problem sind Vertragsabschlüsse mit Käufern, welche der Verkäufer bereits vor dem Tätigwerden des Maklers (hier M&A Beraters) kannte. Hier liegt es nahe zu behaupten, dass der M&A Berater für den späteren Vertragsabschluss nicht mehr ursächlich geworden sein kann, weil er dem Verkäufer den entsprechenden Interessenten gar nicht mehr im Rechtssinne vermitteln konnte (sog. „Vorkenntnis-Einwand").[98]

81 Ein kluger M&A Berater wird sich gegen solche Einwendungen dadurch absichern, dass ihm der Auftraggeber bei Abschluss des Beratungsvertrages sämtliche Kaufinteressenten namentlich benennen muss, zu denen er wegen des Verkaufs des Unternehmens bereits Kontakt aufgenommen hatte. Die Beteiligten können dann bereits bei Beauftragung des M&A Beraters klären, ob dem Berater im Fall eines Vertragsschlusses mit einem solchen Käufer dennoch ein Erfolgshonorar zustehen soll oder nicht. Das Erfolgshonorar kann trotz des Vorkenntnis-Einwandes im Einzelfall durchaus gerechtfertigt sein, wenn es erst durch die aktive Mithilfe des Beraters gelingt, den (vorher bereits bekannten) Käufer für die Transaktion zu gewinnen.[99]

82 Ähnlich verhält es sich mit Unternehmensverkäufen, die erst nach Beendigung des Beratungsvertrages des M&A Beraters abgeschlossen werden. Hier wird oft vom Verkäufer in Abrede gestellt, dass die Tätigkeit des Beraters immer noch für den Vertragsabschluss mit dem Käufer ursächlich oder mitursächlich war.[100] Etwaigen Streitigkeiten kann man hier vorbeugen, indem man bei Beendigung des Beratungsmandates schriftlich festhält, zu welchen möglichen Käufern der Berater während der Laufzeit des Beratervertrages bereits einen Kontakt hergestellt hatte. In der Regel werden Fristen von 2 Jahren (nachvertraglich) definiert, innerhalb deren ein Verkauf an solche Käufer noch die Kausalitätsvermutung in sich trägt und das Erfolgshonorar auslöst. Solche Fristen sind auch erforderlich, um auszuschließen, dass Verkäufer und Käufer den Berater um sein Erfolgshonorar bringen können, denn sie könnten sonst einfach den Abschluss der Transaktion über den Zeitpunkt der Beendigung des Mandats hinaus verschieben.

83 **e) Aufwandspauschale.** Die meisten Berater vereinbaren zu Beginn des Verkaufsmandates eine Aufwandspauschale.[101] Dies Pauschale ist meist zeitlich auf einige Monate befristet ist und sichert dem M&A Berater ein gewisses Mindesthonorar. Man sollte bedenken, dass dem M&A Berater sein Erfolgshonorar keinesfalls sicher ist, denn ob das Unternehmen am Ende verkauft wird, entscheidet nicht der Berater, sondern entscheiden allein Käufer und Verkäufer. Der Rückzug eines Verkäufers aus einem Verkaufsprozess ist ein bekanntes Phänomen. Nicht jeder Verkäufer hat ernsthafte Verkaufsabsichten. Manche möchte den Markt auch nur „testen" und andere wiederum verschieben ihre Absicht, das Unternehmen zu verkaufen, wenn sich ihre Preisvorstellungen nicht realisieren lassen.

84 Man muss sich deshalb nicht wundern, wenn die komplexe Aufbereitung der Daten, die Präsentation des Unternehmens und die professionelle Ansprache des Marktes durch einen qualifizierten Berater Geld kosten und nicht rein erfolgsbezogen ausgestaltet werden können. Ein M&A Berater, der ausschließlich erfolgsbezogen vergütet werden würde, müsste versuchen, seinen Zeitaufwand bei der Vorbereitung der Transaktion so weit wie möglich einzuschränken. Dann aber würde er zwangsläufig weniger Verantwortung für die Aufbereitung der Daten des Unternehmens übernehmen können. Hierdurch könnten

---

[97] BeckHdB Unternehmenskauf/*Jaques* B Rn. 17.
[98] MüKoBGB/*Roth* § 652 Rn. 105, 179 ff.
[99] MüKoBGB/*Roth* § 652 Rn. 96, der auf Hinweise auf bisher unbekannte Möglichkeiten zum Vertragsschluss abstellt.
[100] OLG Stuttgart NJW-RR 2010, 486.
[101] MüKoBGB/*Roth* § 652 Rn. 211 ff.

IV. Vorgehen im Verkaufsprozess § 3

gefährliche Lücken oder Fehler in der Dokumentation entstehen, die am Ende der Verkäufer auszubaden hat. Verhandelbar ist allerdings häufig die Anrechnung der Aufwandspauschale auf das spätere Erfolgshonorar.[102]

f) Höhe von Aufwandspauschale und Erfolgshonorar. Für die Aufwandpauschale 85 sollte man einen fünfstelligen Betrag (ohne zusätzlich zu erstattende Reisekosten und Spesen) einplanen. Schon bei kleineren Unternehmen fließen in der Regel mehr als 100 Arbeitsstunden in die Vorbereitung einer Transaktion. Veranschlagt man die Beraterstunde mit EUR 200,00 bis 250,00, erreicht man bereits bei 100 Arbeitsstunden einen Betrag von EUR 20.000,00 bis 25.000,00. Üblich sind Monatspauschalen, auch „Retainer" genannt, zahlbar meist für drei bis sechs Monate, die sich letztlich aus einer Hochrechnung des anzunehmenden Arbeitsaufwandes mit dem zu veranschlagenden Stundensatz ergeben. Stundenweise Abrechnungen, je nachdem, wie viel Aufwand tatsächlich anfällt, sind bei Unternehmensberatern in diesem Marktsegment eher unüblich.

Das Erfolgshonorar ist in der Regel verhandelbar.[103] Einschlägige Richtwerte kann man 86 kaum vermitteln. Bemessungsgrundlage ist fast immer der wirtschaftliche Wert der Transaktion.[104] Die Honorarsätze bewegen sich im mittelständischen Bereich meist zwischen 1% und 5% des Transaktionsvolumens, bei kleineren Transaktionen liegen die Prozentsätze zum Teil höher, bei großen Transaktionen zum Teil niedriger. Was vereinbart wird, hängt letztlich von der Größe des Unternehmens sowie von der Schwierigkeit und dem Umfang des Mandats ab.[105]

Erfolgshonorare werden in der Regel aus der Summe sämtlicher Gegenleistungen des 87 Käufers berechnet, eine Schuldübernahme durch den Käufer mindert somit nicht die Bemessungsgrundlage, sondern erhöht diese ebenso wie ein Zusatzkaufpreis. Auch von negativen Kaufpreisen werden Erfolgshonorare berechnet, denn auch hier „vermittelt" der Berater letztlich einen Geldfluss oder eine Schuldübernahme, die für die beteiligten Parteien einen Geldwert besitzt.

Der Höhe nach feste Erfolgshonorare sind eher selten. In absoluten Zahlen gerechnet 88 verdient der Berater bei großen Transaktionen trotz der tendenziell dann meist niedrigeren Beteiligungsquote meist mehr als bei kleinen Transaktionen. Im sog. Midcap-Bereich, also bei Verkäufen mittelständischer Unternehmen, liegen Erfolgshonorare meist im fünf- bis sechsstelligen Bereich, bei großen Transaktionen reichen sie aber auch bis in Millionenhöhe.

g) Erfolgshonorar bei Optionen oder Earn-Out. Strittig ist immer wieder, wie sich 89 Earn-Outs oder Put- und Call-Optionen auf das Beraterhonorar auswirken. Manche Berater versuchen, den Gegenwert dieser Vereinbarungen einfach in das Erfolgshonorar einzubeziehen, und zwar durch Vorwegnahme ihres Vergütungsanspruchs für einen erfolgreichen Earn-Out oder eine erfolgreiche Optionsausübung bereits beim Vollzug des Vertrages, durch welchen zunächst nur die zuerst verkauften Anteile auf den Käufer übergehen.[106] Diese Vorwegnahme des Erfolgs wird meist damit begründet, dass es Käufer und Verkäufer sonst in der Hand hätten, den Berater um seinen „verdienten" Lohn zu brin-

---

[102] Die Zahlung einer Aufwandspauschale ist dem Verkäufer auch deshalb zu empfehlen, weil der Berater letztlich eine gewisse Haftung für die richtige Aufbereitung der Unterlagen und die zutreffende Ansprache der Kaufinteressenten übernehmen sollte (Haftung aus Dienstvertrag); bei einem unentgeltlichen Auftragsverhältnis könnte dieser nur bei grober Fahrlässigkeit oder Vorsatz in Anspruch genommen werden.
[103] Jauernig/*Mansel* BGB § 652 Rn. 26.
[104] BeckHdB Unternehmenskauf/*Jaques* B Rn. 15.
[105] Diese Zahlen lassen sich nicht eindeutig belegen, entsprechen aber den branchenüblichen Erfahrungswerten.
[106] Ein vertraglicher Formulierungsvorschlag findet sich zB unter 3.1. b) bei BeckFormB BHW/*Meyer-Sparenberg* III. A. 8.

gen, indem sie die Bedingungen für den Earn-Out torpedieren oder die Optionsausübung nachverhandeln bzw. den Optionsfall nicht rechtzeitig eintreten lassen.

90 Das Interesse des Beraters an einer Absicherung seines Honoraranspruchs mag zwar durchaus begründet sein, gleichwohl sollte man aber Versuche zurückweisen, den Vermittlungserfolg hier einfach zu fingieren. Ein Earn-Out muss erst einmal verdient und eine Option auf den Erwerb von Anteilen muss erst einmal ausgeübt worden sein, bevor sich insoweit von einem Vermittlungserfolg sprechen lässt. Gegen Nachzahlung des Erfolgshonorars, wenn sich Earn-Out oder Option tatsächlich verwirklicht haben, dürfte aus Fairnessgesichtspunkten nichts einzuwenden sein. Auch eine nachlaufende Informationspflicht gegenüber dem Berater und ein ihm zustehendes Informationsrecht kommen insoweit zur Absicherung in Betracht.

4. Rechtsanwälte, Steuerberater als Berater

91 Ebenso wie man als Verkäufer in der Regel auf erfahrene M&A Berater angewiesen ist, braucht man für den Verkauf einschlägig spezialisierte Rechtsanwälte und Steuerberater. Der Kaufvertrag und die in seinem Umfeld zu verhandelnden Begleitvereinbarungen bringen eine solche Vielzahl von rechtlichen und steuerlichen Themen mit sich, dass man ohne qualifizierte Berater im rechtlichen und steuerlichen Bereich bei einem Unternehmensverkauf Schiffbruch erleiden wird.[107]

92 Die Zeiten, in denen man Unternehmenskaufverträge noch dem langjährigen Hausanwalt oder Hausnotar des Unternehmens überließ, sind wohl endgültig vorbei. Das M&A Geschäft hat sich in den letzten 20 Jahren zu einem hoch professionalisierten Geschäft entwickelt, welches eine eigene Berufsgruppe von hierauf spezialisierten Rechts- und Steuerberatern hervorgebracht hat. Diese sind jedem unerfahrenen Rechts- oder Steuerberater und auch den meisten Notaren überlegen. Hierauf sollte man sich als Verkäufer einstellen und „Waffengleichheit" herstellen.

93 **a) Verbot des Erfolgshonorars.** Rechts- und Steuerberater arbeiten im Unterschied zu M&A Beratern in der Regel ohne Erfolgshonorar. Es ist ihnen standesrechtlich, jedenfalls in Deutschland, untersagt, eine am Erfolg orientierte Vergütung zu vereinbaren (§ 49b Abs. 2 BRAO iVm. § 4a RVG).[108]

94 Allerdings üben Käufer und Verkäufer nicht selten erheblichen Druck auf die für sie handelnden Berater aus, Gebührenkürzungen oder auch Gebührenverzichte hinzunehmen, wenn eine Transaktion während oder nach Abschluss der Due Diligence abgebrochen wird. Zu diesem Zeitpunkt haben die Kaufinteressenten oft bereits erhebliche Kosten investiert, um das Zielunternehmen zu prüfen. Es geht ihnen dann darum, diesen „frustrierten" Aufwand in den Griff zu bekommen und den Misserfolg letztlich mit ihren Beratern zu teilen.

95 Zuweilen findet man daher abgestufte Honorarvereinbarungen, die im Fall des Abbruchs einer Transaktion zu Abschlägen auf das an sich vereinbarte Honorar führen. Ob die Gesamtvereinbarung mit dem Berater dann nicht letztlich doch als Vereinbarung über ein Erfolgshonorar anzusehen ist, wurde, soweit ersichtlich, bisher noch nicht gerichtlich entschieden. Immerhin könnte dafür sprechen, dass ein unter bestimmten Bedingungen zu erklärender Honorarverzicht umgekehrt bedeutet, dass sich das Honorar im Erfolgsfall, also bei Durchführung der Transaktion, erhöht, also im wirtschaftlichen Ergebnis erfolgsabhängig ausgestaltet wurde. Nicht zu verkennen ist auch die Gefahr, dass anwaltliche

---

[107] BeckHdB Unternehmenskauf/*Jaques* B Rn. 11.
[108] Jedenfalls, soweit sie als Anwalt tätig werden und kein erlaubter Sonderfall des § 4a RVG vorliegt; vgl. zur möglichen Tätigkeit als erfolgsbezogen arbeitender Makler MüKoBGB/*Roth* § 652 Rn. 32; eine als Anwalt vereinbarte erfolgsorientierte Vergütung iSv § 652 BGB wäre nach § 138 Abs. 1 BGB iVm § 49b Abs. 2 S. 1 BRAO, § 4a RVG nichtig, vgl. auch BGH NJW 2009, 3297; BGH NJW 1992, 681 (682); BGH NJW-RR 1990, 949; zu Ausnahmen vgl. BVerfG NJW 2007, 979.

oder steuerliche Berater bei einer solchen Form der Honorierung letztlich den Erfolg der Transaktion vor die an sich geschuldete Beratungsleistung stellen und ihre Leistung in einer Weise erbringen, welche vordringlich der Durchführung der Transaktion nützen soll, ihr jedenfalls nicht im Wege steht. Das gestufte Honorar sollte aber nicht dazu verleiten, Beratungsergebnisse, die einer Transaktion entgegenstehen oder diese verkomplizieren könnten, zu bagatellisieren.

b) Stundenhonorar. Bei Rechtsanwälten und Steuerberatern ist bis heute die Vergütung nach Stundensätzen die kalkulatorische Grundlage jeder Honorarvereinbarung[109] Eine Honorierung nach den Werttabellen des Rechtsanwaltsvergütungsgesetzes bzw. der Rechtsanwaltsgebührenordnung ist allerdings bei Unternehmensverkäufen unüblich. Die Rechtsanwaltsgebührenordnung wird dem Umstand nicht gerecht, dass Unternehmenswerte nur selten entscheidend sind für den von dem Berater bei einem Unternehmenskauf zu treibenden Aufwand. Auch fehlt es meist an der Möglichkeit, das Instrument der Mischkalkulation einzusetzen, denn nur selten werden Rechtsanwälte oder Steuerberater von einem Kunden mit einer solchen Menge von Transaktionsmandaten bedacht, dass man betriebswirtschaftlich auch über eine Mischkalkulation auf seine Kosten kommt. 96

Wie bei jedem Projektauftrag werden Stundensätze meist an der Transaktionsgröße und der Reputation der eingeschalteten Berater ausgerichtet. Sie können dementsprechend stark schwanken. Im Durchschnitt dürften die Kosten für qualifizierte Transaktionsberatung bei Anwälten im Jahr 2019 bei etwa EUR 300–350,00 für die Partnerstunde und ca. EUR 250,00 für die Stunde eines angestellten Anwalts liegen. Bei Steuerberatern sind diese Sätze etwas niedriger. Die genannten Werte lassen sich allerdings nicht seriös statistisch belegen, weil es darüber, soweit ersichtlich, keine verlässlichen Untersuchungen gibt. Auch stellen sie nur eine Momentaufnahme dar. Es ist bekannt, dass einzelne Berufsträger höhere und andere niedrigere Honorare verlangen. Letztlich hängt die Honorierung von Angebot und Nachfrage ab sowie davon, wie sehr der Verkäufer auf die speziellen Branchen- oder Fachkenntnisse eines bestimmten Beraters angewiesen ist, der seinen besonderen Preis haben mag. Jedenfalls sollte man als Verkäufer aber keine Scheu haben, Angebote von Anwälten und Steuerberatern in diesem Markt miteinander zu vergleichen und sie zu einem sog. „Beauty-Contest" einzuladen. Die Qualität des Beraters sollte bei allem Verständnis für den Preis dabei stets im Vordergrund der Auswahl stehen. Etwaige Fehler bei der Auswahl kosten den verkaufenden Unternehmer meist viel mehr als ein Honorar, welches vielleicht über dem Durchschnittspreis liegt. 97

c) Deckelung des Honorars (Cap) und Festpreise. Vielfach verlangen Mandanten, zumindest für Teile der Beratung, auch nach oben gedeckelte Honorare (sog. Caps) oder gar Festpreise.[110] Hintergrund ist die bessere Planbarkeit der Ausgaben, aber auch das Misstrauen, welches einer stundenweisen Abrechnung durch Dienstleister, wie es Anwälte oder Steuerberater sind, natürlicherweise entgegengebracht wird. Für Mandanten ist es in der Tat schwierig zu beurteilen, wie viele Arbeitsstunden ein von ihm beauftragter Rechtsanwalt oder Steuerberater mit einem Unternehmensverkauf beschäftigt sein dürfte. Gegen das Stundenhonorar wird vielfach eingewandt, es begünstige ungerechtfertigter Weise die langsamen und unerfahrenen Berater, welche für die gleiche Tätigkeit mehr Zeit brauchten als schnelle und erfahrene Berater. 98

Festpreise und Caps sind aus Beratersicht problematisch, weil der Umfang und die Schwierigkeit der Beratungsleistung im Vorfeld einer Transaktion kaum zuverlässig abschätzbar sind. Insbesondere lässt sich nicht sagen, dass der Aufwand einer Due Diligence Prüfung oder einer Kaufvertragsberatung stets in einem zuvor berechenbaren Verhältnis zur Größe der Transaktion steht. Preistreiber sind vor allem ein unvollständiger Daten- 99

---

[109] Vgl. dazu inkl. Mustervergütungsvereinbarung Beisel/Klumpp, Unternehmenskauf/*Beisel*, § 1 Rn. 47 ff.
[110] Beisel/Klumpp, Unternehmenskauf/*Beisel*, § 1 Rn. 49.

raum (welcher zu ständigen Nachfragen wegen fehlender Unterlagen führt), mangelnde Kooperation zwischen Käufer und Verkäufer im Verkaufsprozess sowie erhebliche Differenzen über die Bedingungen des Kaufvertrages, alles Faktoren, welche der Anwalt oder Steuerberater kaum oder nur sehr beschränkt selbst beeinflussen oder im Voraus abschätzen kann.

100 Erfahrene Berater werden zwar in vielen Fällen auf Grund ihrer Erfahrungswerte gewisse Aufwandsschätzungen vornehmen können, die sich an Durchschnittswerten orientieren, müssen sich jedoch bei ihrer Tätigkeit letztlich immer nach dem Käufer und dem Verkäufer richten. Berater werden daher immer versuchen, etwaige Kostenschätzungen oder „Caps" an die dahinter liegenden Kalkulationsgrundlagen für die einzelnen Beratungsabschnitte zu knüpfen und dies in der Honorarvereinbarung als Grundlage ihrer Kostenschätzungen oder des „Caps" auch zum Ausdruck zu bringen (sog. „Disclaimer"). Sie werden sich eine Überschreitung der Kostenschätzung oder des „Caps" vorbehalten, wenn Umstände eintreten, welche unter Zugrundelegung dieses Disclaimers nicht hatten eingeplant werden können.

101 Der Kunde sollte im Übrigen darauf achten, die Motivation seines Anwalts oder Steuerberaters nicht durch eine falsche „Honorarpolitik" zunichte zu machen. Ein Berater wird nur noch ungerne an einer Verhandlung über einen Unternehmenskauf teilnehmen, wenn zu diesem Zeitpunkt bereits klar ist, dass die ihm von dem Mandanten bewilligte Vergütung nach dem dafür einkalkulierten Cap nicht mehr vergütet werden wird. Bedenkt man, welche Summen bei Unternehmenskäufen auf dem Spiel stehen, dürfte hier eine allzu kleinliche Honorarpolitik fehl am Platze sein.

5. Letter of Intent/Memorandum of Understanding

102 **a) Absichtserklärungen zum Kauf und ihr Rechtscharakter.** Wegen der Komplexität von Unternehmenskäufen ist es heutzutage üblich, die Eckdaten eines Unternehmenskaufvertrages zwischen dem Käufer und dem Verkäufer vorab zu verhandeln und in einem Letter of Intent, Memorandum of Understanding oder Term-Sheet (nachstehend auch pauschal „Letter of Intent" genannt) festzuhalten.[111]

103 Der Rechtscharakter eines solchen Dokuments ist meist nur eine unverbindliche Absichtserklärung[112], auch wenn irreführender Weise häufig von „Binding-Offer" des Käufers gesprochen wird. Ein Rechtsbindungswille kann einem solchen Dokument im praktisch häufigsten Fall, dem Kauf von GmbH-Anteilen, schon deswegen nicht zugemessen werden, weil die Abtretung von GmbH-Anteilen stets der notariellen Beurkundung bedarf. Der Letter of Intent hält daher richtigerweise nur das Zwischenergebnis von Verhandlungen fest[113], auf dessen Basis dann in weiterführende Verhandlungen und in einen strukturierten Due Diligence Prozess eingetreten werden soll.

104 Zumindest nach deutschem Rechtsverständnis handelt es sich bei einem Letter of Intent, auch nicht um einen echten Vorvertrag, nach welchem die Parteien verpflichtet sein könnten, einen Hauptvertrag abzuschließen.[114] Aus Gründen der Vorsicht wird dennoch meist ausdrücklich, jedenfalls wenn es um Anteile an Personengesellschaften geht, welche auch formfrei übertragen werden können, festgehalten, dass die Abgabe der in dem Letter of Intent enthaltenen Erklärungen keine Seite zum Abschluss eines Kaufvertrages verpflichtet und jede Seite weiterhin frei ist, sich von der Weiterverfolgung des Transaktionsvorhabens zurückzuziehen.[115]

105 Allerdings entfaltet ein solches Papier dennoch eine faktische Wirkung für die weiteren Verhandlungen. In einem Letter of Intent werden vielfach wichtige Verhandlungspositio-

---

[111] BeckFormB BHW/*Meyer-Sparenberg* III. A. 9 Rn. 1.
[112] *Kösters* NZG 1999, 623 (623); MüKoBGB/*Busche* Vor § 145 Rn. 58.
[113] (ähnlich) *Kösters* NZG 1999, 623 (623).
[114] BeckOK BGB/*H.-W. Eckert* § 145 Rn. 26.
[115] BeckHdB Unternehmenskauf/*Jaques* C Rn. 58.

nen (vorbehaltlich Überprüfung in der Due Diligence) außer Streit gestellt. Damit wird eine praktische Voraussetzung dafür geschaffen, in die nächste Runde des Verkaufsprozesses eintreten zu können. Zur Bekräftigung ihrer rechtlich zwar nicht bindenden, aber faktisch durchaus vorgreiflichen Vereinbarungen wird der Letter of Intent in der Regel auch von beiden Seiten gegengezeichnet.[116]

Die Begriffe Memorandum of Understanding oder Term Sheet wären in diesem Fall sicher vorzugswürdig (und werden auch häufig verwendet), weil sie anders, als es die Bezeichnung Letter of Intent suggeriert, die Absicht beider Parteien (und nicht nur einer Partei) verdeutlichen, auf der Grundlage der dort festgehaltenen Verhandlungsergebnisse zu einem Vertragsabschluss zu gelangen. Im Ergebnis ist hier begriffliche Spitzfindigkeit aber fehl am Platze, denn es geht letztlich immer um die Beschreibung des gleichen Dokumentes, mit welchem das vorläufige (und nicht bindende) Verständnis der Parteien über die Eckdaten eines möglichen Kaufvertrages wiedergegeben werden soll. 106

b) Rechtliche Relevanz von Vorvereinbarungen. Einige Elemente eines Memorandums of Understanding, Term Sheets oder Letter of Intent können freilich durchaus mit rechtlicher Relevanz ausgestattet werden. Regelmäßig betrifft dies zum Beispiel das Recht zur Vornahme der Due Diligence, die Einhaltung einer Vertraulichkeitsvereinbarung und eine etwaige Exklusivitätsvereinbarung. Insoweit ist zur Wirksamkeit der Vereinbarung zwingend die Gegenzeichnung durch beide Seiten oder eine Gegenbestätigung dieser vereinbarten Regelungen erforderlich. 107

Häufig geht es dem Käufer um die Absicherung der Kosten, die mit der Due Diligence verbunden sind und um das Fernhalten von Wettbewerbern aus dem Verkaufsverfahren. Damit erlangt vor allem die Exklusivitätsvereinbarung eine wichtige und für beide Seiten bindende Bedeutung. Diese ist meist verbunden mit einer Vereinbarung über pauschalierten Kostenersatz im Verletzungsfall.[117] Bei zu hohen Kostenpauschalen kann sich die Frage stellen, ob nicht die Vereinbarung über das Exklusivitätsversprechen und die Vertragsstrafe selbst der notariellen Beurkundung bedarf, wenn zum Beispiel wegen der Höhe der drohenden Vertragsstrafe faktisch ein Abschlusszwang zur Eingehung des Unternehmenskaufervertrages für den Verkäufer entsteht[118] Solche Fälle dürften aber selten sein, jedenfalls bleibt unklar, wenn von einem faktischen Abschlusszwang ganz praktisch auszugehen sein sollte. 108

c) Exklusivitätsvereinbarungen mit dem Käufer. Viele Käufer sind nur dann bereit, den erheblichen Aufwand zur Prüfung und Verhandlung eines Unternehmenskaufvertrages zu betreiben, wenn ihnen der Verkäufer für eine gewisse Zeit Verhandlungs- und Abschlussexklusivität zusichert. Um eine solche Exklusivitätszusage zu erhalten, muss der Käufer in der Regel seine Kaufabsicht und sein Kaufangebot sehr konkret darlegen. Nur so kann der Käufer das Vertrauen des Verkäufers in seine Abschlussbereitschaft erzeugen. Allerdings bleibt ein gewisses Ungleichgewicht zwischen der bloßen Absichtserklärung des Käufers, das Unternehmen zu dem angebotenen Preis kaufen zu wollen, und der bindenden Zusage des Verkäufers, für eine gewisse Zeit Verhandlungen mit einer anderen Partei zu unterlassen. 109

Ein Exklusivitätsversprechen ist daher keinesfalls selbstverständlich. Es beeinträchtigt die Verkaufschancen des Verkäufers, zum Verkaufserfolg mit einem Dritten zu kommen, erheblich. Geht der Verkäufer auf die Forderung des Käufers ein, zeigt er damit automatisch eine gewisse Schwäche, denn er gibt damit zu erkennen, dass er bereit ist, für das Angebot des Käufers andere Verkaufsmöglichkeiten zurückzustellen.[119] Dies kann vor allem 110

---
[116] *Kösters* NZG 1999, 623 (623).
[117] Vgl. Palandt/*Grüneberg* BGB § 276 Rn. 26 mwN. zur Abgrenzung zwischen pauschaliertem Schadensersatz und Vertragsstrafe.
[118] OLG München NZG 2013, 257; *Wicke* MittBayNot 2014, 13 (15).
[119] Hölters HdB Unternehmenskauf/*Weber* Rn. 9.39.

nachfolgende Kaufinteressenten abschrecken oder dazu veranlassen, ihre ursprünglichen Angebote zu reduzieren.

111 **d) Break-up Fee.** Eine Verletzung der Exklusivitätsvereinbarung führt in der Regel, wenn sie denn bewiesen werden kann, zum Ersatz der Aufwendungen, welche der Kaufinteressent im Vertrauen auf die Zusage der Exklusivität getätigt hat (Ersatz des sog. Vertrauensschadens).[120] Dagegen kann der Kaufinteressent regelmäßig nicht geltend machen, dass der Verkäufer ihm auch denjenigen Schaden zu ersetzen habe, welcher ihm durch Nichtabschluss des Kaufvertrages entstanden sei. Durch Abschluss einer Exklusivitätsvereinbarung wird eben gerade keine Verpflichtung zum Verkauf eingegangen. In den meisten Fällen wird der Vertrauensschaden pauschaliert in Form einer Vertragsstrafe vereinbart, um dem potentiellen Käufer den konkreten Schadensnachweis zu ersparen.[121]

112 Die Vertragsstrafe wird auch gerne als sog. „Break-up Fee" bezeichnet.[122] Break-up Fees können sowohl als pauschalierter Schadensersatz als auch als selbstständige Strafversprechen vereinbart werden[123] Unverhältnismäßig hohe Break-up Fees können durch gerichtliche Ermessensentscheidung gemäß § 343 BGB ermäßigt werden.[124] Handelt es sich dagegen um Strafversprechen, deren Höhe unverhältnismäßig ist, kann auch die Unwirksamkeit des Strafversprechens ohne Korrekturmöglichkeit in Betracht kommen[125]

113 Überwiegend wird die Höhe der Vertragsstrafe in Beziehung gesetzt zu den mutmaßlichen Kosten des Käufers in der Phase der Due Diligence.[126] Dieser Aufwand erweist sich nachträglich als vergeblicher (frustrierter) Aufwand, weil der Verkäufer dem Käufer die Chance auf einen erfolgreichen Abschluss des Kaufvertrages vereitelt. Maßgebend für die Höhe der Break-up Fee ist in der Regel eine vernünftige Schätzung der Kosten, welche der Käufer für die Einschaltung seiner Berater voraussichtlich aufwenden muss. Nur selten wird sich ein Verkäufer darauf einlassen, den Käufer pauschal von allen tatsächlich abgerechneten Beraterkosten freizustellen, weil dies den Schadensersatzanspruch letztlich schwer kalkulierbar und auch manipulierbar machen kann. Nicht selten bewegen sich Kostenpauschalen aber im sechsstelligen Bereich.

114 In manchen Fällen sehen Break-up Fees auch vor, den etwaigen Mehrgewinn des Verkäufers abzuschöpfen, den dieser aus einem verbotswidrigen Kaufvertragsabschluss mit einem Dritten erzielt. Der Vertragsstrafe kommt in diesen Fällen echter Strafcharakter zu. Das vertragswidrige Verhalten, nämlich der Abbruch der Verhandlungen und der Vertragsabschluss mit einem Dritten, soll so unattraktiv gemacht werden, dass sich der Bruch der Exklusivitätsvereinbarung von vorneherein nicht mehr lohnt.[127] Der geschützte Kaufinteressent braucht dann nicht zu befürchten, dass sein Angebot während der ihm zugesagten Exklusivitätsperiode zum Hochschaukeln von Angeboten verschiedener Interessenten führen kann. Derartige Vereinbarungen sind nicht sittenwidrig und üben auch keinen Abschlusszwang aus, denn der Vertragsschluss mit dem Dritten bleibt außerhalb der Geltungsdauer der Exklusivitätsvereinbarung weiterhin möglich und die Bestrafung des vertragsbrüchigen Verkäufers geht nicht über die Abschöpfung des geldwerten Vorteils hinaus, welchen dieser rechtswidrig aus dem Bruch der Exklusivitätsvereinbarung erzielt.[128]

---

[120] *Kösters* NZG 1999, 623 (625), vgl. auch MüKoBGB/*Westermann* § 453 Rn. 52, der den Schadensersatzanspruch aus §§ 241 Abs. 2, 280 BGB herleitet.
[121] Carlé/Strahl Unternehmens- und Anteilskauf/*Carlé* Rn. 15.
[122] BeckFormB BHW/*Meyer-Sparenberg* III. A. 9 Rn. 15.
[123] *Hilgard* BB 2008, 286 (287).
[124] *Hilgard* BB 2008, 286 (290).
[125] OLG Nürnberg BeckRS 2010, 1746.
[126] Hilgard BB 2008, 286 (290).
[127] Ähnlich Hilgard BB 2008, 286 (287), wo die Break-up Fee deshalb als „Instrument der Transaktionssicherung" bezeichnet wird.
[128] OLG München BB 1997, 2399.

e) Kündigung einer Exklusivitätsvereinbarung. Bei einer Exklusivitätsvereinbarung 115
kann, da es sich um ein Dauerschuldverhältnis handelt, das Recht zur außerordentlichen
Kündigung aus wichtigem Grund nicht wirksam ausgeschlossen werden[129] Ein wichtiger
Grund liegt immer dann vor, wenn das Ziel der Exklusivitätsvereinbarung, nämlich der
Abschluss eines Kaufvertrages, wegen unüberbrückbar gewordener Differenzen über dessen
Ausgestaltung nicht mehr erreicht werden kann[130] Da es grundsätzlich keinen Abschlusszwang
gibt, liegt es naturgemäß auch im Ermessen eines jeden Vertragspartners,
wann er die Verhandlungen für gescheitert hält. Dabei können die von ihm angeführten
Gründe nur sehr begrenzt einer rechtlichen Prüfung unterzogen werden[131]

Die einfachste Möglichkeit für den Verkäufer, sich aus der Exklusivitätsvereinbarung 116
zurückzuziehen, besteht daher darin, die Verhandlungen während der Exklusivitätsperiode
wegen Meinungsverschiedenheiten über die einzelnen Vertragsklauseln scheitern zu lassen
und aus diesem Grund die Exklusivitätsvereinbarung fristlos zu kündigen. Auch nach
Austausch eines detaillierten Letter of Intent bleiben zahlreiche Fragen der Vertragsgestaltung
offen, über deren Lösung man sich erst im Laufe der Verhandlungen über den Kaufvertrag
verständigen kann. Insbesondere die Garantien des Verkäufers über die wertbildenden
Umstände des Unternehmens und die Haftungsfragen sind beliebte Themen, die
regelmäßig in einem Letter of Intent nicht abschließend geklärt werden können und das
„Einfallstor" für die Aufkündigung der Exklusivitätsvereinbarung darstellen.[132] Etwaige
vom Verkäufer genannte Gründe für das Scheitern der Verhandlungen können allenfalls
auf ihre Plausibilität oder das Schikaneverbot überprüft werden[133] Nur wenn der Verkäufer
sich selbst erkennbar in Widerspruch zu einer vorher von ihm eingenommenen Verhandlungsposition
setzt oder keinerlei sachliche Gründe für den Abbruch der Verhandlungen
anführen kann, wird man das Vorhandensein eines wichtigen Grundes verneinen
können[134] Käufer müssen deshalb einkalkulieren, dass sie die Bedingungen einer Transaktion
nicht mehr frei verhandeln können, wenn sie ihre Exklusivität aufrechterhalten wollen.

f) Typische Verstöße gegen Exklusivitätsvereinbarungen/Haftung Dritter. Leider 117
kommt es trotz Vorhandensein einer Exklusivitätsvereinbarung immer wieder vor, dass
dennoch heimlich Verhandlungen mit einem anderen Kaufinteressenten aufgenommen
werden. Dieser Verstoß gegen die Exklusivitätsvereinbarung lässt sich in der Praxis leichter
nachweisen als man vermuten würde. Ohne Mitwisserschaft des Managements dürfte
es kaum gelingen, einen neuen Käufer für das Unternehmen zu finden. Das Management
des Unternehmens ist daher meist „Kronzeuge" für die Verletzung der Exklusivitätsvereinbarung.
Spätestens wenn einer der Manager das Unternehmen im Streit verlässt, könnte
durch dessen Zeugenaussage, Emails oder andere objektive Beweismittel das vertragswidrige
Verhalten des Verkäufers ans Tageslicht kommen.

Der spätere Käufer wiederum könnte wegen eines kollusiven Zusammenwirkens mit 118
dem Verkäufer zur Umgehung der Exklusivitätsvereinbarung ebenfalls haftbar gemacht
werden[135] Der Umstand, dass eine Kontaktaufnahme in solchen Fällen immer heimlich
erfolgen muss, impliziert bereits den Vorsatz des späteren Käufers, sich unter Ausnutzung
des Vertragsbruchs rechtswidrig Vorteile verschafft zu haben. Der spätere Käufer erfüllt
damit, auch ohne selbst an die Exklusivitätsvereinbarung vertraglich gebunden zu sein,

---

[129] § 314 BGB, vgl. BGH ZIP 1986, 920; BGH BeckRS 1973, 31125503, wonach das Kündigungsrecht allenfalls eingeschränkt, nicht aber im Kern abbedungen werden darf.
[130] § 314 Abs. 1 S. 2 BGB, Abwarten bis zum Auslaufen der Exklusivitätsvereinbarung kann dann nicht mehr zugemutet werden.
[131] Vgl. BGHZ 152, 280 (287) (ARAG/Garmenbeck-Entscheidung), wo die Grenzen der richterlichen Überprüfung geschäftlicher Entscheidungen exemplarisch erörtert sind.
[132] Holzapfel/Pöllath, Unternehmenskauf in Recht und Praxis/*Engelhardt/von Maltzahn*, Rn. 660.
[133] Erman/*Armbrüster* BGB §145 Rn. 16.
[134] BGH NJW 1975, 43 (44); BGH NJW 1996, 1884 (1885); BGH DStR 2001, 802 (803).
[135] Palandt/*Sprau* BGB § 826 Rn. 52, 53.

den Tatbestand der vorsätzlichen sittenwidrigen Schädigung des von der Exklusivitätsvereinbarung geschützten Kaufinteressenten (§ 826 Abs. 1 BGB).[136] Kaum ein Käufer wird dazu bereit sein, sich einem solchen Haftungs-Szenario auszusetzen. Im Ergebnis halten daher Exklusivitätsvereinbarungen – jedenfalls für die Dauer ihres Bestehens – den Druck auf den Verkäufer aufrecht, mit dem exklusiv geschützten Kaufinteressenten konstruktiv zu verhandeln.

V. Informationserteilung und Due Diligence

1. Vorvertragliches Schuldverhältnis und Auskunftspflichten

119 **a) Aufklärungspflichten in der Rechtsprechung.** Durch Aufnahme von Vertragsverhandlungen entsteht ein vorvertragliches Schuldverhältnis, welches zwischen Käufer und Verkäufer Rechtspflichten entstehen lässt (§§ 311 Abs. 2, 241 Abs. 2, 280 ff. BGB),[137] Das deutsche Recht sieht allerdings nur in wenigen Fällen eine genuine Aufklärungspflicht des Verkäufers über die Kaufsache vor. Aufklärung des Käufers braucht nur zu erfolgen, wenn dies nach Treu und Glauben unter Berücksichtigung der Verkehrssitte zu erwarten ist[138]

120 Wann aber gebietet die Verkehrssitte die Aufklärung eines Kaufinteressenten? Beim Gebrauchtwagenkauf ist bekannt, dass der Verkäufer ungefragt schon über eine ungewöhnliche vorherige Nutzung[139], das Vorhandensein eines Unfallschadens[140] oder eine nicht fachgerechte Reparatur aufklären muss[141] Bei Grundstücksverkäufen ist über das Vorhandensein von Hausschwamm[142], Altlasten[143] und Mieterträge als zugesicherte Eigenschaft eines Mietshauses[144] aufzuklären. Hier existiert also in diesen Bereichen eine recht detaillierte Rechtsprechung zu den vertraglichen Aufklärungspflichten. Für Unternehmenskäufe ergibt sich hingegen ein anderes Bild. So sind Umsätze und Erträge nach dem BGH angeblich keine zusicherungsfähigen Eigenschaften[145] Zwar bestehe auch bei einem Unternehmenskauf eine gesteigerte Aufklärungspflicht gegenüber dem Käufer, diese beziehe sich aber nur auf solche Umstände, welche den Zweck des Vertrages vereiteln oder wesentliche Bedeutung für den Kaufentschluss des Käufers haben können. In diesem Zusammenhang erwähnt der BGH die Überlebensfähigkeit des Unternehmens, insbesondere drohende Zahlungsunfähigkeit oder Überschuldung[146] Allerdings soll sich der Käufer, wenn Jahresabschlüsse vorgelegt worden sind, auch auf deren Richtigkeit verlassen können.[147]

121 Dieser Rechtsprechung kann man nicht entnehmen, dass ein Verkäufer verpflichtet wäre, den Käufer von sich aus über alle wertbildenden Umstände des Unternehmens aufzuklären. Generell kennt unsere Rechtsprechung mit Blick auf das kodifizierte Kaufrecht, das ihr zu Grunde liegt, nur die Verpflichtung zur Aufklärung in Bezug auf einzelne Wirtschaftsgüter[148] Auf Unternehmenskäufe ist das Kaufrecht nicht zugeschnitten. Umsatz und Ertrag sind keine Kaufgegenstände im kaufrechtlichen Sinn[149]

---

[136] Palandt/*Sprau* BGB § 826 Rn. 14, 52, 53.
[137] Palandt/*Grüneberg* BGB § 311 Rn. 29.
[138] BGH NJW 1999, 763 (764); BGH NJW 2008, 258.
[139] OLG Stuttgart NJW-RR 2009, 551.
[140] OLG Düsseldorf NJW-RR 1991, 1402 (1403).
[141] KG Berlin VersR 2012, 65.
[142] BGH WM 2003, 1676 (1678).
[143] OLG Schleswig BeckRS 2005, 30357547.
[144] BGH NJW 2001, 2551 (2552).
[145] BGH BeckRS 9998, 14421.
[146] BGH BeckRS 2001, 3986.
[147] BGH BeckRS 2001, 3986.
[148] Zum Fehlerbegriff vgl. Palandt/*Weidenkaff* BGB § 434 Rn. 1 ff.
[149] Vgl. Aufzählung der Kaufsachen bei Palandt/*Weidenkaff* BGB § 434 Rn. 3.

V. Informationserteilung und Due Diligence § 3

Die Rechtsprechung hat allerdings immer schon die Auffassung vertreten, dass erteilte Auskünfte, auch wenn sie nur freiwillig erteilt worden sind, inhaltlich zutreffend sein müssen.[150] Durch Erteilung einer Auskunft begründet der Verkäufer einen Vertrauenstatbestand, auf den sich der Käufer verlassen können muss. Der Verkäufer muss damit rechnen, dass der Käufer seine Kaufentscheidung zumindest teilweise von dem Ergebnis dieser Auskunft abhängig machen und diese Einfluss auf den Kaufentschluss oder den Kaufpreis haben könnte. Der Verkäufer ist deshalb verpflichtet, wenn er Auskünfte erteilt, zutreffende und vollständige Auskünfte zu erteilen.[151] Eine Vermögensbetreuungspflicht zu Gunsten des Käufers wird indessen abgelehnt.[152]

122

Die Frage, zu welchen Auskünften ein Unternehmensverkäufer eigentlich verpflichtet ist, erweist sich vor dem Hintergrund dieser Rechtsprechung als ziemlich akademisch. Die Praxis des Unternehmenskaufs ist nämlich geprägt von freiwilligen Auskunftserteilungen, und zwar im Rahmen der dem Käufer gestatteten Due Diligence.[153] Durch Vorlage von Dokumenten und Beantwortung von Fragen begibt sich der Verkäufer daher in die Selbstverpflichtung, für die von ihm erteilten Informationen einstehen zu müssen.

123

b) Vertraglicher Ausschluss der Haftung aus „culpa in contrahendo". Folge einer schuldhaften, zumindest fahrlässig unrichtigen oder irreführenden Informationserteilung ist eine Haftung wegen Verstoßes gegen das vorvertragliche Schuldverhältnis. Dieses Schuldverhältnis beginnt bereits mit Aufnahme der Vertragsverhandlungen. Verstöße können den Käufer zum Schadensersatz aus „culpa in contrahendo" berechtigen (§ 280 Abs. 1 iVm § 311 Abs. 2 und 3, § 241 Abs. 2 BGB), und zwar theoretisch in unbegrenzter Höhe.[154]

124

Allerdings finden sich in den meisten Unternehmenskaufverträgen Klauseln, welche solche Ansprüche aus „culpa in contrahendo" ausschließen. Der Käufer soll vielmehr bestätigen, dass er den Kaufvertrag nur gestützt auf die im Kaufvertrag selbst abgegebenen Zusicherungen oder Garantien abgeschlossen habe. Etwaige Pflichtverletzungen des Verkäufers bei der Informationserteilung vor Abschluss des Vertrages, sollen damit, soweit sie nicht die im Kaufvertrag selbst übernommenen Garantien betreffen, durch die Hintertür quasi „geheilt" werden.

125

Auch die Rechtsprechung sieht die Haftung aus einer vorvertraglicher Aufklärungspflichtverletzung als eine Haftung an, welche hinter die Haftung aus dem später abgeschlossenen Kaufvertrag zurücktritt.[155] Nur wenn der Verkäufer den Käufer vorsätzlich oder arglistig getäuscht hat, soll sich der Käufer auch noch auf vorvertraglich begründete Vertrauenstatbestände berufen können.[156] Auch die Rechtsprechung würde daher ein vorvertragliches Aufklärungsverschulden, welches sich außerhalb der Vorsatzhaftung bewegt, nur dann für kausal halten, wenn der Verkäufer die in der Verkaufsphase erteilten Informationen im Kaufvertrag nochmals ausdrücklich als zutreffend bestätigt und als richtig garantiert hat.

126

Die daraus faktisch folgende Freizeichnung des Verkäufers von sonstigen vorvertraglichen Aufklärungspflichtverletzungen ist, wenn man auf Käuferseite steht, natürlich abzulehnen. Es ist vertragstechnisch für den Käufer kaum durchsetzbar, sich alle Informationen des Verkäufers, die für die Kaufentscheidung maßgeblich waren und dem Käufer während der Due Diligence Phase erteilt worden sind, in einem Kaufvertrag garantieren zu lassen. Der Kaufvertrag würde dann allein wegen der Garantien wahrscheinlich einige hundert Seiten umfassen. Kein Verkäufer würde darauf eingehen.

127

---

[150] BGH NJW 1998, 302; BGH ZIP 2001, 918; BGH ZIP 2002, 440; *Triebel/Hölzle* BB 2002, 521 (532).
[151] BGH NJW-RR 1997, 144 (145); BGH NJW 2009, 2120 (2122).
[152] BGHZ 74, 283 (292).
[153] Wegen Entstehens eines vorvertraglichen Schuldverhältnisses nach § 311 Abs. 1 BGB.
[154] Rödder/Hötzel/Mueller-Thuns, Unternehmenskauf Unternehmensverkauf, § 3 Rn. 18.
[155] BGH NJW 2009, 2120 (2122).
[156] BGH NJW 2009, 2120 (2122).

128 Es erscheint zugleich widersinnig, dass Informationen, die während der Due Diligence erteilt worden sind, sich in einer Art rechtsfreiem Raum bewegen sollen. Völlig unberücksichtigt bleibt dabei, dass vielfach gerade die fehlerhafte oder unvollständige Informationserteilung dazu führt, dass der Käufer von der Forderung nach einer notwendigen Absicherung oder Garantie im Kaufvertrag Abstand nimmt. Die fehlerhafte Auskunft erweist sich damit als unmittelbar ursächlich für die mangelnde Absicherung des Käufers und begründet einen unerkannt gebliebenen Mangel des Unternehmens.

129 Diese Umstände sprechen dafür, vom Verkäufer eine Garantie zu verlangen, wonach die vom Verkäufer erteilten Informationen und vorgelegten Unterlagen inhaltlich richtig, vollständig und nicht irreführend gewesen sind[157] Allerdings ist die Bereitschaft, auf solche Klauseln einzugehen, auf Seiten des Verkäufers meist begrenzt, denn natürlich wird dabei befürchtet, dass man hierdurch eine Art pauschale „Aufklärungsgarantie" abgibt (auch Catch-All Garantie genannt), die den Käufer schon bei kleineren Unrichtigkeiten zu Ansprüchen berechtigen könnte. Hier kommt es daher auf die richtige Formulierung an, welche im Kern darauf abstellen sollte, dass der Käufer, wenn schon nicht vollständig, doch jedenfalls stets zutreffend und nicht irreführend unterrichtet worden ist.

130 **c) Verdrängung der Culpa in Contrahendo durch Garantien im Kaufvertrag.** Die Haftung für vorvertragliches Verschulden wird in der Praxis, wie bereits geschildert, durch den Katalog der vom Verkäufer abgebenden Garantien verdrängt[158] Ansprüche wegen fehlerhafter vorvertraglicher Aufklärung sind damit in der Praxis meist nur noch bei Nachweis des Vorsatzes möglich. Die Vorsatzhaftung nach §§ 276 Abs. 3, 444 Abs. 2 BGB kann nicht ausgeschlossen werden.

131 Um sich gegen eine Manipulation der erteilten Auskünfte zu schützen, sollten die erteilten Auskünfte und übersandten Unterlagen auf einen elektrischen Datenträger aufgenommen werden, der dann als Anlage dem Kaufvertrag beigefügt wird. Auf diese Weise kann man später gut nachvollziehen, welche Informationen dem Käufer tatsächlich erteilt wurden. Auch kann in diesem Zusammenhang dann später zuverlässig nachgeprüft werden, ob der Käufer ggf. von einem ihm mitgeteilten Umstand Vorkenntnis hatte. Bei Vorkenntnis ist der Käufer mit Ansprüchen ausgeschlossen (§ 442 BGB)

132 **d) Haftung wegen vorsätzlich falscher Aufklärung.** Ein Anspruch auf Schadensersatz wegen vorsätzlich falscher Aufklärung kommt in Betracht, wenn der Verkäufer weiß oder den Umständen nach damit rechnet, dass eine bestimmte, von ihm erteilte Information tatsächlich unzutreffend oder irreführend war. Positives Wissen von der Unrichtigkeit wird nicht verlangt, aber der Verkäufer muss die Unrichtigkeit zumindest für möglich halten oder billigend in Kauf genommen haben (bedingter Vorsatz, sog. „dolus-eventualis")[159]

133 Die Anforderungen an den Nachweis einer vorsätzlichen Falschaufklärung sind weniger hoch als gedacht. Der Käufer muss zwar schlüssig darlegen, dass die ihm erteilten Informationen falsch oder irreführend gewesen sind. Dann aber kehrt sich die Beweislast um.[160] Kommt man nach Prüfung zu dem Ergebnis, dass die Aufklärung tatsächlich objektiv unzutreffend oder nicht vollständig war, ist der Vorsatz des Verkäufers indiziert. Er kann sich nur noch exkulpieren, wenn er nun nachweist, dass die von ihm erteilten Informationen vorher ausreichend geprüft worden sind und es keine Anhaltspunkte für deren objektive Unrichtigkeit gab. Eine nicht ausreichende Prüfung und damit bedingter

---

[157] BeckHdB Unternehmenskauf/*Ettinger,* G X. Mustertext „Garantien der Verkäuferin" Ziffer 17.
[158] Rotthege/Wassermann, Unternehmenskauf bei der GmbH/*Tietmeyer,* 9 Rn. 128.
[159] BGH NJW-RR 1987, 1415.
[160] BGH NJW 2011, 1280.

Vorsatz liegt aber immer dann vor, wenn Auskünfte einfach „ins Blaue hinein" erteilt worden sind.[161]

e) Vermutung des aufklärungsrichtigen Verhaltens. Bei der Frage, ob aus der fehlerhaften Aufklärung ein Schaden entstanden ist, behilft sich die Rechtsprechung zu Gunsten des Käufers ebenfalls mit einer Beweiserleichterung, der Vermutung des „aufklärungsrichtigen Verhaltens."[162] Der Käufer braucht lediglich darzulegen, wie sich ein ordentlicher Geschäftsführer üblicherweise verhalten hätte, wenn er die entsprechende Information in zutreffender Form erhalten hätte. In diesem Fall müsste dann der Verkäufer den Gegenbeweis erbringen, dass diese Vermutung nicht zutrifft[163] Indiziell kommt dem Käufer dabei zu Gute, dass bei einer wissentlichen oder mit dolus eventualis begangenen Falschaufklärung in der Regel auch die Relevanz dieser Falschaufklärung für den Kaufentschluss des Käufers zu unterstellen ist, denn es liegt in solchen Fällen nahe anzunehmen, dass der Verkäufer den Käufer gerade zur Vermeidung sonst drohender Nachteile fehlerhaft aufgeklärt hat. Dem Vorteil auf Seiten des Verkäufers steht damit fast zwangsläufig ein (vom Verkäufer zumindest für möglich gehaltener) Schaden auf Seiten des Käufers gegenüber.

f) Schadensnachweis. Fraglich bleibt allerdings weiter, welcher Schaden konkret aus einer zumindest bedingt vorsätzlich falschen oder lückenhaften Aufklärung entstanden ist. Auch hier geht es um die Ermittlung eines hypothetischen Sachverhalts. Die Rechtsprechung behilft sich erneut mit einer Fiktion, indem sie auf das anzunehmende, plausible Alternativverhalten des Käufers und dessen wirtschaftliche Folgen für den Kaufvertrag abstellt. Hierbei wird ein Ursachenzusammenhang zwischen der Pflichtverletzung des Verkäufers und dem Schaden vermutet[164]

Zu fragen ist daher, wie der Käufer mutmaßlich wirtschaftlich dastehen würde, wenn ihm die maßgebenden Tatsachen zutreffend mitgeteilt worden wären und wie sich dieser Punkt dann beim Kaufpreis oder bei den Garantie- und Gewährleistungsansprüchen des Käufers im Kaufvertrag ausgewirkt hätte. Im Zweifel gilt als angemessen eine Kaufpreisminderung[165] Der Verkäufer trägt gegenbeweislich die Beweislast, dass der behauptete Schaden, sofern er plausibel dargelegt wurde, auch ohne die pflichtverletzende Handlung oder auch gar nicht eingetreten wäre.[166] Der Verkäufer wird dabei mit dem Argument, er hätte den Kaufvertrag zu anderen als den vereinbarten Bedingungen gar nicht abgeschlossen, nicht gehört.[167]

Gerichte können den Schaden unter Berücksichtigung der hier dargestellten Erwägungen schätzen (§ 287 ZPO).[168] Eine auf Tatsachen beruhende Schätzung ist nur auf ihre Plausibilität hin überprüfbar, zB darauf, ob ihr offensichtlich falsche oder sachfremde Erwägungen zu Grunde liegen.[169] Das Gericht darf zwischen abstrakter und konkreter Schadensberechnung wählen.[170]

---

[161] BGH NJW 2002, 3164 (3165); BGH NJW 1999, 1702 zu Fragen der Beweislast; *Wächter* M&A Litigation Rn. 6.62, Rn. 6.65, Rn. 6.83, Rn. 6.85 Rn. 6.102.
[162] BGH WM 2002, 1445.
[163] BGH BeckRS 9998, 14751.
[164] BGHZ 193, 159 (168).
[165] Sog. Minderungsrechtsprechung BGHZ 69, 53 (58).
[166] BGHZ 193, 159 (168); BGH WM 2015, 1622.
[167] BGHZ, 69, 53 (58); BGH WM 2015, 1622.
[168] BGH WM 2015, 1622.
[169] Zöller/*Greger* ZPO § 287 Rn. 4, 7.
[170] BGHZ 2, 313; BGHZ 29, 399.

2. Wissenszurechnung

138 Als besonders problematisch erweist sich auf Seiten des Verkäufers häufig die Wissenszurechnung bei fehlerhafter Aufklärung. Weil Ansprüche aus fahrlässig falscher Aufklärung in Unternehmenskaufverträgen vielfach abbedungen werden, bleibt dem Käufer im Ergebnis oft nur die Haftung des Verkäufers wegen vorsätzlich falscher Aufklärung. Hierbei kommt es darauf an, ob das Wissen um die richtigen Sachverhaltsumstände dem Verkäufer auch zugerechnet werden kann.

139 **a) Haftung für Erfüllungsgehilfen und Wissensvertreter.** Nach § 278 BGB haben juristische Personen sich das Verschulden ihres gesetzlichen Vertreters und ihrer Erfüllungsgehilfen zurechnen zu lassen. Erfüllungsgehilfe ist, wer nach den tatsächlichen Gegebenheiten des Falles mit dem Willen des Schuldners bei der Erfüllung einer dieser obliegenden Verbindlichkeit als seine Hilfsperson tätig wird[171]

140 Neben dem Geschäftsführer kommen in einem Verkaufsprozess alle von dem Verkäufer zur Auskunftserteilung eingesetzten Personen als Erfüllungsgehilfen in Betracht. Dazu gehören nicht nur die Angestellten des Unternehmens, die in den Verkaufsprozess eingeschaltet wurden, sondern auch die Berater, denen sich der Verkäufer zur Erfüllung seiner Auskunftspflichten bedient.[172] Letztlich kommt es daher darauf an, ob eine dieser Personen vorsätzlich (dh mindestens in Form der billigenden Inkaufnahme) an der Erteilung einer falschen, irreführenden oder unvollständigen Auskunft beteiligt war.

141 Gerade bei großen Unternehmen kommt es aber vor, dass ein bestimmtes Wissen, was den Geschäftsführer oder die Erfüllungsgehilfen bei der Erteilung von Auskünften hätte bösgläubig machen können, zwar irgendwo im Unternehmen vorhanden ist, aber gerade den zur Weitergabe an den Käufer verantwortlichen Personen nicht bekannt war. In diesem Fall kommt man mit der Haftung nach § 278 BGB nicht weiter, weil die Personen, auf welche es bei der Auskunftserteilung ankommt (gesetzliche Vertreter oder Erfüllungsgehilfen) die entsprechenden Umstände gerade nicht kannten und folglich schuldlos eine unzutreffende Auskunft erteilt haben.

142 Um zu vermeiden, dass sich in größeren Unternehmen der Verkäufer damit exkulpieren kann, dass weder der gesetzliche Vertreter der Gesellschaft noch die Erfüllungsgehilfen das zur korrekten Informationserteilung erforderliche Wissen gehabt haben, hat die Rechtsprechung die Rechtsfigur des „aktenmäßig zu erfassenden Wissens" erfunden.[173] Danach kann – jedenfalls für Zwecke der zivilrechtlichen Zurechnung von Wissen – das Wissen eines Vertreters oder eines Erfüllungsgehilfen auch dann fingiert werden, wenn der Vertreter oder Erfüllungsgehilfe dieses Wissen bei ordnungsgemäßer aktenmäßiger oder elektronischer Erfassung der Umstände voraussichtlich erhalten hätten[174] Ein Organisationsmangel, welcher die zutreffende Erfassung oder Weitergabe von Wissen an die im Verkaufsprozess verantwortlichen Personen verhindert, soll das verkaufende Unternehmen nicht davor schützen, sich in der zivilrechtlichen Auseinandersetzung so stellen lassen, als hätten seine Vertreter oder Erfüllungsgehilfen das entsprechende Wissen gehabt.

143 Letztlich kann also nach dieser Rechtsprechung ein fahrlässige Verhalten, nämlich das Versäumnis, das Wissensmanagement im Unternehmen ordentlich organisiert zu haben, zur Annahme des bedingten Vorsatzes führen, sofern bei ordentlicher Organisation des Wissensmanagements die reale Möglichkeit zur Kenntnisnahme bestanden hätte[175] Man kann es auch anders ausdrücken: Wer die Irreführung des Käufers wegen eines vorhandenen Organisationsmangels im Unternehmen nicht sicher ausschließen kann, der handelt eben mit bedingtem Vorsatz. Er muss es für möglich halten, dass seine Informationsertei-

---

[171] BGHZ 13, 113; Palandt/*Grüneberg* BGB § 278 Rn. 7; MüKoBGB/*Grundmann* § 278 Rn. 20.
[172] *Wächter* M&A Litigation, Rn. 8.44.
[173] BGHZ 132, 30; BGHZ 140, 54.
[174] BGHZ 132, 30; KG Berlin WM 2015, 2365.
[175] BGHZ 132, 30; KG Berlin WM 2015, 2365.

lung unzutreffend sein könnte. In diesem Fall erscheint es gerechtfertigt, den Verkäufer so zu stellen, als hätte er das entsprechende Wissen tatsächlich gehabt.

b) Beweiserleichterung durch fingierte Wissenszurechnung. Für den Käufer bedeutet diese Rechtsprechung eine erhebliche Beweiserleichterung. Er braucht praktisch nur noch nachzuweisen, dass die ihm nicht oder fehlerhaft erteilte Information so wesentlich gewesen ist, dass sie bei einer ordentlichen Organisation des Wissensmanagements im Unternehmen dem Vertreter oder Verhandlungsbeauftragten des Verkäufers hätte bekannt sein müssen. Zum entscheidenden Kriterium wird damit die Wesentlichkeit der Information und ihre Einstufung als eine Information, die wegen ihrer besonderen Wichtigkeit unter Beachtung der geschäftsüblichen Sorgfalt im Unternehmen hätte „aktenmäßig" (oder elektronisch) erfasst werden müssen[176]

144

Hier eröffnet sich freilich nun ein weites Feld des Beurteilungsspielraumes, denn ob eine bestimmte Information so wichtig war, dass sie „aktenmäßig" erfasst werden musste, hängt nicht zuletzt von dem Anlass ab, aus welchem man überhaupt eine solche Erfassung von Wissen für notwendig halten mag.[177] Nicht selten gibt es zu dem Zeitpunkt, zu welchem eine bestimmte Information auftaucht, noch gar keinen Anlass, sich damit näher zu beschäftigen. Es fragt sich daher, ob man die Rechtsfigur des aktenmäßig zu erfassenden Wissens so verstehen muss, dass alles, was in einem Verkaufsfall von Interesse sein könnte, auf jeden Fall prophylaktisch zu dokumentieren ist. Klare Regeln gibt es dazu nicht. Im Zweifel sollte eine Unternehmen aber alle Umstände, die bei einem gedachten Verkauf des Unternehmens von Interesse sein dürften, mit Blick auf diese Rechtsprechung aufzuzeichnen und aktenmäßig oder elektronisch erfassen[178]

145

c) Klauseln zur Vermeidung einer Wissensfiktion. Nicht zuletzt, um die doch recht uferlos erscheinende Haftung aus der Wissenszurechnung vertragstechnisch einzudämmen, finden sich in vielen Unternehmenskaufverträgen Klauseln, welche die Haftung des Verkäufers ausdrücklich auf das Wissen bestimmter, namentlich genannter Personen beschränken sollen. Die Fiktion der Wissenszurechnung soll damit abbedungen werden.

146

Eine derartige Klausel könnte allerdings schon nach AGB-Recht unwirksam sein, wenn der Verkäufer eine derartige Klausel in einem von ihm vorgefertigten Kaufvertragsentwurf einer Mehrzahl von Kaufinteressenten gleichlautend vorschlägt und nicht bereit ist, diese Klausel ernsthaft zur Disposition zu stellen.[179] Die Freizeichnung von der Wissenszurechnung würde gegen wesentliche Grundgedanken der gesetzlichen Regelung zur Wissenszurechnung nach § 166 Abs. 2 BGB, § 278 BGB verstoßen (§ 307 Abs 2. Nr. 1 BGB).

147

Aber auch dann, wenn § 307 Abs. 2 Nr. 1 BGB nicht anwendbar oder einschlägig sein sollte, könnte eine solche Klausel das damit bezweckte Ziel verfehlen, denn nach der BGH-Rechtsprechung kommt es ja letztlich auf das eigene Wissen bestimmter Personen gar nicht an. Vielmehr geht es um das Wissen, welches den handelnden Personen auf Grund eines Versäumnisses bei der aktenmäßigen oder elektronischen Erfassung, also eines Organisationsverschuldens, zugerechnet wird. Die damit verbundene (abstrakte) Zurechnung von Wissen wird aber von der Wissenszurechnungsklausel, die auf das konkrete Wissen bestimmter Personen abstellen will, gar nicht erfasst.

148

Auf Verkäuferseite wird ferner gerne mit Klauseln gearbeitet, welche die Ansprüche des Käufers durch eine erweiterte Definition der sog. Vorkenntnis ausschließen sollen.

149

---

[176] KG Berlin WM 2015, 2365 (2374).
[177] Es soll darauf ankommen, mit welcher Wahrscheinlichkeit eine Information später „rechtserheblich" sein kann, BGHZ 140, 54.
[178] Das ist letztlich ein Compliance Thema, vgl. *Schniepp/Holfeld* DB 2016, 1738 (1740); *Hoenig/Klingen* NZG 2013, 1046.
[179] Auch Unternehmenskaufverträge können, wenn die Vertragsbedingungen von Verkäuferseite einseitig vorgegeben werden, durchaus nach AGB-Recht zu beurteilen sein (§§ 305 ff. BGB sind auf alle Vertragstypen anwendbar, vgl. Palandt/*Grüneberg* BGB § 305 Rn. 2).

Der Käufer ist nach § 442 BGB mit der Geltendmachung seines Anspruchs an sich nur ausgeschlossen, wenn er den Mangel (also hier die Garantieverletzung) bei Abschluss des Kaufvertrages bereits kannte oder grob fahrlässig nicht kannte[180] Aus Verkäufersicht ist diese Regelung unbefriedigend, weil es im Einzelfall schwierig ist, dem Käufer ein zumindest grob fahrlässiges Nichtwissen zu beweisen. Insbesondere, wenn dem Käufer die für ein bestimmtes Wissen maßgeblichen Tatsachen an sich offengelegt wurden, wird sich ein Verkäufer durchaus darauf verlassen, dass der Käufer die entsprechenden Umstände auch zur Kenntnis genommen und seine Schlüsse daraus gezogen hat. Es liegt daher nahe, den Begriff der Vorkenntnis in einer Wissenszurechnungsklausel dahingehend auszudehnen, dass dem Käufer auch diejenigen Umstände als bekannt zugerechnet werden, welche der Käufer oder die von ihm eingeschalteten Berater hätten erkennen können (Maßstab der leichten Fahrlässigkeit).

150 Im Ergebnis wird durch eine solche Klausel allerdings der nach dem Gesetz eigentlich sehr enge Haftungsausschlusstatbestand der Vorkenntnis erheblich ausgeweitet. Auch bei einer unvollständigen Auskunftserteilung könnte der Verkäufer dann unter Umständen behaupten, dass der Käufer die wesentlichen Umstände des Sachverhalts doch zumindest habe erkennen können. Und für den Käufer dürfte es unter solchen Umständen schwierig werden nachzuweisen, dass ihm ein Erkennen des Sachverhalts trotz der an sich vom Verkäufer vorgelegten Unterlagen nicht möglich gewesen sei. Während es für die Zurechnung aktenmäßig zu erfassenden Wissens auf Verkäuferseite gute Gründe gibt (siehe oben), ist ein schutzwürdiges Interesse für die Ausweitung der Wissenszurechnung beim Käufer kaum zu rechtfertigen. Der Verkäufer hat es schließlich selbst in der Hand, den Käufer mit aller Deutlichkeit auf alle wesentlichen Umstände einer Transaktion hinzuweisen. Dies betrifft auch und gerade das Vorhandensein etwaiger Garantieverletzungen und das Erkennen von Sachverhaltszusammenhängen. Weist der Verkäufer den Käufer aber nicht unmissverständlich auf eine bereits bestehende Garantieverletzung hin, dann ist auch nicht wirklich einzusehen, weshalb der Verkäufer aus seiner Haftung entlassen werden soll.

VI. Inhalt des Datenraumes

1. Umfang der Due Diligence

151 **a) Checklisten.** Umfangreiche Due Diligence Checklisten sind mittlerweile selbst beim Verkauf kleinerer Unternehmen üblich. Dem Käufer geht es verständlicherweise darum, eine möglichst lückenlose Einsicht in alle für die Beurteilung des Kaufs maßgeblichen Unterlagen zu erhalten.

152 Für die rechtliche Due Diligence (Legal Due Diligence) wird in der Regel die Vorlage aller wesentlichen Unterlagen und Dokumente verlangt, zum Beispiel die Unterlagen über Gründung, Anteilsveräußerungen, Umwandlungen, Kapitalmaßnahmen, Organschaften, Rechtsbeziehungen zu Tochtergesellschaften, Gesellschaftsverträge, Beschlussprotokolle, Unternehmensverträge, Darlehensverträge, Sicherungsverträge, Kundenverträge, Lieferantenverträge, Mietverträge, Pachtverträge, Leasingverträge, Versicherungsverträge, Arbeitsverträge, Betriebsvereinbarungen, Lizenzverträge, Unterlagen über die Anmeldung und Aufrechterhaltung von Schutzrechten wie Patente, Gebrauchs- und Geschmacksmusterrechte, Domains, Namensrechte, oder auch Unterlagen über Erlaubnisse, Genehmigungen, Untersagungen, Rechtsstreitigkeiten und übliche Compliance-Maßnahmen.

153 Für die finanzielle Due Diligence (Financial Due Diligence) benötigt der Käufer mindestens die letzten drei Jahresabschlüsse des Unternehmens, Lage- und Prüfberichte der

---

[180] Grobe Fahrlässigkeit schadet nur dann nicht, wenn der Käufer arglistig getäuscht wurde oder der Verkäufer für eine bestimmte Beschaffenheit der Kaufsache eingetreten ist, vgl. Wortlaut § 442 BGB.

VI. Inhalt des Datenraumes § 3

Steuerberater und Wirtschaftsprüfer, Summen- und Saldenlisten, Abschreibungslisten, betriebswirtschaftlichen Auswertungen und Konten der Buchhaltung.[181]

Für die steuerliche Due Diligence (Tax Due Diligence) werden zusätzlich die steuerlichen Jahresabschlüsse, Steuererklärungen, Steueranmeldungen, Steuerbescheide, Betriebsprüfungsberichte und die Korrespondenz mit den Steuerbehörden benötigt. Bei Tochtergesellschaften mag noch eine Dokumentation über Verrechnungspreise und Leistungsbeziehungen verlangt werden. Auch Tantiemenvereinbarungen, Lizenzgebühren oder andere Vergütungen mit Gewinnabschöpfungscharakter bedürfen der steuerlichen Überprüfung. Eine Übersicht findet sich in den verschiedentlich vorgeschlagenen Muster-Checklisten zur steuerliche Due Diligence.[182]

b) Elektronische Datenerfassung. Die moderne Digitalisierungstechnik ermöglicht eine wesentlich tiefere Durchdringung von Unterlagen eines Unternehmens als zu Zeiten, wo man noch Leitzordner vor Ort durchsehen musste. Die Erstellung eines virtuellen Datenraumes („VDR") ist heute zum Standardangebot entsprechender Dienstleister geworden. Daher sind auch die Due Diligence Checklisten mit der Zeit immer umfangreicher geworden. Es ist eben erheblich einfacher geworden, nahezu alle Fakten und Umstände des Unternehmens in einem Datenraum abzubilden und diesen hinterher analysieren zu lassen[183]

Das Einscannen der Dokumente und die Datenverwaltung durch den Provider des virtuellen Datenraumes sind zwar unterschiedlich teuer, je nach Umfang der einzubeziehenden Dokumente. Diese Dienstleistungen werden jedoch zu erstaunlich günstigen Preisen angeboten. Bei Mittelstandstransaktionen wird man mit einem vierstelligen Betrag pro Transaktion auskommen. Diese Kosten fallen im Verhältnis zu dem zu erwartenden Kaufpreis nicht ins Gewicht. Durch virtuelle Datenräume wird dem Käufer aber ein kompletter Überblick über die Dokumente des Unternehmens ermöglicht.[184] Auch der Verkäufer vermag etwaige Schwachstellen seines Unternehmens hierdurch im Voraus besser zu erkennen.

2. Vertraulichkeitsvereinbarungen

Vor Einsicht in den Datenraum sollten Verkäufer und Kaufinteressent eine Vertraulichkeitsvereinbarung abschließen (Non-Disclosure-Agreement). Darin verpflichten sich die Parteien wechselseitig, alle einander erteilten Informationen vertraulich zu behandeln. Im Kern geht es vor allem um die Informationen, die der Verkäufer erteilt, denn er ist in der Regel derjenige, der vor einem Unternehmensverkauf umfassend Auskunft erteilen muss. Er muss verhindern, dass Informationen über sein Unternehmen, die normalerweise vertraulich sind, auf diese Weise in einen unkontrollierbaren Umlauf gelangen. Aber auch der Käufer kann ein Interesse daran haben, dass seine Absicht, das Unternehmen des Verkäufers zu erwerben, nicht vorzeitig bekannt wird.

a) Inhalt von Vertraulichkeitsvereinbarungen. Vertraulichkeitsvereinbarungen zählen heute zum standardisierten Repertoire im M&A Geschäft.[185] Klar ist, dass die Zurverfügungstellung von vertraulichen Unterlagen rechtlich abgesichert werden muss. Im Einzelfall kann es sogar geboten sein, Daten und Informationen überhaupt nicht preiszugeben, wenn dieses gegen das Grundrecht auf informationelle Selbstbestimmung verstoßen würde.[186] Die Weitergabe personenbezogener Daten (Einzelangaben über persönliche oder

---

[181] Holzapfel/Pöllath, Unternehmenskauf in Recht und Praxis/*Greitemann/Funk*, Rn. 698.
[182] Zu Muster Checklisten vgl. auch Hölters, HdB Unternehmenskauf/*Müller-Michaels*, Anh. B.
[183] BeckHdB Unternehmenskauf/*Jaques* C Rn. 112.
[184] Zum Umfang von virtuellen Datenräumen: BeckHdB Unternehmenskauf/*Jaques* C Rn. 112.
[185] Hölters, HdB Unternehmenskauf/*Weber*, Muster Anh. A IV M5.
[186] BVerfGE, 65, 1 (das Grundrecht auf informationelle Selbstbestimmung wurde vom BVerfG, obwohl nicht ausdrücklich im Grundgesetz geregelt, als Teil des allgemeinen, verfassungsrechtlich geschützten Persönlichkeitsrechts nach Art. 2 GG anerkannt).

sachliche Verhältnisse) von Kunden oder Mitarbeitern an Dritte ist zum Beispiel unzulässig, wenn diese sich nicht zuvor damit einverstanden erklärt haben.[187]

159 Besonders sensibel ist vor allem die Gewährung von Einsicht in die Auftrags- und Vertragsunterlagen eines Unternehmens. Zwar werden Unternehmen selbst nicht von dem Grundrecht auf informationelle Selbstbestimmung geschützt, jedoch will niemand gerne Angaben über die Auftrags- oder Preisgestaltung oder über Geschäftsbeziehungen zu Kunden und Lieferanten öffentlich preisgeben. Die Weitergabe solcher Informationen ist im Übrigen oft auch vertraglich ausdrücklich untersagt und kann die Rechte der jeweiligen Vertragspartner verletzen.[188]

160 Man wird, was die Preisgabe von Informationen und Daten angeht, differenzieren müssen. Eine Vielzahl von Informationen und Unterlagen kann dem Käufer unproblematisch zur Verfügung gestellt werden, weil sie rechtlich nicht geschützt und nicht sensibel sind. Bei rechtlich geschützten oder „sensiblen" Informationen aber bedarf es einer genauen Selektion. In der Praxis haben sich verschiedene Wege herausgebildet, wie man Auskünfte, welche „sensible" Informationen enthalten, dennoch in gewissem Umfang erteilen kann. Am häufigsten wird zum Mittel der Schwärzung von Namen, Adressen und Vertragskonditionen gegriffen.[189] Bei der Aufklärung über Mitarbeiter und deren Arbeitsverhältnisse zum Beispiel, aber auch bei der Darstellung von Kunden- und Lieferantenbeziehungen werden in der Regel anonymisierte Listen verwendet.

161 In manchen Fällen, vor allem, wenn es um das Know-How und den Kundenschutz geht, kann man anbieten, dass nur die von Berufs wegen zu Verschwiegenheit verpflichteten Berater des Käufers Einsicht in die entsprechenden Unterlagen nehmen dürfen.[190] Diese müssen sich gegenüber dem Verkäufer verpflichten, alle Angaben über persönliche und sachliche Verhältnisse oder als vertraulich gekennzeichnete Vertragskonditionen geheim zu halten und ihren Auftraggebern insoweit nur eingeschränkt zu berichten. Deren Berichterstattung muss sich dann auf die Analyse beschränken, ob die eingesehenen Unterlagen, insbesondere die Konditionen der Verträge, den am Markt zu erwartenden Inhalten entsprechen, rechtlich wirksam, nicht gekündigt und nicht angefochten sind und sich aus ihnen keine ungewöhnlichen Verpflichtungen oder Haftungen ergeben.[191] Diese anonymisierten Informationen müssen dem Käufer in solchen Fällen als Informationsquelle ausreichen.

162 **b) Vertragsstrafe bei Verletzung der Vertraulichkeit.** Teilweise werden Vertraulichkeitsvereinbarungen zusätzlich durch eine Vertragsstrafe für den Fall der Zuwiderhandlung abgesichert. Das Verlangen nach einer solchen Vertragsstrafe wird vom Käufer häufig als unverhältnismäßig eingestuft. Nur die Vereinbarung einer Vertragsstrafe verschafft dem Verkäufer aber ein gewisses Druckmittel, den Käufer und dessen Berater tatsächlich von einer Verletzung der Vertraulichkeitsvereinbarung abzuhalten. Würde der Geschädigte nur auf die Möglichkeit zur Geltendmachung von Schadensersatz verwiesen, müsste er jeweils den Beweis für einen konkreten, materiellen Schaden aus der Vertraulichkeitsverletzung antreten, was bei Vertraulichkeitsverletzungen aber in der Regel nicht möglich ist. Der Schaden liegt meist in einer langfristigen Beeinträchtigung der Wettbewerbssituation, teilweise auch in einer Rufschädigung des Unternehmens. Dies sind „weiche" Faktoren, die eine Individualisierung von Schadenspositionen nicht erlauben.

163 Der Käufer muss die erhaltenen Informationen allerdings preisgeben dürfen, wenn er zur Offenlegung rechtlich verpflichtet ist. Daher muss jede Vertraulichkeitsvereinbarung eine Öffnungsklausel enthalten, welche die Preisgabe von Informationen bei behördlicher Anordnung oder auf Grund eines vollstreckbaren Urteils erlaubt. Gleiches sollte auch gel-

---

[187] Vgl. § 4 BDSG (Bundesdatenschutzgesetz).
[188] Hölters, HdB Unternehmenskauf/*Weber* Rn. 9.86, Rn. 9.87.
[189] *Scheja/Mantz* CR 2009, 413 (419).
[190] *Linke/Fröhlich* GWR 2014, 449 (451).
[191] Es findet demnach eine Analyse vor allem mit Blick auf die Üblichkeit statt.

ten, wenn eine Information zwar grundsätzlich geschützt, inzwischen aber öffentlich bekannt geworden ist. Dann kann der Schutzzweck der Vertraulichkeitsabrede nicht mehr erfüllt werden.[192]

c) Insider-Listen und Vernichtung von Unterlagen. Der Verkäufer sollte in der Vereinbarung regeln, wie der Käufer mit den zur Verfügung gestellten Unterlagen und Daten im Einzelnen umzugehen hat. Durch klare Handlungsanweisungen kann man der Gefahr einer Verletzung der Vertraulichkeit am besten vorbeugen. 164

Problematisch ist in diesem Zusammenhang das in der Praxis immer noch häufig anzutreffende Verbot von Kopien oder der Weitergabe kopierter Unterlagen. Teilweise liest man in Vertraulichkeitsvereinbarungen, dass der Käufer alle kopierten Unterlagen nach deren Auswertung vollständig zu vernichten habe. Beide Forderungen erscheinen kontraproduktiv und im Ergebnis sinnlos. Das Kopieren von Unterlagen aus einem Datenraum wird meist unumgänglich sein, um die Due Diligence zweckentsprechend durchführen zu können. Aus heutiger Sicht ist es nicht mehr vorstellbar, dass Berater des Käufers Texte aus wichtigen Unterlagen nur durch Abdiktieren auf ein Handgerät oder durch Herausschreiben sichern können. Selbst ein zum Kopieren gesperrtes Dokument kann heutzutage leicht mit dem Handy vom Bildschirm abfotografiert und dann an anderer Stelle wieder eingescannt werden. Hier sollte man sich daher auf Verkäuferseite nicht mit unsinnigen und in der Praxis nicht zu kontrollierenden Auflagen aufhalten. 165

Es muss auch möglich sein, den Inhalt von Dokumenten mit anderen Personen zu teilen. Unternehmenskäufe sind Projekte, bei denen große Teams gebildet werden und bei denen der Informationsaustausch von entscheidender Bedeutung für die Kaufentscheidung ist. Wichtig ist nur, dass die Informationen im Kreis der eingeschalteten Berater und Vertreter des Käufers bleiben und insbesondere nicht zu Zwecken verwendet werden, die mit dem Unternehmenskauf nichts zu tun haben. Wichtiger als ein Kopierverbot oder Vernichtungsgebot erscheint daher die Frage, wer mit den jeweiligen Unterlagen in Kontakt kommen darf und wie man das überprüfen kann. 166

d) Kopien von Unterlagen, Herunterladen. Besonderer Aufmerksamkeit bedarf allerdings die Frage, inwieweit Kopien von Unterlagen über Erfindungen, Industriegeheimnisse, Software-Programme, Quell-Codes oder Auftragskonditionen zulässig sein sollen. Hier besteht durch die Erlaubnis zum Herunterladen und Kopieren eine gesteigerte Gefahr, dass wesentliches Know-How unter Umständen sogar unmittelbaren Wettbewerbern zugänglich gemacht werden könnte. Hiergegen muss sich der Verkäufer natürlich absichern. Da die Due Diligence in der Regel durch Berater vorgenommen wird, die von Berufs wegen zur Verschwiegenheit verpflichtet sind, ist das Potential für eine unbefugte Verbreitung der Informationen beschränkt, wenn man die Informationserteilung auf die entsprechenden Berater beschränkt und die eigenen Vertreter des Käufers (die im Zweifel auch Know-How Träger des Wettbewerbers sein könnten) von dieser Berechtigung ausschließt. 167

Wenn Beteiligte nicht an Vertraulichkeit auf Grund ihrer Berufspflichten gebunden sind, wird man Ihnen in der Regel auch gesonderte Vertraulichkeitsvereinbarungen zur Gegenzeichnung vorlegen, bevor man sie in den Datenraum lässt. Solche Erklärungen sollten die unbefugte Weitergabe von Informationen oder Unterlagen durch diese Personen ausdrücklich verbieten und ggf. auch unter eine persönlich zu zahlende Vertragsstrafe stellen.[193] 168

---

[192] Ähnlich *Scheja/Mantz* CR 2009, 413 (419).
[193] In der Praxis stößt man allerdings bei einfachen Mitarbeitern des Käufers hier meist auf Ablehnung, wenn der Käufer sie nicht ausdrücklich von dieser Haftung freistellt.

169 Möglich ist es auch, sensible Daten zu schwärzen[194] oder gewisse Teile von Unterlagen wegen ihres besonderen Geheimhaltungsinteresses einfach zurückhalten. Denkbar ist es ferner, Unterlagen durch Wasserzeichen oder bestimmte, optische Merkmale so zu schützen, so dass ihr vertraulicher Charakter sofort sichtbar wird und jede Versendung an Dritte sofort Argwohn erwecken würde. Ferner sind detaillierte Auflagen zum Umgang mit einem vertraulichen Dokument denkbar. So kann es sich empfehlen, eine Dokumentationspflicht bezüglich einer eventuell (gestatteten) Weitergabe an Dritte einzuführen, so dass später nachvollzogen werden kann, wer tatsächlich Zugriff auf die offengelegten Dokumente hatte. Der Käufer kann ggf. auch gezwungen werden, sog. „Insider-Listen" zu führen, wie dies beim Erwerb börsennotierter Gesellschaften Vorschrift ist.[195] Alle diese Maßnahmen vermögen allerdings nicht auszuschließen, dass es dennoch im Einzelfall zu einer Verletzung der Vertraulichkeit kommen kann. Dieses Risiko müssen Unternehmensverkäufer leider als systembedingt akzeptieren.

3. Besondere Datenrauminhalte

170 Due Diligence geht heute in vielen Fällen über den in Standard-Due Diligence Listen abgefragten Pflichtinhalt hinaus und verlangt die Vorlage von besonderen Informationen und Unterlagen zu speziellen Themen des Zielunternehmens.

171 Für fast jede Branche haben sich in den letzten Jahren verfeinerte Prüfungsschemata entwickelt. So wird beispielsweise beim Verkauf eines IT-Unternehmens detailliert nach den Dokumenten über Entwicklung, Erwerb oder Lizensierung der verwendeten fremden Software gefragt. Der Käufer wird viel Wert auf den Nachweis legen, dass Softwareentwicklungen urheberrechtlich dem Unternehmen tatsächlich zustehen und daran keine Rechte Dritter bestehen. Im Fall der Verwendung von Open-Source Software oder von Gemeinschaftsentwicklungen wird der Käufer Aufklärung darüber verlangen, ob die Benutzung dieser Software den dafür vorgegeben Regeln entspricht. Bei Immobilienunternehmen wird der Käufer Fragen zu Baugenehmigungen, Bauverträgen, Baumängeln und Mietverträgen stellen und bei Unternehmen, die sich in regulierten Märkten bewegen, wie zB Medizintechnik, Telekommunikation oder Energie, wird der Käufer Fragen nach der Zulassung der Produkte, der Einhaltung des regulatorischen Rahmens und nach den öffentlich rechtlichen Genehmigungen für dieses Geschäft stellen.

172 Due Diligence dient der Aufdeckung der spezifischen Risiken eines Unternehmenskaufs.[196] Je detaillierter die Due Diligence auf den Kern des Geschäfts eines Unternehmens zugeschnitten ist, insbesondere auf die typischen und üblicherweise neuralgischen Themen einer Branche, desto größer wird ihre Qualität für den Käufer sein. Verkäufer sollten sich deshalb darauf einstellen, dass virtuelle Datenräume in Zukunft im Detail Auskunft über geschäftliche Rahmenbedingungen und den regulatorischen Rahmen des Geschäfts erteilen müssen. Auf die vielfältigen Anforderungen zur Auskunftserteilung, die sich hieraus Branche für Branche ergeben können, kann aus Platzgründen verständlicherweise nicht eingegangen werden. Mit der Zeit dürften sich aber, wie schon bei der allgemeinen Due-Diligence, branchenübliche Standards in Form von Branchen Check-Listen entwickeln, die jeder Verkäufer bei Aufbereitung der Unterlagen von vornherein berücksichtigen sollte.

4. Vendor-Due Diligence

173 Nicht wenige Unternehmen sind gut beraten, ihr eigenes Unternehmen erst einmal selbst mit den Augen eines externen Prüfers durchzusehen. Nur wer das gute Gefühl hat, dass sämtliche Informationen und Unterlagen auch von einem professionellen Käufer analy-

---

[194] *Scheja/Mantz* CR 2009, 413 (419).
[195] Vgl. Art. 18 MAR (*Market Abuse Regulation* – Marktmissbrauchsverordnung) – VO (EU) Nr. 596/2014.
[196] Zur Bedeutung der Due Diligence aus Käufersicht: BeckHdB Unternehmenskauf/*Jaques* C Rn. 103.

VI. Inhalt des Datenraumes § 3

siert werden können, ohne dass damit unliebsame Überraschungen verbunden sind, wird sich im Verkaufsprozess sicher fühlen. Der beste Weg, sich ein solches Bild von dem eigenen Unternehmen verschaffen zu können, ist die Durchführung einer Verkäufer Due Diligence (Vendor Due Diligence)[197] Diese erlaubt eine realistische Einschätzung der eigenen Verhandlungsposition und vermeidet das peinliche Eingestehen-Müssen von Mängeln während eines bereits laufenden Verhandlungsprozesses.[198]

a) Due Diligence durch unabhängiges Prüfungsunternehmen. Eine Vendor-Due Diligence sollte am besten durch ein unabhängiges Beratungsunternehmen durchgeführt werden. Die Untersuchung deckt dann nicht nur unbeeinflusst von Vorurteilen im eigenen Unternehmen die Schwachstellen des zum Verkauf stehenden Unternehmens auf, sondern ermöglicht dem Verkäufer meist auch noch das rechtzeitige Gegensteuern bzw. Ergreifen von Abhilfemaßnahmen zur Beseitigung oder Bekämpfung dieser Schwachstellen. Werden solche Schwachstellen dagegen erst während der Due Diligence vom Käufer entdeckt, erweckt dies leicht den Eindruck, dass der Verkäufer sein Unternehmen nicht im Griff habe. Dies führt dann oft zu einer Kaufpreisreduktion oder zur Forderung nach weiteren Garantien oder Freistellungen, welche der Verkäufer vielleicht andernfalls hätte vermeiden können. Im schlechtesten Fall verliert der Käufer das Vertrauen, so dass er sich von der Transaktion zurückzieht. 174

Allerdings wird eine Vendor-Due Diligence nur in seltenen Fällen die Durchführung einer eigenen Due Diligence durch den Käufer entbehrlich machen. Der Käufer wird sich in der Regel nicht allein auf den Due Diligence Bericht einer Beratungsfirma verlassen, die letztlich im Auftrag des Verkäufers tätig geworden ist. Die Berater des Verkäufers gelten nicht als unabhängig, auch wenn es sich dabei um Berater aus einer renommierten Beratungsgesellschaft handelt. 175

Immerhin fördert das Vorhandensein eines Vendor-Due Diligence Reports das Vertrauen in das zu verkaufende Unternehmen und die Professionalität des Verkäufers. Die Aufbereitung und Analyse der Daten durch die Berater des Verkäufers erleichtert dem Käufer auch die Durchdringung der Materie. Und natürlich ist davon auszugehen, dass renommierte Beratungsgesellschaften ihren Ruf nicht allein wegen eines Kunden aufs Spiel setzen werden. Mit anderen Worten: Der Käufer wird dem Vendor-Due-Diligence Report schon einen erheblichen Informationsgehalt zumessen und diesen unter Umständen durch seine eigenen Berater nur noch stichprobenartig überprüfen lassen.[199] 176

b) Vertrag zu Gunsten Dritter. In Betracht kommt auch eine nachträgliche Adressierung des Vendor-Due Diligence Reports an den Käufer, mit der Rechtsfolge, dass der Käufer nun ebenfalls in den Schutzbereich des Dienstvertrages zwischen Verkäufer und Beratungsgesellschaft aufgenommen wird. Die Beratungsgesellschaft würde in diesem Fall auch dem Käufer für unsachgemäße Beurteilungen in ihrem Vendor-Due Diligence Report haften (Vertrag zu Gunsten Dritter, § 328 BGB). Wenn man auf Verkäuferseite schon Geld für eine Vendor-Due Diligence ausgibt, kann man also durchaus nicht nur für sich selbst, sondern auch für den späteren Käufer einen geldwerten Mehrwert durch eine solche Ausdehnung des Haftungsumfangs schaffen. In manchen Fällen gelingt sogar eine Kostenbeteiligung des Käufers an der Vendor-Due Diligence. Gemessen an dem zu erwartenden Kaufpreis stellen die Kosten einer Vendor-Die Diligence in der Regel eine sinnvolle Investition dar. 177

---

[197] Zum Begriff der Vendor Due Diligence vgl. Holzapfel/Pöllath, Unternehmenskauf in Recht und Praxis/ *Söhlke/Sören*, Rn. 2459.
[198] Ähnlich BeckHdB Unternehmenskauf/*Jaques* C Rn. 106.
[199] Beschränkung auf eine sog. „Confirmatory Due Diligence" vgl. BeckHdB Unternehmenskauf/*Jaques* C Rn. 107.

5. Frage und Antwort-Listen (Q&A Listen)

178 Viele Verkäufer machen trotz aufwändiger Vorbereitung eines Datenraumes die Erfahrung, dass der Käufer nach Durchsicht dieses Datenraumes weitere Fragelisten nach Dokumenten vorlegt. Käufer vermissen fast immer irgendwelche Informationen und Dokumente. Insbesondere spezialisiert arbeitende Prüfungsteams sind an einem möglichst umfassenden Analysematerial interessiert, bevor sie sich dazu abschließend äußern. Jeder Datenraum kann aber immer nur eine Auswahl der in Betracht kommenden Unterlagen enthalten.

179 **a) Allgemeine Hinweise zu Q& A Listen.** Nur in wenigen Fällen, sind die Fragelisten von Käufern erkennbar übertrieben oder gar schikanös ausgestaltet. Im Unterschied zum Verkäufer sind dem Käufer und dessen Beratern viele Zusammenhänge zwischen vorgelegten Dokumenten und Informationen nicht bekannt und es bedarf hier einfach weiterer Aufklärung, damit er diese Zusammenhänge verstehen kann.[200]

180 Auf Verkäuferseite wiederum bedarf es einer eingespielten Mannschaft, die sich mit der Abarbeitung solcher Fragelisten zeitnah befassen kann. Unnötige Verzögerungen oder gar die Unfähigkeit, die Fragen des Käufers zu beantworten, fallen stets auf den Verkäufer zurück und gefährden den Verkaufsprozess. Es ist daher notwendig, von vornherein die entsprechende Management-Kapazität für solche Informationsverfahren einzuplanen. In schwierigen Fällen sollte man versuchen, Fragen in einer Telefonkonferenz zu klären. Durch Vermittlung des richtigen Verständnisses konnte schon manch aufwändige Beschaffung weiterer Unterlagen vermieden werden.

181 Gefährlich für den Verkäufer ist bei Nachfragen des Käufers insbesondere die Verquickung juristischer Fragestellungen mit Fragen nach einer Sachinformation. Insbesondere Käufer aus dem anglo-amerikanischen Raum neigen dazu, der Auskunftserteilung eine rechtliche Komponente abzuverlangen, indem vom Verkäufer auch eine rechtliche Analyse wichtiger Vereinbarungen, insbesondere mit Blick auf die Abwesenheit bestimmter Vertragsrisiken verlangt wird. Der Verkäufer soll zum Beispiel mitteilen, ob und unter welchen Umständen ein Vertrag kündbar ist oder ob es ein Kündigungs- oder Gewährleistungsrisiko gibt oder ob und in welchem Umfang mit Leistungsstörungen oder Beanstandungen zu rechnen ist. Nicht selten führt dies zu einer ausufernden Haftung des Verkäufers. Wenn er sich bei Beantwortung dieser Fragen in juristischer Hinsicht täuscht, trägt er bereits das Risiko einer Aufklärungspflichtverletzung. Sicherheitshalber sollte man daher als Verkäufer bei der Beantwortung von Fragen immer versuchen klarzustellen, dass man zwar für die Richtigkeit der erteilten Sachinformationen eintritt, nicht aber für die Richtigkeit von unter Umständen komplexen rechtlichen Beurteilungen, die sich auf solche Sachinformationen beziehen.

182 **b) Nachladen von Dokumenten.** Manche Verkäufer machen es sich zur Gewohnheit, Datenräume nur sukzessive, also erst im Lauf der Zeit, mit Dokumenten zu füllen. Sie behalten sich sogar ausdrücklich das Nachladen von Dokumenten bis zum Vertragsschluss vor. Diese Art der Auskunftserteilung ist für den Käufer problematisch, spekuliert der Verkäufer doch nicht selten darauf, dass bestimmte, von ihm erst nachträglich in den Datenraum eingestellte Unterlagen vom Käufer in einer späten Phase der Transaktion gar nicht mehr wahrgenommen werden.

183 Die Frage, ob bei einer solchen Aufklärungstechnik bereits von der Absicht gesprochen werden kann, den Käufer täuschen zu wollen,[201] bleibt allerdings eine akademische Frage, denn erstens wird man eine Täuschungsabsicht dem Verkäufer nicht beweisen können und zweitens wäre eine solche Absicht rechtlich auch irrelevant, denn der Verkäufer kann

---

[200] Zur sog. Informationsasymmetrie zwischen Käufer und Verkäufer vgl. BeckHdB Unternehmenskauf/*Jaques* C Rn. 75.
[201] Zur Haftung wegen arglistiger Täuschung bei vorsätzlicher Aufklärungspflichtverletzung: BeckHdB Unternehmenskauf/*Jaques* C Rn. 14.

sich immer darauf berufen, dass er durch das Nachladen von Dokumenten den Käufer am Ende doch noch aufgeklärt hat.[202] Es geht also genau betrachtet nicht um Täuschungsabsicht, sondern allenfalls darum, dem Käufer das Herausfinden von Erkenntnissen oder Zusammenhängen zu erschweren. Vielfach, und dies muss man den Verkäufern im Zweifel zu Gute halten, ist das nachträgliche Aufladen von Dokumenten auch nur die Folge der großen Arbeitsbelastung, welche mit der Aufbereitung von Due Diligence Unterlagen verbunden ist. Der Käufer sollte sich also sicherheitshalber bis zum Schluss auf das Nachladen von Dokumenten und weitere Informationserteilung einstellen.

Täuschungsabsicht kann im Übrigen auch deswegen meist ausgeschlossen werden, weil professionelle Datenraumanbieter seit längerem dazu übergegangen sind, jedes Nachladen von Dokumenten elektronisch zu erfassen und den zur Einsicht in den Datenraum zugelassenen Personen anzuzeigen. Der Inhalt des Datenraumes wird vor Vertragsschluss in der Regel eingescannt und in Form einer Datenraum-CD bei dem beurkundenden Notar hinterlegt. Die Parteien können dann nicht ernsthaft davon ausgehen, dass nachgeladene Dokumente unentdeckt bleiben. 184

Der Käufer wird sich daher immer den gesamten Inhalt des Datenraumes als bekannt zurechnen lassen müssen. Dies gilt selbst von Dokumenten, die der Käufer nachweislich nicht angesehen hat. Die Nachlässigkeit des Käufers, die ihm angebotene Unterlagen einzusehen, kann dementsprechend zu seinen Lasten gehen.[203] Für Berater des Käufers bedeutet dies, dass sie ihren finalen Due Diligence Report nicht erstellen sollten, bevor der Datenraum offiziell geschlossen wurde. 185

c) Zeitfenster für Due Diligence. In vielen Due Diligence Prozessen sieht man eine knappe zeitliche Befristung, innerhalb deren der Käufer seine Due Diligence abgeschlossen haben muss. Hierbei steht sicherlich manchmal der Gedanke Pate, dass ein zeitlich unter Druck stehender Käufer ggf. auf nachteilhafte Umstände des Zielunternehmens nicht oder nicht in vollem Umfang aufmerksam werden wird. Insbesondere dann, wenn der Käufer dann auch noch die im Datenraum zur Verfügung gestellten Unterlagen weder kopieren noch ausdrucken kann, sollte er gewarnt sein. 186

Zum Wesen einer vernünftigen Auskunftserteilung gehört auch die Einräumung von ausreichender Zeit zur Erfassung und Auswertung des Informationsmaterials. Enge Zeitschranken werden teilweise mit dem Erfordernis begründet, die Transaktion in bestimmter Zeit abwickeln zu wollen. In Bieterverfahren wird meist behauptet, dass die zeitliche Beschränkung bei der Due Diligence auch der Einhaltung eines für alle Bieter gleichen Bieterprozesses diene. Solche Argumente sind allerdings nur begrenzt nachvollziehbar, denn dem Grundsatz der Gleichbehandlung mehrerer Bieter kann man auch gerecht werden, wenn man den Bietern ausreichend viel Zeit (und nicht ausreichend wenig Zeit) für die Prüfung einräumt. Hier liegt, das sollte jeder Käufer wissen, einfach keine Interessen-Identität der Parteien vor. 187

VII. Kaufvertrag

1. Strukturelle Vorfragen

Der Abschluss eines Unternehmenskaufvertrages setzt Vorbereitungsmaßnahmen auf beiden Seiten voraus. Der Käufer muss entscheiden, ob er das Zielunternehmen unmittelbar oder über eine Tochtergesellschaft erwerben möchte. In vielen Fällen wird zum Erwerb eigens eine neue Gesellschaft gegründet oder eine Vorratsgesellschaft ohne eigenen Geschäftsbetrieb (sog. NewCo[204]) erworben.[205] 188

---

[202] BeckHdB Unternehmenskauf/*Jaques* C Rn. 9 ff.
[203] Wächter M&A Litigation, Kapital 9, 9.69 ff.
[204] Rotthege/Wassermann, Unternehmenskauf bei der GmbH/*Rotthege*, 1. Kap. Rn. 24.
[205] Holzapfel/Pöllath, Unternehmenskauf in Recht und Praxis/*Engelhardt/von Woedtke*, Rn. 28.

189 Der Käufer wird sich ferner darüber klar werden müssen, wie er den Kauf finanziert. Eine NewCo wird regelmäßig erst noch mit den entsprechenden Geldmitteln ausgestattet werden müssen und der Käufer muss die Struktur der Finanzierung, insbesondere das Verhältnis von Eigen- und Fremdkapital beim Einsatz der Finanzierungsmittel, sowie die einzelnen Kapitalisierungsschritte vor Abschluss eines Transaktionsgeschäfts klären.[206] Bei Finanzinvestoren ist dies regelmäßig ein komplexer Vorgang, denn hier werden in aller Regel neben Eigenkapital auch Fremdkapital- oder Mezzanine-Tranchen in die Transaktionsfinanzierung aufgenommen.[207] Dabei kommt es darauf an, die Erwartungen an die Verzinsung der verschiedenen Kapitaltranchen zu den erzielbaren Cash-Flows des Zielunternehmens in Beziehung zu setzen.[208] Fremdkapitalzinsen müssen problemlos aus den Cash-Flows finanziert werden können.

190 Auch auf Verkäuferseite gibt es strukturelle Überlegungen, vor allem was die Beseitigung einer etwaigen Finanzverschuldung im Zuge des Verkaufs abgeht. Soll diese abgelöst oder vom Käufer übernommen werden?[209] Ferner geht es oft um die Herstellung verschiedener Vollzugsbedingungen. Bei einem Spartenverkauf wird zB die Übertragung von Wirtschaftsgütern aus einem Betriebsvermögen in ein anderes Betriebsvermögen, sei es durch einen vorgezogenen internen Asset-Deal, sei es durch Abspaltung, Aufspaltung oder Ausgliederung nach dem Umwandlungsgesetz, vor dem Vollzug des Unternehmenskaufvertrages erforderlich sein. In vielen Fällen werden auch noch andere Umstrukturierungen, Vertragsabschlüsse oder Vertragskündigungen durchgeführt oder Genehmigungen beschafft werden müssen, um das Unternehmen verkaufsreif machen zu können.[210]

2. Share-Deal bei Kapitalgesellschaften

191 In einem Share-Deal bei Kapitalgesellschaftsanteilen werden die Geschäftsanteile oder Aktien der Kapitalgesellschaft verkauft. Die Abtretung, also der dingliche Vollzug des Verkaufs, vollzieht sich nach §§ 398 ff BGB durch Abtretung der Gesellschafterrechte, und zwar meist aufschiebend bedingt auf die Zahlung des Kaufpreises.[211]

192 Eine Verbriefung der Gesellschaftsbeteiligung gibt es bei der GmbH nicht. Die Abtretung bedarf daher einfach nur der übereinstimmenden Willenserklärung des Verkäufers und des Käufers, wonach die Geschäftsanteile auf den Käufer übergehen sollen. Die Abtretung bei der GmbH bedarf der notariellen Beurkundung (§ 15 Abs. 3 GmbHG).

193 Bei Geschäftsanteilen einer GmbH gilt im Verhältnis zur Gesellschaft derjenige als Gesellschafter, der in der Gesellschafterliste des Handelsregisters als Gesellschafter eingetragen ist. Aber auch wenn die Gesellschafterliste öffentlichen Glauben genießt, ist deren Richtigkeit keinesfalls zwingend. Die Liste muss zB berichtigt werden, wenn ihre materielle Unrichtigkeit nachgewiesen werden kann. Häufig gibt es in der Praxis schwebend unwirksame Anteilsveräußerungen, nicht vollzogene Kapitalerhöhungen oder Rechte Dritter, welche einer Veräußerung entgegenstehen. Diese Umstände müssen vor einer Veräußerung unbedingt geklärt werden.[212] Die Gesellschafterliste begründet am Ende keinen sicheren Gutglaubensschutz[213]

---

[206] Holzapfel/Pöllath, Unternehmenskauf in Recht und Praxis/*Engelhardt/von Woedtke*, Rn. 31.
[207] Sog. „Leveraged-Buy-Out" (hierdurch lassen sich höhere Renditen auf das eingesetzte Eigenkapital erzielen).
[208] *Fischer*, Besteuerung des internationalen Unternehmenskaufs, 1999, S. 53.
[209] Kein Anspruch auf befreiende Schuldübernahme nach § 415 BGB, BGH NJW-RR 1991, 817; möglich bleibt aber immer die Erfüllungsübernahme (also effektive Rückzahlung durch den Übernehmer).
[210] Mit Blick auf öffentlich-rechtliche Genehmigungen: Holzapfel/Pöllath, Unternehmenskauf in Recht und Praxis/*Bergjan/Schäfer*, Rn. 60.
[211] Zur Verzinsung des geschuldeten Kaufpreises sollte aber an die Vereinbarung eines Fälligkeitszeitpunktes gedacht werden.
[212] Rotthege/Wassermann, Unternehmenskauf bei der GmbH/*Kolbeck*, 2. Kap. Rn. 19.
[213] Gutgläubiger Erwerb nach § 16 Abs. 3 GmbHG ist nur, möglich, wenn die Gesellschafterliste mehr als 3 Jahre unrichtig ist; außerdem wird der gute Glaube an die Existenz des Anteils und an seine Lastenfreiheit hierdurch nicht geschützt, BGH NZG 2011, 1268.

VII. Kaufvertrag § 3

Bei einem Teilverkauf von Anteilen an einer GmbH muss in der Regel eine Neuaufteilung der Geschäftsanteile vorgenommen werden, indem die für den Verkauf passenden Geschäftsanteile gebildet werden.[214] Neue Anteile können nur auf Grund eines satzungsändernden Beschlusses, welcher notarieller Beurkundung bedarf, gebildet werden. Darüber hinaus ist die Durchnummerierung der neuen Geschäftsanteile erforderlich. Es ist Aufgabe des den Unternehmenskaufvertrag beurkundenden Notars sicherzustellen, dass die für den Verkauf benötigten Geschäftsanteile in der entsprechenden Stückelung rechtzeitig gebildet werden. Üblich ist es, diese Anteilsaufteilung erst zwischen Kaufvertragsabschluss und Vollzug (als Erfüllung einer aufschiebenden Bedingung) vorzunehmen, denn nur hierdurch vermeidet man die Gefahr, dass sich die Neuaufteilung der Geschäftsanteile am Ende als völlig unnötig erweisen könnte. Wenn es nämlich nicht zum Vollzug des Unternehmenskaufvertrages kommt, hätte man sich diese Maßnahme und die entsprechenden Kosten für Notar und Registergericht ersparen können. 194

Auch beim Verkauf von Aktien erfolgt der Vollzug des Rechtsgeschäfts, also die dingliche Übertragung der Aktien, nach §§ 398 ff. BGB einfach durch Abtretung[215] Die Übertragung bedarf nicht der notariellen Beurkundung oder der Schriftform, sollte aber aus Gründen des Nachweises des Rechtsübergangs schriftlich dokumentiert werden. In aller Regel wird man auch bei einem Unternehmenskauf, der sich durch den Erwerb von Aktien vollzieht, zusätzlich das Wirksamwerden der Abtretung von der aufschiebenden Bedingung der Kaufpreiszahlung abhängig machen. 195

Sofern bei der Gesellschaft Namensaktien ausgegeben sind, ist der Gesellschaft die Übertragung der Aktien durch Vorlage des Aktienkaufvertrages oder Bestätigung des Verkäufers über die Veräußerung nachzuweisen.[216] Dieser Nachweis ist für den Rechtsübergang nicht konstitutiv, sondern hat nur deklaratorische Bedeutung. Handelt es sich um vinkulierte Namensaktien (§ 68 Abs. 1 AktG), deren Übertragung von der Zustimmung der Gesellschaft abhängt[217], ist die Zustimmung der Gesellschaft neben der Abtretung der Rechte Wirksamkeitsbedingung[218] 196

Nach § 10 Abs. 5 AktG kann die Satzung die Verbriefung eines Anteils an einer Aktiengesellschaft ausschließen oder einschränken. Daraus wird abgeleitet, dass es nach deutschem Aktienrecht nicht vorgeschrieben werden kann, Einzelaktien zu verbriefen. Allerdings kann die Erstellung einer sog. Globalurkunde und deren Hinterlegung nicht durch die Satzung ausgeschlossen werden.[219] Viele Satzungen von Aktiengesellschaften sehen auch ausdrücklich die Verbriefung von Einzelaktion auf Antrag eines Aktionärs vor. Käufer fordern gelegentlich eine solche Verbriefung als vertrauensbildende Maßnahme. Hierdurch soll der theoretischen Möglichkeit begegnet werden, dass vor einem Verkauf die betreffenden Aktien ggf. unerkannt auf einen Dritte übertragen worden sein könnten. Die Verbriefung kann in diesem Fall durch ein von der Aktiengesellschaft herausgegebenes Papier vorgenommen werden. Das Papier (die Aktie) braucht keine besonderen technischen Anforderungen zu erfüllen. Die Übergabe des Papiers ist zum Nachweis des dinglichen Übergangs der Aktien allerdings weder ausreichend ist noch notwendig, vielmehr bedarf es dazu immer zusätzlich der dinglichen Abtretung der Rechte[220] 197

3. Share-Deal bei Personengesellschaften

Anteile an Personengesellschaften werden ebenso wie Anteile an Kapitalgesellschaften grundsätzlich nach den Vorschriften über die Abtretung von Rechten (§ 398 ff. BGB) 198

---

[214] Rotthege/Wassermann, Unternehmenskauf bei der GmbH/*Rottheg*, 5. Kapitel Rn. 25.
[215] Holzapfel/Pöllath, Unternehmenskauf in Recht und Praxis/*Engelhardt/v. Woedtke*, Rn. 20.
[216] § 67 Abs. 3 AktG; RGZ 86, 154 (159); wenn auch keine Verpflichtung, Hüffer/*Koch* AktG § 67 Rn. 17.
[217] BayObLGZ 1988, 371 (377).
[218] Zustimmungspflichtig ist das dingliche Verfügungsgeschäft, vgl. RGZ 139, 149 (157); Hüffer/*Koch* AktG § 68 Rn. 11.
[219] *Modlich* DB 2002, 671; *Seibert* DB 1999, 267.
[220] Hüffer/*Koch* AktG § 67 Rn. 18.

übertragen.²²¹ Zusätzlich ist bei Personengesellschaften allerdings über das Schicksal der Gesellschafterkonten zu entscheiden.²²² Anders als bei Kapitalgesellschaften wird das Vermögen der Personengesellschaft zivilrechtlich den einzelnen Gesellschaftern zugeordnet, soweit dieses Vermögen nicht einer gesamthänderisch gehaltenen Rücklage der Gesellschaft zugeführt worden ist.²²³

199 **a) Gesellschafterkonten.** Bei der Kommanditgesellschaft ist auf jeden Fall das sog. Festkapitalkonto an den Käufer mit abzutreten, denn dieses Konto beinhaltet das vom Gesellschafter eingezahlte oder erbrachte Haftkapital.²²⁴

200 Das Festkapitalkonto repräsentiert zugleich die feste Beteiligung eines Gesellschafters am Kapital der Gesellschaft. Hieraus ergibt sich das Gewinnbezugsrecht und das Stimmrecht in der Gesellschaft. Das Festkapitalkonto ist daher abgesehen von förmlichen Kapitalerhöhungen oder Kapitalherabsetzungen immer unveränderlich. Mit der Abtretung des Festkapitalkontos gehen die Gesellschafterrechte auf den Käufer über.²²⁵

201 Die Verbuchung von Gewinn- und Verlustanteilen, Einlagen und Entnahmen erfolgt bei Personengesellschaften über Darlehenskonten. Während Einlagen und Entnahmen jederzeit erfolgen können, kann die Verbuchung der Gewinn- oder Verlustanteile erst nach Feststellung des jeweiligen Jahresabschlusses²²⁶ und nach Beschlussfassung über die Gewinnverwendung erfolgen.²²⁷ Die jeweiligen Kontenstände auf den Darlehenskonten der Gesellschafter begründen daher im Zeitpunkt des Verkaufs im Verhältnis zwischen den Gesellschaftern und der Gesellschaft Forderungen und Verbindlichkeiten.²²⁸ Guthaben auf Darlehenskonten sind das Ergebnis von Darlehen eines Gesellschafters an seine Gesellschaft (Gesellschafterdarlehen), Verbindlichkeiten auf Privatkonten sind das Ergebnis von Darlehensgewährungen der Gesellschaft an den Gesellschafter (Gesellschaftsdarlehen). Der Unternehmenskaufvertrag muss sich damit befassen, was mit diesen Forderungen und Verbindlichkeiten im Zuge des Verkaufs geschehen soll.

202 Soweit die Finanzlage der Gesellschaft und ihrer Gesellschafter dies zulässt, werden die Darlehenskonten vor einem Verkauf in der Regel ausgeglichen. Bestehen aber, wie häufig, hohe Guthaben der Gesellschafter auf den Darlehenskonten, ist eine Rückzahlung bei Vollzug des Unternehmensverkaufs meist nicht möglich, denn die meisten Personengesellschaften verfügen nicht über ausreichende liquide Mittel, um diese Guthaben zurückzahlen zu können. Diese Guthaben werden als Finanzierungsmittel benötigt, um die Eigenkapitalbasis der Gesellschaft zu stärken²²⁹

203 Der Käufer kann die Rückzahlung von Gesellschafterdarlehen im Wege einer Schuldübernahme an Stelle der Gesellschaft übernehmen (§ 415 BGB). In der Praxis wird in einem Unternehmenskaufvertrag häufig vereinbart, dass der Käufer die Verbindlichkeiten der Gesellschaft gegenüber ihren Gesellschaftern aus dem vereinbarten Kaufpreis tilgt.²³⁰ Dies entspricht einer Einlage des entsprechenden Betrages in die Gesellschaft zur Schuldentilgung. Die Schuldübernahme und die Ablösung der auf den variablen Gesellschafterkonten verbuchten Gesellschafterforderungen wird damit im Ergebnis genauso behandelt

---

[221] BeckHdB Unternehmenskauf/*Jaques* D Rn. 223.
[222] BeckHdb PersGes/*Frey/Bruhn* § 26 Rn. 130.
[223] BFH DStR 2009, 212, der die Verbuchung des Eigenkapitals auf bis zu vier Gesellschafterkonten behandelt.
[224] Zum Begriff des Festkapitalkontos vgl. MüKoHGB/*Priester* § 120 Rn. 101 ff.
[225] MüKoHGB/*Priester* § 120 Rn. 102, 104.
[226] Maßgeblich für die Gewinnverteilung ist der Handelsbilanzgewinn; BFH BStBl. II, 1900, 965.
[227] MüKoHGB/*Priester* § 120 Rn. 95.
[228] MüKoHGB/*Priester* § 120 Rn. 96.
[229] BGH NJW 1960, 285; BGH NJW 1980, 1524 zum Begriff des eigenkapitalersetzenden Darlehens, das haftungsrechtlich wie Eigenkapital behandelt wird.
[230] § 415 Abs. 3 BGB (Erfüllungsübernahme als Verpflichtung des Käufers bedarf nicht der Zustimmung des Gläubigers).

wie die Ablösung einer sonstigen Finanzverbindlichkeit. Der Ablösebetrag wird einfach vom Kaufpreis für die Gesellschaftsanteile abgezogen[231]

Auch im umgekehrten Fall, also im Fall von Schulden eines Gesellschafters bei der Gesellschaft, erfolgt in der Regel Tilgung aus dem Kaufpreis. Es wird dann vereinbart, dass der betreffende Gesellschafter eine entsprechende Einlage zur Rückzahlung seiner Verbindlichkeiten bei der Gesellschaft leisten hat. In Höhe dieser Verbindlichkeiten tritt der betreffende Gesellschafter seinen Kaufpreisanspruch an die Gesellschaft ab, welche dadurch Rückzahlung der Gesellschafterverbindlichkeit am Closing aus Mitteln des Käufers erhält. **204**

Problematisch sind negative Kapitalkonten,[232] welche sich nicht aus dem entsprechenden Kaufpreisanteil des verkaufenden Gesellschafters ausgleichen lassen. Zwar lösen negative Kapitalkonten gesellschaftsrechtlich nicht unbedingt eine Nachschusspflicht für den verkaufenden Gesellschafter aus,[233] allerdings wird der Käufer es wohl kaum einsehen, dem verkaufenden Gesellschafter die Rückzahlung überhöhter Entnahmen, welche zum Entstehen eines negativen Kapitalkontos geführt haben, über den Verkaufszeitpunkt hinaus zu stunden. Für den Verkäufer kann damit auch ein negativer Kaufpreis vorliegen, den er am Vollzugstag des Unternehmenskaufs an die Gesellschaft entrichten muss, um seine Gesellschafterkonten glattstellen zu können. **205**

b) Zuweisung des laufenden Gewinns. Neben dem Ausgleich der Gesellschafterkonten muss bei Personengesellschaften stets die Zuweisung des laufenden Gewinns im Geschäftsjahr der Veräußerung geklärt werden. Im Vergleich zum Verkauf von Anteilen an Kapitalgesellschaften ergibt sich das Problem, dass der Gewinn- oder Verlustanteil eines verkaufenden Gesellschafters ihm steuerlich grundsätzlich bis zum dinglichen Vollzug des Kaufvertrages zugerechnet wird.[234] Eine Vereinbarung, nach welcher dem Käufer der Gewinn des laufenden Geschäftsjahres zustehen soll, wie sie häufig beim Kauf von Kapitalgesellschaftsanteilen vereinbart wird, ist daher bei der Personengesellschaft steuerlich nicht zu berücksichtigen. Die Rechtsprechung sieht aus Vereinfachungsgründen Ausnahmen allenfalls dann vor, wenn eine Transaktion nur eine steuerliche Rückwirkung von wenigen Wochen hat[235] **206**

Möglich wäre es, Closing-Accounts auf den Stichtag des Anteilsübergangs zu erstellen und dem Verkäufer den entsprechenden Gewinnanteil für das laufende Teil-Geschäftsjahr bis zu diesem Closing-Stichtag zuzuweisen. Mit Hilfe des Zwischenabschlusses könnte der vom Verkäufer zu versteuernde Gewinnanteil des laufenden Geschäftsjahres dann exakt erfasst und ihm im Rahmen der einheitlichen und gesonderten Gewinnfeststellung für das bestreffende Kalenderjahr zugewiesen werden[236] **207**

Will man den wirtschaftlichen Übergang des Unternehmens auf den Käufer aber – wie häufig – rückwirkend auf den Beginn des Geschäftsjahres eintreten lassen (sog. Locked Box Transaktion)[237] muss man einen Ausgleich dafür vorsehen, dass der Verkäufer steuerlich noch mit den Ertragsteuern für das laufende Geschäftsjahr bis zum Vollzug der Abtretung belastet werden wird. Zu denken ist hier an eine pauschalierte Erstattung der zu erwartenden Steuerbelastung des Verkäufers durch den Käufer, denn dieser braucht umgekehrt ja keine Steuern für den ihm vertraglich zufließenden, vom Verkäufer aber noch zu versteuernden Gewinnanteil für die Zeit bis zum Vollzug des Kaufvertrages zu zahlen. **208**

---

[231] Üblicherweise werden Gesellschafterdarlehen als kaufpreismindernde Finanzschulden angesehen, vgl. auch § 266 Abs. 3C Nr. 6 HGB.
[232] Zum Begriff des negativen Kapitalanteils vgl. MüKoHGB/*Priester* § 120 Rn. 88.
[233] MüKoHGB/*Priester* § 120 Rn. 90 mwN.
[234] BeckHdb PersGes/*Frey/Bruhn* § 26 Rn. 139.
[235] FG München DStRE 1999, 643 ließ ca. 4 Wochen Rückwirkung zu; vgl. auch Schmidt/*Wacker* EStG § 15 Rn. 452.
[236] Hierbei erfolgt die exakte Messung des Gewinnanteils bis zum Tag des dinglichen Übergangs, so dass keine rückwirkende Änderung der Gewinnverteilung vorliegt.
[237] Hölters, Hdb Unternehmkenskauf/*Gröger*, Rn. 5.99.

Die vom Verkäufer zu zahlende Steuer kann in aller Regel im Schätzwege ermittelt und zum Kaufpreis hinzu addiert werden.

209 Die Ermittlung der Steuerbelastung von Käufer und Verkäufer kann allerdings in manchen Fällen auch recht kompliziert sein, insbesondere wenn auf Verkäuferseite mehrere Gesellschafter (mit unterschiedlichen Steuersätzen) betroffen sind oder wenn Verlustausgleichungen das Ergebnis komplizieren. In Betracht kommt dann auch ein nachträglicher Ausgleich der Verkäuferbesteuerung nach Vorlage der entsprechenden Steuerbescheide.

210 Komplex ist die steuerliche Auseinandersetzung beim Verkauf von Personengesellschaftsanteilen, wenn auf Verkäuferseite eine Kapitalgesellschaft vorhanden ist, von welcher die Personengesellschaftsanteile gehalten werden. Der Verkauf von Personengesellschaftsanteilen durch eine Kapitalgesellschaft löst anders als der Verkauf von Personengesellschaftsanteilen durch eine Privatperson Gewerbesteuer aus, welche von der verkauften Gesellschaft selbst zu tragen ist (§ 7, S. 2 GewStG).[238] Hier muss also der Käufer dafür sorgen, dass ihm die von der Gesellschaft auf den Verkauf der Anteile zu zahlende Gewerbesteuer erstattet wird. In der Regel wird er den zu zahlenden Betrag im Schätzwege ermitteln und vom Kaufpreis, soweit dieser auf die Anteile der verkaufenden Kapitalgesellschaft entfällt, abziehen. Lösbar ist das Thema auch hier über einen nachträglichen Steuerausgleich.

211 **c) Besonderheit bei GmbH & Co KG (Mitveräußerung der GmbH-Anteile).** Bei der GmbH & Co KG ist regelmäßig nicht nur die Übertragung der Anteile an der Kommanditgesellschaft, sondern auch der Anteile an der Komplementär GmbH erforderlich[239] Besonderheiten ergeben sich bei der sog. Einheitsgesellschaft, deren Struktur davon gekennzeichnet ist, dass die Kommanditgesellschaft selbst alleinige Inhaberin ihrer Komplementär GmbH ist.[240] Hier reicht es aus, die Anteile an der Kommanditgesellschaft zu übertragen, weil damit automatisch auch die Anteile an der Komplementär-GmbH (wenn auch nur wirtschaftlich betrachtet) auf den Erwerber übergehen.

212 Während die Übertragung der KG-Anteile ohne notarielle Beurkundung, theoretisch sogar formfrei, erfolgen könnte, bedarf die Übertragung der GmbH-Anteile immer der notariellen Beurkundung (§ 15 Abs. 3 GmbHG). Bei Übertragung der Anteile an einer GmbH & Co KG ist dies sehr ärgerlich wegen der Notarkosten, die trotzdem anfallen, weil auch die Übertragung der KG-Anteile mit beurkundet werden muss, wenn sowohl die GmbH-Anteile als auch die KG-Anteile zeitgleich auf den Käufer übergehen sollen. In diesem Fall stehen die Abtretungen nach herrschender Meinung in einem untrennbaren Zusammenhang zueinander, weil das eine Rechtsgeschäft nicht ohne das andere Rechtsgeschäft Wirksamkeit erlangen soll. Eine isolierte Beurkundung der GmbH-Anteilsveräußerung wäre dann ein unheilbaren Formfehler.[241]

213 In Betracht kommt allerdings zur Vermeidung der Notarkosten, zunächst formfrei den Verkauf und die Übertragung der Kommanditanteile zu vereinbaren und dann die (formbedürftige) Abtretung der GmbH-Anteile als aufschiebende Bedingung für den Vollzug der Abtretung der Kommanditanteile nachzuholen[242] Hierbei entsteht allerdings zwischen dem Abschluss des Kaufvertrages über die Kommanditanteile und der Abtretung der GmbH-Anteile (in notarieller Urkunde) zwangsläufig ein Schwebezustand, während des-

---

[238] BFH DB 2010, 2259, der die Verfassungsmäßigkeit dieser Vorschrift trotz der Ungleichbehandlung der Gesellschafter anerkannt hat.
[239] Es sei denn, der Käufer oder eine eintretende Gesellschaft übernehmen die Stellung des Komplementärs; ggf. kann auch zur Vermeidung eines Kaufs der GmbH-Anteile die formwechselnde Umwandlung der GmbH & Co KG in eine Kapitalgesellschaft erfolgen (zB durch Formwechsel, Verschmelzung auf neue GmbH oder sog. erweiterte Anwachsung mit Austritt des Kommanditisten).
[240] Muster bei Münchner Vertragshandbuch Gesellschaftsrecht/*Götze* III. 9.
[241] Roth/Altmeppen/*Altmeppen* GmbHG § 15 Rn. 96.
[242] *Binz/Rosenbauer* NZG, 2015, 1136.

VII. Kaufvertrag § 3

sen der Verkauf der KG-Anteile wegen des fehlenden Eintritts der aufschiebenden Bedingung noch nicht wirksam ist.

d) Sonderbetriebsvermögen. Beim Verkauf von Personengesellschaften bleibt in vielen Fällen das Vorhandensein von steuerlichem Sonderbetriebsvermögen zu prüfen. Dabei handelt es sich um Vermögen eines Gesellschafters, welches der Gesellschaft zur Nutzung überlassen worden ist.[243] Dieses Vermögen gilt steuerlich auf Grund der Nutzungsüberlassung an die Gesellschaft als Teil des Betriebsvermögens, wenngleich das Sonderbetriebsvermögen zivilrechtlich eben Eigentum des überlassenden Gesellschafters steht. 214

Wird Sonderbetriebsvermögen, welches eine wesentliche Betriebsgrundlage darstellt, im Zuge einer Veräußerung der Gesellschaftsanteile nicht mitveräußert, muss der betreffende Gesellschafter die in diesem Sonderbetriebsvermögen angesammelten stillen Reserven versteuern.[244] Dies ist regelmäßig eine unerwünschte Nebenfolge bei der Veräußerung der Gesellschaftsanteile, wenn dem Verkäufer für die Aufdeckung der stillen Reserven kein gesonderter Kaufpreis zugeflossen ist. Als Musterbeispiel gilt die von dem verkaufenden Gesellschafter an das Unternehmen vermietete oder verpachtete Betriebsimmobilie, die nicht an den Käufer der Gesellschaft mitverkauft wird. Hier kommt es steuerlich zur Entnahme des Grundstücks in das Privatvermögen und damit zur Aufdeckung der stillen Reserven in dem Grundvermögen[245] 215

Als Alternative kommt neben dem Mitverkauf des Grundstücks, welcher vom Käufer aus Kostengründen oft gescheut wird,[246] die vorherige Einbringung des Sonderbetriebsvermögens in ein anderes Betriebsvermögen in Betracht[247], zum Beispiel die Einbringung in eine gewerblich geprägte GmbH & Co KG des Veräußerers, so dass ihre steuerliche Verstrickung als Betriebsvermögen auch nach dem Verkauf der Gesellschaftsanteile aufrechterhalten bleibt. Möglich, in der Regel aber nicht gewollt, wäre auch der Rückbehalt einer geringen Gesellschaftsbeteiligung an dem verkauften Unternehmen, weil dann die Eigenschaft des Betriebsgrundstücks als Sonderbetriebsvermögens nicht verloren geht. 216

e) Betriebsaufspaltung. Vorsicht ist in steuerlicher Hinsicht auch geboten, wenn eine sog. Betriebsaufspaltung vorliegt. Von Betriebsaufspaltung spricht man, wenn das Unternehmen aus einem Besitzunternehmen und einem Betriebsunternehmen besteht und zwischen beiden eine sachliche und personelle Verflechtung gegeben ist[248] Derartige Gestaltungen finden sich gerade bei Familienunternehmen häufig. In diesem Fall sind die Anteile des Besitzunternehmens wesentliche Betriebsgrundlagen des Betriebsunternehmens und umgekehrt.[249] 217

Steuerlich kann es zur Beendigung der Betriebsaufspaltung kommen, wenn nur die Anteile an dem Betriebsunternehmen an einen Dritten verkauft werden. Die Konsequenz ist die Aufdeckung sämtlicher stiller Reserven in beiden Unternehmen und damit eine unbeabsichtigte Gewinnrealisierung ohne Zufluss des entsprechenden Kaufpreises für das Besitzunternehmen.[250] 218

Die Auflösung der Betriebsaufspaltung lässt sich steuerlich vermeiden, wenn neben dem Betriebsunternehmen auch das Besitzunternehmen an den Käufer veräußert wird. In Betracht kommt auch hier, das Besitzunternehmen rechtzeitig in eine gewerblich gepräg- 219

---

[243] Zum Begriff des Sonderbetriebsvermögens vgl. auch BeckStB-Hdb 2017/2018/*Zwirner/Tippelhofer* A. Rn. 115.
[244] Schmidt/*Wacker* EStG § 6, 501; BeckHdB Unternehmenskauf/*Ettinger* B Rn. 172.
[245] BFH DStR 2007, 21; BFH DStRE 2008, 432; Schmidt/*Wacker* EStG § 6 Rn. 675.
[246] Verteuert den Unternehmenskauf erheblich und ist in der Regel aus Käufersicht nur dann sinnvoll, wenn Grundstück auf Dauer unverzichtbar ist für das Unternehmen.
[247] BeckHdB Unternehmenskauf/*Ettinger* B Rn. 173.
[248] BFH DStR 1998, 200.
[249] BFH NJW-RR 1997, 1462; BFH BeckRS 1992, 22010502.
[250] Die stillen Reserven im Betriebsunternehmen werden über den zu versteuernden Kaufpreis aufgedeckt.

te Gesellschaft umzuwandeln oder einzubringen (meist GmbH & Co KG). In diesem Fall bleibt die gewerbliche Verstrickung des Besitzunternehmens erhalten.

4. Asset-Deal

220 Beim Asset Deal, also beim Verkauf sämtlicher oder ausgewählter Wirtschaftsgüter eines Unternehmens, ist die Konkretisierung des Verkaufs-Substrates regelmäßig schwierig.[251] Es gibt eine Vielzahl steuerlicher und zivilrechtlicher Fragen, welche für die Abwicklung eines Asset-Deals von Bedeutung sein können.

221 **a) Vorüberlegungen.** Käufer und Verkäufer stehen zunächst ganz praktisch vor der Frage, wie sie die zu übertragenden Gegenstände des Anlage- und Umlaufvermögens oder auch nicht bilanzierte Vermögensgegenstände, wie etwa das Know-How oder gewerbliche Schutzrechte, die zum Stichtag des wirtschaftlichen Übergangs auf den Käufer übergehen sollen, rechtlich wirksam auf diesen übertragen können. Ein Unternehmen schließt täglich Verträge und Vereinbarungen ab, erwirbt und veräußert täglich Wirtschaftsgüter. Alles unterliegt einem ständigen Fluss und wird nicht, wie beim Anteilsverkauf, automatisch mit den Gesellschafts-oder Geschäftsanteilen des Unternehmen „mitgekauft". Es gilt daher erst einmal, die vom Käufer gewünschte Ausstattung des Zielunternehmens mit Betriebsmitteln, Rechten und Vertragsbeziehungen vertraglich festzulegen und dann einen juristisch gangbaren Weg zu finden, um den dinglichen Übergang dieser Wirtschaftsgüter auf den Käufer sicherzustellen.

222 Eher untypisch für Asset-Deals sind Verkäufe des gesamten Betriebsvermögens. In diesem Fall ist der Share-Deal meist für alle Beteiligten vorzugswürdig, vermeidet er doch die bei einem Asset-Deal notwendige exakte Erfassung dessen, was von dem Betriebsvermögen verkauft werden soll. Lediglich der Umstand, dass der Käufer den Kaufpreis für die meisten Wirtschaftsgüter des Betriebsvermögens beim Asset-Deal abschreiben kann[252], während der Kaufpreis für Geschäftsanteile nur bei einer verlustbringenden Veräußerung abschreibungsfähig ist, begründet aus Käufersicht ein gewisses Argument für den Asset-Deal. Für den Verkäufer bleibt hingegen die Frage, was er mit dem verbleibenden, von seinen Assets befreiten Unternehmen anfangen soll. Es muss unter Umständen durch Liquidation abgewickelt werden.

223 Dementsprechend sieht man in der Praxis Asset-Deals in der Regel nur bei sog. Spartenverkäufen, das heißt bei Teilverkäufen von Unternehmen. In jedem Fall muss bei einem Asset-Deal geklärt werden, ob die bei der Aufteilung des Unternehmens entstehenden Betriebsteile für sich genommen lebensfähig sind oder jedenfalls geordnet liquidiert werden können. Käufer und Verkäufer müssen ausschließen, dass sie im Fall der Insolvenz eines Betriebsteils nach dem Vollzug des Asset-Deals nach den Grundsätzen über die Existenzvernichtungshaftung in Regress genommen werden können.[253]

224 Durch den Asset-Deal lässt sich für den Verkäufer in der Regel auch keine vollständige Enthaftung gegenüber Vertragspartnern des verkauften Unternehmens erreichen, denn diese können mit ihren Forderungen nach wie vor an das verkaufende Unternehmen herantreten, solange sie dieses nicht aus seinen vertraglichen Verpflichtungen entlassen haben. Zur Klarstellung der Haftung zwischen Käufer und Verkäufer empfiehlt sich eine Freistellungsverpflichtung des Verkäufers gegenüber dem Käufer für nicht vom Käufer übernommene Altlasten aus Vereinbarungen mit Vertragspartnern[254], aber auch eine Freistellungsverpflichtung des Käufers gegenüber dem Verkäufer für alle neu entstehenden

---

[251] Holzapfel/Pöllath, Unternehmenskauf in Recht und Praxis/*Engelhardt/von Woedtke*, Rn. 34 ff.; Rotthege/Wassermann, Unternehmenskauf bei der GmbH/*Rotthege*, 1. Kap. Rn. 50.
[252] BeckHdB Unternehmenskauf/*Ettinger* B Rn. 82.
[253] Vgl. zur Rechtsfigur der Existenzvernichtungshaftung ausführlich MüKoGmbHG/*Liebscher* Anh. § 13 Rn. 518 ff.
[254] Hölters, HdB Unternehmenskauf/*Weber*, Rn. 9.105.

Verbindlichkeiten aus solchen Vertragsverhältnissen, weil in der Regel nur eine Zustimmung des Vertragspartners zum Schuldbeitritt des Käufers vorliegt, nicht aber eine Zustimmung zu einer vollständigen Schuldübernahme.

b) Praktische Durchführung. Im Kern geht es beim Asset-Deal zunächst um die Definition desjenigen Betriebsvermögens, welches auf den Käufer übertragen werden soll. Die zu übertragenden Gegenstände des Betriebsvermögens müssen aus Gründen des sachenrechtlichen Bestimmtheitsgrundsatzes eindeutig bezeichnet werden.[255] In der Praxis hat sich die Bezugnahme auf diejenigen Wirtschaftsgüter, die im letzten Jahresabschluss der Gesellschaft enthalten sind, durchgesetzt. Möglich wird die Individualisierung dieser Wirtschaftsgüter durch Bezugnahme auf das Bilanzgliederungsschema des § 266 HGB und die dort vorzufindenden Gruppen von Vermögensgegenständen, die man auch durch Bestandslisten weiter eingrenzen kann.[256] Zur Konkretisierung ist es ausreichend, auf ein Inventarverzeichnis Bezug zu nehmen[257] Denkbar ist es auch, die nicht übertragenen Vermögensgegenstände zu bezeichnen[258], um auf diesem Wege im Umkehrschluss die übertragenen Vermögensgegenstände (nämlich sämtliche nicht genannten Wirtschaftsgüter) identifizieren zu können.

225

Der Zugang bzw. Abgang von Umlauf- und Anlagevermögen im laufenden Geschäftsverkehr seit dem letzten Bilanzstichtag bis zum Stichtag des wirtschaftlichen Übergangs wird in der Regel beim Verkauf pauschal mit berücksichtigt[259] Man kann dies in einer Klausel so regeln, dass Gegenstände des Betriebsvermögens, die im Rahmen des üblichen Geschäftsbetriebes veräußert und aus dem Betriebsvermögen entnommen worden sind, nicht mit an den Käufer veräußert werden sollen, während Gegenstände, die im Rahmen des üblichen Geschäftsbetriebes angeschafft oder hergestellt worden sind, mit an den Käufer veräußert werden. Auf diese Weise lassen sich die mitverkauften und nicht mitverkauften Gegenstände im Sinne des sachrechtlichen Bestimmtheitsgrundsatzes hinreichend identifizieren[260]

226

Aus formellen Gründen bedarf es in vielen Fällen der Begründung von Vertragsverhältnissen zu Dritten, um dem Käufer Zugriff auf die an ihn verkauften Wirtschaftsgüter vermitteln zu können.[261] So wird es beispielsweise erforderlich sein, bei der Übereignung eines Warenlagers, das sich in einer angemieteten Halle befindet, einen Untermietvertrag abzuschließen, nach welchem nun der Käufer berechtigt ist, das Warenlager in Besitz zu nehmen. Der Verkäufer wird bei Lagern in Fremdverwaltung darüber hinaus seine Ansprüche gegen den unmittelbaren Besitzer aus dem Besitzmittelungsverhältnis an den Käufer abtreten müssen.[262] Im Fall bestehender Eigentumsvorbehalte wird man klären müssen, in welcher Höhe ggf. noch Abstandszahlungen zu leisten sind, damit das Eigentum auf den Käufer übergehen kann. Grundsätzlich gehört zur Abwicklung von Asset-Deals stets die Prüfung, ob und auf welche Weise Rechte Dritter dem Vollzug des Verkaufs und der Inbesitznahme der verkauften Wirtschaftsgüter durch den Käufer entgegenstehen können.

227

---

[255] BGH NJW 1986, 1985 (1986); BGH NJW-RR 190, 94 (95).
[256] Holzapfel/Pöllath, Unternehmenskauf in Recht und Praxis/*Engelhardt/v. Woedtke*, Rn. 37.
[257] BGH NJW 2008, 3142 (3144).
[258] Kallmeyer UmwG/*Sickinger* § 126 Rn. 19.
[259] Sonst müsste man jeden Zugang und Abgang gesondert als Anlage zum Kaufvertrag dokumentieren, was unpraktikabel ist.
[260] *Ettinger* empfiehlt in dem Muster „Asset-Deal II." eine „Auffangklausel", wonach alle nicht in der Anlage aufgeführten Gegenstände des Anlagevermögens mit übereignet werden, vgl. BeckHdB Unternehmenskauf/*Ettinger* G VI. Vorbemerkung Ziffer 1 (sollte allerdings auch auf Umlaufvermögen erweitert werden).
[261] Holzapfel/Pöllath, Unternehmenskauf in Recht und Praxis/*Engelhardt/von Woedtke*, Unternehmenskauf, Rn. 57 ff.
[262] BeckHdB Unternehmenskauf/*Jaques* D Rn. 12.

228 **c) Übergang von Kunden- und Lieferantenverträgen.** Verträge mit Kunden und Lieferanten lassen sich grundsätzlich ohne Zustimmung des jeweiligen Vertragspartners nicht an den Käufer verkaufen oder übertragen[263] Der Übergang der für den verkauften Betriebsteil maßgebenden Kunden- und Lieferantenverträge ist aber von zentraler Bedeutung für die Abwicklung eines Asset-Deals. Ohne den erfolgreichen Übergang der vertraglichen Beziehungen und des Kundenstammes kann der Käufer den Betrieb in der Regel nicht fortführen und würde dafür auch nichts bezahlen.

229 In der Praxis ist es nicht üblich, Zustimmungserklärungen der betroffenen Kunden und Lieferanten einzuholen, um einen Asset-Deal vollziehen zu können. Hierbei stieße man auf eine Vielzahl praktischer Umsetzungsprobleme, insbesondere würde man sich auch von dritten Personen abhängig machen. Es wäre damit zu rechnen, dass diese Personen die Gelegenheit nutzen würden, um ihre jeweiligen Vertragskonditionen verbessern und neu verhandeln zu wollen. Dies wiederum liefe dem Ziel des Käufers, das Unternehmen so günstig wie möglich zu erwerben, entgegen.

230 Man behilft sich deshalb mit Vereinbarungen, wonach der Käufer sich im Verhältnis zum Verkäufer (Innenverhältnis) verpflichtet, alle Verträge mit Kunden und Lieferanten an Stelle des Verkäufers zu erfüllen und den Verkäufer von jedweder Inanspruchnahme aus diesen Verträgen freizustellen.[264] Ferner verpflichtet sich der Verkäufer im Gegenzug, etwa noch an ihn geleistete Zahlungen der Kunden oder Lieferanten an den Käufer abzuführen und keine Ansprüche von Kunden oder Lieferanten, für welche der Käufer einzutreten hätte, ohne dessen Zustimmung anzuerkennen. Man spricht auch von einer Schuldübernahme im Innenverhältnis.[265]

231 In der Regel wird im Kaufvertrag bei einem Asset-Deal auch ausführlich geregelt, wie sich Käufer und Verkäufer im Fall von im Innenverhältnis übernommenen Verträgen bei Leistungsstörungen zu verhalten haben. Dies muss im Einzelnen geregelt werden, damit im Ergebnis die faktische Übernahme der vertraglichen Risiken und Pflichten durch den Käufer vollständig gelingt.[266] Beide Seiten, Käufer wie Verkäufer, müssen zwangsläufig in dieser Übergangsphase weiterhin zusammenarbeiten. Es bedarf des Vertrauens des Verkäufers in den Käufer, dass dieser zur Erfüllung der Verpflichtungen aus den übernommenen Verträgen bereit und in der Lage sein wird. Und es bedarf des Vertrauens des Käufers in den Verkäufer, dass dieser seine Stellung als formeller Vertragspartner im Sinne des Käufers ausüben und nicht missbrauchen wird.

232 Käufer und Verkäufer müssen bei der Schuldübernahme im Innenverhältnis auch prüfen, ob die Abwicklung eines Auftrages durch den Käufer nach dem zugrundeliegenden Vertragsverhältnis überhaupt zulässig ist.[267] Es besteht aus Sicht des Kunden oder Lieferanten zwar an sich kein Grund, etwas gegen die Abwicklung bestehender Aufträge durch den Käufer einzuwenden, allerdings könnten Vertraulichkeitsvereinbarungen im Wege stehen, die dies verbieten. Mit manchen Kunden mögen auch Vereinbarungen bestehen, die es generell verbieten, die Ausführung von Leistungen einem Dritten zu überlassen, was insbesondere bei höheren Dienstleistungen oder Teilung von Geschäftsgeheimnissen mit dem Vertragspartner durchaus der Fall sein kann. Auch in sicherheitsrelevanten oder regulierten Bereichen, in denen die Ausübung der Tätigkeit einer besonderen Erlaubnis bedarf, kann dieser Fall eintreten. Teilweise sind auch nicht alle vertraglichen Leistungen aufteilbar.[268] Deshalb bleibt bei jedem Asset Deal zu prüfen, inwieweit die „Weitergabe" der Vertragspflichten im Innenverhältnis überhaupt zulässig ist. Hier können sich rechtliche Schranken zeigen, die der Durchführung eines Asset-Deals grundsätzlich entgegenstehen.

---

[263] BGH NJW 1998, 531 (532); MüKoBGB/*Roth/Kieninger* § 398 Rn. 4.
[264] BeckHdB Unternehmenskauf/*Jaques* D Rn. 191.
[265] BeckFormB M&A/*Kogge,* 2008, D. I. § 8.3.
[266] BeckFormB M&A/*Kogge,* 2008, D. I. § 8.3.
[267] *Schreier/Leicht* NZG 2011, 121 (122).
[268] Zu den Grenzen der Spaltungsfähigkeit *Heidenhain* NJW 1995, 2873 (2877).

d) Change-of-Control Klauseln, Vertragsübergang. Kritisch können auch beim Asset-Deal sog. Change-of-Control-Klauseln sein[269] Change-of-Control-Klauseln verleihen dem Kunden oder Lieferanten das Recht zur außerordentlichen Kündigung eines Vertrages, wenn die Leitungsmacht beim Auftragnehmer auf einen neuen Inhaber übergeht. Meist sehen Change-of-Control-Klauseln allerdings ein Sonderkündigungsrecht nur für den Fall der Anteilsveräußerung oder des Übergangs der Stimmrechte in der Gesellschaft vor. Beim Asset-Deal werden aber keine Gesellschafts- oder Geschäftsanteile oder Stimmrechte an solchen Anteilen übertragen, so dass die Change-of-Control-Klausel dem Wortlaut nach meist nicht anwendbar ist.[270] Der Asset-Deal kann sich in solchen Fällen durchaus einmal sogar als Lösungsweg erweisen, um eine bei Durchführung eines Share-Deals im Wege stehende Change-of-Control Klausel umgehen zu können. Hier kommt es wirklich auf die genaue Formulierung und Auslegung der Change-of-Control Klausel sowie auf die Wahrung des Datenschutzes im Rahmen der Datenschutzgrundverordnung an.[271]

233

Schließlich kann Bestandteil der Vereinbarung bei einem Asset-Deal auch sein, dass beide Seiten gemeinsam und in abgestimmter Weise Kunden und Lieferanten über den Verkauf des Geschäfts unterrichten und den jeweiligen Vertragspartnern den Abschluss neuer, inhaltlich aber identischer Verträge mit dem Käufer anbieten[272] Die Novation des Schuldverhältnisses wird aber spätestens auch ohne eine solche Vereinbarung dann vollzogen, wenn es zum nächsten Geschäftsabschluss mit dem jeweiligen Kunden kommt. Regelmäßig wird zwischen Käufer und Verkäufer im Kaufvertrag nämlich zu vereinbaren sein, dass der Verkäufer ab dem Vollzug des Kaufvertrages keine neuen Verträge mehr in Bezug auf den verkauften Betriebsteil oder dessen Geschäfte abschließen darf[273] Der Käufer gerät damit mit der Zeit automatisch in die Position des Vertragspartners bei Kunden und Lieferanten des Unternehmens, wenn die Kunden oder Lieferanten den Asset-Deal nicht zum Anlass nehmen, sich von sich aus für die Zukunft anderweitig zu orientieren[274] De facto erfolgt so beim Asset-Deal ein gleitender Übergang der Kunden- und Lieferantenbeziehungen auf den Käufer.

234

Bei Verträgen, die nicht auf den Käufer übergeleitet und auch nicht gekündigt werden, bleibt allerdings die Gefahr für den Verkäufer bestehen, im Außenverhältnis daraus weiter haften zu müssen. In Betracht kommt zu seiner Absicherung ggf. die Gestellung einer Gewährleistungsbürgschaft durch eine Bank des Käufers. Für den Käufer wiederum besteht das Risiko, dass ein Kunde oder Lieferant die Eingehung einer neuen Vertragsbeziehung mit dem Käufer ablehnt. Beim Asset Deal gibt es daher immer ein erhöhtes Übergangsrisiko, das aus der zwangsläufigen Veränderung der vertraglichen Beziehungen zwischen dem Unternehmen einerseits und seinen Kunden und Lieferanten anderseits resultiert.

235

e) Übergang von Arbeitsverhältnissen. Gemäß § 613a BGB gehen die Arbeitsverhältnisse, die zu einem verkauften Betriebsteil gehören, beim Asset-Deal kraft Gesetzes auf den Käufer über.[275] Auch dies gestaltet sich in der Praxis leider komplexer als es zunächst den Anschein hat.

236

---

[269] Hölters, HdB Unternehmenskauf/*Lensdorf/Bloß*, Rn. 8.80 ff., auch der Datenschutz kann einer Übergabe von Kundendaten an den Käufer entgegenstehen.
[270] BeckHdB Unternehmenskauf/*Jaques* D Rn. 37.
[271] Vgl. Art 6 Abs. 1 f DGSVO, Prüfung des berechtigten Interesses an der Datenübergabe, vgl. auch Hölters, HdB Unternehmenskauf/*Lensdorf/Bloß*, Rn. 8.84–8.86.
[272] Wird teilweise aber auch als unpraktikabel abgelehnt, weil dies eine Zusammenarbeit nach Vollzug über längere Zeit erfordert.
[273] Teilweise wird dies auch über ein allgemeines, vertragliches Wettbewerbsverbot geregelt.
[274] Zur weiteren Absicherung kann noch eine sog. Kundenschutzklausel vereinbart werden, vgl. BGH NJW 2015, 1012 ua zu zeitlicher Begrenzung.
[275] Holzapfel/Pöllath, Unternehmenskauf in Recht und Praxis/*Sappa*, Rn. 1545.

237 Zu beachten ist das gesetzliche Widerspruchsrecht eines Mitarbeiters gegen den Übergang seines Arbeitsverhältnisses, welches innerhalb eines Monats nach ordnungsgemäßer Belehrung über den Betriebsübergang ausgeübt werden kann. Die betroffenen Arbeitnehmer sind vor Durchführung des Verkaufs über den Betriebsübergang zu unterrichten. Sie müssen in Textform aufgeklärt werden über (a) den geplanten Zeitpunkt des Übergangs, (b) den Grund des Übergangs, (c) die rechtlichen, wirtschaftlichen und sozialen Folgen des Übergangs und (d) die hinsichtlich der Arbeitnehmer in Aussicht genommenen Maßnahmen (§ 613a Abs. 5 BGB).

238 Die Ausübung des Widerspruchsrechts führt zur Fortsetzung des Arbeitsverhältnisses mit dem alten Arbeitgeber[276], allerdings kann dieser in der Regel das Arbeitsverhältnis aus betriebsbedingten Gründen kündigen, wenn der Arbeitsplatz infolge des Verkaufs des Betriebsteiles weggefallen ist.

239 Wird der Arbeitnehmer nicht wie vorgeschrieben aufgeklärt, beginnt die Monatsfrist zur Erhebung des Widerspruchs nicht zu laufen.[277] Eine unvollständige oder unzutreffende Aufklärung, die sich nicht an das gesetzliche Schema hält, führt daher de facto zu einer Perpetuierung des Schwebezustandes, in welchem Käufer und Verkäufer nicht wissen, ob die Arbeitnehmer Widerspruch erheben werden oder nicht.

240 Das Widerspruchsrecht macht den Übergang der Arbeitsverhältnisse beim Asset-Deal auch bei ausreichender Aufklärung der Mitarbeiter schwer kalkulierbar. Insbesondere beim Verkauf des Unternehmens an einen wirtschaftlich unsicher erscheinenden Käufer kann mit einer Vielzahl von Widersprüchen gerechnet werden. Dies kann im schlimmsten Fall zur Unverkäuflichkeit des betreffenden Betriebsteiles führen, denn ohne eine entsprechende Mannschaft bzw. Mindestbesetzung an Personal wird der Käufer nicht in der Lage sein, den betreffenden Betriebsteil fortzuführen.[278]

241 Widersprüche von Arbeitnehmern führen außerdem fast immer zu finanziellen Folgeproblemen bei der Abwicklung. Nur selten wird es dem Verkäufer gelingen, die dem Betriebsübergang widersprechende Arbeitnehmer ganz ohne Abfindung loszuwerden. Drohende Abfindungszahlungen lasten daher auf den Schultern des Verkäufers. Umgekehrt lastet die Gefahr einer wegen Widersprüchen unbefriedigend gebliebenen Personalbestandes auf den Schultern des Käufers. Beide Seiten tun daher gut daran, die zu übernehmenden Mitarbeiter rechtzeitig aufzuklären und der Gefahr einer sozialen Verschlechterung durch den Verkauf mit einem tragfähigem Zukunftskonzept zu begegnen.

242 Wegen der mit einem Unternehmensverkauf oft verbundenen Verunsicherung des Personals wird meist darauf verzichtet, die Belegschaft (abgesehen von Führungskräften) schon vor Abschluss des Asset-Deals in diesen einzuweihen. In der Regel wird die Information der Mitarbeiter daher erst durchgeführt, wenn der Kaufvertrag über den Asset-Deal bereits abgeschlossen ist. Die vorgeschriebene Information der Mitarbeiter wird dann als Vollzugsbedingung vorgesehen. Meist wird das Informationsschreiben allerdings inhaltlich bereits vor dem Vertragsabschluss über den Asset-Deal zwischen Käufer und Verkäufer abgestimmt und dem Kaufvertrag als zentrales Dokument der Transaktion im Entwurf beigefügt.

243 Die Parteien pflegen sich hinsichtlich des Übergangs der Mitarbeiter in vielen Fällen zusätzlich vertraglich abzusichern.[279] So kann beispielsweise als Vollzugsbedingung für den Kaufvertrag aufgenommen werden, dass jedenfalls bestimmte Mitarbeiter (sog. Key-Employees) neue Arbeitsverträge mit dem Käufer abschließen müssen oder innerhalb der Widerspruchsfrist dem Übergang ihrer Arbeitsverhältnisse jedenfalls nicht widersprechen dürfen. Möglich sind auch Garantien des Verkäufers in Bezug auf einen bestimmten Mindestpersonalbestand des verkauften Betriebsteils am Vollzugstag, bzw. in Bezug auf

---

[276] BeckHdB Unternehmenskauf/*Wolff* D Rn. 169.
[277] BeckHdB Unternehmenskauf/*Wolff* D Rn. 169.
[278] MüKoBGB/*Müller-Glöge* § 613a Rn. 116.
[279] HWK/*Willemsen*/*Müller-Bonanni* BGB § 613a Rn. 299.

VII. Kaufvertrag § 3

die Abwesenheit einer größeren Anzahl von Widersprüchen. Insbesondere wäre daran zu denken, dem Käufer für diesen Fall Kostenersatz für die erforderlich werdende Akquisition neuer Mitarbeiter zuzusagen, anstatt die Transaktion am Nichteintritt dieser Vollzugsbedingung scheitern zu lassen.

Nicht selten kommt es vor, dass Arbeitsverhältnisse nicht genau dem verkauften Betriebsteil zugeordnet werden können.[280] Dies ist insbesondere bei Positionen in Vertrieb und Verwaltung oft der Fall. Hier sind die Arbeitnehmer meist für das ganze Unternehmen tätig und nicht nur für den verkauften Betriebsteil. Bekannt wurde in diesem Zusammenhang die Christel-Schmidt-Entscheidung des EuGH vom 14.4.1994, nach welcher eine Putzfrau, welche nur die Räumlichkeiten eines bestimmten Betriebsteiles reinigte, als Arbeitnehmerin dieses betreffenden Betriebsteils angesehen wurde. Sie musste vom Käufer des Betriebsteils übernommen und weiterbezahlt werden, obwohl dieser selbst über eine ausreichende Reinigungsmannschaft verfügte.[281]   244

Grundsätzlich haften Verkäufer und Käufer solidarisch für alle Ansprüche von Mitarbeitern, deren Arbeitsverhältnisse nach § 613a BGB übergehen, soweit deren Ansprüche innerhalb eines Jahres nach dem Betriebsübergang fällig werden. Eine Haftung des Verkäufers für Löhne und Gehälter der von ihm auf den Käufer übergegangenen Mitarbeiter kann daher auch dann ins Gespräch kommen, wenn der Käufer innerhalb eines Jahres nach dem Betriebsübergang insolvent werden sollte.   245

5. Ablösung von Finanzverbindlichkeiten und Gesellschafterdarlehen

In vielen Fällen bestehen bei einem Unternehmensverkauf zum Stichtag des wirtschaftlichen Übergangs Finanzverbindlichkeiten. Darunter versteht man alle zinstragenden Verbindlichkeiten, also im Wesentlichen Bankschulden, Gesellschafterdarlehen, Verbindlichkeiten aus Anleihen oder Schuldscheindarlehen, Schecks, Wechseln und ähnliches.[282]   246

Handelt es sich um Bankverbindlichkeiten, können diese je nach Vereinbarung mit der jeweiligen Bank bei einem Verkauf entweder bestehen bleiben oder müssen vom Käufer des Unternehmens abgelöst werden. Ihr Gegenwert wird vom Käufer in der Regel vom Kaufpreis abgezogen, denn Bankverbindlichkeiten des Zielunternehmens mindern klassischerweise den Netto-Unternehmenswert (Debt and Cash Free Betrachtung).[283]   247

Ähnlich verhält es sich mit Gesellschafterdarlehen. Diese stellen ebenso wie Bankverbindlichkeiten Finanzschulden des Unternehmens dar und sind daher kaufpreisrelevant.[284] Im Unterschied zu Bankverbindlichkeiten werden Gesellschafterdarlehen aber in fast allen Fällen am Vollzugstag an den Verkäufer bzw. Darlehensgeber zurückgezahlt, weil der Verkäufer bzw. Darlehensgeber sich nach einem Verkauf nicht mehr als Kreditgeber des Unternehmens sehen möchte. Auch möchte der Käufer in der Regel seine eigene Finanzierungsstruktur aufsetzen und ist nicht daran interessiert, einem früheren Gläubiger weiterhin Geld aus einem Gesellschafterdarlehen zu schulden. Der Käufer kauft daher entweder diese Forderung dem jeweiligen Kreditgläubiger zum Nominalbetrag einschließlich Zinsen ab (so dass er selbst neuer Kreditgeber wird) oder aber er tilgt sie durch Einlage des entsprechenden Betrages in die Gesellschaft, welche daraus die Rückzahlung leisten kann. Der entsprechende Betrag mindert dann den Kaufpreis für Gesellschafts oder Geschäftsanteile.   248

Schwieriger liegen die Dinge, wenn Finanzschulden des Unternehmens, und dies wird insbesondere bei Bankverbindlichkeiten nicht selten der Fall sein, nicht nur dem verkauf-   249

---

[280] Holzapfel/Pöllath, Unternehmenskauf in Recht und Praxis/*Engelhardt/v. Maltzahn,* Rn. 1133.
[281] EuGH NZA 1994, 545.
[282] In der Regel erfolgt Bezugnahme auf die in Betracht kommenden Positionen in der Bilanz gemäß § 266 Abs. 3C HGB.
[283] BeckHdB Unternehmenskauf/*Jaques* D Rn. 100.
[284] Abzugsfähige Verbindlichkeiten sind in der Regel alle „zinstragenden" Verbindlichkeiten (im Unterschied zu laufenden sonstigen Verbindlichkeiten, wie zum Beispiel aus Dauerschuldverhältnissen oder Lieferungen und Leistungen, die einfach den laufenden Kosten zugerechnet werden).

ten Unternehmen selbst dienen, sondern auch weiteren Unternehmen der Unternehmensgruppe des Verkäufers. Vielfach ist die Finanzierung in einem mittelständischen Konzern zentral geregelt. Sämtliche Konzerngesellschaften haften untereinander für aufgenommene Finanzverbindlichkeiten und stellen den finanzierenden Banken Sicherheiten, zum Beispiel bei größeren Investitionen oder im Fall eines Cash-Pools. Der Käufer wird die Aufteilung der Bankverbindlichkeiten und die Freigabe von Sicherheiten in der Form verlangen, dass das gekaufte Unternehmen nur noch für eigene Schulden haftet und hierfür Sicherungen bestellt.[285]

250 Dem Verkäufer obliegt es in diesen Fällen zu ermitteln, wie er die Freigabe des Zielunternehmens aus den bestehenden Bankverbindlichkeiten und Sicherheiten erreichen kann. Der Käufer benötigt spätestens am Vollzugstag den Nachweis, dass die Zielgesellschaft nicht mehr für Darlehen anderer Unternehmen haftet und die insoweit bestellten Sicherheiten freigegeben wurden (Vollzugsbedingung).[286]

251 In den meisten Fällen wird die Freigabe seitens der Kreditinstitute von einer Sondertilgung abhängig gemacht.[287] Ist der Verkäufer nicht in der Lage, diese Summe aus eigenen Mitteln aufzubringen, muss die Verbindlichkeit durch Zahlungsanweisung des Verkäufers aus dem Kaufpreis abgelöst werden. Der Käufer kann unter Abzug vom Kaufpreis den für die Sondertilgung erforderlichen Betrag unmittelbar zur Schuldentilgung an die dies fordernden Kreditinstitute auszuzahlen. Dem Käufer müssen dann bis zum Vollzugstag aufschiebend bedingte Freigabeerklärungen der betreffenden Kreditinstitute vorgelegt werden, aus denen hervorgeht, dass die Kreditinstitute das Zielunternehmen Zug um Zug gegen Auszahlung der genannten Ablösesumme aus den genannten Kreditverpflichtungen und Sicherheiten entlassen[288]

252 In manchen Fällen wird von Käuferseite auch verlangt, dass die betreffenden Gläubiger ganz oder teilweise auf Gesellschafterdarlehen oder Bankdarlehen verzichten, weil sich sonst wegen der schlechten Finanzlage des Unternehmens kein Käufer mehr für dieses Unternehmen finden lässt. Solche „Sanierungsverzichte" kommen in der Regel nur in Form eines Teilverzichts vor, weil es sonst keine Motivation für den jeweiligen Gläubiger geben würde, auf eine solche Vereinbarung einzugehen.

253 Verzicht oder Teilverzicht sollten aus steuerlichen Gründen nur erklärt werden, wenn der damit verbundene außerordentliche Ertrag auf Seiten des Zielunternehmens nicht zu einer Besteuerung führt[289] Das kann der Fall sein, wenn die Gesellschaft noch über entsprechend hohe Verlustvorträge verfügt. Nach Feststellung der Unwirksamkeit des sog. Sanierungserlass durch den BFH[290] ist vom Gesetzgeber eine umfassende Neuregelung beschlossen worden, nach welcher weiterhin steuerfreie Sanierungsgewinne möglich sind. Hierdurch hat man dem sogar von der Finanzverwaltung anerkannten Bedürfnis nach einer entsprechenden Steuerverschonung an Ende wieder Rechnung getragen.[291]

254 Sieht man eine nachteilhafte Besteuerungsfolge kommen, sollte der Gläubiger seine Forderung besser zu dem angebotenen Teilbetrag (mit Realisierung eines teilweisen Verlustes) an den Käufer veräußern, so dass die Forderung weiterhin unverändert in der Bilanz des Zielunternehmens verbleiben kann und die Aufdeckung eines außerordentlichen Ertrags durch Verzicht vermieden wird.

---

[285] *Larisch/Denninger,* Ablösung einer Konzernfinanzierung und von Sicherheiten in M&A Prozessen, KSzW 2016, 31.
[286] Holzapfel/Pöllath, Unternehmenskauf in Recht und Praxis/*Engelhardt/Farkas,* Rn. 1174ff.
[287] Holzapfel/Pöllath, Unternehmenskauf in Recht und Praxis/*Söhlke/Reckwardt,* Rn. 2494.
[288] *Larisch/Denninger,* Ablösung einer Konzernfinanzierung und von Sicherheiten in M&A Prozessen, KSzW 2016, 31.
[289] Sonst Gewinnrealisierung, BFH DStR 1993, 1017.
[290] BFH BStBl 2018 II, 236; BFH DStR 2018, 2473.
[291] § 3a EStG mit den entsprechenden Voraussetzungen, die zu prüfen bleiben.

6. Beendigung von Unternehmensverträgen

255 Beim Verkauf von Tochtergesellschaften findet man auch im mittelständischen Bereich häufig Verträge zwischen Konzerngesellschaften vor[292] Meist handelt es sich dabei um Gewinnabführungsverträge[293], welche aus steuerlichen oder finanzierungstechnischen Gründen abgeschlossen wurden und die Abführung des Gewinns sowie den Ausgleich des Verlusts zwischen Muttergesellschaft (Organträgergesellschaft) – und Tochtergesellschaft (Organgesellschaft) vorsehen. Man spricht auch von einer Organschaft[294]

256 Durch solche Verträge wird der gesamte Gewinn der Organgesellschaft zum Ultimo des Geschäftsjahres der Muttergesellschaft zugerechnet und kann dort mit Verlusten, zB aus anderen geschäftlichen Aktivitäten, saldiert werden. Umgekehrt ist die Organträgergesellschaft verpflichtet, jeden Verlust der Organgesellschaft auszugleichen, so dass sich ein Gewinnabführungsvertrag auch zur Finanzierung der Organgesellschaft durch die Organträgergesellschaft steuerlich nutzen lässt. Insbesondere dann, wenn eine Organträgergesellschaft als Muttergesellschaft den Finanzierungsaufwand eines Konzerns trägt, erweist sich die Organschaft als ein beliebtes Gestaltungsmittel, um den Gewinn einer Tochtergesellschaft mit dem Verlust auf der oberen Gesellschaftsebene zu saldieren und damit Steuern zu sparen. Gewinnabführungsverträge sind zwar zivilrechtlich im Aktienrecht geregelt, die analoge Anwendbarkeit dieser Regelungen auf die GmbH ist aber unstritig.[295]

a) Zivilrechtliche und steuerliche Anforderungen an Organschaftsverträge. Gewinn- **257** abführungsverträge sind zivilrechtlich nur wirksam, wenn sie nach den Vorschriften des Aktienrechts[296] von den Gesellschafterversammlungen beider Unternehmen mit qualifizierter Mehrheit (mindestens $\frac{3}{4}$ Mehrheit) beschlossen, zwischen den beteiligten Gesellschaften in Schriftform abgeschlossen und außerdem ins Handelsregister eingetragen worden sind. Ein Gewinnabführungsvertrag kann nicht rückwirkend in Kraft treten. Soll der Gewinnabführungsvertrag beispielsweise ab Beginn eines Geschäftsjahres gelten, muss er vor Beginn dieses Geschäftsjahres im Handelsregister der Organgesellschaft eingetragen worden sein[297]

258 Steuerlich ist ein Gewinnabführungsvertrag nur dann anzuerkennen, wenn die Organgesellschaft finanziell in die Organträger-Gesellschaft eingegliedert ist, was voraussetzt, dass letztere mehr als 50 % der Stimmrechte an der Organgesellschaft halten muss oder über die entsprechende Stimmrechtsmehrheit auf Grund Vereinbarung verfügt. Ferner muss der Gewinnabführungsvertrag zivilrechtlich wirksam abgeschlossen und den Vereinbarungen entsprechend durchgeführt worden sein. Auch muss der Vertrag auch für die Dauer von mindestens fünf Jahren abgeschlossen worden sein, vorbehaltlich einer möglichen Kündigung aus wichtigem Grund. Als wichtiger Grund wird auch die Veräußerung des Unternehmens anerkannt.[298]

b) Unternehmensverkauf und rechtsfehlerhafte Organschaft. Probleme ergeben sich **259** im Verkaufsfall, wenn Gewinnabführungsverträge nicht den vorstehenden Regeln entsprechend abgeschlossen oder durchgeführt worden sind oder wenn ihre Kündigung oder Aufhebung im Zusammenhang mit dem Verkauf des Unternehmens übersehen wird.[299]

---

[292] Wicke/*Wicke* GmbHG Anh. § 13 Rn. 2 ff.
[293] Holzapfel/Pöllath, Unternehmenskauf in Recht und Praxis/*Weiß*, Rn. 1961 ff.
[294] Gewinnabführungsverträge sind auch isoliert zulässig um eine Organschaft zu begründen, OLG Karlsruhe NJW-RR 2001, 973.
[295] Wicke/*Wicke* GmbHG Anh. § 13 Rn. 6.
[296] §§ 293 ff. AktG.
[297] § 14 Abs. 1 S. 1 KStG.
[298] Zu den Voraussetzungen der steuerlichen Anerkennung eines Gewinnabführungsvertrages insgesamt vgl. H 14, R 14 Körperschaftsteuerrichtlinien.
[299] BFH DStR 2017, 2112.

Die steuerliche Nichtanerkennung eines Gewinnabführungsvertrages[300] führt zur nachträglichen Annullierung aller damit bezweckten steuerlichen Rechtsfolgen, also vor allem zur Beseitigung des Ausgleichs von Gewinnen und Verlusten auf Seiten der beteiligten Unternehmen. Da Gewinnabführungsverträge immer der Optimierung der Steuerlast dienen, sind erhebliche Steuernachforderungen regelmäßig die Folge solcher „kaputten" Unternehmensverträge.[301] Eine rückwirkende Heilung ist in den wenigsten Fällen möglich, weil die Nichtanerkennung auch dann erfolgt, wenn ein Unternehmensvertrag nicht wie steuerlich vorgeschrieben während der gesamten Laufzeit durchgeführt worden ist. Die nachträgliche Änderung oder Anpassung vermag daher meist nichts mehr zu ändern, wenn eine dieser Voraussetzungen zuvor verfehlt wurde.

260 **c) Vorgehen zur Auflösung der Organschaft im Verkaufsfall.** Umso wichtiger ist die regelgerechte Durchführung und Beendigung eines Gewinnabführungsvertrages bis zum Verkauf des Unternehmens. Es ist zunächst erforderlich, den bestehenden Gewinnabführungsvertrag aus wichtigem Grund aufzuheben oder zu kündigen.[302] Hierzu bedarf es eines entsprechenden Gesellschafterbeschlusses mindestens eines der beiden Unternehmen, wobei unterstellt wird, dass der Verkaufsfall entweder ausdrücklich als wichtiger Grund für eine Kündigung im Unternehmensvertrag genannt ist oder die Kündigung aus wichtigem Grund jedenfalls nicht ausgeschlossen worden ist. Der Verkaufsfall wird in der Regel als wichtiger Grund zur Kündigung anerkannt.[303] Ferner bedarf es des Zugangs der Kündigung bei der Organgesellschaft oder der Organträgergesellschaft, je nachdem, welche der beiden Gesellschaften die Kündigung erklärt. Alternativ kommt der Abschluss eines Aufhebungsvertrages in Betracht.

261 Die Kündigung und der Aufhebungsvertrag sollten die Beendigung des Gewinnabführungsvertrages auf den Tag vorsehen, zu welchem der Unternehmenskauf vollzogen werden soll. Soll die Beendigung nicht zum Ende des Geschäftsjahres erfolgen, bedarf die Aufhebung de facto der Zustimmung des Finanzamtes, denn in diesem Fall muss zur Beendigung des Gewinnabführungsvertrages auch zwingend das Geschäftsjahr umgestellt werden.[304] Die Genehmigung ist allerdings zu erteilen, wenn diese Umstellung im Zuge einer zulässigen Kündigung oder Aufhebung des Gewinnabführungsvertrages erfolgt.[305] Schließlich muss noch die Eintragung der Aufhebung des Gewinnabführungsvertrages in das Handelsregister der beteiligten Gesellschaften erfolgen, was allerdings nur eine Ordnungsvorschrift ist.[306]

262 Nach Vollzug des Kaufvertrages ist dann die Schlussbilanz auf das Ende des Gewinnabführungsvertrages aufzustellen. Aus dieser ergibt sich entweder ein Gewinn oder ein Verlust der Organgesellschaft. Dieser muss noch ausgeglichen werden, um den Gewinnabführungsvertrag nicht zu verletzen und bis zum Ende vertragsgemäß durchzuführen. Falls die Organgesellschaft noch einen Gewinn abführen muss, kann dies mit der Regelung im Unternehmenskaufvertrag kollidieren, dass der nicht ausgeschüttete Gewinn bereits dem Käufer zugewiesen wird. Hier muss entweder die nachträgliche Gewinnausschüttung an den Verkäufer noch zugelassen werden oder es muss eine entsprechende Kaufpreisreduktion als Gegenleistung dafür vereinbart werden, dass die Gesellschaft ihren Gewinn noch an den Verkäufer ausschütten muss. Bei Verlustausgleich liegen die Dinge umgekehrt.[307]

---

[300] Beck Bil-Komm/*Grottel*/*Kreher* HGB § 271 Rn. 131 ff.
[301] Vgl. BFH DStR 2017, 2112.
[302] Dabei gelten dieselben Voraussetzungen wie bei Auflösung eines Beherrschungsvertrages; vgl. dazu im Einzelnen MHLS/*Servatius* GmbHG, Systematische Darstellung 4, Rn. 333, 221 ff.
[303] BFH DStR 2014, 643.
[304] § 7 Abs. 4 S. 3 KStG; vgl. dazu auch Gosch/*Roser* KStG § 7 Rn. 50 ff.
[305] KStR, R 14.4 Abs. 3.
[306] Darin liegt nur deklaratorische Wirkung, da § 296 AktG nicht auf § 294 Abs. 2 AktG verweist.
[307] Die langjährigen Rechtsfolgen aus einer nicht ordentlichen Beendigung von Unternehmensverträgen werden oft unterschätzt; diese betreffen sowohl die steuerliche Nachveranlagung als auch die mögliche Mithaftung der beteiligten Unternehmen in einem späteren Insolvenzfall.

VIII. Kaufpreis

Der Kaufpreis für ein Unternehmen hängt von der Methode ab, mit welcher das Unternehmen zu bewerten ist.[308] Wie dieser Wert zu ermitteln ist, kann durchaus schwierig und streitig sein.[309] Während der Wert einzelner Gegenstände des Betriebsvermögens ihrem jeweiligen Zeitwert entspricht, kommt es beim Wert eines Unternehmens auf die damit in Zukunft erzielbaren Erträge an. Der Käufer zahlt gerade nicht dafür, dass ihm durch die Veräußerung des Betriebsvermögens Geld zufließen könnte, denn dann müsste er das Unternehmen einstellen. Der logische Bewertungsansatz muss daher immer darin liegen, dem Verkäufer die möglichen Zukunftserträge abzugelten, welche er nun dem Käufer mit dem gekauften Unternehmen überlässt.[310] Eine Ausnahme bilden nur Transaktionen, bei denen es um einen einzustellenden oder abzuwickelnden Geschäftsbetrieb geht. Hiervon soll aber in einem Kapitel, in welchem es um die Unternehmensnachfolge, also gerade um die Unternehmensfortführung, geht, nicht die Rede sein

1. Bewertungsmethoden

a) Vergleichswertmethode. Auf den ersten Blick erscheint es naheliegend, auf Vergleichspreise abzustellen, welche in vergleichbaren Transaktionen für vergleichbare Unternehmen am Markt gezahlt werden. Problematisch ist aber die mangelnde Vergleichbarkeit von Unternehmen, selbst wenn sie ein und derselben Branche angehören. Es fehlt außerdem an verlässlichen Informationsquellen, um Kaufpreise von Unternehmen zuverlässig ermitteln zu können. Kaufpreise von Unternehmen werden in den meisten Fällen nicht veröffentlicht. Die öffentlich einsehbare Datenbasis ist auch nicht vergleichbar mit der Datenbasis für Grundstücksverkäufe, die laufend aus den Pflichtmeldungen der an einem Grundstücksverkauf beteiligten Notare gespeist wird.[311]

Es bestehen zwar Möglichkeiten, Unternehmenswerte aus den Kurswerten börsennotierter Unternehmen einer in Betracht kommenden Zielbranche abzuleiten, und zwar durch Ermittlung des Verhältnisses zwischen EBIT(DA) und Kurswert der Aktien („Kurs-Gewinn-Verhältnis").[312] Allerdings erscheint dieser Ansatz für die Bewertung mittelständischer Unternehmen doch sehr zweifelhaft, denn börsennotierte Unternehmen sind meist wesentlich größer, nicht abhängig vom Inhaber und unterliegen auch häufig sehr spekulativen, makroökonomischen Einflüssen[313]

Im Finance Magazin und bei Merger Market erscheinen regelmäßig Auswertungen von Unternehmenskaufpreisen, welche nach Branchen unterteilt typische EBITDA Multiplikatoren abbilden und als Quelle der Orientierung verwendet werden können. Daneben gibt es teilweise Auswertungen von Analysten, die man gegen Bezahlung anfordern kann. Auch wenn man diese Übersichten für den Einzelfall als grobe Orientierung heranziehen kann, verdeutlichen sie doch am Ende nur beispielhaft, wie unterschiedlich sich die maßgeblichen EBIT(DA) Multiplikatoren in den einzelnen Branchen entwickeln und wie sich konjunkturellen Schwankungen auf Branchen und Märkte auswirken. Mit Vergleichsmaterial allein kommt man dem Bewertungsproblem also kaum näher.

b) Multiplikatorenmethode. Unternehmensbewertungen für Zwecke eines Unternehmenskaufs erfolgen heute meist nach der sog. Multiplikatorenmethode. Dabei wird der

---

[308] Hölters, HdB Unternehmenskauf/*Rempp*, Rn. 1.151a-1.151d sowie Holzapfel/Pöllath, Unternehmenskauf in Recht und Praxis/*Bergjahn*, Rn. 792.
[309] Hölters, HdB Unternehmenskauf/*Rempp*, Rn. 1.153.
[310] Hölters, HdB Unternehmenskauf/*Rempp*, 1.151a sowie Holzapfel/Pöllath, Unternehmenskauf in Recht und Praxis/*Bergjahn*, Rn. 792.
[311] s. Datenmaterial der Gutachterausschüsse für Grundstückswerte, §§ 192, 197 BBauG.
[312] *Weber*, Rentabilität, Produktivität und Liquidität, 2. Aufl. 1998, S. 61.
[313] Zu den Bewertungsstandards vgl. OLG Düsseldorf AG 2018, 399–405; das Bundesverfassungsgericht sieht wohl jede Wertermittlung nach der „Ertragswertmethode" als zulässig an; BVerfG NZG 2011, 869.

Unternehmenswert durch Anwendung eines branchenüblichen Vervielfältigers auf das nachhaltig anzunehmende Betriebsergebnis des Zielunternehmens ermittelt.[314]

268 Als nachhaltig anzunehmendes Betriebsergebnis ist das zu erwartende Zukunftsergebnis zu Grunde zu legen. Meist wird dabei das EBIT oder EBIT(DA) aus den letzten drei Geschäftsjahre zu Grunde gelegt und daraus im Businessplan des Verkäufers ein plausibles Zukunftsergebnis abgeleitet. Je nach Überzeugungskraft des Businessplanes werden die dort vorausberechneten Ergebnisse vom Käufer mehr oder weniger in die Beurteilung einbezogen. Sondereffekte und außerordentliche Ergebnisveränderungen werden herausgerechnet.[315]

269 EBIT (Earnings before Interest) wird gemeinhin definiert als Jahresüberschuss/Jahresfehlbetrag zuzüglich Zinsaufwand, abzüglich Zinsertrag. EBITDA (Earning before Interest and Tax) wird gemeinhin definiert als Jahresüberschuss zuzüglich Zinsaufwand, abzüglich Zinsertrag sowie zuzüglich Abschreibungen auf das Anlagevermögen, abzüglich Zuschreibungen auf das Anlagevermögen. Ferner ist das Ergebnis noch zu korrigieren um Erträge und Aufwendungen, die außerhalb der gewöhnlichen Geschäftstätigkeit anfallen oder periodenfremd sind.[316]

270 Unter Berücksichtigung der bekannten Branchen-Multiples (siehe oben) und Betrachtung von Kurs-Gewinn-Verhältnissen vergleichbarer börsennotierter Unternehmen (sog. „Peer-Group") versucht der Käufer den branchenüblichen Vervielfältiger abzuleiten, mit dem er das zu Grunde gelegte Zukunfts EBIT(DA) multipliziert. In einem weiteren Schritt wird der Brutto-Unternehmenswert bereinigt, das heißt erhöht um die frei verfügbare Liquidität des Unternehmens und ermäßigt um die Finanzverschuldung. Weitere Korrekturen werden vorgenommen, wenn das Unternehmen am Stichtag des wirtschaftlichen Übergangs ein vom durchschnittlichen Working-Capital abweichendes Working-Capital aufweist. Es ergibt sich dann der sog. Netto-Unternehmenswert (auch Equity-Value). Dieser entspricht dem zahlbaren Kaufpreis.[317]

271 Im Zentrum dieser Berechnungsmethode steht die Ermittlung des künftigen EBIT(DA) und des darauf anzusetzenden (branchenüblichen) Multiplikators. Käufer und Verkäufer entwickeln dabei naturgemäß häufig unterschiedliche Vorgehensweisen. Während der Käufer konservativ rechnet und plant, sieht der Verkäufer positive Entwicklungen grundsätzlich als „sehr wahrscheinlich" an. Dies führt nicht selten zu einer tendenziell unterschiedlichen Beurteilung des anzunehmenden EBIT(DA). Und auch beim Multiplikator ist man sich oft nicht einig. Weil die Bandbreite der in Betracht kommenden Beurteilungen naturgemäß recht groß ist, besteht letztlich nicht selten Uneinigkeit über die Ermittlung des Unternehmenswertes.[318]

272 **c) Discounted Cash Flow Methode.** Die Discounted Cash Flow Methode („DCF")[319] misst nicht das künftige EBIT(DA), sondern nur die freien Cashflows, welche das Unternehmen vor Abzug etwaiger Finanzierungsaufwendungen in der Zukunft generieren kann.[320] Es handelt sich letztlich um ein aus dem EBIT(DA) abgeleitetes Ergebnis, das aber wesentlich genauer auf die Mittelzuflüsse abgestellt ist, welche der Käufer letztlich mit dem Unternehmen generieren kann. Auf Grund dessen eignet sich die DCF-Methode auch sehr gut dazu, die Grenzen einer Finanzierung des Kaufpreises zu ermitteln, denn

---

[314] Rössler/Troll/*Eiseler* BewG § 11 Rn. 38; *Schüler* DB 2015, 2277.
[315] Nur die relevanten Überschüsse sind für die Bewertung maßgebend, vgl. *Schüler* DB 2015, 2277 (2281).
[316] EBITDA Definition gemäß Wikipedia; es gibt keine allgemein gültige EBIT(DA) Definition; in der Praxis wird häufig zur genaueren Präzisierung auf die einzelnen Ziffern des Bilanzgliederungsschemas nach § 275 HGB Bezug genommen.
[317] Vgl. zur Anwendung der Multiplikatorenmethode Rössler/Troll/*Eiseler* BewG § 11 Rn. 38 sowie Beck-HdB Unternehmenskauf/*Behringer* B Rn. 54 ff.
[318] Vgl. zur unterschiedlichen Bewertung je nach Käufer- und Verkäuferinteressen und Bewertungsanlass Hölters, HdB Unternehmenskauf/*Rempp*, Rn. 1.154.
[319] *Schüler* DB 2015, 2277 (2278).
[320] Hölters, HdB Unternehmenskauf/*Rempp*, Rn. 1.151a.

VIII. Kaufpreis § 3

aus den laufenden Cash-Flows muss das Unternehmen nach einem Verkauf später auch die Finanzierungskosten eines etwaigen Akquisitionsdarlehens aufbringen können.

Die Eigen- und Fremdkapitalkosten, mit denen die Abzinsung der zukünftigen Cash-Flows erfolgt, werden beim DCF-Ansatz als gewichtete durchschnittliche Kapitalkosten (weighted average capital costs – „WACC") ermittelt.[321] Hierdurch soll die angemessene Renditeerwartung für Eigenkapital- und Fremdkapitalgeber des Unternehmens in die Berechnung einbezogen werden. Die Eigenkapitalkosten werden ermittelt aus dem erzielbaren Zins einer risikolosen Kapitalanlage (zB Zins 10-jähriger Staatsanleihen) zuzüglich einer angemessenen Marktrisikoprämie. Diese Marktrisikoprämie erscheint erforderlich, um das Risiko der ungesicherten Unternehmensfinanzierung im Vergleich zur risikolosen Anleihe hinreichend abzubilden. 273

Die Eigenkapitalkosten sind regelmäßig wesentlich höher als die Fremdkapitalkosten, denn im Unterschied zum Fremdkapitalgeber kann der Eigenkapitalgeber Rückzahlung seines Kapitals nur im Liquidations- oder Verkaufsfall erwarten und muss sich dieses zusätzliche Risiko entsprechend vergüten lassen. Darüber hinaus trägt er auch ein Totalverlustrisiko. Die Fremdkapitalkosten werden aus den üblichen Fremdkapitalzinssätzen im Zeitpunkt der Unternehmensbewertung nach Steuern ermittelt. Sie errechnen sich aus dem Basiszins, mit welchem sich Banken bei der Zentralbank refinanzieren können und einem handelsüblichen Aufschlag („Marge") im Zeitpunkt des Unternehmenskaufs. 274

Wichtig ist die Erkenntnis, dass jede Erhöhung des Risikozuschlages wegen der damit verbundenen Erhöhung der Abzinsung unmittelbar den Wert des Unternehmens und damit den Kaufpreis für das Unternehmen senkt, so dass ein höherer Anteil an Eigenkapitalfinanzierung nach den heutigen Marktverhältnissen auf dem Zinsmarkt letztlich zu einer höheren Abzinsung und damit zu einem niedrigeren Kaufpreis führen müsste. Wer mit der DCF-Methode arbeitet, muss also versuchen, eine ausgewogene Finanzierung abzubilden, wie sie für das zum Verkauf stehende Unternehmen tatsächlich aus Käufersicht erwartet werden kann. 275

Das differenzierte Abzinsen erscheint nur für eine begrenzte Zeit gerechtfertigt, nämlich für den Zeitraum, für welchen das Unternehmen mit bestimmten Cashflows und bestimmten Finanzierungskosten hinreichend sicher rechnen kann. Für die Zeit danach wird beim DCF-Verfahren der sog. Residualwert („Terminal Value") des Unternehmens ermittelt. Hierbei handelt es gewissermaßen um den verbleibenden Rest der (grundsätzlich unbefristeten) Zukunftserträge, welche nach Ablauf der ersten Referenzperiode noch verbleiben. Diese Erträge (man spricht auch von einer „ewigen Rente") werden abzüglich des konkret ermittelten Ertragswertes für die geplante erste Referenzperiode abgezinst und bilden den zweiten Teil des Unternehmenswertes.[322] 276

Problematisch ist hierbei sowohl die Annahme der weiteren, nachhaltigen Cash-Flows als auch der für die Abzinsung anzusetzende Wert. Da weder die Zukunftserträge noch die Zinsentwicklung auf dem Anleihemarkt in der nun immer weiter entfernt liegenden Zukunft halbwegs sicher vorhergesagt werden können und auch nicht mehr im Businessplan des Unternehmens erfasst sind, bewegt man sich bei der Ermittlung des sog. Residualwertes in einem recht spekulativen Bereich. Immerhin bemüht sich die DCF-Methode jedenfalls um Differenzierung zwischen der planbaren Phase eines Unternehmenskaufs und der danach verbleibenden Periode.[323] 277

---

[321] Zum WACC-Ansatz *Schüler* DB 2015, 2277 (2278); Hölters, HdB Unternehmenskauf/*Keim/Jeromin*, Rn. *3.365*; zur Bestimmung von Fremd- und Eigenkapitalzinsen sowie des kumulierten Kapitalisierungszinssatzes Hölters, HdB Unternehmenskauf/Keim/Jeromin, Rn. 3.416 ff. sowie Rn. 3.425 ff.
[322] *Schüler* DB 2015, 2277 (2282) mwN.
[323] Zur Berechnung des Unternehmenswerts nach dem WACC-Ansatz umfassend Hölters, HdB Unternehmenskauf/*Keim/Jeromin*, Rn. 3.352–3.365; zur Phase der sog. „ewigen Rente" Hölters, HdB Unternehmenskauf/Keim/Jeromin, Rn. 3.337 ff.

278 **d) Ertragswertmethode nach IdWS1 Fachgutachten.** Der Unternehmenswert lässt sich auch von vornherein nach der Formel der ewigen Rente berechnen. Zu diesem Zweck werden sämtliche geschätzten Zukunftserträge des Unternehmens nach Steuern (also nicht nur die freien Cash-Flows) mit einem angenommenen Aufschlag auf den Zins für sog. risikolose Anleihen abgezinst[324] Die Höhe des Risikozinses, der zur Abzinsung verwendet wird, ist zunächst wiederum abhängig von dem aktuellen Durchschnittszins für risikolose Staatsanleihen, wobei der Unsicherheit für die Zukunft natürlich entsprechend Rechnung getragen werden muss. Anschließend ist dann ein Zuschlag als Marktrisikoprämie zu ermitteln, der einer angemessenen Eigenkapitalverzinsung entspricht. Der Ertragswert wird bei dieser Methode letztlich aus der erwarteten Eigenkapitalverzinsung abgeleitet. Jede Erhöhung des Risikozuschlages führt wie bei der DCF-Methode automatisch zu einer Verringerung des Unternehmenswertes und jede Ermäßigung automatisch zu einer Erhöhung des Unternehmenswertes.[325]

279 Kriterien für die Ermittlung der richtigen Abzinsung finden sich in den Bewertungsrichtlinien des Institutes der Wirtschaftsprüfer Deutschlands (sog. IdWS1 Standard). Die anzusetzenden Zukunftserträge und die Bestimmung des Risikoaufschlages bleiben aber trotz vieler Hinweise in dem IDWS1 Fachgutachten eine sehr individuelle Einschätzungsfrage der jeweiligen Gutachter. Die komplexen Faktoren, die bei der Risikoanalyse und dem Ansatz angemessener Abzinsungssätze eine Rolle spielen können, erlauben es letztlich, auf der Grundlage dieser Bewertungsmethode zu sehr unterschiedlichen Beurteilungen beim Unternehmenswert zu kommen.[326]

2. Kaufpreisanpassungen

280 **a) Finanzverbindlichkeiten, Liquide Mittel.** Die Finanzverbindlichkeiten (auch „zinstragende" Verbindlichkeiten genannt) werden in der Regel bei Ermittlung des Unternehmenswertes von dem ermittelten Unternehmenswert abgezogen, liquide Mittel werden hingegen hinzuaddiert. Dies geschieht, um Vergleichbarkeit des ermittelten Unternehmenswertes mit dem Wert anderer Unternehmen zu erzielen[327]

281 Finanzverbindlichkeiten sind alle Kreditschulden bei Banken und Kreditinstituten, ferner alle Schulden aus Anleihen, Schuldscheindarlehen, bei Gesellschaftern, stillen Beteiligten, Inhabern von Genussscheinen oder ähnlichen Finanzgläubigern, ferner auch Verbindlichkeiten aus Warentermingeschäften und Derivaten, nicht dagegen Verbindlichkeiten gegenüber Lieferanten und Dienstleistern oder aus Dauerschuldverhältnissen, weil diese in der Regel keinen Finanzierungscharakter haben und keine Zinsen tragen. Zu den Finanzverbindlichkeiten zählen aber in der Regel auch Rückstellungen für Steuern und Sozialversicherungsbeiträge sowie Pensionsansprüche, denn auch hierbei handelt es sich um Verbindlichkeiten, die wegen ihrer erst später eintretenden Fälligkeit einen Zinsanteil beinhalten[328] Teilweise wird in der Praxis auch mit dem Begriff der Netto-Finanzverbindlichkeiten als Abzugsposten gearbeitet. Dieser ist dann definiert als das Fremdkapital abzüglich des kurzfristig verfügbaren Geldvermögens.[329] Übersteigt das kurzfristige verfügbare Geldvermögen das Fremdkapital, kann ein positiver Betrag der Netto-Finanzverbindlichkeiten vorliegen, der sich kaufpreiserhöhend auswirkt.

---

[324] BVerfG ZIP 2012, 1656 erklärt die Ertragswertmethode, welche die Kapitalrendite in den Vordergrund stellt, für eine zulässige Methode zur Wertbestimmung; so auch IdWS1 Bewertungsstandards des HFA des Institutes der Wirtschaftsprüfer Deutschlands.
[325] Bei der Bewertung nach IdWS1 wird darüber hinaus eine sehr differenzierte Analyse der zu erwartenden Zukunftsumsätze und Kosten vorgenommen.
[326] Zu den verschiedenen Ertragswertmethoden umfassend Hölters, HdB Unternehmenskauf/*Keim/Jeromin*, Rn. 3.300 ff. sowie BeckHdB Unternehmenskauf/*Behringer* B Rn. 36 ff.
[327] *Büschgen/Everling*, Handbuch Rating, 1996, S. 133.
[328] *Büschgen/Everling*, Handbuch Rating, 1996, S. 130.
[329] *Adam*, Das Going-Concern Prinzip in der Jahresabschlussprüfung, 2007, S. 303, Rn. 1191.

VIII. Kaufpreis § 3

282 Liquide Mittel (Cash) können definiert werden als Wertpapiere, Kassenbestand, Bundesbankguthaben, Guthaben bei Kreditinstituten und Schecks im Sinne von § 266 Abs. 2 B II und IV HGB.[330] Je nach Definition des Begriffs der abzuziehenden Finanzverbindlichkeiten sind die liquiden Mittel gegenzurechnender Bestandteil dieser Finanzverbindlichkeiten, mindern diese oder sind gesondert auszugleichen.

b) Net Working Capital. Auch das sog. Net Working Capital (Nettoumlaufvermögen) 283 wird heute in der Regel bei einem Unternehmenskauf auf seine Angemessenheit überprüft.[331] Es handelt sich dabei um das liquide Kapital des Unternehmens, welches im Jahresverlauf stark schwanken kann. Üblicherweise versteht man darunter die Summe aus Roh-Hilfs- und Betriebsstoffen zuzüglich der halb fertigen und fertigen Erzeugnisse, Handelswaren, geleistete Anzahlungen sowie Forderungen aus Lieferungen und Leistungen abzüglich der erhaltenen Anzahlungen sowie Verbindlichkeiten aus Lieferungen und Leistungen.[332]

Ein ausreichendes Net Working-Capital ist wichtig, damit das Unternehmen wie bisher 284 nach einem Verkauf weitergeführt werden kann. Der Käufer kann das vorausgesagte Zukunftsergebnis in der Regel nur erreichen, wenn das Unternehmen am Stichtag des wirtschaftlichen Übergangs auch über einen ausreichenden Warenvorrat und ausreichenden Bestand an Forderungen aus Lieferungen und Leistungen abzüglich Verbindlichkeiten aus Lieferungen und Leistungen verfügt. Dementsprechend wird sich ein unterdurchschnittlicher Net-Working Capital Bestand am Stichtag des wirtschaftlichen Übergangs in der Regel kaufpreismindernd und ein überdurchschnittlicher Working Capital Bestand kaufpreiserhöhend (je EUR über oder unter dem zu ermittelnden Durchschnittswert) auswirken.

c) Wechselseitige Abhängigkeit von Cash/Debt und Working Capital. Der Bestand 285 an Working Capital korreliert allerdings mit dem Bestand an liquiden Mitteln und der am Stichtag des wirtschaftlichen Übergangs vorhandenen Finanzverschuldung. Würde man zum Stichtag nur die liquiden Mittel („Cash") bzw. die Finanzverbindlichkeiten („Debt") messen, würde dies für den Verkäufer einen hohen Anreiz setzen, seinen Bestand an Net Working Capital zu Gunsten des Aufbaus eines hohen Cash-Bestandes abzubauen. Er könnte dies bewerkstelligen, indem er zum Beispiel Inventar nicht ersetzt, Vorauszahlungen von Kunden eintreibt und zu bezahlende Lieferantenverbindlichkeiten nicht begleicht.[333] Umgekehrt könnte die isolierte Messung des Net Working Capital dazu führen, dass der Verkäufer zu Lasten des Cash-Bestandes oder der Finanzverschuldung neues Net Working Capital aufbaut, indem er zum Beispiel hohe Lagerbestände einkauft. Der Käufer würde also bei einer isolierten Betrachtung letztlich Gefahr laufen, einen zu hohen Kaufpreis zu zahlen.

In Unternehmenskaufverträgen versucht man daher, den Zusammenhang zwischen li- 286 quiden Mitteln, Finanzverschuldung und dem Net Working Capital dadurch abzubilden, dass alle diese Vermögenspositionen auf den Stichtag des wirtschaftlichen Übergangs gleichermaßen gemessen werden. Eine Doppelerfassung von Positionen im Working Capital und bei den liquiden Mitteln oder Finanzverbindlichkeiten muss durch Verwendung sauberer Definitionen vermieden werden.[334] Im Ergebnis sollte dann eine exakte Herleitung des sog. Netto-Kaufpreises (Equity Value) gelingen.

---

[330] *Adam*, Das Going-Concern Prinzip in der Jahresabschlussprüfung, 2007, S. 299, Rn. 1156.
[331] Hölters, HdB Unternehmenskauf/*Weber*, Rn. 9.174
[332] *Heesen/Moser*, Working Capital Management, S. 8 (ohne liquide Mittel, welche bei der Netto-Finanzverschuldung berücksichtigt werden).
[333] Hölters, HdB Unternehmenskauf/*Weber*, Rn. 9.174.
[334] Problematisch ist es zB, wenn unter Working Capital auch das „Cash" verstanden wird (weil kurzfristiges liquides Vermögen), dann darf es nicht zugleich von den Netto-Finanzverbindlichkeiten abgezogen wer-

287 **d) Vorläufiger und endgültiger Kaufpreis.** Die am Stichtag des wirtschaftlichen Übergangs vorhandenen Bestände an liquiden Mitteln, Finanzverbindlichkeiten und Net Working Capital lassen sich am Tag des Vollzugs des Kaufvertrages noch nicht in geprüfter Form ermitteln. Deshalb wird aus praktischen Gründen im Kaufvertrag zunächst häufig mit einem vorläufigen (geschätzten) Kaufpreis gearbeitet. Dieser am Tag des Vollzugs zahlbare Kaufpreis wird aus einer Prognoserechnung über die Entwicklung von Cash/Debt und Working Capital bis zum Stichtag des wirtschaftlichen Übergangs abgeleitet. Der vorläufige Kaufpreis wird dann nach Auswertung der auf den Stichtag des wirtschaftlichen Übergangs ermittelten, endgültigen und durch den Wirtschaftsprüfer nachgeprüften Zahlen angepasst, so dass sich erst danach der endgültige Kaufpreis ergibt.[335]

288 Die Ausgestaltung solcher „atmenden" Kaufpreisklauseln, insbesondere die Notwendigkeit, Konten des Unternehmens auf den Stichtag des wirtschaftlichen Übergangs zu prüfen und auszuwerten und sich über die Auswirkungen auf den Kaufpreis klarzuwerden, überfordert leider viele mittelständische Verkäufer. Es ist daher dem mittelständischen Verkäufer zu empfehlen, hierzu rechtzeitig Fachberater einzuschalten, die ihm bei der Berechnung des Nettokaufpreises behilflich sein können.

289 **e) Durchschnittlicher Bestand an Cash/Debt und Net Working Capital.** Nicht immer einfach ist es, den durchschnittlichen Bestand an finanziellen Mitteln (und der damit im Zusammenhang stehender Finanzverschuldung) zu finden. Hierbei handelt es sich weniger um eine bilanzielle Frage, als um eine Frage der betriebswirtschaftlichen Analyse der Unternehmenskennzahlen.

290 Aus Sicht des Verfassers wäre es für den Käufer verfehlt, jeglichen Cash-Bestand zusätzlich zu vergüten, denn dabei übersieht man, dass nicht jedes Cash auch ausschüttungsfähiges Vermögen darstellt. Auch bei der Finanzverschuldung liegen die Dinge nicht immer so einfach, dass man auf jeden Fall von der Abzugsfähigkeit einer Finanzverbindlichkeit beim Kaufpreis ausgehen müsste, denn eine gewisse Fremdkapitalfinanzierung wird man bei den meisten Unternehmen durchaus als typisch ansehen können. Eine gewisse Finanzverschuldung ist bei der Berechnung des Unternehmenswertes je nach der dabei angewandten Bewertungsmethode meist auch bereits einkalkuliert, weil zum Beispiel die damit verbundene Zinsbelastung bereits in die Berechnung des zukünftigen EBITDA oder des zu Grunde gelegten Ertrags eingeflossen ist.

291 Teilweise wird man daher einen durchschnittlichen Saldowert aus Finanzmitteln und Finanzverbindlichkeiten zu bestimmen versuchen[336], der für das Unternehmen und seine laufenden Finanzierungskosten typisch und marktgerecht ist. Dieser Saldowert (Zielwert) führt, wenn er nicht unterschritten oder überschritten wird, auch nicht zu einer Kaufpreisanpassung.

292 Gleiches gilt für die Beurteilung des Working Capital. Problematisch ist allerdings in manchen Fällen die Bestimmung eines Durchschnittswertes beim Working Capital.[337] So gibt es zum Teil starke saisonale oder vom Geschäftsmodell abhängige Schwankungen des Working Capital, zB bei Handelsgeschäften im Weihnachtsgeschäft, oder bei Reiseveranstaltern in der Feriensaison. Bei solchen Unternehmen würde sich der Kaufpreis, je nachdem, zu welchem Stichtag man den Unternehmenskauf vollzieht, unter Umständen deutlich erhöhen oder ermäßigen, ohne dass dies wirklich gerechtfertigt erscheint, weil sich die entsprechenden Spitzen des Working Capital im Jahresverlauf von alleine wieder ausgleichen. Kernaufgabe guter Berater ist es, in solchen Fällen einen sinnvollen (auf den Verkaufsstichtag angepassten) Wert für das Working Capital zu finden. Richtgröße sollte immer der Wert sein, der zu dem jeweiligen Stichtag im Jahreszyklus erforderlich ist, um

---

den; aufpassen muss man auch, wenn in der Working Capital Definition auch andere Verbindlichkeiten als solche aus Lieferungen und Leistungen enthalten sind.
[335] Hölters, HdB Unternehmenskauf/*Weber*, Rn. 9.175 sowie 9.181 ff.
[336] Hölters, HdB Unternehmenskauf/*Weber*, Rn. 9.179.
[337] Vgl. auch BeckHdB Unternehmenskauf/*Jaques* D Rn. 101.

das operative Geschäft entsprechend dem Businessplan ohne Einbußen wegen eines mangelnden Working Capital weiterführen zu können.

Möglich ist es unter diesen Umständen, Zielkorridore für Cash/Debt und Working Capital zu vereinbaren, innerhalb deren eine Kaufpreisanpassung nicht stattfindet. Zur Ermittlung solcher Zielkorridore kann man eine Beispielsrechnung auf einen bestimmten Stichtag (zB letzter Bilanzstichtag[338]) vornehmen und dann durch Hochrechnung auf den Tag des wirtschaftlichen Übergangs das mutmaßliche Ergebnis der Kaufpreisanpassung einschätzen. 293

f) Zwischenabschluss/Closing Accounts. Die Modifizierung des Kaufpreises über Kaufpreisanpassungsklauseln zwingt uns dazu, die den Kaufpreis erhöhenden und ermäßigenden Positionen des Betriebsvermögens, soweit sie die vereinbarten Toleranzzonen oder Zielkorridore überschreiten, zu dem Zeitpunkt des wirtschaftlichen Übergangs des Unternehmens auf den Käufer zu erfassen. Diese Erfassung erfolgt im Rahmen der Aufstellung einer Zwischenbilanz (sog. „Closing-Accounts").[339] Teilweise wird auch auf vollständige Bilanzierung verzichtet und es werden nur die maßgeblichen Konten aus der Buchhaltung in die Betrachtung einbezogen. Dies ist aber gefährlich wegen der schon dargestellten, wechselseitigen Abhängigkeiten dieser Konten und denkbaren Vermögensverschiebungen. 294

Eine Kaufpreisanpassung (und damit die Bestimmung des endgültigen Kaufpreises) kann faktisch erst erfolgen, wenn die Closing Accounts aufgestellt und unstreitig geworden sind. In der Regel vereinbaren die Parteien im Kaufvertrag, wann und durch wen die Closing Accounts aufgestellt werden und wie die Parteien dabei zusammenzuarbeiten haben. Meist wird der Käufer die Closing Accounts aufzustellen haben, weil er das Unternehmen übernommen hat. Der Verkäufer hat ein Widerspruchsrecht, wenn er mit dem Ergebnis nicht einverstanden ist. Im Fall unüberbrückbarer Differenzen über das richtige Ergebnis der Closing Accounts erfolgt eine für alle Beteiligten verbindliche Entscheidung durch das rechtsverbindliche Schiedsgutachten eines Schiedsgutachters (meist Wirtschaftsprüfer).[340] 295

3. Einfluss nicht betriebsnotwendigen Vermögens und nicht bilanzierter Haftungsrisiken

So einfach das Grundprinzip der Kaufpreisanpassung auch scheint, so schwierig ist es in der Praxis. Die typischen Definitionen von Cash/Debt und Working Capital und deren Einfluss auf die Kaufpreisberechnung wurden bereits vorgestellt. Problematisch ist aber zum Teil die Einordnung von Vermögenspositionen oder Verbindlichkeiten, welche in diesen Definitionen nicht vorkommen und welche gleichwohl Auswirkung auf die Bewertung des Unternehmens haben können. 296

Fraglich ist zum Beispiel, welche Auswirkung nicht betriebsnotwendige Grundstücke oder Beteiligungen an anderen Unternehmen (sog. nicht betriebsnotwendigen Vermögen)[341] auf den Kaufpreis haben. Erhöht sich in diesen Fällen der Kaufpreis einfach durch den Verkehrswert des nicht betriebsnotwendigen Vermögens? Wie geht man mit Guthaben um, die zur Sicherheit an Dritte verpfändet sind oder die auf Grund von Kapitalverkehrsbeschränkungen nicht für den Zahlungsverkehr genutzt werden können (sog. „trapped-cash")?[342] Wie verhält es sich mit Verbindlichkeiten aus Leasingverträgen, wenn mit diesen lediglich eine kreditweise Finanzierung von Wirtschaftsgütern vermieden worden 297

---

[338] Zum Begriff des Abrechnungs-/Bilanzstichtags BeckHdB Unternehmenskauf/*Jaques* D Rn. 118.
[339] Holzapfel/Pöllath, Unternehmenskauf in Recht und Praxis/*Bergjahn*, Rn. 811.
[340] Zur Vereinbarung und Wirkung von Schiedsgutachten, Palandt/*Grüneberg* BGB § 317 Rn. 8; gerichtliche Überprüfung nur auf offensichtliche Fehler möglich, BGH NJW 1991, 2761.
[341] Rössler/Troll/*Eisele* BewG § 200 Rn. 3 ff.
[342] Trapped-Cash ist nicht einzubeziehen, so *Schacht/Fackler,* Praxishandbuch Unternehmensbewertung, S. 96/97.

ist (sog. Finanzierungsleasing)?[343] Oder: Wie wirkt sich ein Sale-and-Lease Back Verfahren auf die Finanzverschuldung des Unternehmens aus? Handelt es sich dabei nicht lediglich um eine andere Form der Finanzierung, so dass die ausstehenden Leasingraten in abgezinster Form ebenfalls als Finanzverbindlichkeiten anzusehen sind?[344] Ähnliche Themen gibt es bei Factoring, also Vorfinanzierung von Forderungen aus Lieferungen und Leistungen, drohender Inanspruchnahme aus Garantien oder Gewährleistungen oder bei Bürgschaftsverpflichtungen zu Gunsten Dritter[345] Mit welchen Werten soll dies wertmindernd angesetzt werden?

298 Nur wenn für Haftungspositionen in den Closing Accounts nach den Bilanzierungsvorschriften des HGB eine Rückstellung gebildet werden muss, tut man sich relativ leicht, vorausgesetzt, dass man den Begriff der Finanzverbindlichkeiten, wegen denen eine Rückstellung von Relevanz ist, im Kaufvertrag umfassend genug definiert hat. Das gilt aber nicht von sog. off-balance liabilities, also Verbindlichkeiten, für welche eine Bilanzierungspflicht nicht besteht[346] Oft ist auch unklar, ob die nach HGB zu bildenden Rückstellungen überhaupt ausreichend sind, um die tatsächliche Höhe einer künftigen Verbindlichkeit abzubilden. Man denke beispielsweise an die Rückstellungen aus Pensionsverpflichtungen, die völlig unterschiedlich beurteilt werden, je nachdem, ob man ihren Wert nach HGB, IRFS-Bilanzierungsvorschriften, ihrem versicherungsmathematischen Barwert oder dem Ablösewert beurteilt, welcher an eine Versicherung gezahlt werden müsste, welche diese Pensionsverpflichtungen im Wege der Schuldübernahme übernimmt.

299 Es gibt daher im Verkaufsfall oft eine Fülle von Themen, bei denen sich trefflich darüber streiten lässt, ob und in welcher Form sie Einfluss auf das Ergebnis der Kaufpreisfindung haben sollten. Als Faustformel kann gelten, dass der Käufer im Zweifel alle denkbaren Verbindlichkeiten als abzugsfähige Finanzschulden ansehen und mit ihrem wirklichen, also abzuzinsenden Wert (im Zweifel mit dem Ablösewert) vom Kaufpreis abziehen wird. Zugleich wird der Käufer nicht betriebsnotwendiges Vermögen nur dann mit dem vollen Verkehrswert durch Zahlungen eines zusätzlichen Kaufpreises ausgleichen, wenn früher oder später sicher damit gerechnet werden kann, dass er den damit verbundenen Verkehrswert ohne größere Risiken und ohne größeren Aufwand selbst durch Weiterverkauf realisieren kann. Der Verkäufer sollte daher versuchen, Zukunftsverbindlichkeiten, deren Bewertung nicht eindeutig ist, vor einem Verkauf abzulösen und nicht betriebsnotwendiges Vermögen, dessen Verkehrswert ihm mutmaßlich nicht voll vergütet wird, vor einem Verkauf zu veräußern, bzw. in ein anderes Betriebsvermögen zu überführen.

4. Festkaufpreis (Locked Box)

300 Für Verkäufer ist ein Festkaufpreis in der Regel vorzugswürdig.[347] Man ist dabei vor Überraschungen aus einer Kaufpreisanpassungsklausel geschützt, allerdings gibt es auch kein Upside-Potential.

301 Der Verkäufer kann einen Festkaufpreis in der Regel nur fordern, wenn sich der Zustand des Unternehmens, insbesondere Finanzverschuldung und Working Capital, in der Zeit zwischen dem Stichtag des wirtschaftlichen Übergangs und dem Vollzug des Kaufvertrages nicht wesentlich verändert haben. Dementsprechend findet man Festkaufpreise (sog Locked-Box-Transaktionen)[348] in der Regel nur bei relativ einfach strukturierten

---

[343] *Brück/Sinewe*, Steueroptimierter Unternehmenskauf, Rn. 163 ff; der Barwert der Leasingraten dürfte abzugsfähig, der Restwertes des Leasinggutes je nach Vertragsgestaltung gegenzurechnen sein.
[344] *Brück/Sinewe*, Steueroptimierter Unternehmenskauf, Rn. 163 ff., Fn. 58.
[345] Factoring begründet zivilrechtlich ein Darlehensverhältnis, also Fremdkapital, BGH NJW 1982, 164.
[346] *Krämer*, Finanzswaps und Swapderivate in der Bankpraxis, 1999, dort Definition der außerbilanziellen Geschäfte im Glossar.
[347] Ähnlich BeckHdB Unternehmenskauf/*Jaques* D Rn. 96 sowie Holzapfel/Pöllath, Unternehmenskauf in Recht und Praxis/*Bergjan*, Rn. 800.
[348] Zum Begriff der Locked-Box-Transaktion BeckHdB Unternehmenskauf/*Jaques* D Rn. 96.

VIII. Kaufpreis

Unternehmen, deren Geschäft in festen Bahnen verläuft und bei dem leicht beurteilt werden kann, ob sich seit dem letzten Bilanzstichtag Wesentliches verändert hat.

Üblicherweise wird der zu zahlende Kaufpreis bei solchen Transaktionen, was die Anpassung des Kaufpreises an liquide Mittel, Finanzverschuldung und Working Capital angeht, bereits aus dem letzten Jahresabschluss abgeleitet.[349] Zugleich wird im Gegenzug meist vereinbart, dass dem Käufer dann auch der Gewinn/Verlust des Unternehmens bereits ab Beginn des laufenden Geschäftsjahres zugerechnet wird[350] Im Ergebnis findet bei einer Locked-Box-Transaktion wirtschaftlich betrachtet damit nicht nur eine Rückbeziehung der Kaufpreisermittlung, sondern auch eine Rückbeziehung der wirtschaftlichen Folgen des gesamten Verkaufsgeschäfts auf den Stichtag des letzten Jahresabschlusses statt.

Damit dieses Prinzip aufgehen kann, muss sich der Verkäufer verpflichten, keine Gewinnausschüttungen mehr durchzuführen. Etwaige, bereits erfolgte Gewinnausschüttungen für das laufende Geschäftsjahr werden beim Kaufpreis wie eine abzuziehende Verbindlichkeit verrechnet.[351]

Ferner muss sich der Verkäufer regelmäßig einem Katalog von Nebenpflichten unterwerfen (sog. Covenants), die sicherstellen sollen, dass das Unternehmen in der Zeit von dem wirtschaftlichen Übergangsstichtag bis zum Vollzug des Kaufvertrages nicht zu seinem Nachteil verändert wird.[352]

Bei Locked-Box Transaktionen ist es hilfreich, wenn sie innerhalb weniger Monate nach Ablauf eines Geschäftsjahres durchgeführt werden können, denn je mehr Zeit zwischen dem letzten Bilanzstichtag und dem Vollzug vergeht, ohne dass eine Anpassung des Kaufpreises möglich ist, desto unsicherer wird die Beurteilung für den Käufer.[353] Findet eine Locked-Box Transaktion erst in der zweiten Jahreshälfte statt, erfordert dies in der Regel eine fortlaufende Due Diligence der unterjährigen Geschäftsergebnisse.

Locked-Box Transaktionen hängen im Ergebnis auch davon ab, wie volatil das Geschäftsmodell[354] eines Unternehmens ist. Der Käufer wird auf eine Locked-Box Transaktion kaum eingehen können, wenn damit zu rechnen ist, dass sich seit dem letzten Jahresabschluss die Geschäftsergebnisse deutlich verschlechtert haben. Der Verkäufer wiederum wird sich nicht an einem Locked-Box Kaufpreis festhalten lassen wollen, wenn sich die Ergebnisse des Unternehmens unterjährig deutlich verbessert haben. Kritisch sind auch mögliche Abweichungen bei den wichtigen Vermögenspositionen wie Liquide Mittel, Finanzverbindlichkeiten und Working Capital, denn diese würden bei einer Abrechnung des Kaufpreises zum Vollzugstag in der Regel ebenfalls zu einer Veränderung des Kaufpreises führen.

Jede Locked-Box Transaktion muss zwangsläufig von bestimmten Annahmen bezüglich der Kapitalausstattung und Finanzverschuldung des Unternehmens zum Stichtag des dinglichen Übergangs ausgehen. Dies geschieht in der Regel durch selbständige Garantien des Verkäufers, durch welche zumindest die Abwesenheit bestimmter, besonders schädlicher Ereignisse bis zum Vollzugstag garantiert wird.[355] In der Regel lässt sich der Käufer zum Beispiel positiv bestätigen, dass es keine nachhaltige Verschlechterung der Umsatz- oder Ertragslage seit dem Stichtag des wirtschaftlichen Übergangs gegeben hat. Dies ist vertrauensbildend, auch wenn es keinen eigenen Zwischenabschluss zum Nachweis der Einhaltung dieser Garantie gibt. Ferner wird der Käufer sich häufig bestätigen lassen, dass wesentliche Kunden (manchmal auch Lieferanten oder wesentliche Mitarbeiter) nicht inzwischen abgesprungen sind.

---

[349] Holzapfel/Pöllath, Unternehmenskauf in Recht und Praxis/*Bergjan,* Rn. 801, 805.
[350] Problematisch beim Asset-Deal wegen steuerlicher Gewinnzurechnung auf Verkäuferseite bis zum dinglichen Übergang der Anteile.
[351] BeckHdB Unternehmenskauf/*Jaques* D Rn. 96.
[352] Picot, Unternehmenskauf und Restrukturierung, § 4, Rn. 119.
[353] Holzapfel/Pöllath, Unternehmenskauf in Recht und Praxis/*Bergjan,* Rn. 803.
[354] Holzapfel/Pöllath, Unternehmenskauf in Recht und Praxis/*Bergjan,* Rn. 803.
[355] Holzapfel/Pöllath, Unternehmenskauf in Recht und Praxis/*Bergjan,* Rn. 806.

308 Generell sind Locked-Box Transaktionen somit gekennzeichnet von einem mehr oder weniger langen Katalog an Garantien oder Covenants des Verkäufers, welche eine Wertverlust des Unternehmens seit dem Bewertungsstichtag ausschießen sollen und bei deren Verletzung der Käufer Freistellung oder Schadensersatz verlangen kann.

5. Berechnung und Sicherung eines Earn-Out

309 Schon in der Vorbemerkung wurde darauf hingewiesen, dass der Kaufpreis nicht selten einer nachträglichen Anpassung unterliegt, wenn sich die Geschäftsergebnisse des verkauften Unternehmens besser entwickeln, als dies der Käufer zunächst vermutet hat. Eine Betrachtung der Kaufpreisregelungen wäre daher unvollständig, wenn man nicht darauf eingehen würde, wie im Normalfall eine nachträgliche Kaufpreisanpassung strukturiert wird.[356]

310 In der Regel ergibt sich das Bedürfnis, für einen Earn-Out eine einfache Formel zu finden, welche die Anpassung des Kaufpreises in einem solchen Fall ermöglicht. Dabei geht man meist von der Multiplikatorenmethode zur Bewertung des Unternehmens aus, weil nur diese Methode geeignet ist, mit wenigen Schritten zu einer zuverlässigen Anpassung des Kaufpreises zu gelangen. In der Praxis hat sich die Vereinbarung einer Earn-Out Zahlung auf Basis der Weiterentwicklung des EBIT- oder EBITDA nach dem Vollzug des Kaufvertrages weitgehend durchgesetzt.[357]

311 Zu diesem Zweck wird meist in einem ersten Schritt ermittelt, mit welchem EBIT- oder EBITDA und welchem Multiplikator der Käufer das Unternehmen ursprünglich bewertet hat. Hat der Käufer beispielsweise ein EBIT oder EBITDA von einer Million angenommen und hat er dafür einen Kaufpreis von 6 Millionen gezahlt (Faktor 6), dann erscheint es denkbar, dass er zur Zahlung eines Mehrkaufpreises bereit sein wird, wenn das tatsächlich später erzielte EBIT oder EBITDA den erwarteten Wert deutlich übersteigt. In diesem Fall wird der Kaufpreis also nachträglich neu ausgerechnet, diesmal aber unter Berücksichtigung des tatsächlich im Jahr oder den Jahren nach der Veräußerung erzielten EBIT oder EBITDA, erneut multipliziert mit dem Multiplikator von 6.[358]

312 Nicht selten wird, anstatt allein auf das Ergebnis des Geschäftsjahres oder der Geschäftsjahre nach dem Vollzug des Kaufvertrages abzustellen, auf die Durchschnittswerte der letzten drei Geschäftsjahre unter Einschluss des Earn-Out-Jahres abgestellt, so dass sich eine Ergebnissteigerung nach Vollzug des Kaufvertrages nur anteilig auf den Earn-Out auswirkt. Möglich ist aber auch eine unterschiedliche Gewichtung der einzelnen Jahresergebnisse, in der Regel eine Höher-Gewichtung der nach dem Vollzug erwirtschafteten Ergebnisse[359]

313 Der Käufer wird in vielen Fällen eine gewisse Steigerung des EBIT oder EBITDA als das Ergebnis seiner eigenen Bemühungen ansehen, so dass er häufig nur bereit ist, einen Earn-Out an den Verkäufer zu zahlen, wenn die Steigerung überproportional ist, also gewisse Mindest-Benchmarks überschritten werden. Teilweise werden Earn-outs auch besonders besonders progressiv ausgestaltet, indem zum Beispiel bei Überschreiten bestimmter Benchmarks der anzusetzende Multiplikator heraufgesetzt wird. Der Phantasie zur Gestaltung der Earn-Out Klausel sind hier keine Grenzen gesetzt. Gemeinsam ist allen

---

[356] *Freidank/Peemöller*, Corporate Governance und Interne Revision, 2007, S. 402; Holzapfel/Pöllath, Unternehmenskauf in Recht und Praxis/*Pupeter*, Rn. 431 mit verschiedenen Ansatzmöglichkeiten für den Earn-Out.

[357] Zu den Earn-Out Berechnungsmethoden vgl. insgesamt *Freidank/Peemöller*, Corporate Governance und Interne Revision, S. 402.

[358] Der Multiplikator wird meist festgeschrieben, weil zwei variable Größen die Vorhersagbarkeit der Ergebnisse sehr unsicher machen.

[359] Die Höher-Gewichtung bietet sich an, um die dynamische Entwicklung besser abzubilden; Holzapfel/Pöllath, Unternehmenskauf in Recht und Praxis/*Pupeter*, Rn. 431 ff. weist aber auch auf andere Gestaltungen des Earn-Out hin

Earn-Out Regelungen nur, dass sie leerlaufen, wenn das Unternehmen hinter den Erwartungen zurückbleibt[360]

Die Ermittlung des Earn-Out wird vertragstechnisch immer dem Käufer zugewiesen, 314
denn er ist zu dem Zeitpunkt, zu welchem der Earn-Out zu berechnen ist, Inhaber des Unternehmens. In der Regel sind die Zahlen, welche zur Berechnung des Earn-Out wesentlich sind, aus einem geprüften Jahresabschluss zu entnehmen. Im Zweifel gelten hierfür die gleichen Ermittlungs- und Streitschlichtungsregeln wie bei den Closing-Accounts, dh es entscheidet am Ende eine Schiedsgutachter, wenn sich die Parteien nicht auf die richtige Berechnung des Earn-Out einigen können[361]

Zur Vermeidung von Manipulationen erhalten Earn-Out Vereinbarungen regelmäßig 315
Absicherungsklauseln für den Verkäufer, die vor allem verhindern sollen, dass das Unternehmen mit negativen Auswirkungen auf das EBIT oder EBITDA vom Käufer umgebaut oder umstrukturiert wird.[362] Es ist üblich, alle außerordentlichen Einflüsse auf das EBITDA vertraglich aus der Berechnung zu eliminieren, um die für den Earn-Out maßgebliche Bewertung letztlich aus dem operativen Gewinn ableiten zu können, der ohne solche außerordentlichen Einflüsse zu erzielen gewesen wäre.[363] Von derartigen Absicherungsklauseln sollte man sich allerdings als Verkäufer nicht zu viel versprechen, denn wenn der Verkäufer nicht mehr im Unternehmen tätig ist, wird er kaum nachträglich zuverlässig ermitteln können, ob er bei der Ermittlung der außerordentlichen Einflüsse benachteiligt wurde.

Ein Kaufvertrag mit Earn-Out-Klausel sollte aus Verkäufersicht auf jeden Fall eine 316
„Strafklausel" enthalten, wonach der Earn-Out ohne Messung der Voraussetzungen fällig wird, wenn der Käufer Maßnahmen zur Integration des Unternehmens in ein anderes Unternehmen ergreift oder dieses umwandelt oder weiterveräußert.[364] Vermeiden sollte man Earn-Out Klauseln, wenn bereits bei Vollzug des Kaufvertrages klar ist, dass der Käufer bestimmte kostenträchtige Maßnahmen plant, die zu einer Verfehlung des vom Verkäufer angepeilten Earn-Out Zieles führen werden, insbesondere bei strategischen Käufern, welche das Unternehmen in ihren eigenen Konzern eingliedern werden. Außerdem sollte man als Verkäufer auf kurzen Earn-Out Zeiträumen bestehen, weil mit jedem weiteren Jahr die Wahrscheinlichkeit zunimmt, dass das Unternehmen ohne Einflussmöglichkeit des Verkäufers nachhaltig verändert wird.

IX. Aufschiebende Bedingungen

Der Vollzug des Kaufvertrages über ein Unternehmen bedarf in der Regel des Eintritts 317
aufschiebender Bedingungen. Dies hat damit mit zu tun, dass es in den meisten Transaktionen Ereignisse, Vollzugshandlungen oder Rechtsgeschäfte gibt, von denen die Durchführung der Transaktion letztendlich abhängig gemacht werden muss. Als wichtigster Fall ist hier die Kaufpreiszahlung zu nennen, die regelmäßig erst den dinglichen Übergang der verkauften Gesellschafts-oder Geschäftsanteile beim Share-Deal oder der verkauften Wirtschaftsgüter Asset beim Asset-Deal auslöst[365]

---

[360] *Wegmann*, Unternehmenskauf, Leitfaden für kleine und mittlere Unternehmen, S. 52, 53, der daraufhin weist, dass bei Nichterreichen des Zielwertes der Kaufpreis theoretisch auch sinken kann.
[361] Zur Schiedsgutachterklausel vgl. Riedel, Praxishandbuch Unternehmensnachfolge/Gockel, § 34, R. 10–12.
[362] *Ziegler*, M&A Review, 2016, 226 ff.
[363] Picot, Unternehmenskauf und Restrukturierung, III, Rn. 46–49.
[364] Hilgard BB 2010, 2912; *Werner* DStR 2012, 1662; *von Braunschweig* DB 2002, 1815 (1817) mit weiteren Hinweisen zur Gestaltung der Absicherung einer Earn-Out Klausel.
[365] Ähnlich BeckHdB Unternehmenskauf/*Jaques* D Rn. 77.

1. Kartellrecht und Genehmigungsvorbehalt

318 Eine von den Parteien in jedem Fall zu beachtende Vollzugsvoraussetzung ist die fusionskontrollrechtliche Unbedenklichkeit oder erforderliche Genehmigung der Transaktion. Wenn Käufer oder Verkäufer über einen Umsatz im Inland von mehr als EUR 25 Mio. und beide zusammen weltweit Umsätze von mehr als EUR 500 Mio. verfügen, besteht die Verpflichtung, die Transaktion beim Bundeskartellamt anzumelden[366] Die Transaktion steht dann unter Genehmigungsvorbehalt. Zu beachten ist, dass bei der Umsatzmessung auch die Umsätze der mit einem Unternehmen verbundenen Unternehmen mit eingerechnet werden (§ 36 Abs. 2 GWB). Sind mehr als zwei Parteien an der Transaktion beteiligt, sind diese Voraussetzungen für jede Partei zu prüfen[367] Fusionskontrollrechtlich von vornherein unbedenklich ist eine Transaktion daher nur dann, wenn die beteiligten Parteien die genannten Umsatzschwellen im Inland nicht überschreiten.

319 Zusätzlich ist eine Transaktion bei international tätigen Unternehmen auch nach den Schwellenwerten und Anmeldevorschriften derjenigen Länder zu prüfen, in denen die beteiligten Unternehmen sonst noch Umsätze erzielen.[368] Hierbei gelten in den einzelnen Ländern der Welt völlig unterschiedliche Voraussetzungen. Es gibt kaum Länder ohne ein Fusionskontrollrecht. Im Zweifel muss man Transaktionen in jeder Jurisdiktion anmelden, in welcher der dortige Schwellenwert überschritten ist, weil die Missachtung kartellrechtlicher Anmeldepflichten überall in der Welt zu erheblichen Bußgeldern oder auch Auflagen führen kann.

320 Handelt es sich um eine anmeldepflichtige und damit genehmigungspflichtige Transaktion, sind für die Erteilung der Genehmigung vor allem hohe Marktanteile in einem bestimmten Marktsegment problematisch, weil dann ggf. angenommen werden kann, dass sich der Zusammenschluss nachteilhaft auf die Preise oder den Wettbewerb auswirken könnte[369] In kleineren Märkten, also eng umrissenen Marktsegmenten, ist das natürlich eher der Fall ist als in größeren Märkten. Als Markt wird der konkret zu definierende Absatzmarkt für die von einem Unternehmen hergestellten Produkte oder erbrachten Leistungen angesehen, wobei die Einteilung im Einzelfall fließend sein kann.[370] Letztlich hängt die Beurteilung von der Frage ab, welche Produkte zueinander in direkter Konkurrenz stehen und welche nicht. Zur Beurteilung sollten einschlägig erfahrene Kartellrechtsspezialisten hinzugezogen werden sollten. In der Regel wird aber bei mittelständischen Transaktionen die kritische Grenze für eine zu untersagende Marktbeherrschung nicht erreicht, so dass die Verweigerung der Genehmigung beim Verkauf mittelständischer Unternehmen sehr selten ist.

321 Grundsätzlich gilt im Fall einer bestehenden Anmeldepflicht ein kartellrechtlich bedingtes Vollzugsverbot, dh der Verkäufer darf dem Käufer bis zur Erteilung der kartellrechtlichen Genehmigung, bzw. bis zu dem Zeitpunkt, zu welchem die Genehmigung wegen Fristablaufs als genehmigt angesehen werden kann, keine Einflussnahme auf die Führung des Unternehmens gestatten.[371] Kritisch sind deshalb Klauseln in einem Unternehmenskaufvertrag, welche den Abschluss von Geschäften durch das verkaufte Unternehmen vor Erteilung der kartellrechtlichen Genehmigung von der Zustimmung des Käufers abhängig machen oder ihm in dieser Zeit Einfluss auf die Geschäftsführung erlauben.[372]

322 Dagegen sind Zustimmungspflichten für den Fall der Änderung des hergebrachten Geschäftsbetriebes oder Vornahme außergewöhnlicher Geschäfte kartellrechtlich akzeptabel, da in diesen Fällen der Käufer nicht leitend in die Unternehmensführung eingreift, son-

---

[366] Holzapfel/Pöllath, Unternehmenskauf in Recht und Praxis/*Engelhart/Farkas,* Rn. 1157; § 35 Abs. 1 GWB, Merkblatt Bundeskartellamt zur Fusionskontrolle, 2005.
[367] Siehe auch BeckHdB Unternehmenskauf/ *Weinert/Pauke* D Rn. 14.
[368] Rotthege/Wassermann/*Mäger,* Unternehmenskauf bei der GmbH, Kap. 11, Rn. 170.
[369] BeckHdB Unternehmenskauf/ *Weinert/Pauke* D Rn. 13a.
[370] MüKoGWB/*Becker/Knebel/Christiansen* § 36 Rn. 34–36.
[371] Holzapfel/Pöllath, Unternehmenskauf in Recht und Praxis/*Engelhardt/Farkas,* Rn. 1158; vgl. § 41 GWB.
[372] LMRKM/*Ablasser-Neuhuber,* Kartellrecht, FKVO Art. 7 Rn. 2.

dern nur verhindern will, dass das gekaufte Unternehmen zwischen dem Vertragsabschluss der kartellrechtlichen Genehmigung der Transaktion zu seinen Lasten verändert wird.[373]

Regelmäßig findet sich zum Schutz des Käufers in Unternehmenskaufverträgen eine mehr oder weniger lange Liste von Maßnahmen und Geschäften, die zwischen Signing und Closing nur mit Zustimmung des Käufers erlaubt sind, vor allem geht es dabei um Geschäfte, welche das Unternehmen mit größeren Investitionen ab einem bestimmten Schwellenwert oder langfristigen Kosten aus Dauerschuldverhältnissen belasten. 323

2. Neuabschluss von Geschäftsführerverträgen

Der Vollzug einer Transaktion ist aus Sicht des Käufers meist des Weiteren davon abhängig, dass die Geschäftsführer neue Geschäftsführerverträge abschließen, zumindest aber die alten Verträge entsprechend verlängern[374] In seltenen Fällen geht es auch einmal darum, die Geschäftsführung erst am Vollzugstag einzustellen. Der damit verbundene Verhandlungsbedarf kann ähnliche Bedeutung haben wie der Verhandlungsbedarf beim Abschluss des Unternehmenskaufvertrages. Viele Unternehmenskäufer sind davon überzeugt, dass die Bindung und Motivation des Managements der wichtigste Faktor für das Gelingen eines Unternehmenskaufs ist. Nur selten geht es dagegen um den umgekehrten Fall, das Loswerden des Managements, denn in den meisten Fällen kann ein mittelständisches Unternehmen überhaupt nur verkauft werden, wenn es einigermaßen erfolgreich gemanagt worden ist. 324

In vielen Fällen versuchen Käufer, das Management durch lukrative Neuverträge an das Unternehmen zu binden, beim sog. Management-Buy-Out sogar durch Zusage kostengünstig zu erwerbender Minderheitsbeteiligungen. Neben der Dauer des Anstellungsvertrages und der Höhe der Festvergütung steht dabei vor allem die Frage nach einer Tantieme, also einer erfolgsbezogenen Vergütung, zur Diskussion.[375] 325

Die Verlängerung des Vertragsverhältnisses wird meist verbunden mit einer automatischen weiteren Verlängerung, falls das Vertragsverhältnis nicht mit mindestens 6 Monaten Frist zum Ablauf der vereinbarten Frist gekündigt wird. Die Höhe der Festvergütung ist Verhandlungssache, allerdings wird in erstaunlich vielen Fällen die laufende Festvergütung, die vor dem Verkauf vereinbart war, nach dem Verkauf nicht oder nur geringfügig angepasst. Das Spielfeld der Motivierung sind eher die Tantiemen, Gewinnbeteiligungen, Rückbeteiligungen oder sogar virtuellen Beteiligungen, die einem Geschäftsführer eine Beteiligung am Geschäftserfolg und an der Wertsteigerung des Unternehmens versprechen. Tantiemen werden in der Regel auf Basis des erzielten operativen Ergebnisses, vor Abzug der Tantieme selbst, vereinbart.[376] 326

3. Neufassung von Satzung und Gesellschaftervereinbarung

Ebenfalls wichtig für den Käufer ist die Überarbeitung der Satzung bzw. des Gesellschaftsvertrages und häufig auch der Geschäftsordnung. Insbesondere dann, wenn nicht 100% der Gesellschafts- oder Geschäftsanteile erworben werden, wie zum Beispiel beim Optionsmodell. Hier bedarf es einer genauen Prüfung, in welcher Weise Satzung und Geschäftsordnung auf den Eintritt des neuen Gesellschafters ausgerichtet werden müssen. In Fällen des 100% Erwerbs von Anteilen kann die Anpassung an die Bedürfnisse des Käufers dagegen auch nach dem Erwerb noch vorgenommen werden. 327

---

[373] BeckHdB Unternehmenskauf/*Weinert/Pauke* D Rn. 13b.
[374] Übliche Vertragsdauer in der Regel drei bis fünf Jahre.
[375] Zum Management-Buy-Out vgl. Rotthege/Wassermann, Unternehmenskauf bei der GmbH/*Ulrich*, 6. Kap. Rn. 78 ff.
[376] Bleibt der Geschäftsführer am Unternehmen beteiligt, sollte zur Vermeidung verdeckter Gewinnausschüttungen darauf geachtet wird, dass die Tantieme bei 25% der Gesamtvergütung gekappt wird; Schmidt EStG/*Levedag* § 20 Rn. 52 mwN.

328 Die Satzung sollte bei in der Gesellschaft verbliebenen natürlichen Personen Regelungen für deren Todesfall und Ausscheiden aus der Gesellschaft enthalten[377] Zwar ist es möglich, in einer Gesellschaftervereinbarung außerhalb der Satzung vorgreifliche Regelungen zu treffen, zB die Vereinbarung von Call- oder Put-Optionsrechten, welche dem Ausscheiden eines Gesellschafters durch Kündigung oder Tod vorgehen, allerdings lässt sich meist nicht sicher davon ausgehen, dass derartige Sondertatbestände das Thema abschließend regeln können. Es ist eben nicht sicher, ob Call- oder Put-Optionen ausgeübt werden. Als Basisregelung braucht daher jeder Gesellschaftsvertrag eine Regelung, welche die Kündigung der Gesellschaft und das Ausscheiden von Gesellschaftern regelt.[378]

329 Die Kündigung eines Gesellschaftsvertrages sollte auch bei nur vorübergehend eingegangenen Joint-Ventures, wie beim Optionsmodell, immer nur langfristig und subsidiär möglich sein. Die Satzung oder eine Gesellschaftervereinbarung kann auch eine andere Form der Auseinandersetzung vorsehen, zum Beispiel die Ausübung eines Andienungsrechts, Vorkaufsrechts, Vorerwerbsrechts oder Call-bzw. Put-Optionsrechts, welche es den Mitgesellschaftern ermöglichen würde, die Beteiligung eines ausscheidenden Gesellschafters nach festen Regeln käuflich zu erwerben.[379] Diese Möglichkeiten sollten der Auseinandersetzung durch Kündigung der Gesellschaft vorgehen.

330 Der Fall des Austritts oder der Kündigung, den man nur bei der GmbH und AG ausschließen kann[380], sollte sicherheitshalber durch den Gesellschaftsvertrag geregelt sein. Dabei sollte die Regelung besagen, dass die Gesellschaft nicht aufgelöst, sondern unter den verbleibenden Gesellschaftern fortgesetzt wird, wenn diese sich der Kündigung nicht anschließen (sog. Anschlusskündigung)[381] Ferner sollte bestimmt sein, welche Abfindung ein ausscheidender Gesellschafter beanspruchen kann. Durch derartige Klauseln wird bei der Personengesellschaft das durchaus denkbare Szenario der Auflösung der Gesellschaft durch Kündigung vermieden.

331 Die Abfindung sollte so ausgestaltet sein, dass sie stets einen gewissen Abschlag auf den Verkehrswert der Gesellschafts- oder Geschäftsanteile vorsieht, aber eine etwaige sittenwidrige Benachteiligung des ausscheidenden Gesellschafters vermeidet.[382] Das Ausscheiden durch Kündigung ist nicht vergleichbar mit einem Abkauf der Anteile durch einen Mehrheitsgesellschafter, welcher als Lösung wohl Vorrang genießen sollte. Auch im Fall des Todes sollte ein Gesellschafter in der Regel aus der Gesellschaft ausscheiden und seine Rechtsnachfolger sollten nur das Abfindungsguthaben erhalten[383]

332 Bei der Kapitalgesellschaft muss der Gesellschaftsvertrags Regelungen enthalten, die sicherstellen, dass die Gesellschaft die Abfindung zahlen kann, ohne ihr Stamm- oder Grundkapital anzugreifen.[384] Ferner muss über das Schicksal des Geschäftsanteils (GmbH Anteil der Aktie) entschieden werden. Soll dieser von der Gesellschaft eingezogen werden oder von Mitgesellschaftern käuflich übernommen werden. Es empfiehlt sich, eine Aus-

---

[377] Nach § 15 Abs. 1 GmbHG wäre sonst ein Geschäftsanteil auf jede Person außerhalb der Gesellschaft vererblich; ebenso ein Kommanditanteil, § 177 HGB.
[378] Meist wird eine Fortsetzungsklausel zu empfehlen sein, welche dazu führt, dass nur der oder die Mitgesellschafter Erben des Geschäfts- oder Gesellschaftsanteils werden können, sonstige Erben aber gegen Abfindung aus der Gesellschaft ausscheiden.
[379] Die Verhandlung der Exit-Möglichkeiten aus einem (wenn auch nur vorübergehenden) Joint-Venture, welches bei einem gestuften Verkauf des Unternehmens entsteht, ist von erheblicher Bedeutung und sollte nicht nur auf Betrachtung der Call- oder Put-Optionsrechte beschränkt bleiben.
[380] Das Regelstatut der Kapitalgesellschaften sieht keine Kündigung der Gesellschaft vor.
[381] Fortsetzungsklausel mit Wahlrecht für die übrigen Gesellschafter.
[382] BGHZ 201, 65; die Abfindung darf den Ausscheidenden nicht unbillig benachteiligen; diskutiert wird eine Grenze von etwa 50% des Verkehrswertes als Untergrenze; Gerichte wenden meist die IdWS 1 Methode zur Bewertung an.
[383] Riedel, Praxishandbuch Unternehmensnachfolge, § 4 Rn. 306, Abfindung im Zweifel nach dem Verkehrswert (IdWS1 Bewertung).
[384] § 33 Abs. 2 GmbHG.

IX. Aufschiebende Bedingungen § 3

zahlung des Abfindungsanspruches nur in Raten vorzusehen, in der Regel verteilt auf drei bis fünf Jahre.[385]

Weiter sollte im Gesellschaftsvertrag auch die Möglichkeit zum zwangsweisen Ausschluss eines Gesellschafters aus wichtigem Grund vorgesehen werden, zum Beispiel wenn ein Gesellschafter schuldhaft und nachhaltig gegen den Gesellschaftsvertrag verstößt, in Vermögensverfall gerät oder Pfändungen seines Gesellschafts- oder Geschäftsanteiles erfolgen, ohne dass diese binnen angemessener Frist wieder beseitigt werden.[386]

4. Beendigung und Neuabschluss anderer Vereinbarungen

Häufig sieht man in Unternehmenskaufverträgen aufschiebende Bedingungen, wonach bestehende Vereinbarungen der Gesellschaft mit Dritten vor dem Vollzug eines Unternehmenskaufvertrages gekündigt und andere neu abgeschlossen werden sollen. Dabei geht es meist um die Aufhebung von Verträgen mit nahen Angehörigen oder Beratern, um den Abschluss neuer langfristiger Mietverträge, aber auch um Anstellungsverträge mit besonders wichtigen Mitarbeitern (sog. Key Employees). In diesen Zusammenhang gehört auch die Beseitigung sog. Change-of Control Klauseln, welche einer Fortsetzung wichtiger Verträge mit einem Kunden oder Lieferanten für den Fall des Unternehmensverkaufs entgegenstehen können. Die Fülle der denkbarerweise vor einem Closing aufzuhebenden und neu abzuschließenden Verträge verbietet es, hier mit dieser kasuistischen Aufzählung fortzufahren.

Eines sollte bei abzuschließenden Vereinbarungen als aufschiebende Bedingungen immer bedacht werden: Zur Aufhebung und zum Abschluss von Vereinbarungen bedarf es immer der Mitwirkung dritter Personen, von denen man sich bei derartige Vollzugsbedingungen oft ungewollt abhängig macht. Besser ist es deshalb, das Vorliegen der entsprechenden Vereinbarungen bereits am Tag des Vertragsabschlusses zu prüfen, wenn sie denn für den Vollzug der Transaktion wirklich von entscheidender Bedeutung sind. Neue Vereinbarungen, die ab dem Vollzug gelten sollen, kann man auch bereits bei Abschluss des Unternehmenskaufvertrages unterzeichnen, dann aber unter die aufschiebende Bedingung stellen, dass es tatsächlich zum Vollzug des Kaufvertrages kommt. Hierdurch geht keine Seite ein Risiko ein.

5. Strukturelle Maßnahmen bis zum Closing, insbesondere Carve-Out

Nicht selten wird der Verkäufer zwischen Vertragsabschluss und Vollzug des Vertrages noch dafür sorgen müssen, dass das Unternehmen überhaupt erst in den Zustand gebracht wird, in welchem es verkauft werden kann. Dies kann den Abverkauf von Betriebsvermögen (zum Beispiel des nicht notwendigen Betriebsvermögens), aber auch die Auf- Abspaltung oder Ausgliederung von Betriebsteilen betreffen.

Einen der häufigsten dieser Fälle ist der klassische Carveout-Deal. Zur Vermeidung von Unruhe im Unternehmen werden Carve-Out-Transaktionen heutzutage überwiegend in der Form durchgeführt, dass der Verkäufer den eigentlichen Carve-Out, also die Veräußerung, Abspaltung oder Ausgliederung des zum Verkauf gestellten Betriebsteils, erst nach Vertragsabschluss mit dem Käufer durchführt. Die Durchführung der damit verbundenen tatsächlichen und rechtlichen Schritte, wird dann zu einer unverzichtbaren aufschiebenden Bedingung für den Vollzug des Kaufvertrages[387]

Diese Vorgehensweise setzt aber voraus, dass die entsprechenden Schritte zur Durchführung des Asset-Deals zwischen Vertragsabschluss und Vollzug auch tatsächlich vollzo-

---

[385] Zu lange Abfindungsfristen können die Abfindung ebenfalls sittenwidrig machen, vgl. Palandt/*Sprau* BGB § 738 Rn. 7.
[386] In diesen Fällen dürfte ein wichtiger Grund vorliegen, der ausnahmsweise die ansonsten unzulässige Hinauskündigung eines Gesellschafters im Interesse der Gesellschaft rechtfertigt, Palandt/*Sprau* BGB § 737 Rn. 5 mwN.
[387] Vgl. Holzapfel/Pöllath, Unternehmenskauf in Recht und Praxis/*Engelhardt/Farkas*, Rn. 1167.

gen werden können. Der Aufwand hierfür ist beträchtlich, insbesondere beim umwandlungsrechtlichen Carveout, der durch Abspaltung, Aufspaltung oder Ausgliederung nach dem Umwandlungsgesetz durchgeführt werden muss. Der zu veranschlagende Zeitraum hierfür übersteigt erheblich die üblichen Fristen, die zwischen Vertragsabschluss und Vollzug eines Unternehmenskaufvertrages normalerweise vergehen.

339 Außerdem gestaltet sich die Überprüfung der tatsächlichen Umsetzung des Carve-Out für den Käufer schwierig. Beim umwandlungsrechtlichen Carve-Out lässt sich zwar der formelle Vollzug der Übertragung des verkauften Betriebsvermögens auf die Zielgesellschaft durch Eintragung der Spaltung im Handelsregister nachvollziehen und als Zeitpunkt für den Eintritt der Vollzugsreife des Unternehmenskaufvertrages definieren, dies ersetzt aber, wie beim echten Asset-Deal, in der Regel nicht die Einzelfallprüfung, ob das Zielunternehmen auch tatsächliche die vereinbarte Verfügungsgewalt über das gekaufte Betriebsvermögen erlangt hat und sich in dem vorausgesetzten rechtlichen und tatsächlichen Zustand befindet. In der Regel müssen in solchen Fällen daher Kontrollkommissionen von Käufer- und Verkäuferseite gebildet werden, welche ihrerseits den Eintritt der Vollzugsreife auch in faktischer Hinsicht zu bestätigen haben, denn sonst der Käufer wird kaum bereit sein, den Kaufpreis zu zahlen.

340 Vorhandene personelle und funktionelle Verbindungen zwischen dem verkaufenden Unternehmens und dem verkauften Betriebsteil lassen sich beim Carveout häufig nicht einfach auf den Stichtag des Übergangs kappen. In der Regel fehlt es dem verkauften Betriebsteil zum Beispiel an eigenen Verwaltungskräften, denn die Verwaltung bleibt – jedenfalls im Kern – bei einer Aufteilung des Betriebes immer notwendigerweise bei dem Altunternehmen zurück. In diesen Fällen ist der Abschluss von sog. Transition Services Agreements (TSA) als Vollzugsbedingung erforderlich.[388] Solche Vereinbarungen sind oft sehr komplex, weil man noch vor Vollzug des Vertrages versuchen muss zu ermitteln, welche Übergangsleistungen im Einzelnen erforderlich sein werden und wer sie erbringen soll. Auch die Preisfindung ist bei solchen TSA nicht einfach und die Frage, zu welchem Zeitpunkt der Käufer auf diese Dienstleistungen verzichten und das TSA kündigen kann, bedarf einer genauen Analyse.

6. Übergangsvereinbarungen nach Vollzugstag

341 Beim Asset-Deal werden in der Regel Vereinbarungen über die Änderung der IT-Systeme erforderlich sein. Schon aus Datenschutzgründen bedarf es regelmäßig einer vollständigen Neu-Ausrichtung der vorhandenen IT-Systeme, die von den bisherigen IT-Systemen des Verkäufers getrennt werden müssen. Serververbindungen müssen neu eingerichtet werden, Software-Programme müssen beendet und neue Software-Programm müssen installiert. Auch Telefonsysteme sind neu einzurichten. Dies kann nicht nur erhebliche Kosten verursachen, sondern wird auch eine zum Teil erhebliche Übergangsfrist erfordern, die man im Blick haben sollte. Auch hier bietet sich ein weites Feld für Übergangsvereinbarungen an, deren Abschluss aufschiebende Bedingung für den Verkauf des Unternehmens sein sollte, wenn man diese Vereinbarungen nicht bereits bis zum Abschluss des Unternehmenskaufvertrages geklärt hat.[389]

342 Teilweise ist der Käufer auch gezwungen, Produkte- oder Firmenbezeichnungen umzufirmieren, welche das gekaufte Unternehmen verwendet[390] In diesem Fall sind die neu beabsichtigten Bezeichnungen rechtzeitig vor dem Unterzeichnungstag abzuklären und es müssen entsprechende Vorkehrungen getroffen werden, damit die entsprechenden Maßnahmen nach dem Closing schnellstmöglich umgesetzt werden können. Unternehmenskaufverträge beinhalten in solchen Fällen meist Aufbrauch- oder Ablauffristen und Ver-

---

[388] Holzapfel/Pöllath, Unternehmenskauf in Recht und Praxis/*Engelhardt/v. Maltzahn*, Rn. 1151.
[389] Holzapfel/Pöllath, Unternehmenskauf in Recht und Praxis/*Engelhardt/v. Maltzahn*, Rn. 1259.
[390] Sonst kann dies zur Irreführung des Marktes über den Betreiber führen und den Verkäufer noch einer Rechtsscheinhaftung aussetzen.

IX. Aufschiebende Bedingungen § 3

tragsstrafen, falls der Käufer die Umfirmierungen und Umstellungen nicht rechtzeitig vornimmt.

7. Absicherung des Käufers gegen „Material Adverse Change"

Zwischen dem Unterzeichnungstag und dem Vollzug des Kaufvertrages vergeht in der Regel eine mehr oder weniger lange Zeitspanne. Braucht man die Genehmigung des Kartellamts, wird man als Mindestfrist die Monatsfrist einplanen müssen, welche das Kartellamt in Anspruch nehmen kann, um die Anmeldung einer Transaktion zu prüfen. Muss die Transaktion international angemeldet werden, weil die maßgeblichen Umsatzschwellen in Drittländern überschritten sind, kann diese Frist auch wesentlich länger dauern. Dies gilt natürlich erst recht, wenn die Genehmigung durch die Kartellbehörden noch eine inhaltliche Prüfung nach sich zieht. Auf die Verzögerungen, die insbesondere beim Asset-Deal eintreten können, wurde schon hingewiesen. Gerade beim umwandlungsrechtlichen Carve-Out können viele Monate, unter Umständen sogar Jahre ins Land gehen, bis der Carve-Out abschließend vollzogen ist. Der Käufer wird sich daher dagegen absichern wollen, dass in dieser Zeit Umstände eintreten, welche eine nachhaltige Verschlechterung des gekauften Unternehmens zur Folge haben. 343

Unternehmenskaufverträge aus dem anglo-amerikanischen Raum verwenden musterhaft Klauseln, nach welchen der Käufer von dem Vertrag wieder zurücktreten oder eine Anpassung der Kaufbedingungen verlangen kann, wenn zwischen Signing und Closing Umstände eintreten, welche eine nachhaltige Verschlechterung der Vermögens- Finanz- oder Ertragslage des Unternehmens erwarten lassen (sog. MAC-Klausel, „material adverse change").[391] Regelmäßig wird das Fehlen eines solchen MAC-Ereignisses im Zeitpunkt des Vollzugs zu bestätigen sein, indem der Verkäufer eine Erklärung abzugeben hat, durch welche der Nichteintritt eines solchen MAC-Falles bis zu diesem Zeitpunkt positiv bestätigt wird. Vielfach wird auch noch verlangt, dass der Verkäufer am Vollzugstag nochmals die am Tag des Vertragsschlusses abgegebenen Garantien bestätigt (sog. „Bring-down-warranties").[392] 344

Was unter einer nachhaltigen Verschlechterung der Vermögens-, Finanz- oder Ertragslage im Sinne der MAC-Klausel zu verstehen ist, wird in den meisten anglo-amerikanischen Verträgen nicht definiert, sondern einfach der Rechtsprechung überlassen. Vor allem in den USA gibt es diesbezüglich eine langjährige, von wirtschaftlichen Erwägungen geleitete Rechtstradition, welche es am Ende erwarten lässt, dass Gerichte oder Schiedsgerichte trotz der unklaren und schwammigen Klausel zu einer Einschätzung kommen können, ob ein MAC-Fall vorliegt oder nicht[393] Außerdem diszipliniert die unklare und schwammige Formulierung der MAC-Klausel die Parteien, hierüber eine außergerichtliche Einigung zu suchen. In der Regel werden sie eine Herabsetzung des Kaufpreises vereinbaren, bevor zu dem Mittel des Rücktritts vom Kaufvertrag gegriffen wird, zumal ein Gericht im Streitfall über die Wirksamkeit des Rücktritts erst lange Zeit später entscheiden würde (mit erheblichen Risiken für den Käufer).[394] 345

In Deutschland sind MAC-Klauseln inzwischen ebenfalls in vielen Unternehmenskaufverträgen zu finden, allerdings mit Blick auf die Anforderungen an Bestimmtheit und Justiziabilität solcher Klauseln doch meist wesentlich konkreter und für Gerichte nachprüfbarer als bei einer allgemeinen MAC-Klausel[395] In Deutschland wird auf eine nachhaltige 346

---

[391] Holzapfel/Pöllath, Unternehmenskauf in Recht und Praxis/*Engelhardt/Farkas,* Rn. 1201.
[392] Die Wiederholung von Garantien auf den Vollzugstag wirft die Frage nach den Rechtsfolgen auf, wenn eine Garantie dann nicht mehr abgegeben werden kann; in der Regel kann dies nur zu einem Rücktrittsrecht des Käufers führen, was in der Praxis aber meist durch eine anderweitige Einigung der Parteien, zB einen Preisnachlass, umgangen wird.
[393] *Lange* NZG 2005, 454.
[394] Vgl. BeckHdB Unternehmenskauf/*Jaques* D Rn. 425.
[395] In der Regel werden Mindestbetragsgrenzen für wirtschaftliche Nachteile definiert, die ein MAC-Ereignis begründen.

Verschlechterung der Vermögens- Finanz- oder Ertragslage des Unternehmens durch ein Ereignis abgestellt, welches zwischen dem Unterzeichnungstag und dem Vollzugstag aufgetreten sein muss. Teilweise soll auch die Verringerung des Eigenkapitals oder des Umsatzes um einem bestimmten Mindestbetrag entscheidend sein, um eine möglichst genaue Überprüfung des etwaigen MAC-Falles zu ermöglichen[396] Schadensfälle, die durch Versicherungen abgedeckt sind, begründen meistens keinen MAC-Fall, weil es an der Nachhaltigkeit der Vermögenseinbuße fehlt. Produktions- oder Leistungsausfälle, die nicht versichert sind, können zwar durchaus geeignet sein, einen MAC-Fall auszulösen, aber auch hier muss es auf die Nachhaltigkeit des Ereignisses ankommen. Bei Ereignissen, die lediglich einen einmaligen Schaden auslösen, kommt ein MAC-Fall nur in Betracht, wenn das Schadensereignis so erheblich ist, dass der Schaden nicht über Versicherungen oder Garantieansprüche gegen den Verkäufer abgedeckt ist.

347 Klassische Themen eines MAC-Falles sind meist das überraschende Abspringen von Großkunden (mit entsprechendem, dauerhaften Umsatzausfall), der plötzliche Erlass behördlicher Anordnungen, welche das Geschäft zum Stillstand bringen oder auch Rechtsstreitigkeiten mit erheblichem Schadenspotential, die nicht versichert sind. Aus Käufersicht erscheint es selbstverständlich, dass es Grenzen für eine Verschlechterung des Kaufgegenstandes geben muss, damit seine Investition sich nicht von Anfang an als Fehlinvestition erweist. Die Vielzahl der in Betracht kommenden Möglichkeiten verbietet aber in der Regel eine kasuistische Aufzählung möglicher MAC-Ereignisse, so dass man sich in der Praxis meist mit der Allgemeindefinition und einem Schwellenwert für die Verschlechterung der Vermögens- Finanz- und Ertragslage behilft.[397]

348 Der Schwellenwert ist natürlich Verhandlungssache. Er hängt von der Größe der Transaktion und den Verhältnissen des jeweiligen Unternehmens ab. Hierzu lassen sich kaum allgemein gültige Aussagen treffen. Letztlich definiert der Käufer seine absolute Schmerzgrenze, bei deren Erreichen die Übernahme des Unternehmens zu den ausgehandelten Bedingungen für ihn nicht mehr in Betracht kommt. Der Verkäufer wird versuchen, diese Schmerzgrenze heraufzusetzen, um zumindest solche Ereignisse, die er als Verkäufer für nicht gänzlich unwahrscheinlich hält, als potentielle MAC-Fälle auszuschließen. Teilweise mag das Thema auch durch Garantien im Kaufvertrag hinreichend gelöst werden können.[398]

349 Eine gewisse „worst case" Betrachtung erscheint bei der MAC-Klausel legitim, um sich der schwierigen Diskussion eines möglichen MAC-Falles nur im absoluten Ausnahmefall aussetzen zu müssen. Grundsätzlich sollte man einen MAC-Fall nur annehmen, wenn dem Unternehmen etwas so Außergewöhnliches widerfahren ist, dass dieses Ereignis bei redlicher Betrachtung die Geschäftsgrundlage für den Verkauf beseitigt[399]

350 Das Vorhandensein einer MAC-Klausel wird in der Praxis am Ende nur sehr selten zur Rückabwicklung des Vertrages führen, denn meist werden sich die Parteien, wenn tatsächlich einmal ein MAC-Fall vorliegen sollte, eher auf eine angemessene Kaufpreisreduktion einigen, als den gesamten Vertrag rückgängig zu machen[400] Hierbei hat der Verkäufer den Vorteil, dass der Käufer für den Eintritt des MAC-Falles beweispflichtig ist. Der Käufer kann die Auswirkungen eines schwerwiegenden Ereignisses auf das Unternehmen oft erst mit der Zeit einschätzen, steht aber, wenn er vor der Frage des Rücktritts steht, unter akutem Zeitdruck. Insbesondere sind die wirtschaftlichen Folgen eines mögli-

---

[396] Auch hier müsste aber zumindest eine Proforma-Zwischenbilanz erstellt werden, um den Eintritt des MAC-Ereignisses zu überprüfen.
[397] Statistische Untersuchungen darüber, was in Deutschland üblicherweise als MAC-Ereignis angesehen wird, liegen, soweit ersichtlich nicht vor.
[398] In jedem Fall sollte geprüft werden, ob dem Käufer nicht eher das Festhalten am Vertrag und die Geltendmachung von Garantieansprüchen zugemutet werden kann, als ihm wegen des MAC-Ereignisses ein Rücktrittsrecht einzuräumen.
[399] bspw. Zerstörung des Unternehmens, Insolvenz, Entzug der Betriebsgenehmigung oder ähnlich Schwerwiegendes.
[400] Holzapfel/Pöllath, Unternehmenskauf in Recht und Praxis/*Engelhardt/Farkas*, Rn. 1201.

8. Rücktrittsrechte/Long-Stop Date

Werden aufschiebende Bedingungen aus einem Unternehmenskaufvertrag nicht wie vorgesehen erfüllt, stellt sich ebenfalls die Frage nach einem Rücktrittsrecht. Was soll beispielsweise geschehen, wenn sich ein Kauf kartellrechtlich nicht als durchführbar erweist oder wenn die Zustimmung eines Dritten zum Verkauf, die wegen einer Change-of-Control Klausel erforderlich ist, nicht beschafft werden kann? Alle Kaufverträge mit aufschiebenden Bedingungen müssen die Frage der Rechtsfolgen für den Unternehmenskaufvertrag klären und kommen regelmäßig als einzige Lösungsmöglichkeit zu einem Rücktrittsrecht. Dieses kann ausgeübt werden, wenn die entsprechende aufschiebende Bedingung nicht bis zu einem im Vertrag näher definierten Zeitpunkt („Long-Stop-Date") eingetreten ist.[401]

351

Allerdings steht das Rücktrittsrecht nur derjenigen Partei zu, welche den Nichteintritt der Bedingung nicht zu vertreten hat. Bereits aus § 161 BGB folgt, dass sich derjenige, der den Eintritt einer aufschiebenden Bedingung verhindert hat, nicht darauf berufen kann, dass diese Bedingung nicht eingetreten sei. Aber auch im Fall von Passivität, wenn die Herbeiführung einer aufschiebenden Bedingung in der Verantwortungssphäre einer Partei fällt (zB der Verkäufer übernimmt es, die Zustimmung des Vermieters zum Verkauf einzuholen), hat nur der andere Vertragspartner ein Rücktrittsrecht, denn sonst könnte der säumige Vertragspartner die Transaktion leicht platzen lassen, indem er sich um den Eintritt der aufschiebender Bedingung einfach nicht ausreichend bemüht.

352

Erst nach Ablauf des „Long-Stop-Date" kann der Rücktritt vom Kaufvertrag erfolgen. Zusätzlich ist zu regeln, welcher Vertragspartner in bestimmten Fällen dafür zu sorgen hat, dass eine aufschiebende Bedingung eintritt. Etwaige Kooperationsverpflichtungen zwischen den Vertragspartnern sollten dabei so genau wie möglich geregelt werden, wie zB die wechselseitige Mitteilung von Umsatzzahlen und Marktanteilen im Rahmen der Vorbereitung des Antrages auf kartellrechtliche Freigabe der Transaktion.

353

Die Partei, welche wegen Verschuldens der anderen Partei am Nichteintritt einer aufschiebenden Bedingung vom Vertrag zurückgetreten ist, sollte das Recht haben, von der anderen Partei nach § 326 BGB Schadensersatz wegen Nichterfüllung des Kaufvertrages zu verlangen.[402] Grundsätzlich sollten weder Käufer noch Verkäufer privilegiert werden, wenn sie sich bei der ihnen obliegenden Herbeiführung aufschiebender Bedingungen vertragswidrig verhalten.

354

X. Garantien und Freistellungsversprechen des Verkäufers

Der Käufer setzt bei Abgabe seines Kaufangebotes in der Regel voraus, dass sich das Unternehmen im Zeitpunkt des wirtschaftlichen Übergangs in einem Zustand befindet, in welchem die geplanten Zukunftsergebnissen auch tatsächlich erzielt werden können. Diese Erwartung muss natürlich präzisiert werden. Letztlich muss der Verkäufer aus Sicht des Käufers für einen bestimmten Zustand des Unternehmens am Stichtag eintreten[403] Für Abweichungen des tatsächlichen Zustandes („Ist-Beschaffenheit") von dem erwarteten Zustand („Soll-Beschaffenheit") muss daher konsequenterweise der Verkäufer aufkommen[404]

355

---

[401] Faustformel: Maximale Vollzugsfrist ein bis drei Monate nach Ablauf der an sich abzusehenden Frist für den Eintritt der aufschiebenden Bedingungen.
[402] In diesem Fall hat diese Partei ihre Hauptleistungspflicht aus dem Kaufvertrag nicht erfüllt; es bedarf wirksamer Sanktionsmechanismen, um durch nicht erfüllte aufschiebende Bedingungen keine versteckten Ausstiegsmöglichkeiten zu schaffen.
[403] Vgl. Holzapfel/Pöllath, Unternehmenskauf in Recht und Praxis/*Engelhardt*, Rn. 866.
[404] Hölters, HdB Unternehmenskauf/*Weber*, Rn. 9.211 ff.

1. Unanwendbarkeit des Kaufrechts für die Haftung des Verkäufers

356 Das deutsche Kaufrecht hat sich allerdings nicht als ein geeignetes Rechtsinstrument erwiesen, um eine Haftung des Käufers im Fall der Abweichung der Ist-Beschaffenheit von der Soll-Beschaffenheit des Unternehmens zu begründen. Dies liegt daran, dass das deutsche Kaufrecht nur auf den Erwerb einzelner Wirtschaftsgütern zugeschnitten ist und nicht auf den Erwerb eines Unternehmen. Ein Unternehmen besteht aber nicht nur aus einer Vielzahl von einzelnen Wirtschaftsgütern, sondern vor allem aus einem Geflecht von wertbildenden Faktoren, die dafür sorgen, dass diese Wirtschaftsgüter Gewinn abwerfen. Geschäftsbeziehungen, Verträge mit Mitarbeitern, Kunden und Lieferanten oder auch Umsatz und Ertrag sind wichtige Umstände, die zur Ist- und Soll-Beschaffenheit eines Unternehmens gehören, aber keine „Eigenschaften" im Sinne des Kaufrechts sind, welche der Kaufsache (hier dem Unternehmen) im Sinne des Kaufrechts anhaften[405] Beim Share-Deal, der den überwiegenden Teil der Unternehmenskäufe ausmacht, handelt es sich sogar rechtlich betrachtet nur um den Kauf von Rechten (§ 453 BGB), so dass hier ein Sachmangel des Unternehmens (also eine Abweichung der „Ist-Beschaffenheit" von der „Soll-Beschaffenheit") gänzlich irrelevant ist. Der Verkäufer haftet beim Rechtskauf nur für den Bestand des Rechts, also dafür, dass die Gesellschafts oder Geschäftsanteile, der er verkauft, wirksam entstanden sind und ohne Rechte Dritter auf den Käufer übertragen werden können.[406] Inwieweit der Verkäufer beim Rechtskauf daneben auch für den Zustand des Unternehmens haftet, ist umstritten, auch wenn man den Rechtskauf unter Umständen hier auch als Kauf von „sonstigen Gegenständen" ansehen kann, was letztlich dann eine materielle Sachmängelhaftung jedenfalls dem Grund nach erlauben würde.[407] Dementsprechend werden üblicherweise zur Beschreibung des Sollzustandes des Unternehmens, für welchen der Verkäufer eintreten soll, selbständige, meist verschuldensunabhängige Garantien abgegeben (§ 311 BGB).[408]

357 Zur Vermeidung von Verwirrung, welche Rechtsvorschriften Anwendung finden sollen und welche nicht, wird in der Regel in einem Unternehmenskaufvertrag der Ausschluss des gesamten kodifizierten Kaufrechts vereinbart.[409] Dies ist nach deutschem Recht zulässig, ausgenommen der Ausschluss einer Haftung für Vorsatz und arglistige Täuschung gemäß §§ 444 Abs. 2, 276 Abs. 3 BGB. Auch die Haftung aus fahrlässigem Verhalten vor Vertragsschluss (culpa in contrahendo), insbesondere wegen fahrlässig fehlerhafter Aufklärung des Käufers, kann damit regelmäßig ausgeschlossen werden[410] Für welchen Zustand der Verkäufer haftungsmäßig einstehen soll, wird statt dessen in der Regel erschöpfend in den schon mehrfach erwähnten Verkäufergarantien geregelt.[411]

2. Grundsatz der Naturalrestitution

358 Bei Nichteinhaltung einer Garantie ist der Käufer so zu stellen hat, wie er stünde, wenn die Garantie eingehalten worden wäre. Insoweit folgen die Rechtsfolgen einer Garantieverletzung in einem typischen Unternehmenskaufvertrag meist dem gesetzlichen Leitbild des deutschen Schadensrechts (§ 249 BGB, Naturalrestitution).[412] Da eine Naturalrestitution aber in den meisten Fällen nicht möglich sein dürfte, bestimmt die Klausel weiter, dass der Käufer nach Ablauf einer den Umständen entsprechend kürzeren oder längeren Frist, wenn die Naturalrestitution bis dahin nicht erfolgt ist, Schadensersatz in Geld verlangen kann. Dies gilt auch schon vor Ablauf der Frist, wenn die Naturalrestitution von vornher-

---

[405] Picot, Unternehmenskauf und Restrukturierung, § 4 Rn. 214–216.
[406] Palandt/*Weidenkaff* BGB § 453, Rn. 23.
[407] Picot, Unternehmenskauf und Restrukturierung, § 4 242, 247.
[408] Picot, Unternehmenskauf und Restrukturierung, § 4 250; Palandt/*Sprau* BGB Einf. v. § 765 Rn. 16.
[409] MVHdb II WirtschaftsR I/*Hoyenberg* Vertragsmuster IV. 5. § 9.
[410] Holzapfel/Pöllath, Unternehmenskauf in Recht und Praxis/*Engelhardt/Maltzahn,* Rn. 628.
[411] MVHdb II WirtschaftsR I/*Hoyenberg* Vertragsmuster IV. 5 § 9 Abs. 1.
[412] MVHdb II WirtschaftsR I/*Hoyenberg* Vertragsmuster IV. 5 § 7 Abs. 3.

ein nicht möglich erscheint.[413] Der Schadensersatz kann auch optional gewählt werden, und zwar entweder als Ausgleich eines Schadens, der bei der gekauften Gesellschaft selbst eingetreten ist, oder als Ausgleich eines Schadens, der bei dem Käufer eingetreten ist.[414]

In der Regel versucht der Verkäufer, seine Haftung weiter einzuschränken. Eine Haftungsbeschränkung ist zulässig, weil es sich bei den selbständigen Garantien in einem Unternehmenskaufvertrag nicht um Zusicherungen für den Zustand einer Kaufsache gemäß § 444 BGB handelt, für welche die Haftungsbeschränkung unzulässig ist. Eine Haftungsbeschränkung kommt mit zwei unterschiedlichen Zielrichtungen in Betracht. Einerseits kann die Haftung der Höhe nach beschränkt werden, andererseits können bestimmte Ansprüche, welche das deutsche Schadensersatzrecht vorsieht, abbedungen werden. Beides ist, wie zu zeigen sein wird, heute in Unternehmenskaufverträgen üblich. Ferner ist die Haftung in der Regel quotal zu beschränken, wenn der Käufer nicht alle Anteile am Unternehmen kauft, denn der Minderwert, der durch eine Garantieverletzung eintritt, betrifft dann neben dem verkauften Anteil auch noch den Verkäufer. Hier kann man allerdings auch anderer Meinung sein, wenn die Garantie keine rein wertbezogene Garantie ist, sondern die Funktionsfähigkeit des Unternehmens betrifft. 359

3. Haftungsbeschränkungsklauseln

a) De Minimis Klausel. Üblich sind Haftungsbeschränkungsklauseln zunächst zur Vermeidung einer Haftung im Bagatellbereich sog. De-Minimis Klauseln. Sie sehen vor, dass nur solche Schäden ausgeglichen werden müssen, welche im Einzelfall einen bestimmten Mindestbetrag übersteigen[415] Dabei wird in der Regel vorgesehen, dass Serienschäden, die auf der gleichen Ursache beruhen, betragsmäßig zusammengerechnet werden, um zu vermeiden, dass solche Schäden, wenn sie in der Summe, aber nicht im Einzelfall, höhere Beträge ausmachen, bei der Haftung unter den Tisch fallen[416] Übliche De Minimis Beträge sind bei kleineren Transaktionen Beträge von EUR 5.000 bis 10.000, dies hängt aber sinnvollerweise von der Größe der Transaktion ab. 360

Ferner wird üblicherweise ein Freibetrag oder eine Freigrenze für die Haftung vereinbart[417] Freibetrag oder Freigrenze sollen sicherstellen, dass die Haftung überhaupt erst ab einem von den Parteien für relevant gehaltenen Gesamtbetrag des Schadens einsetzt. Die Höhe von Freibetrag oder Freigrenze ist wie der De Minimis Betrag verhandelbar, wird aber in der Regel nach den Erfahrungen des Verfassers etwa bei dem Zehnfachen des De Minimis Betrags liegen. In der Praxis besteht eine gewisse Präferenz für die Freigrenze, um zu verhindern, dass der Verkäufer gerade bei relevanten Schadensfällen einfach einen Teil des entstandenen Schadens nicht auszugleichen braucht. Wird die Freigrenze überschritten, sind alle Schäden in vollem Umfang zahlbar, soweit sie die Bagatellgrenze des De Minimis-Betrages überschreiten.[418] 361

b) Haftungscap. Schließlich wird üblicherweise eine Haftungs-Höchstgrenze (Haftungscap) vereinbart.[419] Feste Regeln gibt es für einen solchen Haftungscap nicht.[420] Da das deutsche Schadensrecht eine Haftung erlaubt, die über den erhaltenen Kaufpreis hinausgeht und theoretisch der Höhe nach unbegrenzt ist[421], wird dem Verkäufer immer wieder vorgehalten, dass schon eine Haftungsbeschränkung auf die Höhe des erhalten Kaufpreises 362

---

[413] MVHdb II WirtschaftsR I/*Hoyenberg* Vertragsmuster IV. 5 § 7 Abs. 3.
[414] Diese Option empfiehlt sich vor allem deshalb, weil der unmittelbare Ausgleich des Schadens bei der Gesellschaft helfen kann, Folgeschäden zu vermeiden.
[415] BeckFormB M&A/*Schrader* C. II. 1 Anm. 124.
[416] *Mellert* BB 2011, 1667 (1671); *Bisle* DStR 2013, 364 (366).
[417] Formulierungsvorschlag bei BeckHdB Unternehmenskauf/*Jaques* D Rn. 361.
[418] BeckHdB Unternehmenskauf/*Jaques* D Rn. 361.
[419] BeckHdB Unternehmenskauf/*Jaques* D Rn. 362.
[420] In der Praxis werden heute meist differenzierte Haftungscaps vereinbart.
[421] Palandt/*Grüneberg* BGB Vor § 249 Rn. 6.

aus Sicht des Käufers sehr entgegenkommend sei. Dies entspricht aber heute nicht mehr den Üblichkeiten. In der Regel dürfte der Haftungscap heute bei Verletzung der sog. Good-Title Garantie (darunter versteht man Garantien über die Gesellschafts- und Geschäftsanteile und die Erhaltung des rechtlich geschützten Kapitals) bei 100 % des Kaufpreises liegen. Bei Verletzung der sog. Business Garantien, also der Garantien, die sich auf den Soll-Zustand des Unternehmens beziehen, sind aber deutlich niedrigere Haftungscaps die Regel geworden. Sie dürften etwa zwischen 10 % und 75 % des Kaufpreises liegen.[422] Bei kleineren Transaktionen sind die Haftungsgrenzen in der Regel prozentual deutlich höher als bei größeren Transaktionen, auch weil die absoluten Beträge einer Haftung nicht notwendigerweise proportional zur Transaktionsgröße ansteigen. Bei besonders riskanten Transaktionen liegt der Haftungscap in der Regel ebenfalls höher als bei weniger riskanten Transaktionen. Dagegen ist eine unbeschränkte Haftung oder eine Haftung, die über den erhaltenen Kaufpreis hinausgeht, bei Garantieverstößen weitgehend unüblich geworden[423]

363   **c) Entgangener Gewinn und Folgeschaden.** Jede negative Differenz zwischen der Vermögenslage, die ohne das schadensstiftende Ereignis bestanden hätte und der Vermögenslage, die infolge des schadensstiftenden Ereignisses eingetreten ist, ist ein Schaden (sog. Differenzmethode).[424]

364   Ausgehend von der Differenzmethode sind alle Vermögensminderungen zu ersetzen, die bei dem Käufer oder dem gekauften Unternehmen als Folge eines Garantieverstoßes eintreten. So sind zum Beispiel bei einem Sachschaden an einer Maschine die Reparaturkosten zu ersetzen, bei einer Umsatzgarantie wären die nicht erzielten Umsätze auszugleichen und bei einer fehlenden Betriebsgenehmigung wären die Kosten zu erstatten, die zur Beschaffung der Betriebsgenehmigung aufgewendet werden müssen.

365   Grundsätzlich sind aber auch alle durch das schadensstiftende Ereignis verursachten zukünftigen Vermögensminderungen in die Bemessung des Schadens einzubeziehen. Dies ist die Folge des im Schadensrecht geltenden Kausalitätsprinzips. Somit zählen auch mittelbare Schäden und Folgeschäden[425] wie etwa langjährige Sanierungskosten oder der entgangene Gewinn zum Schaden (§ 252 BGB). Gleichgültig ist, ob die Vermögensminderung unmittelbar durch das Schadensereignis ausgelöst wurde oder sich nur mittelbar aus dem Hinzutreten weiterer Umstände ergibt. Beispielsweise wäre der Gewinnausfall, der sich aus dem Stillstand einer zu reparierenden Maschine ergibt, ein ersatzfähiger Folgeschaden. Folgeschäden bzw. mittelbare Schäden können weit über die Kosten der Reparatur der Maschine hinausgehen[426]

366   Es ist verständlich, dass Verkäufer vor einem derart uferlosen Schadensbegriff zurückschrecken. Die Einbeziehung vom Folgeschäden, mittelbaren Schäden und entgangenem Gewinn führt regelmäßig zu einer erheblichen Ausweitung des Haftungspotentials. Diese Schäden können dem schadenstiftenden Ereignis außerdem noch mit großer Verzögerung folgen. Für jeden Unternehmensverkauf ist es aber typisch, dass das unternehmerisches Risiko irgendwann auf den Käufer übergehen muss. Besonders problematisch ist natürlich der entgangene Gewinn, denn hierbei geht es um einen Vermögenswert, den der Käufer im Zeitpunkt der Übernahme des Unternehmens noch gar nicht vorgefunden hat. Allein die Chance, diesen Gewinn zu erzielen, bedeutet nach deutschem Schadensrecht noch

---

[422] Erfahrungswerte des Verfassers aus zahlreichen Transaktionen, statistische Auswertungen werden immer wieder von Großkanzleien (meist aus dem eigenen Bestand an Transaktionen) vorgenommen, sind aber auch nicht repräsentativ.
[423] Holzapfel/Pöllath, Recht und Praxis des Unternehmenskaufs/*Engelhardt*, 938.
[424] Palandt/*Grüneberg* BGB Vor § 249 Rn. 8.
[425] Palandt/*Grüneberg* BGB Vor § 249 Rn. 15.
[426] Alle adäquat kausalen Schäden (sog. Adäquanztheorie) sind ersatzfähig, nicht aber Schäden aus nicht absehbaren Kausalverläufen, vgl. Palandt/*Grüneberg* BGB Vor § 249 Rn. 58–61.

X. Garantien und Freistellungsversprechen des Verkäufers § 3

keine geschützte und im Zweifel auszugleichende Vermögensposition, wohl aber Gewinne, die nach dem wahrscheinlichen Verkauf der Dinge zu erwarten gewesen wären.[427]

Zur Vermeidung einer ausufernden Haftung versuchen Verkäufer daher häufig Ansprüche des Käufers auszuschließen, welche auf den entgangenen Gewinn oder den Ausgleich von Folgeschäden gerichtet sind. Dies ist allerdings aus Sicht des Käufers problematisch, wenn der Sinn einer Garantie gerade darin besteht, den Käufer vor einem Gewinnausfall oder Folgeschäden zu schützen. Wird beispielsweise wahrheitswidrig garantiert, dass der Hauptkunde des Unternehmens die bestehende Geschäftsverbindung nicht gekündigt hat, kann sich der zu erwartende Umsatzausfalls als der eigentliche Schaden erweisen (führt zu entgangenem Gewinn). Und bei einer nicht bestehenden Betriebsgenehmigung kann ein erheblicher Teil des Schadens darin liegen, den Vertragspartnern Schadensersatz wegen Nichterfüllung abgeschlossener Verträge leisten zu müssen (führt zu einem entsprechenden Folgeschaden). 367

Immerhin sieht das deutsche Schadensrecht eine natürlich Schranke für Folgeschadensersatz vor, und zwar dort, wo ein Schadensverlauf nicht mehr „adäquat kausal" ist. Das ist der Fall, wenn Folgeschäden eintreten, mit deren Eintritt bei normalem Verlauf der Dinge objektiv nicht zu rechnen war[428] Das wäre zum Beispiel der Fall, wenn das Unternehmen durch einen Brand zerstört wird, der anlässlich der Reparaturarbeiten an der defekten Maschine ausgelöst wird. Dieser Schaden lässt sich sinnvollerweise nicht mehr dem schadensstiftenden Ereignis zurechnen. Den Parteien eines Unternehmenskaufvertrages steht es aber grundsätzlich frei zu definieren, was adäquat kausale Schadensfolgen eines Ergebnisses sein können, die ersetzt werden müssen und was nicht. 368

d) Sonderfall der Jahresabschlussgarantie (Bilanzgarantie). Umstritten sind auch die Rechtsfolgen einer Verletzung der sog. Bilanzgarantie.[429] Hierbei hat man sich mit der Frage zu befassen, vor welchem wirtschaftlichen Minderwert die Bilanzgarantie den Käufer eigentlich schützen soll. Denkbar wäre der Ansatz, dass die Minderung des bilanziell erfassten Vermögens (also jede Minderung des Eigenkapitals) einen ersatzfähigen Schaden darstellen soll (sog. Bilanz-Auffüllungstheorie").[430] Denkbar ist aber auch der Ansatz, dass nur jede Minderung des Unternehmenswertes ein ersatzfähige Schaden sein kann (sog. „Minderungstheorie"), denn der Kaufpreis wird ja in der Regel nicht aus dem Eigenkapitalwert der Bilanz, sondern dem Ertragswert des Unternehmens abgeleitet.[431] 369

Die Rechtsprechung sieht den Schaden in der Minderung des Unternehmenswertes[432] Auf den Wert der einzelnen Wirtschaftsgüter, wie sie in der Bilanz zu finden sind, komme es nach den gängigen Bewertungsmethoden in der Regel nicht an. Die sog. Bilanzauffüllungstheorie, die bei einer Verletzung der Bilanzgarantie lange Zeit als das Maß der Dinge für den Schadensersatzanspruch galt, ist überholt.[433] Daraus folgt, dass nicht alle Fehler in einem Jahresabschluss auch zwingend zu einer Minderung des Unternehmenswertes führen müssen. Allerdings folgt daraus auch, dass insbesondere Bilanzabweichungen, die sich auf das EBIT(DA), also den laufenden Gewinn, auswirken, möglicherweise erhebliche Auswirkungen auf den Schadensersatzanspruch haben können, wenn man das positive Interesse des Käufers an der Richtigkeit des Bilanzbildes und folglich den hieraus abgeleiteten Unternehmenswert als geschützt ansehen würde.[434] 370

---

[427] BGH NJW 1964, 661; BGH NJW 1970, 1411; verneint für bloße Chance auf Gewinn OLG Düsseldorf NJW-RR 1986, 517.
[428] § 252 S. 2 BGB erfasst zB nur den bei normalem Verlauf zu erwartenden Gewinnausfall, Geschädigter hat Darlegungs- und Beweislast für Wahrscheinlichkeit, Palandt/*Grüneberg* BGB § 252 Rn. 5.
[429] *Rabe/Blunk* GmbHR 2011, 408 ff.
[430] abgelehnt von *Wächter* BB 2016, 711; dafür *Hilgard* BB 2013, 937.
[431] BGH NJW 1977, 1536; BGH NJW 1980, 2408.
[432] OLG Frankfurt BB 2016, 721 (722).
[433] OLG Frankfurt BB 2016, 721.
[434] *Wächter* BB 2016, 711.

371 So kann beispielsweise die unzutreffende Ermittlung von Sozialversicherungsbeiträgen bei Scheinselbständigen oder die Nichtberücksichtigung laufender Wartungskosten bei Maschinen weit größere Auswirkungen haben, als es auf den ersten Blick scheint. Schlimmstenfalls besteht der Schaden nämlich nicht nur in der Nachholung der entsprechenden Beitragszahlungen oder Wartungsarbeiten, sondern in einer dauerhaften Ergebnisminderung bei dem Unternehmen. Das wiederum wirkt sich dann auf das nachhaltig erzielbare EBIT(DA) und damit auch auf den Unternehmenswert aus. Der Unternehmenswert kann sich daher um ein Vielfaches des eigentlichen Fehlbetrages vermindern. Dies wäre unter Umständen auch über den Ersatz des sog. negativen Interesses ausgleichsfähig, wenn man unterstellt, dass dem Käufer bei Kenntnis der Garantieverletzung der Abschluss des Kaufvertrages zu einem entsprechend geringeren Betrag gelungen wäre.[435]

372 Der Verkäufer kann vor diesem Hintergrund nur versuchen, die Haftung für eine Minderung des Unternehmenswertes generell auszuschließen. Hierbei steht ihm das Argument zur Seite, dass es nach der sog. Minderungsrechtsprechung im Schadensrecht bis heute unklar ist, wie die Minderung eines Unternehmenswertes tatsächlich konkret zu bemessen ist. Gerichte können diesen Schaden nur unter Berücksichtigung allgemeiner Bewertungsmethoden schätzen (§ 247 ZPO), einen objektiven Unternehmenswert gibt es aber nicht.

4. Gesamtschuldnerische Haftung und Haftungsquoten

373 Bei mehreren Verkäufern fragt sich stets, wie diese Verkäufer dem Käufer haften. Zu Beginn des Garantiekataloges im Unternehmenskaufvertrag findet sich regelmäßig eine Generalklausel des Inhalts, wonach die Verkäufer entweder ein jeder für sich (als Teilschuldner) oder auch gemeinsam (als Gesamtschuldner) für die Richtigkeit der nachstehend abgegebenen Garantien eintreten.[436] Insbesondere Gesellschafter, die sich nicht in einer Geschäftsführer-Position befinden, Minderheitsanteile verkaufen oder von den für das Unternehmen zu garantierenden Umständen keine Ahnung haben, fühlen sich von der Forderung nach einer gesamtschuldnerischen Haftung abgeschreckt. Sie tendieren deshalb dazu, nur eine Teilschuldnerschaft zu akzeptieren, häufig dies sogar nur bezogen auf einzelne Garantien, welche sie überblicken können, und die Abgabe der übrigen Garantien denjenigen überlassen zu wollen, die deren Richtigkeit besser beurteilen können.[437]

374 Man darf allerdings nicht übersehen, dass die Abgabe von Garantien durch die Verkäufer für den Käufer die einzige Möglichkeit darstellt, die Soll-Beschaffenheit des Unternehmens abzusichern. Würden nur einzelne Verkäufer die Abgabe dieser Garantien akzeptieren und könnte der Käufer daher nur wenige (ggf. sogar nur einen) Verkäufer dafür zur Rechenschaft ziehen, wäre das Ergebnis für ihn in doppelter Hinsicht unbefriedigend. Er würde nicht nur den Anspruch auf Ersatz eines Teils des Schadens verlieren, sondern müsste darüber hinaus auch noch die Einschränkung der Vollstreckungsmöglichkeiten in Kauf nehmen, weil ihm das Vermögen der anderen Verkäufer nicht mehr als Haftungsmasse zur Verfügung steht. Außerdem wäre die isolierte Garantieübernahme auch unbillig gegenüber denjenigen Verkäufern, welche solche Garantien am Ende abgeben müssen. Der Gegenwert für die Abgabe dieser Garantien ist nichts anderes als der vom Käufer gebotene Kaufpreis, den dieser nur zu zahlen bereit ist, weil ihm ua diese Garantien angeboten werden. Wenn aber der Kaufpreis, den alle Verkäufer bekanntlich entsprechend ihrer Beteiligungsquote erhalten, nur durch Abgabe solcher Garantien zu erzielen ist, dann ist auch nicht einzusehen, weshalb nur einige der Verkäufer das gesamte mit diesen Garantien verbundene Risiko tragen sollen.

---

[435] OLG Frankfurt BB 2016, 721 (724).
[436] BeckHdB Unternehmenskauf/*Jaques* D Rn. 380.
[437] Rotthege/Wassermann, Unternehmenskauf bei der GmbH/*Tietmeyer*, § 9 Rn. 164, wonach die Abgabe bestimmter (wissensbezogener) Garantien nur durch die Personen mit tatsächlicher Kenntnis erfolgen sollte.

X. Garantien und Freistellungsversprechen des Verkäufers   § 3

Dementsprechend sollten in den meisten Fällen sämtliche Garantien, abgesehen von der 375
Garantie über die Geschäftsanteile („good title Garantie), von sämtlichen Verkäufern gemeinsam abgegeben werden. Diese haften daher dem Käufer auch als Gesamtschuldner für eine etwaige Unrichtigkeit der Garantien und nicht als Teilschuldner.[438]

Allerdings ist es durchaus möglich, auch gegenüber dem Käufer die Haftung eines jeden Verkäufers im Rahmen dieser gesamtschuldnerischen Haftung der Höhe nach auf 376
denjenigen Teil des Schadens zu beschränken, welcher seiner Beteiligungsquote am Unternehmen entspricht. So haften die Verkäufer im Ergebnis zwar gemeinsam, also gesamtschuldnerisch, für den haftungsauslösenden Tatbestand, bezüglich des Schadens dann aber doch auf Grund dieser Haftungsbeschränkungsklausel nur wie ein Teilschuldner. Dies trägt das Prinzip des Innenausgleichs unter Gesamtschuldnern in die Außenhaftung, was allerdings für den Käufer die Inanspruchnahme der Verkäufer deutlich komplizierter macht.

Gelingt es nicht, die quotale Haftung schon im Außenverhältnis mit dem Käufer zu 377
regeln, zum Beispiel, weil dieser nicht bereit ist, die Verkäufer an ihren möglicherweise unterschiedlichen Standorten auf ihre unterschiedlichen Haftungsquoten verklagen zu müssen und außerdem auch noch separat gegen diese vollstrecken zu müssen, lässt sich die gesamtschuldnerische Haftung im Innenverhältnis jedenfalls durch eine quotale (interne) Haftungsvereinbarung der Verkäufer entschärfen. Diese Lösung ist bei Gesamtschuldnern im Grundsatz bereits vom Gesetz vorgegeben, denn in § 426 Abs. 2 BGB ist bestimmt, dass Gesamtschuldner im Innenverhältnis anteilig zu gleichen Teilen haften, soweit nicht ein anderes bestimmt ist. Die Forderung des Gläubigers geht, wenn dieser von einem der Gesamtschuldner Befriedigung erlangt, in Höhe der geleisteten Befriedigung auf den haftenden Gesamtschuldner über.[439]

Zu regeln bleibt dennoch, mit welchen Beteiligungsquoten die Verkäufer untereinander haften sollen, denn gleiche Haftungsquoten, wie vom Gesetz angenommen, werden 378
in der Regel wegen der meist unterschiedlichen Beteiligungsquoten an dem verkauften Unternehmen nicht akzeptabel sein.[440] Außerdem kann das Bedürfnis entstehen, die gemeinsame Haftung im Innenverhältnis durch freiwillige Bildung eines Escrows (also eines Treuhandkontos der Verkäufer) abzusichern, damit nicht nur der vom Käufer in Anspruch genommene Gesamtschuldner das Klage und Beitreibungsrisiko im Innenverhältnis alleine tragen muss. Ein solches Treuhandkonto sollten dann zumindest für die Dauer der normalen Verjährungsfrist bestehen bleiben.

5. Abwehr von Drittansprüchen

Vielfach wird in Garantien über den Zustand des Unternehmens zugesichert, dass es wegen eines bestimmten Tatbestandes oder Zustandes keine geldwerten Ansprüche Dritter 379
gegen das Unternehmen gibt. Ist diese Garantie verletzt, wird der Verkäufer ein Interesse daran haben zu prüfen, ob die behaupteten Ansprüche Dritter tatsächlich bestehen. Vor allem wird der Verkäufer vermeiden wollen, dass der neue Inhaber des Unternehmens solche Ansprüche einfach erfüllt, ohne die zur Verfügung stehenden Abwehrmöglichkeiten ausgeschöpft zu haben. Zwar hat der Käufer nach § 254 BGB eine gesetzliche Schadensminderungspflicht, allerdings ist unklar, ob dazu auch eine ggf. mit Kosten verbundene Verteidigung gegen fremde Ansprüche gehört.[441] Hieraus folgt, dass man die Abwehr von Drittansprüchen explizit regeln sollte.

---

[438] Dem Praxishinweis von *Jaques*, siehe BeckHdB Unternehmenskauf/*Jaques* D Rn. 380, kann der Verfasser daher nicht zustimmen.
[439] Palandt/*Grüneberg* BGB § 426 Rn. 4, 5.
[440] Im Zweifel regelt sich der Innenausgleich aber bei einer Gesellschaft tatsächlich nach den Beteiligungsquoten, BGH NJW 1967, 1275.
[441] § 254 BGB wird in Unternehmenskaufverträgen in der Regel nicht abbedungen, aber doch konkretisiert, um Unklarheiten zu vermeiden, zu welchen schadensmindernden Maßnahmen der Käufer verpflichtet ist, vgl. insgesamt *Ebbinghaus/Hasselbach* DB 2012, 216.

380 Üblich sind Klauseln, welche einerseits den Käufer verpflichten, Drittansprüche nicht ohne Zustimmung des Verkäufers anzuerkennen oder rechtskräftig werden zu lassen, andererseits aber diese Verpflichtung davon abhängig machen, dass der Verkäufer alle mit der Abwehr der Drittansprüche verbunden Kosten übernimmt. Dies setzt ein abgestimmtes Vorgehen voraus, welches in guten Unternehmenskaufverträgen bis ins Detail geregelt ist. Zu dem abgestimmten Vorgehen gehört auch, dass der Käufer, sofern dies für ihn nicht mit Kosten verbunden, unzumutbar oder rufschädigend ist, die vom Verkäufer empfohlenen Abwehrmaßnahmen treffen muss, andernfalls er Gefahr läuft, seinen Ersatzanspruch aus der Garantie zu verlieren. In diesem Zusammenhang hat der Käufer dem Verkäufer auch Einsicht in die zur Rechtsverteidigung notwendigen Unterlagen zu verschaffen.

6. Gesamtpaket Haftung

381 Verhandlungstechnisch lassen sich die Fragen der Haftungsbeschränkung am Ehesten in einem Gesamtzusammenhang regeln. Stimmt das „Gesamtpaket", werden sich auch kontroverse Positionen zu einzelnen Aspekten des Haftungsregimes lösen lassen. Haftungscap, De Minimis, Freibetrag oder Freigrenze sind eine Spielmasse, aus der am Ende eine ausgewogene und auf den Fall passende Haftungsvereinbarung entstehen sollte. Dabei ist es durchaus möglich, zwischen verschiedenen Haftungsansprüchen zu differenzieren und für einzelne Haftungsansprüche eine größere Beschränkung als für andere Haftungsansprüche vorzusehen.

382 Durchaus können in diesem Zusammenhang auch viele weitere Fragen, welche sich auf die Haftung des Verkäufers auswirken können, Teil derselben Verhandlungsmasse werden, wie zum Beispiel die Verjährung der Haftung, die Schadensminderungspflicht des Verkäufers, die Abwehr von Ansprüchen Dritter, die Gestaltung von Sicherheitsleistungen, Gewährleistungsbürgschaften und vieles mehr.

383 **a) Escrow und Sicherheitsleistung.** Im Zusammenhang mit der Haftung des Verkäufers stellt sich auch die Frage nach der Absicherung der Ersatzansprüche des Käufers[442] Geht man mit dem Vorhergesagten davon aus, dass die Business-Garantien immerhin zwischen 10% und 75% und Good-Title Garantien sogar 100% des Kaufpreises als Haftungsvolumen auslösen können, ist offensichtlich, dass es ein Absicherungsinteresse des Käufers gibt, weil bei Beträgen in dieser Größenordnung ein Vollstreckungserfolg bei Verweigerung des Zahlungsausgleichs keineswegs immer gewährleistet ist. Dies gilt insbesondere, wenn der Kaufpreis an eine Mehrzahl von natürlichen Personen mit unklarer Bonität oder an eine Gesellschaft ausbezahlt wird, die nur beschränkt mit ihrem haftungsrechtlichen geschützten Vermögen haftet. Gerade bei Finanzinvestoren, die ihre Anteile verkaufen, wird der erzielte Kaufpreis regelmäßig an die Anteilsinhaber ausgeschüttet und dürfte im Haftungsfall dem Unternehmen nicht mehr zur Verfügung stehen.[443]

384 Gängige Praxis sind daher Vereinbarungen, welche die Einzahlung eines Teils des Kaufpreises auf ein Treuhandkonto vorsehen (Escrow Acount), wobei dieser Teil des Kaufpreises so lange auf dem Escrow-Account verbleibt, bis die für Garantien des Verkäufers geltenden Verjährungsfristen abgelaufen sind[444] Wird während dieser Verjährungsfrist ein Garantieanspruch geltend gemacht, führt dies in Höhe des geltend gemachten Anspruchs zu einer Auszahlungssperre, die solange andauert, bis über den Anspruch entweder eine Einigung der Parteien oder ein rechtskräftiges Gerichtsurteil vorliegt.[445]

---

[442] In der Diskussion sind Absicherungsmittel wie Bankbürgschaften, Escrow.Accounts, Pfandrechte und Versicherungslösungen, in der Praxis wird meist mit Escrow-Accounts gearbeitet, weil andere Lösungen zu teuer sind.
[443] Bei erkennbaren Haftungsrisiken muss der Fonds allerdings Rückstellungen bilden, welche im Ergebnis den ausschüttungsfähigen Gewinn mindern.
[444] *Witte/Bultmann* BB 2005, 1121.
[445] *Witte/Bultmann* BB 2005, 1121.

Treuhänder (Escrow Agent) wird in der Regel der Notar, welcher den Kaufvertrag beur- 385
kundet. Dieser richtet ein Anderkonto ein, auf welches die Sicherheitsleistung (Escrow
Amount) einbezahlt wird[446] Der Escrow Amount mindert die Auszahlung des Kaufpreises
an die Verkäufer. Einzahlung und Auszahlung sowie das Verwalten des Escrow Amounts
durch den Escrow Agent werden in einer gesonderten Escrow Vereinbarung zwischen
dem Notar und den Parteien geregelt[447] Die Kosten richten sich bei Notaren nach § 149
KostO, zur Zeit 0,25 % des den Betrag von EUR 10.000 übersteigenden Betrages, darunter zwischen 0,5 und 1 % des Betrages. Alternativ kann auch ein Dritter als Escrow Agent
bestellt werden, der die Verwaltung des Escrows (ggf. etwas kostengünstiger) übernimmt.

b) Höhe des Escrow oder der Sicherheitsleistung. In welcher Höhe ein Escrow ver- 386
einbart werden sollte, ist Verhandlungssache. Üblicherweise werden Escrows vereinbart,
wenn die Haftungsrisiken bei einer Transaktion unübersichtlich sind, also nach Durchführung der Due Diligence eine gewisse Wahrscheinlichkeit nicht ausgeschlossen werden
kann, dass es zu einem Haftungsfall kommen wird. Auch die Bonität der Verkäufer kann
eine Rolle spielen, zum Beispiel, wenn bei normalem Verlauf der Dinge nicht mit einem
späteren Vollstreckungserfolg gerechnet werden kann. Schließlich erlaubt der Escrow eine
Vermeidung des Vollstreckungsverfahrens. In diesem Zusammenhang kann auch ein ratierliches Abschmelzen des Escrows vereinbart werden, um dem mit der Zeit geringer
werdenden Haftungsrisiko gerecht zu werden und eine „Übersicherung" des Käufers zu
vermeiden.

Als Nebeneffekt lässt sich über eine Escrow Vereinbarung erreichen, dass die Verkäufer 387
jedenfalls in Höhe des Escrows gesamtschuldnerisch für den Schaden haften, denn jeder
Verkäufer beteiligt sich automatisch quotal mit seinem Anteil an der Haftung aus dem
nicht ausbezahlten Kaufpreisanteil. Wird der Escrow an die Verkäufer ausbezahlt, weil es
nicht zu einem Haftungsfall gekommen ist, erfolgt die Auszahlung entsprechend den jedem Verkäufer zustehenden Quoten.

XI. Garantiekatalog

Was aber muss ein mittelständischer Verkäufer typischerweise in einem Unternehmens- 388
kaufvertrag garantieren? Seit es Unternehmenskaufverträge gibt, ist diese Frage höchst
umstritten und von zahlreichen Ausnahmen zur gesetzlichen Sachmängelhaftung gekennzeichnet[448]

Beim Kauf von Aktien über die Börse kann sich der Käufer nur auf öffentlich bekannte 389
Quellen stützen. Weder der Verkäufer noch das Unternehmen werden ihm gegenüber in
der Regel eine Haftung in Form von Garantien übernehmen. Der Käufer wird sich bei
börsennotierten Unternehmen nur auf die veröffentlichten Jahresabschlüsse, Quartalsberichte, Mitteilungen des Unternehmers und Prospekte verlassen können. Dem Aktienkäufer haftet allerdings ggf. das börsennotierte Unternehmen selbst, wenn es seine wirtschaftlichen Verhältnisse unzutreffend dargestellt hat (sog. Kapitalanleger-Haftung).[449]

Finanzinvestoren weigern sich als Verkäufer von Gesellschafts- und Geschäftsanteilen 390
des Unternehmens häufig, Garantien über das verkaufte Unternehmen abzugeben, weil
sie als bloßer Finanzinvestor angeblich keine detailliertere Kenntnis über das Unternehmen selbst besitzen würden. Sie stellen sich damit auf die Stufe des Aktienverkäufers eines
börsennotierten Unternehmens, der ebenfalls nicht für die wertbildenden Umstände des

---

[446] Nur das Anderkonto gewährleistet Vollstreckungsschutz gegenüber Drittgläubigern des Escrow-Agents, BGH VersR 1996, 1429.
[447] Wegen der Verpflichtungen aus der Escrow-Vereinbarung für den Escrow-Agents empfiehlt sich frühzeitige Abklärung mit diesem und Klärung der Vergütung.
[448] Hölters, HdB Unternehmenskauf/*Weber*, Rn. 9.249 ff.
[449] Diese Haftung kann neben der Gesellschaft auch unmittelbar die gesetzlichen Vertreter treffen, BGH WM 2008, 1545.

Unternehmens eintritt. Allerdings besteht bei einem normalen Unternehmenskauf im mittelständischen Bereich für den Käufer keine Möglichkeit, das Unternehmen selber haftbar zu machen. Der Käufer müsste dann Schadensersatz von einem Unternehmen verlangen, das er gerade – im Unterschied zum Aktienkäufer an der Börse – vollständig gekauft hat. Er würde damit den Vermögensverlust, den er durch einen Garantieverstoß erlitten hat, nicht ausgleichen können. Außerdem unterliegen nicht börsennotierte Unternehmen meist wesentlich geringeren Publizitätspflichten, so dass es meist auch keine Anknüpfungspunkte für eine Haftung des Unternehmens selbst geben wird.

391 Auch das Argument, ein nicht geschäftsführender Gesellschafter könnte angeblich aus Unkenntnis über das zu verkaufende Unternehmen keinerlei Garantien über dessen Zustand abgeben, erweist sich bei näherem Hinsehen als ein Scheinargument. Der gebotene Kaufpreis setzt in der Regel, wie schon mehrfach erwähnt, einen bestimmten Soll-Zustand des Zielunternehmens voraus. Dieser hängt nicht vom Wissen einzelner Gesellschafter ab. Vielmehr muss sich jeder Verkäufer darüber im Klaren sein, dass der ihm zustehende Kaufpreisanteil nur mit Blick auf den vertraglich definierten Soll-Zustand des Unternehmens geboten wird. Anders gewendet: Der Wert eines Gesellschaftsanteils sinkt automatisch, wenn der Ist-Zustand des Unternehmens von dem geschuldeten Soll-Zustand zu seinem Nachteil abweicht und dies impliziert, dass jeder Gesellschafter für die Einhaltung der Garantien zumindest wirtschaftlich eintreten sollte.

392 Art und Umfang der abzugebenden Garantien hängen stark von der Verhandlungsposition der Parteien ab. Ist diese Position beim Verkäufer schwach, weil er nur einen einzigen Kaufinteressenten hat, wird er diesem Interessenten wohl weitreichendere Garantien anbieten müssen, als einem Interessenten, der in Konkurrenz zu einer Vielzahl anderer Kaufinteressenten steht.

393 In der Praxis haben sich gewisse Standard-Garantiekataloge durchgesetzt, die wir heute nahezu bei allen Transaktionen im mittelständischen Bereich vorfinden und ohne die man als Verkäufer kaum einen Käufer für das Unternehmen findet.[450] Dahinter steht letztlich die Erkenntnis, dass solche Garantien einfach notwendig sind, um den Käufer von der Werthaltigkeit des Unternehmens zu überzeugen. Wer einen „Picasso" verkaufen will, muss eben auch die Echtheit des Kunstwerkes belegen können. Die Kunst liegt bei der Verhandlung von Garantien aus Verkäufersicht darin, ausreichend zu differenzieren. Nicht für alles, was den Sollzustand des Unternehmens aus Käufersicht ausmacht, wird der Verkäufer einstehen wollen und nicht für alles dürfte seine Haftung gerechtfertigt erscheinen. Jedem Unternehmenskauf wohnt auch ein gewisses unternehmerisches Risiko inne, welches der Käufer tragen muss. Das vorhandene Gesamtrisiko müssen sich Käufer und Verkäufer angemessen teilen.

1. Objektive und subjektive Garantien

394 Garantien lassen sich höchst unterschiedlich formulieren. Man kann Garantien härter oder weicher ausgestalten. Werden objektiv nachprüfbare Fakten garantiert, ist dies die härteste Form der Garantie. Eine Garantie hingegen, welche nur „nach bestem Wissen" abgegeben wird, ist subjektiv eingeschränkt und daher von Ihrer Aussage her deutlich schwächer.[451]

395 Auch subjektiv formulierte Garantien enthalten aber in der Regel objektiv nachprüfbare Elemente, denn es wird meist zusätzlich darauf abgestellt, dass der Verkäufer die entsprechende Garantie nach „bestem Wissen" abgibt. Ein „bestes Wissen" kann der Verkäufer aber nur behaupten zu besitzen, wenn er die Richtigkeit der von ihm gemachten Angaben in gehöriger Form überprüft hat.[452]

---

[450] Holzapfel/Pöllath, Unternehmenskauf/*Timo/Engelhardt*, Rn. 895 ff.
[451] Holzapfel/Pöllath, Unternehmenskauf in Recht und Praxis/*Engelhardt*, Rn. 887.
[452] Wissenszurechnung kann auch das Wissen Dritter einbeziehen, Wächter M&A Litigation, 8.3 ff.

XI. Garantiekatalog

Die schwächste Form der Garantie ist diejenige, bei welcher nur auf das „positive Wissen" des Verkäufers Bezug genommen wird. In diesem Fall haftet der Verkäufer nur, wenn ihm tatsächlich Kenntnis von der Unrichtigkeit einer Garantie nachgewiesen werden kann. Wissensgarantien sind für den Käufer weitgehend wertlos, denn der Nachweis des Wissens einer anderen Person ist weit schwerer zu führen als der Nachweis, dass diese Person etwas hätte wissen müssen.[453] 396

Häufig findet man eine Mixtur von objektiven und subjektiven Elementen innerhalb ein und derselben Garantie, was auch sachgerecht ist, weil es einzelne Tatbestände innerhalb einer Garantie geben mag, die der Verkäufer ohne weiteres objektiv bestätigen kann, während es andere Tatbestände geben mag, bei denen er nur auf Grund weiterer Nachforschungen zu einer (dann meist auch weniger sicheren) Aussage gelangen kann. In solchen Fällen wird es naheliegen, die Garantie auf das „beste Wissen" zu beschränken. 397

Absehen sollte man von überflüssigen Floskeln, die man immer noch manchmal in Unternehmenskaufverträgen findet, zB die Formulierung „nach bestem Wissen und Gewissen. Das Gewissen ist juristisch nicht fassbar, sondern etwas, was jeder mit sich selbst ausmachen muss. So ein Begriff, der ein juristisches Nullum ist, hat in einem Unternehmenskaufvertrag nichts zu suchen. 398

Nachfolgend wird der Versuch unternommen, dem Leser die wichtigsten Garantien vorzustellen, die nahezu in jedem Unternehmenskaufvertrag vorkommen. Eine erschöpfende Darstellung ist in diesem Kapital nicht möglich. Sie erscheint auch nicht zielführend, denn es liegt auf der Hand, dass Garantien natürlich bei jedem Unternehmenskauf individuell ausgestaltet werden müssen, um bestimmte, wertbildende Faktoren des Unternehmens darin spezifisch abbilden zu können. Derartige Garantien lassen sich schon aus Platzgründen in diesem Buch nicht alle darstellen. Hier würde man nur Gefahr laufen, in eine zufällige Kasuistik abzugleiten. 399

2. Rechtsgarantien (sog. „Good-Title" Garantie)

Jeder Verkäufer muss bei einem Share-Deal dafür einstehen, dass er Inhaber der verkauften Anteile an dem Unternehmen ist, diese Anteile ordnungsgemäß entstanden sind, das Stamm- oder Grundkapital vollständig erbracht und nicht zurückgewährt worden ist und er die Anteile an dem Unternehmen frei von Rechten Dritter auf den Käufer übertragen kann[454] 400

Bei der Kommanditgesellschaft ist eine Kapitalgarantie zwar rechtlich nicht unbedingt erforderlich, weil es anders als bei der Kapitalgesellschaft keine Verpflichtung gibt, für den Erhalt eines bestimmten Mindestkapitals zu sorgen. Gleichwohl wird aber auch bei der Kommanditgesellschaft in der Regel eine Garantie verlangt, die sich auf die Erhaltung des sog. Haftkapitals bezieht, damit der Käufer nicht in eine Nachschusspflicht gerät. 401

Beim Erwerb von OHG- oder GbR-Anteilen oder beim Erwerb des Unternehmen eines Einzelkaufmanns wird man sich als Käufer in der Regel neben der Garantie für die Existenz und freie Übertragbarkeit der Gesellschaftsanteile jedenfalls das Vorhandensein eines gewissen Mindest-Eigenkapitals garantieren lassen müssen, denn immerhin übernimmt der Käufer ja die volle persönliche Haftung für alle Verbindlichkeiten des Unternehmens. Er sollte sich daher gegen die Übernahme eines bereits verschuldeten Unternehmens absichern. 402

3. Bilanz- und Finanzgarantien

Der Verkäufer wird dafür einstehen müssen, dass die letzten Jahresabschlüsse (meist die letzten zwei oder drei Jahresabschlüsse) in Übereinstimmung mit den Vorschriften des HGB oder eines anderen maßgeblichen Regelwerkes (zB IFRS bei internationalen Kon- 403

---

[453] Holzapfel/Pöllath, Unternehmenskauf in Recht und Praxis/*Engelhardt*, Rn. 889.
[454] Holzapfel/Pöllath, Unternehmenskauf in Recht und Praxis/*Engelhardt*, Rn. 896.

zernen) erstellt worden sind und dass diese Jahresabschlüsse ein den tatsächlichen Verhältnissen entsprechendes Bild der Vermögens- Finanz- und Ertragslage des Unternehmens vermitteln.[455]

404 Vielfach wird ausdrücklich auch darauf abgestellt, dass etwaige Rückstellungen den tatsächlichen Verpflichtungen des Unternehmens entsprechen und dass die Jahresabschlüsse dem Grundsatz der Bilanzkontinuität und Bewertungsstetigkeit folgen. Manchmal wird auch noch garantiert, dass bei Ausübung von Bewertungswahlrechten jeweils das Vorsichtsprinzip angewandt wurde, dh eine Aktivierung unterlassen wurde, wenn sie buchhalterisch nicht vorgeschrieben war, und eine Passivierung erfolgt ist, wenn sie buchhalterisch möglich war.[456]

405 Wie auch immer derartige Finanzgarantien im Detail formuliert werden, im Kern laufen sie immer auf die Frage hinaus, ob der Verkäufer diese Garantien objektiv abgeben muss, so dass alle etwaigen spätere Erkenntnisse, welche rückblickend die Unrichtigkeit von Bilanzansätzen zur Folge haben, zu einer Haftung des Verkäufers führen, oder ob diese Garantie jeweils auf die Erkenntnismöglichkeiten des Verkäufers im Zeitpunkt der Bilanzerstellung abstellt.[457] Eine Betrachtung nach dem Wissen im Zeitpunkt der Bilanzerstellung wird von der Rechtsprechung bei der sog. objektiven Bilanzgarantie verneint. Der Verkäufer, der eine objektive Bilanzgarantie akzeptiert, haftet daher im Zweifel auch für solche Umstände, die ihm bei der Bilanzerstellung nicht erkennbar waren.[458]

406 In der Regel wird ein Verkäufer sich nicht von der Pflicht freizeichnen können, dem Käufer eine objektive Bilanzgarantie zu geben. Jahresabschlüsse legen Zeugnis über den wirtschaftlichen Zustand des Unternehmens ab. Sie sind von zentraler Bedeutung für die Einschätzung der Ertragskraft und den Kaufpreis. Kaum ein Käufer wird heute noch bereit sein, ein Unternehmen zu kaufen, ohne Jahresabschlüsse gründlich analysiert zu haben.[459]

407 Zu Recht wird in der Literatur aber darauf hingewiesen, dass eine Bilanzgarantie, welche dem Verkäufer auch die Haftung für objektiv bei Bilanzerstellung noch nicht erkennbare Umstände aufbürdet, unangemessen sei, denn hierbei begibt sich der Verkäufer in eine „Black-Box", was seine Haftung angeht. Der Zeitpunkt des Gefahrübergangs ist für die Transaktionssicherheit bei jedem Unternehmensverkauf von zentraler Bedeutung. Er spielt auch bei der Frage eine Rolle, bis zu welchem Zeitpunkt der Eintritt neuer Erkenntnisse über die Richtigkeit von Bilanzpositionen noch Auswirkung auf den Kaufpreis oder die Haftung des Verkäufers haben sollte. Aus Sicht des Verkäufers sollte sich daher ein nachträglich zur Bilanzkorrektur führender Umstand, den er bei Aufstellung des Abschlusses nicht erkennen konnte, nicht mehr auswirken.[460]

408 In vielen Fällen lässt sich der Konflikt nur in der Weise überbrücken, dass der Verkäufer zwar die objektive Richtigkeit der Bilanzansätze garantiert, jedoch bezüglich unsicherer Bilanzpositionen (zB Rückstellungen) deren Richtigkeit nur in relativer Form garantiert, nämlich bezogen auf die Erkenntnisse im Zeitpunkt der Bilanzerstellung. Verkäufer sollten darüber hinaus bereit sein, dem Käufer zu bestätigen, dass bis zum Zeitpunkt des Vertragsschlusses keine Erkenntnisse aufgetreten sind, welche zu einer Berichtigung der vorgelegten Jahresabschlüsse führen müssten. Durch solche Kompromissformulierungen kann man eine harte Bilanzgarantie auf ein ausgewogenes Maß zurückführen.

409 Darüber hinaus sind Garantien üblich, welche dem Käufer auf den Stichtag des Kaufvertrages garantieren, dass das Unternehmen nur die in einer Anlage aufgelisteten Finanz-

---

[455] Holzapfel/Pöllath, Unternehmenskauf in Recht und Praxis/*Engelhardt,* Rn. 898.
[456] *Rabe/Blunk* GmbHR, 2011, 408 (409).
[457] *Rabe/Blunk* GmbHR 2011, 408 (410); BFH DStR 2013, 633 hat den subjektiven Fehlerbegriff im Steuerrecht aufgegeben.
[458] *Rabe/Blunk* GmbHR 2011, 408 (409).
[459] *Bergjan*/Schäfer DB 2016, 2587.
[460] Hennrichs NZG 2014, 100.

verbindlichkeiten hat. Hierdurch soll sichergestellt werden, dass kein überraschender Verlust an Eigenkapital eingetreten ist.[461]

Üblicherweise werden auch noch Garantien zu den am Stichtag vorhandenen Wirtschaftsgütern verlangt, insbesondere, dass sich diese Wirtschaftsgüter in einem üblichen Erhaltungszustand befinden und kein Reparaturstau besteht, für den eine Rückstellung zu bilden gewesen wäre.[462] 410

4. Garantien zu wesentlichen Verträgen

Garantien zu den wesentlichen Kunden- und Lieferantenverträgen stellen oft das Herzstück der Soll-Beschaffenheit des Unternehmens dar. Sie sind deshalb in der Regel sehr wichtig, um das Vertrauen des Käufers in die Fortführung des Unternehmens und die Erzielung der vorausgesagten Umsätze herzustellen[463] Der Verkäufer wird zum Beispiel normalerweise garantieren müssen, dass ein wichtiges Vertragsverhältnis jedenfalls beim Abschluss des Unternehmenskaufvertrages nicht gekündigt ist und dass auch keine schriftlichen Hinweise (zB Mahnungen, Drohungen etc.) vorliegen, wonach dieses Vertragsverhältnis in absehbarer Zeit gekündigt oder in anderen Form beendet werden soll.[464] 411

Bei solchen Garantien stellt der Verkäufer meist auf den Zustand bei Vertragsschluss ab, weil er diesen objektiv garantieren und überblicken kann. Er begibt sich nicht in eine unüberschaubare Prognosehaftung. Zugleich definieren die Parteien damit auch automatisch den Stichtag, ab dem der Verkäufer für neue Ereignisse nicht mehr einzustehen hat. 412

5. Mitarbeitergarantien und Arbeitsrecht

Garantien zum Personal gehören ebenfalls zu den Garantien, welche Verkäufer regelmäßig in objektiver Form werden abgeben müssen[465] Die Verfügbarkeit des Personals ist entscheidend für die Funktionsfähigkeit des Unternehmens. Die Kosten des Personals sind entscheidend für das EBIT(DA). 413

Die arbeitsrechtlichen Garantien beziehen sich in der Regel auf die Richtigkeit der in diversen Anlagen zum Kaufvertrag wiedergegebenen arbeitsrechtlichen Verhältnisse[466] Die Arbeitsverhältnisse werden meist in Listen beschrieben, welche aus Datenschutzgründen allerdings nur in anonymisierter Form Auskünfte über die Mitarbeiter und deren Arbeitsverhältnisse geben dürfen[467] Bei größeren Unternehmen werden diese Listen nach Gruppen geordnet. In der Regel wird dort über die Dauer der Betriebszugehörigkeit, die Funktion des Arbeitnehmers, die Pflicht-Wochenarbeitszeit, den Lohn einschließlich variabler Lohn- und Gehaltsbestandteile sowie Sachzuwendungen, Pensionsverpflichtungen, Sonderrechte, etwaige Schwerbehinderteneigenschaft, Betriebsratszugehörigkeit und andere wesentliche Aspekte eines Arbeitsverhältnisses berichtet. Ferner gibt es Auskünfte über eine etwaige Tarifvertragsbindung oder Betriebsvereinbarungen, sofern diese über den Verkauf hinaus Bestand haben. 414

Üblicherweise werden auch Garantien über etwaige Leiharbeitnehmer, freie Mitarbeiter und selbständige Handelsvertreter abgegeben. Im Rahmen von Asset-Deals, bei denen Arbeitsverhältnisse nach § 613a BGB auf den Erwerber übergehen, werden üblicherweise Listen von Mitarbeitern erstellt, die zu dem verkauften Betriebsteil gehören, um zu definieren, welche Arbeitsverhältnisse vorbehaltlich der Ausübung etwaiger Widerspruchsrechte auf den Käufer übergehen. Je nach Auswirkung einer Transaktion auf die Arbeits- 415

---

[461] Holzapfel/Pöllath, Unternehmenskauf in Recht und Praxis/*Engelhardt,* Rn. 904.
[462] Holzapfel/Pöllath, Unternehmenskaufin Recht und Praxis/*Engelhardt,* Rn. 900.
[463] Holzapfel/Pöllath, Unternehmenskauf in Recht und Praxis/*Engelhardt,* Rn. 903.
[464] Holzapfel/Pöllath, Unternehmenskauf in Recht und Praxis/*Engelhardt,* Rn. 903.
[465] Holzapfel/Pöllath, Unternehmenskauf in Recht und Praxis/*Engelhardt,* Rn. 906.
[466] Holzapfel/Pöllath, Unternehmenskauf in Recht und Praxis/*Engelhardt,* Rn. 906.
[467] *Schilling/Hartung* M&A Review 2016, 81 (84) zum Schutz personenbezogener Daten in M&A Transaktionen.

verhältnisse, insbesondere bei Carve-Out Deals, gibt es unter Umständen auch noch eine Reihe weiterer Garantien, welche im Ergebnis sicherstellen sollen, dass die sozialen Folgen der Aufteilung eines Unternehmens sich nicht zum Nachteil der Mitarbeiter auswirken.

6. IT- und IP-Rechte, gewerbliche Schutzrechte

416 In einer Zeit, in welcher die wirtschaftliche Wertschöpfung immer mehr vom geistigen Eigentum und der Erfolg eines Unternehmens immer mehr von dessen technologischen und digitalen Vorsprung geprägt ist, dürfen umfangreiche Garantien zu den damit verbundenen intellektuellen Schutzrechten nicht fehlen. Zu solchen Garantien gehört in der Regel die Garantie, dass das zu verkaufende Unternehmen über alle erforderlichen Urheber- oder Nutzungsrechte an den gewerblichen Schutzrechten verfügt, welche für den Geschäftsbetrieb von Bedeutung sind. Soweit das Unternehmen fremdes geistiges Eigentum nutzt, muss garantiert werden, dass es über die notwendigen Genehmigungen zur Nutzung und die entsprechenden Lizenzen verfügt.

417 Wer einen Unternehmenskauf durchführt, ist gut beraten, sich im Dschungel der gewerblichen Schutzrechte („Intellectual Property Rights") durch einschlägige Spezialisten beraten zu lassen. Es gilt sicherzustellen, dass der Käufer keinen Unterlassungs- oder Schadensersatzansprüchen Dritter ausgesetzt ist, zum Beispiel aus ungenehmigter Nutzung fremder Software oder fremden geistigen Eigentums, und dass Dritte sich nicht sanktionslos am geistigen Eigentum des zum Verkauf stehenden Unternehmens bedienen können[468]

7. Compliance und Rechtsstreitigkeiten

418 Zunehmend werden von Käufern auch Garantien dahingehend verlangt, dass das verkaufte Unternehmen mit seinem Geschäftsbetrieb stets alle wesentlichen Rechtsvorschriften beachtet hat und nicht Gegenstand eines behördlichen Verfahrens zur Unterlassung von Geschäften oder zur Zahlung eines Bußgeldes oder einer sonstigen Strafe gewesen ist. Auch sind Klauseln üblich, welche den Verkäufer zur Offenlegung etwaiger Rechtsstreitigkeiten zwingen.

419 Es gibt ein legitimes Interesse des Käufers, sich über etwaige Compliance-Verstöße oder Rechtsstreitigkeiten zu unterrichten, weil das Unternehmen bei Compliance Verstößen heutzutage mit hohen Kosten belastet werden könnte. Unter Umständen ist auch das Geschäftsmodell selbst dadurch gefährdet, zum Beispiel bei Verfahren, welche auf Untersagung von Produktion oder Vertrieb gerichtet sind, man denke nur an den Dieselskandal und seine Auswirkungen.[469]

420 Der Verkäufer muss insbesondere bei Compliance Garantien sorgsam darauf achten, sich nicht in eine uferlose und nur schwer zu kontrollierende Haftung zu begeben. Die vollständige Compliance des eigenen Unternehmens mit dem anwendbaren Recht überall in der Welt, wie in manchen Klauselwerken gefordert, wird wohl kaum jemand für sich in Anspruch nehmen können. Man wird daher in der Regel Compliance nur in Bezug auf die Einhaltung der für das Unternehmen wesentlichen Vorschriften zusichern können. Ggf. wird man mit Offenlegung arbeiten müssen (sog. Disclosures), um ein gegebenes Risiko zu individualisieren und die Haftung dafür dann nicht übernehmen zu müssen.

421 Die Beachtung wesentlicher Compliance Vorschriften ist aber durchaus auch Kernaufgabe eines jeden Unternehmens. Als wesentliche Compliance Vorschriften gelten alle Vorschriften, welche dem Schutz von Mensch, Tier und Umwelt dienen, also vor allem die Beachtung von Sicherheitsvorschriften, Grenzwerten, Genehmigungen und Auflagen

---

[468] iRd zu empfehlenden IT- und IP-Garantien, vgl. im Einzelnen Hölters, HdB Unternehmenskauf/Lensdorf/Bloß, Rn. 8.54, sollte unbedingt das Maß der Haftung geklärt werden, denn die Rechtsfolgen einer Verletzung können sehr unterschiedlich sein und reichen von der Nachbeschaffung der Rechte bis zur Bedrohung des gesamten Geschäftsmodells.

[469] *Schniepp/Holfeld* DB 2016, 1738.

aller Art, ohne deren Beachtung Sicherheitsrisiken entstehen würden. Unter den Begriff der Compliance fällt aber auch die Vermeidung von unlauterem Wettbewerb, Vertragsbruch, Ordnungswidrigkeiten oder Straftaten, zB die Vermeidung der Verletzung fremden geistigen Eigentums, verbotene Preisabsprachen, Diskriminierung von Kunden, Bestechung, Vorteilsgewährung, Geldwäsche oder sexuelle Belästigung[470] Für den Käufer wäre es ein wesentlicher Mangel des zu verkaufenden Unternehmens, wenn ihm eine solche Garantie in der heutigen Zeit verweigert würde.

8. Steuergarantien

Bei den Steuern geht es um die zutreffende periodengerechte Abgrenzung aller für das Unternehmen relevanten Steuern und vergleichbaren Abgaben. Der Begriff der Steuern und Abgaben wird in der Regel aus § 3 AO entnommen. Dazu gehören neben allen Steuerarten auch sämtliche steuerlichen Nebenansprüche wie Zinsen, Straf- und Bußgelder, ferner regelmäßig auch die Sozialabgaben bis zum Stichtag des wirtschaftlichen Übergangs.[471]

Der Käufer ist regelmäßig nicht bereit, für Steuern aufzukommen, die für die Zeit bis zum Übergang des wirtschaftlichen Eigentums angefallen sind und daher wirtschaftlich noch von den Verkäufern hätten getragen werden müssen. Für nachzuzahlende Steuern, für welche keine ausreichenden Rückstellungen gebildet worden sind und welche der Käufer auch nicht kaufpreismindernd in Abzug bringen konnte, haften daher die Verkäufer Euro für Euro.[472]

a) Personen- und Kapitalgesellschaften bei der Steuerklausel. Zwischen dem Verkauf von Personengesellschaften und Kapitalgesellschaften bestehen bei der Steuerklausel erhebliche Unterschiede. Personengesellschaften sind hinsichtlich Ihres Gewinns nur bei den sog. Betriebssteuern (vor allem Umsatzsteuer, Lohnsteuer und Gewerbesteuer) eigene Steuersubjekte, dagegen sind sie weder Subjekte der Einkommensteuer noch der Körperschaftsteuer. Der Gewinn oder Verlust des Unternehmens wird bei ihnen im Wege der einheitlichen und gesonderten Gewinnfeststellung unmittelbar auf die einzelnen Gesellschafter verteilt und von diesen nach deren individuellen Steuersätzen versteuert. Etwaige Veränderungen bei Gewinn oder Verlust, die sich für die Zeit bis zum Stichtag des wirtschaftlichen Übergang auf den Käufer ergeben können, fallen daher bei der Personengesellschaft, abgesehen von der Auswirkung auf die Gewerbesteuer, automatisch den verkaufenden Gesellschaftern zur Last. Bei Kapitalgesellschaften haftet dagegen hierfür die Kapitalgesellschaft, denn sie ist eigenes Steuersubjekt. Ihr Gewinn unterliegt nicht nur der Gewerbesteuer, sondern auch der Körperschaftsteuer. Diese Unterscheidung impliziert, dass der Käufer einer Kapitalgesellschaft steuerlich ein erheblich größeres Risiko trägt als der Käufer einer Personengesellschaft.

Steuern, für welche Personengesellschaften und Kapitalgesellschaften selber haften, sind neben der Gewerbesteuer vor allem Quellensteuern wie Umsatzsteuer und Lohnsteuer. Bei der Kapitalgesellschaft kommt als wesentliche Quellensteuer noch die Kapitalertragsteuer hinzu. Betriebsprüfungen befassen sich häufig mit folgenden Themen, die man bei einer Steuerklausel stets im Auge haben sollte: Unberechtigte Vornahme eines Vorsteuerabzuges, mangelnde Erfassung umsatzsteuerpflichtiger Umsätze, unzureichender Abzug von Lohnsteuer- und Sozialversicherungsbeiträgen, verdeckte Gewinnausschüttungen, Aufdeckung stiller Reserven, Nichtanerkennung von Betriebsausgaben, Kürzung vorgenommener Abschreibungen. Beliebter Tummelplatz von Betriebsprüfungen sind auch Konzern-Umstrukturierungen, Organschaftsverträge oder Gewinnverlagerungen ins Ausland, vor allem die unbeabsichtigte Aufdeckung stiller Reserven und die damit verbunde-

---
[470] Schniepp/Holfeld DB 2016, 1738.
[471] Stümper/Walter GmbHR 2008, 31; Hülsmann DStR 2008, 2402.
[472] BeckHdB Unternehmenskauf/Ettinger D Rn. 404 (Anpassung des Kaufpreises).

nen zusätzlichen Ertragssteuern. Steuerfallen können in einem Unternehmen buchstäblich überall warten, so dass sich kein Käufer darauf verlassen wird, dass in den Jahresabschlüssen des Unternehmens (oder auch in Closing Accounts) wirklich sämtliche ggf. noch zu zahlenden Steuern ordnungsgemäß zurückgestellt wurden. Es kann als bekannt unterstellt werden, dass bei Betriebsprüfungen, die regelmäßig erst mit großer Verzögerung erfolgen, fast immer Mehrergebnisse zu verzeichnen sind.

426 **b) Steuerhaftung als separate Freistellungsverpflichtung.** Während sonstige Garantien in der Regel durch Haftungsfreigrenzen, Haftungsfreibeträge und auch Haftungsobergrenzen (sog. Caps) eingeschränkt werden, ist es üblich, dass Verkäufer für etwaige Rückstände an Steuern EUR für EUR ohne Haftungsgrenzen und Caps einzustehen haben.[473] Letztlich stehen den zu wenig gezahlten Steuern beim Kaufpreis mitbezahlte Cash-Bestände oder zu hohe Entnahmen oder Gewinnausschüttungen in der Vergangenheit gegenüber, so dass hier eine Rechtfertigung für das Behalten-Dürfen dieser ungerechtfertigten Vorteile schwer zu begründen ist.

427 Die Steuerfreistellung wird daher in aller Regel im Rahmen einer selbständigen Steuerfreistellungsklausel und nicht im Rahmen der üblichen Business Garantie vereinbart. Bei Steuern will man eine Freistellung von Anfang an erreichen und nicht lediglich eine nachklappende und auch noch betragsmäßig beschränkte Haftung, wie dies bei den Business-Garantien üblich ist.[474]

428 **c) Vermeidung der Doppelerfassung der Steuerhaftung.** Grundsätzlich sind Steuernachzahlungen für die Steuerhaftung nur relevant, wenn sie nicht kalkulatorisch bereits kaufpreismindernd, zum Beispiel in Form von kaufpreismindernden Rückstellungen, abgezogen worden sind. Sind Closing Accounts erstellt worden, kann sich die Steuerhaftung somit nur auf solche Steuern beziehen, welche nicht in den Closing Accounts als Rückstellung berücksichtigt wurden.[475]

429 Bei einer Locked-Box Transaktion kann sich die Steuerhaftung nur beziehen auf Steuern, welche noch nicht in dem für den Locked-Box Kaufpreis maßgeblichen Jahresabschluss berücksichtigt worden sind. Dabei muss beachtet werden, dass bei einer auf einen Vergangenheitszeitpunkt abgestellten Kaufpreisformel, natürlich keine Haftung für unterjährige, aktuell neu entstandene Steuern mehr entstehen kann. Im Gegenzug zu dem bereits auf den Käufer übergegangen Gewinnanspruch muss dieser natürlich die Steuerlasten, die zum laufenden Geschäftsjahr gehören, wirtschaftlich tragen.[476]

430 **d) Vorteilsausgleich bei Steuern.** In einer Steuerklausel werden vielfach Regeln zum Vorteilsausgleich vereinbart. Der Vorteilsausgleich soll dem Umstand gerecht werden, dass einer nachträglichen Steuerfestsetzung für die Vergangenheit häufig eine Steuerminderung für die Zukunft (nach dem Stichtag) gegenübersteht. Das ist zB der Fall, wenn die Finanzbehörde steuerliche Abschreibungen des Unternehmens aus der Vergangenheit nicht oder nicht in vollem Umfang anerkennt. Der Nachversteuerung steht dann für die Zukunft eine niedrigere Steuerlast gegenüber.[477]

431 Hier einen Ausgleich zu schaffen ist Sinn der Klausel über die Vorteilsausgleichung. Es besteht die Tendenz, die gegen den Steuernachteil aufzurechnenden Steuervorteile zu pauschalieren, etwa in der Weise, dass zum Beispiel die für einen Zeitraum von fünf Jah-

---

[473] Wiesbrock/Frank BB 2018, 3014.
[474] Kneip/Jänisch, Tax Due Diligence/*Balda/Kiegler*, S. 808.
[475] In den Closing Accounts sind Rückstellungen für laufende Ertragsteuern, Umsatz- und Lohnsteuern die Regel, da eine vollständige Zahlung dieser Steuern bis zum Closing idR schon aus Gründen des Steueranmeldungsverfahrens- und der späteren Festsetzung von Steuern gar nicht möglich ist.
[476] Separat kann die Haftung für steuerliche Nebenleistungen wie Zinsen oder Strafen geregelt werden, die aus einer Nichterfüllung steuerlicher Erklärungs- oder Zahlungspflichten resultiert.
[477] Vgl. die Klausel zum Vorteilsausgleich bei BeckHdB Unternehmenskauf/*Ettinger* D Rn. 408.

XI. Garantiekatalog   § 3

ren nach dem Stichtag zu erwartenden und mit dem Schadensfall korrespondierenden Steuervorteile dem Verkäufer auf eine nachzuzahlende Steuerschuld gutgeschrieben werden. Der zeitlichen Verzögerung des Eintritts dieser Steuervorteile wird durch eine angemessene Abzinsung begegnet.[478]

9. Sonstige Freistellungsverpflichtungen

Häufig ist es dem Verkäufer nicht möglich, Garantien so abzugeben, wie es der Käufer verlangt, vor allem, weil der Zustand des Unternehmens das objektiv nicht zulässt. In solchen Fällen fragt sich, wie mit dieser Abweichung der Ist-Beschaffenheit von der Soll-Beschaffenheit des Unternehmens vertragstechnisch umgegangen werden kann. 432

In den meisten Fällen wird der Käufer eine Kompensation für den „Fehler" der „Soll-Beschaffenheit" des Unternehmens verlangen. Da eine Garantie für die Abwesenheit des Fehlers in diesem Fall nicht abgegeben werden kann, bleibt dem Käufer nur die Möglichkeit, entweder eine Reduktion des Kaufpreises oder aber eine vorweggenommene Freistellung von den tatsächlichen wirtschaftlichen Folgen dieses Fehlers zu verlangen, also eine Ausgleichsleistung, welche die nachteiligen wirtschaftliche Folgen ausgleicht, sobald sie tatsächlich eintreten.[479] 433

Freistellungsansprüche sind auch üblich, wenn es um die Rechtsfolgen einer Verletzung von Nebenpflichten (Covenants) aus dem Unternehmenskaufvertrag geht, wie zum Beispiel bei dem Verstoß gegen das Verbot von Gewinnausschüttungen oder bei Vornahme außergewöhnlicher Geschäfte nach Vertragsabschluss ohne Genehmigung des Käufers[480] Bei Verletzung von vertraglichen Nebenpflichten tritt die Haftung nach den allgemeinen Grundsätzen der positiven Vertragsverletzung nur bei schuldhaftem Verhalten des Verkäufers ein. Im Unterschied zur Haftung aus verschuldensunabhängigen Garantien erscheint es gerechtfertigt, einen nicht mehr durch De-Minimis oder übliche Haftungscaps eingeschränkten Haftungsmaßstab gelten zu lassen. Allerdings wird in der Regel auch bei Freistellungsansprüchen jedenfalls mit gewissen Haftungscaps gearbeitet, meist in Höhe des erhaltenen Kaufpreises. 434

10. Verjährung

In welcher Frist muss der Verkäufer seine Schadensersatzansprüche geltend machen und welche Handlung ist geeignet, die Verjährung zu unterbrechen? Das gesetzliche Regelwerk der Verjährung sieht eine Regelverjährung von 3 Jahren aus schuldrechtlichen Verträgen vor, welche mit dem Ende des Jahres beginnt, in welchem der Anspruch entstanden ist[481] 435

Auf Garantieansprüche ist eine solche Verjährungsfrist nicht ohne weiteres anwendbar[482] Es gibt auch nach dem BGB, HGB und anderen Gesetzen zum Teil höchst unterschiedliche Verjährungsfristen für Ansprüche, so dass es naheliegt, dies zu vereinheitlichen und für sämtliche Ansprüche des Käufers aus Garantieverletzungen eine einheitliche Verjährungsfrist zu vereinbaren. Diese liegt in der Regel bei zwei bis drei Jahren für Garantien, welche den Zustand des Unternehmens und seiner Rechtsbeziehungen beschreiben (sog. „Business-Garantien") und bei fünf bis zehn Jahren für Garantien, welche sich auf die Rechte an den verkauften Gesellschafts- und Geschäftsanteilen beziehen („Good-Title-Garantie").[483] Die Frist berechnet sich in der Regel ab dem Vollzug des Kaufvertrages, 436

---

[478] BeckHdB Unternehmenskauf/*Ettinger* D Rn. 408; wobei der Abzinsungszinssatz der Entwicklung am Zinsmarkt angepasst werden sollte.
[479] Holzapfel/Pöllath, Unternehmenskauf in Recht und Praxis/*Engelhardt*, Rn. 868.
[480] Holzapfel/Pöllath, Unternehmenskauf in Recht und Praxis/*Engelhardt*, Rn. 871.
[481] §§ 195, 199 Abs. 1 Nr. 1 BGB.
[482] Vgl. dazu BeckHdB Unternehmenskauf/*Jaques* D Rn. 370 ff.
[483] BeckHdB Unternehmenskauf/*Jaques* D Rn. 372.

also ab dem Tag, an dem die Gesellschafts- und Geschäftsanteile oder Assets tatsächlich dinglich auf den Käufer übergangen sind.

437 Zur Vermeidung der komplexen Regelungen über eine Ablaufhemmung der Verjährung wird meist vertraglich vereinbart, dass jede schriftliche Geltendmachung einer Rechtsverletzung, jedenfalls dann, wenn diese hinreichend beschrieben ist, zu einer Hemmung des Verjährungsablaufs führt. Diese Hemmung ist in der Regel aber nur auf drei bis maximal sechs Monate befristet und soll den Parteien Gelegenheit zur außergerichtlichen Regelung des Haftungsfalles geben. Brauchen die Parteien länger als diese Frist, um Einigungsmöglichkeiten auszuloten, bleibt die Möglichkeit zu einer einvernehmlichen Verlängerung. Ansonsten muss der Käufer spätestens bis zum Ablauf der Hemmung der Verjährung Klage erheben (je nach Vereinbarung Klage zu den Zivilgerichten oder einem Schiedsgericht), um die Unterbrechung der Verjährungsfrist erreichen zu können.

438 Die Verjährung für Steuern, (teilweise auch für Freistellungsansprüche) wird anders geregelt. Weil Steuerfestsetzungen nach den Steuergesetze und der Abgabenordnung teilweise noch mehr als zehn Jahre nach Abwicklung eines Unternehmenskauf erfolgen können, verständigt man sich hier in der Regel auf eine Formel, wonach Verjährung erst drei bis sechs Monate nach Eintritt der Bestandskraft eines Steuerbescheides eintritt.[484]

XII. Wettbewerbsverbot, Abwerbeverbot

439 Viele Unternehmensverkäufe gehen einher mit der Vereinbarung von Wettbewerbsverboten für die Verkäufer.[485] Insbesondere dann, wenn der oder die Verkäufer Know-How-Träger sind oder über die entscheidenden Kunden- und Lieferantenkontakte verfügen, ist es für den Käufer unverzichtbar, eine Konkurrenztätigkeit der Verkäufer für eine gewisse Zeit nach Abschluss der Transaktion auszuschließen. Kaufvertraglich vereinbarte Wettbewerbsverbote rechtfertigen sich daher letztlich aus der Überlegung, dass zumindest ein Teil des Kaufpreises für das Unternehmen nur gezahlt werden kann, wenn sicher ist, dass der Verkäufer davon Abstand nimmt, in Konkurrenz zu dem verkauften Unternehmen zu treten.

1. Zulässigkeit von Wettbewerbsverboten

440 Wettbewerbsverbote sind allerdings als Eingriff in den Wettbewerb kartellrechtlich nur zulässig, wenn sie eine angemessene zeitliche, örtliche und funktionale Beschränkung aufweisen[486] In der Regel werden Wettbewerbsverbote nur bis zu einer Dauer von zwei Jahren für zulässig gehalten, weil sich bei einer Abwägung der schützenswerten Interessen des Unternehmens und der schützenswerten Interessen des freien Marktes ein längeres Wettbewerbsverbot kaum rechtfertigen lässt.[487] Örtlich ist das Wettbewerbsverbot zu begrenzen auf den Raum, in welchem das Unternehmen tatsächlich geschäftlich tätig ist und funktional ist es auf diejenigen Aktivitäten zu beschränken, welche das Unternehmen im Zeitpunkt des Verkaufs tatsächlich entfaltet.[488]

441 Häufig wird vom Käufer auch ein Abwerbeverbot in Bezug auf Mitarbeiter des Unternehmens gefordert („Non-Solicitation").[489] Auch das Abwerbeverbot ist häufig eine zentrale Forderung des Käufers, weil offenkundig ist, dass ein Verkäufer mit seinem langjährigen Einfluss auf Mitarbeiter ggf. großen Schaden anrichten könnte, wenn er Mitarbeiter nach dem Verkauf beeinflusst, das Unternehmen zu verlassen. Dies muss nicht einmal mit Ziel der Abwerbung für ein Konkurrenzunternehmen geschehen. Abwerbung kommt auch aus einer Reihe von ganz anderen Gründen in Betracht, zum Beispiel um dem Käu-

---

[484] BeckHdB Unternehmenskauf/*Ettinger* D Rn. 406.
[485] MHLJ/*Lieder* GmbHG § 13 Rn. 260.
[486] MHLJ/*Lieder* GmbHG § 13 Rn. 261.
[487] *Wagener/Schultze* NZG 2001, 157 (158).
[488] *Weitnauer/Grob* GWR 2014, 185 (190).
[489] Beisel/Klumpp, Unternehmenskauf/*Beisel,* § 12 Rn. 72.

fer zu schaden oder den betreffenden Mitarbeiter für eine Tätigkeit in einer anderen Branche zu gewinnen. Auch dann geht dieser Mitarbeiter dem Unternehmen verloren, was für den Käufer nachteilhaft ist. Abwerbeverbote müssen ebenfalls angemessen zeitlich befristet sein. Die Vereinbarung eines Abwerbeverbotes verstößt nicht gegen § 75f. HGB, wenn sie im Zusammenhang mit dem Abschluss eines Unternehmenskaufvertrages vereinbart wird.[490]

442 Die Rechtsfolge eines über das Ziel hinausschießenden Wettbewerbsverbotes oder Abwerbeverbotes ist in der Regel dessen Gesamtunwirksamkeit[491] Eine geltungserhaltende Reduktion, also eine vom Gericht vorzunehmende Reduzierung der Verpflichtungen des Verkäufers auf das noch zulässige Maß, wird von der Rechtsprechung abgelehnt[492] Der Käufer geht also das Risiko der Unwirksamkeit einer Wettbewerbsklausel ein, wenn er bei den Beschränkungen über das gebotene und von der Rechtsprechung erlaubte Ziel hinausgeht.

2. Vertragsstrafe, Unterlassungsansprüche und Schadensersatz

443 Wettbewerbsverbote enthalten in der Regel Vertragsstrafen für den Fall der Zuwiderhandlung[493] sowie weitere Rechtsfolgen für den Fall ihrer Verletzung wie Unterlassungs- und Schadensersatzansprüche[494] Vertragsstrafen sind wichtig, weil der Schaden aus der Verletzung eines Wettbewerbsverbotes regelmäßig nur schwer zu ermitteln ist. Die meist einzige wirksame Sanktion ist daher die Vertragsstrafe.

444 In der Regel wird die Vertragsstrafe so formuliert, dass sie für jeden Fall der Zuwiderhandlung gesondert anfällt und bei periodisch andauernden, gleichartigen Verstößen für jeden Monat des Verstoßes erneut verhängt werden kann.[495] Manche Käufer vereinbaren auch eine Bandbreite, innerhalb deren sie die Vertragsstrafe je nach Schwere des Verstoßes nach eigenem Ermessen festsetzen können. Es erscheint aber problematisch, die Strafbestimmung einseitig dem Anspruchsberechtigten zu überlassen, wenn die Kriterien für die Strafzumessung nicht geregelt sind.

445 Üblich ist es, betragsmäßig ermittelte Schäden, abzüglich der Rechtsverfolgungskosten, auf die Vertragsstrafe anzurechnen, weil die Vertragsstrafe nach deutschem Rechtsverständnis meist als pauschalierter Schadensersatz verstanden wird.[496] Isolierte Strafversprechen sind aber auch möglich. Diese treten dann neben den eventuell zu ermittelnden und konkret zusätzlich ersatzfähigen Schaden, sind aber nicht unbeschränkt zulässig.[497]

446 Vertragsstrafen wegen Verletzung von Wettbewerbsverboten können von Gerichten, wenn sie unangemessen hoch erscheinen, herabgesetzt werden.[498] Hier gilt anders als bei einem Verstoß gegen den zulässigen Umfang oder die zulässige Dauer des Wettbewerbsverbotes kraft Gesetzes eine geltungserhaltende Reduktion.[499] Vertragliche vereinbarte Vertragsstrafen für Wettbewerbsverbote liegen in der Regel im fünfstelligen Bereich für jeden Fall der Zuwiderhandlung, können also bei mehrfachen Zuwiderhandlungen oder Dauerverstößen, bei denen sich die Vertragsstrafen jedes Mal erneuern, auch sehr große Beträge annehmen.

---

[490] Beisel/Klumpp, Unternehmenskauf/*Beisel*, § 12 Rn. 73.
[491] Roth/Altmeppen/*Altmeppen* GmbHG § 6 Rn. 89.
[492] BGH NJW 1968, 1717; BGH DB 1989, 1620 (1621); BGH BeckRS 2000, 30120607; OLG Düsseldorf BeckRS 9998, 40647.
[493] Vgl. MAH PersGesR/*Abel* Teil I § 27 Rn. 110.
[494] *Weitnauer/Grob* GWR 2014, 185 (187).
[495] Vgl. aber auch den Formulierungsvorschlag bei MAH PersGesR/*Abel* Teil I § 27 Rn. 110 bzgl. eines zweiwöchigen Zeitraums.
[496] § 309 Nr. 5 BGB; pauschalierter Schadensersatz ist grundsätzlich unbedenklich, wenn angemessen; BGH NJW-RR 2015, 641.
[497] § 307 BGB gilt als generelle Beschränkungsnorm für Vertragsstrafen; feste Beträge, ohne jede Rücksicht auf den tatsächlichen Schaden sind in der Regel unzulässig, vgl. BGH BeckRS 2016, 3246.
[498] § 343 BGB.
[499] BGH ZVertriebsR 2017, 364.

447 Zusätzlich bestehen Unterlassungsansprüche im Fall eines Verstoßes gegen das Wettbewerbsverbot.[500] Sie stellen neben der Vertragsstrafe eine weitere wirksame Sanktionsmöglichkeit für den Käufer dar und können insbesondere bei Inanspruchnahme einstweiligen Rechtsschutzes wegen der dann möglichen sofortigen Unterbindung des vertragswidrigen Verhaltens sogar zur Vermeidung eines ansonsten entstehenden Schadens führen.

XIII. Gerichtsstandsklausel und Schiedsverfahren

448 Jeder Unternehmenskaufvertrag sollte am Schluss eine Gerichtsstandsklausel enthalten.[501] Bei Transaktionen mit Käufern aus dem Ausland empfiehlt sich die Klarstellung, dass der Kaufvertrag nach deutschem Recht geschlossen wird.[502] Wird der Kaufvertrag entsprechend internationalen Gepflogenheiten in englischer Sprache abgeschlossen, sollten wichtige Rechtsbegriffe, auf deren korrekte Verwendung es nach deutschem Recht ankommt, sicherheitshalber in deutscher Sprache wiederholt und in Klammern in den Text gesetzt werden. Gibt es eine deutsche und eine englische Fassung des Kaufvertrages, muss klargestellt werden, welche davon maßgeblich sein soll.

449 Gerichtsstandvereinbarungen sind nur unter Kaufleuten unbeschränkt zulässig.[503] Möglich sind aber Schiedsgerichtsvereinbarungen, welche die Entscheidung sämtlicher Streitigkeiten aus und im Zusammenhang mit dem Unternehmenskaufvertrag der ordentlichen Gerichtsbarkeit entziehen und bestimmen, dass darüber ausschließlich ein Schiedsgericht entscheiden soll.[504] Die Urteile eines Schiedsgerichts sind von der staatlichen Gerichtsbarkeit anzuerkennen und vollstreckbar.[505]

450 Empfehlenswert ist für einen deutschen Verkäufer natürlich eine Schiedsordnung, die mit dem deutschen Recht vereinbar ist und den Regelungen des deutschen Zivilprozesses einigermaßen folgt. Unglücklich dürften deutsche Verkäufer vor allem mit Schiedsvereinbarungen sein, die, obwohl für den Kaufvertrag deutsches Recht Anwendung findet, verfahrenstechnisch fremden Verfahrens- und Beweisführungsregeln folgen, zum Beispiel den IBA-Rules of Evidence.

451 Als Institution für die Entscheidung von Rechtsstreitigkeiten aus Unternehmenskaufvertrag hat sich in Deutschland die Deutsche Institution für Schiedsgerichtsbarkeit (DIS) einen guten Namen erworben.[506] In der Regel erfolgt die Bildung eines Dreier-Schiedsgerichtes, wovon Käufer und Verkäufer jeweils einen Schiedsrichter benennen[507] Die beiden von den Parteien ernannten Schiedsrichter wählen dann den Obmann. Der Ort, an dem das Schiedsgericht zusammentritt, kann im Unterschied zur ordentlichen Gerichtsbarkeit frei vereinbart werden. Auch die Sprache, in welcher das Schiedsverfahren ablaufen soll, kann frei vereinbart werden.[508]

452 Die Kosten des Schiedsverfahrens sind in der Regel höher als die Kosten eines erstinstanzlichen Gerichtsverfahrens.[509] Dies kann aber anderes sein, wenn auf Einholung teurer Sachverständigengutachten durch das Schiedsgericht wegen dessen höherer Sachkunde verzichtet werden kann. Auch gibt es in Schiedsverfahren nur eine Instanz, was nicht nur die Kosten vermindert, sondern auch zu einer erheblichen Abkürzung der Dauer des Verfahrens führen kann.

---

[500] Rotthege/Wassermann, Unternehmenskauf bei der GmbH/*Mäger*, 5. Kapitel Rn. 215.
[501] BeckHdb Notar/*Heckschen* D.V. Rn. 115, Beratungschecklisten Nr. 10 lit. a.
[502] Vgl. BeckHdb Notar/*Heckschen* D.V. Rn. 115, Beratungschecklisten Nr. 10 lit. f.
[503] § 38 Abs. 1 ZPO.
[504] BeckHdb PersGes/*Frey/Bruhn* § 26 Rn. 161.
[505] § 1055 ZPO.
[506] Es gibt ua eine Meditationsordnung und eine Schiedsgerichtsordnung, welche das Verfahren des Schiedsgerichts iE regeln; vgl. Website: http://www.disarb.org.
[507] BeckOK ZPO/*Wolf/Eslami* § 1035 Rn. 13.
[508] § 1045 Abs. 1 S. 1 ZPO.
[509] Vgl. Kostentabelle der Deutschen Institution für Schiedsgerichtsbarkeit im Vergleich zu den Kosten nach dem Gerichtskostengesetz.

§ 4 Das Unternehmertestament als Vorsorgeinstrument oder Planungsmittel

Übersicht

	Rn.
I. Einleitung	1
II. Regelung der Unternehmensnachfolge	6
1. Allgemeines	6
a) Bestimmung des Nachfolgers durch den Unternehmer	6
b) Bestimmung des Nachfolgers durch einen Dritten	13
2. Gesellschaftsrechtliche Vorgaben für Nachfolgegestaltung	22
a) Nachfolge in Personengesellschaften	24
aa) Gesetzliche Ausgangslage	25
bb) Abweichende gesellschaftsvertragliche Bestimmungen	29
(1) Nachfolge aufgrund einer erbrechtlichen Nachfolgeklausel	32
(a) Einfache Nachfolgeklausel	32
(b) Qualifizierte Nachfolgeklausel	34
(2) Nachfolge aufgrund einer rechtsgeschäftlichen Eintrittsklausel	36
cc) Konsequenzen für die Testamentsgestaltung	38
(1) Grundsätzliches/Allgemeine Konsequenzen	38
(2) Vertiefende Hinweise zur Testamentsgestaltung bei der qualifizierten Nachfolgeklausel	39
(a) Vermeidung ungewollter Liquiditätsprobleme	40
(b) Ertrag- und erbschaftsteuerliche Wirkungen der qualifizierten Nachfolgeklausel	42
(c) Steuerliche Auswirkungen bei Fehlschlagen der qualifizierten Nachfolge	45
(d) Wirtschaftliche Zuwendung des Anteils (Unterbeteiligung, Nießbrauch)	49
b) Nachfolge in Kapitalgesellschaften	52
aa) Gesetzliche Ausgangslage	53
bb) Abweichende gesellschaftsvertragliche Bestimmungen	54
cc) Konsequenzen für die Testamentsgestaltung	55
III. Weitere Regelungen (ua Testamentsvollstreckung, Rechtswahl)	57
1. Allgemeines	57
2. Angaben betr. gewöhnlichen Aufenthalt, Staatsangehörigkeit, Familien-/Güterstand, Beschränkung der Testierfreiheit, Aufhebung/Fortgeltung bereits errichteter letztwilliger Verfügungen	58
3. Ausschluss der Anfechtung wegen Übergehung eines Pflichtteilsberechtigten	61
4. Testamentsvollstreckung	63
a) Anordnung; Prüfung der Gesellschaftsverträge	64
b) Freigabe von Nachlassgegenständen; Erträge; Testamentsvollstreckervergütung	66
5. Rechtswahl (Art. 22 EuErbVO)	70
6. Salvatorische Klausel	73
IV. Begleitende Maßnahmen	75
1. Vollmacht über den Tod hinaus	76
2. Pflichtteilsverzichtsvertrag	79
3. Verzicht auf den Zugewinnausgleich	80
4. Schaffung der erbschaftsteuerbegünstigten Rahmenbedingungen.	83
V. Zusammenfassung der wesentlichen Aspekte	85

I. Einleitung

1 Das Unternehmertestament dient als Notfalllösung für den Fall des unerwarteten Ablebens des Unternehmers.[1] Es ist ein Vorsorgeinstrumentarium und Planungsmittel für den Fall, dass die Unternehmensnachfolge zum Todeszeitpunkt des Unternehmers noch nicht vollzogen ist, beispielsweise weil die Kinder des Unternehmers noch minderjährig sind. Es entbindet den Unternehmer jedoch nicht von seiner unternehmerischen Verantwortung, die Nachfolge, sofern möglich, bereits zu Lebzeiten vorzubereiten und – ggf. zunächst in Teilschritten – zu vollziehen (zB durch Zuwendung einer Minderheitsbeteiligung).[2]

2 Der besondere Stellenwert des Unternehmertestaments besteht darin, die zu Lebzeiten des Unternehmers nicht vollzogene Unternehmensnachfolge konkret und individuell zu regeln, um einerseits etwaigen Streitigkeiten im Hinblick auf die Frage, wer Nachfolger wird, vorzubeugen und andererseits die gravierenden Auswirkungen einer missglückten Unternehmensnachfolge zu vermeiden. So stehen Unternehmen und ihre Gesellschafter oftmals vor dem Problem, dass mit dem Versterben eines Gesellschafters ein unliebsamer (bei Familienunternehmen: familienfremder) Dritter in die Gesellschafterstellung des Verstorbenen einrückt oder aber der Gesellschafter mit Eintritt seines Todes aus der Gesellschaft ungewollt ausscheidet – zum Teil mit verheerenden finanziellen Konsequenzen für die Mitgesellschafter und das Unternehmen.[3] Im Übrigen führt die gesetzliche Erbfolge, die bei Fehlen einer letztwilligen Verfügung eintritt, jedenfalls bei Unternehmen in der Rechtsform einer Kapitalgesellschaft häufig zu Erbengemeinschaften, deren Auseinandersetzung steuer- und zivilrechtlich nachteilig sein kann.[4] Daher ist es für jeden Unternehmer, gleich welchen Alters, unerlässlich, ein Unternehmertestament zu errichten.

3 Das Unternehmertestament stellt keinen eigenständigen Testamentstypus dar. Die juristische Eigenart des Unternehmertestaments besteht aber regelmäßig darin, dass bei der Ausgestaltung des Testaments zwingend insbesondere das komplexe Zusammenspiel zwischen dem Erbrecht, Gesellschaftsrecht und Steuerrecht zu beachten ist.[5] Des Weiteren bedarf es für eine gelungene Gestaltung einer vorausschauenden Berücksichtigung der Lebenssituation des Unternehmers einschließlich der Begutachtung der familiären Gesamtsituation sowie der Regelungsziele des Unternehmers.[6] Regelmäßig wird es in dem Interesse des Unternehmers und seines Nachfolgers wie auch seiner Mitgesellschafter und des Unternehmens liegen, einen Liquiditätsabfluss zur Bedienung insbesondere von Ausgleichs-, Pflichtteils- und/oder Abfindungsansprüchen im Falle seines Todes zu vermeiden.[7]

4 In der Praxis erlebt man leider häufig den Fall, dass – sofern überhaupt ein Testament errichtet wurde – die in dem Testament enthaltenen Verfügungen weder auf die konkreten gesellschafts- und erbrechtlichen Bestimmungen noch auf die geltende Steuerrechtslage abgestimmt sind. Auch kommt es häufig vor, dass ein ursprünglich abgestimmtes Testament im Erbfall veraltet ist, weil vergessen wurde, das Testament in regelmäßigen Abständen auf die sich ändernde unternehmerische, gesellschaftsvertragliche, familiäre und/oder steuerliche Situation anzupassen.

5 Neben der Errichtung eines Unternehmertestaments sind ggf. weitere Maßnahmen zu treffen. Zu denken ist etwa an den Abschluss von Pflichtteilsverzichtsverträgen mit grundsätzlich gesetzlich Erbberechtigten[8], die nicht Unternehmensnachfolger werden, oder auch an die Erteilung einer über den Tod hinaus geltenden Vollmacht, damit weder

---

[1] *Gemmer* EE 2008, 5.
[2] Vgl. Nieder/Kössinger/*Kössinger* Testamentsgestaltung-HdB § 22 Rn. 1.
[3] *Feick/Weber* notar 2014, 395 (395).
[4] *Gemmer* EE 2008, 86.
[5] *V. Hoyenberg* RNotZ 2007, 377 (378).
[6] Vgl. *v. Hoyenberg* RNotZ 2007, 377 (378).
[7] Vgl. auch Reichert/*Heinrich*, GmbH & Co. KG, § 35 Rn. 41.
[8] Zur gesetzlichen Erbfolge → § 17 Rn. 1 ff.

Handlungsunfähigkeit im Falle der Geschäftsunfähigkeit oder schweren Krankheit des Unternehmers noch zwischen Tod und Testamentseröffnung (Feststellung der Erben) bzw. Annahme des Testamentsvollstreckeramtes entsteht.

II. Regelung der Unternehmensnachfolge

1. Allgemeines

a) Bestimmung des Nachfolgers durch den Unternehmer. Die eindeutige und wirksame Regelung der Unternehmensnachfolge stellt die Kernaufgabe des Unternehmertestaments dar.[9] Neben den rechtlichen Rahmenbedingungen, die einzuhalten sind und auf die in diesem Kapitel noch näher eingegangen wird, muss sich der Unternehmer zunächst darüber im Klaren werden, wem er sein Unternehmen von Todes wegen anvertrauen möchte. Hat der Unternehmer Kinder, wird er regelmäßig darüber nachdenken, ob alle, einige oder zumindest eines seiner Kinder für seine Nachfolge in Betracht kommen, oder ob er eine andere Person für geeigneter erachtet.   6

Hat der Unternehmer die Entscheidung getroffen, stellt sich die zentrale Frage der (auch steuerzentrierten) Nachfolgeplanung, wie dies rechtstechnisch von Todes wegen umgesetzt werden kann. Es könnte angedacht werden, den oder die Nachfolger als (Mit-)Erben einzusetzen. Hierbei ist allerdings zu bedenken, dass eine Erbeinsetzung auf das gesamte Vermögen des Erblassers erfolgt (und nicht gegenständlich beschränkt auf einen bestimmten Vermögensgegenstand wie die Unternehmensbeteiligung); bei mehreren Erben kann daher auch nur eine Erbeinsetzung nach Quoten erfolgen, die die Beteiligung am Gesamtnachlass festgelegt (zu den Möglichkeiten der Anordnung einer Teilungsanordnung und eines Vorausvermächtnisses noch sogleich). Möchte der Unternehmer daher einer anderen Person als der oder denen, die er eigentlich als Erben einsetzen wollte, das Unternehmen letztwillig zuwenden, wird er es dem Nachfolger in der Regel per **Vermächtnis** zuleiten wollen.[10] Hier können sich aber je nach Rechtsform des Unternehmens und Ausgestaltung des Gesellschaftsvertrages Probleme stellen (zu den gesellschaftsrechtlichen Vorgaben der Nachfolgeplanung → Rn. 22 ff.). Beispielsweise kann die Problematik auftreten, dass eine Beteiligung nur per Erbschaft, nicht aber per Vermächtnis übertragen werden kann. Sofern dieser Problematik durch gesellschaftsvertragliche Änderungen nicht abgeholfen werden kann, ist der Unternehmer letztlich gehalten, die Person, die seine Unternehmensbeteiligung erhalten soll, doch als (Allein-)Erben einzusetzen.[11] Alle sonstigen Vermögenswerte, die er besitzt, muss er dann im Wege des Vermächtnisses den Personen zuwenden, die er eigentlich als Erben hatte einsetzen wollen. Da der Erblasser jedoch regelmäßig nicht weiß, was er zum Todeszeitpunkt besitzt und beim Vermächtnis – anders als bei der Erbschaft – nicht alle Rechtspositionen im Wege der Universalsukzession automatisch übergehen, sondern der Vermächtnisnehmer nur das erlangt, was er gezielt zugewiesen erhält, gilt es in dieser Situation regelmäßig, die konkrete Aufzählung der Vermächtnisgegenstände zu vermeiden. In der Praxis behilft man sich in diesen Fällen teils mit einer Art „negativem Vermächtnis"; dh mit einer testamentarischen Anordnung, durch die dem Vermächtnisnehmer (häufig dem Ehegatten) ausdrücklich alle Vermögenswerte mit Ausnahme der Unternehmensbeteiligung zugewendet werden, die an den Erben fällt.   7

---

[9] *V. Hoyenberg* RNotZ 2007, 377 (378).
[10] Zum Vermächtnismodell *Riedel* Unternehmensnachfolge-HdB § 8 Rn. 56 ff.
[11] Zum Alleinerbenmodell *Riedel* Unternehmensnachfolge-HdB § 8 Rn. 52 ff.

8 **Formulierungsbeispiel:**

Ich setze zu meinem Alleinerben ... ein.

Im Wege des Universalvermächtnisses wende ich meiner Ehefrau ... zu Lasten meines Erben meinen gesamten Nachlass mit Ausnahme meiner Beteiligung an ... zu, die an meinen Erben fällt.

9 Die vorgenannte Gestaltung kann sich auch dann anbieten, wenn der Unternehmer seinem einzigen Kind oder allen seinen Kindern die Unternehmensbeteiligung zukommen lassen möchte, gleichwohl seinen Ehegatten umfassend mit allen sonstigen Vermögenswerten versorgt wissen möchte.

10 Alternativ könnte auch angedacht werden, den designierten Unternehmensnachfolger und die anderen Personen, die der Unternehmer eigentlich als Erben einsetzen wollte, als Miterben einzusetzen und im Wege einer **Teilungsanordnung oder eines Vorausvermächtnisses** zu regeln, dass der ausgewählte Nachfolger das Unternehmen erhält.

11 **Formulierungsbeispiel Teilungsanordnung/Vorausvermächtnis:**

Ich setze meinen Sohn ... und meine Tochter ... zu gleichen Teilen, dh je zu 1/2 zu meinen alleinigen Erben ein.

1. Alt. Teilungsanordnung:

Meine Tochter ... erhält im Wege der Teilungsanordnung, dh unter voller Anrechnung des Verkehrswertes auf ihren Erbteil, meine Beteiligung an ...

2. Alt. Vorausvermächtnis[12]:

Meine Tochter ... erhält im Wege des Vorausvermächtnisses, dh ohne Anrechnung auf ihren Erbteil, meine Beteiligung an ...

12 Dieser Weg ist bspw. auch in den Fällen anzudenken, in denen der Unternehmer sein Unternehmen ein oder mehreren, nicht aber allen seinen Kindern anvertrauen möchte; die anderen Kinder und seine Ehefrau aber gleichwohl an den sonstigen Vermögenswerten partizipieren lassen möchte. Das Vorausvermächtnis, durch das der Begünstigte den zugewiesenen Wert (hier Unternehmensbeteiligung) zusätzlich zu seiner Erbquote ohne Ausgleichsverpflichtung erhält, scheidet jedoch aus, wenn eine vermächtnisweise Zuwendung der Unternehmensbeteiligung nicht zulässig ist. Die Zuwendung einer Beteiligung im Wege der Teilungsanordnung ist möglich; allerdings ist zum einen zu beachten, dass bei der Erbeinsetzung mehrerer Personen im Hinblick auf das ererbte Vermögen grundsätzlich eine (streitanfällige) Miterbengemeinschaft entsteht (zur Sondererbfolge bei Kommanditanteilen → Rn. 28), zum anderen, dass die Teilungsanordnung erhebliche wirtschaftliche Auswirkungen haben kann. Eine Teilungsanordnung ändert nichts daran, dass die Erben im Grundsatz das wertmäßig erhalten, was ihrer jeweiligen Erbquote entspricht. Setzt bspw. ein Unternehmer seine beiden Kinder gleichermaßen zu Erben ein, so steht jedem Kind die Hälfte des Nachlasswertes zu. Wird das Unternehmen durch Teilungsanordnung nur einem Kind zugewiesen und übersteigt der Wert der Unternehmensbeteiligung die Hälfte des Nachlasswertes, muss das Kind, das die Beteiligung erhält, dem anderen Kind einen entsprechenden Wertausgleich leisten. Die Realteilung mit Ausgleichszahlung kann allerdings zu einer ungewollten Einkommensteuerbelastung führen, da sie steuerlich regelmäßig als Veräußerungsvorgang gewertet wird.[13]

---

[12] Ein ausführlicheres Muster findet sich in *Riedel* Unternehmensnachfolge-HdB § 8 Rn. 60.
[13] Blümich/*Schallmoser* EStG § 16 Rn. 42.

b) Bestimmung des Nachfolgers durch einen Dritten. In manchen Fällen ist es für 13 den Unternehmer nicht einfach zu entscheiden, wem er sein Unternehmen von Todes wegen anvertraut. Insbesondere in den Fällen, in denen ein Unternehmer eines seiner Kinder als Nachfolger einsetzen möchte, sich aber wegen deren jugendlichen Alters noch kein Bild über deren Eignung zur Unternehmensführung schaffen kann, bereitet die Personalie des Nachfolgers Schwierigkeiten.[14] In diesen Fällen kann das Bedürfnis bestehen, die Auswahl des Unternehmensnachfolgers nach Eintritt des Erbfalls einem Dritten zu überlassen.

Grundsätzlich gilt jedoch, dass der Erblasser seine letztwillige Verfügung nicht nur persönlich zu errichten (§ 2064 BGB), sondern über seinen letzten Willen auch in allen wesentlichen Punkten **selbst zu entscheiden** hat: Gem. § 2065 Abs. 1 BGB ist es dem Erblasser verwehrt, eine letztwillige Verfügung in der Weise zu treffen, dass ein anderer zu bestimmen hat, ob sie gelten soll oder nicht; gem. § 2065 Abs. 2 BGB darf die Bestimmung der Person, die eine Zuwendung erhalten soll, sowie die Bestimmung des Gegenstandes der Zuwendung nicht einem anderen überlassen bleiben. Der Erblasser ist zu einer eigenen Entscheidung aufgerufen und darf deshalb diese wichtige Entscheidung nach dem Willen des Gesetzgebers nicht auf Dritte übertragen. Gleichwohl gilt es als zulässig, einen Dritten zu ermächtigen, den Erben nach **genau beschriebenen Kriterien** aus einem ebenfalls genau umrissenen und eng begrenzten Personenkreis auszuwählen.[15] Die Vorgaben müssen aber so genau sein, dass es zu keiner „Wahl" im Sinne einer Ermessensentscheidung kommen kann, sondern die bedachte Person für den Dritten objektiv bestimmt ist.[16] Der Dritte darf beispielsweise nicht ermächtigt werden, aus dem Kreis der Abkömmlinge den für die Fortführung des Unternehmens am ehesten „Geeigneten" als Erben zu bestimmen, da diese Entscheidung auch eine Ermessensentscheidung darstellt (streitig).[17] Der Dritte könnte allenfalls ermächtigt werden, denjenigen als Unternehmensnachfolger zu bezeichnen, der im Abschlusszeugnis den besten Notenschnitt erreicht hat. Dass allerdings in diesem eingeschränkten Rahmen keine vernünftigen Kriterien für die Nachfolgebestimmung aufgestellt werden können, liegt auf der Hand. Nach einer Entscheidung des OLG Hamm vom 21.2.2019 soll es jedoch zulässig sein, dass der Erblasser die Personen zu seinen Ersatzerben beruft, die gewillkürte Rechtsnachfolger des von ihm eingesetzten Erben sind.[18] Eine solche Bestimmung stelle – so das OLG Hamm – gerade keine Ermessensentscheidung des Dritten (Erben) dar, sondern eine eigene konkrete Bestimmung des Erblassers, die lediglich davon abhänge, „ob und in welcher Form der zunächst berufene Erbe selbst testiert".

Es gibt aber gleichwohl Möglichkeiten, letztlich doch einem Dritten die Unterneh- 14 mensnachfolgerwahl in die Hände zu legen: Der Grundsatz der materiellen Höchstpersönlichkeit ist im **Vermächtnisrecht** schwächer ausgeprägt. §§ 2151, 2153, 2156 BGB lassen zu, dass ein Dritter zu bestimmen hat, wer von mehreren in welcher Höhe was als Vermächtnis erhalten soll. Auch lässt § 2048 BGB zu, dass bei der Erbauseinandersetzung ein Dritter die konkrete Zuordnung der Nachlassgegenstände übernehmen soll. Daraus ergeben sich folgende Möglichkeiten: Der Erblasser setzt seine Abkömmlinge zu Erben ein und **vermacht** demjenigen das Unternehmen (im Wege des Vorausvermächtnisses), den ein Dritter (Ehegatte, Testamentsvollstrecker, Freund, Beirat etc.) als für die Führung des Unternehmens am geeignetsten hält.[19] Da es nun nicht mehr um die Bestimmung eines Erben, sondern die eines Vermächtnisnehmers geht, kann die Ermessenswahl von einem Dritten getroffen werden. Dieser Weg ist allerdings nur dann gangbar, wenn die

---

[14] Vgl. auch *v. Hoyenberg* RNotZ 2007, 377 (378).
[15] MüKoBGB/*Leipold* § 2065 Rn. 33.
[16] BGH NJW 1955, 100 (101); vgl. auch OLG Köln NJW-RR 2017, 648.
[17] BayObLG ZEV 2005, 27 (28) zur Hofnachfolge; aA MüKoBGB/*Leipold* § 2065 Rn. 37; *Reimann* ZEV 2019, 277 mwN.
[18] OLG Hamm ZEV 2019, 276 ff. mAnm *Reimann*.
[19] MüKoBGB/*Rudy* Vorbem. § 2147 Rn. 8.

Unternehmensbeteiligung im Wege des Vermächtnisses auch tatsächlich zugewendet werden kann (zu den gesellschaftsrechtlichen Vorgaben der Nachfolgeplanung → Rn. 22 ff.).

15 Der gleiche Effekt kann erzielt werden, wenn der Erblasser statt des Vorausvermächtnisses eine **Teilungsanordnung** trifft und mit der Auswahl wiederum einen Dritten betraut. In beiden Fällen befindet der Dritte nicht über die Erbenstellung. Von den vorgenannten Möglichkeiten der Drittbestimmung sollte aber nur in Ausnahmefällen Gebrauch gemacht werden. Die mit dem Bestimmungsrecht einhergehenden Unsicherheiten über die konkrete Person des Nachfolgers (ggf. auch Rechtsstreitigkeiten) und ein damit ggf. einhergehendes Machtvakuum können zur Bestandsgefährdung des Unternehmens führen.[20]

16 Das gewünschte Ergebnis kann zudem in bestimmten Fällen dadurch erreicht werden, dass ein **Vorerbe** eingesetzt wird, bspw. der Ehegatte, der das im Nachlass befindliche Unternehmen mit Ableben des Unternehmers zunächst fortführen soll, und der die Möglichkeit erhält, auf die Person des Nacherben Einfluss zu nehmen. Rechtstechnisch kann dies dergestalt erfolgen, dass bspw. der Ehegatte zum Vorerben eingesetzt wird und sämtliche grundsätzlich in Betracht kommenden Kinder des Unternehmers zu Nacherben;[21] der Eintritt der Nacherbfolge wird unter die **auflösende Bedingung** gestellt, dass der Vorerbe (hier Ehegatte) in seinem eigenen Testament nicht einen der als Nacherben benannten Kinder zu seinem Alleinerben oder Vermächtnisnehmer des Unternehmens einsetzt.[22] Es ist folglich möglich, den Nacherben unter der auflösenden Bedingung zum Nacherben zu berufen, dass der Vorerbe keine andere Entscheidung trifft.[23]

17 **Formulierungsbeispiel Vorerben- und Nacherbeneinsetzung/auflösende Bedingung:**

§ 1 Vorerbeneinsetzung

Ich setze hiermit meine Ehefrau …, geb. am …, zu meiner Vorerbin ein.

Sie ist von den Beschränkungen der §§ 2113 ff. BGB befreit.

§ 2 Nacherbeinsetzung

Zu Nacherben setze ich unsere gemeinsamen Kinder, dh unsere Söhne … und … sowie meine Tochter … zu je gleichen Teilen ein. Die Nacherbfolge tritt mit dem Tod der Vorerbin ein.

Meiner Vorerbin ist es jedoch gestattet, die Nacherbfolge dadurch zu beseitigen, dass sie über ihren Nachlass innerhalb des Kreises unserer gemeinschaftlichen Abkömmlinge nach ihrem Belieben anderweitige Bestimmungen von Todes wegen trifft.[24]

18 Als Verstoß gegen § 2065 Abs. 2 BGB gilt es allerdings, in der letztwilligen Verfügung auszuführen, dass der Vorerbe selbst einen Nacherben bestimmen kann. Folge einer solchen unwirksamen Bestimmung wäre, dass die gesetzlichen Erben des Erblassers Nacherben würden, § 2104 BGB.[25] Streitig hingegen ist die Zulässigkeit der sog. „Dieterle-Klausel", nach der diejenigen Personen als Nacherben bestimmt werden, die der Vorerbe zu seinen Erben beruft.[26]

---

[20] *V. Hoyenberg* RNotZ 2007, 377 (378).
[21] Zum Modell der Vor- und Nacherbschaft *Riedel* Unternehmensnachfolge-HdB § 8 Rn. 62 ff.
[22] Nieder/Kössinger/*Kössinger* Testamentsgestaltung-HdB § 22 Rn. 14.
[23] BGH NJW 1972, 1987; BGH NJW 1981, 2051 (offenlassend, ob an der bisherigen Rechtsprechung festzuhalten ist); vgl. OLG München ZEV 2017, 114; BayObLG NJW-RR 2001, 1588 (1589); OLG Hamm FamRZ 2000, 446; Palandt/*Weidlich* BGB § 2065 Rn. 6.
[24] Ausführliche Formulierungsvorschläge in BeckFormB ErbR/*Keim* C.II.4 und MAH ErbR/*Otto* Bd. 6 XII.12.
[25] Vgl. OLG Oldenburg ZEV 2010, 635 (636); OLG Hamm NJW-RR 1995, 1477 (1478).
[26] Gegen die Zulässigkeit OLG Frankfurt DNotZ 2001, 143 mAnm *Kanzleiter;* aA *Reimann* ZEV 2019, 277 (278); Staudinger/*Otte* BGB § 2065 Rn. 47, 48, 53; *Ivo* DNotZ 2002, 260; vgl. zum Meinungsstand auch BeckOGK/*Hölscher* BGB § 2151 Rn. 52 ff.

19 Zu bedenken ist allerdings, dass die Anordnung der Vor- und Nacherbfolge im Rahmen der Unternehmensnachfolge gut überlegt sein möchte, da ein Vorerbe, der durch eine Nacherbschaft beschränkt ist, im Regelfall nicht der geeignete Unternehmensnachfolger ist.[27] Auch sind die Beschränkungen, die einem Vorerben auferlegt sind, kaum mit der unternehmerischen Freiheit, die er haben sollte, vereinbar. Kommt im Einzelfall gleichwohl die Anordnung der Vor- und Nacherbschaft in Betracht, sollten zumindest detaillierte Regelungen im Testament getroffen werden, die den Vorerben in seiner Rechtsstellung stärken. Ein derartiger Fall kann dann gegeben sein, wenn der Unternehmer geschieden ist und er verhindern möchte, dass für den Fall, dass sein zum Nachfolger bestimmtes, unverheiratetes bzw. kinderloses Kind noch zu Lebzeiten seines geschiedenen Ehegatten verstirbt, sein geschiedener Ehegatte infolge gesetzlicher Erbfolge die betreffende Gesellschaftsbeteiligung erwirbt. Durch die Anordnung der Nacherbfolge würde die Beteiligung nicht an den geschiedenen Ehegatten, sondern an den Nacherben fallen. Bei der Testamentsgestaltung ist daher regelmäßig darauf zu achten, dass der Vorerbe **befreiter Vorerbe** wird. Auch sollten die Rechte des Nacherben gegenüber dem Vorerben, insbesondere bei Personengesellschaftsanteilen, klar geregelt werden. Die Anordnung der Vor- und Nacherbschaft sollte unter die auflösende Bedingung gestellt werden, dass der Beweggrund für die Anordnung nicht wegfällt (hier bspw. das Versterben der Ehefrau) mit der Folge, dass der Vorerbe (hier das Kind) mit Bedingungseintritt Vollerbe wird.

20 Schließlich ist daran zu denken, den designierten Nachfolger zwar als Erben einzusetzen, die Erbeinsetzung jedoch unter eine Bedingung zu stellen, etwa unter die Bedingung des Erreichens bestimmter Qualifikationen. Die Erbeinsetzung unter einer Bedingung, deren Eintritt von einem Dritten, etwa dem Testamentsvollstrecker, festgestellt werden soll, verstößt nicht gegen § 2065 BGB.[28]

> **Formulierungsbeispiel bedingte Erbeinsetzung:** **21**
>
> § 1 Erbeinsetzung
>
> Ich setze ..., geb. am ..., zu meinem alleinigen Erben unter der Bedingung ein, dass er ....

2. Gesellschaftsrechtliche Vorgaben für Nachfolgegestaltung

22 Ob der vom Unternehmer oder ggf. einem Dritten zu bestimmende Nachfolger tatsächlich in die Gesellschafterstellung bei Ableben des Erblassers eintreten kann, hängt wiederum davon ab, ob die Vorgaben des Gesellschaftsrechts erfüllt sind. Das Gesellschaftsrecht bestimmt, ob und inwiefern Anteile an einer Gesellschaft von Todes wegen übertragen werden können. Das Erbrecht folgt dem Gesellschaftsrecht und kann nur insoweit ausgestaltet werden, als das Gesellschaftsrecht dies zulässt. Aufgrund dieses zwingenden Verhältnisses des Erbrechts zum Gesellschaftsrecht ist darauf zu achten, dass das Gesellschaftsrecht (insbesondere der Gesellschaftsvertrag) und die letztwilligen Verfügungen des Unternehmers miteinander im Einklang stehen.[29] Anderenfalls können erbrechtliche Nachfolgeregelungen aufgrund der gesellschaftsrechtlichen Vorgaben ins „Leere" gehen;[30] dh die gewünschte Nachfolge mit verheerenden finanziellen Konsequenzen, insbesondere für die Mitgesellschafter und das Unternehmen, scheitern. Daher muss vor Errichtung (oder Änderung) eines jeden Unternehmertestaments geprüft werden, ob und in welcher Weise das Gesellschaftsrecht, insbesondere der Gesellschaftsvertrag, die Vererbung der betreffenden Beteiligung im gewünschten Sinne zulässt.[31] Lässt sich die gewünschte Nachfolge auf-

---

[27] MAH ErbR/*Bregulla-Weber* § 10 Rn. 24.
[28] KG DNotZ 1999, 680.
[29] Reichert/*Heinrich* GmbH & Co. KG § 35 Rn. 37 ff. mwN; *Gemmer* EE 2008, 5.
[30] *Gemmer* EE 2008, 5.
[31] *Reimann* ZEV 2014, 521 (521).

grund entgegenstehender gesellschaftsvertraglicher Regelungen nicht umsetzen, muss der Gesellschaftsvertrag, sofern und soweit möglich, entsprechend geändert werden.

23 Für die Nachfolge von Todes wegen gibt es unterschiedliche gesellschaftsrechtliche Regelungssysteme,[32] die von der Rechtsform des Unternehmens abhängen, an dem der Unternehmer beteiligt ist. Da diese an anderer Stelle dieses Werkes grundsätzlich behandelt werden (vgl. → § 14 Rn. 2 ff.), wird nachfolgend nur auf bestimmte, für die Ausgestaltung des Unternehmertestaments besonders relevante Aspekte eingegangen.

24 **a) Nachfolge in Personengesellschaften.** Wird das betreffende Unternehmen als Personengesellschaft geführt, stellt sich zunächst die Frage, ob die Anteile an dem Unternehmen vererblich, mithin einer testamentarischen Regelung der Unternehmensnachfolge überhaupt zugänglich sind. Dies hängt davon ab, um welche Gesellschaftsform (GbR, oHG, KG) es sich konkret handelt und ob bzw. inwiefern der Gesellschaftsvertrag hierzu Regelungen trifft.

25 **aa) Gesetzliche Ausgangslage.** Ist der Unternehmer Gesellschafter einer GbR, oHG oder persönlich haftender Gesellschafter einer KG und enthält der Gesellschaftsvertrag keine besonderen Regelungen zur Vererbung der Anteile, ist eine testamentarische Regelung der Nachfolge aufgrund der Vorrangigkeit des Gesellschaftsrechts nicht wirksam möglich;[33] eine gleichwohl getroffene Nachfolgeregelung ginge ins Leere.

26 Die Gesellschafterstellung bei der **GbR** ist nach der gesetzlichen Ausgangslage, die in der Praxis allerdings nur selten zur Anwendung kommt, unvererblich, da die GbR mit dem Tod eines Gesellschafters aufgelöst wird (§ 727 BGB). Die Gesellschaft tritt mit dem Tod des Gesellschafters in das Liquidationsstadium ein, so dass in den Nachlass allein der vermögensmäßige Anteil an der zu liquidierenden Gesellschaft fällt.[34] Die „Umwandlung" der Liquidationsgesellschaft in eine wieder werbende Gesellschaft ist nur dann möglich, wenn sämtliche Gesellschafter (einschließlich der Erben des verstorbenen Unternehmers) einer Fortsetzung zustimmen.[35]

27 Bei der **oHG** und **dem persönlich haftenden Gesellschafter einer KG** führt der Tod des Unternehmers im gesetzlichen Regelfall zwar nicht zur Auflösung der Gesellschaft, jedoch zum Ausscheiden des Unternehmers aus der Gesellschaft (§ 131 Abs. 3 Nr. 1, § 161 Abs. 2 HGB). Seine Beteiligung wächst den übrigen Gesellschaftern, die die Gesellschaft allein fortsetzen, gemäß § 105 Abs. 3 HGB iVm § 738 Abs. 1 S. 1 BGB zu. Den Erben des durch Tod ausgeschiedenen Gesellschafters steht regelmäßig ein Abfindungsanspruch gegen die Gesellschaft zu, der bei der Gesellschaft jedoch zu unerwünschten Abflüssen von Vermögenswerten führen kann.[36]

28 Der Tod eines **Kommanditisten** einer Kommanditgesellschaft oder aber einer in der Praxis häufig anzutreffenden GmbH & Co. KG führt hingegen weder zur Auflösung der Gesellschaft noch zum Ausscheiden des Unternehmers (Kommanditisten) aus der Gesellschaft. § 177 HGB ordnet die Vererblichkeit des Kommanditanteils an. Der Kommanditanteil geht folglich mit dem Tod auf die Erben des Unternehmers (nicht aber auf die Vermächtnisnehmer) über. Das heißt, der Alleinerbe wird im Wege der Universalsukzession gemäß § 1922 BGB mit dem Tod des Unternehmers automatisch Kommanditist der Gesellschaft mit allen Rechten und Pflichten.[37] Wird der Unternehmer von mehreren Personen beerbt, so vollzieht sich die Nachfolge nach ganz hM in der Weise, dass die Miterben den Anteil – abweichend vom Grundsatz der Gesamtrechtsnachfolge der Erben-

---

[32] *Reimann* ZEV 2014, 521 (521).
[33] *V. Hoyenberg* RNotZ 2007, 377 (381).
[34] *Feick/Weber* notar 2014, 395 (396); *Zöller* MittRhNotK 1999, 122 (123).
[35] *Feick/Weber* notar 2014, 395 (396); *Zöller* MittRhNotK 1999, 122 (124).
[36] *Feick/Weber* notar 2014, 395 (396).
[37] *V. Hoyenberg* RNotZ 2007, 377 (381).

gemeinschaft (§ 2032 Abs. 1 BGB) – im Wege der Sondererbfolge entsprechend ihrer Erbquote unmittelbar (geteilt) erhalten.[38]

bb) Abweichende gesellschaftsvertragliche Bestimmungen. Die Gesetzeslage entspricht allerdings nur in den seltensten Fällen den Vorstellungen der Gesellschafter,[39] insbesondere nicht solcher Gesellschafter, die das Unternehmen in die nächste Generation überführen möchten. In den meisten Gesellschaftsverträgen werden daher aufgrund der Dispositivität der gesetzlichen Bestimmungen von der Gesetzeslage abweichende, individuelle Nachfolgeregelungen getroffen, die eine Unternehmensnachfolge ermöglichen.[40] 29

In der Praxis finden sich die verschiedensten Arten von Nachfolgeklauseln, die letztlich **unterschiedliche Anforderungen an die mögliche Ausgestaltung des Unternehmertestaments stellen.**[41] Hierbei wird im Grundsatz zwischen **erbrechtlichen Nachfolgeregelungen** und der **rechtsgeschäftlichen Eintrittsklausel** unterschieden. Die entscheidenden Unterschiede zwischen den vorgenannten Regelungen sind, dass sich bei der rechtsgeschäftlichen Eintrittsklausel der Erwerb der Gesellschafterstellung nicht automatisch und nicht kraft Erbrechts als Erwerb von Todes wegen vollzieht, sondern als Erwerb zwar auf den Todesfall, aber unter Lebenden. Damit ist es möglich, den Gesellschaftsanteil außerhalb des Nachlasses einem Dritten zuzuwenden, der nicht Erbe des Verstorbenen ist.[42] 30

Der **reinen Fortsetzungsklausel,** die besagt, dass die Gesellschaft unter Ausschluss des verstorbenen Gesellschafters mit den übrigen Gesellschaftern fortgesetzt wird und die lediglich in Gesellschaftsverträgen der GbR konstitutiv wirkt, kommt im Hinblick auf die Ausgestaltung des Unternehmertestaments keine bzw. nur insofern Relevanz zu, als der Anteil nicht vererblich und demnach einer testamentarischen Nachfolgeregelung nicht zugänglich ist. Möchte der Unternehmer gleichwohl seinen GbR-Anteil vererben, muss der Gesellschaftsvertrag entsprechend abgeändert werden.[43] Zu berücksichtigen ist jedoch, dass die reine Fortsetzungsklausel, die bei der oHG die Gesetzeslage widerspiegelt, insbesondere bei Familienunternehmen regelmäßig unerwünscht ist, da der Bestand der Gesellschafter stetig abnimmt und Familienangehörige nicht in die Gesellschafterstellung einrücken können.[44] Die Existenz des Unternehmens ist auf Dauer nicht gesichert;[45] zudem entstehen aufgrund des Ausscheidens des Gesellschafters mit seinem Tod Abfindungsansprüche der Erben, die die Liquidität der Gesellschaft (erheblich) schwächen können.[46] 31

(1) Nachfolge aufgrund einer erbrechtlichen Nachfolgeklausel. (a) Einfache Nachfolgeklausel. Mit der einfachen Nachfolgeklausel wird der Gesellschaftsanteil vererblich gestellt.[47] Sie geht über den Regelungsgehalt der Fortsetzungsklausel also insoweit hinaus, als die Gesellschaft nicht nur über den Tod des Gesellschafters hinaus fortbesteht, sondern die Gesellschaft mit den Erben des verstorbenen Gesellschafters (und nicht – wie bei der oHG gesetzlich vorgesehen – allein durch die übrigen Gesellschafter) fortgeführt wird.[48] Nach ganz herrschender Ansicht werden die Erben mit dem Erbfall nach Maßgabe ihrer jeweiligen Erbquote kraft Sonderrechtsnachfolge unmittelbar Gesellschafter;[49] insoweit 32

---

[38] BGHZ 22, 186 (191 ff.), BGHZ 55, 267 (269); BGHZ 68, 225 (237).
[39] *Feick/Weber* notar 2014, 395 (396).
[40] *Feick/Weber* notar 2014, 395 (396).
[41] *V. Hoyenberg* RNotZ 2007, 377 (382).
[42] Zum Spannungsfeld Pflichtteils- und Gesellschaftsrecht § 20 Rn. 55 ff.
[43] Siehe das Formulierungsbeispiel einer reinen Fortsetzungsklausel unter → § 14 Rn. 11.
[44] *Feick/Weber* notar 2014, 395 (397).
[45] *Feick/Weber* notar 2014, 395 (397).
[46] *Mayer/Süß/Tanck/Bittler/Riedel* Hdb. Pflichtteilsrecht § 16 Rn. 9.
[47] BGHZ 68, 225 (229). Siehe das Formulierungsbeispiel einer einfachen Nachfolgeklausel unter → § 14 Rn. 20.
[48] *Feick/Weber* notar 2014, 395 (397).
[49] BGHZ 22, 186 (192); MüKoBGB/*Gergen* § 2032 Rn. 55.

entspricht die Rechtsfolge der einfachen Nachfolgeklausel der Gesetzeslage bei Tod eines Kommanditisten[50] (vgl. § 177 HGB).

33 Mit der Vererblichstellung des Gesellschaftsanteils wird vermieden, dass die Gesellschaft und ihre verbleibenden Gesellschafter Ansprüchen der Erben ausgesetzt werden, die auf dem Ausscheiden eines Gesellschafters von Todes wegen beruhen (wie zB Abfindungsansprüchen).[51] Der Vorbeugung eines Vermögensabflusses im vorgenannten Sinne, der mitunter für das Unternehmen existenzbedrohend sein kann, steht allerdings entgegen, dass die Mitgesellschafter bei dieser Gestaltung keinen Einfluss auf die Person des Nachfolgers ausüben können, was insbesondere bei kleinen, auf persönlicher Mitarbeit der Gesellschafter aufbauenden Familiengesellschaften vielfach unerwünscht ist.[52] Auch besteht die Gefahr der „Zersplitterung" der Anteile und der damit einhergehenden Vervielfältigung der Mitwirkungs- und Kontrollrechte.[53] Da der Anteil im Fall seiner reinen Vererblichstellung in den Nachlass fällt, können ordentliche Pflichtteilsansprüche derjenigen nahestehenden Personen entstehen, die nicht Erbe werden (das heißt des Ehegatten, der Abkömmlinge – oder wenn diese nicht vorhanden sind – der Eltern, vgl. §§ 2303, 2309 BGB).[54] Erbrechtliche Ausgleichsansprüche sind jedenfalls dann nicht ausgeschlossen, wenn die Erben des verstorbenen Gesellschafters nicht zu gleichen Teilen erbberechtigt sind.[55]

34 **(b) Qualifizierte Nachfolgeklausel.** Mit der sog. qualifizierten Nachfolgeklausel wird geregelt, dass die Gesellschaft nur mit solchen Erben fortgesetzt wird, die bestimmte Voraussetzungen erfüllen.[56] Es wird der Kreis der möglichen Nachfolger eingeschränkt,[57] ohne die persönliche Entscheidungsmöglichkeit des Erblasser-Gesellschafters zu nehmen, welche Person oder Personen er letztlich aus diesem Kreis der Nachfolgeberechtigten als eigenen Nachfolger auswählen möchte. In der Praxis werden als nachfolgeberechtigte Personen neben den Mitgesellschaftern häufig die Abkömmlinge des Erblassers vorgesehen. Nicht ungewöhnlich ist es, den Kreis noch weiter einzuschränken, indem beispielsweise ein Mindestalter oder das Erfordernis einer bestimmten Berufsausbildung des Nachfolgers festgelegt wird. Zu beachten ist, dass die im Gesellschaftsvertrag vorgesehenen Nachfolger auch tatsächlich (aufgrund gesetzlicher oder gewillkürter Erbfolge) Erben werden müssen, da andernfalls die Klausel leer läuft.

35 Die Klausel **gewährt** im Vergleich zur einfachen Nachfolgeklausel eine deutlich verbesserte Möglichkeit der Steuerung der Gesellschafternachfolge und **verhindert** insbesondere bei umfangreichen Erbengemeinschaften den Eintritt zahlreicher neuer Gesellschafter.[58] Aus denselben Gründen wie bei der einfachen Nachfolgeklausel können jedoch ua Pflichtteils- und Ausgleichsansprüche Dritter bzw. nicht-nachfolgeberechtigter Erben entstehen.[59]

36 **(2) Nachfolge aufgrund einer rechtsgeschäftlichen Eintrittsklausel.** Mit einer rechtsgeschäftlichen Eintrittsklausel können die Gesellschafter den Kreis der eintrittsberechtigten Personen im Gesellschaftsvertrag einschränken bzw. ganz bestimmte Personen als eintrittsberechtigte Personen benennen.[60] Anders als die beschriebenen erbrechtlichen Nachfolge-

---

[50] *Feick/Weber* notar 2014, 395 (397).
[51] *Feick/Weber* notar 2014, 395 (397).
[52] *Feick/Weber* notar 2014, 395 (397).
[53] *Feick/Weber* notar 2014, 395 (397).
[54] *Feick/Weber* notar 2014, 395 (397).
[55] *Feick/Weber* notar 2014, 395 (397).
[56] MüKoBGB/*Schäfer* § 727 Rn. 29. Siehe das Formulierungsbeispiel einer qualifizierten Nachfolgeklausel unter → § 14 Rn. 29.
[57] MHdB GesR I/*Klein/Lindemeier* § 79 Rn. 22.
[58] *Feick/Weber* notar 2014, 395 (397); vgl. auch MüKoBGB/*Gergen* § 2032 Rn. 60a.
[59] Vgl. *Feick/Weber* notar 2014, 395 (398 und 399).
[60] Siehe das Formulierungsbeispiel einer rechtsgeschäftlichen Eintrittsklausel unter → § 14 Rn. 35.

regelungen verschafft die Eintrittsklausel dem als Nachfolger Vorgesehenen lediglich einen schuldrechtlichen Anspruch gegenüber den überlebenden Gesellschaftern, in die Gesellschaft aufgenommen zu werden (Vertrag zugunsten Dritter).[61] Der Eintritt in die Gesellschaft erfolgt also nicht unmittelbar, sondern bedarf eines gesonderten Beitrittsaktes.[62]

Da die Beteiligung am Nachlass vorbei erworben wird (Rechtsgeschäft unter Lebenden), können keine erbrechtlichen Ausgleichsansprüche oder ordentlichen Pflichtteilsansprüche entstehen, ggf. aber Pflichtteilsergänzungsansprüche.[63] Zudem ist zwingend zu bedenken, dass die Eintrittsklausel nichts daran ändert, dass die Gesellschaft zunächst allein mit den übrigen Gesellschaftern fortgesetzt wird und die Erben Abfindungsansprüche erlangen, wenn für diesen Fall der Abfindungsanspruch nicht gesellschaftsvertraglich ausgeschlossen oder aber dem Eintrittsberechtigten kein Abfindungsanspruch per letztwilliger Verfügung zugewendet ist;[64] auch tritt – im Unterschied zur Nachfolge kraft Erbfolge – eine Situation der Unsicherheit ein, ob der Nachfolger tatsächlich in die Gesellschaft eintritt (Schwebezustand).[65] Zu berücksichtigen ist auch, dass der **Kapitalanteil** an die Erben fällt und der eintrittswillige Nachfolger selbst den entsprechenden Kapitalanteil aus eigenen Mitteln wieder einlegen muss, wenn der Erblasser keine entsprechende Vorsorge getroffen hat (zB durch Anordnung eines Vermächtnisses zugunsten des Eintrittsberechtigten mit dem Inhalt, dass der Abfindungsanspruch gemäß § 738 BGB, § 105 Abs. 3 HGB zur Tilgung der Einlageschuld an die Gesellschaft zu leisten ist[66]).[67] 37

cc) Konsequenzen für die Testamentsgestaltung. (1) Grundsätzliches/Allgemeine Konsequenzen. Für die Testamentsgestaltung sind, wie bereits ausgeführt, die gesellschaftsrechtlichen und -vertraglichen Vorgaben zu beachten. Ist der betreffende Gesellschaftsanteil nicht vererblich (gestellt), ist er einer testamentarischen Nachfolgeregelung nicht zugänglich. Im Falle einer rechtsgeschäftlichen Eintrittsklausel vollzieht sich die Unternehmensnachfolge nach Ableben des Unternehmers aufgrund einer gesonderten Vereinbarung zwischen den übrigen Gesellschaftern und der eintrittsberechtigten Person am Erbrecht „vorbei".[68] Im Falle des Vorliegens einer einfachen Nachfolgeklausel oder aber der gesetzlichen Ausgangslage in Bezug auf die Vererblichkeit von Kommanditanteilen (§ 177 HGB), wonach die Gesellschaft mit den (nicht näher spezifizierten) Erben fortgeführt wird, bedarf es für die Bestimmung, wer konkret den Anteil erwirbt, zur Vermeidung einer im Einzelfall unerwünschten gesetzlichen Erbfolge der testamentarischen Regelung. Enthält der Gesellschaftsvertrag eine qualifizierte Nachfolgeklausel, so muss der Gesellschafter die Auswahl des konkreten Nachfolgers aus dem im Gesellschaftsvertrag näher bestimmten Kreis individuell durch letztwillige Verfügung von Todes treffen. 38

(2) Vertiefende Hinweise zur Testamentsgestaltung bei der qualifizierten Nachfolgeklausel. In der Praxis zeigt sich, dass immer wieder angenommen wird, allein die qualifizierte Nachfolgeklausel sorge dafür, dass ein Gesellschaftsanteil auf die jeweiligen Personen übergehe; das jedoch ist unrichtig. Die qualifizierte Nachfolgeklausel regelt – wie die einfache Nachfolgeklausel – nur, wer aus gesellschaftsrechtlicher Sicht den Gesellschaftsanteil erben kann. Sie betrifft also lediglich die abstrakte Vererblichkeit des Anteils und ändert nichts daran, dass daneben erbrechtlich, durch **letztwillige Verfügung** oder aufgrund **gesetzlicher Erbfolge,** geklärt werden muss, wer konkret den Anteil erhält. 39

---

[61] MüKoBGB/*Schäfer* § 727 Rn. 57; Baumbach/Hopt/*Roth* HGB § 139 Rn. 51; MHdB GesR I/*Klein/Lindemeier* § 79 Rn. 73.
[62] MüKoBGB/*Schäfer* § 727 Rn. 53; *Feick/Weber* notar 2014, 395 (398).
[63] *Feick/Weber* notar 2014, 395 (399).
[64] Vgl. *Feick/Weber* notar 2014, 395 (399).
[65] *Feick/Weber* notar 2014, 395 (399).
[66] Henssler/Strohn/*Klöhn* HGB § 139 Rn. 89; *Feick/Weber* notar 2014, 395 (398).
[67] *Feick/Weber* notar 2014, 395 (398).
[68] *V. Hoyenberg* RNotZ 2007, 377 (384).

Große Probleme ergeben sich etwa, wenn im Gesellschaftsvertrag angeordnet ist, dass nur die Kinder Nachfolger werden können, der Erblasser aber im Wege des Berliner Testamentes seinen Ehegatten zum Alleinerben einsetzt. Die Möglichkeiten der qualifizierten Nachfolgeklausel (die Kinder könnten, wenn sie Erben sind, Nachfolger werden) und die Folgen des Testaments (nicht die Kinder, sondern der Ehegatte wird Erbe) stimmen dann nicht überein. Gelegentlich lässt sich ein solches Problem dadurch lösen, dass der Ehegatte die Erbschaft **ausschlägt** und sie in der Folge an die Kinder fällt.[69] Auch kommt als Lösung zuweilen die **Umdeutung** der Klausel in eine Eintrittsklausel in Betracht,[70] zumal in einigen Gesellschaftsverträgen die Umdeutung als Auffangmöglichkeit bereits vorgesehen ist. Greift keine dieser Möglichkeiten, spricht man von einer **fehlgeschlagenen** Nachfolgeklausel. In der Konsequenz wird dann die Gesellschaft zwischen den Altgesellschaftern fortgeführt, die Erben haben lediglich einen Abfindungsanspruch.[71] Weitere Problemfelder bzw. Besonderheiten seien hervorgehoben:

40 **(a) Vermeidung ungewollter Liquiditätsprobleme.** Qualifizierte Nachfolgeklauseln führen, wenn sie nicht richtig mit dem Testament verzahnt sind (die Nachfolge aber gleichwohl gelingt, dh die vorgesehene Person auch tatsächlich Nachfolger wird), oft zu ungewollten Liquiditätsproblemen aufgrund von **Ausgleichsansprüchen**. Dies ist insbesondere dann der Fall, wenn die Gesellschaftsbeteiligung den werthaltigsten oder einzig nennenswerten Vermögensgegenstand im Nachlass des Gesellschafters darstellt.[72] Setzt ein Ehegatte seine Ehefrau und sein Kind zu je ein Halb als Erbe ein, ist aber nur das Kind nachfolgeberechtigt, so fällt – vgl. oben → Rn. 39 – der Anteil nur dem Kind in Sondererbfolge an. Das Kind schuldet aber dem Miterben einen Ausgleich, damit die aufgrund des Erbfalls empfangenen Werte beiden Erben im Ergebnis auch zu ein Halb anfallen. Hinterlässt im Beispiel der Ehemann einen Gesellschaftsanteil im Wert von 1 Mio. Euro und sonstiges Vermögen in Höhe von 500.000 Euro, so fällt aufgrund der qualifizierten Nachfolgeklausel der Anteil und damit ein Wert von 1 Mio. Euro an das Kind. Aufgrund des Testaments sollte dem Kind aber nur ein Halb des Gesamtnachlasswerts (1,5 Mio. Euro) zustehen, also 750.000 Euro. In der Folge muss das Kind dem überlebenden Ehegatten einen entsprechenden Wertausgleich von 250.000 Euro leisten. Dieser Anspruch wird aber im Vorfeld oft übersehen und kann dazu führen, dass der Nachfolger (im Beispielsfall das Kind) gezwungen ist, seine Beteiligung zu veräußern, um für die Erfüllung des Ausgleichsanspruchs ausreichend Liquidität zu erhalten. Findet sich keine übernahmebereite und zudem nachfolgeberechtigte Person, so kann – wenn der Nachfolger (im Beispielsfall das Kind) keine ausreichende Liquidität aufweist – im Rahmen der Zwangsvollstreckung auf das Unternehmensvermögen zugegriffen werden.[73] Sieht der Gesellschaftsvertrag im Falle der Zwangsvollstreckung das Ausscheiden aus der Gesellschaft vor, werden regelmäßig Abfindungsansprüche des ausscheidenden Nachfolgers ausgelöst.[74] Dies kann in beiden Fällen (Zwangsvollstreckung oder Abfindung) schwerwiegende Folgen für das Unternehmen nach sich ziehen.[75]

41 Entsprechendes gilt für den Fall etwaiger Pflichtteilsansprüche grundsätzlich gesetzlich Erbberechtigter gegen den Nachfolger-Erben. Es ist daher unerlässlich, die Vermeidung von etwaigen Ausgleichs- und Pflichtteilsansprüchen in die Nachfolgeplanung mit einzubeziehen (zur Vermeidung von Pflichtteilsansprüchen noch unter → Rn. 79).

---

[69] Vgl. näher zur Ausschlagung → § 19 Rn. 1 ff.
[70] Vgl. BGH NJW 1978, 264 ff.; MHdB GesR I/*Klein/Lindemeier* § 79 Rn. 23.
[71] Zu den steuerlichen Problemen in dieser Situation vgl. Rn. 45 ff.
[72] *Feick/Weber* notar 2014, 395 (398).
[73] *Feick/Weber* notar 2014, 395 (399).
[74] *Feick/Weber* notar 2014, 395 (399).
[75] *Feick/Weber* notar 2014, 395 (399).

(b) Ertrag- und erbschaftsteuerliche Wirkungen der qualifizierten Nachfolgeklau- 42
sel. Des Weiteren sind die **steuerlichen Wirkungen** der qualifizierten Nachfolgeklausel zu beachten. Die steuerliche Behandlung der qualifizierten Nachfolge erfolgt ertragsteuerrechtlich anders als erbschaftsteuerrechtlich.

Der BFH[76] bewertet für Zwecke der **Erbschaftsteuer** die qualifizierte Nachfolgeklau- 43
sel als eine **Art dinglich wirkende Teilungsanordnung** mit unmittelbarem Übergang der Personengesellschaftsbeteiligung auf den oder die qualifizierten Nachfolger im Erbfall.[77] Da es sich im Grunde um eine partielle Vorwegnahme der Nachlassteilung handelt[78] (mit der Besonderheit, dass sich die grundsätzlich unterschiedlichen Phasen des Erbanfalls und der Erbauseinandersetzung im Todeszeitpunkt des Erblassers vereinigen),[79] ist die qualifizierte Nachfolgeklausel erbschaftsteuerlich unbeachtlich.[80] Der Gesellschaftsanteil ist trotz der eingetretenen Sondererbfolge folglich sämtlichen Erben entsprechend ihrer Erbquote zuzurechnen.[81] Allerdings können nichtqualifizierte Miterben die Begünstigungen für Betriebsvermögen nicht in Anspruch nehmen, da § 13a Abs. 5 ErbStG auch auf den Anteilsübergang aufgrund einer qualifizierten Nachfolgeklausel Anwendung findet.[82] Sie stehen allein dem qualifizierten Nachfolgererben zu. Hierdurch soll sichergestellt werden, dass nur derjenige in den Genuss der Verschonungsregelungen für Betriebsvermögen kommt, der dieses auch endgültig erhält.[83]

Ertragsteuerrechtlich führt die qualifizierte Nachfolgeklausel zu keinen besonderen 44
Konsequenzen. Ertragsteuerlich wird argumentiert, dass aufgrund der qualifizierten Nachfolgeklausel der Anteil nie an die Erbengemeinschaft gefallen ist (sondern unmittelbar unentgeltlich an den qualifizierten Erben),[84] mithin die Zahlung eines möglichen Wertausgleichs an den nicht qualifizierten Erben keine Zahlung im Rahmen der Erbauseinandersetzung darstellt.[85] Aus diesem Grund aber hat ein zu zahlender Wertausgleich auch **keine einkommensteuerliche Konsequenz.** Das heißt, es entsteht weder beim Erblasser noch bei den nichtqualifizierten Miterben ein Veräußerungsgewinn.[86] Umgekehrt stellen für den Unternehmensnachfolger die Zahlungen allerdings auch keine (gegebenenfalls abschreibbaren) Anschaffungskosten dar.[87]

(c) Steuerliche Auswirkungen bei Fehlschlagen der qualifizierten Nachfolge. Ab- 45
gesehen von den dargestellten zivilrechtlichen und steuerrechtlichen Problemen und Besonderheiten drohen bei qualifizierten Nachfolgeklauseln **im Fall ihres Fehlschlagens** empfindliche **steuerliche Nachteile.** In aller Regel wird im Rahmen der Nachfolgeplanung angestrebt, dass der Anteil eines verstorbenen Gesellschafters steuerneutral auf den Nachfolger übergeht (sog. Buchwertprivileg). Sind Testament und Gesellschaftsvertrag nicht hinreichend miteinander verzahnt, das heißt, werden die im Rahmen der qualifizierten Nachfolgeklausel zugelassenen Nachfolger aufgrund eines unangepassten Testamentes nicht Erben, droht steuerlich die Betriebsaufgabe. Denn Folge einer falschen Verzahnung von Testament und Gesellschaftsvertrag wäre, dass der Erblasser mit seinem Ableben aus der Gesellschaft ausscheidet (die Erben mithin nicht Gesellschafter werden)

---

[76] BFH, NJW 1983, 2288.
[77] Troll/Gebel/Jülicher/Gottschalk/*Jülicher* ErbStG § 13a Rn. 229.
[78] Die qualifizierte Nachfolgeklausel wird wie ein Erwerb durch Erbanfall behandelt, vgl. R E 13b.1 Abs. 2 S. 1 ErbStR; Koordinierte Ländererlasse v. 22.6.2017 – BStBl. I 2017, 902 Abschn. 13b.1 Abs. 2 S. 1.
[79] Troll/Gebel/Jülicher/Gottschalk/*Gottschalk* ErbStG § 3 Rn. 144 und 145.
[80] Troll/Gebel/Jülicher/Gottschalk/*Gottschalk* ErbStG § 3 Rn. 144; MAH ErbR/*v. Sothen* § 35 Rn. 136.
[81] Troll/Gebel/Jülicher/Gottschalk/*Gottschalk* ErbStG § 3 Rn. 145. Dies gilt nicht nur für den Gesellschaftsanteil, sondern auch für etwaiges Sonderbetriebsvermögen, MAH ErbR/*v. Sothen* § 35 Rn. 79.
[82] R E 13b.1 Abs. 2 S. 1 ErbStR.
[83] MAH ErbR/*Kögel* § 40 Rn. 187.
[84] Vgl. Schmidt/*Wacker* EStG § 16 Rn. 672.
[85] Zur erbschaftsteuerlichen Behandlung einer Wertausgleichsverpflichtung MAH ErbR/*v. Sothen* § 35 Rn. 136.
[86] Schmidt/*Wacker* EStG § 16 Rn. 672; MAH ErbR/*v. Sothen* § 35 Rn. 254.
[87] MAH ErbR/*v. Sothen* § 35 Rn. 254.

und der Gesellschaftsanteil den übrigen Gesellschaftern anwächst; den Erben steht lediglich eine Abfindung zu.[88] Der Unterschiedsbetrag zwischen dem Abfindungswert und Buchwert des Anteils unterliegt noch auf Ebene des Erblassers der Einkommensteuer, die aus dem Nachlassvermögen zu begleichen ist;[89] dh es entsteht noch und allein in der Person des Erblassers ein Veräußerungsgewinn auf den Todeszeitpunkt.[90] Eine Buchwertverknüpfung findet nicht statt. Darüber hinaus unterliegt die Abfindung der Erbschaftsteuer. Liegt die Abfindung des durch Tod ausscheidenden Gesellschafters unter dem Steuerwert seines Anteils, sind auch die verbleibenden Gesellschafter, denen der Anteil des Erblassers im Verhältnis ihrer Beteiligungen quotal angewachsen ist, grundsätzlich in Höhe der Differenz gemäß § 3 Abs. 1 Nr. 2 S. 2 ErbStG steuerpflichtig.[91] Allerdings können die Gesellschafter die Verschonungsregelungen der §§ 13a, b ErbStG in Anspruch nehmen, sofern es sich bei dem „ausgeschiedenen" bzw. angewachsenen Anteil um begünstigungsfähiges Betriebsvermögen handelt.

46 Ein Beispiel: Fällt ein Gesellschaftsanteil im Steuerwert von 1 Mio. Euro und einem Buchwert von 100.000 Euro an den Nachfolger, der den Anteil weiterführt, unterliegt der Erwerb zwar der Erbschaftsteuer, nicht aber (zusätzlich) der Einkommensteuer. Insoweit greift eine Buchwertverknüpfung gemäß § 6 Abs. 3 EStG.[92] Gelangt jedoch – beispielsweise aufgrund einer Fortsetzungsklausel oder eben einer fehlgeschlagenen qualifizierten Nachfolgeklausel – der Anteil nicht an den Nachfolger, sondern wird die Gesellschaft von den verbliebenen Gesellschaftern fortgeführt, so schulden diese in der Regel eine Abfindung. Diese Abfindung entspricht dem Wert des Anteils (es sei denn, der Gesellschaftsvertrag regelt Abweichendes). Diese Abfindung unterliegt jedoch nicht nur der Erbschaftsteuer, sondern auch der Einkommensteuer. Im genannten Beispiel entsteht zum Todeszeitpunkt in Höhe von 900.000 Euro ein nach § 16 Abs. 1 Nr. 2 EStG einkommensteuerpflichtiger Veräußerungsgewinn des Erblassers; die daraus resultierende Steuerschuld ist von den Erben als Gesamtrechtsnachfolger zu begleichen (§ 45 AO)[93]. Bis zu einem Freibetrag von 5 Mio. Euro unterliegt ein solcher Gewinn auf Antrag und bei Vorliegen der gesetzlichen Voraussetzungen beim Erblasser (unter anderem Vollendung des 55. Lebensjahres bzw. dauernde Berufsunfähigkeit des Erblassers) lediglich der Besteuerung zu einem ermäßigten Einkommensteuersatz in Höhe von 56 % des persönlichen durchschnittlichen Steuersatzes zuzüglich Progressionsvorbehalt (mindestens jedoch 14 %), vgl. § 34 Abs. 3 EStG. Darüber hinaus müssen die Erben auf die 1 Mio. Euro Abfindung (abzüglich der Einkommensteuerschuld als Nachlassverbindlichkeit, vgl. § 10 Abs. 5 Nr. 1 ErbStG[94]) Erbschaftsteuer zahlen.

47 Geradezu katastrophal kann sich die vorstehende Situation auswirken, wenn zum Nachlass Sonderbetriebsvermögen gehört. Bei Sonderbetriebsvermögen handelt es sich um Wirtschaftsgüter, die zwar im Privateigentum eines Gesellschafters stehen, aber dazu geeignet und bestimmt sind, dem Betrieb einer Personenhandelsgesellschaft (oHG, KG, GmbH & Co KG) zu dienen. Diese Wirtschaftsgüter werden zwar handelsrechtlich nicht der Gesellschaft zugerechnet, aufgrund der engen persönlichen und sachlichen Verflechtung wird das Sonderbetriebsvermögen aber steuerlich wie Betriebsvermögen behandelt.[95] Im Veräußerungsfall ist daher der Unterschiedsbetrag zwischen den Anschaffungskosten und dem Veräußerungserlös der Einkommensteuer unterworfen. Ein typisches Beispiel für Sonderbetriebsvermögen ist ein im Privateigentum eines Gesellschafters liegendes Grundstück, das der Gesellschaft vermietet wird. Die Besteuerung der Differenz zwischen den

---

[88] Schmidt/*Wacker* EStG § 16 Rn. 661.
[89] MAH ErbR/*v. Sothen* § 35 Rn. 244 (251).
[90] Schmidt/*Wacker* EStG § 16 Rn. 661; *Piltz* ZEV 2006, 205.
[91] Vgl. R E 3.4 Absätze 1 und 2 ErbStR; Burandt/Rojahn/*Milatz,* Erbrecht, § 10 Rn. 48.
[92] MAH ErbR/*v. Sothen* § 35 Rn. 254.
[93] Vgl. ua BFH ZEV 2012, 500 (501) (ständige Rechtsprechung).
[94] Vgl. BFH ZEV 2012, 500 ff.; *Loose* ZEV 2015, 397 (398 ff.).
[95] Vgl. nur Schmidt/*Wacker* EStG § 15 Rn. 506.

Anschaffungskosten und dem tatsächlichen Wert des Grundstückes droht aber nicht nur im Veräußerungsfall, sondern auch, wenn das Grundstück als aus dem Betriebsvermögen entnommen gilt (Entnahmegewinnbesteuerung), beispielsweise weil es einer anderen (privaten) Nutzung zugeführt oder auf eine Person übertragen wird, die selbst nicht Gesellschafter ist. Diese Gefahr droht auch im Erbfall: Wird ein Grundstück des Sonderbetriebsvermögens an eine Person vererbt oder vermacht, die nicht Unternehmer ist, gilt das Grundstück mit der Folge der Entstehung eines Entnahmegewinnes als entnommen. Im Erbfall kann diese Situation rasch eintreten, wenn beispielsweise der Gesellschaftsanteil an einer Personenhandelsgesellschaft an die Kinder des Erblassers vererbt und das Grundstück, das der Verstorbene an die Gesellschaft vermietet hatte, dem überlebenden Ehegatten zu dessen finanzieller Absicherung vermacht wird. Diese Situation ist für alle Beteiligten besonders misslich, da Steuerschulden ausgelöst werden, ohne dass den Beteiligten irgendwelche Liquidität zufließt.

Gerade in diesem Zusammenhang kann die qualifizierte Nachfolgeklausel besonders **48** gefährlich sein: Fällt das Sonderbetriebsvermögen aufgrund der letztwilligen Anordnungen an alle Erben, von denen aber nur Einzelne als Nachfolger zugelassen sind, so behält es seine Eigenschaft als Sonderbetriebsvermögen nur in Höhe der Erbquote des- oder derjenigen Erben, die aufgrund der qualifizierten Klausel zur Nachfolge berechtigt sind.[96] Entsprechend der Erbquote der übrigen Erben, die nicht Unternehmensnachfolger werden, entsteht wiederum ein laufender Entnahmegewinn.[97] Bei Vorliegen von Sonderbetriebsvermögen wird es daher regelmäßig ratsam sein, den gewünschten Nachfolger als Alleinerben einzusetzen und das übrige Vermögen im Vermächtniswege zu verteilen.[98]

(d) Wirtschaftliche Zuwendung des Anteils (Unterbeteiligung, Nießbrauch). Qua- **49** lifizierte Nachfolgeklauseln in Gesellschaftsverträgen können gelegentlich dazu führen, dass der Erblasser seinen Gesellschaftsanteil nicht der Person seiner Wahl von Todes wegen zuwenden kann. Es ist beispielsweise an den Fall zu denken, dass der Erblasser eigentlich den Anteil seinem Ehegatten zu dessen finanzieller Absicherung zuwenden will, der Vertrag aber nur die Abkömmlinge als Gesellschafter zulässt. In solchen Fällen kann der Testator sein eigentliches Regelungsziel im wirtschaftlichen Ergebnis teilweise dadurch erreichen, dass er den künftigen Nachfolgern – im Beispielsfall also den Abkömmlingen (idR den Kindern) – aufgibt, dem Ehegatten eine Unterbeteiligung oder den Nießbrauch am Gesellschaftsanteil einzuräumen.[99]

> **Formulierungsbeispiel (wenn Ehegatte nicht Erbe ist):** **50**
> Ich verpflichte meine Erbin im Wege des Vermächtnisses, meiner Ehefrau ... an meiner Kommanditbeteiligung an ... ein unentgeltliches Nießbrauchsrecht auf Lebenszeit in folgendem Umfang und folgender Ausgestaltung einzuräumen: [...].[100]

Eine wirksame Nießbrauchsbestellung ist gesellschaftsrechtlich allerdings nur möglich, **51** wenn sie entweder bereits im Gesellschaftsvertrag zugelassen wurde oder die übrigen Gesellschafter zustimmen.[101]

---

[96] Blümich/*Schallmoser* EStG § 16 Rn. 90; MAH ErbR/*v. Sothen* § 35 Rn. 255.
[97] Blümich/*Schallmoser* EStG § 16 Rn. 90; MAH ErbR/*v. Sothen* § 35 Rn. 255.
[98] MAH ErbR/*v. Sothen* § 35 Rn. 255.
[99] Siehe mit Formulierungsbeispielen MVHdB VI BürgerR II/*Döbereiner* Bd. 6, XIII. 1 ff.
[100] Hierzu MVHdB VI BürgerR II/*Döbereiner* Bd. 6, XIII. 1 § 2 Abs. 3.
[101] In ertragsteuerlicher Hinsicht wird sich allerdings stets die Frage stellen, ob das Urteil des BFH, vom 25.1.2017 (DB 2017, 1813), wonach eine gemäß § 6 Abs. 3 S. 1 EStG steuerneutrale unentgeltliche Übertragung eines Gewerbebetriebs unter dem Vorbehalt eines Nießbrauchs an dem Betriebsvermögen nicht möglich ist, Anwendung findet. Insbesondere bei der lebzeitigen Übertragung von Mitunternehmeranteilen unter Vorbehaltsnießbrauch ist mit Blick auf das vorgenannte Urteil fraglich, ob eine Übertragung zum Buchwert gemäß § 6 Abs. 3 EStG erfolgen kann oder nicht vielmehr die Aufdeckung stiller Reserven droht. Hierzu ausführlich *Dräger* DB 2017, 2768 ff.

52 **b) Nachfolge in Kapitalgesellschaften.** Wird das betreffende Unternehmen als Kapitalgesellschaft (GmbH oder Aktiengesellschaft) geführt, sieht die Situation anders aus als bei den Personengesellschaften. Hierzu nachfolgend im Einzelnen:

53 **aa) Gesetzliche Ausgangslage.** Im Unterschied zum Personengesellschaftsrecht sind Anteile an Kapitalgesellschaften zwingend vererblich, das heißt der Gesellschafter scheidet nicht automatisch mit dem Tod aus; vielmehr treten in die Gesellschafterstellung des Unternehmers dessen Erben ein. War der Erblasser Gesellschafter einer **GmbH,** so fallen seine Geschäftsanteile gemäß § 15 Abs. 1 GmbHG ohne weiteres in den Nachlass.[102] Wird der Erblasser von mehreren Erben beerbt, steht diesen der Geschäftsanteil des Erblassers anschließend zur gesamten Hand zu.[103] Ihre Mitgliedschaftsrechte können die Erben gemäß § 18 Abs. 1 GmbHG nur gemeinschaftlich ausüben, sofern nicht ohnehin in der Satzung angeordnet ist, dass die Erben einen gemeinsamen Vertreter zur Wahrung der Interessen zu bestellen haben. Grundsätzlich gilt Vorstehendes auch, soweit der Erblasser Aktionär einer AG war: Seine Aktien fallen aufgrund der **freien Vererblichkeit der Aktien** zunächst in den Nachlass. Miterben können die Rechte an einer einzelnen Aktie nur durch einen gemeinschaftlichen Vertreter ausüben, § 69 AktG; die Realteilung der einzelnen Aktie ist nicht möglich, § 8 Abs. 5 AktG.

54 **bb) Abweichende gesellschaftsvertragliche Bestimmungen.** Nicht selten aber ist den Gesellschaftern diese freie Vererblichkeit nicht angenehm. Insbesondere bei familiengeführten Gesellschaften, deren wesentliches Charakteristikum regelmäßig darin besteht, von einer Familie beherrscht zu werden, kann diese Gesetzeslage zu einer schleichenden Aufweichung der Gesellschafterstruktur bis hin zum Kontrollverlust und schließlich zum Ausscheiden des letzten, zur Familie gehörenden Gesellschafters führen. Die Gesellschafter einer Familiengesellschaft wollen daher in der Regel sichergestellt wissen, dass Geschäftsanteile nicht an familienfremde Erben vererbt oder vermacht werden oder nur geschäftserfahrene Abkömmlinge Gesellschafter werden können. Diese Vorstellungen können – anders als bei den Personengesellschaften (oHG, KG, GbR) – nicht durch eine Klausel im Gesellschaftsvertrag realisiert werden, nach der nur ein Familienangehöriger oder eine Person mit einem bestimmten Ausbildungsgang Nachfolger eines Gesellschafters sein kann. Das gewünschte Ergebnis wird bei der **GmbH** allerdings häufig durch eine Regelung im Gesellschaftsvertrag erreicht, die festlegt, dass die Erben – wenn sie nicht Familienangehörige des Verstorbenen sind – die Geschäftsanteile an Familienangehörige oder an die übrigen Gesellschafter **abzutreten** haben[104], oder aber, dass der Geschäftsanteil auf den Todesfall **einzuziehen**[105] ist, § 34 GmbHG.[106] Bei der **AG** wird es für zulässig erachtet, die Zwangseinziehung von Aktien für den Fall anzuordnen, dass die Aktien im Wege der Erbfolge nicht an solche Erben gelangen, die in der Satzung als mögliche Erben beschrieben sind.[107] Auch ist es möglich, dass sich die Aktionäre unter einem **Konsortialvertrag** zusammenfinden und in diesem Vertrag regeln, dass Erben, die nicht zum Kreis der möglichen Nachfolger zählen, ihre Anteile auf die jeweils Begünstigten zu übertragen haben.[108] Die Zwangsabtretung ist bei der AG wegen des im Aktienrechts geltenden Verbots der Begründung von Nebenpflichten (§ 54 AktG) hingegen unzulässig.[109]

---

[102] MüKoGmbH/*Reichert*/*Weller* § 15 Rn. 438.
[103] Baumbach/Hueck/*Fastrich* GmbHG § 15 Rn. 11.
[104] Siehe das Formulierungsbeispiel einer Abtretungsklausel unter → § 14 Rn. 67.
[105] Siehe das Formulierungsbeispiel einer Einziehungsklausel unter → § 14 Rn. 61.
[106] Baumbach/Hueck/*Fastrich* GmbHG § 15 Rn. 13. Zu den Regelungsmöglichkeiten und -erfordernissen bei Abtretungs- und Einziehungsklauseln einschließlich Formulierungsvorschlägen *Feick*/*Weber* notar 2014, 395 (398 und 399).
[107] *Friedewald*, Die personalistische Aktiengesellschaft, 56.
[108] Vgl. auch *Wälzholz* DStR 2004, 779 (819).
[109] *Feick*/*Weber* notar 2014, 395 (401).

cc) Konsequenzen für die Testamentsgestaltung. Vor Errichtung (oder Abänderung) eines Unternehmertestaments ist stets der Gesellschaftsvertrag und, sofern vorhanden, der Konsortialvertrag (ggf. auch Poolvertrag) in Bezug auf nachfolgerelevante Regelungen zu prüfen. Wird die freie Vererblichkeit **faktisch** durch entsprechende (Abtretungs- oder Einziehungs-) Regelungen eingeschränkt bzw. ausgeschlossen, muss durch das Unternehmertestament sichergestellt werden, dass nur solche Personen Erben werden, bei denen kein Einziehungsrecht und keine Abtretungspflicht begründet wird. Wird beispielsweise im Gesellschaftsvertrag einer GmbH geregelt, dass der Anteil eingezogen werden kann bzw. abgetreten werden muss, wenn kein Abkömmling des verstorbenen Gesellschafters Erbe wird, scheitert die Nachfolge wegen Unvereinbarkeit von Gesellschaftsvertrag und letztwilliger Verfügung, wenn der Ehegatte Alleinerbe wird.

Ein Scheitern der Nachfolge kann mitunter gravierende Konsequenzen nach sich ziehen. Wird in dem vorgenannten Beispiel der Geschäftsanteil gegen Abfindung **eingezogen mit der Folge des Untergangs des Anteils,** ist zum einen die Abfindung von dem betroffenen, nicht nachfolgeberechtigten Gesellschafter voll zu versteuern, da die erbschaftsteuerlichen Verschonungsregelungen der §§ 13a, 13b ErbStG für Betriebsvermögen keine Anwendung finden. Zum anderen haben die verbleibenden Gesellschafter für den Fall, dass die Abfindung unter dem Steuerwert des eingezogenen Geschäftsanteils liegt, die dadurch eintretende Werterhöhung ihrer Anteile als Schenkung auf den Todesfall ebenfalls zu versteuern, § 3 Abs. 1 Nr. 2 S. 2 ErbStG. Eine erbschaftsteuerliche Begünstigung nach §§ 13a, 19a ErbStG wird nach Auffassung der Finanzverwaltung **nicht gewährt,** da die übrigen Gesellschafter selbst keine Anteile erwerben.[110] Ist der nicht nachfolgeberechtigte Erbe (im Beispielsfall der Ehegatte als Alleinerbe) verpflichtet, seinen Anteil **auf die verbleibenden Gesellschafter** gegen **eine Abfindung zu übertragen,** die geringer ist als der Steuerwert, ist der Vermögenszuwachs in Höhe der Differenz zu versteuern. War der Erblasser zu mehr als 25 % unmittelbar an der inländischen Kapitalgesellschaft beteiligt und sind Erwerber der Anteile die Gesellschafter, ist der Erwerb nach Auffassung der Finanzverwaltung jedoch erbschaftsteuerlich nach §§ 13a, 19a ErbStG begünstigt.[111] Insofern kann die gesellschaftsrechtliche Normierung einer Abtretungsklausel erbschaftsteuerlich günstiger sein als die Einziehungsklausel; auch dies sollte im Rahmen der Nachfolgeplanung, und zwar konkret bei der Abfassung des Gesellschaftsvertrags, berücksichtigt werden. Schließlich ist – wie bei der Vererbung von Personengesellschaftsanteilen – zu beachten, ob und inwieweit Ansprüche Dritter (zB Pflichtteilsansprüche), die nicht als Erben eingesetzt werden, entstehen können.

III. Weitere Regelungen (ua Testamentsvollstreckung, Rechtswahl)

1. Allgemeines

Neben der unter II. dargelegten Regelung der Unternehmensnachfolge sind bei der Gestaltung des Unternehmertestamentes regelmäßig weitere Aspekte zu beachten und damit einhergehend weitere Bestimmungen in das Testament mit aufzunehmen. Hierzu sei auf die folgende Auswahl derartiger Aspekte und Bestimmungen verwiesen:

2. Angaben betr. gewöhnlichen Aufenthalt, Staatsangehörigkeit, Familien-/Güterstand, Beschränkung der Testierfreiheit, Aufhebung/Fortgeltung bereits errichteter letztwilliger Verfügungen

Üblicherweise werden in einer Vorbemerkung des Testaments der gewöhnliche Aufenthalt, die Staatsangehörigkeit sowie der Familien- und Güterstand des Erblassers angegeben. Zwingend sind die Angaben nicht; für die Erben ist es allerdings angenehm, bereits

---

[110] R E 3.4 Abs. 3 Satz 9 ErbStR.
[111] R E 3.4 Abs. 3 Satz 5 ErbStR.

aus dem Testament entnehmen zu können, welches Recht auf die letztwilligen Verfügungen Anwendung findet (hierfür ist der gewöhnliche Aufenthalt bei Errichtung des Testaments entscheidend bzw. die Staatsangehörigkeit bei getroffener Rechtswahl, hierzu noch unter → Rn. 70 ff.). Die Angabe des Familienstandes (ledig, verheiratet, Kinder vorhanden oder nicht) kann einen ersten Aufschluss über etwaige Pflichtteilsberechtigte geben; die Information über den Güterstand eines verheirateten Erblassers kann insbesondere für die Frage, ob § 5 ErbStG Anwendung findet, relevant sein. Lebte der Erblasser beispielsweise im Güterstand der Zugewinngemeinschaft, ist die Zugewinnausgleichsforderung, die ein Ehegatte nach dem Tod des anderen Ehegatten verlangen kann, gem. § 5 ErbStG von der Erbschaftsteuer freigestellt. Dieser Vorteil besteht hingegen nicht, wenn Gütertrennung vereinbart war. Letztlich ist aber zu beachten, dass die vorstehenden Angaben im Testament nur informatorischen Charakter haben und insbesondere im Zeitpunkt des Erbfalls von den tatsächlichen Gegebenheiten abweichen können.

59 Des Weiteren sollte im Testament angegeben werden, ob der Erblasser durch frühere letztwillige Verfügungen in seiner Testierfreiheit beschränkt ist, und ob bzw. inwieweit diese letztwilligen Verfügungen, sofern möglich, aufgehoben werden.

60 **Formulierungsbeispiel Vorbemerkung Testament:**
Ich, ..., geboren am ..., errichte hiermit ein Testament. Ich bin ausschließlich ... Staatsangehöriger und habe meinen gewöhnlichen Aufenthalt in Deutschland. Ich bin mit meiner Ehefrau/meinem Ehemann im gesetzlichen Güterstand der Zugewinngemeinschaft verheiratet. Einen Ehevertrag haben wir bislang nicht abgeschlossen. Aus dieser Ehe sind meine Kinder, nämlich ..., geboren am ..., und ..., geboren am ... hervorgegangen. Ich bin weder durch ein bindend gewordenes gemeinschaftliches Testament noch durch Erbvertrag in meiner Testierfreiheit beschränkt. Vorsorglich hebe ich alle bislang von mir errichteten Verfügungen von Todes wegen in vollem Umfang auf. Es haben ausschließlich nachfolgende Verfügungen von Todes wegen Gültigkeit.

3. Ausschluss der Anfechtung wegen Übergehung eines Pflichtteilsberechtigten

61 Gemäß § 2079 S. 1 BGB kann eine letztwillige Verfügung angefochten werden, „wenn der Erblasser einen zur Zeit des Erbfalls vorhandenen Pflichtteilsberechtigten übergangen hat, dessen Vorhandensein ihm bei der Errichtung der Verfügung nicht bekannt war oder der erst nach der Errichtung geboren oder pflichtteilsberechtigt geworden ist". Pflichtteilsberechtigt sind der Ehegatte und die Abkömmlinge des Erblassers (bzw. in den Grenzen des § 2309 BGB die Eltern des Erblassers), wenn sie durch Verfügung von Todes wegen von der Erbfolge ausgeschlossen sind (§ 2303 BGB). Errichtet der Erblasser beispielsweise in Unkenntnis dessen, dass er noch andere Kinder als diejenigen mit seiner Ehefrau hat, ein Testament, könnte das betreffende Kind im Erbfall die letztwillige Verfügung anfechten. Soll eine derartige Anfechtung vermieden werden, muss das Anfechtungsrecht im Testament ausdrücklich ausgeschlossen werden.

62 **Formulierungsbeispiel Ausschluss der Anfechtung:**
Die Anfechtung dieses Testaments wegen Übergehung eines Pflichtteilsberechtigten schließe ich hiermit ausdrücklich aus.

4. Testamentsvollstreckung

63 Möchte der Unternehmer die zu vererbende Gesellschaftsbeteiligung unter Testamentsvollstreckung, insbesondere Verwaltungs- oder Dauertestamentsvollstreckung, stellen, beispielsweise weil die Kinder noch minderjährig sind, hängt die Möglichkeit einer derartigen Testamentsvollstreckung wie die Nachfolgerbestimmung von gesellschaftsrechtlichen

III. Weitere Regelungen (ua Testamentsvollstreckung, Rechtswahl) § 4

Vorgaben ab. Die Testamentsvollstreckung an Unternehmen wird an anderer Stelle dieses Werkes grundsätzlich behandelt (→ § 18 Rn. 159 ff.). Aus diesem Grund sollen an dieser Stelle lediglich die folgenden Aspekte gesondert hervorgehoben werden:

a) Anordnung; Prüfung der Gesellschaftsverträge. Insbesondere die Anordnung der Testamentsvollstreckung, die sich auf **Personengesellschaftsanteile** erstrecken soll, bedarf eines besonderen Augenmerks. Handelt es sich um Anteile, die mit **unbeschränkter Haftung** ausgestattet sind (bspw. GbR- und oHG-Beteiligungen), muss durch bestimmte testamentarische Regelungen (Treuhand- oder Vollmachtklauseln) sichergestellt werden, dass der Testamentsvollstrecker oder die Erben im Außenverhältnis unbeschränkt haften. Ansonsten würde die Anordnung der Testamentsvollstreckung zu einer mit dem Wesen der betreffenden Gesellschafterbeteiligung unvereinbaren beschränkten Haftung führen. Wird eine Dauertestamentsvollstreckung, also eine Vollstreckung über einen längeren Zeitraum gewünscht, bspw. weil der Nachfolger in den Anteil minderjährig ist, wird eine vorausschauende Nachlassplanung allerdings bereits im Vorfeld die Frage zu würdigen haben, ob nicht vielmehr die Umwandlung der Beteiligung in eine andere Rechtsform (etwa in eine Kapitalgesellschaft) möglich und sinnvoll ist, um die Problematik zu vermeiden. Dabei dürfen jedoch insbesondere die steuerlichen Konsequenzen einer möglichen Umwandlung nicht außer Betracht gelassen werden. 64

Darüber hinaus muss die Anordnung der Testamentsvollstreckung mit dem **Gesellschaftsvertrag** des betreffenden Unternehmens vereinbar sein. Insbesondere muss geprüft werden, ob der Gesellschaftsvertrag – je nach Rechtsform des Unternehmens – eine Testamentsvollstreckung zulässt bzw. ob er Bestimmungen trifft, die diese einschränken. Häufig ist in Gesellschaftsverträgen die Regelung zu finden, dass nur ein bestimmter Personenkreis die Testamentsvollstreckung übernehmen darf (bspw. nur die Mitgesellschafter), um zu verhindern, dass für die Dauer der Testamentsvollstreckung fremde Personen an den Gesellschafterversammlungen teilnehmen. 65

b) Freigabe von Nachlassgegenständen; Erträge; Testamentsvollstreckervergütung. Im Testament sollte zur Streitvermeidung auch geregelt werden, welche Erträge der Testamentsvollstrecker an die Erben auszuzahlen hat und welche er unter seiner Verwaltung hält. Auch kann es sinnvoll sein, eine Regelung zur Freigabe von Nachlassgegenständen zu treffen. 66

> **Formulierungsbeispiele Freigabe/Auszahlungsverpflichtung:** 67
>
> Der Testamentsvollstrecker ist berechtigt, Entnahmen zugunsten meiner Erben in einer Höhe zu tätigen, die eine angemessene Ausbildung für meine Erben gewährleisten.
>
> Der Testamentsvollstrecker ist berechtigt, dem Erben schon vor der Beendigung der Dauer-Testamentsvollstreckung Nachlassgegenstände nach billigem Ermessen zu seiner freien Verfügung zu überlassen.
>
> Der Testamentsvollstrecker ist verpflichtet, den Erben zur Begleichung von Steuern rechtzeitig diejenigen Beträge zu überlassen, die für die jeweiligen Steuerzahlungen erforderlich sind.

Schließlich ist es ratsam, die Testamentsvollstreckervergütung festzulegen. Als Vergütung kann bspw. ein bestimmter Prozent- oder Promillebetrag des Vermögens oder ein fixer Betrag angesetzt werden; auch die Honorierung nach Stundensätzen ist nicht unüblich, insbesondere dann nicht, wenn es sich bei der Person des Testamentsvollstreckers um einen Rechtsanwalt, Steuerberater oder eine sonstige Person der beratenden Berufsgruppen handelt. Ebenso sollte geregelt werden, ob der Testamentsvollstrecker zusätzlich Umsatzsteuer verlangen kann oder nicht. 68

69 Formulierungsbeispiel Testamentsvollstreckervergütung:

> Der Testamentsvollstrecker erhält eine Vergütung, deren Höhe sich nach den üblichen Stundensätzen in der Sozietät des Testamentsvollstreckers richtet, pro Stunde als Zeithonorar, mindestens jedoch … % vom Bruttonachlasswert. Zusätzlich hat er Anspruch auf Ersatz seiner Auslagen sowie auf die ggf. anfallende Umsatzsteuer. Der Testamentsvollstrecker hat zur ordnungsgemäßen Abrechnung einen Nachweis über seinen Zeitaufwand zu erbringen, vorzugsweise durch Aufzeichnung seiner Tätigkeiten nebst der hierfür in Anspruch genommenen Zeit.
>
> Soweit der Testamentsvollstrecker Familienangehöriger ist, erhält er keine Vergütung. Er hat lediglich Anspruch auf Ersatz seiner Auslagen in angemessener Höhe.

5. Rechtswahl (Art. 22 EuErbVO)

70 Jede Nachfolgeplanung bedarf der Vorüberlegung, welches Recht auf sie Anwendung findet. Für Todesfälle seit dem 17.8.2015 gilt die **Europäische Erbrechtsverordnung (EuErbVO)**. Die Frage des anwendbaren Erbrechts richtet sich nunmehr nach dem **gewöhnlichen Aufenthalt** des Erblassers und nicht mehr (wie bislang nach Art. 25 Abs. 1 EGBGB aF) nach dessen Staatsangehörigkeit (vgl. Art. 21 Abs. 1 EuErbVO). Dies bedeutet, dass sich dann, wenn beispielsweise ein deutscher Gesellschafter zum Zeitpunkt seines Todes in Italien lebt, mithin sein gewöhnlicher Aufenthalt dort besteht, die erbrechtliche Lage nach italienischem Erbrecht beurteilt. Das wirft besonders im Unternehmertestament Probleme auf, weil an verschiedenen Stellen Unsicherheiten im Zusammenspiel zwischen Gesellschaftsrecht und Erbrecht bestehen, die im deutschen Recht regelmäßig durch den grundsätzlichen Vorrang des Gesellschaftsrechts vor dem Erbrecht gelöst werden. Letztlich betrifft die Unsicherheit das gesamte aufgezeigte Nachfolgekonzept, insbesondere die Sondererbfolge bei Personengesellschaftsanteilen. Wie die Fälle zu beurteilen sind, wenn ausländisches Erbrecht auf deutsches Gesellschaftsrecht trifft, ist unklar. Von daher wird sich insbesondere in Wegzugsfällen für Gesellschafter, die die deutsche Staatsangehörigkeit besitzen, regelmäßig die Rechtswahl deutschen Rechts empfehlen (vgl. Art. 22 EuErbVO).[112]

71 Formulierungsbeispiel Rechtswahl vor Wegzug:

> (1) Aufgrund meines gewöhnlichen Aufenthaltes in Deutschland bei Errichtung dieses Testaments gehe ich von der Anwendung deutschen Rechts für sämtliche Verfügungen von Todes wegen aus. Vorsorglich wähle ich als deutscher Staatsangehöriger für sämtliche meiner Verfügungen von Todes wegen, das heißt insbesondere für deren Zulässigkeit und materielle Wirksamkeit (einschließlich deren Änderung und Widerruf), sowie auch für alle zukünftigen Verfügungen von Todes wegen, die ich noch errichten werde, die ausschließliche Anwendung materiellen deutschen Rechts.
>
> (2) Sind einzelne der letztwilligen Verfügungen in Ländern, in denen sie Wirkung entfalten sollen, ganz oder teilweise unwirksam, so sollen sie jeweils, soweit zulässig, in erster Linie durch Auslegung, dann durch Umdeutung durch diejenige zulässige Regelung ersetzt werden, die dem Zweck der unzulässigen Verfügung am nächsten kommt. Mangels einer passenden Ersatzregelung ist das Interesse des Bedachten in Geld zu ersetzen.

72 Wird die Rechtswahl in einem notariellen Testament getroffen, erhöht sie die Beurkundungskosten, da die Rechtswahl mit 30% des Bezugswertes bei der Kostenberechnung angesetzt wird (vgl. § 104 Abs. 2 GNotKG). Dies gilt auch für eine rein vorsorglich

---

[112] Bei einer Beteiligung von mind. 1% an einer Kapitalgesellschaft ist in Wegzugsfällen insbesondere auch § 6 AStG zu beachten.

getroffene Rechtswahl. Verzieht der Unternehmer nach Errichtung des Testaments ins Ausland, wird durch eine entsprechende Rechtswahl im Übrigen auch ein Auseinanderfallen zwischen dem Recht, dass auf die Zulässigkeit und materielle Wirksamkeit des Testaments Anwendung findet (vgl. Art. 24 Abs. 1 EuErbVO), und dem allgemeinen Erbstatut vermieden.

6. Salvatorische Klausel

Nicht immer kann vermieden werden, dass eine im Testament getroffene Verfügung unwirksam ist bzw. wird. Ist eine Verfügung unwirksam, so trifft das Gesetz die Regelung, dass die Unwirksamkeit einer testamentarischen Verfügung die Unwirksamkeit der übrigen Verfügungen nur zur Folge hat, wenn anzunehmen ist, dass der Erblasser diese ohne die unwirksame Verfügung nicht getroffen haben würde (§ 2085 BGB). Zur Vermeidung von Streitigkeiten im Erbfall sollte – wenn auch nur klarstellend – eine Regelung im Testament aufgenommen werden, aus der sich das Schicksal der übrigen Verfügungen bei Unwirksamkeit einer der Verfügungen ausdrücklich ergibt. Auch sieht § 2085 BGB nicht vor, dass die unwirksame Regelung – soweit möglich – durch eine solche, die dem Sinngehalt wirtschaftlich am Nächsten kommt, ersetzt wird. Ist dies gewünscht, müsste eine entsprechende Regelung im Testament aufgenommen werden. 73

> **Formulierungsbeispiel Salvatorische Klausel:** 74
>
> Sollte eine der Verfügungen in diesem Testament ganz oder teilweise unwirksam sein oder werden, wird dadurch die Wirksamkeit der übrigen Verfügungen nicht berührt. Anstelle der nichtigen Verfügung soll, soweit möglich, eine solche gelten, die dem wirtschaftlichen Sinngehalt der nichtigen Verfügung am nächsten kommt.

IV. Begleitende Maßnahmen

Eine gute Nachfolgeplanung beschränkt sich regelmäßig nicht auf die Ausgestaltung testamentarischer Regelungen und eine etwaige Anpassung von Gesellschaftsverträgen. Regelmäßig werden weitere Maßnahmen erforderlich sein, um die Zukunfts- und Handlungsfähigkeit des Unternehmens zu erhalten, um ua Insolvenzrisiken durch Liquiditätsprobleme der Unternehmensnachfolger infolge von möglichen Zahlungsansprüchen Dritter oder infolge erheblicher Erbschaftsteuerbelastungen vorzubeugen bzw. zu minimieren. 75

1. Vollmacht über den Tod hinaus

Auch wenn die Nachfolge im Unternehmertestament geregelt ist, schützt sie nicht davor, dass sowohl vor als auch nach Ableben des Unternehmers Handlungsunfähigkeit in Bezug auf das Unternehmen, aber auch das sonstige Vermögen eintreten kann, mit teils verheerenden Konsequenzen. Vor Ableben des Unternehmers kann diese insbesondere auf schwerer Krankheit oder Geschäftsunfähigkeit beruhen. Nach seinem Versterben kann es zur Handlungsunfähigkeit kommen, bis die Erben die Verwaltung des Nachlasses übernommen haben. Diese Handlungsunfähigkeit besteht nicht etwa nur für den Fall, das Streit über die Erbenstellung besteht; bereits zwischen Erbfall und Testamentseröffnung kann Zeit vergehen, in der Handlungsunfähigkeit besteht. Um die Handlungsfähigkeit des Nachlasses, insbesondere die Wahrnehmung der Gesellschafterrechte und ggf. auch die Führung des Unternehmens, für diesen Zeitraum sicherzustellen, kann es sich empfehlen, das Unternehmertestament durch eine Vollmacht, die über den Tod hinaus gilt (trans- oder postmortale Vollmacht), zu flankieren. 76

Entsprechendes gilt für den Fall, dass der Erblasser Testamentsvollstreckung angeordnet hat. Selbst wenn diese keinen Streit unter den Beteiligten auslöst, kann wertvolle Zeit 77 vergehen, bis der Testamentsvollstrecker sein Amt angenommen hat und im Rechtsverkehr für den Nachlass handeln (damit auch Gesellschafterrechte wahrnehmen) kann. Das gilt insbesondere vor dem Hintergrund, dass nach dem Gesetz dem Erben bereits mit dem Erbfall das Verbot auferlegt wird, über Nachlassgegenstände zu verfügen, damit auch Gesellschafterrechte wahrzunehmen, wenn Testamentsvollstreckung angeordnet ist.

78 Allerdings muss die Bevollmächtigung in der betreffenden Gesellschaft des Unternehmers zulässig sein. Handelt es sich bei der Gesellschaft um eine **GmbH** ist eine reine Stimmrechtsvollmacht gemäß § 47 Abs. 3 GmbHG grundsätzlich zulässig; dies gilt auch für die Ausübung nicht höchstpersönlicher Gesellschafterrechte.[113] Die Grenze bildet das Abspaltungsverbot.[114] Regelmäßig enthält der Gesellschaftsvertrag einer GmbH jedoch Einschränkungen im Hinblick auf den Personenkreis, der bevollmächtigt werden darf, die neben den schutzwürdigen Interessen der Gesellschaft bei der Auswahl des Bevollmächtigten zu berücksichtigen sind.[115] Bei der Bevollmächtigung eines Mitgesellschafters ist an die Befreiung des Bevollmächtigten von den Beschränkungen des § 181 BGB zu denken.[116] Handelt es sich bei der betreffenden Gesellschaft um eine **Personengesellschaft**, so ist die Frage der Zulässigkeit der Bevollmächtigung insbesondere vom Abspaltungsverbot und dem Grundsatz der Selbstorganschaft geprägt.[117] Jedenfalls wird von der herrschenden Meinung die Zustimmung aller Mitgesellschafter zur Wahrnehmung der Gesellschafterrechte durch einen Bevollmächtigten, die auch im Gesellschaftsvertrag niedergelegt sein kann, für erforderlich erachtet.[118]

2. Pflichtteilsverzichtsvertrag

79 Werden nicht alle grundsätzlich gesetzlich Erbberechtigten vom Erblasser bedacht, zB weil von mehreren gesetzlich Erbberechtigten nur einer Nachfolger-Erbe des einzigen oder werthaltigsten Vermögensgegenstandes (Gesellschaftsbeteiligung) wird, können Pflichtteilsansprüche gegen den Nachfolger-Erben entstehen. Im Rahmen der Nachfolgeplanung ist es daher unerlässlich, darüber nachzudenken, ob und wie einer solchen Belastung gestalterisch entgegengewirkt werden kann.[119] Sind beispielsweise Abkömmlinge nachfolgeberechtigt, kann der Erblasser zunächst mit all denjenigen Personen, denen grundsätzlich ein gesetzliches Erbrecht am Nachlass des Erblassers zustünde, Pflichtteilsverzichtsvereinbarungen treffen (vgl. § 2346 Abs. 2 BGB).[120] In einer letztwilligen Verfügung kann der Erblasser dann denjenigen zum Alleinerben bestimmen, der seine Nachfolge in die Beteiligung antreten soll, und die übrigen Abkömmlinge (und den Ehegatten) mit Vermächtnissen bedenken.[121] Ausführlich zu Pflichtteilsvermeidungsstrategien → § 16.

3. Verzicht auf den Zugewinnausgleich

80 Eine ähnliche Problematik wie bei den Pflichtteilsansprüchen kann sich im Hinblick auf Zugewinnansprüche des Ehegatten ergeben, wenn die Eheleute im gesetzlichen Güterstand der Zugewinngemeinschaft leben (§§ 1363 ff. BGB). Hier kann es sich empfehlen, dass die Eheleute einen Ehevertrag schließen, in dem bspw. die Unternehmensbeteiligung und deren Wertsteigerungen vom Zugewinn (auch) für den Fall der Auflösung der Ehe durch Tod ausgenommen werden (sog. **modifizierte Zugewinngemeinschaft**). Im

---

[113] *Jocher* notar 2014, 3 (6).
[114] *Jocher* notar 2014, 3 (6); Baumbach/Hueck/*Zöllner*/*Noack* GmbHG § 47 Rn. 40.
[115] *Jocher* notar 2014, 3 (6); vgl. auch Baumbach/Hueck/*Zöllner*/*Noack* GmbHG § 47 Rn. 45.
[116] *Jocher* notar 2014, 3 (6).
[117] *Jocher* notar 2014, 3 (6 und 7).
[118] *Heckschen* NZG 2012, 10 (15).
[119] Vgl. hierzu Reichert/*Heinrich* GmbH & Co. KG § 35 Rn. 41.
[120] *Feick*/*Weber* notar 2014, 395 (399); zur Gestaltungsmöglichkeit des Pflichtteilsverzichts bei Unternehmertestamenten *v. Hoyenberg* RNotZ 2007, 377 (392).
[121] *Feick*/*Weber* notar 2014, 395 (399).

IV. Begleitende Maßnahmen § 4

Einzelfall kann es auch angezeigt sein, dass der Ehegatte beim Tod des anderen Ehegatten gänzlich auf den Zugewinnausgleich verzichtet.[122]

> **Formulierungsbeispiel Vereinbarung modifizierte Zugewinngemeinschaft:** 81
> (1) Wir behalten für unsere Ehe den gesetzlichen Güterstand der Zugewinngemeinschaft nach deutschem Güterrecht bei, jedoch mit nachfolgenden Modifizierungen.
> (2) Bei der Berechnung der Zugewinnausgleichsforderungen bei Beendigung des Güterstandes in anderer Weise als durch einvernehmliche lebzeitige Beendigung, insbesondere also im Falle der Scheidung der Ehe, des Todes und des vorzeitigen Ausgleichs nach §§ 1385 ff. BGB, sind bei der Ermittlung sowohl des Anfangs- als auch des Endvermögens nachfolgende Vermögensgegenstände außer Ansatz zu lassen. Hinsichtlich der außer Ansatz bleibenden Vermögensgegenstände schließen die Parteien überdies etwaige aus dem Anspruch auf Zugewinnausgleich resultierende Auskunftsrechte aus. Hinsichtlich der außer Ansatz bleibenden Vermögensgegenstände werden auch Wertsteigerungen vom Zugewinnausgleich ausgenommen.
> (3) Die vom Zugewinnausgleich in den benannten Fällen ausgenommenen Vermögensgegenstände sind:
> a) sämtliche Gesellschaftsbeteiligungen von Frau ..., gleich ob sie an juristischen Personen oder Personen(handels)gesellschaften bestehen, auch wenn oder soweit diese erst zukünftig durch entgeltliches oder unentgeltliches Rechtsgeschäft unter Lebenden oder von Todes wegen erworben werden, einschließlich sämtlicher der hieraus erlangten Erträge, das heißt derzeit insbesondere die Beteiligung (und die hieraus erlangten Erträge) an der ... KG, eingetragen im Handelsregister des Amtsgerichts ... unter HRA ...;
> b) sämtliche im Zusammenhang mit den in Ziff. a) genannten Beteiligungen stehenden sonstigen Ansprüche und Verbindlichkeiten (wie zB Darlehen); sowie
> c) die Surrogate der in Ziff. a) genannten Beteiligungen.

Nicht empfehlenswert ist regelmäßig die Vereinbarung der Gütertrennung, da die (modifizierte) Zugewinngemeinschaft in der Regel deutliche erbschaftsteuerliche Vorteile gegenüber der Gütertrennung hat. Dieser Vorteil beruht auf der Regelung des § 5 ErbStG, wonach der überlebende Ehegatte das ererbte Vermögen in Höhe des fiktiven Zugewinns erbschaftsteuerfrei erhält. Wurde ein Vermögensgegenstand – bspw. das Unternehmen – aus dem Zugewinn ausgenommen, ist die Herausnahme dieses Vermögensgegenstandes für die Berechnung des steuerfreien Betrags nach § 5 ErbStG regelmäßig irrelevant; der steuerfreie Betrag errechnet sich auch in den Fällen der modifizierten Zugewinngemeinschaft in der Regel so, wie sich der Zugewinnausgleich ohne diese Einschränkung errechnet hätte. Diesen teils beträchtlichen Erbschaftsteuervorteil können Ehegatten, die in Gütertrennung leben, nicht in Anspruch nehmen. 82

4. Schaffung der erbschaftsteuerbegünstigten Rahmenbedingungen.

Die Vererbung von Unternehmensbeteiligungen löst ungeachtet etwaiger Freibeträge, etc. regelmäßig Erbschaftsteuer aus. Der Gesetzgeber gewährt jedoch unter bestimmten Voraussetzungen Erbschaftsteuerbegünstigungen (vgl. §§ 13a, b ErbStG, vgl. hierzu ausführlich → § 27). In die vorausschauende Unternehmensnachfolgeplanung sollte daher die Überlegung mit einbezogen werden, ob und wie ggf. bereits zu Lebzeiten des Unternehmers erbschaftsteuerbegünstigte Rahmenbedingungen geschaffen werden können. Dies gilt umso mehr, als der Gesetzgeber mit dem rückwirkend zum 1. 7. 2016 in Kraft getretenen Erbschaftsteuerreformgesetz[123] die Hürden für die Gewährung der Verschonungsre- 83

---
[122] *V. Hoyenberg* RNotZ 2007, 377 (392).
[123] BGBl. I 2016, 2464 ff.

geln für Betriebsvermögen erhöht und die Verschonung für große Betriebsvermögen (im Wert von mehr als 26 Mio. Euro) eingeschränkt hat.[124]

84 Dringend erforderlich ist eine Gestaltung und (Neu-)Strukturierung des Betriebsvermögens insbesondere dann, wenn die Beteiligungsquote an einer Kapitalgesellschaft 25 % oder weniger beträgt, vgl. § 13b Abs. 1 Nr. 3 S. 2 ErbStG (hier bietet sich eine Poolung der Anteile durch eine entsprechende Vereinbarung mit anderen Gesellschaftern an), der Wert des Verwaltungsvermögensanteils des begünstigungsfähigen Betriebsvermögens mehr als 90 % ausmacht, vgl. § 13b Abs. 2 S. 2 ErbStG (Senkung der Quote bspw. durch Umwandlung von Verwaltungsvermögen in produktives Vermögen) oder der Wert des begünstigten Vermögens pro Erwerber einen Betrag von 26 Mio. Euro überschreitet, vgl. § 13a Abs. 1 S. 1 ErbStG (Senkung des Wertes bpsw. durch lebzeitige Übertragungen zur Ausnutzung von 10-Jahres-Zeiträumen, beachte § 13a Abs. 1 S. 2 und 3 ErbStG).[125]

V. Zusammenfassung der wesentlichen Aspekte

85 Zusammenfassend lässt sich festhalten, dass für das Gelingen der Unternehmensnachfolgeplanung neben einer gesellschaftsvertraglichen Ausgestaltung, die auf die Rechtsform und den Charakter des Unternehmens zugeschnitten ist, die Errichtung einer letztwilligen Verfügung in Abstimmung mit dem Gesellschaftsvertrag erforderlich ist, die möglichst Ausgleichs- und Pflichtteilsansprüche sowie eine regelmäßig unerwünschte Trennung von Betriebsvermögen und Sonderbetriebsvermögen vermeidet. Steuerliche Folgewirkungen sollten im Blick behalten werden; bei Bedarf Pflichtteilsverzichtsverträge und ein Ehevertrag (modifizierter Zugewinnausgleich) abgeschlossen werden. Die getroffenen Regelungen sollten in regelmäßigen Abständen im Hinblick auf die sich ändernde unternehmerische, gesellschaftsvertragliche, familiäre und/oder steuerliche Situation überprüft und ggf. angepasst werden. Im Falle der Verlegung des gewöhnlichen Aufenthaltes ins Ausland ist an eine Rechtswahlklausel zu denken. Zur Vermeidung eines Handlungsvakuums sollten, sofern möglich, flankierend Vollmachten, die über den Tod hinausgelten, errichtet werden.

---

[124] MAH ErbR/*Kögel* § 40 Rn. 71.
[125] MAH ErbR/*Kögel* § 40 Rn. 71 mit weiteren Fällen.

§ 5 Die Bedeutung der Rechtsform für die Nachfolge

Übersicht

	Rn.
I. Einleitung	1
1. Unternehmen und Betrieb	2
2. Unternehmensträger	5
3. Rechtsträger (Rechtssubjekte)	8
a) Natürliche Personen	10
b) Juristische Personen	13
aa) Juristische Personen des öffentlichen Rechts	14
bb) Juristische Personen des Privatrechts	17
(1) Stiftungen	18
(2) Körperschaften (Gesellschaften mit eigener Rechtspersönlichkeit)	19
(a) Merkmale einer Gesellschaft	20
(b) Abgrenzung zu Gemeinschaften	24
c) Personengesellschaften (Gesellschaften ohne eigene Rechtspersönlichkeit)	28
d) Rechtsformen der Europäischen Union	29
e) Rechtsformen anderer Staaten	30
aa) Staaten mit Übereinkommen über die Anerkennung	31
(1) Mitgliedsstaaten der EU	32
(2) Mitgliedsstaaten der EFTA	35
(3) USA	36
bb) Staaten ohne Übereinkommen über die Anerkennung	37
II. Rechtsformen und ihre Bedeutung in der Praxis	38
1. Einzelunternehmen	40
2. Personengesellschaften	44
a) Erscheinungsformen	46
aa) Innengesellschaften	47
(1) Gesellschaft bürgerlichen Rechts	48
(2) Stille Gesellschaft	49
(3) Unterbeteiligung	50
bb) Außengesellschaften	51
(1) Gesellschaft bürgerlichen Rechts	52
(2) Personenhandelsgesellschaften	53
(3) Seehandelsgesellschaften	56
(4) Partnerschaftsgesellschaften	57
(5) Europäische Wirtschaftliche Interessenvereinigung	59
b) Rechtsnatur und Rechtsfähigkeit	60
c) Gesellschafter	62
d) Gesellschaftsvertrag	65
e) Registerpflicht	70
f) Beiträge	71
g) Willensbildung, Geschäftsführung und Vertretung	72
aa) Grundsatz der Selbstorganschaft	73
bb) Geschäftsführung	74
cc) Grundlagengeschäfte	76
dd) Vertretung	77
h) Haftung	78
i) Änderungen im Gesellschafterbestand	82
aa) Ausscheiden von Gesellschaftern	83
bb) Eintritt von Gesellschaftern	86
cc) Übertragung der Mitgliedschaft	88
j) Beendigung der Gesellschaft	89
aa) Auflösung	90
bb) Abwicklung	92
cc) Vollbeendigung	94

	Rn.
3. Kapitalgesellschaften	95
a) Bedeutung des Kapitals	97
b) Erscheinungsformen	98
aa) Aktiengesellschaft	99
bb) Kommanditgesellschaft auf Aktien	101
cc) Gesellschaft mit beschränkter Haftung	102
dd) Unternehmergesellschaft	104
ee) Europäische (Aktien-)Gesellschaft	107
c) Rechtsnatur und Rechtsfähigkeit	108
d) Gesellschafter	109
e) Gesellschaftsvertrag	113
aa) Form	115
bb) Inhalt	116
cc) Änderungen	118
dd) Wirkung	119
f) Registerpflicht	121
g) Organe und ihr Zusammenwirken	124
aa) Aktiengesellschaft	125
bb) Kommanditgesellschaft auf Aktien	129
cc) GmbH und UG	132
h) Haftung	135
aa) Haftung der Gesellschaft	136
bb) Durchgriffshaftung	137
i) Änderungen im Gesellschafterbestand	139
aa) Austritt von Gesellschaftern	140
bb) Eintritt von Gesellschaftern	141
cc) Übertragung der Beteiligung	142
j) Beendigung der Gesellschaft	144
4. Genossenschaften	146
5. Mischformen	148
a) Kapitalgesellschaft & Co. KG	149
b) Kapitalgesellschaft & Co. OHG	153
c) Kapitalgesellschaft & Co. KGaA	154
6. Rechtsformen der Europäischen Union	155
a) Europäische Wirtschaftliche Interessenvereinigung	157
b) Europäische (Aktien-)Gesellschaft	160
c) Europäische Genossenschaft	162
7. Rechtsformen anderer Staaten	163
III. Die Bedeutung der Rechtsform für den Übertragungsvorgang	164
1. Rechtsnachfolge im Allgemeinen	166
a) Einzelrechtsnachfolge (Singularsukzession)	169
b) Gesamtrechtsnachfolge (Universal- bzw. Globalsukzession)	170
c) Sonderrechtsnachfolge (partielle Gesamtrechtsnachfolge)	172
2. Rechtsnachfolge bei Unternehmen	176
a) Asset Deal	177
b) Gesellschaftsrechtliche Möglichkeiten	181
aa) Share Deal	182
bb) Ein- und Austritt von Gesellschaftern	185
3. Der Übertragungsvorgang in Abhängigkeit von der Rechtsform des Unternehmensträgers	186
a) Übertragung bei Einzelunternehmen	186
aa) Asset Deal	187
(1) Formale Vorgaben	188
(a) Schenkungsversprechen	189
(b) Verpflichtung zur Übertragung des gesamten Vermögens	190
(c) Zustimmung des Ehe- oder Lebenspartners	194
(d) Folge von Verstößen	196

I. Einleitung

	Rn.
(2) Übertragung des Aktivvermögens	201
(3) Übertragung des Passivvermögens	206
(4) Laufende Schuldverhältnisse im weiteren Sinne	211
(5) Sonstiges	212
bb) Gesellschaftsrechtliche Gestaltungen	215
b) Übertragung bei Personengesellschaften	219
aa) Asset Deal	220
bb) Share Deal	225
(1) Statthaftigkeit und Form	226
(2) Inhalt der Vereinbarung	231
(3) Registerpflicht	234
(4) Rechtsfolgen	238
cc) Andere gesellschaftsrechtliche Gestaltungen	239
c) Übertragung bei Kapitalgesellschaften	241
aa) Asset Deal	242
bb) Share Deal	247
(1) Aktiengesellschaften	248
(2) Kommanditgesellschaften auf Aktien	260
(3) GmbH und UG	261
d) Übertragung bei Mischformen	263
aa) Kapitalgesellschaft & Co. KG	264
bb) Kapitalgesellschaft & Co. OHG	266
cc) Kapitalgesellschaft & Co. GbR	267
dd) Kapitalgesellschaft & Co. KGaA	268

I. Einleitung

Ziel der Unternehmensnachfolge ist die Sicherstellung der Unternehmensfortführung durch Übertragung des Unternehmens und Überleitung der unternehmerischen Tätigkeit auf einen geeigneten Nachfolger. Die Rechtsform des als „Unternehmensträger" bezeichneten Betreibers des Unternehmens gibt dabei maßgeblich vor, welche Möglichkeiten der Übertragung in rechtlicher Hinsicht zur Verfügung stehen. **1**

1. Unternehmen und Betrieb

Gegenstand des Übertragungsvorgangs ist bei der Unternehmensnachfolge definitionsgemäß ein **Unternehmen.** Obwohl der Begriff des Unternehmens in verschiedenen Gesetzen insbesondere des Wirtschafts- und Steuerrechts (ohne deckungsgleichen Inhalt) verwendet wird[1] (bspw. im BGB, HGB, AktG, EStG, GWB, GwG, KStG, StGB, UStG, UWG), fehlt es an einer gesetzlichen Definition des Begriffs „Unternehmen". Es findet sich lediglich in § 2 Abs. 1 Satz 2 UStG eine Umschreibung, nach der ein Unternehmen die gesamte gewerbliche oder berufliche Tätigkeit des Unternehmers umfasst. Deutlich wird, dass ein Unternehmen eine vom „Unternehmer" zu trennende Einheit ist, die eine Zusammenfassung der erwerbswirtschaftlichen Sphäre des Unternehmers darstellt. Dies entspricht im Kern auch dem handelsrechtlichen Verständnis. Nachfolgend wird unter einem Unternehmen daher eine **organisatorische Einheit** verstanden, über die selbständige wirtschaftliche Tätigkeiten erbracht werden.[2] Der organisatorischen Einheit „Unternehmen" sind dabei die mit der unternehmerischen Tätigkeit im funktionalen Zusammenhang stehenden Sachen, Rechte und rechtlichen Beziehungen schuldrechtlicher und **2**

---

[1] Baumbach/Hopt/*Hopt* Vor § 1 Rn. 31 ff.; EBJS/*Kindler* § 1 Rn. 12.
[2] IdS auch MüKoLauterkR I/*Ann*/*Hauck* Rn. 62; EBJS/*Kindler* § 1 Rn. 14; MüKoBGB/*Müller-Glöge* BGB § 611 Rn. 240.

dinglicher Art zugeordnet.³ Unternehmen sind daher in rechtlicher Hinsicht **Sach- und Rechtsgesamtheiten,**⁴ umfassen darüber hinausgehend aber auch die sich gemeinhin in der Aufbau- und Ablauforganisation wiederfindenden Kenntnisse und Verfahren, die das Unternehmen erst zu einer funktionsfähigen Einheit machen.

3 Da Sachen, Rechte und Kenntnisse nicht Träger von Rechten und Pflichten sein können, also nicht rechtsfähig sind,⁵ ist auch ein Unternehmen als Einheit, der diese organisatorisch - nicht rechtlich - zugeordnet werden, **nicht rechtsfähig.** Unternehmen sind daher **keine Rechtsträger (Rechtssubjekte).**⁶ Das macht sie aber auch noch nicht im Wege eines Umkehrschlusses zu Rechtsobjekten,⁷ denn nicht alles, was kein Rechtssubjekt ist, muss ein Rechtsobjekt sein.⁸ Tatsächlich sind Unternehmen als organisatorische Einheiten auch **keine Rechtsobjekte,** da an Unternehmen kein einheitliches Recht (bspw. in Form des Eigentums am Unternehmen) bestehen kann.⁹ Rechtsobjekte sind vielmehr die einzelnen dem Unternehmen zugeordneten Sachen und Rechte. Soweit nachfolgend gleichwohl von Rechten am Unternehmen gesprochen wird, ist dies der sprachlichen Vereinfachung geschuldet und meint Rechte an den dem Unternehmen zugeordneten Rechtsobjekten.

4 Unternehmen können aus mehreren Betrieben bestehen. Der Begriff **„Betrieb"** ist trotz seiner Verwendung in diversen Gesetzen¹⁰ gesetzlich ebenfalls nicht definiert.¹¹ Allgemein wird unter einem Betrieb eine räumlich zusammengefasste Organisationseinheit verstanden, mit der ein Unternehmen bestimmte arbeitstechnische Zwecke, die über die Deckung des Eigenbedarfs hinausgehen, unter Einsatz von personellen, sachlichen und immateriellen Mitteln fortgesetzt verfolgt.¹² Ein Betrieb ist somit eine **räumlich begrenzte Untereinheit eines Unternehmens,** die wie das Unternehmen selbst **nicht rechtsfähig** ist.

2. Unternehmensträger

5 **Unternehmensträger**¹³ ist, wer aus der unternehmerischen Tätigkeit berechtigt und verpflichtet wird und damit das wirtschaftliche Ergebnis der unternehmerischen Tätigkeit

---

³ Volkswirtschaftlich spricht man hinsichtlich der zugeordneten Gegenstände ebenso wie in der betriebswirtschaftlichen Produktionstheorie von *Produktionsmitteln*, handelsrechtlich, insbesondere bilanzrechtlich von *Vermögensgegenständen und Schulden* und steuerrechtlich vom *Betriebsvermögen* (R 4.2 Abs. 1 EStH 2016 zu § 4 Abs. 1 EStG), ohne dass diese Begriffe deckungsgleich sind.
⁴ BeckOK BGB/*Fritzsche*, 50. Ed. 1.5.2019, § 90 Rn. 23; MüKoLauterkR I/*Ann/Hauck* Rn. 70.
⁵ Rechtsfähigkeit ist die Fähigkeit, Träger von Rechten und Pflichten zu sein, MüKoBGB/*Schmitt*, § 1 Rn. 6; Staudinger/*Kannowski* BGB § 1 Rn. 1.
⁶ Rechtsträger, die in Abgrenzung zu Rechtsobjekten (→ Fn. 7) auch als Rechtssubjekte bezeichnet werden, sind dadurch definiert, dass sie Träger von Rechten und Pflichten sein können.
⁷ Rechtsobjekte können Gegenstand von Rechten sein.
⁸ Neben den klassischen Beispielen Sonne und Energie, die beide weder Rechtsobjekt noch Rechtssubjekt sind, ist eine Sachgesamtheit gerade ein Bsp. dafür, dass eine entsprechende Zuordnung nicht immer möglich ist. Nicht richtig ist daher die von *Fritzsche* vertretene Ansicht, Unternehmen seien Rechtsobjekte, weil sie keine Rechtssubjekte sind (→ BeckOK BGB/*Fritzsche*, 50. Ed. 1.5.2019, § 90 Rn. 23).
⁹ Der Umstand, dass Unternehmen teilweise Gegenstand schuldrechtlicher Verträge, bspw. von Unternehmenskaufverträgen sind, widerspricht dem nicht, denn Gegenstand des Vertrags ist dann richtigerweise - vergleichbar der Veräußerung eines Warenlagers - die Sachgesamtheit „Unternehmen", nicht aber ein Unternehmen als einheitliche Sache oder einheitliches Recht.
¹⁰ Bspw. im BetrVG, im TVG, im KSchG, im OWiG, im GewStG und in § 613a BGB.
¹¹ ErfK/*Koch* BetrVG § 1 Rn. 7.
¹² OLG Celle Beschl. v. 29.3.2012–2 Ws 81/12 = BeckRS 2012, 11986 mwN.
¹³ Im Gesetz finden sich für den Unternehmensträger uneinheitliche Bezeichnungen. Im HGB wird er „Kaufmann" genannt, im UWG ebenso wie im OWiG „Inhaber des Unternehmens" (Harte-Bavendamm/Henning-Bodewig/*Goldmann*, UWG § 8 Rn. 577ff.; KK-OWiG/*Rogall*, § 130 Rn. 25). Im UStG (Sölch/Ringleb/*Treiber*, 85. EL 3/2019 UStG § 2 Rn. 10ff.) und im BGB hingegen wird - mit voneinander abweichenden Legaldefinitionen in § 2 Abs. 1 UStG und § 14 Abs. 1 BGB - vom „*Unternehmer*" gesprochen.

I. Einleitung

vereinnahmt.[14] Dies ist bei einem Einzelunternehmer die natürliche Person, ansonsten die Gesellschaft.

Die Unternehmensträgerschaft setzt bestehende **Rechte am Unternehmen** voraus, ohne dass der Unternehmensträger Eigentümer des Unternehmens sein muss.[15] Ausreichend ist es vielmehr, dass dem Unternehmensträger Besitz- und Nutzungsrechte am Unternehmen zustehen, was voraussetzt, dass der Unternehmensträger **rechtsfähig** und somit ein **Rechtsträger** ist. Nachfolgend wird unterstellt, dass der Unternehmer oder eine vom ihm beherrschte Gesellschaft Eigentümer des Unternehmens und Unternehmensträger ist, sodass der Unternehmer dem Nachfolger alle Eigentums-, Besitz- und Nutzungsrechte am Unternehmen (ggf. mittelbar) verschaffen kann.

In Abgrenzung zum Unternehmensträger wird nachfolgend diejenige natürliche Person als **Unternehmer** bezeichnet, die im Rahmen der Unternehmensnachfolge ihre (ggf. mittelbaren) Rechte am Unternehmen auf den Nachfolger überträgt.

3. Rechtsträger (Rechtssubjekte)

Wer beziehungsweise was ein Rechtsträger ist – und damit als Unternehmensträger, Eigentümer oder Erwerber eines Unternehmens in Betracht kommt –, entscheidet sich nach der jeweiligen Rechtsordnung. Dabei ist es gemeinhin anerkannt, dass Menschen qua Geburt uneingeschränkt rechtsfähig sind. Alle anderen Rechtsträger sind demgegenüber nichtnatürlichen Ursprungs und damit auf menschliche Entscheidungen zurückzuführen. Konkret entstehen nichtnatürliche Rechtsträger dabei durch die als „**Errichtung**" bezeichnete Gründung des (künftigen) Rechtsträgers im Innenverhältnis der Gründer, die durch wirksame Vereinbarung der – je nach Rechtsform zumeist als Satzung oder Gesellschaftsvertrag bezeichneten – Organisationsstatuten erfolgt. Durch die anschließende **staatliche Anerkennung** als rechtsfähig, bspw. durch eine Registereintragung, entsteht der Rechtsträger mit Wirkung für das Außenverhältnis. Im Fall der Gründung eines öffentlich-rechtlichen Rechtsträgers erfolgen diese Schritte in einem einheitlichen Gesetz, mit dem der Rechtsträger errichtet und dessen Rechtsfähigkeit proklamiert wird.

Rechtsträger werden üblicherweise nach dem Grad ihrer rechtlichen Verselbständigung klassifiziert. **Personen** weisen dabei den höchsten Grad der Verselbständigung in Form einer vollständig eigenständigen Identität und einer absoluten Unabhängigkeit von anderen Rechtsträgern auf, weshalb man auch davon spricht, dass diese eine **eigene Rechtspersönlichkeit** haben. Unterschieden werden „**natürliche Personen**" (Menschen) und Personen nichtnatürlichen Ursprungs, die als „**juristische Personen**" bezeichnet werden.

a) Natürliche Personen. Alle lebenden Menschen sind von der Vollendung ihrer Geburt bis zu ihrem Tod ohne jede Einschränkung und unbeschadet der Frage ihrer Geschäftsfähigkeit[16] Rechtsträger mit dem Status einer (natürlichen) Person. Die Rechtsfähigkeit des Menschen ist dabei im BGB an prominenter Stelle vorgegeben (§ 1 BGB), hat dort als Teil der supranational anerkannten und kodifizierten,[17] unveräußerlichen und nicht entziehbaren Menschenrechte, die in Deutschland als Grundrechte durch das höherrangige Grundgesetz geschützt werden,[18] allerdings lediglich deklaratorischen Charakter.

---

[14] MüKoHGB/*K. Schmidt* § 1 Rn. 37; Heidel/Schall/*Keßler* § 1 Rn. 46.
[15] Bei einer Unternehmensverpachtung bspw. ist der Pächter Unternehmensträger, da er aus der unternehmerischen Tätigkeit unmittelbar berechtigt und verpflichtet wird, während der Verpächter zumeist Eigentümer des Unternehmens ist.
[16] Die Geschäftsfähigkeit ist die Fähigkeit, Rechtsgeschäfte selbständig vollwirksam vornehmen zu können, was bei natürlichen Personen eine Frage des Lebensalters und der Möglichkeit der freien Willensbildung ist, § 104 BGB.
[17] Art. 6 der UN-Menschenrechtcharta v. 10.12.1948; Art. 1 der Europäischen Menschenrechtskonvention v. 4.11.1950.
[18] Konkret erfolgt der Schutz über die Menschenwürde (Art. 1 Abs. 1 GG), gegen die verstoßen wird, wenn der Mensch zum bloßen Objekt degradiert wird (BVerfG NJW 2017, 619; NJW 2009, 1469).

11 **Pränatal** ist das werdende menschliche Leben zwar grundrechtsfähig, soweit es die Menschenwürde und die Rechte auf Leben und körperliche Unversehrtheit (Art. 2 Abs. 2 GG) anbelangt. Andere Rechte, insbesondere Rechte an einem Unternehmen können dem ungeborenen menschlichen Leben aber nicht zustehen oder von diesem erworben werden.[19] Dies gilt auch bei vorgeburtlichen Erbfällen. Zwar findet das ungeborene menschliche Leben insoweit erbrechtliche Berücksichtigung, dass bei vorgeburtlichen Erbfällen, die bei einer bereits vollendeten Geburt zu einer Erbenstellung geführt hätten, mit Vollendung der Geburt in erbrechtlicher Hinsicht ein vor dem Erbfall liegender Geburtszeitpunkt gesetzlich fingiert wird (§ 1923 Abs. 2 BGB), wodurch die Erbfähigkeit des geborenen Menschen auf vorgeburtliche Erbfälle ausgedehnt wird. Begünstigt wird dadurch aber allein der (später) geborene und rechtsfähige Mensch, während das ungeborene menschliche Leben selbst zu keiner Zeit erbfähig ist.

12 **Postmortal** besteht keine Rechtsfähigkeit, da die Rechtsfähigkeit eines Menschen mit seinem Tode erlischt und sein gesamtes Vermögen einschließlich aller Rechte und Pflichten im Wege der Gesamtrechtsnachfolge auf seine Erben übergeht (§ 1922 Abs. 1 BGB).

13 b) Juristische Personen. Zu unterscheiden sind die juristischen Personen des öffentlichen Rechts und des Privatrechts.

14 aa) Juristische Personen des öffentlichen Rechts. Der Staat und seine Institutionen sind juristische Personen des öffentlichen Rechts. Diese sind in Form öffentlich-rechtlicher, mit Hoheitsrechten ausgestatteter **Körperschaften,**[20] **Stiftungen**[21] **und Anstalten**[22] organisiert, die im Grundsatz hoheitlich handeln. Willensbildung und Willensbetätigung erfolgen bei ihnen ebenso wie bei den juristischen Personen des Privatrechts (→ Rn. 17 ff.) mittels ihrer Organe, die zudem partiell rechtsfähig sind, soweit es um die Klärung von Kompetenzstreitigkeiten mit anderen Organen geht. Soweit juristische Personen des öffentlichen Rechts nicht hoheitlich handeln, was insbesondere bei der Bedarfsbeschaffung der Fall ist, werden sie privatrechtlich tätig.

15 Dass eine juristische Person des öffentlichen Rechts an einer Unternehmensübertragung beteiligt ist, kommt im Wesentlichen im Rahmen der **Privatisierung funktionaler Betriebe** auf kommunaler Ebene vor. In diesen Fällen wird der Staat mittels eines öffentlich-rechtlichen Vertrags tätig. Soweit nichtstaatliche Unternehmen privatisiert, sondern private Unternehmen verstaatlicht werden, kann dies auf einer **Enteignung** beruhen (Art. 14 Abs. 3 GG), oder der Staat erwirbt das entsprechende Unternehmen auf privatrechtlicher Basis.

16 Im Rahmen der Unternehmensnachfolge im hier verstandenen Sinne kommt den juristischen Personen des öffentlichen Rechts keine Bedeutung zu, von einer weiteren Betrachtung wird daher nachfolgend abgesehen.

---

[19] OLG Celle NZG 2018, 303 = BeckRS 2018, 908 zur Unzulässigkeit des pränatalen schenkungsweisen Erwerbs eines Kommanditanteils.

[20] Körperschaften des öffentlichen Rechts werden in die Gebietskörperschaften (Bund, Länder und Gemeinden) und die sonstigen Körperschaften des öffentlichen Rechts unterteilt. Über die öffentlich-rechtlichen Körperschaften erfolgt die Staatsverwaltung, wobei die unmittelbare Staatsverwaltung über die Gebietskörperschaften erfolgt, während die sonstigen Körperschaften des öffentlichen Rechts die Selbstverwaltung bestimmter Gruppen von Rechtsträgern unter staatlicher Aufsicht zum Gegenstand haben.

[21] Stiftungen des öffentlichen Rechts dienen der Erreichung eines im öffentlichen Interesse liegenden Zwecks durch die rechtliche Verselbständigung von Vermögenswerten. Der Zweck liegt zumeist in der Ermöglichung des allgemeinen Zugangs zu den Vermögenswerten (bspw. Museen), bzw. deren Verwaltung (bspw. die Stiftung Preußischer Kulturbesitz), kann aber auch gänzlich anderer Art sein (bspw. die dem Gedenken an den ehemaligen Bundeskanzler dienende Bundeskanzler-Helmut-Schmidt-Stiftung).

[22] Anstalten sind nicht mitgliedschaftlich organisierte, mit Sach- und Personalmitteln ausgestattete, rechtliche verselbständigte Organisationen und Institutionen, über die der Allgemeinheit Zugang zu staatlichen Leistungen ermöglicht wird (bspw. eine Badeanstalt oder die öffentlich-rechtlichen Rundfunkanstalten).

I. Einleitung

bb) Juristische Personen des Privatrechts. Sie werden in (privatrechtliche) Stiftungen und (privatrechtliche) Körperschaften unterteilt. Ihre Errichtung (→ Rn. 8) erfordert neben dem Abschluss des Gründungsstatuts die Verpflichtung der Gründer zur Erbringung bestimmter Leistungen an die (künftige) juristische Person, die andernfalls vermögenslos und damit nicht existenzfähig wäre.

(1) Stiftungen. Mitgliederlose, **rechtlich verselbstständigte Vermögen**, mit denen der in der Satzung festgelegte Zweck („Stiftungszweck") gefördert werden soll, werden als „Stiftungen" bezeichnet. Stiftungen sind wie alle juristischen Personen rechtsfähig und können daher Eigentümer eines Unternehmens oder Unternehmensträger sein. Bei einer Unternehmensnachfolge im hier verstandenen Sinne, dass der „Unternehmer" sich aus der unternehmerischen Tätigkeit und dem Unternehmen zurückzieht, kommt eine Stiftung allenfalls als Erwerber des Unternehmens in Betracht. Insoweit wird auf die gesonderte Darstellung in → § 9 verwiesen.

(2) Körperschaften (Gesellschaften mit eigener Rechtspersönlichkeit). Im Gegensatz zu einer Stiftung handelt es sich bei einer Körperschaft um eine rechtlich verselbstständigte Personenvereinigung. Körperschaften werden in Kapitalgesellschaften (→ Rn. 95 ff.)[23] und Genossenschaften (→ Rn. 146 f.) klassifiziert, sodass jede privatrechtliche Körperschaft eine **Gesellschaft** ist. Aufgrund der rechtlichen Unabhängigkeit von ihren Gesellschaftern werden Körperschaften auch als **Gesellschaften mit eigener Rechtspersönlichkeit** bezeichnet (→ Rn. 9).

(a) Merkmale einer Gesellschaft. Generell müssen für das Vorliegen einer **Gesellschaft** folgende Voraussetzungen erfüllt sein:[24]
- **Verfolgung eines gemeinsamen Zwecks:** Bei einer Gesellschaft verfolgen die Gesellschafter mittels der Gesellschaft gemeinsam einen bestimmten, nicht zwingend dauerhaften Zweck, der mit der Rechtsordnung im Einklang stehen muss. Zumindest bei der GbR unterliegt dieser Zweck keinen weiteren inhaltlichen Restriktionen. Eine Gesellschaft muss daher weder auf Dauer angelegt sein, noch muss mit ihr ein wirtschaftlicher Zweck verfolgt werden. So führt bereits der gemeinsame Zweck, den Erwerb eines Lottoscheins als Gruppe zu finanzieren und einen eventuellen Gewinn zu teilen, zur Gründung einer Gesellschaft, weshalb die klassische Lottotipp*gemeinschaft* in der Regel richtigerweise eine Lottotipp*gesellschaft* ist.[25] Sofern sich aus der Darstellung nichts anderes ergibt, wird nachfolgend hinsichtlich des gemeinsam verfolgten Zwecks davon ausgegangen, dass dieser in dem mit einer Teilnahme am allgemeinen wirtschaftlichen Verkehr verbundenen Betrieb eines Unternehmens mit dem Ziel der Gewinnerzielung zur wirtschaftlichen Förderung der Gesellschafter liegt.
- **auf vertraglicher Grundlage:** Der gemeinsam verfolgte Zweck beruht bei einer Gesellschaft auf einer vertraglichen Abrede der Gesellschafter. Er ist Teil des zwischen den Gesellschaftern geschlossenen **Gesellschaftsvertrags** (→ Rn. 65 ff., → Rn. 113 ff.), in dem insbesondere die Beziehungen zwischen Gesellschaftern und Gesellschaft geregelt werden. Die konkreten Anforderungen an den Inhalt und die Form des Gesellschaftsvertrags richten sich nach der jeweiligen Gesellschaftsform, wobei die zur Verfügung

---

[23] Kapitalgesellschaften können entgegen der Bezeichnung als „Personenvereinigung" auch als Einpersonengesellschaft gegründet und betrieben werden.
[24] Die nachfolgende klassische Definition einer Gesellschaft, die das Vorhandensein mehrerer Gesellschafter voraussetzt, kann bei genauer Betrachtung lediglich noch für Personengesellschaften Gültigkeit beanspruchen, da alle Kapitalgesellschaften Einpersonengesellschaften sein können.
[25] Die in diesem Zusammenhang klassischen Streitigkeiten um die Gewinnberechtigung im Erfolgsfall und die Schadensersatzpflicht im Fall des verhinderten Erfolgs beurteilen sich daher regelmäßig – und wohl oftmals zur Überraschung der Gesellschafter selbst nach dem Gesellschaftsrecht. Nachw. s. *Fleischer/Hahn* NZG 2017, 1.

stehenden Gesellschaftsformen vom Gesetzgeber abschließend vorgegeben sind (**„Numerus clausus der Gesellschaftsformen"**).

23 • **mit wechselseitiger Beitragspflicht?** Ob eine Gesellschaft auch die Vereinbarung einer allgemeinen Beitragspflicht erfordert, ist ungeklärt. Der BGH hat die Möglichkeit einer beitragsfreien Beteiligung an einer Gesellschaft wiederholt angenommen, ohne sich inhaltlich vertieft mit dieser Frage zu befassen.[26] Faktisch stellt sich diese Frage nur bei den Personengesellschaften, da bei den Körperschaften ein von den Gesellschaftern einzubringendes Mindestkapital jeweils gesetzlich vorgeschrieben ist.[27] Für das generelle Bestehen einer Beitragspflicht auch bei Personengesellschaften spricht zumindest, dass diese in § 705 ff. BGB dem Wortlaut nach vorausgesetzt wird.

24 **(b) Abgrenzung zu Gemeinschaften.** Gesellschaften sind von den **Gemeinschaften** abzugrenzen, die von Gesetzes wegen vorliegen, wenn ein Recht mehren gemeinschaftlich zusteht. Gemeinschaften lassen sich in Bruchteilsgemeinschaften und Gesamthandschaften, die oft auch als Gesamthandsgemeinschaften bezeichnet werden, unterscheiden.

25 **Bruchteilsgemeinschaften** sind insbesondere die im BGB geregelte Gemeinschaft nach Bruchteilen (§§ 741 ff. BGB), die den Grundtypus der Bruchteilsgemeinschaften darstellt, und das Miteigentum (§§ 1008 ff. BGB). Eine Bruchteilsgemeinschaft liegt vor, wenn das gemeinsame Recht dergestalt geteilt ist, dass jedem Teilhaber ein anteiliges Recht – ein Bruchteil – an diesem zusteht (§ 741 BGB).[28] Weitere Voraussetzung ist, dass es im Hinblick auf das gemeinsame Recht an der Verfolgung eines gemeinsamen Zwecks auf vertraglicher Basis, mithin also an einer Gesellschaft fehlt, denn die Vereinbarung einer Gesellschaft ginge aufgrund der Privatautonomie der gesetzlichen Entstehung einer Bruchteilsgemeinschaft vor. Die Teilhaberschaft an einer Bruchteilsgemeinschaft wird von Gesetzes wegen mit dem Erwerb des entsprechenden (Teil-)Rechts begründet, gleich ob dieser Erwerb auf gesetzlicher oder rechtsgeschäftlicher Grundlage erfolgt, ansonsten mit der Teilung des ungeteilten Rechts. Hintergrund der nicht disponiblen Teilhaberschaft an der Bruchteilsgemeinschaft[29] ist das (vom Gesetzgeber unterstellte) gemeinsame Interesse der Berechtigten an der ordnungsgemäßen Verwaltung des gemeinsamen Rechts, das ein Zusammenwirken erforderlich macht (**„Interessengemeinschaft"**).

---

[26] In einer Entscheidung aus dem Jahr 2011 führt der BGH aus, dass eine Gesellschaft nur zustande komme, wenn alle Beteiligten Beitragspflichten übernähmen. Dafür genüge aber regelmäßig die aus dem Halten der Beteiligung resultierende Pflicht, den gemeinsamen Zweck zu fördern (BGH NJW 2011, 921 (923)). Diese Sichtweise drängt sich angesichts des Wortlauts von § 705 BGB nicht unbedingt auf, in dem es heißt, dass der Zweck der Gesellschaft „in der durch den Vertrag bestimmten Weise zu fördern (ist), (wobei) insbesondere die vereinbarten Beiträge zu leisten (sind)". Denn wenn die Beitragspflicht ein Teil der Förderpflicht ist, kann sie nicht durch das Bestehen der Förderpflicht erfüllt werden. Allenfalls könnte die Förderpflicht durch die Erfüllung der Beitragspflicht erfüllt werden, was aber ebenfalls nicht der Fall ist, da die Beitragspflicht in der Regel einmaliger Natur und mit der Leistung des Beitrags erfüllt ist, während die Förderpflicht dauerhaft besteht und stets zu beachten ist. Richtigerweise sind Beiträge zu vereinbaren und zu leisten, wobei auch die Förderpflicht im Einzelfall erfüllt werden kann, was angesichts des Umstandes, dass die Förderpflicht eine Dauerpflicht ist, aber regelmäßig nicht der Fall sein wird.

[27] AG: § 7 Abs. 1 AktG; KGaA: §§ 7 Abs. 1, 278 Abs. 3 AktG; GmbH: § 5 Abs. 1 GmbHG; SE: Art. 4 Abs. 2 SE-VO; SCE: Art. 3 Abs. 2 SCE-VO. Bei Genossenschaften muss der pro Geschäftsanteil einzuzahlende Betrag in der Satzung festgelegt werden (§ 7 Nr. 1 GenG). Darüber hinaus kann auch ein Mindestkapital der Genossenschaft festgelegt werden (§ 8a GenG). Siehe auch → Rn. 17.

[28] MüKoBGB/*K. Schmidt* § 741 Rn. 4 f.

[29] Die Teilhaberschaft an der Gemeinschaft kann ohne Verzicht auf das anteilige Recht im Ergebnis nur dadurch verhindert werden, dass der Erwerber - möglichst vor dem Erwerb des (Teil-)Rechts - mit den übrigen potentiellen Teilhabern der Gemeinschaft eine vertragliche Vereinbarung über die gemeinsame Verwaltung des Rechts schließt, wodurch eine Gesellschaft vereinbart würde. Ansonsten kann zwar jeder Teilhaber jederzeit die Aufhebung der bestehenden Gemeinschaft verlangen (§ 749 Abs. 1 BGB). Diese geht aber, sofern eine Realteilung nicht möglich ist, mit dem Verlust des anteiligen Rechts einher, das zwecks Erlösverteilung verwertet wird (§§ 752 ff. BGB).

I. Einleitung § 5

Die Bruchteilsgemeinschaft selbst ist nicht rechtsfähig,[30] ist also kein Rechtsträger, und wird demzufolge auch weder Inhaber des gemeinsamen Rechts, noch aus dessen Verwaltung berechtigt oder verpflichtet. Vielmehr bleibt jeder Teilhaber Inhaber seines anteiligen Rechts, wird aus der gemeinsamen Verwaltung anteilig berechtigt und verpflichtet[31] und kann jederzeit und unabdingbar die Aufhebung der Bruchteilsgemeinschaft verlangen (§§ 749 Abs. 1, Abs. 3 BGB), die durch Realteilung (§ 752 BGB) oder Verkauf des Rechts und Erlösteilung erfolgt (§§ 753 ff. BGB). Dass ein Unternehmen in Bruchteilsgemeinschaft betrieben wird, ist nur in der Theorie vorstellbar, da dies mehrere Rechtsinhaber voraussetzt, die nicht gesellschaftsrechtlich verbunden sind, die also kein gemeinsames Ziel mit dem Unternehmen verfolgen, dieses aber gleichwohl gemeinsam unter dem Risiko eines jederzeitigen, unabdingbaren Aufhebungsverlangens der anderen Teilhaber betreiben. 26

Eine **Gesamthandschaft** liegt demgegenüber vor, wenn das gemeinsame Recht ungeteilt ist, die Gesamthänder also Inhaber dergestalt sind, dass jeder Gesamthänder Inhaber des gesamten Rechts ist, dies aber nur gemeinschaftlich mit den übrigen Gesamthändern, sodass die Gesamthänder auch nur gemeinschaftlich über das Recht verfügen können. Dies ist bei Personengesellschaften, der ehelichen Gütergemeinschaft (§ 1415 ff. BGB), der ungeteilten Erbengemeinschaft (§§ 2032 ff. BGB) und der Urhebergemeinschaft (§ 8 UrhG) der Fall. Eine Realteilung beendet die Gesamthandschaft, kann aber, so sie überhaupt möglich ist, idR nicht verlangt werden. Gesamthandschaften sind rechtsfähig, wenn ihnen die Rechtsfähigkeit durch oder aufgrund eines Gesetzes zuerkannt wird (→ Rn. 8). Dies ist nur bei Personengesellschaften der Fall, bei der Erbengemeinschaft wird dies aufgrund ihres auf Auflösung gerichteten Charakters überwiegend abgelehnt. 27

c) Personengesellschaften (Gesellschaften ohne eigene Rechtspersönlichkeit). Personengesellschaften sind rechtsfähig, sind aber im Gegensatz zu den Körperschaften, die über eigene Organe verfügen, von ihren Gesellschaftern abhängig, ohne die diesen eine Willensbildung oder ein Handeln nicht möglich ist, weshalb sie auch als Gesellschaften ohne eigene Rechtspersönlichkeit bezeichnet werden. Sie werden im nachfolgenden Abschnitt näher erläutert (→ Rn. 44 ff.). 28

d) Rechtsformen der Europäischen Union. Die Europäische Wirtschaftliche Interessenvereinigung **(EWIV)**, die Europäische Gesellschaft bzw. Europäische Aktiengesellschaft **(SE)** („*Societas Europaea*") und die Europäische Genossenschaft **(SCE)** („*Societas Cooperativa Europaea*") sind mit ihrer Eintragung im Register rechtsfähig. Sie sind nach deutschem Recht Körperschaften (SE und SCE) bzw. Personengesellschaft (EWIV), weisen aber aufgrund ihrer Rechtsherkunft Besonderheiten auf, weshalb sie gesondert betrachtet werden (→ Rn. 155 ff.). 29

e) Rechtsformen anderer Staaten. Ob Rechtformen, die in ihrem Herkunftsstaat als rechtsfähig anerkannt werden, auch in Deutschland als rechtsfähig anerkannt werden, richtet sich primär nach den Vereinbarungen, die mit dem Herkunftsstaat bestehen, ansonsten nach dem Recht der Bundesrepublik. 30

aa) Staaten mit Übereinkommen über die Anerkennung. Bei Rechtsformen aus Staaten, denen die Bundesrepublik aufgrund bi- oder internationaler vertraglicher Übereinkommen zu einer bestimmten Handhabung hinsichtlich der Anerkennung verpflichtet 31

---

[30] Gleichwohl wird die Erbengemeinschaft bei Vorgängen, die den GrEStG unterfallen, in stRspr des BFH, die auf den RFH zurückgeht, als Steuerschuldner angesehen (BFHE 78, 413; 80, 32; 89, 573; 108, 257).
[31] Ob die Teilhaber einer Gemeinschaft im Außenverhältnis anteilig oder gesamtschuldnerisch haften, richtet sich nach ihrem Auftreten bei der Begründung der entsprechenden Verbindlichkeit.

ist, gilt (nach entsprechender Transformation ins innerstaatliche Recht) das insoweit vertraglich Vereinbarte.

32 **(1) Mitgliedsstaaten der EU.** Nach dem Vertrag über die Arbeitsweise der Europäischen Union stehen Gesellschaften, die nach dem Recht eines Mitgliedsstaates wirksam gegründet wurden und ihren satzungsmäßigen Sitz, ihre Hauptverwaltung oder ihre Hauptniederlassung innerhalb der EU haben, hinsichtlich der Niederlassungsfreiheit (Art. 54 AEUV) natürlichen Personen gleich, können sich also EU-weit niederlassen, was die EU-weite Anerkennung dieser Gesellschaften als rechtsfähig impliziert.[32] Vor diesem rechtlichen Hintergrund entscheidet der EuGH entsprechende Sachverhalte in gefestigter Rechtsprechung unter Anwendung der **„Gründungstheorie"**, der zufolge sich das anzuwendende Recht - und damit auch die Frage der Rechtsfähigkeit - stets, also auch bei einer Verlegung des Verwaltungssitzes, nach dem Recht des Gründungsstaates richtet. Die Anerkennung einer Rechtsform in einem Mitgliedstaat als rechtsfähig bindet somit im Fall der Sitzverlegung den aufnehmenden Staat.

33 Die nationalen Gesellschaftsformen der EU-Mitgliedsstaaten müssen sich damit jeweils der Konkurrenz der Gesellschaftsformen der übrigen Mitgliedsstaaten stellen; der Numerus clausus der Gesellschaftsformen (→ Rn. 22) ist insoweit im Ergebnis um die Gesellschaftsformen der anderen Mitgliedstaaten erweitert.

34 In Deutschland konnte beobachtet werden, dass insbesondere Kleingewerbetreibende, Existenzgründer und Freiberufler, die das Angebot an inländischen Gesellschaftsformen für den eigenen Bedarf als nicht optimal ansahen, durch entsprechende Auslandsgründungen verstärkt auf Gesellschaftsformen anderer EU-Mitgliedsstaaten zurückgriffen, die durch eine Verlegung des Verwaltungssitzes anschließend in die Bundesrepublik „importiert" wurden.[33] Während dabei von Kleingewerbetreibenden und Existenzgründern insbesondere auf die britische Limited[34,35] zurückgegriffen wurde, entschieden sich Freiberufler verstärkt für die britische LLP[36] oder die US-LLP.[37] Der deutsche Gesetzgeber sah sich aufgrund des Zulaufs dieser Gesellschaftsformen schließlich veranlasst, das nationale Angebot an Gesellschaftsformen durch Einführung der haftungsbeschränkten Unternehmergesellschaft,[38] einer der Limited angenäherten Variante der GmbH (→ Rn. 104 ff.), und der

---

[32] Der Begriff der Gesellschaft umfasst dabei nur Vereinigungen, mit denen ein Erwerbszweck verfolgt wird (Art. 54 Abs. 2 AEUV), was in den hier betrachteten Fällen annahmegemäß stets der Fall ist (→ Rn. 21).

[33] Dabei ging es im Ergebnis jeweils darum, dass die Gründung einer Kapitalgesellschaft zur Vermeidung der persönlichen Haftung ein für Existenzgründer und Kleingewerbetreibende oftmals nicht aufzubringendes Mindestkapital von 25.000 EUR erforderte (§ 5 Abs. 1 GmbHG) bzw. gewünschte steuerliche Folgen (direkte Ergebniszurechnung und Gewerbesteuerfreiheit für die freien Berufe) den Einsatz einer Personengesellschaft erforderten, die seinerzeit nach dem deutschen Gesellschaftsrecht mit einer ungewünschten persönlichen Haftung für eigene und fremde berufliche Fehler einherging.

[34] Die Limited ist Kapitalgesellschaft, die bereits mit einer marginalen Kapitalausstattung von 1 GBP gegründet werden kann. Eine persönliche Haftung der Gesellschafter ist bei der Limited ausgeschlossen.

[35] Aus heutiger Sicht hat die Möglichkeit, den Sitz einer britischen Gesellschaft rechtsformwahrend innerhalb der EU zu verlegen, aufgrund des am 29.3.2017 von der britischen Premierministerin gemäß Art. 50 des EU-Vertrags schriftlich erklärten Austritts des Vereinigten Königreichs aus der EU („Brexit") auslaufenden Charakter. Von einem Bestandsschutz für Gesellschaften, die ihren Sitz zum Zeitpunkt der Austrittserklärung bereits aus dem Vereinigten Königreich in einen anderen Mitgliedstaat der EU verlegt hatten oder eine Sitzverlegung noch vor dem Wirksamwerden des Austritts vornehmen, ist derzeit (06/2019) nicht auszugehen.

[36] Die britische LLP wird in Deutschland steuerlich als Personengesellschaft behandelt, was für Freiberufler im Vergleich zu einer Kapitalgesellschaft sowohl steuerliche Vorteile (freiberufliche Einkünfte unterliegen nicht der Gewerbesteuer, während Kapitalgesellschaften kraft Rechtsform ein Handelsgewerbe betreiben und daher stets gewerbesteuerpflichtig sind), als auch haftungsrechtliche Vorteile hat.

[37] Da die Sitztheorie aufgrund vertraglicher Vereinbarung auf US-Gesellschaften nicht angewendet wird (→ Rn. 36), wurde neben der britischen LLP auch verstärkt auf die dieser vergleichbare US-amerikanische LLP zurückgegriffen (Römermann/Praß NZG 2012, 601 (602)).

[38] Gesetz zur Modernisierung des GmbH-Rechts und zur Bekämpfung von Missbräuchen v. 23.10.2008, BGBl. I 2026.

II. Rechtsformen und ihre Bedeutung in der Praxis

PartG mbB,[39] einer Modifikation der PartG, bei der die Gesellschafter unter der Voraussetzung einer entsprechenden Berufshaftpflichtversicherung wie bei einer LLP für berufliche Fehler nicht persönlich haften, auszuweiten.

(2) Mitgliedsstaaten der EFTA. Im Verhältnis zu den Mitgliedsstaaten der Europäischen Freihandelsassoziation (EFTA)[40] gilt das für die Mitgliedstaaten der EU Dargestellte (→ Rn. 32 f.) entsprechend.[41]

(3) USA. In den USA wirksam errichtete und dort als rechtsfähig anerkannte Gesellschaften werden in Deutschland nach Art. XXV Abs. 5 S. 2 des Freundschaftsvertrags vom 29.10.1954[42] auch dann als rechtsfähig anerkannt, wenn sie ihren Verwaltungssitz in Deutschland haben.

bb) Staaten ohne Übereinkommen über die Anerkennung. Fehlt es an einem zur Anerkennung der ausländischen Rechtsform verpflichtenden Übereinkommen, wendet der BGH angesichts fehlender Regelungen im internationalen Privatrecht (Art. 3 ff. EGBGB) über die Anerkennung ausländischer Rechtsformen[43] in gefestigter ständiger Rechtsprechung die **Sitztheorie** an, nach der sich das auf eine Gesellschaft mit statutarischem Sitz im Ausland anzuwendende Recht und damit die Frage ihrer Rechtsfähigkeit nach dem Recht des Staates richtet, in dem die tatsächliche Verwaltung der Gesellschaft ihren Sitz hat („**Verwaltungssitz**"). In der Regel ist dies der Ort, von dem aus die Geschäfte der Gesellschaft geleitet werden. Damit ist im Ergebnis jede nach ausländischem Recht gebildete Gesellschaft in Deutschland rechtsfähig, sofern die Gesellschaft ihren Verwaltungssitz im Gründungsstaat belassen hat und nach dem Recht dieses Staates rechtsfähig ist. Bei einer grenzüberschreitenden Verlegung des Verwaltungssitzes hingegen richtet sich das anzuwendende Recht und damit auch die Frage der Rechtsfähigkeit nach dem Recht des aufnehmenden Staates. Verlegt eine im Ausland gegründete Gesellschaft ihren Verwaltungssitz ins Inland, muss sie sich daher in einer nach deutschem Recht zulässigen Form neu konstituieren (erst recht gilt dies natürlich, wenn der statutarische Sitz ins Inland verlegt werden soll). Unterbleibt dies, liegt nach der Rechtsprechung des BGH nach deutschem Recht bei Ausübung eines Handelsgewerbes eine OHG, andernfalls eine GbR vor.[44] Beide Alternativen haben die persönliche Haftung der Gesellschafter zur Folge (→ Rn. 79).

II. Rechtsformen und ihre Bedeutung in der Praxis

In der Praxis kommt den einzelnen Rechtsformen unterschiedliche Bedeutung zu. Die nachfolgende Übersicht gibt einen Überblick über die Häufigkeit der einzelnen Rechtsformen, bevor diese im Einzelnen dargestellt werden.

---

[39] Gesetz zur Einführung einer Partnerschaftsgesellschaft mit beschränkter Berufshaftung und zur Änderung des Berufsrechts der Rechtsanwälte, Patentanwälte, Steuerberater und Wirtschaftsprüfer v. 15.7.2013, BGBl. I 2386.
[40] Mitglieder der EFTA sind (Stand 06/2019) Island, Lichtenstein, Norwegen und die Schweiz. Die drei erstgenannten Staaten bilden zusammen mit der EU die Freihandelszone „Europäischer Wirtschaftsraum" (European Economic Area – EEA). Die Schweiz hat das entsprechende Abkommen nicht ratifiziert, hat später aber ein eigenes Abkommen mit der EU geschlossen.
[41] Art. 2 des Beschlusses des gemeinsamen EWR-Ausschusses Nr. 88/2000 v. 27.10.2000 zur Änderung des Anhangs VII (Gegenseitige Anerkennung beruflicher Qualifikationen) des EWR-Abkommens, ABl. EG 2001 L 7/5. Zwischen der EU und der Schweiz besteht eine bilaterale Vereinbarung entsprechenden Inhalts.
[42] Freundschafts-, Handels- und Schifffahrtsvertrag zwischen der Bundesrepublik Deutschland und den Vereinigten Staaten von Amerika v. 29.10.1954 (BGBl. 1956 II 487; s.a. BGH NJW 2003, 1607; NJW-RR 2004, 1680).
[43] Hausmann/Odersky/*Wall* § 18 Rn. 3.
[44] BGH NJW 2011, 2040; BGHZ 142, 315 = NJW 1999, 3483.

39

	Anzahl absolut[45,46]		in % aller Gesellschaften		in % aller Unternehmen	
Einzelunternehmen		4.590.166		—		69,9
Personengesellschaften						
Gesellschaften bürgerlichen Rechts	407.232		20,6		6,2	
Offene Handelsgesellschaften	22.332		1,1		0,3	
Kommanditgesellschaften	15.091		0,8		0,2	
Partnerschaftsgesellschaften	15.613	460.268	0,8	23,3	0,2	7,0
Kapitalgesellschaften						
Aktiengesellschaften	14.492		0,7		0,2	
Gesellschaften mbH	1.084.468		55,0		16,5	
Unternehmergesellschaften	149.743		7,6		2,3	
Kommanditgesellschaften aA	80	1.248.783	0,0	63,3	0,0	19,0
Mischgesellschaften						
Kapitalgesellschaft & Co. OHG	1.544		0,1		0,0	
Kapitalgesellschaft & Co. KG	240.926		12,2		3,7	
Kapitalgesellschaft & Co. KGaA	266	242.736	0,0	12,3	0,0	3,7
Genossenschaften		8.472		0,4		0,1
Rechtsformen der Europäischen Union						
EWIV	236		0,0		0,0	
Europäische Genossenschaft (SCE)	12		0,0		0,0	
Europäische (Aktien-)Gesellschaft (SE)	516	764	0,0	0,0	0,0	0,0
Rechtsformen anderer Staaten		11.165		0,6		0,2
Alle Unternehmensträger		6.562.354		100,0		100,0

1. Einzelunternehmen

40 Als Einzelunternehmen werden Unternehmen bezeichnet, bei denen eine (einzige) natürliche Person Unternehmensträger (→ Rn. 5) ist. Dies ist bei knapp 70% aller in Deutschland betrieben Unternehmen der Fall, überwiegend handelt es sich dabei um kleinere Unternehmen. Der Gegenstand der unternehmerischen Tätigkeit kann dabei jeglicher Art sein und reicht vom nebenberuflichen Hausgewerbetreibenden bis zum freiberuflich tätigen Wirtschaftsprüfer. Da ein Einzelunternehmen wie jedes Unternehmen als bloße organisatorische Einheit **nicht rechtsfähig** ist (→ Rn. 3), existiert in rechtlicher Hinsicht nur die Vermögensphäre des Einzelunternehmers, der aus den unternehmensbezogenen Geschäften unmittelbar berechtigt und verpflichtet wird und seinen Gläubigern **persönlich und unbeschränkt** haftet.

---

[45] Mit Ausnahme der zumeist nicht registerpflichtigen Einzelunternehmen und der generell nicht registerpflichtigen GbR basieren die Daten auf Onlineabfragen des Unternehmensregisters (→ www.unternehmensregister.de) aus dem November 2017. Die Angaben über die Anzahl der Einzelunternehmen und der GbR wurden der „*Umsatzsteuerstatistik (Veranlagungen) 2012*" (Statistisches Bundesamt, Fachserie 14, Zeitreihe 8.2, Tabelle 5.2 → https://www.destatis.de/DE/Publikationen/Thematisch/FinanzenSteuern/Steuern/Umsatzsteuer/Umsatzsteuer.html) entnommen; insoweit sind die Daten aufgrund unterschiedlicher Stichtage und der im Gegensatz zum Unternehmensregister auf umsatzsteuerpflichtige Unternehmen beschränkten Datenbasis der Umsatzsteuerstatistik lediglich indikativ vergleichbar.

[46] OHG, KG und KGaA bereinigt um Mischgesellschaften (→ Rn. 148 ff.). Unbekannt ist, wie viele Kapitalgesellschaften lediglich die Funktion haben, als persönlich haftender Gesellschafter einer Mischgesellschaft zu fungieren.

Einen formalen **Gründungsakt** gibt es beim Einzelunternehmen ebenso wenig wie einen 41
Gesellschaftsvertrag, eine Beitragspflicht oder ein Mindestkapital. Das Einzelunternehmen
entsteht in Abwesenheit einer anderen Rechtsform vielmehr dadurch, dass eine natürliche
Person eine selbständige erwerbswirtschaftliche Tätigkeit aufnimmt. Eine bewusste Entscheidung für die Rechtsform des Einzelunternehmens muss damit nicht verbunden sein,
denn im Ergebnis stellt das Einzelunternehmen **keine besondere Rechtsform** dar, sondern den Zustand, der sich bei jedem rechtsgeschäftlichen Handeln einer natürlichen Person im eigenen Namen einstellt. Insoweit wurde es in der Vergangenheit auch insbesondere von Kleingewerbetreibenden und Existenzgründern bemängelt, dass das erforderliche
Mindestkapital zur Gründung einer Kapitalgesellschaft für sie unerreichbar hoch sei,[47] sodass ihnen faktisch nur die mit der persönlichen Haftung verbundene Rechtsform eines
Einzelunternehmens zur Verfügung stehe.

Da ein Einzelunternehmer mangels des Vorliegens einer Gesellschaft keine Mitgesell- 42
schafter hat, die durch sein Handeln verpflichtet werden könnten, und er zudem persönlich unbeschränkt haftet, ist er niemanden Rechenschaft schuldig, weshalb Einzelunternehmer im Grundsatz **nicht buchführungs- oder bilanzierungspflichtig** sind.

Betreibt der Einzelunternehmer ein gewerbliches Unternehmen, das seiner Art oder 43
seinem Umfang nach einen in kaufmännischer Weise eingerichteten Geschäftsbetrieb erfordert, ist er **(Einzel-)Kaufmann** (§ 1 Abs. 2 HGB). Dies ist bei rd. 76.000 der insgesamt 4.590.200 Einzelunternehmer der Fall (1,7 %). Einzelkaufleute treten unter einer
Firma, die Kennzeichnungs- und Unterscheidungskraft besitzen und auf die Kaufmannseigenschaft hinweisen muss, am Markt auf (§§ 17 Abs. 1, 18 Abs. 1, 19 Abs. 1 Nr. 1
HGB), sind register- und unter bestimmten Voraussetzungen auch buchführungs- und bilanzierungspflichtig.[48] Bei Unternehmen von erheblicher Größenordnung kann sich für
einen Einzelkaufmann darüber hinaus im Einzelfall eine Pflicht zur Prüfung und Veröffentlichung des Jahresabschlusses aus dem PublG ergeben.[49]

2. Personengesellschaften

Rund ein Viertel aller Gesellschaften mit einem erwerbswirtschaftlichen Zweck sind Per- 44
sonengesellschaften. Weit überwiegend handelt es sich dabei um GbR (→ Rn. 39).

Charakteristisch für Personengesellschaften sind neben der persönlichen Haftung min- 45
destens eines Gesellschafters[50] die aktive Tätigkeit der Gesellschafter in der Gesellschaft
und der Umstand, dass die Gesellschaft in ihrem Bestand von ihren Gesellschaftern abhängt.

a) Erscheinungsformen. Personengesellschaften lassen sich in Innen- und Außengesell- 46
schaften unterscheiden.

aa) Innengesellschaften. Von einer Innengesellschaft spricht man, wenn die Gesellschaft 47
nicht am Rechtsverkehr teilnimmt und auch sonst nach außen nicht in Erscheinung tritt.
Innengesellschaften haben daher nicht nur **keine Firma** und **keine Vertreter,** sondern
sind auch **nicht rechtsfähig.** Rechtsgeschäftliches Handeln erfolgt durch die Gesellschafter im eigenen Namen, was unbeschadet möglicher interner Ausgleichsansprüche gegenüber den anderen Gesellschaftern dazu führt, dass nach außen allein die handelnden Per-

---

[47] Die Gründung einer Kapitalgesellschaft erforderte vor der Einführung der UG ein freies Kapital von mindestens 12.500 EUR (§§ 5 Abs. 1, 7 Abs. 2 S. 2 GmbHG).
[48] Einzelkaufleute, deren Umsatzerlöse 600.000 EUR bei einem Jahresüberschuss von mindestens 60.000 EUR übersteigen, sind buchführungs- und bilanzierungspflichtig (§§ 238 Abs. 1, 241a, 242 Abs. 1, Abs. 4 HGB).
[49] Voraussetzung ist, dass an zwei aufeinanderfolgenden Abschlussstichtagen zwei der drei im PublG genannten Kriterien (Bilanzsumme mindestens 65 Mio. EUR, Umsatzerlöse mindestens 130 Mio. EUR, Anzahl der Mitarbeiter mindestens 5.000 Mitarbeiter) erfüllt werden (§ 1 Abs. 1 PublG).
[50] Ausnahme ist die PartG mbB (→ Rn. 81).

sonen persönlich berechtigt und verpflichtet werden und demzufolge auch unbeschränkt haften.

Dass eine Personengesellschaft nach außen nicht in Erscheinung tritt, ist nur bei einer GbR und der explizit normierten stillen Gesellschaft (§§ 230 ff. HGB), bei der es sich letztlich um eine spezielle Form der GbR handelt,[51] denkbar, da alle anderen Personengesellschaften entweder ein Handelsgewerbe betreiben (OHG: § 105 Abs. 1 HGB; KG: § 161 Abs. 1 HGB) oder der gemeinsamen Berufsausübung dienen (PartGes: § 1 Abs. 1 PartGG) und daher zwangsläufig nach außen in Erscheinung treten.

48 **(1) Gesellschaft bürgerlichen Rechts.** Dass die Gesellschaft nach außen nicht in Erscheinung tritt, ist bei einer GbR nicht ungewöhnlich. So wird die bereits als Beispiel angeführte Lottotippgesellschaft (→ Rn. 21) regelmäßig eine reine Innengesellschaft sein. Durch die den Gesellschaftern jederzeit mögliche Offenlegung der Existenz der Gesellschaft mittels offener Stellvertretung im rechtsgeschäftlichen Verkehr wird die (nicht rechtsfähige) Innengesellschaft in unveränderter Rechtsform zur (rechtsfähigen) Außengesellschaft.

49 **(2) Stille Gesellschaft.** Die stille Gesellschaft (§§ 230 ff. HGB) ist eine spezielle Form einer (Innen-)Gesellschaft bürgerlichen Rechts,[52] die ausweislich § 230 Abs. 1 HGB die stille Beteiligung *„an dem Handelsgewerbe, das ein anderer betreibt"* zum Gegenstand hat. Vertragspartner der stillen Gesellschaft sind der stille Gesellschafter und der Unternehmensträger (→ Rn. 5 ff.). Gemeinsames Vermögen am Unternehmen wird durch die stille Gesellschaft nicht, auch nicht mittelbar oder verdeckt, begründet.[53]

Eine stille Gesellschaft selbst ist als bloßes Finanzierungsverhältnis nicht primäres Objekt einer Unternehmensnachfolge, sondern Teil der dem Unternehmen zugeordneten Rechtsverhältnisse (→ Rn. 2 f.).

50 **(3) Unterbeteiligung.** Die Unterbeteiligung ist eine gesetzlich nicht geregelte Innengesellschaft, bei der dem Unterbeteiligten eine schuldrechtliche Mitbeteiligung am Gesellschaftsanteil des Hauptbeteiligten dergestalt eingeräumt wird, dass dieser zumindest am auf den Gesellschaftsanteil des Hauptbeteiligten entfallenden ausgeschütteten Gewinn beteiligt wird.[54] Im Ergebnis handelt es sich um eine indirekte Beteiligung am Unternehmensträger mittels einer *„(stillen) Beteiligung an einem Gesellschaftsanteil"*.[55] Auf die Unterbeteiligung kommen die Vorschriften über die stille Gesellschaft entsprechend zur Anwendung.[56]

51 **bb) Außengesellschaften.** Eine Außengesellschaft liegt vor, wenn die Gesellschaft nach außen in Erscheinung tritt. Bei einer Gesellschaft, mittels derer ein Unternehmen betrieben wird, ist dies stets der Fall.

52 **(1) Gesellschaft bürgerlichen Rechts.** Die in §§ 705 ff. BGB geregelte GbR ist nicht nur die einzige Gesellschaft, die sowohl Innen- als auch Außengesellschaft sein kann, sondern auch die einzige Personengesellschaft, mit der nicht lediglich ein erwerbswirtschaftlicher, sondern jeder mit dem Gesetz in Einklang stehende Zweck verfolgt werden kann. Sie steht damit als einzige Personengesellschaft auch „Privatpersonen" offen, was bereits

---

[51] MüKoHGB/*K. Schmidt* § 230 Rn. 6.
[52] MüKoHGB/*K. Schmidt* § 230 Rn. 6.
[53] Gleichwohl ist die Bildung gemeinsamen Vermögens nicht ausgeschlossen. Denkbar ist es bspw., dass der stille Gesellschafter und der Unternehmensträger ein gemeinsames Bankkonto zur Abwicklung der Einlage eröffnen, MüKoHGB/*K. Schmidt* § 230 Rn. 9. In der Praxis dies aber eher ungewöhnlich.
[54] BGH NZG 2012, 224 Tz. 19 mwN.
[55] Oetker/*Wedemann* § 230 Rn. 122; MüKoHGB/*K. Schmidt* § 230 Rn. 192.
[56] BGH NZG 2012, 224 Tz. 19.

durch ihre Stellung im BGB verdeutlicht wird. In der Praxis werden mit GbR überwiegend Zwecke nicht erwerbswirtschaftlicher Art verfolgt,[57] weshalb die GbR gegenüber den übrigen Personengesellschaften Besonderheiten, bspw. die fehlende Firmierungs- und Registerpflicht, aufweist. Gleichwohl ist die zeitlich erst nach den Personenhandelsgesellschaften gesetzlich normierte GbR die Grundform aller Personengesellschaften.[58] Sie ist die mit Abstand häufigste Rechtsform des Personengesellschaftsrechts, rd. 407.000 Gesellschaften, dies entspricht rd. 90% aller Personengesellschaften (ohne Berücksichtigung von Mischgesellschaften, zu diesen → Rn. 148 ff.), sind GbR (→ Rn. 39).

(2) Personenhandelsgesellschaften. Die bereits im ADHGB von 1861 geregelten Rechtsformen OHG und KG werden auch als **Personenhandelsgesellschaften** bezeichnet, da beide Personengesellschaften sind, die den Betrieb eines Handelsgewerbes zum Gegenstand haben. Unter Ausblendung der gesondert behandelten Mischgesellschaften, bei denen es sich weit überwiegend um GmbH & Co. KGs handelt (→ Rn. 148 ff.), sind lediglich 1,9% aller Gesellschaften Personenhandelsgesellschaften (→ Rn. 39). 53

Die in den §§ 105 ff. HGB normierte **Offene Handelsgesellschaft** ist dabei im Wesentlichen eine „professionalisierte Variante" der GbR, die sich von dieser hinsichtlich des Zwecks dadurch unterscheidet, dass der Gesellschaftszweck einer OHG speziell im Betrieb eines Handelsgewerbes liegt (§ 105 Abs. 1 HGB). Insoweit besteht ein fließender Übergang zwischen einer GbR mit erwerbswirtschaftlichem Zweck und einer OHG: eine GbR mit erwerbswirtschaftlichem Zweck, die die Voraussetzungen des § 1 Abs. 2 HGB erfüllt und daher ein Handelsgewerbe betreibt, ist schon dadurch unbeschadet einer fehlenden Registereintragung eine OHG (§ 123 Abs. 2 HGB), während eine OHG, die die Voraussetzungen des § 1 Abs. 2 HGB nicht mehr erfüllt, nur dann automatisch zur GbR „absteigt", wenn sie (noch) nicht im Handelsregister eingetragen ist (§ 105 Abs. 2 HGB).[59] Regelungstechnisch baut das Recht der OHG auf dem Recht der GbR auf (§ 105 Abs. 3 HGB), sodass die §§ 105 ff. HGB lediglich die - wie im Recht der GbR grundsätzlich disponiblen - Regelungen enthalten, mit denen vom Recht der GbR abgewichen oder dieses ergänzt wird (§ 109 HGB). 54

Die **Kommanditgesellschaft,** bei der die persönlich haftenden Gesellschafter entgegen der gesetzlichen Diktion verbreitet als **Komplementäre** bezeichnet werden,[60] ist demgegenüber eine Erweiterung der OHG um den Gesellschaftertypus des Kommanditisten, dessen Außenhaftung sich der Summe nach auf die vereinbarte Haftsumme beschränkt. Die Position des Kommanditisten war dabei ursprünglich für die (im Gegensatz zur stillen Gesellschaft offen in Erscheinung tretenden) nicht aktiv in der Gesellschaft tätigen Financiers der Gesellschaft vorgesehen, die ähnlich einem heutigen Risikokapitalgeber keine Verzinsung erhielten, sondern mit einem Anteil am Gewinn der Gesellschaft entlohnt wurden. Heute wird die KG hingegen zumeist als Mischgesellschaft in Form einer Kapitalgesellschaft & Co. KG genutzt (→ Rn. 39, → Rn. 149 ff.). Regelungstechnisch basiert die KG auf dem Recht der OHG (§ 161 Abs. 2 HGB) und damit mittelbar auch auf dem Recht der GbR (§ 105 Abs. 3 HGB), sodass in den §§ 161 ff. HGB lediglich die Abweichungen und Ergänzungen vom bzw. zum Recht der OHG normiert sind. 55

(3) Seehandelsgesellschaften. Als Seehandelsgesellschaften werden die im HGB aF für die Teilnahme am Seehandel mittels eines gemeinsam betriebenen Schiffes vorgesehene 56

---

[57] Genaue Daten über die Häufigkeit von GbR, mit denen kein erwerbswirtschaftlicher Zweck verfolgt wird, gibt es nicht, da GbR mangels Registerpflicht nicht registriert werden und im privaten Bereich oftmals auch reine Innengesellschaften sind. Tatsächlich ist die Anzahl unüberschaubar. So ist bspw. jede Fahrgemeinschaft zum Zweck der Kostenteilung eine GbR.
[58] OHG: § 105 Abs. 3 BGB; KG: §§ 105 Abs. 3, 161 Abs. 2 BGB; PartGes: §§ 105 Abs. 3 BGB, 1 Abs. 4 PartGG.
[59] Henssler/Strohn/*Henssler* HGB § 105 Rn. 26.
[60] Im HGB wird der Begriff des persönlich haftenden Gesellschafters verwendet.

Partenreederei (§§ 489 ff. HGB aF) und die der Herstellung des gemeinsamen Schiffes dienende **Baureederei** (§ 509 HGB aF) bezeichnet.[61] Sie können seit dem 25. 4. 2013 nicht mehr neu gegründet werden.[62] Bestehende Seehandelsgesellschaften können zeitlich unbegrenzt weiterbetrieben werden, insoweit kommt das HGB aF weiterhin zur Anwendung (Art. 71 Abs. 1 EGHGB). Der Bestand einer Seehandelsgesellschaft hängt vom Eigentum am Schiff ab, sodass die bestehenden Seehandelsgesellschaften in Abhängigkeit vom Zeitpunkt der Veräußerung oder Verschrottung des Schiffes auslaufenden Charakter haben. Seehandelsgesellschaften werden nachfolgend nicht vertiefend erörtert.

57 **(4) Partnerschaftsgesellschaften.** Die nur den Angehörigen freier Berufe offenstehenden Partnerschaftsgesellschaften (§ 1 Abs. 2 PartGG) ermöglichen diesen die berufliche, auch interprofessionelle Zusammenarbeit,[63] ohne entgegenstehende berufsrechtliche Vorschriften zu überwinden.[64] Die PartGes (Partnerschaftsgesellschaft und Partnerschaftsgesellschaft mit beschränkter Berufshaftung) basieren dabei, soweit es das Rechtsverhältnis der Partner zueinander betrifft, auf dem Recht der OHG (§ 6 Abs. 3 PartGG), im Übrigen auf dem Recht der GbR (§ 1 Abs. 4 PartGG).

58 Grundform der PartGes ist die 1995 eingeführte Rechtsform der **Partnerschaftsgesellschaft (PartG)**, bei der im Grundsatz jeder Partner persönlich für die Verbindlichkeiten der Gesellschaft haftet, die persönliche Haftung für Verbindlichkeiten aus beruflichen Fehlern indes auf die auftragsbearbeitenden Partner beschränkt ist (§ 8 Abs. 2 PartGG). Im Jahr 2013 reagierte der Gesetzgeber durch Einführung der **Partnerschaftsgesellschaft mit beschränkter Berufshaftung (PartG mbB)**, die keine eigenständige Rechtsform, sondern ein Variante der PartG ist,[65] bei der unter bestimmten Voraussetzungen kein Partner für berufliche Fehler persönlich haftet, auf den Umstand, dass Freiberufler für die berufliche Zusammenarbeit verstärkt auf Gesellschaftsformen aus anderen Mitgliedsstaaten der EU zurückgriffen, die die steuerlichen Vorteile einer Personengesellschaft[66] mit dem den Kapitalgesellschaften immanenten Vorteil einer Haftungsbeschränkung auf das Vermögen der Gesellschaft kombinieren[67] (→ Rn. 32 ff.).

59 **(5) Europäische Wirtschaftliche Interessenvereinigung.** Die Europäische Wirtschaftliche Interessenvereinigung ist eine Personengesellschaft. Ihre Zulässigkeit basiert auf einer Verordnung der EWG, deren Rechtsnachfolgerin die EU ist. Die EWIV wird im Kontext mit den anderen auf Gemeinschaftsrecht basierenden Gesellschaftsformen betrachtet (→ Rn. 155 ff.).

60 **b) Rechtsnatur und Rechtsfähigkeit.** Personengesellschaften sind in ihrem Bestand abhängig von ihren Gesellschaftern. Sind nicht mindestens zwei Gesellschafter vorhanden, ist die Gesellschaft im Gegensatz zu einer von ihren Gesellschaftern unabhängigen Kapitalgesellschaft sofort vollbeendet und damit nicht mehr existent (→ Rn. 94). Personengesellschaften sind daher **keine Personen** im juristischen Sinne (→ Rn. 9) und haben **keine eigene Rechtspersönlichkeit** (→ Rn. 9). Sie sind ausweislich § 719 Abs. 1 BGB, der

---

[61] Die Bezeichnung als See*handels*gesellschaft ist zumindest bei der Baureederei falsch, da diese kein Handelsgewerbe betreibt. Bei der Partenreederei ist dies streitig (dafür MüKoHGB/*K. Schmidt* § 1 Rn. 49 mwN, dagegen EBJS/*Kindler* § 1 Rn. 75 mwN).
[62] Gesetz zur Änderung des Seehandels v. 25. 4. 2013, BGBl. I 831.
[63] Die Definition des Begriffs der „freien Berufe" findet sich neben einer beispielshaften Aufzählung in § 1 Abs. 2 PartGG, bei der es sich um eine modifizierte Fassung des § 18 Abs. 1 Nr. 1 EStG handelt.
[64] Einschränkende Regelungen finden sich insbesondere in den Berufsordnungen der zur Verschwiegenheit verpflichteten Berufe, bspw. in § 59a BRAO (teilweise nichtig gem. BVerfG NJW 2016, 700), § 44b WPO, § 56 StBerG, § 18 MBO-Ä 1997 (in der Fassung des Beschlusses des 118. Ärztetages 2015).
[65] BT-Drs. 17/10487, 13 re.Sp.
[66] Freie Berufe betreiben kein Gewerbe iSv § 1 GewStG und sind daher nicht gewerbesteuerpflichtig.
[67] Die PartG mbB wird im Gesetzentwurf als „deutsche Alternative zur LLP" bezeichnet (BT-Drs. 17/10487, 1.

II. Rechtsformen und ihre Bedeutung in der Praxis § 5

nach herrschender Ansicht nicht nur auf die GbR, sondern über die bereits genannten Verweisungsnormen[68] auch bei allen übrigen Personengesellschaften zur Anwendung kommt, **Gesamthandschaften.**

Personengesellschaften sind **rechtsfähig,** sofern die Rechtsordnung ihnen die Rechtsfähigkeit zuerkennt. Dies ist bei allen Personengesellschaften, die Außengesellschaften sind, aufgrund gesetzlicher Anerkennung bzw. entsprechender, inzwischen gefestigter und allgemein anerkannter Rechtsprechung[69] der Fall. Personengesellschaften haben somit eine **eigene Vermögenssphäre.** Sie stehen letztlich zwischen Einzelunternehmen, bei denen eine natürliche Person Unternehmensträger ist und es keine von diesem zu trennende unternehmerische Sphäre gibt, und den Kapitalgesellschaften, bei denen die Gesellschaft als von ihren Gesellschaftern unabhängige juristische Person mit eigener Vermögenssphäre Träger des Unternehmens ist. 61

c) Gesellschafter. Eine Personengesellschaft hat jederzeit **mindestens zwei** Gesellschafter, bei denen es sich um nicht identische Rechtsträger (→ Rn. 8 ff.) handelt.[70] Personengesellschaften können Gesellschafter einer anderen Personengesellschaft sein, eine Eigenbeteiligung ist ausgeschlossen. 62

Eine **Einpersonengesellschaft,** die sich dadurch auszeichnet, dass die Gesellschaft lediglich einen Gesellschafter hat, gibt es im Personengesellschaftsrecht nicht. Zumindest bei der GbR und den Personenhandelsgesellschaften ist es aber möglich, dass mehrere Rechtsträger, von denen einer die anderen beherrscht, oder die alle von einem anderen Rechtsträger beherrscht werden, eine Personengesellschaft gründen, die dann zwar keine Einpersonengesellschaft ist, im Ergebnis aber dem ursprünglichen Leitbild des Gesetzgebers zuwider von einem Rechtsträger beherrscht wird. Es handelt sich dann zwingend um eine Mischgesellschaft (→ Rn. 148 ff.), der oftmals steuerliche Motive zugrunde liegen. Dass von dieser Möglichkeit rege Gebrauch gemacht wird, belegt der Umstand, dass den rd. 37.500 „klassischen" OHGs und KGs, bei denen mindestens eine natürliche Person persönlich haftet, rd. 242.500 OHGs und KGs gegenüberstehen, bei denen dies nicht der Fall ist (→ Rn. 39). 63

Wird die **Zweigesellschaftergrenze** unterschritten, führt dies unabhängig von Zeitpunkt, Dauer und Gründen der Unterschreitung ohne Auflösung (→ Rn. 90 f.) zur sofortigen Vollbeendigung der Gesellschaft (→ Rn. 94), deren Vermögen (einschließlich der Schulden) dem zuletzt vorhandenen Gesellschafter automatisch anwächst (GbR: § 738 Abs. 1 S. 1 BGB; OHG: §§ 738 Abs. 1 S. 1 BGB, 105 Abs. 3 HGB; KG: §§ 738 Abs. 1 S. 1 BGB, 105 Abs. 3, 161 Abs. 2 HGB; PartGes: §§ 738 Abs. 1 S. 1 BGB, 1 Abs. 4 PartGG). Vorhandene stille Reserven werden dabei steuerlich aufgelöst, sodass die Anwachsung mit gravierenden steuerlichen Nachteilen einhergehen kann. 64

d) Gesellschaftsvertrag. Der Gesellschaftsvertrag ist die bei jeder Gesellschaftsform erforderliche schuldrechtliche Vereinbarung zwischen den Gesellschaftern (→ Rn. 22), die für die Errichtung der Gesellschaft (→ Rn. 8) unabdingbar ist. 65

---

[68] OHG: § 105 Abs. 3 HGB; KG: §§ 105 Abs. 3, 161 Abs. 2 HGB; PartGes: § 1 Abs. 4 PartGG.
[69] 2001 hat der BGH unter Aufgabe seiner bis dato stRspr entschieden, dass eine GbR rechtsfähig ist, wenn sie nach außen in Erscheinung tritt (BGHZ 146, 341 = NJW 2001, 1056 = NZG 2001, 311). Bei den übrigen Personengesellschaften folgt die Rechtsfähigkeit bereits aus dem Gesetz (OHG: § 124 Abs. 1 HGB; KG: §§ 124 Abs. 1, 161 Abs. 2 HGB; PartGes: § 7 Abs. 2 PartGG).
[70] Da der Gesellschaftsanteil an einer Personengesellschaft „notwendig ein einheitlicher ist, der in der Hand eines Gesellschafters nicht einer Aufspaltung oder einer verschiedenen rechtlichen Gestaltung zugänglich ist" (BGHZ 24, 106 = NJW 1957, 1026), kann ein Gesellschafter einer Personengesellschaft an dieser nicht mit einem zweiten Anteil beteiligt sein. Dies gilt im Fall einer KG auch, wenn es um eine Beteiligung als persönlich haftender Gesellschafter und als Kommanditist geht (BGH BeckRS 1963, 31180210; OLG Jena NZG 2011, 1301 Tz. 8).

66 Mangels gesetzlicher **Formerfordernisse** kann der Gesellschaftsvertrag einer Personengesellschaft formfrei geschlossen werden.[71,72] Sofern der Inhalt des Gesellschaftsvertrags allerdings aus anderen als gesellschaftsrechtlichen Gründen Formerfordernissen unterliegt (bspw. bei der Verpflichtung eines Gesellschafters, ein Grundstück in die Gesellschaft einzubringen, § 311b Abs. 1 S. 1 BGB), werden solche Formerfordernisse nicht durch die gesellschaftsrechtliche Formfreiheit überwunden. Bei einer Gesellschaft mit einem erwerbswirtschaftlichen Zweck ist die freiwillige Beachtung der Schriftform (als Mindestmaß) stets anzuraten.

67 **Inhaltlich** können alle für die jeweilige Gesellschaftsform bestehenden gesetzlichen Regelungen durch den Gesellschaftsvertrag überwunden werden, sofern dies nicht ausdrücklich ausgeschlossen ist.[73] Die rechtlichen Beziehungen zwischen der Gesellschaft und den Gesellschaftern und zwischen den Gesellschaftern einschließlich organisationsrechtlicher Elemente[74] können damit von den Gesellschaftern weitgehend eigenständig geregelt werden. Die Vereinbarung muss dabei zumindest die *essentialia negotii* (Gesellschafter, gemeinsam verfolgter Zweck, Förderungspflicht einschließlich gegebenenfalls zu erbringender Beiträge)[75] umfassen. Ein Überblick über die Regelungen, die ein Gesellschaftsvertrag vor einer Übertragung haben sollte, wird in → § 14 gegeben.

68 **Vertragsänderungen** bedürfen der **Zustimmung aller Gesellschafter.** Abgesehen davon, dass dies schon aus allgemeinen zivilrechtlichen Grundsätzen folgt, werden Entscheidungen bei einer Personengesellschaft generell einstimmig getroffen (GbR: § 709 Abs. 1 BGB; OHG: § 119 Abs. 1 HGB; KG: §§ 119 Abs. 1, 161 Abs. 2 HGB; PartGes: §§ 119 Abs. 1 HGB, 6 Abs. 3 S. 2 PartGG). Abweichende Bestimmungen im Gesellschaftsvertrag („**Mehrheitsklauseln**") sind zulässig (GbR: § 709 Abs. 2 BGB; OHG: § 119 Abs. 2 HGB; KG: §§ 119 Abs. 2, 161 Abs. 2 HGB; PartGes § 119 Abs. 2 HGB, 6 Abs. 3 S. 2 PartGG). Bei „**Grundlagengeschäften**" - darunter werden im Gesellschaftsrecht Vertragsänderungen und Geschäfte, die in ähnlicher Weise wie eine Änderung des Gesellschaftsvertrags die vertraglichen Grundlagen der Gesellschaft berühren, verstanden[76] - kommt solch eine Mehrheitsklausel aber nur zur Anwendung, wenn sie sich ausschließlich auf den Beschlussgegenstand erstreckt oder eine Vertragsauslegung nach den allgemeinen Auslegungsgrundsätzen ergibt, dass der entsprechende Beschlussgegenstand von der Mehrheitsklausel umfasst ist.[77] Ob eine nach vorstehenden Grundsätzen in formeller Hinsicht wirksame Vertragsänderung durch einen Mehrheitsbeschluss auch materiell-rechtlich wirksam ist, beurteilt sich danach, ob Minderheitsgesellschafter durch die Änderung unangemessen benachteiligt werden, was insbesondere bei der Entziehung unverzichtbarer oder nur mit Zustimmung des betroffenen Gesellschafters entziehbarer Gesellschafterrechte der Fall ist.

69 Durch den **Abschluss des Gesellschaftsvertrags** entsteht die Personengesellschaft im Innenverhältnis. Nach außen wird die Gesellschaft aufgrund gesetzlicher Regelung durch

---

[71] Ausnahme sind PartGes, § 3 Abs. 1 PartGG.
[72] Bei GbR wären Formerfordernisse aufgrund der überwiegenden Verwendung der Rechtsform für private Zwecke von oftmals kurzer Dauer (→ Rn. 52) im Alltag nicht praktikabel; aufgrund der Durchlässigkeit zwischen GbR und OHG (→ Rn. 54) muss dies auch für die OHG gelten.
[73] OHG: § 109 HGB; KG: §§ 109, 161 Abs. 2 HGB; PartGes: § 6 Abs. 3 PartGG. Bei der GbR folgt dies daraus, dass im Gesetz einige Regelungen ausdrücklich als nicht disponibel deklariert werden (bspw. § 723 Abs. 3 BGB), sodass die übrigen gesetzlichen Regelungen disponibel sind.
[74] MüKoHGB/*Schmidt* § 105 Rn. 114.
[75] MHdB GesR I/*Möhrle* § 5 Rn. 38. Handelt es sich bei der Gesellschaft nicht um eine GbR, ist zudem eine Einigung über den Sitz der Gesellschaft und die Firma (bei PartGes über den Namen) erforderlich, im Fall der KG zudem eine Einigung über die Haftungsbeschränkung der Kommanditisten und deren von ihren Pflichteinlagen zu unterscheidenden Haftsummen.
[76] Oetker/*Lieder* § 114 Rn. 6.
[77] BGHZ 203, 77 = NZG 2014, 1296 unter Aufgabe der auf das RG zurückgehenden Rspr. vom „Bestimmtheitsgrundsatz", nach der Grundlagengeschäfte nur dann von einer Mehrheitsklausel erfasst sind, wenn der entsprechende Geschäftstyp konkret als Gegenstand der Mehrheitsklausel benannt ist (RGZ 91, 166; 163, 385; BGHZ 8, 35 (41) = NJW 1953, 102).

II. Rechtsformen und ihre Bedeutung in der Praxis § 5

die Aufnahme der Geschäfte wirksam,[78] bei registerpflichtigen Gesellschaften (→ Rn. 70) spätestens durch die Eintragung.[79]

e) Registerpflicht. Mit Ausnahme der GbR unterliegen alle Personengesellschaften der Registerpflicht (OHG: § 106 HGB; KG: §§ 106, 161 Abs. 2, 162 Abs. 1 HGB; PartGes: §§ 106 HGB, 4 Abs. 1 S. 1 PartGG). **Eintragungspflichtige Tatsachen** sind dabei insbesondere die Firma (bei PartGes der Name) und der Sitz der Gesellschaft, die Gesellschafter und ihre Vertretungsbefugnisse, sowie die Haftungsverhältnisse (OHG: § 106 Abs. 2 HGB; KG: §§ 106 Abs. 2, 161 Abs. 2, 162 Abs. 1 HGB; PartGes: §§ 3 Abs. 2, 4 Abs. 1 PartGG). 70

f) Beiträge. Die aufgrund der entsprechenden gesellschaftsvertraglichen Vereinbarung von den Gesellschaftern an die Gesellschaft zu erbringenden Leistungen werden als „Beiträge" bezeichnet. Geleistete Beiträge werden **„Einlagen"** genannt. Aufgrund der persönlichen Haftung mindestens eines Gesellschafters sind sie bei Personengesellschaften - im Gegensatz zu Kapitalgesellschaften - nicht auf Bar- und Sacheinlagen begrenzt, sondern können bspw. auch in der Erbringung von Diensten liegen. Die Bewertung der Einlagen ist unter gesellschaftsrechtlichen Gesichtspunkten interne Angelegenheit der Gesellschafter, bilanzrechtlich ist hingegen auf den beizulegenden Wert abzustellen.[80] Soweit durch die Pflichteinlage eines Kommanditisten dessen für die Außenhaftung relevante Haftsumme aufgebracht werden soll (§ 171 Abs. 1 HGB), muss die Pflichteinlage in werthaltiger Form erbracht werden.[81] 71

g) Willensbildung, Geschäftsführung und Vertretung. Sie erfolgen in einer Personengesellschaft durch die Gesellschafter. 72

aa) Grundsatz der Selbstorganschaft. Nach dem Grundsatz der Selbstorganschaft wird die organschaftliche Geschäftsführung ebenso wie die organschaftliche Vertretung der Gesellschaft von den (persönlich haftenden) Gesellschaftern wahrgenommen.[82] Eine ergänzende und widerrufliche Delegation auf beschränkt haftende Gesellschafter und Nichtgesellschafter, die dann aber keine organschaftlichen Geschäftsführer bzw. Vertreter sind, ist möglich. Im Fall der Auflösung der Gesellschaft (→ Rn. 90 f.) kommt der Grundsatz der Selbstorganschaft nicht mehr zur Anwendung, sodass auch (ausschließlich) Nichtgesellschafter Liquidatoren sein können.[83] 73

bb) Geschäftsführung. Persönlich haftende Gesellschafter sind stets zur organschaftlichen Geschäftsführung berufen, abweichende vertragliche Regelungen dergestalt, dass einzelne Gesellschafter nicht geschäftsführungsbefugt sind, sind unter Beachtung des 74

---

[78] OHG: § 123 Abs. 2 HGB; KG: §§ 123 Abs. 2, 161 Abs. 2 HGB. Die Haftungsbeschränkung des Kommanditisten tritt in jedem Fall erst mit der Eintragung seiner Haftsumme ein (§ 176 Abs. 1 HGB). Bei GbR entspricht es der Rspr. des BGH, dass das Auftreten nach außen die Entstehung einer rechtsfähigen Außengesellschaft zur Folge hat (→ Fn. 70). PartGes entstehen im Außenverhältnis durch die Eintragung (§ 7 Abs. 1 PartGG), auf einen vorherigen Beginn der Geschäftstätigkeit kommt es nicht an.
[79] OHG: § 123 Abs. 1 HGB; KG: §§ 123 Abs. 1, 161 Abs. 2 HGB; PartGes: § 7 Abs. 1 PartGG. Die GbR ist nicht registerpflichtig.
[80] MüKoHGB/*Priester*, § 120 Rn. 32 ff.
[81] BGH NJW 1976, 418 (419).
[82] Der Grundsatz der Selbstorganschaft dient dem Schutz der persönlich haftenden Gesellschafter und des Rechtsverkehrs (MüKoHGB/*Schmidt* § 125 Rn. 5). Temporäre Ausnahmen erfährt er im Fall eines Verfahrens gegen den einzigen geschäftsführungs- oder den einzigen vertretungsbefugten Gesellschafter auf Entzug der Geschäfts- bzw. der Vertretungsbefugnis oder auf Ausschluss aus der Gesellschaft.
[83] OHG: § 146 Abs. 2 HGB; KG: §§ 146 Abs. 2, 161 Abs. 2 HGB; PartGes: §§ 146 Abs. 2 HGB, 10 Abs. 1 PartGG; GbR: § 146 Abs. 2 HGB analog (*obiter dictum* in BGH NJW 2011, 3087 (3089 Tz. 19)).

Grundsatzes der Selbstorganschaft möglich (→ Rn. 73).[84] Bei der GbR gilt im Rahmen der Geschäftsführung für die Willensbildung das Prinzip der Einstimmigkeit („**gemeinschaftliche Geschäftsführung**", § 709 Abs. 1 BGB), während die persönlich haftenden Gesellschafter von OHG und KG ebenso wie die Partner einer PartGes **einzelgeschäftsführungsbefugt** sind, wobei jedem geschäftsführenden Gesellschafter bzw. jedem Partner das Recht zusteht, Maßnahmen anderer geschäftsführender Gesellschafter bzw. anderer geschäftsführender Partner vor der Durchführung zu widersprechen (OHG: §§ 114 Abs. 1, 115 Abs. 1 HGB; KG: §§ 114 Abs. 1, 115 Abs. 1, 161 Abs. 2 HGB; PartGes: §§ 114 Abs. 1, 115 Abs. 1 HGB, 6 Abs. 3 S. 2 PartGG). Hintergrund dieser Regelungen (Gesamtgeschäftsführung bzw. Einzelgeschäftsführung mit Widerspruchsrecht) ist, dass niemand persönlich für Maßnahmen haften soll, die für ihn nicht zu verhindern waren. **Abweichende Regelungen** hinsichtlich der Reichweite der Geschäftsführungskompetenz können im Gesellschaftsvertrag vereinbart werden.

75 **Kommanditisten** sind weder zur organschaftlichen Geschäftsführung berufen (§ 164 S. 1 Hs. 1 HGB), noch steht ihnen ein Widerspruchsrecht gegen Handlungen der geschäftsführenden Gesellschafter zu (Ausnahme sind die Grundlagengeschäfte, § 164 S. 1 Hs. 2 HGB, dazu nachfolgend).

76 cc) **Grundlagengeschäfte.** Die Kompetenz der Geschäftsführung wird überschritten, wenn es um Grundlagengeschäfte (→ Rn. 68) geht. Diese sind vielmehr Angelegenheit aller Gesellschafter und bedürfen daher eines Gesellschafterbeschlusses. Insoweit gilt das **Einstimmigkeitsprinzip,** das durch Mehrheitsklausel im Gesellschaftsvertrag modifiziert werden kann (→ Rn. 68). Wie eine Abstimmung der Gesellschafter erfolgt, ist dabei nicht geregelt, **Gesellschafterversammlungen** sind zumindest nicht ausdrücklich vorgeschrieben.

77 dd) **Vertretung.** Die organschaftliche Vertretungskompetenz folgt in einer Personengesellschaft der organschaftlichen Geschäftsführungskompetenz (GbR: § 714 BGB; OHG: § 125 Abs. 1 HGB; KG: §§ 164, 125 Abs. 1, 161 Abs. 2 HGB; PartGes: §§ 125 Abs. 1 HGB, 7 Abs. 3 PartGG), sofern der Gesellschaftsvertrag keine abweichende Regelung enthält. Eine Delegation ist aufgrund des **Grundsatzes der Selbstorganschaft** (→ Rn. 73) nur bedingt möglich. Kommanditisten sind von der organschaftlichen Vertretung ausgeschlossen (§ 170 HGB).

78 h) **Haftung.** Die **Personengesellschaft** selbst haftet für ihre Verpflichtungen mit ihrem gesamten Vermögen. Für eine Haftungsbeschränkung bedarf es einer individualvertraglichen Vereinbarung mit dem jeweiligen Gläubiger.[85]

79 Mit Ausnahme der Kommanditisten einer KG und der Partner einer PartG mbB haften den Gesellschaftsgläubigern zudem **alle Gesellschafter** (bei der PartG im Fall der Haftung für berufliche Fehler alle auftragsbearbeitenden Partner) in zumindest entsprechender Anwendung der §§ 128ff., 160 HGB[86] **als Gesamtschuldner** persönlich, unmittelbar und der Höhe nach unbeschränkt (§ 128 S. 1 HGB). Abweichende Vereinbarungen im Innenverhältnis sind ohne Außenwirkung (§ 128 S. 2 HGB); eine **Haftungsbeschrän-**

---

[84] Partner einer PartGes können in beruflichen Fragen nicht von der Geschäftsführung ausgeschlossen werden, § 6 Abs. 2 PartGG.

[85] Eine Haftungsbeschränkung durch AGB ist unzulässig (BGH NJW 1999, 3485), ebenso ein haftungsbeschränkender Zusatz in der Firmierung („GbR mbH"), da damit gegen den Numerus clausus der Gesellschaftsformen (→ Rn. 22) verstoßen würde (BGHZ 142, 315 = NJW 1999, 3483; NJW-RR 2004, 400 Tz. 17; BFHE 255, 239).

[86] GbR: § 128f. HGB gem. BGHZ 146, 341 = NJW 2001, 1056 (1061) = NZG 2001, 311; § 130 HGB gem. BGHZ 154, 370 = NJW 2003, 1803; für PartG → Rn. 736 bzw. 739; OHG: §§ 128ff., 160 HGB; KG: §§ 128ff., 160, 161 Abs. 2 HGB. Auf PartGes ist § 128 HGB nicht anwendbar, die Gesellschafterhaftung folgt insoweit aus § 8 Abs. 1 S. 1 bzw. § 8 Abs. 2 PartGG; die §§ 129f. HGB sind gem. § 8 Abs. 1 PartGG entsprechend anwendbar; § 160 HGB ist gem. § 10 Abs. 2 PartGG anwendbar.

II. Rechtsformen und ihre Bedeutung in der Praxis §5

kung ist nur durch eine individualvertragliche Vereinbarung mit den Gesellschaftsgläubigern möglich.[87] Die Haftung ist akzessorisch, sodass den haftenden Gesellschaftern neben den eigenen Einwendungen auch die Einwendungen der Gesellschaft zustehen (§ 129 HGB). **Eintretende Gesellschafter** haften dabei auch für die zum Zeitpunkt des Eintritts bereits begründeten Verbindlichkeiten (§ 130 HGB); **ausgeschiedene Gesellschafter** für alle bis zur Registereintragung ihres Ausscheidens begründeten Verbindlichkeiten (§ 160 Abs. 1 S. 1 HGB). Die Nachhaftung ist auf fünf Jahre limitiert, wobei die **Nachhaftungsfrist** am Ende des Tages der Eintragung (§ 160 Abs. 1 S. 2 HGB), bei fehlender Eintragung mit Kenntniserlangung des Gläubigers vom erfolgten Ausscheiden[88] zu laufen beginnt. Der Nachhaftung des Gesellschafters im Außenverhältnis steht im Innenverhältnis ein Befreiungsanspruch gegenüber (→ Rn. 85).

Kommanditisten haften den Gesellschaftsgläubigern **dem Grunde nach** wie persönlich haftende Gesellschafter (§§ 128 ff., 160, 161 Abs. 2 HGB). **Der Höhe nach** ist die Haftung dabei in der Summe auf die im Gesellschaftsvertrag vereinbarte und im Handelsregister eingetragene Haftsumme **begrenzt** (§§ 171 Abs. 1, 172 Abs. 1 HGB). Beginnt die Gesellschaft ihre Geschäftstätigkeit mit Kenntnis des Kommanditisten vor der Eintragung seiner Haftsumme, haftet der Kommanditist für die bis zur Eintragung begründeten Verbindlichkeiten **unbeschränkt** (§ 176 Abs. 1 HGB). Dies gilt auch für die Verbindlichkeiten, die bei einem Eintritt in eine bestehende Gesellschaft zwischen dem Eintritt und der Eintragung der Haftsumme begründet werden (§ 176 Abs. 2 HGB), weshalb ein Eintritt stets auf diese Eintragung bedingt vereinbart werden sollte. Soweit der Kommanditist seine Haftsumme durch die Leistung der (werthaltigen) Pflichteinlage oder Zahlungen an Gesellschaftsgläubiger aufgebracht hat, ist seine Haftung ausgeschlossen (§ 171 Abs. 1 Hs. 2 HGB). Die vollständige Leistung der der Haftsumme wertmäßig mindestens entsprechenden Pflichteinlage befreit den Kommanditisten daher von der Außenhaftung (dies gilt nicht in den genannten Fällen, in denen der Kommanditist unbeschränkt haftet). Fällt dem Kommanditisten wegen des Ausscheidens (→ Rn. 83 ff.) aller persönlich haftenden Gesellschafter das gesamte Gesellschaftsvermögen im Wege der **Anwachsung** (→ Rn. 64) zu, beschränkt sich seine Haftung auf das Gesellschaftsvermögen.[89] Dies gilt nicht, wenn er das Unternehmen (in Form eines Einzelunternehmens) fortsetzt. 80

Partner einer PartGes haften den Gesellschaftsgläubigern grundsätzlich im vorstehend beschriebenen Umfang (→ Rn. 79), wobei die Haftung für **berufliche Fehler** auf die mit der Bearbeitung des entsprechenden Auftrags befassten Partner beschränkt ist (§ 8 Abs. 2 PartGG).[90] Ein nach seinem Eintritt in die Bearbeitung eines Auftrags eingebundener Partner haftet auch für solche beruflichen Fehler persönlich, die zum Zeitpunkt seines Eintritts bereits begangen und nicht mehr korrigierbar waren.[91] Wurde ein Auftrag von keinem Partner oder überhaupt nicht bearbeitet, haftet für berufliche Fehler allein die PartGes.[92] Bei der **PartG mbB** haftet für berufliche Fehler stets allein die Gesellschaft (§ 8 Abs. 4 S. 1 PartGG). 81

i) Änderungen im Gesellschafterbestand. Sofern ein Gesellschafter bei Fortsetzung der Gesellschaft zwischen den übrigen Gesellschaftern aus der Gesellschaft ausscheidet, ein 82

---

[87] Im Regelfall wird man allerdings versuchen, die Haftung der Gesellschaft zu begrenzen, wodurch auch die (akzessorische) Haftung der Gesellschafter entsprechend limitiert wird.
[88] BGH NZG 2007, 3784 (für den Fall einer OHG bei unterbliebener Registereintragung); OLG Stuttgart BeckRS 2012, 16019 (für die GbR). Ein ausscheidender GbR-Gesellschafter sollte daher dafür Sorge tragen, dass die Gesellschaftsgläubiger zeitnah in einer Form, die ihm den Nachweis des Zugangs erlaubt, von seinem Ausscheiden informiert werden.
[89] BGHZ 113, 132 = NJW 1991, 844 (846).
[90] Hintergrund ist, dass bei einer PartGes die persönliche Leistungserbringung der einzelnen Partner im Vordergrund steht, weshalb nicht alle anderen Partner (auch die anderer Standorte und anderer Profession) für den beruflichen Fehler eines Partners haften sollen (BT-Drs. 13/9820, 21 li.Sp.).
[91] BGH NJW 2010, 1360; aA MüKoBGB/*Schäfer* PartGG § 8 Rn. 32.
[92] BT-Drs. 13/9820, 21 re.Sp.

neuer Gesellschafter in die Gesellschaft eintritt oder die Beteiligung eines Gesellschafters unter dessen Ausscheiden aus der Gesellschaft auf einen Dritten übertragen wird, der dadurch die Gesellschafterstellung des ausscheidenden Gesellschafters einnimmt, verändert sich der Gesellschafterbestand. Eine Kombination der beiden erstgenannten Varianten ist möglich. Hinsichtlich der vielfältigen Möglichkeiten, die Nachfolge eines Gesellschafters für den Fall seines Ablebens zu regeln, wird auf die Ausführungen in → § 24 verwiesen.

83 **aa) Ausscheiden von Gesellschaftern.** Die Möglichkeit, dass ein Gesellschafter einer Personengesellschaft aus der Gesellschaft ausscheidet und diese von den verbleibenden Gesellschaftern fortgesetzt wird, entspricht nicht der Vorstellung des historischen Gesetzgebers. Dieser sah die in der Änderung des Gesellschafterbestands liegende Veränderung der Verhältnisse als so schwerwiegend an, dass sie stets die Auflösung der Gesellschaft zur Folge hatte,[93] sofern die Gesellschafter keine abweichende Vereinbarung getroffen hatten.

84 Vorstehendes entspricht noch heute dem Regelungsstand bei der **GbR**, bei der das Ausscheiden eines Gesellschafters nicht vorgesehen ist, sodass alle Ereignisse, die der Fortsetzung der Gesellschaft mit einem der Gesellschafter entgegenstehen, die Auflösung und Abwicklung der Gesellschaft zur Folge haben (→ Rn. 89 ff.). Abweichende Vereinbarungen sind zulässig (§ 736 Abs. 1 BGB). Bei **OHG, KG** und **PartGes** führen solche Ereignisse demgegenüber zum Ausscheiden des betreffenden Gesellschafters unter Fortsetzung der Gesellschaft zwischen den verbleibenden Gesellschaftern (§ 131 Abs. 3 HGB). Bei den **PartGes** führt darüber hinaus auch der Verlust der Zulassung zu dem in der Partnerschaft ausgeübten Beruf zum Ausscheiden des betroffenen Partners (§ 9 Abs. 3 PartGG).

85 Als **Folge des Ausscheidens** fällt der Anteil des ausscheidenden Gesellschafters am Gesellschaftsvermögen den verbleibenden Gesellschaftern im Wege der **Anwachsung** (→ Rn. 64) zu (GbR: § 738 Abs. 1 S. 1 BGB; OHG: §§ 738 Abs. 1 S. 1 BGB, 105 Abs. 3 HGB; KG: §§ 738 Abs. 1 S. 1 BGB, 105 Abs. 3, 161 Abs. 2 HGB; PartGes: §§ 738 Abs. 1 S. 1 BGB, 1 Abs. 4 PartGG). Verbleibt lediglich ein Gesellschafter ist die Gesellschaft ohne Auflösung sofort vollbeendet (→ Rn. 94), da eine Personengesellschaft zu jeder Zeit mindestens zwei Gesellschafter haben muss (→ Rn. 62). Dem Ausscheidenden sind die Gegenstände, die er der Gesellschaft zur Nutzung überlassen hat, zurückzugeben (§§ 732, 738 Abs. 1 S. 2 BGB), und ihm ist unter Befreiung von den gemeinsamen Schulden (§ 738 Abs. 1 S. 2 BGB)[94] der Betrag auszuzahlen, der ihm bei einer Liquidation der Gesellschaft unter Berücksichtigung der schwebenden Geschäfte (§ 740 BGB) zustünde („**Abfindungsanspruch**"). Ergibt sich ein Fehlbetrag, ist der Ausscheidende der Gesellschaft zum Ausgleich verpflichtet (§ 739 BGB). Abweichende Vereinbarungen über die Ermittlung oder die Fälligkeit des Abfindungsanspruchs sind zulässig.

86 **bb) Eintritt von Gesellschaftern.** Zur Aufnahme eines neuen Gesellschafters, die mit dem Ausscheiden eines Gesellschafters einhergehen kann, bedarf es einer Vereinbarung zwischen den Altgesellschaftern und dem Neugesellschafter über dessen Aufnahme in die Gesellschaft. Die Aufnahme eines neuen Gesellschafters stellt dabei ein Grundlagengeschäft dar, das die Zustimmung aller Altgesellschafter erfordert, sofern gesellschaftsvertraglich kein anderes Quorum vereinbart ist (→ Rn. 68).

87 Der eintretende Gesellschafter haftet für die bei seinem Eintritt bereits begründeten Verbindlichkeiten der Gesellschaft (→ Rn. 79), im Fall eines Kommanditisten ist die Haftung der Höhe nach auf dessen Haftsumme beschränkt. (→ Rn. 80), sofern der Eintritt aufschiebend bedingt auf die Eintragung der Haftsummr erfolgt.

---

[93] Vgl. die Darstellung in der Begründung des Regierungsentwurfs zum HRefG, BT-Drs. 13/8444, 41 re.Sp. mwN.

[94] Befreiung kann nur für die fälligen Schulden der Gesellschaft verlangt werden; für die nicht fälligen Schulden können die verbleibenden Gesellschafter dem ausscheidenden auch Sicherheit leisten (§ 738 Abs. 1 S. 3 BGB). Der Nachhaftung des ausscheidenden Gesellschafters im Außenverhältnis (→ Rn. 79 aE) steht damit ein Befreiungsanspruch im Innenverhältnis gegenüber.

cc) Übertragung der Mitgliedschaft. Bei einer Übertragung der Mitgliedschaft tritt 88
der Erwerber vollständig in die Rechtsposition des Ausscheidenden ein. Dazu bedarf es,
sofern das Recht zur Anteilsübertragung nicht bereits im Gesellschaftsvertrag vorgesehen
ist, der Zustimmung der übrigen Gesellschafter, einer dinglich wirkenden Vereinbarung
zwischen dem Altgesellschafter und dem Erwerber über den Übergang der Beteiligung
und einer schuldrechtlichen Vereinbarung, die den Rechtsgrund des dinglichen Geschäfts
darstellt.

j) Beendigung der Gesellschaft. Die Beendigung der Gesellschaft ist ein in der Regel 89
dreistufiger Prozess, der mit der Auflösung der Gesellschaft beginnt und mit der Vollbeendigung seinen Abschluss findet.

aa) Auflösung. Durch die Auflösung der Gesellschaft ändert sich der **Gesellschafts-** 90
zweck ohne weiteres Zutun der Gesellschafter dahingehend, dass er nunmehr auf die
Abwicklung der Gesellschaft gerichtet ist.[95] Die nach dem Gesellschaftsvertrag geschäftsführenden Gesellschafter verlieren, sofern nicht ein Anderes im Gesellschaftsvertrag vorgesehen ist oder beschlossen wird, ihre **Geschäftsführungs- und Vertretungsbefugnis**,
die während der Abwicklungsphase allen persönlich haftenden Gesellschaftern gemeinschaftlich zusteht (GbR: § 730 Abs. 2 S. 2 BGB; OHG: § 146 Abs. 1 S. 2 HGB; KG:
§§ 146 Abs. 1 S. 2, 161 Abs. 2 HGB; PartGes: §§ 146 Abs. 1 S. 2 HGB, 10 Abs. 2 PartGG). Da der Grundsatz der Selbstorganschaft nicht weiter zur Anwendung kommt, kann
die Geschäftsführungs- und Vertretungsbefugnis auch vollständig auf Nichtgesellschafter
übertragen werden (→ Rn. 73).

Die **Auflösungsgründe** für **GbR** ergeben sich aus der nicht abschließenden[96] Nen- 91
nung in den §§ 723 ff. BGB. Danach führen gesellschafterbedingte Ereignisse, die der
Fortsetzung der Gesellschaft mit dem entsprechenden Gesellschafter entgegenstehen
(bspw. dessen Tod, Insolvenz oder Kündigung) ebenso zur Auflösung der Gesellschaft,
wie sonstige, nicht gesellschafterbezogene Gründe (insbes. die Zweckerreichung, die Unmöglichkeit der Zweckerreichung und die Eröffnung des Insolvenzverfahrens über das
Vermögen der Gesellschaft[97]). Bei **OHG, KG und PartGes** hingegen führen ausschließlich die in §§ 131 Abs. 1, 133 HGB enumerativ[98] aufgezählten Gründe (Ablauf der vereinbarten Zeit bei einer befristeten Gesellschaft, Eröffnung des Insolvenzverfahrens über
das Vermögen der Gesellschaft[99], Auflösungsbeschluss der Gesellschafter und gerichtliche
Auflösungsentscheidung) zur Auflösung der Gesellschaft; gesellschafterbedingte Gründe
haben im Gegensatz zur GbR lediglich das Ausscheiden des betreffenden Gesellschafters
zur Folge.[100]

bb) Abwicklung. Im Fall der insolvenzbedingten Auflösung erfolgt die Abwicklung der 92
Gesellschaft durch den Insolvenzverwalter (§ 80 InsO). Soweit die Verwertung des Gesellschaftsvermögens nicht zu Deckung der Verfahrenskosten und zur Befriedigung der Gläubiger genügt, wird der Insolvenzverwalter auf die persönlich haftenden Gesellschafter
(§ 93 InsO) und ggf. auch auf Kommanditisten, soweit deren summenmäßig beschränkte

---

[95] MüKoBGB/*Schäfer* § 730 Rn. 6.
[96] MüKoBGB/*Schäfer* § 730 Rn. 13.
[97] Die Ablehnung der Insolvenzeröffnung mangels Masse stellt demgegenüber keinen Auflösungsgrund dar (BGH NJW 1973, 1604; BGHZ 75, 178 = NJW 1980, 233 für die OHG). Vielmehr ist in dieser Situation nach Ansicht des BGH Aufgabe der Gesellschafter, über das weitere Vorgehen zu beschließen.
[98] BGHZ 75, 178 = NJW 1980, 233 (OHG); Henssler/Strohn/*Hirtz* PartGG § 9 Rn. 23 (PartGes).
[99] BGH NJW 1973, 1604; BGHZ 75, 178 = NJW 1980, 233 (→ Fn. 99). In dem Fall, dass keine natürliche Person persönlich haftet, führt demgegenüber aufgrund des nach der vorgenannten Entscheidung des BGH eingeführten § 131 Abs. 2 HGB auch die Ablehnung der Insolvenzeröffnung mangels Masse zur Auflösung der Gesellschaft.
[100] OHG: § 131 Abs. 3 HGB; KG: §§ 131 Abs. 3, 161 Abs. 2 HGB; PartGes: §§ 131 Abs. 3 HGB, 9 Abs. 1 PartGG.

Haftung nicht durch die Leistung einer werthaltigen Pflichteinlage (§ 171 Abs. 1 Hs. 2 HGB) oder die Befriedigung von Gläubigern erloschen ist (§ 171 Abs. 2 HGB), zurückgreifen.

93 In allen anderen Fällen der Auflösung findet die **Auseinandersetzung der Gesellschafter** statt. Gesetzlicher Regelfall ist dabei die Auseinandersetzung mittels **Liquidation** der Gesellschaft, also durch Beendigung der Geschäfte, Liquidation des Gesellschaftsvermögens und Ausschüttung des nach Bereinigung der Gesellschaftsverbindlichkeiten verbleibenden Liquidationserlöses an die Gesellschafter (GbR: §§ 730 ff. BGB; OHG: §§ 145 ff. HGB; KG: §§ 145 ff., 161 Abs. 2 HGB; PartGes: §§ 145 ff. HGB, 10 Abs. 1 PartGG).[101] Andere Arten der Auseinandersetzung, bspw. durch eine Realteilung des Gesellschaftsvermögens, sind möglich (GbR: § 731 S. 1 BGB; OHG: § 145 Abs. 1 HGB; KG: §§ 145 Abs. 1, 161 Abs. 2 HGB; PartGes: §§ 145 Abs. 1 HGB, 10 Abs. 2 PartGG).

94 **cc) Vollbeendigung.** Die Gesellschaft ist vollständig beendet, wenn die Gesellschaft vermögenslos ist und sie bei einer Registereintragung (→ Rn. 70) auch aus dem entsprechenden Register gelöscht wurde.[102] Von diesem Zeitpunkt an ist die Gesellschaft rechtlich nicht mehr existent. Reichen die Vermögenswerte der Gesellschaft nicht aus, um die Gläubiger zu befriedigen, besteht für die persönlich haftenden Gesellschafter eine Nachschusspflicht (GbR: § 735 BGB; OHG: §§ 735 BGB, 105 Abs. 3 HGB; KG: §§ 735 BGB, 105 Abs. 3, 161 Abs. 2 HGB; PartGes: §§ 735 BGB, 105 Abs. 3 HGB, 10 Abs. 1 PartGG).

3. Kapitalgesellschaften

95 Kapitalgesellschaften sind juristische Personen in Form einer Körperschaft (→ Rn. 9; → Rn. 19 ff.), deren Grundform der (nicht wirtschaftliche) eingetragene Verein ist (§§ 21, 55 ff. BGB).[103] Als juristische Personen handeln sie durch ihre Organe, die mit Gesellschaftern besetzt sein können, aber nicht müssen **(Prinzip der Fremdorganschaft)**,[104] und haben eine eigene Vermögenssphäre, die von der ihrer Gesellschafter strikt zu unterscheiden ist.

96 In der Praxis kommen Kapitalgesellschaften häufiger vor als Personengesellschaften (→ Rn. 39). Rechnerisch entfallen auf eine Personengesellschaft (ohne Mischgesellschaften) 2,7 Kapitalgesellschaften,[105] wobei die GmbH und die 2008 eingeführten UG, eine Variante der GmbH, überragende Bedeutung haben; rd. 99 % aller Kapitalgesellschaften entfallen auf diese.

97 **a) Bedeutung des Kapitals.** Da bei Kapitalgesellschaften kein Gesellschafter den Gesellschaftsgläubigern persönlich für die Verbindlichkeiten der Gesellschaft haftet,[106] kommt dem in der Satzung bzw. im Gesellschaftsvertrag festgelegten, der Gesellschaft dauerhaft zur Verfügung gestellten Kapital (**„gezeichnetes Kapital"**) besondere Bedeutung zu, weshalb
- der **Grundsatz der realen Kapitalaufbringung,** nach dem die Gesellschafter der Gesellschaft dieses Kapital in werthaltiger Form unbeschränkt zur Verfügung zu überlassen

---

[101] In §§ 730 ff. BGB ist nur von der Auseinandersetzung der Gesellschafter die Rede. Inhaltlich entspricht das dort vorgesehene Vorgehen einer Liquidation.
[102] Nach hM ist die Registerlöschung für die Vollbeendigung nicht konstitutiv, sondern hat lediglich deklaratorische Wirkung.
[103] Anders als bei den Personengesellschaften, bei denen regelmäßig auf das Recht der GbR verwiesen wird (→ Fn. 59), gibt es im Kapitalgesellschaftsrecht keine Normen, die auf das Vereinsrecht verweisen.
[104] Der Grundsatz der Selbstorganschaft (→ Rn. 73) kommt bei Kapitalgesellschaften nicht zur Anwendung.
[105] Werden die Mischgesellschaften den Personengesellschaften (Kapitalgesellschaft & Co. OHG und Kapitalgesellschaft & Co. KG) bzw. den Kapitalgesellschaften (Kapitalgesellschaft & Co. KGaA) zugeordnet, beträgt der Quotient 1,8.
[106] Ausnahme ist die im Aktiengesetz normierte, ursprünglich als besondere Form der KG konzipierte KGaA, auf die teilweise das Recht der Personengesellschaften zur Anwendung kommt (→ Rn. 101).

haben (AG: bspw. § 9 Abs. 1 AktG; KGaA: bspw. §§ 9 Abs. 1, 278 Abs. 3 AktG; GmbH, UG: §§ 7 Abs. 2, 19 GmbHG), und
- der **Grundsatz der Kapitalerhaltung,** nach dem der Gesellschaft dieses Kapital von den Gesellschaftern nicht entzogen werden darf und Gewinne bei einer vorherigen verlustbedingten Unterschreitung des gezeichneten Kapitals zunächst zur Wiederauffüllung verwendet werden müssen (AG: §§ 57, 71 ff. AktG; KGaA: §§ 57, 71 ff., 278 Abs. 3 AktG; GmbH, UG: §§ 30, 31 GmbHG),

bei Kapitalgesellschaften von zentraler Bedeutung sind.

b) Erscheinungsformen. Kapitalgesellschaften sind in Form der Aktiengesellschaft, der Kommanditgesellschaft auf Aktien, der Gesellschaft mit beschränkter Haftung[107] (einschließlich der Variante der Unternehmergesellschaft) sowie der Europäischen (Aktien-) Gesellschaft existent. Da eine Kapitalgesellschaft als juristische Person mit ihrer Eintragung im entsprechenden Register, vorliegend im Handelsregister, entsteht (→ Rn. 121) und damit zwangsläufig nach außen in Erscheinung tritt, sind Kapitalgesellschaften stets **Außengesellschaften** (→ Rn. 51). **98**

aa) Aktiengesellschaft. Die ursprünglich im ADHGB von 1861 und anschließend bis 1937 im HGB geregelte AG ist auf eine Vielzahl von Gesellschaftern mit eher geringer Bindung an die Gesellschaft ausgelegt, wobei zwischen börsennotierten und nicht börsennotierten AGs zu unterscheiden ist. Während bei börsennotierten AGs die Finanzierung über die Ausgabe von Aktien im Vordergrund steht, ist bei nichtbörsennotierten AGs oftmals die vermeintlich höhere Seriosität gegenüber der GmbH oder ein in Betracht gezogener künftiger Börsengang für die Rechtsformwahl ausschlaggebend. Der Umstand, dass die AG nach der gesetzlichen Konzeption auf einen wechselnden Gesellschafterbestand ausgerichtet ist, beinhaltet die Gefahr, dass der die AG vertretende Vorstand, dessen Mitglieder naturgemäß auch eigene Interessen verfolgen, nicht ausreichend überwacht wird. Vor diesem Hintergrund ist ein Aufsichtsrat bei der AG obligatorisch (→ Rn. 126). **99**

Gemessen an der Anzahl der Unternehmen, die in der Rechtsform einer AG betrieben werden, ist die AG von untergeordneter Bedeutung. Lediglich 1,2% der Kapitalgesellschaften sind AGs; bezogen auf alle Unternehmen werden lediglich 0,2% in der Rechtsform einer AG betrieben (→ Rn. 39), bei denen es sich allerdings zumeist um größere Unternehmen handelt, sodass die wirtschaftliche Bedeutung der AG erheblich höher ist, als ihre Verbreitung.[108] **100**

bb) Kommanditgesellschaft auf Aktien. Die KGaA ist eine hybride Gesellschaftsform („**Mischform**"; → Rn. 148 ff.), bei der Elemente des Personen- und des Kapitalgesellschaftsrechts kombiniert werden. Sie wird als einzige gesetzlich normierte Mischgesellschaft vom Gesetzgeber als Kapitalgesellschaft angesehen.[109] Ursprünglich war die KGaA im ADHGB geregelt und als besondere Ausprägung der KG konzipiert, bei der das Kapital der als **Kommanditaktionäre** bezeichneten Kommanditisten in (Namens-)Aktien zerlegt ist, die im Grundsatz - und in Abgrenzung zur auf Dauer angelegten, lediglich kündbaren Beteiligung an einer KG - frei übertragbar sind. Heute ist die KGaA in den §§ 278 ff. AktG über Verweisungen auf das Recht der AG (§ 278 Abs. 3 AktG) und der KG (§ 278 Abs. 2 AktG) als AG normiert, bei der es (mindestens) einen persönlich haf- **101**

---

[107] Definition in der Überschrift des zweiten Abschnitts im dritten Buch des HGB (vor §§ 264 ff. HGB), die durch das Gesetz zur Durchführung der Vierten, Siebten und Achten Richtlinie des Rates der Europäischen Gemeinschaften zur Koordinierung des Gesellschaftsrechts (BiRiLiG) v. 19.12.1985, BGBl. I 2355 eingeführt und seitdem (Stand 06/2019) nicht verändert wurde.
[108] Nach der Umsatzsteuerstatistik (Veranlagungen) 2012 (→ Fn. 47) betrug der Umsatz einer Kapitalgesellschaft im Jahr 2012 im Durchschnitt 3,8 Mio. EUR, bei einer AG lag dieser Durchschnitt bei 72,2 Mio. EUR.
[109] Vgl. die amtliche Überschrift vor §§ 264 ff. HGB.

tenden Gesellschafter gibt. Die KGaA ist im deutschen Gesellschaftsrecht mit insgesamt 348 Gesellschaften, davon 266 (76,4%) als Mischgesellschaft (→ Rn. 154), eine Randerscheinung (→ Rn. 39, dies allerdings bei einem beachtlichen Umsatz von durchschnittlich rd. 331,3 Mio. EUR.[110]

102 cc) Gesellschaft mit beschränkter Haftung. Die 1892 nach OHG, KG, KGaA und AG eingeführte, im GmbHG normierte Gesellschaft mit beschränkter Haftung (GmbH) ist für Gesellschaften mit einer überschaubaren Anzahl von Gesellschaftern konzipiert, die im Regelfall so eng mit der Gesellschaft verbunden sind, dass sie das Tagesgeschäft der Gesellschaft selbst bestimmen oder zumindest über dieses informiert sind.

103 Die GmbH ist (neben der UG, bei der es sich um eine Variante der GmbH handelt, → Rn. 104 ff.) die Kapitalgesellschaft, die am einfachsten gegründet werden kann, den Gesellschaftern die größte Gestaltungsfreiheit hinsichtlich der Ausgestaltung des Innenverhältnisses zwischen Gesellschaft und Gesellschaftern bietet und den Gesellschaftern ein Weisungsrecht gegenüber den Geschäftsführern einräumt. Wenn es um die Gründung einer Einpersonen-Kapitalgesellschaft oder einer Kapitalgesellschaft geht, die bei einer Mischform (→ Rn. 148 ff.) die Funktion des persönlich haftenden Gesellschafters übernehmen soll, fällt die Wahl daher zumeist auf die Rechtsform der GmbH. Insgesamt 87% aller Kapitalgesellschaften sind GmbHs (→ Rn. 39).

104 dd) Unternehmergesellschaft. Die Ende 2008 eingeführte haftungsbeschränkte Unternehmergesellschaft ist keine eigenständige Rechtsform, sondern eine Variante der GmbH,[111] die die Gründung mit einem geringeren Stammkapital als dem in § 5 Abs. 1 GmbHG festgelegten Mindestbetrag von 25.000 EUR ermöglicht (§ 5a Abs. 1 GmbHG). Das Mindeststammkapital ist dabei nicht explizit festgelegt, muss aber positiv sein und auf volle Euro lauten (§ 5 Abs. 2 S. 1 GmbHG) und kann daher 1 EUR nicht unterschreiten. Die Gewinnverwendung ist bei der UG dahingehend eingeschränkt, dass ein Viertel des Jahresüberschusses in eine gesetzliche Rücklage einzustellen ist (§ 5a Abs. 3 GmbHG), mit der die Differenz zum Mindest-Stammkapital einer GmbH „angespart" werden soll. Erhöhen die Gesellschafter das Stammkapital der UG unter Auflösung dieser Rücklage oder auf sonstige Weise auf mindestens 25.000 EUR,[112] dann kommen die vorstehenden Einschränkungen nicht mehr zur Anwendung, auch wenn die Gesellschaft weiterhin als UG firmieren darf (§ 5a Abs. 5 GmbHG). Eine Pflicht zur Erhöhung des Stammkapitals oder ein Automatismus besteht insoweit aber nicht.[113]

105 Hintergrund der Einführung der UG war der Umstand, dass insbesondere Existenzgründer und Kleingewerbetreibende, die über das für die Gründung einer Kapitalgesellschaft erforderliche Kapital von seinerzeit mindestens 25.000 EUR nicht verfügten, das Risiko einer potentiell existenzgefährdenden persönlichen Haftung aber nicht eingehen wollten, auf Gesellschaftsformen anderer EU-Staaten, insbesondere die britische Limited, eine Kapitalgesellschaft, die mit einem Eigenkapital von 1 GBP gegründet werden kann, zurückgriffen (→ Rn. 32 ff.). Um der rasanten Zunahme der in Deutschland niedergelassenen und tätigen ausländischen Gesellschaften entgegenzuwirken,[114] wurde mit der UG

---

[110] Umsatzsteuerstatistik (Veranlagungen) 2012 (→ Fn. 47).
[111] Im Gesetzentwurf wird die UG als „*Rechtsformvariante*" bezeichnet, die „*(keine) eigene Rechtsform unterhalb oder neben der GmbH für Unternehmensgründer*" sei (BT-Drs. 16/6140, 31 re.Sp.).
[112] Der Gesetzgeber spricht in diesem Zusammenhang von einer „*Kapitalaufholung*", BT-Drs. 16/6140, 32 li.Sp.
[113] Gleichwohl haben die Gesellschafter einer UG regelmäßig ein Interesse daran, die UG in eine GmbH umzuwandeln, da die Ausschüttungssperre des § 5a Abs. 3 GmbHG bei einer UG unabhängig von der Höhe des bereits angesparten Kapitals stets zu beachten ist. Zu vernachlässigen ist insoweit auch nicht der Aspekt, dass eine GmbH in der Außendarstellung seriöser und solventer wirkt als eine UG.
[114] Am 31.12.2008 – die UG wurde zum 1.11.2008 eingeführt – gab es in Deutschland rd. 20.000 ausländische Kapitalgesellschaften, davon ca. 17.600 (88%) britische Ltd. (*Kornblum* GmbHR 2009, 1056 (1063)).

II. Rechtsformen und ihre Bedeutung in der Praxis § 5

im Ergebnis eine „deutsche Limited" geschaffen,[115] wodurch der für das deutsche Gesellschaftsrecht bis dato eherne Grundsatz aufgegeben wurde, dass eine Kapitalgesellschaft angesichts des Fehlens von persönlich haftenden Gesellschaftern aus Gründen des Gläubigerschutzes nur bei Ausstattung der Gesellschaft mit einem erheblichen Kapital gegründet werden kann, das vom Gesetzgeber im Fall einer GmbH mit 25.000 EUR und im Fall einer AG oder KGaA mit 50.000 EUR festgelegt wurde.

Das Bedürfnis für eine UG lässt sich angesichts des Umstands, dass die Anzahl der UG im November 2017 - keine zehn Jahre nach Einführung dieser Rechtsformvariante - rd. viermal so hoch war, wie die aller OHG und KG zusammen (→ Rn. 39, jeweils ohne Mischgesellschaften), kaum verleugnen. Festzuhalten ist aber auch, dass die UG eine in Relation zu ihrer Verbreitung signifikant erhöhte Insolvenzquote aufweist. Im Jahr 2016, dem Jahr mit der geringsten Anzahl an Unternehmensinsolvenzen seit Einführung der InsO im Jahr 1999, entfielen 8,6 % aller Unternehmensinsolvenzen auf die UG,[116] obwohl lediglich 2,3 % aller Unternehmen in der Form einer UG betrieben werden (→ Rn. 39). 106

ee) Europäische (Aktien-)Gesellschaft. Die auch als Europäische Aktiengesellschaft bezeichnete Europäische Gesellschaft („**Societas Europaea**"– SE) ist eine auf einer Verordnung der EG,[117] der Rechtsvorgängerin der EU, basierende Kapitalgesellschaft. Diese wird im Kontext mit den anderen auf Gemeinschaftsrecht basierenden Gesellschaftsformen betrachtet (→ Rn. 160 f.). 107

c) Rechtsnatur und Rechtsfähigkeit. Kapitalgesellschaften sind eigenständige (**juristische) Personen**[118] und als solche nicht nur rechtsfähig, sondern auch mit einer eigenen Rechtspersönlichkeit ausgestattet (→ Rn. 9; → Rn. 17 ff.). Ihre **Vermögenssphäre** ist von der der Gesellschafter getrennt. Alle Kapitalgesellschaften sind kraft Rechtsform **Handelsgesellschaften** (AG: § 3 Abs. 1 AktG; KGaA: §§ 3 Abs. 1, 278 Abs. 3 AktG; GmbH, UG: § 13 Abs. 3 GmbHG). 108

d) Gesellschafter. Alle Kapitalgesellschaften können als **Einpersonengesellschaft** (→ Rn. 63) gegründet und betrieben werden (AG: § 2 AktG; KGaA: §§ 2, 278 Abs. 3 AktG; GmbH, UG: § 1 GmbHG).[119] 109

Gesellschafter einer Kapitalgesellschaft kann dabei **jeder Rechtsträger** (→ Rn. 8 ff.) sein. Für die Kapitalgesellschaft selbst gilt dies nur eingeschränkt. Sie kann schon denklogisch nicht ihr eigener Gründungsgesellschafter sein, weshalb **eigene Anteile** nur nachträglich durch Kapitalerhöhungen (meist zum Zwecke der Akquisition im Tausch gegen eigene Anteile oder zur Ausgabe an die Belegschaft) geschaffen oder von den Gesellschaftern (ggf. im Wege der Einziehung) erworben werden können (AG: §§ 71 ff. AktG; KGaA: §§ 71 ff, 278 Abs. 3 AktG [nur für die Kommanditaktien]; GmbH, UG: § 33 GmbHG). Da nach dem **Grundsatz der Kapitalerhaltung** die Rückgewähr von Einlagen unzulässig ist (AG: § 57 Abs. 1 S. 1 AktG; KGaA: §§ 57 Abs. 1 S. 1, 278 Abs. 3 AktG; GmbH, UG: § 30 Abs. 1 GmbHG), können eigene Anteile nur von der Gesell- 110

---

[115] BT-Drs. 16/6140, 25 li.Sp.
[116] Creditreform: Insolvenzen in Deutschland 2016, S. 10 (→ https://www.creditreform.de/fileadmin/user_upload/crefo/download_de/news_termine/wirtschaftsforschung/insolvenzen-deutschland/Analyse_Insolvenzen_in_Deutschland_Jahr_2016.pdf).
[117] VO (EG) Nr. 2157/2001.
[118] AG: § 1 Abs. 1 AktG; KGaA: § 278 Abs. 1 AktG; GmbH, UG: § 13 Abs. 1 GmbHG.
[119] Bei der KGaA geht dies aus dem Wortlaut des Gesetzes zwar nicht mit der wünschenswerten Klarheit hervor, jedoch hat der Gesetzgeber mit Art. 1 Nr. 34 des Gesetzes zur Unternehmensintegrität und Modernisierung des Anfechtungsrechts (UMAG) v. 22.9.2005, BGBl. I 2802 (2807) die vorherige Anforderung, dass fünf Gründungsgesellschafter geben muss, ersatzlos gestrichen und in der Begründung ausgeführt: „*Damit gilt auch für die KGaA § 2 (AktG) mit der Folge, dass die Gründung einer KGaA durch eine Person erfolgen kann, die zugleich persönlich haftender Gesellschafter wird und alle Kommanditaktien der Gesellschaft übernimmt.*" (BT-Drs. 15/5092, 31).

schaft erworben werden, wenn das gezeichnete Kapital nicht beeinträchtigt wird (AG: § 71 Abs. 2 S. 2 AktG; KGaA: §§ 71 Abs. 2 S. 2, 278 Abs. 3 AktG; GmbH, UG: § 33 Abs. 2 S. 1 GmbHG). Darüber hinaus ist zu beachten, dass eine Gesellschaft generell nicht ihr einziger Gesellschafter sein kann;[120] bei AG und KGaA darf der Bestand an eigenen Anteilen zudem 10% des gezeichneten Kapitals nicht übersteigen (AG: § 71 Abs. 2 S. 1 AktG; KGaA: §§ 71 Abs. 2 S. 1, 278 Abs. 3 AktG).

111 Gesellschafterrechte können der Gesellschaft aus eigenen Anteilen nicht zustehen, diese sind ausgesetzt.[121] Dies gilt auch für die Gesellschafterpflichten, soweit diese nicht bereits durch Konfusion erlöschen.

112 Bei Änderungen im Gesellschafterbestand (→ Rn. 139 ff.) gilt der Kapitalgesellschaft gegenüber derjenige als Gesellschafter, der in das von der AG bzw. KGaA geführte **Aktienregister** bzw. im Fall der GmbH oder UG in die zum Handelsregister eingereichte **Gesellschafterliste** eingetragen ist (AG: § 67 Abs. 2 S. 1 AktG [nur bei Namensaktien]; KGaA: §§ 67 Abs. 2 S. 1, 278 Abs. 3 AktG [nur bei Namensaktien]; GmbH, UG: §§ 16 Abs. 1 S. 1, 40 GmbHG).

113 **e) Gesellschaftsvertrag.** Bei privatrechtlichen Körperschaften - so bei AG und KGaA - wird die im übrigen Gesellschaftsrecht „Gesellschaftsvertrag" genannte Vereinbarung der Gesellschafter zumeist als **Satzung** bezeichnet, worunter im öffentlichen Recht Normenwerke verstanden werden, die von einer mit Satzungsautonomie ausgestatteten juristischen Person (des öffentlichen Rechts) für das Innenverhältnis erlassen werden (bspw. die Benutzungsordnung einer Badeanstalt). Die Anwendung dieses Begriffs auf AG und KGaA ist dabei durchaus treffend, da der einzelne (Kommandit-)Aktionär, der nicht zu den Gründungsgesellschaftern gehört, sich während der Dauer seiner Mitgliedschaft einer bereits bestehenden, weitestgehend von den Gründern beschlossenen **Binnenverfassung der Körperschaft** gegenübersieht, die nicht wegen seines Beitritt geändert wird und auf deren Inhalt er idR - wie bei einer öffentlich rechtlichen Satzung - keinen Einfluss hat. Ebenso treffend ist die Bezeichnung „**Gesellschaftsvertrag**" bei GmbH und UG, da diese nach der gesetzlichen Konzeption nur wenige Gesellschafter haben, sodass bei GmbH und UG oftmals - aber nicht zwingend - eine zwischen allen Gesellschaftern getroffene Vereinbarung vorliegt.

114 Aus Gründen der sprachlichen Vereinfachung wird, soweit Aussagen auf Satzungen und Gesellschaftsverträge zutreffen, nachfolgend der Begriff der **Organisationsstatuten** als Oberbegriff verwendet, ansonsten der Begriff Satzung (AG, KGaA) bzw. Gesellschaftsvertrag (GmbH, UG).

115 **aa) Form.** Formerfordernisse bestehen dahingehend, dass die Organisationsstatuten bei der Gründung der Gesellschaft der **notariellen Beurkundung** bedürfen (AG: § 23 Abs. 1 S. 1 AktG; KGaA: § 280 Abs. 1 S. 1 AktG; GmbH, UG: § 2 Abs. 1 S. 1 GmbHG), wobei bei GmbH und UG eine Gründung im „**vereinfachten Verfahren**" möglich ist, die die Prüfung durch das Registergericht durch Verwendung eines Musterprotokolls mit vorgegebenen, nicht anpassbaren Inhalt beschleunigen soll (§ 2 Abs. 1a GmbHG). Der Gesetzgeber muss bis zum 1.8.2021 eine bei Redaktionsschluss nicht mögliche Online-Gründung der GmbH ermöglichen (Art. 13g RL (EU) Nr. 2017/1132, eingefügt durch RL (EU) Nr. 2019/1151). Ob in diesem Zusammenhang auch eine Online-Gründung der AG und/oder der KGaA ermöglicht wird, ist bei Redaktionsschluss nicht bekannt.

---

[120] Erlangt die Kapitalgesellschaft gleichwohl (bspw. durch Erbschaft) alle Anteile an sich selbst („Keinmann-Gesellschaft"), ist sie aufgelöst; MüKoAktG/*J. Koch* § 262 Rn. 103; MüKoGmbHG/*Berner* § 60 Rn. 213.
[121] AG: § 71b AktG; KGaA: §§ 71b, 278 Abs. 3 AktG; GmbH, UG: BGH NJW 1995, 1027; MüKoGmbHG/*Löwisch* § 33 Rn. 127.

II. Rechtsformen und ihre Bedeutung in der Praxis §5

bb) Inhalt. Im Gegensatz zur den Personengesellschaften gibt es für Kapitalgesellschaften **Vorgaben an den Mindestinhalt** der Organisationsstatuten (AG: §§ 23 Abs. 3, Abs. 4 AktG; KGaA: §§ 23 Abs. 3, Abs. 4, 281 Abs. 1, Abs. 2 AktG; GmbH, UG: § 3 Abs. 1 GmbHG), die im Wesentlichen die - ohnehin vertragswesentlichen - Angaben zu Firma und Sitz der Gesellschaft, dem gezeichneten Kapital und dessen Aufteilung auf die Gesellschafter sowie zum Gegenstand des Unternehmens betreffen. 116

Die Organisationsstatuten können weitere Regelungen enthalten, wobei Abweichungen von den gesetzlichen Regelungen im Fall einer AG oder KGaA nur zulässig sind, wenn dies ausdrücklich zugelassen ist, und Ergänzungen, wenn die gesetzliche Regelung nicht abschließend ist (AG: § 23 Abs. 5 AktG; KGaA: §§ 23 Abs. 5, 278 Abs. 3 AktG). Bei GmbH und UG sind gesellschaftsvertragliche Abweichungen von den gesetzlich Regelungen hingegen stets zulässig, sofern gesetzlich nicht etwas anderes angeordnet ist. Ein Überblick über die Regelungen, die die Organisationsstatuten vor einer Übertragung haben sollten, wird in → § 14 gegeben. 117

cc) Änderungen. Da eine Einstimmigkeit bei einer Gesellschaft mit einer Vielzahl von Mitgliedern praktisch nie erreicht werden kann, aber auch nicht jede zufällige Stimmmehrheit für eine Änderung genügen soll, bedarf eine Änderung der Organisationsstatuten von Gesetzes wegen einer **Mehrheit von 75 %**, die sich bei einer AG und einer KGaA auf das bei der Abstimmung vertretene Grundkapital bezieht (AG: §§ 179 Abs. 2 S. 1 AktG; KGaA: §§ 179 Abs. 2 S. 1, 278 Abs. 3 AktG), bei einer GmbH und einer UG hingegen auf die abgegebenen Stimmen (GmbH, UG: §§ 53 Abs. 1, Abs. 2 S. 1, 54 Abs. 1 S. 1 GmbHG), wobei die Geschäftsanteile mit einer unterschiedlichen Stimmkraft ausgestattet werden können. Zusätzliche Anforderungen, bspw. die Anwesenheit eines bestimmten Anteils der Mitglieder und abweichende Quoren, können in den Organisationsstatuten geregelt werden. Dabei kann bei AGs und KGaAs ein Quorum von unter 75 % festgelegt werden (AG: §§ 179 Abs. 2 AktG; KGaA: §§ 179 Abs. 2, 278 Abs. 3 AktG), während bei GmbH und UG nur ein höheres Quorum vereinbart werden kann (GmbH, UG: § 53 Abs. 2 S. 2 GmbHG). Der die Organisationsstatuten ändernde Beschluss ist **beurkundungs- und registerpflichtig.** Bei einer AG und einer KGaA ist dabei die notarielle Niederschrift der Hauptversammlung zu beurkunden (AG: § 130 Abs. 1 S. 1 AktG; KGaA: §§ 130 Abs. 1 S. 1, 278 Abs. 3 AktG) und zum Handelsregister einzureichen (AG: § 130 Abs. 5 AktG; KGaA: §§ 130 Abs. 5, 278 Abs. 3 AktG), während bei einer GmbH und einer UG lediglich der vertragsändernde Beschluss beurkundungsbedürftig ist, eine notarielle Niederschrift der Gesellschafterversammlung hingegen nicht erforderlich ist (GmbH, UG: § 53 Abs. 2 S. 2 GmbHG). 118

dd) Wirkung. Durch die wirksame Vereinbarung der Organisationsstatuten ist die Kapitalgesellschaft im Innenverhältnis errichtet, im Außenverhältnis aber wegen der noch ausstehenden staatlichen Anerkennung der Rechtsfähigkeit noch nicht wirksam entstanden (→ Rn. 8).[122] Das Gesetz selbst spricht insoweit davon, dass die Gesellschaft „als solche" noch nicht besteht (AG: § 41 Abs. 1 S. 1 AktG; KGaA: §§ 41 Abs. 1 S. 1, 278 Abs. 3 AktG; GmbH, UG: § 11 Abs. 1 GmbHG), was gemeinhin dahingehend verstanden wird, dass bereits ein Rechtsgebilde entstanden ist, bei dem es sich aber (noch) nicht um die Kapitalgesellschaft handelt, sondern um eine **temporäre Rechtsform eigener Art** („*sui generis*"), die als **Vorgesellschaft** bezeichnet wird. 119

---

[122] Für die Errichtung einer AG oder einer KGaA bedarf es gem. § 29 AktG neben der Beurkundung der Satzung auch der Übernahme der Aktien (→ *Hölters/Solveen* § 41 Rn. 6), die gem. § 23 Abs. 2 Nr. 2 AktG vor bzw. im Rahmen der Beurkundung der Satzung erfolgen muss (→ *Hölters/Solveen* § 29 Rn. 2). GmbH und UG sind demgegenüber bereits mit der Beurkundung des Gesellschaftsvertrags errichtet (→ *Roth/Altmeppen/Altmeppen* GmbHG § 1 Rn. 2), da die Übernahme der Gesellschaftsanteile im Gesellschaftsvertrag erfolgt (§ 3 Abs. 1 Nr. 4 GmbHG).

120 Da eine juristische Person erst durch die zu diesem Zeitpunkt noch ausstehende staatliche Anerkennung als rechtsfähig entsteht (→ Rn. 8), die in der Eintragung in das entsprechende Register liegt, kann diese Vorgesellschaft keine eigenständige (juristische) Person sein, sodass die gemeinhin als **Handelndenhaftung** bezeichnete persönliche Haftung der für die Vorgesellschaft handelnden Personen (AG: § 41 Abs. 1 S. 2 AktG; KGaA: §§ 41 Abs. 1 S. 2, 278 Abs. 3 AktG; GmbH, UG: § 11 Abs. 2 GmbHG) gesellschaftsrechtlich konsequent ist.

121 **f) Registerpflicht.** Juristische Personen des Privatrechts - und damit auch Kapitalgesellschaften - bedürfen zur Entstehung der staatlichen Anerkennung in Form der Registereintragung, die somit konstitutiv ist (AG: § 41 Abs. 1 AktG; KGaA: §§ 41 Abs. 1, 278 Abs. 3 AktG; GmbH, UG: § 11 Abs. 1 GmbHG). Dies gilt auch bei der **Gründung** einer GmbH oder UG im vereinfachten Verfahren (→ Rn. 115). Da alle Kapitalgesellschaften (kraft Rechtsform) Handelsgesellschaften sind (→ Rn. 108), erfolgen alle Eintragungen im Handelsregister (AG: § 36 Abs. 1 AktG; KGaA: §§ 36 Abs. 1, 278 Abs. 3 AktG; GmbH, UG: § 7 Abs. 1 GmbHG), konkret in der Abteilung B (§§ 3 Abs. 3, 43 ff. HRV).

122 Wie die Kapitalgesellschaft durch Eintragung aus der Vorgesellschaft entsteht, ist dogmatisch ungeklärt.[123] Jedenfalls geht das Vermögen der Vorgesellschaft automatisch auf die Kapitalgesellschaft über.[124] Vermögensübertragungen zwischen Vorgesellschaft und Gesellschaft sind daher nicht nur nicht erforderlich, sondern auch nicht möglich. Die Handelndenhaftung (→ Rn. 119) entfällt, allerdings haften die für die Vorgesellschaft handelnden Gesellschafter der nun entstandenen Kapitalgesellschaft für die vor der Eintragung eingetretenen Verluste **(Verlustdeckungshaftung)**, da diese dazu führen, dass der durch die Eintragung entstandenen Gesellschaft das in den Organisationsstatuten vereinbarte Kapital nicht vollständig zur Verfügung steht.

123 **Änderungen** der Organisationsstatuten sind bei Kapitalgesellschaften eintragungspflichtig und werden erst mit der Eintragung wirksam (AG: § 181 Abs. 1, Abs. 3 AktG; KGaA: §§ 181 Abs. 1, Abs. 3, 278 Abs. 3 AktG; GmbH, UG: §§ 54 Abs. 1, Abs. 3 GmbHG). Sonstige Änderungen, insbesondere die **Neubestellung oder Abberufung von Organmitgliedern,** werden im Innenverhältnis idR sofort wirksam, wobei die Wirkungen des Handelsregisters (§ 15 HGB) im Außenverhältnis aber dazu führen können, dass Dritte bis zur Eintragung und Veröffentlichung der Änderung weiterhin auf den eingetragenen Zustand vertrauen dürfen.

124 **g) Organe und ihr Zusammenwirken.** Kapitalgesellschaften haben als juristische Personen zumindest zwei, teilweise auch drei Organe (Gesellschafterversammlung und Vorstand/Geschäftsführung, ggf. erweitert um einen Aufsichts- und/oder Beirat).

125 **aa) Aktiengesellschaft.** Die **Information und Willensbildung der Gesellschafter** erfolgt in einer AG in der als Hauptversammlung bezeichneten Gesellschafterversammlung (§§ 118 ff. AktG), die zumindest einmal im Jahr stattfindet („**ordentliche Hauptversammlung**", § 175 Abs. 1 AktG), aber auch in bestimmten Situationen (bspw. beim Verlust der Hälfte des Grundkapitals, § 92 Abs. 1 AktG) oder auf qualifiziertes Verlangen der Aktionäre (§ 122 Abs. 1 S. 1 AktG) vom Vorstand unter Beachtung der §§ 121 ff. AktG einzuberufen ist (§ 121 Abs. 2 S. 1 AktG). Die **Kompetenzen der Hauptversammlung** ergeben sich aus §§ 119 Abs. 1 AktG (Wahl der Aufsichtsratsmitglieder, soweit diese von den Anteilseignern gewählt werden, Bestellung des externen Abschlussprüfers, Entscheidung über die Verwendung des Bilanzgewinns, Satzungsänderungen, Kapitalmaßnahmen und die Auflösung der Gesellschaft sowie Entlastung der Mitglieder von Vorstand und Aufsichtsrat). Weitere Kompetenzen können sich aus der Satzung ergeben (§ 119 Abs. 1

---

[123] MüKoGmbHG/*Merkt* § 11 Rn. 149.
[124] BGHZ 120, 103 = NJW 1993, 459 (460); BGHZ 80, 129 = NJW 1981, 1373 (1375).

AktG), zudem kann die Hauptversammlung auf Verlangen des Vorstands über Fragen der Geschäftsführung entscheiden (§ 119 Abs. 2 AktG). Die Hauptversammlung entscheidet dabei durch **Beschluss mit einfacher Mehrheit** der abgegebenen Stimmen, soweit sich aus Gesetz oder Satzung kein höheres Quorum ergibt (§ 133 Abs. 1 AktG).

Der **Aufsichtsrat**, der aus mindestens drei Mitgliedern besteht (§ 95 Abs. 1 S. 1 AktG), die von den Aktionären, bei mitbestimmungspflichtigen Gesellschaften zum Teil von den Arbeitnehmern gewählt werden (§ 96 Abs. 1 AktG), vertritt die Gesellschaft gegenüber den Mitgliedern des Vorstandes (§ 112 AktG) und überwacht diesen (§ 111 Abs. 1 AktG). Er ist unabhängig vom Vorstand zur Einberufung der Hauptversammlung verpflichtet, wenn das Wohl der Gesellschaft es erfordert (§ 111 Abs. 3 AktG). Weisungen der Hauptversammlung unterliegt der Aufsichtsrat nicht. 126

Die organschaftliche **Geschäftsführung** und die organschaftliche **Vertretung** der AG erfolgen durch den **Vorstand** (§§ 76 Abs. 1, 78 Abs. 1 S. 1 AktG), dessen Mitglieder ausschließlich natürliche Personen sind (§ 76 Abs. 3 AktG). Ein **Einpersonenvorstand** ist zulässig (§ 76 Abs. 2 S. 2 AktG).[125] Besteht der Vorstand aus mehreren Mitgliedern, sind diese zur gemeinschaftlichen Geschäftsführung und Vertretung berufen (§§ 77 Abs. 1 S. 1, 78 Abs. 2 S. 1 AktG), sofern in der Satzung nicht ein Abweichendes bestimmt ist (§§ 77 Abs. 1 S. 2, 78 Abs. 3 AktG). 127

Weisungen ist der Vorstand nicht unterworfen (§ 76 Abs. 1 AktG). Auf Verlangen des Vorstands (nicht eines einzelnen Vorstandsmitglieds), hat die Hauptversammlung über Fragen der Geschäftsführung zu entscheiden (§ 119 Abs. 2 AktG). Bei Maßnahmen, die nach dem Zuständigkeitskatalog des § 119 Abs. 1 AktG nicht in die Kompetenz der Hauptversammlung fallen, die aber so schwerwiegend sind, dass der Vorstand nicht davon ausgehen kann, diese ohne die Zustimmung der Hauptversammlung vornehmen zu können, verengt sich das Recht des Vorstandes, eine Entscheidung der Hauptversammlung herbeizuführen, nach der **Holzmüller-Entscheidung**[126] des BGH, die nachfolgend durch die **Gelatine-Entscheidung**[127] inhaltlich weiter konkretisiert wurde, zur Pflicht, die Hauptversammlung über diese Angelegenheit beschließen zu lassen (**„ungeschriebene" Hauptversammlungskompetenz**). 128

bb) Kommanditgesellschaft auf Aktien. Der Aufbau der KGaA ist mit der Maßgabe dass es neben den Kommanditaktionären noch persönlich haftende Gesellschafter gibt, die an die Stelle des Vorstands treten, dem der AG vergleichbar. Für die **Willensbildung der Kommanditaktionäre** gilt daher im Grundsatz das zur AG Ausgeführte (→ Rn. 125) entsprechend (§ 278 Abs. 3 AktG), wobei die Einberufung der Hauptversammlung durch die persönlich haftenden Gesellschafter erfolgt (§ 283 Abs. 1 Nr. 6 AktG). In Angelegenheiten, in denen bei einer KG die persönlich haftenden Gesellschafter und die Kommanditisten zusammenwirken müssten, insbesondere also bei Grundlagengeschäften (→ Rn. 68), ist bei einer KGaA zusätzlich zu der erforderlichen Stimmenmehrheit in der Hauptversammlung eine Zustimmung der persönlich haftenden Gesellschafter erforderlich (§ 285 Abs. 2 S. 1 AktG). 129

Die organschaftliche **Geschäftsführung und Vertretung** wird in der KGaA von den **persönlich haftenden Gesellschaftern** wahrgenommen, sodass die KGaA die einzige Kapitalgesellschaft ist, bei der der Grundsatz der Selbstorganschaft (→ Rn. 73) zur Anwendung kommt. Im Gegensatz zu den Vorstandsmitgliedern einer AG müssen persönlich haftende Gesellschafter keine natürlichen Personen sein (→ Rn. 62).[128] Im Innenverhält- 130

---

[125] Übersteigt das Grundkapital der AG 3 Mio. EUR, bedarf es für einen lediglich aus einem Mitglied bestehenden Vorstand einer ausdrücklichen Regelung in der Satzung (§ 76 Abs. 2 S. 2 AktG).
[126] BGHZ 83, 122 = NJW 1982, 1703. Der Entscheidung lag eine Konstellation zugrunde, bei der der Vorstand nahezu das gesamte Vermögen der Gesellschaft auf eine Tochtergesellschaft übertragen und dadurch faktisch der Kontrolle der Hauptversammlung entzogen hatte.
[127] BGHZ 159, 30 = NJW 2004, 1860.
[128] Hüffer/Koch/*Koch* AktG § 282 Rn. 1; MüKoAktG/*Perlitt* § 282 Rn. 8.

nis der persönlich haftenden Gesellschafter zueinander und zu den Kommanditaktionären gilt das Recht der KG (→ Rn. 74 ff.), sodass - sofern in der Satzung nicht anders bestimmt - alle persönlich haftenden Gesellschafter geschäftsführungs- und vertretungsbefugt sind, wobei der Grundsatz der **Einzelgeschäftsführung und -vertretung mit Widerspruchsrecht** zur Anwendung kommt (§§ 114 ff., 125, 161 Abs. 2 HGB, 278 Abs. 2 AktG). Inhaltlich gilt insoweit das zum Vorstand der AG Ausgeführte entsprechend (→ Rn. 127 f.; § 283 AktG). **Kommanditaktionäre** haben keine organschaftliche Geschäftsführungs- oder Vertretungsbefugnis (§§ 164, 170 HGB, 278 Abs. 2 AktG).

131   Für den **Aufsichtsrat** der KGaA gilt das zum Aufsichtsrat der AG Ausgeführte entsprechend (→ Rn. 126), wobei der Aufsichtsrat bei der KGaA auch die Beschlüsse der Kommanditaktionäre ausführt (§ 287 Abs. 1 AktG).

132   **cc) GmbH und UG.** Sofern im Gesellschaftsvertrag die **Bildung eines Aufsichtsrats** vorgesehen ist, was ist der Praxis nur selten der Fall ist, gelten hinsichtlich der Wahl der Aufsichtsratsmitglieder sowie der Rechte und Pflichten des Aufsichtsrats die einschlägigen Normen des AktG entsprechend (§ 52 Abs. 1 GmbHG).

133   Die **Willensbildung der Gesellschafter** erfolgt in der GmbH idR im Rahmen von **Gesellschafterversammlungen** (§ 48 Abs. 1 GmbHG). Die Kompetenzen der Gesellschafterversammlung sind dabei weitreichender als die der Hauptversammlung einer AG (→ Rn. 125), da der in § 46 GmbHG vom Gesetzgeber vorgesehene Aufgabenkreis durch den Gesellschaftsvertrag erweitert werden kann, sofern keine gesetzlichen Regelungen entgegenstehen (§ 45 Abs. 1 GmbHG), und die Gesellschafterversammlung berechtigt ist, den Geschäftsführern Weisungen zu erteilen, die im Innenverhältnis verbindlich sind (§ 37 Abs. 1 GmbHG).

134   Zudem hat die Gesellschaft einen oder mehrere natürliche Personen als **Geschäftsführer** (§§ 6 Abs. 1, Abs. 2 GmbHG), die auch die Vertretung der Gesellschaft innehaben (§ 35 Abs. 1 GmbHG). Diese sind Organe der Gesellschaft. Sind mehrere Geschäftsführer bestellt, handeln diese gemeinschaftlich, sofern im Gesellschaftsvertrag nicht ein Anderes bestimmt ist (§ 35 Abs. 2 S. 1 GmbHG). Im Außenverhältnis ist die Vertretungsbefugnis der Geschäftsführer nicht beschränkbar (§ 37 Abs. 2 S. 1 GmbHG), im Innenverhältnis ist eine Beschränkung hingegen durch den Gesellschaftsvertrag, Beschlüsse der Gesellschafterversammlung oder eine Geschäftsordnung möglich (§ 37 Abs. 1 GmbHG). Die Gesellschafterversammlung kann den Geschäftsführern jederzeit Weisungen erteilen.

135   **h) Haftung.** Bei einer Kapitalgesellschaft haften die Gesellschafter im Grundsatz nicht für die Verbindlichkeiten der Gesellschaft.

136   **aa) Haftung der Gesellschaft.** Für die Verbindlichkeiten der Gesellschaft haftet den Gläubigern im Regelfall nur die Gesellschaft. Der Höhe nach ist die Haftung der Gesellschaft nicht limitiert. Aufgrund des Umstandes, dass die Gesellschafter nicht zu Nachschüssen verpflichtet sind und ein negatives Eigenkapital unter dem Gesichtspunkt der Überschuldung einen Insolvenzeröffnungsgrund darstellt (§§ 16, 19 Abs. 1 InsO) und eine Insolvenzantragspflicht begründet (§ 15a Abs. 1 InsO), beschränkt sich die Haftung der Gesellschaft in der Summe faktisch auf das Gesellschaftsvermögen.

137   **bb) Durchgriffshaftung.** Die **Gesellschafter der Kapitalgesellschaft** haften als solche nicht für die Verbindlichkeiten der Gesellschaft („**Trennungsprinzip**"). Ausnahme sind die persönlich haftenden Gesellschafter einer KGaA, die den Gesellschaftsgläubigern wie die persönlich haftenden Gesellschafter einer KG haften (→ Rn. 79; §§ 128 ff., 159 f. HGB, 278 Abs. 2 AktG).

138   Haftet ein Gesellschafter in Durchbrechung des Trennungsprinzips persönlich, spricht man von einem **Haftungsdurchgriff** bzw. einer **Durchgriffshaftung**. Diese kann zunächst durch eine individualvertragliche Vereinbarung zwischen einem Gesellschafter und

einem Gesellschaftsgläubiger herbeigeführt werden, was insbesondere bei Bankkrediten an GmbH und UG üblich ist („**unechte Durchgriffshaftung**"). Die **echte Durchgriffshaftung** setzt demgegenüber einen Pflichtenverstoß des Gesellschafters voraus. Bei Verstößen gegen gesellschaftsrechtliche Normen geht es dabei zumeist um die Verletzung der Grundsätze der Kapitalaufbringung und der Kapitalerhaltung, ansonsten um allgemein deliktisches, aber gesellschaftsbezogenes Handeln (§§ 823 ff. BGB). Bei gesellschaftsrechtlichen Verstößen ist dabei zumeist die Kapitalgesellschaft Gläubigerin der Gesellschafter, da die Gesellschafterpflichten idR der Gesellschaft gegenüber bestehen und keinen drittschützenden Charakter haben. Den Gläubigern der Gesellschaft kommen entsprechende Ansprüche der Gesellschaft gegen ihre Gesellschafter aber mittelbar zugute, da diese Teil des Gesellschaftsvermögens sind.

i) Änderungen im Gesellschafterbestand. Wie bei einer Personengesellschaft kann eine Änderung des Gesellschaftsbestandes auf das Ausscheiden oder den Eintritt von Gesellschaftern, sowie auf eine Übertragung der Beteiligung zurückzuführen sein. Zu beachten ist, dass der Kapitalgesellschaft gegenüber nur derjenige als Gesellschafter gilt, der im Aktienregister bzw. in der Gesellschafterliste eingetragen ist (→ Rn. 112). 139

aa) Austritt von Gesellschaftern. Die Beteiligung an einer Kapitalgesellschaft ist im Grundsatz nicht kündbar. Bei einer **GmbH** besteht allerdings stets die Möglichkeit, die Mitgliedschaft aus wichtigem Grund außerordentlich zu kündigen. Zudem kann im Gegensatz zu **AG**[129] und **KGaA** gesellschaftsvertraglich Abweichendes geregelt werden, was in der Praxis häufig vorkommt. In dem Fall, dass die Gesellschaft in diesem Zusammenhang aufgrund einer Kündigung eigene Anteile gegen Zahlung einer Abfindung erwirbt, ist dabei zu beachten, dass eine Einlagenrückgewähr wegen des Grundsatzes der Kapitalerhaltung (§ 30 Abs. 1 GmbHG) unzulässig ist, weshalb die Abfindung aus Mitteln geleistet werden muss, die das Stammkapital und die vertraglichen Rücklagen der Gesellschaft übersteigen (§ 33 Abs. 2 S. 1 GmbHG; → Rn. 110). Rechtlich ungeklärt ist, ob eine **UG** überhaupt eigene Anteile erwerben kann. Das es insoweit an einer das Recht der GmbH modifizierenden Regelung im GmbHG fehlt, ist dies dem Wortlaut des Gesetzes nach der Fall. 140

bb) Eintritt von Gesellschaftern. Der Eintritt neuer Gesellschafter ist bei Kapitalgesellschaften jederzeit möglich. Formal handelt es sich um eine Kapitalerhöhung unter Ausgabe neuer Anteile, die von Dritten übernommen werden (AG: §§ 182 ff. AktG; KGaA: §§ 182 ff. AktG, 278 Abs. 3 AktG; GmbH, UG: § 55 Abs. 2 S. 1 GmbHG), wozu eine entsprechende Änderung der Organisationsstatuten (→ Rn. 118) erforderlich ist (AG: §§ 182 Abs. 1, 186 Abs. 3 AktG; KGaA: §§ 182 Abs. 1, 186 Abs. 3, 278 Abs. 3 AktG; GmbH, UG: §§ 55 Abs. 1, Abs. 2, 53 Abs. 2 GmbHG). 141

cc) Übertragung der Beteiligung. Bei **GmbH** und **UG** ist die Beteiligung veräußerlich (§ 15 Abs. 1 GmbHG). Dabei bedarf bereits das Verpflichtungsgeschäft der notariellen Beurkundung (§ 15 Abs. 4 S. 1 GmbHG). Formverstöße im Verpflichtungsgeschäft werden durch den Vollzug, der durch Abtretung (§§ 398 ff., 413 BGB) erfolgt, die ebenfalls der notariellen Beurkundung bedarf (§ 15 Abs. 3 GmbHG), geheilt (§ 15 Abs. 4 S. 2 GmbHG). Die Gesellschafter können im Gesellschaftsvertrag weitere einschränkende Voraussetzungen (bspw. Vorkaufsrechte, Beschränkungen des Erwerberkreises oder Zustimmungserfordernisse) vereinbaren (§ 15 Abs. 5 GmbHG), die grundsätzliche Möglichkeit der Beteiligungsveräußerung aber nicht ausschließen. 142

---

[129] MüKoAktG/*J. Koch* § 262 Rn. 19.

143 Bei **AG und KGaA** ist die jederzeitige einfache Veräußerbarkeit der Beteiligung ein prägendes Element der Gesellschaftsform. Restriktionen aus der Satzung sind allerdings möglich. Eine vertiefende Darstellung findet sich in → Rn. 248 ff.

144 **j) Beendigung der Gesellschaft.** Die Beendigung einer Kapitalgesellschaft ist der einer Personengesellschaft vergleichbar (→ Rn. 89 ff.). Sie lässt sich ebenfalls in die Auflösung, die sich anschließende Phase der Abwicklung und schließlich die Vollbeendigung unterscheiden.

145 Am Anfang steht die **Auflösung** der Gesellschaft, durch die der Zweck der Gesellschaft auf die Abwicklung und Vollbeendigung geändert wird. Die **Auflösungsgründe** werden für AG in § 262 Abs. 1 AktG, für KGaA in § 289 Abs. 2 AktG und §§ 131 Abs. 1, 133 HGB und für GmbH und UG in §§ 60 ff. GmbHG genannt. Sofern die Auflösung nicht insolvenzbedingt eintritt, erfolgt die Abwicklung der Gesellschaft im Wege der **Liquidation** nach dem AktG bzw. nach dem GmbHG (AG: § 264 Abs. 1 AktG; KGaA: §§ 264 Abs. 1, 278 Abs. 3 AktG; GmbH, UG: § 66 Abs. 1 GmbHG), die bei fehlender anderweitiger Entscheidung der Gesellschafter von den Mitgliedern des Vertretungsorgans vorgenommen wird (AG: § 265 Abs. 1 AktG; KGaA: § 290 Abs. 1 AktG; GmbH, UG: § 66 Abs. 1 GmbHG). Nach der Beendigung der laufenden Verträge, der vollständigen Verwertung des Gesellschaftsvermögens, der Befriedigung der Gesellschaftsgläubiger und ggf. der Verteilung der verbleibenden Geldmittel unter den Gesellschaftern erfolgt die **Vollbeendigung** durch die Löschung der vermögenslosen Gesellschaft aus dem Handelsregister (AG: § 273 Abs. 1 S. 2 AktG; KGaA: §§ 273 Abs. 1 S. 2, 278 Abs. 3 AktG; GmbH, UG: § 74 Abs. 1 GmbHG).

4. Genossenschaften

146 **Eingetragene** Genossenschaften sind juristische Personen in Form einer Körperschaft und damit rechtsfähig (§ 17 Abs. 1 GenG). Sie entstehen durch die (konstitutive) staatliche Anerkennung der Rechtsfähigkeit durch Eintragung der errichteten Gesellschaft ins Genossenschaftsregister (→ Rn. 8; § 13 GenG) und sind kraft Rechtsform Kaufleute im Sinne des HGB (§ 17 Abs. 2 GenG).

Für den Betrieb eines inhabergeführten Unternehmens sind Genossenschaften ungeeignet, da diese eine offene Mitgliederzahl haben (§ 1 Abs. 1 GenG), ohne dass die Möglichkeit besteht, einem Genossen oder einer Gruppe von Genossen eine beherrschende Stellung zu sichern.[130] Für die Thematik der Unternehmensnachfolge sind Genossenschaften daher ohne praktische Relevanz und werden nachfolgend nicht weiter betrachtet.

147 Die auf einer Verordnung der EG, deren Rechtsnachfolgerin die EU ist, basierende **Europäische Genossenschaft** (Societas Cooperativa Europaea – SCE) wird im Zusammenhang mit den anderen auf Gemeinschaftsrecht basierenden Gesellschaftsformen erörtert (→ Rn. 162).

5. Mischformen

148 Unter einer Mischform versteht man eine Gesellschaft, bei der Elemente verschiedener Gesellschaftstypen aufgrund entsprechender Gestaltung zusammentreffen. Ziel der Gestaltung ist es dabei idR, die Vorteile einer Personengesellschaft, die in der Möglichkeit, die Innenverhältnisse zwischen Gesellschaft und Gesellschaftern weitestgehend frei auszugestalten, und ggf. auch in der unmittelbaren Zurechnung der steuerlichen Ergebnisse der Gesellschaft auf die Gesellschafter liegen, mit denen einer Stiftung oder einer Kapitalgesellschaft, die insbesondere in der Möglichkeit der Fremdorganschaft und der Beschränkung der Haftung auf das Gesellschaftsvermögen liegen, zu kombinieren. Die nachfolgende Darstellung beschränkt sich auf „Mischungen" von Personen- und Kapitalgesellschaften.

---

[130] Mehrstimmrechte sind zwar möglich, aber auf maximal drei limitiert (§ 43 Abs. 3 Nr. 1 GenG).

II. Rechtsformen und ihre Bedeutung in der Praxis § 5

a) Kapitalgesellschaft & Co. KG. Die Kapitalgesellschaft & Co. KG ist eine KG, die in der Ausprägung der GmbH & Co. KG die bekannteste und verbreitetste Mischform darstellt. Es gibt rd. 240.900 Kapitalgesellschaften & Co. KG, davon sind rd. 226.000 (94%) GmbH & Co. KG (→ Rn. 39). Eine Kapitalgesellschaft & Co. KG wird als Rechtsform gewählt, wenn - idR natürliche - Personen zwecks direkter steuerlicher Ergebniszurechnung[131] an einer Personengesellschaft beteiligt sein sollen, ohne persönlich zu haften. Im Ergebnis soll dann eine „Personengesellschaft mit beschränkter Haftung" geschaffen werden, die dem klassischen Gesellschaftsrecht fremd ist. Oftmals soll dabei lediglich eine natürliche Person, der Unternehmer, Gesellschafter der Personengesellschaft sein, was dem Grundsatz, dass eine Personengesellschaft zu jedem Zeitpunkt mindestens zwei Gesellschafter haben muss (→ Rn. 62), zuwiderläuft. 149

Die gewünschte **Haftungsbeschränkung** wird durch den Einsatz einer KG erreicht, bei der die natürlichen Personen Kommanditisten sind und daher lediglich auf die vereinbarte Haftsumme beschränkt haften. Als persönlich haftender Gesellschafter hingegen fungiert eine Kapitalgesellschaft, die idR von den Kommanditisten beherrscht wird. Die formal „unbeschränkte" Haftung der persönlich haftenden Gesellschafter ist dann faktisch auf das Vermögen der entsprechenden Kapitalgesellschaft limitiert (→ Rn. 136). 150

Geschäftsführer und Vertreter der KG ist aufgrund ihrer Stellung als persönlich haftender Gesellschafter die Kapitalgesellschaft, die wiederum von den bei ihr zur Vertretung berufenen Personen vertreten wird. Diese sind damit faktisch die Geschäftsführer und Vertreter der KG. Zumeist handelt es sich dabei um die Kommanditisten der KG. Es besteht aber auch die Möglichkeit, bei der Kapitalgesellschaft Fremdgeschäftsführer zu bestellen und dadurch den bei der KG formal zur Anwendung kommenden Grundsatz der Selbstorganschaft (→ Rn. 73) faktisch zu umgehen. 151

Ist eine dem Personengesellschaftsrecht fremde **Einmann-Personengesellschaft** gewünscht (→ Rn. 63), wird der Unternehmer Kommanditist der KG und Alleingesellschafter der persönlich haftenden Kapitalgesellschaft. 152

b) Kapitalgesellschaft & Co. OHG. Bei der Kapitalgesellschaft & Co. OHG handelt es sich um eine OHG, bei der alle Gesellschafter Kapitalgesellschaften sind. Im Ergebnis haften die persönlich haftenden Gesellschafter auch in dieser Konstellation formal unbegrenzt, faktisch aber in der Summe auf ihr jeweiliges Gesellschaftsvermögen beschränkt (→ Rn. 136). Kapitalgesellschaften & Co. OHG sind in der Praxis kaum anzutreffen, das Unternehmensregister weist einen Bestand von rd. 1.500 entsprechenden Gesellschaften aus, davon rd. 1.000 in der Form einer GmbH & Co. OHG.[132] 153

c) Kapitalgesellschaft & Co. KGaA. Die Kapitalgesellschaft & Co. KGaA ist eine KGaA, bei der eine Kapitalgesellschaft als persönlich haftender Gesellschafter fungiert. Die Zulässigkeit dieser Mischform - genau genommen handelt es sich um eine Mischform einer Mischform, da die KGaA bereits eine Mischform ist (→ Rn. 101) - war lange Zeit streitig, bis der BGH 1997 die Fähigkeit der GmbH, persönlich haftender Gesellschafter einer KGaA zu sein, festgestellt hat.[133] Diese Mischform eröffnet Kapitalgesellschaften die Möglichkeit, sich durch die Ausgabe von Kommanditaktien zu finanzieren und sich trotz eigener Kapitalminderheit die beim persönlich haftenden Gesellschafter liegende Geschäftsführungs- und Vertretungsbefugnis dauerhaft zu sichern (§§ 278 Abs. 2 AktG, 164, 161 Abs. 2, 114, 125 HGB). Gemessen an der Anzahl der Gesellschaften ist die Kapitalgesellschaft &. Co. KGaA bedeutungslos; im November 2017 waren 266 Kapitalgesellschaft &. Co. KGaA im Unternehmensregister verzeichnet, davon 203 (76%) in der Form einer 154

---

[131] Schon der Entscheidung des RG aus dem Jahr 1922, in der das RG erstmals bejahte, dass GmbH persönlich haftende Gesellschafter einer KG sein können, lag eine steuerliche Motivation zugrunde (RGZ 105, 103).
[132] Online-Abfrage des Unternehmensregisters aus dem November 2017 (www.unternehmensregister.de).
[133] BGHZ 134, 392 = NJW 1997, 1923.

GmbH & Co. KGaA.[134] Gemäß Umsatzsteuerstatistik (→ Fn. 47) lag der durchschnittliche Umsatz einer KGaA im Jahr 2012 bei 331,3 Mio. EUR.

6. Rechtsformen der Europäischen Union

155 Die bisher drei[135] auf EU-Rechtssetzung basierenden Gesellschaftsformen EWIV, SE und SCE richten sich an unternehmerisch tätige natürliche Personen und Gesellschaften mit Sitz in einem Mitgliedstaat der EU. Sie dienen der Erleichterung der grenzüberschreitenden Zusammenarbeit bzw. Tätigkeit.

156 Regelungstechnisch basieren diese Gesellschaftsformen jeweils auf einer Verordnung der EG, die bis zu ihrer Umbenennung Anfang 1992 den Namen EWG trug und Rechtsvorgängerin der heutigen EU ist (Art. 1 Abs. 3 S. 3 EU). In der jeweiligen Verordnung werden dabei die wesentlichen Regelungen wie das Mindestkapital und die Mindestanzahl der Gesellschafter für alle Mitgliedsstaaten einheitlich festlegt. Detailfragen, die einer europäischen Regelung nicht zugänglich sind, wie bspw. die Festlegung des national zuständigen Registers, werden hingegen durch nationale Ausführungsgesetze geregelt.

Für die Unternehmensnachfolge hat keine dieser Gesellschaftsformen praktische Relevanz.

157 **a) Europäische Wirtschaftliche Interessenvereinigung.** Die Europäische Wirtschaftliche Interessenvereinigung (EWIV) ist die erste auf Gemeinschaftsrecht basierende Gesellschaftsform. Seit ihrer Einführung im Jahr 1989 hat die EWIV eine eher bescheidene Verbreitung erfahren, Ende 2017 gab es in Deutschland 236 EWIV (→ Rn. 39).

158 Die EWIV, bei der es sich nach deutschem Recht um eine Personengesellschaft handelt, basiert auf der EWIV-VO[136] und (im Rang nachfolgend) dem deutschen Ausführungsgesetz EWIVAG, das ergänzend auf das Recht der OHG verweist. Die EWIV hat mindestens zwei Gesellschafter, bei denen es sich um Gesellschaften oder natürliche Personen handelt, die in unterschiedlichen Mitgliedsstaaten der EU beheimatet sind (Art. 4 Abs. 2 EWIV-VO). Zweck der Gesellschaft ist die Erleichterung der wirtschaftlichen Tätigkeit ihrer Mitglieder. Sie muss daher mit deren wirtschaftlichen Tätigkeit im Zusammenhang stehen, zu der sie eine Hilfstätigkeit darstellt (Art. 3 Abs. 1 EWIV-VO). Die Gewinnerzielung ist nicht Zweck der EWIV (Art. 3 Abs. 1 EWIV-VO).

159 Von einer vertiefenden Darstellung der EWIV wird angesichts der fehlenden praktischen Relevanz abgesehen.

160 **b) Europäische (Aktien-)Gesellschaft.** Die Europäische Gesellschaft („Societas Europaea" – SE), oftmals auch als Europäische Aktiengesellschaft bezeichnet, basiert auf der SE-VO[137], nationales Ausführungsgesetz ist das SEAG.[138] Die SE ist eine Kapitalgesellschaft in Form einer Aktiengesellschaft (Erwägungsgrund 13 der SE-VO) mit einem Mindestkapital von 120.000 EUR (Art. 4 Abs. 2 SE-VO) und dient der Erleichterung grenzüberschreitender Tätigkeiten und Sitzverlegungen innerhalb der EU. Die größere Bekanntheit der SE im Vergleich zur EWIV und zur SCE dürfte vor allem darauf zurückzuführen sein, dass mehrere DAX-30-Unternehmen[139] SE sind.

---

[134] Online-Abfrage des Unternehmensregisters aus dem November 2017 (www.unternehmensregister.de).

[135] Geplant ist (Stand 12/2018) eine Europäische Einpersonengesellschaft (Societas Unius Personae – SUP), bei der die Haftung auf das Gesellschaftsvermögen beschränkt ist. Zurückgezogen wurden von der Europäischen Kommission hingegen die Vorschläge zur Europäischen Stiftung (Fundatio Europaea – FE) und zur Europäischen Privatgesellschaft für kleine und mittlere Unternehmen (Societas Privata Europaea – SPE).

[136] VO (EWG) Nr. 2137/85.

[137] VO (EG) Nr. 2157/2001.

[138] Gesetz zur Ausführung der Verordnung (EG) Nr. 2157/2001 des Rates vom 8.10.2001 über das Statut der Europäischen Gesellschaft (SE) v. 22.12.2004, BGBl. I 3675.

[139] Stand 12/2018 sind fünf DAX-30-Gesellschaften SE, die rd. 31 % des Indexes ausmachen. Es handelt sich um die Allianz SE (8,6 %), die BASF SE (7,7 %), die E.ON SE (2,0 %), die SAP SE (10,5 %) und die Vonovia SE (2,1 %).

Aber auch wenn einige namhafte Unternehmen SE sind, ist diese Gesellschaftsform schon aufgrund ihrer geringen Verbreitung – in Deutschland gab es Ende 2017 insgesamt 516 SE – für die Unternehmensnachfolge ohne praktische Bedeutung. Von einer weitergehenden Betrachtung wird daher ebenfalls abgesehen. 161

c) Europäische Genossenschaft. Die Europäische Genossenschaft (Societas Cooperativa Europaea – SCE) hat ihre Rechtsgrundlagen in der SCE-VO,[140] der ergänzenden SCE-RL[141] und den nationalen Ausführungsgesetzen. Von der seit August 2006 bestehenden Möglichkeit, eine Europäische Genossenschaft zu registrieren, wurde in Deutschland insgesamt 2 Mal Gebrauch gemacht (Stand 11/2017).[142] Auf eine weitere Betrachtung wird daher verzichtet. 162

7. Rechtsformen anderer Staaten

Die Nachfolge bei ausländischen Unternehmen ist in → § 12 behandelt. 163

III. Die Bedeutung der Rechtsform für den Übertragungsvorgang

Ziel der Unternehmensnachfolge ist die Sicherstellung der Unternehmensfortführung durch einen geeigneten **Nachfolger,** worunter nachfolgend neben dem Nachfolger als natürlicher Person auch ein diesem ggf. zuzurechnender Rechtsträger verstanden wird. Selbsterklärend ist, dass der Unternehmer dem Nachfolger in Bezug auf das Unternehmen maximal die Rechtsposition verschaffen kann, die seiner eigenen entspricht. Nachfolgend wird unterstellt, dass das **Unternehmen aus einem Betrieb** besteht, der **in Deutschland belegen** ist, und dass der Unternehmer selbst oder eine ihm zuzurechnende Gesellschaft **Unternehmensträger und Eigentümer** des unternehmerischen Vermögens ist, wobei unter dem Begriff **„unternehmerisches Vermögen"** hier und nachfolgend nicht nur das der betrieblichen Sphäre zugeordnete materielle und immaterielle Vermögen des Unternehmers einschließlich der Schulden verstanden wird, sondern darüber hinaus ungeachtet der Verkehrsfähigkeit auch alles andere der organisatorischen Einheit „Unternehmen" Zugeordnete (→ Rn. 3). Zum unternehmerischen Vermögen zählen damit alle aktiven und passiven Vermögenswerte, die in einem Jahresabschluss in der Bilanz angesetzt werden können oder müssen. Das unternehmerische Vermögen umfasst zudem das betriebliche Wissen, und zwar nicht nur das durch Patente oder auf ähnliche Weise dokumentierte und geschützte Wissen, sondern auch das **„allgemeine" betriebliche Wissen,** das nicht Gegenstand von Rechten sein kann und zumeist in den Kenntnissen und Fähigkeiten bestimmter **Mitarbeiter** liegt. Ein besonderes Augenmerk ist daher bei der Unternehmensnachfolge auf die Arbeitsverhältnisse zu legen, die bei einer Unternehmensnachfolge in aller Regel aber selbst bei einem Wechsel des Unternehmensträgers schon als Folge des Betriebsübergangs nach § 613a BGB auf den Unternehmensnachfolger übergehen, während es bei einem Wechsel des Rechtsträgers keiner besonderen Regelung bedarf. 164

Ist der Unternehmer annahmegemäß selbst oder eine ihm zuzurechnende Gesellschaft **Unternehmensträger und Eigentümer** des unternehmerischen Vermögens, ist er in der Lage, seinem Nachfolger sowohl Eigentums- als auch Besitz- und Nutzungsrechte unmittelbar am unternehmerischen Vermögen oder am Unternehmensträger zu verschaffen. Dass solche Rechte unmittelbar vom Unternehmer auf seinen Nachfolger übergehen, ist dabei zwingend. In welchem Umfang dies geschieht, entscheiden die Parteien. Dem Nachfolger kann insoweit das komplette unternehmerische Vermögen bzw. die vollständi- 165

---

[140] VO (EG) Nr. 1435/2003.
[141] RL 2003/72/EG.
[142] Online-Abfrage des Unternehmensregisters aus dem November 2017 (www.unternehmensregister.de).

ge Beteiligung am Unternehmensträger übertragen werden, erforderlich ist das aber nicht.[143]

1. Rechtsnachfolge im Allgemeinen

166 Ein **Wechsel des Rechtsträgers** dergestalt, dass der **Rechtsnachfolger** bei (mindestens) einem Recht an die Stelle des **Rechtsvorgängers** tritt, der des Rechts verlustig wird, wird als **Rechtsnachfolge (Sukzession)** bezeichnet. Kein Fall der Rechtsnachfolge, sondern ein Fall der **Rechtsidentität** liegt demgegenüber bei bloßen Umfirmierungen oder einem Formwechsel des Rechtsträgers vor (→ Kapitel 8). Die Rechtsnachfolge kann im Grundsatz jedes Recht betreffen. Einer Rechtsnachfolge nicht zugänglich sind lediglich **höchstpersönliche Rechte,** die sich gerade dadurch auszeichnen, dass sie untrennbar an einen bestimmten Rechtsträger gekoppelt sind.[144]

167 Eine Rechtsnachfolge kann sowohl durch **staatliche Anordnung** in Form eines einzelfallbezogenen staatlichen Hoheitsakts oder einer abstrakt-generellen gesetzlichen Regelung herbeigeführt werden, als auch durch ein (zumeist zweiseitiges) Rechtsgeschäft. Während die hoheitlich angeordnete Rechtsnachfolge die Änderung der Vermögenszuordnung zumeist gegen oder zumindest ohne den Willen eines Beteiligten, idR des Rechtsvorgängers, bewirkt, beruht die **rechtsgeschäftliche Rechtsnachfolge** auf dem Willen aller Beteiligten.

168 Die Rechtsnachfolge kann sowohl beim Rechtsvorgänger als auch beim Rechtsnachfolger **steuerliche Folgen** haben,[145] die an anderer Stelle erörtert werden (→ Kapitel 7).

169 **a) Einzelrechtsnachfolge (Singularsukzession).** Betrifft die gesetzliche oder rechtsgeschäftliche Rechtsnachfolge lediglich ein Recht, bspw. das Eigentum an einen Gegenstand bei einer im Rahmen einer Zwangsvollstreckung stattfindenden Versteigerung oder rechtsgeschäftlich durch Erwerb vom Eigentümer, liegt eine Einzelrechtsnachfolge vor.

170 **b) Gesamtrechtsnachfolge (Universal- bzw. Globalsukzession).** Bei einer Gesamtrechtsnachfolge geht das gesamte Vermögen des Rechtsvorgängers einschließlich der Schulden und der einer Einzelrechtnachfolge nicht zugänglichen Bestandteile, bspw. unpfändbare Forderungen (§ 400 BGB), mit Ausnahme der höchstpersönlichen Rechte und Pflichten[146] ohne Einzelübertragung im Gesamten auf den Rechtsnachfolger über.

171 Eine **gesetzliche Gesamtrechtsnachfolge** tritt regelmäßig mit der Existenzbeendigung eines Rechtsträgers ein.[147] Eine **rechtsgeschäftliche Gesamtrechtsnachfolge** kann demgegenüber nur im Rahmen der durch das Umwandlungsgesetz eröffneten Mög-

---

[143] Im Fall der Betriebsverpachtung (→ § 7) werden dem Nachfolger bspw. nur die Nutzungsrechte auf Zeit übertragen.
[144] Klassische Beispiele für höchstpersönliche Rechte sind familienrechtliche Ansprüche aus den Bereichen des Verlöbnisses und der Ehe. Aber auch personengebundene öffentlich-rechtliche Genehmigungen sind höchstpersönlicher Natur und nicht übertragbar (bspw. die Fahrerlaubnis oder die Erlaubnis zum Betrieb einer Anlage zur Spaltung von Kernbrennstoffen). Das letztgenannte Beispiel verdeutlicht, dass nicht nur natürliche, sondern auch juristische Personen und Personengesellschaften Inhaber höchstpersönlicher Rechte sein können.
[145] Zu denken ist insbesondere an einkommen- bzw. körperschaftsteuerliche Auswirkungen eventueller Veräußerungsgewinne beim Rechtsvorgänger, an Schenkungssteuer, sofern eine Gegenleistung vom Rechtsnachfolger nicht geschuldet ist oder deren Wert geringer ist als der Wert des übertragenden Gegenstandes, sowie an die bei der Übertragung von Immobiliarvermögen regelmäßig anfallende Grunderwerbsteuer.
[146] Eine höchstpersönliche Pflicht ist beispielsweise die Pflicht des Arbeitnehmers, die arbeitsvertraglich vereinbarte Leistung zu erbringen.
[147] Bei natürlichen Personen wird der Erbe mit dem Tod des Erblassers dessen Gesamtrechtsnachfolger (§ 1922 BGB). Bei einer Personengesellschaft wird der letzte Gesellschafter mittels Anwachsung Gesamtrechtsnachfolger der durch die Beendigung der Mitgliedschaft des vorletzten Gesellschafters ohne Liquidation vollbeendeten Gesellschaft (→ Rn. 64).

lichkeiten herbeigeführt werden,[148] die Gegenstand gesonderter Ausführungen sind (→ Teil 2, Kapitel 8).

c) Sonderrechtsnachfolge (partielle Gesamtrechtsnachfolge). Eine Sonderrechtsnachfolge liegt vor, wenn der Rechtsträgerwechsel einen **abgrenzbaren Teil des Vermögens** des Rechtsvorgängers betrifft, der inhaltlich über ein einzelnes Recht hinausgeht. Sonderrechtsnachfolgen betreffen meist ein Schuldverhältnis iwS. 172

Gesetzliche Sonderrechtsnachfolgen sind selten. Bei ihnen geht es meist um Dauerschuldverhältnisse, deren Bestand aus sozialstaatlichen Gründen besonders geschützt wird. So hat die Veräußerung einer vermieteten, Wohnzwecken dienenden Immobilie nicht nur die Rechtsnachfolge hinsichtlich des Eigentums an der Immobilie zur Folge, sondern der Erwerber wird auch bei den bestehenden Mietverhältnissen Rechtsnachfolger des Veräußerers (§ 566 BGB).[149] Entsprechendes gilt bei einer Betriebsveräußerung für die Arbeitsverhältnisse (§ 613a Abs. 1 BGB). 173

Eine Sonderrechtsnachfolge kann bei einem Schuldverhältnis iwS auch **durch Rechtsgeschäft** herbeigeführt werden. Da ein Schuldverhältnis iwS idR aus wechselseitigen Rechten und Pflichten besteht, ist dazu regelmäßig eine Zustimmung des Rechtsträgers erforderlich, der aus dem Schuldverhältnis Gläubiger des Rechtsvorgängers ist (§ 415 Abs. 1 S. 1 BGB). 174

Die gesetzliche oder rechtsgeschäftliche Nachfolge in eine gesellschaftsrechtliche Beteiligung des Rechtsvorgängers ist ausweislich der vorstehenden Ausführungen (→ Rn. 172) als Sonderrechtsnachfolge zu qualifizieren. Entspricht im Fall des Todes eines Gesellschafters die Nachfolge in dessen Beteiligung aufgrund dem Erbrecht vorgehender gesetzlicher oder vertraglicher gesellschaftsrechtlicher Regelungen nicht der erbrechtlichen Nachfolge gemäß den §§ 1923 ff. BGB, liegt insoweit eine als **Sondererbfolge** bezeichnete Sonderrechtsnachfolge vor. 175

2. Rechtsnachfolge bei Unternehmen

Eine Rechtsnachfolge unter Lebenden, von der nachfolgend ausgegangen wird, ist nur durch Einzelrechtsnachfolge (→ Rn. 169) oder Sonderrechtsnachfolge (→ Rn. 172 ff.) möglich. 176

a) Asset Deal. Bei einem Asset Deal erwirbt der Nachfolger vom Eigentümer des Unternehmens im Wege der **Einzelrechtsnachfolge auf rechtsgeschäftlicher Basis** (→ Rn. 169) das Eigentum an den Vermögenswerten („Assets"), die der organisatorischen Einheit „Unternehmen" (→ Rn. 2 f.) zugeordnet sind. Ein Asset Deal ist unabhängig von der Rechtsform des Unternehmenseigentümers (→ Rn. 8 ff.) stets möglich. 177

Formal handelt es sich bei einem Asset Deal um die schuldrechtliche Vereinbarung einer Vielzahl von Einzelübertragungen, wobei die Vereinbarung einer Gegenleistung nicht zwingend ist. Die Anzahl der Übertragungsvorgänge entspricht der Anzahl der zu übertragenden Vermögenswerte, an denen das Eigentum übergehen soll, wobei der Rechtsumgänger bei jedem Übertragungsvorgang aus seiner schuldrechtlichen Verpflichtung für den Zustand des jeweiligen Übertragungsobjektes haftet. In der Praxis wird für einen Asset Deal ein einheitlicher Vertrag geschlossen, bei dem die schuldrechtlich und dinglich erforderlichen Konkretisierungen durch Bezugnahme auf entsprechende Aufstellungen, bspw. Inventarlisten bei Sachen oder Offene-Posten-Listen bei Forderungen erfolgen. 178

---
[148] Testament und Erbvertrag sind zwar ebenfalls Rechtsgeschäfte, diese sind aber nicht darauf gerichtet, eine Gesamtrechtsnachfolge herbeizuführen, sondern darauf, eine künftig aufgrund der Endlichkeit menschlichen Lebens auch gegen den Willen des Rechtsvorgängers eintretende Gesamtrechtsnachfolge inhaltlich auszugestalten.
[149] Ohne diese Regelung hätte der Mieter gegenüber dem neuen Eigentümer kein Recht zum Besitz der Mietsache, sodass der Mieter trotz eines bestehenden Mietvertrages zur Räumung und Herausgabe der Wohnung an den neuen Eigentümer verpflichtet wäre.

Trotz Anwendung dieser Verweistechnik birgt die Übertragung einer Vielzahl von Rechtsobjekten im Wege einer entsprechenden Anzahl von Einzeltransaktionen aber die Gefahr, dass einzelne Gegenstände ungewollt unberücksichtigt bleiben. Dem wird idR durch eine sogenannte **Catch-All-Klausel** vorgebeugt (→ Rn. 213 f.). Ersatzlösungen sollten aber auch für den Fall vereinbart werden, dass sich einzelne Rechtsobjekte, die Gegenstand des Asset Deals sind, unerkannt als nicht übertragbar erweisen.[150] Sofern der Asset Deal nicht in der Form der notariellen Beurkundung vereinbart wird, sollte die Vereinbarung aus Vorsichtsgründen zudem eine Verpflichtung der Parteien enthalten, den Vertrag im Fall einer Formunwirksamkeit formgerecht neu abzuschließen (→ Rn. 199 f.).

179 In der Theorie kann der Gegenstand eines Asset Deals durch eine entsprechende Festlegung der zu übertragenden Assets quasi stufenlos justiert werden. In der Praxis geht es insoweit zumeist darum, die Vermögensgegenstände und Schulden zu identifizieren, die nicht auf den Nachfolger übergehen sollen. Bei den **Aktiva** wird dies insbesondere bei nicht betriebsnotwendigem Vermögen der Fall sein. Oft geht es lediglich um Sachen, bei denen die unternehmerische und die private Sphäre durch (steuerlich motivierte) Zuordnung zum Unternehmen bei zumindest auch privater Nutzung vermischt sind (bspw. Fahrzeuge, Mobiltelefone, Laptops etc.). Betriebsnotwendig sind diese zumeist nicht. Ist eine Gesellschaft Unternehmensträger, können auch Forderungen und Verbindlichkeiten[151] zwischen der Gesellschaft und dem Unternehmer bestehen, deren Schicksal zu klären ist. Bei den passiven Vermögenswerten ist hingegen zunächst zu klären, ob von einer Übernahme der **Passiva** generell abgesehen wird, nur bestimmte Passiva übernommen werden (bspw. nur die Verbindlichkeiten gegenüber Kreditinstituten oder nur die Verbindlichkeiten mit einer Restlaufzeit von mehr als 12 Monaten), oder ob ausnahmslos alle Verbindlichkeiten auf den Nachfolger übergehen sollen. Zu berücksichtigen ist dabei, dass die Übertragung einer Verbindlichkeit nur mit der Zustimmung des Gläubigers möglich ist (§ 415 Abs. 1 S. 1 BGB), deren Einholung bei ungewissem Ergebnis mit einem finanziellen und zeitlichen Aufwand einhergeht. Dieses Zustimmungserfordernis gilt (mit Ausnahme der spezielleren Regelung für Arbeitsverträge in § 613a BGB) auch, sofern der Nachfolger auch in den **unternehmensbezogenen Verträgen** die Position des Unternehmers einnehmen soll. Zu denken ist insoweit insbesondere an Dauerschuldverhältnisse, deren Übergang für den Erfolg des Asset Deals von essentieller Bedeutung sein kann, bspw. wenn das Unternehmen in gemieteten Räumen betrieben wird, eine Untervermietung mietvertraglich ausgeschlossen ist und ein kurzfristiges Ausweichen auf andere Räume nicht möglich ist. Zu empfehlen ist es daher, die erforderlichen Zustimmungen Dritter möglichst schon vor dem Abschluss des Asset Deals einzuholen, oder den Asset Deal zumindest auf die Erteilung der erforderlichen, im Vertrag zu konkretisierenden Zustimmungen bedingt abzuschließen.

180 Generell wird vorstehenden Aspekten, die die Aktiva und Passiva betreffen, bei einer familienexternen Unternehmensnachfolge eine größere Bedeutung zukommen, als bei einer familieninternen Unternehmensnachfolge, bei der oft die Einstellung vorherrscht, dass Dinge im Zweifel auch im Nachhinein „nachjustiert" werden können. Diese Betrachtung kann gravierende Folgen haben, denn solch eine „Nachjustierung" erfordert eine entsprechende künftige Einigung des Unternehmers und des Nachfolgers, die bspw. an einem zwischenzeitlichen Ableben des Unternehmers oder einem zwischenzeitlichen persönlichen Zerwürfnis (bspw. aufgrund unterschiedlicher Auffassung über die unternehmerische Maßnahmen des Nachfolgers) scheitern kann. Darüber hinaus besteht die Gefahr, dass zwecks „Nachjustierung" eine Vereinbarung getroffen wird, die einem Drittvergleich nicht standhält und daher ungewünschte steuerliche Konsequenzen nach sich zieht.

---

[150] Einer rechtsgeschäftlichen Einzelrechtsnachfolge nicht zugänglich sind bspw. unpfändbare Forderungen, § 400 BGB.

[151] Einschließlich der Verpflichtungen, für die nach § 249 Abs. 1 HGB Rückstellungen zu bilden sind, insbesondere aus Pensionszusagen.

b) Gesellschaftsrechtliche Möglichkeiten. Ist eine Gesellschaft Unternehmensträger, 181 können auch gesellschaftsrechtliche Möglichkeiten bestehen, eine Unternehmensnachfolge herbeizuführen.

aa) Share Deal. Während beim Asset Deal das unternehmerische Vermögen unmittelbar 182 vom Unternehmensträger erworben wird, ist beim Share Deal der Unternehmensträger selbst das Ziel des Übertragungsvorgangs. In Vollzug des entsprechenden Verpflichtungsgeschäfts überträgt der Unternehmer dazu seine Beteiligung am Unternehmensträger auf den Nachfolger,[152] der dadurch anstelle des ausscheidenden Unternehmers Gesellschafter des Unternehmensträgers wird. Rechtlich handelt es sich um eine **gewillkürte Sonderrechtsnachfolge** (→ Rn. 172 ff.) an der Beteiligung des Unternehmers, die dem Nachfolger die Kontrolle über das Unternehmen in dem Umfang ermöglicht, die der Unternehmer zuvor innehatte. Entgegenstehen können einem Share Deal gesellschaftsvertragliche Beschränkungen.

In Abhängigkeit von der Rechtsform des Unternehmensträgers gibt es für die Beteili- 183 gungsübertragung unterschiedliche **Formerfordernisse** für das Verpflichtungs- und das Verfügungsgeschäft, die von der Formfreiheit bis zur notariellen Beurkundung reichen. Hinsichtlich der Einzelheiten wird auf die nachfolgenden Ausführungen verwiesen (→ Rn. 188 ff., → Rn. 226 ff., → Rn. 250, → Rn. 256 ff.). Formerfordernisse, die bei einem Einzelerwerb der dem Unternehmen zugeordneten Gegenstände einschlägig wären, sind beim Share Deal, der sich formal allein auf die Beteiligung bezieht, unbeachtlich, sodass eine 99 %-Beteiligung an einer GbR mit erheblichen Grundvermögen formlos übertragen werden kann, während die Übertragung eines Anteils an einer Ein-Euro-UG der notariellen Beurkundung bedarf (§ 15 Abs. 3 GmbHG). Die Nichtbeachtung möglicher **Anzeigepflichten** gegenüber Registergericht oder Gesellschaft[153] kann bei Kommanditisten und Gesellschaftern von Kapitalgesellschaften zu erheblichen Rechtsnachteilen führen (→ Rn. 80, → Rn. 112).

Im Ergebnis bietet der Share Deal den **Vorteil,** dass lediglich **ein Verfügungsvorgang** 184 erforderlich ist, durch den (mittelbar) auch die Teile des unternehmerischen Vermögens übertragen werden, die einer Einzelübertragung nicht zugänglich sind (→ Rn. 204 f.). Anders als beim Asset Deal ist auch eine Zustimmung von Vertragspartnern der Gesellschaft im Regelfall nicht erforderlich. Die beim Asset Deal bestehende Gefahr der versehentlichen Unvollständigkeit oder der Unwirksamkeit einzelner Verfügungen (→ Rn. 178) besteht beim Share Deal nicht. Da sich der Share Deal formal auf eine Beteiligung an einer Gesellschaft und nicht auf eine Vielzahl von einzelnen Vermögenswerten, die das unternehmerische Vermögen ausmachen, bezieht, erstreckt sich die **Gewährleistung** des Unternehmers lediglich auf den **Zustand des Gesellschaftsanteils,** nicht aber auf den Zustand der einzelnen Gegenstände des unternehmerischen Vermögens. Ergänzend zur gesetzlichen Gewährleistung oder diese ersetzend (häufiger) werden daher regelmäßig selbständige Garantien des Verkäufers über bestimmte Eigenschaften des Unternehmens vereinbart, die bei einem Verstoß eine verschuldensunabhängige Haftung des Unternehmers zur Folge haben.

---

[152] Bei einem Unternehmenskauf werden zumeist die Anteile aller Gesellschafter erworben. Zumindest bei einer familieninternen Unternehmensnachfolge ist das nicht zwingend.

[153] Während die Gesellschafter einer Personengesellschaft in das entsprechende Register eingetragen werden (Ausnahme ist die GbR), werden über die Mitglieder von juristischen Personen Mitgliederlisten geführt (Ausnahme ist die mitgliederlose Stiftung). Bei AG und KGaA werden die Gesellschafter mit Namensaktien dazu in das von der Gesellschaft selbst geführte Aktienregister eingetragen (§ 67 Abs. 1 AktG), nicht hingegen die (der Gesellschaft nicht bekannten) Gesellschafter mit Inhaberaktien. Im Fall der GmbH und der Rechtsformvariante der UG ist dem Registergericht nach jeder Transaktion eine aktuelle Gesellschafterliste einzureichen (§ 40 GmbHG).

185 **bb) Ein- und Austritt von Gesellschaftern.** Neben einem Share Deal besteht die Möglichkeit, die Unternehmensnachfolge durch die Aufnahme des Nachfolgers als neuen Gesellschafter bei gleichzeitigem oder zeitlich versetztem Austritt des Unternehmers aus der Gesellschaft zu bewerkstelligen.

3. Der Übertragungsvorgang in Abhängigkeit von der Rechtsform des Unternehmensträgers

186 **a) Übertragung bei Einzelunternehmen.** Bei einem Einzelunternehmen (→ Rn. 40ff.) ist eine natürliche Person Unternehmensträger. Ein Share Deal ist in dieser Konstellation mangels einer bestehenden Gesellschaft ebenso wenig möglich wie eine Gesamtrechtsnachfolge unter Lebenden (von den in → Teil 2, Kapitel 8 gesondert betrachteten Möglichkeiten des UmwG abgesehen). In Betracht kommt daher lediglich ein Asset Deal (→ Rn. 177ff.).

187 **aa) Asset Deal.** Ein Asset Deal wird in rechtlicher Hinsicht durch Singularsukzessionen vollzogen (→ Rn. 169).

188 **(1) Formale Vorgaben.** Für Vermögensübertragungen im Wege von Singularsukzessionen gibt es keine speziellen formalen Vorgaben. Gleichwohl können der verpflichtende und/oder der verfügende Teil des Vertrags über den Asset Deal aus anderen Rechtsgründen ganz oder teilweise form- oder zustimmungsbedürftig sein, bspw. bei der Verpflichtung zur Übertragung oder zum Erwerb eines Grundstücks (§ 311b Abs. 1 S. 1 BGB).

189 **(a) Schenkungsversprechen.** Ein Schenkungsversprechen ist beurkundungsbedürftig (§ 518 Abs. 1 BGB). Dies betrifft nicht nur den Fall, dass die schuldrechtliche Vereinbarung keine Gegenleistung des Nachfolgers vorsieht, sondern auch den Fall einer **gemischten Schenkung,** bei der den Vertragsparteien bewusst ist, dass die Gegenleistung des Nachfolgers zuwendungsbedingt hinter dem Wert der ihm zu übertragenden Vermögenswerte zurückbleibt.[154] Der dingliche Vollzug des Schenkungsversprechens als solcher ist hingegen nicht beurkundungsbedürftig und heilt die Formunwirksamkeit des Schenkungsversprechens (§ 518 Abs. 2 BGB). Formvorschriften, die für die Übertragung bestimmter Vermögensgenstände generell gelten, werden von § 518 Abs. 2 BGB nicht überwunden.

190 **(b) Verpflichtung zur Übertragung des gesamten Vermögens.** Unabhängig von der Form ist eine Vereinbarung, die die Verpflichtung einer Partei enthält, ihr **gesamtes künftiges Vermögen** oder einen Bruchteil davon zu übertragen, stets unwirksam (§ 311b Abs. 2 BGB). Ein **Vorvertrag,** mit dem eine Partei sich zur Übertragung ihres gesamten Vermögens verpflichtet, ist demnach unabhängig von der Form, in der er geschlossen wird, unwirksam, wenn diese Verpflichtung sich nicht auf das zu diesem oder einem vorherigen Zeitpunkt vorhandene Vermögen bezieht, sondern auf ein zu diesem Zeitpunkt künftiges Vermögen (bspw. ein Vorvertrag vom 15.6., der sich auf das zum Stichtag 30.6. vorhandene Vermögen bezieht).

191 Betrifft die Verpflichtung hingegen das **gesamte gegenwärtige Vermögen** der Partei oder einen Bruchteil davon, bedarf der Vertrag der **notariellen Beurkundung** (§ 311b Abs. 3 BGB), wobei Verstöße gegen dieses Formerfordernis **nicht heilbar** sind.[155] Unter „**Vermögen**" wird dabei sowohl im Fall des § 311b Abs. 2 BGB als auch im Fall des § 311b Abs. 3 BGB allein das **Aktivvermögen** des Versprechenden verstanden, unter ei-

---

[154] MüKoBGB/*Koch* § 516 Rn. 40.
[155] Dies gilt auch, wenn es sich um ein Schenkungsversprechen handelt und die Schenkung dinglich vollzogen wird, § 518 Abs. 2 BGB kommt in diesem Fall nicht zur Anwendung (BGH NJW 2017, 885).

III. Die Bedeutung der Rechtsform für den Übertragungsvorgang § 5

nem Bruchteil eine feste Quote. Die gleichzeitige Übernahme von Verbindlichkeiten durch den Empfänger bleibt dabei ebenso wie dessen Gegenleistung außer Betracht.

Die §§ 311b Abs. 2, Abs. 3 BGB kommen nach seltener, aber ständiger Rspr. des BGH nicht zur Anwendung, wenn sich die Verpflichtung auf **fremdes Vermögen, Sondervermögen** oder einen **Inbegriff von (abgrenzbaren) Vermögenswerten** bezieht.[156] Zudem ist § 311b Abs. 3 BGB nach der Rspr. nur auf Vereinbarungen anwendbar, bei denen der Versprechende die Verpflichtung *„in Bausch und Bogen"* eingeht,[157] da es dann oftmals an einer sichereren Vorstellung über den tatsächlichen Umfang der Verpflichtung fehle.[158] Dieser Aspekt kommt nach Ansicht des BGH aber nicht zum Tragen, wenn einzelne Vermögensgenstände oder ein Inbegriff von Vermögensgenständen konkret benannt werden, selbst wenn diese das gesamte Vermögen ausmachen.[159] Derjenige, der keine *„Bausch und Bogen"*-Verpflichtung eingeht, sondern sich anhand einer Einzelaufstellung zur Übertragung von Vermögenswerten verpflichtet, unterfällt somit nicht dem Anwendungsbereich des § 311b Abs. 3 BGB. Bei einem **Asset Deal,** bei dem eine schriftliche Niederlegung schon wegen der erforderlichen Konkretisierung der zu übertragenden Vermögensgegenstände in der Natur der Sache liegt, kommt § 311b Abs. 3 BGB nach der aktuellen Rechtsprechung des BGH daher nicht zum Tragen. Ob die Vereinbarung über den Asset Deal beurkundungsbedürftig ist, wenn - was gemeinhin zu empfehlen ist - mit einer **Catch-All-Klausel** (→ Rn. 213 f.) gearbeitet wird, um die Gefahr versehentlicher Unvollständigkeiten der Einzelaufstellungen aufzufangen, ist unklar, weshalb dazu geraten wird, den Vertrag über einen Asset Deal, der eine Catch-All-Klausel enthält, in jedem Fall beurkunden zu lassen.[160] 192

Vorgenannte Rspr. des BGH, die letztlich auf obergerichtliche Rspr. aus dem Jahr 1920 zurückzuführen ist,[161] überzeugt weder von der Begründung, die seit Jahrzehnten im Wesentlichen darin besteht, (zumeist unreflektiert) auf die bisherige Rspr. zu verweisen, noch vom Ergebnis, denn es ist nicht ersichtlich, warum die Verpflichtung zur Übertragung eines Grundstücks (auch) aus Schutzgründen beurkundungsbedürftig ist (§ 311b Abs. 1 S. 1 BGB), für die Verpflichtung zur Übertragung des gesamten Vermögens hingegen - dem Wortlaut des § 311b Abs. 2 BGB zuwider - eine schriftliche Einzelaufstellung ausreichen soll. Ob der BGH bei künftigen Entscheidungen an seiner bisherigen Rechtsprechung, die sich im Wesentlichen auf eine inzwischen 100 Jahre alte obergerichtliche Entscheidung zurückführen lässt, festhält, bleibt abzuwarten. Nur wenn nach vorgenannten Maßstäben (Berücksichtigung allein der Aktiva unter Ausblendung der Gegenleistung) der Asset Deal in keinem Fall das ganze Vermögen des Unternehmers umfasst, und auch die Verwendung einer **Catch-All-Klausel** dieses Ergebnis nicht zur Folge haben kann, kann ein Verzicht auf eine **notarielle Beurkundung** in Betracht gezogen werden. 193

(c) Zustimmung des Ehe- oder Lebenspartners. Eine Verpflichtung einer verheirateten oder in Lebenspartnerschaft lebenden Person, über ihr Vermögen zu verfügen, bedarf 194

---

[156] BGH NJW 1991, 353 (355); NJW 1957, 1514.
[157] BGH NJW 1991, 353 (355); NJW 1957, 1514.
[158] BGH NJW 1957, 1514. Eine ausführliche Darstellung der Entwicklung der Rechtsprechung und des Meinungsstandes in der Literatur findet sich bei Herberger/Martinek/Rüßmann/*Ludwig*, jurisPK-BGB, 8. Aufl. 2017, BGB § 311b Rn. 387 ff.
[159] BGH NJW 1991, 353 (355); 1957, 1514.
[160] Im Beck Notar-HdB/*Heckschen*, D.IV. Rn. 11 f. heißt es insoweit: *„Letztlich folgt die Beurkundungsbedürftigkeit derartiger Vereinbarungen häufig daraus, dass sie (...) auch eine sog. „Catch-All-Klausel" (...) enthalten. (...) Wo genau die Grenze der Anwendbarkeit des § 311b III BGB im Hinblick auf den Bruchteil eines Vermögens liegt, kann generell nicht gesagt werden."*
[161] So begründet der BGH seine Entscheidung, § 311b Abs. 3 BGB nur bei *„Bausch und Bogen"*-Versprechen über das ganze Vermögen (oder einen Bruchteil) anzuwenden, nicht aber für ein Sondervermögen (NJW 1991, 353), allein durch Verweis auf eine BGH-Entscheidung aus dem Jahr 1957 (NJW 1957, 1514), die letztlich auf der Entscheidung RGZ 137, 324 beruht, in dieser Aspekt aber nicht entscheidungserheblich, sondern lediglich Teil eines einführenden Satzes zu § 311 BGB aF war.

im Ganzen der **Einwilligung des Ehe- bzw. des Lebenspartners,** wenn der Güterstand der Zugewinngemeinschaft einschlägig ist (§ 1365 Abs. 1 BGB, § 6 S. 2 LPartG).

195 Dafür ist es ausreichend, dass **wesentliche Teile des Vermögens** übertragen werden sollen,[162] wobei insoweit wie bei den §§ 311b Abs. 2, Abs. 3 BGB lediglich auf das Aktivvermögen abgestellt wird.[163] Üblicherweise versichert der Unternehmer in der Vereinbarung, dass der Vertragsgegenstand nicht sein gesamtes Vermögen darstellt. Die erforderliche Einwilligung des Partners vermag diese Behauptung zwar nicht zu ersetzen, sie führt aber zumindest dazu, dass dem nicht bösgläubigen Nachfolger bis zur Genehmigung durch den Ehe- bzw. Lebenspartner ein Widerrufsrecht zusteht (§§ 1366 Abs. 2 BGB, 6 S. 2 LPartG), das im Fall der Unternehmensnachfolge aber eher selten ausgeübt werden dürfte. Zumindest aus Sicht eines familienexternen Nachfolgers ist es aus Gründen der Rechtssicherheit empfehlenswert, dass der Ehe- bzw. Lebenspartner des Unternehmers seine Einwilligung zeitlich und körperlich unmittelbar vor der Vereinbarung zwischen Unternehmer und Nachfolger in derselben Urkunde erklärt.[164]

196 **(d) Folge von Verstößen.** § 311b Abs. 2 BGB ist ein spezielles **Verbotsgesetz,**[165] das zwingend die Unwirksamkeit der gesamten Vereinbarung zur Folge hat. Bereits die Verpflichtung zur Übertragung des künftigen Vermögens ist demnach unabhängig von der Form der Erklärung stets unwirksam, eine gleichwohl vorgenommene Verfügung kondizierbar (§§ 812 ff. BGB).

197 Ein Verstoß gegen das **Zustimmungserfordernis** des § 1365 Abs. 1 BGB, nach dem die Verpflichtung zur Übertragung des gesamten Vermögens einwilligungspflichtig ist, kann demgegenüber sowohl durch die Einwilligung des Partners in die Verfügung (§ 1365 Abs. 1 S. 2 BGB) als auch durch deren Genehmigung geheilt werden (§ 1366 Abs. 1 BGB). Fehlt es an der erforderlichen Zustimmung, hat die Norm die Wirkung eines absoluten Verfügungsverbots (§ 135 BGB).[166]

198 Verstöße gegen **Formvorschriften** schließlich sind auf der schuldrechtlichen und auf der dinglichen Ebene möglich. Sie haben im Grundsatz ebenfalls die **Unwirksamkeit** der entsprechenden Vereinbarung zur Folge (§ 125 BGB). Erweist sich die dingliche Verfügung als formunwirksam, während die schuldrechtliche Verpflichtung wirksam ist, hat keine Erfüllung stattgefunden, sodass die aufgrund der wirksamen schuldrechtlichen Verpflichtung weiterhin geschuldete Verfügung formwirksam zu wiederholen ist. Ist hingegen bereits die schuldrechtliche Verpflichtung unwirksam, kann eine wirksame Verfügung bei entsprechender gesetzlicher Anordnung die schuldrechtliche Unwirksamkeit heilen, selbst wenn die Verfügung im Gegensatz zur Verpflichtung nicht formbedürftig ist. Dies ist bspw. bei einer Schenkung der Fall (§ 518 Abs. 2 BGB). Fehlt es an einer Heilungsmöglichkeit, so mangelt es an einem Rechtsgrund für die dingliche Verfügung, die dann - bspw. im Fall des § 311b Abs. 3 BGB -[167] nach den §§ 812 ff. BGB kondizierbar ist.

199 Sind sowohl die schuldrechtliche Verpflichtung als auch die dingliche Verfügung unwirksam, ist ein gleichwohl erfolgter Leistungsaustausch auf Verlangen einer Partei nach

---

[162] Dazu reicht es aus, dass bei „kleineren Vermögen" bis zu 250.000 EUR eine Verpflichtung zu Verfügung von mindestens 85 %, bei „größeren Vermögen" von 90 % des Wertes des Gesamtvermögens eingegangen werden soll (MüKoBGB/*Koch* § 1365 Rn. 23 f.). Auf die vereinbarte Gegenleistung und deren Werthaltigkeit kommt es auch hier nicht an.
[163] MüKoBGB/*Koch* § 1365 Rn. 7.
[164] Möglich wäre es auch, die Einwilligung in einer körperlich getrennten Urkunde zu erklären. Dies kann aber - je nach Formulierung - zu Zweifeln hinsichtlich der zeitlichen Abfolge der geleisteten Unterschriften (erforderlich ist eine Zustimmung vor Unterzeichnung des Vertrags über den Asset-Deal) führen. Bei (regelmäßig vorkommenden) Vertragsanpassungen während der Beurkundung besteht zudem die Gefahr nachträglicher Zweifeln daran, dass die Einwilligung des Partners in Kenntnis der Änderungen erklärt wurde.
[165] Palandt/*Grüneberg,* 76. Aufl. 2017, BGB § 311b Rn. 62.
[166] MüKoBGB/*Koch* § 1365 Rn. 4 mwN.
[167] Bei § 311b Abs. 2 BGB handelt es sich demgegenüber nicht um eine Formvorschrift, sondern um ein Verbotsgesetz iSv § 134 BGB, bei dem ein Verstoß zwingend die Unwirksamkeit zur Folge hat.

den §§ 812 ff. BGB rückabzuwickeln. Verjährung tritt insoweit in Abhängigkeit vom genauen Zeitpunkt der Kenntniserlangung ggf. erst zehn Jahre nach Vornahme der kondizierbaren Verfügung ein (§ 199 Abs. 4 BGB). Bei einer Unternehmensübertragung kann dies schwerwiegende Folgen haben. Daher empfiehlt sich neben der Festlegung einer geringeren absoluten Verjährungsfrist im Vertrag, dass die Parteien sich wechselseitig verpflichten, **Hindernisse,** die der Wirksamkeit einzelner Regelungen oder der Vereinbarung im Ganzen entgegenstehen, **zu beseitigen** und dazu ggf. auch formunwirksame Willenserklärungen in der erforderlichen Form erneut nachzuholen. Diese Regelung kann sich allerdings als wirkungslos erweisen, wenn sie nicht Gegenstand eines notariell beurkundeten Vertrags ist, da eine Verpflichtung, eine Willenserklärung, die aus Schutzgründen von Gesetzes wegen der notariellen Beurkundung bedarf, in formwirksamer Form abzugeben, selbst in notariell beurkundeter Form eingegangen werden muss, da der Schutzzweck der notariellen Beurkundung andernfalls unterlaufen würde. In diesem Zusammenhang sollte auch festgelegt werden, dass die Parteien sich bei unwirksamen Regelungen im Innenverhältnis so stellen, als sei die entsprechende Regelung wirksam. Ein Formulierungsvorschlag findet sich nachfolgend.

Formulierungszuschlag zur Verpflichtung, Wirksamkeitshindernisse zu beseitigen 200
(1) Für den Fall, dass einzelne Regelungen oder der Vertrag im Ganzen unwirksam sind oder unwirksam werden, verpflichten sich die Parteien, nach besten Kräften an der Beseitigung der Wirksamkeitshindernisse mitzuwirken. Dies beinhaltet die Verpflichtung, Erklärungen in der erforderlichen oder nach Wunsch des Nachfolgers, der in diesem Fall die Mehrkosten trägt, in einer darüber hinausgehenden Form erneut abzugeben.
(2) Im Innenverhältnis stellen die Parteien sich so, als seien die unwirksame Regelung und der Vertrag durchweg wirksam gewesen. Auf die Unwirksamkeit werden sie sich nicht berufen.
(3) [Ggf. Stundung von Leistungen bis zur Herstellung der Wirksamkeit, Anpassung der Gegenleistung und/oder Rücktrittsrecht bei Unmöglichkeit.]
(4) Die Absätze 1 bis 3 kommen nicht zur Anwendung, wenn die Unwirksamkeit auf einer Anfechtung beruht oder eine Partei vom Vertrag zurückgetreten ist.
(5) Alle den Parteien in Zusammenhang mit den Regelungen der Absätze 1 bis 3 entstehenden Aufwendungen für die Herstellung der Wirksamkeit werden von den Parteien je zur Hälfte getragen. Dies gilt nicht für Mehrkosten iSv Absatz 1 Satz 2.

(2) Übertragung des Aktivvermögens. Für den dinglichen Vorgang der Übertragung 201
sind bei jedem Gegenstand die einschlägigen Regelungen der §§ 398 ff., 873, 925 ff., 929 ff. BGB zu beachten. Die Konkretisierung der zu übertragenden Vermögenswerte erfolgt dabei sinnvollerweise durch Inventar- und ähnliche Listen.

Sind **Grundstücke** zu übertragen, ist die Asset Deal-Vereinbarung zumindest beurkun- 202
dungspflichtig, soweit es die Verpflichtung zur Grundstücksübertragung betrifft (§ 311b Abs. 1 BGB). Die dinglichen Erklärungen („**Auflassung**") können hingegen auch bei gleichzeitiger Anwesenheit vor einer zuständigen Stelle - konkret vor dem Grundbuchamt - abgegeben werden (§§ 873, 925 ff. BGB). In der Praxis wird man auch insoweit eine notarielle Beurkundung vornehmen lassen. Die Formwirksamkeit des Verpflichtungsgeschäfts wird durch den dinglichen Vollzug geheilt (§ 311b Abs. 1 S. 2 BGB).

Ist der Unternehmer Kaufmann, so kann der Nachfolger die **Firma,** unter der der Un- 203
ternehmer unternehmerisch tätig ist, mit dessen Zustimmung fortführen (§ 22 Abs. 1 HGB). In diesem Fall ist eine Vereinbarung mit dem Unternehmer sinnvoll, dass keine Haftung für bestehende Verbindlichkeiten übernommen wird (→ Rn. 210). Die Eintragung im Handelsregister verhindert dann die ansonsten eintretende Haftung des Nachfolgers für die Altverbindlichkeiten (§§ 25 Abs. 1, Abs. 2 HGB).

204 **Höchstpersönliche Rechte** sind nicht übertragbar. Im unternehmerischen Bereich betrifft dies insbesondere behördliche Genehmigungen, die an die Person des Einzelunternehmers anknüpfen. Solche Genehmigungen muss der Nachfolger neu einholen. Es kann sinnvoll sein, die Vereinbarung im Ganzen unter die Bedingung der Erteilung der erforderlichen, im Vertrag zu konkretisierenden behördlichen Genehmigungen zu stellen, auch wenn diese in die Risikosphäre des Nachfolgers fallen, da die Nichterteilung (bspw. im Fall einer erforderlichen Erlaubnis nach der GewO) der Erreichung des mit der Unternehmensnachfolge verfolgten (Neben)Ziels, den Unternehmensfortbestand zu sichern, entgegenstehen kann.

205 Einschränkungen bei der Übertragbarkeit von Gegenständen bestehen insbesondere dann, wenn Dritte tangiert werden. So können **unpfändbare Forderungen** nicht abgetreten werden (§ 400 BGB). Auch kann einer Forderungsabtretung ein zwischen dem Unternehmer und dem Gläubiger **vereinbartes Abtretungsverbot** entgegenstehen (§ 399 Var. 2 BGB), das allerdings bei Geldforderungen unwirksam ist, wenn beide Vertragspartner Kaufleute sind (§ 354a HGB).

206 **(3) Übertragung des Passivvermögens.** Auch bei der Übertragung der Passiva wird man die erforderliche Konkretisierung aus Gründen der Praktikabilität durch Bezugnahmen auf entsprechende Aufstellungen vornehmen.

207 Die Übertragung von Verbindlichkeiten stellt aus Sicht des jeweiligen Gläubigers einen **Schuldnerwechsel** dar und bedarf daher dessen Zustimmung (§ 415 Abs. 1 S. 1 BGB), auf die im Regelfall kein Anspruch besteht.[168] Im Normalfall wird ein Gläubiger auch keine Veranlassung haben, einem Schuldnerwechsel zuzustimmen, der ihm selbst bei gleicher Bonität von Unternehmer und Nachfolger keinen Vorteil böte. Es wird daher regelmäßig nicht möglich sein, alle Gläubiger zu einer Zustimmung zu bewegen.

208 Die Gläubigerzustimmung wird aber zumeist teilweise auch verzichtbar sein. Soweit es sich bei den Verbindlichkeiten um **Geldschulden** handelt, ist eine Tilgung durch den Nachfolger problemlos möglich (§ 267 Abs. 2 BGB); dem Gläubiger wird es bei Erhalt der Zahlung auch regelmäßig gleich sein, wer diese geleistet hat. Es bietet sich daher an, dass der Nachfolger sich gegenüber dem Unternehmer verpflichtet, die Verbindlichkeiten durch Zahlung an die entsprechenden Gläubiger zu erfüllen bzw. den Unternehmer von den zu übernehmenden Verbindlichkeiten freizuhalten. Die Erfüllung dieser nur im Innenverhältnis wirkenden Vereinbarung kann aus Sicht des Unternehmers dadurch sichergestellt werden, dass die Übertragung der Aktiva unter die aufschiebende Bedingung der Tilgung der Passiva gestellt wird. Alternativ können die Passiva unter entsprechender Erhöhung der Gegenleistung des Nachfolgers auch beim Unternehmer verbleiben, wodurch dieser die Kontrolle über die Erfüllung seiner Verbindlichkeiten behält.

209 Bei **Verpflichtungen,** die nicht auf die Zahlung von Geld gerichtet sind, wird es sich zumeist um die gegenüber den Kunden bestehende Verpflichtung zur Erbringung der unternehmerischen Leistung handeln. Im Grundsatz können diese Verpflichtungen ebenfalls durch Leistung des Nachfolgers erfüllt werden. Lediglich bei **höchstpersönlichen Verpflichtungen** des Unternehmers bedarf es zur schuldbefreienden Leistung des Nachfolgers der Zustimmung des Gläubigers. Höchstpersönlich sind dabei solche Verpflichtungen, bei denen der Person des Leistenden besondere Bedeutung zukommt. Bei einem **Handelsbetrieb** werden höchstpersönliche Verpflichtungen eher selten vorkommen. Geht es hingegen um die Nachfolge in einem **Dienstleistungsunternehmen,** wird eine höchstpersönliche Verpflichtung umso eher vorliegen, je mehr der Dienstverpflichtete mit vertraulichen Belangen des Gläubigers in Berührung kommt. In diesem Fall handelt es sich bei den Diensten zumeist ohnehin um Dienste höherer Art, die stets höchstpersönlich

---

[168] Anders ist es, wenn der Gläubiger diese Zustimmung bereits antizipiert erteilt oder sich verpflichtet hat, einem ihm zumutbaren Schuldnerwechsel zuzustimmen.

sind.[169] Höchstpersönliche Pflichten, bei denen der Gläubiger der Leistungserbringung durch den Nachfolger nicht zustimmt, sind vom Unternehmer selbst zu erfüllen. Je nach dem Gegenstand des Unternehmens wird daher zu überlegen sein, ob auf eine Verpflichtung des Nachfolgers, diese Leistungen zu erbringen, in Gänze verzichtet wird.

Im Fall der Übertragung eines einzelkaufmännischen Unternehmens (→ Rn. 43) führt die Unternehmensfortführung unter gleicher Firma gem. § 25 Abs. 1 HGB zu einer **Haftungsübernahme für die Altverbindlichkeiten** (→ Rn. 203). Die Voraussetzungen des § 25 Abs. 1 HGB liegen dabei vor, wenn *„das Unternehmen (…) aus der Sicht des maßgeblichen Verkehrs (…) im Wesentlichen unverändert unter der alten Firmenbezeichnung fortgeführt wird."*[170] Dazu ist es ausreichend, dass „der Kern" des Unternehmens übernommen wird und der Verkehr nach dem äußeren Anschein von einer Unternehmensfortführung ausgehen muss. Diese Voraussetzungen werden bei einer Unternehmensnachfolge stets vorliegen, sofern die Firma nicht geändert wird. Die idR ungewünschte Rechtsfolge des § 25 Abs. 1 HGB ist durch Vereinbarung mit dem Unternehmer vermeidbar, wenn diese im Handelsregister zur Eintragung gebracht wird (§ 25 Abs. 2 HGB). 210

(4) Laufende Schuldverhältnisse im weiteren Sinne. Schuldverhältnisse iwS sind ebenfalls nur mit der Zustimmung des Vertragspartners übertragbar. Relevant ist dies aus Sicht des Nachfolgers insbesondere, soweit es um **Dauerschuldverhältnisse** geht, die für den Betrieb des Unternehmens von Bedeutung sind (bspw. Mietverträge und langlaufende Bezugsverträge mit Lieferanten). Aus Sicht des Nachfolgers sollte vor Abschluss der Asset Deal-Vereinbarung eine Zustimmung der entsprechenden Vertragspartner zur Vertragsübernahme durch den Nachfolger vorliegen, andernfalls kann die Fortführung des Unternehmens erheblich erschwert werden (bspw. wenn der Vermieter eine Zustimmung zur Vertragsübernahme nach Unterzeichnung der Asset-Deal-Vereinbarung verweigert und eine Untervermietung unzulässig ist; → Rn. 179). Dies entspricht idR auch dem Interesse des Unternehmers, der andernfalls nach der Unternehmensübertragung entgeltliche Leistungen beziehen würde, für die er nach der Übertragung des Unternehmens keine Verwendung hat. 211

(5) Sonstiges. Generell sollte eine **Anpassung der Gegenleistung** für den Fall vereinbart werden, dass bestimmte Gegenstände oder Verbindlichkeiten wider Erwarten nicht übertragen werden können oder sich im Nachhinein bei anderen Positionen Diskrepanzen zwischen dem zugrunde gelegten und dem tatsächlichen Bestand zeigen. Sinnvollerweise wird dabei auch festgelegt, wie der Wert der Differenz zu bemessen ist, wer diesen im Zweifel zu bestimmen hat, und wer die Kosten für die Wertfestlegung trägt. 212

Um der Gefahr vorzubeugen, dass bei einer Unternehmensnachfolge, die das ganze Unternehmen zum Gegenstand hat, einzelne Gegenstände, insbesondere wesentliche Aktiva, übersehen werden, bietet es sich an, eine sogenannte **Catch-All-Klausel** zu vereinbaren, nach der die Verpflichtung des Unternehmers zur Übertragung des unternehmerischen Vermögens neben den im Vertrag konkret benannten Gegenständen auch alle weiteren Gegenstände umfasst, die dem Unternehmen zum Übertragungsstichtag zuzuordnen sind. Auch insoweit gilt das vorstehend zur Anpassung der Gegenleistung Ausgeführte (→ Rn. 212). 213

> **Formulierungsvorschlag für eine Catch-All-Klausel**
> (Unmittelbar vor der Konkretisierung des Vertragsgegenstandes)
> Gegenstand der Vereinbarung ist die vollständige Übertragung des unter der Firma Z vom Unternehmer betriebenen Unternehmens auf den Nachfolger [ggf. anpassen].

214

---

[169] Bspw. die beruflichen Leistungen von Ärzten, Rechtsanwälten, Steuerberatern oder Wirtschaftsprüfern.
[170] BGH NZG 2012, 916 (918 Tz. 18) mwN (stRspr).

> (...)
> (1) Für den Fall, dass neben den in § X/Anlage Y [Gegenstand der Übertragungsverpflichtung] genannten Sachen weitere Sachen der unter der Firma Z ausgeübten unternehmerischen Tätigkeit des Unternehmers zuzuordnen sind, hat der Nachfolger sich auf schriftliche Aufforderung des Unternehmers binnen zwei Wochen darüber zu erklären, ob er diese Sachen unter entsprechender Anpassung des Kaufpreises übernimmt. Ist dies nicht der Fall, hat der Nachfolger diese Sachen, sofern sie sich in seinem Besitz befinden, dem Unternehmer unverzüglich zu übergeben oder diesem auf andere geeignete Weise den Besitz zu beschaffen. Zudem hat der Nachfolger dem Unternehmer Ersatz für gezogene Nutzungen, über die der Nachfolger dem Unternehmer auskunftspflichtig ist, und für zwischen dem Tag der tatsächlichen Besitzverschaffung und dem Tag der Rückgabe an den Unternehmer eingetretene Verschlechterungen zu leisten. [Die Auskunftspflicht ist ggf. näher zu konkretisieren, Sanktionen für den Fall der Auskunftsverweigerung sollten festgelegt werden.]
> (2) Der Kaufgegenstand umfasst neben den in § X/Anlage Y [Gegenstand der Übertragungsvereinbarung] genannten Rechten und Forderungen auch alle weiteren, der unter der Firma Z ausgeübten unternehmerischen Tätigkeit des Unternehmers zuzuordnenden Rechte und Forderungen. [Da die Übertragung von Verbindlichkeiten der Zustimmung der Gläubiger bedarf, kann es sinnvoll sein, diese beim Unternehmer zu belassen. Andernfalls ist der Inhalt (ggf. in einem neuen Absatz) so anzupassen, dass Abweichungen auch bei diesen erfasst werden.]
> (3) Kommt es aufgrund vorstehender Regelungen oder aus einem anderem Grund zu einer Abweichung zwischen den in § X/Anlage Y genannten Gegenständen und den tatsächlich übertragenen Gegenständen, verändert sich der Kaufpreis automatisch um den beizulegenden Wert der entsprechenden Gegenstände, soweit dieser [insgesamt/im Einzelfall] EUR [Betrag] übersteigt. [Ggf. Regelungen zur Wertermittlung und zur Aufteilung der Kosten der Wertermittlung auf die Parteien, sowie zur Fälligkeit und Verzinsung.]
> (4) [Verpflichtung des Nachfolgers, den Unternehmer über weitere Positionen iSv Absatz 1 bis 3 unverzüglich zu informieren, ggf. unter Vereinbarung einer Konventionalstrafe bei einem entsprechenden Unterlassen.]

215 **bb) Gesellschaftsrechtliche Gestaltungen.** Mangels einer bestehenden Gesellschaft sind gesellschaftliche Gestaltungen nur dergestalt möglich, dass die Parteien zunächst eine Gesellschaft gründen, die Unternehmensträger wird. Dies eröffnet die Möglichkeit, dass der Nachfolger das Unternehmen mittels **Asset Deal** von der Gesellschaft erwirbt – wobei Vorteile gegenüber einem Direkterwerb vom Einzelunternehmer im Wege eines Asset Deals nicht erkennbar sind. Die Alternative, das Unternehmen dann im Wege eines **Share Deals** zu erwerben, sodass bspw. Gegenstände, die im Rahmen eines Asset Deals nicht übertragbar sind, transferiert werden könnten, scheitert an dem Umstand, dass die Problematik der fehlenden Übertragbarkeit, dann lediglich auf eine andere Stufe – die Einbringung des Unternehmens in die Gesellschaft – verlagert würde. Daher versprechen auch Konstruktionen, bei denen der Unternehmer aus einer zum Zweck der Unternehmensübertragung gegründeten gemeinsamen (Personen-)Gesellschaft ausscheidet, wodurch dem Nachfolger das Vermögen der Gesellschaft anwächst (→ Rn. 64), keinen Vorteil gegenüber einem Asset Deal zwischen dem Unternehmer und seinem Nachfolger.

216 Letztlich bietet es unter allgemeinen zivilrechtlichen und gesellschaftsrechtlichen Aspekten keine Vorteile, einen gemeinsamen Rechtsträger zu schaffen und Vermögen auf diesen zu übertragen, um dieses durch anschließende gesellschaftsrechtliche Maßnahmen, insbesondere einer Änderung des Gesellschafterkreises einem der Gesellschafter zukommen zu lassen. Steuerlich kann zudem der Verdacht eines Umgehungsgeschäfts aufkommen.

Entschiede man sich gleichwohl für ein entsprechendes Vorgehen, wären die auch im Rahmen des Asset Deals erforderlichen Abreden über Gegenleistung, Haftung uä. bereits vor Gründung der gemeinsamen Gesellschaft zu klären und vertraglich festzuhalten, andernfalls wird der Unternehmer sein Unternehmen nicht in die neue Gesellschaft einbringen. Mithin müsste die „Abfindung", der in dieser Konstellation erkennbar Entgeltcharakter zukäme, schon vor der Gründung der Gesellschaft festgelegt werden und es müsste sichergestellt werden, dass eine Übertragung der Beteiligung des Unternehmers nur an den Nachfolger möglich ist, wodurch der Unternehmer in seinen Verfügungsmöglichkeiten schon vor der Unternehmensübertragung eingeschränkt würde.

Nach alldem würden im Ergebnis unnötige rechtliche Unsicherheiten geschaffen. Der Übertragungsvorgang würde komplizierter gestaltet als erforderlich und bei höherem Beratungsaufwand in zeitlicher Hinsicht verzögert, ohne dass Vorteile wirtschaftlicher oder rechtlicher Art erkennbar sind. Käme es in dieser Konstellation durch die konkrete inhaltliche Gestaltung zu steuerlichen Vorteilen, könnte aus fiskalischer Betrachtung ein Fall des § 42 AO naheliegen. Das Potenzial für - dann auf gesellschaftsrechtlicher Basis zu beurteilende - zivilrechtliche Streitigkeiten, die im Rahmen von Unternehmenstransaktionen (insbesondere zwischen nicht verwandten Vertragsparteien) nie auszuschließen sind, würde erhört, was auch Rückwirkungen auf die Wahrscheinlichkeit hat, dass der Berater sich künftig dem Vorwurf eines Beratungsverschuldens ausgesetzt sieht.

b) Übertragung bei Personengesellschaften. Wird das Unternehmen mittels einer Personengesellschaft betrieben, gibt es neben dem Unternehmer mindestens einen weiteren Gesellschafter. Der Unternehmer ist dabei als zentrale Person des Unternehmens schon wegen der damit verbundenen Geschäftsführungs- und Vertretungsbefugnis regelmäßig **persönlich haftender Gesellschafter.** Eine Kommanditistenstellung des Unternehmers kommt demgegenüber regelmäßig in den Fällen einer **Mischgesellschaft** vor, bei der der Unternehmer beherrschenden Einfluss auf den persönlich haftenden Gesellschafter hat (→ Rn. 148 ff.). Diese werden an anderer Stelle erörtert (→ Rn. 263 ff.).

aa) Asset Deal. Im Grundsatz gelten für einen Asset-Deal die zur Übertragung von einem Einzelunternehmen getätigten Erläuterungen entsprechend (→ Rn. 187 ff.), weshalb nachfolgend lediglich die bei Personengesellschaften zum Tragen kommenden Abweichungen dargestellt werden.

Ein Asset Deal, der die Einzelübertragung der Vermögenswerte des Unternehmens zum Gegenstand hat, ist zwischen dem Nachfolger und der Personengesellschaft als Unternehmensträger abzuschließen, die dabei von ihren vertretungsberechtigten Gesellschaftern vertreten wird. Da ein Asset Deal faktisch einer **Liquidation** der Personengesellschaft gleichkommt, ohne dass die - unterstellt - werbend tätige Gesellschaft aufgelöst ist, würden die für die Personengesellschaft handelnden geschäftsführenden Gesellschafter durch den Abschluss der Vereinbarung gegen deren Zweck, das Unternehmen zu betreiben, verstoßen. Es handelt sich mithin um ein Grundlagengeschäft, für das die **Zustimmung aller Gesellschafter** der Personengesellschaft erforderlich ist (→ Rn. 68), bei einer Kommanditgesellschaft also auch der Zustimmung der Kommanditisten.[171]

Sind an einer GbR, OHG oder KG neben dem Unternehmer lediglich **Gesellschaften** beteiligt, die unter der Kontrolle des Unternehmers stehen, bei denen der Unternehmer also zumindest mittelbar alleiniger Gesellschafter ist, ist die Zustimmung naturgemäß unproblematisch. Handelt es sich bei den anderen Gesellschaftern der Personengesellschaft hingegen um **natürliche Personen** stellt sich zunächst die Frage, ob eine einstimmige

---
[171] BGH NJW 1995, 596. Der BGH sieht dies als allgemeinen, in § 361 AktG aF (§ 179a AktG nF → Rn. 243 f.) kodifizierten Rechtsgedanken, der über seine Stellung im AktG hinaus nicht nur für alle Kapitalgesellschaften, sondern auch bei Personengesellschaften (im Entscheidungsfall bei einer KG) einschlägig ist.

Zustimmung erreicht werden kann. Dies wird letztlich von den persönlichen Interessen der Mitgesellschafter abhängen. Bei „pro-forma-Gesellschaftern", die keine eigenen (wirtschaftlichen) Interessen verfolgen bzw. deren Interessen mit denen des Unternehmers übereinstimmen, sollte die erforderliche Zustimmung keine Probleme bereiten. Dies wird insbesondere der Fall sein, wenn es sich bei den Gesellschaftern um (nahe) Angehörige des Unternehmers handelt. Verfolgen die anderen Gesellschafter hingegen eigene (wirtschaftliche) Interessen, ist ein Asset Deal nur unter Einbeziehung dieser Personen möglich.

223 Ist eine Einstimmigkeit der Gesellschafter nicht herzustellen, kann der Unternehmer in dem Fall, dass im Gesellschaftsvertrag eine **Mehrheitsklausel** (→ Rn. 68) vereinbart ist, deren Reichweite die Abstimmung über die Übertragung des wesentlichen Vermögens der Gesellschaft umfasst, eigenständig einen entsprechenden **Mehrheitsbeschluss** fassen, sofern seine Beteiligungshöhe das vorgesehene Quorum zumindest erreicht.[172] Ob der Beschluss auch einer materiell-rechtlichen Überprüfung standhält, beurteilt sich dann danach, ob die Maßnahme im Gesellschaftsinteresse geboten und den Gesellschaftern zumutbar ist.[173]

224 Ist ein Asset Deal nach alldem möglich, ist zu beachten, dass die § 311b Abs. 2, Abs. 3 BGB (→ Rn. 190 ff.) auch bei Personengesellschaften zur Anwendung kommen. Die diesem widersprechende Rspr. des RG, nach der die Verpflichtung zur Übertragung des gesamten Vermögens bei einer OHG nicht dem Anwendungsbereich des § 311b Abs. 3 BGB unterfällt, da diese Norm nicht bei der Übertragung von Sondervermögen zur Anwendung kommt,[174] ist dogmatisch überholt, da die OHG inzwischen selbst als Träger des Gesellschaftsvermögens angesehen wird.[175] Hielte man die Rspr. des RG weiterhin für einschlägig, käme diese konsequenterweise auch bei den übrigen Personengesellschaften zur Anwendung. Auch wenn der BGH seine *„Bausch und Bogen"*-Rspr. (→ Rn. 190 f.), der zufolge schriftliche Verfügungsverpflichtungen, bei denen sich der Umfang der Verpflichtung aus einer Einzelaufstellung ergibt, nicht dem Anwendungsbereich der §§ 311b Abs. 2, Abs. 3 BGB unterfallen, bisher nicht aufgegeben hat, ist eine notarielle Beurkundung der Vereinbarung über den Asset Deal anzuraten (→ Rn. 193). Dies gilt stets, wenn eine Catch-All-Klausel verwendet wird (→ Rn. 192).

225 **bb) Share Deal.** Beim Share Deal erwirbt der Nachfolger die Beteiligung des Unternehmers an der als Unternehmensträger fungierenden Gesellschaft.

226 **(1) Statthaftigkeit und Form.** Die Übertragung der Beteiligung an einer Personengesellschaft ist gesetzlich nicht vorgesehen. Die **Statthaftigkeit** eines Share Deals hängt bei einer Personengesellschaft daher davon ab, dass der Gesellschaftsvertrag die Möglichkeit einer Beteiligungsübertragung eröffnet, oder alle Gesellschafter dieser zustimmen. Eine Einstimmigkeit ist dabei nur dann nicht erforderlich, wenn der Gesellschaftsvertrag eine **Mehrheitsklausel** enthält, die ein abweichendes Quorum vorsieht. Insoweit kann auf die vorstehenden Ausführungen verwiesen werden (→ Rn. 223). Ist ein Share Deal aufgrund einer entsprechenden Entscheidung der Gesellschafter statthaft, sind **gesetzliche Formerfordernisse** schon deshalb nicht einschlägig, weil das Gesetz die Möglichkeit einer Beteiligungsübertragung bei Personengesellschaften nicht vorsieht und daher auch keine Formvorgaben enthält. Von den Gesellschaftern selbst vereinbarte formale Aspekte sind zu beachten. Neben Formerfordernissen kann es sich insoweit insbesondere um **Anzeige- oder Mitteilungspflichten** gegenüber der Gesellschaft oder den Mitgesellschaftern handeln.

---

[172] BGHZ 203, 77 = NJW 2015, 859 Tz. 18; BGHZ 170, 283 = NJW 2007, 1685.
[173] BGHZ 203, 77 = NJW 2015, 859 Tz. 19; NJW-RR 2005, 1347.
[174] RG JW 1910, 242 = BeckRS 1910, 8.
[175] Herberger/Martinek/Rüßmann/*Ludwig*, 8. Aufl. 2017, BGB § 311b Rn. 398.

Allgemeine Formerfordernisse sind zu beachten. Dies betrifft insbesondere die Beurkundungspflicht eines Schenkungsversprechens (§ 518 Abs. 1 BGB). Hinsichtlich der §§ 311b Abs. 2, Abs. 3 BGB kann auf die vorstehenden Ausführungen verwiesen werden (→ Rn. 190 ff.). Eine Beurkundung der Vereinbarung ist zumindest in den Fällen, in denen es sich bei der Beteiligung um das ganze Vermögen des Unternehmers handelt, anzuraten (→ Rn. 193). 228

Da Gegenstand des Share Deals allein die Beteiligung des Unternehmers an der Personengesellschaft ist, sind **Formerfordernisse, die für bestimmte Vermögensgegenstände** bestehen (bspw. die Beurkundungspflicht der Verpflichtung zur Übertragung eines Grundstücks, § 311b Abs. 1 BGB), nicht einschlägig, selbst wenn die Gesellschaft über entsprechende Vermögensgegenstände verfügt und diese das eigentliche Ziel des Share Deals darstellen. 229

Liegen im Fall der Zugewinngemeinschaft die erörterten Voraussetzungen des § 1365 Abs. 1 BGB vor, bedarf die Vereinbarung der Zustimmung des Ehe- bzw. Lebenspartners des seine Beteiligung übertragenden Gesellschafters (→ Rn. 194 f.). 230

(2) Inhalt der Vereinbarung. Der Share-Deal-Vertrag regelt die Rechtsbeziehungen zwischen Unternehmer und Nachfolger. Diese betreffen auf der **Primärebene** die Verpflichtung der Parteien zur Erbringung der jeweils geschuldeten Hauptleistung, also zur Übertragung der Beteiligung und zur Erbringung der vereinbarten Gegenleistung nebst Regelung der Fälligkeit und des Übergabestichtags. Der dingliche Vollzug durch Abtretung gemäß §§ 413, 398 ff. BGB erfolgt üblicherweise in der Vereinbarung und wird auf den Eintritt bestimmter Ereignisse, insbesondere die Erbringung der vereinbarten Gegenleistung, bedingt. 231

Für einen familienexternen Nachfolger sind darüber hinaus insbesondere die **Haftungsvereinbarungen** von Bedeutung, da die **gesetzliche Gewährleistung** beim Erwerb einer Beteiligung mangels einer üblichen Beschaffenheit nur dann zu sinnvollen Ergebnissen führt, wenn zumindest der gemeinsam zugrunde gelegte Soll-Zustand der Gesellschaft ausreichend dokumentiert ist. Aus Sicht des Nachfolgers ist es dabei zweckmäßig, sich bestimmte **Bilanzgarantien,** bspw. die Höhe und/oder Werthaltigkeit bestimmter Aktivpositionen oder die Höhe der Verpflichtungen der Gesellschaft zum Übergabestichtag garantieren zu lassen, wobei die Ansatz- und Bewertungsmethoden definiert werden sollten. **Eigenkapitalgarantien** sollten lediglich ergänzend zur Anwendung kommen, da das Eigenkapital als Residualgröße von einer Vielzahl von Faktoren abhängt, weshalb es sinnvoller ist, sich die entscheidungserheblichen Einzelparameter direkt garantieren zu lassen. 232

Geklärt werden sollte auch, wem die von der Gesellschaft für den Unternehmer geführten **Kapital- und Privatkonten** zustehen. Fehlt es an einer entsprechenden Abrede, werden diese für den Nachfolger weitergeführt.[176] Zumindest bei Kommanditisten ist es sinnvoll, insoweit keine abweichenden Vereinbarungen zu treffen (→ Rn. 236). 233

(3) Registerpflicht. Änderungen im Gesellschafterbestand sind bei den registerpflichtigen Personenhandelsgesellschaften (OHG und KG) zur Eintragung in entsprechende **Register** anzumelden (→ Rn. 70). 234

Die Möglichkeit, die Sonderrechtsnachfolge im zuständigen Register dokumentieren zu lassen, um zu erreichen, dass die Außenhaftung des ausscheidenden Gesellschafters mit Übernahme der Beteiligung durch den neuen Gesellschafter komplett auf diesen übergeht, was eigentlich die Konsequenz der Beteiligungsübertragung bei Identität der Mitgliedschaft wäre, besteht bei **persönlich haftenden Gesellschaftern** nicht. Dies ist auch zweckmäßig, da sich persönlich haftende Gesellschafter andernfalls ihrer Verpflichtungen dadurch entledigen könnten, dass sie ihre Beteiligung an der Gesellschaft auf einen „ge- 235

---

[176] BGHZ 45, 221 = NJW 1966, 1307; NJW-RR 1987, 286; BFHE 181, 520.

eigneten" Dritten übertragen, was die persönliche Haftung ad absurdum führen würde. Da der Beginn der fünfjährigen Enthaftungsfrist des austretenden Gesellschafters mit der Eintragung seines Austritts im Handelsregister zu laufen beginnt (§ 160 Abs. 1 S. 2 HGB), ist zumindest aus Sicht eines ausscheidenden persönlich haftenden Gesellschafters eine zeitnahe Anmeldung des Gesellschafterwechsels zum Handelsregister zweckmäßig.

236 Kommanditisten wird hingegen von der Rspr. die gesetzlich nicht normierte Möglichkeit der **Eintragung eines Rechtsnachfolgevermerks** eröffnet. Danach ist es auf Antrag möglich, aber nicht zwingend, dass im Handelsregister vermerkt wird, dass der neue Kommanditist Rechtsnachfolger des bisherigen Kommanditisten ist.[177] Dies ermöglicht die „Übernahme" der vorgefundenen Haftungssituation durch den Rechtsnachfolger und verhindert damit die parallele Haftung des bisherigen und des neuen Kommanditisten. Der Eintragung des Rechtsnachfolgevermerks steht es entgegen, wenn der ausscheidende Kommanditist von der Gesellschaft oder den anderen Gesellschaftern eine Abfindung für sein Ausscheiden erhalten hat, da dies eine Rückzahlung der geleisteten Pflichteinlage und damit auch der durch diese aufgebrachten Haftsumme beinhaltet, die zum Wiederaufleben der gem. § 171 Abs. 1 Hs. 2 HGB bereits erloschenen Außenhaftung des Kommanditisten führt (§ 172 Abs. 4 S. 1 HGB). Zahlungen von der Gesellschaft an den Rechtsvorgänger sollten daher tunlichst vermieden werden, zumal die Gegenleistung für die Übertragung der Beteiligung wirtschaftlich ohnehin vom Nachfolger getragen werden sollte.

237 Bei der **GbR** gibt es hingegen keine Registerpflicht. Gleichwohl kommen die bei den Personenhandelsgesellschaften geltenden Regelungen über die Nachhaftung von Gesellschaftern (§ 160 f. HGB), in denen auf den Zeitpunkt der Registereintragung abgestellt wird, auf die GbR entsprechend zur Anwendung (§ 736 Abs. 2 BGB). Der BGH wendet diese mit der Maßgabe entsprechend an, dass die Enthaftungsfrist mit der Kenntnis des entsprechenden Gläubigers vom Ausscheiden des Gesellschafters aus der GbR zu laufen beginnt.[178] Es empfiehlt sich daher aus Sicht des ausscheidenden Unternehmers, zumindest die wesentlichen Gläubiger zeitnah in einer Form, bei der der Zugang nachweisbar ist, über das eigene Ausscheiden aus der Gesellschaft zu informieren.

238 **(4) Rechtsfolgen.** Durch den Erwerb des Gesellschaftsanteils übernimmt der Nachfolger im Verhältnis zur Gesellschaft und zu Dritten unter **Wahrung der Identität der Mitgliedschaft** die Stellung des Unternehmers. Dem veräußernden Unternehmer steht mangels einer Auseinandersetzung kein Anspruch gegen die Gesellschaft oder die anderen Gesellschafter auf Zahlung einer Abfindung zu, sondern allein die mit dem Nachfolger für die Übertragung der Beteiligung vereinbarte Gegenleistung. Beiträge sind vom Nachfolger nicht zu erbringen, bestehende Beitragsrückstände des Unternehmers werden nunmehr aber vom Nachfolger geschuldet.

239 **cc) Andere gesellschaftsrechtliche Gestaltungen.** Eine Kombination des Eintritts des Nachfolgers bei gleichzeitigem oder zeitlich versetztem Austritt des Unternehmers bietet keine Vorteile.

240 Die Aufnahme des Nachfolgers als Neugesellschafter bei gleichzeitigem Austritt des Unternehmers führt im Ergebnis dazu, dass sich die Anzahl der vertraglichen Vereinbarungen und damit auch die Anzahl der potentiellen Fehlerquellen verdoppelt. Zudem besteht das Risiko, dass sich (lediglich) eine der Vereinbarungen als unwirksam erweist. Rechtlich handelt es sich bei solch einem Vorgehen auch nicht um eine Rechtsnachfolge, sondern um die Beendigung des Rechtsverhältnisses zwischen dem Unternehmer und den anderen Gesellschaftern und der Begründung eines neuen Rechtsverhältnisses zwischen

---

[177] Üblich sind insoweit die Formulierungen „*als Rechtsnachfolger*" bzw. „*in Sonderrechtsnachfolge*".
[178] BGH NZG 2007, 3784 (für den Fall einer OHG bei unterbliebener Registereintragung); OLG Stuttgart BeckRS 2012, 16019 (für die GbR).

III. Die Bedeutung der Rechtsform für den Übertragungsvorgang § 5

diesen und dem Nachfolger. Möglich ist aber auch eine einheitliche Vereinbarung zwischen allen Beteiligten.

c) Übertragung bei Kapitalgesellschaften. Ist eine Kapitalgesellschaft Unternehmensträger, gilt - mit Abweichungen im Detail - im Wesentlichen das zu den Personengesellschaften Ausgeführte (→ Rn. 219 ff.). 241

aa) Asset Deal. Der Asset Deal über das Vermögen einer Kapitalgesellschaft gleicht – mit Abweichungen bei den zu beachtenden Formerfordernissen - dem bei einem Einzelunternehmen und einer Personengesellschaft, sodass in materieller Hinsicht auf die entsprechenden Ausführungen verwiesen werden kann (→ Rn. 201 ff.) und nachfolgend lediglich die bei einer Kapitalgesellschaft bestehenden Abweichungen erläutert werden. 242

Die Veräußerung des gesamten Vermögens ist bei einer werbend tätigen Gesellschaft nicht mit deren Gesellschaftszweck zu vereinbaren und übersteigt daher die im Außenverhältnis nicht beschränkbare Kompetenz des Vertretungsorgans. Dementsprechend hat der BGH in der **Holzmüller-Entscheidung,**[179] der die Konstellation zugrunde legt, dass der Vorstand einer **AG** nahezu das gesamte Vermögen der Gesellschaft auf eine Tochtergesellschaft übertragen und dadurch der Kontrolle der Hauptversammlung entzogen hatte, entschieden, dass bei solchen einschneidenden Maßnahmen eine **„ungeschriebene" Hauptversammlungskompetenz** nach § 119 Abs. 2 AktG vorliegt, bei der der Vorstand von sich aus einen Zustimmungsbeschluss der Hauptversammlung einholen muss (→ Rn. 128). 243

Inzwischen kommt bei AG und (über § 278 Abs. 3 AktG) bei KGaA § 179a AktG zur Anwendung, der ein Zustimmungserfordernis der Hauptversammlung bei einer Verpflichtung zu Übertragung des gesamten Gesellschaftsvermögens ausdrücklich normiert und dafür eine **satzungsändernde Mehrheit** von drei Viertel des vertretenen Grundkapitals oder eines in der Satzung festgelegten höheren Quorums fordert (§§ 179a Abs. 1, 179 Abs. 2 AktG). § 179a AktG beschreibt einen allgemeinen Rechtsgedanken und kommt daher auf **alle Kapitalgesellschaften** - somit also auch auf die GmbH und die UG - entsprechend zur Anwendung.[180] 244

§ 311b Abs. 2, Abs. 3 BGB, nach denen eine Verpflichtung zur Verfügung über das ganze Vermögen oder einen Bruchteil davon unwirksam ist, soweit sich die Verpflichtung auf das künftige Vermögen bezieht (§ 311b Abs. 2 BGB), und beurkundungspflichtig, soweit auf das gegenwärtige Vermögen abgestellt wird (§ 311b Abs. 3 BGB), ist auf juristische Personen - und damit auch auf alle Kapitalgesellschaften - unmittelbar anwendbar. Wie bereits ausgeführt, wird bei diesen Normen, die nach der Rspr. lediglich auf in „Bausch und Bogen" abgegebene Verpflichtungen anwendbar sein sollen, an der es bei einer Einzelaufstellung der Vermögensgegenstände fehlt, hinsichtlich des Vermögens lediglich auf die Aktiva, nicht aber auf die Passiva oder eine eventuelle Gegenleistung abgestellt. Hinsichtlich der genauen Einzelheiten der Normen wird auf vorstehende Ausführungen verwiesen (→ Rn. 190 ff.). In seinem direkten Anwendungsbereich ist § 179a AktG im Vergleich zu § 311b Abs. 3 AktG die speziellere Norm und verdrängt diese. Dabei ist es unerheblich, dass § 179a AktG die Zustimmung der Hauptversammlung erfordert, während § 311b Abs. 3 BGB eine notarielle Beurkundung der Vereinbarung verlangt, da mit der Beurkundungspflicht die Warnung des sich Verpflichtenden vor einer übereilten Entscheidung verfolgt wird, die bei einer Hauptversammlung, deren Beschlüsse der notariellen Beurkundung bedürfen (§ 130 Abs. 1 S. 1 AktG), nicht erforderlich ist. 245

Liegt in dem Verpflichtungsgeschäft des Asset Deals ganz oder teilweise ein Schenkungsversprechen, ist dieses nach § 518 Abs. 1 BGB beurkundungspflichtig; ein Formmangel würde durch den Vollzug geheilt (§ 518 Abs. 2 BGB). 246

---
[179] BGHZ 83, 122 = NJW 1982, 1703.
[180] BGH NJW 1995, 596; → Fn. 173.

247 **bb) Share Deal.** Zu unterscheiden ist zwischen AG, KGaA und GmbH bzw. UG.

248 **(1) Aktiengesellschaften.** AGs sind für die Bündelung einer großen Anzahl von Gesellschaftern mit einem wechselnden Bestand konzipiert. Ihnen ist daher schon von Gesetzes wegen die reibungslose und einfache Übertragbarkeit der Aktien, durch die die Mitgliedschaftsrechte[181] vermittelt werden, immanent, wobei die konkreten Einzelheiten von der Aktienart abhängen. Insoweit ist zwischen Inhaber- und Namensaktien zu unterscheiden. Fehlt es (noch) an einer Verbriefung der Mitgliedschaftsrechte in Aktien, sind diese durch Abtretung (§§ 398 ff., 413 BGB) übertragbar.[182]

249 **Inhaberaktien** lauten nicht auf eine bestimmte Person, sondern auf den jeweiligen Inhaber. Seit Inkrafttreten der insbesondere der Bekämpfung der Geldwäsche und der Terrorismusfinanzierung dienenden Aktienrechtsnovelle 2016[183] können Inhaberaktien nur noch ausgegeben werden, wenn die Verbriefung durch eine Globalurkunde erfolgt oder die Emission durch eine börsennotierte AG erfolgt (§ 10 Abs. 1 AktG).[184] Für „Altfälle" vor Inkrafttreten dieser Regelung am 31.12.2015 gilt, dass § 10 AktG aF zeitlich unbegrenzt anwendbar bleibt (§ 26h Abs. 1 EGAktG), sodass vor dem 31.12.2015 wirksam emittierte einzelverbriefte Inhaberaktien wirksam bleiben.

250 **Formerfordernisse** für die Übertragung von Inhaberaktien gibt es nicht. Insbesondere ist eine Anzeige des Gesellschafterwechsels nicht erforderlich, und zwar weder gegenüber der Gesellschaft, der ihre Gesellschafter im Fall von Inhaberaktien ohnehin nicht bekannt sind,[185] noch gegenüber dem Registergericht und erst recht nicht gegenüber den anderen Aktionären. Abweichende Satzungsregelungen sind nicht zulässig, da der Gesetzgeber bei der Ausgestaltung der einzelnen Aktienarten allgemeingültige Entscheidungen getroffen hat, die nicht zur Disposition der Gesellschafter stehen.

251 Die Art der Übertragung richtet sich bei Inhaberaktien nach der Art der Verbriefung und der Verwahrart:

252 • Bei einer **Einzelverbriefung,** also in Altfällen oder im Fall einer börsennotierten AG, finden die Regelungen über Inhaberschuldverschreibungen (§§ 793 ff. BGB) entsprechende Anwendung. In diesem Fall wird die durch die Aktie verkörperte Beteiligung an der AG durch die Übereignung der Aktienurkunde übertragen (§§ 929 ff. BGB); mit dem Recht an dem Papier gehen die Rechte aus dem Papier, vorliegend also die durch die Aktie verkörperten Mitgliedschaftsrechte, auf den Nachfolger über.

253 • Bei einer **Sammelverwahrung** der einzelverbrieften Aktien – auch dies ist nur in Altfällen und bei börsennotierten AG möglich - erwirbt der Aktionär Bruchteilseigentum am Gesamtbestand der verwahrten Aktien und hat entsprechend seines Bruchteils einen Anspruch auf Herausgabe von Einzelaktien (§§ 6 Abs. 1 S. 1, 7 Abs. 1 DepotG). Die Übertragung erfolgt dann entweder durch Übereignung der zuvor ausgehändigten Stücke (§ 929 ff. BGB), alternativ durch Einigung und Abtretung des Herausgabeanspruchs gegen die Verwahrstelle (§§ 929, 931 BGB).

254 • Eine **Sammelurkunde,** die alle Inhaberaktien repräsentiert, ist inzwischen bei Inhaberaktien nichtbörsennotierter AG zwingend (→ Rn. 249), diese ist bei einer den Anforderungen des § 10 Abs. 1 AktG genügenden Stelle zu hinterlegen. Bei Altfällen kann die Hinterlegungsstelle frei gewählt werden. Die Aktionäre sind in beiden Fällen in **Bruchteilsgemeinschaft** Eigentümer der Sammelurkunde (§§ 9a Abs. 2, 6 Abs. 1 DepotG). Bei Vorliegen eines Altfalls hat der Aktionär einen Anspruch auf Herausgabe

---

[181] Für die Begründung der Mitgliedschaftsrechte der Aktionäre hat die Aktienausgabe lediglich deklaratorischen Charakter, BGHZ 122,180 = NJW 1993, 1983 (1987).
[182] BGHZ 122, 180 = NJW 1993, 1983 (1987).
[183] Gesetz zur Änderung des Aktiengesetzes (Aktienrechtsnovelle 2016) v. 22.12.2015; BGBl. I 2565.
[184] Ziel ist es, die Beteiligungsverhältnisse für Ermittlungsbehörden transparenter zu machen, vgl. BT-Drs. 18/4349, 16; zuvor bereits BT-Drs. 17/8989, 11 (der Diskontinuität des Bundestages unterfallen).
[185] Dies ist bei der Emission von Inhaberaktien auch nach der Aktienrechtsnovelle 2016 (→ Fn. 185) der Fall, lediglich die Verwahrstelle der Sammelurkunde hat Kenntnis von den Gesellschaftern.

III. Die Bedeutung der Rechtsform für den Übertragungsvorgang § 5

von Einzelurkunden (§§ 7 Abs. 1, 8 Abs. 1, 9a Abs. 3 DepotG); die Übertragung der Aktien erfolgt dann wie vorstehend im Fall der Sammelverwahrung beschrieben (→ Rn. 253). Bei einem Neufall hingegen besteht kein Anspruch auf Herausgabe von Einzelurkunden (§ 10 Abs. 1 Nr. 2 AktG). Die Übertragung kann dann nur durch Einigung und die der Übertragung des mittelbaren Besitzes gleichstehende Umbuchung des Bestandes im Depotbuch[186] erfolgen.

Im Innenverhältnis zwischen Unternehmer und Nachfolger sind im Wesentlichen die vom Nachfolger zu erbringende Gegenleistung, der Übergabestichtag und der Umfang der Haftung des Unternehmers für den Zustand des Unternehmens regelungsbedürftig (→ Rn. 231 ff.). 255

Namensaktien, die seit Ende 2015 den gesetzlichen Normalfall darstellen (§ 10 Abs. 1 S. 1 AktG), lauten auf den Namen des jeweiligen Inhabers, der nebst Geburtsdatum, Adresse und näheren Angaben zu den Aktien im von der Gesellschaft selbst geführten **Aktienregister** einzutragen ist (§ 67 Abs. 1 S. 1 AktG). Bei Namensaktien sind der AG ihre Aktionäre somit namentlich bekannt. Die Aktionäre sind zu den entsprechenden Angaben verpflichtet (§ 67 Abs. 1 S. 2 AktG). Im Gegensatz zu Kreditinstituten und Verwahrstellen, über die Wertpapiertransaktionen abgewickelt werden, sind Aktionäre aber nicht verpflichtet, der Gesellschaft jede Bestandsveränderung anzuzeigen (§ 67 Abs. 4 S. 1 AktG).[187] Gleichwohl haben Aktionäre im Regelfall ein Eigeninteresse an einem inhaltlich richtigen Eintrag ins Aktienregister, da der AG gegenüber nur derjenige als Aktionär gilt, der im Aktienregister eingetragen ist (§ 67 Abs. 2 S. 1 AktG). Der nicht zum Aktienregister angemeldete Aktionär ist damit auf Hauptversammlungen nicht teilnahme- und nicht stimmberechtigt und hat auch keinen Anspruch auf Dividendenzahlung. 256

Wie Inhaberaktien können auch Namensaktien einzeln oder als Sammelurkunde verbrieft sein, wobei die Verwahrung bei einer Einzelverbriefung ebenfalls in Einzel- oder Sammelverwahrung erfolgen kann. Insoweit gelten die vorstehenden Ausführungen (→ Rn. 251 ff.) mit der Abweichung entsprechend, dass es zur Übertragung einzelverbriefter Aktien neben der Beachtung der §§ 929 ff. BGB der **Indossierung** der Aktie bedarf (§ 68 Abs. 1 AktG), weshalb es sich bei der Namensaktie um ein **gesetzliches („geborenes") Orderpapier** handelt. Weitere Formalien sind bei der Übertragung von Namensaktien nicht zu berücksichtigen. 257

Bei **vinkulierten Namensaktien** sieht die Satzung vor, dass es für eine Übertragung der Namensaktie der Zustimmung der Gesellschaft bedarf. Dies ermöglicht es der Gesellschaft, Einfluss auf den Gesellschafterkreis zu nehmen. Eine ohne Zustimmung der AG vorgenommene Übertragung ist sowohl im Verhältnis zur Gesellschaft als auch zwischen den Transaktionspartnern unwirksam, nicht aber die entsprechende Verpflichtung.[188] Die Entscheidung über die Erteilung der Zustimmung erfolgt nach pflichtgemäßem Ermessen regelmäßig, zuständig ist der Vorstand (§ 68 Abs. 2 S. 2 AktG). Alternativ kann in der Satzung auch die Zuständigkeit des Aufsichtsrats oder der Hauptversammlung begründet werden (§ 68 Abs. 2 S. 3 AktG). Aus der Satzung können sich zudem Begrenzungen des Ermessens bis hin zu einer gebundenen Entscheidung ergeben. So können in der Satzung Gründe festgelegt werden, bei deren Vorliegen die Zustimmung zu verweigern ist (§ 68 Abs. 2 S. 4 AktG). Die Satzungsbestimmungen sind selbst dann beachtlich, wenn sie einem neutralen Betrachter als nicht sachgerecht erscheinen. Unbeachtlich sind lediglich solche Satzungsbe- 258

---

[186] BGH NJW 1999, 1393 (1393); NJW 1985, 376 (378).
[187] Sowohl bei Inhaber- als auch bei Namensaktien besteht allerdings eine Meldepflicht gegenüber der Gesellschaft, wenn der Nennwert der Aktien eines Aktionärs (einschließlich der diesem zuzurechnenden Aktien) bezogen auf das Grundkapital der AG den Schwellenwert von 25% (§ 20 Abs. 1 AktG) bzw. 50% (§ 20 Abs. 4, 16 Abs. 1 AktG) überschreitet oder nach einem Überschreiten wieder unterschreitet (§ 20 Abs. 5 AktG). Bei börsennotierten AG bestehen zudem beim Über- und Unterschreiten der auf die Gesamtstimmrechte bei der AG bezogenen Schwellenwerte von 3%, 5%, 10%, 15%, 20%, 25%, 30%, 50% und 75% Meldepflichten gegenüber der AG und der Bundesanstalt für Finanzdienstleistungsaufsicht.
[188] BGHZ 13, 179 = NJW 1954, 1155; MüKoAktG/*Bayer* § 68 Rn. 100.

stimmungen, die gegen Gesetze verstoßen.[189] Zumeist dienen entsprechende Satzungsbestimmungen dazu, die Homogenität des Gesellschafterkreises zu sichern, beispielsweise indem bei einer „Familien-AG" eine Übertragung lediglich an Familienmitglieder zulässig ist oder Gesellschafter und leitende Angestellte von Konkurrenzunternehmen keine Aktien erwerben dürfen. Bei einer Unternehmensnachfolge sollte der Vinkulierung bei einem geeigneten Nachfolger keine Bedeutung zukommen.

259   Im Innenverhältnis sind im Wesentlichen die vom Nachfolger zu erbringende Gegenleistung und der Umfang der Haftung des Unternehmers für den Zustand des Unternehmens regelungsbedürftig.

260   **(2) Kommanditgesellschaften auf Aktien.** Diese vereinigen Elemente des Personen- und des Kapitalgesellschaftsrechts (→ Rn. 101). Die Stellung als persönlich haftender Gesellschafter ist dabei mit der organschaftlichen Geschäftsführungs- und Vertretungskompetenz verbunden (§ 283 AktG), ohne dass es dazu bestätigender Beschlüsse der Hauptversammlung bedarf. Vor diesem Hintergrund wird ein Unternehmer bei einer KGaA nahezu zwangsläufig die Stellung eines persönlich haftenden Gesellschafters innehaben, auf die die Vorschriften über die KG entsprechend zur Anwendung kommen (§ 278 Abs. 2 AktG). Vorstehende Ausführungen zu den Personengesellschaften gelten daher entsprechend (→ Rn. 225 ff.). Ist der Unternehmer zugleich Kommanditaktionär, sind zudem die Kommanditaktien zu übertragen, insoweit kann auf die Ausführungen in → Rn. 251 ff. verwiesen werden.

261   **(3) GmbH und UG.** Geschäftsanteile an einer GmbH bzw. UG sind gemäß § 15 Abs. 1 GmbHG übertragbar, wobei der Gesellschaftsvertrag beschränkende Regelungen wie Vorkaufsrechte der anderen Gesellschafter oder der Gesellschaft, insbesondere aber auch Zustimmungserfordernisse[190] enthalten kann (§ 15 Abs. 5 GmbHG), die einem Share Deal entgegenstehen können. Die Beschränkungsmöglichkeiten sind im Ergebnis weiterreichender, als bei vinkulierten Namensaktien einer AG (→ Rn. 258), was seinen Grund darin hat, dass die Zusammenarbeit der Gesellschafter bei einer GmbH üblicherweise enger ist als bei einer AG. Die Entscheidungskompetenz über die Zustimmung liegt im Zweifel bei der Gesellschafterversammlung, die mit einfacher Mehrheit der abgegebenen Stimmen entscheidet. Der veräußerungswillige Gesellschafter ist dabei stimmberechtigt.[191] Der Gesellschaftsvertrag kann andere Zuständigkeiten und Mehrheitserfordernisse vorsehen.

262   Da bei GmbH und UG die Geschäftsanteile - anders als bei einer AG - nicht durch Wertpapiere verkörpert werden, erfolgt die Übertragung der Mitgliedschaft wie bei einer Personengesellschaft durch Abtretung (§§ 398 ff., 413 BGB), wobei sowohl die schuldrechtliche Verpflichtung als auch der dingliche Vollzug der notariellen Beurkundung bedürfen (§§ 15 Abs. 3, Abs. 4 S. 1 GmbHG). Der dingliche Vollzug heilt dabei eine Formunwirksamkeit der schuldrechtlichen Vereinbarung (§ 15 Abs. 4 S. 2 GmbHG). Eine aktualisierte Gesellschafterliste ist zum Handelsregister einzureichen (§ 40 Abs. 1 S. 1 GmbHG).

263   **d) Übertragung bei Mischformen.** Bei Mischformen werden meist Elemente des Kapital- und des Personengesellschaftsrechts dahingehend vermengt, dass bei einer GbR, OHG, KG oder KGaA ausschließlich (meist eigens zu diesem Zweck gegründete) Kapitalgesellschaften als persönlich haftende Gesellschafter fungieren. Die formal unbeschränk-

---

[189] Dies wäre bspw. bei geschlechts-, rasse- oder glaubensdiskriminierenden Regelungen der Fall (Art. 3 Abs. 3 GG, § 138 Abs. 1 BGB).
[190] In § 15 Abs. 5 GmbH ist insoweit lediglich von der Möglichkeit, die Veräußerung von einer Genehmigung, also einer nachträglichen Zustimmung der Gesellschaft abhängig zu machen, die Rede. Eine zeitlich vorgelagerte Einwilligung ist ebenfalls möglich.
[191] BGHZ 190, 45 Tz. 15 = NJW-RR 2011, 1117; BGHZ 48, 163 (166) = NJW 1967, 1963. Eine gesellschaftsvertragliche Stimmrechtsbeschränkung ist zulässig.

te Haftung des persönlich haftenden Gesellschafters entspricht damit der der entsprechenden Kapitalgesellschaft und ist somit auf das Gesellschaftsvermögen der Kapitalgesellschaft beschränkt. Zudem ist die Kapitalgesellschaft aufgrund ihrer Stellung als persönlich haftender Gesellschafter der Mischgesellschaft bei dieser organschaftlich geschäftsführungs- und vertretungsbefugt, wobei die Kapitalgesellschaft insoweit durch ihre Vertreter handelt, die (im Fall des Bestehens eines Aufsichtsrats zumindest mittelbar) von den Gesellschaftern der Kapitalgesellschaft bestimmt werden.

aa) Kapitalgesellschaft & Co. KG. Bei der Kapitalgesellschaft & Co. KG, die zumeist in der Form einer GmbH & Co. KG anzutreffen ist (→ Rn. 149 ff.), ist der Unternehmer zumeist beherrschender Gesellschafter oder Alleingesellschafter der Kapitalgesellschaft und Kommanditist der KG. 264

Im Fall eines **Asset Deals** geht es letztlich allein um die Übertragung des Vermögens der KG. Insoweit kann auf die vorstehenden Ausführungen (→ Rn. 220 ff.) verwiesen werden. Beim **Share Deal** ist die Kapitalgesellschaft, der zumeist lediglich eine Haftungsschutzfunktion zukommt, von untergeordneter Bedeutung und kann gegebenenfalls durch eine andere Kapitalgesellschaft ersetzt werden. Vor diesem Hintergrund konzentriert der Share Deal sich auf die bereits erläuterte Übertragung einer Kommanditbeteiligung (→ Rn. 225 ff.). 265

bb) Kapitalgesellschaft & Co. OHG. Bei einer Kapitalgesellschaft & Co. OHG handelt es sich um eine OHG, bei der alle Gesellschafter Kapitalgesellschaften sind (→ Rn. 153). Im Vergleich zur „normalen" OHG weisen solche Gesellschaften mit Ausnahme des Umstands, dass die Geschäftsführung und Vertretung durch Kapitalgesellschaften erfolgt, die wiederum von ihren Vertretungsorganen vertreten werden, hinsichtlich der Möglichkeiten eines Asset Deals oder eines Share Deals keine Besonderheiten auf, sodass auf die vorstehenden Ausführungen zu den Personengesellschaften verwiesen werden kann (→ Rn. 219 ff.). 266

cc) Kapitalgesellschaft & Co. GbR. Die Kapitalgesellschaft & Co. GbR entspricht in ihrer Grundstruktur der Kapitalgesellschaft & Co. OHG, sodass auf vorstehende Ausführungen verwiesen werden kann (→ Rn. 266). 267

dd) Kapitalgesellschaft & Co. KGaA. Bei dieser in der Praxis eher selten vorkommenden Variante der KGaA fungiert eine Kapitalgesellschaft als persönlich haftender Gesellschafter der KGaA, an der zumeist eine Vielzahl von Kommanditaktionären beteiligt ist (→ Rn. 101). Unternehmensbeherrschend ist aufgrund ihrer Stellung als persönlich haftender Gesellschafter die Kapitalgesellschaft. 268

Bei einem **Asset Deal** geht es darum, das Vermögen der KGaA auf den Nachfolger zu übertragen. Insoweit gelten die vorstehenden Ausführungen zum Asset Deal bei Kapitalgesellschaften entsprechend (→ Rn. 242 ff.). Bei einem **Share Deal** hingegen geht es darum, sowohl die geschäftsführende Kapitalgesellschaft, als auch die Kommanditaktien zu übertragen; die Kapitalgesellschaft kann ggf. auch durch eine andere ersetzt werden. Je nach der konkreten Gesellschaftsform der Kapitalgesellschaft gelten die vorstehenden Ausführungen zur AG bzw. zur GmbH entsprechend (→ Rn. 247 ff.); für die Übertragung der Kommanditaktien gelten die Ausführungen zur AG entsprechend (→ Rn. 251 ff.). 269

§ 6 Familienholding

Übersicht

	Rn.
I. Einführung	1
1. Gründe für Familienholding	1
a) Vorwegnahme der Erbfolge	1
b) Einbeziehung der Familienmitglieder	3
II. Optimierung der Steuerlast	7
1. Die wichtigsten Steuervorteile	7
a) Ertragsteuer	9
aa) Laufende Ertragsteuern bei der Personengesellschaft	9
bb) Laufende Ertragsteuern bei der Kapitalgesellschaft	13
cc) Besteuerungsvergleich von Personen- und Kapitalgesellschaft (laufende Besteuerung)	15
dd) Ertragsteuer auf Verkaufserlös bei Personengesellschaft	18
ee) Ertragsteuer auf Verkaufserlös bei Kapitalgesellschaft	21
ff) Besteuerungsvergleich Personengesellschaft und Kapitalgesellschaft (Verkaufserlös)	23
gg) Weiterer indirekter Vorteil bei der Holding-Besteuerung	25
hh) Ertragsteuerliche Umwandlungshindernisse	26
b) Schenkung- und Erbschaftsteuer	29
aa) Steuer bei Schenkung von Anteilen	29
bb) Grundsatz der Verschonung des Betriebsvermögens	30
cc) Schädliches Verwaltungsvermögen und zulässige Verwaltungsvermögensquote	32
dd) Haltefrist und Lohnsummenklausel	34
ee) Nießbrauch an Gesellschafts- und Geschäftsanteilen und Steuerabzug des Kapitalwertes	35
ff) Kapitalwert des Nießbrauchs in einer Beispielsrechnung	38
gg) Steuer bei Vererbung von Anteilen	40
hh) Zusätzliche Ertragssteuerbelastung bei Verkauf nach Erbschaft	43
ii) Steuervorteile bei rechtzeitiger Schenkung von Anteilen	47
c) Abschließende Würdigung der steuerlichen Gestaltungsmöglichkeiten	50
III. Formen der Familienholding	54
1. Kapitalgesellschaft	54
a) Steuerliche Überlegungen	54
b) Haftungsrechtliche Überlegungen	58
c) Trennung zwischen Gesellschaftsvermögen und Gesellschaftervermögen	60
2. Personengesellschaft	64
a) Steuerliche Überlegungen	65
b) Haftungsrechtliche Überlegungen	70
3. Besonderheiten bei der GmbH & Co. KG	72
a) Komplexe gesellschaftsrechtliche Struktur	72
b) Ein- und Austritt von Gesellschaftern	73
4. Doppel-Holding mit Personengesellschaft und Kapitalgesellschaft	76
5. Arbeitsvergütungen bei Personengesellschaft und Kapitalgesellschaft	81
6. Gesellschaft bürgerlichen Rechts	84
7. Kommanditgesellschaft auf Aktien	86
8. Familienstiftung	90
a) Verfolgung nicht steuerbegünstigter Zwecke	91
b) Teilverbrauchsstiftung	93
c) Vermeidung von Einfluss der Familienangehörigen	94
d) Innere Struktur einer Familienstiftung	95
e) Steuerliche Folgen der Familienstiftung	97
IV. Gründung der Familien-Holding	101
1. Einbringung von Vermögen	101

	Rn.

- a) Bar- oder Sachgründung der Holding ... 101
- b) Formen der Einbringung, steuerliche Konsequenzen ... 103
- 2. Abspaltung, Aufspaltung und Ausgliederung nach dem Umwandlungsgesetz ... 111
- 3. Einbringung von Wirtschaftsgütern im Wege der Einzelrechtsnachfolge ... 117
- 4. Grunderwerbsteuer ... 120
- 5. Vermeidung der Entnahme von Sonderbetriebsvermögen ... 123
- 6. Einbringung von Rechten ... 127
- 7. Einbringung von Vermögensgegenständen aus dem Privatvermögen ... 130
  - a) Haftungsrechtliche und steuerliche Erwägungen ... 131
  - b) Gründung einer Holding mit Privatvermögen ... 134
  - c) Einbringung zur Schaffung neuen Betriebsvermögens ... 136
- 8. Einbringung von Schulden ... 140
- 9. Immobiliengesellschaften ... 142
- 10. Formelle Fragen bei der Einbringung ... 147

V. Innere Struktur der Familienholding ... 150
- 1. Sonderrechte am Einkommen und Vermögen ... 152
  - a) Nießbrauchvorbehalt ... 155
  - b) Disquotale Gewinnverteilung ... 160
  - c) Liquidationspräferenz und Abfindungsansprüche des Gründers ... 166
- 2. Typische Fehler bei der Schenkung von Anteilen ... 169
  - a) Zeitpunkt des Rechtsübergangs ... 169
  - b) Nießbrauchverzicht ... 172
- 3. Sonderstimmrechte des Gründers ... 176
- 4. Entnahmeregelungen und Gewinnausschüttung ... 179
- 5. Geschäftsführung ... 185
- 6. Nachfolgegeschäftsführer ... 189
  - a) Auswahlrecht bei Nachfolgegeschäftsführer ... 190
  - b) Aufteilung der Geschäftsführung ... 192
  - c) Motivation und Belohnung für die Geschäftsführung ... 195
- 7. Beirat ... 199
  - a) Funktion des Beirats ... 200
  - b) Bestellung der Beirats ... 201
- 8. Vinkulierung von Gesellschafts- und Geschäftsanteilen ... 210
- 9. Veräußerung an Dritte und Vorerwerbsrechte der Mitgesellschafter ... 216
  - a) Vorkaufsrechte ... 218
  - b) Vorerwerbsrechte ... 219
  - c) Formfragen bei Vorerwerbsrechten ... 226
- 10. Veräußerung an gesellschaftsfremde Dritte ... 229
- 11. Mitverkaufsrechte bei Veräußerung von Gesellschafts- und Geschäftsanteilen ... 232
- 12. Belastung von Gesellschafts- und Geschäftsanteilen ... 234
- 13. Kündigungs- und Einziehungsklauseln ... 236
  - a) Kündigung bei Personengesellschaften ... 239
  - b) Kündigung bei Kapitalgesellschaften ... 245
- 14. Anwachsung und Abfindung ... 247
  - a) Abfindungsklauseln ... 249
  - b) Beschränkung der Abfindung ... 251
  - c) Rechtliche Praxis bei Abfindungen ... 254
  - d) Auszahlungsmodalitäten bei Abfindungen ... 256
- 15. Wirksamwerden des Ausscheidens, Gesellschafterrechte ... 259
- 16. Erbfolgeklauseln ... 263
  - a) Gestaltung von Erbfolgeklauseln ... 267
  - b) Besonderheiten bei Ausscheiden im Todesfall ... 269
- 17. Testamentsvollstreckung an Gesellschafts- und Geschäftsanteilen ... 275
  - a) Formelle Voraussetzungen der Testamentsvollstreckung ... 276
  - b) Interessenkonflikte bei Testamentsvollstreckung ... 279
  - c) Rechte des Testamentsvollstreckers, Dauer- und Abwicklungsvollstreckung ... 282
  - d) Verwaltung und Veräußerung von Anteilen durch Testamentsvollstreckers ... 285

	Rn.
18. Vertreter bei Erbengemeinschaften	287
VI. Absicherung des Schenkers gegen Zweckverfehlung	291
1. Gesetzliche und vorbehaltene Widerrufsgründe	292
2. Aufschiebende und Auflösende Bedingungen	294
3. Automatischer Rückfall (auflösende Bedingung) oder Rücktrittsrecht	300
4. Verfahrensrechtlich nicht ausformulierte Rückforderungsrechte	306
5. Steuerliche Folgen bei Rückabwicklung	308
6. Abschließende Würdigung der Rücktrittsklauseln	312

I. Einführung

1. Gründe für Familienholding

1   a) **Vorwegnahme der Erbfolge.** Familienholdings sind in aller Munde.[1] Die Bündelung von Vermögen, insbesondere von Gesellschaftsbeteiligungen, in einer Holdinggesellschaft eignet sich hervorragend dazu, das operative Geschäft von den Erben fernzuhalten, wenn diese zur Führung eines Unternehmens nicht geeignet sind. Zugleich kann man diesen Erben eine angemessene wirtschaftliche Beteiligung an dem Familienunternehmen verschaffen. Familienholdings sind auch bestens geeignet, Unternehmensbeteiligungen steuergünstig zu veräußern oder zu vererben. Schließlich ermöglichen sie wie kaum eine andere Gestaltungsform die Durchführung der vorweggenommenen Erbfolge und vermeiden dabei, wie in diesem Kapitel zu zeigen sein wird, vorhersehbaren Streit.

2   Die meisten Familienholdings sind auf das Halten und Verwalten von Gesellschaftsbeteiligungen, Wertpapiervermögen oder Immobilien ausgerichtet.[2] Familienangehörige werden an der Holding in der Regel schon zu Lebzeiten des Unternehmensgründers beteiligt.[3] Dies geschieht meist schenkweise, durch Übertragung von Gesellschafts – oder Geschäftsanteilen an der Holding, vielfach unter Vorbehalt des Nießbrauchs.[4] Solche Übertragungen werden notwendigerweise flankiert durch letztwillige Verfügungen, durch welche die noch zurückbehaltenen Anteile an dem Unternehmen im Erbfall auf die Familienangehörigen übergehen können. Die letztwillige Verfügung eignet sich hervorragend zur „Feinsteuerung" der Beteiligungsverhältnisse und der Stimmrechte.[5]

3   b) **Einbeziehung der Familienmitglieder.** Die Geschäftsführung und Kontrolle bei einer Familienholding und ihren Tochtergesellschaften lässt sich „passgenau" für die verschiedenen Familienangehörigen ausgestalten. Aktiv tätige Familienmitglieder können durch Gehälter, zusätzliche Gewinnbezugsrechte, Boni oder Mehrfachstimmrechte zu besonderen unternehmerischen Leistungen im Familienunternehmen motiviert werden.[6] Nicht aktiv tätige Familienmitglieder erhalten eine ihrer passiven Stellung entsprechende Gewinnbeteiligung. An dem in der Holding gebündelten Vermögen sollten aus Gerechtigkeitsgründen in der Regel alle Familienangehörigen beteiligt sein.

---

[1] Eine Holding im konzernrechtlichen Sinn wird meist definiert als eine Gesellschaft, welche mehrere Beteiligungsgesellschaften selbst oder über eine Beteiligungsgesellschaft hält (§ 16 Abs. 1 AktG; MüKAktG/*Bayer* § 15 Rn. 26, 27); nachfolgend soll von einer Familienholding jedoch schon dann gesprochen werden, wenn diese Holding auch nur eine einzige Beteiligungsgesellschaft hält.
[2] *Bühner* DB 1993, 285.
[3] Mustervertrag (einfach): Hannes, FormB Vermögens- und Unternehmensnachfolge/*Lüke*, C. 1.00.
[4] Mustervertrag (mit Nießbrauch): Hannes, FormB Vermögens- und Unternehmensnachfolge/*Holz*, A 2.22.
[5] Vorsicht bei Sonderrechten, die erst posthum begründet werden sollen, dies kann einen verbotenen Eingriff in den Kernbereich der Gesellschaftsrechte darstellen, vgl. *Holler* ZIP 2010, 1698.
[6] Die Vergütung ist steuerlich an Fremdvergleichsmaßstäben zu messen, vgl. BFH BStBl II 1982, 59; BStBl. II 1986, 798; BStBl. II 1989, 758; Mehrfachstimmrechte sind zivilrechtlich bei der AG unzulässig (§ 12 Abs. 2 AktG), zulässig sind jedoch Vorzugsaktien mit Gewinnvorzug (§ 12 Abs. 5 AktG); bei anderen Gesellschaftsformen unterliegen Vorzugsrechte aller Art der Vertragsfreiheit.

Ein wichtiges Motiv für die Gründung einer Familienholding ist die Vermeidung späteren 4
Erbenstreites. Ursache solcher Erbstreitigkeiten sind meist Schenkungen oder letztwillige
Verfügungen des Erblassers, deren rechtliche und wirtschaftliche Folgen nicht zutreffend
im Voraus bedacht worden sind. Das Familienunternehmen, das einem Kind vererbt worden ist, kann nach dem Erbfall vor der Insolvenz stehen. Das Privatvermögen, das einem
anderen Kind vererbt worden ist, kann sich dagegen hervorragend entwickelt haben.

Als besonders schlimm erweisen sich die im unternehmerischen Bereich so häufig anzutreffenden Vorschenkungen. Kinder, die solche Vorschenkungen erhalten haben, zum 5
Beispiel Gesellschafts-oder Geschäftsanteile, haben in der Regel bereits bis zum Tod des
Schenkers jahrelange Nutzungsvorteile aus dem geschenkten Vermögen genossen oder erleben noch zu Lebzeiten des Schenkers beachtliche Wertsteigerungen, ganz im Gegensatz
zu Kindern, welche solche Zuwendungen nicht oder erst sehr viel später erhalten haben.
Besonders schwierig ist es, wenn auch noch die wertmäßige Ausgleichung solcher Vorschenkungen angeordnet worden ist, ohne dass aber klar ist, wie ein solcher Wertausgleich später einmal erfolgen soll.[7]

Ganz anders laufen die Dinge in einer Familienholding. Das Konzept der Familienholding lässt den Nachfolgeprozess transparent werden. In einer Familienholding wird das 6
unternehmerische Vermögen der Familie gebündelt. Die Beteiligten lernen rechtzeitig,
welcher Anteil und welche Rolle ihnen bei der Fortführung eines Familienunternehmens
zukommen soll.[8] Etwaige Bevorzugungen oder Benachteiligungen Einzelner können
noch zu Lebzeiten des Erblassers ausgeglichen oder mit ihm abgeklärt werden. Jeder Erbe
kann an den positiven oder negativen Entwicklungen des Familienvermögens gleichermaßen teilhaben. Die einzelnen Asset-Klassen des Vermögens und deren oft unterschiedliche
Bewertungen spielen für die Verteilungsgerechtigkeit keine Rolle mehr. Die Familienholding kann nicht einfach wie eine Erbengemeinschaft zerschlagen und auseinandergesetzt
werden.[9]

II. Optimierung der Steuerlast

1. Die wichtigsten Steuervorteile

Ein wichtiges Hauptmotiv, eine Familienholding zu gründen, ist die Optimierung der 7
Besteuerung.[10] Viele Familienunternehmen werden bis heute ertragsteuerlich und erbschaftsteuerlich in einer ungünstigen Rechtsform betrieben. Sie nutzen weder die Möglichkeiten zur ertragsteuerlichen Optimierung ihrer laufenden Gewinne oder Verluste
noch ermöglichen sie die geringstmögliche Besteuerung bei Verkauf- oder unentgeltlicher
Übertragung des Familienunternehmens. Im Erbfall stolpern viele Unternehmerfamilien
aus Unkenntnis in eine vermeidbare Erbschaftssteuerbelastung hinein.

Dies soll an einem einfachen Beispiel erläutert werden: Ein Unternehmer (U) ist 8
57 Jahre alt und alleiniger Inhaber eines gut laufenden Unternehmens in der Rechtsform einer GmbH & Co. KG. Der jährliche Gewinn der Gesellschaft liegt bei
EUR 5,0 Mio., davon entnimmt U 1,5 Mio. jährlich für seine privaten Zwecke. Der
Verkehrswert des Unternehmens liegt bei EUR 50 Millionen, der Buchwert bei
EUR 10 Millionen. Der Unternehmer hat zwei Kinder, die seine Erben werden sollen.

---

[7] Bei Immobilien lässt sich der Wertausgleich meist hinreichend sicher durch Sachverständigengutachten ermitteln, bei Unternehmen besteht nach allen gängigen Bewertungsmethoden sehr große Beurteilungsspielraum (vgl. Kapitel Unternehmenskauf, § 3).
[8] Durch Beteiligung zu Lebzeiten erlangen alle Familienangehörigen Einsichtsrechte in die Gesellschaft (vgl. § 51a GmbHG, § 166 HGB); außerdem erfahren Sie zwangsläufig, wie andere Familienmitglieder beteiligt wurden; die Vornahme von Anteilsschenkungen ist außerdem üblich bei einer Familienholding.
[9] IdR wird bei Familiengesellschaften die Kündigung im Gesellschaftsvertrag langfristig ausgeschlossen; bei Erbengemeinschaften dagegen hat dagegen jeder Miterbe jederzeit Anspruch auf Auseinandersetzung, § 2042 BGB.
[10] Lutter/Bayer, Holding-HdB/*Jesse*, 14.36 ff.

Beide sind aber nicht im Unternehmen tätig und können es nach einem etwaigen Erbfall nicht längerfristig weiterführen. Der Unternehmer überlegt daher, ob er sein Unternehmen nicht rechtzeitig (etwa mit 65 Jahren) verkaufen sollte. Er fragt, was er ertragsteuerlich und erbschaftsteuerlich unternehmen könnte, um seine Situation und die Situation seiner Erben zu verbessern.

9 **a) Ertragsteuer. aa) Laufende Ertragsteuern bei der Personengesellschaft.** Der Gewinn einer Personengesellschaft (in diesem Fall also der GmbH & Co. KG) unterliegt mit Ausnahme der Gewerbesteuer, die auf die Einkommensteuer weitestgehend wieder angerechnet wird,[11] der individuellen Besteuerung bei den Gesellschaftern.[12] Dies führt bei einem Gewinnanteil, der die Grenze für die sog. „Reichensteuer" übersteigt (EUR 260.533 Jahreseinkommen) vereinfacht betrachtet zu einer Steuerbelastung des U von ca. 45,0%[13].

10 Allerdings wird der nicht entnommene Gewinn bei einer Personengesellschaft auf Antrag zunächst nur mit einem ermäßigten Steuersatz von 28,25% besteuert (§ 34a Abs. 3 EStG). Da im Beispiel ein Gewinnanteil in Höhe von 3,5 Mio. von U nicht entnommen wird, reduziert sich die auf diesen nicht entnommenen Teil des Gewinns entfallende Steuer entsprechend. Die laufende Besteuerung von U sieht daher wie folgt aus: Der nicht entnommene Gewinn von EUR 3,5 Mio. wird mit 28,25% besteuert, dies ergibt eine Steuerbelastung von EUR 988.750. Der entnommene Gewinn von EUR 1,5 Mio. wird mit 45% besteuert, dies ergibt eine Steuerbelastung von EUR 675.000. Zusammen zahlt U daher jährlich Einkommensteuer in Höhe von ca. EUR 1.663.750 (die mögliche Zusatzbelastung durch die Gewerbesteuer wurde aus Vereinfachungsgründen weggelassen). Diese Steuerbelastung entspricht einer Steuerquote von ca. 33,28%.

11 Würde der Unternehmer den gesamten Gewinn thesaurieren, ließe sich die Steuerquote insgesamt auf 28,25% drücken = EUR 1.412.500 (§ 34a Abs. 3 EStG). Würde der Unternehmer dagegen den gesamten Gewinn ausschütten, würde die Steuerquote auf 45,0% = EUR 2.250.000 steigen (§ 32a Abs. 1 Nr. 5 EStG).[14]

12 Wie verhielte sich nun das Ganze, wenn U das Unternehmen statt in der Rechtsform einer GmbH & Co. KG in der Rechtsform einer Kapitalgesellschaft führen würde (GmbH oder AG)?

13 **bb) Laufende Ertragsteuern bei der Kapitalgesellschaft.** Der Gewinn einer Kapitalgesellschaft unterliegt auf Ebene der Gesellschaft zunächst der Besteuerung mit Körperschaft- und Gewerbesteuer. Dies führt zu einer Gesamtbelastung von 30%[15]. Daher beträgt auf Ebene der Kapitalgesellschaft die Steuerbelastung rund 30% von EUR 5,0 Mio. = EUR 1,5 Millionen. Bei Ausschüttung von EUR 1,5 Millionen fällt weitere 25% Kapitalertragsteuer auf den Ausschüttungsbetrag an.[16] Im Beispielsfall bedeutet dies eine Steuerlast EUR 375.000. Insgesamt fallen daher bei der Kapitalgesellschaft an Körperschaft-, Gewerbesteuer und Kapitalertragsteuer ca. EUR 1,875 Millionen an Ertragsteuern an. Die Gesamtsumme der Steuern auf den „Jahresgewinn" entspricht somit einer Steuerlast auf in Höhe von ca. 37,5% = EUR 1.875.000, also rund 5% mehr als in der Rechtsform der Personengesellschaft (→ Rn. 10).

---

[11] Bis zu einem Hebesatz von 380 neutralisiert sich die Gewerbesteuer durch das gewerbesteuerliche Anrechnungsverfahren, darüber hinaus ergibt sich aber eine Mehrbelastung, vgl. Thies NWB 2012, 10.
[12] Einkünfte nach § 15 Abs. 1 Nr. 2 EStG.
[13] Vgl. § 32a, Abs. 1 Nr. 5 EStG in der Fassung des Jahres 2018, ohne Solidaritätszuschlag und Kirchensteuer.
[14] Alle Berechnungen jeweils ohne Solidaritätszuschlag und Kirchensteuer.
[15] Die Körperschaftsteuer beträgt 15% des zu versteuernden Einkommens (§ 23 KStG), die Gewerbesteuer beträgt bei einem durchschnittlichen Hebesatz von 380 ebenfalls 15% (→ Rn. 13), allerdings auf das für Gewerbesteuerzwecke etwas anders zu ermittelnde Einkommen der Gesellschaft.
[16] § 43 Abs. 1 Nr. 1 iVm § 43a Abs.1 Nr. 1 u. § 32d Abs. 1 EStG (durch die Kapitalertragsteuer wird die Einkommensteuer des U auf seine Einkünfte aus Kapitalvermögen pauschal abgegolten; es existieren allerdings politische Pläne, Kapitaleinkünfte wieder höher zu besteuern; bei Redaktionsschluss für dieses Buch kann nur die geltende Rechtslage referiert werden).

II. Optimierung der Steuerlast § 6

Würde der Unternehmer den gesamten Gewinn bei der Kapitalgesellschaft thesaurieren, würde sich die Steuerbelastung auf 30 % = EUR 1.500.000 reduzieren lassen. Würde er hingegen den gesamten Gewinn ausschütten, würde die Kapitalertragsteuer auf EUR 875.000 steigen (25 % des nach Abzug der Körperschaft- und Gewerbesteuer verbleibenden Betrages von 3,5 Mio.). Wir hätten es dann also mit einer Gesamtsteuerbelastung von ca. EUR 2,375 Mio. zu tun, dies entspricht 47,5 % des erzielten Gewinns.[17]

14

cc) Besteuerungsvergleich von Personen- und Kapitalgesellschaft (laufende Besteuerung). Auf den ersten Blick scheint dieser (wegen der Außerachtlassung der Gewerbesteuer bei der Personengesellschaft etwas vereinfachte) Vergleich darauf hinzudeuten, dass die Personengesellschaft gegenüber der Kapitalgesellschaft im Vorteil ist, denn bei der Personengesellschaft ist sowohl bei der Voll-Thesaurierung wie auch bei der Voll-Ausschüttung des Gewinns ein kleiner Vorteil auszumachen (Belastung bei Voll-Thesaurierung 28,25 % gegenüber 30 % bei der Kapitalgesellschaft; Belastung bei Voll-Ausschüttung 45 % gegenüber 47,5 % bei der Kapitalgesellschaft).

15

Allerdings wendet sich dieser Vergleich zum Nachteil der Personengesellschaft, wenn man den thesaurierten Gewinn bei der Personengesellschaft später aus dem Unternehmen entnimmt oder das Unternehmen verkauft. In diesem Fall muss nämlich die durch Thesaurierung des Gewinns zunächst ersparte Steuer nachbezahlt werden (34a Abs. 4 und Abs. 6 EStG). Unter Einschluss der bereits gezahlten Steuer kommt man dann bei der Personengesellschaft in unserem Beispiel zu einer definitiven Besteuerung des Gewinns von 45 %[18].

16

Dieses Ergebnis wäre zwar bei Vollausschüttung des Gewinns immer noch etwas günstiger als bei Vollausschüttung des Gewinns aus der Kapitalgesellschaft, jedoch ist in der Praxis die Vollausschüttung des Gewinns in einer Gesellschaft über alle Geschäftsjahre hinweg nicht realistisch. Einen solchen Mittelabfluss würde kaum ein Unternehmen wirtschaftlich überstehen. Die Besteuerung des Gewinns wird also bei der Kapitalgesellschaft voraussichtlich dauerhaft unter 45 % bleiben, während sie bei der Personengesellschaft am Ende definitiv auf 45 % steigt. Bei der Kapitalgesellschaft kommt es im Unterschied zur Personengesellschaft im Verkaufsfall auch nicht zur Herstellung einer „Ausschüttungsfiktion" und damit auch nicht zur Nachversteuerung des thesaurierten Gewinns (§ 34a Abs. 6 EStG).

17

dd) Ertragsteuer auf Verkaufserlös bei Personengesellschaft. Noch deutlicher sind die Unterschiede, wenn wir die Ertragssteuerbelastung im Verkaufsfall betrachten. Wir unterstellen, dass das Unternehmen, wie im Beispielsfall angegeben, zu dem angenommenen Verkehrswert von EUR 50,0 Mio. verkauft werden könnte. Die erste Alternative ist der Verkauf der Anteile der GmbH & Co. KG aus dem Privatvermögen von U. Die zweite Alternative ist der Verkauf des Unternehmens nach Umwandlung der Gesellschaft in eine GmbH und nach Einbringung dieser GmbH in eine Familienholding (ebenfalls GmbH).

18

Falls der Unternehmer die Anteile an dem Unternehmen zum Verkaufszeitpunkt in der Rechtsform einer GmbH & Co. KG hält (also ohne Umwandlung in GmbH und Einbringung in eine Holding), müssten die stillen Reserven beim Verkauf aufgedeckt werden und würden insgesamt mit dem Spitzensteuersatz versteuert, soweit U nicht auf einen Teilbetrag des Veräußerungsgewinns von EUR 5,0 Mio. den ermäßigten Steuersatz des § 34 Abs. 3 EStG in Anspruch nehmen kann (45 %).[19]

19

---

[17] Ohne Solidaritätszuschlag und Kirchensteuer.
[18] → Rn. 15, persönliche Einkommensteuer des U ohne Solidaritätszuschlag und Kirchensteuer.
[19] Der ermäßigt Steuersatz nach § 34 Abs. 3 EStG kann nur auf einen Veräußerungsgewinn bis zu EUR 5,0 Mio. in Anspruch genommen werden und beträgt 56 % des auf U entfallenden durchschnittlichen Steuersatzes (also ca. 25,2 %); Voraussetzung dafür ist ua, dass U seine Tätigkeit für das Unternehmen nach dem Verkauf vollständig einstellt, was wegen der üblichen Übergangsvereinbarungen mit dem Käu-

20 Es ergibt sich dazu folgende Berechnung: Der Verkehrswert von EUR 50 Millionen übersteigt den Buchwert von EUR 10 Millionen um EUR 40 Millionen. Dies ist der zu versteuernde Veräußerungsgewinn. Zu Gunsten von U wird hier unterstellt, dass er den Freibetrag des § 34 Abs. 3 EStG auf einen Teilbetrag des Gewinns von EUR 5,0 Mio. erhalten kann. Nach Abzug des ermäßigt zu besteuernden Betrages von EUR 5,0 Millionen verbleibt dann ein voll zu versteuernder Veräußerungsgewinn von EUR 35 Millionen. Darauf ergibt sich eine Steuerbelastung von 45 % = EUR 15,75 Millionen. Auf den ermäßigt zu besteuernden Betrag von 5,0 Mio. EUR ergibt sich eine Steuerbelastung von rund 25%.[20] Die Besteuerung des begünstigten Gewinnanteils von EUR 5,0 Millionen bedeutet daher eine weitere Steuerbelastung von EUR 1,25 Mio., Am Ende kommt man zu einer Steuerlast aus dem Verkauf von mindestens EUR 17,0 Mio. Kann U die ermäßigte Besteuerung nicht nutzen, zum Beispiel, weil er noch für eine Übergangszeit nach dem Verkauf im Unternehmen tätig bleibt, steigt die Steuerlast auf EUR 18 Mio.

21 **ee) Ertragsteuer auf Verkaufserlös bei Kapitalgesellschaft.** Ganz anders sieht die Besteuerung aus, wenn das Unternehmen im Verkaufszeitpunkt als Kapitalgesellschaft aus einer Familienholding heraus (welche ebenfalls eine Kapitalgesellschaft ist) verkauft werden würde.

22 Es ergibt sich dazu folgende Berechnung: Der Verkauf wäre bei der Holding steuerfrei (§ 8b Abs. 2 KStG). Lediglich 5% des Veräußerungserlöses von 50 Mio. = EUR 2,5 Mio. würden als sog. nichtabzugsfähige Betriebsausgaben der Besteuerung bei der Holding unterliegen (§ 8b Abs. 3 KStG). Die Steuerbelastung darauf betrüge 30% (Körperschaftsteuer und Gewerbesteuer) = EUR 750.000. Der verbleibende Teil des Veräußerungserlöses (EUR 49,25 Mio.) könnte steuerfrei in der Holding verbleiben und von ihr neu investiert werden. Die Steuerbelastung würde also von EUR 17,0 oder sogar EUR 18,0 Millionen (falls die Vergünstigung nach § 34 Abs. 3 EStG nicht gewährt werden kann) auf EUR 750.000 fallen, ein Bruchteil der zuvor ermittelten Besteuerung. Hierbei ist eine etwaige Ausschüttung des Gewinns an U allerdings noch nicht berücksichtigt.

23 **ff) Besteuerungsvergleich Personengesellschaft und Kapitalgesellschaft (Verkaufserlös).** Aber auch bei einer Vollausschüttung des nach Abzug der Körperschaft- und Gewerbesteuer verbleibenden Veräußerungserlöses an U würden sich immer noch einer deutlicher Vorteil gegenüber dem Verkauf der Anteile einer Personengesellschaft ergeben.

24 Es verbliebe, wie bereits gezeigt, bei der Holding – nach Abzug der Steuer für die nichtabzugsfähigen Aufwendungen (EUR 750.000) – ein Veräußerungsgewinn von EUR 49.25 Millionen. Dieser Betrag könnte zur Ausschüttung an U gelangen. Nach § 32d Abs. 1 EStG wird die Einkommensteuer auf Ausschüttungen durch die Kapitalertragsteuer in Höhe von 25% abgegolten, so dass sich die Steuerlast ohne Solidaritätszuschlag und Kirchensteuer ergibt von EUR 12.312.500, also ein wesentlich besseres Ergebnis als bei der Personengesellschaft, wo das gleiche Verkaufsgeschäft zu einer Steuerbelastung zwischen EUR 17 und EUR 18 Mio. führt, je nachdem, ob dort der ermäßigte Steuersatz nach § 34 Abs. 3 EStG in Anspruch genommen werden kann oder nicht.

25 **gg) Weiterer indirekter Vorteil bei der Holding-Besteuerung.** Die Vorteile der Veräußerungsbesteuerung durch Einschaltung einer Kapitalgesellschaftsholding sind aber nicht nur, was den direkten Ausschüttungsvergleich angeht, ziemlich offensichtlich. Der größte Vorteil besteht in dem indirekten Vorteil, dass die Familienholding mit dem zunächst quasi steuerfrei vereinnahmten Veräußerungsgewinn gewinnbringend arbeiten kann. Sie kann

---

fer des Unternehmens aber eher unrealistisch ist, vgl. im Einzelnen die Bedingungen des § 34 Abs. 3 EStG.
[20] Vgl. § 34 Abs. 3 S. 2 EStG.

II. Optimierung der Steuerlast § 6

Zinsgewinne und Spekulationsgewinne mit den ersparten Steuergeldern erzielen, welche ansonsten an den Fiskus zu zahlen gewesen wären. Durch die ersparte Steuer von EUR 16,275 Mio.[21] würde sich bereits im ersten Jahr bei einem unterstellten Ertrag des investierten Kapitals von 4% ein zusätzlicher Gewinn von rund EUR 650.000 erzielen lassen. Durch die Holding als Verkaufsvehikel wird also massiv Liquidität erzeugt, welche der Holding später zusätzlich zur Verfügung steht. Im Fall des Verkaufs der Anteile an der GmbH & Co. KG hätte U dagegen nur einen wesentlich geringen Betrag für weitere Investitionen zur Verfügung gehabt. Es entspricht auch der Lebenserfahrung, dass eine Voll-Ausschüttung des Gewinns im Normalfall nicht erfolgt, denn die Gewinne aus der Veräußerung von Unternehmen werden oft umgehend in neue Beteiligungen investiert. Die Holding kann aber den Steuervorteil des § 8b KStG erneut in Anspruch zu nehmen, wenn sie die neu erworbenen Beteiligungen veräußert.

hh) Ertragsteuerliche Umwandlungshindernisse. Zu beachten ist, dass diese Steuervorteile nur dann in vollem Umfang eintreten, wenn die Struktur der Familienholding entweder von Anfang so wie oben beschrieben gewählt wurde (also mit einer Kapitalgesellschaft als Holding und einer Kapitalgesellschaft als Tochtergesellschaft) oder wenn im Fall der Umwandlung einer Gesellschaft von einer Personengesellschaft in eine GmbH und Einbringung derselben in eine Kapitalgesellschaft eine Übergangsfrist von sieben Jahren vergangen ist, bevor man die Tochtergesellschaft aus der Holding heraus verkauft.[22] Hält man diese Frist nicht ein, kommt es mit jedem Jahr der nicht eingehaltenen Frist zu einer Nachversteuerung von 1/7 der stillen Reserven, welche im Zeitpunkt der Einbringung der später verkauften Geschäftsanteile vorhanden gewesen sind (§ 22 Abs. 2 S. 1 und S 3 UmwStG). 26

Dieses zweifellos vorhandene Umwandlungs-bzw. Veräußerungshindernis[23] dürfte allerdings bei rechtzeitiger Umwandlung der GmbH & Co. KG in eine GmbH und bei rechtzeitiger Einbringung dieser GmbH in eine Familienholding für U ohne größere Probleme zu umschiffen sein, denn U ist in unserem Beispielsfall mit 57 Jahren noch jung genug, um das Unternehmen bis zu dem geplanten Verkauf mit 65 Jahren problemlos weiterführen zu können. Die „Sperrfrist" von sieben Jahre müsste U damit voll einhalten können. Selbst wenn er aber diese Frist nicht voll einhalten könnte, bedeutet die Umstrukturierung schon ab dem zweiten Jahr, welches auf die Einbringung der Gesellschaft in die Holding folgt, wegen der für jedes Jahr in Siebtel-Schritten erfolgenden Nachversteuerung der stillen Reserven, dennoch einen nachhaltigen ertragsteuerlichen Vorteil. 27

Die Umwandlung der GmbH & Co. KG in eine GmbH und die anschließende Einbringung der Anteile in eine Familienholding ist im Übrigen nach §§ 20 Abs. 2 UmwStG steuerneutral möglich, weil die Buchwerte auf Antrag sowohl bei der Umwandlung in eine GmbH als auch bei der Einbringung der GmbH-Anteile in die Holding übernommen werden können. Auch ein in der KG befindliches Grundstück kann grunderwerbsteuerfrei im Rahmen eines Formwechsels von einer Personengesellschaft auf eine GmbH übergehen, wenn die Einbringung des Grundstücks in die KG länger als fünf Jahre zurückliegt.[24] 28

b) Schenkung- und Erbschaftsteuer. aa) Steuer bei Schenkung von Anteilen. Grundsätzlich ist die Schenkung oder Vererbung von Anteilen an einer Personen- oder Kapitalgesellschaft schenkungssteuerpflichtig, und zwar mit dem sog. gemeinen Wert der Anteile, der letztlich nach dem sog. vereinfachten Ertragswertverfahren des Bewertungs- 29

---

[21] → Rn. 21; Steuervergleich bei der Thesaurierung des Gewinns.
[22] § 22 Abs. 1 UmwStG.
[23] Die 7-Jahresfrist wird vielfach auch als „Sperrfrist" für die eingebrachten Anteile bezeichnet, obwohl das weder rechtlich noch wirtschaftlich zutrifft, vgl. § 22 Abs. 2 UmwG.
[24] § 6 Abs. 3 S. 2 GrEStG; BFH BStBl. II 2014, 329.

gesetzes zu bestimmen ist.[25] Der Beispielsfall bietet aber großes Potential, um die Erbschaftsteuer für die beiden Kinder durch lebzeitige Gestaltungen auf EUR 0,00 herabzudrücken. Maßgebend dafür sind vor allem die Vergünstigungen für steuerliches Betriebsvermögen, welche beide Kinder für sich in Anspruch nehmen können, wenn man Ihnen Betriebsvermögen zu Lebzeiten schenkweise überträgt.

30 **bb) Grundsatz der Verschonung des Betriebsvermögens.** Betriebsvermögen kann bei einem unentgeltlichen Erwerb bis zum Steuerwert von EUR 26 Millionen nach § 13b ErbStG zu 85%, alternativ bei Einhaltung weiterer Voraussetzungen, zu 100% von der Erbschaftsteuer „verschont" werden. Voraussetzung dafür ist, (a) dass es sich um begünstigungsfähiges Betriebsvermögen im Sinne des Erbschaftsteuerrechts handelt, (b) die geschenkten oder ererbten Anteile an dem Unternehmen mindestens fünf (sieben) Jahre nach der Schenkung vom Empfänger gehalten werden und (c) die Lohnsumme im Unternehmen mindestens fünf (sieben) Jahre nach der Schenkung weitgehend (oder vollständig) erhalten wird.[26] Bei mehreren Rechtsnachfolgern gilt die Grenze von EUR 26 Mio. für jeden Rechtsnachfolger gesondert.

31 Wird der Verschonungsgrenze von EUR 26 Millionen überschritten, schmilzt der Verschonungsbetrag um jeweils 1,5% für jeden diese Grenze übersteigenden Betrag von EUR 750.000 ab.[27] Unter Umständen kann der Betroffene aber eine sog. Verschonungsbedarfsprüfung nach 28a ErbStG beantragen, soweit er nachweist, dass er nach den Bedingungen dieser Vorschrift nicht zur Zahlung von Erbschaftsteuer oder Schenkungsteuer aus seinem vorhandenen oder dem ererbten Vermögen in der Lage ist.[28] Hat der Begünstigte nach § 28a ErbStG kein für Erbschaftsteuerzwecke einsetzbares Vermögen, kann er von der Erbschaftsteuer befreit werden.

32 **cc) Schädliches Verwaltungsvermögen und zulässige Verwaltungsvermögensquote.** Die Begünstigung des Betriebsvermögens setzt allerdings voraus, dass in dem Betriebsvermögen der Gesellschaft nicht zu viel schädliches Verwaltungsvermögen (vereinfacht ausgedrückt „nicht produktives" Vermögen) enthalten ist[29]. Das nicht verschonte Vermögen unterliegt der Besteuerung mit Erbschaft- oder Schenkungsteuer. Maßstab ist jeweils der Vergleich des gemeinen Wertes des Verwaltungsvermögens mit dem gemeinen Wert des gesamten Unternehmens, wie es sich nach den steuerlichen Bewertungsvorschriften ergibt.[30]

33 Hier soll der Einfachheit halber unterstellt werden, dass es in dem Familienunternehmen des U, um welches es in unserem Beispielsfall geht, nur reines Betriebsvermögen gibt, so dass eine vollständige Verschonung des Betriebsvermögens bei Übertragung auf die Kinder zu 100% möglich erscheint. Dies dürfte bei vielen mittelständischen Unternehmen in Deutschland der Fall sein, denn der Katalog des „schädlichen" Verwaltungsvermögens gemäß § 13b) Abs. 4 ErbStG beinhaltet nur Vermögen, welches – zumindest nach der Wertung des Gesetzgebers – nicht unmittelbar betrieblichen bzw. produktiven

---

[25] §§ 1 Abs. 1 Nr. 2, 2 Abs. 1 Nr. 1 ErbStG iVm §§ 199 ff. BewG.
[26] § 13a Abs. 10. Nr. 2, Nr. 6 ErbStG.
[27] § 13c Abs. 1 ErbStG.
[28] § 28a Abs. 2 ErbStG definiert das insoweit für Erbschaftsteuerzwecke einzusetzende Vermögen.
[29] Je nachdem, welche Verschonungsquote gewählt wurde (85% oder 100% des Betriebsvermögens), darf das Verwaltungsvermögen maximal 90% des gemeinen Wertes des Betriebsvermögens ausmachen (dann ist 85% Verschonung des restlichen Betriebsvermögens möglich) oder maximal 20% des gemeinen Wertes des Betriebsvermögens ausmachen (dann ist 100% Verschonung des restlichen Betriebsvermögens möglich, vgl. § 13b Abs. 2 S.2 und § 13a Abs. 10 ErbStG) (die geringeren Fristen von fünf Jahren für das Behalten der Anteile und Bewahren der Lohnsumme sowie die Erleichterungen bei der Einhaltung der Lohnsumme betreffen nur die Regelverschonung von 85%).
[30] Unschädlich ist nur eine Quote von weniger als 10% Verwaltungsvermögen bezogen auf den gemeinen Wert des Betriebsvermögens, die dann nicht separat bewertet und versteuert werden muss (§ 13b Abs. 7 ErbStG); ansonsten führt Verwaltungsvermögen immer zu einer separaten Besteuerung.

II. Optimierung der Steuerlast

Zwecken dient.[31] Wenn das Unternehmen über zu viel „schädliches" Verwaltungsvermögen verfügen sollte, hätte U auf jeden Fall noch genug Zeit, das Betriebsvermögen vor einer Übertragung auf die Kinder so umzustrukturieren, dass die Verwaltungsvermögensquote auf einen akzeptablen Wert sinkt.[32]

dd) Haltefrist und Lohnsummenklausel. Ferner setzt die vollständige Verschonung des Betriebsvermögens das Einhalten der Haltefrist für die erworbenen Anteile und die Erhaltung der Lohnsumme im Unternehmen während eines Zeitraumes von (fünf) oder sieben Jahren (85% bzw. 100% Verschonung) nach dem unentgeltlichen Erwerb voraus. Die Einhaltung der Fristen erscheint bei U möglich, wenn U die Anteile an dem Unternehmen seinen Kindern umgehend schenkt. Er ist erst 57 Jahre alt und plant, sein Unternehmen nicht vor dem 65. Lebensjahr zu verkaufen. Auch die Lohnsumme dürfte weitere 7 Jahre einzuhalten sein, wenn U das Unternehmen so erfolgreich weiterführt wie bisher. Dies führt zu der Gestaltungsempfehlung, die Anteile an dem Unternehmen bereits heute seinen beiden Kindern schenken, um die Erbschaftssteuer (Schenkungsteuer) auf das Betriebsvermögen zu vermeiden.

ee) Nießbrauch an Gesellschafts- und Geschäftsanteilen und Steuerabzug des Kapitalwertes. U wird bei einer Schenkung der Gesellschafts- und Geschäftsanteile an seine Kinder in der Regel auf den Vorbehalt des Nießbrauchs an den geschenkten Anteilen angewiesen sein. Der Nießbrauch sichert ihm nicht nur den Einfluss auf das Unternehmen (siehe dazu unten), sondern ist auch zur Erhaltung seines persönlichen Einkommens wichtig. Anteile an einer Familienholding werden daher zu Lebzeiten selten verschenkt, ohne dass dem Schenker maßgebliche Rechte daran, wie zum Beispiel das Nießbrauchrecht, verbleiben.[33]

Erbschafts- und schenkungssteuerlich kann sich der Vorbehalt des Nießbrauchs zusätzlich als Steuervergünstigung auswirken. Wenn die Verschonung des Betriebsvermögens steuerlich nicht voll gelingen würde (zum Beispiel wegen zu viel Verwaltungsvermögen oder Nichteinhaltung der Verschonungsbedingungen), ergäbe sich durch den Vorbehalt des Nießbrauchs die Möglichkeit zu einer nachhaltigen Entlastung bei der Schenkungsteuer/Erbschaftsteuer. Der Kapitalwert (Barwert) eines vom Schenker vorbehalten Nießbrauchrechts mindert nämlich die insoweit verbleibende, steuerpflichtige Schenkung wertmäßig.[34]

Allerdings kann der Kapitalwert des Nießbrauchs nur mit dem prozentualen Anteil abgezogen werden, welcher dem nicht verschonten Teil des Betriebsvermögens entspricht

---

[31] Problematisch könnten allerdings vor allem zu hohe Cash- oder Forderungsbestände sein, welche Verwaltungsvermögen darstellen, wenn sie eine Quote von 15% des Unternehmenswertes übersteigen (§ 13b Abs. 1 Nr. 5 EStG).

[32] Beispielsweise könnte U Entnahmen tätigen, um liquide Mittel zu verringern oder Forderungsbestände abbauen.

[33] Allerdings droht nach einer neuen Entscheidung des BFH (DStR 2017, 1308) ertragsteuerlich die Aufdeckung stiller Reserven, wenn Betriebsvermögen unentgeltlich unter Nießbrauchvorbehalt auf einen Rechtsnachfolger übertragen wird; durch den Nießbrauchvorbehalt könnte das Betriebsvermögen wirtschaftlich vom Veräußerer zurückbehalten worden sein und der Rechtsnachfolger könnte die Unternehmereigenschaft verloren haben, so dass die stillen Reserven als Folge der zivilrechtlichen Übertragung aufgedeckt werden müssten; die Auswirkungen dieser Entscheidung auf Fälle von Anteilsübertragungen unter Nießbrauchvorbehalt sind im Einzelnen noch ungeklärt, doch bezieht sich der Nießbrauch an Gesellschaftsanteilen nicht auf bestimmte Gegenstände des Betriebsvermögens, sondern nur auf den Ertrag aus den Gesellschaftsanteilen; auch übt der Anteilsinhaber nach einer Schenkung mit den ihm verbleibenden Stimmrechten bei richtiger Gestaltung Mitunternehmerinitiative aus und ihm steht auch der Restwert der Beteiligung einschließlich der stillen Reserven zu; dies sollte die Aufdeckung stille Reserven vermeiden; ggf. sollte eine verbindliche Auskunft erwogen werden.

[34] Nach Wegfall des § 25 ErbStG aF, der früher nur eine Stundung der Steuer auf den Kapitalwert des Nießbrauchs vorsah, ist seit 1.1.2009 unstreitig der Barwert eines vorbehaltenen Nießbrauchs als Verbindlichkeit von dem Wert des geschenkten Wirtschaftsgutes abzugsfähig.

(§ 10 Abs. 6, S. 4 und 5 ErbStG).[35] Dies führt im Ergebnis dazu, dass bei Inanspruchnahme der Regelverschonung von 85 % nur 15 % des Nießbrauchkapitalwertes abzugsfähig sind. Bei Inanspruchnahme der Vollverschonung entfällt der Abzug. Der Nießbrauch wirkt sich daher vor allem dann aus, wenn die Verschonung des Betriebsvermögens nicht gelingt oder wieder aufgehoben wird (zum Beispiel bei Nichteinhaltung der Behaltefristen oder der Lohnsumme).

38 **ff) Kapitalwert des Nießbrauchs in einer Beispielsrechnung.** Der Kapitalwert des Nießbrauchs ist nach dem Jahreswert des Nießbrauchs zu berechnen. Nach § 14 BewG iVm mit der vom BMF herausgegebenen Sterbetabelle ergibt sich in unserem Beispiel bei einem Jahresertrag der Gesellschaft von EUR 5,0 Mio. ein Kapitalwert des Nießbrauchs von EUR 67,485 Mio. (Faktor 13,497 auf Jahresertrag).[36] Allerdings gilt nach dem Bewertungsgesetz eine Höchstgrenze für den abzugsfähigen Jahreswert der Nutzungen (§ 16 BewG). Der ermittelte Kapitalwert ist zur Ermittlung dieser Höchstgrenze durch den Faktor 18,6 zu teilen und erst dann mit dem genannten Faktor zu multiplizieren. Das vereinfachte Ertragswertverfahren nach dem Bewertungsgesetz (§ 199 ff. BewG), welches zu Steuerzwecken für die Bewertung des Betriebsvermögen unserer GmbH & Co. KG anzuwenden ist, ermittelt den gemeinen Wert der Gesellschaft mit dem 13,75-fachen Jahreswert des (um einige Positionen der Gewinn- und Verlustrechnung bereinigten) Jahresergebnisses der Gesellschaft[37]. Damit ergäbe sich ein maximaler Jahreswert des Nießbrauchs von EUR 3,69 Mio. (5,0 × 13,75 : 18,6). Wendet man hierauf nun den Faktor 13,497 an, so ergibt sich ein Abzugsbetrag des Kapitalwertes für den Nießbrauch an sämtlichen Gesellschaftsanteilen von (nur noch) EUR 49,8 Mio., dennoch ein stattlicher Betrag, der zum steuerlichen Abzug genutzt werden kann.

39 Fazit: Falls U sämtliche Anteile an der Gesellschaft unter Nießbrauchvorbehalt seinen Kindern schenken würde, könnten die Kinder, wenn die Verschonung es Betriebsvermögens fehlschlägt, den Wert von EUR 49,8 Mio. von der Bemessungsgrundlage für die Schenkungsteuer abziehen. Bei anteiliger Nichtverschonung des Betriebsvermögens lässt sich der entsprechende Anteil dieses Kapitalwertes als Abzugsbetrag nutzen.

40 **gg) Steuer bei Vererbung von Anteilen.** Führen wir uns nun alternativ vor Augen, was geschehen würde, wenn der Unternehmer nichts unternehmen, sondern die Anteile an der GmbH % Co. KG einfach seinen beiden Kindern zu gleichen Teilen im Todesfall vererben würde.

41 Es ist nicht davon auszugehen, dass in diesem Fall die erbschaftsteuerliche Verschonung auf das Betriebsvermögen erhalten werden kann. Da die Kinder nach dem Tod von U wohl nicht zur Fortführung des Unternehmens in der Lage sein würden, müsste wohl ein sofortiger Verkauf der Gesellschaft erfolgen. Wenn der Verkauf noch im Jahr nach dem Erbfall erfolgt, womit gerechnet werden muss, weil die Kinder keine Managementerfahrung besitzen, müssten sie den vollen Unternehmenswert der Erbschaftsteuer unterwerfen, denn die Verschonung des Betriebsvermögens ist an das weitere Halten des Unternehmens bzw. der ererbten Beteiligungen geknüpft. Aus einer (theoretisch) möglichen Erbschaftsteuerbelastung von EUR 0,00 würde somit eine Erbschaftsteuerbelastung entstehen, die auf den vollen Unternehmenswert von EUR 25,0 Mio. pro Kind anfällt. Die Erbschaftsteuer würde

---

[35] Riedel, Praxishandbuch Unternehmensnachfolge/Steger/Guerra, § 25 Rn. 57 ff.
[36] BMF Schreiben v. 4.11.2016, IV C 7 – S 3104/09/10001 zu § 14 BewG, der maßgebliche Vervielfältiger bei U (Lebensalter 57 Jahre) beträgt 13,497; unterstellt wird in der Berechnung die Übertragung sämtlicher Anteile auf die Kinder in vorweggenommener Erbfolge unter Nießbrauchvorbehalt.
[37] BMF-Schreiben v. 4.1.2016, IV C 7 – S. 3102/07/10001, der Multiplikator auf den nach dem BewG zu ermittelnden Jahresergebnis beträgt seit 2016: 13,75; das Jahresergebnis wird allerdings etwas anders ermittelt als nach HGB.

II. Optimierung der Steuerlast § 6

27% von EUR 25 Mio. = EUR 6,75 Mio. pro Kind betragen.[38] Auf beide Kinder zusammen käme daher eine Erbschaftsteuerbelastung von EUR 13,5 Mio. zu.

Auch die „Fall-back-Position" des Nießbrauchs wäre in diesem Fall als steuerliches Gestaltungsmittel verloren, denn den Nießbrauch kann U nur als Lebender antreten. Es gibt also nichts mehr abzuziehen, außer ggf. den persönlichen Erbschaftsteuerfreibetrag von EUR 400.000 pro Kind, wenn dieser Freibetrag noch nicht durch Vorschenkungen verbraucht wurde.[39] 42

hh) Zusätzliche Ertragssteuerbelastung bei Verkauf nach Erbschaft. Aber damit nicht genug. Das Ergebnis würde auch noch zusätzlich durch die Ertragssteuer belastet, die aus dem Verkauf des Unternehmens auf die Erben zukäme. Es treten ertragsteuerlich bei den Erben grundsätzlich die gleichen Besteuerungsfolgen ein, die auch bei U im Fall des Verkaufs der GmbH & Co. KG-Anteile eintreten würden, denn die Kinder treten durch Erbschaft in seine Rechtsposition ein. Die Kinder sehen sich daher als Verkäufer des Unternehmens einer Ertragssteuerbelastung von rund 45% auf den Veräußerungsgewinn von EUR 40 Mio. gegenüber (EUR 18,0 Mio. insgesamt), EUR 9,0 Mio. je Kind). 43

Zwar ermäßigt sich diese Einkommensteuerbelastung auf Antrag gemäß § 35b EStG um den Betrag, um den sich die Erbschaftsteuer ermäßigt hätte, wenn die Ertragsteuer aus der Veräußerung des Unternehmens schon bei der Ermittlung der Erbschaftsteuer als latente Steuerschuld hätte abgezogen werden können (Abzug der latenten Steuerlast).[40] Der so entstehende Steuer-Ermäßigungsbetrag vermag aber die Doppelbelastung aus Erbschaftsteuer und Ertragsteuer keinesfalls zu kompensieren, wie die Nachrechnung in unserem Beispielsfall zeigt. 44

Die auf den Veräußerungsgewinn der Kinder von EUR 40,0 Mio. zu zahlende Ertragsteuer könnte als latente Verbindlichkeit von der Bemessungsgrundlage für die Erbschaftsteuer abgezogen werden. Die Bemessungsgrundlage für die Erbschaftsteuer, die ursprünglich EUR 50,0 Mio. bzw. EUR 25,0 Mio. je Kind beträgt, ermäßigt sich hierdurch um EUR 18,0 Mio. (latente Ertragssteuerbelastung aus dem Verkauf).[41] Die Bemessungsgrundlage für die Erbschaftsteuer würde also von EUR 50,0 Mio. auf EUR 32 Mio. sinken. Jedes Kind hätte bei Berücksichtigung der latenten Steuerlast aus dem Verkauf nun nur noch eine Bereicherung aus der Erbschaft von EUR 32 Mio. geteilt durch 2, also EUR 16 Mio. (anstatt EUR 25,0 Mio.) zu versteuern gehabt. Die Erbschaftsteuer hätte sich für jedes Kind hierdurch auf 27% von EUR 16 Mio. = EUR 4,32 Mio. ermäßigt. Es ergibt sich eine Differenz von EUR 2,43 Mio. gegenüber der Versteuerung des vollen Anteilswertes von EUR 25 Mio. (27% aus EUR 25 Mio. = EUR 6,75 Mio.). Diese Differenz von EUR 2,43 Mio., aus der Berücksichtigung der latenten Steuerlast bei der Erbschaftsteuer, kann auf die Einkommensteuer aus dem Verkauf des Unternehmens angerechnet werden. Von der Einkommensteuerbelastung aus dem Verkauf in Höhe von EUR 9,0 Mio. je Kind (siehe oben) bleibt somit eine Einkommensteuerbelastung von EUR 6,57 Mio. übrig. 45

Fazit: Es verbleibt eine Gesamt-Steuerbelastung von EUR 13,32 Mio. je Kind aus Erbschaft und Verkauf. Bei dem Verkaufserlös von EUR 25,0 Mio. je Kind (EUR 50,0 Mio. für das Unternehmen) ergibt sich aus beiden Steuerquellen (Erbschaftsteuer und Einkommensteuer) eine Gesamt-Steuerbelastung für die Kinder von EUR 26,64 Mio. = 53,28%. Den Kindern verbleibt nach dem Verkauf des Unternehmens also weniger als die Hälfte des Unternehmenswertes übrig! 46

---

[38] § 19 Abs. 1 ErbStG, Steuerklasse I, Erwerb bis EUR 26,0 Mio.
[39] § 16 Abs. 1 , Nr. 2 ErbStG.
[40] Es erfolgt dazu eine fiktive Berechnung der Veräußerungsgewinnbesteuerung, die vor dem Erbfall eingetreten wäre, wenn U damals das Unternehmen schon veräußert hätte.
[41] Gerechnet ohne die Vergünstigung nach § 34 Abs.3 EStG.

47 ii) Steuervorteile bei rechtzeitiger Schenkung von Anteilen. Diese Steuerbelastung wäre bei rechtzeitiger Umwandlung der GmbH & Co. KG in eine GmbH, Einbringung in eine Holding, Schenkung der Anteile an die Kinder und Verkauf der GmbH aus der Holding heraus sieben Jahre später (also noch zu Lebzeiten des Erblassers) fast vollständig zu vermeiden gewesen.

48 Unvermeidlich wäre lediglich die Besteuerung von 5 % des nicht abzugsfähigen Aufwands bei der verkaufenden Holding gewesen (Steuer = EUR 750.000, vgl. oben). Erbschaftsteuer wäre aber vorbehaltlich des Einbehaltens von zulässiger Verwaltungsvermögensquote, Lohnsumme und Behaltensfristen, vollständig vermieden worden, denn die Töchter hätten begünstigtes Betriebsvermögens geschenkt erhalten und dieses erst nach Ablauf der Behaltensfristen veräußert. U hätte sich über den Vorbehalt des Nießbrauchs absichern können. Eine etwaige Ausschüttung des Veräußerungserlöses hätte zwar bei den Kindern (oder auch U) weitere Ertragsteuern ausgelöst, aber in weit geringerem Umfang als der Verkauf der Beteiligung an einer Personengesellschaft.

49 Der Unterschiedsbetrag in der Besteuerung liegt (ohne Ausschüttung) bei mehr als EUR 26,0 Mio.! Selbst bei Beibehaltung der GmbH & Co. KG-Struktur hätte sich im Falle der rechtzeitigen Schenkung von Anteilen an die Kinder unter Nießbrauchvorbehalt zumindest erbschaftsteuerlich noch ein deutlich besseres Ergebnis erzielen lassen, denn in diesem Fall wäre zumindest keine Erbschaftsteuer auf die Gesellschaftsanteile zu zahlen gewesen.

50 c) Abschließende Würdigung der steuerlichen Gestaltungsmöglichkeiten. Der Beispielsfall zeigt exemplarisch, wie wichtig steuerlich die rechtzeitige Einrichtung einer Familienholding mit vorweggenommenen Anteilsübertragungen sein kann. Auf Basis des geltenden Steuerrechts sind ohne weiteres und vollkommen legal Gestaltungen möglich, welche die Realisierung von Verkaufserlösen steuerlich optimieren und welche bei der vorweggenommenen Übertragung von Gesellschafts- und Geschäftsanteilen die Erbschaftsteuer weitgehend entfallen lassen.

51 Es muss allerdings auch vor einem leichtfertigen Umgang mit solchen Gestaltungsmöglichkeiten gewarnt werden. Jede Umstrukturierung eines Unternehmens oder eines unternehmerischen Vermögens, zum Beispiel durch Umwandlung einer GmbH & Co. KG in eine GmbH und danach folgende Einbringung in eine weitere GmbH (oder andere Kapitalgesellschaft), beinhaltet eine Vielzahl steuerlicher Prüfungsschritte, die grundsätzlich sorgfältig abgearbeitet werden müssen.

52 Steuerfallen finden sich häufig bei Grundbesitz, Sonderbetriebsvermögen oder steuerlicher Betriebsaufspaltung (und zwar wegen der Gefahr der Aufdeckung stiller Reserven), aber auch bei der Auflösung thesaurierter Gewinne, die bei Umwandlungen obligatorisch sein kann (und zur Nachversteuerung des Thesaurierungsvorteils führt)[42] oder bei nennenswertem Verwaltungsvermögen (wegen der möglichen Steuerlast auf Schenkungen nach dem Erbschaftsteuergesetz). Diese Steuerfallen können die Einbringung des Unternehmens in eine Holding unter Umständen erschweren, im Einzelfall sogar auch einmal steuerlich unattraktiv erscheinen lassen, allerdings durch passende Übergangsgestaltungen meist vermieden werden.

53 Man wird sich deshalb immer sorgfältig beraten lassen müssen, bevor man eine neue Gesellschaftsstruktur aufsetzt. Die Grundtendenz ist aber, dass mit einer Holding-Struktur beachtliche Steuervorteile erzielt werden können. In vielen Fällen bilden solche Steuervorteile einen maßgeblichen Anlass für die Gründung einer Familien-Holding. Wichtig ist dabei die Erkenntnis, dass vor allem die Übertragung von Anteilen auf Familienangehörige die ganze Bandbreite der Steuervorteile auslöst.

---

[42] § 34a Abs. 6 EStG.

III. Formen der Familienholding

1. Kapitalgesellschaft

a) Steuerliche Überlegungen. Die Errichtung einer Holding in der Rechtsform einer Kapitalgesellschaft kann sich, wie gezeigt, empfehlen, um die damit verbundenen steuerlichen Vorteile generieren zu können. Viele Jungunternehmer gründen heute bereits vor Aufnahme ihrer unternehmerischen Aktivitäten eine Familienkapitalgesellschaft, meist in der Rechtsform einer GmbH oder Unternehmergesellschaft mit beschränkter Haftung, um zum Beispiel über diese Gesellschaftsform später einmal alle künftigen Beteiligungen so gut wie steuerfrei wieder veräußern zu können. Sie nehmen häufig auch bereits zu einem sehr frühen Zeitpunkt relevante Übertragungen von Anteilen an ihre Familienangehörigen vor, meist unter Nießbrauchvorbehalt, um dadurch Erbschaft- und Schenkungsteuer sparen und ihren Kindern oder Ehegatten eigene Einkünfte verschaffen zu können.[43]

Kapitalgesellschaften als Holding eignen sich aber auch dazu, Gewinne und Verluste aus mehreren Gesellschaften über einen Gewinnabführungsvertrag steuerlich bei der Holding saldieren zu können (steuerliche Organschaft). Hierzu muss die Holding ab Beginn des Geschäftsjahres ihrer jeweiligen Tochtergesellschaft über die Mehrheit der Stimmrechte in der Tochtergesellschaft verfügen (sog. finanzielle Eingliederung), ferner muss der Gewinnabführungsvertrag auf mindestens fünf Jahre abgeschlossen sein und wie vereinbart durchgeführt werden.[44] Gewinne und Verluste werden dann insgesamt der Holding zugerechnet und können gegeneinander aufgerechnet werden.[45]

Allerdings ist bei der Kapitalgesellschaft die unmittelbare Verrechnung von Gewinnen oder Verlusten mit Einkünften oder Verlusten der Gesellschafter nicht möglich.

Steuerlich problematisch kann die steuerliche Behandlung von Gesellschaftervergütungen oder Leistungsaustauschbeziehungen zwischen der Kapitalgesellschaft und ihren Gesellschaftern sein. Hier schlummert das ganze Potential möglicher, verdeckter Gewinnausschütten, welche ein Lieblings-Betätigungsfeld deutscher Betriebsprüfer geworden sind (→ Rn. 62).

b) Haftungsrechtliche Überlegungen. Kapitalgesellschaften als Holding werden häufig wegen ihrer haftungsrechtlichen Abschirmwirkung gewählt. Eine Familie braucht bei der Familienholding zur haftungsrechtlichen Abschirmung allerdings nicht unbedingt eine Kapitalgesellschaft. Sie kann ihre unternehmerischen Beteiligungen durchaus über eine Gesellschaft bürgerlichen Rechts, also mit voller persönlicher Haftung der Gesellschafter, halten, solange nur gewährleistet ist, dass die von dieser Personengesellschaft als Rechtsträger gehaltenen Unternehmen jeweils selbst in einer haftungsbeschränkten Rechtsform geführt werden.[46]

Risiken verbleiben für die persönlich haftenden Gesellschafter allerdings unabhängig von der Rechtsform einer Holding immer dann, wenn es auf der Ebene der Tochtergesellschaften zu einer Verletzung der Kapitalaufbringungs- oder Kapitalerhaltungsvorschriften, zu unerlaubten Handlungen oder zu einem existenzgefährdenden Eingriff kommt. Diese Tatbestände können im Einzelfall einen Durchgriff auf die Gesellschafter erlauben.[47]

---

[43] Bei Start-ups wird auch häufig die UG (haftungsbeschränkt) gewählt, die steuerlich ebenfalls eine Kapitalgesellschaft ist.
[44] Zu den Voraussetzungen der steuerlichen Organschaft vgl. im Einzelnen § 14 Abs. 1 Nr. 1–5 KStG.
[45] § 14 Abs. 1 S. 1 Nr. 2 S. 6 KStG.
[46] Durch die Rechtsform der GbR kann vor allem die Eintragung in das Handelsregister und die damit einhergehende Publizitätspflicht vermieden werden.
[47] Gefahr besteht vor allem bei insolvenznahen Vermögenstransaktionen, (vgl. Fall Schlecker, aus den Medien bekannt, vgl. auch §§ 129–147 InsO (anfechtbare Rechtsgeschäfte), vgl. auch die Rechtsprechung zum sog. existenzvernichtenden Eingriff, BGHZ 149, 10 – Bremer Vulkan.

60 c) Trennung zwischen Gesellschaftsvermögen und Gesellschaftervermögen. Als nachteilhaft wird bei Kapitalgesellschaften die strikte Trennung zwischen Eigenvermögen der Gesellschafter und Vermögen der Holding empfunden. Diese Trennung erlaubt es nicht, wie bei Personengesellschaften, das Gesellschaftsvermögen einfach auf Gesellschafterkonten zu erfassen und ähnlich wie bei einem Bankkonto nach Belieben wieder entnehmen oder auch aufstocken zu können.

61 Bei der Kapitalgesellschaft hängen Ausschüttungen an die Gesellschafter von Ausschüttungsbeschlüssen ab. Grundsätzlich besteht nur Anspruch auf Ausschüttung des festgestellten Bilanzgewinns, sofern dieser nicht zurückgestellt oder auf neue Rechnung vorgetragen werden soll oder gar die Satzung einer Gewinnausschüttung entgegensteht. Bei der Gewinnausschüttung besteht ein erhebliches Entscheidungsermessen der Gesellschafter.[48] Falls allerdings mehr als der ausschüttungsfähige Gewinn entnommen werden soll, bedarf es einer förmlichen Kreditgewährung durch die Gesellschaft. Dabei darf die Erhaltung des Stammkapitals nicht gefährden sein.[49]

62 Stets sind bei der Kapitalgesellschaft die strengen Regeln zu Erhaltung des Stammkapitals/Grundkapitals einzuhalten (vgl. §§ 30 ff. GmbHG). Unberechtigte oder verdeckte Entnahmen können bei der Kapitalgesellschaft zu einer unbeabsichtigten Erhöhung des steuerpflichtigen Gewinns bei der Gesellschaft führen.[50] Verdeckte Einlagen von Wirtschaftsgütern können beim Einbringenden eine Veräußerungsfiktion auslösen.[51]

63 Bei Sacheinlagen besteht die Gefahr, nochmals für die Aufbringung des Stammkapitals haften zu müssen, wenn solche Sacheinlagen nicht zutreffend bewertet werden oder wenn die formalen Vorschriften für eine Sachgründung oder Sachkapitalerhöhung nicht erfüllt worden sind.[52]

2. Personengesellschaft

64 Nach wie vor werden viele Familiengesellschaften in der Rechtsform einer Personengesellschaft geführt. Die Rechtsform der GmbH & Co. KG gilt seit Jahrzehnten als eine für den Mittelstand günstig Rechtsform. Sie kann als Weiterentwicklung der OHG angesehen werden, welche im Handelsrecht die Urform der gesellschaftlichen Betätigung in Deutschland verkörpert.

65 **a) Steuerliche Überlegungen.** Steuerliche Vorteile bietet die Personengesellschaft vor allem bei der Möglichkeit, Gewinnanteile des Gesellschafters aus der Personengesellschaft mit Verlusten des Gesellschafters aus anderen steuerpflichtigen Einkünften ausgleichen zu können und umgekehrt.[53] Bei der laufenden Besteuerung kann eine hohe Thesaurierungsquote außerdem zu einer etwas geringeren Besteuerung führen, als bei der GmbH, allerdings nur vorübergehend, bis die thesaurierten Gewinne entnommen werden oder als entnommen fingiert werden (vgl. § 34 Abs. 3 EStG und → Rn. 15/16).

66 Themen wie verdeckte Gewinnausschüttung oder verdeckte Einlagen stellen sich im Steuerrecht der Personengesellschaften nicht. Dafür zeigen sich im Verkaufsfall Nachteile, weil die Besteuerung des Veräußerungserlöses im Unterschied zur Versteuerung dieses Erlöses bei einer Kapitalgesellschaft nicht vermeidbar ist (nur Kapitalgesellschaften profitie-

---

[48] Baumbach/Hueck/*Fastrich* GmbHG § 29 Rn. 35; bei Bedarf können Vorabausschüttungen auf den zu erwartenden, ausschüttungsfähigen Gewinn beschlossen werden, es sind aber auch Ausschüttungssperren möglich.
[49] Baumbach/Hueck/*Fastrich* GmbHG § 30 Rn. 3, 13.
[50] Als verdeckte Gewinnausschüttung gilt jede bewusste Zuwendung eines Vermögensvorteils durch die Gesellschaft, die außerhalb der gesellschaftsrechtlichen Gewinnverteilung aus gesellschaftlicher Veranlassung heraus erfolgt (Schmidt/*Levedag* EStG § 20 Rn. 42).
[51] Schmidt/*Loschelder* EStG § 4 Rn. 360, Katalog der steuerlich relevanten Einlagen und Entnahmen.
[52] Erwerb von Wirtschaftsgütern aus dem Eigentum eines Gesellschafters nach vorausgehender Barkapitalerhöhung, Einbringung werthaltiger Gesellschafterdarlehen (verdeckte Sacheinlagen, OLG Dresden NZG 2017, 985, § 27 Abs. 3 und 4 AktG).
[53] § 2 Abs. 3 EStG.

ren vom Holding-Modell, § 8b KStG). Insbesondere führt der Verkauf immer zur Nachversteuerung steuerlich begünstigter, thesaurierter Gewinne.

Verlustvorträge gehen bei der Kapitalgesellschaft nach einer Veräußerung von mehr als 25% bzw. 50% der Anteile teilweise oder gar ganz verloren, wenn nicht auf Ausnahmetatbestände zurückgegriffen werden kann. Ausnahmen sind bei Umstrukturierungen im Konzern (vgl. 48c Abs. 1 S. 5 KStG), Zuführung neuen Kapitals bis zur Höhe der stillen Reserven (Abs. 1 S. 6 und 7) und in Sanierungsfällen (Abs. 1a) möglich. Verluste aus Personengesellschaftsanteilen, auch aus dem Verkaufsfall, lassen sich dagegen von dem Verkäufer weiter nutzen und mit späteren Einkünften ausgleichen.

Es lauern aber auch bei der GmbH & Co. KG zahlreiche Steuerfallen, insbesondere bei Vorhandensein von Sonderbetriebsvermögen, also wenn ein Gesellschafter der Gesellschaft Geld, Sachmittel oder Rechte zur Nutzung überlässt, aber auch bei steuerlicher Betriebsaufspaltung.[54] Schon eine Änderung in der Gesellschafterstruktur einer Kommanditgesellschaft und Komplementärgesellschaft kann zur Aufdeckung stiller Reserven führen. Die isolierte Veräußerung einer wesentlichen Beteiligung an einer Kommanditgesellschaft (ohne gleichzeitige Veräußerung des zugehörigen Anteils an der Komplementär GmbH) kann zum Beispiel zur Aufdeckung stiller Reserven im Betriebsvermögen führen.[55]

Während der Verkauf von Gesellschaftsbeteiligungen normalerweise gewerbesteuerfrei ist (§ 7 Abs. 1 S. 2 GewStG), kann der Verkauf eines Mitunternehmeranteils in gewissen Fällen Gewerbesteuer auslösen. So gilt der Gewinn aus dem Verkauf eines Mitunternehmeranteils durch eine Kapitalgesellschaft für Gewerbesteuerzwecke als laufender Gewinn der Gesellschaft.[56] Und der Verkauf von Teilen eines Mitunternehmeranteils löst ebenfalls Gewerbesteuer aus, weil ein solcher Gewinn nach dem Einkommensteuergesetz noch zum laufenden Gewinn gehört.[57]

b) Haftungsrechtliche Überlegungen. Ist die Komplementär GmbH persönlich haftenden Gesellschafter, wird die Haftung für Verbindlichkeiten der Gesellschaft auf das Vermögen der Komplementär-GmbH beschränkt. Für die Gesellschafter einer GmbH & Co. KG bedeutet dies, dass ihre Haftung auch in der Rechtsform einer Personengesellschaft de-facto auf das statutarische Haftkapital der Kommanditgesellschaft (Kommanditeinlagen) und auf das statutarische Haftungskapital der Komplementär GmbH (Stammeinlagen) beschränkt bleibt.

Die Kommanditeinlagen können vom Betrag her sehr gering sein, denn ein Mindest-Kommanditkapital ist bei der KG nicht vorgeschrieben.[58] Eine persönliche Haftung der Kommanditisten ist bei einer GmbH & Co. KG nach Einzahlung der Kommanditeinlagen kaum möglich.[59] Das Eigenkapital der Kommanditgesellschaft steht den Gesellschaftern jederzeit für Entnahmen zur Verfügung. Dies kann nur durch eine Regelung im Gesellschaftsvertrag oder durch Gesellschafterbeschlüsse eingeschränkt werden. Der Verlust an statutarischem Haftkapital kann zwar de facto irgendwann zu einer Wiedereinzahlung

---

[54] § 6 Abs. 1 Nr. 4, Abs. 4 EStG; Aufdeckung stiller Reserven durch Entnahme.
[55] Anteile an einer Komplementär GmbH sind sog. Sonderbetriebsvermögen II und können daher auch wesentliches Betriebsvermögen sein; Schmidt/*Wacker* EStG § 15 Rn. 714.
[56] § 7 Abs. 1 S. 2 GewStG.
[57] Vgl. § 16 Abs. 1 Nr. 2 EStG, der als Veräußerungsgewinn nur den Gewinn aus der Veräußerung des „gesamten" Anteils eines Gesellschafters an der Gesellschaft bezeichnet.
[58] Das Haftkapital der Kommanditisten kann frei gewählt werden, weil mindestens ein persönlich haftender Gesellschafter mit seinem gesamten Vermögen haften muss (vgl. § 161 Abs. 1 HGB).
[59] Vgl. als Ausnahmen aber die Ansprüche nach dem Insolvenzrecht und einem existenzgefährdenden Eingriff, siehe oben Fn. 48 (für Kapitalgesellschaften), ggf. auch bei überhöhter Gewinnfeststellung, dann Rückgewährungsansprüche der Gesellschaft möglich, wenn Gewinne entnommen wurden.

entnommenen Kapitals zwingen, Ausschüttungsbeschränkungen wie bei der Kapitalgesellschaft gibt es aber bei der GmbH & Co. KG nicht.[60]

3. Besonderheiten bei der GmbH & Co. KG

72 **a) Komplexe gesellschaftsrechtliche Struktur.** GmbH & Co. KG Strukturen sind leider steuerlich und gesellschaftsrechtlich kompliziert. So bedarf es stets einer genauen Abstimmung der Gesellschaftsverträge von Kommanditgesellschaft und Komplementär-GmbH.[61] Dabei wird immer wieder nicht beachtet, dass es große rechtliche Unterschiede im gesetzlichen Regelstatut zwischen der Kapitalgesellschaft (Komplementär GmbH) und der Personengesellschaft (Kommanditgesellschaft) gibt, zum Beispiel in Bezug auf das statutarisch vorgeschriebene Gesellschaftskapital, die Übertragbarkeit von Gesellschaftsanteilen oder auch das Schicksal von Gesellschaftsanteilen im Erbfall.[62] Diese Unterschiede müssen in den Gesellschaftsverträgen möglichst aufgehoben werden, um einen einheitlichen Umgang mit den zusammengehörenden Gesellschaften erreichen zu können. Sprachlich gelingt dies aber häufig nicht[63]. So leiden viele Gesellschaftsverträge einer GmbH & Co. KG an rechtlichen Fehlern, die dadurch entstehen, dass man ganze Passagen aus dem Gesellschaftsvertrag der KG einfach ungefiltert in den Gesellschaftsvertrag der Komplementär GmbH übernimmt.[64]

73 **b) Ein- und Austritt von Gesellschaftern.** Der Ein- und Austritt von Gesellschaftern bei der GmbH & Co. KG ist rechtstechnisch bei der Personengesellschaft nicht einfacher zu bewerkstelligen als bei der Kapitalgesellschaft.

74 De facto ist der Gesellschafterwechsel nur nach Zustimmung sämtlicher Gesellschafter möglich, denn die Eintragung eines neuen und die Austragung eines alten Gesellschafters setzt eine von sämtlichen Gesellschaftern unterzeichnete Handelsregisteranmeldung voraus.[65] Dies gilt auch dann, wenn der Gesellschaftsvertrag an sich für die Aufnahme neuer Gesellschafter einen Mehrheitsbeschluss der Gesellschafter vorsieht.

75 Der einzige Weg, das Störpotential von Minderheitsgesellschaftern bei einem geplanten Gesellschafterwechsel zu umgehen, ist eine dauerhaft gültige Handelsregistervollmacht, welche einen Vertreter der Gesellschafter ermächtigt, Anteilsübertragungen und Änderungen des Gesellschaftsvermögens gegenüber dem Handelsregister mit Wirkung für alle Gesellschafter anzumelden.[66] Ist eine solche Vollmacht nicht erteilt worden, muss im Zweifel erst ein vollstreckbares Urteil gegen den widerstrebenden Gesellschafter erlangt werden, bevor der Gesellschafterwechsel eingetragen werden kann.[67]

---

[60] Die Erfassung des Gesellschaftsvermögens erfolgt auf fixen und variablen Gesellschafterkonten (letztere sind ähnlich Bankkonten entnahmefähig, sofern der Gesellschaftsvertrag oder Gesellschafterbeschlüsse keine Thesaurierung vorschreiben); es sind auch negative Kapitalkonten möglich.

[61] Reichert, GmbH & Co. KG/*Liebscher*, Kap. 1 § 3 Rn. 3, 4.

[62] Bei der Kapitalgesellschaft sind Anteile veräußerlich und vererblich, bei der KG gehen die Kommanditanteile im Weg der Sonderrechtsnachfolge auf die Erben auf; bei der Personengesellschaft ist nur ein KG-Anteil ohne weiteres vererblich; bei der OHG und GbR kommt es im Erbfall zur Auflösung der Gesellschaft.

[63] Beispiel: Bei Ausscheiden eines Gesellschafters aus einer GmbH muss über das Schicksal von dessen Geschäftsanteil Beschluss gefasst werden, eine Anwachsung bei den anderen Gesellschaftern – wie bei der Personengesellschaft – gibt es wegen der rechtlichen Verselbständigung des Geschäftsanteils bei einer GmbH nicht (es bleibt nur die Einziehung oder dingliche Übertragung).

[64] Bei der GmbH gibt es zum Beispiel keine Gesellschafterkonten und keine Sonderrechtsnachfolge im Erbfall.

[65] §§ 108, 162 HGB.

[66] Baumbach/Hopt/*Hopt* HGB § 12 Rn. 3; ein erneuter Vollmachtnachweis ist bei einer dem Registergericht bereits vorliegenden Handelsregistervollmacht nur nötig, wenn Anhaltspunkte für einen Widerruf aus wichtigem Grund vorliegen, BayObLG DB 1975,1162.

[67] Vollstreckung erfolgt dann gemäß § 894 ZPO.

III. Formen der Familienholding § 6

4. Doppel-Holding mit Personengesellschaft und Kapitalgesellschaft

Die Rechtsform der GmbH & Co. KG kann sich unter Umständen für eine sog. „Dach- 76
Holding" empfehlen. Diese Dachholding würde die Anteile an einer Zwischenholding in
der Rechtsform einer GmbH halten, welche wiederum die operativen Beteiligungsgesellschaften der Familie in der Rechtsform von Kapitalgesellschaften hält (sog. Doppel-Holding-Modell).[68].

Bei dieser Gestaltung können nicht operative, rein vermögensverwaltende Gesellschaf- 77
ten oder sogar Privatvermögen in die Dach-Holding eingebracht werden, denn die Dachholding könnte rein vermögensverwaltend tätig sein (zum Beispiel GbR oder eine nicht
gewerblich tätige GmbH & Co. KG mit natürlicher Person als persönlich haftendem Gesellschafter). Mit der Personengesellschaft als Dach-Holding könnten die ertragsteuerlichen Vorteile der Kapitalgesellschaftsholding (Zwischenholding) mit den steuerlichen und
zivilrechtlichen Vorteilen einer Personengesellschaft verbunden werden, was insbesondere
Im Verkaufsfall von Tochtergesellschaften sowie bei der steuersparender Gewinnthesaurierung oder auch bei Gewinn- und Verlustverrechnung auf Holding-Ebene von Interesse
sein kann.[69]

Ferner kann durch das Modell der Doppelholding unter Umständen vermieden wer- 78
den, dass Fremdgeschäftsführer oder Dritte Einblick in das Gesamtvermögen der Familie
erhalten. Die Geschäftsführer haben bei dieser Gestaltung nur Einblick in die Abschlüsse
und das Vermögen der Zwischenholding. Sie wissen nicht (oder müssen jedenfalls nicht
wissen), welche weiteren, zum Beispiel rein vermögensverwaltenden Beteiligungen, die
Familie über ihre GbR oder GmbH & Co. KG als Familienholding hält.

Auf Ebene der Dach-Holding lassen sich Publizitätspflichten umgehen, wenn ein Fa- 79
milienmitglied dort persönlich haftender Gesellschafter wird. Zugleich ist die Haftungsübernahme auf Ebene der obersten Holding für den persönlich haftenden Gesellschafter
aber weitgehend risikolos möglich, wenn alle Beteiligungen in der Gesellschaftsstruktur
unter der Dach-Holding haftungsbeschränkt ausgestaltet sind (→ Rn. 58,59).

Schließlich lässt sich durch die Gründung einer GmbH & Co. KG als Dach-Holding 80
auch das Problem eines dauerhaften Wegzuges von Familiengesellschaften ins Ausland
besser in den Griff bekommen. Problematisch ist beim Wegzug allerdings der Verlust des
Besteuerungsrechts für die Bundesrepublik Deutschland auf Grund internationaler Doppelbesteuerungsabkommen. In diesem Fall kann über § 50i Abs. 1 Nr. 1–3 EStG unter
den dort genannten Voraussetzungen eine Versteuerung von Veräußerungs- und Entnahmegewinnen im Inland für den wegziehenden Gesellschafter eintreten. Ein Verlust des
Besteuerungsrechts der Bundesrepublik ist dann nicht zu befürchten, wenn die Inlandsholding in Form einer Personengesellschaft tatsächlich gewerblich tätig ist, also einen echten kaufmännischen Geschäftsbetrieb unterhält, weil dann die Einkünfte des wegziehenden Gesellschafters einer inländischen Betriebsstätte zuzurechnen sind (vgl. Art 13 Abs. 5
OECD-MA). Bei Kapitalgesellschaftsbeteiligungen ordnet § 6 Abs. 1 AStG stets die Besteuerung der stillen Reserven an, wenn ein Gesellschafters ins Ausland verzieht.[70]

5. Arbeitsvergütungen bei Personengesellschaft und Kapitalgesellschaft

Die Vergütung der Arbeitsleistung von Gesellschaftern kann ebenfalls eine Rolle für die 81
Wahl der Rechtsform bei der Holding spielen. Eine Tätigkeitsvergütung ist bei der Perso-

---

[68] *Keller*, Unternehmensführung mit Holdingkonzepten, 1993, 28.
[69] Der Verkauf von Tochtergesellschaften durch die Zwischenholding wäre zu 95% steuerfrei, § 8b Abs. 2 KStG, etwaige Organschaftsverträge würden eine Gewinn- und Verlustverrechnung der Tochtergesellschaften auf Ebene der Zwischenholding erlauben; das „Gesamtergebnis" könnte bei der Zwischenholding steuergünstig mit 30% Steuerbelastung (Körperschaft- und Gewerbesteuer) thesauriert werden.
[70] § 6 AStG erreicht die Veräußerungsfiktion durch Bezugnahme auf § 17 EStG, der aber nur die Veräußerung von Anteilen an einer Kapitalgesellschaft betrifft, für eine nicht gewerblich tätige GmbH & Co. KG dürfte dies allerdings analog gelten.

nengesellschaft Teil der gewerblichen Einkünfte des betreffenden Gesellschafters (sog. Vorabgewinn).[71] Bei der Kapitalgesellschaft handelt sich dagegen um „Arbeitslohn", welcher der Lohnsteuer unterliegt und beim Unternehmen eine Betriebsausgabe darstellt.[72] Letzteres gilt jedenfalls dann, wenn die Vergütung nicht unangemessen ist, also keine verdeckte Gewinnausschüttung darstellt.[73]

82 Bei der Tätigkeit für eine Personengesellschaft besteht Sozialversicherungspflicht nur dann, wenn der betreffende Gesellschafter sozial abhängig ist, was in der Regel anzunehmen ist, wenn er nicht über die Mehrheit der Stimmrechte in der Gesellschaft verfügt[74]. Bei der Kapitalgesellschaft ist Sozialversicherungspflicht anzunehmen, wenn dem Gesellschafter nicht eine Mehrheit der Stimmrechte zusteht oder umfassend Sperrminorität eingeräumt wurde.[75] Erst ab einer Vergütung von EUR 53.100 (2018) besteht die Möglichkeit zum Wechsel in die private Krankenversicherung.[76]

83 Bei der Personengesellschaft werden Tätigkeitsvergütungen den Gesellschaftern im Rahmen der einheitlichen und gesonderten Gewinnermittlung als Gewinnanteile zugerechnet. Eine von einem Gesellschafter bezogene Vergütung stellt daher steuerlich nur einen gesonderten Verteilungsposten bei der individuellen Gewinnermittlung dar.

6. Gesellschaft bürgerlichen Rechts

84 Neben der Kapitalgesellschaft und der Personen-Handelsgesellschaft (meist in Form der GmbH & Co. KG) findet man als Rechtsform einer Familienholding immer wieder auch die Gesellschaft bürgerlichen Rechts (GbR).

85 Die GbR setzt voraus, dass die Gesellschaft nicht nach § 1 HGB als „Kaufmann" einzustufen ist. Liegt der Zweck auf dem Halten und Verwaltung von Gesellschafts- und Geschäftsanteilen, ohne dass dies nach Art und Umfang einen kaufmännischen Geschäftsbetrieb erfordert, kann die GbR als Rechtsform gewählt werden. Liegt eine gewerbliche Prägung der Familienholding vor, zum Beispiel, weil eine ehemals als GbR gegründete Holding inzwischen zur Verwaltung ihres umfangreichen Vermögens eines kaufmännisch eingerichteten Geschäftsbetriebes bedarf, sollte man die Rechtsform der GmbH & Co. KG oder GmbH wählen. Die ebenfalls denkbaren Rechtsformen der OHG oder KG sollten aus haftungsrechtlichen Erwägungen nicht in Betracht gezogen werden.

7. Kommanditgesellschaft auf Aktien

86 Eine Mischform zwischen Personengesellschaft und Kapitalgesellschaft mit interessanten steuerlichen Gestaltungsmöglichkeiten ist die Kommanditgesellschaft auf Aktien (KGaA). Hierbei handelt es sich, wie der Name schon sagt, zwar an sich um eine Kommanditgesellschaft, weil es bei dieser Gesellschaftsform persönlich haftende Gesellschafter (Komplementäre) mit geborenem Geschäftsführungsrecht gibt (§ 278 AktG)[77], jedoch finden auf diese Gesellschaftsform letztlich die Vorschriften des Aktienrechts Anwendung, so dass die Gesellschaft rechtlich eine echte Kapitalgesellschaft ist.[78]

87 Steuerlich ist diese Gesellschaftsform in mancher Beziehung ein „Zwitter" zwischen Personengesellschaft und Kapitalgesellschaft. Soweit Kommanditaktionäre beispielsweise

---

[71] § 15 Abs. 1 Nr. 2 S. 1 EStG.
[72] § 19 Abs. 1 Nr. 1 EStG, § 4 Abs. 4 EStG
[73] Vorsicht bei überhöhten Tantiemen; diese sollten nicht mehr als 25 % der Gesamtbezüge ausmachen (Schmidt/*Levedag* EStG § 20 Rn. 51).
[74] Es besteht die Möglichkeit, gemäß § 7a Abs. 1 S. 1 SGB IV ein sog. Status-Feststellungsverfahren durchzuführen, wenn man die soziale Abhängigkeit trotz Minderheit der Stimmrechte widerlegen kann.
[75] BSt v. 29.6.2016 juris RdNr. 39.
[76] Sog. Beitragsbemessungsgrenze für die Krankenversicherung 2018 nach der Verordnung über die Rechengrößen der Sozialversicherung des Bundesministeriums für Arbeit vom 27.9.2017.
[77] Der persönlich haftende Gesellschafter kann wie bei der GmbH& Co. KG auch eine GmbH sein, vgl. BGH BB 1997, 1220.
[78] Vgl. §§ 278–290 AktG, § 1 Abs. 1 Nr. 1 KStG.

III. Formen der Familienholding § 6

Dividenden beziehen, werden sie steuerlich wie Aktionäre einer Aktiengesellschaft behandelt, dh, sie beziehen Einkünfte aus Kapitalvermögen, die dem Steuerabzug der Kapitalertragsteuer mit 25% unterliegen. Soweit sie aber Tätigkeitsvergütungen von der Gesellschaft beziehen, sind diese nach § 15 Abs. 1 Nr. 3 EStG als gewerbliche Einkünfte zu versteuern, was prinzipiell Verrechnungsmöglichkeiten mit Verlusten aus anderen gewerblichen Einkünften erlaubt.[79]

Die Kommanditgesellschaft auf Aktien bietet wegen ihrer Aktienstruktur darüber hinaus die Möglichkeit zur Kapitalaufnahme auf dem Kapitalmarkt. Dies ist allerdings nur für Kommanditgesellschaften auf Aktien erwähnenswert, die börsennotiert sind und den freien Kapitalmarkt nutzen können. Typischen Familienholdings wird die Kapitalaufnahme über diese Rechtsform nicht unbedingt erleichtert. 88

Die Gründung einer Holding als Kommanditgesellschaft auf Aktien ist im Mittelstand wegen der damit verbundenen, deutlich aufwändigeren Struktur[80] und der für Mittelstandsunternehmen nur begrenzt nutzbaren Vorteile bisher nicht besonders verbreitet. Auf eine ausführliche Kommentierung kann daher an dieser Stelle verzichtet werden. 89

8. Familienstiftung

Schließlich kommt die Gründung einer Holding in der Rechtsform der Familienstiftung in Betracht. Hierbei handelt es sich allerdings nicht um eine Gesellschaft im Rechtssinne, denn eine Stiftung verwaltet ohne Anteilsinhaber ein rechtlich verselbständigtes Sondervermögen.[81]. Den Familienmitgliedern werden keine Gesellschafterrechte vermittelt.[82] 90

a) **Verfolgung nicht steuerbegünstigter Zwecke.** Eine Stiftung kann als sog. Familienstiftung auch nicht steuerbegünstigte Zwecke verfolgen. Die Stiftung kann ebenso wie eine Familiengesellschaft als Körperschaft mit eigener Rechtspersönlichkeit Unternehmensbeteiligungen aller Art halten und dabei ausschließlich der Absicherung einer Familie dienen.[83] Die Familienmitglieder können als Destinatäre aus der Stiftung Ausschüttungen erhalten wie die Gesellschafter einer Kapitalgesellschaft[84] 91

In dem Stiftungsgeschäft, durch welches ein Familienunternehmen auf die Stiftung übertragen wird, kann rechtsverbindlich und auf Dauer angeordnet werden, dass die Familie aus den Erträgen der Stiftung, besser gesagt aus den an die Stiftung auszuschüttenden Erträgen der von ihr gehaltenen Unternehmen, die Mittel für die Aufrechterhaltung ihres Lebensstandards erhalten soll.[85] 92

b) **Teilverbrauchsstiftung.** Nach Einführung des § 80 Abs. 2 S. 2 BGB ist inzwischen auch eine reine Verbrauchsstiftung zulässig, welche ihr Vermögen sukzessive an die Destinatäre verteilen, dh ausschütten, kann, wenn die Stiftung auf mindestens zehn Jahre errichtet ist.[86] Bei dem Verkauf von Unternehmensbeteiligungen durch eine Familienstiftung können Familienmitglieder an den Verkaufserlösen über Sonderausschüttungen beteiligt sein, ebenso wie bei dem Verkauf von solchen Beteiligungen durch eine Famili- 93

---

[79] § 15 Abs. 1 Nr. 3 EStG bezieht Gewinnanteile aus einer KGaA, die nicht auf Anteile am Grundkapital entfallen, in die gewerblichen Einkünfte des Gesellschafters mit ein.
[80] Zu den komplexen Formalvorschriften vgl. vor allem §§ 283, 285, 286, 289 AktG.
[81] Palandt/*Ellenberger* BGB Vor § 80, Rn. 5 ff.
[82] Die Stiftung handelt nur durch den Vorstand als Organ, § 86 BGB iVm §§ 26, 27 Abs. 3 BGB; sie kann fakultativ einen Beirat haben.
[83] Man spricht auch von einer Unternehmensträgerstiftung oder Familienstiftung.
[84] Destinatäre beziehen Einkünfte aus Kapitalvermögen, welche dem Steuerabzug der Kapitalertragsteuer unterliegen (§ 20 Abs. 1 Nr. 9 EStG).
[85] Eine solche Anordnung des Stifters bindet auch spätere Stiftungsvorstände und regelt damit vorab die „Ausschüttungspolitik".
[86] Damit kann dann auch in ertragsarmen Jahren eine Ausschüttung erfolgen; bei einer „Nicht-Verbrauchsstiftung" könnte die Stiftung Darlehen an die Destinatäre aus ihrer Vermögens-Substanz gewähren, um der Unterhaltsfunktion für die Familie nachkommen zu können.

engesellschaft. § 8b Abs. 2 KStG wirkt sich im Verkaufsfall bei der Stiftung segensreich aus, indem die Stiftung als Körperschaft den Erlös aus einem Verkauf von Beteiligungsgesellschaften ebenso wie eine Kapitalgesellschaft steuerfrei vereinnahmen kann. Sie zahlt nur auf 5% nicht abzugsfähige Aufwendungen Körperschaftsteuer und Gewerbesteuer. Dies führt zu einer Definitivsteuerbelastung von 1,5% auf den Veräußerungserlös → Rn. 22.

94 **c) Vermeidung von Einfluss der Familienangehörigen.** Die Familienstiftung empfiehlt sich vor allem, wenn die Familienangehörigen keine eigenen Gesellschafterrechte übernehmen und von der Verwaltung des Familienvermögens ausgeschlossen bleiben sollen, zum Beispiel Minderjährige oder nichteheliche Kinder, ferner, wenn die Führung von Familienunternehmen nicht durch absehbare Gesellschafterstreitigkeiten belastet werden soll. Der Gründer wird zu seinen Lebzeiten in der Regel allein die Geschäfte als Stiftungsvorstand übernehmen. Hierdurch ändert sich für ihn nicht viel gegenüber der Zeit, als er allein einem Familienunternehmen vorstand. Der Nachfolger des Gründers kann von diesem in Ruhe ausgewählt und dann zum späteren Stiftungsvorstand ernannt werden. Dieser kann dann wesentlich unabhängiger „regieren" als ein von den Gesellschaftern einer Familienholding abhängiger Geschäftsführer oder Vorstand.

95 **d) Innere Struktur einer Familienstiftung.** Die innere Struktur einer Familienstiftung kann der Stifter weitestgehend selbst bestimmen.[87] Dem Vorstand kann ein Beirat zur Seite gestellt werden, welcher im Wesentlichen Kontroll- und Zustimmungsfunktion hat. Hierdurch lassen sich auch familienfremde Dritte als unabhängige Personen in die Leitung einer Stiftungsholding einbeziehen, ähnlich wie bei einem Beirat in einer Familiengesellschaft. Der Beirat kann auch optional vorgesehen werden, so dass er erst mit Ausscheiden des Stifters zu bestellen ist.

96 Für die Ausgestaltung der inneren Ordnung einer Stiftung sind ergänzend die Stiftungsgesetze der Länder als formale Regelwerke heranzuziehen.[88] Auch wenn die Gründung einer Familienstiftung angesichts des an sich sehr überschaubaren Regelungsrahmens des kodifizierten Rechts keine größeren Schwierigkeiten bereiten sollte, ist es doch empfehlenswert, in jedem Einzelfall rechtzeitig vor Gründung der Stiftung mit den jeweiligen Stiftungsbehörden und der zuständigen Oberfinanzdirektion Kontakt aufzunehmen, um zu klären, ob die Stiftung in der vorgesehenen Form genehmigt werden kann.[89]

97 **e) Steuerliche Folgen der Familienstiftung.** Ertragsteuerlich richtet sich die Einbringung von Vermögen in die Stiftung nach den allgemeinen ertragsteuerlichen Grundsätzen für die Entnahme und Einbringung von Betriebs- und Privatvermögen (→ Abschnitt IV). Wichtig ist, dass die Aufdeckung stiller Reserven bei der Einbringung von Wirtschaftsgütern aus einem Betriebsvermögen vermieden wird. Zur Aufdeckung stiller Reserven kann es vor allem bei der Entnahme einzelner Wirtschaftsgüter aus einem Betriebsvermögen und Einlage dieser Wirtschaftsgüter in die Stiftung kommen. Die Einbringung von Privatvermögen ist hingegen ertragsteuerfrei möglich, auch wenn das Vermögen noch einer laufenden Spekulationsfrist unterliegt, sofern sie unentgeltlich erfolgt (§ 23 Abs. 1 S. 3

---

[87] Das gesetzliche Regelwerk des BGB ist sehr lückenhaft und lässt viel Gestaltungsspielraum, vgl. §§ 80–88 BGB.
[88] Palandt/*Ellenberger* BGB Vor § 80 Rn. 13 ff.
[89] Vgl. §§ 2, 15 Stiftungsgesetz NRW; die Stiftung entsteht erst mit Zulassung durch die Stiftungsbehörde; viele Stiftungsbehörden versuchen dem Stifter aus verwaltungsrechtlichen Gründen ihre eigenen Mustersatzungen vorzuschreiben, obwohl das BGB erheblichen Spielraum bei der Gestaltung lässt; auch erfolgt regelmäßig frühzeitig die Einbeziehung der Steuerverwaltung (die Erfahrungen des Verfassers in den einzelnen Bundesländern bei der Einflussnahme der Behörden sind sehr unterschiedlich).

III. Formen der Familienholding § 6

EStG). Damit können Gesellschaftsanteile, die in Privatvermögen gehalten werden, ohne Aufdeckung stiller Reserven in die Stiftung eingebracht werden.[90]

Anders als bei der Einbringung von Vermögen in eine Gesellschaft, wo dem Einbringenden als Gegenleistung Gesellschaftsanteile an der Holding ausgegeben werden, fehlt es bei der Einbringung von Vermögen in eine Familienstiftung an einer Gegenleistung. Wegen der damit verbundenen Unentgeltlichkeit kann aus der Einbringung allerdings Schenkungsteuer entstehen. Eine Stiftung kann wie jeder Rechtsträger auch Begünstigter einer Schenkung im Sinne des Schenkungssteuerrechts sein.[91] Aus schenkungssteuerlicher Sicht ist darauf zu achten, dass nach Möglichkeit nur „begünstigtes" Betriebsvermögen in die Stiftung eingebracht wird. Dies setzt eine genaue Analyse des einzubringenden Vermögens, insbesondere eines möglichen, schädlichen Verwaltungsvermögens voraus. Zu hohe Cash-Bestände müssen daher vor Einbringung eines Unternehmens aus diesem entnommen oder ausgeschüttet werden. Alternativ kommt Verkauf an die Stiftung oder Einbringung von Vermögen in Betracht, an welchem sich der Stifter Nutzungsrechte vorbehält, deren Kapitalwert dann vom Wert der Schenkung in Abzug gebracht werden kann (→ Nießbrauch an Gesellschaftsanteilen). Allerdings schmälern sich hierdurch natürlich die Möglichkeiten der Stiftung, den Destinatären Ausschüttungen zu gewähren. Wichtig erscheint es, eine Familienstiftung erst dann zu gründen, wenn man den Einbringungsvorgang ertrags- und schenkungssteuerlich belastbar kalkulieren kann. Unter Umständen wird man Vermögen herauslassen, was das Ziel einer steuerneutralen Übertragung von Vermögen auf die Stiftung gefährden könnte. Und es erscheint auch empfehlenswert, jedenfalls in Zweifelsfragen, die steuerlichen Folgen der Einbringung von Vermögen in eine Familienstiftung vorab durch Einholung einer verbindlichen Auskunft des Finanzamtes zu klären. 98

Eine Besteuerung der Destinatäre mit Schenkungsteuer kann bei Errichtung der Stiftung nicht eintreten (obwohl sie natürlich indirekt hiervon profitieren). Allerdings unterliegt das Stiftungsvermögen selbst alle 30 Jahre der sog. Erbersatzsteuer, welche nach dem Steuersatz der Destinatäre zu erheben ist (§ 1 Abs. 1 Nr. 4 ErbStG). Dies führt – rein statistisch betrachtet – bei der Errichtung einer Stiftung vor dem 50. Lebensjahr des Stifters (55. Lebensjahr bei Frauen) zu einer Vorverlagerung der Erbschaftsteuerbelastung, denn nach der amtlichen Sterbetabelle beträgt die restliche Lebenserwartung für Männer und Frauen zu den genannten Zeitpunkten noch genau 30 Jahre[92]. Der Stifter würde also den Zeitpunkt der Fälligkeit der Erbersatzsteuer mutmaßlich überleben und damit den Besteuerungszeitpunkt mit der Stiftungserrichtung vorzeitig auslösen. Gründet der Stifter die Stiftung dagegen erst zu einem Zeitpunkt, zu welchem seine Restlebenserwartung nur noch weniger als 30 Jahre beträgt, tritt – rein statistisch betrachtet – der umgekehrte Effekt ein. 99

Allerdings darf nicht übersehen werden, dass sich die Entwicklung des Stiftungsvermögens in den 30 Jahren zwischen der Stiftungsgründung und dem Stichtag im Augenblick der Stiftungsgründung kaum zuverlässig übersehen lässt. Das Vermögen der Stiftung wird nicht nur als solches bis dahin erheblichen Schwankungen unterliegen, sondern es werden für die Besteuerung auch sehr wahrscheinlich dann geänderte gesetzliche Regelungen gelten[93]. Notfalls kann das Besteuerungsergebnis noch durch Ausschüttungen aus der Stiftung an die Destinatäre maßgeblich beeinflusst werden. 100

---

[90] Zu den Einbringungsfällen: BMF-Schreiben v. 3.3.2005 – IV B 2 – S 2241–14/05 BStBl. I 2005, 458; BFH BStBl. II 1998, 509.
[91] § 9 Abs. 1 Nr. 1 lit. C, Ziff. 2 ErbStG (die steuerpflichtige Bereicherung der Stiftung entsteht erst nach Gründung und Vollzug der Schenkung).
[92] Vgl. BMF-Schreiben v. 4.11.2016, IV C 7 – S 3104/09/10001, die Lebenserwartung eines 50-jährigen Mannes beträgt noch 29,97 Jahre, diejenige einer 55-jährigen Frau noch 29,64 Jahre.
[93] Vgl. die zahlreichen Reformen des Erbschaftsteuergesetzes in der Vergangenheit (auch dessen verschiedentliche Verfassungswidrigkeit).

IV. Gründung der Familien-Holding

1. Einbringung von Vermögen

101 **a) Bar- oder Sachgründung der Holding.** Der erste Schritt zur Gründung der Familienholding ist die Neugründung einer Gesellschaft oder Stiftung, also die Errichtung des Holding-Rechtsträgers in der gewünschten Rechtsform. Zuweilen wird auch eine schon vorhandene Gesellschaft des Gründers als Rechtsträger für die Holding genutzt.

102 Bei der Neugründung einer Holding mit statutarischem Mindestkapital kommt neben der Bargründung auch die sog. Sachgründung in Betracht, also die Einbringung von Gesellschafts- oder Geschäftsanteilen oder sonstigen Wirtschaftsgütern gegen Gewährung von Gesellschaftsrechten. Ebenso denkbar ist die Bargründung, gefolgt von einer Einlage der Gesellschafts- oder Geschäftsanteile oder sonstigen Wirtschaftsgüter. Auch eine gemischte Sach- und Bargründung ist möglich.[94] Im Fall der Stiftung als Holding erfolgt die Einbringung ohne Gegenleistung schenkungsweise.

103 **b) Formen der Einbringung, steuerliche Konsequenzen.** Welche Form der Gründung gewählt wird, hängt meist mit der steuerlichen Situation des Einbringenden zusammen. Es sollte in der Regel vermieden werden, dass durch den Einbringungsvorgang stille Reserven in einem Betriebsvermögen des Einbringenden aufgedeckt werden können, was zu einer Versteuerung der stillen Reserven ohne einen entsprechenden Mittelzufluss führen würde.[95]

104 Am einfachsten gestaltet sich die Einbringung von Vermögen gegen Gewährung von Gesellschaftsrechten. Eine solche Einbringung ist nach den Vorschriften des Umwandlungssteuergesetzes im Normalfall steuerneutral (vgl. §§ 20 bis 24 UmwStG). Allerdings dürfen keine wesentlichen Betriebsgrundlagen zurückbehalten werden, wie zum Beispiel Betriebsgrundstücke, Sonderbetriebsvermögen oder sonstige wesentliche Rechte.[96] Auch dürfen keine steuerlichen Behaltensfristen für eingebrachte Anteile verletzt werden.[97] Für die Einbringung von Anteilen an Kapitalgesellschaften und Personengesellschaften gelten ansonsten im Wesentlichen die gleichen steuerlichen Voraussetzungen, die eine steuerneutrale Buchwertverknüpfung ermöglichen.[98]

105 Bei der Einlage von Wirtschaftsgütern, die keine Teilbetriebe im steuerlichen Sinn darstellen, ist Vorsicht geboten, denn hierbei kommt es in der Regel zur Aufdeckung stiller Reserven.[99] Die Teilbetriebsfunktion muss unter Umständen durch interne Umstrukturierungsmaßnahmen rechtzeitig vor Übertragung der Wirtschaftsgüter auf die Holding organisatorisch hergestellt werden.

106 Sollen nur Teile eines Unternehmens, also Teile eines Betriebsvermögens, in die Holding eingebracht werden, ggf. auch eine dazugehörige Beteiligung an einer Tochtergesellschaft, empfiehlt sich zivilrechtlich und steuerrechtlich meist die Aufspaltung, Abspaltung oder Ausgliederung (insgesamt auch als Spaltung bezeichnet) nach dem Umwandlungsge-

---

[94] Die Einbringung ist als Kapitalrücklage auszuweisen, soweit sie den Wert des gezeichneten Stammkapitals übersteigt (§ 266 Abs. 3 II HGB).
[95] § 6 Abs. 1 Nr. 4 S.1 EStG: Die Entnahme ist mit dem Teilwert zu bewerten, wenn nicht die Buchwertfortführung nach § 6 Abs. 5 EStG möglich ist.
[96] Zum Begriff der wesentlichen Betriebsgrundlagen: Schmidt/*Wacker* EStG § 16 Rn. 100 ff.
[97] ZB § 22 Abs. 2 UmwStG (7-Jahresfrist nach vorheriger Einbringung in ein Betriebsvermögen) oder § 13b Abs. 6 und 10 ErbStG (fünf- bzw. 7-Jahresfrist nach Einbringung).
[98] § 20 Abs. 2 UmwStG regelt die Einbringung eines Betriebes, Teilbetriebes oder Mitunternehmeranteils in eine Kapitalgesellschaft; § 21 Abs. 2 UmwStG regelt die Einbringung von Anteilen einer Kapitalgesellschaft in eine andere Kapitalgesellschaft; § 24 Abs. 2 UmwStG regelt die Einbringung eines Betriebes, Teilbetriebes oder Mitunternehmeranteils in eine andere Personengesellschaft.
[99] Als Teilbetrieb nach Art. 2 lit. j der europäischen Fusionsrichtlinie (RL 2009/133/EG des Rates vom 19.10.2009, Abl. 2009 L 310/34) eine Gesamtheit der in einem Unternehmensteil einer Gesellschaft vorhandenen aktiven und passiven Wirtschaftsgüter, wenn diese in organisatorischer Hinsicht einen selbständigen Betrieb, dh eine aus eigenen Mitteln funktionsfähige Einheit, darstellt.

IV. Gründung der Familien-Holding § 6

setz.[100] Der Vorteil dieser Methode zum Aufbau einer Holding-Struktur gegenüber der dinglichen Einzelübertragung der in Betracht kommenden Wirtschaftsgüter liegt darin, dass dabei eine sog. „partielle Gesamtrechtsnachfolge" eintreten kann, und zwar bezogen auf diejenigen Wirtschaftsgüter, welche nach dem umwandlungsrechtlichen Spaltungsvertrag in die Holding überführt werden sollen. Die Spaltung bewirkt auch die Rechtsnachfolge bei allen mit dem eingebrachten Vermögen zusammenhängenden rechtlichen Beziehungen.[101]

Allerdings haften der einbringende Rechtsträger und der aufnehmende Rechtsträger für Verbindlichkeiten des einbringenden Rechtsträgers, die vor dem Wirksamwerden der Spaltung entstanden sind, als Gesamtschuldner, sofern diese Verbindlichkeiten innerhalb von fünf Jahren nach Wirksamwerden der Spaltung fällig werden und im Sinne von § 197 Abs. 1 Nr. 3–5 BGB festgestellt oder durch gerichtliche oder behördliche Vollstreckungsmaßnahmen geltend gemacht worden sind.[102] Auch können Gläubiger des einbringenden Rechtsträgers unter Umständen Sicherheitsleistung für ihre Forderungen verlangen (§§ 133 Abs. 1, 125, 22 UmwG). Die Einbringung nach dem Umwandlungsgesetz scheidet daher aus, wenn damit ein nennenswertes Haftungsrisiko für den aufnehmenden Rechtsträger verbunden ist. 107

Die nach dem Umwandlungsgesetzt durchgeführt Spaltung bewirkt, dass die in dem Spaltungsvertrag definierten Wirtschaftsgüter einschließlich der damit verbundenen Vertragsbeziehungen mit der Eintragung des Rechtsträgerwechsels in das Handelsregister der übertragenden Gesellschaft auf den neuen Rechtsträger übergehen.[103] Es bedarf keiner gesonderten Übertragung durch Übertragungsverträge und insbesondere nicht der Zustimmung der jeweiligen Vertragspartner. 108

Bei der Abspaltung einzelner Wirtschaftsgüter, die für sich genommen keinen Teilbetrieb im steuerlichen Sinne darstellen, ist zwar zivilrechtlich die partielle Gesamtrechtsnachfolge ebenso möglich, steuerlich kommt es dabei jedoch zur Aufdeckung der stillen Reserven. In der Regel sollte man daher darauf achten, nur zusammengehörende Gesamtbestände an Wirtschaftsgütern ab- oder aufzuspalten, welche die Eigenschaften eines steuerlichen Teilbetriebes erfüllen oder bei denen es sich um Beteiligungen an anderen Unternehmen handelt.[104] 109

In vielen Fällen kann durchaus die entgeltliche Veräußerung abzuspaltender Wirtschaftsgüter an die Holding in Betracht gezogen werden. Zwar kann auch dieser Vorgang zur Aufdeckung stiller Reserven führen, die in den veräußerten Wirtschaftsgütern schlummern, allerdings fließt dann hierfür auch ein Kaufpreis, aus dem etwaige Steuern bezahlt werden können und der käufliche Erwerb kann bei der Holding steuerlich verwertbares Abschreibungsvolumen schaffen. Unter Umständen ist auch eine Verrechnung des außerordentlichen Ertrags aus der Veräußerung oder Entnahme von Wirtschaftsgütern mit Verlusten der veräußernden Gesellschaft möglich, was insbesondere dann steuerlich interessant ist, wenn durch den Rechtsträgerwechsel auf Seiten der einbringenden Gesellschaft sonst steuerliche Verlustvorträge verloren gehen würden.[105] 110

---

[100] §§ 123 ff. UmwG; hierauf sind auch die steuerlichen Vorschriften der §§ 20–24 UmwStG ausgerichtet.
[101] § 131 Abs. 1 Nr. 1 UmwG.
[102] § 133 Abs. 1, Abs. 3 UmwG.
[103] § 131 Abs. 1 UmwG stellt für das Wirksamwerden des Rechtsübergangs zwar auf die Eintragung der Spaltung im Register des übertragenden Rechtsträgers ab, nach § 130 Abs. 1 UmwG ist für die Eintragung im Handelsregister aber Voraussetzung, dass die Spaltung auch im Register aller aufnehmenden Unternehmen eingetragen ist; de-facto ist daher zur Wirksamkeit der Spaltung die Eintragung in allen in Betracht kommenden Handelsregistern erforderlich.
[104] Schmidt EStG/*Wacker* § 16 Rn. 140 ff. zum Teilbetriebsbegriff und zur Abgrenzung.
[105] § 8c Abs. 1 KStG.

2. Abspaltung, Aufspaltung und Ausgliederung nach dem Umwandlungsgesetz

111 Zur Herstellung einer Familiengesellschaftsstruktur wählt man in der Regel die Abspaltung, Aufspaltung oder Ausgliederung nach den Vorschriften des Umwandlungsgesetzes. Hierdurch lässt sich das betriebliche Vermögen im Ergebnis vollständig aufteilen und in die Holding selbst oder in eine oder mehrere Tochtergesellschaften übertragen.

112 Die rechtlichen Instrumente der Aufspaltung und Abspaltung ermöglichen eine vollständige Restrukturierung des unternehmerischen Vermögens. Unter dem Dach der Holding können mehrere Unternehmen mit unterschiedlichen Unternehmensgegenständen existieren. Diese können ihr eigenes unternehmerisches Schicksal haben. Ihre Ergebnisse können auf Ebene der Holding zwar handels- und steuerrechtlich zusammengeführt werden, jedes Unternehmen ist aber isoliert verkäuflich. Zugleich bleibt aber auch eine wechselseitige finanzielle Unterstützung möglich (zum Beispiel durch einen Cash-Pool).[106]

113 Die Abspaltung von Betriebsvermögen aus einer vorhandenen Gesellschaft setzt das Vorhandensein von mindestens einer (neuen) Gesellschaft voraus, auf welche die zur Abspaltung vorgesehene Vermögensgegenstände (also die im Spaltungsvertrag definierten Aktiva und Passiva) übergehen können. Die Anteilsinhaber dieser aufnehmenden Gesellschaft sind in der Regel die gleichen Gesellschafter wie die Anteilsinhaber der abspaltenden Gesellschaft, dies ist aber nicht zwingend.[107] Die nicht abgespalteten Vermögensgegenstände verbleiben bei der abspaltenden Gesellschaft.

114 Bei der Aufspaltung bedarf es mindestens zweier Gesellschaften, auf welche das gesamte Betriebsvermögen des zur Aufspaltung vorgesehenen Rechtsträgers unter vollständiger Abwicklung (Auflösung) des sich aufspaltenden Rechtsträgers übertragen werden kann.

115 Die Ausgliederung ist lediglich eine Variante der Abspaltung. Hierbei werden die Anteile an der aufnehmenden Gesellschaft von der abspaltenden Gesellschaft gehalten. Es liegt also die Übertragung von Vermögen auf eine Tochtergesellschaft vor. Hierbei kann keine neue Gesellschafterstruktur geschaffen werden. Die Rechtstechnik der Einbringung von Betriebsvermögen unterscheidet sich bei der Ausgliederung nicht von der Rechtstechnik der Einbringung bei der Abspaltung.

116 Abspaltung, Aufspaltung und Ausgliederung bedürfen eines notariell zu beurkundenden Vertrages mit einem Pflichtinhalt, der im Einzelnen vom Umwandlungsgesetz vorgegeben wird (vgl. §§ 125, 126, iVm § 6 UmwG).

3. Einbringung von Wirtschaftsgütern im Wege der Einzelrechtsnachfolge

117 Die Einbringung von Geschäftsanteilen einer GmbH bedarf der notariellen Beurkundung (§ 15 Abs. 3 GmbHG), auch für die Einbringung von Grundbesitz ist die notarielle Form zu beachten.[108] Die Einbringung von Personengesellschaftsanteilen ist dagegen, außer bei der der GmbH & Co. KG,[109] formlos möglich. Gleichwohl sollte aber zur Dokumentation des Rechtsübergangs und für steuerliche Zwecke stets ein schriftlicher Einbringungsvertrag abgeschlossen werden, welcher den Rechtsübergang nachvollziehbar dokumentiert. Bei Handelsgesellschaften sind ferner die erforderlichen Handelsregisteranmeldungen vorzunehmen.[110]

---

[106] Vgl. zu den Vorteilen der Holdingstruktur insgesamt Lutter/Bayer Holding-HdB/*Kraft* B 44ff.
[107] Vgl. MVHdB I GesR, Form XII/1/*Rosengarten* Rn. 20; LG Essen NZG 2006, 236 (sog. „Spaltung zu Null" mit neuen Eigentümern ist jedenfalls zivilrechtlich möglich).
[108] § 311b BGB.
[109] Die Einbringung der KG-Anteile wird deshalb beurkundungspflichtig, weil die Einbringung der GmbH- und der KG-Anteile zeitgleich in einem einheitlichen Vorgang erfolgen müssen; die Einbringungen bilden daher zusammen ein einheitliches Rechtsgeschäft, bei welchem die Nichtbeurkundung des einen Teils zur Gesamtnichtigkeit des gesamten Geschäfts führt (§139 BGB).
[110] § 106 Abs. 2 Nr. 1 HGB iVm § 12 HGB.

IV. Gründung der Familien-Holding § 6

Erfolgt die Einbringung im Wege der Sacheinlage in eine Kapitalgesellschaft, zum Beispiel zur Aufbringung des Stammkapitals, sind die Kapitalaufbringungsvorschriften für die jeweilige Kapitalgesellschaft zu beachten. Die neuen Geschäftsanteile sind nur gegen Abtretung bzw. Übereignung der eingebrachten Wirtschaftsgüter auszugeben und vom Einbringenden zu übernehmen. Die Anzahl der neu auszugebenden Geschäftsanteile, bzw. deren Nennwert, kann frei gewählt werden, solange der Nennwert der ausgegebenen Anteile nicht höher ist, als der Wert der eingebrachten Wirtschaftsgüter[111]. Das haftungsrechtlich vorgeschriebene Mindestkapital darf nicht unterschritten werden.[112] Jederzeit zulässig ist es, dass der Wert der eingebrachten Wirtschaftsgüter den Nominalwert der ausgegeben Anteile übersteigt. Der Mehrwert der Einlagen wird in diesem Fall der nicht gebundenen Rücklage der Gesellschaft zugeführt.[113] 118

Rechtlich möglich sind im Zuge der Einbringung Gegenleistungen an den einbringenden Gesellschafter, welche ihm neben den neuen Anteilen an der aufnehmenden Gesellschaft gewährt werden können, zum Beispiel eine Ausgleichszahlung an den Gründer der Familienholding. Eine solche Ausgleichszahlung kann jedoch zur Gewinnrealisierung führen und muss dann vom Einbringenden versteuert werden (§ 20 Abs. 2 S. 2 Nr. 4 und Abs. 3 UmwStG für die Personengesellschaft; § 21 Abs. 2 S. 3 UmwStG für die Kapitalgesellschaft). In der Regel gründet man Familienholdings daher ohne Vorbehalt solcher weiterer Gegenleistungen. 119

4. Grunderwerbsteuer

Durch Einbringung von Geschäfts- oder Gesellschaftsanteilen in eine Holding kann Grunderwerbsteuer entstehen, wenn zum Vermögen der eingebrachten Gesellschaft Grundstücke gehören. Grunderwerbsteuer fällt immer dann an, wenn mindestens 95% der Anteile einer solchen Gesellschaft auf die Holding übergehen.[114] Den Grundstücken gleich stehen Erbbaurechte, Gebäude auf fremdem Boden und dinglich gesicherte Sondernutzungsrechte iSd § 15 WEG oder des § 1010 BGB. Zu den Grundstücken gehören auch werterhöhend die Maschinen und sonstigen Vorrichtungen, die Teil einer Betriebsanlage sind (§ 2 Abs. 1 und 2 GrEStG). 120

Beim Übergang von Grundstücken von einer Gesamthand auf eine andere Gesamthand, also bei Übergang des Grundstücks von einer Personengesellschaft auf eine andere (Holding-Personengesellschaft), wird die Grunderwerbsteuer nicht erhoben, soweit an der aufnehmenden Personengesellschaft die gleichen Personen beteiligt sind wie an der abgebenden Personengesellschaft (§§ 5 und 6 GrEStG). Deshalb ist die Einbringung von Grundbesitz von einer Personengesellschaft in eine Personengesellschafts-Holding regelmäßig unkritisch, wenn im Zeitpunkt der Einbringung nur der Gründer an beiden Gesellschaften beteiligt ist. Allerdings unterliegt bei Schenkungen unter Auflagen der jeweilige Wert solcher Auflagen der Steuer.[115] Bei einer Kapitalgesellschaft empfiehlt es sich dagegen, entweder nur 94,9% der Anteile der grundbesitzhaltenden Gesellschaft in die Holding einzubringen oder aber die Grundstücke vor der Einbringung aus dem Betriebsvermögen der einbringenden Gesellschaft herauszunehmen und steuerneutral auf eine von den gleichen Gesellschaftern gehaltene Grundstücksholding zu übertragen (§§ 5, 6 GrEStG). 121

Bei späteren Anteilsveräußerungen oder Anteilsschenkungen sollte bei einer Holding mit Grundbesitz immer überprüft werden, ob durch die Änderung der Beteiligungsverhältnisse Grunderwerbsteuer anfallen kann. Die Steuer kann aber, wie gezeigt, durch ge- 122

---

[111] Verbot der „Unter-Pari-Emission", § 9 Abs. 1 AktG, § 5 Abs. 4 S. 2 GmbHG: Bei Sacheinlagen ist die Werthaltigkeit in einem Sachgründungsbericht nachzuweisen.
[112] Bei GmbH: EUR 25.000, bei AG: EUR 50.000 (§ 5 Abs.1 GmbHG, § 7 AktG), bzw. das jeweils in der Satzung vorgesehene Mindestkapital.
[113] § 266 Abs. 3 A II HGB.
[114] § 1 Abs, 3 Nr. 1–4 GrEStG; die Grunderwerbsteuer ist in Deutschland unterschiedlich, kann aber bis zu 6,5% ausmachen, vgl. Grunderwerbsteuersatz in NRW (2018).
[115] BFH ZEV 2017, 293, unter Hinweis auf § 3 Nr. 2 S. 2 GrEwStG.

Hübner

eignete Gestaltungsmaßnahmen in der Regel vermieden werden. Auch ist die Übertragung von Anteilen auf enge Angehörige wie Kinder oder Ehegatten steuerfrei möglich (§ 3 Nr. 4 und Nr. 6 GrEStG).

5. Vermeidung der Entnahme von Sonderbetriebsvermögen

123 Ist der Einbringende an einer Personengesellschaft beteiligt, muss aus steuerlichen Gründen darauf geachtet werden, ob zu seiner Beteiligung Sonderbetriebsvermögen gehört oder eine Betriebsaufspaltung vorliegt. Sonderbetriebsvermögen muss in der Regel auf die Holding oder die Gesellschaft übertragen werden, welche die Beteiligung aufnimmt. Eine bestehende Betriebsaufspaltung darf nicht einfach durch Einbringung beendet werden.

124 Grundsätzlich ist die Einbringung von Mitunternehmeranteilen in eine neue Gesellschaft nur dann steuerneutral möglich, wenn diese Einbringung auch alle wesentlichen Betriebsgrundlagen erfasst.[116] Wesentliche Betriebsgrundlagen sind solche, welche für das Unternehmen funktional wichtig sind oder erhebliche stille Reserven enthalten, auch wenn sie im Privateigentum des diese Wirtschaftsgüter überlassenden Gesellschafters stehen.[117]

125 Insbesondere die einem Betrieb dienenden Grundstücke, Maschinen oder Rechte, die einem Gesellschafter gehören und dem Unternehmen zur Nutzung überlassen worden sind, müssen daher bei der Einbringung der Gesellschaftsanteile mit auf die neue Gesellschaft übertragen werden. Das Eigentum bzw. die Rechtsinhaberschaft an diesen Wirtschaftsgütern muss, weil diese Wirtschaftsgüter nicht Teil der vom Umwandlungsgesetz erfassten partiellen Gesamtrechtsnachfolge sein können,[118] parallel und zeitgleich[119] durch den betreffenden Gesellschafter an die aufnehmende Gesellschaft übertragen werden, und zwar nach den für den dinglichen Rechtsübergang maßgeblichen sachenrechtlichen Vorschriften.

126 Bei einer GmbH & Co. KG stellt die Beteiligung des Einbringenden an der Komplementär GmbH ebenfalls Sonderbetriebsvermögen dar, weil sie die Rechte des Gesellschafters an der zugehörigen Kommanditgesellschaft stärkt.[120] Auch hier kann eine sog. „wesentliche Betriebsgrundlage" vorliegen, die zur steuerlichen Neutralität der Einbringung mit übertragen werden muss, jedenfalls dann, wenn sie eine Beteiligung an den stillen Reserven oder einen wesentlichen Einfluss auf die Kommanditgesellschaft vermittelt.[121]

6. Einbringung von Rechten

127 Beachten sollte man bei der Gründung einer Holding auch das Schicksal von Rechten, insbesondere von Urheberrechten, Patenten, Gebrauchs- oder Geschmacksmusterrechten, Lizenzrechten oder Know-How. Bei der Übertragung dieser Rechte auf die Holding oder eine ihrer Tochtergesellschaften greifen die gleichen steuerlichen Grundsätze, wie bei der Übertragung von anderen Wirtschaftsgütern. Im Zweifel sind daher die stillen Reserven aufzudecken, die sich in diesen Rechten befinden, wenn es zum Ausscheiden aus dem Betriebsvermögen des einbringenden Unternehmens kommt.[122]

---

[116] BFH BStBl II 1991, 635.
[117] Schmidt/*Wacker* EStG § 16 Rn. 414 mwN.
[118] Die partielle Gesamtrechtsnachfolge umfasst nur das Betriebsvermögen, welches im Eigentum der Gesellschaft steht.
[119] BFH BStBl II 2002, 441; ein zeitliches Auseinanderfallen der Übertragung kann allenfalls aus abwicklungstechnischen Gründen akzeptiert werden, allerdings nur, wenn die dingliche Übertragung des Sonderbetriebsvermögens zumindest zeitnah erfolgt und in dem gleichen Vertragswerk vorgenommen wurde wie die Übertragung der zugehörigen Beteiligung.
[120] „Sonderbetriebsvermögen II", vgl. Schmidt/*Loschelder* EStG § 4 Rn. 176.
[121] Zu Einzelheiten vgl. BFH BStBl. II 2010, 80; Schreiben der OFD Frankfurt v. 3.12.2015, S 2134 A-14 – St 213.
[122] Schmidt/*Weber-Grellet* EStG § 5 Rn. 161 ff.

IV. Gründung der Familien-Holding   § 6

Problematisch ist die Übertragung dieser Rechte, wenn ihre Übertragung nicht im Rahmen einer umwandlungsrechtlichen Spaltung oder partiellen Gesamtrechtsnachfolge stattfinden kann, weil diese Rechte wirtschaftlich zu einem Betrieb oder Teilbetrieb gehören, der nicht in die neue Gesellschaft eingebracht wird. Liegt eine solche Konstellation vor, kann allenfalls noch die Einlage des entsprechenden Wirtschaftsgutes nach § 6 Abs. 5 EStG von einem Betriebsvermögen in ein anderes Betriebsvermögen zur Aufrechterhaltung der steuerlichen Verstrickung führen (wenn die komplexen Voraussetzungen dafür vorliegen). 128

Da die genannten Rechte für sich genommen steuerlich keinen Teilbetrieb darstellen können und in vielen Fällen auch nicht nach § 6 Abs. 5 EStG steuerneutral übertragen werden können, ist unter Umständen an einen Verkauf dieser Rechte an die Holding zu denken (mit der entsprechenden Besteuerungsfolge, aber auch mit Erhöhung des Abschreibungsvolumen bei der Holding). In Betracht kommt auch, diese Rechte nicht in die Holding einzubringen, ihr diese Rechte aber durch Lizenzvertrag zur dauerhaften Nutzung zu überlassen. Dies muss gegen laufendes, angemessenes Entgelt erfolgen (sonst verdeckte Gewinnausschüttung). Keinesfalls sollte man solche Rechte ohne Entgelt und klare vertragliche Regelungen durch die Holding nutzen lassen, denn auch darin liegt im Zweifel die steuerpflichtige Entnahme aus dem Betriebsvermögen der Gesellschaft, welche diese Rechte bisher innehatte.[123] 129

7. Einbringung von Vermögensgegenständen aus dem Privatvermögen

In der Praxis vorkommend ist auch die Einbringung von Privatvermögen in eine Familienholding, zB die Einbringung privat gehaltener Immobilien oder GbR-Anteile. Wenn es sich bei der Holding um eine gewerblich geprägte Gesellschaft handelt, wird das Vermögen durch die Einbringung zivilrechtlich und steuerlich zu Betriebsvermögen. Damit wird es haftungsrechtlich und steuerlich als Betriebsvermögen „verstrickt". 130

a) Haftungsrechtliche und steuerliche Erwägungen. Gerät das Unternehmen in die Insolvenz, ist das eingebrachte Privatvermögen für den Einbringenden wie alle anderen Einlagen verloren, weil es in die Insolvenzmasse fällt. Aber auch bei einem Verkauf des Unternehmens ist der Wert des eingebrachten Vermögens meist nicht 1:1 zu realisieren, weil dieses Vermögen dann Teil des Betriebsvermögens geworden ist, welches der Käufer meist insgesamt nach einem Ertragswertverfahren bewertet. Die Einzelwerte seiner Wirtschaftsgüter sind in der Regel nicht mehr von Interesse. Es kann also sein, dass sich der Wert dieses Vermögen allein wegen der Einbringung in ein Betriebsvermögen vermindert. 131

Ertragsteuerlich würde dieses Vermögen nach der Einbringung außerdem der gewerblichen Besteuerung unterliegen, was zumindest dann einen gewissen Nachteil bedeutet, wenn die durch Gewerbesteuer ausgelöste Steuerbelastung nicht vollständig über das gewerbesteuerliche Anrechnungsverfahren wieder neutralisiert werden kann.[124]. Steuerverhaftet sind auch alle etwaigen Wertsteigerungen dieses Vermögens, denn die darauf entfallenden Veräußerungsgewinne werden nunmehr steuerpflichtig.[125] 132

Bei eingebrachtem Privatvermögen handelt es sich nach der Einbringung in ein Betriebsvermögen zunächst um kein erbschaftsteuerlich zu verschonendes Betriebsvermögen (sondern um sog. „junges" Verwaltungsvermögen im Sinne von § 13b ErbStG; es gilt eine Übergangsfrist von 2 Jahren)[126]. Sog. junges Verwaltungsvermögen kann sogar einer ansonsten möglichen Freistellung des sonstigen Betriebsvermögens von der Erbschaft- 133

---

[123] Aufdeckung des gemeinen Wertes, vgl. Schmidt/*Weber-Grellet* EStG § 5 Rn 201 ff.
[124] ZB bei einem Hebesatz von mehr als 380.
[125] Allerdings ist auch Privatvermögen häufig ertragsteuerlich verstrickt, was sich zB bei der Realisierung von Kursgewinnen aus Verkäufen von Vermögensanlagen (§ 20 Abs. 2 EStG) oder bei Grundstücksveräußerungen innerhalb von 10 Jahren nach Erwerb zeigt (§ 23 Abs. 1 Nr. 1).
[126] § 13b Abs. 4 Nr. 5 ErbStG.

und Schenkungsteuer im Wege stehen, zum Beispiel, wenn das zuvor vorhandene Verwaltungsvermögen durch die Einbringung des jungen (nicht begünstigten) Verwaltungsvermögens derart aufgestockt wird, dass die Höchstgrenze für die Vollverschonung des Betriebsvermögens überschritten wird.[127]

134 **b) Gründung einer Holding mit Privatvermögen.** Bei Privatvermögen wird man daher, wenn es denn überhaupt in eine Holding eingebracht werden soll, erwägen, dieses unter Umständen in eine separate, rein vermögensverwaltende Holding einzubringen. Bei der Übertragung von Anteilen an dieser nur Verwaltungsvermögen haltenden Holding muss zwar auf die Verschonung des Betriebsvermögens von der Erbschaft- und Schenkungsteuer nach § 13a) und b) ErbStG verzichtet werden. Möglich bleibt aber die „Freistellung" einer Anteilsschenkung von der Schenkungsteuer durch den Nießbrauchvorbehalt und die persönliche Freibeträge. Auch lassen sich die ertragsteuerlichen Vorteile einer Anteilsschenkung durch Mehrfach-Ausschöpfung des einkommensteuerlichen Grundfreibetrages und durch Absenkung der Steuerprogression erreichen. Dem Ziel der steuerlichen Optimierung des Familienvermögens lässt sich also durch die Einbringung von Privatvermögen in eine vermögensverwaltende Holding durchaus näherkommen.

135 Steuerlich kritisch ist dagegen die Einbringung von Privatvermögen in eine Holding, wenn die steuerlichen Spekulationsfristen noch nicht abgelaufen sind. Jede Einbringung gegen Ausgabe von Gesellschafts- oder Geschäftsanteilen bedeutet steuerlich gesehen einen Veräußerungsvorgang, auch wenn dabei kein Geld fließt, sondern nur Gesellschaftsanteile ausgegeben werden (Tauschgeschäft).[128] Bei Grundstücken sollte die Einbringung daher nur erfolgen, wenn die steuerliche Spekulationsfrist von zehn Jahren abgelaufen ist. Alternativ kann ggf. zunächst die Einbringung in eine Grundbesitz-Personengesellschaft erfolgen, ohne Ausgabe neuer Anteile (dann keine Gegenleistung und kein Tauschgeschäft).

136 **c) Einbringung zur Schaffung neuen Betriebsvermögens.** Mit der Einbringung von Privatvermögen in ein Betriebsvermögen kann schließlich, wenn auch wohl nur in Ausnahmefällen, das Ziel verfolgt werden, die nach dem neuen Erbschaftsteuerrecht unschädliche Verwaltungsvermögensquote von 10% bzw. 20% des gemeinen Wertes eines Betriebsvermögens möglichst auszuschöpfen → Rn. 32, Fn. 30.

137 Im Gewand von Betriebsvermögen kann vorher privates Vermögen dann in Zukunft der Schenkungs- oder Erbschaftsteuer entzogen sein, was natürlich bei späteren Vermögensübertragungen auf Angehörige steuerlich attraktiv ist. Allerdings muss auch bei einer solchen Einbringung die Mindest-Haltefrist von zwei Jahren für sog. junges Verwaltungsvermögen bedacht werden.[129]

138 Die Risiken, die sich aus einer aktiven Gestaltung der Verwaltungsvermögensquote ergeben, liegen auf der Hand. Es wird nur schwer im Voraus zu ermitteln sein, welche Verwaltungsvermögensquote das Unternehmen genau zu dem Zeitpunkt aufweisen wird, zu welchem nach Ablauf der Wartefrist eine Anteilsübertragung auf die Familienangehörigen erfolgen kann. Unter Umständen kann das eingebrachte Vermögen sich erbschaftsteuerlich sogar als Bumerang erweisen, denn der Maßstab für die Ermittlung der Verwaltungsvermögensquote ist nicht der Wert der einzelnen Wirtschaftsgüter des Betriebsvermögens, sondern der Wert des Unternehmens insgesamt. Dieser Wert leitet sich aber in erster Linie aus der Ertragslage des Unternehmens ab. Ein Absturz der Ertragslage und die damit verbundene Minderung des steuerlichen Unternehmenswertes kann das eingebrachte Verwaltungsvermögen gewissermaßen über Nacht quotal aufwerten und seinen Wert gemessen am

---

[127] § 19b Abs. 7 ErbStG (10% Grenze).
[128] Sog. Tauschgeschäft; wobei der Wert der Gegenleistung (Gesellschaftsanteile) dem gemeinen Wert der Gesellschaftsanteile entspricht.
[129] Vgl. § 13b Abs. 4 Nr. 5, S. 2 und Abs. 7 S. 2 ErbStG.

Gesamtwert des Unternehmens über die zulässige Verwaltungsvermögensquote hinaus anheben.

Als steuerliches Optimierungsmittel könnte sich die gezielte Einbringung von Privatvermögen in eine gewerbliche Holding wohl nur bei recht hohen und entsprechend „aufnahmefähigen" Unternehmenswerten lohnen. Allerdings muss der Nachteil, der sich aus der dauerhaften steuerlichen und haftungsmäßigen Verstrickung ergibt, stets gegen die möglichen erbschaftsteuerlichen Vorteile sorgfältig abgewogen werden. 139

8. Einbringung von Schulden

Schulden, die mit einem eingebrachten Vermögen zusammenhängen und von der aufnehmenden Gesellschaft übernommen werden (§ 415, 416 BGB), sind wirtschaftlich wie ein Entgelt für den Erwerb des übernommenen Vermögens anzusehen.[130] Auf Seiten des einbringenden (veräußernden) Unternehmens erhöht sich daher die potentielle Steuerlast aus dem Einbringungs- bzw. Veräußerungsvorgang, auf Seiten des aufnehmenden Unternehmens führen die übernommenen Schulden zu zusätzlichen Anschaffungskosten, welche nach den Regeln über die Abschreibung des erworbenen Wirtschaftsgutes abgeschrieben werden können.[131] 140

Bei einer Schuldenübernahme im Rahmen der Einbringung von Betrieben, Teilbetrieben oder Gesellschaftsanteilen nach §§ 20–24 UmwStG kommt es darauf an, ob die Übernahme des übernommenen Vermögens zu Buchwerten durchgeführt werden kann oder nicht. Falls nein, führt die Schuldübernahme zu einem außerordentlichen Ertrag beim Veräußerer und erhöhten Anschaffungskosten beim Erwerber. Bei der Einbringung schuldenbehafteten Vermögens aus dem Privatvermögen kann es bei dem Einbringenden zu einkommensteuerlichen Auswirkungen kommen, wenn eine etwaige Spekulationsfrist für das eingebrachte Vermögen noch nicht abgelaufen ist. 141

9. Immobiliengesellschaften

Die Vermietung von Immobilien wird, auch wenn sie durch eine gewerblich geprägte Holding erfolgt, nach dem Erbschaftsteuergesetz nicht privilegiert.[132] Reine Grundbesitz-Holdings, die sich nur auf die Vermietung und Verpachtung von Grundbesitz spezialisiert haben, sind daher erbschaftsteuerlich an sich nicht begünstigt. In Betracht kommt die Privilegierung nur bei sehr umfangreichem und zu Wohnzwecken vermietetem Immobilienbesitz.[133] 142

Im erbschaftsteuerlichen Sinne kann Immobilienbesitz dann als begünstigungsfähiges Betriebsvermögen in Betracht kommen, wenn die Verwaltung den Umständen nach die Errichtung eines kaufmännischen Geschäftsbetriebes im Sinne von § 14 Abgabenordnung erfordert und die weiteren Voraussetzungen nach § 13b Abs. 4d) des Erbschaftsteuergesetzes vorliegen.[134] Kriterien hierfür sind in erster Linie die Anzahl der verwalteten Wohnungen/Häuser, die Anzahl der mit der Verwaltung beschäftigten Arbeitnehmer, das Erfordernis und die Einrichtung einer kaufmännischen Buchführung sowie der Außenauftritt als „Wohnungsunternehmen" am Markt.[135] Das Gesetz kennt zwar keine feste Mindestanzahl der insoweit zu verwaltenden Wohnungen oder Häuser, die Finanzverwaltung 143

---

[130] Dies führt zu Gewinnrealisierung beim Veräußerer wegen Ausbuchung der Verbindlichkeit; Schmidt/Weber-Grellet EStG § 5 Rn. 674.
[131] Bei Einbringung von Gesellschaftsanteilen bewirkt eine Schuldenübernahme erhöhte Anschaffungskosten, deren (indirekte) Abschreibung nur möglich ist, wenn und soweit auch die Beteiligung insgesamt abgeschrieben werden kann.
[132] „Dritten zur Nutzung überlasse Grundstücke und grundstücksgleiche Rechte" sind nicht als Betriebsvermögen privilegiert, § 13b Abs. 4 Nr. 1 ErbStG.
[133] Vgl. hierzu § 13b Abs. 4 lit. d ErbStG iVm § 181 Abs. 9 BewG, § 14 AO.
[134] § 13b Abs. 4 lit. d letzter Hs. ErbStG.
[135] Vgl. Kriterienkatalog des koordinierten Erbschaftsteuererlasses der Länder vom 22.6.2017, BStBl. I 2017, 902 ff. Abschn.13b.17 Abs. 3.

sieht die Anforderungen des § 13b Abs. 4d) ErbStG aber dann als erfüllt an, wenn mindestens 300 Wohnungen/Häuser von einer solchen Verwaltung betroffen sind.[136]

144 Unterhalb dieser Grenze des Wohnungsbestandes muss der Steuerpflichtige beweisen, dass sein Unternehmen ausnahmsweise eines kaufmännisch eingerichteten Geschäftsbetriebes in dem zuvor beschriebenen Umfang bedarf und dass es mit der Vermietung eine selbständige und nachhaltige Tätigkeit ausübt, die über die bloße Vermögensverwaltung hinausgeht. Vermietungstätigkeit gilt ansonsten im Regelfall nur als private Vermögensverwaltung (vgl. § 14 S. 1 AO).

145 Gerichte haben sich bisher nur selten mit den Anforderungen an die erbschaftsteuerliche Verschonung von Vermietungsunternehmen befasst. Den wenigen, bisher zu diesem Thema ergangen Urteilen war zunächst nur die Tendenz zu entnehmen, dass Gesellschaften, die nur über einen Wohnungsbestand im unteren zweistellen Bereich verfügen, die Voraussetzungen für die Verschonung nicht erfüllten.[137] Der BFH hat inzwischen entschieden, dass es nicht auf die Anzahl der verwalteten Wohnungen ankommt, sondern darauf, dass der Vermieter über die vermietungstypischen und verwaltenden Tätigkeiten hinaus, welche der reinen Fruchtziehung aus den Mietobjekten dienen, Zusatzleistungen gewerblicher Art erbringt.[138] Dies kann beispielsweise bei Erbringung von Reinigungstätigkeiten oder Serviceleistungen für Mieter in Betracht kommen. Es wird abzuwarten sein, wie die Finanzverwaltung dieses Urteil in der künftigen Praxis behandelt und von dem Erbschaftsteuererlass abweicht, der vor allen auf die Anzahl der Wohnungen abstellt.

146 Unternehmen, welche sich nicht auf die Vermietung, sondern stattdessen auf den Ankauf- und Verkauf von Grundbesitz und damit auf einen gewerblichen Grundstückshandel spezialisiert haben, sind von § 13b Abs. 4 Nr. 1 ErbStG nicht betroffen. Sie können erbschaftsteuerlich ohne weiteres privilegiert sein, weil nicht die Fruchtziehung aus der Vermietung im Vordergrund steht.[139]

10. Formelle Fragen bei der Einbringung

147 Bei der Einbringung von Vermögen in eine Holding ist darauf zu achten, dass die formellen Vorschriften, die für die Wirksamkeit des dinglichen Rechtsüberganges gelten, eingehalten werden. Sonst fehlt es an einem Eigentumsübergang. Zu empfehlen ist eine Dokumentation über die Beachtung dieser formellen Vorschriften, um später den ordnungsgemäßen Übergang der eingebrachten Wirtschaftsgüter auf die Holding oder ihre Tochtergesellschaften nachweisen zu können.[140]

148 Erfolgt die Einbringung von Vermögen im Rahmen einer Aufspaltung, Abspaltung oder Ausgliederung nach dem Umwandlungsgesetz, richten sich die formellen Anforderungen nach dem Umwandlungsgesetz. Die Kontrolle der formellen Vorschriften erfolgt zwar durch das Registergericht, weil der Pflichtinhalt des Spaltungs- und Übernahmevertrages (§ 126 Abs. 1 UmwG) vom Gericht überprüft werden muss. Etwaige rechtliche Mängel der Einbringung werden aber durch die Eintragung der Spaltung im Handelsregister nicht geheilt. Es kann daher nur empfohlen werden, auch in allen Einbringungsfällen nach dem Umwandlungsgesetz die gleiche Sorgfalt walten zu lassen wie in den Fällen der Einzelrechtsübertragung.

---

[136] Koordinierter Erbschaftsteuererlass der Länder vom 22.6.2017, BStBl. I, 902 ff. Abschn. 13b.17 Abs. 3.
[137] Die Rspr. war bisher sehr restriktiv, vgl. FG Düsseldorf BeckRS 2015, 95437 und FG München BeckRS 2015, 95726; zu FG Hamburg ZEV 2015, 602 ist die Frage beim BFH anhängig, ob auch 37 Wohnungen bereits genügen können.
[138] BFH BStBl II 2018, 358.
[139] Hier steht nicht die Gewinnerzielung durch Nutzungsüberlassung iSd § 13b Abs. 4 Nr. 1 ErbStG, sondern die Gewinnerzielung durch An – und Verkauf im Vordergrund.
[140] Der „Vollzug" der Einbringungsmaßnahmen setzt stets die zivilrechtlich wirksame Umsetzung voraus, was regelmäßig nur durch Vorlage der entsprechenden Vollzugsurkunden bewiesen werden kann; außerdem könnte eine fehlende Dokumentation im Fall der Insolvenz sogar Ansprüche des Insolvenzverwalters auf Herausgabe des eingebrachten Wirtschaftsgutes gemäß § 103 InsO auslösen.

Außerhalb der Einbringung nach dem Umwandlungsgesetz ist je nach Art der einzubringenden Wirtschaftsgüter sachenrechtlich zu differenzieren: 149

Zur Einbringung von Rechten, wozu auch Gesellschafts- und Geschäftsanteile gehören, bedarf es der Einigung über die Abtretung dieser Rechte zwischen Veräußerer und Erwerber (§§ 398, 413 BGB). Bei Gesellschafts- und Geschäftsanteilen ist in der Regel die Zustimmung der Gesellschaft oder der Gesellschafter erforderlich und stellt daher eine aufschiebende Bedingung für das Wirksamwerden der Abtretung dar.[141] Die Übertragung von GmbH-Geschäftsanteilen bedarf der notariellen Form (§ 15 Abs. 3 GmbHG). Die Übergabe von Aktienurkunden (wenn vorhanden) oder die Eintragung ins Aktienregister der Gesellschaft, wenn ein solches geführt wird, sind allerdings nur deklaratorischer Natur.[142] Bei der Einbringung von Grundstücken ist die Einigung über den Eigentumsübergang und die Auflassung des Grundstücks auf die neue Gesellschaft zum erforderlich (§ 873, 925 BGB). Die Eintragung einer Auflassungsvormerkung reicht nicht aus. Bei der Übereignung beweglicher Gegenständen bedarf es der Einigung zwischen Veräußerer und Erwerber über den Rechtsübergang und einer Übergabe der Gegenstände an den Erwerber (§§ 929, 930 BGB). Hat der Veräußerer keinen unmittelbaren Besitz an den Wirtschaftsgütern, bedarf es der Begründung eines Besitzmittelungsverhältnisses zwischen der aufnehmenden Gesellschaft und dem unmittelbaren Besitzer (zB durch Eintritt des Erwerbers in einen bestehenden Miet- oder Pachtvertrag zwischen dem einbringenden Rechtsträger und dem unmittelbaren Besitzer).

Bei der Einbringung von ausländischem Vermögen sind die im Ausland geltenden sachenrechtlichen Bestimmungen zu beachten. Sicherheitshalber sollten hier zur korrekten Umsetzung des Rechtsübergangs immer ausländische Rechtsberater eingeschaltet werden.

Bei der Einbringung von verbrieften Rechten ist die Übergabe der das Recht verbriefenden Urkunden erforderlich.[143]

V. Innere Struktur der Familienholding

Eine Familienholding kann nur dann ihre vollen Vorteile entfalten, wenn der Gründer 150 seinen Familienangehörigen Gesellschafts- oder Geschäftsanteile an der Holding überträgt. Wann der Gründer diese Übertragung vornimmt, ist natürlich seine individuelle Entscheidung. Allerdings zeigt der Ausgangsfall dieses Kapitels,[144] dass insbesondere aus steuerlichen Gründen damit nicht bis zum Todesfall gewartet werden sollte.

Der Gründer wird allerdings nur bereit sein, Anteile an einer Familienholding auf Familienangehörige zu übertragen, wenn die innere Struktur der Holding und die damit 151 verbundenen Rechte und Pflichten der Beteiligten seinen Vorstellungen entsprechen. In der Regel wird der Gründer maßgebliche Anteile an der Familiengesellschaft zurückbehalten wollen. Es wird ihm auch wichtig sein, die Kontrolle über die Familiengesellschaft zu behalten und sein Einkommen abzusichern. Die inneren Strukturen der Gesellschaft sollen so aufgesetzt sein, dass sich Entscheidungsprozesse in der Holding nach Möglichkeit ohne Störung des Familienfriedens vollziehen können und Kontinuität in der Gesellschaft gewährleistet ist. Die Kunst der inneren Gestaltung einer Familienholding liegt deshalb darin, diese berechtigten Interessen des Gründers mit denjenigen seiner Familienangehörigen sinnvoll in Einklang zu bringen.

---

[141] § 15 Abs. 5 GmbHG, § 68 Abs. 2 S. 1 AktG; BGHZ 24, 114.
[142] Vgl. § 67 AktG, wobei allerdings im Verhältnis zu Gesellschaft nur eingetragene Aktionäre als Aktionäre gelten, § 67 Abs. 2 S. 1 AktG.
[143] ZB bei sog. Inhaber- oder Namenspapieren, Palandt/*Grüneberg* BGB § 398 Rn. 7.
[144] → Rn. 7 ff.

1. Sonderrechte am Einkommen und Vermögen

152 Dem Gründer werden bei einer Familien-Holding häufig Sonderrechte zugewiesen. Typische Sonderrechte sind zum Beispiel der Vorbehalt des Nießbrauchrechts und die disquotale (dh überproportionale) Beteiligung an Gewinn, Verlust oder Vermögen der Gesellschaft[145]

153 Aus dem Grundsatz der Vertragsfreiheit folgt, dass die Rechtsstellung der Gesellschafter in einer Gesellschaft individuell ausgestaltet werden kann[146]. Hierbei muss allerdings beachtet werden, dass die Veränderung der Rechte nach Aufnahme von Gesellschaftern nur noch bedingt möglich ist. So ist insbesondere der sog. Kernbereich des Gesellschaftsrechts geschützt, wie zum Beispiel das Gewinnbezugsrecht, der Anteil am Vermögen der Gesellschaft oder auch der Anteil am Liquidationserlös[147]. Nur Satzungsänderungen, welche in das Gefüge der Gesellschafterrechte nicht nachhaltig eingreifen, können mehrheitlich (in der Regel mit 3/4-Mehrheit) beschlossen werden, wenn der Gesellschaftsvertrag Mehrheitsentscheidungen zulässt.[148] Etwaige Sonderrechte am Einkommen und Vermögen der Familienholding müssen also rechtzeitig vor Schenkung von Anteilen begründet werden.

154 Aus steuerlichen Gründen sollte man außerdem darauf achten, dass dem Beschenkten bei allen Auflagen und Einschränkungen, die im Zusammenhang mit einer Schenkung gemacht werden mögen, zumindest diejenigen Gesellschafterrechte verbleiben, die typischerweise mit der geschenkten Beteiligung verbunden sind.[149] Maßgebend für die steuerliche Begünstigung ist die Einstufung der Zuwendung als unternehmerische Beteiligung, die Mitunternehmerrisiko und Mitunternehmerinitiative vermittelt.[150] Diese Kriterien müssen nach einer Schenkung von Anfang an erfüllt sein.[151] Sonst besteht die Gefahr, dass der Beschenkte nicht in den Genuss der Verschonung des geschenkten Vermögens von der Erbschaftsteuer (Schenkungsteuer) kommt, weil das überlassene Vermögen nicht mehr als Betriebsvermögen im erbschaftsteuerlichen Sinne anzusehen ist.[152]

155 **a) Nießbrauchvorbehalt.** Das wichtigste Sonderrecht des Gründers in der Praxis ist der lebenslange Nießbrauch an den übertragenen Gesellschafts- und Geschäftsanteilen.[153] Die Bestellung des Nießbrauchs richtet sich nach den sachrechtlichen Regeln über die Verschaffung des Eigentums (§ 1032 BGB), setzt also eine Einigung zwischen dem Schenker und dem Beschenkten über die Bestellung des Nießbrauchs an den Gesellschafts- oder Geschäftsanteilen im Schenkungsvertrag voraus. Bei der Bestellung des Nießbrauchs han-

---

[145] Reichert, GmbH & Co KG/*Düll*, § 5 Rn. 18.
[146] § 119 Abs. 2 HGB, § 709 Abs. 2 BGB.
[147] Sog. „Kernbereichslehre", vgl. umfassend *Ulmer* ZIP 2015, 657.
[148] Der BGH nimmt eine zweistufige Prüfung vor; zunächst ist zu prüfen, ob der Gesellschaftsvertrag den entsprechenden „Eingriff" durch Gesellschafterbeschluss erlaubt (was durch Auslegung zu ermitteln ist, wobei eine kasuistische Aufzählung der zulässigen Eingriffe aber nicht erforderlich ist); danach ist zu prüfen, ob ggf. in nicht entziehbare Gesellschafterrechte eingegriffen wird; eine ausschließende Festlegung, was damit gemeint ist, vermeidet der BGH; BGHZ 203, 77; BGHZ 170, 283; BGHZ 179, 13.
[149] Wichtig ist vor allem die Möglichkeit zur Teilhabe an unternehmerischen Entscheidungen, zB durch Stimm- und Kontrollrechte, Widerspruchsrechte des Kommanditisten etc. (BFH BStBl. II 2013, 635).
[150] Mitunternehmerrisiko bedeutet Teilhabe am Gewinn und Verlust sowie den stillen Reserven (BFH BStBl. II 2013, 635); Mitunternehmerinitiative bedeutet Teilhabe an den unternehmerischen Entscheidungen.
[151] Eine nachträglich Begründung von Mitunternehmerinitiative oder Mitunternehmerrisiko beim Beschenkten reicht nicht aus; das durch Schenkung übergegangene Vermögen muss vor der Schenkung bei dem Schenker und nach der Schenkung beim Beschenkten die Eigenschaft des Betriebsvermögens erfüllen; es reicht nicht aus, wenn der Beschenkte bereits mit anderen Anteilen mitunternehmerisch an dem Unternehmen beteiligt ist, vielmehr ist darauf abzustellen, ob die geschenkten Anteile selbst Mitunternehmerinitiative und Mitunternehmerrisiko vermitteln (BFH BStBl. II 2013, 635; BStBl. II 2009, 312; BStBl. II 2015, 821).
[152] BFH BStBl. II 2015, 821; BStBl. II 2013, 635; BStBl. II 2009, 312.
[153] Zur gesetzlichen Regelung vgl. §§ 1030 ff., 1068 ff. BGB.

delt es sich nach herrschender Meinung nicht um eine geldwerte Gegenleistung des Beschenkten.[154]

Durch den Nießbrauch lässt sich ein beliebig großer Anteil des Gewinns oder der Gewinnausschüttungsrechte, die auf die geschenkten Gesellschafts- und Geschäftsanteile entfallen, zu Gunsten des Schenkers zurückbehalten (auch der gesamte Gewinn). Die Einkommenssituation des Schenkers gegenüber dem Zeitpunkt vor Beteiligung seiner Familienmitglieder an der Gesellschaft muss sich daher nicht notwendigerweise verändern.[155]

156

Nach dem gesetzlichen Leitbild des Nießbrauch, das ein Recht zur „Fruchtziehung" aus den zum Nießbrauch überlassenen Wirtschaftsgütern begründet, ist die Ausübung aller Rechte zur „laufenden" Verwaltung der Holding einschließlich der Wahrnehmung des Stimmrechts in solchen Angelegenheiten dem Nießbraucher vorbehalten.[156] Bei sog. Grundlagengeschäften, also bei allen Entscheidungen, welche die Gesellschafterrechte verändern oder in die Grundsubstanz der Gesellschaft eingreifen, zum Beispiel bei Veräußerung wesentlicher Vermögensgegenstände oder Umstrukturierung, bedarf es dagegen der Zustimmung des Beschenkten als neuem Anteilsinhaber.[157] Werden diese Regeln eingehalten, gilt der Beschenkte als Mitunternehmer. Er trägt Mitunternehmerrisiko (durch seine Beteiligung am Unternehmenswert) und kann auch Mitunternehmerinitiative entfalten (durch seine Stimmrechte bei Grundlagengeschäften).[158] Umgekehrt gilt der Nießbraucher weiterhin als Mitunternehmer, denn er behält das wirtschaftliche Risiko aus der Beteiligung (Gewinn- und Verlustbeteiligung) und ist auch weiterhin an den Entscheidungsprozessen beteiligt (Stimmrecht in allen laufenden Angelegenheiten).[159]

157

Die einfache Bezugnahme auf die gesetzlichen Regelungen zum Nießbrauch an Geschäfts- oder Gesellschaftsanteilen (§ 1068 BGB) im Schenkungsvertrag ist trotz der dabei verbleibenden Unklarheiten über den genauen Umfang der Stimmrechte steuerlich nicht zu beanstanden. Mitunternehmerrisiko und Mitunternehmerinitiative bleiben sowohl beim Schenker als auch beim Beschenkten steuerlich erhalten[160] Von ausufernden Regelungen über die Ausübung der Stimmrechte ist unter diesen Umständen eher abzuraten, weil man nicht immer sagen kann, ob Stimmrechte nun den Bereich der laufenden Verwaltung oder den Bereich von Grundlagengeschäften betreffen.

158

Die Übergabe einer einfachen Stimmrechtsvollmacht an den Nießbraucher durch den Beschenkten ist steuerlich zulässig, denn sie beseitigt nicht grundsätzlich die Befugnis des Beschenkten, Stimmrechte auch selbst ausüben zu können.[161] Steuerschädlich sind aber Regelungen, welche dem Nießbraucher dauerhaft die Ausübung von Gesellschafterrechten des Beschenkten erlauben würden. Kritisch ist daher die Abtretung des Stimmrechts insgesamt oder die Erteilung einer unwiderruflichen Stimmrechtsvollmacht.[162] Zulässig

159

---

[154] Die Bestellung des Nießbrauchs bedeutet kein „Entgelt" des Beschenkten, sondern nur eine Minderung des Wertes des Geschenks, ähnlich einer zu übernehmenden Grundschuld bei Grundbesitzübertragung.

[155] Die Einkünfte des Nießbrauchers bleiben je nach Rechtsform der Gesellschaft Einkünfte aus Gewerbebetrieb oder Kapitalvermögen, eine Aufteilung von Gewinnansprüche kann durch Vereinbarung eines sog. Quoten-Nießbrauchs erfolgen (Riedel, Praxishandbuch Unternehmensnachfolge/*Steger/Guerra*, § 25 Rn. 7).

[156] Gemäß §§ 1030, 1031 BGB steht dem Nießbraucher nur die „Fruchtziehung" zu; dies legt es nahe, ihm auch nur das Stimmrecht in den laufenden Angelegenheiten zuzugestehen, vgl. *Altendorf* GmbH-StB 2018, 253 (257); *Wälzholz* DStR 2010, 1786; BFH BStBl II 1995, 241.

[157] BGH NJW 1999, 571: Die gesetzlichen Vorschriften über den Nießbrauch lassen die Aufteilung der Rechte zwischen dem Nießbraucher und dem Inhaber von Gesellschaftsanteilen an sich offen; die entsprechende Aufteilung der Rechte dürfte sich aber daraus ableiten lassen, das der Nießbrauch nicht den „Stamm des Vermögens" betrifft (MüKoBGB/*Pohlmann* § 1068 Rn. 72; Palandt/*Herrler* BGB § 1068 Rn. 3–5 mwN).

[158] BFH/NV 2015, 1412ff. mwN.
[159] BFH/NV 2010, 690.
[160] BFH BStBl. II 1995, 241.
[161] FG Düsseldorf ZEV 2016, 663ff.
[162] FG Münster EFG 2013, 1868 (1877).

müssten Regelungen sein, welche es vorschreiben, dass Schenker und Beschenkter sich bei sog. Grundlagengeschäften zumindest abstimmen, denn natürlich können sich Grundlagengeschäfte auch auf den Nießbrauch auswirken. So wird beispielsweise dem Beschenkten untersagt werden können, dem Verkauf wichtiger Betriebsgrundlagen zuzustimmen oder das Unternehmen zum Nachteil des Nießbrauchers umzustrukturieren.

160 **b) Disquotale Gewinnverteilung.** Als Alternative zum Nießbrauch kommt die disquotale Gewinnverteilung in der Gesellschaft in Betracht. Hierdurch wird dem Gründer prozentual ein höherer Gewinnanteil (in der Regel auch ein erhöhter Anteil am Liquidationserlös) zugewiesen als dem Beschenkten.

161 Die disquotale Gewinnverteilung ist in einer GmbH zulässig (§ 29 Abs. 3 S. 2 GmbHG). Bei der Aktiengesellschaft lassen sich Aktien mit einem Gewinnvorzugsrecht ausgeben (§ 11 AktG, sog. Vorzugsaktien), welches diese Aktiengattung bei Gewinnausschüttungen und Verteilung des Liquidationserlöses bevorzugt. Im Recht der Personengesellschaft fällt die Vereinbarung einer disquotalen Gewinnverteilung unter die allgemeine Vertragsfreiheit.[163]

162 Ein deutlich unangemessener Gewinnverteilungsschlüssel kann allerdings dazu führen, dass die Gewinnverteilung steuerlich nicht anerkannt wird. Grundsätzlich soll für die Angemessenheit der Gewinnverteilung ein Fremdvergleichsmaßstab anzuwenden sein.[164] Unterschiedliche Gewinnbezugsrechte, auch Vorzugsrechte für bestimmte Gesellschafter, sind allerdings stets zulässig, wenn sie in der Satzung so vereinbart worden sind.[165] Steuerlich muss daher ein zurückbehaltenes Gewinnvorzugsrecht als Minderung der Schenkung akzeptiert werden. Es begründet in diesem Fall keine verdeckte Gewinnausschüttung zu Gunsten des Schenkers.

163 Bei Änderung des Gewinnverteilungsschlüssels bedarf es aus den genannten Gründen einer Änderung der Satzung bzw. des Gesellschaftsvertrages. Diese Änderung ist nur mit Zustimmung aller Gesellschafter (also einstimmig) zulässig, weil sie in den Kernbereich des Gesellschaftsrechts eingreift.[166] Beim Nießbrauch hingegen reicht die Einigung mit dem Beschenkten über die Begründung des Nießbrauchsrechtsrechts in der Regel aus.[167]

164 Die disquotale Gewinnverteilung kann sich bei der Ermittlung des Steuerwertes der geschenkten Anteile anders auswirken als der Vorbehalt des Nießbrauchs. Während der Nießbrauch nach dem Erbschaftssteuergesetz und Bewertungsgesetz mit seinem Kapitalwert vom Schenkungswert abzuziehen ist[168], ist der Minderwert der Anteile, der sich aus einem geminderten Gewinnbezugsrecht ergibt, nicht gesetzlich geregelt. Entscheidend hierfür dürfte die Einschätzung der Erträge sein, welche auf die geschenkten Anteile trotz Minderung des Gewinnbezugsrechts entfallen werden. Entscheidend kommt es dabei bewertungsdogmatisch auf die zukünftigen Gewinnanteile des Beschenkten an und nicht (wie beim Nießbrauchvorbehalt) auf die bisherigen Gewinnanteile des Schenkers. Bewertungsdogmatisch müsste auch der künftige Wegfall der disquotalen Gewinnverteilung (spätestens beim Tod des Schenkers) in die Wertberechnung einbezogen werden. Hierdurch würde eine Erhöhung des Wertes der Anteile im Verhältnis zu nießbrauchbehafteten Anteilen eintreten, denn der Wegfall des Nießbrauchrechts infolge des Todes des Berechtigten wirkt sich auf die Bewertung dieser Anteile nicht aus.[169]

165 Die Nießbrauchlösung erscheint unter diesen Umständen nicht nur zivilrechtlich, sondern auch steuerlich sicherer zu sein, als der Vorbehalt einer disquotalen Gewinnverteilung.

---

[163] MüKoHGB/*Priester* § 121 Rn. 28.
[164] BFH BStBl. II 1979. 670.
[165] Baumbach/Hueck/*Fastrich* GmbHG § 29 Rn. 52; BGHZ 14, 271.
[166] Zu den Einzelheiten der sog. Kernbereichslehre vgl. Seidel/Wolff BB 2015, 2563 ff.
[167] Ausnahme: Verbot der Belastung eines Gesellschaftsanteils mit Nießbrauch nach dem Gesellschaftsvertrag.
[168] Vgl Tabelle zu § 14 BewG, sowie § 16 BewG.
[169] § 11 ErbStG.

c) Liquidationspräferenz und Abfindungsansprüche des Gründers. Mit dem Nieß- 166
brauch verbunden ist bei richtiger Gestaltung des Schenkungsvertrages ein Abfindungsanspruch des Nießbrauchers, wenn es zu einer späteren Veräußerung des Unternehmens bzw. der verschenkten Gesellschafts- oder Geschäftsanteile kommt. In diesem Fall muss der Nießbraucher eine Kapitalabfindung für den nicht mehr realisierbaren, dh ihm entgehenden Nießbrauch erhalten, sonst würde er einer lastenfreien Übertragung der von ihm verschenkten Anteile auf einen Dritten nicht zustimmen.[170] Die Abfindungsklausel kann in den Schenkungsvertrag aufgenommen werden, wenn man als Beschenkter nicht beim Verkauf des Unternehmens von der Zustimmung des Schenkers abhängig sein will.[171] Dies wirkt sich in der Praxis insbesondere dann aus, wenn der Schenker alters- oder krankheitsbedingt die Zustimmung zum Verkauf nicht mehr selbst erteilen kann, sondern bei Verzicht auf den Nießbrauch durch einen Pfleger vertreten werden müsste.

Der Nießbrauch wird beim Verkauf der Anteile üblicherweise wie eine Finanzverbind- 167
lichkeit aus dem Kaufpreis für die veräußerten Gesellschafts- oder Geschäftsanteile abgelöst. Mit der Vereinbarung der Ablösesumme erreicht der Nießbraucher wirtschaftlich, dass er trotz Schenkung von Anteilen weiterhin an der Substanz bzw. dem Wert der verschenkten Anteile beteiligt bleibt, und zwar so lange, wie er Nießbraucher der geschenkten Anteile ist. Im Laufe der Jahre vermindert sich allerdings die Höhe der Ablösesumme kontinuierlich.[172] Wie kein anderes Instrument erlaubt der Nießbrauch daher eine im wahrsten Sinne des Wortes „gleitende Vermögensnachfolge". Die Substanz des unternehmerischen Vermögens geht schrittweise mit steigendem Lebensalter des Schenkers auf den Beschenkten über.

Die mit dem Nießbrauch belasteten Anteile stellen entgegen manchen Befürchtungen 168
keine Bremse für etwaige Umwandlungen des Unternehmens dar. Der Nießbrauch kann sich an den aus einer Umwandlung oder Einbringung hervorgegangenen, neu ausgegebenen Gesellschafts- und Geschäftsanteilen ohne weiteres fortsetzen. Dies gilt auch bei einem Wechsel von der Personengesellschaft zur Kapitalgesellschaft und umgekehrt.[173] Der BFH sieht in der Aufgabe des Nießbrauchs an den untergehenden Gesellschafts- oder Geschäftsanteilen und in der Neubegründung des Nießbrauchs an den durch Umwandlung entstehenden neuen Anteilen ein ertragsteuerliches „Nullum".[174] Wiederum erscheint es vorzugswürdig, die Fortsetzung des Nießbrauchs nach einer Umwandlung bereits in den Schenkungsvertrag aufzunehmen, so dass man als Beschenkter am Ende nicht mehr zwingend die Zustimmung des Nießbrauchers zur Umstrukturierung benötigt. Dies kann sich vor allem bei Beeinträchtigung der Geschäftsfähigkeit des Schenkers im höheren Alter als ein Problem erweisen.

2. Typische Fehler bei der Schenkung von Anteilen

a) Zeitpunkt des Rechtsübergangs. Besitzt der Schenker zum Beispiel steuerlich privi- 169
legiertes Betriebsvermögen, so ist es sinnvoll, dieses rechtzeitig unentgeltlich auf Famili-

---

[170] Der Nießbrauch würde sich zwar als dingliches Recht an sich auch nach einer Übertragung von Anteilen daran fortsetzen (vgl. §§ 1068, 1030 ff., 1036 BGB), allerdings würde der Erwerber wohl auf einem Verzicht bestehen; der Nießbraucher dürfte nur dazu bereit sein, wenn ihm eine am Barwert des Nießbrauchs orientierte „Ablösesumme" zukommt.
[171] Ohne Abfindungsklausel hätte der Nießbraucher praktisch ein Vetorecht gegen den Verkauf, weil niemand ihm zum Verzicht auf sein Nießbrauchrecht zwingen kann.
[172] Der Multiplikator auf den Kapitalwert beträgt für Männer im Alter von 57 Jahren noch: 13,497, bei 67 Jahren nur noch: 10,860 und bei 77 Jahren nur noch: 7,478, vgl. BMF Schreiben v. 4.11.2016 IV C 7 – S 3104/09/10001 Rn. 27.
[173] Bei Rechtsträgerwechsel muss der Nießbrauch allerdings für den neuen Rechtsträger neu begründet werden; es erfolgt keine automatische Fortsetzung „ipso jure"; im Schenkungsvertrag sollte daher eine Generalklausel verwendet werden, welche den Übergang des Nießbrauchs auf neu ausgegebene Anteile in Umwandlungsfällen vorsieht.
[174] BFH/NV 1995, 770.

enangehörige zu übertragen, bevor es veräußert wird, denn wenn das Betriebsvermögen erst einmal veräußert worden ist, dann ist aus dem ursprünglich erbschaftsteuerlich begünstigten Betriebsvermögen steuerlich nicht mehr begünstigungsfähiges Privat- oder Verwaltungsvermögen geworden.

170 Dieses Privatvermögen wird der Gründer eines Tages, vermutlich noch erhöht um darauf entfallende Kapitalerträge, steuerlich ungemildert seinen Nachfolgern vererben.

171 Wenn die Anteile an dem Unternehmen so rechtzeitig auf die Nachfolger übertragen werden, dass diese noch die steuerlichen Behaltefristen vor einem Verkauf einhalten können (§ 13b Abs. 6 oder Abs. 9 Nr. 6 ErbStG), werden sie das erhaltene Vermögen erbschaftsteuerfrei erwerben. Erbschaftsteuerpflichtig ist dann nur noch der beim Erbfall verbleibende Rest des erblasserischen Vermögens.

172 **b) Nießbrauchverzicht.** In vielen Fällen drängt sich im höheren Alter des Schenkers ein Verzicht oder Teilverzicht auf den Nießbrauch auf, weil der Schenker die ihm zustehenden Erträge aus der verschenkten Beteiligung für seinen Lebensunterhalt nicht mehr in vollem Umfang benötigt.

173 Jeder Verzicht auf Nießbrauch hat jedoch steuerlich den Nachteil, dass dieser als Schenkung an den Beschenkten zu qualifizieren ist.[175] Hierauf findet also wieder das Berechnungsschema Anwendung, das schon bei der Ermittlung des Nießbrauchkapitalwertes im Zeitpunkt der Schenkung (dort noch zur Ermittlung des Abzugspostens) zu Grunde gelegt worden ist.[176] Der Verzichtsbetrag wird nun als Ausgangsgröße für die Bemessung des Kapitalwertes der Schenkung herangezogen. Je nach Umfang und Dauer des Verzichts, also im Zweifel für die verbleibende Restlebensdauer des Schenkers, können sich noch erhebliche Barwerte ergeben, die dann zu versteuern sind.

174 Wie sich ein solcher Verzicht konkret steuerlich auswirken kann, mag wieder an unserem Beispiel (→ Rn. 7 ff.) dargestellt werden: Behält sich der 57-jährige U nach der Schenkung der Gesellschaftsanteile an seine Kinder im Alter von 57 Jahren den Totalnießbrauch im Jahreswert des Ertrages von EUR 5.000.000 vor, so ergibt sich daraus im Zeitpunkt der Zuwendung ein Wert des Nießbrauchs von EUR 49,8 Mio. (→ Rn. 38). Verzichtet der Unternehmer 8 Jahre später, also mit 65 Jahren (ggf. auch im Rahmen des Verkaufs des Unternehmens), auf die Hälfte dieses Nießbrauchs (EUR 2.500.000 pro Jahr), ergibt sich noch ein Barwert dieses Verzichts von ca. EUR 21,15 Mio. (EUR 2,5 Mio. × Unternehmenswert-Faktor 13,75: 18,6 = EUR 1,848 maximaler Jahreswert des Nießbrauchs, dieser multipliziert mit dem Multiplikator 11,444, der für einen 65-jährigen Mann; vgl. Tabelle zu § 14 BewG, BMF-Schreiben vom 4.11.2016, IV C 7 – S3104/09/10001). Für jedes Kind ergäbe sich somit eine Zuwendung von EUR 10,575 Mio. und eine auf diesen Verzicht zu zahlende Schenkungsteuer von 23% = EUR 2,327 Mio.

175 Hätte U bereits bei Einräumung des Nießbrauchs auf die Hälfte seines Gewinnbezugsrechts verzichtet, wäre die Steuerbelastung durch den späteren Verzicht vollständig vermieden worden. Der wegen des vorweggenommenen Teilverzichts höhere Anteilswert der geschenkten Anteile hätte sich steuerlich nicht weiter ausgewirkt, denn auch der erhöhte Anteilswert wäre im Beispielsfall, da reines Betriebsvermögen, bei den Kindern weiterhin als vollständig verschontes Betriebsvermögen nicht besteuert worden. Sinnvoller wäre es in diesem Fall also gewesen, den Nießbrauch von vornherein auf einen Betrag von EUR 2,5 Mio. zu beschränken, zumal U in dem Beispielsfall ohnehin nur einen Betrag von EUR 1,5 Mio. jährlich aus dem Unternehmen entnommen hat.

3. Sonderstimmrechte des Gründers

176 In manchen Gesellschafts- und Schenkungsverträgen findet man Sonderstimmrechte (Mehrfachstimmrechte) des Gründers, die dazu dienen sollen, trotz der Abgabe der Mehr-

---

[175] Götz ZEV 2009, 609; BFH BStBl. II, 2014, 894.
[176] Götz ZEV 2009, 609; BFH BStBl. II 2014, 894.

heit der Gesellschafts- Geschäftsanteile in der Gesellschafterversammlung die Mehrheit zu behalten.

Vorsicht geboten ist bei Regelungen, mit welchen den Nachfolgern die Ausübung elementarer Gesellschafterrechte versagt wird. Der Ausschluss oder die dauerhafte Übertragung der Stimmrechte auf den Schenker, insbesondere bei sog. Grundlagengeschäften, führt in der Regel dazu, dass der Beschenkte nicht mehr über Mitunternehmerinitiative im steuerlichen Sinn verfügt, was Voraussetzung für die Verschonung des Betriebsvermögens von der Erbschaftsteuer ist (§ 13b ErbStG). Diese Grundsätze gelten nicht nur beim Nießbrauch, sondern generell bei der Einschränkung von Stimmrechten.

Steuerschädlich ist insbesondere die Erteilung einer unwiderruflichen Stimmrechtsvollmacht durch den Beschenkten an den Schenker.[177] Kritisch wäre es auch, mittels Sonderstimmrechten Satzungsänderungen gegen den Willen der Beschenkten vornehmen zu können oder dem Beschenkten das Mitspracherecht bei sog. Grundlagengeschäften abzusprechen, welche unmittelbar in die Grundlagen der Gesellschaft eingreifen[178].

4. Entnahmeregelungen und Gewinnausschüttung

Bei Familiengesellschaften spielt die Gestaltung der Entnahme- oder Gewinnausschüttungspolitik eine wichtige Rolle. In der Regel will sich der Gründer die Steuerung der Gewinnausschüttungen bzw. der Entnahmen bis zu seinem Ausscheiden aus der Gesellschaft vorbehalten und aus Vorsichtsgründen auch für die Zeit nach seinem Ausscheiden eine bestimmte (meist konservative) Ausschüttungspolitik im Gesellschaftsvertrag verankern.

In vielen Familiengesellschaften finden sich bis heute sehr konservative Entnahmebeschränkungsregeln, etwa in der Form, dass den Gesellschaftern nur die Entnahme der auf ihre Beteiligung entfallenden Steuern erlaubt ist.[179] Alle weiteren Ausschüttungen bzw. Entnahmen unterliegen der Beschlussfassung in der Gesellschafterversammlung, die im Zweifel allerdings nicht gegen die Stimmen des beherrschenden Gesellschafters (Gründers) erfolgen kann.[180] Der Gründer ist häufig auch auf Grund der ihm vorbehaltenen Stimm- oder Vetorechte in der Lage, die Ausschüttungspolitik in einer Familiengesellschaft nach Belieben zu steuern.[181]

Für Zeit bis zum Ausscheiden des Schenkers mag dies verständlich sein, auch um die Steuerung des Unternehmens nicht aus der Hand geben zu müssen. Vielfach sind die Anteile an der Holding bis zum Ausscheiden des Schenkers meist auch mit einem Nießbrauch belastet, so dass eine Beschränkung der Gewinnausschüttung vor allem den Schenker selbst trifft. Aber für die Zeit nach dem Ausscheiden des Schenkers aus der Gesellschaft sollte man die Thesaurierungspolitik überdenken und im Gesellschaftsvertrag hierfür andere Regeln vorsehen.

Eine gewisse Thesaurierungsquote ist zwar weiterhin empfehlenswert, um die Lebensfähigkeit der Familiengesellschaft zu sichern. Den Gesellschaftern sollten aber keine unnötigen Hürden für Gewinnausschüttungen oder Entnahmen auferlegt werden. In der Regel bedeuten Entnahmebeschränkungen erhebliches Konfliktpotential. Die Interessen der Gesellschafter sind häufig sehr unterschiedlich. Sie hängen von ihren persönlichen Lebensumständen ab. Wie kaum ein anderes Thema lassen sich Entnahmebeschränkungen dazu

---

[177] BFH BStBl II 2013, 635.
[178] Zur Reichweite der Mitspracherechte von Aktionären und Gesellschaftern, wenn es um wesentliches Vermögen der Gesellschaft geht, vgl. *Götze* NZG 2004, 585 (589) oder BGH NJW 1982, 1703 – Holzmüller-Entscheidung.
[179] Nach §§ 122, 169 HGB und § 29 GmbHG sind die Entnahmerechte letztlich dispositiv; bei der AG entscheidet die Hauptversammlung (§ 174 AktG), soweit nicht gesetzliche Rücklagen zu bilden sind.
[180] Die Entscheidung über Gewinnausschüttungen unterliegt allerdings der Treuepflicht, dh sie kann im Einzelfall, wenn sie die Interessen der Gesellschafter völlig außer Acht lässt, unwirksam sein (vgl. stellvertretend Reichert, GmbH&Co. KG/*Liebscher*, § 16 Rn. 145 mwN.
[181] Vgl. auch Schmidt, Gesellschaftsrecht, § 21 II Nr. 1.

verwenden, Gesellschafter unter finanziellem Druck zu setzen. Dies trägt Unruhe und Streit in eine Familiengesellschaft. Zu beachten bleibt allerdings das Interesse der Gesellschaft an einem ausreichenden Eigenkapital.

183 Zu bedenken ist seit der Reform des Erbschaftssteuerrechts im Jahr 2016, dass nach § 13a Abs. 9 S. 1 Nr. 1 ErbStG ein zusätzlicher Abschlag von 30 % auf das der Besteuerung unterliegende Betriebsvermögen möglich ist, sofern der Gesellschaftsvertrag eine Beschränkung der Entnahmen auf höchstens 37,5 % des um die auf den Gewinnanteil oder die Ausschüttungen anfallenden Steuern vom Einkommen gekürzten Betrages des steuerrechtlichen Gewinns vorsieht. Die weiteren Voraussetzungen für diese Vergünstigung nach dem Gesetz sind allerdings nur schwer zu erfüllen,[182] insbesondere die vom Gesetz geforderte langjährige Dauer der Entnahmebeschränkung von 2 Jahren vor bis 20 Jahre nach dem Erwerb.[183] In der Praxis wird man kaum damit rechnen können, die steuerliche Vergünstigung unter diesen Umständen erhalten zu können.

184 Ohnehin spielt der weitere Abschlag auf das zu versteuernde Betriebsvermögen nur bei sehr großen Betriebsvermögen eine Rolle, und zwar wenn die Verschonung des Betriebsvermögens wegen eines Steuerwertes der Zuwendung von mehr als EUR 26 Mio. auf Grund der dann greifenden Abschmelzungsregelung nicht mehr voll oder auch gar nicht mehr zum Zuge kommt. In unserem Beispielsfall (→ Rn. 7) kommt man aber auch ohne die Vergünstigung des § 13a Abs. 9 S. 1 Nr. 1 ErbStG aus. Es gibt daher in den meisten Fällen auch keinen Grund, die Entnahmen aus erbschaftsteuerlichen Gründen durch eine gesellschaftsvertragliche Regelung künstlich zu drosseln.

5. Geschäftsführung

185 In der Regel will sich der Gründer einer Familienholding ein Geschäftsführungsrecht auf Lebenszeit vorbehalten.

186 Besondere Maßnahmen oder Regelungen sind dazu nicht erforderlich, wenn der Gründer die Mehrheit der Gesellschafts- oder Geschäftsanteile oder den Nießbrauch an den übertragenen Gesellschafts- und Geschäftsanteilen zurückbehält. In diesen Fällen kann schon auf Grund der Stimmrechtsverhältnisse nicht gegen ihn als Geschäftsführer entschieden werden. Ähnlich liegen die Dinge beim Vorbehalt eines statutarischen Sonderrechts auf Geschäftsführung.[184]

187 Die Möglichkeit zur Abberufung des Geschäftsführers aus wichtigem Grund kann jedoch nicht abbedungen werden.[185] Geht es um die Abberufung aus wichtigem Grund, ist der Betroffene regelmäßig nicht einmal selbst stimmberechtigt, bzw. seine Stimme zählt wegen des anzunehmenden Interessenkonflikts nicht mit.[186] Ist der abzuberufende persönlich haftender Gesellschafter einer GbR, OHG oder KG kann er allerdings nicht abberufen werden, wenn nicht gleichzeitig ein anderer Gesellschafter die persönliche Haftung übernimmt.[187] Das verbleibende Risiko der Abberufung aus wichtigem Grund verunsichert vor diesem Hintergrund manchen Gründer einer Familiengesellschaft. Bei einem nachhaltigen Zerwürfnis entspricht es auch durchaus der Lebenserfahrung, dass wichtige Gründe zur Abberufung „konstruiert" werden könnten.

188 Der Gründer kann sich gegen eine Abberufung durch Rückforderungsrechte im Schenkungsvertrag schützen. Unter anderem kann der Schenkungsvertrag vorsehen, dass der Schenker zur Rückforderung geschenkter Anteile berechtigt ist, wenn er zu Lebzei-

---

[182] Vgl. § 13a Abs. 9 Nr. 2 und 3 ErbStG; Vinkulierung der Anteile im Familienkreis und Abfindungsbeschränkung bei Ausscheiden.
[183] § 13a Abs. 9 S. 4 ErbStG.
[184] Das Geschäftsführungsrecht kann auch auf Lebenszeit vorbehalten werden, BGH BeckRS 1981, 00075.
[185] § 127 HGB, § 46 Nr. 5 GmbHG.
[186] § 47 Abs. 4 GmbHG, gesetzl. Stimmverbot für den Betroffenen in der GmbH; in der Personengesellschaft sind nach §§ 715 BGB, 117, 127, 140 HGB jeweils nur die „übrigen" Gesellschafter abstimmungsberechtigt; bei der AG würde die Entscheidung durch den Aufsichtsrat getroffen, § 84 AktG.
[187] BGHZ 51, 198 (200) zur Zulässigkeit der Entziehung von Vertretungsmacht bei einem Komplementär.

V. Innere Struktur der Familienholding § 6

ten aus der Geschäftsführung ausgeschlossen wird. Zu empfehlen wäre rechtsdogmatisch eine Formulierung, wonach die Abberufung aus dem Amt des Geschäftsführers eine auflösende Bedingung für die Schenkung darstellt oder jedenfalls ein Rücktritts- bzw. Widerrufsrecht auslöst.[188] Zu empfehlen wäre es vorsichtshalber, das Rücktritts- oder Widerrufsrecht auch auf den Fall des Ausschlusses aus der Gesellschaft durch die übrigen Gesellschafter auszudehnen.

6. Nachfolgegeschäftsführer

Auf ähnliche Weise, nämlich über vorbehaltene Rechte im Schenkungsvertrag, lässt sich auch die Nachfolge in der Geschäftsführung einer Holding langfristig nach dem Willen des Schenkers regeln. 189

a) Auswahlrecht bei Nachfolgegeschäftsführer. Der Gründer kann sich im Gesellschaftsvertrag das Sonderrecht vorbehalten, den Nachfolgegeschäftsführer selbst benennen zu können. Er könnte die Beschenkten auch im Schenkungsvertrag verpflichten, mit ihm für den Auserwählten zu stimmen, wenn der entsprechende Beschluss ansteht (dies wäre über eine Stimmbindungsvereinbarung mit den Beschenkten möglich).[189] Denkbar wäre auch, den neuen Geschäftsführer bereits vorab durch Gesellschafterbeschluss zu bestellen, jedoch aufschiebend bedingt auf die Niederlegung des Amtes durch den Gründer.[190]. 190

Vorsorglich sollte der Gründer, wenn ihm ein bestimmter Nachfolger am Herzen liegt, diesem schon zu Lebzeiten entsprechende Vollmachten erteilen, die es ihm erlauben, alle erforderlichen Schritte einzuleiten, um die Geschäftsführung vom Gründer umgehend übernehmen zu können. Neben der Stimmrechtsvollmacht ist auf jeden Fall eine Vorsorgevollmacht und eine Handelsregistervollmacht zu empfehlen.[191] 191

b) Aufteilung der Geschäftsführung. Viele Familienholdings haben eine Führungsstruktur mit mehreren Geschäftsführern. Dies ist vor allem bei größeren Familienholdings häufig zu beobachten, deren geschäftliche Betätigungen so umfangreich sind, dass mehrere Geschäftsführer für die verschiedenen Zweige des Unternehmens benötigt werden. 192

Grundsätzlich empfiehlt sich in solchen Gesellschaften eine klare Abgrenzung der Verantwortlichkeiten der einzelnen Beteiligten, am besten durch Erlass einer Geschäftsordnung. Die Geschäftsordnung sollte auch den Freiraum regeln, in welchem die jeweiligen Geschäftsführer eigenverantwortlich handeln dürfen. Muster-Geschäftsordnungen finden sich heute in allen einschlägigen Formularbüchern. Sie sind sehr hilfreich, um Zuständigkeiten zu begründen. 193

Der Gründer kann sich natürlich auch nach Belieben Mitsprache- oder Vetorechte in der jeweiligen Geschäftsführung vorbehalten, so dass die von ihm eingesetzten Geschäftsführer zu den in der Geschäftsordnung geregelten Geschäften jeweils seiner Zustimmung bedürfen. 194

c) Motivation und Belohnung für die Geschäftsführung. Auch bei Familiengesellschaften ist die Motivation und Belohnung aktiv mitarbeitender Familienangehöriger äußerst wichtig. Es reicht nicht aus, diesen Familienangehörigen – wie allen anderen Familienmitgliedern auch – nur Gesellschafts- oder Geschäftsanteile zu schenken. Ihnen muss 195

---

[188] Seltsamerweise wird dieser Rückforderungsgrund in den Katalogen der üblichen Rückforderungsgründe kaum genannt (vgl. typischer Katalog bei Riedel, Praxishandbuch Unternehmensnachfolge/*Riedel*, § 7 Rn. 34–42).
[189] Zu Möglichkeiten und Grenzen von Stimmbindungsvereinbarungen vgl. *Wälzholz* NWB 2015, 3341.
[190] *Schumacher* GmbHR 2006, 924, der die Zulässigkeit der Bestellung eines Geschäftsführers unter aufschiebender Bedingung daraus ableitet, dass der BGH auch die auflösende Bedingung für eine Geschäftsführerbestellung für zulässig gehalten hat (BGH GmbHR 2006, 46).
[191] Riedel, Praxishandbuch Unternehmensnachfolge/*Gockel*, § 16, 4, 57.

für die Übernahme der aktiven Funktionen eine angemessene Vergütung oder sonstige „Belohnung" versprochen werden.

196 Abzuraten ist von einer Vorabvergütung in Form von zusätzlichen Anteilen an der Familienholding. Die höhere Beteiligungsquote sollten sich die betreffenden Familienangehörigen, wenn sie denn überhaupt bei der Anteilsverteilung bevorzugt werden sollen, erst einmal verdienen.

197 Am wenigsten angreifbar ist die Zahlung einer angemessenen Geschäftsführervergütung. Diese sollte immer einem Fremdvergleich standhalten, sich also an üblichen Entgelten orientieren, um einerseits dem Verdacht einer ungerechtfertigten Bevorzugung des betreffenen Familienangehörigen zu begegnen und andererseits, zumindest bei Kapitalgesellschaften, auch verdeckte Gewinnausschüttungen zu vermeiden. Die Vergütung sollte dabei durchaus ein erfolgsbezogenes Element, also eine Tantieme, beinhalten.[192]

198 Daneben kann der Gründer auch die von ihm noch nicht auf Familienmitglieder zu Lebzeiten übertragenen Gesellschafts- oder Geschäftsanteile als „Ausgleichsmasse" verwenden, um diejenigen Familienangehörigen, die Verantwortung für die Familienholding übernommen haben, nachträglich dafür zu entschädigen. Diese Lösung hat den Vorteil, dass der Gründer sich die Leistung seiner aktiv tätigen Familienmitglieder über einen längeren Zeitraum ansehen und erst danach die Entscheidung treffen kann, ob und in welchem Umfang er ihnen weitere Anteile überlässt. Die zurückbehaltenen Anteile sind also eine wertvolle Verteilungsmasse, der Schlüsselfunktion im Rahmen einer „Feinsteuerung" der Familienholding zukommen kann.

7. Beirat

199 Familienholdings haben häufig einen Beirat, der meist aus familienfremden Dritten besteht.[193]

200 **a) Funktion des Beirats.** Einem solchen Beirat kommt in der Regel die Funktion zu, der Familien in geschäftlichen Entscheidungen mit Rat und Tat zu Seite zu stehen. Daneben kann ein Beirat aber auch der Neutralisierung von etwaigen Meinungsverschiedenheiten dienen und als Organ der Gesellschaft nützliche Dienste bei der Streitschlichtung und Streitentscheidung leisten.[194] Teilweise werden dem Beirat auch die Befugnisse eines echten Aufsichtsrates (wie bei der Aktiengesellschaft) verliehen.[195] Insbesondere bei Familienangehörigen, die mit der Ausübung einer aktiven Gesellschafterrolle überfordert zu sein scheinen, sollte man erwägen, wesentliche Rechte der Gesellschafter auf den Beirat zu übertragen. Dieser kann dann die Gesellschafterversammlung von solchen Entscheidungen entlasten.[196]

201 **b) Bestellung der Beirats.** Die Bestellung eines Beirats wird häufig bei Gründung einer Familienholding nur als Möglichkeit vorgesehen. Der Beirat ist dann eine Institution, die erst geschaffen werden soll, wenn der von ihm erwartete Nutzen tatsächlich benötigt wird. Dies ist, insbesondere bei bisher eigentümergeführten Unternehmen, zu Lebzeiten des Gründers häufig noch nicht der Fall. Die Beiratsstruktur wird in diesem Fall erst als Option für die Zukunft begriffen.

---

[192] Zu beachten sind die steuerlichen Grundsätze für die Angemessenheit der Tantieme, vgl. Schmidt/*Levedag* EStG § 20 Rn 51; BFH BStBl. II 2004, 132, insbes. sollte die Tantieme nicht mehr als 25% der Gesamtbezüge oder mehr als 50% des Bruttojahresgewinns ausmachen.

[193] Obligatorisch ist der Beirat nur in der Rechtsform der Aktiengesellschaft, § 30 AktG; er kann aber nach dem Grundsatz der Vertragsfreiheit bei jeder Gesellschaft gebildet werden und wird dann in seiner Struktur meist dem Aufsichtsrat einer AG nachgebildet (vgl. § 52 GmbHG).

[194] Riedel, Praxishandbuch Unternehmensnachfolge/*Ulricher*, § 23, Rn. 7.

[195] Der Katalog der Aufsichtsratsbefugnisse kann sich dann aus § 111 AktG ergeben.

[196] Vgl. zu den Ausgestaltungsmöglichkeiten *Werner* ZEV 2010, 621.

V. Innere Struktur der Familienholding § 6

Um die Berufung eines Beirats zu gegebener Zeit vornehmen zu können, sollte man die 202
Mitglieder des Beirates rechtzeitig auswählen. Vorzugswürdig erscheint es, sie vor dem Ausscheiden des Gründers zu berufen, weil die Mitglieder des Beirats eine gewisse Zeit benötigen werden, um das Unternehmen und seine Bedürfnisse kennenzulernen. Gerade nach einem Todesfall oder auch einem plötzlichem Ausscheiden des Gründers (zum Beispiel durch Krankheit oder Geschäftsunfähigkeit) ist schnelles Handeln nötig. Ferner sollte es sich bei den Beiratsmitgliedern um Personen handeln, welche der Unternehmer persönlich kennt und die sein unternehmerisches Vertrauen genießen.

Die Suche nach geeigneten Beiräten gestaltet sich vor allem für die Nachfolger des 203
Gründers einer Holding zumeist schwierig. Man muss Beiräte finden, deren Loyalität, fachliche Qualifikation und Motivation außer Frage stehen. Dies erinnert an die Schwierigkeit, einen geeigneten Testamentsvollstrecker zu finden, auch wenn der Aufgabenkreis von Beiräten natürlich weniger umfassend ist als derjenige eines Testamentsvollstreckers. Der Gründer muss bereit sein, den Aufsichtsräten eine angemessene Vergütung zu versprechen. Dies wird zu Lasten des verteilungsfähigen Gewinns der Gesellschaft gehen.

Durch die Einrichtung eines Beirates werden Gesellschafter und Geschäftsführer ein 204
Stück weit „entmachtet". Dem Beirat sollte zumindest eine Überwachungs-, Kontroll- und Beratungsfunktion zukommen.[197] Selbst wenn der Beirat nur Beratungsfunktion haben soll, erscheint es sinnvoll, ihm zumindest die Kompetenz zu verleihen, die Gesellschafterversammlung zur Entscheidung über wichtige Fragen anzurufen.[198] Auch wenn die Gesellschafter es theoretisch in der Hand behalten, den Beirat durch Satzungsänderung wieder abzuschaffen oder Beiräte zu entlassen, bleibt ein einmal gebildeter Beirat meist auf Dauer etabliert. Es erscheint unklar, ob die Abschaffung des Beirates nur eine einfache Satzungsänderung erfordert oder wegen Eingriffs in den Kernbereich des Gesellschaftsrechts nur einstimmig beschlossen werden kann.[199]

Häufig wird dem Beirat die Einflussnahme auf das aktive Geschäft ermöglicht, indem 205
ihm die ansonsten der Zustimmung der Gesellschafter unterliegenden Geschäfte zur Entscheidung zugewiesen werden.[200] Diese Gestaltung hat den Vorteil, dass die Geschäftsführung sich in den Angelegenheiten des Tagesgeschäfts dann mit dem meist kompetenteren und schneller einzuberufenden Beirat auseinandersetzen kann, während die Einberufung von Gesellschafterversammlungen auf wenige Ausnahmefälle von grundsätzlicher Bedeutung beschränkt bleibt. Idealerweise tagt die Gesellschafterversammlung dann nur noch einmal im Jahr, und zwar zur Genehmigung des Jahresabschlusses.[201]

In den meisten Fällen obliegt dem Beirat auch die Verhandlung der Geschäftsführerverträge 206
und die Festsetzung der Geschäftsführervergütung.[202] Gesellschafter von Familiengesellschaften sind oft nur bedingt geeignet, einen gerechten Ausgleich der Interessen bei der Festlegung der Konditionen für Geschäftsführerverträge zu finden. Den Gesellschaftern fehlt nicht nur häufig die Fachkompetenz, sondern viele sind auch selbst befangen, wenn sie zum Beispiel selbst oder ihre engsten Verwandten als Geschäftsführer im Unternehmen tätig sind. Bei der Gesellschafterversammlung handelt es sich überdies um ein Organ, das schon wegen seiner Größe bei Verhandlungen über Geschäftsführerverträge durch einen beauftragten Gesellschafter vertreten werden müsste.

Der Beirat bietet als „neutraler" Dritter allen Betroffenen die Gewähr, dass er die In- 207
teressen der Gesellschaft und die Interessen der Geschäftsführer bei solchen Verhandlun-

---

[197] Vgl. auch § 111 Abs. 3 AktG; zu den Unterschieden bei der Ausgestaltung der Beirats-Kompetenzen vgl. *Werner* ZEV 2010, 621; *Hinterhuber/Minrath* BB 1991, 1204.
[198] Vgl. Lutter/Hommelhoff/*Bayer* GmbHG § 49 Rn. 8.
[199] zur Kernbereichslehre vgl. BGH NJW 2012, 1439.
[200] *Bacher/von Blumenthal* GmbHR 2016, 514.
[201] § 46 Nr. 1 GmbHG schreibt eine Gesellschafterversammlung nur für die Feststellung des Jahresabschlusses und die Beschlussfassung über der Ergebnisverwendung vor; auch bei der AktG ist nach § 119 Abs. 1 Nr. 2 nur die Beschlussfassung über der Ergebnisverwendung erforderlich, ebenso bei der Personengesellschaft, vgl. Baumbach/Hopt/*Roth* HGB § 164 Rn. 3.
[202] Vgl. § 112 AktG.

gen gegeneinander abwägen und ausreichend berücksichtigen kann. Ihm kann man am ehesten eine „gerechte" Lösung zutrauen. Allein wegen dieses schwierigen Themas lohnt sich vielfach die Etablierung eines Beirats.

208 Schließlich erscheint es wichtig, dem Beirat Schlichtungskompetenz in einem möglichen Gesellschafterstreit zuzumessen.[203] Hierbei geht es meist um Streitfragen im Zusammenhang mit Anteilsübertragungen, Abfindungen oder Themen, die mit der Geschäftsführung zusammenhängen. Auch bei Satzungsänderungen kann der Beirat Hilfestellung leisten und versuchen, für einen vernünftigen Interessenausgleich zu sorgen.

209 Häufig wird dem Beirat bei Streitigkeiten über finanzielle Fragen sogar die Funktion eines Schiedsgutachters zuerkannt.[204] Dem Beirat kann auch die Funktion eines echten Schiedsgerichts zukommen, welches dann sämtliche Streitfragen aus dem Gesellschaftsverhältnis außerhalb der ordentlichen Gerichtsbarkeit entscheiden kann.[205] Damit vermeidet man, Streitigkeiten nach außen zu tragen. Allerdings sollten die Beiratsmitglieder in diesem Fall über die juristische Qualifikation verfügen, die erforderlich ist, um ein Schiedsverfahren ordentlich durchführen und rechtlich begründet entscheiden können.[206]

8. Vinkulierung von Gesellschafts- und Geschäftsanteilen

210 Gesellschaftsverträge von Familien-Holdings sehen in aller Regel Einschränkungen bei der Veräußerung von Gesellschafts- oder Geschäftsanteilen vor. Es liegt regelmäßig nicht im Interesse der Gesellschafter einer Familien-Holding, das Gesellschafts- oder Geschäftsanteile frei verfügbar sind. Hierdurch könnten leicht familienfremde Dritte in die Gesellschaft eindringen. Das Halten der Anteile an einer Familiengesellschaft ist daher in den meisten Gesellschaftsverträgen „vinkuliert", dh an Bedingungen gebunden, welche die Familiengesellschaft in ihrem Bestand schützen sollen.[207]

211 Als besondere Stärke einer Familien-Holding wird es in der Regel gesehen, wenn die Anteile nur von Familienmitgliedern gehalten werden dürfen, die in gerader (auf- und absteigender) Linie mit dem Gründer verwandt sind. Teilweise wird auch die Beteiligung von Ehepartnern noch für zulässig angesehen[208], was aber angesichts der hohen Scheidungsraten doch eher zweifelhaft erscheint. In manchen Fällen wird sogar an die Blutsverwandtschaft angeknüpft, die als Garant für den Zusammenhalt einer Familiengesellschaft gelten soll. In solchen Fällen dürfen dann nur sog. „leibliche" Abkömmlinge als Rechtsnachfolger zugelassen werden.[209] Adoptivkinder gelten sonst als Abkömmlinge im Rechtssinne (§ 1754 BGB).

212 Der Gesetzgeber sieht die Vinkulierung von Gesellschafts- und Geschäftsanteilen im Interesse der Erhaltung von Familienunternehmen ebenfalls als wünschenswert und steuerlich förderungswürdig an, denn das Erbschaftsteuergesetz gewährt die erweiterte Verschonung des Betriebsvermögens mit einem zusätzlichen Abschlag von 30 % auf das zu Betriebsvermögen (§ 13 b) Abs. 9, S. 3 ErbStG) nur dann, wenn neben den bereits erörterten Entnahmebeschränkungen im Gesellschaftsvertrag auch Vinkulierungsbestimmungen enthalten sind.[210]

---

[203] *Hennerkes/Binz* DB 1987, 469 ff.
[204] ZB im Fall der Abfindung bei Ausscheiden; die Parteien können die Bestimmung einer Leistung einem Dritten überlassen, der sie nach billigem Ermessen zu treffen hat, § 317 BGB, vgl. Palandt/*Grüneberg* BGB § 317 Rn. 1.
[205] § 1025 ff. ZPO; Palandt/*Grüneberg* BGB § 317 Rn. 8.
[206] Ggf. könnte der Beirat auch das Schiedsgericht berufen.
[207] Riedel Praxishandbuch Unternehmensnachfolge/ *Riedel* § 7 20.
[208] Sudhoff Familienunternehmen/*Wälzholz*, § 11 Rn. 9.
[209] OLG Düsseldorf FamRZ 2015, 445 hält eine solche Differenzierung jedenfalls in einem Testament für zulässig.
[210] Maßgebende Merkmale für die steuerliche Vergünstigung nach § 13b Abs. 9 Nr. 1–3 ErbStG sind (a) eine Entnahme- oder Ausschüttungsbeschränkung, (b) eine Verfügungsbeschränkung auf Mitgesellschafter, Angehörige oder eine Familienstiftung und (c) eine Abfindungsbeschränkung bei Ausscheiden.

V. Innere Struktur der Familienholding § 6

Gesellschaftsverträge einer Familien-Holding enthalten in der Regel sehr konkrete Regelungen zur Abtretung von Gesellschafts- oder Geschäftsanteilen, welche das auf Familiengesellschaften meist nicht passende Regelstatut für die Abtretung von Personen- und Kapitalgesellschaften modifizieren. 213

Bei Personengesellschaften (GbR und OHG) sind die Gesellschaftsanteile ohne Zustimmung sämtlicher Gesellschafter zu Lebzeiten nicht übertragbar (§ 105 Abs. 3 HGB, § 709 BGB). Bei der Kommanditgesellschaft bedarf die Übertragung zu Lebzeiten ebenfalls der Zustimmung sämtlicher Gesellschafter (§§ 161 Abs. 2, 105 Abs. 3 HGB). Bei der GmbH ist ein Übergang der Geschäftsanteile auf den Rechtsnachfolger dagegen jederzeit möglich, ohne dass die übrigen Gesellschafter dem zustimmen müssten (§ 15 Abs. 1 GmbHG). Und bei der Aktiengesellschaft gilt dies ebenfalls, allerdings mit der Maßgabe, dass dies in der Satzung für Namensaktien eingeschränkt werden kann (§ 68 Abs. 2 AktG). 214

Aus diesen unterschiedlichen gesetzlichen Voraussetzungen für die Anteilsübertragung und Vererbung bei den einzelnen Gesellschaftsformen ergibt sich Anpassungsbedarf im Gesellschaftsvertrag. Sämtliche Vorschriften sind modifizierbar und können durch Regelungen im Gesellschaftsvertrag an die gewünschten Möglichkeiten der Abtretung von Gesellschafts- und Geschäftsanteilen angepasst werden. Zu empfehlen ist, wie gesagt, die Vinkulierung durch entsprechende Einschränkung der Abtretbarkeit auf enge Familienangehörige vorzunehmen. 215

9. Veräußerung an Dritte und Vorerwerbsrechte der Mitgesellschafter

Bei allem Verständnis für die Bedeutung des Zusammenhalts einer Familiengesellschaft, sollte erwogen werden, auch die Veräußerung von Gesellschafts- oder Geschäftsanteilen gegen Entgelt unter gewissen Umständen zuzulassen. Dabei sollte die Veräußerung an Mitgesellschafter vorgreiflich sein, um die Veräußerung an familienfremde Dritte verhindern zu können. 216

Als rechtliches Instrument, um den vorgreiflichen Erwerb der Anteile durch Mitgesellschafter zu ermöglichen, kommen Vorkaufs – oder Vorerwerbsrechte in Betracht.[211] Werden diese nicht wahrgenommen, wäre der Weg zur Veräußerung an Dritte frei, allerdings nicht zu günstigeren Bedingungen, als in dem Angebot, das den Mitgesellschaftern gemacht wurde. Die Mitgesellschafter haben es bei einer solchen Regelung in der Hand, die Familien-Holding vom Einfluss fremder Dritter freizuhalten. Sie müssen aber auch bereit sein, den für die zum Verkauf stehenden Anteile geforderten Preis zu zahlen. 217

a) Vorkaufsrechte. Vorkaufsrechte erweisen sich in der Praxis als unvorteilhaft, weil die Ausübung eines Vorkaufsrechts voraussetzt, dass der verkaufswillige Gesellschafter bereits einen Verkaufsvertrag über die zur Disposition gestellten Anteile mit einem Dritten abgeschlossen hat. Dieser Vertrag muss unter der aufschiebenden Bedingung abgeschlossen worden sein, dass die Gesellschafter von ihrem Vorkaufsrecht keinen Gebrauch machen.[212] Mit der Ausübung des Vorkaufsrechts würden die Gesellschafter in den bereits abgeschlossenen Kaufvertrag zwischen dem veräußerungswilligen Gesellschafter und dem Dritten eintreten. Nur wenige Käufer werden unter dem Damoklesschwert eines solchen Vorkaufsrechts bereit sein, in Verkaufsverhandlungen mit dem verkaufswilligen Gesellschafter einzutreten. Noch weniger wird die Bereitschaft bestehen, sich auf einen (zunächst schwebend unwirksamen) Vertragsschluss einzulassen, fürchtet doch der Käufer zu Recht, viel Zeit und Geld in ein wahrscheinlich erfolgloses Vorhaben zu investieren. 218

---

[211] Riedel, Praxishandbuch Unternehmensnachfolge/*Riedel*, § 17 Rn. 105; Sudhoff, Familienunternehmen/*Wälzholz*, § 11 Rn. 29 ff.
[212] §§ 463, 464 BGB.

219 **b) Vorerwerbsrechte.** Vernünftiger sind sog. Vorerwerbsrechte[213]. Diese knüpfen an die Ausübung eines sog. Andienungsrechts an, welches jedem Gesellschafter gegenüber seinen Mitgesellschaftern eingeräumt wird. Andienung bedeutet, dass der veräußerungswillige Gesellschafter den übrigen Gesellschaftern im Verhältnis von deren Beteiligung den Erwerb der von ihm gehaltenen Gesellschafts- oder Geschäftsanteile anbieten muss. Nur, wenn das Vorerwerbsrecht nicht ausgeübt wird, besteht die Möglichkeit, die Anteile an einen gesellschaftsfremden Dritten zu veräußern.[214]

220 Die Bedingungen des Angebotes an die Mitgesellschafter müssen so ausgestaltet sein wie die Bedingungen, zu denen der veräußerungswillige Gesellschafter seine Anteile an einen fremden Dritten veräußern würde. Die Mitgesellschafter können innerhalb eines ausreichend bemessenen und im Gesellschaftsvertrag zu definierenden Zeitfensters von ihrem Vorerwerbsrecht Gebrauch machen, und zwar durch Annahme eines ihnen konkret vorzulegenden Verkaufsangebotes (aufschiebend bedingter Kaufvertrag).

221 Das Angebot muss so beschaffen sein, dass der Abschluss des eigentlichen Kaufvertrages nur noch eine Formsache ist. Erforderlich sind daher detaillierte Regelungen im Gesellschaftsvertrag, welche den Pflichtinhalt des Verkaufsangebotes, die Annahmefrist und die Modalitäten zur Annahme des Verkaufsangebotes regeln.

222 Bei diesem Verfahren sollte immer die Möglichkeit einkalkuliert werden, dass nur einzelne, aber nicht alle Mitgesellschafter am Kauf interessiert sind. Diese Konstellation stellt aus zwei Gründen ein Problem dar. Zum einen fragt man sich, wer die nicht in der ersten Andienungsrunde erworbenen Gesellschafts- oder Geschäftsanteile erwerben soll und zum anderen fragt man sich, wie das Verfahren nach der ersten Andienungsrunde verfahrenstechnisch weitergehen soll.

223 Wichtig ist, im Gesellschaftsvertrag vorzusehen, dass diejenigen Gesellschafter, die schon in der ersten Andienungsrunde Anteile des veräußerungswilligen Gesellschafters übernommen haben, in der zweiten Andienungsrunde nun die verbliebenen, bisher nicht von anderen Mitgesellschaftern erworbenen Anteile des veräußerungswilligen Gesellschafters übernehmen können.[215] Das Übernahmeangebot kann unter dem Vorbehalt stehen, dass sich im zweiten Schritt nun sämtliche Anteile des veräußerungswilligen Gesellschafters auf Mitgesellschafter übertragen lassen. Das Verfahren sollte analog dem Verfahren in der ersten Andienungsrunde geregelt sein. Unter Umständen kommt auch noch eine dritte Verkaufsrunde in Betracht.

224 Es kann sein, dass sich durch ein solches Andienungsverfahren am Ende eine Veränderung der Anteilsquoten in der Gesellschaft ergibt. Dies muss aber als Folge des Andienungsverfahrens in Kauf genommen werden. Die Gesellschafter, die das Angebot eines verkaufswilligen Gesellschafters nicht angenommen haben, hätten eine Veränderung ihre Anteilsquoten verhindern können, wenn sie auf das Angebot eingegangen wären.

225 Bei der Abfassung derartiger Vorerwerbsklauseln ist aus Gründen der Rechtssicherheit große Sorgfalt zu empfehlen. Insbesondere sollte das Verfahren zum Erwerb der Anteile genau vorschreiben, was das Angebot zum Verkauf im Einzelnen wiedergeben muss, also (a) die genaue Bezeichnung der abzutretenden Gesellschafts- oder Geschäftsanteile, (b) den Kaufpreis und die Zahlungsmodalitäten, (c) den Zeitpunkt des wirtschaftlichen Übergangs, (d) etwaige Garantien und Haftungen des Veräußerers, (e) die Frist und Form der Annahme des Angebotes und (f) etwaige aufschiebende Bedingungen bis zum rechtswirksamen Übergang der Anteile auf den Käufer.[216]

---

[213] Vgl. Formulierungsvorschlag bei Sudhoff, Familienunternehmen/*Wälzholz*, §11, Rn. 33.
[214] Vgl. Sudhoff, Familienunternehmen/*Wälzholz*, §11 Rn. 33, letzter Satz; ein Dritter kommt dann überhaupt erst ins Spiel, wenn die Vorerwerbsberechtigten kein Interesse an den Anteilen gezeigt haben.
[215] Vgl. Sudhoff, Familienunternehmen/*Wälzholz*, § 4 Rn. 35 mit Formulierungsvorschlag bei Vorkaufsrecht.
[216] Zum Mindestinhalt eines Anteilskaufvertrages vgl. Kapital 3 dieses Buches über den Unternehmenskauf.

c) **Formfragen bei Vorerwerbsrechten.** Wenn die Veräußerung von Gesellschafts- oder Geschäftsanteilen beurkundungspflichtig ist, muss in die Vorerwerbsklausel aufgenommen werden, dass auch das Verkaufsangebot notariell zu beurkunden ist. Nur ein notarielles Angebot kann der jeweilige Mitgesellschafter dann durch seine ebenfalls zu beurkundende Annahmeerklärung annehmen.[217]

Bei nicht notariell übertragbaren Gesellschaftsanteilen (zB GbR-Anteilen, KG-Anteilen oder Aktien) sollte ein schriftliches Angebot verlangt werden, das durch einfache schriftliche Erklärung angenommen werden kann. Bei Handelsgesellschaften sollten im Gesellschaftsvertrag vorsichtshalber auch die weiteren Umsetzungsschritte geregelt sein, wie zum Beispiel die Erteilung einer Handelsregistervollmacht zur Eintragung des Gesellschafterwechsels in das Handelsregister.[218]

Geschäftsanteile einer GmbH oder auch Aktien, die zur Veräußerung gestellt werden und die nicht auf einen Euro lauten, müssen von dem veräußerungswilligen Gesellschafter vor Abgabe des Angebotes entsprechend den Erwerbsquoten der Mitgesellschafter aufgeteilt worden sein, damit die Veräußerung entsprechend angeboten und praktisch vollzogen werden kann. Zumindest sollte das Vertragsangebot die entsprechende Aufteilung der Anteile vor der Zahlung des Kaufpreises durch den Erwerber vorsehen.[219]

10. Veräußerung an gesellschaftsfremde Dritte

Ist es nicht oder nicht vollständig zur Ausübung von Vorkaufs- oder Vorerwerbsrechten gekommen, sollte im Gesellschaftsvertrag der Familienholding die Veräußerung an gesellschaftsfremde Dritte zugelassen werden. Nur dies kann dazu führen, dass der Druck auf Mitgesellschafter erhöht wird, das vorgreifliche Angebot zum Verkauf anzunehmen. Die Alternative einer Kündigung der Gesellschaft ist wegen der in Familiengesellschaftsverträgen in aller Regel vorgesehenen Abfindungsbeschränkungen für die veräußerungswilligen Gesellschafter meist unattraktiv.

Die Veräußerung an gesellschaftsfremde Dritte wird allerdings, auch wenn sie grundsätzlich unter den genannten Einschränkungen möglich wird, häufig an der Schwierigkeit scheitern, überhaupt einen Dritten für den Erwerb der Beteiligung an einer Familien-Holding finden zu können. Der externe Kaufinteressent muss bereit sein, viele Nachteile in Kauf zu nehmen, die er bei anderen Gesellschaftsformen üblicherweise nicht vorfindet. In Familiengesellschaftsverträgen sind Beschränkungen der Gewinnausschüttungs- und Entnahmerechte üblich. Regelmäßig hinzunehmen sind auch die Vinkulierung der Anteile und die üblichen Abfindungsbeschränkungen im Fall des Ausscheidens (vgl. dazu unten in diesem Kapital).

Der Markt für Beteiligungen an Familiengesellschaften ist daher klein, wenn es denn überhaupt einen solchen Markt gibt. Auch nach dem erfolglosen Andienen der Gesellschafts- oder Geschäftsanteile im Gesellschafterkreis wird es nicht unbedingt einfach sein, einen fremden Dritten für den Erwerb einer solchen Beteiligung zu interessieren, jedenfalls kaum zu einem akzeptablen Preis.[220] Viele Andienungsrechte taugen daher in der Praxis nur, um den „Marktwert" von Anteilen im Gesellschafterkreis einmal zu testen. Sie bringen Verhandlungen über einen Verkauf in Gang und tragen dazu bei, eine Alternative zur unattraktiven Kündigung der Gesellschaft ins Spiel zu bringen. Nur in den seltensten Fällen tritt tatsächlich ein fremder Dritter in die Gesellschaft ein.

---

[217] § 128 BGB.
[218] Vgl. § 12 HGB (öffentlich beglaubigte Form der Anmeldung obligatorisch).
[219] Der Mindestnennbetrag eines GmbH-Anteils darf EUR 1,00 nicht unterschreiten (§ 5 GmbHG), Nennbetragsaktien müssen auf mindestens EUR 1,00 lauten; Stückaktien müssen mindestens EUR 1,00 vom Grundkapital entsprechen (§ 8 Abs. 2 S.1, Abs. 3 S. 3 AktG); Beteiligungen am Kapital von Personengesellschaften sind beliebig aufteilbar.
[220] In der steuerlichen Bewertung von Unternehmensbeteiligungen werden solche Faktoren allerdings nicht berücksichtigt, BFH WM 1967, 1158.

11. Mitverkaufsrechte bei Veräußerung von Gesellschafts- und Geschäftsanteilen

232 Nicht selten wird das Recht, Anteile an einen Dritten zu verkaufen, noch weiter dadurch modifiziert, dass auch die übrigen Gesellschafter in einem solchen Fall ein Mitverkaufsrecht für sich beanspruchen können („tag-along-right").[221] Das Mitverkaufsrecht ermöglicht es ihnen dann, den Verkauf an einen Dritten nur dann zuzulassen, wenn sie ebenfalls ihre Anteile an diesen Dritten veräußern können, und zwar anteilig zu den gleichen Bedingungen, wie der verkaufswillige Gesellschafter.[222]

233 Mitverkaufsrechte sind wichtig für den Fall, dass ein Mehrheitsgesellschafter berechtigt sein soll, seine Beteiligung zu veräußern. In einem solchen Fall wird es den verbleibenden (Minderheits-) Gesellschaftern schwerfallen, die notwendigen Mittel zur Ausübung des Vorerwerbsrechts aufzubringen. Nicht selten ist der veräußerungswillige Mehrheitsgesellschafter auch der Geschäftsführer und führende Kopf in der Gesellschaft, so dass sein isoliertes Ausscheiden und der Verkauf seiner Beteiligung an einen Dritten zu großen Verwerfungen in der Gesellschaft führen könnte. Mitverkaufsrechte sollten daher jedenfalls für den Fall der Veräußerung einer Mehrheitsbeteiligung Eingang in die Gesellschaftsverträge von Familienholdings finden.

12. Belastung von Gesellschafts- und Geschäftsanteilen

234 Es wurde schon mehrfach darauf hingewiesen, dass der Gesellschaftsvertrag für den Fall des unentgeltlichen Erwerbs vorsehen sollte, nur Abkömmlinge oder Mitgesellschafter (ggf. noch Ehegatten) als Rechtsnachfolger zuzulassen. Die entsprechenden Beschränkungen müssen aber auch für die Belastung von Gesellschafts- oder Geschäftsanteilen zu Gunsten Dritter gelten (zum Beispiel durch Verpfändung, Eingehung einer stillen Beteiligung oder Unterbeteiligung), denn auch hier besteht die Gefahr, das ansonsten Dritte – zumindest indirekt – Rechte in der Gesellschaft ausüben könnten. Nur wenn man auch in diesen Fällen die Einflussnahme Dritter ausschließt, vermeidet man Lücken in dem System, welches auf das Fernhalten Dritter ausgelegt ist.[223]

235 Für den Fall, dass unter Verstoß gegen diese Regeln verfügt wird, kann der Gesellschaftsvertrag vorsehen, dass die entsprechenden Verfügungen unwirksam sind. Dies könnte zum Beispiel der Fall sein, wenn die Belastung von Gesellschafts- und Geschäftsanteilen nach dem Gesellschaftsvertrag unter der aufschiebenden Bedingung der Zustimmung durch die Gesellschaft steht, eine solche Zustimmung aber nicht erteilt wurde.[224]

13. Kündigungs- und Einziehungsklauseln

236 Familiengesellschaftsverträge sollten immer eine Kündigungs- oder Einziehungsklausel enthalten. Die Kündigung der Gesellschaft sollte im Interesse der Erhaltung des Familienunternehmens erschwert werden.[225]

237 In den ersten Jahren nach der Schenkung der Anteile an einer Familien-Holding sollte die Eigenkündigung der Gesellschaft durch einen Gesellschafter ausgeschlossen werden. Das schenkweise begründete Gesellschaftsrecht sollte nicht dazu missbraucht werden können, mit dem Hilfsmittel der Kündigung eine baldige Abfindung für die erhaltene Beteiligung erstreiten zu können.

238 Unter Umständen kann für den Fall der Kündigung durch den Beschenkten dem Schenker auch ein Rückforderungsrecht eingeräumt werden, so dass sich letztlich die Kündigung für den Beschenkten als wertlos erweist, weil der Schenker die Anteile noch

---

[221] Ggf. sind Mitverkaufsrechte auch in sog. Poolvereinbarungen enthalten, vgl. *König* ZGR 2005, 417.
[222] MAH GmbHR/*Seibt* § 2, Rn. 310 ff.
[223] Riedel, Praxishandbuch Unternehmensnachfolge/*Riedel*, § 11 Rn. 27, 66, 88.
[224] Unsicher allerdings, ob hierdurch eine Pfändung und Verwertung des Anteils durch Gläubiger wirklich sicher verhindern lässt, vgl. Palandt/*Sprau* BGB § 725 Rn. 1.
[225] Wichtig sind insbesondere längere Kündigungsfristen und Abfindungsbeschränkungen, vgl. aber die Einschränkungen der Regelungsbefugnis, die sich aus § 723 Abs. 3 BGB ergeben.

vor dem Wirksamwerden der Kündigung und Auszahlung des Abfindungsanspruchs wieder an sich ziehen kann.

a) Kündigung bei Personengesellschaften. Bei Personengesellschaften kann das Kündigungsrecht gesellschaftsvertraglich nicht von vornherein ausgeschlossen werden. Dies folgt aus § 723 Abs. 3 BGB, welcher über § 15 Abs. 2 HGB auch auf Handelsgesellschaften Anwendung findet. Zulässig ist es nach § 723 Abs. 1 S. 2 BGB jedoch, die Kündigungsmöglichkeiten zeitlich zu beschränken, sofern nur die Kündigung aus wichtigem Grund möglich bleibt (§ 723 Abs. 1 S. 2 BGB).[226] Dem Gesetz ist keine Zeitschranke für eine solche Kündigungsbeschränkung zu entnehmen.

Während man früher aus diesen Bestimmungen abgeleitet hat, dass man das Recht zur ordentlichen Kündigung zeitlich unbefristet ausschließen kann, nimmt die Rechtsprechung eine Angemessenheitskontrolle vor. Der BGH hat eine 30-jährige Bindungsfrist in einem Gesellschaftsvertrag für einen aktiv tätigen Gesellschafter für unzulässig gehalten, weil diese Bindungsfrist gegen seine Berufsfreiheit verstieße und dem Einzelfall nicht angemessen sei[227].

Bei der Gestaltung von Gesellschaftsverträgen muss es allerdings zulässig sein, die ordentliche Kündigung für einen Zeitraum auszuschließen, der benötigt wird, um die mit der Familienholding verfolgten Zwecke erreichen zu können. Dies können durchaus längere Zeiträume von fünf oder auch zehn Jahren sein.

Bei Familiengesellschaften sollte außerdem berücksichtigt werden, dass die Gesellschaft durch zu kurze Kündigungsfristen nicht finanzierbaren Abfindungsansprüchen ausgesetzt werden kann. In der Praxis sind heute Kündigungsfristen von drei bis fünf Jahren üblich. Unwirksam wäre auf jeden Fall eine Vereinbarung, durch welche das Kündigungsrecht für die Lebenszeit eines Gesellschafters ausgeschlossen wird.[228]

Bei der BGB Gesellschaft kommt es in Folge der Kündigung eines Gesellschafters nach dem gesetzlichen Statut zur Auflösung der Gesellschaft, es sei denn, dass die Gesellschafter im Gesellschaftsvertrag für diesen Fall die Fortsetzung der Gesellschaft vereinbart haben (§ 736 BGB). Bei der offenen Handelsgesellschaft und der Kommanditgesellschaft ist es dagegen umgekehrt, das heißt, der kündigende Gesellschafter scheidet aus der Gesellschaft aus und die Gesellschaft wird unter den übrigen Gesellschaftern fortgesetzt (§§ 131 Abs. 3 Nr. 3 HGB iVm § 161 As. 2 HGB; sofern bei der KG ein persönlicher haftender Gesellschafter verbleibt).

Da bei Familiengesellschaften regelmäßig kein Interesse daran besteht, als Rechtsfolge einer Kündigung die Auflösung der Gesellschaft vorzusehen, ergibt sich Regelungsbedarf. In der Regel wird man im Gesellschaftsvertrag vorzusehen haben, dass es durch Kündigung nicht zu einer Auflösung der Gesellschaft kommt und der ausscheidende Gesellschafter stattdessen gegen Abfindung ausscheidet.

b) Kündigung bei Kapitalgesellschaften. Im Recht der Kapitalgesellschaften ist die Kündigung der Gesellschaft an sich nicht vorgesehen. Sie kann allerdings gesellschaftsvertraglich vereinbart werden.[229] Bei Familiengesellschaften finden sich wegen deren personalistischer Struktur, auch wenn es sich um Kapitalgesellschaften handelt, in den Gesellschaftsverträgen meist Kündigungsklauseln.

Sieht man bei Kapitalgesellschaften ein Recht zur Kündigung der Gesellschaft vor, sollte man – wie auch in Gesellschaftsverträgen von Personengesellschaften – mit einer Fortsetzungsklausel arbeiten, wonach die Gesellschaft im Kündigungsfall von den übrigen Ge-

---

[226] Palandt/*Sprau* BGB § 723 Rn. 1.
[227] BGH DB 2006, 2739 mwN.
[228] Nach § 724 BGB kann eine auf Lebenszeit eines Gesellschafters eingegangene Gesellschaft jederzeit gekündigt werden.
[229] Der Gesellschaftsvertrag kann im Gesetz nicht vorgesehene Auflösungsgründe für die Gesellschaft vorsehen, Baumbach/Hueck/*Haas* GmbHG § 60 Rn. 89.

sellschaftern fortgesetzt wird. In diesem Fall muss allerdings, anders als bei der Personengesellschaft, zusätzlich noch über das rechtliche Schicksal des Geschäftsanteils oder der Aktien des ausscheidenden Gesellschafters Beschluss gefasst werden. Weder der Geschäftsanteil noch die Aktien können als Teil des Stammkapitals/Grundkapitals der Gesellschaft einfach untergehen. In Betracht kommt nur die formelle Einziehung der Anteile durch die Gesellschaft oder die Abtretung der Anteile an Mitgesellschafter gegen Zahlung der Abfindung[230]

14. Anwachsung und Abfindung

247 Bei den Personengesellschaften bedeutet das Ausscheiden eines Gesellschafters rechtlich, dass sein Anteil am Gesellschaftsvermögen den übrigen Gesellschaftern im Verhältnis von deren Beteiligung an der Gesellschaft anwächst (§ 738 Abs. 1 S. 1 BGB). Dies geschieht, ohne dass es eines weiteren Rechtsaktes bedarf, durch Aufstockung der Kapitalrücklagen bzw. Umbuchung der Gesellschafterkonten. Als Gegenleistung für dieses Anwachsen sieht das Gesetz einen Entschädigungsanspruch vor, der wertmäßig dem Auseinandersetzungsguthaben entspricht, welches der ausscheidende Gesellschafter erhalten würde, wenn die Gesellschaft am Tag seines Ausscheiden aufgelöst worden wäre (§ 738 Abs. 1 S. 2 BGB).

248 Es liegt auf der Hand, dass die Entschädigungsregelung unpraktisch ist, denn die Höhe eines solchen fiktiven Auseinandersetzungsguthabens lässt sich wegen der damit im Zusammenhang stehenden Bewertungsfragen regelmäßig kaum absehen. Auch der Hinweis in § 738 Abs. 2 BGB, wonach der Wert des Gesellschaftsvermögens notfalls im Wege der Schätzung zu ermitteln sei, hilft nicht weiter, denn die Bezugnahme auf eine „Schätzung" verdeutlicht nur die Unsicherheit, die mit der Ermittlung verbunden ist.

249 **a) Abfindungsklauseln.** In der Praxis haben sich daher verschiedene Abfindungsklauseln herausgebildet, die bis heute die gesellschaftsrechtliche Praxis bei der Gestaltung von Kündigungsklauseln beherrschen.[231] Diese Klauseln reichen von der einfachen Buchwertabfindung über die Abfindung unter Zugrundelegung steuerlicher Bewertungsverfahren bis hin zur Abfindung auf Basis komplexer Bewertungsverfahren, wie zB dem IdWS1 Verfahren, das sich in der Gerichtspraxis als Bewertungsverfahren für Gesellschafts- und Geschäftsanteile weitgehend durchgesetzt hat.[232]

250 Kern der Diskussion ist die Gestaltungsfreiheit im Gesellschaftsvertrag, die den Gesellschaftern bei der Ausgestaltung derartiger Abfindungsklauseln zukommen soll. Einerseits erkennt unsere Rechtsordnung bei Gesellschaftsverträgen die Vertragsfreiheit als ein Prinzip unserer gesellschaftlichen Ordnung an, andererseits will unsere Rechtsordnung aber auch einen gewissen Schutz des ausscheidenden Gesellschafters gegen Übervorteilung sicherstellen und verhindern, dass eine Kündigung der Gesellschaft durch die nachteilhafte Ausgestaltung ihrer Rechtsfolgen so unattraktiv wird, dass der kündigungswillige Gesellschafter sie aus Angst vor diesen Rechtsfolgen unterlassen wird.[233]

251 **b) Beschränkung der Abfindung.** Die Rechtsprechung überprüft daher seit jeher Abfindungsklauseln unter dem Aspekt einer möglichen Sittenwidrigkeit bzw. einer unzulässigen kündigungsbeschränkenden Wirkung.[234] Abfindungsbeschränkungen sind unter dem Gesichtspunkt anzuerkennen, dass die wirtschaftlichen Interessen der Gesellschaft im

---

[230] Zu den Gestaltungsmöglichkeiten bieten die einschlägigen Formularbücher zahlreiche Formulierungsvorschläge), Einziehung ist nur möglich, wenn das Stammkapital bzw. Grundkapital durch Zahlung der Einziehungsvergütung nicht angegriffen wird, vgl. § 30 ff. GmbHG, § 57 AktG.
[231] Vgl. Übersicht in Sudhoff, Familienunternehmen/*Wälzholz*, § 12 Rn. 33 ff. 64.
[232] BGH NJW 1982, 2441; BGH NJW 1985, 192 (verlangt zumindest die Anwendung eines Ertragswertverfahrens).
[233] Crezelius, Unternehmenserbrecht/*Crezelius*, § 6 Rn. 254; Ulmer, Abfindungsklauseln in Personengesellschafts- und GmbH Verträgen, FS Karl-Heinz Quack, 1991, 477 (478); Pitz BB 1994, 1021.
[234] BGHZ 123, 281 ff.; BGH NJW 1983, 2692.

V. Innere Struktur der Familienholding § 6

Zweifel dem Abfindungsinteresse des ausscheidenden Gesellschafters vorgehen. Als von Anfang unzulässig und sittenwidrig sind jedoch Klauseln anzusehen, die bereits im Zeitpunkt ihrer Vereinbarung offenkundig zu einer schwerwiegenden Benachteiligung einzelner Gesellschafter führen würden.[235]

Abfindungsklauseln können auch erst im Laufe der Zeit unanwendbar werden (sie werden in diesem Fall nicht insgesamt unwirksam), sondern nur, soweit die dort enthaltenen Abfindungsbeschränkungen sich mit Blick auf die Wertentwicklung des Unternehmens im Nachhinein als völlig unangemessen erweisen.[236] Eine starre Untergrenze für die Zulässigkeit einer Abfindung lässt sich dieser Rechtsprechung nicht entnehmen[237]. Der BGH hat in einer Einzelfallentscheidung eine Abfindung, die nicht wenigstens 50% des Verkehrswertes der Beteiligung erreichte, nach § 138 BGB als unwirksam angesehen.[238] Diese Entscheidung ist allerdings nicht als Musterentscheidung anzusehen. 252

Daher ist jede in einem Gesellschaftsvertrag enthaltene und für den Kündigungsfall vereinbarte Abfindung daraufhin zu überprüfen, ob sie anfänglich (also bereits im Zeitpunkt des Abschlusses des Gesellschaftsvertrages) oder aber erst nachträglich (also erst im Zeitpunkt des Wirksamwerdens der Kündigung) unangemessen erscheint, um den Verhältnissen in der Gesellschaft und den Interessen des ausscheidenden Gesellschafters gerecht zu werden.[239] Kriterien hierbei können ein besonderes Missverhältnis zwischen der Abfindung und dem Verkehrswert der Beteiligung, die Zumutbarkeit des Ausscheidens und die Dauer der Mitgliedschaft, der Anteil des ausscheidenden Gesellschafters am Aufbau und Erfolg des Unternehmens oder auch der Anlass des Ausscheidens sein.[240] Erscheint die Abfindung unter Berücksichtigung dieser Umstände unvertretbar niedrig, wird im Zweifel eine „angemessene" Abfindung geschuldet, was auch der volle Verkehrswert sein kann.[241] Die Gesellschaft verliert also durch eine über das Ziel hinausschießende Abfindungsbeschränkung die Möglichkeit, die Abfindung sinnvoll zu beschränken. 253

c) Rechtliche Praxis bei Abfindungen. In der gerichtlichen Praxis erfolgt die Bewertung von Anteilen an einer Familiengesellschaft in der Regel ohne Berücksichtigung der wertmindernden Faktoren, die sich aus den Besonderheiten einer Familiengesellschaft ergeben.[242] Das von den Gerichten angewandte IdWS1 Verfahren geht von der Bewertung des Unternehmens im Ganzen unter Fortführungsgesichtspunkten aus. Allenfalls können Risiken, die sich aus dem Ausscheiden eines Gesellschafters für das Unternehmen ergeben, durch einen besonderen Risikozuschlag oder die Annahme künftiger Gewinnminderungen bei der Bewertung der Anteile berücksichtigt werden.[243] 254

In der Praxis ist es in Gesellschaftsverträgen üblich, eine pauschale Wertminderung von Anteilen ausscheidender Gesellschafter auf Grund der Besonderheiten einer Familiengesellschaft anzunehmen und die Abfindung gemessen an dem mutmaßlichen Verkehrswert zu beschränken, etwa auf 70–75% des nach dem IdWS1 Verfahren ermittelten Verkehrswertes. Dies entspricht auch der Wertung des § 13b Abs. 6 und 9 ErbStG, aus dem man entnehmen kann, dass der Gesetzgeber eine Beschränkung der Abfindung auf 70% des Verkehrswertes für zulässig hält. Sonst könnte der Gesetzgeber diese Beschränkung nicht fordern, um Erleichterungen bei der Verschonung des Betriebsvermögens von der Erbschaftsteuer zu ermöglichen. 255

---

[235] *Ulmer*, Abfindungsklauseln in Personengesellschafts- und GmbH Verträgen, FS Karl-Heinz Quack, 477 (486).
[236] BGHZ 123, 281 ff.; MüKoBGB/*Schäfer* § 738 Rn. 53, 55 ff.
[237] Riedel, Praxishandbuch Unternehmensnachfolge/*Riedel*, § 4 Rn. 320.
[238] BGH NJW 1989, 2685.
[239] Zweistufige Prüfung, vgl. Riedel, Praxishandbuch Unternehmensnachfolge/*Riedel*, § 4 Rn. 313.
[240] BGH NJW 1993, 2101.
[241] BGH NJW 1985, 192 (193).
[242] Die Gerichte stellen stattdessen auf eine Gesamt-Unternehmensbewertung ab, aus welcher die Bewertung des entsprechenden Anteils pauschal abgeleitet wird, vgl. Palandt/*Sprau* BGB § 738 Rn. 5 mwN.
[243] Vgl. IDW S 1 Fachgutachten des Institutes der Wirtschaftsprüfer Deutschlands.

256 **d) Auszahlungsmodalitäten bei Abfindungen.** Aber es geht nicht nur um die richtige Bewertung der Gesellschaftsanteile im Kündigungsfall, sondern auch um die Modalitäten der Auszahlung. Durch Anwachsung des Anteils des ausscheidenden Gesellschafters bei den übrigen Gesellschaftern kommt es nicht zu einer Vermögensmehrung bei der Gesellschaft. Die Gesellschaft benötigt aber Rücklagen, um die Abfindung zahlen zu können. Ähnlich liegen die Dinge bei der Kapitalgesellschaft, wenn die Anteile eingezogen werden sollen.

257 Zur Absicherung der Zahlungsfähigkeit der Gesellschaft wird daher häufig eine Ratenzahlung der Abfindung vereinbart. Hierdurch wird die Liquidität der Gesellschaft geschont. In der Regel wird eine Auszahlungsdauer von bis zu zehn Jahresraten als noch akzeptabel angesehen[244] In der Praxis sollte man allerdings eher drei bis fünf Jahre anstreben, um die ohnehin schon unattraktive Kündigung als Lösungsmöglichkeit aus einer Familienholding nicht noch weiter zu erschweren. Die Abfindung sollte auch verzinst werden.[245]

258 Die Möglichkeit zur vorzeitigen Tilgung der Abfindungszahlung sollte im Gesellschaftsvertrag auf jeden Fall vorgesehen werden. Sinn der Ratenzahlung ist es sicherlich nicht, der Gesellschaft ein teures (weil entsprechend zu verzinsendes) Zwangsdarlehen des ausscheidenden Gesellschafters aufzudrängen.

15. Wirksamwerden des Ausscheidens, Gesellschafterrechte

259 Regelungsbedürftig ist auch die Frage, wann bei Kündigung einer Gesellschaft oder Einziehung der Geschäftsanteile die Gesellschafterrechte des ausscheidenden Gesellschafters erlöschen bzw. auf die übrigen Gesellschafter übergehen.

260 Nach der Rechtsprechung scheidet der ausscheidende Gesellschafter erst mit Erhalt seiner vollen Abfindung aus der Gesellschaft aus und darf bis dahin noch seine Gesellschafterrechte ausüben, allerdings kann er keine neuen Rechte mehr erwerben, so dass ihm ab dem Zeitpunkt des Einziehungsbeschlusses bzw. dem Wirksamwerden seines Ausscheidens auch keine weiteren Gewinnanteile mehr zustehen.[246]

261 Die Ausübung von Gesellschafterrechten wird allerdings nach Fassung eines Einziehungsbeschlusses oder nach einer Kündigung meist als unpassend empfunden. Insbesondere bei einem Streit über die Höhe der Abfindung kann sich ein lange andauernder Schwebezustand ergeben, in welchem es außerordentlich unklar bleiben würde, welche Rechte der ausscheidende Gesellschafter noch ausüben kann und welche nicht. Empfehlenswert erscheint es daher, im Gesellschaftsvertrag vorzusehen, dass die Stimmrechte des ausscheidenden Gesellschafters und sein Recht zur Teilnahme an Gesellschafterversammlungen bereits mit dem Zugang des Einziehungsbeschlusses bzw. dem Wirksamwerden der Kündigung „ruhen" sollen.[247] Ein ausscheidender Gesellschafter muss seine Mitgliedschaftsrechte bis zum Erhalt der Abfindung allerdings noch insoweit ausüben dürfen, als sein wirtschaftliches Interesse an dem Erhalt der Abfindung davon betroffen ist.[248] Diesem Interesse wird durch Aufrechterhaltung seines Einsichtsrechts in die Bücher und Schriften der Gesellschaft genüge getan.[249]

---

[244] Vgl. Riedel, Praxishandbuch Unternehmensnachfolge/*Riedel*, § 4 Rn. 324. Vgl. auch BGH NJW 1989, 2685, der 10 Jahre für zulässig hält; eine zu lange Streckung kann im Extremfall die Abfindungsklausel ebenfalls sittenwidrig und unwirksam machen, vgl. *Rasner* NJW 1983, 2905; 15 Jahre hat der BGH in einem Einzelfall als nicht mehr akzeptabel angesehen, BGH NJW 1989, 2685.

[245] Riedel, Praxishandbuch Unternehmensnachfolge/*Riedel*, § 4 Rn. 324.
BGH NJW 1989, 2685.

[246] BGH DStR 1997, 1336.

[247] Beliebte Formulierung, die allerdings nur besagen soll, dass eine aktive Wahrnehmung von Gesellschafterrechten in der Gesellschafterversammlung nicht mehr möglich ist.

[248] BGHZ 88, 320 (328); BGH DStR 2010, 388.

[249] Vgl. § 51a GmbHG; die Einsichtnahme in die Geschäftsbücher darf auch bei „Ruhen" der Gesellschafterrechte nicht untersagt werden, denn dem ausscheidenden Gesellschafter muss die Ermittlung seiner Abfindung aus den Unterlagen der Gesellschaft ermöglicht werden.

V. Innere Struktur der Familienholding § 6

Hilfreich erscheint es, im Gesellschaftsvertrag der Familienholding ein Verständigungs- und Streitschlichtungsverfahren bei Streit um die Abfindung vorzusehen. Die Gesellschaft und der ausscheidende Gesellschafter sollten jeweils das Recht erhalten, auf Einschaltung eines Schiedsgutachters zu bestehen, wenn man sie sich nicht innerhalb einer im Gesellschaftsvertrag zu definierenden Frist auf die Höhe der Abfindung einigen kann. Das Verfahren zur Bestimmung des Schiedsgutachters und zur Durchführung des Schiedsverfahrens sollte im Gesellschaftsvertrag klar geregelt werden (zB Ernennung der Schiedsgutachters durch die zuständige IHK, Pflichten der Parteien zur Mitwirkung im Schiedsverfahren, Herausgabe wichtiger Unterlagen, Auskunftserteilung an den Schiedsgutachter). Ferner ist es notwendig, dem Schiedsgutachter echte Entscheidungsmacht zu verleihen, so dass sein Schiedsgutachten für die Parteien bindend wird und nicht mehr angefochten werden kann (§ 317 BGB). 262

16. Erbfolgeklauseln

In Gesellschaftsverträgen von Familien-Holdings bedarf es ferner Erbfolgeklauseln, welche die zulässige Rechtsnachfolge im Todesfall regeln. 263

Einfache Nachfolgeklauseln, welche Gesellschafts- oder Geschäftsanteile grundsätzlich vererblich stellen, sind in Familiengesellschaften in der Regel abzulehnen. Hierdurch würde die Gesellschaft für familienfremde Dritte geöffnet.[250] Ebenso verhält es sich mit sog. Eintrittsklauseln, welche einem Dritten das Eintrittsrecht in die Gesellschaft gewähren.[251] 264

Bei einer qualifizierten Nachfolgeklausel ist nur der Eintritt bestimmter, im Gesellschaftsvertrag näher beschriebener Erben in die Gesellschaft zugelassen.[252] Bei der Fortsetzungsklausel ist dagegen das Ausscheiden des verstorbenen Gesellschafters gegen Zahlung einer Abfindung an seine Erben vorgesehen.[253] 265

Derartige Klauseln im Gesellschaftsvertrag gehen als vertraglich bindende Vereinbarung unter den Gesellschaftern einer etwaigen letztwilligen Verfügung vor.[254] In der Nachfolgeberatung ist es daher vor Abfassung etwaiger letztwilliger Verfügungen unverzichtbar, die Zulässigkeit einer beabsichtigten letztwilligen Verfügung zuerst nach dem Gesellschaftsvertrag zu beurteilen. Würde zum Beispiel entgegen einer im Gesellschaftsvertrag vorhandenen Fortsetzungsklausel durch letztwillige Verfügung angeordnet, dass die Gesellschafts- oder Geschäftsanteile des Erblassers auf einen bestimmten, aber nicht zur Fortsetzung berechtigten Rechtsnachfolger übergehen sollen, wäre diese Verfügung schlicht rechtlich unwirksam.[255] Der vorgesehene Rechtsnachfolger könnte nicht in die Gesellschaft eintreten. 266

a) Gestaltung von Erbfolgeklauseln. Nachfolgeklauseln werden in der Regel denjenigen Klauseln nachgebildet, welche auch zu Lebzeiten eines Gesellschafters die freie Verfügung über seine Anteile ermöglichen. Ist beispielsweise nach dem Gesellschaftsvertrag die Abtretung von Anteilen an Abkömmlinge möglich, sollte auch die Vererbung von Anteilen an Abkömmlinge möglich sein. Inkonsequent wäre es, im Erbfall kleinere oder größere Verfügungsmöglichkeiten einzuräumen als zu Lebzeiten. 267

Das Recht zum Eintritt in die Gesellschaft kann davon abhängig gemacht werden, dass die zum Eintritt berechtigte Person eine bestimmte Qualifikation aufweist, zum Beispiel ein bestimmtes Mindestalter, damit Testamentsvollstreckung vermieden werden kann oder auch eine bestimmte berufliche Qualifikation (zB Ingenieursdiplom als Mitglied in einer 268

---

[250] Sudhoff, Familienunternehmen/*Stracke*, § 33 Rn 125 ff.; BGH NJW 1989, 2685.
[251] BGH NJW-RR 1987, 979 (981) (Eintrittsrecht durch Vermächtnis).
[252] Reichert GmbH & Co KG/*Heinrich* § 35 Rn. 9.
[253] Reichert GmbH & Co. KG/*Heinrich* § 35 Rn. 2.
[254] *Reimann* ZEV 2002, 487 ff.
[255] BGHZ 68. 225, 237.

Ingenieurgesellschaft oder Abschluss als Betriebswirt in einem Handelsunternehmen). Auch auflösende Bedingungen sind in Erbfolgeklauseln denkbar, so dass der Betreffende seine Gesellschafterstellung wieder verliert, wenn er nicht bis zu einem bestimmten Zeitpunkt gewisse Bedingungen erfüllt, wie zum Beispiel die Bedingung, einen Ehevertrags mit seinem Ehegatten über den Ausschluss des Zugewinnausgleichs abzuschließen.

269 b) Besonderheiten bei Ausscheiden im Todesfall. In vielen Fällen sehen Gesellschaftsverträge von Familiengesellschaften das Ausscheiden des verstorbenen Gesellschafters und die Zahlung einer Abfindung an seine Rechtsnachfolger vor. Der Todesfall wirkt dann in seinen Rechtsfolgen letztlich genauso, als hätte der verstorbene Gesellschafter die Gesellschaft auf den Todestag selbst gekündigt.[256] Fortsetzungsklauseln empfehlen sich vor allem dort, wo man den Eintritt von Erben verhindern will, weil man ihnen nicht zutraut, adäquat in die Fußstapfen des verstorbenen Gesellschafters zu treten. Teilweise sind Fortsetzungsklauseln auch unabdingbar, wenn eine bestimmte Berufsqualifikation Voraussetzung für die Übernahme der Gesellschafterstellung ist.[257]

270 In der Regel wirken Fortsetzungsklauseln automatisch und erlauben keine Ausübung von Ermessen. Den verbleibenden Gesellschaftern kann es aber nach dem Gesellschaftsvertrag auch freigestellt sein, den Ausschluss der Erben bzw. die Einziehung des Geschäftsanteiles des Verstorbenen zu beschließen. Zu einer solchen Klausel ist durchaus zu raten, wenn man den Gesellschaftern eine gewisse Flexibilität bei der Entscheidung über die Rechtsnachfolge erhalten will. Allerdings müssen sich die Gesellschafter über den Handlungsbedarf nach jedem Todesfall im Klaren sein. Der Ausschluss der Erben oder die Einziehung von Anteilen darf nur während einer im Gesellschafsvertrag zu definierenden Ausschlussfrist zulässig sein, sonst würde ein unbefristeter Schwebezustand eintreten.[258]

271 Bei der Fortsetzungsklausel stellt sich wie bei einer Kündigung stets die Frage nach der Regelung der Abfindung. Insbesondere wird immer wieder diskutiert, ob Abfindungsbeschränkungen bei Ausscheiden im Todesfall nicht ebenso wie bei einer Kündigung der Gesellschaft auf ihre Angemessenheit hin überprüft werden müssten.[259] Beim Erbfall fehlt allerdings das Argument, dass eine wirtschaftlich nachteilhafte Abfindungsklausel das Verhalten des Gesellschafters in der Gesellschaft beeinflussen und diesen von einer Kündigung der Gesellschaft abhalten könnte. Der Todesfall ist ein Ereignis, welches auf das Verhalten des Gesellschafters in der Gesellschaft logischerweise keinen Einfluss mehr haben kann.

272 Nach einer allerdings schon recht alten Ansicht des BGH sind Klauseln, die für den Todesfall eine Abfindungsbeschränkung vorsehen (selbst Klauseln, die einen völligen Ausschluss der Abfindung vorsehen) nicht sittenwidrig, denn hier könne nicht von vornherein feststehen, ob ein Gesellschafter durch eine solche Klausel benachteiligt werden wird. Dem Risiko, dass die eigene Beteiligung bei einem Versterben im Wert gemindert oder gar wertlos werden könne, stehe die Chance gegenüber, bei Vorversterben eines anderen Mitgesellschafter dessen Anteile günstig oder gar kostenlosen übernehmen zu können.[260]

273 Der Ausschluss jeglicher Abfindung im Todesfall erscheint aber nicht angemessen. Das Risiko, das mit einer solchen Klausel verbunden ist, ist ungleich verteilt. So nimmt das Todesfallrisiko bei Gesellschaftern, die älter sind als andere, ab einem bestimmten Alter deutlich zu. Auch Gesellschafter, die eine schwerwiegende Erkrankung haben, unterliegen einem größeren Todesfallrisiko. Außerdem dürfte es meist nicht im Interesse eines Gesellschafters liegen, seine Beteiligung den Mitgesellschaftern quasi „vererben" zu müssen. Handelt es sich dabei nicht um enge Verwandte, wäre auch eine wesentlich höhere

---

[256] Sudhoff, Familienunternehmen/*Stracke*, § 33 Rn. 117 ff.
[257] ZB bei Steuerberatungs- oder Anwaltsgesellschaften.
[258] 6 Monate ab dem Todestag sollten nicht überschritten werden; die Gesellschafterrechte sollten analog der Regelung im Einziehungs- oder Kündigungsfall „ruhen", bis die Entscheidung getroffen ist.
[259] Vgl. Scholz/*Seibt* GmbHG § 15 Rn. 33; Rowedder/Schmidt-Leithoff/*Bergmann* GmbHG § 15 Rn. 136.
[260] BGH WM 1977, 192.

V. Innere Struktur der Familienholding § 6

Erbschaftsteuer auf Grund der schlechteren Erbschaftsteuerklasse der Begünstigten möglich.

Zu empfehlen ist daher, bei der Frage der Abfindung nicht zwischen dem Ausscheiden 274 auf Grund Kündigung oder Todesfall zu differenzieren. Die Todesfallregelung entscheidet am Ende darüber, ob eine Gesellschafter oder sein Familienstamm den Gegenwert der Gesellschaftsbeteiligung realisieren kann. Eine plötzliche Enteignung auf den Todesfall wird kaum einer akzeptieren können.

17. Testamentsvollstreckung an Gesellschafts- und Geschäftsanteilen

Bei minderjährigen oder geschäftsunfähigen Familienangehörigen sehen Gesellschaftsverträge häufig Testamentsvollstreckungsklauseln vor. Diese Klauseln sorgen dafür, dass die Rechte solcher Personen in der Gesellschaft durch eine Person wahrgenommen werden können, welche kraft Amtes als unabhängiger Sachwalter den Willen des Erblassers ausführen soll.[261] 275

a) Formelle Voraussetzungen der Testamentsvollstreckung. Enthält der Gesell- 276 schaftsvertrag keine Testamentsvollstreckungsklausel, geht der Erblasser das Risiko ein, dass die Mitgesellschafter dem Testamentsvollstrecker die Ausübung der Gesellschafterrechte in der Gesellschafterversammlung verweigern können, es sei denn, dass er selbst Gesellschafter ist. Sie brauchen einen fremden Dritten in ihren Reihen nicht zu dulden[262].

Nach dem Regelstatut der meisten deutschen Gesellschaftsformen ist Testamentsvoll- 277 streckung an Gesellschafts- oder Geschäftsanteilen allerdings zulässig. Dies gilt jedenfalls bei allen haftungsbeschränkten Gesellschaftsanteilen, also bei Kommanditanteilen, GmbH-Anteilen und Aktien. Problematisch ist die Testamentsvollstreckung bei einer Gesellschaftsbeteiligung, die eine persönliche Haftung des Erben begründet, wie zum Beispiel bei einer GbR- oder OHG-Beteiligung oder auch dem persönlich haftenden Gesellschafter einer KG.[263] Auch hier kommt Testamentsvollstreckung aber in Betracht, wenn eine Aufteilung der Rechte zwischen Testamentsvollstrecke und Erben dergestalt erfolgt, dass der Erbe die Stimmrechte und der Testamentsvollstrecker die Rechte auf Gewinn- und Auseinandersetzung wahrnimmt.[264]

Der Testamentsvollstrecker muss als Partei kraft Amtes die vererbten Gesellschafts- 278 oder Geschäftsanteile verwalten können. Nur er, und nicht der Erbe, übt auf Grund dieser Funktion die Gesellschafterrechte aus.[265] Damit ergibt sich das rechtliche Bedürfnis, im Gesellschaftsvertrag die Wahrnehmung dieser Rechte durch den Testamentsvollstrecker ausdrücklich zuzulassen. Die Zulassung eines Testamentsvollstreckers kann unter Umständen dann konkludent als vereinbart gelten, wenn der Gesellschaftsvertrag grundsätzlich die Vertretung eines Gesellschafters durch einen Dritten in der Gesellschafterversammlung zulässt.[266]

b) Interessenkonflikte bei Testamentsvollstreckung. Als Testamentsvollstrecker kön- 279 nen auch Personen eingesetzt werden, die selbst zum Kreis der Gesellschafter gehören. Sie können bei der Ausübung ihres Amtes gesetzlichen Vertretungsbeschränkungen unter-

---

[261] Sudhoff, Familienunternehmen/*Stracke*, § 34 Rn. 143 ff.; der Testamentsvollstrecker ist in der Ausübung der Gesellschafterrechte in der Gesellschaft an sich nicht beschränkt, im Innenverhältnis zu den Erben können sich allerdings Beschränkungen ergeben, wenn seine Handlungen in den Kernbereich des Gesellschaftsrechts eingreifen, vgl. BGHZ 108, 187; vgl. auch Bengel/Reimann/*Pauli*, Handbuch der Testamentsvollstreckung, 5. Kapitel, Rn. 176 ff., zum Umfang der Befugnisse des Testamentsvollstreckers.
[262] Staudinger/*Reimann* BGB § 2205 Rn. 122; BGHZ 108, 187.
[263] BGHZ 24, 106 (112); 68, 225 (239); Problem des § 2206 Abs. 2 BGB (der Testamentsvollstrecker ist nicht berechtigt, über den Nachlass hinaus Verbindlichkeiten zu Lasten des Erben zu begründen).
[264] Sudhoff, Familienunternehmen/*Stracke*, § 34 Rn. 156 mwN.
[265] § 2205 BGB; Palandt/*Weidlich* BGB § 2205 Rn. 2 sowie Rn. 7–21; Sudhoff, Familienunternehmen/*Stracke* § 34 Rn. 144.
[266] Das ist notfalls durch Auslegung zu ermitteln (vgl. BGHZ 108, 187).

liegen, soweit sie von einem Rechtsgeschäft, welches sie mit Wirkung für den Erben vornehmen, selbst betroffen sind.[267]

280 Wenig sinnvoll erscheint es, für die Verwaltung der von Kindern geerbten Gesellschafts- oder Geschäftsanteile den überlebenden Elternteil einzusetzen, wenn dieser selbst Anteile an der Gesellschaft innehat oder durch Erbfall erwirbt. Hier würde dieser Elternteil bei allen Geschäften, welche die Rechtsstellung des Kindes in der Gesellschaft verändern können, der Zustimmung eines Ergänzungspflegers bedürfen, denn es bestünde zumindest abstrakt die Möglichkeit eines Interessenkonfliktes. Nur die laufende Verwaltung des Gesellschafts- oder Geschäftsanteils kann von einem Elternteil als Testamentsvollstrecker ohne weiteres durchgeführt werden.[268] Im Verkaufsfall ist er darüber hinaus die Genehmigung des Familiengerichts erforderlich.[269]

281 Testamentsvollstreckung kann auch nur durch den Erblasser selbst in einer Verfügung von Todes wegen angeordnet werden. Der Testamentsvollstrecker ist kein „Vertreter" der Erben,[270] sondern ist nur dem Willen des Erblassers verpflichtet[271]. Er hat bei der Ausübung seines Amtes nur die Vorgaben aus der letztwilligen Verfügung und die für den Testamentsvollstrecker geltenden gesetzlichen Pflichten zu beachten[272]

282 **c) Rechte des Testamentsvollstreckers, Dauer- und Abwicklungsvollstreckung.** Je nach Willen des Erblassers unterscheidet man zwischen der nur auf kurze Zeit ausgerichteten Abwicklungsvollstreckung und der auf längere Zeit angelegte Verwaltungsvollstreckung, oft auch als Dauervollstreckung bezeichnet[273].

283 Bei der Vererbung von Gesellschaftsbeteiligungen wird regelmäßig, zumindest für eine Übergangszeit, die sog. Verwaltungsvollstreckung angeordnet. Diese gilt jedenfalls bis zu einem etwaigen Verkauf der Beteiligung oder einer Liquidation der Gesellschaft. Die Verwaltungsvollstreckung ist auf den Erhalt der Gesellschafts- und Geschäftsanteile ausgerichtet. Die Erben oder sonstigen Rechtsnachfolger sind während der Dauer der Verwaltung durch den Testamentsvollstrecker von der Wahrnehmung ihrer Gesellschafterrechte und der Verfügung über ihre Anteile ausgeschlossen.[274] Grundsätzlich ist eine solche Dauervollstreckung auf maximal 30 Jahre beschränkt (§ 2210 BGB).

284 Bei der nur bedingt möglichen Testamentsvollstreckung an Gesellschaftsanteilen mit persönlicher Haftung[275] kommt zur Vermeidung einer persönlichen Haftung des Erben in Betracht, die Testamentsvollstreckung unter Bedingungen und Auflagen anzuordnen. Möglich erscheint die sog. Vollmachtlösung, nach welcher die Erbeinsetzung an die Bedingung (§ 2074ff. BGB) oder Auflage (§ 1940, 2192 BGB) geknüpft wird, dass die Erben dem Testamentsvollstrecker nach dem Tod des Gesellschafters Vollmacht zu ihrer uneingeschränkten Vertretung erteilen, andernfalls sie ihre Einsetzung als Rechtsnachfolger verlieren.[276] Alternativ kommt die sog. Treuhandlösung in Betracht, bei welcher der Testamentsvollstrecker die Gesellschafterstellung anstelle der Erben übernimmt und damit diese von der persönlichen Haftung freistellt.[277] In diesem Fall würde also nur der Testamentsvollstrecker als Rechtsnachfolger in die Rechtsstellung des Verstorbenen eintreten und bei Handelsgesellschaften auch selbst als Gesellschafter in das Handelsregister eingetragen.[278]

---

[267] § 1822 Abs. 1 BGB, §1795 Abs. 2 BGB (Verbot des Selbstkontrahierens).
[268] BGHZ 65, 93 wonach § 181 BGB seinem Normzweck nach darauf nicht anwendbar sein soll.
[269] § 1822 Nr. 3 BGB.
[270] BGHZ 25, 275; BGH NJW 1957, 1916.
[271] Scherer, Münchner AnwaltsHdB Erbrecht/*Lorz*, § 19 Rn. 17ff.
[272] MüKoBGB/*Zimmermann* Vor § 2197 Rn. 5.
[273] Scherer, AnwaltsHdB Erbrecht/*Lorz*, § 19 Rn. 23ff.
[274] Scherer, AnwaltsHdB Erbrecht/*Lorz*, § 19 Rn. 39ff. (zu den Grenzen der Rechtsmacht des Testamentsvollstreckers.
[275] § 2206 Abs. 1 BGB (der Testamentsvollstrecker darf Verpflichtungen nur für den Nachlass begründen).
[276] Scherer, Münchener AnwaltsHdB Erbrecht/*Lorz*, § 19 Rn. 237.
[277] MüKoBGB/*Zimmermann* § 2205 Rn. 27.
[278] OLG Hamm NJW 1963, 1554; *Plank* ZEV 1998, 325.

d) Verwaltung und Veräußerung von Anteilen durch Testamentsvollstreckers. Der 285
Testamentsvollstrecker ist im Innenverhältnis zu den Erben zur ordnungsgemäßen Verwaltung der Gesellschafts- und Geschäftsanteile verpflichtet, jedoch ist eine mündelsichere Verwaltung nicht erforderlich.[279] Die Veräußerung von Gesellschaftsbeteiligungen ist dem Testamentsvollstrecker in aller Regel nach freiem Ermessen möglich, wenn in der letztwilligen Verfügung keine anderslautenden Anordnungen getroffen worden sind.[280] Im Innenverhältnis handelt der Testamentsvollstrecker als Beauftragter für Rechnung der Erben (§ 670 BGB)[281]

Schwierig gestaltet sich die Testamentsvollstreckung immer dann, wenn es um sog. 286
Grundlagengeschäfte geht, welche eine nachhaltige Veränderung oder gar Aufgabe der Gesellschafterrechte zur Folge haben können (sog. Kernbereichslehre). In Betracht kommen vor allem eine Änderung der Gewinnverteilung, Kapitalanteile, Auseinandersetzungsguthaben oder der Kündigung aus wichtigem Grund.[282] Falls der Testamentsvollstrecker allerdings in der letztwilligen Verfügung umfassend von dem Erblasser ermächtigt wurde, die Gesellschafts- oder Geschäftsanteile nach freiem Ermessen zu verwalten (was durch Auslegung des Testaments zu klären wäre), dürfte auch die Wahrnehmung von solchen Grundlagengeschäften durch den Testamentsvollstrecker kein Problem darstellen.

18. Vertreter bei Erbengemeinschaften

Nicht selten wird in Gesellschaftsverträgen von Familienholdings bestimmt, dass mehrere 287
nachfolgeberechtigte Personen ihrer Gesellschafterrechte nach einem Erbfall nur durch einen gemeinsamen Vertreter aus ihrer Mitte wahrnehmen lassen dürfen.[283] Hierdurch kann erreicht werden, dass sich die Gesellschafterrechte bei Familienstämmen, insbesondere die Stimmrechte, nicht weiter zersplittern und am Ende eine Vielzahl von Gesellschaftern über die Geschicke der Gesellschaft entscheiden muss.[284]

Derartige Vertreterklauseln sind allerdings streitbehaftet, wenn nicht zugleich geregelt 288
wird, welche Rechte dem jeweiligen Vertreter der Miterben im Einzelnen zustehen sollen. Regelungsbedürftig erscheint insbesondere, (a) ob sämtliche Gesellschafterrechte auf den Vertreter delegiert werden sollen oder nur ausgewählte Rechte (zum Beispiel das Stimmrecht), (b) ob und unter welchen Umständen Mehrheitsentscheidungen innerhalb der Gruppe der vertretenen Gesellschafter möglich sein sollen und (c) wie die Bestellung und Abberufung des Vertreters gegenüber der Gesellschaft erfolgen soll.

Nach überwiegender Rechtsauffassung bilden die Erben in Bezug auf einen Gesell- 289
schaftsanteil, den sie geerbt haben und durch einen Vertreter verwalten lassen, eine sog. BGB-Innengesellschaft.[285] Der gemeinsame Zweck der Innengesellschaft liege darin, die Gesellschafterrechte gemeinsam durch den Vertreter ausüben zu lassen[286]. Die Gegenmeinung geht sieht darin eine Bruchteilsgemeinschaft.[287] Wenn man als Erbengemeinschaft einen ungeteilten Geschäftsanteil erwerbe, ohne sich diesbezüglich auf die gemeinsame Verwaltung geeinigt zu haben, entspreche dies der Rechtslage, wie sie auch bei anderen dinglichen Rechtsgemeinschaften vorliege[288]

Die Unterscheidung ist allerdings eher theoretischer als praktischer Natur. Auf die Ver- 290
tretung einer Erbengruppe durch einen Bevollmächtigten ist das Auftragsrecht analog anzuwenden (§ 662 ff. BGB), und zwar gleichgültig, ob man die Gruppe als BGB-Innenge-

---

[279] Palandt/*Weidlich* BGB § 2216 Rn. 2.
[280] Palandt/*Weidlich* BGB § 2216 Rn. 2.
[281] § 2218 BGB, verweist auf §§ 664, 666,–668, 670, 673 S. 2 und 674 BGB.
[282] Bengel/*Reimann* Handbuch der Testamentsvollstreckung, Kapitel 5, Rn. 177, m.w.N.
[283] Sog. Vertreterklausel, Sudhoff, Familienunternehmen/*Wälzholz*, § 11 Rn. 83, 85.
[284] Zulässigkeit ist in allen Gesellschaftsformen anerkannt, MüKoHGB/*Grunewald* § 161 Rn. 170.
[285] BGH BB 2004, 2653; MüKoHGB/*Grunewald* § 161 Rn. 185.
[286] BGH NJW 1967, 826 (827).
[287] *K. Schmidt* ZHR 1982, 525 (540) (§ 741 ff. BGB).
[288] *K. Schmidt* ZHR 1982, 525 (540).

sellschaft oder als Bruchteilsgemeinschaft ansieht.[289]. Nach überwiegender Meinung sind für alle Geschäfte der laufenden Verwaltung sowohl in der BGB-Gesellschaft als auch in Bruchteilsgemeinschaften Mehrheitsentscheidungen zulässig.[290] Maßnahmen, die zur Erhaltung eines Nachlassgegenstandes notwendig sind, dürfen daher jederzeit durch den Vertreter oder mehrheitlich entschieden werden.[291] Inwieweit dies auch für Maßnahmen gilt, die außerordentlichen Charakter haben, ist ungeklärt. Deshalb besteht Regelungsbedarf im Gesellschaftsvertrag.

VI. Absicherung des Schenkers gegen Zweckverfehlung

291 Zentrales Anliegen des Gründers einer Familien-Holding ist es natürlich, eine Zweckverfehlung seiner Anteilsschenkungen zu vermeiden. Jede Schenkung ist von bestimmten Annahmen des Schenkers ausgelöst worden. Dementsprechend muss sich der Schenker Widerrufsrechte für den Fall vorbehalten, dass diese Annahmen enttäuscht werden.

1. Gesetzliche und vorbehaltene Widerrufsgründe

292 Es gibt gesetzlichen Rechte auf Widerruf der Schenkung, und zwar wegen Nichtvollziehung einer Auflage (§ 527 Abs. 1 BGB), Verarmung des Schenkers (§ 528 Abs. 1 BGB) oder wegen einer schweren Verfehlung des Beschenkten gegen den Schenker oder seine Angehörigen (grober Undank, § 530 BGB). Allerdings sind weder die Tatbestände noch die Rechtsfolgen dieser Widerrufsgründe im Gesetz klar geregelt. Ohne klare Vereinbarung im Schenkungsvertrag fehlt es daher an der notwendigen Ausdifferenzierung dieser Widerrufsgründe. Es kann nicht empfohlen werden, sich nur auf die gesetzlichen Widerrufsgründe zu verlassen.

293 Dem Schenker steht es frei, Widerrufsgründe oder Auflagen einer Schenkung einseitig bestimmen. Insbesondere kann er die Aufrechterhaltung der Schenkung an das Eintreten von Umständen knüpfen, die ihm für die Zweckerreichung der Schenkung wesentlich erscheinen.[292]

2. Aufschiebende und Auflösende Bedingungen

294 Aufschiebende Bedingungen, von denen der Vollzug der Schenkung abhängen soll, lohnen sich für den Schenker meist nicht, denn sie schieben nur den Zeitpunkt der Vermögensübertragung hinaus, ohne dass sich ein greifbarer Vorteil hieraus für den Schenker ergibt. Allerdings kann der Beschenkte hieran ein rechtliches Interesse haben, denn er kann sich mit einem formgültigen Schenkungsvertrag die Schenkung schon einmal rechtlich „sichern", wenn er damit rechnen kann, dass die aufschiebende Bedingung später mit großer Wahrscheinlichkeit eintreten wird.

295 Interessant für den Schenker sind auflösenden Bedingungen oder aufschiebend bedingte Rücktrittsrechte. Hierdurch kann es zum Rückfall bzw. zur Rückübertragung der geschenkten Gesellschafts- und Geschäftsanteile kommen und damit zur Wiederherstellung des Zustandes, der vor der Schenkung vorlag. Die steuerlichen und nachfolgerechtlichen Ziele werden zwar in diesem Fall nicht erreicht, der Gründer der Familiengesellschaft hat

---

[289] BGH NJW 1967, 826 (827).
[290] *K. Schmidt* ZHR 1982, 525 (545); MüKoHGB/*Grunewald* § 161 Rn. 185.
[291] In den letzten Jahren mehren sich die Entscheidungen, welche das Mehrheitsprinzip anwenden wollen, vgl. OLG Stuttgart ZEV 2015, 288; OLG Brandenburg ZEV 2012, 261; OLG Frankfurt ZEV 2012, 258, wobei letztlich offenbleibt, ob alle dort entschiedenen Fälle tatsächlich nur Maßnahmen der laufenden Verwaltung betreffen.
[292] Dies folgt aus dem Grundsatz der Vertragsfreiheit, steuerlich können Auflagen oder Bedingungen allerdings ggf. zu einer Minderung des Schenkungswertes führen, was bei der Berechnung der Steuervorteile aus einer vorweggenommenem Übertragung von Gesellschafts- oder Geschäftsanteilen bedacht werden sollte

VI. Absicherung des Schenkers gegen Zweckverfehlung § 6

aber die Möglichkeit, seine Nachfolge neu zu planen, was gegenüber der Zweckverfehlung einer Schenkung immer vorzugswürdig erscheint.

Zu unterscheiden sind Umstände, die erfüllt, also herbeigeführt, werden müssen, damit der Beschenkte die Schenkung behalten darf (positive Schenkungsbedingungen) und Umstände, die nicht erfüllt, also nicht herbeigeführt dürfen, damit der Beschenkte die Schenkung behalten darf (negative Schenkungsbedingungen). Die Nichterfüllung einer positiven Schenkungsbedingung oder der Eintritt einer negativen Schenkungsbedingung können je nach rechtlicher Gestaltung der Widerrufsklausel entweder zum Rücktritt vom Vertrag oder auch automatisch zum Rückfall des Geschenks führen.[293] 296

Positive Schenkungsbedingungen für das Behalten einer Schenkung sind meist Auflagen, die der Beschenkte erfüllen muss, damit der Zweck der Schenkung aus Sicht des Schenker nicht verfehlt wird. Dazu gehören Auflagen, wie die Übernahme bestimmten Funktionen im Unternehmen, der Abschluss einer bestimmten Ausbildung, die Vereinbarung über den Ausschlusses des Zugewinnausgleichs mit dem Ehegatten, der Abschluss eines Erb- oder Pflichtteilsverzichtsvertrages mit dem Schenker, die Bestellung des Nießbrauchs, die Einräumung eines Wohnrechts, die Übernahme der Pflege oder auch die Zahlung einer Rente an den Schenker. Das Widerrufsrecht sollte dann bestehen, wenn eine oder mehrerer dieser positiven Schenkungsbedingungen nicht bis zu einem bestimmten Zeitpunkt erfüllt worden sind. 297

Negative Schenkungsbedingungen für das Auslösen eines Rückübertragungsanspruches können sein: Verarmung des Schenkers, Grober Undank des Beschenkten gegen den Schenker, Trunksucht, Drogensucht, Verlust der Geschäftsfähigkeit, Vermögensverfall beim Beschenkten, Pfändungen in sein Vermögen, Insolvenz, Vorversterben des Beschenkten, Aufgabe seiner Tätigkeit für das Unternehmen, aber auch schwerwiegende Verstöße gegen den Schenkungsvertrag, den Gesellschaftsvertrag oder einen Anstellungsvertrag. Möglich ist es auch, den Widerruf für den Fall vorzusehen, dass durch die Schenkung unerwünschte Steuerfolgen entstehen.[294] Letztlich gibt es eine Fülle möglicher Ansätze für das Eingreifen von Widerrufs- oder Rückforderungsrechten.[295] 298

Innerhalb eines Schenkungsvertrages sind die in Betracht kommenden positiven und negativen Schenkungsbedingungen sehr individuell regelbar und am Ende abhängig zu machen von den Bedürfnissen des Schenkers, welche er mit der Schenkung nachhaltig gesichert wissen will. 299

3. Automatischer Rückfall (auflösende Bedingung) oder Rücktrittsrecht

Die Nichteinhaltung von Schenkungsbedingungen oder Auflagen kann zum automatischen Rückfall der Schenkung (also zum unmittelbaren Rechtsübergang der Gesellschafts- und Geschäftsanteile zurück auf den Schenker) führen. Dies setzt voraus, dass sich die Parteien bereits bei Vornahme der Schenkung aufschiebend bedingt für den Fall des Eintritts der entsprechenden Bedingung auf die Rückübertragung der geschenkten Anteile an den Schenker geeinigt haben. 300

Steuerlich gilt die Schenkung bei Bedingungseintritt als rückabgewickelt, die steuerlichen Folgen sind rückwirkend zu berichtigen.[296] Vorteilhaft erscheint der automatische Rückfall vor allem, wenn der Widerruf der Schenkung wegen Insolvenz des Beschenkten erfolgt, denn in diesem Fall liegt bereits bei Vornahme der Schenkung ein (durch den 301

---

[293] Zum automatischen Rückfall wäre die Schenkung unter einer „auflösenden" Bedingung vorzunehmen, welche den Rückfall bei ihrem Eintritt auslöst.
[294] Riedel, Praxishandbuch Unternehmensnachfolge/*Riedel*, § 7 Rn. 43.
[295] Zu den verschiedenen Fallgruppen und Gestaltungsmöglichkeiten, vgl. insgesamt Riedel, Praxishandbuch Unternehmensnachfolge/*Riedel*, § 7 Rn. 25 ff.
[296] Rückwirkende Änderung der Steuerbescheide nach § 175 Abs. 1 Nr. 2 AO.

automatischen Rückfall bei Bedingungseintritt) dinglich gesicherter Rückübertragungsanspruch vor, der ein aussonderungsähnliches Recht begründet.[297]

302 Üblich ist es allerdings aus Gründen der größeren Flexibilität, eher die Einräumung eines Rücktrittsrechts zu vereinbaren. Hierdurch entsteht erst bei Abgabe der Rücktrittserklärung ein Rückgewährschuldverhältnis, welches den Beschenkten zur Herausgabe des Geschenks (also zur dinglichen Rückübereignung) und den Schenker zum Ersatz etwaiger Aufwendungen auf das Geschenk verpflichtet (§ 347 BGB).[298] Die Rechtsfolgen treten dann nur „ex nunc" ein. Die Parteien haben so noch die Möglichkeit, Alternativen zu prüfen und sich ggf. anderweitig zu einigen.

303 Man erleichtert aber dem Schenker die dingliche Rückabwicklung auch in solchen Fällen erheblich, wenn der Beschenkte dem Schenker bereits im Schenkungsvertrag aufschiebend bedingt auf die Ausübung des Rücktrittsrechts das Angebot zur Rückabtretung der geschenkten Anteile macht. Die Rücktrittserklärung des Schenkers kann dann unmittelbar zur Annahme des aufschiebend bedingten Angebotes des Beschenkten auf Rückübertragung seiner Anteile führen und bewirken, dass der Schenker ohne weitere Umsetzungsschritte wieder Inhaber der geschenkten Anteile wird. Aus Sicht des Schenkers ist eine solche Regelung vollkommen ausreichend, um sich hinsichtlich des Rückübertragungsanspruchs abzusichern, weil er es jederzeit in der Hand hat, das Rückübertragungsangebot anzunehmen und damit die Rückabtretung der Anteile auszulösen.[299]

304 Bei Ausformulierung des Angebots zur Rückabtretung muss auf die Rechtsform der Gesellschaft geachtet werden. Das Abtretungsangebot bedarf bei GmbH-Anteilen und Anteilen an einer GmbH & Co. KG der notariellen Beurkundung. Bei Anteilen an einer Personengesellschaft ist formell zumindest die Erteilung einer Handelsregistervollmacht zu Gunsten des Schenkers wichtig, damit dieser die Änderung der Gesellschaftsverhältnisse nach dem Rückfall der Gesellschaftsanteile selbst zum Handelsregister anmelden kann. In der Regel wird der Schenkungsvertrag beurkundet werden, so dass dann auch das darin enthalte Rückabtretungsangebot automatisch mitbeurkundet werden sollte.

305 Die Frist für die Annahme des Rückabtretungsangebotes nach Eintritt der Widerrufsbedingung sollte zeitlich so befristet sein, damit der Schwebezustand bis zur Rückabtretung so kurz wie möglich gehalten wird. Der Schenker sollte gezwungen sein, sich über die mögliche Ausübung des Widerrufsrechts maximal innerhalb von sechs Monaten ab Kenntnis von dem Widerrufsgrund klar zu werden. Der Schenkungsvertrag sollte allerdings auch die Möglichkeit vorsehen, diese Frist durch einfache schriftliche Vereinbarung zu verlängern.

4. Verfahrensrechtlich nicht ausformulierte Rückforderungsrechte

306 Viele Schenker begnügen sich leider im Schenkungsvertrag mit einem verfahrensrechtlich nicht ausformulierten Rückforderungsrecht. Das führt zu erheblicher Rechtsunsicherheit, wie bei Bedingungseintritt vorzugehen ist. Im Ergebnis entsteht bei Bedingungseintritt nur ein Anspruch auf Abschluss eines Rückabtretungsvertrages über die geschenkten Gesellschafts- und Geschäftsanteile. Dabei ist weder klar, bis wann dieser Vertrag abgeschlossen sein muss noch wie sein genauer Inhalt auszusehen hat. Hat der Beschenkte zum Beispiel Aufwendungsersatzansprüche nach § 347 BGB, die er dem Schenker entgegen halten kann, müssten diese erst einmal inhaltlich geklärt werden, bevor man einen Rückübertragungsvertrag aufsetzen kann.

307 Der Anspruch auf Abschluss des Rückabtretungsvertrages muss außerdem im Zweifel gegen den Beschenkten mühsam vor Gericht durchgesetzt werden. Es kommt weder zu

---

[297] Vgl. BGH ZIP 2017, 2267, für den Fall eines durch Vormerkung gesicherten Rückauflassungsanspruchs, mwN.
[298] § 347 BGB ist allerdings abdingbar.
[299] Bei Insolvenz des Beschenkten könnte diese Regelung ggf. weniger sicher sein als der automatische Rückfall des Eigentums.

einem automatischen Rückfall des Eigentums an den Gesellschafts- und Geschäftsanteilen noch hat es der Schenker selbst in der Hand, diese Rechtsfolge durch Annahme eines bereits vorliegenden Angebotes herbeizuführen. Problematisch ist ein derartiger (ungesicherter) Anspruch auch im Fall der Insolvenz des Beschenkten. Der Anspruch auf Abschluss eines Rückübertragungsvertrages dürfte jedenfalls nicht insolvenzfest sein.[300]

5. Steuerliche Folgen bei Rückabwicklung

Je nachdem, wie man den Rückfall des Eigentums oder das Rückforderungsrecht als Rechtsfolge eines Widerrufs vorsieht, kommt es entweder zur rückwirkenden Vernichtung des steuerlichen Schenkungstatbestandes („ex tunc") oder nur zu einer sukzessiven Beseitigung des Schenkungstatbestandes im Rahmen des noch abzuwickelnden Rückgewährschuldverhältnisses („ex nunc"). Die Schenkungssteuer ist in beiden Fällen nach § 175 Abs. 1 Nr. 2 AO rückwirkend zu erlassen, weil der Beschenkte das Substrat der Bereicherung wieder herausgeben muss, fraglich ist aber die Folge für die Ertragsteuer. 308

Die Gewinnzurechnung wäre bei einer (echten) auflösenden Bedingung rückwirkend zu korrigieren, so dass den Schenker rückwirkend die Ertragssteuerlast auf die Ausschüttungen bzw. die Gewinnanteile des Beschenkten treffen würde. Dies liegt aber meist nicht im Interesse der Beteiligten, denn dann müsste der Beschenkte alle gezogenen Nutzungen an den Schenker wieder herausgeben, was oft nicht möglich ist, weil diese bereits verbraucht wurden. 309

Sinnvoller Weise sollte im Schenkungsvertrag daher vereinbart werden, dass der Rückfall bzw. die Rückübertragung der Anteile mit wirtschaftlicher Wirkung „ex nunc" erfolgen, also erst mit dem Eintritt der Rückübertragung. Der Beschenkte wird dann für den Zeitraum, in welchem er die Gesellschafts- und Geschäftsanteile gehalten hat, weiterhin als Gesellschafter behandelt und darf die gezogenen Nutzungen behalten. Werden ihm die Anteile rückwirkend entzogen und darf er die gezogenen Nutzungen trotzdem behalten, hat er diese als Nießbraucher zu versteuern (sog. Zuwendungsnießbrauch). 310

In jedem Fall sollten auch hier die steuerlichen Folgen bedacht werden. Das Belassen der Anteilsausschüttungen und Gewinnanteile beim Beschenkten kann unter Umständen nachträglich Schenkungsteuer auslösen, weil der Beschenkte die Verschonung für Betriebsvermögen infolge der Rückabwicklung der Schenkung nun nicht mehr für sich in Anspruch nehmen kann. 311

6. Abschließende Würdigung der Rücktrittsklauseln

Im Ergebnis ist der Schenker durch die in Betracht kommenden Rücktritts-, Widerrufs- und Rückforderungsklauseln in einem Schenkungsvertrag hinreichend gegen alle wesentlichen Formen der Zweckverfehlung seiner Schenkung geschützt. 312

Art und Umfang der Rückforderungsrechte kann der Schenker im Wesentlichen frei bestimmen. Rückforderungsrechte sind äußerst wichtig, um ausreichendes Vertrauen zu schaffen, dass man als Unternehmer auch ohne größere Risiken schon zu Lebzeiten eine Familiengesellschaft gründen und Anteile daran auf Familienangehörige übertragen kann. Der kluge Umgang mit derartigen Rückforderungsklauseln gehört daher ins Repertoire eines jeden Beraters, der sich mit Familiengesellschaften und Familienholdings befasst. 313

Rückforderungsrechte sichern die Vorteile einer Familienholding, die in diesem Kapital dargestellt worden sind, zivilrechtlich ab. Sie verhindern, dass aus der Übertragung von Gesellschaftsrechten auf Familienangehörige ein unkontrollierter Aderlass zu Lasten des Gründers werden kann. Allerdings, und dies sei zum Abschluss dieses Kapitals gesagt, verbleiben auch bei sorgfältigster Ausgestaltung von Schenkungsverträgen natürlich Restrisiken, die der Gründer – wie andere unternehmerische Risiken auch – in Kauf nehmen muss. 314

---

[300] Vgl. BGH ZIP 2017, 2267 mwN.

§ 7 Betriebsverpachtung

Übersicht

	Rn.
I. Zivilrechtliche Grundlagen	2
II. Steuerliche Aspekte	6
1. Einkommensteuer	6
a) Wahlrecht des Verpächters	8
aa) Sachliche Voraussetzungen.	9
bb) Persönliche Voraussetzungen	15
b) Betriebsfortführung	19
c) Betriebsaufgabe	27
d) Betriebsübertragung	31
e) Entfallen des Wahlrechts	35
2. Gewerbesteuer	36
3. Erbschaftsteuer	38
4. Steuerliche Konsequenzen im Übrigen	42

1 Die Verpachtung eines Betriebes bietet sich häufig im Vorfeld einer Unternehmensnachfolge an. Sie kann von Anfang an als Interimslösung geplant sein, zB bis der erkorene Nachfolger die erforderliche berufliche Qualifikation erreicht hat, Minderjährige volljährig sind oder der Verpächter das 55. Lebensjahr vollendet hat, um den Betrieb steuerbegünstigt aufzugeben oder zu veräußern. Die Betriebsverpachtung kann aber auch langfristig ausgelegt sein, um dem Unternehmer ein Einkommen zu sichern und ihm die Vermögenswerte zu erhalten. Bezogen auf den Vermögenswert des Pachtgegenstandes wird die Rendite bei der Verpachtung in der Regel höher sein, als bei Anlage des Gegenwerts auf dem Kapitalmarkt. Zugleich wird der Druck der Geschäftsführerverantwortung auf den Pächter verlagert. Über die Verpachtung des Unternehmens sollte auch nachgedacht werden, wenn zwar ein geeigneter Nachfolger gefunden wurde, dieser aber den Kaufpreis nicht oder noch nicht finanziert bekommt. Da der Pächter nur das Umlaufvermögen erwirbt, ist der Kapitaleinsatz deutlich geringer als bei der kompletten Betriebsübernahme. Die Mittelbindung für das Anlagevermögen und den Geschäftswert entfällt. Stattdessen sind hierfür die laufenden Pachtzahlungen zu erbringen. Die Betriebsverpachtung kann sich auf das ganze Unternehmen oder Teilbetriebe erstrecken und ist keineswegs auf kleinere und mittlere Unternehmen beschränkt. Angesichts der weitgehenden zivilrechtlichen Vertragsfreiheit einerseits und der engen steuerlichen Voraussetzungen mit ihren oft einschneidenden Ergebnissen, liegt der Schwerpunkt der Darstellung im Steuerrecht.

I. Zivilrechtliche Grundlagen

2 Die Verpachtung eines Unternehmens erfolgt durch Abschluss eines Pachtvertrages zwischen dem Verpächter als Eigentümer und dem Pächter als Unternehmensnachfolger, § 581 ff. BGB. Gegenstand des Pachtvertrages ist eine Sachgesamtheit, bestehend aus der Betriebs- und Geschäftsausstattung, dem sonstigen Anlagevermögen und dem Geschäftswert einschließlich der Kunden- und Lieferantenbeziehungen sowie etwaiger sonstiger Vertragsverhältnisse. Der Pächter tritt gem. § 613a BGB in die laufenden Arbeitsverträge ein.[1] Führt er die Firma des Verpächters weiter, haftet er nach § 25 HGB für sämtliche im Betrieb des Verpächters begründeten Verbindlichkeiten.[2]

3 Der **Pachtvertrag** kann grundsätzlich formfrei geschlossen werden. Wird im Rahmen der Betriebsverpachtung allerdings auch ein Grundstück für mehr als ein Jahr überlassen,

---

[1] BAG NJW 1981, 2212.
[2] BGH NJW 1982, 1647; MüKoBGB/*Harke* § 581 Rn. 50.

bedarf der Vertrag der Schriftform, §§ 578, 550 BGB.[3] Ist Verpächter eine AG oder KGaA, die dem Pächter den Betrieb ihres gesamten Unternehmens überlässt, bedürfen der Vertragsschluss und Änderungen des Pachtvertrages der Zustimmung der Hauptversammlung mit satzungsändernder Mehrheit, §§ 293 Abs. 1, 295 Abs. 1 S. 1 AktG. Da die Verpachtung des Unternehmens einen schwerwiegenden Eingriff in die Struktur einer Gesellschaft darstellt, ist der Rechtsgedanke des § 293 Abs. 1 AktG auch auf die GmbH und die GmbH & Co. KG übertragbar. Hier muss die Gesellschafterversammlung dem Abschluss und der Änderung des Pachtvertrages einstimmig zustimmen, §§ 293 Abs. 1, 295 Abs. 1 S. 1 AktG analog.[4]

Mangels ausdrücklicher gesetzlicher Vorschriften ist der Ausgestaltung des Betriebspachtvertrages besondere Aufmerksamkeit zu widmen. Neben den Regelungen betreffend die Überlassung der Gegenstände des Anlagevermögens gilt es die sonstigen Vertragsverhältnisse auf den Pächter überzuleiten. Hierzu bedarf es der Zustimmung der jeweiligen Vertragspartner. Sofern diese verweigert wird oder sonstige Hindernisse einem Vertragsübergang im Wege stehen, kann der Verpächter diese Verträge mit einer entsprechenden Freistellungsverpflichtung des Pächters treuhänderisch für diesen fortführen. Die Arbeitsverträge gehen nach § 613a BGB unverändert auf den Pächter über. Abweichende Vereinbarungen zu Lasten der Arbeitnehmer sind unwirksam. Verpächter und Pächter sollten die Arbeitnehmer entsprechend § 613a Abs. 5 BGB über den Betriebsübergang und seine Folgen in Textform informieren. Nur dann beginnt die Monatsfrist des § 613a Abs. 6 BGB zu laufen. Der Arbeitnehmer hat innerhalb dieses Monats das Recht, dem Übergang zu widersprechen, was wiederum dazu führt, dass sein Arbeitsverhältnis mit dem ursprünglichen Arbeitgeber, dh dem Verpächter fortbesteht. Da dieser aber über keinen Betrieb mehr verfügt, kann er dem Arbeitnehmer sodann wirksam ordentlich betriebsbedingt kündigen. 4

Hinsichtlich der Erhaltungs- und Verbesserungsmaßnahmen besteht Vertragsfreiheit. Es ist dringend anzuraten, diesbezüglich die Verantwortlichkeit deutlich zu vereinbaren, die Instandhaltungsmaßnahmen zu konkretisieren und die Intervalle für die Ersatzbeschaffung, ggf. gekoppelt an die Nutzungsdauer der überlassenen Wirtschaftsgüter zu definieren. In der Regel enthält der Betriebspachtvertrag hinsichtlich des Umlaufvermögens einen Kaufvertragsteil. Für den Pächter sind häufig ein Ankaufsrecht und ein Wettbewerbsverbot für den Verpächter bedeutsam. Will er die Firma des Verpächters fortführen, bedarf er der Zustimmung des Verpächters, § 24 Abs. 2 HGB. Daneben sind je nachdem, ob vom Verpächter steuerlich eine Betriebsaufgabe erklärt wird oder er sich für eine Fortführung als Pachtbetrieb entscheidet, aufgrund der steuerlichen Vorgaben im Vertrag entsprechende Vorkehrungen zu treffen (→ Rn. 11, 19, 35). 5

II. Steuerliche Aspekte

1. Einkommensteuer

Wird ein Gewerbebetrieb, ein land- und forstwirtschaftlicher Betrieb oder eine freiberufliche Praxis verpachtet, kann der Verpächter grundsätzlich jederzeit bzw. nach Ablauf des Pachtvertrages den Betrieb in nahezu unveränderter Form wieder aufnehmen. Die Verpachtung ist daher grundsätzlich nur vorübergehender Natur und dementsprechend als eine **Betriebsunterbrechung** zu werten. Voraussetzung ist allerdings, dass der Verpächter objektiv die Möglichkeit und subjektiv die Absicht hat, die gewerbliche bzw. land- und forstwirtschaftliche oder freiberufliche Tätigkeit entweder in eigener Person oder durch einen Gesamt- oder unentgeltlichen Einzelrechtsnachfolger wiederaufzunehmen. Ist dies nicht der Fall, stellt sich die Verpachtung als **Betriebsaufgabe** mit der daran anknüpfen- 6

---

[3] BGH NJW 1952, 822; MüKoBGB/*Harke* § 581 Rn. 24.
[4] Baumbach/Hueck/*Zöllner* GmbHG, SchlAnhKonzernR Rn. 54; aA OLG Hamburg DB 2000, 314: zumindest qualifizierte Mehrheit.

den Besteuerung der stillen Reserven dar.[5] Da insbesondere die Absicht des Steuerpflichtigen schwer überprüfbar ist, nimmt die Rechtsprechung aus „Nachweisgründen" eine bloße Betriebsunterbrechung an, solange der Verpächter dem Finanzamt keine Betriebsaufgabe erklärt hat. Der Verpächter hat daher ein **Wahlrecht,** den Betrieb aufzugeben oder ihn aber als ruhenden Betrieb fortzuführen.[6]

7 Wird der Betrieb einer Kapitalgesellschaft verpachtet, besteht kein Wahlrecht, da diese grundsätzlich nur Einkünfte aus Gewerbebetrieb erzielt und gewerbliches Betriebsvermögen hat. Ihr Aktivvermögen bleibt erhalten, so dass auch eine Vollbeendigung ausscheidet. Auch einer gewerblich geprägten Personengesellschaft steht kein Verpächterwahlrecht zu.[7] Verpachtet ein Mitunternehmer einen Betrieb etc. an die Mitunternehmerschaft, sind die Pachtzinsen Sonderbetriebseinnahmen; § 15 Abs. 1 S. 1 Nr. 2 EStG; ein Wahlrecht besteht nicht.[8] Gleiches gilt bei der Verpachtung im Rahmen einer Betriebsaufspaltung. Die Regeln der Betriebsaufspaltung, wonach der Verpächter gewerblich tätig ist, gehen denen der Betriebsverpachtung vor.[9]

8 **a) Wahlrecht des Verpächters.** Das Wahlrecht des Verpächters ist an bestimmte sachliche und persönliche Voraussetzungen geknüpft. Liegen diese vor, so kann es gleich zu Beginn der Verpachtung erklärt werden, aber auch zu jedem anderen Zeitpunkt während der Laufzeit des Pachtverhältnisses.[10]

9 **aa) Sachliche Voraussetzungen.** Als **Gegenstand der Verpachtung** kommen nur **lebende ganze Betriebe**[11] oder **Teilbetriebe**[12] in Betracht. Der zu verpachtende Betrieb kann aus einem Teilbetrieb im Rahmen einer zuvor durchgeführten Realteilung hervorgegangen sein.[13] Eine Besonderheit ergibt sich hier bei freiberuflichen Praxen, da bei diesen häufig kein verpachtbarer Betrieb vorhanden sein wird. Bei Schriftstellern und Künstlern scheitert dies grundsätzlich an der höchstpersönlichen Leistung, die erbracht wird. Notare haben ein öffentliches Amt inne, welches in der Regel durch Tod oder Entlassung erlischt. Der Betrieb bzw. Teilbetrieb muss nicht als geschlossener Organismus des Wirtschaftslebens verpachtet werden.[14] Ausreichend ist daher die Verpachtung der **wesentlichen Betriebsgrundlagen.** Der Begriff der wesentlichen Betriebsgrundlagen wird dabei rein **funktional** und nicht funktional-quantitativ verstanden.[15] Wirtschaftsgüter, die funktional für den Betrieb nicht wesentlich sind, denen aber erhebliche stille Reserven anhaften, können daher ebenso entnommen oder veräußert werden, wie die sonstigen funktional nicht wesentlichen Betriebsgrundlagen; das Wahlrecht wird hierdurch nicht berührt. Auch die Anzahl der wesentlichen Betriebsgrundlagen spielt keine Rolle. Wird zB das Grundstück einer Reitanlage verpachtet, welches alleinige wesentliche Betriebsgrundlage ist, liegt hierin eine Betriebsverpachtung, für die, sofern auch die anderen Tatbestandsvoraussetzungen vorliegen, das Wahlrecht besteht.[16]

---

[5] *Knobbe-Keuk* § 22 IV 2; aA *Mathiak* FR 1984, 129 mwN.
[6] Grundlegend GrS BStBl. III 1964, 124; R 16 Abs. 5 EStR 2008; BMF Schr. BStBl. I 2016, 1326; vgl. a. BFH BStBl. II 1990, 497 zum Gewerbebetrieb; BStBl. II 1999, 398 sowie BMF Schr. BStBl. I 2000, 1556 zum land- und forstwirtschaftlichen Betrieb; BStBl. II 1993, 36 und H 18.3 EStH 2011 „Verpachtung" zur freiberuflichen Praxis (str.).
[7] BMF Schr.BStBl. I 2016, 1326; 1994, 771; → Rn. 15.
[8] BMF Schr.BStBl. I 2016, 1326; 1994, 771; → Rn. 14.
[9] BMF Schr.BStBl. I 2016, 1326; 1998, S. 583; 1994, 771; → Rn. 13.
[10] BFH BStBl. II 89, 606.
[11] Zum Begriff → § 25 Rn. 7 ff.
[12] Zum Begriff → § 25 Rn. 12 ff.
[13] BFH BStBl. II 1979, 300; BMF BStBl I 2019, 6; → Rn. 14.
[14] BFH BStBl. II 1994, 922.
[15] BFH BStBl. II 2009, 902; BStBl. II 2008, 220; BStBl. II 1998, 388; H 16 Abs. 5 „Abgrenzung" EStH 2011; Schmidt/*Wacker* EStG § 16 Rn. 697.
[16] BFH BStBl. II 1985, 205; ebenfalls bejahend für Einzelhandelsgeschäft BFH/NV 1993, 233; für handwerkliche Bäckerei BFH/NV 2008, 1306.

Umstritten ist, ob **alle wesentlichen Betriebsgrundlagen an einen Pächter** verpachtet werden müssen.[17] Dies ist mE nicht erforderlich. Dem Verpächter muss lediglich objektiv die Möglichkeit verbleiben, den vorübergehend eingestellten Betrieb wieder aufzunehmen und fortzuführen.[18] Eine derartige objektive Möglichkeit ist aber auch gegeben, wenn die wesentlichen Betriebsgrundlagen unverändert mit gleicher Vertragslaufzeit an verschiedene Personen verpachtet werden.[19] Entsprechendes gilt, wenn nur ein Teil der wesentlichen Betriebsgrundlagen verpachtet und der Rest „in Reserve" gehalten wird, sei es, indem diese kurzfristig an Dritte zur Nutzung überlassen[20] oder aber vom Verpächter selbst genutzt werden. Dabei darf der Verpächter allerdings keine derartigen Vermietung- und Verpachtungsaktivitäten entfalten, die sich ihrerseits als gewerbliche Betätigung darstellen.[21]

10

Der Pächter muss den Betrieb so **fortführen,** dass der Verpächter ihn nach Pachtende ohne wesentliche Änderung wieder aufnehmen und weiter betreiben kann. Dies muss nicht dieselbe Tätigkeit wie zuvor sein. Eine gleichartige oder ähnliche Betriebstätigkeit reicht hierfür aus.[22] Übt der Verpächter im Rahmen seines Betriebs zwei oder mehrere verschiedene Betätigungen aus, ist ausreichend, dass der Verpächter zumindest eine der Betätigungen wieder aufnehmen kann.[23] Ist dies grundsätzlich möglich, darf der Verpächter ihn auch einem branchenfremden Pächter verpachten.[24] Der damit einhergehende Verlust an Goodwill des bisherigen Unternehmens ist irrelevant.[25] Gleiches gilt bei bloßer Anpassung an die wirtschaftlichen Gegebenheiten. Die Umstellung vom Großhandel zum Einzelhandel[26] oder von der bürgerlichen Hotelgaststätte zur Nachtbar[27] beeinträchtigen das Verpächterwahlrecht daher nicht. Unschädlich dürfte auch eine fehlende berufliche Qualifikation des Pächters sein, da sich am Betrieb grundsätzlich nichts ändert; lediglich die Einkünfte sind nicht mehr freiberuflicher, sondern nunmehr gewerblicher Natur.[28] Etwas anderes gilt, wenn die wesentlichen Betriebsgrundlagen so umgestaltet werden, dass sie nicht mehr in der bisherigen Form genutzt werden können. In diesem Fall entfällt die Möglichkeit der Betriebsfortführung; der Verpächter stellt die unternehmerische Tätigkeit endgültig ein.[29] Da zB Inventar und Warenbestand bei einem Einzelhandelsbetrieb grundsätzlich nicht zu den für die Möglichkeit der Betriebsfortführung wesentlichen Betriebsgrundlagen zählen, wird häufig das Betriebsgrundstück die einzige wesentliche Betriebsgrundlage bilden. Verpachtet der Einzelhändler sein Grundstück an einen Branchenfremden (zB an eine Rechtsanwaltskanzlei) schadet dies nicht, denn der Verpächter oder sein Rechtsnachfolger könnten die Eigenbewirtschaftung nach Ablauf des Nutzungsverhältnisses ohne wesentliche Änderung wieder aufnehmen.[30] Würde der Pächter das Gebäude allerdings gravierend umbauen und darin eine Strahlentherapiepraxis eröffnen, wird der ursprüngliche betriebliche Organismus zerstört und eine Weiterführung grundsätzlich unmöglich. Es liegt von Anfang an eine Betriebsaufgabe vor, die allerdings aufgrund der gesetzlichen Fiktion des § 16 Abs. 3b Nr. 2 EStG bis dem Finanzamt diese Tatsachen bekannt werden, hinausgeschoben ist.[31] Diese Betriebsaufgabe könnte zB durch vorherige Einbringung des Grundstücks in eine GmbH ver-

11

---

[17] *Wendt* StKongRep 1976, 173 (194); *Ehlers* DStZ 1987, 557.
[18] BFH BStBl. II 1998, 388.
[19] → Suchhoff/von Sothen § 53 Rn. 4.
[20] *Mathiak* FR 1984, 129; FG Rheinland-Pfalz EFG 1986, 10 rkr.; aA wohl BFH BStBl. II 1998, 388.
[21] BFH BStBl. II 1986, 359 mwN.
[22] BFH/NV 2014, 676; BFH/NV 2014, 1038.
[23] BFH/NV 2019, 195.
[24] BFH BStBl. II 2009, 902.
[25] BFH BStBl. II 2004, 10; BFH/NV 2001, 1106; BStBl. II 2009, 902.
[26] FG Niedersachsen EFG 2000, 170.
[27] BFH/NV 2001, 1106.
[28] BFH BStBl. II 1994, 922; BFH/NV 2006, 2072; BFH/NV 2014, 1038.
[29] BFH BStBl. II 2009, 902; BFH/NV 2003, 243; BStBl. II 1997, 561.
[30] BFH BStBl. II 2009, 902; BStBl. II 2004, 10.
[31] Vgl. *Ehlers* DStZ 1987, 557.

mieden werden. Wichtig ist es daher im Pachtvertrag eine Regelung vorzusehen, die dem Pächter eine derartige Umgestaltung der Pachtgegenstände untersagt.

12 Für das Bestehen des Wahlrechts ist nicht erforderlich, dass die Nutzungsüberlassung ihren Rechtsgrund in einem Pachtvertrag hat. Neben diesem können **Rechtsgrund der Nutzungsüberlassung** auch ein Mietvertrag, ein sog. Wirtschaftsüberlassungsvertrag[32] oder eine unentgeltliche Nutzungsüberlassung sein.[33] Einer schuldrechtlichen Nutzungsüberlassung steht eine entgeltliche oder unentgeltliche Nutzungsüberlassung auf dinglicher Grundlage (zB Unternehmensnießbrauch, → § 28 160 ff.) gleich.[34]

13 Bei der Betriebsverpachtung muss es sich um eine **echte Fremdverpachtung** handeln. Ein Wahlrecht besteht somit nur, wenn **keine Betriebsaufspaltung** vorliegt.[35] Denn wenn die Betätigung des Verpächters, weil sie wirtschaftlich eine Art Selbstnutzung ist, einkommensteuerrechtlich notwendig gewerblich ist, kann das verpachtete **Vermögen** nicht durch Erklärung Privatvermögen werden.[36] Anders verhält es sich jedoch, wenn sowohl Betriebs- als auch Besitzunternehmen verpachtet werden. Hier besteht ein Wahlrecht, sofern auch die anderen Tatbestandsvoraussetzungen vorliegen. Kein Fall der Betriebsaufspaltung ist allerdings die Verpachtung eines zum Nachlass gehörenden Betriebes durch eine Erbengemeinschaft an einen Miterben, da ein Einzelunternehmen keine Betriebsgesellschaft im Sinne einer Betriebsaufspaltung sein kann.[37] Wird ein Betrieb zunächst im Rahmen einer Betriebsaufspaltung verpachtet und fällt später die personelle Verflechtung weg, so **lebt das** durch die Grundsätze der Betriebsaufspaltung zunächst verdrängte **Wahlrecht wieder auf,** sofern die übrigen Voraussetzungen weiterhin erfüllt sind.[38]

14 Es darf ferner zwischen Verpächter und Pächter **keine Mitunternehmerschaft** bestehen (→ § 25 Rn. 26 ff.). Dh, der Verpächter darf nicht Mitunternehmer des vom Pächter betriebenen Unternehmens sein. Denn wenn Wirtschaftsgüter, die einem Mitunternehmer gehören, und von der Mitunternehmerschaft genutzt werden, notwendiges Sonderbetriebsvermögen sind, können sie nicht durch Aufgabeerklärung Privatvermögen werden.[39] Dagegen besteht das Wahlrecht, wenn eine Personengesellschaft ihren Gewerbebetrieb an einen Mitunternehmer verpachtet.[40] Ist der Verpächter zunächst Mitunternehmer des vom Pächter betriebenen Unternehmens und scheidet er aus der Gesellschaft aus, **lebt** auch das hier das zunächst verdrängte **Wahlrecht wieder auf,** sofern die übrigen Voraussetzungen weiterhin erfüllt sind.[41]

15 **bb) Persönliche Voraussetzungen.** Das Wahlrecht steht dem **Verpächter** und nach dessen Tode seinen **Erben** zu. Der Verpächter muss eine natürliche Person oder eine nicht gewerblich geprägte Personengesellschaft sein. Einer Kapitalgesellschaft oder einer gewerblich geprägten Personengesellschaft steht das Wahlrecht dagegen nicht zu, da beide grundsätzlich nur Einkommen aus Gewerbebetrieb und gewerbliches Betriebsvermögen haben und ihre Wirtschaftsgüter weder durch erklärte noch durch tatsächliche Betriebsaufgabe Privatvermögen werden können.[42] Eine Ausnahme bildet die Betriebsverpachtung durch eine gemeinnützige GmbH.[43]

---

[32] BFH BStBl. II 1993, 327 mwN; v. 12.7.2017 – VI R 59/15 – NV; v. 12.7.2017 – VI R 60/15 – NV.
[33] BFH BStBl. II 1980, 181; aA *Kanzler* FR 1992, 239 (245).
[34] Vgl. Schmidt/*Wacker* EStG § 16 Rn. 702 mwN.
[35] BMF Schr. BStBl. I 2016, 1326; 1998, 583; 1994, 771; zur Betriebsaufspaltung → § 8 Rn. 1 ff.
[36] BFH BStBl. II 1994, 922; BMF BStBl. I 1994, 771.
[37] Schmidt/*Wacker* EStG § 16 Rn. 707; Schmidt/*Wacker* EStG § 15 Rn. 855.
[38] BFH BStBl. II 1998, 325; BFH/NV 2005, 1292; BMF BStBl. I 1994, 771, Tz. 1. c.
[39] BMF BStBl. I 1994, 771; BFH/NV 2004, 1247.
[40] Schmidt/*Wacker* EStG § 16 Rn. 708.
[41] BFH BStBl. II 1984, 474; BMF BStBl. I 1994, 771.
[42] BFH BStBl. II 1979, 716; SenVerw. Bremen DStR 2000, 1308; *Schoor* FR 1994, 449.
[43] BFH BStBl. II 2007, 725; aA *Hüttemann* BB 2007, 2324.

II. Steuerliche Aspekte § 7

Bei einer nicht gewerblich geprägten Personengesellschaft an der neben natürlichen Personen auch Kapitalgesellschaften beteiligt sind (sog. **Zebragesellschaft**), entfällt das Wahlrecht anteilig.[44]

Ist der Verpächter eine natürliche Person, muss diese **unbeschränkt steuerpflichtig** 16 sein oder, da das verpachtete Betriebsvermögen idR keine Betriebsstätte des Verpächters begründet, für den Verpachtungsbetrieb einen ständigen Vertreter iSv § 49 Abs. 1 Nr. 2 EStG bestellt haben.[45] Ist dies nicht der Fall, entfällt das Wahlrecht und zwar, wenn er allein Verpächter ist, vollständig und im Falle seiner Beteiligung an einer verpachtenden Personengesellschaft anteilig. Letzteres gilt jedoch nicht, wenn die verpachtende Personengesellschaft ihre Geschäftsleitung im Inland hat.[46]

Besteht zunächst wegen des Vorliegens einer gewerblich geprägten Personengesellschaft das Verpächterwahlrecht nicht und entfallen später die Voraussetzungen hierfür, zB durch Eintritt einer natürlichen Person als Komplementärin neben der Komplementär-Kapitalgesellschaft, **lebt das Wahlrecht wieder auf**, sofern die übrigen Voraussetzungen weiterhin erfüllt sind.[47] Alle Gesellschafter einer Personengesellschaft oder Mitglieder einer Erbengemeinschaft, bei denen die persönlichen Voraussetzungen des Wahlrechts vorliegen, können das Wahlrecht nur einheitlich ausüben.[48] Hieran ändert sich auch nichts, wenn der Betrieb an einen Gesellschafter oder Miterben verpachtet wird. Wird dem Verpächter die berufliche Zulassung entzogen oder verfügen seine Erben nicht über eine solche, ändert dies am Verpächterwahlrecht nichts. Es liegt dann nur keine Verpachtung eines freiberuflichen Betriebs, sondern eine gewerbliche Verpachtung vor.[49]

Der Verpächter muss **Eigentümer** oder zumindest **Nutzungsberechtigter** des Ge- 17 werbebetriebs oder Teilbetriebs gewesen sein[50] und diesen grundsätzlich auch **selbst betrieben** haben. Der unentgeltliche Rechtsnachfolger tritt in die Rechtsstellung seines Rechtsvorgängers ein. Gleiches gilt bei teilentgeltlichem Erwerb und zwar auch dann, wenn das Entgelt den Buchwert überschreitet, es sich also nach der hier anzuwendenden Einheitstheorie um ein entgeltliches Geschäft handelt (→ § 28 Rn. 51).[51] Nach der Rechtsprechung soll es nicht ausreichen, wenn der Erwerber einen noch nicht verpachteten Betrieb entgeltlich erwirbt und unmittelbar danach verpachtet.[52] Gleiches soll gelten, wenn er bereits einen verpachteten Betrieb entgeltlich erwirbt, sofern der Erwerber nicht erkennbar den Willen zur späteren Eigenbewirtschaftung hat.[53]

Erforderlich war bisher schließlich, dass der Verpächter die **Absicht** hat, die eingestellte 18 gewerbliche, land- und forstwirtschaftliche oder freiberufliche Tätigkeit wieder aufzunehmen und zwar entweder in eigener Person oder aber durch einen Rechtsnachfolger. Diese Absicht wurde, unabhängig von der Pachtzeit und solange die sachlichen Voraussetzungen vorlagen (→ Rn. 9 ff.), unwiderleglich vermutet.[54] Der Bundesfinanzhof hat jedoch angekündigt, an dem Merkmal der Fortführungsabsicht nicht mehr festhalten zu wollen.[55] Solange die Fortsetzung der gewerblichen bzw. land- und forstwirtschaftlichen Tätigkeit objektiv möglich ist und der Verpächter keine eindeutige Aufgabeerklärung abgibt, wird die Wiederaufnahmeabsicht unterstellt.[56] Für freiberufliche Praxen kann bei längerfristigen Verpachtungen auf Grund der fortdauernden betrieblichen Verhaftung der stillen Reser-

---

[44] Schmidt/*Wacker* EStG § 16 Rn. 703; aA *Schoor* StBP 1996, 29.
[45] BFH BStBl. II 1978, 494; *Horlemann* DStZ 1984, 586; aA *Streck/Lagemann* DStR 1976, 13.
[46] FG München EFG 1991, 328, rkr.; *Horlemann* DStZ 1984, 586.
[47] BFH BStBl. II 2002, 527; BMF BStBl. I 1994, 771; vgl. a. Schmidt/*Wacker* EStG § 16 Rn. 715 mwN.
[48] BFH BStBl. II 1994, 922; BStBl. II 1998, 388; SenVerw. Bremen DStR 2000, 1308.
[49] BFH/NV 2006, 2072; BFH/NV 2014, 1038.
[50] BFH BStBl. II 1990, 780.
[51] BFH BStBl. II 2016, 710; Schmidt/*Wacker* EStG § 16 Rn. 705, 716; *Schoor* DStR 1997, 1 (5).
[52] BFH BStBl. II 1991, 829.
[53] BFH BStBl. II 1992, 134 zum land- und forstwirtschaftlichem Betrieb.
[54] Vgl. *Wassermeyer* StKongRep 1986, 69 (82); vgl. a. BFH BFH/NV 2008, 1306; BStBl. II 2009, 902.
[55] BFH BStBl. II 2009, 902; BFH/NV 2019, 195.
[56] BFH/NV 2019, 195 Rz. 26.

ven und der Ähnlichkeit mit einem personenbezogenen Gewerbebetrieb nichts anderes gelten.[57]

19 **b) Betriebsfortführung.** Solange der Verpächter nicht ausdrücklich die Betriebsaufgabe erklärt und die objektive Möglichkeit zur Betriebsfortführung besteht, gilt sein bisheriger Betrieb einkommensteuerlich als fortbestehend. Dementsprechend bezieht er aus dem Pachtverhältnis auch keine Einkünfte aus Vermietung- und Verpachtung iSd § 21 EStG, sondern vielmehr gewerbliche bzw. land- und forstwirtschaftliche Einkünfte. Wird eine freiberufliche Praxis verpachtet, liegen mangels eigenverantwortlicher Tätigkeit gewerbliche Einkünfte vor und zwar auch dann, wenn der Pächter ein mit der erforderlichen Berufsqualifikation versehener Freiberufler ist. Entsprechendes gilt für die Veräußerung einzelner oder aller Wirtschaftsgüter des verpachteten Betriebsvermögens.[58] Der Verpächter (ausgenommen gewerblich geprägte Personengesellschaften und Kapitalgesellschaften) unterliegt allerdings mit seinen Einnahmen nicht mehr der Gewerbesteuer (→ Rn. 35 f.). § 35 EStG ist daher grundsätzlich nicht anwendbar. Die verpachteten Wirtschaftsgüter bleiben Betriebsvermögen;[59] es kommt somit durch die Verpachtung selbst nicht zur Realisierung stiller Reserven. Dies gilt auch für Wirtschaftsgüter, die nicht mitverpachtet wurden, aber bisher zum Betriebsvermögen gehörten.[60] Hier wird der betriebliche Zusammenhang erst durch die Entnahme oder Veräußerung der Wirtschaftsgüter oder durch die Betriebsaufgabe gelöst. Zu beachten ist, dass auch Handlungen des Pächters beim Verpächter einkommensteuerliche Folgen auslösen können. Nutzt dieser zB ein Wirtschaftsgut privat und duldet der Verpächter diese Nutzung, kommt es hierdurch zu einer Entnahme des Wirtschaftsguts.[61] Auch hier sollte vertraglich entsprechend vorgesorgt werden.

20 Der Verpächter kann die Regelungen des Investitionsabzugsbetrages (früher: Ansparabschreibung/-rücklage) gemäß § 7 g EStG nicht in Anspruch nehmen.[62] Voraussetzung für diese Vergünstigungen ist die aktive Teilnahme am wirtschaftlichen Verkehr und eine in diesem Sinne werbende Tätigkeit. Der ruhende Betrieb des Verpächters wird diesen Anforderungen nicht gerecht.

21 Die Betriebsverpachtung führt zur Entstehung zweier Betriebe, eines **ruhenden Eigentümerbetriebs** beim Verpächter und eines **wirtschaftenden Betriebs** in der Hand des Pächters. Beide bilanzieren grundsätzlich unabhängig voneinander.[63] Der Gewinn des Verpächters ermittelt sich weiterhin nach den § 4 Abs. 1, § 5 bzw. § 4 Abs. 3 EStG. Ein abweichendes Wirtschaftsjahr kann vom Verpächter grundsätzlich beibehalten werden.[64] Da er nach wie vor rechtlicher und wirtschaftlicher Eigentümer der verpachteten Wirtschaftsgüter bleibt, stehen ihm auch allein die **Abschreibungen** zu. Dies gilt auch dann, wenn den Pächter eine Substanzerhaltungspflicht trifft.[65] Der Pächter muss, sofern er bilanziert, für seine Pflicht zur Erneuerung eine **Rückstellung** bilden, soweit mit einer Ersatzbeschaffung während der Laufzeit des Pachtvertrages zu rechnen ist. Die Höhe der Rückstellung bestimmt sich nach der Nutzungsdauer der Wirtschaftsgüter und ihren Wiederbeschaffungskosten am Bilanzstichtag.[66] Demgegenüber hat der Verpächter vor Ersatzbeschaffung seinen Anspruch auf Substanzerhaltung[67] und nach Ersatzbeschaffung das

---

[57] *Herrmann/Heuer/Raupach* EStG § 18 Rn. 22, 390; Schmidt/*Wacker* EStG § 18 Rn. 215 unter Hinweis auf BFH/NV 1997, 438; aA FG Saarland EFG 1997, 654, rkr.; *Schoor* DStR 1997, 1 (7); *Führer* DStR 1995, 785 (792) die eine verdeckte Veräußerung annehmen.
[58] BFH BStBl. II 1987, 772.
[59] BFH/NV 1991, 671.
[60] BFH/NV, 1991, 357; diff. *Mathiak* FR 1984, 129.
[61] BFH BStBl. II 1987, 261.
[62] BFH BStBl. II 2002, 136; BMF BStBl. I 2009, 633 Tz. 1.
[63] BFH BStBl. II 1975, 700; FinVerw DStR 1989, 470.
[64] R 4a Abs. 3 EStR 2012.
[65] BFH BStBl. II 1979, 138 mwN; BMF BStBl. I 2002, 262.
[66] BFH BStBl. II 1993, 89 mwN; BMF BStBl. I 2002, 262.
[67] AA *Westerfelhaus* DB 1992, 2365.

II. Steuerliche Aspekte § 7

Wirtschaftsgut mit den Anschaffungs- und Herstellungskosten des Pächters unter Verrechnung mit dem Anspruch als sonstige Forderung zu aktivieren und zwar unabhängig davon, ob er fällig ist oder nicht.[68] Die Höhe des zu aktivierenden Anspruchs bestimmt sich nach den jeweiligen eventuell gestiegenen Wiederbeschaffungskosten am Bilanzstichtag und entwickelt sich korrespondierend zu der entsprechenden Rückstellung des Pächters für die noch nicht eingelöste Verpflichtung zur Substanzerhaltung.[69] Wirtschaftsgüter, die der Pächter selbst angeschafft hat und die voraussichtlich während der Pachtzeit ausscheiden oder verbraucht werden, sind nicht dem Verpächter sondern allein dem Pächter zuzurechnen und bei diesem zu bilanzieren.[70]

Kauft der Pächter das **Umlaufvermögen,** hat er dieses zu aktivieren. Wird ihm das Umlaufvermögen allerdings mit der Verpflichtung überlassen, bei Pachtende Wirtschaftsgüter gleicher Art, Menge und Güte zurückzuerstatten (Sachwertdarlehen), wird der Pächter idR wirtschaftlicher Eigentümer der Wirtschaftsgüter. Er hat diese dann auch mit den Teilwerten zu aktivieren, muss aber in gleicher Höhe eine Rückgabe- oder Wertersatzverpflichtung passivieren.[71] In der Folgezeit hat er diese jeweils mit den Anschaffungskosten der vorhandenen neu angeschafften oder übernommenen Wirtschaftsgüter zu passivieren und nicht mit etwaigen höheren Wiederbeschaffungskosten.[72] Der Verpächter hat den Warenrückgabeanspruch mit dem Buchwert der hingegebenen Wirtschaftsgüter zu aktivieren und diesen Wert bis zum Pachtende grundsätzlich unverändert fortzuführen.[73]

Erhaltungsaufwendungen des Pächters sind bei ihm als Betriebsausgaben zu berücksichtigen. Die Anschaffungs- und Herstellungskosten der von ihm getätigten **Ersatzbeschaffungen** sind bis zur Höhe der Rückstellung mit dieser zu verrechnen. Ein die Rückstellung übersteigender Betrag ist als Wertausgleichsanspruch gegen den Verpächter bei den sonstigen Forderungen zu aktivieren.[74] Dieser Anspruch ist in den folgenden Wirtschaftsjahren unter Berücksichtigung von geänderten Wiederbeschaffungskosten gleichmäßig aufzulösen. Der Auflösungszeitraum ergibt sich aus der Differenz zwischen der Nutzungsdauer des neu angeschafften oder hergestellten Wirtschaftsguts und der bei Pachtbeginn verbliebenen Restnutzungsdauer des ersetzten Wirtschaftsgutes.[75] Ein etwaiger Erlös für das ausgeschiedene, ersatzbeschaffte Wirtschaftsgut stellt beim Pächter eine Betriebseinnahme dar. Die Ersatzbeschaffungen gehen in das Eigentum des Verpächters über und zwar auch insoweit, als ihre Anschaffung oder Herstellung über dessen Verpflichtung aus dem Pachtvertrag hinausgeht (§ 582a Abs. 2 S. 2, § 1048 Abs. 1 S. 2 Hs. 2 BGB). Dementsprechend sind sie vom Verpächter mit den vom Pächter aufgewendeten Anschaffungs- oder Herstellungskosten zu aktivieren und abzuschreiben. Gleichzeitig hat er den auf die ersetzten Wirtschaftsgüter entfallenden und als sonstige Forderung aktivierten Anspruch gegen den Pächter auf Substanzerhaltung (Pachterneuerungsanspruch) aufzulösen.[76] Für über die Pachterneuerungsansprüche gegen den Pächter hinausgehende Anschaffungs- und Herstellungskosten des Pächters hat der Verpächter eine Wertausgleichsverpflichtung zu passivieren. Diese Verpflichtung ist korrespondierend zum Wertausgleichsanspruch des Pächters in den folgenden Wirtschaftsjahren gleichmäßig aufzulösen.[77]

Ist die Betriebsverpachtung mit Substanzerhaltungspflicht des Pächters („**Eiserne Verpachtung**") im Vorgriff auf eine spätere **Hofübertragung in der Land- und Forst-**

---

[68] BFH BStBl. II 1998, 505; BMF BStBl. I 2002, 262.
[69] BFH BStBl. II 2000, 286; BMF BStBl. I 2002, 262.
[70] BFH BStBl. II 1998, 505.
[71] BFH BStBl. II 1985, 391; BMF BStBl. I 2002, 262.
[72] BFH BStBl. II 1975, 700.
[73] Schmidt/*Weber-Grellet* EStG § 5 Rn. 703 mwN; zu den Besonderheiten bei LuF vgl. BFH BStBl. II 1986, 399; BMF BStBl. I 2002, 262.
[74] BFH BStBl. II 1998, 505; BMF BStBl. I 2002, 262.
[75] BMF BStBl. I 2002, 262.
[76] BFH BStBl. II 1998, 505; BMF BStBl. I 2002, 262.
[77] BMF BStBl. I 2002, 262.

wirtschaft vorgenommen worden, kann auf gemeinsamen Antrag von Pächter und Verpächter abweichend von den vorstehend genannten Grundsätzen aus Vereinfachungs- und Billigkeitsgründen auch nach der **Buchwertmethode** verfahren werden, sofern nicht Pächter und Verpächter ihren Gewinn nach § 4 Abs. 1 EStG ermitteln.[78] Diese Ausnahmeregelung erlaubt es Pächter und Verpächter im Ergebnis, die steuerlichen Auswirkungen der späteren Betriebsübertragung teilweise auf den Zeitpunkt der Verpachtung vorzuverlagern. Dabei sind die verpachteten Wirtschaftsgüter vom Pächter in seiner Anfangsbilanz mit den Buchwerten des Verpächters zu aktivieren und korrespondierend hierzu eine Rückgabeverpflichtung in gleicher Höhe zu passivieren. Letztere ist in unveränderter Höhe fortzuführen und nicht abzuzinsen. Der Pächter führt auch die Abschreibungen der verpachteten Wirtschaftsgüter fort und kann für die von ihm vorgenommenen Ersatzbeschaffungen Absetzungen für Abnutzung, Sonderabschreibungen und Teilwertabschreibungen vornehmen. Beim Verpächter bleiben die Buchwerte der verpachteten Wirtschaftsgüter unverändert bestehen. Zu Abschreibungen ist er nicht mehr berechtigt.

25 Bei der Gewinnermittlung durch **Einnahmenüberschussrechnung** nach § 4 Abs. 3 EStG haben die vorgenannten Forderungen und Verbindlichkeiten jeweils bei Zufluss oder Abfluss eine Gewinnauswirkung.[79] Der Pachterneuerungsanspruch ist daher beim Pächter erst im Jahr der Bezahlung der Ersatzbeschaffung gewinnmindernd zu berücksichtigen. Beim Verpächter führt diese grundsätzlich zum gleichen Zeitpunkt zu einer Betriebseinnahme. Verpächter und Pächter können ihren Gewinn nach **unterschiedlichen Gewinnermittlungsmethoden** ermitteln; zB der Verpächter nach § 4 Abs. 3 EStG und der Pächter nach § 5 EStG. In diesem Fall gilt nur für den Verpächter das Zu- und Abflussprinzip. Der Pächter verfährt entsprechend den dargestellten Bilanzierungsregeln (→ Rn. 21 ff.).

26 Bei der Betriebsfortführung ist zu beachten, dass trotz des fortbestehenden Betriebs die Verpachtung grundsätzlich zu einem Wegfall der **Verbleibensvoraussetzungen** zB § 2 Nr. 2 FördG aF führt.[80] Anders ist dies eventuell nach § 5 Abs. 2 InvZulG.[81]

27 **c) Betriebsaufgabe.** Die Betriebsaufgabe setzt, sofern sie nicht auf tatsächlichen Ereignissen beruht, eine **Aufgabeerklärung** voraus, die gegenüber dem Finanzamt abzugeben ist.[82] Sie ist formfrei, muss aber erkennen lassen, dass der Steuerpflichtige bzw. sein Erbe sich für eine Betriebsaufgabe mit allen Folgen entschieden hat.[83] Bei Mitunternehmerschaften muss sie einvernehmlich erfolgen.[84] Bei einer Teilbetriebsaufgabe oder bei Vorhandensein mehrerer Betriebe muss ferner der Umfang der Aufgabeerklärung deutlich gemacht werden. Sofern kein Aufgabezeitpunkt in ihr genannt wird, wird sie mit Zugang beim Finanzamt wirksam, welcher in der Regel zugleich auch als Zeitpunkt der gewinnrealisierenden Betriebsaufgabe iSv § 16 Abs. 3 EStG anzusehen ist.[85] Die Aufgabeerklärung ist grundsätzlich nicht rückwirkend möglich. Aus Vereinfachungsgründen lässt die Finanzverwaltung jedoch eine Rückwirkung von bis zu drei Monaten zu, sofern nicht in dieser Zeit erhebliche Wertsteigerungen des Betriebsvermögens eingetreten sind.[86] Dies gilt auch dann, wenn der gewählte und innerhalb der Drei-Monats-Frist liegende Aufgabezeitpunkt in einem zurückliegenden Kalenderjahr liegt.[87] Für die Berech-

---

[78] BMF BStBl. I 2002, 262.
[79] BMF BStBl. I 2002, 262.
[80] BMF BStBl. I 1993, 279 (Rn. 5 u. 6).
[81] BMF BStBl. I 2008, 590 (Rn. 66).
[82] BFH BStBl. II 1993, 36.
[83] BFH BFH/NV 2001, 768; R 139 Abs. 5 S. 5 EStR BMF Schr. BStBl. I 2016, 1326.
[84] BMF Schr. BStBl. I 2016, 1326; Schmidt/*Wacker* EStG § 16 Rn. 711.
[85] BFH BStBl. II 2003, 755; BMF Schr. BStBl. I 2016, 1326.
[86] R 16 Abs. 5 S. 6, 12 EStR; H 16 Abs. 5 „Drei-Monats-Frist" EStH 2011; BFH BStBl. II 2006, 581; BStBl. II 1985, 456; BMF Schr. BStBl. I 2016, 1326.
[87] BMF Schr. BStBl. I 2016, 1326.

nung der Drei-Monatsfrist gelten die §§ 187, 188 BGB.[88],[89] Der Erbe bzw. der Rechtsnachfolger des Verpächters kann die Betriebsaufgabe erklären. Tut er dies innerhalb des Drei-Monats-Zeitraums, ist eine Rückwirkung auch für einen Zeitpunkt vor Eintritt des Erbfalls zulässig.[90] In diesem Fall ist der Aufgabegewinn nicht dem Erben, sondern noch dem Erblasser zuzurechnen.[91] Die Aufgabeerklärung kann daher ein wichtiges Gestaltungsinstrument sein, da auf diese Weise für den Erblasser noch der Freibetrag nach § 16 Abs. 4 EStG und die Tarifbegünstigung nach § 34 Abs. 1 oder Abs. 3 EStG in Anspruch genommen werden können, die beim Erben möglicherweise nicht zum Tragen kämen. Allerdings sind die erbschaftsteuerlichen Folgen im Blick zu behalten (→ Rn. 41). Ber der vorweggenommenen Erbfolge kann die Aufgabeerklärung durch den oder die Rechtsbachfolger frühestens für den Zeitpunkt des Übergangs des Betriebs auf sie abgegeben werden.[92] Eine Rückwirkung ist nur dann anzuerkennen, wenn die zu diesem, innerhalb der Drei-Monatsfrist liegenden Zeitpunkt keine aktive Tätigkeit mehr ausgeübt wurde.[93] Wird die Aufgabeerklärung in der Steuererklärung abgegeben, gilt als Aufgabezeitpunkt idR der Zugang der Steuererklärung beim Finanzamt, sofern nicht die Drei-Monats-Frist anwendbar ist.[94] Die Aufgabeerklärung ist widerruflich, sofern sie für einen in der Zukunft liegenden Zeitpunkt abgegeben wurde, ansonsten unwiderruflich, aber anfechtbar.[95] Eine Anfechtung wird aber in der Regel scheitern, da zumeist lediglich ein unbeachtlicher Motivirrtum vorgelegen haben wird. Einer Aufgabeerklärung bedarf es nicht, wenn das Wahlrecht aufgrund Veränderung der tatbestandlichen Voraussetzungen entfällt (→ Rn. 11).

Mit dem Wirksamwerden der Aufgabeerklärung werden grundsätzlich alle Wirtschaftsgüter des bisherigen Betriebsvermögens zu Privatvermögen. Bei der Ermittlung des Aufgabegewinns sind sie mit den gemeinen Werten anzusetzen. Ein Geschäfts- oder Firmenwert bleibt außer Ansatz und zwar unabhängig davon, ob er originär oder derivativ erworben wurde[96] oder dem Pächter zusammen mit den übrigen Wirtschaftsgütern gegen Entgelt zur Nutzung überlassen ist.[97] Er bleibt auch nach erklärter Betriebsaufgabe Betriebsvermögen. Soweit er derivativ erworben wurde, sind die normale Abschreibung und ggf. auch eine Teilwertabschreibung zulässig.[98] Trotz des zwangsweise zurückbehaltenen Geschäftswerts ist der Aufgabegewinn nach §§ 16, 34 EStG begünstigt.[99] 28

Daneben kann auch ohne Aufgabeerklärung eine Betriebsaufgabe vorliegen, wenn sich die tatsächlichen Gegebenheiten, z.B. aufgrund der Veräußerung einer oder mehrerer wesentlicher Betriebsgrundlagen ändern. Ab dem Zeitpunkt der Änderung kommt es zur Betriebsaufgabe, die sich steuerlich aber erst dann auswirkt, wenn das Finanzamt hiervon Kenntnis erhält, § 16 Abs. 3b S. 1 Nr. 2 EStG. Kenntnis erlangen muss der zuständige Veranlagungsmitarbeiter des Finanzamts.[100] 29

Nach Betriebsaufgabe erzielt der Verpächter keine Einkünfte aus Gewerbebetrieb oder land- und forstwirtschaftlicher Tätigkeit mehr, sondern Einkünfte aus Vermietung und Verpachtung. Dies gilt allerdings nicht, soweit ein Geschäftswert mitverpachtet wurde. Da der Geschäftswert Betriebsvermögen bleibt, sind die darauf entfallenden Pachtzinsen Be- 30

---

[88] BMF Schr. BStBl. I 2016, 1326; Schmidt/*Wacker* EStG § 16 Rn. 711.
[89] *Nicht belegt*.
[90] BMF Schr. BStBl. I 2916, 1326.
[91] BMF Schr. BStBl. I 2016, 1326.
[92] BMF Schr. BStBl. I 2016, 1326.
[93] BMF Schr. BStBl. I 2016, 1326.
[94] R 139 Abs. 5 S. 14 EStR; BMF Schr. BStBl. I 2016, 1326.
[95] AA Schmidt/*Wacker* EStG § 16 Rn. 711 aE.
[96] BFH BStBl. II 2002, 387; H 16 Abs. 5 „Geschäfts- oder Firmenwert" ErbStH 2011; *Weber-Grellet* FR 2002, 723; aA *Führer* DStR 1995, 785 (790).
[97] BFH BStBl. II 2009, 634.
[98] BFH BStBl. II 1989, 606.
[99] BFH BStBl. II 1982, 456 → Rn. 27.
[100] BMF BStBl. I 2016, 1326.

triebseinnahmen. Kommt es später zu einer Veräußerung, entsteht ein einkommensteuerpflichtiger, nicht begünstigter Gewinn, soweit der Erlös auf den Geschäftswert entfällt.[101] Auch eine rückwirkende Änderung des Betriebsaufgabegewinns scheidet aus.[102]

31 **d) Betriebsübertragung.** Wird der Betrieb unter Fortbestand des Pachtvertrages auf einen Dritten **unentgeltlich** übertragen, tritt der Erwerber in das Verpächterwahlrecht ein.[103] Beim Tod des Betriebsinhabers und dem Übergang des Verpachtungsbetriebes auf die Erben entsteht eine Mitunternehmerschaft, die in die „Fußstapfen" des Erblassers tritt und daher das Wahlrecht weiterführen kann.[104] Der Erwerber hat die Buchwerte seines Rechtsvorgängers fortzuführen, § 6 Abs. 3 EStG. Dies soll nicht gelten, sofern der Verpächter sich den Nießbrauch vorbehält. Denn § 6 Abs. 3 S. 1 EStG erfordere, dass der übertragende Verpächter seine bisherige gewerbliche Tätigkeit einstelle. Daran fehle es, wenn der Verpächter aufgrund des **Vorbehaltsnießbrauchs** die wesentlichen Betriebsgrundlagen weiterhin verpachte (→ § 28 Rn. 157).[105] Auch im Falle der Einbringung in eine nicht gewerblich geprägte Personengesellschaft zu Buch- oder Zwischenwerten (§ 24 UmwStG) geht das Verpächterwahlrecht auf den Erwerber über.[106] Erfüllt der Erwerber nicht die persönlichen Voraussetzungen (→ Rn. 15 ff.), so ändert dies nichts am Wahlrecht, insbesondere kommt es nicht in seiner Person zur Betriebsaufgabe.[107] Geht der verpachtete Betrieb unentgeltlich auf den Pächter über, erlischt das Wahlrecht, da auch der Verpachtungsbetrieb endet.[108] Auch in diesem Fall handelt es sich jedoch nicht um eine Betriebsaufgabe. Der Pächter ist vielmehr gem. § 6 Abs. 3 EStG an die Buchwerte seines Rechtsvorgängers gebunden. Bei Substanzerhaltungsvereinbarung geht die ungewisse Verbindlichkeit durch Vereinigung mit der Pachterneuerungsforderung in der Person des Pächters unter. Aufgrund der Rechtsprechung des Großen Senats des BFH[109] führt die unentgeltliche Betriebsübertragung beim Verpächter aus privaten Gründen zu einem Verzicht auf den Pachterneuerungsanspruch. Dieser Forderungsverzicht soll beim Verpächter zum Zufluss der Forderung unmittelbar vor der Betriebsübertragung führen und eine Gewinnrealisierung auslösen, sofern dieser seinen Gewinn durch Einnahmenüberschussrechnung ermittelt.[110] Bei einem bilanzierenden Verpächter soll der Vorgang dagegen erfolgsneutral sein, da der Verzicht auf den Pachterneuerungsanspruch seitens des Verpächters als Einlage iSd § 4 Abs. 1 S. 5 EStG zu beurteilen sei und deshalb zu einer Gewinnminderung in korrespondierender Höhe führe.[111] Wechselt der Pächter nach Übernahme des Verpachtungsbetriebs die Gewinnermittlungsart oder überführt er den unentgeltlich übernommenen Verpachtungsbetrieb in einen schon vorher bestehenden eigenen Betrieb, so treten die damit verbundenen steuerlichen Folgen bei ihm ein.[112]

32 Ist ein Betrieb auf eine Erbengemeinschaft übergegangen oder eine nicht gewerbliche Personengesellschaft Verpächter und setzen sich die Miterben bzw. die Gesellschafter in der Weise auseinander, dass jedem Miterben/Gesellschafter einzelne Wirtschaftsgüter zugewiesen und diese weiterhin verpachtet werden, liegt grundsätzliche eine Betriebsaufgabe vor. Durch die **Verteilung des Vermögens des Verpachtungsbetriebes** kann der

---

[101] BFH BStBl. II 2002, 387; BMF BStBl. I 1984, 461; Schmidt/*Wacker* EStG § 16 Rn. 713; aA *Tiedtke/Heckel* DStR 2001, 145.
[102] BFH BStBl. II 2002, 387; Schmidt/*Wacker* EStG § 16 Rn. 713; aA *Tiedtke/Heckel* DStR 2001, 145.
[103] BFH BStBl. II 2016, 710; BFH/NV 2006, 2072; BStBl. II 1992, 392 mwN.
[104] BFH BStBl. II 1992, 392; BFH/NV 2006, 2072; BMF BStBl. 1993, 62 Tz. 3; OFD Karlsruhe DStR 2003, 1880.
[105] BFH DStR 2017, 1308; zu Recht aA *Hübner/Friz* DStR 2017, 2353; *Wendt* FR 2017, 1061.
[106] BFH BStBl. II 2008, 220; BFH/NV 2010, 1450; Schmidt/*Wacker* EStG § 16 Rn. 716.
[107] BFH BFH/NV 2006, 2072; BFH BeckRS 2014, 95108.
[108] BFH BStBl. II 1980, 181; *Pelka* FR 1987, 321.
[109] GrS BFH Beschl. BStBl. II 1998, 307.
[110] BFH BStBl. II 2000, 309; BMF BStBl. I 2002, 262.
[111] BFH BStBl. II 1989, 612; BMF BStBl. I 2002, 262.
[112] BFH BStBl. II 2000, 309.

II. Steuerliche Aspekte § 7

Betrieb nicht mehr jederzeit wiederaufgenommen werden. Er geht vollständig unter. Die stillen Reserven sind zu realisieren. Dies ist nur dann nicht der Fall, wenn die übertragenen Einzelwirtschaftsgüter von den Miterben bzw. Gesellschaftern in ein vorhandenes Betriebsvermögen oder einen Betrieb überführt werden, der mit den erhaltenen Wirtschaftsgütern gegründet wird. Hier greifen die Grundsätze der **Realteilung** ein, so dass der Buchwert fortzuführen ist, § 16 Abs. 3 S. 2 EStG.[113] Eine steuerneutrale Realteilung unter Aufgabe des Verpachtungsbetriebes liegt ferner vor, wenn der Verpachtungsbetrieb aus mehreren Teilbetrieben besteht und diese auf die Miterben verteilt werden. Die bloße Weiterverpachtung von landwirtschaftlichen Flächen, die der Miterbe/Gesellschafter zuvor im Rahmen der Auseinandersetzung eines land- und forstwirtschaftlichen Betriebes zugewiesen erhielt, ohne ihn jemals selbst geführt zu haben, lässt keinen neuen, eigenständigen land- und forstwirtschaftlichen Betrieb entstehen.[114] Hieran ändert sich auch nichts, wenn die den Miterben/Gesellschaftern zugewiesenen Flächen 30 ar übersteigen. Hat der Erwerber hingegen die objektiv erkennbare Absicht, alsbald die Eigenbewirtschaftung aufzunehmen, erwirbt er Betriebsvermögen. Bei der Aufspaltung kommt es zu keiner Verkleinerung des bestehenden Betriebes, sondern nach Ansicht der Finanzverwaltung zu seiner vollständigen Auflösung.[115] Richtigerweise dürfte es sich aber um eine Realteilung handeln.

Wird der Betrieb **entgeltlich** übertragen, handelt es sich um eine Betriebsveräußerung iSd § 16 EStG.[116] Der Veräußerer erzielt einen ggf. begünstigten Veräußerungsgewinn. Sofern der Betrieb nicht auf den Pächter übergeht, ist der Verpachtungsbetrieb einschließlich eines etwaigen Geschäftswerts beim Erwerber grundsätzlich von Anfang an Privatvermögen. Er erzielt dementsprechend Einkünfte aus Vermietung und Verpachtung gem. § 21 Abs. 1 Nr. 2 EStG. Dies gilt allerdings nicht, wenn der Betrieb einem bereits bestehenden Betrieb zuzurechnen ist[117] oder der Erwerber den Betrieb selbst führen will, dies aber wegen der Verpachtung durch den Veräußerer zunächst noch nicht verwirklichen kann.[118] In beiden Fällen entsteht notwendiges Betriebsvermögen. 33

Bei **teilentgeltlicher** Übertragung kommt es darauf an, ob das Entgelt höher als der Buchwert des Kapitalkontos des Übertragenden ist. Ist dies der Fall, liegt nach der Einheitstheorie insgesamt ein entgeltliches Geschäft vor (→ § 28 Rn. 51), das das Verpächterwahlrecht jedoch nicht erlöschen lässt.[119] Ist das Entgelt geringer als der Buchwert, handelt es sich um ein voll unentgeltliches Geschäft. Das Verpächterwahlrecht geht auf den Erwerber über. 34

e) Entfallen des Wahlrechts. Grundsätzlich kann der Verpächter das Wahlrecht jederzeit während der Laufzeit des Pachtverhältnisses ausüben. Stellt der **Pächter** den Betrieb jedoch ein[120] oder kommt es zu einem ersatzlosen Verbrauch der wesentlichen Betriebsgrundlagen,[121] entfällt das Wahlrecht und es kommt zwangsweise zur Betriebsaufgabe. Hierbei kommt es aber entscheidend darauf an, ob der Verpächter nach Ablauf des Pachtverhältnisses objektiv in der Lage ist, mit den wesentlichen Betriebsgrundlagen den vorübergehend eingestellten Betrieb wiederaufzunehmen und fortzuführen. Solange dies möglich ist, muss es daher unschädlich sein, wenn der Pächter einzelne wesentliche Betriebsgrundlagen anders nutzt. Ebenso unschädlich ist die Anpassung an wirtschaftlich veränderte Gegebenheiten (zB Umstellung des Warensortiments; Modernisierung der Ma- 35

---

[113] BFH DStR 2018, 2135; BMF BStBl. I 2019, 6 Rn. 14.
[114] BFH BStBl. II 1989, 637.
[115] OFD Karlsruhe DStR 2003, 1880. Die Grundsätze des BMF-Schr. BStBl. I 2000, 1556 finden nur bei Verkleinerung des Betriebes Anwendung; vgl. a. BMF BStBl. I 2006, 228 unter IV. 2.
[116] Zur Betriebsaufgabe → § 26 Rn. 1 ff.
[117] BFH BStBl. II 1991, 829.
[118] BFH BStBl. II 1992, 134.
[119] BFH BStBl. II 2016, 710; Schmidt/*Wacker* EStG § 16 Rn. 705; *Schoor* DStR 1997, 1 (5).
[120] FG Niedersachsen EFG 1995, 810; offen gelassen im BFH BStBl. II 1998, 373.
[121] *Schoor* FR 1994, 449.

schinen; Einzel- statt Großhandel)[122] oder ein Strukturwandel beim Pächter (zB vom Gewerbebetrieb zum land- und forstwirtschaftlichen Betrieb). Hier ändert sich ggf. lediglich die Art der Einkünfte und zwar auch die des Verpächters.[123] Schädlich ist allerdings die ersatzlose Veräußerung[124] oder ersatzloser Verbrauch wesentlicher Betriebsgrundlagen.[125] Um diesem nicht in seiner Hand liegenden Moment Rechnung zu tragen, sollte der Verpächter in den Pachtvertrag eine entsprechende Klausel aufnehmen, die den Pächter zu einer entsprechenden Fortführung des Betriebes verpflichtet und eine wesentliche Umgestaltung des Betriebes an seine Zustimmung knüpft. Zur Betriebsaufgabe führt auch, wenn das bisherige Pachtverhältnis endet, ohne das der Verpächter unverzüglich einen neuen Pachtvertrag abschließt oder den Betrieb wieder selbst übernimmt[126] oder wenn die persönlichen Voraussetzungen des Wahlrechts (zB der unbeschränkten Einkommensteuerpflicht) entfallen.[127] Hier kann wiederum die Einbringung des Verpachtungsbetriebs in eine gewerblich geprägte Personengesellschaft helfen. Zu beachten ist, dass die Betriebsaufgabe, die auf einer Veränderung der tatsächlichen Gegebenheiten beruht, steuerlich erst dann Wirkung entfaltet, sobald die diesbezüglichen Tatsachen dem zuständigen Finanzamt bekannt werden, § 16 Abs. 3b S. 1 Nr. 2 EStG (→ Rn. 29).

2. Gewerbesteuer

36 Mit Beginn der Verpachtung erzielt der Verpächter, sofern dies keine Kapitalgesellschaft oder gewerblich geprägte oder abgefärbte Personengesellschaft ist,[128] keine gewerbesteuerpflichtigen Einkünfte mehr.[129] Dies gilt unabhängig davon, ob der Verpächter den Betrieb fortführt oder aufgibt, denn er beteiligt sich nicht mehr am wirtschaftlichen Verkehr. Gleiches gilt auch für die Verpachtung eines Teilbetriebs.[130] Erfolgt die Verpachtung nicht zu einem Bilanzstichtag, muss der auf die Zeit bis zum Pachtbeginn entfallende Gewinn für die Gewerbesteuer besonders ermittelt werden. Hierfür gelten die allgemeinen Grundsätze. Aus Vereinfachungsgründen kann der Gewinn des Wirtschaftsjahres, in dem die Verpachtung beginnt, durch Schätzung auf die Zeiträume vor und nach Pachtbeginn aufgeteilt werden. Entsprechendes gilt für die Hinzurechnungen und Kürzungen.[131] Ist der Gewinn vor der Verpachtung nach § 4 Abs. 3 EStG ermittelt worden, ist für die Ermittlung des Gewerbeertrags bis zum Pachtbeginn für diesen Zeitpunkt der Übergang zum Vermögensvergleich zu unterstellen. Die dabei erforderlichen Zu- und Abrechnungen[132] gehören zum laufenden Gewinn und sind deshalb bei der Ermittlung des Gewerbeertrags zu berücksichtigen.[133] Gewerbesteuerliche Verlustvorträge gehen mit der gewerbesteuerlichen Betriebsaufgabe verloren.

37 Diese Grundsätze gelten auch für **Personengesellschaften** iSd § 15 Abs. 3 Nr. 1 EStG, die ihren Gewerbebetrieb verpachten. Denn die Gewerbesteuerpflicht knüpft hier daran an, dass die Gesellschafter Mitunternehmer des Gewerbebetriebes sind. Bei einer Verpachtung des Gewerbebetriebs im Ganzen ist die werbende Tätigkeit aber eingestellt; die Gesellschaft verwaltet dann nur noch eigenes Vermögen. Verpachtet eine Personengesellschaft allerdings nur einen Teilbetrieb, unterliegen die Erträge aus dem Pachtverhältnis nach Ansicht der Rechtsprechung bei der weiterhin gewerblich tätigen Gesellschaft der

---

[122] BFH BFH/NV 2001, 1106; *Ehlers* DStZ 1987, 557.
[123] *Richter* BB 1983, 2047.
[124] BFH BStBl. II 1994, 922 mwN.
[125] *Schoor* FR 1994, 449 (456) mwN.
[126] Schmidt/*Wacker* EStG § 16 Rn. 714 mwN.
[127] BFH BStBl. II 1978, 494; *Horlemann* DStZ 1984, 586.
[128] BFH BStBl. II 2005, 778.
[129] R 2.2 GewStR 2009.
[130] BFH BStBl. II 1977, 45.
[131] R 2.2 S. 5 bis 7 GewStR 2009.
[132] R 2.2 S. 8 GewStR 2009; vgl. a. R 4.6 Abs. 1 EStR 2008.
[133] BFH BStBl. II 1973, 233; R 2.2 S. 8 GewStR 2009.

II. Steuerliche Aspekte § 7

Gewerbesteuer.[134] Bei einer **gewerblich geprägten Personengesellschaft** und bei einer **Kapitalgesellschaft** soll die Gewerbesteuerpflicht ausschließlich von ihrer Existenz abhängen. Auch bei der Verpachtung des ganzen Betriebes erzielen diese dementsprechend weiterhin gewerbesteuerpflichtige Einkünfte.

In der Hand des Pächters liegt ein werbender Betrieb vor, der nach den allgemeinen gewerbesteuerlichen Grundsätzen zu behandeln ist.

3. Erbschaftsteuer

Erbschaftsteuerlich handelt es sich bei dem ruhenden Betrieb des Pächters um Betriebsvermögen, welches dem Grunde nach begünstigungsfähig ist. Für im Rahmen der Betriebsverpachtung verpachtete Grundstücke, die, da sie Dritten zur Nutzung überlassen werden, grundsätzlich zum schädlichen **Verwaltungsvermögen** zählen, besteht in § 13b Abs. 4 S. 2 Nr. 1 lit. b) ErbStG in bestimmten Fällen und nur in sehr engen Grenzen eine Rückausnahme (→ § 27 Rn. 140). Der erbschaftsteuerliche Makel des Verwaltungsvermögens eines **gewerblichen oder selbständigen ganzen Betriebes** und grundsätzlich auch eines land- und forstwirtschaftlichen Betriebes[135] entfällt, wenn[136] 38

– der Erbe, auf den der verpachtete Betrieb übergeht, bereits Pächter des Betriebs ist,
– bei einer Schenkung unter Lebenden der Verpächter den Pächter im Zusammenhang mit einer unbefristeten Verpachtung durch eine letztwillige oder rechtsgeschäftliche Verfügung als Erben eingesetzt hat, oder
– bei einer Schenkung der Beschenkte zunächst den Betrieb noch nicht selber führen kann, weil ihm zB die dafür erforderliche Qualifikation noch fehlt und der Schenker im Hinblick darauf den verpachteten Betrieb für eine Übergangszeit von maximal zehn Jahren an einen Dritten verpachtet hat, wobei die Frist bei Minderjährigen erst mit Vollendung des 18. Lebensjahrs beginnt.

Die vom Gesetzeswortlaut nicht erfasste Übertragung des Betriebes vom Verpächter auf den Pächter durch Schenkung unter Lebenden wird damit von der Finanzverwaltung dem Übergang von Todes wegen gleichgestellt. Darüber hinaus hat sie den Anwendungsbereich der Rückausnahme auf den ebenfalls vom Gesetzeswortlaut nicht erfassten Übergang des Verpachtungsbetriebes auf den Pächter auf Grund gesetzlicher Erbfolge ausgedehnt. Nicht erfasst wird, unverständlicherweise auch nicht durch eine Ausnahme der Finanzverwaltung, der Übergang von Todes wegen auf einen Erben, der den Betrieb noch nicht selber führen kann.[137] In diesen Fällen ist – sofern möglich – die Schenkung auf dem Sterbebett im wahrsten Sinne des Wortes der letzte Ausweg. Die Rückausnahme gilt nur für die Verpachtung eines **ganzen Betriebes.** Teilbetriebe sind nicht privilegiert und müssten zuvor in einen eigenständigen Betrieb umgewandelt werden. Der Verpächter muss im Zeitpunkt der Übertragung des verpachteten Betriebs Einkünfte aus gewerblicher, land- und forstwirtschaftlicher oder selbständiger Tätigkeit beziehen, darf mithin noch keine Aufgabeerklärung abgegeben haben. Maßgebend ist die ertragsteuerliche Beurteilung.[138] Weitere Voraussetzung ist, dass der Betrieb vor der Verpachtung begünstigungsfähiges Vermögen darstellte und diese Widmung nicht erst durch eine Umqualifikation im Zuge der Verpachtung eintreten darf.[139] Gerade bei älteren Pachtverträgen wird der Verwaltungsvermögenstest auf einen möglicherweise schon 25 Jahre oder mehr zu- 39

---

[134] BFH BStBl. II 1978, 73; aA → § 53 Rn. 25.
[135] Zur Besserstellung des land- und forstwirtschaftlichen Verpachtungsbetriebes → § 27 Rn. 140.
[136] R E 13b.11 Abs. 1 S. 1 ErbStR 2011; koordinierte Ländererlasse BStBl. I 2017, 902 Abschnitt 13 b.15 Abs. 1 S. 1.
[137] *Hannes/Onderka* ZEV 2009, 10; aA offenbar Troll/Gebel/Jülicher/*Jülicher* ErbStG § 13b Rn. 280.
[138] R E 13b.11 Abs. 2 ErbStR 2011; koordinierte Ländererlasse BStBl. I 2017, 902 Abschnitt 13 b.15 Abs. 2.
[139] R E 13b.11 Abs. 1 S. 2 ErbStR 2011; koordinierte Ländererlasse BStBl. I 2017, 902 Abschnitt 13 b.15 Abs. 1 S. 2.

rückliegenden Zeitpunkt schwierig durchführbar sein.[140] Die Begünstigungsregelungen für **Wohnungsunternehmen** sollen beim Verpächter nicht in Anspruch genommen werden können, da Hauptzweck nun die Verpachtung des Betriebs und nicht mehr die Vermietung von Wohnungen sei.[141] Da die Regelungen jedoch an der ertragsteuerlichen Wertung ansetzen und es sich danach lediglich um eine Betriebsunterbrechung, nicht hingegen eine Zweckänderung handelt, ist dieser Schluss nicht zwingend.

40 Bei **Betrieben der Land- und Forstwirtschaft** erstreckt sich die Rückausnahme ohne weitere Einschränkungen auf Grundstücke, Grundstücksteile, grundstücksgleiche Rechte und Bauten, die an Dritte zur land- und forstwirtschaftlichen Nutzung überlassen werden, § 13b Abs. 4 S. 2 Nr. 1 lit. f) ErbStG.[142] Nicht hierunter fallen Stückländereien, die von vornherein ihrer Art nach gar nicht zum begünstigten Betriebsvermögen gehören (§ 13b Abs. 1 Nr. 1 ErbStG). Erfasst werden aber zur Nutzung überlassenen Grundstücke etc., die weniger als 15 Jahre verpachtet sind und dem land- und forstwirtschaftlichen Betrieb noch zuzurechnen sind.[143] Diese stellen grundsätzlich kein Verwaltungsvermögen dar. Dies gilt auch bei der Verpachtung eines Teilbetriebes und ist auch nicht auf bestimmte Übertragungen unter Lebenden oder von Todes wegen beschränkt.

41 Um eine **Nachversteuerung** gemäß § 13a Abs. 5 ErbStG zu vermeiden muss der Erwerber des verpachteten Betriebs diesen fortführen. Er darf daher nicht die Betriebsaufgabe erklären (→ Rn. 27 ff.) und eine Betriebsaufgabe darf sich auch nicht aus den tatsächlichen Umständen ergeben. Ein Verstoß gegen die Lohnsummenregelung soll nach Ansicht der Finanzverwaltung[144] auch dann vorliegen, wenn der Erwerber den erworbenen Betrieb verpachtet, weil er nicht über die gesetzlich vorgeschriebene berufliche Qualifikation verfügt. Denn die vom Pächter des Betriebs gezahlten Löhne und Gehälter seien nicht in die Summe der maßgebenden jährlichen Lohnsummen des Verpächters mit einzubeziehen. Die Motive oder dass die Verpachtung aufgrund gesetzlicher Vorgaben erfolgt, seien unbeachtlich.

4. Steuerliche Konsequenzen im Übrigen

42 Die bloße Verpachtung eines Grundstücks im Rahmen einer Unternehmensverpachtung führt grundsätzlich nicht zur **Grunderwerbsteuerpflicht.** Dies gilt auch dann, wenn die Verpachtung langfristig erfolgt.

43 Bei der Verpachtung eines Unternehmens handelt es sich **umsatzsteuerlich** nicht um eine Geschäftsveräußerung iSd § 1 Abs. 1a UStG. Die Umsätze sind grundsätzlich **steuerbar** und auch **steuerpflichtig.** Werden aber im Zusammenhang mit der Unternehmensverpachtung auch Grundstücksflächen überlassen, so ist aus dem gesamten Pachtzins der auf die Grundstücksüberlassung entfallende Entgeltanteil auszuscheiden, § 4 Nr. 12 Buchst. a UStG.[145]

44 Bei der **Verpachtung eines land- und forstwirtschaftlichen Betriebes oder Teilbetriebes** ist eine Besteuerung nach Durchschnittssätzen gem. § 24 UStG ausgeschlossen.[146] Die Abweichung von der ertragsteuerlichen Beurteilung ergibt sich aus dem tätigkeitsbezogenen Charakter der Umsatzsteuer. Auch wenn nur einzelne Flächen im Rahmen eines land- und forstwirtschaftlichen Betriebes verpachtet, kommt die Durch-

---

[140] *Hannes/Onderka* ZEV 2009, 10.
[141] *von Cölln* ZEV 2012, 133.
[142] Vgl. R E 13b.14 Abs. 1 ErbStR 2011; koordinierte Ländererlasse BStBl. I 2017, 902 Abschnitt 13 b.15 Abs. 3; Abschnitt 13 b.19 Abs. 1.
[143] R E 13b.14 Abs. 1 S. 3 ErbStR 2011; koordinierte Ländererlasse BStBl. I 2017, 902 Abschnitt 13 b.19 Abs. 1 S. 3; vgl. a. Troll/Gebel/*Jülicher* ErbStG § 13b Rn. 303.
[144] LfSt Bayern BeckVerw 343523.
[145] BFH BStBl. III 1955, 258; BMF BStBl. I 2011, 1288.
[146] EuGH DStRE 2005, 353; BFH BStBl. II 2002, 555; 1993, 696; BMF BStBl. I 2011, 1288.

schnittssatzbesteuerung insoweit nicht zur Anwendung.[147] Verpachtet also ein Landwirt einen Teil der wesentlichen Elemente seines landwirtschaftlichen Betriebes langfristig und setzt er mit dem Restbetrieb seine Tätigkeit als Landwirt fort, führt er nur mit dem Restbetrieb, nicht jedoch mit der Verpachtung landwirtschaftliche Umsätze aus, die gemäß § 24 UStG nach Durchschnittssätzen versteuert werden könnten. Der auf die verpachteten Anteile entfallende Umsatz unterliegt der normalen Umsatzbesteuerung. Soweit die Pacht auf überlassene Grundstücke einschließlich aufstehender Gebäude oder auf standfeste Scheinbestandteile entfällt, sind die Pachteinnahmen gem. § 4 Nr. 12 Buchst. a UStG steuerfrei. Dadurch wird keine zeitanteilige Berichtigung des Vorsteuerabzugs nach § 15a Abs. 1 und 6 UStG ausgelöst, da die insoweit auf die Anschaffungs- oder Herstellungskosten entfallenden Vorsteuerbeträge bereits bei der Festlegung der Vorsteuerbelastungen für die Land- und Forstwirtschaft berücksichtigt wurden.[148] Bei steuerpflichtigen Verpachtungen (§ 9 UStG) ist eine Anwendung des § 15a UStG zu Gunsten des Verpächters für den restlichen Berichtigungszeitraum zulässig, wenn die auf (nachträgliche) Anschaffungs- und Herstellungskosten entfallenden Vorsteuerbeträge des jeweiligen Wirtschaftsguts nachgewiesen werden.[149] Ein etwaiger landwirtschaftlicher Restbetrieb unterliegt der Besteuerung nach Durchschnittssätzen gem. § 24 UStG.[150] Gleiches gilt für nachlaufende Umsätze von landwirtschaftlichen Produkten, die erst nach Verpachtung oder Veräußerung anfallen, aber noch während der Anwendung des § 24 UStG im eigenen Betrieb erzeugt wurden.[151]

Werden verpachtete Gegenstände nach Beendigung der Pacht veräußert, kommt eine Geschäftsveräußerung im Ganzen in Betracht, § 1 Abs. 1a UStG.[152] In diesem Fall ist beim Erwerber eine Vorsteuerberichtigung vorzunehmen, falls dieser die steuerpflichtige Verpachtung nicht fortführt und der Berichtigungszeitraum noch nicht abgelaufen ist, § 15a Abs. 10 UStG. Wird an den bisherigen Pächter veräußert, liegt demgegenüber keine nicht steuerbare Geschäftsveräußerung nach § 1 Abs. 1a UStG vor, da das übertragene Vermögen die Fortsetzung einer bisher durch den Veräußerer ausgeübten Tätigkeit nicht ermöglicht. Die Verpachtungstätigkeit des Veräußerers geht mit der Veräußerung nicht auf den Pächter über, weil er die bisher durch den Veräußerer ausgeübte unternehmerische Verpachtungstätigkeit mit dem bestehenden Pachtvertrag, dessen Partei er auf Pächterseite selbst war, nicht fortführen konnte. Denn der Erwerber hat den Pachtbetrieb wie zuvor als Mieter nunmehr als Eigentümer selbst genutzt, nicht aber vermietet.[153]

Bei einer „**Eisernen Verpachtung**" stellen Hin- und Rückgabe des „eisernen Inventars" keine Lieferung dar. Ein sich bei der Rückgabe ergebender Mehrwert, den der Verpächter auszugleichen hat, ist Entgelt für eine sonstige Leistung des Verpächters.[154]

Land- und Forstwirte, Gewerbetreibende und freiberuflich Tätige haben gemäß § 138 Abs. 1 AO als Pächter die Pflicht, die **Betriebseröffnung anzuzeigen.**[155] Der Pächter **haftet** nicht als Betriebsübernehmer gem. § 75 AO für die betrieblichen Steuern. Bei einer bloßen Verpachtung des Unternehmens fehlt es am Eigentumswechsel. Dies gilt auch dann, wenn der Betrieb langfristig verpachtet ist.[156] Anders ist dies allerdings beim Erwerb

---

[147] EuGH DStRE 2005, 353; BFH UR 2002, 606; BStBl. II 2006, 212; OFD Karlsruhe BeckVerw 258509 BW.
[148] OFD Karlsruhe BeckVerw 258509 BW.
[149] OFD Karlsruhe BeckVerw 258509 BW.
[150] BMF BStBl. I 2011, 1288; OFD Karlsruhe BeckVerw 258509 BW.
[151] OFD Karlsruhe BeckVerw 258509 BW.
[152] OFD Karlsruhe BeckVerw 258509 BW.
[153] BFH/NV 2009, 426; OFD Karlsruhe BeckVerw 258509 BW.
[154] OFD Karlsruhe BeckVerw 258509 BW.
[155] Tipke/Kruse/*Brandis* AO § 138 Rn. 1.
[156] BFH BStBl. II 1986, 589.

eines Handelsgeschäfts nach § 25 HGB. Hier reicht die Pacht als Inhaberwechsel aus,[157] mit der Folge, dass der Pächter für alle im Betrieb des Geschäfts begründeten Verbindlichkeiten des früheren Inhabers haftet, sofern das Geschäft unter der bisherigen Firma fortgeführt wird.

---

[157] BFH BStBl. II 1986, 383 mwN.

§ 8 Betriebsaufspaltung

Übersicht

	Rn.
I. Einleitung	1
II. Begriffsabgrenzung und Erscheinungsformen	3
1. Sachliche Verflechtung	5
2. Personelle Verflechtung	8
III. Beendigung der Betriebsaufspaltung	11
IV. Betriebsaufspaltung im Erbschaftsteuerrecht	14

I. Einleitung

Todgesagte leben länger. So könnte man die Situation um die Betriebsaufspaltung in aller Kürze beschreiben. Aus steuerlicher Sicht hat sie stark an Bedeutung verloren, da sich in den meisten Situationen eine andere Rechtsform finden lässt, die zu einer geringeren Gesamtsteuerbelastung führt als die Betriebsaufspaltung.[1] Hinzu kommt, dass sie rechtsdogmatisch umstritten ist.[2] Aus gestalterischer Sicht, wird man daher nur noch in Ausnahmefällen zur Betriebsaufspaltung raten können.[3] Dennoch werden wir noch lange mit diesem Rechtsinstitut zu tun haben werden, da immer noch eine große Zahl echter wie unechter Betriebsaufspaltungen „aus alten Tagen" existiert, die trotz der Möglichkeiten des Umwandlungssteuergesetzes nicht umgestaltet werden sollen oder wegen der steuerlichen Belastung und aus Kostengründen nicht beendet werden können.[4] Die Aufgabe des Beraters liegt daher in der Regel darin, bei der Nachfolgegestaltung darauf zu achten, dass die Voraussetzungen für die Betriebsaufspaltung durch die angedachten Maßnahmen bestehen bleiben. Denn endet die Betriebsaufspaltung, droht nicht nur eine Entstrickung der gewerblich vermieteten Wirtschaftsgüter, sondern auch eine Entstrickung der Anteile an der Betriebskapitalgesellschaft und somit die Aufdeckung und Versteuerung aller stillen Reserven. Da durch die Entstrickung zumeist keine Liquidität freigesetzt wird, stehen der steuerlichen Belastung oft keine ausreichenden finanziellen Mittel gegenüber. Die Situation gleicht daher der Problematik beim Auseinanderfallen von Betriebs- und Sonderbetriebsvermögen (→ § 27 Rn. 2 und → § 28 Rn. 80).

Darüber hinaus spielt die Rechtsprechung zur Betriebsaufspaltung bei der Gestaltungsberatung immer dort eine Rolle, wo Wirtschaftsgüter einem Betriebsunternehmen zur Verfügung gestellt werden, die Voraussetzungen für eine Betriebsaufspaltung aber aufgrund fehlender personeller Verflechtung (→ Rn. 8 ff.) nicht vorliegen. Hier können die Gestaltungsmaßnahmen eine Betriebsaufspaltung und damit eine Steuerverstrickung der überlassenen Wirtschaftsgüter erstmalig begründen. Gehört zB einem Ehegatten das Betriebsgrundstück, auf dem der andere Ehegatte sein Unternehmen in der Rechtsform einer GmbH betreibt (sog. **Wiesbadener Modell**), und stirbt einer von beiden, kommt es bei dem überlebenden Ehegatten zu einer Betriebsaufspaltung, wenn er das Grundstück bzw. die GmbH erbt. Die Wertzuwächse der zuvor im Privatvermögen gehaltenen Anteile bzw. des Grundstücks, die außerhalb der Grenzen des § 23 EStG steuerfrei bleiben würden, sind nunmehr bei Veräußerung des betreffenden Wirtschaftsguts, spätestens bei Betriebsaufgabe oder -veräußerung zu versteuern. Im Folgenden geht es zum einen darum, den beratenden Anwalt für diese Schwierigkeiten zu sensibilisieren. Denn die Be-

---
[1] *Kessler/Teufel* BB 2001, 17; *Jacobs/Scheffler/Spengel*, 695 ff.
[2] Zum Streitstand vgl. *Korn/Carlé* § 15 EStG Rn. 413 ff.
[3] So könnte zB die umgekehrte Betriebsaufspaltung, bei der das Betriebsunternehmen (idR eine Personengesellschaft) ein Besitzunternehmen in der Rechtsform einer Kapitalgesellschaft beherrscht, eine attraktive Rechtsformkombination sein; vgl. *Kessler/Teufel* DStR 2001, 869; *Strahl* StbJb 01/02, 137; die mitunternehmerische Betriebsaufspaltung hat den Vorteil der Verdoppelung des Gewerbesteuerfreibetrages.
[4] *Märkle* StbJb 1997/98, 29 (31).

triebsaufspaltung ist schwer zu systematisieren und erweist sich aufgrund ihrer starken Einzelfallorientierung nur allzu oft als Haftungsfalle im Rahmen der Nachfolgeberatung.[5] Hierzu werden die Voraussetzungen der Betriebsaufspaltung, dh die personelle und sachliche Verflechtung beleuchtet. Zum anderen soll aufgezeigt werden, wie eine bestehende Betriebsaufspaltung einem geordneten, steuerneutralen Ende zugeführt werden kann.

II. Begriffsabgrenzung und Erscheinungsformen

3   Als Betriebsaufspaltung wird die Aufteilung betrieblicher Bereiche auf zwei rechtlich getrennte Unternehmen/Einheiten bezeichnet. Kennzeichnend ist, dass eine ihrer Art nach **nicht gewerbliche Tätigkeit,** nämlich das Vermieten bzw. Verpachten von Wirtschaftsgütern, durch eine enge personelle und sachliche Verflechtung zwischen dem oder den Vermietern bzw. Verpächtern (= **Besitzunternehmen**) und einer oder mehrerer gewerblicher Betriebsgesellschaften (= **Betriebsunternehmen**) zum Gewerbebetrieb im Sinne von § 15 Abs. 1 S. 1 Nr. 1, Abs. 2 EStG und § 2 GewStG wird.[6] Begründet wird dies damit, dass die hinter den beiden Unternehmen stehenden Personen einen einheitlichen geschäftlichen Betätigungswillen haben, der über das Betriebsunternehmen auf die Ausübung einer gewerblichen Tätigkeit gerichtet ist.[7] Diese allein auf Richterrecht basierende Schlussfolgerung wird in der Literatur zu Recht aus steuersystematischer Sicht kritisiert.[8] Dennoch wird man mit ihr wohl noch eine ganze Weile leben müssen; es ist weder zu erwarten, dass der BFH sich zu einer Aufgabe durchringen,[9] noch dass der Gesetzgeber hier die erforderliche Klarheit schaffen wird.

4   Eine **echte Betriebsaufspaltung** liegt vor, wenn zum einen ein bisher einheitlicher Gewerbebetrieb[10] in der Weise aufgeteilt wird, dass ein Teil des Betriebsvermögens auf eine Betriebsgesellschaft übereignet wird und mindestens eine der bisherigen wesentlichen Betriebsgrundlagen beim nunmehrigen Besitzunternehmen verbleibt und der Betriebsgesellschaft zur Nutzung überlassen wird **(sachliche Verflechtung),** sowie zum anderen zwischen beiden Unternehmen eine **personelle Verflechtung** besteht.[11] Eine **unechte Betriebsaufspaltung** liegt demgegenüber vor, wenn der oder die beherrschenden Gesellschafter einer Betriebsgesellschaft dieser ein in der Regel neu erworbenes Wirtschaftsgut zur Nutzung überlassen, welches für die Betriebsgesellschaft eine wesentliche Betriebsgrundlage darstellt.[12] Bei einer sog. **mitunternehmerischen Betriebsaufspaltung** haben Betriebs- und in der Regel auch Besitzgesellschaft die Rechtsform einer Personengesellschaft. Bei der sog. **kapitalistischen Betriebsaufspaltung** ist das Besitzunternehmen eine Kapitalgesellschaft und das Betriebsunternehmen entweder Kapital- oder Perso-

---

[5] *Hennig* RNotZ 2015, 127 ff.; *Slabon*, FS Spiegelberger, 2009, 430 ff.; *Söffing* ErbStB 2014, 253 ff.
[6] Vgl. Schmidt/*Wacker* EStG § 15 Rn. 800 mwN.
[7] BFH BStBl. II 1997, 569; BStBl. II 2012, 136; BFH/NV 2006, 413.
[8] Vgl. zB *Haritz/Wisniewski* GmbHR 2000, 789 (793 f.); *Salzmann* DStR 2000, 1329 (1333); *Knobbe-Keuk*, Bilanz- und Unternehmenssteuerrecht, § 22 X 2 mit umfangreichen Nachweisen in Fn. 384.
[9] Auffällig ist zwar, dass zahlreiche BFH-Richter sich in Veröffentlichungen gegen die Betriebsaufspaltung gewandt haben (vgl. *van Randenborgh* DStR 1998, 20 (22); *Gosch* StBp 1999, 249) ob diese sich jedoch letztlich in einer erforderlichen Entscheidung des Großen Senats beim BFH werden durchsetzen können, ist eher zweifelhaft.
[10] Bei einem freiberuflichen oder land- und forstwirtschaftlichen Betrieb wird eine Betriebsaufspaltung nur begründet, wenn die Betriebsgesellschaft gewerblich tätig ist oder gewerblich geprägt ist (zB aufgrund Verpachtung des Mandantenstamms). In diesem Fall erzielt auch die Besitzgesellschaft aufgrund der Abfärbung gem. § 15 Abs. 3 Nr. 1 EStG grundsätzlich insgesamt gewerbliche Einkünfte, vgl. BFH BStBl. II 1998, 254; BFH/NV 2011, 1135. Ist die Betriebsgesellschaft dagegen originär freiberuflich bzw. land- und forstwirtschaftlich tätig, begründet die Nutzungsüberlassung keine Betriebsaufspaltung. Die überlassenen Wirtschaftsgüter der Besitzgesellschaft sind allerdings anteiliges Sonderbetriebsvermögen der Gesellschafter bei der Betriebsgesellschaft und insoweit auch steuerverstrickt.
[11] Vgl. zB BFH DStR 1998, 887 mwN; H 15.7 Abs. 4 „Allgemeines".
[12] Vgl. zB BFH BStBl. II 1997, 460 mwN; zu Recht aA *Knobbe-Keuk*, Bilanz- und Unternehmenssteuerrecht, § 22 X 2; *Mössner* Stbg 1997, 1.

II. Begriffsabgrenzung und Erscheinungsformen § 8

nengesellschaft.[13] Von einer sog. **umgekehrten Betriebsaufspaltung** spricht man, wenn das Betriebsunternehmen (in der Regel eine Personengesellschaft) ein Besitzunternehmen in der Rechtsform einer Kapitalgesellschaft beherrscht.[14] Bei einer **Einheitsbetriebsaufspaltung** ist das Besitzunternehmen unmittelbar an der Betriebsgesellschaft beteiligt.[15]

1. Sachliche Verflechtung

Für die sachliche Verflechtung von Besitz- und Betriebsunternehmen ist Voraussetzung, 5 dass dem Betriebsunternehmen mindestens ein Wirtschaftsgut zur Nutzung überlassen ist, das bei diesem eine **wesentliche Betriebsgrundlage** darstellt.[16] Es ist nicht erforderlich, dass dieses Wirtschaftsgut die wesentliche Betriebsgrundlage bildet, ohne die der Betrieb nicht geführt werden könnte. Der Begriff wesentliche Betriebsgrundlage setzt vielmehr lediglich voraus, dass das Wirtschaftsgut nach dem Gesamtbild der Verhältnisse zur Erreichung des Betriebszwecks erforderlich ist und besonderes Gewicht für die Betriebsführung besitzt.[17] Abzustellen ist allein auf die **funktionalen Erfordernisse** des Betriebs;[18] die bei Betriebsveräußerung und -aufgabe geltende funktional-quantitative Betrachtungsweise, nach der auch wirtschaftlich für das Unternehmen völlig unbedeutende Wirtschaftsgüter als wesentlich einstuft werden, wenn sie nur erhebliche stille Reserven haben, gilt hier nicht.[19] Funktional bedeutsam und damit wesentlich kann ein Wirtschaftsgut nur dann sein, wenn es nicht problemlos ersetzt werden kann.

Als wesentliche Betriebsgrundlage kommen materielle wie immaterielle Wirtschaftsgü- 6 ter in Betracht. Daher können auch Erfindungen,[20] Werberechte[21] und Marken[22] wesentliche Betriebsgrundlage eines Betriebes sein. Grundstücke sind funktional wesentlich, wenn das Betriebsunternehmen in seiner Betriebsführung auf das ihm zur Nutzung überlassene Grundstück angewiesen ist, weil die Betriebsführung durch die Lage des Grundstücks bestimmt wird oder das Grundstück auf die Bedürfnisse des Betriebes zugeschnitten ist, vor allem, wenn die aufstehenden Baulichkeiten für die Zwecke des Betriebsunternehmens hergerichtet oder gestaltet worden sind, oder das Betriebsunternehmen aus anderen innerbetrieblichen Gründen ohne ein Grundstück dieser Art den Betrieb nicht fortführen könnte.[23] Auch reine Büro- und/oder Verwaltungsgebäude („Allerweltsgebäude") sollen wesentliche Betriebsgrundlage sein, jedenfalls dann, wenn die Betriebsgesellschaft das Büro- und Verwaltungsgebäude benötigt, es für die betrieblichen Zwecke der Betriebsgesellschaft geeignet und wirtschaftlich von nicht untergeordneter Bedeutung ist.[24] Auch Gebäude, die ausschließlich büromäßig genutzt werden, stellen somit nach Ansicht der Rechtsprechung mittlerweile wesentliche Betriebsgrundlagen dar. Es reicht aus, dass die Büroräume für die Betriebsgesellschaft von nicht nur geringer wirtschaftlicher Bedeutung sind, weil sich in ihnen der Mittelpunkt der Geschäftsleitung des Unternehmens befindet.[25] Nicht ausreichend ist es, wenn das Betriebsunternehmen an der Anschrift der

---

[13] BFH BStBl. II 1995, 75 (78).
[14] BFH BStBl. II 1995, 75 (78); zum Begriff und der Möglichkeit der umgekehrten Betriebsaufspaltung als Gestaltungsinstrument nach der Unternehmenssteuerreform 2001, *Kessler/Teufel* DStR 2001, 869.
[15] BFH BStBl. II 2006, 874; *Korn/Carlé* § 15 EStG Rn. 418, 453; Schmidt/*Wacker* § 15 Rn. 803.
[16] Vgl. zB BFH BStBl. II 1993, 233 mwN.
[17] Vgl. zB BFH BStBl. II 1997, 565; BFH/NV 2003, 41.
[18] BFH BStBl. II 2002, 527.
[19] BFH BStBl. II 1998, 104.
[20] BFH BStBl. II 1999, 281 mit Anm. v. *M. Wendt* FR 1999, 29; BStBl. II 2006, 457.
[21] BFH/NV 1997, 825; FG München EFG 2006, 285.
[22] *Schweiger* BB 1999, 451 (453); nur sofern die Marke zuvor im geschäftlichen Verkehr genutzt wurde, BFH/NV 2011, 312.
[23] BFH BStBl. II 2008, 220; BStBl. II 1993, 718; BFH/NV 2012, 1110.
[24] BFH Beschl. v. 28.9.2007 – V B 213/06 – nv; BFH/NV 2012, 1110; BStBl. II 2006, 804; BFH/NV 2003, 910; BMF BStBl. I 2001, 634; zu Recht aA *Märkle* DStR 1995, 1001; *Kempermann* DStR 1997, 1441; *Korn/Carlé* § 15 EStG Rn. 445.
[25] BFH v. 28.9.2007 – V B 213/06 – nv; BStBl. II 2006, 804.

überlassenen Büroräume ihren Sitz begründet hat.[26] Eine Ausnahme wird bei Gebäuden nur in qualitativer Hinsicht zB bei einem Geräteschuppen[27] oder nur vorübergehender Nutzung[28] und in quantitativer Hinsicht zB bei Nutzung nur eines ganz geringen Teils des Gebäudes gemacht.[29] In quantitativer Hinsicht dürfte die Grenze, ob ein Gebäudeteil nicht zu den wesentlichen Betriebsgrundlagen gehört, jedenfalls dann erreicht sein, wenn es ein Einzelgewerbetreibender nach § 8 EStDV wegen Unterschreitens der dort genannten Grenzen nicht als Betriebsvermögen behandeln müsste. Dies ist der Fall, wenn der Wert des eigenbetrieblich genutzten Grundstücksteils nicht mehr als ein Fünftel des gemeinen Werts des gesamten Grundstücks und nicht mehr als 20.500,– EUR beträgt. Solange der Betrieb ohne weiteres jederzeit andere Büroräumlichkeiten beziehen kann, kann das alte Bürogebäude nach hier vertretener Ansicht jedoch nicht wesentlich sein; seine wirtschaftliche Bedeutung für das Betriebsunternehmen ist dafür zu gering. Entsprechendes muss für Lagerhallen gelten, die, ohne speziell hergerichtet zu sein, ausschließlich reiner Lagerung dienen.[30] **Bewegliche Anlagegüter,** wie zB Maschinen, sind in der Regel wesentliche Betriebsgrundlagen, auch wenn sie keine Sonderanfertigungen, sondern nur Serienfabrikate sind.[31] Dies gilt jedoch nicht, wenn die Wirtschaftsgüter kurzfristig wiederbeschaffbar sind. Bloße Darlehensgewährungen oder Dienstleistungen sind keine wesentlichen Betriebsgrundlagen und begründen daher keine sachliche Verflechtung.[32]

7 Die **Nutzungsüberlassung** kann auf schuldrechtlicher oder dinglicher Grundlage (zB Pacht, Nießbrauch, Erbbaurecht) erfolgen.[33] Sie kann ferner entgeltlich, unentgeltlich oder teilentgeltlich sein. Auch wenn kein Nutzungsentgelt zu zahlen oder dieses unangemessen niedrig ist, kann die erforderliche Gewinnerzielungsabsicht gegeben sein, weil sich dementsprechend die Ausschüttungen der Betriebs-GmbH, die Betriebseinnahmen der Besitzgesellschaft darstellen, erhöhen.[34] Gleichgültig ist, ob das Besitzunternehmen **Eigentümer** der zur Nutzung überlassenen Wirtschaftsgüter ist oder ob sie ihm von einem Dritten entgeltlich oder unentgeltlich zur Nutzung überlassen sind.[35] Es fehlt aber an einer sachlichen Verflechtung zwischen dem Eigentümer eines Grundstücks (Besitzunternehmen) und dem Betriebsunternehmen, wenn dieses ein Gebäude mietet, das ein Erbbauberechtigter auf dem Grundstück des Eigentümers errichtet hat.[36]

2. Personelle Verflechtung

8 Die zweite Voraussetzung für das Vorliegen einer Betriebsaufspaltung ist eine enge personelle Verflechtung zwischen Besitz- und Betriebsunternehmen. Beide Unternehmen müssen hierzu von einem **einheitlichen geschäftlichen Betätigungswillen** getragen sein,[37] der sich insbesondere auch auf das Nutzungsverhältnis hinsichtlich der wesentlichen Betriebsgrundlage bezieht.[38] Ein einheitlicher geschäftlicher Betätigungswille kann grundsätzlich dann angenommen werden, wenn **Beteiligungsidentität** besteht. In diesem Fall sind an beiden Unternehmen dieselben Personen im gleichen Verhältnis beteiligt.[39]

---

[26] BFH/NV 2016, 19.
[27] *Kempermann* FR 1993, 593.
[28] BFH BStBl. II 2009, 803.
[29] BFH BStBl. II 2009, 803, wonach bei Nutzung von weniger als 10% schon eine Betriebsaufspaltung gegeben sein soll; BStBl. II 2006, 804; Schmidt/*Wacker* EStG § 15 Rn. 812.
[30] AA BFH/NV 2001, 1252; Schmidt/*Wacker* EStG § 15 Rn. 813.
[31] BFH BStBl. II 1989, 1014; BFH/NV 2004, 1262.
[32] BFH BStBl. 1989, 455; Schmidt/*Wacker* EStG § 15 Rn. 816.
[33] BFH BStBl. II 2016, 154; Kirchhof/*Reiß* EStG § 15 Rn. 87.
[34] BFH BStBl. II 1998, 254.
[35] BFH BStBl. II 1989, 1014; BStBl. II 2002, 363; BFH/NV 2015, 815 Rn. 42; 2017, 8.
[36] BFH BStBl. II 2016, 154.
[37] GrS BFH BStBl. II 1972, 63; H 15.7 Abs. 6 EStH „Allgemeines".
[38] BFH BStBl. II 2011, 778 Rn. 32; BStBl. II 1997, 44; BStBl. 1993, 134.
[39] BFH BStBl. II 1997, 565 für Alleingesellschafter; Schmidt/*Wacker* § 15 EStG Rn. 820.

II. Begriffsabgrenzung und Erscheinungsformen § 8

Daneben ist ein einheitlicher geschäftlicher Betätigungswille bei **Beherrschungsidentität** 9 anzunehmen. In diesem Fall beherrscht eine Person oder eine Personengruppe beide Unternehmen in der Weise, dass sie in der Lage ist, in beiden Unternehmen einen einheitlichen Geschäfts- und Betätigungswillen durchzusetzen.[40] Die Beherrschungsidentität kann zum einen auf einer gesellschaftsrechtlichen Grundlage, dh auf einer unmittelbaren Mehrheitsbeteiligung oder mittelbaren Beteiligung, sowie zum anderen auf einer tatsächlichen Machtstellung[41] beruhen. Sind zB an beiden Unternehmen dieselben Gesellschafter allerdings jeweils in unterschiedlicher Höhe beteiligt, ist dies nach Ansicht der Rechtsprechung Ausdruck eines nicht zufälligen Zusammenkommens der Personen, sondern ein Zusammenschluss zur Verfolgung eines bestimmten wirtschaftlichen Zwecks mit beiden Unternehmen, bei der die wirtschaftliche Notwendigkeit der gewählten Unternehmensform gleichgerichtete Interessen indiziert und ein gemeinsames Handeln gebietet (sog. **„Theorie der bewusst geplanten Doppelgesellschaft"**).[42] Für die Annahme einer solchen Einheit bedarf es keiner vertraglichen Bindungen. Auch auf die besondere Gestaltung der Gesellschaftsverträge kommt es für die Feststellung eines einheitlichen geschäftlichen Betätigungswillens nicht an. Dass die Personen dieser Gruppe an beiden Unternehmen in unterschiedlicher Höhe beteiligt sind, ist in der Regel unerheblich. Nur wenn ihre Beteiligungen der Höhe nach in extremer Weise entgegengesetzt sind, wenn also zB der Anteil des A am Besitzunternehmen 95 vH und am Betriebsunternehmen 5 vH beträgt, während es sich bei B umgekehrt verhält, können andere Grundsätze gelten.[43] Die Personengruppentheorie greift auch dann nicht ein, wenn die Einheit durch nachgewiesene Interessengegensätze[44] oder durch wirksame Stimmrechtsbestimmungen aufgelöst ist. Dementsprechend fehlt es an einer Beherrschungsidentität, wenn ein Gesellschafter nur an der Besitz- und nicht an der Betriebsgesellschaft beteiligt ist (sog. „Nur-Besitz-Gesellschafter") und Beschlüsse in der Besitzgesellschaft der Einstimmigkeit oder einer aufgrund der Beteiligung des Nur-Besitz-Gesellschafters nicht erreichbaren qualifizierten Mehrheit bedürfen.[45] Da den Nur-Besitz-Gesellschaftern quasi ein Vetorecht zusteht, können die mehrheitlich beteiligten Personen ihren geschäftlichen Betätigungswillen nicht durchsetzen. Wird die Mehrheit nur von einer Personengruppe (zB zwei von drei Gesellschaftern) erreicht, muss diese eine durch gleichgerichtete Interessen geschlossene Personengruppe bilden (sog. **Personengruppentheorie**).[46] Trotz in der Satzung verankerten Einstimmigkeitsprinzips ist eine personelle Verflechtung gegeben, wenn der Mehrheitsgesellschafter und Geschäftsführer der Betriebs-GmbH, der zugleich das Besitzunternehmen als Alleineigentümer der zur Nutzung überlassenen Wirtschaftsgüter beherrscht, die das Nutzungsverhältnis betreffenden Rechtshandlungen ohne Zustimmung der Gesellschafterversammlung vornehmen kann, da er zugleich aufgrund der Einstimmigkeit auch nicht gegen seinen Willen abberufen werden kann.[47]

Für **Ehegatten** sowie für **Eltern und Kinder** gelten grundsätzlich die gleichen 10 Grundsätze wie für fremde Dritte.[48] Dementsprechend liegt keine Betriebsaufspaltung vor, wenn der eine Ehegatte nur am Besitzunternehmen und der andere Ehegatte nur an der Betriebsgesellschaft beteiligt ist (sog. **Wiesbadener Modell**). Sollte einer der Ehegatten das ihm gehörende Unternehmen allerdings von dem anderen Ehegatten geschenkt be-

---

[40] Vgl. zB BFH BStBl. II 2011, 778 Rn. 28 ff.; BStBl. II 2003, 757; H 15.7 Abs. 6 EStH „Beherrschungsidentität"; BMF BStBl I 2002, 1028.
[41] Vgl. zB BFH II 1997, 437 für den Fall, in dem der Alleininhaber des Besitzunternehmens seinen 49 %igen Geschäftsanteil an der Betriebs-GmbH jederzeit auf bis zu 98 % erhöhen konnte; weitere Beispiele vgl. H 15.7 Abs. 6 EStH „Faktische Beherrschung"; BMF BStBl I 2002, 1028.
[42] BFH BStBl. II 2000, 417; ebenso *Märkle* DStR 2002, 1109 (1114); zu Recht krit. *Gosch* StBp 2000, 185.
[43] BFH BStBl. II 1989, 152 mwN.
[44] BFH BStBl. II 1992, 349; BFH/NV 2008, 784.
[45] BFH/NV 1999, 1033; BStBl. II 2016, 154 Rn. 28.
[46] BFH BStBl. II 1972, 796.
[47] BFH/NV 2008, 384; BStBl. II 1997, 44; BStBl. II 2002, 771, jeweils mwN.
[48] BFH BStBl. II 1994, 466; Schmidt/*Wacker* EStG § 15 Rn. 845 ff. mwN.

kommen haben und ist diese Schenkung frei widerruflich, dürfte eine Betriebsaufspaltung anzunehmen sein.[49] Sind an beiden Unternehmen nur Eltern mit ihren **minderjährigen Kindern** beteiligt, können die Anteile der Kinder den Eltern nur dann zugerechnet werden, wenn Beweisanzeichen für eine gleichgerichtete Interessenlage vorhanden sind. Nach Auffassung der Finanzverwaltung soll allerdings eine personelle Verflechtung vorliegen, wenn einem Elternteil oder beiden Elternteilen und einem minderjährigen Kind an beiden Unternehmen jeweils zusammen die Mehrheit der Stimmrechte zuzurechnen sind. Begründet wird diese Auffassung mit der elterlichen Vermögenssorge.[50] Da diese Zurechnung mit Eintritt der Volljährigkeit der Kinder abrupt endet, kann gleichzeitig auch die personelle Verflechtung wegfallen, was wiederum zur Beendigung der Betriebsaufspaltung und Besteuerung der stillen Reserven führen würde. Dieses Ergebnis wird von der Finanzverwaltung im Billigkeitswege abgemildert, in dem sie dem Steuerpflichtigen auf Antrag das Verpächterwahlrecht (→ § 7 Rn. 8 ff.) zubilligt.[51]

III. Beendigung der Betriebsaufspaltung

11 Veränderungen in den personellen oder sachlichen Voraussetzungen der Betriebsaufspaltung können zum endgültigen Wegfall des Tatbestands der Betriebsaufspaltung führen. Eine **personelle Entflechtung** kann zB durch Veräußerung der Anteile an der Betriebsgesellschaft an einen nicht an der Besitzgesellschaft Beteiligten erfolgen. Aber auch Erbfall (→ Rn. 14) oder Erreichen der Volljährigkeit (→ Rn. 10) können eine Betriebsaufspaltung abrupt und häufig ungewollt beenden. Ferner führt die Eröffnung des Insolvenzverfahrens über das Vermögen der Betriebsgesellschaft grundsätzlich zur Beendigung der personellen Verflechtung mit dem Besitzunternehmen und damit zur Beendigung der Betriebsaufspaltung.[52] Weiter kann eine Kapitalerhöhung, bei der ein Dritter zur Übernahme der neuen Stammeinlage zugelassen wird, die Mehrheitsverhältnisse in der Betriebsgesellschaft derart verschieben, dass es zur personellen Entflechtung kommt. Vorsicht ist bei derartigen Beteiligungen Dritter aber auch geboten, wenn es nicht zur personellen Entflechtung kommt. Denn zahlt der Dritte nur den Nennwert der Stammeinlage, obwohl stille Reserven vorhanden sind, werden diese auf ihn verschoben. Hierdurch kommt es zu einer **Entnahme** des Besitzunternehmers in Höhe der Differenz zwischen dem höheren Wert des übernommenen Anteils und der geleisteten Einlage, sofern nicht eine gesetzliche Regelung (§ 6 Abs. 5 EStG, § 6b EStG oder das Umwandlungssteuergesetz) dies verhindert.[53] Vorsicht ist auch beim **Vorbehaltsnießbrauch** geboten. Denn nach der Rechtsprechung endet eine Betriebsaufspaltung, wenn sowohl das Besitzunternehmen als auch die Kapital- oder Personengesellschaftsbeteiligung am Betriebsunternehmen unter dem Vorbehalt des Nießbrauchs auf einen Dritten übertragen werden.[54] Aufgrund des Vorbehaltsnießbrauchs beherrsche der Nießbraucher zwar das Besitzunternehmen, nicht aber die Kapital- bzw. Personengesellschaft (Betriebsunternehmen), da nach der Rechtsprechung des BGH[55] die Stimmrechte dem Gesellschafter der GmbH und damit nicht dem Vorbehaltsnießbraucher zustünden. Eine **sachliche Entflechtung** wird in der Regel durch Beendigung des Miet- oder Pachtverhältnisses mit dem Betriebsunternehmen ausgelöst, vorausgesetzt, die Nutzung endet auch tatsächlich. Aber auch die **Wohnsitzverlegung** bzw. die Verlegung der Geschäftsleitung des Besitzunternehmens ins Ausland kann dazu führen, dass die Betriebsaufspaltung beendet wird. Denn der im Inland belegene und der Betriebsgesellschaft zur Nutzung überlassene Grundbesitz begründet keine Betriebsstätte, jedenfalls dann nicht, wenn im Inland kein ständiger Vertreter

---

[49] BFH BStBl. II 1989, 877; Schmidt/*Wacker* EStG § 15 Rn. 847; → Rn. 95.
[50] R 15.7 Abs. 8 EStR; aA zu Recht *Kuhfus* GmbHR 1990, 401; *Felix* StB 1997, 145 (151).
[51] R 16.4 Abs. 2 S. 4 EStR 2008.
[52] BFH BStBl. II 1997, 460; aA *Wendt* FR 98, 264, der zR eine Aufgabehandlung verlangt.
[53] BFH BStBl. II 2006, 287; BFH/NV 2006, 1262.
[54] BFH/NV 2015, 815; krit. *Wachter* GmbHR 2015, 778; *Stein* ZRV 2019, 131.
[55] BGH zur Personengesellschaft; OLG Koblenz NJW 1992, 2163 zur GmbH.

III. Beendigung der Betriebsaufspaltung § 8

bestellt ist oder eine feste Geschäftseinrichtung des Besitzunternehmens vorliegt.[56] Wird die Betriebsaufspaltung beendet, kommt es grundsätzlich zu einer Betriebsaufgabe des Besitzunternehmens nach § 16 Abs. 3 EStG.[57] Hierbei kommt es nicht nur zu einer Entstrickung der vermieteten Wirtschaftsgüter, sondern auch zu einer Entstrickung der Anteile an der Betriebsgesellschaft[58] und somit zur Versteuerung sämtlicher stiller Reserven. Ein Wahlrecht analog dem Verpächterwahlrecht, die Anteile an der Betriebskapitalgesellschaft bei Beendigung der Betriebsaufspaltung weiter als „ewiges" Betriebsvermögen zu behandelt, existiert nicht.[59]

Ausnahmsweise kommt es in folgenden Fällen beim Wegfall der Voraussetzungen für eine Betriebsaufspaltung nicht zu einer Besteuerung der stillen Reserven: 12
– Bei Wegfall der personellen Verflechtung kann sich die Nutzungsüberlassung immer noch als **Betriebsverpachtung** darstellen (→ § 7 Rn. 1 ff.), sofern die weiterhin überlassenen Wirtschaftsgüter einen Betrieb oder Teilbetrieb bilden.[60] Die Besitzgesellschaft erzielt dann als „Betriebsverpächter" weiterhin gewerbliche Einkünfte, solange sie keine Betriebsaufgabe erklärt oder als betrieblicher Organismus zu existieren aufhört. Die gilt auch bei einer unechten Betriebsaufspaltung.[61]
– Erfolgt der Wegfall der sachlichen Verflechtung in der Weise, dass das Besitzunternehmen einen ganzen Betrieb oder einen Teilbetrieb anstatt an das Betriebsunternehmen zukünftig an einen fremden Dritten verpachtet (ausreichend ist die Verpachtung der wesentlichen Betriebsgrundlagen, → § 7 Rn. 9), stellt sich der Vorgang ebenfalls als **Betriebsverpachtung** dar. Auch in diesem Fall erzielt das Besitzunternehmen nunmehr als Betriebsverpächter weiterhin gewerbliche Einkünfte, solange es nicht die Betriebsaufgabe erklärt oder als betrieblicher Organismus zu existieren aufhört.[62] Die Verpachtung der wesentlichen Betriebsgrundlagen ist ausreichend.
– Der Wegfall der Voraussetzungen der Betriebsaufspaltung führt zu einem Strukturwandel innerhalb des Besitzunternehmens, indem dieses sich zB in eine freiberufliches Erfinder-Unternehmen verwandelt.[63] Die vermieteten bzw. verpachteten Wirtschaftsgüter befinden sich weiterhin in einem Betriebsvermögen.
– Erfüllt die Besitzgesellschaft den Tatbestand einer gewerblichen geprägten Personengesellschaft, erzielt sie auch nach Wegfall der Voraussetzungen für eine Betriebsaufspaltung noch gewerbliche Einkünfte. Die vermieteten bzw. verpachteten Wirtschaftsgüter befinden sich weiterhin in einem Betriebsvermögen.
– Das Gleiche gilt, wenn das Besitzunternehmen zuvor eine andere gewerbliche Tätigkeit begonnen hat.[64]
– Schließlich kommt es zu keiner Betriebsaufgabe, wenn der Wegfall der sachlichen oder personellen Verflechtung nur von vorübergehender Natur ist. In diesem Fall handelt es sich lediglich um eine Betriebsunterbrechung.[65]

Angesichts der Gefahren, die sich aus einer ungewollten Beendigung einer Betriebsaufspaltung ergeben können, ist es in vielen Fällen sinnvoll, einer solchen Betriebsaufspaltung ein bewusst gestaltetes Ende zu setzen. Dabei soll in der Regel eine Aufdeckung und Versteue- 13

---

[56] OFD Frankfurt BeckVerw 262070 Hes, Tz. 7; Dötsch/Pung/Möhlenbrock/*Rupp* KStG Tz. 1122.
[57] Vgl. zB BFH BStBl. II 2008, 220; BStBl. II 1994, 23 mwN.
[58] Schmidt/*Wacker* EStG § 15 Rn. 865 mwN; aA *Kaligin* BB 1996, 2017 (2021).
[59] BFH/NV 1996, 877; *Haritz* BB 2001, 861; aA *Lemm* DStR 1987, 218, der eine Verstrickung über § 21 UmwStG analog annimmt. Ausnahme: Personelle Entflechtung durch Volljährigkeit der Kinder, → Rn. 157.
[60] BFH/NV 2006, 1451; BStBl. II 1997, 460; BMF BStBl. I 1994, 771.
[61] BFH BStBl. II 2002, 527; aA FG Baden-Württemberg EFG 2016, 1167 bei bloßer Grundstücksverpachtung anstatt eines Betriebs oder Teilbetriebs; zweifelhaft, da Verpachtung des Betriebsgrundstück, sofern es die einzige wesentliche Betriebsgrundlage ist, für eine Betriebsverpachtung ausreicht, vgl. BFH BStBl. II 2008, 220.
[62] BFH BStBl. II 1998, 325; BMF BStBl. I 1994, 771.
[63] BFH/NV 2006, 1266; *Paus* DStZ 1990, 193; aA *Fichtelmann* GmbHR 2006, 345.
[64] BFH BStBl. II 2002, 527.
[65] BFH BStBl. II 2006, 591; BStBl. II 1997, 460.

rung der stillen Reserven vermieden werden. Dies kann zB durch **Einbringung der Wirtschaftsgüter des Besitzunternehmens** einschließlich des Sonderbetriebsvermögens in die Betriebskapitalgesellschaft erfolgen. Es handelt sich insoweit um die Einbringung eines Betriebes nach § 20 Abs. 1 S. 1 UmwStG, die unter den dort genannten Voraussetzungen steuerneutral gestaltet werden kann. Die Anteile an der Betriebskapitalgesellschaft müssen dabei ausnahmsweise nicht eingebracht werden, auch wenn sie zum notwendigen Betriebsvermögen der Besitzgesellschaft zählen.[66] Sie sind in diesem Fall nach § 20 Abs. 1 S. 1 UmwStG als einbringungsgeboren zu behandeln und bleiben steuerverstrickt, ohne das es im Zeitpunkt der Einbringung zu einer Realisierung der stillen Reserven kommt.[67] Handelt es sich bei dem Betriebsunternehmen um eine Personengesellschaft, ist die steuerneutrale Beendigung der Betriebsaufspaltung durch **Einbringung des Besitzunternehmens** nach § 24 UmwStG möglich. Da die Besitzpersonengesellschaft aufgrund der Betriebsaufspaltung als eigengewerblicher Betrieb anzusehen ist,[68] haben die Gesellschafter der Besitzpersonengesellschaft Mitunternehmeranteile derselben, die sie nach § 24 UmwStG in die Betriebspersonengesellschaft einbringen können.[69] Ist es für derartige Gestaltungen jedoch bereits zu spät und droht aufgrund des Erbfalls eine Beendigung der Betriebsaufspaltung, so kann möglicherweise die Ausschlagung ein probates Mittel sein, die Aufdeckung stiller Reserven zu verhindern (→ § 11 Rn. 24). Sofern das Besitzunternehmen eine OHG oder KG ist, kann es auch formwechselnd in eine Kapitalgesellschaft umgewandelt (§§ 25 S. 1, 20 Abs. 1, Abs. 2 Alt. 1 UmwStG) oder auf die Betriebskapitalgesellschaft verschmolzen werden (§ 3 UmwG, §§ 11–13 UmwStG). Die Überführung eines Grundstücks in das Privatvermögen zwecks Beendigung einer Betriebsaufspaltung ist ein Anschaffungsvorgang iSd § 23 Abs. 1 Nr. 1 EStG und setzt die dortige 10-Jahresfrist in Gang. Umsatzsteuerlich ist zu beachten, dass die Nutzungsänderung des Grundstücks im Zuge der Beendigung einer Betriebsaufspaltung eine Vorsteuerberichtigung auslösen kann, § 15a UStG.

IV. Betriebsaufspaltung im Erbschaftsteuerrecht

14 Die Betriebsaufspaltung kann im Schenkungs- und Erbfall bereits bestehen, oder aber erst entstehen, wobei hinsichtlich der Begünstigung zu beachten ist, dass das Betriebsvermögen bereits in der Hand des Erblassers/Schenkers Betriebsvermögen gewesen sein muss. Entsteht sie aus einem einzigen Betrieb (echte Betriebsaufspaltung) ist die Übertragung von Anteilen der Besitz- und Betriebsgesellschaft an verschiedene Personen wegen Wahrung des ertragsteuerlich maßgebenden Betriebsvermögenszusammenhangs begünstigt. Handelt es sich demgegenüber um einen Fall der unechten Betriebsaufspaltung, der erst durch Schenkung oder Erbfall entsteht, zählt das Besitzunternehmen nicht zum begünstigungsfähigen Vermögen iSd §§ 13a, 13b ErbStG, da es in der Hand des Schenkers noch kein Betriebsvermögen war → (§ 27 Rn. 119 ff.).[70] Entfällt die Betriebsaufspaltung mit dem Erbfall oder der Schenkung, verlieren sämtliche Wirtschaftsgüter des vormaligen Besitzunternehmens ihre ertragsteuerliche Qualität als Betriebsvermögen und damit zugleich diejenige als begünstigungsfähiges Betriebsvermögen iSd §§ 13a, 13b ErbStG. Die Beurteilung, ob eine Betrtiebsaufspaltung vorliegt, richtet sich nach ertragsteuerlichen Grundsätzen.[71]

15 In der erbschaftsteuerlichen Gestaltungsberatung kommt der Betriebsaufspaltung insbesondere bei der Generierung von Betriebsvermögen (→ § 13 Rn. 1 ff.) Bedeutung zu.

---

[66] BFH BB 2001, 863 (865 f.); BMF BStBl. I 1998, 268 Tz. 20.11; *Haritz* BB 2001, 861.
[67] *Haritz* BB 2001, 861 f.
[68] BFH BStBl. I 1998, 325.
[69] BMF BStBl. I 1998, 583 Tz. 5.
[70] Vgl. a. R E 13b.10 Abs. 1 S. 9 ErbStR 2011; koordinierte Ländererlasse BStBl. I 2017, 902 Abschnitt 13b.14 Abs. 1 S. 9; FG Münster ZEV 2019, 167 Rev. II R 3/19.
[71] Troll/Gebel/Jülicher/*Gottschalk/Jülicher* ErbStG § 13b Rn. 263; RE 13b.10 Abs 1 S. 4 ErbStR 2011; FG Münster ZEV 2019, 167 Rev. II R 3/19.

IV. Betriebsaufspaltung im Erbschaftsteuerrecht

Bisher im Privatvermögen gehaltene Grundstücke werden mit Begründung der Betriebsaufspaltung zu begünstigtem Betriebsvermögen. Sie gehören dort nicht zum Verwaltungsvermögen, § 13 b Abs. 4 Nr. 1 lit. a. ErbStG, und können somit auch kein junges Verwaltungsvermögen sein. Für im Rahmen der Betriebsaufspaltung verpachtete bzw. vermietete Grundstücke, Grundstücksteile, grundstücksgleiche Rechte und Bauten, die, da sie Dritten zur Nutzung überlassen werden, grundsätzlich zum schädlichen **Verwaltungsvermögen** zählen, besteht in § 13b Abs. 4 Nr. 1 lit. a) ErbStG unter bestimmten Voraussetzungen eine Rückausnahme. Der erbschaftsteuerliche Makel des Verwaltungsvermögens entfällt, wenn die Betriebsgesellschaft das Grundstück etc. unmittelbar nutzt und der Erblasser oder Schenker sowohl im Betriebs- als auch im Besitzunternehmen allein oder zusammen mit anderen Gesellschaftern einen einheitlichen geschäftlichen Betätigungswillen durchsetzen konnte.

Nach Ansicht der Finanzverwaltung soll eine Grundstücksüberlassung im Rahmen einer kapitalistischen Betriebsaufspaltung nicht begünstigt sein, sofern die Kapitalgesellschaften nicht zu einem Konzern im Sinne des § 4h EStG gehören.[72] Diese Einschränkung ist vom Gesetzeswortlaut nicht gedeckt.[73] Auch bei **grenzüberschreitenden Betriebsaufspaltungen** liegt Verwaltungsvermögen nicht vor, wenn der Grundbesitz etc. an eine Betriebsgesellschaft überlassen wird, deren Sitz oder Geschäftsleitung sich weder im Inland noch in einem Mitgliedsstaat der EU oder des EWR befindet.[74]

Entfallen die Voraussetzungen der Betriebsaufspaltung innerhalb des sieben- bzw. zehnjährigen Nachsteuerzeitraums (→ § 27 Rn. 192 ff.), führt dies, sofern nicht noch eine Betriebsverpachtung anzunehmen ist, zur Aufgabe des Besitzunternehmens, was wiederum zur **Nachversteuerung** führt. Für die Lohnsummenprüfung sind die Anzahl der Beschäftigten der Besitzgesellschaft und die der Betriebsgesellschaft zusammenzuzählen, § 13a Abs. 3 S. 13 ErbStG.

---

[72] R E 13b.10 Abs. 1 S. 6 ErbStR 2011; koordinierte Ländererlasse BStBl. I 2017, 902 Abschnitt 13b.14 Abs. 1 S. 6; zum Konzernbegriff vgl. BMF BStBl. I 2008, 718 Tz. 59–68.
[73] *Wälzholz* DStR 2009, 1605; ähnlich *Kramer* DStR 2011, 1113.
[74] Kapp/Ebeling/*Geck* ErbStG § 13b Rn. 100.

§ 9 Unternehmensübergang auf Stiftungen

Übersicht

	Rn.
I. Einleitung	1
II. Allgemeine Grundlagen des Stiftungsrechts	6
1. Begriff der Stiftung	7
a) Stiftungswille und Stiftungszweck	8
b) Stiftungsvermögen	12
c) Stiftungsorganisation	13
2. Entstehung einer rechtsfähigen Stiftung	17
a) Stiftungsgeschäft	18
b) Stiftungssatzung	20
c) Anerkennung der Stiftung	23
3. Relevante Stiftungsformen für die Unternehmensnachfolge	25
a) Die unternehmensverbundene Stiftung als Oberbegriff	25
b) Die „klassische" Familienstiftung	27
aa) Definition	28
bb) Motive für die Errichtung einer Familienstiftung	29
cc) Ausgestaltung der Familienstiftung	31
c) Gemeinnützige Stiftung	34
aa) Definition	34
bb) Steuerliche Begünstigung der gemeinnützigen Stiftung	35
cc) Modell der gemeinnützigen Familienstiftung	36
d) Doppelstiftung	37
aa) Definition	37
bb) Ausgestaltung der Doppelstiftung	38
cc) Unterhaltung eines wirtschaftlichen Geschäftsbetriebs im Sinne des § 14 AO als Verstoß gegen § 56 AO?	41
e) Stiftung & Co. KG	42
f) Stiftungs-GmbH als alternative Rechtsform zur Stiftung	46
g) Stiftungen im Ausland als Option für die Unternehmensnachfolge	48
4. Pflicht zur Eintragung einer Stiftung in das Transparenzregister	49
III. Übertragung des Unternehmens auf die Stiftung	50
1. Zivilrechtliche Anforderungen und Gestaltungsmöglichkeiten	51
a) Übertragung zu Lebzeiten des Unternehmensinhabers	52
aa) Übertragung mit dem Stiftungsgeschäft	53
bb) Übertragung als Zustiftung	55
cc) Vereinbarung von Widerrufs- und Rücktrittsrechten	56
dd) Übertragung unter Nießbrauchsvorbehalt	58
ee) Zu beachtendes Pflichtteilsrecht, Ehegüterrecht	64
b) Übergang von Todes wegen	66
c) Übertragung nach dem Erbfall durch die Erben	70
2. Besteuerung der Übertragung des Unternehmens auf eine inländische Stiftung und Gestaltungsmöglichkeiten	71
a) Schenkung-/Erbschaftsteuer	71
aa) Grundsätzliches zum Übergang von Vermögen auf Stiftungen	72
bb) Einsatz von Familienstiftungen im Rahmen der Verschonungsbedarfsprüfung, § 28a ErbStG	80
(1) Einhalten der erwerberbezogenen Grenze bis EUR 26 Mio. (§ 13a Abs. 1 ErbStG) durch Schaffung zusätzlicher Erwerber	81
(2) Kein (nennenswertes) „verfügbares Vermögen" der Stiftung	84
(3) Einsatz des Abkömmlings als (unbeschränkten) Erben zu einem Bruchteil und der Familienstiftung als Vorerbin zum übrigen Bruchteil sowie des Abkömmlings als Nacherben nach der Stiftung..	86
cc) Einsatz von Familienstiftungen im Rahmen des besonderen Abschlags für Familienunternehmen, § 13a Abs. 9 ErbStG	87

	Rn.
b) Einkommensteuer/Ertragsteuer	90
3. Übertragung des Unternehmens auf eine ausländische Stiftung	93
a) Erbschaft- und Schenkungsteuer	93
b) Einkommensteuer	96
IV. Rechtslage nach Übertragung des Unternehmens auf die Stiftung	98
1. Fälle des rückwirkenden Wegfalls der Begünstigung	98
2. Besteuerung der inländischen Stiftung	102
a) Körperschaft-, Gewerbe- und Einkommensteuer	102
b) Erbschaft- und Schenkungsteuer	109
c) Ersatzerbschaftsteuer bei der Familienstiftung	111
3. Besteuerung von Leistungen der inländischen Stiftung an ihre Destinatäre	115
a) Bei der Familienstiftung	115
b) Bei der gemeinnützigen Stiftung	118
4. Besteuerung bei ausländischen Stiftungen	119
a) Erbschaft-/Schenkungsteuer	119
b) Körperschaftsteuer	121
c) Einkommensteuer	123

I. Einleitung

Die Gestaltung einer Unternehmensnachfolge gestaltet sich insbesondere dann als schwierig, wenn sich ein geeigneter Rechtsnachfolger nicht finden lässt, das Unternehmen indes nicht an einen „Dritten" verkauft, sondern im Sinne des Unternehmerwillens fortgeführt werden soll. In vielen Fällen steht der Unternehmer bereits vor dem Problem, überhaupt ein Familienmitglied zu finden, welches dazu bereit ist, die Unternehmensnachfolge anzutreten.[1] Zugleich besteht ein Interesse des Unternehmers daran, dass seine Familie weiterhin durch das Unternehmen finanziell abgesichert bleibt. Trifft der Unternehmer keine tragfähigen Regelungen, ist die Gefahr eines Erbstreits groß: Die Erben treten als Gesellschafter in ein von ihnen nicht gewolltes Unternehmen ein und müssen sich auf eine gemeinsame Linie einigen. Im schlimmsten Fall kommt es zur Zerschlagung des Familienunternehmens. In einem solchen Fall kommt grundsätzlich die Gründung einer Stiftung als sinnvolles Gestaltungsmittel der Nachfolgeplanung in Betracht.[2]

Die Gründung einer Stiftung hat den Vorteil, dass das Familienvermögen für eine bestimmte Dauer im Sinne des Erblassers zusammengehalten und durch dessen Erben nicht zerschlagen werden kann (Sicherung der Unternehmenskontinuität).[3] Für die Erben hat die Gründung einer Stiftung den Vorteil, dass sie nicht unter dem Entscheidungsdruck stehen, über ihre – ggf. zwischen den Erben divergierende – Beziehung zum Familienvermögen und ihre konkrete Rolle im Unternehmen des Erblassers konkrete Festlegungen treffen müssen.[4]

Auch wenn die Errichtung einer (Familien-) Stiftung grundsätzlich kein reines Steuersparmodell darstellt, können es dennoch auch steuerlich motivierte Gründe sein, welche die Stiftung als geeignetes Instrument für die Unternehmensnachfolge erscheinen lassen: Überschreitet beispielsweise der Erwerb des nach §§ 13a, 13b ErbStG erbschaftsteuerbegünstigten Vermögens die Grenze von EUR 26 Mio., kann die zunächst vermögenslose Stiftung als Erwerberin des Unternehmens nach § 28a ErbStG erreichen, dass ihr die auf das begünstigte Vermögen entfallende Steuer erlassen wird, soweit sie nachweisen kann, dass sie persönlich nicht dazu in der Lage ist, die Steuer aus dem ihr zur Verfügung ste-

1

2

3

---

[1] Hierzu *Schiffer/Pruns* Stiftung&Sponsoring, Rote Seiten 5/2011, 1 (2); *Feick,* Stiftung als Nachfolgeinstrument, § 5 Rn. 1; *Naumann zu Grünberg* ZEV 2012, 569 (571).
[2] So auch *Hüttemann* DB 2017, 591; *Blumers* DStR 2012, 1; *Schiffer/Pruns* Stiftung&Sponsoring, Rote Seiten 5/2011, 1 (2); vgl. auch *Feick,* Stiftung als Nachfolgeinstrument, § 5 Rn. 1 f.
[3] Vgl. *Zensus/Schmitz* NJW 2012, 1323; *Schlüter/Stolte,* Stiftungsrecht, Kap. 1 Rn. 75.
[4] *Blumers* DStR 2012, 1.

henden Vermögen zu entrichten (sog. Verschonungsbedarfsprüfung).[5] Hinzu kommen weitere steuerliche Vorteile gegenüber anderen Gesellschaftsformen, wie beispielsweise im Hinblick auf das Ertragsteuerrecht[6] und die Vermeidung einer Wegzugsbesteuerung im Falle des Wegzuges von Unternehmer oder Erben.[7]

4   Mit dem mit der Stiftung verbundenen Vorteil der Unternehmenskontinuität geht indes der Nachteil einer mangelnden Flexibilität der Unternehmensführung einher: Die Stiftungssatzung kann nur in dem durch den tatsächlichen Stifterwillen gesetzten engen Rahmen geändert werden.[8] Zudem bedarf eine Änderung der Stiftungssatzung je nach Ausgestaltung der einzelnen Landesstiftungsgesetze der Zustimmung oder jedenfalls der Mitwirkung der Stiftungsaufsicht.[9] Die Flexibilität der Stiftung kann zwar anhand einer entsprechenden Gestaltung der Stiftungskonstruktion durch den Stifter erreicht werden;[10] sie reicht indes nicht an die von Personen- und Kapitalgesellschaften heran.[11] Will man etwas mehr an Flexibilität erreichen, so bieten sich alternative Rechtsformen zur rechtsfähigen Stiftung an: In Betracht kommt hier insbesondere die Stiftungs-GmbH bzw. gGmbH und die Stiftung & Co. KG.

5   Durch eine Stiftungserrichtung lassen sich auch die erbrechtlichen Vorschriften nicht umgehen: Insbesondere Pflichtteils- bzw. Pflichtteilsergänzungsansprüche (§§ 2303, 2325 BGB) können durch die Übertragung eines Unternehmens auf eine Stiftung grundsätzlich nicht verhindert werden.[12]

II. Allgemeine Grundlagen des Stiftungsrechts

6   Das Stiftungsrecht ist in Deutschland nicht einheitlich bundesgesetzlich kodifiziert. Der Bundesgesetzgeber hat in den §§ 80–88 BGB lediglich die rechtsfähige Stiftung des Privatrechts geregelt (vgl. § 80 Abs. 1 BGB). Diese Regelungen gelten aber als Leitbild für das gesamte Stiftungsrecht.[13] Daneben existieren unterschiedliche Landesstiftungsgesetze, welche insbesondere die öffentlich-rechtlichen Aspekte des Stiftungsrechts beinhalten wie bspw. Regelungen zum Verfahren der Anerkennung einer Stiftung und die Stiftungsaufsicht durch die zuständigen Landesbehörden.[14] Geplant ist derzeit eine Reform des Stiftungsrechts, dergestaltet, dass das Stiftungsrecht bundesweit einheitlich und abschließend neu gefasst werden soll.[15]

1. Begriff der Stiftung

7   Es gibt keine Legaldefinition der Stiftung. Es hat sich indes in der Literatur ein „herrschender Stiftungsbegriff" herausgebildet: Danach ist die Stiftung eine von einem Stifter (oder mehreren Stiftern) errichtete Organisation, die mit Hilfe des ihr gewidmeten Vermögens einen vom Stifter festgelegten Zweck dauernd erfüllen soll.[16] Die wesentlichen

---

[5] vgl. *Theuffel-Werhahn* ZEV 2017, 17; hierzu ausführlich → Rn. 80 ff.
[6] → Rn. 90.
[7] → Rn. 96.
[8] Vgl. v. Campenhausen/Richter/*Hof*, Stiftungsrechts-Handbuch, § 6 Rn. 211 f.; *Schiffer/Pruns* Stiftung&Sponsoring, Rote Seiten 5/2011, 1 (19); Stumpf/Suerbaum/Schulte/Pauli/*Stumpf* Stiftungsrecht § 85 Rn. 33.
[9] Bspw.: § 6 StiftG-BW (Zustimmung); § 5 StiftG-NRW (Mitteilungspflicht); Art. 5 Abs. 4 BayStG (Genehmigung); vgl. auch, Feick/*Fischer*, Stiftung als Nachfolgeinstrument, § 10 Rn. 3; Stumpf/Suerbaum/Schulte/Pauli/*Stumpf* Stiftungsrecht § 85 Rn. 38.
[10] → Rn. 13 ff.
[11] So auch *Schiffer/Pruns* Stiftung&Sponsoring, Rote Seiten 5/2011, 1 (19).
[12] *Riedel*, Praxishandbuch Unternehmensnachfolge, § 13 Rn. 2; hierzu näher → Rn. 64.
[13] V. Campenhausen/Richter/*v. Campenhausen/Stumpf*, Stiftungsrechts-Handbuch, § 1 Rn. 4.
[14] Staudinger/*Hüttemann/Rawert* Vorbem. zu §§ 80–88 BGB Rn. 113.
[15] Hierzu eingeplant: *Mehren* DStR 2018, 1775.
[16] BVerwG BGB/*Weitemeyer* § 80 Rn. 1; Stumpf/Suerbaum/Schulte/Pauli/*Stumpf* Stiftungsrecht B. Rn. 7; *Feick*, Stiftung als Nachfolgeinstrument, § 1 Rn. 2.

Elemente einer Stiftung sind mithin der Stiftungszweck, das Stiftungsvermögen und die Stiftungsorganisation.

a) Stiftungswille und Stiftungszweck. Grundlegend für die Stiftung ist der Stifterwille, 8 welcher im Stiftungsgeschäft unmissverständlich zum Ausdruck kommen muss (§ 81 Abs. 1 S. 2 BGB). Das Stiftungsgeschäft wiederum ist maßgebend für die Stiftungssatzung (§ 85 BGB). Einzelheiten über den Vollzug des Stifterwillens und die Tätigkeit der Stiftung können der Ausgestaltung der Stiftungssatzung überlassen werden.[17]

Der Stifterwille überdauert die Gründungsphase der Stiftung. Dies unterscheidet die 9 Stiftung von einer Körperschaft, welche vom wandelbaren Willen ihrer jeweiligen Mitglieder getragen wird.[18] Die Stiftung hingegen kennt keine Mitglieder. Auch die von der Stiftung begünstigten Personen (sog. Destinatäre) haben nicht die Rechtsstellung von Mitgliedern inne,[19] sondern sind lediglich Nutznießer des Stiftungsvermögens.[20] Eine Stiftung hat mithin kein personelles Substrat. Zwar kann der Stifter den Destinatären im Rahmen der Ausgestaltung der Stiftungssatzung einzelne Verwaltungs- und Mitwirkungsrechte und sogar Ansprüche auf bestimmte Stiftungsleistungen einräumen.[21] Es darf ihnen indes kein derartiger Einfluss eingeräumt werden, welcher auf eine autonome vom ursprünglichen Stifterwillen unabhängige Willensbildung hinausläuft.[22]

Der Stifterwille ist auch gegenüber den Stiftungsorganen maßgeblich (vgl. §§ 81, 85 10 BGB). Der Stifter kann die Bestimmung der wesentlichen identitätsbestimmenden Bestandteile des Stiftungsgeschäfts nicht den Stiftungsorganen überlassen.

Der Wille des Stifters konkretisiert sich letztlich im Stiftungszweck,[23] welcher mithin 11 die Grundlage für die Stiftungstätigkeit bildet. Nach der Anerkennung der Stiftung ist er sowohl der Disposition des Stifters als auch dem Zugriff der Stiftungsorgane entzogen.[24] Eine Zweckänderung ist danach nur mit staatlicher Genehmigung und nur dann zulässig, wenn die Erfüllung des Stiftungszwecks unmöglich geworden ist oder das Gemeinwohl gefährdet (§ 87 BGB). Die Unmöglichkeit und die Gefährdung des Gemeinwohls bilden im Übrigen die Schranken der grundsätzlich freien Ausgestaltung des Stiftungszwecks durch den Stifter. Ausgeschlossen ist ferner ein Stiftungszweck nur zu Gunsten des Stifters selbst ohne uneigennützige Aspekte sowie die Gründung einer Stiftung, welche lediglich den Zweck verfolgt, sich selbst zu fördern (Verbot der Selbstzweckstiftung).[25]

b) Stiftungsvermögen. Die Anerkennungsfähigkeit einer Stiftung setzt voraus, dass die 12 Erfüllung des Stiftungszwecks dauerhaft und nachhaltig gesichert ist (§ 80 Abs. 2 BGB). Erforderlich ist mithin das Vorhandensein eines ausreichenden Vermögens. Das Stiftungskapital muss nach allen Landesstiftungsgesetzen grundsätzlich in seinem Bestand erhalten bleiben.[26] Dessen Erträge müssen aber nicht das einzige Mittel sein, mit denen der Stif-

---

[17] V. Campenhausen/Richter/*v. Campenhausen/Stumpf*, Stiftungsrechts-Handbuch, § 1 Rn. 6.
[18] V. Campenhausen/Richter/*v. Campenhausen/Stumpf*, Stiftungsrechts-Handbuch, § 1 Rn. 7; Feick/*Fischer*, Stiftung als Nachfolgeinstrument, § 7 Rn. 9.
[19] Vgl. Staudinger/*Hüttemann*/*Rawert* BGB § 85 Rn. 2, 12; MüKoBGB/*Weitemeyer* § 85 Rn. 29.
[20] V. Campenhausen/Richter/*v. Campenhausen/Stumpf*, Stiftungsrechts-Handbuch, § 1 Rn. 7
[21] Stumpf/Suerbaum/Schulte/Pauli/*Stumpf* Stiftungsrecht § 85 Rn. 23; Staudinger/*Hüttemann*/*Rawert* BGB § 85 Rn. 38.
[22] Vgl. Staudinger/*Hüttemann*/*Rawert* BGB § 85 Rn. 8, 11.
[23] Vgl. MüKoBGB/*Weitemeyer* § 81 Rn. 29; Feick/*Fischer*, Stiftung als Nachfolgeinstrument, § 7 Rn. 9; Schlüter/ Stolte, Stiftungsrecht, Kap. 2 Rn. 2; ausführlich *Dylla*, Weisungsfunktion des Stiftungszwecks, 2015.
[24] V. Campenhausen/Richter/*v. Campenhausen/Stumpf*, Stiftungsrechts-Handbuch, § 1 Rn. 7; Feick/*Fischer*, Stiftung als Nachfolgeinstrument, § 7 Rn. 9; Schlüter/Stolte, Stiftungsrecht, Kap. 2 Rn. 2.
[25] V. Campenhausen/Richter/*v. Campenhausen/Stumpf*, Stiftungsrechts-Handbuch, § 1 Rn. 9; Feick/*Fischer*, Stiftung als Nachfolgeinstrument, § 7 Rn. 11; Stumpf/Suerbaum/Schulte/Pauli/*Stumpf* Stiftungsrecht § 80 Rn. 41; aA Staudinger/*Hüttemann*/*Rawert* vor §§ 80 ff. BGB Rn. 150 ff.
[26] Vgl. § 7 Abs. 2 StiftG-BW; Art. 6 Abs. 2 BayStG; § 4 Abs. 2 StiftG-NRW; § 7 Abs. 2 StiftG-RhLPf; § 6 HessStiftG; § 3 StiftG Bln; § 7 Abs. 1 BremStiftG; § 4 Abs. 2 StiftG-HH; § 6 Saarl.; § 6 Abs. 1 NStiftG; § 4 Abs. 2 SächsStiftG; § 4 Abs. 2 StiftG-SchlH; § 7 Abs. 2 StiftG-LSA; § 8 Abs. 2 ThürStiftG.

tungszweck erfüllt wird: Es können auch Zuwendungen von Dritten oder des Stifters selbst eingesetzt werden.[27] Die Erträge des Stiftungskapitals müssen grundsätzlich zur Verwirklichung des Stiftungszwecks verwendet werden. Ausnahmen von dem Kapitalerhaltungsgrundsatz bestehen bei der sog. Verbrauchsstiftung bei welcher der Stifter den Verbrauch des Stiftungsvermögens angeordnet hat, was die Mehrzahl der Landesstiftungsgesetze zulässt.[28]

13 **c) Stiftungsorganisation.** Für die Stiftungsorganisation ist maßgeblich die Stiftungssatzung entscheidend. Subsidiär kommen die Landesstiftungsgesetze zur Anwendung (§ 85 BGB).

14 Das BGB normiert die Mindestanforderungen an die Organisation einer Stiftung: Zu bestimmen sind der Name, der Sitz, der Zweck, das Vermögen und die Errichtung eines Vorstands (§ 80 Abs. 1 Nr. 1–5 BGB). Dem Stifter ist es indes möglich, weitere Organe zu errichten, welche bspw. beratende oder kontrollierende Funktionen einnehmen können.[29] Der Stifter muss hierbei jedoch beachten, dass die Unabhängigkeit der Stiftung von Dritten gewährleistet wird.

15 Bei der Besetzung der Organe ist der Stifter weitgehend frei. Er kann die erstmalige Besetzung bspw. selbst vornehmen und Ergänzungen oder Erneuerungen in der Zukunft anderen überlassen.[30] Bei Familienstiftungen kommen unter anderem Wahlverfahren unter den Familienmitgliedern oder Familienstämmen in Betracht.[31] Bei Unternehmensstiftungen können das Unternehmen oder dessen Organe Benennungsrechte zugewiesen bekommen.[32]

16 Die Stiftungsorganisation ist der Überprüfung durch die Stiftungsaufsicht zugänglich: Diese wird in der Regel bereits im Rahmen des Anerkennungsverfahrens prüfen, ob die von dem Stifter vorgesehene Organisation für die nachhaltige Stützung des Stiftungszwecks geeignet ist.[33]

2. Entstehung einer rechtsfähigen Stiftung

17 Nach § 80 Abs. 1 BGB sind für die Entstehung einer rechtsfähigen Stiftung das Stiftungsgeschäft und die Anerkennung durch die zuständige Landesstiftungsbehörde erforderlich.

18 **a) Stiftungsgeschäft.** § 81 BGB enthält Regelungen für das Stiftungsgeschäft. Danach bedarf ein Stiftungsgeschäft unter Lebenden der Schriftform und muss die verbindliche Erklärung des Stifters enthalten, ein Vermögen zur Erfüllung eines von ihm vorgegebenen Zwecks dauerhaft zu widmen. Schließlich muss die Stiftung durch das Stiftungsgeschäft eine Satzung erhalten, die mindestens Regelungen über den Namen, den Sitz, den Zweck, den Vermögen und die Bildung des Vorstands der Stiftung enthalten muss. Das gleiche gilt für den Fall einer Stiftung von Todes wegen (§ 83 BGB): Das Stiftungsgeschäft muss in diesem Fall in die Verfügung von Todes wegen integriert sein und sollte den Anforderungen des § 81 Abs. 1 S. 3 BGB genügen. Anderenfalls wird der Stiftung von Todes wegen eine Satzung durch die zuständige Stiftungsbehörde gegeben (§ 83 S. 2

---

[27] V. Campenhausen/Richter/*v. Campenhausen/Stumpf*, Stiftungsrechts-Handbuch, § 1 Rn. 12; Stumpf/Suerbaum/Schulte/Pauli/*Stumpf* Stiftungsrecht § 80 Rn. 50.
[28] Vgl. MüKoBGB/*Weitemeyer* § 80 Rn. 130 mwN.
[29] Stumpf/Suerbaum/Schulte/Pauli/*Stumpf* Stiftungsrecht § 81 Rn. 39; Feick/*Fischer*, Stiftung als Nachfolgeinstrument, § 7 Rn. 28 sowie § 9 Rn. 2.
[30] V. Campenhausen/Richter/*v. Campenhausen/Stumpf*, Stiftungsrechts-Handbuch, § 1 Rn. 14; Stumpf/Suerbaum/Schulte/Pauli/*Stumpf* Stiftungsrecht § 81 Rn. 36.
[31] *Schlüter/Stolte*, Stiftungsrecht, Kap. 2 Rn. 59; v. Campenhausen/Richter/*v. Campenhausen/Stumpf*, Stiftungsrechts-Handbuch, § 1 Rn. 14.
[32] V. Campenhausen/Richter/*v. Campenhausen/Stumpf*, Stiftungsrechts-Handbuch, § 1 Rn. 14.
[33] Stumpf/Suerbaum/Schulte/Pauli/*Stumpf* Stiftungsrecht § 81 Rn. 37.

BGB). Für die Stiftung von Todes wegen gelten die besonderen erbrechtlichen Formvorschriften.[34]

Aus dem Stiftungsgeschäft sollte unmissverständlich der Wille des Stifters zu erkennen sein, dass dieser eine rechtsfähige Stiftung errichten möchte, da von der Rechtsform die Anwendbarkeit der §§ 80 ff. BGB und die Zuständigkeit der Stiftungsaufsicht abhängt.[35]

b) Stiftungssatzung. Die Stiftungsverfassung wird grundsätzlich durch das Stiftungsgeschäft bestimmt (§ 85 BGB). Die Stiftungssatzung bildet das Kernstück der Stiftungsverfassung und stellt den Aufgaben- und Organisationsplan der Stiftung dar.[36] Die gesetzlichen Mindestanforderungen für die Ausgestaltung der Satzung ergeben sich aus § 81 Abs. 1 S. 3 BGB.[37] Ansonsten besteht für den Stifter weitgehend Gestaltungsfreiheit.

Die Satzung sollte insbesondere auch die Rechtsstellung der Destinatäre, als Nutznießer des Stiftungsvermögens, konkretisieren: Denn nur soweit das Stiftungsgeschäft oder die Satzung ihnen ausdrücklich Leistungsansprüche, Mitwirkungsrechte oder Kontrollbefugnisse gewähren, haben die Destinatäre hierauf auch einen Rechtsanspruch.[38] Die Satzung kann auch Angaben über die Dauer der Stiftung und zu deren Auflösung enthalten, welche für die Stiftungsorgane und Stiftungsaufsicht wegweisend sein können (davon unberührt bleibt indes das Aufhebungsrecht der zuständigen Stiftungsbehörde, § 87 Abs. 1 BGB).

Satzungsänderungen laufen in der Regel dem in der Satzung festgehaltenen Stifterwillen zu wider, sodass diese grundsätzlich nur dann zulässig sind, soweit sie vom erklärten oder mutmaßlichen Willen des Stifters gedeckt sind.[39] Eine nachträgliche Änderung des Stiftungszwecks ist nur unter besonderen Voraussetzungen möglich: Die Einhaltung des Stifterwillens und das Vorliegen eines rechtfertigenden Grundes.[40]

c) Anerkennung der Stiftung. Nach § 80 Abs. 1 BGB ist zur Entstehung der Stiftung die Anerkennung durch die zuständige Stiftungsbehörde des Landes erforderlich, in dem die Stiftung ihren Sitz haben soll. Die Anerkennung wirkt konstitutiv für die Begründung der Rechtsfähigkeit der Stiftung.[41] Die Anerkennung der Stiftung erfolgt, wenn die Voraussetzungen der §§ 80, 81 BGB erfüllt sind. Gemäß § 80 Abs. 2 BGB hat der Stifter einen Anspruch auf Anerkennung, wenn die dort geregelten Voraussetzungen erfüllt sind. Im Falle der Stiftung von Todes wegen ist die Anerkennung von den Erben oder eines Testamentsvollstreckers, hilfsweise seitens des Nachlassgerichts zu erwirken (§ 83 S. 1 BGB).

Die Anerkennung heilt nicht eventuelle Mängel des Stiftungsgeschäfts, da es sich bei dem Stiftungsgeschäft und der Anerkennung um zwei selbstständig nebeneinander stehende Voraussetzungen handelt.[42] Nach umstrittener aber wohl vorherrschender Ansicht erwirbt dagegen auch die fehlerhafte Stiftung mit Anerkennung uneingeschränkte Rechtsfähigkeit.[43]

3. Relevante Stiftungsformen für die Unternehmensnachfolge

a) Die unternehmensverbundene Stiftung als Oberbegriff. Der Begriff der unternehmensverbundenen Stiftung ist als Oberbegriff zu verstehen: Darunter fallen die sog.

---

[34] → Rn. 66.
[35] V. Campenhausen/Richter/*Hof*, Stiftungsrechts-Handbuch, § 6 Rn. 21.
[36] V. Campenhausen/Richter/*Hof*, Stiftungsrechts-Handbuch, § 6 Rn. 121.
[37] → Rn. 18.
[38] Vgl. BGH NJW 1957, 708.
[39] Dies ist teilweise in einzelnen Landesstiftungsgesetzen ausdrücklich geregelt: vgl. → 4, 9.
[40] BGH NJW 1987, 2364.
[41] Stumpf/Suerbaum/Schulte/Pauli/*Stumpf* Stiftungsrecht § 80 Rn. 33; str.
[42] V. Campenhausen/Richter/*Hof*, Stiftungsrechts-Handbuch, § 6 Rn. 264.
[43] Staudinger/*Hüttemann/Rawert* BGB § 80 Rn. 6.

Unternehmensträgerstiftung und die *Beteiligungsträgerstiftung.* Als letztere bezeichnet man eine Stiftung, welche Anteile an einer Personen- oder Kapitalgesellschaft hält. Die Unternehmensträgerstiftung hingegen betreibt ein Unternehmen unter ihrer Rechtsform unmittelbar selbst. Die Stiftung als Unternehmensform hat sich in der Praxis indes nicht merklich durchgesetzt. In der Regel wird auf die sog. Unternehmensbeteiligungsstiftung zurückgegriffen.[44]

26 Bei Stiftungsgestaltungen zur Unternehmensnachfolge kommt dem Verbot der sog. Selbstzweckstiftung[45] eine besondere Bedeutung zu: Die bloße Erhaltung des Unternehmens ist vor diesem Hintergrund nach ganz herrschender Meinung kein zulässiger Stiftungszweck.[46] Bei der Ausgestaltung der Stiftungssatzung sollte sich der Stifter frühzeitig über den möglichen Konflikt zwischen der Erfüllung des Stiftungszwecks und der Erhaltung des Unternehmens Gedanken machen: Im Falle einer wirtschaftlichen Schieflage des Unternehmens darf die Erfüllung des Stiftungszwecks nicht gefährdet werden (beispielsweise dadurch, dass das Ausschüttungsinteresse der Stiftung der Finanzierungsbedürftigkeit des Unternehmens untergeordnet wird[47]).

27 **b) Die „klassische" Familienstiftung.** Die Familienstiftung ist eine besondere Erscheinungsform der rechtsfähigen privatrechtlichen Stiftung, die sich dadurch auszeichnet, dass bei ihr die Förderung der Familie des Stifters im Vordergrund steht. Die Familie bildet den Kreis der Destinatäre, die – als Bezugsberechtigte – laufende Leistungen aus den Erträgen des Stiftungsvermögens (in aller Regel ohne Rechtsanspruch) und/oder – als Anfallsberechtigte – beim Erlöschen der Stiftung das Stiftungsvermögen erhalten sollen.[48]

28 **aa) Definition.** Weder zivil- noch steuerrechtlich existiert ein einheitlicher Begriff der Familienstiftung. Zivilrechtlich stellt die Familienstiftung keine besondere Rechtsform dar, sondern ist eine Ausprägung einer rechtsfähigen Stiftung bürgerlichen Rechts.[49] Genannt ist die Familienstiftung in §§ 1 Abs. 1 Nr. 4, 15 Abs. 2 ErbStG: Danach versteht man unter einer Familienstiftung eine Stiftung, die wesentlich im Interesse einer oder bestimmter Familien im Inland errichtet wurde.[50] Eine Familienstiftung liegt somit dann vor, wenn nach deren Satzung der Stiftungszweck darin besteht, es den Familienmitgliedern zu ermöglichen, das Stiftungsvermögen zu nutzen und die Stiftungserträge einzuziehen.[51] Schließlich wird die Familienstiftung in § 15 Abs. 2 AStG legaldefiniert: Danach ist eine Familienstiftung dann gegeben, wenn der Stifter, seine Angehörigen und deren Abkömmlinge zu mehr als der Hälfte bezugs- und anfallsberechtigt sind. Die Kriterien für das Vorliegen einer Familienstiftung sind umstritten: So vertritt die Finanzverwaltung die Auffassung, dass eine Familienstiftung bereits dann gegeben ist, wenn die der Familie angehörigen Destinatäre zu mehr als einem Viertel bezugs- und anfallsberechtigt sind und zusätzliche Merkmale ein wesentliches Familieninteresse belegen.[52] In der Literatur werden Prozentsätze der Bezugs- und Anfallsberechtigung von 25 % bis 90 % vertreten.[53] Der BFH, verzichtet auf quantitative Merkmale und nimmt eine rein qualitative Betrachtung unter Berücksichtigung sämtlicher Merkmale des Einzelfalles vor: Eine Stiftung dient dann wesentlich dem Interesse einer oder bestimmter Familien, wenn nach der Satzung und ggf. dem Stiftungs-

---

[44] Zu den Vor- und Nachteilen der Unternehmensträgerstiftung: Feick/*Godron*, Stiftung als Nachfolgeinstrument, § 32 Rn. 16 ff. mwN.
[45] → Rn. 11.
[46] Vgl. *Hüttemann* DB 2017, 591 (593) mwN.
[47] *Hüttemann* DB 2017, 591 (593).
[48] Binz/Sorg/*Mayer*/*Beier*, Die GmbH & Co. KG, § 23 Rn. 9.
[49] So auch *Pauli* FamRZ 2012, 344.
[50] Vgl. auch *Schlüter*/*Stolte*, Stiftungsrecht, Kap. 1 Rn. 59.
[51] *Schlüter*/*Stolte,* Stiftungsrecht, Kap. 1 Rn. 59.
[52] R E 1.2. Abs. 2 S. 1 und 2 ErbStR I 2011.
[53] Vgl. Troll/Gebel/Jülicher/*Jülicher* ErbStG § 1 Rn. 44.

geschäft ihr Wesen darin besteht, es den Familien zu ermöglichen, das Stiftungsvermögen grundsätzlich zu nutzen und die Stiftungserträge an sich zu ziehen.[54]

bb) Motive für die Errichtung einer Familienstiftung.[55] Die Familienstiftung ist im Wesentlichen von zwei Aspekten geprägt: der langfristigen Sicherung wesentlicher Vermögensbestandteile (sog. „Ewigkeitswert der Stiftung"[56]) und der finanziellen Absicherung der Familie, ohne dieser zugleich den Zugriff auf das Vermögen zu ermöglichen.[57] Diese Ziele sind weder mit der Errichtung einer gemeinnützigen Stiftung noch mit einer vermögensverwaltenden Familienpersonengesellschaft zu erreichen: Bei der gemeinnützigen Stiftung ist eine Versorgung der nahen Angehörigen nur eingeschränkt möglich,[58] bei Familienpersonengesellschaften ist der Kündigungsausschluss auf Dauer – jedenfalls für mehr als 30 Jahre – nicht anerkannt, sodass damit eine langfristige Vermögenssicherung nur bedingt möglich ist.[59] Ein weiterer Vorteil der Familienstiftung ist die teilweise beschränkte Stiftungsaufsicht.[60]

29

Indes gilt zu beachten, dass die Vermögensübertragung auf eine Familienstiftung – im Gegensatz zur gemeinnützigen Stiftung – Schenkung- und Erbschaftsteuer auslöst (§§ 7 Abs. 1 Nr. 8, 3 Abs. 2 Nr. 1 ErbStG) und zusätzlich noch die sog. Ersatzerbschaftsteuer, die auf der Grundlage eines jeweils im Abstand von 30 Jahren fingierten Erbfalls erhoben wird (§§ 1 Abs. 1 Nr. 4, 9 Abs. 1 Nr. 4 ErbStG), anfällt.[61]

30

cc) Ausgestaltung der Familienstiftung. Die Familienstiftung wird in der Regel mit dem Zweck der Versorgung der Stifterfamilie errichtet. Der Stiftungszweck kann aber auch – wegen des Verbots der „Selbstzweckstiftung"[62] indes lediglich teilweise – auch die Fortführung des Unternehmens vorsehen. Das Unternehmen wird sodann in die Stiftung eingebracht und bildet (einen Teil) des Stiftungsvermögens.

31

Die Wahrnehmung der Rechte und Pflichten des Gesellschafters des Unternehmens wird für die Stiftung von deren Vorstand als gesetzlichem Vertreter wahrgenommen.[63] Sämtliche seitens des Unternehmens erzielten Erträge fließen in Form von Entnahmen oder Ausschüttungen der Stiftung zu und dienen der Erfüllung des Stiftungszwecks.

32

Bei der Errichtung der Stiftung und insbesondere der Besetzung des Vorstands ist darauf zu achten, dass das auf die Stiftung übertragene Unternehmen auch ordnungsgemäß und wirtschaftlich geleitet wird. Dies bedeutet, dass im Rahmen der Ausgestaltung der Stiftungssatzung oder ggf. des Gesellschaftsvertrages des Unternehmens geeignete Mittel hierfür vorgesehen werden sollten. Dies kann bspw. durch die Einrichtung eines mit wirtschaftlich versierten Spezialisten besetzten Stiftungsrates oder Beirates erreicht werden, welchem die Wahrnehmung der wirtschaftlichen Interessen auf Unternehmensebene zugewiesen ist.[64] Schließlich kann im Rahmen der Ausgestaltung des Gesellschaftsvertrags die Gewinnabführung des Unternehmens betreffend die beteiligte Stiftung geregelt werden. Insbesondere bei einem eingebrachten Einzelunternehmen oder Anteilen der Stiftung an einer gewerblich tätigen Personengesellschaft sollte im Hinblick auf die laufende Besteuerung gemäß § 15 EStG die Gewinnabführung möglichst geringgehalten werden.

33

---

[54] BFH DStR 1998, 331; BFH BeckRS 2009, 25015985.
[55] Hierzu ausführlich: *Blumers* DStR 2012, 1 ff.
[56] *Heuser/Frye* BB 2011, 983.
[57] *Pauli* FamRZ 2012, 344 (345).
[58] → Rn. 36.
[59] Vgl. MüKoBGB/*Schäfer* § 723 Rn. 66 mwN.
[60] In einigen Bundesländern sind Familienstiftungen mangels öffentlichen Interesses teilweise vom Umfang der laufenden Stiftungsaufsicht befreit: Vgl. → Rn. 6.
[61] Zur steuerrechtlichen Behandlung der Familienstiftung ausführlich → Rn. 72 ff.
[62] → Rn. 11.
[63] Vgl. *Riedel*, Praxishandbuch Unternehmensnachfolge, § 13 Rn. 76.
[64] *Riedel*, Praxishandbuch Unternehmensnachfolge, § 13 Rn. 77; Ausführlich zur Gestaltung der Satzung bei Familienstiftungen: Feick/*Godron*, Stiftung als Nachfolgeinstrument, § 29 Rn. 59 ff.

Dagegen bleiben Gewinnausschüttungen von eingebrachten Kapitalgesellschaften grundsätzlich nach § 8b Abs. 1 KStG steuerfrei.[65]

34 **c) Gemeinnützige Stiftung. aa) Definition.** Bei einer gemeinnützigen Stiftung bestehen zivilrechtlich keine Besonderheiten. Es handelt sich um eine privatrechtliche Stiftung. Besonderheiten ergeben sich in steuerlicher Hinsicht: Gemäß § 59 AO ist eine Stiftung steuerbegünstigt, welche nach ihrer Satzung, dem Stiftungsgeschäft und ihrer tatsächlichen Geschäftsführung ausschließlich und unmittelbar einen steuerbegünstigten Zweck im Sinne der §§ 52 ff. AO erfüllt (sog. gemeinnützige Stiftung).[66] Aufgrund der Gemeinwohlförderung einer gemeinnützigen Stiftung ist diese grundsätzlich von allen wesentlichen Steuern befreit.[67]

35 **bb) Steuerliche Begünstigung der gemeinnützigen Stiftung.** Da der Stiftungszweck über die Ausgestaltung der Stiftungssatzung bestimmt wird, ist die Satzung unter Berücksichtigung der besonderen Anforderungen der §§ 52 ff. AO sorgfältig zu formulieren: Es muss sichergestellt werden, dass die Stiftung ausschließlich und unmittelbar steuerbegünstigte Zwecke erfüllt und selbstlos tätig ist (§§ 55 ff. AO), was aus der Stiftungssatzung jedenfalls deutlich werden muss.[68]

36 **cc) Modell der gemeinnützigen Familienstiftung.** Grundsätzlich kann auch eine Familienstiftung als gemeinnützige Stiftung ausgestaltet sein. Allerdings ist hier zu beachten, dass gemäß § 58 Nr. 6 AO nur max. 1/3 der durch das Unternehmen erzielten Erträge an die Stifterfamilie (Destinatäre) ausgeschüttet werden darf. Ferner zu berücksichtigen, dass § 58 Nr. 6 AO eine Zuwendung an die nächsten Angehörigen des Stifters nur dann zulässt, wenn dies für deren angemessenen Unterhalt notwendig ist.[69] Daher kann sich in der Praxis die Frage stellen, ob der angemessene Unterhalt nicht bereits durch die eigenen Einkünfte der Destinatäre bestritten werden kann.[70] Hier empfiehlt es sich, dies im Vorfeld mit der Finanzverwaltung abzustimmen.[71]

37 **d) Doppelstiftung. aa) Definition.** Unter einer Doppelstiftung versteht man die Kombination einer privatnützigen (Familien-) Stiftung mit einer gemeinnützigen Stiftung.[72] Beide Stiftungen sind an dem operativ tätigen Unternehmen über eine Beteiligungsgesellschaft beteiligt. Damit lassen sich die erbschaft-/schenkungsteuerlichen sowie die ertragsteuerlichen Vorteile einer gemeinnützigen Stiftung mit der Wahrung der Interessen der Unternehmerfamilie verbinden.

38 **bb) Ausgestaltung der Doppelstiftung.** Bei der Konstellation der Doppelstiftung halten sowohl die Familienstiftung als auch die gemeinnützige Stiftung Anteile an einer das Unternehmen tragenden sog. Beteiligungsgesellschaft, bei welcher es sich sowohl um eine operativ tätige Personen- oder Kapitalgesellschaft aber auch um eine Holding handeln

---

[65] Hierzu im Einzelnen → Rn. 105.
[66] Hierzu ausführlich: Stumpf/Suerbaum/Schulte/Pauli/*Pauli* Stiftungsrecht Kap. E; Zur Verfassungsmäßigkeit der steuerlichen Privilegierungen von Stiftungen gegenüber anderen steuerbefreiten Körperschaften: BFH, Urt. v. 15.9.2010 – X R 11/08 = DB 2011, 1189; Ca. 95% aller privatrechtlichen Stiftungen in Deutschland sind gemeinnützige Stiftungen (Statistik des Bundesverbands Deutscher Stiftungen (Stand: Februar 2018): https://www.stiftungen.org/stiftungen/zahlen-und-daten/statistiken.html).
[67] Hierzu im Einzelnen → Rn. 72, 118.
[68] Die formelle Satzungsmäßigkeit erfordert in der Satzung nicht die ausdrückliche Verwendung der Begriffe ausschließlich und unmittelbar, BFH, I R 94/02 = DStR 2007, 438; *Koenig* AO § 59 Rn. 4.
[69] Vgl. Klein/*Gersch* AO § 58 Rn. 8.
[70] *Riedel*, Praxishandbuch Unternehmensnachfolge, § 13 Rn. 86.
[71] *Riedel*, Praxishandbuch Unternehmensnachfolge, § 13 Rn. 86.
[72] Hierzu *Werner* ZEV 2012, 244.

II. Allgemeine Grundlagen des Stiftungsrechts § 9

kann.[73] Es empfiehlt sich indes die Errichtung einer GmbH als Beteiligungsgesellschaft, da sich damit die im Folgenden dargestellte Verteilung der Gesellschafterrechte am besten umsetzen lässt.[74]

Um die Vorteile der beiden vorgenannten Stiftungsformen für die Unternehmensnachfolge optimal zu nutzen, muss ein erhöhtes Augenmerk auf die genaue Ausgestaltung der Konstruktion der Doppelstiftung gerichtet werden: Um die steuerlichen Privilegien der gemeinnützigen Stiftung bestmöglich auszuschöpfen und die schenkung- und erbschaftsteuerliche Belastung der Familienstiftung möglichst gering zu halten, wird dieser idealerweise eine niedrige und der gemeinnützigen Stiftung eine hohe kapitalmäßige Beteiligung an der Beteiligungsgesellschaft eingeräumt (bspw.: Gemeinnützige Stiftung 90 %, Familienstiftung 10 %). 39

Um zu erreichen, dass die Familie einen beherrschenden Einfluss auf das Unternehmen behält, sind die jeweiligen Gesellschafterrechte der beiden Stiftungen abweichend von deren kapitalmäßigen Beteiligung (disquotal) ausgestaltet (nach dem vorgenannten Beispiel: Gemeinnützige Stiftung 10 %, Familienstiftung 90 %).[75] Dies gilt sowohl für die Stimmrechte, als auch die Gewinnbezugsrechte. Letzteres führt dazu, dass der Familienstiftung mehr Unternehmenserträge zur Verfügung stehen, die an die Familie des Unternehmers ausgeschüttet werden können.[76] 40

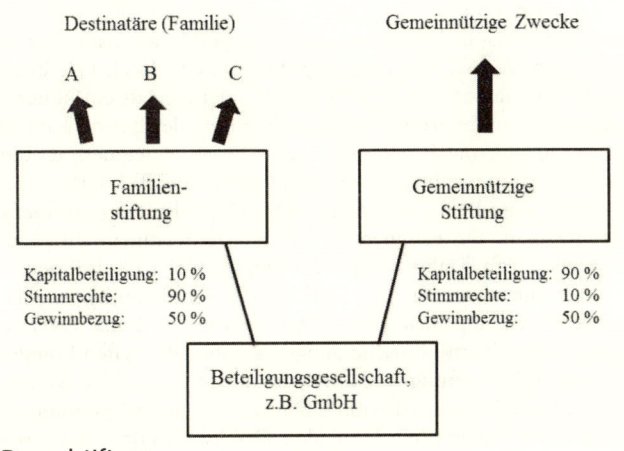

Modell einer Doppelstiftung

cc) Unterhaltung eines wirtschaftlichen Geschäftsbetriebs im Sinne des § 14 AO als Verstoß gegen § 56 AO? Gemäß § 56 AO muss die gemeinnützige Stiftung ausschließlich gemeinnützige Zwecke verfolgen. Es wird vor diesem Hintergrund diskutiert, ob die Gesellschaftsbeteiligung der gemeinnützigen Stiftung im Rahmen einer Doppelstiftung als wirtschaftlicher Geschäftsbetrieb im Sinne des § 14 AO anzusehen ist.[77] In der Literatur wird vertreten, dass aufgrund der engen Verbindung der gemeinnützigen Stiftung mit der Familienstiftung deren wahrer Zweck nicht gemeinnützig, sondern die Versorgung der Unternehmerfamilie ist, sodass die Konstruktion der Doppelstiftung einen Gestaltungsmissbrauch im Sinne des § 42 AO darstellt.[78] Dies überzeugt in dieser Pauschalität nicht: Nach der Rechtsprechung des BFH ist richtigerweise danach zu diffe- 41

---

[73] Feick/*Godron*, Stiftung als Nachfolgeinstrument, § 30 Rn. 2.
[74] Feick/*Godron*, Stiftung als Nachfolgeinstrument, § 30 Rn. 5.
[75] V. Campenhausen/Richter/*Richter*, Stiftungsrechts-Handbuch, § 13 Rn. 154.
[76] Ausführlich zur Ausgestaltung der Doppelstiftung: Feick/*Godron*, Stiftung als Nachfolgeinstrument, § 30 Rn. 14 ff.
[77] Vgl. Feick/*Godron*, Stiftung als Nachfolgeinstrument, § 30 Rn. 19 ff.
[78] *Rawert* ZEV 1999, 294 (296).

renzieren, ob es sich bei der Beteiligungsgesellschaft um eine Personen- oder eine Kapitalgesellschaft handelt. Nur im Falle der Beteiligung an einer gewerblich tätigen Personengesellschaft handelt es sich um einen wirtschaftlichen Geschäftsbetrieb im Sinne des § 14 AO.[79] Daran anschließend stellt sich die Frage, ob dies gegen das in § 56 AO normierte Gebot der Ausschließlichkeit verstößt. Gemäß § 55 Abs. 1 HS. 1 AO ist die Verfolgung eigener wirtschaftlicher Zwecke zulässig, soweit diese hinter den gemeinnützigen Zweck zurücktreten. Nach dem Ausschließlichkeitsgebot ist die gemeinnützige Stiftung lediglich gehalten, die im wirtschaftlichen Geschäftsbetrieb erwirtschafteten Überschüsse ausschließlich dem steuerbegünstigten satzungsmäßigen Zweck zuzuführen.[80] Es wird vor diesem Hintergrund empfohlen, im Rahmen der Ausgestaltung der Stiftungssatzung ausdrücklich festzulegen, dass die der gemeinnützigen Stiftung zufließenden Gewinne ausschließlich der Erfüllung des gemeinnützigen Zwecks dienen, um das Gebot der Ausschließlichkeit im Sinne des § 56 AO zu wahren.

42 **e) Stiftung & Co. KG.** Bei der Rechtsform der Stiftung & Co. KG fungiert die Stiftung als Komplementärin einer KG, deren Kommanditisten Familienmitglieder oder andere (natürliche) Personen sind.[81]

43 Der Einsatz einer Stiftung als persönlich haftender Gesellschafterin bietet sich insbesondere dann an, wenn der Unternehmerfamilie die Unternehmensleitung weitgehend entzogen werden soll: Anders als bei einer GmbH als persönlich haftender Gesellschafterin bietet die Stiftung den Vorteil, dass deren Vorstände nicht durch Gesellschafterbeschlüsse zu bestimmten Handlungen angewiesen werden können, sodass ein höheres Maß an Unabhängigkeit von der Familie erreicht werden kann.[82] Gleichzeitig kann die langfristige finanzielle Absicherung für die Familie des Stifters erreicht werden, da die wesentlichen Vermögensrechte den Kommanditisten zustehen (vgl. §§ 167 ff. HGB).

44 Anders als beispielsweise bei der Familien- oder Doppelstiftung eröffnet die Stiftung & Co. KG die Möglichkeit, die Familienangehörigen als Kommanditisten unmittelbar am Unternehmen zu beteiligen. Daher hat die Stiftung & Co. KG eher den typischen Charakter eines Familienunternehmens, bei welchem die Familienmitglieder dem Unternehmen stark verbunden sind, regelmäßig im Rahmen von Gesellschafterversammlungen zusammenkommen und bestimmte Entscheidungen gemeinsam treffen können.[83]

45 Ein weiterer Vorteil der Stiftung & Co. KG ist die grundsätzliche Mitbestimmungsfreiheit. Gemäß § 4 MitbestG gelten Arbeitnehmer der KG unter bestimmten Voraussetzungen als Arbeitnehmer der persönlich haftenden Gesellschafterin, wenn es sich bei dieser um ein Unternehmen handelt, das in § 1 Abs. 1 MitbestG abschließend[84] aufgezählt ist. Die Stiftung ist in § 1 Abs. 1 MitbestG nicht genannt.

46 **f) Stiftungs-GmbH als alternative Rechtsform zur Stiftung.** Der Begriff der Stiftungs-GmbH darf nicht darüber hinwegtäuschen, dass es sich dabei nicht um eine rechtsfähige Stiftung im Sinne der §§ 80 ff. BGB handelt, sondern um eine GmbH (daher auch „gemeinnützige GmbH" (gGmbH) genannt). Die Unternehmensnachfolge mittels einer Stiftungs-GmbH erfolgt regelmäßig dergestalt, dass der scheidende Unternehmer seine Beteiligung am operativ tätigen Unternehmen auf die von ihm gegründete Stiftungs-GmbH überträgt. Die Stiftungs-GmbH betreibt das operativ tätige Unternehmen nicht selbst, sondern ist lediglich Gesellschafterin an diesem beteiligt.[85] Dies bedeutet, dass sich der Unternehmer Gedanken machen muss, wie er die beiden Gesellschafterkreise (Stif-

---

[79] BFH, Urt. v. 2.3.2001 – I R 78/99 = BStBl. II 2001, 449.
[80] Feick/*Godron*, Stiftung als Nachfolgeinstrument, § 30 Rn. 25.
[81] Vgl. *Richter/Sturm* ZErb 2006, 75 (77 f.).
[82] *Riedel*, Praxishandbuch Unternehmensnachfolge, § 13 Rn. 83.
[83] Vgl. Feick/*Pawlytta/Pfeiffer*, Stiftung als Nachfolgeinstrument, § 31 Rn. 18.
[84] ErfK/*Oetker* MitbestG § 1 Rn. 2
[85] Feick/*Godron*, Stiftung als Nachfolgeinstrument, § 33 Rn. 26.

II. Allgemeine Grundlagen des Stiftungsrechts § 9

tungs-GmbH und operativ tätiges Unternehmen) besetzt.[86] Die Stiftungs-GmbH muss, um ihre Funktion als Ersatzform der Stiftung erfüllen zu können, den Anforderungen des Gemeinnützigkeitsrechts genügen. Betreibt sie jedoch selbst das operativ tätige Unternehmen, so entsteht bei ihr ein wirtschaftlicher Geschäftsbetrieb iSd § 14 AO, der zum vollständigen Wegfall ihrer Gemeinnützigkeit führen kann, jedenfalls aber eine partielle Steuerpflicht nach sich zieht.[87] Als Vorteil der Stiftungs-GmbH wird insbesondere die im Vergleich zur Stiftung größere Gestaltungsfreiheit ohne staatliche Anerkennung, Aufsicht oder andere stiftungsrechtliche Besonderheiten angeführt.[88]

Die Stiftungs-GmbH unterscheidet sich von der Stiftung durch das Vorhandensein von Mitgliedern (Gesellschaftern). Üblicherweise sind dies Personen, die die Anteile treuhänderisch für oder zumindest im Sinne des Stifters halten.[89] Will man die Erhaltung des Stiftungskapitals und die Verwendung der Erträge ausschließlich zur Verwirklichung des Stiftungszwecks sicherstellen, so kann dies im Hinblick auf die Mitglieder durch den Ausschluss von Gewinnbezugsrechten, von Abfindungsansprüchen sowie der Teilhabe am Liquidationserlös erreicht werden.[90] Zu Lebzeiten des Unternehmers wird auch empfohlen, den Unternehmer als Alleingesellschafter der Stiftungs-GmbH einzusetzen.[91]

47

g) Stiftungen im Ausland als Option für die Unternehmensnachfolge. Schließlich kann die Unternehmensnachfolge mit einer im Ausland ansässigen Stiftung für den Stifter Anreize haben. In ausländischen Staaten können Stifter ggf. ein höheres Maß an Flexibilität und Anonymität genießen als in Deutschland. Teilweise bestehen auf steuerliche Vorzüge.[92] Die Gründung einer Stiftung im Ausland sollte im Rahmen der Unternehmensnachfolgeplanung jedenfalls im Hinterkopf behalten werden. In Betracht gezogen werden gerne die Österreichische Privatstiftung[93] und die Liechtensteinische Privatstiftung.[94]

48

4. Pflicht zur Eintragung einer Stiftung in das Transparenzregister

Durch das am 18.5.2017 verabschiedete Gesetz zur Umsetzung der Vierten EU-Geldwäscherichtlinie wurde das sog. Transparenzregister geschaffen, in welches ab dem 27.12.2017 jedermann Einsicht nehmen kann (§ 23 Abs. 5 GWG). Zweck des Registers ist die Verhinderung von Geldwäsche und Aufdeckung von Terrorismusfinanzierung. Auch Stiftungen sind dazu verpflichtet, gegenüber dem Register Angaben zu den wirtschaftlich Berechtigten zu machen. Wer im Hinblick auf eine Stiftung als wirtschaftlicher Berechtigter anzusehen ist, regelt § 3 Abs. 3 GWG. Dies sind insbesondere die Destinatäre (§ 3 Abs. 3 Nr. 3 GWG). Deren Einbeziehung dient der Entgegenwirkung von Strohmanngeschäfte und der Feststellung derjenigen natürlichen Personen, in deren wirtschaftlichen oder rechtlichen Interessen die Stiftung handelt.[95] Die Eintragungspflicht für Stiftungen besteht ungeachtet deren Ausgestaltung als gemeinnützige oder nicht gemeinnützige Stiftung.[96]

49

---

[86] Hierzu ausführlich: Feick/*Godron*, Stiftung als Nachfolgeinstrument, § 33 Rn. 28.
[87] Feick/*Godron*, Stiftung als Nachfolgeinstrument, § 33 Rn. 27.
[88] MAH ErbR/*Feick* § 38 Rn. 25.
[89] MAH ErbR/*Feick* § 38 Rn. 24.
[90] MAH ErbR/*Feick* § 38 Rn. 24.
[91] Feick/*Godron*, Stiftung als Nachfolgeinstrument, § 33 Rn. 30.
[92] Hierzu ausführlich Feick/*v. Löwe*, Stiftung als Nachfolgeinstrument, § 40.
[93] Hierzu ausführlich Feick/*Steegmüller*, Stiftung als Nachfolgeinstrument, § 37.
[94] Hierzu ausführlich Feick/*Lennert*, Stiftung als Nachfolgeinstrument, § 38.
[95] Erbs/Kohlhaas, Strafrechtliche Nebengesetze, GWG § 3 Rn. 1, 217. EL 2017.
[96] *Kotzenberg/Lorenz*, Das Transparenzregister kommt, NJW 2017, 2433 (2436).

III. Übertragung des Unternehmens auf die Stiftung

50 Bei der Übertragung des Unternehmens bzw. der Unternehmensanteile auf eine Stiftung sind zivilrechtlich (1.) und steuerrechtlich (2.) folgende Besonderheiten zu beachten.

1. Zivilrechtliche Anforderungen und Gestaltungsmöglichkeiten

51 Die Übertragung auf die Stiftung kann (a) zu Lebzeiten des Unternehmensinhabers als Schenkung, (b) von Todes wegen oder (c) nach dem Tod des Unternehemensinhabers durch die Erben erfolgen.

52 **a) Übertragung zu Lebzeiten des Unternehmensinhabers.** Das Unternehmen kann aa) zum Zeitpunkt der Errichtung der Stiftung im Rahmen des Stiftungsgeschäfts oder auch bb) nach der Errichtung der Stiftung als sog. Zustiftung übertragen werden.

53 **aa) Übertragung mit dem Stiftungsgeschäft.** Bei Übertragung des Unternehmens zum Zeitpunkt der Errichtung der Stiftung ist der Stifter gemäß § 82 BGB verpflichtet, das im Stiftungsgeschäft zugesicherte Vermögen der Stiftung zu übertragen, sobald die Stiftung anerkannt ist. Die Stiftung hat einen Anspruch gegen den Stifter auf Übertragung des versprochenen Vermögens.[97] Dinglich vollzieht sich der Übergang nach den allgemeinen Regeln gemäß §§ 929 ff., 873 ff. BGB (bei körperlichen Gegenständen des Unternehmens) und gemäß §§ 398, 413 BGB (im Hinblick auf Forderungen und Schutzrechte). Schuldrechtlich liegt im Stiftungsgeschäft eine **Schenkung**, wobei im Einzelnen diskutiert wird, inwieweit Schenkungsrecht im Verhältnis zwischen Stifter und Stiftung entsprechende Anwendung finden kann.[98]

54 Das **Stiftungsgeschäft** bedarf gemäß § 81 BGB der Schriftform des § 126 BGB. Die Frage, ob die im Stiftungsgeschäft zu erklärende Verpflichtung, bestimmte Gegenstände, namentlich Grundstücke und Geschäftsanteile, auf die Stiftung zu übertragen, der **notariellen Form** bedarf, ist zwar umstritten, wird von der Rechtsprechung und der stiftungsrechtlichen Literatur jedoch verneint, insbesondere weil das Stiftungsgeschäft kein Vertrag, sondern ein einseitiges Rechtsgeschäft sei und sich aus § 81 BGB der Wille des Gesetzgebers herleiten lasse, Schriftform genügen zu lassen.[99] Die dingliche Abtretung von Geschäftsanteilen und die Auflassung von Grundstücken bedürfen aber jedenfalls der notariellen Form.[100]

55 **bb) Übertragung als Zustiftung.** Auch auf Zustiftungen finden die Bestimmungen des Schenkungsrechts Anwendung.[101] Zustiftungen erhöhen den zu erhaltenden Grundstock der Stiftung und müssen – anders als Spenden – nicht zeitnah im Rahmen des Stiftungszwecks verwendet werden.[102] Bei Zustiftungen müssen demnach die Erträge aus der Zuwendung, bei Spenden die Zuwendung selbst entsprechend dem Stiftungszweck verwendet werden. Die Pflichten des Stifters gegenüber der Stiftung ergeben sich aus dem zwischen dem Stifter und der Stiftung geschlossenen Vertrag über die Zustiftung und ergänzend aus §§ 516 ff. BGB.

56 **cc) Vereinbarung von Widerrufs- und Rücktrittsrechten.** Der Stifter kann sich (wie bei jeder Schenkung) Rücktritts- und Widerrufsrechte vorbehalten, da die gesetzlichen

---

[97] MüKoBGB/*Weitemeyer* § 82 Rn. 1.
[98] Ausführlich Staudinger/*Hüttemann/Rawert* BGB § 81 Rn. 26 ff.; BeckOK BGB/*Tolksdorf* § 82 Rn. 13.
[99] OLG Schleswig DNotZ 1996, 770; MüKoBGB/*Weitemeyer* § 81 Rn. 8, jeweils mwN. Anders *Riedel*, Handbuch der Unternehmensnachfolge, § 13 Rn. 20.
[100] *Pauli* FamRZ 2012, 344 (346 f.).
[101] BGH ZEV 2004, 115 (116); BeckOGK/*Jakob/Uhl* BGB § 80 Rn. 182; *Pauli* FamRZ 2012, 344 (346); *Rawert* DNotZ 2008, 5 (7).
[102] BeckOGK/*Jakob/Uhl* BGB § 80 Rn. 182; *Rawert* DNotZ 2008, 5 (7).

Rückforderungs- und Widerrufsrechte gemäß §§ 526 ff. BGB dem Schenker nicht genügend Sicherheiten bieten, dass seine Interessen gewahrt werden, etwa im Hinblick auf die Führung des Unternehmens durch den Stiftungsvorstand. Bei der individuellen Gestaltung der Rücktrittsrechte steht dem Stifter ein weiter Gestaltungsspielraum zu.[103] Der Schenker könnte sich theoretisch sogar ein umfassendes Rücktrittsrecht vorbehalten, ohne befürchten zu müssen, dass die Finanzverwaltung eine Schenkung nicht anerkennt. Denn nach der Rechtsprechung des BFH kann auch die freigebige Zuwendung, bei der ein unbedingtes Rückforderungsrecht des Schenkers vorgesehen ist, Schenkungsteuer auslösen.[104] Selbst wenn sich der Schenker ein umfassendes Rückforderungsrecht vorbehält, beginnt also die 10-Jahres-Frist der §§ 13c Abs. 1 und 14 ErbStG, innerhalb derer mehrere Erwerbe zusammenzurechnen sind, zu laufen. Bei der Übertragung von **Anteilen an Personengesellschaften** ist aber zu beachten, dass eine Begünstigung nach §§ 13a, 13b ErbStG ausscheidet, wenn die Anteile unter Vorbehalt eines unbedingten Rückforderungsrechts übertragen werden, weil der Erwerber in diesem Fall nach ertragsteuerlichen Grundsätzen keine (Mit-) Unternehmerstellung erlangt.[105] Zudem ist zu beachten, dass im Falle eines umfassenden, freien Rückforderungsrechts der Rückübertragungsanspruch pfändbar ist, was von den Parteien regelmäßig nicht gewollt ist.[106]

Als Gründe, die zweckmäßigerweise ein Rücktrittsrecht auslösen können sollten, kommen insbesondere die Einleitung von Zwangsvollstreckungsmaßnahmen gegen die beschenkte Stiftung sowie bestimmte unerwünschte Maßnahmen der Stiftungsaufsicht in Betracht. Möglicherweise ist vom Stifter die Vererbbarkeit der Rücktrittsrechte auf die nächste Generation gewünscht. Im Hinblick auf § 13a Abs. 1 ErbStG kann sich im Einzelfall die Vereinbarung eines (teilweisen) Rückforderungsrechts für den Fall empfehlen, dass der Wert der Schenkung (nachträglich wider Erwarten) den Betrag von EUR 26 Mio. überschreitet. Ggf. kann sodann nach teilweiser Rückabwicklung der rückabgewickelte Teil des Unternehmens erst nach Ablauf von 10 Jahren geschenkt werden.[107] 57

dd) Übertragung unter Nießbrauchsvorbehalt. Eine (bislang) häufig gewählte Gestaltung war die Übertragung des Unternehmens oder der Unternehmensanteile unter Vorbehalt des Nießbrauchs zugunsten des Schenkers.[108] Auf diese Weise konnte der Nießbraucher das Familienunternehmen schrittweise an die nächste Generation weitergeben, weiterhin an den (entnahmefähigen) Gewinnen des Unternehmens partizipieren und so seine Versorgung bis zum Lebensende sichern. 58

Der BFH hat nunmehr aber entschieden, dass die Übertragung eines Einzelunternehmens unter Buchwertfortführung gemäß § 6 Abs. 3 EStG nicht möglich ist, wenn sich der Übertragende an dem Betrieb den Nießbrauch vorbehält und er seine gewerbliche Tätigkeit nicht einstelle.[109] In einem solchen Fall kann wegen einer dann vorliegenden Entnahme eine **Aufdeckung stiller Reserven** nicht mehr ausgeschlossen werden. Zuvor hatten Gerichte und Finanzverwaltung den Buchwertansatz bei der Übertragung von Betrieben unter Nießbrauchsvorbehalt noch anerkannt.[110] 59

Der BFH lehnt die Buchwertfortführung gemäß § 6 Abs. 3 EStG bei Übertragung unter Nießbrauchsvorbehalt ab, wenn es an der zwingenden Voraussetzung fehle, dass der Übertragende seine gewerbliche Tätigkeit einstelle.[111] Dies sei etwa der Fall, wenn der 60

---

[103] Für Beispiele siehe *Götz* NWB 2015, 3097 (3100).
[104] BFH NJW 1990, 1750.
[105] H E 13b.5 Abs. 3 S. 2 ErbStR 2011 (Anwendung ertragsteuerlicher Grundsätze; *Pauli* ZEV 2013, 289 (292); *Götz* NWB 2015, 3097 (3107).
[106] *Götz* NWB 2015, 3097 (3105 f.); *Pauli* ZEV 2013, 289 (296).
[107] *Reich* DStR 2016, 2447 (2452); *Wachter* FR 2017, 69 (79).
[108] Hierzu ausführlich *Dräger* DB 2017, 2768; *Hübner/Friz* DStR 2017, 2353; *Spiegelberger* notar 2017, 419.
[109] BFH DStR 2017, 1308.
[110] BFH DB 1989, 1752; BFH DB 1986, 1804. Die entgegenstehende Entscheidung des BFH, Urt. v. 2.9.1992 – XI R 26/91 wurde nicht angewendet.
[111] BFH DStR 2017, 1308 (Leitsatz).

Übertragende die einzige wesentliche Betriebsgrundlage, etwa ein Grundstück, aufgrund des ihm vorbehaltenen Nießbrauchs weiterhin selbst vermiete und verpachte.[112] Zweck der Steuerverschonung des § 6 Abs. 3 EStG sei die Bewahrung der wirtschaftlichen Einheit des Betriebes. Die notwendige wirtschaftliche Einheit sei aber – jedenfalls solange der Nießbrauch besteht – nicht gegeben.[113] Der BFH, beruft sich auch auf seine Entscheidung zur Vorgängervorschrift des § 6 Abs. 3 EStG;[114] diese Entscheidung gelte auch für die aktuelle Fassung in § 6 Abs. 3 EStG.[115]

61 Die Entscheidung ist in der Literatur überwiegend auf ablehnende Kritik gestoßen.[116] Bei land- und forstwirtschaftlichen Betrieben sei für die Buchwertfortführung eine Einstellung der gewerblichen Tätigkeit nicht erforderlich, und für eine abweichende Behandlung von land- und forstwirtschaftlichen Betrieben einerseits und sonstigen Betrieben andererseits bestehe kein sachlicher Grund.[117] Die Argumentation des BFH, die in § 16 Abs. 1 EStG enthaltene Voraussetzung der Einstellung der gewerblichen Tätigkeit müsse auch für die Vorschrift des § 6 Abs. 3 EStG gelten, sei angesichts der unterschiedlichen Regelungsgegenstände der genannten Vorschriften abzulehnen.[118] Eine Beendigung der gewerblichen Tätigkeit des Veräußerers sei für § 6 Abs. 3 EStG nicht erforderlich, weil die vom BFH vorgenommene Auslegung des Begriffs des Betriebs nicht zwingend tätigkeitsbezogen sei.[119] Aus § 16 Abs. 3b EStG, in dem der Gesetzgeber die Betriebsverpachtung als nicht gewinnrealisierend akzeptiert habe, ergebe sich zudem, dass die Übertragung unter Nießbrauchsvorbehalt nicht zur Aufdeckung stiller Reserven führen könne, weil die Übertragung unter Nießbrauchsvorbehalt wirtschaftlich der Übertragung und Rückverpachtung des Betriebs gleichzusetzen sei.[120]

62 In der Literatur diskutiert und befürchtet wird die Übertragung der dargestellten Rechtsprechung über die Aufdeckung stiller Reserven bei der Übertragung von *Einzelunternehmen* unter Nießbrauchsvorbehalt auf die Übertragung eines *Mitunternehmeranteils* (Anteil an Personengesellschaften) unter Nießbrauchsvorbehalt.[121] Eine solche Übertragbarkeit wird in der Literatur abgelehnt, aber nicht sicher ausgeschlossen.[122] Gegen eine solche Übertragbarkeit spricht, dass § 6 Abs. 3 S. 1 Hs. 2 Alt. 2 EStG eine Buchwertfortführung gerade auch für die Übertragung eines Teils eines Mitunternehmeranteils vorsieht; demnach ermöglicht das Gesetz eine Buchwertfortführung gerade auch in dem Fall, in dem der Übertragende seine Mitunternehmerstellung und seine gewerbliche Tätigkeit nicht (vollständig) beendet – ähnlich wie der Nießbraucher.[123]

63 Gegen die Entscheidung sind Rechtsmittel zum Bundesverfassungsgericht und zum EuGH eingelegt.[124] Gegenwärtig ist von einer Übertragung von Einzelunternehmen auf Stiftungen unter Nießbrauchsvorbehalt aber wegen der damit verbundenen Gefahr einer Offenlegung stiller Reserven abzuraten. Der Unternehmensinhaber sollte stattdessen das Einzelunternehmen oder den Mitunternehmensanteil übertragen und sich eine Versor-

---

[112] BFH DStR 2017, 1308 (1312).
[113] BFH DStR 2017, 1308 (1313).
[114] BFH Urt. v. 2.9.1992 – XI R 26/91.
[115] BFH DStR 2017, 1308 (1312).
[116] *Spiegelberger* notar 2017, 419 (421 ff.); *Korn* Kösdi (Kölner Steuerdialog) 2018, 1 (Rn. 7); *Wendt* FR 2017, 1060 (1061).
[117] *Dräger* DB 2017, 2768 (2769); *Korn* Kösdi (Kölner Steuerdialog) 2018, 1 (Rn. 7); *Wendt* FR 2017, 1060 (1061).
[118] *Korn* Kösdi (Kölner Steuerdialog) 2018, 1 (Rn. 7); *Spiegelberger* notar 2017, 419 (421): § 16 Abs. 1 EStG betrifft die entgeltliche Übertragung, § 6 Abs. 3 EStG die unentgeltliche Übertragung.
[119] *Schulze zur Wiesche* StBp 2017, 273 (274 f.).
[120] *Spiegelberger* notar 2017, 419 (420); *Wendt* FR 2017, 1060 (1061).
[121] *Dräger* DB 2017, 2768 (2770); *Korn* Kösdi (Kölner Steuerdialog) 2018, 1 (Rn. 14); *Schulze zur Wiesche* StBp 2017, 273 (276).
[122] *Korn* Kösdi (Kölner Steuerdialog) 2018, 1 (Rn. 14); *Schulze zur Wiesche* StBp 2017, 273 (276).
[123] *Dräger* DB 2017, 2768 (2769); *Ihle* notar 2018, 55 (64).
[124] *Spiegelberger* notar 2017, 419 (420).

gungsrente oder dauernde Last vorbehalten.[125] Ist der vorbehaltene Nießbrauch als Ertragsnießbrauch ausgestaltet, so ist der Nießbraucher nicht (mehr) Gewerbetreibender und eine Aufdeckung stiller Reserven unterbleibt ebenfalls.

ee) Zu beachtendes Pflichtteilsrecht, Ehegüterrecht. Der Zustiftung oder Spende an die Stiftung liegt schuldrechtlich als causa – wie bereits dargestellt – eine Schenkung oder ein schenkungsähnliches Rechtsverhältnis zugrunde.[126] Gemäß § 1375 Abs. 2 Nr. 1 BGB unterliegt die Zuwendung des Stifters an die Stiftung folglich dem Zugewinnausgleichsanspruch des Ehegatten, wenn dieser der Zuwendung nicht zustimmt.[127] Die Zustiftung ist auch eine pflichtteilsergänzungsrelevante Schenkung iS des § 2325 BGB,[128] so dass die beschenkte Stiftung Pflichtteilsergänzungsansprüchen ausgesetzt sein kann.[129] Die Stiftung kann aber trotz § 10 Abs. 6 S. 4 ErbStG den Pflichtteil in voller Höhe als Nachlassverbindlichkeit gemäß § 10 Abs. 5 Nr. 2 ErbStG abziehen, wenn sie (als Erbin) begünstigtes Vermögen gemäß § 13a ErbStG erwirbt; ein wirtschaftlicher Zusammenhang zwischen der Pflicht, den Pflichtteil zu bezahlen, und den erworbenen (begünstigten) Gegenständen wurde von der Rechtsprechung abgelehnt.[130]

64

Die Frist des § 2325 Abs. 3 BGB beginnt frühestens mit Anerkennung der Stiftung durch die Stiftungsbehörde zu laufen.[131] Behält sich der Stifter umfangreiche Nutzungsrechte am Stiftungsvermögen oder Rückforderungsrechte vor, wird der Pflichtteilsberechtigte ebenfalls gut argumentieren können, die Frist des § 2325 Abs. 3 BGB habe erst mit dem Tod des Stifters begonnen.[132] Noch nicht abschließend geklärt ist die Frage, ob der Pflichtteilsberechtigte, der als Destinatär Ausschüttungen von der Stiftung erhält, sich diese Ausschüttungen auf den Pflichtteil gemäß § 2327 BGB (analog) oder gemäß § 2307 BGB anrechnen lassen muss.[133]

65

b) Übergang von Todes wegen. Die Stiftung von Todes wegen kann durch Testament oder Erbvertrag errichtet werden. Zu beachten ist, dass dann nicht nur die Fassung der letztwilligen Verfügung den erbrechtlichen Formvorschriften unterliegt, sondern grundsätzlich auch die Fassung des Stiftungsgeschäfts und der Stiftungssatzung. Zumindest der Stiftungszweck und die verbindliche Vermögenszusage müssen in der vom Erbrecht vorgeschriebenen Form niedergelegt sein.[134]

66

Nach Eröffnung der letztwilligen Verfügung wird die Genehmigung der Stiftungsbehörde eingeholt. Die sodann erteilte Genehmigung der Stiftungsbehörde wirkt zurück auf den Erbfall, § 84 BGB.[135] In der Praxis empfiehlt sich die Abstimmung der Stiftungssatzung mit der Stiftungsaufsicht bereits zu Lebzeiten des Erblassers, damit es nach dem Erbfall keine Schwierigkeiten mit einzelnen Satzungsbestimmungen gibt. Eine unvollständige

67

---

[125] Siehe auch *Ihle* notar 2018, 55 (64).
[126] BGH ZEV 2004, 115 (116); *Pauli* FamRZ, 2012, 344 (346).
[127] *Sabel/Schauer* ZStV 2018, 81 (86).
[128] BGH ZEV 2004, 115 (116); *Blumers* DStR 2012, 1 (2), *Pauli* FamRZ, 2012, 344 (346); *Werkmüller* ZEV 2018, 446 (446f.).
[129] Siehe hierzu auch *Crivellaro/Gershel* STEP Journal Februar 2018, 58 (59); *Sabel/Schauer* ZStV 2018, 81 (86); *Riedel*, Praxishandbuch Unternehmensnachfolge, § 13 Rn. 2, gibt Gestaltungshinweise zur möglichen Vermeidung von Pflichtteilsansprüchen.
[130] BFH DStR 2015, 2015 (2018); Troll/Gebel/Jülicher/*Gottschalk* ErbStG § 10 Rn. 249 und 262; *Reich* DStR 2016, 1459 (1461).
[131] BGH ZEV 2004, 115 (116); *Röthel* ZEV 2008, 112 (113); *Pauli* FamRZ, 2012, 344 (346). Ausführlich zum Fristbeginn *Scherer/Pawlytta*, Jubiläumsschrift 10 Jahre DVEV 1995–2005, 127 (143ff.).
[132] Hierzu *Werkmüller* ZEV 2018, 446 (447f.).
[133] Hierzu *Klingelhöffer*, Pflichtteilsrecht, 11. Teil Rn. 508; *Feick/Fischer*, Stiftung als Nachfolgeinstrument, § 6 Rn. 44. Gegen eine analoge Anwendung mangels Regelungslücke *Cornelius* ZErb 2006, 230 (234); für eine analoge Anwendung, wenn dem Pflichtteilsberechtigten ein Anspruch auf Ausschüttungen zusteht, *Rawert/Katschinski* ZEV 1996, 161 (163).
[134] OLG Stuttgart ZEV 2010, 200 (201) mablAnm *Wachter* ZEV 2010, 201ff.
[135] Zur steuerrechtlichen Auswirkung noch sogleich unter D. II. 1.

Satzung könnte etwa nach dem Erbfall allein von der Stiftungsbehörde ergänzt werden, § 83 S. 2 BGB. Häufig bietet sich die Einsetzung eines Testamentsvollstreckers an, der die Errichtung der Stiftung zur Aufgabe hat und die Korrespondenz und Verhandlung mit der Stiftungsaufsicht übernimmt.

68 Die Bestimmungen in der letztwilligen Verfügung sind mit den Regelungen in den Gesellschaftsverträgen des übergehenden Unternehmens zwingend abzustimmen. Gesellschaftsverträge von Personengesellschaften können qualifizierte Nachfolgeklauseln, Fortsetzungs- oder Eintrittsklauseln enthalten, die den Übergang der Gesellschaftsanteile auf eine Stiftung ausschließen oder von der Zustimmung der übrigen Gesellschafter abhängig machen. Satzungen von Kapitalgesellschaften können besondere Kündigungs- oder Ausschlussmöglichkeiten vorsehen, die die als Erbin oder Vermächtnisnehmerin eingesetzte Stiftung verpflichten, die erworbenen Anteile an die verbleibenden Gesellschafter abzutreten. Sind Testament und Gesellschaftsvertrag nicht abgestimmt, drohen erhebliche Nachteile.[136]

69 Wie bei der Übertragung zu Lebzeiten sind natürlich erst recht bei Übertragung von Todes wegen Pflichtteilsansprüche zu beachten, siehe oben unter 1. e).

70 **c) Übertragung nach dem Erbfall durch die Erben.** Gemäß § 29 Abs. 1 Nr. 4 ErbStG erlischt die Erbschaftsteuer rückwirkend, wenn die erworbenen Unternehmensanteile innerhalb von zwei Jahren ab dem Erbfall in eine gemeinnützige Stiftung eingebracht werden. Auf diese Weise können ggf. die sogleich beschriebenen steuerrechtlichen Vorteile auch noch nach dem Erbfall bzw. der Schenkung genutzt werden, wenn sich der Erbfall etwa gänzlich unerwartet ereignete. Für die Übertragung vom Erben auf die Stiftung gelten die Ausführungen oben unter 1. im Hinblick auf Widerrufs-, Rücktritts- und Nießbrauchsvorbehalte entsprechend; zu beachten ist, dass im Falle der Erbeinsetzung einer Familienstiftung die Übertragung des Unternehmens von dieser auf eine andere Stiftung von der Satzung gedeckt sein muss.[137]

2. Besteuerung der Übertragung des Unternehmens auf eine inländische Stiftung und Gestaltungsmöglichkeiten

71 **a) Schenkung-/Erbschaftsteuer.** Übertragungen von Unternehmen und Unternehmensanteilen werden schenkung- bzw. erbschaftsteuerlich wie folgt behandelt:

72 **aa) Grundsätzliches zum Übergang von Vermögen auf Stiftungen.** Gemäß § 3 Abs. 2 Nr. 1 ErbStG und § 7 Abs. 1 Nr. 8 ErbStG unterliegen Ausstattungen, die **mit dem Stiftungsgeschäft** von Todes wegen oder zu Lebzeiten auf die Stiftung übergehen, grundsätzlich der Erbschaft- bzw. Schenkungsteuer. Gleiches gilt für spätere Zuwendungen als sog. **Zustiftungen,** § 3 Abs. 1 Nr. 1 bzw. § 7 Abs. 1 Nr. 1 ErbStG.

73 Zuwendungen an *gemeinnützige* Stiftungen sind jedoch von der Steuer befreit, § 13 Nr. 16b ErbStG, wenn die 10-Jahres-Frist des § 13 Nr. 16b S. 2 ErbStG eingehalten ist. Zuwendungen an *privatnützige* Stiftungen unterliegen gemäß § 15 Abs. 2 S. 1 ErbStG dem sog. **Steuerklassenprivileg**, wenn die Zuwendungen bei Errichtung der Familienstiftung erfolgen, §§ 3 Abs. 2 Nr. 1, 7 Abs. 1 Nr. 8 ErbStG: „auf Grund eines Stiftungsgeschäfts". Findet das Steuerklassenprivileg Anwendung, so richten sich die Steuerklasse und der Freibetrag (§ 16 ErbStG) nach dem „Verwandtschaftsverhältnis des nach der Stiftungsurkunde entferntest Berechtigten zu dem Erblasser oder Schenker". Da nach der Finanzverwaltung auch künftige, noch ungeborene Begünstigte von den „entferntest Berechtigten" umfasst sind,[138] sollten als Begünstigte möglichst nicht „die Abkömmlinge und deren Ehe-

---

[136] Ausführlich hierzu *Feick/Weber* notar 2014, 395.
[137] *Wachter* FR 2017, 69 (80).
[138] R E 15.2 Abs. 1 ErbStR 2011.

III. Übertragung des Unternehmens auf die Stiftung § 9

gatten" oÄ eingesetzt werden, sondern – falls gewünscht – etwa die Kinder und Enkelkinder. Zur Ersatzerbschaftsteuer der Familienstiftung siehe unter D. II. 3.

Auf spätere Zuwendungen („Zustiftungen") an die Familienstiftung findet nach der 74 Finanzverwaltung grundsätzlich Steuerklasse III mit einem Freibetrag von nur EUR 20.000,00 Anwendung.[139] Die Zuwendung sei dann nicht mehr „auf Grund eines Stiftungsgeschäfts" erfolgt, wie es § 7 Abs. 1 Nr. 8 ErbStG formuliert, auf den § 15 Abs. 2 ErbStG verweist.

Wenn der Stifter die spätere Zustiftung bereits in der Stiftungsurkunde verbindlich fest- 75 gelegt hat, macht sich die Literatur zu Recht dafür stark, die Begünstigungen des § 15 Abs. 2 ErbStG auch dann anzuwenden, wenn die Ausführung der Zuwendung erst nach dem Abschluss des Stiftungsgeschäfts erfolgt.[140] Denn dann erfolgt die Zuwendung noch immer *„auf Grund* eines Stiftungsgeschäfts"; ob die Zuwendung *außerhalb* des Stiftungsgeschäfts erfolgt, spielt nach dem klaren Wortlaut des § 15 Abs. 2 ErbStG keine Rolle. Eine unterbleibende Anwendung des § 15 Abs. 2 ErbStG im vorstehend bezeichneten Fall wäre mit dem Wortlaut unvereinbar.

Bei Errichtung der privatnützigen Stiftung zu Lebzeiten **entsteht die Schenkung-** 76 **steuer** mit der Ausführung der Zuwendung, § 9 Abs. 1 Nr. 2 ErbStG, bei Errichtung der Stiftung von Todes wegen entsteht die Erbschaftsteuer mit der Anerkennung der Stiftung, § 9 Abs. 1 Nr. 1c ErbStG. Dies führt bei der Errichtung der Stiftung von Todes wegen dazu, dass die Steuer bereits zu einem Zeitpunkt entstehen kann, zu dem das Unternehmensvermögen noch gar nicht auf die Stiftung übertragen ist.[141] Liquide Mittel zur Begleichung der Steuer können der Stiftung fehlen, zumal die Übertragung des Unternehmens auf die Stiftung etwa aufgrund eines Vermächtnisses in der Praxis durchaus einen längeren Zeitraum beanspruchen kann. Der Zeitpunkt der Entstehung der Steuer ist vor allem auch für die Bewertung des Unternehmens maßgeblich, ebenso für den Zeitpunkt der Bestimmung des verfügbaren Vermögens in Fällen des § 28a ErbStG.[142] Ggf. empfiehlt sich die Einsetzung eines Testamentsvollstreckers.

Wird ein wirtschaftlich tätiger Geschäftsbetrieb auf eine gemeinnützige Stiftung über- 77 tragen, so kommt (neben den Vorschriften der §§ 13a, 13b ErbStG) eine Begünstigung nach § 13 Nr. 16b ErbStG grundsätzlich in Betracht. Werden insbesondere die Überschüsse des wirtschaftlichen Geschäftsbetriebs an den ideellen Bereich der Stiftung weitergegeben, so bleibt § 13 Nr. 16b ErbStG anwendbar; kommt die Zuwendung allerdings dem steuerpflichtigen wirtschaftlichen **Geschäftsbetrieb einer Stiftung** zu Gute, so entfällt die Steuerbefreiung nach § 13 Nr. 16b ErbStG und die Stiftung ist (wie die Familienstiftung) allein auf die Begünstigungen gemäß §§ 13a, 13b ErbStG angewiesen.[143]

Auch bei Übertragungen von Teilen des vom Schenker oder Erblasser gehaltenen An- 78 teils sind die Begünstigungen der §§ 13a, 13b ErbStG anwendbar; dies ergibt sich aus § 13b Abs. 1 Nr. 2 ErbStG: *„oder Anteils daran"*.[144] Bei der Übertragung von Teilen an Mitunternehmeranteilen auf Stiftungen ist dann aber zu bedenken, dass eine Buchwertfortführung gemäß § 6 Abs. 3 EStG ausscheidet (dazu sogleich).

Bei der Übertragung von begünstigtem Vermögen nach § 13b Abs. 2 ErbStG auf Stif- 79 tungen findet die Tarifbegrenzung des § 19a ErbStG keine Anwendung, da die Tarifbegrenzung eine Übertragung auf natürliche Personen voraussetzt (§ 19a Abs. 1 ErbStG).

---

[139] Troll/Gebel/Jülicher/*Jülicher* ErbStG § 15 Rn. 112; *Pauli* FamRZ 2012, 344 (347).
[140] Troll/Gebel/Jülicher/*Jülicher* ErbStG § 15 Rn. 112; für eine grundsätzliche Begünstigung späterer Zustiftungen nach § 15 ErbStG: Feick/*v. Löwe*, Stiftung als Nachfolgeinstrument, § 27 Rn. 20.
[141] *Wachter* FR 2017, 69 (71).
[142] Weitere Auswirkungen des Zeitpunkts der Entstehung der Steuer bei *Wachter* FR 2017, 69 (72).
[143] R E 13.8 ErbStR 2011, Abs. 2 S. 4.
[144] *Wachter* FR 2017, 69 (75).

80 **bb) Einsatz von Familienstiftungen im Rahmen der Verschonungsbedarfsprüfung, § 28a ErbStG.** Familienstiftungen wurden insbesondere aus folgenden Gründen als die „Gewinner" der Erbschaftsteuerreform von 2017 bezeichnet:[145]

81 **(1) Einhalten der erwerberbezogenen Grenze bis EUR 26 Mio. (§ 13a Abs. 1 ErbStG) durch Schaffung zusätzlicher Erwerber.** Die Verschonungsabschläge von 85% oder 100% gelten gemäß § 13a Abs. 1 S. 1 ErbStG nur für Erwerbe begünstigten Vermögens bis EUR 26 Mio. Darüberhinausgehende „Großerwerbe" werden nur im Rahmen der §§ 13c, 28a ErbStG verschont. Die 26-Mio.-Grenze gilt für jeden Erwerber gesondert, dh jeder Erwerber kann bis zu EUR 26 Mio. begünstigten Vermögens erwerben, ohne eine Kürzung des Verschonungsabschlages oder eine Verschonungsbedarfsprüfung dulden zu müssen. Zur Reduzierung von Erbschaft- und Schenkungsteuer kann es sich im Einzelfall anbieten, das begünstigte Vermögen auf mehrere Erwerber zu verteilen. Sind hierfür nicht genügend (geeignete) Familienangehörige vorhanden, so bieten sich insbesondere Familienstiftungen an,[146] da diese nach ihrem Stiftungszweck auch die Aufgabe haben können, den Stifter und seine Familienangehörigen zu versorgen.

Beispiel:
Nimmt das begünstigte Vermögen einen Umfang von EUR 50 Mio. an, so könnte neben dem einzigen Kind als Alleinerben noch eine Familienstiftung mit einem Vermächtnis von EUR 25 Mio. bedacht werden. Sowohl die Familienstiftung, die nach ihrem Satzungsweck die Versorgung des Kindes und dessen Kinder als Aufgabe haben kann, als auch das Kind würden somit die Grenze des Großerwerbs unterschreiten. Zudem können auch mehrere Familienstiftungen nebeneinander eigerichtet werden, für die jeweils die EUR 26 Mio. Grenze gilt.[147] Allerdings kommt es bei einer solchen Gestaltung zur Aufdeckung stiller Reserven, da die Buchwertfortführung gemäß § 6 Abs. 3 EStG voraussetzt, dass der gesamte Mitunternehmeranteil auf die Stiftung übertragen würde (Umkehrschluss aus § 6 Abs. 3 S. 1 Hs. 2 EStG, Einzelheiten unter Rn. 90). Ggf. kann der Unternehmer aber 25 Mio. EUR an Betriebsvermögen auf einen Abkömmling und 25 Mio an nicht begünstigtem Vermögen auf die Familienstiftung übertragen.

82 Selbstverständlich könnten auch gemeinnützige Stiftungen anstelle von Familienstiftungen als zusätzliche Erwerber bedacht werden. Hierbei ist aber zu berücksichtigen, dass gemeinnützige Stiftungen nur gemeinnützige Zwecke verfolgen und somit nicht zur Versorgung von Familienangehörigen eingesetzt werden können. Nur im engen Rahmen des § 58 Nr. 6 AO dürfen der Stifter und seine nahen Angehörigen versorgt werden (nämlich höchstens bis zu einem Drittel der Einnahmen der Stiftung bei Bedürftigkeit).[148]

83 Auch nach dem Erbfall kann ein Teil des erworbenen Vermögens innerhalb einer Frist von zwei Jahren noch auf eine Familienstiftung übertragen werden (siehe bereits oben, § 29 Abs. 1 Nr. 4 ErbStG). Auf diese Weise kann auch nach dem Vermögensübergang noch ein Erwerb unterhalb der 26-Mio.-Grenze erreicht werden, indem das darüber hinaus gehende Vermögen auf die Stiftung übertragen wird.[149] Insbesondere nicht begünstigtes (Verwaltungs-)Vermögen könnte auf eine Familienstiftung übertragen werden, soweit es zur Führung des Unternehmens nicht benötigt wird, etwa Kunst- oder Oldtimersammlungen.[150]

---

[145] *Von Oertzen/Reich* Ubg 2015, 629; *Wachter* FR 2017, 69. S.a. *Demuth* Kösdi 2018, 20909 (20912, 20915).
[146] *Reich* DStR 2017, 2447 (2449); *Watrin/Linnemann* DStR 2017, 569 (572) mit Berechnungsbeispiel.
[147] *Wachter* FR 2017, 69 (80). Im Hinblick auf § 42 AO sollten die Familienstiftungen aber nicht denselben Zweck verfolgen.
[148] Mit der weiteren Einschränkung, dass die Zuwendungen den Begünstigten „in angemessener Weise" unterhalten.
[149] *Wachter* FR 2017, 69 (80 f.).
[150] Zur möglichen Steuerbefreiung von Kunst und Oldtimern gemäß § 13 Abs. 1 Nr. 2 ErbStG *v. Oertzen* ZEV 2016, 561 ff.; v. Oertzen/Loose/*Schienke-Ohletz* ErbStG § 13 Rn. 15.

III. Übertragung des Unternehmens auf die Stiftung § 9

(2) Kein (nennenswertes) „verfügbares Vermögen" der Stiftung. Ein weiterer wesentlicher Vorteil der neu gegründeten Familienstiftung als Unternehmensnachfolgerin liegt darin, dass sie vor der Übertragung des Vermögens über kein (nennenswertes) Vermögen verfügt.

Bei Großerwerben jenseits von EUR 26 Mio. pro Erwerber ist gemäß § 28a ErbStG die auf das begünstigte Vermögen anfallende Steuer auf Antrag zu erlassen, soweit der Erwerber nachweist, dass er persönlich nicht in der Lage ist, die Steuer aus seinem verfügbaren Vermögen i. S. des § 28a Abs. 2 ErbStG zu begleichen (Verschonungsbedarfsprüfung). Gerade die Familienstiftung kann diesen Nachweis leicht führen, sofern sie vor der Übertragung des Unternehmens über kein eigenes Vermögen verfügt, das sie zur Begleichung der Steuer einsetzen könnte.[151] Zu beachten ist gleichwohl, dass gemäß § 28a Abs. 2 Nr. 1 ErbStG das mit dem Erbfall oder der Schenkung auf die Familienstiftung übergehende nicht begünstigte Vermögen (und auch das zum Betrieb gehörende Verwaltungsvermögen!) zum „verfügbaren Vermögen" der Familienstiftung gehört; zudem ist dieses Vermögen gemäß § 13b Abs. 2 ErbStG als nicht begünstigtes Vermögen zu versteuern. Im Falle von Lohnsummenunterschreitungen, Veräußerungen und Betriebsaufgaben fällt der Steuererlass unter Berücksichtigung der seit Übertragung vergangenen Jahre anteilsmäßig weg, §§ 28a Abs. 4 Nr. 1 und Nr. 2, 13a Abs. 6 S. 2 ErbStG. Ferner ist zu beachten, dass weitere Erwerbe der Familienstiftung innerhalb eines Zeitraums von 10 Jahren ebenfalls zum verfügbaren Vermögen gehören, § 28a Abs. 4 Nr. 3 ErbStG, und rückwirkend zur Begleichung der Steuer eingesetzt werden müssen. Insoweit kommt aber folgende Gestaltung in Frage:

(3) Einsatz des Abkömmlings als (unbeschränkten) Erben zu einem Bruchteil und der Familienstiftung als Vorerbin zum übrigen Bruchteil sowie des Abkömmlings als Nacherben nach der Stiftung. Soll das Unternehmen nicht dauerhaft in der Familienstiftung verbleiben, so kann der Unternehmensinhaber als künftiger Erblasser die Familienstiftung als Vorerbin und den zu bedenkenden Abkömmling als Nacherben der Familienstiftung einsetzen.[152] Da steuerrechtlich gemäß § 6 Abs. 1 und Abs. 2 ErbStG der Vorerbe Erbe des Erblassers und der Nacherbe Erbe des Vorerben ist (abweichend vom Zivilrecht, nach dem der Nacherbe Erbe des Erblassers ist), erbt der Abkömmling steuerrechtlich als Nacherbe also nur von der Familienstiftung.[153] Setzt der Erblasser zu einem Bruchteil seinen Abkömmling als (Voll-)Erben, zum übrigen Bruchteil eine (Familien)Stiftung als Vorerbin und seinen Abkömmling als Nacherben ein, so erbt der Abkömmling folglich beim Erbfall steuerrechtlich allein vom Erblasser und beim Nacherbfall allein von der Familienstiftung, verbunden mit der Möglichkeit, einen Antrag gemäß § 6 Abs. 2 S. 2 ErbStG zu stellen. Zum Zeitpunkt des Erbfalls ist das Vermögen, das auf die Familienstiftung als Vorerbin übergegangen ist, für den Abkömmling noch nicht verfügbar. Denn zum verfügbaren Vermögen des Nacherben gehört nicht seine Anwartschaft auf das Erbe, solange der Nacherbfall nicht eintritt.[154] Um die Frist des § 28a Abs. 4 Nr. 3 ErbStG zu überbrücken, innerhalb derer wie vorstehend dargestellt das hinzukommende verfügbare Vermögen sich auf die Steuer des zurückliegenden Erwerbs auswirkt, bietet es sich deshalb an, so zu testieren, dass der Nacherbfall erst mehr als zehn Jahre nach dem Erbfall eintritt.[155] Die Rechtsfolge des § 28a Abs. 4 Nr. 3 ErbStG wird so vermieden. Erwirbt der Abkömmling hingegen vor Ablauf von 10 Jahren auch das zunächst auf die Stiftung übergegangene Vermögen, so müsste er hieraus das nicht begünstigte Vermögen sowohl beim Erwerb von der Stiftung versteuern (gemäß § 6 Abs. 2 ErbStG) als auch rückwirkend zur Hälfte als verfügbares Vermögen für die Steuer beim Erbfall (gemäß § 28a Abs. 4 Nr. 3 ErbStG) einsetzen.

---

[151] *Thonemann-Micker* DB 2016, 2312 (2321).
[152] Hierzu auch *Geck/Messner* ZEV 2017, 258 (259).
[153] *Wachter* FR 2017, 69 (79).
[154] Troll/Gebel/Jülicher/*Jülicher* ErbStG § 28a Rn. 11.
[155] *Thonemann-Micker* DB 2016, 2312 (2321).

Beispiel:

Setzt der Erblasser demnach sein Kind als Erben zu 1/2, eine Familienstiftung als Vorerbin zu 1/2 und sein Kind als Nacherben nach der Familienstiftung ein, so erwirbt das Kind das Unternehmen im Wert von EUR 50 Mio. von unterschiedlichen Personen, nämlich zur Hälfte von der Stiftung und zur Hälfte vom Vater. Tritt der Nacherbfall mehr als 10 Jahre nach dem Erbfall ein, so hat das Kind im Ergebnis jeweils Erwerbe unterhalb der EUR 26 Mio. erhalten und somit jeweils die von § 13a Abs. 1 ermöglichte Verschonung von 85 % oder 100 % nutzen können.

Zu beachten ist aber, dass ertragsteuerrechtlich im vorstehend dargestellten Fall eine Buchwertfortführung bei Anteilen an Personengesellschaften gemäß § 6 Abs. 3 EStG ausscheidet, weil die Familienstiftung als nicht natürliche Person nur einen Teil des Mitunternehmeranteils erhielte (vgl. bereits oben Rn. 82 und sogleich Rn. 90). Das vorgeschlagene Modell empfiehlt sich demnach ertragsteuerrechtlich nur, wenn das zu übertragende Vermögen aus Anteilen an Kapitalgesellschaften besteht (kein Fall des § 17 Abs. 1/Abs. 4 EStG). Besteht das Betriebsvermögen ausschließlich oder weit überwiegend aus Anteilen an Personengesellschaften, so könnte die Familienstiftung als alleinige Vorerbin eingesetzt, der Abkömmling mit einem Vermächtnis etwa in Höhe der Hälfte des Werts der Unternehmensanteile bedacht und als Nacherbe nach der Familienstiftung eingesetzt werden.

87 **cc) Einsatz von Familienstiftungen im Rahmen des besonderen Abschlags für Familienunternehmen, § 13a Abs. 9 ErbStG.** Unter bestimmten Voraussetzungen kann bei der Unternehmensnachfolge neben dem Verschonungsabschlag von 85 % vorab ein weiterer Abschlag für Familienunternehmen bis zu 30 % vom begünstigten Vermögen gewährt werden. Der besondere Abschlag für Familienunternehmen kommt in Betracht, wenn im Gesellschaftsvertrag die Verfügung über Gesellschaftsanteile auf Mitgesellschafter, auf Angehörige im Sinne des § 15 AO oder auf eine *Familienstiftung* beschränkt ist. Streben die Gesellschafter des Unternehmens den besonderen Abschlag nach § 13a Abs. 9 ErbStG an und kommt aufgrund der besonderen familiären Prägung der Gesellschaft eine Vinkulierung der Anteile in Betracht, so sollten sie bei der Fassung des Gesellschaftsvertrages von der Möglichkeit Gebrauch machen, auch Familienstiftungen als mögliche Erwerber von Unternehmensanteilen vorzusehen, um die oben unter b) dargestellten möglichen Vorteile im Einzelfall nutzen zu können. Die Familienstiftung muss dabei nicht von den Gesellschaftern oder deren Angehörigen errichtet worden sein; es genügt jedwede Familienstiftung, an die der Gesellschaftsvertrag nähere Voraussetzungen binden kann, etwa im Hinblick auf ihre Begünstigten oder Stifter.[156]

88 Obwohl im Wortlaut des § 13a Abs. 9 ErbStG nicht von Familienstiftungen „im Inland" oder „inländischen Familienstiftungen" die Rede ist, wird der Gesetzgeber in § 13a Abs. 9 ErbStG nur inländische Familienstiftungen gemeint haben, weil er in § 13a Abs. 9 S. 1 Nr. 2 ErbStG auf § 1 Abs. 1 Nr. 4 ErbStG verweist, wo ausdrücklich auch auf die Ersatzerbschaftsteuer Bezug genommen wird, welcher ausländische Familienstiftungen gerade nicht unterliegen.[157]

89 Auch gemeinnützige Stiftungen sind von dem Begriff der Familienstiftung in § 13a Abs. 9 ErbStG nicht umfasst, da sie – wie ausländische Stiftungen – nicht der Ersatzerbschaftsteuer unterliegen.[158] Diese gesetzgeberische Entscheidung wird als sachlich nicht gerechtfertigt und steuerpolitisch fragwürdig eingestuft,[159] ist vorerst aber so hinzuneh-

---

[156] *Wachter* FR 2017, 68 (81 f.).
[157] Troll/Gebel/Jülicher/*Jülicher* ErbStG § 13a Rn. 481; *Wachter* FR 2017, 69 (82 f.). Anders *Reich* DStR 2016, 2447 (2448), weil sich der Bezug auf das Inland nur aus § 2 Abs. 1 Nr. 2 ErbStG ergebe.
[158] Troll/Gebel/Jülicher/*Jülicher* ErbStG § 13a Rn. 481; *Reich* DStR 2016, 2447 (2448).
[159] *Wachter* FR 2017, 69 (83), der deshalb für eine teleologische Reduktion des Wortlauts eintritt und auch im Falle von Übertragungen auf gemeinnützige Stiftungen oder ausländische Familienstiftungen den Vorab-Abschlag nach § 13a Abs. 9 gewähren möchte.

men. Soll der besondere Vorab-Abschlag genutzt und eine gemeinnützige Stiftung bedacht oder beschenkt werden, so könnte der Stiftung eine kleine Mitgesellschafterstellung eingeräumt werden und nach Ablauf von zwei Jahren die Beteiligung am Unternehmen – dann als Mitgesellschafterin – übertragen werden,[160] wobei wie erwähnt bei der Übertragung von Anteilen an Personengesellschaften die Aufdeckung stiller Reserven droht (sogleich Rn. 90).

b) Einkommensteuer/Ertragsteuer. Bei der Übertragung von Betriebsvermögen ist ertragsteuerlich insbesondere das Risiko der Aufdeckung stiller Reserven zu beachten. Das Ertragsteuerrecht sieht für die Übertragung von Personengesellschaften die Möglichkeit der Buchwertfortführung gemäß § 6 Abs. 3 EStG vor, wenn der *gesamte* Mitunternehmeranteil auf die Stiftung übertragen wird.[161] Wird nur ein Teil des Mitunternehmeranteils auf die Stiftung (Familienstiftung oder gemeinnützige Stiftung) übertragen, so kommt es zur Gewinnrealisierung gemäß § 16 Abs. 3 EStG wegen Betriebsaufgabe oder zur Entnahme gemäß § 6 Abs. 1 Nr. 4 EStG, da die Stiftung keine „natürliche Person" i. S. des § 6 Abs. 3 S. 1 Hs. 2 EStG ist und somit die Voraussetzungen der Buchwertfortführung nach genannter Vorschrift nicht vorliegen. Bei *gemeinnützigen Stiftungen* wirkt sich dies zwar nicht gravierend aus, weil gemäß § 6 Abs. 1 Nr. 4 S. 4 EStG die Entnahme[162] mit dem Buchwert angesetzt werden kann, wenn das entnommene Wirtschaftsgut unmittelbar nach Entnahme unentgeltlich einer gemeinnützigen Stiftung überlassen wird.[163] Bei der Übertragung auf eine *Familienstiftung* gibt es jedoch keine vergleichbare Möglichkeit. Wird also nur ein Teil eines Mitunternehmeranteils auf eine Familienstiftung übertragen, so kommt es zur oft existenzbedrohenden Aufdeckung der stillen Reserven.[164] Für die Übertragung eines Teils eines Miteigentümeranteils auf natürliche Personen gilt hingegen die Buchwertfortführung gemäß § 6 Abs. 3 EStG. In der Literatur wird diese Ungleichbehandlung von natürlichen und juristischen Personen beim Erwerb von Teilen von Mitunternehmeranteilen als gleichheitswidrig eingestuft.[165] Entgegenstehende Gestaltungen unter Berufung auf den Gleichheitssatz empfehlen sich gegenwärtig aber aufgrund des Gesetzeswortlauts nicht.

Bei der Übertragung eines Teils an einer gewerblich geprägten GmbH & Co. KG (§ 15 Abs. 3 Nr. 2 EStG) auf eine gemeinnützige Stiftung geht die Finanzverwaltung seit einigen Jahren davon aus, dass § 6 Abs. 3 EStG keine Anwendung findet und die stillen Reserven aufgedeckt werden: „Nach einem Beschluss der obersten Finanzbehörden des Bundes und der Länder ist auf die unentgeltliche Übertragung eines Mitunternehmeranteils an einer gewerblich geprägten Personengesellschaft, die nicht originär gewerblich tätig ist, auf eine gemeinnützige Körperschaft § 6 Abs. 3 EStG nicht anwendbar."[166] In der Literatur wird entgegengehalten, eine Rechtsgrundlage dafür sei nicht ersichtlich, weil § 6 Abs. 3 S. 1 EStG umfassend auf § 15 Abs. 1 und Abs. 3 EStG verweise und damit eben auch auf gewerblich geprägte Gesellschaften.[167] Wenn sich die Finanzverwaltung insoweit

---

[160] *Reich* DStR 2016, 2447 (2448).
[161] Siehe etwa *Demuth* Kösdi 2018, 20909 (20913).
[162] § 6 Abs. 1 Nr. 4 S. 4 EStG ist auch im Falle einer Betriebsaufgabe anwendbar, hierzu: BFH, Urt. v. 18.2. 2016 – V R 60/13 = DStR 2016, 1264 (1265).
[163] Zu den Voraussetzungen im Einzelnen siehe Blümich/*Ehmcke* EStG § 6 Rn. 1022.
[164] Ob im Rahmen des § 6 Abs. 3 EStG auch Beteiligungen an Kapitalgesellschaften übergehen, die im Sonderbetriebsvermögen gehalten werden, oder ob es insoweit zu einer Aufdeckung stiller Reserven wegen einer Entnahme gemäß § 6 Abs. 1 Nr. 4 EStG kommt, ist nicht abschließend entschieden; in der Literatur wird jedoch eine Buchwertfortführung gemäß § 6 Abs. 3 EStG für einschlägig erachtet, siehe etwa *Zensus/Schmitz* NJW 2012, 1323 (1327). Zur Frage, inwieweit Sonderbetriebsvermögen wesentliche Betriebsgrundalge ist, Herrmann/Heuer/Raupach/*Gratz/Uhl-Ludäscher* EStG § 6 Rn. 1223.
[165] Herrmann/Heuer/Raupach/*Gratz/Uhl-Ludäscher* EStG § 6 Rn. 1245; *Wachter* FR 2017, 69 (75).
[166] OFD Frankfurt am Main, Verfügung vom 27. Juli 2016, DB 2016, 1966. Siehe auch BFH Urt. v. 25.5. 2011, I R 60/10.
[167] *Wachter* FR 2017, 69 (75).

durchsetzt, bliebe jedoch das Buchwertprivileg des § 6 Abs. 1 Nr. 4 S. 4 EStG (s. o.) für gemeinnützige Stiftungen anwendbar.

92 Soll ein Unternehmen aufgrund eines Stiftungsgeschäfts in eine Stiftung eingebracht werden, ist zu beachten, dass Rechte mit Anerkennung der Stiftung auf diese gemäß § 82 S. 2 BGB übergehen, soweit der Abtretungsvertrag reicht. Im Hinblick auf das Erfordernis notarieller Beurkundung von Übertragungen an Geschäftsanteilen gemäß § 15 GmbHG könnte es zur Aufdeckung stiller Reserven kommen, wenn etwa aufgrund der Bestimmungen des Abtretungsvertrages Kommanditanteile getrennt von den GmbH-Geschäftsanteilen bei einer GmbH & Co. KG auf die Stiftung übergehen.[168] Weiter gilt zu beachten, dass gemäß § 34a Abs. 6 S. 1 Nr. 3 EStG begünstigt besteuerter thesaurierter Gewinn des übertragenen Betriebs oder Mitunternehmeranteils nachversteuerungspflichtig ist, wenn die Voraussetzungen der Buchwertfortführung gemäß § 6 Abs. 3 EStG vorliegen.[169]

3. Übertragung des Unternehmens auf eine ausländische Stiftung

93 **a) Erbschaft- und Schenkungsteuer.** Erbschaft-/Schenkungsteuer kann im Hinblick auf die Ausstattung der ausländischen Stiftung nur anfallen, wenn die Stiftung nach dem Recht ihres Sitzes über Rechtspersönlichkeit verfügt und nach den Wertungen des Zivilrechts Verfügungsmacht über das zugewendete Vermögen hat, und zwar nicht nur im Außenverhältnis zu Dritten, sondern vor allem auch im Innenverhältnis zum Stifter.[170] Somit unterliegt die Übertragung von Vermögen auf eine ausländische Stiftung nicht der Schenkungsteuer, *„wenn die Stiftung nach den getroffenen Vereinbarungen und Regelungen über das Vermögen im Verhältnis zum Stifter nicht tatsächlich und rechtlich frei verfügen kann"*.[171]

94 Zwar ist die Begünstigung von unentgeltlichen Zuwendungen an gemeinnützige Stiftungen gemäß § 13 Nr. 16b ErbStG auf Stiftungen im Inland begrenzt. Zuwendungen an ausländische Stiftungen können jedoch gemäß § 13 Nr. 16c oder Nr. 17 ErbStG steuerfrei bleiben. Auch die §§ 13a, 13b ErbStG für Betriebsvermögen finden bei Erwerben durch eine ausländische Stiftung Anwendung.[172] Fällt Schenkung- oder Erbschaftsteuer an, so bemisst sich diese nach Steuerklasse III, und der Freibetrag beträgt EUR 20.000,00 (bei beschränkter Steuerpflicht EUR 2.000,00).

95 Wegen des klaren Wortlauts des § 15 Abs. 2 S. 1 ErbStG („im Inland") fand bislang das Steuerklassenprivileg auf ausländische Familienstiftungen keine Anwendung, obwohl diese Regelung europarechtlich sub specie Niederlassungs- und Kapitalverkehrsfreiheit bedenklich ist.[173] Nunmehr hat das FG Hessen entschieden, dass eine extensive Auslegung der Steuermäßigungsvorschrift des § 15 Abs. 2 S. 1 ErbStG auf Stiftungen mit Sitz im EWR europarechtlich geboten ist, da die fehlende Einbeziehung in die Steuerbegünstigung gegen die Kapitalverkehrsfreiheit verstößt.[173a] Für das Tatbestandsmerkmal „im Inland" sollte es im Übrigen angesichts der Begriffsbestimmung der ausländischen Familienstiftung in § 15 Abs. 1 AStG genügen, dass sich Sitz *oder* Geschäftsführung im Inland befindet, um in den Genuss des Steuerklassenprivilegs zu gelangen.[174] Liegen die Voraussetzungen der Begünstigungen nicht vor, wird nach Steuerklasse III und mit einem Freibetrag von

---

[168] So *Werkmüller* ZEV 2018, 446 (448).
[169] *Demuth* Kösdi 2018, 20909 (20913 f.) BeckOK/*Lammers* EStG § 34a Rn. 151; zur früheren Rechtslage FG Münster DStRE 2018, 590.
[170] Feick/*v. Löwe*, Stiftung als Nachfolgeinstrument, § 40 Rn. 3 ff.; *Wachter* FR 2017, 69 (71).
[171] BFH BeckRS 2007, 24003002.
[172] *Wachter* FR 2017, 69 (74). RE 13b.1 Abs. 1 S. 4 Nr. 5 ErbStR 2011 verweist auf § 3 Abs. 2 Nr. 1 ErbStG und damit auf „Vermögensmassen ausländischen Rechts".
[173] Troll/Jülicher/*Jülicher* ErbStG § 15 Rn. 110; Feick/*v. Löwe*, Stiftung als Nachfolgeinstrument, § 40 Rn. 22; *Wachter* FR 2017, 69 (76).
[173a] FG Hessen BeckRS 2019, 6222.
[174] *Wachter* FR 2017, 69 (76). Von dieser Formulierung rührt auch der Gesetzeswortlaut des § 15 Abs. 6 AStG her (siehe sogleich → Rn. 124).

EUR 20.000,00 besteuert. Die Übertragung von Vermögen auf ausländische Familienstiftungen hat aber den großen Vorzug, dass keine Ersatzerbschaftsteuer anfällt. Hierauf wird noch gesondert eingegangen werden (unter Rn. 120).

b) Einkommensteuer. Wird auf die ausländische Stiftung als nicht unbeschränkt steuerpflichtige Person eine mindestens 1%-ige Beteiligung an einer in- oder ausländischen **Kapitalgesellschaft**[175] unentgeltlich übertragen, kann Einkommensteuer („Wegzugsteuer") aufgrund § 6 Abs. 1 S. 2 Nr. 1 AStG anfallen. Die Steuer entfällt unter den Voraussetzungen des § 6 Abs. 3 AStG bei nur **vorübergehenden Abwesenheiten** und Wiederaufleben des Besteuerungsrechts Deutschlands, wenn der ehemals unbeschränkt Steuerpflichtige wieder unbeschränkt steuerpflichtig wird. Die Steuer wird gemäß § 6 Abs. 5 AStG zinslos und ohne Sicherheitsleistung gestundet, wenn sich die Stiftung im EU- oder EWR-Ausland befindet und einer der deutschen unbeschränkten „Einkommensteuerpflicht" vergleichbaren Steuerpflicht unterliegt. Auch wenn die Stiftung als Empfängerin der Zustiftung nicht der „Einkommensteuer"-, sondern der Körperschaftsteuerpflicht unterliegt, sollte die Vergleichbarkeit iS des § 6 Abs. 5 AStG europarechtskonform und teleologisch bejaht und die Stundung gewährt werden.[176]

Werden Wirtschaftsgüter aus dem Betriebsvermögen entnommen, so sind ertragsteuerrechtlich die Entstrickungstatbestände der §§ 4 Abs. 1 S. 3, 16 Abs. 3a EStG zu beachten, die zur Besteuerung der stillen Reserven führen, wenn das Besteuerungsrecht Deutschlands am Veräußerungsgewinn beschränkt wird. Die Beachtung der Regelungen der DBAs, insbesondere Art. 6 Abs. 4 und Art. 13 Abs. 2 des OECD-Musterabkommens zur Vermeidung der Doppelbesteuerung des Einkommens, sind in jedem Einzelfall zu prüfen.[177]

IV. Rechtslage nach Übertragung des Unternehmens auf die Stiftung

1. Fälle des rückwirkenden Wegfalls der Begünstigung

Auch nach Übertragung des Betriebsvermögens auf die Stiftung sind die Tatbestände des Schenkung- und Erbschaftsteuerrechts im Blick zu behalten, da mehrere Szenarien rückwirkend zum (anteiligen) Wegfall der gewährten Begünstigung führen. Hierzu gehören gemäß § 13 Abs. 6 ErbStG etwa die Veräußerung und Teilveräußerung des erworbenen begünstigten Vermögens, die Aufhebung des Poolvertrages im Falle des § 13b Abs. 1 Nr. 3 S. 2 ErbStG, Betriebsaufgaben und das Unterschreiten von Lohnsummen. Der rückwirkende Wegfall der Begünstigung beschränkt sich gemäß § 13a Abs. 6 S. 2 ErbStG in den dort genannten Fällen der Behaltensfrist auf den Teil, der dem Verhältnis der im Zeitpunkt der schädlichen Verfügung verbleibenden Behaltensfrist einschließlich des Jahres, in dem die Verfügung erfolgt, zur gesamten Behaltensfrist entspricht.

Die für die Stiftung maßgebliche **Behaltensfrist**, innerhalb derer solche schädlichen Verfügungen zu unterbleiben haben, beträgt grundsätzlich 5 Jahre (§ 13a Abs. 6 S. 1 ErbStG), in den Fällen des § 13a Abs. 10 ErbStG, dh bei Erwerb des begünstigten Vermögens zu einem Verschonungsabschlag von 100%, 7 Jahre.

Der Stiftungsvorstand hat die Einhaltung der Lohnsummen zu beachten, § 13a Abs. 3 und Abs. 10 ErbStG, damit nicht die Stiftung gemäß § 13a Abs. 3 S. 5 ErbStG die gewährte Vergünstigung (teilweise) erstatten muss. Auch der besondere Abschlag für Familienunternehmen entfällt rückwirkend gemäß § 13a Abs. 9 S. 5 ErbStG, wenn die Voraussetzungen für den Abschlag nicht über einen Zeitraum von 20 Jahren eingehalten werden.

---

[175] § 17 Abs. 1 EStG.
[176] Feick/v. Löwe, Stiftung als Nachfolgeinstrument, § 40 Rn. 34.
[177] Vgl. hierzu *Werkmüller* ZEV 2018, 446 (448).

101 Lassen sich im Einzelfall die genannten schädlichen Verfügungen nicht vermeiden, so sind sie der Finanzverwaltung innerhalb eines Monats anzuzeigen. Auch über das Unterschreiten der Mindestlohnsumme hat der Vorstand dem zuständigen Finanzamt Anzeige zu erstatten, § 13a Abs. 7 S. 1 ErbStG. Andernfalls droht eine Strafbarkeit wegen Steuerhinterziehung gemäß §§ 370 Abs. 1 Nr. 2 AO, 13a Abs. 7 S. 2 ErbStG, die gemäß §§ 34 Abs. 1 AO, 14 Abs. 1 StGB den Stiftungsvorstand träfe.

2. Besteuerung der inländischen Stiftung

102 **a) Körperschaft-, Gewerbe- und Einkommensteuer.** Gemäß § 1 Abs. 1 Nr. 5 KStG unterliegt die inländische Stiftung mit ihrem Welteinkommen der Körperschaftsteuer. Unterhält die Stiftung einen wirtschaftlichen Geschäftsbetrieb, so ist sie ebenfalls gemäß § 2 Abs. 3 GewStG gewerbesteuerpflichtig. Wird die Stiftung nur unternehmensverbunden (nicht als Unternehmensträgerin) tätig, verwaltet sie also nur einen Betrieb, ohne die Konzernleitung zu übernehmen, so wird noch kein wirtschaftlicher Betrieb begründet.[178]

103 Die gemeinnützige Stiftung ist gemäß § 5 Abs. 1 Nr. 9 KStG und § 3 Nr. 6 GewStG von der Körperschaft- und Gewerbesteuer befreit und unterliegt einem ermäßigten Umsatzsteuersatz gemäß § 12 Abs. 2 Nr. 8a UStG. Die Familienstiftung unterliegt hingegen den allgemeinen steuerrechtlichen Regelungen ohne die genannten Begünstigungen bzw. Befreiungen.

104 Die Stiftung ist aufgrund der Rückwirkungsfiktion des § 84 BGB ab dem Erbfall körperschaftsteuerpflichtig, auch wenn sie erst später entsteht; die Befreiung des § 5 Abs. 1 Nr. 9 KStG für gemeinnützige Stiftungen wird allerdings nicht rückwirkend fingiert.[179] Zur Vermeidung von Körperschaftsteuer sollte bei gemeinnützigen Stiftungen deshalb darüber nachgedacht werden, die Stiftung schon zu Lebzeiten zu errichten und mit einem geringeren Kapital auszustatten; bei Familienstiftungen ist hingegen zu bedenken, dass spätere Zuwendungen außerhalb des Stiftungsgeschäfts mit hoher Erbschaftsteuer belastet sind, weil das Steuerklassenprivileg nicht greift und Steuerklasse III zur Anwendung gelangt.[180]

105 Die Stiftung, in die der Stifter ein gewerbliches Einzelunternehmen oder Anteile an einer gewerblich tätigen Personengesellschaft einbringt, erzielt Einkünfte aus Gewerbebetrieb gemäß § 15 EStG. Weitere mögliche Einkünfte der Stiftung sind insbesondere Einkünfte aus Kapitalvermögen (§ 20 EStG) und aus Vermietung und Verpachtung (§ 21 EStG). Die Einkünfte der Stiftung aus Kapitalvermögen unterliegen nicht der Abgeltungssteuer mit 25 % (§ 32d Abs. 1 S. 1 EStG), sondern dem niedrigeren Körperschaftsteuersatz von 15 %, § 8 Abs. 10 S. 1 KStG. Ist die Stiftung an Kapitalgesellschaften beteiligt, so sind die Gewinnausschüttungen der (ausländischen oder inländischen) Kapitalgesellschaft bei der Stiftung im Privat- oder Betriebsvermögen gemäß § 8b Abs. 1 KStG steuerfrei, wenn die Beteiligung zu Beginn des Kalenderjahres unmittelbar mindestens 10 % des Grund- oder Stammkapitals beträgt.

106 Gewinne aus der Veräußerung von Anteilen an in- und ausländischen Kapitalgesellschaften im Privat- oder Betriebsvermögen bleiben gemäß § 8b Abs. 2 und Abs. 3 KStG zu 95 % steuerfrei.

107 Gemäß § 10b EStG können der Stifter und Dritte Zuwendungen wie Spenden im Rahmen der Einkommensteuer als Sonderausgaben abziehen.

108 Zustiftungen lösen weder eine Körperschaft- noch Gewerbesteuerpflicht aus, da sie keiner Einkommensart nach § 2 Abs. 1 S. 1 EStG unterliegen.[181]

---

[178] *Blumers* DStR 2012, 1 (4).
[179] BFH BB 2004, 368.
[180] *Pauli* FamRZ 2012, 344 (347).
[181] Feick/*v. Löwe*, Stiftung als Nachfolgeinstrument, § 25 Rn. 27.

IV. Rechtslage nach Übertragung des Unternehmens auf die Stiftung § 9

b) Erbschaft- und Schenkungsteuer. Erwerbe der gemeinnützigen Stiftung sind gemäß 109 § 13 Nr. 16b ErbStG schenkung- und erbschaftsteuerfrei, Erwerbe der Familienstiftung sind nur bei Errichtung der Stiftung begünstigt (Steuerklassenprivileg), ansonsten findet Steuerklasse III Anwendung, siehe bereits oben Rn. 104.

Bei Aufhebung der Stiftung wird der Übergang des Vermögens beim Erwerber gemäß 110 § 7 Abs. 1 Nr. 9 S. 1 ErbStG als Schenkung versteuert. Die bei Einbringung in die Familienstiftung geleistete Steuer kann unter den Voraussetzungen des § 26 ErbStG teilweise angerechnet werden. Die Anzahlung des Liquidationsvermögens an den ausschließlich Anfallsberechtigten unterliegt nach der Rechtsprechung nicht dem Tatbestand des § 20 Abs. 1 Nr. 9 EStG, weil eine solche Ausschüttung mit Gewinnausschüttungen iSd § 20 Abs. 1 Nr. 1 EStG nicht wirtschaftlich vergleichbar sind.[182]

c) Ersatzerbschaftsteuer bei der Familienstiftung. Familienstiftungen unterliegen gemäß §§ 1 Abs. 1 Nr. 4, 9 Abs. 1 Nr. 4 ErbStG der Ersatzerbschaftsteuer. Das Vermögen der Familienstiftung wird danach in Zeitabständen von 30 Jahren der Erbschaftsteuer unterworfen. Der Freibetrag beträgt gemäß § 15 Abs. 2 S. 3 ErbStG EUR 800.000,00, und die Steuer wird nach dem Prozentsatz der Steuerklasse I berechnet, der für die Hälfte des steuerpflichtigen Vermögens gelten würde. Hintergrund dieser Regelung ist die Fiktion des Übergangs des Stiftungsvermögens als Übergang vom Elternteil auf zwei Kinder.[183] Steuerschuldner ist gemäß § 20 Abs. 1 ErbStG die Familienstiftung selbst. Gemäß § 28 Abs. 2 ErbStG ist auf Antrag auch die Ersatzerbschaftsteuer zu stunden. Die Ersatzerbschaftsteuer ist verfassungsgemäß.[184] 111

Eine nicht rechtsfähige[185] Familienstiftung unterliegt nicht der Ersatzerbschaftsteuer. 112 Denn bei der für § 1 Abs. 1 Nr. 4 ErbStG wesentlichen Frage, wer Eigentümer des zu versteuernden Vermögens ist, kommt es auf die zivilrechtliche Lage und nicht auf eine wirtschaftliche Betrachtungsweise an.[186] Zivilrechtlich ist die nicht rechtsfähige Stiftung mangels Rechtsfähigkeit nicht Eigentümerin des Vermögens. Im Gegenzug kann die nicht rechtsfähige Familienstiftung das Steuerklassenprivileg des § 15 Abs. 2 S. 4 ErbStG nicht in Anspruch nehmen.[187]

Die Ersatzerbschaftsteuer spielt bei der Übertragung von Unternehmen auf eine Familienstiftung eine erhebliche Bedeutung und ist bei der Nachfolgeplanung als wichtiges Abwägungskriterium im Blick zu behalten. Die Übertragung des Unternehmens auf eine ausländische Familienstiftung ist unbedingt in Betracht zu ziehen. 113

Die Ersatzerbschaftsteuer ist gemäß § 10 Nr. 2 KStG als sonstige Personensteuer bei der 114 Berechnung der Körperschaftsteuer nicht abziehbar.

3. Besteuerung von Leistungen der inländischen Stiftung an ihre Destinatäre

a) Bei der Familienstiftung. Die Finanzverwaltung wendet auf Leistungen der Familienstiftung an ihre Destinatäre § 20 Abs. 1 Nr. 9 EStG an: „Unter § 20 Abs. 1 Nr. 9 EStG fallen alle wiederkehrenden oder einmaligen Leistungen einer Stiftung, die von den beschlussfassenden Stiftungsgremien aus den Erträgen der Stiftung an den Stifter, seine Angehörigen oder deren Abkömmlinge ausgekehrt werden. Der Stifter, seine Angehörigen oder deren Abkömmlinge erzielen entsprechende Einkünfte aus Kapitalvermögen"[188], die mit 25% besteuert werden, § 32d EStG.[189] 115

---

[182] BFH ZEV 2018, 540; aA BMF BStBl. I 2006, 417, ZEV 2006, 553.
[183] BFH BeckRS 2017, 94361; BFH Urt. v. 18.11.2009 – II R 46/07 Rn. 13; *Ihle* notar 2018, 55 (58).
[184] BVerfGE 63, 312.
[185] Zur ausländischen Familienstiftung → Rn. 119.
[186] BFH BeckRS 2017, 94361.
[187] *Ihle* notar 2018, 55 (59); *Oppel* ZEV 2017, 22 (24).
[188] BMF, Schreiben vom 27. Juni 2006, BStBl. I 417.
[189] *Kraft* DStR 2016, 2825 (2830).

116 Die Rechtsprechung hat sich dem jedenfalls für den Fall angeschlossen, dass als die Leistungsempfänger unmittelbar oder mittelbar auf das Ausschüttungsverhalten der Stiftung Einfluss nehmen können.[190] Aus der Literatur wurde mitunter entgegengehalten, dass ein Fall des § 22 Nr. 1 EStG vorliege, da Bezüge der Begünstigten wirtschaftlich nicht mit Gewinnausschüttungen des § 20 Abs. 1 Nr. 9 EStG vergleichbar seien;[191] die Anwendung des § 20 Abs. 1 Nr. 9 EStG ist inzwischen aber auch in der Literatur weitegehend anerkannt.[192] Auszahlungen aus den Einlagen bzw. dem Nennkapital der Stiftung bleiben gemäß § 20 Abs. 1 S. 3, Abs. 7 KStG einkommensteuerfrei.[193]

117 Sofern das Vermögen an die Destinatäre satzungsgemäß ausgeschüttet wird, unterliegen Stiftungszuwendungen an die Destinatäre nicht der Schenkungsteuer, da satzungsmäßige Zuwendungen **nicht freigebig** i. S. des § 7 Abs. 1 S. 1 ErbStG erbracht werden.[194] Dies gilt auch dann, wenn dem Stiftungsvorstand ein Ermessen bei der Auszahlung eingeräumt wurde, weil der Stiftungsvorstand in diesem Fall nur den Stifterwillen und den Stiftungszweck konkretisiert.[195] Im Falle der **Auflösung** der Stiftung unterliegt die Auszahlung des Liquiditionsvermögens nach der Rechtsprechung des BFH nicht dem Tatbestand des § 29 Abs. 1 Nr. 9 EStG.[196]

118 **b) Bei der gemeinnützigen Stiftung.** Einmalige Leistungen der Stiftung an Destinatäre werden von den Einkunftsarten in § 2 Abs. 1 Nr. 1 bis Nr. 7 EStG nicht erfasst und unterliegen deshalb grundsätzlich nicht der Einkommensteuer. Demgegenüber können wiederkehrende Bezüge der Besteuerung nach § 22 Nr. 1 S. 1 und 2 EStG unterfallen. Hierunter können regelmäßig vorgenommene Zuwendungen wie mildtätige Renten für Bedürftige fallen.[197] Schenkungsteuer fällt wie bei Familienstiftungen nicht an, wenn die Zuwendungen aufgrund der Stiftungssatzung erfolgen, weil darin keine freigebigen Zuwendungen liegen.[198]

4. Besteuerung bei ausländischen Stiftungen

119 **a) Erbschaft-/Schenkungsteuer.** Die Schenkung- und Erbschaftsteuer auf Ausstattungen und Zustiftungen an eine im Ausland niedergelassene Stiftung wurde oben → Rn. 93 ff. behandelt. An dieser Stelle wird die laufende Besteuerung der ausländischen Stiftung nach Übertragung des Stiftungsvermögens behandelt. Hierbei soll vor allem der Vorteil hervorgehoben werden, dass eine ausländische Familienstiftung nicht der (alle 30 Jahre wiederkehrenden) Ersatzerbschaftsteuer unterliegt, jedenfalls solange sich die Geschäftsführung tatsächlich im Ausland befindet.[199] Es sollte deshalb darauf geachtet werden, an welchen Orten die Geschäftsführung zusammenkommt, Gesellschafterversammlungen abgehalten werden und die Verwaltung ihren Schwerpunkt hat.

120 Nach einer nicht rechtskräftigen Entscheidung des FG Baden-Württemberg unterliegen Zuwendungen einer ausländischen Familienstiftung an deutsche Destinatäre der Schenkungsteuer gemäß § 7 Abs. 1 Nr. 9 S. 2 ErbStG.[200] Die Entscheidung ist in der Li-

---

[190] BFH BeckRS 2011, 94404; SchlHFG BeckRS 2009, 26027436; FG BW BeckRS 2011, 96975.
[191] *Wassermeyer* DStR 2006, 1733; *Kirchhain* BB 2006, 2387.
[192] *Seeliger/Meyer* ZErb 2018, 109; *Wunderlich* DStR 2018, 905 jeweils mwN.
[193] *Kraft* DStR 2016, 2825 (2829 f.); *Von Oertzen/Friz* BB 2014, 87 (89).
[194] BFH BeckRS 2014, 95741. Siehe auch *Demuth* Kösdi 2018, 20909 (20918).
[195] Feick/*v. Löwe*, Stiftung als Nachfolgeinstrument, § 26 Rn. 26.
[196] BFH ZEV 2018, 540; → Rn. 110.
[197] Feick/*Ponath*/*Raddatz*, Stiftung als Nachfolgeinstrument, § 21 Rn. 2 f.
[198] Feick/*Ponath*/*Raddatz*, Stiftung als Nachfolgeinstrument, § 21 Rn. 5. Zur Frage, ob Zuwendungen ausländischer Familienstiftungen an deutsche Destinatäre der Schenkungsteuer gemäß § 7 Abs. 1 Nr. 9 S. 2 ErbStG unterliegen, → Rn. 120.
[199] Troll/Gebel/*Jülicher/Jülicher* ErbStG § 1 Rn. 33.
[200] FG BW BeckRS 2015, 95166: „Der erkennende Senat ist der Auffassung, dass der Begriff der Vermögensmasse ausländischen Rechts als Oberbegriff auch ausländische Stiftungen als verselbständigte Rechtsträger umfasst. […] Für den Fall eines Trusts nach amerikanischem Recht hat der BFH entschieden, dass

teratur auf Kritik gestoßen, da die gleichzeitige Belastung der Destinatäre mit Schenkungsteuer (gemäß § 7 Abs. 1 Nr. 9 S. 2 ErbStG) und Einkommensteuer (gemäß § 20 Abs. 1 Nr. 9 EStG) zu einer spürbaren Doppelbelastung der Destinatäre führt.[201] Unter Verweis auf die Entstehungsgeschichte des § 7 Abs. 1 Nr. 9 ErbStG, der den Vermögensübergang auf einen Trust und Ausschüttungen des Trusts erfassen soll, wird eine Anwendung auf ausländische Familienstiftungen abgelehnt.[202] Der BFH bejaht schließlich ernstliche Zweifel iS des § 69 Abs. 2 S. 2 FGO an der Schenkungsteuerpflicht, auch weil der Begriff des Zwischenberechtigten für eine solche Schenkungsteuerpflicht sehr weit ausgelegt werden müsste.[203]

b) Körperschaftsteuer. Eine Körperschaftsteuerpflicht der ausländischen Stiftung nach deutschem Recht kommt in Betracht, wenn sie nach ihrer „inneren und äußeren rechtlichen Ausgestaltung mit einer Stiftung deutschen Rechts vergleichbar ist".[204] Für Stiftungen in Österreich, Liechtenstein und der Schweiz greifen diese Voraussetzungen ein. Ein Trust kommt als „anderes Zweckvermögen" iSd § 1 Abs. 1 Nr. 5 KStG in Betracht, wenn kein Treuhandverhältnis zwischen Errichter (settlor) und Verwalter (trustee) sowie zwischen Begünstigten (beneficiaries) und Verwalter (trustee) besteht.[205] Eine unbeschränkte Körperschaftsteuerpflicht auf ausländische Einkünfte der Stiftung besteht in Deutschland aber nicht, wenn die Stiftung ihren Sitz und ihre Geschäftsleitung im Ausland hat und als wirtschaftlicher Eigentümer der Einkünfte zu qualifizieren ist. Inländische Einkünfte der ausländischen Stiftung sind beschränkt körperschaftsteuerpflichtig gemäß §§ 49 ff. EStG iVm § 8 Abs. 1 S. 1 KStG. Für ausländische Stiftungen mit Sitz oder Geschäftsführung in der EU oder im EWR gilt aber ebenfalls die Befreiung von der Körperschaftsteuerpflicht, § 5 Abs. 2 Nr. 2 KStG.[206] Die beschränkte Steuerpflicht von Familienstiftungen wird nach überwiegend vertretener Auffassung verdrängt, wenn die Tatbestandsvoraussetzungen des § 15 AStG vorliegen.[207]

121

Befindet sich die tatsächliche Geschäftsführung aber entgegen der vertraglichen Bestimmungen in Deutschland, so ist die Stiftung mit ihrem Welteinkommen in Deutschland unbeschränkt körperschaftsteuerpflichtig. Ist die Stiftung nicht wirtschaftlicher Eigentümer des Unternehmens, ist sie also transparent, so wird ebenfalls das gesamte Einkommen der Stiftung dem steuerpflichtigen Einkommen des Stifters zugerechnet.

122

c) Einkommensteuer. Einkommensteuerrechtlich werden die Einkünfte und das Vermögen einer ausländischen Familienstiftung gemäß § 15 Abs. 1 AStG dem Stifter oder den Begünstigten entsprechend ihrem Anteil zugerechnet, sofern diese in Deutschland unbeschränkt steuerpflichtig sind. Ob die Gewinne thesauriert oder ausgeschüttet werden, ist unerheblich.

123

Sofern sich die ausländische Familienstiftung in der EU oder im EWR befindet, der Staat der Niederlassung Deutschland Amtshilfe gewährt und das Stiftungsvermögen der Verfügungsmacht der Begünstigten nachweislich entzogen ist, unterbleibt die vorstehend

124

---

der Begriff des Zwischenberechtigten i.S. des § 7 Abs. 1 Nr. 9 Satz 2 ErbStG alle Personen umfasst, die während dessen Bestehens Auszahlungen aus dem Trustvermögen erhalten […]. Dies beruht auf dem Zweck der Vorschrift, Gesetzeslücken schließen und Vollzugsdefizite beseitigen zu wollen […]. Nichts anderes kann für den Zuwendungsempfänger gelten, an den Zuwendungen aus einer ausländischen Stiftung ausgeschüttet werden." Revision ist anhängig unter dem Az. II R 6/16.

[201] BFH Beschl. v. 21.7.2014 – II B 40/14, Rn. 15, bejaht „ernstliche Zweifel" iS des § 69 Abs. 2 S. 2 FGO an der Schenkungsteuerbarkeit wegen Doppelbelastung desselben Rechtsvorgangs mit Einkommen- und Schenkungsteuer; *Seeliger/Meyer* ZErb 2018, 109; *Wunderlich* DStR 2018, 905 (906).
[202] *Seeliger/Meyer* ZErb 2018, 109 (110); *Wunderlich* DStR 2018, 905 (906).
[203] BFH Beschl. v. 21.7.2014 – II B 40/14 Rn. 11.
[204] HessFG BeckRS 2013, 95223.
[205] BFH BeckRS 1992, 22010487.
[206] Dies geht auf die Rechtsprechung des EuGH zur Kapitalverkehrsfreiheit zurück, etwa EuGH BeckRS 2006, 70693 – *Stauffer*, siehe hierzu auch *Crivellaro/Gershel* STEP Journal Februar 2018, 58 (59).
[207] *Feick/v. Löwe*, Stiftung als Nachfolgeinstrument, § 25 Rn. 3.

erläuterte Besteuerung des Stifters oder seiner Abkömmlinge jedoch gemäß § 15 Abs. 6 AStG. Die Voraussetzung der Gewährung von Amtshilfe ist vor allem für liechtensteinische Stiftungen relevant, auch nach dem Doppelbesteuerungsabkommen zur Vermeidung der Doppelbesteuerung und Steuerverkürzung und dem Abkommen über den Informationsaustausch in Steuersachen.[208] Grund ist eine Entscheidung des FG Düsseldorf, nach der das Doppelbesteuerungsabkommen „keine hinreichenden Informationsrechte" enthalte.[209]

125 Wegen des Erfordernisses nachzuweisen, dass Stifter und Begünstigte keinen bestimmenden Einfluss auf die Familienstiftung haben, ist va Zurückhaltung dabei geboten, einem Begünstigten eine Organstellung einzuräumen.[210] Das Tatbestandsmerkmal fehlenden bestimmenden Einflusses beruht auf einer Entscheidung des BFH, aus dem Jahre 2007, nach der die Übertragung von Vermögen auf eine ausländische Familienstiftung nicht der Schenkungsteuer unterliegt, wenn die Stiftung nach den getroffenen Vereinbarungen über das Vermögen im Verhältnis zum Stifter „nicht tatsächlich und rechtlich frei verfügen kann" (vgl. bereits oben Rn. 93).[211] Hierzu führte der BFH, aus: „Für die Beurteilung, ob der Empfänger über das Zugewendete im Verhältnis zum Leistenden tatsächlich und rechtlich frei verfügen kann, kommt es ausschließlich auf die Zivilrechtslage und nicht darauf an, wem bei wirtschaftlicher Betrachtungsweise das übertragene Vermögen nach § 39 Abs. 2 AO zuzurechnen ist [...]. Es genügt auch nicht, wenn der Empfänger nach außen rechtlich wirksam über das Zugewendete verfügen kann. Entscheidend ist vielmehr das Innenverhältnis des Empfängers zum Leistenden."[212]

126 Seit dem Jahr 2010 ist § 20 Abs. 1 Nr. 9 EStG auch auf Ausschüttungen ausländischer Familienstiftungen anwendbar, § 15 Abs. 8 AStG. Ein Familien-Trust wird gemäß § 15 Abs. 4 AStG einer ausländischen Familienstiftung gleichgestellt. Für den Fall, dass die ausländische Familienstiftung nach dem Recht ihres Sitzes mit Einkommen- oder Vermögensteuer belastet ist, wird aber die ausländische Steuer auf die nach § 15 AStG zu erhebende Steuer angerechnet (siehe § 15 Abs. 5 iVm § 12 AStG).

---

[208] Blümich/*Vogt* EStG § 15 AStG Rn. 85.
[209] FG Düsseldorf Urt. v. 22.1.2015–16 K 2858/13 = BeckRS 2015, 94953, unter 2. b) aE (obiter dictum), Nichtzulassungsbeschwerde vom BFH, verworfen; aA *Kirchhain* IStR 2015, 246 und Blümich/*Vogt* EStG § 15 AStG Rn. 85.
[210] Blümich/*Vogt* EStG § 15 AStG Rn. 85.
[211] BFH DStRE 2007, 1170; siehe auch BT-Drs. 545/08, 123 und BT-Drs. 16/10189, 78.
[212] BFH DStRE 2007, 1170.

3. Kapitel. Wesentliche Themen in der Unternehmensnachfolgeplanung

§ 10 Einbindung von Personen, die nicht Nachfolger werden

Übersicht

	Rn.
I. Einleitung	2
II. Verpflichtungen des Empfängers gegenüber Dritten	10
1. Kompensationszahlungen an andere Erbanwärter	11
2. Ausgleichung/Anrechnung im Erb- und Pflichtteilsrecht	13
3. Ausgleichszahlungen an andere Erbanwärter	21
4. Versorgungsrente an den Ehepartner des Schenkers	25
III. Verpflichtungen der Erben gegenüber dem Schenker oder Geschwistern	27
1. Überblick zum Erb- und Pflichtteilsverzicht	28
2. Abstraktes Rechtsgeschäft des Erbverzichts	32
3. Schuldrechtliche Vereinbarung mit gesetzlichen Erben	34
4. Sonderproblem nachehelicher Unterhaltsansprüche bei Pflichtteilsverzicht	37

Die weichenden Erben sind häufig die Konfliktverursacher in der Unternehmerfamilie, wenn es um die vorweggenommene Erbfolge auf einen Nachfolger geht. Vertragliche Regelungen mit den Familienmitgliedern, die den Weg für die Nachfolgeplanung frei machen sollen, sind daher von besonderer Bedeutung. **1**

I. Einleitung

Hier geht es um die Frage, wie der Erblasser oder künftige Miterben andere Familienangehörige in die Umsetzung der vorweggenommenen Erbfolge einbinden möchte, die nicht unmittelbar an der Unternehmensnachfolge beteiligt werden. Deren Beteiligung kann zB durch die Zuwendung von Versorgungsleistungen, Ausgleichsleistungen oder eines Nießbrauchs erfolgen, oder in der Vereinbarung von Erb- und Pflichtteilsverzichten (mit oder ohne Gegenleistung) bestehen. Dabei geht es auch um die zivilrechtliche und steuerrechtliche Einordnung von Leistungen als Entgelt aus der Hand des Schenkers oder des Beschenkten. **2**

Die zivilrechtliche Bewertung der **Unentgeltlichkeit** einer Zuwendung hängt maßgeblich davon ab, ob nach dem Willen der Parteien Leistung und Gegenleistung in einem Verhältnis stehen, dass die „Gegenleistung" nur eine Einschränkung der Leistung ist und diese aus ihren Erträgnissen bewirkt werden kann.[1] **3**

Im Pflichtteilsergänzungsrecht mindern Verpflichtungen des Beschenkten gegenüber dem Schenker, die eine Entgeltlichkeit der Leistung im schuldrechtlichen Sinne nicht begründen, dennoch den Pflichtteilsanspruch.[2] Dies gilt sowohl für Versorgungsvereinbarungen mit dem künftigen Erblasser (zB Altenteil, Leibrente, dauernde Last) als auch für Ausgleichszahlungen an Dritte (zB Geschwistergleichstellungsgelder,[3] Abstandszahlungen). Beim (dinglichen und schuldrechtlichen) Nießbrauch ist im Rahmen des **Pflichtteilsergänzungsanspruchs** (§ 2325 BGB) das Niederstwertprinzip zu beachten (§ 2325 Abs. 2 BGB): Für die Berechnung des Pflichtteilsanspruchs wird der Schenkungsgegenstand zunächst sowohl zum Zeitpunkt der Schenkung als auch zum Zeitpunkt des Erbfalles unter Außerachtlassung des Nießbrauchs bewertet.[4] Kommt nach diesem Vergleich ohne den **4**

---

[1] Palandt/*Weidekaff*, BGB § 525 Rn 1, 7.
[2] *Spiegelberger*, Vermögensnachfolge, 2. Aufl. 2010, § 4 Rn. 61 ff.; *Schindler* ZErb 2012, 149 (157).
[3] Vorsicht bei der Leistung einer Abfindung durch den künftigen gesetzlichen Miterben für einen Verzicht auf künftigen Plichtteilsanspruch = nach BFH BStBl. 2008 II S. 201 jetzt Steuerklasse zwischen den Erben maßgeblich.
[4] BGH NJW 1994, 1791 (1792); BGH NJW 1992, 2887 (2888).

Nießbrauch der Wert im Zeitpunkt der Schenkung zur Anwendung, mindern dingliche Belastungen und damit auch ein vorbehaltener Nießbrauch den Wert eines schenkungsweise zugewendeten Grundstücks und sind daher bei der Berechnung des Werts mit dem kapitalisierten Wert der hieraus zu ziehenden Nutzungen anzusetzen in Abzug zu bringen.[5]

5 Kein Entgelt stellt ein vom Zuwendungsempfänger oder anderen Erbanwärtern im Übergabevertrag erklärter **Erb- oder Pflichtteilsverzicht** dar.[6] Ein solcher Verzicht wird nicht als Vermögenshingabe gewertet, da bis zum Erbfall keine Anwartschaft des Erbanwärters, sondern nur eine Erwerbsaussicht besteht. Der Erbverzicht (§ 2346 Abs. 1 S. 1 BGB) ist als erbrechtlicher Vertrag ein abstraktes, unmittelbar den Verlust des Erb- und Pflichtteilrechts bewirkendes Rechtsgeschäft. Er kann mit einer Abfindung oder anderen Leistung nicht synallagmatisch, sondern nur konditional oder kausal verknüpft werden. Die Leistung einer Abfindung gegen Erbverzicht macht daraus kein entgeltliches Rechtsgeschäft, begründet aber auch keinen Pflichtteilsergänzungsanspruch, soweit die Höhe der Abfindung die Erberwartung nicht übersteigt.[7]

6 Leibrenten und dauernde Lasten stellen **schenkungsteuerlich** eine Gegenleistung dar, ebenso Abstandszahlungen an den Übergeber oder Ausgleichszahlungen an andere Erbanwärter (Gleichstellungsgelder), die in einem Übergabevertrag vereinbart werden, unabhängig davon, ob durch die Vereinbarung derartiger Zahlungen ein nach wirtschaftlichen Gesichtspunkten ausgewogenes Verhältnis von Leistung und Gegenleistung besteht. Beim Vorbehaltsnießbrauch wird der Kapitalwert des Nießbrauchs vom Wert des übertragenen Vermögensgegenstandes abgezogen, die Schenkungsteuerbelastung kann dadurch reduziert werden. Beim Zuwendungsnießbrauch ist der kapitalisierte Wert des Nießbrauchrechts beim Empfänger zu versteuern (§ 12 Abs. 1 ErbStG, §§ 13 bis 16 BewG).[8]

7 Der Beschenkte kann Steuern, die vom Kapitalwert von Renten, wiederkehrenden Nutzungen oder Leistungen, auch vom Zuwendungsnießbrauch, zu entrichten sind, kann anstatt der Einmalbesteuerung vom Kapitalwert auch eine fortlaufende jährliche Besteuerung nach dem Jahreswert wählen (§ 23 Abs. 1 ErbStG).

8 Sofern Leibrenten oder dauernde Lasten die Voraussetzung von Versorgungsleistungen (§ 10 Abs. 1 Nr. 1a EStG)[9] erfüllen, werden die Zahlungen des Erwerbers einkommensteuerlich nicht als Gegenleistung behandelt, der Erwerber kann sie als Sonderausgaben abziehen, der Empfänger hat sie als Einkommen zu versteuern (§ 22 Nr. 1b EStG).

9 Private Grundstücksschenkungen sind teilentgeltlich, wenn die auf dem Grundstück lastenden Verbindlichkeiten vom Beschenkten übernommen werden. Bei unentgeltlichen Grundstücksübertragungen im Wege der vorweggenommenen Erbfolge kann es ausnahmsweise auch bei Schenkung von aus im Privatvermögen gehaltenen Grundstücken zu gewerblichem Grundstückshandel (3-Objekt-Grenze) je nach den Umständen des Einzelfalls kommen, wenn der Schenker über den Beschenkten eine Veräußerung steuert und ihm selbst der Erlös aus der Veräußerung des Objektes zuzurechnen ist.

II. Verpflichtungen des Empfängers gegenüber Dritten

10 Einzelne durch lebzeitige Schenkung begünstigte Erben haben aus eigenem Antrieb oder auf Veranlassung des künftigen Erben ein Interesse, anderen Erben oder Dritten etwas

---

[5] BGH NJW 2017, 329; NJW-RR 1996, 705 (706f.); ZEV 2006, 265 (266) mit zust. Anm. *Joachim* ZEV 2006, 504; aA MüKoBGB/*Lange*, 7. Aufl. 2017, § 2325 Rn. 54; BGH ZEV 1994, 233 mit Anm. *Leipold* JZ 1994, 1121; BGH ZEV 1996, 186 (187).

[6] Der BGH hat die Frage der Gegenleistung durch Erbverzicht im Zusammenhang mit der vorweggenommenen Erbfolge in NJW 1986, 127 (129) offengelassen, jedoch für das Anfechtungsgesetz in NJW 1991, 1345 = DNotZ 1992, 32 verneint; für eine Gegenleistung durch Erbverzicht *Coing* NJW 1967, 1777 (1778); dagegen MüKoBGB/*Lange*, § 2325 Rn. 14. Die Finanzgerichte lehnen einen „entgeltlichen" Leistungsaustausch ab, zB FG Rheinland-Pfalz EFG 1994, 614 (615); FG Düsseldorf ZEV 2003, 299 (300).

[7] BGH ZEV 2009, 77 (78); noch nicht entschieden für eine Abfindung gegen Pflichtteilsverzicht.

[8] → *M. Sass* ErbStB 2019, 82, 85 ff.

[9] → § 28.

II. Verpflichtungen des Empfängers gegenüber Dritten § 10

zukommen zu lassen, um Konflikten im Erbfall vorzubeugen und Schwebezustände zu vermeiden, auch wenn der Leistungsweg zwischen den Erben aus steuerlichen Gründen nicht der günstigste sein könnte.[10] Dies kann Familienstreitigkeiten im Erbfall vorbeugen, die die größten Wertvernichter im Erbfall sind.

1. Kompensationszahlungen an andere Erbanwärter

Die Kompensationszahlungen an andere Erbanwärter für eine empfangene Schenkung 11
oder eine Einbindung in das Unternehmen des Schenkers, gelegentlich auch Geschwistergleichstellungsgelder genannt, können als Sach- und Geldleistungen versprochen werden. Treffen der Erblasser und der Zuwendungsempfänger eine solche Absprache und stehen den Kompensationszahlungen keine Gegenleistungen der Geschwister an den Zuwendenden gegenüber, handelt es sich um einen Vertrag zugunsten Dritter (§§ 328, 330 S. 2 BGB), welcher im Deckungsverhältnis zwischen dem Schenker und dem Beschenkten ein Versorgungsvertrag und im Valutaverhältnis zwischen dem Schenker und dem Drittbegünstigten eine Schenkung ist.[11]

Bei erheblicher Verschlechterung der wirtschaftlichen Situation des Unternehmens 12
nach Betriebsübergabe können vereinbarte Kompensationszahlungen grundsätzlich nur mit Zustimmung der begünstigten Geschwister reduziert werden. Eine nachträgliche Herabsetzung der Kompensationszahlungen durch Vereinbarung zwischen dem künftigen Erblasser und dem Betriebsübernehmer zu Lasten der Geschwister ist ohne deren Zustimmung in der Regel unwirksam.[12] Eine Anpassung nach den Grundsätzen über den Wegfall der Geschäftsgrundlage kommt nur in Ausnahmefällen in Betracht, in denen es um einen anfänglichen Irrtum über die Geschäftsgrundlage geht, wie etwa bei offensichtlichen Rechen- oder groben Bewertungsfehlern.

2. Ausgleichung/Anrechnung im Erb- und Pflichtteilsrecht

Auch ohne ausdrückliche Regelung hat die Rechtsprechung in verschiedenen Fällen die 13
Zuwendung „im Wege der vorweggenommenen Erbfolge unentgeltlich" mit einer Pflicht zur Ausgleichung (Kollation) oder einer Pflicht zur Anrechnung oder sogar kumulativ mit einer Pflicht zur Ausgleichung und Anrechnung[13] (§ 2316 Abs. 4 BGB) verbunden.

Ausgleichungsbestimmungen der gesetzlichen Erben untereinander für Ausstattung 14
und **Anrechnungsbestimmungen** auf den Pflichtteil können auch vertraglich geregelt werden und wirken sich bei Ableben des Schenkers auf den Beschenkten und die weitere Erben und Pflichtteilsberechtigten aus.

Die gesetzlich angeordnete Ausgleichung von 15
– Ausstattung (§ 1624 BGB),[14]
– Übermaß an Zuschüssen oder
– Übermaß an Berufsausbildungskosten

in Form rechnerischer Einbeziehung der zu Lebzeiten erhaltenen Vermögenswerte wird bedeutend bei der Aufteilung des Erbes[15] unter Abkömmlingen (§ 2050 BGB) und nur unter diesen, nicht unter anderen Erben. Sie setzt gesetzliche Erbfolge unter den Abkömmlingen oder Erbquoten in Entsprechung der gesetzlichen Erbfolge voraus und

---

[10] BFH BStBl. 2018 II S. 201.
[11] *Gebel* S. 159.
[12] BGH DNotZ 1992, 35.
[13] BGH NJW 2010, 3023 (3024) = ZEV 2010, 190: Bei Zuwendung „im Wege vorweggenommener Erbfolge unentgeltlich" ist für die Pflichtteilsberechnung im Auslegungsweg zu ermitteln, ob der Erblasser damit eine Ausgleichung, eine Anrechnung oder kumulativ Ausgleichung und Anrechnung anordnen wollte.
[14] Ausstattung nach § 1624 BGB Vertrag sui generis, keine Schenkung, §§ 526 ff. BGB nicht anwendbar, keine Geltung der 10-Jahresfrist nach § 2325 Abs. 3 BGB, nicht beurkundungspflichtig.
[15] Anrechnung auf den Erbteil bedeutet nicht Anrechnung auf den Pflichtteil, OLG Koblenz ZErb 2003, 159 (160).

kommt nur in Betracht, wenn ein Nachlass vorhanden ist.[16] Der Schenker hat für Ausgleichungsbestimmungen der gesetzlichen Erben untereinander diverse Gestaltungsmöglichkeiten, ua
- die Außerkraftsetzung der gesetzlichen Ausgleichungspflicht bei der Zuwendung (§ 2050 Abs. 1 BGB),
- die Ausgleichung über den Umweg einer testamentarischen Regelungen zu Erbquoten oder Vorausvermächtnissen – dies sei hier nur der Vollständigkeit halber erwähnt (→ § 18),
- die Ausgleichungspflicht anderer Zuwendungen als der gesetzlich aufgezählten: Ausstattung, Übermaß an Zuschüssen oder Übermaß an Berufsausbildungskosten, insbesondere Schenkungen oder gemischte Schenkungen mit ihrem Schenkungsanteil, wenn diese bei der Zuwendung angeordnet wurde (§ 2050 Abs. 3 BGB),[17]
- nachträgliche Anordnung der Ausgleichungspflicht durch beurkundungspflichtige Vereinbarung, dann ggf. als teilweiser Erbverzicht (§ 2348 BGB), oder den
- Vorbehalt in dem Schenkungsvertrag, dass der Schenker eine nachträgliche Ausgleichung anordnen darf – und davon dann auch Gebrauch macht.

16 Anrechnungspflichten auf den Pflichtteil bestehen bei freigebigen Zuwendungen des Erblassers in Form der
- Ausstattung (§ 1624 BGB),[18]
- Schenkung sowie der gemischten Schenkung,
wenn der Erblasser vor oder bei der Zuwendung die Anrechnung der Zuwendung auf den Pflichtteil angeordnet hat (§ 2315 Abs. 1 BGB), oder im Rahmen und in den Grenzen der §§ 2316, 2325 BGB.[19]

17 Eine Anordnung zur Ausgleichung auf den Erbteil bedeutet nicht die Anrechnung auf den Pflichtteil.

18 **Formulierungsbeispiel:**

Die Vertragsparteien vereinbaren für die hier vereinbarte Schenkung im Falle der Erbteilung die Ausgleichung (§§ 2050 ff. BGB) und im Falle der Pflichtteilsgeltendmachung die Anrechnung auf den Pflichtteil.

Formulierungsbeispiel:

19 Die Schenkung ist zu dem heutigen Verkehrswert zuzüglich einer Indexierung seit Bewirkung der Schenkung bis zum Todestag des Schenkers auf den gesetzlichen Pflichtteilsanspruch am Nachlass des Schenkers anzurechnen. Eine erbrechtliche Ausgleichungspflicht gemäß § 2050 BGB wird ausgeschlossen.

Für die Indexierung gilt: Ändert sich der von dem Statistischen Bundesamt veröffentlichte Verbraucherpreisindex für Deutschland im Jahr der Schenkung (Basis ... = 100) gegenüber dem für den Monat des Todestages veröffentlichten Index, so erhöht sich der Betrag der Anrechnung für die Schenkung im gleichen Verhältnis wie der erhöhte Index.

Die nachträgliche Anrechnungspflicht auf den Pflichtteil kann nur in Form einer beurkundungspflichtigen Vereinbarung (dann als ggf. teilweiser Pflichtteilsverzicht, §§ 2346, Abs. 2, 2348 BGB) herbeigeführt werden, es sei denn, dass der Schenker sich die spätere Anrechnung bei Zuwendung vorbehalten hat.[20]

---

[16] KG ZErb 2011, 52 (54) zu Ausgleichungspflicht bei § 2325 BGB, nicht bei § 2329 BGB.
[17] OLG Koblenz FamRZ 2013, 1164: auch stillschweigende Ausgleichsanordnung möglich.
[18] OLG Stuttgart MittBayNot 2005, 229 (230) zur Bewertung einer Betriebsübergabe der Eltern auf ein Kind als Ausstattung.
[19] § 2316 BGB nicht abdingbar zum Nachteil eines Pflichtteilberechtigten.
[20] OLG Koblenz BeckRS 2005, 14106.

Auch untereinander können die **künftigen gesetzlichen Erben** ohne Mitwirkung des Erblassers gemäß § 311b Abs. 5 BGB einen notariellen Ausgleichungs- oder Anrechnungsvertrag schließen. § 311b Abs. 4 BGB untersagt zwar Verträge über den Nachlass eines noch lebenden Dritten, auch Verträge über den Pflichtteil oder ein Vermächtnis aus dem Nachlass eines noch lebenden Dritten. § 311b Abs. 5 BGB gestattet jedoch Verträge, die (nur) unter künftigen gesetzlichen Erben über den gesetzlichen Erbteil oder den Pflichtteil eines von ihnen geschlossen werden.

3. Ausgleichszahlungen an andere Erbanwärter

Die Ausgleichszahlungen an andere Erbanwärter, auch **Geschwistergleichstellungsgelder** genannt, können als Sach- und Geldleistungen versprochen werden. Treffen der Erblasser und der Zuwendungsempfänger eine solche Absprache und stehen den Gleichstellungsgeldern keine Gegenleistungen der Geschwister an den Zuwendenden gegenüber, handelt es sich um einen Vertrag zugunsten Dritter (§§ 328, 330 S. 2 BGB), welcher im Deckungsverhältnis zwischen dem Schenker und dem Empfänger ein Versorgungsvertrag und im Valutaverhältnis zwischen dem Schenker und dem Drittbegünstigten eine Schenkung ist.[21]

> **Formulierungsbeispiel:**
> Der Beschenkte verpflichtet sich, an seine Geschwister A und B jeweils einen Abfindungsbetrag in Höhe von EUR ... zu zahlen. Die Abfindungsbeträge sind unverzinslich fällig und zahlbar binnen drei Monaten nach dem Tod des Schenkers. Sollte der Beschenkte vor dem Schenker versterben und der Schenker von seinem Rückübertragungsecht Gebrauch machen, erlischt diese Verpflichtung; anderenfalls handelt es sich um eine Schuld des Erblassers.

Bei erheblicher Verschlechterung der wirtschaftlichen Situation des Unternehmens nach Betriebsübergabe können vereinbarte Gleichstellungsgelder grundsätzlich nur mit Zustimmung der begünstigten Geschwister reduziert werden. Eine nachträgliche Herabsetzung der Geschwistergleichstellungsgelder durch Vereinbarung zwischen dem Schenker und dem Betriebsübernehmer zu Lasten der Geschwister ist ohne deren Zustimmung in der Regel unwirksam.

Eine Anpassung nach den Grundsätzen über den Wegfall der Geschäftsgrundlage kommt nur in Ausnahmefällen in Betracht, in denen es um einen anfänglichen Irrtum über die Geschäftsgrundlage geht, wie etwa bei offensichtlichen Rechen- oder groben Bewertungsfehlern.[22]

4. Versorgungsrente an den Ehepartner des Schenkers

Die Zuwendung einer Versorgungsrente an die Ehefrau des Schenkers erfährt die gleiche Behandlung wie die an den Schenker zu entrichtende Versorgungsrente. Dies gilt auch für die Beurteilung der Entgeltlichkeit.

> **Formulierungsbespiel:**
> Aufschiebend bedingt durch den Tod des Schenkers verpflichtet sich der Beschenkte, nach dem Ableben des Schenkers an seine Ehefrau ... auf deren Lebensdauer zum Zwecke ihrer Versorgung eine monatliche Rente nach folgenden Regelungen zu bezahlen:
> ...

---

[21] → Rn. 154 ff.
[22] Staudinger/*J. Mayer* (2015) Vor BGB §§ 759 ff. Rn. 18.

III. Verpflichtungen der Erben gegenüber dem Schenker oder Geschwistern

27 Ein Gestaltungsmittel zur Planung der vorweggenommenen Erbfolge ist die Inpflichtnahme der Erben zum Verzicht auf deren Pflichtteil oder Erbteil. Die Bedeutung dieser Inpflichtnahme ist angesichts der Hindernisse, die durch Pflichtteil oder Erbrecht entstehen können, von großer Bedeutung.

1. Überblick zum Erb- und Pflichtteilsverzicht

28 Um die Akzeptanz der gewünschten Vermögensnachfolge bei allen Erbanwärtern, auch denjenigen, welche nicht durch schenkweise Zuwendung von Unternehmensvermögen des Erblassers begünstigt sind, sicherzustellen, ist in Betracht zu ziehen, zu Lebzeiten des Erblassers Pflichtteils- und/oder Erbverzichtsvereinbarungen mit diesen zu schließen.[23] Zwar kann die Unternehmensübertragung im Wege der vorweggenommenen Erbfolge die Pflichtteilsansprüche Dritter beträchtlich mindern, da übernommene Verpflichtungen des Zuwendungsempfängers (zB Leibrente, dauernde Last, vorbehaltener Nießbrauch) bei der Pflichtteilsbemessung kapitalisiert abgesetzt werden und Abfindungsklauseln für den Fall des Todes eines (jeden) Gesellschafters ausgeschlossen werden können. Ob ein in der Höhe (zulässig) verminderter gesellschaftsvertraglicher Abfindungsanspruch Auswirkungen auf Pflichtteilsansprüche haben kann, ist unsicher,[24] allerdings nicht auf Ausgleichungspflichten des erwerbenden Miterben (Sondererbfolge) gegenüber den übrigen Miterben.[25]

29 Die Pflichtteilsergänzungsansprüche können gegen den Willen des Pflichtteilsberechtigten gänzlich vermieden werden, wenn seit der Schenkung 10 Jahre vergangen sind (§ 2325 Abs. 3 BGB).[26] Maßnahmen der vorweggenommenen Erbfolge außerhalb der zeitlichen Grenzen des § 2325 Abs. 3 BGB bleiben ohne Auswirkungen auf die Pflichtteilsberechnung. Auch soweit Zuwendungen nicht als Schenkung zu qualifizieren sind, wie etwa ein allseitiger Ausschluss von Abfindungsklauseln im Gesellschaftsvertrag,[27] unterfallen sie ebenfalls nicht der Ausgleichspflicht.

30 Soweit ein Verzicht auf den Erbteil oder den Pflichtteil mit Blick auf die Regelung der Unternehmensnachfolge in Erwägung gezogen wird, ist folgendes zu berücksichtigen:
– Der teilweise Verzicht auf das gesetzliche Erbrecht ist nur hinsichtlich eines ideellen Bruchteils möglich ist,[28] während der Pflichtteilsverzicht gegenständlich beschränkt werden kann.[29]
– Der Ehegatte kann auch bei seinem Pflichtteilsverzicht im Falle der Ausschlagung nach § 1371 Abs. 3 BGB die Durchführung des Zugewinnausgleichs verlangen, wenn der gesetzliche Güterstand gilt.

---

[23] Ausführlich *Edenfeld* ZEV 1997, 134 ff. Die Vertragsschließenden sollten sich im Klaren sein, dass der Verzichtende bei Erb- und Pflichtteilverzicht später nicht mehr Beteiligter des Erbscheinverfahrens ist und auch keine Klage wegen letztwilliger Verfügungen führen kann.

[24] BGH NJW 1987, 321 (322) zur Frage, ob der GmbH-Anteil bei der Zugewinnermittlung mit einem Wert nach niedriger Abfindungsklausel oder mit dem Verkehrswert anzusetzen ist; ebenfalls zum Zugewinn BGH, NJW-RR 1986, 226 = FamRZ 1986, 37 (39 f.). Bejaht von *Riedel* ZEV 2003, 212 (213); *Bratke* ZEV 2000, 16; ausführlich *N. Jneidi* EIKV Bd. 10, 2016 S. 25 ff.

[25] BGH NJW 1996, 1284 (1285); BayObLG DNotZ 1981, 702 Ls.; MüKoBGB/*Gergen*, § 2032 Rn. 60–60b.

[26] Schenkungen an die Ehefrau unterliegen für den Pflichtteilsergänzungsanspruch einer Befristung nur mit Beginn der Eheauflösung; bei schenkweiser Zuwendung eines Nießbrauchs beginnt die 10-Jahresfrist erst ab Erlöschen des Nießbrauchs, → § 22 Rn. 25; *N. Jneidi* EIKV Bd. 10, 2016 S. 37 ff.

[27] *Pogorzelski* RNotZ 2017, 489 (499); MüKoBGB/*Lange*, § 2325 Rn 16. Nicht zwingend jedoch bei sehr unterschiedlichen Lebenserwartungen der Gesellschafter, KG DNotZ 1978, 109 (111); OLG Düsseldorf BeckRS 2016, 05865 = MDR 1977, 932; RGZ 145, 289; BGHZ 22, 186 (194); WM 1971, 1338.

[28] MüKoBGB/*Wegerhoff*, § 2346 Rn. 14; Staudinger/*Schotten* BGB § 2346 Rn. 50.

[29] Staudinger/*Schotten* BGB § 2346 Rn 39–41.

– Spätere Änderungen eines Testaments zwischen Ehegatten zu Lasten der Kinder geben Anlass, zu überlegen, ob ein Pflichtteilsverzicht der Kinder unter einer auflösenden Bedingung vereinbart werden sollte.[30]

Eine umfassende Darstellung des Erb- und Pflichtteilsverzichts findet sich in → § 20.

2. Abstraktes Rechtsgeschäft des Erbverzichts

Der nach § 2348 BGB notariell zu beurkundende Erbverzicht ist, auch soweit er auf den Pflichtteil beschränkt wird, ein abstraktes Rechtsgeschäft.[31] Er ist von einem gleichzeitig geschlossenen Abfindungsvertrag oder sonstigen schuldrechtlichen Verträgen und weiteren dinglichen Vollzugsgeschäften zu unterscheiden und in seiner Wirksamkeit von diesen Geschäften unabhängig. Die Beurkundungspflicht nach § 2348 BGB erstreckt sich nicht auf die dinglichen Vollzugsgeschäfte, die mit einem Erbverzicht im Zusammenhang stehen. Für deren Formbedürftigkeit ist jedes Erfüllungsgeschäft selbstständig zu beurteilen, auch wenn dem abstrakten Erbverzicht in der Regel auch ein schuldrechtliches Rechtsgeschäft zugrunde liegt.[32]

In dem Kausalgeschäft wird häufig vereinbart, den Erbverzicht gegen Abfindung zu leisten. Dabei lässt sich der Verzichtende den Verzicht durch einen einmaligen oder verrenteten Geldbetrag oder eine Sachleistung gleichsam abkaufen. Das hat den Vorteil, dass der Verzichtende den Gegenwert für seine Leistung sofort erhält. Er wird von der Ungewissheit der wirtschaftlichen Entwicklung befreit; nachfolgende, selbst drastische Vermögensverschlechterungen des Erblassers brauchen ihn – abgesehen von Pflichtteilsergänzungsansprüchen – nicht mehr zu interessieren.[33] Abfindungsleistungen für den Verzicht sind als Schenkungen zu qualifizieren.

3. Schuldrechtliche Vereinbarung mit gesetzlichen Erben

Ein Vertrag über den Nachlass eines noch lebenden Dritten oder über den Pflichtteil oder ein Vermächtnis aus dem Nachlass eines noch lebenden Dritten ist nichtig, es sei denn, dass der Beschenkte künftiger gesetzlicher Erbe ist und mit weiteren künftigen gesetzlichen Erben über den gesetzlichen Erbteil oder den Pflichtteil vertragliche Vereinbarungen trifft (§ 311b Abs. 4 und 5 BGB). Dabei handelt es sich um einen schuldrechtlichen Vertrag, der die gesetzlichen Erb- und Pflichtteilsrechte unberührt lässt, jedoch die Partner schuldrechtlich verpflichtet, sich bei der späteren Erbteilung in einer bestimmten Weise zu verhalten.

> **Formulierungsbeispiel:**
> A verpflichtet sich hiermit im Falle des Ablebens des Vaters gegenüber dem Bruder B, sein Erbe nach dem Vater auszuschlagen, weiterhin verzichtet er auf etwaige Pflichtteils- oder Pflichtteilsergänzungsansprüche nach dem Vater gegenüber dem B. Der B zahlt dafür an den A Euro … (jetzt oder im Erbfall und unter ggf. definierten Bedingungen). Den Vertragsschließenden ist bewusst, dass der Vater die Freiheit hat, über die Verteilung seines Erbes im Rahmen der ihm zustehenden Testierfreiheit frei zu entscheiden.

---

[30] Bei (statthafter) Änderung des Testaments nach dem Tod des Erstversterbenden könnten Pflichtteilsansprüche bereits verjährt sein, sodass der überlebende Ehegatte auf die Einrede der Verjährung verzichten sollte, → *Kornex*l, Nachlassplanung bei Problemkindern Rn. 454.
[31] BGH NJW 1962, 1910 ff.; MüKoBGB/*Wegerhoff*, § 2346 Rn. 3.
[32] BGH ZEV 2012, 145 (146): Für Verfügungsgeschäfte im Falle eines rechtlichen Zusammenhangs der zugrunde liegenden Kausalgeschäfte gilt kein Grundsatz einheitlicher Gesamtbeurkundung; ein etwaiger Formverstoß der schuldrechtlichen Vereinbarung wäre nach § 518 Abs. 2 BGB heilbar. Anders ist die Anforderung bei einer an sich formfreien schuldrechtlichen Vereinbarung in Verbindung mit einer dem Formzwang notarieller Beurkundung unterliegenden Vereinbarung, dazu BGH NJW-RR 2002, 1513 (1514).
[33] *Ebenroth/Fuhrmann* BB 1989, 2050.

36 Die Zahlung der Abfindung durch den B ist keine Schenkung des Vaters, sondern eine Schenkung des Bruders und so zu besteuern.[34]

4. Sonderproblem nachehelicher Unterhaltsansprüche bei Pflichtteilsverzicht[35]

37 Wurde die Ehe oder Lebenspartnerschaft vor dem Erbfall geschieden oder aufgehoben, besteht kein Erb- und kein Pflichtteilsanspruch, aber der Unterhaltsanspruch besteht gegen die Erben als **Nachlassverbindlichkeit** fort (§§ 1586b, 1933 S. 3 BGB § 16 Abs. 1 LPartG). Ein bereits bestehender Titel kann ohne neues Gerichtsverfahren durchgesetzt werden (§ 727 ZPO). Die Erben haften dafür als Gesamtschuldner, allerdings betragsmäßig begrenzt auf den sog. **fiktiven Pflichtteilsanspruch** des geschiedenen Unterhaltsgläubigers zum Zeitpunkt des Erbfalls, die ihm gemäß § 2325 BGB gegen die Erben zustünden, wenn seine Ehe mit dem Unterhaltspflichtigen erst durch dessen Tod aufgelöst worden wäre.[36] Gegenüber diesen (nur fiktiven) Pflichtteilsergänzungsansprüchen des Unterhaltsberechtigten können sich Erben, die selbst pflichtteilsberechtigt sind, nicht auf § 2328 BGB berufen.[37]

38 Ein Erb- oder Pflichtteilsverzicht schließt nicht automatisch die **Vererblichkeit** nachehelicher Unterhaltsansprüche aus.[38] Die Vereinbarung eines lebzeitigen Unterhaltsverzichts ist möglich. Abfindungsleistungen sind zu empfehlen, wenn anderenfalls der Längstlebende unversorgt bliebe.

39 **Formulierungsbespiel:**

Die Eheleute A und B verzichten wechselseitig auf ihr gesetzliches Pflichtteilsrecht. Weiterhin verzichten wir auf das gesetzliche Pflichtteilsrecht zugunsten unserer Kinder.

Von diesem Verzicht erfasst sind Pflichtteilsansprüche nach § 2303 BGB, Zusatzpflichtteile nach § 2305, 2307 BGB und Pflichtteilergänzungsansprüche nach § 2328 BGB.[39]

Von diesem Verzicht sind zugleich etwaige Unterhaltsansprüche des Längstlebenden Ehegatten nach §§ 1586b, 1933 Satz 3 BGB erfasst.

Wir nehmen den Verzicht wechselseitig an.

Die Eheleute haben durch gemeinsamen Vermögensaufbau während der Ehe die Unterhaltsabsicherung eines jeden Ehegatten sichergestellt (Anlage **).

[alt.; Der Längstlebende hat für den Fall der Scheidung der Ehe einen Abfindungsanspruch für den Verzicht nach §§ 1586b, 1933 Satz 3 BGB in Höhe von …]

[alt.: Wir vereinbaren, dass etwaige Unterhaltsansprüche des Längstlebenden der Eheleute im Falle der Scheidung der Ehe gegen die Erben nach §§ 1586b, 1933 Satz 3 BGB durch den Pflichtteilsverzicht nicht beeinträchtigt und ausgeschlossen werden.]

40 Abfindungsleistungen für Unterhaltszahlungen sind grundsätzlich schenkungsteuerpflichtig (§ 7 Abs. 1 Nr. 1 ErbStG).[40]

41 Vorsicht ist auch geboten bei Zusammenbeurkundung eines Ehevertrags (Unterhalt, Güterrecht) mit einem Pflichtteilsverzicht. Eine Wirksamkeits- oder Ausübungskontrolle kann zur Gesamtnichtigkeit des Ehevertrags führen, wenn der Ehevertrag für einen Ehegatten ausnahmslos oder beabsichtigt nachteilig ist und keine berechtigten Belange der

---

[34] BFH ZEV 2013, 523 (524).
[35] → Ehegattenerbrecht § 15 Rn. 337–340.
[36] *Schlünder* FF 2017, 391 ff.; zur Reichweite der Erbenhaftung für den Geschiedenen-Unterhalt *Dressler* NJW 2003, 2430–2432.
[37] BGH NJW 2007, 3207 (3208 f.); FPR 2003, 361 (366) = FamRZ 2003, 848 (854); NJW 2001, 828 (829).
[38] *Schlünder* FF 2017, 391;
[39] Deren Verlust als Folge des Verzichts ist umstritten: *von Proff* Zerb 2017, 33 f.
[40] BFH NJW 1994, 2044 ff.; *Schlünder* FF 2017, 391 (392).

III. Verpflichtungen der Erben gegenüber dem Schenker oder Geschwistern § 10

anderen Ehegatten eine Aufrechterhaltung nahelegen.[41] Auch salvatorische Klauseln vermögen dieses Ergebnis dann nicht zu retten, da sie nicht die Funktion haben sollen, „den Restbestand eines dem benachteiligten Ehegatten aufgedrängten Vertragswerks so weit wie möglich rechtlich abzusichern".[42] Die Gestaltung des Pflichtteilsverzichts hat demnach der Gemäßheit des Unterhaltsverzichts Rechnung zu tragen.

---

[41] BGH NJW 2017, 1883 (1885 f.) mAnm *Born*; NJW 2013, 457; NJW 2006, 2331 (2332); LG Ravensburg ZEV 2008, 598 (599 f.), auch bei Aufnahme einer salvatorischen Klausel; OLG Bremen NZFam 2018, 1151 zu möglichen Ansprüchen nach § 826 BGB nach Abgeltungsklausel; OLG Brandenburg NZFam 2019, 224; FamRZ 2018, 1658 Ls.; Plichtteilsverzicht LG Nürnberg-Fürth FamRZ 2018, 1867.
[42] BGH NJW 2013, 457 (461).

§ 11 Taktische Ausschlagung

Übersicht

	Rn.
II. Ausschlagung gegen Abfindung	11
III. Ausschlagung nach Maß	16
IIII. Typische Gestaltungssituationen	18
1. Widerspruch zum gesellschaftsvertraglichen Erbgang	20
2. Vermächtnisweise Zuwendung von Betriebsvermögen	22
3. Betriebsaufspaltungen	24
4. Ausgleichszahlungen im Rahmen der Erbauseinandersetzung	25
5. Berliner Testamente	27
6. Vorversterben	34
7. Ausgeschöpfte Freibeträge zur Erbengeneration	35
8. Vermächtnisweise Zuwendung von erbschaftsteuerlich begünstigtem Vermögen	36
9. Vermeidung des Gläubigerzugriffs	38
10. Erhöhung des Zugewinnausgleichsfreibetrags nach § 5 Abs. 2 ErbStG	40

1 Die Ausschlagung ist ein Gestaltungsmittel, dass es einem Erben oder Vermächtnisnehmer erlaubt, eine vorgefundene Situation **rückwirkend** zu beeinflussen und ggf. steuerlich zu „reparieren". Aufgrund der Ausschlagung gilt sein Erwerb gem. § 1953 Abs. 1 bzw. § 2180 BGB als nicht erfolgt und der Nachlass fällt mit Wirkung ab dem Erbfall an den nächstberufenen Erben. Bei Minderjährigen ist die Ausschlagung durch den oder die gesetzlichen Vertreter zu erklären. Allerdings ist die Genehmigung durch das Familiengericht erforderlich,[1] die regelmäßig nicht erteilt werden wird; § 1643 Abs. 2 BGB. Dieses Gestaltungsmittel steht dem Erben bzw. Vermächtnisnehmer allerdings nur dann zur Verfügung, wenn er die Erbschaft nicht bereits angenommen hat, §§ 1943, 2180 Abs. 1 BGB. Mit der **Annahme der Erbschaft** erklärt er nämlich, dass er die bereits erworbene Erbschaft auch behalten will. Dementsprechend kann danach nicht mehr ausgeschlagen werden. Verschenkt der Erbe die Nachlassgegenstände rückwirkend auf den Todestag des Erblassers innerhalb der Ausschlagungsfrist an den Nächstberufenen liegt folglich eine steuerpflichtige Schenkung vor, auch wenn das gleiche Ergebnis durch Ausschlagung hätte erreicht werden können.[2] Da die Annahme formlos und sogar durch konkludentes Handeln möglich ist, ist hier Vorsicht geboten. Der Berater sollte den Erben dementsprechend bereits im ersten Gespräch vor einer verfrühten Annahme der Erbschaft warnen. Die Erbschaft erwirbt der Erbe durch Zeitablauf auch ohne deren ausdrückliche Annahme. Sie ist daher nicht erforderlich und würde den Erben nur einer möglicherweise hilfreichen Gestaltungsmöglichkeit berauben. Auch bei einem **Vermächtnis** bedarf es keiner ausdrücklichen Annahme desselben, so dass sie hier ebenfalls unterbleiben kann.

2 Die Ausschlagung der Erbschaft muss grundsätzlich innerhalb von **sechs Wochen** erfolgen, § 1944 Abs. 1 BGB. Nach dieser Frist ist eine Ausschlagung nicht mehr möglich, § 1943 BGB. Die Ausschlagungsfrist beginnt nicht schon mit dem Erbfall, sondern erst, wenn der Erbe von dem Erbanfall und dem Grund der Berufung als Erbe bestimmte und überzeugende Kenntnis erlangt hat. Dies wird häufig erst mit der amtlichen Testamentseröffnung der Fall sein. Bei Minderjährigen beginnt die Frist erst, wenn der Letzte von den gemeinsam Erziehungsberechtigten erstmals diese Kenntnis erlangt hat.[3] Für die Ausschlagung eines Vermächtnisses ist keine besondere Frist vorgesehen. Aber auch beim Vermächtnis ist die Ausschlagung nicht mehr möglich, wenn dieses bereits angenommen

---

[1] OLG Zweibrücken NJW-Spezial 2012, 552; OLG Saarbrücken ZEV 2015, 490; aA offenbar NdsFG DStRE 2005, 291.
[2] BFH BStBl. II 1985, 55.
[3] OLG Frankfurt a.M. ZEV 2013, 196; *Horn* ZEV 2016, 20.

wurde. Bei bestimmten Sachverhalten mit Auslandsberührung beträgt die Ausschlagungsfrist sechs Monate.

Im Hinblick auf die relativ knapp bemessene Ausschlagungsfrist von nur sechs Wochen, § 1944 Abs. 1 BGB, könnte man versucht sein, die Erbeinsetzung unter die Bedingung zu stellen, dass der Erbe der Annahme innerhalb einer bestimmten, gegenüber der Ausschlagung längeren Frist (zB sechs Monate) erklärt.[4] Die durch Verfügung von Todes wegen zugewandte Erbschaft fällt dem Erben dann erst mit der ausdrücklichen Annahme der Erbschaft an. Dieses Vorgehen führt jedoch zu einer gesetzlich zwingend vorgesehenen Vorerbschaft der gesetzlichen Erben, § 2105 Abs. 1 BGB. Der aufschiebend bedingt eingesetzte Erbe wird im Falle der Annahme Nacherbe. Erbschaftsteuerlich führt dieses Vorgehen dazu, dass die gesetzlichen Erben gezwungen sind, eine Erbschaftsteuererklärung abzugeben und die Erbschaftsteuer zu entrichten. Sofern der aufschiebend bedingt eingesetzte Erbe die Erbschaftsteuer im Hinblick auf die Erbschaft nicht ohnehin schon gleich übernimmt, steht den gesetzlichen Erben im Innenverhältnis zu dem gewillkürten Erben bei Eintritt des Nacherbfalls gegen diesen ein Rückgriffsanspruch zu, § 2124 Abs. 2 S. 2 BGB. Viel gravierender ist jedoch, dass dieses Vorgehen in den meisten Fällen im Ergebnis zur Vernichtung eines Teils des erbschaftsteuerlichen Freibetrages führt. Denn ist die Erbschaftsteuer beim Vorerben höher, als beim eingesetzten Nacherben, wird diese zwar nach § 6 Abs. 3 ErbStG bei Annahme der Erbschaft bei letzterem angerechnet, der überschießende Erbschaftsteuerbetrag aber nicht erstattet.[5] Genau dieser Fall tritt aber ein, wenn zunächst die Abkömmlinge an Stelle des mit einer Überlegungsfrist bedachten Ehegatten als Erben berufen sind. Denn deren Erbschaftsteuerbelastung wird aufgrund des größeren persönlichen Freibetrages, des Versorgungsfreibetrages und – in Fällen der Zugewinngemeinschaft – auch der steuerfreien fiktiven Ausgleichsforderung des letztendlich bedachten Ehegatten in den allermeisten Fällen deutlich höher ausfallen. Auf eine solche Klausel sollte daher verzichtet werden.

Ist zu erwarten, dass die steuerliche Bewertung des Nachlasses nicht innerhalb der sechswöchigen Ausschlagungsfrist abgeschlossen werden kann und dem als Erben eingesetzten Ehegatten somit möglicherweise nicht genug Bedenkzeit verbleiben wird, sollte dieser sich daher eher vor Eröffnung des Testaments ins Ausland begeben und erst danach wiederkommen. In diesem Falle beträgt die Ausschlagungsfrist sechs Monate, § 1944 Abs. 2 BGB, was in der Regel ausreichen sollte.

Entsprechend der zivilrechtlichen Rechtslage wird der Ausschlagende auch im **Ertragsteuerrecht** nicht Erbe. Er tritt zwar in der Zeit zwischen dem Erbfall und der Ausschlagung in die einkommensteuerliche Stellung des Erblassers ein, wird aber nicht Eigenbesitzer nach § 39 Abs. 2 Nr. 2 AO, sondern von Rechts wegen. Schlägt der Erbe die Erbschaft aus, entfällt diese Eigenschaft rückwirkend.[6] Erst der endgültige Erbe tritt ertragsteuerlich in die Rechtsstellung des Erblassers ein. Etwaige zwischenzeitlich ergangene Bescheide sind gemäß § 175 Abs. 1 S. 1 Nr. 2 AO zu berichten. Gleiches gilt im **Erbschaftsteuerrecht.** Der zivilrechtlichen Rechtslage entsprechend entfällt die Erbschaftsteuerpflicht ebenfalls mit Wirkung für die Vergangenheit, so dass ein bereits ergangener Erbschaftsteuerbescheid nach § 175 Abs. 1 S. 1 Nr. 2 AO aufzuheben ist. Die Erbschaft bzw. das Vermächtnis fällt dem Nächstberufenen bzw. dem Ersatzerben oder Ersatzvermächtnisnehmer an, der daraufhin auch neu zur Erbschaftsteuer veranlagt wird. Die Ausschlagung, für die der Ausschlagende keine Gegenleistung (Abfindung) erhält, stellt keine

---

[4] Soergel/*Stein* § 1944 BGB Rn. 19; Staudinger/*Otte* BGB § 1944 Rn. 2; Erman/*Schlüter* BGB § 1944 Rn. 2; OLG Stuttgart OLGZ 1974, 67; aA *Lange/Kuchinke* § 8 Fn. 56.
[5] FG Freiburg EFG 1964, 541; Moench/Weinmann/*Weinmann* ErbStG § 6 Rn. 33; Troll/Gebel/Jülicher/Gottschalk/*Gottschalk* ErbStG § 6 Rn. 117.
[6] *Groh* DB 1992, 1312 (1313). Nach hM soll dies allerdings nicht bei der Ausschlagung gegen Abfindung gelten, → Rn. 11.

freigebige Zuwendung nach § 7 Abs. 1 ErbStG dar.[7] Die Ausschlagung ist – ebenso wie die Zurückweisung eines vertraglichen Rechts nach § 333 BGB – bedingungsfeindlich, § 1947 BGB. Wird dennoch „zugunsten eines Dritten" ausgeschlagen, ist durch Auslegung zu ermitteln, ob der gewollte Erwerb durch den Dritten tatsächlich eine echte Bedingung sein sollte und damit unwirksam wäre. Wollte der Ausschlagende mit dem Zusatz aber nur seinen Beweggrund zum Ausdruck bringen oder nur die gegebenenfalls subjektiv angenommene gesetzliche Wirkung der Ausschlagung wiedergeben, ohne die Wirksamkeit der Ausschlagung vom Anfall an die bezeichnete Person abhängig zu machen, ist die Ausschlagung wirksam.

6   Die **Ausschlagung gegen Versorgungsleistungen** ist ertragsteuerlich grundsätzlich unentgeltlich. Sie liegt vor, wenn der Erbe die Erbschaft ausschlägt, um der nachfolgenden Generation begünstigtes, ausreichend ertragbringendes Vermögen (→ § 28 Rn. 94 ff.) zukommen zu lassen und sich diese dazu verpflichtet, dem ausschlagenden Erben lebenslängliche Versorgungsleistungen zu zahlen.[8] Bei einem gemischten Nachlass, der sowohl begünstigtes wie nicht begünstigtes Vermögen beinhaltet, ist darauf zu achten, dass die Versorgungsleistungen in vollem Umfang der Übertragung des begünstigten Vermögens zugeordnet werden, sofern die steuerlichen Folgen einer Vermögensübergabe gegen Versorgungsleistungen angestrebt und die Realisierung stiller Reserven vermieden werden soll.[9] Erfolgt dies nicht, ist die Ausschlagung gegen wiederkehrende Leistungen ein entgeltlicher Vorgang, der dann allerdings auch wieder AfA-Volumen schafft.[10] Die Versorgungsleistungen stellen beim Leistenden Sonderausgaben dar, § 10 Abs. 1a Nr. 2 EStG. Korrespondierend hierzu hat der Empfänger der Versorgungsleistung diese in vollem Umfang zu versteuern, § 22 Nr. 1 EStG (→ § 28 Rn. 138). Die mit der Ausschlagung verbundene Versorgungsleistung ist ein nach § 3 Abs. 2 Nr. 4 ErbStG steuerpflichtiger Erwerb. Wirtschaftlich gesehen entspricht die Situation einer Vermögensvererbung auf die nächste Generation bei gleichzeitiger testamentarischer Nießbrauchsbegünstigung des überlebenden Ehegatten.

7   Die Ausschlagung einer Erbschaft gegen **Vorbehalt des Nießbrauchs** erfolgt unentgeltlich, da der vorbehaltene Nießbrauch keine Gegenleistung darstellt.[11] Der Nießbrauchsbesteller wird durch die Ausschlagung Erbe und erwirbt ebenfalls unentgeltlich. Gleiches gilt für die Ausschlagung gegen **Vorbehalt eines Wohnrechts**.[12]

8   Die Ausschlagung und **Geltendmachung des Pflichtteils** ist ebenfalls ein unentgeltlicher Vorgang. Der Pflichtteilsanspruch stellt zwar eine Erbfallschuld dar, seine Erfüllung ist jedoch ertragsteuerlich kein Entgelt und dementsprechend kein Veräußerungs- und Anschaffungsvorgang.[13] Erbschaftsteuerlich stellt der Pflichtteil einen nach § 3 Abs. 1 Nr. 1 ErbStG steuerpflichtigen Erwerb dar und ist für den nächstberufenen Erben als Nachlassverbindlichkeit abzugsfähig, § 10 Abs. 5 Nr. 2 ErbStG. Zu beachten ist allerdings, dass der Pflichtteilsanspruch auf Geld gerichtet ist und dementsprechend mit dem Nennwert zu Buche schlägt. Vereinbaren der Erbe und der Pflichtteilsberechtigte, dass der Pflichtteilsanspruch anstatt des geschuldeten Geldbetrages durch eine Sachleistung erfüllt werden soll (§ 364 BGB), ist dies eine nachträgliche Erfüllungsmodalität, die erbschaftsteuerlich keine Wirkung mehr entfalten kann. Der Erbe kann daher die Pflichtteilsverbindlichkeit auch in diesen Fällen mit dem Nennwert als Nachlassverbindlichkeit abziehen und der Pflichtteilsberechtigte muss sie mit diesem Wert und nicht mit einem

---

[7] Troll/Gebel/Jülicher/Gottschalk/*Gottschalk* ErbStG § 3 Rn. 21; Troll/Gebel/Jülicher/Gottschalk/*Gebel* ErbStG § 7 Rn. 37.
[8] BFH BStBl. II 1997, 32; *Zimmermann* ZEV 2001, 5; *Reich* DStR 2011, 2030; → Rn. 162 ff.
[9] BFH BStBl. II 1998, 431; BMF DStR 2013, 2112 Rn. 39 f.
[10] *Geck* ZEV 2010, 161; *Reich* DStR 2011, 2030.
[11] BMF BStBl. I 2010, 227 Rn. 47; BMF DStR 2013, 2112 Rn. 39 f.
[12] BMF DStR 2013, 2112 Rn. 49 iVm Rn. 39.
[13] BFH BFH/NV 2001, 1113; BStBl. II 2000, 82; BStBl. II 1992, 275.

etwaigen geringeren Steuerwert versteuern.[14] Dies gilt nur dann nicht, wenn sich der Pflichtteilsberechtigte nach ernstlichem Streit über die Höhe seines Pflichtteils vergleichsweise mit weniger zufrieden gibt als er beansprucht hat und ihm zusteht (→ § 27 Rn. 364). Er kann dann nur aus diesem niedrigeren Wert besteuert werden.[15] Derartige Übertragungen von Vermögensgegenständen an Erfüllung statt führen ertragsteuerlich zu einem **entgeltlichen Geschäft** mit der Folge, dass der Erbe einen Veräußerungserlös erzielt und dem Pflichtteilsberechtigten Anschaffungskosten entstehen.[16] Da die Veräußerung unmittelbar aus dem Betriebsvermögen erfolgt, kann der Gewinn bei Vorliegen der übrigen Voraussetzungen in eine Rücklage nach § 6b EStG eingestellt werden.[17]

Soll der Anspruch eines Pflichtteilsberechtigten durch Übertragung eines Gegenstands erfüllt werden, der ausnahmsweise trotz der geänderten erbschaftsteuerlichen Bewertung einen niedrigen erbschaftsteuerlichen Wert hat, kann es sich daher empfehlen, die Ausschlagung nicht mit der Geltendmachung des Pflichtteils, sondern mit einer Abfindung zu kombinieren (→ Rn. 11). Denn für die Ausschlagung gegen Abfindung gilt nicht § 3 Abs. 1 Nr. 1 ErbStG, sondern § 3 Abs. 2 Nr. 4 ErbStG, mit der Folge, dass der ausschlagende Pflichtteilsberechtigte mit dem niedrigeren Steuerwert des übertragenen Wirtschaftsguts erbschaftsbesteuert wird.[18] Wichtig ist allerdings, dass der Pflichtteil noch nicht geltend gemacht wurde. Denn die Vereinbarung einer Abfindung nach dessen Geltendmachung führt letztlich lediglich zu einer unbeachtlichen Erfüllungsmodalität und vermag an der bereits mit der Geltendmachung entstandenen Erbschaftsteuer, § 9 Abs. 1 Nr. 1 Buchst. b) ErbStG, nichts mehr zu ändern. Darüber hinaus gilt bei Leistung eines Grundstücks an Erfüllung statt für einen geltend gemachten Pflichtteilsanspruch nicht die Grunderwerbsteuerbefreiung des § 3 Nr. 2 GrEStG.[19] In Betracht kommt aber eine Grunderwerbsteuerbefreiung nach § 3 Nr. 6 GrEStG bei Ehegatten, Stiefkindern und Verwandten in grader Linie.

9

Erhält der Abzufindende mehr als dem Wert seines Pflichtteilsanspruchs entspricht, liegt eine sog. **überdotierten Abfindung** vor, die eine freigiebige Zuwendung iSd § 7 Abs. 1 Nr. 1 ErbStG in Höhe der Überdotierung enthalten kann.[20]

Die Ausschlagung im Bereich der **Zugewinngemeinschaft** wird als gestalterisches Mittel eingesetzt, um der rückwirkenden Vereinbarung der Zugewinngemeinschaft auch erbschaftsteuerlich zur Geltung zu verschaffen. Denn wird der überlebende Ehegatte kein Erbe, gilt der güterrechtliche Ausgleich nach § 5 Abs. 2 ErbStG. Er erhält aufgrund der Ausschlagung den sog. kleinen Pflichtteil und eben den zuvor modifizierten Zugewinnausgleichsanspruch. Ertragsteuerlich ist dies ein unentgeltlicher Vorgang. Entsprechendes gilt bei anderen Modifizierungen des gesetzlichen Güterstands.

10

II. Ausschlagung gegen Abfindung

Bei der Ausschlagung gegen Abfindung tritt **erbschaftsteuerlich** beim ausschlagenden Erben die Abfindung an die Stelle des ausgeschlagenen Erwerbs, § 3 Abs. 2 Nr. 4 ErbStG. Sie gilt als vom Erblasser zugewendet, unabhängig davon, wer die Abfindung tatsächlich zahlt. Der nächstberufene Erbe hat den Erwerb durch Erbanfall vom Erblasser zu versteu-

11

---

[14] BFH BStBl. II 1999, 23 unter Aufgabe des Urt. BStBl. II 1982, 350; OFD Chemnitz Vfg.v. 11.11.2004 – S 3802 – 1/1 – Str 23, nv; *Crezelius* BB 2000, 2333; *J. Mayer* ZEV 2004, 1541 (1546 mwN in Fn. 52); Troll/Gebel/Jülicher/Gottschalk/*Gottschalk* ErbStG § 3 Rn. 236.
[15] BFH BStBl. II 1973, 798; BStBl II 2006, 718.
[16] BFH BStBl. II 2005, 554; BMF BStBl. I 2006, 253 (Rn. 35); OFD Münster Kurzinf. ESt 12/2006, ZEV 2006, 311; Schmidt/*Wacker* EStG § 16 Rn. 599 → § 27 Rn. 113; § 27 Rn. 197 aE; aA FG Schleswig-Holstein EFG 2001, 199; *Tiedtke* DB 2003, 1471.
[17] Schmidt/*Wacker* EStG § 16 Rn. 599.
[18] *Crezelius* BB 2000, 2333 (2337).
[19] BFH BStBl. II 2002, 775 unter Aufgabe des Urt. BStBl. II 1982, 76; BStBl. II 2016,104; OFD Chemnitz Vfg.v. 11.11.2004 – S 3802 – 1/1 – St 23, nv; OFD Niedersachsen DStR 2016, 1035.
[20] *Crezelius* BB 2000, 2333 (2337); *Crezelius* ZErb 2002, 142.

ern. Die Abfindung gehört bei ihm zu den Kosten zur Erlangung des Erwerbs und ist daher als Nachlassverbindlichkeit abzugsfähig, § 10 Abs. 5 S. 1 Nr. 3 ErbStG. Dies gilt auch dann, wenn sie von einem Dritten gezahlt wird, dem die Ausschlagung oder der Verzicht nicht zugutekommt. In diesem Fall stellt die Zahlung der Abfindung durch den Dritten eine selbständig zu beurteilende Schenkung durch diesen dar.[21] Der Erwerb des Abfindungsempfängers wird nach seinem Verhältnis zum Erblasser besteuert. Für die Bewertung des Abfindungsanspruchs kommt es darauf an, was als Abfindung zu leisten ist. Ist als Abfindungsleistung kein Geld zu zahlen, sondern ein Grundstück zu übertragen, ist der Steuerwert des Grundstücks maßgebend. Allerdings kann der die Abfindung zahlende Erbe, dann auch nur den steuerlichen Grundstückswert als Nachlassverbindlichkeit abziehen.[22] Aufgrund der geänderten erbschaftsteuerlichen Bewertung sind die Steuerwerte seit dem 1.1.2009 den Verkehrswerten weitgehend angenähert. Nichtsdestotrotz können aufgrund der schematisierten Bewertungsverfahren hier Wertabweichungen vorkommen.

12 **Ertragsteuerlich** soll nach Auffassung der Finanzverwaltung[23] und wohl auch nach der Rechtsprechung[24] sowie nach einem beachtlichen Teil der Literatur[25] ein **entgeltliches Rechtsgeschäft** vorliegen, wenn der ausschlagende Erbe eine Abfindung erhält. Dies soll auch bei einer Ausschlagung gegen wiederkehrende Leistungen gelten, sofern die Voraussetzungen des § 10 Abs. 1a Nr. 2 EStG (Versorgungsleistungen, → § 28 Rn. 136 ff.) nicht vorliegen.[26] Die Abfindung wäre danach Entgelt und die Ausschlagung gegen Abfindung wie die entgeltliche Veräußerung des Erbanteils, also als Veräußerung eines Mitunternehmeranteils oder als anteilige Veräußerung der im Gesamthandsvermögen befindlichen Gegenstände, zu behandeln. Begründet wird dies damit, dass der ausschlagende Erbe wirtschaftlicher Eigentümer gewesen sein soll.[27] Der ausschlagende Erbe wird dabei als Durchgangsunternehmer, dh als Veräußerer behandelt und die Abfindung als Veräußerungserlös gewertet. Korrespondierend hierzu liegen beim endgültigen Erben Anschaffungskosten in Höhe der Abfindungszahlung vor. Dies führt zu der Situation, dass ein und derselbe Vorgang sowohl der Erbschaftsteuer als auch der Einkommensteuer unterliegt. Richtigerweise handelt es sich jedoch bei der Ausschlagung, unabhängig davon, ob sie gegen Abfindung erfolgt oder nicht, immer um einen **unentgeltlichen Vorgang,** da der Ausschlagende zivilrechtlich nie endgültiger Erbe geworden ist.[28] Er tritt zwar in der Zeit zwischen dem Erbfall und der Ausschlagung in die einkommensteuerliche Stellung des Erblassers ein, wird aber nicht Eigenbesitzer nach § 39 Abs. 2 Nr. 2 AO, sondern von Rechts wegen. Schlägt er aus, ändert sich dieser Rechtszustand rückwirkend, § 1953 Abs. 1 BGB, was auch ertragsteuerlich zu beachten ist. Der die Abfindung zahlende nächstberufene Erbe hat Anschaffungskosten, obwohl es sich bei der Ausschlagung um einen unentgeltlichen Vorgang handelt, da er die Abfindung aufwendet, um die Erbschaft zu erlangen, § 6 Abs. 1 EStG, § 255 Abs. 1 HGB. Die hier vertretene Ansicht führt ertragsteuerlich dazu, dass die Abfindung für den Ausschlagenden ertragsteuerfrei bleibt, der nächstberufene Erbe aber gleichwohl Anschaffungskosten und gegebenenfalls Abschreibungspotential hat.[29] Als Alternative zur Abfindung kann sich die Ausschlagung gegen

---

[21] RFH RStBl. 1931, 971; Troll/Gebel/Jülicher/*Jülicher* ErbStG § 3 Rn. 338; aA *Meincke/Hannes/Holtz* ErbStG § 3 Rn. 99.
[22] BFH BStBl. II 1999, 23; DStZ 2015, 445; Moench/Weinmann/*Moench* ErbStG § 3 Rn. 213.
[23] BMF BStBl. I 2006, 253 Tz. 37; DStR 2013, 2112 Rn. 39.
[24] BFH BStBl. II 1998, 431.
[25] *Groh* DB 1992, 1312 (1313 f.); *Märkle* DStR 1993, 1616 (1619); Schmidt/*Wacker* EStG § 16 Rn. 591; *Tiedtke/Wälzholz* BB 2001, 234 (237); *dies.* ZEV 2002, 183; aA *Zimmermann,* ZEV 2001, 5.
[26] BMF BStBl. 2010, 227 Tz. 69 ff.
[27] Hierbei stellt sich die Frage, warum der Ausschlagende nur bei einer Ausschlagung gegen Abfindung wirtschaftlicher Eigentümer geworden sein soll. Konsequenterweise müsste dies auch bei der Ausschlagung ohne Abfindung gelten, mit der Folge, dass zwischenzeitliche Gewinne oder Verluste dem Ausschlagenden zuzurechnen wären.
[28] So auch *Felix* DStZ 1991, 50; Hörger/Stephan/*Hörger* Rn. 784; *Spiegelberger,* Vermögensnachfolge, Rn. 674; *Hannes* ZEV 1996, 10.
[29] So auch *Spiegelberger,* Vermögensnachfolge, Rn. 674.

wiederkehrende Leistungen in der Form einer Vermögensübergabe gegen Versorgungsleistungen[30] oder die Ausschlagung gegen Geltendmachung des Pflichtteils[31] anbieten.

Zu beachten ist auch, dass nach Ansicht der Finanzverwaltung die Ausschlagung der Erbschaft zu einem **privaten Veräußerungsgeschäft** iSd § 23 EStG führen kann.[32] Dies ist, soweit es sich um einen Alleinerben handelt, konsequent. Anders verhält es sich allerdings, wenn ein Miterbe gegen Abfindung ausschlägt. Denn hier wird keines der in § 23 Abs. 1 EStG genannten Wirtschaftsgüter veräußert, sondern ein gesamthänderisch gebundener Erbanteil. Die Regelung in § 23 Abs. 1 S. 4 EStG ist nicht anwendbar, da ein Erbanteil kein Personengesellschaftsanteil ist. Dementsprechend müsste auch nach der Ansicht, die die Ausschlagung gegen Abfindung als Veräußerungsgeschäft ansieht, die Ausschlagung eines Miterben kein privates Veräußerungsgeschäft nach sich ziehen können.[33] Nach der hier vertretenen Ansicht kommt § 23 EStG schon deswegen nicht zur Anwendung, da insoweit ein unentgeltliches Geschäft vorliegt (→ Rn. 12). 13

Besteht die Abfindung in der Leistung eines Grundstücks, ist die Übertragung desselben gemäß § 3 Nr. 2 GrEStG grunderwerbsteuerfrei.[34] Wird das Familienwohnheim an den überlebenden Ehegatten oder Lebenspartner übertragen, fällt insoweit nach § 13 Abs. 1 Nr. 4b ErbStG auch keine Erbschaftsteuer an, wenn die dort genannten Voraussetzungen eingehalten werden. 14

Sofern die Ausschlagung gegen Abfindung oder Geltendmachung des Pflichtteils erfolgt, kann dies beim Erben zu Liquiditätsschwierigkeiten führen. Darüber hinaus verjährt ein Pflichtteilsanspruch innerhalb von drei Jahren ab Kenntniserlangung, § 2332 Abs. 1 BGB. Zu einem interessengerechten Ausgleich führt hier regelmäßig eine **Stundungsvereinbarung.** Sie bewirkt, dass der Anspruch liquiditätsangepasst gestreckt wird und die Verjährung zugleich hinausgeschoben wird. In dieser Stundungsvereinbarung kann die Fälligkeit auch bis nach dem Tod des Erben hinausgeschoben werden, ohne dass hierdurch die steuerlich nachteiligen Folgen des § 6 Abs. 4 ErbStG ausgelöst werden.[35] Allerdings kann dies dazu führen, dass die Abfindung nicht als Nachlassverbindlichkeiten iSd § 10 Abs. 5 Nr. 1 ErbStG abgezogen werden kann, da es an der wirtschaftlichen Belastung fehlt.[36] Schließen Erbe und Pflichtteilsberechtigter nach Verjährung des Pflichtteilsanspruchs eine Stundungsvereinbarung, so liegt hierin regelmäßig der Verzicht des Erben auf die Einrede der Verjährung.[37] Erklärt sich der Erbe damit zur Leistung bereit, kann er die Pflichtteilslast nunmehr als Nachlassverbindlichkeit abziehen, wohingegen beim Pflichtteilsberechtigten die Erbschaftsteuer entsteht. Wird der Abfindungs- oder geltend gemachte Pflichtteilsanspruch zinslos gestundet, liegt hierin nach einer Ansicht eine freigebige Zuwendung.[38] Deren Bewertung erfolgt nach § 12 Abs. 3 BewG. Nach anderer Ansicht ist in der später fällig werdenden Abfindungs- bzw. Pflichtteilszahlung ein Zinsanteil verdeckt enthalten.[39] Danach liegt keine zusätzliche freigebige Zuwendung vor. Erbschaftsteuer fällt nicht an. Da der Zinsanteil einkommensteuerpflichtig ist, führt die erste Ansicht grundsätzlich zur Doppelbesteuerung des Zinsanteils, die nach Ansicht des 15

---

[30] BFH BStBl. II 1997, 32.
[31] BMF BStBl. I 2006, 253 Tz. 63; *Flick* DStR 2000, 1816; *Tiedtke/Wälzholz* BB 2001, 234; *Heilinger* ZEV 2001, 432.
[32] BMF BStBl. I 2006, 253 Tz. 43 zur Veräußerung eines Erbteils; vgl. auch *Tiedtke/Wälzholz* BB 2001, 234 (238).
[33] *Tiedtke/Wälzholz* BB 2001, 234 (238).
[34] *Halaczinsky* ZEV 2003, 97; *Boruttau/Sack* GrEStG § 3 Rn. 204.
[35] *J. Mayer* ZEV 2004, 1541 (1547) mwN in Fn. 64).
[36] BFH BStBl. II 2007, 651; krit. dazu *Billig* UVR 2007, 346; BFH BStBl. II 2010, 806: Kein Abzug des nicht geltend gemachten Pflichtteils mangels wirtschaftlicher Belastung.
[37] Troll/Gebel/Jülicher/*Gottschalk* ErbStG § 3 Rn. 232; *Meincke* § 9 Rn. 33.
[38] *Moench* DStR 1987, 139 (143); Moench/Weinmann/*Weinmann* ErbStG § 9 Rn. 17; Meincke/Hannes/Holtz ErbStG § 7 Rn. 50; *ders.* § 9 Rn. 34; *Muscheler* ZEV 2001, 377.
[39] Troll/Gebel/Jülicher/*Gottschalk* ErbStG § 3 Rn. 229; *J. Mayer* DStR 2004, 1541 (1548); BFH BStBl. II 2010, 818.

BFH jedoch dadurch vermieden wird, dass die Einkommensteuer zurücktritt.[40] Hinzu kommt, dass die Zinsen bei Zufluss, dh bei Auszahlung, häufig in einer Summe fällig werden, was zum einen Progressionseffekt auslösen und zum anderen zum Überschreiten der Sparerfreibeträge führen kann. Dies kann je nach gestundetem Betrag zu signifikanten Steuermehrbelastungen führen. Es könnte sich daher empfehlen, einen moderaten Zinssatz (zB 2% pa) zu vereinbaren, der dann jedes Jahr fällig werden sollte.[41] Wurde der Pflichtteilsanspruch (vorübergehend) nicht geltend gemacht, kommt eine Erbschaftbesteuerung der zinslosen Stundung schon deshalb nicht in Betracht, da der zu verzinsende nicht geltend gemachte Pflichtteilsanspruch nicht erbschaft- und schenkungsteuerbar ist.[42]

III. Ausschlagung nach Maß

16 Hierbei handelt es sich um eine zulässige Umgehung des grundsätzlichen Verbots der Teilausschlagung, § 1950 S. 2 BGB. Sie erfordert, sofern sie sich nicht als Konsequenz gesetzlicher Erbfolge ergibt (vgl. §§ 1927, 1934 BGB), eine testamentarische Vorbereitung durch den Erblasser. Dieser muss dabei die Erbschaft in mehrere Erbteile zerlegen, ein und denselben Erben dann zu mehreren Erbteilen einsetzen und ihm durch Verfügung von Todes wegen gestatten, den einen Erbteil anzunehmen und den anderen auszuschlagen, § 1951 Abs. 3 BGB.[43],[44] Die Aufteilung der Erbteile kann allerdings nicht in das Belieben des Erben gestellt werden.[45] Nicht immer ist die Frage, ob die letztwillige Verfügung eine Gestattung der Teilausschlagung enthält, offenkundig und leicht durch Auslegung zu ermitteln. Etwaige diesbezügliche Risiken können von Anfang an vermieden werden, wenn der Erblasser eine klarstellende Ergänzung seiner letztwilligen Verfügung vornimmt. Diese könnte beispielsweise wie folgt lauten:

> **Formulierungsvorschlag:**
> Die gesonderte Annahme bzw. Ausschlagung von Erbteilen, die durch dieses Testament von mir gebildet wurden oder die sich aufgrund meines Testaments ergeben oder ergeben können, wird von mir ausdrücklich gestattet.

17 Die Erbteile sollten sich am Gesamtwert des zu erwartenden Nachlasses orientieren und dabei nicht zu groß bemessen werden. Je kleiner die Erbteile sind, umso größer ist die Handlungsfähigkeit des Erben. Ist die Erbeinsetzung zu mehreren Erbteilen steuerlich motiviert, ist es zweckmäßig, die Anzahl der Erbteile an den erbschaftsteuerlichen Freibeträgen zu orientieren. Dabei ist zu bedenken, wer für den Fall der Ausschlagung als Erbe berufen ist. Soweit die gesetzliche Erbfolge nicht zum gewünschten Ergebnis führt, ist ein Ersatzerbe zu bestimmen. Im Hinblick auf die Unsicherheiten, die die gesetzliche Erbfolge mit sich bringt, ist unbedingt zur Ersatzerbenbestimmung zu raten. Sind neben dem Ehegatten nur Kinder und Enkelkinder zu gesetzlichen Erben berufen, reicht eine Stückelung der Erbschaft in Erbteile zu je 200.000 EUR grundsätzlich aus. Ist der Freibetrag durch Vorerwerbe bereits gemindert, wäre eine entsprechend kleinere Stückelung vorzunehmen. Bei einem kinderlosen Ehepaar, bei dem die Geschwister zur gesetzlichen Erbfolge berufen wären, könnte sich eine Stückelung in Schritten à 20.000 EUR empfehlen. Grundsätzlich ist eine Zerlegung in mehrere Erbteile bei vielen Testamenten und bei Berliner Testamenten im Besonderen (→ Rn. 27 ff.) zu empfehlen, da hierdurch der Handlungsspielraum der Erben im Hinblick auf steuerliche Freibeträge deutlich erweitert wird.

---

[40] BFH/NV 2012, 229.
[41] *J. Mayer* DStR 2004, 1541 (1548).
[42] BFH BStBl. II 2010, 806.
[43] MüKoBGB/*Leipold* BGB § 1951 Rn. 7 mwN; aA Erman/*Schlüter* BGB § 1951 Rn. 3 mwN.
[44] *Nicht belegt..*
[45] Soergel/*Stein* § 1951 BGB Rn. 7.

IIII. Typische Gestaltungssituationen

Handlungsbedarf besteht häufig dann, wenn der Erblasser kein oder kein gültiges Testament hinterlassen oder „falsch" testiert hat. Die Hinterbliebenen sollten in einer derartigen Situation bestehende Reparaturmöglichkeiten offensiv ergreifen und sich nicht aus falsch verstandener Rücksichtnahme auf die vermeintlichen Wünsche des Erblassers pietätvoll zurückhalten. Grundsätzlich kann unterstellt werden, dass der Erblasser das Familienvermögen lieber einvernehmlich unter den Hinterbliebenen verteilt sieht, als es unnötigerweise dem Staat in der Form von vermeidbaren Steuerzahlungen zu schenken. Um diesbezüglichen Bedenken der Erben vorzubeugen, sollte der Erblasser in seinem Testament den Erben dazu raten, steuerliche Gestaltungs- und Reparaturmöglichkeiten zu ergreifen.[46] Aufgrund der sich ständig ändernden Rahmenbedingungen im Steuerrecht sollte den Erben gleichzeitig bei dieser Gelegenheit nahe gelegt werden, die testamentarischen Verfügungen schnellstmöglich auf nachträgliche Optimierungsmöglichkeiten überprüfen zu lassen. Die sechswöchige Ausschlagungsfrist (→ Rn. 2 f.) ist schnell verstrichen. Eine derartige Klausel könnte beispielsweise wie folgt aussehen: **18**

> **Formulierungsvorschlag:**
> Es ist möglich, dass sich seit der Erstellung dieses Testament die rechtlichen Rahmenbedingungen geändert haben. Ich empfehle meinen Erben daher, das Testament unmittelbar nach meinem Tode in zivil- und steuerrechtlicher Hinsicht auf Optimierungsmöglichkeiten überprüfen zu lassen. Eine Ausschlagung der Erbschaft oder eines Vermächtnisses, die zu einer Steuerersparnis führt, den Bestand des Familienvermögens sichert oder eine Verteilung der Nachlassgegenstände zur Konsequenz hat, welche den Wünschen meiner Hinterbliebenen und meiner Freunde mehr entspricht, wird von mir ausdrücklich mitgetragen, auch wenn dies eine Änderung meiner testamentarischen Anordnungen nach sich ziehen sollte. Die durch dieses Testament gebildeten Erbteile, sowie etwaige aufgrund dieses Testaments sich ergebende Erbteile dürfen gesondert angenommen bzw. ausgeschlagen werden.

Häufig schrecken Erben auch vor der Unbedingtheit der Erbausschlagung und dem Gedanken zurück, keinen Anspruch mehr auf Gegenstände aus dem Nachlass zu haben, welche sie als Erinnerung an den Verstorbenen gern behalten hätten. Dem kann durch entsprechende Vereinbarungen in Ausschlagungsverträgen zwischen dem Ausschlagenden und dem danach zur Erbfolge Berufenen Rechnung getragen werden. Darüber hinaus reduziert sich die Gefahr in vielen Fällen auch dadurch, dass von dem Ausschlagenden ein Pflichtteilsrecht oder ein güterrechtlicher Anspruch gegen den Nachlass geltend gemacht werden kann. **19**

Im Folgenden sollen einige typische Erbfälle aufgezeigt werden, in denen eine Reparatur geraten erscheint:

1. Widerspruch zum gesellschaftsvertraglichen Erbgang

Häufig finden sich in Gesellschaftsverträgen **qualifizierte Nachfolgeklauseln** (→ § 27 Rn. 77, 293 ff.) nach denen der Gesellschaftsanteil nur auf einen oder mehrere bestimmte Miterben übergehen darf. Die anderen Miterben werden nicht Gesellschafter, sondern erlangen nur einen auf Erbrecht beruhenden schuldrechtlichen Wertausgleichsanspruch gegen den oder die Nachfolger-Erben, nicht jedoch gegen die Gesellschaft. Vereinzelt werden auch **qualifizierte Eintrittsklauseln** vereinbart (→ § 27 Rn. 78, 296), nach denen nur bestimmte Erben das Recht erhalten, in die Gesellschaft nach Maßgabe der Mitgliedschaft des Erblassers einzutreten. Den gesellschaftsvertraglichen Vereinbarungen ist ge- **20**

---

[46] *Flick* DStR 2000, 1816 (1817).

meinsam, dass sie es nur einem bestimmten Personenkreis gestatten, das Gesellschaftsverhältnis fortzusetzen. In diesen Fällen ist darauf zu achten, dass die gesetzliche bzw. testamentarische Erbfolge den gesellschaftsvertraglichen Erfordernissen entspricht. Fällt beides auseinander, scheiden die Erben aus der Gesellschaft aus. Dies ist für die Erben umso schmerzlicher, als derartige Klauseln häufig mit einer Abfindung verbunden sind, die unterhalb des Verkehrswerts liegt. Der Erbe verliert dann zusätzlich zu seiner Gesellschafterstellung noch einen Teil des Wertes des Unternehmensanteils.

21 Als Reparaturmöglichkeit kommt die Ausschlagung der nicht qualifizierten Erben in Betracht, wenn hierdurch der Gesellschaftsanteil auf den gesellschaftsvertraglich vorgesehenen Erben übergeht. Eine Ausschlagung wäre zB zu erwägen, wenn Eheleute sich durch Berliner Testament gegenseitig zu Erben eingesetzt haben, der Gesellschaftsvertrag jedoch vorsieht, dass nur eheliche, leibliche Kinder Gesellschafter werden dürfen und Ausscheidende nur den Buchwert erhalten sollen.[47] Stirbt der Gesellschafter zuerst, wird seine Ehefrau Alleinerbin. Sie wird zwangsläufig nicht Gesellschafterin und erhält obendrein nur den Buchwert ihrer Beteiligung als Abfindung. Würde die Ehefrau fristgerecht ausschlagen, wären Erben die Kinder und könnten in die Gesellschafterstellung des Erblassers zulässigerweise nachrücken. Die Mutter kann über eine Abfindung, aber auch über die Geltendmachung des Pflichtteils oder eines Zugewinnausgleichsanspruchs versorgt werden. Lässt es der Gesellschaftsvertrag zu, kann auch ein Nießbrauch vereinbart werden.[48]

2. Vermächtnisweise Zuwendung von Betriebsvermögen

22 Als steuerlich ungünstig erweisen sich oft testamentarische Regelungen, in denen ein Betrieb oder Mitunternehmeranteil einerseits und bestimmte Wirtschaftsgüter des Betriebsvermögens oder Sonderbetriebsvermögens andererseits im Erbgang auf verschiedene Personen übergehen. Typische Sachverhaltsgestaltungen sind zB Folgende:
– Der Sohn übernimmt als Erbe den Betrieb, während die Tochter als Ausgleich das Betriebsgrundstück als Vermächtnis erhält, ohne gleichzeitig Gesellschafterin zu werden.
– Die einzige Tochter erbt den Mitunternehmeranteil, während die Mutter zum Zwecke ihrer Versorgung das im Sonderbetriebsvermögen gehaltene und an die Mitunternehmerschaft vermietete Grundstück erhalten soll, ohne gleichzeitig Gesellschafterin der Mitunternehmerschaft zu werden.

Einkommensteuerlich führen derartige testamentarische Gestaltungen dazu, dass das Betriebsvermögen bzw. Sonderbetriebsvermögen mit dem Tode des Erblassers von diesem als entnommen gilt (→ § 27 Rn. 93, 306). Es kommt somit zu einer zumeist unnötigen Einkommensbesteuerung der Differenz des Verkehrswerts zum Buchwert des entnommenen Vermögens.

23 Lassen sich diese testamentarischen Regelungen nicht mehr zu Lebzeiten des Erblassers korrigieren, so bietet auch hier die Ausschlagung des Vermächtnisses gegen Abfindung oder unter Geltendmachung von Pflichtteils- und/oder Zugewinnausgleichsansprüchen eine nachträgliche Reparaturmöglichkeit. Zu beachten ist dabei, dass die Vermächtnisausschlagung nicht fristgebunden ist. Sie kann daher auch nach Ablauf von sechs Wochen bzw. Monaten (→ Rn. 2 f.) noch erfolgen, vorausgesetzt, das Vermächtnis wurde zwischenzeitlich nicht bereits angenommen. Der Ausschlagende kann dann mit Vermögensgegenständen abgefunden werden, die nicht zum Betriebsvermögen gehören, und ggf. zusätzlich einen Geldbetrag erhalten. Steht der Versorgungsgedanke im Vordergrund, könnte man dem Ausschlagenden eine grundbuchlich gesicherte und indexierte Rente zahlen, die uU auch als Versorgungsleistung ausgestaltet werden kann (→ Rn. 6).

---

[47] Vgl. *Flick* DStR 2000, 1816.
[48] Vgl. hierzu im Einzelnen *Hannes* ZEV 1996, 10.

3. Betriebsaufspaltungen

Eine ähnliche Problematik wie die der vermächtnisweisen Zuwendung von Gegenständen des Betriebsvermögens ergibt sich bei einer Betriebsaufspaltung, wenn durch den Erbgang die personelle Verflechtung (→ § 8 Rn. 8 ff.) entfällt. Gemeint sind hierbei nicht nur die Fälle, in denen der eine Erbe die Betriebs- und der andere Erbe die Besitzgesellschaft erhält, sondern auch diejenigen, in denen aufgrund des Erbfalls in beiden Unternehmen die Beherrschungsidentität nicht mehr gegeben ist. Dies wäre zB grundsätzlich der Fall, wenn ein Unternehmer das Betriebsunternehmen zu 2/3 an seinen Sohn sowie zu 1/3 an seine Tochter und das Besitzunternehmen im umgekehrten Verhältnis, dh zu 1/3 an den Sohn und zu 2/3 an die Tochter vermachen würde. Entfällt die personelle Verflechtung von Betriebs- und Besitzunternehmen, liegt eine Betriebsaufgabe nach § 16 Abs. 3 EStG vor. Im Zuge dessen werden sowohl die stillen Reserven des Betriebs- als auch des Besitzunternehmens realisiert. Vermieden werden könnte die Gewinnrealisierung wiederum durch die Ausschlagung eines der Begünstigten, zumeist des Vermächtnisnehmers. Dieser könnte seinen Pflichtteil und/oder den Zugewinnausgleichsanspruch geltend machen sowie ggf. zusätzlich eine Abfindung erhalten (→ Rn. 11 ff.).

4. Ausgleichszahlungen im Rahmen der Erbauseinandersetzung

Befinden sich im Nachlass wesentliche Beteiligungen an Kapitalgesellschaften, deren Wert im Verhältnis zum übrigen Nachlass so groß ist, dass die Aufteilung im Rahmen der Erbauseinandersetzung mit einer Zuzahlung verbunden sein wird, kommt es einkommensteuerlich zu einer Veräußerung. Soweit dabei ein Veräußerungsgewinn entsteht, ist dieser von dem die Abfindung empfangenden Erben zu versteuern. Das folgende Beispiel[49] mag die Problematik verdeutlichen:

Erben der in Gütertrennung lebenden Unternehmerin F sind ihr Ehemann M sowie ihre ledige und kinderlose Tochter T. Der Nachlass besteht aus einer 100%igen GmbH-Beteiligung mit einem Stammkapital von 1 Mio. EUR (= Anschaffungskosten) und einem Verkehrswert von 4 Mio. EUR, sowie aus Wertpapieren im Privatvermögen mit einem Kurswert von 0,8 Mio. EUR zum Todestag. M und T sind gesetzliche Erben zu je einhalb geworden. Sie sind sich darüber einig, dass M die GmbH weiterführen und T das Wertpapiervermögen und eine Zuzahlung von M in Höhe von 1,6 Mio. EUR erhalten soll. Erfolgt die Auseinandersetzung wie vorgesehen, erzielt T einen tarifbegünstigten Veräußerungsgewinn in Höhe von 1,2 Mio. EUR (= 1,6 Mio. EUR ./. 0,4 Mio. EUR. Anschaffungskosten gem. Trennungstheorie, → § 28 Rn. 50), weil sie die auf sie im Erbgang übergegangene GmbH-Beteiligung an M abtritt.[50] Da es sich um eine Beteiligung an einer Kapitalgesellschaft handelt, kann M die Zuzahlung nicht wie bei dem Erwerb eines Mitunternehmeranteils gegen Ausgleichszahlung unter Anwachsung im Rahmen einer Aufstockung der hinzu erworbenen ideellen Anteile an den Wirtschaftsgütern des Anlagevermögens abschreiben. Die Zuzahlung stellt vielmehr Anschaffungskosten auf die Beteiligung dar und wird daher erst bei deren Veräußerung steuerlich bemerkbar.

Dieses steuerlich unbefriedigende Ergebnis lässt sich durch eine Ausschlagung abmildern. Würde die Tochter die Erbschaft gegen Abfindung und bei gleichzeitiger Geltendmachung ihres Pflichtteils ausschlagen, würde ihr Vater Alleinerbe werden und die GmbH-Beteiligung ertragsteuerlich insgesamt unentgeltlich erwerben. In Höhe ihres Pflichtteils (1/4 × 4,8 Mio. EUR = 1,2 Mio. EUR) erwirbt die Tochter unentgeltlich. Gleiches gilt nach der hier vertretenen Ansicht hinsichtlich des Abfindungsbetrages, so dass auch dieser einkommensteuerfrei bleibt.[51] Deutlich hinzuweisen ist darauf, dass die Ausschlagung nicht per se dazu berechtigt, den Pflichtteil geltend zu machen.[52]

---

[49] Vgl. *Felix* DStZ 1991, 50.
[50] Vgl. GrS BFH BStBl. II 1990, 837.
[51] → Rn. 12; aA BMF BStBl. I 2006, 253 Tz. 37.

5. Berliner Testamente

27 Berliner Testamente können bereits bei mittleren Vermögen erbschaftsteuerbelastend wirken. So führt der ausschließliche Vermögensübergang an den länger lebenden Ehegatten im ersten Todesfall dazu, dass Kinderfreibeträge ungenutzt bleiben. Zusätzlich kommt es beim überlebenden Ehegatten zu einem größeren Erwerb, welcher gegebenenfalls mit einer höheren Steuerprogression verbunden ist. Im zweiten Todesfall wird Vermögen, das seinerzeit auf den anderen Ehegatten übergegangen ist, nochmals der Erbschaftsteuer unterworfen. Diese mindert sich nur dann, wenn zwischen den beiden Todesfällen nicht mehr als 10 Jahre verstrichen sind, § 27 ErbStG. Bedenkt man, dass Berliner Testamente häufig allein der Motivation entspringen, den überlebenden Ehegatten zu versorgen und diesen insbesondere von seinen Kindern unabhängig zu machen, stellt sich die Frage, ob dies tatsächlich auf diesem Wege geschehen muss. Die erbschaftsteuerbelastende Wirkung von Berliner Testamenten lässt sich im Wege der vorweggenommenen Erbfolge, aber auch durch die Freibeträge ausnutzende Vermächtnisse an die Schlusserben deutlich abmildern. In diesen Fällen bedarf das Berliner Testament nicht notwendigerweise der Korrektur. Daneben kann der überlebende Ehegatte im Berliner Testament auch zu mehreren Erbteilen eingesetzt werden (→ Rn. 16). Der Wert der Erbteile sollte sich dabei an den Freibeträgen der Kinder orientieren. Bei dieser Variante des Berliner Testaments kann der überlebende Ehegatte, wenn er es denn will, einen oder mehrere Erbteile ausschlagen. Die Kinder werden insoweit Erben und die Freibeträge ausgenutzt. Auf diese Weise wird das grundsätzliche Verbot der Teilausschlagung umgangen. Die andernfalls als nachträgliche Gestaltung häufig empfohlene Ausschlagung des gesamten Nachlasses (→ Rn. 11 ff.) verliert ihren Schrecken und ihre von dem überlebenden Ehegatten oft als bedrohlich empfundene Wirkung. Denn dieser gibt das Heft des Handelnden nicht vollständig ab.

28 Anders verhält es sich jedoch bei dem klassischen Berliner Testament, welches keinerlei Vermächtnisse oder Erbteilseinsetzungen enthält und bei dem auch die Freibeträge nicht durch lebzeitige Schenkungen bereits genutzt wurden. Ist eine entsprechende Änderung des Testaments nicht mehr möglich, wäre an eine Ausschlagung der Erbschaft durch den länger lebenden Ehegatten in der Regel gegen Abfindung zu denken. Sofern die Ehegatten im Güterstand der Zugewinngemeinschaft lebten, erhält der Überlebende bei Ausschlagung den sog. kleinen Pflichtteil, berechnet nach dem nicht um einen pauschalen Zugewinn erhöhten Erbteil, und den Zugewinnausgleich. Beide Ansprüche sind auf Zahlung eines Geldbetrages gerichtet und führen daher nicht immer zum gewünschten Ergebnis. Denn der überlebende Ehegatte ist zumeist daran interessiert bestimmte Sachwerte zu erhalten. Um diese zu erhalten, bedarf es jedoch der Zustimmung der Erben. In diese Abhängigkeit von anderen möchte sich der überlebende Ehegatte aber vielfach nicht begeben. Darüber hinaus entspricht die Situation häufig auch nicht seinem Sicherheitsbedürfnis.[52]

29 Als weitere Möglichkeit kommt in Betracht, die durch das Berliner Testament zugewandte Alleinerbeinsetzung durch Ausschlagung zu beseitigen und das dann kleinere gesetzliche Erbe anzunehmen, § 1948 Abs. 1 BGB. Dies ist aber nur dann möglich, wenn das Berliner Testament keine Ersatzerben vorsieht.[53] Sieht das Berliner Testament, wie in der Regel, die gegenseitige Erbeinsetzung der Ehegatten und die Berufung der gemeinsamen Kinder als Schlusserben nach dem Tode beider Elternteile vor, ist aber gerade diese Schlusserbeneinsetzung – zumeist aufgrund ergänzender Vertragsauslegung – zugleich als Ersatzerbenbestimmung bezüglich des ersten Erbfalls zu sehen.[54] Um dem überlebenden Ehegatten in diesen Fällen das gesetzliche Erbteil zukommen zu lassen, müssten nun ihrerseits die Kinder die Erbschaft ausschlagen und das gesetzliche Erbe annehmen. Dieses

---

[52] MAH ErbR/*Wachter* § 17 Rn. 42 ff., der dort sämtliche Fallgestaltungen aufzeigt, in denen ausnahmsweise einerseits ausgeschlagen und andererseits trotzdem der Pflichtteil geltend gemacht werden kann.
[53] Palandt/*Edenhofer* BGB § 1948 Rn. 2 mwN.
[54] OLG Stuttgart DNotZ 1979, 615; *Lange/Kuchinke* § 24 IV. 1.

Procedere ist sehr aufwendig und zudem risikobehaftet. Es wird daher nur in den wenigen Fällen der „spartanischen" Berliner Testamente, welche ausschließlich die gegenseitige Erbeinsetzung der Ehegatten vorsehen, zur Anwendung gelangen können. In allen anderen Fällen wird diese Variante gerade älteren Menschen kaum zugemutet werden können. Bei Beteiligung minderjähriger Kinder ist sie gänzlich ausgeschlossen, da deren Ausschlagung der familiengerichtlichen Genehmigung bedarf, § 1643 Abs. 2 BGB (→ Rn. 1). Diese kann aber schon deshalb nicht erteilt werden, weil sich die Kinder durch die Ausschlagung schlechter stellen und die Genehmigung folglich nicht ihrem Wohl dient.[55]

Sinnvoller erscheint daher die Erbausschlagung gegen Abfindungsleistung. Die Art der Abfindung ist frei gestaltbar und kann daher den Bedürfnissen des überlebenden Ehegatten maßgerecht angepasst werden. Die Abfindung kann zB so gefasst werden, dass dem Erben lediglich Vermögen in Höhe der Freibeträge verbleibt. Auf diese Weise ließe sich das gleiche Ergebnis erreichen, als hätte der Erblasser in seinem Testament entsprechende Vermächtnisse vorgesehen. Zu beachten ist jedoch, dass die Ausschlagung in der Regel nicht nur die Alleinerbenstellung des überlebenden Ehegatten beseitigt, sondern ihn unter Umständen vollständig aus der Erbfolge ausnimmt.[56] Der Abfassung des Abfindungsvertrages kommt in diesen Fällen entscheidende Bedeutung zu. Aus gestalterischer Sicht interessant ist die Abfindung nicht in Geld, sondern in Gegenständen mit niedrigen erbschaftsteuerlichen Werten, soweit dies nach der neuen, dem Verkehrswert angenäherten erbschaftsteuerlichen Bewertung noch möglich ist. Denn für die Ausschlagung gegen Abfindung gilt nicht § 3 Abs. 1 Nr. 1 ErbStG, sondern § 3 Abs. 1 Nr. 4 ErbStG, mit der Folge, dass der ausschlagende Pflichtteilsberechtigte mit dem niedrigeren Steuerwert des übertragenen Wirtschaftsguts erbschaftsbesteuert wird.[57] Dabei darf der Pflichtteilsanspruch allerdings noch nicht geltend gemacht sein, da es sich bei der Abfindung ansonsten nur um eine unbeachtliche Erfüllungsmodalität handelt (→ Rn. 9). 30

Eine Alternative zur Ausschlagung ist die Geltendmachung von Pflichtteilsansprüchen durch die Kinder. Bei diesen ist der Pflichtteil ein erbschaftsteuerlich relevanter Erwerb, § 3 Abs. 1 Nr. 1 ErbStG, welcher allerdings um die Freibeträge nach § 16 ErbStG zu mindern ist. Beim überlebenden Ehegatten stellt der geltend gemachte Pflichtteilsanspruch in voller Höhe eine Nachlassverbindlichkeit dar, § 10 Abs. 5 Nr. 2 ErbStG. Die Gestaltung setzt jedoch voraus, dass die Kinder nicht zuvor auf ihr Pflichtteil verzichtet haben. Sollen nur die Freibeträge der Kinder ausgenutzt werden, besteht die Möglichkeit, dass diese nur einen Teil des Pflichtteilsanspruchs einfordern. Erbschaftsteuerlich ist dann auch nur dieser Teil zu versteuern.[58] Zu beachten ist, dass von vornherein nur der geringere Teil des Pflichtteils geltend gemacht wird. Wird der gesamte Pflichtteilsanspruch zunächst vorbehaltlos geltend gemacht und dann nur zum Teil erfüllt, kann trotzdem der gesamte Anspruch zu versteuern sein.[59] Wird auf die Resterfüllung verzichtet, so liegt in diesem Verzicht sogar eine eigenständige freigebige Zuwendung des Verzichtenden an den Erben, welche daneben zu versteuern ist und somit zu einer Doppelbelastung führt.[60] Hier ist also äußerste Vorsicht geboten. Die Erbschaftsteuer entsteht mit dem Zeitpunkt der Geltendmachung, § 9 Abs. 1 Nr. 1 lit. b) ErbStG. Die Geltendmachung selbst, insbesondere die vorbehaltlose, ist schnell vollzogen. Denn es reicht das ernsthafte Verlangen auf Erfüllung des Anspruchs gegenüber dem Erben und zwar ohne Bezifferung des Anspruchs der Höhe nach.[61] Sind bereits beide Ehepartner verstorben, sollte der Schlusserbe 31

---

[55] Hierauf weist *J. Mayer* DStR 2004, 1541, zu Recht hin; aA FG Niedersachsen DStRE 2005, 291.
[56] *J. Mayer* ZEV 1998, 50 (60).
[57] *Crezelius* BB 2000, 2333 (2337).
[58] BFH BStBl. II 1973, 798 (806); *J. Mayer* ZEV 2004, 1541 mwN.
[59] BFH/NV 2010, 902; BStBl. II 2006, 718; BFH/NV 2004, 341; *J. Mayer* ZEV 2004, 1541.
[60] *J. Mayer* ZEV 2004, 1541; *Kapp/Ebeling* ErbStG § 3 Rn. 213.2.
[61] BFH BStBl. II 2006, 718 mwN.

prüfen, ob er den Pflichtteil nach dem Erstversterbenden noch geltend machen kann.[62] Zivilrechtlich erlöschen Pflichtteilsanspruch und Pflichtteilsschuld bei Vereinigung in der Person des Erben. Erbschaftsteuerlich verhindert dies allerdings § 10 Abs. 3 ErbStG. Der Schlusserbe erwirbt mithin den Pflichtteil nach dem Erstversterbenden und gelangt so in den Genuss des Freibetrages. Daneben können sich noch Progressionseffekte ergeben. Zugleich kann der Erbe die Pflichtteilsschuld gemäß § 10 Abs. 1 S. 2 iVm Abs. 5 Nr. 1 ErbStG als Nachlassverbindlichkeit abziehen. Ob dies auch noch möglich ist, wenn der Pflichtteilsanspruch verjährt ist, vom Erben aber gleichwohl erfüllt wird, hat der BFH bisher noch offen gelassen.[63] Die Finanzgerichte urteilen hier unterschiedlich.[64] Da die Verjährung lediglich ein Leistungsverweigerungsrecht des Schuldners gewährt, müsste der verjährte, aber gleichwohl erfüllte Anspruch aufgrund der Maßgeblichkeit des Zivilrechts für das Erbschaftsteuerrecht Pflichtteilsanspruch auch trotz Verjährung als Nachlassverbindlichkeit abgezogen werden dürfen.[65]

32 Ein aufgrund der damit verbundenen zivilrechtlichen Nachteile unüberwindbares Hindernis für die Geltendmachung des Pflichtteils bei Berliner Testamenten sind die häufig anzutreffenden **Pflichtteilsstrafklauseln,** sei es in der Form der Jastrow'schen Formel oder als einfache, enterbende Pflichtteilsklausel. Hier kann der überlebende Ehegatte zu einer Änderung der nach seinem Tod eintretenden Erbfolge nicht mehr berechtigt sein. Die Geltendmachung des Pflichtteils führt dann zu einem nicht behebbaren Erbrechtsausschluss des Pflichtteilsberechtigten. Weitere steuerliche Nachteile bringt die **Jastrow'sche Formel** mit sich. Hier wird zusätzlich bestimmt, dass den Kindern, die nach dem Tode des erstversterbenden Ehegatten keinen Pflichtteil geltend machen, ein Vermächtnis dieses Elternteils in Höhe des Pflichtteils zufallen soll, welches aber erst mit dem Tode des überlebenden Elternteils fällig wird. Die Finanzverwaltung behandelt diese Vermächtnisse als mit dem Tod des Beschwerten, dh des überlebenden Ehegatten fällig werdende Vermächtnisse im Sinne des § 6 Abs. 4 ErbStG.[66] Dies hat zur Folge, dass die Vermächtnisse wie eine Nacherbschaft behandelt werden und somit als Erwerb vom überlebenden Ehegatten zu versteuern sind, ohne dass beim Tod des Erstversterbenden oder beim Tod des überlebenden Ehegatten eine Vermächtnislast abgezogen werden kann. Zwar gewährt die Finanzverwaltung den Abzug als Erblasserschuld nach § 10 Abs. 5 Nr. 1 ErbStG beim Tod des überlebenden Ehegatten trotzdem,[67] was jedoch nichts daran ändert, dass nach dem ersten Erbfall die Steuerbelastung nicht gemindert ist und die Kinderfreibeträge nicht ausgeschöpft werden können. Dies führt bei der Jastrow'schen Formel letztlich zu der Konsequenz, dass man den Kindern, sofern der überlebende Ehegatte die Erbschaft nicht ausschlägt, grundsätzlich nur dazu raten kann, das Vermächtnis nach dem erstversterbenden Elternteil auszuschlagen und mit dem überlebenden Ehegatten einen Erbvertrag abzuschließen, um diesen an einer anderweitigen Verfügung über das Vermögen, zumindest soweit es den „ausgeschlagenen Teil" betrifft, zu hindern.

33 Besonders vorsichtig sollte man mit der teilweise vertretenen Ansicht umgehen, eine Pflichtteilsstrafklausel lasse sich dahingehend **teleologisch reduzieren,** dass sie keine Anwendung finde, weil die Pflichtteilsgeltendmachung mit Einverständnis des überlebenden Ehegatten oder sogar auf dessen Initiative hin erfolge und nicht auf einer bewussten Auflehnung gegen den Willen des Erblassers beruhe.[68] Denn der eigentliche Zweck dieser Klauseln ist, dem überlebenden Ehegatten den Nachlass zunächst ungeschmälert zukommen zu lassen. Ob man sich über diesen Willen des Erblassers so einfach hinwegsetzen

---

[62] BFH DStR 2013, 532; *Geck* DStR 2013, 1368.
[63] BFH DStR 2013, 1368.
[64] Das SchlHFG, DStR 2016, 10, befürwortet eine Abziehbarkeit als Nachlassverbindlichkeit, Rev. II R 17/16. Das HessFG, DStR 2017, 8, lässt den Abzug als Nachlassverbindlichkeit nicht zu, Rev. II R 1/16.
[65] *Wachter* ZEV 2013, 220; *Geck* DStR 2013, 1368; SchlHFG DStR 2016, 10, Rev. II R 17/16.
[66] R E 6 S. 5 ErbStR 2011.
[67] R E 6 S. 4 ErbStR 2011.
[68] So *Dressler* NJW 1997, 2848; *Muscheler* ZEV 2001, 377.

kann, ist zumindest fraglich. Darüber hinaus sollen die Pflichtteilsstrafklauseln für eine gerechte Verteilung des Nachlasses sorgen, denn derjenige, der seinen Pflichtteil im ersten Erbfall geltend macht, erhält letztlich gegenüber demjenigen, der dies nicht tut, mehr. Spätestens in den Fällen, in denen nicht alle Pflichtteilsberechtigten ihren Pflichtteil geltend machen, stößt die teleologische Reduktion an ihre Grenzen.[69]

All dies kann durch die Verwendung abgeschwächter Pflichtteilsstrafklauseln vermieden werden, die dem überlebenden Ehegatten die notwendige Handlungsfreiheit erhalten:

> **Formulierungsvorschlag:**
> Verlangt einer unserer Abkömmlinge nach dem Tod des Erstversterbenden entgegen den Willen des Längerlebenden seinen Pflichtteil, so ....

Angesichts dieser Schwierigkeiten und aufgrund der größerer Flexibilität bei der Ausgestaltung der Abfindung gegenüber dem auf Geld gerichteten Pflichtteilsanspruch ist die Ausschlagung gegen Abfindung durch den überlebenden Ehegatten der Geltendmachung des Pflichtteilsanspruchs durch die Schlusserben grundsätzlich vorzuziehen.

6. Vorversterben

Im Falle des Vorversterbens gelangt Vermögen der jüngeren Generation quasi wider den natürlichen Gang der Dinge zu der älteren Generation zurück. Gemeint sind hier Fälle, in denen Eltern ihre Kinder oder gar Großeltern ihre Enkel beerben. Die Elterngeneration ist im Zeitpunkt des Erbfalls häufig schon versorgt und auf den unerwarteten Vermögenszuwachs nicht angewiesen. Daneben erben oft auch Geschwister des Verstorbenen, denen mit der gesamten Erbschaft wesentlich mehr gedient wäre. Dennoch kann es Sinn machen, dass die Geschwister das Erbe ausschlagen, da im Erbgang zwischen Geschwistern die Steuerklasse II mit dem verhältnismäßig geringen Erbschaftsteuerfreibetrag von 20.000 EUR zum Tragen kommt. Ein Beispiel soll dies verdeutlichen:

Die Mutter M hat ihrer einzigen Tochter T im Wege der vorweggenommenen Erbfolge ein Wohngrundstück zur eigenen Nutzung übertragen. Eine grundsätzlich zu empfehlende Klausel für den Fall des Vorversterbens wurde dabei nicht vorgesehen. T verstirbt unverheiratet, kinderlos und ohne Testament. Der Grundstücksanteil hat einen erbschaftsteuerlichen Wert von 600.000 EUR. Es gilt die gesetzliche Erbfolge, so dass die Eltern je zur Hälfte erben würden. Für M bleibt der Erwerb in Höhe von 300.000 EUR gemäß § 13 Abs. 1 Nr. 10 ErbStG erbschaftsteuerfrei. Für den Vater V verbleibt nach Abzug des Freibetrages in Höhe von 100.000 EUR ein erbschaftsteuerlicher Erwerb von 200.000 EUR und somit eine Erbschaftsteuerbelastung von 22.000 EUR.

Die Reparaturmöglichkeit besteht hier in der Erbausschlagung durch V. Der Grundstücksanteil würde dann insgesamt nach § 13 Abs. 1 Ziff. 10 ErbStG erbschaftsteuerfrei an M zurückfallen.

7. Ausgeschöpfte Freibeträge zur Erbengeneration

Schließlich kommt eine Ausschlagung immer dann in Betracht, wenn die Freibeträge beim Erben durch Vorschenkungen bereits ausgeschöpft sind und dieser selbst über hinreichendes Vermögen verfügt, sodass er auf die Erbschaft nicht angewiesen ist. Auf diese Weise wird nicht nur ein Erbfall übersprungen. Es können vielmehr auch bisher nicht genutzte Freibeträge zu der Enkelgeneration nutzbar gemacht werden. Pro Enkelkind beträgt der Freibetrag immerhin 200.000 EUR. Darüber hinaus kann durch die Verteilung des Nachlasses auf mehrere Personen ein geringerer Steuersatz zur Anwendung kommen, da hierdurch häufig eine niedrigere Progressionsstufe maßgebend sein wird.

---

[69] *J. Mayer* DStR 2004, 1541 (1546).

8. Vermächtnisweise Zuwendung von erbschaftsteuerlich begünstigtem Vermögen

36 Hat der Erblasser ein Vermächtnis ausgesetzt, handelt es sich nach der angekündigten Rechtsprechungsänderung durch den BFH um einen Sachleistungsanspruch des Vermächtnisnehmers gegen den oder die Erben auf Eigentumsverschaffung.[70] Dieser wird nicht mit dem Steuerwert, sondern mit dem gemeinen Wert des Vermächtnisgegenstandes bewertet und besteuert (→ § 27 Rn. 32 ff.). Soweit ausnahmsweise zwischen dem Steuerwert und dem gemeinen Wert ein Bewertungsgefälle zu Gunsten des Steuerwerts besteht, wäre daran zu denken, das Vermächtnis auszuschlagen und als Abfindung die Übertragung von begünstigten Vermögen zu vereinbaren. Das, was der Vermächtnisnehmer als Abfindung erhält, stellt einen Erwerb von Todes wegen dar, § 3 Abs. 2 Nr. 4 ErbStG. Der als Abfindung erlangte Vermögenswert ist mit dem Steuerwert anzusetzen. Zwar liegt grundsätzlich noch keine Steuerumgehung vor, wenn die Steuerersparnis das wesentliche Motiv für die Ausschlagung ist,[71] dennoch sollte nach Möglichkeit als Abfindung nicht unbedingt derselbe Nachlassgegenstand vereinbart werden, der bereits als Vermächtnis vorgesehen war. Hier wird befürchtet, dass die Abfindungsvereinbarung als **Scheingeschäft** iSd § 117 BGB gewertet werden könnte.[72] Derartige Umgehungsgeschäfte stellen aber regelmäßig gerade kein Scheingeschäft dar, da die vereinbarten Rechtsfolgen ernsthaft gewollt sind.[73]

37 Für die Ausschlagung eines Vermächtnisses existiert anders als für die Erbausschlagung keine Frist. Der Vermächtnisnehmer darf das Vermächtnis nur noch nicht, auch nicht konkludent angenommen haben (→ Rn. 1).

9. Vermeidung des Gläubigerzugriffs

38 Ist der Erbe überschuldet, kommt die Erbschaft letztlich nicht ihm und seiner Familie, sondern seinen Gläubigern zugute. Die Ausschlagung der Erbschaft hilft hier der Familie das Erbe zu erhalten. Sie ist auch noch während eines Insolvenzverfahrens möglich, § 83 Abs. 1 InsO. Die Ausschlagung während der insolvenzrechtlichen Wohlverhaltensperiode stellt auch keine Obliegenheitsverletzung dar.[74] Der Ausschlagende erhält lediglich nicht pfändbare, höchstpersönliche Rechte, wie zB ein Wohnungsrecht ohne Vermietungsbefugnis, § 1093 BGB. Zum Teil wird die Ausschlagung zum Zwecke der **Gläubigerbenachteiligung,** insbesondere bei Sozialhilfebedürftigkeit als sittenwidrig angesehen, zumindest sofern die Ausschlagung nicht durch ein überwiegendes Interesse des Erben motiviert ist, das die Rechtsordnung auch bei voller Würdigung der Allgemeininteressen akzeptieren muss.[75] Der Streit betrifft überwiegend die Fälle, in denen die Ausschlagung dazu führt, dass der Betroffene weiterhin Sozialhilfe in Anspruch nehmen muss und die Erbschaft die Allgemeinheit insoweit entlastet hätte. Der Bundesgerichtshof hat jedoch mittlerweile für den Pflichtteilsverzicht – und in einem obiter dictum auch für die Ausschlagung – klargestellt, dass es auch bei erbrechtlich relevantem Handeln Behinderter darauf ankommt, ob sie die Erbschaft bzw. den Pflichtteil erhalten wollen.[76] Zuvor hatte er bereits festgestellt, dass das Ausschlagungsrecht nicht auf den Sozialversicherungsträger überleitbar sei, da dieser anderenfalls die Möglichkeit erhielte, auf die Erbfolge Einfluss zu nehmen, was generell nicht dem Erlasserwillen entspreche und nach dem Gesetz dem Bedachten selbst vorbehalten sei.[77] Die Rechtsprechung differenziert insoweit nicht zwi-

---

[70] BFH BStBl. II 2004, 1039.
[71] FG Düsseldorf EFG 1965, 183; Troll/Gebel/Jülicher/*Gebel* ErbStG § 3 Rn. 335; offen gelassen v. BFH BStBl. 2007, 651.
[72] *Geck* ZEV 2006, 201 (205).
[73] Palandt/*Heinrichs* § 117 BGB Rn. 5; MüKoBGB/*Kramer* BGB § 117 Rn. 15; BFH BStBl. 2007, 651.
[74] BGH NJW-RR 2010, 121 mwN; vgl. auch zur Annahme eines Vermächtnisses BGH DStR 2011, 13.
[75] OLG Hamm ZEV 2009, 471 mwN.
[76] BGH NJW 2011, 1586; NJW-RR 2010, 121; *Krauß* MittBayNot 2016, 444; aA LSG Bayern MittBayNot 2016, 442.
[77] BGH NJW-RR 2006, 223.

schen dem Sozialhilfeträger und anderen Gläubigern, sondern betrifft alle Fälle, in denen die Ausschlagung zu einer Gläubigerbenachteiligung führt.[78] Grundsätzlich ist jeder frei in seiner Entscheidung, ob er Erbe eines anderen werden oder auf andere Art etwas aus dessen Nachlass bekommen will. Die Erbrechtsgarantie in Art. 14 Abs. 1 GG enthalte auch ein Gegenstück im Sinne einer „negativen Erbfreiheit". Wenn einerseits Erblasser frei darin sind, andere zu ihren Erben einzusetzen, ist dies andererseits nur insofern zu billigen, als die Betroffenen damit einverstanden sind. Es gibt keine Pflicht zu erben oder sonst etwas aus einem Nachlass anzunehmen. Wenigstens muss den Betreffenden das Recht zur Ausschlagung zustehen, um sich gegen den vom Gesetz vorgesehenen Vonselbst-Erwerb (§§ 1922, 1942 BGB) wehren zu können. Darauf, dass Gläubiger hierdurch benachteiligt werden können, komme es nicht an. Zu Recht weist die Rechtsprechung schließlich noch darauf hin, dass die durch die Ausschlagung entstehende Situation auch zu Lebzeiten des Erblassers durch entsprechende testamentarische Gestaltung hätte herbeigeführt werden können.

Erbschaftsteuerlich geben sich insoweit zumeist keine Probleme, da in der Regel die Freibeträge ausreichend sind und als Unterhaltsleistungen ohnehin steuerfrei bleiben. Ein eingeräumtes **Wohnrecht** kann Gegenstand einer Schenkung sein. Es ist als Nutzungsrecht ähnlich dem Nießbrauch zu behandeln und somit nach §§ 13ff. BewG zu bewerten. Da der Erwerber weder Eigentum noch Miteigentum an dem wohnrechtsbelasteten Grundstück erwirbt, scheidet eine Steuerfreistellung für ein Familienwohnheim gemäß § 13 Abs. 1 Nr. 4b ErbStG nach Ansicht der Rechtsprechung aus.[79]

10. Erhöhung des Zugewinnausgleichsfreibetrags nach § 5 Abs. 2 ErbStG

Einer der Nachteile des fiktiven Ausgleichsanspruchs nach § 5 Abs. 1 ErbStG ist, dass von der gesetzlichen Regelung abweichende güterrechtliche Vereinbarungen unberücksichtigt bleiben, § 5 Abs. 1 S. 2 ErbStG. Darüber hinaus gilt die Vermutung des § 1377 Abs. 3 BGB nicht, wonach ohne ein Verzeichnis des Anfangsvermögens vermutet wird, dass das Endvermögen den Zugewinn des Erblassers darstellt. Zusätzlich begrenzt § 5 Abs. 1 S. 4 ErbStG den Zugewinnausgleich auf den Zugewinn ab dem Tag des Vertragsschlusses, mit dem die Zugewinngemeinschaft begründet wurde. Alle diese Restriktionen wirken sich besonders negativ bei relativ später Vereinbarung der Zugewinngemeinschaft aus. Betroffen sind hier in erster Linie diejenigen, die zunächst Gütertrennung vereinbart hatten und später dann aufgrund erbschaftsteuerlicher Vorteile in die (modifizierte) Zugewinngemeinschaft wechselten. Der eigentliche Zugewinn ist in diesen Fällen regelmäßig in der Zeit der Gütertrennung entstanden und nun wegen § 5 Abs. 1 S. 4 ErbStG nicht zu berücksichtigen. Abhilfe könnte die Ausschlagung bringen, denn sie bewirkt, dass anstatt des fiktiven Ausgleichsanspruchs der güterrechtliche Zugewinnausgleich nach § 5 Abs. 2 ErbStG zur Anwendung gelangt, für den die vorgenannten Beschränkungen gerade nicht gelten. Der Effekt verstärkt sich noch, wenn die Ehegatten vereinbart hatten, dass die Zugewinngemeinschaft rückwirkend auf den Tag der Eheschließung[80] gelten soll. Diese nach § 5 Abs. 1 S. 2 ErbStG ausgeblendete Modifizierung des Zugewinnausgleichsanspruchs ist bei der güterrechtlichen Regelung nach § 5 Abs. 2 ErbStG zu beachten und führt dazu, dass der in der Zeit der Gütertrennung entstandene Zugewinn vollständig in

---

[78] BGH NJW 2011, 1586 Rn. 28; NJW-RR 2010, 121; zweifelnd *Röthel* LMK 2011, 317533 unter Hinweis auf SG Dortmund ZEV 2010, 54, wenn es nicht um einen behinderten, sondern um einen aus anderen Gründen Bedürftigen (zB Hartz IV-Empfänger) geht.
[79] BFH BStBl. II 2014, 806.
[80] BFH BStBl. II 1993, 739; BStBl. II 2005, 843; FG Düsseldorf EFG 2006, 1447; LfSt Bayern DStR 2007, 26; R E 5.2 Abs. 2 S. 4 ErbStR 2011. Die Vereinbarung eines Datums vor der Eheschließung bewirkt eine überhöhte Ausgleichsforderung und führt nach Ansicht der Finanzverwaltung zu einer steuerpflichtigen Schenkung auf den Todesfall, R E 5.2 Abs. 2 S. 3 ErbStR 2011.

die Berechnung des Zugewinns mit einfließt und den steuerfreien Zugewinn des überlebenden Ehegatten deutlich erhöht.[81]

41 Schließlich führt die Ausschlagung auch dazu, dass die Vermutung des § 1377 Abs. 3 BGB zur Anwendung kommt. Wurde von den Eheleuten kein Vermögensverzeichnis über das Anfangsvermögen erstellt, was höchstwahrscheinlich die Regel sein wird, gilt die gesetzliche Vermutung, dass das Anfangsvermögen EUR 0,00 betrug und dass das Endvermögen den Zugewinn darstellt. Die gesetzliche Regelung stellt allein darauf ab, dass kein Verzeichnis des Anfangsvermögens erstellt wurde. Eine Pflicht dazu, ein solches Verzeichnis aufzustellen, existiert nicht. Sie greift daher – zumindest nach dem Wortlaut – auch dann ein, wenn ein Verzeichnis nicht erstellt wurde und tatsächlich überhaupt kein Zugewinn stattgefunden hat oder Zugewinn nur sehr gering ausfällt. Da es sich um eine Vermutensregelung handelt, wird dem Finanzamt der Beweis des Gegenteils eröffnet sein.[82] Liegen dem Erbschaftsteuerfinanzamt allerdings keine Informationen über das Anfangsvermögen vor, wird dies regelmäßig dazu führen, dass die Vermutung nach § 1377 Abs. 3 BGB auch erbschaftsteuerlich durchgreifen.

---

[81] Vgl. *Viskorf* NWB Fach 10, 1243 mit Berechnungsbeispiel.
[82] Vgl. zur alten Rechtslage BGH BStBl II 1984, 438.

§ 12 Unternehmensnachfolge mit Auslandsbezug

Übersicht

	Rn.
I. Unternehmensnachfolge von Todes wegen	2
1. Abgrenzung zwischen Erbrechts- und Gesellschaftsstatut	5
2. Bestimmung des anwendbaren Erbrechts	10
a) Vorrangige Staatsverträge	11
b) Europäische Erbrechtsverordnung (EuErbVO)	12
aa) Objektive Anknüpfung – Art. 21 EuErbVO	13
(1) Gewöhnlicher Aufenthalt	13
(2) Verweisung	19
bb) Rechtswahl – Art. 22 EuErbVO	27
c) Nationales Recht – Art. 25, 26 EGBGB	29
3. Bestimmung des anwendbaren Gesellschaftsrechts	31
a) Gründungstheorie	32
b) Sitztheorie	33
c) Durchsetzung der Gründungstheorie innerhalb der EU	34
d) Art der Verweisung	38
4. Nachfolge in die einzelnen Unternehmensformen	39
a) Gesellschaften	39
aa) Nachfolge in ausländische Kapitalgesellschaftsanteile	40
bb) Nachfolge in ausländische Personengesellschaftsanteile	42
cc) Besonderheiten bei Nachfolgeklauseln im Gesellschaftsvertrag	44
(1) Einfache erbrechtliche Nachfolgeklausel	46
(2) Qualifizierte erbrechtliche Nachfolgeklausel	48
(3) Rechtsgeschäftliche Nachfolgeklausel	50
(4) Rechtsgeschäftliche Eintrittsklausel	52
b) Nachfolge in ein ausländisches Einzelunternehmen	54
5. Verfügungen von Todes wegen – Das „Unternehmertestament"	56
a) Das auf die Verfügung von Todes wegen anzuwendende Recht	57
aa) Einzeltestament	57
bb) Erbvertrag und gemeinschaftliches Testament	60
b) Form	69
c) Gestaltungsmittel	71
aa) Vermächtnisse	71
bb) Vor- und Nacherbfolge	74
cc) Erbengemeinschaft	75
dd) Testamentsvollstreckung	77
6. Gestaltungsmöglichkeiten außerhalb des Testaments	81
a) Bündelung in einer Holding	81
b) Stiftung von Todes wegen	82
c) Eheliches Güterrecht	85
7. Verfahrensrecht	88
a) Erbschein, §§ 2353 ff. BGB	89
b) Europäisches Nachlasszeugnis, Art. 62 ff. EuErbVO	90
II. Nachfolge zu Lebzeiten/vorweggenommene Erbfolge	95
1. Verkauf	96
2. Schenkung	99
3. Form	101
III. Steuerliche Aspekte der internationalen Unternehmensnachfolge	102
1. Erbschaftsteuerrecht	103
a) Persönliche Steuerpflicht	104
aa) Unbeschränkte Erbschaftsteuerpflicht	105
bb) Beschränkte Erbschaftsteuerpflicht	116
cc) Erweitert beschränkte Erbschaftsteuerpflicht	129
b) Erwerb von Todes wegen und Schenkungen unter Lebenden	132

	Rn.
c) Wertermittlung	134
d) Steuerbefreiungen	138
e) Freibeträge	149
f) Vermeidung der Doppelbesteuerung	151
aa) Unilaterale Regelungen zur Vermeidung der Doppelbesteuerung	152
bb) Doppelbesteuerungsabkommen	157
(1) DBA Dänemark	158
(2) DBA Frankreich	159
(3) DBA Griechenland	160
(4) DBA Schweden	161
(5) DBA Schweiz	162
(6) DBA USA	164
g) Gestaltung	165
aa) Gestaltungsmaßnahmen bei unbeschränkter Steuerpflicht	165
bb) Gestaltungsmaßnahmen bei beschränkter Steuerpflicht	167
cc) Gestaltungsmaßnahmen bei erweitert beschränkter Erbschaftsteuerpflicht	168
2. Ertragsteuerliche Problemfelder	169
a) Besteuerung des Vermögenszuwachses bei Kapitalgesellschaftsanteilen, § 6 AStG	171
b) Entstrickung bei Kapitalgesellschaftsanteilen einer gewerblich geprägten Personengesellschaft, § 4 Abs. 1 S. 3 EStG	184
c) Wegfall des Entstrickungsschutzes durch § 50i EStG ab dem 1.1.2017	186
d) Verlegung der Geschäftsleitung eines Betriebes oder einer Personengesellschaft	187
e) Verlegung der Geschäftsleitung einer Kapitalgesellschaft	189
f) Wegzug bei alt-einbringungsgeborenen Anteilen iSv § 21 UmwStG 1995	192
g) Entstrickung sperrfristverhafteter Kapitalgesellschaftsanteile iSv § 22 UmwStG, § 6 AStG	195
h) Verlegung der Geschäftsleitung bei Betriebsaufspaltung	197
3. Die ausländische Familienstiftung	198
4. Grunderwerbsteuer	207
5. Anzeige-und Mitwirkungspflichten bei Auslandssachverhalten	208

1 Die reibungslose Planung und Abwicklung einer Unternehmensnachfolge ist bereits in reinen Inlandsfällen mit zahlreichen zu beantwortenden Fragen und zu lösenden Problemen verbunden. Bei grenzüberschreitendem Bezug vervielfachen sich die Fragestellungen noch einmal immens. Gleichzeitig werden aufgrund der stetig enger werdenden europäischen und globalen Verflechtungen derartige Fälle immer häufiger. In einem Fall mit Auslandsberührung sollte keinesfalls auf eine sorgfältige Rechts- und Steuerberatung verzichtet werden. Nur so kann das komplizierte Zusammenspiel der beteiligten Rechtsordnungen gelingen. Die folgende Darstellung kann sich in diesem Rahmen nur auf Grundzüge beschränken. Sie gliedert sich in drei Hauptteile: I. Unternehmensnachfolge von Todes wegen, II. Unternehmensnachfolge zu Lebzeiten und III. Steuerliche Aspekte der internationalen Unternehmensnachfolge.

I. Unternehmensnachfolge von Todes wegen

2 Beispiel 1:

Die 63jährige deutsche Unternehmerin U aus München hat während ihres Berufslebens vielfältige internationale Aktivitäten entwickeln können. Infolgedessen ist sie Mitgesellschafterin einer deutschen GmbH, einer französischen S.à.r.l. (Kapitalgesellschaft) und einer polnischen sp.j. (Personengesellschaft), die alle in ihren jeweiligen Gründungsländern geführt werden. In den letzten Jahren hat sie sich aus dem aktiven Geschäftsleben zurückgezogen und verbringt gemeinsam mit ihrem Ehemann mehr und mehr Zeit an Ihrem Zweitwohnsitz am Comer See (Italien), wo sie letztlich 6 Monate im Jahr verbringt. Dort verstirbt sie überraschend an einem Herzinfarkt, ohne ein Testament errichtet zu haben. Sie hinterlässt ihren Ehemann und zwei erwachsene Kinder, die in Deutschland leben. Auf eigenen Wunsch wird sie im Kreis ihrer Familie und Freunde in München beigesetzt. Was passiert mit den Unternehmensbeteiligungen der U?

Die Frage kann nur beantwortet werden, wenn geklärt ist, welche Rechtsordnung(en) auf den Fall anwendbar ist/sind. Allein in diesem kleinen Fall tauchen vier möglicherweise relevante Rechtsordnungen auf. Das Rechtsgebiet, das sich (ua) mit der Bestimmung des anwendbaren Rechts beschäftigt, nennt man **Internationales Privatrecht** (IPR) oder auch Kollisionsrecht. Eine Norm, mit der das anwendbare Recht bestimmt wird, nennt man daher auch Kollisionsnorm.[1]

Kollisionsnormen bestehen aus Tatbestand und Rechtsfolge. Die Feststellung der Rechtsfolge anhand des Tatbestands bezeichnet man als **Anknüpfung.** Zunächst wird im Rahmen der sog. **Qualifikation** ermittelt, welchem Rechtsgebiet (**Anknüpfungsgegenstand**) die zu beurteilende Frage zuzuordnen ist (zB Sachenrecht, Erbrecht) und die entsprechende Kollisionsnorm herausgesucht. Die Kollisionsnorm wird dahingehend geprüft, welches Charakteristikum (**Anknüpfungspunkt**) sie zur Bestimmung des anwendbaren Rechts heranzieht und auf welches Recht dieses verweist. Klassische Anknüpfungspunkte sind zB die Staatsangehörigkeit oder der gewöhnliche Aufenthalt.[2] Soll zB geklärt werden, welchem Recht der Eigentumsübergang an einer Sache unterliegt, so gilt: Der Eigentumsübergang ist als eine Frage des Sachenrechts (Anknüpfungsgegenstand) zu qualifizieren. Die Rechte an einer Sache sind in Art. 43 EGBGB geregelt: „Rechte an einer Sache unterliegen dem Recht des Staates, in dem sich die Sache befindet." Anknüpfungspunkt danach ist der Belegenheitsort der Sache. Im letzten Schritt wird geprüft, wie das Recht, das für anwendbar erklärt wird, sich selbst hierzu verhält, dh ob es sich selbst für anwendbar hält oder nicht. Beruft das angerufene Recht ebenfalls sich selbst, spricht man davon, dass es die **Verweisung** annimmt. Beruft es hingegen ein anderes Recht, spricht man von einer Weiterverweisung oder Renvoi. Das anwendbare nationale Recht wird „Statut" genannt.

1. Abgrenzung zwischen Erbrechts- und Gesellschaftsstatut

In *Beispiel 1* liegen wie bei der Unternehmensnachfolge von Todes wegen typisch zwei potentiell betroffene Rechtsgebiete vor – das Erbrecht und das Gesellschaftsrecht. Doch wie genau verhalten sich beide Rechtsgebiete zueinander? Oder – in IPR-Terminologie – welche Fragen sind erbrechtlich zu qualifizieren und welche gesellschaftsrechtlich?

Vereinfacht gesagt, bestimmt das Erbstatut, wer zu welchem Teil Erbe wird, und das Gesellschaftsstatut, was dem Erben aus dem Gesellschaftsverhältnis zufließt.[3]

Das **Erbstatut** umfasst ua:[4]
- Bestimmung der Erben, Vermächtnisnehmer und Pflichtteilsberechtigten
- Zugelassene Verfügungen von Todes wegen (Testament, Erbvertrag, gemeinschaftliches Testament)
- Auslegung der Verfügung von Todes wegen

---

[1] Grundlegende Einführungen zum IPR: von *Hoffmann/Thorn,* Internationales Privatrecht, 9. Aufl. 2007; *von Bar/Mankowski,* Internationales Privatrecht Band I Allgemeine Lehren, 2. Aufl. 2003; *Rauscher,* Internationales Privatrecht, 4. Aufl. 2012.
[2] Formulierung zB „Anwendbar ist das Recht des Landes, in dem der Verkäufer seinen gewöhnlichen Aufenthalt hat."
[3] *Groll,* Praxis-Handbuch Erbrechtsberatung, 2. Aufl. 2005, F Rn. 96.
[4] Hausmann/Odersky/*Odersky,* Internationales Privatrecht in der Notar-und Gestaltungspraxis, 3. Aufl. 2017, § 15 Rn. 281 ff; MAH ErbR/*Pawlytta/Pfeiffer,* 4. Aufl. 2014, § 33 Rn. 48; *Riedel,* Praxishandbuch Unternehmensnachfolge, 2002, § 33 Rn. 32.

- Zugehörigkeit der Gegenstände zum Nachlass
- Zulässigkeit und Behandlung der Erbengemeinschaft
- Testamentsvollstreckung, Nachlassverwaltung
- Übergang der Nachlassgegenstände[5]

7 Das **Gesellschaftsstatut** umfasst ua[6]
- Vererblichkeit der Beteiligung
- Haftung, Rechte und Pflichten der Gesellschafter und Gesellschaftsorgane
- Gewinnverteilung
- Abtretbarkeit der Anteile
- Notwendige Eigenschaften eines Nachfolgers
- Zulässigkeit der Erbengemeinschaft am Gesellschaftsanteil

Dh auch Fragen mit erbrechtlichem Bezug können unter das Gesellschaftsstatut fallen. Es kommt hier also zu einem Ineinandergreifen der Rechtsgebiete.

8 In *Beispiel 1* muss zunächst das Erbstatut festgestellt werden, um anhand des als Erbstatut berufenen Rechts feststellen zu können, wer zu welchen Anteilen Erbe wird. Bezüglich der einzelnen Gesellschaftsbeteiligungen muss dann das jeweils anwendbare Gesellschaftsstatut bestimmt werden. Die einzelnen Gesellschaftsstatute regeln, ob die Anteile vererblich sind, welche Rechte und Pflichten der Erbe hat, ob eine Erbengemeinschaft an dem Gesellschaftsanteil zulässig ist usw.

2. Bestimmung des anwendbaren Erbrechts

10 Bei der Bestimmung des anwendbaren Rechts sind vorrangige Staatsverträge zwingend als erstes zu berücksichtigen. Gibt es keine einschlägigen Staatsverträge, ist als zweiter Schritt das Europarecht zu befragen. Erst als letztes wird das nationale Recht berücksichtigt.

11 **a) Vorrangige Staatsverträge.** Vorrangig zu berücksichtigende Staatsverträge auf dem Gebiet des Erbrechts sind das deutsch-iranische Niederlassungsabkommen von 1929,[7] der deutsch-türkische Konsularvertrag von 1929[8] und der deutsch-sowjetische Konsularvertrag von 1958.[9] Dieser gilt heute im Verhältnis zu Russland, Armenien, Aserbaidschan, Georgien, Kasachstan, Kirgisistan, Moldawien, Tadschikistan, Ukraine, Usbekistan und Belarus, möglicherweise auch für Turkmenistan.[10]

12 **b) Europäische Erbrechtsverordnung (EuErbVO).** Bislang oblag die Regelung der Bestimmung des anwendbaren Erbrechts den Mitgliedsstaaten der EU. So war die Bestimmung des anwendbaren Erbrechts in Deutschland im Einführungsgesetz zum Bürgerlichen Gesetzbuch (EGBGB) geregelt. Die Europäische Union hat, mit dem Ziel, die Rechtsvereinheitlichung in Europa voranzutreiben und die Bestimmung des anwendbaren Erbrechts einheitlich zu gestalten, die Europäische Erbrechtsverordnung (EuErbVO[11]) erlassen, die in allen Teilen seit dem 17.8.2015 anwendbar ist. Sie gilt EU-weit mit Ausnahme Dänemarks, Irlands und des Vereinigten Königreichs.

---

[5] S. zu den verschiedenen Systemen *Schmidt*, Der Erwerb der Erbschaft in grenzüberschreitenden Sachverhalten unter besonderer Berücksichtigung der EuErbVO, ZEV 2014, 455.
[6] Hausmann/Odersky/*Wall*, Internationales Privatrecht in der Notar-und Gestaltungspraxis, 3. Aufl. 2017, § 19 Rn. 3ff; MAH ErbR/*Pawlytta/Pfeiffer*, 4. Aufl. 2014, § 33 Rn. 60; *Leitzen*, EuErbVO: Praxisfragen an der Schnittstelle zwischen Erb- und Gesellschaftsrecht, ZEV 2012, 520.
[7] RGBl. 1930 II 1002; BGBl. 1955 II 829.
[8] RGBl. 1930 II 747; BGBl. 1952 II 608.
[9] BGBl. 1959 II 233.
[10] Hausmann/Odersky/*Odersky*, Internationales Privatrecht in der Notar-und Gestaltungspraxis, 3. Aufl. 2017, § 15 Rn. 364.
[11] Verordnung (EU) Nr. 650/2012 des Europäischen Parlaments und des Rates vom 4. Juli 2012 über die Zuständigkeit, das anzuwendende Recht, die Anerkennung und Vollstreckung von Entscheidungen und die Annahme und Vollstreckung öffentlicher Urkunden in Erbsachen sowie zur Einführung eines Europäischen Nachlasszeugnisses.

Für die Bestimmung des Erbstatuts nach der EuErbVO gibt es zwei Möglichkeiten: objektive Anknüpfung (Anknüpfung an Tatsachen) und subjektive Anknüpfung (Rechtswahl).

aa) Objektive Anknüpfung – Art. 21 EuErbVO. (1) Gewöhnlicher Aufenthalt. 13
Art. 21 Abs. 1 EuErbVO unterstellt das anwendbare Erbrecht grundsätzlich dem Recht des **gewöhnlichen Aufenthalts** des Erblassers zum Zeitpunkt seines Todes. Hierin liegt eine Abkehr zu dem bislang weit verbreiteten vorrangigen Abstellen auf die Staatsangehörigkeit, dem auch Deutschland im EGBGB folgte.[12]

Der gewöhnliche Aufenthalt liegt dort, wo sich der „Daseinsmittelpunkt als Schwerpunkt der familiären, sozialen und beruflichen Beziehungen einer Person"[13] befindet. 14
Während die Staatsangehörigkeit einfach zu bestimmen ist, sind durch das hier neu eingeführte Erfordernis einer Schwerpunktbildung Schwierigkeiten bei der Ermittlung des anwendbaren Erbrechts absehbar. Eine Schwerpunktbildung ist regelmäßig mit einer mangelnden Eindeutigkeit verbunden. Je nach Konstellation und Grad der Integration wird man zu verschiedenen Ergebnissen kommen. Hinzu kommt, dass im Falle divergierender Ansichten mehrerer potentieller Erben über das anwendbare Erbrecht vor Gericht Beweis darüber angetreten werden muss, wo der Erblasser tatsächlich seinen letzten gewöhnlichen Aufenthalt hatte. Ein klassischer Grenzfall ist der halbjährliche Aufenthalt „im Süden".

Unternehmerin U aus Beispiel 1 hält sich halbjährlich in Deutschland und Italien auf. 15
Ihre familiären Bindungen sind weiterhin hauptsächlich in Deutschland. Auch die sozialen Bindungen scheinen eher ihren Schwerpunkt in Deutschland zu haben (Beerdigung im Kreise der deutschen Freunde). Hier würde daher viel dafür sprechen, den gewöhnlichen Aufenthalt der U weiter in Deutschland anzunehmen.

> **Praxistipp: Dokumentation des gewöhnlichen Aufenthalts in der letztwilligen Verfügung** 16
>
> Um eventuellen Schwierigkeiten bei der Bestimmung des gewöhnlichen Aufenthalts zu begegnen, empfiehlt es sich, in Grenzfällen den inneren Willen zum gewöhnlichen Aufenthalt in der letztwilligen Verfügung darzulegen. Zwar ist es nicht möglich, in diesem Zusammenhang den gewöhnlichen Aufenthalt für die Nachwelt bindend festzulegen, jedenfalls kann so aber ein gewichtiges Indiz für die spätere Beurteilung, zB durch das zuständige Nachlassgericht gesetzt werden.[14]

> **Formulierungsbeispiel:** 17
> Ich bin ausschließlich deutsche Staatsangehörige und habe meinen gewöhnlichen Aufenthalt dauerhaft in Spanien. Diesen möchte ich auch beibehalten. Eine Rechtswahl wünsche ich nicht. Der Notar hat mich darauf hingewiesen, dass die heute getroffenen Anordnungen einem anderen Recht unterliegen können, wenn ich nach Errichtung meines Testaments meinen gewöhnlichen Aufenthalt ändere.

Nach Art. 21 Abs. 2 EuErbVO kann von der Anwendung des Rechts des gewöhnli- 18
chen Aufenthalts abgesehen werden, wenn eine **offensichtlich engere Verbindung** zu einer anderen Rechtsordnung erkennbar ist. Hier kann an Fälle gedacht werden, in denen

---

[12] Dutta/Weber/*Weber*, Internationales Erbrecht, 2016, Einl. Rn. 34.
[13] MAH ErbR/*Pawlytta/Pfeiffer*, 4. Aufl. 2014, § 33 Rn. 183.
[14] S. Hausmann/Odersky/*Odersky*, Internationales Privatrecht in der Notar-und Gestaltungspraxis, 3. Aufl. 2017, § 15 Rn. 31 f.

eine Änderung des gewöhnlichen Aufenthaltes eingetreten ist, die zu unerwünschten Resultaten führt und die Nachlassplanung des Erblassers durchkreuzt.[15]

19 **(2) Verweisung.** Das Recht des gewöhnlichen Aufenthalts eines **EU-Mitgliedstaates** wird als unmittelbar anwendbares Sachrecht berufen. Dies bedeutet, dass hier die Prüfung beendet wird. Die Frage, wie das berufene Sachrecht mit der Verweisung umgeht, wird nicht gestellt.[16] Dies ist aufgrund der Einheitlichkeit der Regelung innerhalb der EU auch folgerichtig – Ergebnis einer Weiterprüfung wäre wieder das Recht des gewöhnlichen Aufenthaltsorts.

20 Bei Verweis auf das Recht eines **Drittstaats** ist allerdings die Prüfung noch nicht automatisch beendet. Art. 34 EuErbVO ordnet in zwei Fällen die Berücksichtigung eines Renvoi an:

21 Im ersten Fall verweist das berufene Recht des Drittstaats auf das Recht eines EU-Mitgliedstaats weiter. Dann wird die Verweisung auf den Mitgliedstaat beachtet. Die EuErbVO regelt jedoch nicht, was dies zur Folge hat. Nach hM bricht die Verweisung ab und das Recht des EU-Mitgliedstaats wird berufen.[17]

22 **Beispiel 2:**
Der deutsche Erblasser E hat sich zuletzt gewöhnlich in Japan aufgehalten. Die EuErbVO verweist daher auf das japanische Recht. Das japanische Recht hingegen beruft das Erbrecht des Staates zur Anwendung, dessen Staatsangehörigkeit der Erblasser hatte. Es handelt sich daher in diesem Fall um eine Rückverweisung auf den EU-Mitgliedstaat Deutschland. Nach hM bricht die Verweisung hier ab.

23 Im zweiten Fall verweist das berufene Recht des Drittstaats auf das Recht eines anderen Drittstaats, der sein eigenes Recht anwenden würde.

24 **Beispiel 3:**
Japaner J lebt in Bosnien. In Österreich hat er ein Bankkonto. Österreich möchte wissen, wie mit dem Bankkonto zu verfahren ist. Es prüft Art. 21 Abs. 1 EuErbVO. Dieser verweist auf den gewöhnlichen Aufenthalt in Drittland Bosnien. Bosnien beruft das Recht der Staatsangehörigkeit des J, also das Recht Japans. Japan stellt ebenfalls auf die Staatsangehörigkeit ab und nimmt damit die Verweisung an.

25 Beruft das zweite Drittland hingegen nicht sein eigenes Recht, bricht die Verweisung bei dem erstberufenen Drittstaat ab. Denn in diesem Fall ordnet Art. 34 EuErbVO die Berücksichtigung des Renvoi nicht an.

26 In manchen Ländern unterliegt das Erbrecht der Zuständigkeit von Gebietskörperschaften innerhalb des Staatsgebietes, wie zB US-amerikanischer Bundesstaaten. Wird auf das Recht eines solchen Landes verwiesen, ist gemäß Art. 36 Abs. 1 EuErbVO das **innerstaatliche Kollisionsrecht** bei der Ermittlung des anwendbaren Rechts zu berücksichtigen.

27 **bb) Rechtswahl – Art. 22 EuErbVO.** Nach Art. 22 EuErbVO besteht die Möglichkeit, das Recht der Staatsangehörigkeit als das anwendbare Erbrecht zu wählen. Die **Rechtswahl** geht der objektiven Anknüpfung nach Art. 21 EuErbVO vor. Dabei kommt sowohl das Recht der Staatsangehörigkeit in Betracht, die der Erblasser im Zeitpunkt der Rechtswahl innehat als auch dasjenige der Staatsangehörigkeit, die er im Zeitpunkt seines Todes innehat. Die Rechtswahl muss in einer Verfügung von Todes wegen, also in erster Linie testa-

---

[15] Dutta/Weber/*Bauer* EuErbVO Art. 21 Rn. 10.
[16] Dutta/Weber/*Bauer* EuErbVO Art. 34 Rn. 5.
[17] MüKoBGB/*Dutta*, 6. Aufl. 2015, EuErbVO Art. 34 Rn. 3; Dutta/Weber/*Bauer* EuErbVO Art. 34 Rn. 14; Palandt/*Thorn* EuErbVO Art. 34 Rn. 3; Bergquist/Damascelli/Frimston/Lagarde/Odersky/Reinhartz/*Lagarde* EuErbVO Art. 34 Rn. 3; aA Hausmann/Odersky/*Odersky*, Internationales Privatrecht in der Notar-und Gestaltungspraxis, 3. Aufl. 2017, § 15 Rn. 67.

mentarisch, vorgenommen werden. Nach Art. 22 Abs. 3 EuErbVO unterliegt die materielle Wirksamkeit der Rechtshandlung, durch die die Rechtswahl vorgenommen wird, dem gewählten Recht. Dies bedeutet, dass der Erblasser, der seinen gewöhnlichen Aufenthalt in Polen hat und das Recht seiner kanadischen Staatsangehörigkeit wählen möchte, darauf achten muss, dass das kanadische Recht diese Rechtswahl als wirksam erachtet.

> **Praxistipp:** 28
>
> Die Aufnahme einer Rechtswahlklausel kommt insbesondere dann in Betracht, wenn die Bestimmung des gewöhnlichen Aufenthalts mit ihrer Schwerpunktbildung aufgrund der gegebenen Situation Schwierigkeiten erwarten lässt oder das Recht der Staatsangehörigkeit für den Erblasser und die von ihm gewünschten Regelungen günstiger ist. Dabei sollte auch das Pflichtteils-/Noterbrecht bedacht werden. Deutschland kennt mit dem Pflichtteilsrecht eine finanzielle Mindestbeteiligung der nächsten Familienangehörigen an der Erbmasse. In anderen Ländern gibt es andere Ausgestaltungen. ZB kann es sich um ein echtes Noterbrecht handeln, dh die nächsten Angehörigen, die unter die Regelung fallen, werden zu einem gewissen Anteil selbst Erbe.[18] Zum Teil muss das Noterbrecht erst geltend gemacht werden[19] oder es steht dem Noterben ein Klagerecht zu, wenn er übergangen wurde.[20]

c) Nationales Recht – Art. 25, 26 EGBGB. Die nationalen Regelungen in Art. 25, 26 29 EGBGB sind noch auf Erbfälle anwendbar, die vor dem 17.8.2015 eingetreten sind. Daher soll auf sie hier noch kurz eingegangen werden. Art. 25 bestimmte in Abs. 1, dass die Rechtsnachfolge von Todes wegen dem Recht der **Staatsangehörigkeit** des Erblassers im Zeitpunkt seines Todes unterlag. Nach Art. 5 Abs. 1 S. 2 EGBGB hatte bei einem Mehrstaatler, der neben der deutschen noch eine andere Staatsangehörigkeit besaß, die deutsche stets Vorrang. Art. 25 Abs. 2 EGBGB gab einem ausländischen Erblasser für im Inland belegenes unbewegliches Vermögen die Möglichkeit der Wahl des deutschen Rechts. Dh ein italienischer Erblasser, der Eigentümer eines in Deutschland belegenen Grundstücks war, konnte für die Vererbung dieses Grundstücks deutsches Recht wählen.

Art. 26 regelte die **Formerfordernisse** für Verfügungen von Todes wegen. Es wurden 30 fünf Alternativen nebeneinander gestellt, von denen es genügte, wenn eine erfüllt war (ua Recht der Staatsangehörigkeit, des Vornahmeortes, des Wohnsitzes oder gewöhnlichen Aufenthaltes). Hierdurch wurde die Wahrscheinlichkeit einer Formunwirksamkeit einer Verfügung von Todes wegen stark verringert.

3. Bestimmung des anwendbaren Gesellschaftsrechts

Die Bestimmung des Gesellschaftsstatutes hat bisher weder im internationalen noch im 31 nationalen Recht eine Kodifizierung erfahren. Welches Recht anwendbar ist, ist seit jeher streitig und wird in den verschiedenen Staaten unterschiedlich gehandhabt. Es stehen sich dabei die Gründungstheorie und die Sitztheorie gegenüber.

a) Gründungstheorie. Nach der Gründungstheorie ist das Recht des Staates auf die Ge- 32 sellschaft anwendbar, in dem sie gegründet wurde. Die Gründungstheorie wird ua vertreten in den anglo-amerikanischen Ländern[21], in den Niederlanden, der Schweiz, Italien, Schweden, Lichtenstein und Japan.[22]

---

[18] ZB Belgien, Bosnien-Herzegowina.
[19] ZB Spanien, Italien.
[20] ZB Frankreich, Portugal, Schweiz.
[21] Hintergrund: im britischen Empire sollte es den Kolonialisten ermöglicht werden, auch in fernen Ländern solche Gesellschaften zu gründen, die dem britischen Heimatrecht entsprachen, MüKo GmbHG/*Weller*, 2. Aufl. 2014, GmbHG Einl. Rn 336.

33 **b) Sitztheorie.** Nach der Sitztheorie kommt es darauf an, wo der tatsächliche Verwaltungssitz der Gesellschaft liegt. Dies ist der Tätigkeitsort der Geschäftsführung und der dazu berufenen Vertretungsorgane, also der Ort, wo die grundlegenden Entscheidungen der Unternehmensleitung effektiv in laufende Geschäftsführungsakte umgesetzt werden (sog. Sandrock'sche Formel).[23] Die Sitztheorie ist traditionell in Deutschland[24] vorherrschend; ebenso ua in Frankreich, Belgien, Luxemburg, Österreich, Polen und Portugal.[25]

Nach deutschem Verständnis richtet sich die Behandlung der Anteile der GmbH in Beispiel 1 daher nach deutschem Recht als Recht des Sitzstaates, die Behandlung der S.à.r.l.-Anteile dementsprechend nach französischem und der sp.j.-Anteile nach polnischem Recht. (Die Gründungstheorie käme zum gleichen Ergebnis.)

34 **c) Durchsetzung der Gründungstheorie innerhalb der EU.** Relevant wird der Unterschied zwischen beiden Theorien, wenn der tatsächliche Sitz der Gesellschaft nach Gründung verlegt wird. Ein zentraler Vorteil der Sitztheorie ist, dass der inländische Rechtsverkehr vor unbekannten Rechtsformen geschützt wird, die insbesondere in der Haftung zu Lasten der inländischen Geschäftspartner abweichen können. Ein Nachteil aber ist, dass die Gesellschaften nicht frei beweglich sind. Folgt man der Sitztheorie, bedeutet die Verlegung des Sitzes in ein anderes Land, dass die Gesellschaft nunmehr unter einer anderen Rechtsordnung operiert. Diese Rechtsordnung kennt aber regelmäßig die ausländische Rechtsform nicht und erkennt diese auch nicht an. Nach der zunächst vertretenen strengen Sitztheorie ging die Gesellschaft damit unter.[26] Die Rechtsprechung wurde zur Abmilderung der Folgen später dahingehend eingeschränkt, dass die Gesellschaft nicht komplett unterging, sondern in eine inländische Gesellschaftsform umgedeutet wurde, deren Voraussetzungen erfüllt wurden (sog. modifizierte Sitztheorie).[27] Für eine Kapitalgesellschaft bedeutete dies eine Umdeutung in eine Personengesellschaft, da sie die Erfordernisse einer inländischen Kapitalgesellschaft wie die Eintragung in das deutsche Handelsregister nicht erfüllte. Eine britische Limited zB wurde zu einer deutschen OHG und deren Gesellschafter konnten sich nicht auf die Haftungsbeschränkungen des englischen Rechts berufen.

35 In einer Reihe von Entscheidungen stellte der Europäische Gerichtshof (EuGH) fest, dass die hieraus resultierende Nichtanerkennung der Gesellschaftsformen anderer EU-Mitglieder gegen die in Art. 49 des Vertrages über die Arbeitsweise der Europäischen Union (AEUV) geregelte **Niederlassungsfreiheit** verstoße.[28] In Folge dieser Rechtsprechung sind alle in der EU existenten Gesellschaftsformen anzuerkennen. Innerhalb der EU wird damit die Sitztheorie von der Gründungstheorie überlagert. Die Sitztheorie gilt nur noch gegenüber Drittstaaten. So ist zB eine schweizerische GmbH, die ihren Sitz nach Deutschland verlegt, nach wie vor nicht als Gesellschaftsform anzuerkennen.[29] Ob sich die deutsche Rechtsprechung auch in Drittstaatenfällen eines Tages zur Gründungstheorie hinwenden wird, ist offen.

---

[22] MüKoBGB/*Kindler* IntGesR Rn. 509 f.
[23] *Sandrock* FS Beitzke, 1979, 669 (683 ff.).
[24] BGH NJW 1970, 998 (999); 1981, 522 (525); 1986, 2194 (2195); 1992, 618; BGH NZG 2000, 826; 2002, 1009; 2003, 531.
[25] MüKoBGB/*Kindler* IntGesR Rn. 511.
[26] BGHZ 97, 269 (272); OLG München NJW-RR 1995, 703 (704); MüKo GmbHG/*Weller*, 2. Aufl. 2014, Einl. Rn 326 f.
[27] BGH NJW 2002, 3539.
[28] EuGH Urt. v. 27.09.1988 – 81/87, Slg. 1988, 5505 – Daily Mail; EuGH Urt. v. 09.03.1999 – C-212/97 = NZG 1999, 298 – Centros; EuGH Urt. v. 05.11.2002 – C-208/00 = NZG 2002, 1164 – Überseering; EuGH Urt. v. 30.09.2003 – C-167/01 = NZG 2003, 1064 – Inspire Art.
[29] BGH NZG 2009, 68 – Trabrennbahn.

Beispiel 4: 36

Die französische S.à.r.l. (Kapitalgesellschaft) unserer Unternehmerin U wurde in Lyon gegründet und in das Handelsregister eingetragen. Alleiniger Geschäftsführer ist der Deutsche D. Er führt die Geschäfte von Berlin aus. Welches Recht ist aus deutscher Sicht auf die Gesellschaft anwendbar? Nach der ursprünglich in Deutschland vertretenen Sitztheorie ist auf die Gesellschaft das Recht anwendbar, das am Verwaltungssitz der Gesellschaft gilt. Dies wäre Deutschland. Deutschland kennt aber keine Gesellschaftsform „S.à.r.l.". Dies würde eine Nichtanerkennung der Gesellschaft bedeuten. Dabei würde es sich aber um einen Verstoß gegen die Niederlassungsfreiheit der S.à.r.l. handeln. Deswegen wird die Sitztheorie in diesem Fall gemäß der EuGH-Rechtsprechung von der Gründungstheorie verdrängt. Es ist französisches Recht als Recht des Gründungsortes auf die Gesellschaft anwendbar.

Abwandlung: Es handelt sich um eine in Bern gegründete und registrierte Schweizer 37 GmbH. Hier wird die Sitztheorie nicht von der Gründungstheorie überlagert. Es ist deutsches Recht anwendbar. Dieses kennt die Schweizer GmbH nicht, sodass diese aus deutscher Sicht untergeht. Die Gesellschaft wird in Deutschland zu einer OHG.

d) Art der Verweisung. Bei der Bestimmung des Gesellschaftsstatuts ist der Renvoi 38 grundsätzlich beachtlich, dh es wird der Weiterverweis auf eine andere Rechtsordnung berücksichtigt.[30]

4. Nachfolge in die einzelnen Unternehmensformen

a) Gesellschaften. Das Gesellschaftsstatut bestimmt, ob die zu vererbenden Anteile als 39 vererblich angesehen werden.

aa) Nachfolge in ausländische Kapitalgesellschaftsanteile. Kapitalgesellschaftsanteile 40 sind in den wohl meisten Rechtsordnungen frei vererblich.

Beispiel 5: 41

Der in Deutschland lebende deutsche Unternehmer D ist an einer englischen Limited (Kapitalgesellschaft) beteiligt, die aus insgesamt 5 Gesellschaftern besteht. D hat seine Tochter T als Alleinerbin eingesetzt. Deutsches Erbrecht ist anwendbar nach Art. 21 Abs. 1 EuErbVO. Das englische Recht behandelt die Kapitalgesellschaftsanteile als frei vererblich. Die Anteile an der Ltd. gehen ohne Besonderheiten im Wege des deutschen Erbrechts auf die T über.

bb) Nachfolge in ausländische Personengesellschaftsanteile. Die freie Vererblichkeit 42 von Personengesellschaftsanteile ist weniger weit verbreitet als die von Kapitalgesellschaftsanteilen. Rechtsfolge der fehlenden Vererblichkeit kann zB sein, dass die Personengesellschaft mit dem Tod des Mitgesellschafters aufgelöst wird, so auch früher die deutsche OHG in § 131 Nr. 4 HGB aF.

Beispiel 6: 43

Unternehmer D ist Mitgesellschafter an einer französischen SNC (société en nom collectif – Personengesellschaft vergleichbar der deutschen OHG), deren zwei Geschäftsführer von Paris aus die Geschäfte leiten. Gründungs- und Sitztheorie führen hier beide zu dem französischen Gesellschaftsrecht als anwendbares Gesellschaftsstatut. Nach dem französischen Gesellschaftsrecht wird die SNC im Fall des Todes eines Mitgesellschafters aufgelöst.

cc) Besonderheiten bei Nachfolgeklauseln im Gesellschaftsvertrag. Zahlreiche 44 Rechtsordnungen geben jedoch den Gesellschaftern die Flexibilität an die Hand, den Ge-

---
[30] MüKoBGB/*Kindler* IntGesR Rn. 506 f.

sellschaftsvertrag so zu auszugestalten, wie es ihnen beliebt und damit auch Regelungen über die Vererblichkeit der Anteile selbst zu treffen. Dementsprechend ist es im konkreten Fall nicht nur nötig, sich mit dem anwendbaren Gesetz zu beschäftigen, sondern auch den Gesellschaftsvertrag zu konsultieren, um die Frage zu beantworten, was nach dem Tode eines Mitgesellschafters mit dessen Anteil geschieht.

45 Es haben sich in der Praxis einige typische Nachfolgeklauseln herausgebildet. Deren Zulässigkeit im internationalen Fall bestimmt sich nach dem anwendbaren Gesellschaftsstatut.

46 **(1) Einfache erbrechtliche Nachfolgeklausel.** Die einfache erbrechtliche Nachfolgeklausel bestimmt, dass es (entgegen der gesetzlichen Regelung) möglich sein soll, einen Gesellschaftsanteil zu vererben. Es muss geprüft werden, ob das anwendbare Gesellschaftsrecht eine solche Klausel zulässt oder ob das Recht vielmehr zwingend ausgestaltet ist, dh eine Abweichung von der gesetzlichen Regelung untersagt.

47 **Beispiel 7:**

Der Gesellschaftsvertrag der SNC aus Beispiel 6 bestimmt, dass die Gesellschaft im Fall des Todes weiterbestehen soll und der Anteil des Verstorbenen auf den oder die Erben übergehen soll. Die Klausel ist nach dem französischen Gesellschaftsrechts auch zulässig.

48 **(2) Qualifizierte erbrechtliche Nachfolgeklausel.** Nach der qualifizierten Nachfolgeklausel ist es nur Nachfolgern, die bestimmte Merkmale erfüllen, möglich, in die Gesellschafterstellung einzutreten. Die Zulässigkeit und Wirksamkeit einer solchen Klausel beurteilt sich nach dem anwendbaren Gesellschaftsrecht. Das Erbstatut hingegen regelt die Frage, ob die Einsetzung des Nachfolgers erbrechtlich zulässig ist.[31]

49 **Beispiel 8:**

Der in Deutschland ansässige D ist Mitgesellschafter einer polnischen sp.j. (Personengesellschaft). Der Gesellschaftsvertrag bestimmt, dass nur die Abkömmlinge des Gesellschafters in die Gesellschafterstellung nachfolgen dürfen. D setzt seine Frau F als Alleinerbin ein. Ob die Erbeinsetzung der F wirksam ist, bestimmt das deutsche Erbrecht. Ob die Vertragsklausel wirksam ist und F daher von der Nachfolge in die Gesellschaft ausgeschlossen ist, richtet sich nach dem polnischen Gesellschaftsrecht.

50 **(3) Rechtsgeschäftliche Nachfolgeklausel.** Hier wird der Nachfolger im Gesellschaftsvertrag benannt. Die Nachfolge erfolgt somit außerhalb des Erbrechts und damit rein rechtsgeschäftlich. Der Gesellschaftsanteil wird nicht Teil der Erbmasse. Daher richtet sich die Beurteilung allein nach dem anwendbaren Gesellschaftsrecht.

51 **Beispiel 9:**

Der Gesellschaftsvertrag der dänischen I/S (Personengesellschaft) bestimmt: „Beim Tode des Gesellschafters G soll dessen Gesellschaftsanteil an dessen Sohn S übergehen, ohne dass es einer Erbeinsetzung bedarf." Ob diese Klausel zulässig ist, bestimmt das dänische Gesellschaftsrecht.

52 **(4) Rechtsgeschäftliche Eintrittsklausel.** Bei der rechtsgeschäftlichen Eintrittsklausel wird ebenfalls die nachfolgeberechtigte Person außerhalb des Erbrechts rein im Gesellschaftsvertrag benannt. Allerdings erhält sie hier allein das Eintrittsrecht, das sie erst selbst geltend machen muss. Hierbei handelt es sich ebenfalls um einen rein durch das Gesellschaftsrecht geregelten Sachverhalt.

---

[31] *Ebenroth*, Erbrecht, Rn 1281; *von Oertzen*, Personengesellschaftsanteile im Internationalen Erbrecht, IPRax 1994, 73 (75).

Beispiel 10: 53
In Abwandlung zum vorherigen Beispiel bestimmt der Gesellschaftsvertrag: „Beim Tode des Gesellschafters G soll dessen Sohn S das Recht erhalten, den Gesellschaftsanteil des G zu übernehmen. Hierzu muss er innerhalb von einem Monat nach dem Tode des G schriftlich gegenüber der Gesellschaft erklären, dass er den Gesellschaftsanteil übernehmen möchte." Die Zulässigkeit dieser Klausel bestimmt sich nach dem dänischen Gesellschaftsrecht.

b) Nachfolge in ein ausländisches Einzelunternehmen. Bisher war nur die Rede von 54 ausländischen Gesellschaftsanteilen. Jedoch kann auch die Vererbung eines ausländischen Einzelunternehmens durch einen inländischen Einzelunternehmer Relevanz erlangen. Hier wird eine Sachgesamtheit erworben. Es kommt das **internationale Sachenrecht** ins Spiel. Es greift Art. 43 EGBGB. Die Übereignung von Sachen hat nach dem Recht zu erfolgen, dass an dem Ort der Belegenheit der Sachen gilt.

Beispiel 11: 55
Der mit seiner Familie in Bad Reichenhall lebende D betreibt in Salzburg einen Blumenladen als Einzelunternehmer. Jeden Tag fährt er morgens über die Grenze zur Arbeit. Testamentarisch wendet er sein Unternehmen als Vermächtnis seiner Tochter S zu. Da sein gewöhnlicher Aufenthalt in Deutschland liegt, ist deutsches Erbrecht anwendbar. S hat gemäß der deutschen Ausgestaltung des Vermächtnisses einen Anspruch auf Übereignung aller zum Unternehmen gehörender Gegenstände gegen den oder die Erben. Bei der Übertragung der Unternehmensgegenstände, zB eines dazugehörigen Grundstückes, sind die Erfordernisse des österreichischen Rechts als Recht des Belegenheitsortes zu berücksichtigen.

5. Verfügungen von Todes wegen – Das „Unternehmertestament"

Es sollte unbedingt darauf geachtet werden, dass Verfügungen von Todes wegen so ausge- 56 staltet werden, dass sie mit dem Gesellschaftsvertrag konform gehen und möglichst keine Bestandteile beinhalten, die im Ausland Schwierigkeiten hervorrufen können. Im Zweifel ist zu empfehlen, auf komplizierte Strukturen zu verzichten und einfache Regelungen zu wählen. Dies erhöht die Chance, dass diese auch im Ausland voll anerkannt werden und keine Probleme bereiten.

a) Das auf die Verfügung von Todes wegen anzuwendende Recht. aa) Einzeltesta- 57 **ment.** Um die Zulässigkeit und materielle Vereinbarkeit einer Verfügung von Todes wegen mit dem auf sie anwendbaren Recht prüfen zu können, muss der erste Schritt immer sein, das auf sie anwendbare Recht zu ermitteln. Achtung: Dies ist nicht einfach das auf den Erbfall anwendbare Recht! Das auf die Verfügung von Todes wegen anwendbare Recht wird selbständig angeknüpft, sogenanntes **Errichtungsstatut.** Art. 24 Abs. 1 EuErbVO unterstellt die Zulässigkeit und die materielle Wirksamkeit einer Verfügung von Todes wegen – sofern keine Rechtswahl vorliegt – dem Recht, das nach der EuErbVO auf die Rechtsnachfolge von Todes wegen anzuwenden wäre, wenn der Errichtende zu diesem Zeitpunkt verstorben wäre. Dies bezeichnet man als hypothetisches Erbstatut. Es wird wiederum über den gewöhnlichen Aufenthalt ermittelt.[32] Sinn des Bezuges auf den Errichtungszeitpunkt ist, sicherzustellen, dass eine Verfügung von Todes wegen durch einen Wechsel des gewöhnlichen Aufenthaltes nicht unwirksam wird.

---

[32] Dutta/Weber/*Bauer* EuErbVO Art. 24 Rn. 7.

58 **Beispiel 12:**

Erblasser E hat seinen gewöhnlichen Aufenthalt in Deutschland. Dort verfasst er sein Testament und setzt seinen besten Freund F als Alleinerben ein. Danach verzieht er nach Ägypten, wo er 20 Jahre später verstirbt. Nach den ägyptischen Vorschriften kann ein Erblasser nur über 1/3 seines Eigentums frei verfügen. Die darüber hinausgehende Erbeinsetzung wäre daher nach dem ägyptischen Recht unwirksam. Da die Erbeinsetzung allerdings nach dem zum Zeitpunkt der Verfassung hypothetischen Erbstatut (deutsches Recht) wirksam erfolgte, kommt es auf das ägyptische Recht nicht an.

59 Nach Art. 24 Abs. 2 EuErbVO kann eine Person für die Zulässigkeit und die materielle Wirksamkeit ihrer Verfügung von Todes wegen das **Recht wählen,** das sie nach Art. 22 EuErbVO unter den darin genannten Bedingungen für das auf sie anwendbare Erbrecht hätte wählen können, also das Recht der Staatsangehörigkeit.

60 **bb) Erbvertrag und gemeinschaftliches Testament.** Die Arbeit mit einem Erbvertrag oder einem gemeinschaftlichen Testament beschwört in internationalen Fällen häufig zusätzliche Probleme herauf. Dies resultiert daraus, dass der Erbvertrag und das gemeinschaftliche Testament, insbesondere wegen der (möglichen) Bindungswirkung der Verfügungen in vielen Rechtsordnungen nicht bekannt oder anders ausgestaltet sind und damit die Gefahr besteht, dass sie nicht anerkannt werden.

61 Der **Erbvertrag** ist in Art. 25 EuErbVO geregelt. Der Begriff des Erbvertrages ist autonom auszulegen und ist nicht mit dem Begriff des BGB gleichzusetzen. Nach der Definition in Art. 3 Abs. 1b) EuErbVO fällt darunter jede Vereinbarung, die Rechte am künftigen Nachlass einer oder mehrerer beteiligter Personen betrifft. Art. 25 EuErbVO differenziert zwischen einem Erbvertrag, der den Nachlass einer Person regelt (Abs. 1) und einem, der den Nachlass mehrerer Personen regelt (Abs. 2). Abs. 1 knüpft für die Zulässigkeit, materielle Wirksamkeit und Bindungswirkung des Erbvertrags an das Recht an, das gelten würde, wenn der Erblasser im Zeitpunkt des Abschlusses des Erbvertrages verstorben wäre (hypothetisches Erbstatut).

62 Der Erbvertrag über **mehrere Nachlässe** nach Abs. 2 kann für Familienunternehmen Relevanz erlangen, zB in der Konstellation, dass mehrere Familienmitglieder gemeinsam an einem Unternehmen beteiligt sind und gemeinsam regeln möchten, was mit dem Unternehmen nach dem Tod beider passiert. Sollten auf beide Erblasser verschiedene Rechtsordnungen anwendbar sein, ist der Erbvertrag nur zulässig, wenn beide anwendbaren Rechte den Erbvertrag kennen. Die materielle Wirksamkeit und die Bindungswirkungen des Erbvertrags richten sich nach dem Recht aus den auf die beteiligten Personen anwendbaren Rechten, zu dem die engste Verbindung besteht.[33] Dh ist auf beide Erblasser das gleiche Recht anwendbar, ist dies automatisch das mit der engsten Verbindung. Ist dies nicht der Fall, muss eine Wertung erfolgen.

63 **Beispiel 13:**

Die Brüder A und B, beide deutsche Staatsangehörige, sind an einer deutschen AG beteiligt. A lebt in Deutschland, B in der Türkei. Da B kinderlos ist, beschließen beide, dass T, die Tochter des A, die ebenfalls in Deutschland lebt, die Anteile beider nach deren Tode erhalten soll. Das Errichtungsstatut des A ist das deutsche, das des B das türkische. Beide Rechte erkennen den Erbvertrag an. Die engste Verbindung dürfte zum deutschen Recht bestehen: Staatsangehörigkeit beider und gewöhnlicher Aufenthalt einer der Erblasser sowie der Erbin, Belegenheit und Rechtsform der Gesellschaft. Für das türkische Recht spricht nur der gewöhnliche Aufenthalt des B.

64 Art. 25 Abs. 3 EuErbVO eröffnet die Möglichkeit, den Erbvertrag per **Rechtswahl** dem Recht der Staatsangehörigkeit des Erblassers zu unterstellen. Sind mehrere Erblasser

---

[33] Dutta/Weber/*Bauer* EuErbVO Art. 25 Rn. 19.

beteiligt, reicht es, wenn das Recht der Staatsangehörigkeit eines Erblassers gewählt wird. Somit ist es möglich, eine Rechtsordnung, die den Erbvertrag nicht anerkennt, zu vermeiden.

Beispiel 14: 65
Der Deutsche D lebt in Spanien und möchte einen Erbvertrag schließen. Das spanische Recht erkennt den Erbvertrag nicht an. D kann das Recht seiner deutschen Staatsangehörigkeit wählen und den Erbvertrag nach deutschem Recht errichten.

Kommt eine Rechtswahl nicht in Betracht, empfiehlt es sich, im Erbvertrag darzulegen, von welcher engsten Verbindung die Beteiligten aus welchen Gründen ausgehen.[34] 66

Das **gemeinschaftliche Testament** wird zwar in Art. 3 Abs. 1 lit. b) EuErbVO definiert, nicht jedoch eigenständig geregelt. Es ist daher umstritten, ob das gemeinschaftliche Testament ebenfalls unter die Regelung des Art. 25 EuErbVO (Erbvertrag) fällt. Die hM in Deutschland differenziert: Für das gemeinschaftliche Testament mit Bindungswirkung geht sie von der Anwendung von Art. 25 EuErbVO aus.[35] Enthält das Testament jedoch keine wechselbezüglich bindenden Verfügungen, handelt es sich um eine (einfache) Verfügung von Todes wegen, die nach Art. 24 EuErbVO zu bewerten ist.[36] Bis die rechtliche Bewertung höchstrichterlich geklärt ist, sollte daher mit dem gemeinschaftlichen Testament zurückhaltend umgegangen werden und ggf. dem Erbvertrag der Vorzug gegeben werden.[37] 67

Beispiel 15: 68
Das deutsche Ehepaar M und F hat sich dauerhaft in Schweden niedergelassen. Handschriftlich verfassen beide ein gemeinschaftliches Testament in einem Dokument und unterschreiben es. Darin setzen sie sich gegenseitig und den in Deutschland lebenden Bruder des Ehemanns, B, als Alleinerben nach dem Letztversterbenden ein und vermerken, dass die Erbeinsetzung für beide wechselseitig bindend sein soll. Als M als erstes verstirbt, setzt F ihre neue Freundin C als Erbin ein. B fragt sich, ob F ihn wirksam von der Erbfolge ausschließen konnte. Qualifiziert man das gemeinschaftliche Testament mit Bindungswirkung nach deutscher hM als Erbvertrag iSd Art. 25 EuErbVO, ist nach dessen Abs. 2 zunächst zu prüfen, welches Recht auf die Zulässigkeit des gemeinschaftlichen Testaments anwendbar ist. Das anwendbare Recht bestimmt sich für beide nach dem Recht des gewöhnlichen Aufenthalts Schweden. Das schwedische Recht hält das gemeinschaftliche Testament für zulässig. Die materielle Wirksamkeit und Bindungswirkung hingegen bestimmt sich nach dem Recht der engsten Verbindung. Da für beide das schwedische Recht berufen ist, ist dies auch automatisch das Recht der engsten Verbindung. Nach dem schwedischen Recht kommt aber dem Erbvertrag keine Bindungswirkung zu. Danach konnte die F die Erbeinsetzung des B noch ändern. Hier spricht allerdings viel dafür, dass M und F mit der ausdrücklichen Bezugnahme auf die Bindungswirkung nach deutschem Recht eine konkludente Rechtswahl zum deutschen Recht vorgenommen haben.

---

[34] Hausmann/Odersky/*Odersky*, Internationales Privatrecht in der Notar- und Gestaltungspraxis, 3. Aufl. 2017, § 15 Rn. 258.
[35] Dutta/Weber/*Bauer* EuErbVO Art. 25 Rn. 3; *Lechner*, Erbverträge und gemeinschaftliche Testamente in der neuen EU-Erbrechtsverordnung, NJW 2013, 26 (27); *Leipold*, Das Europäische Erbrecht (EuErbVO) und das deutsche gemeinschaftliche Testament, ZEV 2014, 139; MüKoBGB/*Dutta* EuErbVO Art. 3 Rn. 9; Palandt/*Thorn* EuErbVO Art. 25 Rn. 3; aA *Nordmeier*, Erbverträge und nachlassbezogene Rechtsgeschäfte in der EuErbVO – eine Begriffsklärung, ZEV 2013, 117 (119).
[36] Hausmann/Odersky/*Odersky*, Internationales Privatrecht in der Notar- und Gestaltungspraxis, 3. Aufl. 2017, § 15 Rn. 226.
[37] *Nordmeier*, EuErbVO: Neues Kollisionsrecht für gemeinschaftliche Testamente, ZEV 2012, 513; *Reich*, Verfügungen von Todes wegen mit Bindungswirkung in gemischt-nationalen Ehen unter Berücksichtigung der Besonderheiten der EuErbVO, ZEV 2014, 144 (145).

69 **b) Form.** Die Form der Verfügung von Todes wegen ist in Art. 27 EuErbVO geregelt. Hierin sind, wie auch schon im EGBGB, mehrere auf die Form anwendbare Rechte alternativ vorgesehen. Es stehen das Recht des Vornahmeortes, das Recht der Staatsangehörigkeit, das Recht des Wohnsitzes, das Recht des gewöhnlichen Aufenthalts und der Ort der Belegenheit unbeweglichen Vermögens zur Verfügung. Zu beachten ist hier, dass es sich jeweils um das Recht handeln kann, das im Zeitpunkt der Errichtung oder des Todes anwendbar ist, sodass es zu einer weiteren Verbreiterung der Möglichkeiten kommt.[38]

70 **Beispiel 16:**

Die Deutsche D mit gewöhnlichem Aufenthalt in Hamburg tippt ihr Testament auf dem Laptop ab, druckt es aus und unterschreibt es. Später nimmt sie ihren gewöhnlichen Aufenthalt in den USA, wo sie verstirbt. Nach dem deutschen Recht ist das maschinenschriftliche Testament formunwirksam. Nach dem Recht der USA ist es formwirksam. Es genügt daher dem Recht des Wohnsitzes im Zeitpunkt des Todes. Das Testament ist formwirksam.

71 **c) Gestaltungsmittel. aa) Vermächtnisse.** Der Erblasser kann einen Gesellschaftsanteil auch vermächtnisweise weitergeben. Dies ist nach dem deutschen Recht so ausgestaltet, dass dem Vermächtnisnehmer der Vermächtnisgegenstand erst von dem oder den Erben übereignet werden muss **(Damnationslegat)**. In anderen Ländern wie zB in Frankreich oder Italien gibt es im Gegensatz hierzu das **Vindikationslegat.** Hierbei wird der Vermächtnisnehmer automatisch Eigentümer des Vermächtnisgegenstandes. Wenn nun der Erblasser in Deutschland ein Vermächtnis anordnet, wird er vom Damnationslegat ausgehen. Verlegt er seinen gewöhnlichen Aufenthalt in ein Ausland, das das Vindikationslegat kennt, findet ein Statutenwechsel statt. Verstirbt der Erblasser an seinem neuen gewöhnlichen Aufenthaltsort, wird der Gesellschaftsanteil unmittelbar von dem Vermächtnisnehmer erworben.[39]

72 Eine weitere Gestaltungsmöglichkeit ist das **Nießbrauchsvermächtnis.** Hierbei wird einer Person das Eigentum an dem Gesellschaftsanteil als Erbe oder Vermächtnisnehmer zugewandt, während einer anderen Person der Nießbrauch, dh primär das Dividenden- oder Gewinnbezugsrecht an dem Gesellschaftsanteil, vermacht wird.

73 **Beispiel 17:**

Der in Deutschland lebende Erblasser D vererbt sein gesamtes Vermögen seiner Frau und wendet seiner Tochter T vermächtnisweise den Nießbrauch an seinem Anteil an einer italienischen S.r.l. (Kapitalgesellschaft) mit Sitz in Italien zu. Nach dem deutschen anwendbaren Erbrecht muss F der T den Nießbrauch rechtsgeschäftlich bestellen. Die rechtsgeschäftliche Bestellung wird von der EuErbVO nicht mehr erfasst, sondern richtet sich nach dem Schuldrechtsstatut des Art. 2 Abs. 2 Rom I-VO[40] (Heimatrecht der T als Erbringerin der vertragscharakteristischen Leistung, der Einräumung des Nießbrauchs). Das italienische Gesellschaftsstatut entscheidet über Zulässigkeit und Ausgestaltung des Nießbrauchs.[41]

74 **bb) Vor- und Nacherbfolge.** Die deutsche Vor- und Nacherbfolge ist ein im Ausland häufig unbekanntes Institut. Daher besteht die Gefahr, dass sie von der ausländischen Rechtsordnung nicht akzeptiert wird, da der Erblasser über die Anordnung von Vor- und Nacherbfolge weit über seinen Tod auf das Schicksal der Erbmasse Einfluss nehmen kann.[42] Die Vor- und Nacherbfolge sollte daher mit Vorsicht benutzt werden.

---

[38] Kritisch Dutta/Weber/*Süß* EuErbVO Art. 27 Rn 50f.
[39] *Döbereiner,* Damnationslegate unter Geltung der EuErbVO am Beispiel des deutsch-französischen Rechtsverkehrs, ZEV 2015, 559 (561).
[40] Verordnung (EG) Nr. 593/2008 des Europäischen Parlaments und des Rates vom 17.6.2008 über das auf vertragliche Schuldverhältnisse anzuwendende Recht.
[41] Dutta/Weber/*J.P. Schmidt* EuErbVO Art. 31 Rn. 34.
[42] *Lehmann,* Erhöhter Druck auf Erbvertrag, gemeinschaftliches Testament sowie Vor- und Nacherbfolge durch die EuErbVO, ZEV 2015, 309 (312).

cc) Erbengemeinschaft.
Das Erbstatut entscheidet, ob es die Erbengemeinschaft zulässt und wie diese ausgestaltet ist. Das Gesellschaftsstatut entscheidet, ob es die Beteiligung mehrerer an einem Gesellschaftsanteil zulässt.[43]

Beispiel 18:
Erblasserin E hinterlässt zwei Kinder, die beide Erben zu $\frac{1}{2}$ werden und nach deutschem Recht eine Erbengemeinschaft bilden. Zum Erbe gehört ein Anteil an einer ausländischen Personengesellschaft. Das ausländische Gesellschaftsstatut bestimmt, ob es möglich ist, dass die Kinder gemeinsam an dem Gesellschaftsanteil beteiligt sein können und welche Folgen eintreten.

dd) Testamentsvollstreckung.
Die deutsche Testamentsvollstreckung ist im internationalen Vergleich sehr weitgehend ausgestaltet. Insbesondere durch die Möglichkeit der Anordnung einer dauerhaften Testamentsvollstreckung steht Deutschland recht isoliert da. In anderen Ländern wird dies argwöhnisch betrachtet und es kann Anerkennungsprobleme geben, da der Erblasser hier übermäßig lange die Rechte seiner Erben, über das Erbe frei zu verfügen, beeinträchtigt („Regieren mit kalter Hand").[44] Derartige Konstruktionen sollten daher möglichst vermieden werden. Mit Anordnung einer einfachen Verteilungsvollstreckung wird man allerdings auf der sicheren Seite sein.

Insbesondere: Anglo-amerikanischer Rechtskreis
Insbesondere bei internationalen Erbfällen mit Bezug zu dem anglo-amerikanischen Rechtskreis sind die dortigen Besonderheiten zu beachten. Dem anglo-amerikanischen Rechtskreis ist das aus dem deutschen Recht bekannte Prinzip der Universalsukzession und des Vonselbsterwerbs grundsätzlich fremd. Vielmehr geht in den Rechtsordnungen des anglo-amerikanischen Rechtskreises regelmäßig die gesamte Erbmasse auf einen **personal representative** über, der auch selbst Eigentümer der Nachlassgegenstände wird und diese an die Erben und Vermächtnisnehmer (beneficiaries) verteilt. Dieser personal representative übt damit eine ähnliche Funktion wie ein deutscher Testamentsvollstrecker aus, ist aber gänzlich anders ausgestaltet. Wird der personal representative gerichtlich bestellt, heißt er administrator, wird er in einer Verfügung von Todes wegen bestellt, heißt er executor.[45] Regionale Abweichungen der Bezeichnungen sind möglich.

Befindet sich nun ein Anteil an einer Gesellschaft eines entsprechenden Landes in der Erbmasse, kann dies die Notwendigkeit der Bestellung eines personal representative auslösen. Um sicherzugehen, dass der Erblasser in diesem Fall den executor selbst bestellen kann und es nicht zur Bestellung eines gerichtlichen administrators kommt, wird empfohlen, ein zweites Testament zu erstellen, welches den Erfordernissen des lokalen Rechts entspricht und hierin die Bestellung zu regeln.[46]

Aufgrund der Probleme mit der Testamentsvollstreckung kann als Alternative angedacht werden, mit trans- oder postmortalen **Vollmachten** zu arbeiten. Transmortale Vollmachten gelten bereits zu Lebzeiten, aber auch über den Tod hinaus. Postmortale Vollmachten hingegen werden erst mit dem Tod wirksam. Da sie so in Konkurrenz zu den Rechten des Erben treten, werden derartige Vollmachten im Ausland nicht selten kritisch

---

[43] S. hierzu *Leitzen*, EuErbVO: Praxisfragen an der Schnittstelle zwischen Erb- und Gesellschaftsrecht, ZEV 2012, 520 (523); *von Oertzen*, Personengesellschaftsanteile in Internationalen Erbrecht, IPRax 1994, 73 (75).
[44] *Reimann*, Testamentsvollstrecker im Auslandseinsatz: Änderungen nach Inkrafttreten der EuErbVO?, ZEV 2015, 510.
[45] *Dornhegge*, Die erbrechtliche Nachfolge in Personengesellschaftsanteile im Internationalen Privatrecht, 169 ff; *Leitzen*, EuErbVO: Praxisfragen an der Schnittstelle zwischen Erb- und Gesellschaftsrecht, ZEV 2012, 520 (522 f.).
[46] *Odersky*, Gestaltungsempfehlungen für Erbfälle mit anglo-amerikanischem Bezug, ZEV 2000, 492 (494); *von Oertzen*, Behandlung von Anteilen an einer englischen Limited im Nachlassvermögen eines deutschen Erblassers, ZEV 2006, 106 (108); *Fetsch*, Auslandsvermögen im internationalen Erbrecht – Testamente und Erbverträge, Erbschein und Ausschlagung bei Auslandsvermögen, RNotZ 2006, 1 (33 ff.).

gesehen, wobei der transmortalen Vollmacht hierbei im Zweifel der Vorzug zu geben ist.[47] Die Regelung des Vollmachtsstatuts wurde erst kürzlich in das EGBGB aufgenommen (Art. 8). Nach Art. 8 Abs. 1 EGBGB ist die Rechtswahl zulässig. Mangels Rechtswahl ist nach Abs. 2 das Recht des Staates anwendbar, in dem der Bevollmächtigte im Zeitpunkt der Ausübung der Vollmacht seinen gewöhnlichen Aufenthaltsort hat, wenn er in Ausübung seiner unternehmerischen Tätigkeit handelt. Im Falle nicht-unternehmerischer Tätigkeit ist grundsätzlich bei einer auf Dauer angelegten Vollmacht das Recht des Staates anzunehmen, in dem der Bevollmächtigte von der Vollmacht gewöhnlich Gebrauch macht, Abs. 4. In Ausübung seiner unternehmerischer Tätigkeit handelt der Bevollmächtigte, wenn die Ausübung von Vollmachten generell zur gewerblichen Tätigkeit des Vertreters gehören.[48] Dies dürfte bei einem Erben per se nicht der Fal sein. Für ihn dürfte damit grundsätzlich § 8 Abs. 4 greifen, nach dem das Recht des gewöhnlichen Geburtsort anwendbar ist. Dies wird häufig das Land des Sitzes der jeweiligen Gesellschaft sein. Für die Form gilt Art. 11 Rom-I-VO (→ Rn. 101).

6. Gestaltungsmöglichkeiten außerhalb des Testaments

81 **a) Bündelung in einer Holding.** Im internationalen Gesellschaftsrecht gibt es keine Möglichkeit der Rechtswahl. Hat ein Erblasser mehrere Gesellschaftsbeteiligungen in seinem Nachlass, die alle verschiedenen Rechtsordnungen unterliegen, können sich für die Erben mannigfaltige Probleme und hohe Kosten aufgrund der Vielzahl der zu berücksichtigenden Rechtsordnungen ergeben. Hier kann es sich empfehlen, eine Holding dazwischenzuschalten, die die Gesellschaftsanteile hält.[49] Wo diese dann sitzen soll, ist nach der jeweiligen Gesamtsituation eingehend zu prüfen. Das anwendbare ausländische Recht kann auf diese Weise auf eines reduziert werden.

82 **b) Stiftung von Todes wegen.** Insbesondere dann, wenn sich kein geeigneter Nachfolger findet, der Erblasser aber die Entscheidung nicht der gesetzlichen Erbfolge überlassen will, kann an die Errichtung einer Stiftung gedacht werden. Dies kann auch als Alternative zu einer Holding in Betracht kommen, da die Stiftung auch eine Unternehmensträgerstiftung sein kann.[50] Eine Möglichkeit ist zudem, eine Stiftung nicht von Todes wegen, sondern bereits zu Lebzeiten zu errichten und diese zunächst mit einem kleinen Vermögen auszustatten und ihr dann letztwillig weitere Vermögensteile wie zB Gesellschaftsanteile zuzuwenden.

83 Das **Stiftungsstatut** bestimmt grundsätzlich alle stiftungsrechtlichen Fragen von der Entstehung bis zur Beendigung, zB Errichtungsvoraussetzungen, Binnenverfassung, Voraussetzungen und Rechtsfolgen der Beendigung.[51] Auf die (rechtsfähige) Stiftung werden nach herrschender Meinung die Grundsätze des internationalen Gesellschaftsrechts, also Sitz- und Gründungstheorie, angewandt.[52]

---

[47] *Reimann*, Testamentsvollstrecker im Auslandseinsatz: Änderungen nach Inkrafttreten der EuErbVO?, ZEV 2015, 510 (514); *Fetsch*, Auslandsvermögen im internationalen Erbrecht – Testamente und Erbverträge, Erbschein und Ausschlagung bei Auslandsvermögen, RNotZ 2006, 1 (26 f.).
[48] MüKoBGB/*Spellenberg* EGBGB Art. 8 Rn. 98.
[49] *Süß*, Erbrecht in Europa, 2. Aufl. 2008, § 6 Rn. 63 ff.; *Fetsch*, Auslandsvermögen im internationalen Erbrecht – Testamente und Erbverträge, Erbschein und Ausschlagung bei Auslandsvermögen, RNotZ 2006, 1 (14 f.); *von Oertzen*, Personengesellschaftsanteile im Internationalen Erbrecht, IPRax 1994, 73 (79).
[50] *Naumann zu Grünberg;* Die Stiftung in der Unternehmensnachfolge mit Auslandsbezug: Einsatzmöglichkeiten und Stiftungsstatut, ZEV 2012, 569.
[51] *Naumann zu Grünberg,* Die Stiftung in der Unternehmensnachfolge mit Auslandsbezug: Einsatzmöglichkeiten und Stiftungsstatut, ZEV 2012, 569.
[52] BGH ZEV 2017, 224; *Werner*, Anknüpfung des Stiftungsstatuts unter Anwendung des Internationalen Gesellschaftsrechts, ZEV 2017, 181; *Naumann zu Grünberg,* Die Stiftung in der Unternehmensnachfolge mit Auslandsbezug: Einsatzmöglichkeiten und Stiftungsstatut, ZEV 2012, 569.

Exkurs: trust
Im anglo-amerikanischen Rechtskreis existiert das Rechtsinstitut des trust.[53] Dabei überträgt der Inhaber des Vermögens (settlor/grantor) das Vermögen auf einen trustee, der (formell) Eigentümer des Vermögens wird, es verwaltet und die Erträge an die wirtschaftlich Berechtigten (beneficiaries) auskehrt. Im Todesfall wird das trust-Vermögen außerhalb des Nachlasses und damit auch des Nachlassverfahrens verteilt. Der trust kann sowohl zu Lebzeiten (inter vivos oder living trust) als auch auf den Todesfall (testamentary trust) errichtet werden. Der testamentary trust ist ein erbrechtliches Geschäft und unterfällt dem Erbstatut.[54] Ist deutsches Erbrecht anwendbar, kann der Erblasser den trust nicht errichten, da das deutsche Recht diesen nicht kennt. Der inter vivos oder living trust steht einem in Deutschland ansässigen Erblasser jedoch als schuldrechtliches Instrument offen. Die Nutzung kommt insbesondere dann in Betracht, wenn der Unternehmer befürchtet, dass seine Erben/Nachfolger das Unternehmen zerschlagen werden. Durch die Errichtung des trust kann er sicherstellen, dass die Nachfolger wirtschaftlich am Unternehmenserfolg partizipieren, jedoch nicht den Vermögensstamm angreifen können.

84

c) Eheliches Güterrecht. Bei jeder Nachfolgeplanung sollte auch der mögliche Einfluss des ehelichen Güterrechts beachtet werden. Das Güterrecht geht dabei dem Erbrecht nach hM vor.[55] Das heißt, zunächst erfolgt eine güterrechtliche Auseinandersetzung. Was dann noch übrig ist, wird erbrechtlich verteilt. Als erstes muss unterschieden werden, was unter welchen Begriff zu subsumieren ist. Die Abgrenzung ist dabei im Einzelnen schwierig. Als Faustregel gilt: Güterrechtlich wird qualifiziert, was der überlebende Ehegatte aufgrund der ehelichen Gemeinschaft erhält. Erbrechtlich wird qualifiziert, was der überlebende Ehegatte ohne Rücksicht auf eine besondere eheliche Zuordnung erhält.[56]

85

Art. 22 erlaubt die gemeinsame Rechtswahl zum Recht des Staates, in dem beide oder einer der Ehegatten den gewöhnlichen Aufenthalt haben/hat oder das Recht eines Staates, dessen Staatsangehörigkeit einer der Ehegatten besitzt. Über die Rechtswahl lässt sich ein Gleichlauf mit dem anwendbaren Erbrecht herstellen. Ein Gleichlauf ist in der Regel vorteilhaft, da er Systembrüche vermeidet. Wird keine Rechtswahl getroffen, beruft Art. 26 Abs. 1a) primär das Recht des ersten gewöhnlichen Aufenthalts nach der Eheschließung zur Anwendung. Allenfalls stellt Art. 26 Abs. 1b) auf die gemeinsame Staatsangehörigkeit der Ehegatten zum Zeitpunkt der Eheschließung ab. Subsidiär beruft Abs. 1c) das Recht der gemeinsamen engsten Verbindung.[57]

86

Auch im Bereich des Güterrechts können sich gegebenenfalls Gestaltungsmöglichkeiten eröffnen. In Ländern mit der sog. Errungenschaftsgemeinschaft wie zB Frankreich wird alles, was die Ehegatten gemeinsam oder einzeln kraft ihrer Arbeit oder ihres Vermögens erworben haben, zu Gesamtgut.[58] Hierunter können auch Gesellschaftsanteile fallen. Somit können diese am Nachlass vorbei dem Ehepartner zugewandt werden, was zB Pflichtteilsansprüche vermeiden kann. Zudem sieht zB Frankreich die Möglichkeit vor, dem Ehegatten durch güterrechtliche Vereinbarungen außerhalb des Erbrechts Güter zukommen zu lassen, sog. avantages matrimoniaux.[59]

87

---

[53] *Ebenroth*, Erbrecht, Rn 1297ff; *Siegwart*, Die Abwicklung von Erbfällen in den USA, ZEV 2006, 110 (112f.).
[54] *Ebenroth*, Erbrecht, Rn 1299.
[55] Hausmann/Odersky/*Hausmann*, Internationales Privatrecht in der Notar-und Gestaltungspraxis, 3. Aufl. 2017, § 9 Rn. 188; Staudinger/*Mankowski* EGBGB Art. 15 Rn. 329; Staudinger/*Dörner* EGBGB Art. 25 Rn. 139.
[56] Hausmann/Odersky/*Odersky*, Internationales Privatrecht in der Notar-und Gestaltungspraxis, 3. Aufl. 2017, § 15 Rn. 308.
[57] S. Details in *Coester-Waltjen*, Die objektive Anknüpfung des Ehegüterstatuts, in: Dutta/Weber: Die Europäische Güterrechtsverordnungen, 2017, 45; *Martiny*, Die Anknüpfung güterrechtlicher Angelegenheiten nach den europäischen Güterrechtsverordnungen, ZJPW 2017,1.
[58] *Stade*, Unternehmenserbrecht in Frankreich: ein Überblick, ZEV 2017, 193 (194).
[59] *Döbereiner*, Ehe- und Erbverträge im deutsch-französischen Rechtsverkehr, 97.

7. Verfahrensrecht

88 Erfährt ein Erbe, dass er Nachfolger in ein ausländisches Unternehmen oder einen ausländischen Gesellschaftsanteils geworden ist, möchte er wissen, welcher verfahrensrechtlicher Schritte es bedarf, um die Nachfolge gegebenenfalls nachzuweisen und auch rein tatsächlich anzutreten. Es bestehen dabei prinzipiell zwei nebeneinander anwendbare verfahrensrechtliche Möglichkeiten, nämlich die Beantragung des deutschen Erbscheins und die Beantragung des durch die EuErbVO neu eingeführten Europäischen Nachlasszeugnisses.

89 **a) Erbschein, §§ 2353 ff. BGB.** Der deutsche Erbschein wird beim zuständigen deutschen Nachlassgericht als Zeugnis über das Erbrecht erteilt. Nach § 2369 BGB ist bei Vorhandensein ausländischen Vermögens die Ausstellung eines gegenständlich beschränkten Erbscheins auf die im Inland belegenen Gegenstände möglich. Ob ein solcher gegenständlich beschränkter Erbschein im Ausland für das dort belegene Vermögen erteilt wird, bestimmt sich nach dem dort geltenden Verfahrensrecht. Es besteht die Gefahr, dass ein deutscher Erbschein im Ausland auf Schwierigkeiten stößt und nicht oder nur eingeschränkt akzeptiert wird.[60] Bei Auslandsbezug empfiehlt es sich daher, ein Europäisches Nachlasszeugnis zu beantragen.

90 **b) Europäisches Nachlasszeugnis, Art. 62 ff. EuErbVO.** Die EuErbVO stellt als neues verfahrensrechtliches Instrument das Europäische Nachlasszeugnis zur Verfügung.[61] Es handelt sich dabei um ein optionales Zeugnis. Die innerstaatlichen Schriftstücke wie der deutsche Erbschein werden durch das Europäische Nachlasszeugnis ausdrücklich nicht ersetzt. Beide Möglichkeiten bestehen nebeneinander. Das Zeugnis entfaltet nach Art. 69 Abs. 1 EuErbVO seine Wirkungen in allen Mitgliedstaaten, ohne dass es einer Anerkennung bedarf.

91 Das Europäische Nachlasszeugnis wird gemäß Art. 64 EuErbVO in dem Mitgliedstaat ausgestellt, dessen Gerichte international zuständig sind. Nach Art. 4 EuErbVO sind grundsätzlich die **Gerichte** des Mitgliedstaates für den gesamten Nachlass **zuständig**, in dessen Hoheitsgebiet der Erblasser im Zeitpunkt seines Todes seinen gewöhnlichen Aufenthalt hatte. Damit wird ein Gleichlauf zwischen der Zuständigkeit und dem anwendbaren Erbrecht hergestellt. Art. 7 EuErbVO regelt davon abweichend die Zuständigkeit bei Rechtswahl. Allerdings werden hier nicht per se die Gerichte des Mitgliedstaates berufen, dessen Erbrecht der Erblasser gewählt hat, sondern nur dann, wenn sich ein zuvor angerufenes Gericht für unzuständig erklärt hat, die Verfahrensparteien die Zuständigkeit eines Gerichts oder der Gerichte des entsprechenden Mitgliedstaats vereinbart haben oder die Verfahrensparteien die Zuständigkeit des angerufenen Gerichts ausdrücklich anerkannt haben.

92 Das Europäische Nachlasszeugnis wird auf **Antrag** der Person oder Personen ausgestellt, die sich in einem anderen Mitgliedstaat auf ihre Rechte als Erbe, Vermächtnisnehmer, Testamentsvollstrecker oder Nachlassverwalter berufen will bzw. wollen, Art. 65 Abs. 1 iVm Art. 63 Abs. 1 EuErbVO.

93 Das Europäische Nachlasszeugnis kann von einem Gericht oder einer anderen Behörde ausgestellt werden, Art. 64 EuErbVO. Der Begriff des Gerichts ist weit auszulegen und kann jede Stelle erfassen, die die Unparteilichkeit und das Recht der Parteien auf rechtliches Gehör gewährleisten, Art. 3 Abs. 2 EuErbVO. Hierunter kann zB auch ein Notar fallen.[62] Der Antrag auf das Europäische Nachlasszeugnis erfordert zahlreiche Angaben des Antragstellers, was ihn von dem deutschen Erschein unterscheidet. Zwingend ist unter anderem der Zweck anzugeben, zu dem das Europäische Nachlasszeugnis ausgestellt wer-

---

[60] Dutta/Weber/Fornasier EuErbVO Vorb. Art. 62 Rn. 3.
[61] S. hierzu Buschbaum/Simon, EuErbVO, Das Europäische Nachlasszeugnis, ZEV 2012, 525.
[62] Dörner, EuErbVO: Die Verordnung zum Internationalen Erb- und Erbverfahrensrecht ist in Kraft!, ZEV 2012, 505 (509).

den soll. Die gemachten Angaben sind durch geeignete Dokumente zu untermauern. Sind entsprechende Dokumente nicht vorhanden, bedarf es einer eidesstattlichen Versicherung durch den Antragsteller.

Das Europäische Nachlasszeugnis trägt gemäß Art. 69 Abs. 2 EuErbVO die Vermutung der Richtigkeit in sich. Es schützt den **guten Glauben** Dritter bei Handlungen mit dem in dem Europäische Nachlasszeugnis ausgewiesenen Berechtigten. Ein Dritter darf auf die Verfügungsberechtigung des im Europäischen Nachlasszeugnis ausgewiesenen Erben so lange vertrauen, wie ihm die Unrichtigkeit des Europäischen Nachlasszeugnisses nicht bekannt oder nicht infolge grober Fahrlässigkeit unbekannt ist, Art. 69 Abs. 4 EuErbVO. Diese Ausgestaltung unterscheidet sich insofern etwas von dem deutschen Erbscheines, da bei diesem nur die tatsächliche Kenntnis schadet, nicht jedoch bereits die grob fahrlässige Unkenntnis. Der Gutgläubensschutz umfasst nicht die Zugehörigkeit des Nachlassgegenstandes zum Nachlass. Diese Frage richtet sich nach dem Recht des Belegenheitsortes des Nachlassgegenstandes (lex rei sitae).[63] 94

II. Nachfolge zu Lebzeiten/vorweggenommene Erbfolge

Nachfolge ist nicht nur im erbrechtlichen Wege, sondern auch zu Lebzeiten möglich. Dies hat auch den Vorteil, dass der Abgebende den Übernahmeprozess selbst bis zum Schluss aktiv gestalten und absichern kann. 95

1. Verkauf

Eine Möglichkeit der lebzeitigen Übertragung eines Unternehmens oder Gesellschaftsanteils ist der Verkauf. Bei einem Kaufvertrag, der eine Verbindung zum Recht verschiedener Staaten aufweist, bestimmt sich das anwendbare Recht nach der Rom I-VO. Zu beachten ist, dass dies auch dann gilt, wenn beide Vertragsparteien im Inland ansässig sind und nur der Kaufgegenstand (die Gesellschaftsbeteiligung) im Ausland belegen ist. Art. 3 Rom-I-VO bestimmt, dass der Vertrag dem von den Parteien gewählten Recht unterliegt. Es kann grundsätzlich ein beliebiges Recht gewählt werden, auch ein solches, mit dem der Sachverhalt keine Berührungspunkte aufweist (neutrales Recht).[64] 96

Liegt keine Rechtswahl vor, bestimmt sich das auf den Vertrag anwendbare Recht nach Art. 4 Rom I-VO. Hierbei ist darauf zu achten, ob allein bewegliche oder auch unbewegliche Gegenstände verkauft werden. Ist der Gesellschaftsanteil selbst Kaufgegenstand (share deal), handelt es sich um eine bewegliche Sache. Beim asset deal, bei dem die Gegenstände des Betriebsvermögens verkauft werden, können auch unbewegliche Gegenstände enthalten sein. Für den Kaufvertrag über bewegliche Sachen bestimmt Art. 4 Abs. 1a) Rom-I-VO: Kaufverträge über bewegliche Sachen unterliegen dem Recht des Staates, in dem der Verkäufer seinen gewöhnlichen Aufenthalt hat. Das Recht des gewöhnlichen Aufenthaltsortes des Verkäufers wird gemäß Art. 20 Rom I-VO als Sachrecht ohne Prüfung des Renvoi berufen. Beim Verkauf unbeweglicher Gegenstände ist nach Art. 4 Abs. 1c) Rom-I-VO das Recht des Belegenheitsorts anwendbar Hier könnte es also zu zwei verschiedenen anwendbaren Rechten kommen. Hier hilft Art. 4 Abs. 2 Rom-I-VO weiter, nach dem bei auseinanderfallenden Rechten einheitlich das Recht des gewöhnlichen Aufenthaltsortes des Verkäufers berufen wird. 97

Bei der **Übertragung** der Gesellschaftsanteile zur Erfüllung des Kaufvertrages kommt die Qualifikation als sachenrechtliche oder als gesellschaftsrechtliche Frage in Betracht. Gesellschaftsanteile sind Sachen. Allerdings erfasst das Sachenrechtsstatut (Art. 43 EGBGB) nur körperliche Gegenstände. Es besteht daher Einigkeit darüber, dass sich die Übertra- 98

---

[63] Dutta/Weber/*Fornasier* EuErbVO Art. 69 Rn. 19.
[64] Hölters/*Wetzler*, Handbuch Unternehmenskauf, 7. Aufl. 2010, Teil XV Rn. 37.

gung der Gesellschaftsanteile nach dem Gesellschaftsstatut richtet.[65] Dies bestimmt, ob die Anteile mit Vertragsschluss übergehen oder weitere Übertragungsakte von Nöten sind.

2. Schenkung

99 Das auf die Schenkung anwendbare Recht ist in Art. 4 Rom I-VO nicht ausdrücklich geregelt. In diesem Fall ist Abs. 2 einschlägig. Danach unterliegt der Vertrag dem Recht des Staates, in dem die Partei, welche die für den Vertrag charakteristische Leistung zu erbringen hat, ihren gewöhnlichen Aufenthalt hat. Die vertragscharakteristische Leistung ist die Schenkung. Das Recht des Schenkers ist ohne Prüfung einer Rück- oder Weiterverweisung anwendbar.

100 Bei einer **Schenkung auf den Todesfall** handelt es sich (nach deutschem Verständnis) um eine Schenkung, die unter der Bedingung steht, dass der Beschenkte den Schenker überlebt. Die Behandlung der Schenkung auf den Todesfall ist noch nicht abschließend geklärt. Nach h.Lit. ist sie als Erbvertrag nach Art. 25 EuErbVO zu behandeln.[66] Wird im Gegensatz dazu nur die Wirksamkeit der Schenkungsverpflichtung auf den Zeitpunkt des Todes hinausgeschoben, handelt es sich um eine Schenkung unter Lebenden. Dann ist das Schenkungsstatut des Art. 4 Abs. 2 Rom I-VO anwendbar.

3. Form

101 Die Bestimmung des **Formstatuts,** dessen Erfordernissen der Kauf- oder Schenkungsvertrag entsprechen muss, ist in Art. 11 Rom-I-VO geregelt. Befinden sich die Vertragsparteien oder deren Vertreter zum Zeitpunkt des Vertragsschlusses in demselben Staat, ist der Vertrag nach Art. 11 Abs. 1 Rom-I-VO formgültig, wenn er die Formerfordernisse des auf ihn nach der Verordnung anzuwendenden materiellen Rechts oder die Formerfordernisse des Rechts des Staates, in dem er geschlossen wird, erfüllt. Art. 11 Abs. 2 Rom-I-VO regelt den Fall, dass die Vertragsparteien oder deren Vertreter sich zum Zeitpunkt des Vertragsschlusses in verschiedenen Staaten befinden. Dann ist der Vertrag formgültig, wenn er die Formerfordernisse des auf ihn nach der Verordnung anzuwendenden materiellen Rechts oder die Formerfordernisse des Rechts eines der Staaten, in denen sich eine der Vertragsparteien oder ihr Vertreter zum Zeitpunkt des Vertragsschlusses befindet, oder die Formerfordernisse des Rechts des Staates, in dem eine der Vertragsparteien zu diesem Zeitpunkt ihren gewöhnlichen Aufenthalt hat, erfüllt.

III. Steuerliche Aspekte der internationalen Unternehmensnachfolge

102 War schon in der Generation Y die Mobilität stark ausgeprägt, wird sich dies bei der Generation Z noch deutlich verstärken. Die zunehmende Digitalisierung in allen Lebensbereichen ermöglicht es bereits jetzt, nahezu von jedem Ort der Erde zu arbeiten. Schulaufenthalte und Auslandsstudium gehören bereits heute zum Standard. Arbeitnehmer werden immer häufiger ins Ausland entsandt. Der Remote-Worker zieht es vor, unter Palmen am Meer und zu flexiblen Zeiten zu arbeiten. Der erkorene Nachfolger wird zur Ausbildung zu einer amerikanischen Investmentbank geschickt und Vorstandsmitglieder machen ein Sabbatical im Silicon Valley. Die abnehmende Ortsgebundenheit sowie ein internationales Arbeits- und Beziehungsumfeld führen dazu, dass die Erbengeneration nicht nur ihren Lebensmittelpunkt ins Ausland verlegt, sondern diesen auch immer mal wieder in andere Länder verschiebt. Mehrere Wohnsitze sind keine Seltenheit mehr und das Auslandsvermögen nimmt zu. Eine derartige Flexibilität ist dem Steuerrecht (noch)

---

[65] Hölters/*Wetzler*, Handbuch Unternehmenskauf, 7. Aufl. 2010, Teil XV Rn. 82.
[66] Dutta/Weber/*Magnus* IntSchenkungsR Rn. 36 ff.; *Dörner*, EuErbVO: Die Verordnung zum Internationalen Erb- und Erbverfahrensrecht ist in Kraft!, ZEV 2012, 505 (508); *Nordmeier*, Erbverträge und nachlassbezogene Rechtsgeschäfte in der EuErbVO – eine Begriffsklärung, ZEV 2013, 117 (121).

fremd. Jeder Ortswechsel kann dazu führen, dass das deutsche Besteuerungsrecht endet und der Staat seinen Anteil fordert. Aus erbschaft- und schenkungsteuerlicher Sicht ist insbesondere der sehr weit gefasste Besteuerungsradius des deutschen Fiskus zu beachten. Ein Wegzug ins Ausland beendet nicht automatisch das Besteuerungsrecht des deutschen Staates. Umgekehrt kann die Wohnsitznahme eines ausländischen Erben mit damit einhergehender unbeschränkter Erbschaftsteuerpflicht in Deutschland die steuerliche Nachfolgeplanung eines ausländischen Unternehmers kräftig durcheinanderrütteln. Es wäre aber verfehlt, den Fokus nur auf das Erbschaftsteuerrecht zu legen. Denn eine Schenkung oder ein Erbfall über die Grenze können schnell eine ertragsteuerliche Belastung auslösen. Für die Unternehmensnachfolge von besonderer Bedeutung sind aus ertragsteuerlicher Sicht die Wegzugsbesteuerung bei Vererbung oder Schenkung ins Ausland oder hierdurch bedingter Verlegung der Geschäftsleitung.

1. Erbschaftsteuerrecht

Das deutsche Erbschaftsteuerrecht ist weit gefasst. Sachverhalte mit Auslandsberührung inklusive ausländischer Sachverhalte mit Deutschlandberührung können schnell eine deutsche Erbschafts- und Schenkungsbesteuerung auslösen. Dies ist insbesondere Steuerausländern nicht immer bewusst. Dabei kann es bei ein- und demselben Erb- oder Schenkungsfall durch den parallelen Zugriff zweier oder gar mehrerer Staaten zu einer echten Doppelbesteuerung kommen. Diese ist nicht europarechtswidrig.[67] Steuerliche Anknüpfungspunkte sind auf Seiten des Erblassers/Schenkers und des Erwerbers die Ansässigkeit, der Wohnsitz, die Staatsangehörigkeit. Es kann aber auch schon die Belegenheit eines Vermögensgegenstandes ausreichen.

a) Persönliche Steuerpflicht. Die deutsche Erbschaftsbesteuerung knüpft an den Inländerstatus des Erblassers bzw. Schenkers und/oder an den des Erwerbers an (unbeschränkte Steuerpflicht). Dieser fiskalisch motivierte doppelte Ansatz der Besteuerung hat vor allem Auswirkungen auf den steuerlich motivierten Wegzug des Erblassers bzw. Schenkers. Dieser bleibt nämlich wirkungslos, sofern nicht auch der Erwerber Deutschland verlässt. Der Begriff Inländer ist nicht mit dem des deutschen Staatsangehörigen gleichzusetzen. Er geht viel weiter (→ Rn. 105). Ist er erfüllt, unterliegt der gesamte Vermögensanfall, inländischer wie ausländischer der deutschen Erbschafts- bzw. Schenkungsbesteuerung **(Weltvermögensprinzip).** Sind weder der Erblasser/Schenker noch der Erwerber Inländer, so unterliegt nur das Inlandsvermögen iSd § 121 BewG der deutschen Erbschaftsbesteuerung (beschränkte Steuerpflicht). Abgerundet wird der Besteuerungsreigen durch eine Ausdehnung des deutschen Besteuerungsrechts in den Fällen des Wegzugs des Erblassers/Schenkers in ein Niedrigsteuerland.

aa) Unbeschränkte Erbschaftsteuerpflicht. Unbeschränkt steuerpflichtig sind zunächst Erblasser, Schenker oder Erwerber, die im Zeitpunkt der Entstehung der Steuer (§ 9 ErbStG) **Inländer** sind, § 2 Abs. 1 Nr. 1 ErbStG. Der Inländerbegriff ist dabei deutlich über das umgangssprachliche Begriffsverständnis hinaus ausgedehnt:

---

[67] EuGH DStR 2009, 373; BFH BStBl. II 2013, 746.

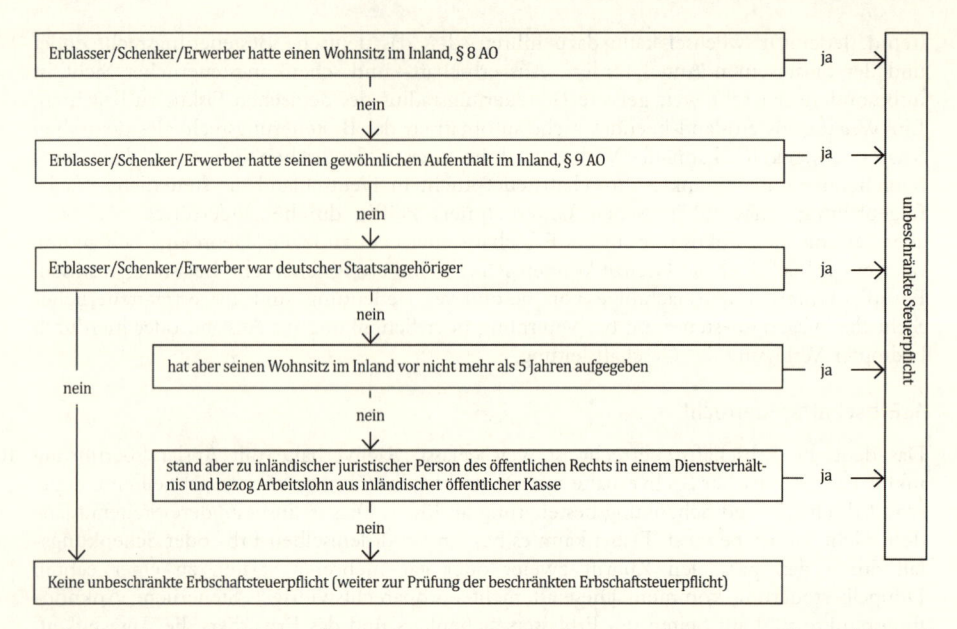

```
┌─────────────────────────────────────────────────────────────────────┐        ┐
│ Erblasser/Schenker/Erwerber hatte einen Wohnsitz im Inland, § 8 AO  │── ja →  │
└─────────────────────────────────────────────────────────────────────┘         │
                        │ nein                                                   │
                        ↓                                                        │
┌─────────────────────────────────────────────────────────────────────┐         │
│ Erblasser/Schenker/Erwerber hatte seinen gewöhnlichen Aufenthalt im │── ja →  │
│ Inland, § 9 AO                                                       │         │
└─────────────────────────────────────────────────────────────────────┘         │ unbeschränkte
                        │ nein                                                   │ Steuerpflicht
                        ↓                                                        │
┌─────────────────────────────────────────────────────────────────────┐         │
│ Erblasser/Schenker/Erwerber war deutscher Staatsangehöriger         │── ja →  │
└─────────────────────────────────────────────────────────────────────┘         │
                        │ nein                                                   │
                        ↓                                                        │
          ┌─────────────────────────────────────────────────────────┐            │
  nein    │ hat aber seinen Wohnsitz im Inland vor nicht mehr als   │── ja →    │
          │ 5 Jahren aufgegeben                                      │            │
          └─────────────────────────────────────────────────────────┘            │
                        │ nein                                                   │
                        ↓                                                        │
          ┌─────────────────────────────────────────────────────────┐            │
          │ stand aber zu inländischer juristischer Person des      │── ja →    │
          │ öffentlichen Rechts in einem Dienstverhältnis und bezog │            │
          │ Arbeitslohn aus inländischer öffentlicher Kasse          │            │
          └─────────────────────────────────────────────────────────┘            ┘
                        │ nein
                        ↓
┌─────────────────────────────────────────────────────────────────────┐
│ Keine unbeschränkte Erbschaftsteuerpflicht (weiter zur Prüfung der   │
│ beschränkten Erbschaftsteuerpflicht)                                  │
└─────────────────────────────────────────────────────────────────────┘
```

106 Anders als zB die USA stellt das deutsche Erbschaftsteuerrecht in erster Linie nicht auf die Staatsangehörigkeit ab.[68] Primäre Anknüpfungspunkte sind vielmehr der Wohnsitz und der gewöhnliche Aufenthalt, § 2 Abs. 1 Nr., 1 S. 2 lit. a ErbStG, so dass auch ausländische Staatsangehörige schnell der deutschen unbeschränkten Erbschaftsbesteuerung unterliegen können. Einen **Wohnsitz** hat jemand dort, wo er eine Wohnung unter Umständen innehat, die darauf schließen lassen, dass er diese Wohnung beibehalten und benutzen wird, § 8 AO. Ein Steuerpflichtiger kann durchaus mehrere Wohnsitze gleichzeitig innehaben. Eine Unterscheidung in Haupt- und Nebenwohnsitz kennt das Gesetz nicht.[69] Für die Erbschaftsteuer reicht ein inländischer Wohnsitz aus. Er muss nicht der alleinige Lebensmittelpunkt sein.[70] Eine Wohnung muss in objektiver Hinsicht dem Steuerpflichtigen jederzeit (wann immer er es wünscht) als Bleibe zur Verfügung stehen und zudem in subjektiver Hinsicht von ihm zu einer entsprechenden Nutzung, dh für einen jederzeitigen Wohnaufenthalt bestimmt sein.[71] Eine Mindestverweildauer pro Jahr ist nicht erforderlich.[72] Bei Ehegatten besteht die widerlegbare Vermutung, dass der nicht dauernd getrennt lebende Ehegatte seinen Wohnsitz bei seiner Familie hat.[73] Minderjährige Kinder teilen nicht stets – gleichsam automatisch – sämtliche Wohnsitze ihrer Eltern, wenn diese über mehrere Wohnsitze verfügen.[74] Zwar kann das „Innehaben einer Wohnung" durch einen Familienangehörigen vermittelt werden. Dies gilt uneingeschränkt aber nur für das „Beibehalten" eines bereits vorhandenen Wohnsitzes. Dagegen kann ein im Ausland lebender Angehöriger im Inland grundsätzlich keinen Wohnsitz begründen, ohne sich hier aufgehalten zu haben.[75] Aufgegeben ist ein Wohnsitz, wenn die Wohnung aufgelöst oder vom Steuerpflichtigen, seinen Angehörigen oder Bediensteten nicht nur vorübergehend nicht mehr benutzt wird.[76]

---

[68] BFH BStBl. III 1962, 276.
[69] FG Rheinland-Pfalz EFG 2012, 2128.
[70] BFH BStBl. II 1997, 447; BFH/NV 2016, 1453 Rn. 12.
[71] BFH/NV 2014, 1046 Rn. 11; BFH/NV 1987, 301h.
[72] BFH BStBl. II 1997, 447; 1989, 182; BFH/NV 2001, 1402; BMF BStBl. I 2017, 1257 Tz. 4.1.
[73] BFH BStBl. II 1978, 372.
[74] BFH/NV 2011, 1351 Rn. 14.
[75] BFH/NV 2011, 1351 Rn. 15; BStBl. II 1978, 372.
[76] Tipke/Kruse/*Drüen* AO § 8 Rn. 16.

III. Steuerliche Aspekte der internationalen Unternehmensnachfolge § 12

Anders als beim Wohnsitz, kann ein Steuerpflichtiger immer nur einen **gewöhnlichen** 107 **Aufenthalt** haben. Dieser ist dort, wo der Steuerpflichtige sich unter Umständen aufhält, die erkennen lassen, dass er an diesem Ort oder in diesem Gebiet nicht nur vorübergehend verweilt, § 9 S. 1 AO. Davon unabhängig hat ein Steuerpflichtiger, der zeitlich zusammenhängend mehr als sechs Monate im Bundesgebiet aufhält, hier stets seinen gewöhnlichen Aufenthalt, § 9 S. 2 AO. Der zeitliche Zusammenhang wird gewahrt, wenn innerhalb des maßgeblichen Zeitraums lediglich kurzfristige Unterbrechungen eintreten.[77] Auf den Willen des Steuerpflichtigen, einen gewöhnlichen Aufenthalt im Inland zu begründen, kommt es ebenso wenig an, wie darauf ob der Aufenthalt freiwillig oder unfreiwillig erfolgte.[78] Die Begründung eines gewöhnlichen Aufenthalts (ohne gleichzeitige Wohnsitznahme) führt zur unbeschränkten Steuerpflicht für die Dauer des gewöhnlichen Aufenthalts.

Deutsche Staatsangehörige ohne Wohnsitz oder gewöhnlichen Aufenthalt im Inland, 108 bleiben über die sog. **erweiterte unbeschränkte Steuerpflicht** für fünf Jahre ab der Aufgabe ihres inländischen Wohnsitzes unbeschränkt erbschaftsteuerpflichtig, § 2 Abs. 1 Nr. 1 S. 2 lit. b ErbStG. Die Aufgabe eines gewöhnlichen Aufenthalts ohne inländischen Wohnsitz reicht für die erweiterte unbeschränkte Steuerpflicht nicht aus.[79] Eine auch nur kurzzeitige Neubegründung des Wohnsitzes nach dem Wegzug lässt die Fünfjahresfrist von neuem beginnen. Unschädlich ist hingegen die isolierte Begründung eines gewöhnlichen Aufenthalts im Inland. Sie hat keinen Einfluß auf die Fünfjahrenfrist, bewirkt aber die unbeschränkte Erbschaftssteuerpflicht für die Dauer des gewöhnlichen Aufenthalts (→ Rn. 107). Zieht der steuerpflichtige deutsche Staatsangehörige in die USA beträgt die Frist der erweiterten unbeschränkten Steuerpflicht zehn Jahre.[80]

Körperschaften, Personenvereinigungen und **Vermögensmassen**[81] sind unbe- 109 schränkt erbschaftsteuerpflichtig, wenn sie ihre Geschäftsleitung oder ihren Sitz im Inland haben, § 2 Abs. 1 Nr. 1 S. 2 lit. d ErbStG. Entsprechendes gilt für Familienstiftungen und -vereine, § 2 Abs. 1 Nr. 2 ErbStG. Der Ort der Geschäftsleitung ist der Mittelpunkt der geschäftlichen Oberleitung, § 10 AO. Der **Sitz** befindet sich an dem Ort, der durch Gesetz, Gesellschaftsvertrag, Satzung, Stiftungsgeschäft oder dergleichen bestimmt ist, § 11 AO. Ausreichend für die erbschaftsteuerliche Anknüpfung ist es, wenn einer der beiden Orte im Inland liegt.[82] Der **Mittelpunkt der geschäftlichen Oberleitung** befindet sich dort, wo der für die Geschäftsführung maßgebende Wille gebildet wird.[83] Entscheidend ist dabei, wo nach den tatsächlichen Verhältnissen dauernd die für die Geschäftsführung nötigen Maßnahmen von einiger Wichtigkeit angeordnet werden.[84] Maßgeblich ist jeweils der Ort, dem unter Beachtung der Struktur und der Art des Unternehmens nach dem Gesamtbild der Verhältnisse in organisatorischer und wirtschaftlicher Hinsicht die größte Bedeutung zukommt.[85] Dies ist regelmäßig der Ort, an dem zB bei einer GmbH der bestellte Geschäftsführer seine Tätigkeit entfaltet, im Allgemeinen dort, wo er sein Büro, notfalls seinen Wohnsitz (§ 8 AO) hat.[86] Überschreitet allerdings ein Gesellschafter seine gesellschaftliche Machtbefugnis, indem er zB dem Geschäftsführer in den gewöhnlichen Geschäftsverkehr hereinredet, sich dauernd über die einzelnen Geschäfte auf dem Laufenden halten lässt und die Abwicklung der laufenden Geschäfte durch seine Entscheidung maßgeblich beeinflusst, so ist der Ort der Geschäftsleitung an dem Ort, wo er dies tut.[87]

---

[77] BFH/NV 2011, 2001; BFH/NV 2015, 1386.
[78] BFH/NV 1987, 262 zum Einsitzen in einer Justizvollzugsanstalt; BFH BStBl. II 1971, 758 zum Krankenhausaufenthalt.
[79] Troll/Gebel/Gottschalk/*Jülicher* ErbStG § 2 Rn. 21 mwN.
[80] Art. 3 des Zustimmungsgesetzes v. 15.9.2000, BGBl II 2000, 1170.
[81] Zum Begriff der Vermögensmasse vgl. *Schienke-Ohletz* IStR 2019, 21.
[82] NdsFG EFG 1970, 316.
[83] RFH RStBl. II 1938, 949.
[84] RFH RStBl. II 1936, 804; BFH BStBl. II 1999, 437.
[85] HessFG GmbHR 1998, 901.
[86] BFH DStR 1991, 814 mwN.
[87] RFH RStBl. 1940, 706; BFH HFR 1965, 170; FG Hessen GmbHR 1998, 901.

110 In der heutigen mobilen Gesellschaft und aufgrund vermehrter **Dezentralisierung** der **Geschäftsleitungsfunktion** kann dieser Ort schwer zu bestimmen sein bzw. schnell ein solcher im Bundesgebiet begründet werden. Die Ausübung der geschäftsleitenden Tätigkeiten erfolgt häufig räumlich unabhängig von den Geschäftsräumen der Gesellschaft per Telefon, Email oder Videokonferenz. Kommen für eine Geschäftsleitungsbetriebsstätte mehrere Orte als Ort der Geschäftsleitung in Betracht, ist grundsätzlich eine Gewichtung der Tätigkeiten vorzunehmen und danach der Mittelpunkt der geschäftlichen Oberleitung zu bestimmen.[88] Werden die für die Geschäftsführung wesentlichen Entscheidungen an wechselnden Orten getroffen, liegt ein mobiler Ort der Geschäftsleitung vor. Ein solcher macht es neben der Gewichtung bezüglich der Tätigkeiten erforderlich, zusätzlich eine Gewichtung der unterschiedlichen Geschäftsleitungsorte vorzunehmen.[89] Kriterien für den maßgeblichen Ort der Geschäftsleitung wären in diesem Fall, wo die wesentlichen Entscheidungen und wo ggf. die überwiegende Anzahl dieser Entscheidungen getroffen wurde. Nehmen mehrere Personen gleichwertige Geschäftsführungsaufgaben von verschiedenen Orten aus wahr und ist eine Gewichtung nicht möglich, bestehen ausnahmsweise mehrere Geschäftsleitungsbetriebsstätten.[90] Liegt eine diese Geschäftsleitungsbetriebsstätten im Bundesgebiet, müsste dies mE ausreichen, die unbeschränkte Erbschaftsteuerpflicht zu begründen und zwar auch dann, wenn sich der Sitz der Gesellschaft im Ausland befindet.

111 Beim **Vermögenserwerb durch und von Personengesellschaften** sind unabhängig von der Frage, ob zivilrechtlich ggf. die Gesamthand Erbin oder Beschenkte ist, für die Erbschaft- und Schenkungsteuer die Gesamthänder als vermögensmäßig bereichert anzusehen.[91] Auch wenn sie zivilrechtlich partiell rechtsfähig und selbst Trägerin ihres Vermögens ist,[92] ist sie erbschaftsteuerlich transparent. Die Personengesellschaft selbst kann daher weder Erbe noch Beschenkte oder Schenker sein. Erwerber und damit Steuerschuldner sind die Gesamthänder. Für die unbeschränkte Erbschaftsteuerpflicht kommt es folglich auf die Inländereigenschaft des einzelnen Gesamthänders und nicht darauf an, wo die Personengesellschaft ihre Geschäftsleitung oder ihren Sitz hat.[93]

112 Bei **Rechtsformen ausländischen Rechts,** was nach dem deutschen Gesellschaftsstatut zu beurteilen ist, ist für Zwecke der Erbschaftsteuer ein Rechtstypenvergleich vorzunehmen.[94] Entscheidend ist hier, ob es sich um eine intransparente Körperschaft, Personenvereinigung oder Vermögensmasse handelt (→ Rn. 111), oder aber eine transparente Personengesellschaft vorliegt (→ Rn. 113). Verweist das deutsche Gesellschaftsstatut auf **das ausländische Gesellschaftsrecht,** ist ein Rechtstypenvergleich durchzuführen.[95] Zur Abgrenzung werden die im Ertragsteuerrecht entwickelten Kriterien entsprechend angewendet.[96] Danach ist ein zweistufige Prüfungsverfahren zu durchlaufen.[97] Auf der ersten Stufe sind die gesellschaftsrechtlichen Eigenschaften des einzuordnenden Rechtsgebildes

---

[88] BFH DStR 2015, 414; BFH/NV 1990, 353; BStBl. II 1991, 554; BStBl. II 1995, 175; BStBl. II 1998, 86.
[89] *Jacobs/Endres/Spengel,* Internationale Unternehmensbesteuerung, 8. Aufl. 2016, 277 f.
[90] BFH DStR 2015, 414; BFH/NV 1998, 434; BFH/NV 2002, 1128; BStBl. II 1999, 437; Hübschmann/Hepp/Spitaler/*Birk* AO § 10 Rn. 41; *Gosch,* Zu den Voraussetzungen einer fremdvergleichsgerechten Pensionszusage, StBp 1998, 106 (107 f.); Tipke/Kruse/*Drüen* AO § 10 Rn. 9.
[91] BFH BStBl. II 1995, 81; BFH BStBl. II 1998, 630; FG Münster EFG 2017, 696, Rev. BFH II R 9/17; FG BW EFG 2017, 734; *Daragan,* Disquotale Zuwendungen an eine Personengesellschaft, NWB 2017, 1601; aA *Borggräfe/Staud,* Das eigene Vermögen der Personengesellschaft, NWG 2017, 2605.
[92] BGH NJW 2001, 1056; NJW 2017, 3089 mAnm *Schäfer.*
[93] Fischer/Pahlke/Wachter/*Konrad* ErbStG § 2 Rn. 28.
[94] Vgl. auch Troll/Gebel/Jülicher/Gottschalk/*Jülicher* ErbStG § 2 Rn. 94; Troll/Gebel/Jülicher/Gottschalk/*Gottschalk* ErbStG § 3 Rn. 16; *Schaumburg,* Internationales Steuerrecht, 306.
[95] Troll/Gebel/Jülicher/Gottschalk/*Gottschalk* ErbStG § 3 Rn. 16; Wassermeyer/Richter/Schnittker/*Hannes,* Personengesellschaften im internationalen Steuerrecht, Rn. 25.3.
[96] Troll/Gebel/Jülicher/Gottschalk/*Gottschalk* ErbStG § 3 Rn. 16; Troll/Gebel/Jülicher/Gottschalk/*Jülicher* ErbStG § 2 Rn. 94; Wassermeyer/Richter/Schnittker/*Hannes,* Personengesellschaften im internationalen Steuerrecht, Rn. 25.
[97] OFD Frankfurt IStR 2016, 860 Rn. 11.

nach dem jeweils geltenden ausländischen Gesellschaftsrecht zu ermitteln. Auf der zweiten Stufe sind die gefundenen Ergebnisse mit konkreten bzw. abstrakten Rechtsformen des deutschen Rechts zu vergleichen.

Die ausländische Gesellschaft ist hiernach **als Körperschaft** einzuordnen, wenn eine Gesamtwürdigung der maßgebenden ausländischen Bestimmungen über die Organisation und Struktur der Gesellschaft ergibt, dass diese rechtlich und wirtschaftlich einer inländischen Kapitalgesellschaft gleicht. Es muss im Einzelfall geprüft werden, ob die im Ausland rechtsfähige Körperschaft dem „Typ" und der tatsächlichen Handhabung nach einer Kapitalgesellschaft entspricht.[98] Aus der Rechtsprechung zum Rechtstypenvergleich hat die Finanzverwaltung acht Kriterien abgeleitet, die für die Unterscheidung von Personen- und Kapitalgesellschaften als maßgeblich erachtet werden:[99]   113

Maßgebende Kriterien	Kapitalgesellschaft	Personengesellschaft
Geschäftsführung und Vertretung	Fremdgeschäftsführung Zentralisierung	Eigengeschäftsführung Dezentralisierung
Haftung	beschränkte Haftung	unbeschränkte Haftung (Ausnahme: KG, Partnerschaftsges. mbB)
Übertragbarkeit der Anteile	ohne Zustimmung der Mitgesellschafter	ausgeschlossen oder nur mit Zustimmung der Mitgesellschafter
Gewinnzuteilung	erst nach Ausschüttungsbeschluss	kein Ausschüttungsbeschluss erforderlich
Kapitalaufbringung	Einlage zu erbringen	keine Einlage zu erbringen
Lebensdauer	nicht begrenzt	häufig begrenzt
Gewinnverteilung	ausschließlich abhängig von der Beteiligungsquote	berücksichtigt auch den persönlichen Einsatz des Gesellschafters
Formale Gründungsvoraussetzungen	Eintragung ins Handelsregister zwingend erforderlich	Entstehung durch Gesellschaftsvertrag

In der Praxis kann in den allermeisten Fällen für die grundsätzliche Einordnung ausländischer Gesellschaftsformen auf die Tabellen 1 und 2 des Betriebsstättenerlasses zurückgegriffen werden, in denen die gängigsten Rechtsformen ausländischer Gesellschaften ihrem deutschen Pendant vergleichend gegenübergestellt werden.[100] Dennoch sollte immer der jeweilige Gesellschaftsvertrag anhand der von der Rechtsprechung entwickelten Kriterien überprüft werden, da die ausländischen Rechtsordnungen häufig eine Modifizierung ihrer gesellschaftsrechtlichen Grundformen zulassen. Auf diese Weise kann bei einer entsprechenden Ausgestaltung aus einer grundsätzlich als abschottende Kapitalgesellschaft einzuordnenden ausländischen Gesellschaft schnell eine transparente Personengesellschaft werden und umgekehrt. Dies lässt sich natürlich auch für gestalterische Zwecke nutzen.   114

Ist bei einem ausländischen Rechtsträger nach dem deutschen Gesellschaftsstatut **inländisches Gesellschaftsrecht** anwendbar, weil zB der statutarische Sitz außerhalb der EU in einem Drittstaat und der tatsächliche Verwaltungssitz in Deutschland belegen ist und   115

---

[98] BFH BStBl. II 2009, 263; OFD Frankfurt IStR 2016, 860 Rn. 12.
[99] BMF BStBl. I 2004, 411; OFD Frankfurt IStR 2016, 860 Rn. 35.
[100] BMF BStBl. I 1999, 1076; vgl. auch BMF BStBl. 2010, 354 mit einer Darstellung der Besonderheiten einzelner DBA zur Abkommensberechtigung von Personengesellschaften und Hinweise zu einzelnen ausländischen Gesellschaftsformen.

der ausländische Rechtsträger aufgrund von Verträgen hinsichtlich der Niederlassung auch nicht gleichgestellt ist, ist diejenige deutsche Rechtsform maßgebend, die das deutsche Gesellschaftsrecht ihr beimisst.[101] Auch wenn der Rechtstypenvergleich die Drittstaatengesellschaft möglicherweise als Kapitalgesellschaft klassifiziert, ordnet das deutsche Gesellschaftsstatut die Gesellschaft in der Regel als Personengesellschaft ein, da sie nicht in einem deutschen Handelsregister eingetragen ist.[102] Aufgrund der Maßgeblichkeit des Zivilrechts für das Erbschaftsteuerrecht gilt diese Einordnung auch dort.[103] Es kann daher zu der paradoxen Situation kommen, dass das Ertragsteuerrecht aufgrund des Rechtstypenvergleichs die Gesellschaft als Kapitalgesellschaft behandelt, der ausländische Staat dies für erbschaftsteuerliche Zwecke ebenfalls tut und das deutsche Erbschaftsteuerrecht eine transparente Personengesellschaft annimmt. Dies könnte zu einem erbschaftsteuerlichen Qualifikationskonflikt führen, bei dem im Ausland der Rechtsträger und im Inland die Gesellschafter besteuert werden.

116 bb) **Beschränkte Erbschaftsteuerpflicht.** Fehlt ein personaler Inlandsbezug, ist also weder der Erbe noch der Erblasser oder der Schenker Inländer, unterliegt nur das Inlandsvermögen iSd § 121 BewG der **beschränkten Steuerpflicht**, § 2 Abs. 1 Nr. 3 ErbStG. Was zum Inlandsvermögen gehört ist abschließend[104] in § 121 BewG geregelt:
1. das inländische land- und forstwirtschaftliche Vermögen;
2. das inländische Grundvermögen;
3. das inländische Betriebsvermögen. Als solches gilt das Vermögen, das einem im Inland betriebenen Gewerbe dient, wenn hierfür im Inland eine Betriebsstätte unterhalten wird oder ein ständiger Vertreter bestellt ist;
4. Anteile an einer Kapitalgesellschaft, wenn die Gesellschaft Sitz oder Geschäftsleitung im Inland hat und der Gesellschafter entweder allein oder zusammen mit anderen ihm nahestehenden Personen im Sinne des § 1 Abs. 2 des AStG in der jeweils geltenden Fassung, am Grund- oder Stammkapital der Gesellschaft mindestens zu einem Zehntel unmittelbar oder mittelbar beteiligt ist;
5. nicht unter Nr. 3 fallende Erfindungen, Gebrauchsmuster und Topographien, die in ein inländisches Buch oder Register eingetragen sind;
6. Wirtschaftsgüter, die nicht unter die Nr. 1, 2 und 5 fallen und einem inländischen Gewerbebetrieb überlassen, insbesondere an diesen vermietet oder verpachtet sind;
7. Hypotheken, Grundschulden, Rentenschulden und andere Forderungen oder Rechte, wenn sie durch inländischen Grundbesitz, durch inländische grundstücksgleiche Rechte oder durch Schiffe, die in ein inländisches Schiffsregister eingetragen sind, unmittelbar oder mittelbar gesichert sind. Ausgenommen sind Anleihen und Forderungen, über die Teilschuldverschreibungen ausgegeben sind;
8. Forderungen aus der Beteiligung an einem Handelsgewerbe als stiller Gesellschafter und aus partiarischen Darlehen, wenn der Schuldner Wohnsitz oder gewöhnlichen Aufenthalt, Sitz oder Geschäftsleitung im Inland hat;
9. Nutzungsrechte an einem der in den Nr. 1 bis 8 genannten Vermögensgegenstände.

117 Bei der transparent zu behandelnden Personengesellschaft unterliegt ein Schenkungs- oder Erbfall betreffend die Beteiligung an einer ausländischen Personengesellschaft insoweit der beschränkten Steuerpflicht, als diese über Inlandsvermögen iSd § 121 BewG verfügt. Bei der Einordnung in die einzelnen in § 121 BewG genannten Gruppen von Wirtschaftsgütern bzw. Vermögensarten kann es zu Überschneidungen kommen. So sind zB Anteile an einer Kapitalgesellschaft zu einem inländischen Betriebsvermögen iSd Nr. 2 gehören und gleichzeitig die Voraussetzungen der Nr. 4 erfüllen. Die Zuordnung hat in diesem Fall

---

[101] Troll/Gebel/Jülicher/Gottschalk/*Gottschalk* ErbStG § 3 Rn. 16; BGH NJW 2009, 289 zur Schweizer AG.
[102] BGH NJW 2009, 289 zur Schweizer AG.
[103] Troll/Gebel/Jülicher/Gottschalk/*Gottschalk* ErbStG § 3 Rn. 16.
[104] FG Saarl ZEV 2010, 537 mAnm *Gottschalk*; Gürsching/Stenger/*Dötsch* BewG § 121 Rn. 51.

entsprechend den ertragsteuerlichen Grundsätzen vorrangig zum Betriebsvermögen nach Nr. 2 zu erfolgen, § 95 Abs. 1 BewG.[105] Betriebsvermögen einer ausländischen Gesellschaft, das mangels Betriebsstätte oder ständigen Vertreters nicht unter die Nr. 3 fällt, kann trotzdem noch über die Einordnung zB in die Nr. 2 oder Nr. 4 zum Inlandsvermögen gehören; Nr. 3 entfaltet keine Sperrwirkung hinsichtlich der Anwendbarkeit einer der anderen Nummern.[106]

118 Das **land- und forstwirtschaftliche Vermögen** bestimmt sich nach §§ 158 ff. BewG. Maßgebend ist ausschließlich die Belegenheit; wo sich der Hof als Sitz der Betriebsleitung befindet, ob es selbst bewirtschaftet oder verpachtet ist, ist unbeachtlich.[107] Das im Inland belegen **Grundvermögen** bestimmt sich nach §§ 176 ff. BewG. Bei Grundstücksgemeinschaften und vermögensverwaltenden Personengesellschaften (ohne gewerbliche Prägung) gehört der Anteil an den inländischen Grundstücken zum Inlandsvermögen. Haben diese Gemeinschaften bzw. Personengesellschaften ausländischen Grundbesitz oder andere Wirtschaftsgüter sind diese nur dann in die beschränkte Steuerpflicht einzubeziehen, sofern eine der anderen Nummern des § 121 BewG einschlägig ist.

119 Inländisches **Betriebsvermögen** unterliegt der beschränkten Erbschaftsteuerpflicht, wenn im Bundesgebiet eine Betriebsstätte (§ 12 AO) unterhalten wird oder ein ständiger Vertreter (§ 13 AO) für den Gewerbebetrieb bestellt ist. Der Begriff des Gewerbebetriebs ist im Bewertungsrecht entsprechend den ertragsteuerlichen Maßstäben zu verstehen und erfasst auch das Betriebsvermögen bei freiberuflicher Tätigkeit iSd § 18 EStG.[108] Dementsprechend gehört auch das inländische Vermögen einer gewerblich geprägten Personengesellschaft iSd § 15 Abs. 3 Nr. 2 EStG zum Betriebsvermögen nach § 121 Nr. 3 BewG. Befindet sich das Betriebsunternehmen einer Betriebsaufspaltung im Inland, ist dies ausreichend für die Begründung von inländischem Betriebsvermögen iSv § 121 Nr. 3 BewG und zwar auch dann, wenn das Besitzunternehmen seine Geschäftsleitung und seinen Sitz im Ausland hat.[109] Das inländische Sonderbetriebsvermögen eines beschränkt steuerpflichtigen Gesellschafters einer Personengesellschaft zählt zum inländischen Betriebsvermögen, wenn neben der Personengesellschaft auch der Gesellschafter eine Betriebsstätte im Inland unterhält.[110] Eine Entnahme des inländischen Vermögens löst den betrieblichen Zusammenhang, so dass eine Erbschaftsbesteuerung nur noch nach einer der anderen Nr. des § 121 BewG erfolgen kann.

120 Der Begriff der **Betriebsstätte** richtet sich nach § 12 AO und umfasst zB die Stätte der Geschäftsleitung, Zweigniederlassungen, Geschäftsstellen, Fabrikations- oder Werkstätten, Warenlager, Ein- oder Verkaufsstellen, Bergwerke, Steinbrüche oder andere stehende, örtlich fortschreitende oder schwimmende Stätten der Gewinnung von Bodenschätzen, Bauausführungen oder Montagen, auch örtlich fortschreitende oder schwimmende, wenn (a) die einzelne Bauausführung oder Montage oder (b) eine von mehreren zeitlich nebeneinander bestehenden Bauausführungen oder Montagen oder (c) mehrere ohne Unterbrechung aufeinander folgende Bauausführungen oder Montagen länger als sechs Monate dauern. Die Aufzählung ist nicht abschließend.[111] Ein **ständiger Vertreter** besorgt nachhaltig die Geschäfte eines Unternehmens und unterliegt dabei dessen Sachweisungen, § 13 AO. Ständiger Vertreter ist zB insbesondere eine Person, die für ein Unternehmen nachhaltig Verträge abschließt oder vermittelt oder Aufträge einholt oder einen Bestand von Gütern oder Waren unterhält und davon Auslieferungen vornimmt. Auch diese Aufzählung ist nicht abschließend. Die Zuordnung von Wirtschaftsgütern zum ausländischen Stammhaus oder zur inländischen Betriebsstätte kann schwierig sein. Die Finanzverwal-

---

[105] *Gottschalk* ZEV 2010, 537.
[106] *Gottschalk* ZEV 2010, 537.
[107] Gürsching/Stenger/*Dötsch* BewG § 121 Rn. 89.
[108] BFH BStBl. II 1981, 560; Gürsching/Stenger/*Dötsch* BewG § 121 Rn. 131, 137.
[109] FG Saarland ZEV 2010, 537; Gürsching/Stenger/*Dötsch* BewG § 121 Rn. 134.
[110] Rössler/Troll/*Eisele* BewG § 121 Rn. 16.
[111] Vgl. iE Betriebsstättenerlass, BMF BStBl. I 1999, 1076 idF BStBl. I 2014, 1258.

tung ordnet die positiven und negativen Wirtschaftsgüter der Betriebsstätte zu, die der Erfüllung der Betriebsstättenfunktion dienen.[112] Dazu zählen vor allem die Wirtschaftsgüter, die zur ausschließlichen Verwertung und Nutzung durch die Betriebsstätte bestimmt sind oder aus denen Einkünfte erzielt werden, zu deren Erzielung die Tätigkeit der Betriebsstätte überwiegend beigetragen hat. Maßgeblich sind immer die tatsächlichen Verhältnisse und insbesondere Struktur, Organisation und Aufgabenstellung der Betriebsstätte im Unternehmen. Die Zuordnung einer Beteiligung ist nur einheitlich möglich. Anders als bei Einkünften oder Betriebsausgaben scheidet bei der Beteiligung selbst eine Aufteilung aus.[113] Bis zum 31.12.2012 erfolgte die Zuordnung ausschließlich nach dem Veranlassungsprinzip.[114] Für danach beginnende Wirtschaftsjahre ist der in § 1 Abs. 4, 5 AStG kodifizierte Authorized OECD Approach (AOA) heranzuziehen.[115] Maßgebliches Zuordnungskriterium wäre der funktionale Zusammenhang, insbesondere die Personalfunktion, dh welches Personal die Geschichte der Beteiligung maßgeblich bestimmt.[116]

121   Für die **Anteile an Kapitalgesellschaften** mit Sitz oder Geschäftsleitung im Inland kommt es darauf an, ob der Gesellschafter allein oder zusammen mit anderen nahestehenden Personen iSd § 1 Abs. 2 AStG unmittelbar oder mittelbar eine Beteiligung von mindestens 10% des Nennkapitals hält. Besitzt die Kapitalgesellschaft eigene Anteile, so ist von einem um die eigenen Anteile der Kapitalgesellschaft verminderten Nennkapital auszugehen.[117] Die von **nahestehenden Personen** gehaltenen Anteile dienen lediglich der Ermittlung der relevanten Beteiligungshöhe. Nach § 1 Abs. 2 AStG handelt es sich um dem Steuerpflichtigen nahe stehende Personen, wenn (1) die Person an dem Steuerpflichtigen mindestens zu einem Viertel unmittelbar oder mittelbar beteiligt (wesentlich beteiligt) ist oder auf den Steuerpflichtigen unmittelbar oder mittelbar einen beherrschenden Einfluss ausüben kann oder umgekehrt der Steuerpflichtige an der Person wesentlich beteiligt ist oder auf diese Person unmittelbar oder mittelbar einen beherrschenden Einfluss ausüben kann oder (2) eine dritte Person sowohl an der Person als auch an dem Steuerpflichtigen wesentlich beteiligt ist oder auf beide unmittelbar oder mittelbar einen beherrschenden Einfluss ausüben kann oder (3) die Person oder der Steuerpflichtige imstande ist, bei der Vereinbarung der Bedingungen einer Geschäftsbeziehung auf den Steuerpflichtigen oder die Person einen außerhalb dieser Geschäftsbeziehung begründeten Einfluss auszuüben oder wenn einer von ihnen ein eigenes Interesse an der Erzielung der Einkünfte des anderen hat. Lässt man Kapitalgesellschaften als Schenker einmal beiseite, spielen die beiden ersten Varianten des § 1 Abs. 2 Nr. 1 AStG und § 1 Abs. 2 Nr. 2 AStG für natürliche Personen keine Rolle. Denn an einer natürlichen Person als Schenker oder Erblasser kann weder ein Beteiligungsverhältnis bestehen, noch kann er beherrscht werden.[118] Weder eine Ehe noch ein Kindschaftsverhältnis begründen eine Beherrschung, auch dann nicht, wenn das Kind minderjährig ist.[119] Eine Stimmbindungsvereinbarung vermittelt den ihr unterliegenden Vertragspartnern möglicherweise eine beherrschende Stellung, macht sie jedoch nicht untereinander zu nahestehenden Personen, da sie sie nur schuldrechtlich und nicht gesellschaftsrechtlich verbindet.[120] Etwas andere könnte allenfalls

---

[112] BMF BStBl. I 2009, 888; BFH BStBl. II 1993, 63; DStR 2018, 657.
[113] *Haun/Klumpp* IStR 2018, 661; BFH IStR 2018, 355.
[114] BFH IStR 2018, 355
[115] *Haun/Klumpp* IStR 2018, 661; mwN zum Streitstand.
[116] *Haun/Klumpp* IStR 2018, 661; BFH IStR 2018, 355 Haun/Klumpp AStG § 1 Rn. 655; *Bockhoff* ZEV 2017, 186.
[117] BFH BStBl. II 1971, 89.
[118] *Baßler* ZEV 2014, 469; aA im Hinblick auf die Beherrschung BMF BStBl. I 1983, 218 Tz. 1.3.2.4; Flick/Wassermeyer/Baumhoff/Schönfeld/*Wassermeyer/Baumhoff* AStG § 1 Rn. 524; *Kraft* AStG § 1 Rn. 177, die das Beherrschungsverhältnis bei natürlichen Personen in Ausnahmefällen annehmen, ohne diese allerdings zu definieren.
[119] *Baßler* ZEV 2014, 469; Flick/Wassermeyer/Baumhoff/Schönfeld/*Wassermeyer/Baumhoff* AStG § 1 Rn. 524; *Kraft* AStG § 1 Rn. 177.
[120] *Baßler* ZEV 2014, 469.

dann gelten, wenn der Stimmbindungsvertrag in eine Personengesellschaft mündet. Auch Stifter und Destinatäre sind keine einer Stiftung gem. § 1 Abs. 2 AStG nahestehende Personen.[121] § 1 Abs. 2 Nr. 3 AStG läuft ebenfalls leer. In der ersten Variante ist eine Geschäftsbeziehung erforderlich. Die gesellschaftsvertragliche Verbundenheit wie zB bei einem Konsortialvertrag ist ebenso wenig eine Geschäftsbeziehung wie eine für sich genommene familiäre Beziehung.[122] Das eigene Interesse des Steuerpflichtigen oder der nahestehenden Person an der Einkünfteerzielung des anderen (§ 1 Abs. 2 Nr. 3 Var. 2 AStG) muss wirtschaftlich begründet sein. Denn würde man im Anwendungsbereich des § 121 Nr. 4 BewG ein persönliches Interesse genügen lassen, hätte dies eine Steuerverschärfung nur aufgrund eines Verwandtschaftsverhältnisses zur Folge, was kaum mit dem Gleichheitsgrundsatz vereinbar wäre.[123] Von praktischer Relevanz für die beschränkte Erbschaftsteuerpflicht sind daher allein die **Varianten 3 und 4 des § 1 Abs. 2 Nr. 1 AStG,** dass der Erblasser oder Schenker an einer Kapitalgesellschaft wesentlich beteiligt ist oder zumindest beherrschenden Einfluss auf sie ausüben kann.

Für die Ermittlung der **Beteiligungshöhe** ist die Beteiligung nahestehender Personen auch mit mittelbaren Beteiligungen des Erblassers oder Schenkers zusammenzurechnen.[124] Da auch die Beteiligungen nahestehender Personen nur „Zählbeteiligungen" sind, bedarf es allerdings für die Steuerpflicht auch immer einer unmittelbaren Beteiligung des Erblassers oder Schenkers am Grund- oder Stammkapital der inländischen Kapitalgesellschaft. Wird die unmittelbare Beteiligung einer nahestehenden Person bei der Ermittlung der Beteiligungshöhe in voller Höhe berücksichtigt, bleibt die zugleich über die nahestehende Person gehaltene mittelbare Beteiligung des Erblassers oder Schenkers unberücksichtigt.[125] Es kommt also nicht zu einer doppelten Berücksichtigung ein und derselben Beteiligung, nur weil diese über eine nahestehende Person gehalten wird. Unklar ist, wie eine lediglich mittelbare Beteiligung der nahestehenden Person zu behandeln ist, die nicht zugleich auch eine mittelbare Beteiligung des Erblassers oder Schenkers darstellt. Über § 121 Nr. 4 BewG soll die Zwischenschaltung nahestehender Personen ausgeblendet werden. Daher kann die Beteiligung der nahestehenden Person immer nur in der Höhe und mit der Qualität in die Berechnung einbezogen werden, wie sie bei der nahestehenden Person vorliegt. Ist die nahestehende Person nur mittelbar beteiligt, wird ihre Beteiligung auch nur als mittelbare, dh mit der entsprechenden Quote beim Erblasser bzw. Schenker berücksichtigt.[126]

122

Anteile, die über eine inländische Betriebsstätte des beschränkt Steuerpflichtigen gehalten werden und daher bereits nach § 121 Nr. 3 BewG zum Inlandsvermögen gehören, sind für die Berechnung der maßgeblichen Beteiligungshöhe mit Anteilen zusammenzurechnen, die nicht in der Betriebsstätte gehalten werden.[127] **Mittelbare Beteiligungen** sind grundsätzlich nur im Rahmen der Berechnung der Beteiligungsgrenze zu berücksichtigen. Dabei ist das die Beteiligung am Nennkapital quotal durchzurechnen.[128] Der isolierte Erwerb einer mittelbaren Beteiligung unterliegt daher nicht der Steuerpflicht nach § 2 Abs. 1 Nr. 3 ErbStG iVm § 121 Nr. 4 BewG.[129] Zum steuerpflichtigen Inlandsvermögen zählt bei Erreichen der Beteiligungsgrenze nur die jeweils unmittelbar gehaltene Beteiligung, auch wenn sie für sich genommen die Beteiligungsgrenze nicht erreicht.[130] Ausnahmsweise zählt auch eine mittelbar über eine ausländische Gesellschaft gehaltene Beteiligung zum Inlandsvermögen, soweit es sich bei der Zwischenschaltung der ausländi-

123

---

[121] *Baßler* ZEV 2014, 469.
[122] *Baßler* ZEV 2014, 469.
[123] *Baßler* ZEV 2014, 469.
[124] *Baßler* ZEV 2014, 469 (Beispiel 2).
[125] *Baßler* ZEV 2014, 469 (Beispiel 3); Gürsching/Stenger/*Dötsch* BewG § 121 Rn. 361.
[126] Wohl ebenso *Baßler* ZEV 2014, 469 (Beispiel 4).
[127] R E 2.2 Abs. 3 S. 4 ErbStR 2011.
[128] *Baßler* ZEV 2014, 469.
[129] *Baßler* ZEV 2014, 469.
[130] R E 2.2 Abs. 3 S. 5 ErbStR 2011.

schen Gesellschaft um einen Missbrauch steuerlicher Gestaltungsmöglichkeiten handelt (§ 42 AO), was der Fall sein soll, wenn für die Einschaltung der ausländischen Gesellschaft wirtschaftliche oder sonst beachtliche Gründe fehlen und sie keine eigene Wirtschaftstätigkeit entfaltet.[131]

124 Werden Anteile an einer ausländischen gewerblichen Personengesellschaft übertragen, zu deren **inländischem Betriebsvermögen** die Kapitalgesellschaftsbeteiligung gehört, unterliegt der Erwerb des Anteils nach § 121 Nr. 3 BewG der beschränkten Steuerpflicht. Gehört der Kapitalgesellschaftsanteil zu einem **ausländischen Betriebsvermögen,** kommt es darauf an, ob der ausländische Rechtsträger als **transparent** behandelt wird. Ist dies der Fall, wird dem Erwerber erbschaftsteuerlich nicht der Anteil an der Personengesellschaft zugewendet, sondern deren (anteilige) Wirtschaftsgüter, was dann zu einer (anteilige) Zuwendung des inländischen Kapitalgesellschaftsanteils führt. Der Erwerber ist mithin erbschaftsteuerlich unmittelbar an der inländischen Kapitalgesellschaftsbeteiligung beteiligt und der Erwerb gem. § 2 Abs. 1 Nr. 3 ErbStG iVm § 121 Nr. 4 BewG insoweit beschränkt steuerpflichtig.[132] Ist der ausländische Rechtsträger dagegen **intransparent,** handelt es sich lediglich um eine mittelbare Beteiligung, die allenfalls als Zählgröße im Rahmen der Ermittlung der Beteiligungshöhe bei daneben übertragener unmittelbarer Beteiligung an der inländischen Kapitalgesellschaft eine Rolle spielt. Der Anteil an einer ausländischen vermögensverwaltenden Personengesellschaft, zu deren ausländischen Betriebsvermögen eine inländische Kapitalgesellschaftsbeteiligung gehört, ist bei freigebigen Zuwendungen aufgrund von § 10 Abs. 1 S. 4 ErbStG als transparent zu behandeln.[133] Anders ist dies allerdings bei einem Erwerb dieser Anteile im Wege des Erwerbs von Todes wegen, da § 10 Abs. 1 S. 4 ErbStG insoweit keine Anwendung findet.[134] Diese Erwerbe sind daher als intransparent zu behandeln.

125 Wird nur ein Teil einer in der Hand des Schenkers unmittelbar oder mittelbar mindestens 10% betragenden Beteiligung durch Schenkung zugewendet, gelten die weiteren Erwerbe aus der Beteiligung, soweit die Voraussetzungen des § 14 ErbStG erfüllt sind, auch dann als Erwerb von Inlandsvermögen, wenn im Zeitpunkt ihres Erwerbs die Beteiligung des Erblassers oder Schenkers weniger als 10% beträgt, § 2 Abs. 1 Nr. 3 S. 3 ErbStG. Die Regelung soll die Aufspaltung einer Schenkung in **mehrere Teilschenkungen** verhindern. Bewirkt die erste Schenkung ein Absinken der Beteiligungshöhe unter 10% bleibt die verbleibende Beteiligung in der Hand des Schenkers für die nächsten 10 Jahre erbschaftsteuerverstrickt. Erst nach Ablauf des Zehnjahreszeitraums kann die restliche Beteiligung steuerfrei verschenkt werden. Nach Ansicht der Finanzverwaltung ist es unerheblich, ob die schrittweise Übertragung an denselben oder unterschiedliche Erwerber erfolgt.[135] Da § 14 ErbStG aber auf Zuwendungen in demselben Zuwender-Empfänger-Verhältnis abstellt, ist nach aA für die nachfolgenden Erwerbe darauf abzustellen, ob der ausländische Erwerber jeweils derselbe oder ein anderer ist.[136] Danach wären die nach Unterschreiten der Beteiligungsgrenze ausgeführten Übertragungen an andere Erwerber nicht steuerpflichtig. Betrug die Beteiligungshöhe im Zeitpunkt der Zuwendung weniger als 10% und hat sie sich erst danach derart erhöht, dass die 10%ige Beteiligungsgrenze überschritten wird, bewirkt die Zusammenrechnung der Erwerbe über § 2 Abs. 1 Nr. 3 S. 3, § 14 ErbStG nicht, dass die erste Zuwendung nun nachträglich steuerpflichtig wird.[137]

---

[131] R E 2.2 Abs. 3 S. 6, 7 ErbStR 2011.
[132] *Baßler* ZEV 2014, 469; Gürsching/Stenger/*Dötsch* BewG § 121 Rn. 357.
[133] Troll/Gebel/Jülicher/Gottschalk/*Jülicher* ErbStG § 2 Rn. 50; Gürsching/Stenger/*Dötsch* BewG § 121 Rn. 113; aA *Baßler* ZEV 2014, 469.
[134] BFH BStBl. II 2013, 742 mwN.
[135] R E 2.2 Abs. 3 S. 2 ErbStR 2011; Troll/Gebel/Jülicher/Gottschalk/*Jülicher* ErbStG § 2 Rn. 60; Moench/Weinmann/*Weinmann* ErbStG § 2 Rn. 26.
[136] *Streck/Schwedhelm/Olbing* DStR 1994, 1441.
[137] Troll/Gebel/Jülicher/Gottschalk/*Jülicher* ErbStG § 2 Rn. 59; Moench/Weinmann/*Weinmann* ErbStG § 2 Rn. 26.

III. Steuerliche Aspekte der internationalen Unternehmensnachfolge § 12

Mit der schenkweisen Einräumung einer **Unterbeteiligung** an einem Kapitalgesellschaftsanteil iSd § 121 Nr. 4 BewG, die nicht die Voraussetzungen einer atypischen Unterbeteiligung erfüllt, wird noch kein Vermögensgegenstand zugewendet, über den der Empfänger schon tatsächlich und rechtlich verfügen kann.[138] Der Erwerber erhält lediglich Rechtsansprüche in Gestalt eines Bündels schuldrechtlicher Ansprüche gegen den Zuwendenden eingeräumt. Bereichert ist der Zuwendungsempfänger erst, wenn ihm aus der Unterbeteiligung tatsächlich Gewinnausschüttungen und Liquidationserlöse zufließen. Dies führt dann zwar zu einer Bereicherung des Unterbeteiligten, die aber im Rahmen der beschränkten Steuerpflicht nicht in Deutschland steuerpflichtig ist, da der Erwerb von Bar- oder Buchgeld vom oder einer Forderung gegen den Hauptbeteiligten kein Inlandsvermögen darstellt.[139] Bei der Zuwendung einer atypischen Unterbeteiligung dagegen ist die Schenkung bereits mit Abschluss des Gesellschaftsvertrages oder doch spätestens mit der Einbuchung der atypischen Unterbeteiligung vollzogen.[140] Als Mitunternehmerschaft gehört der Erwerb zum Betriebsvermögen iSd § 121 Nr. 3 ErbStG. 126

Für die Unternehmensnachfolge sind noch **die Forderungen** aus der **Beteiligung als stiller Gesellschafter** an einem Handelsgewerbe und aus einem **partiarischen Darlehen** bedeutsam, wenn der Schuldner, dh der Geschäftsherr Wohnsitz, Geschäftsleitung oder Sitz im Inland hat, § 121 Nr. 8 BewG. Erfasst wird nur die typisch stille Beteiligung einer beschränkt steuerpflichtigen Person an einem inländischen Unternehmen.[141] Wird eine atypisch stille Beteiligung an einem inländischen Unternehmen von einem beschränkt Steuerpflichtigen vererbt oder verschenkt, wird eine Mitunternehmerschaft und damit Betriebsvermögen iSd § 121 Nr. 3 BewG erworben. Gewinnanteile aus der typisch stillen Beteiligung gehören nicht zum Inlandsvermögen, da der Erwerb von Bar- oder Buchgeld vom oder einer Forderung gegen den Geschäftsherrn kein Inlandsvermögen darstellt.[142] 127

Schließlich gehören noch **Nutzungsrechte** zum Inlandsvermögen, wenn sie an einem Wirtschaftsgut bestehen, das in § 121 BewG als Inlandsvermögen aufgeführt ist, § 121 Nr. 9 BewG. Erfasst werden dingliche und obligatorische Nutzungsrechte, insbesondere der **Nießbrauch**. Unerheblich ist, ob sie nach inländischem oder ausländischen Recht begründet wurden.[143] Das Nutzungsrecht an einer Beteiligung nach § 121 Nr. 4 BewG kann nur erfasst werden, wenn diese unmittelbar oder mittelbar mindestens 10 % des Grund- und Stammkapitals einer inländischen Kapitalgesellschaft ausmacht; der Umfang des Nutzungsrechts selbst spielt hingegen keine Rolle.[144] **Rentenrechte** und Rechte auf andere wiederkehrende Leistungen, die nicht durch inländischen Grundbesitz usw. unmittelbar oder mittelbar gesichert sind (§ 121 Nr. 7 BewG), gehören nicht zum Inlandsvermögen. 128

Bei beschränkter Steuerpflicht sind nur die mit dem Inlandsvermögen in wirtschaftlichem Zusammenhang stehenden **Schulden und Lasten** abzugsfähig, § 10 Abs. 6 S. 2 ErbStG (→ § 27 Rn. 105).

cc) Erweitert beschränkte Erbschaftsteuerpflicht. Die erweitert beschränkte Steuerpflicht nach § 4 AStG setzt zunächst voraus, dass keine unbeschränkte Steuerpflicht vorliegt und ein Doppelbesteuerungsabkommen die Anwendung von § 4 AStG nicht ausschließt. Ist der Erwerber Inländer geht dessen unbeschränkte Erbschaftsteuerpflicht vor. Aufgrund der erweitert unbeschränkten Erbschaftsteuerpflicht nach § 2 Abs. 1 Nr. 1 lit. b ErbStG erfasst die erweitert beschränkte Erbschaftsteuerpflicht nach § 4 AStG daher nur die Fälle, bei denen entweder der Erblasser oder Schenker seine deutsche Staatsangehörig- 129

---

[138] BFH BStBl. II 2008, 631.
[139] *Baßler* ZEV 2014, 469.
[140] BFH BStBl. II 2008, 631 mwN.
[141] R E 2.2 Abs. 5 S. 1 ErbStR 2011; Troll/Gebel/Jülicher/Gottschalk/*Jülicher* ErbStG § 2 Rn. 65.
[142] . BFH BStBl. II 1973, 797; 1976, 275; R E 2.2 Abs. 5 S. 2 ErbStR 2011.
[143] Troll/Gebel/Jülicher/Gottschalk/*Jülicher* ErbStG § 2 Rn. 66.
[144] R E 2.2 Abs. 6 S. 2 ErbStR 2011; Gürsching/Stenger/*Dötsch* BewG § 121 Rn. 495.

keit aufgegeben hat oder, sofern er sie behalten hat, diejenigen ab dem fünften bis zum zehnten Jahr nach dem Wegzug.[145] Die erweitert beschränkte Steuerpflicht greift ein, wenn
- der Erblasser oder Schenker in den letzten zehn Jahren vor seinem Wegzug
- als Deutscher
- insgesamt mindestens fünf Jahre nach § 1 Abs. 1 EStG unbeschränkt einkommensteuerpflichtig war,
- er in einem Niedrigsteuergebiet oder keinem ausländischen Gebiet ansässig ist/war,
- er unmittelbar oder mittelbar wesentliche wirtschaftliche Interessen im Bundesgebiet hat,
- eine beschränkte Erbschaftsteuerpflicht nach § 2 Abs. 1 Nr. 3 ErbStG gegeben ist und
- die Steuerbelastung im ausländischen Staat < 30 % der deutschen Erbschaftsteuerbelastung ist.

130 Der zehn Jahreszeitraum vor Wegzug des Erblassers oder Schenkers beginnt erst mit Ablauf des Jahres, in dem dessen unbeschränkte Einkommensteuerpflicht geendet hat.[146] Bei einem Wegzug am 01.01. sind es daher faktisch 11 Jahre, von denen er mindestens fünf unbeschränkt einkommensteuerpflichtig gewesen sein muss. Letzteres müssen keine fünf zusammenhängenden Jahre gewesen sein. Niedrigsteuergebiete können neben den klassischen Steueroasen auch Länder mit normaler Besteuerung sein, die bestimmte steuerliche Vergünstigungen gewähren.[147] Wesentliche wirtschaftliche Interessen im Inland liegen vor, wenn die Einkünfte, die bei unbeschränkter Einkommensteuerpflicht nicht ausländische Einkünfte iSd § 34d EStG sind, im Veranlagungszeitraum mehr als 30 v.H. ihrer sämtlichen Einkünfte betragen oder 62.000 EUR übersteigen (§ 2 Abs. 3 Nr. 2 AStG) oder, wenn zu Beginn des Veranlagungszeitraums das Vermögen, dessen Erträge bei unbeschränkter Einkommensteuerpflicht nicht ausländische Einkünfte iSd § 34d EStG wären, mehr als 30 v.H. ihres Gesamtvermögens beträgt oder 154.000 EUR übersteigt (§ 2 Abs. 3 Nr. 3 AStG).[148] Hinsichtlich der 30%-Grenze des § 4 Abs. 2 AStG ist zunächst die deutsche Erbschaftsteuer auf den gesamten steuerpflichtigen Erwerb zu berechnen und diese sodann anteilig im Verhältnis des Werts der erweiterten Inlandseinkünfte zum Wert des gesamten steuerlichen Erwerbs aufzuteilen.[149] Die ausländischen Steuern sind auf Basis der ausländischen Bewertung[150] unter Einbeziehung etwaiger anderer Staaten als dem Ansässigkeitsstaat und einschließlich etwaiger lokaler Steuern (zB Kantons- oder Gemeindesteuern) zu ermitteln[151] und wiederum auf das erweiterte Inlandsvermögen und das sonstige Auslandsvermögen aufzuteilen.[152] Die deutschen und die ausländischen Erbschaftsteuern, die auf das erweiterte Inlandsvermögen entfallen, sind sodann zu vergleichen. Betragen die ausländischen Steuern 30% oder mehr der deutschen Erbschaftsteuer, verbleibt es bei der beschränkten Steuerpflicht nach § 2 Abs. 1 Nr. 3 ErbStG. Anderenfalls unterliegt zusätzlich das erweiterte Inlandsvermögen der deutschen Erbschaftsteuer:[153]
- Kapitalforderungen gegen Schuldner im Inland;
- Spareinlagen und Bankguthaben bei Geldinstituten im Inland;
- Aktien und Anteile an Kapitalgesellschaften, Investmentfonds und offenen Immobilienfonds sowie Geschäftsguthaben bei Genossenschaften im Inland;

---

[145] *Kußmaul/Cloß* StuB 2010, 704.
[146] BMF BStBl. I 2004, 3 Tz. 4.0.
[147] Vgl. BMF BStBl. I 2004, 3 Tz. 2.2 und Anlage 1.
[148] BMF BStBl. I 2004, 3 Tz. 2.3.
[149] Flick/Wassermeyer/Baumhoff/Schönfeld/*Baßler* AStG § 4 Rn. 101.
[150] Strunk/Kaminski/Köhler/*Zimmermann/Klinkertz* AStG § 4 Rn. 44.
[151] BMF BStBl. I 2004, 3 Tz. 4.2.2.
[152] Strunk/Kaminski/Köhler/*Zimmermann/Klinkertz* AStG § 4 Rn. 44.
[153] Vgl. BMF BStBl. I 2004, 3 Tz. 4.1.1., wobei dieser Auflistung nicht abschließend ist und im Einzelfall geprüft werden muss, ob mögliche Erträge aus übertragenem Vermögen nicht ausländische Einkünfte iSd § 34d EStG darstellen und dieses Vermögen dann zum erweiterten Inlandsvermögen zu zählen ist; *Kußmaul/Cloß* StuB 2010, 704 mwN.

III. Steuerliche Aspekte der internationalen Unternehmensnachfolge § 12

- Ansprüche auf Renten und andere wiederkehrende Leistungen gegen Schuldner im Inland sowie Nießbrauchs- und Nutzungsrechte an Vermögensgegenständen im Inland;
- Erfindungen und Urheberrechte, die im Inland verwertet werden;
- Versicherungsansprüche gegen Versicherungsunternehmen im Inland;
- bewegliche Wirtschaftsgüter, die sich im Inland befinden;
- Vermögen, dessen Erträge nach § 5 AStG der erweiterten beschränkten Steuerpflicht unterliegen;
- Vermögen, das nach § 15 AStG dem erweitert beschränkt Steuerpflichtigen zuzurechnen ist.

Bei ausländischen Personengesellschaften wird die beschränkte Steuerpflicht (→ Rn. 116 ff.) **131** auf das erweiterte Inlandsvermögen ausgedehnt. Über § 5 AStG kann auch inländisches Vermögen zwischengeschalteter ausländischer Gesellschaften in die erweitert beschränkte Erbschaftsteuerpflicht einbezogen sein. Der grundsätzlich existierende Abschottungseffekt einer ausländischen Kapitalgesellschaft kommt insoweit daher nicht zum Tragen. Schulden und Lasten sind nur insoweit abzuziehen, als sie in einer wirtschaftlichen Beziehung zu dem der erweiterten beschränkten Steuerpflicht unterliegenden Erwerb stehen, § 10 Abs. 6 ErbStG (→ § 27 Rn. 105).[154]

b) Erwerb von Todes wegen und Schenkungen unter Lebenden. Ist eine Erbschaft- **132** steuerpflicht festgestellt, gilt der abschließende Katalog der steuerbaren Erwerbsvorgänge nach den §§ 3, 7 ErbStG. Hinsichtlich inländischer Vermögensübertragungen ergeben sich keine Besonderheiten (→ § 27 Rn. 8 ff.; → § 28 Rn. 4 ff.). Die Vorgänge, die als Erwerb von Todes wegen in Betracht kommen, sind in § 3 ErbStG abschließend aufgezählt. Nicht im Katalog des § 3 ErbStG genannte Erwerbsgründe unterliegen nicht der Erbschaftsteuer. Entsprechendes gilt für die in § 7 ErbStG geregelten Schenkungen unter Lebenden. Die Verweisungen in den §§ 3 und 7 ErbStG auf das BGB und die Vorschriften des bürgerlichen Rechts sind aber nach ständiger Rechtsprechung des BFH nicht so zu verstehen, dass die Vorschrift nur solche Erwerbe von Todes wegen bzw. Schenkungsvorgänge der Erbschaftsteuer unterwirft, die auf den in ihr genannten Vorschriften des BGB beruhen. Vielmehr kann auch ein nach ausländischem Recht erfolgter Erwerb von Todes wegen der Erbschaftsteuer oder durch Schenkung unter Lebenden dem ErbStG unterliegen.[155] Die EU-ErbVO gilt nicht für Steuersachen, § 1 Abs. 1 S. 2 EU-ErbVO. Für die deutsche Erbschafts- und Schenkungsbesteuerung kommt es darauf an, dass im Einzelfall die Institutionen des ausländischen Erbrechts denen des deutschen Erbrechts entsprechen. Hierfür hat die Rechtsprechung die sog. **zweistufige Objektqualifikation** entwickelt.[156] In einem ersten Schritt ist eine zivilrechtliche Analyse des Erwerbs nach ausländischem Recht anzustellen. Dabei ist zu prüfen, ob der Erwerb aufgrund des ausländischen Rechts einen Erwerb von Todes wegen, eine Schenkung oder eine Zweckzuwendung iSd § 1 Abs. 1 Nr. 1 bis 3 ErbStG darstellt. Ist dies nicht der Fall, ist auf der zweiten Stufe zu prüfen, ob die erlangte Rechtsposition des potentiell Steuerpflichtigen an das deutsche Recht angepasst werden kann. Abzustellen ist dabei auf die **wirtschaftliche Bedeutung** der durch das ausländische Recht dem Erwerber eingeräumten Rechtsposition.[157] Auf die formale Gestaltung des ausländischen Rechts kommt es dagegen nicht an. Ein Erwerb nach ausländischem Recht unterliegt demgemäß bei Vorliegen der allgemeinen Voraussetzungen für die Steuerbarkeit im Inland dann der Erbschaftsteuer, wenn sowohl die

---

[154] BMF BStBl. I 2004, 3 Tz. 4.1.2.
[155] BFH BStBl. III 1956, 363; BStBl. III 1964, 408; BStBl. II 1972, 462; BStBl. II 1973, 440; BStBl. II 1977, 425; BStBl. II 1979, 438; BStBl. II 1986, 615; BStBl. II 2012, 782.
[156] RFH StuW 1929, Nr. 996; BFH BStBl. III 1964, 408; BStBl. II 1972, 462; BStBl. II 1973, 440; BStBl. II 1986, 615.
[157] BFH BStBl. 1986, 615; BStBl. II 2012, 782; zur berechtigten Kritik an dieser wirtschaftlichen Betrachtungsweise vgl. *Jülicher* IStR 1996, 575; *Martiny* IStR 1998, 56; *Otto* RIW 1982, 491; Troll/Gebel/Jülicher/Gottschalk/*Gottschalk* ErbStG § 3 Rn. 15e.

Rechtsfolgen als auch das wirtschaftliche Ergebnis einem der in § 3 ErbStG ausdrücklich genannten inländischen Tatbestände entsprechen. Ein Erbanfall iSd § 3 Abs. 1 Nr. 1 ErbStG ist zB gegeben, wenn nach dem maßgebenden ausländischen Recht der Tod einer Person unmittelbar kraft Gesetzes zu einer Gesamtrechtsnachfolge in ihr Vermögen führt. Ist dies der Fall, entspricht dies sowohl hinsichtlich der Rechtsfolgen als auch des wirtschaftlichen Ergebnisses einem Erwerb durch Erbfolge gemäß §§ 1922 und 1967 BGB. Unerheblich ist, wie das ausländische Recht den Erwerb zivilrechtlich qualifiziert.[158] Nicht erforderlich ist auch, dass sich die Gesamtrechtsnachfolge auf das gesamte Vermögen des Erblassers erstreckt.[159] Nur soweit der Vermögensanfall in seiner wirtschaftlichen Bedeutung einem durch das ErbStG erfassten Erwerb gleichkommt, sind die Voraussetzungen eines Tatbestands erfüllt, an den das ErbStG die Leistungspflicht knüpft (§ 38 AO).[160] Sieht das deutsche bürgerliche Recht mehrere Strukturen vor, die dem nach ausländischem Recht verwirklichten Sachverhalt in ihrem wirtschaftlichen Ergebnis gleichkommen, und sind deshalb mehrere Zuordnungen der sich nach ausländischem Recht bestimmenden Nachlassfolge gleichermaßen möglich, muss bezogen auf die Steuerklasse die jeweils mildere Besteuerung Platz greifen; denn nur in Bezug auf diesen Mindestsatz hat das deutsche Recht die Besteuerung eindeutig vorgeschrieben.[161]

133   Hinsichtlich des **Güterrechts** stellt sich die Frage der Anwendbarkeit des § 5 ErbStG bei Auslandsbezug. Verweist das Kollisionsrecht auf das inländische Güterrecht, gilt § 5 ErbStG bei Ehegatten mit inländischem gesetzlichen Güterstand der Zugewinngemeinschaft oder dem Wahlgüterstand der Wahl-Zugewinngemeinschaft. Bei beschränkt Steuerpflichtigen, von denen weder der Erblasser noch der überlebende Ehegatte zur Zeit des Erbfalls Inländer waren, zählt nur das Inlandsvermögen zum steuerpflichtigen Erwerb (→ Rn. 116 ff.). Obwohl hier nur ein Teil des erworbenen Vermögens der deutschen Erbschaftsbesteuerung unterliegt, ist die fiktive Ausgleichsforderung gleichwohl in voller Höhe, also ungekürzt zu gewähren.[162] Verweist das Kollisionsrecht dagegen auf das ausländische Güterrecht, ist anhand der zweistufigen Objektqualifikation zu prüfen, ob das ausländische Güterrecht vom Regelungsgehalt her dem Zugewinnausgleich sowohl hinsichtlich der Rechtsfolgen als auch des wirtschaftlichen Ergebnisses gleichkommt. Bei der **Errungenschaftsgemeinschaft** scheitert dies regelmäßig daran, dass das während der Ehe erworbene Vermögen gemeinschaftliches Vermögen wird und nicht wie bei der Zugewinngemeinschaft eigenes Vermögen des jeweiligen Ehegatten bleibt.[163] Dagegen ist der Güterstand der Gütertrennung mit schuldrechtlichem Ausgleichsanspruch mit der Zugewinngemeinschaft vergleichbar und § 5 ErbStG anwendbar.[164] Beim **güterrechtlichen Zugewinnausgleich** nach § 5 Abs. 2 ErbStG kommt es zu einer lebzeitigen Beendigung des Güterstands der Zugewinngemeinschaft. Da der Erwerb der Ausgleichsforderung bereits nicht steuerbar ist, stellen sich die vorgenannten Probleme des güterrechtlichen Ausgleichsanspruchs im Todesfall nach § 5 Abs. 1 ErbStG nicht.[165]

134   c) **Wertermittlung.** Die Bewertung **von Auslandsvermögen,** das zu einer im steuerlichen Privatvermögen gehaltenen in- oder **ausländischen Kapitalgesellschaft** gehört, erfolgt nach den allgemeinen Grundsätzen mit dem gemeinen Wert nach § 11 Abs. 2 BewG, § 12 Abs. 3 ErbStG iVm §§ 151 Abs. 1 S. 1 Nr. 3, 157 Abs. 4 S. 2 BewG (→ § 27 Rn. 32 ff.; → § 28 Rn. 9 ff.). Aus bewertungsrechtlicher Sicht spielt es daher keine Rolle,

---

[158] BFH BStBl. II 2012, 782.
[159] BFH BStBl. II 2012, 782.
[160] BFH BStBl. II 2012, 782.
[161] BFH BStBl. II 1972, 462; BStBl. II 1986, 615; BStBl. II 2012, 782.
[162] Troll/Gebel/Jülicher/Gottschalk/*Gottschalk* § 5 ErbStG Rn. 215; Kapp/Ebeling/*Geck* ErbStG § 5 Rn. 92.2; *Meincke* ErbStG § 5 Rn. 37; *Jeremias* ZEV 2005, 414; *Jülicher* ZErb 2002, 245; *v. Oertzen* ZEV 1994, 93; aA Mönch/Weinmann/*Weinmann* ErbStG § 5 Rn. 5.
[163] Troll/Gebel/Jülicher/Gottschalk/*Gottschalk* ErbStG § 5 Rn. 51; FinMin Niedersachsen DB 1970, 955.
[164] BFH BStBl. II 1975, 447; Troll/Gebel/Jülicher/Gottschalk/*Gottschalk* ErbStG § 5 Rn. 52.
[165] Troll/Gebel/Jülicher/Gottschalk/*Gottschalk* ErbStG § 5 Rn. 255.

III. Steuerliche Aspekte der internationalen Unternehmensnachfolge § 12

ob die Kapitalgesellschaft nur über Inlandsvermögen, über Inlandsvermögen mit Auslandsberührung oder nur über Auslandsvermögen verfügt.[166] § 31 BewG, der eine grenzüberschreitende wirtschaftliche Einheit in einen inländischen und einen oder mehrere ausländische Teile aufspaltet, ist bei Kapitalgesellschaften nicht anwendbar, da er sich nur auf die Bewertung von ausländischem Betriebsvermögen gemäß § 95 BewG bezieht.[167] Trotz des ausländischen Bezugs bleibt es daher dabei, dass die inländische Kapitalgesellschaft eine wirtschaftliche Einheit ist und für sie unter Einbeziehung des Auslandsvermögens ungeteilt ein Gesamtwert festgestellt werden muss. Für das Ertragswertverfahren hat dies wiederum zur Konsequenz, dass die Erträge der ausländischen Betriebsstätte einer inländischen Kapitalgesellschaft in vollem Umfang in die Bemessungsgrundlage für die erbschaftsteuerliche Anteilsbewertung mit einfließen. Eine etwaige einkommensteuerliche Freistellung aufgrund eines DBA ändert hieran nichts.[168] Auch das vereinfachte Ertragswertverfahren (→ § 27 Rn. 42) kann auf die ausländische Beteiligung angewendet werden, die gemäß § 200 Abs. 3 BewG mit einem eigenständig zu ermittelnden gemeinen Wert anzusetzen ist. Freilich wird hier der nach den ausländischen Rechtsvorschriften ermittelte Ertrag in einen nach deutschen Grundsätzen ermittelten Gewinn zu transformieren sein.[169] Die Finanzverwaltung akzeptiert jedoch auch ein nach den ausländischen Gewinnermittlungsvorschriften berechnetes Betriebsergebnis, sofern die Korrekturen gemäß § 202 Abs. 1 S. 2 BewG möglich sind.[170] Das einheitliche durchschnittliche Jahresergebnis beinhaltet dann auch den im Ausland erwirtschafteten Teil. Bei fehlender Datenlage ist der Steuerwert im Wege einer sachgerechten Schätzung unter Berücksichtigung der Vermögensart und der individuellen Verhältnisse des Einzelfalls zu ermitteln.[171] Ist die in- oder ausländische Kapitalgesellschaft Teil eines ausländischen Betriebsvermögens, erfolgt ihre Bewertung über § 31 BewG ebenfalls nach §§ 11 Abs. 2, 199 ff. BewG (→ § 27 Rn. 73).

Bei der Bewertung von **ausländischem Betriebsvermögen in Drittstaaten** ist anders als bei der international ausgestalteten Bewertung von Kapitalgesellschaften,[172] nach § 12 ErbStG zwischen Inland (§ 12 Abs. 5 ErbStG) und Ausland (§ 12 Abs. 7 ErbStG) zu unterscheiden. Für die Bewertung ausländischen Betriebsvermögens sind gemäß § 12 Abs. 7 ErbStG iVm § 31 BewG die Vorschriften des ersten Teils des BewG (§§ 1 bis 16 BewG), insbesondere § 9 BewG anzuwenden. Die Bewertung eines ausländischen Unternehmens hängt somit von der Rechtsform ab, in der es betrieben wird: Als Kapitalgesellschaft erfolgt die Bewertung nach dem Ertragswertverfahren, als Einzelunternehmen oder als Personengesellschaft nach dem gemeinen Wert. **Europarechtlich** verstößt diese Differenzierung gegen die Kapitalverkehrsfreiheit im Sinne des Art. 56 EG-Vertrag.[173] § 12 Abs. 5 ErbStG ist daher europarechtskonform erweiternd auszulegen, so dass sich zumindest innerhalb der EU keine andere Beurteilung als bei reinem Inlandsvermögen ergibt.[174] Ein EU-Betriebsvermögen (Einzelunternehmen, Personengesellschaft/Mitunternehmerschaft) ist dementsprechend nach §§ 157 Abs. 5 S. 2, 11 Abs. 2 BewG zu bewerten. Außerhalb der EU könnte es nach § 12 Abs. 7 ErbStG dagegen beim gemeinen Wert bleiben, was bedeuten würde, dass der gemeine Wert des ausländischen Betriebsvermögens aus der Summe der gemeinen Werte der Einzelwirtschaftsgüter zu ermitteln wäre.[175] Ob dies letztlich zutreffend ist, hängt davon ab, ob die Kapitalverkehrsfreiheit einer derartige

135

---

[166] *Gottschalk* ZEV 2009, 157; *Gottschalk*. ZEV 2010, 493.
[167] *Gottschalk* ZEV 2009, 157; aA *Mannek* DB 2008, 423.
[168] *Gottschalk* ZEV 2009, 157.
[169] *Gottschalk* ZEV 2009, 157; aA *Mannek* DB 2008, 423.
[170] R B 199.2 S. 3 ErbStR 2011.
[171] Vgl. auch FinMin Baden-Württemberg DStR 2008, 1537.
[172] *Gottschalk* ZEV 2009, 157.
[173] EuGH ZEV 2004, 74; ZEV 2006, 460; ZEV 2008, 87.
[174] Vgl. auch FinMin Baden-Württemberg DStR 2008, 1537.
[175] *Gottschalk* ZEV 2009, 157.

Schlechterstellung des Drittstaatenfalles toleriert[176] oder ob sie ggf. durch die vorrangig zur Anwendung kommende Niederlassungsfreiheit verdrängt wird.[177] Die Finanzverwaltung löst das Problem pragmatisch, indem sie auch bei der Bewertung ausländischer Unternehmen das Ertragswertverfahren nach §§ 199 ff. BewG anwendet (→ § 27 Rn. 42 ff.).[178]

136 Bei der (erweitert) beschränkten Steuerpflicht ist das Betriebsvermögen ausländischer Unternehmen für die Erbschafts- und Schenkungsbesteuerung nur insoweit relevant, als es zum Inlandsvermögen iSv § 121 Nr. 3 BewG gehört. **In- und ausländisches Betriebsvermögen innerhalb eines Unternehmens** bilden zwar eine wirtschaftliche Einheit im Sinne des § 2 Abs. 1 S. 1 BewG, da aber von § 121 Nr. 3 BewG explizit nur das inländische Betriebsvermögen erfasst wird, ist eine getrennte Bewertung des in- und des ausländischen Betriebsvermögens vorzunehmen. Bei der Bewertung kommt es daher zu einer Spaltung der wirtschaftlichen Einheit. Die Bewertung erfolgt dabei grundsätzlich nach der **direkten Aufteilungsmethode.** Dabei werden in einem ersten Schritt die Vermögensgegenstände und Schulden zunächst dem inländischen und ausländischen Betriebsvermögen zugeordnet und anschließend nach den maßgeblichen Vorschriften bewertet. Der Umfang des ausländischen Betriebsvermögens bestimmt sich eigenständig auf der Basis der vor Ort anzuwendenden Rechnungslegung.[179] Allerdings sind Anpassungen im Verhältnis zwischen ausländischer Betriebsstätte und Stammunternehmen nach dem sog. „dealing at arm's length-principle" vorzunehmen. Es sind damit in dem bezeichneten Verhältnis nur solche Wirtschaftsgüter und Schulden als berücksichtigungsfähig anzusehen, die ein selbständiger Gewerbebetrieb am gleichen Ort und unter gleichen Bedingungen zur Erzielung eines vergleichbaren Geschäftserfolgs benötigen würde.[180] Da zwischen dem inländischen und dem ausländischen Teil Leistungsbeziehungen bestehen, ist es wohl unerlässlich, eine Art Verrechnungspreisermittlung durchzuführen und im Zuge der Bewertung jeweils fiktive Forderungen und Verbindlichkeiten zu berücksichtigen.[181] Nur so kann die vom Gesetz vorgesehene unterschiedliche Bewertung von In- und Auslandsvermögen angemessen Rechnung getragen werden. Das derart ermittelte ausländische Betriebsvermögen ist anschließend mit dem nach § 31 Abs. 1 Satz 1 BewG dafür vorgesehenen Wert zu bewerten. Ist die Aufteilung nach der direkten Methode nicht möglich oder zumindest stark erschwert, kann die Aufteilung – subsidiär – auch im Wege der **indirekten Aufteilungsmethode** erfolgen. Dabei wird das Betriebsvermögen der ausländischen Betriebsstätte unter Berücksichtigung des konsolidierten Vermögens des Gesamtunternehmens in der Weise ermittelt, dass das gesamte Betriebsvermögen in einen inländischen und einen ausländischen Teil nach wirtschaftlichen Gesichtspunkten aufgeteilt wird. Als Maßstab kann zB das Verhältnis der Umsätze, die verarbeiteten Rohstoffe, der Betrag der im Inland und Ausland gezahlten Löhne und Gehälter, die Höhe der in den jeweiligen Betriebsteilen erzielten Einnahmen oder der Wert des jeweiligen Anlagevermögens herangezogen werden.[182]

137 Da bei beschränkter Steuerpflicht nur diejenigen Vermögensgegenstände erfasst werden, die zum Inlandsvermögen gehören, ist auch nur der Abzug von Schulden und Lasten zulässig, die mit diesen Vermögensgegenständen in wirtschaftlichem Zusammenhang stehen, § 10 Abs. 6 S. 2 ErbStG (→ § 27 Rn. 105). Ist Inlandsvermögen aufgrund eines Doppelbesteuerungsabkommens dem anderen Staat zugewiesen, soll die Regelung den Schuldenabzug auch insoweit einschränken, als Deutschland das Besteuerungsrecht durch das DBA entzogen ist.[183] Für den Schuldenabzug kommt es mithin darauf an, dass das Vermögen

---

[176] *Hey* DStR 2011, 1149.
[177] EuGH IStR 2012, 723; *Wünsche* IStR 2012, 785.
[178] R B 199.2 ErbStR 2011.
[179] BFH BStBl. II 1993, 63.
[180] BFH BStBl. II 1993, 63; BStBl. II 1972, 374.
[181] AA Troll/Gebel/Jülicher/Gottschalk/*Gebel* ErbStG § 12 Rn. 942.
[182] Troll/Gebel/Jülicher/Gottschalk/*Gebel* ErbStG § 12 Rn. 943.
[183] Kapp/Ebeling/*Geck* ErbStG § 10 Rn. 167.

auch tatsächlich der inländischen Besteuerung unterliegt. Die Beschränkung des Schuldenabzugs kann dadurch vermieden werden, dass der Steuerpflichtige nach § 2 Abs. 3 ErbStG zur unbeschränkten Steuerpflicht optiert, was allerdings gut überlegt werden sollte.[184]

d) Steuerbefreiungen. Die Verschonungsregelungen des § 13a ErbStG gelten gleichermaßen für die unbeschränkte wie auch die (erweitert) beschränkte Steuerpflicht, so dass es nicht darauf ankommt, ob jemand Inländer ist oder nicht. Begünstigt ist auch **ausländisches Betriebsvermögen**, sofern es einer EU/EWR Betriebsstätte zu dienen bestimmt ist. Die Zugehörigkeit ist nach deutschen Maßstäben zu beurteilen. Die Beteiligung an einer ausländischen Personengesellschaft in einem **Drittstaat**, zB einer Schweizer Personengesellschaft, ist daher auch begünstigt, wenn sie aus deutscher Sicht zum Betriebsvermögen eines inländischen Gewerbebetriebs, einer inländischen Mitunternehmerschaft oder einer EU/EWR-Betriebsstätte gehört.[185] Entsprechendes gilt für die Beteiligung im Sonderbetriebsvermögen, da dieses zum Mitunternehmeranteil gehört.[186] Hinsichtlich der Qualifizierung als **Personengesellschaft** bzw. **Mitunternehmerschaft** ist bei ausländischen Gesellschaften der Typenvergleich heranzuziehen (→ Rn. 112 ff.).[187] Im Übrigen ist Drittstaatenvermögen nicht begünstigt. Das Betriebsvermögen von Gewerbebetrieben, deren wirtschaftliche Einheit sich ausschließlich auf Drittstaaten erstreckt ist daher nicht begünstigt.[188] Ob dies letztlich zutreffend ist, hängt davon ab, ob die Kapitalverkehrsfreiheit einer derartige Schlechterstellung des Drittstaatenfalles toleriert[189] oder ob sie ggf. durch die vorrangig zur Anwendung komme Niederlassungsfreiheit verdrängt wird.[190] Zusammengefasst lässt sich damit festhalten, dass zum begünstigungsfähigen Vermögen von Einzelunternehmen und Mitunternehmerschaften im Inland oder EU-/EWR-Raum die

– Betriebsstätte im Inland, in einem Mitgliedsstaat der EUR oder des EWR,[191]
– Beteiligung an einer Personengesellschaft im Inland oder im EU/EWR-Ausland, auch soweit die Personengesellschaft eine Betriebsstätte in einem Drittstaat unterhält,[192]
– Beteiligung an einer Personengesellschaft im Drittland, auch soweit die Personengesellschaft eine Betriebsstätte in einem Drittstaat unterhält,[193]
– Anteile an einer Kapitalgesellschaft im Inland oder EU/EWR-Ausland und[194]
– Anteile an einer Kapitalgesellschaft in einem Drittstaat[195]

zählen. Nicht zum begünstigungsfähigen Vermögen gehören dagegen ausländisches Betriebsvermögen in Drittstaaten, wenn sich die wirtschaftliche Einheit ausschließlich auf

---

[184] Kapp/Ebeling/*Geck* ErbStG § 10 Rn. 166.1.
[185] R E 13 b.5 Abs. 4 S. 4 ErbStR 2011; Troll/Gebel/Jülicher/Gottschalk/*Jülicher* ErbStG § 13b Rn. 68.
[186] BFH BStBl. II 1995, 890.
[187] Vgl. zB zur US-amerikanischen LLC: BFH DStRE 2008, 1424; BMF BStBl. I 2004, 411; zur LLP: FinMin Berlin, DStR 2007, 1034.
[188] R E 13 b.5 Abs. 4 S. 2 u. 3 ErbStR 2011; koordinierte Ländererlasse BStBl. I 2017, 902 Abschn. 13b.5 Abs. 4 S. 2 u. 3.
[189] *Hey* DStR 2011, 1149.
[190] EuGH IStR 2012, 723; *Wünsche* IStR 2012, 785; Troll/Gebel/Jülicher/Gottschalk/*Gottschalk* weist in § 13a ErbStG Rn. 17 zu Recht darauf hin, dass beim Betriebsvermögen – anders als bei einer Kapitalgesellschaftsbeteiligung – keine Mindestbeteiligungshöhe vorgesehen ist und kleinere Beteiligungen in der Regel ohne den erforderlichen unternehmerischen Einfluss sind, aufgrund dessen die Niederlassungsfreiheit die Kapitalverkehrsfreiheit verdrängen kann.
[191] R E 13 b.5 Abs. 4 S. 1 ErbStR 2011; H E 13 b.5 ErbStH 2011; koordinierte Ländererlasse BStBl. I 2017, 902 Abschn. H 13b.5.
[192] R E 13 b.5 Abs. 4 S. 1 ErbStR 2011; H E 13 b.5 ErbStH 2011; koordinierte Ländererlasse BStBl. I 2017, 902 Abschn. H 13b.5.
[193] R E 13 b.5 Abs. 4 S. 4 ErbStR 2011; H E 13 b.5 ErbStH 2011; koordinierte Ländererlasse BStBl. I 2017, 902 Abschn. H 13b.5.
[194] R E 13 b.5 Abs. 4 S. 4 ErbStR 2011; H E 13 b.5 ErbStH 2011; koordinierte Ländererlasse BStBl. I 2017, 902 Abschn. H 13b.5.
[195] R E 13 b.5 Abs. 4 S. 4 ErbStR 2011; H E 13 b.5 ErbStH 2011; koordinierte Ländererlasse BStBl. I 2017, 902 Abschn. H 13b.5.

Drittstaaten erstreckt, und die Betriebsstätte im Drittstaat, die nicht zu einer Personen- oder Kapitalgesellschaft gehört.[196] Da es bei Drittstaatenvermögen damit entscheidend darauf ankommt, ob es Teil einer wirtschaftlichen Einheit im Inland, der EU oder dem EWR ist, wird zukünftig die rechtzeitige Zuordnung dieses Vermögens zu einer dieser Einheiten zB durch Einbringung in eine Personen- oder Kapitalgesellschaft zur gestalterischen Herausforderung werden. Entscheidend ist der funktionale Zusammenhang, § 13b Abs. 1 Nr. 2 ErbStG, §§ 95 bis 97 Abs. 1 S. 1 BewG iVm § 1 Abs. 5 S. 3 AStG, § 1 Abs. 1 S. 1 BsGaV. Für die Zuordnung von Beteiligungen könnte die Personalfunktion ausschlaggebend sein (→ Rn. 120).[197] Wer sicher gehen will hängt das Betriebsvermögen an eine Kapitalgesellschaft im EU- bzw. EWR-Gebiet an. Solange diese ihren Sitz oder ihre Geschäftsleitung dort (oder im Inland) hat, kommt es – anders als bei dem Gewerbebetrieb oder möglicherweise der Personengesellschaft – nicht auf die Belegenheit deren Vermögens an. Wird bei der zwischengeschalteten EU-/EWR-Kapitalgesellschaft die Mindestbeteiligungshöhe nicht erreicht, kann diese Beteiligung unter eine EU-/EWR-Personengesellschaft gehängt werden.

139   Für die Einordnung ausländischer Gesellschaften als **Kapitalgesellschaft** im Sinnes des § 13b Abs. 1 Nr. 3 ErbStG gelten die Grundsätze des Typenvergleichs (→ Rn. 112 ff.).[198] Gesellschaften in **Drittstaaten** sind nicht begünstigt (→ Rn. 138). Allerdings können diese in den Genuss der Vergünstigung kommen, wenn sie im Typenvergleich einer deutschen Kapitalgesellschaft entsprechen und ihre **Geschäftsleitung im Inland, der EU oder dem EWR** haben. Anders als bei Betriebsvermögen und land- und forstwirtschaftlichem Vermögen kommt es daher auf die Belegenheit des Vermögens bei Kapitalgesellschaften nicht an. Das Vermögen der Kapitalgesellschaft einschließlich der von ihr gehaltenen Beteiligungen (Tochter- und Enkelgesellschaften) kann sich sogar ausschließlich in Drittstaaten befinden, ohne dass dies einen Einfluss auf die erbschaftsteuerliche Begünstigung hätte.[199] Bei Beteiligungen in Drittstaaten kann es sich daher aus erbschaftsteuerlicher Sicht möglicherweise lohnen, diese in einer Holding im Inland, der EU oder dem EWR zusammenzufassen. Bei Schenkung einer Beteiligung in einem Drittstaat sollte geprüft werden, ob sich die Zwischenschaltung einer inländischen bzw. EU/EWR-Kapitalgesellschaft lohnt. Dabei sind in jedem Fall jedoch immer auch die ertragsteuerlichen Folgen zu bedenken.

140   Voraussetzung für die Gewährung des Verschonungsabschlags ist die Einhaltung der **Mindestlohnsumme,** § 13a Abs. 3 ErbStG. Da **EU-/EWR-Gesellschaften** insoweit wie inländische Gesellschaften behandelt werden (§ 13a Abs. 1 iVm § 13b Abs. 1 ErbStG), ergeben sich hier keine Besonderheiten (→ § 27 Rn. 176 ff.). Gleiches gilt für EU-/EWR-Betriebsvermögen. Allerdings hat der Steuerpflichtige den Nachweis für die Einhaltung der Lohnsumme zu erbringen, § 13a Abs. 8 ErbStG. Dies kann zB durch die Gewinn- und Verlustrechnung und den darin ausgewiesenen Lohnaufwand der EU-/EWR-Gesellschaft erfolgen.[200] Sofern der Lohnaufwand nicht in Euro ausgewiesen ist, ist regelmäßig der Wechselkurs im Besteuerungszeitpunkt (§ 9 ErbStG) und zwar der für Zwecke der Umsatzsteuer festgestellte Wechselkurs zugrunde zu legen.[201] Da sich die Ausgangslohnsumme aus der durchschnittlichen Lohnsumme der letzten fünf vor dem Zeitpunkt der Entstehung der Steuer (§ 9 ErbStG) endenden Wirtschaftsjahre errechnet,

---

[196] R E 13 b.5 Abs. 4 S. 2 u. 3 ErbStR 2011; H E 13 b.5 ErbStH 2011; koordinierte Ländererlasse BStBl. I 2017, 902 Abschn. H 13b.5.
[197] *Bockhoff* ZEV 2017, 186.
[198] Troll/Gebel/Jülicher/Gottschalk/*Jülicher* ErbStG § 13b Rn. 177; vgl. zur US-LLC: BFH DStRE 2008, 1424; BMF BStBl. I 2004, 411; zur LLP: FinMin Berlin DStR 2007, 1034.
[199] *Hannes/Onderka* ZEV 2008, 10; *Rödder* DStR 2008, 997.
[200] R E 13 a.4 Abs. 9 S. 1 ErbStR 2011; koordinierte Ländererlasse BStBl. I 2017, 902 Abschn. H 13 a.7 Abs. 5 S. 1.
[201] R E 13 a.4 Abs. 9 S. 2, 3 ErbStR 2011; koordinierte Ländererlasse BStBl. I 2017, 902 Abschn. H 13 a.7 Abs. 5 S. 2, 3; krit. Troll/Gebel/Jülicher/Gottschalk/*Jülicher* ErbStG § 13a Rn. 122 bei starken Schwankungen.

muss dieser Wechselkurs auch auf die Lohnsummen der vorangegangenen Jahre angewendet werden. Gleiches gilt für die Lohnsummenfrist. Durch die Zugrundelegung eines einheitlichen Wechselkurses für den gesamten Zeitraum der Lohnsummenbetrachtung werden etwaige sachfremde Veränderungen der Lohnsumme aufgrund von Währungskursschwankungen ausgeblendet.

Auf Personen- und Kapitalgesellschaften in einem **Drittstaat** entfallende Vergütungen sind nicht mit in die **Lohnsumme** einzubeziehen. Gleiches gilt für Betriebsstätten von Personengesellschaften und Einzelunternehmen in einem Drittstaat sowie Kapitalgesellschaften mit Sitz oder Geschäftsleitung im Inland oder im EU/EWR-Raum, wenn im Besteuerungszeitpunkt eine mittelbare bzw. unmittelbare Beteiligung von 25% oder weniger besteht.[202] Auf in einem Drittstaat belegene Betriebsstätten von Kapitalgesellschaften mit Sitz oder Geschäftsleitung im Inland, EU- oder EWR-Raum entfallende Vergütungen sind in die Lohnsumme mit einzubeziehen.[203] Die Finanzverwaltung gesteht zwar die betriebsbezogene Berechnung der Lohnsumme zu, will aber bei Vorliegen mehrerer selbständiger wirtschaftlicher Einheiten zur Ermittlung der maßgebenden Lohnsumme auf die Lohnsumme aller wirtschaftlichen Einheiten abstellen.[204] Beteiligungsbesitz wird anteilig hinzuaddiert. Die Beschäftigten von Kapitalgesellschaftsbeteiligungen sind daher – entsprechend der gegebenenfalls zusammengerechneten Beteiligungsquoten – zu berücksichtigen, wenn aus Sicht der übertragenen Muttergesellschaft eine unter Umständen über mehrere Stränge zusammengerechnete unmittelbare oder mittelbare Beteiligung von mehr als 25% besteht. Gleiches gilt für die Beschäftigten von Personengesellschaften allerdings unabhängig von einer Mindestbeteiligungshöhe und vorbehaltlich einer Abschirmung durch eine zwischengeschaltete Kapitalgesellschaftsbeteiligung. Diese Berechnung hat den Vorteil, dass betriebsbezogene Schwankungen bei der Lohnsummenprüfung ausgeglichen werden können. Eine Verlagerung von Arbeitsplätzen aus dem Inland in einen Drittstaat führt daher zu einer Verringerung der Lohnsumme. Die Verlagerung vom Drittstaat ins Inland wirkt dagegen lohnsummenerhöhend. Der Arbeitsplatzabbau im Drittland wirkt sich dagegen – abgesehen bei Betriebsstätten von Kapitalgesellschaften – überhaupt nicht auf die Lohnsumme aus. Bei Beteiligungen von weniger als 100% erfolgt die Berücksichtigung der Lohnsumme mit dem entsprechenden Anteil. Bei mittelbaren Beteiligungen kommt es auf die durchgerechnete Quote an. Erreicht diese die erforderliche Beteiligungshöhe von mehr als 25%, so wird die Lohnsumme entsprechend der durchgerechneten Quote bei der Muttergesellschaft mit einbezogen.[205]

Das begünstigte Vermögen bleibt zu 85% bzw. 100% steuerfrei, wenn dessen Erwerb zuzüglich der Erwerbe iSd § 13a Abs. 1 S. 2 ErbStG insgesamt 26 Mio. EUR nicht übersteigt. Bei (erweitert) beschränkt Steuerpflichtigen ist unklar, ob für die Berechnung der **26 Mio.-Euro-Grenze** (→ § 27 Rn. 117) nur das Inlandsvermögen einzubeziehen ist, oder ob auch das zugleich oder innerhalb von 10 Jahren von derselben Person erworbene, nicht der deutschen Erbschaftsteuer unterliegende Vermögen einzubeziehen ist, dass begünstigtes Vermögen wäre, wenn es in Deutschland steuerpflichtig wäre (was es ja aber gerade nicht ist).[206] Das Gesetz verweist auf § 13b Abs. 2 ErbStG und damit auf grundsätzlich der deutschen Steuerpflicht unterliegendes Vermögen. Nicht der deutschen Steu-

---

[202] Gleichlautende Ländererlasse BStBl. I 2012, 1250 Abschn. 1.1; koordinierte Ländererlasse BStBl. I 2017, 902 Abschn. H 13 a.7 (2) u. (3).
[203] H E 13 a.4 (6) ErbStH 2011 „Ermittlung der Zahl der Beschäftigten und der Ausgangslohnsumme bei Übertragung begünstigten Betriebsvermögens" und H E 13 a.4 (7) ErbStH 2011 „Ermittlung der Zahl der Beschäftigten und der Ausgangslohnsumme bei Übertragung begünstigter Anteile an Kapitalgesellschaften"; koordinierte Ländererlasse BStBl. I 2017, 902 Abschn. H 13 a.7 (2) u. (3).
[204] R E 13 a.4 Abs. 3 S. 3 ErbStR 2011; koordinierte Ländererlasse BStBl. I 2017, 902 Abschn. H 13 a.6 S. 2 u. 3.
[205] *Scholten/Korezkij* DStR 2009, 253; *Schulz/Althof/Markl* BB 2008, 528; *Rödder* DStR 2008, 997.
[206] *Königer* ZEV 2017, 556.

erpflicht unterliegende Erwerbe von an sich begünstigtem ausländischem Vermögen sind folglich nicht bei der Berechnung der Grenze zu berücksichtigen.[207]

143 Bei den **Nachsteuerregelungen** sind im internationalen Kontext die Entnahmen, Umstrukturierungen und Veräußerungen im Blick zu behalten. Bei der Überentnahmeregelung stellt sich zunächst die Frage, ob jede einzelne Entnahme mit dem jeweiligen Währungskurs im Entnahmezeitpunkt umzurechnen ist oder ob eine unterjährige Saldierung der Entnahmen in ausländischer Währung erfolgen darf und die Umrechnung erst im Jahresabschluss zu erfolgen hat. Nach dem Wortlaut des § 13a Abs. 6 S. 1 Nr. 3 S. 1 ErbStG wäre beides möglich. **Umstrukturierungen** wie formwechselnde Umwandlungen und Verschmelzungen über die Grenze, aber auch der Anteilstausch nach § 21 UmwStG sind innerhalb der Behaltensfrist zulässig und lösen keine Nachsteuer aus, sofern die übernehmende Gesellschaft ihren Sitz oder ihre Geschäftsleitung im Inland oder im EU-/EWR-Ausland hat.[208]

144 Unklar ist, ob die ertragsteuerlichen **Entstrickungsregelungen** eine Nachsteuer nach § 13a Abs. 6 ErbStG auslösen können. So steht nach § 16 Abs. 3a EStG der Ausschluss oder die Beschränkung des Besteuerungsrechts der Bundesrepublik Deutschland hinsichtlich des Gewinns aus der Veräußerung sämtlicher Wirtschaftsgüter des Betriebs oder eines Teilbetriebs der Aufgabe des Gewerbebetriebs gleich (→ § 26 Rn. 32). Entsprechendes gilt für Kapitalgesellschaften (Körperschaften, Vermögensmassen und Personenvereinigungen), wenn deren Geschäftsleitung oder Sitz verlegt wird und sie dadurch aus der unbeschränkten Steuerpflicht in einem EU-/EWR-Mitgliedstaat ausscheidet, § 12 Abs. 3 KStG (→ Rn. 187 ff.). Auch im Rahmen der Wegzugsbesteuerung gilt eine Beteiligung im Sinne des § 17 EStG als veräußert, § 6 Abs. 1 AStG (→ Rn. 171 ff.). Gemeinsam ist allen diesen Tatbeständen, dass es nicht tatsächlich zu einer Veräußerung oder Aufgabe kommt, sondern diese nur fingiert wird. Eine derartige **Veräußerungsfiktion** reicht jedoch nicht, um einen Nachsteuertatbestand nach § 13a Abs. 6 ErbStG auszulösen. Denn diese Norm verlangt eine reale Veräußerung oder Aufgabe des begünstigten Betriebsvermögens.[209] Durch eine lediglich fiktive Veräußerung oder Aufgabe eines Unternehmens werden weder dessen Fortbestand noch die Arbeitsplätze gefährdet.

145 Nach § 4 Abs. 1 S. 3 EStG steht der Ausschluss oder die Beschränkung des Besteuerungsrechts der Bundesrepublik Deutschland hinsichtlich des Gewinns aus der Veräußerung oder der Nutzung eines Wirtschaftsguts einer **Entnahme** für betriebsfremde Zwecke gleich (→ Rn. 184 f.). Eine solche Entnahme liegt danach insbesondere vor, wenn ein bisher einer inländischen Betriebsstätte des Steuerpflichtigen zuzuordnendes Wirtschaftsgut einer ausländischen Betriebsstätte zuzuordnen ist. Aber auch die Nutzungsüberlassung eines inländischen Wirtschaftsguts an eine ausländische Betriebsstätte führt nach § 4 Abs. 1 S. 3 EStG zu einer **Entnahmefiktion.** Dabei ist unklar, ob in diesem Falle die Nutzungsüberlassung zur Entnahme des überlassenen Wirtschaftsguts oder eines Nutzungsrechts führt.[210] Obwohl das Wirtschaftsgut den Betrieb bzw. die Gesellschaft nicht verlässt, gilt es als entnommen, um das deutsche Besteuerungsrecht zu sichern. Ähnlich wie bei der Veräußerungsfiktion wird durch die Entnahmefiktion real nicht wirklich etwas verändert. Es spricht daher vieles dafür, die Entnahmefiktion nach § 4 Abs. 1 S. 3 ErbStG als nicht nachsteuerschädlich anzusehen.[211] Wäre allerdings in der Zuordnung zu einer ausländischen Betriebsstätte (→ Rn. 120) eine entnahmeähnliche Handlung zu sehen, könnte dies eine Entnahme iSd § 13a Abs. 6 S. 1 Nr. 3 ErbStG darstellen (→ § 27

---

[207] Im Ergebnis ebenso *Königer* ZEV 2017, 556, der aufgrund des koordinierten Ländererlasses A 28a.1 Abs. 3, BStBl. I 2017, 902, eine andere Auslegung der Finanzverwaltung befürchtet.
[208] Gleichlautender Ländererlass DStR 2014, 103; Troll/Gebel/Jülicher/Gottschalk/*Jülicher* ErbStG § 13a Rn. 306; aA *St. Viskorf/Haag* DStR 2014, 360, die auch Drittlandsgesellschaften genügen lassen wollen.
[209] Troll/Gebel/Jülicher/Gottschalk/*Jülicher* ErbStG § 13a Rn. 281; aA Moench/Weinmann/*Weinmann* ErbStG § 13a Rn. 92.
[210] Schmidt/*Heinicke* EStG § 4 Rn. 331; *Wassermeyer* DB 2006, 2420; R 4.3 Abs. 2 S. 3 EStR 2012.
[211] *Reich* IStR 2011, 913.

Rn. 220) und, wenn es sich nicht um eine wesentliche Betriebsgrundlage handelte, die Nachsteuerregelung auslösen, sofern dadurch die (fiktiven) Entnahmen den Saldo aus Einlagen und Gewinnanteilen innerhalb der Behaltensfrist um mehr als EUR 150.000 übersteigen. Im Hinblick auf die Einbeziehung des EU-/EWR-Gebiets in die Vergünstigungen des § 13a ErbStG müsste allerdings die Zuordnung eines Wirtschaftsguts innerhalb dieses Gebiets unschädlich sein, so dass nur eine Zuordnung zu einer Betriebsstätte im Drittland für die Berechnung der Entnahmegrenze mitgezählt werden müsste.[212] Wird eine wesentliche Betriebsgrundlage einer ausländischen Betriebsstätte zugeordnet worden, gilt vorrangig der Nachsteuertatbestand des § 13a Abs. 6 S. 1 Nr. 1 S. 2 ErbStG (→ § 27 Rn. 200).[213] Dieser ist bei Fällen der Entnahmefiktion aufgrund Zuordnung zu einer Betriebsstätte im EU-/EWR-Gebiet allerdings nicht steuerschädlich, da sogleich eine „Reinvestition" in eine nach § 13b Abs. 1 ErbStG begünstigungsfähige Vermögensart erfolgt, § 13a Abs. 6 S. 3 ErbStG (→ § 27 Rn. 217 ff.). Die Zuordnung der wesentlichen Betriebsgrundlage zu einer Betriebsstätte im Drittland könnte dagegen aufgrund ihrer Ähnlichkeit zur Entnahme den Nachsteuertatbestand auslösen, was im Gegensatz zu § 13a Abs. 6 S. 1 Nr. 3 ErbStG aber zumindest den Weg in die Abschmelzung der Nachsteuer nach § 13a Abs. 6 S. 2 ErbStG eröffnet.[214]

Soweit ausländisches Vermögen zum begünstigten Vermögen gehört, hat der Steuerpflichtige nachzuweisen, dass die Voraussetzungen für die Begünstigungen im Zeitpunkt der Entstehung der Steuer und während der gesamten Behaltefrist bestanden haben, § 13a Abs. 8 ErbStG. Schwierig wird insoweit der Beweis zu erbringen sein, dass kein eine Nachsteuer auslösender Tatbestand verwirklicht wurde. Dies wird wohl ähnlich wie die Parallelproblematik in § 6 AStG bei der Stundung der Wegzugsteuer dadurch zu lösen sein, dass es zunächst genügt, wenn der Steuerpflichtige dem Finanzamt mitteilt, er habe nicht veräußert.[215] 146

Der 30%ige Vorwegabschlag für Familienunternehmen gem. § 13a Abs. 9 ErbStG setzt voraus, das bestimmte Entnahme-, Verfügungs- und Abfindungsbeschränkungen im Gesellschaftsvertrag verankert sind (→ § 27 Rn. 170 ff.). Abgesehen davon, dass die jeweiligen ausländischen Rechtsordnungen die Implementierung dieser Beschränkungen im Gesellschaftsvertrag für zulässig erachten müssen, kann es aufgrund der Entnahmebeschränkung und der Hinzurechnungsbesteuerung zu einer ertragsteuerlichen Doppelbesteuerung kommen.[216] Erzielt eine ausländische Gesellschaft, die die Voraussetzungen des Vorwegabschlags allesamt erfüllt, in den ersten 13 Jahren nach der Übertragung Zwischeneinkünfte nach §§ 7 ff. AStG, die zu steuerpflichtigen Einkünften aus Kapitalvermögen führen, müssten diese vor Ablauf der 20-jährigen Frist des § 13a Abs. 9 S. 3 ErbStG ausgeschüttet werden, um vom Gesellschafter steuerfrei vereinnahmt werden zu können. Denn nach § 3 Nr. 41 lit. a EStG sind versteuerte Hinzurechnungsbeträge nur bei Vollausschüttung innerhalb von sieben Jahren steuerfrei. Können nur 37,5 % ausgeschüttet werden, unterliegen die restlichen 62,5 % bei Ausschüttung nach Ablauf der 20-jährigen Bindungsfrist erneut der Einkommensteuer.[217] 147

Bei der **Verschonungsbedarfsprüfung** ergeben sich für die (erweitert) unbeschränkte Steuerpflicht keine Besonderheiten (→ § 27 Rn. 233 ff.). Insbesondere hat der Erwerber 50 % seines weltweiten Vermögens, soweit es nicht aus begünstigtem Vermögen iSd § 13b Abs. 2 ErbStG besteht bzw. bestehen würde, zur Tilgung der Steuern 148

---

[212] Troll/Gebel/Jülicher/Gottschalk/*Jülicher* ErbStG § 13a Rn. 290.
[213] R E 13 a.8 Abs. 1 S. 6 ErbStR 2011; koordinierte Ländererlasse BStBl. I 2017, 902 Abschn. 13 a.14 Abs. 1 S. 6.
[214] Troll/Gebel/Jülicher/Gottschalk/*Jülicher* ErbStG § 13a Rn. 372.
[215] Troll/Gebel/Jülicher/Gottschalk/*Jülicher* ErbStG § 13a Rn. 465 unter Hinweis auf Flick/Wassermeyer/Baumhoff/*Wassermeyer* AStG § 6 Rn. 311 ff.
[216] *Bockhoff* ZEV 2017, 186.
[217] *Bockhoff* ZEV 2017, 186 regt eine Klarstellung der Finanzverwaltung an, dass Gewinnausschüttungen von Hinzurechnungsbeträgen keine Ausschüttungen gem. § 13a Abs. 9 S. 1 Nr. 1 ErbStG darstellen. Hierfür dürfte allerdings die gesetzliche Grundlage fehlen.

einzusetzen. Dies gilt auch für (erweitert) beschränkt Steuerpflichtige. Der Gesetzeswortlaut stellt auf das zugleich *übergegangene* Vermögen ab, das nicht zum begünstigten Vermögen im Sinne des § 13b Absatz 2 gehört, und auf das dem Erwerber im Zeitpunkt der Entstehung der Steuer (§ 9 ErbStG) *gehörende* Vermögen, das nicht zum begünstigten Vermögen im Sinne des § 13b Abs. 2 ErbStG gehören würde. Eine Einschränkung auf das Inlandsvermögen oder eine Ausnahme von Auslandsvermögen ist nicht vorgesehen.[218] Die Begriffe des „übergegangenen" und des „gehörenden" Vermögens sind losgelöst von der steuerlichen Begünstigung in den §§ 13a ff. ErbStG zu verstehen. § 28a ErbStG bleibt im Kern eine Erlassvorschrift. Entsprechend der Vorgaben des BVerfG[219] kommt eine Verschonung nur in Betracht, wenn hierfür ein Bedarf ist. Das ist nach dem Willen des Gesetzgebers bei Überschreiten der 26-Mio-Euro-Grenze nicht der Fall, wenn ausländisches Vermögen zur Tilgung der Steuerlast eingesetzt werden kann. Dass das ausländische Vermögen möglicherweise einer ausländischen Erbschaftsteuer unterliegt, spielt hierfür ebenso wenig wie beim steuerpflichtigen Inlandsvermögen eine Rolle, bei dem die auf dem steuerpflichtigen Erwerb lastende Steuer den Wert des verfügbaren Vermögens auch nicht mindert.[220]

149 **e) Freibeträge.** Für unbeschränkt Steuerpflichtige gelten auch bei Auslandsbezug die normalen Freibeträge nach § 16 Abs. 1 ErbStG (→ § 27 Rn. 243 f.). Für beschränkt Steuerpflichtige gilt dies für alle Fälle mit Steuerentstehungszeitpunkt bis zum 24.6.2017 auch.[221] Für danach erfolgte Erwerbe ist der jeweilige nach § 16 Abs. 1 ErbStG ermittelte Freibetrag um den Teilbetrag zu mindern, der dem Verhältnis der Summe der Werte des in demselben Zeitpunkt erworbenen, nicht der beschränkten Steuerpflicht unterliegenden Vermögens und derjenigen, nicht der beschränkten Steuerpflicht unterliegenden Vermögensvorteile, die innerhalb von 10 Jahren von derselben Person angefallen sind, zum Wert des Vermögens, das insgesamt innerhalb von 10 Jahren von derselben Person angefallen ist, entspricht

	Wert des nicht der beschränkten Steuerpflicht unterliegenden Vermögens
+	Wert des nicht der beschränkten Steuerpflicht unterliegenden Vermögens der letzten 10 Jahre
=	Zwischensumme
/	Wert des insgesamt angefallenen Vermögens der letzten 10 Jahre
×	Freibetrag
=	Teilbetrag

150 Der nach Abzug des so ermittelten Teilbetrags verbleibende Rest-Freibetrag entspricht letztlich dem anteiligen Freibetrag, soweit er auf das Inlandsvermögen entfällt. Der volle Freibetrag nach § 16 Abs. 1 ErbStG wird daher nur dann gewährt, wenn der gesamte Vermögensanfall aus inländischem Vermögen iSd § 181 BewG besteht. Die früheren Erwerbe der letzten 10 Jahre sind mit ihren früheren Werten anzusetzen, § 16 Abs. 2 S. 3 ErbStG. Da das Gesetz von „Vermögensvorteilen" spricht, ist der Bruttowert der Erwerbe maßgebend.[222] Sachliche und persönliche Freibeträge werden nicht abgezogen. § 16 Abs. 2

---

[218] Fischer/Pahlke/Wachter/*Wachter* ErbStG § 28a Rn. 169; von Oertzen/Loose/*Stalleiken* ErbStG § 28a Rn. 27; koordinierte Ländererlasse, BStBl. II 2017, 902 Abschn. 28 a.2 Abs. 1 S. 7 Nr. 3; aA *Königer* ZEV 2017, 556.
[219] BVerfG BStBl. II 2015, 50 Rn. 170 ff.
[220] Koordinierte Ländererlasse, BStBl. I 2017, 902 Abschn. 28 a.2 Abs. 2 S. 6.
[221] BFH/NV 2017, 1319; BFH/NV 2017, 1389.
[222] Troll/Gebel/Jülicher/Gottschalk/*Jülicher* ErbStG § 16 Rn. 20; aA *Bockhoff/Flecke* ZEV 2017, 552: Maßgebend ist der Nettowert nach Abzug der sachlichen Steuerbefreiung; ebenso *Huschke/Kaminsky* IStR 2018, 345.

ErbStG erfasst nur zurückliegende Erwerbe der letzten 10 Jahre.[223] Daher sollte zuerst das beschränkt steuerpflichtige Vermögen verschenkt werden.[224] Mangels früheren Erwerbs scheidet eine Kürzung des Freibetrages aus. Ob die Kürzung des Freibetrages europarechtlich Bestand haben wird, ist zweifelhaft. Richtigerweise dürfte es die Kapitalverkehrsfreiheit erfordern, dass auch beschränkt Steuerpflichtigen der volle Freibetrag nach § 16 Abs. 1 ErbStG unabhängig vom Anteil des inländischen Vermögens am Gesamterwerb in voller Höhe zusteht.[225] Nach § 14 Abs. 1 S. 1 ErbStG werden mehrere innerhalb von 10 Jahren von derselben Person anfallende Vermögensvorteile in der Weise zusammengerechnet, dass dem letzten Erwerb die früheren Erwerbe nach ihrem früheren Wert zugerechnet werden. Hierdurch soll gewährleistet werden, dass die Freibeträge innerhalb des zehnjährigen Zusammenrechnungszeitraums nur einmal angewendet werden und sich für mehrere Erwerbe gegenüber einer einheitlichen Zuwendung in gleicher Höhe kein Progressionsvorteil erbgibt.[226] Kommt es innerhalb dieses Zehnjahreszeitraums zu einem Wechsel in der Erbschaftsteuerpflicht, kann in die Zusammenrechnung nur das vorerworbene Vermögen einbezogen werden, das im Zeitpunkt der beschränkten Steuerpflicht Inlandsvermögen iSd § 121 BewG war.[227]

f) Vermeidung der Doppelbesteuerung. Immer dann, wenn ein Steuerpflichtiger eine Verbindung zum Ausland hat, bietet er den jeweils beteiligten Staaten einen Anknüpfungspunkt für die Erbschaft- und Schenkungsteuer. Dementsprechend kann es passieren, dass ein und derselbe Vermögensgegenstand sowohl im Ausland als auch im Inland besteuert wird. Je nach Besteuerungsumfang des jeweiligen Landes kann sich die Steuer mit jedem involvierten Staat potenzieren. Beseitigt oder zumindest abgemildert wird diese Doppel- oder Mehrfachbelastung des Vermögens durch unilaterale oder bilaterale Maßnahmen. 151

aa) Unilaterale Regelungen zur Vermeidung der Doppelbesteuerung. Deutschland sieht als unilaterale Maßnahme die **Anrechnung der ausländischen Steuer** auf die deutsche Erbschaft- bzw. Schenkungsteuer vor, § 21 ErbStG. Sie gilt gleichermaßen für erbschafts- wie Schenkungsfälle, § 1 Abs. 2 ErbStG. Voraussetzung ist, dass der Erwerb der deutschen (erweitert) unbeschränkten Steuerpflicht iSd § 2 Abs. 1 Nr. 1 ErbStG unterlegen hat. Bei beschränkter oder erweitert beschränkter Steuerpflicht ist § 21 ErbStG nicht anwendbar. Gewährt in diesen Fällen der ausländische Staat keine Entlastung, bleibt es bei der effektiven Doppelbesteuerung. Im Bereich der erweitert beschränkten Steuerpflicht betrifft dies vor allem ausländische Zwischengesellschaften.[228] Aufgrund der Transparenzfiktion des § 5 AStG werden ausländische Zwischengesellschaften qua Fiktion zu Inlandsvermögen. Der ausländische Staat besteuert die Gesellschaft in der Regel als Inlandsvermögen, da sich zumindest der Sitz dort befinden wird. Sofern im Ausland zu keiner Anrechnung der deutschen Erbschaftsteuer kommt, bleibt es bei der Doppelbesteuerung. Bei der Erbersatzsteuer für **Familienstiftungen** nach § 1 Abs. 1 Nr. 4 ErbStG findet § 21 ErbStG ebenfalls keine Anwendung, da dort nur auf § 2 Abs. 1 Nr. 1 und nicht auch auf § 2 Abs. 1 Nr. 2 ErbStG verwiesen wird.[229] § 21 ErbStG findet auch keine Anwendung, wenn in einem **Doppelbesteuerungsabkommen** die Freistellungsmethode vereinbart wurde (derzeit nur in den DBA mit Griechenland und der 152

---

[223] Troll/Gebel/Jülicher/Gottschalk/*Jülicher* ErbStG § 16 Rn. 21; *Bockhoff/Flecke* ZEV 2017, 552.
[224] Troll/Gebel/Jülicher/Gottschalk/*Jülicher* ErbStG § 16 Rn. 21.
[225] EuGH DStR 2013, 2269; BFH DB 2017, 1886; BFH/NV 2017, 1319.
[226] BFH BStBl. II 2012, 599.
[227] Troll/Gebel/Jülicher/Gottschalk/*Jülicher* ErbStG § 14 Rn. 11.
[228] Troll/Gebel/Jülicher/Gottschalk/*Jülicher* ErbStG § 21 Rn. 13.
[229] Troll/Gebel/Jülicher/Gottschalk/*Jülicher* ErbStG § 21 Rn. 12, der darauf hinweist, dass dies keine praktische Relevanz hat, weil – soweit ersichtlich – in keinem ausländischen Staat auf das nicht bewegte Vermögen von Familienstiftungen eine vergleichbare Steuer erhoben wird.

Schweiz).[230] Ist in einem Doppelbesteuerungsabkommen die Anrechnungsmethode vorgesehen, bleibt § 21 ErbStG entsprechend dem Grundsatz der auffangweise vorwiegenden Anwendbarkeit des innerstaatlichen Rechts grundsätzlich anwendbar.[231]

153 Angerechnet werden kann nur die der deutschen Erbschaft- oder Schenkungsteuer entsprechende ausländische Steuer (sog. **Entsprechensklausel**). Dies ist der Fall, wenn die ausländische Steuer unmittelbar durch den Tod einer Person ausgelöst wird und den Nachlass dieser Person beim Übergang erfasst bzw. ein unentgeltlicher und freigebiger Vermögensübergang besteuert wird.[232] Eine Entsprechung kann bei den sog. Wertzuwachssteuern fehlen, bei der nur der Wertzuwachs zwischen Anschaffung und durch Erbfall bzw. Schenkung fingierter Veräußerung besteuert wird. Hier wird eine größere Entsprechung zur Einkommensteuer angenommen.[233] Die Anrechnungslücke bei derartigen Wertzuwachssteuern kann dadurch vermieden werden, dass das dieser Steuer unterliegende Vermögen über einen intransparenten inländischen Rechtsträger (zB eine GmbH) gehalten wird.[234] In sachlicher Hinsicht erfasst § 21 ErbStG alle vom ausländischen Staat einschließlich seiner Untergliederungen (Bundesstaaten, Länder, Kantone, Gemeinden) erhobenen Erbschaft- und Schenkungsteuern.[235]

154 Eine Anrechnung auf die deutsche Erbschaftsteuer erfolgt ferner nur dann, wenn im ausländischen Staat dasselbe Vermögen besteuert wird, dass nach § 21 Abs. 1 S. 1 ErbStG als **Auslandsvermögen** auch der deutschen Erbschaftsteuer unterliegt. Was als Auslandsvermögen gilt ist in § 21 Abs. 2 ErbStG geregelt. War der Erblasser/Schenker zur Zeit seines Todes kein Inländer, umfasst das Auslandsvermögen alle Vermögensgegenstände mit Ausnahme des Inlandsvermögens im Sinne des § 121 BewG sowie alle Nutzungsrechte an diesen Vermögensgegenständen, sog. weiter Auslandsvermögensbegriff (§ 21 Abs. 2 Nr. 2 ErbStG). Diese recht weitgehende Anrechnungsmöglichkeit führt in der Regel zur vollständigen Vermeidung einer Doppelbesteuerung. Um eine möglichst weitgehende Anrechnung in Deutschland zu erreichen, sollte ein Steuerfall mit theoretischer Anrechnungsmöglichkeit in mehreren Staaten zuerst in dem Staat final abgewickelt werden, der die jeweils engste Anrechnungsmöglichkeit vorsieht.[236] War der Erblasser/Schenker hingegen im Zeitpunkt des Todes bzw. der Schenkung **Inländer,** umfasst das Auslandsvermögen alle Vermögensgegenstände der in § 121 BewG genannten Art, die auf einen ausländischen Staat entfallen, sowie alle Nutzungsrechte an diesen Vermögensgegenständen, sog. enger Auslandsvermögensbegriff (§ 21 Abs. 2 Nr. 1 ErbStG). Dies bedeutet, dass bei dem Vermögen, das nicht im Katalog des § 121 BewG aufgeführt ist, eine Anrechnung ausscheidet. Betroffen hiervon sind neben inländischen Guthaben vor allem Beteiligungen an Kapitalgesellschaften von weniger als 10 % und mittelbare Beteiligungen daran, sofern diese aufgrund Treuhandschaft oder Gestaltungsmissbrauch nicht als transparent angesehen werden. Bei den mittelbaren Beteiligungen wird es aufgrund der Abschirmwirkung der Kapitalgesellschaft aber nur dann zu einer Doppelbesteuerung im Ausland kommen, wenn der ausländische Staat die Obergesellschaft als transparent behandelt, wohingegen sie im Inland als intransparent gewertet wird. Da § 21 Abs. 2 ErbStG darauf abstellt, ob jemand **Inländer** ist, und nicht wie in § 2 Abs. 1 Nr. 2b ErbStG darauf abstellt, dass jemand als Inländer gilt, müssten ausgewanderte Deutsche, bereits ab dem Zeitpunkt der Auswanderung als „Nicht-Inländer" gelten und auf sie folglich der weite Auslandsvermögensbegriff

---

[230] Troll/Gebel/Jülicher/Gottschalk/*Jülicher* ErbStG § 21 Rn. 15.
[231] *Jülicher,* Praxisprobleme im internationalen Erbschaftsteuerrecht, BB 2014, 1367 (1370).
[232] Troll/Gebel/Jülicher/Gottschalk/*Jülicher* ErbStG § 21 Rn. 18.
[233] BFH BStBl. II 1995, 540; FG Rheinland-Pfalz EFG 2000, 86 zur kanadischen Capital-Gains-Tax; krit. Troll/Gebel/Jülicher/Gottschalk/*Jülicher* ErbStG § 21 Rn. 21.
[234] *Jülicher* BB 2014, 1367 (1370), dass einige Staaten (zB Frankreich, Finnland, Kanada) durch eine Transparenzfiktion zu verhindern suchen.
[235] BFH BStBl. III 1964, 408; Troll/Gebel/Jülicher/Gottschalk/*Jülicher* ErbStG § 21 Rn. 17, Kapp/Ebeling/*Geck* ErbStG § 21 Rn. 6.
[236] Troll/Gebel/Jülicher/Gottschalk/*Jülicher* ErbStG § 21 Rn. 77 und 73.

anwendbar sein.²³⁷ Ob dies Rechtsprechung und Finanzverwaltung auch so sehen, muss aber erst noch entschieden werden.

In zeitlicher Hinsicht ist die ausländische Steuer nur anrechenbar, wenn die deutsche Erbschaftsteuer für das Auslandsvermögen innerhalb von fünf Jahren seit dem Zeitpunkt der Entstehung der ausländischen Erbschaftsteuer entstanden ist. Gemeint ist hiermit, dass beide Steuerentstehungszeitpunkte innerhalb der Fünfjahresfrist liegen müssen.²³⁸ Nach Art. 11 Abs. 7 ErbSt DBA-USA ist die Frist auf 10 Jahre verlängert. Nach Art. 12 Abs. 3 ErbSt DBA-USA kann die deutsche Besteuerung auf den Zeitpunkt der Dotierung des Trusts vorgezogen werden, um diese Frist zur Anrechnung einhalten zu können.²³⁹ Die Anrechnung der ausländischen Steuer ist auf den Betrag begrenzt, der der deutschen Erbschaftsteuer auf dasselbe Auslandsvermögen entspricht. Der Anrechnungshöchstbetrag errechnet sich wie folgt:²⁴⁰

$$\text{Anrechnungshöchstbetrag} = \text{deutsche ErbSt} \times \frac{\text{Steuerpflichtiges Auslandsvermögen}}{\text{Steuerpflichtiges Gesamtvermögen}}$$

Ist das Auslandsvermögen in verschiedenen ausländischen Staaten belegen, ist der Anrechnungshöchstbetrag anhand der auf das jeweilige Auslandsvermögen erhobenen ausländischen Steuer für jeden einzelnen ausländischen Staat gesondert zu berechnen, § 21 Abs. 1 S. 3 ErbStG. Bei nicht auf Euro lautenden ausländischen Erbschaftsteuerbeträgen ist der Steuerbetrag anhand der amtlichen im Bundesanzeiger veröffentlichten Devisenbriefkurse des Datums der Entstehung der deutschen Erbschaftsteuer gem. § 9 ErbStG umzurechnen.²⁴¹ Da die ausländische Steuer in der Regel deutlich später zu zahlen ist, können sich insoweit Anrechnungsvor- oder -nachteile ergeben. Die Anrechnung nach § 21 ErbStG ist antragsgebunden. Antragsberechtigt ist der nach § 31 ErbStG verpflichtete Personenkreis, mithin auch Testamentsvollstrecker, Nachlassverwalter und Nachlasspfleger.²⁴² Die Höhe des maßgeblichen Auslandsvermögens sowie die Festsetzung und Zahlung der ausländischen Steuer hat der Erwerber durch entsprechende Urkunden nachzuweisen, § 21 Abs. 3 ErbStG. Erfolgt die Zahlung einer anrechenbaren ausländischen Steuer nach Eintritt der Bestandskraft des deutschen Erbschaftsteuerbescheids, stellt dies ein rückwirkendes Ereignis iSd § 175 Abs. 1 S. 1 Nr. 2 AO dar.²⁴³

bb) Doppelbesteuerungsabkommen. Abkommen zur Vermeidung der Doppelbesteuerung sind in der Regel bilaterale Vereinbarungen zwischen Staaten, in denen die Besteuerungsrechte zwischen ihnen aufgeteilt werden. Nach deutschem Verständnis handelt es sich um völkerrechtliche Verträge gem. Art. 59 Abs. 2 GG, die als Spezialgesetze regelmäßig Vorrang vor dem innerstaatlichen Steuerrecht haben.²⁴⁴ Von der OECD wurde 1966 ein Musterabkommen zur Vermeidung der Doppelbesteuerung der Nachlässe und der Erbschaften erarbeitet, welches 1982 angepasst wurde und bis heute als Grundlage für die von den OECD-Staaten zu schließenden Doppelbesteuerungsabkommen dienen soll. Es hat keinerlei direkte Wirkung in den OECD-Mitgliedsstaaten, enthält aber eine Kommentierung, die als Verständnis- und Auslegungshilfe für die abgeschlossenen Doppelbesteuerungsabkommen dient.²⁴⁵ Die Bundesrepublik Deutschland hat ganze sechs Doppel-

---

[237] *Schulz*, Erbschaftsteuer / Schenkungsteuer, 531; vgl. auch MAH ErbR/*von Oertzen* § 34 Rn. 51; aA Troll/Gebel/Jülicher/Gottschalk/*Jülicher* ErbStG § 21 Rn. 75.
[238] FinMin Baden-Württemberg DStR 2012, 136; FG Köln DStRE 2011, 1392.
[239] *Jülicher* BB 2014, 1367 (1371); aA *Füger/von Oertzen* IStR 1999, 11 (15).
[240] Mönch/*Weinmann* ErbStG § 21 Rn. 26.
[241] BFH BStBl. II 1991, 521; BStBl. II 1995, 540; R E 21 Abs. 2 ErbStR 2011.
[242] Troll/Gebel/Jülicher/Gottschalk/*Jülicher* ErbStG § 21 Rn. 59.
[243] BFH BStBl. II 2011, 247
[244] Troll/Gebel/Jülicher/Gottschalk/*Jülicher* ErbStG § 2 Rn. 151.
[245] Vgl. die Kommentierungen dazu in Troll/Gebel/Jülicher/Gottschalk/*Jülicher* ErbStG § 2 Rn. 152 ff.; Wassermeyer/*Jülicher*, Doppelbesteuerung, OECD-Musterabkommen 2017.

besteuerungsabkommen auf dem Gebiet der Erbschaftsteuern abgeschlossen und zwar mit Dänemark, Frankreich, Griechenland, Schweden, Schweiz und den USA.

158 **(1) DBA Dänemark.** Die Regelungen zu Erbfällen und Schenkungen sind im DBA Dänemark in demselben Abkommen wie die Regelungen zur Vermeidung der Doppelbesteuerung bei den Steuern vom Einkommen und Vermögen geregelt. Es ist auf Erbfälle und Schenkungen anzuwenden, die ab dem 1.1.1997 eingetreten bzw. ausgeführt worden sind, Art. 49 Abs. 2 lit. d DBA-DNK. Es gilt für Steuern, die von Todes wegen als Nachlasssteuern, Erbanfallsteuern, Abgaben von Vermögensübergang oder Steuern von Schenkungen auf den Todesfall erhoben werden, oder auf Übertragungen unter Lebenden nur deshalb erhoben werden, weil die Übertragungen unentgeltlich oder gegen ein zu geringes Entgelt vorgenommen werden, Art. 2 Abs. 1 lit. b DBA-DNK. Das Besteuerungsrecht für unbewegliches Vermögen und bewegliches unternehmerisches Vermögen, das zu einer Betriebsstätte oder einer festen Einrichtung eines Selbständigen gehört, richtet sich nach der Belegenheit, Art. 25 Abs. 1, 2 DBA-DNK. Gleiches gilt für unbewegliches Vermögen, das zum gewerblichen oder selbständigen Betriebsvermögen des Erblassers oder Schenkers gehört.[246] Für das übrige Vermögen, zu dem auch Kapitalgesellschaftsanteile gehören, steht dem Wohnsitzstaat das Besteuerungsrecht zu, Art. 25 Abs. 3 DBA-DKN. Dies gilt auch für den Fall, dass das bewegliche Betriebsvermögen zu einer Betriebsstätte oder feste Einrichtung im Staat der Ansässigkeit des Erblassers oder Schenkers gehört oder sich in einem Drittstaat befindet.[247] Personengesellschaften werden in beiden Vertragsstaaten als transparent behandelt.[248] Dies hat zur Folge, dass es auf die einzelnen Vermögensgegenstände der Personengesellschaft ankommt, Art. 25 Abs. 1 bis 3 DBA-DKN. Die Doppelbesteuerung wird durch die Anrechnungsmethode vermieden, Art, 26 DBA-DKN. In Wegzugsfällen fingiert Art. 27 DBA-DKN bei zuvor unbeschränkt steuerpflichtigen Staatsangehörigen des Wegzugsstaates für fünf Jahre die Ansässigkeit im Wegzugsstaat und verschiebt damit gleichzeitig das Recht des Zuzugsstaates zur abkommensmäßig unbeschränkten Erbschafts- und Schenkungsbesteuerung aufgrund des neuen Wohnsitzes entsprechend.[249]

159 **(2) DBA Frankreich.** Das Doppelbesteuerungsabkommen mit Frankreich ist auf Erbfälle und Schenkungen anzuwenden, die ab dem 3.4.2009 eingetreten bzw. ausgeführt worden sind. Auch wenn es in Deutschland bereits am 18.9.2007 ratifiziert wurde, ist rückwirkend nicht vor diesem Datum anzuwenden.[250] Es gilt für Steuern, die von Todes wegen als Nachlasssteuern, Erbanfallsteuern, Abgaben von Vermögensübergang oder Steuern von Schenkungen auf den Todesfall erhoben werden, oder auf Übertragungen unter Lebenden nur deshalb erhoben werden, weil die Übertragungen ganz oder teilweise unentgeltlich vorgenommen werden, Art. 2 Abs. 2 DBA-FRA. Erfasst sind die französische droits de mutation à titre gratuit, die deutsche Erbschaft- und Schenkungsteuer sowie alle Steuern ähnlicher Art, die nach Unterzeichnung des DBA zusätzlich oder an deren Stelle erhoben werden, nicht jedoch die Erbersatzsteuer iSd § 1 Abs. 1 Nr. 4 ErbStG, Art. 2 Abs. 4 DBA-FRA. Räumlich sind die französischen Übersee-Departements mit einbezogen. Das Besteuerungsrecht für unbewegliches Vermögen und bewegliches unternehmerisches Vermögen, das zu einer Betriebsstätte oder einer festen Einrichtung eines Selbständigen gehört, richtet sich nach der Belegenheit, Art. 5, 6 DBA-FRA. Gleiches gilt für unbewegliches Vermögen, das zum gewerblichen oder selbständigen Betriebsvermögen des Erblassers oder Schenkers gehört, Art. 5 Abs. 5 DBA-FRA. Art. 5 Abs. 4 DBA-FRA erweitert den Begriff des unbeweglichen Vermögens im Wege einer Transparenzfiktion

---

[246] Wassermeyer/*Krabbe*, Doppelbesteuerung, DBA Dänemark Art. 25 Rn. 8.
[247] Wassermeyer/*Krabbe*, Doppelbesteuerung, DBA Dänemark Art. 25 Rn. 11.
[248] Wassermeyer/*Krabbe*, Doppelbesteuerung, DBA Dänemark Art. 25 Rn. 9.
[249] Wassermeyer/*Krabbe*, Doppelbesteuerung, DBA Dänemark Art. 27 Rn. 1.
[250] BFH BStBl. II 2012, 782; BStBl. II 2013, 746.

III. Steuerliche Aspekte der internationalen Unternehmensnachfolge §12

auf Immobilien, die Gesellschaften oder juristischen Personen gehören, an denen der Erblasser oder der Schenker allein oder gemeinsam mit seinem Ehegatten, ihren Verwandten in gerader Linie oder ihren Geschwistern unmittelbar oder über eine oder mehrere andere Gesellschaften oder juristische Personen mehr als 50% der Aktien, Anteile oder sonstigen Rechte hält. Erfasst wird nur der unmittelbare bzw. der durchgerechnete mittelbare Anteil an der Immobilie, nicht die gesamte Immobilie.[251] Für das übrige betriebliche Vermögen, zu dem auch Kapitalgesellschaftsanteile gehören, steht dem Wohnsitzstaat das Besteuerungsrecht zu, Art. 9 DBA-FRA.[252] Ausgenommen hiervon sind Seeschiffe und Luftfahrzeuge, die ausschließlich im Staat der Geschäftsleitungsbetriebsstätte besteuert werden dürfen, Art. 7 DBA-FRA. Personengesellschaften werden in Frankreich als intransparenter, immaterieller Vermögensgegenstand angesehen, der unter Art. 9 DBA-FRA fällt.[253] Eine Transparenz wäre nur hinsichtlich Immobilien möglich, wenn der Erblasser und ihm nahestehende Personen unmittelbar oder mittelbar mehr 50% der Anteile halten. Da Deutschland die Personengesellschaft[254] als transparent behandelt, wären nach deutschem Verständnis Immobilien unter Art. 5 DBA-FRA und das übrige bewegliche Betriebsvermögen unter Art. 6 DBA-FRA zu subsummieren. Dies kann zu Qualifikationskonflikten führen, die ggf. im Wege eines Verständigungsverfahrens nach Art. 13 DBA-FRA zu lösen wären. Entsprechendes gilt für das Vermögen, das aus deutscher Sicht Sonderbetriebsvermögen darstellt, da Frankreich kein Sonderbetriebsvermögen kennt.[255] Die Doppelbesteuerung wird durch die Anrechnungsmethode vermieden, Art. 11 DBA-FRA.

(3) DBA Griechenland. Das Doppelbesteuerungsabkommen mit Griechenland von 1910 ist nur auf Erbfälle, **nicht auf Schenkungen** anwendbar. Es gilt nur für bewegliches Vermögen und knüpft an die Staatsangehörigkeit des Erblassers an. Das bewegliche Vermögen des Staatsangehörigen eines Vertragsstaates, der zur Zeit seines Todes weder seinen Wohnsitz noch seinen gewöhnlichen Aufenthalt im anderen Vertragsstaat hatte, kann dort nur dann besteuert werden, wenn der Erbe zur Zeit des Erbfalles seinen Wohnsitz oder seinen gewöhnlichen Aufenthalt in dem anderen Vertragsstaat hatte, Art. 1 DBA-GRC. Hat der Erbe im anderen Vertragsstaat keinen Wohnsitz oder gewöhnlichen Aufenthalt, wird das bewegliche Vermögen von der Erbschaftsteuer in diesem Vertragsstaat freigestellt, Art. 2 DBA-GRC. Da das Abkommen keine Definition des beweglichen Vermögens enthält, gelten die jeweiligen Interpretationen nach dem Recht eines jeden Vertragsstaates.[256] Nach der Abkommenssystematik wird bewegliches Vermögen im Umkehrschluss zum unbeweglichen Vermögen definiert.[257] Als unbewegliches Vermögen wird im OECD-Musterabkommen im wesentlichen Grundbesitz einschließlich seiner Bestandteile und des Zubehörs sowie land- und forstwirtschaftliches Vermögen verstanden. Danach sind Kapitalgesellschaftsanteile und Betriebsvermögen, mit Ausnahme von Grundstücken, bewegliches Vermögen. Personengesellschaften werden aus deutscher Sicht transparent behandelt, so dass es auf deren einzelne Wirtschaftsgüter ankommt. Die Doppelbesteuerung wird dadurch vermieden, dass das bewegliche Vermögen von der Besteuerung freigestellt wird **(Freistellungsmethode)**.

(4) DBA Schweden. Ebenso wie beim Doppelbesteuerungsabkommen mit Dänemark sind die Regelungen in das Abkommen zu den Steuern vom Einkommen und Vermögen

160

161

---

[251] Ziff. 3 des Protokolls zum DBA Frankreich (Erbschaftsteuer), BGBl. II 2007, 1414.
[252] Unter Art. 8 DBA-FRA fallen bewegliche materielle Gegenstände des Privatvermögens; vgl. Ziff. 3 des Protokolls zum DBA Frankreich (Erbschaftsteuer), BGBl. II 2007, 1414; *von Oertzen/Schienke* ZEV 2007, 406 (410).
[253] Wassermeyer/*Hahn*, Doppelbesteuerung, DBA Frankreich Art. 6 Rn. 14f.
[254] Die Qualifikation als Personengesellschaft erfolgt durch Typenvergleich, vgl. Wassermeyer/*Hahn*, Doppelbesteuerung, DBA Frankreich Art. 6 Rn. 15 und Rn. 16.
[255] Wassermeyer/*Hahn*, Doppelbesteuerung, DBA Frankreich Art. 6 Rn. 18.
[256] Wassermeyer/*Schuck*, Doppelbesteuerung, DBA Griechenland Art. 1 Rn. 2ff.
[257] Wassermeyer/*Schuck*, Doppelbesteuerung, DBA Griechenland Art. 1 Rn. 2.

integriert und betreffen sowohl Erbfälle wie auch Schenkungen. Es ist auf Erbfälle und Schenkungen anzuwenden, die nach dem 31.12.1994 eingetreten bzw. ausgeführt worden sind, Art. 46 Abs. 2 lit. b DBA-SWE. Es gilt für Steuern, die von Todes wegen als Nachlasssteuern, Erbanfallsteuern, Abgaben von Vermögensübergang oder Steuern von Schenkungen auf den Todesfall erhoben werden, oder auf Übertragungen unter Lebenden nur deshalb erhoben werden, weil die Übertragungen unentgeltlich oder gegen ein zu geringes Entgelt vorgenommen werden, Art. 2 Abs. 1 lit. b DBA-SWE. Das Besteuerungsrecht für unbewegliches Vermögen und bewegliches unternehmerisches Vermögen, das zu einer Betriebsstätte oder einer festen Einrichtung eines Selbständigen gehört, richtet sich nach der Belegenheit, Art. 24 Abs. 1, 2 DBA-SWE. Gleiches gilt für unbewegliches Vermögen, das zum gewerblichen oder selbständigen Betriebsvermögen des Erblassers oder Schenkers gehört.[258] Für das übrige Vermögen, zu dem auch Kapitalgesellschaftsanteile gehören, steht dem Wohnsitzstaat das Besteuerungsrecht zu, Art. 24 Abs. 3 DBA-SWE. Dies gilt auch für den Fall, dass das bewegliche Betriebsvermögen zu einer Betriebsstätte oder feste Einrichtung im Staat der Ansässigkeit des Erblassers oder Schenkers gehört oder sich in einem Drittstaat befindet.[259] Personengesellschaften werden in Deutschland als transparent behandelt, aber nach schwedischer Auffassung für Zwecke der Erbschaft- und Schenkungsteuer nicht.[260] Aus deutscher Sicht kommt es mithin auf die einzelnen Vermögensgegenstände der Personengesellschaft an. Aus schwedischer Sicht müsste damit dem Wohnsitzstaat das Besteuerungsrecht zustehen, Art. 24 Abs. 3 DBA-SWE. Dies hat zur Folge, dass ein Qualifikationskonflikt gegeben ist, der ggf. im Wege eines Verständigungsverfahrens nach Art. 40 DBA-SWE zu lösen wäre. Da Schweden allerdings zum 1.1.2005 die Erbschaft- und Schenkungsteuer abgeschafft hat und die Doppelbesteuerung durch die Anrechnungsmethode vermieden wird, Art. 26 DBA-SWE, dürfte es zu keiner Kollision kommen. In Wegzugsfällen fingiert Art. 27 DBA-SWE bei zuvor unbeschränkt steuerpflichtigen Staatsangehörigen des Wegzugsstaates für fünf Jahre die Ansässigkeit im Wegzugsstaat und verschiebt damit gleichzeitig das Recht des Zuzugsstaates zur abkommensmäßig unbeschränkten Erbschafts- und Schenkungsbesteuerung aufgrund des neuen Wohnsitzes entsprechend.[261]

162 **(5) DBA Schweiz.** Das Doppelbesteuerungsabkommen mit der Schweiz gilt für Erbfälle, die nach dem 24.4.1980 eingetreten sind, und bei denen der Erblasser seinen Wohnsitz in einem der beiden Staaten hatte, Art. 1 DBA-CHE. Erfasst werden ohne Rücksicht auf die Art der Erhebung, Nachlass- und Erbschaftsteuern, die für Rechnung eines der beiden Vertragsstaaten, der Länder, Kantone, Bezirke, Kreise, Gemeinden oder Gemeindeverbände (auch in Form von Zuschlägen) erhoben werden, Art. 2 Abs. 1 DBA-CHE. Es ist seit dem 1.1.2010 auch auf Schenkungen von Geschäftsbetrieben anzuwenden, § 3 KonsVerCHEV.[262] Das Besteuerungsrecht für unbewegliches Vermögen und bewegliches unternehmerisches Vermögen, das zu einer Betriebsstätte oder einer festen Einrichtung eines Selbständigen gehört, richtet sich nach der Belegenheit, Art. 5, 6 DBA-CHE. Gleiches gilt für unbewegliches Vermögen, das zum gewerblichen oder selbständigen Betriebsvermögen des Erblassers oder Schenkers gehört, auch wenn keine Betriebsstätte im Belegenheitsstaat gegeben ist.[263] Beteiligungen an Personengesellschaften sind entsprechend zu behandeln, so dass das Belegenheitsprinzip greift und die Besteuerung im anderen Staat zulässt, wenn dort eine Betriebsstätte besteht, Art. 6 Abs. 9 DBA-CHE. Die Besteuerung bezieht sich dann auf das zu der Betriebstätte gehörende bewegliche und unbewegliche

---

[258] Wassermeyer/*Lüdicke*, Doppelbesteuerung, DBA Schweden Art. 24 Rn. 10.
[259] Wassermeyer/*Lüdicke*, Doppelbesteuerung, DBA Schweden Art. 24 Rn. 29.
[260] Wassermeyer/*Lüdicke*, Doppelbesteuerung, DBA Schweden Art. 24 Rn. 13.
[261] Wassermeyer/*Lüdicke*, Doppelbesteuerung, DBA Schweden Art. 27 Rn. 2.
[262] Davor galt dies ohne gesetzliche Grundlage aufgrund Konsultationsvereinbarung der beteiligten Finanzverwaltungen beider Staaten.
[263] Wassermeyer/*Weigell*, Doppelbesteuerung, DBA Schweiz Art. 6 Rn. 4.

Betriebsvermögen einschließlich des Sonderbetriebsvermögens des Erblassers. Bei Schiffen und Luftfahrzeugen kommt es für das Besteuerungsrecht auf den Ort der tatsächlichen Geschäftsleitung des Unternehmens an. Für das übrige Vermögen, zu dem auch Kapitalgesellschaftsanteile gehören, steht dem Wohnsitzstaat das Besteuerungsrecht zu, Art. 8 Abs. 1 DBA-CHE. Dies gilt auch für den Fall, dass das bewegliche oder unbewegliche Betriebsvermögen zu einer Betriebsstätte oder feste Einrichtung in einem Drittstaat gehört.[264] Für Schenkungen gilt das Doppelbesteuerungsabkommen nur eingeschränkt. Erfasst werden nur Geschäftsbetriebe. Das geschenkte, im anderen Staat belegene bewegliche und unbewegliche Betriebsvermögen oder dort belegene Personengesellschaftsanteile einschließlich Sonderbetriebsvermögen sind daher nur im Belegenheitsstaat zu besteuern. Die Schenkung von Kapitalgesellschaftsanteilen dürfte nicht unter das Abkommen fallen.[265] Die Doppelbesteuerung wird in Deutschland grundsätzlich durch die Anrechnungsmethode vermieden, Art. 10 Abs. 1 lit b DBA-CHE. Ist der in Deutschland Steuerpflichtige Schweizer Staatsangehöriger, so wird er in Deutschland mit seinem in der Schweiz befindlichen Vermögen unter Progressionsvorbehalt freigestellt, Art. 10 Abs. 1 lit a DBA-CHE. In der Schweiz gilt dagegen die Freistellungsmethode mit Progressionsvorbehalt, Art. 10 Abs. 2 DBA-CHE.

In **Wegzugsfällen** hat sich Deutschland ein recht weitreichendes überdachendes Besteuerungsrecht vorbehalten, darf also ggf. neben der Schweiz den Nachlass besteuern. Hatte der Erblasser im Zeitpunkt seines Todes seit mindestens fünf Jahren ununterbrochen[266] neben seinem Schweizer Wohnsitz auch eine ständige Wohnstätte, also eine nach Art und Intensität ihrer Nutzung nicht nur hin und wieder aufgesuchte, sondern in den allgemeinen Lebensrhythmus einbezogene Anlaufstelle,[267] unterliegt das gesamte Nachlassvermögen der unbeschränkten deutschen Erbschaftsteuerpflicht, Art. 4 Abs. 3 DBA-CHE. Gleiches gilt, wenn der Erblasser seinen deutschen Wohnsitz aufgegeben hatte, aber in den letzten zehn Jahren davor mindestens fünf Jahre über eine ständige Wohnstätte in Deutschland verfügte, Art. 4 Abs. 4 DBA.CHE. Dies gilt nicht bei Steuerpflichtigen, die zur Aufnahme einer unselbständigen Tätigkeit oder aufgrund Eheschließung mit einer/m schweizerischen Staatsangehörigen in die Schweiz verzogen sind sowie bei Erblassern, die vor Wegzug Schweizer Staatsbürger waren. Schließlich gibt es noch eine Erweiterung des Besteuerungsrechts für **Erwerber.** Der auf sie entfallende Erbteil des Erwerbs eines abkommensrechtlich in der Schweiz ansässigen Erblassers kann in Deutschland besteuert werden, wenn der Erwerber im Zeitpunkt des Todes des Erblassers in Deutschland über eine ständige Wohnstätte verfügte oder dort seinen gewöhnlichen Aufenthalt hatte, sofern nicht Erblasser und Erwerber zu diesem Zeitpunkt schweizerische Staatsangehörige waren, Art. 8 Abs. 2 DBA-CHE.

(6) DBA USA. Das Doppelbesteuerungsabkommen mit den USA gilt für Erbfälle und Schenkungen, die ab dem 14.12.2000 eingetreten bzw. ausgeführt worden sind. Es gilt in den USA für die Bundeserbschaftsteuer (Federal estate tax), und die Bundesschenkungssteuer (Federal gift tax) einschließlich der Steuer auf Übertragungen, bei denen eine oder mehrere Generationen übersprungen werden, sowie in Deutschland für die Erbschaftsteuer (Schenkungsteuer), und alle Steuern ähnlicher Art, die nach Unterzeichnung des DBA zusätzlich oder an deren Stelle erhoben werden, Art. 2 DBA-USA. Die in den einzelnen US-Bundesstaaten erhobenen Erbschaft- und Schenkungsteuern fallen somit nicht unter das Abkommen. Ausgangspunkt für die Besteuerung ist der **Wohnsitz des Erblassers.** Ist der Erblasser nur in Deutschland wohnhaft und der Erbe in Deutschland oder in den

---

[264] Wassermeyer/*Weigell*, Doppelbesteuerung, DBA Schweiz, Art. 8 Rn. 11.
[265] Troll/Gebel/Jülicher/Gottschalk/*Jülicher* ErbStG § 2 Rn. 217; BMF DB 1988, 938.
[266] Wassermeyer/*Weigell*, Doppelbesteuerung, DBA Schweiz, Art. 4 Rn. 35; Troll/Gebel/Jülicher/Gottschalk/*Jülicher* ErbStG § 2 Rn. 223; aA Strunk/Kaminski/*Kleefass*/Hilling DBA-Schweiz Erb Art. 4 Rn. 18.
[267] BFH BStBl. II 2007, 812; BFH/NV 2016, 557.

USA, kann Erbschaftsteuer grundsätzlich nur von Deutschland erhoben werden. Ist der Erblasser in den USA wohnhaft und der Erbe in Deutschland oder in den USA, liegt das Besteuerungsrecht grundsätzlich in den USA. Das Besteuerungsrecht für unbewegliches Vermögen und bewegliches unternehmerisches Vermögen, das zu einer Betriebsstätte oder einer festen Einrichtung eines Selbständigen gehört, richtet sich nach der Belegenheit, Art. 5 und Art. 6 DBA-USA. Gleiches gilt für unbewegliches Vermögen, das zum gewerblichen oder selbständigen Betriebsvermögen des Erblassers oder Schenkers gehört.[268] Ausgenommen hiervon sind Seeschiffe und Luftfahrzeuge im internationalen Verkehr sowie das bewegliche Vermögen, dass dem Betrieb dieser Schiffe und Luftfahrzeuge dient, Art. 7 DBA-USA. Hier richtet sich das Besteuerungsrecht nach dem Wohnsitzstaat des Erblassers. Personengesellschaften werden als transparent behandelt.[269] Dies hat zur Folge, dass es auf die einzelnen Vermögensgegenstände der Personengesellschaft ankommt, Art. 8 DBA-USA. Für unbewegliches und bewegliches Vermögen einer Personengesellschaft, das zu einer Betriebsstätte oder einer festen Einrichtung eines Selbständigen gehört, gilt mithin das Belegenheitsprinzip. Dies gilt nicht für das Sonderbetriebsvermögen nach deutschem Verständnis. Art. 8 DBA-USA erstreckt sich nur auf das Gesamthandsvermögen.[270] Für Beteiligungen an Kapitalgesellschaften, die nicht zu einem Betriebsvermögen gehören, hat grundsätzlich der Wohnsitzstaat des Erblassers bzw. Schenkers das Besteuerungsrecht, Art. 9 DBA-USA. Nicht eindeutig geklärt, ist die Besteuerung des Anteils eines deutschen Erblassers an einer US Limited Partnership oder einer LLC, die zur Besteuerung der Einkünfte bei den Gesellschaftern optiert hat. Hier muss damit gerechnet werden, dass die USA diese besteuern werden.[271] Die Doppelbesteuerung wird durch die Anrechnungsmethode vermieden, Art. 11 DBA-USA. In Wegzugsfällen fingiert Art. 4 Abs. 3 DBA-USA bei Staatsangehörigen des Wegzugsstaates für zehn Jahre die Ansässigkeit im Wegzugstaat. Da die USA Erbschaften und Schenkungen deutlich höher besteuern als Deutschland, wird in der Gestaltungspraxis versucht, das ausschließliche Besteuerungsrecht nach Deutschland zu verlagern.[272]

165 g) Gestaltung. aa) Gestaltungsmaßnahmen bei unbeschränkter Steuerpflicht. Die Betriebsstätte im Drittland und ausländisches Betriebsvermögen in Drittstaaten, deren wirtschaftliche Einheit sich ausschließlich auf das Drittland erstreckt, sind nicht in die Vergünstigungen der §§ 13a ff. ErbStG einbezogen und unterliegen somit keiner erbschaftsteuerlichen Vergünstigung (→ Rn. 138). Die rechtzeitige Zuordnung dieses Vermögens zu einem inländischen Rechtsträger zB durch Einbringung in eine Personen- oder Kapitalgesellschaft schafft hier Abhilfe (→ Rn. 120). Wer sicher gehen will hängt das Betriebsvermögen an eine Kapitalgesellschaft in Deutschland oder im EU- bzw. EWR-Gebiet an. Solange diese ihren Sitz oder ihre Geschäftsleitung dort (oder im Inland) hat, kommt es – anders als bei dem Gewerbebetrieb oder möglicherweise der Personengesellschaft – nicht auf die Belegenheit deren Vermögens an.

166 Sollen ausländische Erbschaftsteuern vermieden werden, kann es sich empfehlen eine Holding-GmbH zwischenzuschalten, die das ausländische Vermögen hält. Dies gilt insbesondere dann, wenn ein Erblasser direkte Kapitalgesellschaftsbeteiligungen in unterschiedlichen Staaten hat. Durch die Bündelung dieser Beteiligungen in einer Kapitalgesellschaftsholding unterliegt nur noch diese Holding der Erbschaftbesteuerung.[273] Wären Sitz der Gesellschaft und Geschäftsleitung in Deutschland und der Anteilseigner dort auch ansässig, würde allein deutsches Erbschaftsteuerrecht anwendbar sein. Würden Sitz der Gesellschaft bzw. Ort der Geschäftsleitung und Ansässigkeit des Gesellschafters aus-

---

[268] Wassermeyer/*Jülicher*, Doppelbesteuerung, DBA USA Art. 5 Rn. 8.
[269] Wassermeyer/*Jülicher*, Doppelbesteuerung, DBA USA Art. 8 Rn. 1, 2.
[270] Wassermeyer/*Jülicher*, Doppelbesteuerung, DBA USA Art. 8 Rn. 3.
[271] Wassermeyer/*Jülicher*, Doppelbesteuerung, DBA USA Art. 8 Rn. 5 ff.
[272] MAH ErbR/*von Oertzen* § 34 Rn. 69.
[273] *Kaminski/Strunk*, Steuern in der internationalen Unternehmenspraxis, 2006, 128.

bb) Gestaltungsmaßnahmen bei beschränkter Steuerpflicht. Die beschränkte Steuerpflicht lässt sich am einfachsten dadurch vermeiden, dass man in einem ersten Schritt Geld schenkt, das der Beschenkte dann im zweiten Schritt dazu nutzt, um das inländisches Vermögen zu erwerben. Die Schenkung des Geldes muss bedingungslos erfolgen, da ansonsten eine mittelbare Schenkung vorliegen kann, die wiederum zur beschränkten Steuerpflicht führen würde. Nachteil dieser Gestaltung ist, dass ertragsteuerliche stille Reserven aufgedeckt werden. In eine ähnliche Richtung geht die Gestaltung, dem beschränkt steuerpflichtigen Erwerber das Inlandsvermögen nicht unmittelbar, sondern stattdessen einen Geld- oder Sachleistungsanspruch zuzuwenden. Diese Ansprüche stellen kein Inlandsvermögen dar.[274]

167

Eine weitere Möglichkeit ist es, das Inlandsvermögen in eine Kapitalgesellschaft einzubringen, die weder Sitz noch Geschäftsleitung im Inland hat. Um einer möglichen Nichtanerkennung dieser Umstrukturierung von Anfang an entgegen zu treten, sollte dies mit wirtschaftlichen oder sonstigen beachtlichen Gründen begründbar sein.[275] Auch hier besteht ertragsteuerlich die Gefahr, dass stille Reserven aufgedeckt werden.

Lässt sich die beschränkte Steuerpflicht nicht vermeiden, könnte zumindest die Übernahme der Erbschaft-/Schenkungsteuer auf das beschränkt steuerpflichtige Inlandsvermögen nach § 10 Abs. 2 ErbStG durch den Schenker erwogen werden. Diese schenkungsteuerliche Zusatzleistung zählt selbst nicht zum Inlandsvermögen und unterliegt damit nicht der Erbschaftsteuer im Inland.

cc) Gestaltungsmaßnahmen bei erweitert beschränkter Erbschaftsteuerpflicht. Die **erweitert beschränkte Steuerpflicht** kann vermieden werden, wenn der Erblasser vor seinem Tod bzw. der Schenker vor der Zuwendung seinen Wohnsitz in einem Hochsteuerland nimmt. Da er dann zum Zeitpunkt der Zuwendung in keinem Niedrigsteuerland ansässig ist, sind die Voraussetzungen nicht erfüllt.[276] Dies macht allerdings nur dann Sinn, wenn die sich hieraus ergebenden steuerlichen Vorteile nicht durch die aus dem Wegzug aus dem Niedrigsteuergebiet resultierenden zusätzlichen Steuerbelastungen kompensiert oder gar übertroffen werden. Besser erscheint es daher, die unter das erweiterte Inlandsvermögen fallenden Wirtschaftsgüter in ausländisches Vermögen umzuschichten.[277] Allerdings können derartige Umstrukturierungen zur ertragsteuerlichen Realisierung von stillen Reserven führen, welche als gegenläufiger Effekt wiederum zu berücksichtigen wären. Ein denkbarer Ansatz wäre auch, Inlandsvermögen iSd § 121 BewG zu vermeiden. Da die erweitert beschränkte Erbschaftsteuerpflicht nach dem Wortlaut des § 4 Abs. 1 AStG voraussetzt, dass eine beschränkte Steuerpflicht nach § 2 Abs. 1 Nr. 3 ErbStG besteht, würde diese entfallen, wenn beim Erblasser oder Schenker derartiges Inlandsvermögen nicht vorhanden ist. Ohne beschränkte Steuerpflicht kann es konsequenterweise auch keine Erweiterung derselben geben.[278] Auch eine geschickte Verteilung von Schulden und Lasten führt zu einem Entlastungseffekt. Denn wird das erweiterte inländische Vermögen fremdfinanziert, sind die damit zusammenhängenden Schulden abzugsfähig, § 10 Abs. 6

168

---

[274] Troll/Gebel/Jülicher/Gottschalk/*Jülicher* ErbStG § 2 Rn. 68.
[275] R 2.2 Abs. 3 S. 7 ErbStR.
[276] *Kußmaul/Cloß* StuB 2010, 704.
[277] Troll/Gebel/Jülicher/Gottschalk/*Jülicher* ErbStG § 2 Rn. 80.
[278] Troll/Gebel/Jülicher/Gottschalk/*Jülicher* ErbStG § 2 Rn. 82; Strunk/Kaminski/Köhler/*Zimmermann/Klinkertz* AStG § 4 Rn. 31; Fischer/Pahlke/Wachter/*Konrad* ErbStG § 2 Rn. 134; aA Flick/Wassermeyer/Baumhoff/Schönfeld/*Baßler* AStG § 4 Rn. 46.

S. 2 ErbStG.²⁷⁹ Die vorhandenen Eigenmittel sollten dementsprechend zum Erwerb von ausländischem Vermögen eingesetzt werden.

2. Ertragsteuerliche Problemfelder

169 Das Besteuerungsrecht der Bundesrepublik ergibt sich aus den Regeln über die unbeschränkte und beschränkte Steuerpflicht. Soweit **unbeschränkte Steuerpflicht** besteht, nimmt die Bundesrepublik das Besteuerungsrecht für das weltweite Einkommen (beschränkt durch das jeweilige DBA) für sich in Anspruch. Bei Bestehen der **beschränkten Steuerpflicht** ergibt sich der (auf Einkunftsquellen aus dem Inland beschränkte) Besteuerungsanspruch der Bundesrepublik aus § 49 Abs. 1 EStG. Bei Personengesellschaften besteht in Deutschland die Besonderheit, dass nicht diese, sondern ihre Gesellschafter das Steuersubjekt sind. Die ausländischen Gesellschafter einer Personengesellschaft sind mit ihren inländischen Einkünften nach § 49 EStG in Deutschland beschränkt steuerpflichtig, wobei die inländische Personengesellschaft die Merkmale der Betriebsstätte iSd § 12 AO erfüllen muss (§ 49 Abs. 1 Nr. 2a, Nr. 3 EStG), nicht der Gesellschafter. Beim Wegzug ins niedrig besteuerte Ausland unterliegt der Wegzügler, der bestimmte Voraussetzungen erfüllt, der **erweitert beschränkten Steuerpflicht** nach § 2 AStG. Zusätzlich zu den inländischen Einkünften nach § 49 EStG unterliegt er auch mit allen anderen Einkünften iSd § 2 Abs. 1 S. 1 HS 1 EStG, die bei unbeschränkter Einkommensteuerpflicht nicht ausländische Einkünfte im Sinne des § 34d EStG sind, der deutschen Besteuerung und zwar für einen Zeitraum von 10 Jahren nach Ablauf des Jahres, in dem seine unbeschränkte Steuerpflicht endete. Von dieser erweiterten deutschen Besteuerung sind vor allem Veräußerungsgewinne erfasst, die von inländischen Vermögensgegenständen herrühren (zB Veräußerungsgewinne nicht relevanter Beteiligungen an Kapitalgesellschaften, § 20 Abs. 2 oder Gewinne aus privaten Veräußerungsgeschäften, § 22 Nr. 2 iVm § 23 EStG). Ob und inwieweit die Voraussetzungen des § 2 AStG noch oder erstmals vorliegen, sind jährlich neu zu prüfen.²⁸⁰ Entwickelt sich ein bestimmtes Land innerhalb des 10-Jahres-Zeitraums zB erst zu einem Niedrigsteuerland, wie zB Italien mit der Einführung der Pauschalbesteuerung zum 01.01.2017, greift die erweitert beschränkte Steuerpflicht erst ab dann. Beim Wegzug in die Schweiz ist der Zeitraum der erweitert beschränkten Steuerpflicht auf fünf Jahre begrenzt, Art. 4 Abs. 4 DBA Schweiz.

170 Die bis zum Todeszeitpunkt erzielten Einkünfte sind dem Erblasser zuzurechnen (→ § 27 Rn. 252).²⁸¹ Auch wenn ein unbeschränkt einkommensteuerpflichtige Erbe Gesamtrechtsnachfolger eines beschränkt einkommensteuerpflichtigen Erblassers ist, erfolgt keine Zusammenrechnung der während der beschränkten Einkommensteuerpflicht des Erblassers erzielten inländischen Einkünfte mit den im gleichen Kalenderjahr erzielten, der unbeschränkten Einkommensteuerpflicht unterliegenden Einkünfte des Erben. Erblasser und Erbe sind getrennt zu veranlagen; § 2 Abs. 7 S. 3 EStG findet auf unterschiedliche Steuerpflichtige keine Anwendung.

171 **a) Besteuerung des Vermögenszuwachses bei Kapitalgesellschaftsanteilen, § 6 AStG.** Die Beendigung der unbeschränkten Steuerpflicht durch Aufgabe des Wohnsitzes und/oder des gewöhnlichen Aufenthalts im Inland löst bei im Privatvermögen gehaltenen **relevanten Beteiligungen an einer Kapitalgesellschaft** die sog. Wegzugsbesteuerung aus, § 6 Abs. 1 AStG. Anders als bei inländischen gewerblichen Personengesellschaftsbeteiligungen, bei denen über das Betriebsstättenprinzip nach § 49 Abs. 1 Nr. 2a EStG das

---

²⁷⁹ Grotherr/von Oertzen, Handbuch der internationalen Steuerplanung – Erbschaftsteuerplanung bei beschränkt Steuerpflichtigen, 2. Aufl. 2003, 1645.
²⁸⁰ Flick/Wassermeyer/Baumhoff/Schönfeld/Baßler AStG § 2 Rn. 72 mwN in Fn. 2.
²⁸¹ BFH BStBl. II 1973, 544; FinMin Schleswig-Holstein BeckVerw 249396.

deutsche Besteuerungsrecht erhalten bleibt,[282] verzichtet die Bundesrepublik Deutschland bei beschränkt Steuerpflichtigen grundsätzlich auf die Besteuerung der Gewinne nach § 17 EStG, § 49 Abs. 1 Nr. 2e EStG, sofern es sich nicht um Anteilsveräußerungsgewinne aus Immobiliengesellschaften handelt, auch solche in der Rechtsform ausländischer Kapitalgesellschaften und Beteiligungen an inländischen Kapitalgesellschaften von unter 1%, § 49 Abs. 1 Nr. 2 lit. e) cc) EStG. Bei einem Wegzug ins Ausland besteuert Deutschland daher den Wertzuwachs der Kapitalgesellschaftsbeteiligung entsprechend den Grundsätzen einer Veräußerung nach § 17 EStG. Der Grundtatbestand des Wegzugs wird in § 6 S. 2 AStG durch vier Ersatztatbestände ergänzt:
– Die Schenkung von Anteilen an einer Kapitalgesellschaft an einen Steuerausländer und deren Erwerb von Todes wegen durch einen solchen,
– Hauptansässigkeit des Steuerpflichtigen in einem ausländischen DBA-Staat mit Wechsel des Besteuerungsrechts,
– die Einlage der Anteile in einen ausländischen Betrieb oder eine ausländische Betriebsstätte und
– den Ausschluss oder die Beschränkung des deutschen Besteuerungsrechts hinsichtlich der Gewinne aus der Veräußerung der Anteile.[283]

Gemeinsame Voraussetzung ist, dass die Anteile iSd § 17 Abs. 1 S. 1 EStG von einer natürlichen Person gehalten werden, die insgesamt mindestens zehn Jahre nach § 1 Abs. 1 EStG unbeschränkt einkommensteuerpflichtig war, § 6 Abs. 1 S. 1 AStG. Die Nationalität spielt insoweit keine Rolle, so dass auch Ausländer, die in Deutschland mindestens 10 Jahre unbeschränkt steuerpflichtig waren, in den Anwendungsbereich des § 6 AStG fallen. Der sachliche Anwendungsbereich des § 6 AStG erstreckt sich neben inländischen auch auf ausländische Kapitalgesellschaftsanteile. Als Anteile iSv § 17 EStG gelten grundsätzlich nur solche, die eine Beteiligung von mindestens 1 % am Kapital vermitteln, § 17 Abs. 1 S. 1 EStG. Allerdings können auch Anteile von weniger als 1 % von § 6 AStG erfasst sein, wenn diese nämlich aufgrund eines Einbringungsvorgangs im Sinne des Umwandlungssteuergesetzes, bei dem nicht der gemeine Wert zum Ansatz kam, erworben wurden und im Einbringungszeitpunkt zu einer relevanten Beteiligung gehörten oder sie anlässlich einer steuerneutralen Sacheinlage iSd § 20 Abs. 1 UmwStG erworben wurden, § 17 Abs. 6 EStG.[284]

172

Die **Zehnjahresfrist** ist eine Kalenderfrist. Sie muss nicht ununterbrochen vorliegen. War der Steuerpflichtige bzw. sein Rechtsvorgänger (§ 6 Abs. 2 AStG) mit Unterbrechungen im Inland ansässig, sind die Zeiträume zusammenzuzählen, während deren unbeschränkte Steuerpflicht bestand, wobei Zeiträume, die vor dem 21.6.1948 endeten, aus Billigkeitsgründen nicht zu berücksichtigen sind.[285] Zeiträume, in denen ein Rechtsvorgänger unbeschränkt steuerpflichtig war, sind dem neuen Anteilseigner zuzurechnen, sofern dieser die Anteile unentgeltlich oder teilweise unentgeltlich durch Rechtsgeschäft erworben hat, § 6 Abs. 2 AStG. Als Rechtsgeschäft ist jede Anteilsübertragung zu verstehen, die aufgrund einer oder mehrerer privater Willenserklärungen vollzogen wurde.[286] Erfasst werden daher Erwerbe durch Schenkung, Erbvertrag, letztwillige Verfügung und Vermächtnis, nicht aber solche aufgrund gesetzlicher Erbfolge. Von § 6 Abs. 1 S. 1 AStG werden nur Fälle erfasst, in denen der gemeine Wert der Anteile im Zeitpunkt der Wegzugsbesteuerung die Anschaffungskosten übersteigt.[287] § 6 AStG erfasst daher nur

173

---

[282] Gleiches gilt für Personengesellschaften, in denen Einkünfte aus selbständiger Tätigkeit erzielt werden, § 49 Abs. 1 Nr. 3 EStG.
[283] Der Tatbestand des Ausschlusses der Beschränkung des Besteuerungsrechts setzt keine Handlung des Steuerpflichtigen voraus, kann also auch durch eine Änderung der rechtlichen Rahmenbedingungen ausgelöst weden, sog. passive Entstrickung, BMF IStR 2019, 192.
[284] Zweifelnd *Baßler* FR 2008, 218; Haase/*Häck* AStG/DBA § 6 Rn. 49.
[285] BMF BStBl. I 2004, 3 Tz. 6.1.1.2 AEAStG; *Kraft* AStG § 6 Rn. 240; Flick/Wassermeyer/Baumhoff/ Schönfeld/*Häck* AStG § 6 Rn. 239.
[286] Flick/Wassermeyer/Baumhoff/Schönfeld/*Häck* AStG § 6 Rn. 420; *Kraft* AStG § 6 Rn. 403.
[287] BFH IStR 2018, 155; zR krit. Kraft IStR 2018, 291 m.w.N.

Wertsteigerungen und keine fiktiven Veräußerungsverluste. Diese wären ggf. zuvor zu realisieren oder die Wegzugsbesteuerung durch entsprechende Gestaltung insgesamt zu vermeiden.

174 Für den Bereich der Unternehmensnachfolge ist in erster Linie die Übertragung durch ein ganz oder teilweise **unentgeltliches Rechtsgeschäft unter Lebenden** oder durch den Erwerb von Todes wegen auf nicht unbeschränkt steuerpflichtige Personen von Bedeutung. Sie führt zu einer fiktiven Veräußerung der Anteile und zur Ertragsbesteuerung des fiktiven Veräußerungsgewinns. Der **Schenker** muss eine unbeschränkt steuerpflichtige natürliche Person sein. Auf seine Staatsangehörigkeit kommt es nicht an. Die unbeschränkte Steuerpflicht muss auf § 1 Abs. 1 EStG beruhen; eine unbeschränkte Steuerpflicht nach § 1 Abs. 2 oder Abs. 3 oder § 1a EStG reicht nicht aus. Der **Beschenkte** muss beschränkt steuerpflichtig sein. Ist er unbeschränkt einkommensteuerpflichtig, sei es aufgrund § 1 Abs. 1 EStG oder § 1 Abs. 2 oder Abs. 3 oder § 1a EStG kommt die Wegzugsbesteuerung nach § 6 Abs. 1 Satz 2 Nr. 1 nicht zum Tragen. Anders als im Erbfall verwirklicht bei der **Schenkung** der Schenker den Steuertatbestand. Er hat den fiktiven Veräußerungsgewinn zu erklären und die Meldepflichten des § 6 Abs. 7 AStG zu erfüllen. Der fiktive Veräußerungsgewinn fließt in die normale Einkommensteuererklärung des Schenkers ein. Der Beschenkte erhält mithin einen Kapitalgesellschaftsanteil mit entsprechend erhöhten Anschaffungskosten. Bei teilentgeltlichen Anteilsübertragungen fällt der unentgeltliche Teil unter § 6 AStG, der entgeltliche Teil unterliegt dagegen unmittelbar der Besteuerung nach § 17 EStG.[288] Eine Ermäßigung oder ein Erlass aufgrund des Zusammentreffens von Einkommen- und Erbschaftsteuer sind in § 6 AStG nicht vorgesehen.[289]

175 Bei der Übertragung durch **Erwerb von Todes wegen** ist umstritten, ob der Besteuerungstatbestand vom Erblasser[290] oder von dem nicht unbeschränkt steuerpflichtigen Erben bzw. von den nicht unbeschränkt steuerpflichtigen Mitgliedern einer Erbengemeinschaft verwirklicht wird.[291] Ist der Erbe Steuerpflichtiger muss die unbeschränkte Steuerpflicht der Erben auf § 1 Abs. 1 EStG beruhen; eine unbeschränkte Steuerpflicht nach § 1 Abs. 2 oder Abs. 3 oder § 1a EStG reicht nicht aus.[292] Enthält die **Erbengemeinschaft** neben nicht unbeschränkt steuerpflichtigen Erben auch unbeschränkt steuerpflichtige Mitglieder, entsteht der fiktive Veräußerungsgewinn nur anteilig, wird aber trotzdem von der gesamten Erbengemeinschaft erzielt und ist einheitlich und gesondert festzustellen. Er wird den Miterben entsprechend ihrer Erbquote anteilig zugerechnet und zwar unabhängig davon, ob sie die Wegzugsbesteuerung ausgelöst haben oder nicht. Da es sich in diesem Falle um keine Einkommensteuerschulden des Erblassers, sondern um solche der Erben handelt, ist die hieraus resultierende Einkommensteuerschuld auch nicht im Todesjahr als Nachlassverbindlichkeit abzugsfähig.[293] Anders verhält es sich, wenn der Erblasser als Steuerpflichtiger anzusehen ist. In diesem Fall entsteht die Einkommensteu-

---

[288] Kraft AStG § 6 Rn. 351; Flick/Wassermeyer/Baumhoff/Schönfeld/*Häck* AStG § 6 Rn. 283.
[289] Flick/Wassermeyer/Baumhoff/Schönfeld/*Wassermeyer* AStG § 6 Rn. 68, Stand: 1.8.2016; aA *Kraft* AStG § 6 Rn. 352.
[290] So *Wassermeyer* IStR 2013; Blümich/*Pohl* AStG § 6 Rn. 46; Fuhrmann/*Hecht* AStG § 6 Rn. 26; *Schaumburg*, Internationales Steuerrecht, Rn. 6.419; Haase/*Müller-Gosoge* AStG § 6 Rn. 82; Haase/*Häck* AStG § 6 Rn. 82; *Hoyer*, Unternehmensnachfolge und Wegzugsbesteuerung, 162 ff.; *Kalbitzer*, Wegzugsbesteuerung nach § 6 AStG, 74 ff.; *Krawitz/Kalbitzer*, FS Schaumburg, 835 (841); *Häck* IStR 2015, 267; *Baßler* IStR 2013, 22 ff.; *Baßler* FR 2008, 851 (853); *Krumm* IStR 2012, 509 (514); *Hansen* StudZR 2008, 41; *Benecke* NWB 2007, F. 3, 14757 (14764).
[291] So *Kraft* AStG § 6 Rn. 345; Hahn/Kahle/Goebel/Reiser/*Boller/Euchner/Schmidt* AStG § 6 Rn. 217; *Wassermeyer* IStR 2013, 1; *Wassermeyer* IStR 2007, 833 (834); *Wassermeyer* EuZW 2007, 1; *Hecht/Gallert* BB 2009, 2396 (2397); *Kraft/Schmidt* RIW 2011, 758 (759); *Grothert* IWB 2007, F. 3, Gr. 1, 2153, 2156; *Lausterer* BB 2006, BB-Special 8 zu Heft 44, 80 (81).
[292] *Baßler* FR 2008, 851.
[293] BFH BStBl. II 2010, 641; aA noch Flick/Wassermeyer/Baumhoff/Schönfeld/*Wassermeyer*, AStG § 6 Rn. 70, Stand: 1.8.2016, unter Hinweis auf BFH BStBl. II 2012, 790, das aber eine Erblasserschuld betraf.

erschuld in seiner Person. Die in seiner Person entstehende Erbschaftsteuer geht mit seinem Tode auf die Erben über, § 45 Abs. 1 AO, und ist als Nachlassverbindlichkeit abziehbar.[294]

Kommt es im Zuge der **Erbauseinandersetzung**[295] zu einer (weiteren) Übertragung an den nicht unbeschränkt steuerpflichtigen Miterben, stellt sich die Frage, ob es sich hierbei (noch) um eine Übertragung durch Erwerb von Todes wegen oder aber um einen Erwerb durch unentgeltliches Rechtsgeschäft unter Lebenden handelt. Die Unterscheidung spielt zum einen eine Rolle für die Frage, wem gegenüber die Steuer festzusetzen ist. Zum anderen entfällt die Steuer beim späteren Zuzug des nicht unbeschränkt steuerpflichtigen Erben nur beim vorherigen Erwerb von Todes wegen, nicht aber bei unentgeltlichem Erwerb unter Lebenden, § 6 Abs. 3 S. 3 AStG (→ Rn. 183). Richtigerweise wird man zur Abgrenzung darauf abstellen müssen, ob der dingliche Rechtserwerb am Anteil durch den betreffenden Erben auf dem Willen des Erblassers oder dem Willen der Erben beruht.[296] Dementsprechend ist im Zuge der Erbauseinandersetzung zu unterscheiden: Erfolgt die Übertragung der Beteiligung aufgrund eines **Vorausvermächtnisses** oder einer **Teilungsanordnung** liegt ein Erwerb von Todes wegen iSd § 6 Abs. 1 S. 2 Nr. 1 Alt. 2 AStG vor,[297] was zur Folge hat, dass die durch den Hinzuerwerb ausgelöste Wegzugssteuer beim nicht unbeschränkt steuerpflichtigen Miterben entsteht. Liegt keine Teilungsanordnung vor oder setzen sich die Erben über diese hinweg, wird dagegen der Tatbestand des § 6 Abs. 1 S. 2 Nr. 1 Alt. 1 AStG in der Variante des unentgeltlichen Rechtsgeschäfts unter Lebenden ausgelöst.[298] In diesem Fall wären die unbeschränkt steuerpflichtigen Mitglieder der Erbengemeinschaft die „Schenker" und damit die Steuerpflichtigen, die den Veräußerungsgewinn zu versteuern hätten (→ Rn. 174). Diesen im Zuge der Erbauseinandersetzung ggf. zu berücksichtigenden Liquiditätsabfluss auf Seiten der unbeschränkt steuerpflichtigen Mitglieder der Erbengemeinschaft gilt es zu berücksichtigen. Übernimmt ein Miterbe die Beteiligung (ggf. sogar aufgrund entsprechender Teilungsanordnung), ist eine Parallelität zur Eintrittsklausel (→ § 27 Rn. 296) nicht zu übersehen. Konsequenterweise würde es sich hier anbieten, von der Festsetzung der Wegzugsbesteuerung aufgrund des Erbanfalls abzusehen, wenn sich die Erbengemeinschaft innerhalb von sechs Monaten nach dem Erbfall in der Weise auseinandersetzt, dass die Beteiligung von den unbeschränkt steuerpflichtige Miterben übernommen wird.[299] Aus gestalterischer Sicht kann es sich empfehlen, dass der Erblasser die Kapitalgesellschaftsbeteiligung ertragsteuerneutral in eine Personengesellschaft einbringt und diese Beteiligung testamentarisch oder im Wege der Sondererbfolge den unbeschränkt steuerpflichtigen Erben zuweist.[300] Sind Gestaltungsmaßnahmen zu Lebzeiten unterblieben, bietet die Ausschlagung des nicht unbeschränkt steuerpflichtigen Miterben gegen Abfindung ggf. einen Ausweg (→ § 11 Rn. 11 ff.).

Bei **Vor- und Nacherbschaft** ist auf den einzelnen Erwerb abzustellen. Ist der Vorerbe unbeschränkt einkommensteuerpflichtig und der Nacherbe nicht unbeschränkt einkommensteuerpflichtig, greift § 6 Abs. 1 Nr. 1 AStG im Vorerbfall (noch) nicht ein. Erst beim Nacherbfall wird der Tatbestand realisiert. Ist der Nacherbe im Zeitpunkt des Nacherbfalls (wieder) unbeschränkt steuerpflichtig, liegt ebenfalls kein Tatbestand des § 6 Abs. 1 Nr. 1 AStG vor. Ist der Vorerbe allerdings nicht unbeschränkt einkommensteuerpflichtig und der Nacherbe unbeschränkt einkommensteuerpflichtig, ist der Tatbestand

---

[294] *Baßler* FR 2008, 851.
[295] Erbanfall und Erbauseinandersetzung sind einkommensteuerlich zwei separate Sachverhalte, die einander nachfolgen und keine rechtliche Einheit bilden, vgl. BFH GrS DStR 1990, 662.
[296] *Baßler* FR 2008, 851 (858).
[297] *Baßler* FR 2008, 851 (858), der allerdings von einem Erwerb vom Erblasser ausgeht, was zur Folge hat, dass dann die Steuer auch bei diesem entsteht.
[298] *Baßler* FR 2008, 851.
[299] *Baßler* FR 2008, 851.
[300] *Baßler* FR 2008, 851.

des § 6 Abs. 1 S. 2 Nr. 1 AStG im Vorerbfall erfüllt und unterliegt der Besteuerung beim Vorerben. Im Nacherbfall wird der versteuerte Vermögenszuwachs auf den bis zum Nacherbfall eingetretenen Vermögenszuwachs allerdings angerechnet, § 6 Abs. 1 S. 5 AStG. Die Korrektur erfolgt mithin auf der Ebene der Bemessungsgrundlage. Sind sowohl der Vorerbe im Zeitpunkt des Vorerbfalls auch der Nacherbe im Zeitpunkt des Nacherbfalls nicht unbeschränkt steuerpflichtig, ist der Tatbestand des § 6 Abs. 1 S. 2 Nr. 1 AStG jeweils verwirklicht. In diesem Fall muss aber zu Gunsten des Nacherben § 6 Abs. 1 Satz 5 AStG mit der Maßgabe analog Anwendung finden, dass der vom Nacherben zu versteuernde Vermögenszuwachs um den bereits vom Vorerben versteuerten Vermögenszuwachs zu kürzen ist.[301] Soweit der Vorerbe den Wegzugstatbestand verwirklicht, darf er die hierdurch ausgelöste Steuer dem Nachlass entnehmen, § 2126 S. 2 iVm § 2124 Abs. 2 BGB. Die Wegzugsbesteuerung ist der Besteuerung eines Gewinns aus der Veräußerung von Nachlassvermögen vergleichbar und daher als außerordentliche Last zu qualifizieren.[302]

178 Sind Anteile iS des § 17 Abs. 1 Satz 1 EStG Gegenstand eines **Vermächtnisses,** so stellt sich auf dieser erbrechtlichen Grundlage bezogen auf § 6 Abs. 1 Satz 2 Nr. 1 die Frage, ob der Vermächtnisnehmer die Anteile vom Erblasser von Todes wegen erwirbt (§ 6 Abs. 1 S. 2 Nr. 1 Alt. 2 AStG)[303] oder ob der Erbe die Anteile von Todes wegen erwirbt und sie anschließend unentgeltlich auf den Vermächtnisnehmer überträgt (§ 6 Abs. 1 S. 2 Nr. 1 Alt. 1 AStG).[304] Da der Vermächtnisnehmer lediglich einen schuldrechtlichen Anspruch auf Herausgabe gegen den Erben hat, kommt es zu einem Durchgangserwerb des Erben.[305] Dies schließt es jedoch nicht aus, den Erwerb nach dem Sinn und Zweck der Vorschrift (und vorbehaltlich dass der Vermächtnisnehmer die Voraussetzungen der Vorschrift erfüllt) als einen Erwerb von Todes wegen iSd § 6 Abs. 1 S. 2 Nr. 1 Alt. 2 AStG zu behandeln, so dass der Vermächtnisnehmer die Steuer darauf zu tragen hat.[306] Ein ertragsteuerlich zu beachtender Durchgangserwerb des Erben scheidet dagegen aus, wenn das Vermächtnis so ausgestaltet ist, dass der Vermächtnisnehmer bereits mit dem Erbfall das wirtschaftliche Eigentum an dem Kapitalgesellschaftsanteil erwirbt.[307] In diesem Falle erwirbt er direkt vom Erblasser, so dass die Steuerpflicht insoweit auch nur in seiner Person eintritt. Gleiches gilt für den Fall des **Vorausvermächtnisses.**[308] Die **sonstigen Erwerbe von Todes** wegen wie das Schenkungsversprechen unter aufschiebenden Bedingung des Todes des Schenkers sind entsprechend zu behandeln. Ist das wirtschaftliche Eigentum bereits auf den Beschenkten übergegangen, verwirklicht sich der Tatbestand des § 6 Abs. 1 S. 2 Nr. 1 Alt. 1 AStG in diesem Zeitpunkt. Muss es dagegen erst noch vom Erben auf den Beschenkten übertragen werden, kommt es zu einem Durchgangserwerb des Erben. Auch in diesem Falle liegt aber ein Erwerb von Todes wegen iSd § 6 Abs. 1 S. 2 Nr. 1 Alt. 2 AStG vor. Ist der Anteil iSd § 17 EStG Gegenstand einer Abfindung für einen Pflichtteilsverzicht, kommt es zu einem unentgeltlichen Erwerb unter Lebenden nach § 6 Abs. 1 S. 2 Nr. 1 Alt. 1 AStG (→ Rn. 174).

179 Bei der **Nießbrauchsbestellung** zu Gunsten eines nicht unbeschränkt steuerpflichtigen Nießbrauchers ist danach zu unterscheiden, ob das wirtschaftliche Eigentum auf den Nießbraucher übergeht oder nicht. Denn sowohl § 6 Abs. 1 Satz 2 Nr. 1 als auch Nr. 4 AStG knüpfen an eine Übertragung der Anteile oder deren Erwerb von Todes wegen bzw. den Ausschluss oder die Beschränkung des Besteuerungsrechts der Bundesrepublik Deutschland hinsichtlich des Gewinns aus der Veräußerung der Anteile und damit an die

---

[301] Flick/Wassermeyer/Baumhoff/Schönfeld/*Häck* AStG § 6 Rn. 310 ff.
[302] *Baßler* FR 2008, 851.
[303] So *Baßler* FR 2008, 851 (861).
[304] So Strunk/Kaminski/Köhler/*Strunk/Kaminski* AStG § 6 Rn. 88.
[305] *Hecht/Gallert* BB 2009, 2396; Strunk/Kaminski/Köhler/*Strunk/Kaminski* AStG § 6 Rn. 88; vgl. auch Flick/Wassermeyer/Baumhoff/ Schönfeld/*Häck* AStG § 6 Rn. 313.
[306] *Wassermeyer* IStR 2013, 1.
[307] *Baßler* FR 2008, 851 (861).
[308] Flick/Wassermeyer/Baumhoff/ Schönfeld/*Häck* AStG § 6 Rn. 321.

III. Steuerliche Aspekte der internationalen Unternehmensnachfolge § 12

Substanz der Beteiligung an. Verbleibt das wirtschaftliche Eigentum beim unbeschränkt steuerpflichtigen Nießbrauchbesteller, kommt § 6 AStG daher nicht zum Tragen.

Besteuert wird der Vermögenszuwachs im Zeitpunkt der Beendigung der unbeschränkten Steuerpflicht. Der fiktive Veräußerungsgewinn ermittelt sich aus dem gemeinen Wert der Beteiligung (§ 6 Abs. 1 S. 4 AStG, § 9 BewG; → § 27 Rn. 35 ff.) abzüglich der Anschaffungskosten (→ § 25 Rn. 220; 130 ff.). Bei unentgeltlichem Erwerb sind die Anschaffungskosten des Rechtsvorgängers anzusetzen, § 17 Abs. 2 S. 5 EStG (→ § 28 Rn. 133 ff.). Anstelle der Anschaffungskosten ist der Steuerwert des ausländischen Staats bei Zuzug zu berücksichtigen, wenn der Steuerpflichtige oder sein Rechtsvorgänger beim Wegzug aus dem bisherigen Wohnsitzstaat einer § 6 AStG vergleichbaren Steuer unterlegen haben, § 17 Abs. 2 S. 3 u. 4 EStG. Befanden sich die Anteile bereits vor dem 1.1.2007 im Eigentum des Steuerpflichtigen oder seines Rechtsvorgängers und wurden sie erst durch die Absenkung der Wesentlichkeitsschwelle steuerverstrickt, so ist anstatt der Anschaffungskosten der Wert der Beteiligung zu dem Zeitpunkt maßgebend, zu dem die Steuerverstrickung eintrat.[309] Dafür dass ein Wertzuwachs stattgefunden hat, trägt das Finanzamt die Feststellungslast.[310] Da tatsächliche Veräußerungskosten nicht anfallen, können diese auch nicht abgezogen werden. Zu berücksichtigen sind aber Kosten, die in unmittelbarer sachlicher Beziehung zu dem die Wegzugsbesteuerung auslösenden Ereignis stehen.[311] Zu denken ist hier insbesondere an die Kosten für die Ermittlung des gemeinen Werts,[312] Anwalts- und Notarkosten für einen Schenkungsvertrag oder für erbrechtliche Verfügungen[313] sowie Kosten im Zusammenhang mit der Erbauseinandersetzung. Die Kosten des Wegzugs sind dagegen nicht abzuziehen.[314] Im Übrigen ist der Freibetrag nach § 17 Abs. 3 EStG zu gewähren (→ § 25 Rn. 184 ff.) und es gilt das Teileinkünfteverfahren (→ § 25 Rn. 183).

Der Gesetzgeber hat erkannt, dass die Besteuerung aufgrund einer fiktiven Veräußerung ohne Zufluss eines Veräußerungsgewinns zu einer unbilligen Härte führen kann und gewährt daher zwei **Stundungsmöglichkeiten:** Die Steuer ist von Amts wegen zinslos und ohne Sicherheitsleistung zu stunden, wenn der Steuerpflichtige bzw. bei Schenkung oder Erwerb von Todes wegen der Rechtsnachfolger Staatsangehöriger eines Mitgliedstaat der EU oder einem Vertragsstaat des EWR ist, welcher der Bundesrepublik Deutschland Amts- und Vollstreckungshilfe gewährt, und er dort einer der deutschen unbeschränkten Einkommensteuerpflicht bzw. beim Rechtsnachfolger iSd § 6 Abs. 5 S. 3 Nr. 1 AStG (insbesondere einer Stiftung) im Wege der Analogie auch der deutschen unbeschränkten Körperschaftsteuerpflicht[315] vergleichbaren Steuerpflicht unterliegt, § 6 Abs. 5 AStG. Bei dem Wegzug in die Schweiz zur Aufnahme einer selbständigen Tätigkeit oder abhängigen Beschäftigung gilt die unbefristete, zinslose Stundung der durch den Wegzug ausgelösten Steuerschuld über das zwischen der EU und der Schweiz abgeschlossene Freizügigkeitsabkommen,[316] welche allerdings wohl idR mit der Anordnung einer

---

[309] Flick/Wassermeyer/Baumhoff/ Schönfeld/*Häck* AStG § 6 Rn. 384; *Haag* DB 2018, 1303 (1306).
[310] BFH DStRE 2011, 527.
[311] Flick/Wassermeyer/Baumhoff/ Schönfeld/*Häck* AStG § 6 Rn. 384; *Bellstedt* GmbHR 1973, 126 (129).
[312] Blümich/*Pohl* AStG § 6 Rn. 66; Flick/Wassermeyer/Baumhoff/ Schönfeld/*Häck* AStG § 6 Rn. 384.
[313] Flick/Wassermeyer/Baumhoff/ Schönfeld/*Häck* AStG § 6 Rn. 384.
[314] Flick/Wassermeyer/Baumhoff/ Schönfeld/*Häck* AStG § 6 Rn. 384; aA *Bellstedt* GmbHR 1973, 126 (129): Kosten der Wohnsitzaufgabe, die Reise- und die Umzugskosten ins Ausland sind zu berücksichtigen.
[315] *Wassermeyer* IStR 2007, 833; *Baßler* FR 2008, 851; *Baßler* IStR 2013, 22.
[316] EuGH IStR 2019, 260 mAnm *Schlücke,* die zR darauf hinweist, dass bei einem Geschäftsführer einer GmbH für das Vorliegen des Merkmals der Selbständigkeit mindestens eine Beteiligungshöhe des Geschäftsführers von 50% vorliegen muß. Eine geringere Beteiligung führt nicht zu einer selbständigen Tätigkeit und damit auch nicht zur Anwendbarkeit des Freizügigkeitsabkommens. Zur analogen Anwendung aufgrund des mit der Schweiz geschlossenen Freizügigkeitsabkommens vgl. *Häck* IStR 2011, 797; *Kraft* AStG § 6 Rn. 494; zur Vereinbarkeit der Wegzugsbesteuerung nach § 6 AStG mit dem Freizügigkeitsabkommen vgl. Vorlage zum EuGH v. FG Baden-Württemberg IStR 2018, 68; *Mitschke* IStR 2018, 279.

entsprechenden Sicherheitsleistung iSd § 241 AO einhergehen wird.[317] Kommt § 6 Abs. 5 AStG nicht zum Tragen, ist nach § 6 Abs. 4 AStG die aufgrund der Wegzugsbesteuerung geschuldete Einkommensteuer auf Antrag in regelmäßigen Teilbeträgen für einen Zeitraum von höchstens fünf Jahren seit Eintritt der ersten Fälligkeit gegen Sicherheitsleistung zu stunden, wenn ihre alsbaldige Einziehung mit erheblichen Härten für den Steuerpflichtigen verbunden wäre. Die Stundung liegt im Ermessen des Finanzamts. Die Stundung nach § 6 Abs. 4 und Abs. 5 ist zu widerrufen, sofern die Anteile während des Stundungszeitraums veräußert oder verdeckt in eine Kapitalgesellschaft eingelegt oder ein Tatbestand des § 17 Abs. 4 EStG (Auflösung, Kapitalherabsetzung etc.) verwirklicht wird, § 6 Abs. 4 S. 2, Abs. 5 S. 4 Nr. 1 AStG. Die Stundung nach § 6 Abs. 5 AStG ist zusätzlich zu widerrufen, wenn der Steuerpflichtige bzw. sein Rechtsnachfolger aufgrund der Aufgabe seines Wohnsitzes oder gewöhnlichen Aufenthalts nicht mehr in einem EU oder EWR-Staat einer der deutschen unbeschränkten Einkommen-/Körperschaftsteuerpflicht vergleichbaren Steuerpflicht unterliegt, § 6 Abs. 5 S. 4 Nr. 4 AStG, oder die Anteile auf eine nicht unbeschränkt steuerpflichtige Person übergehen, die nicht in der EU oder dem EWR einer der deutschen unbeschränkten Steuerpflicht vergleichbaren Steuerpflicht unterliegt, § 6 Abs. 5 S. 4 Nr. 2 AStG. Ferner ist die Stundung zu widerrufen, wenn der Steuerpflichtige nicht mehr Staatsangehöriger eines EU/EWR-Staates ist,[318] eine „vergleichbare" Einkommensteuerpflicht entfällt (sofern nicht § 6 Ab. 5 S. 4 Nr. 2 oder Nr. 4 AStG eingreift), die Amts- und Betreibungshilfe entfällt, bei Stundung nach § 6 Abs. 5 S. 3 Nr. 3 AStG die Überführung der Anteile in ein Drittstaatenbetriebsvermögen (vorbehaltlich § 6 Abs. 5 S. 4 Nr. 3 AStG), bei Stundung nach § 6 Abs. 5 S. 3 Nr. 4 AStG, wenn die Kapitalgesellschaft in einen Drittstaat verzieht, oder der betreffende EU/EWR-Staat aus der EU/dem EWR austritt, § 6 Abs. 5 S. 4 AStG. Sofern Großbritannien nicht dem EWR beitritt und es auch zu keiner anderweitigen Regelung kommt, würde der Brexit dazu führen, dass der Steuerpflichtige nicht mehr EU/EWR-Staatsangehöriger wäre. Nach § 6 Abs. 8 AStG ist die Stundung aber nicht allein aufgrund dieses Umstandes zu widerrufen.[319]

182 In den Fällen des Abs. 5 ist dem zuletzt zuständigen Finanzamt die Verwirklichung eines der zum Widerruf der Stundung führenden Tatbestände des § 6 Abs. 5 S. 4 AStG mitzuteilen und zwar binnen eines Monats ab dessen Verwirklichung, § 6 Abs. 7 AStG. Ein Verstoß hiergegen ist nicht sanktioniert, kann aber eine Steuerhinterziehung verwirklichen. Ferner ist dem Finanzamt jährlich bis zum 31.1. die am 31.12. des Vorjahres die gültige Adresse mitzuteilen und zu bestätigen, dass die Anteile dem weggezogenen Steuerpflichtigen bzw. seinem Rechtsnachfolger noch zuzurechnen sind. Ein Verstoß hiergegen kann durch den Widerruf der Stundung geahndet werden.

183 Begründet der wegzugssteuerbelastete Erbe innerhalb von fünf Jahren nach dem Erbfall eine unbeschränkte Steuerpflicht im Inland, kommt es mithin zu einem **Zuzug,** entfällt der Steueranspruch rückwirkend, soweit es in der Zwischenzeit nicht zu einer Realisation der stillen Reserven gekommen ist, § 6 Abs. 3 S. 3 AStG. Die Vorschrift gilt nicht für unentgeltliche Rechtsgeschäfte unter Lebenden (→ Rn. 174). Kommt es nach Realisierung der Wegzugsbesteuerung zu einer Veräußerung oder einem gleichgestellten Vorgang, so unterliegt der dabei entstehende Veräußerungsgewinn nach § 49 Abs. 1 Nr. 2e EStG iVm § 17 EStG vorbehaltlich einer abweichenden DBA-Regelung der beschränkten Steuerpflicht. Dabei ist auch der Wertzuwachs vor dem Wegzug mit zu erfassen. Bei der Veranlagung ist der Veräußerungsgewinn allerdings um den bereits versteuerten Vermö-

---

[317] *Schlücke* IStR 2019, 264; *Häck/Kahlenberg* IStR 2019, 253.
[318] *Strunk/Kaminski/Köhler/Strunk/Kaminski* AStG § 6 Rn. 247; *Haase/Müller-Gosoge* AStG § 6 Rn. 195; aA Mössner/Fuhrmann/*Hecht* AStG § 6 Rn. 54; *Kudert/Hagemann/Kahlenberg* EuZW 2017, 997; Flick/Wassermeyer/Baumhoff/Schönfeld/*Häck* AStG § 6 Rn. 542, die allein auf die Staatsangehörigkeit im Zeitpunkt der Entstehung der Steuer abstellen. Vgl. auch *Häck* ISR 2018, 265; *Häck/Kahlenberg* IStR 2019, 253, die auf § 131 AO hinweisen.
[319] Vgl. auch Höck/*Kahlenberg* IStr 2019, 253.

genszuwachs zu kürzen, § 6 Abs. 1 S. 5 AStG, und zwar bereits auf der Ebene der Bemessungsgrundlage. Soweit hierbei ein Verlust entsteht, kann dieser mit anderen positiven inländischen Einkünften verrechnet werden. Hat der Wegzugssteuerbelastete seinen Anteil unentgeltlich auf einen Dritten übertragen, steht diesem Dritten die Kürzung nach § 6 Abs. 1 S. 5 AStG zu.[320]

Der Wegzugsbesteuerung läßt sich am besten durch „konsequentes Wohnsitzmanagement" und gezielte Vermögensstrukturierung begegnen.[321] Aber auch durch die Umwandlung einer Kapitalgesellschaft in ein deutsches Betriebsvermögen lassen das deutsche Besteuerungsrecht entfallen, so dass die Wegzugsbesteuerung hierdurch vermieden werden kann.[322] Viele der vorgeschlagenen Gestaltungsmöglichkeiten zur Vermeidung der Wegzugsbesteuerung haben den Nachteil, dass sie aufwendig sind oder eine häufig in dem Ausmaß nicht gewollte Umstrukturierung der Kapitalgesellschaft bedingen. Eine relativ einfache und charmante Gestaltung ist dagegen die Vereinbarung einer kleinen atypisch stillen Gesellschaft am Unternehmen der Kapitalgesellschaft, wenn diese gewerblich tätig ist.[323] Sofern der sich atypisch still beteiligende Gesellschafter Mitunternehmerinitiative (→ § 25 Rn. 29) entfalten kann und Mitunternehmerrisiko trägt (→ § 25 Rn. 28), wird hierdurch eine steuerliche Mitunternehmerschaft begründet. Die Anteile an der Kapitalgesellschaft gehören zu seinem Sonderbetriebsvermögen und damit zum inländischen Betriebsvermögen. Die atypisch stille Gesellschaft vermittelt dem Gesellschafter somit abkommensrechtlich eine Betriebsstätte, der seine Kapitalgesellschaftsanteile zugeordnet sind, was zusätzlich durch § 50d Abs. 10 EStG abgesichert ist.[324] Insgesamt liegt daher steuerliches Betriebsvermögen vor, so dass der nur auf Kapitalgesellschaftsanteile im Privatvermögen anwendbare § 6 AStG hier nicht (mehr) zum Tragen kommt und auch ansonsten das deutsche Besteuerungsrecht nicht eingeschränkt ist.

b) Entstrickung bei Kapitalgesellschaftsanteilen einer gewerblich geprägten Personengesellschaft, § 4 Abs. 1 S. 3 EStG. § 6 AStG erfasst nur Kapitalgesellschaftsanteile, die im Privatvermögen gehalten werden. Für im Betriebsvermögen von Personengesellschaften/Mitunternehmerschaften gehaltene Kapitalgesellschaftsanteile ergibt sich normalerweise aufgrund eines Wegzugs bzw. Erbfalls mit Auslandsberührung kein Problem, da das deutsche Besteuerungsrecht nach § 49 Abs. 1 Nr. 2a), Nr. 3 EStG hierdurch nicht tangiert wird. Auch bei Vorliegen eines Doppelbesteuerungsabkommens bleibt Deutschland das Besteuerungsrecht grundsätzlich erhalten, vgl. Art. 7 Abs. 1 OECD-MA. Bei **gewerblich geprägten Personengesellschaften** kann dies jedoch anders sein. Nach der Rechtsprechung findet die Fiktion des § 15 Abs. 3 Nr. 2 EStG im Abkommensrecht nämlich keine Anwendung.[325] Denn wenn ein Abkommen zur Vermeidung der Doppelbesteuerung wie Art. 7 Abs. 1 OECD-MA von „gewerblichen Gewinnen eines Unternehmens" spricht, meint es damit erkennbar Einkünfte aus einer ihrer Art nach „unternehmerischen" Tätigkeit.[326] Einkünfte aus einer Tätigkeit, die tatsächlich zum Bereich der Vermögensverwaltung gehört und im innerstaatlichen Recht nur im Wege einer Fiktion dem Bereich der Gewerblichkeit zugewiesen werden, bleiben daher abkommensrechtlich Einkünfte aus Vermögensverwaltung. Dies wiederum führt dazu, dass im Falle des Wegzugs eines Gesellschafters einer ausschließlich gewerblich geprägten Personengesellschaft Veräußerungsgewinne iSd § 13 Abs. 2 OECD-MA nicht mehr der deutschen Besteuerung unterliegen, da es sich ja, auch wenn sie nach deutschem steuerrechtlichen

---
[320] Blümich/*Pohl* AStG § 6 Rn. 70.
[321] *Ettinger*, Wegzugsbesteuerung, 2. Aufl. 2015, S. 36ff.
[322] *Ettinger*, Wegzugsbesteuerung, 2. Aufl. 2015, S. 39ff.
[323] *Bron* IStR 2016, 26.
[324] *Bron* IStR 2016, 26.
[325] BFH BStBl. II 2014, 754; 2011, 482; 2014, 751; anders noch das BMF Schreiben BStBl. I 2010, 354 Tz. 2.2.1.
[326] BFH BStBl. II 2014, 754.

Verständnis Betriebsvermögen einer Betriebsstätte darstellen, nicht mehr um Unternehmensgewinne handelt. Dasselbe gilt, wenn der Mitunternehmeranteil grenzüberschreitend verschenkt oder vererbt wird. Verliert Deutschland aber das Besteuerungsrecht an einem Wirtschaftsgut des Betriebsvermögens, gilt dies als Entnahme, § 4 Abs. 1 S. 3 EStG. Der Wegzug bzw. die Vererbung oder Schenkung über die Grenze führt somit zur Aufdeckung aller stillen Reserven. Diese Rechtsfolge kann auch nicht mit einer gewerblichen Infektion vermieden werden,[327] da die Personengesellschaft in diesem Falle abkommensrechtlich zweierlei Einkünfte erzielen würde, von denen die vermögensverwaltenden Einkünfte wiederum aufgrund des Doppelbesteuerungsabkommens nicht der deutschen Besteuerung unterliegen würden.[328] Als einkommensteuerrechtliche Vorschrift findet § 4 Abs. 1 S. 3 EStG keine Anwendung, wenn lediglich die Gewerbesteuerpflicht entfällt.[329]

185   Die Entnahme nach § 4 Abs. 1 S. 3 EStG erfolgt im Zeitpunkt des Wegzugs bzw. der Vererbung oder Schenkung zum gemeinen Wert, § 6 Abs. 1 Nr. 4 S. 1 EStG und bestimmt sich mithin nach § 9 Abs. 2 BewG (→ § 27 Rn. 35). Dieser entspricht dem Fremdvergleichspreis iSd Art. 7 Abs. 2 OECD-MA. Es entsteht ein Veräußerungsgewinn in Höhe der Differenz zwischen dem gemeinen Wert und den Anschaffungskosten. Der Entstrickungsgewinn unterliegt beim Schenker bzw. Erblasser in Höhe von 60% der Besteuerung, § 3 Nr. 40 lit. a) EStG.[330]

186   c) **Wegfall des Entstrickungsschutzes durch § 50i EStG ab dem 1.1.2017.** Um der Wegzugsbesteuerung nach § 6 AStG zu entgehen, wurden in der Vergangenheit häufig im Privatvermögen gehaltenen Kapitalgesellschaftsanteile steuerneutral in eine inländische, gewerblich geprägte Personengesellschaft eingelegt. Die Finanzverwaltung akzeptierte diese Vorgehensweise, da sie davon ausging, dass die aufgrund einer späteren Veräußerung der Anteile entstehenden Gewinne als Unternehmensgewinne iSd Art. 7 OECD-MA in Deutschland steuerpflichtig sind.[331] Dies sah die Rechtsprechung im Hinblick auf gewerblich geprägten Personengesellschaften anders (→ Rn. 184).[332] Die deutsche Gewerblichkeitsfiktion schlage nicht auf die abkommensrechtliche Einkünftequalifikation durch, so dass die spezielleren abkommensrechtlichen Einkunftsarten gegenüber den Unternehmensgewinnen vorrangig seien (→ Rn. 184). Dies hatte zur Folge, dass die Gewinne aus der Veräußerung von Kapitalgesellschaftsanteilen, die von einer gewerblich geprägten Personengesellschaft gehalten wurden, als Veräußerungsgewinne nach Art. 13 Abs. 5 OECD-MA im Ansässigkeitsstaat zu versteuern sind. Um den hieraus resultierenden Steuerausfällen entgegenzuwirken, hat der Gesetzgeber versucht, dies mit § 50i EStG zu verhindern. Nach § 50i EStG in der heutigen Fassung werden nur noch Überführungen oder Übertragungen in das Betriebsvermögen einer gewerblich geprägten oder infizierten Personengesellschaft iSd § 15 Abs. 3 EStG **vor dem 29.6.2013** erfasst, die steuerneutral erfolgten und bei denen das deutsche Besteuerungsrecht vor dem 1.1.2017 ausgeschlossen oder beschränkt worden wäre, wenn dies nicht durch § 50i Abs. 1 S. 1 EStG verhindert worden wäre. Dies gilt entsprechend für Einbringungen in eine Kapitalgesellschaft und Besitzunternehmen im Rahmen einer **Betriebsaufspaltung.** Obwohl Deutschland abkommensrechtlich das Besteuerungsrecht nicht zusteht, unterwirft § 50i EStG die Veräußerungsgewinne dennoch der Besteuerung (Treaty-Override). Im Falle einer Veräußerung oder Entnahme **ab dem 29.6.2013** ist der daraus resultierende Gewinn einschließlich des Gewinns aus der Auflösung etwaiger nach dem Wegzug des Gesellschafters entstandener stiller Reserven im Inland zu versteuern, auch wenn das Besteuerungsrecht nach einem

---

[327] So aber *Reich* IStR 2011, 913 (914).
[328] Vogel/Lehner/*Hemmelrath* DBA Art. 7 Rn. 35; *Wassermeyer* DBA Art. 7 Rn. 53.
[329] Frotscher/Geurts/*Frotscher* EStG § 4 Rn. 408; *Benecke/Schnitger* IStR 2006, 765; *Förster* DB 2007, 72 (73).
[330] Frotscher/Geurts/*Frotscher* EStG § 4 Rn. 408.
[331] BMF BStBl. I 2010, 354; Tz. 2.2.1.
[332] BFH BStBl. II 2014, 754; 2011, 482; 2014, 751.

DBA nicht Deutschland zusteht.³³³ Während § 50i EStG bei Erbfällen und Schenkungen vor dem 1.1.2017 bei Vorliegen der übrigen Voraussetzungen noch Entstrickungsschutz bot, ist dies für unentgeltliche Übertragungen auf im DBA-Ausland ansässige Erwerber seit dem 1.1.2017 nicht mehr der Fall.³³⁴ Denn seit diesem Zeitpunkt gilt für den Wegzug die Entstrickungsbesteuerung nach § 4 Abs. 1 S. 3, 4 EStG (→ Rn. 184). Prospektiv sollte daher insbesondere im Hinblick auf eine mögliche Erbfolge geprüft werden, ob gewerblich geprägte oder infizierte Personengesellschaftsanteile im Erbgang auf im DBA-Ausland ansässige Erwerber übergehen können, und, wenn ja, ggf. gestalterisch entsprechend korrigierend eingegriffen werden.³³⁵

d) Verlegung der Geschäftsleitung eines Betriebes oder einer Personengesellschaft. Gerade im Erbgang, aber auch im Zuge einer Schenkung kann es vorkommen, dass die Geschäftsleitung vom Erblasser/Schenker auf einen im Ausland ansässigen Erben/Nachfolger übergeht. Hinsichtlich der im Inland verbleibenden Wirtschaftsgüter verändert sich das Besteuerungsrecht grundsätzlich nicht. Der ausländische Nachfolger begründet eine Betriebsstätte in Deutschland. Das deutsche Besteuerungsrecht ist insoweit nicht beschränkt. Die mit der Geschäftsleitung zusammenhängenden Zentralfunktionen können aber durch den Übergang auf den ausländischen Nachfolger und damit auf eine ausländische **Geschäftsleitungsbetriebsstätte** verlagert worden sein. Damit zusammenhängende **einzelne Wirtschaftsgüter** würden dann gemäß § 4 Abs. 1 S. 3 EStG als entnommen gelten und wären zu versteuern (→ Rn. 184). Die tatsächliche Zugehörigkeit eines Vermögenswertes zu einer Betriebsstätte verlangt, dass er – in sinngemäßer Anwendung der zu § 8 AStG entwickelten funktionalen Betrachtungsweise – in funktionalem Zusammenhang zu der in der Betriebsstätte ausgeübten Unternehmenstätigkeit steht.³³⁶ Es ist deshalb auf die Tätigkeit abzustellen, der nach der allgemeinen Verkehrsauffassung das Schwergewicht innerhalb der Betriebsstätte, hier der Geschäftsleitungsbetriebsstätte zukommt.³³⁷ Der ausländischen Geschäftsleitungsbetriebsstätte wären danach in der Regel die dem Gesamtunternehmen dienenden Finanzmittel und die Beteiligungen zuzuordnen, die nicht einer in der Betriebsstätte ausgeübten Tätigkeit dienen.³³⁸ Allerdings dürfte die Zuordnung auch anderes ungebundenes Vermögen betreffen, wie zB von mehreren Betriebsstätten genutzte immaterielle Wirtschaftsgüter, wie Patente und Warenzeichen, und den Geschäftswert³³⁹ oder eine Beteiligung (→ Rn. 120). Die Entnahme erfolgt zum Teilwert, § 6 Abs. 1 Nr. 4 S. 1 EStG. Ein unbeschränkt Steuerpflichtiger kann in Höhe der stillen Reserven einen Ausgleichsposten bilden, wenn die Entnahmefiktion ein Wirtschaftsgut des Anlagevermögens betrifft und die Zuordnung zu einer EU-Betriebsstätte erfolgte, § 4g Abs. 1 S. 1 EStG. Der Ausgleichsposten bedarf eines unwiderruflichen Antrags, § 4g Abs. 1 S. 4 EStG, und ist über fünf Jahre gewinnerhöhend aufzulösen, § 4g Abs. 1 S. 5 EStG. Bei einer Sitzverlegung in einen Drittstaat kommt es dagegen zur sofortigen Besteuerung der stillen Reserven.

Betrifft die Verlagerung ins Ausland den gesamten **Betrieb** (→ § 25 Rn. 40) oder einen **Teilbetrieb** (→ § 25 Rn. 46), was bei Dienstleistungsunternehmen leicht passieren kann, so gilt der Betrieb oder Teilbetrieb als aufgegeben, § 16 Abs. 3a EStG. Es entsteht ein Aufgabegewinn, bei dem sämtliche Wirtschaftsgüter des Betriebs bzw. Teilbetriebs mit ihren gemeinen Werten zu berücksichtigen sind, § 16 Abs. 3 S. 7 EStG. Anders als bei der Entnahme nach § 4 Abs. 3 S. 1 EStG kann die hierdurch ausgelöste Steuer auf Antrag des Steuerpflichtigen in fünf gleichen Jahresraten beglichen werden, wenn die betroffenen

---

[333] Schmidt/*Loschelder* EStG § 50i Rn. 7.
[334] *Liekenbrock* DStR 2017, 177.
[335] Vgl. hierzu *Liekenbrock* DStR 2017, 177.
[336] BFH BStBl. II 1996, 563.
[337] BFH BStBl. II 1996, 563.
[338] BMF BStBl. I 2009, 888 Tz. 2.4.
[339] *Strahl* FR 2007, 665 (669).

Wirtschaftsgüter einem Betriebsvermögen des Steuerpflichtigen im EU/EWR-Raum zugeführt werden und der Staat Amtshilfe leistet, § 36 Abs. 5 EStG. Bei einer Verlagerung ins Drittlandsgebiet unterliegen die stillen Reserven wiederum der sofortigen Besteuerung.

189 **e) Verlegung der Geschäftsleitung einer Kapitalgesellschaft.** Auch bei einer Kapitalgesellschaft kann es im Rahmen der Unternehmensnachfolge zu einer Verlagerung der Geschäftsleitung ins Ausland kommen. Hier regelt § 12 Abs. 1 KStG als körperschaftsteuerliche Entsprechung zu § 4 Abs. 1 S. 3 EStG die Entstrickung **einzelner Wirtschaftsgüter,** wenn das Besteuerungsrecht einer Kapitalgesellschaft insoweit eingeschränkt wird. Dies betrifft wohlgemerkt die Ebene der Kapitalgesellschaft selbst und nicht die Ebene der Anteilseigner. Nach § 12 Abs. 1 S. 2 KStG liegt ein Ausschluss oder eine Beschränkung des Besteuerungsrechts hinsichtlich des Gewinns aus der Veräußerung eines Wirtschaftsguts insbesondere vor, wenn ein bisher einer inländischen Betriebsstätte einer Kapitalgesellschaft zuzuordnendes Wirtschaftsgut einer ausländischen Betriebsstätte dieser Körperschaft zuzuordnen ist. Bei einer Verlagerung der Geschäftsleitung kommt es dazu, dass insbesondere ungebundenes Vermögen dem dann im Ausland befindlichen Stammhaus zugeordnet wird (→ Rn. 187) und es insoweit zur Entstrickung kommt. § 4 Absatz 1 Satz 5, § 4g und § 15 Abs. 1a des Einkommensteuergesetzes gelten entsprechend, § 12 Abs. 1 S. 1 HS 2 KStG. Die Bewertung erfolgt zum gemeinen Wert gem. § 9 Abs. 2 BewG.

190 Daneben regelt § 12 Abs. 3 S. 1 KStG, dass eine Kapitalgesellschaft als aufgelöst gilt, wenn Sie durch die Verlegung ihres Sitzes oder ihrer Geschäftsleitung aus der unbeschränkten Steuerpflicht in einem EU/EWR-Staat ausscheidet. Verbleibt der statutarische Sitz der Gesellschaft in Deutschland, unterliegt diese nach § 1 KStG weiterhin der unbeschränkten Körperschaftsteuerpflicht, so dass für eine Schlussbesteuerung nach § 12 Abs. 3 KStG grundsätzlich kein Raum bleibt.[340] Befindet sich der Sitz der Kapitalgesellschaft aber bereits im Ausland, gründet sich die unbeschränkte Steuerpflicht allein noch auf das Merkmal der Geschäftsleitung. Wird diese im Zuge der Nachfolge ins Ausland verlegt, scheidet die Kapitalgesellschaft allein hierdurch aus der deutschen unbeschränkten Steuerpflicht aus. Unterliegt die Kapitalgesellschaft auch keiner unbeschränkten Steuerpflicht in einem EU/EWT-Staat mehr, hat dies zur Folge, dass eine Schlussbesteuerung zu erfolgen hat, die den Regeln über die Liquidationsbesteuerung folgt, und zwar in dem Zeitpunkt in dem die Verstrickung endet, § 12 Abs. 1 KStG. Entsprechendes gilt für die Fälle der **Doppelansässigkeit** in DBA-Fällen. Hier verbleibt zwar (auch) ein Sitz im Inland und somit besteht auch die unbeschränkte Körperschaftsteuerpflicht nach § 1 KStG fort. Allerdings ist das Besteuerungsrecht in den Fällen der Doppelansässigkeit abkommensrechtlich dem Staat zugeordnet, in dem sich die tatsächliche Geschäftsleitung befindet. Durch das Abkommensrecht wird die unbeschränkte Körperschaftsteuerpflicht mithin de facto auf eine beschränkte Körperschaftsteuerpflicht reduziert. Dies ändert jedoch nichts daran, dass die unbeschränkte Steuerpflicht besteht und nach dem Wortlauts des § 12 KStG kommt es nur hierauf an.[341] Rechtsfolge des § 12 Abs. 3 KStG ist eine Schlussbesteuerung entsprechend den Regelungen der Liquidation gemäß § 11 KStG (→ § 26 Rn. 65 ff.), § 12 Abs. 3 S. 1 KStG. Anders als bei der Liquidationsbesteuerung ist bei der körperschaftsteuerlichen Wegzugsbesteuerung auch ein Firmenwert zu berücksichtigen, da die Kapitalgesellschaft als lebender Organismus bestehen bleibt. Die Bewertung erfolgt mit dem gemeinen Wert, § 12 Abs. 3 S. 3 KStG. Für den erforderlichen Vermögensvergleich ist von der Kapitalgesellschaft eine Schlussbilanz zu erstellen.[342] Der sog. **Verlegungsgewinn** ist für den Zeitraum vom Schluss des Wirtschaftsjahres, dass der Verlegung iSd § 13 Abs. 3

---

[340] Gosch/*Lampert* KStG § 12 Rn. 141; Frotscher/Maas/*Frotscher* KStG § 12 Rn. 9.
[341] Frotscher/Maas/*Frotscher* KStG § 12 Rn. 11; aA *Knobbe-Keuk* DB 1991, 298 (300).
[342] Gosch/*Lampert* KStG § 12 Rn. 157.

S. 1 KStG vorausging, bis zu Zeitpunkt der Verlegung zu ermitteln. Anders als bei § 11 KStG gibt es hier keinen dreijährigen und ggf. noch verlängerbaren Abwicklungszeitraum. Erfolgt die Verlegung nicht zum Schluss eines Wirtschaftsjahres, entsteht ein Rumpfwirtschaftsjahr mit ggf. entsprechend schwieriger Abgrenzung des Gewinns. Dies bedeutet, dass der Gewinnermittlungszeitraum iSd § 12 Abs. 3 KStG maximal 12 Monate betragen kann, was wiederum zur Folge hat, dass der laufende Gewinn (Verlust) und der Verlegungsgewinn/-verlust in demselben Veranlagungszeitraum zu erfassen sind.

Die identitätswahrende Verlegung des Ortes der Geschäftsleitung ins Ausland kann ferner auf der Ebene der Anteilseigner dazu führen, dass das Recht der Bundesrepublik Deutschland, Gewinne aus der Veräußerung der Kapitalgesellschaftanteile iSd § 17 EStG zu besteuern, beschränkt oder völlig ausgeschlossen wird, § 17 Abs. 5 EStG. Ist dies der Fall, kommt es aufgrund der Verlegung zu einer fiktiven Veräußerung des Anteils und zu einer **Besteuerung des Anteilseigners.** Als Veräußerungspreis gilt der gemeine Wert des Kapitalgesellschaftsanteils, § 9 Abs. 2 BewG (→ § 27 Rn. 35). Erfolgt die Verlegung des Orts der Geschäftsleitung ins EU-Ausland kommt es nicht zu einer Sofortbesteuerung. Stattdessen ist der Gewinn bei einer späteren Veräußerung ungeachtet etwaiger entgegenstehender DBA-Regelungen so zu besteuern, als wenn keine Sitzverlegung stattgefunden hätte, § 17 Abs. 5 S. 3 EStG. Dies bedeutet, dass auch die Wertzuwächse der deutschen Besteuerung unterworfen werden, die nach der Verlegung der Geschäftsleitung in das europäische Ausland angefallen sind. Insoweit kann es zu einer Doppelbesteuerung kommen, wenn der andere Staat den Gewinn auch besteuert.[343]

f) Wegzug bei alt-einbringungsgeborenen Anteilen iSv § 21 UmwStG 1995. Leicht zu übersehen sind alt-einbringungsgeborene Anteile, schon, weil der Einbringungsvorgang länger als zehn Jahre zurückliegt. Hierbei handelt es sich um bestimmte Einbringungsvorgänge im Geltungsbereich des UmwStG 1995, bei denen es nicht zu einer Realisierung der stillen Reserven gekommen ist. Für derartige Umwandlungen, die **vor dem 13.12.2006** erfolgten, ist das UmwStG 1995 weiter anzuwenden, § 27 Abs. 3 Nr. 3 S. 1 UmwStG 2006. Dies führt dazu, dass zB Anteile an Kapitalgesellschaften, die der Einbringende oder dessen Rechtsvorgänger bei unentgeltlichem Erwerb als Gegenleistung für die Sacheinlage eines Betriebs, Teilbetriebs oder Mitunternehmeranteils unter dem Teilwert erworben hat (§ 20 Abs. 1 S. 1 UmwStG 1995), weiterhin steuerverstrickt sind. Gleiches gilt für die Anteile an einer Kapitalgesellschaft, die durch Sacheinlage einer mehrheitsvermittelnden Kapitalgesellschaftsbeteiligung (§ 20 Abs. 1 S. 2 UmwStG 1995) oder im Rahmen des Formwechsels einer Personengesellschaft in eine Kapitalgesellschaft (§ 25 UmwStG 1995) unter dem Teilwert erworben hat. Gehören derartige alt-einbringungsgeborene (originäre) Anteile zu einem Betriebsvermögen, das wiederum gegen neue Anteile nach dem UmwStG 2006 unter dem Teilwert eingebracht wird (§ 20 Abs. 3 S. 4 UmwStG 2006) oder waren diese Anteile selbst Gegenstand der Einbringung unter dem Teilwert (§ 21 Abs. 2 S. 6 iVm § 20 Abs. 3 S. 4 UmwStG 2006), gelten auch diese neuen Anteile insoweit als (derivative) alt-einbringungsgeborene Anteile. Alle diese Anteile unterliegen noch den alten Gewinnrealisierungstatbeständen nach § 21 Abs. 1, Abs. 2 UmwStG 2005 und zwar ohne zeitliche Beschränkung.[344]

Nach § 21 Abs. 2 S. 1 Nr. 2 UmwStG 1995 kommt zu einer Entstrickung und damit zu einem Veräußerungsgewinn, wenn das Besteuerungsrecht der Bundesrepublik Deutschland hinsichtlich des Gewinns aus der Veräußerung der Anteile ausgeschlossen wird. Dies ist in dem hier interessierenden Kontext regelmäßig dann der Fall, wenn der Anteilseigner die einbringungsgeborenen Anteile an jemanden verschenkt, vererbt oder vermacht, der mit den Anteilen nicht der deutschen Besteuerung unterliegt. Dies kann

---

[343] Dies führt im Ergebnis zu einem unzulässigen Treaty Override, vgl. *Kirchhof* EStG § 17 Rn. 143; *Benecke/Schnitger* IStR 2006, 765.
[344] Frotscher/Drüen/*Mutscher* UmwStG § 27 Rn. 36, 38; § 20 UmwStG Rn. 335 f.

aufgrund eines DBA geschehen, das dem ausländischen Staat das Besteuerungsrecht zuweist. Hierfür ist noch nicht einmal die Aufgabe des deutschen Wohnsitzes erforderlich. Es reicht, wenn im Ausland ein zweiter Wohnsitz begründet wird, der nach dem einschlägigen DBA als Hauptwohnsitz zu klassifizieren ist. Auch die Einbringung des Anteils in eine ausländische Betriebsstätte wird idR genügen, da insoweit regelmäßig dem Betriebsstättenstaat das Besteuerungsrecht zusteht. Ferner kommt es auch ohne DBA zu einer Entstrickung, wenn der Anteilseigner selbst beschränkt steuerpflichtig wird, sofern es sich nicht um eine Beteiligung iSd § 17 EStG handelt oder diese zum Betriebsvermögen einer inländischen Betriebsstätte gehört. Für die Besteuerung ist es unerheblich, ob die Anteile zum Betriebs- oder zum Privatvermögen des Einbringenden gehörten, welche Beteiligungshöhe er an der übernehmenden Kapitalgesellschaft hatte, wie seine Stimmrechte ausgestaltet sind und wie lange er Anteile gehalten hat.[345] § 6 AStG findet insoweit keine Anwendung.[346] Ob das deutsche Besteuerungsrecht ausgeschlossen ist, hängt im Wesentlichen davon ab, ob die alt-einbringungsgeborenen Anteile bei einem späteren Verkauf in Deutschland (erweitert) beschränkt steuerpflichtig sind, § 2 AStG, § 49 EStG.

194 Auf den Zeitpunkt der Entstrickung kommt es zu einer Gewinnrealisierung in Höhe der Differenz zwischen den Anschaffungskosten iSd § 20 Abs. 4 UmwStG 1995 und dem gemeinen Wert der alt-einbringungsgeborenen Anteile. Der (fiktive) Veräußerungsgewinn ist ein solcher nach § 16 EStG und zwar auch, wenn die alt-einbringungsgeborenen Anteile im steuerlichen Privatvermögen gehalten wurden.[347] Er umfasst sowohl die stillen Reserven, die im Zeitpunkt der Einbringung bereits vorhanden waren, als auch jene, die erst danach entstanden sind.[348] Die Steuerbefreiungen nach § 8b KStG oder § 3 Nr. 40 EStG kommen zur Anwendung.[349] Ist der Steuerpflichtige ein Staatsbürger der EUR oder des EWR, erfolgt die Stundung der Steuer gemäß § 6 Abs. 5 AStG unter den dort genannten Voraussetzungen (→ Rn. 181 f.), wenn die Einkommensteuer noch nicht bestandskräftig festgesetzt ist. § 6 Abs. 6 und 7 AStG sind ebenfalls entsprechend anzuwenden. In allen anderen Fällen richtet sich die Stundung nach § 21 Abs. 2 S. 3 UmwStG 1995. Ist die Entrichtung der Steuer sichergestellt, wird die Zahlung in fünf gleichen Jahresraten unabhängig von persönlicher Härte und Unbilligkeit[350] und ohne Sicherheitsleistung zinslos gewährt.

195 **g) Entstrickung sperrfristverhafteter Kapitalgesellschaftsanteile iSv § 22 UmwStG, § 6 AStG.** Durch die Einbringung in eine Kapitalgesellschaft zu einem unter dem Teilwert liegenden Wert entstehen sog. sperrfristverhaftete Anteile. Innerhalb einer Sperrfrist von sieben Jahren ab dem Einbringungszeitraum führt die Veräußerung oder Verwirklichung eines Ersatztatbestands zu einer rückwirkenden, über 7 Jahre abschmelzenden Versteuerung der zum Zeitpunkt der Einbringung im eingebrachten Betriebsvermögen vorhandenen stillen Reserven. Werden derartige sperrfristverhaftete Anteile innerhalb der siebenjährigen Sperrfrist auf einen Rechtsnachfolger übertragen, dessen Lebensmittelpunkt in einem Drittstaat, also außerhalb des EU/EWR-Raums liegt, kann hierin ein Sperrfristverstoß liegen, § 22 Abs. 1 S. 6 Nr. 6, Abs. 6 UmwStG 2006 iVm § 1 Abs. 4 UmwStG.[351] Ob der Brexit zu einem Sperrfristverstoß führt, da der in Großbritannien ansässige Anteilseigner oder Rechtsnachfolger die Ansässigkeitsvoraussetzungen nicht mehr erfüllt[352] oder ob es hier an einer zurechenbaren Handlung des Steuerpflichtigen handelt,[353] ist un-

---

[345] Schmitt/Hörtnagl/*Stratz*/*Schmitt* UmwStG § 27 Rn. 15.
[346] *Baßler* FR 2008, 218.
[347] *Häck* IStR 2015, 267 mwN.
[348] BFH/NV 2003, 1456.
[349] *Häck* IStR 2015, 267; *ders.* Ubg 2013, 171.
[350] BFH BStBl. II 1993, 362.
[351] BMF BStBl. I 2016, 1252 Rn. 22.42 iVm 22.27.
[352] *Cloer/Holle* FR 2016, 921; *Bode ua* BB, 2016, 1357.
[353] *Herbst*/*Gebhardt* DStR 2016, 1705.

klar. Die Verwirklichung eines Wegzugtatbestands iSv § 6 Abs. 1 AStG (→ Rn. 171 ff.) stelle keinen Sperrfristverstoß iSv § 22 Abs. 1 S. 1 UmwStG dar.[354] Hat eine natürliche Person allerdings ihren Wohnsitz oder gewöhnlichen Aufenthaltsort nicht mehr in der EU oder dem EWR kommt es zum Wegfall der Ansässigkeitsvoraussetzung gem. § 22 Abs. 1 S. 6 Nr. 6 UmwStG, wenn dies innerhalb eines Zeitraums von sieben Jahren nach dem Einbringungszeitpunkt geschieht. Gleiches gilt, wenn eine Kapitalgesellschaft als Einbringende ihren Sitz oder den Ort der Geschäftsleitung an einen Ort außerhalb der EU oder dem EWR verlegt. Der Wegzug bzw. die Verlegung des Sitzes oder des Ortes der Geschäftsleitung löst somit einen Einbringungsgewinn I aus, § 22 Abs. 1 S. 1, S. 3 UmwStG. Der Einbrinngungsgewinn I gilt als nachträgliche Anschaffungskosten der im Zuge der Einbringung erhaltenden Anteile und zwar rückwirkend auf den Einbringungszeitpunkt, § 22 Abs. 1 S. 2 UmwStG iVm § 175 Abs. 1 S. 1 Nr. 2 AO.[355] Der Wegzug des Einbringenden kann zugleich zur Anwendung der Wegzugsbesteuerung nach § 6 Abs. 1 AStG führen (→ Rn. 171 ff.).[356] In diesem Fall kommt es zu einer rückwirkenden Besteuerung eines Einbringungsgewinns I nach § 22 Abs. 1 S. 6 Nr. 6 iVm § 1 Abs. 4 UmwStG und zur Wegzugsbesteuerung nach § 6 Abs. 1 AStG, wobei der Einbringungsgewinn I im Rahmen der Besteuerung nach § 17 Abs. 2 EStG, § 6 Abs. 1 AStG als nachträgliche Anschaffungskosten zu berücksichtigen ist.[357] Wird zunächst nur der Wegzugtatbestand der § 6 Abs. 1 AStG verwirklicht und erst später der Ersatzrealisationstatbestand des § 22 Abs. 1 S. 6 Nr. 6 iVm § 1 Abs. 4 UmwStG realisiert, ist rückwirkend auch der Einkommensteuerbescheid zu ändern, in dem der Wegzug nach § 6 Abs. 1 AStG, § 17 Abs. 2 EStG umgesetzt wurde.[358] Auch ein nur temporärer Wegzug, wie zB zur Aufnahme eines befristeten Anstellungsverhältnisses in den USA, führt zu einem Einbringungsgewinn I nach § 22 Abs. 1 S. 6 Nr. 6 iVm § 1 Abs. 4 UmwSTG. Anders als § 6 Abs. 3 AStG (→ Rn. 183) ist in § 22 UmwStG keine Rückkehroption vorgesehen.[359] Die Ausführungen gelten gleichermaßen bei **Schenkung oder Vererbung**, wenn hierdurch die Ansässigkeitsvoraussetzung nicht mehr gegeben ist.[360]

196 Das gleiche gilt für sog. fiktiv sperrfristbehaftete Anteile, die dadurch entstanden sind, dass nach der Billigkeitsregelung in Rn. 20.09 des UmwSt-Erlasses[361] zum einzubringenden Betriebsvermögen gehörende Anteile an der übernehmenden Kapitalgesellschaft auf unwiderruflichen Antrag des Einbringenden zurück behalten wurden. Die zurückbehaltenen Anteile an der übernehmenden Gesellschaft sind in vollem Umfang als sperrfristbehaftete Anteile zu behandeln. Ferner sind derivativ-sperrfristbehaftete Anteile ebenfalls nach den vorgenannten Grundsätzen zu behandeln. Diese entstehen, wenn und soweit sich nach § 22 Abs. 7 UmwStG stille Reserven aus einer Sacheinlage iSv § 20 Abs. 1 UmwStG bei einer Gesellschaftsgründung oder Kapitalerhöhung von sperrfristbehafteten Anteilen auf andere Anteile verlagern.

h) Verlegung der Geschäftsleitung bei Betriebsaufspaltung. Die Verlegung der Geschäftsleitung des Besitzunternehmens ins Ausland durch Vererben oder Schenkung kann ebenso wie die Wohnsitzverlegung dazu führen, dass eine Betriebsaufspaltung beendet wird. Denn der im Inland belegene und der Betriebsgesellschaft zur Nutzung überlassene Grundbesitz begründet keine Betriebsstätte, jedenfalls dann nicht, wenn im Inland kein

---

[354] *Häck* IStR 2018, 929.
[355] BMF BStBl. I 2011, 1314 Rn. 22.10; Haritz/Menner/*Bilitewski* UmwStG § 22 Rn. 210; Frotsche/Drüen/*Mutscher* UmwStG § 22 Rn. 229; *Häck* IStR 2018, 929; aA Dötsch/Pung/Möhlenbrock/*Patt*, Die Körperschaftsteuer, UmwStG § 22 Rn. 61b.
[356] *Häck* IStR 2018, 929.
[357] *Häck* IStR 2018, 929.
[358] *Häck* IStR 2018, 929.
[359] *Häck* IStR 2018, 929.
[360] Dölsch/Pung/Möhlenbrock/*Patt*, Die Körperschaftsteuer, UmwStG § 22 Rn. 59: Haritz/Henner/*Bilitewski* UmwStG § 22 Rn. 212; *Häck* IStR 2018, 929.
[361] BMF BStBl. I 2016, 1252 Rn. 20.09.

ständiger Vertreter bestellt ist oder eine feste Geschäftseinrichtung des Besitzunternehmens vorliegt.[362] Wird die Betriebsaufspaltung beendet, kommt es grundsätzlich zu einer Betriebsaufgabe des Besitzunternehmens nach § 16 Abs. 3 EStG.[363] Hierbei kommt es nicht nur zu einer Entstrickung der vermieteten Wirtschaftsgüter, sondern auch zu einer Entstrickung der Anteile an der Betriebsgesellschaft[364] und somit zur Versteuerung sämtlicher stiller Reserven. Ein Wahlrecht analog dem Verpächterwahlrecht, die Anteile an der Betriebskapitalgesellschaft bei Beendigung der Betriebsaufspaltung weiter als „ewiges" Betriebsvermögen zu behandelt, existiert nicht.[365]

3. Die ausländische Familienstiftung

198 Die Neuregelung des Unternehmenserbschaftsteuerrechts hat die Familienstiftung wieder mehr in den Fokus gerückt (→ § 27 Rn. 238 ff.). Unter einer ausländischen Stiftung soll hier diejenige verstanden werden, die sowohl ihren Sitz wie auch ihre Geschäftsleitung im Ausland hat. Denn sobald sich entweder Sitz oder Geschäftsleitung im Inland befinden, ist die Stiftung in Deutschland unbeschränkt erbschaft- und körperschaftsteuerpflichtig, § 2 Abs. 1 Nr. 1d), Nr. 2 ErbStG, § 1 Abs. 1 KStG. Hinsichtlich der unbeschränkt steuerpflichtigen Familienstiftungen gelten die allgemeinen Regelungen (→ § 27 Rn. 238 ff.; → Rn. 302 ff.). Ferner muss es sich um eine nach dem ausländischen Recht rechtsfähige Familienstiftung handeln.[366] Um als Familienstiftung zu gelten, muss die Stiftung im Interesse einer Familie errichtet worden sein und dieser unmittelbare oder mittelbare, nicht notwendig in Geld bezifferbare Vermögensvorteile zuweisen.[367] Die Finanzverwaltung geht in Anlehnung an § 15 Abs. 2 AStG von einer Familienstiftung aus, wenn nach ihrer Satzung der Stifter, seine Angehörigen und deren Abkömmlinge zu mehr als der Hälfte bezugs- oder anfallsberechtigt sind.[368]

199 Während der Sitz einer ausländischen Familienstiftung leicht zu bestimmen ist, kam dies beim Ort der Geschäftsleitung schwieriger sein. Geschäftsleitung ist nach § 10 AO der Mittelpunkt der geschäftlichen Oberleitung. Der Mittelpunkt der geschäftlichen Oberleitung befindet sich dort, wo der für die Geschäftsführung maßgebende Wille gebildet wird. Entscheidend ist, an welchem Ort die für die Geschäftsführung nötigen Maßnahmen von einiger Wichtigkeit angeordnet werden.[369] Dies ist gewöhnlich der Ort, an dem die Stiftungsorgane die ihnen obliegende laufende Geschäftsführertätigkeit entfalten. Bei reiner Vermögensverwaltung kann der Mittelpunkt der geschäftlichen Oberleitung auch dort liegen, wo die Stiftung die laufende Kontrolle über ihr Vermögen ausübt, wo sie ihre Wertpapiere verwahrt oder wo sie ihre Steuererklärungen anfertigt bzw. unterschreibt, wenn sie nur an keinem anderen Ort gewichtigere Entscheidungen trifft.[370]

200 Aus steuerlicher Sicht ist der wesentliche Vorteil für die Errichtung einer ausländischen Familienstiftung darin zu sehen, dass diese nicht der Erbersatzsteuer nach § 1 Abs. 1 Nr. 4 EStG unterliegt (→ § 27 Rn. 241) Eine beschränkte Erbersatzsteuer gibt es nicht.[371] Daneben kann die laufende Besteuerung im Ausland günstiger sein, als die in Deutschland bei unbeschränkter Steuerpflicht grundsätzlich zu entrichtenden Körperschaft- und Gewerbe-

---

[362] BFH BStBl. II 1983, 77; BMF BStBl. I 1999, 1076, Tz. 1.2.1.1; OFD Frankfurt BeckVerw 262070 Hes, Tz. 7; Dötsch/Pung/Möhlenbrock/*Rupp*, Die Körperschaftsteuer, Tz. 1122.
[363] Vgl. zB BFH BStBl. II 2008, 220; BStBl. II 1994, 23 mwN.
[364] Schmidt/*Wacker* EStG § 15 Rn. 865 mwN; aA *Kaligin* BB 1996, 2017 (2021).
[365] BFH/NV 1996, 877; *Haritz* BB 2001, 861; aA *Lemm* DStR 1987, 218, der eine Verstrickung über § 21 UmwStG analog annimmt. Ausnahme: Personelle Entflechtung durch Volljährigkeit der Kinder, → § 8 Rn. 157.
[366] BFH BStBl. 2018, 199; vgl. zur Zulässigkeit nach ausländischem Recht: MüKoBGB/Weitemeyer BGB § 80 Rn. 136 mwN.
[367] BFH BStBl. II 2010, 898; → § 27 Rn. 238 ff.
[368] RE 2.2 Abs. 2 S. 1 ErbStR 2011.
[369] FG BW NWB direkt 2006, 2.
[370] FG BW NWB direkt 2006, 2.
[371] Fischer/Pahlke/Wachter/*Wachter* ErbStG § 13a Rn. 774.

steuern. Unter diesen Aspekt ist zB die liechtensteinische Stiftung nach Art. 552 FL-PGR interessant, die sich zudem noch zivilrechtlich als sehr flexibel erweist.[372]

Ist der Stifter Inländer (→ Rn. 105 ff.) unterliegt der **Errichtung** einer ausländischen Familienstiftung unter Lebenden nach § 7 Abs. 1 Nr. 8 S. 1 ErbStG und der Übergang von Todes wegen nach § 3 Abs. 2 Nr. 1 S. 1 ErbStG der Erbschaftsteuer. Beim Stiftungsgeschäft unter Lebenden entsteht die Steuer mit der Ausführung der Zuwendung, § 9 Abs. 1 Nr. 2 ErbStG. Bei der Stiftungserrichtung von Todes wegen entsteht die Steuerschuld dagegen mit der staatlichen Anerkennung als rechtsfähig, § 9 Abs. 1 Nr. 1 lit. c ErbStG. Stifter und ausländische Familienstiftung sind eigenständige Rechtssubjekte. Bei lebzeitigem Stiftungsgeschäft fällt das in die Stiftung eingebrachte Vermögen daher grundsätzlich nicht in den Nachlass. Der erbschaftsteuerliche Erwerb der ausländischen Familienstiftung im Zuge der Errichtung unterliegt hinsichtlich Freibetrag (§ 16 ErbStG) und Steuersatz (§ 19 ErbStG) der ungünstigen Steuerklasse III.[373] Das Steuerklassenprivileg nach § 15 Abs. 2 S. 1 ErbStG gilt schon aufgrund des eindeutigen Wortlauts nur für inländische Stiftungen. Im Hinblick auf ausländische Stiftungen im EU/EWR-Raum ist dies nicht unproblematisch.[374] Ob und inwieweit die Kapitalverkehrsfreiheit eine Gleichbehandlung der ausländischen Familienstiftung mit der inländischen gebietet, wird letztlich davon abhängen, inwieweit der Umstand, dass erstere keiner Erbersatzsteuer unterfallen, eine Ungleichbehandlung rechtfertigt.[375] Die erbschaftsteuerlichen Privilegierungen nach §§ 13a, 13b, 28a ErbStG finden auch auf eine ausländische Familienstiftung Anwendung. 201

Bei der **unentgeltlichen Übertragung von Kapitalgesellschaftsanteilen** auf eine ausländische Familienstiftung kommt es darüber hinaus zur **Wegzugsbesteuerung** nach § 6 Abs. 1 S. 2 Nr. 1 AStG und damit zur Besteuerung aller in der Beteiligung ruhende stillen Reserven (→ Rn. 171 ff.). Hat die Stiftung ihren Sitz im EU/EWR-Raum, wird die Wegzugsteuer auf Antrag zinslos und ohne Sicherheitsgestellung dauerhaft gestundet, § 6 Abs. 5 S. 3 Nr. 1 AStG (→ Rn. 181 ff.). Diese Doppelbelastung von Erbschaft- und Einkommensteuer lässt sich vermeiden, indem die Kapitalgesellschaftsanteile zuvor in eine inländische originär gewerbliche Mitunternehmerschaft eingelegt werden. Sie sind dann einer inländischen Betriebsstätte funktional zugeordnet. Anschließend wird sodann der Mitunternehmeranteil mitsamt Sonderbetriebsvermögen ertragsteuerlich gem. § 6 Abs. 3 S. 1 EStG unentgeltlich zum Buchwert auf die ausländische Familienstiftung übertragen (→ § 28 Rn. 143 ff.).[376] Unter bestimmten Voraussetzungen kommt auch eine Entstrickungsbesteuerung nach § 4 Abs. 1 S. 3 EStG in Betracht (→ Rn. 184 f.). 202

Die ausländische Familienstiftung ist beschränkt körperschaftsteuerpflichtig. Lediglich die inländischen Einkünfte iSd § 8 Abs. 1 KStG, § 49 EStG unterliegen der 15 %igen Körperschaftsteuer in Deutschland. Sofern die Stiftung rein vermögensverwaltend tätig wird, fällt hier keine Gewerbesteuer an, § 2 Abs. 3 GewStG iVm § 14 AO. Daneben unterliegt die Stiftung in ihrem Sitzstaat der dortigen Besteuerung und bei Einkünften aus weiteren Ländern ggf. der dortigen Ertragsteuer. Soweit Doppelbesteuerungsabkommen existieren, wird die Doppelbesteuerung dadurch weitgehend verhindert. 203

Für die Leistungen der Stiftung an ihre Destinatäre kommt es im Wesentlichen darauf an, ob die Ausschüttungen der Stiftung wirtschaftlich mit einer Gewinnausschüttung vergleichbar sind. Da dies in der Regel der Fall ist, stellen sie Einkünfte aus Kapitalvermögen iSd § 20 Abs. 1 Nr. 9 EStG dar (→ § 28 Rn. 148).[377] Es gilt dementsprechend eigentlich das Zuflussprinzip, § 11 EStG. Dies ist jedoch bei bestimmten Arten der Familienstiftung an- 204

---

[372] *Moritz/Strohm/Lennert*, Besteuerung privater Kapitalanlagen, 2017, 1437 ff.
[373] FG RhPf EFG 1998, 1021; Troll/Gebel/Jülicher/Gottschalck/*Jülicher* ErbStG § 15 Rn. 110.
[374] *Thömmes/Stockmann* IStR 1999, 261; *Kellersmann/Schnitger* IStR 2005, 253.
[375] *Fischer* FR 2017, 897 (898).
[376] *Lüdicke/Oppel* BB 2017, 2646 (2647).
[377] Handelt es sich um nicht satzungsgemäße Ausschüttungen aus einer ausländischen Familienstiftung, kommt zusätzlich eine steuerpflichtige Schenkung iSd § 7 Abs. 1 Nr. 1 u. Nr. 9 ErbStG in Betracht (→ § 28 Rn. 148).

ders. Sind nämlich der Stifter, seine Angehörigen und deren Abkömmlinge zu mehr als der Hälfte bezugsberechtigt oder anfallsberechtigt (§ 15 Abs. 2 AStG), fingiert § 15 Abs. 1 AStG eine Vollausschüttung der Einkünfte. Für Familienstiftungen, die dieses Quorum nicht erfüllen, gilt § 15 AStG aufgrund seines ausdrücklichen Wortlauts nicht. Die Einkünfte der Stiftung werden primär dem unbeschränkt steuerpflichtigen Stifter[378] und erst danach den sonstigen unbeschränkt steuerpflichtigen Bezugs- und Anfallberechtigten die Einkünfte der Stiftung zugerechnet. Es kommt durch § 15 Abs. 1 AStG also unabhängig vom Zufluss und dem Ausschüttungsverhalten der Familienstiftung zu einer **Zurechnungsbesteuerung.** Der Stifter und die Destinatäre müssen mithin unter Umständen in Deutschland fiktive Einkünfte versteuern, die sie nicht erhalten haben und deren Zufluss sie ggf. auch noch beeinflussen können.[379] Gegenstand der Zurechnung sind die Einkünfte iSd § 8 KStG.[380] Das bedeutet, dass die Einkünfte so zu ermitteln sind, als wäre die Stiftung im Inland unbeschränkt steuerpflichtig.[381] Ermittelt werden die Einkünfte auf der Ebene der Stiftung, § 15 Abs. 7 AStG. Diese ist Einkünfteermittlungssubjekt. Aufgrund der Verweisung auf § 10 Abs. 3 AStG finden bestimmte Vergünstigungen keine Anwendung, so dass zB § 8b KStG nicht gilt und Dividenden und Veräußerungsgewinne in voller Höhe und nicht nur zu 5% in den Zurechnungsbetrag einfließen.[382] Der auf der Ebene der Stiftung ermittelte Zurechnungsbetrag ist von den unbeschränkt steuerpflichtigen Zurechnungsadressaten zu versteuern. Handelt es sich bei den Zurechnungsadressaten um kein Körperschaftsteuersubjekt, erzielt dieser Einkünfte nach § 20 Abs. 1 Nr. 9 EStG, § 15 Abs. 8 S. 1 AStG. Die Zurechnung erfolgt auch dann, wenn mit dem Sitzstaat der Familienstiftung ein Doppelbesteuerungsabkommen besteht, § 20 Abs. 1 AStG. Kommt es später zu einer Zuwendung durch die Familienstiftung, die beim Zurechnungsadressaten bereits der Besteuerung nach § 15 Abs. 1 AStG unterlegen hat, ist diese in Deutschland freizustellen, § 15 Abs. 11 AStG. Dies muss auch für eine etwaig anfallende Erbschaftsteuer bei nicht satzungsgemäßen Zuwendungen der Stiftung an die Destinatäre gelten.[383]

205   Hat die Familienstiftung iSd § 15 AStG ihren Sitz in einem EU/EWR-Staat, mit dem Deutschland ein Amtshilfeabkommen abgeschlossen hat, und kann nachgewiesen werden, dass das Stiftungsvermögen der Verfügungsmacht der Zurechnungsadressaten rechtlich und tatsächlich entzogen ist, unterbleibt die Zurechnung. Es gelten insoweit die gesteigerten Mitwirkungspflichten des Steuerpflichtigen bei Auslandssachverhalten nach § 90 Abs. 2 AO, was faktisch darauf hinausläuft, dass der Nachweis vom Steuerpflichtigen zu erbringen ist.[384]

Die Aufhebung einer ausländischen Familienstiftung führt zu einem Vermögenserwerb des nach der Satzung Anfallberechtigten gem. § 7 Abs. 1 Nr. 9 S. 1 ErbStG (→ § 28 Rn. 149). Daneben kommt einer Doppelbesteuerung der Liquidationszahlungen nach § 20 Abs. 1 Nr. 9 EStG in Betracht.[385] Ob sich diese durch eine Ausschüttung/Auszahlung der thesaurierten Erträge im Stiftungsvermögen vor der Liquidation vermeiden lässt, ist noch nicht abschließend geklärt.[386] Nach § 15 Abs. 2 S. 2 ErbStG richtet sich die anzuwendende Steuerklasse nach dem Verwandtschaftsverhältnis des Stifters zum Anfallberechtigten.[387]

---

[378] BFH BStBl. II 1993, 388; Blümich/*Vogt* AStG § 15 Rn. 65.
[379] *Wassermeyer* FR 2015, 149 (150).
[380] Blümich/*Vogt* AStG § 15 Rn. 99.
[381] BFH/NV 2018, 993 Tz. 14; Flick/Wassermeyer/Baumhoff/Schönfeld/*Wassermeyer* AStG § 15 Rn. 203; ders. IStR 2009, 191.
[382] Blümich/*Vogt* AStG § 15 Rn. 99.
[383] Blümich/*Vogt* AStG § 15 Rn. 142; Rhode/Enders BB 2014, 1495; Werder/Dannecker BB 2012, 2278; aA Götz DStR 2014, 1047; Flick/Wassermeyer/Baumhoff/Schönfeld/*Baßler* AStG § 15 Rn. 380.
[384] *Wassermeyer* FR 2015, 149 (151 mwN).
[385] BMF BStBl. I 2006, 417; krit. Oppel ZEV 2018, 43. Die Entscheidung des BFH ZEV 2018, 540 erging zur Rechtslage vor 2007.
[386] *Oppel* ZEV 2018, 543; *Wunderlich* DStR 2018, 905.
[387] Troll/Gebel/Jülicher/Gottschalck/*Jülicher* ErbStG § 15 Rn. 117; aA Kapp/Ebeling/*Geck* ErbStG § 15 Rn. 69.1.

4. Grunderwerbsteuer

Die Grunderwerbsteuer erstreckt sich nur auf den Erwerb **inländischer Grundstücke.** 206
Darunter sind im Geltungsbereich des Grunderwerbsteuergesetzes belegene Grundstücke
zu verstehen.[388] Unerheblich ist, wo das in § 1 Abs. 1 bis 3 GrEStG genannte Erwerbsgeschäft ausgeführt wird und wer daran beteiligt ist. Es kann daher auch im Ausland wirksam abgeschlossen werden.[389] Ferner ist die Nationalität der Vertragsparteien ohne Bedeutung.[390] Beinhaltet der Transaktionsgegenstand ein inländisches Grundstück ist mithin immer die Grunderwerbsteuer zu prüfen. Neben dem klassischen direkten Erwerb eines inländischen Grundstücks sind hier die Änderungen im Gesellschafterbestand einer Personengesellschaft (§ 1 Abs. 2a GrEStG, → § 25 Rn. 254), die Anteilsvereinigung (§ 1 Abs. 3 GrEStG, → § 25 Rn. 255) und das Innehaben einer 95%igen Beteiligung (§ 1 Abs. 3a GrEStG; → § 25 Rn. 256) zu beachten. Der Tatbestand der Anteilsvereinigung kann ebenso wie derjenige des Innehabens einer 95%igen Beteiligung bei einer rein ausländischen Gesellschaft stattfinden, solange sie nur über inländischen Grundbesitz verfügt.[391] Ein leicht zu übersehender Tatbestand ist die Sitzverlegung einer Kapitalgesellschaft mit inländischem Grundbesitz vom Inland ins Ausland. Hierbei kann die Kapitalgesellschaft aufgrund der Sitzverlegung ihre Identität verlieren, so dass es zu einem Rechtsträgerwechsel kommt, der nach § 1 Abs. 1 Nr. 3 GrEStG steuerbar ist.[392] Dies betrifft insbesondere die Fälle, in denen nicht die Gründungstheorie, sondern die im deutschen internationalen Privatrecht nach der Rechtsprechung immer noch maßgebende Sitztheorie gilt. Dies betrifft alle Drittstaaten mit Ausnahme der USA; im Verhältnis zum EU- und EWR-Gebiet sowie dem der USA gilt dagegen die Gründungstheorie.[393] Dies betrifft nicht nur die Fälle des Wegzugs, sondern auch die des Zuzugs aus dem Drittstaatengebiet ins Inland.[394] Fällt ein Sachverhalt unter die Grunderwerbsteuer gelten die allgemeinen Regelungen einschließlich der Steuerbefreiungen der §§ 5 ff. GrEStG uneingeschränkt.[395]

5. Anzeige-und Mitwirkungspflichten bei Auslandssachverhalten

Zum Zwecke einer zutreffenden steuerlichen Erfassung und Überwachung grenzüber- 207
schreitender Sachverhalte[396] obliegt es dem Steuerpflichtigen (natürliche Personen, aber auch Personengesellschaften)[397] mit Wohnsitz, gewöhnlichem Aufenthalt, Geschäftsleitung oder Sitz im Inland dem für sie zuständigen Finanzamt bestimmte Sachverhalte mit Auslandsbezug ungefragt **mitzuteilen.** Dies betrifft die Gründung und den Erwerb von Betrieben und Betriebsstätten im Ausland, den Erwerb, die Aufgabe oder die Veränderung einer Beteiligung an ausländischen Personengesellschaften, den Erwerb oder die Veräußerung von Beteiligung an einer Körperschaft, Personenvereinigung oder Vermögensmasse mit Sitz und Geschäftsleitung außerhalb des Geltungsbereichs der Abgabenordnung, wenn damit eine Beteiligung von mindestens 10% am Kapital oder Vermögen der Körperschaft, Personenvereinigung oder Vermögensmasse erreicht wird oder die Summe der Anschaffungskosten aller Beteiligungen mehr als 150.000 EUR beträgt. Für die Ermittlung der 150.000 EUR Grenze sind die Anschaffungskosten aller, auch mittelbarer und früher erworbener Beteiligungen in die Berechnung einzubeziehen.[398] Maßgebend sind die histori-

---

[388] *Boruttau/Viskorf* GrEStG § 2 Rn. 21; *Weilbach/Baumann* GrEStG § 2 Rn. 5.
[389] RFH RStBl. 1928, 201; RStBl. 1929, 498; *Boruttau/Viskorf* GrEStG § 2 Rn. 23; *Weilbach/Baumann* GrEStG § 2 Rn. 5.
[390] RFH RStBl. 1929, 498; *Boruttau/Viskorf* GrEStG § 2 Rn. 23.
[391] BFH/NV 2008, 1529; BFH BStBl. II 2018, 667; *Boruttau/Meßbacher-Hönsch* GrEStG § 1 Rn. 962; 1216.
[392] *Pahlke* GrEStG § 1 Rn. 15; *Boruttau/Meßbacher-Hönsch* GrEStG § 1 Rn. 53 ff.
[393] *Boruttau/Meßbacher-Hönsch* GrEStG § 1 Rn. 53 ff.
[394] *Boruttau/Meßbacher-Hönsch* GrEStG § 1 Rn. 62.
[395] *Pahlke* GrEStG § 5 Rn. 5; § 6 Rn. 7; § 6a Rn. 37.
[396] BMF BStBl. I 2018, 289 Rn. 4.
[397] BMF BStBl. I 2018, 289 Rn. 1.1.
[398] BMF BStBl. I 2018, 289 Rn. 1.3.1.3.

schen Anschaffungskosten. Unmittelbare und mittelbare Beteiligung sind zusammenzurechnen, § 138 Abs. 2 S. 2 AO. Anzuzeigen ist jeweils auch die Art der wirtschaftlichen Tätigkeit, § 138 Abs. 2 S. 1 Nr. 5 AO, sowie etwaige Geschäftsbeziehungen zu Drittstaat-Gesellschaften, wenn der Steuerpflichtige allein oder zusammen mit nahestehenden Personen einen beherrschenden oder bestimmenden Einfluss auf gesellschaftsrechtliche, finanzielle oder geschäftliche Angelegenheiten ausüben kann, § 138 Abs. 2 S. 1 Nr. 4 AO. Die Mitteilung hat grundsätzlich zusammen mit der Einkommensteuer-, Körperschaftsteuer- oder Feststellungserklärung für den Besteuerungszeitraum, in dem der mitzuteilende Sachverhalt verwirklicht wurde, spätestens jedoch bis zum Ablauf von 14 Monaten nach Ablauf dieses Besteuerungszeitraums, nach amtlich vorgeschriebenem Datensatz über die amtlich bestimmten Schnittstellen zu erfolgen, § 138 Abs. 5 AO. Die Frist ist nicht verlängerbar.[399] Ein vorsätzliches oder fahrlässiges Unterlassen der Mitteilungspflicht kann den Tatbestand einer Steuergefährdung verwirklichen und als Ordnungswidrigkeit mit einer Geldbuße bis zu 25.000 EUR geahndet werden, § 379 Abs. 7 AO. Wird die Mitteilungspflicht von einer ausländischen Personengesellschaft, einem Treuhänder oder einer anderen die Interessen der inländischen Beteiligten vertretenen Person wahrgenommen, treffen diese die Rechtsfolgen bei Verstößen unmittelbar persönlich.[400]

208   Bei Sachverhalten, die sich auf Vorgänge im Ausland beziehen, besteht eine erweiterte **Mitwirkungspflicht** des Steuerpflichtigen, § 90 Abs. 2 AO. Zu dieser Mitwirkungspflicht kann insbesondere gehören, Beweismittel zu beschaffen und diese dem Finanzamt oder dem Gericht zur Verfügung zu stellen. Eine bloße Benennung von Beweismitteln reicht mithin nicht aus. Die Mitwirkungspflicht setzt sehr früh an und umfasst die Verpflichtung zur **Beweisvorsorge** durch den Steuerpflichtigen. Bei einem Erbfall mit Auslandsberührung ist der Steuerpflichtige daher bereits zum Zeitpunkt des Erbfalls gehalten, entsprechende Beweisvorsorge zu treffen, beispielsweise durch das zeitnahe Erstellen eines Wertgutachtens, durch Sammeln von Anzeigen über Vergleichsobjekte oder durch eine Werteinschätzung eines Maklers.[401] Kommt der Steuerpflichtige dieser Verpflichtung (verschuldet oder unverschuldet) nicht nach, so können das Finanzamt und gemäß § 76 Abs. 1 Satz 4 FGO auch das Finanzgericht hieraus für ihn nachteilige Schlüsse ziehen.[402]

Daneben hat der Gesetzgeber erhöhte Mitwirkungspflichten bei der Inanspruchnahme erbschaftsteuerlicher Vergünstigungen für ausländisches Betriebsvermögens vorgesehen. Soweit ausländisches Vermögen zum begünstigten Vermögen gehört, hat der Steuerpflichtige nachzuweisen, dass die Voraussetzungen für die Begünstigungen im Zeitpunkt der Entstehung der Steuer und während der gesamten Behaltefrist bestanden haben, § 13a Abs. 8 ErbStG. Schwierig wird insoweit der Beweis zu erbringen sein, dass kein eine Nachsteuer auslösender Tatbestand verwirklicht wurde. Dies wird wohl ähnlich wie die Parallelproblematik in § 6 AStG bei der Stundung der Wegzugsteuer dadurch zu lösen sein, dass es zunächst genügt, wenn der Steuerpflichtige dem Finanzamt mitteilt, er habe nicht veräußert.[403]

---

[399] BMF BStBl. I 2018, 289 Rn. 1.5.
[400] BMF BStBl. I 2018, 289 Rn. 1.2.
[401] FG Hess EFG 2013, 1682.
[402] BFH BeckRS 2019, 6077; BFH/NV 2006, 1785; BStBl II 2002, 861 mwN.
[403] Troll/Gebel/Jülicher/Gottschalk/*Jülicher* § 13a Rn. 465 unter Hinweis auf Flick/Wassermeyer/*Baumhoff*/ *Wassermeyer* AStG § 6 Rn. 311 ff.

§ 13 Generierung und Vermeidung von Betriebsvermögen

Übersicht

Rn.
- I. Erbschaftsteuerliche Privilegierung von Betriebsvermögen 1
  - 1. Entscheidungsparameter 4
  - 2. Problem: Verwaltungsvermögen 11
  - 3. Umwandlung in Betriebsvermögen 15
  - 4. Konsequenzen im Übrigen 20
- II. Ertragsteuerliche Privilegierung von Betriebsvermögen 22
  - 1. Privilegierungen von Einzelunternehmen und Mitunternehmeranteilen 23
  - 2. Privilegierungen bei relevanten Kapitalgesellschaftsbeteiligungen 26

I. Erbschaftsteuerliche Privilegierung von Betriebsvermögen

Die Überführung von Vermögen in Familiengesellschaften dient neben außersteuerlichen **1** Gründen, wie der Bündelung des Vermögens und der schrittweisen Heranführung der nächsten Generation an den Umgang mit Vermögen, häufig der Erzielung von Steuervorteilen. Seit dem In-Kraft-Treten des JStG 1997 wird im Erbschaftsteuerrecht zwischen „gutem" und „bösem Vermögen" unterschieden.[1] Nach dem Inkrafttreten des Erbschaftsteuerreformgesetz zum 1.1.2009 stehen vor allem inländisches, in der EU und dem EWR belegenes Betriebsvermögen, land- und forstwirtschaftliche Vermögen sowie bestimmte prozentuale Anteile an inländischen, EU und EWR-Kapitalgesellschaften auf der guten Seite, während das übrige Vermögen erbschaftsteuerlich als „schlecht" anzusehen ist. Nur über dieses gute Vermögen wird das Füllhorn der Vergünstigungen ausgeschüttet, beginnend mit dem Verschonungsabschlag (§ 13a Abs. 1 S. 1 ErbStG, → § 27 Rn. 174f.), über den Abzugsbetrag (§ 13a Abs. 2 ErbStG, vgl. → § 27 Rn. 174), bis hin zur Tarifentlastung der „fiktiven Adoption" nach § 19a ErbStG (→ § 27 Rn. 246f.).[2]

Der Steuerpflichtige kann dabei zwischen zwei Verschonungsmodellen wählen: Bei der **2** Regelverschonung bleibt das begünstigungsfähige Betriebsvermögen zu 85% steuerfrei. Bei der alternativ möglichen Optionsverschonung sind die Hindernisse auf dem Weg zur Steuerbefreiung etwas höher. Dafür beträgt der Grad der Steuerbefreiung dann aber 100%. In beiden Fällen ist zunächst in einem ersten Schritt zu prüfen, ob und in welchem Umfang vom Grunde her begünstigungsfähiges Vermögen vorliegt. Sodann ist nach einem extrem komplizierten Verfahren der Anteil des grundsätzlich nicht bzw. nur eingeschränkt begünstigten Verwaltungsvermögens festzustellen. Nur wenn der Verwaltungsvermögensanteil bei der Regelverschonung $\leq$ 90% und bei der Optionsverschonung $\leq$ 20% ist, kommt eine Verschonung überhaupt in Betracht. Das Verwaltungsvermögen ist daher nicht per se begünstigungsschädlich, sondern erst ab einer bestimmten Höhe. Für Familiengesellschaften, die die in § 13a Abs. 9 ErbStG aufgelisteten strengen Voraussetzungen erfüllen, ist das restliche Vermögen zusätzlich vorab noch um einen Vorababschlag von bis zu 30% zu kürzen (→ § 27 Rn. 170ff.). Der Verschonungsabschlag in Höhe von 85% bzw. 100% ist sodann an eine „Wohlverhaltensperiode" von 5 Jahren bei der Regelverschonung und 7 Jahren bei der Optionsverschonung geknüpft, in der bestimmte Parameter erfüllt werden müssen (→ § 27 Rn. 174ff.). Beim Vorababschlag beträgt die Wohlverhaltensperiode sogar 20 Jahre (!). Erst wenn man diesen Zeitraum unbeschadet überstanden hat, ist die Steuerbefreiung endgültig.

Bei Großvermögenserwerben von mehr als 26 Mio. EUR bis 90 Mio. EUR pro Er- **3** werber, wird der Verschonungsabschlag in Höhe von 85% bzw. 100% um einen Prozentpunkt für jede vollen 750.000 EUR abgeschmolzen (→ § 27 Rn. 229ff.). Bei einem Er-

---

[1] *Schön* Editorial in DB 6/1996.
[2] *Moench* StbJb 1997/98, 363 (371).

werb von mehr als 90 Mio. EUR kommt es zu keiner Verschonung mehr, § 13c ErbStG. Alternativ kann der Erwerber bei Großvermögenserwerben und zwar auch denen jenseits der 90 Mio. EUR-Grenze nach bestimmten Kriterien der Erlass der Erbschaftsteuer beantragen, § 28a ErbStG (→ § 27 Rn. 233 ff.). Bei entsprechender Gestaltung lässt sich die Erbschaftsteuerbelastung auch bei größeren Vermögen durch den Einsatz von einer oder mehreren Familienstiftungen auf EUR 0,00 drücken (→ § 27 Rn. 238 ff.).

1. Entscheidungsparameter

4 Was liegt angesichts der Erbschaftsteuerbefreiung von bis zu 100 % näher, als böses in gutes Vermögen zu verwandeln?[3] Doch Vorsicht, vor einer pauschalen Empfehlung zur Umwandlung von Privat- in Betriebsvermögen kann nur gewarnt werden![4] Zunächst bewirkt die Umwandlung von Privatvermögen, dass die stillen Reserven zukünftig steuerverstrickt sind. Im Veräußerungs- oder Aufgabefall kommt es dann zu deren Realisierung, wohingegen die Realisierung im Privatvermögen oftmals steuerfrei möglich ist. Abgemildert wird dieser Nachteil lediglich durch die Freibeträge nach § 16 Abs. 4 EStG und § 17 Abs. 3 EStG und der Steuersatzermäßigung nach §§ 16, 34 EStG in Form der Fünftelregelung bzw. in Höhe von 56 % des durchschnittlichen Steuersatzes (→ § 25 Rn. 90 ff. ff.), sofern deren Voraussetzungen erfüllt sind.

5 Erbschaftsteuerlich muss als erstes die Hürde des Verwaltungsvermögenstests nach § 13b Abs. 2 ErbStG genommen werden (→ § 27 Rn. 132 ff.), um überhaupt in den Bereich der Vergünstigung zu gelangen. Sodann wird leider allzu oft nur die Erbschaftsteuerersparnis auf den Tag der Schenkung ermittelt. Dies hieße jedoch, die mit den Missbrauchsregelungen (§§ 13a Abs. 3 S. 5; Abs. 6, 19a Abs. 5 ErbStG, → § 27 Rn. 192 ff., 217) zusammenhängenden Folgen zu vernachlässigen. Denn es ist nicht möglich, das betreffende Vermögen in der Hand des Schenkers in Betriebsvermögen umzuwandeln, es sodann zu schenken und gleich darauf in der Hand des Beschenkten wieder in Privatvermögen zurück zu verwandeln. Grundsätzlich wird das neu gebildete Betriebsvermögen fünf bzw. sieben Jahre unverändert als solches erhalten bleiben müssen. Die sich während dieser Zeit ergebenden ertragsteuerlichen Folgen können den erbschaftsteuerlichen Effekt dahinschmelzen lassen. Insbesondere die Besteuerung der stillen Reserven im Zuge der Entstrickung des Vermögens (zB Entnahme oder Veräußerung des betrieblichen Wirtschaftsguts) nach Ablauf der Fünf- bzw. Sieben-Jahres-Frist erweist sich als Ärgernis.[5] Darüber hinaus ist bei der Zuführung zum Betriebsvermögen zu beachten, dass Verwaltungsvermögen den Status „jung" erst nach zwei Jahren Betriebszugehörigkeit verliert. Bis dahin ist es von den Vergünstigungen der §§ 13a, 19a ErbStG ausgeschlossen (→ § 27 Rn. 145).

6 Jede Gestaltungsempfehlung sollte daher zuvor genau durchgerechnet werden, ob sie auch tatsächlich die angestrebte Ersparnis bringt, denn nicht immer wird dies der Fall sein. Eine bloße Gegenüberstellung der Schenkung von Privatvermögen und der Schenkung desselben Vermögens als Betriebsvermögen reicht nicht aus. Zu berücksichtigen sind vielmehr darüber hinaus die Kosten (zB Gründungs- und laufende Kosten einer GmbH & Co. KG) und ertragsteuerlichen Effekte über den Zeitraum der fünf- bzw. siebenjährigen Nachsteuerfrist.[6] Eine Generierung von Betriebsvermögen wird sich in der Regel aber immer dann anbieten, wenn das Privatvermögen ohnehin steuerverstrickt ist und zwar sowohl hinsichtlich der laufenden Gewinne als auch in Bezug auf etwaige Wertsteigerungen.

7 Dies betrifft vor allem **ausländisches Betriebsvermögen** von Gewerbebetrieben (Einzelunternehmen oder Personengesellschaften), deren wirtschaftliche Einheit sich aus-

---

[3] Vgl. *Stahl* NJW 2000, 3100; *Daragan* DStR 2000, 272; *Kowallik* DStR 1999, 1834; *Kroschel/Wellisch* DB 1998, 1632; *Weßling* DStR 1997, 1381; *Thiel* DB 1997, 64.
[4] *Kroschel/Wellisch* DB 1998, 1632; *Weßling* DStR 1997, 1381; *Ottersbach/Hansen* DStR 1997, 1269.
[5] *Weßling* DStR 1997, 1381.
[6] Zur Vorteilhaftigkeitsanalyse im Einzelnen vgl. *Weßling* DStR 1997, 1381.

schließlich auf Drittstaaten, dh nicht auf das Inland, die EU oder den EWR erstreckt sowie das Vermögen, das einer Betriebsstätte im Drittstaat eines inländischen, EU oder EWR-Gewerbebetriebs dient. Beides zählt nicht zum inländischen Betriebsvermögen und ist daher nicht nach §§ 13a, 19a ErbStG begünstigt.[7] Es ist für Zwecke der §§ 13a, 19a ErbStG im Wege der Verhältnisrechnung aufzuteilen (→ § 27 Rn. 122 ff.). Die Beteiligung an einer **ausländischen Personen- oder Kapitalgesellschaft** zählt zum inländischen und damit nach §§ 13a, 19a ErbStG begünstigten Vermögen, wenn ihre Anteile von einem im Inland belegenen Gewerbebetrieb gehalten werden. Grundsätzlich ist es daher vorteilhaft, wenn derartiges ausländisches, nicht begünstigtes Vermögen eines inländischen Gewerbebetriebes in eine ausländische Personen- oder Kapitalgesellschaft eingebracht wird, deren Anteile der Gesellschafter in einem inländischen Betriebsvermögen hält.

Ferner erscheinen Vermögensgegenstände des Privatvermögens für die Übertragung in ein Betriebsvermögen geeignet, die während der fünf- bzw. siebenjährigen Behaltensfrist keine bzw. keine nennenswerten Wertsteigerungen erwarten lassen.

Erbschaftsteuerrechtlich ist bei der Umwandlung von Privatvermögen in Betriebsvermögen darauf zu achten, dass es nicht reicht, Privatvermögen zu verschenken, das sich erst in der Hand des Erwerbers zu Betriebsvermögen wandelt. Denn begünstigt nach §§ 13a, 19a ErbStG ist nur Betriebsvermögen, welches diese Eigenschaft durchgehend sowohl beim bisherigen Rechtsträger als auch beim neuen Rechtsträger (Erwerber) aufweist.[8] Daher scheidet die Umwandlung von Privatvermögen in Betriebsvermögen im Zuge des Erwerbs von Todes wegen grundsätzlich aus. Dies muss noch zu Lebzeiten des Erblassers erfolgen. Umgekehrt muss Betriebsvermögen des Schenkers auch beim Erwerber zu Betriebsvermögen werden bzw. diese Eigenschaft behalten. Da dies nach ertragsteuerrechtlichen Gesichtspunkten zu beurteilen ist, reicht es daher zB nicht, wenn es am Erwerb eines Mitunternehmeranteils deshalb fehlt, weil der übertragene Gesellschaftsanteil ertragsteuerrechtlich als wirtschaftliches Eigentum nach § 39 Abs. 2 Nr. 1 S. 1 AO einem Vorbehaltsnießbraucher zuzurechnen ist.[9] Noch beim Schenker in Betriebsvermögen umgewandeltes Privatvermögen muss dem Beschenkten also zumindest eine Mitunternehmerstellung einräumen. Zu ergänzen ist noch, dass es für die Gewährung der erbschaftsteuererrechtlichen Steuervergünstigungen nach §§ 13a, 19a ErbStG genügt, wenn nur die Mitunternehmerstellung übergeht. Nicht erforderlich ist, dass der Erwerber darüber hinaus auch eine zivilrechtliche Beteiligung an der Gesellschaft erlangt.[10] In der erbschaftsteuerlichen Gestaltungsberatung kommt im Zusammenhang mit der Generierung von Betriebsvermögen auch der **Betriebsaufspaltung** (→ § 8 Rn. 1 ff.) eine besondere Bedeutung zu. Insbesondere bisher im Privatvermögen gehaltene Grundstücke werden mit Begründung der Betriebsaufspaltung zu begünstigtem Betriebsvermögen. Sie gehören dort nicht zum Verwaltungsvermögen und können somit auch kein junges Verwaltungsvermögen sein.

Mit einer **„Cash-GmbH"**, das heißt einer rein vermögensverwaltenden GmbH, die (nur) mit Bargeld und Bankguthaben ausgestattet wurde, ließ sich bis 2013 nicht begünstigtes Privatvermögen in begünstigtes Betriebsvermögen verwandeln. Ohne den GmbH-Mantel wäre dieses Vermögen nicht begünstigt und unterläge der vollen Erbschaftbesteuerung. Dass dies mit dem ursprünglichen Sinn und Zweck der Ausnahmeregelung, nämlich der Begünstigung von Produktivvermögen und dem Erhalt von Arbeitsplätzen nichts mehr zu tun hat, ist offenkundig und war letztlich einer der Gründe dafür, dass das Bun-

---
[7] R E 13 b.5 Abs. 4 S. 4 ErbStR 2011; *Scholten/Korezkij* DStR 2009, 73; *Hannes/Onderka* ZEV 2008, 16.
[8] BFH BStBl. II 2007, 443; BStBl. II 2013, 635; R E 13 b.1 Abs. 4 und R E 13 b.2 Abs. 2 S. 2 ErbStR 2011; koordinierte Ländererlasse BStBl. I 2017, 902 Abschn. 13 b.1 Abs. 4 u. 13 b.2 Abs. 2 S. 2.
[9] BFH/NV 2010, 690; BStBl. II 2013, 635; BFH/NV 2016, 1565; R E 13 b.1 Abs. 4 und R E 13 b.2 Abs. 2 S. ErbStR 2011; koordinierte Ländererlasse BStBl. I 2017, 902 Abschn. H 13 b.5.
[10] BFH/NV 2011, 2066; gleichlautende Ländererlasse BStBl. I 2012, 1101.

desverfassungsgericht das Erbschaftsteuergesetz für verfassungswidrig erklärte.[11] Um derartige Gestaltungen auszuschließen, ist nunmehr in § 13b Abs. 2 S. 2 ErbStG vorgesehen, dass ab einer Verwaltungsvermögensquote von 90% keine Verschonung mehr anzuwenden ist. Darüber hinaus muss der Hauptzweck des Vermögens einer Tätigkeit dienen, die als originär gewerblich, land- und forstwirtschaftlich oder freiberuflich zu qualifizieren ist, da ansonsten der 15%ige Freibetrag für Finanzmittel nicht gewährt wird, § 13b Abs. 4 Nr. 5 S. 1 ErbStG. Schließlich führt die Zuführung von jungen Finanzmitteln innerhalb von zwei Jahren vor dem Stichtag als Saldogröße der Entnahmen, die die Einlagen der letzten zwei Jahre übersteigen, immer zu nicht begünstigtem Verwaltungsvermögen, § 13b Abs. 4 Nr. 5 S. 2 ErbStG. Hiervon ausgenommen sind Kredit- und Finanzdienstleistungsinstitute sowie Versicherungen. Der Trend wird also bei größeren Vermögen wohl hin zur Auslagerung der Geldmittel in eine Finanzdienstleistungsinstitute nach § 1 Abs. 1a KWG gehen. Hierunter fallen zB Anlageverwalter, Anlageberater, Factoring- und Finanzierungsleasinggesellschaften. Das Vermögen muss dem Hauptzweck dieser Finanzdienstleistungsinstitute dienen. Unklar ist, welche Nebenzwecke, die Gesellschaft neben der Finanzierung der gewerblichen Tätigkeit der verbundenen Unternehmen in welchem Umfang tätigen darf. Die Finanzverwaltung wird voraussichtlich einen Nebenzweck von nicht untergeordneter Bedeutung bereits als schädlich ansehen.[12] Gewerbliche Prägung oder Infektion reichen somit nicht aus. Soweit Holdinggesellschaften bestehen, die die Finanzierungsaufgaben neben dem Halten der Beteiligungen und Geschäftsleitungsfunktionen wahrnehmen, sollte darüber nachgedacht werden, hier die Finanzierungstätigkeit in eine separate Tochtergesellschaft auszugliedern,[13] die dann aber die Anforderungen des § 1 Abs. 1a KWG erfüllen muss.

10 Daneben besteht aber die Möglichkeit, eine „abgespeckte" Cash-GmbH[14] zu gründen. Hierbei wird die Verwaltungsvermögensquote unter 90% gehalten und darf somit maximal 89,99% betragen. Ferner muss die Tätigkeit originär gewerblich, land- und forstwirtschaftlich oder freiberuflich sein. Auf diese Weise würden auf das begünstigte Vermögen (mindestens 10,01%) sowohl Regelverschonung als auch Abzugsbetrag Anwendung finden.[15] Den 15%igen Freibetrag nach § 13b Abs. 4 Nr. 5 S. 1 ErbStG bekommt man nur, wenn das begünstigte Vermögen von mindestens 10,01% der gewerblichen Tätigkeit etc. dient, § 13b Abs. 4 Nr. 5 S. 4 ErbStG, und wenn es sich nicht um junges Verwaltungsvermögen oder junge Finanzmittel handelt. Nach der Einlage müsste mithin zwei Jahre gewartet werden, § 13b Abs. 7 S. 2, Abs. 4 Nr. 5 S. 2 ErbStG. Wer nicht solange warten will sollte keine Liquidität einlegen, sondern zB Wertpapiere im Sinne des § 13b Abs. 4 Nr. 4 ErbStG, die sodann vor dem Übertragungszeitpunkt veräußert werden. Die Veräußerung von Nichtfinanzvermögen (hier den Wertpapieren) führt dazu, dass im Übertragungszeitpunkt kein Verwaltungsvermögen im Sinne des § 13b Abs. 4 Nr. 4 ErbStG mehr vorliegt und im Hinblick auf § 13b Abs. 4 Nr. 5 S. 2 ErbStG gehören die aus der Veräußerung erzielten Mittel nicht zum jungen Verwaltungsvermögen, da sie nicht aus einer Einlage resultieren. Eingelegt wurden ja Wertpapiere und nicht Zahlungsmittel, Geschäftsguthaben, Geld- oder andere Forderungen. Auf diese Weise verliert junges, nicht zum Finanzvermögen zählendes Verwaltungsvermögen seinen Status als „jung".

2. Problem: Verwaltungsvermögen

11 Erbschaftsteuerlich begünstigungsfähiges Betriebsvermögen liegt nur vor, wenn das schädliche Verwaltungsvermögen (→ § 27 Rn. 139 ff.) innerhalb der wirtschaftlichen Einheit maximal 90% bei der Regelverschonung bzw. 20% bei der Optionsverschonung beträgt.

---

[11] BVerfG BStBl. II 2015, 50; vgl. auch BFH BStBl. II 2012, 899.
[12] Vgl. zu den nicht mehr begünstigten Finanzierungsgesellschaften *Erkis/Mannek/van Lishaut* FR 2013, 245.
[13] *Hannes* DStR 2013, 1417; *Weber/Schwind* ZEV 2013, 369.
[14] *Hubert* StuB 2017, 131.
[15] *Hubert* StuB 2017, 131.

I. Erbschaftsteuerliche Privilegierung von Betriebsvermögen § 13

Zum Verwaltungsvermögen gehört nach der Gesetzesbegründung das Vermögen, das in erster Linie der weitgehend risikolosen Renditeerzielung dient und in der Regel weder die Schaffung von Arbeitsplätzen noch zusätzliche volkswirtschaftliche Leistungen bewirkt. Hierbei handelt es sich – mit Ausnahmen – um Dritten zur Nutzung überlassene Grundstücke, Grundstücksteile, grundstücksgleiche Rechte, Anteile an Kapitalgesellschaften von 25% und weniger, Wertpapiere und vergleichbare Forderungen sowie Finanzvermögen, Kunstgegenstände und junges, dh der wirtschaftlichen Einheit weniger als zwei Jahre zuzurechnendes Vermögen. Maßgeblich ist der Anteil des Verwaltungsvermögens am Wert des Gesamtbetriebs bezogen auf die bewertungsrechtliche wirtschaftliche Einheit, § 13b Abs. 2 S. 2 ErbStG. Die Wirtschaftsgüter des Verwaltungsvermögens sind grundsätzlich mit dem nach § 151 BewG festgestellten gemeinen Wert anzusetzen, wobei Schulden nach einem bestimmten Verrechnungsschema abgezogen werden dürfen.

Da das Verwaltungsvermögen nicht begünstigt ist und ab einer bestimmten Quote auch negative Wirkung auf das begünstigte Vermögen entfaltet, muss ggf. darüber nachgedacht werden, es zu senken.[16] Die **Stellgrößen für das Verwaltungsvermögensproblem** sind die Erhöhung des Unternehmenswerts, die Umschichtung von Liquidität (Finanzmitteln) und Verwaltungsvermögen in begünstigtes Vermögen, Vermeidung der Einlage von Finanzmittel, Erhöhung der Verschuldung sowie die Gründung eines Finanzdienstleistungsinstituts (→ Rn. 9). Der Unternehmenswert ist beim Verwaltungsvermögen in doppelter Hinsicht von Bedeutung: Zum einen bestimmt er die Verwaltungsvermögensquote (90% bzw. 20%, → § 27 Rn. 116) und zum anderen die Höhe des 15%igen Freibetrages nach § 13b Abs. 4 Nr. 5 ErbStG (→ § 27 Rn. 146). Je höher der Unternehmenswert also ist, umso mehr Verwaltungsvermögen, insbesondere Finanzvermögen lässt sich begünstigt übertragen. Angesichts dessen, dass das Betriebsvermögen sogar zu 100% steuerfrei bleiben kann (→ § 27 Rn. 116), er also möglicherweise überhaupt keine erbschaftsteuerliche Wirkung entfaltet, auf der anderen Seite aber über die Verwaltungsvermögensquote und den Freibetrag des § 13b Abs. 4 Nr. 5 ErbStG Einfluss auf das Verwaltungsvermögen erlangt, kann es daher durchaus im Interesse des Steuerpflichtigen sein, den Unternehmenswert möglichst hoch anzusetzen. Beim vereinfachten Ertragswertverfahren kommt hinzu, dass junges Vermögen (→ § 27 Rn. 44) zu einer Erhöhung des Unternehmenswerts und damit zu einer Verbesserung der Verwaltungsvermögensquote und des Freibetrags führt. Auch hier gilt es das junge Verwaltungsvermögen im Auge zu behalten. Als weiteres Mittel zu Senkung der Verwaltungsvermögensquote ist die **Umschichtung von Finanzmitteln und Verwaltungsvermögen** in begünstigtes Vermögen. Hier können zB Investitionen vorgezogen oder der Bestand der Vorräte erhöht werden. Bei Erwerben von Todes wegen steht hierfür die Reinvestitionsklausel zur Verfügung, wobei aber die Investitionen auf einem vorgefassten Plan des Erblassers beruhen müssen. Daher sollten zumindest grobe Investitionspläne und eine dokumentierte Absicht, zukünftig die Vorräte deutlich aufzustocken, in jedem Unternehmen vorrätig gehalten werden. Auch empfiehlt sich eine turnusmäßige Wiedervorlage dieser Pläne, um deren Aktualität zu garantieren und den potentiellen Nachfolgern den weitestgehend möglichen Handlungsspielraum zu eröffnen. Nach § 13b Abs. 4 Nr. 5 S. 1 ErbStG gehören Finanzmittel bis zur Höhe von 15% des anzusetzenden Betriebsvermögens nach Abzug aller Schulden nicht zum Verwaltungsvermögen (→ § 27 Rn. 146). Sofern dieser 15%ige Sockelbetrag noch nicht vollständig ausgenutzt ist, ist es sinnvoll, diesen durch die Veräußerung von Verwaltungsvermögen entsprechend aufzustocken und somit Verwaltungsvermögen in Nicht-Verwaltungsvermögen umzuschichten. Ferner sollte in diesem Fall ggf. auch die Einlage von Finanzmitteln bis zum Erreichen des Sockelbetrages erwogen werden. Da die Kundenforderungen zum Verwaltungsvermögen gehören, könnte der Bestand

12

---

[16] Zu beachten ist, dass Verwaltungsvermögen nicht immer schlecht sein muss. So lassen sich Nachteile beim Abschmelzungsmodell durch Schaffung von Verwaltungsvermögen oder durch Entnahmen des begünstigten Vermögens auch vermindern, vgl. *Korezkij* DStR 2017, 189.

durch Factoring gesenkt werden, wobei die dadurch erlangten Mittel entsprechend umgeschichtet werden müssten.

Kleinbeteiligungen an Kapitalgesellschaften von 25 % oder weniger können aufgestockt oder gepoolt werden und sind dann nach § 13b Abs. 1 Nr. 3 ErbStG begünstigungsfähiges Vermögen. **Einlagen** in Unternehmen eines Verbunds sollten vermieden werden, da diese beim Verbundunternehmen nicht durch die Entnahme auf der vorgelagerten Stufe aufgehoben werden. Nach Ansicht der Finanzverwaltung ist das junge Verwaltungsvermögen auf jeder Beteiligungsstufe festzustellen, was dazu führt, dass durch die Einlage bei der unteren Einheit nicht begünstigte junge Finanzmittel kreiert werden.[17] Erforderliche Finanzierungen auf der nachgelagerten Ebene sollten daher über Darlehen finanziert werden, wobei diese nicht zinslos, sondern mit einem geringen Zinssatz ausgestattet werden sollten, um eine Abzinsung nach § 6 Abs. 1 S. 3 EStG zu vermeiden.[18] Alternativ könnte die Einlage von Wertpapieren und deren anschließender Verkauf in Betracht kommen (→ Rn. 10). Ohnehin sollte Verwaltungsvermögen iSv § 13b Abs. 4 Nr. 1 bis 4 ErbStG vor dem Übertragungsstichtag nach Möglichkeit in Finanzmittel umgeschichtet werden, da hierdurch eine volle, anstatt einer ggf. nur quotalen **Schuldenverrechnung** möglich wird. Soweit Finanzmittel vorhanden sind, die nicht zu den jungen Finanzmitteln gem. § 13b Abs. 4 Nr. 5 S. 2 letzter HS, Abs. 8 S. 1 ErbStG gehören, ist eine Schuldenverrechnung möglich, § 13b Abs. 4 Nr. 5 ErbStG. In Höhe der 15 % des anzusetzenden Werts des Betriebsvermögens übersteigenden Finanzmittel macht daher eine Fremdfinanzierung von betrieblichen Maßnahmen anstatt einer Eigenkapitalfinanzierung Sinn. Bei der Fremdfinanzierung ist darauf zu achten, dass diese durch die Betriebstätigkeit veranlasst ist oder aber sich im durchschnittlichen Schuldenstand der letzten drei Jahre bewegt, § 13b Abs. 8 ErbStG.

13 Die Aufzählung der Vermögensgegenstände des potenziellen Verwaltungsvermögens zeigt, dass in vielen Fällen die erbschaftsteuerlich vorteilhafte Generierung von Betriebsvermögen am Verwaltungsvermögenstest scheitern wird. Dies gilt jedoch nicht uneingeschränkt. So gibt es bei den zukünftig in der erbschaftsteuerlichen Gestaltung interessanten fremdvermieteten Grundstücken, Grundstücksteilen sowie grundstücksgleichen Rechten und Bauten, eine Reihe von Rückausnahmen, von denen insbesondere diejenige für **Wohnungsunternehmen** (§ 13b Abs. 4 S. 2 Nr. 1 S. 2 lit. d) ErbStG) eine nähere Betrachtung verdient.[19] Ein solches Wohnungsunternehmen liegt vor, wenn der Hauptzweck des Betriebs in der Vermietung von Wohnungen iSd § 181 Abs. 9 BewG besteht und dessen Erfüllung einen wirtschaftlichen Geschäftsbetrieb erfordert. Erforderlich ist zunächst, dass die überlassenen Grundstücke, Grundstücksteile grundstücksgleichen Rechte und Bauten zu einem Betriebsvermögen, zum gesamthänderisch gebundenen Betriebsvermögen einer Personengesellschaft oder zum Vermögen einer Kapitalgesellschaft gehören. Reine Vermietungspersonengesellschaften bedürfen hierzu einer gewerblichen Prägung (zB GmbH & Co. KG), da sie sonst kein Betriebsvermögen haben.[20] Grundstücke im Sonderbetriebsvermögen eines Gesellschafters reichen nicht, da diesen die gesamthänderische Bindung fehlt.[21] Ein wirtschaftlicher Geschäftsbetrieb setzt eine selbständige nachhaltige Tätigkeit voraus, durch die Einnahmen oder andere wirtschaftliche Vorteile, nicht notwendig mit Gewinnerzielungsabsicht erzielt werden und die über den Rahmen einer Vermögensverwaltung hinausgeht, § 14 AO. Die Vermietung von Wohnungen muss dabei nicht die ausschließliche, sondern lediglich die überwiegende Tätigkeit des Unter-

---

[17] Koordinierte Ländererlasse BStBl. II 2017, 902 Abschn. 13 b.30 Abs. 3 S. 7; *Geck* ZEV 2017, 481.
[18] *Geck* ZEV 2017, 481.
[19] Zur Vorteilhaftigkeit der Ausnutzung der erbschaftssteuerlichen Begünstigungen für Wohnungsunternehmen vgl. *Schaffer/Blank* DStR 2018, 2538.
[20] Nach Ansicht des BFH BStBl. II 2018, 358 reicht die gewerbliche Prägung allerdings nicht aus. Die Finanzverwaltung wendet dieses Urteil jedoch (noch) nicht an, BStBl. I 2018, 692. Zu außensteuerlichen Gründen für die Gründung einer Familiengrundbesitzgesellschaft vgl. *Vosseler/Regierer* ZEV 2018, 434.
[21] Troll/Gebel/Jülicher/*Jülicher* ErbStG § 13b Rn. 291.

I. Erbschaftsteuerliche Privilegierung von Betriebsvermögen § 13

nehmens sein.[22] Dies ermöglicht es, auch gemischt genutzte Grundstücke mit in die Begünstigung einzubeziehen. Die Vermietung von Grundstücken und Grundstücksteilen zu gewerblichen, freiberuflichen oder öffentlichen Zwecken ist daher unschädlich, sofern und solange nur die Summe der Grundbesitzwerte der zu Wohnzwecken vermieteten Grundstücke und Grundstücksteile im Verhältnis zur Summe der Grundbesitzwerte aller vermieteten Grundstücke überwiegt.[23] Danach müsste zu mehr als 50% zu Wohnzwecken dienendes Vermögen ausreichen, um den Makel des Verwaltungsvermögens wieder abzustreifen und zwar insgesamt für den jeweiligen Betrieb.[24] Es findet dann keine Aufteilung statt. Auch die gewerblichen etc. genutzten Grundstücke und Grundstücksteile der wirtschaftlichen Einheit gehören in diesem Fall nicht zum Verwaltungsvermögen und sind begünstigungsfähig. Es wird daher zukünftig darauf ankommen, Grundstücke und Grundstücksteile eines Vermögens auf maßgeschneiderte wirtschaftliche Einheiten zu verteilen und so der Erbschaftsteuer ganz oder teilweise zu entziehen. Zum anderen müssten aber auch andere Tätigkeiten des Wohnungsunternehmens, wie zB die Verwaltung fremden Grundvermögens oder das Betreiben eines Einzelhandelsunternehmens möglich und unschädlich sein, solange deren Wert hinter dem des Wohnzwecken dienenden Vermögens zurückbleibt. Für die Feststellung des Umfangs der Grundstücksnutzung zu Wohnzwecken ist eine Aufteilung im Verhältnis der Grundbesitzwerte vorzunehmen.[25] Dabei ist die Summe der Grundbesitzwerte der zu Wohnzwecken vermieteten Grundstücke oder Grundstücksteile ins Verhältnis zur Summe der Grundbesitzwerte aller vermieteten Grundstücke zu setzen.[26]

Für den **wirtschaftlichen Geschäftsbetrieb** ist neben einer Teilnahme am wirtschaftlichen Verkehr[27] ein in der Regel durch aktives Tun gekennzeichnetes, mit einer gewissen Selbständigkeit ausgestaltetes, nachhaltiges Handeln erforderlich. Im Bereich der Vermietung und Verpachtung von Grundstücken kommt es bei der Abgrenzung des wirtschaftlichen Geschäftsbetriebs von der Vermögensverwaltung insbesondere darauf an, ob der Bereich der üblicherweise zu der Vermögensverwaltung zählenden, reinen Fruchtziehung überschritten wird und inwieweit die Vermögensumschichtung die Grenze zur Gewerblichkeit überschreitet (daneben betriebener gewerblicher Grundstückshandel, → Rn. 15). Hier liegt die eigentliche Hürde der Rückausnahme für die Grundstücksüberlassung im Rahmen eines Wohnungsunternehmens. Denn das Gesetz knüpft trotz anders lautender Begründung im Gesetzgebungsverfahren[28] ausdrücklich nicht an die Unterscheidung des HGB hinsichtlich der Kaufmannseigenschaft an den in kaufmännischer Weise eingerichteten Geschäftsbetrieb, sondern eben an den wirtschaftlichen Geschäftsbetrieb nach § 14 AO an. Private Vermögensverwaltung ist danach auch dann noch anzunehmen, wenn der Umfang des unbeweglichen Vermögens so groß ist, dass ein erheblicher Verwaltungsaufwand erforderlich ist und eine Büroorganisation unterhalten werden muss.[29] Eine gewerbliche Vermietungstätigkeit ist erst dann anzunehmen, wenn nach dem Gesamtbild der Verhältnisse im Einzelfall besondere Umstände hinzutreten, die der Tätigkeit als Ganzes das Gepräge einer selbstständigen nachhaltigen, von Gewinnstreben getragenen Beteiligung

14

---

[22] R E 13 b.13 Abs. 2 S. 1 ErbStR 2011; koordinierte Ländererlasse BStBl. I 2017, 902 Abschn. 13 b.17 Abs. 2 S. 1.
[23] R E 13 b.13 Abs. 2 S. 2 ErbStR 2011; koordinierte Ländererlasse BStBl. I 2017, 902 Abschn. 13 b.17 Abs. 2 S. 4.
[24] R E 13 b.13 Abs. 2 S. 5 ErbStR 2011; koordinierte Ländererlasse BStBl. I 2017, 902 Abschn. 13 b.17 Abs. 2 S. 5.
[25] R E 13 b.13 Abs. 2 S. 3 ErbStR 2011; koordinierte Ländererlasse BStBl. I 2017, 902 Abschn. 13 b.17 Abs. 2 S. 3.
[26] R E 13 b.13 Abs. 2 S. 5 ErbStR 2011; koordinierte Ländererlasse BStBl. I 2017, 902 Abschn. 13 b.17 Abs. 2 S. 5.
[27] Troll/Gebel/Jülicher/*Jülicher* ErbStG § 13b Rn. 279; aA Tipke/Kruse/*Seer* AO § 14 Rn. 5.
[28] Bericht des Finanzausschusses, BT-Drs. 16/11 107 2008, 14.
[29] BFH BStBl. III 1961, 233; Tipke/Kruse/*Seer* AO § 14 Rn. 14; vgl. zum in kaufmännischer Weise eingerichteten Geschäftsbetrieb zB *Baumbach/Hopt* HGB § 1 Rn. 23 ff.

am allgemeinen wirtschaftlichen Verkehr geben, hinter der die Gebrauchsüberlassung (Vermögensverwaltung) des Wirtschaftsguts in den Hintergrund tritt, wobei die jeweiligen artspezifischen Besonderheiten des vermieteten Wirtschaftsguts zu beachten sind.[30] Die Finanzverwaltung geht vom Vorliegen eines wirtschaftlichen Geschäftsbetriebs regelmäßig aus, wenn mehr als 300 eigene Wohnungen unterhalten werden.[31] Bei mehrgliedrigen Gesellschaftsstrukturen ist der wirtschaftliche Geschäftsbetrieb auf jeder Beteiligungsstufe zu prüfen.[32] Auf eine konsolidierte Betrachtung über die Beteiligungsstufen hinweg kommt es nicht an, woran auch die konsolidierte Verbundvermögensaufstellung nichts ändert.[33] Kleinere Betriebe wären daher zusammenzulegen. Bei einer geringen Anzahl an Wohnungen knüpft sie an Indizien an, wobei für das Vorliegen eines wirtschaftlichen Geschäftsbetriebs der Umfang der Geschäfte, das Unterhalten eines Büros, die Buchführung zur Gewinnermittlung, eine umfangreiche Organisationsstruktur zur Durchführung der Geschäfte, die Bewerbung der Tätigkeit und das Anbieten der Dienstleistung/der Produkte einer breiteren Öffentlichkeit gegenüber sprechen sollen.[34] Kleinere Wohnungsunternehmen kommen daher nach Ansicht der Finanzverwaltung nur dann in den Genuss der Vergünstigung nach § 13b Abs. 4 S. 2 Nr. 1 S. 2 lit. d ErbStG, wenn sie zugleich Sonderleistungen wie Verpflegung oder Reinigung der vermieteten Wohnungen nach Art eines Hotelbetriebes anbieten. Nach Ansicht des BFH spielt die Anzahl der Wohnungen allerdings eine untergeordnete Rolle. Vielmehr komme es darauf an, dass die Gesellschaft neben der Vermietung im Rahmen eines wirtschaftlichen Geschäftsbetriebs Zusatzleistungen erbringt, die das bei langfristigen Vermietungen übliche Maß überschreiten.[35] Von einer gewerbliche Vermietungstätigkeit ist dann auszugehen, wenn der Vermieter bestimmte ins Gewicht fallende, bei der Vermietung von Räumen nicht übliche Sonderleistungen, wie zB die Übernahme der Reinigung der vermieteten Wohnung oder der Bewachung des Gebäudes erbringt[36] oder wegen eines besonders schnellen, sich aus der Natur der Vermietung ergebenden Wechsels der Mieter oder Benutzer der Räume eine Unternehmensorganisation erforderlich ist.[37] Sonderleistungen des Vermieters, die den gewerblichen Charakter unterstreichen, liegen zB vor, wenn die Räume in der mit dem Mieter vereinbarten Weise ausgestattet werden, Bettwäsche überlassen und monatlich (!) gewechselt wird, ein Aufenthaltsraum mit Fernsehgerät und ein Krankenzimmer bereitgestellt werden sowie ein Hausmeister bestellt wird.[38] Da der BFH verstärkt auf den wirtschaftlichen Geschäftsbetrieb abstellt, reicht eine gewerblich geprägte Personengesellschaft iS des § 15 Abs. 3 Nr. 2 Satz 1 EStG, die keine originär gewerbliche Tätigkeit iS des § 15 Abs. 1 Satz 1 Nr. 1 EStG ausübt, sondern lediglich vermögensverwaltend tätig ist, nicht aus, auch wenn sie ertragsteuerrechtlich Einkünfte aus Gewerbebetrieb erzielt und buchführungspflichtig ist.[39]

Erfüllt ein Unternehmen die strengen Anforderungen des BFH, kann durch die Zuordnung von weiteren Grundstücken des Privatvermögens zusätzliches Vermögen erbschaftsteuerfrei übertragen werden, immer vorausgesetzt, die übrigen Voraussetzungen

---

[30] BFH BStBl. 2009, 289; BStBl. II 2000, 467; BMF DB 2009, 820 Tz. 3.
[31] R E 13 b.13 Abs. 3 S. 2 ErbStR 2011; koordinierte Ländererlasse BStBl. I 2017, 902 Abschn. 13 b.17 Abs. 3 S. 2.
[32] Meincke/Hannes/*Holtz* ErbStG § 13b Rn. 57; von Oertzen/Loose/*Stalleicken* ErbStG § 13b Rn. 126; Troll/Gebel/Jülicher/*Gottschalk/Jülicher* ErbStG § 13b Rn. 296; Saecker/*Gelhaar* NWB 2018, 3477.
[33] *Saecker/Gelhaar* NWB 2018, 3477.
[34] R E 13b.13 Abs. 3 S. 1 ErbStR 2011; koordinierte Ländererlasse BStBl. I 2017, 902 Abschn. 13b.17 Abs. 3 S. 1.
[35] BFH BStBl. II 2018, 358; Nichtanwendungserlass BStBl. I 2018, 692; aA von Oertzen/*Reich* DStR 2018, 1155.
[36] BFH BStBl. II 2018, 358.
[37] BFH BStBl. II 2018, 358; BFH/NV 1987, 441.
[38] BFH BStBl. II 2018, 358; BFH/NV 1987, 441.
[39] Nach Ansicht der Finanzverwaltung muß der notwendige wirtschaftliche Geschäftsbetrieb nicht direkt bei dem Wohnungsunternehmen vorliegen, koordinierte Ländererlasse BStBl. I 2017, 902 Abschn. 13b. 17 Abs. 4; Korezkij DStR 2018, 715; vgl. a. Bäuml/Bauer BB 2018, 1757.

sind und werden eingehalten. Die Anforderung des BFH an den gewerblichen Charakter des Wohnungsunternehmens dürfte zum Verlust der gewerbesteuerlichen Kürzung nach § 9 Nr. 1 S. 2 GewStG führen, da nicht mehr ausschließlich eigener Grundbesitz verwaltet wird. Vor diesem Hintergrund stellt sich die Frage, ob die erforderlichen gewerblichen Sonderleistungen ausgelagert werden dürfen,[40] um so die gewerbesteuerliche Kürzung zu raffen. Daneben kann – zumindest noch, da die Finanzverwaltung die Rechtsprechung nicht anwendet – auch mit einem größeren Wohnungsbestand ein Wohnungsunternehmen gegründet und übertragen werden. Für die Beratungspraxis dürfte es sich empfehlen, vor der Umstrukturierung und Generierung von Betriebsvermögen eine verbindliche Auskunft einzuholen. Dabei sollte darauf geachtet werden, dass nicht die Erzielung eines Steuervorteils im Vordergrund steht. Denn in diesen Fällen lehnt die Finanzverwaltung die Erteilung einer verbindlichen Auskunft ab.[41]

3. Umwandlung in Betriebsvermögen

15 Die erbschaftsteuerliche Begünstigung von Betriebsvermögen knüpft über die Verweisung in § 12 Abs. 5 ErbStG auf §§ 151 Abs. 1 S. 1 Nr. 2, 95 Abs. 1 BewG an die Grundsätze des Ertragsteuerrechts an (→ § 27 Rn. 290). Danach ist nur in den seltensten Fällen die Vermögensverwaltung eine originär gewerbliche Tätigkeit, so zB beim gewerblichen Grundstückshandel,[42] bei der Vermietung von Ferienwohnungen[43] oder in engen Grenzen beim Wertpapierhandel.[44] Oft werden daher die zu verschenkenden und zu vererbenden Gegenstände des „bösen" Vermögens in „gutes" Vermögen umzuwandeln sein. Hierzu könnte man beispielsweise die private Vermögensverwaltung derart intensivieren, dass sie zur gewerblichen Tätigkeit wird. Insbesondere beim gewerblichen Grundstückshandel wird dies häufig ohne großen Aufwand durchführbar sein. Allerdings werden bei diesem Weg zumeist auch Vermögensgegenstände des Privatvermögens von der Gewerblichkeit erfasst, die nicht Gegenstand der Gestaltungsmaßnahme sein sollten. Um dies zu vermeiden, empfiehlt es sich daher, nur die zu verschenkenden oder zu vererbenden Gegenstände zB in einen bestehenden Gewerbebetrieb zu integrieren oder in eine gewerbliche Personengesellschaft oder in eine Kapitalgesellschaft einzubringen. Diese zeichnen sich grundsätzlich dadurch aus, dass sie stets gewerbliches Betriebsvermögen haben und immer gewerbliche Einkünfte erzielen. Dies gilt unabhängig davon, ob die konkret in dem Gewerbebetrieb oder durch die Gesellschaften ausgeübte Tätigkeit für sich betrachtet zu einer anderen Einkunftsart (zB Vermietung und Verpachtung oder Kapitalvermögen) gehören würde oder ob sie ebenfalls für sich betrachtet überhaupt ertragsteuerpflichtig wäre (wie zB die nicht unter §§ 20, 23 EStG fallende Gewinne aus der Veräußerung von Privatvermögen). Ein Nachteil der Einbringung in eine Kapitalgesellschaft ergibt sich bei der Überführung von inländischem Grundbesitz, die regelmäßig Grunderwerbsteuer auslöst, § 1 GrEStG. Dennoch sollte insbesondere dann, wenn eine GmbH bereits vorhanden ist und das zu übertragende Vermögen nicht aus inländischem Grundbesitz besteht, die GmbH-Variante als Alternative durchgerechnet werden.[45] Zu beachten ist auch, dass die Übertragung von Wirtschaftsgütern des Privatvermögens in ein Betriebsvermögen innerhalb der Fristen des § 23 EStG zur Besteuerung als privates Veräußerungsgeschäft im Zeitpunkt der Veräußerung oder Einlage führt. Dies gilt auch für die verdeckte Einlage (→ Rn. 16 aE). Soweit die Einlage als entgeltliche oder teilentgeltliche Übertragung zu werten ist, insbesondere bei der Übertragung gegen Gesellschaftsrechte (→ Rn. 16), kann

---

[40] BFH BStBl. II 2018, 358; III 1964, 364; II 2001, 359 mwN unter II.6.
[41] AEAO zu § 89 Tz. 3. 5. 4.
[42] BMF BStBl. I 2004, 434; Schmidt/*Wacker* EStG § 15 Rn. 47 ff..
[43] BFH/NV 2004, 945; BStBl. II 1997, 247 mwN; H 15.7 Abs. 2 EStH „Ferienwohnung".
[44] BFH BFH/NV 2008, 2012; BFH/NV 2008, 2024; BStBl. II 2004, 408; BStBl. II 1997, 399 (401); vgl. auch *Hartrott* FR 2008, 1095; *Schmidt/Liebig* Inf 1999, 641 zu „Daytradern"; *Bornheim* Stbg 2002, 260 zu online-banking.
[45] Vgl. *Scheffeler/Blank* DStR 2017, 2538.

hierdurch ein gewerblicher Grundstückshandel begründet werden.⁴⁶ Allgemein lässt sich die Frage, welches die optimale Rechtsform für eine Umwandlung von Privatvermögen in Betriebsvermögen ist, unter ertragsteuerlichen Gesichtspunkten dahingehend beantworten, dass bei Gewinnthesaurierung die Kapitalgesellschaft günstiger erscheint, dagegen die Personengesellschaft bzw. Mitunternehmerschaft (zB die GmbH & Co. KG) zu bevorzugen ist, wenn die Gewinne von den Gesellschaftern ganz oder überwiegend benötigt werden.

16 Besteht bereits ein Gewerbebetrieb oder eine gewerbliche Personengesellschaft und ist beabsichtigt, dieses Vermögen ebenfalls zu übertragen, kann das zu verschenkende oder zu vererbende Privatvermögen diesem angegliedert werden. Dies geschieht durch **Einlage** der betreffenden Wirtschaftsgüter aus dem Privatvermögen **in das Betriebsvermögen**, § 4 Abs. 1 S. 5 EStG. Der Erblasser⁴⁷ bzw. Schenker muss dabei seine unternehmerische Entscheidung, das Wirtschaftsgut endgültig dem Betrieb zu widmen, durch ein objektives Verhalten für Dritte erkennbar zum Ausdruck bringen und in objektiv nachprüfbarer Weise dokumentieren.⁴⁸ In der Regel erfolgt dies durch die **Einbuchung.** Bei Personengesellschaften ist eine eigentumsmäßige Übertragung nicht zwingend notwendig. Ausreichend ist auch die **Einlage in das Sonderbetriebsvermögen** des Gesellschafters, welche grundsätzlich durch die rein buchhalterische Einbuchung bzw. den Ausweis des Vermögensgegenstands in der Sonderbilanz vollzogen wird. Personengesellschaftsanteil und Sonderbetriebsvermögen bilden zusammen den erbschaftsteuerlich begünstigten Mitunternehmeranteil iSd § 13a ErbStG iVm § 15 Abs. 1 Nr. 2 EStG und müssen dementsprechend auch zusammen übertragen werden. Der Vorteil der Einlage in das Sonderbetriebsvermögen liegt darin, dass dieses im Alleineigentum des Mitunternehmers steht und somit auch der Erwerber des Mitunternehmeranteils das zuvor eingelegte Wirtschaftsgut dann zu Alleineigentum erwirbt. Dies funktioniert bei Grundstücken, die zur Nutzung überlassen werden, grundsätzlich nur dann, wenn der Mitunternehmeranteil inklusive der eingelegten Grundstücke aus maximal 90 % Verwaltungsvermögen besteht, da insoweit die Rückausnahme beim Verwaltungsvermögen bei Wohnungsunternehmen nicht greift (→ Rn. 12). Bei **Einbringung** des Wirtschaftsguts **in die Personengesellschaft** wird es dagegen grundsätzlich Gesamthandsvermögen. Darüber hinaus ist es bei Einbringung von Privatvermögen gegen Gewährung von Gesellschaftsrechten für die Personengesellschaft ein Anschaffungsgeschäft⁴⁹ und korrespondierend hierzu für den Gesellschafter ein Veräußerungsgeschäft, welches nach §§ 17, 20, 23 EStG der Einkommensteuer unterliegen kann.⁵⁰ Werden einzelne Wirtschaftsgüter des Privatvermögens unentgeltlich in das Gesamthandsvermögen einer Personengesellschaft übertragen und hierfür keine Gesellschaftsrechte gewährt, ist dies eine verdeckte Einlage,⁵¹ soweit nicht § 23 Abs. 1 S. 5 Nr. 1 EStG eine Veräußerung fingiert.⁵² In der Personengesellschaft sind die Wirtschaftsgüter nach § 6 Abs. 1 Nr. 5 EStG mit dem Teilwert anzusetzen, wenn sie nicht innerhalb von drei Jahren vor der Einlage angeschafft oder hergestellt wurden. Letzterenfalls gelten die Anschaffungs- oder Herstellungskosten als Bewertungsobergrenze. Im Einzelfall kann mit der unentgeltlichen Übertragung von Wirtschaftsgütern in das Gesamthandsvermögen eine anteilige mittelbare Schenkung an die übrigen Gesellschafter verbunden sein.⁵³ Bei **teilentgeltlicher** Übertragung gilt einkommensteuerrechtlich die Trennungstheorie.⁵⁴

---

[46] BMF BStBl. I 2004, 434 Rn. 7.
[47] Der Erblasser muss vor seinem Tod die Entscheidung treffen, da § 13a ErbStG nur Betriebsvermögen begünstigt ist, das diese Eigenschaft durchgehend sowohl beim Schenker als auch beim Erwerber aufweist; vgl. BFH BStBl. II 2007, 443.
[48] BFH BStBl. II 1994, 172; BFH/NV 2012, 1956 Rn. 16.
[49] BFH DStR 2008, 761; DStR 2012, 1500; DStR 1998, 366; aA *Hoffmann* GmbHR 2008, 551.
[50] BMF BStBl. I 2011, 713; BStBl. I 2000, 462; *Schmidt/Weber-Grellet* EStG § 23 Rn. 52.
[51] BMF BStBl. I 2011, 713; BMF BStBl. I 2000, 462.
[52] Zur Vermeidung der Fiktion vgl. *Daragan* DStR 2000, 272 (273 f.); *Stahl* NJW 2000, 3100 (3103).
[53] Troll/Gebel/Jülicher/*Gebel* ErbStG § 7 Rn. 185; BFH BStBl. II 1995, 81.
[54] GrS BFH BStBl. II 2004, 95; BMF BStBl. I 2011, 713 Tz. II. 2. d); → § 28 Rn. 50.

I. Erbschaftsteuerliche Privilegierung von Betriebsvermögen § 13

Problematisch ist jedoch, ob eine Einlage mit allen Wirtschaftsgütern unabhängig vom betrieblichen Zusammenhang möglich ist. Grundsätzlich ist der **Umfang des Betriebsvermögens** und damit zugleich der Umfang der möglichen erbschaftsteuerlichen Begünstigung nach ertragsteuerlichen Grundsätzen zu ermitteln **(Grundsatz der Bestandsidentität)**.[55] Dies bedeutet, dass bei **bilanzierenden** Gewerbetreibenden, freiberuflich Tätigen und Personengesellschaften über das **gewillkürte Betriebsvermögen** ein weiter Gestaltungsspielraum eröffnet wird. Grundsätzlich einzige Voraussetzung ist, dass die eingelegten Wirtschaftsgüter objektiv geeignet und bestimmt sind, den Betrieb zu fördern.[56] Die Rechtsprechung ist bei der Auslegung dieses Merkmals meist großzügig und lässt auch sog. neutrale Wirtschaftsgüter als gewillkürtes Betriebsvermögen zu, die den Betrieb nur mittelbar fördern oder bei denen gegenwärtig sogar nur ein potentieller Sachzusammenhang besteht.[57] Typische Beispiele sind fremdbetrieblich oder zu Wohnzwecken genutzte Miethäuser[58] und zur Kapitalstärkung erworbene Wertpapiere. Entscheidend ist letztlich lediglich eine plausible Erklärung für den betrieblichen Zusammenhang. Der Anreicherung des Betriebsvermögens mit Barmitteln ist – vorbehaltlich des Verwaltungsvermögenstest – in großem Umfang möglich. Gemischt genutzte Wirtschaftsgüter, die nur zum Teil im Betrieb eingesetzt werden, gehören nur dann zum gewillkürten Betriebsvermögen, wenn ihr betrieblicher Nutzungsanteil zwischen 10 % und 50 % liegt.[59] Darüber liegt notwendiges Betriebsvermögen vor, darunter notwendiges Privatvermögen. Ebenso wie der Einzelunternehmer kann auch der bilanzierende Mitunternehmer im Rahmen seines Sonderbetriebsvermögens gewillkürtes Betriebsvermögen haben (sog. **Sonderbetriebsvermögen II**). Auch hier ist nur erforderlich, dass es objektiv geeignet und subjektiv bestimmt ist, zumindest mittelbar den Betrieb der Personengesellschaft oder die Beteiligung selbst zu fördern. Bei Land- und Forstwirten und bei Freiberuflern grenzt das jeweilige Berufsbild die Möglichkeit der Bildung gewillkürten Betriebsvermögens weiter ein. Wirtschaftsgüter, die danach als **wesensfremd** anzusehen sind, können daher nur in Ausnahmefällen ins gewillkürte Betriebsvermögen überführt werden.[60] Bei **nicht bilanzierenden** Gewerbetreibenden, freiberuflich Tätigen und Personengesellschaften ist die Bildung von gewillkürtem Betriebsvermögen mittlerweile ebenfalls zulässig.[61]

Ist noch kein Gewerbebetrieb oder gewerblicher Personengesellschaftsanteil vorhanden, können die zu übertragenden Wirtschaftsgüter in eine neu gegründete **gewerblich geprägte Personengesellschaft** gem. § 15 Abs. 3 Nr. 2 EStG eingebracht werden. Eine derartige gewerblich geprägte Personengesellschaft liegt vor, wenn
- an ihr ausschließlich eine oder mehrere Kapitalgesellschaften persönlich haftende Gesellschafter sind **und**
- nur diese oder Nichtgesellschafter zur Geschäftsführung befugt sind und
- die Tätigkeit insgesamt mit Einkünfteerzielungsabsicht unternommen wird, dh keine Liebhaberei vorliegt.

Da eine GmbH & Co. GbR, dh eine Gesellschaft bürgerlichen Rechts, bei der aufgrund gesellschaftsvertraglicher Regelung ausschließlich eine GmbH geschäftsführungs- und vertretungsbefugt war, mittlerweile von der Finanzverwaltung nicht mehr als gewerblich geprägte Personengesellschaft im Sinne des § 15 Abs. 3 Nr. 2 EStG angesehen wird,[62] greift man in der Regel auf eine **GmbH & Co. KG** zurück. Dabei ist zu beachten, dass eine

---

[55] § 13b Abs. 1 Nr. 2, 12 Abs. 5 ErbStG iVm §§ 151, 95 ff. BewG; R 51 Abs. 1 S. 2; Abs. 3 S. 2 ErbStR; → § 27 Rn. 61 ff.
[56] BFH BStBl. II 1997, 399; Schmidt/Heinicke EStG § 4 Rn. 105.
[57] Vgl. Schmidt/Heinicke EStG § 4 Rn. 151 mwN.
[58] BFH BStBl. II 1998, 461; vgl. aber BFH BFH/NV 1995, 288 zu Land- und Forstwirtschaft.
[59] R 4.2 Abs. 1 S. 6 EStR 2012.
[60] Zu Freiberuflern: BFH BStBl. II 1990, 17; BFH/NV 1998, 1477; BStBl. II 2011, 862; zu Land- und Forstwirten: BFH/NV 1995, 288.
[61] BFH BStBl. II 2004, 985; R B 95 Abs. 3 S. 4 ErbStR 2011; BMF BStBl. I 2004, 1064.
[62] BMF BStBl. I 2000, 1198.

rein vermögensverwaltende GmbH & Co. KG erst mit ihrer Eintragung in das Handelsregister Kommanditgesellschaft wird, §§ 161 Abs. 2, 105 Abs. 2 HGB. Bis dahin ist sie eine vermögensverwaltende GbR, die einer gewerblichen Prägung nicht fähig ist. Dementsprechend können die Gewerblichkeit und damit die erbschaftsteuerliche Begünstigungsfähigkeit erst mit Eintragung ins Handelsregister beginnen.[63] Dies bringt erhebliche Unsicherheiten für die steuerliche Gestaltung mit sich, da die Eintragung insbesondere in Ballungszentren oft vom Zufall abhängt und häufig erst recht spät erfolgt. Solange sich die Finanzverwaltung hier jedoch nicht zu einer anderen Haltung durchringt, kann, wenn die Zeit drängt, nur auf entsprechende Vorratsgründungen zurückgegriffen oder eine originäre Gewerblichkeit herbeigeführt werden.

4. Konsequenzen im Übrigen

20 Durch die Umwandlung von Privatvermögen in Betriebsvermögen zählen die **laufenden Einnahmen und Aufwendungen,** soweit sie betrieblich veranlasst sind, nunmehr zu den Einkünften aus Gewerbebetrieb (§ 15 EStG), Land- und Forstwirtschaft (§ 13 EStG) oder selbständiger Tätigkeit (§ 18 EStG). Daneben unterliegen die gewerblichen Einkünfte der Gewerbesteuer, die allerdings aufgrund der Anrechnung nach § 35 EStG ihren Schrecken weitestgehend verloren hat. Zu berücksichtigen sind darüber hinaus noch die Kosten für die laufende Buchführung, Jahresabschlusserstellung und ggf. Jahresabschlussprüfung.

21 Im Falle der Auflösung stiller Reserven zB durch Veräußerung der zuvor in das Betriebsvermögen eingelegten Wirtschaftsgüter, sind die **Veräußerungsgewinne** steuerpflichtig. Umgekehrt sind Veräußerungsverluste abzugsfähig, wobei die erbschaftsteuerliche Behaltensfrist nach §§ 13a Abs. 6, 19a Abs. 5 ErbStG (→ § 27 Rn. 192ff., 189ff.) immer im Auge zu behalten ist. Bei Wirtschaftsgütern des Privatvermögens kommt eine derartige Berücksichtigung der Veräußerungsgewinne und -verluste nur im Rahmen der §§ 17, 20, 23 EStG und § 21 UmwStG in Betracht. Im Übrigen sind im Privatvermögen Veräußerungsgewinne steuerfrei und Veräußerungsverluste irrelevant. Handelt es sich bei den Veräußerungsgewinnen um außerordentliche Einkünfte unterliegen sie den besonderen Begünstigungen des § 34 EStG. Dies bedeutet in der Regel eine Abmilderung der Spitzenbelastung, die bei Steuerpflichtigen, die das 55. Lebensjahr vollendet haben oder im sozialversicherungsrechtlichen Sinne dauernd berufsunfähig sind, sogar nur noch 56% des durchschnittlichen Steuersatzes betragen kann. Dem letztgenannten Personenkreis steht bei Veräußerung oder Aufgabe eines Betriebes, Teilbetriebes oder Mitunternehmeranteils darüber hinaus noch ein einmaliger Freibetrag in Höhe von maximal 45.000 EUR (bis zum 31.12.2003: 51.200 EUR) zu, § 16 Abs. 4 EStG. Im Gegensatz zu den laufenden Einkünften unterliegen Veräußerungsgewinne grundsätzlich nicht der Gewerbesteuer. Soweit durch die Veräußerung Grundstücke betroffen sind, kann Grunderwerbsteuer anfallen. Gleiches gilt bei einer Personengesellschaft, zu deren Vermögen ein Grundstück gehört, wenn innerhalb von fünf Jahren 95% der Anteile auf neue Gesellschafter übergehen, § 1 Abs. 2a GrEStG, (→ § 25 Rn. 254), und der Anteilsvereinigung nach § Abs. 3 GrEStG (→ § 25 Rn. 255) sowie beim Innenhaben einer 95%igen Beteiligung nach §1 Abs. 3a GrEStG (→ § 25 Rn. 256). Schließlich ist zu beachten, dass Verschonungsabschlag und Abzugsbetrag sowie ggf. der Ansatz des Steuersatzes nach der Steuerklasse I gem. §§ 13a Abs. 5, 19a Abs. 5 ErbStG nachträglich wegfallen können, wenn innerhalb von fünf Jahren nach dem Erwerb das privilegierte Vermögen veräußert, aufgegeben oder entnommen wird (→ § 27 Rn. 192 ff.; → § 27 Rn. 189ff.).

---

[63] BFH/NV 2011, 2063; ZEV 2009, 356 mkritAnm v. *Wachter* ZEV 2009, 358; aA *Stahl* NJW 2000, 3100, der auf den Abschluss des Gesellschaftsvertrages abstellen will.

II. Ertragsteuerliche Privilegierung von Betriebsvermögen

Ertragsteuern entstehen im hier interessierenden Kontext der Unternehmensnachfolge nur bei Unternehmensveräußerungen und -aufgaben. Schenkungen und Erbfälle, sofern diese nicht in einer Betriebsaufgabe münden (→ § 26 Rn. 1 ff.), führen grundsätzlich dazu, dass der Rechtsnachfolger an die Werte des Schenkers bzw. Erblasser gebunden ist (→ § 27 Rn. 255). Da Veräußerungen von Privatvermögen, abgesehen von Kapitalgesellschaftsbeteiligungen (§§ 17, 20 Abs. 2 EStG) und privaten Veräußerungsgeschäften (§ 23 EStG), steuerfrei bleiben, macht die Verschiebung von Privatvermögen ins Betriebsvermögen aus rein ertragsteuerlicher Sicht keinen Sinn. Eine andere Sichtweise kann sich ergeben, wenn damit zB erbschaftsteuerliche Effekte erzielt werden, die den Negativeffekt der ertragsteuerlichen Verstrickung kompensieren. Die Einlage von Wertpapieren wird sich grundsätzlich ebenfalls nicht lohnen, da diese mit der Abgeltungsteuer in der Regel günstiger besteuert werden, als bei der Veräußerungsbesteuerung im Rahmen der §§ 16, 34 EStG Eine Generierung von Betriebsvermögen stellt sich daher in erster Linie als eine Verschiebung von Betriebsvermögen dar, um ertragsteuerliche Vergünstigungen in Anspruch nehmen zu können oder aber diese nicht zu verlieren.

1. Privilegierungen von Einzelunternehmen und Mitunternehmeranteilen

Veräußerungs- oder Aufgabegewinne im Sinne der §§ 14, 14a Abs. 1, 16 und 18 Abs. 3 EStG jeweils mit Ausnahme des steuerpflichtigen Teils der Veräußerungsgewinne, welcher dem Teileinkünfteverfahren unterlegen hat, zählen zu den **außerordentlichen Einkünften** nach § 34 Abs. 2 Nr. 1 EStG. Sie unterliegen einem ermäßigten Steuersatz, und zwar entweder in der Form einer **Tarifglättung** (§ 34 Abs. 1 EStG, § 25 → Rn. 99 ff.) oder einer **pauschalen Tarifentlastung** (§ 34 Abs. 3 EStG, → § 25 Rn. 103 ff.). Die Tarifbegünstigungen des § 34 EStG haben den Zweck, die zusammengeballte Realisierung der während vieler Jahre entstandenen stillen Reserven nicht mit dem progressiven Einkommensteuertarif zu erfassen.[64] Sie setzen Einkommensteuerpflicht voraus und gelten daher **nur für natürliche Personen und Personengesellschaften/Mitunternehmerschaften** – hier allerdings für die unbeschränkt wie auch für die beschränkt steuerpflichtigen gleichermaßen (§ 50 Abs. 1 S. 3 EStG) –, **nicht** hingegen **für Körperschaften**.[65] Soll eine körperschaftsteuerpflichtige juristische Person als Veräußerer in den Genuss der Tarifvergünstigung kommen, hilft nur eine Umwandlung. Bleibt der Veräußerungsgewinn aufgrund der Freibetragsregelungen (§§ 14 S. 2, 14a Abs. 1, 16 Abs. 4, 18 Abs. 3 EStG → § 25 Rn. 79 ff.) steuerfrei, kommt der ermäßigte Steuersatz nicht mehr zum Zuge. Sind in dem Veräußerungsgewinn nebeneinander Teile enthalten, die dem Teileinkünfteverfahren unterliegen, und Teile, bei denen dies nicht der Fall ist, so ist für tarifliche Zwecke der Freibetrag des § 16 Abs. 4 EStG zuerst von den Einkünften abzuziehen, die dem Teileinkünfteverfahren unterliegen würden.[66] Gleiches gilt hinsichtlich etwaiger Sonderausgaben. Dies resultiert daraus, dass nach ständiger Rechtsprechung Freibeträge und Abzüge grundsätzlich von den höher zu versteuernden Einkünften abzuziehen sind, sofern und soweit keine anders lautende gesetzliche Regelung besteht.[67] Bei der Tarifglättung gemäß § 34 Abs. 1 EStG wird der Progressionseffekt durch die Bildung eines Mischtarifs abgemildert. Die maximal mögliche Entlastung liegt vor, wenn die außerordentlichen Einkünfte das Fünffache der Grenze zur oberen Proportionalzone des Einkommensteuertarifs gemäß § 32a Abs. 1 S. 2 Nr. 5 EStG erreichen und kein verbleibendes zu versteuerndes Einkommen vorhanden ist. Es ergibt sich somit für die Veranlagungszeiträume ab 2018 bei Anwendung der Grundtabelle ein maximal entlasteter Betrag

---

[64] GrS BFH BStBl. II 1993, 897 (902); → § 25 Rn. 90.
[65] BFH BStBl. II 1991, 455.
[66] BFH BStBl. II 2010, 1011; Schmidt/*Wacker* EStG § 34 Rn. 29; aA BMF BStBl. I 2006, 7 II.
[67] BFH DStR 2004, 549 zur Tarifermäßigung allgemein; BStBl. III 1959, 404 zu Sonderausgaben; BStBl. II 1999, 588 zum Arbeitnehmer-Pauschbetrag.

an außerordentlichen Einkünften in Höhe von 1 302 665 EUR (Grenze zur oberen Proportionalzone = 260 533 EUR).

24 Anstatt der Tarifglättung nach § 34 Abs. 1 EStG kann der Steuerpflichtige eine **pauschale Tarifentlastung** in Höhe von 56 % des Durchschnittssteuersatzes der Einkommensteuer, mindestens jedoch in Höhe des jeweiligen Eingangssteuersatzes, wählen. Diese Möglichkeit gilt nur auf Antrag, nur für Veräußerungsgewinne im Sinne des § 34 Abs. 2 Nr. 1 EStG bis zu einer Begünstigungsgrenze von 5 000 000 EUR und hier auch nur für **einen einzigen.**

25 Bei Betrieben, Teilbetrieben und Mitunternehmeranteilen gewährt § 16 Abs. 4 EStG einen Freibetrag in Höhe von 45 000 EUR. Dieser setzt voraus, dass der Steuerpflichtige einen Antrag auf Gewährung des Freibetrages gestellt hat, im Zeitpunkt der Betriebsveräußerung entweder das 55. Lebensjahr vollendet hat oder im sozialversicherungsrechtlichen Sinne dauernd berufsunfähig ist und ihm der Freibetrag zuvor noch nicht gewährt worden ist. Ab der relative Freibetragsgrenze von 136 000 EUR reduziert sich der Freibetrag stufenweise, bis bei Veräußerungsgewinnen von 181 000 EUR (absolute Freibetragsgrenze) komplett entfällt.

Die vorgenannten Grenzbeträge, dh der maximal entlastete Betrag an außerordentlichen Einkünften bei der Tarifglättung, die Begünstigungsgrenze von 5 000 000 EUR bei der pauschalen Tarifentlastung und Freibetrag und Freibetragsgrenze geben die Eckpunkte wieder, bei denen eine betriebliche Umstrukturierung geprüft werden sollte. Droht ein Überschreiten eines der Werte, ist zu prüfen, ob sich durch die Verschiebung von Einzelwirtschaftsgütern, durch Umwandlungen oder durch die Aufspaltung in mehrere betriebliche Einheiten, die Grenzen senken lassen. Im Rahmen des hier interessierenden Kontexts ist dabei zu beachten, dass die §§ 16, 34 EStG vom Sinn und Zweck her eine durch die **zusammengeballte** Realisierung von stillen Reserven ausgelöste Progressionswirkung abmildern sollen.[68] Führt eine Umstrukturierung also dazu, dass es gerade nicht zu einer zusammengeballten Realisierung aller vor der Umstrukturierung in den wesentlichen Grundlagen einer betrieblichen Sachgesamtheit angesammelten stillen Reserven kommt, scheidet eine Tarifbegünstigung nach § 34 EStG aus.[69] Umfasst ein „Veräußerungsplan" mehrere Teilakte, so gebietet der Zweck der Tarifbegünstigung, sämtliche Teilakte (hier die Veräußerung des Betriebes/Mitunternehmeranteils und die vorherige Separierung von Einzelwirtschaftsgütern) miteinander zu verklammern und als einen einheitlichen Vorgang im Hinblick auf die atypische Zusammenballung der Einkünfte zu betrachten **(Gesamtplanrechtsprechung)**.[70] Die Umstrukturierung muss daher zeitlich deutlich früher und losgelöst von dem späteren Verkauf erfolgen. Besteht zwischen der Übertragung der Einzelwirtschaftsgüter und der Anteilsveräußerung kein sachlicher und zeitlicher Zusammenhang oder betrifft die Ausgliederung einen Unterpersonengesellschaftsanteil, einen Teilbetrieb oder eine 100 %ige Kapitalgesellschaftsbeteiligung, ist die Anteilsveräußerung des Rests begünstigt.[71] Darüber hinaus ist die Begünstigung zu gewähren, wenn sich der Steuerpflichtige bewusst für die Übertragung von Wirtschaftsgütern in Einzelakten entscheidet und sich diese Schritte zur Erreichung des „Gesamtziels" als notwendig erweisen.[72]

Ist zu erwarten, dass die steuerlichen Vergünstigungen der §§ 16, 34 EStG nicht in Betracht kommen, sollte darüber nachgedacht werden, den Betrieb bzw. die Mitunternehmerschaft in eine Kapitalgesellschaft umzuwandeln, um wenigstens die Vorteile des Teileinkünfteverfahrens zu erlangen. Dies kann im Wege der Einbringung nach § 20 UmwStG oder des Formwechsels nach § 25 UmwStG zu Buchwerten steuerneutral erfolgen. Angesichts der siebenjährigen Haltefrist nach § 22 Abs. 1 UmwStG, bedarf auch die-

---

[68] BFH BStBl II 2017, 992; 2015, 536; *Herrlinghaus* FR 2014, 441 (442);
[69] BFH BStBl. II 2015, 536.
[70] BFH BStBl. II 2015, 536 Rn. 18 mwN.
[71] BFH BStBl. II 2015, 797; 2010, 726; *Wacker* Ubg 2016, 245 (253); Schmidt/*Wacker* EStG § 16 Rn. 415.
[72] BFH BStBl. II 2014, 158; *Wacker* Ubg 2016, 245 (253); Schmidt/*Wacker* EStG § 16 Rn. 415.

ser Weg eines entsprechenden Vorlaufs. Denn Veräußerungen innerhalb dieses Zeitraums führen zu einer zeitanteiligen, nicht nach §§ 16, 34 begünstigten Versteuerung der stillen Reserven im Einbringungszeitpunkt. Mit jedem vollen Kalenderjahr nach der Einbringung mindert sich der Einbringungsgewinn um ein Siebtel, § 22 Abs. 1 S. 3 UmwStG, so dass der Effekt umso größer ist, je länger mit dem Verkauf innerhalb der Haltefrist gewartet wird. Bei ertragsstarken Betrieben oder Mitunternehmerschaften, bei denen mit einer erheblichen Steigerung des Unternehmenswertes nach der Einbringung gerechnet wird, kann die Umwandlung auch dann bereits Sinn machen, wenn absehbar ist, dass der Sieben-Jahreszeitraum nicht eingehalten werden kann. Denn die nach dem Einbringungszeitpunkt entstehenden stillen Reserven unterliegen dann bereits dem Teileinkünfteverfahren.[73]

2. Privilegierungen bei relevanten Kapitalgesellschaftsbeteiligungen

Bei im Privatvermögen gehaltenen relevanten Anteilen an Kapitalgesellschaften versteuert der Veräußerer (natürliche Personen oder nicht gewerbliche Personengesellschaften als Anteilseigner) den von ihm erzielten Veräußerungsgewinn nur zur 60%. Die restlichen 40% sind nach § 3 Nr. 40 Buchst. c S. 1 EStG steuerfrei. Korrespondierend hierzu sind auch die Veräußerungskosten und die Anschaffungskosten nur zu 40% anzusetzen, § 3c Abs. 2 EStG. Veräußerungsgewinne im Sinne des § 17 EStG sind seit dem 1.1.2001 von der Tarifbegünstigung des § 34 EStG ausgenommen (→ § 25 Rn. 90). Soll eine körperschaftsteuerpflichtige juristische Person als Veräußerer in den Genuss der Tarifvergünstigung kommen, hilft nur eine Umwandlung.

26

Von dem steuerpflichtigen Teil ist ein Freibetrag (§ 17 Abs. 3 EStG) abzuziehen, der im Unterschied zu dem Freibetrag nach § 16 Abs. 4 EStG auch innerhalb eines Veranlagungszeitraums bei der Veräußerung von Anteilen an verschiedenen Kapitalgesellschaften auch mehrfach gewährt werden kann. Er beträgt für jeweils 100% des Nennkapitals einer Kapitalgesellschaft 9 060 EUR und kann daher nicht vervielfältigt werden, indem die Veräußerung einer Beteiligung auf mehrere Veranlagungszeiträume verteilt wird. Auch § 17 Abs. 3 EStG enthält eine **Freibetragsgrenze,** bei deren Überschreitung sich der Freibetrag sukzessive auf null reduziert. Sie beträgt 36 100 EUR. Gemäß § 17 Abs. 3 S. 2 EStG sinkt der Freibetrag um den Betrag, um den der Veräußerungsgewinn den Teil von 36 100 EUR übersteigt, der dem veräußerten Anteil am Nennkapital der Kapitalgesellschaft entspricht (sog. Ermäßigungsbetrag). Ab 45 160 EUR entfällt der Freibetrag insgesamt.

Auch hier geben die vorgenannten Grenzbeträge, dh der Freibetrag und die Freibetragsgrenze die Eckpunkte wieder, bei denen eine betriebliche Umstrukturierung geprüft werden sollte. Da der Freibetrag pro Kapitalgesellschaft und mehrmals im Leben des Anteilseigners gewährt werden kann, könnte im Vorfeld des Verkaufs darüber nachgedacht werden, die Kapitalgesellschaft aufzuspalten.

---

[73] *Bisle* SteuK 2016, 546 (547).

§ 14 Wichtige Elemente eines Gesellschaftsvertrages im Zusammenhang mit der Unternehmensnachfolge

Übersicht

	Rn.
I. Nachfolgeklauseln in Personengesellschaften	2
1. Fortsetzungsklausel	4
a) Zweck, Inhalt und Funktionsweise	5
b) Vor- und Nachteile der Klausel	9
c) Formulierungsvorschlag	11
2. Einfache erbrechtliche Nachfolgeklausel	13
a) Zweck, Inhalt und Funktionsweise	14
b) Vor- und Nachteile der Klausel	18
c) Formulierungsvorschlag	20
3. Qualifizierte erbrechtliche Nachfolgeklausel	21
a) Zweck, Inhalt und Funktionsweise	22
b) Vor- und Nachteile der Klausel	26
c) Formulierungsvorschlag	29
4. Rechtsgeschäftliche Eintrittsklausel	30
a) Zweck, Inhalt und Funktionsweise	31
b) Vor- und Nachteile der Klausel	32
c) Formulierungsvorschlag	35
5. Rechtsgeschäftliche Nachfolgeklausel	36
a) Zweck, Inhalt und Funktionsweise	37
b) Vor- und Nachteile der Klausel	41
c) Formulierungsvorschlag	44
6. Kombinierte Nachfolge- und Umwandlungsklausel	45
a) Zweck, Inhalt und Funktionsweise	46
b) Vor- und Nachteile der Klausel	50
c) Formulierungsvorschlag	52
II. Nachfolgeklauseln in Kapitalgesellschaften	53
1. Einziehungsklausel in der GmbH	54
a) Zweck, Inhalt und Funktionsweise	55
b) Vor- und Nachteile der Klausel	59
c) Formulierungsvorschlag	61
2. Abtretungsklausel in der GmbH	62
a) Zweck, Inhalt und Funktionsweise	63
b) Vor- und Nachteile der Klausel	65
c) Formulierungsvorschlag	67
3. Zwangseinziehungsklausel in der AG	69
a) Zweck, Inhalt und Funktionsweise	70
b) Vor- und Nachteile der Klausel	75
c) Formulierungsvorschlag	77
III. Klausel zur Zulassung von Testamentsvollstreckung	78
1. Zweck, Inhalt und Funktionsweise	79
2. Vor- und Nachteile der Klausel	85
3. Formulierungsvorschlag	87
IV. Güterstandsklausel	88
1. Zweck und Inhalt	89
2. Vor- und Nachteile der Klausel	92
3. Formulierungsvorschlag	94
V. Klausel zur Verpflichtung eine Vorsorgevollmacht zu erteilen	95
1. Zweck und Inhalt	96
2. Vor- und Nachteile der Klausel	102
3. Formulierungsvorschlag	104
VI. Klausel zur Verpflichtung einen Pflichtteilsverzichtsvertrag abzuschießen	105
1. Zweck und Inhalt	106

I. Nachfolgeklauseln in Personengesellschaften § 14

	Rn.
2. Vor- und Nachteile der Klausel	109
3. Formulierungsvorschlag	111
VII. Klauseln zur Zulassung der Nießbrauchsbestellung	112
1. Zweck, Inhalt und Funktionsweise	113
2. Vor- und Nachteile der Klausel	115
3. Formulierungsvorschlag	117
VIII. Vinkulierungsklausel	120
1. Zweck, Inhalt und Funktionsweise	121
2. Vor- und Nachteile der Klausel	126
3. Formulierungsvorschlag	128
IX. Andienungs- und Vorerwerbsrecht	131
1. Zweck, Inhalt und Funktionsweise	132
2. Vor- und Nachteile der Klausel	135
3. Formulierungsvorschlag	136
X. Abfindungsbeschränkungen	138
1. Zweck, Inhalt und Funktionsweise	139
2. Vor- und Nachteile der Klausel	147
3. Formulierungsvorschlag	149
XI. Vertretungsklausel für die Gesellschafterversammlungen	150
1. Zweck und Inhalt	151
2. Vor- und Nachteile der Klausel	153
3. Formulierungsvorschlag	155
XII. Ausschließungs- und Hinauskündigungsklausel	156
1. Zweck, Inhalt und Funktionsweise	157
2. Vor- und Nachteile der Klausel	159
3. Formulierungsvorschlag	160
XIII. Erbschaftsteuerlich motivierte Poolvereinbarung	161
1. Inhalt, Inhalt und Funktionsweise	162
2. Vor- und Nachteile der Vereinbarung	170
3. Formulierungsvorschläge	173
XIV. Konsortialvertrag	179
1. Zweck, Inhalt und Funktionsweise	180
2. Vor- und Nachteile der Vereinbarung	185
3. Formulierungsvorschlag	187

Bei der Planung der Unternehmensnachfolge muss sich der Unternehmensinhaber mit einer Vielzahl von Fragestellungen und damit einhergehenden Entscheidungen auseinandersetzen. Neben den erb-, gesellschaftsrechtlichen und steuerlichen Aspekten gilt es immer auch wirtschaftliche und familiäre Aspekte zu berücksichtigen.[1] Diese Fragen reichen von der Auswahl des richtigen Nachfolgers und dessen schrittweiser Heranführung an das Unternehmen bis hin zur Sicherung der Liquidität des Unternehmens sowie der Absicherung des überlebenden Ehe- oder Lebenspartners. Im Rahmen dieser Planung ist es nicht unüblich, den Gesellschaftsvertrag anzupassen, um die Umsetzung der getroffenen Entscheidungen zu gewährleisten. Und obwohl sich jede Übertragung und Unternehmensnachfolge unterscheidet, gibt es einige grundlegende Elemente, die ein Gesellschaftsvertrag haben sollte, bevor übertragen wird. 1

I. Nachfolgeklauseln in Personengesellschaften

Da die überwiegende Zahl der Familienunternehmen in der Rechtsform einer Personen(handels)gesellschaft organisiert ist, sind die Berater in fast jeder Unternehmensnachfolgeplanung mit der Frage nach der richtigen Nachfolgeklausel konfrontiert. Die Auswahl der für die jeweilige Nachfolge am besten geeigneten Nachfolgeklausel und deren 2

---

[1] Vgl. MAH ErbR/*Kögel* § 40 Rn. 2.

konkrete Ausgestaltung stellt damit einen der entscheidenden Mosaiksteine in einer erfolgreichen Nachfolgeplanung dar. Diese Tatsache resultiert vor allem auch daraus, dass die gesetzliche Ausgangslage, im Hinblick auf die Gesellschafterinteressen an der Fortführung der Gesellschaft und dem Erhalt des Unternehmens, unbefriedigend ist.

3   Nach der gesetzlichen Ausgangslage führt in der GbR der Tod eines Gesellschafters nach § 727 Abs. 1 BGB zur Auflösung der Gesellschaft. Hierin spiegelt sich die ursprüngliche Intention des Gesetzgebers wider, wonach eine GbR eine persönlichkeitsbezogene Arbeits- und Haftungsgemeinschaft darstellt.[2] Die mit der Auflösung der Gesellschaft verbundene Liquidation führt im Regelfall zur Zerschlagung des Unternehmens. Gemäß § 727 Abs. 2 S. 1 BGB haben die Erben den übrigen Gesellschaftern den Tod des verstorbenen Gesellschafters unverzüglich anzuzeigen und gegebenenfalls Notgeschäftsführungsmaßnahmen zu ergreifen.

1. Fortsetzungsklausel

4   Der soeben beschriebenen Gefahr der ungewollten Auflösung der Gesellschaft infolge des Todes eines Gesellschafters kann in der GbR bereits minimalinvasiv durch eine sogenannte Fortsetzungsklausel begegnet werden.

5   **a) Zweck, Inhalt und Funktionsweise.** § 727 Abs. 1 Hs. 2 BGB eröffnet die Möglichkeit von der gesetzlichen Regelung der Auflösung der GbR im Falle des Todes eines Gesellschafters durch eine entsprechende Regelung im Gesellschaftsvertrag abzuweichen. Durch die Aufnahme einer Fortsetzungsklausel in den Gesellschaftsvertrag wird die Gesellschaft beim Tod eines Gesellschafters **nicht aufgelöst,** sondern stattdessen mit den noch übrigen **Mitgesellschaftern fortgesetzt.**[3] Der Gesellschaftsanteil des verstorbenen Gesellschafters wächst nach § 738 BGB den verbleibenden Gesellschaftern ohne deren Zutun und ohne besonderen Übertragungsakt an, während der Verstorbene aus der Gesellschaft ausscheidet.[4] Durch diese Regelung werden auch konkludent die Erben des verstorbenen Gesellschafters von einer Nachfolge in die Gesellschafterstellung ausgeschlossen.[5]

6   Der Gesellschafter kann somit durch eine letztwillige Verfügung zwar nicht seinen Nachfolger in der Gesellschaft bestimmen, da aufgrund des Vorrangs des Gesellschaftsrechts vor dem Erbrecht die Gesellschafterstellung nicht zu seiner Disposition steht. Er kann jedoch über die in seiner Person entstehenden und in den Nachlass fallenden Ansprüche aus § 738 Abs. 1 S. 2 BGB disponieren, und damit insbesondere über den **Abfindungsanspruch.**[6] Dabei bietet der Tod eines Gesellschafters zugleich die einzige Möglichkeit, um einen Abfindungsanspruch der Erben auch gänzlich auszuschließen.[7] Ist ein **vollständiger Ausschluss des Abfindungsanspruchs** beabsichtigt, so ist die Fortsetzungsklausel um einen eindeutigen Zusatz zum Schicksal des Abfindungsanspruchs zu erweitern. Da nach der herrschenden Meinung neben der Gesellschaft auch die Gesellschafter für einen etwaigen Abfindungsanspruch haften, ist die Ausschlussformulierung präzise und umfassend zu formulieren, sodass insoweit keine Unklarheiten bestehen.[8]

---

[2] Vgl. BGH NJW 1957, 180.
[3] MüKoBGB/*Schäfer* § 736 Rn. 20; BeckOGK/*von Proff zu Irnich* BGB § 727 Rn. 30.
[4] BGH NJW-RR 1993, 1443 (1444); MüKoBGB/*Schäfer* § 736 Rn. 20; MHdB GesR I/*Klein/Lindemeier* § 11 Rn. 12.
[5] Vgl. BeckOGK/*Koch* BGB § 736 Rn. 20; siehe zur Kritik an der Terminologie *K. Schmidt,* Gesellschaftsrecht, 4. Aufl. 2002, S. 1333 f., demzufolge Ausschließungsklausel dogmatisch präziser wäre.
[6] MHdB GesR I/*Klein/Lindemeier* § 11 Rn. 55; MüKoBGB/*Leipold* § 1922 Rn. 88; *K. Schmidt,* Gesellschaftsrecht, 4. Aufl. 2002, S. 1336.
[7] MüKoBGB/*Schäfer* § 738 Rn. 61; zu den Folgen eines Abfindungsausschlusses für den Pflichtteil *Mayer* ZEV 2003, 355 (356 ff.).
[8] Siehe für die hM BGH NJW 2011, 2355; OLG Oldenburg NZG 2000, 542 (543); Palandt/*Sprau* BGB § 738 Rn. 2; kritisch dagegen Staudinger/*Habermeier* BGB § 738 Rn. 12.

Klarstellend sollte auch eine Formulierung aufgenommen werden, dass selbst dann eine 7
Fortsetzung der Gesellschaft gewollt ist, wenn bei nur noch **zwei verbleibenden Gesellschaftern** einer der beiden verstirbt und der Überlebende das Unternehmen als Einzelunternehmen fortsetzt.[9]

Im Gegensatz zur GbR führt der Tod eines persönlich haftenden Gesellschafters in der 8
OHG und KG nicht zur Auflösung der Gesellschaft, sondern gemäß § 131 Abs. 3 S. 1 Nr. 1 HGB einzig zum Ausscheiden des verstorbenen Gesellschafters. Eine vor dem Handelsrechtsreformgesetz vom 22.6.1998[10] auch in OHG- und KG-Gesellschaftsverträgen erforderliche Aufnahme einer Fortsetzungsklausel in den Gesellschaftsvertrag ist daher nicht mehr notwendig.[11]

b) Vor- und Nachteile der Klausel. Neben der Sicherung des Fortbestands der Gesell- 9
schaft bietet eine Fortsetzungsklausel zudem den Vorteil, dass sie um einen Zusatz zur **Regelung betreffend den Abfindungsanspruch** ergänzt werden kann. Sofern kein vollständiger Ausschluss, aber eine vom Verkehrswert abweichende Abfindung gewollt ist, kann auch eine Regelung zur Höhe des Abfindungsanspruches vorgesehen werden.[12] Hierfür bietet sich beispielsweise eine einfache Bezugnahme auf die entsprechenden Abfindungsregelungen bei Ausschluss oder Kündigung eines Gesellschafters an.[13]

Beschränkt sich der Gesellschaftsvertrag jedoch auf eine Fortsetzungsklausel – mit oder 10
ohne Abfindung der Erben –, ergibt sich daraus auch der Nachteil, dass der **Gesellschafterbestand kontinuierlich sinkt**.[14] Zudem können, außer durch Aufnahme im Rahmen einer Vertragsänderung, andere Familienangehörige nicht in die Gesellschaft nachrücken. Insofern ist eine Fortsetzungsklausel in der Regel nicht für die Nachfolgeplanung in Familienunternehmen geeignet und bietet sich nur an, wenn die Gesellschaft maßgeblich von den Persönlichkeiten der Gesellschafter geprägt wird oder ein Nachrücken von potenziellen Nachfolgern nicht gewünscht oder bereits erfolgt ist.[15]

c) Formulierungsvorschlag

> Eine **Formulierung** für eine solche **Fortsetzungsklausel** mit Verweis auf die gesell- 11
> schaftsvertragliche Abfindungsregelung könnte beispielsweise lauten:
>
> Verstirbt ein Gesellschafter, wird die Gesellschaft mit den verbleibenden Gesellschaftern fortgesetzt. Der Anteil des verstorbenen Gesellschafters am Gesellschaftsvermögen wächst den übrigen Gesellschaftern im Verhältnis ihrer bisherigen Beteiligungen an. Verbleibt nur noch ein Gesellschafter, so geht das gesamte Gesellschaftsvermögen auf diesen über.
>
> Die Erben des verstorbenen Gesellschafters erhalten eine Abfindung gemäß § … dieses Gesellschaftsvertrags.

> Soll zur Sicherung der Liquidität der Gesellschaft oder aus anderen Gründen die Abfin- 12
> dung des oder der Erben des verstorbenen Gesellschafters ausgeschlossen werden, so wäre der zweite Absatz des vorstehenden Formulierungsvorschlags wie folgt zu ersetzen:
>
> Dem oder den Erben des verstorbenen Gesellschafters stehen keinerlei Abfindungsansprüche gegen die verbleibenden Gesellschafter oder die Gesellschaft selbst zu.

---

[9] MAH ErbR/*Kögel* § 40 Rn. 34.
[10] BGBl. I 1998, S. 1474 ff.
[11] MAH ErbR/*Kögel* § 40 Rn. 24; K. Schmidt, Gesellschaftsrecht, 4. Aufl. 2002, S. 1332.
[12] Vgl. MAH ErbR/*Kögel* § 40 Rn. 36.
[13] Siehe auch die Ausführungen zur allgemeinen Abfindungsbeschränkung unter → Rn. 138 ff.
[14] MHdB GesR I/*Klein/Lindemeier* § 79 Rn. 5; BeckOGK/*von Proff zu Irnich* BGB § 727 Rn. 29.
[15] MHdB GesR I/*Klein/Lindemeier* § 78 Rn. 11.

2. Einfache erbrechtliche Nachfolgeklausel

13 Anstelle der vorstehend beschriebenen Fortsetzungsklausel kann in einer GbR auch eine sogenannte einfache erbrechtliche Nachfolgeklausel vereinbart werden. Von der einfachen erbrechtlichen Nachfolgeklausel ist die rechtsgeschäftliche Nachfolgeklausel zu unterscheiden (→ Rn. 36).

14 **a) Zweck, Inhalt und Funktionsweise.** Einer einfachen erbrechtlichen Nachfolgeklausel kommt in der GbR eine **Doppelfunktion** zu. Einerseits wird die **Auflösung der Gesellschaft verhindert** und andererseits wird die **Gesellschaftsbeteiligung vererblich gestellt,** sodass der oder die Erben in die Gesellschafterstellung nachfolgen können.[16] In der OHG und KG führt der Tod eines persönlich haftenden Gesellschafters nach § 131 Abs. 3 S. 1 Nr. 1 HGB lediglich zu dessen ausscheiden, die Gesellschaft dagegen wird fortgeführt. Insoweit beschränkt sich in den Personenhandelsgesellschaften die Wirkung einer einfachen erbrechtlichen Nachfolgeklausel darauf, die Gesellschaftsanteile der persönlich haftenden Gesellschafter vererblich zu stellen. Für den Kommanditanteil bedarf es dieser Regelung nicht, da sich dessen Vererblichkeit bereits aus der gesetzlichen Regelung des § 177 HGB ergibt.

15 Rechtstechnisch treten der oder die Erben mit dem Erbfall unmittelbar kraft Erbfolge in die Gesellschafterstellung des Erblassers ein.[17] Bei einem **Alleinerben** ergeben sich insoweit grundsätzlich keine großen Schwierigkeiten, da aus der Perspektive der Gesellschaft lediglich die Person des Erblassers durch die des Alleinerben ausgetauscht wird.[18] Ausgenommen von diesem Übergang sind nur etwaige höchstpersönliche Rechte des verstorbenen Gesellschafters.[19] Im Falle eines **minderjährigen Erben** bedarf es keiner Genehmigung durch das Familiengericht.[20]

16 Wird der Erblasser dagegen von **mehreren Miterben** beerbt, fällt die Gesellschaftsbeteiligung nicht der Erbengemeinschaft in ihrer gesamthänderischen Verbundenheit zu. Es kommt stattdessen zu einer **Sondererbfolge,** bei der der Gesellschaftsanteil entsprechend den Erbquoten gespalten und auf die Erben verteilt wird.[21] Ist eine derartige Situation absehbar, kann sich die Aufnahme einer entsprechenden **Vertreterklausel** anbieten, wodurch zwar jeder Erbe eine vollwertige Gesellschafterstellung erhält, die nicht höchstpersönlichen Mitgliedschaftsrechte aber nur durch einen zu bestellenden Vertreter ausgeübt werden können.[22]

17 Werden auch **Vermächtnisnehmer** als Nachfolger zugelassen, ist daran zu denken, dass der Übergang des Anteils auf den Vermächtnisnehmer nicht durch Erbfolge erfolgt. Der Vermächtnisnehmer erwirbt nur einen schuldrechtlichen Anspruch auf Übertragung. Die bei mehreren Miterben erfolgende Aufspaltung der Beteiligung steht der Erfüllung dieses Vermächtnisses nicht entgegen, da die Beteiligung zunächst in den Nachlass fällt, dabei geteilt wird und dann von den Miterben ganz oder in Teilen auf den oder die Vermächtnisnehmer zu übertragen ist.[23] Für diese Übertagung zur Erfüllung des Vermächtnis-

---

[16] BGH NJW 1977, 1339 (1340); siehe auch *K. Schmidt,* Gesellschaftsrecht, 4. Aufl. 2002, S. 1338; MüKoBGB/*Schäfer* § 727 Rn. 28, jeweils mwN.
[17] MHdB GesR I/*Klein/Lindemeier* § 11 Rn. 27; MüKoBGB/*Schäfer* § 727 Rn. 31.
[18] BeckOK BGB/*Schöne* § 727 Rn. 15; BeckOGK/*von Proff zu Irnich* BGB § 727 Rn. 63.
[19] MüKoBGB/*Schäfer* § 727 Rn. 32; BeckOK BGB/*Müller-Christmann* § 1922 Rn. 86.
[20] Baumbach/Hopt/*Roth* HGB § 139 Rn. 12; Oetker/*Kamanabrou* HGB § 139 Rn. 12.
[21] BGH NJW 1957, 180; siehe zur hM umfassend *K. Schmidt,* Gesellschaftsrecht, 4. Aufl. 2002, S. 1339; BeckOK BGB/*Schöne* § 727 Rn. 16; MHdB GesR I/*Klein/Lindemeier* § 11 Rn. 27; MAH ErbR/*Kögel* § 40 Rn. 41; MüKoBGB/*Schäfer* § 727 Rn. 33.
[22] BGH NJW 1967, 826 (827); *Crezelius,* Unternehmenserbrecht, 2. Aufl. 2009, Rn. 257; MHdB GesR I/*Klein/Lindemeier* § 11 Rn. 25.
[23] BGH BeckRS 1975, 31115655; MüKoHGB/*K. Schmidt* § 139 Rn. 15; BeckOGK/*von Proff zu Irnich* BGB § 727 Rn. 67.

ses ist aber grundsätzlich die **Zustimmung** der übrigen Mitgesellschafter erforderlich, die jedoch auch bereits in der Klausel erteilt werden kann.[24]

b) Vor- und Nachteile der Klausel. Der Vorteil einer einfachen erbrechtlichen Nachfolgeklausel liegt in ihrer **einfachen Rechtsfolge und Handhabbarkeit**.[25] Durch das Nachrücken aller Erben in die Gesellschafterstellung entsteht **kein Abfindungsanspruch,** welcher der Gesellschaft und dem Unternehmen Liquidität entziehen könnte.[26] Ferner bleibt es ausschließlich der letztwilligen Verfügung des zukünftigen Erblassers überlassen, welche Person oder Personen er als Erben benennt, die dann in die Gesellschafterstellung nachfolgen.

Hierin liegt jedoch auch zugleich der große Nachteil dieser Regelung, da die Bestimmung der Erben oder Vermächtnisnehmer dadurch zugleich dem **Einflussbereich der Mitgesellschafter entzogen** ist.[27] Es besteht somit die Gefahr der Zersplitterung der Beteiligung bei einer Erbenmehrheit und damit auch eine Vervielfachung der Kontroll- und Verwaltungsrechte.[28] Des Weiteren bietet die einfache erbrechtliche Nachfolgeklausel **keinen Schutz vor einem eventuellen Eindringen familienfremder Dritter,** da der Erblasser in der Bestimmung seines Erben nicht eingeschränkt ist.[29]

c) Formulierungsvorschlag

> Die **Formulierung** einer einfachen **erbrechtlichen Nachfolgeklausel** könnte beispielsweise lauten:
>
> Beim Tod eines Gesellschafters wird die Gesellschaft mit dessen Erben oder den Vermächtnisnehmern der Beteiligung fortgesetzt. Eine Zustimmung der übrigen Gesellschafter für die Übertragung der Beteiligung von dem oder den Erben auf den oder die Vermächtnisnehmer ist nicht erforderlich.

3. Qualifizierte erbrechtliche Nachfolgeklausel

Die im Zusammenhang mit der einfachen erbrechtlichen Nachfolgeklausel beschriebenen Nachteile können durch die Verwendung einer sogenannten qualifizierten erbrechtlichen Nachfolgeklausel ausgeräumt werden.

a) Zweck, Inhalt und Funktionsweise. Bei der qualifizierten erbrechtlichen Nachfolgeklausel wird die letztwillige Dispositionsbefugnis des zukünftigen Erblassers dahingehend eingeschränkt, dass nur bestimmte oder besonders qualifizierte Personen als Nachfolger in die Gesellschafterstellung einrücken können.[30] Die Bestimmung der Qualifikationen des nachfolgeberechtigten Personenkreises kann dabei innerhalb der Grenzen des gesetzlich und sittlich zulässigen Rahmens frei festgelegt werden.[31] In der Praxis findet man häufig neben der Anknüpfung an bestimmte berufliche Qualifikationen vor allem das Erfordernis der Familienzugehörigkeit oder die direkte Abstammung vom Erblasser.[32]

---

[24] EBJS/*Lorz* HGB § 139 Rn. 16; Oetker/*Kamanabrou* HGB § 139 Rn. 12; MüKoHGB/*K. Schmidt* § 139 Rn. 15.
[25] EBJS/*Lorz* HGB § 139 Rn. 18; Heidel/Schall/*Koch-Sembdner* HGB § 139 Rn. 5.
[26] Heidel/Schall/*Koch-Sembdner* HGB § 139 Rn. 5.
[27] EBJS/*Lorz* HGB § 139 Rn. 18.
[28] MüKoBGB/*Schäfer* § 727 Rn. 33; BeckOK BGB/*Schöne* § 727 Rn. 16; EBJS/*Lorz* HGB § 139 Rn. 18.
[29] Vgl. MAH ErbR/*Kögel* § 40 Rn. 41.
[30] Oetker/*Kamanabrou* HGB § 139 Rn. 16.
[31] MHdB GesR I/*Klein/Lindemeier* § 79 Rn. 23; BeckOGK/*Riedel* BGB § 1922 Rn. 542.
[32] Vgl. MHdB GesR I/*Klein/Lindemeier* § 79 Rn. 24.

23 Bei der Verwendung des **Begriffs des Abkömmlings** ist allerdings stets darüber nachzudenken, ob alle Abkömmlinge grundsätzlich nachfolgeberechtigt sein sollen, oder beispielsweise durch eine Einschränkung auf leibliche Abkömmlinge zugleich Adoptivkinder aufgeschlossen werden sollen. Möglich wäre selbstverständlich auch eine Beschränkung auf leibliche Abkömmlinge und Kinder, die vor der Vollendung eines bestimmten Alters adoptiert wurden. Auch an mögliche uneheliche Kinder ist bei der Klauselausgestaltung zu denken, sodass auch eine Begrenzung auf eheliche, leibliche Abkömmlinge in Betracht kommen kann.[33]

24 Der Gesellschaftsanteil geht, ebenso wie bei der einfachen erbrechtlichen Nachfolgeklausel, im Wege der **Sondererbfolge** und verbunden mit einer etwaigen quotalen Teilung unmittelbar auf den oder die Erben über.[34] Da ein **Vermächtnisnehmer** jedoch auch bei der qualifizierten Nachfolgeklausel nicht unmittelbar in die Gesellschafterstellung aufrückt, sollte hierfür vorgesehen werden, dass die Erfüllung des Vermächtnisses durch die Übertragung des Gesellschaftsanteils nicht der **Zustimmung** der übrigen Gesellschafter bedarf.[35]

25 Obwohl nach der herrschenden Meinung **kein gesellschaftsrechtlicher Abfindungsanspruch** der nicht nachfolgeberechtigten Erben gegen die Gesellschaft oder die übrigen Gesellschafter besteht, sollte dies klarstellend in die Klausel aufgenommen werden.[36] Dem oder den nicht nachfolgeberechtigten Erben steht allerdings gegen den in die Gesellschafterstellung eintretenden Erben ein **erbrechtlicher Ausgleichsanspruch**[37] zu, soweit der Wert der Gesellschaftsbeteiligung die dem nachfolgenden Erben zugewiesene Erbquote übersteigt.[38] Dem kann dadurch begegnet werden, dass der Gesellschaftsanteil dem Nachfolger als **Vorausvermächtnis** nach § 2150 BGB zugewandt wird, wodurch keine Ausgleichsansprüche der übrigen Erben entstehen.[39] Um Auslegungsunsicherheiten zu vermeiden, sollte das Vorausvermächtnis im Testament ausdrücklich als solches bezeichnet werden.[40] Ist zwar keine Nachfolge, aber eine Partizipation der weichenden Erben am Wert des Anteils gewünscht, so kann der Nachfolgeberechtigte zugunsten der weichenden Erben mit einem Vermächtnis auf Einräumung einer **Unterbeteiligung** beschwert werden.[41]

26 **b) Vor- und Nachteile der Klausel.** Der wesentliche Vorteil der qualifizierten erbrechtlichen Nachfolgeklausel liegt in der eindeutigen **Einschränkung des Kreises der Nachfolgeberechtigten**. Auf diese Weise wird die Gesellschaft vor einem Eindringen unerwünschter Dritter geschützt.[42] Ferner können die Gesellschafter Kriterien festlegen, um zu gewährleisten, dass nur entsprechend qualifizierte Abkömmlinge Gesellschafter werden und so den Fortbestand des Unternehmens absichern. Im Zuge dessen kann der Gesellschaftsanteil auch **vor einer Zersplitterung geschützt** werden, indem die Zahl der jeweils zugelassenen Nachfolger generell begrenzt wird.[43]

27 Jedoch birgt auch die qualifizierte erbrechtliche Nachfolgeklausel Nachteile. Hierbei ist insbesondere an die grundsätzliche **erbrechtliche Ausgleichspflicht** des Nachfolgers gegenüber den weichenden Erben zu denken, sofern er nicht Alleinerbe ist oder der Ver-

---

[33] Vgl. hierzu MAH ErbR/*Kögel* § 40 Rn. 42; BeckOGK/*von Proff zu Irnich* BGB § 727 Rn. 69.
[34] BGH NJW 1983, 2376 (2377); BeckOGK/*von Proff zu Irnich* BGB § 727 Rn. 68.
[35] Vgl. MHdB GesR I/*Klein/Lindemeier* § 79 Rn. 20.
[36] Vgl. Baumbach/Hopt/*Roth* HGB § 139 Rn. 17; Oetker/*Kamanabrou* HGB § 139 Rn. 21.
[37] Siehe MüKoBGB/*Schäfer* § 727 Rn. 45 mwN zu den verschiedenen dogmatischen Begründungsansätzen dieses Ausgleichsanspruchs.
[38] BeckOK BGB/*Schöne* § 727 Rn. 17; *Crezelius*, Unternehmenserbrecht, 2. Aufl. 2009, Rn. 261.
[39] MüKoBGB/*Schäfer* § 727 Rn. 45; MüKoHGB/*K. Schmidt* § 139 Rn. 20.
[40] Vgl. MüKoHGB/*K. Schmidt* § 139 Rn. 20.
[41] Oetker/*Kamanabrou* HGB § 139 Rn. 23; EBJS/*Lorz* HGB § 139 Rn. 26.
[42] MHdB GesR I/*Klein/Lindemeier* § 79 Rn. 26.
[43] Vgl. *Kämper* RNotZ 2016, 625 (627); MAH ErbR/*Kögel* § 40 Rn. 42.

kehrswert der Beteiligung die ihm zugewiesene Erbquote nicht übersteigt.[44] Ist eine solche Ausgleichspflicht vom Erblasser nicht gewünscht, muss er auf die vorgenannte Möglichkeit eines Vorausvermächtnisses zurückgreifen (→ Rn. 25).

Der größte Nachteil besteht allerdings in der **zwingend erforderlichen Synchronisation** des Testaments mit den in der Klausel getroffenen Regelungen (→ § 4 Rn. 22).[45] Der Gesellschafter ist somit gezwungen, seine testamentarische Erbeinsetzung mit den Vorgaben des Gesellschaftsvertrages genau abzustimmen, um die gewünschte Nachfolge sicherzustellen. Vielfach wird von den Gesellschaftern angenommen, die Regelung im Gesellschaftsvertrag sei bereits ausreichend für eine Gewährleistung der Vererbung an die gewünschten Nachfolger.[46] Dieser Irrglaube kann zu einer **fehlgeschlagenen Nachfolgeregelung** führen, wenn infolge dieses Missverständnisses eine entsprechende Verfügung von Todes wegen unterlassen wird. Ebenso kann sich eine solche fehlgeschlagene Nachfolge auch aus einer mangelnden Anpassung der Erbeinsetzung an die gesellschaftsvertraglichen Vorgaben ergeben, wenn beispielsweise der Gesellschaftsvertrag nur Abkömmlinge als Nachfolger zulässt, im Testament jedoch nur der Ehepartner zum Alleinerben eingesetzt wird.[47] In derartigen Konstellationen muss dann im Rahmen einer **Umdeutung oder ergänzenden Auslegung** der Klausel überprüft werden, ob dem Nachfolgeberechtigten, aber nicht als Erbe eingesetzten, ein Eintrittsrecht zustehen soll.[48] Neben den zivilrechtlichen Folgen können sich auch gravierende **steuerliche Nachteile** bei einer fehlenden Synchronisation von Gesellschaftsvertrag und Testament ergeben, insbesondere im Zusammenhang mit Sonderbetriebsvermögen (→ § 27 Rn. 17 und Rn. 293 f.). 28

c) Formulierungsvorschlag

> Eine **qualifizierte erbrechtliche Nachfolgeklausel** könnte wie folgt **formuliert** werden: 29
>
> Verstirbt ein Gesellschafter, wird die Gesellschaft mit dessen Erben oder den von ihm bestimmten Vermächtnisnehmern fortgesetzt, soweit diese nachfolgeberechtigt sind. Nachfolgeberechtigt sind nur andere Gesellschafter oder leibliche Abkömmlinge von Gesellschaftern. Abfindungsansprüche der nicht nachfolgeberechtigten Erben gegen die Gesellschaft oder die übrigen Gesellschafter bestehen nicht. Nimmt ein als Vermächtnisnehmer eingesetzter Nachfolger das Vermächtnis nicht binnen sechs Monaten nach Kenntnis von dem Vermächtnisanfall an, so wird die Gesellschaft nur unter den verbleibenden Gesellschaftern und unter Ausschluss von Abfindungsansprüchen der Erben fortgesetzt. Die Erben scheiden in diesem Fall ohne Abfindungsanspruch aus der Gesellschaft aus. Eine Zustimmung der übrigen Gesellschafter für die Übertragung des Gesellschaftsanteils von dem oder den Erben auf nachfolgeberechtigte Vermächtnisnehmer ist nicht erforderlich.

4. Rechtsgeschäftliche Eintrittsklausel

Die sogenannte rechtsgeschäftliche Eintrittsklausel stellt eine weitere Möglichkeit dar, den Übergang des Gesellschaftsanteils auf einen Nachfolger zu regeln. Der entscheidende Unterschied zu den vorstehend beschriebenen erbrechtlichen Klauseln liegt jedoch in der rechtlichen Funktionsweise der Eintrittsklausel. 30

a) Zweck, Inhalt und Funktionsweise. Während sich der Übergang des Gesellschaftsanteils bei den erbrechtlichen Nachfolgeklauseln, sofern ein Erbe bedacht wird, von Ge- 31

---

[44] *Crezelius*, Unternehmenserbrecht, 2. Aufl. 2009, Rn. 261.
[45] Oetker/*Kamanabrou* HGB § 139 Rn. 25.
[46] MAH ErbR/*Kögel* § 40 Rn. 44.
[47] Siehe zur Möglichkeit fehlgeschlagene Nachfolgen durch Ausschlagung zu retten → § 11 Rn. 20 f.
[48] MüKoHGB/*K. Schmidt* § 139 Rn. 21; Henssler/Strohn/*Klöhn* HGB § 139 Rn. 31.

setzes wegen vollzieht, ist dies bei der Eintrittsklausel nicht der Fall. Es bedarf vielmehr einer **zusätzlichen Aufnahmevereinbarung** zwischen dem Nachfolgeberechtigten und den übrigen Gesellschaftern. Die Klausel gibt dem Nachfolgeberechtigten lediglich das **Recht zum Eintritt** in die Gesellschaft zu den in der Klausel festgelegten Bedingungen.[49] Hieraus erwächst allerdings **keine Pflicht zum Eintritt,** wenn der Berechtigte mit den Konditionen nicht einverstanden ist, da es sich dabei ansonsten um einen unzulässigen Vertrag zulasten Dritter handeln würde.[50] Konstruierbar ist jedoch eine **mittelbare Eintrittspflicht** infolge einer erbrechtlichen Anordnung einer Auflage oder einer auf den Eintritt aufschiebend bedingten Erbeinsetzung oder Vermächtniszuwendung.[51] Sofern es sich bei der gegenständlichen Gesellschaft um eine GbR handelt, sollte zusätzlich eine ausdrückliche Fortsetzungsklausel integriert werden, damit klargestellt ist, dass die Gesellschaft fortgesetzt wird, selbst wenn der Nachfolgeberechtigte nicht eintritt.[52]

32 **b) Vor- und Nachteile der Klausel.** Der Vorteil einer Eintrittsklausel gegenüber den erbrechtlichen Nachfolgeklauseln besteht insbesondere darin, dass zwischen der gesellschaftsvertraglichen und der erbrechtlichen Situation **keine Synchronisation erforderlich ist.**[53] Dies hat auch zur Folge, dass der Berechtigte nicht in der Klausel selbst genannt werden muss, sondern die **Bestimmung des Berechtigten** außerhalb des Gesellschaftsvertrages und frei durch den Erblasser, oder sogar einen Dritten, erfolgen kann.[54]

33 Auf der anderen Seite erfordert eine rechtsgeschäftliche Eintrittsklausel allerdings unbedingt eine **Regelung zum Abfindungsanspruch,** da ansonsten ein Abfindungsanspruch zum Verkehrswert in den Nachlass fällt.[55]

34 Der entscheidende Nachteil für den Nachfolgeberechtigten besteht allerdings in dem bereits genannten **Erfordernis einer zusätzlichen Aufnahmevereinbarung.** Da der Nachfolgeberechtigte nicht automatisch in die Gesellschafterstellung einrückt, besteht die Gefahr, dass er sein Recht klageweise durchsetzen muss, sollten sich die übrigen Gesellschafter querstellen.[56]

c) Formulierungsvorschlag

35 Eine denkbare **Formulierung** einer **rechtsgeschäftlichen Eintrittsklausel** könnte lauten: Jeder Gesellschafter hat das Recht, durch Erklärung gegenüber der Gesellschaft oder durch Verfügung von Todes wegen einen seiner gesetzlichen Erben als seinen Nachfolger zu bestimmen. Dieser Nachfolger kann durch schriftliche Erklärung von den übrigen Gesellschaftern die Aufnahme in die Gesellschaft als persönlich haftender Gesellschafter unter Übernahme sämtlicher mitgliedschaftlicher Rechte des verstorbenen Gesellschafters verlangen. Die Erklärung muss innerhalb von drei Monaten nach Kenntnis des Erbfalls den übrigen Gesellschaftern zugegangen sein. Tritt der Nachfolgeberechtigte in die Gesellschaft ein, müssen die verbleibenden Gesellschafter ihm den Kapitalanteil und sämtliche aus dem Gesellschaftsverhältnis zugunsten des verstorbenen Gesellschafters bestehenden Rechte und Ansprüche, sofern sie nicht persönlicher Natur waren, unentgeltlich übertragen. In diesem Fall sind Abfindungsansprüche der Erben gegen die Gesellschaft oder deren Gesellschafter ausgeschlossen.

---

[49] MüKoBGB/*Schäfer* § 727 Rn. 53; MüKoHGB/*K. Schmidt* § 139 Rn. 25.
[50] BeckOGK/*von Proff zu Irnich* BGB § 727 Rn. 94.
[51] BeckOK BGB/*Schöne* § 727 Rn. 22; MüKoBGB/*Schäfer* § 727 Rn. 55; *Crezelius,* Unternehmenserbrecht, 2. Aufl. 2009, Rn. 263.
[52] Siehe das Formulierungsbeispiel einer Fortsetzungsklausel unter → Rn. 11.
[53] MüKoBGB/*Schäfer* § 727 Rn. 54.
[54] BeckOGK/*von Proff zu Irnich* BGB § 727 Rn. 107; *Crezelius,* Unternehmenserbrecht, 2. Aufl. 2009, Rn. 263.
[55] MüKoBGB/*Schäfer* § 727 Rn. 54.
[56] MAH ErbR/*Kögel* § 40 Rn. 48.

I. Nachfolgeklauseln in Personengesellschaften § 14

> Nach fruchtlosem Ablauf der Frist wird die Gesellschaft unter den verbleibenden Gesellschaftern und unter Ausschluss der Abfindung der Erben fortgesetzt.

5. Rechtsgeschäftliche Nachfolgeklausel

Dogmatisch strikt von den erbrechtlichen Nachfolgeklauseln zu trennen ist auch die rechtsgeschäftliche Nachfolgeklausel. Im Gegensatz zu den erbrechtlichen Nachfolgeklauseln erfolgt der Gesellschafterwechsel bei der rechtsgeschäftlichen Nachfolgeklausel nicht kraft erbrechtlicher Nachfolge, sondern durch ein aufschiebend auf den Todesfall bedingtes Verfügungsgeschäft unter Lebenden.[57] 36

a) Zweck, Inhalt und Funktionsweise. Der Gesellschafterwechsel vollzieht sich somit außerhalb des Erbrechts und ist daher unabhängig von einer gesetzlichen oder testamentarischen Erbeinsetzung.[58] Dadurch lässt sich ein Erwerb des Begünstigten **am Nachlass vorbei** erreichen.[59] Allerdings ist die Wirksamkeit einer rechtsgeschäftlichen Nachfolgeklausel von der **Mitwirkung des Begünstigten** abhängig, da eine solche Gestaltung anderenfalls als grundsätzlich unzulässiger und mithin unwirksamer Vertrag zulasten Dritter zu qualifizieren ist.[60] Um praktischen Schwierigkeiten vorzubeugen, ist daher zu empfehlen, dass der Begünstigte den Gesellschaftsvertrag mitunterzeichnet, sofern er nicht ohnehin Gesellschafter ist, oder die Zustimmung frühzeitig eingeholt wird.[61] 37

Die für Verfügungen von Todes wegen nach § 2301 Abs. 1 BGB vorgeschriebene **Form** muss dabei nicht beachtet werden, da die Zuwendung bereits als zu Lebzeiten des späteren Erblassers als vollzogen gilt.[62] 38

Um den Fall aufzufangen, dass der Begünstigte zu Lebzeiten nicht mehr an der Übertragung mitwirkt oder mitwirken kann, sollte **zusätzlich ein Eintrittsrecht** aufgenommen werden, um einen Leerlauf der Regelung zu verhindern beziehungsweise um nicht auf eine **Umdeutung** im Rahmen der Auslegung zurückgreifen zu müssen.[63] 39

Da der Übergang des Gesellschaftsanteils außerhalb des Erbrechts erfolgt, entstehen **keine erbrechtlichen Abfindungsansprüche** der weichenden Erben.[64] Darüber hinaus sollte eine klarstellende Regelung hinsichtlich der nicht bestehenden gesellschaftsrechtlichen Abfindung der Erben aufgenommen werden. Ungeachtet dessen kommen für etwaige **Pflichtteilsberechtigte** Ansprüche aus §§ 2325, 2329 BGB in Betracht, die sich zwar primär gegen den Erben, aber subsidiär auch gegen den Beschenkten richten.[65] 40

b) Vor- und Nachteile der Klausel. Einen Vorteil der rechtsgeschäftlichen Nachfolgeklausel stellt sicherlich die Möglichkeit der vollständigen **Vermeidung von Ausgleichsansprüchen** der weichenden Erben dar.[66] Daneben bestehen zum einen, im Gegensatz zu den erbrechtlichen Nachfolgeklauseln, **keine Kollisionsprobleme zwischen Erb- und Gesellschaftsrecht** und zum anderen ist **keine erbrechtliche Legitimation** des Begünstigten erforderlich, da er nicht zwingend Erbe sein muss.[67] Dadurch eröffnet sich auch die Möglichkeit, die Übertragung der Gesellschaftsbeteiligung auf einen Nachfolger 41

---

[57] BGH NJW 1959, 1433; MüKoHGB/*K. Schmidt* § 139 Rn. 23.
[58] Vgl. Oetker/*Kamanabrou* HGB § 139 Rn. 27; MHdB GesR II/*Klein/Lindemeier* § 41 Rn. 31.
[59] MHdB GesR I/*Klein/Lindemeier* § 79 Rn. 37; EBJS/*Lorz* HGB § 139 Rn. 51.
[60] BGH NJW 1978, 264 (265); NJW 1977, 1339 (1341); MüKoBGB/*Schäfer* § 727 Rn. 50.
[61] Oetker/*Kamanabrou* HGB § 139 Rn. 28.
[62] Siehe statt vieler MüKoHGB/*K. Schmidt* § 139 Rn. 23; MHdB GesR I/*Klein/Lindemeier* § 79 Rn. 30; EBJS/*Lorz* HGB § 139 Rn. 51.
[63] Vgl. Oetker/*Kamanabrou* HGB § 139 Rn. 29; MHdB GesR I/*Klein/Lindemeier* § 79 Rn. 28.
[64] EBJS/*Lorz* HGB § 139 Rn. 52; Oetker/*Kamanabrou* HGB § 139 Rn. 30.
[65] Oetker/*Kamanabrou* HGB § 139 Rn. 30.
[66] Vgl. EBJS/*Lorz* HGB § 139 Rn. 52; MüKoBGB/*Schäfer* § 727 Rn. 52; BeckOK BGB/*Schöne* § 727 Rn. 20.
[67] MHdB GesR II/*Klein/Lindemeier* § 41 Rn. 31.

zu sichern, dessen Einsetzung als Erbe nicht zu erwarten oder ungewiss ist.[68] Ebenso können durch eine solche **Übertragung am Nachlass vorbei** durch Erbvertrag oder gemeinschaftliches Testament bindend gewordene Erbeinsetzungen umgangen werden.[69]

42 Der Nachteil der rechtsgeschäftlichen Nachfolgeklausel besteht insbesondere in dem bereits erwähnten und praktisch oft schwer umsetzbaren **Mitwirkungserfordernis** des Begünstigten. Kommt es zu Lebzeiten des betreffenden Gesellschafters nicht zu der erforderlichen Mitwirkungshandlung, läuft die Klausel grundsätzlich leer. In diesem Fall kann eine **Umdeutung** in eine rechtsgeschäftliche Eintrittsklausel oder eine qualifizierte erbrechtliche Nachfolgeklausel in Betracht kommen.[70]

43 Wirkt der Begünstigte frühzeitig zu Lebzeiten des Gesellschafters mit, birgt die **Bindungswirkung der Klausel** zugleich auch den Nachteil, dass diese Bindungswirkung nicht mehr ohne erneute Mitwirkung des Begünstigten oder der übrigen Gesellschafter beseitigt werden kann.[71]

c) Formulierungsvorschlag

44 Ein **Formulierungsvorschlag** für eine **rechtsgeschäftliche Nachfolgeklausel** könnte lauten:

Beim Ableben des Gesellschafters E geht dessen Gesellschaftsanteil, einschließlich aller Forderungen und Verbindlichkeiten aus dem Gesellschaftsverhältnis, unmittelbar auf dessen Sohn A über. Der A kann durch Mitunterzeichnung dieses Gesellschaftsvertrags die unmittelbare Übertragung kraft Rechtsgeschäft annehmen. Erfolgt die Annahme nicht zu Lebzeiten des Gesellschafters E, so steht dessen Sohn A das Recht zu, durch schriftliche Erklärung gegenüber den übrigen Gesellschaftern in die Gesellschaft einzutreten. Erfolgt die schriftliche Eintrittserklärung gegenüber den verbleibenden Gesellschaftern fristgerecht, tritt der A so in die Beteiligung des Gesellschafters E ein, wie diese zum Zeitpunkt des Erbfalls bestand.

Unabhängig von der rechtsgeschäftlichen Übertragung auf A oder dessen Eintritt, setzen die verbleibenden Gesellschafter die Gesellschaft fort.

Abfindungsansprüche der Erben des Gesellschafters E gegen die Gesellschaft oder die verbleibenden Gesellschafter sind ausgeschlossen.

6. Kombinierte Nachfolge- und Umwandlungsklausel

45 War der Erblasser persönlich haftender Gesellschafter einer Personengesellschaft können sich hieraus für den Erben ungeahnte Haftungsrisiken ergeben, da er grundsätzlich sowohl für Alt- als auch für Neuverbindlichkeiten ohne eine erbrechtliche Beschränkung auf den Nachlass persönlich und mit seinem ganzen Vermögen haftet.[72]

46 **a) Zweck, Inhalt und Funktionsweise.** Die gesetzliche Ausgangslage in § 139 HGB eröffnet dem Nachfolger eines persönlich haftenden Gesellschafters das Wahlrecht, ob er in eine möglicherweise unüberschaubare Haftungssituation eintreten oder seinen Verbleib in der Gesellschaft von der Einräumung einer Kommanditistenstellung abhängig machen möchte. Der Erbe ist somit nicht gezwungen die gesamte Erbschaft auszuschlagen, nur um das aus der Stellung als persönlich haftender Gesellschafter erwachsende Haftungsrisiko zu vermeiden.[73] Voraussetzung ist nach § 139 Abs. 1 HGB allerdings, dass die Nach-

---

[68] MüKoBGB/*Schäfer* § 727 Rn. 49.
[69] MHdB GesR II/*Klein/Lindemeier* § 41 Rn. 31; Henssler/Strohn/*Klöhn* HGB § 139 Rn. 85.
[70] BGH NJW 1978, 264 (265); NJW 1977, 1339 (1341).
[71] MHdB GesR II/*Klein/Lindemeier* § 41 Rn. 31.
[72] *K. Schmidt* BB 1989, 1702 (1703).
[73] Oetker/*Kamanabrou* HGB § 139 Rn. 62.

folge in die Gesellschafterstellung aufgrund einer einfachen oder qualifizierten erbrechtlichen Nachfolgeklausel erfolgt.[74] Ob § 139 HGB auch analog auf GbR-Gesellschafter anzuwenden ist, ist umstritten.[75] Die Ausübung des Wahlrechts selbst erfolgt durch einen formlosen Antrag an die übrigen Gesellschafter innerhalb der Dreimonatsfrist.[76]

§ 139 HGB gibt dem Nachfolger jedoch **keinen Anspruch auf Umwandlung** der Beteiligung.[77] Stimmen somit nicht alle verbleibenden Gesellschafter dem Umwandlungsantrag zu oder sieht der Gesellschaftsvertrag für diesen Fall eine Mehrheitsentscheidung vor, muss der Nachfolger aus der Gesellschaft ausscheiden, wenn er nicht persönlich haften möchte.[78] Dieser unbefriedigenden Situation kann zugunsten des Nachfolgers durch eine **kombinierte Nachfolge- und Umwandlungsklausel** entgegengewirkt werden. 47

Für die konkrete Ausgestaltung der kombinierten Nachfolge- und Umwandlungsklausel stehen drei Varianten zur Auswahl. In der ersten Variante wird dem Erben ein **schuldrechtlicher Anspruch auf Umwandlung** der geerbten Beteiligung in eine Kommanditbeteiligung eingeräumt.[79] Eine solche Klausel sollte jedoch einerseits zum Schutz der Mitgesellschafter vor einem langfristigen Schwebezustand und andererseits zum Schutz des Erben im Hinblick auf § 139 Abs. 4 HGB mit einer an § 139 Abs. 3 HGB angelehnten Ausschlussfrist von längstens drei Monaten versehen werden.[80] Eine weitere mögliche Ausgestaltungsvariante stellt die Einräumung eines **Optionsrecht** dar, wonach der Erbe durch einseitige Erklärung seine geerbte Gesellschaftsbeteiligung in eine Kommanditbeteiligung umwandeln kann.[81] Allerdings sollte auch in diesem Fall zum Schutz des Erben nach § 139 Abs. 4 HGB eine Frist von längstens drei Monaten aufgenommen werden. Ebenfalls zulässig ist die Ausgestaltung in Form einer **automatischen Umwandlung,** ohne Einfluss der Beteiligten.[82] Wobei man in einer automatischen Umwandlung zugleich eine Abbedingung des Austrittsrechts aus § 139 Abs. 2 HGB sehen wird.[83] 48

In jeder der genannten Klauselvarianten sollte jedoch unbedingt eine **Festlegung zur Höhe der Hafteinlage** enthalten sein. War bereits für den Erblasser eine Einlage im Gesellschaftsvertrag festgelegt, kann für den oder die Erben an diese anteilig angeknüpft werden. Ist dies nicht der Fall, sollte auf das Kapitalkonto Bezug genommen werden.[84] 49

b) Vor- und Nachteile der Klausel. Eine kombinierte Nachfolge- und Umwandlungsklausel eröffnet dem Erben über § 139 Abs. 4 HGB ein **Haftungsprivileg,** indem er so behandelt werden soll, als habe er einen Kommanditisten beerbt.[85] Der Erbe haftet für Altverbindlichkeiten somit nach § 128 HGB iVm §§ 1965, 1975 ff. BGB nur auf den Nachlass beschränkt und nach §§ 173, 171 Abs. 1 HGB nur, soweit die Hafteinlage des Erblassers nicht geleistet oder wieder zurückgezahlt wurde.[86] Für im Anschluss an die Umwandlung begründete Neuverbindlichkeiten haftet der Erbe ohnehin nur noch als Kommanditist nach §§ 173, 171 Abs. 1 HGB.[87] 50

Ferner bietet die Klausel bei der Nachfolge in die Stellung eines persönlich haftenden Gesellschafters gegenüber einer einfachen oder qualifizierten Nachfolgeklausel den Vor- 51

---

[74] EBJS/*Lorz* HGB § 139 Rn. 95.
[75] Offen gelassen in BGH NZG 2014, 696 (697); für eine analoge Anwendung Oetker/*Kamanabrou* HGB § 139 Rn. 63; EBJS/*Lorz* HGB § 139 Rn. 97; MüKoHGB/*K. Schmidt* § 139 Rn. 60; aA *Hoppe* ZEV 2004, 226 (227); *Zöller* MittRhNotK 1999, 122 (131).
[76] Baumbach/Hopt/*Roth* HGB § 139 Rn. 37.
[77] Henssler/Strohn/*Klöhn* HGB § 139 Rn. 44.
[78] Vgl. Baumbach/Hopt/*Roth* HGB § 139 Rn. 39; *Zöller* MittRhNotK 1999, 122 (131).
[79] EBJS/*Lorz* HGB § 139 Rn. 137; MüKoHGB/*K. Schmidt* § 139 Rn. 135.
[80] Vgl. *K. Schmidt* BB 1989, 1702 (1704).
[81] *Zöller* MittRhNotK 1999, 122 (131); MüKoHGB/*K. Schmidt* § 139 Rn. 136.
[82] Baumbach/Hopt/*Roth* HGB § 139 Rn. 63.
[83] Oetker/*Kamanabrou* HGB § 139 Rn. 94; MüKoHGB/*K. Schmidt* § 139 Rn. 137.
[84] Siehe hierzu *K. Schmidt* BB 1989, 1702 (1708).
[85] *K. Schmidt* BB 1989, 1702 (1707).
[86] MüKoHGB/*K. Schmidt* § 172 Rn. 45; Henssler/Strohn/*Klöhn* HGB § 139 Rn. 62.
[87] Henssler/Strohn/*Klöhn* HGB § 139 Rn. 64.

teil, dass auch eine **Differenzierung** insofern möglich ist, dass bestimmte Erben (beispielsweise der Ehepartner) automatisch einen Kommanditanteil erhalten, während anderen Erben nur ein Wahlrecht oder ein Anspruch zusteht.[88] Bei der Ausgestaltung einer differenzierten Klausel darf allerdings nicht vergessen werden, dass bei einer KG der Tod des letzten Komplementärs zur Auflösung der KG als solcher führt.[89] Für diesen Fall kann es sich anbieten, in den Gesellschaftsvertrag eine Verpflichtung aufzunehmen, wonach alle Gesellschafter verpflichtet sind, an der Umwandlung in eine GmbH & Co. KG mitzuwirken und der Aufnahme einer Komplementär-GmbH zuzustimmen.[90] Daher muss die Klausel, um Auslegungsstreitigkeiten zu vermeiden, die auch den Bestand der Gesellschaft gefährden können, die gewählte Ausgestaltung und Differenzierung **eindeutig und klar formulieren**.[91]

c) Formulierungsvorschlag

52 Eine denkbare **Formulierung** einer **kombinierten Nachfolge- und Umwandlungsklausel** könnte wie folgt lauten:

Beim Tod eines Gesellschafters wird die Gesellschaft mit dessen Erben fortgesetzt. Als Erben des verstorbenen Gesellschafters benannte leibliche Abkömmlinge können durch schriftliche Erklärung gegenüber den verbleibenden Gesellschaftern den jeweils geerbten Gesellschaftsanteil in einen Kommanditanteil umwandeln (Optionsrecht). Diese Erklärung muss innerhalb von zwei Monaten nach Kenntnis von dem Erbanfall den übrigen Gesellschaftern zugegangen sein. Als Hafteinlage für die Kommanditbeteiligung des jeweiligen Erben wird der der Erbquote entsprechende Teilbetrag der Kapitaleinlage des verstorbenen Gesellschafters bestimmt. Ist für den Erblasser keine Kapitaleinlage vereinbart, ist das Kapitalkonto maßgeblich.

Wird der Ehepartner des verstorbenen Gesellschafters ganz oder teilweise dessen Erbe, wandelt sich der diesem zustehende Teil des Gesellschaftsanteils automatisch in einen Kommanditanteil um. Für die Ermittlung der Höhe der Hafteinlage gelten die vorgenannten Regelungen.

Alle sonstigen gesetzlichen oder gewillkürten Erben können lediglich durch schriftliche Erklärung gegenüber den überlebenden Gesellschaftern innerhalb von zwei Monaten nach Kenntnis von dem Erbfall verlangen, dass ihr erebter Gesellschaftsanteil in einen Kommanditanteil umgewandelt wird (Anspruch auf Umwandlung). Für die Ermittlung der Höhe der Hafteinlage gelten die vorgenannten Regelungen. Die verbleibenden Gesellschafter können dem Umwandlungsverlangen innerhalb von zwei Wochen nach Zugang der schriftlichen Erklärung stattgeben, spätestens innerhalb der Dreimonatsfrist des § 139 Abs. 3 HGB. Sollten die verbleibenden Gesellschafter nicht innerhalb dieser Dreimonatsfrist Einwendungen gegen den Umwandlungsanspruch geltend gemacht haben, so gilt das Umwandlungsverlangen als angenommen. Diejenigen unter den Erben, die Kommanditisten werden, haben zur Ausübung ihres Stimmrechtes einen gemeinschaftlichen Vertreter zu bestellen. Ihr Widerspruchsrecht gegen die Geschäftsführungsmaßnahmen ist ausgeschlossen. Diejenigen Erben, die persönlich haftende Gesellschafter bleiben, nehmen die Geschäftsführungs- und Vertretungsbefugnisse in gleichem Umfang wie der Erblassers wahr.

---

[88] Vgl. *K. Schmidt* BB 1989, 1702 (1705).
[89] Vgl. BGH NJW 1953, 102 (103); Henssler/Strohn/*Klöhn* HGB § 131 Rn. 23; Baumbach/Hopt/*Roth* HGB § 131 Rn. 36.
[90] *K. Schmidt* BB 1989, 1702 (1705).
[91] Vgl. *K. Schmidt* BB 1989, 1702 (1707).

II. Nachfolgeklauseln in Kapitalgesellschaften

Der Tod eines Gesellschafters hat auf den Fortbestand einer Kapitalgesellschaft als solcher keinen Einfluss. Insofern kommt den Nachfolgeklauseln bei den Kapitalgesellschaften – im Gegensatz zu den Nachfolgeklauseln bei Personengesellschaften – eine umgekehrte Rolle zu. Sowohl in der GmbH als auch in der Aktiengesellschaft – ebenso bei den Aktien einer KGaA – kann die Vererblichkeit der Anteile an der Kapitalgesellschaft nicht durch die Satzung ausgeschlossen werden.[92] Es ist daher auch nicht möglich, eine Sonderrechtsnachfolge in der Satzung festzulegen oder gar bestimmte Personen oder Personengruppen vom Erwerb von Todes wegen auszuschließen.[93] Da die Anteile an Kapitalgesellschaften nach den gesetzlichen Regelungen somit grundsätzlich frei vererblich sind, ist die Gesellschaft nach der gesetzlichen Ausgangskonzeption gegenüber dem Eindringen fremder oder unerwünschter Dritter schutzlos.[94] Insofern dienen Nachfolgeklauseln in Kapitalgesellschaften der Einschränkung beziehungsweise Modifizierung dieser freien Vererblichkeit.[95] Im Ergebnis verstecken sich somit hinter dem Begriff der Nachfolgeklausel in einer Kapitalgesellschaft sowohl Einziehungs- und Abtretungsklauseln für den Übergang der Gesellschaftsbeteiligung von Todes wegen als auch Vinkulierungsklauseln[96] für die Einschränkung der vorweggenommenen Erbfolge. Aufgrund der gegenüber dem GmbHG strengeren Anforderungen des AktG ist im Folgenden bei der Klauselgestaltung zwischen der GmbH und der AG zu trennen.[97]

1. Einziehungsklausel in der GmbH

Einer der wichtigsten gesellschaftsvertraglichen **Schutzmechanismen** um die GmbH vor einem Eindringen Dritter infolge eines Übergangs von Todes zu schützen ist die Einziehung des Geschäftsanteils.

a) Zweck, Inhalt und Funktionsweise. § 34 Abs. 1 GmbHG statuiert, dass eine Einziehung nur zulässig ist, sofern diese im Gesellschaftsvertrag vorgesehen ist. Ferner müssen die Voraussetzungen bei einer Einziehung ohne Zustimmung des betroffenen Gesellschafters bereits vor dem Erwerb des Geschäftsanteils durch diesen im Gesellschaftsvertrag verankert gewesen sein, § 34 Abs. 2 GmbHG. Damit ist es umso wichtiger, dass eine Einziehungsklausel so **früh wie möglich,** idealerweise zugleich bei Gesellschaftsgründung oder spätestens vor einer Übertragung auf die nächste Generation, in den Gesellschaftsvertrag aufgenommen wird. Zudem muss der einzuziehende Geschäftsanteil **voll eingezahlt** sein, da anderenfalls nur eine Kaduzierung des Geschäftsanteils gemäß § 21 GmbHG oder eine formelle Kapitalherabsetzung gemäß § 58 GmbHG möglich ist.[98]

Das Gesetz trifft keine Regelung hinsichtlich der Abfindung für den eingezogenen Geschäftsanteil. Insofern sollte unbedingt an eine **Bezugnahme auf die allgemeine Abfindungsregelung** gedacht werden, da anderenfalls eine Abfindung in Höhe des Verkehrswertes des einzuziehenden Geschäftsanteils zu zahlen ist.[99] Zudem darf die Abfindungszahlung nicht zu einer Stammkapitalrückzahlung gemäß §§ 34 Abs. 3 in Verbindung mit 30 Abs. 1 GmbHG führen, sodass entsprechend freies Vermögen zur Abfindung des betroffenen Gesellschafters erforderlich ist.[100] Ein Einziehungsbeschluss ist daher analog

---

[92] MAH ErbR/*Kögel* § 40 Rn. 53; MüKoBGB/*Leipold* § 1922 Rn. 78 ff.
[93] Baumbach/Hueck/*Fastrich* GmbHG § 15 Rn. 9; Ulmer/Habersack/Löbbe/*Löbbe* GmbHG § 15 Rn. 14.
[94] *Ivo* ZEV 2006, 252 (254).
[95] MAH ErbR/*Kögel* § 40 Rn. 53.
[96] Vinkulierungsklauseln werden aufgrund ihrer Relevanz auch für Personengesellschaften unter → Rn. 120 ff. insgesamt behandelt.
[97] Vgl. *Crezelius,* Unternehmenserbrecht, 2. Aufl. 2009, Rn. 380.
[98] Vgl. Ulmer/Habersack/Löbbe/*Ulmer/Habersack* GmbHG § 34 Rn. 19.
[99] MüKoGmbHG/*Strohn* GmbHG § 34 Rn. 29.
[100] Ulmer/Habersack/Löbbe/*Ulmer/Habersack* GmbHG § 34 Rn. 20; MüKoGmbHG/*Strohn* GmbHG § 34 Rn. 64.

§ 241 Nr. 3 AktG **nichtig,** sofern bereits bei Beschlussfassung feststeht, dass das Einziehungsentgelt nicht aus freiem Vermögen gezahlt werden kann, selbst wenn ausreichend stille Reserven vorhanden sind.[101]

57 Da die überwiegende Meinung davon ausgeht, dass das allgemeine Stimmrechtsverbot in eigener Sache gemäß § 47 Abs. 4 GmbHG bei einem Einziehungsbeschluss nicht eingreift, sollte der **Stimmrechtsausschluss** des betroffenen Gesellschafters unbedingt ausdrücklich aufgenommen werden.[102]

58 Es sollte zudem bei der Formulierung der Klausel nicht nur von Abkömmlingen gesprochen werden, da sich dadurch Streitpotenzial hinsichtlich der Frage eröffnet, ob nur leibliche oder auch adoptierte Abkömmlinge nachfolgeberechtigt sein sollen.[103] Ob bei adoptierten Abkömmlingen darüber hinaus noch eine Einschränkung auf nur als minderjährige adoptierte Kinder vorgenommen werden sollte, ist eine mit den jeweiligen Gesellschaftern zu klärende individuelle Gestaltungsfrage.

59 **b) Vor- und Nachteile der Klausel.** Die Einziehungsklausel bietet der Gesellschaft bei einer fehlgeschlagenen Nachfolge oder bei einer bewussten Zuwendung des Geschäftsanteils an Familienfremde einen effektiven **Schutz vor dem Eindringen Dritter.**

60 Die Einziehung führt zu einer **Vernichtung des Geschäftsanteils** mitsamt allen daran anknüpfenden Mitgliedsrechten und Pflichten sowie etwaigen Rechten Dritter.[104] Ob der Untergang des Geschäftsanteils dabei bei den verbleibenden Gesellschaftern eine quotale Anwachsung bewirkt ist umstritten.[105] In jedem Fall ist jedoch eine **neue Gesellschafterliste** beim Handelsregister einzureichen.[106]

c) Formulierungsvorschlag

61 Eine **Einziehungsklausel** könnte beispielsweise wie folgt **formuliert** werden:

Die Einziehung von Geschäftsanteilen mit schriftlicher Zustimmung des betroffenen Gesellschafters ist zulässig.

Der Zustimmung des betroffenen Gesellschafters bedarf es nicht,
- wenn der Geschäftsanteil von Todes wegen auf einen oder mehrere Erben übergegangen ist und der oder die Erben weder Gesellschafter noch leibliche oder adoptierte Abkömmlinge des Erblassers sind, sofern der oder die Erben nicht innerhalb von sechs Monaten nach dem Erbfall den Geschäftsanteil an einen Mitgesellschafter oder einen von der Gesellschaft benannten Dritten übertragen;
- wenn über das Vermögen des Gesellschafters das Insolvenzverfahren eröffnet und nicht binnen sechs Monaten wieder aufgehoben wird oder wenn die Eröffnung des Insolvenzverfahrens mangels Masse abgelehnt wird;
- wenn von Seiten eines Gläubigers des Gesellschafters Zwangsvollstreckungsmaßnahmen in den Geschäftsanteil des Gesellschafters vorgenommen werden und es dem Inhaber des Geschäftsanteils nicht binnen sechs Monaten seit Beginn dieser Maßnahme gelungen ist, ihre Aufhebung zu erreichen;
- wenn er seinen Geschäftsanteil mit Zustimmung der Gesellschafterversammlung verpfändet hat und die Pfandreife eintritt;

---

[101] BGH NJW-RR 2018, 1054.
[102] Baumbach/Hueck/*Zöllner/Noack* GmbHG § 47 Rn. 88.
[103] Vgl. OLG Stuttgart BeckRS 2012, 23633.
[104] Ulmer/Habersack/*Löbbe/Ulmer/Habersack* GmbHG § 34 Rn. 57; Baumbach/Hueck/*Fastrich* GmbHG § 34 Rn. 19.
[105] Für eine anteilige Anwachsung Roth/Altmeppen/*Altmeppen* GmbHG § 34 Rn. 82; MüKoGmbHG/*Strohn* § 34 Rn. 64; gegen eine Anwachsung Baumbach/Hueck/*Fastrich* GmbHG § 34 Rn. 20; wohl auch BGH NJW 2015, 1385 (1387).
[106] MüKoGmbHG/*Strohn* § 34 Rn. 66.

- wenn die Geschäftsanteile an dieser Gesellschaft über eine Familiengesellschaft gehalten werden und die Anteile an dieser Familiengesellschaft auf eine Person übertragen werden, die kein Mitglied eines Familienstammes im Sinne dieses Gesellschaftsvertrages ist;
- wenn er trotz Aufforderung der Gesellschaft nicht seiner Verpflichtung zum Abschluss und fristgerechten Nachweis einer entsprechenden ehevertraglichen Vereinbarung nach § ... dieses Gesellschaftsvertrages nachkommt;
- wenn in seiner Person ein den Ausschluss rechtfertigender wichtiger Grund vorliegt.

Der Einziehungsbeschluss bedarf einer Mehrheit von 75 % der abgegebenen Stimmen. Der betroffene Gesellschafter hat hierbei kein Stimmrecht.

Steht ein Geschäftsanteil mehreren Mitberechtigten ungeteilt zu, ist die Einziehung auch dann zulässig, wenn die Einziehungsvoraussetzungen nur in der Person eines Mitberechtigten vorliegen. Mehrere Geschäftsanteile eines Gesellschafters können nur insgesamt eingezogen werden.

Die Mitgliedschaft des Ausscheidenden endet bereits mit der Bekanntgabe des Gesellschafterbeschlusses, der die Einziehung oder die Übertragung des Geschäftsanteils anordnet. Ab dieser Mitteilung der Einziehung ist der betroffene Gesellschafter vom Stimmrecht und vom Recht auf Gewinnbezug ausgeschlossen. Der Ausschluss ist nicht abhängig von der Zahlung der Abfindung.

Für die Ermittlung des Abfindungsbetrages und für die Auszahlungsmodalitäten der Abfindung im Fall der Einziehung oder Abtretung des Geschäftsanteils des Ausscheidenden gilt § ... dieses Gesellschaftsvertrages entsprechend.

2. Abtretungsklausel in der GmbH

Als Alternative oder Ergänzung zu einer Einziehungsklausel bietet sich eine Abtretungsklausel an. Dadurch können insbesondere einige der vorstehend beschriebenen Nachteile einer Anteilseinziehung vermieden werden. **62**

a) Zweck, Inhalt und Funktionsweise. Durch eine Abtretungsklausel wird der Erbe zur Abtretung des Geschäftsanteils an einen Mitgesellschafter, einen von der Gesellschaft zu bestimmenden Dritten oder die Gesellschaft selbst verpflichtet.[107] Die Abtretungsverpflichtung ist als dabei Nebenleistung im Sinne des § 3 Abs. 2 GmbHG einzuordnen und haftet dem Geschäftsanteil von vornherein an, sodass der oder die Erben den Geschäftsanteil bereits mit dieser Belastung erwerben.[108] Für den Fall einer gemischten Erbengemeinschaft, das heißt einer Erbengemeinschaft bestehend aus nachfolgeberechtigten und nicht nachfolgeberechtigten Erben, sollte eine **Erleichterung für die Erbauseinandersetzung** zugunsten der nachfolgeberechtigten Erben vorgesehen werden.[109] Daneben sollte zur einfacheren **Durchsetzung** in der Klausel vorgesehen werden, dass die Gesellschaft entsprechend § 185 BGB **ermächtigt** wird, die Abtretung des Geschäftsanteils selbst vorzunehmen, falls sich der betroffene Erbe weigert.[110] Im Innenverhältnis setzt die Ausübung jedoch zusätzlich einen **konkreten Gesellschafterbeschluss** analog § 46 Nr. 4 GmbHG voraus.[111] **63**

Ähnlich wie bei der Einziehungsklausel sollte auch bei der Abtretungsklausel eine entsprechende **Verweisung auf die Abfindungsregelungen** des Gesellschaftsvertrages aufgenommen werden, da ansonsten von einer Abfindung zum Verkehrswert des Geschäfts- **64**

---

[107] Ivo ZEV 2006, 252 (254).
[108] MüKoGmbHG/*Reichert*/*Weller* § 15 Rn. 452.
[109] Vgl. Henssler/Strohn/*Verse* GmbHG § 15 Rn. 28.
[110] BeckOK GmbHG/*Wilhelmi* § 15 Rn. 64.
[111] BGH NJW 1983, 2880.

anteils auszugehen sein wird.[112] Zudem empfiehlt es sich in die Satzung eine **bestimmte Frist zur Geltendmachung** des Abtretungsverlangens aufzunehmen. Wird das Abtretungsrecht nicht innerhalb dieser Frist beziehungsweise bei Fehlen einer solchen innerhalb einer angemessenen Frist ausgeübt, verwirkt die Gesellschaft das Abtretungsrecht.[113]

65 **b) Vor- und Nachteile der Klausel.** Eine Abtretungsklausel bietet gegenüber einer Einziehungsklausel den entscheidenden Vorteil, dass sie nicht von einer Einhaltung der Voraussetzungen der §§ 34 Abs. 3 in Verbindung mit 30 Abs. 1 GmbHG abhängig ist. Des Weiteren wird der **Geschäftsanteil nicht vernichtet** und kann somit zu einem späteren Zeitpunkt beispielsweise an einen neuen Abkömmling übertragen werden.[114]

66 Darüber hinaus eröffnet auch nur eine Abtretungsklausel beziehungsweise eine kombinierte Einziehungs- und Abtretungsklausel den Abtretungsempfängern die **Begünstigung nach §§ 13a, 19a ErbStG**, da nur insoweit § 3 Abs. 1 Nr. 2 S. 2 ErbStG einen Erwerb von Todes wegen fingiert (→ § 27 Rn. 26).[115]

c) Formulierungsvorschlag

67 Eine Formulierung einer Abtretungsklausel könnte wie folgt lauten:

Verstirbt ein Gesellschafter und sind seine Erben oder Vermächtnisnehmer des Geschäftsanteils Mitgesellschafter, leibliche oder adoptierte Abkömmlinge, so wird die Gesellschaft mit ihnen fortgesetzt. Wenn nur einzelne Erben oder Vermächtnisnehmer diese Voraussetzungen erfüllen, bedarf es zu einer Übertragung der (Teil-)Geschäftsanteile im Rahmen der Erbauseinandersetzung auf denjenigen oder diejenigen Erben, welche die Voraussetzungen erfüllen, nicht der Zustimmung der Gesellschafterversammlung.

Die Gesellschaft kann von den Erben des Geschäftsanteils, soweit sie nicht Mitgesellschafter oder leibliche oder adoptierte Abkömmlinge des verstorbenen Gesellschafters sind, verlangen, dass der Geschäftsanteil auf einen Mitgesellschafter, einen von der Gesellschaft benannten Dritten oder die Gesellschaft übertragen wird. Dem oder den Erben steht in diesem Fall eine Abfindung nach § ... dieses Gesellschaftsvertrages zu. Das Abtretungsverlangen ist schriftlich binnen drei Monaten nach Kenntnis der Gesellschaft von dem Erbfall und den Erben gegenüber dem beziehungsweise den Erben zu erklären. Maßgeblich ist das Datum des Poststempels.

Kommt der betroffene Erbe dem Abtretungsverlangen nicht innerhalb von drei Monaten nach Zugang der Abtretungserklärung nach, kann die Gesellschafterversammlung mit einer Mehrheit von 75 % der abgegebenen Stimmen die Abtretung beschließen und selbst vornehmen. Der betroffene Gesellschafter hat hierbei kein Stimmrecht.

68 Für eine **kombinierte Einziehungs- und Abtretungsklausel** bietet sich eine Ergänzung des Formulierungsvorschlages der Einziehungsklausel (→ Rn. 161) um den nachfolgenden Absatz an:

Statt der Einziehung kann die Gesellschafterversammlung die Übertragung des Geschäftsanteils oder von Teilen davon auf zur Übernahme bereite Gesellschafter im Verhältnis ihrer Beteiligung oder ersatzweise auf die Gesellschaft beschließen und die Abtretung selbst vornehmen. Für den Gesellschafterbeschluss ist eine Mehrheit von 75 % der abgegebenen Stimmen erforderlich. Der betroffene Gesellschafter hat hierbei kein Stimmrecht.

---

[112] MüKoGmbHG/*Reichert/Weller* § 15 Rn. 460; Henssler/Strohn/*Verse* GmbHG § 15 Rn. 31.
[113] BeckOK GmbHG/*Wilhelmi* § 15 Rn. 63; MHLS/*Ebbing* GmbHG § 15 Rn. 28.
[114] *Ivo* ZEV 2006, 252 (254).
[115] Vgl. ErbStR 2011 E 3.4 Abs. 3 S. 3–5.

II. Nachfolgeklauseln in Kapitalgesellschaften § 14

3. Zwangseinziehungsklausel in der AG

In der AG sind die Aktionäre nach § 54 AktG grundsätzlich nur zur Leistung ihrer Einlage verpflichtet. Eine über die Ausnahmen des § 55 AktG hinausgehende Auferlegung von Nebenleistungen ist verboten.[116] Daher kann den Aktionären keine Abtretungsverpflichtung auferlegt werden, sodass infolge dessen in der AG weder eine Abtretungsklausel noch eine kombinierte Einziehungs- und Abtretungsklausel möglich ist.[117] Zulässig ist allerdings eine Klausel zur Zwangseinziehung der Aktien. 69

a) Zweck, Inhalt und Funktionsweise. Ebenso wie bei der Einziehungsklausel in der GmbH dient auch die Zwangseinziehung in der AG dem **Schutz der Gesellschaft vor Überfremdung** und dem Eindringen familienfremder oder sonst unerwünschter Dritter.[118] Dabei ist zwischen zwei Gestaltungsvarianten zu unterscheiden: Der angeordneten Zwangseinziehung und der gestatteten Zwangseinziehung. 70

Eine **angeordnete Zwangseinziehung** liegt vor, wenn bei Vorliegen der Voraussetzungen die Aktien eingezogen werden müssen.[119] Aufgrund der zwingenden Rechtsfolge gilt für die Satzungsregelung insoweit ein strenger **Bestimmtheitsgrundsatz**.[120] Demnach sind in der Satzungsklausel die **Einziehungsgründe**, der **Umfang** der Einziehung und der **Zeitpunkt** sowie das an den Betroffenen zu zahlende **Einziehungsentgelt** genau zu regeln.[121] Dem ausführenden Organ darf nur die Feststellung der Voraussetzungen der Zwangseinziehung obliegen, kein darüberhinausgehender Entscheidungsspielraum.[122] Genügt eine Klausel diesem Bestimmtheitsgrundsatz nicht, kommt eine **Umdeutung in eine gestattete Zwangseinziehung** in Betracht.[123] 71

Bei einer **gestatteten Zwangseinziehung** eröffnet die Satzung lediglich die Möglichkeit der Zwangseinziehung, die konkrete Einziehungsentscheidung erfordert jedoch einen **Hauptversammlungsbeschluss**.[124] Ebenso wie bei der angeordneten Zwangseinziehung kann die Satzung die Einziehungsgründe, den Umfang, den Zeitpunkt und das Einziehungsentgelt regeln. Es gilt allerdings nicht der gleiche strenge Bestimmtheitsgrundsatz, sodass auch nur generell die Zwangseinziehung zugelassen und die genauen Regelungen dem Hauptversammlungsbeschluss überlassen werden können.[125] 72

Als mögliche **Einziehungsgründe** zum Schutz der Gesellschaft vor einem Eindringen Dritter kommen insbesondere der Tod eines Aktionärs oder die Vererbung oder Veräußerung an familienfremde Dritte in Betracht.[126] Bei der gestatteten Zwangseinziehung reicht es sogar aus, wenn die Satzung nur das Vorliegen eines **wichtigen Grundes** in der Person des betroffenen Aktionärs fordert.[127] In jedem Fall sollte aber auch eine Rückausnahme vorgesehen werden, falls die Aktien innerhalb eines bestimmten Zeitraumes auf nachfolgeberechtigte Personen übertragen werden. 73

Hinsichtlich des **Einziehungsentgelts** ist es auch unter den strengeren Voraussetzungen der angeordneten Zwangseinziehung ausreichend und zweckmäßig nur eine bestimmte Bezugsgröße zu nennen (zum Beispiel Börsenwert, Ertragswert oder Liquidationswert).[128] Bei der gestatteten Zwangseinziehung reicht es dagegen schon aus, wenn 74

---

[116] Grigoleit/*Grigoleit*/*Rachlitz* AktG § 54 Rn. 5; Hüffer/Koch/*Koch* AktG § 54 Rn. 6.
[117] Vgl. *Crezelius*, Unternehmenserbrecht, 2. Aufl. 2009, Rn. 384; *Perzborn* RNotZ 2017, 405 (424).
[118] Vgl. MüKoAktG/*Oechsler* § 237 Rn. 50.
[119] Hüffer/Koch/*Koch* AktG § 237 Rn. 10; Henssler/Strohn/*Galla* AktG § 237 Rn. 6.
[120] MüKoAktG/*Oechsler* § 237 Rn. 28; MAH AktR/*Dißars*/*Lönner* § 43 Rn. 13.
[121] MAH AktR/*Dißars*/*Lönner* § 43 Rn. 14; Hüffer/Koch/*Koch* AktG § 237 Rn. 10.
[122] Hüffer/Koch/*Koch* AktG § 237 Rn. 10; MüKoAktG/*Oechsler* § 237 Rn. 28; Henssler/Strohn/*Galla* AktG § 237 Rn. 6.
[123] MüKoAktG/*Oechsler* § 237 Rn. 35; MAH AktR/*Dißars*/*Lönner* § 43 Rn. 14.
[124] MAH AktR/*Dißars*/*Lönner* § 43 Rn. 18; Henssler/Strohn/*Galla* AktG § 237 Rn. 8.
[125] MAH AktR/*Dißars*/*Lönner* § 43 Rn. 18.
[126] MAH AktR/*Dißars*/*Lönner* § 43 Rn. 15; Spindler/Stilz/*Marsch-Barner*/*Maul* AktG § 237 Rn. 12.
[127] MüKoAktG/*Oechsler* § 237 Rn. 43; Hüffer/Koch/*Koch* AktG § 237 Rn. 15.
[128] Spindler/Stilz/*Marsch-Barner*/*Maul* AktG § 237 Rn. 16; Hüffer/Koch/*Koch* AktG § 237 Rn. 17.

die Satzung lediglich auf ein **angemessenes Einziehungsentgelt** verweist. Die genaue Höhe des an den Aktionär zu zahlenden und im Hauptversammlungsbeschluss festzulegenden Einziehungsentgelts sollte sich dann an den zu § 305 Abs. 3 S. 2 AktG entwickelten Grundsätzen einer angemessenen Abfindung orientieren.[129] Ein **gänzlicher Ausschluss** eines Einziehungsentgelt ist nicht möglich.[130]

75 **b) Vor- und Nachteile der Klausel.** Aufgrund der automatisch durch eine angeordnete Zwangseinziehung entstehenden Verpflichtung zur Einziehung und der damit verbundenen Verpflichtung zur Aufbringung des Einziehungsentgelts wird man regelmäßig die **flexiblere gestattete Zwangseinziehung** vorziehen.[131]

76 Zu beachten ist ferner, dass eine Zwangseinziehung in der AG immer zugleich eine **Maßnahme zur Kapitalherabsetzung** darstellt und damit auch eine Satzungsänderung.[132] Dadurch wird auch eine entsprechende Anmeldung zum Handelsregister erforderlich sowie nach § 238 S. 3 AktG eine entsprechende Handlung oder Erklärung gegenüber dem betroffenen Aktionär.

c) Formulierungsvorschlag

77 Eine mögliche **Formulierung** einer Klausel zur **gestatteten Zwangseinziehung** könnte lauten:[133]

> Die Hauptversammlung kann mit einfacher Mehrheit der abgegebenen stimmberechtigten Stimmen die Einziehung der Aktien eines verstorbenen Aktionärs beschließen. Der Beschluss hat in der auf den Todesfall des Aktionärs folgenden Hauptversammlung zu erfolgen. Der oder die Rechtsnachfolger des Verstorbenen haben bei der Beschlussfassung über die Zwangseinziehung kein Stimmrecht.
>
> Die Einziehung der Aktien ist ausgeschlossen, soweit es sich bei dem oder den Rechtsnachfolgern des verstorbenen Aktionärs um dessen leibliche Abkömmlinge, dessen Ehepartner oder andere bereits vor dem Erbfall an der AG beteiligte Aktionäre handelt. Die Einziehung ist ebenfalls ausgeschlossen, wenn die betroffenen Aktien innerhalb von sechs Monaten nach dem Todesfall auf ein oder mehrere Mitglieder dieses Personenkreises übertragen worden sind.
>
> Die Gesellschaft hat, vertreten durch den Vorstand, dem oder den Rechtsnachfolgern des betroffenen Aktionärs die Einziehung der Aktien durch eingeschriebenen Brief mitzuteilen. Mit dem Zugang dieser Erklärung ruhen die Stimmrechte aus den betroffenen Aktien.
>
> Dem oder den von der Einziehung betroffenen Aktionären ist ein angemessenes Einziehungsentgelt zu zahlen. Das Einziehungsentgelt ist in fünf gleichen Jahresraten zu zahlen. Die erste Jahresrate ist sechs Monate nach Zugang der Einziehungserklärung an den oder die betroffenen Aktionäre zur Zahlung fällig. Die nächste Jahresrate jeweils zwölf Monate nach der davorliegenden Jahresrate. Das verbleibende Einziehungsentgelt ist mit 2 Prozentpunkten über dem jeweiligen Basiszinssatz gemäß § 247 BGB zu verzinsen. Die anfallenden Zinsen sind jeweils gemeinsam mit der nächsten fälligen Jahresrate zu zahlen. Die Gesellschaft ist jederzeit berechtigt, das verbleibende Einziehungsentgelt ganz oder teilweise vor Fälligkeit zu leisten.

---

[129] Hüffer/Koch/*Koch* AktG § 237 Rn. 18; MüKoAktG/*Oechsler* § 237 Rn. 64.
[130] BGH NZG 2013, 220 (222); MüKoAktG/*Oechsler* § 237 Rn. 62.
[131] MAH AktR/*Dißars*/*Lönner* § 43 Rn. 13.
[132] Hüffer/Koch/*Koch* AktG § 237 Rn. 3; Henssler/Strohn/*Galla* AktG § 237 Rn. 2.
[133] Angelehnt an BeckFormB ErbR/*Müller*/*Sass* Form. G. I. 9.

III. Klausel zur Zulassung von Testamentsvollstreckung

Die Anordnung der Testamentsvollstreckung ist im Hinblick auf eine geordnete und reibungslose Nachlassabwicklung ein oft unverzichtbares Werkzeug. Daher sollte bei der Revision eines Gesellschaftsvertrages immer auch über eine Klausel zur Zulassung der Testamentsvollstreckung an den Gesellschaftsanteilen nachgedacht werden, insbesondere wenn Minderjährige in die Gesellschafterstellung nachfolgen sollen. 78

1. Zweck, Inhalt und Funktionsweise

Die Integration einer Klausel zur Zulassung der Testamentsvollstreckung hat schlicht den **Zweck** den Gesellschaftern die Anordnung einer Testamentsvollstreckung hinsichtlich ihrer Gesellschaftsbeteiligung überhaupt erst zu ermöglichen und so auf die Vorzüge einer Testamentsvollstreckung zugreifen zu können.[134] Die individuellen Motive des Erblassers können von dem Wunsch einer möglichst reibungsfreien Abwicklung bis hin zu einer langsamen Heranführung eines Minderjährigen an die Gesellschaft reichen.[135] 79

Sofern es sich bei den zu vererbenden Gesellschaftsanteilen jedoch um solche eines persönlich haftenden Gesellschafters einer **Personengesellschaft** handelt, ist besondere Aufmerksamkeit bei der Gestaltung der Klausel geboten. Zunächst ist erforderlich, dass die Gesellschaftsbeteiligung überhaupt auf einen oder mehrere Erben übergeht oder einem Vermächtnisnehmer vermacht ist.[136] Hierzu muss der Gesellschaftsvertrag eine entsprechende Nachfolgeklausel enthalten, da anderenfalls die Gesellschaft aufgelöst wird beziehungsweise der verstorbene Gesellschafter aus der Gesellschaft ausscheidet.[137] In den **Kapitalgesellschaften** bedarf es im Hinblick auf eine Testamentsvollstreckung keiner entsprechenden Nachfolgeklausel, da die Anteile mangels einer Sondererbfolge immer ungeteilt in den Nachlass fallen.[138] 80

Daneben ist weiter zwischen der Art der Testamentsvollstreckung zu differenzieren. Die **Abwicklungstestamentsvollstreckung** begegnet weder bei Beteiligungen an Personengesellschaften noch Beteiligungen bei Kapitalgesellschaften großen Schwierigkeiten.[139] Auch eine **Dauertestamentsvollstreckung** bezüglich einer Beteiligung an einer Kapitalgesellschaft[140] oder bezüglich einer Kommanditbeteiligung[141] ist, die Zustimmung der Mitgesellschafter vorausgesetzt, möglich und wenig problematisch. 81

Dagegen ergeben sich erhebliche Probleme bei der Anordnung einer **Dauertestamentsvollstreckung** bei einem **persönlich haftenden Gesellschafter**. Die Schwierigkeiten resultieren zum einen aus dem Spannungsverhältnis der sich widersprechenden Haftungsregime des Personengesellschaftsrechts einerseits und des Erbrechts andererseits.[142] Zum anderen besteht ein systematischer Konflikt zwischen den Grundprinzipien der Personengesellschaften, wie beispielsweise der Selbstorganschaft und dem Abspaltungsverbot, und der andauernden Vertretung und Rechtsausübung durch den Dauertestamentsvollstrecker.[143] Dies hat zur Folge, dass bei der Beteiligung eines persönlich haftenden Gesellschafter der Dauertestamentsvollstrecker in der Ausübung seiner aus der Beteiligung erwachsenden Rechte eingeschränkt sein kann.[144] 82

---

[134] Vgl. *Todtenhöfer* RNotZ 2017, 557 (560).
[135] Siehe zu den einzelnen Aspekten und Ausgestaltungsmöglichkeiten der Testamentsvollstreckung → § 18 Rn. 104 ff.
[136] *Todtenhöfer* RNotZ 2017, 557 (558); vgl. auch *Kämper* RNotZ 2016, 625 (627).
[137] Siehe zu Nachfolgeklauseln in Personengesellschaften → Rn. 2 ff.
[138] *Todtenhöfer* RNotZ 2017, 557 (559).
[139] *Todtenhöfer* RNotZ 2017, 557 (559).
[140] Palandt/*Weidlich* BGB § 2205 Rn. 19.
[141] BGH NJW 1989, 3152 (3153 ff.); *Kämper* RNotZ 2016, 625 (635).
[142] *Todtenhöfer* RNotZ 2017, 557 (559).
[143] *Kämper* RNotZ 2016, 625 (630); *Todtenhöfer* RNotZ 2017, 557 (559); siehe auch MHdB GesR II/*Klein/Lindemeier* § 42 Rn. 41 ff.
[144] Siehe hierzu ausführlich *Schäfer* ZHR 175 (2011), 557 (562 ff.).

83 Die soeben beschriebene Problematik kann zum Beispiel durch die auch in dem nachfolgenden Formulierungsvorschlag vorgesehene **Vollmachtslösung** oder **Treuhandlösung** umgangen werden. Die Vollmachtslösung sieht eine Bevollmächtigung des Testamentsvollstreckers vor, aufgrund welcher er zwar nicht Gesellschafter wird, die Gesellschaftsbeteiligung aber aufgrund der Vollmacht für Rechnung und im Namen der Erben verwaltet.[145] Bei der Treuhandlösung tritt der Testamentsvollstrecker stattdessen selbst in die Gesellschafterstellung des Verstorbenen als Treuhänder für die Erben ein, handelt im Außenverhältnis in eigenem Namen und haftet persönlich und unbeschränkt.[146] Im Innenverhältnis handelt der Testamentsvollstrecker für Rechnung der Erben und kann, wie ein Auftragnehmer, Aufwendungsersatz verlangen.[147] Die Einräumung einer derart starken Stellung im Außenverhältnis könnte in einer familiär geprägten Gesellschafterstruktur allerdings auf den Widerstand der übrigen Gesellschafter stoßen, sodass dann auf die Vollmachtslösung zurückzugreifen ist.[148]

84 Bei der Aufnahme einer Klausel zur Zulassung der Testamentsvollstreckung in den Gesellschaftsvertrag sollte unbedingt auch auf die **Abstimmung mit den übrigen Regelungen des Gesellschaftsvertrages** geachtet werden, insbesondere die Vertretung in Gesellschafterversammlungen[149] und die Einziehung beziehungsweise Zwangsabtretung[150].

2. Vor- und Nachteile der Klausel

85 Die Zulassung der Testamentsvollstreckung an der Gesellschaftsbeteiligung ermöglich den Gesellschaftern alle **Vorzüge einer Testamentsvollstreckung** im Rahmen ihrer Nachlassabwicklung auch im Hinblick auf die Gesellschaftsbeteiligung auszuschöpfen. Hierin liegt der maßgebliche Vorteil der Aufnahme einer entsprechenden Klausel in den Gesellschaftsvertrag.

86 Der Nachteil einer solchen Klausel besteht zum einen in ihrer **Komplexität** aufgrund der vorstehend beschriebenen Schwierigkeiten in Zusammenhang mit der Testamentsvollstreckung bei einer Beteiligung eines persönlich haftenden Gesellschafters einer Personengesellschaft. Zum anderen regelt die Klausel lediglich die Zulässigkeit der Testamentsvollstreckung, sodass der Erblasser gezwungen ist, die genaue Ausgestaltung nach wie vor in einer entsprechend **abgestimmten letztwilligen Verfügung** zu treffen.[151]

3. Formulierungsvorschlag

87 Eine mögliche **Formulierung** für eine ausführliche **Testamentsvollstreckungsklausel** könnte lauten:

Die Anordnung der Testamentsvollstreckung an einem Gesellschaftsanteil ist grundsätzlich zulässig, sofern der Testamentsvollstrecker selbst Gesellschafter oder ein zur Berufsverschwiegenheit verpflichteter Angehöriger der rechts-, steuerberatenden oder wirtschaftsprüfenden Berufe ist. Er kann sämtliche Rechte, einschließlich der Rechte aus dem Kernbereich der Mitgliedschaft (wie zum Beispiel Änderung der Gewinnverteilung, Höhe des Abfindungsguthabens, Eingriff in das Stimmrecht, Erhöhungen der Beitragspflicht etc.) und einschließlich sämtlicher Kapital- und Umstrukturierungsmaßnahmen (wie zum Beispiel Umwandlungen, Zusammenlegungen oder Teilungen, Veräußerungen,

---

[145] *Hübner/Hammes* BB 2013, 2307 (2309); *Kämper* RNotZ 2016, 625 (641).
[146] MHdB GesR II/*Klein/Lindemeier* § 42 Rn. 45.
[147] *Hübner/Hammes* BB 2013, 2307 (2309); *Kämper* RNotZ 2016, 625 (641).
[148] *Ulmer* ZHR 146 (1982), 555 (569).
[149] Siehe hierzu die Ausführungen zur Vertretungsklausel für die Gesellschafterversammlung → Rn. 150 ff.
[150] Sieht der Gesellschaftsvertrag für den Tod eines Gesellschafters einer Kapitalgesellschaft die Einziehungs- oder Zwangsabtretung vor, läuft eine Testamentsvollstreckung leer, vgl. *Hübner/Hammes* BB 2013, 2307 (2308). Siehe zu Einziehungsklauseln → Rn. 54 ff. und zur Abtretungsklausel → Rn. 62 ff.
[151] Vgl. *Hübner/Hammes* BB 2013, 2307 (2311).

> Zukäufe etc.) aus einem Gesellschaftsanteil in Gesellschafterversammlungen und bei Gesellschafterbeschlüssen wahrnehmen. Der Testamentsvollstrecker kann auch berechtigt werden, als Bevollmächtigter oder als Treuhänder der Erben oder Vermächtnisnehmer sämtliche Rechte aus dem Gesellschaftsanteil auszuüben. Hierzu gehören auch die höchstpersönlich eingeräumten Sonderrechte, wie etwa das Recht zur Vertretung und das Vorerwerbsrecht. Für die treuhänderische Übertragung von Gesellschaftsanteilen auf den Testamentsvollstrecker und die Rück- oder Weiterübertragung auf die Erben oder Vermächtnisnehmer ist die Zustimmung der anderen Gesellschafter nicht erforderlich. Die Vertretung und Wahrnehmung von Verwaltungsrechten durch einen Testamentsvollstrecker, der nicht die vorgenannten Qualifikationen erfüllt, ist ausgeschlossen. Im Einzelfall kann jedoch einem solchen Testamentsvollstrecker die Teilnahme an der Gesellschafterversammlung und die Wahrnehmung der Gesellschafterrechte durch Beschluss gestattet werden. Er steht dann insoweit einem nach dieser Regelung zugelassenen Testamentsvollstrecker gleich. Der Beschluss bedarf der einfachen Mehrheit der abgegebenen Stimmen. Der unter Testamentsvollstreckung stehende Gesellschafter hat hierbei kein Stimmrecht.

IV. Güterstandsklausel

Zur Sicherung des von der Gesellschaft getragenen Unternehmens sollte auch eine sogenannte Güterstandsklausel in den Gesellschaftsvertrag aufgenommen werden. 88

1. Zweck und Inhalt

Der Zweck einer solchen Güterstandsklausel besteht in der **Ausklammerung der Beteiligung aus der Zugewinnberechnung** im Scheidungs- oder Erbfall. Hierdurch soll das Unternehmen nicht nur vor Liquiditätsschwierigkeiten geschützt werden, die sich daraus ergeben können, dass der Gesellschafter im Scheidungsstreit zu hohen Entnahmen oder gar einer Kündigung der Gesellschaft gezwungen ist.[152] Es soll darüber hinaus auch verhindert werden, dass der Gesellschafter im Rahmen der Scheidung verpflichtet wird, umfangreiche Unterlagen zu den Geschäften des Unternehmens vorlegen zu müssen.[153] 89

Da bei vielen Unternehmerfamilien auch die **internationale Mobilität** eine immer größere Rolle in der Lebensgestaltung einnimmt, sollte auch dieser Aspekt bei der Gestaltung der Güterstandsklausel berücksichtigt werden. Dadurch wird berücksichtigt, dass es durchaus möglich ist, dass sich die Eheleute bewusst für ein anderes Ehestatut entscheiden beziehungsweise ihnen die Wahl des deutschen Rechts verwehrt ist. Um einem Missbrauch durch eine vorschnelle Flucht in eine derartige Argumentation zuvorzukommen, sieht der nachfolgende Formulierungsvorschlag den vom Gesellschafter zu erbringenden Nachweis vor. 90

Auch wenn der Gesellschaftsvertrag selbst kein Ehevertrag ist, ist im Hinblick auf die zu beachtende **Form** Vorsicht geboten. Vielfach wird in der Literatur vertreten, eine Güterstandsklausel in einem Gesellschaftsvertrag einer Personengesellschaft mache dessen notarielle Beurkundung erforderlich.[154] Auch wenn im Ergebnis richtigerweise aus systematischen und teleologischen Erwägungen eine Formbedürfigkeit abzulehnen ist,[155] ist bis zu einer höchstrichterlichen Klärung Vorsicht geboten. 91

---

[152] *Scherer* BB 2010, 323 (326); MAH GmbHR/*Seibt* § 2 Rn. 337.
[153] *Hölscher* NJW 2016, 3057.
[154] Siehe zum Meinungsstand BeckOGK/*Reetz* BGB § 1410 Rn. 36.
[155] Ausführlich zu den gegen eine Beurkundungspflicht sprechenden Argumenten *Hölscher* NJW 2016, 3057 (3058) sowie auch bereits *Scherer* BB 2010, 323 (326).

2. Vor- und Nachteile der Klausel

92 Durch eine Güterstandsklausel können sich alle Mitgesellschafter sicher sein, dass zumindest durch einen etwaigen Zugewinnausgleich keine die Existenz der Gesellschaft gefährdenden Geldabflüsse auftreten. Hierin liegt der große **Vorteil** einer solchen Klausel, insbesondere wenn die Nichteinhaltung mit der Ausschließung[156] beziehungsweise Einziehung oder Abtretung[157] der Gesellschaftsbeteiligung sanktioniert wird.

93 Ein entscheidender **Nachteil** der Güterstandsklausel besteht in der hieraus erwachsenden Einschränkung des steuerlichen Gestaltungsspielraumes, wenn die Ehegatten sich beispielsweise für die Gütertrennung entscheiden.[158] Insofern wird vielfach der modifizierten Zugewinngemeinschaft der Vorzug zu gewähren sein.[159] Dabei sollte auch darauf geachtet werden, dass die Formulierung **nicht zu eng gefasst wird,** um dem Gesellschafter die Möglichkeit einer Einbeziehung der Gesellschaftsanteile in die Zugewinnermittlung bei einer Güterstandsschaukel nicht zu verwehren.

3. Formulierungsvorschlag

94 Eine denkbare **Formulierung** einer **Güterstandsklausel** könnte lauten:

> Jeder Gesellschafter ist verpflichtet, innerhalb von drei Monaten nach Zugang einer entsprechenden Aufforderung durch die Gesellschaft nachzuweisen, dass er – soweit er verheiratet oder verpartnert und es nach dem anwendbaren Güterrecht rechtlich möglich ist – eine ehevertragliche beziehungsweise lebenspartnerschaftliche Vereinbarung getroffen hat, wonach sichergestellt ist, dass dem Ehegatten beziehungsweise Lebenspartner sowohl bei Scheidung als auch bei Tod des Gesellschafters insoweit keine Zugewinnausgleichs- oder vergleichbaren Ansprüche zustehen, als sie sich auf den Wert der Gesellschaftsanteile an der Gesellschaft und die während der Ehezeit entstandenen Wertsteigerungen hieraus beziehen. Ferner ist jeder Gesellschafter verpflichtet sicherzustellen, dass eine Verfügung über den Gesellschaftsanteil ohne Mitwirkung des Ehepartners möglich und § 1365 BGB insoweit ausgeschlossen ist. Bei Anwendung deutschen Güterrechts kann dies durch Vereinbarung der Gütertrennung oder der sogenannten modifizierten Zugewinngemeinschaft erfolgen.
>
> Kann nach ausländischem Recht eine vergleichbare Vereinbarung nicht getroffen werden und kann auch die Anwendbarkeit deutschen Rechts nicht durch Rechtswahl herbeigeführt werden, hat der Gesellschafter dies durch Vorlage einer schriftlichen rechtlichen Stellungnahme eines in dem ausländischen Recht rechtskundigen Beraters nachzuweisen.
>
> Eine ehevertragliche beziehungsweise lebenspartnerschaftliche Vereinbarung soll grundsätzlich vor Eingehung der Ehe beziehungsweise Lebenspartnerschaft abgeschlossen werden.

V. Klausel zur Verpflichtung eine Vorsorgevollmacht zu erteilen

95 Die plötzlich infolge eines Unfalles oder krankheitsbedingt eintretende Geschäfts- oder Handlungsunfähigkeit eines Gesellschafters kann insbesondere in einer Personengesellschaft weitreichende negative Folgen für die Gesellschaft und das von ihr getragene Unternehmen haben. Insofern sollte von Seiten des Beraters auch stets über eine Vorsorgevollmachtsklausel nachgedacht werden.

---

[156] Siehe zur Ausgestaltung einer entsprechenden Ausschließungsklausel → Rn. 156.
[157] Siehe zur Ausgestaltung einer entsprechenden Einziehungsklausel → Rn. 54 ff. und zur Abtretungsklausel → Rn. 62 ff.
[158] MAH ErbR/*v. Sothen* § 36 Rn. 345; *Scherer* BB 2010, 323 (327); *Brambring* DNotZ 2008, 724 (735).
[159] Siehe zur Darstellung der modifizierten Zugewinngemeinschaft und deren steuerlicher Folgen → § 15.

V. Klausel zur Verpflichtung eine Vorsorgevollmacht zu erteilen § 14

1. Zweck und Inhalt

Die Integration einer Klausel mit der Verpflichtung eine Vorsorgevollmacht aufzustellen dient der **Absicherung der Gesellschaft** und soll das Eindringen eines unternehmensfremden Betreuers vermeiden. 96

Da es für die Bestellung eines Betreuers nach § 1897 Abs. 1 BGB grundsätzlich nur auf dessen Eignung für die rechtliche Besorgung der Angelegenheiten des Betreuten ankommt, muss dieser nicht zwingend Spezialwissen oder außergewöhnliche Fertigkeiten mitbringen, die für einen Unternehmer relevant sein könnten.[160] Damit kann ein gerichtlich bestellter Betreuer vielfach ein unternehmerisches Hemmnis oder Risiko darstellen, da er bei seinen Entscheidungen ausschließlich nach pflichtgemäßem Ermessen die unterstellten Vermögenserhaltungsinteressen des Betreuten zu berücksichtigen hat.[161] Durch eine Klausel mit der Verpflichtung eine Vorsorgevollmacht auszustellen können die Gesellschafter diese Risiken begrenzen. 97

Um dem Vorsorgebevollmächtigten idealerweise die Ausübung sämtlicher Gesellschafterrechte ermöglichen zu können, bedarf es zur Wirksamkeit dieser Vorsorgevollmacht der **Zustimmung der Mitgesellschafter**.[162] Fehlt eine solche Zustimmung, kann der Bevollmächtigte nur die Vermögens- und Informationsrechte ausüben.[163] Da die Zustimmung auch bereits in der gesellschaftsvertraglichen Klausel erteilt werden kann, sollte von dieser Möglichkeit unbedingt Gebrauch gemacht werden.[164] 98

Indem die zwingende Erteilung einer **notariell beurkundeten oder beglaubigten Vorsorgevollmacht** in die Klausel aufgenommen wird, können spätere Schwierigkeiten des Bevollmächtigten im Zusammenhang mit der Legitimation und Abwicklung bestimmter Rechtsgeschäfte und der Vornahme bestimmter Handlungen bereits auf Ebene des Gesellschaftsvertrages ausgeschlossen werden.[165] 99

Auch an die Möglichkeit der Erteilung von **Untervollmachten** sollte bereits in der Klausel gedacht werden, um die Erteilung von Untervollmachten an Bankangestellte, Notare, Rechtsanwälte, Wirtschaftsprüfer und Steuerberater abzudecken.[166] 100

Abschließend sollte stets darauf geachtet werden, dass der übrige Gesellschaftsvertrag und insbesondere die allgemeine Vertreterklausel für die Vertretung in Gesellschafterversammlungen (hierzu → Rn. 152) die Möglichkeit der Erteilung einer Vorsorgevollmacht berücksichtigt und es insoweit zu keinen Widersprüchen innerhalb des Gesellschaftsvertrages kommt.[167] 101

2. Vor- und Nachteile der Klausel

Nach § 1896 Abs. 2 S. 2 BGB ist eine **Betreuung nicht erforderlich,** soweit diese Aufgabe auch durch einen Bevollmächtigten genauso gut wahrgenommen werden kann. Hierin liegt der entscheidende Vorteil einer solchen Klausel, da die Bestellung eines Betreuers somit nachrangig gegenüber einer wirksam erteilten Vorsorgevollmacht ist.[168] Auf diese Weise können viele der Risiken vermieden werden, die sich aus der Bestellung eines Betreuers ergeben.[169] 102

---

[160] Vgl. BGH NJW-RR 2016, 1 (2).
[161] *Baumann/Selzener* RNotZ 2015, 605 (606).
[162] *Schäfer* ZHR 175 (2011), 557 (568); *Wedemann* ZIP 2013, 1508 (1511).
[163] MüKoBGB/*Schäfer* § 705 Rn. 124c.
[164] *Schäfer* ZHR 175 (2011), 557 (569).
[165] *Baumann/Selzener* RNotZ 2015, 605 (611).
[166] *Baumann/Selzener* RNotZ 2015, 605 (617).
[167] *Baumann/Selzener* RNotZ 2015, 605 (612).
[168] BGH NJW 2013, 3373.
[169] *Wedemann* ZIP 2013, 1508.

103 Der Nachteil einer solchen Klausel liegt in der **Gefahr des Missbrauchs** der Vollmacht und der zur Missbrauchsvermeidung erforderlichen umfassenden Regelungen, die jedoch auf die Vollmacht selbst ausgelagert werden sollten.[170]

3. Formulierungsvorschlag

104 Eine mögliche **Formulierung** für eine Klausel könnte lauten:[171]

> Jeder Gesellschafter ist berechtigt und verpflichtet, durch notariell beurkundete oder beglaubigte Vollmacht einen Bevollmächtigten zur Vorsorge für den Fall seiner Geschäfts- und/oder Handlungsunfähigkeit zu bestellen, der ihn in Gesellschafterversammlungen vertreten und der – mit Zustimmung aller anderen Gesellschafter – auch Erklärungen im Namen der Gesellschaft abgeben kann. Die Vollmacht darf nicht unter einer Bedingung erteilt werden. Jeder Gesellschafter ist aber berechtigt, seinem Bevollmächtigten intern im Auftrags- oder Geschäftsbesorgungsverhältnis umfassende individuelle Weisungen zu erteilen. Die Bevollmächtigten müssen sich vor Ausübung der Vollmacht gegenüber allen Mitgesellschaftern schriftlich zur Einhaltung der gesellschaftlichen Treuepflicht verpflichten und diese Treuepflicht des Bevollmächtigten ist auch im Geschäftsbesorgungsvertrag zu vereinbaren. Die Bevollmächtigten dürfen Untervollmachten nur für den Einzelfall erteilen.
>
> Jeder Gesellschafter ist gegenüber seinen Mitgesellschaftern verpflichtet, den Nachweis über die Erteilung einer entsprechenden Vorsorgevollmacht durch Vorlage von (beglaubigten) Abschriften der Vollmachtsurkunde an die übrigen Gesellschafter zu führen und auf Anforderung eines anderen Gesellschafters schriftlich zu erklären, dass die in (beglaubigter) Abschrift vorgelegte Vollmacht nicht geändert oder widerrufen ist.
>
> Jeder Gesellschafter bevollmächtigt hiermit wechselseitig und unter Befreiung von § 181 BGB alle anderen Mitgesellschafter und zwar jeden von ihnen mit Einzelvertretungsbefugnis, für ihn alle Gesellschafterrechte im Außenverhältnis gegenüber Dritten auszuüben. Diese Vollmacht schließt die Vertretung des Gesellschafters und der Gesellschaft durch allgemein Bevollmächtigte für Angelegenheiten der Gesellschaft nicht aus.
>
> Die wechselseitige Bevollmächtigung gilt im Innenverhältnis zwischen den Gesellschaftern lediglich, wenn der Gesellschafter keine anderweitigen Vollmachten für Angelegenheiten der Gesellschaft erteilt hat. Die Gesellschafter sind verpflichtet, sich wechselseitig eine isolierte Vollmacht mit dem vorgenannten Inhalt zu erteilen. In einer gesonderten Geschäftsbesorgungsvereinbarung ist festzulegen, unter welchen Voraussetzungen von der wechselseitig erteilten Vollmacht Gebrauch gemacht werden darf.

VI. Klausel zur Verpflichtung einen Pflichtteilsverzichtsvertrag abzuschießen

105 Da insbesondere bei Familienunternehmen vielfach die Gesellschaftsbeteiligung den wertmäßig größten Posten im Nachlass ausmacht, sollte zur Sicherung des Unternehmens immer auch über einen möglichen Pflichtteilsverzichtsvertrag nachgedacht werden.[172]

1. Zweck und Inhalt

106 Daher ist Zweck der Klausel schlichtweg die Verpflichtung der Mitgesellschafter Pflichtteilsverzichtsverträge mit nicht nachfolgeberechtigten Pflichtteilsberechtigten abzuschließen, um so die Gesellschaft vor einem übermäßigen Liquiditätsabfluss oder gar einer Kündigung zur Bedienung der Pflichtteilsansprüche zu schützen.[173]

---

[170] Vgl. *Baumann/Selzener* RNotZ 2015, 605 (611).
[171] Angelehnt an *Baumann/Selzener* RNotZ 2015, 605 (625).
[172] Vgl. MAH ErbR/*Bregulla-Weber* § 10 Rn. 22.
[173] Vgl. BeckHdB PersGes/*Landsittel* § 9 Rn. 149.

Dabei berücksichtigt der nachfolgende Formulierungsvorschlag, dass es dem Interesse der 107
Beteiligten entsprechen kann, nur einen **gegenständlich beschränkten Pflichtteilsverzichtsvertrag** abzuschließen.

Eine mögliche **Sanktionierung** des Gesellschafters, der seiner Verpflichtung nicht 108
nachkommt, durch eine im Gesellschaftsvertrag enthaltene Ausschließungs- beziehungsweise bei Kapitalgesellschaften durch eine Einziehungs- und Abtretungsklausel sollte eher nicht vorgesehen werden, da der Abschluss eines Pflichtteilsverzichtsvertrages auch an der vehementen Weigerung des beabsichtigten Vertragspartners scheitern kann. Ausführlich zu weiteren Pflichtteilsvermeidungsstrategien → § 16.

2. Vor- und Nachteile der Klausel

Der **Vorteil** einer solchen Klausel besteht darin, durch eine recht einfach ausgestaltete 109
Verpflichtung die Gesellschaft mittelbar vor einem unerwarteten Liquiditätsabfluss durch außerplanmäßige Entnahmen zur Befriedigung von Pflichtteilsansprüchen zu schützen.

Daneben birgt die Klausel den mittelbaren **Nachteil,** dass der beabsichtigte Vertrags- 110
partner des Gesellschafters sich schlicht weigern kann, einen entsprechenden Pflichtteilsverzichtsvertrag abzuschließen, sofern er hierfür nicht beispielsweise eine angemessene Gegenleistung erhält.[174] Der Gesellschafter kann dadurch erst recht gezwungen sein, außerplanmäßige Entnahmen zu tätigen, um dem Vertragspartner dessen Pflichtteilsrecht „abzukaufen".

3. Formulierungsvorschlag

> Eine denkbare **Formulierung** für eine entsprechende Klausel könnte lauten: 111
>
> Jeder Gesellschafter hat durch den Abschluss von Pflichtteilsverzichtsverträgen mit Ehegatten oder sonstigen pflichtteilsberechtigten Personen, die nicht nachfolgeberechtigt sind, sicherstellen, dass keine Pflichtteilsansprüche, einschließlich etwaiger Pflichtteilsergänzungs- und Pflichtteilsrestansprüche sowie der Rechte aus §§ 2306 und 2307 BGB, der Kürzungsschutz nach § 2318 BGB und die Verweigerungsrechte nach §§ 2319 und 2328 BGB, in Bezug auf Gesellschaftsanteile/Geschäftsanteile/Aktien an dieser Gesellschaft geltend gemacht werden können.

VII. Klauseln zur Zulassung der Nießbrauchsbestellung

Die Einräumung eines Nießbrauchs an einer Gesellschaftsbeteiligung stellt einen wichti- 112
gen Baustein bei der Nachfolgegestaltung in Familiengesellschaften dar.[175] Dabei reichen die Erscheinungsformen von einem **Zuwendungsnießbrauch zur Absicherung des Ehegatten** im Alter bis hin zum **Vorbehaltsnießbrauch** bei der Übertragung im Rahmen einer vorweggenommenen Erbfolge. Aufgrund der diversen unterschiedlichen Ausgestaltungsmöglichkeiten soll nachfolgend nur die jeweilige Anknüpfung im Gesellschaftsvertrag in den Blick genommen werden. Für die möglichen Ausgestaltungen des Nießbrauchs und die damit einhergehenden steuerlichen Fallstricke kann auf → § 28 Rn. 155 ff. verwiesen werden.

1. Zweck, Inhalt und Funktionsweise

Die grundsätzliche zivilrechtliche Zulässigkeit der Nießbrauchsbestellung an einem Gesell- 113
schaftsanteil ist sowohl bei Kapitalgesellschaften als auch bei Personengesellschaften mitt-

---

[174] Vgl. BeckHdB PersGes/*Landsittel* § 9 Rn. 148.
[175] Reichert GmbH & Co. KG/*Schlitt/Bortfeldt* § 39 Rn. 2.

lerweile **allgemein anerkannt**.[176] Allerdings ist nach § 1069 Abs. 2 BGB eine Nießbrauchsbestellung nur an einem übertragbaren Recht möglich. Da nach den §§ 717, 719 BGB, welche über §§ 105 Abs. 3, 162 Abs. 2 HGB auch für die OHG und KG gelten, die einzelnen Ansprüche der Gesellschafter aus dem Gesellschaftsverhältnis grundsätzlich nicht frei übertragbar sind, erfordert eine wirksame Bestellung eines Nießbrauchs die **Zustimmung der übrigen Gesellschafter**.[177] Dabei muss berücksichtigt werden, dass eine im Gesellschaftsvertrag enthaltene allgemeine Zustimmung zur Übertragbarkeit der Anteile regelmäßig nicht ausreicht, sodass unbedingt eine ausdrückliche Zulassung des Nießbrauchs aufgenommen werden sollte.[178]

114 Umgekehrt ist die Situation bei Kapitalgesellschaften: Aufgrund der freien Übertragbarkeit der Gesellschaftsanteile, ist auch die Belastung mit einem Nießbrauch grundsätzlich zustimmungsfrei möglich.[179] Sieht der Satzung eine **Vinkulierung** vor, wird man regelmäßig, auch bei nicht ausdrücklicher Nennung, von einer Erstreckung der Vinkulierung auch auf eine Nießbrauchsbestellung ausgehen müssen.[180]

2. Vor- und Nachteile der Klausel

115 Die Aufnahme einer ausdrücklichen Regelung bezüglich einer etwaigen Nießbrauchsbestellung dient in erster Linie einer **Vermeidung von Auslegungsstreitigkeiten** hinsichtlich der Frage, ob ein Nießbrauch zugelassen sein soll und wenn ja, unter welchen Voraussetzungen.[181]

116 Durch die bloße Zulassung der Nießbrauchsbestellung wird der Berater jedoch nicht von einer dezidierten Ausgestaltung der konkreten Nießbrauchbestellung befreit. Eine entsprechende Klausel in einem Gesellschaftsvertrag kann insoweit lediglich durch vorgezeichnete Einschränkungen ein Leitsystem liefern, im schlimmsten Fall aber auch Steine in den Weg legen.

3. Formulierungsvorschlag

117 Der Formulierungsvorschlag knüpft an die Vinkulierungsregelung[182] an, welche die Nießbrauchsbestellung ausdrücklich nennt und deren Zulässigkeit von einem qualifizierten Mehrheitsbeschluss abhängig macht, sofern sie nicht zugunsten des genannten Personenkreises erfolgt.

118 Hieran anknüpfend sind die nachfolgenden **Formulierungsvorschläge** für eine gesellschaftsvertragliche Verankerung des Nießbrauchs denkbar. Eine kurze allgemein formulierte Klausel könnte somit lauten:

Die Nießbrauchsbestellung ist unter den Voraussetzungen des § ... zulässig. Den Nießbrauchern darf jedoch kein Stimmrecht übertragen werden, das heißt das Stimmrecht muss beim Gesellschafter verbleiben. Die Nießbraucher werden nicht zu Gesellschafterversammlungen eingeladen und haben kein eigenes Teilnahmerecht.

---

[176] Grundlegend für Kommanditanteile BGH NJW 1972, 1755 (1756); vgl. auch *Barry* RNotZ 2014, 401 (405); MüKoBGB/*Schäfer* § 705 Rn. 96; Reichert GmbH & Co. KG/*Schlitt/Bortfeldt* § 39 Rn. 8; MüKoBGB/*Pohlmann* § 1068 Rn. 35.
[177] MüKoBGB/*Schäfer* § 705 Rn. 97; Baumbach/Hopt/*Roth* HGB § 105 Rn. 44; BeckOK BGB/*Wegmann* § 1069 Rn. 17.
[178] MüKoBGB/*Pohlmann* § 1068 Rn. 33; Baumbach/Hopt/*Roth* HGB § 105 Rn. 44.
[179] MüKoBGB/*Pohlmann* § 1068 Rn. 35.
[180] MüKoGmbHG/*Reichert/Weller* § 15 Rn. 327; BeckOK BGB/*Wegmann* § 1069 Rn. 20; aA *Barry* RNotZ 2014, 401 (406).
[181] Vgl. MüKoBGB/*Pohlmann* § 1068 Rn. 33; BeckOK BGB/*Wegmann* § 1069 Rn. 17.
[182] Siehe den Formulierungsvorschlag für eine Vinkulierungsklausel → Rn. 128.

Die vorstehende Formulierung könnte für eine Nießbrauchsbestellung zugunsten des überlebenden Ehegatten um weitere Voraussetzungen ergänzt werden: 119

Die Nießbrauchsbestellung durch Verfügung von Todes wegen zugunsten von Ehegatten ist auch ohne zustimmenden Gesellschafterbeschluss wirksam, sofern alle folgenden Voraussetzungen bei der Nießbrauchsbestellung eingehalten wurden:
- Dem nießbrauchsberechtigten Ehegatten stehen nur diejenigen Gewinnanteile zu, die auf das Privatkonto des Gesellschafters gebucht werden. Sämtliche auf anderen Konten verbuchten Gewinnanteile und Rücklagen müssen dagegen dem Nießbrauchsbelasteten zustehen.
- Für den Fall, dass Einkünfte des nießbrauchsberechtigten Ehegatten endgültig dem Nießbrauchsbelasteten einkommensteuerrechtlich zugerechnet werden, ohne dass ihm entsprechende Erträge zufließen, muss sichergestellt sein, dass der nießbrauchsberechtigte Ehegatte dem Nießbrauchsbelasteten aus den Nießbraucherträgen die Einkommensteuerbelastung einschließlich etwaiger Zuschlagsteuern (zum Beispiel Solidaritätszuschlag) ausgleicht. Zugrunde zu legen ist dabei die einkommensteuerliche Mehrbelastung, die durch die Zurechnung der Einkünfte beim nießbrauchsbelasteten Gesellschafter einschließlich etwaiger Progressionswirkungen tatsächlich eintritt. Entsprechendes gilt für alle mit dem Anteil verbundenen sonstigen Steuerbelastungen.
- Für den Fall, dass bei dem Nießbrauchsbelasteten gesonderte Rechts- und Steuerberatungskosten im Zusammenhang mit dem nießbrauchsbelasteten Gesellschaftsanteil anfallen, müssen diese vom nießbrauchsberechtigten Ehegatten getragen werden.
- Surrogate des Gesellschaftsanteils müssen alleine dem nießbrauchsbelasteten Gesellschafter zustehen, wobei sich der Nießbrauch jedoch auf die Erträge aus diesen Surrogaten entsprechend den Voraussetzungen in diesem Absatz erstrecken darf.
- Sämtliche Verwaltungsrechte, insbesondere das Recht zur Teilnahme an Gesellschafterversammlungen, das Stimmrecht und auch das Auskunftsrecht müssen, soweit gesetzlich zulässig, ausschließlich dem nießbrauchsbelasteten Gesellschafter zustehen. Dem Gesellschafter muss weiter gestattet sein, die Verwaltungsrechte im eigenen Interesse nach freiem Ermessen auszuüben.
- Bei der Nießbrauchsbestellung muss vereinbart werden, dass der Nießbrauchsbelastete den Nießbrauch zum verbleibenden steuerlichen Kapitalwert ablösen kann, wenn der nießbrauchsbelastete Gesellschaftsanteil veräußert wird.

Erfüllt die Nießbrauchsbestellung nicht sämtliche vorstehend genannten Voraussetzungen, bedarf sie zu ihrer Wirksamkeit eines vorherigen zustimmenden Gesellschafterbeschlusses der Gesellschafterversammlung mit einer Mehrheit von mindestens 75 % der abgegebenen Stimmen. Der betroffene nießbrauchsbelastete Gesellschafter hat hierbei kein Stimmrecht.

VIII. Vinkulierungsklausel

In der Regel möchte ein Familienunternehmer gewährleisten, dass die Gesellschaftsbeteiligungen an seinem Familienunternehmen auch über mehrere Generationen hinweg in Familienbesitz verbleiben.[183] Einem solchen Wunsch kann insbesondere bei Kapitalgesellschaften durch eine entsprechende Vinkulierung entsprochen werden. 120

1. Zweck, Inhalt und Funktionsweise

Wie bereits erwähnt, besteht der Zweck einer Anteilsvinkulierung in dem **Zusammenhalt der Beteiligung** innerhalb der Familie beziehungsweise sich später bildenden Familienstämmen. 121

---
[183] *Binz/Mayer* NZG 2012, 201.

122 Während in den Personengesellschaften ohnehin nach der gesetzlichen Konzeption eine Anteilsübertragung nur mit der Zustimmung aller übrigen Gesellschafter möglich ist, ist dies in Kapitalgesellschaften gerade umgekehrt. Im Gegensatz zu den Kapitalgesellschaften sind die Gesellschaftsanteile bei Personengesellschaften bereits von Gesetzes wegen vinkuliert, da eine Übertragung des Gesellschaftsanteils grundsätzlich nur mit der Zustimmung aller Mitgesellschafter möglich ist.[184] Gleichwohl sehen sowohl § 15 Abs. 5 GmbHG und auch § 68 Abs. 2 AktG die Möglichkeit der Vinkulierung vor. Bei der Ausgestaltung der konkreten Klausel besteht ein gewisser Spielraum für den Berater. Es ist möglich, wenn auch nicht empfehlenswert, auch in einer Kapitalgesellschaft die Wirksamkeit einer Anteilsübertragung von der Zustimmung aller Gesellschafter abhängig zu machen.[185] In der Regel wird man jedoch eine **Mehrheitsentscheidung** vorsehen, was in Personengesellschaften gegenüber der gesetzlichen Ausgangslage eine Erleichterung darstellt. Ob bereits die einfache Mehrheit oder erst eine qualifizierte Mehrheit ausreichen soll ist eine Frage der jeweiligen Ausgestaltung im Einzelfall. Zusätzlich zu der Mehrheitsentscheidung können und sollten Ausnahmeregelungen für bestimmte Konstellationen aufgenommen werden, beispielsweise für die Übertragung auf einen Mitgesellschafter oder einen Abkömmling.[186] Zu den Schwierigkeiten im Zusammenhang mit dem Begriff des Abkömmlings → Rn. 23.

123 Um Unklarheiten und mögliche Streitpunkte zu vermeiden, sollte die entsprechende Klausel klar regeln, wessen Zustimmung für die Anteilsübertragung erforderlich ist.[187] Es ist durchaus zulässig, die Wirksamkeit der Übertragung auch von der **Zustimmung eines Beirats oder Aufsichtsrates** abhängig zu machen.[188] Dabei sind sowohl der übertragungswillige Gesellschafter als auch der Erwerber stimmberechtigt, sofern sie Mitglieder des entsprechenden Organs sind.[189] Ungeachtet wessen Zustimmung erforderlich ist, ist bis zur Erteilung der erforderlichen Zustimmung eine bereits erfolgte Anteilsübertragung **schwebend unwirksam** und bei einer Verweigerung der Zustimmung endgültig nichtig.[190]

124 Ferner wird durch eine Vinkulierungsklausel nur die **unmittelbare Anteilsübertragung verhindert,** nicht die mittelbare.[191] Hält somit einer der Gesellschafter seine Anteile an der Familiengesellschaft über eine eigene Gesellschaft kann er deren Anteile frei von der Vinkulierung der Hauptgesellschaft übertragen. Dieser Gefahr kann entweder durch die ausschließliche Beschränkung auf natürliche Personen als Gesellschafter begegnet werden oder durch eine Ausschließung[192] beziehungsweise Einziehung oder Zwangsabtretung[193] im Falle eines sogenannten change-of-control.

125 Will man neben der Übertragung und den üblichen Belastungen des Gesellschaftsanteils auch die Vereinbarung einer **Unterbeteiligung** und eines **Treuhandverhältnisses** ausschließen, sollte dies explizit in die Klausel aufgenommen werden. Dies schafft Klarheit und vermeidet Auslegungsstreitigkeiten.[195] Dabei sollte aber stets auch an die Ausnahmeregelung für den Testamentsvollstrecker gedacht werden.[196]

---

[184] *Scherer* BB 2010, 323 (324).
[185] Vgl. MHLS/*Ebbing* GmbH § 15 Rn. 150.
[186] MüKoGmbHG/*Reichert/Weller* § 15 Rn. 394.
[187] Vgl. MüKoGmbHG/*Reichert/Weller* § 15 Rn. 419.
[188] MHLS/*Ebbing* GmbH § 15 Rn. 152; MüKoGmbHG/*Reichert/Weller* § 15 Rn. 426.
[189] Str. aber hM Baumbach/Hueck/*Fastrich* GmbHG § 15 Rn. 42.
[190] Vgl. MüKoBGB/*Schäfer* § 719 Rn. 29; Rowedder/Schmidt-Leithoff/*Görner* GmbHG § 15 Rn. 192; MüKoAktG/*Bayer* § 68 Rn. 98.
[191] *Binz/Mayer* NZG 2012, 201 (208).
[192] Siehe den Formulierungsvorschlag einer Ausschließungsklausel → Rn. 160.
[193] Siehe die Formulierungsvorschläge für eine Einziehungsklausel → Rn. 61 und eine Abtretungsklausel → Rn. 67.
[194] *Blasche* RNotZ 2013, 515 (532).
[195] Vgl. *Binz/Mayer* NZG 2012, 201 (207); *Blasche* RNotZ 2013, 515 (517).
[196] Siehe den Formulierungsvorschlag einer Klausel zur Zulassung von Testamentsvollstreckungen → Rn. 87.

2. Vor- und Nachteile der Klausel

Der Vorteil einer Vinkulierungsklausel liegt in dem **Schutz der Gesellschaft** vor einem Eindringen familienfremder Dritter sowie einer **Bindung der Gesellschaftsanteile** an die Unternehmerfamilie. 126

Zugleich stellt diese Bindung an die Gesellschaft auch den entscheidenden **Nachteil** einer Vinkulierungsklausel dar. So kommt es nicht selten vor, dass ein ausscheidenswilliger Gesellschafter durch eine Vinkulierungsklausel gezwungen wird in der Gesellschaft zu verbleiben und dann im Gegenzug durch Ausübung seiner diversen Gesellschafterrechte versucht, seine Mitgesellschafter so weit wie möglich zu drangsalieren.[197] Darüber hinaus kann eine Vinkulierungsklausel keinen Schutz vor dem Eindringen familienfremder Dritter im Rahmen von Verfügungen von Todes wegen bieten. Insofern ist unbedingt eine Kombination mit einer Nachfolgeklausel anzuraten. 127

3. Formulierungsvorschlag

> Eine mögliche **Formulierung** für eine **Vinkulierungsklausel** könnte lauten: 128
>
> Jede Verfügung über Gesellschaftsanteile oder Teile von Gesellschaftsanteilen (insbesondere Abtretung, Belastung, Nießbrauchsbestellung, Verpfändung) bedarf zu ihrer Wirksamkeit eines vorherigen zustimmenden Gesellschafterbeschlusses der Gesellschafterversammlung mit einer Mehrheit von mindestens 75 % der abgegebenen Stimmen. Gleiches gilt für die Einräumung von Unterbeteiligungen und die Begründung von Treuhandverhältnissen an den Gesellschaftsanteilen. Bei Verfügungen, Unterbeteiligungen oder Treuhandvereinbarungen zwischen Familienangehörigen des gleichen Familienstammes ist ein Zustimmungsbeschluss nicht erforderlich.

Wird die Vinkulierungsklausel mit der Vorerwerbsklausel[198] kombiniert, sollte an eine entsprechende Ergänzung der Vinkulierungsklausel gedacht werden, um nach einem ordnungsgemäß durchgeführten Vorerwerbsverfahren eine Übertragung der nicht übernommenen Gesellschaftsanteile an die Erwerber der anderen Familienstämme zu gewährleisten. 129

> Die Gesellschafter sind verpflichtet, die Zustimmung zu Abtretungen eines Familienangehörigen zugunsten anderer Familienangehöriger, die nicht demselben Stamm angehören wie der Veräußerer zu erteilen, soweit das Vorerwerbsverfahren nach § ... ordnungsgemäß durchgeführt wurde. 130
>
> In keinem Fall besteht ein Anspruch auf Erteilung der Zustimmung zu Verfügungen zugunsten von Dritten, die nicht Familienangehörige sind. Dies gilt auch dann, wenn das Vorerwerbsverfahren nach § ... ordnungsgemäß durchgeführt wurde und das Angebot des veräußerungswilligen Gesellschafters von Familienangehörigen nicht oder nur zum Teil angenommen wurde.

IX. Andienungs- und Vorerwerbsrecht

Haben sich in einer Familiengesellschaft bereits über mehrere Generationen verschiedene Familienstämme herausgebildet oder ist zu erwarten, dass sich in den nächsten Generationen solche bilden, empfiehlt es sich neben einer Vinkulierung[199] auch an Andienungs- und Vorerwerbsrechte zur Sicherung der Machtverhältnisse zwischen den Familienstämmen zu denken. 131

---

[197] Vgl. *Binz/Mayer* NZG 2012, 201 (202).
[198] Siehe den Formulierungsvorschlag einer Vorerwerbsklausel → Rn. 136.
[199] Siehe zur Vinkulierung der Gesellschaftsbeteiligung → Rn. 120 ff.

1. Zweck, Inhalt und Funktionsweise

132 Andienungs- und Vorerwerbsrechte stellen neben der Vinkulierung nicht nur eine weitere Möglichkeit dar die Gesellschaft **vor dem Eindringen familienfremder Dritter zu schützen**, sondern können auch eine unerwünschte Machtverschiebung zwischen mehreren Familienstämmen in einer Gesellschaft verhindern.[200] Die Aufnahme einer Klausel mit Vor-, Ankaufs- oder Vorerwerbsrechten in den Gesellschaftsvertrag ist **nur in den Personengesellschaften sowie in der GmbH möglich,** da der Grundsatz der Satzungsstrenge derartige Klauseln in Satzungen einer AG verbietet.[201] Im Falle einer AG müssen daher diese Klauseln auf einen Pool-[202] oder Konsortialvertrag[203] ausgelagert werden.

133 Bei der konkreten Ausgestaltung ist grundsätzlich auch eine Übernahme der gesetzlichen Bestimmungen betreffend das Vorkaufsrecht in den §§ 463 ff. BGB denkbar. Da ein Vorkaufsrecht nach den gesetzlichen Bestimmungen jedoch nur bei einer Veräußerung eingreift und somit etwaige Umgehungsgeschäfte, wie beispielsweise Schenkungen oder Tauschgeschäfte nicht erfasst, eine kurze Ausübungsfrist vorsieht und zudem nur einen Eintritt in einen bereits ausgehandelten Vertrag ermöglicht, ist hiervon regelmäßig abzuraten.[204]

134 Um etwaige Auslegungsschwierigkeiten zu vermeiden und Streitigkeiten im Hinblick auf die Einhaltung des Verfahrens vorzubeugen, sollte die Klausel **detailliert und präzise Regelungen zum einzuhaltenden Verfahren** beinhalten.[205] Dabei sind auch ausdrückliche Regelungen für den Fall vorzusehen, dass das Vorerwerbsrecht von den Berechtigten nicht oder nur teilweise ausgeübt wird, also zu veräußernde Anteile übrig bleiben. Bei der **Kombination mit einer Vinkulierungsklausel** kann für diesen Fall eine Zustimmungspflicht oder eine Zustimmungsfiktion vorgesehen werden.[206] Möglich ist dabei auch eine Differenzierung im Hinblick auf den ursprünglich beabsichtigten Erwerber.[207]

2. Vor- und Nachteile der Klausel

135 Durch Andienungs- und Vorerwerbsrechte kann bewirkt werden, dass der **Kreis potenzieller Erwerber eingeschränkt** wird und auch das **Kräfteverhältnis zwischen mehreren Familienstämmen** erhalten bleibt.

Allerdings ist zu beachten, dass bei einer **nachträglichen Einführung** eines Andienungs- oder Vorerwerbsrechts die Änderung des Gesellschaftsvertrages, zumindest bei der GmbH, der Zustimmung aller (betroffenen) Gesellschafter bedarf, da eine solche Klausel eine teilweise Entziehung des relativ unentziehbaren Mitgliedschaftsrechts der freien Veräußerung enthält.[208]

---

[200] MHdB GesR I/*Schulte/Hushahn* § 73 Rn. 13.
[201] *Mayer* MittBayNot 2006, 281; Hüffer/Koch/*Koch* AktG § 23 Rn. 45.
[202] Siehe zur Ausgestaltung einer Poolvereinbarung → Rn. 161 ff.
[203] Siehe zur Ausgestaltung von Konsortialvertragsklauseln → Rn. 179 ff.
[204] MHdB GesR I/*Schulte/Hushahn* § 73 Rn. 13; *Blasche* RNotZ 2013, 515 (534).
[205] *Blasche* RNotZ 2013, 515 (534).
[206] *Blasche* RNotZ 2013, 515 (534).
[207] Siehe hierzu den Formulierungsvorschlag bei einer Kombination von Vinkulierungsklausel und Vorerwerbsrecht → Rn. 130.
[208] OLG Dresden BeckRS 2004, 07290; Baumbach/Hueck/*Fastrich* GmbHG § 15 Rn. 40; *Blasche* RNotZ 2013, 515 (524).

3. Formulierungsvorschlag

> Eine **Formulierung** für ein **Andienungs- beziehungsweise Vorerwerbsrecht** könnte lauten: 136
>
> Beabsichtigt ein Gesellschafter, seinen Gesellschaftsanteil ganz oder zum Teil an Familienangehörige, die nicht demselben Familienstamm angehören wie der Veräußerer, oder an Dritte zu übertragen, so hat er diesen Anteil zunächst allen Gesellschaftern des eigenen Familienstammes durch eingeschriebenen Brief zum Erwerb anzubieten. Diese können das Angebot innerhalb von drei Monaten nach Absendung des Angebots (Datum des Poststempels) durch eingeschriebenen Brief annehmen. Zur Fristwahrung der Annahme genügt die rechtzeitige Aufgabe zur Post. Nehmen mehrere Vorerwerbsberechtigte das Angebot an, so gilt das Angebot als in dem Verhältnis angenommen, in dem die annehmenden Vorerwerbsberechtigten bisher an der Gesellschaft beteiligt sind.
>
> Die Gesellschafter, die den angebotenen Gesellschaftsanteil erwerben, haben dem veräußernden Gesellschafter diejenige Vergütung zu zahlen, die der Veräußernde nach § ... dieses Gesellschaftsvertrages als Abfindung bei seinem Ausscheiden erhalten würde, sofern der Ausscheidende mit den Erwerbern nicht einen abweichenden Abfindungsbetrag vereinbart. Eine solche Vereinbarung bedarf zu ihrer Wirksamkeit eines Gesellschafterbeschlusses mit einer Mehrheit von 75 % der abgegebenen Stimmen. Der maßgebliche Bewertungsstichtag ist der Zeitpunkt des Ablaufs des dem Vorerwerbsangebot vorangehenden Geschäftsjahres der Gesellschaft. Bei mehreren Erwerbern haftet jeder Erwerber nur für die auf die von ihm erworbenen Gesellschaftsanteile entfallende anteilige Vergütung.

Wird das Andienungs- und Vorerwerbsverfahren ordnungsgemäß durchgeführt und werden nicht alle Gesellschaftsanteile übernommen, sollte eine ausdrückliche Regelung getroffen werden, wie sich dies auf eine etwaige Vinkulierung auswirkt. Insoweit kann auch die dortigen Ausführungen für den Fall der Kombination von Vinkulierung und Vorerwerbsrecht verwiesen werden (→ Rn. 129 f.). 137

X. Abfindungsbeschränkungen

Durch das Ausscheiden eines Gesellschafters und den sich hieraus ergebenden Abfindungsanspruch können sich existenzbedrohende Liquiditätsengpässe für das Unternehmen ergeben. Dem kann zumindest teilweise durch eine Regelung zur Abfindungsbeschränkung Einhalt geboten werden. 138

1. Zweck, Inhalt und Funktionsweise

Sieht der Gesellschaftsvertrag keine Regelungen zur Beschränkung der Abfindung vor, ist in Personengesellschaften nach dem Wortlaut des § 738 Abs. 1 S. 2 BGB dem ausscheidenden Gesellschafter eine Abfindung zu zahlen, die seinem Anteil an einem Liquidationserlös entspräche.[209] Die herrschende Meinung geht jedoch über den Gesetzeswortlaut hinaus und nimmt an, dass der Ausscheidende grundsätzlich nach dem **anteiligen Verkehrswert** abzufinden ist.[210] Für die GmbH werden in entsprechender Anwendung des § 738 BGB die gleichen Maßstäbe für die Abfindung zugrunde gelegt.[211] 139

Die Integration einer Abfindungsbeschränkung dient daher zum einen der **Beschränkung** und der **Vereinfachung der Berechnung dieser Abfindung**. Auf der anderen 140

---

[209] *K. Schmidt*, Gesellschaftsrecht, 4. Aufl. 2002, S. 1474.
[210] Binz/Sorg/*Binz/Sorg* § 6 Rn. 155; Baumbach/Hopt/*Roth* HGB § 131 Rn. 49; BeckHdB PersGes/*Sauter* § 8 Rn. 133.
[211] *Leitzen* RNotZ 2009, 315; *Piltz* BB 1994, 1021; Reichert GmbH & Co. KG/*Heinrich* § 32 Rn. 11.

Seite bezweckt sie eine **Streitvermeidung** bezüglich der Höhe der Abfindung und damit auch einen **Liquiditätsschutz** der Gesellschaft vor unvorhersehbaren Abflüssen.[212] Ein zusätzlicher und vielfach **nützlicher Nebeneffekt** ist, dass eine Kündigung für einen austrittswilligen Gesellschafter wenig reizvoll erscheint.[213] Gleichwohl ist bei der Gestaltung einer Abfindungsbeschränkung Vorsicht geboten, da sich abhängig von dem gewählten Anknüpfungspunkt für die Wertberechnung unterschiedliche Fallstricke ergeben können.

141 Bei einer Beschränkung der Abfindung auf den reinen oder einen anteiligen Buchwert durch eine sogenannte **Buchwertklausel** werden die im vorausgegangenen oder im folgenden Jahresabschluss ausgewiesenen Buchwerte der Abfindungsberechnung zugrunde gelegt.[214] Verbindlichkeiten werden hierbei berücksichtigt, jedoch nicht stille Reserven oder der Firmenwert.[215] Die Beschränkung der Abfindung auf den reinen Buchwert der Beteiligung ist **grundsätzlich zulässig**.[216] Der Vorteil einer Buchwertklausel liegt somit in der Entbehrlichkeit einer Unternehmensbewertung.[217] Wird eine solche Buchwertklausel allerdings mit einer prozentualen Begrenzung kombiniert, droht bei einem zu großen Abschlag die Nichtigkeit der Klausel wegen sittenwidriger Benachteiligung.[218] An die Stelle der nichtigen Abfindungsbeschränkung tritt dann eine Abfindung nach den gesetzlichen Regelungen und somit zum Verkehrswert.[219] Jedoch sollten auch Buchwertklauseln in älteren Gesellschaftsverträgen einer turnusmäßigen Überprüfung unterzogen werden. Zum Gründungszeitpunkt wird eine Buchwertklausel zwar selten sittenwidrig sein, da der Buchwert und der tatsächliche Verkehrswert des Anteils nahe beieinanderliegen werden.[220] Es ist aber durchaus möglich, dass sich eine zum Zeitpunkt der Vereinbarung wirksame Abfindungsbeschränkung auf den Buchwert durch eine **nachträgliche Entwicklung** zu einer unangemessenen Abfindungsbeschränkung wandelt.[221] Ergibt sich aufgrund einer nachträglichen, positiven Entwicklung des Unternehmenswertes ein **grobes Missverhältnis** zwischen dem gesellschaftsvertraglich vorgesehenen Abfindungswert und der gesetzlich vorgesehenen Abfindung, führt dies nicht zur Nichtigkeit, sondern zu einer Korrektur über eine **ergänzende Vertragsauslegung**.[222] Auf diesem Wege ist unter Berücksichtigung aller Umstände des Einzelfalles eine angemessene Abfindung festzulegen, die sich im Ergebnis allerdings regelmäßig noch unterhalb des Verkehrswertes bewegen wird.[223] Infolge der doppelten Kontrolle – zum Vereinbarungszeitpunkt und zum Ausscheidenszeitpunkt – birgt eine Buchwertklausel ein hohes Risiko als nichtig oder als anpassungsbedürftig eingeordnet zu werden.[224]

142 Denkbar wäre grundsätzlich auch eine Anknüpfung der Abfindung an den Nennwert im Rahmen einer sogenannten **Nennwertklausel**. Die Abfindungshöhe bestimmt sich hierbei ausschließlich nach dem durch eventuelle Verluste geminderten Wert der Einlage des jeweiligen Gesellschafters, jegliche Rücklagen bleiben außer vor.[225] Aufgrund dieser fehlenden Berücksichtigung der Rücklagen besteht bei Nennwertklauseln sogar ein noch

---

[212] Siehe hierzu *K. Schmidt*, Gesellschaftsrecht, 4. Aufl. 2002, S. 1483; *Piltz* BB 1994, 1021.
[213] Binz/Sorg/*Binz/Sorg* § 6 Rn. 162; Baumbach/Hopt/*Roth* HGB § 131 Rn. 58; MüKoHGB/*K. Schmidt* HGB § 131 Rn. 150.
[214] MHLS/*Sosnitza* GmbHG § 34 Rn. 72; Baumbach/Hueck/*Fastrich* GmbHG § 34 Rn. 35.
[215] Baumbach/Hueck/*Fastrich* GmbHG § 34 Rn. 35; kritisch MüKoHGB/*K. Schmidt* § 131 Rn. 153.
[216] MüKoGmbHG/*Strohn* § 34 Rn. 257; MHdB GesR I/*Schulte/Hushahn* § 76 Rn. 49.
[217] MüKoHGB/*K. Schmidt* § 131 Rn. 151.
[218] Vgl. BGH NJW 1989, 2685 (2686) für den Fall der Beschränkung auf die Hälfte des Buchwertes.
[219] BGH NJW 1992, 892 (894).
[220] MHdB GesR I/*Schulte/Hushahn* § 76 Rn. 52; BeckOK HGB/*Lehmann-Richter* § 131 Rn. 89.
[221] MHLS/*Sosnitza* GmbHG § 34 Rn. 60.
[222] MüKoHGB/*K. Schmidt* § 131 Rn. 158; Binz/Sorg/*Binz/Sorg* § 6 Rn. 186.
[223] MHdB GesR I/*Schulte/Hushahn* § 76 Rn. 54; Binz/Sorg/*Binz/Sorg* § 6 Rn. 186.
[224] Binz/Sorg/*Binz/Sorg* § 6 Rn. 193.
[225] Baumbach/Hueck/*Fastrich* GmbHG § 34 Rn. 35a; MüKoGmbHG/*Strohn* § 34 Rn. 258.

X. Abfindungsbeschränkungen § 14

höheres Risiko der (sogar anfänglichen) Nichtigkeit wegen eines groben Missverhältnisses zwischen dem Wert der Beteiligung und der Abfindungshöhe.[226]

Auch von einer Berechnung der Abfindung anhand des **Substanzwertes** oder gar nach dem **Stuttgarter Verfahren** ist abzuraten, da beide Bewertungsmethoden heute als überholt gelten.[227] 143

Deutlich mehr Rechtssicherheit bietet eine Anknüpfung an den **Ertragswert** des Unternehmens.[228] Aufgrund der Vielzahl der verschiedenen betriebswirtschaftlichen Methoden zur Ermittlung des Ertragswertes sollte die Klausel eine Ermittlungsmethode eindeutig festlegen.[229] Weit verbreitet und dadurch mit einem hohen Maß an Akzeptanz versehen dürfte insoweit die Ermittlung nach dem **IDW S 1 Standard** sein.[230] Aber auch dabei ist stets zu beachten, dass eine solche Bewertung auf einer Prognose beruht und selbige somit besonders streitanfällig ist.[231] Zudem ergeben sich bei einer Ertragswertbewertung regelmäßig hohe Abfindungswerte, sodass eine Kombination mit einem **prozentualen Abschlag** erwogen werden sollte.[232] Eine Begrenzung auf 70–80% ist dabei in der Regel unproblematisch.[233] 144

In diesem Zusammenhang können auch Regelungen zur **Einleitung und zum Ablauf des Bewertungsverfahrens** in die Klausel aufgenommen werden, um den Beteiligten einen klaren Leitfaden an die Hand zu geben. 145

Eine Gefährdung der Wirksamkeit der Klausel kann sich auch aus den Ausscheidenswilligen zu **stark einschränkenden Auszahlungsmodalitäten** ergeben.[234] Die Streckung der Auszahlung des Abfindungsbetrages auf einen Zeitraum von **bis zu fünf Jahren** wird bei entsprechender Verzinsung jedoch weitgehend als unkritisch eingestuft.[235] Eine Ausdehnung über einen Zeitraum von mehr als fünf Jahren ist nicht zu empfehlen, da diese regelmäßig als unzulässige Abfindungsbeschränkung eingeordnet werden könnte.[236] 146

2. Vor- und Nachteile der Klausel

Eine Abfindungsklausel bietet den Vorteil, dass **klare und eindeutige Regelung** hinsichtlich der Berechnung und der Höhe der Abfindung bestehen. Verlässt ein Gesellschafter im Streit die Gesellschaft, kann so ein zusätzlicher Streit über die Abfindung vermieden werden. 147

Der Nachteil einer Abfindungsbeschränkung besteht, insbesondere bei Buchwertklauseln und ähnlichen Anknüpfungen, in der **Gefahr der Feststellung der Nichtigkeit** im Streitfall, da dann die Abfindung nach den gesetzlichen Vorschriften zu erfolgen hat.[237] Auch bei einer bloßen **Anpassungsbedürftigkeit** der Abfindungsklausel im Wege der ergänzenden Vertragsauslegung wird die deutlich höhere Abfindung zu einer finanziellen Belastung der Gesellschaft führen. Es sei auch darauf hingewiesen, dass eine Ertragswertermittlung des Unternehmenswerts nach dem IDW S 1 Standard zur Berechnung der 148

---

[226] MüKoGmbHG/*Strohn* § 34 Rn. 258.
[227] Vgl. MüKoGmbHG/*Strohn* § 34 Rn. 258; Baumbach/Hueck/*Fastrich* GmbHG § 34 Rn. 36a.
[228] Binz/Sorg/*Binz/Sorg* § 6 Rn. 199.
[229] Vgl. *Krumm* NJW 2010, 187; MüKoHGB/*K. Schmidt* § 131 Rn. 151.
[230] EBJS/*Lorz* HGB § 131 Rn. 69; *Leitzen* RNotZ 2009, 315 (316).
[231] *Piltz* BB 1994, 1021 (1026).
[232] Binz/Sorg/*Binz/Sorg* § 6 Rn. 201; Ulmer/Habersack/Löbbe/*Ulmer/Habersack* GmbHG § 34 Rn. 87.
[233] *Herff* GmbHR 2012, 621 (626); MüKoGmbHG/*Strohn* GmbHG § 34 Rn. 262; *Leitzen* RNotZ 2009, 315 (319).
[234] Binz/Sorg/*Binz/Sorg* § 6 Rn. 172; MüKoBGB/*Schäfer* § 738 Rn. 65; *K. Schmidt*, Gesellschaftsrecht, 4. Aufl. 2002, S. 1488.
[235] OLG München NZG 2004, 1055 (1057); *K. Schmidt*, Gesellschaftsrecht, 4. Aufl. 2002, S. 1488; BeckOGK/*Koch* BGB § 738 Rn. 76; *Leitzen* RNotZ 2009, 315 (318).
[236] Vgl. BGH NJW 1989, 2685 (2686).
[237] BeckOK HGB/*Lehmann-Richter* § 131 Rn. 86; MüKoBGB/*Schäfer* § 738 Rn. 75.

Abfindung oftmals recht aufwendig ist.[238] Dies stellt einen entscheidenden Nachteil gegenüber der einfach handzuhabenden Buchwertklausel dar.[239] Gleichwohl sollte nicht leichtfertig auf Buchwertklauseln oder ähnlich einfache Verfahren zurückgegriffen werden, da sich dies Jahre später im Streitfall rächen kann.

3. Formulierungsvorschlag

149 Ein **Formulierungsvorschlag** für eine Klausel mit einer **Abfindungsbeschränkung** und **Auszahlungsmodalitäten** könnte wie folgt lauten:

> Scheidet ein Gesellschafter, gleich aus welchem Grund, aus der Gesellschaft aus, erhält er einen Abfindungsbetrag in Höhe von 70 % des zu ermittelnden Wertes seiner Beteiligung an der Gesellschaft.
>
> Der Beteiligungswert ist mittels einer Unternehmensbewertung der Gesellschaft und ihrer Tochtergesellschaften, an denen die Gesellschaft unmittelbar beteiligt ist, nach dem Ertragswertverfahren IDW S 1 des Instituts der Wirtschaftsprüfer in Deutschland e.V., Düsseldorf, oder einem an dessen Stelle tretenden Nachfolgeverfahren, auf den jeweiligen Bewertungsstichtag zu bestimmen.
>
> Maßgeblicher Bewertungsstichtag ist der Ablauf des dem Ausscheiden des Gesellschafters vorangehenden Geschäftsjahres.
>
> Das Verfahren zur Ermittlung des Beteiligungswerts wird durch eine schriftliche Erklärung gegenüber der jeweils anderen Partei eingeleitet. Die Erklärung kann sowohl durch den Gläubiger der Abfindung oder Vergütung als auch durch den Schuldner der Abfindung oder Vergütung erfolgen.
>
> Die Parteien sind verpflichtet, sich um eine Einigung über die Person eines unabhängigen Wirtschaftsprüfers oder einer unabhängigen Wirtschaftsprüfungsgesellschaft als Gutachter, der die Anteilsbewertung durchführen soll, zu bemühen. Eine solche Einigung kann auch bereits vor Abgabe des Bewertungsverlangens erfolgen. Kommt innerhalb von 30 Kalendertagen nach Zugang der Einleitungserklärung keine schriftliche Einigung zustande, ist jede Partei zur Anrufung des Instituts der Wirtschaftsprüfer in Deutschland e.V., Düsseldorf, berechtigt und darf dieses um Benennung eines unabhängigen Wirtschaftsprüfers als neutralen Gutachter zur Durchführung des Bewertungsverfahrens ersuchen.
>
> Der von dem Gutachter bestimmte Wert der Beteiligung ist, vorbehaltlich des § 319 Abs. 1 BGB, für die Parteien verbindlich.
>
> Der Abfindungsbetrag ist in fünf gleichen Jahresraten zu zahlen. Die erste Jahresrate ist sechs Monate nach dem Ausscheiden des Gesellschafters zur Zahlung fällig. Die nächste Jahresrate jeweils zwölf Monate nach der davorliegenden Jahresrate.
>
> Die Abfindung ist ab dem Kündigungsstichtag mit 2 Prozentpunkten über dem jeweiligen Basiszinssatz gemäß § 247 BGB zu verzinsen. Die anfallenden Zinsen sind jeweils gemeinsam mit der nächsten fälligen Jahresrate zu zahlen. Die Gesellschaft ist jederzeit berechtigt, den verbleibenden Abfindungsbetrag ganz oder teilweise vor Fälligkeit zu leisten.

XI. Vertretungsklausel für die Gesellschafterversammlungen

150 Spätestens wenn sich zwei Gesellschafter streiten und nicht mehr persönlich in die Augen sehen können, stellt sich die Frage nach einer möglichen Vertretung in der Gesellschafter-

---

[238] *Herff* GmbHR 2012, 621 (624).
[239] Vgl. MHdB GesR I/*Schulte/Hushahn* § 76 Rn. 7.

XI. Vertretungsklausel für die Gesellschafterversammlungen § 14

versammlung. Insofern ist es geboten, bereits zu Friedenszeiten eine vorsorgliche Regelung für die Vertretung in den Gesellschaftsvertrag aufzunehmen.

1. Zweck und Inhalt

Grundsätzlich sollte eine Gesellschafterversammlung dem Diskurs und der Aussprache unter den Gesellschaftern dienen. Dementsprechend kann eine Aufforderung zum **persönlichen Erscheinen** durchaus zweckdienlich sein. Darüber hinaus sollte jedoch auch ausdrücklich geregelt werden durch wen und unter welchen Voraussetzungen eine Vertretung im Rahmen der Gesellschafterversammlung möglich ist. Hierbei bietet es sich an, Vertreter der rechts-, steuerberatenden und wirtschaftsprüfenden Berufe nicht nur als Beistand für einen jeweiligen Gesellschafter zuzulassen, sondern auch als dessen Vertreter. 151

Enthält der Gesellschaftsvertrag auch eine Klausel mit der Verpflichtung eine Vorsorgevollmacht[240] zu erteilen, muss dies auch in der allgemeinen Vertretungsklausel berücksichtigt werden, um Widersprüche innerhalb des Gesellschaftsvertrags und damit potenzielle Streitpunkte zu vermeiden. 152

2. Vor- und Nachteile der Klausel

Ein Vorteil der Zulassung von Beratern und Vertretern liegt in der Möglichkeit schnell auf entsprechenden **fachlichen Rat** innerhalb einer Gesellschafterversammlung zurückgreifen zu können, sei es für den einzelnen Gesellschafter oder für die Gesellschafterversammlung als Ganzes. 153

Die Zulassung von Beratern und Vertretern hat jedoch auch den Nachteil, dass dadurch eine Gesellschafterversammlung schnell zu einer **Vertreterversammlung** verkommen kann und die wenigen persönlich erscheinenden Gesellschafter sich hinter ihren Beratern verstecken. Um dem entgegenzuwirken, kann eine entsprechende Formulierung aufgenommen werden, dass volljährige Gesellschafter persönlich an der Gesellschafterversammlung teilnehmen sollen. 154

3. Formulierungsvorschlag

> Eine denkbare **Formulierung** für eine entsprechende Klausel könnte lauten: 155
> Die Gesellschafter sollen an allen Gesellschafterversammlungen persönlich teilnehmen, sofern sie volljährig sind. Jeder Gesellschafter kann sich jedoch in der Gesellschafterversammlung auch durch einen zur Berufsverschwiegenheit verpflichteten Angehörigen der rechts-, steuerberatenden oder wirtschaftsprüfenden Berufe vertreten lassen oder sich des Beistandes einer solchen Person bedienen. Soweit an einem Gesellschaftsanteil ein Nießbrauch bestellt ist und dem Nießbraucher sämtliche Verwaltungsrechte zustehen beziehungsweise der Nießbraucher zur Ausübung sämtlicher Verwaltungsrechte ermächtigt oder bevollmächtigt ist, ist allein der Nießbraucher teilnahmeberechtigt. Im Übrigen ist eine Vertretung nur durch Mitgesellschafter, gesetzliche Vertreter oder durch Testamentsvollstrecker gestattet. Durch Beschluss der Gesellschafterversammlung, der mit mindestens 75 % der abgegebenen Stimmen zu fassen ist, können andere Personen generell oder für den Einzelfall als Vertreter oder Beistand zugelassen werden. Die Vertreter müssen sich durch schriftliche Vollmacht oder amtliches Zeugnis ausweisen, welches zu Beginn der Gesellschafterversammlung dem Versammlungsleiter vorzulegen ist.

---

[240] Siehe zur Ausgestaltung einer Klausel betreffend die Verpflichtung zur Erteilung einer Vorsorgevollmacht → Rn. 101.

XII. Ausschließungs- und Hinauskündigungsklausel

156 Bei einer langfristigen Nachfolgeplanung sollte auch stets die Situation bedacht werden, dass sich gegebenenfalls die Mehrheit der Gesellschafter von einem störenden aber nicht ausscheidenswilligen Gesellschafter trennen möchte. Für diese denkbare Konstellation sollte eine sogenannte Ausschließungs- oder auch Hinauskündigungsklausel in den Gesellschaftsvertrag einer Personengesellschaft aufgenommen werden.

1. Zweck, Inhalt und Funktionsweise

157 Eine Ausschließung eines nicht mehr tragbaren Gesellschafters ist nach den gesetzlichen Regelungen in § 140 Abs. 1 S. 1 HGB beziehungsweise § 737 S. 1 BGB nur bei Vorliegen eines **wichtigen Grundes** möglich. Sie ist als ultima ratio nur zulässig, wenn keine zumutbaren milderen Mittel mehr zur Konfliktlösung zur Verfügung stehen.[241] Dabei ist jedoch zu berücksichtigen, dass die gesetzliche Ausgestaltung dieses Ausschließungsrechts eine zwingende gerichtliche Geltendmachung und Entscheidung durch ein Gestaltungsurteil vorsieht.[242] Gleichwohl handelt es sich hierbei nicht um zwingende Regelungen, sodass der Gesellschaftsvertrag sowohl Erleichterungen als auch Erschwerungen oder sogar eine Beseitigung des Ausschlussrechts vorsehen kann.[243]

158 Eine Erleichterung muss sich dabei nicht nur auf eine Modifikation das Ausschließungsklageverfahren beschränken, sondern kann dieses auch vollständig durch ein ausschließlich auf einem **Gesellschafterbeschluss** beruhendes Verfahren ersetzen.[244] Im Rahmen dessen ist jedoch zu berücksichtigen, dass der Verlust der Gesellschafterstellung für den betroffenen Gesellschafter einen erheblichen Eingriff in dessen Rechte darstellt und daher an das Vorliegen bestimmter **sachlicher Gründe** geknüpft werden muss.[245] Hierfür kommen insbesondere Zwangsvollstreckungsmaßnahmen in den Anteil oder das Vermögen des Gesellschafters in Betracht, selbst wenn keine Kündigung der Gesellschaft durch den Gläubiger erklärt wird.[246] Denkbar und Zulässig ist auch die Aufnahme eines Negativkatalogs mit Gründen, die nicht zur Ausschließung berechtigen.[247]

2. Vor- und Nachteile der Klausel

159 Durch die Integration einer Ausschließungsklausel kann die Ausschließung eines nicht mehr tragbaren Mitgesellschafters, bei Vorliegen der entsprechenden Voraussetzungen, **stark vereinfacht** werden. Eine Ausschließungsklausel wird jedoch regelmäßig nicht zu einer gänzlichen Vermeidung einer gerichtlichen Auseinandersetzung führen. Der betroffene Gesellschafter kann den Ausschließungsbeschluss der übrigen Gesellschafter trotzdem durch eine Feststellungsklage gerichtlich überprüfen lassen.[248] Der Unterschied zur gesetzlichen Regelung besteht dabei maßgeblich im **Rollentausch der Prozessparteien**, sodass sich der ausgeschlossene Gesellschafter nunmehr in der Klägerposition wiederfindet.

3. Formulierungsvorschlag

160 Eine denkbare **Formulierung** für eine **Ausschließungsklausel** könnte wie folgt lauten:
Ein Gesellschafter kann durch Gesellschafterbeschluss aus der Gesellschaft ausgeschlossen werden, wenn

---

[241] BeckOK HGB/*Lehmann-Richter* § 140 Rn. 17; EBJS/*Lorz* HGB § 140 Rn. 8.
[242] Vgl. hierzu Baumbach/Hopt/*Roth* HGB § 140 Rn. 17 ff.
[243] BeckOK HGB/*Lehmann-Richter* § 140 Rn. 39; EBJS/*Lorz* HGB § 140 Rn. 43.
[244] BGH NJW 2011, 2648 (2649); BeckOK HGB/*Lehmann-Richter* § 140 Rn. 41.
[245] Vgl. BeckOK HGB/*Lehmann-Richter* § 140 Rn. 42; EBJS/*Lorz* HGB § 140 Rn. 53.
[246] MüKoHGB/*K. Schmidt* § 140 Rn. 94.
[247] Baumbach/Hopt/*Roth* HGB § 140 Rn. 28.
[248] Vgl. BGH NJW 2011, 2648 (2649); MüKoHGB/*K. Schmidt* § 140 Rn. 93.

- in seiner Person ein die Ausschließung rechtfertigender wichtiger Grund vorliegt;
- von Seiten eines Gläubigers des Gesellschafters Zwangsvollstreckungsmaßnahmen in den Gesellschaftsanteil des Gesellschafters vorgenommen werden und es dem Inhaber des Gesellschaftsanteils nicht binnen sechs Monaten seit Beginn dieser Maßnahme gelungen ist, ihre Aufhebung zu erreichen;
- er seinen Gesellschaftsanteil mit Zustimmung der Gesellschafterversammlung verpfändet hat und die Pfandreife eintritt;
- wenn die Gesellschaftsanteile an dieser Gesellschaft über eine Familiengesellschaft gehalten werden und die Anteile an dieser Familiengesellschaft auf eine Person übertragen werden, die kein Mitglied eines Familienstammes im Sinne dieses Gesellschaftsvertrags ist;
- er nicht nach Aufforderung durch die Gesellschaft innerhalb von drei Monaten eine § ... entsprechende ehevertragliche Vereinbarung getroffen und diese der Gesellschaft vorlegt hat.

Der Ausschließungsbeschluss bedarf einer Mehrheit von 75 % der abgegebenen Stimmen. Der betroffene Gesellschafter hat hierbei kein Stimmrecht.

Wird über das Vermögen eines Gesellschafters ein Insolvenz- oder ähnliches Verfahren eröffnet, wird die Eröffnung eines dieser Verfahren mangels Masse abgelehnt oder hat ein Privatgläubiger von dem Kündigungsrecht des § 725 BGB Gebrauch gemacht, so scheidet der betroffene Gesellschafter aus der Gesellschaft aus. Eine etwaige Kündigung des Gesellschaftsverhältnisses durch einen Gläubiger hat keine Rechtswirkung. Wird die gegen den Gesellschafter getroffene Maßnahme binnen sechs Monaten wieder aufgehoben, gilt der betroffene Gesellschafter als nicht ausgeschieden. Innerhalb dieser Frist dürfen in Ansehung des Gesellschaftsanteils des ausgeschiedenen Gesellschafters keine Veränderungen im Gesellschaftsverhältnis erfolgen.

Scheidet ein Gesellschafter aus der Gesellschaft aus, erhält er eine Abfindung gemäß den Abfindungsregelungen in § ... dieses Gesellschaftsvertrages, es sei denn, der Ausscheidende vereinbart mit der Gesellschaft einen abweichenden Abfindungsbetrag. Eine solche Vereinbarung bedarf zu ihrer Wirksamkeit eines Gesellschafterbeschlusses mit einer Mehrheit von 75 % der abgegebenen Stimmen. Der ausscheidende Gesellschafter hat hierbei kein Stimmrecht.

XIII. Erbschaftsteuerlich motivierte Poolvereinbarung

Ist das Familienunternehmen als Kapitalgesellschaft organisiert und gibt es mehr als einen Gesellschafter, muss stets auch an die Begründung einer separaten Poolvereinbarung gedacht werden, um eine Qualifizierung der Aktien oder Geschäftsanteile als begünstigungsfähiges Vermögen im Sinne des § 13b Abs. 1 Nr. 3 ErbStG sicherzustellen. **161**

1. Inhalt, Inhalt und Funktionsweise

§ 13b Abs. 1 Nr. 3 ErbStG sieht vor, dass Anteile an Kapitalgesellschaften erbschaftsteuerlich begünstigungsfähig sind, sofern der Erblasser oder Schenker zum Zeitpunkt der Entstehung der Steuer unmittelbar zu mehr als 25 % am Nennkapital beteiligt war. Insbesondere in den der Gesellschaftsgründung nachfolgenden Generationen wird es vielfach für den Erblasser oder Schenker schwierig sein, diese Mindestbeteiligung alleine zu erreichen. Für diese Fälle eröffnet § 13b Abs. 1 Nr. 3 S. 2 ErbStG dem Erblasser oder Schenker die Möglichkeit die notwendige Mindestbeteiligung auch durch eine Poolung mit weiteren Gesellschaftern zu erreichen. Um in den Genuss einer solchen Zurechnung zu kommen, **162** muss die Poolvereinbarung insbesondere eine **Verfügungsbeschränkung** sowie eine **Stimmbindung** vorsehen.[249]

163 Für die **Ausgestaltung der Verfügungsbeschränkung** sieht § 13b Abs. 1 Nr. 3 S. 2 ErbStG zwei zulässige Alternativen vor: Entweder müssen die Poolmitglieder untereinander verpflichtet werden, über die Anteile nur einheitlich zu verfügen oder es muss vorgesehen werden, dass eine Anteilsübertragung nur auf der gleichen Verpflichtung unterliegende Personen erfolgen darf. Der Wortlaut der Vorschrift darf im Hinblick auf die erste Gestaltungsvariante nicht überinterpretiert werden. Es ist gerade nicht erforderlich, dass alle Poolmitglieder gemeinsam über die poolgebundenen Anteile im Ganzen verfügen.[250] Das Erfordernis „nur einheitlich zu verfügen" verlangt nach ErbStR 2011 A 13b.6 Abs. 4 S. 2-4 vielmehr, dass über die poolgebundenen Anteile nur nach **einheitlichen Verfügungsregeln** verfügt werden darf und dass die Anteile nur an bestimmte Personen[251] übertragen werden dürfen oder eine Übertragung die Zustimmung der Mehrheit der Poolmitglieder erfordert.[252] Die andere Gestaltungsvariante der Verfügungsbeschränkung, in der Form der Übertragung auf ausschließlich andere derselben Verpflichtung unterliegende Anteilseigner, kann auch dadurch erreicht werden, dass der Anteilserwerber zeitgleich mit der Übertragung des Anteils der **Poolvereinbarung beitritt.**[253] Insofern sollte zusätzlich in der Poolvereinbarung vorgesehen werden, dass die Übertragung von dem zeitgleichen Beitritt eines bis dato poolfremden Erwerbers zur Poolvereinbarung abhängig ist, was technisch beispielsweise durch eine **aufschiebende Bedingung** erreicht werden kann.

164 Hinsichtlich der Erreichung der geforderten Stimmbindung der Poolmitglieder enthält das Gesetz keine Vorgaben. Insofern besteht für die **Ausgestaltung der Stimmbindung** ein gewisser Spielraum. Eine in der Praxis häufig anzutreffende Gestaltung ist die Erteilung einer **Vollmacht an den Poolvorsitzenden.**[254] Diese Bevollmächtigung kann auch bereits in der Poolvereinbarung vorgesehen werden. Dabei ist allerdings zu berücksichtigen, dass die Vollmacht aufgrund des gesellschaftsrechtlichen Abspaltungsverbots weder unwiderruflich noch verdrängend ausgestaltet werden darf.[255]

165 Ist eine Bevollmächtigung des Poolvorsitzenden nicht gewünscht oder aufgrund entgegenstehender Regelungen im Gesellschaftsvertrag der Hauptgesellschaft nicht möglich, kann die Stimmbindung über eine entsprechende **Vertragsstrafenregelung** gewährleistet werden. Die Aufnahme einer entsprechenden Vertragsstrafe ist auch neben der Bevollmächtigung möglich, da aufgrund der genannten Unzulässigkeit einer verdrängenden Vollmacht die poolabsprachewidrige Stimmabgabe durch ein Poolmitglied in der Gesellschafterversammlung der Hauptgesellschaft nicht ausgeschlossen ist.[256]

166 Ferner sollten auch **gesetzliche Stimmverbote,** wie beispielsweise § 136 Abs. 2 AktG und § 47 Abs. 4 GmbHG, berücksichtigt werden, da eine Poolvereinbarung nicht dazu genutzt werden darf, diese Stimmverbote zu umgehen.[257] Wird die Stimmbindung über die Bevollmächtigung des Poolvorsitzenden gewährleistet, ist insoweit auch zu beachten, dass das Stimmverbot auch für die Ausübung des Stimmrechts durch den Bevollmächtigten gilt. Der bevollmächtigte Poolvorsitzende kann das Stimmrecht aus dieser Beteiligung daher insoweit nicht ausüben.[258]

---

[249] Meincke/Hannes/Holtz/*Hannes/Holtz* ErbStG § 13b Rn. 27; Troll/Gebel/Jülicher/Gottschalk/*Jülicher* ErbStG § 13b Rn. 205.
[250] BeckOK ErbStG/*Korezkij* § 13b Rn. 55.
[251] ErbStR 2011 A 13b.6 Abs. 4 S. 3 nennt beispielhaft „Familienmitglieder, einen Familienstamm oder eine Familienstiftung".
[252] BeckOK ErbStG/*Korezkij* § 13b Rn. 55.
[253] ErbStR 2011 A 13b.6 Abs. 4 S. 5.
[254] *Klein-Wiele* NZG 2018, 1401 (1404).
[255] BeckHdB GmbH/*Schmiegelt/Schmidt* § 3 Rn. 172; *Klein-Wiele* NZG 2018, 1401 (1404).
[256] *Klein-Wiele* NZG 2018, 1401 (1406).
[257] MAH ErbR/*Kögel* § 40 Rn. 131; *Klein-Wiele* NZG 2018, 1401 (1403).
[258] *Klein-Wiele* NZG 2018, 1401 (1404).

Darüber hinaus sollte die Poolvereinbarung auch klare Regelungen zum **Verfahrensab-** 167 **lauf** enthalten, also zur Einberufung, den Teilnahmevoraussetzungen, der Abstimmung und der Protokollierung der Beschlüsse.[259] Umso klarer das Verfahren geregelt wird, desto weniger Streitpunkte können bei einem formell ordnungsgemäßen Ablauf der Beschlussfassung innerhalb des Pools auftreten.

Rechtstechnisch handelt es sich bei der Poolvereinbarung um eine als **Innengesell-** 168 **schaft ohne Gesamthandsvermögen** ausgestaltete GbR im Sinne der §§ 705 ff. BGB.[260] Aufgrund der von § 13b Abs. 1 Nr. 3 ErbStG geforderten unmittelbaren Beteiligung an der Kapitalgesellschaft darf das Eigentum an den Geschäftsanteilen oder Aktien unter keinen Umständen – auch nicht versehentlich – auf die GbR übertragen werden.[261] Insofern sollte stets auch eine **klarstellende Formulierung** aufgenommen werden, dass gerade **kein Gesamthands- oder Miteigentum** an den Gesellschaftsanteilen durch den Abschluss der Poolvereinbarung begründet wird.

In zeitlicher Hinsicht gilt es zudem zu beachten, dass die Poolvereinbarung **bereits** 169 **zum Besteuerungszeitpunkt bestehen muss** und eine nachträglich abgeschlossene Vereinbarung mit Rückwirkungsanordnung nicht ausreicht.[262] Bei einer Beendigung vor Ablauf der Behaltensfrist fällt nach § 13a Abs. 6 S. 1 Nr. 5 ErbStG die steuerliche Begünstigung mit Wirkung für die Vergangenheit weg. Um einem streitlustigen Gesellschafter somit kein Druckmittel an die Hand zu geben, sollte auch eine eindeutige **Laufzeit und Kündigungsregelung** in die Poolvereinbarung aufgenommen werden.

Für die zivilrechtliche Wirksamkeit der Poolvereinbarung bedarf es grundsätzlich keiner einzuhaltenden Form. Die Finanzverwaltung[263] verlangt jedoch **Schriftform,** was allerdings ohnehin aus Nachweisgründen zu empfehlen ist.[264]

2. Vor- und Nachteile der Vereinbarung

Neben den offensichtlichen erbschaftsteuerlichen Vorteilen kann über eine Poolvereinba- 170 rung auch für eine Hauptgesellschaft in Form einer AG ein **Vorerwerbsrecht für die poolgebundenen Aktien** geschaffen werden, was wegen des Grundsatzes der Satzungsstrenge unmittelbar in der Satzung nicht möglich ist.[265]

Eine **Abstimmung mit dem Gesellschaftsvertrag der Hauptgesellschaft** ist uner- 171 lässlich und bedeutet aber auch, dass gegebenenfalls bestimmte Ausgestaltungen in der Poolvereinbarung nicht möglich sind. Sieht der Gesellschaftsvertrag der Hauptgesellschaft vor, dass eine Bevollmächtigung bei der Stimmrechtsausübung im Rahmen der Gesellschafterversammlung nicht zulässig ist, kann in der Poolvereinbarung keine Stimmbindung über eine Bevollmächtigung des Poolvorsitzenden vorgesehen werden.[266]

Im Falle einer **börsennotierten Hauptgesellschaft** besteht zudem die Gefahr einer 172 Zusammenrechnung der Beteiligungen nach § 30 Abs. 2 WpÜG, mit der Folge, dass sich bei Überschreiten der Schwellenwerte eine Verpflichtung zur Abgabe eines Übernahmeangebots nach § 35 WpÜG ergeben kann.[267]

---

[259] Vgl. *Klein-Wiele* NZG 2018, 1401 (1403).
[260] BeckOK ErbStG/*Korezkij* § 13b Rn. 52; *Klein-Wiele* NZG 2018, 1401 (1402).
[261] Grundlegend BFH DStR 2013, 1536 (1537); bestätigt BFH MittBayNot 2014, 564 (567); vgl. auch Troll/Gebel/Jülicher/*Gottschalk/Jülicher* ErbStG § 13b Rn. 217.
[262] Meincke/Hannes/Holtz/*Hannes/Holtz* ErbStG § 13b Rn. 27; BeckOK ErbStG/*Korezkij* § 13b Rn. 52.
[263] ErbStR 2011 A 13b.6 Abs. 6 „Die Poolvereinbarung kann sich aus dem Gesellschaftsvertrag oder anderen schriftlichen Vereinbarungen ergeben […]."
[264] BeckOK ErbStG/*Korezkij* § 13b Rn. 52.
[265] Vgl. *Mayer* MittBayNot 2006, 281 (285); Hüffer/Koch/*Koch* AktG § 23 Rn. 45.
[266] Vgl. *Klein-Wiele* NZG 2018, 1401 (1404).
[267] Vgl. MüKoAktG/*Wackerbarth* WpÜG § 30 Rn. 58; *Mayer* MittBayNot 2006, 281 (283); *Klein-Wiele* NZG 2018, 1401 (1407).

3. Formulierungsvorschläge

173 Eine mögliche **Formulierung** für den **Gesellschaftszweck** einer Poolvereinbarung, samt klarstellender Formulierung betreffend die Eigentumslage an den Anteilen, könnte lauten:

Gegenstand und Zweck dieser Poolvereinbarung ist es, den Einfluss der Mitglieder des Pools auf die Hauptgesellschaft sicherzustellen, insbesondere dadurch, dass die Mitglieder des Pools die die Hauptgesellschaft betreffenden Fragen untereinander abstimmen, ihnen zustehende Gesellschafterrechte nach Maßgabe dieses Vertrages einheitlich ausüben sowie in sonstiger Weise nach Maßgabe dieser Vereinbarung zusammenwirken. Ferner ist Zweck des Zusammenschlusses, für Mitglieder des Pools für den Fall der Erbfolge und der vorweggenommenen Erbfolge sicherzustellen, dass die Anteile der Mitglieder des Pools an der Hauptgesellschaft als begünstigungsfähiges Vermögen im Sinne von § 13b Abs. 1 Nr. 3 ErbStG anerkannt werden. Zu diesem Zweck beabsichtigen die Poolmitglieder sicherzustellen, dass sie verpflichtet sind, über ihre Anteile nur einheitlich zu verfügen oder diese ausschließlich an andere derselben Verpflichtung unterliegenden Anteilseigner zu übertragen und ihr Stimmrecht gegenüber nicht gebundenen Gesellschaftern einheitlich auszuüben.

Die Eigentumsstellung der Poolmitglieder wird hinsichtlich der dem Vertrag unterfallenden Gesellschaftsanteile nicht berührt; es wird ausdrücklich kein Gesamthands- oder Miteigentum an den Gesellschaftsanteilen begründet. Bei dieser Poolvereinbarung handelt es sich ausdrücklich um eine rein schuldrechtliche Vereinbarung zwischen den Poolmitgliedern (Innen-GbR).

174 Die **Formulierung** einer Klausel betreffend die von § 13b Abs. 1 Nr. 3 S. 2 ErbStG geforderten **Verfügungsbeschränkungen** könnte wie folgt lauten:

Jedes Poolmitglied verpflichtet sich, über seine poolgebundenen Gesellschaftsanteile nur einheitlich im Sinne von § 13b Abs. 1 Nr. 3 S. 2 ErbStG zu verfügen oder sie ausschließlich auf andere derselben Verpflichtung unterliegenden Anteilseigner zu übertragen. Die Mitglieder des Pools unterwerfen sich mithin der Bindung, wie sie vom Gesetz in § 13b Abs. 1 Nr. 3 S. 2 ErbStG gefordert wird.

Jedes Poolmitglied ist nur berechtigt seine Gesellschaftsanteile an eigene leibliche Abkömmlinge oder an ein anderes Mitglied des Pools entgeltlich oder unentgeltlich zu Eigentum zu übertragen. Die durch diese Poolvereinbarung gebundenen Anteile an der Hauptgesellschaft bleiben auch nach einer Übertragung poolgebunden. Daher hat die Übertragung unter der aufschiebenden Bedingung zu erfolgen, dass der Erwerber, sofern er noch nicht Poolmitglied ist, zeitgleich mit dem Erwerb der Anteile in alle Rechte und Pflichten aus dieser Poolvereinbarung eintritt. Sämtliche Poolmitglieder stimmen bereits jetzt dem Beitritt eines Erwerbers zu dieser Poolvereinbarung zu. Zum Nachweis des Eintritts in die Poolvereinbarung und des Übergangs der Rechte und Pflichten ist dem Poolvorsitzenden eine rechtswirksame schriftliche Eintritts- und Übernahmeerklärung des Erwerbers vor Übertragung der Anteile vorzulegen.

175 Für die Ausgestaltung der **Stimmbindung** und Regelung des **Verfahrens der Beschussfassung** in der Poolversammlung bietet sich die nachfolgende ausführliche Formulierung an:

Die Poolmitglieder verpflichten sich, das Stimmrecht aus ihren Gesellschaftsanteilen bei allen Beschlussfassungen in der Hauptgesellschaft stets einheitlich gegenüber nicht gebundenen Gesellschaftern auszuüben, unabhängig davon, ob und in welchem Sinne sie zu stimmen beabsichtigen und unabhängig davon, ob sie in der betreffenden Poolversammlung anwesend beziehungsweise vertreten waren oder nicht.

Zum Zwecke der einheitlichen Stimmausübung verpflichten sich alle Poolmitglieder, bei Beschlüssen in der Hauptgesellschaft so abzustimmen, wie dies zuvor in der Poolversammlung beschlossen wurde. Darüber hinaus bevollmächtigen die Poolmitglieder hiermit jeweils den jeweiligen Poolvorsitzenden widerruflich und beschränkt auf die Dauer seiner Poolzugehörigkeit die Stimmrechte aller Poolmitglieder in der Hauptgesellschaft entsprechend der Beschlussfassung in der Poolversammlung auszuüben.

Aus diesem Grund haben die Poolmitglieder spätestens eine Woche vor jeder Gesellschafterversammlung der Gesellschaft in einer Poolversammlung darüber zu beschließen, mit welchem Inhalt die Stimmrechte zu den Gegenständen der Tagesordnung der Gesellschafterversammlung der Hauptgesellschaft oder zu sonstigen Beschlussfassungen ausgeübt werden sollen.

Die Poolversammlung hat einen Vorsitzenden. Vorsitzender der Poolversammlung ist das Poolmitglied mit dem größten Anteil an der Hauptgesellschaft, bei gleicher Beteiligung, das an Jahren ältere Poolmitglied. Der Vorsitzende beruft die Poolversammlung ein, leitet diese, bestimmt das Abstimmungsverfahren, bereitet die Beschlüsse vor und verkündet die Ergebnisse der Beschlussfassungen.

Die Poolversammlungen finden am Sitz der Gesellschaft statt. Sie werden vom Vorsitzenden der Poolversammlung mit einer Frist von mindestens einer Woche schriftlich, per Telefax, per E-Mail oder in Textform (§ 126b BGB) einberufen, wobei der Tag der Absendung der Einladung und der Tag der Poolversammlung nicht mitzuzählen sind. In dringenden Fällen kann der Vorsitzende der Poolversammlung die Frist angemessen verkürzen und auch mündlich einladen. Poolversammlungen sind weiter einzuberufen, sofern dies von Poolmitgliedern, die allein oder zusammen mindestens 10 % der stimmberechtigten Anteile der Hauptgesellschaft halten, verlangt wird.

Beschlüsse der Poolmitglieder können auch außerhalb einer Poolversammlung im Wege schriftlicher Abstimmung sowie per Telefax oder auf elektronischem Wege (E-Mail etc) herbeigeführt werden, wenn sich alle Poolmitglieder an der Abstimmung beteiligen oder zumindest dieser Art der Abstimmung zustimmen oder wenn die Abhaltung einer Poolversammlung vor einer Gesellschafterversammlung der Hauptgesellschaft nicht möglich sein sollte.

Jedes Poolmitglied kann sich in den Poolversammlungen durch ein anderes Poolmitglied aufgrund einer eigenhändig unterschriebenen schriftlichen Vollmacht oder einer Vollmacht per Telefax vertreten lassen, die dem Vorsitzenden der Poolversammlung spätestens zu Beginn der Poolversammlung vorzulegen ist. Jedes Poolmitglied ist berechtigt, auch dadurch an der Beschlussfassung der Poolversammlung teilzunehmen, dass es seine Stimme schriftlich, per Telefax, per E-Mail oder in Textform (§ 126b BGB) vor Beginn der Poolversammlung gegenüber dem Vorsitzenden der Poolversammlung abgibt. Der Vorsitzende der Poolversammlung verliest beziehungsweise verkündet die Stimmabgabe des abwesenden Poolmitglieds sodann in der Poolversammlung.

Soweit in dieser Poolvereinbarung nicht ausdrücklich etwas anderes bestimmt ist, werden die Beschlüsse der Poolmitglieder mit der Mehrheit der Stimmen gefasst, die für die entsprechende Beschlussfassung bei der Hauptgesellschaft vorgesehen ist (einschließlich etwaiger dort geregelter Mehrstimmrechte). Stimmenthaltungen zählen bei den Beschlussfassungen der Poolversammlung – soweit in dieser Vereinbarung nichts Abweichendes geregelt ist – als nicht abgegebene Stimmen. Die Änderung dieser Poolvereinbarung bedarf jedoch der Zustimmung aller Poolmitglieder.

Ist ein Poolmitglied bei der Abstimmung über einen Beschlussgegenstand in der Gesellschafterversammlung der Hauptgesellschaft vom Stimmrecht ausgeschlossen, hat dieses

Poolmitglied auch bei der entsprechenden Beschlussfassung in der Poolversammlung kein Stimmrecht.

Jedes Poolmitglied hat in der Poolversammlung so viel Stimmen, wie es bei Beschlussfassungen in der Hauptgesellschaft hat.

Der Vorsitzende der Poolversammlung hat zu Nachweiszwecken, nicht als Wirksamkeitsvoraussetzung, über sämtliche in der Poolversammlung gefassten Beschlüsse ein Protokoll zu fertigen, zu unterzeichnen und anschließend sämtlichen Poolmitgliedern unverzüglich zuzuleiten. Unabhängig hiervon teilt der Vorsitzende das Ergebnis der Beschlussfassung den auf der Poolversammlung nicht anwesenden Poolmitgliedern noch vor der Gesellschafterversammlung der Gesellschaft schriftlich, per Telefax, per E-Mail oder in Textform (§ 126b BGB) mit.

176 Jedenfalls wenn die Stimmbindung nicht durch die Erteilung einer Vollmacht an den Geschäftsführer oder Vorsitzenden des Pools abgesichert ist, sollte eine Sicherung der Stimmbindung durch die Aufnahme einer **Vertragsstrafenregelung** gewährleistet werden.

177 Die **Formulierung** einer entsprechenden Klausel könnte wie folgt lauten:

Im Falle einer von der Verpflichtung zur einheitlichen Stimmabgabe in der Gesellschafterversammlung der Hauptgesellschaft abweichenden Stimmabgabe hat das zuwiderhandelnde Poolmitglied den übrigen Poolmitgliedern zusammen für jeden Fall der Zuwiderhandlung (unter Ausschluss des Fortsetzungszusammenhangs) eine Vertragsstrafe in Höhe von 25.000 EUR zu zahlen. Verstößt ein Poolmitglied im Rahmen einer Beschlussfassung der Hauptgesellschaft über eine Änderung des Gesellschaftsvertrages gegen die Verpflichtung zur einheitlichen Stimmabgabe, beträgt die Vertragsstrafe für jeden Fall der Zuwiderhandlung 50.000 EUR. Die Vertragsstrafe steht den übrigen Poolmitgliedern im Verhältnis ihrer Anteile an der Hauptgesellschaft zu.

Weitergehende Schadensersatzansprüche der übrigen Poolmitglieder, insbesondere infolge steuerlicher Nachteile für die übrigen Poolmitglieder oder deren Rechtsnachfolger, bleiben ebenso unberührt wie das Recht, Unterlassung zu verlangen. Die Vertragsstrafe wird auf den Schadensersatz angerechnet.

178 Um eine Mindestlaufzeit im Hinblick auf die Behaltensfristen zu gewährleisten und klare Kündigungsregelungen zu schaffen, könnte folgende **Laufzeit- und Kündigungsklausel** aufgenommen werden:

Diese Poolvereinbarung wird auf unbestimmte Zeit geschlossen.

Jedes Poolmitglied kann seine Mitgliedschaft unter Einhaltung einer Kündigungsfrist von sechs Monaten (Datum des Poststempels) zum Ende eines Kalenderjahres kündigen, jedoch erstmals mit Wirkung zum 31.12.2029. Die Kündigung hat schriftlich mittels Einschreiben gegenüber dem Poolvorsitzenden zu erfolgen, welcher die übrigen Poolmitglieder unverzüglich informiert. Kündigt der Poolvorsitzende selbst oder ist kein Poolvorsitzender bestellt, hat die Kündigung gegenüber allen übrigen Poolmitgliedern zu erfolgen.

Mit dem Ablauf des Geschäftsjahres, auf dessen Schluss die Kündigung wirksam wird, scheidet das kündigende Poolmitglied aus dieser Poolvereinbarung aus. Die übrigen Poolmitglieder setzen in diesem Fall die Poolvereinbarung fort.

Das Recht zur Kündigung aus wichtigem Grund bleibt hiervon unberührt.

XIV. Konsortialvertrag

Ist die unternehmenstragende Gesellschaft keine Kapitalgesellschaft, sondern eine Personengesellschaft, kommt eine Begünstigung nach § 13b Abs. 1 Nr. 3 ErbStG nicht in Betracht. Jedoch kann es trotzdem für eine Gruppe von Gesellschaftern, beispielsweise einen jeweiligen Familienstamm, sinnvoll sein, sich außerhalb der Hauptgesellschaft durch einen Konsortialvertrag untereinander zu binden. 179

1. Zweck, Inhalt und Funktionsweise

Unter einem Konsortialvertrag oder einer Stimmbindungsvereinbarung wird ein schuldrechtlicher Zusammenschluss mehrerer Gesellschafter einer Gesellschaft verstanden, mit dem Ziel den eigenen Interessen in der Hauptgesellschaft ein **größeres Stimmgewicht** zu verleihen.[268] Einen solchen Vertrag wird man regelmäßig als eine **GbR** in der Form einer **Innengesellschaft** ohne Gesamthandsvermögen einordnen, bei welcher der Gesellschaftszweck regelmäßig in der Bündelung des Stimmrechts besteht.[269] Darüber hinaus können, ähnlich wie bei einer erbschaftsteuerlich motivierten Poolvereinbarung auch weitere Rechte und Pflichten, wie beispielsweise Andienungs- und Vorerwerbsrechte oder Veräußerungsverbote, in den Vertrag aufgenommen werden, falls diese im Gesellschaftsvertrag der Hauptgesellschaft fehlen oder aufgrund des Widerstands anderer Gesellschafter nicht integriert werden können. 180

Ungeachtet einer etwaigen Vinkulierung in der Beteiligung aufgrund des Gesellschaftsvertrages der Hauptgesellschaft, können auch **Veräußerungsverbote** in den Konsortialvertrag mit aufgenommen werden. Da es sich bei einer derartigen Vereinbarung allerdings nicht um ein Abtretungshindernis im Sinne des § 399 BGB handelt, sondern lediglich um ein rein schuldrechtliches Abtretungshindernis nach § 137 BGB, fehlt es an der dinglichen Wirkung.[270] Die dingliche Wirksamkeit einer Abtretung kann somit durch die Konsortialvereinbarung nicht verhindert werden. 181

Der Fokus der Ausgestaltung sollte jedoch auf eine **genaue Regelung der Beschlussfassung** in der GbR gelegt werden. Die gesetzlichen Regelungen in den §§ 705 ff. BGB lassen insoweit stark zu wünschen übrig, sodass ausführliche Regelungen zum Verfahrens, zur Abstimmung und den Abstimmungsmehrheiten sowie zu dem zu beachtenden Formen und Fristen im Hinblick auf die Einberufung der Gesellschafterversammlung getroffen werden sollten.[271] 182

Da es sich bei der Konsortialvereinbarung um eine GbR handelt, muss bei der vertraglichen Ausgestaltung, neben den im Hinblick auf die Hauptgesellschaft zu berücksichtigenden Aspekten, auch stets an die im Zusammenhang mit der Ausgestaltung eines GbR-Vertrages auftretenden allgemeinen Fragestellungen gedacht werden. Insbesondere sollte eine Nachfolgeklausel zumindest in Form einer Fortsetzungsklausel[272], aber auch eine Regelung zur Vertraulichkeit sowie zur Laufzeit und Kündigung[273] integriert werden. 183

Schließlich darf auch ein Sicherungsmechanismus zur Gewährleistung der vereinbarten Stimmrechtsausübung nicht fehlen. Da aufgrund des geltenden Abspaltungsverbots keine unwiderrufliche Vollmacht erteilt werden kann, sollte die **Vollmachtserteilung** durch eine entsprechende **Vertragsstrafe** abgesichert werden.[274] 184

---

[268] MüKoBGB/*Schäfer* Vor § 705 Rn. 68 f.
[269] Vgl. Hüffer/Koch/*Koch* AktG § 23 Rn. 46; MüKoAktG/*Pentz* AktG § 23 Rn. 198; *Mayer* MittBayNot 2006, 281 (282).
[270] MAH AktR/*Sickinger* § 11 Rn. 13.
[271] Vgl. *Mayer* MittBayNot 2006, 281 (291).
[272] Siehe den Formulierungsvorschlag für eine Fortsetzungsklausel → Rn. 11.
[273] Siehe den Formulierungsvorschlag für eine Laufzeit und Kündigungsklausel → Rn. 178.
[274] Vgl. *Mayer* MittBayNot 2006, 281 (291).

2. Vor- und Nachteile der Vereinbarung

185 Infolge der Einordnung der Vereinbarung als Gesellschaft bürgerlichen Rechts, besteht für sie **keine Handelsregisterpublizität,** sodass sowohl das Bestehen einer Konsortialvereinbarung als auch deren genauer Inhalt vor den übrigen, nicht beteiligten Mitgesellschaftern geheim gehalten werden kann.[275]

186 Da es sich allerdings um eine schuldrechtliche Nebenabrede handelt, und nicht um eine aus der Gesellschaftsbeteiligung an der Hauptgesellschaft erwachsende Verpflichtung, ergibt sich hieraus nur eine **Bindungswirkung** für die jeweils Beteiligten. Eine Bindungswirkung gegenüber Einzelrechtsnachfolgern kann nur durch einen Vertragsbeitritt des Nachfolgers erreicht werden.[276]

3. Formulierungsvorschlag

187 Eine **Formulierung** für den **Gesellschaftszweck** eines Konsortialvertrages könnte wie folgt lauten:

Gegenstand und Zweck dieser Konsortial- und Stimmbindungsvereinbarung ist die Sicherstellung des Einflusses des Familienstammes in der Hauptgesellschaft. Die Mitglieder dieser Vereinbarung beabsichtigen daher, alle wesentlichen strategischen und operativen Themen betreffend die Hauptgesellschaft untereinander abzustimmen und die ihnen zustehenden Gesellschafterrechte nach Maßgabe dieses Vertrages nur einheitlich in der Hauptgesellschaft ausüben sowie auch in sonstiger Weise nach Maßgabe dieser Vereinbarung zusammenwirken.

188 Um etwaige Doppelungen zu vermeiden, kann hinsichtlich des Formulierungsvorschlags für eine **Stimmbindungsklauseln** auf den Formulierungsvorschlag für die Stimmbindung in einer Poolvereinbarung verwiesen werden → Rn. 175.

---

[275] *Mayer* MittBayNot 2006, 281 (282).
[276] *Mayer* MittBayNot 2006, 281 (282).

§ 15 Gestaltung des Güterstandes

Übersicht

	Rn.
I. Zugewinngemeinschaft	10
1. Familienrechtliche Seite	11
a) Gesetzliche Regelung	12
b) Ehevertragliche Regelungen	16
2. Pflichtteilsergänzung	22
3. Steuerliche Effekte	23
II. Gütertrennung	33
III. Gütergemeinschaft	38
IV. Deutsch-französische Wahl-Zugewinngemeinschaft (§ 1519 BGB)	42
V. Vermögensstand der Ausgleichsgemeinschaft nichtehelicher Lebenspartner	46
VI. Wenn der Gesellschaftsvertrag zum Ehevertrag zwingt	48
VII. Das gesetzliche Erbrecht des Ehegatten und des eingetragenen Lebenspartners	53
1. Prinzip	53
2. Rein erbrechtliche Betrachtung	59
a) Erben erster oder zweiter Ordnung sowie Großeltern sind nicht vorhanden	60
b) Es sind Erben erster Ordnung vorhanden	61
c) Es sind Erben zweiter Ordnung vorhanden	62
d) Es sind Großeltern vorhanden	63
e) Der verwandte Ehegatte beziehungsweise der verwandte eingetragene Lebenspartner	64
f) Doppelehe	65
3. Einbeziehung der güterrechtlichen Betrachtung	66
a) Übersicht	66
b) Gütertrennung	70
c) Gütergemeinschaft/fortgesetzte Gütergemeinschaft	71
d) Zugewinngemeinschaft	73
e) Deutsch-französischen Wahl-Zugewinngemeinschaft (§ 1519 BGB)	80
4. Voraus des Ehegatten beziehungsweise eingetragenen Lebenspartners	84
5. Der Dreißigste	87
6. Der Eintritt des überlebenden Ehegatten beziehungsweise des eingetragenen Lebenspartners in den Mietvertrag	88
7. Das Erbrecht bei gleichzeitigem Versterben beider Ehegatten beziehungsweise beider eingetragenen Lebenspartner	89
8. Internationales Erbrecht und internationales Güterrecht	91
9. Erbrecht der DDR	101
10. Die gewillkürte Erbfolge	102
a) Medium der Verfügung von Todes wegen	102
b) Einheitslösung/Trennungslösung	113
c) Noch einmal Güterrecht	117
d) Und noch einmal internationales Privatrecht	120
e) Erbrecht der DDR	126
f) Gemeinschaftliches Testament	127
aa) Übersicht über die Vor- und Nachteile	127
bb) Prinzip	128
cc) Formen der Testamentserrichtung	130
dd) Inhalt/Bindungswirkung	135
(1) Einführung	135
(2) Wechselbezügliche und qualifizierte Verfügungen	138
(3) Nichtigkeit	147
(4) Widerruf	149
(5) Bindungswirkung	158
(a) Inhalt	158

	Rn.
(b) Lebzeitiges Eigeninteresse des gebundenen Erblassers an einer Vermögensverfügung zu Lebzeiten	161
(c) Lösung durch Ausschlagung	163
(d) Wegfall der Bindungswirkung in besonderen Fällen	169
(e) Im Testament vorbehaltener Widerruf und vorbehaltene Freistellung	171
(f) Anfechtungsmöglichkeit wechselbezüglicher Verfügungen	175
ee) Gemeinschaftliches Testament und EuErbVO	185
ff) Ausschluss des Erbrechts	189
g) „Berliner Testament" als klassischer Fall des gemeinschaftlichen Testaments	192
aa) Prinzip	192
bb) Gegenseitige Einsetzung der Ehegatten beziehungsweise eingetragenen Lebenspartner (im Rahmen der Einheitslösung)	197
cc) Bestimmung des Erben nach dem Längstlebenden	202
dd) Vermächtnis gemäß § 2269 Abs. 2 BGB	215
ee) Rechtsstellung des überlebenden Ehegatten beziehungsweise eingetragenen Lebenspartners bei Wiederverheiratungsklauseln	216
(1) Rechtliche Konstruktion	216
(2) Rechtsstellung bis zur Wiederverheiratung	223
(3) Die Rechtsstellung des überlebenden Ehegatten bei Wiederverheiratung	233
ff) Sicherungen im Zusammenhang mit Immobilienvermögen	236
gg) Pflichtteilsklauseln	237
h) Gemeinschaftliches Testament mit Trennungslösung	245
aa) Einführung	245
bb) Vor- und Nacherbschaft	246
(1) Übersicht über die Vor- und Nachteile	246
(2) Prinzip	247
(3) Pflichtteilsklauseln	252
(4) Befreiung des Vorerben	259
(5) Wiederverheiratung beziehungsweise Begründung neuer Lebenspartnerschaft	261
cc) Nießbrauchvermächtnis für den Ehegatten beziehungsweise eingetragenen Lebenspartner	266
dd) Vermächtnisnehmerstellung des Ehegatten beziehungsweise eingetragenen Lebenspartners	269
i) Erbvertrag	270
aa) Übersicht über die Vor- und Nachteile	270
bb) Prinzip	271
j) Wahl der „richtigen" Verfügungsart	277
11. Ausschluss des Ehegattenerbrechts beziehungsweise des Erbrechts des eingetragenen Lebenspartners	283
a) Ausschlussgründe des gesetzlichen Erbrechts	283
b) Ausschluss des Ehegattenerbrechts nach § 1933 BGB	285
aa) Formelle Voraussetzungen	285
bb) Materielle Voraussetzungen	291
cc) Rechtsfolgen	293
c) Ausschluss des Erbrechts des eingetragenen Lebenspartners nach § 10 Abs. 3 LPartG	295
aa) Prinzip	295
bb) Voraussetzungen	298
cc) Rechtsfolgen	300
d) Ausschluss des Erbrechts nach § 1318 Abs. 5 BGB	301
e) Ausschluss des Erbrechts bei gewillkürter Erbfolge	304
12. Die Stellung der Pflichtteilsberechtigten im Erbrecht des Ehegatten beziehungsweise eingetragenen Lebenspartners	317

	Rn.
a) Prinzip	317
b) Berechnung bei Ehegatten beziehungsweise eingetragenen Lebenspartnern	321
13. Verhalten des Überlebenden nach dem Erbfall	322
a) Prinzip	322
b) Die Ausschlagung durch den überlebenden Ehegatten beziehungsweise eingetragenen Lebenspartner	327
14. Die Ansprüche des geschiedenen Ehegatten beziehungsweise des ehemaligen eingetragenen Lebenspartners nach dem Erbfall	333
a) Der Unterhaltsanspruch nach § 1586b BGB	333
b) Gestaltungen im Hinblick auf den geschiedenen Ehegatten beziehungsweise den ehemaligen eingetragenen Lebenspartner	337

Nach § 1408 Abs. 1 BGB können die Ehegatten und eingetragene Lebenspartner ihre 1 vermögensrechtlichen Verhältnisse durch notariellen Vertrag (§ 1410 BGB) regeln und darin den gesetzlichen oder bestehenden Güter- bzw. Vermögensstand aufheben oder ändern. Maßgeblich für die Wirksamkeitskontrolle ist nicht der spätere Verlauf der Ehe, sondern die Situation bei Vertragsschluss.[1] Die Ausübungskontrolle stellt auf die Beurteilung nach § 242 BGB im Zeitpunkt des Scheiterns der Ehe ab.[2]

Begrenzt wird die Vertragsfreiheit durch die guten Sitten (§ 138 BGB)[3] und zwingende 2 Vorschriften des Güterrechts (§§ 1408 f. BGB). Der Vorwurf der Sittenwidrigkeit kann sich aus Einzelregelungen des Vertrages ergeben, und auch aus der Gesamtwürdigung aller ggf. für sich genommen nicht als sittenwidrig einzuordnenden Regelungen, wenn das Zusammenwirken aller im Vertrag enthaltenen Regelungen erkennbar auf die einseitige Benachteiligung eines Ehegatten abzielt.[4]

Soweit der Ehevertrag mit einem Erbvertrag oder einem Erb- und Pflichtteilsverzicht 3 verbunden ist, erfasst die Nichtigkeit eines Teils, zB des ehevertraglichen Teils, oder die Anfechtung eines Teils, zB des erbrechtlichen Teils, den gesamten Vertrag (§ 139 BGB), wenn von einem Einheitlichkeitswillen auszugehen ist.[5]

Ein Güterstandwechsel ist jedenfalls mit Wirkung für die Zukunft ohne weiteres mög- 4 lich,[6] in die deutsch-französische Wahl-Zugewinngemeinschaft (§ 1519 BGB) für binationale Paare und Paare, bei denen **beide Partner dieselbe Staatsangehörigkeit** haben, wenn nach den Regeln des Internationalen Privatrechts französisches oder deutsches Recht auf den Güterstand eines Paares anzuwenden ist.

Der Grundsatz der **Vertragsfreiheit** erlaubt den Ehegatten jedoch auch die rückwir- 5 kende Änderung des Güterstandes, die steuerlich ebenfalls mit Rückwirkung anerkannt wird.

Gesellschaftsvertraglich wünschen die Gesellschafter insbesondere in Familiengesell- 6 schaften dem Mitgesellschafter die Wahl seines Güterstandes vorzugeben. Der Verbleib eines Gesellschafters in der Gesellschaft kann davon abhängig gemacht werden, dass er sei-

---

[1] *Bosch* FamRZ 2016, 1026 ff.
[2] BGH FamRZ 2018, 1415 mAnm *Bergschneider*.
[3] Beispiele für die Sittenwidrigkeit BVerfG NJW 2001, 957 (958 f.); BGH NJW 2017, 1883 (1884) mit Anm. *Born* = FamRZ 2017, 884; OLG Frankfurt a.M. BeckRS 2011, 24254; OLG Köln FamRZ 2002, 457 = NJWE-FER 2001, 278; Beispiele dagegen OLG Karlsruhe NZFam 2015, 126 (127 f.), nicht rechtskräftig; *Grziwotz* FamRB 2017, 203.
[4] BGH NJW 2017, 1883 (1885 f.) mAnm *Born*; BGH NJW 2013, 457 = FamRZ 2013, 269; LG Ravensburg ZEV 2008, 598 (599 f.), auch bei Aufnahme einer salvatorischen Klausel; OLG Bremen NZFam 2018, 1151; OLG Brandenburg NZFam 2019, 224; FamRZ 2018, 1658 Ls.
[5] Eheverträge unterliegen Inhalts- und Ausübungskontrolle: BVerfG NJW 2001, 957 ff., NJW 2001, 2248; zur Nichtigkeit nach § 138 BGB: BGH NJW-RR 1990, 442; OLG Stuttgart FamRZ 1987, 1034.
[6] Formulierungsvorschläge zu Eheverträgen → *Hannes*, Formularbuch Vermögens- und Unternehmensnachfolge, 2. Aufl. 2017, A.4.00, A.4.01, A.4.02, A.4.03, A.10, A.4.20 (Güterstandschaukel), A.4.22.

nen ehelichen Güterstand in bestimmter Weise regelt, zumal die Handlungsfähigkeit der Gesellschaft für viele Verfügungen oder Gestaltungen deutlich eingeschränkt sein kann, zB
- bei Geltung der Zugewinngemeinschaft oder eines vergleichbaren ausländischen Güterstands einzelner Gesellschafter beim Verkauf von Gesellschaftsanteilen,
- bei Einbringung von Vermögenswerten in eine Personen- oder Kapitalgesellschaft,
- bei formwechselnder oder übertragender Umwandlung,
- bei Kündigung der Gesellschaft, bei Auflösung durch Gesellschafterbeschluss,
- bei Ausscheiden aus einer Gesellschaft und
- bei Vereinbarung oder Änderung gesellschaftsvertraglicher Abfindungsregelungen.

7 Problematisch sind die Rechtsfolgen im Falle der Nichteinhaltung solcher güterrechtlichen Vorgaben. Als Bedingung für den Verbleib in der Gesellschaft verstanden[7] gibt die gesellschaftsvertragliche Regelung die Möglichkeit, einen Beschluss über den Ausschluss für die Zukunft herbeizuführen, und eine etwaige unwirksame Verfügung in der Gesellschaft zu wiederholen.

8 Das BGB kennt nunmehr vier Güterstände:
- die Zugewinngemeinschaft gemäß §§ 1363 ff. BGB,
- die Gütertrennung gemäß § 1414 BGB
- die Gütergemeinschaft gemäß §§ 1415 ff. BGB und
- die deutsch-französischen Wahl-Zugewinngemeinschaft (§ 1519 BGB)

9 Die Ausnahmen, dass ausländische Staatsangehörige zudem einen Güterstand nach ihrem Heimatrecht haben können, und dass die deutschen Güterstände durch Ehevertrag verändert werden können (§ 1408 BGB), bleiben in der weiteren Erörterung außer Betracht.

I. Zugewinngemeinschaft

10 Der Güterstand der Zugewinngemeinschaft als der am häufigsten anzutreffende Güterstand sieht die Teilung des ehelichen Vermögenszuwachses bei Beendigung der Ehe vor. Diese Teilungsanordnung kann eine Planung der vorweggenommenen Erbfolge durchaus behindern. Negative Auswirkungen können ggf. durch Regelungen mit dem Ehegatten gemildert werden. Möglicherweise ist der Vermögenszuwachs auch gewünscht in Hinblick auf den Erbfall des längstlebenden Ehegatten und den Erbgang auf gemeinsame Kinder oder Kinder des Längstlebenden. Der Güterstand der Zugewinngemeinschaft eröffnet dazu einige Gestaltungsmittel zur Vermeidung von Erbschafts- oder Schenkungsteuerlasten.

1. Familienrechtliche Seite

11 Zur Planung und Umsetzung der vorweggenommenen Erbfolge sind auf Seiten des Erblassers und des potentiellen Nachfolgers die gesetzliche und vertragliche Lage des Güterstandes in den Blick zu nehmen.

12 **a) Gesetzliche Regelung.** Bei Geltung des gesetzlichen Güterstandes der Zugewinngemeinschaft (§§ 1363 ff. BGB) bleibt das Vermögen beider Eheleute (bzw. der eingetragenen Lebenspartner) zunächst getrennt. Eine Ausgleichung des während der Ehe erwirtschafteten Zugewinns ist erst im Fall der Beendigung der Zugewinngemeinschaft durch Scheidung, Vereinbarung eines anderen Güterstands[8] oder Tod[9] eines Ehegatten vorgesehen (§ 1363 Abs. 2 BGB).

---

[7] → § 22 Rn. 116 ff.
[8] Nach dem sog. güterrechtlichen Zugewinnausgleich besteht ein Differenzausgleichsanspruch desjenigen, der einen geringen Zugewinn hat.
[9] Nach dem sog. erbrechtlichen Zugewinnausgleich (Bonner Quart, §§ 1371 Abs. 1, 1931 BGB) tritt die Erhöhung des Erbteils immer ein, ungeachtet dessen, wer von den Ehepartnern mehr Vermögen während der Ehe hinzuerworben hat.

I. Zugewinngemeinschaft § 15

Bei der gesetzlichen Zugewinngemeinschaft ist zudem eine Einschränkung des von jedem 13
Ehegatten verwalteten Vermögens gegeben (§§ 1365 – 1369 BGB): Der im Güterstand
der Zugewinngemeinschaft verheiratete Schenker benötigt die Zustimmung des Ehegatten (§ 1365 BGB),[10] wenn er über sein ganzes Vermögen oder wesentlicher Teile[11] oder
über Haushaltsgegenstände verfügt – auf die Unentgeltlichkeit des Vertrages kommt es
dabei nicht an. Abzustellen für die Zustimmungsbedürftigkeit ist auf den Zeitpunkt des
Rechtsgeschäftes. Zustimmungsbedürftig sind die vor der Rechtskraft einer Scheidung
abgeschlossenen Rechtsgeschäfte.[12] Es bedarf also entweder der Einwilligung oder der Genehmigung des Geschäfts durch den anderen Ehegatten; wird diese nicht erteilt, ist die
Verfügung unwirksam.

Im Zusammenhang mit der Unternehmensnachfolge erfasst die gesetzliche **Verfü-** 14
gungsbeschränkung (unter den Voraussetzungen des § 1365 BGB, allerdings ohne
Rücksicht auf einen Gegenwert) namentlich
– den Verkauf des Unternehmens oder Verkauf von Gesellschaftsanteilen,
– die Einbringung von Vermögenswerten in eine Personen- oder Kapitalgesellschaft, auch
  wenn der Zuwendende an der Gesellschaft beteiligt ist;[13]
– die formwechselnde oder übertragende Umwandlung,
– die Aufnahme in eine Gesellschaft,[14]
– gesellschaftsvertragliche Maßnahmen, welche den Wert der Mitgliedschaft ausschöpfen:
  Änderung der Beteiligungsverhältnisse, Vereinbarung oder Änderung gesellschaftsvertraglicher Abfindungsregelungen, Ausscheiden aus der Gesellschaft, Beendigung der
  Gesellschaft durch Vertrag, Kündigung oder Auflösungsklage,[15]
– die Auflösung durch Gesellschafterbeschluss,
– Belastungen von Grundstücken, wenn jene den verbleibenden Grundstückswert aufzehren,[16]
– die Schenkung von Todes wegen, soweit sie nicht den Vorschriften über Verfügungen
  von Todes wegen unterfallen,
– Dienstbarkeiten (zB Nießbrauch), wenn die Belastung den wirtschaftlichen Wert des
  Grundstücks ausschöpft[17] und es sich nicht lediglich um eine Erwerbsmodalität (so im
  Falle des Vorbehalts bei Erwerb) handelt.

Sie verlangt die Zustimmung des Ehegatten im Zeitpunkt des Verpflichtungsgeschäfts. 15
Daneben führt die Zugewinngemeinschaft von unternehmerisch tätigen Ehegatten im
Falle der Scheidung zu einer Liquiditätsbelastung des Ausgleichspflichtigen, die auch nicht
als Betriebsausgabe geltend gemacht werden kann. Allerdings unterliegt die güterrechtliche Zugewinnausgleichsforderung nicht der Erbschaft- oder Schenkungsteuer. Für den
erbrechtlichen Ausgleich des Zugewinns durch Erhöhung des gesetzlichen Erbrechts des
überlebenden Ehegatten um ein Viertel (§ 1371 Abs. 1 BGB) gilt dies nur hinsichtlich
eines nach Güterrecht tatsächlich ermittelten Zugewinns.

b) Ehevertragliche Regelungen. Ehevertraglich kann die Zugewinngemeinschaft mo- 16
difiziert werden, und in Unternehmerehen wird davon gerne Gebrauch gemacht, um zu

---

[10] Der Güterstand des Zugewinns gilt seit dem 1.1.2005 auch für die noch vor dem 01.10.2017 begründeten eingetragenen Lebenspartner als gesetzlicher Güterstand (§ 6 LPartG). Mit der Öffnung der Ehe für gleichgeschlechtliche Paare können keine Lebenspartnerschaften mehr geschlossen werden, für schon eingetragen Lebenspartnerschaften regelt das LPartG deren Rechtbeziehungen auch in Zukunft.
[11] → § 2 Rn. 307.
[12] BGH FamRZ 1978, 396; OLG Hamm FamRZ 2006, 1557.
[13] MüKoBGB/*Koch* § 1365 Rn. 69–71.
[14] BGHZ 43, 174 (176); NJW 1984, 609 (610): MHdb. GesR I/*Götze*, 7. Aufl. 2011, III. 4 Nr. 13; MüKoBGB/*Koch* § 1365 Rn. 69; streitig, ob auch bei Aufnahme eines neuen Gesellschafters an einer Gesellschaft, deren Gesellschafter die Zustimmung nach § 1365 BGB haben.
[15] MüKoBGB/*Koch* § 1365 Rn. 69ff.
[16] BGH NJW 1993, 2441 (2442).
[17] BGH NJW 1990, 112 (113).

vermeiden, dass im Falle der Scheidung eines Gesellschafters Unternehmensdaten offengelegt werden müssen, Liquidität zur Befriedigung des Zugewinnausgleichsanspruchs abfließt oder der geschiedene Ehegatte durch Pfändung von Gesellschaftsanteilen die Gesellschaft kündigen kann.[18] Zwar kann diese Folge grundsätzlich auch durch Vereinbarung einer Gütertrennung erreicht werden.[19] Dennoch gibt es zahlreiche Empfehlungen, eine modifizierte Zugewinngemeinschaft zu vereinbaren, nicht zuletzt wegen steuerrechtlicher Vorteile.[20]

17 Bei Herausnahme einzelner Gegenstände aus dem Zugewinnausgleich sollten auf den ausgenommenen Gegenstand bezogene Verbindlichkeiten ebenfalls von der Berechnung ausgenommen werden. Vom Zugewinnausgleich ausgenommene Vermögensgegenstände - etwa das Betriebsvermögen - werden dann bei der Scheidung weder bei der Berechnung des Anfangs- noch des Endvermögens eines Ehegatten berücksichtigt. Führt die Herausnahme einer Unternehmensbeteiligung aus dem Zugewinnausgleich zu einem geringeren Zugewinn als bei dem anderen Ehegatten, so stünde dem Unternehmer nunmehr ein Zugewinnausgleichsanspruch zu. Diesem ungerechten Ergebnis kann vorgebeugt werden.

18 Formulierungsbespiel:
Die Eheleute *** behalten den Güterstand des Zugewinns bei mit der Maßgabe, dass folgende Gegenstände/Wirtschaftsgüter weder zur Berechnung des Anfangs- noch des Endvermögens herangezogen werden. [Details zu Verbindlichkeiten, Surrogaten, Erträgen (welche noch nicht in das Privatvermögen gelangt sind), Einlagen von Privatvermögen usw.]

19 Hätte danach ein Ehegatte einen Zugewinnanspruch, der jedoch unter Berücksichtigung seines gesamten eigenen Zugewinns ohne den Ehevertrag ausgeschlossen wäre, ist ein Zugewinnausglich dieses Ehegatten ausgeschlossen.

20 Auch ein vollständiger Ausschluss des Zugewinns nur im Scheidungsfall unter Beibehaltung für den Fall der Beendigung der Zugewinngemeinschaft durch Tod ist möglich; dem überlebenden Ehegatten steht eine erhöhte Erbquote (§ 1371 Abs. 1 BGB) bzw. die güterrechtliche Lösung (§ 1371 Abs. 2 BGB) zu, und die Pflichtteile der Abkömmlinge werden entsprechend gekürzt.

21 Nach Ansicht von *Scherer* ist **ein vollständiger Ausschluss des Zugewinns im Scheidungsfall und im Fall des Todes** möglich, wenn andere Dinge der Zugewinngemeinschaft, insbesondere die Möglichkeit des freiwilligen Ausgleichs und Verfügungsbeschränkungen verbleiben.[21] Für die modifizierte Zugewinngemeinschaft durch Herausnahme einzelner Gegenstände aus der Berechnung sowohl für den Scheidungs- als auch für den Todesfall ist dies unbestritten. Solche Gestaltungen können helfen, wenn der Geltendmachung des Zugewinnausgleichsanspruchs durch den Ehegatte trotz seines Pflichtteilsverzichts im Falle der Ausschlagung nach § 1371 Abs. 3 BGB vorgebeugt werden soll.

2. Pflichtteilsergänzung

22 Die ehevertragliche Beendigung der Zugewinngemeinschaft ist entgeltlich und löst keine Pflichtteilergänzungsansprüche aus, wenn sie tatsächlich erfüllt wird und die sich nach dem Gesetz zu berechnende Zugewinnausgleichsforderung nicht überschritten wird.[22] Das

---

[18] *Hölscher*, Güterstandsklauseln und Unternehmereheverträge auf dem Prüfstand, NJW 2016, 3057 ff.
[19] OLG Oldenburg NJW-RR 2017, 1221 (1222) zur Sittenwidrigkeit eines mit einem Versorgungsausschluss einhergehenden Zugewinnausschlusses.
[20] Formulierungsbeispiel für eine modifizierte Zugewinngemeinschaft bei *Hölscher* NJW 2016, 3057.
[21] → § 17; so auch *Grund* MittBayNot 2008, S. 19 ff.; Palandt/*Brudermüller* BGB § 1414 Rn. 1; aA Kapp/Ebeling/*Geck* Losebl. 4/2019 ErbStG § 5 Rn. 41.
[22] BGH NJW-RR 2015, 243 (244).

I. Zugewinngemeinschaft § 15

gilt nicht für den sog. „fliegenden" Ausgleich ohne Ehevertrag unter Beibehaltung des Güterstands.

3. Steuerliche Effekte

Ein Hin- und Herwechseln zwischen dem Güterstand der Zugewinngemeinschaft und der Gütertrennung durch aufeinanderfolgende Eheverträge, bekannt als sog. **„Güterstandschaukel"**, führt zum mehrfachen Ausgleich des Zugewinns (§§ 1372, 1378 Abs. 3 BGB). Auf diese Weise kann Vermögen von dem Ehegatten, der in der Ehezeit einen größeren Vermögenszuwachs erzielt hatte, auf den anderen Ehegatten übertragen werden. In einem zweiten Schritt kehren die Ehegatten nach einer gewissen Zeit in den gesetzlichen Güterstand zurück. Dadurch wiederum kann das Erbvermögen eines Ehegatten erhöht und der Pflichtteil von Kindern reduziert werden (§§ 1931 Abs. 4, 2303 BGB), es sind aber auch Begünstigungen für Kinder des Ehegatten gestaltbar. Die „Güterstandschaukel" kann auch mehrfach genutzt werden. Dennoch sollte grundsätzlich mit der Verwendung des Models behutsam umgegangen werden. Der BGH hat bereits eine Subsumtion unter Schenkungsvorschriften für denkbar und damit Pflichtteilsansprüche bzw. Pflichtteilsergänzungsansprüche für möglich gehalten, die Frage jedoch noch nicht entschieden. 23

Nach § 5 ErbStG bleibt der Zugewinnausgleichsanspruch steuerfrei. 24

Nach § 5 Abs. 1 ErbStG gilt die Steuerfreiheit auch für den fiktiv zu berechnenden Zugewinnausgleich nach § 1371 Abs. 1 BGB, dh wenn der Güterstand der Zugewinngemeinschaft (§ 1363 BGB, § 6 LPartG) durch den Tod eines Ehegatten bzw. eingetragenen Lebenspartners endet und der Zugewinn nicht nach § 1371 Abs. 2 BGB ausgeglichen wird. Voraussetzung ist lediglich, dass eine – wenn auch modifizierte – Zugewinngemeinschaft bestand,23 und sei es durch Erhalt der Verfügungsbeschränkungen der §§ 1365, 1369 BGB.24 Dieser Vorteil würde bei Vereinbarung einer Gütertrennung verschenkt. 25

Wechseln die Eheleute, die in Gütertrennung gelebt haben, rückwirkend (notariell) in die Zugewinngemeinschaft, haben sie die Wahl, ob die Zugewinngemeinschaft mit dem Tag der Beurkundung, zu einem späteren oder auch zu einem früheren Zeitpunkt als Ehegüterstand gelten soll. Zivilrechtlich ist die rückwirkende Vereinbarung auf den Tag der Eheschließung möglich,25 maximal auf den 1.7.1958.26 Steuerrechtlich funktioniert dies nur eingeschränkt ab dem Zeitpunkt des Eintritts des Güterstandes (§ 5 Abs. 1 ErbStG) – also den Tag des Vertragsabschlusses, wenn die Ehe durch Tod endet. Ungeachtet einer zivilrechtlich rückwirkend begründeten Zugewinngemeinschaft besteht diese für steuerliche Zwecke erst ab dem Ehevertragsabschluss.27 26

Aber es gibt einen entscheidenden Unterschied des güterrechtlichen Zugewinnausgleichs bei Rückbeziehung in den Fällen, in denen der Ehegatte bei Scheidung oder ehevertraglicher Beendigung während der Ehe wegen begünstigt wird: Im Falle der Scheidung oder bei ehevertraglicher Beendigung der Zugewinngemeinschaft hat der ausgleichsberechtigte Ehegatten einen **originär** nach den Vorschriften der §§ 1373 ff. BGB zu berechnenden **Zugewinnausgleichsanspruch.**28 Eine rückwirkende Vereinba- 27

---

23 *Scherer* (→ § 17), ist der Ansicht, dass auch bei vollständigem Ausschluss des Zugewinnausgleichs im Scheidungsfall und im Fall des Todes die Fiktion des § 5 gelte, wenn andere Dinge der Zugewinngemeinschaft (Möglichkeit des freiwilligen Ausgleichs und Verfügungsbeschränkungen); so auch *Grund*, MittBayNot 2008, S. 19 ff.; Kapp/Ebeling/*Geck* LoseBl. 4/2019 ErbStG § 5 Rn. 41.
24 Kapp/Ebeling/*Geck*, ErbStG LoseBl. 4/2019 § 5 Rn. 41.
25 BGH NJW 1998, 1857 ff.
26 OLG Oldenburg MittBayNot 1997, 108 Ls.: Vereinbarung der Zugewinngemeinschaft nicht rückwirkend auf vor der Zeit des Inkrafttretens des Gleichberechtigungsgesetzes vereinbarte Gütertrennung.
27 Das gilt auch für rückwirkende Güterstandsänderungen vor Einführung des § 5 Abs. 1 S. 4 ErbStG, wenn der Todesfall nach dem 1.1.1994 eingetreten ist.
28 Zu achten ist darauf, dass eine geringere Ausgleichsforderung als die gesetzlich entstandene nicht zu einer Schenkungsteuerbelastung bei dem Begünstigten führt, FG Hessen ZEV 2017, 355. Vertragliche Begrenzung der Ausgleichsforderung führt zur Schenkung: *Konrad* in: Fischer/Pahlke/Wachter, 6. Aufl. 2017, ErbStG § 10 Rn. 250.

rung der Zugewinngemeinschaft gilt steuerlich nicht als Erwerb im Sinne des § 3 ErbStG, wird also steuerlich ab dem Tag, auf den zivilrechtlich die Rückbeziehung erfolgte, akzeptiert.[29]

28 Im Falle der modifizierten Zugewinngemeinschaft gilt:
29 Im Anwendungsbereich des § 5 Abs. 2 ErbStG wird für die steuerliche Privilegierung auf den tatsächlichen Zugewinnausgleich abgestellt.
30 Die fiktive Zugewinnausgleichsberechnung in den Fällen des § 5 Abs. 1 ErbStG lässt allerdings wegen einer Regelung in § 5 Abs. 1 S. 2 ErbStG abweichende güterrechtliche Vereinbarungen für die Bestimmung des steuerfreien Teils unberücksichtigt.
31 Die **„Güterstandschaukel"** kann schenkungsteuerfrei (§ 5 Abs. 2 ErbStG) zur legalen Verringerung der Erbschaft- und Schenkungsteuer genutzt werden, selbst wenn unmittelbar nach Wahl der Gütertrennung sofort wieder zum gesetzlichen Güterstand zurückgekehrt wird.[30] Auch ein Verzicht auf den Ausgleich des Zugewinns bei einem Güterstandwechsel in die Gütertrennung ist keine Schenkung, es sei denn, der Anspruch wird geltend gemacht, dann jedoch nicht weiter verfolgt und nicht erfüllt. Die freigiebige Zuwendung besteht dann (vergleichbar dem geltend gemachten nicht erfüllten Pflichtteilsanspruch) darin, den Anspruch nicht weiter zu verfolgen, es sei denn, dass wirtschaftliche Gründe dafür vorliegen, wie zB Vermögensverfall.[31]
32 Alle steuer- und erbrechtlichen Konsequenzen beider Güterstände und die Vereinbarung eines Wechsel sind zu durchdenken, da ein Ehegatte vor dem (zweiten) Güterstandrückwechsel unerwartet versterben kann und sich dann für den überlebenden Ehegatten ungünstigere Erbquoten der Gütertrennung ergeben können.

II. Gütertrennung

33 Haben die Ehegatten Gütertrennung vereinbart (§ 1414 BGB), hat die Eheschließung keine vermögensrechtlichen Auswirkungen. Ein Zugewinnausgleich findet nicht statt.
34 Allerdings kann es bei Beendigung der Ehe durch Scheidung zu einer Teilhabe am Vermögen des Ehegatten kommen, und zwar
  - über die Konstruktion einer sog. Ehegatteninnengesellschaft, die idR konkludent geschlossen wird und der Verschaffung einer Teilhabe am in der Ehe erwirtschafteten Vermögen des Anderen durch Erbringung von Leistungen für die Gesellschaft (den Betrieb) darstellt,[32] oder
  - über die Gewährung eines (modifizierten) Zugewinnausgleichsanspruchs nach § 242 BGB in Fällen, in denen ein Ehegatte wegen seiner Familienarbeit keine Anrechte nach § 2 VersorgAusgG erwirbt und bei einer Scheidung im Versorgungsausgleich keine Kompensation für diese Nachteile erlangt, der Zugewinnausgleich den für den Aufbau der entgangenen Versorgungsanrechte erforderlichen Betrag bereitstellt oder,[33] im Wege der Ausübungskontrolle des Ehevertrags bei Scheidung wegen weiterer Angriffspunkte nach § 242 BGB.
35 Eine vertragliche Teilhabe am Vermögen eines Ehegatten kann – und sollte bei Vorliegen der Anhaltspunkte für eine Innengesellschaft oder mangels Anrechten in der Altersversorgung – eheverträglich vereinbart werden, zB in Form der Verpflichtung, dem anderen Ehegatten im Fall der Scheidung eine Abfindung zu zahlen, vielleicht erst nach einer gewissen Mindestdauer der Ehe.

---

[29] BFH MittBayNot 1989, 282. Das bestätigt auch der Entwurf der Erbschaftsteuer-Richtlinien 2019, der voraussichtlich Mitte 2019 in Kraft tritt.
[30] BFH NJW 2005, 3663 (3664) zur „Güterstandschaukel".
[31] Kapp/Ebeling/*Geck* ErbStG LoseBl. 4/2019 § 5 Rn. 40.
[32] BGH NJW 2015, 2581 (2583 ff.); KG BeckRS 2017, 123955 Rz. 33 = FamRZ 2017, 1393; *Herr* FF 2016, 296 (300) mit Auflistung der Unternehmensgegenstände, zu denen eine konkludente Ehegatteninnengesellschaft für möglich gehalten wurde.
[33] BGH NJW 2015, 52 (55).

Die Gütertrennung hat den steuerlichen Nachteil, dass dem überlebenden Ehegatten die 36
Vorteile des erbschaftsteuerfreien Zugewinnausgleichs genommen werden, soweit er in
nennenswertem Umfang erbberechtigt wird.[34] Zudem erhöht die Gütertrennung das
Pflichtteilsrecht der Abkömmlinge, da der Erbteil des Ehegatten meist kleiner ausfällt.

Die Gestaltung im Rahmen der Gütertrennung kennt den Begriff der sog. „umge- 37
kehrten Güterstandschaukel", gerne in Unternehmerehen, in denen es nach langen
Jahren der Gütertrennung zum Wechsel von der Gütertrennung zur rückwirkend vereinbarten Zugewinngemeinschaft (oder die Gütergemeinschaft[35]) kommt. Derartige Vereinbarungen können schenkungsteuerlich neutral sein. Denn bei einer Aufhebung des Güterstandes zu Lebzeiten durch Vereinbarung der Ehegatten enthält § 5 Abs. 2 ErbStG kein
Rückwirkungsverbot bei der Wahl der sogenannten güterrechtlichen Lösung. Die Ehegatten sind so gestellt, als ob sie seit Beginn der Ehe im gesetzlichen Güterstand gelebt
haben. Zivilrechtlich sind solche Gestaltungen zulässig, wenn auch bei Pflichtteilsreduzierung mit Vorsicht anzuwenden.[36] Für Abkömmlinge beider Ehegatten kann diese Gestaltung zur Optimierung von Schenkungsteuerfreibeträgen in Betracht kommen, wenn
nicht gerade bei Großerwerben bei Antrag auf Verschonungsbedarfsprüfung (§ 28a
ErbStG) verfügbares Vermögen eine Rolle spielt.

III. Gütergemeinschaft

Die Vereinbarung der Gütergemeinschaft (detailliert geregelt in §§ 1415–1518 BGB) hat 38
zur Folge, dass das zur Zeit der Eheschließung vorhandene und während der Ehezeit erworbene Vermögen des Mannes und der Frau **Gesamtgut,** dh gemeinschaftliches Vermögen beider Ehegatten wird. Vom Gesamtgut wird sowohl das vor der Ehe bestehende als
auch das in der Ehe erwirtschaftete Vermögen erfasst. Daneben gibt es getrennte Vermögensmassen beider Ehepartner in Form von Sondergut und Vorbehaltsgut (§§ 1416, 1417
BGB). Die Gütergemeinschaft ist Gesamthandgemeinschaft. Im Unterschied zur Zugewinngemeinschaft begründet sie daher eine Haftungsgemeinschaft der Ehegatten. Die
Gläubiger eines Partners können sich aus dem Gesamtgut befriedigen. Bei Beendigung ist
das Gesamtgut auseinander zu setzen[37] durch Teilung des Überschusses auf beide Partner
zu gleichen Teilen nach Begleichung der Gesamtgutsverbindlichkeiten (§ 1476 BGB).
Dies gilt auch für Unternehmens- bzw. Gesellschaftsanteile, wenn deren Eigenschaft als
Sondergut abbedungen wurde.

Auch hier gibt es die Möglichkeit der „Güterstandschaukel.[38] Bei Begründung des Gü- 39
terstandes der Gütergemeinschaft ist Vorsicht geboten, weil die Vereinbarung eine Vermögensübertragung auslöst, welche schenkungsteuerrelevant ist.

Erbschaftsteuerlich wird der Anteil am Gesamtgut des verstorbenen Ehegatten/einge- 40
tragenen Lebenspartners bei Fortsetzung der Gütergemeinschaft (§§ 1483 ff. BGB) so behandelt, als wäre dessen Anteil am Gesamtgut ausschließlich den anteilberechtigten Abkömmlingen angefallen (§ 4 ErbStG). Beim Tode eines anteilberechtigten Abkömmlings
gehört dessen Anteil am Gesamtgut steuerlich zu seinem Nachlass (§ 4 Abs. 2 ErbStG),
zivilrechtlich nicht (§ 1490 BGB).

Wegen ihrer rechtlichen Kompliziertheit, insbesondere bei Auseinandersetzung hin- 41
sichtlich des Gesamtgutses bei Beendigung der fortgesetzten Gütergemeinschaft, und wegen ihrer steuerlichen Nachteile, ist die Gütergemeinschaft für die Unternehmerehe nicht
zu empfehlen.

---

[34] *Herr,* Nebengüterrecht, Rn. 353 ff. zu steuerlichen Fragen der konkludenten Ehegatteninnengesellschaft; *Herr* FF 2016, 296 ff.
[35] BGH NJW 1992, 558 (559).
[36] Im Einzelfall kann die Güterstandschaukel im Hinblick auf den Pflichtteil als missbräuchlich zu betrachten sein: BGH DNotZ 1992, 503 (559).
[37] Ausnahme bei fortgesetzter Gütergemeinschaft mit den Kindern nach dem Tod eines Ehepartners.
[38] BGH NJW 1992, 558 (559).

IV. Deutsch-französische Wahl-Zugewinngemeinschaft (§ 1519 BGB)

42 Seit Mai 2013 haben binationale Ehepaare/Lebenspartner und solche, bei denen **beide Partner dieselbe Staatsangehörigkeit** haben, wenn nach den Regeln des Internationalen Privatrechts französisches oder deutsches Recht auf den Güterstand eines Paares anzuwenden ist, die Möglichkeit, den **neu geschaffenen Güterstand der Wahl-Zugewinngemeinschaft** (§ 1519 BGB) zu wählen. Die Details sind in dem Gesetz zum Abkommen vom 4.2.2010 zwischen der Bundesrepublik Deutschland und der Französischen Republik über den Güterstand der Wahl-Zugewinngemeinschaft (WZGA) geregelt, § 1368 BGB gilt entsprechend, § 1412 BGB ist nicht anzuwenden.

43 Während der deutsche Güterstand der Zugewinngemeinschaft eine Trennung des Vermögens der Ehepartner vorsieht und gesetzlich einen Zugewinnausgleich erst mit Scheidung/Tod vorsieht, kennt das französische Recht eine Art **Errungenschaftsgemeinschaft,** in der während der Ehe erworbenes Vermögen zum gemeinsamen Vermögen der Ehepartner wird. Der Güterstand der deutsch-französischen Wahl-Zugewinngemeinschaft wurde geschaffen, um den Betroffenen die Möglichkeit zu geben, eine unkomplizierte Beendigung ihrer Gütergemeinschaft herbeizuführen, und um einen **neuen Weg zur Angleichung des Familienrechts innerhalb der EU zu gehen.**

44 Bisher richten sich die rechtlichen Folgen unter anderem nach der Staatsangehörigkeit, so dass beispielsweise für ein in Deutschland lebendes Paar französisches Recht gelten kann. Bei der Erbschaft- und Schenkungsteuer wird der neue Wahlgüterstand genauso behandelt wie die deutsche Zugewinngemeinschaft. Der deutsch-französische Wahlgüterstand steht auch anderen Mitgliedstaaten der EU offen.

45 Wird der Güterstand der Wahl-Zugewinngemeinschaft beendet und der Zugewinn ausgeglichen, so gehört die Ausgleichsforderung nicht zum steuerpflichtigen Erwerb im Sinne der §§ 3 und 7 ErbStG. Im Falle des Versterbens eines Ehegatten enthält das ErbStG keine Regelungen, weil ein pauschalierter Zugewinnausgleich durch Erhöhung der Erbquote um ein Viertel im deutsch-französischen Wahlgüterstand nicht stattfindet. Denn der Güterstand wird auch im Todesfall beendet und der Zugewinnanspruch entsteht auch in diesem Fall. Der überlebende Ehegatte muss die Erbschaft also nicht ausschlagen, um den rechnerischen Zugewinn verlangen zu können. Die Ausgleichsforderung ist eine echte Nachlassverbindlichkeit.

V. Vermögensstand der Ausgleichsgemeinschaft nichtehelicher Lebenspartner

46 Für die Altfälle eingetragener Lebenspartner gilt das Lebenspartnerschaftsgesetz (LPartG) in der Fassung vom 20.7.2017, welches gleichgeschlechtliche eingetragene Lebenspartnerschaften Ehegatten erbrechtlich und mittlerweile auch (erbschaft-) steuerrechtlich gleichstellt.[39] Ab 1.10.2017 können gleichgeschlechtliche Paare nur noch die Ehe miteinander schließen (Gesetz zur Einführung des Rechts auf Eheschließung für Personen gleichen Geschlechts vom 20.7.2017). Mit der Öffnung der Ehe für gleichgeschlechtliche Paare können keine Lebenspartnerschaften mehr geschlossen werden. Die schon eingetragen Lebenspartnerschaften bleiben bestehen, das Lebenspartnerschaftsgesetz regelt deren Rechtbeziehungen auch in Zukunft, können aber in eine Ehe umgewandelt werden. Es gilt dann für die gleichgeschlechtlich Verheirateten der gesetzliche Güterstand der Zugewinngemeinschaft.

47 Für Altfälle eingetragener Lebenspartnerschaften vor dem 1.1.2005 gilt die Ausgleichsgemeinschaft, und für diejenigen ab dem 1.1.2005 gelten gesetzlich die Vorschriften über den Güterstand der Zugewinngemeinschaft (§ 21 LPartG). Altfälle konnten bis zum

---

[39] Bis zur Fassung des Lebenspartnerschaftsgesetzes vom 16. Februar 2001 (BGBl. I S. 266) in der heutigen Fassung (BGBl. I S. 2787) bedurfte es diverser Entscheidungen des BVerfG zur Angleichung: Beschluss zur Erbschaftsteuer BVerfG NJW 2010, 2783 (2784), Beschluss zum Ehegattensplitting BVerfG NJW 2013, 2257 ff.

31.12.2005 dem Amtsgericht gegenüber in notariell beurkundeter Form erklären, dass für die Lebenspartnerschaft künftig Gütertrennung gelten solle (§ 21 Abs. 2 LPartG). Inhaltlich entsprach jedoch schon die Ausgleichsgemeinschaft trotz unterschiedlicher Terminologie der ehelichen Zugewinngemeinschaft.

VI. Wenn der Gesellschaftsvertrag zum Ehevertrag zwingt

Der Gesellschaftsvertrag kann Gesellschafter zum Abschluss von Güterstandklauseln verpflichten und damit den Inhalt des Ehevertrages vorgeben. Streitig ist, ob der an sich formfreie Abschluss eines Personengesellschaftsvertrages der notariellen Beurkundung nach § 1410 BGB bedarf, wenn Güterstandklauseln verlangt werden (entsprechend § 1410 BGB).[40]

Das Verlangen nach einer Gütertrennung im Gesellschaftsvertrag ist eine zulässige Variante,[41] eine andere ist das Verlangen der Modifizierung der Zugewinngemeinschaft.[42] Allerdings bietet die Modifizierung erbschaftsteuerlich und beim Abschluss von Eheverträgen nach ausländischem Recht mehr Handlungsspielraum als der Ausschluss. Denn nicht für jede Ehe ist überhaupt deutsches Ehegüterrecht wählbar, und im Unterschied zum Erbstatut ist das Güterrechtsstatut nicht wandelbar.

Hält sich der Gesellschafter nicht an die Vorgabe des Gesellschaftsvertrags, den Güterstand in der verlangten Weise zu vereinbaren, kann der Gesellschaftsvertrag Sanktionen vorsehen, zum Beispiel Ausschluss, Einziehung oder Zwangsabtretung von Gesellschaftsanteilen.[43]

Mit einer Beschränkung der Abfindung im Gesellschaftsvertrag als Sanktion ist jedoch vorsichtig zu verfahren wegen Inhaltskontrolle (§ 138 BGB) und Ausübungskontrolle (§ 242 BGB). Ein Abfindungsausschluss, der im Gesellschaftsvertrag unwirksam wäre,[44] kann evtl. im Gewand eines Ehevertrages durch Vereinbarung des vollständigen Ausschlusses des Zugewinnausgleichs für den Fall der Scheidung oder Aufhebung der Ehe erreicht werden.[45] Soweit im unternehmerischen Bereich der **Zugewinn** allerdings zugleich auch die **Altersversorgung** sichert und ein Ehepartner wegen seines Familieneinsatzes keine gesonderten Versorgungsanwartschaften nach dem VersAusgG erwirbt, könnte er im Scheidungsfall einen (modifizierten) Anspruch auf Teilhabe am Zugewinn zum Ausgleich für die entgangenen Versorgungsanrechte haben (§ 242 BGB) und damit den Ehevertrag zu Fall bringen.[46]

> **Formulierungsbespiel:**
> Jeder Gesellschafter, der verheiratet ist, ist verpflichtet, durch vertragliche Vereinbarung mit dem Ehegatten sicherzustellen, dass
> - eine Verfügung über heute und/oder in Zukunft in seinem Eigentum stehenden/hinzugekommenen Geschäftsanteile an der GmbH ... keiner Genehmigung nach § 1365 BGB oder einer vergleichbarer Vorschrift im Falle eines ausländischen Güterstatuts bedarf,

---

[40] Ablehnend *Hölscher* NJW 2016, 3057 (3059).
[41] BGH NJW 2015, 52 (55); NJW 2013, 457 (459); NJW 2008, 1076 (1077 f.); NJW 2004, 930; kritisch *Münch* NJW 2015, 288 ff. mwN.
[42] Die Modifizierung der Zugewinngemeinschaft wird verschiedentlich, ua *von Hölscher* NJW 2016, 3057 ff., für vorzugswürdig gehalten.
[43] Formulierungsbeispiel für eine Zwangseinziehung bei *Hölscher* NJW 2016, 3057 (3058).
[44] BGH WM 1971, 1338 (1340); NZG 2000, 1027; DNotZ 1992, 526 (531 ff.); NJW-RR 2006, 1270 (1271); NZG 2008, 623 (626 f.).
[45] BGH NJW 2004, 930 *Brambring* DNotZ 2008, 724 (727); *Hölscher* NJW 2016, 3057 (3062).
[46] Ein „Hinübergreifen" von Versorgungs- auf Zugewinnausgleich theoretisch erwogen in BGH NJW 2015, 52 (55); NJW 2013, 457 (459), NJW 2013, 2662 (2668).

> • die heute und/oder in Zukunft in seinem Eigentum stehenden/hinzugekommenen Geschäftsanteile an der GmbH ... einschließlich der während der Ehezeit eingetretenen Wertsteigerungen im Fall der Scheidung keinem Zugewinn- oder sonstigem Wertausgleich (nach in- oder ausländischen Vorschriften) unterliegen, und durch den Ehegatten nicht in seine Geschäftsanteile wegen eines solchen Anspruchs gepfändet wird.
>
> Ein Verstoß gegen diese Gebote stellt einen wichtigen, die Einziehung bzw. Zwangsabtretung rechtfertigenden Grund dar. Für die Höhe der Abfindung gilt ....

VII. Das gesetzliche Erbrecht des Ehegatten und des eingetragenen Lebenspartners

1. Prinzip

53 Der Erblasser wird, wenn er im Zeitpunkt seines Ablebens seinen gewöhnlichen Aufenthalt in Deutschland hatte (Art. 21 Abs. 1 EuErbVO) oder dann eine nähere Beziehung zu Deutschland hatte (Art. 21 Abs. 2 EuErbVO), oder wenn er eine zulässige Wahl zur Anwendung deutschen Rechts als sein Staatsangehörigkeitsrecht gewählt hat, nach deutschem Erbrecht beerbt.[47] Die Rechtswahl[48] kann der Erblasser im Testament beziehungsweise können Ehegatten auch in einem gemeinschaftlichen Testament mit wechselbezüglicher Wirkung oder in einem Erbvertrag mit vertragsmäßiger Wirkung treffen,[49] und zwar unabhängig davon, ob die Rechtswahl vor oder nach dem Stichtag ausdrücklich oder konkludent getroffen worden ist. Diese Gestaltungsmöglichkeit des Erbstatuts wird in Zukunft maßgeblichen Einfluss auf die Beratungstätigkeit haben, zumal mit einem Aufenthaltswechsel das Erbstatut jederzeit wandelbar ist. Eine vorsorgliche Rechtswahl des Heimatrechts zu Form und Inhalt der letztwilligen Verfügung ist jedenfalls für deutsche Staatsangehörige, die in Zukunft ihren Aufenthaltsort ändern möchten, möglich, wohingegen eine bestätigende Rechtswahl bezüglich des Rechts des gewöhnlichen Aufenthalts nicht möglich ist.

54 Formulierungsbeispiel:
> Wir sind seit *** miteinander verheiratet und haben ** Kinder. Wir sind ausschließlich deutsche Staatsangehörige und haben unseren gewöhnlichen Aufenthalt in Deutschland. Vorsorglich wählen wir für die Fragen der Rechtswirksamkeit des Testaments und für die Rechtsnachfolge von Todes wegen unseres gesamten Vermögens ausschließlich deutsches Recht als das Recht unserer Staatsangehörigkeit. Diese Regelung ist wechselbezüglich.

---

[47] VO (EU) Nr. 650/2012 (Erbrechtsverordnung = EuErbVO) mit Geltungsbereich in der Europäischen Union mit Ausnahme des Vereinigten Königreichs, Irlands und Dänemarks. Die Kollisionsnormen der EuErbVO gelten universell, dh auch gegenüber den durch die Verordnung nicht gebundenen EU-Mitgliedstaaten und sonstigen Drittstaaten. Einfluss kann die Rechtswahl auch auf die internationale Zuständigkeit der für den Nachlass zuständigen Gerichte haben.

[48] Durch eine letztwillige Verfügung (Testament oder Erbvertrag) kann der Erblasser das Recht des Staats, dem der Erblasser angehört, wählen (Art. 22 EuErbVO). Art. 24 Abs. 2 EurErbVO gilt lediglich für die Zulässigkeit und materielle Wirksamkeit der Verfügung und nicht für die gesamte Erbfolge. Für andere Aspekte des Erbrechts (zB. Pflichtteilsrecht) gilt Art. 21 EuErbVO.

[49] *Leitzen* ZEV 2013, 128 zu Inhalt, Form und Reichweite des gewählten Rechts; *Lechner* ZErb 2014, 188 (193); *Lechner* NJW 2013, 26. Durch Art.16 des Gesetzes zum Internationalen Erbrecht und zur Änderung von Vorschriften zum Erbschein sowie zur Änderung sonstiger Vorschriften vom 29.6.2015 (BGBl. I S. 1042), in Kraft getreten am 17.8.2015, wurden §§ 2270 Abs. 3, 2278 Abs. 2 BGB so geändert, dass die Rechtswahl wechselbezüglich angeordnet werden darf.

VII. Das gesetzliche Erbrecht des Ehegatten und des eingetragenen Lebenspartners   § 15

Nicht in der letztwilligen Verfügung kann die internationale Zuständigkeit der für den 55
Nachlass zuständigen Gerichte bestimmt werden. Über Nachlassabwickelung und Erbstreitigkeiten entscheidet ausschließlich der Staat des letzten gewöhnlichen Aufenthalts.[50]

Das deutsche Erbrecht ordnet für die gesetzliche Erbfolge des Ehegatten an, dass er mit 56
dem Erblasser bis zu dessen Tod in gültiger Ehe gelebt hat, und dass gegen ihn keine besonderen Ausschlussgründe vorliegen. Der Umfang des Erbrechts des Ehegatten bestimmt sich zum einen danach, ob Verwandte des Erblassers vorhanden sind und welcher Ordnung diese angehören (§ 1931 Abs. 1 BGB), zum anderen danach, in welchem Güterstand die Ehegatten im Zeitpunkt des Erbfalls gelebt haben (§ 1931 Abs. 3 BGB).

Für Lebenspartner gilt das Lebenspartnerschaftsgesetz (LPartG) in der Fassung vom 57
20.7.2017, welches gleichgeschlechtliche eingetragene Lebenspartnerschaften den Ehegatten erbrechtlich und mittlerweile auch (erbschaft-) steuerrechtlich gleich gestellt.[51] Ab 1.10.2017 können gleichgeschlechtliche Paare (nur noch) die Ehe miteinander schließen (Gesetz zur Einführung des Rechts auf Eheschließung für Personen gleichen Geschlechts vom 20.7.2017). Mit der Öffnung der Ehe für gleichgeschlechtliche Paare können seit dem 1.10.2017 keine Lebenspartnerschaften mehr geschlossen werden.

Die schon eingetragen Lebenspartnerschaften bleiben bestehen, das Lebenspartner- 58
schaftsgesetz regelt deren Rechtbeziehungen auch in Zukunft, sie können aber in eine Ehe umgewandelt werden. Es gilt dann für die gleichgeschlechtlich Verheirateten der gesetzliche Güterstand mit den oben genannten Möglichkeiten der Aufhebung beziehungsweise Modifizierungen. In der folgenden Darstellung gilt die Bezugnahme auf die „eingetragene Lebenspartnerschaft" für diese Altfälle.

2. Rein erbrechtliche Betrachtung

Bei rein erbrechtlicher Betrachtung, das heißt unter Vernachlässigung des Güterrechts an 59
dieser Stelle, richtet sich der Erbteil des überlebenden Ehegatten beziehungsweise des eingetragen Lebenspartners danach, welcher Erbordnung (§§ 1924 ff. BGB) die anderen noch vorhandenen Verwandten angehören.[52] Er bemisst sich im Einzelnen wie folgt:

a) Erben erster oder zweiter Ordnung sowie Großeltern sind nicht vorhanden. In 60
diesem Fall haben der überlebende Ehegatte und der eingetragene Lebenspartner ein Alleinerbrecht (§ 1931 Abs. 2 BGB, § 10 Abs. 2 S. 1 LPartG). Verwandte dritter Ordnung, die nicht Großeltern sind, kommen ebenso wie Verwandte fernerer Ordnungen nicht zum Zuge.

b) Es sind Erben erster Ordnung vorhanden. Neben Abkömmlingen des Erblassers 61
(Verwandte erster Ordnung), ohne Unterschied, ob ehelich oder nichtehelich,[53] ist der überlebende Ehegatte beziehungsweise der eingetragene Lebenspartner Erbe zu einem Viertel (§ 1932 Abs. 1 S. 1 BGB, § 10 Abs. 1 S. 1 LPartG). Auf die Anzahl der Abkömmlinge kommt es hierbei nicht an.

---

[50] *Volmer* ZEV 2014, 129 zu Zuständigkeitsfragen.
[51] Bis zur Fassung des Lebenspartnerschaftsgesetzes vom 16.2.2001 (BGBl. I S. 266) in der heutigen Fassung (BGBl. I S. 2787) bedurfte es diverser Entscheidungen des BVerfG dazu: Beschluss zur Erbschaftsteuer vom 21.7.2010, Az. 1 BvR 611/07, Beschluss zum Ehegattensplitting vom 7.9.2013, Az. 2 BvR 909/06, 2 BvR 1981/06, 2 BvR 288/07.
[52] Palandt/*Weidlich* BGB § 1924 Rn. 2.
[53] Rechtliche Kinder, einschließlich der nichtehelichen Kinder (2. Gesetz zur erbrechtlichen Gleichstellung nichtehelicher Kinder vom 12.4.2011) und der adoptierten Kinder, auch die leiblichen Abkömmlinge, die minderjährig vor 1977 adoptiert worden sind, nicht hingegen Stiefkinder oder Ziehkinder. Palandt/*Weidlich* BGB § 1924 Rn. 7, 8. Steuerrechtlich können auch leibliche nicht rechtlich anerkannte Kinder persönliche Freibeträge StK I in Anspruch nehmen: FG Hessen FamRZ 2017, 1013. Nach EGMR v. 23.3.2017 Nr. 59752/13, 66277/13 auch Gleichstellung hinsichtlich des Pflichtteilsanspruchs, soweit nicht bereits rechtskräftig entschieden oder bereits kompensiert.

62 **c) Es sind Erben zweiter Ordnung vorhanden.** Neben Eltern und deren Abkömmlingen (Verwandte zweiter Ordnung), mögen beide Eltern oder nur deren Abkömmlinge leben, ist der Ehegatte beziehungsweise der Lebenspartner Erbe zu ein Halb (§ 1931 Abs. 1 S. 1 BGB, § 10 Abs. 1 S. 1 LPartG).

63 **d) Es sind Großeltern vorhanden.** Neben Großeltern (nicht aber neben deren Abkömmlingen) ist der Ehegatte beziehungsweise der eingetragene Lebenspartner ebenfalls Erbe zu ein Halb (§ 1931 Abs. 1 S. 1 BGB, § 10 Abs. 1 S. 1 LPartG). Leben nicht mehr alle Großelternteile, so geht der Anteil, der an sich nach § 1926 Abs. 3 S. 1 BGB auf die Abkömmlinge der verstorbenen Großeltern übergehen würde, auch auf den Ehegatten beziehungsweise auf den eingetragenen Lebenspartner über (§ 1931 Abs. 1 S. 2 BGB, § 10 Abs. 1 S. 2 LPartG). Sind ein oder mehrere Großelternteile allerdings vorverstorben, ohne Abkömmlinge zu hinterlassen, fallen die entsprechenden Anteile nicht dem Ehegatten beziehungsweise dem eingetragenen Lebenspartner zu, sondern dem anderen Teil des Großelternehepaars oder dem anderen Großelternpaar (§ 1926 Abs. 3 S. 2 u. Abs. 4 BGB).

64 **e) Der verwandte Ehegatte beziehungsweise der verwandte eingetragene Lebenspartner.** Ist der Ehegatte beziehungsweise der eingetragene Lebenspartner zugleich als Verwandter erbberechtigt, erhält er zwei Erbteile, nämlich denjenigen, der ihm als Ehegatte beziehungsweise als eingetragener Lebenspartner zusteht, und denjenigen, der ihm als Verwandter zusteht (§ 1934 BGB, § 10 Abs. 1 S. 6 LPartG). Da es sich nach § 1934 S. 2 BGB (beziehungsweise § 10 Abs. 1 S. 7 LPartG) um besondere Erbteile handelt, können sie unabhängig voneinander ausgeschlagen werden.

65 **f) Doppelehe.** Führte der Erblasser eine Doppelehe, fehlt es an einer gesetzlichen Regelung. Kam es weder zur Aufhebung der zweiten Ehe (und ggf. weiterer Ehen) noch zur Stellung eines Aufhebungsantrags vor dem Erbfall, und greift § 1318 Abs. 5 BGB nicht, steht der nach den oben genannten Grundsätzen berechnete gesetzliche Erbteil beiden überlebenden Ehegatten gemeinsam zu, erhöht sich aufgrund dieses besonderen Umstands jedoch nicht.[54]

3. Einbeziehung der güterrechtlichen Betrachtung[55]

66 **a) Übersicht.** Entscheidend für den Umfang des Erbrechts des Ehegatten beziehungsweise des eingetragenen Lebenspartners ist der Güterstand. Gesetzlich gilt der Gütestand der Zugewinngemeinschaft für Ehegatten und auch für eingetragene Lebenspartner (§ 1363 BGB, § 6 LPartG: §§ 1363 Abs. 2–1390 BGB analog). Die Regelung für eingetragene Lebenspartner, wonach sich die Lebenspartner bei Begründung ihrer Lebenspartnerschaft über den gewollten Güterstand zu erklären hatten (§ 1 Abs. 4 LPartG aF), ist ersatzlos gestrichen worden.

67 Vereinbart werden können die Gütertrennung, die Gütergemeinschaft oder der **deutsch-französische Güterstand der Wahl-Zugewinngemeinschaft** (§ 1519 BGB).

---

[54] OLG München NJW-RR 2015, 1349 (1359) = FamRZ 2015, 2056; MüKoBGB/*Leipold* § 1931 Rn. 11; Palandt/*Weidlich* BGB § 1931 Rn. 14.
[55] Im Folgenden werden die Güterstände der Gütertrennung, der Gütergemeinschaft, der Zugewinngemeinschaft und der Güterstand der deutsch-französischen Wahl-Zugewinngemeinschaft behandelt. Für Altfälle gibt es zudem die Errungenschaftsgemeinschaft nach dem Familiengesetzbuch der DDR (vgl. Art. 234 § 4 EGBGB).Für Altfälle eingetragener Lebenspartnerschaften vor dem 1.1.2005 gilt die Ausgleichsgemeinschaft, und für diejenigen ab dem 1.1.2005 gelten gesetzlich die Vorschriften über den Güterstand der Zugewinngemeinschaft (§ 21 LPartG). Altfälle konnten bis zum 31.12.2005 dem Amtsgericht gegenüber in notariell beurkundeter Form erklären, dass für die Lebenspartnerschaft künftig Gütertrennung gelten solle (§ 21 Abs. 2 LPartG). Inhaltlich entsprach jedoch schon die Ausgleichsgemeinschaft trotz unterschiedlicher Terminologie der ehelichen Zugewinngemeinschaft.

Letzterer steht nicht nur binationalen Paaren, sondern auch solchen zur Auswahl, bei denen **beide Partner dieselbe Staatsangehörigkeit** haben, wenn nach den Regeln des Internationalen Privatrechts französisches oder deutsches Recht auf den Güterstand eines Paares anzuwenden ist.

Eine Modifikation des Güterstandes ist zudem in Grenzen möglich (§ 1408 BGB), und ausländische Staatsangehörige können einen Güterstand nach ihrem Heimatrecht haben. Im Unterschied zum Erbstatut ist das Güterrechtsstatut im Grundsatz nicht wandelbar,[56] ausnahmsweise in den Fällen der:
- Güterrechtswahl nach der Eheschließung gemäß Art. 15 Abs. 2 EG-BGB in notarieller Form (Art. 15 Abs. 3 iVm Art. 14 Abs. 4 S. 1 EGBGB): Die Rechtswahl beschränkt sich auf die güterrechtlichen Wirkungen der Ehe. Sie geht einer ev. Rechtswahl des Ehewirkungsstatuts vor.
- Geltung der Übergangsregelung des Art. 220 Abs. 3 EGBGB,
- Geltung des Gesetzes über den ehelichen Güterstand von Vertriebenen und Flüchtlingen vom 4.8.1969,
- Rückverweisung ausländischen Kollisionsrechts.

Einen Überblick über die Wirkungen der einzelnen Güterstände bietet folgende Übersicht:

Erbrecht des Ehegatten/eingetragenen Lebenspartners je nach Güterstand			
Zugewinn-gemeinschaft	Gütergemeinschaft	Gütertrennung	Güterstand der deutsch-französischen Wahl-Zugewinngemeinschaft
§§ 1931 Abs. 1 bis 3 BGB/§§ 6, 10 Abs. 1 u. 2 LPartG; § 1371 Abs. 1 BGB,	§ 1931 Abs. 1, 2 BGB/ § 10 Abs. 1 u. 2 LPartG (beachte: § 1416 BGB)	§ 1931 Abs. 1,2 u. 4 BGB/ § 10 Abs. 1 u. 2 LPartG	§§ 1931 Abs. 1 bis 3 BGB/ § 1519 BGB;
neben Erben 1. Ordnung: gesetzlicher Erbteil 1/4 + (güterrechtlich begründete) Erhöhung 1/4 = 1/2	neben Erben 1. Ordnung: 1/4	neben Erben 1. Ordnung: bei einem Kind oder dessen Abkömmlingen: 1/2 bei 2 Kindern oder deren Abkömmlingen: 1/3 bei 3 und mehr Kindern oder deren Abkömmlingen: 1/4	neben Erben 1. Ordnung: gesetzlicher Erbteil 1/4, keine Erhöhung
neben Erben 2. Ordnung: gesetzlicher Erbteil 1/2 + Erhöhung 1/4 = 3/4	neben Erben 2. Ordnung: 1/2	neben Erben 2. Ordnung: 1/2	neben Erben 2. Ordnung: gesetzlicher Erbteil 1/2, keine Erhöhung, Zugewinnanspruch echte Nachlassverbindlichkeit auch ohne Ausschlagung

---

[56] Allerdings kann es zur Güterrechtsspaltung kommen, dazu Art. 3a EGBGB, Art. 15 Abs. 2 Nr. 3 EGBGB. Ab 29.1.2019 gilt die VO (EU) Nr. 2016/1103 vom 24.6.2016 (EUGüterrechts-VO für Ehegatten) und die VO (EU) Nr. 2016 L 183/30 für eingetragene Partnerschaften mit der Abkehr vom Staatsangehörigkeitsrecht und der Geltung des Rechts des ersten gemeinsamen gewöhnlichen Aufenthalts der Eheleute nach Eheschließung.

Erbrecht des Ehegatten/eingetragenen Lebenspartners je nach Güterstand			
neben Großeltern: gesetzlicher Erbteil 1/2 + Abkömmlingsanteil weggefallener Großeltern (sofern weitere Abkömmlinge vorhanden) + Erhöhung 1/4	neben Großeltern: gesetzlicher Erbteil 1/2 + Abkömmlingsanteil weggefallener Großeltern (sofern weitere Abkömmlinge vorhanden)	neben Großeltern: gesetzlicher Erbteil 1/2 + Abkömmlingsanteil weggefallener Großeltern (sofern weitere Abkömmlinge vorhanden)	neben Großeltern: gesetzlicher Erbteil 1/2 + Abkömmlingsanteil weggefallener Großeltern (sofern weitere Abkömmlinge vorhanden), keine Erhöhung
neben Erben 3. Ordnung, wenn keine Großeltern mehr leben, sowie neben Erben 4. oder fernerer Ordnung: allein	neben Erben 3. Ordnung, wenn keine Großeltern mehr leben, sowie neben Erben 4. oder fernerer Ordnung: allein	neben Erben 3. Ordnung, wenn keine Großeltern mehr leben, sowie neben Erben 4. oder fernerer Ordnung: allein	neben Erben 3. Ordnung, wenn keine Großeltern mehr leben, sowie neben Erben 4. oder fernerer Ordnung: allein

70 **b) Gütertrennung.** Bei Gütertrennung sorgen § 1931 Abs. 4 BGB und § 10 Abs. 2 S. 2 LPartG dafür, dass der überlebende Ehegatte beziehungsweise der eingetragene Lebenspartner neben den zu Erben berufenen Kindern (oder deren Abkömmlingen) an dem Nachlass mindestens gleichermaßen beteiligt ist: bei einem Kind zu ein Halb, bei zwei Kindern zu einem Drittel.[57] Im Übrigen, so auch bei drei oder mehr zu Erben berufenen Kindern, führt die Gütertrennung nicht zu Besonderheiten. Es gilt die rein erbrechtliche Betrachtung. Bei Einordnung der Gütertrennung nach ausländischem Recht kommt es auf das Güterrechtsstatut für die weitere Behandlung an.

71 **c) Gütergemeinschaft/fortgesetzte Gütergemeinschaft.** In der in Gütergemeinschaft geführten Ehe beziehungsweise eingetragenen Lebensgemeinschaft verändert sich die Erbquote nicht. Der überlebende Ehegatte beziehungsweise der eingetragene Lebenspartner erhält – wenn die Gütergemeinschaft nicht von dem Überlebenden und den Abkömmlingen fortgesetzt werden soll (§ 1483 BGB) – zunächst die Hälfte des Gesamtgutes im Wege der Auseinandersetzung der Gütergemeinschaft (§ 1482, §§ 1471 bis 1481 BGB). Der hälftige Anteil des Verstorbenen am Gesamtgut der Gütergemeinschaft sowie dessen Sonder- und Vorbehaltsgut (§§ 1417, 1418 BGB) gehören zum Nachlass, an dem der überlebende Ehegatte beziehungsweise der eingetragene Lebenspartner dann in Höhe seiner Erbquote beteiligt ist. Der Verstorbene wird nach den allgemeinen erbrechtlichen Vorschriften beerbt. Während der Durchführung der Auseinandersetzung nach Beendigung der Gütergemeinschaft durch den Tod des Erstversterbenden besteht die Gesamthandgemeinschaft aus dem überlebenden Ehegatten beziehungsweise dem eingetragenen Lebenspartner und den sonstigen Erben fort. Der Überlebende ist während dieser Zeit sowohl mit seinem eigenen hälftigen Anteil als auch mit seinem von der Hälfte des Erblassers ererbten Anteil am Gesamtgut beteiligt.

72 Die **fortgesetzte Gütergemeinschaft,** bei welcher der überlebende Ehegatte beziehungsweise eingetragene Lebenspartner die Gütergemeinschaft nach dem Tod der Partners aufgrund ehevertraglicher Vereinbarung mit den gemeinsamen Abkömmlingen, also den gemeinsamen Kindern oder eventuellen Enkeln, fortsetzt (§ 1483 BGB), bewirkt, dass der Anteil des Erblassers am Gesamtgut zivilrechtlich nicht zum Nachlass gehört und ein Erbfall insoweit nicht eintritt. Eine Zerschlagung der Gütergemeinschaft infolge des Erbfalles wird zu Lebzeiten eines Ehegatten beziehungsweise eingetragenen Lebenspartners dadurch ver-

---

[57] MüKoBGB/*Leipold* § 1931 Rn. 39–45; *Odersky,* Die Erbquote des Ehegatten und der Kinder in den Fällen des § 1931 Abs. 4 BGB, Rpfleger 1973, 239; *Hölscher* NJW 2016, 3057 (3060) zu den Nachteilen der Gütertrennung in Unternehmerehen; *Brambring* DNotZ 2008, 724 (733).

mieden. Der Nachlass besteht dann nur aus dem Vorbehalts- und dem Sondergut.[58] Die Gütergemeinschaft wird, soweit nicht Abkömmlinge hiervon ausgeschlossen sind, aufgrund der ehevertraglichen Vereinbarung mit den vorhandenen gemeinschaftlichen Abkömmlingen fortgesetzt. Der überlebende Partner kann entscheiden, ob er die Fortsetzung dieser Gütergemeinschaft ablehnt (nach § 1484 BGB entsprechend den für die Ausschlagung einer Erbschaft geltenden Vorschriften) oder zu einem späteren Zeitpunkt aufhebt. Setzt er sie fort, hat er die Gelegenheit, diese Gütergemeinschaft entweder bis zu seinem Tode oder bis zu einer erneuten Verheiratung weiterzuführen (§§ 1415 ff. BGB). Lehnt der überlebende Ehegatte beziehungsweise der eingetragene Lebenspartner die Fortsetzung der Gütergemeinschaft ab (§ 1484 Abs. 1 BGB), fällt auch der Anteil am Gesamtgut in den Nachlass.

d) Zugewinngemeinschaft. Bei der Zugewinngemeinschaft sind die sogenannte erbrechtliche und die güterrechtliche Lösung zu unterscheiden. Die erbrechtliche Lösung kommt immer dann zur Anwendung, wenn der überlebende Ehegatte beziehungsweise eingetragene Lebenspartner Erbe oder Vermächtnisnehmer ist. Innerhalb der erbrechtlichen Lösung ist zu unterscheiden: Ist der Überlebende gesetzlicher Erbe, so wird der Ausgleich des Zugewinns dadurch verwirklicht, dass sich der gesetzliche Erbteil des Überlebenden um ein (weiteres) Viertel erhöht – das heißt neben Abkömmlingen auf die Hälfte, neben Eltern und deren Abkömmlingen sowie den Großeltern auf drei Viertel (§ 1371 Abs. 1 BGB).[59] Es handelt sich nicht um einen selbstständigen Erbteil, das Viertel ist jedoch untrennbar mit dem gesetzlichen Erbteil verbunden. Die Erhöhung nach § 1371 Abs. 1 BGB erfolgt auch dann, wenn der Überlebende „als gesetzlicher Erbe" eingesetzt (vgl. §§ 2066, 2067 BGB)[60] oder zum Vorerben[61] berufen wird. Erbrechtlich (nicht erbschaftsteuerlich[62]) unerheblich ist, ob die Ehepartner beziehungsweise eingetragenen Lebenspartner einen Zugewinn tatsächlich erzielt haben und wie lange der Güterstand gedauert hat, oder ob der erbende Partner Vorempfänge erhalten hat.[63]

Problematisch und umstritten ist die Berechnung in dem Fall, dass neben Großeltern noch Abkömmlinge vorverstorbener Großeltern vorhanden sind, deren Erbrecht nach § 1931 Abs. 1 S. 2 BGB, § 10 Abs. 1 S. 2 LPartG verdrängt wird. Der Überlebende wird in diesem Fall bereits ohne Anwendung des § 1371 Abs. 1 BGB Erbe zu 3/4. Würde dieser Erbteil um 1/4 erhöht, bliebe für die noch lebenden Großeltern nichts übrig. Die herrschende Ansicht kürzt daher den nach § 1931 Abs. 1 S. 2 BGB, § 10 Abs. 1 S. 2 LPartG dem Ehegatten beziehungsweise dem eingetragenen Lebenspartner zuzuschlagenden Anteil um die Hälfte.[64] Aus dem zusätzlichen Viertel sind gegebenenfalls die Ausbil-

---

[58] MüKoBGB/*Leipold* § 1931 Rn. 47. Die Reduktion des Nachlasses bei der fortgesetzten Gütergemeinschaft um das Gesamtgut hat auch Einfluss auf die Berechnung von Pflichtteilsansprüchen und kann dementsprechend als Gestaltungsinstrument dienen.

[59] Die Tatsache, dass nach § 1371 Abs. 1 BGB nur der „gesetzliche Erbteil" erhöht wird, bei Erben eines sonstigen Erbteils also keine Erhöhung erfolgt, wird häufig übersehen. MüKoBGB/*Leipold* § 1931 Rn. 26–38; MüKoBGB/*Koch* § 1371 Rn. 11, 12; missverständlich insoweit Palandt/*Brudermüller* BGB § 1371 Rn. 2, nach dessen Wortlaut sogar die Einsetzung als Vermächtnisnehmer auszureichen scheint, solange dieses nicht nur bloßen Erinnerungswert hat; Staudinger/*Thiele* (2017) BGB § 1371 Rn. 8.

[60] Palandt/*Brudermüller* BGB § 1371 Rn. 2; *v. Olshausen*, Gesetzliches Ehegattenerbrecht neben Großeltern und deren Abkömmlingen im Güterstand der Zugewinngemeinschaft, FamRZ 1981, 633; *Weidlich* ZEV 2014, 345.

[61] So wohl BGH NJW 1965, 2295 (2296) = FamRZ 1965, 604; Unklar bleibt in dieser Entscheidung jedoch, ob die als Vorerbin eingesetzte Ehefrau tatsächlich den gesetzlichen Erbteil erhalten hatte, da die vollständigen Verwandtschaftsverhältnisse nicht in den Tatbestand aufgenommen wurden.

[62] Das Steuerrecht vollzieht die Erhöhung des Erbteils nicht nach, sondern nimmt nur den tatsächlich während der Ehezeit entstandenen Zugewinn von der Erbschaftsteuer aus.

[63] Staudinger/*Thiele* (2017) BGB § 1371 Rn. 13; auch Vorempfänge werden nicht berücksichtigt.

[64] Palandt/*Weidlich* BGB § 1931 Rn. 7; *Odersky*, Die Erbquote des Ehegatten und der Kinder in den Fällen des § 1931 Abs. 4 BGB, Rpfleger 1973, 239; *v. Olshausen*, Gesetzliches Ehegattenerbrecht neben Großeltern und deren Abkömmlingen im Güterstand der Zugewinngemeinschaft, FamRZ 1981, 633; *Rauscher*, Vergisst die Reform des Kindschaftsrechts § 1931 IV BGB?, FamRZ 1997, 1121.

dungskosten der Stiefkinder zu tragen (§ 1371 Abs. 4 BGB). Es kann nicht gesondert ausgeschlagen werden, da es sich nicht um einen besonderen Erbteil handelt (§ 1950 BGB).

75 Ist der Überlebende **nicht gesetzlicher Erbe,** so bleibt es bei der durch Verfügung von Todes wegen angeordneten Erbfolge. Der Überlebende kann gegebenenfalls einen **Pflichtteilsrestanspruch** gemäß §§ 2305, 2307 Abs. 1 S. 2 BGB (iVm § 10 Abs. 6 LPartG) bis zum Wert des sogenannten „großen Pflichtteils" geltend machen. Dieser berechnet sich nach dem gemäß § 1371 Abs. 1 BGB um einen Viertel erhöhten Erbteil.[65] Ein Zugewinnausgleich erfolgt in diesen Fällen nicht. Der Überlebende kann jedoch durch Ausschlagung der Erbschaft die güterrechtliche Lösung herbeiführen, auch bei Vereinbarung seines Pflichtteilsverzichts.

76 Die **güterrechtliche Lösung** gilt, wenn der überlebende Ehegatte beziehungsweise der eingetragene Lebenspartner weder Erbe[66] noch Vermächtnisnehmer ist, auch wenn er diese Rechtsposition durch Ausschlagung der Erbschaft herbeigeführt hat.[67] Sie gewährt anstelle des um ein Viertel erhöhten Erbteils den „tatsächlichen" Zugewinn[68] und den Pflichtteil nach dem nicht erhöhten Erbteil (sog. „kleiner Pflichtteil", zum Beispiel 1/2 aus 1/4 neben Erben 1. Ordnung = 1/8), der sich auf den nach Abzug des Zugewinnausgleichs verbleibenden Nachlass bezieht (§ 1371 Abs. 2, 3 BGB).[69] Zu beachten ist stets, dass bei der güterrechtlichen Lösung immer auch die Erbquoten der Erben beziehungsweise die Pflichtteilsquoten der Abkömmlinge beeinflusst werden und die Quoten erst feststehen, wenn bekannt ist, wie der überlebende Ehegatte beziehungsweise eingetragene Lebenspartner sich zum Nachlass verhält. Der Überlebende hat **kein Wahlrecht** zwischen dem „kleinen" Pflichtteil und dem güterrechtlichen Zugewinnausgleich einerseits und dem „großen" Pflichtteil unter Verzicht auf den güterrechtlichen Zugewinnausgleich andererseits![70] Ist er also weder Erbe noch Vermächtnisnehmer oder hat er die Erbschaft **ausgeschlagen,** kann er den großen Pflichtteil unter keinen Umständen verlangen. Hieran ändert auch der Verzicht auf den Zugewinnausgleich nichts.

77 Rechnerisch kann die Ausschlagung und Inanspruchnahme des Zugewinnanspruchs und des kleinen **Pflichtteils** zu einem höheren Anspruch führen, wenn der vom Erblasser erzielte Mehrzugewinn (1378 Abs. 1 BGB) mehr als 6/7 des Nachlasswerts beträgt, wenn der Nachlass sonst unbelastet ist.[71]

78 Erbrechtliche Vorteile des gesetzlichen Güterstandes können auch bei sogenannter **„modifizierter Zugewinngemeinschaft"** nutzbar gemacht werden, indem in dem Ehevertrag der Güterstand der Zugewinngemeinschaft für den Fall der Beendigung der Ehe durch Scheidung ausgeschlossen, für den Fall der Beendigung durch Tod beibehalten wird.[72]

79 Soweit ein Ehevertrag mit einem Erbvertrag oder einem Erb- und Pflichtteilsverzicht verbunden ist, erfasst die Nichtigkeit eines Teils, zum Beispiel des ehevertraglichen Teils, oder die Anfechtung eines Teils, zum Beispiel des erbrechtlichen Teils, den gesamten Vertrag (§ 139 BGB), wenn von einem Einheitlichkeitswillen auszugehen ist.[73] Die Unwirksamkeit eines Güterrechtsvertrages hat wiederum Auswirkung auf das gesetzliche Ehegattenerbrecht und damit auch auf die Höhe der Pflichtteilsquoten. Insoweit geht die

---

[65] Zum Pflichtteilsrecht des Ehegatten → Rn. .
[66] Staudinger/*Thiele* (2017) BGB § 1371 Rn. 3. Wurde der Überlebende auf den Pflichtteil gesetzt, gilt dies gemäß § 2304 BGB im Zweifel nicht als Erbeinsetzung.
[67] Staudinger/*Thiele* (2017) BGB § 1371 Rn. 18: § 1371 Abs. 3 BGB enthält eine Ausnahme von dem Grundsatz, dass der Ausschlagende auch keinen Pflichtteil erhält → Rn. 321.
[68] Zur Berechnung des Zugewinnanspruches siehe *Büte,* Die Reform des Zugewinnausgleichsrechts NJW 2009, 2776; *Löhning,* Die Reform des Zugewinnausgleichs, JA 2010, 321.
[69] *Klingelhöffer* ZEV 1995, 444; MüKoBGB/*Lange* § 2303 Rn. 37; zum Pflichtteilsrecht des Ehegatten → Rn. 283, 321.
[70] BGH NJW 1964, 2404 (2406); bestätigt durch BGH NJW 1982, 2497; MüKoBGB/*Lange* BGB § 2303 Rn. 37.
[71] Staudinger/*Thiele* (2017) BGB § 1371 Rn. 18.
[72] Formulierungsvorschlag → Rn. 118 und § 15.
[73] BGH NJW-RR 1990, 442 (443); BGH zur Frage der rechtlichen Einheit zwischen äußerlich getrennten Verträgen BeckRS 1966 = FamRZ 1966, 445.

Nichtigkeit weiter als eine Ausübungskontrolle gemäß § 242 BGB mit ihrer schuldrechtlichen Wirkung zwischen den Parteien.

e) Deutsch-französischen Wahl-Zugewinngemeinschaft (§ 1519 BGB). Seit Mai 2013 haben Ehepaare beziehungsweise eingetragene Lebenspartner die Möglichkeit, und zwar binationale Paare und solche, bei denen **beide Partner dieselbe Staatsangehörigkeit** haben, wenn nach den Regeln des Internationalen Privatrechts französisches oder deutsches Recht auf den Güterstand eines Paares anzuwenden ist – den **neu geschaffenen Güterstand der Wahl-Zugewinngemeinschaft** (§ 1519 BGB) in Form des notariellen Ehevertrages (§ 1410 BGB, Art. 1394 Code Civil) zu wählen.[74] Die Details sind in dem Gesetz zum Abkommen vom 4.2.2010 zwischen der Bundesrepublik Deutschland und der Französischen Republik über den Güterstand der Wahl-Zugewinngemeinschaft (WZGA) geregelt,[75] § 1368 BGB gilt entsprechend, § 1412 BGB ist nicht anzuwenden.

Bisher richten sich die rechtlichen Folgen unter anderem nach der Staatsangehörigkeit, so dass beispielsweise für ein in Deutschland lebendes Paar französisches Recht gelten kann. Bei der Erbschaft- und Schenkungssteuer wird der neue Wahlgüterstand genauso behandelt wie die deutsche Zugewinngemeinschaft. Der deutsch-französische Wahlgüterstand steht auch anderen Mitgliedstaaten der EU offen.

Wie bei dem Güterstand der Zugewinngemeinschaft bleiben die Vermögen der Eheleute während der Ehe getrennt. Ein möglicher Zugewinn wird bei Beendigung der Ehe ausgeglichen. Besonderheiten sind:
– Schmerzensgeld fällt nicht in den Zugewinn,
– zufällige Wertsteigerungen von Immobilien bleiben bei der Ermittlung des Zugewinns ebenfalls unberücksichtigt,
– im Anfangsvermögen werden diejenigen Vermögenswerte nicht berücksichtigt, die der Ehegatte während des Güterstands an Verwandte in gerader Linie verschenkt hat (Art. 8 Abs. 3 Nr. 2 WZGA),
– die an Verwandte in gerader Linie verschenkten Vermögenswerte des Anfangsvermögens werden dem Endvermögen nicht hinzugerechnet (Art. 10 Abs. 2 Nr. 1 lit. b) WZGA,
– eine Verfügungsbeschränkung wie in § 1365 BGB existiert nicht, allerdings eine Verfügungsbeschränkung in Bezug auf Haushaltsgegenstände nach Art. 5 Abs. 1 WZGA sowie ein Verbot für den Ehegatten, ohne die Zustimmung des anderen über die Ehewohnung zu verfügen (Art. 5, nicht disponibel gem. Art. 3 Abs. 3 WZGA,
– Bei Beendigung durch Tod findet keine Erhöhung des Erbteils wie in § 1371 Abs. 1 BGB für den Überlebenden statt.[76]

Der Güterstand wird auch im Todesfall beendet und der Zugewinnanspruch entsteht. Der überlebende Ehegatte muss die Erbschaft nicht ausschlagen, um den rechnerischen Zugewinn verlangen zu können. Die Ausgleichsforderung ist eine echte Nachlassverbindlichkeit.

4. Voraus des Ehegatten beziehungsweise eingetragenen Lebenspartners

Als gesetzlichem Miterben (für den gewillkürten Erben gilt dies nicht[77]) gebühren dem überlebenden Ehegatten beziehungsweise dem eingetragenen Lebenspartner unabhängig vom Güterstand als sogenannter Voraus die zum ehelichen Haushalt gehörenden Gegenstände und die Hochzeitsgeschenke (§ 1932 Abs. 1 BGB, § 10 Abs. 1 S. 3 u. 4 LPartG).

---

[74] Überblick bei *Knoop* NJW-Spezial 2016, 708; *Jäger* DNotZ 2010, 804; *Braun* MittBayNot 2012, 89; *Klippstein* FPR 2010, 510; MüKoBGB/*Leipold* § 1931 Rn. 48–54. MüKoBGB/*Leipold* § 1931 Rn. 48–54.
[75] BGBl. 2012 II S. 178.
[76] MüKoBGB/*Leipold* § 1931 Rn. 50.
[77] MüKoBGB/*Leipold* § 1932 Rn. 4; Palandt/*Weidlich* BGB § 1932 Rn. 2; BGHZ 73, 29 (31ff.) = NJW 1979, 546.

Dies gilt neben Erben erster Ordnung insoweit, als der Überlebende die Gegenstände zur Führung eines angemessenen Haushalts benötigt (sog. „kleiner Voraus"), und neben Erben zweiter Ordnung oder Großeltern vollständig (sog. „großer Voraus"). Der Güterstand spielt keine Rolle.

85 Der Voraus ist eines der wenigen **gesetzlichen (Voraus-) Vermächtnisse** und begründet als solches einen Anspruch auf Übereignung gegen die Miterbengemeinschaft (§ 2174 BGB iVm § 1932 Abs. 2 BGB, § 10 Abs. 1 S. 5 LPartG).[78] Aus der Verweisung des Abs. 2 auf das Vermächtnisrecht folgt, dass der Ehegatte den Voraus allein ausschlagen (§§ 2176, 2180) und die Erbschaft annehmen kann.

86 Der Voraus wirkt pflichtteilsreduzierend, da er bei der Berechnung des Nachlasses von dessen Bestand abzuziehen ist. Da das Vorausvermächtnis am gesetzlichen Erbteil des überlebenden Ehegatten beziehungsweise des eingetragenen Lebenspartners hängt, sollte bei testamentarischer Erbfolge an ein Hausratsvermächtnis gedacht werden.

5. Der Dreißigste

87 Ebenfalls als gesetzliches Vermächtnis hat der Ehegatte beziehungsweise der eingetragene Lebenspartner als Familienangehöriger der Erblassers (§ 1969 BGB, § 11 Abs. 1 LPartG) ungeachtet seiner Erbenstellung einen **Anspruch auf Unterhalt** und das Recht zur **Nutzung der Wohnung** für die ersten 30 Tage nach dem Erbfall (§ 1969 BGB). Dieser Anspruch besteht jedoch nur, wenn der Ehegatte beziehungsweise der eingetragene Lebenspartner vor dem Tod des Erblassers zu dessen Hausstand gehörte und von ihm Unterhalt bezog.[79]

6. Der Eintritt des überlebenden Ehegatten beziehungsweise des eingetragenen Lebenspartners in den Mietvertrag

88 Nach § 563 Abs. 1 BGB treten der Ehegatte beziehungsweise der eingetragene Lebenspartner, die mit dem Mieter in der Wohnung in **häuslicher Gemeinschaft** gelebt haben, im Falle des Todes des Mieters in den Mietvertrag ein, es sei denn, sie erklären innerhalb eines Monats, dass sie das Mietverhältnis nicht fortsetzen wollen (§ 563 Abs. 3 S. 1 BGB). Der Eintretende haftet für die bis zum Tod des Mieters entstandenen Verbindlichkeiten aus dem Mietverhältnis als Gesamtschuldner (§ 563b Abs. 1 BGB).

7. Das Erbrecht bei gleichzeitigem Versterben beider Ehegatten beziehungsweise beider eingetragenen Lebenspartner

89 Da die Erbenstellung das **Erleben des Erbfalles** voraussetzt (§ 1923 Abs. 1 BGB), werden die Ehegatten beziehungsweise die eingetragenen Lebenspartner im Falle des gleichzeitigen Versterbens nicht Erben.

90 Auch der nach der güterrechtlichen Lösung an sich dem Überlebenden zustehende Zugewinnausgleich entsteht nicht, wenn beide Partner gleichzeitig versterben. Die Vererblichkeit des Zugewinnausgleichsanspruchs nach § 1378 Abs. 3 S. 1 BGB setzt voraus, dass der Anspruch vorher entstanden ist.[80] Die güterrechtliche Lösung findet nur Anwendung zugunsten des Ehegatten beziehungsweise eingetragenen Lebenspartners, nicht zugunsten der Erben. Dies ist bei gleichzeitigem Versterben nicht der Fall. Die gleichzeitig versterbenden Ehegatte beziehungsweise eingetragenen Lebenspartner werden deshalb getrennt beerbt, ohne dass ein Zugewinn ausgeglichen wird.

---

[78] MüKoBGB/*Leipold* § 1932 Rn. 16.
[79] *Ehrnsperger/Eberhardt*, Das 30-Tage-Wohnrecht des überlebenden Ehegatten gemäß § 1969 BGB, ZEV 2013, 653; *van Venrooy* MDR 2010, 1030 (1031).
[80] BGHZ 72, 85 (89 ff.) = NJW 1978, 1855; BGH NJW 1995, 1832 (1832, 1833) mwN = ZEV 1995, 262; Staudinger/*Thiele* (2017) BGB Vor § 1371 Rn. 14, BGB § 1371 Rn. 13.

8. Internationales Erbrecht und internationales Güterrecht

Bis zum 16.8.2015 richtete sich die Anwendung des nationalen Erbrechts für Todesfälle 91
gemäß Art. 25 EGBGB danach, welchem Staat der Erblasser zum Zeitpunkt seines Todes
angehörte.[81] **Für Erbfälle ab dem 17.8.2015 gilt die** neue VO (EU) Nr. 650/2012
(EuErbVO), welche für grenzüberschreitende Sachverhalte im Erbfall gemäß Art. 21
EuErbVO als Anknüpfungspunkt in Zukunft der **letzte gewöhnliche Aufenthaltsort**
des Erblassers bestimmt. Der gewöhnliche Aufenthalt ist in der EuErbVO nicht definiert,
bestimmt wird er durch „eine Gesamtbeurteilung der Lebensumstände des Erblassers in
den Jahren vor seinem Tod und im Zeitpunkt seines Todes".[82] Es kommt nur ein einziger
gewöhnlicher Aufenthalt in Betracht.[83]

Die Verordnung bedarf zwar keiner nationalen Umsetzung, sie wurde in Deutschland 92
dennoch umgesetzt und das deutsche Recht wurde in einigen Punkten angepasst. Fragen
des Güterrechts werden in der Verordnung nicht geregelt,[84] ebenso nicht unentgeltliche
Zuwendungen zu Lebzeiten und Verträge zu Gunsten Dritter (Lebensversicherungen oder
Sparbücher). Für die Pflichtteilsberechnung gilt nach der EuErbVO das anwendbare nationale Recht.

Nunmehr gilt die Europäische Erbrechtsverordnung: Der Erblasser, der ab dem 17.8. 93
2015 verstorben ist, wird nach deutschem Erbrecht beerbt, wenn er
– im Zeitpunkt des Todes seinen gewöhnlichen Aufenthalt in Deutschland hatte (Art. 21
  Abs. 1 EuErbVO),
– oder im Zeitpunkt seines Ablebens die nähere Beziehung zu Deutschland hatte (Art. 21
  Abs. 2 EuErbVO),
– oder wenn er eine zulässige Wahl zur Anwendung deutschen Rechts als sein Staatsangehörigkeitsrecht gewählt hatte.

Gemäß Art. 25 EGBGB gelten, soweit die Rechtsnachfolge von Todes wegen nicht in 94
den Anwendungsbereich der VO (EU) Nr. 650/2012 fällt, die Vorschriften des Kapitels
III dieser Verordnung entsprechend. Nicht in der letztwilligen Verfügung kann die internationale Zuständigkeit der für den Nachlass zuständigen Gerichte bestimmt werden.[85]

Über Nachlassabwicklung und Erbstreitigkeiten entscheidet ausschließlich der Staat des 95
letzten gewöhnlichen Aufenthalts.

Um die Folgen des Erbfalls bewerten zu können, muss man wissen, welche ehelichen 96
Regelungen dem Erbstatut und welche dem Güterrechtsstatut unterfallen. Die güterrechtliche Auseinandersetzung geht dem Erbrecht vor.

Gemäß Art. 15 Abs. 1 iVm Art. 14 EGBGB bestimmt sich das **Güterrechtsstatut für** 97
Ehegatten nach anderen Kriterien als das Erbrechtsstatut. Nach Art. 15 Abs. 1 EGBGB
unterliegen die güterrechtlichen Wirkungen der Ehe dem bei der Eheschließung für die
allgemeinen Wirkungen der Ehe maßgebenden Recht. Lässt sich danach kein Güterrechtsstatut begründen, ist auf den letzten gemeinsamen gewöhnlichen Aufenthaltsort,
hilfsweise auf eine enge Verbundenheit mit einem Staat abzustellen.

Das Güterrechtsstatut für eingetragene Lebenspartner richtet sich gemäß Art. 17b 98
Abs. 1 S. 1 EGBGB danach, in welchem Staat die Lebenspartnerschaft eingetragen ist. Ist
die Lebenspartnerschaft in verschiedenen Staaten eingetragen, so ist die letzte Eintragung
maßgeblich (Art. 17b Abs. 3 EGBGB). Es handelt sich hierbei im Gegensatz zu der in

---

[81] OLG Schleswig NJW-RR 2016, 1229: Art. 25 EGBGB nF, bestimmt keine Rückwirkung der Anwendung der Europäischen Erbrechtsverordnung auf Erbrechtsfälle vor dem 17.8.2015.
[82] Erwägungsgrund (EG) 23 S. 2 zur EuErbVO.
[83] Dörner ZEV 2012, 505 (510); Frank/Leithold ZEV 2014, 462 (465) beispielhaft für deutsch/US-amerikanische Erbfälle.
[84] Vorlagebeschluss des KG ZEV 2017, 209 (211) an den EuGH ua zur Frage, ob Art. 1 EuErbVO so auszulegen ist, dass sich der Anwendungsbereich der Verordnung („Rechtsnachfolge von Todes wegen") auch auf Bestimmungen des nationalen Rechts bezieht, die (wie § 1371 Abs. 1 BGB) güterrechtliche Fragen regeln, mAnm Dörner und Margonski.
[85] Volmer ZEV 2014, 129 zu Zuständigkeitsfragen.

Art. 14 EGBGB enthaltenen Regelung um eine Sachnormverweisung und nicht um eine Gesamtverweisung nach Art. 4 Abs. 1 S. 1 EBGBG. Das IPR des Register führenden Staates kommt somit nicht zur Anwendung, so dass eine Rück- oder Weiterverweisung ausscheidet.

99 Die unterschiedliche Anknüpfung zwischen Erb- und Güterrecht spielte in der Vergangenheit bei dem Sonderproblem des **pauschalierten Zugewinnausgleichs** im Ehegattenerbrecht eine Rolle, da die Zugewinnpauschale gemäß § 1371 Abs. 1 BGB im Sinne der Art. 15, 25 EGBGB rein güterrechtlich, nicht erbrechtlich qualifiziert wurde.[86] In der Rechtssache Mahnkopf hat der *Gerichtshof der Europäischen Union* am 1.3.2018 entschieden, dass der pauschalierte Zugewinnausgleich nach § 1371 Abs. 1 BGB **erbrechtlich und nicht güterrechtlich** zu qualifizieren ist und damit der europäischen Erbrechtsverordnung unterliegt.[87] Der gesetzliche Erbteil des überlebenden Ehegatten wird demnach nur dann güterrechtlich erhöht, wenn Erbstatut nach Art. 21, 22 EuErbVO das deutsche Recht ist.

100 Ab dem 29.1.2019 wird die am 24.6.2016 vom Rat der Europäischen Union verabschiedete Verordnung (EU) 2016/1103 zur Durchführung einer Verstärkten Zusammenarbeit im Bereich der Zuständigkeit, des anzuwendenden Rechts und der Anerkennung und Vollstreckung von Entscheidungen in Fragen des ehelichen Güterstands das güterrechtliche Kollisionsrecht regeln.[88]

9. Erbrecht der DDR

101 Für die neuen Bundesländer gilt verfahrens- und materiell-rechtlich das bisherige Erbrecht der DDR für den Fall des Versterbens des Erblassers vor dem Wirksamwerden des DDR-Beitritts fort (Art. 235 § 1 EGBGB). Für die Zukunft wurde Rechtseinheitlichkeit hergestellt.[89] Hingewiesen werden soll an dieser Stelle lediglich darauf, dass der Ehegatte nach dem Recht der DDR Erbe erster Ordnung geworden ist. Er erbt mit den weiteren Erben erster Ordnung zu gleichen Teilen, mindestens jedoch ein Viertel, und wenn keine Abkömmlinge vorhanden sind, allein (§§ 365, 366 DDR-ZGB). Aus dem Güterrecht wächst ihm kein weiteres Viertel zu, denn das nach dem Familiengesetzbuch der DDR gebildete gemeinschaftliche Eigentum der Ehegatten ist vorab aufzuteilen. Dies wird nur noch in seltenen Fällen praktische Bedeutung erlangen, da nach Art. 234 § 4 Abs. 1 EGBGB die Eigentums- und Vermögensgemeinschaft der Ehegatten in die Zugewinngemeinschaft überführt wurde – wodurch § 1371 BGB Anwendung findet –, wenn nicht bis zum 2.10.1992 von der Option für den bisherigen Güterstand Gebrauch gemacht wurde (Art. 234 § 4 Abs. 2 EGBGB).

10. Die gewillkürte Erbfolge

102 **a) Medium der Verfügung von Todes wegen.** Soll eine andere als die gesetzliche Erbfolge eintreten, so kann der zukünftige Erblasser dies in einem Testament oder einem Erbvertrag regeln. Oberbegriff für diese beiden Institute ist die Verfügung von Todes wegen.

103 Ehegatten beziehungsweise eingetragenen Lebenspartnern stehen zur Regelung der gewillkürten Erbfolge neben dem Erbvertrag jeweils getrennt errichtete Einzeltestamente

---

[86] Anders noch der *BGH* NJW 2015, 2185 (2186), der für eine güterrechtliche Qualifikation plädierte, mAnm *Lorenz* NJW 2015, 2157 = ZEV 2015, 409 = FamRZ 2015, 1180 mAnm *Dutta* FamRZ 2015, 1238, und Anm *Mankowski* FamRZ 2015, 1180.
[87] EUGH Urt. v. 1.3.2018 (Rs. C-558/16).
[88] (ABl. EU 2016, L 183/1) und die Verordnung über die güterrechtlichen Wirkungen eingetragener Partnerschaften (ABl. EU 2016, L 183/30).
[89] Mit der – infolge der Gleichstellung ehelicher Kinder mit nichtehelichen Kindern nicht mehr bedeutsamen – Ausnahme, dass für vor dem 3.10.1990 geborene nichteheliche Kinder die BGB-Vorschriften für eheliche Kinder galten, Art. 235 § 1 Abs. 2 EGBGB.

(§§ 2229ff. BGB) sowie die nur für Ehegatten und eingetragene Lebenspartner bereitgehaltene Möglichkeit des gemeinschaftlichen Testaments (§§ 2265ff. BGB, § 10 Abs. 4 LPartG) zur Verfügung.[90]

Das **gemeinschaftliche Testament** ist in Deutschland und Österreich bekannt, in anderen Rechtsordnungen nicht, und in einigen Rechtsordnungen sind gemeinschaftliche Testamente verboten.[91] Eine andere internationale Zuständigkeit als die der deutschen Nachlassgerichte kann daher problematisch werden, da die Erteilung des internationalen Erbscheins die Anordnungen des gemeinschaftlichen Testaments möglicherweise von einem ausländischen Gericht nicht anerkannt wird. Eine Wahl der internationalen Gerichtszuständigkeit in der Verfügung von Todes wegen ist nicht möglich (Art. 4 EuErbVO). Erst mit Eintritt des Erbfalls können die Beteiligten den Gerichtsstand einvernehmlich wählen. Dem Problem des Auseinanderfallens von Gerichtszuständigkeit und anwendbarem Recht könnte durch eine Auflage in der letztwilligen Verfügung begegnet werden. Den Erben wird darin zur Auflage gemacht, für diesen Fall einer fremden Gerichtszuständigkeit die Zuständigkeit eines deutschen Gerichts zu wählen (Gerichtsstandvereinbarung nach Art 5ff. EuErbVO). 104

> **Formulierungsbeispiel:**
> Ich mache meinen Erben zur Auflage, für den Fall der Zuständigkeit eines ausländischen Gerichts für meinen Erbfall die Zuständigkeit desjenigen deutschen Gerichts zu vereinbaren, das nach den deutschen Zuständigkeitsbestimmungen zuständig wäre.
> [alt im gemeinschaftlichen Testament.: jeder von uns macht seinen Erben zur Auflage, für den Fall der Zuständigkeit eines ausländischen Gerichts für seinen Erbfall die Zuständigkeit desjenigen deutschen Gerichts zu vereinbaren, das nach den deutschen Zuständigkeitsbestimmungen zuständig wäre]

105

Die materielle Wirksamkeit des gemeinschaftlichen Testaments richtet sich nach dem anwendbaren beziehungsweise gewählten Recht (Art. 24, 225 EuErbVO) (→ Rn. 125, 185ff.). 106

Ein von Personen, die weder Ehegatten noch eingetragene Lebenspartner sind, dennoch errichtetes gemeinschaftliches Testament ist grundsätzlich nichtig. Eine Umdeutung in wirksame Einzeltestamente setzt zunächst die Wahrung der vollständigen Form für jeden Testierenden voraus (§ 2247 BGB), die häufig nicht erfüllt sein wird. Inhaltlich ist eine Umdeutung einseitiger Verfügungen unproblematisch, während eine Umdeutung wechselbezüglicher Verfügungen nur dann in Betracht kommt, wenn den Formvorschriften des Einzeltestaments Genüge getan ist und wenn ein entsprechender Wille zur isolierten Geltung zu erkennen ist.[92] Dabei greift die Rechtsprechung für die Aufrechterhaltung einzelner Verfügungen in nichtigen gemeinschaftlichen Testamenten auf § 140 BGB zurück.[93] Lediglich die Mitunterzeichnung des vemeintlichen gemeinschaftlichen Testaments genügt der Form des Einzeltestaments nicht.[94] 107

Die Entscheidung der Ehegatten beziehungsweise der eingetragenen Lebenspartner für eine Testierung in jeweils unabhängigen Einzeltestamenten wird davon abhängen, ob sie 108

---

[90] Das gemeinschaftliche Testament kommt also für nichteheliche Lebensgemeinschaften oder Verlobte nicht in Betracht! Zu den Testamentsformen und -förmlichkeiten → Rn. 130ff., zum Erbvertrag → Rn. 270ff.
[91] *Leipold* ZEV 2014, 139 zur EuErbVO und zum gemeinschaftlichen Testament; gemeinschaftliches Testament nicht vergleichbar mit dem „Mutual Will" im angloamerikanischen Rechtskreis. Gemeinschaftliche Testamente verboten zB in Frankreich und Belgien.
[92] OLG München NJW-RR 2010, 1382 (1383); NJW-RR 2014, 1354 (1355); KG NJW 1972, 2133; OLG Frankfurt a.M. NJW-RR 2012, 11 (12); MDR 1976, 667; OLG Braunschweig NJW-RR 2005, 1027 (1028); MüKoBGB/*Musielak* § 2265 Rn. 4, § 2267 Rn. 25 mwN.
[93] BGH DNotZ 1988, 178 = NJW-RR 1987, 1410 zur Umdeutung des Entwurfs eines gemeinschaftlichen Testaments von Nichtverheirateten in ein wirksames Einzeltestament; *Zimmer* ZEV 2015, 450 (454).
[94] BayObLGZ 1968, 311 (314).

in ihrer Verfügungsbefugnis von Todes wegen auch zukünftig flexibel bleiben wollen. Nur das Einzeltestament ist unkompliziert abänderbar. Jeder Ehegatte beziehungsweise eingetragene Lebenspartner kann darin ohne Bindung für die Zukunft und ohne den Zwang zu einem förmlichen Widerruf gegenüber dem anderen seine letztwilligen Anordnungen treffen, wenn und soweit er sich nicht zuvor bereits in einem gemeinschaftlichen Testament oder Erbvertrag gebunden hat. Unabhängige Einzeltestamente sind sorgfältig – gegebenenfalls auch vor dem anderen Ehegatten beziehungsweise eingetragenen Lebenspartner – aufzubewahren, denn leicht ist aus der einseitigen Verfügung durch Mitunterzeichnung[95] unter Anbringung eines Zusatzes auf der Testamentsurkunde ein gemeinschaftliches Testament kreiert, etwa durch den Zusatz *„Dieses Testament soll auch als mein Wille gelten"*. Für die Entscheidung zwischen einem gemeinschaftlichen Testament und einem Erbvertrag wird die Bindungswirkung den Ausschlag geben.

109   Der weitgehende Ausschluss der einseitigen Abänderbarkeit der Anordnungen schon zu Lebzeiten kann nur durch vertragsmäßige Verfügungen im Erbvertrag erreicht werden, beim gemeinschaftlichen Testament hängt die Möglichkeit der einseitigen Abänderbarkeit davon ab, ob die Verfügungen wechselbezüglich sind und ob der andere Ehegatte beziehungsweise Lebenspartner noch lebt.

110   Parallel zur Testierung sollte die Erteilung einer Vollmacht durch den Erblasser an den Erben und/oder einen Dritten für den Fall sofortiger Handlungsfähigkeit nach dem Todesfall erwogen werden. In Betracht kommt insbesondere eine rein postmortale Vollmacht, die in einer separaten Urkunde oder im Testament aufgenommen werden kann.

111   **Formulierungsbeispiel:**

Meiner Ehefrau *** erteile ich hiermit Vollmacht, nach meinem Tode meine Firma *** fortzuführen, insbesondere alle Arten von gerichtlichen und außergerichtlichen Handlungen vorzunehmen, die der Betrieb des Handelsgeschäfts mit sich bringt. Ausgenommen von der Vollmacht ist die Veräußerung des Handelsgeschäfts als Ganzes oder in Teilen. Weiterhin ist meine Frau bevollmächtigt, über meine Konten bei *** zu verfügen.

112   Von den Beschränkungen des § 181 BGB sollte die Vertreterin befreit werden.

113   **b) Einheitslösung/Trennungslösung.** Die Ehegatten beziehungsweise die eingetragenen Lebenspartner haben zu entscheiden, ob sie bei der Abfassung ihres letzten Willens Verfügungen nur für den ersten Todesfall eines Ehegatten beziehungsweise Lebenspartners oder auch für den zweiten Todesfall des zunächst Überlebenden zu regeln wünschen und wie die jeweiligen Vermögensmassen der beiden Ehegatten beziehungsweise eingetragenen Lebenspartner zu behandeln sein werden. Es stehen dafür zwei Alternativen zur Verfügung, bekannt unter den Begriffen Einheits- und Trennungslösung.

114   Bei der **Einheitslösung** (= Vollerbschaft) kommt es im Erbfall zu einer **Vereinigung** des Nachlasses (oder eines Nachlassteils) des Erstversterbenden mit dem eigenen Vermögen des Überlebenden. Der Schlusserbe erhält beim Tode des erstversterbenden Ehegatten nichts aus dessen Nachlass; ist er pflichtteilsberechtigt, kann er deshalb den Pflichtteil fordern (§ 2303 Abs. 1 S. 1).[96] Klassisches Beispiel hierfür ist das Berliner Testament, bei dem der Überlebende vollberechtigter Erbe wird.

115   Bei der **Trennungslösung** (= Vor- und Nacherbschaft) ordnet die letztwillige Verfügung eine **Trennung** des Nachlasses (oder eines Nachlassteils) des Erstversterbenden vom Eigenvermögen des Überlebenden an. Dem Überlebenden wird bei der Trennungslösung

---

[95] *Zacher-Röder/Eichner*, Wirksamkeit eines Nachtrags bei einem gemeinschaftlichen Testament nach § 2267 BGB, ZEV 2010, 63; MüKoBGB/*Musielak* 7§ 2267 Rn. 21.

[96] MüKoBGB/*Musielak* § 2269 Rn. 64; Staudinger/*Kanzleiter* (2019) BGB § 2269 Rn. 4, 9, 10.

in der Regel nur eine eingeschränkte Rechtsposition als Vorerbe, Vorvermächtnisnehmer oder Niessbrauchvermächtnisnehmer eingeräumt.

Eine **Verbindung von Einheits- und Trennungslösung** ist möglich:[97] 116
- Verstirbt der Nacherbe zwischen dem ersten und dem zweiten Erbfall und hatten die Ehegatten angeordnet, dass der Längstlebende zunächst Vorerbe und ein Dritter Nacherbe wird, aber für den Fall, dass dieser Dritte vor dem zweiten Erbfall wegfällt, ein Schlusserbe bestimmt worden ist, wird der überlebende Ehegatte Vollerbe. Nach seinem Tod tritt der Schlusserbfall ein.
- Die Ehegatten setzen sich gegenseitig als Vollerben ein und bestimmen (im gemeinschaftlichen Testament), dass der Erbe des Längstlebenden Vorerbe und ein Dritter Nacherbe werden soll.

c) Noch einmal Güterrecht. Der jeweilige Güterstand der Ehegatten beziehungsweise 117 eingetragenen Lebenspartner hat auf die gewillkürte Erbfolge grundsätzlich keinen Einfluss. Es gilt jedoch eine Ausnahme: Zu der Erhöhung des gesetzlichen Erbteils nach § 1371 Abs. 1 BGB im Güterstand der Zugewinngemeinschaft kommt es auch bei Erbeinsetzung auf den sogenannten „gesetzlichen Erbteil" (§§ 2066, 2067 BGB). Der für die Ehegatten beziehungsweise eingetragenen Lebenspartner erbrechtlich vorteilhafte Güterstand der Zugewinngemeinschaft kann ehevertraglich auch nur für den Fall der Beendigung der Ehe durch Tod eines Ehegatten beziehungsweise eingetragenen Lebenspartners vereinbart werden (sog. „modifizierte Zugewinngemeinschaft").

Formulierungsbeispiel: 118

(Notarielle Urkunde)

Der Zugewinnausgleich soll nur für den Fall der Beendigung des Güterstandes durch Tod eines Ehegatten stattfinden, in allen übrigen Fällen soll er ausgeschlossen sein.

Die Zugewinngemeinschaft beziehungsweise die modifizierte Zugewinngemeinschaft 119 spielt im Todesfall bei Erbeinsetzung steuerrechtlich eine Rolle, da die Erbschaftsteuer aus dem Nachlass nach Abzug des tatsächlich entstandenen Zugewinns ermittelt wird. Der überlebende Ehegatte beziehungsweise eingetragene Lebenspartner kommt in den Genuss der Steuerfreiheit in Höhe des fiktiven Zugewinnausgleichsanspruchs (§ 5 ErbStG), auch wenn er Erbe oder Vermächtnisnehmer wird und ein Zugewinn zivilrechtlich gar nicht ausgeglichen wird. Voraussetzung ist lediglich, dass eine – wenn auch modifizierte – Zugewinngemeinschaft bestand. Dieser Vorteil wird verschenkt, wenn die Ehegatten stattdessen Gütertrennung vereinbaren.

d) Und noch einmal internationales Privatrecht. Aus dem Bereich des Internationa- 120 len Privatrechts (IPR) sind zwei Aspekte von Bedeutung, nämlich inwieweit der Erblasser eine Rechtswahl zum materiellen Erbrecht treffen kann,[98] und ob bei Auslandsbezug ein Testament oder ein gemeinschaftliches Testament oder ein Erbvertrag unter Ehegatten beziehungsweise eingetragenen Lebenspartnern zulässig und materiell wirksam ist.

Die EuErbVO knüpft an den gewöhnlichen Aufenthalt (Art. 21 Abs. 1 EuErbVO) be- 121 ziehungsweise den Ort der näheren Beziehung (Art. 21 Abs. 2 EuErbVO) an. Daneben räumt sie jedem Erblasser die Möglichkeit einer erbrechtlichen Rechtswahl des Rechts nur des Staates ein, dem der Erblasser im Zeitpunkt der Rechtswahl oder im Zeitpunkt seines Todes angehört (Art. 22 EuErbVO). Bei Erblassern mit mehreren Staatsangehörigkeiten kann jedes der Heimatrechte gewählt werden. Auf die effektive Staatsangehörigkeit kommt es nicht an. Eine bestätigende Wahl des Rechts des gewöhnlichen Aufenthaltsorts

---

[97] MüKoBGB/*Musielak* § 2269 Rn. 46.
[98] *Leitzen* ZEV 2013, 128.

zum Zeitpunkt der Testamentserrichtung wird von der Verordnung hingegen nicht zugelassen. Seit Inkrafttreten des IntErbRVG am 17.8.2015[99] kann diese Rechtswahl gemäß Art. 22 Abs. 1 EuErbVO auch in gemeinschaftlichen Testamenten mit wechselbezüglicher und in Erbverträgen mit vertragsmäßiger Wirkung getroffen werden (§§ 2270 Abs. 3, 2278 Abs. 2 und 2291 Abs. 1 S. 1 BGB nF).

122 Eine frühere Rechtswahl bleibt nach Art. 83 Abs. 2 (2. Alt.) EuErbVO über den 17.8. 2015 hinaus in Kraft, wenn diese nach dem maßgeblichen nationalen IPR wirksam getroffen wurde.

123 Eine Rechtswahl nach Art. 25 Abs. 2 EGBGB aF durfte bis zum 16.8.2015 getroffen werden – ev. auch konkludent[100] –, sodass es durchaus künftig noch zu Fällen mit Nachlass-Spaltung kommen kann. Testiert der Erblasser ab dem 17.8.2015 neu, gilt die EuErbVO und die zuvor getroffene Rechtswahl dürfte ihre Wirkung verlieren.

124 International zuständig ist das Gericht des gewöhnlichen Aufenthaltsorts des Erblassers zum Zeitpunkt des Todes. Hat der Erblasser eine ausdrückliche oder zumindest konkludente Rechtswahl zu seinem Staatsangehörigkeitsrecht getroffen, gibt es zwei Möglichkeiten: Alle potentiellen Erben und Begünstigten dürfen entweder übereinstimmend in einer schriftlichen Gerichtsstandvereinbarung (Art. 5 EuErbVO) die Verweisung an das Gericht der (wirksamen) Rechtswahl beantragen. Oder ein Beteiligter kann eine Verweisung zu dem Gericht des Staatsangehörigkeitslandes des Erblassers beantragen, wenn seines Erachtens die Gerichte des Mitgliedstaats des gewählten Rechts in der Erbsache besser entscheiden können (Art. 6 lit. a EuErbVO).

125 Zur Zulässigkeit und Wirksamkeit einer Verfügung von Todes wegen (Testamente, gemeinschaftliche Testamente, Erbverträge) findet sich Regelungen
– in Art. 24 EuErbVO Regelungen zur materiellen Wirksamkeit eines Testaments (nicht eindeutig für gemeinschaftliche Testamente → Rn. 185 ff.),
– in Art 25 EuErbVO zur Zulässigkeit und materiale Wirksamkeit des Erbvertrags,
– in Art. 26 zur materiellen Wirksamkeit einer Verfügung von Todes wegen, und
– in Art. 27 zur formellen Wirksamkeit einer schriftlichen Verfügung von Todes wegen und in Art. 83 zu den vor dem 17.8.2015 errichteten Verfügungen von Todes wegen.

126 **e) Erbrecht der DDR.** Für die neuen Bundesländer gilt das bisherige Recht nicht nur für die vor dem Wirksamwerden des DDR-Beitritts eingetretenen Erbfälle (Art. 235 § 1 EGBGB), sondern auch für die Beurteilung der Errichtung, Aufhebung und Bindungswirkung von vor diesem Zeitpunkt getroffenen letztwilligen Verfügungen eines gemeinschaftlichen Testaments[101] (Art. 235 § 2 EGBGB) fort, auch wenn der Erblasser nach dem 2.10.1990 verstorben ist. Nicht erfasst werden von Art. 235 § 2 EGBGB Inhalt und Auslegung der testamentarischen Verfügungen; diese beurteilen sich nach dem seit 3.10.1990 geltenden Erbrecht des BGB.[102]

---

[99] Gemäß Art. 16 des Gesetzes zum Internationalen Erbrecht und zur Änderung von Vorschriften zum Erbschein vom 29.6.2015 (BGBl. I S. 1042), in Kraft getreten am 17.8.2015.
[100] OLG Hamm FamRZ 2015, 361 = ZErb 2014, 352 = ZEV 2014, 626 Ls.; OLG Zweibrücken ZEV 2003, 162 (163) = FamRZ 2003, 1697.
[101] OLG Naumburg ZEV 2007, 432 (433); LG Leipzig NJW 2000, 438 (439).
[102] MüKoEGBGB/*Leipold*, 3. Aufl. 1995, Art. 235 § 2 Rn. 14; OLG Naumburg ZEV 2007, 432 (434); mit der – infolge der Gleichstellung ehelicher Kinder mit nichtehelichen Kindern nicht mehr bedeutsamen – Ausnahme, dass für vor dem 3.10.1990 geborene nichteheliche Kinder die BGB-Vorschriften für eheliche Kinder galten.

f) Gemeinschaftliches Testament. aa) Übersicht über die Vor- und Nachteile

Vorteile:
- Möglichkeit privatschriftlicher Errichtung,
- ähnliche Bindungswirkung wechselbezüglicher Verfügungen wie beim Erbvertrag,
- Wechselbezüglichkeit muss nicht zwingend geregelt werden,
- Widerruf zu Lebzeiten der Ehegatten beziehungsweise eingetragenen Lebenspartner möglich,
- Schutz vor Ansprüchen und Mitwirkungswünschen drängender gesetzlicher Erben, Kenntnis von abweichender Testierung des Ehegatten beziehungsweise eingetragenen Lebenspartners durch notariellen Widerruf,
- Gestattung eines Totalabänderungsvorbehaltes.

Nachteile:
- Errichtung nur durch Ehegatten beziehungsweise eingetragene Lebenspartner möglich,
- Ehegatten beziehungsweise eingetragene Lebenspartner müssen beide letztwillige Verfügungen treffen,
- Formerfordernisse bei einseitigem Abänderungswunsch zu Lebzeiten beider Testierenden,
  Bindungswirkung nach dem Tod des Erstversterbenden nur bezüglich wechselbezüglicher Verfügungen, nicht bezüglich einseitiger Verfügungen (Wechselbezüglichkeit beschränkt nach § 2270 Abs. 3 BGB),
- kein absoluter Schutz gegen lebzeitige Verfügungen des Erblassers, lediglich gemäß §§ 2287, 2288 BGB analog, oder wenn besondere Umstände die Sittenwidrigkeit begründen,
- Einbuße an Flexibilität nach dem Tod des Erstversterbenden im Hinblick auf unvorhergesehene Entwicklungen.

bb) Prinzip. Gemeinschaftliche Testamente kommen im deutschen Recht vor als
- einfache gemeinschaftliche Testamente, auch gleichzeitige Testamente genannt, in denen Ehegatten beziehungsweise eingetragene Lebenspartner in einer Urkunde zwei inhaltlich voneinander unabhängige Testamente errichten und nur die Form des § 2267 BGB nutzen,[103] und
- wechselbezügliche gemeinschaftliche Testamente, in denen eine innere Abhängigkeit der beiderseitigen Verfügungen begründet wird, und in denen *„eine Verfügung mit der anderen stehen und fallen soll".*[104]

Dieses erlaubt es Ehegatten und eingetragenen Lebenspartnern, die Folgen ihres Todes gemeinsam und aufeinander abgestimmt zu regeln. Zugleich kann durch die Art der Verfügungen das häufig vorhandene Sicherheitsbedürfnis der Beteiligten befriedigt werden, indem zwischen den einzelnen Verfügungen eine Abhängigkeit geschaffen wird, die eine einseitige Änderung erschwert und teilweise ausschließt.

cc) Formen der Testamentserrichtung. Die Errichtung erfolgt in öffentlicher Form zur Niederschrift eines Notars oder durch eigenhändiges Testament, und zwar jeweils

---

[103] Einseitige Verfügungen sind auch iSd EuErbVO unproblematisch und werden unter Art. 24 EuErbVO gefasst.
[104] RGZ 116, 149; OLG München ZErb 2008, 235 (237). Wechselbezügliche Verfügungen sind iSd EuErbVO problematisch, werden nach Art. 25 EuErbVO wie ein Erbvertrag behandelt. Trotz Bindungswirkung des Erbvertrags kann durch einen späteren Wechsel des Aufenthaltsortes oder eine neue Rechtswahl das anwendbare Erbrecht geändert werden (Art. 22 EuErbVO); *Leipold* ZEV 2014, 139; *Zimmer* ZEV 2015, 450.

entweder durch ein einziges gemeinsames oder zwei getrennte Testamente[105], da mit dem Begriff der Gemeinschaftlichkeit die **Einheit der Erklärungen,** nicht die Einheit der Urkunde gemeint ist.

131 Liegen getrennte Testamente vor, kann eine Wechselbezüglichkeit nur bejaht werden, wenn die Ehegatten beziehungsweise eingetragenen Lebenspartner zum Ausdruck bringen, dass der Wille zur Zusammenfassung beider Testamente besteht.[106] Es muss zudem deutlich werden, dass auch inhaltlich von einem Abhängigkeitsverhältnis auszugehen ist, dass eine frühere Verfügung entsprechend modifiziert werden soll.[107]

132 Bei Errichtung eines eigenhändigen Testaments in einer gemeinsamen Urkunde gewährt das Gesetz eine Formerleichterung: Sämtliche Verfügungen beider Ehegatten beziehungsweise eingetragener Lebenspartner können von nur einem Ehegatten beziehungsweise eingetragenen Lebenspartner niedergeschrieben werden, sind jedoch von beiden Ehegatten beziehungsweise eingetragenen Lebenspartnern zu unterzeichnen (§ 2267 BGB).[108] Gleichzeitigkeit ist dabei nicht verlangt. Beide Ehegatten beziehungsweise eingetragene Lebenspartner müssen aber zum Zeitpunkt der endgültigen Errichtung des gemeinschaftlichen Testaments leben. Zeit- und Ortsangaben beider Ehegatten beziehungsweise eingetragener Lebenspartner sind daher zu empfehlen (§§ 2247 Abs. 2, 2267 S. 2 BGB). § 2267 BGB gewährt zwar gegenüber dem § 2247 Abs. 1 BGB eine Formerleichterung. Die Errichtung unter Einhaltung der Form nach § 2247 BGB ist jedoch auch möglich. Die Ehegatten können ihr gemeinschaftliches Testament auch so errichten, dass jeder entweder den gesamten Text oder die den eigenen Nachlass betreffenden Verfügungen selbst per Hand schreibt und beide unterzeichnen. Geschieht dies am Ende des gesamten Textes, ist der für ein gemeinschaftliches Testament erforderliche Errichtungszusammenhang ausreichend dokumentiert. Hat jeder Ehegatte beziehungsweise eingetragene Lebenspartner nur die jeweils eigene Verfügung unterschrieben, müssen weitere Anhaltspunkte für den gemeinsamen Testierwillen vorliegen.

133 Das öffentliche gemeinschaftliche Testament wird zur Niederschrift des Notars errichtet (§ 2232 BGB). Hierfür ist es nicht zwingend erforderlich, dass beide Ehegatten beziehungsweise eingetragenen Lebenspartner gleichzeitig anwesend sind. Vielmehr kann ein gemeinschaftliches Testament auch in der Weise errichtet werden, dass jeder Ehegatte beziehungsweise eingetragene Lebenspartner vor einem anderen Notar sein Testament errichtet. Es muss dann jedoch klar zum Ausdruck gebracht werden, dass es sich um ein gemeinschaftliches Testament handeln soll.[109] Das notarielle Testament wird zwingend in die amtliche Verwahrung gegeben (§ 34 BeurkG), das eigenhändig errichtete nur auf Veranlassung eines oder beider Ehegatten beziehungsweise eingetragener Lebenspartner. Die Herausgabe erfolgt nur an beide Personen gemeinschaftlich (§ 2272 BGB). Ein öffentliches Testament muss gewählt werden, wenn ein Ehegatte beziehungsweise eingetragener Lebenspartner nicht volljährig ist oder nicht lesen kann (§ 2233 Abs. 1 u. 2 BGB). Da eine Lebenspartnerschaft ohnehin nur von Volljährigen eingegangen werden konnte (§ 1 Abs. 2 Nr. 1 LPartG), dürfte für die Altfälle insoweit nur § 2233 Abs. 2 BGB Bedeutung erlangt haben. Ab 1.10.2017 können gleichgeschlechtliche Paare nur noch die Ehe miteinander schließen, es gilt die Ehemündigkeit gemäß § 1303 BGB.

---

[105] Staudinger/*Kanzleiter* (2014) § BGB 2267 Rn. 6; Palandt/*Edenhofer* Einf. v BGB § 2265 Rn. 7; MüKoBGB/*Musielak* § 2267 Rn. 3; *Horn* NJW 2017, 2392 (2393).
[106] OLG Schleswig BeckRS 2016, 03777; OLG München NJW-RR 2012, 338 (339); OLG München ZEV 2008, 485 = JuS 2009, 88; MüKoBGB/*Musielak* Vor § 2265 Rn. 6–10; § 2267 Rn. 3; *Zacher-Röder/Eichner,* Wirksamkeit eines Nachtrags bei einem gemeinschaftlichen Testament nach § 2267 BGB, ZEV 2010, 63.
[107] OLG Schleswig BeckRS 2016, 03777.
[108] BGH NJW-RR 1987, 1418, BayObLG NJW-RR 1992, 332 (333); JuS 2001, 186 (187) zur Frage der Aufrechterhaltung eines nur von einem Ehegatten unterschriebenen Berliner Testaments als Einzeltestament; MüKoBGB/*Musielak* § 2267 Rn. 21.
[109] Vgl. MüKoBGB/*Musielak* § 2267 Rn. 5; Staudinger/*Kanzleiter* (2019) BGB § 2269 Rn. 5, 6.

Im Unterschied zum Erbvertrag müssen beim gemeinschaftlichen Testament zwingend beide Ehegatten beziehungsweise eingetragenen Lebenspartner letztwillige Verfügungen treffen. Ein Nottestament kann als gemeinschaftliches Testament errichtet werden, wenn die Voraussetzungen bei einem Ehegatten beziehungsweise eingetragenen Lebenspartner vorliegen (§ 2266 BGB). Ein gemeinschaftliches Testament kann durch Erbvertrag oder späteres gemeinschaftliches Testament ergänzt oder geändert werden.

dd) Inhalt/Bindungswirkung. (1) Einführung. Alle in Einzeltestamenten gestatteten letztwilligen Verfügungen können auch in gemeinschaftlichen Testamenten geregelt werden. Unerheblich ist hierbei auch, ob die letztwillige gemeinschaftliche Verfügung die Verbindung des Nachlasses des Erstversterbenden mit dem Nachlass des Längstlebenden (Einheitslösung) oder die Trennung beider Nachlässe (Trennungslösung) vorsieht. Die Besonderheit des gemeinschaftlichen Testaments besteht darin, bei bestimmten Verfügungen eine Beziehung gegenseitiger Abhängigkeit herzustellen, die einseitig nicht ohne weiteres beseitigt werden kann. Dies kann in Form sogenannten wechselbezüglicher Verfügungen (§ 2270 Abs. 1 BGB) oder sogenannter qualifizierter Verfügungen geschehen.[110] Daneben können gemeinschaftliche Testamente auch Verfügungen enthalten, die nicht in Abhängigkeit anderer Verfügungen stehen beziehungsweise stehen können.

Die allgemeinen Grundsätze zur **Auslegung** eines Testaments[111] gelten auch für das gemeinschaftliche Testament, jedoch mit der Maßgabe, dass geprüft werden muss, ob das Auslegungsergebnis dem Willen beider Ehegatten beziehungsweise eingetragenen Lebenspartner entspricht.[112] Lässt sich eine Übereinstimmung nicht feststellen, dann muss auf den Willen des Erblassers abgestellt werden, um dessen letztwillige Verfügung es geht. Anders als beim Einzeltestament muss dann jedoch eine Beurteilung gemäß § 157 BGB aus der Sicht des anderen Ehegatten beziehungsweise eingetragenen Lebenspartners vorgenommen werden.[113] Bei gemeinschaftlichen Testamenten besteht die Gefahr, dass hierin im Wege der Auslegung zugleich ein „stillschweigender" **Pflichtteilsverzicht** gesehen werden könnte, insbesondere bei notariell beurkundeten Testamenten.[114] Grund hierfür ist, dass die Geltendmachung des Pflichtteilsanspruchs dem mit den gemeinschaftlichen letztwilligen Verfügungen verfolgten Zweck zuwiderlaufen würde. Um zu vermeiden, dass in das Testament ein ungewollter Verzicht hineininterpretiert wird, sollte eine entsprechende Klarstellung aufgenommen werden, wenn dies dem Willen der Testierenden entspricht.

> **Formulierungsbeispiel:**
> Trotz Belehrung wünschen die Ehegatten keinen Pflichtteilsverzicht.

(2) Wechselbezügliche und qualifizierte Verfügungen. Gemeinschaftliche Testamente können aus wechselbezüglichen Verfügungen sowie aus sogenannten „einseitigen" und gegebenenfalls aus qualifizierten und aus gegenseitigen Verfügungen bestehen. Diese Bezeichnungen sind jedoch mit Vorsicht zu behandeln, da auch wechselbezügliche Verfügungen einseitige Verfügungen sind. Zweiseitige Verfügungen sind nur solche, die von zwei Personen vertragsmäßig vereinbart wurden. Sie finden sich daher lediglich in Erbvertragsurkunden.

---

[110] MAH ErbR/*Ridder*, 4. Aufl. 2014, § 11 Rn. 47, → Rn. 104.
[111] Horn/Kroiß/*Horn*, Gesetzliche Auslegungsregeln zum Ehegattentestament 2012, Teil 1. Auslegung letztwilliger Verfügungen § 3 Gesetzliche Ergänzungs- und Auslegungsregeln Rn. 279–282.
[112] BGHZ 112, 229)233) = NJW 1991, 169.
[113] BGH NJW 1993, 256 (256).
[114] BGH NJW 1977, 1728 (1729): die Ehegatten hatten ein gemeinschaftliches Testament beurkunden lassen und am gleichen Tag Gütertrennung vereinbart. Ablehnend MüKoBGB/*Wegerhoff* § 2348 Rn. 6, 7. Zum stillschweigenden Erbverzicht sa *Keim* ZEV 2001, 1.

139 Unter **wechselbezüglichen Verfügungen** versteht man solche, von denen anzunehmen ist, dass die Verfügungen des einen Ehegatten beziehungsweise eingetragenen Lebenspartners nicht ohne die Verfügung des Anderen getroffen sein würden (§ 2270 Abs. 1 BGB). Die Verfügung des einen Ehegatten beziehungsweise eingetragenen Lebenspartners ist also gerade in Hinblick darauf getroffen worden, dass auch der Andere eine bestimmte Verfügung traf. Das heißt: nach dem Willen der Verfügenden soll die eine Verfügung mit der anderen „stehen und fallen". Wenn die Wechselbezüglichkeit nicht bereits im Testament ausdrücklich angeordnet worden ist, muss ihr Bestehen durch Auslegung ermittelt werden. Das Gesetz hält für diese Fälle in § 2270 Abs. 2 BGB eine Auslegungsregel bereit, nach welcher das Verhältnis der gegenseitigen Abhängigkeit in zwei Fällen gesetzlich vermutet wird (§ 2270 Abs. 2 BGB), nämlich dann,
 – wenn die Ehegatten sich gegenseitig bedenken (ein Vermächtnis genügt),
 – wenn der eine dem anderen Ehegatten beziehungsweise eingetragenen Lebenspartner etwas zuwendet und dieser für den Fall seines Überlebens wiederum anderen Personen etwas zuwendet, die mit dem ursprünglich zuwendenden Ehegatten beziehungsweise eingetragenen Lebenspartner verwandt sind oder diesem nahe stehen. Das gilt auch, wenn der Eingesetzte mit beiden Ehegatten beziehungsweise eingetragenen Lebenspartnern verwandt ist oder diesen nahe steht.

140 Über den Gesetzeswortlaut hinaus können in Ausnahmefällen auch juristische Personen und Stiftungen die Qualität „nahestehender Personen"[115] haben, insbesondere wenn die Ehe kinderlos ist und Institutionen letztwillig bedacht werden.[116] Unbedingt zu beachten ist jedoch, dass diese Auslegungsregel nur dann anwendbar ist, wenn nicht aufgrund individueller Auslegung im Einzelfall,[117] die keinen festen Regeln unterliegt, zu ermitteln ist, ob Wechselbezüglichkeit gewollt ist.[118]

141 Wechselbezügliche Verfügungen sind nur möglich bei Erbeinsetzung, Vermächtnis, Auflage (§ 2270 Abs. 3 BGB) sowie Rechtswahl (soweit statthaft),[119] und zwar unabhängig davon, ob die Rechtswahl vor oder nach dem Stichtag des Inkrafttretens der EuErbVO[120] und deren Regelungen zur Rechtsnachfolge von Personen, die ab dem 17.8.2015 verstorben sind, ausdrücklich oder konkludent[121] getroffen worden ist (Art. 83 Abs. 2 EuErbVO). Nicht wechselbezüglich sein kann eine (ausdrückliche/konkludente) Enterbung.

142 **Formulierungsvorschlag:**
Diese Rechtswahl erfolgt wechselbezüglich beziehungsweise mit vertragsmäßiger Wirkung.

---

[115] Nahestehende Personen sind zB Stiefkinder, enge Freunde, langjährige Angestellte, Hausgenossen, BayObLGZ 1982, 474, 478. In einem Fall des LG München FamRZ 2000, 705 ging das Gericht davon aus, dass jeder Elternteil unabhängig von der Verfügung des anderen wolle, dass die gemeinsamen Kinder Erben werden. Gemeinsame Verfügungen der Ehegatten zu Gunsten gemeinsamer Kinder könnten wechselbezüglich sein, wenn es den Eltern auf eine gleichmäßige Verteilung des beiderseitigen Vermögens an die Kinder ankomme, was bei ungleichmäßiger Verteilung des Nachlasses nicht der Fall sei.
[116] OLG München NJW-RR 2000, 526; Reimann/Bengel/Mayer/*Mayer*, Testament und Erbvertrag, 6. Aufl. 2015, BGB § 2270 Rn. 64; ablehnend Staudinger/*Kanzleiter* (2019) BGB § 2270 Rn. 31b; Palandt/*Weidlich* BGB § 2270 Rn. 9.
[117] Zur Testamentsauslegung → Rn. 136.
[118] BayObLG ZEV 1994, 362 (363) = FamRZ 1995, 251; OLG Hamm ZEV 1995, 146 (147) = FamRZ 1995, 1022.
[119] *Leitzen* ZEV 2013, 128 (130).
[120] Geltungsbereich Europäische Union mit Ausnahme des Vereinigten Königreichs, Irlands und Dänemarks. Zu beachten ist, dass die Kollisionsnormen der EU-ErbVO universell gelten, dh auch gegenüber den durch die Verordnung nicht gebundenen EU-Mitgliedstaaten und sonstigen Drittstaaten.
[121] OLG Hamm FGPrax 2015, 35 (36) = ZEV 2014, 626; OLG Zweibrücken ZEV 2003, 162 (163).

VII. Das gesetzliche Erbrecht des Ehegatten und des eingetragenen Lebenspartners § 15

Wechselbezügliche Verfügungen stellen die wesentliche Besonderheit des gemeinschaftlichen Testaments dar. An sie sind besondere Wirkungen geknüpft, die in Rn. 158 ff. im Einzelnen dargelegt werden.

Qualifizierte Verfügungen – teilweise auch etwas widersprüchlich als „einseitig wechselbezügliche Verfügungen" bezeichnet[122] – führen zu einer nur einseitigen Abhängigkeit der Verfügung, da nur einer der Ehegatten beziehungsweise eingetragenen Lebenspartner möchte, dass der Bestand der von ihm getroffenen Verfügung von dem Bestand der anderen abhängt. Die für die wechselbezüglichen Verfügungen gesetzlich angeordneten Besonderheiten (§§ 2270, 2271 BGB) gelten auch für die qualifizierten Verfügungen.[123] Für die Verfügungen des anderen Ehegatten beziehungsweise eingetragenen Lebenspartners gelten sie jedoch nicht. Dieser Ehegatte beziehungsweise eingetragene Lebenspartner bleibt, unabhängig vom Bestand der qualifizierten Verfügung seines Partners, grundsätzlich gebunden.

Von sogenannten gegenseitigen **Verfügungen** spricht man bei einem inhaltlichen Zusammenhang zwischen den beiderseitigen Verfügungen, die nicht voneinander abhängen. Die sogenannten **einseitigen Verfügungen** stehen nicht in einer Wechselwirkung zueinander. Für die gegenseitigen und die einseitigen Verfügungen gelten die besonderen Vorschriften der §§ 2270, 2271 BGB nicht. Auch die folgenden Ausführungen zu Nichtigkeit, Widerruf und Bindungswirkung gelten für die einseitigen Verfügungen nicht.

Aufgrund der noch näher auszuführenden Folgen der Wechselbezüglichkeit empfiehlt sich eine genaue Festlegung im Testament, welche Verfügungen wechselbezüglich sein sollen.

(3) Nichtigkeit. Grundsätzliche Folge der Wechselbezüglichkeit einer Verfügung ist deren Unwirksamkeit, sobald die entsprechende Verfügung des anderen Ehegatten beziehungsweise eingetragenen Lebenspartners widerrufen wird oder nichtig ist (§ 2270 Abs. 1 BGB), oder wenn die wechselbezügliche Verfügung von dem berechtigten Überlebenden angefochten worden ist. Die Nichtigkeit kann dabei auf formellen oder inhaltlichen Mängeln basieren.

Führen andere Gründe als Widerruf oder Nichtigkeit zur Unwirksamkeit einer Verfügung (zB Ausschlagung, Erbunwürdigkeit), ist durch Auslegung zu ermitteln, ob auch in diesen Fällen die wechselbezügliche Verfügung des anderen Ehegatten beziehungsweise eingetragenen Lebenspartners unwirksam sein soll.

(4) Widerruf. Leben noch beide Ehegatten beziehungsweise eingetragenen Lebenspartner, so können sie sich durch Widerruf von ihren wechselbezüglichen Verfügungen lossagen (§§ 2271 Abs. 1 S. 1, 2296 BGB). Hierbei ist zwischen einvernehmlichem und einseitigem Widerruf zu unterscheiden. Der einvernehmliche Widerruf wechselbezüglicher Verfügungen durch gemeinschaftliches Testament durch beide Testierenden ist jederzeit möglich, und zwar ohne Wahrung der bisherigen Form des gemeinschaftlichen Testaments.[124] So kann ein einvernehmlicher Widerruf beispielsweise auch durch Erbvertrag, durch Rücknahme des öffentlichen Testaments aus der amtlichen Verwahrung oder durch schlichte zwischen den Eheleuten beziehungsweise eingetragenen Lebenspartnern einvernehmliche Vernichtung des Testaments geschehen.

---

[122] MüKoBGB/*Musielak* § 2270 Rn. 3 mwN.
[123] MüKoBGB/*Musielak* § 2270 Rn. 3 mwN und zur Frage direkter oder analoger Anwendung; *Buchholz* Rpfleger 1990, 45.
[124] MüKoBGB/*Musielak* § 2270 Rn. 16, § 2271 Rn. 3; aA Staudinger/*Kanzleiter* (2019) BGB § 2271 Rn. 7 verlangt für die Aufhebung dieselbe Form wie die Errichtung des gemeinschaftlichen Testaments, oder durch gemeinschaftliche Rücknahme aus der amtlichen Verwahrung.

150 Entsprechendes gilt für einseitige (= nicht wechselbezügliche) Verfügungen. Diese kann der einseitig Verfügende in der allgemeinen Form[125] widerrufen.

151 Die Möglichkeit des **einseitigen Widerrufs** wechselbezüglicher Verfügungen in einem gemeinschaftlichen Testament ist hingegen eingeschränkt. Zwar ist auch ein einseitiger Widerruf zu Lebzeiten beider Ehegatten beziehungsweise eingetragenen Lebenspartner immer möglich. Dieser kann jedoch nicht durch Testament, sondern ausschließlich durch **notariell zu beurkundende Erklärung** gegenüber dem anderen Ehegatten beziehungsweise eingetragenen Lebenspartner erfolgen (entsprechend den Vorschriften über den Rücktritt vom Erbvertrag, §§ 2296, 2271 Abs. 1 BGB). Die Notwendigkeit des notariellen Widerrufs gilt auch bei dem privatschriftlichen gemeinschaftlichen Testament mit wechselbezüglichen Verfügungen. Die Erklärung muss dem anderen Ehegatten beziehungsweise eingetragenen Lebenspartner in Form einer Ausfertigung zu Lebzeiten zugehen.[126] Eine beglaubigte Abschrift reicht nicht.[127]

152 Durch die Hürde des notariellen Widerrufs soll das Vertrauen beider Testierenden auf den Bestand der wechselbezüglichen Verfügungen des jeweils anderen geschützt und verhindert werden, dass ein einseitiger Widerruf heimlich hinter dem Rücken des anderen geschieht. Die notarielle Willenserklärung kann lauten:

153 Formulierungsbeispiel:

(Urkundeneingang)
Am *** habe ich mit meiner Frau *** vor dem Notar *** in ***, UR-Nr. ***, ein gemeinschaftliches Testament errichtet, in dem als wechselbezügliche Verfügungen *** enthalten sind. Ich widerrufe hiermit gegenüber meiner Frau *** meine sämtlichen in diesem Testament enthaltenen wechselbezüglichen Verfügungen und beauftrage den amtierenden Notar mit einer Zustellung einer Ausfertigung dieses Widerrufs an meine Frau *** durch einen Gerichtsvollzieher.

154 Der Widerruf zieht die **Unwirksamkeit sämtlicher wechselbezüglicher Verfügungen** nach sich, also sowohl der eigenen als auch der des anderen (§ 2270 Abs. 1 BGB). Um die Ehegatten beziehungsweise eingetragenen Lebenspartner darüber zu belehren, kann in der letztwilligen Verfügung ein Hinweis über diese Rechtsfolge aufgenommen werden.

155 Formulierungsbeispiel:
Der Widerruf des Testaments bedarf der notariellen Beurkundung und führt zur Unwirksamkeit sämtlicher wechselbezüglicher Verfügungen in dem Testament.
[alt.: Der Widerruf des Testaments bedarf der notariellen Beurkundung und führt dann nach dem Wunsch der Ehegatten zur Unwirksamkeit sämtlicher letztwilligen Verfügungen in dem Testament.]

156 Der Widerrufende hat dann zu prüfen, ob er dem Widerruf ein neues Testament folgen lässt, denn die dann geltenden gesetzlichen Regelungen beziehungsweise einseitigen Verfügungen werden ev. nicht gewünscht.

157 Nach dem Tod eines Ehegatten beziehungsweise eingetragenen Lebenspartners erlischt das Recht zum Widerruf wechselbezüglicher Verfügungen (§ 2271 Abs. 2 S. 1 Hs. 1

---

[125] Widerrufstestament, Veränderung, Vernichtung, Rücknahme aus der amtlichen Verwahrung, konkludenter Widerruf.
[126] Bei Geschäftsunfähigkeit des nicht widerrufenden Ehegatte Zustellung des Widerrufs gegenüber dem Betreuer oder ggf. Ergänzungsbetreuer; OLG Hamm Lt. ZEV 2014, 116; LG Hamburg DNotI-Report 2000, 86;. AG München ZEV 2011, 81 (82).
[127] BGHZ 48, 374; OLG Hamm DNotZ 1992, 261 (263) = FamRZ 1991, 1486; das Original bleibt beim Notar.

BGB). Es tritt für den Überlebenden eine erbrechtliche Bindung an seine wechselbezüglichen Verfügungen ein. Er ist gehindert, wechselbezügliche Verfügungen zu widerrufen oder abweichend letztwillig zu verfügen. Seine Testierfreiheit ist insoweit genommen.[128] Dies gilt nicht, wenn testamentarisch etwas anderes vereinbart worden ist.

(5) Bindungswirkung. (a) Inhalt. Mit dem Tod des Erstversterbenden tritt hinsichtlich der wechselbezüglichen Verfügungen die erbrechtliche Bindungswirkung ein, es sei denn, dass eine Anfechtung des Testaments vor oder nach dem Tod eines Ehegatten beziehungsweise eingetragenen Lebenspartners möglich ist und erfolgte (→ Rn. 175 ff.). Das kann der Fall sein, wenn der Testierende einem Motivirrtum über einen in der Zukunft liegenden Umstand unterliegt (§ 2078 Abs. 2 BGB), etwa weil die Eheleute sich getrennt hatten und der Fortbestand der Ehe ohne Trennung vorgestellt worden ist.[129] 158

Gleiches gilt hinsichtlich der Verfügungen eines Ehegatten beziehungsweise eingetragenen Lebenspartners, an welche der andere den Bestand seiner qualifizierten Verfügung geknüpft hat. Diese Bindungswirkung hat zur Folge, dass der Überlebende seine Verfügungen grundsätzlich nicht mehr abändern, insbesondere nicht mehr widerrufen kann (§ 2271 Abs. 2 S. 1 BGB). Da die Bindungswirkung jedoch eine rein erbrechtliche ist, kann der Überlebende grundsätzlich weiterhin ungehindert durch Rechtsgeschäft unter Lebenden über sein Vermögen verfügen. Auf diese Weise kann also zum Beispiel dem Schlussbedachten wirtschaftlich ein zukünftiges Erbgut entzogen werden. Um diese Möglichkeit einzuschränken, gelten die erbvertraglichen Schutzvorschriften (§§ 2287, 2288 BGB) entsprechend auch bei bindenden Verfügungen in einem gemeinschaftlichen Testament.[130] Der Vertragserbe oder Vermächtnisnehmer ist also als Begünstigter eines Erbvertrages in gewissem Maße gegen beeinträchtigende (auch gemischte) Schenkungen des Erblassers geschützt. Zu beachten ist, dass diese Schutzvorschriften erst ab dem Zeitpunkt des Todes des Erstversterbenden anwendbar sind, da auch erst zu diesem Zeitpunkt die Bindungswirkung eintritt.[131] Da §§ 2287, 2288 BGB keinen umfassenden Schutz bieten, die tatbestandlichen Hürden hoch sind (Schenkung/gemischte Schenkung,[132] Bewertung von Gegenleistungen, Einigung über die teilweise Unentgeltlichkeit, Beeinträchtigungsabsicht), und der Anspruchsteller sich mit einem Bereicherungsanspruch begnügen muss, gibt es für den Erbvertrag die Möglichkeit, eine schuldrechtliche Vereinbarung zu treffen, über den Gegenstand der erbvertraglichen Anordnung nicht zu verfügen (§ 137 S. 2 BGB).[133] Diese Möglichkeit wird auch im wechselbezüglichen Testament möglich sein, sodass zwischen den Testierenden (auch mit dem letztversterbenden Ehegatten) und dem Begünstigten über den Gegenstand der wechselbezüglichen Anordnung eine Unterlassungsverfügung vereinbart werden kann. In besonderen Fällen können Verfügungen unter Lebenden zudem nach § 138 BGB sittenwidrig sein. 159

§ 2287 BGB ist auch ein möglicher Rettungsanker bei Zuwendungen im Wege des Vertrages zugunsten Dritter auf den Todesfall;[134] die Bindung nach § 2289 BGB ist nicht anwendbar.[135] 160

---

[128] BayObLG ZEV 1994, 362 (363) zur Bindungswirkung auch bei Wiederverheiratung des Erstversterbenden nach Scheidung. Der Schlusserbe war zwischenzeitlich verstorben, dessen Abkömmlinge wurden als Ersatzschlusserben angesehen, nicht der zweite Ehegatte, zu dessen Gunsten zwischenzeitlich testiert worden war.
[129] Zur Bindungswirkung nach Einreichung der Scheidung oder erfolgter Scheidung → § 2077 BGB Rn. 285 ff.
[130] BGH NJW 2017, 329 (330); BGH ZEV 2016, 641 (643) zur Unterscheidung einer Schenkung einerseits und der Absicht des Erblassers, den Vertragserben zu beeinträchtigen, andererseits; BGH NJW 1990, 2063 (2064); NJW 1982, 43 (44); MüKoBGB/*Musielak* § 2272 Rn. 47–49.
[131] BGHZ 87, 19 (23) = NJW 1983, 1487 (1488).
[132] Vorweggenommene Erbfolge → § 2.
[133] BGH NJW 1959, 2252 (2253); OLG Köln NJW-RR 1996, 327 = ZEV 1996, 23.
[134] Vorweggenommene Erbfolge → § 2 Rn. 154 ff.
[135] BGH ZEV 2004, 118 mAnm *Leipold;* BGH NJW 1976, 749.

161 **(b) Lebzeitiges Eigeninteresse des gebundenen Erblassers an einer Vermögensverfügung zu Lebzeiten.** Der durch wechselbezügliche Verfügung begünstigte Erbe kann in entsprechender Anwendung des § 2287 BGB gegen lebzeitige Verfügungen des überlebenden Erblassers geschützt sein, wenn die Schenkung des Letztversterbenden unter Umgehung der Bindung an das wechselbezügliche Testament in der Absicht erfolgt, den Begünstigten zu beeinträchtigen.[136] Klassische Fälle sind die Korrektur der wechselseitigen Verfügung, weil der Begünstigte in Ungnade gefallen ist und eine andere Person oder ein weiterer Begünstigter in einer höheren Quote präferiert werden. Die lebzeitige Schenkung ist allerdings wirksam. Nach dem Tode des Schenkers hat der benachteiligte Schlusserbe einen Anspruch auf Herausgabe an sich persönlich. § 818 Abs. 3 BGB ist anwendbar.

162 Dieser Schutz des § 2287 BGB versagt allerdings, wenn der Schenker ein lebzeitiges Eigeninteresse an der Schenkung, auch lediglich hinsichtlich eines Teils der Schenkung,[137] hatte, denn das subjektive Tatbestandsmerkmal der Beeinträchtigungsabsicht fehlt dann, ein Missbrauch ist nicht anzunehmen. Der Schenker darf sich die ihm gegenüber zu erbringenden Leistungen durchaus „etwas kosten lassen".[138] Ein solches Eigeninteresse besteht zum Beispiel, wenn der Erblasser Geschäftsanteile auf einen Mitarbeiter überträgt, um diesen dem Betrieb zu erhalten,[139] oder um mit der Schenkung eine spätere Betreuung und Pflege sicherzustellen,[140] sowie wenn eine Unterhaltsverpflichtung abgesichert werden soll oder eine sittliche Pflicht erfüllt wurde.

163 **(c) Lösung durch Ausschlagung.** Von einer bindenden wechselbezüglichen Verfügung kann sich der überlebende Ehegatte beziehungsweise der eingetragene Lebenspartner durch **Ausschlagung** lösen (§ 2271 Abs. 2 S. 1 BGB). Diese ist grundsätzlich nur bis zur Annahme der Erbschaft oder innerhalb von sechs Wochen seit Kenntnis von Erbfall und Berufungsgrund möglich, wenn bis dahin keine Annahme erfolgt ist (§ 1944 BGB).[141] Die Ausschlagung bewirkt, dass die Bindungswirkung entfällt und der Ausschlagende seine Verfügung nun widerrufen kann, wodurch auch die entsprechenden Verfügungen des anderen Ehegatten beziehungsweise eingetragenen Lebenspartners unwirksam werden (§ 2270 Abs. 1 BGB), wenn dies nicht dem durch Auslegung zu ermittelnden Willen der Ehegatten beziehungsweise eingetragenen Lebenspartner widerspricht.[142] Der Nachlass des Erstverstorbenen fällt dann demjenigen zu, der nun dessen Erbe wird. Aufgrund der nach § 1948 Abs. 1 BGB gegebenen Möglichkeit, das testamentarisch Zugewendete auszuschlagen und gleichzeitig die Erbschaft als gesetzlicher Erbe anzunehmen, soll der Überlebende in besonderen Fällen nach einer Auffassung sogar die **Testierfreiheit** ohne oder nur mit geringen wirtschaftlichen Einbußen wiedergewinnen können.[143] Denn hat der Erstverstorbene weder Verwandte erster noch zweiter Ordnung noch Großeltern, bleibt der

---

[136] BGH NJW 2017, 329 (330) mAnm *Keim* = ZEV 2016, 641; BGHZ 66, 8 (16); 77, 264 (267); 83, 44 (46); BGH WM 1977, 201, (202); OLG Düsseldorf ZEV 2013, 292 (rkr. durch Nichtzulassungsbeschluss des BGH vom 29.5.2013, Az. IV ZR 184/10); NJW-RR 1986, 806 (807); OLG Frankfurt a.M. NJW-RR 1991, 1157 (1158). Nach BGH kein Anspruch aus § 826 BGB bei kollusivem Zusammenwirken BGH NJW 1991, 1952 mit Besprechungen von *Hohloch* JuS 1989, 1017, *Schubert* JR 1990, 159, und *Kohler* FamRZ 1990, 464.
[137] BGH NJW 2017, 329 (331); ZEV 2012, 37 Rn. 11, 14.
[138] BGH ZEV 2012, 37 Rn. 14.
[139] BGHZ 97, 188 (193).
[140] BGH NJW 2017, 329 (330); BGH NJW-RR 2012, 207 = ZEV 2012, 37 Rn. 11, 14; BGH ZEV 2005, 479 (480); BGH NJW 1992, 2630 (2361); = NJW 1982, 1100; BGH NJW 1982, 43 OLG Köln, NJW-RR 1992, 200.
[141] Zur Annahme und Ausschlagung → § 11.
[142] Palandt/*Weidlich* BGB § 2271 Rn. 17.
[143] Vgl. *Tiedke* FamRZ 1991, 1259, entgegen KG OLGZ 1991, 6, 11 = NJW-RR 1991, 330, welches zur Wiedererlangung der Testierfreiheitverlangt, dass der gesetzliche Erbteil hinter dem Zugewendeten erheblich zurückbleibt und der Überlebende in diesen Fällen deshalb auch den gesetzlichen Erbteil ausschlagen muss, um das erforderliche Vermögensopfer zu erbringen.

Überlebende trotz Ausschlagung der testamentarischen Zuwendung gesetzlicher Alleinerbe (§ 1931 Abs. 2 BGB). Bei § 1948 Abs. 1 BGB ist allerdings Vorsicht geboten. Voraussetzung der Ausschlagung ist nämlich, dass der Ausschlagende hierdurch gesetzlicher Erbe wird. Dies ist nicht der Fall, wenn die gesetzliche Erbfolge durch erschöpfende testamentarische Bestimmungen gänzlich ausgeschlossen ist, so dass zum Beispiel der ausgeschlagene Erbteil den übrigen eingesetzten Erben anwächst (§ 2094 BGB) oder der Erbteil einem Ersatzerben zufällt (§ 2096, 2097 BGB). Gleiches gilt, wenn das Gesetz für den Fall der Ausschlagung eine andere Erbfolge vorsieht (§§ 2069, 2102 BGB). Dementsprechend kann der Ausschlagung nach § 1948 Abs. 1 BGB durch eine Ersatzerbenbestimmung im Testament vorgebeugt werden.

Formulierungsbeispiel: 164
Die Schlusserben sind zugleich Ersatzerben des Erstversterbenden von uns.

Möglich ist auch eine bedingte Enterbung im Testament. 165

Formulierungsbeispiel: 166
Schlägt der Längstlebende die Erbschaft aus, so ist er nicht als gesetzlicher Miterbe berufen.

Bei Anordnung der Vor- und Nacherbschaft gilt die **Zweifelsregelung**, dass die Einsetzung als Nacherbe auch diejenige als Ersatzerbe enthält (§ 2102 BGB).[144] Diese Zweifelsregelung gilt auch bei Ausschlagung durch den Überlebenden. Unabhängig hiervon sollte für den Fall der Ausschlagung durch den Überlebenden jedoch immer eine Ersatzerbenbestimmung im Testament erfolgen. 167

Bei Verlust der testamentarischen und gesetzlichen Erbschaft bleiben möglicherweise der Pflichtteilsanspruch und/oder der Pflichtteilsrestanspruch. Wenn nur einem Dritten, nicht aber dem überlebenden Ehegatten beziehungsweise eingetragenen Lebenspartner etwas zugewendet war, kann dieser nicht widerrufen. Der Dritte kann dann zwar seinerseits ausschlagen, jedoch wird hierdurch nicht die Bindungswirkung beseitigt.[145] 168

(d) Wegfall der Bindungswirkung in besonderen Fällen. Die Bindungswirkung entfällt auch, wenn die wechselbezügliche Verfügung **gegenstandslos** geworden ist, beispielsweise durch ersatzlosen Wegfall des Bedachten infolge Vorversterbens, Zuwendungsverzichts (§ 2353 BGB), Wegfall des Bedachten infolge Erbunwürdigkeitserklärung (§ 2344 BGB) oder infolge Ausschlagung. In diesen Fällen kann ohne förmlichen Widerruf neu verfügt werden. 169

Der Ehegatte beziehungsweise eingetragene Lebenspartner ist von der Bindungswirkung ebenso befreit, wenn dem Bedachten eine **Verfehlung** zur Last fällt, die den Erblasser zur Entziehung des Pflichtteils berechtigt oder, falls der Bedachte nicht zu den Pflichtteilsberechtigten gehört, zu der Entziehung berechtigen würde, wenn der Bedachte ein Abkömmling des Erblassers wäre (§ 2271 Abs. 2 S. 2 iVm §§ 2294, 2333 ff. BGB). 170

(e) Im Testament vorbehaltener Widerruf und vorbehaltene Freistellung. Den Ehegatten beziehungsweise eingetragenen Lebenspartnern steht es frei, die gesetzlichen Wirkungen der Wechselbezüglichkeit durch vorbehaltenen Widerruf auszuschließen (anders als im Erbvertrag, in dem das Verbot der Totalabänderungsbefugnis gilt[146]) oder zu 171

---

[144] Zur Anwendung des § 2102 Abs. 1 BGB bei gemeinschaftlichem Testament OLG Hamburg FGPrax 1999, 225 = ZEV 2000, 103 Ls.; BGH NJWE-FER 1999, 37 (38) = ZEV 1999, 26.
[145] MüKoBGB/*Musielak* § 2271 Rn. 22; Staudinger/*Kanzleiter* (2019) BGB § 2271 Rn. 40.
[146] → Rn. 270 ff.

beschränken, zum Beispiel durch Gestattung beliebiger Verteilung unter den Abkömmlingen oder durch Freistellung eines Teils des Nachlasses.[147]

172 Formulierungsbeispiel:
Nach dem Tod des Erstversterbenden von uns ist der Überlebende berechtigt, seine eigenen sämtlichen Verfügungen für den zweiten Todesfall aufzuheben oder abzuändern. Die Verfügungen, welche für den ersten Todesfall getroffen worden sind, bleiben auch bei Aufhebung oder Änderung der Verfügungen für den zweiten Todesfall durch den Überlebenden bestehen.
[alt.: Nach dem Tod des Erstversterbenden ist der Überlebende berechtigt, die für den zweiten Todesfall angeordneten wechselbezüglichen Bestimmungen wie folgt aufzuheben: Als Erben oder Vermächtnisnehmer dürfen nur gemeinschaftliche Abkömmlinge von uns bestimmt werden. Hinsichtlich der Verteilung des Erben ist der Überlebende jedoch frei, soweit alle Kinder oder an deren Stelle getretenen Abkömmlinge mindestens in Höhe ihres Pflichtteils bedacht werden.]

173 Weitere Beispiele beschränkter Freistellung sind die Freistellung hinsichtlich der Verwandten eines Ehegatten beziehungsweise eingetragenen Lebenspartners, die Gestattung von Vermächtnisanordnungen und die Festlegung der Höhe solcher Vermächtnisse sowie die Freistellung des nach dem Tod des Erstverstorbenen hinzuerworbenen Vermögens. Jedem Verfügenden kann nur das Recht eingeräumt werden, seine eigenen Verfügungen zu ändern, nicht die des anderen (§ 2065 BGB). Widerrufsvorbehalt und Freistellung können auch konkludent vereinbart werden. Es ist dann im Wege der Auslegung zu ermitteln, ob und inwieweit die Bindungswirkung aufgehoben werden sollte. So wird beispielsweise eine vollständige Freistellung angenommen, wenn das Testament eine Wiederverheiratungsklausel enthält, nach welcher der Überlebende im Falle einer neuen Heirat enterbt oder auf den gesetzlichen Erbteil gesetzt wird, und es dann zu einer solchen zweiten Ehe beziehungsweise eingetragenen Lebenspartnerschaft kommt.[148]

174 Die Freistellung ändert in der Regel nichts an der **Wechselbezüglichkeit** (mit der Folge des § 2270 Abs. 1 BGB), sondern beseitigt lediglich die Bindungswirkung.[149] Auch insoweit kann jedoch der gegebenenfalls durch Auslegung zu ermittelnde Wille der Verfügenden etwas anderes ergeben. Die Ausübung des im Testament vorbehaltenen Widerrufs bedarf nicht mehr der notariellen Beurkundung gemäß § 2271 Abs. 1 BGB. Ausreichend, aber auch erforderlich, ist die Form der letztwilligen Verfügung (Widerrufstestament analog § 2297 BGB). Verfügungen in Form der Vernichtung oder Veränderung gemäß § 2255 BGB reichen nicht aus.[150] Mit dem Widerruf werden auch die durch die Wechselbezüglichkeit verbundenen Verfügungen des anderen Ehegatten beziehungsweise eingetragenen Lebenspartners unwirksam (§ 2270 Abs. 1 BGB). Auch dies gilt jedoch nur dann, wenn nicht ein entgegengesetzter Wille durch Auslegung feststellbar ist. Insbesondere ist im Wege der Auslegung zu ermitteln, ob auch die Erbeinsetzung des Überlebenden nach dessen Widerruf unwirksam werden oder bestehen bleiben soll. Es bietet sich an, dies ausdrücklich festzulegen.

175 **(f) Anfechtungsmöglichkeit wechselbezüglicher Verfügungen.**[151] Das Gesetz enthält für bindende wechselbezügliche Verfügungen, als Verfügung zur Erbeinsetzung, Vermächtnisanordnung, Auflagenanordnung und Rechtswahl, in einem gemeinschaftlichen

---

[147] BGHZ 2, 35 (37).
[148] OLG Karlsruhe NJW 1961, 1410; *Kanzleiter* ZEV 2014, 225 (230).
[149] BGH NJW 1987, 901 (902).
[150] OLG Stuttgart NJW-RR 1986, 632: nicht ausreichend ist auch ein auf das Testament gesetzter Ungültigkeitsvermerk; OLG Hamm NJW-RR 1996, 1095 (1096).
[151] Zur Anfechtung speziell wechselbezüglicher Verfügungen → Rn. 182–184.

VII. Das gesetzliche Erbrecht des Ehegatten und des eingetragenen Lebenspartners § 15

Testament keine Anfechtungsregelungen bereit. Es darf dann auf die Regeln über die Anfechtung erbvertraglicher Anordnungen analog zurückgegriffen werden, es sei denn, der Anfechtende hat auf sein Selbstanfechtungsrecht verzichtet.[152]

Der Überlebende kann demnach seine eigenen bindend gewordenen Verfügungen anfechten, wenn ein Anfechtungsgrund gegeben ist (§§ 2078, 2079 BGB), zum Beispiel bei Wiederverheiratung die Anfechtung wegen Hinzutretens eines weiteren Pflichtteilsberechtigten (§§ 2281, 2079 BGB). Die Anfechtungsrechte nach § 2281 I BGB entsprechen den Tatbeständen der Testamentsanfechtung durch Dritte (§§ 2281, 2078, 2079 BGB). 176

Im Unterschied dazu kann der Erblasser sein Einzeltestament jederzeit widerrufen, es bedarf keines Anfechtungsrechts. Hier steht ein Anfechtungsrecht nur Dritten zur Verfügung. 177

Die wirksam angefochtene letztwillige (auch wechselbezügliche) Verfügung ist von Anfang an nichtig. Daneben besteht die Möglichkeit des Widerrufs nach § 2271 Abs. 1 BGB. 178

Nach dem Tod des Erstversterbenden ist die Anfechtung unter bestimmten Umständen sowohl dem überlebenden Ehegatten beziehungsweise eingetragenen Lebenspartner als auch Dritten gestattet. Die Ehegatten beziehungsweise eingetragenen Lebenspartner können allerdings auf das Anfechtungsrecht verzichten oder die Anfechtungsfrist ungenutzt lassen. Der Verzicht beziehungsweise der Fristablauf der Anfechtung wirkt auch zu Lasten anfechtungsberechtigter Dritter (§ 2285 BGB analog), da der Dritte nicht mehr Recht haben kann als der Erblasser selbst.[153] 179

> **Formulierungsbeispiel:** 180
> Die in diesem Testament wechselbezüglich getroffenen Verfügungen sollen auch dann nicht beseitigt werden können, wenn bei dem Tod eines/beider Ehegatten heute noch nicht bedachte Pflichtteilsberechtigte vorhanden sein sollten. Wir verzichten auf das uns nach Gesetz zustehende Anfechtungsrecht nach §§ 2281, 2079 BGB für den Fall des Hinzutretens weiterer Pflichtteilsberechtigter. Wir treffen unsere letztwilligen Verfügungen für den ersten und den zweiten Todesfall unabhängig davon, welche Pflichtteilsberechtigten beim Ableben eines jeden von uns vorhanden sind oder noch hinzutreten. Insoweit wird auch das Anfechtungsrecht Dritter ausgeschlossen.

Da die verschiedenen Anfechtungsmöglichkeiten ausführlich im Erbrecht (§§ 17–20) behandelt werden, soll an dieser Stelle der folgende Kurzüberblick genügen. 181

> **Selbstanfechtung des lebenden und überlebenden Ehegatten beziehungsweise eingetragenen Lebenspartners:** 182
> *Was:* Der Ehegatte beziehungsweise der eingetragene Lebenspartner kann die eigenen wechselbezüglichen Verfügen in analoger Anwendung der §§ 2281 ff. BGB anfechten, wenn er die Anfechtbarkeit nicht selbst durch treuwidriges Verhalten herbeigeführt hat. Für eigene einseitige (also nicht wechselbezügliche) Verfügungen steht ihm das allgemeine (notariell auszuübende) Widerrufsrecht zur Verfügung (§§ 2253 ff. BGB), weshalb die Anfechtung ausgeschlossen ist.
> *Warum:* Anfechtung wegen Irrtums oder Drohung (§ 2078 BGB) oder wegen Übergehens eines Pflichtteilsberechtigten (§ 2079 BGB).[154]

---

[152] BayObLG ZEV 2001, 314.
[153] Staudinger/*Kanzleiter* (2019) BGB § 2285 Rn. 4.
[154] OLG München NJW-RR 2011, 1020 (1021) = ZErb 2011, 212: keine Anfechtung wegen Inhaltsirrtums bei Irrtum über Bindungswirkung der Schlusserbeneinsetzung; BayObLG, FamRZ 2003, 259; OLG Hamm NJW 1972, 1088 (1089).

Wie: Die Anfechtungserklärung ist notariell zu beurkunden (§ 2282 Abs. 3 BGB analog).[155] Sie erfolgt bei Erbeinsetzung gegenüber dem Nachlassgericht (§ 2281 Abs. 2 BGB).

Folge: Unwirksamkeit der angefochtenen Verfügungen sowie derjenigen, die hierzu im Abhängigkeitsverhältnis stehen (§ 2270 Abs. 1 BGB). Ein früheres Einzeltestament des vorverstorbenen Ehegatten, das durch das gemeinschaftliche Testament als widerrufen galt (§ 2258 BGB), wird wieder wirksam.[156] Im Fall des § 2079 BGB tritt grundsätzlich Nichtigkeit des gesamten Testaments ein.[157]

---

183 | **Anfechtung von Verfügungen des Erstverstorbenen durch den überlebenden Ehegatten beziehungsweise eingetragenen Lebenspartner:**

Was: Der überlebende Ehegatte beziehungsweise der eingetragene Lebenspartner kann sowohl die einseitigen als auch die wechselbezüglichen Verfügungen des Erstverstorbenen anfechten.[158] Einer analogen Anwendung der §§ 2281 ff. BGB bedarf es nicht, da insoweit keine Bindungswirkung zugunsten eines anderen besteht.

Warum: Anfechtung wegen Irrtums oder Drohung (§ 2078 BGB), nicht jedoch wegen Übergehens eines Pflichtteilsberechtigten (Grund: § 2080 Abs. 3 BGB).

Wie: Die Anfechtung erfolgt bei Erbeinsetzung gegenüber dem Nachlassgericht (§ 2081 BGB), bei Verfügungsbegünstigungen, die nicht in der Aufzählung des § 2081 Abs. 1 oder Abs. 3 BGB enthalten sind – wie Vermächtnisse oder Teilungsanordnungen – gegenüber dem Verfügungsbegünstigten.[159]

Folge: Unwirksamkeit auch der im Abhängigkeitsverhältnis stehenden Verfügungen des Anfechtenden, soweit wechselbezügliche Verfügungen der Erstverstorbenen angefochten wurden (§ 2270 Abs. 1 BGB). Wurden nur einseitige Verfügungen angefochten, werden lediglich diese unwirksam.

---

184 | **Anfechtung durch Dritte:**

Was: Dritte können sowohl einseitige (nicht wechselbezügliche), als auch qualifizierte und wechselbezügliche Verfügungen des Erstverstorbenen oder überlebenden Ehegatten beziehungsweise eingetragenen Lebenspartners anfechten. Die erbvertragliche Vorschrift des § 2285 BGB ist auf die wechselbezüglichen Verfügungen des letztverstorbenen Ehegatten im gemeinschaftlichen Testament entsprechend anwendbar – aber auch nur dann. Eine analoge Anwendung des § 2285 BGB auf die Drittanfechtung einer wechselbezüglichen Verfügung des Erstversterbenden im gemeinschaftlichen Testament kommt nicht in Betracht.[160]

Warum: Anfechtung wegen Irrtums oder Drohung (§ 2078 BGB) oder wegen Übergehens eines Pflichtteilsberechtigten (§ 2079 BGB).

---

[155] BGH zur notariellen Beurkundung der Anfechtungserklärung (beim Erbvertrag), nicht auch der Begebung einer notariellen Anfechtungserklärung BGH NJW 2013, 3306 (3307) mAnm *Schäfer* = ZEV 2013, 495.
[156] BayObLG MittBayNot 2000, 119 (120) = ZEV 1999, 397.
[157] BayObLGZ 1971, 147 (152); NJW-RR 2005, 91 (93); str., vgl. Palandt/*Weidlich* BGB § 2079 Rn. 6; nach MüKoBGB/*Leipold* § 2079 Rn. 25, soll Testament nur insoweit unwirksam sein als die Verfügung den übergangenen Pflichtteilsberechtigten von seinem gesetzlichen Erbrecht ausschließt.
[158] BGH ZEV 2016, 574 (575 ff.).
[159] Ggf. ist die Anfechtung sowohl gegenüber dem Nachlassgericht als auch gegenüber dem Begünstigten zu erklären, sog. Doppelanfechtung: Palandt/*Weidlich* BGB § 2081 Rn. 6.
[160] BGH NJW 2016, 2566 (2568) = ZEV 2016, 442; BGH ZEV 2010, 364 (365); FamRZ 1985, 1123 unter IV 2; FamRZ 1956, 83 (84); BayObLG NJW-RR 1989, 587 (588); BayObLGZ 2003, 210 (213) = FamRZ 2004, 1068; LG Stuttgart ZEV 1999, 441 (442).

> *Wie:* Die Anfechtung erfolgt bei Erbeinsetzung gegenüber dem Nachlassgericht (§ 2081 BGB), bei Verfügungsbegünstigungen, die nicht der Aufzählung des § 2081 Abs. 1 oder Abs. 3 BGB enthalten sind, gegenüber dem Verfügungsbegünstigten.
>
> *Folge:* Die Anfechtung führt zur Nichtigkeit der angefochtenen Verfügung (§ 142 Abs. 1 BGB), bei Wechselbezüglichkeit auch zur Nichtigkeit der im Abhängigkeitsverhältnis stehenden Verfügung des anderen. Im Fall des § 2079 BGB tritt grundsätzlich Nichtigkeit des gesamten Testaments ein.[161]

ee) Gemeinschaftliches Testament und EuErbVO. Art. 3 Abs. 1 lit. c) EuErbVO spricht vom „gemeinschaftlichen Testament". In Deutschland und Österreich kennt man das gemeinschaftliche Testament (§§ 2265 ff. BGB; Art. 583, 1248 ABGB). In anderen Rechtsordnungen der EU sind gemeinschaftliche Testamente verboten (zum Beispiel in Frankreich, Belgien, Italien).

Art. 3 Abs. 1 lit. b) EuErbVO beschreibt den Begriff „Erbvertrag" als eine „Vereinbarung, einschließlich einer Vereinbarung aufgrund gegenseitiger Testamente". Daraus wird gefolgert, dass sich aus einem Testament ein Erbvertrag ergeben kann, wenn die übrigen dort definierten Voraussetzungen erfüllt sind. Das gemeinschaftliche Testament kann demnach die Grundlage für einen Erbvertrag im Sinne der EuErbVO bilden, muss es aber nicht. Es scheint, als wenn der Verordnungsgeber bestimmte Testamente als Erbverträge nach Art. 25 EuErbVO, andere wiederum als für jedermann geltende Wirksamkeitsvorschrift nach Art. 24 EuErbVO behandeln wollte, je nachdem, ob in ihnen eine den Voraussetzungen des Art. 3 Abs. 1 lit. b) EuErbVO genügende Vereinbarung enthalten ist oder nicht. Die Zulässigkeit und materielle Wirksamkeit der gemeinschaftlichen Testamente ist umstritten, richten sich nach einer Meinung nach dem gewählten Recht (Art. 24, 25 EuErbVO),[162] nach einer anderen Meinung nach dem Formstatut des Art. 27 EuErbVO.[163]

Einseitige Verfügungen im gemeinschaftlichen Testament werden unter Art. 24 Abs. 1 EuErbVO zu subsumieren sein, da dieser auf Verfügungen von Todes wegen, also auch auf gemeinschaftliche Testamente, Anwendung findet. Wechselbezügliche Verfügungen in einem gemeinschaftlichen Testament dürften zu Lebzeiten beider Ehegatten wie einseitige Testamente zu behandeln sein, und nach dem Tod eines Ehegatten wie ein Erbvertrag nach Art. 25 EuErbVO.[164]

Wegen dieser Unsicherheiten zur Wirksamkeit und zur Zuständigkeit im Zeitpunkt des Todes eines jeden Ehegatten müsste man den Eheleuten zum Erbvertrag raten, wenn eine wechselbezügliche Bindung gewollt ist. Damit wäre die Einordnung in der EuErbVO auch im Ausland eindeutig, die Erblasser könnten darauf vertrauen, dass das gemeinschaftliche Testament im Ausland formell/materiell anerkannt würde.

ff) Ausschluss des Erbrechts. Die für das gesetzliche Erbrecht bestehenden Ausschlussgründe gelten zum Teil auch beim gemeinschaftlichen Testament, wenn nicht anzunehmen ist, dass der Erblasser im Zeitpunkt der Testamentserrichtung die Verfügung auch für den Fall der Nichtigkeit oder Auflösung der Ehe oder der Aufhebung der eingetragenen Lebenspartnerschaft getroffen haben würde (§ 2077, 2268 BGB).[165] Schwierigkeiten bei der Ermittlung der **Willensrichtung** der Ehegatten beziehungsweise eingetragenen Lebenspartner im Wege der ergänzenden Auslegung kann durch ausdrückliche Regelung

---

[161] BayObLGZ 1971, 147 (152); NJW-RR 2005, 91 (93); str., vgl. Palandt/*Weidlich* BGB § 2079 Rn. 6 mwN.
[162] *Lehmann* ZErb 2013, 25 (29); *Dutta* FamRZ 2013, 4 (10); *Herzog* ErbR 2013, 2 (8).
[163] *Nordmeier* ZEV 2012, 513 (515); *Simon/Buschbaum* NJW 2012, 2393 (2396). Art. 75 Abs. 1, Art 27 EuErbVO stellen eine einheitliche Behandlung der Formwirksamkeit in allen europäischen Staaten sicher.
[164] Das ist nicht eindeutig; dafür *Lechner* NJW 2013, 26 (27); *Lehmann* ZErb 2013, 25 (26); *Herzog* ErbR 2013, 2 (8).
[165] Staudinger/*Kanzleiter* (2019) BGB § 2268 Rn. 7, 8.

begegnet werden. Insbesondere können auch der regelmäßige Auslöser, nämlich die vollzogene Scheidung oder Aufhebung, die Stellung eines Scheidungs- oder Aufhebungsantrages oder die Zustimmung zu einem solchen Antrag testamentarisch geregelt werden. Eine klare Regelung empfiehlt sich sowohl für die Einheits- als auch für die Trennungslösung.

190 **Formulierungsbeispiel:**
Sollte die Ehe geschieden [alt.: die eingetragene Lebenspartnerschaft aufgehoben] werden oder der Antrag auf Scheidung [alt.: auf Aufhebung] anhängig [alt.1: rechtshängig] [alt.2: bei Gericht – gleich von wem – gemäß § 137 Abs. 1 ZPO gestellt worden] sein, so entfällt unsere wechselbezügliche Vollerbeneinsetzung [alt.: ...... so entfällt unsere wechselbezügliche Vorerbeneinsetzung. Die Nacherben treten als Vollerben an die Stelle des Vorerben]. Die wechselbezüglichen Anordnungen für den Fall des Todes des Längstlebenden von uns behalten jedoch weiterhin Geltung. Die Schlusserben [alt.: von uns bestimmten Nacherben] beerben dann auch den Erstversterbenden von uns.

191 Nach Auffassung der Rechtsprechung[166] behalten die über § 2268 Abs. 2 BGB fortgeltenden wechselbezüglichen Verfügungen auch nach Scheidung der Ehe ihre Wechselbezüglichkeit bei, so dass die Bindungswirkung nach § 2271 BGB bestehen bleibt. Ein Aufrechterhaltungswille scheidet allerdings aus, wenn der Fortbestand der Ehe als nicht unwesentliches mitbestimmendes Motiv für die Verfügung in Betracht kommt.[167]

192 **g) „Berliner Testament" als klassischer Fall des gemeinschaftlichen Testaments. aa) Prinzip.** Das Berliner Testament bezeichnet eine **Zweifelsregelung** in § 2269 Abs. 1 BGB: Für den Fall, dass sich Eheleute wechselseitig zu Erben einsetzen und bestimmen, dass nach dem Tod des Überlebenden der beiderseitige Nachlass an einen Dritten fallen soll, soll der Dritte für den gesamten Nachlass als Erbe des zuletzt versterbenden Ehegatten eingesetzt sein.

193 Ein Berliner Testament kann auch von eingetragenen Lebenspartnern errichtet werden (§ 10 Abs. 4 S. 2 LPartG), in dem dann zum Beispiel die Kinder des anderen Lebenspartners begünstigt werden.[168]

194 Die Entscheidung für die Reinform des Berliner Testaments – also Anfall des gesamten Vermögens des Erstversterbenden zunächst bei dem überlebenden Ehegatten – ist zwar beliebt, kann jedoch bei großen Vermögen zu erheblichen steuerlichen Nachteilen führen. Denn weder werden weitere Erbschaftsteuerfreibeträge neben demjenigen des Ehegatten ausgenutzt noch wird die Gefahr eines alsbaldigen zweiten Erbfalles (des überlebenden Ehegatten) und die damit verbundene *„zweite Besteuerung"* desselben Vermögens gebannt.[169] Schon aus diesem Grund sollte genau überlegt werden, ob das Berliner Testament im Einzelfall sinnvoll oder das klassische Modell besser gestaltbar ist, oder ob nicht eine alternative Gestaltungsform genutzt werden sollte.

195 Für die Umsetzung des Wunsches, dem überlebenden Ehegatten zunächst das gemeinsame Vermögen zu belassen und dieses nach Ableben des Längstlebenden einem gemeinsam bestimmten Dritten zukommen zu lassen, stehen drei Wege zur Verfügung: (1) die

---

[166] BGH NJW 2004, 3113 (3114); OLG Frankfurt a.M. LSK 2015, 340088 Tz. 41 ff. = FamRZ 2015, 1318 = ZEV 2015, 548 (Ls.); *Kuchinke* DNotZ 1996, 306; *Kanzleiter* ZEV 2005, 181; aA *Muscheler* DNotZ 1994, 733, der meint, die Wechselbezüglichkeitswirkung ende zwingend mit der Ehe.
[167] BGH BeckRS 2015, 05602 = FamRZ 1960, 28; OLG Hamm NJW-RR 1992, 330 (331) = FamRZ 1992, 478; MüKoBGB/*Musielak* § 2268 Rn. 7; Staudinger/*Kanzleiter* (2019) BGB § 2268 Rn. 10, 11.
[168] Vgl. zu gemeinsamen Kindern von Lebenspartnern §§ 1754 Abs. 1 BGB, 9 Abs. 7 LPartG; näheres zur erbrechtliche Stellung eines Kindes nach Adoption durch den anderen Lebenspartner *Schlütter* FF 2005, 234.
[169] *Kanzleiter* ZEV 2014, 225 (227 ff.) mit Alternativen zum Berliner Testament.

Voll- und Schlusserbenfolge, (2) das Nießbrauchvermächtnis mit Vollerbschaft sowie (3) die Vor- und Nacherbfolge.

Wenn von dem klassischen Berliner Testament die Rede ist, dann ist der Weg der **Voll- und Schlusserbfolge** gemeint; dieser wird im Folgenden behandelt.

bb) Gegenseitige Einsetzung der Ehegatten beziehungsweise eingetragenen Lebenspartner (im Rahmen der Einheitslösung). In der letztwilligen Verfügung findet sich zur gegenseitigen Erbeinsetzung typischerweise folgende Formulierung:

> **Formulierungsbeispiel:**
>
> Hiermit setzen sich die Ehegatten A und B gegenseitig zu Vollerben [alt.: gegenseitig zu alleinigen Erben] ein.
>
> Schlusserben sind unsere gemeinsamen Kinder X und Y zu gleichen Teilen.

Der Überlebende wird zunächst alleiniger Erbe. In seiner Hand vereinigen sich Nachlass und Eigenvermögen zu einer Vermögensmasse. Über diese kann er zu seinen Lebzeiten frei verfügen, soweit nicht die §§ 2287, 2288 oder § 138 BGB entgegenstehen. Es folgt in dem Testament dann typischerweise die Schlusserbeneinsetzung.

Um den Willen zum Berliner Testament unmissverständlich zum Ausdruck zu bringen, kann in dem Testament ein klarstellender Zusatz angebracht werden, insbesondere bei Verwendung des Begriffs Alleinerbe, denn auch der Vorerbe kann Alleinerbe sein. Mehr ist nicht nötig und gelegentlich sogar missverständlich.

Hinweise auf die „unbeschränkte" Alleinerbenstellung oder die „freie Verfügungsmöglichkeit über das beiderseitige Vermögen" könnten die **Wechselbezüglichkeit** in Frage stellen oder als Ausschluss der Schutzvorschriften zugunsten der Schlusserben vor beeinträchtigenden Schenkungen (§§ 2287 f. BGB) verstanden werden. Soweit solche Anordnungen wirklich gewollt sind, sollten sie im Testament ausdrücklich erfolgen.

cc) Bestimmung des Erben nach dem Längstlebenden. Der eingesetzte Schlusserbe wird Erbe des Längstlebenden, nicht jedoch des Erstversterbenden. Vor dem Tod des Erstversterbenden hat der Schlusserbe keine gesicherte Rechtsposition; unklar ist dies bei wechselbezüglichen Verfügungen ab dem Tod des erststerbenden Ehegatten. In der Literatur wird die Rechtsstellung des Schlusserben gelegentlich als Anwartschaft bezeichnet[170] (nicht als Anwartschaftsrecht!),[171] oder sie wird gesehen als nicht vererb- und übertragbare rechtlich begründete Aussicht, künftig Erbe zu werden.[172] Testiert der länger lebende Ehegatte beziehungsweise eingetragene Lebenspartner nachträglich abweichend von den wechselbezüglichen Verfügungen, kann der Schlusserbe im Wege der **Feststellungsklage** jedenfalls schon vor dem Tod des Längstlebenden, aber erst nach dem Tod des Erstversterbenden, erreichen, dass sein Erbrecht gegen den Ehegatte beziehungsweise den eingetragenen Lebenspartner festgestellt wird.[173] Ein Vertrag des Schlusserben über seine Rechtsposition vor dem Tode des überlebenden Ehegatten beziehungsweise eingetragenen Lebenspartners wäre allerdings nichtig (§ 311b Abs. 4 BGB). Der BGH lässt es jedoch zu, wenn pflichtteilsberechtigte Abkömmlinge, die als Schlusserben oder Vermächtnisneh-

---

[170] MüKoBGB/*Musielak* § 2269 Rn. 34; auch für den Erbvertrag, wenn der Bedachte nicht Vertragspartner ist; BGH NJW 1954, 633 (634).
[171] MüKoBGB/*Musielak* § 2269 Rn. 34 weist jedoch auch daraufhin, dass eine gewisse Begriffsverwirrung herrscht und die Begriffe teils synonym, teils nicht synonym verwendet werden.
[172] Staudinger/*Kanzleiter* (2019) BGB § 2269 Rn. 14, 20–22, Vermächtnis → Rn. 67; MüKoBGB/*Musielak* § 2269 Rn. 34 mwN; *Lange* NJW 1963, 1571 (1573); BGH NJW 1998, 543 (Schlusserbe kann Erbschaft erst nach dem zweiten Erbfall ausschlagen).
[173] BGH NJW 1962, 1913 (1914); OLG Düsseldorf NJW-RR 1995, 141 (142); Reimann/Bengel/Mayer/ *Mayer*, Testament und Erbvertrag, 6. Aufl. 2015, BGB § 2269 Rn. 55 mwN, keine Klage gegen den mitbedachten Schlusserben.

mer eingesetzt sind, untereinander vom Testament abweichende Vereinbarungen treffen, und wendet § 311b Abs. 5 BGB an.[174]

203 Will der Schlusserbe seinen Pflichtteil geltend machen, kann er dies zweimal tun, nämlich nach dem Tod des Erstversterbenden – das Berliner Testament führt zu einer Übergehung der Abkömmlinge und Eltern – und nach dem Tod des Längstlebenden.

204 Die Erben des letztversterbenden Ehegatten beziehungsweise des eingetragenen Lebenspartners sollten im Testament als **„Schlusserben"** bezeichnet und deren Quoten exakt bestimmt werden. Auch sollten sich die Ehegatten darüber im Klaren sein, ob einseitige oder nur gemeinschaftliche Kinder bedacht sein sollen.

205 Allein ein Verweis auf die gesetzliche Erbfolge nach dem Längstlebenden oder einen unbestimmten Personenkreis ist nicht genügend.[175] Allerdings müssen die Schlusserben im Testament nicht konkret, sondern können auch abstrakt unter Bezugnahme auf gesetzliche Erben benannt werden.[176]

206 Die **abstrakte Benennung** der Schlusserben mindert das Risiko der Anfechtung (§ 2079 S. 1 BGB) und damit das der Unwirksamkeit der angestrebten Gesamtgestaltung, denn die Anfechtung der Schlusserbeneinsetzung nach § 2079 BGB – im Gegensatz zu einer Anfechtung nach § 2078 – führt grundsätzlich zur Nichtigkeit des gesamten Testaments.[177] Einzelne Verfügungen bleiben nur wirksam, wenn nach § 2079 S. 2 BGB positiv feststellbar ist, dass sie der Erblasser so auch getroffen hätte, falls er zum Zeitpunkt der Errichtung der letztwilligen Verfügung Kenntnis von der Sachlage (zum Beispiel weiteren Pflichtteilsberechtigten) gehabt hätte.[178]

207 Bei der Verwendung des Begriffs „Abkömmlinge" ist zu bedenken, dass damit nicht nur Kinder, sondern auch entferntere Deszendenten gemeint sind.

208 Für Schlusserben sollten, soweit vorhanden, im Testament auch immer Ersatzerben genannt werden.

209 **Formulierungsbeispiel:**
Schlusserben sind etwaige gemeinsame Kinder zu gleichen Teilen und nach Stämmen gemäß den Regeln über die gesetzliche Erbfolge.
[alt.: Schlusserben sind unsere gemeinsamen Abkömmlinge ***, und zwar einschließlich adoptierter und biologischer, zu gleichen Teilen und ***]

210 Zu Ersatzerben eines jeweiligen Schlusserben bestimmen wir dessen Abkömmlinge, auf welche sich der auf den weggefallenen Schlusserben entfallende Erbteil zu gleichen Teilen verteilt.

211 Fehlen Ersatzerben, sollte eine Anwachsung bei den übrigen Schlusserben angeordnet werden.

212 Eine Regelung im Testament für den Fall des sogenannten gleichzeitigen[179] oder aufgrund desselben Ereignisses kurz aufeinanderfolgenden Versterbens ist zu empfehlen, wenn nicht klar zum Ausdruck kommt, dass Schlusserben auch Erben beider Ehegatten bei gleichzeitigem Versterben sein sollen.[180] Bei auf die Sekunde gleichzeitigem Versterben

---

[174] BGH NJW 1988, 2726 (2727).
[175] KG LSK 1999, 271095 = ZEV 1999, 313 Ls.; OLG Frankfurt a.M. FGPrax 2017, 270 (271) zur Auslegung einer Zuwendung „zu einem guten Zweck" als Erbeinsetzung.
[176] *Radke*, Das Berliner Testament, S. 47, warnt vor der Verwendung juristischer Begriffe wie „Stämme" oder „gesetzliche Erbfolge", da diese von Laien häufig nicht richtig verstanden werden.
[177] OLG Schleswig ZEV 2016, 263 (265); BayObLGZ 1971, 147 (150); BayObLGZ 1975, 6 (9); BayObLG NJW-RR 2005, 91 (93); str., vgl. Palandt/*Edenhofer*, 76. Aufl. 2017, BGB § 2078 Rn. 10 mwN und BGB § 2079 Rn. 6 mwN; MüKoBGB/Leipold § 2078 Rn. 59–61 und § 2079 Rn. 25.
[178] BayObLG NJW-RR 2005, 91 (93); OLG Frankfurt a.M. NJW 1995, 1350 (1351).
[179] BayObLGZ 96, 243 (247), BayObLG FGPrax 04, 80 zum gleichzeitigen Versterben.
[180] Versterben die Ehegatten gemeinsam aufgrund desselben Ereignisses innerhalb eines überschaubaren Zeitraums, hat dies steuerlich dennoch zur Folge, dass zunächst steuerpflichtig das Vermögen auf den Längstlebenden und dann auf den Schlusserben übergeht. Eine gewisse Gestaltungsmöglichkeit eines kurz hin-

können sich die Ehegatten nicht gegenseitig beerben. Die Auslegungsregel des § 2269 BGB gilt nicht. Es können daher Unklarheiten entstehen, da Schlusserben nicht auch als Ersatzerben gelten (anders als Nacherben, § 2102 Abs. 1 BGB).[181] Es sollte klargestellt werden, dass mit dem gleichzeitigen Versterben der Tod beider Ehegatten infolge eines Ereignisses oder in einem gewissen zeitlichen Rahmen gemeint ist, nicht schlechthin jeder Fall des kurzzeitigen nacheinander Versterbens.

> **Formulierungsbeispiel:**
> Für den Fall unseres gleichzeitigen oder aufgrund desselben Ereignisses innerhalb eines Zeitraums von *** erfolgten Versterbens gelten unsere Schlusserbenregelungen entsprechend mit der Maßgabe, dass der Schlusserbe die dem Längstlebenden auferlegten Vermächtnisse zu erfüllen hat.

213

Für **minderjährige Kinder** kann der Erblasser zugleich eine Pflegeanordnung treffen (§§ 1917, 1909 BGB).[182] Dies ist bei sofortiger Fälligkeit eines Vermächtnisses sinnvoll. Der Erblasser hat die Möglichkeit, eine unentgeltliche Zuwendung an einen Minderjährigen mit der Anordnung zu verbinden, dass die Eltern/ein Elternteil des minderjährigen Kindes das ererbte Vermögen nicht verwalten dürfen (§ 1638 Abs. 1, 3 BGB). Die Eltern dürfen dann das Kindesvermögens weder verwalten noch die Zuwendung annehmen noch im Namen des Kindes die Ausschlagung einer Erbschaft erklären,[183] mit der Folge der Bestellung eines Pflegers für die Verwaltung des ererbten Vermögens (§ 1909 Abs. 1 S. 2 BGB) beim Familiengericht.

214

dd) Vermächtnis gemäß § 2269 Abs. 2 BGB. Eine weitere Zweifelsregelung enthält die Auslegungsregel des § 2269 Abs. 2 BGB für Vermächtnisnehmer. Als **Erblasser,** dem der Vermächtnisnehmer das Vermächtnis verdankt, soll beim gemeinschaftlichen Testament nur der Längstlebende gelten, wenn in dem Testament ein Vermächtnis angeordnet ist. Erst nach dem zweiten Erbfall können also Ansprüche aus dem Vermächtnis entstehen, es sei denn, dass die Testierenden abweichende Anordnungen treffen.

215

ee) Rechtsstellung des überlebenden Ehegatten beziehungsweise eingetragenen Lebenspartners bei Wiederverheiratungsklauseln. (1) Rechtliche Konstruktion. Wiederverheiratungsklauseln sind letztwillige Regelungen, mit denen die Ehegatten beziehungsweise eingetragenen Lebenspartner bestimmen, dass der Nachlass des Erstversterbenden bei Wiederverheiratung des Längstlebenden ganz oder teilweise an die Schlusserben (idR gemeinsame Kinder oder Kinder des Erstversterbenden) fallen soll.[184]

216

Bei den klassischen Wiederverheiratungsklauseln ist der überlebende Ehegatte (bei der Einheitslösung) auflösend bedingter Vorerbe und gleichzeitig aufschiebend bedingter Vorerbe, der Nacherbfall tritt mit dessen Wiederverheiratung ein.

217

Klauseln, die den völligen oder nahezu völligen Verlust der Erbenstellung des Längstlebenden nach dem Erstversterbenden zur Folge haben und auch keine Kompensation für den Verlust bei Wiederverheiratung vorsehen, sind mit Vorsicht zu genießen, sie könnten

218

---

tereinander folgenden Versterbens der Ehegatten könnte erbschaftsteuerlich durch die Zuweisung von Vermächtnissen an den Ehegatten abgemildert werden.

[181] *Nieder,* Handbuch der Testamentsgestaltung, 5. Aufl. 2015, § 13 Rn. 21–24; OLG Frankfurt a.M. ZEV 1999, 66 (67), zu dem umgekehrten Fall der Annahme der Schlusserbenbestimmung für den Fall des *„gleichzeitigen Versterbens".* MüKoBGB/*Leipold* § 2084 Rn. 48 f.

[182] Zu der Verwaltungsanordnung des zugewendeten Kindesvermögens → 2 Rn. 309 ff.

[183] BGH NJW 2016, 3032.

[184] *Kanzleiter* ZEV 2014, 225 (230); Reimann/Bengel/Mayer/*Mayer,* Testament und Erbvertrag, 6. Aufl. 2015, BGB § 2269 Rn. 65. Die erneute Begründung einer eingetragenen Lebenspartnerschaft entfällt durch das Gesetz zur Einführung des Rechts auf Eheschließung für Personen gleichen Geschlechts vom 20.7.2017.

sittenwidrig sein (§ 138 BGB).[185] Zwar hat der Erblasser ein legitimes Interesse an der Erhaltung seines Vermögens für den eigenen Stamm, und es ist dem Längstlebenden grundsätzlich zumutbar, dieses Interesse zu respektieren.[186] Das hat jedoch durchaus Grenzen: Das OLG Saarbrücken kam zur Unwirksamkeit einer Wiederverheiratungsklausel,[187] die den überlebenden Ehegatten übermäßig belastete und für den Fall der Wiederverheiratung mit einem Vermächtnis zugunsten der Abkömmlinge des Erstversterbenden (hier in Höhe des Wertes des Nachlasses des Erstversterbenden) belastete. Das OLG Saarbrücken hielt jedoch eine ergänzende Testamentsauslegung für möglich ist, die den Vermächtnisanspruch reduzierte, sodass dem überlebenden Ehegatten ein Nachlasswert im Umfang seines Pflichtteils verblieb. Es müsste allerdings dann auch das Schicksal des Zugewinnanspruchs (§ 1271 Abs. 2 BGB) mit überdacht werden.

219 Soweit Wiederverheiratungsklauseln wirksam sind, also
– wertmäßig mindestens den Pflichtteilsanspruch – und mE auch den Zugewinnanspruch (ganz oder teilweise und je nachdem, in welchem Güterstand die Eheleute gelebt haben) – dem Überlebenden belassen, oder
– geltungserhaltend ausgelegt (§ 2084 BGB) werden können,
dienen sie vorrangig dazu, den Schlusserben den **Nachlass** des Erstversterbenden Ehegatten zu erhalten ohne in der Person des neuen Ehegatten entstehende Pflichtteilsansprüche des hinzutretenden Ehegatten, und zudem auch eine gewisse Teilhabe an dem Nachlass des Längstlebenden durch Beibehaltung der Wechselbezüglichkeit zu sichern. Praktisch verlangt der Schutz der Abkömmlinge jedoch auch die Bereitschaft des Überlebenden, für diese Teilhabe zu sorgen. Für Lebenspartnerschaften gelten die folgenden Ausführungen entsprechend.

220 Die Rechtsprechung zu Wiederverheiratungsklauseln im Erbrecht können nicht übertragen werden auf gesellschaftsvertragliche Klauseln einer Familiengesellschaft, wonach der Ehegatte eines Familienmitgliedes – nach seinem Eintritt in die Gesellschaft infolge Todes des Familienangehörigen – im Falle seiner Wiederverheiratung aus der Gesellschaft auszuscheiden habe.[188] Sollte allerdings der Ehegatte dadurch faktisch vom Nachlass und vom Pflichtteil ausgeschlossen werden, dürfte mit richterlicher Rechtsfortbildung mit einer Anpassung zu rechnen sein.

221 Häufig sind Wiederverheiratungsklauseln als Kombination von Voll- und Vorerbschaft oder in Form von Wiederverheiratungsvermächtnissen anzutreffen. Die Kombination von auflösend bedingter Voll- und aufschiebend bedingter Vorerbschaft, wie sie von der Rechtsprechung bei Wiederverheiratungsklauseln angenommen wird,[189] kann durch ausdrückliche Formulierung dieser rechtstechnischen Konstruktion, was der Klarheit halber zu empfehlen ist, angeordnet werden.

222 **Formulierungsbeispiel:**
Bei Wiederverheiratung des Längstlebenden von uns ist er nur als Vorerbe eingesetzt. Der Nacherbfall tritt mit Wiederverheiratung des Längstlebenden von uns ein. Für den

---

[185] MüKoBGB/*Musielak* § 2269 Rn. 47 zur Sittenwidrigkeit, wenn die Wiederverheiratungsklausel als Strafklausel oder als Bindung an den Verstorbenen über dessen Tod hinaus verstanden werden muss; *Kanzleiter* ZEV 2014, 225 (230); *Otte* AcP 187 [1987], 603; *Horn* NJW 2013, 2166 (2168); Reimann/Bengel/Mayer/*Mayer*, Testament und Erbvertrag, 6. Aufl. 2015, BGB § 2269 Rn. 59, 66. 67.
[186] BGH FamRZ 1965, 600 () = BeckRS 1965, 00143.
[187] OLG Saarbrücken BeckRS 2015, 07018 = ZEV 2015, 364. Ls.
[188] Im Fall des BGH BeckRS 1965, 00143 = FamRZ 1965, 600, bewirkte die Klausel keinen vollständigen Ausschluss des Ehegatten vom Nachlass und vom Pflichtteil; BayObLG NJW-RR 2002, 366 (367) = FamRZ 2002, 640; OLG Frankfurt a.M. openJur 2012, 24114.
[189] Diese Einordnung ist die herrschende: BGH WM 1986, 108; OLG Celle ZEV 2013, 40 (41) mAnm *Weidlich* zu den Lösungsansätzen der Wiederverheiratungsklauseln; Palandt/*Weidlich* BGB § 2269 Rn. 18; Staudinger/*Kanzleiter* (2019) BGB § 2269 Rn. 42, 43; aA MüKoBGB/*Musielak* § 2269 Rn. 58. Detaillierte Untersuchung der Rechtsstellung des überlebenden Ehegatten bei *Jünemann* ZEV 2000, 81 (82); zur Vor- und Nacherbschaft → Rn. 246 ff.

Nacherbfall erhält der Längstlebende ein Vermächtnis in Höhe von ** % des Nachlasses des Erstversterbenden in dessen Zusammensetzung im Zeitpunkt des Eintritts des Nacherbfalls, jedoch nicht mehr als ** % des Nachlasses des Erstversterbenden in dessen Zusammensetzung im Zeitpunkt des Eintritts Vorerbfalls.

(2) Rechtsstellung bis zur Wiederverheiratung. Der Längstlebende unterliegt bei dieser Klausel jedoch auch in seiner Stellung als Vollerbe während der Schwebezeit den Beschränkungen der § 2113 ff. BGB zugunsten der Schlusserben, da der Überlebende die Stellung eines aufschiebend bedingten Vorerben hat (die Schlusserben wie aufschiebend bedingte Nacherben angesehen werden).[190] 223

Im Wege der Auslegung ist zu ermitteln, ob der überlebende Ehegatte von diesen gesetzlichen Beschränkungen befreit und er als befreiter Vorerbe eingesetzt ist (§ 2136 BGB).[191] Im Zweifel ist von der Befreiung auszugehen.[192] 224

Wenn dies nicht gewünscht wird, können auf die Wiederverheiratung aufschiebend bedingten Vermächtnisse angeordnet werden.[193] Diese sollten eine genaue Regelung über Vermächtnisnehmer, Gegenstand und Umfang der vermachten Forderung und Bindungswirkung enthalten. Beliebte Anordnungen im Testament sind **Quotenvermächtnisse** zur Verschaffung eines Zahlungsanspruchs in Höhe eines Anteils am Nachlass, Herausgabevermächtnisse oder Betragsvermächtnisse. 225

Mit **Strafklauseln** kann die Belastung des Überlebenden abgemildert werden, wenn einer der Abkömmlinge bereits beim ersten Erbfall seinen Pflichtteil verlangt hat. Das Vermächtnis kann für jeden Vermächtnisnehmer selbständig und unabhängig gewährt werden. Das Ausscheiden eines Vermächtnisses hat dann keine Auswirkung auf die übrigen Vermächtnisnehmer. 226

Formulierungsbeispiel: 227
Der Anspruch eines jeden Abkömmlings ist selbständig und unabhängig von dem Vermächtnisanspruch der anderen Abkömmlinge. Der Vermächtnisanspruch besteht nicht, wenn der Abkömmling oder sein weggefallener Vorfahr beim ersten Erbfall seinen Pflichtteilsanspruch gegen den Willen des Längstlebenden geltend gemacht hat und erhält. [alt.: Der Vermächtnisanspruch besteht abzüglich eines bereits beim ersten Erbfall gegen den Willen des Längstlebenden bezogenen Pflichtteilsanspruchs].

Alternativ kann der Pflichtteil auch auf das Vermächtnis angerechnet werden. Fehlt es an einer diesbezüglichen Regelung im Testament, ist § 2307 Abs. 1 BGB zur Frage der Behandlung aufschiebend bedingter Vermächtnisse zu bemühen: Der Schlusserbe hat die Wahl zwischen Pflichtteil und Wiederverheiratungsvermächtnis. Entweder er schlägt das Vermächtnis aus und fordert den Pflichtteil oder er fordert ihn ohne Ausschlagung, muss sich jedoch dann den Wert des Vermächtnisses anrechnen lassen (Pflichtteilsrestanspruch). Die aufschiebende Bedingung der Wiederverheiratung schmälert den **Wert des Vermächtnisses** nicht, weil diese als Beschränkung im Sinne des § 2307 Abs. 1 S. 2 BGB gewertet wird.[194] Da allerdings auch die Auffassung vertreten wird, der Pflichtteilsanspruch dürfe ohne Ausschlagung und zunächst ohne Anrechnung auf das Vermächtnis, bei 228

---

[190] Staudinger/*Kanzleiter* (2019) BGB § 2269 Rn. 43; Palandt/*Weidlich* BGB § 2269 Rn. 18; aA MüKoBGB/*Musielak* § 2269 Rn. 58. Eine Überwindung des Schenkungsverbots nach § 2113 Abs. 2 BGB wird für möglich gehalten zB durch Beschwerung des Nacherben mit dem Vermächtnis, bestimmte Schenkungen des Vorerben zu genehmigen, OLG Düsseldorf ZEV 2000, 29 (30).
[191] BGH NJW 1951, 354; BayObLG NJW 1958, 1683 (1684); Staudinger/*Kanzleiter* (2014) BGB § 2269 Rn. 44 mwN.
[192] BGH BeckRS 1961, 31187181; BayObLGZ 1961, 200 (203), 1966, 276 (277) = FamRZ 1967, 695.
[193] Zum Vermächtnis → Rn. 266-269.
[194] OLG Oldenburg NJW 1991, 988 (988).

späterem Anfall unter Anrechnung des Pflichtteils, geltend gemacht werden,[195] gebietet sich eine unmissverständliche Regelung im Testament. Um den Wert des Nachlasses im Zeitpunkt des Todes des Erstversterbenden bestimmen zu können, ist die Anordnung zur Erstellung eines Verzeichnisses – nicht nur in diesen Fällen – hilfreich.

229 **Formulierungsbeispiel:**
Zur Feststellung des Wertes des Nachlasses des Erstversterbenden ist unverzüglich auf Kosten dieses Nachlasses ein amtliches Vermögensverzeichnis zu erstellen.

230 Soll diese testamentarische Anordnung zugleich Anspruch der Abkömmlinge sein, ist sie als **Auflage** zu formulieren. Häufig besteht das Bedürfnis, Haushalts- und persönliche Gegenstände davon auszunehmen.

231 Der Längstlebende sollte mit der Erfüllung der Vermächtnisse und Wiederverheiratung seine Bindung an die Schlusserbenbestimmung verlieren.

232 Um dem Überlebenden bei Wiederverheiratung **liquiditätsschonende Maßnahmen** zu ermöglichen und zugleich zu verhindern, dass der Nachlass durch hinzutretende Pflichtteilsberechtigte für die Schlusserben geschmälert wird, bietet sich ein Pflichtteilsverzicht an.

233 **(3) Die Rechtsstellung des überlebenden Ehegatten bei Wiederverheiratung.** Bei Wiederverheiratung steht die aufschiebend bedingte Anordnung von Vor- und Nacherbschaft fest, der überlebende Ehegatte ist endgültig (befreiter) Vorerbe und der Nacherbfall tritt ein. Der Überlebende hat den Nachlass des Erstverstorbenen an die eingesetzten Nacherben herauszugeben (§ 2139 BGB). Da er idR die Stellung eines befreiten Vorerben innehatte, hat er die dann noch vorhandenen Erbschaftsgegenstände und Surrogate herauszugeben (§§ 2137, 2138 BGB).[196] Ist er ausnahmsweise als nicht befreiter Vorerbe anzusehen, hat er die gesamte vom Erstverstorbenen erlangte Erbschaft herauszugeben (ggf. bestehen Schadensersatzansprüche). Konkrete testamentarische Anordnungen gestalten ggf. den Umfang der Herausgabe.

234 Der Überlebende kann seinen gesetzlichen Pflichtteil nur verlangen, wenn er die Erbschaft fristgemäß ausgeschlagen hat (§ 2306 Abs. 1, 2 BGB erhält den Pflichtteilsanspruch bei Ausschlagung wegen Beschränkung durch Nacherbschaft). Eine Anfechtung der Annahme könnte daran scheitern, dass sich der Überlebende bezüglich der Wiederverheiratung nicht im Irrtum befunden hat. Ein Irrtum über den Verlust des Pflichtteilsrechts ist ein unbeachtlicher Rechtsirrtum.[197] Der überlebende Ehegatte erlangt seine volle Testierfreiheit über sein eigenes Vermögen wieder als Ausgleich für den Verlust des gesamten Nachlasses des Erstverstorbenen, die Wechselbezüglichkeit entfällt.[198] Seine Verfügungen dürften von selbst wegfallen,[199] die herrschende Literaturmeinung verlangt jedoch in neues Testament.[200]

---

[195] MüKoBGB/*Lange* § 2307 Rn. 6.
[196] Staudinger/*Kanzleiter* (2019) BGB § 2269 Rn. 49; MüKoBGB/*Musielak* 2269 Rn. 61.
[197] BGH NJW 2016, 2954, lässt einen Rechtsirrtum ausnahmsweise als Anfechtungsgrund zu, wenn der mit Beschwerungen als Erbe eingesetzte Pflichtteilsberechtigte glaubt, er dürfe nicht ausschlagen, um sich den Pflichtteilsanspruch zu erhalten.
[198] OLG Köln FamRZ 1976, 552; OLG Hamm BeckRS 2007, 05274 = JR 1987, 376; OLG Hamm NJW-RR 1994, 1355 (1356) = ZEV 1994, 365; BayObLGZ 1962, 137 (139, 140) = NJW 1962, 1727; BayObLG NJW-RR 2002, 266 (367) = FamRZ 2002, 640; Staudinger/*Kanzleiter* (2019) BGB § 2269 Rn. 47 mwN; Reimann/Bengel/Mayer/*Mayer,* Testament und Erbvertrag, 6. Aufl. 2015, BGB § 2269, Rn, 86.
[199] KG NJW 1957, 1073 (1074); KG FamRZ 1968, 331; OLG Hamm BeckRS 2007, 05274 = JR 1987, 376; OLG Hamm ZEV 1994, 365.
[200] MüKoBGB/*Musielak* § 2269 Rn. 62; Palandt/*Weidlich* BGB § 2269 Rn. 20; Reimann/Bengel/Mayer/*Mayer,* Testament und Erbvertrag, 6. Aufl. 2015, BGB § 2270 Rn, 90.

Soll im Fall der Wiederverheiratung eine Auseinandersetzung zwischen Längstlebendem 235
und Kindern nach der gesetzlichen Erbfolge stattfinden, bleibt es bei der Bindung des
Längstlebenden in Höhe des gesetzlichen Erbteils.[201] Es sind noch viele Fragen in diesem
Zusammenhang nicht abschließend geklärt, ua, welche Erbquoten gelten sollen (weitere
Kinder sind ggf. hinzugekommen), und ob eine Teilbindung des Eigenvermögens besteht,
wenn dem Überlebenden ein von der gesetzlichen Quote abweichender Teil des Nachlasses des Erstverstorbenen bleibt.

ff) Sicherungen im Zusammenhang mit Immobilienvermögen. Übereignungspflichten an Immobilienvermögen können im Grundbuch gesichert werden (§ 883 BGB). 236
Im Testament kann dies zum Beispiel durch eine Auflage angeordnet werden. Das
Schicksal der mit Immobilienvermögen einhergehenden im Grundbuch eingetragenen
und valutierenden Sicherheiten sollte im Testament für Darlehen und für Grundschulden
ebenfalls geregelt werden.

gg) Pflichtteilsklauseln.[202] Das klassische Berliner Testament bewirkt die Enterbung der 237
nach dem Erstverstorbenen pflichtteilsberechtigten Abkömmlinge und begründet Pflichtteilsansprüche. Die Geltendmachung dieser Pflichtteilsansprüche läuft den Absichten der
Ehegatten beziehungsweise eingetragenen Lebenspartner in der Regel zuwider, da sich
der Wunsch nach Gleichstellung mehrerer Abkömmlinge dann nur eingeschränkt verwirklichen lässt. Ein Pflichtteilsverlangen lässt zwar in der Regel die **Bindungswirkung**
des überlebenden Ehegatten beziehungsweise eingetragenen Lebenspartners an die Einsetzung des Schlusserben entfallen, soweit dieser derjenige ist, welcher den Pflichtteil verlangt.[203] Das pflichtteilsberechtigte Kind beider Eltern kann jedoch im Ergebnis vom Vermögen des Erstverstorbenen den Pflichtteil doppelt erlangen, da im Nachlass des
Überlebenden das Vermögen des Erstverstorbenen mit enthalten ist. Eine Anrechnung des
ersten Pflichtteils auf den zweiten Pflichtteil ist rechtlich nicht möglich. Das Pflichtteilsverlangen kann durch verschiedene Regelungen in der letztwilligen Verfügung sanktioniert werden, etwa durch Aussetzung von (Geld-)Vermächtnissen an Dritte für den ersten
Todesfall, welche die Erbmasse schmälern.[204] Als Anknüpfungspunkt für die Entstehung
eines solchen Vermächtnisses kann bereits die einfache Anmahnung des Pflichtteils oder
präziser eine verzugsbegründende Mahnung bestimmt werden,[205] alternativ auch ein Auskunftsverlangen in Hinblick auf den Pflichtteil, eine Erfüllungsklage oder erst der Erhalt
des Pflichtteils.

> **Formulierungsbeispiel:** 238
> Sollte eines unserer Kinder oder dessen Abkömmling beim Tod des Erstverstorbenden von uns gegen den Willen des Längstlebenden seinen Pflichtteil verlangen [und erhalten], steht denjenigen pflichtteilsberechtigen Abkömmlingen, die ihren Pflichtteil nicht verlangen und nicht erhalten, jeweils ein Geldvermächtnis zu, welches beim Tod des Längstlebenden fällig wird. Das Geldvermächtnis beläuft sich auf die Höhe des gesetzlichen Erbteils des jeweiligen Vermächtnisnehmers, wie er sich beim Tod des Erstverstorbenden aus dessen Nachlass errechnet. Das Vermächtnis ist ab der Zahlung eines gegen den Willen des Längstlebenden geltend gemachten Pflichtteils bis zum Anfall verzinslich mit *** % p.a.

---

[201] BayObLG NJW-RR 2002, 366 (367); aA Reimann/Bengel/Mayer/*Mayer*, Testament und Erbvertrag, 6. Aufl. 2015, BGB § 2269 Rn. 87.
[202] Pflichtteilsklauseln → Rn. 238, 242, 252-258.
[203] BayObLGZ 1990, 58 (60).
[204] Steuerlich können dadurch Freibeträge ausgenutzt werden, siehe dazu *Horn* NJW 2013, 2166 (2168); *Moench* ZEV 2013, 21 (22).
[205] *Radke*, Das Berliner Testament, S. 99.

239　Entfällt ein Vermächtnis, weil der Bedachte seinen Pflichtteilsanspruch geltend macht, ist zu entscheiden, ob dies dem Erben durch ersatzlosen Wegfall des Vermächtnisses oder den übrigen Vermächtnisnehmern, zum Beispiel durch Erhöhung ihrer Anteile, zugutekommen soll.

240　Stirbt der Vermächtnisnehmer **vor Anfall** des Vermächtnisses, ist durch Auslegung zu ermitteln, ob die Vermächtnisanwartschaft auf die Abkömmlinge übergeht (§ 2069 BGB), wegfällt (§ 2074 BGB) oder anderen Vermächtnisnehmern anwächst (§ 2158 BGB). Stirbt der Vermächtnisnehmer **nach Anfall** des Vermächtnisses, geht das Vermächtnis an dessen Erben. Auch diese Fälle können testamentarisch geregelt werden.

241　Eine andere Sanktionsmöglichkeit des Anspruchstellers in der testamentarischen Anordnung ist die **Schlechterstellung** des den Pflichtteil Verlangenden auch oder nur für den zweiten Erbfall.

242　**Formulierungsbeispiel:**

Sollte eines unserer Kinder oder sollten deren Abkömmlinge gegen den Willen des Längstlebenden von uns ihren Pflichtteilsanspruch [alt.: mit verzugsbegründender Wirkung] geltend machen und den Pflichtteil erhalten, ist der Längstlebende in Abweichung von den wechselbezüglichen Anordnungen berechtigt, das Kind, welches seinen Pflichtteil erhält, und dessen Abkömmlinge von der Schlusserbfolge auszuschließen.

[alt.: Sollte eines unserer Kinder oder deren Abkömmlinge gegen den Willen des Längstlebenden von uns ihren Pflichtteilsanspruch mit verzugsbegründender Wirkung geltend machen und bekommen, erhalten er und seine Abkömmlinge auch vom Nachlass des Längstlebenden von uns nur den Pflichtteil.]

243　Durch die Pflichtteilsklausel wird die Schlusserbschaft unter die **auflösende Bedingung** der Pflichtteilsforderung gestellt (§ 2075 BGB). Der Bedingungseintritt ist noch nach dem Tod des Längstlebenden möglich, wenn der überlebende Ehegatte innerhalb der dreijährigen Verjährungsfrist (§ 2332 BGB) verstirbt. Die eingesetzten Schlusserben haben die Stellung wie Vorerben.[206] Die Sanktion kann diese Konstellation mit einbeziehen und auf das Verlangen gegenüber dem Längstlebenden und auf das Verlangen gegenüber der Erbengemeinschaft – welcher der Pflichtteilsberechtigte ja selbst angehört – abstellen.

244　Das Pflichtteilsverlangen sollte jedoch nicht immer nur unter dem Sanktionsgesichtspunkt gesehen werden. Um zum Beispiel die Ausnutzung steuerlicher Freibeträge für die Kinder nicht verstreichen zu lassen, wird es je nach Umfang des Vermögens wünschenswert sein, dass die Kinder ihren Pflichtteilsanspruch nach dem Tod des Erstversterbenden geltend machen.[207] Die Formulierung, dass die Geltendmachung gegen den Willen des Längstlebenden erfolgen soll und nicht automatisch zu einer Enterbung führen soll, sondern dem Längstlebenden den Ausschluss von der Schlusserbfolge erst gestattet, trägt einer familienfreundlichen Pflichtteilsausübung Rechnung.

245　**h) Gemeinschaftliches Testament mit Trennungslösung. aa) Einführung.** Im Unterschied zur Einheitslösung, die insbesondere in der Form ihres klassischen Vertreters „Berliner Testament" behandelt wurde, bleibt bei der Trennungslösung beim Tod des Erstversterbenden dessen Nachlass von dem Nachlass des Überlebenden getrennt. Die Trennungslösung kann durch Anordnung der Vor- und Nacherbschaft oder durch die Anordnung eines Nießbrauchvermächtnisses verwirklicht werden. Ist unklar, was gewollt war, gilt im Zweifel die Einheitslösung. Wer sich auf die Trennungslösung – Vor- und

---

[206] OLG Stuttgart DNotZ 1979, 104 (106).
[207] Diese Vorgehensweise wird zB empfohlen von *Dressler* NJW 1997, 2848.

Nacherbschaft – beruft, hat die Beweislast.[208]
Die detaillierte Bearbeitung dazu in …… soll im Folgenden lediglich um einige ehespezifische Details ergänzt werden.

bb) Vor- und Nacherbschaft. (1) Übersicht über die Vor- und Nachteile

Vorteile:
❏ Durchgangserwerb bei dem Vorerben, Fernhalten unerwünschter Erben/Pflichtteilsberechtigter des Vorerben,
❏ lange Nutzung bei dem Vorerben und Sicherung seiner Versorgung, Steuerung der Vermögensfolge über zwei Generationen der Familie hinweg,
❏ keine Einmischung des Familiengerichts/Pflegers bei Nacherbenstellung minderjähriger Kinder,
❏ Störfallvorsorge wegen Beseitigung etwaiger Pflichtteilsberechtigter des Vorerben auf den zweiten Todesfall,
❏ Substanzerhaltung für die Nacherben und Kontrollrechte nach §§ 2113 ff. BGB,
❏ Dokumentation durch Nachlassverzeichnis für Nacherben zu Beginn der Vorerbschaft (§ 2121 BGB)
❏ mehrstufige Steuerung des Vermögensanfalls und Bindung für mehrere Generationen,
❏ Wiederverheiratungsgestaltung,
❏ steuerliches Wahlrecht des Nacherben bzgl. der Herkunft des Vermögens als vom Vorerben stammend oder vom Nacherben stammend,
❏ Vollstreckungsschutz gegen Gläubiger des Vorerben, insbesondere in Kombination mit Verwaltungstestamentsvollstreckung optimalen Vollstreckungsschutz gegen Sozialhilfeträger bei Behindertentestament
Nachteile:
❏ rechtliche Kompliziertheit und von Laien schwer zu handhaben,
❏ Gefahr der Ausschlagung durch den Vorerben oder den Nacherben,
❏ Verfügungs- und Verwaltungsbeschränkungen des Vorerben,
❏ Änderungsmöglichkeiten für den Vorerben (meist) nur durch ausdrückliche letztwillige Verfügung (zum Beispiel auflösend bedingte Vorerbeneinsetzung, Gestattung der Umverteilung unter Nacherben) möglich,
❏ Abgrenzungsschwierigkeiten zwischen Substanz und Nutzungen des Nachlasses,
❏ erbschaftsteuerliche Belastung durch zwei Erbfälle, gegebenenfalls sogar in kurzer Abfolge,
❏ Erschwerung des Rechtsverkehrs.

246

(2) Prinzip. Bei der Vor- und Nacherbschaft erfolgt die Erbeinsetzung unter verschiedenen bestimmten oder unbestimmten, aber gewiss eintretenden Zeitbestimmungen und/oder bestimmten oder unbestimmten Bedingungen. Die jeweiligen Vermögen der Ehegatten beziehungsweise eingetragenen Lebenspartner bleiben nach dem Tod des Erstversterbenden von vornherein getrennt.[209] Soweit es sich um ein gemeinschaftliches Testament handelt, in dem beide Ehegatten beziehungsweise eingetragenen Lebenspartner die Schlusserben gemeinsam bedenken, vereinigen sich die Vermögen erst nach dem Tod des Längstlebenden in der Hand des eingesetzten Schlusserben. Die Zuwendung an den Nacherben auf dem Umweg über den Vorerben gilt als **Zuwendung des Erstverster-**

247

---
[208] BGHZ 22, 364 (366); *J. Mayer* in Reimann/Bengel/Mayer/*Mayer*, Testament und Erbvertrag, 6. Aufl. 2015, § 2268 BGB Rn. 131, 132.
[209] Staudinger/*Kanzleiter* (2019) BGB § 2269 Rn. 19 mwN; Palandt/*Weidlich* BGB § 2269 Rn. 2; Reimann/Bengel/Mayer/*Mayer*, Testament und Erbvertrag, 6. Aufl. 2015, BGB § 2269 Rn. 59 ff.

benden. Bei Eintritt der Nacherbfolge haben diejenigen, auf die das Vermögen übergeht, den Erwerb als vom Vorerben stammend zu versteuern. Sie können auf Antrag der Versteuerung das Verhältnis des Nacherben zum Erblasser zugrunde legen (§ 6 Abs. 2 Satze 1 ErbStG).

248 Im Testament sollten die Begrifflichkeiten klar verwendet werden. Auch bei wechselseitiger Einsetzung zum Vorerben hat zusätzlich zur Nacherbenanordnung nach dem Erstversterbenden eine Schlusserbenanordnung nach dem längstlebenden Vorerben zu erfolgen, da die Nacherbenanordnung nur den Nachlass des Erstversterbenden betrifft und sich deshalb sonst beim Tod des Überlebenden Probleme ergeben können[210]. Denn das Anwartschaftsrecht des Abkömmlings, der zwischen Erb- und Nacherbfall verstirbt, ist vererblich (§ 2108 Abs. 2 S. 1 BGB); § 2108 Abs. 2 S. 2 iVm § 2074 BGB ist nicht anwendbar.

249 Formulierungsbeispiel:

Wir setzen uns gegenseitig zu alleinigen Vorerben ein. Nacherben des Erstversterbenden sind unsere Enkelkinder A und B je zu gleichen Teilen. Sie sind zugleich wechselseitig Ersatznacherben. Für den Fall des Versterbens beider Nacherben vor dem Vorerben ist Ersatznacherbe unser Sohn X.

Nach dem Tod des Längstlebenden sind Erben unsere Enkelkinder A und B je zu gleichen Teilen. ......

250 Der Begriff der Vor- und Nacherbschaft macht jedoch die Auslegung des Testaments nicht überflüssig, wenn die Möglichkeit besteht, dass der beziehungsweise die Erblasser die Begriffe unzutreffend gebraucht haben.[211] Das wurde zum Beispiel bei dem Zusatz der Befreiung des Vorerben „von allen Beschränkungen" angenommen, denn § 2136 BGB lässt eine Befreiung nur eingeschränkt zu.[212]

251 Formulierungsbeispiel:

Der Vorerbe soll von den Beschränkungen und Verpflichtungen befreit sein, soweit es das Gesetz zulässt. [alt.: soweit dies nach § 2136 BGB zulässig ist]

252 **(3) Pflichtteilsklauseln.**[213] Bei den Pflichtteilsklauseln handelt es sich um sogenannte Verwirkungsklauseln, mit denen der Erblasser denjenigen sanktioniert, der gegen seinen letzten Willen vorgeht. Im Zweifel handelt es sich um eine auflösende Bedingung (§ 2075 BGB).[214] Wird ein Erbrecht entzogen, wenn der Erbe die anderweitigen letztwilligen Verfügungen angreift, liegt eine aufschiebend bedingte Enterbung vor. Die Sanktionierung der Geltendmachung von Pflichtteilsansprüchen beim ersten Todesfall kann sowohl durch Ausschluss des Pflichtteilsberechtigten von der Nacherbschaft als auch von der (getrennten) Erbschaft des Längstlebenden erreicht werden. Die Gefahr der **Doppelbegünstigung** durch Verlangen des Pflichtteilsanspruches nach dem ersten und zweiten Todesfall ist hier nicht gegeben. Der Verlangende kann jedoch auch für den zweiten Erbfall in der letztwilligen Verfügung enterbt werden. Da die Geltendmachung des Pflichtteils

---

[210] OLG Hamm BeckRS 2013, 14673 = NJW-RR 2014, 9, OLG Hamm, Pressemitteilung vom 3.9.2013: nur Ersatzerbenbestimmung, keine Anordnung der Vor- und Nacherbschaft; *Nehlsen-von Stryk* DNotZ 1988, 147 ff.; zur Geltung des § 2102 BGB in diesen Fällen BGH NJWE-FER 1999, 37 (38) = ZEV 1999, 26.
[211] BGH JZ 1983, 147 (148); OLG Düsseldorf FamRZ 1996, 1567 (1568) = ZEV 1996, 310.
[212] OLG Karlsruhe OLGZ 1969, 495 (498).
[213] Staudinger/*Kanzleiter* (2019) BGB § 2269 Rn. 53 ff.; Eine umfassende, nicht auf Ehegattenerbrecht bezogene Darstellung des Pflichtteilsrechts findet sich in → § 16.
[214] OLG Dresden Rpfleger 1999, 276 (277); OLG Celle BeckRS 1995, 30885338 = ZEV 1996, 307 BayObLG NJW-RR 1996, 262 (263); BayObLG, NJW-RR 1988, 968 (969).

VII. Das gesetzliche Erbrecht des Ehegatten und des eingetragenen Lebenspartners § 15

durch den Schlusserben zum Beispiel aus steuerlichen Gründen von dem Längstlebenden gewünscht sein kann, sollte die Klausel nur „*gegen dessen Willen*" die Sanktion auslösen. Der Ausschluss des Pflichtteilsberechtigten kann wie folgt erreicht werden:

Formulierungsbeispiel: 253
Sollte ein erbberechtigter Abkömmling nach dem Tod des Erstversterbenden von uns gegen den Willen des Längstlebenden von uns seinen Pflichtteil verlangen und erhält er ihn auch ganz oder teilweise, sind er und seine Abkömmlinge von der Nacherbfolge ausgeschlossen. Bei dem Tod des Längstlebenden von uns ist er nicht Erbe. Ersatzerbe für ihn ist ***.

Der Ausschluss der Ersatznacherben kann folgendermaßen erreicht werden: 254

Alternativer Formulierungsvorschlag: 255
Sollte ein erbberechtigter Abkömmling auf den Tod des erstversterbenden Ehegatten gegen den Willen des Letztversterbenden seinen Pflichtteil verlangen und ganz oder teilweise erhalten, sind er und die für ihn als Ersatznacherben in Betracht kommenden Abkömmlinge von der Nacherbfolge ausgeschlossen. Bei dem Tod des längstlebenden Ehegatten ist der erbberechtigte Abkömmling nicht Erbe. Ersatzerbe nach ihm ist ***.

Beliebt sind die sogenannten Jastrow'schen Klauseln für das Berliner Testament, durch 256 welche sich wohlverhaltende Begünstigte belohnt (zum Beispiel durch Geldvermächtnisse) oder in Ungnade gefallene Abkömmlinge „bestraft" (Enterbung in beiden Erbfällen) werden, wenn ein Abkömmling den Pflichtteil verlangt, zum Beispiel durch Ausschluss von der Schlusserbenstellung.[215]

Formulierungsbeispiel: 257
Die von uns eingesetzten Schlusserben, die im ersten Erbfall keinen Pflichtteil verlangen und erhalten, erhalten für den Fall, dass ein Schlusserbe seinen Pflichtteil verlangt und erhält, ein bereits mit dem ersten Todesfall anfallendes Geldvermächtnis in Höhe des Wertes, der ihrem gesetzlichen Erbteil nach dem Tod des Erstversterbenden entspricht. Das Geldvermächtnis wird bis zum Tod des Überlebenden von uns gestundet. Diese Vermächtnisforderung ist nur an die ehelichen Abkömmlinge des Vermächtnisnehmers vererblich und übertragbar. Eine dingliche Sicherung des Vermächtnisses kann nicht verlangt werden.

Sind sich allerdings alle Nacherben einig und verlangen den Pflichtteil – mit der Folge, 258 dass der Vorerbe Vollerbe wird –, ist zu überlegen, ob dann besondere Sanktionen gewünscht werden.

(4) Befreiung des Vorerben. Befreiungen des Vorerben in der letztwilligen Verfügung[216] 259 von Beschränkungen als Vorerbe über die **Aufzählung im Gesetz** hinaus (§ 2136 BGB) sind nicht zulässig. Weitergehende Befreiungen müssen außerhalb der Regeln der Vor- und Nacherbschaft angeordnet werden, zum Beispiel durch Vorausvermächtnis bestimmter Nachlassgegenstände oder Vermächtnis eines Anspruchs auf Zustimmung der Nacherben zu bestimmten Verfügungen.

---

[215] OLG Koblenz ZEV 2010, 473: keine doppelte Anrechnung des ersten auf den zweiten Pflichtteil; OLG Schleswig ZEV 203, 501 (502) mAnm *Reymann* DNotZ 2014, 461; *Kanzleiter* ZEV 2014, 225 (229); *Reimann/Bengel/Mayer/Mayer*, Testament und Erbvertrag, 6. Aufl. 2015, BGB § 2269 Rn. 120.
[216] OLG Hamm ZEV 2013, 397 (398) mAnm *Kroiß* zur Auslösung des Pflichtteilsklausel; NJW-RR 1997, 453 (454); OLG Hamm FamRZ 2011, 1331 = ZFE 2011, 197.

260 Allerdings kann dem Vorerben unter genau definierten Optionen gestattet werden, die Nacherbfolge zu beseitigen.[217] Weiterhin können Freistellungen vorgesehen sein, zum Beispiel für die Verteilung des Nachlasses unter den Nacherben, oder durch Anordnung der Vor- und Nacherbschaft lediglich in Bezug auf einzelne Erbteile (§ 2088 BGB). Ist keine Ersatznacherbfolge angeordnet, können Vor- und Nacherbe auch einvernehmlich die Konstruktion beseitigen.

261 **(5) Wiederverheiratung beziehungsweise Begründung neuer Lebenspartnerschaft.** Die Anordnung des Nacherbfalls für den Fall der Wiederverheiratung des Längstlebenden oder der Eingehung einer neuen eingetragenen Lebenspartnerschaft sichert den **Erhalt des Vorerbschaftsvermögens** für die Nacherben. Die uneingeschränkte Anordnung des Eintritts der Nacherbfolge bei Widerverheiratung ohne angemessene Beteiligung des Überlebenden an dem Nachlass ist jedoch unwirksam.[218] Soweit Wiederverheiratungsklauseln wirksam sind (also wertmäßig mindestens den Pflichtteilsanspruch, ggf. einen Zugewinnanspruch, dem Überlebenden belassen) oder im Sinne einer „geltungserhaltend reduzierenden Interpretation"[219] eingeschränkt erhalten bleiben können, dienen sie vorrangig dazu, den Schlusserben den Nachlass des Erstversterbenden Ehegatten ohne neu in der Person des neuen Ehegatten entstehende Pflichtteilsansprüche und damit den Willen des Erblassers zu erhalten.

262 Die Anordnung des Wechsels der befreiten zur nicht befreiten Vorerbschaft bei Wiederverheiratung oder Eingehung einer neuen eingetragenen Lebenspartnerschaft ist ebenfalls möglich. Je nach Ausstattung des Ehegatten beziehungsweise eingetragenen Lebenspartners sollte ihm bei erneuter Bindung ein Teil der Erbschaft verbleiben.

263 Formulierungsbeispiel:

Heiratet der Längstlebende von uns wieder, behält er den gesetzlichen Erbteil als Vorerbe [alt.: wird ein Viertel des Nachlasses von der Nacherbfolge frei und verbleibt dem Längstlebenden von uns als Vollerbe]. Hinsichtlich des weiteren Nachlasses tritt mit Wiederverheiratung die Nacherbfolge ein.

264 Ist der Ehegatte beziehungsweise eingetragene Lebenspartner Vorerbe und löst die neue Bindung den Nacherbfall aus, so ist er in der Regel auch an seine wechselbezüglichen Verfügungen für den zweiten Todesfall nicht mehr gebunden, so dass er diese widerrufen kann.[220] Diese Rechtsfolge kann testamentarisch abbedungen werden.

265 Formulierungsbeispiel:

Wenn der Längstlebende von uns wieder heiratet und deshalb die Nacherbfolge eintritt, ist er an die Erbeinsetzung für den zweiten Todesfall unverändert gebunden.

266 **cc) Nießbrauchvermächtnis für den Ehegatten beziehungsweise eingetragenen Lebenspartner.** Will der Erblasser einen Dritten stärker schützen als den Ehegatten oder eingetragenen Lebenspartner, kann er den bedachten Dritten zum Vollerben einsetzen

---

[217] OLG Hamm ZEV 2000, 197 (198): Bedingungseintritt durch letztwillige Verfügung oder durch lebzeitiges Rechtsgeschäft; Staudinger/*Kanzleiter* (2019) BGB § 2269 Rn. 36, 44.
[218] OLG Saarbrücken DNotI-Report 2015, 78 (78) = ZEV 2015, 364 Ls.; BVerfG DNotZ 2004, 798: Der Bundesgerichtshof habe in seiner Entscheidung bei der Würdigung der Ebenbürtigkeitsklausel den Bedeutungsgehalt des Grundrechts auf Eheschließungsfreiheit (Art. 6 Abs. 1 GG) „verkannt" ... Der durch Art. 14 Abs. 1 S. 1 GG geschützten Testierfreiheit des Erblassers stehe das Grundrecht des Beschwerdeführers aus Art. 6 Abs. 1 GG gegenüber. Art. 6 Abs. 1 GG gewährleiste die Freiheit, die Ehe mit einem selbst gewählten Partner einzugehen. Die mit der Wahrung des Ebenbürtigkeitsprinzips verknüpfte Erbeinsetzung rechtfertige heute nicht mehr Eingriffe in die Eheschließungsfreiheit eines Erben.
[219] OLG Saarbrücken DNotI-Report 2015, 78 (79) = ZEV 2015, 364 Ls.
[220] BayObLGZ 1962, 137 (139); Staudinger/*Kanzleiter* (2019) BGB § 2269 Rn. 45, 46.

und mit dem Vermächtnis beschweren, dem überlebenden Ehegatten beziehungsweise eingetragenen Lebenspartner den Nießbrauch an dem Nachlass oder einem Nachlassteil einzuräumen (§§ 1089, 1085 ff., 1030 ff. BGB). Dem Nießbrauchnehmer steht die Nutzung an dem Vermögen zu (§ 1030 Abs. 1 BGB). Anders als die Vorerbschaft ist der Nießbrauch unvererblich und nicht übertragbar (§§ 1061, 1059 BGB).

Die Lasten des Nießbrauchers können abweichend von den gesetzlichen Anordnungen verteilt werden. Dem überlebenden Ehegatten sollte in jedem Fall durch Vermächtnis die Nutzung des gemeinsamen Hausrats an der Familienwohnung verbleiben, damit auch im Streitfalle mit dem Erben das vertraute Umfeld nicht aufgegeben werden muss. Bei Immobilienhinterlassenschaften ermöglichen diverse Anordnungen zudem die rasche Bestellung des Nießbrauchs und die Sicherung des Fortbestehens, so die Anordnung der Testamentsvollstreckung durch den Überlebenden oder der Ausschluss der Auseinandersetzung der Erben hinsichtlich des Nießbrauchgegenstandes zur Vermeidung des Erlöschens in der Teilungsversteigerung. 267

Formulierungsbeispiel: 268
Zu meinen Vollerben setze ich ein:
a) ****
b) ****
je zur Hälfte (weitere Anordnungen zu Ersatzerben, Pflichtteilsklauseln).
Im Wege des Vermächtnisses erhält mein Ehegatte *** den lebenslangen unentgeltlichen Nießbrauch an allen Nachlassgegenständen, auch dem Hausgrundstück ***. Ein Ersatzvermächtnisnehmer wird entgegen abweichender gesetzlicher oder richterlicher Vermutungs- und Auslegungsregel nicht benannt.
Der Nießbraucher hat auch die außergewöhnlichen Lasten und Erhaltungsmaßnahmen zu tragen.
Im Wege des Vermächtnisses erhält mein Ehegatte *** das gesamte Inventar und die Haushaltsgegenstände unserer Wohnung *** einschließlich aller persönlichen Gegenstände und des Autos.
Mein Ehegatte *** wird zum Testamentsvollstrecker bestellt. Dieser hat die einzige Aufgabe, den Nießbrauch an dem Hausgrundstück zu bestellen und eintragen zu lassen. Er ist von § 181 BGB befreit.

dd) Vermächtnisnehmerstellung des Ehegatten beziehungsweise eingetragenen Lebenspartners. Soll der Ehegatte beziehungsweise eingetragene Lebenspartner nicht als Erbe in die gesamte Rechtsstellung des Erblassers einrücken, sondern lediglich einen obligatorischen Anspruch auf die Zuwendung eines **einzelnen Vermögenswertes** erhalten, steht die Vermächtnisanordnung zur Verfügung. Soll der Ehegatte beziehungsweise eingetragene Lebenspartner dennoch Erbe sein, kann die Zuteilung von einzelnen Nachlassgegenständen an den Längstlebenden zusätzlich zu seinem Erbteil im Wege des **Vorausvermächtnisses** erfolgen. Eine solche Anordnung macht Sinn, wenn der Überlebende Vorerbe werden soll und im Wege des Vorausvermächtnisses der zugewendete Gegenstand endgültig, das heißt auch bei Eintritt des Nacherbfalls, in dem Vermögen des Überlebenden beziehungsweise seinem Nachlass verbleiben soll. 269

i) Erbvertrag. aa) Übersicht über die Vor- und Nachteile

> **270** Vorteile:
> - Möglichkeit der Errichtung nicht nur auf Ehegatten oder Lebenspartner beschränkt,
> - nur der Erblasser muss letztwillige Verfügung treffen, der andere Teil nicht,
> - Bindungswirkung auch schon zu Lebzeiten,
> - Schutz des Vertragspartners vor beeinträchtigender Schenkung bezüglich vertragsmäßiger Verfügungen gemäß §§ 2287, 2288 BGB.
>
> Nachteile:
> - starke Bindungswirkung,
> - gesetzliche Rücktrittsrechte von den vertragsmäßigen Verfügungen können nicht abbedungen werden,
> - Verbot des Totalabänderungsvorbehaltes.

271 bb) Prinzip. Eine ausführliche Darstellung zum Erbvertrag, insbesondere zu den Einzelheiten der Bindungswirkung und den Möglichkeiten, sich hiervon zu lösen, findet sich im Erbrecht (§§ 17-20).

272 Ehegatten beziehungsweise eingetragene Lebenspartner können sich formell auch durch einen zu beurkundenden Erbvertrag verpflichten, der in seiner **Bindungswirkung** schon zu deren Lebzeiten weiter geht als das gemeinschaftliche Testament. Vertragsmäßige Verfügungen im Erbvertrag können einseitig nicht mehr widerrufen, sondern nur noch angefochten oder durch einseitig vorbehaltenen Rücktritt beseitigt werden (§ 2293 ff. BGB). Gegebenenfalls gibt es gesetzliche Rücktrittsgründe. Aber in Betracht kommt eine Selbstanfechtung durch einen der Ehepartner (zum Beispiel über die erfolgte Trennung) nach §§ 2281, 2078 Abs. 2, 2079 BGB als Irrtum über einen künftigen Umstand.[221] Die Beweislast für einen solchen Irrtum hat der Anfechtende.

273 Der Erbvertrag ist zwingend notariell zu beurkunden (§ 2276 Abs. 1 S. 1 BGB). Entscheidend ist – im Unterschied zum Testament –, dass der Erblasser sich gegenüber seinem Vertragspartner bindet (nicht im schuldrechtlichen Sinn zu verstehen). Die Bindung bewirkt, dass der Bedachte eine gesicherte Position (Anwartschaft) erhält.

274 Der Erbvertrag kann eine nur einseitige Bindung oder auch beiderseitige beziehungsweise mehrseitige Bindungen enthalten.

275 Zumindest eine solche – einseitige oder beiderseitige – Verfügung muss jedoch **vertragsgemäß**, dh zwischen den Parteien vereinbart sein, weil nur dann ein Erbvertrag vorliegt. Daneben können einseitige (nicht vertragsmäßige) Verfügungen bestehen, die auch einseitig widerrufen werden können (§ 2299 BGB). Zum Vergleich: Im gemeinschaftlichen Testament sind nur einseitige – mit und ohne Wechselbezüglichkeitscharakter ausgestattete – Verfügungen möglich.

276 Eine einvernehmliche Aufhebung ihres Erbvertrages können Ehegatten beziehungsweise eingetragene Lebenspartner auch durch ein gemeinschaftliches Testament herbeiführen (§ 2292 BGB).

277 j) Wahl der „richtigen" Verfügungsart. Die Entscheidung der Ehegatten beziehungsweise eingetragenen Lebenspartner für eine Verfügungsart – namentlich für ein Einzeltestament, für ein gemeinschaftliches Testament mit Trennungslösung oder für eines mit Einheitslösung oder für den Erbvertrag – wird unter anderem von folgenden Überlegungen bestimmt:

---

[221] Trennung als Irrtum über einen künftigen Umstand kann Anfechtungsgrund des Erbvertrages sein; BayObLG ZEV 2004, 152 (153).

Einzeltestamente eignen sich besonders für gemischt-nationale Ehen beziehungsweise eingetragene Lebenspartnerschaften sowie für Personen, die der Freiheit jederzeitiger Änderungsmöglichkeit der letztwilligen Verfügung einen hohen Stellenwert einräumen. Bei gemischt-nationale Ehen sind zudem neben dem nationalen Erbrecht auch die internationalen Besonderheiten zu bedenken und zu beraten. Ansonsten spricht bei Ehegatten beziehungsweise eingetragenen Lebenspartnern vieles für die aufeinander abgestimmte Nachlassregelung in einem gemeinschaftlichen Testament oder einem Erbvertrag. 278

Will nur ein Ehegatte eine letztwillige Verfügung treffen, scheidet ein gemeinsames Testament aus. Es steht das Einzeltestament und – wenn die Herbeiführung einer Bindungswirkung gewollt ist – der einseitig bindende Erbvertrag zur Verfügung. 279

Ist eine privatschriftliche Regelung gewünscht, scheidet der Erbvertrag aus. 280

Der Erbvertrag setzt zwingend die Bindung an mindestens eine vertragsmäßige Verfügung voraus. Haben die Ehegatten den Wunsch zur vollständigen Abänderung der letztwilligen Verfügung durch den Längstlebenden, scheidet der Erbvertrag aus. Es empfiehlt sich in diesem Fall, ein gemeinschaftliches Testament zu verfassen, da dort die entsprechenden Freistellungen geregelt werden können. 281

Steht die Sicherung des späteren Übergangs des Erbvermögens auf die Nacherben im Vordergrund – insbesondere in Patchwork-Familien und bei Perpetuierung der Nachfolge über mehrere Generationen (wegen etwa heute noch minderjähriger Kinder) in einem Unternehmen –, sollten die Ehegatten das Trennungsprinzip in Betracht ziehen. 282

11. Ausschluss des Ehegattenerbrechts beziehungsweise des Erbrechts des eingetragenen Lebenspartners

a) Ausschlussgründe des gesetzlichen Erbrechts. Das gesetzliche Erbrecht des Ehegatten beziehungsweise eingetragenen Lebenspartners, das Recht auf seinen Pflichtteil (§ 2303 Abs. 2 BGB) und der Anspruch auf den Voraus (§ 1932 BGB) bestehen nicht,[222] wenn 283

- gar keine wirksame Ehe oder Lebenspartnerschaft bestand, also zum Beispiel eine Nichtehe[223] vorlag,
- die Ehe vor dem Tod des Erblassers aufgehoben (§§ 1313 ff. BGB), aufgelöst (§ 1319 Abs. 2 BGB), geschieden (§ 1564 BGB) oder nach altem Recht für nichtig erklärt (§ 23 EheG) wurde, oder die Lebenspartnerschaft vor dem Tod des Erblassers aufgehoben wurde (§ 15 Abs. 2 LPartG),
- der Erblasser berechtigt war, die Aufhebung der Ehe nach den §§ 1313 ff. BGB zu beantragen, den Antrag gestellt hatte und dieser rechtshängig geworden ist,[224] oder der Ehegatte dem Scheidungsantrag zugestimmt hatte (§ 1933 S. 2 BGB),
- zum Zeitpunkt des Todes des Erblassers die Voraussetzungen für die Aufhebung der Lebenspartnerschaft vorlagen und der Erblasser entweder die Aufhebung beantragt oder ihr zugestimmt hat (§ 10 Abs. 3 LPartG),
- der überlebende Ehegatte in bestimmten Fällen die Aufhebbarkeit der Ehe bei Eheschließung gekannt hat (§ 1318 Abs. 5 BGB),
- Ausschlagung des gesetzlichen Erbrechts, Erbunwürdigkeit, Erbverzicht oder testamentarische Enterbung[225] vorliegen,

---

[222] Nicht ausgeschlossen werden aber Ansprüche, die nicht an die Erbenstellung anknüpfen, wie der Dreißigste (→ Rn. 87), oder das Recht auf Eintritt in den Mietvertrag (hier muss aber die Ehe oder Lebenspartnerschaft zum Zeitpunkt des Todes noch bestanden haben, → Rn. 88).
[223] Zu Begriff und Beispielen siehe Palandt/*Brudermüller* BGB Vor § 1313 Rn. 4.
[224] OLG Düsseldorf LS ZEV 2018, 165: auch bei Ruhen des Scheidungsverfahrens; OLG Frankfurt a.M. ZEV 2002, 514 (516) zu einem vom Betreuer einer bewusstlosen Erblasserin erhobenen Ehescheidungsantrags, mkritAnm *Coester* ZEV 2002, 516 (517).
[225] → § 18.

– eine ausschließende testamentarische Erbfolge angeordnet und vom Ehegatten beziehungsweise eingetragenen Lebenspartner akzeptiert wurde.

284 Davon unberührt bleiben Ansprüche auf den Zugewinn (§ 1371 Abs. 2 BGB), auf Auseinandersetzung des Gesamtguts einer Gütergemeinschaft (§ 1477 BGB) oder Unterhaltsansprüche (§§ 1933 S. 3, 1586b BGB).

285 **b) Ausschluss des Ehegattenerbrechts nach § 1933 BGB. aa) Formelle Voraussetzungen.** Der überlebende Ehegatte verliert
– sein gesetzliches Erbrecht (§ 1931 BGB),
– den Anspruch auf den Voraus (§ 1932 BGB) und auch
– seinen Anspruch auf den Pflichtteil,
wenn die Ehe rechtskräftig geschieden oder aufgehoben wurde, und darüber hinaus, wenn der Erblasser den **Scheidungsantrag** vor seinem Tod gestellt oder dem Scheidungsantrag des anderen Ehegatten zugestimmt hatte (§ 1933 S. 1 BGB), oder wenn er einen **Antrag auf Aufhebung der Ehe** gestellt hatte (§ 1933 S. 2 BGB).

286 Die Stellung des Scheidungs- oder Eheaufhebungsantrags (§§ 124, 133 FamFG) entfaltet ihre das Erbrecht ausschließende Wirkung ab Rechtshängigkeit, also mit Zustellung des Schriftsatzes an den anderen Ehegatten.[226] Die bloße Anhängigkeit des Scheidungsverfahrens vor dem Tod des Erblassers genügt nicht. Die Zustellung wirkt nicht zurück (§ 167 ZPO nicht anwendbar), da es beim Erbrechtsausschluss nicht um die Wahrung einer Frist oder den Neubeginn beziehungsweise die Hemmung der Verjährung geht, sondern um die materiell-rechtliche Wirkung einer Prozesshandlung.[227] Parallel sollte daher an einen Rücktritt von einem Erbvertrag oder Widerruf eines gemeinschaftlichen Testaments gedacht werden. Ebenfalls nicht ausreichend ist die Stellung eines Antrags auf Prozesskostenhilfe.

287 Die (auch konkludent mögliche) **Zustimmung** des Erblassers **zum Scheidungsantrag** des überlebenden Ehegatten ist eine Prozesshandlung und setzt demzufolge Rechtshängigkeit voraus.[228] Ausreichend ist jedoch die Erklärung im Prozesskostenhilfeverfahren, wenn das Scheidungsverfahren anschließend rechtshängig wird.[229] Sie kann durch Schriftsatz eines bevollmächtigten Rechtsanwalts,[230] in der mündlichen Verhandlung zur Niederschrift des Gerichts oder zu Protokoll der Geschäftsstelle erklärt werden.

288 Die Rechtsfolge des § 1933 BGB entfällt, wenn der Erblasser die Zustimmung widerrufen hat. Die Rücknahme des Scheidungsantrags durch den Antragsteller beseitigt die Folgen des § 1933 BGB. Ein langjähriges Nichtbetreiben des Scheidungsverfahrens durch den Antragsteller beseitigt die Wirkung des § 1933 BGB nicht,[231] ebenso nicht die Rücknahme des Scheidungsantrags durch den überlebenden Ehegatten nach dem Erbfall oder durch den Prozessbevollmächtigten des verstorbenen Antragstellers.[232]

289 Wenn der Antragsgegner dem Scheidungsantrag nicht zugestimmt hat, führt § 1933 BGB nur zum Ausschluss des Erbrechts des Antragsgegners beim Antragsteller, nicht umgekehrt („*Asymmetrie*" der gesetzlichen Regelung).

---

[226] BVerfG NJW-RR 1995, 769 = FamRZ 1995, 536 = ZEV 1995, 183; BGH NJW 1990, 2382; BayObLG NJW-RR 1990, 517 = LSK 1990, 240063.
[227] BGH NJW 1990, 2382 (2383); BayObLG NJW-RR 1990, 517 = LSK 1990, 240063; Staudinger/*Werner* (2017) BGB § 1933 Rn. 5 mwN; MüKoBGB/*Leipold* § 1933 Rn. 5; aA Jauernig/*Stürner*, 16. Aufl. 2015, BGB § 1933 Rn. 1; *Bock* MittRhNotK 1977, 207.
[228] Außergerichtliche Zustimmung genügt nicht: BGHZ 128, 125 (127) = NJW 1995, 1082 (1083); BGHZ 111, 329 (331) = NJW 1990, 2382; OLG Köln ZEV 2003, 326, zur konkludenten Zustimmung durch die Worte „die Angaben zum Scheitern der Ehe werden nicht bestritten".
[229] Vgl. OLG Zweibrücken NJW 1995, 601.
[230] OLG Stuttgart OLGZ 93, 263 (264).
[231] OLG Stuttgart NJW-RR 2007, 952 (954); OLG Naumburg ZEV 2015, 432 Ls.; OLG Frankfurt a.M. NJW 1997, 3099 (3100); MüKoBGB/*Leipold* § 1933 Rn. 8.
[232] OLG Naumburg ZEV 2015, 432 Ls. = BeckRS 2015, 10356; OLG Frankfurt a.M. NJW 1997, 3099 (3100); OLG Rostock ErbR 2011, 28 = NJW-Spezial 2010, 711; OLG Köln NJW-RR 2003, 655 (656) = ZEV 2003, 326; MüKoBGB/*Leipold* § 1933 Rn. 9.

Das OLG Zweibrücken hat in 1990 vertreten, dass im Falle einer einverständlichen 290
Scheidung ohne Einigung über die Folgesachen (§ 133 Abs. 1 Nr. 2 FamFG) und allein
auf der Basis der Zerrüttungsvermutung ein Ausschluss des gesetzlichen Ehegattenerbrechts nicht in Betracht komme.[233] Die *einverständliche Scheidung* nach § 630 Abs. 1 Nr. 2
und 3 ZPO aF. umfasste damals die übereinstimmenden Erklärungen beziehungsweise die
Einigung über die Scheidungsfolgen; § 133 Abs. 1 Nr. 2 FamFG hat das so nicht übernommen, das Problem dürfte sich daher nicht mehr stellen.[234]

bb) Materielle Voraussetzungen. Der Ausschluss des Ehegattenerbrechts setzt voraus, 291
dass die Ehe geschieden oder aufgehoben worden wäre, wenn sich das Verfahren nicht
nach § 131 FamFG durch den Tod eines Ehegatten erledigt hätte.[235] Im Fall des Scheidungsverfahrens müsste dazu die Ehe gescheitert sein (§ 1565 Abs. 1 BGB). Unerheblich
ist, ob für das Scheitern der Ehe eine der Vermutungen des § 1566 BGB gesprochen hätte
oder ob die Scheidung auf den Grundtatbestand des § 1565 Abs. 1 BGB und gegebenenfalls die Härtefallregelung des § 1565 Abs. 2 BGB gestützt worden wäre. Voraussetzung ist
weiterhin, dass der Scheidung nicht die Schutzklausel des § 1568 Abs. 1 BGB entgegen-
gestanden hätte.[236]

Die Berechtigung des Erblassers zur Stellung eines Antrags auf Aufhebung der Ehe ist 292
nach den §§ 1314ff. BGB zu beurteilen. Insbesondere muss einer der Aufhebungsgründe
des § 1314 BGB vorliegen, die Aufhebung darf nicht nach § 1315 BGB ausgeschlossen
sein und der Antragsberechtigte (späterer Erblasser, § 1316 BGB) muss den Antrag fristgerecht gestellt haben (§ 1317 BGB). Die Klärung der Frage des Erbrechts erfolgt im Rahmen des Erbscheinverfahrens oder rechtskräftig/endgültig im Rahmen eines Zivilprozesses über das Erbrecht.[237] Die Beweislast dafür, dass die Ehe geschieden oder aufgehoben
worden wäre, trifft denjenigen, der sich darauf beruft.[238]

cc) Rechtsfolgen. Liegen die genannten Voraussetzungen vor, verliert der Ehegatte ne- 293
ben dem gesetzlichen Erbrecht (§ 1931 BGB) und dem Anspruch auf den Voraus (§ 1932
BGB) auch den Anspruch auf das Pflichtteilsrecht, weil er ja nicht mehr von der gesetzlichen Erbfolge ausgeschlossen werden kann (vgl. § 2303 Abs. 2 S. 1 BGB). Dies gilt nicht
für den Erbteil, den der Ehegatte aufgrund eines gegebenenfalls zugleich mit dem Erblasser bestehenden Verwandtschaftsverhältnisses erhält (vgl. § 1934 BGB). Dieser bleibt bestehen. Die bei Beendigung der Zugewinngemeinschaft bestehende sogenannte erbrechtliche Lösung entfällt vollständig.

Bestand zwischen den Ehegatten der Güterstand der Zugewinngemeinschaft, kann der 294
Zugewinnausgleich nach der güterrechtlichen Lösung gemäß § 1371 Abs. 2 Hs. 1 BGB
geltend gemacht werden.[239] Für die Berechnung ist der Zeitpunkt der Rechtshängigkeit
des Scheidungsantrags heranzuziehen.[240] Da der überlebende Ehegatte so gestellt wird, als
sei die Scheidung oder Aufhebung der Ehe bereits rechtskräftig, ordnet § 1933 S. 3 BGB
an, dass ihm auch ein entsprechender Unterhaltsanspruch nach Maßgabe der §§ 1569 bis

---

[233] OLG Zweibrücken NJW 2001, 236 (236).
[234] OLG Zweibrücken NJW 2001, 236; OLG Frankfurt a.M. NJW-RR 1990, 136 (136) und dem folgend MüKoBGB/*Leipold* § 1933 Rn. 12.
[235] OLG Köln ZEV 2003, 326 = NJW-RR 2003, 655; Anm *Werner* ZEV 2003, 327.
[236] BGH NJW-Spezial 2008, 679; OLG Hamm ErbR 2014, 355 mAnm *Stahmer*; MüKoBGB/*Leipold* § 1933 Rn. 11.
[237] OLG Köln ZEV 2003, 326 = NJW-RR 2003, 655; MüKoBGB/*Leipold* § 1933 Rn. 8; zu dem Verhältnis von Erbscheinverfahren und Klage. → Rn. 283.
[238] BGH NJW 1995, 1082 (1084) = ZEV 1995, 150; BayObLG FamRZ 1992, 1349 (1350); OLG Schleswig NJW 1993, 1083 (1084).
[239] BGH NJW 1966, 2109 (2111); MüKoBGB/*Leipold* § 1933 Rn. 23; im Fall der Aufhebung erscheint es
sachgerecht, § 1318 Abs. 3 BGB anzuwenden, wonach ein Anspruch auf Zugewinnausgleich bei grober
Unbilligkeit nicht besteht. In § 1933 S. 3 BGB hat der Gesetzgeber eine entsprechende Einschränkung
für den Unterhaltsanspruch jedoch nicht aufgenommen, → sogleich.
[240] BGH NJW 1987, 1764 (1765).

1586b BGB zusteht. Ein Verweis auf die Einschränkungen des § 1318 Abs. 2 BGB für den Fall der Aufhebung fehlt, so dass ein Ehegatte, dem ein Unterhaltsanspruch nach Eheaufhebung gemäß § 1318 Abs. 2 BGB verwehrt wäre, im Fall der bloßen Antragstellung gemäß § 1933 BGB durchaus unterhaltsberechtigt sein kann. Der Anspruch richtet sich gemäß § 1586b BGB gegen die Erben.

295 **c) Ausschluss des Erbrechts des eingetragenen Lebenspartners nach § 10 Abs. 3 LPartG. aa) Prinzip.** Für eingetragene Lebenspartner enthält § 10 Abs. 3 LPartG eine dem § 1933 BGB entsprechende Regelung. Die Unterscheidung zwischen Scheidung und Aufhebung entfällt hier, da es im Lebenspartnerschaftsrecht nur die Aufhebung nach § 15 LPartG gibt. Dieser partnerschaftsrechtliche Aufhebungstatbestand entspricht nicht der Aufhebung des Eherechts, sondern umfasst sowohl die eherechtlichen Scheidungsgründe (§ 15 Abs. 2 S. 1 LPartG) als auch einige der eherechtlichen Aufhebungsgründe (§ 15 Abs. 2 S. 2 LPartG).

296 Soweit Aufhebungsgründe des § 1314 BGB in § 15 Abs. 2 S. 2 LPartG nicht genannt sind (wie zum Beispiel die „Scheinlebenspartnerschaft"), führen diese gemäß § 1 Abs. 2 LPartG dazu, dass die eingetragene Lebenspartnerschaft von Anfang an unwirksam ist, so dass es im Gegensatz zur Ehe keiner Aufhebung mehr bedarf.[241] In diesen Fällen entfällt also schon mangels wirksamer eingetragener Lebenspartnerschaft das Erbrecht des Überlebenden.

297 Nach § 10 Abs. 3 LPartG ist das Erbrecht des überlebenden Lebenspartners ausgeschlossen, wenn zur Zeit des Erbfalls entweder die Voraussetzungen des § 15 Abs. 2 Nr. 1 oder 2 LPartG vorlagen und der Erblasser die Aufhebung beantragt oder ihr zugestimmt hatte oder der Erblasser einen begründeten Antrag nach § 15 Abs. 2 Nr. 3 LPartG gestellt hatte.

298 **bb) Voraussetzungen.** Die **formellen** Voraussetzungen entsprechen sowohl im Fall der Antragstellung durch den Erblasser als auch im Fall der Zustimmung zum Antrag des Überlebenden denen des § 1933 BGB. Die Zuständigkeit des Familiengerichts ergibt sich aus § 103 FamFG.

299 In **materieller Hinsicht** müssen die Aufhebungsvoraussetzungen gemäß § 15 Abs. 2 LPartG vorliegen. Diese entsprechen weitgehend[242] denen der Ehescheidung, Schutzklauseln (§ 15 Abs. 3 LPartG) dürfen nicht entgegenstehen.

300 **cc) Rechtsfolgen.** Liegen die genannten Voraussetzungen vor, verliert der Lebenspartner sein gesetzliches Erbrecht sowie den Anspruch auf das Pflichtteilsrecht, weil er ja nicht mehr von der gesetzlichen Erbfolge ausgeschlossen werden kann (vgl. § 2303 Abs. 2 S. 1 BGB). Der Ausschluss umfasst auch den in § 10 Abs. 3 LPartG im Gegensatz zu § 1933 BGB nicht ausdrücklich aufgeführten Voraus, da dieser ein gesetzliches Erbrecht voraussetzt. Hinsichtlich des Zugewinnausgleichs ergeben sich im Vergleich zu § 1933 BGB keine Unterschiede (vgl. § 6 LPartG). Gleiches gilt für den Unterhaltsanspruch, der dem überlebenden Lebenspartner nach §§ 10 Abs. 3 S. 2, 16 LPartG zusteht. Der Anspruch richtet sich gemäß § 1586b BGB gegen die Erben.

301 **d) Ausschluss des Erbrechts nach § 1318 Abs. 5 BGB.** Eine Erweiterung des § 1933 S. 2 BGB enthält das Gesetz an versteckter Stelle[243] in § 1318 Abs. 5 BGB. Während

---

[241] MüKoBGB/*Wellenhofer* § 1306 Rn. 10; Palandt/*Brudermüller* LPartG § 15 Rn. 7; *Schwab* FamRZ 2001, 385 (388); *Kemper* FPR 2001, 449 (451); teilweise wird die Ansicht vertreten, die Vorschriften des allg. Teils des BGB (§§ 116 ff.) seien anwendbar, so zB *Finger* MDR 2005, 121 (122); *Wellenhofer* NJW 2005, 705.
[242] Vgl. zu den Unterschieden *Kemper* FF 2005, 88 (91); *Wellenhofer* NJW 2005, 705.
[243] *Tschernitschek* FamRZ 1999, 829, 830; Erman/*Roth* § 1318 Rn. 9: „systematisch falsche Stelle". Eine dem § 1318 Abs. 5 BGB entsprechende Regelung für Lebenspartner gibt es nicht.

§ 1933 S. 2 BGB voraussetzt, dass der Aufhebungsantrag rechtshängig ist, kann der überlebende Ehegatte nach § 1318 Abs. 5 BGB auch ohne Stellung dieses Antrags seines Erbrechts verlustig gehen, wenn er die Aufhebbarkeit der Ehe zum Zeitpunkt der Eheschließung gekannt hat. Dies gilt jedoch nur bei Vorliegen eines der in § 1318 Abs. 5 BGB genannten Aufhebungsgründe, nämlich

– bei Geschäftsunfähigkeit eines Ehegatten zum Zeitpunkt der Eheschließung (§ 1304 BGB),
– bei dem Verstoß gegen das Verbot der Doppelehe (§ 1306 BGB als Ausfluss des Monogamiegebots des Art. 6 Abs. 1 GG, auch für die eingetragene Lebenspartnerschaft),
– bei der Inzestehe (§ 1307 BGB),
– bei einem Formmangel nach § 1311 BGB sowie
– bei Bewusstlosigkeit oder vorübergehender Störung der Geistestätigkeit zum Zeitpunkt der Eheschließung (§ 1314 Abs. 2 Nr. 1 BGB).

Die Auswahl der Aufhebungsgründe durch den Gesetzgeber folgt keinen nachvollziehbaren Regeln und wurde vielfach angegriffen.[244] So erbt der Ehegatte, wenn kein Aufhebungsantrag durch den Erblasser gestellt wurde, sogar dann, wenn er den Erblasser durch Täuschung oder Drohung zur Eingehung der Ehe bestimmt hatte (§ 1314 Abs. 2 Nr. 3 und 4 BGB). Auf eine Kenntnis des Erblassers kommt es in dem Fall nicht an, so dass § 1318 Abs. 5 BGB selbst dann eingreifen kann, wenn der Erblasser in Kenntnis der Aufhebbarkeit bewusst von einem Aufhebungsantrag abgesehen hat. Eine Anwendung der Norm scheidet jedoch aus, wenn die Aufhebung nach § 1315 BGB ausgeschlossen ist. 302

Gilt im Erbfall deutsches Recht und hat der Erblasser im Zeitpunkt des Erbfalls in Doppelehe gelebt, und kam es weder zur Aufhebung der zweiten Ehe noch zur Stellung eines Aufhebungsantrags vor dem Erbfall (§§ 1313 und 1314 BGB), sind – wenn nicht Kenntnis gemäß § 1318 Abs. 5 BGB vorliegt, beide Ehegatten des Erblassers zu gesetzlichen Erben berufen.[245] Dies soll im Wege des Umkehrschlusses aus § 1318 Abs. 5 BGB folgen. Es kann jedoch im Erbfall nur *ein* Ehegattenerbteil vergeben werden, da sonst in das gesetzliche Erbrecht der Verwandten eingegriffen würde. Die mehreren überlebenden Ehegatten teilen sich den Anteil, der auf *einen* Ehegatten entfiele. Lebten die Ehegatten **in verschiedenen Güterständen** und führt dies zu unterschiedlicher Höhe des Erbteils, so ist der höhere Erbteil anzusetzen und nach dem Verhältnis der jedem zustehenden Erbteil auf die Ehegatten zu verteilen. Ist einer der Doppel-Ehegatten bereits vorverstorben, hat die Doppelehe keinen Einfluss auf den Erbteil des überlebenden Ehegatten. 303

e) Ausschluss des Erbrechts bei gewillkürter Erbfolge. Der durch gewillkürte Erbfolge berufene Erbe ist nach den allgemeinen Regeln von der Erbfolge ausgeschlossen, wenn er sein Erbe ausgeschlagen hat, darauf verzichtet hat oder erbunwürdig ist (wie der gesetzliche Erbe auch). 304

In Hinblick auf die Ausschlagung gilt jedoch die praktisch wenig bedeutsame Besonderheit des § 1948 BGB, wonach der durch Verfügung von Todes wegen berufene Ehegatte beziehungsweise eingetragene Lebenspartner die Möglichkeit hat, die Erbschaft als eingesetzter Erbe auszuschlagen und als gesetzlicher Erbe anzunehmen, sofern er ohne Testament auch gesetzlicher Erbe würde. 305

Das Einzeltestament, das gemeinschaftliche Testament und der Erbvertrag werden zudem im Zweifel unwirksam, wenn die Ehe beziehungsweise die eingetragene Lebenspartnerschaft vor dem Tod des Erblassers aufgelöst wurde oder die Voraussetzungen des § 1933 S. 1 oder 2 BGB vorliegen (§§ 2077 Abs. 1, 2268 Abs. 1, 2279 Abs. 1 und 2 306

---

[244] Staudinger/*Voppel* (2015) BGB § 1318 Rn. 41 ff.; Palandt/*Brudermüller* BGB § 1318 Rn. 3 ff.; *Tschernitschek* FamRZ 1999, 829 (830); *Bosch* NJW 1998, 2004 (2011): „schreckenerregende Aufzählung".
[245] Auch Dreifachehen usw. sind denkbar.

BGB, § 10 Abs. 5 LPArtG). Das gemeinschaftliche Testament geschiedener Ehegatten lebt auch nicht mit ihrer Wiederverheiratung wieder auf.[246]

307 Die Unwirksamkeit nach § 2077 BGB gilt nicht gegenüber dem Schwiegerkind bei dessen testamentarischer Begünstigung.[247] Wollten die Schwiegereltern, dass das Schwiegerkind nur dann Erbe wird, wenn die familienrechtliche Bindung fortbesteht, kann gegebenenfalls wegen Irrtums über den Nichteintritt eines künftigen Umstandes angefochten werden (§ 2078 Abs. 2 BGB). Ein solcher Motivirrtum liegt gegebenenfalls auch vor, wenn der andere Ehegatte während des von der Gegenseite betriebenen Aufhebungs- beziehungsweise Scheidungsverfahrens stirbt, da § 2077 BGB nicht gilt, das gemeinschaftliche Testaments wirksam bleibt (§ 2268 Abs. 1 BGB).[248]

308 Wenn ein gemeinschaftliches Testament von der Unwirksamkeit betroffen ist, helfen möglicherweise § 2268 Abs. 2 BGB, § 10 Abs. 4 S. 2 LPartG, um gegebenenfalls einzelne Verfügungen aufrechtzuerhalten.[249]

309 Eine Auflösung der Ehe liegt vor, wenn die Ehe aufgehoben (§§ 1313 ff. BGB), aufgelöst (§ 1319 Abs. 2 BGB), geschieden (§ 1564 BGB) oder nach altem Recht für nichtig erklärt (§ 23 EheG) wurde. Das gemeinschaftliche Testament[250] und der Erbvertrag sind in diesen Fällen insgesamt unwirksam, so dass auch nicht wechselbezügliche Verfügungen sowie Verfügungen zugunsten Dritter erfasst sind (§§ 2268 Abs. 1, 2279 Abs. 2, 2298 Abs. 1 BGB). Diese Vorschriften gelten auch, wenn die Ehegatten zum Zeitpunkt der Erstellung der Verfügung von Todes wegen noch verlobt waren, später heirateten und zum Zeitpunkt des Erbfalls dann die oben genannten Voraussetzungen vorlagen.[251] Im Unterschied zur gesetzlichen Erbfolge handelt es sich hierbei jedoch um dispositive **Auslegungsregeln** – nicht um eine gesetzliche Vermutung –, die nur gelten, wenn nicht anzunehmen ist, dass die Verfügung auch für diese Fälle getroffen worden wäre (§§ 2077 Abs. 3, 2268 Abs. 2, 2279 BGB).[252] Die Unwirksamkeit nach § 2077 BGB steht damit neben den Fällen der Nichtigkeit von Verfügungen von Todes wegen (wegen Formverstoßes: § 125 BGB, wegen Gesetzesverstoßes: § 134 BGB, wegen Sittenwidrigkeit: § 138 BGB).

310 Ob anzunehmen ist, dass die Verfügung auch für diese Fälle getroffen worden wäre, ist durch Auslegung zu ermitteln. Dabei kommt es auf den Zeitpunkt der Testamentserrichtung an.[253]

311 Die Vermutung, dass Verfügungen in einem gemeinschaftlichen Testament auch für die Fälle der Auflösung der Ehe oder des Vorliegens der Voraussetzungen des § 2077 Abs. 1 S. 2 oder 3 BGB getroffen worden wären, ist anwendbar, wenn beide Ehegatten die Fortgeltung für den Fall der Eheauflösung wollten, und wenn nur ein Ehegatte seine wechselbezüglichen Verfügungen aufrechterhalten wissen wollte[254] (die an sich wegen § 2270 Abs. 1 BGB unwirksam wären).

312 Eine Auslegung bliebe den Nachfolgern erspart, wenn die Eheleute diesen Fall in dem Testament mit berücksichtigt und gegebenenfalls vertraglich gestaltet hätten.[255]

---

[246] OLG Hamm ZEV 2011, 265.
[247] BGH FamRZ 2003, 870 (871).
[248] BayObLG LSK 1990, 230046 = FamRZ 1990, 322 Ls.; krit. Reimann/Bengel/Mayer/*Mayer,* Testament und Erbvertrag, 6. Aufl. 2015, BGB § 2268 Rn. 14–17.
[249] § 2077 BGB als Auslegungsregel: BGH FamRZ 1960, 28 (29); BayObLG NJW-RR 1993, 1157 (1159) = FamRZ 1994, 193; BayObLG NJW 1996, 133 (134); OLG Hamm OLGZ 1992, 272 (274); MüKoBGB/*Musielak* § 2268 Rn. 3; § 2077 als Rechtssatz: Palandt/*Weidlich* BGB § 2268 Rn. 2-4; Reimann/Bengel/Mayer/*Mayer,* Testament und Erbvertrag, 6. Aufl. 2015, BGB § 2268 Rn. 3.
[250] Zum Ausschluss beim gemeinschaftlichen Testament auch → Rn. 147 ff.
[251] BayObLG DNotZ 1993, 129 (130) = FamRZ 1993, 362.
[252] BGH FamRZ 2003, 870 (871); OLG Zweibrücken NJW-RR 1998, 941 (942); BayObLG NJW-RR 1993, 12 (12); NJW-RR 1997, 7 (8).
[253] BayObLG FamRZ 93, 362; BayObLGZ 93, 240 (245).
[254] Reimann/Bengel/Mayer/*Mayer,* Testament und Erbvertrag, 6. Aufl. 2015, BGB § 2268 Rn. 11; aA MüKoBGB/*Musielak* § 2268 Rn. 7.
[255] *Mayer* ZEV 1997, 280 (282).

VII. Das gesetzliche Erbrecht des Ehegatten und des eingetragenen Lebenspartners § 15

Formulierungsbeispiel: 313
Diese letztwillige Verfügung verliert ihre Wirkung, wenn ein begründeter Scheidungsantrag von einem Ehegatten gerichtsanhängig gemacht worden ist.

Die Beweislast trägt derjenige, der sich auf die Wirksamkeit der Verfügung beruft.[256] 314
Diese Regelungen gelten für eingetragene Lebenspartner entsprechend (§§ 10 Abs. 5 LPartG, § 2279 Abs. 2 BGB). An die Stelle der Auflösung der Ehe tritt die Aufhebung der eingetragenen Lebenspartnerschaft gemäß § 15 LPartG, an Stelle der Voraussetzungen des § 1933 S. 1 oder 2 BGB gelten die Voraussetzungen des § 10 Abs. 3 LPartG.[257] Entsprechendes gilt zudem gemäß §§ 2077 Abs. 2, 2279 BGB für **Verlobte** (§§ 1297 ff. BGB, § 1 Abs. 3 LPartG), wenn das Verlöbnis vor dem Tode des Erblassers aufgelöst worden ist.

Bleibt ein gemeinschaftliches Testament gemäß § 2268 Abs. 2 BGB allerdings wirksam, 315
kann es hinsichtlich der wechselbezüglichen Verfügungen nach der Scheidung der Eheleute beziehungsweise eingetragenen Lebenspartner nicht mehr geändert werden.[258]

Die genannten Regelungen gelten nicht für Ansprüche aus Lebensversicherungen, da 316
diese in der Regel nicht zum Nachlass gehören.[259] § 2077 BGB ist nicht analog auf Lebensversicherungen anwendbar. Belässt es der Erblasser bei dem Bezugsrecht trotz Widerrufsmöglichkeit der Lebensversicherung, bleibt das Bezugsrecht des Ehegatten beziehungsweise eingetragenen Lebenspartners bestehen. Bei Rechtshängigkeit eines Scheidungsverfahrens sollte daher der Lebensversicherungsgesellschaft eine gewünschte Änderung des Bezugsrechts aus der Lebensversicherung mitgeteilt werden. Einfache Schriftform der Willenserklärung an die Versicherungsgesellschaft mag genügen, Vordrucke beziehungsweise Formerfordernisse der Lebensversicherungsgesellschaften sind zu beachten.

12. Die Stellung der Pflichtteilsberechtigten im Erbrecht des Ehegatten beziehungsweise eingetragenen Lebenspartners

a) Prinzip. Der Ehegatte beziehungsweise eingetragene Lebenspartner und die Kinder 317
des Erblassers sowie, wenn Abkömmlinge nicht vorhanden sind, dessen Eltern haben einen **Pflichtteilsanspruch** in Höhe der Hälfte des Wertes des gesetzlichen Erbteils, wenn sie durch Verfügung von Todes wegen von der Erbfolge und damit an der Teilhabe des Vermögens des Erblassers ausgeschlossen sind (§ 2303 BGB). Voraussetzung für den Pflichtteilsanspruch des Ehegatten beziehungsweise eingetragenen Lebenspartners ist stets, dass
– die Ehe oder eingetragene Lebenspartnerschaft zum Zeitpunkt des Erbfalls noch bestand,
– kein Ausschlussgrund nach den §§ 1933, 1318 Abs. 5 BGB oder § 10 Abs. 3 LPartG vorlag,
– und kein Grund für eine Pflichtteilsentziehung gemäß § 2333 Nr. 3 BGB besteht.[260]

Erbunwürdigkeit, Erbverzicht und Ausschlagung führen ebenfalls zum Verlust des Pflicht- 318
teilsrechts. Beim vertraglichen Erbverzicht fallen der Verzichtende und sein Stamm als gesetzliche Erben weg, so als ob sie zur Zeit des Erbfalls nicht leben würden (§ 2346 Abs. 1 S. 2 BGB),[261] sofern nichts anderes bestimmt ist (§ 2349 BGB).

---

[256] BGH NJW 1995, 1082 (1084); BayObLG FamRZ 93, 362, MüKoBGB/*Leipold* § 2077 Rn. 13.
[257] Zu diesen Voraussetzungen → Rn. 295-300.
[258] BGH NJW 2004, 3113 (3114) = ZEV 2004, 423.
[259] BGH NJW 1995, 1082 (1084); NJW 1987, 3131 (3132); NJW 1995, 1082 (1084).
[260] BGH NJW 1985, 1554 (1555); LG Stuttgart NJW-Spezial 2012, 263.
[261] BGH NJW 1957, 422 (423): Erbverzicht auch stillschweigend möglich.

319 Beim vertraglichen Erbverzicht entfällt auch das Pflichtteilsrecht. Der Erbverzicht hat damit unmittelbar Auswirkung auf die gesetzliche Erbfolge und das Pflichtteilsrecht Dritter.

320 Die Ausschlagung einer Erbeinsetzung oder eines Vermächtnisses erhält dem Pflichtteilsberechtigten nur in den gesetzlich eigens dafür vorgesehenen Fällen den Pflichtteilsanspruch, nämlich bei Beschränkung und Beschwerung des Pflichtteilsberechtigten (§ 2306 BGB), bei Vermächtnis zugunsten des Pflichtteilsberechtigten (§ 2307 BGB) und bei Ausschlagung durch den zugewinnberechtigten Ehegatten beziehungsweise eingetragenen Lebenspartner (§ 1371 Abs. 3 BGB). In allen anderen Fällen gibt die Ausschlagung keinen Pflichtteilsanspruch!

321 **b) Berechnung bei Ehegatten beziehungsweise eingetragenen Lebenspartnern.** Der Pflichtteilsanspruch besteht in Höhe der Hälfte des gesetzlichen Erbteils. Bei der Berechnung des Pflichtteils für Abkömmlinge wirkt der Voraus gemäß § 1932 BGB pflichtteilsreduzierend, da er bei der Pflichtteilsberechnung vom Bestand des Nachlasses abzuziehen ist. Beim gesetzlichen Güterstand der Zugewinngemeinschaft ist zu unterscheiden: Ist der Ehegatte oder eingetragene Lebenspartner weder Erbe noch Vermächtnisnehmer, so gilt die sogenannte **güterrechtliche Lösung.**[262] Der Ehegatte bekommt danach den **kleinen Pflichtteil** nach § 1371 Abs. 2 BGB. Daneben besteht ein Anspruch auf Ausgleich des tatsächlichen Zugewinns. Ein Wahlrecht, stattdessen den nach § 1371 Abs. 1 BGB berechneten und somit um ein Viertel erhöhten Erbteil zur Berechnungsgrundlage zu machen, besteht nicht.[263] Ist der überlebende Partner hingegen Erbe oder Vermächtnisnehmer geworden, so hat er nach der **erbrechtlichen Lösung** einen Anspruch auf den nach § 1371 Abs. 1 BGB erhöhten sogenannten **großen Pflichtteil,** kann also bis zu dieser Höhe einen Pflichtteilsrestanspruch nach § 2305 BGB geltend machen. Er kann jedoch auch, und hierin liegt eine Besonderheit, die Erbschaft nach § 1371 Abs. 3 BGB ausschlagen und den **kleinen Pflichtteil** sowie den konkret berechneten Zugewinn verlangen. Im Gegensatz zu dem vollständig enterbten Ehegatten beziehungsweise eingetragenen Lebenspartner hat er also ein Wahlrecht. Ob dieses ausgeübt werden sollte, ist sorgfältig zu überlegen. Die Erbquoten und die Pflichtteilsquoten aller am Erbfall Beteiligten können daher erst genau bestimmt werden, wenn bekannt ist, wie der Ehegatte beziehungsweise eingetragene Lebenspartner und die Erben sich nach dem Erbfall zu ihren Erb- und Pflichtteilsansprüchen verhalten.

13. Verhalten des Überlebenden nach dem Erbfall

322 **a) Prinzip.** Die Rechtsfolgen der erbvertraglichen oder testamentarischen Anordnungen und/oder der gesetzlichen Erbfolge sollten im Zeitpunkt des Todes des Erblassers (erneut) überprüft werden, zumal sich die wirtschaftlichen und gesetzlichen Verhältnisse zwischen Erstellung der letztwilligen Verfügung und dem Zeitpunkt des Todes verändert haben könnten. Dann sind verständige Beteiligte des Erbfalls noch in der Lage, vertragliche Regelungen zu treffen, um unerwünschte Folgen zu vermeiden oder abzumildern. Das Testament könnt daher mit einem Hinweis auf Einholung rechtlichen Rates beginnen:

323 Formulierungsvorschlag:

Ich empfehle meinen Erben [Alt.: ich mache es meinen Erben zur Auflage], meinen letzten Willen binnen zwei Wochen nach meinem Tode auf seine Rechtsfolgen für einen jeden von ihnen von einem Anwalt überprüfen zu lassen.

324 Die Prüfung der letztwilligen Verfügung nach dem Todesfall kann in den Ratschlag an den Ehegatten beziehungsweise eingetragenen Lebenspartner oder die anderen Erben

---

[262] → Rn. 75, 76.
[263] BGH NJW 1964, 2404 (2405).

münden, die Erbschaft oder das Vermächtnis auszuschlagen, weil unerwünschte Tatbestände ausgelöst würden, zum Beispiel:
– Konsequenzen des Erbschaftsteuerrechts und des Einkommensteuerrechts, dort auch die nicht immer auf den ersten Blick erkennbaren Probleme einer Betriebsaufspaltung beziehungsweise Aufdeckung stiller Reserven infolge einer ausgelösten Entnahme durch Vereinbarung eines Nießbrauchs[264] oder durch Übertragung von Vermögenswerten, sowie eine unerwünschte Zusammenrechnung gemäß § 14 ErbStG,
– gesellschaftsrechtliche Durchsetzungen mangels Abstimmungen scheitern könnten,[265] oder
– die Ausschlagung für den Überlebenden Zahlungsansprüche begründeten, die den Wert seines Erbteils übersteigen.

Allerdings ist in der anwaltlichen Beratung darauf zu achten, dass **325**
– die Ausschlagung als Reparaturmaßnahme möglichst den Pflichtteilsanspruch erhält oder
– eine verständige Erbengemeinschaft angesichts der Berechnungsergebnisse bereit ist, den Ausschlagenden abzufinden, oder
– sich die Ausschlagung auch ohne Abfindungs- und Pflichtteilsansprüche empfiehlt.

Die Prüfung hat zweifelsfrei zu klären, welche wirtschaftlichen Folgen der Erbfall zeitigt, **326** welche wirtschaftlichen Folgen die Ausschlagung für Erben, Vermächtnisnehmer und Pflichtteilsberechtigte hat und wer nächstberufener Erbe beziehungsweise Vermächtnisnehmer wird.

b) Die Ausschlagung durch den überlebenden Ehegatten beziehungsweise 327 eingetragenen Lebenspartner. Die Ausschlagung von Erbschaft und/oder Vermächtnis und deren Folgen werden ausführlich in → § 19, 20 behandelt. Es soll daher an dieser Stelle nur auf einige wichtige Punkte hingewiesen werden:

Der Ehegatte beziehungsweise der eingetragene Lebenspartner kann die Erbschaft ge- **328** genüber dem Nachlassgericht ausschlagen, das Vermächtnis durch Erklärung gegenüber dem Beschwerten, mit der Folge, dass der Anfall an den Ausschlagenden als nicht erfolgt gilt (§§ 1371 Abs. 3, 2306, 1953 Abs. 1, § 2180 BGB). Die Ausschlagung des Erbes muss innerhalb von sechs Wochen ab Kenntnis von Anfall und Grund der Berufung erfolgen (§ 1944 Abs. 2 S. 1 BGB), im Falle der Berufung des Erben durch Verfügung von Todes wegen innerhalb von sechs Wochen ab Bekanntgabe der Verfügung von Todes wegen durch das Nachlassgericht. Hatte der Erblasser seinen letzten Wohnsitz im Ausland, oder hatte der Erbe zu Beginn der Frist seinen Aufenthalt im Ausland, beginnt die Frist innerhalb von sechs Monaten ab Kenntnis (§ 1944 Abs. 3 BGB). Die Ausschlagung eines Vermächtnisses ist dagegen nicht fristgebunden, es sei denn, der Vermächtnisnehmer ist zugleich Pflichtteilsberechtigter und hat von dem Erben eine Aufforderung erhalten, sich binnen angemessener Frist zu erklären (§ 2307 Abs. 2 BGB).[266] § 2307 Abs. 2 BGB gilt nicht pauschal für jeden Vermächtnisnehmer.

Wurde ausgeschlagen, fällt das Erbe demjenigen zu, der berufen wäre, wenn der Aus- **329** schlagende zurzeit des Erbfalls nicht gelebt hätte (§ 1953 Abs. 2 BGB). Das Ausschlagungsrecht des überlebenden Ehegatten beziehungsweise eingetragenen Lebenspartners ist zwar nicht übertragbar, aber vererblich (§ 1952 Abs. 1 BGB). Jeder Erbeserbe kann jeweils für sich quotal ausschlagen (§ 1952 Abs. 3 BGB). Streitig ist hingegen, ob auch jeder Erbeserbe für sich das dem Überlebenden zustehende Wahlrecht nach § 1371 Abs. 3 BGB ausüben kann, wenn die Partner im gesetzlichen Güterstand der Zugewinngemeinschaft

---
[264] BFH MittBayNot 2016, 275; im Rahmen einer steuerlichen Betriebsaufspaltung überlassene Grundstücke werden erbschaftsteuerlich idR nicht als Verwaltungsvermögen eingeordnet.
[265] Fehlen können zum Beispiel Fortsetzungsklauseln bei der BGB-Gesellschaft, Nachfolgeklauseln, Regelungen zu Abfindungsansprüchen, Ausscheidensklauseln, Zustimmung des Gesellschafterkreises uam.
[266] MüKoBGB/*Lange* § 2306 Rn. 19 ff.; de Leve ZEV 2010, 184 zur Regelung nach § 2306 BGB vor/nach dem 1.1.2010.

gelebt haben und so kurz hintereinander gestorben sind, dass das Ausschlagungsrecht des Überlebenden bei seinem Tod noch bestand.[267] Wurde nach § 1371 Abs. 3 BGB ausgeschlagen, hat der Ausschlagende einen Anspruch auf den kleinen Pflichtteil sowie den konkret zu berechnenden Zugewinnausgleich.[268] Ob die Ausschlagung mit der Folge des Anspruchs auf den kleinen Pflichtteil und gegebenenfalls den Zugewinn aus **wirtschaftlicher Sicht** zu empfehlen ist, hängt von der Höhe der jeweiligen Vermögensmassen ab: Neben Verwandten erster Ordnung muss der Anteil des Zugewinns am Nachlass mindestens $6/7 = 85{,}71\,\%$ betragen, neben Verwandten zweiter Ordnung ist die erbrechtliche Lösung vorteilhafter. Bei der Annahme der Erbschaft braucht sich der Ehegatte beziehungsweise der eingetragene Lebenspartner als gesetzlicher Erbe Zuwendungen nicht anrechnen zu lassen, die nach § 1380 BGB bei der Zugewinnausgleichsforderung zu berücksichtigen wären.

330 Die Ausschlagung kann nicht auf einen Teil der Erbschaft beschränkt werden (keine **Teilausschlagung,** § 1950 BGB). Ist der Überlebende allerdings zu mehreren Erbteilen berufen oder ist er Erbe und zugleich mit einem Vermächtnis bedacht, kann er die Ausschlagung auf einen der Erbteile beschränken (§ 1951 BGB) oder nur den Erbteil oder nur das Vermächtnis ausschlagen. In diesem Falle bleibt er aber Erbe oder Vermächtnisnehmer und ist von der güterrechtlichen Lösung ausgeschlossen. Die Vermächtnisausschlagung berührt den Pflichtteil nicht (§ 2307 Abs. 1 S. 1 BGB).

331 Ausgleich des Zugewinns kann der Ausschlagende nur verlangen, wenn er alle Erbteile oder sowohl den Erbteil als auch das Vermächtnis ausschlägt. Voraussetzung der Teilausschlagung ist die **Berufung zu mehreren Erbteilen,** die auf **verschiedenen Berufungsgründen** beruhen, was in den folgenden Fällen vorliegt:
– ein Teil fällt durch Verfügung von Todes wegen, ein anderer kraft Gesetzes an,
– ein Teil fällt durch Testament, ein Teil durch Erbvertrag an,
– mehrere Teile fallen durch mehrere Erbverträge mit mehreren Personen an,
– ein Ehegatte beziehungsweise eingetragener Lebenspartner ist kraft Gesetzes mehrfach berufen (§ 1934 BGB, § 10 Abs. 1 S. 6 und 7 LPartG)

332 Einheitlichkeit des Berufungsgrundes liegt dagegen vor bei Berufung durch ein oder mehrere Testamente, bei Berufung durch einen Erbvertrag, bei Berufung durch mehrere Erbverträge des Erblassers mit derselben Person. Der Erblasser kann den Ehegatten beziehungsweise eingetragenen Lebenspartner jedoch in beliebiger Weise auf mehrere Erbteile einsetzen und gestatten, dass jeder Teil selbständig ausgeschlagen wird (§ 1951 Abs. 3 BGB). Schon an einem besonderen Erbteil fehlt es hingegen bei der Erhöhung nach § 1371 Abs. 1 BGB, er kann nicht selbstständig ausgeschlagen werden.[269]

14. Die Ansprüche des geschiedenen Ehegatten beziehungsweise des ehemaligen eingetragenen Lebenspartners nach dem Erbfall

333 **a) Der Unterhaltsanspruch nach § 1586b BGB.** Wird die Ehe oder eingetragene Lebenspartnerschaft durch Tod eines Partners beendet, so erlischt der gegenseitige Unterhaltsanspruch für die Zukunft (§§ 1615 Abs. 1, 1360a Abs. 3 BGB, § 5 LPartG) und der Überlebende ist erb- oder pflichtteilsberechtigt.

334 Wurde die Ehe vor dem Erbfall geschieden beziehungsweise die eingetragene Lebenspartnerschaft vor dem Erbfall aufgehoben, ist es genau umgekehrt. Es besteht kein Erb- und kein Pflichtteilsanspruch, der (bestehende) Unterhaltsanspruch hingegen besteht gegen die Erben fort (1568b BGB, § 16 Abs. 1 LPartG). Er bildet also eine Nachlassverbindlichkeit und kann nach Umschreibung eines schon bestehenden Titels gemäß § 727

---

[267] Dagegen Palandt/*Weidlich* BGB § 1952 Rn. 4: Wahlrecht kann nur von allen Erbeserben gemeinsam ausgeübt werden; Staudinger/*Thiele* BGB § 1371 Rn. 32: die Miterben dürfen nicht besser oder schlechter stehen als bei Ausschlagung durch den Ehegatten selbst.
[268] → Rn. 75, 76.
[269] Palandt/*Brudermüller* BGB § 1371 Rn. 6.

ZPO ohne neues Gerichtsverfahren durchgesetzt werden.[270] Ist der Überlebende aufgrund eines Ausschlussgrundes gemäß §§ 1933 BGB, 10 Abs. 3 LPartG nicht erbberechtigt, besteht ein solcher Unterhaltsanspruch aufgrund gesetzlicher Anordnung ebenfalls (§§ 1933 S. 3 BGB, 10 Abs. 3 S. 2 LPartG). Voraussetzung ist jedoch immer, dass einer der Unterhaltstatbestände im Sinne der §§ 1569 ff. BGB erfüllt ist und der Berechtigte bedürftig ist (§ 1577 BGB).[271] Leistungsfähigkeit im Sinne des § 1581 BGB ist hingegen nicht erforderlich, da der Unterhalt des ursprünglich verpflichteten Erblassers nicht mehr gefährdet sein kann (§ 1586b Abs. 1 S. 2 BGB), wenn Nachlass vorhanden ist.

Die Erben haften für diese Nachlassverbindlichkeit als Gesamtschuldner, allerdings betragsmäßig begrenzt auf den sogenannten fiktiven Pflichtteilsanspruch des geschiedenen Unterhaltsgläubigers zum Zeitpunkt des Erbfalls.[272] Dieser fiktive Pflichtteilsanspruch berechnet sich ohne Berücksichtigung der Besonderheiten des Güterrechts (§ 1586b Abs. 2 BGB), so dass immer von dem nicht erhöhten kleinen Pflichtteil nach § 1371 Abs. 2 BGB auszugehen ist. Hinzuzurechnen sind jedoch fiktive Pflichtteilsergänzungsansprüche.[273] Vorsicht ist daher bei Vermögensübertragungen unter Lebenden geboten, die nur unter dem Blickwinkel steuerlicher Vorteile vollzogen werden, ohne die Einbeziehung nach § 1586b BGB zu berücksichtigen. Die fiktive Berechnung führt zudem dazu, dass ein neuer Ehegatte oder eingetragener Lebenspartner des Erblassers bei dieser Berechnung unberücksichtigt bleibt. Nach der Scheidung oder Aufhebung der Ehe beziehungsweise eingetragenen Lebenspartnerschaft geborene Kinder werden hingegen miteinbezogen. 335

Da der Erbe nur auf den Betrag haften soll, der dem Pflichtteil entspricht, welcher dem Berechtigten zustände, wenn die Ehe fortbestanden hätte, fragt sich, welchen Einfluss ein Pflichtteilsverzicht des Berechtigten (wohl zu Ehezeiten) hat. Es wird die Meinung vertreten, dass mit dem Erb- oder Pflichtteilsverzicht auch die Vererblichkeit nachehelicher Unterhaltsansprüche ausgeschlossen wird.[274] Das wiederum birgt das Risiko, dass ein Ehevertrag, der zusammen mit einem Pflichtteilsverzicht beurkundet wird, der Inhaltskontrolle der Rechtsprechung möglicherweise nicht standhalten könnte, weshalb die Vererblichkeit des Unterhaltsanspruchs trotz Pflichtteilsverzichts empfohlen wird.[275] 336

b) Gestaltungen im Hinblick auf den geschiedenen Ehegatten beziehungsweise den ehemaligen eingetragenen Lebenspartner. Der geschiedene Erblasser möchte seine Erben in der Regel vor den Ansprüchen des geschiedenen Ehegatten beziehungsweise ehemaligen eingetragenen Lebenspartners verschonen. Ob sich hierzu im Hinblick auf die Pflicht der Erben auf Unterhaltszahlung an den geschiedenen Partner (§§ 1586b BGB, 16 Abs. 1 LPartG) ein gegebenenfalls zu vereinbarender Pflichtteilsverzicht eignet, ist umstritten, aber wohl zutreffend, da der geschiedene Ehegatte beziehungsweise der Partner der aufgehobenen Lebenspartnerschaft sonst besser steht als er ohne Scheidung stünde.[276] Um sein Ziel zu erreichen, kann der Erblasser auch zugunsten des geschiedenen Ehegatten beziehungsweise ehemaligen eingetragenen Lebenspartners ein Geldvermächtnis aussetzen und dies mit der Auflage verbinden, dass der Empfänger mit Erfüllung des Vermächtnisses auf den Unterhaltsanspruch verzichtet. Ebenso kann er noch zu Lebzeiten einen Unterhaltsverzicht gegen Zahlung einer Abfindung vereinbaren Vorsicht ist allerdings wegen möglicher Schenkungssteuerpflicht von Abfindungsleistungen für Unter- 337

---

[270] Zur Umschreibung des Titels BGH NJW 2004, 2896 (2897).
[271] MüKoBGB/*Maurer* § 1586b Rn. 7 mwN.
[272] *Schlünder* FF 2017, 391; zur Reichweite der Erbenhaftung für den Geschiedenenunterhalt *Dressler* NJW 2003, 2430.
[273] BGH NJW 2001, 828; BGH NJW 2003, 1796 = FamRZ 2001, 113 mAnm *Frenz* FamRZ 2001, 115; BGH NJW 2003, 1796 (1801) = FPR 2003, 361.
[274] Palandt/*Brudermüller* BGB § 1586b Rn. 8 mwN; MüKoBGB/*Maurer* § 1586b Rn. 13 mwN in Fn. 26.
[275] *Schlünder* FF 2017, 391; *Hölscher* NJW 2016, 3057 (3062).
[276] *Schlünder* FF 2017, 391; *Hölscher* NJW 2016, 3057 (3062); *Bergschneider* FamRZ 2003, 1049 (1057).

haltszahlungen geboten, die über ev. Freibeträgen liegen.²⁷⁷ Denn Vermögenstransfers unter Ehegatten sind grundsätzlich schenkungssteuerpflichtig (§ 7 Abs. 1 Nr. 1 ErbStG), wenn nicht konkrete Gegenleistungen ausgeglichen werden.²⁷⁸ Zur Vermeidung von Auseinandersetzungen kann ein Testamentsvollstrecker eingesetzt werden, der (allein) damit betraut ist, die Ansprüche abzuwickeln.

338 Ein weiteres Anliegen des Testators besteht häufig darin, zu verhindern, dass der Geschiedene von den Zuwendungen an einen gemeinsamen Abkömmling profitiert, wenn dieser nach dem Testator, aber vor dem überlebenden Geschiedenen²⁷⁹ verstirbt, da der geschiedene Ehegatte dann indirekt am Nachlass des vorverstorbenen Kindes beteiligt sein könnte oder pflichtteilsberechtigt sein könnte (§ 2303 BGB).

339 Einvernehmliche Lösungen sind wünschenswert, aber nicht immer zu erlangen. Zum Beispiel kann jeder Elternteil auf sein Pflichtteilsrecht verzichten, soweit im Nachlass eines Kindes Vermögensteile des anderen Elternteils enthalten sein sollten (§ 2346 Abs. 2 BGB), oder das Kind als möglicher Erblasser und die Eltern schließen dazu einen Pflichtteilsverzichtsvertrag.

340 Ist ein Einvernehmen der Eltern insoweit nicht herzustellen, ist zur Vermeidung der Beteiligung des geschiedenen Ehegatten beziehungsweise Lebenspartners zwingend eine ausdrückliche Regelungen in einem Testament oder dem Schenkungsvertrag aufzunehmen. Der Erblasser kann sich zu diesem Zweck zum Beispiel der Nacherbfolge oder Nachvermächtnisfolge (§ 2191 BGB) bedienen oder ein nach dem Tod des erstbedachten Erben anfallendes Vermächtnis aussetzen. Bei gemeinsamen minderjährigen oder behinderten Kindern kann dem geschiedenen Ehegatten beziehungsweise ehemaligen Lebenspartner durch den Erbfall die Vermögenssorge für das Kind zufallen. Der Erblasser kann testamentarisch die Vermögenssorge ausdrücklich abweichend regeln und eine Person seiner Wahl dazu berufen (§ 1638 BGB).

---

²⁷⁷ *Schlünder* FF 2017, 391 (392) warnt vor der Bindung einer Entscheidung des BFH BStBl II 2008, 256, wonach Abfindungsleistungen für Unterhaltszahlungen schenkungssteuerpflichtig sind.
²⁷⁸ BFH NJW 1994, 2044; *Schlünder* FF 2017, 391 (392).
²⁷⁹ Vgl. zu gemeinsamen Kindern von Lebenspartnern §§ 1754 Abs. 1 BGB, 9 Abs. 7 LPartG; näheres hierzu bei *Schlütter* FF 2005, 234.

§ 16 Pflichtteilsvermeidungsstrategien

Übersicht

	Rn.
I. Güterstand	1
II. Der Voraus	10
III. Der Erb- und Pflichtteilsverzicht	11
IV. Vorweggenommene Erbfolge, Zuwendung unter Lebenden	18
V. Vor- und Nacherbschaft, Vor- und Nachvermächtnis, aufschiebend bedingtes Universalherausgabevermächtnis	25
VI. Gesellschaftsgründung	32
VII. Verlagerung des Wohnsitzes ins Ausland	39
VIII. Volljährigenadoption	43
IX. Höfeordnung	47
X. Pflichtteilsunwürdigkeit, -entziehung und -beschränkung	49
XI. Pflichtteilsrecht und Verfassungsrecht	53

I. Güterstand

Zur Verringerung von Pflichtteilsansprüchen ist zu empfehlen: 1

Bereits durch den Wechsel des Güterstands von der – unter Unternehmern beliebten – **Gütertrennung** zum gesetzlichen Güterstand der Zugewinngemeinschaft lassen sich Pflichtteilsansprüche von Abkömmlingen (und Eltern) des Erblassers verringern, da die Erbquote eines Ehegatten, der im gesetzlichen Güterstand lebt, ab dem Vorhandensein von zwei Kindern größer ist als die des Ehegatten, der in Gütertrennung mit dem Erblasser lebte. Die Erbquote des Ehegatten wirkt sich auf die Pflichtteilsansprüche der Kinder und Eltern aus. Ein Beispiel: Ein in Gütertrennung verheirateter Unternehmer hat drei Kinder, eines will er enterben. Die gesetzlichen Erbquoten für jedes Kind und die Ehefrau betragen je 1/4; der Pflichtteilsanspruch des enterbten Kindes beträgt somit 1/8. Wäre der Erblasser hingegen in Zugewinngemeinschaft verheiratet gewesen, würde die Erbquote der Ehefrau 1/2 und die der drei Kinder je 1/6 betragen. Der Pflichtteilsanspruch eines jeden der Kinder beträgt in diesem Fall somit nur 1/12. Unternehmern, die insbesondere wegen der Folgen im Falle einer Scheidung die Zugewinngemeinschaft fürchten, sei die **modifizierte Zugewinngemeinschaft** empfohlen.

> **Formulierungsvorschlag für eine modifizierte Zugewinngemeinschaft:** 2
> Wir vereinbaren für die güterrechtlichen Wirkungen unserer Ehe den gesetzlichen Güterstand der Zugewinngemeinschaft nach deutschem Güterrecht, jedoch mit nachfolgenden Modifizierungen: Wir schließen den Zugewinnausgleich für den Fall der Scheidung unserer Ehe und für den Fall des vorzeitigen Ausgleichs nach §§ 1385 ff. BGB aus. Klarstellend erklären wir, dass es in diesen Fällen keinen Zugewinnausgleichsanspruch gibt. Wir schließen für diese Fälle überdies etwaige aus dem Anspruch auf Zugewinnausgleich resultierende Auskunftsrechte aus. In anderen als in den genannten Fällen, etwa im Todesfall, soll es dagegen bei den gesetzlichen Zugewinnausgleichsregeln verbleiben.

In geeigneten Fällen ist umgekehrt zu überlegen, ob nicht die Ehegatten vom Güterstand der Zugewinngemeinschaft in den Güterstand der Gütertrennung wechseln. Hat beispielsweise einer der Ehegatten ein Kind aus einer anderen Verbindung und droht durch dieses Kind die Geltendmachung eines Pflichtteilsanspruches, so ist zu überlegen, ob nicht dieser Ehegatte Vermögen auf den anderen Ehegatten überträgt. In diesem Zusammenhang ist an die Aufhebung der Zugewinngemeinschaft beispielsweise durch den Wechsel in den Güterstand der Gütertrennung zu denken. Wechseln Ehegatten während 3 der Ehe in den Güterstand der Gütertrennung, schuldet der wohlhabendere Ehegatte dem anderen Ehegatten den Zugewinnausgleich. Durch eine solche Gestaltung kann schenkungsteuerfrei Vermögen auf den anderen Ehegatten übertragen werden gemäß § 5 Abs. 2 ErbStG.[1] Der BFH hat die **Güterstandsschaukel**, wonach im Anschluss an die Beendigung des Güterstandes der Zugewinngemeinschaft und Begründung des Güterstandes der Gütertrennung der Güterstand der Zugewinngemeinschaft neu begründet wird, gebilligt.[2] Der BFH-Entscheidung ist zwar nicht zu entnehmen, dass die Einhaltung einer „Schamfrist" erforderlich wäre,[3] diese ist aber gleichwohl – nicht aus schenkungsteuerlichen – aus pflichtteilsrechtlichen Motiven empfehlenswert. In aller Regel wird in einer solchen Gestaltung zwar keine Schenkung zu sehen sein, anderes gilt, wenn der Wechsel letztlich nur veranstaltet wurde, um Pflichtteilsansprüche zu reduzieren oder wenn Eheleute aufgrund eines einheitlichen Plans von einem Güterstand zum anderen hin- und herwechseln.[4]

4   Nicht empfehlenswert sind hingegen Vermögensübertragungen im Rahmen des sog. **fliegenden Zugewinnausgleichs**.[5] In diesen Fällen wird der Güterstand der Zugewinngemeinschaft nicht explizit beendet, es erfolgt vielmehr nur eine Zuwendung an den anderen Ehegatten mit der Bestimmung nach § 1380 BGB, dass dieser, sollte er im Falle des Todes des anderen Ehegatten der Zugewinnausgleichsberechtigte sein, sich den Wert der Zuwendung auf seinen Zugewinnausgleichsanspruch anrechnen lassen soll. Die zu Lebzeiten erfolgte Zuwendung soll dadurch zum pflichtteilsergänzungsrechtlich geschützten Zugewinnausgleichsvermögen werden, weil sie keine Schenkung darstelle, sondern in Erfüllung des künftigen Zugewinnausgleichsanspruchs erfolge. Die Gegenmeinung nimmt hier eine Schenkung an.[6] Wollten die Ehegatten zu Lebzeiten Vermögen pflichtteilsfest übertragen, müssten sie den Güterstand beenden und dadurch die Zugewinnausgleichsforderung entstehen lassen. Alles andere könne zwar im familienrechtlichen Sinne eine unbenannte/ehebedingte Zuwendung oder ein Vorausempfang im Sinne des § 1380 BGB sein, im Erbrecht müsste die Übertragung indes als ausgleichspflichtige Schenkung qualifiziert werden.[7] Der überlebende Ehegatte wäre, würde man eine Schenkung verneinen, doppelt begünstigt, einmal durch die zu Lebzeiten erfolgte Vermögensübertragung und ein zweites Mal durch die pauschale Erhöhung seines Pflichtteils nach § 1371 Abs. 1 BGB.[8] Es besteht auch die Möglichkeit, dass der ehemals zugewinnausgleichsberechtigte Ehegatte, der zu Lebzeiten Vermögen vom anderen Ehegatten unter Anrechnung auf seinen Zugewinnausgleichsanspruch erhalten hatte, vorverstirbt, so dass der Überlebende Pflichtteilsansprüchen an seinem ehemaligen – eigenen – Vermögen ausgesetzt wird.[9]

5   Unter Umständen kann auch ein Wechsel in die **fortgesetzte Gütergemeinschaft**[10] (§§ 1415 ff., 1483 ff. BGB) erwägenswert sein: Gemäß § 1483 Abs. 1 S. 3 BGB gehört der

---

[1] Eine Schenkung wird aber dann angenommen, wenn die Zugewinnausgleichsforderung bereits entstanden war und ein Ehegatte anschließend darauf (auch nur teilweise) verzichtet hat, vgl. HessFG Urt. v. 15.12. 2016 – 1 K 199/15 = BeckRS 2017, 94609 = ZErb 2017, 264 mAnm v. *Daragan*; vgl. auch *Meincke/Hannes/Holtz* ErbStG § 5 Rn. 42.
[2] BFH ZEV 2005, 490 mAnm v. *Münch*.
[3] So zu Recht von Oertzen/Loose/*Reich* ErbStG § 5 Rn. 85.
[4] Insoweit gilt also im Erbrecht anderes als im Steuerrecht, vgl. nur BGH NJW 1992, 558 (559); RGZ 87, 301; ausführlich *Schindler* ZErb 2012, 149 (152f.); MüKoBGB/*Lange* 2325 Rn. 25.
[5] *Weidlich* ZEV 2014, 345 (349); BeckOGK/*Schindler* BGB § 2325 Rn. 95.
[6] MSTB/*Pawlytta* PflichtteilsR-HdB § 7 Rn. 51 ff. mwN.
[7] So schon BGH DNotZ 1992, 513; zu beachten ist des Weiteren, dass eine solche Gestaltung schenkungsteuerpflichtig ist, siehe BFH BeckRS 2005, 25008889 u. R E 5.2 Abs. 3 ErbStR 2011.
[8] So zu Recht MSTB/*Pawlytta* PflichtteilsR-HdB § 7 Rn. 57.
[9] Dies sehen letztlich auch die Befürworter des fliegenden Zugewinnausgleichs, vgl. *Kappler/Kappler* ZEV 2017, 601 (604).
[10] Der Vermögenstransfer bei der Begründung der Gütergemeinschaft ist zwar regelmäßig keine Schenkung im Sinne von § 2325 BGB, löst aber Schenkungsteuer nach § 7 Abs. 1 Nr. 4 ErbStG aus, vgl. BeckOGK/*Schindler* BGB § 2325 Rn. 93; siehe zu den Ausnahmefällen, in denen die Vereinbarung der Gütergemeinschaft eine ergänzungspflichtige Schenkung darstellen kann, MüKoBGB/*Lange* BGB § 2325 Rn. 25; BGH NJW 1992, 558.

Anteil des Erblassers am Gesamtgut nicht zur Erbschaft und ist somit auch für die Berechnung des Pflichtteilsanspruches nicht maßgeblich.

Auch der seit 1.5.2013 bestehende Güterstand der **Wahl-Zugewinngemeinschaft**[11] 6
nach § 1519 BGB eröffnet Gestaltungsmöglichkeiten zur Pflichtteilsreduzierung.[12] Eine dem § 1371 BGB vergleichbare Vorschrift kennt das deutsch-französische Abkommen über den Güterstand der Wahl-Zugewinngemeinschaft nicht. Dem überlebenden Ehegatten steht daher der Zugewinnausgleich (dessen Berechnung sich bei der Wahl-Zugewinngemeinschaft leicht unterscheidet) anders als nach § 1371 Abs. 3 BGB auch dann zu, wenn er Erbe wird und die Erbschaft nicht ausschlägt. Die nach § 5 Abs. 3 ErbStG steuerfreie Ausgleichsforderung kann vom überlebenden Ehegatten also unabhängig davon, ob er gesetzlicher oder gewillkürter Erbe wird, als Nachlassverbindlichkeit vom Nachlass abgezogen werden, so dass der Pflichtteilsberechtigte seine Ansprüche nur noch am Restnachlass geltend machen kann.

Ein Beispiel:[13] M und F haben keine gemeinsamen Kinder. M hat jedoch ein außer- 7
eheliches Kind K. Die Ehegatten hatten kein Anfangsvermögen. F hat auch kein Endvermögen und damit auch keinen Zugewinn. M hat einen Zugewinn iHv EUR 10 Mio. erzielt. M setzt testamentarisch die F zu seiner Alleinerbin ein, K wird enterbt. M stirbt.
- Lösung nach der Zugewinngemeinschaft: Gesetzliche Erben wären K und F nach § 1371 Abs. 1 BGB je zur Hälfte. Der Pflichtteil des K beläuft sich auf 1/4, also auf EUR 2,5 Mio. Von den EUR 7,5 Mio., die F bekommt, sind EUR 5 Mio. als fiktive Zugewinnausgleichsforderung steuerfrei nach § 5 Abs. 1 S. 1 ErbStG, von den restlichen EUR 2,5 Mio. kann sie ihren Freibetrag iHv EUR 500.000,00 abziehen, so dass sie EUR 2 Mio. versteuern muss.
- Lösung nach der Wahl-Zugewinngemeinschaft: § 1371 Abs. 1 BGB gilt nicht, der gesetzliche Erbteil von F bestimmt sich allein nach § 1931 Abs. 1 BGB. Der gesetzliche Erbteil von K beläuft sich somit auf 3/4 und sein Pflichtteil auf 3/8. Die F kann jedoch ihre konkrete, nach § 5 Abs. 3 ErbStG steuerfreie Ausgleichsforderung iHv EUR 5 Mio. als Nachlassverbindlichkeit vom Nachlass abziehen, so dass K nur 3/8 von dem reinen Nachlasswert iHv EUR 5 Mio. verlangen kann und somit EUR 1.875.000,00 erhält. F kann von ihren EUR 8.125.000,00 nach Abzug ihrer Ausgleisforderung iHv EUR 5 Mio. noch ihren Freibetrag iHv EUR 500.000,00 abziehen, so dass sie EUR 2.625.000,00 versteuern muss.

Als Ergebnis wird festgehalten, dass K bei der Wahl-Zugewinngemeinschaft 8
EUR 625.000,00 weniger erhält als bei der Zugewinngemeinschaft. Der Grund dafür ist die Berücksichtigung der tatsächlichen Zugewinnausgleichsforderung als Nachlassverbindlichkeit im Rahmen des Pflichtteilsrechts.[14] Auf der anderen Seite hat F genau diesen Differenzbetrag zusätzlich der Erbschaftsteuer zu unterwerfen. Es ist jedoch Vorsicht geboten.[15] Wenn F etwa im Beispielsfall einen eigenen Zugewinn in Höhe von EUR 5. Mio. erwirtschaftet hätte, würde sich die Höhe des Pflichtteils für K im Falle der Zugewinngemeinschaft zwar nicht ändern, im Falle der Wahl-Zugewinngemeinschaft würde sein Pflichtteil aber EUR 2.812.500,00 betragen – F könnte nur eine Zugewinnausgleichsforderung in Höhe von EUR 2,5 Mio. vom Nachlass des M abziehen, so dass sich der 3/8-Pflichtteil von K aus EUR 7,5 Mio. berechnen würde. Der Güterstand der Wahl-Zugewinngemeinschaft kann deshalb zur Reduzierung von Pflichtteilsansprüchen nur dann empfohlen werden, wenn der aus einem reinen Zugewinn bestehende Nachlass desjenigen Ehegatten, bei

---

[11] Dazu allgemein *Meyer* FamRZ 2010, 612.
[12] Vgl. *Jäger* DNotZ 2010, 804 (824); ausführlich BeckOGK/*Jäger* BGB § 1519 Rn. 73ff.; *Jünemann* ZEV 2013, 353 (358ff.).
[13] In Anlehnung an einen auf *Walter Krug* zurückgehenden Beispielsfall, zu finden bei FA-FamR/*Bergschneider*, 12. Kap. Rn. 172ff.
[14] Vgl. von Oertzen/Loose/*Reich* ErbStG, § 5 Rn. 91.
[15] Zu den pflichtteilsrechtlichen Risiken der Wahl-Zugewinngemeinschaft siehe BeckOGK/*Jäger* BGB § 1519 Rn. 86ff.

dem die problematischen Pflichtteilsberechtigten vorhanden sind, mehr als **dreimal so groß** ist wie der Zugewinn des anderen Ehegatten.[16]

9 Der vom Gesetzgeber neu geschaffene Güterstand kann auch als **moderatere Zwischenlösung** für die Güterstandsschaukel dienen.[17] Dadurch kann zwischen zwei Güterständen, die jeweils einen Zugewinnausgleich vorsehen, hin- und hergewechselt werden, um beispielsweise dem Vorwurf der pflichtteilsrechtlich unzulässigen Umgehungsgestaltung zu begegnen[18], um auch in der Schamfrist am Zugewinn des anderen Ehegatten zu partizipieren oder um ein im Vergleich zur Gütertrennung besseres Instrument der Pflichtteilsvermeidung zu nutzen.[19] Sollte in der Schamfrist aber kein auszugleichender Zugewinn erwartet werden, gilt es im Hinblick auf die Nichtgeltung des § 1931 Abs. 4 BGB auf den Güterstand der Wahl-Zugewinngemeinschaft zu bedenken, dass beim Vorhandensein von einem oder von zwei Kindern deren Pflichtteilsansprüche höher ausfallen als bei der Gütertrennung. Der Güterstand der Wahl-Zugewinngemeinschaft ist deshalb für die Überbrückung der Schamfrist nur dann zu empfehlen, wenn entweder mindestens drei pflichtteilsberechtigte Kinder vorhanden sind – dann sind nämlich die Pflichtteile der Kinder bei der Gütertrennung und bei der Wahl-Zugewinngemeinschaft gleich –, oder wenn beim Vorhandensein von einem oder zwei Kindern innerhalb der Schamfrist ein solcher Zugewinn zu erwarten ist, der die im Vergleich zur Gütertrennung pflichtteilserhöhenden Wirkungen der Wahl-Zugewinngemeinschaft übersteigt.

II. Der Voraus

10 Hinzuweisen ist auch auf die Voraus-Regelung des § 2311 Abs. 1 S. 2 BGB: Gemäß § 2311 Abs. 1 S. 2 BGB bleibt bei der Berechnung der Pflichtteilsansprüche von Abkömmlingen und Kindern der Voraus des Ehegatten (§ 1932 BGB) außer Ansatz. Diese Regelung greift aber nur, wenn der Ehegatte **gesetzlicher** Erbe wird. Ist er gewillkürter Erbe, würde sich aber für ihn die Anwendung des § 2311 Abs. 1 S. 2 BGB rentieren, ist zu überlegen, ob der Ehegatte nicht die Erbschaft als eingesetzter Erbe ausschlägt und dafür die Berufung als gesetzlicher Erbe annimmt, § 1948 Abs. 1 BGB.[20] Allerdings muss er sich sicher sein, bevor er die Ausschlagung erklärt, dass die Ausschlagung auch tatsächlich die gesetzliche Erbfolge eröffnet. Dies ist nur dann der Fall, wenn die gesetzliche Erbfolge nicht durch erschöpfende testamentarische Bestimmungen gänzlich ausgeschlossen ist.

III. Der Erb- und Pflichtteilsverzicht

11 Soll mit einem Pflichtteilsberechtigten ein Erbverzicht[21] gemäß § 2346 BGB vereinbart werden, ist zu überlegen, ob die gleichen Wirkungen nicht auch durch einen **Pflichtteilsverzichtsvertrag** gemäß § 2346 Abs. 2 BGB erzielt werden können.[22] Durch einen Erbverzichtsvertrag erhöhen sich nämlich die Pflichtteilsansprüche der anderen Pflichtteilsberechtigten, da gemäß § 2310 S. 2 BGB Personen, die auf ihren Erbteil verzichtet

---

[16] *Jünemann* ZEV 2013, 353 (359); BeckOK BGB/*Siede* BGB § 1519 Rn. 11; BeckOGK/*Jäger* BGB § 1519 Rn. 95.
[17] Sog. Güterstandsschaukel „light", siehe BeckOK BGB/*Siede* BGB § 1519 Rn. 10; TGJG ErbStG § 5 Rn. 254; dagegen Schlitt/Müller/*Müller* PflichtteilsR-HdB § 11 Rn. 108.
[18] Vgl. BeckOK BGB/*Siede* BGB § 1519 Rn. 10.
[19] Vgl. *Jünemann* ZEV 2013, 353 (361).
[20] Vgl. MüKoBGB/*Lange* § 2311 Rn. 52.
[21] Siehe zur ausnahmsweisen Sittenwidrigkeit eines Erb- und Pflichtteilsverzichtsvertrages OLG Hamm NJW 2017, 576.
[22] Eine für den Pflichtteilsverzicht erhaltene Abfindung ist schenkungssteuerpflichtig. Nach einer Rechtsprechungsänderung des BFH richtet sich die Besteuerung der Abfindungszahlung nicht mehr nach dem Verhältnis zum künftigen Erblasser, sondern zu der Person, die die Abfindungszahlung übernimmt, vgl. BFH DStR 2017, 1817.

haben, bei der Feststellung des für die Berechnung des Pflichtteils maßgebenden Erbteils nicht mitgezählt werden. Diese Wirkung tritt bei einem bloßen Pflichtteilsverzicht nicht ein.[23]

> **Formulierungsvorschlag für einen Pflichtteilsverzicht:** 12
>
> Herr ... verzichtet hiermit auf sein gesamtes Pflichtteilsrecht (einschließlich eines etwaigen Pflichtteilsergänzungs- und Pflichtteilsrestanspruches sowie der Rechte aus §§ 2306 und 2307 BGB, des Kürzungsschutzes nach § 2318 BGB und der Verweigerungsrechte nach §§ 2319 und 2328 BGB) am Nachlass des Herrn .... Herr ... nimmt diesen Pflichtteilsverzicht des Herrn ... entgegen und an. Eine Gegenleistung für den Verzicht ist weder geschuldet noch erwartet.

Ist ein Pflichtteilsberechtigter nicht bereit, an einem Pflichtteilsverzichtsvertrag mitzuwirken, kann unter Umständen versucht werden, mit ihm wenigstens einen Vertrag abzuschließen, wonach er sich für den Fall der Geltendmachung von Pflichtteilsansprüchen verpflichtet, zur Erfüllung des Anspruches nicht nur Geld zu akzeptieren, sondern (gemäß § 364 BGB an Erfüllungs statt) auch die Übertragung bestimmter Nachlassvermögenswerte, zB Grundstücke oder Beteiligungen an Unternehmen. Es muss jedoch beachtet werden, dass diese Art der Erfüllung von Pflichtteilsansprüchen ertragsteuerliche Auswirkungen haben kann. Auch kann ein **gegenständlich beschränkter Pflichtteilsverzichtsvertrag** vereinbart werden. In einem solchen Vertrag erklärt der Pflichtteilsberechtigte sich bereit, dass bestimmte Nachlassgegenstände, etwa ein Unternehmen, nicht in die Nachlassbewertung zur Ermittlung des Pflichtteilsanspruches einbezogen werden.[24] 13

Sollte der Erblasser geschäftsunfähig geworden sein oder sollten die gesetzlichen Erben nicht willens sein, ihn über ihre Pläne in Kenntnis zu setzen, können sie auch untereinander notariell zu beurkundende Verträge nach § 311b Abs. 5 BGB über den Pflichtteil abschließen.[25] 14

Bei der in der anwaltlichen Beratungspraxis oft vorzufindenden Gestaltung des Ehe- und Pflichtteilsverzichtsvertrages ist kautelarjuristisch darauf zu achten, dass der Pflichtteilsverzicht zugleich Unterhaltsansprüche nach §§ 1933 S. 3, 1586b iVm §§ 1570ff. BGB ausschließen[26] und dadurch die Inhaltskontrolle auch des eherechtlichen Vertragsteiles beeinflussen kann. 15

> **Formulierungsvorschlag für eine ergänzende Regelung zum Pflichtteilsverzicht in einem Ehe- und Pflichtteilsverzichtsvertrag:** 16
>
> Der Verzicht auf das Pflichtteilsrecht lässt eventuelle Unterhaltsansprüche nach §§ 1933 S. 3, 1586b iVm §§ 1570 ff. BGB unberührt.

Schließlich ist zu prüfen, ob nicht die Person, die einen Pflichtteilsanspruch geltend macht, auf diesen zu einem früheren Zeitpunkt **stillschweigend verzichtet hat**.[27] 17

IV. Vorweggenommene Erbfolge, Zuwendung unter Lebenden

Lediglich der Vollständigkeit halber sei erwähnt, dass die **beste Pflichtteilsvermeidungsstrategie** – abgesehen vom Abschluss entsprechender Pflichtteilsverzichtsverträge – 18

---

[23] Vgl. Palandt/*Weidlich* BGB § 2310 Rn. 2.
[24] Siehe MüKoBGB/*Wegerhoff* § 2346 Rn. 20; Palandt/*Weidlich* BGB § 2346 Rn. 15.
[25] Siehe zu § 311b Abs. 4 und 5 *Becker* notar 2017, 447; vgl. zu § 312 BGB aF, der unverändert § 311b Abs. 4 und 5 BGB entspricht, auch bereits *Limmer* DNotZ 1998, 927.
[26] Str., vgl. Palandt/*Brudermüller* BGB § 1586b Rn. 8 mwN.
[27] Vgl. OLG Düsseldorf MittBayNot 1999, 574; BGH: NJW 1977, 1728; 1957, 422; Klingelhöffer PflichtteilsR, Rn. 620; zur überwiegenden Kritik in der Lit. siehe nur MüKoBGB/*Wegerhoff* § 2348 Rn. 7 mwN.

in der **vorweggenommenen Erbfolge** liegt: Schenkungen (an Abkömmlinge oder Dritte) sind für die Pflichtteilsergänzungsberechnung (§ 2325 BGB) unerheblich, wenn seit der Schenkung mehr als zehn Jahre verstrichen sind und der Schenker sich mit der Schenkung tatsächlich aller wirtschaftlichen Nutzungsmöglichkeiten hinsichtlich der verschenkten Sache begeben hat; hat der Schenker dagegen nicht den wirtschaftlichen „Genuss" des verschenkten Gegenstands aufgegeben, gilt die Schenkung als nicht geleistet iSd § 2325 Abs. 3 BGB und die Zehnjahresfrist beginnt nicht, was insbesondere bei einer Schenkung unter einem Nießbrauchsvorbehalt der Fall ist.[28] Wird indessen nur ein Wohnungsrecht vorbehalten, kommt es für einen etwaigen Fristbeginn auf die konkreten Umstände des Einfalles an. Ein Wohnungsrecht stellt im Gegensatz zu einem Nießbrauchsrecht nur eine beschränkt persönliche Dienstbarkeit dar, deren Ausübung Dritten nur überlassen werden kann, wenn dies gesondert vereinbart wurde. Wichtig für den Fristbeginn ist beispielsweise, ob das Wohnungsrecht am gesamten Schenkungsgegenstand oder nur an (unwesentlichen) Teilen davon vorbehalten wird und ob daneben weitere Befugnisse, wie etwa ein Rücktrittsvorbehalt oder das Recht nach § 1092 Abs. 1 S. 2 BGB, dem Schenker verbleiben.[29]

19 Innerhalb der Zehnjahresfrist verringert sich der ergänzungspflichtige Schenkungsbetrag nach der durchgeführten Schenkung mit jedem vollen Jahr um ein Zehntel. Das Niederstwertprinzip des § 2325 Abs. 2 S. 2 BGB kann zu einer zusätzlichen Reduzierung des Pflichtteilsergänzungsanspruches führen.

20 Erinnert sei daran, dass die Zehnjahresfrist bei Schenkungen an Ehegatten erst ab dem Ende der Ehezeit zu laufen beginnt. Die Verfassungsmäßigkeit dieser Bestimmung wird trotz der affirmativen Auslegung des BVerfG[30] zunehmend in Frage gestellt, da sie Ehegatten benachteiligt.[31] Die Frist soll nach umstrittener und höchstrichterlich nicht geklärter Ansicht jedenfalls dann zu laufen beginnen, wenn der beschenkte Ehegatte den Schenkungsgegenstand an einen Dritten weiterschenkt.[32]

21 Ist der Fristanlauf aufgrund eines vorbehaltenen Rechts nicht in Gang gesetzt worden, können die Parteien des Schenkungsvertrages sich überlegen, ob sie im Nachhinein aus dem einst unentgeltlichen einen entgeltlichen Vertrag machen wollen.[33] Für die Höhe des Entgelts ist der Wert des Gegenstands zum Zeitpunkt der Vereinbarung der Entgeltlichkeit und nicht der Wert zum Zeitpunkt der Schenkung maßgeblich.[34] Über den Wertausgleich hinaus müssen außerdem auch die zwischenzeitlich gezogenen Nutzungen ausgeglichen werden, um den Pflichtteilsergänzungsanspruch gänzlich auszuschließen. Möglich ist auch, ein Schenkungsgegenstand, etwa ein Grundstück, nachträglich *rechtlich* zu teilen, beispielsweise durch Bildung von Wohnungseigentum, damit der Schenker an einem rechtlich selbständigen Teil sein Nutzungsrecht aufgibt, so dass für diesen Teil mit dem Zeitpunkt der Aufgabe des Nutzungsrechts die Zehnjahresfrist beginnen kann.[35]

22 Zuwendungen an Abkömmlinge, die unter § 2050 Abs. 1 und 2 BGB fallen (**Ausstattungen**[36] und Einkommenszuschüsse), können Ausgleichsverpflichtungen gemäß § 2316 BGB auslösen. Auch sollte bei Schenkungen stets angeordnet werden, dass der Beschenk-

---

[28] Siehe dazu bereits das Grundsatzurteil des BGH: BGHZ 125, 395; die „Genuss-Theorie" des BGH wird von der Lit. kritisiert, vgl. MüKoBGB/*Lange* § 2325 Rn. 62 ff. mwN. Unklar ist, ob Mietverträge einer erfolgten Leistung und somit dem Fristbeginn entgegenstehen können, teilweise wird darauf abgestellt, ob diese einem Drittvergleich standhalten, vgl. BeckOGK/*Schindler* BGB § 2325 Rn. 262.
[29] Vgl. einerseits BGH NJW 2016, 2957 (Fristanlauf bejaht) und andererseits OLG München BeckRS 2016, 13052 (Fristanlauf verneint).
[30] BVerfG ZEV 2019, 79; NJW 1991, 217.
[31] Vgl. MüKoBGB/*Lange* § 2325 Rn. 69 mwN; BeckOGK/*Schindler* BGB § 2325 Rn. 296.
[32] Vgl. mit überzeugenden Argumenten *Weber* ZEV 2017, 117 (121).
[33] Der BGH hat diese Möglichkeit gebilligt, siehe BGH ZEV 2007, 326.
[34] Vgl. *Weber* ZEV 2017, 117 (119).
[35] Vgl. *Weber* ZEV 2017, 252.
[36] Anderes – Pflichtteilsfestigkeit – kann für Ausstattungen gemäß § 1624 Abs. 1 BGB gelten, vgl. *Winkler* MittBayNot 2000, 423 (424).

te sich den Wert der Schenkungen auf den Pflichtteil anrechnen lassen muss, § 2315 Abs. 1 BGB. Die Bestimmung muss aber vor oder gleichzeitig mit der Zuwendung erklärt werden und kann nicht nachgeholt werden.

Unter Umständen ist es erwägenswert, statt einer Schenkung entgeltliche Geschäfte vorzunehmen, etwa Vermögensgegenstände gegen **Leibrente** zu verkaufen. Ein solches Geschäft gilt als entgeltliches Geschäft, so dass Pflichtteilsergänzungsansprüche in der Regel nicht bestehen.[37] Gleiches kann für den Verkauf eines (nicht allzu werthaltigen) Hausgrundstückes gegen die Zusage der Versorgung im eigenen Haus gelten.[38] Etwas anderes gilt nur dann, wenn in der sicheren Erwartung des baldigen Todes in solchen Geschäften letztlich eine Umgehung des § 2325 BGB liegt. 23

Bei **Schenkungen eines Ehegatten an ein Kind** sollte gegebenenfalls der andere Ehegatte einen Pflichtteilsverzicht derart abgeben, dass er nach dem Tod des schenkenden Ehegatten keine Pflichtteilsansprüche gegen das beschenkte Kind geltend machen wird. 24

V. Vor- und Nacherbschaft, Vor- und Nachvermächtnis, aufschiebend bedingtes Universalherausgabevermächtnis

Auch die Anordnung der Vor- und Nacherbschaft kann unerwünschte Pflichtteilsansprüche vermeiden helfen. Will beispielsweise ein Erblasser Vermögenswerte seinem Sohn vererben, will er aber weiterhin, dass das Vermögen nach dem Tod des Sohnes ausschließlich an seinen Enkel fällt und nicht an seine Schwiegertochter, ist zu überlegen, ob nicht der Sohn als Vor- und der Enkel als Nacherbe eingesetzt werden. Dies hat den weiteren Effekt, dass die Schwiegertochter keine Pflichtteilsansprüche hinsichtlich dieser Vermögenswerte beim Tod des Sohnes geltend machen kann. Die Pflichtteilsansprüche der Schwiegertochter sind im Falle des Versterbens des Sohnes auf das Eigenvermögen des Sohnes begrenzt. Das hiervon zu trennende, der Vor- und Nacherbfolge unterliegende Vermögen, das nicht zum Nachlass des Vorerben gehört, geht beim Tod des Sohnes ohne Schmälerung durch Pflichtteilsansprüche auf den Enkel als Nacherben über. 25

Ähnliche Überlegungen werden auch beim sog. **Geschiedenentestament**[39] angestellt: Hier geht es darum, das eigene Vermögen vor Pflichtteilsrechten des geschiedenen Ehegatten zu schützen.[40] Will beispielsweise ein geschiedener Ehegatte sicher gehen, dass sein ehemaliger Ehegatte nicht an seinem Nachlass partizipiert, muss er das Risiko, dass der gemeinsame Abkömmling ohne Hinterlassung eigener Abkömmlinge verstirbt und dadurch Pflichtteilsansprüche des Ex-Ehegatten entstehen, ausschließen. Dieses pflichtteilsrechtliche Risiko beim Vorversterben gemeinsamer Abkömmlinge besteht im Übrigen unabhängig vom Vorhandensein einer früheren Ehe. Eine sichere Lösung bietet auch hier die Anordnung der Vor- und Nacherbschaft. Das gemeinsame Kind wird zum Vorerben eingesetzt und eine dritte Person, etwa ein (nicht notwendigerweise bereits lebender oder 26

---

[37] Str. und höchstrichterlich nicht entschieden, vgl. *Schindler* ZErb 2012, 149 (157); MüKoBGB/*Lange* § 2325 Rn. 67; BeckOK BGB/*Müller-Engels* BGB § 2325 Rn. 53; Palandt/*Weidlich* BGB § 2325 Rn. 26; zum Leibgedinge LG Münster MittBayNot 1997, 113.
[38] OLG Oldenburg FamRZ 1998, 516.
[39] Vgl. *Wagner* ZEV 1997, 369 mwN.
[40] Traurige Berühmtheit hat ein Fall aus der Familie des ehemaligen Gewürzeherstellers Karl Ostmann erlangt. Die Karl Ostmann GmbH & Co. KG hatte einst einen Marktanteil von über 40% in Deutschland. Die Adoptivtochter Christine Ostmann (30%-Anteil am Unternehmen) ließ sich scheiden und setzte testamentarisch eine der beiden Töchter zu ihrer Alleinerbin ein. Durch einen schweren Verkehrsunfall kamen Christine Ostmann und eine Tochter an der Unfallstelle ums Leben, die zur Alleinerbin eingesetzte Tochter, die beim Unfall schwer verletzt wurde, verstarb zwei Stunden später im Krankenhaus. Der geschiedene Ex-Ehemann wurde Alleinerbe der gemeinsamen Tochter und erhielt mittelbar den gesamten Nachlass der verstorbenen Gesellschafterin Christine Ostmann. Zum Entsetzen der Familie tauchte er bei der nächsten Gesellschafterversammlung im vertrauten Gesellschafterkreis mit einem amtlichen Erbschein auf, siehe dazu *Flick/Hannes/von Oertzen*, Prominente Testamente, S. 54 ff.

gezeugter, vgl. §§ 2101 und 1913 S. 2 BGB) Abkömmling des eigenen Kindes,[41] wird zum Nacherben benannt.

27 **Formulierungsvorschlag zur Vor- und Nacherbschaft:**
Ich ernenne ... zum (befreiten) Vorerben. Nacherben werden ... und ..., und zwar zu gleichen Quoten. Mein geschiedener Ehegatte kann nicht Nacherbe werden. Mit seinem Tod entfällt die Nacherbfolge, so dass der Vorerbe Vollerbe wird.

28 Der Erblasser und das eigene Kind haben aber in dieser Fallkonstellation, bei der es nicht um die Sicherung des Nachlasses zugunsten eines Dritten, sondern um den Ausschluss des Ex-Ehegatten geht, die unerwünschten gesetzlichen Verfügungsbeschränkungen im Außenverhältnis gemäß §§ 2113 ff. BGB, die trotz Befreiungsmöglichkeit nicht gänzlich ausgeschlossen werden können, sowie die Sicherungs- und Kontrollrechte des Nacherben im Innenverhältnis hinzunehmen. Dem kann neben der Befreiung zumindest teilweise dadurch begegnet werden, dass die Vor- und Nacherbschaft auflösend bedingt auf den Zeitpunkt der Geburt des ersten Abkömmlings des gemeinsamen Kindes angeordnet wird; zu diesem Zeitpunkt sind nämlich Pflichtteilsansprüche des Ex-Ehegatten nicht mehr zu befürchten, § 2309 BGB. Die auflösende Bedingung kann auch alternativ auf den Tod des Ex-Ehegatten angeordnet werden. Diskutiert wird auch, den Nacherben mit einem Genehmigungsvermächtnis zugunsten des Vorerben zu beschweren[42] oder für den Fall von lebzeitigen (auch unentgeltlichen) Verfügungen des Vorerben ein aufschiebend bedingtes Vorausvermächtnis zugunsten des Vorerben anzuordnen.[43]

29 Eine unbeschränkte Stellung des Erben wird durch die Anordnung eines **Vor- und Nachvermächtnisses** gemäß § 2191 BGB erreicht. Der Nachbedachte ist nur durch § 2179 BGB geschützt.[44] Sein schuldrechtlicher Anspruch gegen den Erbeserben, der mit dem Nachvermächtnisfall entsteht, stellt eine pflichtteilsanspruchsmindernde Verbindlichkeit dar.

30 Eine gute Alternative bietet auch ein **aufschiebend bedingtes Universalherausgabevermächtnis**, welches einerseits dem Erben eine umfassende und unbeschränkte Rechtsstellung einräumt und andererseits sicherstellt, dass der Nachlass des Erblassers nicht zur Grundlage von Pflichtteilsansprüchen unerwünschter Dritter wird. Die Bedingung tritt in einem solchen Fall nur dann ein, wenn der Nachlass des Erblassers zur Grundlage des Pflichtteilsanspruches des geschiedenen Ehegatten würde. Dann müsste der gesamte Nachlass im Wege des Vermächtnisses an eine andere Person ausgekehrt werden. Das Vermächtnis wird nach dem Tod des Erben vom Nachlass der Erbeserben vorrangig vor Berechnung des Pflichtteilsanspruches abgesetzt.[45]

31 Die Vermächtnislösung bietet dem Erben zwar weitgehende Freiheiten, weist aber gegenüber der Vor- und Nacherbenlösung auch Nachteile auf: Die Vor- und Nacherbschaft wirkt dinglich. Demgegenüber könnte ein Vermächtnisnehmer auch den geschiedenen Ehegatten zu seinem Erben einsetzten. Schließlich müsste der Nachvermächtnisnehmer im Falle des Vor- und Nachvermächtnisses bzw. der Vermächtnisnehmer im Falle des aufschiebend bedingten Herausgabevermächtnisses das zu seinem Gunsten ausgesetzte Vermächtnis kennen und auch tatsächlich geltend machen, was sich bei Anordnungen über Generationen hinweg als schwierig erweisen könnte.

---

[41] Sollte zum Zeitpunkt der Einsetzung des Nacherben kein Nachkomme des eigenen Kindes vorhanden sein und sollte der Erblasser aus diesem Grund eine andere Person als Nacherben einsetzen, ist die gesetzliche Auslegungsregel des § 2107 BGB zu beachten.
[42] Vgl. Palandt/*Weidlich* BGB § 2136 Rn. 4.
[43] Vgl. Palandt/*Weidlich* BGB § 2136 Rn. 1.
[44] Palandt/*Weidlich* BGB § 2191 Rn. 3; der Schutz wird durch die Gewährung des Schadensersatzanspruches gem. § 160 BGB bewirkt.
[45] Dies ist hM in der Lit., von der Rspr. jedoch noch nicht ausdrücklich entschieden, siehe im Einzelnen *Hölscher* ZEV 2011, 569; *Hölscher* ZEV 2009, 213.

VI. Gesellschaftsgründung

Unter Umständen können Pflichtteilsansprüche dadurch vermieden werden, dass der Erblasser mit denjenigen Personen, die einen Vermögenswert erhalten sollen, eine **Personengesellschaft** (GbR, OHG, KG) gründet und Vermögen in die Gesellschaft einbringt. 32

Handelt es sich um eine OHG und sind keine weiteren Regelungen getroffen worden, so wird gemäß § 131 Abs. 3 HGB beim Tod eines Gesellschafters die Gesellschaft nur unter den Gesellschaftern fortgesetzt. Werden Abfindungsansprüche der Erben im Gesellschaftsvertrag ausgeschlossen, fällt das Vermögen nach der herrschenden, aber umstrittenen Meinung[46] letztlich den Mitgesellschaftern an, ohne dass die Pflichtteilsberechtigten daran Pflichtteilsansprüche geltend machen könnten. Das Gesellschaftsrecht hat insoweit Vorrang vor dem Erbrecht. Zu fragen wäre weiter, ob den Pflichtteilsberechtigten zumindest Pflichtteilsergänzungsansprüche zustehen. Dafür müsste die Gesellschaftsgründung als solche bzw. der Abschluss des Gesellschaftsvertrages eine Schenkung darstellen. Dies wird von der hM[47] verneint. Der Gesellschaftsvertrag ist dadurch geprägt, dass jedem Gesellschafter durch den vereinbarten Abfindungsausschluss im Falle des Todes die gleichwertige und nur durch das Schicksal zu entscheidende Möglichkeit eröffnet wird, Gesellschaftsanteile anderer Gesellschafter zu erhalten. Gleichzeitig trägt jeder Gesellschafter das gleiche Risiko, dass seine Erben leer auszugehen. Der Gesellschaftsvertrag weist somit einen **aleatorischen Charakter** auf.[48] Eine für die Annahme einer Schenkung erforderliche Unentgeltlichkeit ist in dieser Konstellation nicht zu sehen. 33

Bei ausschließlich vermögensverwaltenden Personengesellschaften ist daran zu denken, dass die Zuwendung eines Personengesellschaftsanteils unter Umständen eine Schenkung darstellen kann. Die mit der Übertragung typischerweise einhergehende Übernahme der unbeschränkten persönlichen Haftung sowie der zugesagte Arbeitseinsatz der Gesellschafter treten bei rein vermögensverwaltenden Personengesellschaften in der Hintergrund, so dass hier eher eine Schenkung mit den Folgen aus § 2325 BGB angenommen werden kann. Gänzlich geklärt ist diese Frage indes nicht.[49] 34

Wird eine GbR gewählt, ist durch die Vereinbarung von Fortsetzungsklauseln sicherzustellen, dass nach dem Tod eines Gesellschafters einerseits die Gesellschaft unter den verbleibenden Gesellschaftern fortgesetzt wird und andererseits die Erben nicht in die Gesellschaft einrücken. Im Übrigen sind auch hier gesellschaftsvertragliche Abfindungsansprüche auszuschließen. 35

> **Formulierungsvorschlag für einen GbR-Vertrag:**[50]   36
> Beim Tod eines Gesellschafters wird die Gesellschaft nicht aufgelöst; der Gesellschafter scheidet vielmehr mit seinem Ableben aus der Gesellschaft aus. Sein Anteil an der Gesellschaft wächst den verbleibenden Gesellschaftern im Verhältnis ihrer Beteiligung an der Gesellschaft an. Bei Verbleiben nur eines Gesellschafters erlischt die Gesellschaft; in diesem Fall fallen die Gesellschaftsbeteiligungen automatisch dem verbleibenden Gesellschafter allein zu. Abfindungsansprüche werden für all diese Fälle vollumfänglich ausgeschlossen.

---

[46] Siehe nur BGH NJW 1981, 1956; MüKoBGB/*Lange* § 2325 Rn. 32 f.; MüKoBGB/*Schäfer* § 738 Rn. 61; Erman/*Röthel* BGB § 2325 Rn. 8; BeckOGK/*Koch* BGB § 738 Rn. 71; differenzierend *Pogorzelski* RNotZ 2017, 489; *Hölscher* ErbR 2016, 422 (426) mwN.; *Lange* ZErb 2014, 121; *Schindler* ZErb 2012, 149; *Wälzholz* NWB 46/2008, 4329 (4331 f.); *Winkler* ZEV 2005, 89 (93 f.); *Wegmann* ZEV 1998, 135.
[47] Nachweise bei *Hölscher* ErbR 2016, 422 (424 ff.) und *Wälzholz* NWB 46/2008, 4329 (4332 f.). Würde der Mindermeinung gefolgt werden, müsste der Zeitpunkt der Leistung der Schenkung – etwa Gesellschaftsvertragsabschluss oder Tod des Gesellschafters – bestimmt werden, um die Zehnjahresfrist in Gang setzen zu lassen.
[48] Dies stellte *Buchwald* bereits 1955 fest, siehe *Buchwald* AcP 154 (1955), 22 (24 Fn. 4) (leider durchgehend falsch zitiert als ZivA 154, etwa bei BGH NJW 1957, 180); *Buchwald* JR 1955, 173.
[49] Vgl. *Kappler/Kappler* ZEV 2017, 601 (605 f.); *Hölscher* ErbR 2016, 422 (429) mwN; *Hölscher* ZEV 2010, 609 (613); *Wälzholz* NWB 46/2008, 4329 (4334 u. 4337).
[50] In Anlehnung an den Vorschlag von *Wälzholz* NWB 46/2008, 4329 (4337).

37 Bei einer KG schließlich muss zwischen den Kommandit- und den Gesellschaftsanteilen differenziert werden. Die Übertragung eines Kommanditanteils kann Gegenstand einer Schenkung sein.[51] Soweit § 177 HGB, der den Kommanditanteil vererblich stellt, abbedungen ist, gelten die Ausführungen zur GbR bzw. OHG entsprechend.

38 Die vorstehenden Ausführungen können nicht auf **Kapitalgesellschaften** (GmbH, AG, KGaA) übertragen werden. GmbH-Anteile sind von Gesetzes wegen zwingend vererblich, § 15 Abs. 1 GmbHG, so dass weder die Vererblichkeit ausgeschlossen, noch eine Sondererbfolge angeordnet, noch eine automatische Einziehung der Anteile in der Satzung vorgesehen werden kann.[52] Die Anteile fallen daher zwingend in den Nachlass. Ebenso verhält es sich mit Aktien.[53] Es ist zwar möglich, in der Satzung ein Einziehungsrecht verbunden mit einem vollständigen Abfindungsausschluss für den Fall des Todes vorzusehen.[54] Umstritten und höchstrichterlich nicht geklärt sind hingegen die Rechtsfolgen für den Pflichtteilsberechtigten. Sie reichen von der Nichtberücksichtigung des Einziehungsrechts bis hin zur Berechnung des Pflichtteils nur aus dem Abfindungsbetrag.[55] Obwohl einiges dafür spricht, dass der Erbe dem Pflichtteilsberechtigten den Wertabschlag entgegenhalten kann,[56] ist zu konstatieren, dass Kapitalgesellschaftsanteile keine wirksamen Mittel darstellen, um Pflichtteilsansprüchen zu begegnen.

VII. Verlagerung des Wohnsitzes ins Ausland

39 Seit Inkrafttreten der maßgeblichen Regelungen der EuErbVO[57] am 17.8.2015 kann der Erblasser Pflichtteilsansprüche nicht mehr dadurch verringern, dass er Immobilien in Staaten erwirbt, in denen es nach altem Recht zur Nachlassspaltung kam und die darüber hinaus kein oder nur ein sehr eingeschränktes Pflichtteilsrecht kennen (USA,[58] Großbritannien[59]). Maßgeblich ist nach Art. 21 Abs. 1 EuErbVO vielmehr **der gewöhnliche Aufenthalt** des Erblassers,[60] so dass auch Immobilien in den USA oder Großbritannien nunmehr zum Nachlass eines mit letztem gewöhnlichen Aufenthalt in Deutschland verstorbenen Erblassers zu zählen sind und der Geltendmachung des Pflichtteilsrechtes unterliegen.[61]

40 Die Vermeidung von Pflichtteilsansprüchen kann somit nur durch die Verlagerung des gewöhnlichen Aufenthaltes in einen der zuvor genannten pflichtteilsnegierenden Staaten erreicht werden.[62] Wegzügler sollten allerdings die steuerliche Fünfjahresfrist des § 2

---

[51] BGH NJW 1990, 2616.
[52] Siehe MüKoBGB/*Leipold* § 1922 Rn. 80.
[53] Vgl. MüKoBGB/*Leipold* § 1922 Rn. 78.
[54] Vgl. bereits BGH Urt. v. 20.12.1976 – II ZR 115/75; MüKoGmbHG/*Reichert/Weller* § 15 Rn. 461.
[55] Siehe zum Ganzen *Hölscher* ErbR 2016, 478 (480 f. mwN).
[56] So auch *Hölscher* ErbR 2016, 478 (480 f.); *Wälzholz* NWB 46/2008, 4329 (4338); MüKoBGB/*Lange* § 2311 Rn. 44.
[57] Dazu *Dörner* ZEV 2012, 505.
[58] Abgesehen von gewissen Regelungen zum Schutz der Familie, insbesondere der Ehefrau sowie der minderjährigen Kinder, und einigen wenigen Bundesstaaten, die ausgeprägte Pflichtteilsrechte kennen, vgl. FFDH IntErbR USA, Grdz. D VIII, Rn. 91.
[59] FFDH IntErbR GB, Grdz. C I, Rn. 6 iVm Grdz. F XII, Rn. 229 f. (kein Pflichtteilsrecht, lediglich family provision).
[60] Das gilt auch dann, wenn der gewöhnliche Aufenthalt in einem Nicht-EU-Staat begründet worden ist, da die EuErbVO nach Art. 20 universelle Geltung beansprucht.
[61] Etwas anderes kann sich dann ergeben, wenn nicht der Pflichtteil, der stets ein Zahlungsanspruch darstellt, sondern ein erhöhter Miterbenanteil, der eine Verfügungsbefugnis über Nachlassgegenstände begründen soll, geltend gemacht wird. Auf Antrag eines Beteiligten nach Art. 12 Abs. 1 EuErbVO könnte ein deutsches Nachlassgericht beschließen, über in einem Drittstaat befindliche Gegenstände nicht zu entscheiden, wenn die Entscheidung in dem Drittstaat nicht anerkannt oder nicht für vollstreckbar erklärt wird, vgl. *Frank/Leithold* ZEV 2014, 462 (466 f.).
[62] Zu den Möglichkeiten der Pflichtteilsreduzierung innerhalb der Mitgliedstaaten der EuErbVO s. *Abele/Klinger/Maulbetsch*, Pflichtteilsansprüche reduzieren und vermeiden, S. 251 ff.

Abs. 1 Nr. 1. S. 2 lit. b ErbStG beachten. Bei einem Wegzug in die USA greift die erweiterte unbeschränkte Steuerpflicht gar 10 Jahre.[63]

Es ist jedoch Vorsicht bei folgender Konstellation geboten: Will beispielsweise der mit letztem gewöhnlichen Aufenthalt in den USA versterbende Erblasser, der Immobilien sowohl in den USA als auch in Deutschland hat, sein Kind A zum Alleinerben einsetzen und seinem Kind B nichts zukommen lassen, so geht seine Überlegung, B den Pflichtteil vorzuenthalten, ins Leere. Nach deutscher Sicht ist gemäß Art. 20, 21 Abs. 1 EuErbVO für den gesamten Nachlass zwar amerikanisches Recht anzuwenden.[64] Nach amerikanischem Recht, das die Nachlassspaltung kennt, wird jedoch hinsichtlich der in Deutschland belegenen Immobilien auf das deutsche Recht zurückverwiesen. Das deutsche IPR nimmt die Rückverweisung an, Art. 4 Abs. 1 S. 2 EGBGB. Somit kann die EuErbVO, die eigentlich den Grundsatz der Nachlasseinheit verwirklichen wollte,[65] das aufgezeigte Ergebnis jedoch nach Art. 34 Abs. 1a EuErbVO hinnimmt, eine einheitliche Beurteilung des Nachlasses nicht in allen Fällen gewährleisten, so dass es (immer noch) zu einer Nachlassspaltung kommen kann.[66] Im Beispielsfall kann demnach B hinsichtlich des Wertes der in Deutschland belegenen Immobilien seinen Pflichtteil von A verlangen. Der Erblasser könnte dem nur dann entgehen, wenn er sein Immobilienvermögen in Deutschland zu Lebzeiten veräußern würde. **41**

Britischen und US-Staatsangehörigen hingegen bietet die EuErbVO nach Art. 22 EuErbVO die Möglichkeit an, eine **Rechtswahl** zugunsten ihres Heimatrechts, das Pflichtteilsrechte grundsätzlich nicht kennt, zu treffen.[67] Eine Rückverweisung ist nach Art. 34 Abs. 2 EuErbVO ausgeschlossen, so dass auch im Falle, dass Immobilienbesitz in Deutschland belegen ist, amerikanisches bzw. britisches Recht zur Anwendung gelangt. **42**

VIII. Volljährigenadoption

In Fällen, in denen sich zwischen dem Erblasser und einem Volljährigen[68] ein Eltern-Kind-Verhältnis entwickelt hat,[69] könnte der Erblasser durch die Annahme des Volljährigen Pflichtteilsansprüche eigener leiblicher Abkömmlinge gezielt reduzieren. Sollte der Erblasser keine leiblichen Abkömmlinge haben und sollten seine Eltern noch leben, könnte er durch die Annahme des Volljährigen die Pflichtteilsansprüche seiner Eltern sogar gänzlich ausschalten, vgl. § 2309 BGB. Nach Hinzutreten eines neuen Pflichtteilsberechtigten wird zudem dem Erblasser die Möglichkeit eröffnet, wechselbezügliche oder vertragsmäßige Verfügungen in gemeinschaftlichen Testamenten und Erbverträgen anzufechten gemäß §§ 2079, 2281 BGB.[70] Die aufgezeigten Möglichkeiten dürfen freilich nicht die einzigen Zwecke eines Adoptionsverfahrens bilden, maßgeblich ist vielmehr ein quasi-familiäres Verhältnis des Annehmenden und des Anzunehmenden, welches die Adoption sittlich rechtfertigen muss gemäß § 1767 Abs. 1 BGB. **43**

---

[63] TGJG ErbStG § 2 Rn. 24.
[64] Ein US-amerikanisches „Bundes-IPR" gibt es nicht, so dass auf die Teilrechtsordnungen der US-Staaten abzustellen ist, vgl. *Leithold/Wainwright* IPRax 2015, 374; *Frank/Leithold* ZEV 2014, 462 (463).
[65] Vgl. BeckOGK/*J. Schmidt* EuErbVO Art. 21 Rn. 8; MüKoBGB/*Dutta* EuErbVO Art. 21 Rn. 9.
[66] Vgl. BeckOGK/*J. Schmidt* EuErbVO Art. 21 Rn. 9f.; MüKoBGB/*Dutta* EuErbVO Art. 34 Rn. 9; Wassermeyer/*Jülicher* DBA USA (E), Anhang Überblick über das US-amerikanische Nachlass- und Schenkungsteuerrecht und Erbrecht, Rn. 38; *Frank/Leithold* ZEV 2014, 462 (466f.).
[67] Siehe dazu *Frank/Leithold* ZEV 2014, 462 (468).
[68] Siehe dazu *Staacke* NJW 2019, 631; die Annahme Minderjähriger dürfte hingegen von anderen Beweggründen getragen sein und bedarf hier keiner Erörterung.
[69] Oder die Entwicklung eines solchen Verhältnisses zu erwarten ist, vgl. §§ 1767 Abs. 2 S. 1 iVm 1741 Abs. 1 S. 1 BGB. Diese auf die Zukunft gerichtete Variante ist als Pflichtteilsvermeidungsstrategie indes nicht empfehlenswert, da in diesem Fall sowohl die sittliche Rechtfertigung nach § 1767 Abs. 1 BGB als auch die Interessen der leiblichen Kinder des Annehmenden nach § 1769 BGB (zu) hohe Hürden der Annahme bilden würden.
[70] Der Anfechtung – nicht der Annahme als Kind – könnte nur in extremen Ausnahmefällen der Einwand der Sittenwidrigkeit entgegengehalten werden, vgl. MüKoBGB/*Leipold* BGB § 2079 Rn. 14.

44 Es sind zwei Arten von Volljährigenadoptionen zu unterscheiden, eine mit **schwachen** und eine mit **starken Wirkungen**. Die Adoption mit schwachen Wirkungen bildet den Regelfall. Die leiblichen Eltern des Anzunehmenden müssten der Adoption nicht zustimmen. Es steht im richterlichen Ermessen, ob sie im Adoptionsverfahren jedoch zumindest anzuhören wären.[71] Das Verwandtschaftsverhältnis des Anzunehmenden zu seinen leiblichen Eltern würde im Falle der Adoption mit schwachen Wirkungen bestehen bleiben gemäß § 1770 Abs. 2 BGB, so dass der Anzunehmende nach der Annahme Pflichtteilsansprüche gegen seine leiblichen Eltern und gegen seine Adoptiveltern hätte.[72] Der Annehmende sollte deshalb bedenken, dass er zwar einerseits Pflichtteilsansprüche eigener Abkömmlinge verringert, andererseits aber – falls der Anzunehmende keine eigenen Abkömmlinge haben und vorversterben sollte – Gefahr läuft, dass sein Nachlass mittelbar Pflichtteilsansprüchen der leiblichen Eltern des Anzunehmenden ausgesetzt wird.

45 Dieses Risiko gibt es bei der Adoption mit starken Wirkungen nicht. Die Verwandtschaftsverhältnisse des Anzunehmenden zu seinen leiblichen Eltern erlöschen bei dieser Adoptionsvariante nach § 1755 BGB. Nach § 1772 Abs. 1 S. 2 BGB müssten aber die leiblichen Eltern des Anzunehmenden von dem Annahmeverfahren zwingend in Kenntnis gesetzt[73] und im Gegensatz zur Adoption mit schwachen Wirkungen am gerichtlichen Annahmeverfahren förmlich beteiligt werden gemäß § 188 Abs. 1 Nr. 1. b FamFG.

46 Die leiblichen Abkömmlinge des Annehmenden können ihre Interessen im Rahmen des § 1769 BGB verfolgen. Da bei der Annahme Volljähriger eine dem § 1745 S. 2 BGB entsprechende Regelung nicht existiert, sind vermögensrechtliche Ansprüche, insbesondere auch Pflichtteilsrechte der leiblichen Kinder des Annehmenden, von Bedeutung und zu beachten.[74] Sie überwiegen das Interesse an einer Annahme jedoch nicht ohne Weiteres. § 1769 BGB garantiert den leiblichen Abkömmlingen keinesfalls den wirtschaftlichen Status Quo.[75] § 1769 BGB statuiert auch kein Regel-Ausnahme-Verhältnis,[76] es ist vielmehr stets eine konkrete Einzelfallabwägung vorzunehmen.[77] Eine jahrzehntelang tatsächlich gelebte familiäre Beziehung überwiegt beispielsweise regelmäßig das Interesse der leiblichen Abkömmlinge an der Beibehaltung ihrer ungeschmälerten Pflichtteile.[78]

IX. Höfeordnung

47 Zu überlegen wäre auch, ob das Anerbenrecht, also die Vererbung eines landwirtschaftlichen Hofes an einen einzigen Erben aufgrund der durch die Höfeordnung[79] bewirkten Spezialsukzession als taugliches Mittel zur Pflichtteilsreduzierung dienen kann. Der Erblasser könnte etwa gezielt einen land- oder forstwirtschaftlichen Hof im Sinne der HöfeO erwerben, der dann im Wege der Sondererbfolge nach § 4 HöfeO nur dem vom Erblasser nach § 7 HöfeO bestimmten Hoferben zufallen würde. Die Pflichtteilsberechtigten könnten zwar ihre Pflichtteilsansprüche gegen den Hoferben geltend machen. Für die Berechnung des Pflichtteils sieht § 12 Abs. 10 HöfeO jedoch die Besonderheit vor, dass nicht

---

[71] Dafür FA-FamR/*Schwarzer* Kap. 3 Rn. 543f.
[72] Palandt/*Weidlich* BGB § 1924 Rn. 11 u. BGB § 2303 Rn. 9.
[73] BVerfG FamRZ 2008, 243.
[74] Vgl. MüKoBGB/*Maurer* § 1769 Rn. 8.
[75] Vgl. Palant/*Götz* BGB § 1769 Rn. 1; Staudinger/*Helms* BGB § 1769 Rn. 8.
[76] So noch BayObLGZ 1984, 25; offen gelassen vom OLG München FGPrax 2005, 261; aufgegeben vom OLG München FamRZ 2011, 1411.
[77] Palandt/*Götz* BGB § 1769 Rn. 1; MüKoBGB/*Maurer* § 1769 Rn. 7; BeckOK BGB/*Pöcher* BGB § 1769 Rn. 3.
[78] AG Bremen FamFR 2009, 79.
[79] Diese findet indes nur in den vier Bundesländern Hamburg, Niedersachsen, Nordrhein-Westfalen und Schleswig-Holstein Anwendung. In Baden-Württemberg, Bremen, Hessen und Rheinland-Pfalz gibt es landesrechtliche Anerbengesetze, im Saarland, in Bayern, Berlin und in den neuen Bundesländern können nur die §§ 2049, 2312 BGB zur Anwendung gelangen, siehe § 1 Abs. 1 HöfeO sowie Schlitt/Müller/Lohr/*Prettl* PflichtteilsR-HdB § 4 Rn. 209.

wie gewöhnlich auf den Verkehrswert[80] des Hofes abzustellen ist, sondern auf das Eineinhalbfache des zuletzt festgesetzten Einheitswertes im Sinne des § 48 des Bewertungsgesetzes (§ 12 Abs. 2 S. 2 HöfeO). Die Einheitswerte waren bereits zur Zeit ihrer Feststellung im Jahr 1964 recht niedrig angesetzt und wurden in der Folgezeit kaum aktualisiert,[81] was den BGH schließlich dazu bewogen hat, die zwischenzeitlich entstandene Lücke durch eine analoge Anwendung des § 12 Abs. 2 S. 3 HöfeO zu schließen.[82] Die ratio des § 12 HöfeO bezweckt den Zusammenhalt des Hofes und seine Sicherung über Generationen hinweg. Der Hoferbe soll durch eine für ihn äußerst günstige Berechnung[83] davor geschützt werden, bei sonst fehlenden finanziellen Möglichkeiten den Hof veräußern zu müssen, um Nachlassverbindlichkeiten erfüllen zu können. Dies führt trotz der Entscheidung des BGH zu einer im Gegensatz zur Berechnung nach dem Verkehrswert viel niedrigeren Bewertungsgrundlage und somit zu einer erheblichen Reduzierung der Pflichtteilsansprüche.

Auch in den Bundesländern, in denen weder die bundesrechtliche HöfeO noch landesrechtliche Anerbengesetze Anwendung finden, kann der Erblasser nach § 2049 BGB ein Landgut auf einen Nachfolger vererben mit der Folge, dass nicht der Verkehrswert, sondern der niedrigere Ertragswert[84] für die Berechnung des Pflichtteilsanspruches – und im Falle der lebzeitigen Übertragung auch für die Berechnung des Pflichtteilsergänzungsanspruches[85] – gemäß § 2312 BGB maßgeblich ist. 48

X. Pflichtteilsunwürdigkeit, -entziehung und -beschränkung

Auch wenn das Pflichtteilsrecht ein grundrechtlich geschütztes und auf möglichst gerechte Aufteilung ausgerichtetes Recht ist, muss sich der Pflichtteilsberechtigte – auch in der heutigen Zeit – als würdig erweisen.[86] Im Fall der **Pflichtteilsunwürdigkeit** bedarf es keiner gewieften Strategie zur Vermeidung von Pflichtteilsansprüchen. Beim Pflichtteilsrecht handelt es sich im Grundsatz zwar um zwingendes Recht, allerdings können schwerwiegende Verfehlungen dazu führen, dass der Pflichtteilsberechtige sich als unwürdig erweist, an dem Erbe zu partizipieren. Gerechtfertigt wird der Entzug dieser Rechtsstellung damit, dass allein die tatbestandliche Verwirklichung eines Unwürdigkeitsgrundes im Sinne des § 2339 Abs. 1 BGB[87] es als unerträglich erscheinen ließe, wenn der Nachlass des Opfers auf den Täter übergänge.[88] Daraus folgt zugleich auch, dass es nicht auf einen Kausalzusammenhang zwischen der Handlung des Berechtigten und der Verfügung des Erblassers ankommt, sondern dass vielmehr die abstrakte Möglichkeit der Beeinträchtigung der Testierfreiheit geschützt wird.[89] 49

Wie die Erbunwürdigkeit tritt die Pflichtteilsunwürdigkeit nicht ipso iure ein. Aufgrund der gesetzlichen Verweise in § 2345 Abs. 1 S. 2 BGB ist zur Geltendmachung eine formlose Anfechtungserklärung innerhalb eines Jahres ab zuverlässiger Kenntnis des Anfechtungsgrundes gegenüber dem Pflichtteilsberechtigten erforderlich, eine Anfechtungsklage wie bei der Erbunwürdigkeit ist hingegen nicht notwendig. Das Anfechtungsrecht steht demjenigen zu, dem die Wirkung der Anfechtung auch nur mittelbar, dh beim 50

---

[80] Palandt/*Weidlich* BGB § 2311 Rn. 6.
[81] Vgl. Schlitt/Müller/*Lohr/Prettl*, PflichtteilsR-HdB § 4 Rn. 214; MAH AgrarR/*von Garmissen* § 11 Rn. 46.
[82] BGH NJW 2001, 1726 = BeckRS 2001, 00199.
[83] Darin ist der Hauptvorteil für den Hoferben zu sehen, so Nieder/Kössinger/*Kössinger* Testamentsgestaltung-HdB § 3 Rn. 95.
[84] Vgl. Palandt/*Weidlich* BGB § 2049 Rn. 1.
[85] OLG Jena ZEV 2007, 531; BGH ZEV 1995, 74.
[86] *Muscheler* ZEV 2009, 58.
[87] Siehe zu Praxisproblemen des Erbunwürdigkeitsrechts *Holtmeyer* ZEV 2010, 6.
[88] BGH NJW 1988, 822; BGH ZErb 2015, 155.
[89] Schlitt/Müller/*Lange* PflichtteilsR-HdB § 7 Rn. 145.

Wegfall eines oder mehrerer Vorberufener, zugutekommt.[90] Durch die Anfechtung wird der Pflichtteilsunwürdige gemäß § 142 Abs. 1 BGB so gestellt, als ob er im Erbfall kein Pflichtteilsberechtigter wäre. Für die Rückforderung von bereits erbrachten Leistungen gilt das Bereicherungsrecht, wobei aufgrund von § 142 Abs. 2 BGB die Voraussetzungen von § 819 BGB stets zu bejahen sind.

51   Die Pflichtteilsunwürdigkeit ist allerdings nicht zwingend von dauerhafter Natur. Gemäß §§ 2343, 2345 Abs. 2 BGB kann der Erblasser dem Pflichtteilsunwürdigen verzeihen. Die Empfehlung an den Erblasser kann deshalb nur lauten, in seinem Testament ausdrücklich zu erwähnen, ob er einem Pflichtteilsberechtigten verziehen hat. Andere Möglichkeiten hat der Erblasser nicht. Er ist insbesondere nicht zur Anfechtung berechtigt.

52   Der Erblasser kann jedoch bei Vorliegen der Voraussetzungen des § 2333 BGB den Pflichtteilsberechtigten **einseitig den Pflichtteil entziehen.** Auch die sogenannte **Beschränkung des Pflichtteils in guter Absicht,** nämlich um des Erhalts des Familienvermögens willen, durch Anordnung der Vor- und Nacherbschaft, des Vor- und Nachvermächtnis oder der Einsetzung eines Testamentsvollstreckers nach § 2338 BGB bietet sich an, um Einfluss auf den Pflichtteil auszuüben. Die Beschränkung in guter Absicht kann im Gegensatz zur Einziehung indes nur gegenüber eigenen Abkömmlingen vorgenommen werden. Der Erblasser sollte daran denken, dass die gesetzlichen Voraussetzungen relativ hoch sind. Es ist daher empfehlenswert, den Sachverhalt, der die Entziehung oder Beschränkung rechtfertigen soll, im Testament ausführlich zu schildern.

XI. Pflichtteilsrecht und Verfassungsrecht

53   Bereits vorstehend wurden in den Fußnoten Quellen von Stimmen benannt, die die Verfassungskonformität des Pflichtteilsrechtes in seiner derzeitigen Ausprägung bezweifeln. Wenngleich sich insbesondere die in diesem Zusammenhang geführten Gerichtsverfahren nur an einzelnen Punkten des Pflichtteilsrechtes (zB der Pflichtteilsentziehung) entzündet haben, gibt es doch gewichtige Stimmen, die das Pflichtteilsrecht in seiner derzeitigen Gesamtausgestaltung als nicht verfassungsgemäß erachten. Diese eventuelle Verfassungswidrigkeit kann selbstverständlich nicht pauschal und in allen Fallgestaltungen eingewandt werden, bei geeigneten Fallgestaltungen ist aber durchaus auch an diesen Weg zu denken.

---

[90] MüKoBGB/*Helms* § 2345 Rn. 3.

2. Teil. Allgemeines zur Unternehmensnachfolge

4. Kapitel. Erbrecht

§ 17 Der erbrechtliche Erwerb des Nachlasses

Übersicht

	Rn.
I. Die gesetzliche Erbfolge und die Geltung deutschen Erbrechts	1
1. Die gesetzliche Erbfolge	1
a) Das Erbrecht der Verwandten	2
aa) Die Erben erster Ordnung	2
bb) Die Erben zweiter Ordnung	4
cc) Die Erben dritter und entfernterer Ordnungen	5
dd) Gleichzeitiger Tod des Erblassers und der vorgesehenen Erben	6
b) Das Erbrecht des Ehegatten	7
aa) Die nichterhöhte Erbquote des Ehegatten bei Gütergemeinschaft	8
bb) Die Erbquote des Ehegatten bei Gütertrennung	9
cc) Die Erbquote des Ehegatten bei Zugewinngemeinschaft	10
(1) Erhöhung der Erbquote	10
(2) Modifizierte Zugewinngemeinschaft	11
(3) Zugewinnausgleich und Pflichtteilsrecht	12
dd) „Gesetzliche Vermächtnisse"	17
ee) Der Ausschluss des Ehegattenerbrechts	18
c) Das Erbrecht des Lebenspartners (für bis zum 30.9.2017 eingetragene Lebenspartnerschaften)	19
2. Geltungsbereich des deutschen Erbrechtes	20
a) Alte Rechtslage	21
b) Europäische Verordnung zum Internationalen Erb- und Erbverfahrensrecht	22
c) Nachlass-Spaltung/Nicht-EU-Ausland	28
d) Haager Übereinkommen	29
e) Internationale Zuständigkeiten	30
II. Die gewillkürte Erbfolge durch Testament	31
1. Grundfragen der gewillkürten Erbfolge	31
2. Das Testament und die Testierfähigkeit	34
a) Die Testierfähigkeit	34
b) Testamentsformen	35
3. Das (ordentliche) einfache Testament	36
a) Das öffentliche Testament	36
aa) Die Errichtung	36
bb) Die Verwahrung	37
b) Das eigenhändige, private Testament	38
aa) Die Errichtung	38
bb) Der Testierwille	42
cc) Die Verwahrung und die Ablieferungspflicht	43
c) Öffentliches oder privates Testament?	44
4. Das (ordentliche) gemeinschaftliche Testament	48
a) Allgemeines	48
aa) Die Errichtung	49
bb) Veröffentlichung sämtlicher Anordnungen	50
cc) Der Testierwille	51
dd) Die Aufhebung der Ehe	52
b) Das Berliner Testament	53
aa) Unterschiede	56
bb) Abwägung	59
cc) Hohe Erbschaftsteuerbelastung	60

	Rn.
dd) Weitere Vorkehrungen	61
c) Wiederverheiratungsklauseln	62
aa) Wiederverheiratungsklauseln und Trennungsprinzip	64
bb) Wiederverheiratungsklauseln und Einheitsprinzip	65
cc) Sonstige Folgen der Wiederheirat	66
dd) Empfehlungen	67
d) Die Bindungswirkung gemeinschaftlicher Ehegattentestamente	70
aa) Verfügungen, die der Bindungswirkung fähig sind	71
bb) Rechtsfolgen der Wechselbezüglichkeit	73
cc) Vermeidung und Entfallen der Bindungswirkung	78
dd) Regelungsbefugnisse	80
ee) Bindung des Ehegatten?	87
5. Das außerordentliche Testament	89
6. Der Widerruf des Testaments	90
a) Die Widerrufsmöglichkeiten	90
aa) Widerrufstestament	91
bb) Errichtung eines widersprechenden Testaments	92
cc) Vernichtung der Testamentsurkunde	93
dd) Widerruf des öffentlichen Testaments durch Rücknahme aus der Verwahrung	95
ee) Eröffnung widerrufener Testamente	96
b) Der Widerruf des Widerrufs	97
III. Die gewillkürte Erbfolge durch Erbvertrag	98
1. Einführung	98
2. Die Errichtung und Verwahrung des Erbvertrages	101
3. Arten des Erbvertrages	102
a) Erbverträge mit zumindest einer vertragsmäßigen Verfügung	102
b) Gemeinschaftliche Erbverträge	106
c) Entgeltliche und unentgeltliche Erbverträge	108
4. Schutz des Bedachten und des Vertragspartners	109
a) Schutz durch Bindungswirkung	109
b) Schutz des Bedachten vor ihn beeinträchtigenden Schenkungen	110
aa) Rechtslage	110
bb) Gestaltungsempfehlungen	113
5. Die Lösung von Bindungswirkung und Erbvertrag	115
a) Die Aufnahme von Vorbehalten	116
b) Die Aufhebung des Erbvertrages	117
c) Der Rücktritt vom Erbvertrag	120
IV. Auslegung, Anfechtbarkeit, Nichtigkeit und Unwirksamkeit letztwilliger Verfügungen	122
1. Auslegung und Auslegungsvertrag	122
a) Die Auslegung und die erläuternde Auslegung	122
b) Die ergänzende Auslegung	124
c) Die wohlwollende Auslegung	125
d) Besondere gesetzliche Auslegungsregeln	126
e) Der Auslegungsvertrag	131
2. Die Anfechtung der Verfügungen von Todes wegen	133
a) Allgemeines	133
b) Die Anfechtung wegen Irrtums	135
c) Die Durchführung und Wirkung der Anfechtung	137
d) Die Anfechtung des Erbvertrages	141
e) Die Anfechtung des gemeinschaftlichen Testamentes	143
3. Nichtigkeit und Unwirksamkeit des Testamentes	146
a) Formale Nichtigkeit	147
b) Inhaltliche Nichtigkeit	148
aa) Verstoß gegen ein gesetzliches Verbot	148
bb) Verstoß gegen die guten Sitten	149

I. Die gesetzliche Erbfolge und die Geltung deutschen Erbrechts

1. Die gesetzliche Erbfolge

Die gesetzliche Erbfolge kommt zum Zuge, wenn der Erblasser nicht durch letztwillige Verfügung seine Erben bestimmt hat oder die letztwilligen Verfügungen unwirksam sind. Der gesetzlichen Erbfolge kommt daneben sehr häufig Bedeutung zu, weil der **Pflichtteilsanspruch** in der Hälfte des Wertes des gesetzlichen Erbteils besteht.

Die gesetzliche Erbfolge ist in den §§ 1924 bis 1936 BGB geregelt. Sie beruft zunächst die **Abkömmlinge** und neben ihnen den **Ehegatten** zu Erben. Sind Abkömmlinge nicht vorhanden, erben die **Eltern** oder soweit diese vorverstorben sind, deren sonstige Abkömmlinge. Leben auch solche nicht, erben **entferntere Verwandte.** Der Erbteil des Ehegatten wird umso größer, je entfernter die erbberechtigten Verwandten zum Verstorbenen standen. Ist kein Erbe auszumachen oder sind die Erben durch Ausschlagung, Enterbung etc. weggefallen, fällt der Nachlass als gesetzlichem Erben dem **Staat** an, § 1936 BGB. Der Staat ist Zwangserbe und kann die Erbschaft nicht ausschlagen.

a) Das Erbrecht der Verwandten. aa) Die Erben erster Ordnung. Zunächst als Erben berufen sind die **Abkömmlinge,** § 1924 BGB. Sie sind die gesetzlichen Erben der ersten Ordnung. Mehrere Kinder erben zu gleichen Teilen, § 1924 Abs. 4 BGB. Haben die Kinder selbst Abkömmlinge, so erben diese nicht, § 1924 Abs. 2 BGB. Das lebende Kind „repräsentiert" seinen Stamm, nur der Repräsentant erbt (sog. **Repräsentationsprinzip**). Ist der Repräsentant aber vorverstorben, treten gemäß § 1924 Abs. 3 BGB seine Abkömmlinge, dh die Enkel (oder gegebenenfalls die Urenkel, sofern auch die Enkel verstorben sind) des Verstorbenen jeweils anteilig in die Erbfolge ein. Hinterlässt das vorverstorbene Kind keine Abkömmlinge, so erhöhen sich die Anteile der übrigen Geschwister entsprechend, § 1935 BGB.

Beispiel:
Der Erblasser hatte drei Kinder, A, B und C. Der Ehegatte ist vorverstorben, ebenso zwei der Kinder (B und C). Sowohl das vorverstorbene Kind B als auch das noch lebende Kind A haben zwei Kinder, C ist kinderlos verstorben. Bei dieser Konstellation ergibt sich folgende Erbfolge: Grundsätzlich erben die Kinder zu gleichen Teilen, also zu je 1/3. Da aber das Kind C weggefallen ist, ohne dass ein eigener Abkömmling des C in die Erbfolge eintritt, erhöhen sich die Erbanteile von A und B um den Anteil des C, so dass jedes der beiden Geschwisterstämme die Hälfte erbt. An die Stelle des vorverstorbenen Kindes B treten dessen Kinder, die jeweils zu 1/4 erben. A erbt zu 1/2, er repräsentiert seinen Stamm und verdrängt seine beiden Kinder von der Erbfolge.

Adoptivkinder stehen leiblichen Kindern gleich.[1] Nach dem Prinzip der Volladoption (§§ 1754ff. BGB) erlischt mit der Annahme als Kind das Verwandtschaftsverhältnis des Kindes zu seinen bisherigen Verwandten. Das Adoptivkind hat daher kein Erbrecht gegenüber seinen leiblichen Eltern. Dafür erlangt es **volles gesetzliches Erbrecht gegenüber dem Annehmenden** und dessen Verwandten.[2] Auch das angenommene Kind ist pflichtteilsberechtigt.

bb) Die Erben zweiter Ordnung. Die Erben erster Ordnung schließen sämtliche entfernteren Ordnungen von der Erbfolge aus. Nur wenn kein Angehöriger der ersten Ordnung vorhanden ist, erben die Erben der zweiten Ordnung, die ihrerseits die Erben der dritten Ordnung ausschließen (**Parentelsystem** oder Ordnungssystem, § 1930 BGB). Gemäß § 1925 BGB sind Erben der zweiten Ordnung die **Eltern des Erblassers und**

---
[1] Anderes kann bezüglich der Rechtslage im alten Adoptionsrecht vor dem Jahr 1977 gelten, vgl. OLG Stuttgart FamRZ 1994, 1553; OLG Frankfurt FamRZ 1995, 1087.
[2] Ausnahmen gelten bei der Adoption Volljähriger, §§ 1767ff. BGB.

deren Abkömmlinge. Auch hier schließen die noch lebenden Eltern nach dem Repräsentationsprinzip ihre Abkömmlinge aus. Ab der zweiten Ordnung ist zusätzlich das **Liniensystem** zu beachten: Die Erbschaft teilt sich in väterliche und mütterliche Linien auf. Hinterlässt der Erblasser weder Kinder noch Ehegatten, so erben Vater und Mutter je zur Hälfte. Lebt eines der Elternteile nicht mehr, so fällt dessen Hälfte an die Abkömmlinge des vorverstorbenen Elternteils. Sind auch keine Abkömmlinge des Elternteils vorhanden, erbt der überlebende Elternteil allein, § 1925 Abs. 3 BGB.

5 **cc) Die Erben dritter und entfernterer Ordnungen.** Erben der dritten Ordnung sind gemäß § 1926 BGB die **Großeltern** des Verstorbenen und deren Abkömmlinge; Erben der vierten Ordnung sind die Urgroßeltern und deren Abkömmlinge etc., § 1928 BGB. Ab der vierten Ordnung entfällt das Liniensystem. Gemäß § 1928 Abs. 2 BGB erbt ein noch lebendes Urgroßelternteil allein; die noch lebenden Abkömmlinge der anderen, bereits zuvor verstorbenen Urgroßeltern, erben nicht. Leben keine Urgroßeltern mehr, so erbt der Verwandte allein, der mit dem Erblasser am nächsten verwandt ist, § 1928 Abs. 3 BGB. Sind mehrere gleich nah verwandt, so erben sie zu gleichen Teilen.

6 **dd) Gleichzeitiger Tod des Erblassers und der vorgesehenen Erben.** Erbe kann nur werden, wer zur Zeit des Erbfalls lebt, § 1923 BGB. Der Erbe muss daher den Erblasser – und sei es nur für den Bruchteil einer Sekunde – überleben. Ist das Überleben nicht feststellbar, so wird gemäß § 11 Verschollenheitsgesetz die **Gleichzeitigkeit** des Todes **vermutet** (sog. Kommorientenvermutung). Das kann gegenüber einem Nacheinander des Versterbens erhebliche Unterschiede in der Erbfolge und in der Erbschaftsteuerbelastung mit sich bringen.[3]

7 **b) Das Erbrecht des Ehegatten.** Das Erbrecht des Ehegatten (§ 1931 BGB) steht neben dem Erbrecht der Verwandten. Die Höhe der Erbquote des Ehegatten nimmt zu, je ferner die übrigen Erben mit dem Erblasser verwandt waren. Zudem ist die Erbquote des Ehegatten abhängig vom Güterstand, in dem die Ehegatten lebten.

8 **aa) Die nichterhöhte Erbquote des Ehegatten bei Gütergemeinschaft. Neben Abkömmlingen,** also neben Erben der ersten Ordnung, erbt der Ehegatte **zu einem Viertel.** Neben den Erben der zweiten Ordnung, das heißt **neben den Eltern** des verstorbenen Ehegatten und deren Abkömmlingen (also den Geschwistern des verstorbenen Ehegatten sowie gegebenenfalls deren Abkömmlingen) erbt der Ehegatte **die Hälfte,** § 1931 Abs. 1 BGB. Auch neben den Erben der dritten Ordnung erbt der Ehegatte (lediglich) zur Hälfte. Jedoch treten nicht ohne weiteres die Abkömmlinge an die Stelle weggefallener Großeltern, vielmehr fällt deren Anteil unter den in § 1931 Abs. 1 S. 2 BGB näher bestimmten Voraussetzungen an den überlebenden Ehegatten. Erben der vierten und entfernteren Ordnungen sind neben dem Ehegatten nicht mehr erbberechtigt.

Die Erbquote des Ehegatten richtet sich aber nicht nur nach dem Verwandtschaftsverhältnis der übrigen Erben zum Erblasser, sondern auch nach dem **Güterstand,** in dem die Ehegatten gelebt haben. Die soeben dargestellten Erbquoten gelten uneingeschränkt, sofern die Ehegatten in dem relativ seltenen Ehestand der **Gütergemeinschaft** gemäß §§ 1415 ff. BGB gelebt haben.

9 **bb) Die Erbquote des Ehegatten bei Gütertrennung.** Haben die Ehegatten in Gütertrennung (§ 1414 BGB) gelebt, ist zusätzlich § 1931 Abs. 4 BGB zu beachten: Hinterlässt der Erblasser neben seinem Ehegatten einen Abkömmling (also ein Kind oder – sofern das Kind vorverstorben ist – Abkömmlinge dieses Kindes), so erbt der Ehegatte die Hälfte. Hatte der Verstorbene zwei Kinder, so erbt jedes der Kinder (bzw. der Stamm der Kin-

---

[3] Siehe BayObLG ZEV 2004, 200 mAnm *Kasper.*

der, sofern das Kind vorverstorben ist) und der Ehegatte 1/3. Hatte der Erblasser drei oder mehrere Kinder, bleibt es bei dem oben aufgeführten Regelfall, dass der Ehegatte neben den Abkömmlingen zu 1/4, als Erbe berufen ist.[4]

cc) Die Erbquote des Ehegatten bei Zugewinngemeinschaft. (1) Erhöhung der Erbquote. Im häufigsten Güterstand, dem gesetzlichen Güterstand der Zugewinngemeinschaft (§§ 1363 ff. BGB), erhöht sich die bei → Rn. 8 genannte Erbquote des überlebenden Ehegatten um 1/4, der Erbschaft, §§ 1371, 1931 Abs. 3 BGB. Mit dieser Erhöhung wird **pauschal** der Ausgleich des Zugewinns verwirklicht.[5] Dabei ist die genannte Erhöhung **unabhängig** davon, ob in der Ehe überhaupt ein Zugewinn erzielt wurde und ob nun gerade der Zugewinn des Verstorbenen den des Überlebenden überstiegen hat.[6] Dazu ein Beispiel: Ehegatten leben im Güterstand der Gütertrennung. Der Ehemann verstirbt. Er hat eine Schwester. Kinder sind aus der Ehe nicht hervorgegangen. Neben Verwandten der zweiten Ordnung (Eltern und deren Abkömmlinge) erbt der Ehegatte die Hälfte. Die andere Hälfte des Nachlasses fällt mithin an die Schwester des Verstorbenen, welche die Eltern repräsentiert. Hätten die Ehegatten hingegen in Zugewinngemeinschaft gelebt, so würde sich die Erbquote der Schwester auf 1/4, verringern, die Ehefrau erhielte mithin 3/4, ungeachtet, ob der verstorbene Ehegatte in der Ehe einen Zugewinn erzielt hat oder nicht. Gerade dieses Beispiel der kinderlosen Ehe zeigt, wie wichtig es gegebenenfalls ist, durch **letztwillige Verfügung den Ehegatten** finanziell abzusichern.

(2) Modifizierte Zugewinngemeinschaft. Das aufgezeigte Ergebnis, dass – bei Gütertrennung – die Schwester des Verstorbenen die Hälfte erbt, entspricht häufig nicht den Vorstellungen der Ehegatten. Will ein Ehegatte gleichwohl einerseits nicht zugunsten des anderen Ehegatten **testieren** und wollen die Ehegatten andererseits nicht in den gesetzlichen Güterstand der Zugewinngemeinschaft wechseln, ist zu überlegen, ob die Ehegatten nicht sog. **modifizierte Zugewinngemeinschaft** vereinbaren: Dabei wechseln die Ehegatten zwar in den Güterstand der Zugewinngemeinschaft, sie schließen jedoch den Zugewinnausgleich in allen Fällen aus, in denen die Zugewinngemeinschaft anders als durch Tod – insbesondere durch Scheidung – endet, oder sie vereinbaren, dass bestimmte Vermögenswerte (zB der Wert des Unternehmens inkl. seiner Wertsteigerungen und Surrogate) bei der Berechnung nicht mitbewertet werden. Auf diese Weise können die Ehegatten die Vorteile der Gütertrennung (insbesondere den Ausschluss des Zugewinnausgleichs im Scheidungsfall) mit den Vorteilen des gesetzlichen Güterstandes (wie zB die Reduktion von Pflichtteilsansprüchen von Abkömmlingen) einschließlich der Vorteile gemäß § 5 ErbStG bezüglich des Ehegattenerbrechtes verbinden.[7]

(3) Zugewinnausgleich und Pflichtteilsrecht. Der überlebende Ehegatte muss sich nicht unbedingt mit der erwähnten pauschalen Erhöhung der Erbschaft um ein Viertel zufriedengeben. Vielmehr gibt § **1371 Abs. 3 BGB** dem überlebenden Ehegatten die Möglichkeit, die Erbschaft innerhalb der dafür maßgeblichen Fristen gemäß § 1944 BGB **auszuschlagen** und die sich nach den §§ 1373 ff. BGB errechnende **tatsächliche Zugewinnausgleichsforderung** zu liquidieren. **Zusätzlich** erhält der ausschlagende Ehegatte – ausnahmsweise[8] – den **Pflichtteil**. Dieser sog. „kleine Pflichtteil" beträgt die Hälfte des

---

[4] Zu den Konsequenzen dieser Erhöhung für das Pflichtteilsrecht vgl. *Kipp/Coing,* 61; MüKoBGB/*Lange* § 2303 Rn. 33.
[5] Allerdings ist der überlebende Ehegatte gemäß § 1371 Abs. 4 BGB verpflichtet, erbberechtigten Abkömmlingen des verstorbenen Ehegatten, die nicht aus der durch den Tod aufgelösten Ehe stammen, die Mittel zu einer angemessenen Ausbildung zu gewähren. Die Verpflichtung besteht nur bei Bedürftigkeit der Abkömmlinge („Stiefkinder") und ist nur aus dem zusätzlichen Viertel der Erbschaft zu leisten, den § 1371 Abs. 1 BGB gewährt.
[6] Palandt/*Brudermüller* BGB § 1371 Rn. 3.
[7] Siehe das Bsp. in BeckFormB BHW/*Bernauer* V. 27, Klausel I und *Stenger* ZEV 2000, 141.
[8] Vgl. zum Thema Ausschlagung und Nachlassbeteiligung auch die Empfehlung unter → § 20 Rn. 40.

nicht gemäß § 1371 Abs. 1 BGB erhöhten gesetzlichen Erbteils des Ehegatten. Ein Beispiel: Ehegatten mit zwei Kindern leben im gesetzlichen Güterstand der Zugewinngemeinschaft. Verstirbt der Ehemann, so steht der Ehefrau gemäß §§ 1931 Abs. 1 und 3, 1371 Abs. 1 BGB die Hälfte der Erbschaft zu. Der Pflichtteil, die Hälfte des Wertes des gesetzlichen Erbteils, würde mithin grundsätzlich ein Viertel betragen. Gemäß § 1371 Abs. 2 BGB berechnet sich aber der Pflichtteil nur nach dem nicht gemäß § 1371 Abs. 1 BGB erhöhten Erbteil. Der nicht erhöhte, sich nur aus § 1931 BGB ergebende Erbteil beträgt ein Viertel, so dass der Pflichtteil ein Achtel des Wertes des Nachlasses beträgt. Schlägt die Ehefrau im Beispielsfall aus, erhält sie mithin ein Achtel des Wertes der Erbschaft **und** die aufgrund der tatsächlichen Verhältnisse errechnete Zugewinnausgleichsforderung, die naturgemäß voraussetzt, dass der verstorbene Ehemann in der Ehe einen höheren Zugewinn als die Ehefrau erzielt hatte.

13   Unter Umständen muss daher der überlebende Ehegatte innerhalb der kurzen Ausschlagungsfristen errechnen, ob es für ihn günstiger ist, den ihm zugewiesenen Erbteil, soweit er testamentarisch bedacht ist, bzw. den erhöhten gesetzlichen Erbteil anzunehmen, oder aber die Erbschaft auszuschlagen, um am tatsächlich erzielten Zugewinn teilzuhaben und den kleinen Pflichtteil zu erhalten.

14   Einem enterbten Ehegatten stehen ähnliche Rechte zu: Gemäß **§ 1371 Abs. 2 BGB** erhält der Ehegatte, der weder Erbe noch Vermächtnisnehmer wird (weil der Erblasser sein gesamtes Vermögen anderen vererbt und vermacht oder den Ehegatten auf den Pflichtteil gesetzt hat), lediglich den kleinen Pflichtteil.[9] Daneben hat er die Möglichkeit, sofern der verstorbene Ehegatte einen höheren Zugewinn erzielt hat, den Ausgleich des Zugewinns zu verlangen.[10]

15   Wiederum anders ist die Lage, wenn der Ehegatte zwar testamentarisch bedacht wurde, seine Beteiligung am Nachlass infolge einer beschränkten Erbeinsetzung oder allein aufgrund eines Vermächtnisses aber **unter seinem Pflichtteil** liegt, das heißt weniger als die Hälfte seines gesetzlichen (erhöhten) Erbteils beträgt.[11] Der überlebende Ehegatte hat in dieser Situation gemäß § 1371 Abs. 3 BGB die Wahl, entweder die Erbschaft oder das Vermächtnis auszuschlagen und den kleinen Pflichtteil zu fordern sowie ggf. den Ausgleich des Zugewinns zu verlangen, oder aber die ihm zugewiesene Erbschaft oder das Vermächtnis anzunehmen und den **Pflichtteilsrestanspruch** gemäß § 2305 oder § 2307 BGB zu fordern.[12] Der Ehegatte kann nach diesen Bestimmungen den Differenzbetrag zwischen dem Wert der Erbschaft oder des Vermächtnisses und seinem Pflichtteilsanspruch von den Erben verlangen. Der Pflichtteilsanspruch berechnet sich in diesem Fall aber nach der **erhöhten** gesetzlichen Erbquote (sog. **„großer Pflichtteil"**). Ein Beispiel: Wiederum ist von Ehegatten mit zwei Kindern auszugehen, die in Zugewinngemeinschaft leben. Der verstorbene Ehemann hatte letztwillig verfügt, dass seine Ehefrau zu einem Fünftel Erbin sein soll, die beiden Kinder jeweils zu zwei Fünfteln. Der gesetzliche Erbteil der Ehefrau beträgt in der vorliegenden Konstellation gemäß §§ 1931 Abs. 1 und 3, 1371 Abs. 1 BGB die Hälfte. Der sich aus dem erhöhten Erbteil ergebende große Pflichtteil (die Hälfte) beträgt ein Viertel. Da die Ehefrau nur ein Fünftel erhalten hat, kann sie zusätzlich die Differenz zwischen dem Wert des Fünftels und des Viertels, das ihr als großem Pflichtteil zustünde, von den Erben verlangen. Wichtig ist, dass eine Berechnung auf der Grundlage des großen Pflichtteils in der Regel nur stattfindet, wenn es um

---

[9] Vgl. die Auflistung aller in Betracht kommenden Konstellationen bei *Lange/Kuchinke,* 891.
[10] Zur von der herrschenden Meinung verneinten Möglichkeit, dass der Enterbte oder die Erbschaft ausschlagende Ehegatte in dieser Fallgestaltung statt des kleinen Pflichtteils und ggf. Zugewinnausgleichs den „großen Pflichtteil" fordern kann, vgl. Palandt/*Brudermüller* BGB § 1371 Rn. 15 mwN.
[11] *Lange/Kuchinke,* 890.
[12] Zugewinnausgleich kann dann, wenn der „große Pflichtteil" geltend gemacht wird, nicht gefordert werden.

die Berechnung von **Pflichtteilsrestansprüchen**[13] geht. In allen anderen Fällen ist lediglich der kleine Pflichtteil maßgeblich, der aber stets mit der Möglichkeit einhergeht, den Ausgleich des Zugewinns zu fordern, falls ein solcher entstanden ist.

Schließlich ist in diesem Zusammenhang zu beachten, dass die Pflichtteilsansprüche anderer, also insbesondere die der Kinder oder der Eltern des verstorbenen Ehegatten, sich immer unter Berücksichtigung des erhöhten gesetzlichen Ehegattenerbrechts berechnen:[14] Wäre in den oben erwähnten Beispielsfällen (Zugewinngemeinschaft, zwei Kinder) die Ehefrau zur Alleinerbin bestimmt worden, hätten die Kinder Pflichtteilsansprüche in Höhe von je einem Achtel des Wertes des Nachlasses erworben. Der Ehefrau gebührt als gesetzlicher Erbin infolge der pauschalen Erhöhung die Hälfte der Erbschaft, den Kindern somit je ein Viertel. Der Pflichtteil, die Hälfte des gesetzlichen Anspruches, beträgt mithin ein Achtel.

dd) „**Gesetzliche Vermächtnisse**". Ist der Ehegatte neben Verwandten gesetzlicher Miterbe geworden, so stehen ihm gemäß § 1932 BGB als sog. **Voraus** die zum ehelichen Haushalt gehörenden Gegenstände, soweit sie nicht Zubehör eines Grundstückes sind, sowie die Hochzeitsgeschenke zu. Neben den Erben der ersten Ordnung (insbesondere den Kindern) besteht der Anspruch allerdings nur insoweit, als der Ehegatte der Gegenstände zur Führung des Haushalts bedarf. Ist der Ehegatte zum Erben nicht aufgrund gesetzlicher Erbfolge, sondern aufgrund letztwilliger Verfügung berufen, steht ihm der Voraus ebenso wenig zu,[15] wie wenn der Ehegatte von der Erbfolge vollkommen ausgeschlossen wurde oder er die Erbschaft ausgeschlagen hat. Voraussetzung für den Anspruch ist mithin, dass der Ehegatte aufgrund gesetzlicher Erbfolge Miterbe geworden ist.

Ein weiteres gesetzliches Vermächtnis, der sog. **Dreißigste,** verpflichtet gemäß § 1969 BGB den Erben, Familienangehörigen des Erblassers, die zur Zeit des Todes zu dessen Hausstand gehörten und von ihm Unterhalt bezogen haben, in den ersten 30 Tagen nach dem Erbfall Unterhalt zu gewähren und die Benutzung der Wohnung zu gestatten.

ee) **Der Ausschluss des Ehegattenerbrechts.** Das soeben dargestellte Erbrecht des überlebenden Ehegatten sowie das dargestellte Recht auf den Voraus sind ausgeschlossen, wenn zur Zeit des Todes des Erblassers die Voraussetzungen für die Scheidung der Ehe gegeben waren und der Erblasser die Scheidung beantragt oder er einem Scheidungsantrag des Ehegatten zugestimmt hatte, § 1933 BGB.[16] Der Ehegatte, der den Scheidungsantrag gestellt hat, bleibt daher beim Tod des anderen Ehegatten, soweit dieser vor seinem Tod dem Antrag noch nicht zugestimmt hat, erbberechtigt.[17]

c) **Das Erbrecht des Lebenspartners (für bis zum 30.9.2017 eingetragene Lebenspartnerschaften).** Bis zum 30.9.2017 konnten gleichgeschlechtliche Partner eine eingetragene Lebenspartnerschaft nach dem Gesetz über die Eingetragene Lebenspartnerschaft (LPartG) eingehen. Wenngleich eingetragene, gleichgeschlechtliche Lebenspartnerschaften in vielen Bereichen (wie im Erbrecht[18]) Ehegatten gleichgestellt waren, unterlagen sie jedoch weder unmittelbar den für Eheleute geltenden Regelungen noch dem verfassungsrechtlichen Schutz der Ehe. Mit Wirkung ab dem 1.10.2017 ist das Recht der

---

[13] Der große Pflichtteil ist auch maßgeblich für die Pflichtteilsergänzungsansprüche gemäß §§ 2325 ff. BGB und im Rahmen der §§ 2305–2307 BGB sowie der §§ 2318, 2319 BGB; vgl. Palandt/*Weidlich* BGB § 2303 Rn. 16.
[14] BGH NJW 1962, 1719.
[15] BGH NJW 1979, 546.
[16] Vgl. BGH NJW 1995, 1082.
[17] BVerfG NJW-RR 1995, 769.
[18] § 10 Abs. 1 LPartG: „Der überlebende Lebenspartner ist neben Verwandten der ersten Ordnung zu einem Viertel, neben Verwandten der zweiten Ordnung oder neben Großeltern zur Hälfte der Erbschaft gesetzlicher Erbe."

Eheschließung auf Personen gleichen Geschlechts erweitert worden; bereits bestehende, eingetragene Lebenspartnerschaften können diese auf Antrag in eine Ehe umwandeln.

2. Geltungsbereich des deutschen Erbrechtes

20 Im Zuge der Internationalisierung des Wirtschaftsverkehrs ist für deutsche Staatsangehörige die Kenntnis erforderlich, ob und inwieweit das (In- und Auslands-)Vermögen den Normen des deutschen Erbrechtes untersteht.[19] Ebenso ist es für in Deutschland lebende Ausländer wichtig zu wissen, ob aufgrund dauernden Aufenthalts in Deutschland ihr im Inland oder gar im Ausland belegenes Vermögen dem deutschen Erbrecht untersteht oder unterstellt werden kann.[20]

21 **a) Alte Rechtslage.** In der **Vergangenheit** war das deutsche internationale Erbrecht von den Grundsätzen der Geltung des **Heimatrechtes** und des Prinzips der **Nachlasseinheit** geprägt. Aus diesen Prinzipien folgte für deutsche Staatsangehörige, dass sie mit ihrem gesamten (einheitlichen) Nachlass, dh auch mit ihrem Auslandsvermögen, dem deutschen Erbrecht unterstanden, Art. 25 Abs. 1 EGBGB aF.[21]

Im Grundsatz vererbte sich daher das gesamte Weltvermögen eines deutschen Erblassers nach deutschem Recht. Von dieser klaren Aussage waren allerdings Ausnahmen zu beachten, die auch nach deutschem Recht zu einer Nachlass-Spaltung führen konnten.[22]

22 **b) Europäische Verordnung zum Internationalen Erb- und Erbverfahrensrecht.** Am 16.8.2012 ist die Europäische Verordnung zum Internationalen Erb- und Erbverfahrensrecht (EU-Erbrechtverordnung oder EuErbVO) in Kraft getreten, die seit dem 17.8. 2015 verbindlich und unmittelbar in den EU-Mitgliedstaaten (mit Ausnahme von Dänemark, Irland und dem Vereinigten Königreich) gilt und die auf die Rechtsnachfolge von Personen Anwendung findet, die am 17.8.2015 oder danach verstorben sind (Art. 84 Abs. 2, 3 Art. 83 Abs. 1 EuErbVO). Auch die EU-Erbrechtsverordnung geht vom Grundsatz der Nachlasseinheit aus, also von der grundsätzlichen Universalanwendung eines Erbrechts.

23 Im Unterschied zu Art. 25 Abs. 1 EGBGB aF, der die Rechtsnachfolge von Todes wegen aus deutscher Sicht grundsätzlich an die Staatsangehörigkeit des Erblassers knüpfte (vgl. → Rn. 21), wird das Erbstatut nunmehr allerdings nach dem **letzten gewöhnlichen Aufenthaltsort** des Erblassers bestimmt (Art. 21 Abs. 1 EuErbVO). Zu beachten ist, dass diese grundsätzliche Abkehr vom Heimatrechtsprinzip zB bei dauernden Auslandsaufenthalten unerwünschte Erbfolgen auslösen kann. Das Heimatrecht kann allerdings auch im Anwendungsbereich der EU-Erbrechtsverordnung durch **Rechtswahl** Geltung erlangen: Gemäß Art. 22 Abs. 1 EuErbVO kann der Erblasser bestimmen, dass er nach seinem Heimatrecht zum Zeitpunkt seines Todes oder aber zum Zeitpunkt seiner Rechtswahlerklärung beerbt werden möchte. Von der Rechtswahlmöglichkeit sollte folglich insbesondere dann Gebrauch gemacht werden, wenn durch das Verlegen des gewöhnlichen Aufenthaltes ins Ausland ein Statutenwechsel vermieden werden soll. Zu berücksichtigen ist allerdings, dass die Rechtswahl zu einer Erhöhung der notariellen Gebühr führt, wenn die Verfügung, sei es ein Testament oder ein Erbvertrag, notariell beurkundet wird. Die

---

[19] Ausführlich Staudinger/*Dörner* EGBGB Art. 25/26; MüKoBGB/*Birk* EGBGB Art. 25/26; *Ebenroth* Rn. 1222 ff.
[20] Ausführlich zum Internationalen Erbrecht und zur Europäischen Erbrechtsverordnung MAH ErbR/ *Pawlytta/Pfeiffer* § 33 sowie zum internationalen Erbschaftsteuerrecht MAH ErbR/*Kotzenberg* § 34.
[21] Das Erbstatut (also das auf die Rechtsnachfolge anwendbare Recht) umfasst alle erbrechtlichen Fragen, zB wer zum Kreis der gesetzlichen Erben gehört, wie das Pflichtteilsrecht geregelt ist, etc. Es umfasst aber nicht die Frage, ob die Formvorschriften der Verfügung von Todes wegen eingehalten sind (dazu Art. 26 EGBGB) und Vorfragen, zB ob der Erblasser rechtsgültig verheiratet war oder nicht. Für die Beantwortung der letzteren Frage ist zB das familienrechtliche Statut maßgeblich, vgl. Art. 13 EGBGB.
[22] Zu den Einzelheiten wird auf Sudhoff/*Scherer*, 5. Aufl. 2005, § 2 Rn. 21 ff. verwiesen.

I. Die gesetzliche Erbfolge und die Geltung deutschen Erbrechts § 17

Rechtswahl wird mit 30% des Bezugswerts der Urkunde angesetzt, vgl. § 104 Abs. 2 GNotKG.

> **Formulierungsbeispiel Rechtswahl Testament:** 24
> Aufgrund meines gewöhnlichen Aufenthaltes in Deutschland bei Errichtung dieses Testaments gehe ich von der Anwendung deutschen Rechts für sämtliche Verfügungen von Todes wegen aus. Vorsorglich wähle ich als deutscher Staatsangehöriger für sämtliche meiner Verfügungen von Todes wegen, das heißt insbesondere für deren Zulässigkeit und materielle Wirksamkeit (einschließlich deren Änderung und Widerruf), sowie auch für alle zukünftigen Verfügungen von Todes wegen, die ich noch errichten werde, die ausschließliche Anwendung materiellen deutschen Rechts.

Hat der Erblasser bereits vor Geltung der EU-Erbrechtsverordnung eine Rechtswahl getroffen, ist diese im Übrigen gemäß Art. 83 Abs. 2 EuErbVO (weiterhin) wirksam, wenn sie entweder nach den zum Zeitpunkt der Rechtswahl geltenden IPR-Vorschriften des Heimatstaates des Erblassers oder aber des Staates, in dem der Erblasser seinen gewöhnlichen Aufenthalt hatte, wirksam war oder aber nach den Voraussetzungen des Kapitels III der EuErbVO (dort u a Art. 22 EuErbVO) wirksam ist. Auch ohne ausdrückliche Rechtswahl gilt für eine Verfügung von Todes wegen, die der Erblasser vor Geltung der EU-Erbrechtsverordnung nach dem Recht errichtet hat, welches der Erblasser nach der EU-Erbrechtsverordnung hätte wählen können (Heimatrecht), gemäß Art. 83 Abs. 4 EuErbVO als das auf die Rechtsnachfolge von Todes wegen anzuwendende gewählte Recht (Fiktion). 25

Möchten deutsche Staatsangehörige, die ihren gewöhnlichen Aufenthalt in einem dem Geltungsbereich der EuErbVO unterfallenden Mitgliedstaat haben, einen **Erbvertrag**[23] abschließen, so muss in jedem Fall zumindest bezüglich der Zulässigkeit, materiellen Wirksamkeit und Bindungswirkungen des Erbvertrags, einschließlich der Voraussetzungen für seine Auflösung, das heißt für das sog. „Erbvertragsstatut", ausdrücklich die Geltung deutschen Rechts gewählt werden (vgl. Art. 25 Abs. 3 EuErbVO). Andernfalls unterliegen sie dem Recht, das nach der EuErbVO auf die Rechtsnachfolge von Todes wegen anzuwenden wäre, wenn diese Person zu dem Zeitpunkt verstorben wäre, in dem der Erbvertrag geschlossen wurde (Art. 25 Abs. 1 EuErbVO), mithin dem Recht des Staates, in dem der gewöhnliche Aufenthalt des Erblassers zum Zeitpunkt des Erbvertragsabschlusses bestand.[24] 26

> **Formulierungsbeispiel Rechtswahl Erbvertrag:** 27
> Wir, die Erschienenen, gehen aufgrund unseres gewöhnlichen Aufenthaltes in Deutschland bei Abschluss dieses Erbvertrages von der Anwendung deutschen Rechts für sämtliche Verfügungen von Todes wegen aus.
>
> Vorsorglich wählen wir als deutsche Staatsangehörige, soweit rechtlich zulässig, für sämtliche unserer Verfügungen von Todes wegen, das heißt insbesondere für die Zulässigkeit, materielle Wirksamkeit und Bindungswirkungen dieses Erbvertrags, einschließlich der Voraussetzungen für seine Auflösung, sowie auch für alle zukünftigen Verfügungen von Todes wegen, die wir noch errichten werden, die ausschließliche Anwendung materiellen deutschen Rechts. Wir nehmen alle vorstehenden Erklärungen mit erbvertraglicher Bindung gegenseitig an.

---

[23] Zur Reichweite der Definition des „Erbvertrags" im weiten unionsrechtlichen Sinne (Art. 3 Abs. 1 lit. b iVm Art. 25 EuErbVO) MüKoBGB/*Dutta* Art. 25 EuErbVO Rn. 2.
[24] Zu der Wahl des Erbvertragsstatus bei einem Erbvertrag, der den Nachlass mehrerer Personen betrifft MAH ErbR/*Bregulla-Weber* § 10 Rn. 20.

28 **c) Nachlass-Spaltung/Nicht-EU-Ausland.** Im Anwendungsbereich der EU-Erbrechtsverordnung gilt der Grundsatz der Nachlasseinheit, wonach ein Erbrecht auf den gesamten Erbfall (also auch für im Ausland belegenes Vermögen) Anwendung findet. Gleichwohl kann es im Ausnahmefall zur Nachlass-Spaltung kommen, wenn Vermögen im Ausland belegen ist. Dies allerdings nur dann, wenn das ausländische Recht des Belegenheitsstaates für bestimmtes Vermögen ein anderes Recht anwendet und diese Rechtsanwendung nach Art. 30 EuErbVO (etwa für landwirtschaftliches Sonderrecht) oder nach Art. 34 EuErbVO (Teilrück- oder Weiterverweisung durch Drittstaat) auch anerkannt wird.

29 **d) Haager Übereinkommen.** Im Bestreben, die Gültigkeit eines Testamentes möglichst nicht an Formmängeln scheitern zu lassen, ordnet das unmittelbar geltende Haager Übereinkommen,[25] auf dessen Inhalt das deutsche Recht in Art. 26 Abs. 1 EGBGB Bezug nimmt, ua an, dass sich die Frage der **formellen Gültigkeit** eines Testamentes nicht nur nach dem jeweiligen Erbstatut des Erblassers richtet, sondern eine Vielzahl anderer Rechte einschlägig sein können. Mehrstaater werden zB insofern begünstigt, als sich die Formgültigkeit der Testamente nach dem Recht aller Staaten, dem der Mehrstaater angehört, richtet. Ist das Testament nur nach dem Recht eines dieser Staaten wirksam, so ist es insgesamt formwirksam. Das Gleiche gilt, wenn ein Testament lediglich nach dem Recht des Staates formgültig ist, in dem der Erblasser es errichtet hat. Diese Begünstigungen betreffen allerdings nur die formelle Wirksamkeit. Dies darf daher nicht darüber hinwegtäuschen, dass hiermit noch nichts darüber gesagt würde, ob das Rechtssystem auch den Inhalt des Testamentes billigt.

30 **e) Internationale Zuständigkeiten.** Mit der Frage des Geltungsbereiches des deutschen Erbrechts eng verwandt ist die Frage, wann die Gerichte welchen Staates für eine Nachlass-Sache zuständig sind. Grundsätzlich gilt aus deutscher Sicht, dass die internationale Zuständigkeit für Nachlass-Sachen aus der örtlichen Zuständigkeit abgeleitet wird (§ 105 FamFG), sofern keine vorrangige Regelung aufgrund Europarechts oder eines völkerrechtlichen Vertrags besteht (§ 97 FamFG). Vorrangige Regelungen zur internationalen Zuständigkeit können sich beispielsweise aus der EU-Erbrechtsverordnung (Art. 4 ff. EuErbVO) ergeben. Zu beachten ist in diesem Zusammenhang, dass die Erteilung von Erbscheinen nicht vom Zuständigkeitsregime der EU-Erbrechtsverordnung erfasst ist (arg. Art. 62 Abs. 3 EuErbVO),[26] mithin die Regelung des § 105 FamFG Anwendung findet.

II. Die gewillkürte Erbfolge durch Testament

1. Grundfragen der gewillkürten Erbfolge

31 Die gesetzliche Erbfolge soll einem durchschnittlichen Erbfall, die gewillkürte Erbfolge hingegen den Besonderheiten des einzelnen Erbfalles gerecht werden. Die Testierfreiheit ermöglicht es dem Erblasser, durch Verfügung von Todes wegen das Schicksal seines Vermögens für die Zeit nach seinem Tod zu bestimmen. Der Begriff **„Verfügung von Todes wegen"** stellt dabei den Oberbegriff für die Errichtungsformen der erbrechtlichen Rechtsgeschäfte dar: Testament und Erbvertrag. Die Verfügung von Todes wegen ist mithin das Vehikel, das den letzten Willen aufnimmt. Dabei kann der letzte Wille aus nur einer Einzelverfügung bestehen, oder aber aus einer Vielzahl von Verfügungen des Erblassers.

---

[25] Haager Übereinkommen über das auf die Form letztwilliger Verfügungen anzuwendende Recht vom 5.10.1961 (BGBl. 1961 II, 1145) Auszug bei Palandt/*Thorn* EGBGB Anh. zu Art. 26.
[26] Palandt/*Weidlich* BGB § 2353 Rn. 8 mwN.

Im Gegensatz zu einer Verfügung unter Lebenden begründet eine Verfügung von Todes wegen **zu Lebzeiten keine Verpflichtung.**[27] Sie wirkt auch nicht unmittelbar auf den Bestand von Rechten ein, wie dies bei Verfügungen unter Lebenden der Fall ist; die Verfügung von Todes wegen wirkt erst beim Tod des Erblassers.[28] Der Erblasser wird durch die Errichtung einer letztwilligen Verfügung daher auch nicht in seiner Rechtsmacht beschränkt, weiterhin lebzeitig über sein Vermögen zu verfügen. Allenfalls können letztwillige Verfügungen (Erbvertrag, oft auch das gemeinschaftliche Ehegattentestament) bewirken, dass der Erblasser nicht mehr ohne weiteres anderslautende letztwillige Verfügungen wirksam treffen kann; es gibt bindende letztwillige Verfügungen, die den Erblasser in seiner Testierfreiheit **beschränken** können (s. → Rn. 73 ff. u. → Rn. 108). 32

Wirksam werden die letztwilligen Verfügungen erst mit dem Tod des Erblassers. Daher bestehen vor dem Erbfall auch **keine subjektiven Rechte** am Nachlass. Die Erben oder die Vermächtnisnehmer haben eine **Aussicht,** jedoch keine verbindliche Rechtsposition.[29] Zum Schutz dieser Testierfreiheit bestimmt § 2302 BGB, dass sich der Erblasser außerhalb des gemeinschaftlichen Testaments und des Erbvertrages nicht verpflichten kann, in bestimmter Weise zu testieren. § 311b Abs. 4 BGB erklärt Verträge über den Nachlass eines noch lebenden Dritten für nichtig. Eine Ausnahme besteht nur für Verträge der künftigen gesetzlichen Erben über den gesetzlichen Erbteil oder Pflichtteil, die notarieller Beurkundung bedürfen, § 311b Abs. 5 BGB. 33

2. Das Testament und die Testierfähigkeit

a) Die Testierfähigkeit. Das Testament ist ein einseitiges Rechtsgeschäft. Es kann grundsätzlich vom Erblasser gemäß § 2253 BGB jederzeit frei widerrufen werden. Das Testament kann nur vom Erblasser **persönlich** errichtet werden, Stellvertretung ist gemäß § 2064 BGB ausgeschlossen. Der Erblasser muss im Zeitpunkt der Testamentserrichtung testierfähig sein. Die Testierfähigkeit beginnt mit dem 16. Geburtstag, § 2229 Abs. 1 BGB. Allerdings stehen dem Minderjährigen nicht alle Testamentsformen zur Verfügung, insbesondere kann er nicht durch eigenhändiges Testament letztwillig verfügen, § 2233 BGB. Nach § 2229 Abs. 4 BGB kann ein Testament nicht errichten, wer wegen krankhafter Störung der Geistestätigkeit, wegen Geistesschwäche oder wegen Bewusstseinsstörung nicht in der Lage ist, die Bedeutung einer von ihm abgegebenen Willenserklärung einzusehen und nach dieser Einsicht zu handeln.[30] Testierunfähig ist somit derjenige, dessen Erwägungen und Willensentschlüsse nicht mehr auf einer dem allgemeinen Verkehrsverständnis entsprechenden Würdigung der Außendinge und der Lebensverhältnisse beruhen, sondern durch krankhaftes Empfinden oder krankhafte Vorstellungen und Gedanken derart beeinflusst werden, dass sie tatsächlich nicht mehr frei sind, sondern vielmehr von diesen krankhaften Einwirkungen beherrscht werden.[31] Als testierunfähig wird nach ständiger Rechtsprechung auch derjenige angesehen, der nicht in der Lage ist, sich über die für und gegen die letztwillige Verfügung sprechenden Gründe ein klares, von krankhaften Einflüssen ungestörtes Urteil zu bilden und nach diesem Urteil frei von Einflüssen etwaiger interessierter Dritter zu handeln.[32] Die Testierfähigkeit muss **im Zeitpunkt der Testamentserrichtung** vorliegen. War der Testator im Zeitpunkt der Testamentserrichtung testierunfähig, weil er beispielsweise infolge Bewusstseinsstörung nicht fähig war, die Be- 34

---

[27] MüKoBGB/*Leipold* § 1937 Rn. 4.
[28] MüKoBGB/*Leipold* § 1937 Rn. 4.
[29] *Lange/Kuchinke,* 633 Fn. 112; BGH NJW 1954, 633 (bzgl. Vermächtnisnehmer).
[30] Vgl. zur Untersuchung der Testierfähigkeit zu Lebzeiten des Erblassers OLG Frankfurt NJW-RR 1997, 581; zur Schweigepflicht der ehemaligen Berater des Verstorbenen *Edenfeld* ZEV 1997, 391; OLG Frankfurt DNotZ 1998, 216; zur posthumen Begutachtung der Testier(un)fähigkeit *Cording* ZEV 2010, 23 ff. und ZEV 2010, 115 ff.
[31] OLG München ZEV 2017, 148.
[32] St. Rspr., vgl. BGH FamRZ 58, 127; BayObLGZ 2004, 237 (240 ff.); OLG München FamRZ 2007, 2009 (2011); OLG Bamberg FamRZ 2016, 83.

deutung seiner Willenserklärung zu begreifen, so wird das Testament nicht dadurch gültig, dass er später wieder geistig gesundet und sein Testament bestehen lässt. Umgekehrt ist das Testament gültig, wenn der sonst geistig kranke Testator im Zeitpunkt der Testamentserrichtung einen **„lichten Augenblick"** hatte.[33] Die Testierunfähigkeit des Erblassers muss im Übrigen beweisen, wer sich auf sie beruft.[34]

35 **b) Testamentsformen.** Folgende Testamentsformen sind zu differenzieren: Zunächst stehen den ordentlichen die außerordentlichen Testamente gegenüber: **Außerordentliche** Testamente sind Testamente, die entweder von jedem in besonderen Lebenslagen errichtet werden können (Bürgermeister-Testament, 3-Zeugen-Testament etc.), oder aber bestimmten Berufsgruppen vorbehalten sind. Die **ordentlichen** Testamentsformen teilen sich auf in die Gruppe der **öffentlichen** Testamente, die vor einem Notar oder Berufskonsul zu errichten sind, und die Gruppe der **eigenhändigen** Testamente. Schließlich kann noch zwischen dem einfachen Testament und dem gemeinsamen Ehegattentestament differenziert werden.

3. Das (ordentliche) einfache Testament

36 **a) Das öffentliche Testament. aa) Die Errichtung.** Das öffentliche Testament wird gemäß § 2232 BGB errichtet, indem der Erblasser seinen letzten Willen einem **Notar**[35] entweder **mündlich** erklärt, oder aber ihm eine **Schrift** mit der Erklärung verbunden übergibt, dass diese Schrift seinen letzten Willen enthält.[36] Die Schrift kann **offen oder verschlossen** übergeben werden; sie braucht nicht vom Erblasser geschrieben zu sein. Da die Schrift auch geschlossen übergeben werden kann, gibt es auch „öffentliche geheime Testamente". Die Pflichten des Notars im Zusammenhang mit der Errichtung des öffentlichen Testamentes sind insbesondere im **Beurkundungsgesetz** niedergelegt. So ist der Notar beispielsweise gemäß §§ 28, 11 BeurkG verpflichtet, sich Gewissheit über die Testierfähigkeit des Erblassers zu verschaffen. Auch ist der Notar, soweit ihm der letzte Wille mündlich erklärt oder ihm eine offene Schrift übergeben wird, verpflichtet, den Sachverhalt aufzuklären, den Willen der Betroffenen zu erforschen und auf Bedenken hinzuweisen, die der Wirksamkeit des Testamentes entgegenstehen könnten.

37 **bb) Die Verwahrung.** Der Notar wird das öffentliche Testament nach der Errichtung in amtliche Verwahrung geben, § 34 Abs. 1 S. 4 BeurkG. Gemäß § 342 Abs. 1, § 344 FamFG sind für die amtliche Verwahrung der Testamente die Nachlassgerichte zuständig. Die amtliche Verwahrung der Testamente (wie auch aller sonstigen erbfolgerelevanten Unterlagen) wird im Zentralen Testamentsregister der Bundesnotarkammer erfasst. Auf diese Weise wird sichergestellt, dass alle verwahrten erbfolgerelevanten Unterlagen beim Tod des Erblassers aufgefunden werden. Das Standesamt, das stets vom Tod des Erblassers benachrichtigt wird, benachrichtigt die Bundesnotarkammer, die das Zentrale Testamentsregister auf entsprechende Einträge überprüft. Die Bundesnotarkammer informiert über den Sterbefall und über etwaige Einträge das Nachlassgericht und, sofern sonstige Verwahrangaben vorliegen, die betreffende Verwahrstelle.

38 **b) Das eigenhändige, private Testament. aa) Die Errichtung.** Das eigenhändige, private Testament wird gemäß § 2247 BGB durch eine **eigenhändig geschriebene und unterschriebene Erklärung** errichtet; diese Erfordernisse dienen insbesondere der Sicherung der Echtheit. Daneben fordert § 2247 Abs. 2 BGB die Angaben von **Zeit** (Tag,

---
[33] Palandt/*Weidlich* BGB § 2229 Rn. 1, 8.
[34] Zur Beweislast Palandt/*Weidlich* BGB § 2229 Rn. 11 ff.; BayObLG ZErb 2003, 85.
[35] Oder einem Berufskonsul, § 10 KonsG.
[36] Zu den Anforderungen an die zu übergebende Schrift und der Testiererklärung MüKoBGB/*Hagena* § 2232 Rn. 19 f., 21 ff.

Monat und Jahr) **und Ort** der Errichtung. Das Fehlen dieser Zusätze macht das Testament allerdings nicht ungültig.[37] Gemäß § 2247 Abs. 4 BGB muss der Testator aber in der Lage sein, das von ihm Geschriebene zu lesen. Bei erheblicher **Leseschwäche** scheidet mithin die Errichtung eines privatschriftlichen Testaments aus.[38]

Nichtig gemäß § 125 BGB ist das Testament, wenn die zunächst genannten Voraussetzungen nicht eingehalten wurden, also das Testament entweder nicht eigenhändig (handschriftlich!) geschrieben oder nicht unterschrieben ist. Schreibt der Erblasser sein Testament etwa auf Schreibmaschine, ist es allein schon aus diesem Grunde nichtig;[39] es tritt anstelle der gewünschten gewillkürten Erbfolge gesetzliche Erbfolge ein. Ebenso ist die Eigenhändigkeit der Testamentserrichtung nicht gewahrt, wenn der letzte Wille von einem Dritten auf Diktat des Erblassers errichtet wird, mag er selbst das Testament anschließend auch unterschrieben haben.[40] Lässt sich der Erblasser beim Schreiben von einem Dritten unterstützen, insbesondere durch Halten von Arm oder Hand, ist das Testament gültig, soweit der Erblasser die Schriftzüge nach seinem Willen gebildet hat und ihm nicht gegen seinen Willen die Hand geführt wurde.[41] Selbstverständlich sollte das Geschriebene auch eindeutig lesbar sein.[42] 39

Die **Unterschrift** soll den Vor- und Zunamen des Erblassers angeben, zwingend ist diese Vorgabe aber nicht. Wichtig ist, dass aufgrund der Unterschrift der Erblasser **eindeutig erkennbar** ist. Ob das Unterschreiben mit Initialen ausreichend ist, wird kontrovers diskutiert.[43] Die Unterschrift hat die Erklärung **räumlich abzuschließen,** sie ist also unter den Text zu setzen.[44] Nach herrschender Meinung ist ein Testament, in dem der Testierende sich zwar zu Beginn des Testaments selbst vorstellt, aber anschließend den Text nicht unterschreibt, unwirksam.[45] 40

Spätere Änderungen des Testaments stellen grundsätzlich neue letztwillige Verfügungen dar, so dass eigentlich bei deren Errichtung die Form von neuem gewahrt werden müsste. Allerdings gilt dies nach der Judikatur des BGH nicht für Änderungen im Text selbst, soweit diese eigenhändig vorgenommen wurden und von der bestehenden Unterschrift gedeckt sind.[46] Nachträge zum Testament jedoch, die später unter die Unterschrift gesetzt werden, müssen nicht nur eigenhändig abgefasst, sondern auch erneut unterschrieben werden.[47] 41

bb) Der Testierwille. Auch wenn die Urkunde alle erörterten Voraussetzungen erfüllt, stellt sie ein wirksames Testament nur dann dar, wenn nach dem Inhalt und nach den sonstigen Umständen anzunehmen ist, dass der Erblasser auch tatsächlich diese Erklärung als seinen letzten Willen angesehen hat und nicht lediglich als einen **Entwurf.** Streitigkeiten entzünden sich in diesem Zusammenhang immer wieder an sog. „**Brieftestamen-** 42

---

[37] Siehe aber § 2247 Abs. 5 BGB; vgl. auch OLG Schleswig FamRZ 2016, 583 (585) und BayObLG ZErb 2003, 85 = BayObLG NJW-RR 2003, 292 zur Beweislastverschiebung, wenn die Testierfähigkeit bei Vornahme von Ergänzungen etc. aufgrund der nicht gegebenen Datumsangabe fraglich ist.
[38] Vgl. BayObLG FamRZ 1997, 1028.
[39] Zu Verwertung maschinenschriftlicher Anlagen als Auslegungshilfe des handschriftlichen Testaments OLG Hamm ZErb 2003, 91; zur Errichtung eines eigenhändigen Testaments mittels Touch- oder Smartpen *Hergenröder* ZEV 2018, 7 ff.
[40] Vgl. OLG Hamm FamRZ 2013, 1069; BayObLG FamRZ 1990, 441; vgl. Palandt/*Weidlich* BGB § 2247 Rn. 3.
[41] Palandt/*Weidlich* BGB § 2247 Rn. 7.
[42] Vgl. zu den Auswirkungen, wenn nur scheinbar geringfügige Teile des Testaments bereits bei Errichtung objektiv nicht lesbar sind, KG Berlin FamRZ 1998, 1396.
[43] Palandt/*Weidlich* BGB § 2247 Rn. 10.
[44] BayObLG NJW-RR 2004, 939 ff.; LG Augsburg FamRZ 1999, 1534; zu Ausnahmen OLG Frankfurt NJW-RR 1995, 711; OLG Celle NJW 1996, 2938.
[45] Palandt/*Weidlich* BGB § 2247 Rn. 11.
[46] BGH NJW 1974, 1083; BayObLG ZErb 2003, 85.
[47] Ausnahmen werden für Fälle diskutiert, in denen der Zusammenhang zwischen Unterschrift und Nachtrag unzweifelhaft ist, Palandt/*Weidlich* BGB § 2247 Rn. 14.

ten". Unzweifelhaft kann eine letztwillige Verfügung auch in einem Brief enthalten sein, wenn beispielsweise der Erblasser mit ernstlichem Testierwillen in einem Brief (handgeschrieben und unterschrieben) an einen Freund oder Angehörigen eine letztwillige Verfügung trifft.[48] Gerade bei den Brieftestamenten ist aber – schon wegen der ungewöhnlichen Form – genau zu prüfen, ob nicht lediglich ein bestimmtes Erbrecht in Aussicht gestellt werden sollte.[49]

43 **cc) Die Verwahrung und die Ablieferungspflicht.** Der Erblasser ist frei in seiner Entscheidung, wie und an welchem Ort er sein Testament nach der Errichtung aufbewahrt. Gemäß § 2248 BGB kann er das eigenhändige Testament auch in amtliche Verwahrung geben. Im Übrigen ist jeder, der ein Testament in Händen hält, verpflichtet, es unverzüglich, wenn er vom Tode des Erblassers Kenntnis hat, an das Nachlassgericht abzuliefern, § 2259 BGB. Dabei obliegt es nicht demjenigen, der ein Testament in Besitz hält, zu prüfen, ob es sich tatsächlich um ein Testament handelt. Vielmehr ist alles abzuliefern, was nach dem äußeren Schein oder seinem Inhalt nach eine Verfügung von Todes wegen sein könnte, auch wenn es widerrufen oder aus sonstigen Gründen offensichtlich unwirksam ist.[50]

44 **c) Öffentliches oder privates Testament?** Der Gesetzgeber hat es durch die außerordentlich geringen Formerfordernisse des § 2247 BGB jedermann ermöglicht, leicht ein eigenhändiges Testament zu errichten. Andererseits entspringt dieser Freiheit die Gefahr, dass handschriftliche eigenhändige Testamente **unklar oder zu knapp** abgefasst sind und **Auslegungsschwierigkeiten** heraufbeschwören.[51]

45 Demgegenüber erhält ein Erblasser, der ein **öffentliches Testament** durch mündliche Erklärung oder Übergabe einer offenen Schrift errichtet, **Beratung** durch einen Notar. Dazu kommt, dass der Notar bei Errichtung des öffentlichen Testaments die **Testierfähigkeit** prüft und das öffentliche Testament in amtliche **Verwahrung** gelangt. Das **Auffinden** des Testaments nach dem Tod des Erblassers ist damit weitgehend sichergestellt;[52] Streitigkeiten über die Testierfähigkeit entzünden sich unter den Erben seltener, wenn ein öffentliches Testament vorliegt. Allerdings ist zu berücksichtigen, dass die Errichtung eines öffentlichen Testaments vor dem Notar – anders als die Errichtung eines eigenhändigen Testaments – Beurkundungskosten auslöst. Für die regelmäßig in der Praxis der Testamentsberatung anzutreffende Frage, ob es in der Gesamtschau, dh unter Berücksichtigung der im Verlauf der Abwicklung einer Nachlasssache entstehenden Kosten, tatsächlich kostengünstiger ist, ein eigenhändiges Testament zu errichten, wird es auf den Einzelfall ankommen.[53] Die durch die Einschaltung eines Notars zunächst entstehenden **Mehrkosten** können sich allerdings dadurch relativieren, dass nach dem Todesfall zumindest im Grundstücksverkehr kein Erbschein (oder Europäisches Nachlasszeugnis) benötigt wird, dessen Beantragung auch mit Kosten verbunden ist: Gemäß § 35 Abs. 1 S. 1 GBO können Änderungen im Grundbuch (zB Eintragung des Eigentümerwechsels nach dem Erbfall) nur eingetragen werden, wenn die Erbfolge durch einen Erbschein (oder Europäisches Nachlasszeugnis) nachgewiesen wird. Anstelle eines Erbscheins (oder Europäischen Nachlasszeugnisses) lässt jedoch § 35 Abs. 1 S. 2 GBO auch die Vorlage eines öffentlichen Testaments (mit Protokoll der Niederschrift über die Eröffnung der Verfügung) zu, nicht

---

[48] Palandt/*Weidlich* BGB § 2247 Rn. 5; zum Brieftestament OLG Schleswig ZEV 2010, 46 ff. und BayObLG FamRZ 2003, 1786; zum Brieftestament in einem an ein Gericht gerichteten Schriftsatz vgl. OLG Köln FamRZ 1995, 1301 ff.; zu Aufzeichnungen in einem Notizbuch BayObLG ZEV 2000, 365.
[49] KG NJW 1959, 1441.
[50] Palandt/*Weidlich* BGB § 2259 Rn. 2.
[51] Vgl. MüKoBGB/*Hagena* § 2247 Rn. 1.
[52] Auch ein eigenhändiges Testament kann in besondere amtliche Verwahrung genommen werden; anders als beim öffentlichen Testament (s. § 34 BeurkG) geschieht dies jedoch nur „auf Verlangen des Erblassers" § 2248 BGB.
[53] Hierzu ausführlich *Sikora* NJW 2018, 1572 ff.; s. auch *Langel* NJW 2017, 3617 ff.

aber die Vorlage eines eigenhändigen Testaments. Die Zulassung des öffentlichen Testaments als Nachweis der Erbfolge gilt allerdings nur, wenn die Nachfolge auch klar aus dem öffentlichen Testament hervorgeht, durch sie folglich als nachgewiesen gilt, vgl. § 35 Abs. 1 S. 2 aE GBO; verbleiben konkrete Zweifel, die nur durch weitere Ermittlungen über außerhalb der Urkunde liegende Umstände geklärt werden können (Wille des Erblassers, tatsächliche Verhältnisse),[54] kann das Grundbuchamt auch bei Vorliegen eines öffentlichen Testaments die Vorlage eines Erbscheins (oder Europäischen Nachlasszeugnisses) verlangen.[55] Hat das Grundbuchamt beispielsweise konkrete Anhaltspunkte dafür, dass eine wirksame spätere Verfügung vorliegt, durch die die Erbfolge geändert wurde, so hat es einen Erbschein (oder Europäisches Nachlasszeugnis) zu verlangen.[56] Entsprechendes gilt bei Vorliegen eines früheren gemeinschaftlichen Testaments, wenn die Klärung der Frage, ob die Wirksamkeit der später im öffentlichen Testament erfolgten (anderslautenden) Erbeinsetzung von der Bindungswirkung des gemeinschaftlichen Testaments berührt wird.[57] In den Fällen, in denen es schlicht um den Nachweis des **Nichtvorliegens bestimmter Tatsachen** geht, wird die Vorlage einer eidesstattlichen Versicherung gegenüber dem Grundbuch für ausreichend erachtet.[58] In diesem Zusammenhang wird die Frage diskutiert, ob der Nachweis der Erbfolge bei gemeinschaftlichem notariellem Testament mit Scheidungsklausel für die Grundbuchberichtigung ausreicht oder das Grundbuchamt die Abgabe einer eidesstattlichen Versicherung verlangen kann.[59] **Außerhalb von Grundbuchsverfahren** wird der gesetzgeberischen Wertung des § 35 Abs. 1 S. 2 GBO ebenfalls der Grundsatz entnommen, dass ein eröffnetes öffentliches Testament in der Regel einen ausreichenden Nachweis für das Erbrecht darstellt (Erst-Recht-Schluß).[60] Nach Auffassung des BGH kann der Erbe sein Erbrecht darüber hinaus auch durch Vorlage eines eröffneten eigenhändigen Testaments belegen, wenn dieses die Erbfolge mit der im Rechtsverkehr erforderlichen Eindeutigkeit nachweist.[61] Schließlich ist darauf hinzuweisen, dass insbesondere Auslandsbanken – ungeachtet des Vorliegens eines Testaments – in der Praxis gleichwohl sehr oft die Vorlage eines Erbscheins verlangen.

Gelegentlich kann es sich empfehlen, letztwillige Verfügungen, die notariell errichtet werden sollen oder der notariellen Form bedürfen, also beispielsweise öffentliche Testamente, nicht vom Notar, sondern von einem Rechtsanwalt **entwerfen** zu lassen, insbesondere wenn der Anwalt den Erblasser sein Vermögen, zB ein Unternehmen sowie die in Betracht kommenden Nachfolger kennt und daher ohnehin eingeschaltet werden sollte, um für die notwendige Harmonisierung zwischen Gesellschaftsvertrag und Testament/letztwilligen Verfügung zu sorgen. Es werden die Verfügungen so letztlich durch zwei Juristen geprüft, denn der Notar ist auch dann gehalten, die Verfügungsentwürfe kritisch zu betrachten, wenn sie aus der Feder eines Rechtsanwaltes stammen. 46

Damit ist der Stab über die **eigenhändigen Testamente** aber keinesfalls gebrochen. Zum einen bieten sich die eigenhändigen Testamente an, um **einfache und klare Vermögensverhältnisse** von Todes wegen zu regeln. Zum anderen ist gerade bei umfangreichen und komplizierten Nachlassangelegenheiten das eigenhändige Testament in Erwägung zu ziehen, soweit die Errichtung im Zusammenspiel **mit rechtskundiger Beratung** geschieht und Änderungen bzw. Anpassungen in der Zukunft zu erwarten sind: Testamente sind nichts **Statisches.** Auch wenn sie einmal niedergelegt sind, sollte **turnusmäßig überprüft** werden, ob nicht zwischenzeitliche Geschehnisse oder geänderte 47

---

[54] Rein abstrakte Zweifel und bloße Vermutungen allgemeiner Art, die das Erbrecht infrage stellen, können das Verlangen nach Vorlegung eines Erbscheins nicht rechtfertigen, OLG Düsseldorf NJOZ 2011, 393.
[55] OLG München RNotZ 2016, 396; OLG Düsseldorf NJOZ 2011, 393; OLG Hamm ZEV 2001, 403.
[56] OLG München RNotZ 2013, 125; OLG Frankfurt MittBayNot 1999, 184.
[57] OLG München RNotZ 2016, 396; OLG Hamm ZEV 2001, 403.
[58] OLG Düsseldorf NJOZ 2011, 393.
[59] Hierzu ausführlich DNotI-Report 2006, 181 ff.
[60] BGH ZEV 2005, 388; zum Erbnachweis durch notarielles Testament ausführlich *Starke* NJW 2005, 3184 ff.
[61] BGH ZEV 2016, 2409.

Umstände zu berücksichtigen sind. In diesem Zusammenhang ist das eigenhändige Testament dem öffentlichen Testament überlegen, da es **leichter, schneller und unbürokratischer geändert** werden kann,[62] wenngleich übrigens auch ein notarielles Testament durch ein späteres privates (handschriftliches) Testament geändert oder aufgehoben werden kann. Auch beim privaten Testament kann im Übrigen durch amtliche **Verwahrung** das Fälschungs- oder Unterdrückungsrisiko gemindert und sichergestellt werden, dass das Testament nach dem Tod des Erblassers auch aufgefunden wird. Im Übrigen ist es auch möglich und gelegentlich empfehlenswert, mit dem jeweiligen Berater zu vereinbaren, dass dieser das Testament verwahrt. Diese Möglichkeit bietet sich insbesondere an, wenn zum einen der Berater so sehr mit der Familie des Klienten verbunden ist, dass er vom Tod des Erblassers erfährt. Zum anderen muss die Kanzlei so institutionalisiert sein, dass die ordentliche Verwahrung und Herausgabe des Testaments beim Tod des Erblassers auch dann gewährleistet ist, wenn der Anwalt selbst aus irgendwelchen Gründen weggefallen ist. Die Anforderungen an die Verwahrung sollten im Übrigen zwischen dem Verwahrenden und seiner Berufshaftpflichtversicherung abgesprochen werden. Die Beratung durch den Anwalt kann im Übrigen **kostengünstiger** als durch den Notar sein: Der Notar ist an die Gebührensätze gebunden, die sich nach den involvierten Werten richten. Der Anwalt kann hingegen Honorare vereinbaren, die über, aber auch unter den gesetzlichen Gebühren liegen, etwa Abrechnung nach Stundensätzen.

4. Das (ordentliche) gemeinschaftliche Testament

48 **a) Allgemeines.** Ein gemeinschaftliches Testament kann nur von **Ehegatten** errichtet werden, § 2265 BGB. Wird es von Partnern einer nichtehelichen Lebensgemeinschaft oder von Verlobten errichtet, ist es auch dann nichtig, wenn die Partner oder Verlobten später heiraten.[63] Allerdings ist in diesen Fällen gelegentlich die **Umdeutung** in Einzeltestamente möglich.[64] Das gemeinschaftliche Testament stellt eine **Zusammenfassung zweier Verfügungen** von Todes wegen dar. Die Besonderheiten der gesetzlichen Regelung liegen dabei zum einen in **Formerleichterungen** und zum anderen in der **Bindungswirkung,** die häufig gemeinschaftlichen Testamenten zukommt. Das gemeinschaftliche Testament kann in der Form des öffentlichen Testamentes oder als eigenhändiges Testament errichtet werden, auch gemeinsame Nottestamente sind denkbar, § 2266 BGB.

49 **aa) Die Errichtung.** Gemäß § 2267 BGB genügt es zur Errichtung eines gemeinschaftlichen Ehegattentestamentes, wenn nur einer der Ehegatten das Testament in der von § 2247 BGB vorgegebenen Form (eigenhändig, unterschrieben) errichtet und der andere Ehegatte die Erklärung lediglich **mitunterzeichnet,** möglichst unter Angabe von Ort und Zeit (Tag, Monat und Jahr), § 2267 S. 2 BGB (sog. Beitrittserklärung). Es ist also beispielsweise möglich, dass ein Ehegatte handschriftlich schreibt: „Wir setzen uns gegenseitig zu Alleinerben ein" und diese Erklärung anschließend von beiden Ehegatten unterschrieben wird (so genannte **Wir-Form**). Auch kann ein Ehegatte zunächst die ihn betreffenden Verfügungen als auch anschließend die seines Ehegatten in der **Ich-Form** absetzen; beide müssen anschließend das Testament unterschreiben. § 2267 BGB legt aber nur die Mindestanforderungen fest. Das gemeinschaftliche Ehegattentestament kann mithin ebenso dadurch errichtet werden, dass beide Ehegatten ihren letzten Willen in einer Urkunde in einzelnen Verfügungen niederlegen und anschließend gemeinsam unterschreiben. In der Praxis werden gemeinschaftliche Ehegattentestamente meistens so aufgebaut,

---

[62] *Streck/Kamps* ErbR 2017, 72.
[63] Palandt/*Weidlich* BGB § 2265 Rn. 2.
[64] MüKoBGB/*Musielak* § 2265 Rn. 4; OLG Düsseldorf FamRZ 1997, S. 18 u. 771; OLG Hamm ZEV 1996, 304 mAnm *Kanzleiter.*

dass entweder zunächst die Verfügungen auf den ersten Todesfall, dann die auf den zweiten Todesfall dargestellt werden, oder aber zunächst die Verfügungen des einen Ehegatten und dann die des anderen.[65]

bb) Veröffentlichung sämtlicher Anordnungen. Bei der Überlegung, welche Form (Ich- oder Wir-Form) und welchen Aufbau die Ehegatten für ein Ehegattentestament wählen, sollten die Ehegatten auch überlegen, ob und inwieweit Bedenken dagegen bestehen, dass die Verfügungen des überlebenden Ehegatten bei der Eröffnung des Testamentes des Erstversterbenden mit eröffnet werden: Nach dem Tod des Zuerstversterbenden werden gemäß § 349 FamFG bei der Eröffnung des Testaments die letztwilligen Verfügungen des überlebenden Ehegatten nur dann nicht verkündet, wenn eine Trennung von den Verfügungen des Erstversterbenden möglich ist. Dies ist in der Regel der Fall, wenn die Ehegatten gesonderte Verfügungen getroffen haben. Die Trennung ist hingegen nicht möglich, wenn die Ehegatten in der Wir-Form testiert haben.[66] Auch ist zu beachten, dass nicht nur die Verfügungen des Erstverstorbenen, die sich auf den Fall des Erstversterbens beziehen, sondern auch die eigentlich gegenstandslosen Verfügungen des Erstverstorbenen für den Fall, dass er der Letztversterbende ist, verkündet werden. Die Verkündung dieser Verfügungen – aus denen sich unter Umständen die Verfügungen des Längerlebenden ableiten lassen – ist nicht zu verhindern.[67]

cc) Der Testierwille. Entscheidend für die Frage, ob ein gemeinschaftliches Testament vorliegt, ist insbesondere, ob die Ehegatten das Testament aufgrund eines **gemeinschaftlichen Entschlusses** errichtet haben und ob die Verfügungen vom gemeinschaftlichen Willen der Ehegatten umfasst sind.[68] Daher ist es sogar möglich, die Verfügungen auf verschiedenen Urkunden niederzulegen, wenn nur aus den äußeren Umständen (gleicher Zeitpunkt des Testierens, gleicher Ort; Zusammenheften der Urkunden; Einkuvertieren in einem gemeinsamen Umschlag) oder besser noch aus dem Inhalt der Verfügungen deutlich wird, dass die Verfügungen von einem gemeinsamen Willen getragen sind.[69] Errichten die Ehegatten ihr gemeinschaftliches Testament allerdings in zwei verschiedenen Urkunden, so ist es erforderlich, dass **jedes Einzeltestament** die Form des § 2247 BGB wahrt. Die Formerleichterung des § 2267 BGB kommt nur Ehegatten zugute, die ihren letzten Willen in einer Urkunde niederlegen.[70]

dd) Die Aufhebung der Ehe. Wird die Ehe geschieden, so wird gemäß §§ 2268, 2077 BGB das gemeinsame Testament unwirksam. Gleiches gilt, wenn der Erblasser die Scheidung beantragt oder ihr zugestimmt hat oder der Erblasser zur Zeit seines Todes berechtigt war, die Aufhebung der Ehe zu beantragen und den Antrag gestellt hatte (§ 2077 Abs. 1 S. 2 und 3 BGB). Allerdings bleiben die Verfügungen wirksam, soweit die Ehegatten die Verfügungen auch für den Fall der Scheidung getroffen haben, oder aber anzunehmen ist, dass die Ehegatten so verfügt hätten, wenn sie an das Scheitern der Ehe im Zeitpunkt der Testamentserrichtung gedacht hätten (§ 2268 Abs. 2 BGB). Die Regelung des § 2077 BGB ist auf nichteheliche Lebensgemeinschaften nicht analog anwendbar.[71]

b) Das Berliner Testament. Häufig werden gemeinschaftliche Testamente als sog. „Berliner Testamente" verfasst. Unter einem Berliner Testament versteht man ein Testament,

---

[65] Vgl. auch OLG Zweibrücken FamRZ 2004, 1415, zum gemeinschaftlichen Testament, das in zwei getrennten Urkunden niedergelegt ist.
[66] OLG Schleswig NJW-RR 2013, 583.
[67] BGH NJW 1984, 2098; vgl. auch BVerfG NJW 1994, 2535.
[68] *Lange/Kuchinke,* 430.
[69] Vgl. OLG Zweibrücken ZEV 2002, 414.
[70] BGH NJW 1958, 547.
[71] Vgl. dazu aber BGH ZEV 2004, 423; OLG Celle FamRZ 2004, 310.

in dem die Ehegatten sich **wechselseitig** zu Erben einsetzen **und** darüber hinaus bestimmen, dass ein **Dritter** (oft die Kinder) **Erbe des Längerlebenden** sein soll. Ein solches Testament lässt sich in **zweifacher Weise** auslegen:[72] Entweder wollen die Testierenden, dass der überlebende Ehegatte nach dem Tod des Erstversterbenden Vollerbe wird und das Kind den Längstlebenden nach dessen Tod als Schlusserbe beerbt **(Einheitsprinzip)**.[73] Das Testament lässt sich aber auch so auslegen, dass der überlebende Ehegatte Vorerbe und das Kind Nacherbe des erstverstorbenen Ehegatten sowie Schlusserbe des Längerlebenden sein soll **(Trennungsprinzip)**. Beim Tod des Längerlebenden beerbt das Kind dann zum einen als Nacherbe den Erst- und zum anderen als Schlusserbe den Letztverstorbenen. Es ist in der Regel durch Auslegung zu ermitteln, ob die Ehegatten in ihrem Testament das Trennungs- oder das Einheitsprinzip aufgreifen wollten.[74] Führt dies zu keinem eindeutigen Ergebnis, gilt **im Zweifel das Einheitsprinzip,** § 2269 BGB.

54 **Formulierungsbeispiel Berliner Testament (Einheitslösung):**
Wir setzen uns gegenseitig zum alleinigen Vollerben unseres gesamten Vermögens ein.
Zu unseren Schlusserben nach dem Tod des Längerlebenden von uns setzt dieser unsere Kinder zu jeweils gleichen Teilen ein.

55 **Formulierungsbeispiel Berliner Testament (Trennungslösung):**
Wir setzen uns gegenseitig zum alleinigen und – soweit zulässig – von allen gesetzlichen Beschränkungen und Verpflichtungen befreiten Vorerben unseres gesamten Vermögens ein; zu Nacherben setzen wir jeweils unsere Kinder zu jeweils gleichen Teilen ein.
Zu unseren Schlusserben nach dem Tod des Längerlebenden von uns setzt dieser unsere Kinder zu jeweils gleichen Teilen ein.

56 aa) **Unterschiede.** Die Unterscheidung zwischen Trennungs- und Einheitsprinzip hat weitreichende Folgen: Der überlebende Ehegatte wird bei Geltung des Trennungsprinzips (lediglich) **Vorerbe.** Er unterliegt daher bezüglich des Nachlasses des erstverstorbenen Ehegatten den Beschränkungen eines Vorerben. Gilt hingegen das Einheitsprinzip, so unterliegt der Ehegatte als Vollerbe keinen Beschränkungen.

57 Auch für den Dritten, also in der Regel das Kind, ergeben sich Unterschiede: Ist er Nacherbe (beim Trennungsprinzip), so hat er eine Reihe von Rechten gegenüber dem Vorerben, beispielsweise kann er die Vorlage eines Nachlassverzeichnisses verlangen, § 2121 BGB. Zudem ist die Position als Nacherbe **vererblich.** Demgegenüber hat das Kind unter Geltung des Einheitsprinzips keine gesicherte Rechtsposition. Zwar kann der längerlebende Ehegatte, wenn das Berliner Testament Bindungswirkung entfaltet, was oft der Fall ist, nicht mehr zum Nachteil des eingesetzten Schlusserben letztwillig verfügen, ihn beispielsweise enterben, oder einen anderen zusätzlichen Erben bestimmen. Andererseits ist aber der länger lebende Ehegatte in der Verwendung des vom erstverstorbenen Ehegatten geerbten Vermögens keinen Beschränkungen unterworfen, die denen eines Vorerben vergleichbar sind. Einen Schutz erlangt der eingesetzte Schlusserbe nur durch die analoge Anwendung des § 2287 BGB. Diese Vorschrift schützt den Schlusserben vor Schenkungen des überlebenden Ehegatten an Dritte, die dieser ohne schützenswertes lebzeitiges Eigeninteresse unternimmt.

---

[72] *Ebenroth* Rn. 232.
[73] Im Folgenden wird der leichteren Verständlichkeit und Praxisnähe halber unterstellt, dass der bedachte Dritte ein Kind der Ehegatten ist.
[74] Hierzu OLG Düsseldorf NJW-RR 1997, 136.

Will das Kind nach dem Tod des Erstversterbenden **Pflichtteilsansprüche** geltend machen, so kann es dies beim Einheitsprinzip ohne weiteres tun:[75] Es ist durch die Verfügung zugunsten des überlebenden Ehegatten enterbt, unabhängig davon, dass es als Schlusserbe benannt wurde. Anders unter der Geltung des Trennungsprinzips: Hier ist das Kind als Nacherbe eingesetzt, so dass es den Pflichtteil nur verlangen kann, wenn es die Nacherbschaft ausschlägt (§ 2306 Abs. 2 BGB).[76]

bb) Abwägung. Bei der **Abwägung** zwischen Einheits- und Trennungsprinzip sollten die Ehegatten Folgendes beachten: Steht bei den Ehegatten die **Sicherung des** künftigen dereinstigen **Übergangs des Vermögens auf die Kinder** im Vordergrund ihrer Überlegungen, sollte im Berliner Testament das **Trennungsprinzip** aufgegriffen werden: Der länger lebende Ehegatte wird nur Vorerbe. Ihm steht dann, selbst als befreitem Vorerben, vor Augen, dass er den Nachlass nur gleichsam „interimistisch" bis zum Nacherbfall hält. Wählen die Ehegatten hingegen die Einheitslösung, wird der überlebende Ehegatte Vollerbe. Der geerbte Nachlass vermischt sich dann mit seinem Vermögen. Der überlebende Ehegatte wird sich freier fühlen, die Substanz der Erbschaft zu verbrauchen.

cc) Hohe Erbschaftsteuerbelastung. Legen allerdings die Ehegatten besonderen Wert auf die Trennungslösung, weil sie ein **beachtliches Vermögen oder ein Unternehmen zu vererben** haben, steht in aller Regel zu befürchten, dass das Berliner Testament ohnehin nicht die richtige Testamentsform ist, da das Berliner Testament bei größeren Vermögen zu einer **Erbschaftsteuerbelastung** führt, die durch andere Gestaltungen reduziert werden kann.[77] Besser ist häufig eine **Vermächtnis- oder Nießbrauchslösung:** Dabei werden die Kinder sogleich zu Erben eingesetzt, dem überlebenden Ehegatten aber werden zu dessen Sicherstellung entweder bestimmte Nachlassgegenstände vermächtnisweise zugewandt[78] oder der (quotale oder gesamte) Nießbrauch am Nachlass.[79] Die Stellung des überlebenden Ehegatten kann zudem durch die Einräumung der Stellung als **Testamentsvollstrecker** und der Bestimmung eines **Teilungsverbotes** deutlich gestärkt werden.

dd) Weitere Vorkehrungen. Auch wenn Ehegatten nach der Trennungslösung testieren und sich mithin wechselseitig als Vorerben und ihre Kinder als Nacherben einsetzen, sollten sie darüber hinaus nicht versäumen, die Kinder auch als **Schlusserben** des überlebenden Ehegatten einzusetzen. Ansonsten ist die Erbfolge nach dem Längerlebenden der beiden Ehegatten nicht eindeutig.[80]

In jedem Fall jedoch, egal für welche Form des Berliner Testaments die Ehegatten sich entscheiden, sollte der überlebende Ehegatte durch Straf- und Verwirkungsklauseln oder durch Pflichtteilsverzichte vor Pflichtteilsansprüchen der Kinder geschützt werden (s. die Empfehlungen unter → § 18 Rn. 15 ff.).

---

[75] Man kann durch Straf- und Verwirkungsklauseln allerdings versuchen, die Kinder davon abzuhalten, den Pflichtteil zu verlangen.
[76] MüKoBGB/*Lange* § 2306 Rn. 9.
[77] Zum einen werden oft die erbschaftsteuerlichen Freibeträge der Kinder nicht genutzt, zum anderen vererbt sich das Vermögen – jeweils steuerpflichtig – zweimal: Einmal auf den länger lebenden Ehegatten und dann auf die Abkömmlinge. Vgl. dazu *Daragan* DStR 1999, 393.
[78] Bei bestimmten Nießbrauchsgestaltungen (zB bei Gewerbebetrieben, Mitunternehmeranteilen) ist in ertragsteuerlicher Hinsicht jedoch insbesondere das Urteil des BFH vom 25.1.2017 (DB 2017, 1813) zu beachten, wonach eine gemäß § 6 Abs. 3 S. 1 EStG steuerneutrale unentgeltliche Übertragung eines Gewerbebetriebs unter dem Vorbehalt eines Nießbrauchs an dem Betriebsvermögen nicht möglich ist. So ist beispielsweise bei der lebzeitigen Übertragung von Mitunternehmeranteilen unter Vorbehaltsnießbrauch mit Blick auf das vorgenannte Urteil fraglich, ob eine Übertragung zum Buchwert gemäß § 6 Abs. 3 EStG erfolgen kann oder nicht vielmehr die Aufdeckung stiller Reserven droht. Hierzu ausführlich *Dräger* DB 2017, 2768.
[79] Siehe das Bsp. im MVHdB VI Bürgerl.R. II/*Otto* XII. 20.
[80] Siehe das Bsp. in BeckFormB BHW/*Najdecki*, VI. 8, Klausel unter II; s. auch OLG Hamm JZ 1994, 628.

62 **c) Wiederverheiratungsklauseln.** Beim Entwurf gemeinschaftlicher Ehegattentestamente, insbesondere solcher, in denen Ehegatten sich gegenseitig zu Erben und die Kinder zu Schlusserben einsetzen, ist die Möglichkeit zu bedenken, dass der überlebende Ehegatte sich neu verheiratet. Eine solche Wiederverheiratung kann die geplante Erbfolge stark durcheinander bringen, da der meistens gewünschte, möglichst ungeschmälerte Übergang des Vermögens, beim Unternehmer also insbesondere des Unternehmens, auf die Letztbedachten, in der Regel die Kinder, nicht mehr gesichert ist: Durch die Wiederheirat erhält in jedem Fall der neue Ehegatte ein Pflichtteilsrecht; gehen Kinder aus der neuen Ehe hervor, erlangen auch diese Pflichtteilsrechte.[81] Auch berechtigen diese Umstände den überlebenden Ehegatten zur Anfechtung des Testaments, §§ 2281, 2079 BGB.[82] Es liegt daher oft im Interesse der Ehegatten zu regeln, dass im Falle der Wiederheirat des Längerlebenden der Nachlass des Erstverstorbenen (oder ein Teil davon) an die Kinder gelangt, so dass das Vermögen nicht über die neue Ehe in eine vom Erstversterbenden aus gesehen fremde Linie gelangt. Dazu genügt bereits die Aufnahme der **Klausel,** dass der überlebende Ehegatte im Wiederverheiratungsfall den Nachlass an die Kinder herausgeben soll (im Einzelnen sogleich). Wird die Klausel so angeordnet, bestehen an ihrer Wirksamkeit keine Zweifel. Lediglich wenn die Klausel in verwerflicher Absicht dem Zweck dienen soll, den überlebenden Ehegatten über den Tod hinaus zu binden, wird die Nichtigkeit der Klausel als unzulässige „Zölibatsklausel" diskutiert.[83]

63 Formulierungsbeispiel Wiederverheiratungsklausel:[84]

Die Vollerbeneinsetzung des längerlebenden Ehegatten ist durch dessen Wiederverheiratung auflösend bedingt. Der Längerlebende von uns ist folglich auf die Wiederheirat aufschiebend bedingter Vorerbe; er ist jedoch von allen Beschränkungen und Verpflichtungen befreit, von denen nach dem Gesetz Befreiung erteilt werden kann (§ 2136 BGB). Auf die Wiederheirat aufschiebend bedingte Nacherben sind unsere gemeinsamen Kinder.

64 **aa) Wiederverheiratungsklauseln und Trennungsprinzip.** Haben die Ehegatten ihrem gemeinschaftlichen Testament das Trennungsprinzip zugrunde gelegt, so ist diese Klausel so auszulegen, dass der **Nacherbfall,** der die Vorerbschaft des überlebenden Ehegatten beendet, nicht nur beim Tod des Vorerben, sondern eben auch **bei Wiederheirat** eintritt.[85] Mit der Wiederverheiratung fällt dann der Nachlass ganz (oder nach aA teilweise[86]) an das zum Nacherben eingesetzte gemeinsame Kind. War im Testament nicht geregelt, ob der Ehegatte befreiter oder nicht befreiter Vorerbe sein soll, so ist in der Regel davon auszugehen, dass er bis zum Wiederverheiratungsfall befreiter Vorerbe sein sollte.[87]

65 **bb) Wiederverheiratungsklauseln und Einheitsprinzip.** Haben die Eheleute hingegen nach der Einheitslösung testiert oder ist das in Zweifelsfällen nach § 2269 BGB an-

---

[81] Nieder/Kössinger/*Kössinger* § 14 Rn. 111 ff.
[82] Vgl. Rn. 135; Lange/Kuchinke, 853; aA Palandt/*Weidlich* BGB § 2271 Rn. 30, der die Anwendung von § 2078, nicht aber die von § 2079 BGB vertritt.
[83] MüKoBGB/*Musielak* § 2269 Rn. 47.
[84] Ausführliches Formulierungsbeispiel in Schulze/Grziwotz/Lauda/*Zimmer* Vertrags- und Prozessformularbuch § 2278 BGB Rn. 18.
[85] MüKoBGB/*Musielak* § 2269 Rn. 49.
[86] Es wird vertreten, dass mit Wiederverheiratung nicht der gesamte Nachlass an das zum Nacherben eingesetzte gemeinsame Kind fällt, sondern (sofern im Testament nichts Abweichendes geregelt ist) der überlebende Ehegatte bei seiner Heirat hinsichtlich seines gesetzlichen Erbteils Vollerbe wird, MüKoBGB/ *Musielak* § 2269 Rn. 49; BeckOK BGB/*Litzenberger* § 2269 Rn. 32. Eine Nacherbfolge, die den Überlebenden völlig von Erbe ausschließt, begegne wegen des damit verbundenen völligen Verlusts von Erb- und Pflichtteilsrechten unter dem Gesichtspunkt der Sittenwidrigkeit (§ 138 BGB) rechtlichen Bedenken, BeckOK BGB/*Litzenberger* § 2269 Rn. 32.
[87] Palandt/*Weidlich* BGB § 2269 Rn. 18 (hM).

zunehmen, wird mit der Wiederverheiratungsklausel letztlich Gleiches bewirkt: Die Klausel wird von der herrschenden Ansicht so ausgelegt, dass der Längerlebende zwar nach dem Tod des Ehegatten zunächst Vollerbe wird. Diese Stellung ist aber **auflösend bedingt** durch eine eventuelle Wiederverheiratung. Gleichzeitig wird der Klausel entnommen, dass der Längerlebende auf die Wiederheirat **aufschiebend bedingter (befreiter)**[88] **Vorerbe** und die Kinder **aufschiebend bedingte Nacherben** sind.[89] Im Wiederverheiratungsfall treten aufgrund des Bedingungseintritts die gleichen Folgen ein wie unter Geltung der Trennungslösung:[90] Der Längerlebende wird als Vorerbe angesehen, der nun – aufgrund des Nacherbfalls der Wiederheirat – den Nachlass an die Kinder, die nun Nacherben sind, herauszugeben hat.[91] Ein Schutz der aufschiebend bedingt eingesetzten Nacherben vor beeinträchtigenden Verfügungen des überlebenden Ehegatten wird dadurch erreicht, dass im **Erbschein** die Wiederverheiratung (als Voraussetzung des Eintritts der Nacherbfolge) vermerkt wird.[92]

cc) Sonstige Folgen der Wiederheirat. Heiratet der überlebende Ehegatte erneut und verliert er aufgrund der Wiederverheiratungsklausel im angeordneten Umfang seine Beteiligung am Nachlass des Erstverstorbenen, so **entfällt die Bindungswirkung** an das gemeinschaftliche Testament. Der überlebende Ehegatte kann seine Verfügungen, die er während der ersten Ehe niedergelegt hat, widerrufen und über sein Vermögen neu von Todes wegen verfügen.[93]

66

Seinen **Pflichtteil** nach dem Tod des erstverstorbenen Ehegatten kann der wiederheiratende Ehegatte in der Regel nicht geltend machen, obgleich er aufgrund der Wiederheirat infolge der Wiederverheiratungsklausel seine Beteiligung am Nachlass verliert: Er hätte dieses Recht nur, soweit er gemäß § 2306 BGB oder § 1371 Abs. 3 BGB die Erbschaft ausgeschlagen hätte. Die knappen Ausschlagungsfristen werden aber meist längst abgelaufen sein.[94]

dd) Empfehlungen. So wichtig Wiederverheiratungsklauseln auch sind, schon um eine Anfechtung des Testaments gemäß §§ 2281, 2079 BGB zu verhindern, zeigt doch die genannte Folge (Herausgabe des Nachlasses an die Kinder), dass die Klausel den wiederheiratungswilligen Ehegatten sehr hart trifft, zumal er im Falle der Wiederheirat in der Regel nicht einmal seinen Pflichtteil geltend machen kann. Der überlebende Ehegatte sollte also bereits unmittelbar nach dem Erbfall prüfen, ob er nicht **durch Ausschlagung** (innerhalb der kurzen Fristen) der durch die Klausel belasteten Erbschaft sich besser nur den Anspruch auf den Pflichtteil, bzw. wenn er im gesetzlichen Güterstand lebte, zusätzlich auf den Zugewinnausgleich, sichert, da ihm diese – wenn auch gegebenenfalls geringeren – Vermögenswerte auch im Falle der Wiederheirat verbleiben.[95]

67

Um diese Folgen abzufedern, bzw. um die Ausschlagung möglichst zu vermeiden, kann im Testament geregelt werden, dass die durch die Wiederheirat bedingte Nacherbfolge nur zu einem **bestimmten Bruchteil des Nachlasses** wirkt, etwa in Höhe des

68

---

[88] Palandt/*Weidlich* BGB § 2269 Rn. 18 (hM).
[89] Palandt/*Weidlich* BGB § 2269 Rn. 17.
[90] Vgl. Palandt/*Weidlich* BGB § 2269 Rn. 19. Im Einzelnen str., aA MüKoBGB/*Musielak* § 2269 Rn. 55.
[91] Die genannten Auslegungsschwierigkeiten der Wiederverheiratungsklausel können dadurch vermieden werden, dass – bei Geltung der Einheitslösung – in der Wiederverheiratungsklausel die bedingte Vor- und Nacherbschaft positiv geregelt wird (s. das Bsp. in BeckFormB BHW/*Najdecki*, VI. 8, II.), bzw. – bei Geltung der Trennungslösung – ausgeführt wird, dass der Wiederverheiratungsfall der Nacherbfall ist (s. das Bsp. in MVH/*Otto*, Bd. 6, XII. 24., § 3).
[92] Vgl. BeckOK FamFG/*Schlögel* FamFG § 352b Rn. 3.
[93] Palandt/*Weidlich* BGB § 2269 Rn. 20; MüKoBGB/*Musielak* § 2269 Rn. 62; aA KG NJW 1957, 1073; FamRZ 1968, 331 f.; OLG Hamm ZEV 1994, 365 (366): Für den Fall, dass der Ehegatte jegliche Beteiligung am Nachlass verliert, werden die getroffenen Regelungen des überlebenden Ehegatten gegenstandslos, ohne dass es eines Widerrufs bedarf.
[94] Vgl. Palandt/*Weidlich* BGB § 2269 Rn. 19.
[95] Palandt/*Weidlich* BGB § 2269 Rn. 19.

gesetzlichen Erbteils.⁹⁶ Auch ist es möglich, dem überlebenden Ehegatten, wenn er sich neu verheiratet, die Erbenstellung zu belassen und ihn lediglich mit **Vermächtnissen** zugunsten der Kinder zu belasten.⁹⁷ Umgekehrt ist zu überlegen, ob nicht die Wiederverheiratungsklausel auch auf den Fall ausgeweitet wird, dass der überlebende Ehegatte eine **nichteheliche Lebensgemeinschaft** eingeht.⁹⁸

69 Wichtig ist eine möglichst genaue Regelung, welche Befugnisse der überlebende Ehegatte bis zum Bedingungseintritt hat, insbesondere ob die Vorerbschaft (bei der Trennungslösung) bzw. die aufschiebend bedingte Vorerbschaft (bei der Einheitslösung) eine **befreite** Vorerbschaft sein soll oder nicht.⁹⁹ Nach der Wiederheirat schließlich sollte der überlebende Ehegatte seine letztwilligen Verfügungen aus der Zeit der ersten Ehe – sofern diese Verfügungen nicht mehr seinem Willen entsprechen – widerrufen und neu testieren, sofern nicht die gesetzliche Erbfolge eintreten soll.

70 **d) Die Bindungswirkung gemeinschaftlicher Ehegattentestamente.** Die Ehegatten können einzelnen ihrer letztwilligen Verfügungen Bindungswirkung beilegen. Folge der Bindung **zu Lebzeiten** der Ehegatten ist, dass ein Ehegatte sich von solchen letztwilligen Verfügungen nur noch einseitig lösen kann, wenn er den **Widerruf** dem anderen Ehegatten gegenüber **in notarieller Form erklärt** (§ 2271 Abs. 1 S. 1 BGB iVm. § 2296 BGB). Der Ehegatte hat vom Widerruf zu erfahren, damit er sich seinerseits gegebenenfalls frei fühlt, neu und abweichend zu testieren. **Nach dem Tod** eines Ehegatten kann der Überlebende sich von der Bindungswirkung der Verfügungen nur noch befreien, indem er (innerhalb der kurzen Fristen) **ausschlägt,** was ihm zugewandt wurde. Andernfalls kann er nicht im Widerspruch zu den bindenden Verfügungen testieren (hierzu sogleich näher).

71 **aa) Verfügungen, die der Bindungswirkung fähig sind.** Diese Bindungswirkung erlangen aber keinesfalls alle Verfügungen, die Ehegatten in einem gemeinschaftlichen Testament niederlegen. Der Bindungswirkung fähig sind vielmehr gemäß § 2270 Abs. 3 BGB ausschließlich **Erbeinsetzungen, Vermächtnisse, Auflagen und die Wahl des anzuwendenden Rechts.** Nicht mit bindender Wirkung kann somit beispielsweise Testamentsvollstreckung nach dem Tod des Längerlebenden angeordnet werden; der Längerlebende könnte eine solche Anordnung wieder streichen.¹⁰⁰

Der Eintritt der Bindungswirkung muss zudem von den Ehegatten gewollt sein. Dieser **Bindungswille** kann sich einerseits durch positive Anordnung der Bindungswirkung ergeben oder andererseits aus der Auslegung der Bestimmung: Das Gesetz sieht gemäß § 2270 Abs. 1 BGB die Bindungswirkung als gewollt an, wenn die Verfügungen der Ehegatten **wechselbezüglich** sind. Davon ist bei Verfügungen auszugehen, von denen anzunehmen ist, dass die **Verfügung des einen nicht ohne die Verfügung des anderen** Ehegatten getroffen sein würde.¹⁰¹ Zwischen den Verfügungen muss mithin eine innere

---

⁹⁶ Vgl. MAH ErbR/*Ridder* § 11 Rn. 91.
⁹⁷ Zu den Problemen dieser Lösung, insb. bzgl. der Pflichtteilsansprüche des Schlusserben, s. *Strecker* ZEV 1996, 327 ff.
⁹⁸ *Lange/Kuchinke,* 441.
⁹⁹ Insbesondere bei der aufschiebend bedingten Vorerbschaft ist sonst fraglich, ob die bisherigen Verfügungen des überlebenden Ehegatten – der ja nach hM bis zum Bedingungseintritt Vollerbe war – wirksam bleiben oder nicht. An dieser Unsicherheit setzt auch die Kritik an der hM an, s. MüKoBGB/*Musielak* § 2269 Rn. 56 ff.
¹⁰⁰ Vgl. OLG Hamm RNotZ 2001, 284.
¹⁰¹ OLG Düsseldorf FamRZ 2008, 307. Allein der Umstand, dass die Ehegatten in der Form des gemeinschaftlichen Testaments testieren, ist kein Indiz für die Wechselbezüglichkeit, BayObLG FamRZ 1995, 251. Andererseits spricht die Tatsache, dass einer der testierenden Ehegatten Alleineigentümer des vererbten Vermögens ist, der beiderseitigen Wechselbezüglichkeit nicht entgegen, OLG Hamm ZEV 1995, 146. Auch das jugendliche Alter spricht nicht gegen eine Bindungswirkung, vgl. BayObLG FamRZ 1995, 251.

Abhängigkeit herrschen, mit deren unverändertem Bestehenbleiben die Ehegatten sicher rechnen.[102]

Für die Prüfung, ob die Ehegatten ihre Verfügungen wechselbezüglich ausgestalten wollten, hält § 2270 Abs. 2 BGB **Auslegungsregeln** bereit. So ist von der Wechselbezüglichkeit auszugehen, wenn die Ehegatten sich gegenseitig bedenken, sich beispielsweise wechselseitig zu Erben einsetzen. Weiterhin vermutet das Gesetz die Wechselbezüglichkeit gemäß § 2270 Abs. 2 BGB, soweit ein Ehegatte den anderen bedenkt und dieser seinerseits, für den Fall, dass er den Ehegatten beerbt, zugunsten eines Dritten verfügt, der mit dem erstgenannten Ehegatten verwandt ist oder ihm sonst nahe steht.[103] Ein Beispiel: Kinderlose Ehegatten bestimmen sich gegenseitig zu ihren Erben. Gleichzeitig benennen sie die Schwester der Ehefrau zum Schlusserben des Längerlebenden. Stirbt nun die Ehefrau und beerbt der Ehemann die Ehefrau, so ist er – falls er die Erbschaft nicht ausschlägt – an die Erbeinsetzung nach seinem Tod zugunsten der Schwester seiner verstorbenen Ehefrau gebunden. Stirbt aber umgekehrt der Ehemann zuerst, steht es der überlebenden Ehefrau frei, anderweitig zu verfügen:[104] Lediglich die Erbeinsetzung des Ehemannes durch die Ehefrau geschah (auch) in der Erwartung, dass der Nachlass nach dem Tod des Ehemannes an die Schwester der Ehefrau fällt.

72

bb) Rechtsfolgen der Wechselbezüglichkeit. Sind die Verfügungen wechselbezüglich, entfalten sie mithin Bindungswirkung, so hat dies weitreichende Folgen.

73

Zum einen hat gemäß § 2270 Abs. 1 BGB die **Nichtigkeit** einer Verfügung die Nichtigkeit der wechselbezüglichen Verfügung zur Folge. Besondere Bedeutung kommt dieser Bestimmung zu, wenn der überlebende Ehegatte seine eigenen Verfügungen oder die des vorverstorbenen Ehegatten anficht. Die Anfechtung bewirkt die Nichtigkeit der angefochtenen Verfügung, § 142 BGB. Gemäß § 2270 Abs. 1 BGB entfällt damit auch die jeweils andere (wechselbezügliche) Verfügung.[105] Ficht mithin der überlebende Ehegatte die Verfügungen des Erstverstorbenen erfolgreich an, werden auch seine Verfügungen unwirksam; umgekehrt, dh wenn er seine Verfügungen anficht, entfällt regelmäßig die Wirksamkeit der Verfügungen des Erstverstorbenen.[106] Es tritt dann häufig gesetzliche Erbfolge nach dem Erstverstorbenen ein.

Wie bereits eingangs kurz skizziert, führt die Wechselbezüglichkeit und die damit einhergehende Bindungswirkung weiterhin dazu, dass die **Widerrufsmöglichkeiten** der Verfügungen eingeschränkt sind. Solange **beide** Ehegatten **noch leben,** kann ein Ehegatte nur dann abweichend von bindenden, wechselbezüglichen Verfügungen testieren (und damit seine Verfügungen widerrufen, s. → Rn. 91) oder schlicht seine wechselbezüglichen Verfügungen widerrufen, soweit dieser Widerruf dem anderen Ehegatten bekannt wird. Das Gesetz stellt die Bekanntgabe des Widerrufs sicher, indem es verlangt, dass die Erklärung an den anderen Ehegatten **notariell beurkundet** wird (§§ 2271 Abs. 1 iVm 2296 BGB).[107] Etwas anders gilt, wenn durch die abweichend getroffene letztwillige Verfügung eine Besserstellung des anderen Ehegatten erfolgt; in dem Fall kann die Verfügung auch dann wirksam sein, wenn kein Widerruf gegenüber dem anderen Ehegatten bekannt gegeben wurde.[108]

74

Das **Recht zum Widerruf erlischt** mit dem **Tod** eines der Ehegatten. Die Verfügungen des Verstorbenen sind nun endgültig, daher soll auch der Überlebende nicht mehr

75

---

[102] OLG Düsseldorf FamRZ 2008, 307; *Kipp/Coing,* 222.
[103] An das „Nahestehen" sind hohe Anforderungen zu stellen, Palandt/*Weidlich* BGB § 2270 Rn. 9. Ansonsten würde fast jede Verfügung wechselbezüglich sein, denn wer benennt schon jemanden in einer Verfügung von Todes wegen, der ihm nicht nahe steht; vgl. *Bengel* DNotZ 1977, 5.
[104] Palandt/*Weidlich* BGB § 2270 Rn. 10.
[105] Staudinger/*Kanzleiter* BGB § 2271 Rn. 68.
[106] Palandt/*Weidlich* BGB § 2271 Rn. 33.
[107] Siehe das Bsp. in BeckFormB BHW/*Najdecki* VI. 16.
[108] BGH NJW 1959, 1730; MüKoBGB/*Musielak* § 2271 Rn. 12.

widerrufen können. Er ist **nicht berechtigt,** Verfügungen vorzunehmen, die Rechte des wechselbezüglich Bedachten beeinträchtigen, beispielsweise ihn von der Erbfolge auszuschließen oder mit einer geringeren als der vorgesehenen Erbquote zu versehen. Eine Beeinträchtigung ist auch gegeben, wenn der Überlebende den Schlusserben mit der nachträglichen Anordnung der Testamentsvollstreckung oder der Beschwerung mit einem Vermächtnis oder einer Nacherbschaft belastet.[109] Neutrale oder gar für den Schlussbedachten günstige Verfügungen kann der Überlebende hingegen nachträglich bestimmen. So kann es möglich sein, dass der Überlebende einen anderen Testamentsvollstrecker vorsieht.[110]

76 Nach herrschender Ansicht sind auch nachträgliche Teilungsanordnungen zulässig, sofern keine Wertverschiebung zulasten des Bedachten erfolgt.[111] Schließlich kann der Überlebende befugt sein, die Regelungen des bindend gewordenen Testaments durch **vorweggenommene Erbfolge** im Voraus zu vollziehen.[112]

77 Trotz der Bindungswirkung ist der überlebende Ehegatte frei, **lebzeitig** über sein Vermögen zu verfügen, § 2286 BGB. Die Vorschriften §§ 2286–2288 BGB aus dem Recht des Erbvertrages gelten nach hM analog im Recht des Ehegattentestaments.[113] Dies gilt auch, wenn der Überlebende lebzeitig Verfügungen trifft, die dem Inhalt der bindenden letztwilligen Verfügungen diametral gegenüberstehen, er beispielsweise ein Grundstück verkauft, das dem Schlusserben zugedacht war. Der Schlusserbe ist aber gegen **Schenkungen** des überlebenden Ehegatten im Rahmen des **§ 2287 BGB** (hierzu → Rn. 110 ff.) geschützt.

78 **cc) Vermeidung und Entfallen der Bindungswirkung.** Will der Überlebende die dargestellte Bindungswirkung vermeiden, muss er die Erbschaft innerhalb der maßgeblichen Fristen (→ § 19 Rn. 1 ff.) **ausschlagen**[114] oder, sofern er einen Anfechtungsgrund hat, die Verfügung **anfechten** (→ Rn. 132 ff.). Dadurch erlangt er die Testierfreiheit bezüglich seines Vermögens wieder. Der Nachlass des Erstverstorbenen fällt demjenigen an, der nun dessen Erbe wird. Besondere Probleme entstehen, wenn der Überlebende aufgrund der Verfügungen selbst nichts erhält, sondern ein Dritter bedacht ist, diese Verfügung aber gleichwohl Bindungswirkung erlangt hat. Hier ist die Bindung des Überlebenden endgültig, es sei denn, der bedachte Dritte schlägt seinerseits aus.[115] Hindert die Bindungswirkung, gewünschte Verfügungen zu Lebzeiten (§ 2287 BGB analog) oder von Todes wegen anzuordnen, ist zu überlegen, ob nicht eine **Zustimmung** zu der Verfügung durch die Person zu erreichen ist, deren Schutz letztlich die Bindungswirkung dient. In ähnlicher Weise kann ein Zuwendungsverzicht dieser Person helfen.[116]

---

[109] Palandt/*Weidlich* BGB § 2271 Rn. 14.
[110] BGH NJW-RR 2013, 72 und BGH NJW 2011, 1733 jeweils zum Erbvertrag, wonach allerdings erst durch einen Vergleich mit der im Erbvertrag festgelegten Rechtsstellung des Vertragserben festgestellt werden kann, ob die spätere letztwillige Verfügung die vertragsmäßige Zuwendung tatsächlich mindern, beschränken, belasten oder gegenstandslos machen würde; Palandt/*Weidlich* BGB § 2271 Rn. 14 und § 2289 Rn. 5.
[111] Palandt/*Weidlich* BGB § 2271 Rn. 14 mit Hinweis auf die Gegenansicht.
[112] BGH NJW 1982, 43 ff.; dort auch zu dem Fall, dass der überlebende Ehegatte nur einem der beiden Kinder in Vorwegnahme der Erbfolge die Hälfte des Vermögens übertragen will, das andere Kind aber auf den Nachlass verweisen möchte.
[113] Vgl. Palandt/*Weidlich* BGB § 2271 Rn. 10.
[114] Dem überlebenden Ehegatten steht über die genannten Fälle hinaus frei, trotz Bindungswirkung die wechselbezüglichen Verfügungen zu ändern, wenn sich der Bedachte einer schweren Verfehlung schuldig gemacht hat (§ 2271 Abs. 2 iVm 2336 BGB) oder soweit die Aufhebung der Verfügung in guter Absicht gemäß § 2388 BGB erfolgt, § 2271 Abs. 2 BGB.
[115] Soergel/*Wolf* BGB § 2271 Rn. 20; aA Staudinger/*Kanzleiter* BGB § 2271 Rn. 40, der diskutiert, dass auch die Ausschlagung durch den Dritten die Bindungswirkung nicht beseitigt.
[116] MüKoBGB/*Wegerhoff* § 2352 Rn. 7.

Die Bindungswirkung kann schließlich **entfallen,** wenn die wechselbezüglichen Verfügungen gegenstandslos werden, etwa beim Vorversterben des Schlussbedachten.[117] Der überlebende Ehegatte erhält in diesem Fall seine Testierfreiheit zurück. Dies kann dazu führen, dass eine zunächst in Widerspruch zum gemeinschaftlichen Testament errichtete letztwillige Verfügung eines Ehegatten wirksam wird.[118]

79

dd) Regelungsbefugnisse. Es obliegt allein dem Willen der Ehegatten, ob ihre Verfügungen bindend werden oder nicht. Aus dieser **Freiheit** folgt auch, dass es den Ehegatten unbenommen ist, zu regeln, dass wechselbezügliche Verfügungen keine Bindungswirkung erzeugen sollen, oder umgekehrt die Bindungswirkung positiv anzuordnen.

80

Ebenso steht es im Ermessen der Ehegatten, die Bindungswirkung nur nach dem Tod eines der Ehegatten anzuordnen. Auch können sie ermächtigende Klauseln in das Testament aufnehmen, die dem Überlebenden zumindest in Teilbereichen gestatten, **abweichend zu testieren,** oder die Bindungswirkung nicht auf das nach dem Tod des Erstversterbenden durch den Längerlebenden erworbene Vermögen erstrecken.[119] Da die Aufhebung von Verfügungen eines Ehegatten aber gemäß § 2270 Abs. 1 BGB die Unwirksamkeit der Verfügungen des anderen Ehegatten nach sich zieht, was bei der Ermächtigung Änderungen vorzunehmen gerade nicht gewollt ist, sollte kurz vermerkt werden, dass die Ausübung der Änderungsbefugnisse die Verfügungen des Erstversterbenden unberührt lässt.

> **Formulierungsbeispiel Bindungswirkung mit Abänderungsbefugnis des Längerlebenden:**
>
> Sämtliche in unserem gemeinschaftlichen Testament getroffenen Verfügungen sind – soweit gesetzlich zulässig – wechselbezüglich getroffen; dh sie können vom anderen Ehegatten nicht mehr einseitig abgeändert werden, sofern im nachfolgenden Abs. 2 nichts Abweichendes vereinbart ist. Zu Lebzeiten beider Ehegatten bestehen die Bindungswirkungen der Wechselbezüglichkeit uneingeschränkt, dh ein Ehegatte kann nur durch Rücktrittserklärung gegenüber dem anderen Ehegatten, die der notariellen Beurkundung bedarf, seine wechselbezüglichen Verfügungen widerrufen.
>
> Abweichend von Abs. 1 ist der Längerlebende von uns jedoch nach dem Tod des Erstversterbenden berechtigt, die Erbteile unserer Kinder abzuändern und (Voraus-)Vermächtnisse zugunsten unserer Abkömmlinge anzuordnen. Die letztwilligen Verfügungen des erstversterbenden Ehegatten bleiben hiervon unberührt.

81

Ist Bindungswirkung gewollt, sollte dies deutlich im Testament zum Ausdruck kommen; auf die Auslegungsregel des § 2270 Abs. 2 BGB sollten sich die gemeinsam Testierenden nicht ohne Not verlassen: Selbst in einem so einfachen Fall wie der Erbeinsetzung der gemeinsamen Kinder in einem Ehegattentestament ist durchaus streitig, ob das ge-

82

---

[117] MüKoBGB/*Musielak* § 2271 Rn. 20. Auch die wechselbezügliche Einsetzung eines Kindes als Schlusserben wird durch das Vorversterben des Kindes gegenstandslos, wenn konkrete Anhaltspunkte dafür fehlen, dass die testierenden Eheleute die Wechselbezüglichkeit der Schlusserbeneinsetzung auch auf die Ersatzerben erstrecken wollte; das heißt, § 2270 Abs. 2 BGB ist auf Ersatzerben nicht anwendbar, wenn die Ersatzerbeneinsetzung allein auf § 2069 BGB beruht, BGH NJW 2002, 1126; s. auch MüKoBGB/*Musielak* § 2270 Rn. 18.
[118] Vgl. BGH NJW 2004, 3558 (bei Unwirksamkeit eines später errichteten Erbvertrages).
[119] *Lange/Kuchinke,* 457 f.; LG München ZEV 1995, 373; zur stillschweigenden Annahme eines Änderungsvorbehalts OLG Hamm NJW-RR 1995, 777; Bsp. in BeckFormB BHW/*Najdecki* VI. 8, II. § 6; MVH/*Otto,* Bd. 6, XII. 25, § 3. Ist dem überlebenden Ehegatten in einem gemeinschaftlichen Testament der Widerruf einer wechselbezüglichen Schlusserbeneinsetzung vorbehalten, so kann das Widerrufsrecht nur durch Errichtung eines weiteren Testaments, nicht jedoch durch Vernichtung der Testamentsurkunde gemäß § 2255 BGB ausgeübt werden, OLG Hamm ZEV 1996, 272.

meinschaftliche Testament Bindungswirkung erzeugt oder nicht.[120] Diesen Zweifeln kann durch ausdrückliche Anordnung vorgebeugt werden.

83 **Formulierungsbeispiel Anordnung Bindungswirkung:**
Sämtliche in unserem gemeinschaftlichen Testament getroffenen Verfügungen sind – soweit gesetzlich zulässig – wechselbezüglich, dh sie können vom anderen Ehegatten nicht mehr einseitig abgeändert werden. Auch zu Lebzeiten beider Ehegatten bestehen die Bindungswirkungen der Wechselbezüglichkeit uneingeschränkt, dh ein Ehegatte kann nur durch Rücktrittserklärung gegenüber dem andern Ehegatten, die der notariellen Beurkundung bedarf, seine wechselbezüglichen Verfügungen widerrufen.
Alternativ:
Die gegenseitige Erbeinsetzung erfolgt wechselbezüglich. Sämtliche weiteren Verfügungen sind einseitig getroffen und können jederzeit, auch nach dem Tod des Erstversterbenden von uns, einseitig widerrufen werden.

84 Aber auch falls eine **juristische Person** (zB eine Stiftung oder GmbH) als Schlusserbe eingesetzt wird, sollte die Frage der Bindungswirkung positiv geregelt werden.[121]

85 Schließlich ist zu überlegen, ob nicht die Möglichkeit, sich durch Anfechtung von der Bindungswirkung des gemeinschaftlichen Testaments zu lösen, eingeschränkt oder ausgeschlossen wird. Dies gilt insbesondere für die Möglichkeit wegen Hinzutretens eines zunächst nicht bekannten Pflichtteilsberechtigten (§ 2079 BGB).

86 **Formulierungsbeispiel Ausschluss des Anfechtungsrechts gemäß § 2079 BGB:**
Soweit dies gesetzlich möglich ist, verzichten wir bereits heute auf die Anfechtung dieses Testaments wegen Übergehung eines Pflichtteilsberechtigten nach § 2079 BGB. Uns ist bewusst, dass dadurch eventuell später hinzu tretende Pflichtteilsberechtigte nur noch beschränkt an unserem jeweiligen Nachlass teilhaben können.

87 **ee) Bindung des Ehegatten?** Bei Abfassung eines Ehegattentestamentes ist die Bindungswirkung wechselbezüglicher Verfügungen sehr genau mit in die Überlegungen ein-

---

[120] Vgl. OLG Bamberg ZEV 2016, 397 (399): „Die Vermutung des § 2270 Abs. 2 BGB geht von der gewöhnlichen Lebenserfahrung über die Vorstellungen und Absichten der Ehegatten in solchen Fällen aus (…). Eine allgemein anerkannte, weil besonders zuverlässige Erfahrungsregel iSd gesetzlichen Vermutung knüpft sich an die hier vorliegende Fallgestaltung eines Berliner Testaments: Eheleute, die ihr gemeinsames Vermögen „letztlich" an ihre eigenen – gemeinsamen – Kinder weitergeben möchten, jedoch mit Rücksicht auf die Altersversorgung des anderen Ehegatten ihre Abkömmlinge für den Fall ihres eigenen Vorversterbens enterben, tun das jeweils in der offenkundigen Erwartung, dass aufgrund der gleichzeitigen Schlusserbeneinsetzung des anderen Teiles das gemeinsame Vermögen mit dem Tode des Ehegatten auf ihre Kinder übergehen wird (so zu Recht OLG München ZEV 2011, 315; NJW-RR 2011, 1020). Dieses Vertrauen der testierenden Eheleute wird ua dadurch geschützt, dass ein Widerruf nach dem Tod des Erstversterbenden grds. ausgeschlossen ist (§ 2271 Abs. 2 S. 1 BGB). Es wird deshalb jedenfalls bei einer Konstellation wie hier sowohl nicht der Lebenserfahrung gerecht und greift somit auch auslegungsmethodisch zu kurz, wenn die Vermutung des § 2270 Abs. 2 BGB mit der Erwägung relativiert wird, es sei regelmäßig anzunehmen, dass jeder Ehegatte die Kinder wegen des Verwandtschaftsverhältnisses bedenkt und nicht, weil der andere dies auch tut (so jedoch BayObLG FamRZ 1986, 392 in einem seitdem immer wieder zitierten obiter dictum, vgl. etwa *Weidlich* BGB § 2270 Rn. 5). Vielmehr hat es bei der Prüfung der auslegungserheblichen Umstände entscheidend darauf anzukommen, ob sich darin – innerhalb oder außerhalb des Testaments – eine Willensbekundung objektiviert hat, die trotz dieses zuverlässigen Erfahrungshintergrunds mit der Auslegungsregel des § 2270 Abs. 2 nicht in Einklang steht (OLG München jeweils ZEV 2011, 315; NJW-RR 2011, 1020; OLG Düsseldorf ErbR 2014, 453 (Rn. 29))."
Vgl. auch *Weidlich* ZEV 2015, 480 ff. Zur Bindungswirkung bei Anordnung der gesetzlichen Erbfolge nach dem Tod des Letztversterbenden vgl. OLG Frankfurt FamRZ 1997, 1572 und OLG Düsseldorf FamRZ 1999, 1544.
[121] Zum Streit, ob eine juristische Person mit Bindungswirkung zum Schlusserben eingesetzt werden kann, vgl. OLG München BWNotZ 2002, 15 und OLG München ZEV 2000, 104.

zubeziehen, insbesondere im **Unternehmertestament.** Einerseits schützt die Bindung die gemeinsam gewählte Erbfolge. Der gebundene überlebende Ehegatte kann sich **drängender Kinder,** die aus welchen Gründen auch immer gegenüber ihren Geschwistern bevorteilt werden oder jedenfalls anders als vorgesehen bedacht werden möchten, mit einem Hinweis auf die Bindung erwehren. Andererseits zeigt die Praxis, dass die Bindung häufig Versuche provoziert, eine **nicht mögliche,** von der Bindung abweichende, **Erbfolge durch Schenkungen unter Lebenden vorwegzunehmen.** Dies verursacht häufig genug Streit nach dem Versterben des länger lebenden Ehegatten über Herausgabeforderungen gegenüber dem Beschenkten nach § 2287 BGB (vgl. → Rn. 110 ff.). Gerade Ehegatten, die sich und ihrer Vernunft wechselseitig **vertrauen,** sollten sich daher gut überlegen, ob sie den überlebenden Ehegatten binden und ihm damit die Möglichkeit nehmen, **auf Geschehnisse flexibel zu reagieren.** Erkennt zB der überlebende Ehegatte, dass von mehreren Kindern nur eines zur Unternehmensnachfolge geeignet ist, sollte es ihm möglich sein, entsprechend zu reagieren. Zumindest sollte daher die Bindungswirkung – durch eine begrenzte Aufhebung – so beschränkt werden, dass sie den überlebenden Ehegatten nicht weiter bindet als erforderlich. Befürchtet beispielsweise einer der Ehegatten oder beide, dass der Längerlebende ggf. einen Dritten in die Erbfolge einbezieht, wenn keine Bindungswirkung angeordnet wird (zum Beispiel ein Kind aus erster Ehe), so ist es möglich, die Bindungswirkung so zu beschränken, dass zwar der länger lebende Ehegatte keinen anderen Erben außerhalb der gemeinsamen Abkömmlinge benennen darf, innerhalb dieses Kreises aber zu Änderungen befugt ist.

Ist den Ehegatten umgekehrt an einer sehr intensiven Bindung gelegen, ist zu überlegen, ob sie nicht besser sogar einen **Erbvertrag** abschließen, da dieser **bereits lebzeitig bindet,** sofern sich die Parteien kein Rücktrittsrecht vorbehalten. Auch sollten Ehegatten, die ihr Testament in der ehemaligen **DDR** errichtet haben, neu testieren, wenn ihnen an einer intensiven Bindungswirkung gelegen ist, denn die für die alten Testamente weiter geltenden Vorschriften des DDR-Erbrechts kannten keine so weit gehende Bindungswirkung wie das BGB.[122]

88

5. Das außerordentliche Testament

Befindet sich der Erblasser in Lebensgefahr und ist zu befürchten, dass er früher versterben wird, als die Errichtung eines Testaments vor einem Notar möglich ist, kann ein sog. Nottestament vor dem Bürgermeister **(Bürgermeistertestament)** errichtet werden, § 2249 BGB. Das Testament vor dem Bürgermeister wird errichtet wie ein notarielles Testament, allerdings hat der Bürgermeister bei der Errichtung zwei Zeugen zuzuziehen.[123] § 2250 BGB ermöglicht es dem Erblasser, vor drei Zeugen **(Dreizeugentestament)** mündlich zu testieren, wenn er sich in einer Situation oder Lage befindet, in der ein Notar nicht oder nur unter sehr erschwerten Umständen erreichbar ist.[124] Dies gilt etwa, wenn sich der Erblasser in so naher Todesgefahr befindet, dass voraussichtlich selbst ein Nottestament vor dem Bürgermeister nicht möglich ist, § 2250 Abs. 2 BGB. Schließlich kann das Dreizeugentestament von einem Erblasser errichtet werden, der sich an Bord eines deutschen Schiffes außerhalb eines inländischen Hafens befindet **(Seetestament),** § 2251 BGB. Zeuge kann **nicht** sein, wer vom Erblasser bedacht wird oder zum Testamentsvollstrecker ernannt wird. Alle Nottestamente verlieren ihre Wirksamkeit gemäß § 2252 BGB, wenn seit der Errichtung **drei Monate** vergangen sind und der Erblasser noch lebt.[125]

89

---

[122] Zum Erbrecht der ehemaligen DDR MAH ErbR/*Ridder* § 11 Rn. 26.
[123] Allg. auch MAH ErbR/*Stahl* § 5 Rn. 40.
[124] Vgl. BayObLG NJW-RR 1996, 711, allg. auch MAH ErbR/*Stahl* § 5 Rn. 41.
[125] Zu Einzelheiten s. *Lange/Kuchinke*, 391 ff.; Beispiele in MVHdB VI Bürgerl.R II/*Otto* XI. 13 und 14.

6. Der Widerruf des Testaments

90 **a) Die Widerrufsmöglichkeiten.** Der Erblasser ist Zeit seines Lebens frei, sein Testament oder einzelne seiner testamentarischen Verfügungen **ganz oder zum Teil** zu widerrufen, § 2253 BGB (zur Ausnahme bei gemeinschaftlichen Ehegattentestamenten → Rn. 77 ff.). Das Gesetz eröffnet dem Testator eine Reihe von Widerrufsmöglichkeiten:

91 **aa) Widerrufstestament.** Der Widerruf kann durch ein Widerrufstestament erfolgen, § 2254 BGB. Dieses Widerrufstestament bedarf **nicht** der Form, in der das zu widerrufende Testament abgefasst wurde. So kann beispielsweise ein notarielles Testament durch ein eigenhändiges, privates Testament widerrufen werden.[126]

92 **bb) Errichtung eines widersprechenden Testaments.** Der Widerruf kann weiterhin gemäß § 2258 BGB dadurch erfolgen, dass der Testator ein weiteres (gültiges) Testament errichtet, das mit dem früheren Testament ganz oder zum Teil in Widerspruch steht; es gelten anschließend die neuen Verfügungen.[127] Liegen mehrere Testamente vor, so gelten Verfügungen, die sich nicht widersprechen, nebeneinander. So kann beispielsweise ein späteres Testament zum Teil Verfügungen eines früheren Testamentes widerrufen und durch eigene Verfügungen ersetzen sowie gleichzeitig Verfügungen enthalten, die neben den Verfügungen stehen, die in dem alten Testament enthalten sind, nicht widerrufen wurden und daher weiter gelten.[128] Selbstverständlich empfiehlt es sich, wenn neu testiert wird, klarstellend entweder alle vorherigen Verfügungen von Todes wegen aufzuheben,[129] oder aber auszuführen, inwieweit die früheren Verfügungen fortgelten sollen.

93 **cc) Vernichtung der Testamentsurkunde.** Das Testament kann auch dadurch widerrufen werden, dass der Testator die Testamentsurkunde in der Absicht, das Testament aufzuheben, vernichtet oder sonst Veränderungen an der Urkunde vornimmt, „durch die der Wille, eine schriftliche Willenserklärung aufzuheben, ausgedrückt zu werden pflegt", § 2255 BGB.[130] Das tiefe Einreißen der Testamentsurkunde gilt zB als Veränderung, bezüglich derer man wohl noch sagen kann, dass sie einen solchen Willen zur Aufhebung erkennen lässt.[131]

94 Wichtig ist in diesem Zusammenhang, dass allein der **Untergang der Testamentsurkunde** vor oder nach dem Tod des Erblassers keinen Einfluss auf die Wirksamkeit der Verfügung hat.[132] Vernichtet zB vor oder nach dem Tod des Erblassers ein Dritter das Testament in Unterdrückungsabsicht, so hebt diese Handlung das Testament nicht auf, es fehlt an der erforderlichen **Aufhebungsabsicht** des Testators.[133] Der Inhalt des Testaments kann in solchen Fällen durch alle zulässigen Beweismittel bewiesen werden. Wird die **Kopie** eines Testaments vorgelegt, so ist das Übereinstimmen mit dem Original beispielsweise durch Einvernahme von Zeugen zu überprüfen.[134] Durch die Beweismittel muss sich jedoch nicht nur der Inhalt, sondern auch die Formgültigkeit feststellen lassen.

---

[126] Palandt/*Weidlich* BGB § 2254 Rn. 1.
[127] Entfaltet die spätere, aufhebende Verfügung aus tatsächlichen Gründen keine Wirkung, ändert dies nichts am Widerruf der ersten Verfügung, BayObLG NJW-RR 1996, 967; vgl. auch Palandt/*Weidlich* BGB § 2258 Rn. 3.
[128] BayObLG ZEV 1996, 432.
[129] Bsp. in BeckFormB BHW/*Najdecki*, VI. 1, I § 1.
[130] Für Ehegatten empfiehlt es sich, den Widerruf in einem Widerrufstestament zu erklären: Andernfalls kann es später zum Streit kommen, ob das gemeinschaftliche Testament nun im Willen beider Ehegatten vernichtet wurde oder nicht.
[131] RGZ 69, 413; BayObLG ZEV 1996, 272 zu tiefen Einrissen in der Testamentsurkunde; KG NJW-RR 1995, 1099 zur Vornahme von Änderungen an einer Durchschrift.
[132] MüKoBGB/*Hagena* § 2255 Rn. 4, 13.
[133] Allgemeine Auffassung, vgl. Palandt/*Weidlich* BGB § 2255 Rn. 8.
[134] BayObLG FamRZ 1998, 1469; OLG Düsseldorf NJW-RR 1994, 142; OLG Köln NJW-RR 1993, 970; BayObLG NJW-RR 1993, 1157.

dd) Widerruf des öffentlichen Testaments durch Rücknahme aus der Verwahrung. Schließlich wird das vor einem Notar errichtete Testament noch dadurch widerrufen, dass es aus der amtlichen Verwahrung genommen wird, § 2256 BGB. Der Erblasser soll bei Rückgabe über diese Folge belehrt werden. Wird ein eigenhändiges, privates Testament in Verwahrung gegeben, so berührt die Rücknahme aus der Verwahrung die Wirksamkeit des Testamentes nicht, § 2256 Abs. 3 BGB.

ee) Eröffnung widerrufener Testamente. Gemäß § 348 FamFG (vgl. → § 19 Rn. 36) sind nach dem Tod des Erblassers die sich in amtlicher Verwahrung befindlichen Testamente und die an das Nachlassgericht abgelieferten Testamente zu eröffnen. Dabei werden auch mangelhafte, formungültige und widerrufene Testamente eröffnet, selbst soweit der Widerruf durch Zerreißen der Urkunde vorgenommen wurde, soweit nur die Urkundenteile selbst noch vorhanden sind. Dies ist sinnvoll, da nicht auszuschließen ist, dass sich noch ein Widerruf des Widerrufs (dazu sogleich) findet. Will der Erblasser nicht, dass seine widerrufenen Testamente eröffnet werden, sollte er sie endgültig vernichten; bei Testamenten, die in amtliche Verwahrung gegeben wurden, setzt dies natürlich die vorherige Rücknahme aus der Verwahrung voraus.[135] Eine Anordnung des Erblassers, durch die er die Eröffnung nach seinem Tod untersagt, ist nichtig (§ 2263 BGB).

b) Der Widerruf des Widerrufs. Auch eine letztwillige Verfügung, die einen Widerruf ausspricht, kann widerrufen werden. Der Widerruf hat zur Folge, dass in der Regel die Verfügung wieder wirksam wird, die zunächst widerrufen wurde, §§ 2257, 2258 Abs. 2 BGB.[136] Ist der Widerruf jedoch durch Vernichtung oder Veränderung der Urkunde gemäß § 2255 BGB oder durch Rücknahme aus amtlicher Verwahrung gemäß § 2256 BGB erfolgt, ist ein Widerruf dieses Widerrufs nicht möglich.[137]

III. Die gewillkürte Erbfolge durch Erbvertrag

1. Einführung

Der Erblasser kann seine letztwilligen Verfügungen entweder in ein Testament oder in einen Erbvertrag (§§ 2274 ff. BGB) aufnehmen. Der entscheidende Unterschied zwischen Testament und Erbvertrag liegt darin, dass das Testament frei widerruflich ist (zu den Ausnahmen beim Ehegattentestament s. → Rn. 73), der Erbvertrag demgegenüber in aller Regel bereits **lebzeitig bindende Anordnungen** enthält. Zwar belässt auch der Erbvertrag dem Erblasser lebzeitig seine volle Verfügungsfreiheit, § 2286 BGB, gleichwohl erfüllt das Institut des Erbvertrages das Bedürfnis des Rechtsverkehrs nach bindenden erbrechtlichen Regelungen: Hat beispielsweise ein Unternehmer mit einem leitenden Angestellten, der das Unternehmen fortführen soll, einen Erbvertrag des Inhalts geschlossen, dass dem Angestellten das Unternehmen dereinst vermacht wird, und stellt diese Verfügung eine so genannte vertragsmäßige Verfügung dar, weil Bindungswirkung gewollt ist, so ist der Erblasser an die Anordnung des Vermächtnisses gebunden. Der Angestellte kann sich darauf verlassen, dass ihm nach dem Tod des Erblassers ein Anspruch gegen die Erben auf Übertragung des Unternehmens zusteht. Infolge der Bindungswirkung kann der Erblasser ohne Zustimmung des Bedachten nicht mehr abweichend testieren, § 2289 BGB, es sei denn, es wurde ein entsprechender Vorbehalt oder ein Rücktrittsrecht in den Vertrag aufgenommen oder dem Erblasser steht ein Anfechtungsrecht zu.

---

[135] MüKoBGB/*Hagena* § 2257 Rn. 3.
[136] Auch das Widerrufstestament kann angefochten werden (zur Anfechtung → Rn. 132 ff.). Problematisch ist aber die Begründung eines Anfechtungsrechts bei Widerruf durch Einwirkungen auf die Urkunde (§ 2255 BGB) oder durch Rücknahme aus der Verwahrung (§ 2256 BGB). Diese Handlungen stellen grundsätzlich keine Verfügungen dar, die anfechtbar sind. Rspr. u. Lit. haben gleichwohl die Anfechtbarkeit bejaht, vgl. *Lange/Kuchinke*, 417 ff. mwN.
[137] BayObLG ZEV 1996, 271; Palandt/*Weidlich* BGB § 2257 Rn. 2.

99 Vollständig ist der Schutz des vertraglich Bedachten aber nicht, denn der Erblasser ist weiterhin frei, **lebzeitig** über sein Vermögen zu verfügen, § 2286 BGB. Tätigt allerdings der Erblasser eine Schenkung in der Absicht, den Vertragserben zu beeinträchtigen, so kann der im Erbvertrag bedachte Erbe unter Umständen nach dem Tod des Erblassers gemäß § 2287 BGB von dem Beschenkten die Herausgabe des Geschenkes oder Wertersatz verlangen. In ähnlicher Weise schützt § 2288 BGB den Vermächtnisnehmer vor beeinträchtigenden Handlungen des Erblassers.[138]

100 Neben den erwähnten vertraglichen Verfügungen, die Bindungswirkung erzeugen, sind die sog. **wechselbezüglichen Verfügungen** in zweiseitigen Erbverträgen für den Erbvertrag charakteristisch. In einem Erbvertrag können beide Vertragsteile vertragsmäßige bindende Verfügungen treffen. Sind diese wechselbezüglich, dh haben die Vertragspartner ihre Verfügungen jeweils im Hinblick auf die Verfügungen des anderen Vertragspartners abgefasst, führt die Nichtigkeit einer Verfügung zur Unwirksamkeit aller Verfügungen, auch derer des anderen Vertragspartners. Ebenso führt die Ausübung eines vorbehaltenen Rücktrittsrechts zur Aufhebung aller Verfügungen.

2. Die Errichtung und Verwahrung des Erbvertrages

101 Ein Erbvertrag, der zwei- oder mehrseitig abgeschlossen werden kann, ist gemäß § 2276 BGB **vor einem Notar** zu schließen, es gelten insoweit weitgehend die Vorschriften über das öffentliche Testament (→ Rn. 36 ff.). Die Erklärungen können entweder mündlich oder durch Übergabe einer offenen oder verschlossenen Schrift erfolgen, §§ 2276, 2232 BGB. Erforderlich ist, dass die Vertragspartner bei der Beurkundung gleichzeitig anwesend sind. Der Erblasser kann den Vertrag nur **persönlich** schließen, § 2274 BGB; sein Vertragspartner kann sich hingegen vertreten lassen, soweit er nicht selbst ebenfalls im Erbvertrag als Erblasser verfügt.[139]

3. Arten des Erbvertrages

102 **a) Erbverträge mit zumindest einer vertragsmäßigen Verfügung.** Zunächst sind Erbverträge danach zu unterscheiden, ob die in ihnen enthaltenen Verfügungen Bindungswirkung entfalten, also **vertragsmäßig** sind, oder nicht. Vertragsmäßig können in Erbverträgen gemäß § 2278 Abs. 2 BGB lediglich vier Typen von Verfügungen getroffen werden: Erbeinsetzungen, Vermächtnisse, Auflagen und die Wahl des anzuwendenden Rechts. Andere Verfügungen, etwa die Anordnung der Testamentsvollstreckung, können zwar auch im Erbvertrag niedergelegt werden, aber nicht als vertragsmäßige, sondern nur als **einseitige Verfügungen,** die der Bindungswirkung nicht fähig sind, § 2299 BGB (zur Testamentsvollstreckung s. → § 18 Rn. 106). Bei den einseitigen Verfügungen handelt es sich letztlich um testamentarische Anordnungen, die lediglich die Besonderheit aufweisen, dass sie in einem Erbvertrag niedergelegt sind. Sie können – da sie keine Bindungswirkung erlangen – jederzeit widerrufen und geändert werden.[140]

103 Es ist im Übrigen nicht zwingend, dass Verfügungen, die der Bindungswirkung fähig sind, als bindend getroffen werden. Jedoch muss **mindestens eine Verfügung** in einem Erbvertrag als vertragsmäßige Verfügung getroffen sein, sonst handelt es sich nicht um einen Erbvertrag,[141] sondern lediglich gegebenenfalls um eine Zusammenfassung von Testamenten.[142] Das Gesetz stellt keine Vermutung oder sonstige Auslegungshilfen zur Verfügung, mit deren Hilfe beurteilt werden kann, ob Verfügungen vertragsgemäß getroffen

---

[138] BGH NJW-RR 1998, 577.
[139] Der Abschluss eines Erbvertrages setzt nicht nur Testierfähigkeit, sondern auch unbeschränkte Geschäftsfähigkeit voraus, § 2275 Abs. 1 BGB. Der minderjährige Erblasser kann also grundsätzlich keinen Erbvertrag abschließen, Ausnahmen bestehen für Ehegatten und Verlobte, § 2275 Abs. 2, 3 BGB.
[140] S. das Bsp. in BeckFormB BHW/*Najdecki*, VI. 13, II § 5.
[141] Palandt/*Weidlich* BGB § 2278 Rn. 1.
[142] *Lange/Kuchinke*, 474.

wurden oder nicht. Zur Klärung der Frage, ob eine vertragsmäßige Verfügung getroffen wurde oder nicht, hat eine am Wortlaut und am allgemeinen Sprachgebrauch orientierte Auslegung zu erfolgen.[143] Es ist zu prüfen, ob der erkennbare oder hypothetische **Wille beider Parteien** auf eine vertragsmäßige Verfügung gerichtet war.[144] Dies wiederum wird sich oft nach den Interessen des Vertragspartners richten. So wird man in aller Regel von der Bindungswirkung ausgehen können, wenn der Vertragspartner selbst durch den Erbvertrag bedacht wird[145] oder Dritte begünstigt werden sollen, die mit dem Vertragspartner verwandt sind.[146]

Aufgrund der Schwierigkeiten, nachträglich zu erkennen, welche Verfügungen vertragsgemäß getroffen wurden und mithin Bindungswirkung entfalten, empfiehlt es sich dringend, bei Abfassung eines Erbvertrages hinsichtlich **jeder einzelnen Verfügung anzuordnen,** ob sie Bindungswirkung entfalten soll oder nicht.[147]

104

Formulierungsbeispiel Bindungswirkung:
Die Vertragsparteien erklären die vorstehenden Vermächtnisse jeweils erbvertraglich bindend, die jeweils anderen Vertragsparteien nehmen die Verfügungen zur Herbeiführung der erbvertraglichen Bindungswirkung hiermit an.

105

b) Gemeinschaftliche Erbverträge. Der Erbvertrag kann einseitig oder zweiseitig als gemeinschaftlicher Erbvertrag[148] geschlossen werden. Entscheidend für die Unterscheidung ist, ob nur durch eine oder beide Vertragsparteien im Erbvertrag bindende (also vertragsmäßige) Verfügungen getroffen werden. Für den gemeinschaftlichen Erbvertrag gelten die vorstehenden Ausführungen zu den vertragsmäßigen Verfügungen entsprechend. Darüber hinaus unterliegt der gemeinschaftliche Erbvertrag Regelungen, die der **inneren Abhängigkeit (Wechselbezüglichkeit)** der Verfügungen zueinander Rechnung tragen und denen des gemeinschaftlichen Ehegattentestamentes teilweise ähnlich sind.[149] Allerdings hat beim gemeinschaftlichen Erbvertrag gem. § 2298 Abs. 1 BGB die **Nichtigkeit** (zB nach Anfechtung oder nach Scheidung, §§ 2279 II, 2077 BGB, beim gemeinschaftlichen Ehegattenerbvertrag) einer vertragsmäßigen Verfügung die Unwirksamkeit nicht nur der anderen, wechselbezüglichen Verfügung,[150] sondern des gesamten Vertrages zur Folge.[151] Haben sich die Parteien in dem Erbvertrag den **Rücktritt** vorbehalten, so wird durch den Rücktritt einer Partei der gesamte Vertrag unwirksam, § 2298 Abs. 2 BGB; nach dem Tod eines der Verfügenden ist trotz des Rücktrittsvorbehaltes der Rücktritt ausgeschlossen.[152]

106

---

[143] MAH ErbR/*Bregulla-Weber* § 10 Rn. 10 mwN.
[144] MAH ErbR/*Bregulla-Weber* § 10 Rn. 10 mwN; zur Auslegung eines Erbvertrags ausführlich Reimann/Bengel/J.Mayer/*J. Mayer* vor § 2274ff. Rn. 24ff.
[145] *Lange/Kuchinke*, 476.
[146] Umgekehrt: Bestimmt der Erblasser nur eigene Verwandte zu Erben, ist in der Regel nicht anzunehmen, dass die Vertragschließenden an einer Bindungswirkung interessiert sind. Mit aller Vorsicht wird man auf die Auslegungsgrundsätze zu § 2270 Abs. 2 BGB zurückgreifen können, vgl. Palandt/*Weidlich* BGB § 2278 Rn. 4.
[147] S. das Bsp. in BeckFormB BHW/*Najdecki*, VI. 12, § 4; VI. 13, § 5; VI. 14, § 4; VI. 15, § 5.
[148] Siehe das Bsp. in BeckFormB BHW/*Najdecki*, VI. 13.
[149] Der gemeinschaftliche Erbvertrag ist nicht nur Ehegatten vorbehalten. Wird der gemeinschaftliche Erbvertrag aber unter Ehegatten geschlossen und setzen sich die Ehegatten wechselseitig zu Erben und einen Dritten zum Schlusserben ein, so gelten die o. g. Ausführungen (→ Rn. 53ff.) zum Trennungs- und Einheitsprinzip sowie zu den Wiederverheiratungsklauseln entsprechend. Auch die Auslegungsregel zugunsten des Einheitsprinzips (§ 2269 BGB) findet gemäß § 2280 BGB Anwendung.
[150] So unter § 2270 I BGB für das gemeinschaftliche Ehegattentestament.
[151] Zu den Folgen der Scheidung beim gemeinschaftlichen Ehegattenvertrag s. BGH ZEV 2004, 423.
[152] § 2298 Abs. 2 S. 2 BGB. Den Vertragsparteien steht es allerdings frei, sich das Rücktrittsrecht auch über den Tod des Erstversterbenden hinaus vorzubehalten, vgl. Palandt/*Weidlich* BGB § 2298 Rn. 4. Der Überlebende kann ansonsten dieser durch die Zweiseitigkeit des Erbvertrags entstandenen Bindung nur

107 Während beim gemeinschaftlichen Ehegattentestament die Wechselbezüglichkeit der Verfügungen aber nur vorliegt, wenn sie gewollt ist bzw. die Voraussetzungen des § 2270 BGB gegeben sind (→ Rn. 70 ff.), ist beim gemeinschaftlichen Erbvertrag stets von der Wechselbezüglichkeit auszugehen, es sei denn, ein anderer Wille der Parteien ist erkennbar.[153]

108 **c) Entgeltliche und unentgeltliche Erbverträge.** Schließlich können die Erbverträge noch weitergehend danach unterschieden werden, ob sie entgeltlich oder unentgeltlich sind, ob also der Vertragsgegner eine Gegenleistung schuldet oder nicht.

4. Schutz des Bedachten und des Vertragspartners

109 **a) Schutz durch Bindungswirkung.** Sind Verfügungen im Erbvertrag vertragsmäßig getroffen worden, so ist der durch die Verfügungen Bedachte in erster Linie dadurch geschützt, dass der Erblasser diese Verfügungen – sofern kein entsprechender Vorbehalt vereinbart wurde – nicht mehr ändern kann, § 2289 BGB. Der Erblasser wird durch diese Regelungen in seiner **Testierfreiheit beschränkt. Frühere** Verfügungen des Erblassers werden durch den Erbvertrag aufgehoben, § 2289 Abs. 1 S. 1 BGB. Verfügungen, die der Erblasser **nach** Abschluss des Erbvertrages niederlegt, gelten gemäß § 2289 Abs. 1 S. 2 BGB in dem Umfang als unwirksam, als sie Rechte des Bedachten **beeinträchtigen** würden. Ein Unterschied in den Folgen der Sätze 1 und 2 der Vorschrift liegt darin, dass eine Verfügung, die der Erblasser nach Abschluss des Erbvertrages getroffen hat, trotz der beeinträchtigenden Wirkung dann wirksam werden kann, wenn der durch den Erbvertrag Bedachte vor dem Erblasser verstirbt, ohne dass dann stillschweigend oder ausdrücklich dessen Abkömmlinge als Ersatzerben berufen sind,[154] und deshalb die in dem Erbvertrag getroffene Verfügung gegenstandslos wird (vgl. zur Situation bei gemeinschaftlichen Ehegattentestamenten → Rn. 72 ff.). Demgegenüber sind Verfügungen, die der Erblasser **vor** Abschluss des Erbvertrages niedergelegt hat, in der Regel endgültig aufgehoben. Die aufhebende Wirkung entfällt aber, wenn der Erbvertrag nichtig oder unwirksam geworden (zB gemäß §§ 2279, 2077 Abs. 1 BGB) oder wirksam beseitigt worden ist (zB durch Aufhebung, Rücktritt oder Anfechtung).[155]

Die Frage, ob eine nachträgliche Verfügung Rechte des Bedachten beeinträchtigt, beantwortet sich nicht nach wirtschaftlichen, sondern allein nach juristischen Gesichtspunkten.[156]

110 **b) Schutz des Bedachten vor ihn beeinträchtigenden Schenkungen. aa) Rechtslage.** Die beschriebenen Schutzmechanismen zugunsten des Bedachten ändern nichts an der Freiheit des Erblassers, **unter Lebenden zu verfügen,** § 2286 BGB. Der Bedachte hat keine Handhabe dagegen, dass der Erblasser Vermögenswerte, die der Bedachte dereinst zu erwerben hofft, nicht zu Lebzeiten weggibt. Er hat keine Anwartschaft auf das Vermögen des Erblassers. Eine Sicherung des Erwerbs, etwa bezüglich eines Grundstückes durch eine Vormerkung, ist allein aufgrund des Erbvertrages nicht möglich.

111 Es existieren jedoch Schutzvorschriften zugunsten des Bedachten, die ihre Wirksamkeit aber erst nach dem Tod des Erblassers entfalten: **Verschenkt** der durch Erbvertrag gebundene Erblasser einen Gegenstand, so kann der Bedachte **nach dem Tod** des Erblassers gemäß § 2287 BGB vom Beschenkten die **Herausgabe des Geschenks** verlan-

---

entgehen, indem er das ihm Zugewandte nach dem Tod des Erstversterbenden ausschlägt, § 2298 Abs. 2 S. 3 BGB.
[153] *Ebenroth* Rn. 255 ff.; *Lange/Kuchinke*, 515; BayObLG NJW-RR 1996, 7.
[154] Palandt/*Weidlich* BGB § 2289 Rn. 6; siehe aber OLG München Rpfleger 2005, 668 ff.
[155] Palandt/*Weidlich* BGB § 2289 Rn. 6.
[156] BGH NJW 2011, 1733 (1735).

gen.¹⁵⁷ Dies setzt allerdings voraus, dass die Schenkung in der Absicht getätigt wurde, den erbvertraglich Bedachten zu beeinträchtigen.¹⁵⁸ Es ist also erforderlich, die **Motive** für die Schenkung zu bewerten.

Dabei ist zu beachten, dass nach der Rechtsprechung der Anwendungsbereich des § 2287 BGB einerseits dadurch erweitert ist, dass die **Beeinträchtigungsabsicht** nicht das leitende Motiv der Schenkung gewesen sein muss,¹⁵⁹ andererseits dadurch eingeschränkt ist, dass eine Beeinträchtigungsabsicht nicht gegeben ist, wenn aufgrund einer Abwägung nach objektiven Kriterien ein **lebzeitiges Eigeninteresse** des Erblassers an der Schenkung erkennbar ist.¹⁶⁰ Ein solches Eigeninteresse wird beispielsweise zu bejahen sein, wenn der Erblasser die Schenkung zur Motivierung des Beschenkten tätigte, um damit seine eigene Alterssicherung zu verbessern, etwa weil der Beschenkte Pflegedienste für den Erblasser erbrachte.¹⁶¹ Letztlich sind die Interessen des erbvertraglich Begünstigten gegen die Interessen des Erblassers an der lebzeitigen Schenkung abzuwägen.¹⁶² Zu beachten ist, dass eine Schenkung im Sinne des § 2287 BGB auch in einer so genannten **gemischten Schenkung** liegen kann.¹⁶³ Von einer solchen Schenkung ist auszugehen, wenn die Leistung des Erblassers an die andere Vertragspartei nur hinsichtlich eines Teils entgeltlich, ansonsten unentgeltlich erfolgte.¹⁶⁴ Schließlich ist zu beachten, dass auch so genannte **unbenannte Zuwendungen** unter Ehegatten (s. → § 20 Rn. 52) Schenkungen im Sinne des § 2278 BGB sein können.¹⁶⁵ Die genannten Ansprüche **verjähren** in drei Jahren (§ 195 BGB). Die Verjährungsfrist beginnt mit dem Erbfall, § 2287 Abs. 2 BGB. 112

bb) Gestaltungsempfehlungen. Trotz der beschriebenen Bindungswirkung bleibt der Erblasser nach Abschluss des Erbvertrages frei, unter Lebenden zu verfügen. Die §§ 2287, 2288 BGB schützen den Bedachten nur in unvollkommener Weise. Ist es aber für den Bedachten – gerade hinsichtlich seiner eigenen Dispositionen – wichtig, nach dem Tod des Erblassers einen bestimmten Gegenstand, zB ein betriebsnotwendiges Grundstück, zu erhalten, so bietet sich als Lösung der Abschluss eines **Verfügungsunterlassungsvertrages** an. Mit diesem Vertrag, der ohne weiteres mit dem Erbvertrag verbunden werden kann, verpflichtet sich der Erblasser gegenüber dem Bedachten, nicht lebzeitig über einen Gegenstand zu verfügen; andernfalls macht er sich schadensersatzpflichtig.¹⁶⁶ Zusätzlich kann geregelt werden, dass bei einem Verstoß gegen das Verfügungsverbot der Bedachte Übertragung an sich verlangen kann. Ist höchstmögliche Sicherheit gefordert, ist auch an eine schuldrechtliche Regelung **unter Lebenden** zu denken, deren Erfüllung auf den Tod des Veräußerers verzögert ist.¹⁶⁷ 113

---

[157] Die Herausgabe richtet sich nach den Vorschriften über die Herausgabe der Bereicherung, §§ 812 ff. BGB. Dem Schutz des erbvertraglich bedachten Vermächtnisnehmers dient § 2288 BGB.
[158] Näher MAH ErbR/*Bregulla-Weber* § 65 Rn. 8 ff.
[159] BGH NJW 1992, 564. Der BGH hat seine frühere Rspr. zur sog. „Aushöhlungsnichtigkeit", NJW 1982, 43; NJW 1973, 240, aufgegeben, nach der die Beeinträchtigungsabsicht leitendes Motiv für die Schenkung sein musste. In besonders krassen Fällen kann uU eine Nichtigkeit der Schenkung gemäß § 138 BGB in Frage kommen, vgl. Palandt/*Weidlich* BGB § 2286 Rn. 1.
[160] NJW 1982, 43.
[161] Vgl. auch BGH NJW 2017, 329 (331): „Allein aus dem Umstand, dass eine Pflege durch den Beschenkten nur bei Bedarf erfolgen soll, kann nicht auf ein fehlendes lebzeitiges Eigeninteresse des Schenkers geschlossen werden. Das Bedürfnis eines alleinstehenden Erblassers nach einer seinen persönlichen Vorstellungen entsprechenden Versorgung und Pflege im Alter ist auch dann ein vom Vertragserben anzuerkennendes lebzeitiges Eigeninteresse, wenn der Erblasser es dadurch zu verwirklichen sucht, dass er eine ihm nahestehende Person durch eine Schenkung an sich bindet (vgl. Senat, NJW 1992, 2630 [unter II 2])."
[162] BGH NJW 1992, 2630; NJW-RR 1986, 1135 (1136); NJW 1982, 1100 (1001).
[163] OLG Köln NJW-RR 1996, 327.
[164] Im Einzelnen ist die Abgrenzung zwischen Schenkung und gemischter Schenkung nicht immer einfach; nicht in jedem Verkauf unter Wert liegt eine Schenkung, Palandt/*Weidenkaff* § 516 Rn. 13 aE.
[165] BGH NJW 1992, 564.
[166] OLG Köln NJW-RR 1996, 327.
[167] Bsp. in MVHdB VI Bürgerl.R. II/*Otto* XII. 28.

114 Geht es umgekehrt um die Beratung des Erblassers, der über etwas lebzeitig verfügen will, das Gegenstand einer erbvertraglichen Regelung ist und will der Erblasser überdies, dass diese Verfügung nach seinem Tod nicht zu Streitigkeiten führt, ist zu überlegen, ob er sich nicht um die (notariell zu beurkundende) Zustimmung des erbvertraglich Bedachten bemüht: Stimmt der Bedachte zu, kann er späterhin nicht mehr, auf § 2287 BGB gestützt, gegen den durch die Verfügung Begünstigten vorgehen.

5. Die Lösung von Bindungswirkung und Erbvertrag

115 Eine Bindungswirkung kann nur bei vertragsmäßigen Verfügungen eintreten und somit nur bei Erbeinsetzungen, Vermächtnissen, Auflagen und der Wahl des anzuwendenden Erbrechts (§ 2278 BGB). Sind diese Verfügungen nicht vertragsmäßig getroffen oder sind im Erbvertrag andere als die genannten Verfügungen niedergelegt, so können diese Verfügungen **ohne weiteres widerrufen** werden, da ihnen keine Bindungswirkung zukommt. Im Folgenden werden daher nur Lösungsmöglichkeiten von vertragsmäßigen Verfügungen behandelt (zur Lösung durch Anfechtung s. → Rn. 140 ff.).

116 **a) Die Aufnahme von Vorbehalten.** Es wurde bereits vereinzelt auf die Möglichkeit hingewiesen, in den Erbvertrag Vorbehalte aufzunehmen. So kann sich der Erblasser vorbehalten, vom Erbvertrag **zurückzutreten**, § 2293 BGB, oder **abweichend** vom Erbvertrag **zu testieren**. Auch ist es möglich, in den Erbvertrag Vorbehalte aufzunehmen, nach denen entweder frühere, beeinträchtigende Verfügungen wirksam oder nach denen spätere, beeinträchtigende Verfügungen möglich bleiben.[168] Diese Vorbehalte können auch an den Eintritt bestimmter **Bedingungen** geknüpft werden. Allerdings dürfen die Vorbehalte nicht so weit gehen, dass es dem Erblasser letztlich möglich wäre, alle Verfügungen zu ändern; ein solcher Erbvertrag würde sich nicht mehr hinreichend von einem Testament unterscheiden.[169] **Wenigstens eine** vertragsmäßige Verfügung darf nicht von einem Vorbehalt erfasst sein.[170]

117 **b) Die Aufhebung des Erbvertrages.** Daneben entfällt die Bindungswirkung, wenn der Erbvertrag aufgehoben wird.[171] Gemäß § 2290 BGB können der Erbvertrag oder einzelne vertragsmäßige Verfügungen durch einen **Aufhebungsvertrag** rückgängig gemacht werden, der allerdings nur zwischen den Personen vereinbart werden kann, die den Erbvertrag geschlossen haben. Auch der Aufhebungsvertrag bedarf der notariellen Form (§§ 2290 Abs. 4, § 2276 BGB). Nach dem Tod eines der Vertragschließenden ist die Aufhebung nicht mehr möglich. Der Erbvertrag kann also beispielsweise nicht nach dem Tod des Vertragspartners durch Vertrag des Erblassers mit dem Bedachten aufgehoben werden.

118 Allerdings kann der Bedachte **einzelnen Handlungen,** die ihn beeinträchtigen, **zustimmen.** Dabei ist zwischen Verfügungen von Todes wegen und Verfügungen unter Lebenden, die den vertragsmäßig Bedachten beeinträchtigen, zu differenzieren. Die Zustimmung zu beeinträchtigenden Verfügungen von Todes wegen sind wegen ihrer Nähe zum Erbverzicht notariell zu beurkunden.[172] Streitig hingegen wird beurteilt, ob auch die Zustimmung zu Verfügungen unter Lebenden, die den Bedachten beeinträchtigen, der notariellen Beurkundung bedarf. Unter Berücksichtigung der Rechtsprechung des BGH[173] sollte die Beurkundung jedoch zur Sicherheit erfolgen.

---

[168] Vgl. auch *Keim* ZEV 1999, 413.
[169] Zur Auslegung eines Änderungsvorbehaltes im Erbvertrag, OLG Düsseldorf RNotZ 2007, 158.
[170] BGH NJW 1982, 441 (442). Differenzierend hält Staudinger/*Kanzleiter* BGB § 2278 Rn. 13, auch einen Vorbehalt im Ganzen für zulässig, soweit seine Ausübung der Willkür entzogen ist, dh die Ausübung an das Vorliegen bestimmter Voraussetzungen gebunden ist, aA MüKoBGB/*Musielak* § 2278 Rn. 16 ff.
[171] Siehe das Bsp. in BeckFormB BHW/*Najdecki*, VI. 17.
[172] BGH NJW 1989, 2618; *Kanzleiter* ZEV 1997, 261.
[173] BGH NJW 1989, 2618, 2619.

III. Die gewillkürte Erbfolge durch Erbvertrag § 17

Ehegatten können unter erleichterten Voraussetzungen, in Form eines gemeinschaftlichen Ehegattentestaments, einen zwischen ihnen geschlossenen Erbvertrag aufheben, § 2292 BGB.[174] Vertragsmäßig getroffene Vermächtnis- oder Auflagenanordnungen sowie eine Rechtswahl (nicht aber Erbeinsetzungen) können darüber hinaus gem. § 2291 BGB ebenfalls einvernehmlich, dh durch Testament des Erblassers und notarielle Zustimmungserklärung des anderen Vertragsschließenden, aufgehoben werden. Schließlich ist zu beachten, dass die Aufhebung des gesamten Erbvertrages gemäß § 2299 Abs. 3 BGB auch zur Folge hat, dass die in ihm gegebenenfalls enthaltenen **einseitigen Verfügungen ebenfalls** außer Kraft treten. Gemäß §§ 2279 Abs. 2, 2077 BGB führt die **Auflösung der Ehe** von Ehegatten oder die Aufhebung des Verlöbnisses bei Verlobten, die sich oder einen Dritten erbvertraglich bedacht haben, zur Unwirksamkeit des Erbvertrages, soweit kein anderer Wille der Ehegatten oder Verlobten auszumachen ist. Der Auflösung der Ehe steht es gleich, wenn zur Zeit des Todes des Erblassers die Voraussetzungen für die Scheidung der Ehe gegeben waren und der Erblasser die Scheidung beantragt oder ihr zugestimmt hatte, § 2077 Abs. 1 S. 2 BGB. Das Gleiche gilt, wenn der Erblasser zur Zeit seines Todes berechtigt war, die Aufhebung der Ehe zu beantragen, und den Antrag gestellt hatte, § 2077 Abs. 1 S. 3 BGB.

119

c) Der Rücktritt vom Erbvertrag. Der Erblasser kann sich vom Erbvertrag (und damit der Bindungswirkung) weiterhin durch Rücktritt vom Erbvertrag lösen. Der Rücktritt ist dem Erblasser ohne weiteres möglich, soweit er sich den Rücktritt **vorbehalten** hatte (§ 2293 BGB).[175] Daneben stehen dem Erblasser **gesetzliche Rücktrittsrechte** zu.[176] Gemäß § 2295 BGB hat der Erblasser das Recht, vom Vertrag zurückzutreten, wenn der Vertragspartner sich verpflichtet hat, dem Erblasser Zeit dessen Lebens wiederkehrende Leistungen zu entrichten (zB Pflege, Unterhalt), die erbvertragliche Verfügung gerade mit Rücksicht auf diese versprochene Leistung getroffen wurde (sog. Verpfründungsverträge) und diese Verpflichtung vor dem Tod des Erblassers **aufgehoben** wurde.[177] Fraglich aber in diesem Zusammenhang ist, ob die in der Praxis sehr viel häufigere Schlechterfüllung, verzögerliche Erfüllung oder Nichterfüllung der Verpflichtungen durch den Vertragserben den Erblasser zum Rücktritt vom Erbvertrag berechtigen. Die genannten Fälle sind nicht vom Wortlaut des § 2295 BGB umfasst.[178] Zwar kann sich der Erblasser in diesen Fällen oft durch Anfechtung des Erbvertrages (vgl. → Rn. 140 ff.) von diesem lösen,[179] denn er wird in der Regel durch die irrige Erwartung, der Bedachte werde seine Verpflichtungen erfüllen, zum Erbvertrag veranlasst worden sein. Häufig aber ist das Recht zur Anfechtung wegen der Jahresfrist, innerhalb derer die Anfechtung zu erklären ist, verloren.[180]

120

Daher sollten in einem Erbvertrag, der eine Gegenleistungsverpflichtung des Bedachten vorsieht, die **Folgen der möglichen Schlecht- oder gar Nichtleistung** dieser Verpflichtung geregelt werden. So kann beispielsweise geregelt werden, dass der Erblasser berechtigt ist, vom Erbvertrag **zurückzutreten,** wenn der Bedachte trotz Abmahnung seinen im Erbvertrag (möglichst genau) beschriebenen Verpflichtungen nicht nachkommt.[181]

121

---

[174] Siehe das Bsp. in BeckFormB BHW/*Najdecki,* VI. 18.
[175] Siehe das Bsp. in BeckFormB BHW/*Najdecki,* VI. 20, I.
[176] Gemäß § 2294 BGB hat der Erblasser das Recht zum Rücktritt, wenn sich der Bedachte einer Verfehlung schuldig gemacht hat, die zur Entziehung des Pflichtteils berechtigen würde, vgl. dazu § 2333 BGB.
[177] Zum Schutz des Vertragspartners vor Störungen von Seiten des Erblassers, vgl. *Lange/Kuchinke,* 525. Verschenkt der Erblasser sein Vermögen und entwertet er damit die Erwerbsaussichten des Vertragserben, so wird dem Vertragspartner ein Kündigungsrecht zustehen.
[178] *Lange/Kuchinke,* 524.
[179] *Lange/Kuchinke,* 525.
[180] Vgl. OLG Karlsruhe NJW-RR 1997, 708.
[181] Bsp. in MVHdB VI Bürger.R. II/Nieder/*Otto,* Bürgerliches Recht II, XVI. 31, § 4, 2. Abs.; zum Erfordernis der Abmahnung s. Palandt/*Weidlich* BGB § 2293 Rn. 3.

Die Rücktrittserklärungen bedürfen notarieller Beurkundung.[182]

IV. Auslegung, Anfechtbarkeit, Nichtigkeit und Unwirksamkeit letztwilliger Verfügungen

1. Auslegung und Auslegungsvertrag

122 **a) Die Auslegung und die erläuternde Auslegung.** Die Auslegung letztwilliger Verfügungen hat das Ziel, den **wirklichen Willen** des Erblassers zu erforschen und ihm nach Möglichkeit zur Verwirklichung zu verhelfen.[183] Bei der Auslegung von Testamenten braucht dabei nur auf den Willen des Erblassers abgestellt zu werden;[184] einen besonderen **Vertrauensschutz Dritter,** der die Suche nach dem tatsächlichen Willen einschränken könnte, gibt es nicht. Die Auslegung findet daher auch am klaren und eindeutigen Wortlaut nicht ihre Grenze, wenn der wirkliche Wille des Testators vom Wortlaut abweicht.[185] Die im Testament bedachten Erben oder Vermächtnisnehmer sind nicht schutzwürdig, da sie keine Anwartschaft, sondern allenfalls eine Aussicht auf das Erbrecht haben. Anderes gilt beim **Erbvertrag** und beim **bindend gewordenen Ehegattentestament:** Hier ist nicht nur der Wille des Testators, sondern auch das Vertrauen des Erklärungsempfängers zu berücksichtigen.[186]

Ist also der **wahre Wille** zu erforschen, so ist zu untersuchen, welche Vorstellung der Erblasser bezüglich seiner Nachfolgeplanung im Zeitpunkt der Testamentserrichtung hatte.[187] Bei dieser Ermittlung des tatsächlichen Willens sind alle **innerhalb und außerhalb** der letztwilligen Verfügung liegenden Umstände zu berücksichtigen.

123 Gleichwohl ist die Freiheit der Auslegung nicht grenzenlos: Die Auslegung darf die erbrechtlichen **Formvorschriften** nicht übergehen. Schwierigkeiten treten beispielsweise auf, wenn sich durch Auslegung ergibt, dass der Erblasser eine bestimmte Person zum Erben einsetzen wollte, dies jedoch versehentlich unterblieben ist.[188] Da diese Person nicht bedacht wurde, insoweit also keine formwirksame Verfügung vorliegt, hilft in diesen Fällen auch die Auslegung nicht weiter. Der Wille muss, um das Formerfordernis letztwilliger Verfügungen nicht zu überspielen, wenigstens eine **Andeutung** oder einen **Anhalt** im Testament finden (Andeutungs- oder Anhaltstheorie); durch die Andeutung bleibt die Form gewahrt.[189] Es ist also zunächst der wahre Wille zu erforschen und dann zu prüfen, ob dieser Wille einen Niederschlag in der letztwilligen Verfügung gefunden hat.

124 **b) Die ergänzende Auslegung.** Verfolgt die erläuternde Auslegung insbesondere das Ziel, den tatsächlichen Willen des Erblassers festzustellen, so ist es Aufgabe der ergänzenden Auslegung, angemessen auf **Veränderungen der rechtlichen und tatsächlichen Verhältnisse** zu reagieren, von denen zwar der Erblasser bei Abfassung des Testamentes

---

[182] Vgl. zur Form der Rücktrittserklärung, wenn der Erbvertrag mit einem Ehevertrag verbunden ist, OLG Hamm DNotZ 1999, 142 mit Anm. *Kanzleiter* DNotZ 1999, 122.

[183] So genannter favor testamenti; vgl. *Kipp/Coing,* 137; zur Auslegung letztwilliger Verfügungen ausführlich auch MAH ErbR/*Machulla* § 6.

[184] Zu den Grundlagen der erläuternden Auslegung und praxisrelevanten Abgrenzungsfällen *Horn* ErbR 2014, 410ff.

[185] BGH NJW 1983, 672; NJW 1993, 256; anders noch RGZ 160, 109 (111).

[186] Siehe im Einzelnen *Ebenroth* Rn. 392; MüKoBGB/*Leipold* § 2084 Rn. 56ff.; *Brox* Rn. 222ff. mit der richtigen Einschränkung, dass das Vertrauen nur schutzwürdig ist, wenn der Vertragspartner sich ebenfalls zu einer Leistung verpflichtet.

[187] UU sind dazu die Personen zu hören, die an der Errichtung des letzten Willens mitgewirkt haben, so zB der beratende Rechtsanwalt oder der beurkundende Notar. Dies gilt auch dann, wenn die Beratung oder Beurkundung 20 Jahre zurückliegt, BayObLG MittBayNot 1997, 235. Zur Schweigepflicht der Berater nach dem Tod vgl. *Edenfeld* ZEV 1997, 391.

[188] Vgl. BGHZ 80, 242; OLG Hamm FamRZ 1997, 121.

[189] BGHZ 80, 242; *Ebenroth* Rn. 399; *Lange/Kuchinke,* 781; aA *Brox* Rn. 200.

IV. Auslegung, Anfechtbarkeit, Nichtigkeit und Unwirksamkeit letztwilliger Verfügungen   § 17

ausgegangen ist, die sich aber im Laufe der Zeit geändert haben. Beispielsweise sei auf Fälle hingewiesen, in denen der eingesetzte Erbe vorverstirbt, ohne dass vorsorglich ein Ersatzerbe bestimmt wurde oder § 2069 BGB hilft; gleiches gilt für Fälle, in denen beispielsweise ein vermachter Gegenstand im Zeitpunkt des Todes des Erblassers nicht mehr zum Nachlass gehört.[190] Mittels der ergänzenden Auslegung ist das Testament in diesen Fällen so auszulegen, wie es dem mutmaßlichen Willen entspricht, den der Erblasser **gebildet haben würde,** wenn er bei Abfassung der Verfügung die künftige Entwicklung als möglich vorausgesehen und auf sie vorsorglich reagiert hätte. Auch und gerade bei der ergänzenden Auslegung ist jedoch die **Andeutungstheorie** zu beachten: Aus der Gesamtbetrachtung der letztwilligen Verfügung muss sich zumindest ein Anhalt oder eine Andeutung für die hypothetische Willensfindung ergeben.[191]

c) Die wohlwollende Auslegung. Gemäß § 2084 BGB ist, wenn der Inhalt einer letztwilligen Verfügung verschiedene Auslegungen zulässt, diejenige vorzuziehen, bei der die Verfügung Erfolg haben kann. Auch verpflichtet diese Regelung, von verschiedenen Erfolg versprechenden Auslegungsmöglichkeiten die am wenigsten kostenintensive und umständliche zu wählen.[192] Wichtig ist aber, dass auch § 2084 BGB **nicht über Formmängel** hinweghelfen kann. Steht der Inhalt einer Verfügung fest, hilft mithin die Regelung in § 2084 BGB beispielsweise nicht bei der Beantwortung der Frage, ob ein Schnörkel am Ende eines Testaments eine Unterschrift im Sinne des § 2247 BGB darstellt oder nicht. Anderes gilt, wenn mehrere Deutungen der Verfügung möglich sind und eine von ihnen formwirksam wäre; hier greift § 2084 BGB.[193]   125

d) Besondere gesetzliche Auslegungsregeln. Über das gesamte Erbrecht verteilt finden sich gesetzliche Auslegungsregeln, die auf allgemeinen Erfahrungssätzen beruhen. Ist weder durch die erläuternde noch durch die ergänzende Vertragsauslegung der tatsächliche oder mutmaßliche Erblasserwille festzustellen, kann gegebenenfalls auf diese Erfahrungssätze zurückgegriffen werden. Beruft sich jemand auf die allgemeinen Zweifelsregelungen, trägt derjenige, der diesen Sätzen mit Rücksicht auf den angeblichen tatsächlichen Willen des Erblassers entgegentritt, die Beweislast für den tatsächlichen Willen.[194] Da es im Erbrecht zahllose Auslegungsregeln gibt, sei nachfolgend nur auf die wichtigsten hingewiesen.[195]   126

Da die Begriffe **„erben"** und **„vermachen"** umgangssprachlich häufig synonym benutzt werden, ordnet § 2087 BGB an, dass es zur Klärung, ob der Bedachte als Erbe oder als Vermächtnisnehmer eingesetzt ist, nicht auf den Wortlaut der Verfügung ankommt, sondern auf den Inhalt: Hat der Erblasser sein Vermögen oder den Bruchteil seines Vermögens einer Person zugewendet, ist von Erbeinsetzung auszugehen, hat er über bestimmte Gegenstände verfügt, liegt im Zweifel ein Vermächtnis vor.   127

Falls ein im Testament bedachter **Abkömmling** nach der Testamentserrichtung **weggefallen** ist, gelten gemäß § 2069 BGB dessen Abkömmlinge als bedacht. Zum „Wegfall" kann es durch Tod, Ausschlagung oder Erbunwürdigkeitserklärung kommen.[196] Von einem Wegfall im Sinne des § 2069 BGB ist aber nicht auszugehen, soweit der (pflichtteilsberechtigte) Ausschlagende – was in Einzelfällen gemäß § 2306 Abs. 1 S. 2 BGB möglich ist (zu Ausschlagung und Nachlassbeteiligung → § 20 Rn. 40) – ausschlägt und seinen Pflichtteil verlangt. In diesen Fällen wird es nicht dem mutmaßlichen Willen des Erblassers entsprechen, wenn die Abkömmlinge des Ausschlagenden, der den Pflichtteil verlangt   128

---

[190] Soweit im letzten Fall nicht bereits die §§ 2169 ff. BGB helfen.
[191] Soergel/*Loritz* BGB § 2084 Rn. 36.
[192] Palandt/*Weidlich* BGB § 2084 Rn. 13.
[193] MüKoBGB/*Leipold* § 2084 Rn. 59 ff.; Palandt/*Weidlich* BGB § 2084 Rn. 14.
[194] *Brox* Rn. 206.
[195] Vgl. die Übersicht bei *Lange/Kuchinke,* 801 ff.
[196] Palandt/*Weidlich* BGB § 2069 Rn. 4.

hat, nachrücken würden und somit der Stamm des Ausschlagenden letztlich überproportional begünstigt würde (vgl. aber → § 20 Rn. 31).[197]

129 Letztwillige Verfügungen können unter einer **Bedingung** stehen. So kann beispielsweise die Erbeinsetzung unter die **aufschiebende** Bedingung gestellt werden, dass der Erbe bestimmte Prüfungen mit Erfolg ablegt oder bestimmte Handlungen ausführt oder unterlässt. Dies ermöglicht es dem Erblasser, eventuelle künftige Entwicklungen wenigstens zum Teil in seinen letztwilligen Verfügungen zu berücksichtigen. Ist eine letztwillige Verfügung unter eine solche aufschiebende Bedingung gestellt worden, ist insbesondere die Auslegungsregel des § 2074 BGB zu beachten. Danach gelten aufschiebend bedingte Zuwendungen im Zweifel nur, wenn der Bedachte den Bedingungseintritt auch **erlebt.** Die Anwartschaft auf die Erbschaft ist somit grundsätzlich – wenn § 2074 BGB nicht abbedungen wird – **unvererblich.**[198] Das kann weitreichende Folgen haben, wenn beispielsweise ein unter einer Bedingung eingesetzter Erbe nicht zu den gesetzlichen Erben gehört. Setzt zB ein Unternehmer einen Angestellten des Unternehmens zum Alleinerben ein, jedoch unter der Bedingung, dass er eine bestimmte Prüfung besteht, so fällt die Erbschaft, falls sich ein entgegenstehender Wille des Erblassers nicht ermitteln lässt und der designierte Erbe vor Ablegen der Prüfung verstirbt, nicht an dessen Erben, sondern an die gesetzlichen Erben des Erblassers.

130 Weitere Auslegungsvorschriften beschäftigen sich mit einer evtl. **Unklarheit über die Person des Bedachten.** Hinzuweisen ist insbesondere auf die Vorschriften der §§ 2066 ff. BGB, die Zweifelsregeln für den Fall enthalten, dass der Erblasser „seine gesetzlichen Erben" im Testament eingesetzt oder von seinen „nächsten Verwandten" gesprochen hat.

131 **e) Der Auslegungsvertrag.** In diesem Zusammenhang ist auf folgende **Gestaltungsempfehlung** hinzuweisen: Besteht unter den am Erbfall Beteiligten Streit, wie die maßgeblichen Verfügungen des Verstorbenen auszulegen sind, besteht die Möglichkeit, dass die Beteiligten sich über diese Fragen vergleichen und einen **Erbvergleich** bzw. **Auslegungsvertrag**[199] schließen.[200] Mit einem solchen Vertrag können sie unter sich verbindlich festlegen, wie die Verfügungen auszulegen sind. Ein solcher Auslegungsvertrag bedarf regelmäßig notarieller Beurkundung.[201] Auch können die Erben durch einen solchen Auslegungsvertrag ein formnichtiges Testament unter sich als wirksames Testament behandeln.[202] Wollen sie aus Pietätsgründen den Willen des Erblassers, der für sie unzweifelhaft und bindend ist, der aber formnichtig niedergelegt wurde (beispielsweise hat der Erblasser Vermächtnisse maschinenschriftlich niedergelegt), anerkennen, so ist es ohne weiteres möglich, dass die Erben unter sich vereinbaren, das Testament als formwirksam zu behandeln und die Vermächtnisse zu erfüllen. Auslegungsverträge, das heißt die einvernehmliche Bereinigung streitiger Erbrechtsverhältnisse einschließlich etwa bestehender Ungewissheiten über einzelne Erbteile oder über die den Erben und sonstigen Berechtigten

---

[197] BGH NJW 1960, 1899; *Kipp/Coing,* 436; Palandt/*Weidlich* BGB § 2069 Rn. 4. Ähnliche Probleme können auftreten, wenn ein Ersatzerbe gemäß § 2096 BGB bestimmt ist und der eingesetzte Erbe gemäß § 2306 Abs. 1 BGB ausschlägt und den Pflichtteil geltend macht (vgl. Soergel/*Loritz* BGB § 2096 Rn. 9) oder wenn ein Vorerbe ausschlägt und gemäß § 2306 Abs. 1 BGB den Pflichtteil verlangt; vgl. auch *Scherer* ZEV 1999, 41. Schlägt ein als Nacherbe berufener Abkömmling die Erbschaft aus, um den Pflichtteil zu verlangen, sind – sofern kein anderer Wille feststellbar ist – auch die als Ersatznacherben in Betracht kommenden Abkömmlinge des Ausschlagenden von der Erbfolge ausgeschlossen, vgl. BayObLG ZEV 2000, 274.
[198] MAH ErbR/*Stahl* § 15 Rn. 36 ff.
[199] Zur Terminologie *v. Proff* ZEV 2010, 348 (350). Im Folgenden allgemein als Auslegungsvertrag bezeichnet.
[200] Vgl. BGH NJW 1986, 1812 ff.; OLG Oldenburg FamRZ 2010, 1277 ff.; Palandt/*Weidlich* BGB § 2385 Rn. 2; vgl. auch *Storz* ZEV 2008, 308 ff.; *Dressler* ZEV 1999, 289.
[201] Vgl. BGH NJW 1986, 1812 ff. Zum Formerfordernis der notariellen Beurkundung ausführlich *v. Proff* ZEV 2010, 348 (349).
[202] *Roth* NJW-Spezial 2016, 487 ff.

zufallenden Beträge durch Vertrag, aber auch die vorgenannte Fallgestaltung der Anerkennung eines formunwirksamen Testaments, sind insbesondere vor dem Hintergrund interessant, dass sie – wenn sie den Willen des Erblassers berücksichtigen – **erbschaftsteuerlich** anerkannt werden; sie mithin der Besteuerung zugrunde gelegt werden.[203] Der Vergleich wirkt aber nur schuldrechtlich zwischen den Beteiligten,[204] er ändert nicht die dingliche Rechtslage. Es kann daher nicht verlangt werden, dass die Vergleichsvereinbarungen, wenn sich die Beteiligten etwa über einen Streit darüber einigen, wer Erbe ist, im **Erbschein** berücksichtigt werden.[205]

Schließlich ist auf die Möglichkeit hinzuweisen, durch letztwillige Verfügung einen **Schiedsrichter** einzusetzen, § 1066 ZPO, der anstelle eines gesetzlichen Richters über den erbrechtlichen Streit entscheidet. Zu berücksichtigen ist hierbei allerdings, dass nicht jeder Streitgegenstand dem schiedsrichterlichen Verfahren durch letztwillige Anordnung des Erblassers unterworfen werden kann.[206] Ist die letztwillige Anordnung des Schiedsverfahrens zulässig, kann auch der Testamentsvollstrecker als Schiedsrichter vorgesehen werden.[207] Als alternatives Instrumentarium der Streitbeilegung kann das **Mediationsverfahren** in Betracht kommen.[208]

132

2. Die Anfechtung der Verfügungen von Todes wegen

a) Allgemeines. Verfügungen von Todes wegen sind – wie alle anderen Willenserklärungen – anfechtbar, wenn sich der Erblasser bei Abgabe der Willenserklärung irrte oder er bei Abgabe von einer Drohung beeinflusst war. Grundsätzlich knüpft daher das erbrechtliche Anfechtungsrecht an die §§ 119, 123 BGB an. Das Erbrecht hält aber besondere Vorschriften bereit, die der speziellen Interessenlage im Erbrecht gerecht werden sollen, §§ 2078 ff. BGB: Einerseits verdient der testamentarisch Bedachte – anders als der Empfänger einer Willenserklärung unter Lebenden – **keinen Schutz,** da er keine verbindliche Anwartschaft auf das Erbe hat. Andererseits ist zu beachten, dass der Erblasser grundsätzlich seine Verfügungen frei widerrufen kann und das Anfechtungsrecht mithin nicht dem Interesse des Erblassers dient, sondern dem **Interesse Dritter,** die ein Interesse an der Beseitigung irrtümlich errichteter letztwilliger Verfügungen haben. Da allerdings der Erblasser vertragsmäßige Verfügungen eines **Erbvertrages** und bindend gewordene Verfügungen eines gemeinschaftlichen **Ehegattentestamentes** nicht frei widerrufen kann, gibt das Gesetz dem Erblasser in diesen Fällen gemäß §§ 2281 ff. BGB, bzw. in analoger Anwendung dieser Vorschriften beim Ehegattentestament,[209] ausnahmsweise doch das Recht, seine Verfügungen selbst anzufechten.

133

Wichtig ist, dass die **Auslegung der Anfechtung vorgeht.** Nur die Auslegung verhilft dem tatsächlichen oder hypothetischen Willen des Erblassers zur Geltung, die Anfechtung **vernichtet** demgegenüber die letztwilligen Verfügungen und führt in aller Regel zur gesetzlichen Erbfolge. Schon der erwähnte Grundsatz des favor testamenti verpflichtet daher zunächst zur Auslegung. Nur wenn die Auslegung nicht weiterhilft,

134

---

[203] Ständige Rechtsprechung des BFH, ua BFH ZEV 2008, 549 mwN; BFH ZEV 2008, 302 mwN; vgl. auch *v. Proff* ZEV 2010, 348 (350); *Roth* NJW-Spezial 2016, 487 ff.
[204] OLG München NJW-RR 2011, 12 (13).
[205] Soergel/*Zimmermann* BGB § 2353 Rn. 58; vgl. *v. Proff* ZEV 2010, 348 (350).
[206] So kann zB der Streit über einen Pflichtteilsanspruch nicht durch letztwillige Verfügung der Entscheidung durch ein Schiedsgericht unterworfen werden, da eine derartige Verfügung die Verfügungsmacht des Erblassers überschreitet BGH NJW 2017, 2155; OLG München ZEV 2018, 97. S. auch *Lange* ZEV 2017, 1 ff. zu der Frage, ob und unter welchen Voraussetzungen eine Schiedsklausel verbindlich durch den Erblasser angeordnet werden kann.
[207] Mit der Einschränkung, dass er nicht selbst betroffen sein darf; dh der Testamentsvollstrecker kann insbesondere dann nicht als Schiedsrichter eingesetzt werden, wenn er Erbe ist oder wenn sich der Verfahrensgegenstand auf seine Stellung als Testamentsvollstrecker bezieht, Musielak/Voit/*Voit* § 1066 BGB Rn. 3.
[208] Ausführlich zum Mediationsverfahren bei Erbstreitigkeiten MAH ErbR/*Risse* § 68.
[209] Palandt/*Weidlich* BGB § 2281 Rn. 2 und § 2271 Rn. 28.

weil zwar die fehlerhafte Willensbildung bekannt ist, nicht aber der wahre oder hypothetische Wille, kann die Verfügung angefochten werden.[210]

135 **b) Die Anfechtung wegen Irrtums.** Die möglichen Anfechtungsgründe sind in § 2078 BGB zusammengefasst: Drohung und Irrtum. Die Irrtumsanfechtung gemäß § 2078 Abs. 1 BGB regelt die Irrtümer über die Erklärungshandlung und die Bedeutung der Erklärung.[211] Zudem kann eine letztwillige Verfügung gemäß § 2078 Abs. 2, 1. bis 3. Alt. BGB auch angefochten werden, wenn sie auf einem **Motivirrtum** beruht,[212] der Erblasser also durch die irrige Annahme oder Erwartung des Eintritts oder Nichteintritts eines Umstandes zu der Verfügung von Todes wegen bewegt wurde. Es muss jedoch eine **Kausalität** zwischen Irrtum und Verfügung bestehen. Die maßgeblichen Umstände, über die sich der Erblasser geirrt haben mag, können in der Vergangenheit, der Gegenwart oder in der Zukunft liegen; wichtig ist nur, dass sich der Erblasser über diese Umstände **im Zeitpunkt der Testamentserrichtung** geirrt hat. So kann beispielsweise eine letztwillige Verfügung angefochten werden, wenn sich herausstellt, dass der Erblasser die Verfügung in der sicheren Erwartung tätigte, der Bedachte werde einen bestimmten Ausbildungsgang erfolgreich durchlaufen, es werde eine bestimmte Ehe geschlossen, eine bestimmte Person werde den Erblasser betreuen oder die Erben seien sehr wohlhabend, so dass sie mit einem hohen Vermächtnis belastet werden könnten, etc.[213]

Nach herrschender Meinung ist eine Anfechtung auch dann möglich, wenn sich der Erblasser über bestimmte Umstände **keine speziellen Gedanken** gemacht hat. Die Rechtsprechung formuliert, dass auch der Irrtum über „**selbstverständliche Vorstellungen**" zur Anfechtung berechtigt.[214] Infolge dieser Rechtsprechung könnte beispielsweise ein Testament, in dem der Erblasser zugunsten seines Ehegatten verfügt hatte, mit dem er sich aber vor seinem Tod in ständigem und heftigem Streit befand, mit dem Argument angefochten werden, der Erblasser sei bei Abfassung der Verfügung selbstverständlich davon ausgegangen, die Ehe werde harmonisch verlaufen.[215] Als Korrektiv für diese weite Auslegung des Motivirrtums wird allerdings verlangt, dass sich der Erblasser über **schwerwiegende** „selbstverständliche" Umstände geirrt haben muss.[216]

136 Einen besonderen Fall des Motivirrtums regelt § 2079 BGB. Es handelt sich um die **Übergehung eines Pflichtteilsberechtigten,** der dem Erblasser entweder nicht bekannt war (beispielsweise das unbekannte nichteheliche Kind) oder erst nach der Errichtung der Verfügung geboren oder pflichtteilsberechtigt wurde, zB ein Ehegatte nach der Heirat. Ein Übergehen im Sinne des § 2079 BGB liegt aber nicht vor, wenn der Betroffene **ausdrücklich enterbt** wurde.[217] In diesen Fällen soll er nach dem Willen des Erblassers allenfalls den Pflichtteil, nicht aber sein gesetzliches Erbe erhalten.

137 **c) Die Durchführung und Wirkung der Anfechtung.** Grundsätzlich ist zur Anfechtung **berechtigt,** wem die Aufhebung der letztwilligen Verfügung unmittelbar zugute kommen würde, § 2080 Abs. 1 BGB. Der Erblasser selbst ist nicht anfechtungsberechtigt, denn er kann – abgesehen von Erbverträgen und gemeinschaftlichem Ehegattentestament (dazu sogleich) – seine Verfügungen jederzeit frei widerrufen.

138 Die Anfechtung muss ausdrücklich erklärt werden, und zwar dem gegenüber, dem ohne die Anfechtung aufgrund der angegriffenen Verfügung ein rechtlicher Vorteil zu-

---

[210] *Ebenroth* Rn. 297; vgl. auch BayObLG NJW-RR 2002, 367.
[211] So zB das Verschreiben oder die Falschbezeichnung des vermachten oder in einer Teilungsanordnung erwähnten Gegenstandes, vgl. Palandt/*Weidlich* BGB § 2078 Rn. 3.
[212] Abweichend von § 119 Abs. 2 BGB; vgl. *Lange/Kuchinke*, 844.
[213] Beispiele bei MüKoBGB/*Leipold* § 2078 Rn. 24.
[214] BGH WM 1987, 1019 (1020); BayObLG FamRZ 1993, 1494 (1496); Palandt/*Weidlich* BGB § 2078 Rn. 5.
[215] BayObLG FamRZ 1983, 1275; BGH NJW 1963, 246.
[216] BGH WM 1987, 1019; Palandt/*Weidlich* BGB § 2078 Rn. 5.
[217] Palandt/*Weidlich* BGB § 2079 Rn. 3; vgl. das Bsp. in BeckFormB BHW/*Najdecki*, VI. 30.

IV. Auslegung, Anfechtbarkeit, Nichtigkeit und Unwirksamkeit letztwilliger Verfügungen § 17

stünde, § 143 Abs. 4 BGB. Dieser Grundsatz wird allerdings gemäß § 2081 BGB für den wichtigen Fall der Anfechtung der Erbeinsetzungen durchbrochen, hier ist die Anfechtungserklärung **an das Nachlassgericht** zu richten. Die Anfechtung muss binnen **Jahresfrist** erfolgen, § 2082 BGB. Die Frist beginnt mit dem Zeitpunkt, in dem der Anfechtungsberechtigte vom Anfechtungsgrund erfährt.[218] Das Anfechtungsrecht erlischt spätestens 30 Jahre nach dem Erbfall, § 2082 Abs. 3 BGB.

Die Anfechtung führt gemäß § 142 BGB zur rückwirkenden Beseitigung der letztwilligen Verfügung.[219] Wird eine Erbeinsetzung angefochten, so tritt in aller Regel **gesetzliche Erbfolge** ein. Die Anfechtung eines Widerrufstestamentes führt zum Wiederaufleben des widerrufenen Testamentes. Streitig ist die **Wirkung der Anfechtung** gemäß § 2079 BGB, also die Anfechtung wegen (unbeabsichtigter) Übergehung eines Pflichtteilberechtigten: Ein Teil der Rechtsprechung und Literatur vertritt die Auffassung, dass die Anfechtung grundsätzlich – wenn auch nicht notwendig – zur Vernichtung des gesamten Testamentes und damit zur gesetzlichen Erbfolge führt.[220] Einzelne Verfügungen bleiben nur dann wirksam, wenn nach § 2079 Satz 2 BGB **positiv feststellbar** ist, dass sie der Erblasser so auch getroffen hätte, falls er zum Zeitpunkt der Errichtung der letztwilligen Verfügung Kenntnis von dem weiteren Pflichtteilsberechtigten gehabt hätte.[221] Nach anderer Ansicht ist das Testament im Regelfall nur insoweit nichtig, als der Pflichtteilsberechtigte von seinem gesetzlichen Erbrecht ausgeschlossen wäre.[222] Dieses Ergebnis kann erreicht werden, indem die testamentarisch verfügten Erbquoten lediglich so gekürzt werden, dass der Übergangene sein gesetzliches Erbrecht erhält, der letzte Wille ansonsten aber bestehen bleibt. Schließlich wird die Auffassung vertreten, dass die Reichweite der Anfechtung danach zu beurteilen ist, ob eine Anfechtung nach dem Erbfall oder durch den Erblasser selbst erfolgt.[223] Erfolge eine Anfechtung nach dem Erbfall, so diene diese alleine dem Schutz des Pflichtteilsberechtigten. Daher sei es allenfalls gerechtfertigt, die letztwillige Verfügung des Erblassers insoweit zu vernichten, als sie das gesetzliche Erbrecht des Pflichtteilsberechtigten betreffe.[224]

Ob und inwieweit das Nachlassgericht auf die Anfechtungserklärung reagiert und diese gegebenenfalls prüft, hängt zunächst davon ab, ob bereits ein **Erbschein** erteilt wurde oder nicht. Wurde ein Erbschein erteilt, so hat das Nachlassgericht aufgrund der Testamentsanfechtung zu prüfen, ob der Erbschein unrichtig geworden ist. In diesem Zusammenhang wird es sich mit der Anfechtungserklärung im Einzelnen auseinander setzen.[225] Ist kein Erbschein erteilt, nimmt das Nachlassgericht die Anfechtungserklärung lediglich zu den Akten, weiter geschieht nichts. Beantragt nun einer der Beteiligten (sei es der, dessen Erbenstellung angefochten ist, sei es der Anfechtende) einen Erbschein, wird allerdings untersucht werden, wie sich das Erbrecht unter Berücksichtigung der Anfechtungserklärung darstellt. Für die Beteiligten besteht daneben aber auch die Möglichkeit, die Anfechtungserklärung zum Anlass zu nehmen, eine **Feststellungsklage** beim zuständigen Prozessgericht mit dem Antrag zu erheben, das Erbrecht festzustellen. Diese Klage kann sowohl von demjenigen erhoben werden, der das Erbrecht des anderen angefochten hat, als auch von dem, dessen Erbenstellung angefochten wird (dann mit dem Antrag festzustellen, dass er trotz der Anfechtung Erbe ist). Welches Verfahren (Prüfung im Rahmen des Erbscheinsantrages durch das Nachlassgericht, Feststellungsklage vor den Prozessgerichten) vorzuziehen ist, kann nicht ohne weiteres beantwortet werden. Abzuwägen ist,

---

[218] Die Frist wird durch einen reinen Rechtsirrtum nicht gehemmt, vgl. Palandt/*Weidlich* BGB § 2082 Rn. 3; *Lange/Kuchinke,* 863 m. Bsp.
[219] Siehe die Klagebeispiele in BeckPFormB/*Klinger,* II. L. 2.
[220] BayObLG NJW-RR 2005, 91 (93); BayObLG BayObLGZ 1971, 147 (151).
[221] OLG Schleswig MittBayNot 2016, 526.
[222] OLG Köln NJW 1956, 1522; Damrau/Tanck/*Seiler-Schopp/Rudolf* ErbR BGB § 2079 Rn. 34.
[223] Vgl. hierzu Damrau/Tanck/*Seiler-Schopp/Rudolf* ErbR BGB § 2079 Rn. 37.
[224] Damrau/Tanck/*Seiler-Schopp/Rudolf* ErbR BGB § 2079 Rn. 37; MüKoBGB/*Leipold* § 2079 Rn. 25.
[225] BayObLG FamRZ 1990, 1037.

dass das Verfahren beim Nachlassgericht ein Verfahren der **freiwilligen Gerichtsbarkeit** ist, so dass vom Gericht mithin von Amts wegen Ermittlungen einzuleiten und gegebenenfalls Beweise zu erheben sind. Auf der anderen Seite erwächst nur das Verfahren vor den ordentlichen Gerichten in Rechtskraft.

141 **d) Die Anfechtung des Erbvertrages.** Die im Erbvertrag getroffenen einseitigen Verfügungen kann der Erblasser jederzeit frei widerrufen; diesbezüglich gelten keine Besonderheiten. Anderes gilt bei den vertragsmäßigen (bindenden) Verfügungen. Da aber auch ein Erblasser, der eine bindende Verfügung getroffen hat, die Gelegenheit haben soll, sich von irrtümlich angeordneten Verfügungen zu lösen, räumen die §§ 2281 ff. BGB die Möglichkeit der **Selbstanfechtung** ein, die unter den oben genannten Gründen, Irrtum[226] oder Drohung, in Frage kommt. Die Anfechtung bewirkt zunächst die Nichtigkeit der angefochtenen erbvertraglichen Verfügung. Ob damit der gesamte Erbvertrag nichtig ist, ist jeweils durch Auslegung zu ermitteln, dabei sind die §§ 2085, 2298 BGB zu berücksichtigen.[227] Streitig wird diskutiert, ob der anfechtende Erblasser dem Vertragspartner aufgrund der Anfechtung zu **Schadensersatz** gemäß § 122 BGB verpflichtet ist. Einerseits ist § 122 BGB bei der Testamentsanfechtung gemäß § 2078 Abs. 3 BGB ausgeschlossen, andererseits aber ist fraglich, ob die Verweisung in § 2281 BGB auf § 2078 BGB sich auch auf die Regelung in § 2078 Abs. 3 BGB bezieht.[228]

142 Die Anfechtungserklärung bedarf **notarieller** Beurkundung, § 2282 Abs. 3 BGB. Auch die Anfechtung des Erbvertrages ist fristgebunden, § 2283 BGB, der Erblasser kann nur binnen **Jahresfrist** seit Kenntnis des Anfechtungsgrundes bzw. bei Anfechtbarkeit wegen Drohung seit Beendigung der Zwangslage anfechten.[229] Dritte, zB der pflichtteilsberechtigte zweite Ehegatte, denen die Anfechtung der erbvertraglichen Verfügung zugute kommen würde, sind nur in den seltenen Fällen anfechtungsberechtigt, in denen der Erblasser verstorben ist, aber das Selbstanfechtungsrecht des Erblassers noch nicht durch Fristablauf erloschen ist, § 2285 BGB.[230]

143 **e) Die Anfechtung des gemeinschaftlichen Testamentes.** Das Gesetz hat die Anfechtung des gemeinschaftlichen Ehegattentestamentes nicht geregelt. Gleichwohl besteht in Rechtsprechung und Literatur Einigkeit, dass die **erbvertraglichen Anfechtungsregeln auf bindend gewordene Ehegattentestamente entsprechend** anwendbar sind. Da lebzeitig – im Unterschied zum bindend gewordenen Erbvertrag – ein Widerruf der Verfügung möglich ist (solange nur der andere Ehegatte davon erfährt), kommt jedoch eine Anfechtung **erst nach dem Tod** eines Ehegatten in Frage, dh dann, wenn die wechselbezüglichen Verfügungen tatsächlich bindend wurden. Bezüglich Form und Wirkung der Anfechtungserklärung gelten die Ausführungen zur Anfechtung des Erbvertrages. Ficht der überlebende Ehegatte seine eigenen Erklärungen an, führt dies in aller Regel gemäß § 2270 Abs. 1 BGB auch zur Unwirksamkeit der wechselbezüglichen Verfügungen des Verstorbenen.[231] Dies hat zur Folge, dass rückwirkend auf den Todesfall des verstorbenen Ehegatten gesetzliche Erbfolge eintritt und mithin der anfechtende Erblasser nur noch als gesetzlicher Erbe erbt.[232] Den evtl. zu viel erlangten Nachlass hat er an die Personen herauszugeben, die nach der Anfechtung gesetzliche Erben des Verstorbenen werden.

---

[226] Zur Anfechtung wegen Irrtums über die Bindungswirkung BayObLG ZEV 1997, 377.
[227] Palandt/*Weidlich* BGB § 2281 Rn. 8.
[228] Für eine Schadensersatzpflicht *Mankowski* ZEV 1998, 46 mwN; aA BayObLG ZEV 1998, 69; Palandt/*Weidlich* BGB § 2281 Rn. 10.
[229] Zur Fristberechnung Palandt/*Weidlich* BGB § 2283 Rn. 1; *Lange/Kuchinke*, 861 m. Bsp.; vgl. BayObLG FamRZ 1995, 1024 zum Fristbeginn, wenn sich der Anfechtungsberechtigte im Zeitpunkt der zweiten Eheschließung nicht mehr an eine bestehende Verfügung von Todes wegen erinnern kann.
[230] Siehe das Bsp. in BeckFormB BHW/*Najdecki*, VI. 21.
[231] Palandt/*Weidlich* BGB § 2271 Rn. 33.
[232] MüKoBGB/*Musielak* § 2271 Rn. 47.

In der Praxis ist der häufigste Fall die Anfechtung des **bindend** gewordenen gemeinschaftlichen **Ehegattentestamentes nach Wiederverheiratung des überlebenden** Ehegatten. Der wieder heiratende Ehegatte, der seinem neuen Ehegatten nicht nur den Pflichtteil hinterlassen will, sondern eine Erbschaft aufgrund gesetzlicher oder gewillkürter Erbfolge, muss das Ehegattentestament, das er mit dem verstorbenen Ehegatten geschlossen hatte, gemäß § 2079 BGB anfechten. Nur so kann er sich von seiner bindenden Verfügung lösen, mit der Folge, dass er neu testieren kann oder – wenn er nicht testiert – der neue Ehegatte als gesetzlicher Erbe am Nachlass partizipiert. Bei der Anfechtung hat er die **Jahresfrist** zu beachten. 144

Diese Anfechtung des bindend gewordenen Ehegattentestamentes ist jedoch besonders misslich für die Verfügung des Erstversterbenden, die nun – gegebenenfalls viele Jahre nach ihrer Abwicklung – unwirksam und rückabgewickelt wird. Um diese Konsequenz zu vermeiden, sei nochmals an die Wichtigkeit von **Wiederverheiratungsklauseln** erinnert, die eine Anfechtung des Testamentes entbehrlich machen können, wenn sie entsprechend formuliert sind. Möglich und oft empfehlenswert ist auch, dass die Ehegatten – gegebenenfalls neben einer Wiederverheiratungsklausel – letztwillig die dargestellten **Anfechtungsmöglichkeiten ausschließen.** Dann allerdings kann einem neuen Ehegatten nur der Pflichtteil hinterlassen werden. 145

3. Nichtigkeit und Unwirksamkeit des Testamentes

Letztwillige Verfügungen sind Willenserklärungen. Sie können daher nach den allgemeinen Vorschriften des BGB (§§ 134, 138 BGB) nichtig sein. Dazu kommen spezielle erbrechtliche Nichtigkeitsgründe, zB Nichtigkeit wegen eines Formmangels. Auch können letztwillige Verfügungen unwirksam sein. Der Unterschied zwischen nichtigen und unwirksamen Verfügungen ist der, dass eine nichtige Verfügung nie wirksam war und nie wirksam werden kann, hingegen unwirksame Verfügungen eventuell früher wirksam waren (beispielsweise ein Testament vor dem Widerruf) oder wieder wirksam werden können (das widerrufene Testament nach Widerruf des Widerrufstestamentes, § 2257 BGB). 146

a) Formale Nichtigkeit. Letztwillige Verfügungen sind insbesondere gemäß § 125 BGB nichtig, wenn sie gegen gesetzliche Formvorschriften verstoßen, zB beim privaten Testament gegen das Erfordernis der Eigenhändigkeit oder bei fehlender abschließender Unterschrift. Wichtig ist, dass § 139 BGB im Erbrecht nicht gilt, so dass die Verfügungen nur insoweit nichtig sind, als der jeweilige Nichtigkeitsgrund wirkt (§ 2085 BGB).[233] Auch ist stets zu prüfen, ob nicht eine nichtige Verfügung in ein anderes Rechtsgeschäft von Todes wegen **umgedeutet** werden kann, § 140 BGB. 147

b) Inhaltliche Nichtigkeit. aa) Verstoß gegen ein gesetzliches Verbot. Gemäß § 134 BGB sind Verfügungen von Todes wegen nichtig, die gegen ein gesetzliches Verbot verstoßen. Eine gewisse Aktualität hat diese Vorschrift im Zusammenhang mit § 14 HeimG[234] erlangt. Zum Schutz der Heimbewohner ist nach herrschender Meinung ein Testament nichtig, in dem der Testator, der in einem Heim lebt, den **Heimträger oder das Heimpersonal** zum Erben einsetzt, es sei denn, der Heimträger oder das Personal wissen nichts von der Verfügung.[235] Nichtigkeit aufgrund analoger Anwendung des § 14 HeimG kann auch dann gegeben sein, wenn anstelle des Verbotsadressaten eine diesem nahe stehende Person begünstigt wurde und sich die Zuwendung – wenn auch über den 148

---

[233] Bei Erbvertrag und gemeinschaftlichem Ehegattentestament ist jedoch der Vorrang der §§ 2270 und 2298 BGB zu beachten.
[234] BVerfG NJW 1998, 2964.
[235] BGH NJW 2012, 155; BayObLG ZEV 2000, 284 (zur – zulässigen – mittelbaren Begünstigung des Heims), BayObLG ZEV 2000, 283; Palandt/*Ellenberger* BGB § 134 Rn. 19;

Umweg eines Dritten – als Zuwendung an den Verbotsadressaten selbst darstellte.[236] Etwas anderes gilt jedoch für Betreuer iSd §§ 1896 ff BGB,[237] Vorsorgebevollmächtigte[238] und den ambulanten Pflegedienst;[239] die analoge Anwendung des § 14 HeimG auf „heimähnliche" Situationen wird in der Rechtsprechung abgelehnt.[240]

149 **bb) Verstoß gegen die guten Sitten.** Letztwillige Verfügungen können nach § 138 BGB nichtig sein, sofern sie gegen die guten Sitten verstoßen (zB Geldzuwendung unter der Bedingung, dass der Bedachte eine strafbare Handlung begeht).[241] Anders verhält es sich aber bei Bedingungen, die nicht per se sittenwidrig sind, wie zB die Erbeinsetzung unter der Bedingung des Wechsels einer Konfessionszugehörigkeit oder unter der Bedingung der Eingehung bzw. Auflösung einer Ehe. Sowohl der Wechsel der Konfessionszugehörigkeit als auch das Eingehen bzw. die Auflösung einer Ehe sind für sich betrachtet nicht sittenwidrig. In solchen Fällen liegt eine Sittenwidrigkeit des Bedingungszusammenhangs mit der Verfügung nur dann vor, wenn die Bedingung zu einer nicht mehr zu tolerierenden Beschränkung der Entschließungsfreiheit der Bedachten führt.[242] Zulässig ist aber die Bedingung, im Falle einer Heirat **Gütertrennung** zu vereinbaren[243] oder seinerseits eine bestimmte Person zu Erben einzusetzen.[244]

150 Die Nichtigkeit wegen Verstoßes gegen die guten Sitten wird weiterhin beim sog. **Geliebtentestament** diskutiert, bei dem der verheiratete Testator unter Hintanstellung seines Ehegatten (und gegebenenfalls seiner Kinder) seine Geliebte oder seinen Geliebten zum Erben einsetzt. Zusammenfassend kann gesagt werden, dass die Verfügung zugunsten des Geliebten nach der Rechtsprechung jedenfalls dann nichtig ist, wenn die Einsetzung ausschließlich sexuelle Hingabe belohnen will.[245]

Schließlich wird die Sittenwidrigkeit des sog. **Behindertentestaments** diskutiert. Es handelt sich hierbei um Testamentsformen, die einerseits dem behinderten Erben zu regelmäßigen Leistungen verhelfen, aber andererseits sicherstellen sollen, dass diese Leistungen und der Nachlass nicht auf gegebenenfalls bezogene Sozialhilfe angerechnet werden. Nach der Rechtsprechung gilt diese Testamentsform nicht als sittenwidrig,[246] und zwar unabhängig davon, wie groß das dem behinderten Kind hinterlassene Vermögen ist.[247]

---

[236] Vgl. OLG Düsseldorf ZEV 1997, 459; ZEV 1998, 34 mAnm *Rossach*; Burandt/Rojahn/*G. Müller* HeimG § 14 Rn. 27 mwN.
[237] BayObLG FGPrax 1998, 59; vgl. auch *Müller* ZEV 1998, 220; Burandt/Rojahn/*G. Müller* HeimG § 14 Rn. 30.
[238] BayOblG DNotZ 2003, 439; Burandt/Rojahn/*G. Müller* HeimG § 14 Rn. 30.
[239] OLG Düsseldorf NJW 2001, 2338; Burandt/Rojahn/*G. Müller* HeimG § 14 Rn. 30.
[240] Hierzu Burandt/Rojahn/*G. Müller* HeimG § 14 Rn. 30.
[241] Vgl. OLG Düsseldorf FamRZ 1997, 1506 zur Erbeinsetzung von fern stehenden Personen, obgleich Verwandte oder sonst nahe Stehende den Erblasser aufopfernd gepflegt haben.
[242] MüKoBGB/*Leipold* § 2074 Rn. 18 ff.; Soergel/*Stein* BGB § 1937 Rn. 27; Soergel/*Loritz* BGB § 2074 Rn. 18 ff.; BVerfG ZEV 2004, 241 zur Unwirksamkeit einer Erbunfähigkeitsklausel im Erbvertrag eines Adelsgeschlechts; zur abweichenden Vorentscheidung des BGH vgl. ZEV 1999, 59 mit Anm. *Muscheler*.
[243] MüKoBGB/*Leipold* § 2074 Rn. 22.
[244] Sog. kaptatorische Verfügung; vgl. auch Palandt/*Weidlich* BGB § 2074 Rn. 5; Nieder/Kössinger/*Kössinger* § 3 Rn. 27; aA *Kipp/Coing*, 125.
[245] BGHZ 53, 369. Für länger dauernde Beziehungen hat der BGH dabei den Erfahrungssatz aufgestellt, dass diese sich regelmäßig nicht im Sexualbereich erschöpfen und daher entsprechende Zuwendungen einen reinen Geldcharakter haben dürften. Sittenwidrigkeit kann daher nur noch in besonders krassen Ausnahmefällen angenommen werden.
[246] Vgl. Palandt/*Ellenberger* § 138 Rn. 50a; MAH ErbR/*Stahl* § 15 Rn. 48; *Hartmann* ZEV 2001, 89. Gestaltungsempfehlungen zum Behindertentestament, vgl. Golpayegani/*Boger* ZEV 2005, 377 ff.
[247] OLG Hamm RNotZ 2017, 245.

§ 18 Die Anordnungen des Erblassers

Übersicht

	Rn.
I. Die Erbeinsetzung	1
1. Erbeinsetzung und Enterbung	1
a) Die Erbeinsetzung auf Quoten und die gegenständliche Erbeinsetzung	1
b) Die Abgrenzung zum Vermächtnis	6
2. Die Anwachsung	7
3. Ersatzerben und Ersatzerbeinsetzung	8
4. Erbenbestimmung durch Dritte	10
5. Bedingte Erbeinsetzung; Verwirkungs- und Strafklauseln	11
a) Begriffsbestimmung und Rechtslage	11
b) Besondere Verwirkungsklauseln	15
c) Allgemeine Verwirkungsklauseln	22
II. Vermächtnisse	24
1. Überblick	24
2. Der Erwerb des Vermächtnisanspruches	27
a) Anfall und Fälligkeit des Vermächtnisanspruches	27
b) Die Bestimmung des Vermächtnisnehmers und des Vermächtnisgegenstandes	33
3. Die Haftung des Beschwerten	35
a) Die Haftung des Erben	36
b) Die Haftung des Vermächtnisnehmers	40
4. Arten der Vermächtnisse	41
a) Das Vorausvermächtnis	41
b) Das Nachvermächtnis	47
c) Das Stück- und das Verschaffungsvermächtnis	51
d) Das Wahl- und das Gattungsvermächtnis	55
e) Das Nießbrauchsvermächtnis	56
aa) Der Nießbrauch am Nachlass	57
bb) Der Nießbrauch am Erbteil	61
cc) Quotennießbrauch und andere Gestaltungen	64
dd) Nießbrauchsvermächtnis oder Vorerbschaft?	65
ee) Nießbrauchsvermächtnisse und Unternehmensnachfolge	67
f) Das Renten- und das Wohnrechtsvermächtnis	69
III. Vor- und Nacherbfolge	71
1. Allgemeines	71
a) Begriff und Bedeutung	71
b) Die Anordnung der Vor- und Nacherbfolge	76
2. Stellung des Nacherben	82
a) Die Zeit zwischen Erbfall und Nacherbfall	82
b) Die Zeit nach dem Nacherbfall	83
3. Stellung des Vorerben	85
a) Nichtbefreiter Vorerbe	85
aa) Verfügungsbeschränkungen	86
bb) Surrogation	90
cc) Verwaltung des Nachlasses durch den Vorerben	91
b) Befreiter Vorerbe	92
c) Möglichkeiten zur Stärkung der Rechtsmacht des Vorerben	94
d) Alternativen zur Vor- und Nacherbschaft: Herausgabevermächtnis und Nießbrauchsvermächtnis	95
4. Der Vorerbe als Unternehmensnachfolger	97
a) Der Vorerbe als Gesellschafter einer Personengesellschaft	97
b) Der Vorerbe als Gesellschafter einer Kapitalgesellschaft	103
IV. Testamentsvollstreckung und Vollmacht auf den Todesfall	104
1. Begriff, Bedeutung und Anordnung der Testamentsvollstreckung	104
a) Allgemeines	104

	Rn.
b) Die Anordnung der Testamentsvollstreckung	106
c) Die Typen der Testamentsvollstreckung	110
d) Beginn und Ende der Testamentsvollstreckung	112
2. Die Rechtsstellung des Testamentsvollstreckers	116
a) Die Abwicklungs- und die Verwaltungsvollstreckung	116
aa) Abwicklungs-Testamentsvollstreckung	117
bb) Verwaltungsvollstreckung	118
b) Die Befugnisse und Aufgaben des Testamentsvollstreckers	121
aa) Die Verwaltung des Nachlasses	121
bb) Zur Verfügungsbefugnis des Testamentsvollstreckers	126
cc) Das Eingehen von Verpflichtungen für den Nachlass.	129
dd) Die Prozessführung und die Zwangsvollstreckung bei angeordneter Testamentsvollstreckung	135
ee) Steuerrechtliche Pflichten	139
(1) Die vor dem Erbfall entstandenen Steuern	141
(2) Die durch den Erbfall entstandene Steuer	142
(3) Die nach dem Erbfall entstehenden Steuern	145
c) Das Verhältnis zwischen Testamentsvollstrecker und Erben	146
aa) Nachlassverzeichnis, Auskunftspflicht und Rechnungslegung	147
bb) Ordnungsgemäße Verwaltung und Schadensersatzpflicht	148
cc) Freigabe nicht mehr benötigter Nachlassgegenstände	149
dd) Die Vergütung des Testamentsvollstreckers	150
d) Das Verhältnis zwischen mehreren Testamentsvollstreckern	156
e) Das Testamentsvollstreckerzeugnis	157
3. Testamentsvollstreckung an Unternehmen	159
a) Personengesellschaftsanteile und Handelsgeschäfte	159
aa) Herstellung der unbeschränkten Haftung	164
(1) Treuhandlösung	165
(2) Vollmachtlösung	166
(3) Sonderregelungen aus dem Minderjährigen-Haftungsbeschränkungsgesetz (MHbeG)	168
(4) Fehlende testamentarische Anordnung	169
(5) Gestaltungsempfehlung	170
bb) Überwindung des Grundsatzes der Höchstpersönlichkeit; Grenzen der Befugnisse des Testamentsvollstreckers	171
cc) Nachlasszugehörigkeit des Personengesellschaftsanteils	174
dd) Zusammentreffen des geerbten, unter Testamentsvollstreckung gestellten Anteils mit eigenen Anteilen des Erben	175
ee) Anordnung eines Ergänzungspflegers bei minderjährigen Erben	176
b) Kapitalgesellschaften	177
4. Vollmacht auf den Todesfall	178
V. Auflagen	182
1. Allgemeines	182
a) Begriff und Bedeutung	182
b) Der Anspruch auf Vollziehung	185
c) Empfehlungen bei der Anordnung von Auflagen	187
2. Auflagen zur Unternehmensfortführung	188

I. Die Erbeinsetzung

1. Erbeinsetzung und Enterbung

1 a) Die Erbeinsetzung auf Quoten und die gegenständliche Erbeinsetzung. Die Erbeinsetzung ist die wichtigste und weitreichendste Gestaltungsmöglichkeit im Rahmen der Testierfreiheit. Der Erblasser ist aber – wenn er letztwillig verfügt – keineswegs gehalten, in seinem Testament einen Erben zu bestimmen. Er kann es beispielsweise bei der

I. Die Erbeinsetzung § 18

gesetzlichen Erbfolge belassen und nur Vermächtnisansprüche regeln, mit denen er seine (gesetzlichen) Erben belastet. Ebenso kann sich der Erblasser darauf beschränken, einzelne seiner gesetzlichen Erben zu enterben, § 1938 BGB.[1] Die Enterbung muss übrigens nicht ausdrücklich geschehen. Weist der Erblasser den Nachlass bestimmten Personen zu, so sind die übergangenen gesetzlichen Erben durch diese Verfügung enterbt.

Dem Erblasser steht es frei, jemanden allein zum Erben oder mehrere zu **Miterben** zu berufen. Beruft er mehrere, so können diese als Miterben zu Bruchteilen der gesamten Erbschaft berufen werden, etwa zwei Erben je zur Hälfte. Möglich ist auch, dass der Erblasser mehrere Erben auf einen **gemeinschaftlichen** Erbteil setzt, indem er beispielsweise bezüglich seiner vier Kinder verfügt, dass seine beiden Söhne ihn gemeinsam zu einem Drittel beerben und seine beiden Töchter zu jeweils einem weiteren Drittel Erben werden sollen. Die Söhne erben dann nicht jeder zu einem Sechstel, sondern eben gemeinschaftlich zu einem Drittel.[2] 2

Nicht möglich ist die Anordnung einer **gegenständlich** abgegrenzten Miterbengemeinschaft, nach der beispielsweise ein Miterbe Erbe des Hauses und der andere Erbe der Geschäftsanteile einer GmbH wird. Vielmehr fällt die Erbschaft den Miterben im Ganzen zur gesamten Hand an (im Einzelnen → § 19 Rn. 44 ff.). Erst im Zuge der Erbteilung (Auseinandersetzung) erfolgt eine Zuordnung einzelner Gegenstände auf die Erben. Wird aber gleichwohl vom Erblasser in seiner letztwilligen Verfügung lediglich bestimmt, welchen Personen nach dem Tod des Erblassers welche Gegenstände zufallen sollen, entstehen Auslegungsprobleme, ob es sich bei den Verfügungen um Erbeinsetzungen oder Vermächtnisse oder Kombinationen (Erbeinsetzung mit Vorausvermächtnissen oder Teilungsanordnungen) handelt.[3] Wird ein Erbschein beantragt, so steht spätestens das Nachlassgericht vor der schwierigen Aufgabe der Auslegung. Steht aufgrund der Werthaltigkeit und der Bedeutung einzelner Nachlassgegenstände, die einzelnen Personen zugewandt sind, fest, dass diese Erben und nicht Vermächtnisnehmer sind, so hat das Nachlassgericht entsprechend den **Wertverhältnissen** dieser Werte zueinander eine bestimmte **Miterbenquote** zu bestimmen und diese in den Erbschein zu übernehmen.[4] Dabei muss gegebenenfalls durch Auslegung entschieden werden, ob für diese Berechnung die Werte zum Zeitpunkt der Testamentserrichtung oder die unter Umständen hiervon abweichenden Werte im Zeitpunkt des Todes maßgeblich sein sollen.[5] 3

Um alle diese Schwierigkeiten zu vermeiden, ist es stets zu empfehlen, Erbquoten festzusetzen, wenn mehrere Personen bedacht werden sollen. Dem Wunsch des Testators nach gegenständlicher Verteilung kann auf andere Weise entsprochen werden. Zum einen kann der Erblasser durch **Teilungsanordnungen** Bestimmungen für die gegenständliche Auseinandersetzung treffen, § 2048 BGB (→ § 19 Rn. 59 ff.). Sollen Gegenstände an Personen fallen, die nicht dem Kreis der Erben angehören, so kann dies durch **Vermächtniszuwendungen** erreicht werden. Auch ist an die Möglichkeit zu denken, im Kreis der Erben einzelnen Erben bestimmte Gegenstände durch **Vorausvermächtnisse** (→ § 18 Rn. 41 ff.) zuzuwenden.[6] Bei Anordnung von **Vor- und Nacherbschaft** kann eine „gegenständliche" Erbfolge dadurch erreicht werden, dass der Erblasser neben der Anordnung der Vor- und Nacherbschaft bestimmt, dass der Vorerbe **als Vorausvermächtnis** 4

---

[1] Vgl. zur Frage, ob durch die Enterbung eines Abkömmlings auch dessen Abkömmlinge enterbt sind, einerseits Palandt/*Weidlich* BGB § 1938 Rn. 3, andererseits *Scherer* ZEV 1999, 41 sowie → § 17 Rn. 127; → § 20 Rn. 31.
[2] Zum gemeinschaftlichen Erbteil, vgl. Palandt/*Weidlich* BGB § 2093 Rn. 1 ff.; Bsp. in MVHdB VI Bürgerl.R II/*Otto* XII. §1; zur Testamentsauslegung in Zweifelsfällen BayObLG FamRZ 2000, 120.
[3] Vgl. auch den Fall BayObLG NJW-RR 1997, 517.
[4] Die Auslegungsschwierigkeiten führen aber nicht zur Unwirksamkeit der letztwilligen Verfügung, BGH NJW 1997, 392; BayObLG FamRZ 1999, 470.
[5] BGH NJW 1997, 392; MüKoBGB/*Rudy* § 2087 Rn. 11. Entsprechend der Auslegung kann es für die Erbquoten auf die Wertverhältnisse zzt. der Erbeinsetzung ankommen, für die Teilungsanordnungen (bzw. die aus ihnen resultierenden Ausgleichspflichten) hingegen auf die Wertverhältnisse im Todeszeitpunkt.
[6] Zum Ganzen Nieder/Kössinger/*Kössinger* § 9 Rn. 43.

sämtliche Vermögensgegenstände zur freien Verfügung erhält mit Ausnahme einiger namentlich bezeichneter Gegenstände, die dann in die Vor- und Nacherbschaft fallen.[7] In diesem Zusammenhang wird es sich zudem häufig empfehlen, die Erfüllung der diversen Vermächtnisse oder Teilungsanordnungen durch die Einsetzung eines Testamentsvollstreckers abzusichern.

5   Beruft der Erblasser Minderjährige zu Erben, kann er einem Elternteil oder beiden Eltern gemäß § 1638 BGB die Vermögensverwaltungsbefugnis für das von Todes wegen erworbene Vermögen durch entsprechende Anordnung in der letztwilligen Verfügung entziehen. Entzieht er es beiden Elternteilen, ist ein Ergänzungspfleger zu bestellen, § 1909 Abs. 1 S. 2 BGB.

6   **b) Die Abgrenzung zum Vermächtnis.** Besondere Förmlichkeiten bei der Erbeinsetzung, die über die allgemein zu beachtenden Formen bei der Errichtung letztwilliger Verfügungen hinausgehen, bestehen nicht. Ob jemand als Erbe oder bloß als Vermächtnisnehmer eingesetzt wurde, ist durch **Auslegung** zu ermitteln; umgangssprachlich werden die Begriffe vererben und vermachen häufig synonym verwendet. Bestehen insoweit Zweifel, muss insbesondere ermittelt werden, in welchem Umfang der Erblasser den Bedachten am Schicksal des Nachlasses teilnehmen lassen wollte,[8] dh ob er den **Bedachten als** seinen **Nachfolger sah,** dem die Abwicklung des Nachlasses, gegebenenfalls aber auch die Haftung für Nachlassschulden obliegen soll.[9] In diesem Fall ist in der Regel von Erbeinsetzung auszugehen. Wollte der Erblasser den Bedachten hingegen nur mit einzelnen Vermögenswerten bedenken, ihn ansonsten aber von der Nachlassabwicklung fern halten, ist eher eine Vermächtniszuwendung anzunehmen. Das Gesetz stellt mit § 2087 BGB eine Auslegungshilfe zur Verfügung, die sich an diesen Kriterien orientiert: Die Zuwendung des Nachlasses im Ganzen oder in Bruchteilen ist gemäß § 2087 Abs. 1 BGB Erbeinsetzung, die Zuwendung einzelner Gegenstände ist gemäß § 2087 Abs. 2 BGB im Zweifel Vermächtniszuwendung. Zwingend ist diese Abgrenzung aber nicht. Weist der Testator in seinem Testament einem Bedachten zwar nur einen Gegenstand zu, ist dieser aber so werthaltig, dass sich darin fast der gesamte Nachlass erschöpft, so kann durchaus gleichwohl von einer Erbeinsetzung auszugehen sein.[10]

2. Die Anwachsung

7   Hat der Erblasser mehrere Erben eingesetzt und fällt einer von ihnen vor oder nach dem Tod des Erblassers weg, zum Beispiel durch Tod oder Ausschlagung,[11] so ist fraglich, **wem der frei gewordene Erbteil zufällt,** soweit der Erblasser nicht ausdrücklich einen Ersatzerben (§§ 2096, 2099 BGB) bestimmt hat. Gem. § 2094 BGB wächst der weggefallene Erbteil den übrigen Miterben an, sofern diese **nicht** dem Kreis der gesetzlichen Erben angehören und der Erblasser nicht – was möglich ist – die Anwachsung ausgeschlos-

---

[7] Bsp. in MVHdB VI Bürgerl.R II/*Otto* XII. 14; vgl. auch → Rn. 94.
[8] Vgl. nur BayObLG NJW-RR 2002, 1232.
[9] OLG Düsseldorf ZEV 1995, 410; vgl. auch BayObLG FamRZ 1997, 641 zur indiziellen Bedeutung, wenn der Erblasser eine Person bittet, für Begräbnis und Grabpflege zu sorgen.
[10] *Feick* ZErb 2002, 86; s. auch *Litzenburger* FD-ErbR 2016, 384462. Möchte der Testator durch letztwillige Zuwendung einer Sachgesamtheit den Nachlass erschöpfen und gleichzeitig einen Bedachten zum Alleinerben einsetzen, ist im Einzelfall zu prüfen, ob die durch Auslegung ermittelte Erbeinsetzung nach dem Regelungsplan des Erblassers auch einen nachfolgenden, unvorhergesehenen Vermögenserwerb erfassen sollte BGH NJW-RR 2017, 1035.
[11] Zum Wegfall vor dem Erbfall kommt es insbesondere durch Tod oder Erbverzicht des Bedachten. Ein Wegfall nach dem Erbfall liegt vor, wenn der Bedachte die Erbschaft ausschlägt (zur Situation bei gleichzeitiger Annahme des Pflichtteils → § 17 Rn. 127), er für erbunwürdig erklärt wird oder die Erbeinsetzung unter aufschiebender Bedingung erfolgte, die jedoch nicht eingetreten ist, oder die Erbschaft angefochten wird. Ein Wegfall ist dagegen nicht gegeben, wenn er selbst nach dem Tod des Erblassers verstirbt. In diesem Fall vererbt sich das ihm Angefallene nach allgemeinen Regeln. Streitig sind die Fälle der Nichtigkeit der Erbeinsetzung, vgl. hierzu Palandt/*Weidlich* BGB § 2094 Rn. 3; zum Wegfall wegen Erbunwürdigkeit OLG Frankfurt ZEV 1995, 457.

I. Die Erbeinsetzung § 18

sen hat. Gehören die benannten Erben hingegen dem Kreis der Abkömmlinge an, ist vorrangig § 2069 BGB zu beachten:[12] Verfügt der Erblasser **zugunsten seiner Abkömmlinge** und fällt einer der Abkömmlinge weg, gelten im Zweifel dessen Abkömmlinge als bedacht. Wenngleich nach ganz herrschender Meinung § 2069 BGB auf andere Personen als Abkömmlinge nicht, auch nicht entsprechend anwendbar ist,[13] ist gleichwohl auch in allen anderen Fällen vor Anwendung des § 2094 BGB durch **ergänzende Testamentsauslegung** zu ermitteln, ob der Erblasser nicht eine Ersatzerbenberufung der Abkömmlinge des Weggefallenen statt der Anwachsung an die übrigen Erben gewollt haben würde, wenn er den Wegfall bei Testamentserrichtung erwogen hätte. Die Anwachsung setzt stets voraus, dass der Erblasser seine gesamte Erbschaft **gerade unter den eingesetzten Erben verteilen** wollte.[14] Mit aller Vorsicht kann aus der Rechtsprechung zu § 2069 BGB abgeleitet werden, dass die Ersatzberufung der Abkömmlinge des Bedachten häufig der Anwachsung an die Miterben vorgeht.[15]

3. Ersatzerben und Ersatzerbeinsetzung

Der Erblasser kann gem. § 2096 BGB für den Fall, dass sein Erbe vor oder nach dem **8** Eintritt des Erbfalles wegfällt, einen Ersatzerben berufen.[16] Der Ersatzerbe ist vom Nacherben zu unterscheiden: Der Ersatzerbe wird nur Erbe, wenn der zunächst Bedachte vor dem Eintritt des Erbfalles verstirbt oder nach dem Eintritt des Erbfalls die Erbschaft ausschlägt, der Nacherbe wird hingegen in jedem Fall – nach dem Vorerben – Erbe (vgl. → Rn. 71 ff.). Wichtig ist in diesem Zusammenhang die **Auslegungsregel** des § 2102 BGB. Gemäß Abs. 1 der Vorschrift enthält die Einsetzung als Nacherbe **im Zweifel auch die Einsetzung als Ersatzerbe.** Fällt mithin der Vorerbe weg, ohne dass ein spezieller Ersatzerbe bestimmt wurde, ist der Nacherbe der Ersatzerbe des Vorerben. Ist jedoch zweifelhaft, ob jemand als Ersatzerbe oder als Nacherbe eingesetzt ist, so gilt er gem. § 2102 Abs. 2 BGB als Ersatzerbe und nicht als Nacherbe.[17] Benennt der Erblasser Abkömmlinge als Nacherben und ordnet er weiterhin Ersatznacherbfolge an, gehört der benannte Ersatzerbe aber nicht zu den Abkömmlingen des verstorbenen Abkömmlings, so ist im Wege der Auslegung herauszufinden, ob im Fall des Versterbens des Nacherben tatsächlich dem benannten Ersatznacherben der Erbteil zufallen sollte oder trotz der Ersatznacherbenbestimmung gem. § 2069 BGB den Abkömmlingen des Nacherben. Allein aus der Anordnung der Ersatznacherbfolge folgt nicht zwingend die Abbedingung des § 2069 BGB, denn die Ersatznacherbschaftsregelung kann sich nach dem Willen des Erblassers unter Umständen auch auf den Fall beziehen, dass der ganze Stamm des zunächst eingesetzten Nacherben ausgefallen ist, bis zu diesem Ereignis aber zunächst die Abkömmlinge des Vorverstorbenen und nicht der bestimmte Ersatznacherbe als Ersatznacherben erben sollen.[18]

Es ist wichtig, im Einzelnen und sehr genau bei der **Ausgestaltung der Ersatzerben-** **9** **bestimmung** festzulegen, wer in welchen Fällen Ersatzerbe sein soll. Auch sollte in der Ersatzerbeneinsetzung im Einzelnen ausgeführt werden, ob die Ersatzbestimmung den **gesetzlichen Auslegungsregeln** vorgeht oder nicht.[19] Insbesondere bei der Benennung

---

[12] Vgl. zum Verhältnis zwischen der Anwachsung und Ersatzerbeinsetzung auch BayObLG Erbfolgebesteuerung 2004, 109.
[13] Vgl. zB LG Erfurt FamRZ 2000, 1187; Palandt/*Weidlich* BGB § 2069 Rn. 8; zur Anwendung des § 2069 BGB bei bindend gewordenen Ehegattentestamenten vgl. OLG Hamm Erbfolgebesteuerung 2004, 107.
[14] *Lange/Kuchinke,* 564; BayObLG FamRZ 1997, 641.
[15] Fallbeispiele bei Palandt/*Weidlich* BGB § 2069 Rn. 10; vgl. auch BayObLG FamRZ 1997, 641; MüKoBGB/*Leipold* § 2069 Rn. 27.
[16] Vgl. → § 17 Rn. 127 zur Frage des Wegfalls, wenn ein Erbe ausschlägt und den Pflichtteil nimmt; allg. *Nieder* ZEV 1997, 241.
[17] Vgl. Palandt/*Weidlich* BGB § 2102 Rn. 4.
[18] Vgl. *Nieder* ZEV 1996, 241. Nach OLG Braunschweig FamRZ 1995, 443, soll die Einsetzung eines Ersatznacherben im Zweifel den Ausschluss der Vererblichkeit des Nacherbenrechts enthalten.
[19] Bsp. für eine einfache Ersatzerbenbestimmung in BeckFormB BHW/*Najdecki,* VI. 1, II § 2.

von **Nacherben** sollte wegen der angedeuteten Auslegungsprobleme klar bestimmt werden, was nach dem Tod des Nacherben zu erfolgen hat. Am leichtesten geschieht dies einerseits durch die Festlegung eines Ersatznacherben und andererseits der Aufnahme der Bestimmung, dass das Nacherbenrecht **nicht** vererblich ist.[20] Beim Tod des Nacherben ist dann gesichert, dass der Ersatznacherbe – und nicht die Erben des Nacherben – Nacherben werden.[21]

4. Erbenbestimmung durch Dritte

10 Zur Erbenbestimmung durch Dritte wird auf die Ausführungen in → § 4 Rn. 13 ff. verwiesen.

5. Bedingte Erbeinsetzung; Verwirkungs- und Strafklauseln

11 **a) Begriffsbestimmung und Rechtslage.** Es wurde bereits an anderer Stelle (→ § 17 Rn. 128) ausgeführt, dass der Erblasser die Erbeinsetzung bedingt vornehmen kann. Mit diesem Instrumentarium kann der Erblasser einerseits versuchen, sein Testament in Einklang mit eventuellen künftigen Entwicklungen zu bringen, beispielsweise durch die Zuweisung erhöhter Erbquoten an einen Erben, falls dieser selbst Kinder bekommt. Andererseits kann der Erblasser versuchen, durch die Anordnung einer bedingten Erbeinsetzung bestimmte Vorgänge in der Zukunft zu verhindern, beispielsweise durch die Anordnung der Enterbung für den Fall, dass der Erbe bestimmte Handlungsweisen nicht unterlässt. Eine besondere Rolle spielen in diesem Zusammenhang die allgemeinen und die besonderen **Verwirkungs- und Strafklauseln,** mit denen der Erblasser versuchen kann, seine Vorstellungen über die Umsetzung bzw. Ausführung seines letzten Willens abzusichern.[22] Unter besonderen Verwirkungs- oder Strafklauseln werden Klauseln verstanden, die dem Erben ganz bestimmte Verhaltensregeln auferlegen. Die allgemeine Verwirkungsklausel versucht demgegenüber in ganz allgemeiner Form den letzten Willen zu schützen, indem jeglicher Angriff auf das Testament zur Enterbung (oder einer anderen Strafe) führt. Letztlich führen alle bedingten Erbeinsetzungen[23] zu **Vor- und Nacherbschaft;** dessen sollte man sich bei Anordnung dieser Klauseln bewusst sein. Der unter Bedingung eingesetzte Erbe ist auflösend bedingter Vollerbe und aufschiebend bedingter Vorerbe. Damit korrespondiert die aufschiebend bedingte Nacherbschaft.[24] In aller Regel ist der Vorerbe **befreiter** Vorerbe.[25] Hat der Erblasser keine Nacherben bestimmt, gilt § 2104 BGB. Schließlich muss sich der Testator darüber im Klaren sein, dass die Anordnung der Verwirkungsklausel dazu führen kann, dass der Erbe gar nichts erhält. Dies ist insbesondere dann der Fall, wenn der Erbe erst nach Ablauf der Drei-Jahres-Frist des § 2332 BGB gegen die Verwirkungsklausel verstößt, denn dann muss er aufgrund der Verwirkung einerseits den gesamten Nachlass herausgeben und erhält andererseits keinen Pflichtteil.

Grundsätzlich sind folgende Empfehlungen bei der Anordnung von Verwirkungsklauseln zu beachten:

12 Der Verwirkungsumstand sollte so genau wie möglich umschrieben werden, da sich an der Frage, ob der Erbe sein Erbrecht verwirkt hat oder nicht, stets Streitigkeiten entzünden. In diesem Zusammenhang sollte ebenfalls geregelt werden, ob auch ein schuldloses Handeln oder Unterlassen entgegen der Verwirkungsklausel zur Enterbung führt.

---

[20] Der Erblasser kann die nach § 2108 Abs. 2 BGB vorgesehene Vererblichkeit des Nacherbrechts ausschließen, vgl. Palandt/*Weidlich* BGB § 2108 Rn. 4.
[21] Bsp. in MVHdB VI Bürgerl.R II/*Otto* XII. 3, § 1; s. auch Nieder/Kössinger/*Kössinger* § 10 Rn. 64 f.
[22] Vgl. Nieder/Kössinger/*Kössinger* § 15 Rn. 170, 184 f.; *Lange/Kuchinke,* 732.
[23] Sofern sie entsprechend § 2075 BGB zu einer auflösend bedingten Erbeinsetzung führen, was der Regel entspricht, vgl. MüKoBGB/*Leipold* § 2075 Rn. 4.
[24] MüKoBGB/*Leipold* § 2075 Rn. 9.
[25] Nieder/Kössinger/*Kössinger* § 15 Rn. 177.

I. Die Erbeinsetzung § 18

Fraglich kann sein, ob durch die Verwirkungsklausel nur der Erbe von der Erbfolge ausgeschlossen ist, der gegen die Klausel verstoßen hat, oder auch der gesamte Stamm, das heißt auch seine Abkömmlinge (→ § 17 Rn. 127). Es empfiehlt sich, um Zweifeln vorzubeugen, dies in der letztwilligen Verfügung eindeutig zu regeln. 13

Da der Bedingungseintritt (bei der auflösenden Bedingung) rückwirkend dazu führt, dass der bisherige Vollerbe nur noch Vorerbe ist und den Nachlass an die Nacherben herauszugeben hat, sollte klargestellt werden, wer die Nacherben sind, das heißt, wem der Nachlass im Fall des Verstoßes gegen die Verwirkungsklausel zufällt. Zur Streitvermeidung sollte auch ausgeführt werden, dass der Erbe in diesem Fall befreiter Vorerbe war und schließlich, ob dem Verwirkenden trotz der Verwirkungshandlung irgendeine Nachlassbeteiligung zustehen soll, da ansonsten der Erbe völlig leer ausgeht. So kann beispielsweise bestimmt werden, dass er jedenfalls, auch nach Ablauf der Frist zur Geltendmachung des Pflichtteilsanspruchs gem. § 2332 BGB, seinen Pflichtteil erhält.[26] Auch sollte geregelt werden, ob es sich bei der Bedingung um eine auflösende oder eine aufschiebende Bedingung handelt. Bei der aufschiebenden Bedingung ist zu beachten, dass gemäß § 2074 BGB die Erbeinsetzung nur gilt, wenn der Bedachte den Eintritt der Bedingung erlebt (vgl. → § 17 Rn. 28). 14

b) Besondere Verwirkungsklauseln. Prominente Beispiele für besondere Verwirkungs- und Strafklauseln sind die bekannten **Wiederverheiratungsklauseln** (vgl. → § 17 Rn. 61) und die **Pflichtteilsklauseln in gemeinschaftlichen Ehegattentestamenten**, mit denen geregelt wird, dass ein Kind, welches nach dem Tod des Erstversterbenden der Ehegatten den Pflichtteil verlangt, auch nach dem Tod des Zweitversterbenden der Ehegatten nur den Pflichtteil erhält.[27] 15

> **Formulierungsbeispiel Pflichtteilsklausel Berliner Testament:**[28]
>
> Wir setzen uns gegenseitig zum alleinigen Vollerben ein.
>
> Zu unseren Schlusserben nach dem Tod des Längerlebenden von uns setzt dieser unsere Kinder zu jeweils gleichen Teilen ein.
>
> Sollte eines unserer Kinder oder bei dessen Vorversterben, die an seine Stelle tretenden Abkömmlinge, nach dem Ableben des Erstvererbenden von uns den Pflichtteil verlangen, so sind die zu seinen Gunsten und zu Gunsten seiner Abkömmlinge in diesem Testament getroffenen Verfügungen widerrufen. Er bzw. seine Abkömmlinge erhalten auch nach dem Ableben des Längerlebenden von uns nur den gesetzlichen Pflichtteil.

16

Diese bloße Pflichtteilsklausel stellt aber oft keine besondere Strafe für den Ausschlagenden dar, da er immerhin (statt **einer** Erbschaft nach dem Tod des Längerlebenden) **zwei** Pflichtteile erhält. Ein Beispiel: Ehegatten (in Zugewinngemeinschaft) setzen sich wechselseitig zu Alleinerben ein und bestimmen, dass das Kind, das nach dem Tod des Erstversterbenden den Pflichtteil verlangt, auch nach dem Tod des Längerlebenden nur den Pflichtteil erhält. Die Ehegatten haben zwei Kinder, nur die erstversterbende Ehefrau hinterlässt ein kleines Vermögen von EUR 100.000,–. Ein Kind verlangt nach dem Tod der erstversterbenden Mutter den Pflichtteil. Der Pflichtteilsanspruch beträgt bei dieser Konstellation 1/8, mithin EUR 12.500,–, letztlich erhält somit der alleinerbende, überlebende Ehegatte EUR 87.500,–. Nach dessen Tod (unterstellt, das geerbte Vermögen wäre noch vorhanden und der Überlebende hätte kein Eigenvermögen) erhält das auf den Pflichtteil gesetzte Kind nochmals > 1/4 dieser Summe, also EUR 21.875,–, insgesamt 17

---

[26] Vgl. Nieder/Kössinger/*Kössinger* § 15 Rn. 190.
[27] Zur grundsätzlichen Zulässigkeit der Klausel BayObLG ZEV 1995, 191; zur Frage, ob die Geltendmachung des bloßen Auskunftsanspruches des Pflichtteilsberechtigten schon zur Enterbung führt, vgl. § 20 Rn. 7.
[28] Siehe hierzu auch das Muster bei Krug/Rudolf/Kroiß/Bittler/*Seiler-Schopp* AnwF Erbrecht § 3 Rn. 422.

somit EUR 34.375,–. Im Erbgang hätte es EUR 43.750,– erhalten, also nicht allzu viel mehr, insbesondere wenn man auch den Zinsvorteil des Kindes betrachtet, das den Pflichtteil verlangt hat (und das Risiko des Vermögensverzehrs durch den längerlegenden Ehegatten). Die bloße Pflichtteilsstrafklausel kann daher ein recht stumpfes Schwert sein.

18 Diesen Problemen will die sog. **Jastrow'schen Klausel** entgegenwirken. Diese Klausel versucht durch Vermächtnisse in Höhe des gesetzlichen Erbteils zugunsten des Kindes, das keinen Pflichtteil geltend macht, aus dem Vermögen des Erstversterbenden, die allerdings erst beim Tod des überlebenden Ehegatten fällig werden (und diesen zuvor nicht belasten) zu verhindern, dass der zweite Pflichtteilsanspruch so hoch ausfällt. Im oben genannten Beispiel könnte zB das Kind, das keinen Pflichtteil geltend gemacht hat, beim Tod des Längerlebenden der Ehegatten ein Vermächtnis aus dem Vermögen des Erstverstorbenen in Höhe von EUR 25.000,– erhalten. Der zur Pflichtteilsberechnung nach dem Längerlebenden noch zur Verfügung stehende Nachlass würde dann nicht, wie im obigen Beispiel EUR 87.500,–, sondern nur EUR 62.500,– betragen. Der (zweite) Pflichtteilsanspruch beträgt dann nur noch EUR 15.625,–; das den Pflichtteil verlangende Kind erhält somit insgesamt nur EUR 28.125,–. Gleichwohl sei vor einer zu schnellen Anwendung der Jastrow'schen Klausel gewarnt, weil sie unter Umständen zu nicht gewollten Ergebnissen führen kann, insbesondere wenn Kinder aus verschiedenen Ehen vorhanden sind.[29]

Wirkungsvoller statt Pflichtteilsstrafklauseln ist selbstverständlich ein Pflichtteilsverzicht (s. → § 20 Rn. 92 ff.).

19 Dem Erblasser steht frei, mit Verwirkungsklauseln seine letztwilligen Anordnungen zu schützen, denn er kann jede Erbeinsetzung unter die Bedingung stellen, dass der Erbe seine letztwilligen Verfügungen akzeptiert und seine letzten Wünsche ausführt. An dieser Stelle kann lediglich eine willkürliche und keinesfalls vollständige Aufzählung von Konstellationen erfolgen, in denen eine bedingte Erbeinsetzung durch Verwirkungs- oder Strafklauseln sinnvoll sein kann.

20 So kann der Erblasser anordnen, dass der Erbe sein Erbrecht verwirkt, wenn er die im Testament verfügten **Auflagen** nicht beachtet oder entgegen dem Willen des Verstorbenen über bestimmte **Nachlassgegenstände** (Grundstück, Geschäftsanteile einer GmbH, Aktien) **verfügt.** Auch kann die Erbeinsetzung unter die Bedingung gestellt werden, dass der Erbe mit dem Nachlass in einer bestimmten Weise verfährt, etwa **ein Unternehmen weiterführt.** Recht häufig sind auch Klauseln, welche die Erbeneigenschaft daran knüpfen, dass der Erbe bestimmte **Handlungen des Testamentsvollstreckers duldet** oder sich **Schiedssprüchen** widerspruchslos beugt. Die bedingte Erbeinsetzung spielt weiterhin eine Rolle im Zusammenhang mit der Anordnung von **post- oder transmortalen Vollmachten** (→ Rn. 178 ff.): Will der Erblasser einen Widerruf der Vollmachten durch den Erben verhindern, kann er dies mittelbar dadurch erreichen, dass er die Erbeinsetzung unter die Bedingung stellt, dass der Erbe die Vollmacht nicht widerruft. Auf gleiche Weise kann der Erbe verpflichtet werden, dem Testamentsvollstrecker Vollmachten zu erteilen, die dieser in gewissen Konstellationen zur Unternehmensführung benötigt (→ Rn. 166 ff.).

21 Formulierungsbeispiel Auflage, Verwirkungsklausel, Herausgabevermächtnis:
Die Erbeinsetzung erfolgt jeweils mit der Auflage, dass der unter Testamentsvollstreckung stehende Erbe dem Testamentsvollstrecker die Ausübung sämtlicher Gesellschaftsrechte vermögens- und personenrechtlicher Natur, einschließlich des Stimmrechts und der Rechte aus dem Kernbereich der Mitgliedschaft, aus den aufgrund dieses Testaments erworbenen Beteiligungen ermöglicht, soweit dem nicht zwingende gesetzliche Vorschriften entgegenstehen und soweit diese Rechte nicht schon durch die bloße Anordnung der Testamentsvollstreckung vom Testamentsvollstrecker wahrgenommen werden können. Vorsorglich bevollmächtige ich hiermit den Testamentsvollstrecker mit Wir-

---

[29] Vgl. auch *Radke* ZEV 2001, 136 und *Winkler* MittBayNot 2000, 423 (424).

> kung gegenüber den unter Testamentsvollstreckung stehenden Erben, alle ihre Vermögensrechte und mitgliedschaftlichen Rechte einschließlich des Stimmrechts und der Rechte aus dem Kernbereich der Mitgliedschaft aus meinen Beteiligungen in vollem Umfang auszuüben und mache den betroffenen Erben hiermit die Auflage, auf Verlangen des Testamentsvollstreckers nach meinem Tod ihm diese Vollmacht in notariell beurkundeter Form zu bestätigen und nicht zu widerrufen. Der Testamentsvollstrecker kann nach seiner Wahl die Beteiligungen auch als Treuhänder für meine unter Testamentsvollstreckung stehenden Erben verwalten. Für diesen Fall mache ich den Erben die Auflage, ihm die Beteiligungen treuhänderisch zu übertragen.
>
> Sollte ein Erbe gegen einzelne Anordnungen, wie zB der Anordnung der Testamentsvollstreckung oder von Auflagen gerichtlich vorgehen oder diesen Anordnungen nicht Folge leisten, hat er alles, was er als Erbteil erhalten hat, vermächtnisweise an den Ersatzerben herauszugeben.

c) Allgemeine Verwirkungsklauseln. Eine besondere Rolle spielt in diesem Zusammenhang die allgemeine Verwirkungsklausel, mit der üblicherweise bestimmt wird, dass jeder enterbt sein soll, der den letzten Willen nicht anerkennt. Sehr oft ist allerdings fraglich, wann die Klausel greift.[30] Zweifelhaft sind beispielsweise Fälle, in denen das Testament mit der Behauptung angefochten wird, der Testator sei bei Niederschrift des letzten Willens testierunfähig gewesen oder er habe sich bei der Niederschrift geirrt.[31] Gegen die Anwendung der Klausel in diesen Fällen kann der Anfechtende immerhin einwenden, dass es ihm daran gelegen ist, dem **wahren Willen** des Verstorbenen zur Wirksamkeit zu verhelfen. Man wird die Fälle danach lösen müssen, ob es dem Erblasser mit der Klausel nur darum ging, „leichtfertige Angriffe",[32] oder aber alle denkbaren Angriffe auf das Testament zu verhindern.

22

Sehr schwierig ist zu entscheiden, ob allgemeine Verwirkungsklauseln empfehlenswert sind oder nicht. Zum Teil werden sie von der Literatur strikt abgelehnt, weil sie angeblich mehr Probleme aufwerfen als lösen.[33] Dabei läuft die Kritik in der Regel darauf hinaus, dass meist nicht klar ist, ob die Verwirkungsklausel jedes Aufbegehren gegen das Testament verhindern will oder nur leichtfertige Angriffe. Selbst wenn der Wille bekannt ist, ist es in der Tat oft schwer zu entscheiden, ob in einer Handlung gegen das Testament ein leichtfertiger Angriff liegt oder das anerkennenswürdige Begehren, dem wahren Willen des Testators zur Wirksamkeit zu verhelfen. Zumindest diesem Auslegungsproblem kann aber durch hinreichend klare Fassung der Klausel im Testament vorgebeugt werden. Im Übrigen ist nicht zu übersehen, dass den bekannt gewordenen Streitfällen im Zusammenhang mit allgemeinen Verwirkungsklauseln die unbekannte, aber vermutlich sehr hohe Zahl von Fällen gegenübersteht, in denen Nachlassstreitigkeiten verhindert wurden, weil es angesichts der Klausel keiner der Betroffenen gewagt hat, einen Streit zu eröffnen. Angesichts der hohen Streitanfälligkeit von Miterbengemeinschaften hat die Klausel daher ihren Platz in der Testamentsgestaltung.

23

---

[30] *Kipp/Coing,* 435. Die Klausel ist im Zweifel weit auszulegen, vgl. OLG Dresden NJW-RR 1999, 1165.
[31] Zur Frage, ob bei Vorliegen einer Pflichtteilsklausel in einem gemeinschaftlichen Testament die Geltendmachung des bloßen Auskunftsanspruches des Pflichtteilsberechtigten schon zur Enterbung führt, vgl. § 20 Rn. 7.
[32] *Kipp/Coing,* 435 mwN; Nieder/Kössinger/*Kössinger* § 15 Rn. 184; vgl. auch OLG Celle ZEV 1996, 307 mAnm *Skibbe;* OLG Dresden NJW-RR 1999, 1165.
[33] Nieder/Kössinger/*Kössinger* § 15 Rn. 186.

II. Vermächtnisse

1. Überblick

24 Das Rechtsinstitut des Vermächtnisses gibt dem Erblasser die Möglichkeit, jemandem von Todes wegen einen Vermögensvorteil zuzuwenden, ohne ihn als Erben einzusetzen, §§ 1939, 2147 ff. BGB (zur Abgrenzung → Rn. 6). Vermächtnisnehmer kann jeder Mensch und jede juristische Person sein. Der Vermächtnisnehmer wird **nicht Erbe**; er erlangt jedoch – sofern der Erblasser keine andere Fälligkeit verfügt hat (→ Rn. 28) – mit dem Erbfall das Recht, von dem, der mit dem Vermächtnis beschwert ist, Leistung des vermachten Gegenstandes zu fordern. Der Gegenstand fällt also zunächst dem oder den Erben an, der Vermächtnisnehmer erwirbt aber einen **schuldrechtlichen Anspruch auf Herausgabe bzw. Übertragung** des Gegenstandes, § 2147 BGB.[34]

25 Mit der Erfüllung eines Vermächtnisses beschwert werden kann nur, wer zunächst vom Erblasser selbst etwas von Todes wegen zugewendet erhält. In Frage kommen daher (gesetzliche oder gewillkürte) **Erben und Vermächtnisnehmer,** § 2147 BGB. Wird ein Vermächtnisnehmer seinerseits mit einem Vermächtnis beschwert, muss er zunächst den vermachten Gegenstand vom Erben herausverlangen, anschließend hat er ihn an den (Unter-)Vermächtnisnehmer herauszugeben, §§ 2186 ff. BGB. Ein **Testamentsvollstrecker** kann nicht mit der Erfüllung eines Vermächtnisses beschwert werden, da ihm kein eigentlicher Wert vom Erblasser zugewandt wurde, sondern nur Verwaltungs- und Verfügungsmacht. Selbstverständlich kann aber der Testamentsvollstrecker damit beauftragt werden, die Erfüllung der Vermächtnisse zu überwachen und zu vollziehen, indem er die vermachten Gegenstände vom Erben (oder vom beschwerten Vermächtnisnehmer) auf den Vermächtnisnehmer überträgt. Ebenfalls nicht mit einem Vermächtnis beschwert werden kann der durch eine Auflage Begünstigte und der lediglich Pflichtteilsberechtigte.[35] Von mehreren Miterben und Vermächtnisnehmern brauchen nicht alle mit einem Vermächtnis beschwert zu werden; dem Erblasser steht es frei, lediglich einzelne zu beschweren.[36] Im Innenverhältnis tragen mehrere Beschwerte die Vermächtnislast nach dem Verhältnis der ihnen zugewandten Werte, § 2148 BGB. Auch im Vermächtnisrecht kann der Erblasser bestimmen, dass der vermachte Gegenstand einem **Ersatzvermächtnisnehmer** zufällt, falls der zunächst Bedachte das Vermächtnis nicht erwirbt, vgl. § 2190 BGB.

26 Die **Kosten der Erfüllung** des Vermächtnisses, etwa die Kosten bei Grundstücksübertragungen (Notar, Grundbuchamt), sind, soweit nicht Abweichendes geregelt ist, stets vom Beschwerten, nicht vom Bedachten zu tragen.[37] Andererseits muss im Zweifel ein Vermächtnisnehmer, dem ein Grundstück vermacht wurde, die darauf ruhenden Lasten, beispielsweise Hypotheken, übernehmen, vgl. im Einzelnen §§ 2165 ff. BGB. Will der Erblasser demgegenüber, dass dem Vermächtnisnehmer der Gegenstand unbelastet zufällt, so muss er dies in der letztwilligen Verfügung klar anordnen.

---

[34] Sog. Damnationslegat im Gegensatz zum Vindikationslegat, bei dem der Gegenstand sogleich mit dem Todesfall auf den Vermächtnisnehmer übergehen würde. Zur Anerkennung der unmittelbaren dinglichen Wirkungen des Vindikationslegats, das dem von einem Erblasser gemäß Art. 22 Abs. 1 EuErbVO gewählten auf die Rechtsnachfolge von Todes wegen anzuwendenden Recht bekannt ist, wenn das Vermächtnis eine deutsche Immobilie betrifft, siehe das Urteil des EuGH DNotZ 2018, 33 ff.; ausführlich auch *Weber* DNotZ 2018, 16 ff.
Allgemein zum Regelungsinhalt des Vermächtnisses im Vergleich zur Erbeinsetzung, Teilungsanordnung und Auflage MAH ErbR/*Schlitt* § 13 Rn. 2 ff.

[35] Analog § 2147 BGB kann mit einem Vermächtnis beschwert werden, wer durch Vertrag zugunsten Dritter auf den Todesfall etwas erlangt, etwa eine Lebensversicherungssumme, vgl. MüKoBGB/*Rudy* § 2147 Rn. 6 f.

[36] Bei Wegfall des Beschwerten greift in diesen Fällen § 2161 BGB: Als beschwert gilt dann, wem der Wegfall zugute kommt.

[37] Palandt/*Weidlich* BGB § 2174 Rn. 9; BGH NJW 1963, 1602.

2. Der Erwerb des Vermächtnisanspruches

a) Anfall und Fälligkeit des Vermächtnisanspruches. Grundsätzlich fällt das Recht, 27 den vermachten Gegenstand zu fordern (der sog. Vermächtnisanspruch), dem Vermächtnisnehmer mit dem Erbfall an. Der Vermächtnisnehmer kann dieses Recht durch Erklärung gegenüber dem Beschwerten **annehmen oder ausschlagen**, § 2180 BGB. Beide Handlungen werden oft konkludent durch Ablehnung oder Einforderung des vermachten Gegenstandes vorgenommen. Eine **Ausschlagungsfrist** besteht nicht.

Der Erblasser kann abweichend anordnen, dass der Vermächtnisanspruch entgegen 28 § 2176 BGB nicht bereits mit seinem Erbfall dem Vermächtnisnehmer **anfällt,** sondern erst zu einem **späteren Zeitpunkt**, § 2177 BGB. Beispielsweise kann geregelt werden, dass das Vermächtnis auf den Tod des Erben aufschiebend bedingt ist.[38] Nach der gleichen Norm kann der Erblasser den gesamten Anfall auch unter eine **aufschiebende Bedingung** stellen, zB unter die Bedingung des erfolgreichen Abschlusses einer Prüfung, § 2177 BGB.[39] In der Zwischenzeit bis zum Bedingungs- oder Befristungszeitpunkt hat der Vermächtnisnehmer ein Anwartschaftsrecht, das seine Position schützt, § 2179 BGB,[40] und jedenfalls dann vererblich ist, wenn §§ 2074, 2069 BGB nicht gelten.[41] Ebenso kann das Vermächtnis unter eine auflösende Bedingung oder Befristung gestellt werden, beispielsweise indem angeordnet wird, dass der Vermächtnisnehmer den Vermächtnisgegenstand an einen **Nachvermächtnisnehmer** herauszugeben hat oder nach Ablauf einer gewissen Zeit an den Bedachten zurückgeben muss (sog. **Rückvermächtnis**).

Von der Befristung des Anfalles des Vermächtnisanspruches ist der Fall zu unterscheiden, 29 dass das Vermächtnis dem Vermächtnisnehmer mit dem Tode des Erblassers zwar anfällt, der Erblasser aber angeordnet hat, es solle erst zu einem späteren Termin fällig werden.[42]

> **Formulierungsbeispiel betagtes Vermächtnis:** 30
> Der Vermächtnisnehmer soll mein Depot ... vier Monate nach meinem Tod erhalten.

Der Unterschied ist nicht bedeutungslos, denn im Fall der bloßen Fälligkeitsregelung 31 hat beispielsweise der Beschwerte die bis zur Fälligkeit gezogenen Früchte, etwa die Zinsen bei einem Geldvermächtnis, an den Vermächtnisnehmer herauszugeben.[43]

Der Anfall des Vermächtnisses kann aber nur eine begrenzte Zeit herausgeschoben werden. 32 Gemäß § 2162 Abs. 1 BGB wird ein Vermächtnis, das unter einer aufschiebenden Bedingung oder der Bestimmung eines Anfangstermins angeordnet ist, **wirkungslos,** wenn die Bedingung oder der Termin nicht spätestens **30 Jahre** nach dem Erbfall eingetreten sind. Weiterhin wird gem. § 2162 Abs. 2 BGB ein Vermächtnis mit dem Ablauf von 30 Jahren nach dem Erbfall unwirksam, wenn der Bedachte jemanden als Vermächtnisnehmer eingesetzt hat, der zur Zeit seines Erbfalls noch nicht gezeugt war und auch nicht bis zum Ablauf der 30 Jahre gezeugt wurde.[44] Gem. § 2163 Abs. 1 BGB bleibt jedoch das Vermächtnis in den eben erwähnten Fällen des § 2162 BGB wirksam, wenn es entweder für den Fall angeordnet war, dass in der Person des Beschwerten oder des Ver-

---

[38] Zum auf den Tod des Erben aufschiebend befristeten Herausgabevermächtnis → Rn. 95.
[39] Ist der Anfall befristet, gilt im Gegensatz zur aufschiebenden Bedingung § 2074 BGB nicht, vgl. MüKoBGB/*Rudy* § 2177 Rn. 5.
[40] In der Schwebezeit gelten die §§ 160, 162 BGB, nicht aber § 161 BGB. Nach diesen Vorschriften haftet beispielsweise der Erbe für schuldhafte Vereitelung des Vermächtnisanspruches, vgl. im Einzelnen Palandt/*Weidlich* BGB § 2179 Rn. 2.
[41] MüKoBGB/*Rudy* § 2179 Rn. 7; zu 2069 BGB vgl. Rn. 7.
[42] Sog. betagte Vermächtnisse, s. *Brox* Rn. 452; Palandt/*Weidlich* BGB § 2177 Rn. 4.
[43] Näher Soergel/*Wolf* BGB § 2177 Rn. 5 f.
[44] Gleiches gilt gem. § 2162 Abs. 2 BGB, wenn das Vermächtnis einer (juristischen oder natürlichen) Person anfallen soll, deren Persönlichkeit sich durch ein nach dem Todesfall eintretendes Ereignis bestimmt. Auch hier wird das Vermächtnis unwirksam, wenn das Ereignis nicht innerhalb von 30 Jahren eintritt.

mächtnisnehmers ein Ereignis eintritt und derjenige, in dessen Person das Ereignis eintreten soll, eine natürliche, keine juristische Person ist und zur Zeit des Erbfalles **lebt,** und zum anderen, wenn ein Erbe, ein Nacherbe oder ein Vermächtnisnehmer für den Fall, dass ihm ein **Bruder oder eine Schwester** geboren wird, mit einem Vermächtnis zugunsten des Bruders oder der Schwester beschwert ist.

33 **b) Die Bestimmung des Vermächtnisnehmers und des Vermächtnisgegenstandes.** Der Erblasser ist im Vermächtnisrecht im Gegensatz zur Erbeinsetzung freier (vgl. § 2065 BGB), die Bestimmung des Vermächtnisnehmers dem **Beschwerten oder einem Dritten** zu überlassen, §§ 2151 ff. BGB.[45] Allerdings muss der Kreis der Bedachten zumindest überschaubar sein. Dies ist beispielsweise nicht mehr der Fall, wenn sich das Auswahlermessen des Dritten auf die Einwohner einer Stadt bezieht oder wenn die Erblasseranordnung eher den Zweck der Zuwendung als den tatsächlichen Kreis der Zuwendungsempfänger angibt („für die Kranken").[46] In diesen Fällen kann aber die Anordnung des Erblassers als eine Auflage (→ Rn. 182 ff.) zu verstehen und entsprechend umzudeuten sein.[47] Auch die Bestimmung des **Zuwendungsgegenstandes** kann der Erblasser gem. § 2065 Abs. 2 BGB nicht einem Dritten überlassen. Ist sich der Erblasser nicht sicher, welche Gegenstände er vermachen will, kann er allerdings über ein sog. **Zweckvermächtnis** letztlich doch erreichen, dass die Bestimmung des Leistungsgegenstandes einem Dritten obliegt: § 2156 BGB lässt zu, dass der Erblasser lediglich den Zweck der Zuwendung und den Empfänger angibt, es aber dem Beschwerten oder einem Dritten überlässt,[48] die zur Erfüllung des Zweckes erforderlichen Gegenstände zu bestimmen.

34 Die verschiedenen Freiheiten, die die §§ 2151, 2153 und 2156 BGB bieten, können miteinander kombiniert werden, etwa § 2151 BGB mit § 2153 BGB (Bestimmung des Bedachten und des Anteils), oder § 2151 BGB mit § 2156 BGB (Bestimmung des Bedachten und des Leistungsgegenstands).[49]

3. Die Haftung des Beschwerten

35 Die Haftung des Beschwerten ist unterschiedlich ausgestaltet, je nachdem, ob er Erbe oder selbst – mit einem Untervermächtnis beschwerter – Vermächtnisnehmer ist.

36 **a) Die Haftung des Erben.** Der Erbe haftet für Nachlassverbindlichkeiten im Grundsatz **unbeschränkt** auch mit seinem Privatvermögen. Da die Verpflichtung zur Erfüllung des Vermächtnisanspruches ihm gegenüber eine Nachlassverbindlichkeit darstellt, haftet der Erbe auch für diese Ansprüche nicht nur mit dem Nachlass, sondern ebenfalls mit seinem Privatvermögen. Allerdings kann der Erbe seine Haftung auf den Nachlass **begrenzen** (→ § 19 Rn. 14 ff.), indem er durch Nachlassverwaltung oder Nachlassinsolvenzverfahren[50] sein Eigenvermögen vom Nachlass absondert, der dann den Gläubigern zur Verfügung steht, oder die Einrede der Dürftigkeit erhebt. Ist der Nachlass überschuldet, weil der Erblasser **Vermächtnisse oder Auflagen** angeordnet hat, die den Wert des Nachlasses überschreiten, so kann der Erbe gem. der speziellen Vorschrift § 1992 BGB auch ohne (aufwendige) Separation des Nachlasses von seinem Eigenvermögen die Einrede der Dürftigkeit des Nachlasses erheben, um eine Haftung mit seinem Eigenvermögen zu vermeiden (sog. **Überschwerungseinrede**). Macht der Erbe von dieser Möglichkeit Ge-

---

[45] Dritter kann beispielsweise der Ehegatte, ein Freund, der Testamentsvollstrecker etc. sein, vgl. im Einzelnen zur Drittbestimmung *J. Mayer* MittBayNot 1999, 447; MAH ErbR/*Schlitt* § 13 Rn. 274 ff.
[46] Vgl. BayObLG NJW-RR 1999, 946.
[47] Palandt/*Weidlich* BGB § 2151 Rn. 1; *Lange/Kuchinke,* 631.
[48] Dem Bedachten selbst kann die Auswahl nicht überlassen werden, BGH NJW 1991, 1885.
[49] Vgl. Soergel/*Wolf* BGB § 2156 Rn. 1; MüKoBGB/*Rudy* § 2153 Rn. 2; Palandt/*Weidlich* BGB § 2153 Rn. 1.
[50] Die Ansprüche des Vermächtnisempfängers rangieren in der Nachlassinsolvenz an letzter Rangstelle, § 327 Abs. 1 Nr. 2 InsO.

II. Vermächtnisse § 18

brauch, hat er den vorhandenen Nachlass an die Vermächtnisnehmer herauszugeben.[51] Eine darüber hinausgehende Haftung mit seinem Privatvermögen entfällt; den Vermächtnisnehmern steht zur Befriedigung ihrer Ansprüche nur der Nachlass zu. Wahlweise, wenn der Erbe Gegenstände des Nachlasses ganz oder zum Teil behalten will, kann er die Herausgabeverpflichtung durch Zahlung des Wertes der Nachlassgegenstände abwenden, § 1992 S. 2 BGB.[52]

Der Erbe haftet den Vermächtnisnehmern **vor Annahme** der Erbschaft nicht, nach der Annahme kann er gegenüber drängenden Vermächtnisnehmern die **3-Monats-Einrede** gem. § 2014 BGB oder die **Einrede des Aufgebotsverfahrens** gem. § 2015 BGB erheben. Durch diese Einreden ist der Erbe davor geschützt, Vermächtnisansprüche schon in den ersten Wochen nach dem Tod des Erblassers erfüllen zu müssen. Vielmehr wird ihm Gelegenheit gegeben, sich zunächst selbst einen Überblick über den Nachlass zu verschaffen.[53] 37

Bei Belastung eines **pflichtteilsberechtigten Erben** mit einem Vermächtnis ist die Regelung des § 2306 BGB zu beachten: Der Erbe kann die (mit dem Vermächtnis beschwerte) Erbschaft ausschlagen und den Pflichtteil fordern, § 2306 Abs. 1 BGB.[54] Schlägt er nicht aus, muss er allerdings die Vermächtnisansprüche voll tragen, auch zu Lasten seines eigenen Erbteils.[55] 38

Hat der Erbe selbst Pflichtteilsansprüche zu bedienen, so kann er gemäß § 2318 BGB berechtigt sein, einen Teil der **Pflichtteilslast** (→ § 20 Rn. 29) intern auf den Vermächtnisnehmer abwälzen, indem er den Vermächtnisanspruch anteilig kürzt, so dass im Ergebnis der Vermächtnisnehmer im gleichen Verhältnis an der Pflichtteilslast wie am Nachlass beteiligt ist.[56] Ist der Vermächtnisnehmer selbst pflichtteilsberechtigt, ist die Kürzung nur so weit zulässig, als dem Vermächtnisnehmer sein eigener Pflichtteil verbleibt, § 2318 Abs. 2 BGB. 39

b) Die Haftung des Vermächtnisnehmers. Ist der Beschwerte selbst Vermächtnisnehmer, haftet er für die Erfüllung des Vermächtnisses nicht mit seinem Privatvermögen, sondern nur im Rahmen des ihm selbst zugewandten Vermächtnisses, § 2187 BGB.[57] Aufgrund der Verweisung des § 2187 BGB auf § 1992 BGB ist auch der beschwerte Vermächtnisnehmer berechtigt, die Herausgabeverpflichtung der vorhandenen Nachlassgegenstände durch Zahlung des Wertes abzuwenden. War der Erbe dem Vermächtnisnehmer gegenüber berechtigt, eine **Kürzung** des Vermächtnisses vorzunehmen, so ist seinerseits der beschwerte Vermächtnisnehmer berechtigt, diese Kürzung dem Untervermächtnisnehmer weiterzugeben und das zu erfüllende Vermächtnis entsprechend zu kürzen, § 2188 BGB. 40

---

[51] Vgl. OLG Düsseldorf ZEV 1996, 466 mit Anm. *Medicus* (Insolvenz des Unternehmens, mit Hilfe dessen die vermächtnisweise zugewandte Rente erwirtschaftet werden sollte).
[52] Die Haftungsbeschränkung gem. § 1992 BGB muss sich der Erbe im Urteil vorbehalten, § 780 ZPO, vgl. hierzu → § 19 Rn. 17, 23. Die Haftungsbegrenzung gem. § 1992 BGB gilt nicht, dh der Erbe haftet unbegrenzt mit seinem Eigenvermögen, wenn er eine Inventarverfehlung begangen hat, s. hierzu → § 19 Rn. 18.
[53] Vgl. MüKoBGB/*Rudy* § 2176 Rn. 4.
[54] Zu Ausschlagung und Nachlassbeteiligung s. die Empfehlung in → § 20 Rn. 40.
[55] Zu beachten ist gegebenenfalls der Anspruch auf einen Zusatzpflichtteil nach § 2305 BGB sowie § 2318 Abs. 3 BGB (→ § 20 Rn. 29), der aber nur dann eine Begrenzung der Belastung schafft, wenn der Erbe zusätzlich zur Erfüllung des Vermächtnisses auch eine Pflichtteilslast zu tragen hat; vgl. auch BayObLG FamRZ 1999, 117 (keine Anfechtung der Erbschaftsannahme, weil der Erbe irrig annahm, er könne die Erfüllung eines Vermächtnisses bis zur Höhe seines Pflichtteils verweigern).
[56] Beispielsberechnungen bei Palandt/*Weidlich* BGB § 2318 Rn. 2; MüKoBGB/*Lange* § 2318 Rn. 3 ff.
[57] Auch der mit einem Vermächtnis belastete Vermächtnisnehmer muss sich diese Haftungsbeschränkung in einem Urteil vorbehalten lassen, vgl. §§ 786, 780 ZPO.

4. Arten der Vermächtnisse

41 **a) Das Vorausvermächtnis.** Auch einem Erben kann ein Vermächtnis – als sog. Vorausvermächtnis – zugewandt werden, § 2150 BGB. Häufig wird mit einem Vorausvermächtnis ein Miterbe oder ein Vorerbe bedacht. Möglich ist es aber, sogar dem Alleinerben ein Vorausvermächtnis zuzuwenden.[58]

42 Aus der Doppelstellung als Vermächtnisnehmer und Erbe resultieren in der Regel eine Reihe von Vorteilen: Ist der Erbe **Miterbe** und mit einem Vorausvermächtnis bedacht, so braucht er sich den Wert des vermachten Gegenstandes bei der Auseinandersetzung **nicht** auf seinen Erbteil anrechnen zu lassen. Dies ist der entscheidende Unterschied zur **Teilungsanordnung** (vgl. → § 19 Rn. 59), mittels derer der Erblasser Anordnungen treffen kann, wie der Nachlass unter den Miterben auseinander zu setzen ist, dh, wem welche Gegenstände zufallen. Da die Teilungsanordnung die Höhe der Erbteile und das Verhältnis der Beteiligung der Miterben am Nachlass unberührt lässt, ist der Erbe, der aufgrund einer Teilungsanordnung einen Mehrwert gegenüber dem sich aus seiner Erbquote ergebenden Wert erhält, seinen Miterben verpflichtet, den empfangenen **Mehrwert** durch entsprechende Zahlung an die übrigen Miterben **auszugleichen**.[59] Es gibt nach herrschender Ansicht keine „wertverschiebenden" Teilungsanordnungen.[60] Demgegenüber erhält ein Erbe, der mit einem Vorausvermächtnis begünstigt ist, den so zugewiesenen Gegenstand **zusätzlich** zu seinem Erbteil **ohne** Ausgleichsverpflichtung.

Beispiel:

Der Erblasser setzt seine beiden Kinder als Erben ein und bestimmt, dass bei der Auseinandersetzung des Nachlasses seine Geschäftsanteile an einer GmbH mit einem Wert vom EUR 1 Mio. an sein eines Kind, seine Eigentumswohnung mit einem Wert von EUR 500.000,– an sein anderes Kind fallen soll. Fraglich ist bei dieser Anordnung, ob nun das eine Kind verpflichtet ist, dem anderen einen Ausgleich in Höhe von EUR 250.000,– zu leisten.

43 Ergibt sich aus der letztwilligen Verfügung des Erblassers – wie im Beispielsfall – nicht eindeutig, ob eine Teilungsanordnung oder aber ein Vorausvermächtnis vorliegt, ist der entsprechende Wille des Erblassers durch erläuternde oder ergänzende Auslegung zu ermitteln. Um von einem Vorausvermächtnis ausgehen zu können, muss sich der Wille des Erblassers feststellen lassen, dem Bedachten gegenüber den übrigen Miterben einen Vermögensvorteil zuwenden zu wollen. Ist ein solcher **Begünstigungswille** nicht auszumachen, insbesondere weil das Testament zur Frage der Ausgleichung völlig schweigt, ist in der Regel vom Vorliegen einer Teilungsanordnung auszugehen.[61] Im Beispielsfall dürfte die Anordnung als eine ausgleichspflichtige Teilungsanordnung aufzufassen sein.

44 Steht fest, dass ein Miterbe mit einem Vorausvermächtnis begünstigt ist, hat dies noch weitere Vorteile: Da der so bedachte Miterbe in seiner Rolle als Vermächtnisnehmer Nachlassgläubiger gegenüber der Miterbengemeinschaft ist, braucht er nicht bis zur Auseinandersetzung des Nachlasses unter den Miterben zu warten, um den ihm mittels Vorausvermächtnisses zugedachten Gegenstand zu fordern. Vielmehr kann er **vorab** seinen Vermächtnisanspruch geltend machen. Möchte der mit einem Vorausvermächtnis begünstigte Erbe die Erbschaft – aus welchen Gründen auch immer – ausschlagen, hat die Ausschlagung des Erbrechts keinen Einfluss auf seine Stellung als Vermächtnisnehmer (die er natürlich gegebenenfalls auch ausschlagen kann). Im Übrigen kann das Vorausvermächtnis

---

[58] Vgl. zu den Vorteilen, die diese Vorgehensweise haben kann, *Lange/Kuchinke,* 640; Palandt/*Weidlich* BGB § 2150 Rn. 2.
[59] Palandt/*Weidlich* BGB § 2048 Rn. 4.
[60] Palandt/*Weidlich* BGB § 2048 Rn. 4.
[61] Vgl. *Lange/Kuchinke,* 641; OLG Braunschweig ZEV 1996, 69; Palandt/*Weidlich* BGB § 2048 Rn. 7; aber auch BGH NJW 1995, 721 (Vorausvermächtnis trotz Ausgleichsverpflichtung).

in gemeinschaftlichen Ehegattentestamenten oder Erbverträgen **bindend** angeordnet werden, nicht aber die Teilungsanordnung.[62]

Eine besondere Rolle spielt auch die Zuwendung eines Vorausvermächtnisses an einen 45 **Vorerben**.[63] Der Vorerbe erlangt den vorausvermachten Gegenstand zu seiner **freien Verfügung**.[64] Auch bei Eintritt des Nacherbfalles verbleibt der vermachte Gegenstand ihm oder seinen Erben; er fällt nicht an den Nacherben, falls nicht – wie so oft – der Nacherbe auch Erbe des Vorerben ist.

Aus dieser zivilrechtlichen Unterscheidung folgt auch eine völlig unterschiedliche **erb-** 46 **schaftsteuerliche** Behandlung zwischen Teilungsanordnung und Vorausvermächtnis.[65]

b) Das Nachvermächtnis. Ein Nachvermächtnis (§ 2191 BGB) liegt vor, wenn der 47 Erblasser den vermachten **Gegenstand** ab einem bestimmten Zeitpunkt oder Ereignis (nach dem Anfall des Vermächtnisses an den ersten Vermächtnisnehmer) einem weiteren Vermächtnisnehmer, dem Nachvermächtnisnehmer, zuwendet.[66] Das Nachvermächtnis **ähnelt** dem **Nacherbrecht** und dem **Untervermächtnis**.[67] Von Letzterem unterscheidet es sich insbesondere dadurch, dass der beschwerte Vermächtnisnehmer dem Untervermächtnisnehmer gegenüber mit einem Vermächtnis belastet sein kann, das sich von seinem Vermächtnis unterscheidet. Beim Nachvermächtnis ist demgegenüber **derselbe Gegenstand Objekt des Vermächtnisses,** dh eben der dem Vorvermächtnisnehmer vermachte Gegenstand ist später dem Nachvermächtnisnehmer zu übertragen.[68] Wegen der gleichwohl gegebenen Ähnlichkeit des Nachvermächtnisses zum Untervermächtnis gelten zusätzlich die für diese Vermächtnisart zu beachtenden Bestimmungen (§§ 2186 bis 2189 BGB) entsprechend. Im Unterschied zur Vor- und Nacherbschaft wird der Nachvermächtnisnehmer mit dem Nachvermächtnisfall nicht automatisch Eigentümer des vermachten Gegenstandes, sondern erzielt nur einen **schuldrechtlichen Anspruch** auf Herausgabe gegen den Vorvermächtnisnehmer.[69]

Während der Zeit, in der der Vorvermächtnisnehmer den vermachten Gegenstand hält, 48 ist der Vorvermächtnisnehmer – im wesentlichen Unterschied zum Vorerben – **nicht** in seiner Verfügungsmacht über den Gegenstand beschränkt.[70] Zum Schutz des Nachvermächtnisnehmers ist zu beachten:

Der Nachvermächtnisnehmer hat ein Anwartschaftsrecht,[71] da das Nachvermächtnis 49 letztlich ein aufschiebend bedingtes Vermächtnis ist.[72] Das Recht kann, sofern § 2074 BGB nicht entgegensteht, **vererblich** sein.[73] Der Erblasser sollte zur Vermeidung von Unsicherheiten ausdrücklich regeln, ob das Nachvermächtnisrecht vererblich ist oder nicht.[74] Wird es nicht vererblich zugewandt, ist gegebenenfalls ein Ersatznachvermächtnisnehmer zu bestimmen.

---

[62] Palandt/*Weidlich* BGB § 2270 Rn. 12 und 13.
[63] Im Einzelnen *Sonntag* ZEV 1996, 450.
[64] Zum Ausweis eines Vorausvermächtnisses im Vor- und Nacherbenerbschein OLG München NJW-Spezial 2014, 711 mit Anm. *Roth*.
[65] Vgl. im Einzelnen MAH ErbR/*Scherer* § 3 Rn. 98; *Wälzholz* ZEV 2009, 113 ff.
[66] Vgl. ausführlich zum Vor- und Nachvermächtnis *Muscheler* ErbR 2011, 258 ff.
[67] Zur Abgrenzung s. BayObLG ZEV 1997, 418.
[68] *Muscheler* ErbR 2011, 258 (259).
[69] Deshalb finden über § 2191 Abs. 2 BGB auch nur verhältnismäßig wenige Vorschriften aus dem Recht der Vor- und Nacherbfolge analoge Anwendung. Die in → Rn. 74 erwähnte Besonderheit, dass das in Vorerbschaft erworbene Vermögen beim Tod des Vorerben nicht zu dessen pflichtteilsrechtlich relevantem Vermögen gehört, gilt beim Vor- und Nachvermächtnis ebenfalls, da der Anspruch des Nachvermächtnisnehmers eine pflichtteilsanspruchsmindernde Verbindlichkeit darstellt.
[70] Palandt/*Weidlich* BGB § 2191 Rn. 3.
[71] Kritisch zur Terminologie des BGH beim Nachvermächtnis *Muscheler* ErbR 2011, 258 (264).
[72] Zu den sich daraus ableitenden Rechten → Rn. 28, 95.
[73] Nieder/Kössinger/*Kössinger* § 10 Rn. 154; *Muscheler* ErbR 2011, 258 (264).
[74] Nieder/Kössinger/*Kössinger* § 10 Rn. 154.

50 Da der Vorvermächtnisnehmer – im Gegensatz zum Vorerben – in seiner Verfügungsmacht nicht beschränkt ist, wird sich gerade im Immobilienbereich der Nachvermächtnisnehmer überlegen, ob er seinen Anspruch auf Auflassung des Grundstückes durch eine **Vormerkung** sichern kann. Es ist umstritten, ob der Nachvermächtnisnehmer bei einem Grundstücksvermächtnis die Bewilligung einer Vormerkung verlangen kann.[75]

51 **c) Das Stück- und das Verschaffungsvermächtnis.** Grundsätzlich kann der Erblasser dem Vermächtnisnehmer jeden möglichen Vermögensvorteil vermachen. Beim in der Praxis häufigsten Vermächtnistyp, dem Stückvermächtnis, vermacht der Erblasser einen **bestimmten Gegenstand** seines Vermögens („den Picasso aus dem ersten Obergeschoss"). Im Zweifel erstreckt sich das Stückvermächtnis auch auf das **Zubehör**, § 2164 BGB. Befindet sich der Gegenstand des Vermächtnisses im Zeitpunkt des Todes des Erblassers **nicht mehr in dessen Vermögen,** ist entweder das Vermächtnis unwirksam oder aber der Beschwerte verpflichtet, den Gegenstand für den Bedachten wieder zu verschaffen, § 2169 BGB; entscheidend ist einmal mehr der Wille des Erblassers.[76] Gehört der vermachte Gegenstand nicht mehr zum Vermögen, weil der Erblasser ihn zwischen Errichtung der letztwilligen Verfügung und Erbfall **verkauft** hat, ist weiter auszulegen, ob nach dem Willen des Erblassers dem Vermächtnisnehmer zufallen soll, was sich anstelle des Gegenstandes im Nachlass befindet (das sog. **Surrogat**). Es empfiehlt sich daher sehr, dass der Erblasser erläutert, was zu geschehen hat, wenn der vermachte Gegenstand beim Tod nicht mehr vorhanden ist: Vermächtnis des Surrogates, Entfallen des Vermächtnisses oder Umwandlung des Stückvermächtnisses in ein Verschaffungsvermächtnis – gerichtet auf Verschaffung des Gegenstandes.

52 Stückvermächtnisse kommen in der Praxis sehr oft auch in Ehegattentestamenten vor: Gerade wohlhabende Ehegatten setzen oft aus erbschaftsteuerlichen Gründen ihre Kinder zu Erben ein und sichern den überlebenden Ehegatten durch die vermächtnisweise Zuwendung von Vermögen ab. In diesem Zusammenhang findet sich häufig die Regelung, dass der erstversterbende Ehegatte dem Längerlebenden seine persönliche Habe, den Hausrat und evtl. das Wohnhaus oder die Wohnung vermacht. Damit ist gesichert, dass der überlebende Ehegatte – wenn er dies will – in der vertrauten Umgebung weiterleben kann.[77]

53 **Formulierungsbeispiel Vermächtnis Hausrat und lebenslängliches Nießbrauchsrecht an Wohnungseigentum:**

Meinem Ehemann ... vermache ich zu Lasten meiner Erben den gesamten Hausrat, der sich in unserer Wohnung ... bzw. auf dem zur vorbezeichneten Wohnung gehörenden Grundstück, befindet, soweit er in meinem Allein- oder Miteigentum steht. Zum Hausrat gehören sämtliche Einrichtungsgegenstände der gemeinsam genutzten Wohnung ... sowie sämtliche persönlichen Gebrauchsgegenstände, die sich in der Wohnung ... bzw. auf dem zur vorbezeichneten Wohnung gehörenden Grundstück, befinden, dh insbesondere, aber nicht ausschließlich Bilder, Bücher, Skulpturen, sonstige Kunstwerke, technische Audioeinrichtungen, Möbel, Teppiche, Geschirr, Werkzeug, Rasenmäher, usw Zum Hausrat gehört auch der von mir genutzte PKW. Ferner vermache ich meinem Ehemann ... den lebenslänglichen und unentgeltlichen Nießbrauch an meinem Wohnungseigentum .... In Abweichung von der gesetzlichen Lastenverteilung soll mein Ehemann als Nießbraucher während der Dauer des Nießbrauchs sämtliche mit dem Gegenstand des Nießbrauchs verbundenen Lasten tragen, und zwar auch solche, die nach dem Gesetz der Eigentümer zu tragen hätte, insbesondere die Kosten von außerge-

---

[75] Hierzu und zu den möglichen Voraussetzungen für eine solche Bewilligung ausführlich *Muscheler* ErbR 2011, 258 (266 ff.).
[76] Palandt/*Weidlich* BGB § 2169 Rn. 3.
[77] Vgl. zu den Risiken für den Verteilungsplan durch den Erblasser auch *Kornexl* ZEV 2002, 142 und 173.

> wöhnlichen Erneuerungen und Ausbesserungen. Im Übrigen gelten für den Inhalt des Nießbrauchsrechts die gesetzlichen Vorschriften.

Nicht selten wird auch ein Verschaffungsvermächtnis angeordnet. Hierbei wird von vornherein ein Gegenstand vermacht, der **nicht** zum Nachlass gehört, und der Beschwerte somit verpflichtet, den Gegenstand dem Bedachten zu verschaffen, § 2170 BGB. Gelingt die Verschaffung nicht oder ist sie nur mit unverhältnismäßigen Aufwendungen möglich, so kann sich der Beschwerte durch Entrichtung des Wertes von der Beschwerung befreien, § 2170 Abs. 2 BGB. 54

d) Das Wahl- und das Gattungsvermächtnis. Sowohl das Stück- als auch das Verschaffungsvermächtnis können als Wahl- und als Gattungsvermächtnis angeordnet werden. Beim Wahlvermächtnis, § 2154 BGB, ordnet der Erblasser an, dass der Bedachte von mehreren Gegenständen nach seiner Wahl entweder den einen oder den anderen erhalten soll („den Picasso oder den Miro"). Beim Gattungsvermächtnis wird der Beschwerte verpflichtet, dem Bedachten einen nur der Gattung nach bestimmten Gegenstand zu leisten („eine Lithografie von Dali"). Diese Art des Gattungsvermächtnisses ist das einzige, bei dem der Beschwerte gegebenenfalls Rechts- und Sachmängelhaftung für den Gegenstand, den er dem Bedachten geleistet hat, ausgesetzt sein kann, §§ 2182 ff. BGB. Die Haftung ist allerdings nicht gegeben, soweit das Gattungsvermächtnis nicht als Verschaffungsvermächtnis angeordnet wird, sondern aus dem Nachlass selbst zu erfüllen ist („eine Lithografie von Dali aus meiner Sammlung"[78]). 55

e) Das Nießbrauchsvermächtnis. Ein wichtiges Gestaltungsmittel der Nachfolgeplanung ist das Nießbrauchsvermächtnis.[79] Dieses Instrument ermöglicht es, einer Person die Nutznießung am Nachlass oder an Nachlassteilen einzuräumen, ohne sie zum Erben einzusetzen. In der Praxis findet sich das Nießbrauchsvermächtnis oft in der Konstellation, dass die Kinder zu Erben eingesetzt werden, der Ehegatte jedoch zeitlebens den Nießbrauch an den Nachlasswerten erhält. Er wird zwar **nicht Eigentümer** der Nachlassgegenstände, er kann aber gleichwohl als Nießbraucher in derselben Umgebung und mit den gleichen Nachlasswerten weiterleben wie vor dem Tod des Ehegatten. Zu unterscheiden ist zwischen dem Nießbrauch am Nachlass und dem Nießbrauch am Erbteil: 56

aa) Der Nießbrauch am Nachlass. Ordnet der Erblasser letztwillig an, dass einer Person nach seinem Tod der Nießbrauch am Nachlass gebühren soll, stellt dieses Vermächtnis das Kausalverhältnis für die Bestellung des Nießbrauchs dar, das heißt der Vermächtnisnehmer kann von dem oder den Erben aufgrund des Vermächtnisses verlangen, dass ihm ein Nießbrauch an den einzelnen Gegenständen des Nachlasses bestellt wird. Der Nießbrauch am Nachlass ist gesetzlich in § 1089 BGB geregelt, es handelt sich um einen Unterfall des Nießbrauches am Vermögen (§§ 1085–1089 BGB). Gemäß §§ 1089, 1085 BGB ist es erforderlich, dass der Nießbrauch an den **einzelnen Gegenständen** des Nachlasses bestellt wird; es ist nicht möglich, den Nießbrauch am Nachlass im Ganzen zu bestellen.[80] 57

Rechtsfolge des Nießbrauches ist, dass der Nießbraucher das unvererbliche und unübertragbare[81] Recht erhält, sämtliche Nutzungen der Nachlassgegenstände zu ziehen. Ihm obliegt, soweit nichts anderes geregelt ist, die Erhaltung und Unterhaltung der Nachlassgegenstände (§ 1041 BGB) sowie die Übernahme der laufenden Lasten und Ver- 58

---

[78] Vgl. *Brox* Rn. 441, dort wörtlich „ mein Neffe soll drei Bilder aus meiner Gemäldesammlung erhalten".
[79] Bsp. in MVHdB VI Bürgerl.R II/*Otto* XII. 20 ff.
[80] Vgl. Staudinger/*Heinze* BGB § 1089 Rn. 13.
[81] § 1059 S. 1 BGB. Die Ausübung des Rechts kann aber – mangels abweichender Anordnung – anderen überlassen werden, § 1059 S. 2 BGB.

sicherungskosten (§§ 1045, 1047 BGB). Außerordentliche Ausbesserungen und Erneuerungen braucht der Nießbraucher nicht durchzuführen. Der Nießbraucher hat aber **kein Recht,** über Nachlassgegenstände **zu verfügen.** Er kann Verfügungsbefugnis mittelbar allerdings dadurch erlangen, dass er vom Erblasser auch zum **Testamentsvollstrecker** ernannt wird.[82]

59   Wichtig ist in diesem Zusammenhang, dass der Nießbraucher, falls er nicht Testamentsvollstrecker ist, keine Handhabe dagegen hat, dass der oder die Erben Nachlassgegenstände veräußern.[83] Eine solche Veräußerung führt zwar nicht zum Untergang des Nießbrauchs, vielmehr bleibt das Nießbrauchsrecht ungeachtet der Veräußerung bestehen. Andererseits entsteht aber auch kein Nießbrauch am Erlös. Der statt der veräußerten Sache erlangte Wert stellt kein Surrogat dar.[84] Ebenso berührt die Auseinandersetzung des Nachlasses die Rechte des Nießbrauchers nicht. Das Nießbrauchsrecht bleibt an den einzelnen Gegenständen trotz der eventuellen Übertragung von Nachlassgegenständen auf einzelne Erben bestehen. Gleichwohl kann die räumliche Zerstreuung der Nachlassgegenstände, mag sie auf der Veräußerung von Nachlassgegenständen oder auf der Auseinandersetzung beruhen, die Rechte des Nießbrauchers in der praktischen Nutzung beeinträchtigen. Der Testator sollte sich mithin überlegen, ob er nicht (abgesehen von der bereits empfohlenen Anordnung der Testamentsvollstreckung) einerseits das Nießbrauchsvermächtnis mit einem **Teilungsverbot** gemäß § 2044 BGB (→ § 19 Rn. 59) verbindet, um ein Auseinanderfallen des Nachlasses zu verhindern, und er andererseits (durch ein weiteres Vermächtnis) dem Nießbraucher auch den Nießbrauch an allen Gegenständen zuweist, die **nach** dem Erbfall zum Nachlass kommen.[85] Mit der letztgenannten Regelung kann sichergestellt werden, dass der Nießbraucher auch einen Nießbrauch an den **Erlösen** von veräußerten Nachlassgegenständen erlangt.

60   Trotz des Nießbrauchsrechts kann der Erbe übrigens gemäß §§ 1089, 1087 BGB insoweit Nachlassgegenstände veräußern, als dies zur Bedienung der Nachlassverbindlichkeiten erforderlich ist.

61   **bb) Der Nießbrauch am Erbteil.** Vom Nießbrauch am gesamten Nachlass ist der Nießbrauch am Erbteil zu unterscheiden. Dies gilt auch dann, wenn der Nießbrauch an „allen Erbteilen" angeordnet ist. Im Gegensatz zum Nießbrauch am Nachlass, der zu einem Nießbrauch an den einzelnen Nachlassgegenständen führt, stellt der Nießbrauch am Erbteil einen **Nießbrauch an einem Recht** dar. Einschlägig hierfür ist nicht § 1089 BGB, sondern §§ 1068, 1069 BGB.[86] Auch dieser Nießbrauch kann durch Vermächtnis zugewandt werden. Die eigentliche dingliche Nießbrauchsbestellung der Erben an den Nießbraucher erfolgt aber nicht durch Bestellung des Nießbrauches an den einzelnen Nachlassgegenständen, sondern durch unmittelbare und **einaktige** Bestellung des Nießbrauches am Erbteil, die allerdings der **notariellen Beurkundung** bedarf, §§ 1069, 2033 BGB.[87]

62   Der Nießbrauch am Erbteil führt nicht unmittelbar zum Nießbrauch an den einzelnen Nachlassgegenständen, insofern bestehen Parallelen zur Rechtslage unter Miterben: Auch Miterben erwerben keine Rechte an den einzelnen Nachlassgegenständen, sondern nur am Miterbenanteil. Wichtig zum Schutz des Nießbrauchers ist, dass es ganz herrschender Ansicht entspricht, dass die übrigen Miterben ohne Zustimmung des Nießbrauchers sich weder auseinander setzen noch Verfügungen über einzelne Nachlassgegenstände treffen dürfen:[88] Sie dürfen sich nicht auseinander setzen, weil mit dem Ende der Erbengemein-

---

[82] Sog. Dispositionsnießbrauch, vgl. Nieder/Kössinger/*Kössinger* § 10 Rn. 170.
[83] Vgl. zu den Konsequenzen auch Staudinger/*Heinze* BGB § 1089 Rn. 17.
[84] Genau umgekehrt verhält es sich beim Nießbrauch am Erbteil; Staudinger/*Heinze* BGB § 1089 Rn. 31.
[85] Staudinger/*Heinze* BGB § 1089 Rn. 10.
[86] Vgl. Staudinger/*Heinze* BGB § 1089 Rn. 25.
[87] Vgl. Staudinger/*Heinze* BGB § 1089 Rn. 27.
[88] Vgl. Staudinger/*Heinze* BGB § 1089 Rn. 30.

schaft keine Erbteile mehr bestehen, auf die sich das Nießbrauchsrecht beziehen könnte; der Nießbrauch endet daher mit Auseinandersetzung. Das **Verbot der Verfügung über einzelne Nachlassgegenstände** wird damit begründet, dass – anders als beim Nießbrauch am Nachlass – der Nießbrauch am veräußerten Nachlassgegenstand erlischt. Allerdings setzt sich der Nießbrauch an **Surrogaten**, beispielsweise am Erlös für den veräußerten Nachlassgegenstand, fort.

Zusammenfassend: Hat sich der Erblasser entschlossen, vermächtnisweise den Nießbrauch am Nachlass oder an Erbteilen zuzuwenden, sollte er bei der Abwägung „Nießbrauch am Nachlass oder an Erbteilen" und allgemein bei der Ausgestaltung Folgendes bedenken: Die vermächtnisweise Zuweisung des Nießbrauches an **Erbteilen** verhindert Verfügungen über Nachlassgegenstände ohne Zustimmung des Nießbrauchers. Werden Nachlassgegenstände veräußert, setzt sich der Nießbrauch an der Gegenleistung (dem Surrogat) fort. Der Nießbrauch kann in nur einem (notariell zu beurkundenden) Akt bestellt werden. Ist dennoch ein Nießbrauch am **Nachlass** und nicht an den Erbteilen gewünscht (oder erforderlich, da es keine Erbteile gibt, weil nur ein Alleinerbe bestimmt wird), muss sich der Testator überlegen, ob er nicht, um die sonst mögliche Veräußerung von Nachlassgegenständen zu verhindern, ein **Teilungsverbot** ausspricht. Will er dies nicht, sollte er zumindest durch ein weiteres Vermächtnis auch an allen später zum Nachlass gelangenden Sachen den Nießbrauch vermachen, um so dem Nießbraucher auch den Nießbrauch am Erlös für veräußerte Nachlassgegenstände zu erhalten. Insbesondere sollte er sich aber überlegen, ob er nicht die Position des Nießbrauchers dadurch erheblich verbessert, dass er ihn als **Testamentsvollstrecker** benennt. Benennt er ihn und verschafft er ihm dadurch Verfügungsbefugnis, sollte er gegebenenfalls klarstellen, dass der Nießbraucher tatsächlich auch berechtigt ist, auf die Substanz des Nachlasses (durch Entnahmen) einzuwirken. Mit einer solchen Regelung macht der Testator den Nießbraucher, dem grundsätzlich lediglich die Erträgnisse zustehen, von der Wirtschaftslage und Zeiten, in denen die Erträgnisse hinter den Erwartungen zurückbleiben, unabhängig. Soll der Nießbrauch nicht nur eine, sondern mehrere Personen absichern, ist schließlich zu überlegen, ob ihnen **Quoten** zugewiesen werden (etwa jedem die Hälfte des Ertrages) oder ob sie als Gesamtberechtigte gemäß § 428 BGB benannt werden. Der **Unterschied** ist insbesondere, dass im ersten Fall mit dem Tod des Ersten der beiden Berechtigten die Leistungspflicht zur Hälfte erlischt, während im Falle der Gesamtberechtigung nach dem Tod des ersten der Gesamtberechtigten der Überlebende die gesamte Leistung fordern kann.

cc) Quotennießbrauch und andere Gestaltungen. Es ist nicht erforderlich, dass der Erblasser den Nießbrauch am gesamten Nachlass oder den gesamten Erbteilen zuwendet. Vielmehr kann der Erblasser durch Vermächtnis auch den Nießbrauch an einzelnen Gegenständen des Nachlasses (etwa an einem Hausgrundstück) oder Rechten (Sparguthaben, Depot) vermachen. Ebenso kann der Nießbrauch sich auch auf Bruchteile eines Gegenstands beziehen (Bruchteilsnießbrauch) oder auf Quoten des Ertrages des Gegenstandes, des Nachlasses oder des Erbteils. So kann beispielsweise vorgesehen werden, dass dem Nießbraucher 50% der Erträgnisse des Nachlasses oder eines Erbteils oder eines bestimmten Nachlassgegenstandes zustehen.[89]

dd) Nießbrauchsvermächtnis oder Vorerbschaft? Bei unklarer Regelung kann die Entscheidung, ob der Erblasser ein **Nießbrauchsrecht** vermächtnisweise zuwenden **oder Vorerbschaft** anordnen wollte, recht schwierig sein. Die Institute sind in ihrer wirtschaftlichen Funktionsweise ähnlich, insbesondere wenn das Nießbrauchsrecht mit der Anordnung der Testamentsvollstreckung durch den Nießbraucher kombiniert wird. Eine gesetzliche Vermutung für die eine oder andere Auslegung gibt es nicht, so dass es auf die

---

[89] Vgl. im Einzelnen Nieder/Kössinger/*Kössinger* § 10 Rn. 163; Bsp. in MVHdB VI Bürgerl.R II/*Otto* XII. 22.

Auslegung des letzten Willens ankommt. Wollte der Erblasser den Begünstigten zum **„Herrn des Nachlasses"** machen, ist wohl eher an Vorerbschaft zu denken.[90]

66 Bei der **Testamentsgestaltung** sollte daher möglichst exakt beschrieben werden, was gewollt ist. Der Testator sollte sich insbesondere fragen, ob er den Bedachten eher frei oder eher unfrei stellen will. Im ersten Fall ist Vorerbschaft anzuordnen, im zweiten hingegen die Nießbrauchslösung zu bevorzugen. Bei aller Ähnlichkeit der Institute, insbesondere im wirtschaftlichen Ergebnis, ist doch nicht zu verkennen, dass der Vorerbe (der überdies von vielen Beschränkungen befreit werden kann, → Rn. 92ff.) Eigentümer der Nachlassgegenstände wird, während der Nießbraucher nur **fremde** Sachen verwaltet und nutzt. Daraus resultieren auch strengere Verpflichtungen des Nießbrauchers. Umgekehrt wird eingewandt, dass die Nießbrauchsvermächtnislösung im Vergleich zur Vor- und Nacherbschaft oft einfacher zu handhaben ist.

67 **ee) Nießbrauchsvermächtnisse und Unternehmensnachfolge.** Bereits vorstehend wurde erwähnt, dass der Erblasser auch den Nießbrauch an einzelnen Gegenständen oder Rechten vermachen kann. Daher ist es auch möglich, dass der Erblasser im Rahmen der **Unternehmensnachfolge** den Nießbrauch an einzelkaufmännischen Unternehmen,[91] Personengesellschaftsanteilen (GbR, OHG,[92] KG[93])[94] oder Kapitalgesellschaftsanteilen (GmbH, AG)[95] vermacht. Die letztwillige Zuwendung eines Nießbrauches am Unternehmen oder einer Beteiligung bietet sich insbesondere an, wenn einerseits die Zuwendung des Unternehmens oder der Beteiligung auf eine bestimmte Person (oft die Abkömmlinge als Erben) erfolgen, andererseits jedoch eine weitere Person (oft der Ehegatte) abgesichert werden soll. Vor der vermächtnisweisen Anordnung des Nießbrauches an Unternehmensbeteiligungen sollte der Erblasser prüfen, ob **gesellschaftsvertraglich** die Anordnung eines Nießbrauches **zulässig** ist.[96] Ist sie möglich, sollte er genau angeben, wie der Nießbrauch beschaffen sein soll, denn das Spektrum an möglichen Nießbrauchsformen ist sehr weit gefächert. Die Stellung des Nießbrauchers kann beispielsweise so ausgestaltet werden, dass er das Unternehmen führt bzw. in die Gesellschafterstellung einrückt. Umgekehrt ist es möglich, dass die Erben die Fortführung übernehmen und der Nießbraucher lediglich in einem vom Erblasser bestimmbaren Rahmen an den Erträgnissen partizipiert. Sehr wichtig ist daher, dass der Erblasser näher definiert, **wer** das Unternehmen **führt** und wem das **Stimmrecht**[97] zusteht und ob dem Nießbraucher ein Teil oder die gesamten Erträgnisse zukommen sollen oder ob ihm gar nur ein Nießbrauch an den Erlösen selbst („Zinseszins-Nießbrauch") zusteht. Weiterhin sollte der Testator regeln, in welchem Umfang der Nießbraucher einerseits an außerordentlichen Erträgen und andererseits an **Verlusten** beteiligt ist und in welchem Maße **Rückstellungen** gebildet werden dürfen, die sich zu Lasten des Gewinnes und damit zu Lasten des Nießbrauchers auswirken können. Weiterhin sollte festgelegt werden, wie sich **Kapitalerhöhungen** auf den Nieß-

---

[90] Vgl. *Brox* Rn. 346; *Lange/Kuchinke,* 575; Staudinger/*Heinze* BGB § 1089 Rn. 5ff.
[91] Vgl. Nieder/Kössinger/*Kössinger* §10 Rn. 174ff.
[92] Vgl. Nieder/Kössinger/*Kössinger* § 10 Rn. 177ff.
[93] Vgl. Nieder/Kössinger/*Kössinger* § 10 Rn. 177ff.
[94] Allg. zum Nießbrauch an Personengesellschaftsanteilen *Kruse* RNotZ 2002, 69.
[95] Vgl. *Reichert/Schlitt,* FS Flick, 1997, 217 passim.; Nieder/Kössinger/*Kössinger* § 10 Rn. 183ff.; Bsp. in MVHdB VI Bürgerl.R II/*Otto* XII. 22; BeckFormB BHW/*Wentrup* IX. 23.
[96] ZB ist die Nießbrauchsbestellung an einem GmbH-Geschäftsanteil nicht möglich, wenn die Satzung ein Abtretungsverbot (§ 15 Abs. 5 GmbHG) vorsieht. Ein gleichwohl angeordnetes Vermächtnis auf Einräumung des Nießbrauches wird man allerdings in den Anspruch auf Verschaffung einer Unterbeteiligung umdeuten können. Bei den Personalgesellschaften ist zu beachten, dass die Nießbrauchsbestellung am Gesellschaftsanteil wegen §§ 105, 161 HGB, 717, 719 BGB der Zustimmung aller Gesellschafter oder einer genehmigenden Klausel im Gesellschaftsvertrag bedarf. Anderes gilt für die Bestellung des Nießbrauches an den vermögensrechtlichen Bezügen der Beteiligung.
[97] Grundsätzlich und soweit nichts anderes geregelt ist, verbleibt die Mitwirkungskompetenz bei Beschlüssen trotz Nießbrauchsbestellung am Gesellschaftsanteil beim Gesellschafter, BGH ZEV 1999, 71 mit Anm. *Lieber.*

II. Vermächtnisse § 18

brauch auswirken und welche Rechte der Nießbraucher im Falle der **Veräußerung** des Unternehmens oder des Anteils, bzw. im Falle der **Kündigung der Beteiligung,** der **Liquidation** etc. an den Veräußerungserlösen oder Abfindungsbeträgen etc. erlangt.[98] Bei der Gestaltung sollten zudem die jeweiligen erbschaftsteuerlichen Folgen berücksichtigt und die ertragsteuerlichen Konsequenzen bedacht werden.[99]

> **Formulierungsbeispiel (Quoten-)Nießbrauchsvermächtnis:** 68
>
> Der Erstversterbende von uns vermacht zu Lasten des Erben unserem Sohn ... seine Gesellschaftsbeteiligung an der ... KG mit Sitz in ..., eingetragen im Handelsregister des Amtsgerichts ... unter HRA ... (einschließlich sämtlicher Gesellschafterkonten) („**vermachte Beteiligung**") und zwar mit schuldrechtlicher Wirkung vom Ersten des auf den Sterbefall folgenden Monats an, mit dinglicher Wirkung jedoch mit Rücksicht auf die Haftungsfolgen des § 176 Absatz II HGB im Außenverhältnis gegenüber Dritten erst mit der Eintragung der Rechtsnachfolge im betreffenden Handelsregister. Die Übertragung der vermachten Beteiligung erfolgt in der Weise, dass dem überlebenden Ehegatten der lebenslängliche unentgeltliche Nießbrauch mit einer Quote von 90 Prozent (Quotennießbrauch) an der jeweils vermachten Beteiligung nach näherer Maßgabe der nachfolgenden Absätze vorbehalten bleibt.
>
> Der Nießbrauch umfasst die vermachte Beteiligung in ihrem jeweiligen Bestand und erstreckt sich im Fall einer Erhöhung der Festkapitalanteile der Gesellschafter aus Gesellschaftsmitteln – nicht jedoch aufgrund von Einlagen – auch auf den jeweils erhöhten Anteil. Der Nießbrauch erstreckt sich zudem auf die Surrogate der vermachten Beteiligung. Zu den Surrogaten gehören insbesondere das Auseinandersetzungsguthaben und die Abfindung bei sonstigem Ausscheiden, die Beteiligung an einem neuen Rechtsträger, Rechtsnachfolger bzw. sonstigem Nachfolger aufgrund Umwandlung oder anderer Veränderungen als durch Umwandlung, zB durch Rechtsnachfolge, Zusammenlegung oder sonstiger Umstrukturierungen. Für den Fall, dass die automatische Erstreckung des Nießbrauchs auf die neuen Gesellschaftsanteile oder die Surrogate nicht wirksam sein sollte, verpflichtet der Erstversterbende vorsorglich den Vermächtnisnehmer als Gesellschafter im Wege der Auflage, alle Erklärungen abzugeben, die zur Bestellung des Nießbrauchs entsprechend den Anordnungen in diesem § ... erforderlich sein sollten.
>
> Für die Dauer des Nießbrauchs stehen dem überlebenden Ehegatten die auf die vermachte Beteiligung entfallenden entnahmefähigen Gewinnanteile – ausgenommen solche aus außerordentlichen Erträgen – und die auf die jeweiligen Gesellschafterkonten entfallenden entnahmefähigen Zinsen entsprechend der vorbehaltenen Nießbrauchsquote zu, soweit der Vermächtnisnehmer als Gesellschafter nach dem Gesetz, dem Gesellschaftsvertrag, den festgestellten Jahresabschlüssen und den sonstigen Gesellschaftsbeschlüssen berechtigt wäre, diese Gewinne zu entnehmen. An Verlusten ist der überlebende Ehegatte als Nießbraucher nicht beteiligt.
>
> Die Stimm- und Mitverwaltungsrechte an der vermachten Beteiligung stehen trotz des Nießbrauchs allein dem Vermächtnisnehmer als Gesellschafter zu, die dieser jedoch nur unter Beachtung der berechtigten Interessen des überlebenden Ehegatten als Nießbraucher ausüben darf.

---

[98] *Reichert/Schlitt/Düll* GmbHR 1998, 565.
[99] Bei bestimmten Nießbrauchsgestaltungen (zB bei Gewerbebetrieben, Mitunternehmeranteilen) ist in ertragsteuerlicher Hinsicht insbesondere das Urteil des BFH vom 25.1.2017 (DB 2017, 1813) zu beachten, wonach eine gemäß § 6 Abs. 3 S. 1 EStG steuerneutrale unentgeltliche Übertragung eines Gewerbebetriebs unter dem Vorbehalt eines Nießbrauchs an dem Betriebsvermögen nicht möglich ist. So ist beispielsweise bei der lebzeitigen Übertragung von Mitunternehmeranteilen unter Vorbehaltsnießbrauch mit Blick auf das vorgenannte Urteil fraglich, ob eine Übertragung zum Buchwert gemäß § 6 Abs. 3 EStG erfolgen kann oder nicht vielmehr die Aufdeckung stiller Reserven droht. Hierzu ausführlich *Dräger* DB 2017, 2768 ff.

> Der Vermächtnisnehmer als Gesellschafter hat auf Verlangen des überlebenden Ehegatten als Nießbraucher, von seinem jeweiligen Informationsrecht, das ihm als Gesellschafter nach dem jeweiligen Gesellschaftsvertrag in der jeweils gültigen Fassung zusteht, Gebrauch zu machen und die erhaltenen Informationen an den überlebenden Ehegatten als Nießbraucher, soweit zulässig, weiterzuleiten.

69 **f) Das Renten- und das Wohnrechtsvermächtnis.** Der Erblasser kann den oder die Erben auch mit einer Renten- oder Wohnrechtsverpflichtung gegenüber dem Vermächtnisnehmer belasten. Der Erblasser muss bei Anordnung eines Rentenvermächtnisses insbesondere die **steuerlichen** Folgen beachten.[100] Auch sollte sich der Testator bei Anordnung der Rente überlegen, ob die Rente **wertgesichert,** also an Kaufkraftverlust angepasst[101] werden soll und Vorkehrungen für den Fall des Verzuges getroffen werden sollen. Beispielsweise kann sich eine Klausel empfehlen, wonach der gesamte, kapitalisierte Rentenbetrag fällig wird, wenn der Rentenverpflichtete mit einer festzulegenden Anzahl von Renten in Rückstand gerät.

70 Bei Anordnung des Wohnrechts sollte sich der Testator letztlich über zwei Dinge im Klaren sein: Soll der Eigentümer auch dann zur Verschaffung des Wohnrechts verpflichtet sein, wenn das Gebäude, auf das sich das Wohnrecht bezieht, **zerstört** ist? In diesem Fall empfiehlt sich statt der üblichen Anordnung des dinglichen Wohnrechts (§ 1093 BGB) die vermächtnisweise Zuwendung einer **Wohnungsreallast;** denn diese koppelt die Verpflichtung zur Gewährung des Wohnrechts nicht an das Vorhandensein eines bestimmten Gebäudes. Weiterhin sollte sich der Testator mit Blick auf die finanzielle Lage des Vermächtnisnehmers fragen, ob das Wohnrecht möglichst **unpfändbar** sein soll: Im Gegensatz zur Wohnungsreallast ist das dingliche Wohnrecht gemäß § 1093 BGB nicht pfändbar. Anderes gilt allerdings dann, wenn die Ausübung des Wohnrechts kraft ausdrücklicher Anordnung gemäß § 1092 Abs. 1 BGB einem anderen überlassen werden kann.[102] Selbstverständlich empfiehlt es sich auch hier, dass der Erblasser möglichst genau umreißt, welche **Lasten und Kosten** vom Eigentümer und welche vom Wohnrechtsinhaber getragen werden sollen und welche **genauen Befugnisse** dem Wohnrechtsinhaber zustehen (Gestaltungsrechte im Garten, Umbaurechte in der Wohnung etc.). Ordnet der Testator hierzu nichts an, richten sich die Rechte des Eigentümers und des Wohnrechtsinhabers aufgrund der Verweisung in § 1093 BGB im Wesentlichen nach Nießbrauchsrecht (vgl. → Rn. 56 ff.).

III. Vor- und Nacherbfolge

1. Allgemeines

71 **a) Begriff und Bedeutung.** Das Erbrecht ermöglicht im Rahmen der §§ 2100 bis 2146 BGB Erben **hintereinander** einzusetzen, so dass ein Erbe (der Nacherbe) erst Erbe wird, nachdem zunächst ein anderer Erbe (der Vorerbe) Erbe war. Beide Erben leiten **ihre Erbstellung vom Erblasser** ab, auch der Nacherbe ist Erbe des Erblassers und nicht etwa Erbe des Vorerben. Selbstverständlich kann der Nacherbe gleichzeitig auch Erbe des Vorerben sein. Dies kommt beispielsweise dann vor, wenn Ehegatten als Erblasser bestimmen, dass der erstversterbende Ehegatte Vorerbe sein soll, und weiter verfügen, dass

---

[100] Ausführlich zur steuerlichen Behandlung der Vermögensübergabe gegen wiederkehrende Leistung MAH ErbR/*v. Sothen* § 36 VIII.
[101] Zur Zulässigkeitsbeschränkung derartiger Klauseln durch das Preisangaben- und Preisklauselgesetz vgl. Palandt/*Grüneberg* BGB Anhang zu § 245.
[102] Palandt/*Herrler* § 1092 Rn. 8.

III. Vor- und Nacherbfolge § 18

Schluss-[103] und Nacherbe im Zeitpunkt des Todes des Vorerben das gemeinschaftliche Kind sein soll. Mit dem Todesfall des Vorerben wird das Kind dann zum einen Nacherbe des Erstverstorbenen und gleichzeitig Erbe des Letztverstorbenen. Für die rechtliche Beurteilung aber sind die Vermögensmassen zu trennen.

> **Formulierungsbeispiel Vor- und Nacherbfolge:** 72
>
> Ich setze ... geboren am ... mit den Beschränkungen gemäß Abs. 2 zu meinem alleinigen Erben ein.
>
> Der Erbe ist nur befreiter Vorerbe.
>
> Nacherben mit dem Ableben des Vorerben sind ... zu gleichen Teilen. Sind keine Nacherben nach Satz 1 vorhanden, bestimme ich zum Ersatznacherben ....
>
> Der Erbe ist von allen gesetzlichen Beschränkungen befreit, soweit dies rechtlich möglich und zulässig ist. Dies gilt unabhängig davon, wer als Nacherbe berufen ist.

Dem Erblasser gibt das Institut der Vor- und Nacherbschaft die Möglichkeit, über **längere Zeit und Generationen** hinweg zu bestimmen, wer Erbe seines Nachlasses sein soll; dies ermöglicht es ihm beispielsweise, die Erbschaft in der Familie zu halten. Damit gehen erhebliche **Einschränkungen der Verfügungsfreiheit** des Vorerben einher, die dem Zweck dienen, einen möglichst ungeschmälerten Übergang des Vermögens vom Vorerben auf den Nacherben zu gewährleisten: Die **Substanz** soll dem Nacherben erhalten bleiben, lediglich die **Nutzungen** während der Vorerbzeit gebühren dem Vorerben. Zwar kann der Erblasser bei Anordnung der Vor- und Nacherbschaft Lockerungen von diesen Einschränkungen anordnen (sog. **befreite Vorerbschaft**), volle Verfügungsfreiheit kann dem Vorerben aber nicht eingeräumt werden.[104] 73

Die Vor- und Nacherbschaft hat große Bedeutung auch im Rahmen der Unternehmensnachfolgeplanung (vgl. → Rn. 97), weil es durch dieses Institut möglich ist, längerfristig auf den Nachlass einzuwirken und bestimmte Personen gänzlich vom Nachlass fern zu halten. Möchte beispielsweise ein Unternehmer einerseits seinen Sohn zum Erben einsetzen, aber andererseits verhindern, dass von den beiden Kindern seines Sohnes, also seinen Enkeln, ein Kind am Unternehmen nach dem Tod des Sohnes partizipiert, so lässt sich dies durch die Einsetzung des Sohnes zum Vorerben und seines anderen Enkels zum Nacherben erreichen. Folge ist, dass der nicht zum Nacherben eingesetzte Enkel nach dem Tod seines Vaters – unabhängig von dessen letztwilliger Verfügung – keinerlei Beteiligung am Unternehmen erlangt, auch nicht über das Pflichtteilsrecht: Aus Sicht des Kindes, das nicht zum Nacherben eingesetzt wurde, zählt zum **pflichtteilsrelevanten Nachlass** des Vaters **nicht,** was der Vorerbschaft unterliegt.[105] Diese Möglichkeit, Vermögen zuzuwenden, das nach dem Tod des Empfängers nicht zum pflichtteilsrelevanten Vermögen gehört, kann auch durch befristete Herausgabevermächtnisse (vgl. → Rn. 95), Vor- und Nachvermächtnisse (→ Rn. 47 ff.) und im Rahmen der vorweggenommenen Erbfolge durch Schenkung unter Auflage erreicht werden.[106] 74

Aus diesen Erwägungen leitet sich auch die Bedeutung der Vor- und Nacherbfolge für letztwillige Verfügungen von **geschiedenen Ehegatten** ab: Zwar wird, falls die Ehegatten nichts anderes wollen, eine letztwillige Verfügung, mit der ein Ehegatte bedacht wird, mit der Scheidung unwirksam, § 2077 BGB. Gleichwohl ist folgender Fall zu bedenken: Der Erblasser verstirbt und wird von seinem Kind beerbt. Dieses verstirbt, ohne eigene Kinder oder einen Ehegatten zu hinterlassen, ebenfalls. Tritt nun nach dem verstorbenen Kind ge- 75

---

[103] Setzen sich Ehegatten wechselseitig zu Vorerben und die Kinder als Nacherben ein, sollte immer bestimmt werden, dass Schlusserben nach dem Längerlebenden die Kinder sind, sonst ist die Erbfolge nach dem Längerlebenden nicht eindeutig geregelt. → § 17 Rn. 60.
[104] Vgl. aber auch die allgemeinen Warnhinweise in MAH ErbR/*Scherer* § 3 Rn. 35.
[105] Soergel/*Dieckmann* BGB § 2311 Rn. 7; vgl. OLG Hamm FamRZ 1986, 612.
[106] Vgl. zur Schenkung unter Auflage *Feick* ZEV 2002, 85.

setzliche Erbfolge an, erbt letztlich doch der geschiedene Ehegatte (oder dessen Abkömmlinge) den im Kindesvermögen vorhandenen Anteil am Vermögen seines ehemaligen Ehegatten.[107] Um dieses regelmäßig unerwünschte Ergebnis zu vermeiden, sollte der Erblasser nach der Scheidung oder Trennung, wenn er seine Abkömmlinge bedenken will, diese zu Vorerben und deren Abkömmlinge, hilfsweise ihm sonst nahe stehende Verwandte oder Stiftungen etc. als Nacherben einsetzen (vgl. auch § 2107 BGB, s. → Rn. 77).[108] Auch ist es möglich, dem Vorerben Einfluss auf die Nacherbenbestimmung zu geben (vgl. im Einzelnen → § 4 Rn. 16 ff.). Mit der Nacherbenbestimmung wird jedenfalls verhindert, dass nach dem Tod des Vorerben das Vermögen an den geschiedenen Ehegatten fällt.

76 **b) Die Anordnung der Vor- und Nacherbfolge.** Die Vor- und Nacherbschaft beruht stets auf Anordnungen des Erblassers in seiner letztwilligen Verfügung,[109] lediglich in den Sonderfällen der §§ 2104, 2105 BGB kommt es auch ohne unmittelbare Anordnung zur Vor- und Nacherbschaft.[110] Ob und mit welchen besonderen Maßgaben Vor- und Nacherbschaft gewollt war, ist gegebenenfalls durch Auslegung der letztwilligen Verfügung zu ermitteln.[111] Der Erblasser kann die Nacherbfolge auch unter eine aufschiebende oder auflösende **Bedingung oder Befristung** stellen. So kann er zB regeln, dass ein Kind nur Nacherbe wird, wenn es eine bestimmte Prüfung besteht.[112] Bereits erwähnt wurde die **Wiederverheiratung** als Bedingung für den Eintritt der Vor- und Nacherbschaft (→ § 17 Rn. 61) und die Möglichkeiten, dem Vorerben Einfluss auf die Nacherbenauswahl zu geben (→ § 4 Rn. 16 ff.).[113]

77 Die §§ 2101 ff. BGB halten **Auslegungsregeln** bereit. Wichtig ist insbesondere die Regelung des § 2102 BGB. Danach enthält zwar die Einsetzung als Nacherbe im Zweifel auch die Einsetzung als **Ersatzerbe;** ist aber zweifelhaft, ob jemand als Ersatzerbe oder als Nacherbe eingesetzt ist, so gilt er gemäß § 2102 Abs. 2 BGB als Ersatzerbe. Hat ein Erblasser seinen Abkömmling, der zur Zeit der Errichtung der letztwilligen Verfügung keine Abkömmlinge hat, zum Vorerben und einen Dritten als Nacherben bestimmt, so ist gemäß § 2107 BGB anzunehmen, dass der Dritte nur für den Fall als Nacherbe eingesetzt ist, dass der Abkömmling ohne Nachkommen stirbt. Der Gesetzgeber geht mithin davon aus, dass der Erblasser die Nachkommen eines von ihm bedachten Abkömmlings nicht zugunsten Dritter von der Erbschaft ausschließen will.[114]

78 Der Erblasser kann schließlich auch **mehrere** Erben zu Vor- und Nacherben einsetzen. Umgekehrt ist es möglich, von mehreren Erben nur einen oder einige mit der Anordnung der Vorerbschaft zu belasten. Bestimmt beispielsweise der Erblasser, dass seine beiden Kinder und sein Ehegatte Erben zu jeweils 1/3 sind, und verfügt er weiter, dass sein Ehegatte Vorerbe und nach seinem Tod die Kinder Nacherben sind, liegt ein solcher Fall vor. Schließlich ist es möglich, die Erben nur zu einem **Bruchteil** als Vollerben und ansonsten zu Vorerben zu berufen.[115] Der Erblasser kann auch mehrere Nacherben be-

---

[107] Hat das Kind testiert und einen Dritten zum Erben bestimmt, sind Pflichtteilsansprüche des Elternteils zu beachten, § 2303 Abs. 2 BGB.
[108] Nieder/Kössinger/*Kössinger* § 10 Rn. 3; Beispiel in MVHdB VI Bürgerl.R II/*Otto* XII. 16.
[109] Bsp. in BeckFormB BHW/*Najdecki,* VI. 3, § 2 u. 4, § 2; MVHdB VI Bürgerl.R II/*Otto* XII. 11 bis 17.
[110] Sog. konstruktive Vor- und Nacherbfolge: Ordnet der Erblasser lediglich an, dass der Erbe nur bis zu einem bestimmten Zeitpunkt Erbe sein soll, bestimmt er aber nicht, was danach geschieht, regeln §§ 2103, 2104 BGB, dass der benannte Erbe Vorerbe ist und Nacherben die gesetzlichen Erben sind. Ähnlich bestimmt § 2105 BGB, dass in einem Fall, in dem der Erblasser lediglich den Nacherben benannt hat, Vorerben die gesetzlichen Erben sind; vgl. *Ludwig* DNotZ 1996, 995; BayObLG FamRZ 1996, 1577.
[111] Hierzu MAH ErbR/*Wachter* § 17 Rn. 32 ff.; OLG Hamm ZEV 1997, 73 (auch zur Frage, wann von befreiter Vorerbschaft auszugehen ist); BayObLG FamRZ 2000, 60.
[112] *Mayer* ZEV 1996, 104 (Ermächtigung des Vorerben zur Beseitigung der Nacherbschaft).
[113] Vgl. auch MAH ErbR/*Wachter* § 17 Rn. 45.
[114] Palandt/*Weidlich* BGB § 2107 Rn. 1.
[115] Allerdings muss darauf geachtet werden, dass sich die nur teilweise Anordnung der Vor- und Nacherbschaft auf die Erbquote bezieht; die Anordnung der Vor- und Nacherbfolge an einzelnen Gegenständen

III. Vor- und Nacherbfolge § 18

nennen, die **nacheinander Nacherben** werden.[116] Der jeweilige Nacherbe ist dann zugleich Vorerbe des Nachnacherben.

Allerdings ist die Anordnung der Nacherbschaft nur **zeitlich begrenzt** wirksam. Gemäß § 2109 Abs. 1 BGB wird die Einsetzung des Nacherben mit dem Ablauf **von 30 Jahren** nach dem Erbfall unwirksam, wenn nicht vorher der Fall der Nacherbfolge eingetreten ist. § 2109 Abs. 1 S. 2 BGB sieht jedoch in weitem Maße **Ausnahmen** vor, die in Einzelfällen dazu führen können, dass der Wille des Erblassers über einen Zeitraum von 100 Jahren nach seinem Tod fortwirkt.[117] 79

Auch der Vor- und der Nacherbe können selbstverständlich die Erbschaft **ausschlagen**. Für den Nacherben laufen die maßgeblichen Fristen erst ab Anfall der Erbschaft an ihn; er kann jedoch bereits die Ausschlagung erklären, sobald der Erbfall eingetreten ist, § 2142 BGB. Folge der Ausschlagung durch den Nacherben ist, dass der Vorerbe entweder **Vollerbe** wird oder aber das Nacherbschaftsrecht einem evtl. benannten Ersatznacherben oder gem. § 2069 BGB den Abkömmlingen des Nacherben anfällt.[118] 80

Der Testator muss sich stets gewahr sein, dass sein **pflichtteilsberechtigter Erbe**, wenn er ihn mit einer Nacherbschaft belastet oder ihn lediglich zum Nacherben einsetzt, die Erbschaft ausschlagen und ausnahmsweise dennoch seinen Pflichtteil fordern kann, § 2306 BGB. Will der Nacherbe **Pflichtteilsansprüche** geltend machen, hat er bei seinen Überlegungen, zu welchem Zeitpunkt er die Nacherbfolge ausschlägt, die allgemeine Verjährungsfrist der §§ 195, 199 BGB zu beachten.[119] 81

2. Stellung des Nacherben

a) Die Zeit zwischen Erbfall und Nacherbfall. Mit Eintritt des Erbfalles erwirbt der Nacherbe ein **Anwartschaftsrecht** auf die Erbschaft.[120] Gehören zum Nachlass Grundstücke, ist die Nacherbschaft im Grundbuch zu vermerken. Die Anwartschaft ist, sofern der Erblasser nichts anderes verfügt hat, **übertragbar**[121] (damit auch verpfändbar und pfändbar) **und vererblich**. Die Vererblichkeit, die ebenfalls vom Erblasser ausgeschlossen werden kann, ist in § 2108 BGB geregelt.[122] Sehr fraglich ist, ob die Einsetzung eines Ersatznacherben oder die Regelung des § 2069 BGB, nach dem im Zweifel die Abkömmlinge zu Ersatzerben berufen sind, die Vererblichkeit des Nacherbrechts gem. § 2108 BGB ausschließen (vgl. → Rn. 8 ff.).[123] 82

---

ist nicht möglich, MüKoBGB/*Grunsky* § 2100 Rn. 19; Palandt/*Weidlich* BGB § 2100 Rn. 2. Als Abhilfe kann ein Vorausvermächtnis oder die Anordnung eines Vor- und Nachvermächtnisses (→ Rn. 41 ff., 47 ff.) erwogen werden, das sich auch auf einzelne Gegenstände beziehen kann, oder die gegenständliche Beschränkung der befreiten oder nicht befreiten Vorerbschaft, vgl. MüKoBGB/*Grunsky* § 2316 Rn. 8.

[116] Palandt/*Weidlich* BGB § 2100 Rn. 1.
[117] Vgl. das Bsp. von *Lange/Kuchinke*, 573.
[118] Palandt/*Weidlich* BGB § 2142 Rn. 3 ff.; vgl. zum Verhältnis zwischen Ersatznacherbe und § 2069 BGB auch → Rn. 8.
[119] Fordert der Nacherbe seinen Pflichtteil, muss er zunächst die Nacherbschaft ausschlagen, Palandt/*Weidlich* BGB § 2306 Rn. 3. Schlägt er die Nacherbschaft aus und fordert er den Pflichtteil, geht das Nacherbrecht im Zweifel nicht gemäß § 2069 BGB auf seine Abkömmlinge über, vgl. → § 17 Rn. 127.
[120] *Kipp/Coing*, 304; *Ebenroth* Rn. 600; *Brox* Rn. 356.
[121] HM seit RGZ 33, 329. Siehe im Einzelnen zu den Voraussetzungen der Übertragung, zB dem Erfordernis der notariellen Beurkundung, *Kipp/Coing*, 306; Palandt/*Weidlich* BGB § 2100 Rn. 14. Da der Verzicht des Nacherben auf sein Nacherbenrecht zugunsten des Vorerben einer Übertragung der Nacherbschaft auf den Vorerben gleichkommt, bedarf auch der Verzicht der notariellen Beurkundung, vgl. *Kipp/Coing*, 306.
[122] Zu beachten ist aber § 2074 BGB: Steht die Nacherbeinsetzung unter einer aufschiebenden Bedingung, so ist im Zweifel das Nacherbschaftsrecht nicht vererblich, *Kipp/Coing*, 280, 307.
[123] Hierzu Palandt/*Weidlich* BGB § 2108 Rn. 6.

83 **b) Die Zeit nach dem Nacherbfall.** Mit dem Nacherbfall fällt die Erbschaft dem Nacherben ipso jure an.[124] Zur Durchsetzung seiner Rechte an der Erbschaft gewährt § 2130 BGB dem Nacherben einen **Herausgabeanspruch** gegen den Vorerben. Nach der genannten Vorschrift ist der Vorerbe verpflichtet, den Nachlass in einem Zustand herauszugeben, wie er „sich bei einer bis zur Herausgabe fortgesetzten ordnungsgemäßen Verwaltung ergibt", § 2130 Abs. 1 BGB.[125] Daraus folgt nicht nur, dass der Vorerbe alle Surrogate (§ 2111 BGB) herauszugeben hat, sondern er auch dem Nacherben zur Leistung von **Schadensersatz** verpflichtet ist, wenn und soweit er den Nachlass nicht ordnungsgemäß verwaltet hat.[126] Der Haftungsmaßstab ist allerdings durch § 2131 BGB gemildert. Für die bei normaler Nutzung auftretenden Verschlechterungen von Nachlassgegenständen haftet der Vorerbe nicht, § 2132 BGB. Für verbrauchte oder sonst verwendete Gegenstände, für die auch kein Surrogat vorhanden ist, hat der Vorerbe dem Nacherben allerdings Wertersatz zu leisten, § 2134 BGB; auch haftet er für übermäßige Fruchtziehung, § 2133 BGB.

84 Der Nacherbe kann **Rechenschaftslegung** vom Vorerben verlangen, § 2130 Abs. 2 BGB. Hatte der Vorerbe ein zum Nachlass gehörendes Grundstück vermietet, so muss der Nacherbe gem. § 2135 BGB diese Vermietung zwar gegen sich gelten lassen, er hat jedoch das Recht, das Mietverhältnis unter Einhaltung der gesetzlichen Kündigungsfrist zu kündigen. Verfügungen des Vorerben muss der Nacherbe auch nach dem Nacherbfall gegen sich gelten lassen, wenn der Vorerbe bei Vornahme der Verfügungen von dem Eintritt des Nacherbfalles nichts wusste, § 2140 BGB.

3. Stellung des Vorerben

85 **a) Nichtbefreiter Vorerbe.** Zwischen dem Erbfall und dem Nacherbfall ist der Vorerbe Herr des Nachlasses. Trotz der Beschwerung mit dem Nacherbrecht ist er nicht bloßer Nießbraucher des Nachlasses; er ist vielmehr grundsätzlich berechtigt, über die zur Erbschaft gehörenden Sachen im Rahmen **ordnungsgemäßer Nachlassverwaltung** zu verfügen, § 2112 BGB. Zum Schutz des Nacherben ist zum einen dieses Verfügungsrecht jedoch **stark eingeschränkt,** zum anderen gehört alles, was der Vorerbe durch Geschäfte mit Nachlassgegenständen erzielt, auch **wieder zum Nachlass.** Im Einzelnen:

86 **aa) Verfügungsbeschränkungen.** Verfügungen über ein **Grundstück** oder ein Recht an einem Grundstück kann der Vorerbe nicht vornehmen, es sei denn, er ist befreiter Vorerbe. Verfügt er gleichwohl, ist die Verfügung zwar zunächst wirksam, sie wird jedoch bei Eintritt des Nacherbfalles insoweit unwirksam, als sie das Recht des Nacherben vereitelt oder beeinträchtigt, § 2113 Abs. 1 BGB.[127] Die Unwirksamkeit ist entgegen dem insoweit missverständlichen Wortlaut **absolut,** dh, sie wirkt für und gegen jeden, nicht nur für den Nacherben.[128] Kommt es nicht zum Nacherbfall, bleibt die Verfügung jedoch wirksam. Zugunsten des Erwerbers besteht allerdings gemäß § 2113 Abs. 3 BGB die Möglichkeit des **gutgläubigen Erwerbs,** sofern er nicht wusste, dass der Verfügende als (nicht befreiter) Vorerbe handelte.[129] In der Praxis wird ein solcher Fall nur sehr selten eintreten, da die Nacherbfolge von Amts wegen gemäß § 51 GBO im Grundbuch zu vermerken ist und gemäß § 352b FamFG im Erbschein angegeben wird.[130] Da die Un-

---

[124] *Kipp/Coing,* 309; in ein Girovertragsverhältnis des Erblassers, das vom Vorerben fortgeführt wurde, tritt beim Nacherbfall der Nacherbe nicht ein, BGH DB 1995, 2596; *Werkmüller* ZEV 2004, 276.
[125] Der Anspruch richtet sich ggf. gegen die Erben des Vorerben, OLG Frankfurt FamRZ 1995, 446.
[126] Zur Schadensersatzpflicht befreiter Vorerben Palandt/*Weidlich* BGB § 2130 Rn. 4.
[127] Grundstücksverfügungen sind insbesondere die Übertragung und die Belastung des Grundstückes, s. im Einzelnen Palandt/*Weidlich* BGB § 2113 Rn. 2.
[128] *Kipp/Coing,* 291; Palandt/*Weidlich* BGB § 2113 Rn. 8.
[129] Palandt/*Weidlich* BGB § 2113 Rn. 16.
[130] *Brox* Rn. 362 aE; *Nieder/Kössinger/Kössinger* § 10 Rn. 13; vgl. auch *Lange/Kuchinke,* 583 und 596 ff.: Der Vermerk bewirkt keine Grundbuchsperre, das heißt Anträge des Vorerben sind zu vollziehen. Allerdings entfällt aufgrund des Vermerks der gute Glaube des Erwerbs.

III. Vor- und Nacherbfolge §18

wirksamkeit nur dem Interesse des Nacherben dient, ist sie nicht gegeben, wenn der Nacherbe der Verfügung **zugestimmt** hat.[131] Dient die Verfügung der ordnungsgemäßen Verwaltung, besteht sogar eine **Zustimmungspflicht** des Nacherben, § 2120 BGB.[132] Eine Verfügung in Erfüllung einer Nachlassverbindlichkeit, insbesondere in Erfüllung eines Vermächtnisses ist schon nicht unentgeltlich, da der Nachlass von der Verbindlichkeit befreit wird.[133]

Weiterhin ist die Verfügungsmacht des Vorerben bei **unentgeltlichen Verfügungen** 87 beschränkt, § 2113 Abs. 2 BGB. Auch hier gilt, dass die Verfügungen unwirksam sind, sofern sie Rechte des Nacherben im Nacherbfall vereiteln oder beeinträchtigen.[134] Eine unentgeltliche Verfügung im Sinne des § 2113 BGB ist aber nicht nur bei Schenkungen gegeben, sondern bereits dann, wenn der Leistung des Vorerben objektiv keine gleichwertige Gegenleistung gegenübersteht und dies subjektiv dem verfügenden Vorerben bewusst ist.[135] Die Gegenleistung muss dem Nachlass zugute kommen.[136] Ausgenommen von dieser Regelung sind nur **Anstands- und Pflichtschenkungen** des Vorerben. Verfügen Ehegatten untereinander, wird die Unentgeltlichkeit nicht dadurch ausgeschlossen, dass eine sog. „unbenannte Zuwendung" zwischen den Ehegatten gegeben ist.[137] Eine wirksame unentgeltliche Verfügung ist jedoch möglich, wenn der Nacherbe der Verfügung **zugestimmt** hat.

Bei Geschäften mit Vorerben sollte daher Folgendes beachtet werden: Eine **unentgelt-** 88 **liche** Verfügung liegt nicht nur vor, wenn kein oder ein offenkundig nicht ausreichendes Entgelt gewährt wird, sondern bereits dann, wenn die Gegenleistung **nicht den vollen Wert** erreicht. Auch in diesen Fällen ist die **gesamte Verfügung unwirksam**.[138] Da der Vorerbe vom Verbot der unentgeltlichen Verfügung nicht entbunden werden kann, schützt es den Erwerber nicht, wenn er mit einem „befreiten Vorerben" kontrahiert. Daher sollte, wer Nachlassgegenstände von einem Vorerben erwerben will, zumindest bei bedeutsameren Geschäften entweder ein Sachverständigengutachten über den Wert erstellen lassen oder auf die Zustimmung des Nacherben bestehen. Weiß der Erwerber nicht, dass der Verkäufer Vorerbe ist, besteht zudem die Möglichkeit, dass er gutgläubig erwirbt. Bei Grundstücksgeschäften wird der Erwerber aufgrund des Nacherbenvermerks allerdings in aller Regel wissen, dass der Verkäufer Vorerbe ist, ein gutgläubiger Erwerb, der auch im Grundstücksrecht möglich ist, wird in der Praxis daher so gut wie nie vorkommen. In aller Regel fordern die Grundbuchämter ohnehin – wenn die Entgeltlichkeit

---

[131] Bestellt der Vorerbe ein Recht an einem Grundstück und stimmt der Nacherbe zu, kann der Vorerbe die Eintragung eines Wirksamkeitsvermerkes im Grundbuch verlangen, BayObLG DNotZ 1998, 206; speziell zu Fragen bei Rechtsgeschäften zwischen Vor- und Nacherben Friederich, Rechtsgeschäfte zwischen Vorerben und Nacherben.

[132] Vgl. Palandt/*Weidlich* BGB § 2113 Rn. 6 zur Frage der Zustimmungsbedürftigkeit durch Nachnacherben (ja) und Ersatznacherben (nein) sowie zur Frage, ob der Vorerbe, der gesetzlicher Vertreter des Nacherben ist, selbst die Zustimmung erteilen kann (nein). Sind die Nacherben noch unbekannt, ist stets ein Pfleger zu bestellen, vgl. BayObLG DNotZ 1998, 207; OLG Hamm MittBayNot 1997, 240; Palandt/*Weidlich* BGB § 2113 Rn. 6. Verfügt ein befreiter Vorerbe über ein zum Nachlass gehörendes Grundstück, kann er analog § 2120 BGB gleichwohl die Zustimmung des Nacherben zur Veräußerung verlangen, wenn der Vertragsgegner des Vorerben dies fordert, OLG Frankfurt RNotZ 2011, 614.

[133] Vgl. Palandt/*Weidlich* BGB § 2113 Rn. 9.

[134] Siehe auch das Klagebeispiel des Nacherben gegen den beschenkten Dritten auf Einwilligung in Grundbuchberichtigung in BeckPFormB/*Klinger*, II., L. 12; zum Verzicht auf Grundstück in der DDR, BGH ZEV 1999, 270.

[135] BGH NJW 1984, 366; MAH ErbR/*Wachter* § 17 Rn. 80; einschr. OLG Stuttgart OLGR 1998, 268. Danach ist die Erzielung des Verkehrswertes ein wesentliches, aber kein abschließendes Kriterium, dh, eine zulässige Verfügung kann gegeben sein, obgleich der Vorerbe als Gegenleistung einen Wert erhalten hat, der unter dem Verkehrswert liegt.

[136] Palandt/*Weidlich* BGB § 2113 Rn. 10.

[137] → § 28.

[138] *Lange/Kuchinke*, 590; Palandt/*Weidlich* BGB § 2113 Rn. 13; vgl. aber einschr. OLG Stuttgart OLG-Report 1998, 268.

nicht offenkundig ist – bei Verfügungen des Vorerben den Nachweis der vollen Entgeltlichkeit oder die Zustimmung des Nacherben.[139]

89 Schließlich könnten Rechte der Nacherben dadurch beeinträchtigt werden, dass ein persönlicher Gläubiger eines Vorerben wegen einer Forderung in einen Nachlassgegenstand **zwangsvollstreckt.** Daher sind auch Zwangsverfügungen unwirksam, soweit sie Rechte des Nacherben vereiteln oder beeinträchtigen, §§ 2115 BGB, 773 ZPO. Deswegen empfiehlt sich die Anordnung der Vor- und Nacherbschaft auch dann, wenn der Erblasser eine stark **verschuldete** Person zu seinem Erben einsetzen möchte: Gläubiger des Vorerben können nicht in die Vorerbschaft vollstrecken.

90 **bb) Surrogation.** Der sog. Ersetzungsgrundsatz (Surrogation), § 2111 BGB, ist eine bedeutsame Rechtskonstruktion, die bewirkt, dass dem Nacherben das Nachlassvermögen erhalten bleibt: Zur Erbschaft gehört auch, was der Vorerbe aufgrund eines **zur Erbschaft gehörenden Rechtes oder als Ersatz** für die Zerstörung, Beschädigung oder Entziehung eines Erbschaftsgegenstandes oder durch Rechtsgeschäfte **mit Mitteln der Erbschaft** erwirbt, sofern nicht der Erwerb ihm zur Nutzung gebührt; Früchte und Nutzungen sollen bekanntlich dem Vorerben verbleiben. Der Ersetzungsgrundsatz bewirkt, dass sich unabhängig von der Willensrichtung des Vorerben die Rechtslage, die an einem Nachlassgegenstand bestand, an den Surrogaten fortsetzt.[140] Verkauft mithin der Vorerbe einen Nachlassgegenstand, gelangt der Erlös in den Nachlass. Erwirbt der Vorerbe mit diesem Erlös einen anderen Gegenstand, gehört auch dieser zum Nachlass – und fällt nach dem Nacherbfall an den Nacherben (sog. Kettensurrogation). Auch wenn der Vorerbe die gesamte Erbschaft veräußert, fällt das von ihm als Gegenleistung bezogene Entgelt (wiederum) in den Nachlass und steht im Nacherbfall den Nacherben zu.[141] Schließlich gebühren auch die Wertsteigerungen der Nachlassgegenstände während der Vorerbschaft dem Nacherben.[142] Der Ersetzungsgrundsatz gilt unabhängig davon, ob der Vorerbe **befreiter** Vorerbe war oder nicht. Auch der befreite Vorerbe hat erlangte Surrogate herauszugeben.

91 **cc) Verwaltung des Nachlasses durch den Vorerben.** Der Vorerbe ist dem Nacherben gegenüber verpflichtet, den Nachlass ordnungsgemäß zu verwalten. Anderenfalls kann er sich schadensersatzpflichtig machen, vgl. § 2130 BGB. Ihm obliegt es, gegebenenfalls **Prozesse** für den Nachlass zu führen; inwieweit diese für und gegen den Nacherben wirken, regelt § 326 ZPO. Geht der Vorerbe **Verpflichtungsgeschäfte** (Kaufgeschäfte etc.) als Eigengeschäfte ein, so haftet dem Gläubiger zum einen das Eigenvermögen des Vorerben. Entsprach das Geschäft **ordnungsgemäßer Nachlassverwaltung,** haftet dem Gläubiger darüber hinaus auch der Nachlass.[143] Auch die Kreditaufnahme kann zur ordnungsgemäßen Verwaltung gehören. Voraussetzung kann aber sein, dass Zinsen und Tilgung den Nachlass nicht auszehren.[144] Handelt der Vorerbe außerhalb ordnungsgemäßer Verwaltung, haftet er jedenfalls als nicht befreiter Vorerbe (zum befreiten Vorerben sogleich) allein persönlich mit seinem Eigenvermögen.[145] Da

---

[139] *Lange/Kuchinke,* 593 f.
[140] Zur Surrogation bei Girovertragsverhältnissen BGH NJW 1996, 190; vgl. allg. *Werkmüller* ZEV 2004, 276.
[141] *Ebenroth* Rn. 590; *Lange/Kuchinke,* 1071 ff.
[142] MüKoBGB/*Grunsky* § 2111 Rn. 7.
[143] *Brox* Rn. 366; *Lange/Kuchinke,* 598 f. Nach Eintritt des Nacherbfalles haftet auch der Nacherbe nach § 2145 BGB mit dem auf ihn übergegangenen Nachlass. Dies ist unstreitig, wenn die Verpflichtung durch ordnungsmäßige Verwaltung begründet wurde, so dass eine Nachlassverbindlichkeit in Gestalt einer Nachlasserbenschuld vorliegt, vgl. *Küpper* ZEV 2017, 61 (61).
[144] Vgl. im Einzelnen BGH NJW 1993, 1582 (auch zur Verpflichtung, gegebenenfalls einen Treuhänder zwischenzuschalten).
[145] Nach der herrschenden Meinung im Schrifttum soll das jedoch nicht gelten, wenn der Vorerbe befreit war (§ 2136 BGB); vielmehr hafte auch der Nacherbe für Geschäfte, die nicht ordnungsgemäßer Verwal-

dem Vorerben die **Nutzungen** am Nachlass zustehen, hat er aus seinem Privatvermögen die gewöhnlichen **Erhaltungskosten** zu tragen, § 2124 Abs. 1 BGB. Darüber hinausgehende Aufwendungen kann der Vorerbe gemäß § 2124 Abs. 2 BGB aus der Erbschaft bestreiten. Verauslagt er die Kosten, kann er vom Nacherben nach dem Nacherbfall Ersatz verlangen, § 2124 Abs. 2 BGB.[146] Sehr wichtig ist in diesem Zusammenhang, dass der Vorerbe gemäß §§ 2126 S. 2, 2124 Abs. 2 BGB iVm § 20 Abs. 4 ErbStG berechtigt ist, die **Erbschaftsteuer** dem Nachlass zu entnehmen.[147] Gelder hat der (nicht befreite) Vorerbe **mündelsicher** anzulegen, § 2119 BGB. Weitgehend unbekannt sind die **Hinterlegungspflichten** des Vorerben in Bezug auf Wertpapiere, vgl. §§ 2116 ff. BGB. Auf Verlangen des Nacherben muss der Vorerbe dem Nacherben ein **Verzeichnis** der zur Erbschaft gehörenden Gegenstände fertigen, § 2121 BGB. Hat der Vorerbe dieses Verzeichnis erstellt, kann der Nacherbe weder ein weiteres Verzeichnis noch regelmäßige Rechenschaftslegung verlangen.[148] Allerdings kann er auf seine Kosten gemäß § 2122 BGB den gegenwärtigen Zustand der Erbschaft durch Sachverständige feststellen lassen. Lediglich wenn Grund zu der Annahme besteht, dass der Vorerbe durch seine Verwaltung die Rechte des Nacherben erheblich verletzt, besteht gemäß § 2127 BGB ein **Auskunftsanspruch** des Nacherben über den Bestand der Erbschaft; gemäß §§ 2128, 2129 BGB kann der Nacherbe in solchen Fällen auch **Sicherheitsleistung** verlangen und dem Vorerben als schärfste Reaktion sogar die **Verwaltungsbefugnis** entziehen lassen.

b) Befreiter Vorerbe. Der Erblasser kann den Vorerben von einigen, nicht von allen, 92 der aufgezeigten Verfügungsbeschränkungen und Verpflichtungen befreien; § 2136 BGB. Insbesondere kann der Erblasser den Vorerben von dem Verbot entbinden, über **Grundstücke** zu verfügen (§ 2113 Abs. 1 BGB)[149] sowie allgemein von dem Gebot, den Nachlass ordnungsgemäß zu verwalten. **Nicht befreien** kann er den Vorerben von dem Verbot, unentgeltliche Verfügungen zu tätigen (§ 2113 Abs. 2 BGB), sowie von der Verpflichtung, auf Wunsch des Nacherben ein Nachlassverzeichnis anzufertigen (§ 2121 BGB). Auch von den Wirkungen der Surrogation (§ 2111 BGB) ist eine Befreiung nicht möglich.

Die Befreiung muss in der letztwilligen Verfügung enthalten sein.[150] Nicht erforderlich 93 ist es, den Vorerben von allen möglichen Beschränkungen gleichzeitig zu befreien. Vielmehr kann der Erblasser im Einzelnen anordnen, ob und inwieweit er den Vorerben gegebenenfalls befreien will. Eine auf bestimmte Gegenstände bezogene Befreiung ist ebenfalls zulässig.[151] Verfügt der Erblasser jedoch, dass er den Nacherben „**auf den Überrest**" einsetzt, oder bestimmt er, dass der Vorerbe zur freien Verfügung berechtigt sein soll, gilt der Vorerbe gemäß § 2137 BGB im weitest möglichen Rahmen als befreit. Die Befreiung des Vorerben ist im **Grundbuch** zu vermerken, § 51 GBO. Da der befreite Vorerbe befugt ist, den Nachlass auch für sich zu verbrauchen, und ihm nicht nur die Nutzungen

---

tung entsprechen. Dieser Auffassung tritt *Küpper* ZEV 2017, 61 ff. an Hand des BGH-Urteils vom 27. 1. 2016 – XII ZR 33/15 = ZEV 2016, 267 ff. entgegen.

[146] Gemäß § 2125 BGB hat der Vorerbe ein Wegnahmerecht.
[147] Der Vorerbe hat die Erbschaftsteuer (nicht jedoch Säumniszuschläge und Vollstreckungskosten) aus den Mitteln der Vorerbschaft zu entrichten; bestreitet er sie aus dem eigenen Vermögen, so steht ihm nach Eintritt des Nacherbfalls gegen den Erben ein Anspruch auf Freistellung bzw. Erstattung zu, OLG Frankfurt am Main ErbR 2016, 460 (460).
[148] *Lange/Kuchinke*, 605.
[149] Zu den praktischen Schwierigkeiten auch des befreiten Vorerben, ein Grundstück zu belasten, vgl. *Wehrstedt* MittRhNot 1999, 103.
[150] Ggf. kann die Befreiung auch im Wege der Auslegung ermittelt werden. So kann sich zB im Zusammenhang mit Wiederverheiratungsklauseln ergeben, dass der Ehegatte bis zur Wiederheirat befreiter Vorerbe ist (→ § 17 Rn. 61). UU kann die Bezeichnung des Vorerben als Alleinerben andeuten, dass der Vorerbe als befreiter Vorerbe eingesetzt sein soll, vgl. OLG Düsseldorf FamRZ 1998, 389.
[151] Vgl. Soergel/*Harder/Wegmann* BGB § 2136 Rn. 4.

zustehen, ähnelt seine Stellung wieder mehr derjenigen eines Erben als der eines Nießbrauchers.

94 **c) Möglichkeiten zur Stärkung der Rechtsmacht des Vorerben.** Besonders gestärkt werden kann die Position des Vorerben – neben der soeben dargestellten Befreiung[152] – durch die Zuwendung von **Vorausvermächtnissen**.[153] Auf Gegenstände, die dem Vorerben-Vermächtnisnehmer in diesem Zusammenhang zufallen, beziehen sich die Nacherbenrechte nicht, § 2110 Abs. 2 BGB; sie stehen ihm zur freien Verfügung zu. Auch kann der Erblasser zur Stärkung der Rechtsmacht des Vorerben dem Nacherben auflegen, bestimmten Verfügungen des Vorerben (insbesondere Schenkungen) zuzustimmen. Die Anordnung einer generellen **Zustimmungsverpflichtung** verstößt aber gegen § 2130 BGB.[154] Eine deutliche Besserstellung erreicht der Erblasser auch dadurch, dass er dem Vorerben eine **Vollmacht über den Tod** hinaus erteilt. Dies ermöglicht dem Vorerben auch unentgeltlich zu verfügen, sofern die Vollmacht nicht entsprechend eingeschränkt wird (zur Vollmacht auf den Todesfall → Rn. 178 ff.). Schließlich kann der Erblasser den Vorerben sogar ermächtigen, die Nacherbschaft gänzlich **zu beseitigen**.[155]

95 **d) Alternativen zur Vor- und Nacherbschaft: Herausgabevermächtnis und Nießbrauchsvermächtnis.** Der Erblasser sollte vor Anordnung der Vor- und Nacherbschaft stets abwägen, ob sich sein Regelungsziel nicht durch ein befristetes Herausgabevermächtnis oder ein Nießbrauchsvermächtnis besser erreichen lässt.

Bei einem auf den Tod befristeten Herausgabevermächtnis bestimmt der Erblasser einen oder mehrere Erben und beschwert sie mit einem Herausgabevermächtnis zugunsten eines Dritten.[156] Gleichzeitig ordnet er an, dass das Vermächtnis dem bedachten Dritten erst zu einem bestimmten Zeitpunkt oder bei Eintritt eines bestimmten Umstandes – oft beim Todesfall des Erben – anfällt.[157] Das Herausgabevermächtnis kann sich auf einzelne Vermögensgegenstände beschränken, bezüglich derer es dem Testator wichtig ist zu regeln, wer sie nach dem Erben erhält; möglich ist es aber auch, dass das Herausgabevermächtnis den gesamten Nachlass umfasst. Der so bedachte Dritte erlangt zwischen dem Erbfall und dem Bedingungseintritt ein Anwartschaftsrecht. Geschützt ist das Anwartschaftsrecht im Rahmen des § 2179 BGB (→ Rn. 28), das heißt, der bedachte Dritte hat **Schadensersatzansprüche** gemäß § 160 BGB, wenn der Erbe das Anwartschaftsrecht schuldhaft verletzt. **§ 281 BGB** findet Anwendung. Dem Erben verbleiben die Nutzungen, zudem kann er für die von ihm getätigten Verwendungen vom bedachten Dritten Ersatz verlangen, § 2185 BGB.[158] Der Erblasser kann das Anwartschaftsrecht auch abweichend von diesen Bestimmungen ausgestalten und entweder dem Erben oder dem Vermächtnisnehmer mehr Rechte zuweisen. Insbesondere kann der Erblasser – anders als bei der Vorerbschaft – dem Erben die **freie Verfügungsgewalt** über den dereinst herauszugebenden (Rest-)Nachlass oder Gegenstand einräumen und damit auch das Recht zu **unentgeltlichen** Verfügungen. Bezieht sich das Herausgabevermächtnis auf den gesamten Nachlass, kann der Erblasser den Erben auch lediglich bezüglich einzelner Nachlassgegenstände beschränken, über diese nicht zu verfügen, damit diese dem Dritten zufallen. Das Anwartschaftsrecht des Dritten kann weiterhin dadurch gesichert werden, dass der Erblasser an-

---

[152] Vgl. zum sog. „superbefreiten Vorerben" auch *J. Mayer* ZEV 2000, 1.
[153] Vgl. dazu *Sonntag* ZEV 1996, 450.
[154] Vgl. *Müller* ZEV 1996, 179 ff.; zur vermächtnisweisen Verpflichtung des Nacherben, bestimmten unentgeltlichen Verfügungen zuzustimmen, OLG Düsseldorf DNotZ 2001, 140.
[155] Vgl. → § 4 Rn. 16.
[156] Schlitt/Müller/*G. Müller* PflichtteilsR-Hdb § 10 Rn. 268.
[157] Vgl. auch *Steiner* ErbStB 2004, 164. Der Testator hat darauf zu achten, ob er das Vermächtnis als aufschiebend bedingtes oder aufschiebend befristetes Vermächtnis ausgestaltet, mit Auswirkungen auf die Vererblichkeit des Anwartschaftsrechts. Vorzuziehen ist eine unmittelbare Regelung, ob das Anwartschaftsrecht vererblich sein soll oder nicht; vgl. → Rn. 28 sowie → § 17 Rn. 28.
[158] Nieder/Kössinger/*Kössinger* § 10 Rn. 140.

ordnet, dass bei Verstoß des Erben gegen das Verfügungsverbot das Vermächtnis bereits in diesem Augenblick dem Dritten anfällt. Diese Regelung sollte dadurch abgesichert werden, dass dem Dritten das Recht zugewendet wird, die Eintragung einer **Vormerkung** im Grundbuch zu verlangen. Gerade also, wenn der Erblasser den Erben nicht so sehr einschränken will, wie das bei Anordnung der Vorerbschaft zwangsläufig die Folge ist, ihm aber andererseits die Regelung der Weitergabe des Nachlasses oder einzelner Vermögensgegenstände an bestimmte Dritte ein Anliegen ist, bietet sich die Konstruktion des bedingten oder befristeten Herausgabevermächtnisses an.[159] Wichtig ist, dass auch diese Form des Herausgabevermächtnisses „pflichtteilsfest" im Sinne der oben (→ Rn. 74) beschriebenen Problemstellungen ist, jedenfalls dann, wenn das Vermächtnis dem Vermächtnisnehmer sofort mit dem Erbfall anfällt und erst beim Tod des Erben fällig wird.[160]

Das **Nießbrauchsvermächtnis** (→ Rn. 56 ff.) stellt eine weitere Alternative zur Vor- und Nacherbschaft dar.[161] Der Nachlass wird **unmittelbar** an diejenigen Personen vererbt, die ansonsten – als Nacherben oder Dritte beim Herausgabevermächtnis – den Nachlass erst nach einem anderen erhalten würden. Die Person, der ansonsten – als Vorerbe – der Nachlass zunächst zufallen würde, wird durch ein Nießbrauchsvermächtnis abgesichert.[162] Der Unterschied zur Stellung als Vorerbe liegt insbesondere darin, dass der Nießbraucher **nicht verfügungsbefugt** ist.[163] Ansonsten sind die Positionen des Nießbrauchers und des Vorerben ähnlich: Beiden stehen (nur) die **Nutzungen** am Nachlass zu,[164] beide haben die gewöhnlichen **Erhaltungskosten** zu tragen, §§ 2124, 1041 BGB. 96

4. Der Vorerbe als Unternehmensnachfolger

a) Der Vorerbe als Gesellschafter einer Personengesellschaft. Sieht der Gesellschaftsvertrag eine **Nachfolgeklausel** vor, nach der die Gesellschaft mit einem oder mehreren Erben fortgesetzt wird, so wird der Vorerbe nach dem Tod des Erblassers ohne weiteres Gesellschafter; mit Eintritt des Nacherbfalls fällt der Gesellschaftsanteil an den Nacherben.[165] Enthält der Gesellschaftsvertrag qualifizierte Nachfolgeklauseln, müssen sowohl der Vor- als auch der Nacherbe die jeweiligen Voraussetzungen erfüllen.[166] Vererbt sich die Beteiligung kraft **rechtsgeschäftlicher** Nachfolgeklausel oder aufgrund **Eintrittsklausel,** kann es sein, dass der Anteil nicht zum Nachlass gehört, vgl. das Parallelproblem bei der Testamentsvollstreckung unter → Rn. 163 und insbesondere → § 4 Rn. 36 ff. 97

Grundsätzlich kann der Vorerbe als Gesellschafter alle **Gesellschafterrechte** ohne Mitwirkung des Nacherben ausüben.[167] Beispielsweise kann er gemäß § 139 HGB wählen, ob er voll haftender Komplementär bleiben oder Kommanditist werden möchte.[168] Dabei 98

---

[159] Nieder/Kössinger/*Kössinger* § 10 Rn. 131 ff.
[160] Vgl. *J. Mayer* ZEV 2000, 1 (9); anderer Auffassung (Pflichtteilsfestigkeit auch dann, wenn das Vermächtnis erst beim Tod des Erben anfällt) *Reimann* ZEV-Jahrestagung 2000/2001, 13. Zur pflichtteilsfesten Schenkung unter Auflage vgl. *Feick* ZEV 2002, 85.
[161] Nieder/Kössinger/*Kössinger* § 10 Rn. 157.
[162] Zum Nießbrauch an GmbH-Geschäftsanteilen *Reichert/Schlitt,* FS Flick, 217 passim.
[163] Häufig wird das Nießbrauchsvermächtnis aus erbschaftsteuerrechtlichen Gründen gewählt, insbesondere bei größeren Vermögen: Es soll vermieden werden, dass der Nachlass zunächst steuerpflichtig auf den Vorerben und anschließend – wiederum steuerpflichtig – auf den Nacherben übergeht.
[164] Für den Vorerben folgt dies aus § 2111 Abs. 1 BGB („sofern nicht der Erwerb ihm als Nutzung gebührt"), für den Nießbraucher aus § 1030 BGB.
[165] Beachte auch die Warnhinweise bezüglich der Anordnung der Vor- und Nacherbschaft MAH ErbR/*Scherer* § 3 Rn. 35, die natürlich erst recht im Bereich der Unternehmensnachfolge gelten.
[166] Vgl. Baumbach/Hopt/*Roth* HGB § 139 Rn 19; allgemein zu diesen Themen vgl. die Werke: *Langner,* Vor- und Nacherbschaft an Personengesellschaftsanteilen, 1998 und *Timmann,* Vor- und Nacherbschaft innerhalb der zweigliedrigen OHG und KG, 2000.
[167] Zum Verhältnis zwischen Vor- und Nacherbe bezüglich Steuerverbindlichkeiten, die mit dem Unternehmen oder der Unternehmensbeteiligung zusammenhängen und vom Vorerben gezahlt wurden, vgl. MüKoBGB/*Grunsky* § 2111 Rn. 21; allg. zum Nacherbenschutz in der Vorerben-Personengesellschaft *Paschke* ZIP 1985, 129.
[168] Vgl. Baumbach/Hopt/*Roth* HGB § 139 Rn. 19.

muss er sich jedoch gewahr sein, dass er gegebenenfalls für nicht ordnungsgemäße Verwaltung nach Eintritt des Nacherbfalls dem Nacherben gegenüber schadensersatzpflichtig ist (§ 2130 BGB). Die Verfügungsbeschränkung des § 2113 Abs. 1 BGB, das heißt, das Verbot, über Grundstücke oder Rechte an Grundstücken zu verfügen, betrifft den Vorerben bei Verfügungen der Gesellschaft nicht: Es entspricht herrschender Ansicht, dass die Norm keine Anwendung findet, wenn über zum Gesellschaftsvermögen gehörende Grundstücke verfügt wird, da diese Gegenstände nicht unmittelbar zum Nachlass gehören.[169] Dies gilt selbst dann, wenn das Grundstück den Hauptwert des Gesellschaftsvermögens darstellt.[170] Das ist der entscheidende Unterschied zum Vorerben, der ein **einzelkaufmännisches Handelsgeschäft** fortführt:[171] Aufgrund der unmittelbaren Zuordnung des betrieblichen Vermögens zum Kaufmann unterliegt hier der Vorerbe auch hinsichtlich des gesamten Betriebsvermögens des einzelkaufmännischen Handelsgeschäftes den Verfügungsbeschränkungen und sonstigen Verpflichtungen, die dem Nacherben Kontroll- und Sicherungsrechte gewähren.[172]

99 Allerdings kann die Mitwirkung an der **Änderung des Gesellschaftsvertrages** eine unwirksame Verfügung im Sinne des § 2113 Abs. 2 BGB darstellen, sofern die Änderung unentgeltlich erfolgt und Rechte des Nacherben beeinträchtigt.[173] Es liegt jedoch auf der Hand, dass die oben vorgestellten Kriterien zur Feststellung der Entgeltlichkeit schwer auf die Mitwirkung an einer Änderung des Gesellschaftsvertrages übertragen werden kann, da bei Änderung des Gesellschaftsvertrages in der Regel keine „Gegenleistung" gewährt wird, die in den Nachlass fällt. Nach Ansicht des BGH ist jedoch dem Erfordernis der Gegenleistung Rechnung getragen und mithin von Entgeltlichkeit auszugehen, wenn die Gesellschaftsvertragsänderung nicht speziell den Vorerben benachteiligt, sondern **alle Gesellschafter gleichmäßig betrifft.** In diesem Fall ist die Vertragsänderung wirksam. Gleiches soll gelten, sofern die Änderung auf den ersten, vordergründigen Blick zwar nachteilig ist, jedoch der Stärkung der Gesellschaft dienen soll, also nachvollziehbare betriebswirtschaftliche Gründe für die Änderung sprechen.[174] Am sichersten für den Vorerben, aber auch für die anderen Gesellschafter, ist es natürlich, sich der Zustimmung zu den Änderungen durch den Nacherben zu versichern.[175]

100 In ähnlicher Weise beurteilt sich die Wirksamkeit der Vereinbarung von **Abfindungsbeträgen,** die dem Vorerben beim Ausscheiden aus der Gesellschaft (über das Ausschei-

---

[169] BGH NJW 2007, 2114; Palandt/*Weidlich* BGB § 2113 Rn. 3.
[170] Palandt/*Weidlich* BGB § 2113 Rn. 3.
[171] Vgl. zur Fortführung des einzelkaufmännischen Unternehmens durch den Vorerben und die Haftung des Vor- und Nacherben (auch aus § 27 HGB) BGH NJW 1960, 959.
[172] Hierzu im Einzelnen Nieder/Kössinger/*Kössinger* § 10 Rn. 113.
[173] Palandt/*Weidlich* BGB § 2113 Rn. 11.
[174] BGH NJW 1977, 1540 (Veräußerung des Anteils); NJW 1981, 115 (Vereinbarung mit den Mitgesellschaftern, dass die Nachfolgeklausel entfällt); NJW 1981, 1560 (Änderung des Gewinnverteilungsschlüssels); vgl. MüKoBGB/*Grunsky* § 2113 Rn. 27. Letztlich beurteilt somit die Rspr. die Unentgeltlichkeit danach, ob die Vertragsänderung ordnungsgemäßer Verwaltung dient. Dogmatisch ist dies nicht, denn die rechtliche Beurteilung kann nicht davon abhängen, ob sie betriebswirtschaftlich vernünftig ist oder nicht, vgl. *Harder* DNotZ 1994, 822. Systematischer wäre es, die Maßnahmen zwar ggf. als unentgeltlich zu bezeichnen, den Nacherben aber bei Vertragsänderungen, die ordnungsgemäßer Verwaltung dienen, als zustimmungspflichtig zu betrachten. Andererseits sprechen Praktikabilitätserwägungen für die Ansicht des BGH, denn sie erspart das Erfordernis der Zustimmung des Nacherben. Diese zu erlangen kann mitunter schwierig sein. In der Praxis sind die Nacherben häufig minderjährig und die Vorerben ihre gesetzlichen Vertreter. Folge ist, dass gemäß §§ 1643 Abs. 1, 1821 Abs. 1 BGB zum einen die familiengerichtliche Genehmigung erforderlich ist, vgl. Palandt/*Weidlich* BGB § 2120 Rn. 3 und § 2113 Rn. 6; MüKoBGB/*Grunsky* § 2113 Rn. 15. Zum anderen kann der gesetzliche Vertreter in den Fällen der §§ 1629 Abs. 2, 1795, 181 BGB die zu genehmigende Erklärung nicht selbst abgeben, so dass überdies noch ein Pfleger zu bestellen ist, MüKoBGB/*Grunsky* § 2113 Rn. 15; vgl. auch BayObLG FamRZ 1995, 1297; zur Frage, ob die Sanierung einer Gesellschaft aus Nachlassmitteln eine unentgeltliche Verfügung darstellt, vgl. BGH NJW 1984, 366.
[175] Nieder/Kössinger/*Kössinger* § 10 Rn. 114; ggf. ist auch daran zu denken, Klage mit dem Antrag auf Feststellung zu erheben, dass die vom Vorerben getroffene Verfügung nicht der Beschränkung des § 2113 BGB unterliegt, vgl. Staudinger/*Avenarius* BGB § 2113 Rn. 42.

III. Vor- und Nacherbfolge § 18

den kann er frei entscheiden) zufließen, bzw. die Wirksamkeit von Gesellschaftsvertragsänderungen, die Abfindungsregeln betreffen: Die Abfindungsbeträge müssen entweder angemessen sein oder es müssen nachvollziehbare betriebswirtschaftliche Gründe aus Sicht des Unternehmens für eine Beschränkung[176] des Abfindungsbetrages streiten.[177] Bei der Mitwirkung an **Umwandlungsbeschlüssen** (Verschmelzung, Spaltung und Formwechsel, vgl. §§ 29 ff.) ist entscheidend, ob der Vorerbe durch die Umwandlung Rechte preisgibt. Handelt es sich bei der Umwandlung beispielsweise lediglich um einen identitätswahrenden Formwechsel (§§ 190 ff. UmwG), bestehen keine spezifischen Probleme aus dem Bereich der Vor- und Nacherbschaft. Der formgewechselte Anteil gehört ohne weiteres weiterhin zum Nachlass. Verliert jedoch der Vorerbe im Zuge der Umwandlung Rechte, so gilt dies nur, wenn ihm eine angemessene Gegenleistung zufließt.[178] Ansonsten kann in der Mitwirkung am Umwandlungsbeschluss eine unzulässige unentgeltliche und dem Nacherben gegenüber unwirksame Verfügung liegen (§ 2113 Abs. 2 BGB analog).[179] Im Übrigen gehören die an den Vorerben im Zuge der Verschmelzung (§§ 2 UmwG) oder Spaltung (§§ 123 ff. UmwG) gelangten neuen Gesellschaftsanteile als Surrogat zum Nachlass.[180]

Recht schwierig ist zu definieren, in welchem Umfang dem Vorerben als Nutzungen im Sinne des § 2111 Abs. 1 BGB **Unternehmensgewinne** zustehen. Sicherlich stehen dem Vorerben die aufgrund ordnungsgemäßer Bilanzierung ermittelten und nach dem Gesellschaftsvertrag entnahmefähigen Gewinne zu.[181] Ist der Gewinn nicht nach kaufmännischen Grundsätzen ermittelt, so kann sich der Vorerbe dem Nacherben gemäß § 2130 BGB schadensersatzpflichtig machen.[182] Auf Gewinne, die entsprechend dem Gesellschaftsvertrag thesauriert wurden, hat der Vorerbe keinen Anspruch.[183] Regelt der Erblasser in Kenntnis der Thesaurierungsvorschriften im Gesellschaftsvertrag, dass der Vorerbe auch an diesen Gewinnen beteiligt sein soll, so erlangt der Vorerbe lediglich einen entsprechenden Anspruch gegen den Nacherben. Von der Gesellschaft kann der Vorerbe die Auszahlung dieses Teils der Gewinne nicht verlangen, da die letztwillige Verfügung keine Wirkung gegen die Gesellschaft erzeugt.[184] Ist über die Frage der Gewinnentnahme im Gesellschaftsvertrag nichts geregelt, so hat der Vorerbe, soweit er Komplementär ist, insgesamt lediglich das Gewinnentnahmerecht des § 122 HGB.[185] Auch **stille Reserven** gebühren in der Regel dem Nacherben.[186] 101

Erleidet die Gesellschaft **Verluste,** darf der Vorerbe keine Entnahmen tätigen, es sei denn, der Verlust ist durch frühere Rücklagen gedeckt. Der Vorerbe ist nicht verpflichtet, Verluste durch Rückzahlung früherer Entnahmen zu decken,[187] wohl aber, den Gewinn späterer Jahre zur Verlustdeckung zu verwenden.[188] Wird der Vorerbe erst dadurch zum Gesellschafter, dass er sich mit Mitteln der Vorerbschaft an einer Gesellschaft beteiligt hat, 102

---

[176] ZB durch Nichtberücksichtigung der stillen Reserven (Buchwertklauseln), des laufenden Gewinns oder des Unternehmenswertes.
[177] BGH NJW 1984, 362; Nieder/Kössinger/*Kössinger* § 10 Rn. 114.
[178] In der Regel wird an einer gleichwertigen Gegenleistung, die dann als Surrogat zum Nachlass gehört, nicht zu zweifeln sein. Das UmwG sieht in vielen Fällen eine Prüfung der gebotenen Barabfindung oder des Umtauschverhältnisses vor. Häufig verzichten aber alle Gesellschafter einvernehmlich auf die Prüfung; dann ist der Vorerbe in besonderem Maße aufgefordert, sich um eine gleichwertige Gegenleistung zu bemühen.
[179] MAH ErbR/*Wachter* § 17 Rn. 187.
[180] Vgl. im Einzelnen *Dörrie* GmbHR 1996, 245 ff.
[181] Vgl. hierzu Palandt/*Weidlich* BGB § 2111 Rn. 9.
[182] Soergel/*Harder/Wegmann* BGB § 2111 Rn. 15; Damrau/Tanck/*Bothe* ErbR BGB § 2111 Rn. 13.
[183] Nieder/Kössinger/*Kössinger* § 10 Rn. 115; aA MüKoBGB/*Grunsky* § 2111 Rn. 39; Damrau/Tanck/*Bothe* ErbR BGB § 2111 Rn. 14.
[184] Vgl. auch Nieder/Kössinger/*Kössinger* § 10 Rn. 115.
[185] Vgl. Damrau/Tanck/*Bothe* ErbR BGB § 2111 Rn. 14; MüKoBGB/*Grunsky* § 2111 Rn. 39.
[186] *Crezelius* § 2 Rn. 53.
[187] MüKoBGB/*Grunsky* § 2111 Rn. 39.
[188] Soergel/*Harder/Wegmann* BGB § 2111 Rn. 15; Staudinger/*Avenarius* BGB § 2111 Rn. 40.

ist der **Gesellschaftsanteil Surrogat** und fällt mithin nach dem Nacherbfall an den Nacherben.[189]

103 **b) Der Vorerbe als Gesellschafter einer Kapitalgesellschaft.** Die Anteile an Kapitalgesellschaften sind ohne weiteres vererblich und gehen mit dem Erbfall auf den Vorerben und mit dem Nacherbfall auf den Nacherben über. Auch hier gilt, dass der Vorerbe vollumfänglich Gesellschafter wird und die Gesellschafterrechte **ohne** Mitwirkung des Nacherben ausüben kann. Als Nutzungen gebühren ihm die Gewinne, die entsprechend den Ergebnisverwendungsbeschlüssen an die Gesellschafter ausgeschüttet werden.[190] **Bezugsrechte** auf junge Aktien und Anteilsrechte aufgrund Kapitalerhöhung aus Gesellschaftsmitteln gehören zum Nachlass und fallen mithin nach dem Nacherbfall an den Nacherben.[191] Auch bei der Beteiligung an Kapitalgesellschaften gilt, dass **Verfügungen über den Anteil** dem Nacherben gegenüber unwirksam sind, soweit der Vorerbe keine angemessene, gleichwertige Gegenleistung vereinbart hat. Auch zum **Umwandlungsrecht** und zur Mitwirkung an **Gesellschafterbeschlüssen** kann auf die obigen Ausführungen verwiesen werden.[192]

IV. Testamentsvollstreckung und Vollmacht auf den Todesfall

1. Begriff, Bedeutung und Anordnung der Testamentsvollstreckung

104 **a) Allgemeines.** Das Recht des Testamentsvollstreckers ist in den §§ 2197 bis 2228 BGB geregelt.[193] Die wichtigsten Aufgaben beschreiben die §§ 2203 und 2205 BGB; danach obliegt es dem Testamentsvollstrecker, die letztwilligen Verfügungen des Erblassers zur Ausführung zu bringen und den Nachlass sachgerecht zu verwalten. Den Erben werden im Umfang der Befugnisse des Testamentsvollstreckers Verwaltungs- und Verfügungsrechte über die Nachlassgegenstände entzogen. Das Ziel der Tätigkeit ist je nach Anordnung des Erblassers entweder eine **Abwicklungs-** (§§ 2203 bis 2207 BGB) oder eine auf längere Zeit angelegte Testamentsvollstreckung als schlichte **Verwaltungs-** oder als **Dauervollstreckung.** Diese möglichen Ausgestaltungen der Testamentsvollstreckung grenzen sich aber keineswegs klar voneinander ab. Vielmehr sind Mischformen die Regel. So kann beispielsweise dem Testamentsvollstrecker auf Dauer die Verwaltung eines bestimmten Gegenstandes, etwa eines Unternehmens, aufgegeben sein, während er den übrigen Nachlass alsbald abwickeln soll.[194] Die Rechte und Pflichten des Testamentsvollstreckers sind zwar gesetzlich beschrieben, dem Erblasser steht aber recht frei, die Rechtsmacht des Vollstreckers durch eigene Anordnungen zu **erweitern oder einzuschränken,** §§ 2207, 2208 BGB.

---

[189] BGH NJW 1990, 514, zu KG-Anteilen unter ausdrücklicher Aufgabe von BGH NJW 1977, 433; vgl. zu den damit verbundenen Problemen *Martinek* ZGR 1991, 74 ff. Zu anderen Gesellschaftsformen vgl. MüKoBGB/*Grunsky* § 2111 Rn. 13.

[190] Vgl. im Einzelnen MüKoBGB/*Grunsky* § 2111 Rn. 38. Ausführlich *Erle,* Dividendenausschüttungen in der Vorerbschaft, ZHR 181 (2017), 816 (823 ff.) zum Erwerb von Dividenden aus vorerbschaftlich verstrickten Aktien und zur dauerhaften Berechtigung des Vorerben an den Dividenden (825 ff.).

[191] Palandt/*Weidlich* BGB § 2111 Rn. 9; *Kipp/Coing,* 287 f.; Nieder/Kössinger/*Kössinger* § 10 Rn. 116; MüKoBGB/*Grunsky* § 2111 Rn. 13 mit Erörterung des Falles, dass die Mittel zur Ausübung des Bezugsrechts aus dem Vermögen des Vorerben stammen; dazu und zu der Frage, ob der Vorerbe nicht verpflichtet ist, das Bezugsrecht aus Nachlassmitteln auszuüben, *Crezelius* § 2 Rn. 53. Ausführlich zur Surrogation, insbesondere zu der Qualifikation des Kaufs von Aktien durch den Vorerben und der Kapitalerhöhung gegen Einlage (Surrogation ja oder nein) *Erle,* Dividendenausschüttungen in der Vorerbschaft, ZHR 181 (2017), 816 (818 ff.).

[192] Nieder/Kössinger/*Kössinger* § 10 Rn. 116.

[193] Bsp. in MVHdB VI Bürgerl.R II/*Otto* XII. 23; BeckFormB BHW/*Najdecki* IV. 3, 4 u. 10; *Haegele/ Winkler* Rn. 831 ff.

[194] Bsp. in MVHdB VI Bürgerl.R II/*Otto* XII. 17.

IV. Testamentsvollstreckung und Vollmacht auf den Todesfall § 18

Der Testamentsvollstrecker handelt nicht als Vertreter der Erben oder gar des Nachlasses, sondern, zumindest nach heute herrschender Auffassung, als Inhaber eines **privaten Amts**.[195] Folge ist, dass er auch im Rechtsverkehr nicht als Vertreter auftritt, sondern im eigenen Namen. Durch Verbindung des eigenen Namens mit dem Hinweis „**als Testamentsvollstrecker**" sollte er jedoch stets verdeutlichen, dass er ein Amt ausübt, damit die Folgen seines Handelns nicht ihn persönlich, sondern den Nachlass treffen.[196]

b) Die Anordnung der Testamentsvollstreckung. Die Testamentsvollstreckung kann **ausschließlich** durch eine Verfügung von Todes wegen (Testament oder Erbvertrag) angeordnet werden.[197] Auch wenn die Erben oder das Nachlassgericht eine Testamentsvollstreckung für sehr wünschenswert halten, ist sie nur möglich, wenn sie vom Erblasser bestimmt wurde.[198] Gelegentlich ergibt sich eine solche Anordnung allerdings erst im Wege der Auslegung der letztwilligen Verfügung.[199] Von der Anordnung der Testamentsvollstreckung ist die **Ernennung** des Testamentsvollstreckers zu unterscheiden, also die Bestimmung der Person, die das Amt übernehmen soll. In aller Regel findet sich die Ernennung in der letztwilligen Verfügung, § 2197 BGB. Der Erblasser kann aber die Bestimmung der Person oder der Personen, falls er mehrere Vollstrecker wünscht, auch einem Dritten, § 2198 BGB,[200] oder dem Nachlassgericht übertragen, § 2200 BGB.[201] Weiterhin kann der Erblasser den Testamentsvollstrecker selbst ermächtigen, einen oder mehrere Mitvollstrecker zu benennen, § 2199 BGB. Schließlich ist es dem Erblasser möglich, einen oder mehrere **Ersatztestamentsvollstrecker** für den Fall zu benennen, dass der zunächst Benannte vor oder nach Annahme des Amts wegfällt, § 2197 Abs. 2 BGB, oder den Testamentsvollstrecker zu ermächtigen, seinen eigenen Nachfolger zu ernennen, § 2199 Abs. 2 BGB. Die Benennung eines Ersatztestamentsvollstreckers ist sehr zu empfehlen. Ist das nicht geschehen und fällt der vorgesehene Testamentsvollstrecker vor oder nach Antritt seines Amtes weg,[202] kommt es nicht zur Testamentsvollstreckung bzw. endet im Normalfall die Testamentsvollstreckung. Nur in besonderen Konstellationen wird man einen Willen des Erblassers annehmen dürfen, dass in diesen Fällen das Nachlassgericht einen anderen Testamentsvollstrecker ernennt.[203]

---

[195] Zum Streit zwischen der Vertreter- und der Amtstheorie Bengel/Reimann/*Bengel/Dietz*, TV-HdB, § 1 Rn. 11.
[196] Vgl. zur Formulierung auch MAH ErbR/*Lorz* § 19 Rn. 10.
[197] Die Anordnung, soweit sie in einem Erbvertrag oder einem gemeinschaftlichen Testament vorgenommen wird, kann nicht als bindende Verfügung getroffen werden. Sowohl der erbvertraglich Verfügende als auch der länger lebende Ehegatte, der in einem gemeinschaftlichen Testament verfügt hat, kann mithin die Anordnung der Testamentsvollstreckung nach seinem Tod wieder streichen. Davon zu unterscheiden ist, dass er umgekehrt nicht berechtigt ist, eine bislang nicht vorgesehene Testamentsvollstreckung anzuordnen, denn dies wäre eine unzulässige Beeinträchtigung des Bedachten, § 2289 BGB (die Vorschrift gilt für wechselbezügliche Verfügungen in gemeinschaftlichen Testamenten entsprechend); OLG Hamm FamRZ 1996, 637.
[198] BayObLG NJW-RR 1995, 711.
[199] BayObLG ZEV 1996, 33.
[200] Zur Form s. § 2198 Abs. 1 S. 2 BGB.
[201] Hat der Erblasser nur Testamentsvollstreckung angeordnet, aber keinen Testamentsvollstrecker benannt, so wird die Auslegung dieser Regelung oft ergeben, dass damit das Nachlassgericht stillschweigend um Benennung ersucht ist; vgl. MAH ErbR/*Lorz* § 19 Rn. 53.
[202] Dazu zählt auch der Fall der Nichtannahme des Amts, Palandt/*Weidlich* BGB § 2197 Rn. 1.
[203] Palandt/*Weidlich* BGB § 2200 Rn. 2; BayObLG ZEV 1997, 339; OLG Düsseldorf FGPrax 1998, 107 zum Wegfall des Verwaltungstestamentsvollstreckers; OLG Düsseldorf NJW-RR 2012, 1097 zum Wegfall des Testamentsvollstreckers aufgrund Geschäftsunfähigkeit.

107 **Formulierungsbeispiel Anordnung Abwicklungs-Testamentsvollstreckung, Benennung Person des Testamentsvollstreckers und dessen Ersatz:**
Ich ordne Abwicklungs-Testamentsvollstreckung an.

Zum Testamentsvollstrecker ernenne ich …. Tritt er das Amt nicht an oder fällt er nach Annahme des Amtes weg, benenne ich … als Ersatztestamentsvollstrecker. Tritt auch er das Amt nicht an oder fällt er nach Annahme des Amtes weg, ist der Testamentsvollstrecker vom …*[Beirat der …, Anwaltssozietät, Steuerberatersozietät, Nachlassgericht etc]* zu benennen.

108 Es können sowohl **natürliche als auch juristische Personen** benannt werden. Nach langem Streit steht auch die Zulässigkeit der Durchführung von Testamentsvollstreckungen, vorbehaltlich berufsrechtlicher Schranken, durch Steuerberater, Wirtschaftsprüfer, Sparkassen und Banken fest.[204] Erforderlich ist lediglich, dass der benannte Testamentsvollstrecker voll geschäftsfähig ist und nicht unter Betreuung steht, § 2201 BGB. Die Berufung zum Erben hindert die gleichzeitige Benennung zum Testamentsvollstrecker grundsätzlich nicht. Nicht selten benennt der Testator einen der **Miterben** zum Testamentsvollstrecker, beispielsweise den Ehegatten. Lediglich der **Alleinerbe** kann grundsätzlich nicht zugleich Testamentsvollstrecker sein,[205] es sei denn, die Doppelstellung als Alleinerbe und Testamentsvollstrecker ist ausnahmsweise sinnvoll.[206] Entsprechendes gilt in Bezug auf die Einsetzung des alleinigen Vorerben als Testamentsvollstrecker.[207] Weiterhin kann wegen des Interessenkonfliktes der **Allein-Vorerbe** nicht Nacherbenvollstrecker gemäß § 2222 BGB werden.[208] Umgekehrt kann aber der Nacherbe zum Testamentsvollstrecker des Vorerben benannt werden.[209] Auch ist zu beachten, dass der die letztwilligen Verfügungen beurkundende **Notar** nicht als Testamentsvollstrecker eingesetzt werden kann.[210] Während es früher teilweise als unzulässig angesehen wurde, dass der **gesetzliche Vertreter** eines Erben zugleich Testamentsvollstrecker ist, also zum Beispiel der Vater, wenn der Großvater den Enkel zum Erben einsetzt,[211] hat der BGH mit Beschluss vom 5.3.2008 klargestellt, dass die Doppelstellung nicht zwangsläufig einen Interessenkonflikt begründe, so dass die Aufgaben des Testamentsvollstreckers und die des gesetzlichen Vertreters des minderjährigen Erben von derselben Person wahrgenommen werden können.[212]

109 Der Testator muss sich bei Anordnung der Testamentsvollstreckung bewusst sein, dass sein **pflichtteilsberechtigter Erbe,** wenn er ihn mit einer Testamentsvollstreckung be-

---

[204] BGH ZEV 2005, 122; Palandt/*Weidlich* BGB § 2197 Rn. 8. Zur Testamentsvollstreckung durch Banken *Grunsky/Theiss* WM 2006, 1561ff.
[205] Außer in den Fällen des § 2223 BGB.
[206] BGH NJW-RR 2005, 591 (592); Palandt/*Weidlich* BGB § 2197 Rn. 5.
[207] BGH NJW-RR 2005, 591 (592); OLG Jena ZEV 2009, 244, 245; Palandt/*Weidlich* BGB § 2197 Rn. 5.
[208] Palandt/*Weidlich* BGB § 2197 Rn. 5.
[209] Vgl. BGH NJW 1990, 2056; Palandt/*Weidlich* BGB § 2197 Rn. 5.
[210] §§ 7, 27 BeurkG; Palandt/*Weidlich* BGB § 2197 Rn. 6. Das Verbot kann allerdings dadurch umgangen werden, dass der Testator im notariellen Testament lediglich Testamentsvollstreckung anordnet und in einem eigenhändigen, privaten Testament den Notar zum Testamentsvollstrecker benennt; vgl. OLG Bremen ZEV 2016, 273. Der Sozius des beurkundenden Notars kann hingegen auch im notariellen Testament zum Testamentsvollstrecker bestimmt werden, Palandt/*Weidlich* BGB § 2197 Rn. 6.
[211] Das OLG Nürnberg MDR 2001, 1117, sieht in dieser Doppelstellung einen inakzeptablen Interessengegensatz.
[212] BGH DNotZ 2008, 782ff.; s. auch OLG Hamm ErbR 2018, 272 (274), wonach die letztwillige Verfügung des Erblassers, nach der ein Testamentsvollstrecker zugleich Ergänzungspfleger des minderjährigen Erben für das von Todes wegen erworbene Vermögen sein soll, wirksam ist, wenn aufgrund der bisherigen Erfahrungen und des engen persönlichen Verhältnisses der Beteiligten kein Anlass zu der Annahme besteht, der Vertreter werde unbeschadet seiner eigenen Interessen die Belange des Erben/Vertretenen nicht im gebotenen Maße wahren und fördern.

lastet, gemäß § 2306 Abs. 1 BGB die Erbschaft ausschlagen und dennoch seinen Pflichtteil fordern kann.[213]

c) Die Typen der Testamentsvollstreckung. Die entscheidende Weichenstellung in die verschiedenen möglichen Aufgabenstellungen des Testamentsvollstreckers ist die bereits oben kurz angerissene Unterscheidung zwischen Abwicklungs- und Verwaltungstestamentsvollstreckung. Daneben ist jedoch noch eine Vielzahl weiterer Unterscheidungen möglich. So kann dem Vollstrecker (als sog. **Vermächtnisvollstrecker**) beispielsweise ausschließlich aufgegeben werden, für die Ausführung der einem Vermächtnisnehmer auferlegten Beschwerungen zu sorgen, § 2223 BGB. 110

Besonders vielzählig sind die möglichen Kombinationen im Aufgabenspektrum, wenn der Erblasser **Vor- und Nacherbschaft und Testamentsvollstreckung** anordnen will:[214] 111

Ist der Testamentsvollstrecker bloßer Abwicklungsvollstrecker, bestehen keine Besonderheiten. Der Testamentsvollstrecker wird den Nachlass abwickeln und an den Vorerben herausgeben.

Ist dem Erblasser aber daran gelegen, speziell den Vorerben auf Dauer der Testamentsvollstreckung zu unterwerfen, so kann er Testamentsvollstreckung ausschließlich für die Vorerbschaft anordnen. Diese endet mit dem Nacherbfall.[215] Ist Testamentsvollstreckung nur für die Vorerbschaft angeordnet, ist umstritten, ob Verfügungsbeschränkungen für den Vorerben (§§ 2113 ff BGB) auch für den Testamentsvollstrecker gelten. Einerseits wird vertreten, dass die Notwendigkeit der Interessenvertretung für den Nacherben bei Anordnung der Testamentsvollstreckung wegfalle, so dass dem Nacherben keine Rechte gegenüber dem Testamentsvollstrecker zustünden;[216] im Übrigen werde die Verwaltungs- und Verfügungsfreiheit des Testamentsvollstreckers im Gesetz stark betont, so dass sein Bestimmungsrecht in Bezug auf den Nachlass das des Erben nahezu gänzlich verdränge.[217] Nach dieser Ansicht unterläge der Testamentsvollstrecker folglich nur den speziellen Verfügungsbeschränkungen des Testamentsvollstreckers, nicht aber zusätzlich denen des Vorerben.[218] Nach anderer Ansicht ist der Testamentsvollstrecker in seiner Verfügungsbefugnis ebenso beschränkt wie der Vorerbe, von dem er sein Recht ableitet.[219] Der Testamentsvollstrecker bedarf hiernach in den Fällen der §§ 2113 ff BGB der Zustimmung der Nacherben.[220]

Umgekehrt kann der Erblasser auch nur für den Nacherben Testamentsvollstreckung anordnen. In diesem Fall tritt die Testamentsvollstreckung erst mit dem Nacherbfall in Kraft.

Diese vorstehende Anordnung der Testamentsvollstreckung für den Nacherben ist zu unterscheiden von der **Nacherbentestamentsvollstreckung** gemäß § 2222 BGB. Im Rahmen dieser Vollstreckung obliegt es dem Testamentsvollstrecker, während der Vorerbschaft die Nacherbenrechte auszuüben.[221] Diese Form der Testamentsvollstreckung erlischt grundsätzlich mit dem Nacherbfall. Selbstverständlich kann der Erblasser aber auch

---

[213] Vgl. *Werner* ZEV 2010, 126 (126 und 127) auch zu der Möglichkeit einer entgeltlichen Ausschlagung des Erbteils eines nicht pflichtteilsberechtigten Erben und der Möglichkeit der Erbteilsveräußerung.
[214] Vgl. Bengel/Reimann/*Bengel/Dietz* TV-HdB § 5 Rn. 331 ff.; zum Vollzug eines Nachvermächtnisses vgl. *Spall* ZEV 2002, 5.
[215] Vgl. zum Spannungsverhältnis der befreiten Vorerbschaft zur angeordneten Testamentsvollstreckung *Kummer*, FS Brandner, 1996, 755.
[216] KG OLGE 34, 297 (298).
[217] *Engelmann* MittBayNot 1999, 509 (512).
[218] Soergel/*Damrau* BGB § 2205 Rn. 58; vgl. auch *Engelmann* MittBayNot 1999, 509 (512).
[219] OLG München RNotZ 2016, 399 (402) mwN; Bengel/Reimann/*Bengel/Dietz* TV-HdB § 5 Rn. 333; BeckOK BGB/*Lange* § 2205 Rn. 4a.
[220] OLG München RNotZ 2016, 399 (402) mwN.
[221] Zu den Befugnissen des Nacherbentestamentsvollstreckers bei Verfügungen über Nachlassgegenstände *Keim* ZErB 2008, 5 ff.

anordnen, dass nach dem Nacherbfall die Testamentsvollstreckung als normale Testamentsvollstreckung für die Nacherben weiterzuführen ist.

Der Erblasser kann weiterhin die Testamentsvollstreckung **sowohl für die Vor- als auch die Nacherbschaft** anordnen. Um eine Abgrenzung zu den oben genannten Fallgestaltungen zu erreichen, sollte in diesem Fall genau geregelt werden, ob der Testamentsvollstrecker Rechte für die Nacherben gemäß § 2222 BGB schon während der Vorerbzeit ausüben[222] oder ob er erst ab dem Nacherbfall Testamentsvollstrecker für die Nacherben werden soll.[223]

Ist Testamentsvollstreckung für den Nacherben, für die Vor- und Nacherbschaft oder Nacherbentestamentsvollstreckung gemäß § 2222 BGB angeordnet, so unterliegt der Testamentsvollstrecker unstreitig nur den spezifischen Verfügungsbeschränkungen des Testamentsvollstreckerrechts und nicht alternativ oder zusätzlich denen eines Vorerben.[224]

112 **d) Beginn und Ende der Testamentsvollstreckung.** Da niemand sich das Amt des Testamentsvollstreckers aufzwingen lassen muss, ist es erforderlich, dass der Benannte das Amt auch annimmt. Die **Annahmeerklärung** ist dem Nachlassgericht gegenüber abzugeben, § 2202 BGB; auf Antrag des Testamentsvollstreckers hat das Nachlassgericht ein Zeugnis über die Ernennung **(Testamentsvollstreckerzeugnis)** zu erteilen, § 2368 BGB (zum Testamentsvollstreckerzeugnis → Rn. 157 und 158). Das Amt des Testamentsvollstreckers beginnt mit der Annahme des Amtes, § 2202 BGB. Bis zur Annahme sind aber nicht etwa die Erben selbst verwaltungs- und verfügungsberechtigt, vielmehr beginnt die Testamentsvollstreckung bereits mit dem Erbfall.[225] In einem **Erbschein** ist auf die Testamentsvollstreckung hinzuweisen. Nach Beendigung der Testamentsvollstreckung können die Erben diesen Erbschein als unrichtig einziehen lassen und einen neuen – ohne Testamentsvollstreckervermerk – beantragen. Die Testamentsvollstreckung endet, wenn alle Aufgaben des Testamentsvollstreckers erledigt sind oder aber ein vom Erblasser gesetzter Termin oder eine Bedingung („Testamentsvollstreckung bis zur Volljährigkeit des Erben") eingetreten ist.

113 Von der Beendigung der Testamentsvollstreckung zu unterscheiden ist die **Beendigung des Amtes** des Testamentsvollstreckers: Das Amt des Testamentsvollstreckers endet mit dem Tod des Testamentsvollstreckers, dem Verlust der Geschäftsfähigkeit oder der Anordnung einer Betreuung über den Testamentsvollstrecker (§ 2225 BGB) sowie im Fall der Kündigung des Amtes durch den Testamentsvollstrecker und schließlich durch die Entlassung des Testamentsvollstreckers durch das Nachlassgericht. Grundsätzlich kann der Testamentsvollstrecker jederzeit (zur Unzeit allerdings nur aus wichtigem Grund) und ohne Kündigungsgrund das Amt **kündigen,** § 2226 BGB.[226] Gemäß § 2227 BGB kann der Testamentsvollstrecker gegen seinen Willen durch das Nachlassgericht aus wichtigem Grund **entlassen** werden.[227] Das Einschreiten des Nachlassgerichts setzt den Antrag eines Beteiligten (insbesondere eines Erben) voraus. § 2227 BGB gibt als Beispiele für den wichtigen Grund die Fälle der groben Pflichtverletzung und der Unfähigkeit zur ordnungsgemäßen Geschäftsführung an. Eine solche Pflichtverletzung liegt unter anderem vor, wenn der Testamentsvollstrecker unwirtschaftliche Verkäufe und Vermögensverschiebungen vornimmt, eine überhöhte Testamentsvollstre-

---

[222] Kritisch zur Kumulation von Testamentsvollstreckeraufgaben *Skibbe,* FS Brandner, 1996, 769; Bsp. bei MVHdB VI Bürgerl.R II/*Otto* XII. 12 § 4.
[223] Im Zweifel gilt Letzteres, vgl. Soergel/*Damrau* BGB § 2222 Rn. 1.
[224] Vgl. Bengel/Reimann/*Bengel/Dietz* TV-HdB § 5 Rn. 333; BeckOK BGB/*Lange* § 2205 BGB Rn. 4a.
[225] *Brox* Rn. 390; *Ebenroth* Rn. 634; *Damrau* ZEV 1996, 81.
[226] Er erhält dann eine Vergütung aus der Gesamtvergütung, die seiner Tätigkeit bis zur Kündigung entspricht.
[227] Vgl. MAH ErbR/*Lorz* § 19 Rn. 204; *Werner* ZEV 2010, 126 (128 ff.).

ckervergütung zur Unzeit einzieht[228], in Vermögensverfall gerät[229] oder unzulässige Insichgeschäfte tätigt.[230]

Sind bei Beendigung des Amtes des Testamentsvollstreckers (nach Tod des Testamentsvollstreckers, Kündigung, Entlassung etc.) die Aufgaben des Testamentsvollstreckers **noch nicht abgeschlossen,** so endet die Testamentsvollstreckung gleichwohl, wenn der Erblasser keinen Ersatztestamentsvollstrecker benannt und das Nachlassgericht auch nicht ermächtigt hat, einen Nachfolger zu bestimmen. 114

Schließlich ist zu beachten, dass das Gesetz der Testamentsvollstreckung **zeitliche Grenzen** gesetzt hat. Gemäß § 2210 BGB endet eine Testamentsvollstreckung längstens nach 30 Jahren. Auch im Recht der Testamentsvollstreckung gilt es allerdings **Ausnahmen** von der 30-Jahres-Frist zu beachten. So kann der Erblasser beispielsweise anordnen, dass die Testamentsvollstreckung bis zum Tode des Erben oder des Testamentsvollstreckers fortdauern soll; in diesem Fall kann sich die Testamentsvollstreckung auch über einen Zeitraum von 30 Jahren erstrecken.[231] Ist allerdings als Testamentsvollstrecker eine juristische Person eingesetzt, bleibt es stets bei der 30-jährigen Frist, § 2210 S. 3 BGB. 115

2. Die Rechtsstellung des Testamentsvollstreckers

a) Die Abwicklungs- und die Verwaltungsvollstreckung. Die Aufgaben und Befugnisse richten sich vornehmlich nach den spezifischen Vorgaben des Erblassers und danach, ob der Testamentsvollstrecker Verwaltungs- oder Abwicklungs-Testamentsvollstrecker ist. 116

aa) Abwicklungs-Testamentsvollstreckung. Gemäß §§ 2203, 2204 BGB obliegt es dem Abwicklungs-Testamentsvollstrecker insbesondere, den letzten Willen des Erblassers auszuführen und, bei mehreren Erben, die **Auseinandersetzung** unter ihnen (vgl. → § 19 Rn. 58 ff.) zu betreiben. Der Testamentsvollstrecker wird in der Regel zur Vorbereitung der Auseinandersetzung einen **Teilungsplan** aufstellen. Hierbei hat er eventuelle Teilungsanordnungen (§ 2048 BGB) des Erblassers zu beachten.[232] Vor dem Vollzug hat der Testamentsvollstrecker gemäß § 2204 Abs. 2 BGB die Erben über den Auseinandersetzungsplan zu hören. Daneben obliegt es dem Testamentsvollstrecker, die sonstigen letztwilligen Verfügungen des Erblassers zur Ausführung zu bringen, beispielsweise zu überwachen, dass vom Erblasser ausgesetzte Vermächtnisse oder von ihm angeordnete Auflagen erfüllt werden. Schließlich hat der Testamentsvollstrecker entsprechend dem Teilungsplan und kraft seiner Verfügungsmacht (§ 2205 BGB) die durch den Plan geschaffenen Übertragungsverpflichtungen zu erfüllen. Hat der Erblasser in seiner letztwilligen 117

---

[228] KG MittBayNot 2012, 54 ff.
[229] Näher *Lange/Kuchinke*, 722 ff.; zum Misstrauen wegen Vermögensverschiebungen vgl. BayObLG NJW-RR 1996, 714; uU kann auch die völlige Zerrüttung des Verhältnisses zwischen Erben und Testamentsvollstrecker die Entlassung rechtfertigen; Meinungsverschiedenheiten und Spannungen, die oft gerade darauf beruhen, dass der Testamentsvollstrecker den letzten Willen des Verstorbenen konsequent ausführt, rechtfertigen die Entlassung nicht, vgl. OLG Düsseldorf ZEV 1994, 302; KG MittBayNot 2012, 54 (55); Palandt/*Weidlich* BGB § 2227 Rn. 5. Zur Entlassung wegen Vermögensverfall des Testamentsvollstreckers OLG Hamm FamRZ 1994, 1419; zum Maßstab für die Überprüfung der Unternehmensfortführung im Entlassungsverfahren BayObLG FamRZ 1997, 905.
[230] Die zunächst pflichtwidrig verweigerte und erst verspätet auf gerichtlichen Hinweis erfolgte Anfertigung eines Nachlassverzeichnisses stellt nicht ohne Weiteres eine grobe Pflichtverletzung eines Testamentsvollstreckers im Sinne von § 2227 BGB dar, OLG Schleswig 2016, 646.
[231] Die Anordnung der Dauertestamentsvollstreckung verliert jedoch ihre Wirksamkeit mit dem Tode des letzten Testamentsvollstreckers, der innerhalb von 30 Jahren seit dem Erbfall zum Testamentsvollstrecker ernannt wurde, BGH ZEV 2008, 138. Zur Zulässigkeit der Ernennung von Ersatztestamentsvollstreckern in diesem Zusammenhang KG ZEV 2008, 528. Vor Anordnung einer Dauertestamentsvollstreckung sollte bedacht werden, dass eine – aus Sicht der (pflichtteilsberechtigten) Erben – zeitlich zu lange andauernde Testamentsvollstreckung dazu führen kann, dass die Erben die Erbschaft gemäß § 2306 BGB ausschlagen und den Pflichtteil verlangen, *Slabon*, Erbfolgebesteuerung, 2008, 81 (82). Zur Vereitelung der Ziele einer Dauertestamentsvollstreckung durch Veräußerung des Miterbenanteils *Kesseler* NJW 2006, 3672 ff.
[232] *Lange/Kuchinke*, 688.

Verfügung keine besonderen Anordnungen getroffen, hat sich der Testamentsvollstrecker an die gesetzlichen Vorschriften der Auseinandersetzung zu halten (§§ 2042, 2050, 752 ff. BGB). In diesem Rahmen sind zunächst Nachlassverbindlichkeiten zu begleichen. Den Überschuss hat er auf die Miterben entsprechend den Erbquoten zu verteilen. Teilbare Nachlassgegenstände hat er in Natur zu teilen, unteilbare muss er verkaufen. In diesem Zusammenhang hat er Ermessen, ob er die Veräußerung im Wege der Zwangsversteigerung, des Pfandverkaufs oder freihändig vornimmt.[233] Anders als vielfach angenommen, hat der Testamentsvollstrecker aber **kein Ermessen,** unteilbare Gegenstände einzelnen Miterben unter Anrechnung des Werts auf den Erbteil zuzuweisen. Diese Rechtsmacht – die in der Praxis oft geradezu ein Motiv des Erblassers bei der Anordnung der Testamentsvollstreckung ist – hat der Testamentsvollstrecker nur, wenn ihm für die Auseinandersetzung ausdrücklich Ermessen eingeräumt wurde. In der Regel sollte daher dem Testamentsvollstrecker ausdrücklich gemäß § 2048 S. 2 BGB Ermessen erteilt werden; nur dann kann er flexibel und individuell die Auseinandersetzung begleiten, was letztlich zur Streitvermeidung beiträgt.

Ein **Einverständnis der Miterben** zum Auseinandersetzungsplan ist natürlich erstrebenswert, aber zur Gültigkeit des Planes **nicht erforderlich.**[234] Befindet sich im Nachlass ein Grundstück, obliegt es dem Testamentsvollstrecker, den so genannten **Grundbuchberichtigungsantrag** zu stellen, also beim Grundbuchamt zu beantragen, dass statt des Erblassers die Erben eingetragen werden. Gemäß § 52 GBO wird zugleich von Amts wegen im Grundbuch vermerkt, dass das Grundstück der Testamentsvollstreckung unterliegt.[235] Der Antrag sollte innerhalb von zwei Jahren nach dem Erbfall gestellt werden.

Die Anordnung zumindest einer auf die Abwicklung des Nachlasses beschränkten Testamentsvollstreckung empfiehlt sich regelmäßig bei größeren Nachlässen. Streitigkeiten unter Miterben über die Aufteilung der Nachlassgegenstände können auf diese Weise häufig vermieden werden. Zudem ist sichergestellt, dass der letzte Wille des Verstorbenen tatsächlich ausgeführt wird, insbesondere Vermächtnisse und Auflagen erfüllt werden.

118 **bb) Verwaltungsvollstreckung.** Der Aufgabenkreis des Testamentsvollstreckers, der zur Verwaltungsvollstreckung berufen ist, ist gegenüber der reinen Abwicklungs-Testamentsvollstreckung erweitert; die Nachlassverwaltung wird zum Selbstzweck und dient nicht nur der Auseinandersetzung des Nachlasses. Diese Form der Testamentsvollstreckung, die zu einer „fürsorglichen Bevormundung" des Erben führt,[236] wird zum einen oft angeordnet, soweit es um die Unternehmensfortführung geht und der Erblasser das Unternehmen nicht unmittelbar in die Hände der Erben legen will. Zum anderen dient die Verwaltungstestamentsvollstreckung häufig dem Zweck, große Vermögen auf lange Zeit zusammenzuhalten. Schließlich findet sich die Anordnung der Vermögensverwaltung nicht selten in Testamenten, mit denen sich Ehegatten wechselseitig bedenken. Ist der überlebende Ehegatte nicht Alleinerbe, sondern beispielsweise mit gemeinsamen Abkömmlingen Miterbe, so kann seine Position in der Erbengemeinschaft dadurch gestärkt werden, dass die Ehegatten bestimmen, dass der Längerlebende Zeit seines Lebens Testamentsvollstrecker ist. Gleiches gilt, wenn der Nachlass an die Kinder vererbt und dem überlebenden Ehegatten ein Nießbrauchsrecht zugewendet wurde.

119 Die Verwaltungsvollstreckung differenziert sich gemäß § 2209 BGB in die **schlichte Verwaltungsvollstreckung** und die **Dauertestamentsvollstreckung.** Hat der Erblasser dem Testamentsvollstrecker die schlichte Verwaltung zugewiesen, so obliegt dem Testamentsvollstrecker keine andere Aufgabe, als die Verwaltung, insbesondere also nicht die

---

[233] Staudinger/*Reimann* BGB § 2204 Rn. 30; Palandt/*Weidlich* BGB § 2204 Rn. 3; OLG Zweibrücken FGPrax 1997, 109.
[234] Palandt/*Weidlich* BGB § 2204 Rn. 4.
[235] Zur Löschung des Testamentsvollstreckervermerks bei Grundstücksveräußerung an einen Dritten OLG München MittBayNot 2016, 157.
[236] *Haegele/Winkler* Rn. 131.

Ausführung der sonstigen letztwilligen Verfügungen (§ 2203 BGB) und ebenfalls nicht die Auseinandersetzung des Nachlasses am Ende der Testamentsvollstreckung (§ 2204 BGB).[237] Für die Testamentsgestaltung, aber auch für die Auslegung unklarer Testamente bedeutet diese mögliche Differenzierung: Ist dem Erblasser an einer langfristigen Verwaltung seines Vermögens und einer Vollstreckung seines letzten Willens gelegen, so wird er Dauertestamentsvollstreckung anordnen.[238] Will der Erblasser dagegen einer Person die Möglichkeit geben, den Nachlass weiter zu verwalten, ohne dieser Person jedoch die Arbeiten der Erfüllung der sonstigen testamentarischen Bestimmungen und insbesondere die Auseinandersetzung unter den Miterben am Ende der Vollstreckung zuweisen zu wollen, bietet sich die schlichte Verwaltungsvollstreckung an. In der Praxis findet sich diese Form der Vollstreckungsanordnung häufig, sofern der überlebende Ehegatte zum Testamentsvollstrecker ernannt wird, insbesondere wenn diese Anordnung eher dem Schutz seiner Person diente, etwa aus den oben angeführten Motiven.

> **Formulierungsbeispiel Anordnung Dauer-Testamentsvollstreckung:** 120
>
> Ich ordne Dauer-Testamentsvollstreckung bis zur Vollendung des … Lebensjahres eines jeden Erben an.
>
> Zum Testamentsvollstrecker ernenne ich …. Tritt er das Amt nicht an oder fällt er nach Annahme des Amtes weg, benenne ich … als Ersatztestamentsvollstrecker. Tritt auch er das Amt nicht an oder fällt er nach Annahme des Amtes weg, ist der Testamentsvollstrecker vom … [Beirat der …, Anwaltssozietät, Steuerberatersozietät, Nachlassgericht etc] zu benennen.
>
> Das Amt endet ferner, mit Ablauf des Jahres in dem der TV sein … Lebensjahr vollendet. In diesem Fall ist entsprechend Abs. 2 sein Nachfolger zu benennen.
>
> Der Testamentsvollstrecker hat insbesondere folgende Aufgaben:
>
> Die dauerhafte Verwaltung des Nachlasses, insbesondere die Wahrnehmung sämtlicher Rechte und Pflichten (einschließlich der Rechte aus dem Kernbereich der Mitgliedschaft, wie zB Änderung der Gewinnverteilung, Höhe des Abfindungsguthabens, Eingriff in das Stimmrecht, Erhöhung der Beitragspflicht etc.), für den Erben in Bezug auf meine Gesellschaftsbeteiligungen (derzeit an der … und der …), soweit dies rechtlich zulässig ist. Die Verwaltungsbefugnis des Testamentsvollstreckers erstreckt sich auch auf sämtliche Kapital- und Umstrukturierungsmaßnahmen der Gesellschaften.

b) Die Befugnisse und Aufgaben des Testamentsvollstreckers. aa) Die Verwaltung 121 **des Nachlasses.** Dem Testamentsvollstrecker obliegt es, den Nachlass zu verwalten, § 2205 BGB. Dazu ist er zunächst berechtigt, den Nachlass in **Besitz** zu nehmen, § 2205 S. 2 BGB. Sind die Erben, denen der Besitz gem. § 857 BGB mit dem Erbfall zufällt, nicht bereit, diesen auf den Testamentsvollstrecker zu übertragen, muss er sich den Besitz im Klagweg verschaffen. Auf Ansprüche aus **Lebensversicherungen,** die dem Erbe außerhalb des Nachlasses anfallen, erstreckt sich die Befugnis des Vollstreckers jedoch nicht.

Im Rahmen der Verwaltung des Nachlasses ist der Testamentsvollstrecker befugt, über Nachlassgegenstände zu verfügen, § 2205 S. 2 BGB, und Verbindlichkeiten einzugehen,

---

[237] MAH ErbR/*Lorz* § 19 Rn. 15.
[238] Jedoch ist nach Auffassung des OLG Frankfurt a.M. eine Dauertestamentsvollstreckung mit einer Stiftung von Todes wegen nicht vereinbar, weil dies mit der Aufgabe des Vorstands, das Stiftungsvermögen in Eigenverantwortung zu verwalten, und der staatlichen Aufsicht darüber in Widerspruch stehe, OLG Frankfurt a.M. ZEV 2011, 605. Diese Entscheidung ist auf erhebliche Kritik gestoßen. Zu der Frage der Zulässigkeit einer Dauertestamentsvollstreckung, wenn Erbe oder Vermächtnisnehmer eine nach § 83 BGB auf den Todesfall errichtete Stiftung ist, ausführlich bei *Ponath/Jestaedt* ZErb 2012, 253 ff. und *Schewe* ZEV 2012, 236 (welche die Zulässigkeit im Ergebnis bejahen).

§ 2206 BGB (→ Rn. 129). Der Testamentsvollstrecker ist gemäß § 2216 BGB zur ordnungsgemäßen Verwaltung verpflichtet.

122 Aufgabe des Testamentsvollstreckers im Rahmen der Nachlassverwaltung ist es insbesondere, den vorhandenen Nachlass zu erhalten und **möglichst zu mehren.** Er ist in diesem Zusammenhang **nicht** verpflichtet, das Vermögen **mündelsicher** anzulegen, vielmehr hat er zinsgünstigere Alternativen, die nicht gerade spekulativen Charakter haben, zu wählen.[239] Der Testamentsvollstrecker muss nicht stets den „sichersten Weg" beschreiten.[240] Dies ist insbesondere für den Testamentsvollstrecker wichtig, der Unternehmen oder Anteile an Unternehmen verwaltet.

123 Bei der Verwaltung hat der Testamentsvollstrecker eventuelle **Anordnungen des Erblassers** zu beachten. Mit Zustimmung der Erben kann sich der Testamentsvollstrecker allerdings über diese hinwegsetzen: Zwar entfallen durch die Erbenzustimmung die Anordnungen nicht, die Erben können aber später keine Vorwürfe oder Schadensersatzforderungen gegen den Testamentsvollstrecker erheben.[241] Stimmen die Erben nicht zu, verbleibt dem Testamentsvollstrecker eventuell der Weg über § 2216 Abs. 2 BGB. Nach dieser Vorschrift kann das Nachlassgericht Anordnungen des Erblassers außer Kraft setzen, soweit die Befolgung der Anordnungen eine **erhebliche Gefährdung** des Nachlasses befürchten lässt.

124 Zur ordnungsgemäßen Verwaltung gehört auch die Prüfung, beispielsweise durch Einleitung des Aufgebotsverfahrens (§§ 1970 ff. BGB, → § 19 Rn. 19), ob der Nachlass überschuldet ist, um ggf. ein Insolvenzverfahren oder Nachlassverwaltung (§§ 1980, 1981 BGB, → § 19 Rn. 15 ff.) einzuleiten.[242]

125 Wichtig ist schließlich, dass Folge der Nachlassverwaltung durch den Testamentsvollstrecker auch ist, dass gemäß § 2214 BGB den **privaten Gläubigern des Erben** der Nachlass als Haftungsgrundlage während der Zeit der Testamentsvollstreckung nicht zur Verfügung steht. Anderes gilt selbstverständlich für Nachlassgläubiger.

126 **bb) Zur Verfügungsbefugnis des Testamentsvollstreckers.** Wie bereits angedeutet, ist der Testamentsvollstrecker im Rahmen der Nachlassverwaltung berechtigt, über Nachlassgegenstände zu verfügen.[243] Nach **innen**, im Verhältnis zum Erben, darf er nur im Rahmen ordnungsgemäßer Verwaltung verfügen. Nach **außen,** im Verhältnis zu Dritten, ist seine **Verfügungsbefugnis** (mit zwei Ausnahmen) grundsätzlich **unbeschränkt.** Die Ausnahmen sind: Der Testamentsvollstrecker darf gemäß § 2205 S. 3 BGB nicht **unentgeltlich** verfügen[244] und – falls ihm das nicht vom Erblasser gestattet wurde – keine Geschäfte **mit sich selbst** vornehmen, § 181 BGB. Die zur Unentgeltlichkeit im Rahmen der Vorerbschaft gemachten Ausführungen gelten entsprechend (→ Rn. 87).[245] Unentgeltliche Verfügungen des Testamentsvollstreckers sind **absolut** unwirksam, auch ein gutgläubiger Erwerb kommt nicht in Betracht.[246] Da das Verbot unentgeltlicher Verfügungen

---

[239] BGH NJW-RR 1995, 577; BGH NJW 1987, 1070 (1071); Staudinger/*Reimann* BGB § 2216 Rn. 12; *Farkas-Richling* ZEV 2007, 311 zur ordnungsgemäßen Verwaltung des Nachlassvermögens im Wertpapierbereich nach § 2216 BGB; *Klumpp* ZEV 1994, 65 ff.; *Schmitz,* Kapitalanlageentscheidungen des Testamentsvollstreckers; aA *Knauss* ErbR 2007, 77 ff. (wonach eine mündelsichere Anlage vorbehaltlich anderer Anordnungen des Erblassers als ordnungsgemäße Verwaltung anzusehen ist).
[240] BGH NJW 1987, 1070 (1071); OLG Hamm ZEV 2013, 140 (144); Palandt/*Weidlich* BGB § 2216 Rn. 3.
[241] Palandt/*Weidlich* BGB § 2216 Rn. 4.
[242] MAH ErbR/*Lorz* § 19 Rn. 82.
[243] Über die Miterbenanteile selbst darf er nicht verfügen, vgl. im Einzelnen Nieder/Kössinger/*Kössinger* § 15 Rn. 39.
[244] Es sei denn, die unentgeltliche Verfügung erfolgt im Rahmen einer sittlichen Verpflichtung oder es handelt sich um eine Anstandsschenkung; vgl. im Einzelnen *Schaub* ZEV 2001, 257.
[245] Vgl. *Brox* Rn. 408. Nur bezüglich des Verbots, unentgeltlich zu verfügen, kann auf das Recht des Vorerben verwiesen werden; andere Verfügungsbeschränkungen, denen ein Vorerbe unterliegt, gelten nicht für den Testamentsvollstrecker. So ist beispielsweise der Testamentsvollstrecker befugt, (entgeltlich) über Grundstücke zu verfügen.
[246] Vgl. MAH ErbR/*Lorz* § 19 Rn. 125.

dem Schutz der Erben dient, deren Nachlass möglichst nicht – ohne Gegenleistung – geschmälert werden soll, kann aber mit ihrer **Zustimmung,** durch den Testamentsvollstrecker unentgeltlich verfügt werden.[247] Hat der Erblasser Vermächtnisse ausgesetzt, ist umstritten, ob es neben der Zustimmung der Erben auch der Zustimmung durch die Vermächtnisnehmer bedarf.[248]

Diese weitgehende Verfügungsbefugnis des Testamentsvollstreckers kann der Erblasser gem. § 2208 BGB **einschränken.**[249] Gemäß § 2208 Abs. 1 S. 1 BGB kann der Erblasser anordnen, dass der Testamentsvollstrecker bezüglich einzelner Nachlassgegenstände keine Verfügungsmacht haben soll. Gemäß § 2208 Abs. 1 S. 2 BGB kann der Erblasser aber auch von vornherein die Testamentsvollstreckung nur hinsichtlich einzelner Nachlassgegenstände anordnen, so dass der Testamentsvollstrecker auch nur hinsichtlich dieser Gegenstände verfügungsbefugt ist. Der entscheidende Unterschied ist, dass dann, wenn der Erblasser nur einzelne Gegenstände der Testamentsvollstreckung unterstellt, die Erben ohne weiteres hinsichtlich der anderen Nachlassgegenstände verfügungsberechtigt sind. Hat der Erblasser aber über den gesamten Nachlass Testamentsvollstreckung angeordnet und den Testamentsvollstrecker hinsichtlich einzelner Gegenstände von der Verfügungsbefugnis ausgeschlossen, steht die Verfügungsbefugnis – wegen der grundsätzlich angeordneten Testamentsvollstreckung – auch nicht den Erben zu. Damit diese Gegenstände nicht außerhalb jeglicher Verfügungsmacht stehen, hält die herrschende Meinung es für zulässig, dass der Testamentsvollstrecker entgegen der Anordnung des Erblassers jedenfalls gemeinsam handelnd mit den Erben auch über diese Gegenstände verfügen darf.[250] Die angeordneten Beschränkungen sind im **Testamentsvollstreckerzeugnis** anzugeben, § 2368 S. 2 BGB iVm. § 354 Abs. 2 FamFG (→ Rn. 157). Schließlich kann der Erblasser auch im Rahmen der sog. **beaufsichtigenden Testamentsvollstreckung** dem Testamentsvollstrecker jegliche Verfügungsbefugnis über Nachlassgegenstände nehmen, § 2208 Abs. 2 BGB. In diesem Fall steht die Verfügungsbefugnis den Erben zu, der Testamentsvollstrecker hat nur das Recht, von den Erben die Ausführung der letztwilligen Verfügungen zu verlangen.[251]

127

In dem Rahmen, in dem der Testamentsvollstrecker Verfügungsbefugnis an Nachlassgegenständen hat, ist diese – gleichsam als Kehrseite – den Erben entzogen, § 2211 Abs. 1 BGB.[252] Allerdings lässt § 2211 Abs. 2 BGB einen **gutgläubigen Erwerb** vom Nichtberechtigten zu. Verfügt also ein Erbe trotz der nicht gegebenen Verfügungsbefugnis über einen Gegenstand und vertraut der Erwerber auf die Verfügungsmacht des Erben, weil er nicht weiß, dass der veräußerte Gegenstand Bestandteil einer Erbschaft ist, über die Testamentsvollstreckung angeordnet ist, so kann er den Gegenstand gutgläubig erwerben.[253] Zudem sind unwirksame Verfügungen des Erben **rückwirkend heilbar.** Sie werden wirksam, wenn der Testamentsvollstrecker sie genehmigt oder wenn die Testamentsvollstreckung gegenstandslos ist, weil kein Amtsantritt des Testamentsvollstreckers oder seiner Ersatzperson erfolgt.[254] Schließlich ist zu beachten, dass sich die Verfügungsbeschränkungen, denen der Erbe unterliegt, nur auf die einzelnen Nachlassgegenstände, nicht aber auf

128

---

[247] BGH NJW 1971, 2264 (2267); OLG München NJW-RR 2016, 846; Palandt/*Weidlich* BGB § 2205 Rn. 30.
[248] Dafür BGH NJW 1971, 2264 (2267); aA OLG München NJW-RR 2016, 846: „Der Zustimmung von Vermächtnisnehmern, die gem. § 2174 BGB lediglich schuldrechtliche Ansprüche gegen den oder die Erben haben, bedarf es zur Überwindung der durch Erblasseranordnung beschränkten Verfügungsbefugnis grundsätzlich nicht".
[249] Vgl. *Wellkamp* ZErb 2000, 177.
[250] *Ebenroth* Rn. 657 mwN; zu der Frage, ob die Beschränkung der Befugnisse des Testamentsvollstreckers dingliche Wirkung hat oder nicht, *Ebenroth* Rn. 658 einerseits, *Brox* Rn. 408 andererseits.
[251] Palandt/*Weidlich* BGB § 2208 Rn. 6.
[252] *Brox* Rn. 416.
[253] Bei Grundstücken wird ein gutgläubiger Erwerb selten vorkommen, da die Testamentsvollstreckung im Grundbuch vermerkt wird, § 52 GBO (Testamentsvollstreckervermerk), vgl. zum vergleichbaren Problem bei der Vorerbschaft → Rn. 86.
[254] Palandt/*Weidlich* BGB § 2211 Rn. 2.

den gesamten Nachlass beziehen. Der Erbe kann daher über den Nachlass oder seinen Nachlassanteil im Ganzen verfügen. Verfügt er über den Nachlass oder als Miterbe über seinen Nachlassanteil, ändert dies jedoch an der Testamentsvollstreckung nichts, diese bleibt weiterhin am Nachlass bzw. am Nachlassanteil bestehen.[255]

129 **cc) Das Eingehen von Verpflichtungen für den Nachlass.** Grundsätzlich ist der Testamentsvollstrecker berechtigt, Verbindlichkeiten einzugehen, **soweit** dies zur ordnungsgemäßen Nachlassverwaltung erforderlich ist, § 2206 Abs. 1 S. 1 BGB. Für die so begründeten Verbindlichkeiten haften der Nachlass und daneben der Erbe persönlich, sofern keine Haftungsbeschränkung auf den Nachlass herbeigeführt wurde.[256] Der Testamentsvollstrecker selbst haftet nicht mit seinem Privatvermögen, soweit er deutlich gemacht hat, dass er als Testamentsvollstrecker handelt (→ Rn. 104). Bei wortwörtlichem Verständnis des § 2206 Abs. 1 S. 1 BGB wäre der Vertragspartner des Testamentsvollstreckers somit recht schutzlos, denn er wird kaum beurteilen können, ob sich das Geschäft im Rahmen ordnungsgemäßer Verwaltung bewegt. Zum **Schutz des Rechtsverkehrs** bei Geschäften hat aber die Rechtsprechung schon früh entschieden, dass der Vertragspartner unter normalen Umständen annehmen darf, die Verpflichtung halte sich im Rahmen ordnungsgemäßer Verwaltung.[257] Hätte aber der Vertragsgegner leicht erkennen können, dass der Testamentsvollstrecker Geschäfte tätigt, die zur ordnungsgemäßen Verwaltung nicht erforderlich sind, so haftet ihm nicht der Nachlass, sondern nur gegebenenfalls der Testamentsvollstrecker persönlich.[258]

130 Der Testamentsvollstrecker kann gemäß § 2206 Abs. 2 BGB vom Erben verlangen, dass dieser in das Eingehen der Verbindlichkeit **einwilligt,** soweit sich das Eingehen der Verbindlichkeit im Rahmen ordnungsgemäßer Verwaltung hält. Mit dieser Vorgehensweise kann sich der Testamentsvollstrecker vor späteren Vorwürfen der Erben schützen; in der Regel wird sich daher diese Vorgehensweise empfehlen.

131 Der **Erblasser** kann die Rechte des Testamentsvollstreckers, Verbindlichkeiten für den Nachlass einzugehen, einschränken oder erweitern, § 2207 BGB, etwa von Beschränkungen, Verpflichtungen einzugehen, vollständig befreien. Wichtig ist, dass das Gesetz vermutet (§ 2209 S. 2 BGB), dass der Testamentsvollstrecker entsprechend § 2207 BGB im erweiterten Maß verpflichtungsbefugt ist, wenn er mit einer **Verwaltungsvollstreckung** betraut wurde. Schenkungsversprechen darf er allerdings auch dann nicht abgeben, § 2207 S. 2 BGB.

132 Mittelbar ergibt sich aus § 2213 Abs. 1 S. 3 BGB schließlich die Einschränkung, dass nicht der Testamentsvollstrecker, sondern nur der Erbe befugt ist, einen streitigen **Pflichtteilsanspruch** anzuerkennen.[259] Umgekehrt bindet ein Anerkenntnis des Erben über die Höhe des Pflichtteilsanspruches den Testamentsvollstrecker nicht. Ansonsten könnte der Erbe im Zusammenspiel mit dem Pflichtteilsberechtigten Werte aus dem Nachlass herausziehen, die ihm während der Dauer der Testamentsvollstreckung nicht zustehen.[260]

---

[255] Palandt/*Weidlich* BGB § 2211 Rn. 1 und § 2205 Rn. 26. Will der Erblasser diese Möglichkeit des Erben, den Nachlass oder Nachlassteile zu veräußern, verhindern, ist dies nur mittelbar durch Anordnung von Strafklauseln möglich, vgl. → Rn. 11 ff.
[256] Vgl. MAH ErbR/*Lorz* § 19 Rn. 113.
[257] RGZ 83, 348; BGH NJW 193, 40, wonach es für die Anwendung von § 2206 I 1 BGB genügt, wenn derjenige, mit dem der Testamentsvollstrecker den Vertrag abgeschlossen hat, bei Vertragsschluss annahm und ohne Fahrlässigkeit annehmen konnte, die Eingehung der Verbindlichkeit sei zur ordnungsmäßigen Verwaltung des Nachlasses erforderlich.
[258] *Ebenroth* Rn. 665.
[259] BGH NJW 1969, 925; Palandt/*Weidlich* BGB § 2213 Rn. 6; kritisch *Klingelhöffer* ZEV 2000, 261.
[260] BGH NJW 1969, 925. Der Nachlass ist weiterhin dadurch geschützt, dass gemäß § 748 ZPO zur Zwangsvollstreckung in den Nachlass wegen eines Pflichtteilsanspruches sowohl ein Leistungstitel gegen den Erben als auch ein Duldungstitel gegen den Testamentsvollstrecker erforderlich ist; das Leistungsurteil gegen den Erben wirkt nicht gegen den Testamentsvollstrecker; OLG Celle MDR 1967, 46; RGZ 109, 166.

Sofern keine besonderen Gründe dagegensprechen, sollte der Erblasser bei **Anordnung** 133
der Testamentsvollstreckung den Testamentsvollstrecker von allen möglichen Beschränkungen und darüber hinaus von § 181 BGB befreien, um dem Vollstrecker die ohnehin schwierige Amtsführung durch ein Höchstmaß an Rechten zu erleichtern. Auch wenn der Testamentsvollstrecker von allen Beschränkungen und § 181 BGB befreit ist, bleibt er gleichwohl zur ordnungsgemäßen Verwaltung verpflichtet.

> **Formulierungsbeispiel Befreiung von Beschränkungen:** 134
>
> Der Testamentsvollstrecker ist von den Beschränkungen des § 181 BGB sowie von allen sonstigen gesetzlichen Beschränkungen, insbesondere der Eingehung von Verbindlichkeiten für den Nachlass, soweit dies rechtlich zulässig ist, befreit.

dd) Die Prozessführung und die Zwangsvollstreckung bei angeordneter Testa- 135
mentsvollstreckung. Aktivprozesse kann gemäß § 2212 BGB nur der Testamentsvollstrecker für den Nachlass führen; er tritt im Prozess als Partei kraft Amtes auf.[261] Endet das Testamentsvollstreckeramt während eines laufenden Prozesses, so werden im Wege des Parteiwechsels (§§ 239 ff. ZPO) die Erben Partei.[262] Hatte bereits der Erblasser den Titel erstritten, kann ihn der Testamentsvollstrecker auf sich umschreiben lassen, § 749 ZPO. **Passivprozesse,** das heißt Prozesse zur Durchsetzung von Ansprüchen gegen den Nachlass, können von den Gläubigern auf verschiedene Weise geführt werden:[263]

Verwaltet der Testamentsvollstrecker den gesamten Nachlass und hat der Erbe die Erb- 136 schaft angenommen,[264] kann der Gläubiger gemäß § 2213 BGB nach seiner Wahl entweder nur gegen den Erben oder nur gegen den Testamentsvollstrecker oder aber gegen beide auf **Leistung oder Feststellung** klagen.[265] Klagt er nur gegen den Erben, kann er mit dem erstrittenen Titel, jedenfalls während der Testamentsvollstreckung, nicht gegen den Nachlass, sondern nur in das Eigenvermögen des Erben vollstrecken.[266] Klagt der Gläubiger stattdessen gegen den Testamentsvollstrecker, genügt das so erlangte Urteil zwar zur Vollstreckung in den Nachlass, § 748 ZPO, und wirkt gemäß § 327 Abs. 2 ZPO auch gegen den Erben, gleichwohl kann der Gläubiger aus dem Titel nicht ohne weiteres in das Eigenvermögen des Erben vollstrecken.[267]

Der Gläubiger kann jedoch die Klage auf Leistung gegen den Erben mit einer Klage 137 gemäß § 2213 Abs. 3 BGB gegen den Testamentsvollstrecker auf **Duldung der Zwangsvollstreckung** in den Nachlass verbinden.[268] Mit dem so erstrittenen Titel kann der Gläubiger sowohl gegen den Erben (vorbehaltlich dessen eventuell beschränkter Haftung, § 780 Abs. 1 ZPO) als auch in den Nachlass vollstrecken; in der Regel dürfte sich diese Vorgehensweise daher empfehlen.[269]

Lag beim Erbfall bereits ein Titel gegen den Erblasser vor und hatte die Vollstreckung vor dem Tod schon begonnen, kann die Vollstreckung gegen den Testamentsvollstrecker

---

[261] Die so erstrittenen Urteile gelten gemäß § 327 ZPO für und gegen die Erben.
[262] OLG Stuttgart OLGR 1998, 278.
[263] Vgl. MAH ErbR/*Lorz* § 59 Rn. 17.
[264] Zur Situation vor Annahme durch den Erben *Kipp/Coing,* 402; zur Situation, wenn der Testamentsvollstrecker nicht den gesamten Nachlass verwaltet, s. ebenfalls *Kipp/Coing,* 404; vgl. auch *Lange/Kuchinke,* 713; *Ebenroth* Rn. 669.
[265] Zu den Besonderheiten bei der Geltendmachung von Pflichtteilsansprüchen vgl. Rn. 132.
[266] Vgl. § 748 ZPO. In dem Urteil kann der Erbe sich die beschränkte Haftung (§ 12) vorbehalten, § 780 Abs. 1 ZPO. Wurde die Klage gegen den Erben abgewiesen, kann der Gläubiger nicht mehr gegen den Testamentsvollstrecker klagen, *Kipp/Coing,* 402.
[267] Der Gläubiger kann zwar sofort die Erteilung einer vollstreckbaren Ausfertigung gegen den Erben verlangen, § 728 Abs. 2 ZPO. Gemäß § 780 Abs. 2 ZPO kann der Erbe jedoch die beschränkte Erbenhaftung geltend machen, ohne dass es der Aufnahme eines Vorbehalts im Urteil bedarf, *Brox* Rn. 413; *Ebenroth* Rn. 671.
[268] Klagebeispiel in BeckPFormB/*Klinger* II. L. 15.
[269] Palandt/*Weidlich* BGB § 2213 Rn. 1, 3, 7; MüKoBGB/*Zimmermann* § 2213 Rn. 9.

fortgeführt werden, § 779 ZPO, andernfalls muss die Klausel auf den Testamentsvollstrecker umgeschrieben werden, § 749 ZPO.

138 Klagen, die **erbrechtliche Grundlagen** betreffen, insbesondere Klagen zur Feststellung eines Erbrechts, sind in der Regel von und gegen die Erben geltend zu machen.[270] Klagen, die den **Testamentsvollstrecker persönlich** berühren, etwa Streitigkeiten um seine Vergütung, hat er nicht in Amtseigenschaft, sondern ausschließlich im eigenen Namen persönlich zu führen.[271]

139 **ee) Steuerrechtliche Pflichten.** Der Testamentsvollstrecker ist als Vermögensverwalter im Sinne des § 34 Abs. 3 AO verpflichtet, alle Steuerpflichten zu erfüllen, die aus dem von ihm verwalteten Vermögen resultieren. Hat der Testamentsvollstrecker nicht selbst die erforderlichen Kenntnisse, ist er berechtigt, auf Kosten des Nachlasses entsprechenden Rat einzuholen.[272] Zwar ist, von wenigen Ausnahmen abgesehen, Steuerschuldner stets der Erbe. Den Testamentsvollstrecker trifft aber eine persönliche Haftung für diese Steuerpflichten, soweit aufgrund vorsätzlicher oder grob fahrlässiger Pflichtverletzung die Steuern nicht oder nicht rechtzeitig festgesetzt oder erfüllt werden (§ 69 AO).[273] Diese Pflichten kann der Erblasser dem Testamentsvollstrecker nicht durch entsprechende Anordnungen in seiner letztwilligen Verfügung erleichtern oder abnehmen, da der Erblasser keinen Einfluss auf diese öffentlich-rechtlichen Verpflichtungen des Vollstreckers hat.

140 Bei der Beurteilung der steuerlichen Aufgaben ist es sinnvoll und üblich, zwischen den steuerlichen Pflichten für die **vor** dem Erbfall entstandenen Steuern, die **durch** den Erbfall entstandenen Steuern (also die Erbschaftsteuer) und die **nach** dem Erbfall entstehenden Steuern zu differenzieren:[274]

141 **(1) Die vor dem Erbfall entstandenen Steuern.** In diesem Zusammenhang ist insbesondere an die **Einkommensteuern** (und ggf. Einkommensteuererstattungen) des Erblassers zu denken, aber auch an evtl. noch offene Umsatzsteuern (und ggf. Vorsteuerabzugsberichtigungen), Gewerbesteuern etc.[275] Hat der Erblasser noch keine Steuererklärung abgegeben, trifft die Erklärungspflicht gemäß § 34 Abs. 3 AO den Testamentsvollstrecker. Der Testamentsvollstrecker ist des Weiteren verpflichtet, frühere Steuerbescheide an den Erblasser, die er als unrichtig oder unvollständig erkennt, unter den weiteren Voraussetzungen des § 153 AO anzuzeigen und zu berichtigen. Dies gilt auch, wenn der Testamentsvollstrecker Miterbe ist und ihm eigentlich gemäß § 101 AO ein Auskunftsverweigerungsrecht zustünde.[276] Kommt er dieser Verpflichtung nicht nach, kann er sich strafbar machen, § 370 AO, und für die hinterzogenen Steuern haften. Grundsätzlich ist der Steuerbescheid für Steuern, die vor dem Erbfall entstanden sind, an den Erben zu richten, dementsprechend sind auch evtl. Rechtsbehelfe vom Erben und nicht vom Testamentsvollstrecker geltend zu machen. Die festgesetzten Steuern sind allerdings vom Testamentsvollstrecker aus dem Nachlass zu begleichen. Gibt der Testamentsvollstrecker zu früh alle Nachlasswerte an die Erben frei und kann mithin die Steuern nicht bezahlen, kann dies seine persönliche Haftung begründen.

---

[270] *Lange/Kuchinke,* 710 ff. Auch besteht kein Prozessführungsrecht des Testamentsvollstreckers für Streit über Aufnahme eines Erben als OHG-Gesellschafter, BGH ZEV 1998, 72.
[271] *Garlichs* ZEV 1996, 447.
[272] *Haegele/Winkler* Rn. 749. Kommt der Testamentsvollstrecker dem nicht nach und entsteht ein Schaden, ist er zum Ersatz verpflichtet, § 2219 BGB. Allerdings kann er sich auch ersatzpflichtig machen, wenn er in sehr einfachen Fällen Rat einholt, BGH ZEV 2000, 195.
[273] Die Haftung ist durch Haftungsbescheid (§ 191 Abs. 1 AO) geltend zu machen. Handelt als Testamentsvollstrecker ein Rechtsanwalt, Notar, Steuerberater etc., ist vor der Inanspruchnahme durch Haftungsbescheid gemäß § 191 Abs. 2 AO die Berufskammer zu hören. Ein Versäumnis macht den Haftungsbescheid rechtswidrig, BFH NJW 1998, 2999; vgl. auch *Piltz* ZEV 2001, 262.
[274] Vgl. hierzu *Siebert* ZEV 2010, 121 ff.
[275] Bengel/Reimann/*Piltz*/*Holtz* TV-HdB § 8 Rn. 14 ff.
[276] *Reimann* Rn. 621.

(2) Die durch den Erbfall entstandene Steuer. Dem Testamentsvollstrecker obliegt es 142 auch, sich um die Erbschaftsteuer zu kümmern; gemäß § 31 Abs. 5 ErbStG ist im Verhältnis zu den Nachlassbeteiligten er verpflichtet, eine **Erbschaftsteuererklärung** abzugeben. Allerdings nur dann, wenn sich die Testamentsvollstreckung auf den Gegenstand des Erwerbs bezieht und das Finanzamt die Abgabe der Erklärung vom Testamentsvollstrecker verlangt.[277] Damit aber die Finanzverwaltung vom Erbfall erfährt und entsprechend auffordern kann, sind in § 30 ErbStG **Anzeigepflichten** normiert. Danach ist im Grundsatz jeder Erwerber einer Erbschaft oder Schenkung[278] verpflichtet, binnen einer Frist von drei Monaten dem zuständigen Finanzamt schriftlich Anzeige vom Vermögensanfall zu machen.[279] Die Erklärungspflicht des Testamentsvollstreckers befreit den Erwerber folglich nicht von der Anzeigepflicht nach § 30 Abs. 1 ErbStG. Einer Anzeige bedarf es allerdings gemäß § 30 Abs. 3 ErbStG nicht, wenn der Erwerb auf einer von einem deutschen Gericht oder Notar oder Konsul eröffneten Verfügung von Todes wegen beruht **und** sich aus der Verfügung das (Rechts-)Verhältnis des Erblassers zum Erwerber unzweifelhaft ergibt.[280] Einigkeit besteht aber, dass der Testamentsvollstrecker nicht zu einer solchen Anzeige verpflichtet ist, gleich, ob § 30 Abs. 3 greift oder nicht.[281]

Schwierigkeiten bereitet in diesem Zusammenhang stets die Vorschrift des § 14 143 ErbStG. Nach dieser Vorschrift sind **Schenkungen** des Erblassers innerhalb der letzten 10 Jahre an die letztwillig bedachten Personen für die Bestimmung der Höhe der Erbschaftsteuer mit zu berücksichtigen. Es obliegt daher dem Testamentsvollstrecker, entsprechende Erkundigungen einzuziehen, um nicht selbst Gefahr zu laufen, wegen Pflichtwidrigkeiten in eine persönliche Steuerhaftung zu geraten.[282]

Abweichend von der allgemeinen Bestimmung in § 122 Abs. 1 AO ist der Erbschaftsteuerbescheid nicht dem betroffenen Erben, sondern dem Testamentsvollstrecker mit Wirkung für und gegen den Erben bekannt zu geben, § 32 Abs. 1 S. 1 ErbStG,[283] soweit dieser auch erklärungspflichtig war, weil die Erklärung in sein Aufgabengebiet fiel.[284] Der Aufgabenbereich des Testamentsvollstreckers erstreckt sich aber nicht zwingend auf alle Nachlassbeteiligte. Beispielsweise ist der Testamentsvollstrecker **nicht** für die erbschaftsteuerlichen Pflichten eines **Vermächtnisnehmers** verantwortlich, wenn sich sein Aufgabenbereich nur auf die Erben bezieht.[285] Auch dann, wenn der Bescheid dem Testamentsvollstrecker bekannt zu geben ist, ist nicht der Vollstrecker, sondern nur der **Erbe** als derjenige, der vom Steuerbescheid betroffen ist, berechtigt, gegen den Bescheid **Rechtsbehelfe** einzulegen. Der Testamentsvollstrecker hat daher darauf zu achten, dem Erben den Steuerbescheid raschest möglich zu übersenden, damit dieser die Frist wahren

---

[277] BFH MittBayNot 2014, 197.
[278] Bei Schenkungen ist auch der Schenker zur Anzeige verpflichtet, vgl. im Einzelnen *Jülicher* ZErb 2001, 6.
[279] Besondere (zusätzliche) Anzeigepflichten anderer Personen wie zB für Kreditinstitute, Versicherungsunternehmen, Notare sind in § 33 und § 34 ErbStG geregelt.
[280] Das gilt nicht, wenn zum Erwerb Grundbesitz, Betriebsvermögen, Anteile an Kapitalgesellschaften, die nicht der Anzeigepflicht nach § 33 unterliegen, oder Auslandsvermögen gehört, § 30 Abs. 1 S. 1 letzter Hs. AO. Einer Anzeige bedarf es auch nicht, wenn eine Schenkung unter Lebenden oder eine Zweckzuwendung gerichtlich oder notariell beurkundet ist, § 30 Abs. 3 S. 2 AO.
[281] Troll/Gebel/*Jülicher*/*Jülicher* § 30 ErbStG Rn. 7; Bengel/Reimann/*Piltz*/*Holtz* TV-HdB § 8 Rn. 56.
[282] Vgl. *Haegele*/*Winkler* Rn. 750, der vorschlägt, dass der Testamentsvollstrecker sich von den Nachlassbeteiligten schriftliche Bestätigungen über Vorschenkungen geben lässt. Bengel/Reimann/*Piltz*/*Holtz* TV-HdB § 8 Rn. 63 empfiehlt, dass der Testamentsvollstrecker die Nachlassbeteiligten, soweit möglich, auffordert, die Erbschaftsteuererklärung mit zu unterzeichnen, um sie auch selbst in die Pflicht zu nehmen, weist aber selbst darauf hin, dass der Erbe hierzu nur verpflichtet ist, wenn die Finanzverwaltung ihn dazu auffordert, vgl. § 31 Abs. 5 S. 2 ErbStG.
[283] Dabei muss der Bescheid deutlich den jeweiligen Erben und nicht den Testamentsvollstrecker als Steuerpflichtigen bezeichnen, andernfalls ist der Bescheid anfechtbar, *Haegele*/*Winkler* Rn. 762.
[284] Vgl. MAH ErbR/*Lorz* § 19 Rn. 297.
[285] Vgl. BFH ZEV 1999, 325; Bengel/Reimann/*Piltz*/*Holtz* TV-HdB § 8 Rn. 12, 57. Erledigt der Testamentsvollstrecker auf Kosten des Nachlasses Geschäfte der Vermächtnisnehmer, kann er sich schadensersatzpflichtig machen, BGH ZEV 2000, 195.

kann.[286] Schuldner der Erbschaftsteuer ist der Erbe, allerdings hat gemäß § 32 Abs. 1 S. 2 ErbStG der Testamentsvollstrecker ebenfalls für die Zahlung der Erbschaftsteuer zu sorgen.[287] Verletzt der Testamentsvollstrecker schuldhaft diese Pflicht und kann deshalb die Erbschaftsteuer nicht oder nicht rechtzeitig festgesetzt oder erfüllt werden, haftet der Testamentsvollstrecker unter den Voraussetzungen des § 69 AO persönlich.[288] Der Testamentsvollstrecker sollte daher stets bei der Nachlassverteilung Mittel zurückhalten, die ihn in die Lage setzen, die festgesetzte Erbschaftsteuer (und gegebenenfalls die vor dem Erbfall angefallenen Steuern, vgl. → Rn. 141) aus dem Nachlass zahlen zu können. Beinhaltet der vom Testamentsvollstrecker verwaltete Nachlass unternehmerisches Vermögen, für das erbschaftsteuerliche Verschonungen nach §§ 13a, b ErbStG in Anspruch genommen werden sollen, und ergeben sich konkrete Anhaltspunkte dafür, dass zukünftig zB die Behaltensvoraussetzungen verletzt werden, mithin eine Nachsteuer ausgelöst wird, kann ein Zurückbehalten entsprechender Mittel ebenfalls empfehlenswert sein.[289]

144 Zu beachten ist in diesem Zusammenhang auch § 20 Abs. 6 ErbStG. Nach dieser Vorschrift haften alle Personen, die Nachlassmittel in Gewahrsam halten, also auch der Testamentsvollstrecker, persönlich, wenn sie Nachlassmittel vor Steuerfestsetzung und Steuerschulderfüllung in das **Ausland** bringen (zB an einen im Ausland lebenden Erben). Die Haftung ist auf die Höhe der ausgezahlten Beträge beschränkt.

145 **(3) Die nach dem Erbfall entstehenden Steuern.** Grundsätzlich treffen den Testamentsvollstrecker für erst nach Beginn der Vollstreckung fällig werdende Steuern keine Pflichten.[290] Dies liegt auf der Hand, soweit er den Nachlass unter den Erben verteilt hat. Die Aussage gilt aber grundsätzlich auch für das Vermögen und die daraus resultierenden Erträge, die der Vollstreckung unterliegen, insbesondere bei der Verwaltungsvollstreckung.[291] Auch hinsichtlich dieses Vermögens und seiner Erträge ist der Erbe Steuerschuldner; er muss die Steuererklärungen abgeben, er kann Rechtsbehelfe einlegen und muss die festgesetzten Steuerverbindlichkeiten erfüllen.[292] Allerdings muss der Testamentsvollstrecker dem Erbe aus den Erträgnissen wenigstens einen Betrag überlassen, der es dem Erben ermöglicht, diese Steuern zu bezahlen; dies gilt unabhängig davon, ob der Erbe gegebenenfalls in der Lage wäre, seine Steuerschulden aus seinem sonstigen Vermögen zu bezahlen.[293]

146 **c) Das Verhältnis zwischen Testamentsvollstrecker und Erben.** Der Testamentsvollstrecker ist den Erben zu ordnungsgemäßer Nachlassverwaltung verpflichtet, § 2216 BGB. Die Zusammenarbeit zwischen den Erben und dem Testamentsvollstrecker bestimmt sich weitgehend nach den Bestimmungen des **Auftragsrechts;** die insoweit anwendbaren Vorschriften benennt § 2218 Abs. 1 BGB.[294] Das Gesetz regelt darüber hinaus

---

[286] Versäumt der Erbe die Frist, weil der Testamentsvollstrecker den Bescheid nicht rechtzeitig übermittelt hat, ist dem Erben in der Regel Wiedereinsetzung in den vorherigen Stand zu gewähren; der Erbe muss sich das Verschulden des Testamentsvollstreckers nicht als eigenes zurechnen lassen, vgl. Bengel/Reimann/*Piltz*/*Holtz* TV-HdB § 8 Rn. 82 mwN.
[287] Hat der Testamentsvollstrecker die Erbschaftsteuer aus dem Nachlass bezahlt, ist der Vollstrecker für evtl. Erstattungen aufgrund von Überzahlungen empfangszuständig, *Haegele*/*Winkler* Rn. 761.
[288] Vgl. auch *Haegele*/*Winkler* Rn. 765; Bengel/Reimann/*Piltz*/*Holtz* TV-HdB § 8 Rn. 92.
[289] *Werner* NWB-EV 2017, 30 (34) (auch zu der Frage, ob und inwieweit der Testamentsvollstrecker persönlich für die Nachsteuer haftet); vgl. zur Haftung des Testamentsvollstreckers für die Nachsteuer auch BayLfSt, Verfügung vom 4.2.2016, ZEV 2016, 231.
[290] *Haegele*/*Winkler* Rn. 775.
[291] Vgl. zu Besonderheiten bei der Fortführung eines einzelkaufmännischen Unternehmens oder einer Personengesellschaft (Treuhand-/Vollmachtlösung) Bengel/Reimann/*Piltz*/*Holtz* TV-HdB § 8 Rn. 107 ff.
[292] *Siebert* ZEV 2010, 121 (123).
[293] Bengel/Reimann/*Piltz*/*Holtz* TV-HdB § 8 Rn. 167.
[294] Der Testamentsvollstrecker ist aber gleichwohl kein Beauftragter der Erben, er ist nicht weisungsabhängig, vgl. *Lange*/*Kuchinke*, 715.

einige weitere spezielle Rechte und Pflichten im Verhältnis zwischen Erben und Testamentsvollstrecker:

aa) Nachlassverzeichnis, Auskunftspflicht und Rechnungslegung. Gemäß § 2215 BGB ist der Testamentsvollstrecker verpflichtet, dem Erben alsbald nach Annahme des Amts ein Nachlassverzeichnis mitzuteilen. Diese Aufgabe erschöpft sich in der Auflistung der Nachlassgegenstände und Nachlassverbindlichkeiten.[295] Eine Beschreibung und eine Wertermittlung der Gegenstände muss der Testamentsvollstrecker nicht erbringen.[296] Die Erstellung dieses Verzeichnisses entbindet den Erben daher nicht davon, gegebenenfalls selbst ein **Inventar** zu errichten, sofern er seine Haftung beschränken möchte (vgl. → § 19 Rn. 18). Im Inventar sollen, anders als im Nachlassverzeichnis, gemäß § 2001 Abs. 2 BGB Beschreibungen und Wertangaben vorgenommen werden. Der Testamentsvollstrecker hat allerdings gemäß § 2215 Abs. 1 BGB den Erben bei der Erstellung des Inventars zu unterstützen; er ist auch gehalten, dem Erben auf Verlangen **Auskünfte** in Bezug auf den von ihm verwalteten Nachlass zu geben, §§ 2218, 666 BGB.[297] Bei länger andauernder Verwaltung und insbesondere bei Umschichtungen des Nachlasses ist der Testamentsvollstrecker gemäß § 260 BGB verpflichtet, den Erben ein **Bestandsverzeichnis** des von ihm verwalteten Nachlasses an die Hand zu geben.[298] Schließlich kann der Erbe bei länger dauernder Verwaltung alljährliche **Rechnungslegung** verlangen, § 2218 Abs. 2 BGB. Anhand der Rechnungslegung muss nachvollzogen werden können, wie sich der Bestand entwickelt hat.[299]

bb) Ordnungsgemäße Verwaltung und Schadensersatzpflicht. Es wurde bereits dargelegt, welche Aufgaben den Testamentsvollstrecker im Rahmen seiner Verpflichtung zur ordnungsgemäßen Verwaltung treffen (s. → Rn. 121). Verletzt der Testamentsvollstrecker diese Verpflichtungen schuldhaft und ist daraus ein Schaden entstanden, ist er persönlich den Erben zur **Schadensersatzleistung** verpflichtet, § 2219 BGB. Zur Vermeidung einer Schadensersatzpflicht wurde bereits oben auf die Möglichkeit hingewiesen, dass sich der Testamentsvollstrecker der Zustimmung der Erben versichert, bevor er Verpflichtungsgeschäfte eingeht oder von Anordnungen des Erblassers abweicht. Schadensersatzansprüche gegen Testamentsvollstrecker unterliegen der Regelverjährung (§§ 195, 199 BGB).[300]

cc) Freigabe nicht mehr benötigter Nachlassgegenstände. Gemäß § 2217 BGB hat der Testamentsvollstrecker Nachlassgegenstände, die er zur Erfüllung seiner Aufgaben nicht mehr benötigt, freizugeben, soweit die Erben die Freigabe verlangen.[301] Freigabe bedeutet, dass der Testamentsvollstrecker dem Erben den Gegenstand zur **völlig freien Verfügung** überlässt und sich keine Verwaltungs- und Verfügungsrechte zurückbehält. Ob und wie lange der Testamentsvollstrecker der Nachlassgegenstände im Sinne des § 2217 BGB „bedarf", hängt insbesondere davon ab, ob der Erblasser Abwicklungs-, Auseinandersetzungs- oder Dauertestamentsvollstreckung angeordnet hat. Häufig sind die Fälle nicht, in denen der Testamentsvollstrecker der Gegenstände nicht mehr bedarf:[302] Bei allen Vollstreckungsfor-

---

[295] Muster bei MAH ErbR/*Wiester* § 24 Rn. 67.
[296] Palandt/*Weidlich* BGB § 2215 Rn. 2.
[297] Zur Auskunftspflicht des Nacherbentestamentsvollstreckers gegenüber den Nacherben vor Eintritt des Nacherbfalls BGH NJW 1995, 456; allg. zu den Auskunftspflichten des Testamentsvollstreckers *Sarres* ZEV 2000, 90.
[298] Bengel/Reimann/*Pauli* TV-HdB § 6 Rn. 107.
[299] Bengel/Reimann/*Pauli* TV-HdB § 6 Rn. 297, Muster in Rn. 317ff. Mehrere Erben müssen die Freigabe gemeinsam verlangen, vgl. MüKoBGB/*Zimmermann* § 2217 Rn. 5.
[300] Palandt/*Weidlich* BGB § 2219 Rn. 2.
[301] Vgl. MAH ErbR/*Lorz* § 19 Rn. 100.
[302] Zur irrtümlichen Freigabe und den Rückforderungsrechten des Testamentsvollstreckers vgl. *Haegele/Winkler* Rn. 506a; Bengel/Reimann/*Pauli* TV-HdB § 6 Rn. 189; vgl. aber auch (nach Abtretung des Erbanteils vom Vorerben an den Nacherben) OLG Köln ZEV 2000, 231.

men benötigt der Testamentsvollstrecker insbesondere die Mittel, die er zur **Schuldentilgung** und zur Erfüllung eventueller Vermächtnisse, Auflagen oder Teilungsanordnungen benötigt. Auch sollte der Testamentsvollstrecker Mittel bereithalten, um die **Erbschaftsteuer** und evtl. andere Steuerschulden bezahlen zu können (→ Rn. 139 ff.). Bei der Auseinandersetzungsvollstreckung muss der Testamentsvollstrecker darüber hinaus grundsätzlich alle Nachlassgegenstände bis zur Schlussverteilung behalten, es sei denn, die Erben verzichten hinsichtlich einzelner Gegenstände auf eine Teilung.[303] Auch bei der Verwaltungstestamentsvollstreckung ist eine Freigabe grundsätzlich ausgeschlossen, da es in der Regel gerade dem Wunsch des Erblassers entsprach, dass die Gegenstände nicht in die Verfügungsgewalt der Erben gelangen.[304] Eine Freigabe wird daher nur dann erfolgen können, wenn eine Auslegung des Erblasserwillens nicht dagegenspricht und die Gegenstände nicht gebraucht werden. Benötigt einer der Erben einen Gegenstand, kommt eine Freigabe aber nicht in Frage, kann der Testamentsvollstrecker auch überlegen, ob er dem Erben den in Besitz genommenen Gegenstand zur **bloßen Nutzung und gegebenenfalls Verwaltung** überlässt,[305] eventuell gemäß § 2217 Abs. 2 BGB gegen Sicherheitsleistung. Streitig ist zwischen Erben und Testamentsvollstrecker in diesem Zusammenhang oft, ob und in welchem Umfang der Vollstrecker verpflichtet ist, aus dem Nachlass erwirtschaftete Nutzungen, zB **Gewinne,** an die Erben herauszugeben. Eine allgemein gültige Richtschnur (vgl. allerdings § 2338 Abs. 1 S. 2 BGB) gibt es diesbezüglich nicht, fraglich ist überdies, ob § 2217 BGB überhaupt für gezogene Nutzungen gilt.[306] Die aufgeworfene Frage sollte unter Anziehung des mutmaßlichen Willens des Erblassers beantwortet werden: Häufig wird es in seinem Sinne liegen, dass jedenfalls in einem Umfang Ausschüttungen an die Erben vorgenommen werden, die diesen einen angemessenen Lebensunterhalt sichern. Es wird nur ausnahmsweise sein Willen sein, die Erben vollständig vom Nachlass fern zu halten.[307] In jedem Fall muss der Testamentsvollstrecker dem Erben die Beträge zur Verfügung stellen, die dieser benötigt, um die **Steuerschulden,** die aus den Erträgnissen resultieren und deren Steuerschuldner der Erbe ist (→ Rn. 145), bezahlen zu können. Schließlich ist darauf hinzuweisen, dass der Testamentsvollstrecker auch aus freien Stücken heraus, ohne entsprechendes Herausgabeverlangen der Erben, Nachlassgegenstände, die er nicht mehr benötigt, freigeben kann.

150 **dd) Die Vergütung des Testamentsvollstreckers.** Gemäß § 2221 BGB hat der Testamentsvollstrecker für die Führung seines Amtes Anspruch auf Vergütung und gemäß §§ 2218 iVm 670 BGB Anspruch auf Ersatz seiner Aufwendungen.[308] Hat der Erblasser über die Höhe der Vergütung nichts bestimmt, so hat der Testamentsvollstrecker Anspruch auf eine **„angemessene"** Vergütung.[309] Einen gesetzlichen Maßstab für die Frage, welche Höhe die angemessene Vergütung hat, gibt es nicht. Jedoch hat sich in der Praxis die Abrechnung bestimmter Gebühren eingebürgert, wobei allerdings weder die Bezeichnung der Gebühren noch ihre Anzahl und ihre Höhe eindeutig ist. Grundsätzlich unterscheidet man zunächst zwischen der allgemeinen Testamentsvollstreckergebühr (oft auch **Abwicklungsgebühr** genannt) und der **Verwaltungsgebühr.**[310] Die Abwicklungsgebühr umfasst die gesamte Tätigkeit des Vollstreckers, das heißt die Sichtung des Nachlasses und die Inbesitznahme, die Verwaltung und Ausführung der letztwilligen Verfügungen und die Auseinandersetzung. Bemühungen im Rahmen einer länger dauernden Testa-

---

[303] Bengel/Reimann/*Pauli* TV-HdB § 6 Rn. 168.
[304] Bei irrtümlicher Freigabe hat der Testamentsvollstrecker in der Regel einen Rückforderungsanspruch, vgl. im Einzelnen Palandt/*Weidlich* BGB § 2217 Rn. 6.
[305] Bengel/Reimann/*Pauli* TV-HdB § 6 Rn. 187.
[306] Zum Meinungsstand *Reimann* ZEV 2010, 8 (9 ff.).
[307] *Haegele/Winkler* Rn. 178.
[308] Zur Frage der Abzugsfähigkeit der Testamentsvollstreckervergütung vgl. *Zimmermann* ZEV 2001, 334.
[309] Vgl. *Tiling* ZEV 1998, 331.
[310] Die Bezeichnungen für die Gebühren variieren.

mentsvollstreckung, sei es für eine sehr lange dauernde Abwicklungsvollstreckung oder insbesondere im Rahmen der Verwaltungsvollstreckung, werden durch die Verwaltungsgebühr abgerechnet. Zweifelhaft und streitig ist, ob in komplizierten Fällen neben diese Gebühren eine **Konstituierungsgebühr** und eine gesonderte **Auseinandersetzungsgebühr** treten kann.[311] Die Konstituierungsgebühr soll alle Bemühungen des Testamentsvollstreckers im Zusammenhang mit der Ermittlung und Inbesitznahme des Nachlasses, der Aufstellung des Nachlassverzeichnisses, der Regulierung der Nachlassschulden etc. abdecken.[312] Die Auseinandersetzungsgebühr honoriert die oft beträchtlichen Leistungen des Testamentsvollstreckers im Zusammenhang mit der Teilung des Nachlasses unter den Miterben.[313] Ob anstelle lediglich der Abwicklungsgebühr der Ansatz von Konstituierungsgebühr und Auseinandersetzungsgebühr oder die Kombination einer der beiden Gebühren mit der Abwicklungsgebühr oder der Ansatz von allen drei Gebühren oder in besonders schwierigen und langwierigen Fällen sogar der Ansatz von vier Gebühren (bei zusätzlichem Ansatz auch der Verwaltungsgebühr) richtig und angemessen ist, ist umstritten.[314] Einigkeit besteht insoweit, dass letztlich die Vergütung in einem angemessenen Verhältnis zur Tätigkeit des Vollstreckers stehen muss. Dies kann sowohl durch eine angemessene Erhöhung der Abwicklungsgebühr geschehen, soweit man nur den Ansatz einer Gebühr für richtig erachtet, oder aber durch den Ansatz mehrerer Gebühren. Für den Ansatz mehrerer Gebühren spricht die Klarheit der Abrechnung: Der oder die Erben (oder das zur Entscheidung über die Abrechnung notfalls anzurufende Prozessgericht)[315] können anhand einer Gebührenrechnung, die für die verschiedenen Tätigkeiten des Vollstreckers verschiedene Gebühren ansetzt, eher beurteilen, ob die Abrechnung angemessen ist.

Die Höhe der Gebühren orientiert sich häufig an einem Vorschlag des Rheinischen Notariats aus dem Jahre 1925, die vom Deutschen Notarverein gelegentlich überarbeitet und angepasst wird.[316] Die sog. Neue Rheinische Tabelle findet in der Rechtsprechung zunehmend Anwendung.[317] Ebenfalls werden die Tabellen von Möhring und Eckelskemper genutzt.[318] Die sich aus diesen Tabellen ergebenden Beträge können aber keineswegs unbesehen übernommen werden.[319] Vielmehr hängt auch die Höhe der Gebühren ausschließlich von den **Umständen des Einzelfalles** ab. Art und Schwierigkeit der Angelegenheit, die Zahl der Beteiligten und die Dauer der Testamentsvollstreckung führen zu Zu- oder Abschlägen.[320] 151

Berechnungsgrundlage ist in aller Regel der Bruttowert des Nachlasses, dh die addierten Aktivwerte ohne Abzug der Passiva.[321] Als Zeitpunkt der Bemessung des Nachlasswertes wird in aller Regel auf den Zeitpunkt des Erbfalles abgestellt. Schuldner der Vergütung sind die Erben.[322] Dies gilt auch, wenn sich die Testamentsvollstreckung auf 152

---

[311] Vgl. MüKoBGB/*Zimmermann* § 2221 Rn. 11 ff.
[312] *Haegele/Winkler* Rn. 577; ausführlich zur Konstituierung des Nachlasses Bengel/Reimann/*Klumpp* TV-HdB § 3.
[313] *Haegele/Winkler* Rn. 590.
[314] Vgl. MüKoBGB/*Zimmermann* § 2221 Rn. 11 ff.; OLG Köln FamRZ 1994, 328: Grundsätzlich keine Konstituierungs- und Auseinandersetzungsgebühr neben der allgemeinen Abwicklungsgebühr, es sei denn, es liegen besondere Umstände vor. Bei langer Dauer der Testamentsvollstreckung kann daneben der Ansatz einer Verwaltungsgebühr angemessen sein.
[315] MüKoBGB/*Zimmermann* § 2221 Rn. 7.
[316] Vgl. die „Neue Rheinische Tabelle zur Testamentsvollstreckervergütung" in ZEV 2000, 181, bei Nachlasswerten bis 250.000 EUR 4%, bis 500.000 EUR 3%, bis 2,5 Mio. EUR 2,5%, bis 5 Mio. EUR 2% und über 5 Mio. EUR 1,5%, mindestens aber der höchste Betrag der Vorstufe.
[317] Vgl. OLG Schleswig ZEV 2009, 625 (629); Palandt/*Weidlich* BGB § 2221 Rn. 5.
[318] Siehe *Haegele/Winkler* Rn. 582 und Bengel/Reimann/*Eckelskemper* TV-HdB § 10 Rn 39.
[319] Vgl. zur „Tabellen-Diskussion" auch Bengel/Reimann/*Eckelskemper* TV-HdB § 10 Rn. 37; *Reimann* ZEV 1995, 57.
[320] Bengel/Reimann/*Eckelskemper* TV-HdB § 10 Rn. 82 ff.; Palandt/*Weidlich* BGB § 2221 Rn. 5 zur Neuen Rheinischen Tabelle.
[321] *Haegele/Winkler* Rn. 592; Palandt/*Weidlich* BGB § 2221 Rn. 4 zur Neuen Rheinischen Tabelle.
[322] *Haegele/Winkler* Rn. 639.

nur einen Miterbenanteil beschränkt, jedenfalls solange der Nachlass nicht auseinander gesetzt ist.[323] Sollte die Vergütungshöhe nicht im Testament geregelt sein und kommt eine Einigung mit den Erben nicht zustande, ist die Höhe der Vergütung durch das Prozessgericht festzusetzen, in der Regel aufgrund einer entsprechenden Klage des Testamentsvollstreckers.[324] Ist die Vergütung fällig,[325] hat der Testamentsvollstrecker das Recht, seine Vergütungen dem Nachlass selbst zu entnehmen.[326] Dem Testamentsvollstrecker steht in der Regel hinsichtlich seines fälligen Honoraranspruches gegen Herausgabeansprüche der Erben ein Zurückbehaltungsrecht am Nachlass zu.[327]

Erbringt der Testamentsvollstrecker **besondere berufliche Dienste,** führt beispielsweise ein Rechtsanwalt, der Testamentsvollstrecker ist, für den Nachlass eine Klage oder fertigt ein Steuerberater, der Testamentsvollstrecker ist, Steuererklärungen des Verstorbenen, so steht ihm neben den erwähnten Gebühren des Testamentsvollstreckers zusätzlich eine Vergütung für seine besonderen beruflichen Dienste zu.[328]

153 Ob die Tätigkeitsvergütung des Testamentsvollstreckers **umsatzsteuerpflichtig** ist, wird sich regelmäßig danach richten, ob die Tätigkeit als gewerbliche oder berufliche, das heißt nachhaltige Tätigkeit zu qualifizieren ist. Nach der Rechtsprechung ist das Merkmal der nachhaltigen Tätigkeit „auf Grund des Gesamtbildes der Verhältnisse anhand verschiedener Kriterien zu beurteilen, die im Einzelfall in unterschiedlicher Gewichtung heranzuziehen sind".[329] Bereits die Tätigkeit als Testamentsvollstrecker und Nachlassverwalter in nur zwei Verfahren zur Auseinandersetzung eines Nachlasses kann eine nachhaltige (und damit umsatzsteuerpflichtige) Tätigkeit sein.[330] Erbringt ein Rechtsanwalt oder ein Steuerberater die Tätigkeit als Testamentsvollstrecker im Rahmen seiner freiberuflichen Tätigkeit, ist die Vergütung ohnehin Teil des umsatzsteuerpflichtigen Entgeltes.[331] Streitig ist, ob der Testamentsvollstrecker, wenn er umsatzsteuerpflichtig ist, die Steuer aus seiner Vergütung herauszurechnen hat[332] oder berechtigt ist, die Umsatzsteuer zusätzlich zu verlangen. Die besseren Gründe sprechen für die letztere Ansicht.[333] Es ist zum einen anerkannt, dass der Testamentsvollstrecker, der aus seiner Vergütung die Umsatzsteuer abzuführen hat, diesen Umstand bei der Gebührenberechnung angemessen berücksichtigen darf. Stattdessen ist es aber wesentlich klarer und eindeutiger, wenn der Vollstrecker die Umsatzsteuer den Gebühren zurechnet. Zum anderen ist nicht einzusehen, warum die „angemessene Vergütung" angesichts stets steigender Umsatzsteuerbelastungen geringer werden soll.[334]

154 Angesichts der insgesamt recht unklaren Lage empfiehlt es sich im Testament anzuordnen, ob und in welcher Höhe dem Testamentsvollstrecker ein **Vergütungsanspruch** zustehen soll. Ansonsten besteht die Gefahr, dass das oft ohnehin nicht einfache Verhältnis zwischen Testamentsvollstrecker und Erbe zusätzlich mit einem Streit bezüglich der

---

[323] BGH NJW 1997, 1362.
[324] MüKoBGB/*Zimmermann* § 2221 Rn. 7; Palandt/*Weidlich* BGB § 2221 Rn. 12.
[325] Die Abwicklungsgebühr ist in der Regel erst am Ende der Vollstreckung fällig, Gleiches gilt für die eventuell zusätzlich anfallende Auseinandersetzungsgebühr. Die Konstituierungsgebühr kann bereits nach der Konstituierung fällig werden; die Verwaltungsgebühr wird periodisch fällig, vgl. MüKoBGB/*Zimmermann* § 2221 Rn. 22.
[326] *Haegele/Winkler* Rn 623; MüKoBGB/*Zimmermann* § 2221 Rn. 24.
[327] MüKoBGB/*Zimmermann* § 2221 Rn. 25.
[328] MüKoBGB/*Zimmermann* § 2221 Rn. 26; *Haegele/Winkler* Rn. 635; OLG Köln FamRZ 1994, 328.
[329] BFH NJW 2007, 1391 (1392).
[330] BFH NJW 2007, 1391 (1392); FG Bremen EFG 1989, 39: Auch bei nur einmaliger Testamentsvollstreckung sei aufgrund des auf längere Zeit angelegten Rechtsverhältnisses eine Umsatzsteuerpflicht zu bejahen.
[331] Bei Vollstreckungen, bei denen die Erben im Ausland leben, ist zu beachten, dass die Tätigkeit als Testamentsvollstrecker keine Beratungsleistung im Sinne des § 3a Abs. 4 Nr. 3 UStG darstellt; das heißt, der Vollstrecker ist auch in diesen Fällen in Deutschland umsatzsteuerpflichtig, BFH in BStBl. II 2003, 734. Zum Ort der Leistungen eines Testamentsvollstreckers *Philipowski* IStR 2008, 104 ff.
[332] OLG Köln FamRZ 1994, 328; *Haegele/Winkler* Rn. 660.
[333] So auch OLG Schleswig ZEV 2009, 625 (631).
[334] Vgl. MüKoBGB/*Zimmermann* § 2221 Rn. 15.

angemessenen Vergütung belastet wird. Zu denken ist an eine Vergütung nach Prozentsätzen des Nachlasswertes, nach Festbeträgen oder nach Stundensätzen. Der Erblasser sollte auch regeln, dass der Testamentsvollstrecker seine Auslagen dem Nachlass entnehmen darf und ob sich die Vergütung zuzüglich oder einschließlich Umsatzsteuer versteht. Setzt der Erbe einen Rechtsanwalt oder Steuerberater als Vollstrecker ein, ist ggf. auch zu regeln, ob dieser für besondere Tätigkeiten, die spezielle berufliche Sachkunde erfordern (Steuererklärungen, Rechtsstreitigkeiten, Prüfung rechtlicher oder steuerrechtlicher Einzelfragen) entsprechende Honorare gesondert berechnen kann. Bei der Bemessung sollte sich der Erblasser vor Augen führen, dass die Arbeit des Vollstreckers oft sehr viel mühseliger, undankbarer und mit Unannehmlichkeiten verbunden ist, als angenommen, da gerade scheinbar unbedeutende Aufgaben (Haushaltssichtungen, -auflösungen, Fortführung und Sichtung der Konten, Verhandlungen mit den Erben über die Teilung gerade der scheinbaren Kleinigkeiten, zu denen die Erben nicht selten eine erstaunliche Affinität entwickeln, etc.) sehr zeitraubend sind. Ist eine solche Regelung im Testament nicht getroffen oder ist die Regelung unklar oder erscheint sie unangemessen, sollte der Testamentsvollstrecker versuchen, eine **Honorarabrede mit den Erben** zu treffen, um späteren Streitigkeiten vorzubeugen.[335]

> **Formulierungsbeispiel Vergütungsanspruch:**
> Der Testamentsvollstrecker erhält eine Vergütung, deren Höhe sich nach den üblichen Stundensätzen in der Sozietät des Testamentsvollstreckers richtet, pro Stunde als Zeithonorar, mindestens jedoch ... % vom Bruttonachlasswert. Zusätzlich hat er Anspruch auf Ersatz seiner Auslagen sowie auf die ggf. anfallende Umsatzsteuer. Der Testamentsvollstrecker hat zur ordnungsgemäßen Abrechnung einen Nachweis über seinen Zeitaufwand zu erbringen, vorzugsweise durch Aufzeichnung seiner Tätigkeiten nebst der hierfür in Anspruch genommenen Zeit.

155

d) Das Verhältnis zwischen mehreren Testamentsvollstreckern. Ernennt der Erblasser mehrere Testamentsvollstrecker, so führen diese ihr Amt gemäß § 2224 BGB gemeinschaftlich. Bei Meinungsverschiedenheiten entscheidet das **Nachlassgericht** (und nicht das Prozessgericht). Gemäß § 2224 Abs. 2 BGB ist jeder Testamentsvollstrecker berechtigt, unaufschiebbare, **dringende Erhaltungsmaßnahmen** allein anzuordnen. Die Testamentsvollstrecker **haften** für Pflichtverletzungen als Gesamtschuldner, § 2219 Abs. 2 BGB.[336] Jeder Testamentsvollstrecker kann eine seiner Tätigkeit entsprechende Vergütung fordern.[337] Die Bemessung hat sich an den oben (→ Rn. 150 ff.) genannten Grundsätzen zu orientieren; die Vergütungen sind nicht schematisch zu teilen, sondern können durchaus unter Berücksichtigung der verschiedenen Tätigkeiten unterschiedlich hoch sein.

156

e) Das Testamentsvollstreckerzeugnis. Das Testamentsvollstreckerzeugnis ist ein amtliches Zeugnis, das den Testamentsvollstrecker legitimiert. Es weist mit öffentlichem Glauben versehen gemäß §§ 2368, 2366, 2365 BGB den im Zeugnis Benannten als Testamentsvollstrecker aus und gibt über Beschränkungen seiner Befugnisse Auskunft. Ist Gegenstand der Testamentsvollstreckung ein Unternehmen, sind die sich aus dem Gesellschaftsrecht ergebenden Beschränkungen allerdings nicht mit aufzunehmen.[338] Das Testamentsvollstreckerzeugnis wird vom Nachlassgericht **auf Antrag** erteilt. Es enthält neben einer Bezeichnung des Erblassers und des Testamentsvollstreckers alle evtl. Abweichungen von der gesetzlichen Verfügungsmacht sowie die Beschränkungen und Erweiterungen seiner sonsti-

157

---
[335] *Haegele/Winkler* Rn. 574. Zur Frage, gegen wen oder vor welchem Gericht Streitigkeiten über die Vergütung auszutragen sind, vgl. ebd. Rn. 620.
[336] Vgl. differenzierend *Reimann* ZEV 2004, 234.
[337] BGH NJW 1967, 2400; hierzu ausführlich MAH ErbR/*Lorz* § 19 Rn. 164 ff.
[338] BGH NJW 1996, 1284; Palandt/*Weidlich* BGB § 2368 BGB Rn. 3.

gen Befugnisse.[339] Das Testamentsvollstreckerzeugnis bewirkt **Gutglaubensschutz**. Wer mit einem Testamentsvollstrecker, der in einem Testamentsvollstreckerzeugnis benannt ist, in gutem Glauben an dessen Amt Geschäfte tätigt, kann Eigentum erwerben, auch wenn sich im Nachhinein herausstellt, dass sein Geschäftspartner nicht Testamentsvollstrecker war.[340] Nach § 2368 S. 2 BGB wird das Testamentsvollstreckerzeugnis allerdings mit Beendigung des Amts des Testamentsvollstreckers unwirksam; ab diesem Zeitpunkt ist kein gutgläubiger Erwerb mehr möglich.[341] Der Erwerber muss sich mithin sicher sein oder sich gegebenenfalls überzeugen, dass der Testamentsvollstrecker noch im Amt ist.[342]

158 Die Erteilung des Testamentsvollstreckerzeugnisses ist mit **Kosten** verbunden, vgl. Vorbem. 1.2.2. Abs. 1 Nr. 4, Nr. 12210 GNotKG KV iVm. § 40 Abs. 5 S. 1 Hs. 1 GNotKG. Das Zeugnis sollte daher nur beantragt werden, wenn es wirklich gebraucht wird. Oft begnügt sich der Rechtsverkehr auch mit anderen Nachweisen der Stellung als Testamentsvollstrecker, insbesondere mit der Vorlage des Testaments und der Amtsannahmeerklärung.

3. Testamentsvollstreckung an Unternehmen

159 **a) Personengesellschaftsanteile und Handelsgeschäfte.** Es besteht heute weitgehend Einigkeit, dass Testamentsvollstreckung an einzelkaufmännischen Handelsgeschäften und Gesellschaftsbeteiligungen, seien es Beteiligungen an Kapital- (hierzu → Rn. 177) oder an Personengesellschaften, möglich ist. Dieser Befund gilt ohne weiteres für die Abwicklungstestamentsvollstreckung, während die länger dauernde **Verwaltungsvollstreckung** an Einzelunternehmen und an den Anteilen **vollhaftender** Gesellschafter in Gesellschaften bürgerlichen Rechts sowie den Personengesellschaften des Handelsrechts (OHG, KG) besondere Probleme bereitet.[343] Diese entstehen in erster Linie aus folgendem Spannungsverhältnis: Gemäß § 2206 BGB ist es dem Testamentsvollstrecker nur gestattet, Verbindlichkeiten für den Nachlass einzugehen. Da der Testamentsvollstrecker, sofern er erkennbar als solcher handelt, nicht selbst haftet und der Erbe seine Haftung beschränken kann, würde bei freier Zulässigkeit der Testamentsvollstreckung die grundsätzlich unbeschränkte Haftung der Einzelunternehmer, der Gesellschafter der Gesellschaft des bürgerlichen Rechts und der OHG (§ 128 HGB) sowie der Komplementäre der KG (§§ 161, 128 HGB) unterlaufen. Die Zulässigkeit der Testamentsvollstreckung an Handelsgeschäften und den genannten Gesellschaftsbeteiligungen hängt mithin davon ab, auf kautelarjuristischem Wege eine **unbeschränkte Haftung** entweder **des Testamentsvollstreckers oder** der **Erben** zu erreichen (hierzu → Rn. 164).

160 In zweiter Linie ist bei allen Personengesellschaften der gesellschaftsrechtliche Grundsatz der **Höchstpersönlichkeit** zu beachten: Die Gesellschafter müssen in ihrer Gemeinschaft niemanden dulden, für den sie sich nicht freiwillig entschieden haben. Daher können Mitverwaltungsrechte innerhalb der Gesellschaft von einem Testamentsvollstrecker nur ausgeübt werden, wenn entweder alle Gesellschafter zustimmen, oder aber bereits im Gesellschaftsvertrag vorgesehen ist, dass Testamentsvollstreckung zulässig ist. Ist das nicht der Fall, geht die angeordnete Testamentsvollstreckung aber nicht ins Leere; sie erfasst dann allerdings die Beteiligung nur in ihrem **Außenverhältnis.** Die Folge ist insbesondere, dass der Erbe nicht ohne Mitwirkung des Testamentsvollstreckers über seinen Anteil verfügen kann. Innergesellschaftliche Rechte kann der Testamentsvollstrecker allerdings nicht ausüben (s. → Rn. 171 ff.).

---

[339] Bengel/*Reimann* TV-HdB § 2 Rn. 309.
[340] MüKoBGB/*Grziwotz* § 2368 Rn. 45; Palandt/*Weidlich* BGB § 2368 BGB Rn. 8.
[341] MüKoBGB/*Grziwotz* § 2368 Rn. 46.
[342] Zur Frage der Möglichkeit eines nachlassgerichtlichen Zeugnisses über den Fortbestand der Testamentsvollstreckung MüKoBGB/*Grziwotz* § 2368 Rn. 60.
[343] Vgl. *Wälzholz*, Testamentsvollstreckung im Gesellschaftsrecht, in: Gesellschaftsrecht in der Diskussion 2014, 70 ff.; Bengel/Reimann/*Pauli* TV-HdB § 5 Rn. 109 ff.; MAH ErbR/*Lorz* § 19 Rn. 236 ff.

In dritter Linie wird schließlich eingewandt, aufgrund der **Sondererbfolge** der **Perso-** 161
nengesellschaftsanteile gehörten diese Werte **nicht** zum Nachlass, nicht zuletzt deswegen sei eine Testamentsvollstreckung nicht möglich (→ Rn. 174).

Die genannten Probleme stellen sich nur bei der Verwaltungstestamentsvollstreckung. 162
Bei der **Abwicklungs-Testamentsvollstreckung** sind die aufgezeigten Probleme der Testamentsvollstreckung unter Berücksichtigung der regelmäßig nicht allzu langen Dauer der Testamentsvollstreckung hinzunehmen. Ein Einzelunternehmen ist entweder zu liquidieren und der Erlös zu verteilen oder dem oder den Erben herauszugeben. Zu einer längeren Geschäftsfortführung durch den Vollstrecker kommt es meistens nicht. Ähnliches gilt im Ergebnis für Gesellschaftsanteile an Personengesellschaften, wenngleich hier etwas stärker zu differenzieren ist: Sind die Anteile vererblich gestellt, gehen sie aufgrund der Sondererbfolge unmittelbar auf die Erben über, einer Auseinandersetzung durch den Testamentsvollstrecker bedarf es nicht. Sind die Anteile hingegen zB mangels Nachfolgeklausel unvererblich, wächst also der Gesellschaftsanteil des verstorbenen Gesellschafters den übrigen Gesellschaftern unter Ausschluss der Erben an, obliegt es dem Testamentsvollstrecker nur, den Abfindungsanspruch geltend zu machen und den Erlös unter den Erben zu verteilen. Im Folgenden ist daher ausschließlich die Situation bei der Verwaltungsvollstreckung Gegenstand der Erörterung.

Schließlich ist zu beachten, dass die Testamentsvollstreckung sich überhaupt nur auf 163
Gesellschaftsanteile beziehen kann, die auch zum **Nachlass** gehören. Dies ist ohne weiteres der Fall, wenn sich die Nachfolge kraft erbrechtlicher **Nachfolgeklausel**[344] vollzieht. Zu differenzieren ist, wenn die Nachfolge über eine **Eintrittsklausel** oder eine rechtsgeschäftliche Nachfolgeklausel gesteuert wurde, in diesen Fällen kann es sein, dass der Anteil nicht zum Nachlass gehört,[345] vgl. das Parallelproblem bei der Vor- und Nacherbschaft unter → Rn. 97 und insbesondere die Hinweise unter → § 4 Rn. 36 ff.

aa) Herstellung der unbeschränkten Haftung. Problematisch an einer Testamentsvoll- 164
streckung an Einzelunternehmen oder Personengesellschaftsanteilen vollhaftender Gesellschafter ist, dass der Testamentsvollstrecker für sein Tun, soweit er erkennbar für den Nachlass handelt, nicht haftet und der Erbe seine Haftung beschränken kann. Damit kein Einzelunternehmen „mit beschränkter Haftung" oder eine beschränkte Haftung grundsätzlich unbeschränkt haftender Gesellschafter in einer OHG und (bezüglich der Komplementäre) in einer KG[346] sowie in Gesellschaften des bürgerlichen Rechts entsteht, ist es erforderlich, dass entweder der Testamentsvollstrecker oder der Erbe die persönliche Haftung übernimmt.[347] Die Rechtswissenschaft hat zwei Modelle entwickelt:[348]

(1) Treuhandlösung. Es besteht die Möglichkeit, dass der Testamentsvollstrecker das 165
Einzelunternehmen oder die Gesellschafterstellung als Treuhänder für die Erben übernimmt.[349] Dies hat zur Folge, dass der Testamentsvollstrecker nach außen in eigenem Namen handelt und unbeschränkt haftet. Nur der Testamentsvollstrecker und nicht die Er-

---

[344] Bei Kommanditanteilen kraft der gesetzlichen Regelung des § 177 HGB.
[345] Vgl. zum Thema auch MüKoBGB/*Zimmermann* § 2205 Rn. 30 sowie *Wälzholz*, Testamentsvollstreckung im Gesellschaftsrecht, in: Gesellschaftsrecht in der Diskussion 2014, 80 ff.
[346] Für Kommanditisten besteht die Gefahr der unbeschränkten Haftung nur in Ausnahmefällen, → § 19 Rn. 30. Daher sind die an dieser Stelle erörterten Probleme für die Testamentsvollstreckung an Kommanditbeteiligungen unmaßgeblich, vgl. aber auch den Grundsatzbeschluss des BGH zur Zulässigkeit der Testamentsvollstreckung an Kommanditbeteiligungen, NJW 1989, 3152, dazu *Ulmer* NJW 1990, 93.
[347] Zur Testamentsvollstreckung an Anteilen an einer GbR vgl. BGH NJW 1996, 1284; *Stimpel*, FS Brandner, 1996, 779; zur Testamentsvollstreckung an einzelkaufmännischen Unternehmen *Brandner*, FS Stimpel, 1985, 991.
[348] Vgl. schon RGZ 132, 138; BGHZ 12, 100; Kritisch und mit neuen Ansätzen MüKoBGB/*Zimmermann* § 2205 Rn. 24 ff.; vgl. auch *Faust* DB 2002, 189.
[349] Vgl. eingehend *Haegele/Winkler* Rn. 296 (Einzelunternehmen), 333 (Personengesellschaftsanteil); Bengel/Reimann/*Pauli* TV-HdB § 5 Rn. 120 (Einzelunternehmen).

ben werden bei der Treuhandlösung in das **Handelsregister** eingetragen.[350] Im Innenverhältnis zu den Erben handelt er jedoch auf deren Rechnung, er kann daher von den Erben Befreiung von den Geschäftsschulden verlangen.[351] Trotz dieser Möglichkeit bleibt die Treuhandlösung für den Testamentsvollstrecker aufgrund der unbeschränkten Außenhaftung sehr risikobehaftet.[352]

Überdies hat er selbstverständlich bei Fortführung der Gesellschafterstellung oder des Handelsgeschäftes zu beachten, dass er gemäß § 2216 BGB den Erben gegenüber zur **ordnungsgemäßen Verwaltung** verpflichtet ist und sich bei Verletzung dieser Pflichten schadensersatzpflichtig machen kann. Auch hier gilt aber, dass der Testamentsvollstrecker durchaus normale geschäftliche Risiken eingehen kann. Zur gleichsam mündelsicheren Verwaltung des Einzelunternehmens oder der Gesellschafterstellung ist er nicht verpflichtet (vgl. → Rn. 122).

Damit der Testamentsvollstrecker das Unternehmen als Treuhänder fortführen oder die Gesellschafterstellung übernehmen kann, ist es erforderlich, dass der Erblasser die Erben durch **Auflagen oder Bedingungen** notfalls dazu zwingt, das Einzelunternehmen oder die Gesellschafterstellung auf den Testamentsvollstrecker zu übertragen.[353]

166 (2) **Vollmachtlösung.** Die andere Möglichkeit zur Herstellung unbegrenzter Haftung besteht darin, dass der Testamentsvollstrecker das Geschäft oder die Gesellschaftsbeteiligung in Vollmacht für die Erben in deren Namen fortführt.[354] Bei der Vollmachtslösung haften für die vom Testamentsvollstrecker begründeten Verbindlichkeiten die Erben. Führt der Testamentsvollstrecker ein Handelsgeschäft fort, wird nicht er, sondern werden die Erben in das Handelsregister eingetragen.[355]

167 Da die Vollmacht aber nach dem Tod des Erblassers von den Erben jederzeit **widerrufen** werden kann, sollte die Anordnung der Vollmachtslösung einen Widerruf möglichst verhindern.[356] Zumal auch die „unwiderrufliche" Vollmacht aus wichtigem Grund stets widerrufen werden kann.[357] Besser ist daher auch bei der Vollmachtslösung, dass der Erblasser die Erben durch entsprechende **Strafklauseln** davon abhält, die Vollmacht zu widerrufen.[358] Auch ist zu beachten, dass die bloße Bevollmächtigung des Testamentsvollstreckers die Erben nicht hindert, **selbst zu handeln.** Sinnvollerweise sollte der Erblasser

---

[350] *Wälzholz,* Testamentsvollstreckung im Gesellschaftsrecht, in: Gesellschaftsrecht in der Diskussion 2014, 75. Streitig ist allerdings bei der Fortführung eines Handelsgeschäftes, ob der Testamentsvollstrecker persönlich oder mit Hinweis auf seine Funktion als Testamentsvollstrecker einzutragen ist, vgl. *Haegele/Winkler* Rn. 301; *Plank* ZEV 1998, 325. Bei der Testamentsvollstreckung über den Gesellschaftsanteil eines unbeschränkt haftenden Gesellschafters hängt die Frage der Eintragung davon ab, mit welcher Hilfskonstruktion die Tätigkeit des Testamentsvollstreckers ermöglicht wird: Bei der Treuhandlösung ist der Testamentsvollstrecker anzumelden, bei der Vollmachtlösung werden die Erbe. Bei Kommanditbeteiligungen, in denen aufgrund der ohnehin beschränkten Haftung die Hilfskonstruktionen nicht angewandt werden müssen und in denen daher (Dauer-)Testamentsvollstreckung ohne weiteres zulässig ist, ist der Erbe in das Handelsregister einzutragen (bei der Dauertestamentsvollstreckung veranlasst vom Testamentsvollstrecker, BGH NJW 1989, 3152; bei der Abwicklungsvollstreckung ist der Testamentsvollstrecker grundsätzlich nicht befugt, anstelle des oder der Erben-Gesellschafter den Übergang des Kommanditanteils an sie zum Handelsregister anzumelden, OLG München MittBayNot 2010, 144). Gleichwohl ist, wenn über den Nachlass eines Kommanditisten Dauertestamentsvollstreckung angeordnet ist, auf Antrag des Testamentsvollstreckers ein Testamentsvollstreckervermerk in das Handelsregister einzutragen, BGH NJW-RR 2012, 730ff. Ob eine Eintragungspflicht besteht, ist jedoch ungeklärt, *Wälzholz,* Testamentsvollstreckung im Gesellschaftsrecht, in: Gesellschaftsrecht in der Diskussion 2014, 106.

[351] *Haegele/Winkler* Rn. 308; Bengel/Reimann/*Pauli* TV-HdB § 5 Rn. 127.

[352] Zu den Haftungsbeschränkungsmöglichkeiten gem. §§ 25, 27 HGB vgl. *Haegele/Winkler* Rn. 303; Bengel/Reimann/*Pauli* TV-HdB § 5 Rn. 125 (Einzelunternehmen).

[353] *Haegele/Winkler* Rn. 328.

[354] Zu den verschiedenen Möglichkeiten der Vollmachtserteilung *Kämper* RNotZ 2016, 625 (641).

[355] Vgl. *Wälzholz,* Testamentsvollstreckung im Gesellschaftsrecht, in: Gesellschaftsrecht in der Diskussion 2014, 73; *Plank* ZEV 1998, 325; *Haegele/Winkler* Rn. 312, 352.

[356] *Haegele/Winkler* Rn. 311, 313, 353; Bengel/Reimann/*Pauli* Hd. TV § 5 Rn. 132.

[357] *Kämper* RNotZ 2016, 625 (642) mwN.

[358] Zu weiteren Möglichkeiten der Ausgestaltung der Vollmachtslösung BeckOK BGB/*Lange* § 2205 Rn. 28.

daher die Erben anhalten, sich selbst aller Tätigkeiten zu enthalten. Auch diese Anordnung sollte durch Strafklauseln gesichert werden (vgl. auch → Rn. 11 ff.).[359] Obgleich die dargestellte Vollmachtslösung die Erben sehr zu beeinträchtigen vermag, gilt sie als zulässig, da die Erben die Möglichkeit haben, die Erbschaft **auszuschlagen,** und sich auf diese Weise von allen Risiken der Vollmachtslösung befreien können.[360]

(3) Sonderregelungen aus dem Minderjährigen-Haftungsbeschränkungsgesetz (MHbeG). Seit dem Jahr 1999 ist das MHbeG in Kraft, das unter anderem in § 1629a BGB Haftungsbeschränkungen für Minderjährige regelt. Seither gibt es – soweit Minderjährige an Personengesellschaften als Vollhafter beteiligt sind – letztlich auch beschränkt haftende Einzelkaufleute, Komplementäre sowie Gesellschafter einer OHG und GbR. Daraus wurde gefolgert, dass dann auch die dogmatischen Einschränkungen der Testamentsvollstreckung an Unternehmensbeteiligungen mit Vollhaftung jedenfalls für Minderjährige nicht greifen.[361] Da in der Praxis die Testamentsvollstreckung aber gerade für die Zeit der Minderjährigkeit oft angeordnet wird, hätte diese Meinung große praktische Bedeutung. Hiergegen wird jedoch argumentiert, dass dann der für den Minderjährigen handelnde Testamentsvollstrecker nur Nachlassschulden begründen würde. Bei dieser Qualifikation der Schulden aber könnte der minderjährige Erbe durch ein Nachlassinsolvenzverfahren seine Haftung auf den Nachlass beschränken. Er würde aber nicht, wie dies eigentlich von § 1629a BGB als Preis für die Haftungsfreiheit bei Eintritt in die Volljährigkeit vorgesehen ist, mit seinem gesamten Vermögen zum Zeitpunkt der Volljährigkeit haften. Man mag diese Auffassung teilen oder nicht, derzeit muss jedoch die Praxis zumindest hilfsweise weiterhin auf die bekannten Bypasskonstruktionen (Vollmacht- oder Treuhandlösung) zurückgreifen.[362]

168

(4) Fehlende testamentarische Anordnung. Ordnet der Erblasser Testamentsvollstreckung an, ohne zu regeln, wie die erforderliche unbeschränkte Haftung hergestellt werden soll, und ist der Erbe weder zur Erteilung einer Vollmacht noch zu einer treuhänderischen Übertragung bereit, kann der Testamentsvollstrecker nur über die mit einer (persönlich haftenden) Gesellschafterstellung verbundenen Vermögensrechte verfügen, nicht aber in die inneren Angelegenheiten der Gesellschaft eingreifen und Mitgliedsrechte ausüben (vgl. auch → Rn. 172).[363]

169

(5) Gestaltungsempfehlung. Die vorstehenden Ausführungen zeigen, dass es durch Hilfskonstruktionen (Treuhand- und Vollmachtslösung) im Ergebnis möglich ist, dass der Testamentsvollstrecker ein Handelsgeschäft oder einen Gesellschaftsanteil eines unbeschränkt haftenden Gesellschafters fortführt. Gleichwohl werfen diese Hilfskonstruktionen Probleme und Streitfragen auf; sie sind kompliziert und belasten eine Seite über Gebühr: Bei der Treuhandlösung ist es der Testamentsvollstrecker wegen der mit dieser Lösung verbundenen persönlichen Haftung, bei der Vollmachtslösung sind es die Erben, die ohne ihr Zutun verpflichtet werden können. Im Hinblick auf eine erfolgreiche Unternehmensfortführung sollte der Erblasser daher, bevor er Dauertestamentsvollstreckung über sein Handelsgeschäft oder seinen mit unbeschränkter Haftung versehenen Gesellschaftsanteil anordnet, abwägen, ob es nicht sinnvoller ist, von Todes wegen die **Umwandlung** des Handelsgeschäftes oder der Beteiligung an einer GbR in eine Gesellschaft mit beschränk-

170

---

[359] *Haegele/Winkler* Rn. 312, 352.
[360] Sind die Erben pflichtteilsberechtigt, können sie die Erbschaft wegen Anordnung der Testamentsvollstreckung ausschlagen und den Pflichtteil fordern, § 2306 Abs. 1 BGB; kritisch zur Vollmachtlösung *Brandner*, FS Stimpel, 1985, 1002.
[361] Vgl. MAH ErbR/*Lorz* § 19 Rn. 242.
[362] Vgl. auch *Scherer* ZErb 2002, 200.
[363] OLG Düsseldorf FamRZ 2008, 1295 (zur Testamentsvollstreckung über einen Komplementäranteil).

ter Haftung anzuordnen.³⁶⁴ Wie sogleich auszuführen ist (→ Rn. 177), bereitet die Testamentsvollstreckung an Kapitalgesellschaften keine besonderen Schwierigkeiten. Denkbar ist im Einzelfall ggf. auch die Umwandlung in einen Kommanditanteil.

171 **bb) Überwindung des Grundsatzes der Höchstpersönlichkeit; Grenzen der Befugnisse des Testamentsvollstreckers.** Kommt es nach dem Tod des Erblassers zur Fortsetzung der Gesellschaft mit seinen Erben, hat jedoch der Erblasser Testamentsvollstreckung angeordnet, stellt sich die weitere Frage, ob die anderen Gesellschafter das Wirken eines Testamentsvollstreckers innerhalb der Gesellschaft dulden müssen. Es wird vertreten, dass die Gesellschafter allein durch die Aufnahme einer Nachfolgeklausel gezeigt hätten, dass sie letztlich mit dem Eintritt eines Fremden anstelle des verstorbenen Gesellschafters in den Gesellschafterkreis einverstanden sind, ungeachtet dessen, ob es sich nun um einen Testamentsvollstrecker oder einen Erben handelt.³⁶⁵ Vermutlich überhöht aber eine solche Auslegung den Regelungsgehalt der Nachfolgeklausel. Es ist daher erforderlich, dass entweder die übrigen Gesellschafter dem Wirken des Testamentsvollstreckers **ad hoc zustimmen** oder der Gesellschaftsvertrag die Testamentsvollstreckung **allgemein zulässt.**³⁶⁶

172 Ist die Testamentsvollstreckung im Gesellschaftsvertrag nicht vorgesehen und stimmen auch die anderen Gesellschafter nicht zu, geht die Anordnung der Testamentsvollstreckung gleichwohl nicht ins Leere: Nach der Rechtsprechung des BGH ist zwischen der **Innenseite** und der **Außenseite** des Gesellschaftsanteils zu unterscheiden.³⁶⁷ Das Einverständnis der übrigen Gesellschafter ist nur erforderlich, soweit der Testamentsvollstrecker innergesellschaftliche Rechte wahrnehmen möchte, insbesondere also Stimm-, Auskunfts- und Einsichtsrechte.³⁶⁸ Das Außenverhältnis der Beteiligung unterliegt jedoch der Testamentsvollstreckung unabhängig von der Zustimmung der übrigen Gesellschafter. Letztlich stellt das „Außenverhältnis" die vermögensrechtliche Zuordnung der Beteiligung zum Nachlass dar und ist unabhängig vom Verhältnis der Gesellschafter untereinander. Fällt mangels Zustimmung der Mitgesellschafter nur das Außenverhältnis in die Verwaltungskompetenz des Testamentsvollstreckers, bedeutet dies, dass der Erbe bei Maßnahmen, die **vermögensrechtliche** Ansprüche betreffen (Gewinnanspruch, Abfindungsguthaben),³⁶⁹ der Zustimmung des Testamentsvollstreckers bedarf. Gleiches gilt bei Verfügungen über die gesamte Beteiligung. Auch hat bereits die Erfassung des Außenverhältnisses zur Folge, dass Gläubiger des Erben gemäß § 2214 BGB nicht in die Beteiligung vollstrecken können.

173 Unterliegt die gesamte Beteiligung der Testamentsvollstreckung, haben mithin die übrigen Gesellschafter der Wahrnehmung innergesellschaftlicher Rechte durch den Testamentsvollstrecker zugestimmt, ist der Testamentsvollstrecker gleichwohl in der Ausübung innergesellschaftlicher Rechte nicht völlig frei.³⁷⁰ Für die Frage der Mitwirkung bei **Be-**

---

³⁶⁴ Ausführlicher zu Umwandlungsklauseln und –maßnahmen *Kämper* RNotZ 2016, 625 (646) sowie *Wälzholz*, Testamentsvollstreckung im Gesellschaftsrecht, in: Gesellschaftsrecht in der Diskussion 2014, 70 ff. und 84.
³⁶⁵ *Haegele/Winkler* Rn. 347 mwN.
³⁶⁶ BGH NJW 1989, 3152; vgl. als Beispiel einer Gestattung im Gesellschaftsvertrag Bengel/Reimann/*Pauli* TV-HdB § 5 Rn. 210.
³⁶⁷ BGH NJW 1986, 2431; BGH ZEV 1998, 72 mkritAnm *Ulmer* JZ 1998, 468.
³⁶⁸ Deshalb hat der Testamentsvollstrecker auch kein Prozessführungsrecht in Rechtsstreitigkeiten über die Aufnahme eines Erben als OHG-Gesellschafter, BGH ZEV 1998, 72. Vgl. auch die krit. Anm. von *Ulmer* JZ 1998, 468.
³⁶⁹ MüKoBGB/*Schäfer* § 705 BGB Rn. 116 f.
³⁷⁰ Zum Stimmrechtsverbot beim Richten in eigener Sache im Personengesellschaftsrecht (§ 47 Abs. 4 S. 1 GmbHG analog) BGH NZG 2012, 625. Zur Ausübung der Gesellschafterbefugnisse bei unbeschränkter Testamentsvollstreckung hinsichtlich einer zum Nachlass gehörenden Beteiligung an einer Gesellschaft BGH ZEV 2014, 662 (665): „Der Testamentsvollstrecker verdrängt die Erben zwar nach allgemeiner Ansicht grds. auch hinsichtlich der Ausübung des Stimmrechts als Teil seiner umfassenden Befugnis zur Verwaltung des Nachlasses, es sei denn, ihm sind – wie hier nicht – durch § 2205 S. 3, § 2206 BGB und

IV. Testamentsvollstreckung und Vollmacht auf den Todesfall § 18

schlussfassungen über Änderungen des Gesellschaftsvertrages wird – ähnlich wie im Recht der Vor- und Nacherbschaft (vgl. → Rn. 99) bei § 2113 Abs. 2 BGB – die Frage der **Unentgeltlichkeit** mit dem Merkmal der Ordnungsgemäßheit verknüpft: Nicht unentgeltlich und damit ordnungsgemäß ist danach die Mitwirkung an vertragsändernden Beschlüssen, auch wenn sie zu einem Eingriffe in die Mitgliedschaft führen, jedenfalls dann, wenn die Beschlussfassung alle Gesellschafter gleichermaßen belastet.[371] Sehr umstritten ist, ob die Beschlüsse auch den **Kernbereich der Mitgliedschaft** berühren dürfen oder ob der Testamentsvollstrecker bei solchen Beschlüssen zunächst die **Zustimmung** der Erben einholen muss.[372] Sofern ein Zustimmungserfordernis der Erben verneint wird,[373] gilt dies aber nur, soweit mit der Maßnahme des Vollstreckers keine Begründung oder Erhöhung der **persönlichen Haftung** des Gesellschaftererben verbunden ist. Eine Erhöhung der **Kommanditeinlage** ist daher in der Regel – anderes gilt, wenn der Erbe zustimmt – ausgeschlossen,[374] es sei denn, der notwendige Betrag wird unmittelbar durch Umbuchung von einem Rücklagen- oder Darlehenskonto erbracht, weil dann keine persönliche Haftung des Erben droht. In ähnlicher Weise ist bei der Erhöhung der **Haftsumme** danach zu differenzieren, ob lediglich die zugunsten der Gesellschaftsgläubiger wirkende Haftsumme erhöht wird oder ob der Testamentsvollstrecker auch sofort eine der Haftsummenerhöhung entsprechende Einlageleistung erbringt, im letzteren Fall droht wiederum keine persönliche Inanspruchnahme der Erben.[375] Diese Einschränkungen hindern den Testamentsvollstrecker aber nicht, über den seiner Vollstreckung unterliegenden Anteil im Ganzen zu verfügen.[376]

---

etwaige Anordnungen des Erblassers Grenzen gesetzt (…). Der Testamentsvollstrecker kann aber dann das Stimmrecht nicht ausüben, wenn ihn ein gesellschaftsrechtliches Stimmverbot trifft. Er unterliegt, wie andere Vertreter von Gesellschaftern auch, dem in § 47 Abs. 4 GmbHG normierten Verbot, Richter in eigener Sache zu sein, auch wenn er selbst nicht Gesellschafter ist (…). Im Personengesellschaftsrecht gilt dieses Verbot ebenso (BGH v. 7.2.2012 – II ZR 230/09, DStR 2012, 1093 Rn. 16 mwN.). … In einem solchen Fall der persönlichen Betroffenheit des Testamentsvollstreckers ist der Erbe anstelle des Testamentsvollstreckers auf einer ordnungsgemäß einberufenen Gesellschafterversammlung stimmberechtigt, wie auch in anderen Fällen der rechtlichen Verhinderung eines Vertreters oder Amtswalters das Stimmrecht vom Vertretenen ausgeübt werden kann (…). Das BerGer. hat jedoch verkannt, dass auf das für die Entscheidung des Rechtsstreits allein maßgeblichen Ebene der Gesellschaft das dem Minderheitenschutz dienende Recht, die Einberufung einer Gesellschafterversammlung zu verlangen bzw. im Wege des Selbsthilferechts eine Gesellschafterversammlung einzuberufen, davon unabhängig ist, ob der Gesellschafter in der zur Beschlussfassung anstehenden Frage mitstimmen darf. Auch ein Gesellschafter ohne Stimmrecht oder ein Gesellschafter, der in der konkreten Angelegenheit einem Stimmverbot unterliegt, kann ein berechtigtes Interesse daran haben, bestimmte Angelegenheiten in der Gesellschaft zur Diskussion und Abstimmung zu stellen (…). Werden die Gesellschafterbefugnisse durch einen Testamentsvollstrecker ausgeübt, gilt – sofern dem Gesellschaftsvertrag wie hier nichts anderes zu entnehmen ist – diese Unabhängigkeit des Einberufungsrechts von einem hinsichtlich der Beschlussfassung bestehenden Stimmverbot ebenso. Unterliegt der Testamentsvollstrecker einem Stimmverbot, werden seine Befugnisse nur insoweit eingeschränkt, dh, er darf auf einer ordnungsgemäß einberufenen Gesellschafterversammlung nicht abstimmen. Die übrigen Gesellschafterrechte können von ihm weiterhin ausgeübt werden und verdrängen die Befugnisse der Erben als Gesellschafts- bzw. Geschäftsanteilsinhaber." Zur Testamentsvollstreckung an GmbH- und Kommanditanteilen und der vorgenannten BGH-Entscheidung *Werner* NWB 2015, 991 ff.

[371] BeckOK BGB/*Lange* § 2205 BGB Rn. 23; *Mayer* ZEV 2002, 209 (212) mwN; vgl. auch *Wälzholz*, Testamentsvollstreckung im Gesellschaftsrecht, in: Gesellschaftsrecht in der Diskussion 2014, 99 ff. mit Beispielen für unentgeltliche Verfügungen im Sinne des § 2205 S. 3 BGB.
[372] Vgl. *Schneider* NJW 2015, 1142 (1146).
[373] So LG Mannheim NZG 1999, 824 (mit Darstellung des Streitstands) zum Fall einer geplanten Umwandlung einer KG in eine AG.
[374] BGH NJW 1989, 3152.
[375] Vgl. im Einzelnen *Lorz*, Testamentsvollstreckung und Unternehmensrecht, 192.
[376] Darin liegt nur scheinbar ein Widerspruch. Veräußert der Testamentsvollstrecker die gesamte Beteiligung, so wird er dafür ein angemessenes Entgelt erhalten; bekanntlich sind dem Testamentsvollstrecker gem. § 2205 S. 3 BGB unentgeltliche oder teilunentgeltliche Verfügungen nicht möglich. Erhält der Erbe aber bei der Veräußerung ein angemessenes Entgelt, so belastet ihn die Maßnahme weniger als eine Verschlechterung seiner Position als Gesellschafter, die – ohne Gegenleistung – eine Entwertung des Anteils darstellt; vgl. auch *Ebenroth* Rn. 706; *Haegele/Winkler* Rn. 372; zu den Folgen von teil- oder unentgeltlichen Verfügungen vgl. *Dörrie* ZEV 1996, 372.

174 cc) Nachlasszugehörigkeit des Personengesellschaftsanteils. Schließlich wird vorgebracht, Anteile an Personengesellschaften könnten schon deshalb nicht der Testamentsvollstreckung unterliegen, weil sie sich in **Sondererbfolge** am Nachlass vorbei vererben. Dem kann nicht gefolgt werden. Zum einen kommt es auf die Sondererbfolge nicht an, wenn beispielsweise nur ein Erbe vorhanden ist, dem eine Gesellschaftsbeteiligung anfällt. Das Institut der Sondererbfolge wurde gerade entwickelt, um Probleme im Spannungsverhältnis des Miterbenrechts zum Gesellschaftsrecht zu lösen. Es geht aber nicht an, die Möglichkeit der Testamentsvollstreckung bei einem Alleinerben zuzulassen und bei einer Miterbengemeinschaft zu verneinen. Zum anderen und insbesondere ist aber mittlerweile von der Rechtsprechung deutlich herausgearbeitet worden, dass die Sondererbfolge nichts daran ändert, dass der Anteil zum Nachlass gehört.[377] Eine andere Frage (vgl. dazu bereits → Rn. 163) ist es aber, ob ein Anteil, der kraft **rechtsgeschäftlicher** Nachfolgeklausel oder kraft **Eintrittsklausel** auf den Nachfolger übergegangen ist, zum Nachlass gehört.

175 dd) Zusammentreffen des geerbten, unter Testamentsvollstreckung gestellten Anteils mit eigenen Anteilen des Erben. Die Anordnung der Testamentsvollstreckung über Beteiligungen an Personengesellschaften ist nach Auffassung des BGH auch dann möglich, wenn der Erbe oder Vermächtnisnehmer, dem als Unternehmensnachfolger der Gesellschaftsanteil zufällt, bereits an der Gesellschaft beteiligt war.[378] Dies war lange umstritten; es wurde argumentiert, dass der vorhandene und der von Todes wegen zuerworbene Gesellschaftsanteil zu einem **einheitlichen** Anteil verschmelzen, der nicht anteilig mit Testamentsvollstreckung belastet werden könne.[379]

176 ee) Anordnung eines Ergänzungspfleger bei minderjährigen Erben. Gemäß § 1909 Abs. 1 S. 1 BGB erhält derjenige, der unter elterlicher Sorge steht, für Angelegenheiten, an deren Besorgung die Eltern (tatsächlich oder rechtlich) verhindert sind, einen Pfleger. Rechtliche Verhinderung ist beispielsweise im Falle eines Interessenkonfliktes im Sinne der §§ 1629 Abs. 2, 1795 BGB gegeben, aber auch wenn der Erblasser durch letztwillige Verfügung bestimmt hat, dass die Eltern das vom Kind ererbte Vermögen nicht verwalten sollen (§§ 1909 Abs. 1 S. 2, 1638 BGB). Ist bei gemeinsamer Sorge nur ein Elternteil von der Verwaltung des ererbten Vermögens des Kindes ausgeschlossen, führt dies dazu, dass dem anderen Elternteil die Sorge insoweit allein obliegt (§ 1638 Abs. 3 BGB); ein Ergänzungspfleger ist demnach nicht zu bestellen. Ist der insoweit allein sorgeberechtigte Elternteil zum Testamentsvollstrecker bestellt, so kommt die Anordnung der Ergänzungspflegschaft zur Wahrnehmung der Rechte des minderjährigen Erben auch dann nicht in Betracht, wenn dieser Elternteil Mitgesellschafter ist.[380] Von einer Ergänzungspflegschaft zur Wahrnehmung der Rechte des Minderjährigen gegenüber dem Elternteil als Testamentsvollstrecker zur Vermeidung von Interessenkonflikten kann im Einzelfall abgesehen werden, wenn aufgrund der bisherigen Erfahrungen und des engen persönlichen Verhältnisses zwischen dem betreffenden Elternteil und Kind kein Anlass zu der Annahme besteht, dass der betreffende Elternteil unbeschadet seiner eigenen Interessen die Belange des Kindes nicht in gebotenem Maße wahren und fördern wird.[381]

---

[377] BGHZ 98, 48; BGH NJW 1996, 1284 (Erbrechtssenat); BGH NJW 1989, 3152 (Gesellschaftsrechtssenat); *Ulmer/Schäfer* ZHR 1996, 413 mwN.
[378] BGH ZEV 1996, 110 (Erbrechtssenat) mit Anm. *Lorz;* Bengel/Reimann/*Pauli* TV-HdB § 5 Rn. 189; *Ulmer* ZHR 2003, 103; *Schmidt-Diemitz,* FS Sigle, 2000, S. 395, 406 ff.
[379] BGHZ 24, 106 (Gesellschaftsrechtssenat); *Haegele/Winkler* Rn. 373a; *Ebenroth* Rn. 708. Bei den Kapitalgesellschaften wurde vorstehendes Problem im Übrigen nie erörtert, da hier unstreitig der einzelne Geschäftsanteil Gegenstand besonderer Rechte sein kann.
[380] BGH ErbR 2008, 223.
[381] BGH ErbR 2008, 223.

b) Kapitalgesellschaften.

Die Verwaltungstestamentsvollstreckung an Kapitalgesellschafts- 177
anteilen ist ohne weiteres zulässig. Der Testamentsvollstrecker übernimmt für den Erben die sich aus den Aktien oder GmbH-Geschäftsanteilen ergebenden Rechte und Pflichten.[382] Auf die Unterscheidung zwischen Innen- und Außenseite der Beteiligung kommt es nicht an. Grundsätzlich und ohne dass es der Zustimmung der übrigen Gesellschafter bedarf obliegt dem Testamentsvollstrecker daher auch die Ausübung der innergesellschaftlichen Rechte.[383] Allerdings gilt es als zulässig, in der Satzung der GmbH vorzusehen, dass die Stimmrechte nur höchstpersönlich ausgeübt werden können. In diesem Fall ist die Ausübung der Rechte durch den Testamentsvollstrecker wiederum von der Zustimmung der Gesellschafter abhängig. Sofern über die Wahl des Testamentsvollstreckers zum **Geschäftsführer** abgestimmt wird, darf der Vollstrecker an seiner eigenen Wahl nur mitwirken, wenn er von den Beschränkungen des § 181 BGB befreit ist.[384] Bei der Frage der Zulässigkeit der Mitwirkung an **Kapitalerhöhungen** ist zu differenzieren: Handelt es sich um eine solche aus Gesellschaftsmitteln, bestehen keine Bedenken. Handelt es sich jedoch um eine Kapitalerhöhung gegen Einlagen, so ist er ohne Zustimmung der Gesellschaftererben nur dann zur Mitwirkung berechtigt, wenn der Einlagebetrag aus Nachlassmitteln bezahlt werden und der Erbe somit nicht persönlich durch das Handeln des Vollstreckers belastet werden kann. Letztlich müssen sich im Nachlass allerdings hinreichende Mittel auch unter Berücksichtigung der eventuellen Ausfallhaftung gemäß § 24 GmbHG befinden. Nach ähnlichen Kriterien beantwortet sich letztlich auch die Frage, ob der Testamentsvollstrecker an **Neugründungen** oder **Umwandlungen** von Kapitalgesellschaften teilnehmen kann. Auch hier ist entscheidend, ob eine persönliche Haftung des Erben droht oder nicht.[385] Die **Veräußerung** der Gesellschaft bzw. des Anteils schließlich ist dem Testamentsvollstrecker möglich.[386] Insgesamt kann daher dem Erblasser nur dringend **empfohlen** werden, in seiner letztwilligen Verfügung die Kompetenzen des Vollstreckers im Einzelnen festzulegen, und gegebenenfalls die Erben durch Auflagen zu zwingen, die Maßnahmen des Testamentsvollstreckers zu dulden oder ihnen zuzustimmen.

4. Vollmacht auf den Todesfall

Neben der Anordnung der Testamentsvollstreckung gibt es ein weiteres Instrument für 178
den Erblasser, Einfluss auf den Nachlass über den Tod hinaus zu nehmen: Es entspricht ganz herrschender Meinung, dass der Erblasser eine Vollmacht **über seinen Tod** hinaus erteilen kann.[387] Da in aller Regel dem Vollmachtsverhältnis ein – oft stillschweigend geschlossenes – Auftrags- oder Geschäftsbesorgungsverhältnis zugrunde liegt, erlischt die Vollmacht, wenn nichts anderes angeordnet ist, nicht durch den Tod des Vollmachtgebers,

---

[382] Vgl. MAH ErbR/*Lorz* § 19 Rn. 266 ff. Die Aufnahme eines Testamentsvollstreckervermerks in die Gesellschafterliste nach § 40 GmbHG ist unzulässig, BGH NJW 2015, 1303; einen Testamentsvollstreckervermerk bei Dauertestamentsvollstreckung über einen Kommanditanteil hält der BGH hingegen für eintragungsfähig, BGH ZEV 2012, 335.

[383] Dagegen spricht auch nicht ein stark personalistischer Zuschnitt der Gesellschaft, etwa bei Vinkulierung der Geschäftsanteile, *Haegele/Winkler* Rn. 398. Allerdings wird auch hier zum Teil die Auffassung vertreten, die Kernbereichslehre würde dem Handeln des Testamentsvollstreckers Grenzen setzen (*Priester*, FS Stimpel, 1985, 463). Diese Auffassung ist aber wohl unrichtig, denn wenn der Testamentsvollstrecker berechtigt ist, über die Beteiligung im Ganzen zu verfügen, ist eine Beschränkung innerhalb der Gesellschaft nicht sinnvoll (siehe – zum Personengesellschaftsrecht –auch LG Mannheim NZG 1999, 824). Die Grenze seiner Macht liegt allerdings stets dort, wo sein Handeln zu einer persönlichen Haftung des Erben führen kann.

[384] BGH BB 1989, 1499.

[385] In diesem Zusammenhang sind auch Haftungsgefahren aus der Differenzhaftung und aus § 24 GmbHG zu berücksichtigen.

[386] *Dörrie* ZEV 1996, 370 (373). Im Übrigen wird auch bezüglich der Kapitalgesellschaften erörtert, ob das Minderjährigenhaftungsbeschränkungsgesetz eine andere Auffassung rechtfertigt, da sich § 1629a BGB auch auf die hier in Rede stehenden Haftungsgefahren bezieht, vgl. *Christmann* ZEV 2000, 45 und insgesamt zum Thema → Rn. 168.

[387] Vgl. zur postmortalen Vollmacht auch *Seif* AcP 2000, 192 und MAH ErbR/*Lorz* § 20 Rn. 4.

§§ 168 S. 1, 672 S. 1, 675 BGB.[388] Der Erblasser kann bereits zu Lebzeiten jemanden über seinen eigenen Tod hinaus bevollmächtigen (sog. **transmortale Vollmacht**). Der Erblasser kann aber die Vollmacht auch so ausgestalten, dass sie erst mit seinem Tod wirksam wird **(postmortale Vollmacht).**[389] Weiterhin kann der Erblasser die Vollmacht entweder als Spezialvollmacht auskleiden, also den Bevollmächtigten für ein oder mehrere bestimmte Rechtsgeschäfte bevollmächtigen,[390] oder er kann die Vollmacht über den Tod hinaus als Generalvollmacht erteilen. Die Erteilung einer Vollmacht über den Tod hinaus unterliegt nicht den erbrechtlichen Formvorschriften.

179 Es liegt auf der Hand, dass die Bevollmächtigung eines Dritten die Interessen der Erben erheblich gefährden kann. Zwar verdrängt die isolierte Bevollmächtigung einer Person grundsätzlich nicht die Verfügungsbefugnis der Erben; diese können neben dem Bevollmächtigten handeln. Gleichwohl ist die Rechtsmacht des Bevollmächtigten groß, zudem unterliegt er in seinem Handeln nicht der Kontrolle des Nachlassgerichts. Die Erben können sich jedoch vor dieser weiten Rechtsmacht des Bevollmächtigten schützen: Nach dem Tod des Vollmachtgebers vertritt der Bevollmächtigte nicht mehr den Erblasser, sondern dessen Erben, so dass dementsprechend die Erben zum **Widerruf** der Vollmacht berechtigt sind.[391] Will der Erblasser jedoch verhindern, dass die Erben die über den Tod hinaus erteilte Vollmacht widerrufen, so kann er dies mittelbar durch **Strafklauseln** erreichen (hierzu → Rn. 11 ff.). So kann beispielsweise der Erblasser anordnen, dass der Erbe nur unter der Bedingung Erbe wird, dass er die Vollmacht nicht widerruft, oder den Erben für den Fall, dass er die Vollmacht doch widerruft, anderweitig „bestraft", beispielsweise durch Anordnung eines den Erben belastenden Vermächtnisses für den Fall des Widerrufs.[392]

180 Es ist anerkannt, dass auch dann eine Person über den Tod hinaus bevollmächtigt werden kann, wenn **Testamentsvollstreckung** angeordnet ist. In diesem Fall steht das Widerrufsrecht nicht nur den Erben, sondern auch dem Testamentsvollstrecker zu, soweit sich nicht aus der letztwilligen Verfügung anderes ergibt.[393] Im Übrigen ist das Verhältnis zwischen Testamentsvollstrecker und Bevollmächtigtem streitig: Einerseits wird von der herrschenden Meinung vertreten, Bevollmächtigter und Testamentsvollstrecker können unberührt voneinander handeln.[394] Andererseits wird unter anderem argumentiert, gerade die Einsetzung eines Testamentsvollstreckers zeige, dass es nicht im Willen des Verstorbenen lag, dass zwei Personen mit gleicher Machtbefugnis nebeneinander tätig werden; die Vollmacht betreffe daher nur Vermögensteile, die nicht dem Testamentsvollstrecker unterstehen.[395]

181 Auch der **Testamentsvollstrecker** selbst kann bevollmächtigt werden; das erweitert seine Position.[396] Insbesondere ist es dem Testamentsvollstrecker, der zugleich Bevollmächtigter ist, gestattet, unentgeltlich zu verfügen. In gleicher Weise kann das den Vorerben treffende Verbot, unentgeltlich zu verfügen, dadurch umgangen werden, dass der Vorerbe entsprechend bevollmächtigt wird (s. → Rn. 94). In aller Regel empfiehlt es sich sogar, dem Testamentsvollstrecker eine Vollmacht über den Tod hinaus zu erteilen. Gelegentlich kann es vorkommen, dass der Testamentsvollstrecker bald nach dem Erbfall dringend Handlungen vornehmen muss, hierzu aber ein Testamentsvollstreckerzeugnis benötigt. Da die Erteilung des Zeugnisses oft einige Zeit dauert, kann dieser Zeitraum mit einer Vollmacht über den Tod hinaus überbrückt werden. Eine Vollmacht kann sich

---

[388] Vgl. im Einzelnen *Frey*, Rechtsnachfolge in Vollmachtnehmer- und Vollmachtgeberstellungen.
[389] Technisch wird dies letztlich erreicht, dass die Vollmacht aufschiebend bedingt auf den Tod erteilt wird, vgl. Nieder/Kössinger/*Kössinger* § 15 Rn. 335.
[390] Vgl. zur Bankvollmacht im Verhältnis zur Testamentsvollstreckung *Werkmüller* ZEV 2000, 305.
[391] Vgl. OLG Hamburg DNotZ 1967, 30.
[392] Vgl. Nieder/Kössinger/*Kössinger* § 4 Rn. 28.
[393] Anm. *Reimann* MittBayNot 2012, 228 (229); MüKoBGB/*Zimmermann* vor § 2197 Rn. 18.
[394] OLG München MittBayNot 2012, 227 mwN; MüKoBGB/*Schubert* § 168 Rn. 40 mwN.
[395] MüKoBGB/*Zimmermann* vor § 2197 Rn. 15.
[396] Vgl. MAH ErbR/*Lorz* § 20 Rn. 15.

schließlich auch empfehlen, um es dem Testamentsvollstrecker zu erleichtern, im Ausland zu handeln. Will der Erblasser die ohnehin weite Rechtsmacht und Position des Testamentsvollstreckers nicht durch eine Vollmacht noch zusätzlich verstärken, kann er zum einen die Vollmacht auf den Zeitpunkt befristen, in dem der Testamentsvollstrecker das Amt annimmt oder ihm das Testamentsvollstreckerzeugnis ausgehändigt wird. Zum anderen kann der Erbe die Vollmacht insofern einschränken, als dass der Testamentsvollstrecker auch als Bevollmächtigter nicht berechtigt ist, unentgeltlich zu verfügen.

V. Auflagen

1. Allgemeines

a) Begriff und Bedeutung. Die Auflage (§§ 2192 bis 2196 BGB) ähnelt dem Vermächtnis; auch sie ist ein Instrument, mit welchem der Erblasser den Beschwerten zu einer Leistung verpflichtet. Viele Vorschriften aus dem Recht des Vermächtnisses gelten daher über die Verweisungsnorm des § 2192 BGB entsprechend. Allerdings unterscheidet sich die Auflage entscheidend dadurch vom Vermächtnis, dass ein evtl. durch die Auflage Begünstigter **keinen einklagbaren Anspruch auf Leistung** gegen den Beschwerten erlangt. Zudem kann Gegenstand einer Auflage jedes Tun oder Unterlassen sein; im Gegensatz zum Vermächtnis bedarf es nicht unbedingt der Zuwendung eines Vermögensvorteils. Die Anordnung einer Auflage kann daher auch – ohne Begünstigung einer bestimmten Person – einen reinen Zweck verfolgen, etwa die Verpflichtung zur Versorgung eines Tieres, die Verpflichtung zur Grabpflege, die Verpflichtung, bestimmte Gegenstände aus dem Nachlass nicht an Dritte zu veräußern, oder die Verpflichtung, bestimmte Anweisungen für die Unternehmensfortführung zu befolgen (nachfolgend → Rn. 188).[397] Daher lassen sich mit der Auflage stiftungsähnliche Zwecke verfolgen, zumal die Auflage nicht an **Zeitgrenzen** gebunden ist.[398]

182

Hat die Auflage die Begünstigung einer bestimmten Person oder einer bestimmten Personengruppe zum Gegenstand, so ist der Erblasser noch freier als bei der Bestimmung des Vermächtnisnehmers (→ Rn. 33) oder gar bezüglich der Erbeinsetzung (→ § 4 Rn. 13 ff.), dem Beschwerten oder einem Dritten die **Wahl des Begünstigten** zu überlassen.[399] Erforderlich ist lediglich die Angabe des Zweckes der Zuwendung, § 2193 BGB. Auch kann sich der Erblasser damit begnügen, die Leistung lediglich der Gattung nach zu bestimmen. Hat er den Zweck der Auflage bestimmt, kann er sogar die Auswahl des zu leistenden Gegenstandes völlig in das Ermessen des Beschwerten oder eines Dritten legen.

183

Beschwert werden kann sowohl ein Erbe, als auch ein Vermächtnisnehmer, §§ 2192, 2147 BGB. Fällt der Beschwerte weg, gilt als beschwert, wer an die Stelle des Weggefallenen tritt, §§ 2192, 2161 BGB. Die Haftung des Beschwerten für die Erfüllung der Auflage regelt sich wie beim Vermächtnis (Rn. 35 ff.).

184

b) Der Anspruch auf Vollziehung. Der Auflagenbegünstigte, soweit die jeweilige Auflage überhaupt einen solchen vorsieht, ist **nicht selbst berechtigt, Leistung zu fordern**. Das Gesetz (§ 2194 BGB) hat das Recht, die Vollziehung der Auflage zu verlangen, vielmehr den Erben und Miterben sowie denjenigen in die Hände gelegt, dem oder denen der Wegfall des mit der Auflage Beschwerten zustattenkommen würde (sog. Vollziehungsberechtigte). Über den genannten Personenkreis hinaus können auch der Testa-

185

---

[397] Bsp. in BeckFormB BHW/*Najdecki*, VI. 1, Klausel unter II und MVHdB VI Bürgerl.R II/*Otto* XII. 4. § 4.
[398] Vgl. MAH ErbR/*Stahl* § 14 Rn. 1.
[399] Kommt der Bestimmungsberechtigte seiner Pflicht, die Leistung oder die Bedachten zu bestimmen, nicht nach, geht das Recht unter den in § 2193 Abs. 2 BGB genannten Voraussetzungen auf den Vollziehungsberechtigten über, vgl. Palandt/*Weidlich* BGB § 2193 Rn. 2.

mentsvollstrecker[400] und die zuständige Behörde, wenn die Vollziehung der Auflage im öffentlichen Interesse liegt, § 2194 BGB, Vollziehung verlangen. Der Anspruch ist auf **Leistung an den Begünstigten** gerichtet.

186　Hat der Erblasser letztwillig eine Zuwendung, etwa vermächtnisweise, unter Auflage gemacht, so führt die **Unwirksamkeit der Auflage** nur dann zur Unwirksamkeit der Zuwendung, wenn dies dem Willen des Erblassers entspricht, § 2195 BGB.[401] Die Unwirksamkeit kann auf tatsächlicher oder rechtlicher **Unmöglichkeit** beruhen. Hat beispielsweise der Erblasser angeordnet, dass jemand ein Vermächtnis erhält, um damit einer bestimmten Person Gutes zu tun, lebt diese Person beim Erbfall aber nicht mehr, so ist die Vollziehung der Auflage unmöglich.[402] Es ist anzunehmen, dass es in dem Beispielsfall dem Erblasser so sehr auf den Vollzug der Auflage ankommt, dass nun auch die Zuwendung nicht erfolgen soll. Bevor allerdings von der Unmöglichkeit des Vollzuges der Auflage gesprochen werden kann, ist zunächst zu prüfen, ob dem **Willen** des Erblassers nicht durch eine andere Form der Vollziehung gedient werden kann.[403] Steht die Unmöglichkeit auch nach dieser Prüfung fest, ist für die weiteren Folgen entscheidend, ob der mit dem Vollzug Beschwerte die Unmöglichkeit zu vertreten hat oder nicht. Im letzteren Fall wird er von der Leistung frei. Hat er hingegen die Unmöglichkeit zu vertreten, schuldet er gemäß § 2196 BGB in Verbindung mit den Vorschriften des Bereicherungsrechts (§§ 812 ff. BGB) demjenigen, dem der Wegfall des Beschwerten unmittelbar zustatten kommt (und nicht dem Auflagenbegünstigten), die Herausgabe der Zuwendung. Diese auf den ersten Blick verwunderliche Regelung ist sinnvoll, da es bei einer Auflage nicht zwingend einen Begünstigten geben muss. Aber auch dann, wenn kein Auflagenbegünstigter vorhanden ist, soll nicht der Beschwerte die Erfüllung der Auflage verweigern dürfen, ohne Konsequenzen befürchten zu müssen. Ist aber ein Auflagenbegünstigter vorhanden, wird in der Regel der Herausgabeberechtigte verpflichtet sein, das Erlangte an den Begünstigten weiterzugeben.[404]

187　**c) Empfehlungen bei der Anordnung von Auflagen.** Soweit mit der Auflage eine bestimmte Person begünstigt werden soll, empfiehlt es sich, einen **Ersatzbegünstigten** für den Fall zu benennen, dass der zunächst Begünstigte vor dem Erbfall wegfällt.[405] Wird die Auflage in einem gemeinschaftlichen Ehegattentestament oder einem Erbvertrag geregelt, ist weiter zu überlegen, ob sie mit **Bindungswirkung** für den Überlebenden ausgestattet werden soll oder nicht.[406] Häufig empfiehlt es sich darüber hinaus, einen **Testamentsvollstrecker** zu ernennen, dem der Vollzug und gegebenenfalls das Bestimmungsrecht übertragen wird.[407] Die Auflage sollte stets so formuliert werden, dass eindeutig ist, dass der Erblasser nicht lediglich eine Bitte ausspricht, sondern eine Auflage anordnet. Wendet der Erblasser eine Leistung unter einer Auflage zu, sollte er auch regeln, ob die Leistung auch dann zugewendet sein soll, wenn der Vollzug der Auflage **nicht mehr möglich** ist.[408] Will der Erblasser die Auflage anordnen, weil er ein bestimmtes Tun oder Unterlassen des Beschwerten fördern will, ist abzuwägen, ob dieses Ziel nicht besser durch eine **bedingte** Erbeinsetzung oder vermächtnisweise Zuwendung erreicht werden kann: Der Erbe, der (lediglich) mit einer Auflage beschwert wird, wird Erbe, ob er nun die Auflage

---

[400] Vgl. *Lange/Kuchinke*, 660.
[401] Siehe bereits § 2085 BGB.
[402] Zur Nichtvererblichkeit der durch die Auflage verschafften Begünstigung *Vorwerk* ZEV 1998, 297.
[403] *Ebenroth* Rn. 509; *Brox* Rn. 465.
[404] Vgl. MAH Erbrecht/*Stahl* § 14 Rn 36.
[405] Vgl. auch *Lange/Kuchinke*, 658 zur Frage, ob auch im Recht der Auflage eine Ersatzberufung kraft Gesetz (§ 2069 BGB) eintreten kann.
[406] Vgl. §§ 2270 Abs. 3, 2278 Abs. 2 BGB.
[407] Benennt der Erblasser einen Dritten zum Vollziehungsberechtigten, liegt darin wohl die Einsetzung eines Testamentsvollstreckers mit beschränktem Aufgabengebiet, §§ 2208 Abs. 2, 2223 BGB, vgl. *Lange/Kuchinke*, 660; *Brox* Rn. 462.
[408] Bsp. in MVHdB VI Bürgerl.R II/*Otto* XII. 4., unter § 4 Abs. 1 S. 2.

V. Auflagen § 18

erfüllt oder nicht.[409] Ist er jedoch unter der aufschiebenden oder auflösenden Bedingung zum Erben eingesetzt, etwas Bestimmtes zu tun oder zu unterlassen, wird oder bleibt er eben Erbe nur bei Eintritt der Bedingung. Der so vermittelte Druck ist ungleich höher.[410] Schließlich muss sich der Erblasser bewusst sein, dass ein **pflichtteilsberechtigter** Erbe, den er mit einer Auflage belastet, die Erbschaft ausschlagen und gleichwohl den Pflichtteil verlangen kann, § 2306 Abs. 1 BGB.

2. Auflagen zur Unternehmensfortführung

Die Auflage kann ein geeignetes Instrument sein, den Erben oder Vermächtnisnehmern, die ein Unternehmen fortführen, verbindliche Weisungen für die Unternehmensfortführung zu erteilen. Der Erblasser kann beispielsweise den Erben oder Vermächtnisnehmern auferlegen, einen Beirat zu installieren, der mit Personen seiner Wahl zu besetzen ist und dem Rechte zu übertragen sind, die der Erblasser vorgegeben hat. Im Wege der Auflage ist es möglich, den Erben oder Vermächtnisnehmern vorzugeben, bestimmte Geschäfte zu tun oder zu unterlassen, etwa bestimmte Grundstücke nicht zu verkaufen, keine Geschäfte mit Finanzderivaten zu unternehmen oder bestimmte Personen für das Unternehmen zu verpflichten. Der Erblasser kann den Nachfolgern auch auferlegen, die Gesellschaft in eine andere Gesellschaft umzuwandeln oder eine bestimmte Gesellschaft (insbesondere bei der Vererbung von einzelkaufmännischen Handelsgeschäften) zu gründen.[411] In diesem Zusammenhang kann der Erblasser im Einzelnen den Gesellschaftsvertrag dieser Gesellschaften vorgeben. Er kann festlegen, welche Rücklagen in der Gesellschaft zu bilden sind. Hält der Erblasser eine Beteiligung an einer Gesellschaft, kann er bestimmen, dass seine Nachfolger diese Beteiligung nicht oder zumindest eine bestimmte Zeit nicht kündigen dürfen, jedenfalls nicht ohne wichtigen Grund.

188

---

[409] Zur Möglichkeit der „bindenden" Ausgestaltung einer Auflage, indem der Erblasser eine letztwillige Zuwendung unter die auflösende Bedingung gemäß § 2075 BGB der Nichterfüllung der Auflage stellt BGH NJW-RR 2009, 1455 ff.
[410] *Kipp/Coing,* 361.
[411] Zur Rechtsnatur von letztwilligen Gründungsklauseln vgl. *Strothmann* Gesellschaftsgründungsklausel 37.

§ 19 Die Nachlass-Abwicklung

Übersicht

	Rn.
I. Ausschlagung und Annahme der Erbschaft	1
1. Ausschlagung und Annahme	1
a) Die Vornahme der Ausschlagung und Annahme	1
b) Rechtsfolgen der Ausschlagung	7
2. Nichtigkeit und Anfechtbarkeit von Ausschlagung und Annahme	10
a) Nichtigkeit	10
b) Die Anfechtung	11
II. Die Haftung des Erben	14
1. Das Haftungssystem	15
a) Haftung und Haftungsbeschränkung	15
aa) Nachlassverwaltung und Nachlassinsolvenzverfahren	15
bb) Die Dürftigkeits-, die Überschwerungs- und sonstige Einreden	17
cc) Das Inventar	18
dd) Das Aufgebotsverfahren	19
ee) Die Verschweigung	20
b) Die Nachlassverbindlichkeiten	21
c) Besonderheiten der Haftung mehrerer Erben	22
d) Die Haftung von Vor- und Nacherben	27
2. Besondere Haftungslagen im Zusammenhang mit der Unternehmensnachfolge	28
a) Die Haftung des Erben eines einzelkaufmännischen Unternehmens	28
b) Der Erbe eines Gesellschafters einer Personenhandelsgesellschaft	29
aa) Der Erbe eines Gesellschafters einer OHG	29
bb) Der Erbe eines Gesellschafters einer KG	31
cc) Der Erbe eines Gesellschafters einer Gesellschaft bürgerlichen Rechts	33
c) Der Erbe eines Gesellschafters einer Kapitalgesellschaft	34
III. Die staatlichen Aufgaben im Erbrecht und der Erbschein	35
1. Das Nachlassgericht und seine Aufgaben	35
a) Verwahrung und Eröffnung letztwilliger Verfügungen	36
b) Fürsorge und Sicherungsmaßnahmen	37
2. Der Erbschein und das Erbscheinsverfahren	38
a) Der Erbschein	38
b) Das Erbscheinsverfahren	40
IV. Die Miterbengemeinschaft	44
1. Das Gesamthandsprinzip	44
a) Die Verfügung über den Miterbenanteil	47
b) Die Verwaltung des Nachlasses	49
aa) Das Innenverhältnis	50
bb) Das Außenverhältnis	52
cc) Besonderheiten bei Unternehmen und Unternehmensbeteiligungen	55
dd) Gestaltungsempfehlungen	56
2. Die Auseinandersetzung	58
a) Die Auseinandersetzung und die Teilung	58
aa) Teilungsanordnungen und Vorausvermächtnisse	70
bb) Übernahmerecht	71
cc) Gestaltungsempfehlungen	72
b) Ausgleichspflichten (§§ 2050 ff. BGB)	75
aa) Voraussetzungen	76
bb) Nachträgliche Anordnung	77
cc) Gestaltungsempfehlungen	78
dd) Durchführung und Ausgleichung	82
V. Der Erbschaftsanspruch	85
VI. Der Erbschafts- und der Erbteilskauf	90

I. Ausschlagung und Annahme der Erbschaft

1. Ausschlagung und Annahme

a) Die Vornahme der Ausschlagung und Annahme. Nach dem System des deutschen Erbrechts fällt die Erbschaft dem Erben im Augenblick des Todes des Erblassers von selbst an. Da die Erbschaft somit letztlich dem Erben aufgezwungen wird, bildet die Möglichkeit der Ausschlagung der Erbschaft das notwendige Korrektiv (vgl. § 1942 BGB). Durch die Ausschlagung kann sich der Erbe von der Erbschaft befreien, wenn sie ihm unwillkommen ist, sei es aus persönlichen Gründen, zum Beispiel weil er vom Erblasser nichts erwerben möchte, oder aus wirtschaftlichen Erwägungen, etwa weil der Nachlass oder der Erbe überschuldet ist. Im letzteren Fall wird er die Ausschlagung insbesondere in Betracht ziehen, weil es ihm lieber ist, dass die Erbschaft denen anfällt, die nach seiner Ausschlagung berufen sind (zum Beispiel seine Kinder), als – wirtschaftlich – seinen Gläubigern.[1] Solange der Erbe die Erbschaft ausschlagen kann, ist er **vorläufiger** Erbe, erst nach dem Verstreichen der Ausschlagungsfrist wird er **endgültiger** Erbe, § 1943 BGB. 1

Die Ausschlagung erfolgt gemäß § 1945 BGB durch Erklärung gegenüber dem **Nachlassgericht**.[2] Die Erklärung ist zur Niederschrift des Nachlassgerichts oder in öffentlich beglaubigter Form abzugeben. Die Ausschlagung ist fristgebunden, sie kann gemäß § 1944 Abs. 1 BGB nur binnen einer **Frist** von 6 Wochen erfolgen. Hatte der Erblasser seinen letzten Wohnsitz im Ausland oder befand sich der Erbe bei Beginn der Ausschlagungsfrist im Ausland, beträgt die Frist 6 Monate (§ 1944 Abs. 3 BGB). Die Frist beginnt gemäß § 1944 Abs. 2 BGB mit dem Zeitpunkt, in welchem der Erbe erfahren hat, dass der Erblasser gestorben und er selbst Erbe geworden ist. Weiterhin ist es erforderlich, dass er weiß, aus welchem erbrechtlichen Grund er zum Erben berufen ist (als gesetzlicher oder als testamentarischer Erbe).[3] Beruht die Erbfolge auf einem Testament, beginnt die Frist nicht, bevor das Testament gemäß §§ 348 ff. FamFG eröffnet und der Erbe vom Inhalt in Kenntnis gesetzt wurde.[4] 2

Die Ausschlagung kann nicht unter einer **Bedingung** erklärt werden, § 1947 BGB; sie ist **unwiderruflich**.[5] Die Ausschlagung kann frühestens bei Eintritt des Erbfalls erklärt werden, § 1946 BGB.[6] In der Regel kann die Erbschaft nicht **teilweise** ausgeschlagen werden, sondern nur gänzlich, § 1950 BGB.[7] Einen Sonderfall, der in seiner Bedeutung oft überschätzt wird, stellt § 1948 BGB dar. Nach dieser Vorschrift kann ein Erbe, der zum Kreis der gesetzlichen Erben gehört, die Erbschaft als durch letztwillige Verfügung eingesetzter Erbe ausschlagen und als gesetzlicher Erbe annehmen. Besondere Vorteile sind mit diesem Schritt in der Regel nicht verbunden, da sämtliche Belastungen, die letztwillig angeordnet sind, bestehen bleiben.[8] Zudem ändert diese Ausschlagung nichts an der Erbquote: War der Erbe auf eine Quote eingesetzt, die unter der Quote als gesetzlicher Erbe liegt, wird er nach der Ausschlagung auch nur zu dieser geringeren Quote gesetzlicher Erbe.[9] Überdies sind mit der Ausschlagung nach § 1948 BGB beträchtliche Gefahren verbunden, da die Ausschlagung die gesetzliche Erbfolge 3

---

[1] Dies folgt aus § 83 Abs. 1 InsO, vgl. Kayser/Thole/*Kayser* InsO § 83 Rn. 7; RGZ 84, 342 (347) zur KO.
[2] Muster einer Ausschlagungserklärung in MAH ErbR/*Malitz* § 22 Rn. 31.
[3] MAH ErbR/*Malitz* § 22 Rn. 27.
[4] Die Kenntniserlangung erfolgt entweder mit der Verkündung im Eröffnungstermin, § 348 Abs. 2 FamFG, oder, falls eine solche nicht erfolgt, mit Zugang der Benachrichtigung des Inhalts, § 348 Abs. 3 FamFG, vgl. *Lange/Kuchinke,* 199.
[5] *Lange/Kuchinke,* 202.
[6] Der Nacherbe kann die Ausschlagung bereits vor dem Eintritt des Nacherbfalles erklären, § 2142 BGB, vgl. als Beispiel BeckFormB BHW/*Najdecki,* VI. 29. Gleiches gilt auch für den Ersatzerben, vgl. Palandt/*Weidlich* BGB § 2142 Rn. 1. Die Ausschlagung einer Erbschaft aus einem Berliner Testament durch einen Schlusserben ist hingegen erst nach dem Tod des Letztversterbenden möglich, BGH ZEV 1998, 22.
[7] Zu den Ausnahmen vgl. §§ 1948, 1951 BGB sowie *Ivo* ZEV 2002, 145.
[8] Palandt/*Weidlich* BGB § 1948 Rn. 1.
[9] Zu Ausschlagung und Nachlassbeteiligung → § 20 Rn. 40.

nur dann eröffnet, wenn die gesetzliche Erbfolge nicht durch die testamentarischen Bestimmungen im Testament gänzlich ausgeschlossen ist, zB weil der Erbteil des Ausschlagenden gemäß § 2094 BGB den übrigen Erben anwächst oder der ausgeschlagene Erbteil Nach- oder Ersatzerben zufällt.[10]

4   Verstirbt der Erbe vor Ablauf der Ausschlagungsfrist, so kann sein Erbe seinerseits die Ausschlagung vornehmen, das Ausschlagungsrecht ist **vererblich,** § 1952 BGB. Wollen Eltern für ihre minderjährigen Kinder (oder der Vormund) eine Erbschaft ausschlagen, so bedürfen sie der familiengerichtlichen Genehmigung (§§ 1643 Abs. 2, 1822 Nr. 2 BGB).[11] Die familiengerichtliche Genehmigung ist allerdings nicht erforderlich, wenn die Erbschaft eines Kindes ausgeschlagen werden soll, die diesem nur angefallen ist, weil die Eltern die Erbschaft zuvor selbst ausgeschlagen haben, § 1643 Abs. 2 S. 2 BGB.

5   In der Unternehmensnachfolgepraxis wird die Ausschlagung gelegentlich in Erwägung gezogen, um verunglückte Erbfolgen zu korrigieren, insbesondere wenn die konkrete Nachlasssituation zu einer **hohen Steuerbelastung** führt,[12] die gesenkt werden kann, wenn der Ausschlagende aus der Erbfolge ausscheidet. So kann die Ausschlagung angezeigt sein, wenn versehentlich Sonderbetriebsvermögen an einen Erben fällt, der das Unternehmen oder den Unternehmensteil, auf das sich das Sonderbetriebsvermögen bezog, nicht erhält, etwa aufgrund Sondererbfolge oder weil es einem anderen vermächtnisweise zugewandt wurde. In diesen Fällen liegt eine einkommensteuerpflichtige Entnahme vor, die eine Veräußerungsgewinnbesteuerung auslösen kann (vgl. → § 27). Eventuell kann in solchen Fällen durch Ausschlagung erreicht werden, dass das Sonderbetriebsvermögen letztlich an den gelangt, der das Unternehmen oder die Beteiligung von Todes wegen erworben hat, so dass die Entnahmebesteuerung vermieden werden kann. In ähnlicher Weise kann die Ausschlagung helfen, wenn beispielsweise das **Testament nicht mit dem Gesellschaftsvertrag übereinstimmt** und so die Nachfolgeklausel leer läuft, weil derjenige, der als Nachfolger zugelassen ist, nicht Erbe wurde.

6   Mit Ablauf der Ausschlagungsfrist gilt die Erbschaft als angenommen, § 1943 BGB. **Rechtsfolge** der Annahme ist insbesondere, dass eine Ausschlagung nicht mehr möglich ist. Die Erbschaft kann außer durch das Verstreichenlassen der Ausschlagungsfrist auch durch ausdrückliche Erklärung des Erben oder durch schlüssiges Annahmeverhalten angenommen werden. Die Annahmeerklärung ist, wenn der Erbe sie abgibt, nicht amtsempfangsbedürftig. Mit der Annahme gibt der Erbe letztlich den Willen kund, nun endgültig Erbe werden zu wollen. Eine **schlüssige** Annahmeerklärung (pro herede gestio) kann daher etwa in der Beantragung eines Erbscheines oder im Verkauf von Nachlassgegenständen liegen.[13]

7   **b) Rechtsfolgen der Ausschlagung.** Mit der Ausschlagung gilt die Erbschaft als nicht an den vorläufigen Erben angefallen, § 1953 Abs. 1 BGB. Die Erbschaft fällt vielmehr gemäß § 1953 Abs. 2 BGB demjenigen an, der Erbe geworden wäre, wenn der Ausschlagende zur Zeit des Erbfalles nicht gelebt hätte.[14] Dieser kann seinerseits die Erbschaft ausschlagen. Lediglich der Fiskus, dem die Erbschaft als gesetzlichem Erben anfällt, soweit kein anderer Erbe vorhanden ist oder kein anderer Erbe die Erbschaft angenommen hat, kann nicht ausschlagen, § 1942 Abs. 2 BGB.

8   Der vorläufige Erbe ist nicht verpflichtet, für den Nachlass tätig zu werden. Handelt er aber, regelt § 1959 BGB, wie sich das Rechtsverhältnis zwischen dem vorläufigen Erben

---

[10] Palandt/*Weidlich* BGB § 1948 Rn. 2.
[11] Vgl. bei Betreuung und Pflegschaft §§ 1897, 1908i (iVm § 1822 Nr. 2), 1915 (iVm § 1822 Nr. 2) BGB.
[12] Vgl. auch *Tischer* BB 1999, 557.
[13] Vgl. OLG Oldenburg NJW-RR 1995, 141 (Abgabe von Verkaufsangeboten als konkludente Annahme).
[14] War der Ausschlagende testamentarischer Erbe, kommt zunächst ein eventuell als Ersatzerbe ernannter Erbe zum Zuge, vgl. auch § 2069 BGB. Bei Miterben ist die Anwachsungsvorschrift des § 2094 BGB zu beachten, Palandt/*Weidlich* BGB § 1953 Rn. 5. Schlägt der Nacherbe aus, wird der Vorerbe Vollerbe, das Nacherbrecht erlischt.

I. Ausschlagung und Annahme der Erbschaft § 19

und dem endgültigen Erben bestimmt, falls der vorläufige Erbe die Erbschaft ausschlägt, nachdem er den Nachlass betreffende Maßnahmen getroffen hat.[15] § 1959 Abs. 1 BGB verweist auf die Vorschriften der **Geschäftsführung ohne Auftrag** (§§ 677 ff. BGB). Der vorläufige Erbe kann daher vom endgültigen Erben Ersatz seiner Aufwendungen (§ 683 BGB) fordern, sofern die Geschäftsführung des vorläufigen Erben dem wirklichen oder mutmaßlichen Willen eines verständigen Erben in der konkreten Nachlasssituation entsprochen hätte.[16] Diese Regelung betrifft aber nur das Innenverhältnis zwischen dem vorläufigen und dem endgültigen Erben: Nach außen bleibt der vorläufige Erbe aus schuldrechtlichen Geschäften, die er bis zur Ausschlagung vorgenommen hat, mit seinem Eigenvermögen verpflichtet.[17] Wichtig ist daher für den vorläufigen Erben, dass er bei berechtigter Geschäftsführung ohne Auftrag gemäß §§ 683, 257 BGB vom endgültigen Erben auch Befreiung von für den Nachlass eingegangene Verbindlichkeiten verlangen kann.[18] Umgekehrt ist der vorläufige Erbe dem endgültigen Erben zur Rechenschaftslegung (§ 666 BGB) und zur Herausgabe des aus der Geschäftsführung Erlangten (§ 667 BGB) verpflichtet.

Verfügungen, die der vorläufige Erbe vorgenommen hat, werden mit der Ausschlagung unwirksam, soweit sie der endgültige Erbe nicht genehmigt. Sie bleiben aber gemäß § 1959 Abs. 2 BGB wirksam, wenn es sich um **unaufschiebbare** Verfügungen handelte; entsprechendes gilt, wenn der Geschäftspartner **gutgläubig** erworben hat.[19] Die Gutgläubigkeit des Geschäftspartners muss sich auch auf die **Vorläufigkeit** der Erbenstellung beziehen; wusste der Geschäftspartner, dass der Erbe die Erbschaft noch nicht angenommen hat, ist ein gutgläubiger Erwerb nicht möglich.[20] Gemäß § 1959 Abs. 3 BGB bleiben schließlich **einseitige** Rechtsgeschäfte, die Dritte gegenüber dem vorläufigen Erben vorgenommen haben, wirksam, zB eine dem vorläufigen Erben erklärte Kündigung.

2. Nichtigkeit und Anfechtbarkeit von Ausschlagung und Annahme

a) Nichtigkeit. Gemäß § 1949 BGB ist die Annahme oder Ausschlagung[21] der Erbschaft unwirksam, soweit der vorläufige Erbe bei Abgabe der Annahme- oder der Ausschlagungserklärung einem **Irrtum über den Berufungsgrund,** also darüber, ob er aufgrund gesetzlicher Erbfolge oder aufgrund letztwilliger Verfügung erbt, unterlag. Glaubte er beispielsweise, dass er gesetzlicher Erbe sei, und erfährt er später, dass er testamentarischer Erbe ist, so gilt die seinerzeitige Ausschlagung oder Annahme der Erbschaft als nicht erfolgt.[22]

b) Die Anfechtung. Annahme und Ausschlagung der Erbschaft sind Willenserklärungen, die nach den allgemeinen Regeln der §§ 119 ff. BGB angefochten werden können,[23] also wegen Irrtums, Drohung oder arglistiger Täuschung. Besonders praxisrelevant ist die Irrtumsanfechtung und hier vornehmlich der Irrtum über verkehrswesentliche Eigenschaften des Nachlasses, § 119 Abs. 2 BGB. Dieser Anfechtungsgrund ist deswegen so bedeutsam, weil die **Überschuldung des Nachlasses** eine verkehrswesentliche Eigenschaft dar-

---

[15] Zur Situation bei gerichtlichen Verfahren und Zwangsvollstreckungen gegen den vorläufigen Erben, vgl. *Brox* Rn. 315.
[16] Soergel/*Stein* BGB § 1959 Rn. 5.
[17] *Brox* Rn. 316.
[18] Vgl. *Ebenroth* Rn. 349.
[19] Vgl. Palandt/*Weidlich* BGB § 1959 Rn. 3; *Ebenroth* Rn. 350.
[20] MüKoBGB/*Leipold* 1959 Rn. 5.
[21] Palandt/*Weidlich* BGB § 1949 Rn. 4.
[22] Erforderlich ist, dass ihm der Berufungsgrund nicht gleichgültig war; vgl. OLG Hamm FGPrax 2011, 184 ff.
[23] Die §§ 2078, 2079 BGB gelten für die Anfechtung der Annahme oder Ausschlagung nicht, vgl. *Ebenroth* Rn. 342.

stellt.[24] Ist der Nachlass mithin überschuldet oder sonst mit wesentlichen Verbindlichkeiten belastet, so kann dies die Anfechtung der Annahme begründen.[25] Der Irrtum über die **Erklärungshandlung** oder die **Bedeutung** der Erklärung (§ 119 Abs. 1 BGB) kann ebenfalls zur Anfechtung berechtigen, deshalb kann auch die Annahme durch konkludentes Verhalten (pro herede gestio) angefochten werden. Beruht die Annahme nicht auf einer Erklärung, sondern auf dem Verstreichenlassen der Ausschlagungsfrist, sei es weil die Frist dem Erben unbekannt war oder er sich bei der Fristberechnung irrte, kann gemäß § 1956 BGB die Versäumung der Frist in gleicher Weise wie eine ausdrückliche Erklärung angefochten werden. Sehr problematisch ist die Behandlung der **Rechtsfolgenirrtümer**, beispielsweise der Irrtum über die Person, der die Erbschaft aufgrund der Ausschlagung zufällt.[26] Ebenso ist an den Fall zu denken, dass ein Erbe im irrigen Glauben ausschlägt, er erhalte nach der Ausschlagung den **Pflichtteil**.[27] Grundsätzlich gelten Rechtsfolgenirrtümer als nicht zur Anfechtung berechtigende **Motivirrtümer**.[28] Allerdings lässt die Rechtsprechung gleichwohl die Anfechtung zu, wenn sich der Irrende nicht nur über die zusätzlichen, ihm unbekannten, gesetzlichen Folgen seines Handelns irrte, sondern das Rechtsgeschäft eine völlige andere Rechtswirkung als die erstrebte auslöste.[29] Vor diesem Maßstab wird man in den beiden oben genannten Fällen die Anfechtung zulassen.[30] Ebenso liegt in der Regel ein beachtlicher Rechtsirrtum vor, wenn der (pflichtteilsberechtigte) Erbe bei Annahme der Erbschaft davon ausgeht, er könne auch ohne Ausschlagung den Pflichtteil geltend machen.[31]

12   Eine besondere Regelung im Zusammenhang mit dem **Pflichtteilsrecht** trifft § 2308 BGB. Schlägt ein Pflichtteilsberechtigter nach § 2306 Abs. 1 oder Abs. 2 BGB die belastete Erbschaft aus, so kann er diese Ausschlagung anfechten, wenn sich später herausstellt, dass die Beschränkung oder Beschwerung nicht bestand.

13   Die Anfechtungserklärung hat – ebenso wie die Ausschlagungserklärung – zur Niederschrift des Nachlassgerichts zu erfolgen oder sie muss in öffentlich beglaubigter Form dem Nachlassgericht abgegeben werden (§ 1955 iVm. § 1945 BGB). Sehr wichtig ist, dass die Anfechtung nicht unbegrenzt, sondern in einer sehr engen **Anfechtungsfrist** zulässig ist. Auch diese beträgt unter Anlehnung an die Ausschlagungsfrist 6 Wochen bzw. 6 Monate, § 1954 BGB. Die Frist beginnt mit **Kenntnis** des Anfechtungsgrundes, § 1954 Abs. 2 S. 1 BGB. Eine weitere Besonderheit besteht in der **Wirkung der Anfechtung:** Die Anfechtung führt nicht lediglich zur Beseitigung der Annahme- oder der Ausschlagungserklärung, vielmehr bewirkt die erfolgreiche Anfechtung der Ausschlagungserklärung sogleich

---

[24] Ebenso die bei Annahme der Erbschaft unbekannte testamentarische Berufung eines weiteren Miterben, BGH NJW 1997, 392, oder die Beschränkung durch einen Nacherben, OLG Hamm ZEV 2004, 286.
[25] Vgl. in MAH ErbR/*Malitz* § 22 Rn. 47; BayObLG MittBayNot 1999, 571 zur Anfechtung wegen Steuerverbindlichkeiten; BayObLG NJW-RR 1995, 904 zur Ablehnung der Anfechtbarkeit der Erbschaftsannahme bei Irrtum über den Wert bekannter Nachlassgegenstände, s. auch BayObLG FamRZ 1999, 1172.
[26] Nach OLG Düsseldorf FamRZ 1997, 905, liegt kein zur Anfechtung berechtigender Irrtum vor, wenn dem Ausschlagenden zwar bewusst ist, dass aufgrund der Ausschlagung gesetzliche Erbfolge eintritt, er sich aber über die vom Gesetz nächstberufene Person irrt; anderes kann nach OLG Düsseldorf FamRZ 1998, 387, gelten, wenn sich der Ausschlagende über den Wegfall von im Testament angeordneten Auflagen oder der Anordnung der Vorerbschaft irrte; vgl. auch OLG Hamm FamRZ 1998, 771.
[27] Eine besondere Rolle spielt in diesem Zusammenhang § 2305 BGB. Es herrscht oft der Irrglaube, ein Erbe, dem ein geringerer als der gesetzliche Erbteil zugewandt wird, könne sich durch Ausschlagung dieses Erbteiles den Pflichtteilsanspruch verschaffen. Die Ausschlagung des zugewandten Erbteils führt aber lediglich dazu, dass der Erbe seinen Erbteil verliert und ihm lediglich der (ihm ohnehin zustehende) Pflichtteilsrestanspruch gemäß § 2305 BGB verbleibt, vgl. Palandt/*Weidlich* BGB § 2305 Rn. 5 mwN; zu Ausschlagung und Nachlassbeteiligung vgl. auch § 20 Rn. 40. Zur Anfechtung der Erbschaftsannahme wegen Irrtums über Verlust des Pflichtteilsanspruchs BGH ZEV 2006, 498 ff.
[28] Vgl. dazu den Fall des Nacherben, der annimmt, durch seine Ausschlagung entfalle die Vor- und Nacherbschaft: BayObLG FamRZ 2000, 1328.
[29] Vgl. im Einzelnen Palandt/*Ellenberger* BGB § 119 Rn. 15; OLG Düsseldorf ZEV 1998, 429; *Malitz/Benninghoven* ZEV 1998, 415.
[30] So OLG Hamm OLGZ 82, 41; Palandt/*Weidlich* BGB § 1954 Rn. 4 mwN.
[31] Vgl. OLG Düsseldorf ZEV 2001, 109.

die Annahme, wie umgekehrt die erfolgreiche Anfechtung der Annahmeerklärung sogleich als Ausschlagung gilt, § 1957 BGB.

II. Die Haftung des Erben

Im Rahmen der Thematik und des Umfanges des Werkes können an dieser Stelle nur die für das Verständnis der Erbenhaftung erforderlichen Grundlagen skizziert werden. Ein vertieftes Eindringen in die sehr komplizierte Materie der Erbenhaftung ist allerdings schon deshalb nicht geboten, weil in der Praxis Erbschaften mit überschuldeten Nachlässen meist ausgeschlagen werden. Zur Problematik der Erbenhaftung kommt es in der Regel daher nur, wenn innerhalb der knappen Ausschlagungsfrist keine Klarheit über die Situation des Nachlasses zu bekommen war. 14

1. Das Haftungssystem

a) Haftung und Haftungsbeschränkung. aa) Nachlassverwaltung und Nachlassinsolvenzverfahren. Nach dem System der Universalsukzession gehen mit dem Erbfall Aktiva und Passiva auf den oder die Erben über. Folgerichtig führt § 1967 BGB aus, dass der Erbe für die Nachlassverbindlichkeiten haftet.[32] Diese Haftung ist grundsätzlich unbeschränkt,[33] sie kann aber vom Erben so beschränkt werden, dass er nur mit dem ihm zugefallenen Nachlass haftet. Voraussetzung für diese Beschränkung ist, dass der Nachlass vom Eigenvermögen des Erben **getrennt und amtlich** verwaltet wird. Dies kann durch Nachlassverwaltung oder durch das **Nachlassinsolvenzverfahren**[34] (§§ 1975 ff. BGB; 315 ff. InsO) geschehen. In beiden Fällen wird der Verwalter das Nachlassvermögen vom Eigenvermögen des Erben absondern und versuchen, die Gläubiger des Erblassers soweit möglich aus dem Nachlass zu befriedigen.[35] Zu den Verfahren kommt es allerdings nur, wenn zumindest eine die **Verfahrenskosten deckende Nachlassmasse** vorhanden ist, §§ 1982 BGB, 26 InsO. Nachlassverwaltung und -insolvenzverfahren können vom Erben selbst, aber auch von den Nachlassgläubigern beantragt werden. **Gründe** für die Eröffnung des Nachlassinsolvenzverfahrens sind zum einen die Überschuldung des Nachlasses und zum anderen die Zahlungsunfähigkeit, §§ 1980 BGB, 320 InsO. Hat der Erbe von der Überschuldung oder der Zahlungsunfähigkeit Kenntnis, ist er verpflichtet, unverzüglich die Eröffnung des Insolvenzverfahrens zu beantragen. Kommt er dieser Pflicht nicht nach, kann er sich gemäß § 1980 BGB **schadensersatzpflichtig** machen, dies gilt auch, wenn die Unkenntnis auf Fahrlässigkeit beruht. Für die Nachlassverwaltung ist zu differenzieren: Der Erbe kann ohne Angabe eines besonderen Grundes die Nachlassverwaltung beantragen. Der Nachlassgläubiger hingegen muss gemäß § 1981 BGB darlegen, dass die Befriedigung seiner Forderung aus dem Nachlass aufgrund des Verhaltens oder der Vermögenslage des Erben gefährdet erscheint, beispielsweise weil Eigengläubiger des Erben Zugriff auf den Nachlass nehmen oder der Erbe Nachlassgegenstände verschleudert. 15

Folge der Nachlassverwaltung oder des -insolvenzverfahrens ist, dass der Nachlass, rückwirkend auf den Erbfall, vom Eigenvermögen des Erben getrennt wird.[36] Sofern der 16

---

[32] Der Nacherbe haftet erst ab dem Nacherbfall. Neben dem Erben haftet übrigens auch der Erbschaftskäufer, vgl. § 2382 BGB; vgl. allg. *Joachim* ZEV 2005, 99.
[33] Der Begriff „Haftung" im Wortlaut des § 1967 BGB ist eigentlich zu eng. „Haftung" im Wortsinne beschreibt nur das Einstehen-Müssen für eine Schuld; das Wort „Schuld" hingegen setzt voraus, dass der Schuldner zu einer Leistung verpflichtet ist (und dafür haftet). Es gilt daher der nicht umkehrbare Satz: Wer schuldet, der haftet. Aufgrund der Universalsukzession haftet der Erbe aber nicht nur für die Schulden des Erblassers, sondern er wird selbst zum Schuldner, vgl. *Brox* Rn. 638; *Ebenroth* Rn. 1087.
[34] Zum Steuerrecht in der Nachlassinsolvenz *Kahlert* DStR 2016, 1325 ff.
[35] Zur Zulässigkeit von Zwangsvollstreckungsmaßnahmen nach Anordnung der Nachlassverwaltung vgl. OLG Frankfurt ZEV 1998, 192; dazu *Stein* ZEV 1998, 178.
[36] Bereits aufgrund des Zusammenfalls der Vermögensmassen erloschene Schuldverhältnisse leben wieder auf, vgl. § 1976 BGB.

Erbe sein Recht zur Haftungsbegrenzung noch nicht verloren hat, insbesondere durch Inventaruntreue oder Versäumung der Frist zur Inventarerstellung, haftet der Erbe aufgrund der Nachlassverwaltung oder des -insolvenzverfahrens nur noch beschränkt mit dem Nachlass für die Nachlassverbindlichkeiten, § 1975 BGB. Durch Nachlassverwaltung oder -insolvenzverfahren verliert der Erbe das Recht, den Nachlass selbst zu verwalten und über Nachlassgegenstände zu verfügen; dieses Recht geht auf einen Verwalter über, §§ 1984 BGB, 80 InsO. Ist der Verwalter seinen Aufgaben nachgekommen, hat er mithin aus dem Nachlass die Nachlassgläubiger bedient, hat er einen eventuell verbleibenden Überschuss an den Erben, dem er auch rechenschaftspflichtig ist, herauszugeben.[37] Der Erbe bleibt für seine Verwaltung, die er bis zur Anordnung der Verwaltung oder der Eröffnung des Insolvenzverfahrens vorgenommen hat, gemäß § 1978 BGB verantwortlich: Für Geschäfte, die der Erbe vor Annahme der Erbschaft führte, haftet er nach den Grundsätzen der Geschäftsführung ohne Auftrag, für die Geschäfte nach Annahme als Beauftragter.[38] Dementsprechend enthält § 1978 Abs. 3 BGB für Aufwendungsersatzansprüche des Erben eine Verweisung.

17 **bb) Die Dürftigkeits-, die Überschwerungs- und sonstige Einreden.** Wichtig ist, dass das Gesetz mit der sog. Dürftigkeitseinrede (§ 1990 BGB) dem Erben eines **geringfügigen Nachlasses** die Möglichkeit bietet, ohne Nachlassverwaltung oder -insolvenzverfahren ebenfalls eine beschränkte Erbenhaftung zu erreichen. Das ist besonders dann für den Erben interessant, wenn die Durchführung solcher Verfahren mangels einer die Kosten deckenden Nachlassmasse abgelehnt oder eingestellt wurde, §§ 1982, 1988 BGB, 26 InsO. Allgemeine Voraussetzung der Dürftigkeitseinrede ist, dass der Erbe noch nicht unbeschränkt haftet, etwa wegen Inventaruntreue. Selbstverständlich muss der Erbe auch bei dieser Haftungsbeschränkungsmaßnahme den Gläubigern den vorhandenen Nachlass bis zur Erschöpfung herausgeben.[39] Die Durchführung und die Reihenfolge der Herausgabe gegenüber mehreren Gläubigern richtet sich nach § 1991 BGB. Beruht die Überschuldung des Nachlasses auf **Vermächtnissen oder Auflagen,** könnten also die sonstigen Verbindlichkeiten bedient werden, wenn die Vermächtnisse oder Auflagen nicht angeordnet wären, kann der Erbe unter erleichterten Voraussetzungen die **Überschwerungseinrede** gemäß § 1992 BGB erheben (vgl. → § 18 Rn. 36). Für diese Einrede ist es nicht Voraussetzung, dass der Nachlass dürftig ist.

Schließlich kann der Erbe die so genannte **Dreimonatseinrede** und die **Aufgebotseinrede** erheben. Bis zum Ablauf von drei Monaten nach Annahme der Erbschaft, jedoch nicht über die Errichtung des Inventars hinaus, kann der Erbe gemäß § 2014 BGB die Berichtigung der Nachlassverbindlichkeiten verweigern. Das gleiche Recht steht dem Erben gemäß § 2015 BGB bis zur Beendigung eines eventuellen Aufgebotsverfahrens zu. Auch die Wirkung dieser Einreden zeigt sich erst im Prozess.[40]

18 **cc) Das Inventar.** Alle diese Haftungsbeschränkungsmöglichkeiten setzen voraus, dass der Erbe keine Inventarpflicht verletzt hat. Das Inventar, geregelt in den §§ 1993 bis 2013 BGB, ist ein Verzeichnis der Aktiv- und Passivwerte des Nachlasses. Der Erbe kann es aus freien Stücken erstellen. Insbesondere aber kann ein Gläubiger gemäß § 1994 BGB

---

[37] Vgl. *Ebenroth* Rn. 1137.
[38] Es ergeben sich insbesondere Auskunfts- und Herausgabepflichten, §§ 666, 667 BGB.
[39] Die Einreden entfalten ihre Wirkung erst im Prozess bzw. in der Zwangsvollstreckung: Klagt ein Gläubiger, kann das Gericht bereits im Prozessverfahren die Einrede berücksichtigen. Der Erbe wird dann (lediglich) verurteilt, die Zwangsvollstreckung in Nachlassgegenstände, die das Gericht im Tenor einzeln aufführt, zu dulden. In der Regel aber wird das Gericht dem verurteilenden Urteilsspruch nur den Satz anhängen, dass dem Erben die Beschränkung seiner Haftung auf den Nachlass vorbehalten bleibt. Es ist dann Sache des Erben, sich gegen einen Gläubiger, der in Eigenvermögen des Erben vollstreckt, mit der Vollstreckungsabwehrklage (in deren Rahmen die erhobene Dürftigkeitseinrede zu begründen ist) zu wehren, §§ 780, 781, 785, 767 ZPO; vgl. *Brox* Rn. 712f.; *Kipp/Coing* § 101.
[40] Vgl. *Brox* Rn. 705, 712; MAH ErbR/*Siegmann/Scheuing* § 23 Rn. 58.

beim Nachlassgericht **beantragen,** dass dem Erben eine Frist zur Inventarerrichtung gesetzt wird: Lässt der Erbe diese **Frist** ungenutzt verstreichen oder erstellt er das Inventar absichtlich unrichtig **(Inventaruntreue)**, kann er seine Haftung nicht mehr beschränken, sondern haftet gemäß § 1994 Abs. 1 S. 2 BGB bzw. gemäß § 2005 Abs. 1 BGB unbeschränkt.[41]

Es kann sich daher für den Gläubiger durchaus empfehlen, beim Nachlassgericht die Festsetzung einer Inventarfrist, die gemäß § 1995 BGB zwischen einem und drei Monaten betragen soll, zu beantragen. Dies kann nur zum Wohl des Gläubigers sein: Errichtet der Erbe das Inventar korrekt, steht der Nachlass fest. Der Gläubiger kann sich auf der Grundlage des Verzeichnisses überlegen, ob er die Anordnung der Nachlassverwaltung oder die Eröffnung des Insolvenzverfahrens beantragt oder die Zwangsvollstreckung betreibt. Errichtet der Erbe das Inventar bewusst unrichtig oder zu spät, haftet er unbeschränkt. Die Kosten der Inventarerrichtung (§§ 24 Nr. 4, 31 Abs. 2 GNotKG) fallen dem Erben zur Last.[42] Sind dem Gläubiger die Erben nicht bekannt, hat der Gläubiger in der Regel ein rechtliches Interesse, in das für den Verstorbenen geführte Personenstandsbuch einzusehen (§ 62 Abs. 2 PStG).[43] Unter denselben Voraussetzungen dürfte auch ein Anspruch auf Erteilung einer Personenstandsurkunde bestehen (§ 62 Abs. 1 S. 2 Hs. 1 PStG).

dd) Das Aufgebotsverfahren. Ist der Erbe über Höhe und Bestand der **Nachlassverbindlichkeiten** unsicher, kann er das sog. Gläubigeraufgebotsverfahren betreiben, §§ 1970 ff. BGB iVm §§ 433 ff., 454 ff. FamFG. Durch das Aufgebot, das öffentlich bekannt zu machen ist (§ 435 FamFG), wird den Gläubigern gemäß §§ 458 FamFG, 1973 BGB angedroht, dass, sofern sie ihre Forderungen nicht innerhalb einer vom Gericht bestimmten Frist melden, sie später von dem Erben nur noch insoweit Befriedigung verlangen können, als nach Befriedigung der nicht ausgeschlossenen Gläubiger der Erbe durch den Nachlass noch bereichert ist. Allerdings muss der Erbe zunächst alle ihm bekannten Gläubiger angeben. Nach Ablauf der Aufgebotsfrist ergeht das **Ausschlussurteil.** Dieses bewirkt nicht das Erlöschen der Forderungen der Gläubiger, die sie im Aufgebotsverfahren nicht angemeldet haben. Jedoch kann der Erbe gegenüber solchen Gläubigern seine Haftung durch Erheben der sog. **Ausschlusseinrede** auf den noch vorhandenen Nachlass beschränken, § 1973 BGB, ohne dass der Erbe eine beschränkte Haftung durch Nachlassverwaltung oder Nachlassinsolvenzverfahren herbeiführen müsste.[44]

ee) Die Verschweigung. Ähnliche Wirkungen wie das Aufgebotsverfahren bewirkt die sog. Verschweigung (§ 1974 BGB): Einen Gläubiger, der seine Forderung erst später als fünf Jahre nach dem Erbfall geltend macht, kann der Erbe wie einen durch das Aufgebotsverfahren ausgeschlossenen Gläubiger ebenfalls ohne Verwaltungs- oder Insolvenzverfahren auf den noch vorhandenen Nachlass verweisen.[45]

---

[41] Gemäß § 2006 Abs. 3 BGB kommt es ebenfalls zu einer unbeschränkten Haftung – allerdings nur gegenüber bestimmten Gläubigern –, wenn der Erbe sich weigert, die Richtigkeit seines Inventars an Eides statt zu versichern; vgl. BayObLG NJW-RR 1993, 780 (zu den Folgen der Nichteinhaltung der Frist aufgrund fehlerhafter Behandlung der Sache durch Behörden); OLG Düsseldorf WM 1997, 2132 (Ablauf der Inventarfrist nach Verlängerungsantrag).
[42] Korintenberg/*Wilsch* GNotKG § 24 Rn. 1.
[43] Vgl. auch den Beschluss des OLG Brandenburg NJW-RR 1999, 660, der zwar zu § 61 Abs. 1 S. 3 PStG a.F. ergangen ist, jedoch auf § 62 Abs. 1 S. 2 Hs. 1, Abs. 2 PStG n.F. m. E. übertragen werden kann.
[44] Das Aufgebotsverfahren wirkt nicht gegenüber allen Gläubigern, vgl. §§ 1971, 1972 BGB, insbesondere nicht gegenüber Pflichtteilsberechtigten, Vermächtnisnehmern und Pfandgläubigern. Umgekehrt ist aber § 1973 Abs. 1 BGB zu beachten: Grundsätzlich gehen die Nachlassverbindlichkeiten den Pflichtteilsansprüchen, Vermächtnissen und Auflagen vor. Der Erbe kann sich gegenüber ausgeschlossenen Gläubigern daher nicht darauf berufen, dass er aus dem noch vorhandenen Nachlass beispielsweise noch Pflichtteilsansprüche bedienen muss.
[45] Diese Regelung gilt nicht gegenüber Forderungen, die dem Erben bekannt waren oder im Aufgebotsverfahren angemeldet wurden.

21 **b) Die Nachlassverbindlichkeiten.** Die Klärung der Frage, welche Verbindlichkeiten Nachlassverbindlichkeiten sind, ist sehr wichtig, da der Erbe im Falle der beschränkten Erbenhaftung für diese Verbindlichkeiten nur mit dem Nachlass, aber nicht mit seinem Privatvermögen haftet. In der Sache geht es daher um eine Abgrenzung der Eigenverbindlichkeiten des Erben zu den Nachlassverbindlichkeiten. Unproblematisch sind Nachlassverbindlichkeiten die vom Erblasser herrührenden Verbindlichkeiten, die sog. **Erblasserschulden.**[46] Ebenfalls Nachlassverbindlichkeiten sind die **Erbfallschulden,** dh die Schulden, die mit dem Erbfall entstehen, etwa Pflichtteils- oder Vermächtnisansprüche, Erbschaftsteueransprüche und die Beerdigungskosten.[47] Schließlich sind Nachlassverbindlichkeiten die **Erbfallkostenschulden,** also die Verbindlichkeiten, die nach dem Tod des Erblassers durch die Nachlassabwicklung entstehen, etwa Kosten der Testamentseröffnung, der gerichtlichen Nachlasssicherung etc. Auch in diese Gruppe fallen Verbindlichkeiten, die aus der Handlung eines Testamentsvollstreckers resultieren, sowie seine Vergütungsansprüche.[48] Für Verbindlichkeiten aber, die aus Handlungen des Erben zur Nachlassabwicklung entstehen, den sog. **Nachlasserbenschulden,** haftet sowohl der Nachlass als auch der Erbe persönlich und unbeschränkt.[49] Es besteht mithin für die Gläubiger ein doppeltes Haftungsobjekt. Im Innenverhältnis gilt jedoch § 1978 Abs. 3 BGB (Ersatzanspruch des Erben gegen den Nachlass).[50] Die persönliche Haftung kann der Erbe dadurch vermeiden, dass er bei Vertragsschluss deutlich macht, dass er nur für den Nachlass handeln will, er also die Haftung auf den Nachlass beschränkt.[51]

22 **c) Besonderheiten der Haftung mehrerer Erben.** Die Haftung der Miterben unterscheidet sich in der Systematik von der Haftung des Alleinerben. Der Gesetzgeber hat die besondere Situation berücksichtigt, die für eine Miterbengemeinschaft vor und nach der Teilung besteht. Zudem musste auch geregelt werden, ob jeder der Miterben für die gesamte Nachlassverbindlichkeit haftet oder nur entsprechend seiner Beteiligung am Nachlass.[52]

23 **Vor der Teilung** ist es für die Miterben ohne weiteres möglich, die Haftung auf den Nachlass zu beschränken (§ 2059 BGB). Das Gesetz berücksichtigt, dass eine wichtige Voraussetzung der beschränkten Erbenhaftung bei der Erbengemeinschaft vor der Teilung stets gegeben ist, nämlich die Trennung des Nachlasses vom Eigenvermögen. Für den Gläubiger ergeben sich folgende Möglichkeiten: Er kann zum einen die sog. **Gesamtschuldklage** gegen einen oder mehrere der Erben gemäß § 2058 BGB erheben. Jeder Erbe haftet vor der Teilung als Gesamtschuldner auf die gesamte Nachlassverbindlichkeit.[53] Allerdings kann der bzw. können die in Anspruch genommenen Erben gemäß § 2059 Abs. 1 S. 1 BGB ihre Haftung auf ihren jeweiligen Erbteil beschränken. Wirkung

---

[46] Es handelt sich insbesondere um die auf den Erben übergehenden Verbindlichkeiten aus Rechtsgeschäft (Kauf, Leihe etc.) und aus Gesetz (etwa Schadensersatzansprüche aus unerlaubter Handlung), vgl. Palandt/*Weidlich* BGB § 1967 Rn. 2.
[47] Gemäß § 1968 BGB hat der Erbe zunächst die Kosten der Beerdigung zu tragen.
[48] Vgl. *Ebenroth* Rn. 1095; *Brox* Rn. 657; *Lange/Kuchinke,* 1202 f.
[49] Palandt/*Weidlich* BGB § 1967 Rn. 8; Bsp. bei *Brox* Rn. 658 (der Erbe schließt einen Vertrag über eine notwendige Dachreparatur an einem zum Nachlass gehörenden Haus).
[50] Palandt/*Weidlich* BGB § 1967 Rn. 8.
[51] RGZ 146, 343; *Kipp/Coing,* 528.
[52] Vgl. ausführlich *Brox* Rn. 717 ff.; *Ebenroth* Rn. 1171. Die nachfolgend aufgezeigten Grundzüge gelten im Grundsatz auch dann, wenn der Nachlassgläubiger auch Miterbe ist. Zu den Besonderheiten in diesem Fall vgl. BGH WM 1988, 726.
[53] Allerdings sollte der Gläubiger dann Gesamtschuldklage gegen alle (sich weigernde) Miterben erheben, wenn die Schuld ihrer Natur nach gemäß § 2040 BGB nur von allen Miterben erfüllt werden kann, zum Beispiel Klagen auf Übereignung. Zwar kann der Gläubiger auch in diesem Fall nur gegen einen Miterben vorgehen. Diese Klage kann aber nur das Ziel verfolgen, dass der in Anspruch genommene Miterbe seinerseits die anderen Miterben in Anspruch nimmt, alles zur Herbeiführung der gemeinschaftlichen Verfügung Erforderliche zu tun. In aller Regel wird daher die erstgenannte Vorgehensweise (Klage gegen alle Miterben) schneller zum Ziel führen, vgl. MüKoBGB/*Ann* § 2059 Rn. 21 f.

II. Die Haftung des Erben § 19

entfaltet die Regelung erst im Prozess bzw. in der Zwangsvollstreckung: Der in Anspruch genommene Miterbe kann gemäß § 780 Abs. 1 ZPO verlangen, dass im Urteil seine beschränkte Erbenhaftung vermerkt wird. In der Zwangsversteigerung kann der Erbe aufgrund des Vorbehalts erfolgreich Vollstreckungsgegenklage erheben, falls eine Vollstreckung in sein Eigenvermögen erfolgt und der Nachlass zu dieser Zeit noch nicht geteilt ist.[54] Dem Gläubiger steht als Vollstreckungsgegenstand im Ergebnis nur der **Erbteil** des in Anspruch genommenen Miterben zu, § 859 Abs. 2 ZPO. Auf die einzelnen Nachlassgegenstände kann der Gläubiger nicht zugreifen, ihm stehen nach der **Erbteilspfändung** nur die Rechte zu, die zuvor dem Miterben zustanden.[55] Insbesondere gebührt ihm nach der Auseinandersetzung, dh nach der Berichtigung der Verbindlichkeiten, der auf den Miterbenanteil fallende Überschuss.[56] Statt die Auseinandersetzung zu betreiben, kann er auch den Miterbenanteil selbst versteigern lassen, §§ 857 Abs. 4, 844 ZPO.[57]

Anstelle der Gesamtschuldklage, die letztlich auf die Pfändung des Miterbenerbteils zielt, kann der Gläubiger vor der Teilung auch die so genannte **Gesamthandklage** erheben, § 2059 Abs. 2 BGB, die auf die Vollstreckung in den Nachlass selbst, also auf einzelne **Nachlassgegenstände,** zielt. Da gemäß § 747 ZPO aber zur Vollstreckung in den Nachlass vor der Teilung ein Urteil gegen alle Miterben erforderlich ist, ist die Gesamthandklage **gegen alle Miterben** zu erheben. Bei dieser Klage brauchen die Miterben nichts zur Beschränkung ihrer Haftung zu unternehmen, da sie sich nur auf die Befriedigung aus dem Nachlass richtet. 24

Abgesehen von diesen, erst im Prozess mit einem Gläubiger wirkenden Möglichkeiten, die Haftung auf den Nachlass zu beschränken, stehen den Miterben auch alle sonstigen, einem Alleinerben zustehenden Haftungsbeschränkungsmöglichkeiten zur Verfügung.

Bei der Entscheidung zwischen **Gesamtschuld- oder Gesamthandklage** wird man mit aller Vorsicht sagen können, dass in der Regel die Gesamtschuldklage für den Gläubiger die günstigere Klageart ist. Zum einen kann der Gläubiger mit dieser Klage, wenn er alle Miterben verklagt, letztlich das gleiche Ziel erreichen wie mit der Gesamthandklage.[58] Darüber hinaus kann er mit diesem Titel aber auch in das Privatvermögen der Erben vollstrecken. Zudem kann aus dem Titel auch nach der Teilung noch vollstreckt werden.[59] 25

Nach der Teilung[60] ähnelt die Haftungssituation der Miterben der des Alleinerben. Jeder Erbe haftet als Gesamtschuldner grundsätzlich **unbeschränkt** sowohl mit seinem Eigenvermögen als auch mit dem Vermögen, das ihm im Zuge der Auseinandersetzung zugefallen ist, auf die gesamte Nachlassverbindlichkeit. Daher sollte jeder Miterbe im eigenen Interesse darauf hinwirken, dass in der Auseinandersetzung vor der Verteilung der Nachlassgegenstände zunächst die Nachlassschulden bezahlt werden (§§ 2042 Abs. 2, 755 BGB; 2046 BGB). Dieser strengen Haftung nach der Teilung kann der Erbe nur noch entgehen, wenn ein Grund besteht, ein Nachlassinsolvenzverfahren zu beantragen oder die Einrede der Dürftigkeit zu erheben; eine Haftungsbeschränkung durch Nachlassverwaltung steht ihm nach der Teilung nicht mehr zu (§ 2062 BGB). Allerdings ordnen in Sonderfällen die §§ 2060, 2061 BGB Haftungserleichterungen auch nach der Teilung gegenüber minderberechtigten Gläubigern an. 26

---

[54] Der Umstand, dass der Nachlass noch nicht geteilt ist, ist vom Miterben zu beweisen, vgl. MAH ErbR/Siegmann/Scheuing § 23 Rn. 74.
[55] Vgl. im Einzelnen Zöller/Stöber ZPO § 859 Rn. 17.
[56] Er kann die Auseinandersetzung auch dann verlangen, wenn der Erblasser sie ausgeschlossen hat, vgl. Soergel/Wolf BGB § 2033 Rn. 20; Zöller/Stöber ZPO § 859 Rn. 17.
[57] Soergel/Wolf BGB § 2033 Rn. 20.
[58] Geht der Gläubiger gegen alle Miterben mit der Gesamtschuldklage vor und erwirkt er gegen alle einen Titel, kann er auch in den Nachlass selbst vollstrecken, da die Voraussetzungen des § 747 ZPO gegeben sind, vgl. Kipp/Coing, 662.
[59] Vgl. MüKoBGB/Ann § 2059 Rn. 20.
[60] Vgl. zur Frage, wann die Teilung vollzogen ist, Palandt/Weidlich BGB § 2059 Rn. 3.

27 **d) Die Haftung von Vor- und Nacherben.** Für den oder die Vorerben gelten zunächst die obigen Ausführungen entsprechend. Der Nacherbe haftet vor dem Nacherbfall zwar nicht, ab dem Nacherbfall haftet aber auch er wie jeder andere Erbe. Beschränkt er die Haftung auf den Nachlass, haftet er allerdings gemäß § 2144 BGB nur mit dem Nachlass, den er selbst vom Vorerben erhalten hat. Der Nacherbe hat unabhängig vom Vorerben alle Möglichkeiten, die Haftung auf den Nachlass zu beschränken. Dies gilt auch dann, wenn der Vorerbe das Recht zur Haftungsbeschränkung verloren hat. Gemäß § 2145 BGB haftet in diesem Fall der Vorerbe den Gläubigern auch nach dem Eintritt der Nacherbfolge weiter.[61]

2. Besondere Haftungslagen im Zusammenhang mit der Unternehmensnachfolge

28 **a) Die Haftung des Erben eines einzelkaufmännischen Unternehmens.** Der Erbe eines einzelkaufmännischen Unternehmens haftet zunächst auch für die Verbindlichkeiten des Erblassers aus einem geerbten Handelsgeschäft nach **erbrechtlichen Grundsätzen**, also gemäß § 1967 BGB unbeschränkt, aber beschränkbar (§§ 1975 ff. BGB; vgl. §§ 27 Abs. 1, 25 Abs. 3 HGB). Insoweit bestehen keine Abweichungen zu der bisherigen Darstellung der Erbenhaftung. Die §§ 27, 25 HGB regeln aber eine weitere Besonderheit: Führt der Erbe das Handelsgeschäft unter der **alten Firma,** also dem Namen, unter dem der Erblasser das Handelsgeschäft betrieb (§ 17 HGB), fort, haftet er für die Geschäftsverbindlichkeiten nach den zitierten Normen zudem **handelsrechtlich** unbeschränkt mit seinem Privatvermögen und unabhängig von möglichen Maßnahmen zur erbrechtlichen Haftungsbeschränkung (Nachlassverwaltung, -insolvenzverfahren, Dürftigkeitseinrede).[62] **Befreien** kann sich der Erbe von dieser handelsrechtlichen Haftung gemäß § 27 Abs. 2 HGB, indem er die Fortführung des Geschäfts innerhalb von drei Monaten **einstellt** oder gemäß §§ 27, 25 HGB das Geschäft ab Übernahme **nicht unter der alten Firma** weiterführt. Schließlich besteht gemäß §§ 27, 25 Abs. 2 HGB die Möglichkeit, dass der Erbe zwar das Handelsgeschäft unter der alten Firma fortführt, aber den Gläubigern erklärt[63] oder im Handelsregister anzeigt (was dort entsprechend eingetragen und bekannt gemacht werden muss), dass er für die Altverbindlichkeiten nicht haftet.[64] Nicht ausreichend zur Vermeidung der handelsrechtlichen Haftung ist es allerdings, wenn der das Unternehmen weiterführende Erbe der Firma lediglich einen Zusatz beifügt, der auf die Nachfolge hindeutet („Karl Müller Erben"). Ebenfalls reicht es nicht, lediglich innerhalb der Frist des § 27 HGB die Firma zu ändern.[65] Eine unbeschränkte Haftung für die Altverbindlichkeiten ist mithin nur zu vermeiden, wenn das Handelsgeschäft sofort ab Übernahme unter neuer Firma geführt wird.

---

[61] Vgl. MüKoBGB/*Grunsky* § 2145 Rn. 2.

[62] Der Fall wird zB praktisch, wenn der Erbe das Unternehmen zunächst unter der alten Firma fortführt und sich erst nach einiger Zeit (insb. nach Ablauf der Drei-Monats-Frist des § 27 Abs. 2 HGB) um eine erbrechtliche Haftungsbeschränkung, sei es durch Nachlassverwaltung oder Nachlassinsolvenzverfahren, bemüht. Zwar umfasst die Nachlassverwaltung oder das Insolvenzverfahren dann auch das einzelkaufmännische Unternehmen (vgl. MüKoBGB/*Küpper* § 1985 Rn. 5), dies ändert aber nichts an der bereits entstandenen handelsrechtlichen unbeschränkten Haftung. Umgekehrt, wenn unmittelbar nach dem Erbfall erbrechtliche Maßnahmen zur Haftungsbeschränkung eingeleitet werden und im Rahmen beispielsweise des Nachlassinsolvenzverfahrens die Unternehmen von Verwalter weitergeführt wird, stellt diese Fortführung durch den Träger eines Amts keine haftungsbegründende Fortführung im Sinne des § 27 HGB dar, vgl. MüKoBGB/*Küpper* § 1967 Rn. 40. Streitig ist, ob eine haftungsbegründende Fortführung vorliegt, wenn die Fortführung im Rahmen der Nachlassverwaltung oder durch einen Testamentsvollstrecker erfolgt, vgl. verneinend MüKoBGB/*Küpper* § 1967 Rn. 40; Baumbach/Hopt/*Hopt* HGB § 27 Rn. 3.

[63] Erklärt der Erbe nur einzelnen Gläubigern, dass er nicht unbeschränkt für die Altverbindlichkeiten haftet, und wird diese Erklärung nicht im Handelsregister publiziert, so wirkt sie nur gegenüber den Gläubigern, denen sie zugegangen ist, vgl. § 25 Abs. 2 HGB.

[64] Die Anwendbarkeit der auf § 25 Abs. 2 HGB beruhenden Enthaftungsgründe auf Erben ist nicht unumstritten; so aber Baumbach/Hopt/*Hopt* HGB § 27 Rn. 8; aA *K. Schmidt*, Handelsrecht, 270.

[65] Vgl. Baumbach/Hopt/*Hopt* HGB § 27 Rn. 5; *K. Schmidt*, Handelsrecht, 337; aA *Hueck* ZHR 108, 1.

Will der Erbe insgesamt eine Haftung für die alten Geschäftsschulden vermeiden, muss er sich aufgrund des Nebeneinander von handels- und erbrechtlicher Haftung daher sowohl um eine Beschränkung der Erbenhaftung als auch um eine handelsrechtliche Haftungsbeschränkung bemühen.[66]

b) Der Erbe eines Gesellschafters einer Personenhandelsgesellschaft. aa) Der Erbe eines Gesellschafters einer OHG. Die Haftung des Erben eines Gesellschafters einer OHG ist unterschiedlich ausgeprägt. Entscheidend ist insbesondere, ob die Gesellschaft nach seinem Tod – mangels Nachfolgeklausel – unter den Altgesellschaftern fortgesetzt wird (§ 131 Abs. 3 HGB) oder ob der Erbe aufgrund einer Nachfolgeklausel in die Gesellschafterstellung einrückt (hierzu allgemein → § 4 Rn. 27 ff.). Wird die Gesellschaft unter den alten Gesellschaftern **fortgesetzt**, erhält der Erbe also nur seinen Abfindungsanspruch, haftet er nach den bereits dargestellten erbrechtlichen Grundsätzen grundsätzlich unbeschränkt, aber auf den Nachlass beschränkbar für die Altverbindlichkeiten des verstorbenen Gesellschafters. Eine (zusätzliche) gesellschaftsrechtliche Haftung besteht nicht.[67] Rückt der Erbe allerdings aufgrund einer **Nachfolgeklausel** in die Gesellschaft ein, haftet er gesellschaftsrechtlich gemäß §§ 130, 128 HGB für alle Verbindlichkeiten persönlich und unbeschränkbar.[68] Auch wenn der Erbe eine beschränkte Erbenhaftung herbeiführt,[69] wirkt sich das nicht auf die gesellschaftsrechtliche Haftung für die Verbindlichkeiten der Gesellschaft aus.[70] Dieser gesellschaftsrechtlichen Haftung aber kann der Erbe entgehen: § 139 HGB räumt dem Erben eines OHG-Gesellschafters das Recht ein, dass ihm entweder innerhalb von drei Monaten (§ 139 Abs. 3 HGB) die **Stellung eines Kommanditisten** eingeräumt wird (§ 139 Abs. 1 HGB) oder er ungeachtet eventueller Kündigungsfristen (§ 139 Abs. 2 HGB) innerhalb von drei Monaten die Gesellschaft **verlassen** kann.[71] Verlässt er innerhalb dieser Frist die Gesellschaft, so haftet der Erbe für die Altverbindlichkeiten gemäß § 139 Abs. 4 HGB nur nach erbrechtlichen Grundsätzen, also auf den Nachlass beschränkbar. Dies gilt auch für die Verbindlichkeiten, die die Gesellschaft bis zu seinem Ausscheiden begründet hat, die sog. **Zwischenneuschulden.** Obgleich es sich bei diesen Schulden grundsätzlich um Nachlasserbenschulden handelt, für die der Erbe stets auch persönlich haftet, sofern er seinen Willen, nur mit dem Nachlass

---

[66] Wobei dies zur Konsequenz hat, dass das Unternehmen dann ebenfalls in die Nachlassverwaltung (oder das Nachlassinsolvenzverfahren) einzubeziehen wird. Hat der Erbe das Unternehmen bis zu diesem Zeitpunkt allerdings schon so stark umstrukturiert, dass das vom Erben geführte Unternehmen nicht mehr mit dem geerbten Unternehmen identisch ist, verbleibt die Verwaltung beim Erben. Er hat dann aber dem Verwalter Wertausgleich zu leisten, vgl. MüKoBGB/*Küpper* § 1985 Rn. 5.
[67] Vgl. Soergel/*Stein* BGB vor § 1967 Rn. 24.
[68] MAH ErbR/*Siegmann*/*Scheuing* § 23 Rn. 92.
[69] Hier besteht folgendes Sonderproblem: Sind mehrere Erben vorhanden und rücken diese aufgrund einer einfachen Nachfolgeklausel in die Gesellschaft ein, so wird Gesellschafter nicht die Miterbengemeinschaft, sondern jeder Erbe, auf den im Wege der Sondererbfolge (→ § 4 Rn. 32) ein seiner Erbquote entsprechender Teil der Gesellschafterstellung übergeht. Stellt die Beteiligung den wesentlichen Nachlassgegenstand dar, verteilt sich der Nachlass daher trotz Vorhandensein mehrerer Erben letztlich ohne Auseinandersetzung und Teilung. Das bedeutet, dass es ein zeitliches Stadium „an der Teilung", an das bei der Miterbengemeinschaft gemäß §§ 2059, 2062 BGB besondere Haftungsprivilegien geknüpft sind, nicht gibt. Um dieses unbillige Ergebnis zu verhindern, wird überwiegend vertreten, dass die Erben von Anteilen einer Personalgesellschaft auch nach der infolge Sondererbfolge eintretenden Auseinandersetzung und Teilung entgegen § 2062 BGB doch Nachlassverwaltung beantragen können, vgl. MüKoBGB/*Ann* § 2062 Rn. 10; Palandt/*Weidlich* BGB § 2062 Rn. 2.
[70] Auch dieser Fall wird praktisch, wenn der Erbe zunächst in die Gesellschaft einrückt und erst nach einiger Zeit (insb. nach Ablauf der Drei-Monats-Frist des § 139 Abs. 3 HGB) Nachlassverwaltung oder das Nachlassinsolvenzverfahren angeordnet wird. Zwar umfassen diese den Anteil an der Gesellschaft (wenn auch nur begrenzt), dies ändert aber nichts an der bereits entstandenen unbeschränkten Haftung. Die Nachlassverwaltung und der -konkurs umfassen – ähnlich wie bei der Testamentsvollstreckung, → § 18 Rn. 172 – nur das „Außenverhältnis" der Gesellschaftsanteils, also insbesondere die vermögensrechtlichen Befugnisse und das Kündigungsrecht. Das „Innenverhältnis", das heißt insbesondere die Mitgliedschaftsrechte, verbleiben dem Erben, vgl. MüKoBGB/*Küpper* § 1985 Rn. 6.
[71] Vgl. ausführlich zu § 139 HGB *Schörnig* ZEV 2001, 129.

zu haften, nicht verdeutlicht hat, entspricht dieses Ergebnis ganz herrschender Auffassung. Fällt der Gesellschaftsanteil in Sondererbfolge (→ § 4 Rn. 32) an mehrere Erben, steht jedem der Erben das Wahlrecht des § 139 HGB ohne Rücksicht auf das Verhalten der anderen Gesellschafter zu.[72]

30 Wird dem Erben gemäß § 139 HGB eine Kommanditistenstellung eingeräumt, so bestimmt sich seine Haftung für die Alt- und für die Zwischenneuschulden einerseits nach erbrechtlichen Grundsätzen, andererseits aber auch nach Gesellschaftsrecht. Zwar entzieht er sich aufgrund des Wechsels in die Kommanditistenstellung der scharfen gesellschaftsrechtlichen Haftung gemäß §§ 130, 128 HGB,[73] aber auch als Kommanditist bestehen Haftungslagen: Gemäß § 173 HGB haftet der Kommanditist für alle, auch vor seinem Eintritt begründeten Verbindlichkeiten der Gesellschaft. Allerdings haftet er den Gläubigern der Gesellschaft gemäß § 171 Abs. 1, 1. Hs. HGB nur bis zur Höhe seiner im Handelsregister eingetragenen Haftsumme unmittelbar.[74] Eine Haftung des Kommanditisten ist ausgeschlossen, soweit diese Haftsumme geleistet wurde, § 171 Abs. 1, 2. Hs. HGB. Gemäß § 139 Abs. 1, 5 HGB wird der auf den Erblasser entfallende Teil der Einlage[75] als Kommanditeinlage des Kommanditisten anerkannt und in dieser Höhe auch als Haftsumme im Handelsregister eingetragen. Eine persönliche Inanspruchnahme droht dem Kommanditisten daher grundsätzlich nur dann, wenn er sich einen Teil der Einlage zurückzahlen lässt oder Gewinne zu einem Zeitpunkt entnimmt, während dem sein Kapitalanteil durch Verluste unter den Betrag des Kapitalanteils beim Erbfall gemindert ist, § 172 Abs. 4 HGB.[76] Sehr streitig ist endlich, ob es zu einer gesellschaftsrechtlichen Haftung des Erben eines Anteils eines persönlich haftenden Gesellschafters im Zusammenhang mit dem Wechsel (aufgrund § 139 HGB oder aufgrund Vorgaben im Gesellschaftsvertrag) in eine Kommanditistenstellung gemäß § 176 Abs. 2 HGB (analog) kommen kann. Nach der Regelung des § 176 Abs. 2 HGB haftet der Kommanditist unbeschränkt für die Verbindlichkeiten der Gesellschaft, die zwischen Eintritt des Gesellschafters in die Gesellschaft und der Eintragung der Kommanditistenstellung in das Handelsregister neu begründet werden. Fraglich ist aber, ob der Eintritt als Erbe in Verbindung mit dem Wechsel in eine Kommanditistenstellung einem Eintritt im Sinne des § 176 Abs. 2 HGB entspricht. Die Beantwortung der Frage ist umstritten, für eine (zumindest analoge) Anwendung des § 176 Abs. 2 HGB spricht immerhin, dass bei der Umwandlung der Stellung eines persönlich haftenden Gesellschafters in die eines Kommanditisten ein neuer Kommanditanteil geschaffen wird.[77] Die Befürworter der Auffassung, dass § 176 Abs. 2 HGB bei der Anteilsumwandlung nicht (auch nicht entsprechend) eingreift, kommen in der Regel gleichwohl zu einer Haftung des Kommanditisten bis zu dessen Eintragung im Handelsregister. So wird vertreten, dass es dem „neuen" Kommanditisten bis zur Eintragung der Beteili-

---

[72] Vgl. Baumbach/Hopt/*Roth* HGB § 139 Rn. 37.
[73] MüKoHGB/*Schmidt* § 139 Rn. 101.
[74] Zur Unterscheidung zwischen Einlage und Haftsumme Baumbach/Hopt/*Roth* HGB § 171 Rn. 1.
[75] Was die Einlage des Erblassers ist, ist umstritten. Nach hM ist damit der Kapitalanteil gemeint, vgl. Baumbach/Hopt/*Roth* HGB § 139 Rn. 41.
[76] Vgl. Großkomm. HGB/*Schäfer* § 139 Rn. 124. Schwierig ist in diesem Zusammenhang die Beantwortung der Frage, wie die Einlage des Kommanditisten und die in das Handelsregister einzutragende Haftsumme zu bemessen sind, wenn der verstorbene OHG-Gesellschafter seine Einlage noch nicht geleistet hatte. Nach Schäfer in Großkomm. HGB § 139 Rn. 109 ist die Haftungseinlage so zu bemessen, dass die den Buchwert der beim Erbfall vorhandenen, vom Erblasser der Gesellschaft auf Dauer belassenen Vermögenswerte nicht übersteigt. Auch ein negativer Kapitalanteil des verstorbenen OHG-Gesellschafters hindert die Ausübung des Wahlrechts des Erben gemäß § 139 HGB nicht. In diesem Fall soll der Kommanditist den negativen Wert als negative Pflichteinlage weiterführen. Als Hafteinlage im Handelsregister wird der Betrag von 1,00 EUR ausgewiesen, vgl. Baumbach/Hopt/*Roth* HGB § 139 Rn. 42; Großkomm. HGB/ *Schäfer* § 139 HGB Rn. 110; MHdB GesR I/*Klein/Lindemeier* § 79 Rn. 62.
[77] Für die Anwendung des § 176 Abs. 2 HGB, wenn ein Nichtgesellschafter kraft Erbrechts (und einer Nachfolgeklausel im Gesellschaftsvertrag) den Gesellschaftsanteil eines persönlich haftenden Gesellschafters – bestimmungsgemäß unter Umwandlung in eine Kommanditbeteiligung – erwirbt und dies nicht eingetragen wird. BGH NJW 1976, 848; aA Oetker/*Oetker* HGB § 176 Rn. 43; Baumbach/Hopt/*Roth* HGB § 176 Rn. 10; MüKoHGB/*K. Schmidt* § 176 Rn. 21.

gungsumwandlung nach § 15 Abs. 1 HGB verwehrt ist, sich auf die wegen seiner Stellung als Kommanditist eingreifende Haftungsbeschränkung nach Maßgabe der §§ 171, 172 HGB zu berufen, so dass er wie ein OHG-Gesellschafter für nach dem Erbfall entstehende Gesellschaftsverbindlichkeiten haftet.[78] In jedem Fall und vorsorglich sollte daher ein Erbe, der seine geerbte Stellung als persönlich haftender Gesellschafter gemäß § 139 HGB in eine Kommanditistenstellung ändert, darauf achten, dass sein Eintritt als Kommanditist unverzüglich im Handelsregister eingetragen (und – mit Blick auf § 15 Abs. 1 HGB – bekannt gemacht) wird.

bb) Der Erbe eines Gesellschafters einer KG. Beerbt der Erbe den Komplementär, gelten die vorstehenden Ausführungen entsprechend.[79] Beerbt er einen Kommanditisten, so geht gemäß § 177 HGB der Gesellschaftsanteil auf ihn über. Der Erbe haftet zunächst für die bestehenden Gesellschaftsschulden, allerdings nur mit dem übernommenen Gesellschaftsanteil. Daneben haftet er persönlich mit seinem Privatvermögen gemäß § 173 HGB in Höhe einer gegebenenfalls vom Erblasser zwar versprochenen, aber noch nicht erbrachten Einlage (§§ 171, 172 HGB) bis zur Höhe der im Handelsregister eingetragenen Haftsumme auch für Altschulden.[80] Erbt der Erbe die Kommanditbeteiligung allerdings erst zu einem Zeitpunkt, in dem die Gesellschaft schon aufgelöst war, haftet er für die noch nicht erbrachte Einlage ausschließlich erbrechtlich, das heißt auf den Nachlass beschränkbar.[81] Da die Rückzahlung der Einlage die Haftung wieder aufleben lässt, § 172 Abs. 4 HGB, haftet der Erbe gegebenenfalls auch aus diesem Grund.[82]

31

Auch für den Erben des Anteils eines Kommanditanteils ist die Anwendung des § 176 Abs. 2 HGB, der die unbegrenzte Haftung des nicht im Handelsregister eingetragenen Kommanditisten anordnet (vgl. → Rn. 30), streitig. Im Gegensatz zum soeben dargestellten Fall des Wechsels von einer persönlich haftenden Stellung in eine Kommanditistenstellung wird allerdings hier, wenn ein bereits existierender Kommanditanteil vererbt wird, kein neuer Kommanditanteil geschaffen, so dass die herrschende Ansicht zu Recht eine Haftung verneint. Gleichwohl sollte der Erbe auf rasche Eintragung achten: Die Rechtsprechung verneint jedenfalls dann eine Haftung, wenn sich der Erbe um baldige Eintragung bemüht hat.[83]

32

cc) Der Erbe eines Gesellschafters einer Gesellschaft bürgerlichen Rechts. Enthält der Gesellschaftsvertrag der GbR weder eine Fortsetzungs- noch eine Nachfolgeklausel, so wird die Gesellschaft nach dem Tod des Erblassers aufgelöst. In diesem Fall rückt der Erbe in die Liquidationsgesellschaft ein und haftet nach erbrechtlichen Grundsätzen unbeschränkt, aber auf den Nachlass beschränkbar für die Altverbindlichkeiten des verstorbenen Gesellschafters. Wird die Gesellschaft aufgrund einer Fortsetzungsklausel unter den verbleibenden Gesellschaftern fortgesetzt, erhält der Erbe also nur seinen Abfindungsanspruch, gilt Gleiches. Tritt der Erbe aber aufgrund einer Nachfolgeklausel in die Gesellschaft ein, war nach dem Urteil des Bundesgerichtshofes,[84] das die grundsätzliche Haftung eines Gesellschafters, der in eine Gesellschaft bürgerlichen Rechts eintritt, gemäß § 130 HGB auch für die vor seinem Eintritt begründeten Verbindlichkeiten bejaht, zunächst unklar, ob er auch im Falle des Einrückens infolge einer Nachfolgeklausel für Altverbindlichkeiten ohne erbrechtliche Beschränkungsmöglichkeiten haftet.[85] Der Bundesgerichts-

33

---

[78] Oetker/*Oetker* HGB § 176 Rn. 43.
[79] War der Verstorbene der einzige Komplementär, führt das Verlangen des Erben, Kommanditist zu werden, zur Auflösung der Gesellschaft, da mindestens ein Komplementär vorhanden sein muss, vgl. Großkomm. HGB/*Thiessen* § 177 Rn. 5.
[80] Vgl. OLG Hamburg ZEV 1994, 182; *Zöller* MittRhNotK 1999, 121.
[81] BGH ZEV 1995, 422.
[82] Vgl. Großkomm. HGB/*Thiessen* § 173 Rn. 11.
[83] Vgl. Großkomm. HGB/*Thiessen* § 176 Rn. 119; BGHZ 108, 197.
[84] BGH NJW 2003, 1803.
[85] MüKoBGB/*Küpper* § 1967 Rn. 46.

hof hat inzwischen klargestellt, dass die Erben des Gesellschafters einer Gesellschaft bürgerlichen Rechts analog §§ 128, 130 HGB für Altschulden der Gesellschaft haften.[86] Streitig ist allerdings weiterhin die Frage, ob § 139 HGB überhaupt und wenn ja in welcher Form auf den analog § 130 HGB haftenden Erben eines Gesellschafters einer GbR Anwendung findet; diese Frage hat der Bundesgerichtshof in seiner Entscheidung vom 17.12.2013[87] – weil nicht entscheidungserheblich – offen gelassen. Gemäß § 139 Abs. 1 HGB hat der Gesellschafter insbesondere das Recht zu verlangen, dass er aus der persönlichen Vollhaftung entlassen und seine Beteiligung in einen Kommanditanteil umgewandelt wird. Allerdings würde die Zulassung des § 139 HGB bedeuten, dass jeder Erbe eines GbR-Anteils die Umwandlung der GbR in eine KG verlangen könnte. Dies ist nicht sinnvoll, wie das einfache Beispiel der Rechtsnachfolge in Freiberuflersozietäten (Anwaltssozietät, Architektensozietät etc.) zeigt. In diesem Fall wird man dem GbR-Gesellschafter jedoch zumindest das Recht gemäß § 139 Abs. 2 HGB geben müssen, aus der Gesellschaft auszuscheiden.[88]

Für Neuverbindlichkeiten haftet der in die Gesellschaft einrückende Erbe hingegen nach den allgemeinen Bestimmungen unbeschränkt, soweit mit den Gläubigern keine Haftungsbeschränkung auf das Gesellschaftsvermögen vereinbart wurde.[89]

34 **c) Der Erbe eines Gesellschafters einer Kapitalgesellschaft.** Für den Erben eines Gesellschafters einer Kapitalgesellschaft gelten keine Besonderheiten. Soweit der Erblasser Verbindlichkeiten gegenüber der Kapitalgesellschaft hatte, haftet der Erbe nach herrschender Ansicht für diese Verbindlichkeiten ausschließlich nach erbrechtlichen Grundsätzen, also grundsätzlich unbeschränkt, aber beschränkbar.[90] Für Verbindlichkeiten, die nach dem Tod des Erblassers entstehen, haftet der Erbe persönlich und unbeschränkbar.[91]

III. Die staatlichen Aufgaben im Erbrecht und der Erbschein

1. Das Nachlassgericht und seine Aufgaben

35 Das deutsche Recht hat die Abwicklung einer Erbschaft schwerpunktmäßig den Erben übertragen und nicht staatlichen Behörden. Die Aufgaben des Nachlassgerichts sind daher auf das Notwendigste beschränkt worden; insbesondere obliegt ihm die **Eröffnung von Verfügungen von Todes wegen,** die **Sicherung des Nachlasses,** sofern nach dem Tod des Erblassers die Erben unbekannt sind, und die **Erteilung von Erbscheinen.** Daneben sind den Nachlassgerichten einige Einzelaufgaben zugewiesen, vornehmlich die Entgegennahme von Erklärungen (zB Anfechtungs- und Ausschlagungserklärungen von Erben sowie Amtsannahmeerkärungen von Testamentsvollstreckern).[92] Nachlassgerichte sind grundsätzlich die Amtsgerichte.[93] Viele Aufgaben des Nachlassrichters sind dem Rechtspfleger übertragen.[94]

36 **a) Verwahrung und Eröffnung letztwilliger Verfügungen.** Eine der wichtigsten Aufgaben des Nachlassgerichts liegt in der Eröffnung und Verkündung der Verfügungen von Todes wegen. Das Verfahren ist in den §§ 348 FamFG geregelt. Das Gericht erfährt vom

---

[86] BGH ZEV 2013, 432 ff.
[87] BGH ZEV 2013, 432 ff.
[88] MüKoBGB/*Küpper* § 1967 Rn. 46, 7.
[89] Soergel/*Stein* BGB vor § 1967 Rn. 22.
[90] MüKoGmbHG/*Reichert/Weller* § 15 Rn. 447.
[91] MüKoGmbHG/*Reichert/Weller* § 15 Rn. 449.
[92] Vgl. die Aufzählung von Aufgaben bei *Lange/Kuchinke,* 975.
[93] Vgl. §§ 147 EGBGB. 1, 38 LFGG BW. Die Nachlasssachen in Baden-Württemberg, für die gemäß §§ 147 EGBGB, 1, 38 LFGGBW a.F. die staatlichen Notariate zuständig waren, wurden mit Wirkung ab 1.1.2018 auf die Amtsgerichte übertragen.
[94] Vgl. § 3 Nr. 2c RPflG, vgl. aber auch § 16 RpflG (dem Richter vorbehaltene Aufgaben im Bereich des Erbrechts).

Tod einer Person spätestens durch die Mitteilung der Bundesnotarkammer, die zuvor vom Standesamt über den (inländischen) Sterbefall benachrichtigt wurde.[95] Die Bundesnotarkammer informiert das Gericht auch darüber, ob und welche Verwahrangaben im Zentralen Testamentsregister enthalten sind und wann die Bundesnotarkammer welche Verwahrstelle benachrichtigt hat. Befindet sich das Testament in amtlicher Verwahrung und ist das verwahrende Gericht nicht das Nachlassgericht, so wird die Eröffnung des Testaments vom verwahrenden Gericht vorgenommen, § 344 Abs. 6 FamFG.[96] Die übrigen Aufgaben obliegen aber auch in diesem Fall dem Nachlassgericht.[97] Damit das Nachlassgericht (auch) von einem (nicht bei der Bundesnotarkammer registrierten) Testament erfährt, das nicht gerade bei diesem Gericht in Verwahrung ist, hat das Gesetz in § 2259 BGB eine **allgemeine Ablieferungspflicht** normiert. Danach ist **jeder**, der ein Testament in Besitz hat, zur Ablieferung verpflichtet.[98] Die **Nichtablieferung** kann gemäß § 274 Abs. 1 Nr. 1 StGB **strafbar** sein und überdies zum **Verlust des Erbrechts** führen, § 2339 Abs. 1 Nr. 4 BGB. Bei der Eröffnung von gemeinschaftlichen Testamenten und Erbverträgen nach dem Tod des Erstversterbenden ist zu beachten, dass die Verfügungen der noch lebenden Person möglichst nicht veröffentlicht werden, § 349 FamFG.

b) Fürsorge und Sicherungsmaßnahmen. Eine weitere wichtige Aufgabe des Nachlassgerichts liegt in der Sicherung des Nachlasses, wenn und solange nach einem Todesfall unbekannt ist, wer der Erbe ist oder wo er sich aufhält, oder soweit unbekannt ist, ob der Erbe die Erbschaft angenommen hat und der Nachlass sicherungsbedürftig ist, § 1960 BGB.[99] In diesem Fall kann das Nachlassgericht nach pflichtgemäßem Ermessen alle Maßnahmen anordnen, die zur Sicherung des Nachlasses erforderlich sind. Typische Sicherungsmaßnahmen sind Versiegelung der Wohnung des Verstorbenen, die Hinterlegung von Geld und Kostbarkeiten, Kontensperrung und insbesondere die Bestellung eines Nachlasspflegers. Für die Nachlasspflegschaft gelten gemäß § 1915 BGB die Regeln des Vormundschaftsrechts, jedoch bleibt das Nachlassgericht zuständig, § 1962 BGB.[100] 37

2. Der Erbschein und das Erbscheinsverfahren

a) Der Erbschein. Der Erbschein, §§ 2353 ff. BGB, 352 ff. FamFG, ist ein **Zeugnis über das Erbrecht**.[101] Er ermöglicht dem Erben, sich gegenüber Dritten (Banken, Behörden, Nachlassschuldnern etc.) als Erbe zu legitimieren. Die Besonderheit des Erbscheins liegt insbesondere in seinem **öffentlichen Glauben**:[102] Wer gutgläubig von einer im Erbschein als unbeschwerter Erbe angegebenen Person Erbschaftsgegenstände oder Rechte erwirbt, kann auch dann Eigentümer dieser Sachen oder Rechte werden, wenn 38

---

[95] Zur Benachrichtigungspflicht des zuständigen Standesamtes vgl. §§ 28 ff. PStG.
[96] Verwahrendes Gericht im Sinne des § 344 Abs. 6 FamFG ist nur ein anderes (unzuständiges) Nachlassgericht; für den Fall, dass sich ein Testament in Verwahrung eines LG, OLG, Verwaltungsgerichts, usw befindet, wird es dort nicht eröffnet, sondern nach § 2259 Abs. 1 BGB beim Nachlassgericht abgeliefert, Keidel/*Zimmermann* FamFG § 350 Rn. 4.
[97] Keidel/*Zimmermann* FamFG § 344 Rn. 38.
[98] Es obliegt nicht der Person, die ein Schriftstück mit erbrechtlichem Bezug in Besitz hat, zu prüfen, ob es sich dabei um ein Testament handelt oder nicht. Abzuliefern ist vielmehr jede letztwillige Verfügung, mag sie offen oder verschlossen, wirksam oder unwirksam sein. Auch maschinenschriftliche (unwirksame) private und widerrufene Testamente sind daher abzuliefern, vgl. im Einzelnen MüKoBGB/*Hagena* § 2259 Rn 5.
[99] Vgl. auch Lange/Kuchinke, 987; Kipp/Coing §§ 124 bis 127; OLG Düsseldorf ZEV 1995, 111.
[100] Aus der Verweisung auf das Vormundschaftsrecht ergeben sich eine Reihe von Einschränkungen der Verfügungsmacht des Nachlasspflegers, vgl. §§ 1812, 1821, 1822 BGB. Vgl. im Einzelnen *Kipp/Coing* § 125.
[101] Vgl. insgesamt *Brox* Rn. 613; *Kipp/Coing* §§ 102 bis 104, 128, 129.
[102] Der Gutglaubensschutz besteht unabhängig davon, ob der Geschäftspartner von dem Erbschein wusste oder ihn gar gesehen hat oder nicht; allein entscheidend ist seine Existenz, vgl. nur *Lange/Kuchinke*, 1031.

die Person in Wahrheit nicht Erbe ist, §§ 2366, 2365 BGB.[103] Ebenso befreit die Leistung an die im Erbschein bezeichnete Person auch mit Wirkung gegenüber dem tatsächlichen Erben, § 2367 BGB. Bedeutung kann § 2367 BGB auch im Bereich des **Gesellschaftsrechts** zukommen: Nach dieser Norm können **Beschlüsse,** an denen eine durch den Erbschein ausgewiesene Person, die nicht Erbe war, mitgewirkt hat, dem öffentlichen Glauben unterstellt werden und daher trotz Mitwirkung eines Nichterben, das heißt eines Nichtmitgesellschafters, wirksam sein.[104]

39 Der Erbschein wird dem Erben aber nur auf Antrag erteilt. Stellt der Erbe einen entsprechenden Antrag, bescheinigt das Nachlassgericht die Person des Erben, den Umfang seines Erbrechts[105] sowie die eventuelle Anordnung einer Nacherbfolge oder einer Testamentsvollstreckung (§ 2363 BGB, 352b FamFG). Das Gesetz sieht verschiedene Arten von Erbscheinen vor.[106] Bedeutsam ist insbesondere der Alleinerbschein, der Teilerbschein, der gemeinschaftliche Erbschein und der gegenständlich beschränkte Erbschein. Der Alleinerbschein (§ 2353 1. Alt. BGB) bezeugt das Alleinerbrecht. Der Teilerbschein (§ 2353 2. Alt. BGB) bezeugt das Recht eines Miterben am Nachlass. Der gemeinschaftliche Erbschein (§ 352e FamFG) führt hingegen alle Miterben im Erbschein auf und gibt an, mit welcher Quote jeder der Erben Erbe ist.[107] Der gegenständlich beschränkte Erbschein (§ 352c FamFG) eröffnet bei Vermögen im In- und Ausland die Möglichkeit, einen Erbschein beschränkt auf die im Inland befindlichen Nachlassgegenstände zu beantragen.

40 **b) Das Erbscheinsverfahren.** Den beantragten Erbschein hat das Nachlassgericht zu erteilen, wenn das Nachlassgericht die zur Begründung des Antrags erforderlichen Tatsachen für festgestellt erachtet, also von der Richtigkeit des Antrags überzeugt ist, § 352e FamFG.[108] Da das Erbscheinsverfahren ein Verfahren der **freiwilligen Gerichtsbarkeit** ist, hat das Nachlassgericht, wenn Zweifel an den Tatsachen bestehen, von Amts wegen die erforderlichen Ermittlungen einzuleiten und gegebenenfalls Beweise zu erheben. Ebenso ist es verpflichtet, wenn es nach Erlass des Erbscheins Kenntnisse erlangt, die Zweifel an der Richtigkeit aufkommen lassen, diesen Zweifeln nachzugehen. Ergibt sich, dass der erteilte Erbschein unrichtig ist,[109] so hat ihn das Nachlassgericht einzuziehen oder, falls er nicht sofort erlangt werden kann, durch Beschluss für kraftlos zu erklären, §§ 2361 BGB, 353 FamFG.

41 Durch die Erteilung des Erbscheins wird im Ergebnis nur deklaratorisch das Erbrecht bezeugt; die Erteilung des Erbscheins stellt **keine rechtskräftige Entscheidung über die Erbenstellung** dar. Eine rechtskräftige Entscheidung über das Erbrecht können die Beteiligten nicht im Verfahren der freiwilligen Gerichtsbarkeit, sondern nur in einem Verfahren vor den **Prozessgerichten** erlangen, beispielsweise indem derjenige, der sich einer Erbenstellung berühmt, gegen den, der seine Erbenstellung bezweifelt, Feststellungsklage mit dem Antrag einleitet, dass sein Erbrecht festgestellt wird.[110] Sollte parallel zu der Feststellungsklage ein Erbscheinsantrag anhängig sein, so ist das Nachlassgericht nach allgemeiner Ansicht verpflichtet, das Erbscheinsverfahren bis zur Entscheidung vor dem Pro-

---

[103] Dabei bezieht sich der Gutglaubensschutz nur auf das Erbrecht und nicht etwa darauf, dass ein Gegenstand zum Nachlass gehört und im Eigentum des Erblassers stand. Insoweit kommt es auf die allgemeinen Gutglaubensvorschriften an, insbesondere auf die §§ 892ff., 932ff. BGB.
[104] Vgl. MüKoBGB/*Grziwotz* § 2367 Rn. 9.
[105] Die Angabe erfolgt in Bruchteilen, beispielsweise „zu einem Drittel".
[106] Hierzu MAH ErbR/*Bregulla-Weber* § 51 Rn. 36.
[107] Vgl. *Brox* Rn. 614.
[108] Zum Erbscheinsverfahren im Einzelnen MAH ErbR/*Bregulla-Weber* § 51 Rn. 11.
[109] Gleiches gilt, wenn trotz Prüfung erhebliche Zweifel an der Richtigkeit des Erbscheines fortbestehen, vgl. MüKoBGB/*Grziwotz* § 2361 BGB Rn 27; *Lange/Kuchinke*, 1028; BayObLG NJW-RR 1997, 836; BayObLG FamRZ 1997, 1370.
[110] Allg. zum Verhältnis Erbscheins- und Streitverfahren *Lange/Kuchinke*, 1018ff.; *Ebenroth* Rn. 1057ff.

zessgericht auszusetzen.[111] Im Übrigen ist das Nachlassgericht an eine rechtskräftige Entscheidung des Prozessgerichts gebunden. Das Nachlassgericht kann das Erbrecht mithin im Erbschein nicht abweichend vom Ergebnis des Prozessgerichts bezeugen.[112]

Die Erteilung des Erbscheines ist nicht kostenfrei. Vielmehr entsteht eine volle Gebühr aus dem Nachlasswert (Nr. 12210 der Anlage 1 zu § 3 Abs. 2 GNtKG, § 40 GNotKG).[113] Wird die eidesstattliche Versicherung nach § 352 Abs. 3 FamFG nicht bereits im Erbscheinsantrag zur Niederschrift des Nachlassgerichts erklärt, entsteht eine weitere volle Gebühr (vgl. Anm. zu Nr. 12210, Vorbemerkung Teil 1 Abs. 2 iVm. Nr. 23300 der Anlage 1 zu § 3 Abs. 2 GNotKG).[114] Der Erbe sollte sich hinsichtlich der Kosten genau überlegen, ob er tatsächlich einen Erbschein benötigt. Liegt beispielsweise ein öffentliches Testament vor, genügt dies jedenfalls den Grundbuchämtern zum Nachweis der Nachfolge hinsichtlich der Umschreibungsanträge, § 35 Abs. 1 S. 2 GBO.[115] Banken und Sparkassen, die oft spontan die Vorlage eines Erbscheins fordern, sind daran zu erinnern, dass gemäß der AGB-Banken und der AGB-Sparkassen die Kreditinstitute auf die Vorlage eines Erbscheines verzichten können, wenn sich die Nachfolge aus einem eröffneten Testament ergibt.[116] **42**

Ist ein Erbschein nötig, kann der Erbe selbst einen Antrag beim Nachlassgericht stellen. Der Antrag ist nicht formbedürftig. Er muss alle Angaben, die gemäß §§ 352 ff. FamFG notwendig sind, enthalten. Zudem bedarf es grundsätzlich der eidesstattlichen Versicherung nach § 352 Abs. 3 S. 3 FamFG. Das Nachlassgericht kann dem Antragsteller die Versicherung erlassen, wenn es sie für nicht erforderlich hält, § 352 Abs. 3 S. 4 FamFG. **43**

IV. Die Miterbengemeinschaft

1. Das Gesamthandsprinzip

Oft fällt der Nachlass nicht an einen Alleinerben, sondern an mehrere Erben, die eine sog. Miterbengemeinschaft bilden. Das Recht der Miterbengemeinschaft ist in §§ 2032 bis 2063 BGB geregelt. Die Miterbengemeinschaft ist nicht auf Dauer angelegt, sondern sie ist eine so genannte Liquidationsgemeinschaft: Ziel ist die Auseinandersetzung und die Aufteilung des Nachlasses unter den Miterben. Gleichwohl muss geregelt werden, wie der Nachlass bis zur Auseinandersetzung und Teilung des Nachlassvermögens zu verwalten ist. Die §§ 2032 ff. BGB bestimmen daher insbesondere, wie der Nachlass den Erben anfällt, wie sie ihn zu verwalten haben und wie der Nachlass unter ihnen – nach Befriedigung der Gläubiger – zu teilen ist, wenn der Erblasser keine bestimmten Anordnungen für die Teilung getroffen hat. Dieser Reihenfolge folgt der Gang der folgenden Darstellung. **44**

Zum Verständnis vieler Vorschriften aus dem Recht der Miterbengemeinschaft ist es wichtig zu wissen, dass der Nachlass den Miterben als **Gesamthandsgemeinschaft** zu- **45**

---

[111] MüKoBGB/*Grziwotz* § 2353 Rn. 111; vgl. aber auch BayObLG NJW-RR 1995, 779, zur Aussetzung des Streites vor dem Prozessgericht bis zur Entscheidung über das Erbscheinsverfahren.
[112] MüKoBGB/*Grziwotz* § 2353 Rn. 109.
[113] Bei der Festsetzung des Geschäftswerts sind von dem Nachlasswert im Zeitpunkt des Erbfalls die vom Erblasser herrührenden Verbindlichkeiten abzuziehen, § 40 Abs. 1 GNotKG (nicht jedoch die sog. Erbfallschulden wie zB aus Pflichtteilsansprüchen und Vermächtnissen).
[114] MAH ErbR/*Bregulla-Weber* § 51 Rn. 32.
[115] Dies gilt allerdings nur, wenn die Nachfolge auch klar aus dem öffentlichen Testament hervorgeht, durch sie folglich als nachgewiesen gilt, vgl. § 35 Abs. 1 S. 2 aE GBO; verbleiben konkrete Zweifel, die nur durch weitere Ermittlungen über außerhalb der Urkunde liegende Umstände geklärt werden können (Wille des Erblassers, tatsächliche Verhältnisse), kann das Grundbuchamt auch bei Vorliegen eines öffentlichen Testaments die Vorlage eines Erbscheins (oder Europäischen Nachlasszeugnisses) verlangen. Zum Europäischen Nachlasszeugnis vgl. MAH ErbR/*Bregulla-Weber* § 51 Rn. 55.
[116] Grundsätzlich besteht auch kein gesetzlicher Anspruch der Banken und Sparkassen auf Vorlage eines Erbscheins bei Vorhandensein eines eröffneten öffentlichen Testamentes, vgl. BGH ZEV 2005, 388; selbst die Vorlage eines eröffneten eigenhändigen Testamentes kann ausreichend sein, vgl. BGH NJW 2016, 2409.

steht, § 2032 Abs. 1 BGB.[117] Dies hat zur Folge, dass der Nachlass jedem der Erben als Sondervermögen – zusammen mit den anderen Miterben – gehört. Dem Einzelnen gehört also nicht der jeweils sich aus seiner Erbquote ergebende Bruchteil an einzelnen Nachlassgegenständen,[118] sondern ausschließlich der jeweilige Anteil am gesamten Nachlass. Daher kann kein Miterbe über den seiner Erbquote entsprechenden Anteil an einzelnen Nachlassgegenständen verfügen; er kann nur über seinen **Anteil am gesamten Nachlass** verfügen, § 2033 BGB. Gemeinsam können die Miterben auch vor der Teilung über einzelne Nachlassgegenstände verfügen, § 2040 BGB.

46 Die Erhaltung des Nachlasses als gesamthänderisch gebundenes Sondervermögen[119] der Miterben ist unter anderem[120] gemäß § 2041 BGB durch das **Prinzip der Surrogation** gesichert.[121] Danach gehört zum Nachlass alles, was als Ersatz für die Zerstörung, Beschädigung oder Entziehung von Nachlassgegenständen in den Nachlass gelangt ist, beispielsweise Leistungen von Versicherern aufgrund Zerstörung von Nachlassgegenständen. Weiterhin gehört aufgrund der Surrogation auch alles zum Nachlass, was durch ein Rechtsgeschäft erworben wurde, das sich auf den Nachlass bezieht, insbesondere also Geld beim Verkauf einzelner Nachlassgegenstände.

47 **a) Die Verfügung über den Miterbenanteil.** Wie bereits kurz ausgeführt, kann kein Erbe über einzelne Nachlassgegenstände verfügen, wohl aber über seinen Anteil an der Erbschaft, § 2033 Abs. 1 BGB (vgl. hierzu auch → Rn. 90 ff.). Damit ist es dem Erben möglich, ohne die Auseinandersetzung abzuwarten, seinen Erbteil ganz oder zum Teil[122] zu verwerten, sei es durch Veräußerung oder durch Belastung.[123] Diese Möglichkeit ist von besonderer Relevanz, wenn der Erblasser gemäß § 2044 BGB die Auseinandersetzung aufgeschoben hat, zumal der Erblasser die genannte Verfügungsbefugnis über den Miterbenanteil nicht beschränken kann.[124] Die Veräußerung des Anteils wird häufig auch dann erwogen, wenn der Erblasser Testamentsvollstreckung angeordnet hat, die dem Erben nicht passt: Veräußert er seinen Anteil, bleibt zwar der Anteil weiterhin durch die Testamentsvollstreckung beschwert, nicht aber der Erlös, den der veräußernde Miterbe erhält.[125] Die Verfügung über den Anteil muss **notariell** beurkundet werden.[126] Dieses Erfordernis gilt auch für das der Verfügung zugrunde liegende Kausalgeschäft, § 2033 Abs. 1 S. 2 BGB.[127] Durch die Übertragung rückt der Erwerber in die Stellung des veräu-

---

[117] Das Gesamthandsprinzip findet sich im bürgerlichen Recht nur noch in der GbR und in dem (seltenen) ehelichen Güterstand der Gütergemeinschaft.
[118] So wäre die Situation bei der Bruchteilsgemeinschaft.
[119] Zur Frage der Rechtsfähigkeit der Erbengemeinschaft vgl. BGH ZEV 2002, 504 mit Anm. *Marotzke*. In dieser Entscheidung hat der BGH klargestellt, dass aus der Anerkennung der Rechtsfähigkeit der GbR (NJW 2001, 1056) nicht die Rechtsfähigkeit der Erbengemeinschaft folgt. Ein von einem Vertreter der Miterbengemeinschaft abgeschlossener Mietvertrag kommt daher nicht mit der Erbengemeinschaft, sondern mit den einzelnen Miterben zustande. Zu Fragen der Rechtsanwaltsgebühren bei Vertretung einer Erbengemeinschaft (Erhöhungsgebühr) vgl. BGH ZEV 2004, 246 mAnm *Klinger*.
[120] Beispielsweise durch die Nichtgeltung der Grundsätze der Konfusion oder Konsolidation, insbesondere gehen Forderungen des Erblassers gegen Miterben nicht unter, sondern stehen der Miterbengemeinschaft gegen den schuldenden Miterben zu; vgl. insgesamt hierzu *Brox* Rn. 469 f.
[121] Vgl. die anderen Surrogationsvorschriften im Erbrecht, §§ 2111, 2019 BGB, allg. *Lange/Kuchinke* § 41; BGH MittBayNot 2000, 325 (zur Kettensurrogation).
[122] Die Verfügung über einen Bruchteil des Anteils gilt als zulässig, vgl. *Lange/Kuchinke*, 1088, auch zu der Frage, in welchem Verhältnis der Bruchteilskäufer zum Nachlass und zum veräußernden Miterben steht.
[123] Vgl. zur Belastung durch Verpfändung sowie Einräumung eines Nießbrauches *Ebenroth* Rn. 737, 738.
[124] OLG Düsseldorf FamRZ 1997, 769.
[125] Alternativ kann sich der Miterbe, soweit er pflichtteilsberechtigt ist, auch durch Ausschlagung von dem mit Testamentsvollstreckung beschwerten Anteil befreien, er kann dann gleichwohl seinen Pflichtteil liquidieren, § 2306 Abs. 1 BGB, zu Ausschlagung und Nachlassbeteiligung s. auch die Empfehlung unter → § 20 Rn. 42.
[126] Vgl. *Keller*, Formproblematik der Erbteilsveräußerung.
[127] Anders als beispielsweise im GmbH-Recht (§ 15 Abs. 4 S. 2 GmbHG) oder in § 311b S. 2 BGB heilt die formgültige Übertragung nicht das formunwirksam geschlossene Kausalgeschäft, vgl. Palandt/*Weidlich* BGB § 2033 Rn. 9; aA *Brox* Rn. 477, 799; s. → Rn. 90.

ßernden Miterben, insbesondere in die Miterbengemeinschaft, ein, ohne selbst zum Miterben zu werden.[128] Er haftet für die Nachlassverbindlichkeiten, ist ausgleichspflichtig (§ 2050 ff. BGB), und unterliegt allen sonstigen Beschränkungen und Beschwerungen, beispielsweise aufgrund Testamentsvollstreckung oder Vermächtnissen.

Verkauft ein Miterbe seinen Anteil an einen Dritten, sind die übrigen Miterben zum **48 Vorkauf** berechtigt, §§ 2034 ff., 463 ff. BGB.[129] Das Gesetz hilft so der Erbengemeinschaft, das Eindringen Fremder zu verhindern. Das Vorkaufsrecht besteht nicht, wenn der Miterbe seinen Anteil verschenkt oder an einen anderen Miterben veräußert. Entgegen dem leicht missverständlichen Wortlaut des § 2037 BGB entsteht kein neues Vorkaufsrecht der Miterben, wenn der Käufer seinerseits den Miterbenanteil weiterverkauft.[130]

b) Die Verwaltung des Nachlasses. Die Verwaltung des Nachlasses umfasst alle tatsächlichen und rechtlichen Maßnahmen zur Erhaltung, Sicherung und Vermehrung des Nachlasses einschließlich des Ziehens von Nutzungen und des Bestreitens von Nachlassverbindlichkeiten.[131] Die Verwaltung ist in den §§ 2038 bis 2040 BGB relativ dürftig geregelt. Das Verständnis dieser Regelungen wird zudem dadurch verkompliziert, dass die §§ 2038 ff. BGB die Verwaltungsbefugnisse nicht innerhalb der vertrauten Begrifflichkeit von Geschäftsführung und Vertretung regeln, sondern in den Kategorien Verwaltung des Nachlasses und Verfügung über Nachlassgegenstände. Das Begriffspaar „Verwaltung und Verfügung" kann aber nicht synonym zum Begriffspaar „Geschäftsführung und Vertretung" verwendet werden, vielmehr kann beispielsweise die Verwaltung des Nachlasses sowohl Geschäftsführungs- als auch Vertretungsmaßnahmen umfassen.[132] Zur Klarstellung der Befugnisse hat sich aber eine an die Begriffe von Geschäftsführung und Vertretung angelehnte Unterscheidung in Aufgaben im **Innenverhältnis** (Beschlussfassung über Verwaltungsmaßnahmen im Innenverhältnis, zum Beispiel über den Verkauf eines Nachlassgrundstückes) und die Aufgaben im **Außenverhältnis** (Befugnis, die Miterbengemeinschaft nach außen zu vertreten, zum Beispiel bei der Veräußerung eines Nachlassgrundstückes) eingebürgert.[133]

aa) Das Innenverhältnis. Im Innenverhältnis ist zunächst gemäß § 2038 Abs. 1 S. 2 **50** BGB jeder Erbe den anderen Miterben gegenüber zur Mitwirkung an der Nachlassverwaltung verpflichtet.[134] Folgende Mehrheitserfordernisse gilt es zu beachten: Grundsätzlich reicht zur **ordnungsgemäßen Nachlassverwaltung** die einfache Stimmenmehrheit aus, §§ 2038 Abs. 2, 745 BGB.[135] **Notmaßnahmen** darf jeder einzelne Miterbe treffen, § 2038 Abs. 1 S. 2, 2. Hs. BGB. Die nicht ordnungsgemäße Verwaltung bedarf der Mitwirkung aller Erben.[136] Zur Verwaltung gehören alle Maßregeln zur Verwahrung, Siche-

---

[128] Der Erbteilskäufer wird zwar Gesamthänder, aber nicht selbst Miterbe, diese Stellung bleibt beim veräußernden Erben. Deshalb ist auch in einem Erbschein der Miterbe und nicht der Erbteilskäufer aufzuführen, vgl. Palandt/*Weidlich* BGB § 2033 Rn. 7.
[129] Vgl. im Einzelnen *Ann* ZEV 1994, 343.
[130] § 2037 BGB hat nur Bedeutung, wenn die Weiterveräußerung innerhalb der Frist erfolgt, die § 2034 Abs. 2 BGB den Miterben gewährt. Wird noch innerhalb dieser 2-Monats-Frist der Erbteil weiterverkauft, können die Miterben ihr noch bestehendes Vorkaufsrecht dem neuen Erwerber gegenüber ausüben, vgl. Palandt/*Weidlich* BGB § 2037 Rn. 1.
[131] Palandt/*Weidlich* BGB § 2038 Rn. 3.
[132] Vgl. *Kipp/Coing*, 612; MüKoBGB/*Gergen* § 2038 Rn. 6.
[133] *Lange/Kuchinke*, 1107; aA wohl *Kipp/Coing*, 612 ff.; MüKoBGB/*Gergen* § 2038 Rn. 2, 15.
[134] Der einzelne Miterbe kann zB gegen andere, sich weigernde, Erben klagen, der Vermietung eines Nachlassgrundstückes zuzustimmen, soweit die Vermietung im Rahmen ordnungsgemäßer Verwaltung liegt, vgl. MüKoBGB/*Gergen* § 2038 Rn. 2, 24. Die Verpflichtung zur Mitwirkung an Verwaltungsbeschlüssen ist iÜ zu differenzieren von der Frage, inwieweit der einzelne Miterbe gehalten ist, für den Nachlass tätig zu werden. Dies hängt auch von seiner räumlichen Nähe zum Nachlass und seiner Eignung ab, vgl. *Lange/Kuchinke*, 1117.
[135] Vgl. *Muscheler* ZEV 1997, 222 (224), *Werkmüller* ZEV 1999, 218.
[136] *Lange/Kuchinke*, 1112; *Brox* Rn. 491.

rung, Erhaltung und Vermehrung sowie zur Gewinnung der Nutzung und Bestreitung der laufenden Verbindlichkeiten.[137] Die Ordnungsmäßigkeit einer Maßnahme ist aus objektiver Sicht zu beurteilen; entscheidend ist der Standpunkt einer vernünftig und wirtschaftlich denkenden Person.[138] Liegt die Maßnahme nach vernünftigen, wirtschaftlichen Maßstäben im Interesse aller Miterben und führt sie keine wesentliche Veränderung des Nachlasses herbei (§§ 2038 Abs. 2, 745 Abs. 3 BGB), ist jeder Miterbe verpflichtet, an ihr mitzuwirken (§ 2038 Abs. 1 S. 2, 1. HS. BGB).[139] Alles was darüber hinausgeht, bedarf hingegen eines einstimmigen Beschlusses, etwa der Aufbau eines zerstörten Hauses (im Gegensatz zu einer normalen Reparatur, die ordnungsgemäßer Verwaltung entspricht), der Wechsel der Branche eines zum Nachlass gehörenden Unternehmens etc.[140] Notmaßnahmen schließlich sind dringliche Maßnahmen, die im Interesse der Sache und im Rahmen ordnungsgemäßer Verwaltung unverzüglich angeordnet werden müssen, um eine Gefahr oder einen Schaden abzuwenden, die einzutreten drohen, wenn zunächst die Zustimmung der übrigen Miterben eingeholt werden würde.[141]

51 Vor der Auseinandersetzung ist jeder Miterbe zum **Gebrauch** der Nachlassgegenstände befugt, soweit sein Gebrauch nicht die Gebrauchsmöglichkeiten der Miterben beeinträchtigt, §§ 2038 Abs. 2, 743 Abs. 2 BGB.[142] Werden einzelne Miterben im Rahmen der Nachlassverwaltung tätig und entstehen ihnen **Aufwendungen,** so regelt sich der Ersatz dieser Aufwendungen nach Auftragsrecht, wenn sie durch Mehrheitsbeschluss zu den Handlungen beauftragt waren, oder, wenn kein Auftrag vorlag, nach dem Recht der Geschäftsführung ohne Auftrag (§§ 683 ff. BGB) bzw. bei Aufwendungen im Rahmen der Notverwaltung nach §§ 2038 Abs. 1 S. 2, 2. Hs., Abs. 2, 748 BGB.[143] Schließlich sind sich die Miterben untereinander in gewissen Fallkonstellationen **auskunftspflichtig,** etwa wenn ein Miterbe Nachlassgegenstände in Besitz hat (§ 2027 BGB), er mit dem Erblasser in häuslicher Gemeinschaft lebte (§ 2028 BGB → Rn. 89) oder soweit er Geschäfte ohne Auftrag führte (§§ 666, 681 BGB). Eine allgemeine Auskunftspflicht besteht indes unter Miterben nicht.

52 **bb) Das Außenverhältnis.** Im Außenverhältnis ist zu beachten, dass die Umsetzung der im Innenverhältnis beschlossenen Verwaltungsmaßnahmen ein Handeln der Miterben voraussetzt, das von einer entsprechenden gesetzlichen oder rechtsgeschäftlich begründeten **Vertretungsmacht** gedeckt sein muss. Mangels Rechtsfähigkeit der Erbengemeinschaft bezieht sich die Vertretungsmacht auf die Mitglieder der Erbengemeinschaft und nicht auf die Erbengemeinschaft als solche. Auch und gerade im Außenverhältnis ist es für die Miterben wichtig zu wissen, mit welchen Mehrheiten sie rechtswirksam handeln können. Dabei ist wiederum zwischen den unterschiedlichen Arten von Geschäften zu unterscheiden:

53 Bei **Verpflichtungsgeschäften** (Vermietung von Nachlassgegenständen, Abschluss von Werkverträgen zur Reparatur von Nachlassgegenständen, Aufnahme von Krediten etc.), die ordnungsgemäßer Verwaltung dienen, genügt ein Handeln der Miterbenmehrheit.[144] Insoweit folgen die Mehrheitserfordernisse denen des Innenverhältnisses. Gleiches gilt für Verpflichtungsgeschäfte, die Notverwaltungsmaßnahmen darstellen; hier kann der einzeln handelnde Miterbe wirksam die Miterbengemeinschaft vertreten. Zur Umsetzung nicht ordnungsgemäßer Verwaltungsmaßnahmen bedarf es jedoch eines gemeinschaftlichen

---

[137] BGH NJW 2010, 765 (767 und 768).
[138] BGH NJW 2010, 765 (768); Palandt/*Weidlich* BGB § 2038 Rn. 6.
[139] Palandt/*Weidlich* BGB § 2038 Rn. 6 und 8.
[140] MüKoBGB/*Gergen* § 2038 Rn. 33.
[141] Vgl. *Ebenroth* Rn. 755; *Brox* Rn. 494.
[142] Vgl. *Lange/Kuchinke,* 1115 ff. (auch zu Streitigkeiten, wenn mehrere Miterben Nachlassgegenstände gleichzeitig nutzen wollen); *Brox* Rn. 499.
[143] Vgl. *Brox* Rn. 498; *Lange/Kuchinke,* 1118; *Ebenroth* Rn. 757.
[144] BGH NJW 1971, 1265.

IV. Die Miterbengemeinschaft § 19

Handelns aller Miterben. **Willenserklärungen,** die gegenüber der Miterbengemeinschaft abzugeben sind, müssen stets allen Miterben zugehen.[145] Bei der **Geltendmachung von Nachlassansprüchen** genügt die Handlung nur eines Miterben: Jeder Miterbe kann die Leistung verlangen, allerdings nur an alle Miterben, § 2039 BGB.

Anders ist allerdings die Lage bei **Verfügungsgeschäften** (Übertragung, Belastung, Änderung von Rechten, aber auch Erklärung der Anfechtung, Kündigung etc.):[146] Während allgemein anerkannt ist, dass Verfügungsgeschäfte, die Notverwaltungsmaßnahmen darstellen, von einem Erben gemäß § 2038 Abs. 1 S. 2, 2. Hs. BGB wirksam abgeschlossen werden können (etwa der Notverkauf verderblicher Ware oder die Erhebung einer gesellschaftlichen Anfechtungsklage)[147] und Verfügungsgeschäfte, die nicht ordnungsgemäßer Verwaltung entsprechen, gemeinsames Handeln aller Miterben verlangen, sind die Mehrheitserfordernisse bei der wichtigen Gruppe der Verfügungen, die ordnungsgemäßer Verwaltung entsprechen, sehr streitig.[148] Die Frage ist, ob die Regelung des § 2040 Abs. 1 BGB für Verfügungen über einen Nachlassgegenstand ausnahmslos anwendbar ist oder ob §§ 2038 Abs. 1 S. 2, 1. HS, Abs. 2, 745 Abs. 1 BGB im Falle mehrheitlich beschlossener Maßnahmen der ordnungsgemäßen Verwaltung des Nachlasses gegenüber § 2040 Abs. 1 BGB vorrangig ist.[149] Zum Teil wird entsprechend dem Wortlaut des § 2040 BGB gemeinsames Handeln gefordert,[150] zum Teil wird argumentiert, dass eine von der Mehrheit beschlossene Maßnahme ordnungsgemäßer Verwaltung auch von der Mehrheit umgesetzt werden könne, § 2040 BGB insoweit also von § 2038 BGB verdrängt werde.[151] Der Senat für Landwirtschaftssachen des BGH hat in seiner Entscheidung vom 28.4.2006 die Streitfrage, mit der er sich eingehend befasst hat, im Ergebnis offengelassen, allerdings zum Ausdruck gebracht, dass er die strikte Einhaltung des bislang vom BGH[152] vertretenen Prinzips des gemeinschaftlichen Handelns bei Verfügungen gemäß § 2040 BGB jedenfalls dann nicht für richtig erachte, wenn sich die Verfügungen nicht nachteilig auf den Nachlassbestand auswirkten.[153] Der 12. Zivilsenat des BGH hat sich in seiner Entscheidung vom 11.11.2009 zumindest für den Fall der Kündigung eines Mietverhältnisses der Auffassung angeschlossen, nach der § 2038 BGB Anwendung findet; das heißt, die Erben folglich ein Mietverhältnis über eine zum Nachlass gehörende Sache wirksam mit Stimmenmehrheit kündigen können, wenn sich die Kündigung als Maßnahme ordnungsge-

54

---

[145] *Lange/Kuchinke,* 1120.
[146] *Brox* Rn. 506; *Lange/Kuchinke,* 1130.
[147] BGH WM 1989, 1090.
[148] Ausführlich zum Meinungsstreit und -stand BGH NJW 2010, 765 (766 ff.).
[149] BGH NJW 2010, 765 (766); vgl. auch BGH NJW 2007, 150 (151). Ausführlich zu den Erfordernissen der Entscheidungen in der Erbengemeinschaft (einschließlich Kommentierung der relevanten BGH-Entscheidungen) *Stützel* NJW 2013, 3543 ff. Zur Geschäftsführung und Vertretung bei der Erbengemeinschaft *Löhning* ErbR 2007, 50 ff.
[150] BGH NJW 1963, 244; *Brox* Rn. 507; *Lange/Kuchinke,* 1131; MüKoBGB/*Gergen* § 2040 Rn. 5.
[151] *Kipp/Coing,* 618; *Ebenroth* Rn. 765.
[152] Vgl. BGH NJW 1963, 244 ff.
[153] BGH NJW 2007, 150 (151), allerdings differenzierend und im Ergebnis offenlassend: „Viel spricht deshalb für die Auffassung, dass Verfügungen über einen Nachlassgegenstand als Maßnahmen ordnungsmäßiger Nachlassverwaltung wirksam mit Stimmenmehrheit vorgenommen werden können, wenn dadurch die auf den Erhalt des Nachlassbestands gerichteten Interessen der anderen Miterben nicht beeinträchtigt werden (…). Denn sie steht in Einklang mit dem Zweck der Vorschrift des § 2040 I BGB. Er besteht darin, jeden Miterben (und die Nachlassgläubiger) vor einer Entwertung des Nachlasses zu schützen (…). Dem widerspricht es zum einen, das Einstimmigkeitsprinzip für Verfügungen aufzugeben, mit denen eine Entwertung des Nachlasses verbunden ist. Dabei kommt es nicht darauf an, ob solche Verfügungen zugleich Maßnahmen der ordnungsmäßigen Verwaltung sind (…), die nach § 2038 I 2 Halbs. 1 BGB mit Stimmenmehrheit beschlossen werden können. Entscheidend ist allein, dass diese Verfügungen die Interessen der anderen Miterben an der Sicherung des Nachlassbestands beeinträchtigen. Dem Zweck der Vorschrift widerspricht es aber zum anderen auch, für jede Verfügung das Einstimmigkeitsprinzip zu verlangen, selbst wenn sie nicht zu einer Nachlassentwertung führt. Denn in diesem Fall wird das Sicherungsinteresse der Miterben nicht nachteilig berührt."

mäßer Nachlassverwaltung darstellt.[154] Entsprechendes gelte für die Einziehung einer Nachlassforderung.[155]

55 **cc) Besonderheiten bei Unternehmen und Unternehmensbeteiligungen.** Die Besonderheiten der Unternehmensnachfolge, die sich ergeben, wenn mehrere Erben eine Beteiligung an einer Personalgesellschaft (beispielsweise die **Sondererbfolge**) erben, wurde bereits an anderer Stelle dargestellt (vgl. → § 4 Rn. 24 ff.).

56 **dd) Gestaltungsempfehlungen.** Sind sich die Mitglieder der Erbengemeinschaft einig und empfinden sie die Verwaltung durch alle als unpraktisch, können die Miterben einen oder mehrere Miterben (oder einen Dritten) bevollmächtigen, für die Erbengemeinschaft zu handeln. Mangels Rechtsfähigkeit der Erbengemeinschaft sollte die Vollmacht aber nicht auf „die Erbengemeinschaft" lauten, sondern sich auf die einzelnen Mitglieder der Erbengemeinschaft beziehen. Auch ist erwähnenswert, dass die Rechtsprechung es für die Wirksamkeit einer Verfügung als ausreichend erachtet, wenn Miterben, deren Einwilligungen zum Zeitpunkt der Verfügung nicht vorliegen, die Verfügung später genehmigen.[156] Bei Vornahme einseitiger Rechtsgeschäfte, beispielsweise Kündigungen, müssen allerdings bereits bei Vornahme der Handlung alle Miterben eingewilligt haben, sonst ist das einseitige Rechtsgeschäft nichtig, § 182 Abs. 3 BGB.[157]

57 Sehr häufig sind sich aber die Miterben untereinander nicht einig. Es sollte vom Erblasser nicht verkannt werden, dass bereits ein Miterbe, der, aus welchen Gründen auch immer, mit der Art der Nachlassverwaltung oder -auseinandersetzung nicht einverstanden ist, die Verwaltung und Abwicklung nachhaltig blockieren kann. In aller Regel führt dies zu gerichtlichen Verfahren unter den Miterben, die nicht vor dem Nachlass-, sondern dem Prozessgericht zu führen sind. Diese Entwicklung kann der Testator nur dadurch zu vermeiden versuchen, dass er die Entstehung von Erbengemeinschaft verhindert, etwa nur einen Erben einsetzt und im Übrigen Vermächtnisse zuwendet, oder aber einem Testamentsvollstrecker die Verwaltung und Auseinandersetzung überträgt oder entsprechende Strafklauseln vorsieht (→ § 18 Rn. 11 ff.).

2. Die Auseinandersetzung

58 **a) Die Auseinandersetzung und die Teilung.** Gemäß § 2042 BGB kann grundsätzlich jeder Miterbe die Auseinandersetzung des Nachlasses verlangen. Auseinandersetzung ist die **Liquidation des Nachlasses** durch Abwicklung aller schwebenden Geschäfte, Befriedigung der Nachlassgläubiger sowie anschließender Teilung des verbleibenden Restnachlasses unter den Miterben.[158] Grundsätzlich kann das Verlangen auf Auseinandersetzung nur darauf bezogen werden, dass der gesamte Nachlass geteilt wird. Eine **Teilauseinandersetzung** kann der einzelne Miterbe nicht verlangen, es sei denn, es bestehen gewichtige Gründe oder alle Miterben einigen sich hierauf.[159] Auch eine Art der Teilauseinandersetzung stellt die sog. **Abschichtung** dar, bei der einzelne Miterben gegen Übertragung von Nachlassgegenständen oder gegen Abfindung aus der Miterbengemeinschaft ausscheiden.[160]

---

[154] BGH NJW 2010, 765 (767); ebenso zur Kündigung eines Darlehens OLG Schleswig NJW-RR 2015, 712 ff.
[155] BGH NJW 2013, 166 (167); aA *Stützel* NJW 2013, 3543 (3547), der das Urteil des BGH in doppelter Hinsicht für unrichtig erachtet.
[156] Vgl. auch *Lange/Kuchinke*, 1131.
[157] *Kipp/Coing*, 619.
[158] Sehr instruktiv Keim RNotZ 2003, 375 ff.
[159] Vgl. Palandt/*Weidlich* BGB § 2042 Rn. 9 ff.
[160] Die Abschichtung wird zT auch als persönliche Teilauseinandersetzung bezeichnet, vgl. Palandt/*Weidlich* BGB § 2042 Rn. 10; *Lange/Kuchinke*, 1145. Zu den zu beachtenden Formvorschriften bei Durchführung der Abschichtung beachte einerseits die Rechtsprechung (grundsätzlich formfrei gemäß BGH NJW 1998,

IV. Die Miterbengemeinschaft § 19

Der Erblasser kann gemäß § 2044 BGB anordnen, dass der Nachlass eine gewisse Zeit nach seinem Tod, längstens 30 Jahre oder – ohne Zeitbeschränkung – bis zum Eintritt bestimmter Ereignisse (vgl. § 2044 Abs. 2 S. 2 BGB), nicht auseinander gesetzt wird.[161] Ebenso ist der Nachlass nicht auseinander zu setzen, soweit in der von § 2043 BGB näher beschriebenen Weise Unklarheit über die Personen der Miterbengemeinschaft besteht. Jeder Miterbe kann im Übrigen verlangen, dass die Auseinandersetzung bis zur Beendigung eines Gläubigeraufgebotsverfahrens (→ § 19 Rn. 19) ausgesetzt wird. Schließlich können die Miterben auch untereinander vereinbaren, dass der Nachlass nicht auseinander gesetzt wird.[162] Es sei in diesem Zusammenhang darauf hingewiesen, dass es Miterben im Rahmen der durch § 311b Abs. 4 und 5 BGB gezogenen Grenzen **bereits zu Lebzeiten des Erblassers** möglich ist, Verträge über den Nachlass zu schließen und in diesem Rahmen beispielsweise Auseinandersetzungsvereinbarungen zu treffen.[163]

59

Der Ausschluss der Auseinandersetzung wird beispielsweise gelegentlich angeordnet, um dem überlebenden Ehegatten eine **vertraute Umgebung** zu erhalten: Werden – gerade bei größeren Vermögen zur Erbschaftsteuerersparnis – unmittelbar die Kinder (und nicht zunächst der Ehegatte und dann die Kinder) zu Erben eingesetzt, kann dem überlebenden Ehegatten auch ohne Erbenstellung seine angestammte Umgebung mit Gegenständen des erstverstorbenen Gatten erhalten werden, indem ihm entweder zeitlebens der Nießbrauch am Nachlass der Erstversterbenden zugewendet wird oder er sowohl zum Testamentsvollstrecker ernannt und die Auseinandersetzung auf seine Lebenszeit ausgeschlossen wird. Auch Kombinationen sind möglich. Insbesondere sollte dem überlebenden Ehegatten der Hausrat und die persönliche Habe des erstversterbenden Ehegatten vermacht werden.[164]

60

Die Ausschließung der Auseinandersetzung wirkt **nur obligatorisch, nicht dinglich**, das heißt, die Miterben können sich über das Verbot hinwegsetzen. Ist es dem Erblasser sehr wichtig, dass sich die Miterben auch bei Einigkeit nicht über das Auseinandersetzungsverbot hinwegsetzen, sollte er Testamentsvollstreckung anordnen, damit die Nachlassverwaltung und mithin die Möglichkeit zur Auseinandersetzung den Miterben entzogen wird.[165] Will der Erblasser keine Testamentsvollstreckung anordnen, so kann er mit Strafklauseln versuchen, die Ausschließung durchzusetzen. Beispielsweise kann die Erbeneinsetzung unter die auflösende Bedingung gestellt werden, dass sich der Miterbe an das Auseinandersetzungsverbot hält.[166]

61

Die **Durchführung der Auseinandersetzung** ist in den §§ 2046 ff. BGB und den §§ 752 bis 757 BGB geregelt. Diese Vorschriften haben keinen zwingenden Charakter; es steht dem Erblasser daher frei, letztwillig andere Auseinandersetzungsregeln zu verfügen. Ebenso können die Miterben, sofern Einigkeit unter ihnen besteht, die Auseinandersetzung abweichend von den gesetzlichen Vorschriften oder den Anordnungen des Erblassers vornehmen. Ist Testamentsvollstreckung angeordnet, so obliegt die Auseinandersetzung dem Testamentsvollstrecker, § 2204 BGB.[167] Sind einzelne Miterben minderjährig und zählen

62

1557), andererseits die Literatur mit scharfer Kritik an der Auffassung des BGH, statt aller *Keim* RNotZ 2003, 375 (386); vgl. auch Palandt/*Weidlich* BGB § 2042 Rn. 10.

[161] Das Auseinandersetzungsverbot kann aber aus wichtigem Grund entfallen, vgl. §§ 2044 Abs. 1, 749 Abs. 2 BGB, und ggf. auch dann, wenn ein Miterbe verstirbt, §§ 2044 Abs. 1, 750 BGB. Nachlassgläubiger brauchen das Verbot unter den in § 751 S. 2 BGB genannten Voraussetzungen nicht gegen sich gelten zu lassen, §§ 2044 Abs. 1, 751 BGB, vgl. *Kipp/Coing,* 630.

[162] Vgl. *Lange/Kuchinke,* 1143.

[163] Vgl. Palandt/*Grüneberg* BGB § 311b Rn. 73 ff.

[164] Bsp. in MVHdB VI Bürgerl.R II/*Otto* XII. 20; BeckFormB BHW/*Najdecki* IV. 4, §5.

[165] Allerdings kann sich auch der Testamentsvollstrecker mit Zustimmung aller Miterben und sonstiger Beteiligter über das Verbot hinwegsetzen, vgl. MAH ErbR/*Lorz* § 19 Rn. 89.

[166] *Lange/Kuchinke,* 1142. Die Vereinbarung wirkt nicht gegenüber Nachlassgläubigern, wohl aber gegen Sondernachfolger, §§ 2042 Abs. 2, 751 BGB, vgl. auch im Einzelnen zu den Strafklauseln → § 18 Rn. 11.

[167] Auch dieser kann – bei Zustimmung aller Miterben – von Anordnungen abweichen; MüKoBGB/*Zimmermann* BGB § 2204 Rn. 2.

auch ihre Eltern zu den Miterben, können diese ihre Kinder wegen § 181 BGB grundsätzlich nicht bei der Auseinandersetzungsvereinbarung vertreten. Ohne Bestellung eines Ergänzungspflegers ist daher regelmäßig nur eine Auseinandersetzungsvereinbarung möglich, nach der die Auseinandersetzung streng nach den gesetzlichen Regelungen (§§ 2046 ff BGB) erfolgt, da nur dann die Auseinandersetzung lediglich der Erfüllung der Verbindlichkeit zu dieser dient.[168] Die Auseinandersetzungsvereinbarung bedarf darüber hinaus der familiengerichtlichen Genehmigung, wenn der Vertrag eines der in § 1643 Abs. 1 BGB und § 1822 Nr. 2 BGB genannten Geschäfte enthält.[169] Gemäß § 2046 BGB sind aus dem Nachlass zunächst die Nachlassverbindlichkeiten zu berichtigen.[170] Erforderlichenfalls sind zur **Mittelbeschaffung** Nachlassgegenstände zu verkaufen, § 2046 Abs. 3 BGB.

63 Es ist daran zu erinnern, dass sich die **Haftung der Miterben** nach der Teilung **verschärft** (→ Rn. 26).[171] Es sollte daher im Interesse eines jeden Miterben liegen, bei der vom Gesetz vorgegebenen Reihenfolge der Auseinandersetzung zu bleiben und zunächst die Nachlassgläubiger zu befriedigen.

64 Was nach Begleichung der Nachlassverbindlichkeiten verbleibt, ist unter den Miterben zu **verteilen.** Üblicherweise regeln die Miterben die Frage, welche Nachlassgegenstände wem zugeteilt werden, durch mündlichen oder schriftlichen Auseinandersetzungsvertrag. Für diesen Vertrag gelten alle Formvorschriften, die auch ansonsten bei Übertragungsverträgen zu beachten sind. So bedarf etwa die Verpflichtung zur Übertragung eines Nachlassgrundstückes oder von Geschäftsanteilen einer GmbH an einen der Miterben der **notariellen Beurkundung** (§§ 311b Abs. 1 BGB, 15 Abs. 4 GmbHG).[172] Die Auseinandersetzungsvereinbarung ist schließlich durch Vornahme der entsprechenden dinglichen Vollzugsakte zu vollziehen (Auflassung von Grundstücken, Abtretung von Forderungen etc.).

65 Vermögen sich die Erben – wie oft – nicht über die Auseinandersetzung zu einigen, stehen verschiedene gerichtliche Wege zur Verfügung: Jeder Miterbe kann entweder **Klage auf Auseinandersetzung vor dem Prozessgericht** erheben oder ein **Vermittlungsverfahren vor dem Notar** beantragen, §§ 363 ff FamFG, **bzw. vor dem Nachlassgericht**, soweit Landesrecht dies aufgrund der Ermächtigung in § 487 Abs. 1 Nr. 1, 3 FamG vorsieht. Das Vermittlungsverfahren kann aus zwei Teilen bestehen: aus den vorbereitenden Vereinbarungen über die Art der Teilung (§ 366 FamFG)[173] und daran anschließend dem Auseinandersetzungsplan (§ 368 FamFG), wobei der erste Teil auch übersprungen werden kann.[174] Herzstück des Vermittlungsverfahrens ist mithin der Auseinandersetzungsplan.

66 Bei der Verfahrenswahl ist zu beachten, dass im Vermittlungsverfahren der Notar nur Vorschläge unterbreiten,[175] aber keine Entscheidung gegen den Willen einzelner Miterben treffen kann.[176] Nur wenn alle Miterben einig sind,[177] wird der Auseinandersetzungsplan

---

[168] BGH NJW 1956, 1433; Palandt/*Weidlich* BGB § 2042 Rn. 14.
[169] Palandt/*Weidlich* BGB § 2042 Rn. 14.
[170] Zu den Besonderheiten, wenn Schuldner oder Gläubiger ein Miterbe ist, vgl. *Kipp/Coing*, 633.
[171] Vgl. zu den Ansprüchen eines übergangenen Miterben (etwa weil die anderen Miterben von ihm nichts wussten) *Vollkommer* FamRZ 1999, 350.
[172] Bsp. in MVHdB VI Bürgerl.R II/*Otto* XVII. 1.
[173] Beispiele für vorbereitende Vereinbarungen bei Keidel/*Zimmermann* FamFG § 366 Rn. 5 ff. Vorbereitende Vereinbarungen können nicht gegen den Willen einzelner Miterben getroffen werden. Ausnahme: Im Falle der Säumnis eines Beteiligten, wenn dieser nicht innerhalb einer von dem Notar zu bestimmenden Frist die Anberaumung eines neuen Termins beantragt oder er in dem neuen Termin nicht erscheint, § 366 Abs. 3, 4 FamFG. Wird die vorbereitende Vereinbarung notariell bestätigt (§ 366 Abs. 1 FamFG), wird diese für alle Beteiligten verbindlich (§ 371 Abs. 1 FamFG) und es liegt ein Vollstreckungstitel vor (§ 371 Abs. 2 FamFG).
[174] Keidel/*Zimmermann* FamFG § 368 Rn. 2.
[175] Keidel/*Zimmermann* FamFG § 363 Rn. 17.
[176] Ausnahme: Im Falle der Säumnis eines Beteiligten, wenn dieser nicht innerhalb einer von dem Notar zu bestimmenden Frist die Anberaumung eines neuen Termins beantragt oder wenn er in dem neuen Termin nicht erscheint, (§§ 368 Abs. 2), 366 Abs. 3, 4 FamFG.
[177] Zur Ausnahme in § 366 Abs. 3, 4 FamFG.

IV. Die Miterbengemeinschaft § 19

bzw. die Auseinandersetzungsvereinbarung verbindlich (§ 371 Abs. 1 FamFG); die notariell beurkundete und bestätigte Auseinandersetzungsvereinbarung ist Vollstreckungstitel §§ 368, 371 Abs. 2 FamFG. Gegen ein **Vermittlungsverfahren** spricht vordergründig, dass eine verbindliche Entscheidung nur ergehen kann, wenn alle Miterben mit dem Vorschlag einverstanden sind. Gleichwohl sollte man in aller Regel vor Einleitung einer Klage auf Auseinandersetzung das Vermittlungsverfahren anrufen, obgleich dies nicht Voraussetzung einer Auseinandersetzungsklage ist.[178] Eine durchsetzungsstarke Notarpersönlichkeit kann oft, gleichsam als Moderator, auf die Erbengemeinschaft einwirken und einen Vergleich erzielen. Zudem erspart das Vermittlungsverfahren die teilweise enormen Schwierigkeiten des **Klagverfahrens:**[179] Hier obliegt es dem Kläger, einen Teilungsplan vorzulegen; das Klagziel ist auf Verurteilung der (sich dem Plan widersetzenden) Miterben zur Zustimmung des Plans gerichtet, das Urteil ersetzt gemäß § 894 ZPO die Einwilligung.[180] Dabei muss der Auseinandersetzungsplan alle Schritte, die zur Auseinandersetzung erforderlich sind, beachten, insbesondere Berichtigung der Nachlassverbindlichkeiten und Teilung des verbleibenden Nachlasses unter den Miterben. Sind im Nachlass keine hinreichenden Mittel zur Begleichung der Schulden vorhanden, muss der Teilungsplan auch angeben, welche Gegenstände zur Mittelbeschaffung veräußert werden sollen und wie dies zu geschehen hat (§ 753 BGB). Hat der Erblasser Teilungsanordnungen verfügt, sind diese ebenfalls im Plan zu beachten. Da – abgesehen vom Vorliegen von Teilungsanordnungen – kein Miterbe Anspruch auf Zuweisung bestimmter Nachlassgegenstände hat,[181] hat der Teilungsplan schließlich vorzusehen, dass nach Berichtigung der Nachlassverbindlichkeiten noch vorhandene Nachlassgegenstände, soweit sie teilbar sind, unter den Miterben geteilt und bei Unteilbarkeit nach den Vorschriften über den Pfandverkauf verkauft werden; der Erlös ist sodann unter den Miterben – ggf. unter Beachtung der §§ 2050 ff. BGB (→ Rn. 75 ff.) – zu verteilen, §§ 2047, 752 ff. BGB. Persönliche und familiäre Unterlagen des Erblassers bleiben Gesamthandseigentum der Miterbengemeinschaft, § 2047 Abs. 2 BGB.

Die besonderen Schwierigkeiten des Klagverfahrens resultieren zudem daraus, dass es 67 dem Gericht verwehrt ist, gestaltend in den Plan einzugreifen: Das Gericht kann nur über den Antrag entscheiden. Allerdings hat das Gericht auf sachgemäße Antragstellung hinzuwirken.[182] Zu überlegen ist für den klagenden Miterben, ob er die Klage nicht zugleich mit einer Klage auf Verurteilung zur Zustimmung zu den dinglichen Erklärungen zur Ausführung des Teilungsplanes verbindet.[183] Besteht zwischen den Miterben nur noch hinsichtlich einzelner Nachlassposten Streit, ist im Übrigen die Feststellungsklage einer Auseinandersetzungsklage vorzuziehen.[184]

Relativ einfach ist demgegenüber die **Teilung von Nachlassgrundstücken** zu er- 68 zwingen: Hier kann – außerhalb und unabhängig von den vorstehend erwähnten Klagen[185] – das Teilungsversteigerungsverfahren, §§ 180 ZVG, aufgerufen werden. Nach der Versteigerung wird der Erlös unter den Miterben verteilt. Können sich die Miterben auch über die Teilung des Erlöses nicht einigen, wird das Gericht den Erlös für die Miterben

---

[178] Palandt/*Weidlich* BGB § 2042 Rn. 20.
[179] Zu den Vorteilen des Vermittlungsverfahrens gegenüber der Erbteilungsklage Keidel/*Zimmermann* FamFG § 363 Rn. 13.
[180] Palandt/*Weidlich* BGB § 2042 Rn. 21.
[181] *Ebenroth* Rn. 771.
[182] Palandt/*Weidlich* BGB § 2042 Rn. 21.
[183] Palandt/*Weidlich* BGB § 2042 Rn. 21.
[184] Vgl. OLG Düsseldorf ZEV 1996, 395.
[185] Einem isolierten Antrag auf Teilungsversteigerung kann nicht entgegengehalten werden, es handele sich um eine unzulässige Teilauseinandersetzung. Ebenso kann die Auseinandersetzungsklage erhoben werden, ohne dass zugleich die Teilungsversteigerung betrieben werden muss, vgl. *Steiner* ZEV 1997, 91 mwN; OLG Köln NJW-RR 1997, 519.

hinterlegen. Die Miterben müssen dann gegebenenfalls auf Zustimmung des ihnen jeweils gebührenden Betrages gegen die (sich weigernden) Miterben klagen.[186]

69 Schließlich sind bei der Auseinandersetzung evtl. Auseinandersetzungsanordnungen durch den Erblasser zu beachten:

70 **aa) Teilungsanordnungen und Vorausvermächtnisse.** Auseinandersetzungsanordnungen treten sehr oft in der Form der Teilungsanordnungen (§ 2048 BGB) auf. Diese Teilungsanordnungen sind einerseits von bloßen Wünschen des Erblassers und andererseits von Vorausvermächtnissen abzugrenzen (dazu → § 18 Rn. 41 ff.). Steht fest, dass es sich um eine Teilungsanordnung handelt, so kann der begünstigte Miterbe verlangen, dass ihm der betreffende Gegenstand durch den Teilungsplan zugewiesen wird; der Nachlassgegenstand fällt ihm nicht unmittelbar zu. Eine **Sondererbfolge,** bei der Nachlassgegenstände trotz Bestehens einer Miterbengemeinschaft sofort und unmittelbar einzelnen Erben zufallen, gibt es nur[187] im Bereich der Unternehmensnachfolge (→ § 4 Rn. 32). Nach Zuteilung eines Gegenstandes haften die übrigen Miterben dem übernehmenden Miterben nach den Vorschriften des Gewährleistungsrechts, §§ 2042 Abs. 2, 757, 434 ff. BGB. Da Teilungsanordnungen keinen Einfluss auf die Miterbenquote haben, kann es sich ergeben, dass ein Miterbe den anderen Miterben gegenüber **ausgleichspflichtig** wird (→ § 18 Rn. 42). Eine Auseinandersetzungsanordnung muss sich aber nicht auf die Zuweisung bestimmter Gegenstände beschränken. Der Erblasser kann beispielsweise auch regeln, wer bestimmte Nachlassverbindlichkeiten zu tragen hat.[188] Besteht Einigkeit unter den Miterben, können sie sich einvernehmlich über die Auseinandersetzungsanordnungen hinwegsetzen.[189]

71 **bb) Übernahmerecht.** Statt relativ verbindlicher Teilungsanordnungen kann der Erblasser auch lediglich Übernahmerechte anordnen. Diese gewähren dem begünstigten Miterben das Recht, aber nicht die Pflicht, den entsprechenden Gegenstand zu übernehmen. In der Regel schuldet der Miterbe, wenn er das Übernahmerecht ausübt, den anderen Miterben Wertausgleich. Ordnet der Erblasser an, dass der Miterbe keinen Wertausgleich zu leisten hat, handelt es sich um ein Vorausvermächtnis, das unter der auflösenden Bedingung der Rechtsausübung gewährt wurde.[190]

72 **cc) Gestaltungsempfehlungen.** Es ist jedem Erblasser, der nicht nur an einen Alleinerben vererben will, sondern an eine Miterbengemeinschaft, angesichts deren sprichwörtlicher Streitanfälligkeit zu empfehlen, möglichst Teilungsanordnungen oder Vorausvermächtnisse anzuordnen, aus denen hervorgeht, wer was erhalten soll.

---

[186] Zu beachten ist, dass der Zuschlag in der Teilungsversteigerung an einen Miterben diesen nicht davon entbindet, das Grundstück zur Erfüllung eines Vermächtnisses an einen anderen Miterben zu übertragen, BGH ZEV 1998, 23.
[187] Im Mietrecht existiert eine Sonderrechtsnachfolge in das Mietrecht, die nicht Sondererbfolge ist, vgl. Lange/Kuchinke, 148.
[188] Entgegen dem insoweit missverständlichen Wortlaut kann der Erbe, der zum Kreis der Pflichtteilsberechtigten gehört, nur dann die Erbschaft ausschlagen und den Pflichtteil verlangen, § 2306 Abs. 1 BGB, wenn die Teilungsanordnung auch tatsächlich das Recht des pflichtteilsberechtigten Erben beeinträchtigt, Palandt/*Weidlich* BGB § 2306 Rn. 3. Dies ist bei Teilungsanordnungen, die Übernahmerechte anordnen, dann nicht der Fall, wenn das Recht den Pflichtteilsberechtigten nicht berührt oder sogar begünstigt, vgl. MüKoBGB/*Lange* 2306 Rn. 12. Zu Ausschlagung und Nachlassbeteiligung s. auch die Empfehlung in § 20 Rn. 42.
[189] Soergel/*Wolf* BGB § 2048 Rn. 2; zur Situation bei Testamentsvollstreckung vgl. MüKoBGB/*Zimmermann* § 2204 Rn. 2.
[190] Nieder/Kössinger/*Kössinger* § 15 Rn. 244.

> **Formulierungsbeispiel Teilungsanordnung:** 73
>
> Ich setze meine beiden Kinder ..., geb. am ..., und ..., geb. am ..., zu meinen alleinigen Erben zu jeweils gleichen Teilen ein.
>
> Für die Teilung des Nachlasses unter den beiden Miterben erteile ich folgende Teilungsanordnungen:
>
> Meine Tochter ... erhält in Anrechnung auf ihren Erbteil mein Grundstück ....
>
> Mein Sohn ... erhält in Anrechnung auf seinen Erbteil meine Beteiligung an der ....
>
> Können sich die Erben im Rahmen der Erbauseinandersetzung nicht über den anzurechnenden Verkehrswert des Grundstücks bzw. der Beteiligung einigen, entscheidet hierüber verbindlich als Schiedsgutachter ein öffentlich bestellter und vereidigter Sachverständiger für die Bewertung von Grundstücken bzw. ein Wirtschaftsprüfer. Können sich alle Miterben nicht innerhalb von acht Wochen nach Aufforderung durch einen Miterben gemeinsam auf einen Sachverständigen bzw. Wirtschaftsprüfer einigen, so ist der Sachverständige bzw. Wirtschaftsprüfer auf Antrag eines jeden Miterben durch den Präsidenten der Industrie- und Handelskammer, in deren Bezirk das betreffende Grundstück belegen ist bzw. die für die Gesellschaft zuständig ist, zu benennen. Die Kosten des Gutachtens tragen alle Miterben entsprechend ihrer Erbquote.

> **Formulierungsbeispiel Vorausvermächtnis:**
>
> Ich setze meine beiden Kinder ..., geb. am ..., und ..., geb. am ..., zu meinen alleinigen Erben zu jeweils gleichen Teilen ein.
>
> Meine Tochter ... erhält im Wege des Vorausvermächtnisses, dh ohne Anrechnung auf ihren Erbteil, mein Grundstück ....
>
> Falls meine Tochter ... nicht Erbin wird, entfällt dieses Vorausvermächtnis ersatzlos. Gleiches gilt, falls das vorgenannte Grundstück zum Zeitpunkt des Erbfalls nicht mehr zu meinem Nachlass gehören sollte.

Nicht wenige Geschwister hätten sich nicht bei der Teilung unheilbar zerstritten, wenn 74 der Erblasser im Einzelnen festgesetzt hätte, was und wie geteilt oder was versilbert wird. Ebenfalls kann sich die Anordnung der Testamentsvollstreckung zur Streitvermeidung empfehlen, da dann dem Testamentsvollstrecker die Auseinandersetzung obliegt, § 2204 BGB. Will der Erblasser keine Testamentsvollstreckung anordnen, ist hilfsweise zu überlegen, ob nicht wenigstens die Aufstellung des Auseinandersetzungsplanes einem Dritten überlassen wird, eine Möglichkeit, die § 2048 S. 2 BGB ausdrücklich vorsieht. Grenze der Entscheidungsfreiheit des Dritten ist billiges **Ermessen,** § 2048 S. 3 BGB. Oft ist es jedoch effektiver, dem Testamentsvollstrecker oder dem Dritten ausdrücklich Ermessen für die Auseinandersetzung zu erteilen (vgl. auch → § 18 Rn. 117). Nur dann sind der Testamentsvollstrecker oder der Dritte letztlich frei, von der gesetzlichen Vorgabe (nach der teilbares Vermögen unter den Erben zu verteilen und unteilbares zu verkaufen ist) abzuweichen. Haben der Testamentsvollstrecker oder der Dritte Ermessen, können sie beispielsweise einen unteilbaren Nachlassgegenstand einem Miterben zuweisen, der ihn unter Anrechnung auf seine Erbquote übernimmt. Endlich kann der Erblasser für Streitigkeiten gerade zu der Frage, wer welchen Gegenstand erhält, eine Schiedsrichterentscheidung vorsehen. Damit grenzt der Erblasser nicht nur den Streit zwischen den Miterben ein, sondern verhindert auch einen Verkauf der Gegenstände, der sonst in letzter Konsequenz, wenn sich die Erben nicht einigen, vorzunehmen ist (§§ 752, 753 BGB). Allerdings kann der Erblasser anordnen, dass Gegenstände nicht an Dritte verkauft werden dürfen. Dann hat die Versteigerung nur unter den Miterben zu erfolgen, § 753 Abs. 1 S. 2 BGB.

75 **b) Ausgleichspflichten (§§ 2050 ff. BGB).** Hat der Erblasser die Erbfolge nicht durch letztwillige Verfügung im Testament geregelt, greift also **gesetzliche Erbfolge,** so sind bei der Auseinandersetzung die §§ 2050 ff. BGB zu beachten. Gleiches gilt im Zweifel, wenn der Erblasser letztwillig verfügt und in seinen Verfügungen die gesetzliche Erbfolge aufgegriffen hat (§ 2052 BGB), was sehr häufig der Fall ist. Die §§ 2050 ff. BGB versuchen dem Grundsatz, dass die Abkömmlinge zu gleichen Teilen erben, dadurch größere Geltung zu verschaffen, dass bestimmte lebzeitige Zuwendungen des Erblassers an seine Kinder in der Auseinandersetzung Berücksichtigung finden. Ausgleichsberechtigt und -verpflichtet sind daher lediglich die Abkömmlinge des Erblassers,[191] nicht hingegen die Ehefrau.

76 **aa) Voraussetzungen.** Drehscheibe der Ausgleichsverpflichtungen ist § 2050 BGB. Diese Norm ordnet bei drei verschiedenen Arten von Zuwendungen Ausgleichspflichten unter den Abkömmlingen an, nämlich bei Ausstattungen, **Zuschüssen,** die als Einkünfte dienen, und bei Aufwendungen für die Berufsbildung (§ 2050 Abs. 1 und Abs. 2 BGB). Unter den Begriff der **Ausstattungen** fallen insbesondere Zuwendungen des Erblassers an den Abkömmling zu dessen Verheiratung oder zur Begründung einer Lebensstellung.[192] Hinsichtlich der Ausgleichspflichten bei **Aufwendungen für die Berufsausbildung** (zum Beispiel Studienkosten) ist zu beachten, dass diese Aufwendungen nur und insoweit ausgleichspflichtig sind, als sie das den Vermögensverhältnissen des Erblassers entsprechende Maß überstiegen haben; der Maßstab sind die Vermögensverhältnisse bei der Zuwendung. Diese Ausgleichspflichten sind aber nicht zwingend; der Erblasser kann anordnen, dass die Zuwendung nicht ausgleichspflichtig ist.[193] Es ist wichtig zu wissen, dass das Gesetz für **sonstige Zuwendungen** gem. § 2050 Abs. 3 BGB **keine** Ausgleichspflicht vorsieht. Der Erblasser kann jedoch den Zuwendungsempfänger zum Ausgleich verpflichten.[194] Eine solche Anordnung, die eine gesetzliche Ausgleichspflicht nach § 2050 Abs. 1 oder 2 BGB ausschließt oder ändert oder eine Ausgleichspflicht für Zuwendungen nach § 2050 Abs. 3 BGB begründet,[195] muss aber vor oder spätestens bei Vornahme der Zuwendung erfolgen.[196]

77 **bb) Nachträgliche Anordnung.** Will der Erblasser nachträglich erreichen, dass eine Zuwendung an einen Abkömmling, die nicht unter § 2050 Abs. 1 oder 2 BGB fällt, ausgeglichen wird, obgleich er bei der Zuwendung die Ausgleichung nicht angeordnet hatte (§ 2050 Abs. 3 BGB), oder will er umgekehrt, dass eine Zuwendung, die gemäß § 2050 Abs. 1 oder Abs. 2 BGB auszugleichen ist, nicht ausgeglichen wird, obwohl er bei der Zuwendung die Ausgleichung nicht ausgeschlossen hat, hat er nur folgende Möglichkeiten: Zum einen kann er durch eine **letztwillige Verfügung** Ausgleichspflichten schaffen oder beseitigen, indem er den Kindern entsprechend höhere oder niedrigere Erbquoten zuweist oder Vorausvermächtnisse zuwendet:[197] Eine bestehende Ausgleichspflicht kann er durch die Zuwendung eines Vorausvermächtnisses an seinen ausgleichspflichtigen Abkömmling in Höhe der Ausgleichspflicht, eine nicht bestehende Ausgleichspflicht durch die vermächtnisweise Zuwendung in Höhe des nicht angeordneten Ausgleichs an die

---

[191] Fällt ein Abkömmling weg, so ist ein evtl. an seine Stelle rückender Abkömmling (§ 2051 Abs. 1 BGB) oder ein evtl. berufener Ersatzerbe (§ 2051 Abs. 2 BGB) ausgleichsverpflichtet bzw. -berechtigt, vgl. *Brox* Rn. 529.
[192] Unter den Begriff der Ausstattung fällt zum Beispiel die Einrichtung eines Handwerksbetriebes, die Aussteuer (vgl. allerdings die Einschränkung bei BGH NJW 1982, 575), ggf. auch die Übernahme von Schulden, im Einzelnen Nieder/Kössinger/*Kössinger* § 2 Rn. 217 und *Kerscher/Tanck* ZEV 1997, 354.
[193] Diese Anordnung kann aber nicht zu Lasten von Pflichtteilsansprüchen anderer Miterben gehen, § 2316 Abs. 3 BGB, vgl. auch MüKoBGB/*Ann* § 2050 Rn. 21; Palandt/*Weidlich* BGB § 2050 Rn. 3.
[194] Vgl. Palandt/*Weidlich* BGB § 2050 Rn. 10.
[195] Formulierungsvorschlag bei Nieder/Kössinger/*Kössinger* § 2 Rn. 228.
[196] Vgl. Palandt/*Weidlich* BGB § 2050 Rn. 3.
[197] RGZ 90, 419 ff.; Palandt/*Weidlich* BGB § 2050 Rn. 3, 10.

Miterben ausgleichen.[198] Durch Vertrag unter Lebenden, § 328 BGB, kann eine Ausgleichspflicht nachträglich begründet werden, wenn der Ausgleichspflichtige sich hierzu verpflichtet. Umgekehrt kann eine bestehende Ausgleichspflicht nachträglich nur bei Zustimmung aller durch die Ausgleichspflicht begünstigten Kinder lebzeitig beseitigt werden.

cc) Gestaltungsempfehlungen. Der Erblasser steht bei jeder Zuwendung an Abkömmlinge vor der Abwägungsfrage, ob die Zuwendung bei der Auseinandersetzung angerechnet werden soll oder nicht. Die Frage stellt sich allerdings nicht in aller Schärfe, wenn der Erblasser ohnehin die Erbfolge durch letztwillige Verfügung regelt, denn er kann in der letztwilligen Verfügung durch die zugewiesenen Erbquoten oder durch Vorausvermächtnisse den Wert der lebzeitigen Zuwendungen, wenn er dies will, berücksichtigen. 78

Formulierungsbeispiel Ausgleichung gemäß § 2050 BGB: 79
Mein Kind ..., die Beschenkte, hat den Wert der Schenkung vom heutigen Tage in Höhe von EUR ... bei der Erbauseinandersetzung zur Ausgleichung zu bringen.

Wenn eine Zuwendung an einen Abkömmling gemacht wird, empfiehlt es sich jedoch dringend, nicht nur über die Anrechnung gemäß § 2050 BGB nachzudenken, sondern auch über die Anrechnung gemäß § 2315 BGB (vgl. hierzu → § 20 Rn. 41). Gemäß § 2315 BGB hat sich der Pflichtteilsberechtigte auf seinen Pflichtteil anrechnen zu lassen, was ihm vom Erblasser durch Rechtsgeschäft unter Lebenden mit der Bestimmung zugewendet wurde, dass es auf den Pflichtteil angerechnet werden soll. Da ein Erblasser bei Vornahme der Zuwendung nie weiß, wie sich das Verhältnis zwischen ihm und dem Abkömmling weiterentwickelt, ist dringend zu empfehlen, dass bei jeder Zuwendung auch die Anrechnung der Zuwendung auf den Pflichtteil angeordnet wird. Sollte das Kind nicht enterbt werden oder aus anderen Gründen seinen Pflichtteil erhalten, spielt die Klausel keine Rolle, wird jedoch das Kind enterbt oder schlägt es aus und kann – ausnahmsweise (vgl. → § 20 Rn. 40) – seinen Pflichtteil verlangen, muss es sich den Wert der Zuwendung auf den Pflichtteilsanspruch anrechnen lassen. 80

Formulierungsbeispiel Anrechnung auf den Pflichtteil (§ 2315 BGB): 81
Die Schenkung gemäß § ... an die Beschenkte erfolgt in Anrechnung auf deren Pflichtteils- und Pflichtteilsergänzungsanspruch (§§ 2315, 2327 BGB). Im Falle der Ausübung des Rückforderungsrechts gem. § ... dieses Vertrages entfällt die Anrechnung rückwirkend für die jeweils Betroffene.
Im Falle der Anrechnung bestimmt sich der Wert der anzurechnenden Schenkung nach dem Wert der Schenkung im Zeitpunkt des Vertragsschlusses. Der Kaufkraftschwund ist zu berücksichtigen, indem der Wert der Zuwendung zum Zeitpunkt der Schenkung auf die Zeit des Erbfalls (Ableben des Schenkers) anhand des Preisindexes für die Lebenshaltung umgerechnet wird.

dd) Durchführung und Ausgleichung. Die Ausgleichung wird nicht durch Rückgewähr der zugewandten Mittel, sondern durch **Verrechnung** vorgenommen, § 2055 BGB. Zur Durchsetzung der Ausgleichsansprüche sind sich die Miterben über empfangene Zuwendungen **auskunftspflichtig**, § 2057 BGB.[199] Vor Durchführung der Verrechnung werden zunächst die Erbteile der nicht an der Ausgleichung beteiligten Miterben, oft mithin des überlebenden Ehegatten, berechnet. Die Ausgleichung findet anschließend nur hinsichtlich des noch verbleibenden Nachlasswertes statt: Der Wert der Zuwendun- 82

---
[198] Vgl. Nieder/Kössinger/*Kössinger* § 2 Rn. 232; Gestaltungsbeispiele bei *Mohr* ZEV 1999, 257.
[199] Vgl. im Einzelnen *Sarres* ZEV 2000, 349.

gen wird zunächst dem verbleibenden Nachlasswert zugerechnet. Die sich so ergebende Summe wird im nächsten Schritt entsprechend den Erbquoten auf die Miterben verteilt. Anschließend muss sich jeder ausgleichspflichtige Miterbe von diesem Betrag den Betrag der Zuwendung abziehen lassen.

Beispiel:

Die Erblasserin A, die nicht testiert hat, hinterlässt ihrem Ehemann B, mit dem sie im Güterstand der Zugewinngemeinschaft lebte, und ihren drei Kindern C, D und E ein Vermögen von EUR 1 Mio. C muss sich lebzeitig von A zugewandte Zuschüsse (§ 2050 Abs. 2 BGB) in Höhe von EUR 100.000,–, D eine anrechenbare Zuwendung (§ 2050 Abs. 3 BGB) von EUR 250.000,– und E eine Zuwendung von EUR 500.000,– zur Übernahme eines Unternehmens (§ 2050 Abs. 1 BGB) anrechnen lassen. Bei diesem Sachverhalt ergibt sich folgende Berechnung: Zunächst ist vom Wert des Nachlasses der Erbteil des B abzuziehen, insgesamt die Hälfte (§§ 1931, 1371 BGB). Dem verbleibenden Rest, EUR 500.000,–, sind die Werte der Zuwendungen zuzurechnen, so dass für die Ausgleichsberechnung von einem fiktiven Nachlasswert von EUR 1.350.000,– auszugehen ist. Davon wird jedem Kind fiktiv ein Drittel zugerechnet (EUR 450.000,–), jedes Kind muss sich darauf aber den Wert der Zuwendung anrechnen lassen. E erhält nichts mehr, da er durch auszugleichende Zuwendungen mehr erhalten hat, als ihm bei der Auseinandersetzung zukäme. Er ist jedoch auch nicht verpflichtet, empfangene Zuwendungen zurückzugewähren, § 2056 BGB, und scheidet für die Berechnung der Verteilung im Übrigen aus. Ohne die Zuwendung an E errechnet sich danach ein fiktiver Nachlass von EUR 850.000,–, von dem je die Hälfte auf C und D entfallen. C erhält mithin EUR 325.000,–, D EUR 175.000,–.

83 Wichtig ist, dass sich der Wert der auszugleichenden Zuwendungen gemäß § 2055 Abs. 2 BGB nach dem Wert bestimmt, den die Zuwendung **zur Zeit der Zuwendung** hatte. Allerdings ist aus diesem Wert der Kaufpreisschwund herauszurechnen.[200] Zu beachten ist, dass der Erblasser Bestimmungen über die Wertansätze letztwillig festlegen kann.[201]

84 Eine besondere Ausgleichspflicht regelt schließlich § 2057a BGB. Danach kann ein Abkömmling (nicht der Ehegatte), der durch **Mitarbeit im Haushalt, Beruf oder Geschäft** des Erblassers, durch **Geldleistungen** oder in sonstiger Weise zur Vermögensmehrung des Erblassers beigetragen hat, eine angemessene Erhöhung seines Erbteiles verlangen. Gleiches gilt für einen Abkömmling, der den Erblasser während **längerer Zeit gepflegt** hat. Der angemessene Ausgleichsbetrag (§ 2057a Abs. 3 BGB) ist dem Erbteil des Ausgleichsberechtigten zuzurechnen und wird entsprechend bei den anderen Miterben, unter denen die Ausgleichung stattfindet, abgezogen, § 2057a Abs. 4 BGB.

V. Der Erbschaftsanspruch

85 Mit dem Erbfall erwirbt der Erbe den Erbschaftsanspruch gemäß § 2018 BGB. Dieser Anspruch erleichtert es dem Erben, **Herausgabeansprüche** gegen jemanden durchzusetzen, der ihm die Erbschaft oder Teile davon unter Berufung auf ein angebliches Erbrecht vorenthält, das ihm in Wahrheit nicht zusteht. Zur Unterstützung des Anspruchs gewährt das Gesetz dem Erben Auskunftsansprüche gegen den Erbschaftsbesitzer nach Maßgabe der §§ 2027, 2028 BGB.[202]

---

[200] Diese Berechnung kann wie folgt geschehen: Wert der Zuwendung x Lebenshaltungsindex bei Erbfall: Lebenshaltungsindex bei Zuwendung vgl. im Einzelnen MüKoBGB/*Ann* § 2055 Rn. 15; Palandt/*Brudermüller* BGB § 1376 Rn. 39.
[201] Schwierige Fragen können sich ergeben, insb. unter Berücksichtigung des Pflichtteilsrechts, wenn die Wertfestsetzung des Erblassers zu hoch oder zu niedrig erfolgt, vgl. im Einzelnen *Ebenroth* Rn. 785; MüKoBGB/*Ann* § 2056 BGB Rn. 6, § 2050 BGB Rn. 21.
[202] Vgl. *Sarres* ZEV 1998, 298.

V. Der Erbschaftsanspruch § 19

Die Besonderheit des Erbschaftsanspruches liegt vornehmlich darin, dass der Erbe, falls er 86 klagweise gegen den Erbschaftsbesitzer vorgeht, nicht nachzuweisen braucht, dass die Erbschaftsgegenstände, die er herausverlangt, sein Eigentum sind bzw. Eigentum des Erblassers waren, wie er dies bei einer Klage nach § 985 BGB darzulegen hätte. Es genügt, wenn er in der Klage die einzelnen Erbschaftsgegenstände – ggf. im Rahmen einer **Stufenklage** (§ 254 ZPO) erst nach Erteilung der Auskunft – spezifiziert und im Übrigen darlegt, dass die Gegenstände sich zuvor im Nachlass befanden.[203] Mit dem Erbschaftsanspruch kann er daher auch Gegenstände herausverlangen, die der Erblasser selbst nur gemietet oder entliehen hatte. Zudem kann der Erbe die Klage, unabhängig vom Wohnsitz des Erbschaftsbesitzers und der Belegenheit der einzelnen Erbschaftsgegenstände, am **besonderen Gerichtsstand der Erbschaft** (Wohnsitz des Erblassers) erheben, § 27 ZPO. Der Erbschaftsanspruch umfasst zudem aufgrund **dinglicher Surrogation** alles, was der Erbschaftsbesitzer durch Rechtsgeschäft mit Mitteln der Erbschaft erworben hat, § 2019 BGB. Gemäß § 2020 BGB erstreckt sich der Herausgabeanspruch auch auf die vom Erbschaftsbesitzer gezogenen **Nutzungen;** allerdings kann der Erbschaftsbesitzer **Verwendungsersatz** verlangen, § 2022 BGB. Endlich kann sich der Erbschaftsbesitzer nicht auf Ersitzung, § 937 BGB, berufen, § 2026 BGB.

Berechtigt, den Anspruch zu stellen, ist der Erbe, bei mehreren Erben auch der ein- 87 zelne Miterbe. Allerdings kann der Miterbe nur Leistung an alle Miterben verlangen. **Gegner** ist der **Erbschaftsbesitzer;** das ist, wer aufgrund eines ihm in Wirklichkeit nicht zustehenden Erbrechts etwas aus der Erbschaft erlangt hat.[204] Beispielsweise ist Erbschaftsbesitzer, wer die Erbschaft aufgrund eines später wirksam angefochtenen oder nichtigen Testaments an sich genommen hat. Erbschaftsbesitzer kann auch ein Miterbe sein, der sich als Alleinerbe geriert. Kein Erbschaftsbesitzer ist, wer Nachlassgegenstände nicht aufgrund eines angeblichen Erbrechts erworben hat, beispielsweise derjenige, der Erbschaftsgegenstände vom Erbschaftsbesitzer oder vom Erblasser geliehen oder gestohlen hat. Die Ansprüche müssen in diesen Fällen mit den allgemeinen Ansprüchen, insbesondere also den Herausgabeansprüchen gemäß §§ 985, 861 oder 812 BGB, verfolgt werden. Ebenfalls ist nicht Erbschaftsbesitzer, wer die Erbschaft ausgeschlagen hat, denn auch der Ausschlagende maßt sich nach der Ausschlagung kein Erbrecht mehr an. Die Haftung richtet sich in diesem Fall nach § 1959 BGB, der auf die Regelungen der Geschäftsführung ohne Auftrag verweist, §§ 677 ff. BGB.

Unerheblich für die Beurteilung als Erbschaftsbesitzer ist, ob der die Erbschaft in Besitz 88 Nehmende gut- oder bösgläubig ist, ob er also an seine Erbenstellung, derer er sich berühmt, glaubt. Allerdings spielt die Unterscheidung für die weiteren Ansprüche gegen ihn eine Rolle: Der gutgläubige Erbschaftsbesitzer haftet, falls er zur Herausgabe nicht in der Lage ist, nur nach bereicherungsrechtlichen Grundsätzen, §§ 2021, 812 ff. BGB,[205] der bösgläubige Erbschaftsbesitzer hingegen auf Schadensersatz, § 2024 BGB.[206] Wie ein bösgläubiger Erbschaftsbesitzer haftet auch der gutgläubige Erbschaftsbesitzer **ab Rechtshängigkeit** des Herausgabeanspruchs, § 2023 BGB, bzw. ab dem Zeitpunkt, an dem er vom Mangel seines Rechtes erfährt, § 2024 S. 2 BGB. Besonders scharf haftet schließlich der Erbschaftsbesitzer, der sich den Erbschaftsbesitz schuldhaft **deliktisch** verschafft hat, § 2025 BGB, etwa durch Fälschung oder Unterdrückung eines Testaments. Die Unterscheidung in Gut- und Bösgläubigkeit und in deliktische Besitzer hat Einfluss auch auf die Frage, in welchem Umfang der Erbschaftsbesitzer gezogene Nutzungen herausgeben muss bzw. in welchem Umfang ihm Verwendungsersatzansprüche zustehen.[207]

---

[203] Zur Beweislast *Tiedtke* DB 1999, 2352.
[204] Erbschaftsbesitzer ist auch, wer die Erbschaft vom Erbschaftsbesitzer durch Erbschaftskauf (→ Rn. 90 ff.) erworben hat, § 2030 BGB.
[205] Er kann sich mithin auch auf Entreicherung berufen, § 818 Abs. 3 BGB.
[206] Die Haftung ergibt sich über die Verweisung auf das Eigentümer-Besitzer-Verhältnis, §§ 989 ff. BGB.
[207] Vgl. Palandt/*Weidlich* BGB § 2020 Rn. 1 (Nutzungen); Palandt/*Weidlich* BGB § 2021 Rn. 3 und § 2022 Rn. 1 (Ersatz von Verwendungen).

89 Flankiert wird der Erbschaftsanspruch durch **Auskunftsansprüche.** Die besondere Bedeutung dieser Ansprüche liegt darin, dass sie nicht nur gegenüber Erbschaftsbesitzern gelten, sondern auch gegenüber sonstigen Besitzern, unter Umständen sogar Miterben. § 2027 BGB verschafft einen allgemeinen Anspruch auf Auskunft über Bestand der Erbschaft und Verbleib der Erbschaftsgegenstände. § 2027 Abs. 2 BGB erstreckt den Anspruch gegen jeden, der eine Sache aus dem Nachlass in Besitz nimmt, bevor der Erbe den Besitz ergriffen hat.[208] § 2028 BGB schließlich gibt einen speziellen Auskunftsanspruch gegen den, der zur Zeit des Erbfalls mit dem Erblasser in häuslicher Gemeinschaft lebte, unabhängig, ob er Erbschaftsbesitzer ist oder nicht.[209]

VI. Der Erbschafts- und der Erbteilskauf

90 Will ein Allein- oder ein Miterbe seine Erbschaft raschest möglich verwerten, kann er die Erbschaft oder den Miterbenanteil im Wege des sog. Erbschaftskaufs veräußern.[210] Die Vorschriften der §§ 2371 ff. BGB, die sich mit dem Erbschaftskauf befassen, regeln in erster Linie Abweichungen vom ansonsten auch für den Erbschaftskauf maßgeblichen Kaufrecht, §§ 433 ff. BGB, die sich aus den Besonderheiten des Kaufgegenstandes „Erbschaft" ergeben. Durch den Kauf erwirbt der Käufer die Rechtsposition, die der Erbe hatte, er wird aber nicht selbst zum Erben (→ Rn. 47). Während der Erbschaftsverkauf recht selten vorkommt, besitzt der Verkauf des Erbteils – insbesondere an Miterben – praktische Bedeutung. Der Erbschaftskaufvertrag (mit allen Nebenabreden) bedarf der **notariellen Beurkundung,** § 2371 BGB. Wird die Formvorschrift nicht eingehalten, heilt der Vollzug des Erbschaftskaufs den Formmangel nicht.[211] Zudem ist der Erbschaftskauf dem Nachlassgericht mitzuteilen, § 2384 BGB.

91 Die §§ 2371 ff. BGB gelten nicht, wenn lediglich Vermächtnisse oder Pflichtteilsansprüche abgetreten werden;[212] auch dann nicht, wenn einzelne Nachlassgegenstände verkauft werden, die die ganze oder nahezu ganze Erbschaft bzw. den ganzen Erbteil des Verkäufers ausmachen (str.).[213] Allerdings bedürfen gemäß § 2385 BGB, der auf die Vorschriften zum Erbschaftskauf verweist, Verträge der notariellen Beurkundung, die dem Erbschaftskauf **ähnlich** sind, beispielsweise der Weiterverkauf oder Tausch von Erbschaften, aber auch die Belastung einer Erbschaft mit einem Nießbrauchsrecht. Scharf abzugrenzen ist der Erbschaftskaufvertrag von der **Auseinandersetzungsvereinbarung,** die nur notarieller Beurkundung bedarf, wenn die Übertragung eines Grundstückes Gegenstand des Vertrages ist.[214] Gleiches gilt, nach allerdings bestrittener Auffassung, bei der **Abschichtungsvereinbarung.** Notarieller Beurkundung entsprechend § 2385 BGB bedürfen schließlich **Vergleiche** unter Erben. Es wurde bereits an anderer Stelle (→ § 17 Rn. 130) ausgeführt, dass Streitigkeiten unter Erben, selbst solche über Erbstellung, Erbquote, Testamentsauslegung etc., durch Vergleich beigelegt werden können, der auch erbschaftsteuerrechtlich anerkannt werden kann.

92 Durch den **Erbschaftskaufvertrag** verpflichtet sich der verkaufende Alleinerbe, alle ihm angefallenen Vermögensgegenstände mittels den entsprechend notwendigen Übertra-

---

[208] Dieser Anspruch kann sich auch gegen Miterben richten, zB wenn ein Miterbe nach dem Erbfall kurzfristig – ohne Willen und Wollen der anderen – den Nachlass eigenmächtig verwaltet hat. In diesem Fall kann sich darüber hinaus eine Auskunftspflicht aus §§ 666, 681 BGB (vgl. → Rn. 51) ergeben; vgl. auch Palandt/*Weidlich* BGB § 2027 Rn. 1.

[209] Vgl. *Sarres* ZEV 1998, 422.

[210] Nach hM kann der Erbe auch Bruchteile der Erbschaft oder des Erbteils veräußern, s. Palandt/*Weidlich* BGB § 2371 Rn. 1; Beispiele eines Erbteilsverkaufs und eines Erbschaftskaufs in BeckFormB BHW/ *Najdecki* VI. 34, u. MVHdB VI Bürgerl.R II/*Otto* XVIII. 1.

[211] Eine den §§ 313 S. 2 BGB, 15 Abs. 4 S. 2 GmbHG entsprechende Vorschrift fehlt. Vgl. auch BGH NJW-RR 2013, 713 (715).

[212] Vgl. *Ebenroth* Rn. 1191.

[213] Palandt/*Weidlich* BGB § 2371 Rn. 1.

[214] Vgl. Palandt/*Weidlich* BGB § 2385 Rn. 2.

gungsakten auf den Käufer zu übertragen (Auflassung von Grundstücken,[215] Einigung und Übergabe bei Mobilien, Abtretung von Forderungen etc.).[216] Der Umfang der zu übertragenden Gegenstände bemisst sich mangels anderer Vereinbarungen nach dem Umfang des Nachlasses **zum Zeitpunkt des Erbfalls,** nicht des Verkaufs.[217] Für Gegenstände, die nicht mehr vorhanden sind, sind evtl. **Surrogate** herauszugeben, § 2374 BGB. Gibt es kein Surrogat, schuldet der Verkäufer grundsätzlich **Wertersatz**, § 2375 BGB. Die Gewährleistung für Mängel der übertragenen Sachen ist ausgeschlossen, § 2376 BGB. Allerdings haftet der Verkäufer dafür, dass die Erbschaftsgegenstände frei von Rechten Dritter sind, ihm das Erbrecht zusteht und es nicht mit Rechten von Nacherben oder durch Testamentsvollstreckung[218] belastet ist etc.[219]

Verkauft ein Miterbe seinen **Miterbenanteil,** so ist er weder berechtigt noch verpflichtet, einzelne Gegenstände zu übertragen. Die Übertragungsverpflichtung bezieht sich nur auf den Miterbenanteil selbst, vgl. § 2033 BGB.[220]

93

Wichtig ist, dass der Käufer ab Abschluss des Erbschaftskaufvertrages für die Nachlassverbindlichkeiten haftet, § 2382 BGB. Daneben haftet im Außenverhältnis auch der Verkäufer; seine Haftung erlischt nicht durch den Erbschaftsverkauf, § 2382 BGB. Beide haften als Gesamtschuldner. Im Innenverhältnis hat allerdings der Erbschaftskäufer die Nachlassverbindlichkeiten zu tragen, § 2378 BGB. Anderes gilt nur für solche Verbindlichkeiten, für deren Nichtbestehen der Verkäufer gemäß § 2376 BGB haftet.

94

---

[215] Die Übertragung ist grunderwerbsteuerpflichtig, § 1 Abs. 1 Nr. 1 GrEStG, vgl. im Einzelnen *Ebenroth* Rn. 1213.
[216] Sofern nichts Anderes vereinbart ist, bezieht sich der Erbschaftskauf nicht auf Familienpapiere und -bilder sowie auf Gegenstände, die dem Erben aufgrund eines Vorausvermächtnisses angefallen sind. Ebenso wenig steht dem Verkäufer eine evtl. Nacherbschaft oder ein Erbteil wegen Wegfalls eines Miterben zu, vgl. § 2373 BGB. Umgekehrt gebühren die Vorteile, die entstehen, wenn ein Vermächtnis nicht erfüllt zu werden braucht, dem Käufer, § 2372 BGB.
[217] *Kipp/Coing,* 598.
[218] Die Testamentsvollstreckung bleibt an der verkauften Erbschaft oder am verkauften Erbteil bestehen.
[219] Zum (vorverlegten) Gefahrenübergang s. § 2380 BGB; zur Verteilung von Nutzungen und Lasten sowie Aufwendungen auf die Erbschaft s. §§ 2379, 2380, 2381 BGB.
[220] Hatte zu diesem Zeitpunkt schon eine Auseinandersetzung stattgefunden, muss der verkaufende Miterbe selbstverständlich auch die ihm zugewiesenen Gegenstände herausgeben.

§ 20 Der Ausschluss von der Erbfolge

Übersicht

Rn.

I. Das Pflichtteilsrecht 1
  1. Einführung 1
    a) Pflichtteilsberechtigte 1
    b) Der Pflichtteilsanspruch: Entstehung, Quote und Gegenstand 2
    c) Der Auskunfts- und der Wertermittlungsanspruch 5
      aa) Der Auskunftsanspruch 5
      bb) Der Wertermittlungsanspruch 11
      cc) Empfehlungen zur Durchsetzung von Auskunfts- und
          Wertermittlungsansprüchen 12
    d) Der Wert des Nachlasses 17
      aa) Bewertung 17
      bb) Berechnung des Anspruches 20
    e) Stundung des Pflichtteilsanspruches 21
    f) Die Verjährung, der Ausschluss und die Beschränkung des Pflichtteilsrechts ... 22
      aa) Die Verjährung 22
      bb) Der Ausschluss des Pflichtteils 24
         (1) Ausschluss durch Verlust des Erbrechts und Verzicht 24
         (2) Ausschluss durch Pflichtteilsentziehung 25
      cc) Die Pflichtteilsbeschränkung in guter Absicht 27
    g) Die Pflichtteilslast 28
  2. Der Schutz des Pflichtteilsberechtigten 32
    a) Die Vervollständigungsansprüche 33
      aa) Der Pflichtteilsrestanspruch (§ 2305 BGB) 33
      bb) Beschränkungen und Beschwerungen (§ 2306 BGB) 36
      cc) Vermächtnisse (§ 2307 BGB) 38
      dd) Empfehlung: Verwirkungsklausel 39
      ee) Ausschlagung und Nachlassbeteiligung 40
    b) Anrechnungs- und Ausgleichungsbestimmungen 41
      aa) Anrechnung 41
      bb) Ausgleichung 42
    c) Der Pflichtteilsergänzungsanspruch wegen Schenkungen 44
      aa) Einführung 44
      bb) Besonderheiten 48
         (1) Fristbeginn 48
         (2) Der Pflichtteilsberechtigte 51
         (3) Der Schenkungsbegriff 52
         (4) Die Bewertung der Schenkung 53
  3. Pflichtteils- und Gesellschaftsrecht 55
    a) Pflichtteilsrecht und Unternehmensnachfolge bei Kapitalgesellschaften ... 56
    b) Pflichtteilsrecht und Unternehmensnachfolge bei Personengesellschaften und
      einzelkaufmännischen Unternehmen 57
      aa) Keine Klauseln oder schlichte Fortsetzungsklausel 58
      bb) Eintrittsklauseln 62
      cc) Nachfolgeklauseln 63
      dd) Einzelkaufmännisches Unternehmen 64
      ee) Pflichtteilsergänzungsansprüche bei lebzeitiger Aufnahme in eine
          Personengesellschaft und bei lebzeitiger Übertragung von Anteilen oder
          einzelkaufmännischen Unternehmen 65
      ff) Bewertung 67
         (1) Einzelkaufmännische Unternehmen 67
         (2) Personengesellschaften 71
         (3) Kapitalgesellschaftsanteile 74
II. Der Erb- und der Pflichtteilsverzicht sowie die Erbunwürdigkeit 77

I. Das Pflichtteilsrecht

	Rn.
1. Allgemeines	77
a) Einführung	77
b) Empfehlungen	81
c) Stillschweigend geschlossene Verzichte und bloße Abfindungserklärungen	85
aa) Stillschweigend geschlossene Verzichte	85
bb) Bloße Abfindungserklärungen	86
d) Aufhebung und Beseitigung des Erbverzichts	87
2. Die Folgen des Verzichts für Abkömmlinge des Verzichtenden	89
a) Verzicht auf das gesetzliche Erbrecht	89
b) Verzicht auf das Pflichtteilsrecht	92
c) Verzicht auf gewillkürte Zuwendungen	93
3. Die Erbunwürdigkeit	94

I. Das Pflichtteilsrecht

1. Einführung

a) Pflichtteilsberechtigte. Das Pflichtteilsrecht weist einem engen, in § 2303 BGB beschriebenen Kreis von Familienangehörigen des Erblassers eine nicht entziehbare Mindestteilhabe am Nachlass zu.[1] Zu diesem Kreis der Pflichtteilsberechtigten gehören die **Abkömmlinge,**[2] aber auch der **Ehegatte** und die **Eltern** des Erblassers. Andere Verwandte des Erblassers, insbesondere Geschwister, sind nicht pflichtteilsberechtigt. Die Eltern des Erblassers und entferntere Angehörige sind gemäß § 2309 BGB nur dann pflichtteilsberechtigt, wenn nicht nähere Abkömmlinge – in der Regel die Kinder – den Pflichtteil verlangen können oder das annehmen, was ihnen hinterlassen ist.[3]

b) Der Pflichtteilsanspruch: Entstehung, Quote und Gegenstand. Der Pflichtteilsanspruch entsteht mit dem Erbfall, § 2317 BGB; Voraussetzung ist gemäß § 2303 BGB der Ausschluss des Pflichtteilsberechtigten von der Erbfolge.[4] Sehr wichtig ist, dass im Normalfall **nicht pflichtteilsberechtigt** ist, **wer die Erbschaft ausschlägt.** Ausnahmen ergeben sich aus den §§ 1371, 2306 BGB.[5] Ebenfalls keinen Pflichtteilsanspruch besitzt, wer für pflichtteilsunwürdig erklärt (§§ 2339 ff. BGB) oder wem nach § 2333 BGB der Pflichtteil entzogen wurde (s. → Rn. 24, 25). Weiterhin hat das nichteheliche Kind keinen Anspruch, das aufgrund der Rechtslage vor dem 1.4.1998 schon zu Lebzeiten den vorzeitigen Erbausgleich liquidiert hat. Keinen Anspruch hat schließlich derjenige, der mit dem Erblasser einen Erb- (§ 2346 BGB) oder einen Pflichtteilsverzichtsvertrag abgeschlossen hat (s. → Rn. 24). Ein Sonderfall stellt die Einsetzung als **Nacherbe** dar.

Die **Pflichtteilsquote** besteht gemäß § 2303 BGB in der **Hälfte des Wertes des gesetzlichen Erbteils.**

Der Pflichtteilsanspruch führt aber nicht zu einer unmittelbaren Beteiligung des Pflichtteilsberechtigten am Nachlass in Höhe der so ermittelten Quote, sondern zu einer

---

[1] Ob der Pflichtteilsberechtigte den Pflichtteilsanspruch geltend macht, ist seine freie Entscheidung. Entscheidet er sich, die Ansprüche nicht geltend zu machen, haben seine Gläubiger keinen Anspruch auf Anfechtung der Nichtgeltendmachung nach § 1 AnfG, vgl. *Klumpp* ZEV 1998, 123; *Keim* ZEV 1998, 127 (auch zu § 852 ZPO).
[2] Auch nichteheliche Kinder sind pflichtteilsberechtigt; Ausnahmen bestehen jedoch zum Teil für die vor dem 1.7.1949 Geborenen beim Tod des Vaters. Adoptivkinder sind jedenfalls dann pflichtteilsberechtigt, wenn sie als Minderjährige adoptiert wurden.
[3] Zur Verfassungsgemäßheit des geltenden Pflichtteilsrechts vgl. *Leisner* NJW 2001, 126.
[4] Zur Möglichkeit, durch Vereinbarungen über Pflichtteilsansprüche die Erbschaftsteuerbelastung zu senken, vgl. *Dressler* NJW 1997, 2848 mit Anm. *Ebeling* NJW 1998, 358.
[5] Zu Ausschlagung und Nachlassbeteiligung vgl. die Empfehlung unter → Rn. 40.

wertmäßigen Beteiligung: Der Pflichtteilsanspruch stellt einen **auf Geld gerichteten Zahlungsanspruch** dar; Schuldner ist der Erbe.[6]

Beispiel:

Der (verwitwete) Erblasser hinterlässt einen Nachlass (Geschäftsanteile an einer GmbH, bebautes Grundstück, Bildersammlung, Hausrat etc.) im Gesamtwert von EUR 3,6 Mio. und drei Kinder, von denen er zwei enterbt hat. Deren gesetzlicher Erbteil würde je 1/3 betragen. Der Pflichtteil liegt somit bei 1/6 des Wertes. Jedem der enterbten Kinder stehen bei dieser Sachlage gegen das alleinerbende Geschwisterteil Zahlungsansprüche in Höhe von je EUR 600.000,– zu; sie haben aber keinerlei Ansprüche auf bestimmte Nachlassgegenstände und werden nicht Mitglieder einer Erbengemeinschaft. Andererseits besteht der – sofort fällige und durchsetzbare[7] – auf Geld gerichtete Anspruch **unabhängig** davon, ob sich im Nachlass ausreichende liquide Mittel befinden. Der Erbe muss gegebenenfalls sehr rasch Nachlassgegenstände versilbern, um den Pflichtteilsanspruch zu bedienen. Das ist besonders misslich, wenn sich im Nachlass beispielsweise ein Unternehmen oder Beteiligungen an **Unternehmen** befinden.

4 Bei der Errechnung der Pflichtteilsquote spielt der **Ehestand des Verstorbenen** eine große Rolle, denn auch die Beteiligung am Nachlass aufgrund gesetzlichen Erbrechts, dem die Pflichtteilsquote folgt, steht in Abhängigkeit zum Ehestand des Erblassers (vgl. → § 17 Rn. 12). Wichtig ist bei Berechnung des (fiktiven) gesetzlichen Erbteils schließlich die Bestimmung des § 2310 BGB. Diese Norm ordnet an, dass bei Feststellung des gesetzlichen Erbteils Personen, die durch **Ausschlagung, Erbunwürdigkeit** oder ebenfalls durch **Enterbung** von der Erbfolge ausgeschlossen sind, mitgezählt werden.

Ein weiteres Beispiel:

Eine Erblasserin hinterlässt ihren Ehegatten und zwei Kinder. Zu Erben bestimmt sie zu gleichen Teilen ihren Ehegatten, mit dem sie in Zugewinngemeinschaft lebte, und eines der Kinder. Das andere Kind ist damit enterbt. Der Ehemann schlägt die Erbschaft aus, das erbende Kind wird Alleinerbe. Für die Berechnung des Pflichtteilsanspruches des enterbten Kindes ist der Ehemann aber trotz der Ausschlagung (pflichtteilsmindernd) mitzuzählen; es ergibt sich folgender Pflichtteil: Die fiktive Erbquote des Ehemanns beträgt 1/2 (§§ 1931, 1371 BGB). Daraus folgt eine fiktive Erbquote des Kindes in Höhe von 1/4, der Pflichtteil beträgt mithin 1/8 des Nachlasswertes. Nicht mitgezählt wird gemäß § 2310 BGB, wer durch **Erbverzicht** von der Erbfolge ausgeschlossen ist. Hätte in Abwandlung des Beispielfalles der Ehegatte mit seiner Frau einen Erbverzicht vereinbart, wäre für die Ermittlung des Pflichtteilsanspruches nur vom Vorhandensein der zwei Kinder auszugehen. Die gesetzliche (fiktive) Erbquote des enterbten Kindes läge dann bei 1/2, der Pflichtteilsanspruch wäre im Ergebnis auf 1/4, des Nachlasswertes gerichtet. Dies gilt aber nicht bei einem bloßen **Pflichtteilsverzicht**.[8] Um nochmals den Beispielsfall zu strapazieren: Hätte der Ehemann mit seiner Frau einen Pflichtteilsverzicht vereinbart und hätte seine Ehefrau letztwillig nur ein Kind zum Alleinerben eingesetzt, berechnet sich der Pflichtteilsanspruch des enterbten Kindes wie im ersten Beispiel; der Pflichtteil würde mithin lediglich 1/8 des Nachlasswertes betragen.

5 **c) Der Auskunfts- und der Wertermittlungsanspruch. aa) Der Auskunftsanspruch.** Sehr wichtig für die Durchsetzung des dem Pflichtteilsberechtigten zustehenden Anspruches ist die Kenntnis von Umfang und Zusammensetzung des Nachlasses. In der Praxis hat gerade der Pflichtteilsberechtigte oft weniger Kontakt zum Erblasser gehabt; ihm ist daher der Bestand des Nachlasses häufig unbekannt. Gemäß § 2314 BGB hat der Pflichtteilsberechtigte jedoch einen Auskunftsanspruch gegen den Erben. Danach ist der Erbe

---

[6] MAH ErbR/*Horn* § 29 Rn. 41 ff.; zur Situation bei Testamentsvollstreckung vgl. → § 18 Rn. 129 ff.
[7] Zur Ausnahme vgl. § 2331a BGB.
[8] Palandt/*Weidlich* BGB § 2310 Rn. 2.

I. Das Pflichtteilsrecht § 20

auf Verlangen verpflichtet, ein Nachlassbestandsverzeichnis zu erstellen und vorzulegen, in dem sämtliche **Nachlasswerte und Nachlassverbindlichkeiten** sowie Angaben über eventuelle anrechnungs- oder ausgleichspflichtige **Zuwendungen** (§§ 2315 ff. BGB; → Rn. 41) oder **ergänzungspflichtige Schenkungen**[9] (§ 2325 ff. BGB; → Rn. 44) des Erblassers enthalten sind.[10] Dazu gehört auch Auskunftserteilung über eventuelle sog. „unbenannte Zuwendungen" an den Ehegatten, die jedenfalls aus pflichtteilsrechtlicher Sicht als Schenkungen gelten.[11]

Der Auskunftsanspruch ist ein gegenüber dem Pflichtteilsanspruch (§ 2303 BGB) **selb-** **ständiger Anspruch.** Daraus folgt, dass der Anspruch unabhängig davon besteht, ob dem die Auskunft Fordernden auch ein Pflichtteilsanspruch zusteht. Eine besondere Rolle spielt diese Selbständigkeit der Ansprüche etwa bei den Überlegungen eines mit einem Vermächtnis bedachten Pflichtteilsberechtigten: Zwar steht ihm vor Ausschlagung des Vermächtnisses (§ 2307 BGB) der volle Pflichtteilsanspruch gemäß § 2303 BGB nicht zu,[12] gleichwohl kann er Auskunft verlangen.[13] Nach Erteilung der Auskunft, wenn er über den Bestand des Nachlasses informiert ist, kann er wesentlich besser abschätzen, ob sich die Ausschlagung des Vermächtnisses und die anschließende Liquidation des vollen Pflichtteils lohnt.[14] Allerdings muss der Pflichtteilsberechtigte im Auge behalten, dass der Pflichtteilsanspruch innerhalb von drei Jahren verjährt; auch eine Auskunftsklage führt weder zu ihrem Neubeginn, noch zu einer Hemmung.[15] 6

Ähnliches gilt bei einem Abkömmling, der durch ein Berliner Testament nach dem Tode des Erstversterbenden enterbt und auf den Tod des Letztversterbenden zum Schlusserben eingesetzt ist. Häufig ist in solchen Verfügungen durch **Strafklauseln** geregelt, dass der Abkömmling, der gegen den Willen der Eltern nach dem Tod des Erstversterbenden den Pflichtteil fordert, auch nach dem Tod des Zweitversterbenden nur den Pflichtteil erhält. Überlegt der Abkömmling, ob es sich gleichwohl für ihn lohnt, den Pflichtteil geltend zu machen, kennt er aber den Nachlasswert nicht, kann er zunächst den Auskunftsanspruch erheben, ohne allein schon deswegen Gefahr zu laufen, auch nach dem Tod des Zweitversterbenden nur den Pflichtteil zu erhalten: Mit Verlangen des Pflichtteils ist – falls nicht aus der Strafklausel anderes hervorgeht – nicht die Geltendmachung des Auskunftsanspruches gemäß § 2314 BGB, sondern nur die Geltendmachung des Pflichtteilsanspruches gemäß § 2303 BGB gemeint.[16] 7

Der Auskunftsanspruch gemäß § 2314 BGB steht dem Pflichtteilsberechtigten nicht zu, wenn er, was möglich ist (→ Rn. 33 ff., 44 ff.), gleichzeitig zu seiner Pflichtteilsberechtigung **Mit-** oder **Nacherbe** ist;[17] als Mit- oder Nacherbe hat er anderweitige Möglichkei- 8

---

[9] Der Auskunftsverpflichtete hat in diesem Rahmen über alle Umstände zu berichten, die die Annahme rechtfertigen, es handele sich – und sei es nur zT – um Schenkungen, Palandt/*Weidlich* BGB § 2314 Rn. 9.
[10] Die Pflicht, auch über den fiktiven Nachlass zu berichten, ist unstreitig; vgl. BGH NJW 1983, 487; OLG Karlsruhe (zur Bekanntgabe der beschenkten Person) ZEV 2000, 280. Allg. zum Auskunftsanspruch MAH ErbR/*Horn* § 29 Rn. 281 ff.
[11] MüKoBGB/*Lange* § 2314 Rn. 7.
[12] Ihm steht allerdings gemäß §§ 2307 Abs. 1 S. 2, 2305 BGB der Pflichtteilsrestanspruch zu, der auf die Differenz zwischen dem Wert des Vermächtnisses und dem seines Pflichtteilsanspruchs gerichtet ist.
[13] BGH NJW 1958, 1964; Palandt/*Weidlich* BGB § 2307 Rn. 3, § 2314 Rn. 1, 2.
[14] Vorsicht ist bei der „taktischen Ausschlagung" in den Fällen des § 2306 Abs. 1 BGB geboten, da hier kurze Ausschlagungsfristen laufen, vgl. → Rn. 37.
[15] Palandt/*Weidlich* BGB § 2317 Rn. 19. Vgl. zu den bestehenden Möglichkeiten der Fristverlängerung *Keim* ZEV 2004, 173.
[16] Vgl. OLG Rostock NJW-RR 2015, 776; OLG Schleswig ZEV 1997, 331 mit Anm. *Lübbert;* ders. NJW 1988, 2706. OLG Zweibrücken ZEV 1999, 108 (zum verlangten, aber bis zum Tode des Letztversterbenden nicht ausgezahlten Pflichtteil); OLG Düsseldorf FamRZ 1999, 1097; kritisch Firsching/Graf/*Graf*, Nachlassrecht, Rn. 1.221. Nimmt ein Abkömmling, der zunächst seinen Pflichtteilsanspruch geltend gemacht hat, bei Erlangung der Kenntnis von einer testamentarischen Pflichtteilsstrafklausel von der Verfolgung seines Anspruchs umgehend Abstand, ist die Pflichtteilsstrafklausel nicht verwirkt, OLG Rostock NJW-RR 2015, 776.
[17] BGH NJW 1981, 2051.

ten, sich über den Nachlass zu informieren. Ist der Mit- oder Nacherbe trotz seiner ihm als Erben möglichen Erkundigungsmöglichkeiten über bestimmte Umstände im Unklaren – oft über Schenkungen des Erblassers, die unter Umständen zu Ergänzungsansprüchen gemäß § 2325 BGB führen – kommt ggf. ein allgemeiner Auskunftsanspruch des Mit- oder Nacherben gemäß § 242 BGB in Betracht.[18]

9 Ist **Testamentsvollstreckung** angeordnet, bleibt gleichwohl der Erbe auskunftsverpflichtet.[19] Der Auskunftsanspruch kann sich auch gegen den beschenkten **Dritten** richten, wenn dem Pflichtteilsberechtigten – kraft eigenen Wissens oder aufgrund der Auskunft des Erben – zwar bekannt ist, dass der Erblasser den Dritten beschenkt hat, genauere Details der Schenkung aber unbekannt sind.[20]

10 Der Auskunftsanspruch wird in der Praxis häufig durch Übergabe eines vom Erben privat erstellten Nachlassverzeichnisses erfüllt. Damit muss sich der Pflichtteilsberechtigte aber nicht zufrieden geben, vielmehr ist der Auskunftsanspruch, den § 2314 Abs. 1 S. 1 BGB gewährt, in mehrerer Hinsicht verstärkt: Zum einen kann der Pflichtteilsberechtigte fordern, bei der Aufnahme des Verzeichnisses zugezogen zu werden, § 2314 Abs. 1 S. 2 BGB. Darüber hinaus kann der Auskunftsberechtigte gemäß § 2314 Abs. 1 S. 3 BGB die so genannte **amtliche Aufnahme** des Bestandsverzeichnisses verlangen. In diesem Fall wird das Nachlassverzeichnis von einem Notar oder der zuständigen Behörde aufgenommen.[21] Auch bei Aufnahme dieses Verzeichnisses hat der Pflichtteilsberechtigte ein Anwesenheitsrecht. Schließlich kann der Pflichtteilsberechtigte vom Erben die **eidesstattliche Versicherung** der Richtigkeit der Angaben verlangen, wenn er Grund zur Annahme hat, dass das vorgelegte Nachlassverzeichnis nicht mit der erforderlichen Sorgfalt aufgestellt wurde (§ 260 Abs. 2 BGB).[22]

11 **bb) Der Wertermittlungsanspruch.** Der Pflichtteilsberechtigte hat gemäß § 2314 Abs. 2 BGB einen eigenen und gegenüber dem Auskunftsanspruch selbständigen Anspruch darauf, dass der **Wert** der einzelnen Nachlassgegenstände **auf Kosten des Nachlasses** ermittelt wird. Maßgeblich ist der Wert zur Zeit des Erbfalles. Bei der Bewertung von Schenkungen im Rahmen des Pflichtteilsergänzungsanspruches ist bei nicht vertretbaren Sachen das **Niederstwertprinzip** zu beachten; es kann daher in diesen Fällen auch auf den Wert der verschenkten Sache im Zeitpunkt der Schenkung ankommen (vgl. → Rn. 53, auch zu den Klaganträgen). Der Pflichtteilsberechtigte kann insbesondere verlangen, dass die Nachlassgegenstände durch Sachverständigengutachten bewertet werden;[23] die Kosten des Gutachtens trägt der Nachlass, § 2314 Abs. 2 BGB.

---

[18] Vgl. Palandt/*Weidlich* BGB § 2314 Rn. 3; MüKoBGB/*Lange* § 2314 Rn. 40ff.; vgl. auch MüKoBGB/*Lange* § 2314 Rn. 8, 18, der eine vorsichtige analoge Anwendung von § 2314 BGB fordert. Diese hat gegenüber dem Anspruch gemäß § 242 BGB den Vorteil, dass die Kosten der Auskunftserteilung dem Nachlass zur Last fallen, vgl. *Ebenroth* Rn. 948; MüKoBGB/*Lange* § 2314 Rn. 41.
[19] § 2213 Abs. 1 S. 3 BGB; vgl. Palandt/*Weidlich* BGB § 2314 Rn. 4.
[20] Palandt/*Weidlich* BGB § 2314 Rn. 5. Dieser Auskunftsanspruch besteht sowohl für den pflichtteilsberechtigten Nichterben, insbesondere wenn der Schenkungsempfänger gemäß § 2329 BGB haftet (BGH NJW 1971, 842), als auch für den pflichtteilsberechtigten Erben, wenn dieser sich nicht auf andere zumutbare Weise Auskunft verschaffen kann (BGH NJW 1973, 1876).
[21] Ein notarielles Verzeichnis liegt nur dann vor, wenn der Notar den Nachlassbestand selbst ermittelt hat (und nicht bereits dann, wenn er lediglich Erklärungen des Auskunftspflichtigen beurkundet), vgl. BVerfG NJW 2016, 2943 (allgemein zu den Anforderungen an die Errichtung notarieller Nachlassverzeichnisse); OLG München ZEV 2017, 460; OLG Celle DNotZ 2003, 62; s. auch *Weidlich* ZEV 2017, 241 (mit einer kritischen Bestandsaufnahme); *Nieder* ZErb 2004, 60. Der Erbe kann die Vorlage eines notariellen Nachlassverzeichnisses verweigern, wenn ein Aktivnachlass, aus dem die Kosten für den Notar entnommen werden können, nicht vorhanden ist; es sei denn, der Pflichtteilsberechtigte bietet an, die gesetzlich anfallenden Notarkosten im Voraus direkt an das Notariat zu überweisen, OLG München ZEV 2017, 460 (461 und 462).
[22] Palandt/*Weidlich* BGB § 2314 Rn. 11. Bei freiwilliger Abgabe der eidesstattlichen Versicherung ist das Nachlassgericht zuständig, andernfalls das Vollstreckungsgericht.
[23] Vgl. BGH NJW 1975, 258; OLG Düsseldorf FamRZ 1997, 58 (kein Anspruch auf Gutachten durch öffentlich vereidigten Sachverständigen).

cc) Empfehlungen zur Durchsetzung von Auskunfts- und Wertermittlungsansprüchen. Grundsätzlich hat der Pflichtteilsberechtigte keinen **Anspruch** gegen den auskunftsverpflichteten Erben **auf Vorlage von Belegen,** etwa Kontoauszügen etc. oder Anspruch auf deren Einsichtnahme.[24] Allerdings hat sich der Erbe nach Kräften zu bemühen, dem Pflichtteilsberechtigten Auskunft zu erteilen. Er kann sich nicht schlicht auf Unkenntnis berufen, sondern ist gehalten, seinerseits Auskunftsansprüche durchzusetzen, etwa gegen Banken.[25] Zudem wird die Auffassung vertreten, dass jedenfalls dann, wenn eine deutliche Diskrepanz zwischen den Werten gegeben ist, die dem Pflichtteilsberechtigten bekannt sind und zu denen er substantiiert vortragen kann, und den Auskünften des Erben, der Erbe verpflichtet ist, alle ihm zugänglichen und beschaffbaren Beweismittel – auch Kontenunterlagen – vorzulegen.[26] Solche Fälle kommen beispielsweise vor, wenn der Pflichtteilsberechtigte konkret vortragen kann, dass dem Erblasser etwa aus einem Hausverkauf Mittel zugeflossen sind, die im Nachlassverzeichnis nicht mehr erscheinen. Ebenfalls wurde eine Pflicht zur Vorlage von Belegen bejaht, soweit zum Nachlass ein Unternehmen gehört (dazu nachfolgend). Aus § 809 BGB kann sich das Recht ergeben, **Besichtigung** der Nachlassgegenstände zu verlangen.[27]

12

Nach hM und Rechtsprechung kann der Pflichtteilsberechtigte, soweit zum Nachlass ein **Unternehmen** gehört, die **Vorlage von Belegen** verlangen, die es ihm ermöglichen, den Wert des Unternehmens zu beurteilen.[28] Insbesondere kann daher die Vorlage von Bilanzen, Gewinn- und Verlustrechnungen und Umsatzziffern verlangt werden, aber auch alle sonstigen Unterlagen, die zur Unternehmensbewertung[29] erforderlich sind.[30] Der Pflichtteilsberechtigte kann überdies verlangen, dass der Unternehmenswert durch einen Sachverständigen ermittelt wird.[31]

13

Bevor **Wertermittlung** verlangt werden kann, muss feststehen, dass der Gegenstand, für den Wertermittlung verlangt wird, auch tatsächlich zum Nachlass gehört. Eine Rolle spielt diese Rechtsprechung insbesondere bei ergänzungspflichtigen **Schenkungen** (§ 2325 BGB): Der Pflichtteilsberechtigte kann nicht allein auf den begründeten **Verdacht** gestützt, dass ein Gegenstand vom Erblasser verschenkt wurde, neben der Auskunft auch Wertermittlung verlangen. Der Wertermittlungsanspruch auf Kosten des Erben ist erst gegeben, wenn die ergänzungspflichtige Schenkung bewiesen ist.[32] Ist der Pflichtteilsberechtigte aber bereit, die Kosten für die Wertermittlung selbst zu tragen, reicht es aus, wenn er erhebliche Anhaltspunkte für eine Schenkung vorträgt.[33]

14

Im Gegensatz zum Auskunftsanspruch, der sich auch **gegen den beschenkten Dritten** richten kann (wenn der Erbe zur Auskunft nicht in der Lage ist)[34], kann Wertermittlung in der Regel nur vom **Erben** und nicht vom Beschenkten verlangt werden.[35] Anderes gilt unter Umständen dann, wenn ein selbst pflichtteilsberechtigter Erbe Wertermittlungsansprüche gegen vom Erblasser Beschenkte verfolgt: Sofern gemäß § 242 BGB die Voraussetzungen eines Auskunftsanspruches gegeben sind (→ Rn. 8), kann auch ein Wertermittlungsan-

15

---

[24] OLG Koblenz ZEV 2010, 262 (263); auch nicht zur Kontrolle OLG Koblenz MDR 2012, 1101.
[25] Vgl. Palandt/*Weidlich* BGB § 2314 Rn. 4.
[26] Vgl. im Einzelnen *Bartsch* ZEV 2004, 176.
[27] Vgl. *Lange/Kuchinke,* 956 (m. Hinweis auf Abwehrstrategien in Fn. 602); zur Anwendbarkeit von § 809 BGB *Van der Auwera* ZEV 2008, 359 (360 ff.).
[28] Vgl. nur BGH NJW 1961, 601; zum Umfang der Vorlagepflichten instruktiv OLG Düsseldorf FamRZ 1997, 58; Palandt/*Weidlich* BGB § 2314 Rn. 10; OLG Köln ZEV 1999, 110 (der Anspruch entfällt nicht wegen eines vorgelegten Wertermittlungsgutachtens); OLG Köln ZEV 2014, 660 (661).
[29] Vgl. zu den Methoden der Unternehmensbewertung Rn. 67 ff.
[30] Vgl. MüKoBGB/*Lange* § 2314 Rn. 10; BGH NJW 1975, 1774.
[31] MüKoBGB/*Lange* § 2314 Rn. 10; KG OLGZ 69, 254.
[32] Vgl. BGH NJW 1984, 487; Palandt/*Weidlich* BGB § 2314 Rn. 13.
[33] BGH WM 1993, 1721.
[34] Palandt/*Weidlich* BGB § 2314 Rn. 5.
[35] BGH NJW 1989, 2887; Palandt/*Weidlich* BGB § 2314 Rn. 13, 17.

spruch gegen den beschenkten Dritten bestehen. Die Kosten der Wertermittlung fallen aber nicht dem Dritten, sondern dem Nachlass an.[36]

16　Der Pflichtteil ist grundsätzlich sofort **fällig** (zu Ausnahmen s. → Rn. 21). Der Pflichtteilsberechtigte kann daher den Schuldner, wenn er den Pflichtteilsanspruch beziffert hat, zur Leistung auffordern und durch Mahnung in Verzug setzen, so dass er berechtigt ist, die **Verzugszinsen** zu verlangen, § 288 BGB. Kann der Pflichtteilsberechtigte mangels Auskunft bzw. Wertermittlung noch keinen Anspruch beziffern, genügt eine **unbezifferte Mahnung**.[37] Allerdings hat der Erbe die Verzögerung für die Zeit nicht zu vertreten (und ist nicht zur Zahlung von Verzugszinsen verpflichtet), die er zur Erteilung der Auskunft und Bewertung benötigt.

17　**d) Der Wert des Nachlasses. aa) Bewertung.** Für die Berechnung des Pflichtteilsanspruches ist gemäß § 2311 Abs. 1 BGB der Bestand und der Wert des Nachlasses am Todestag des Erblassers entscheidend; insoweit gilt das Stichtagsprinzip.[38] Künftige Wertentwicklungen bleiben außer Betracht. Ist der Wert nicht bekannt, ist er durch Schätzung zu ermitteln, § 2311 Abs. 2 S. 1 BGB. Vom Erblasser getroffene Wertanordnungen sind nicht maßgeblich, § 2311 Abs. 2 S. 2 BGB.[39] Das Gesetz legt weder fest, auf welchen der verschiedenen Werte, die eine Sache haben kann, abzustellen, noch wie dieser zu ermitteln ist. Nach herrschender Auffassung und Rechtsprechung kommt es normalerweise auf den gemeinen Wert an, also den **Verkehrs- oder Normalverkaufswert** als den Wert, den eine Sache für jedermann hat.[40]

18　Ist das Gut, um dessen Wert es geht, marktgängig, ist die Ermittlung des Verkehrswertes in der Regel kein Problem. Fehlt es aber an der Marktgängigkeit, müssen die Nachlassgegenstände bewertet werden, § 2311 Abs. 2 BGB. Besonders wichtig, aber auch problematisch ist in diesem Zusammenhang die Bewertung von Grundstücken, Handelsunternehmen und Gesellschaftsanteilen. Die Problematik der Bewertung der Handelsunternehmen und der Gesellschaftsanteile wird im Zusammenhang mit der Darstellung des Spannungsfeldes Unternehmensnachfolge und Pflichtteilsrecht dargestellt (→ Rn. 55 ff.). Bei der Bewertung von **Grundstücken** wird üblicherweise danach differenziert, ob es sich um ein bebautes oder ein unbebautes Grundstück handelt.[41] Bei unbebauten Grundstücken ist der Wert anhand der von den Gemeinden geführten Kaufpreissammlungen, aus denen sich Vergleichswerte ergeben, zu ermitteln. Bei bebauten und selbst genutzten Grundstücken wird oft das Sachwertverfahren zur Verkehrswertermittlung herangezogen.[42] Bei Renditeobjekten (Mietzinshäusern) ist verstärkt auf das Ertragswertverfahren abzustellen;[43] bei beiden Objekten (selbst genutzten und vermieteten Objekten) bietet sich zur Verkehrswertermittlung auch eine Kombination aus Sach- und Ertragswertverfahren an.

---

[36] Vgl. BGH NJW 1986, 127.
[37] BGH NJW 1981, 1729 (1732); *Lange/Kuchinke*, 961.
[38] Das Stichtagsprinzip kann uU zu Härten führen, wenn der Wert einer Sache genau am Stichtag einer plötzlichen Wertschwankung unterliegt. „Schulbeispiele" sind der plötzliche Kurseinbruch bei Aktien (bei denen grds. der Kurswert am Stichtag maßgeblich ist) oder Werteinbrüche aufgrund staatlich angeordneter Preisstopps. In diesen Fällen kann, wenn sie zu extremen Wertverzerrungen führen, auf den sog. „wahren oder inneren Wert" abgestellt werden, der in den genannten Fällen über dem sonst maßgeblichen Verkehrswert liegt, vgl. BGH NJW-RR 1991, 900. Letztlich stellt dieser wahre Wert eine Fiktion dar, um unangemessenen Ergebnissen entgegenzuwirken, vgl. auch MüKoBGB/*Lange* § 2311 Rn. 26; zum Kurswert von Aktien *Nirk* NJW 1962, 2185.
[39] Eine Ausnahme hiervon statuiert § 2312 BGB bezüglich Landgütern.
[40] BGHZ 14, 368 (376); Palandt/*Weidlich* BGB § 2311 Rn. 6.
[41] Vgl. Palandt/*Weidlich* BGB § 2311 Rn. 8; MüKoBGB/*Lange* § 2311 Rn. 32 ff. Zum Anwendungsbereich der Immobilienwertermittlungsverordnung siehe § 1 ImmoWertV; zur vorgenannten Verordnung auch *Drosdzol* ZEV 2010, 403 ff.
[42] Palandt/*Weidlich* BGB § 2311 Rn. 8.
[43] Palandt/*Weidlich* BGB § 2311 Rn. 8.

Werden Nachlassgegenstände, deren Wert ermittelt werden muss oder deren Wert bereits 19
ermittelt worden ist, veräußert, so ist der erzielte **Kaufpreis – statt dem Bewertungswert** – für die Berechnung des Nachlassvermögens heranzuziehen. Nach der Rechtsprechung des BGH drückt sich gerade im Kaufpreis der relevante Verkehrswert aus, daher ist – **wenn** ein **Veräußerungspreis zeitnah** zum Erbfall bekannt wird – dieser Wert für die Nachlasswertermittlung maßgeblich.[44] Als zeitnah wird von der Rechtsprechung bei der Bewertung von Grundstücken ein Zeitrahmen von einem bis fünf Jahren nach dem Erbfall angesehen.[45] Wurde der Pflichtteilsanspruch, berechnet auf Nachlasswertschätzungen, schon ausgeglichen und ergibt sich nach einer „zeitnahen" Veräußerung unter Berücksichtigung des Verkaufspreises ein höherer Pflichtteilsanspruch, so kann dies Nachabfindungsansprüche des Pflichtteilsberechtigten auslösen.[46]

bb) Berechnung des Anspruches. Sind die Aktiv- und Passivposten des Nachlasses 20
festgestellt und gegebenenfalls bewertet, ergibt sich der für den Pflichtteilsanspruch maßgebliche Betrag aus dem Überschuss des Aktivvermögens über das Passivvermögen. Zum Passivbestand gehören zunächst die **Erblasserschulden** (vgl. → § 19 Rn. 21) und die **Erbfallschulden** unter Einschluss aller Steuerverbindlichkeiten[47] des Erblassers.[48] Nicht abziehbar sind unter anderem **Vermächtnisse**, Auflagen, die Kosten der Testamentseröffnung und des Erbscheinverfahrens sowie die Kosten der Testamentsvollstreckung (zur Berücksichtigung von **latenten Steuern** s. → Rn. 73, 76).[49]

e) Stundung des Pflichtteilsanspruches. Gemäß § 2331a BGB besteht, allerdings nur 21
in sehr engem Rahmen, die Möglichkeit, die Stundung des Pflichtteilsanspruches zu verlangen: Für den Erben, der Stundung beantragt, muss sich die sofortige Erfüllung des Anspruches als eine „unbillige Härte" darstellen. Schließlich sind die Interessen des Pflichtteilsberechtigten angemessen zu berücksichtigen. Als Beispiel für eine unbillige Härte führt das Gesetz an, dass der Erbe zur Liquiditätsbeschaffung das Familienheim oder ein Wirtschaftsgut veräußern muss, das für ihn und seine Familie die wirtschaftliche Lebensgrundlage bildet. Im Rahmen der Unternehmensnachfolge bedeutet das in der Regel, dass der Erbe zunächst Kredite aufnehmen muss, um den Pflichtteilsanspruch zu bedienen, bevor er mit Erfolg einen Stundungsantrag stellen kann.[50] Über den Antrag der Stundung entscheidet grundsätzlich das Nachlassgericht (vgl. § 2331a Abs. 2 S. 1 BGB) und, sofern ein Streit über das Erbrecht anhängig ist, das Prozessgericht. Für Verfahren und Sicherstellung gelten die Regelungen unter § 1382 Abs. 2 bis 6 BGB entsprechend, § 2331a Abs. 2 S. 2 BGB.

f) Die Verjährung, der Ausschluss und die Beschränkung des Pflichtteilsrechts. 22
aa) Die Verjährung. Der Pflichtteilsanspruch gemäß § 2303 BGB (und §§ 2305, 2307 BGB) sowie der Pflichtteilsergänzungsanspruch gemäß § 2325 BGB verjähren in **3 Jahren** seit Kenntnis des Pflichtteilsberechtigten vom Erbfall und der beeinträchtigenden Verfügung, §§ 195, 199 BGB.[51] **Ohne Rücksicht** auf die Kenntnis verjährt der Pflichtteilsergänzungsanspruch gegen den Beschenkten (§ 2329 BGB) gemäß § 2332 Abs. 1 BGB drei Jahre nach dem Erbfall.

---

[44] BGH NJW-RR 1993, 131; BGH NJW 1982, 2497 (zur Bewertung eines kaufmännischen Unternehmens für die Berechnung eines Pflichtteilsergänzungsanspruches); einschränkend OLG Köln ZEV 2014, 660 bei Vorliegen außergewöhnlicher Umstände.
[45] Nachweise bei MüKoBGB/*Lange* § 2311 Rn. 30.
[46] MüKoBGB/*Lange* § 2311 Rn. 30.
[47] Die Erbschaftsteuer gehört nicht zu den vom Aktivvermögen abziehbaren Passivposten.
[48] Vgl. auch MüKoBGB/*Lange* § 2311 Rn. 15 ff., 19 ff.
[49] Vgl. im Einzelnen die Auflistung bei Palandt/*Weidlich* BGB § 2311 Rn. 4, 5.
[50] Vgl. *Lorz/Kirchdörfer*, 27.
[51] Palandt/*Weidlich* BGB § 2317 Rn. 11 ff.

Grundsätzlich hemmt die bloße Klage auf Auskunft die Verjährung der Pflichtteils- und Pflichtteilsergänzungsansprüche nicht, wohl aber die als Stufenklage erhobene Leistungsklage.[52]

23 Vorsicht ist bei Pflichtteils- und Pflichtteilsergänzungsansprüchen eines **Minderjährigen** geboten, die diesem gegenüber einem Elternteil oder dessen Ehepartner zustehen: Diese Ansprüche sind gemäß § 207 Abs. 1 Nr. 2 BGB bis zur Vollendung seines 21. Lebensjahres gehemmt. Dies hat zur Folge, dass die genannten Ansprüche des Minderjährigen unabhängig von seiner Kenntnis vom Eintritt des Erbfalls oder der ihn beeinträchtigenden Verfügung bis zur Vollendung seines 24. Lebensjahres im Raum stehen.[53]

24 **bb) Der Ausschluss des Pflichtteils. (1) Ausschluss durch Verlust des Erbrechts und Verzicht.** Der Pflichtteilsberechtigte verliert sein Pflichtteilsrecht in den Fällen, in denen auch ein Erbe aufgrund Erbunwürdigkeit (vgl. § 2339 Abs. 1 BGB, dazu § 18) sein Erbrecht verliert, sog. **Pflichtteilsunwürdigkeit,** § 2345 Abs. 2 BGB, zB bei vorsätzlicher **Tötung** des Erblassers.[54] Daneben verliert der Pflichtteilsberechtigte sein Pflichtteilsrecht durch Abschluss eines **Erbverzichtsvertrages** (siehe dazu den Warnhinweis unter → Rn. 4) oder durch Abschluss eines **Pflichtteilsverzichtsvertrages.** Solche Verzichte erstrecken sich auch auf Abkömmlinge, § 2349 BGB. Vgl. hierzu im Einzelnen unter → Rn. 89 ff.

25 **(2) Ausschluss durch Pflichtteilsentziehung.** In besonders gravierenden Fällen der Störung des Verhältnisses zwischen Pflichtteilsberechtigtem und Erblasser gibt das Recht dem Erblasser die Möglichkeit, dem Pflichtteilsberechtigten den Pflichtteil zu entziehen.[55] Ein Entzug kommt beispielsweise in Frage, wenn der Pflichtteilsberechtigte dem Erblasser nach dem Leben getrachtet hat (§ 2333 Nr. 1 BGB). Wichtig ist, dass die Entziehung nur dann wirksam vorgenommen werden kann, wenn sie **durch Verfügung von Todes wegen** angeordnet ist **und** in der Verfügung der **Grund** der Entziehung sehr konkret angegeben ist, § 2336 BGB.[56]

26 Das Recht zum Pflichtteilsentzug erlischt durch **Verzeihung,** die auch eine bereits letztwillig verfügte Entziehung unwirksam werden lässt, § 2337 BGB. Hinterlässt der Pflichtteilsberechtigte, dem der Pflichtteil entzogen wurde, Abkömmlinge, so treten diese gemäß § 2309 BGB an seine Stelle.[57]

27 **cc) Die Pflichtteilsbeschränkung in guter Absicht.** Auf **Verschwendungssucht** oder **Überschuldung** eines Abkömmlings kann der Erblasser in besonderer Weise durch die so genannte „Pflichtteilsbeschränkung in guter Absicht" reagieren, § 2338 BGB.[58] Nach Wahl des Erblassers kann danach entweder angeordnet werden, dass der Pflichtteil nach dem Tod des Pflichtteilsberechtigten an dessen Abkömmlinge als **Nacherben** fällt oder die Verwaltung kann für die Dauer der Lebenszeit des Abkömmlings unter **Testamentsvollstreckung** gestellt werden. Die Besonderheit dieser Anordnung liegt letztlich in der Abbedingung des § 2306 Abs. 1 BGB (dazu → Rn. 36 ff.). Kraft Verweisung in § 2338 Abs. 2 BGB sind bei Anordnung der „Pflichtteilsbeschränkung in guter Absicht"

---

[52] Zur Hemmung Palandt/*Weidlich* BGB § 2317 Rn. 17 ff.
[53] Vgl. MüKoBGB/*Grothe* § 207 Rn. 8.
[54] Vgl. zur Frage der Verfassungsmäßigkeit des § 2345 Abs. 2 BGB BVerfG NJW 2001, 1484.
[55] Vgl. zur Frage der Verfassungsmäßigkeit des § 2333 BGB BVerfG NJW 2001, 141 und *Leisner* NJW 2001, 126 sowie *Haas* ZEV 2000, 249.
[56] Vgl. OLG Düsseldorf FamRZ 1999, 1469.
[57] Gleichwohl steht dem Erblasser frei, den Pflichtteilsberechtigten, dem er den Pflichtteil entzogen hat, zum Erben einzusetzen oder ein Vermächtnis zu gewähren. Dies kann in jeder beliebigen Höhe geschehen, ein Mindestanspruch auf den Nachlass besteht aufgrund des Pflichtteilsentzugs nicht, vgl. *Lange/Kuchinke*, 962. Allerdings ist darauf zu achten, dass in der Erbeinsetzung nicht zugleich eine Verzeihung (§ 2337 BGB) liegt.
[58] Vgl. auch MAH ErbR/*Horn* § 29 Rn. 131 f.; *Baumann* ZEV 1996, 121.

die Regelungen des § 2336 Abs. 1 bis 3 BGB zu beachten, das heißt die Pflichtteilsbeschränkung muss durch letztwillige Verfügung angeordnet werden, auch hier ist der Grund der Beschränkung anzugeben. Die Beschränkung ist unwirksam, wenn sich der Abkömmling zur Zeit des Erbfalls dauerhaft von dem verschwenderischen Leben abgewendet hat oder die Überschuldung nicht mehr gegeben ist (§ 2338 Abs. 2 S. 2 BGB).[59]

g) Die Pflichtteilslast. Häufig übersehen, aber sehr wichtig, ist die Frage, wer die so genannte Pflichtteilslast trägt.[60] Zwar ist der Erbe gemäß § 2303 BGB Schuldner des Pflichtteilsanspruches gegenüber dem Pflichtteilsberechtigten,[61] damit ist aber noch nichts darüber gesagt, wer intern die Pflichtteilslast zu tragen hat, wenn neben dem in Anspruch genommenen Erben noch weitere Personen am Nachlass beteiligt sind, sei es als Miterben, sei es als Vermächtnisnehmer. Unter **Miterben** verteilt sich die Last entsprechend der Erbquoten.[62] Nach der Teilung kann der selbst pflichtteilsberechtigte Erbe die Befriedigung des Pflichtteilsberechtigten insoweit verweigern, als ihm sein eigener Pflichtteilsanspruch verbleibt. 28

Hat der Erbe, der einen Pflichtteilsanspruch zu erfüllen hat, **zusätzlich** ein **Vermächtnis** oder eine **Auflage** zu bedienen, greift § 2318 BGB: Danach kann der Erbe die Erfüllung des ihm auferlegten Vermächtnisses so weit verweigern, dass die Pflichtteilslast im Ergebnis von ihm und dem Vermächtnisnehmer **anteilig** getragen wird. Zu beachten sind allerdings die Abs. 2 und 3 des § 2318 BGB.[63] Einem pflichtteilsberechtigten Vermächtnisnehmer gegenüber ist die Kürzung nur in dem Maße zulässig, dass ihm sein Pflichtteil verbleibt, § 2318 Abs. 2 BGB. Umgekehrt kann ein selbst pflichtteilsberechtigter Erbe, der einen Pflichtteilsanspruch und ein Vermächtnis zu erfüllen hat, den Vermächtnisanspruch weitergehend als soeben aufgezeigt kürzen, wenn ihm ansonsten, also bei verhältnismäßiger Kürzung, weniger als sein eigener Pflichtteil verbliebe; er kann in diesem Fall das Vermächtnis so weit kürzen, dass ihm sein Pflichtteil verbleibt. 29

Der Erblasser kann die Pflichtteilslast gemäß § 2324 BGB auch abweichend von der gesetzlichen Regelung verteilen. Ist daher beispielsweise dem Erblasser sehr daran gelegen, dass ein Vermächtnis dem Vermächtnisnehmer **ungekürzt** zusteht, ist aber andererseits zu besorgen, dass gegen den Erben Pflichtteilsansprüche geltend gemacht werden, sollte im Testament geregelt werden, dass entgegen der Regelung des § 2318 Abs. 1 BGB die Pflichtteilslast ausschließlich bei den Erben liegt. Selbstverständlich bleibt von einer solchen Regelung das Pflichtteilsrecht der Erben unberührt. Die interne Verschiebung der Pflichtteilslast kann daher nur so weit gehen, dass dem durch die Erfüllung von Pflichtteilsansprüchen und Vermächtnissen beschwerten Erben wenigstens ein Wert verbleibt, der seinem eigenen Pflichtteil entspricht. Folgerichtig lässt daher § 2324 BGB nur Abweichungen von § 2318 Abs. 1 BGB zu, nicht aber von § 2318 Abs. 2 und 3 BGB. 30

Beispiel:

Setzt der Erblasser eines seiner beiden Kinder zum Alleinerben ein und sichert er seinen Ehegatten durch Vermächtnisse ab, so ist anzunehmen, dass das durch diese Verfügung enterbte Kind Pflichtteilsansprüche gegen das erbende Geschwisterteil geltend macht. Das erbende Kind wäre nach § 2318 BGB anschließend berechtigt, die Erfüllung des Vermächtnisses insoweit zu verweigern, als der überlebende Ehegatte im Verhältnis des Wertes seines Vermächtnisanspruches zum Nachlasswert bzw. zum Pflichtteilsanspruch die Pflichtteilslast anteilig mitträgt. Da ein solches Ergebnis die mit der Vermächtniszuwendung beabsichtigte Absicherung des überlebenden Ehegatten gefährdet, sollte im Testament ge-

---

[59] Diff. hins. Nacherbeinsetzung *Lange/Kuchinke*, 968.
[60] Vgl. insgesamt *Kipp/Coing*, § 12.
[61] Bei Miterben gelten die §§ 2058 ff. BGB.
[62] Zur Frage, ob bei Berechnung der maßgeblichen Quote Ausgleichungen zu beachten sind, MüKoBGB/ *Lange* § 2303 Rn. 25.
[63] Vgl. im Einzelnen MAH ErbR/*Schlitt* § 13 Rn. 349 ff., 352 ff., 360 ff.

gebenenfalls geregelt werden, ob und inwieweit das erbende Kind die Pflichtteilslast allein trägt.

31 Im Zusammenhang mit der Pflichtteilslast ist auch auf Folgendes hinzuweisen: Enterbt der Erblasser einen pflichtteilsberechtigten gesetzlichen Erben und erstreckt sich diese Enterbung nicht auf dessen Abkömmlinge,[64] werden zwar die Abkömmlinge anstelle des Enterbten Erben, müssen aber intern die Pflichtteilslast tragen, falls der Enterbte seinen Pflichtteilsanspruch geltend macht, § 2320 BGB.

2. Der Schutz des Pflichtteilsberechtigten

32 Die vorstehend aufgezeigte Systematik des Pflichtteilsrechts könnte durch geeignete Maßnahmen des Erblassers unter Lebenden oder von Todes wegen relativ leicht zu Lasten des Pflichtteilsberechtigten unterlaufen werden, wenn es keine speziellen Schutzmechanismen zugunsten des Pflichtteilsberechtigten gäbe. Beispielsweise könnten Pflichtteilsansprüche dadurch vermieden werden, dass der Pflichtteilsberechtigte nicht enterbt, sondern mit einer äußerst geringen Erbquote, die wertmäßig hinter dem Pflichtteilsanspruch zurücksteht, bedacht oder der Erbe mit vielfältigen Belastungen (Testamentsvollstreckung; Vermächtnisse etc.) beschränkt oder beschwert wird. Auch könnte der Erblasser versucht sein, bereits zu Lebzeiten wesentliche Teile seines Vermögens zu verschenken, um durch diese Maßnahmen seinen für die Pflichtteilsberechnung maßgeblichen Nachlass zu verkleinern. Dem Schutz des Pflichtteilsberechtigten dienen insoweit die §§ 2305 ff., 2315 ff., 2325 ff. BGB.

33 **a) Die Vervollständigungsansprüche. aa) Der Pflichtteilsrestanspruch (§ 2305 BGB).** Der Erblasser kann die Pflichtteilsberechtigung nicht dadurch umgehen, dass er die Berechtigten zwar als Erben einsetzt, dies jedoch lediglich mit Quoten, die unter der Hälfte des gesetzlichen Erbteils (dem Pflichtteil) liegen. In diesem Fall gewährt das Pflichtteilsrecht den so genannten Pflichtteilsrestanspruch gemäß § 2305 BGB in Höhe der Differenz zwischen der Erbquote und dem Pflichtteilsanspruch.

Beispiel:

Ein (verwitweter) Erblasser hat zwei Kinder und setzt ein Kind als Erbe auf eine Quote von einem Zehntel, das andere Kind als Erbe auf neun Zehntel. Der Pflichtteilsanspruch beträgt die Hälfte des gesetzlichen Erbteils, mithin ein Viertel. Der Pflichtteilsrestanspruch besteht somit aus der Differenz des Zehntels zum Viertel, er beträgt somit drei Zwanzigstel.

34 Im Zusammenhang mit dem Pflichtteilsrestanspruch ist folgende dringende **Warnung** angebracht: Es existiert der weit verbreitete Irrtum, im oben genannten Fall könnte sich der auf nur ein Zehntel eingesetzte, pflichtteilsberechtigte Erbe von der Erbschaft durch Ausschlagung befreien, um den gesamten Pflichtteilsanspruch von einem Viertel geltend zu machen. Dieser Wunsch ist verständlich, denn für den Erben ist es – ungeachtet des ihm zustehenden, auf Geld gerichteten und sofort fälligen Pflichtteilsrestanspruchs von drei Zwanzigstel – lästig, im Übrigen mit nur einem sehr kleinen Erbteil von einem Zehntel bedacht zu sein, sich aber gleichwohl eventuell mit diesem Anteil in einer Erbengemeinschaft wiederzufinden. **Dieses Ziel ist aber durch Ausschlagung nicht zu erreichen!**[65] Schlägt der pflichtteilsberechtigte Erbe gleichwohl aus, erlangt er keinen „vollen" Pflichtteilsanspruch von einem Viertel, sondern er verliert seinen Erbanspruch von einem Zehntel und behält lediglich den ihm ohnehin zustehenden Pflichtteilsrestanspruch von drei Zwanzigstel.[66]

---

[64] Im Zweifel erstreckt sich die Enterbung nicht auf die Abkömmlinge; vgl. Palandt/*Weidlich* BGB § 1938 Rn. 3; aA *Scherer* ZEV 1999, 41.

[65] Vgl. Palandt/*Weidlich* BGB § 2305 Rn. 5; allerdings geht der ausgeschlagene Anspruch ggf. auf entferntere Pflichtteilsberechtigte über und ist mithin nicht gänzlich verloren, vgl. *Bengel* BRAK-Mitt 1997, 32.

[66] Eventuell bestehende Pflichtteilsergänzungsansprüche gemäß § 2325 BGB würde er allerdings behalten; es handelt sich bei diesen Ansprüchen um selbständige Ansprüche.

I. Das Pflichtteilsrecht § 20

Eine Ausnahme von der Regel, dass die Ausschlagung nicht zum (vollen) Pflichtteilsanspruch führt, stellt hingegen der Fall dar, dass der pflichtteilsberechtigte Erbe unter den Voraussetzungen des § 2306 BGB ausschlägt.[67]

Auch ist zu beachten, dass dem pflichtteilsberechtigten Erben, dem genau seine Pflichtteilsquote als Erbteil zugewiesen ist, keine sonstigen Ansprüche zustehen. Schlägt er aus, erhält er nichts.[68]

bb) Beschränkungen und Beschwerungen (§ 2306 BGB). Auf die zentrale Vorschrift des § 2306 BGB wurde bereits häufiger eingegangen. Die Vorschrift gibt einem pflichtteilsberechtigten Erben, der durch bestimmte Anordnungen beschränkt oder beschwert ist, das Recht, die Erbschaft auszuschlagen und stattdessen den – unbelasteten – Pflichtteil zu nehmen. Im Einzelnen:

Der Pflichtteilsberechtigte hat ein Wahlrecht: Er kann entweder den zugewiesenen, aber beschränkten und beschwerten Erbteil **ausschlagen** und den Pflichtteil geltend machen, oder aber den (beschränkten oder beschwerten) Erbteil annehmen. Die Ausschlagung hat in den **kurzen** Fristen des § 1944 BGB zu geschehen. Irrte sich der Ausschlagende über die Beschwerungen oder Beschränkungen, kann er unter Umständen gemäß § 2308 BGB die Ausschlagung anfechten.

cc) Vermächtnisse (§ 2307 BGB). Der Erblasser kann den Pflichtteilsberechtigten auch nicht durch Zuwendung eines Vermächtnisses von dem ihm gebührenden Anteil am Nachlass fern halten: Gemäß § 2307 BGB hat der Pflichtteilsberechtigte auch in diesem Fall das Wahlrecht, ob er den Vermächtnisanspruch behält, sich den Wert des Vermächtnisses[69] aber auf seinen Pflichtteilsanspruch anrechnen lässt, oder aber das Vermächtnis ausschlägt und den vollen Pflichtteilsanspruch geltend macht.[70] Die Ausschlagung des Vermächtnisses ist – anders als die Erbschaft – nicht fristgebunden. Gemäß § 2307 Abs. 2 S. 1 BGB kann aber der Erbe dem pflichtteilsberechtigten Vermächtnisnehmer eine angemessene Frist setzen, sich zu erklären.

dd) Empfehlung: Verwirkungsklausel. Es liegt auf der Hand, dass die Regelungen in § 2306 BGB leicht geeignet sind, Nachlassplanungen zu Fall zu bringen, denn in letztwilligen Verfügungen sind sehr häufig Instrumentarien vorgesehen, die Beschränkungen oder Beschwerungen darstellen (zum Beispiel Testamentsvollstreckung oder Vermächtnisse) und so die Voraussetzungen des § 2306 BGB eröffnen. Bei manchen Testamentsgestaltungen ist daher die Einfügung einer Verwirkungsklausel (vgl. auch → § 18 Rn. 11 ff.) zu erwägen, um eine Ausschlagung zu verhindern, die zu einem grundsätzlich sofort fälligen und auf Geld gerichteten Pflichtteilsanspruch führt. So gilt es als zulässige Regelung, den (pflichtteilsberechtigten) Erben unter der Bedingung zum Erben einzusetzen, dass er dann, falls er innerhalb der Ausschlagungsfrist zur Ausschlagung gemäß § 2306 BGB schreitet, in Höhe seiner Pflichtteilsquote als Erbe eingesetzt wird, allerdings insoweit unbeschränkt und unbeschwert. Der pflichtteilsberechtigte Erbe hat unter dieser Klausel keine Chance, seinen sofort fälligen und auf Geld gerichteten Pflichtteil zu verlangen, denn die Erbeinsetzung (unter Beschränkungen und Beschwerungen) steht unter der auflösenden Bedingung, dass er keine Schritte zur Ausschlagung der Erbschaft unternimmt.[71]

---

[67] Palandt/*Weidlich* BGB § 2306 Rn. 5.
[68] Vgl. auch *Lange/Kuchinke,* 879.
[69] Bei der Berechnung des Wertes sind Beschränkungen oder Beschwerungen, die eventuell auf dem Vermächtnis liegen, nicht wertmindernd zu berücksichtigen, § 2307 Abs. 1 S. 2 BGB. Vgl. im Einzelnen MAH ErbR/*Schlitt* § 13 Rn. 344.
[70] Vgl. auch die Berechnungsbeispiele von *Bengel* BRAK-Mitt 1997, 32 und *Schlitt* ZEV 1998, 216.
[71] In ähnlicher Weise kann die Klausel auch auf die Fälle des § 2307 Abs. 1 S. 1 BGB ausgedehnt werden, um zu verhindern, dass der Pflichtteilsberechtigte ein ihm zugewandtes Vermächtnis ausschlägt und stattdessen den Pflichtteil fordert, vgl. Nieder/Kössinger/*Kössinger* § 2 Rn. 32.

Schreitet er gleichwohl zur Ausschlagung, wird er Erbe in Höhe seiner Pflichtteilsquote, allerdings unbeschränkt und unbeschwert. Diese Erbschaft kann er nicht gemäß § 2306 BGB ausschlagen. Der pflichtteilsberechtigte Erbe wird es sich daher gut überlegen, ob er den belasteten oder beschränkten höheren Erbteil gegen einen unbelasteten oder unbeschränkten, aber kleineren Erbteil eintauscht, der ihm anders als der Pflichtteilsanspruch keine sofortige Liquidität verschafft.

40 **ee) Ausschlagung und Nachlassbeteiligung.** Bereits vorstehend wurde darauf hingewiesen, wann eine Ausschlagung ausnahmsweise dazu führt, dass der Ausschlagende eine Beteiligung am Nachlass erhält. Der Übersichtlichkeit halber seien die Fälle nochmals kurz zusammengefasst:
- Ist der pflichtteilsberechtigte Erbe mit einem **Erbteil** bedacht, der **geringer** ist als **die Hälfte** des gesetzlichen Erbteils, erhält er zusätzlich den **Pflichtteilsrestanspruch** gemäß § 2305 BGB in Höhe der Differenz zwischen dem Erbteil und dem Pflichtteilsanspruch. Schlägt er den Erbteil aus, erhält er nicht etwa den „vollen" Pflichtteil, sondern nur noch den Pflichtteilsrestanspruch.
- Ist der pflichtteilsberechtigte Erbe mit einem Erbteil bedacht, der **beschränkt oder beschwert** ist, oder ist der pflichtteilsberechtigte Erbe lediglich als Nacherbe auf einen Erbteil eingesetzt, so kann er gemäß § 2306 BGB den belasteten oder beschwerten Erbteil bzw. die Nacherbschaft ausschlagen und stattdessen den Pflichtteil liquidieren.
- Ist der Pflichtteilsberechtigte mit einem **Vermächtnis** bedacht, so kann er den Pflichtteil fordern, wenn er das Vermächtnis ausschlägt, § 2307 BGB.
- Der überlebende Ehegatte, der mit dem Erblasser im gesetzlichen Güterstand der **Zugewinngemeinschaft** lebte, kann ebenfalls die Erbschaft ausschlagen und den Pflichtteil fordern sowie zusätzlich den konkret berechneten Zugewinn (vgl. → § 17 Rn. 12).
- Lediglich der Vollständigkeit halber sei noch auf die Ausschlagungsmöglichkeit gemäß § 1948 BGB verwiesen, die außerhalb des Pflichtteilsrechts steht. Nach dieser Vorschrift kann ein Erbe, der zum **Kreis der gesetzlichen Erben** gehört, die Erbschaft, auf die er durch letztwillige Verfügung eingesetzt ist, ausschlagen und als gesetzlicher Erbe annehmen. Besondere Vorteile sind mit dieser Vorgehensweise in der Regel nicht verbunden.

41 **b) Anrechnungs- und Ausgleichungsbestimmungen. aa) Anrechnung.** Gemäß § 2315 BGB muss sich der Pflichtteilsberechtigte lebzeitige Zuwendungen auf seinen Pflichtteil anrechnen lassen, wenn die Zuwendung von einer Erklärung des Erblassers begleitet war, dass die Zuwendung auf den eventuellen Pflichtteil angerechnet wird.[72] Eine **nachträgliche** Bestimmung genügt nicht;[73] die Anrechnungserklärung muss im Zeitpunkt der Zuwendung erfolgen.

Wie bereits dargelegt, sollte die **Anrechnungserklärung** bei keiner größeren Zuwendung fehlen (s. Empfehlung in → § 19 Rn. 78 ff.). Wurde sie vergessen, kann später lediglich versucht werden, mit dem Begünstigten einen Pflichtteilsverzichtsvertrag – eventuell auch nur als Teilverzichtsvertrag – abzuschließen, um damit im wirtschaftlichen Ergebnis das Versäumte nachzuholen.

42 **bb) Ausgleichung.** Durch die Bestimmung zur Ausgleichung in § 2316 BGB wird gewährleistet, dass Zuwendungen an Abkömmlinge, die bei gesetzlicher (oder der gesetzlichen Erbfolge entsprechender testamentarischer Erbfolge) gemäß § 2050 BGB (vgl. → § 19 Rn. 75 ff.) auszugleichen wären, auch im Pflichtteilsrecht berücksichtigt werden. § 2316 BGB wendet sich daher nur an pflichtteilsberechtigte **Abkömmlinge** des Erblassers. Ist neben den Abkömmlingen der **Ehegatte** des verstorbenen Erblassers vorhanden,

---

[72] Zur Berechnung (Hinzurechnung des Werts des Vorempfangs) vgl. Palandt/*Weidlich* BGB § 2315 Rn. 7 ff.
[73] Vgl. Palandt/*Weidlich* BGB § 2315 Rn. 3; vgl. zum Ganzen auch *Kasper,* Anrechnung und Ausgleichung.

so ist zunächst, vor Vornahme der Ausgleichung, der Erbteil des Ehegatten herauszurechnen. Die Berechnung der Quoten der Abkömmlinge, unter Berücksichtigung der Ausgleichung, findet dann in einem zweiten Schritt statt.

Beispiel:

Ein Erblasser enterbt seine zwei Kinder und setzt seine mit ihm in Zugewinngemeinschaft lebende Ehefrau als Alleinerbin ein. Eines der Kinder erhielt zu Lebzeiten des Erblassers einen ausgleichspflichtigen Vorempfang von EUR 10.000,–. Der Nachlass beträgt EUR 100.000,–. Zur Pflichtteilsberechnung ist zunächst der gesetzliche Anteil der Ehefrau abzuziehen (EUR 50.000,–). Nur unter dem nun noch vorhandenen Nachlass ist der Ausgleich vorzunehmen. Dem Nachlass ist der auszugleichende Betrag (EUR 10.000,–) zuzurechnen; anschließend sind aus diesem (fiktiven) Nachlass die Pflichtteilsansprüche zu ermitteln (je EUR 30.000,–). Darauf hat sich das ausgleichspflichtige Kind den bereits erhaltenen Betrag anrechnen zu lassen, so dass das eine Kind EUR 30.000,–, das andere EUR 20.000,– verlangen kann.

Entgegen § 2050 Abs. 1 BGB kann der Erblasser im Übrigen nicht mit Wirkung für 43 die pflichtteilsrechtliche Ausgleichung die Ausgleichspflicht ausschließen oder Werte willkürlich zu Lasten des Pflichtteilsberechtigten unter ihrem tatsächlichen Wert festsetzen (vgl. § 2316 Abs. 3 BGB). Sind neben den Ausgleichungen auch **Anrechnungen** gemäß § 2315 BGB vorzunehmen, so sind sie nur mit ihrem **halbem** Wert anzusetzen, § 2316 Abs. 4 BGB. Dies kann zu der überraschenden Konsequenz führen, dass die Zuwendungsempfänger **besserstehen,** wenn eine Ausgleichungspflicht mit einer zudem angeordneten Anrechnungspflicht zusammentrifft, als wenn nur die Anrechnung angeordnet wurde.[74] Der Erblasser sollte angesichts dieses Befundes, insbesondere wenn er mehrere Abkömmlinge hat und an diese ausgleichspflichtige Leistungen erbringt, möglichst einheitlich mit der zusätzlichen Anordnung oder der Nichtanordnung der Anrechnung dieser Zuwendungen auf den Pflichtteil verfahren.

Gemäß §§ 2316 Abs. 1 S. 1, 2057a BGB kann sich die Ausgleichungspflicht auch zugunsten des Pflichtteilsberechtigten auswirken, etwa weil besondere Leistungen eines Abkömmlings für den Erblasser gemäß § 2057a BGB zu berücksichtigen sind.

c) Der Pflichtteilsergänzungsanspruch wegen Schenkungen. aa) Einführung. Die 44 §§ 2325 ff. BGB verhindern in gewissen Grenzen, dass der Erblasser Pflichtteilsansprüche dadurch beeinträchtigt, dass er zu seinen Lebzeiten Vermögenswerte verschenkt und diese so dem Nachlass entzieht.[75] Gemäß § 2325 Abs. 1, 3 BGB wird der Wert der **Schenkungen,** die in den letzten **zehn Jahren** vor dem Erbfall vorgenommen wurden und nicht bloße Anstandsschenkungen waren, § 2330 BGB, pro rata temporis dem Nachlasswert zugerechnet. Als Ergänzungsanspruch zum Pflichtteil kann der Pflichtteilsberechtigte den Betrag verlangen, um den sich der Pflichtteil bei fiktiver Hinzurechnung des Wertes der weggeschenkten Gegenstände erhöht.[76] Allerdings kann die Schenkung nur dann mit dem vollen Wert dem Nachlass hinzugerechnet werden, wenn die Schenkung innerhalb des ersten Jahres vor dem Erbfall erfolgte; liegt sie weiter zurück, wird sie innerhalb jeden weiteren Jahres vor dem Erbfall um jeweils ein Zehntel weniger berücksichtigt (§ 2325 Abs. 3 S. 1 BGB). Sind zehn Jahre seit der Schenkung vergangen, bleibt sie unberücksichtigt. Allerdings ist eine wichtige **Ausnahme** zu beachten: Bei Schenkungen an den **Ehegatten** beginnt die Zehn-Jahres-Frist erst bei Auflösung der Ehe (§ 2325 Abs. 3 BGB).[77]

---

[74] Vgl. die Berechnungsbeispiele bei MAH ErbR/*Horn* § 29 Rn. 181 ff. Zum Verhältnis zwischen § 2316 BGB und § 2325 BGB vgl. Staudinger/*Olshausen* BGB § 2325 Rn. 40; MüKoBGB/*Lange* § 2316 Rn. 25.
[75] Gemäß § 2311 BGB kommt es für die Berechnung der Pflichtteilsansprüche auf den Wert des Nachlasses zum Todestag an.
[76] Klagebeispiel in BeckPFormB/*Klinger* II. L. 5.
[77] Vgl. im Einzelnen zum Fristbeginn → Rn. 50. Diese, Ehegatten diskriminierende Regelung ist verfassungsgemäß, vgl. BVerfG NJW 1991, 217.

Beispiel:

Eine geschiedene Erblasserin mit einer Tochter hat als Alleinerbin eine gemeinnützige Stiftung eingesetzt und ihre Tochter damit enterbt. Ein halbes Jahr vor ihrem Tod hat sie der Stiftung EUR 500.000,– geschenkt. Der Nachlass besteht aus einem Depot im Wert von EUR 1 Mio. Bei diesem Nachlasswert beträgt der Pflichtteilsanspruch EUR 500.000,–. Addiert man allerdings fiktiv den Wert der Schenkung zum Nachlasswert, so ergibt sich ein Wert von EUR 1,5 Mio. und ein Pflichtteilsanspruch von EUR 750.000,–. Unter fiktiver Zurechnung des Wertes der Schenkung erhöht sich mithin der Pflichtteilsanspruch um EUR 250.000,–. Auf diesen Betrag ist der Pflichtteilsergänzungsanspruch gemäß § 2325 BGB gerichtet, der neben dem Pflichtteilsanspruch (EUR 500.000,–) besteht.[78]

45 Schuldner dieses Anspruches ist der Erbe. Ist dieser selbst pflichtteilsberechtigt, so kann er die Erfüllung des Ergänzungsanspruches gemäß § 2328 BGB insoweit verweigern, als ihm wenigstens sein eigener Pflichtteil bleibt; in diesem Fall hat der Pflichtteilsberechtigte wegen des fehlenden Betrages einen unmittelbaren Anspruch auf **Herausgabe des Geschenks gegen den Beschenkten,** § 2329 BGB.[79] Der Beschenkte haftet nach den Vorschriften des Bereicherungsrechts (§§ 812 ff. BGB);[80] er kann allerdings die Herausgabe des Geschenkes durch Zahlung des Betrages abwenden, § 2329 Abs. 2 BGB. Wichtig ist, dass die Ansprüche gemäß §§ 2325 ff. BGB anders als die Ansprüche gemäß §§ 2287, 2288 BGB nicht verlangen, dass der Erblasser die Schenkung in Beeinträchtigungsabsicht vorgenommen hat.[81]

46 Pflichtteilsergänzung kann unter den Voraussetzungen des § 2326 BGB auch vom pflichtteilsberechtigten **Erben** gegen den Beschenkten verlangt werden. Dies gilt zum einen dann, wenn dem Erben ein Erbteil hinterlassen wurde, der geringer als die Hälfte des gesetzlichen Erbteils ist; neben dem Pflichtteilsrestanspruch (§ 2305 BGB) kann auch Pflichtteilsergänzung gemäß § 2325 BGB verlangt werden. Zum anderen kann der pflichtteilsberechtigte Erbe gemäß § 2326 BGB aber auch dann Pflichtteilsergänzung verlangen, wenn ihm die Hälfte des gesetzlichen Erbteils hinterlassen wurde.

Beispiel:

Die Erblasserin hinterlässt ihren mit ihr in Zugewinngemeinschaft lebenden Ehemann und eine Tochter. Der Ehemann ist zu 3/4 als Erbe eingesetzt, die Tochter (in Höhe des Pflichtteils) zu 1/4. Kurz vor dem Tod hat die Ehefrau ihrem Gatten Geschäftsanteile an einer GmbH im Wert von EUR 500.000,– geschenkt. Der Nachlasswert beträgt EUR 1 Mio., der Wert der Erbschaft der Tochter mithin EUR 250.000,–. Wird allerdings der Wert der Schenkung dem Nachlasswert zugerechnet, so ergibt sich ein Nachlasswert von EUR 1,5 Mio. und ein Pflichtteilsanspruch (1/4) von EUR 375.000,–. Die Tochter kann daher als Pflichtteilsergänzung EUR 125.000,– verlangen.[82] Selbst dann, wenn dem pflichtteilsberechtigten Erben mehr als die Hälfte des gesetzlichen Erbteils hinterlassen ist, können Ergänzungsan-

---

[78] Vgl. zur Anwendbarkeit des § 2325 BGB bei Vermögensübertragungen auf Stiftungen LG Baden-Baden ZEV 1999, 152 mit Anm. *Rawert* und BGH ZEV 2004, 115; Palandt/*Weidlich* BGB § 2325 Rn. 17.
[79] Der Anspruch geht auf Zwangsvollstreckung in den geschenkten Gegenstand bis zur Höhe des nicht durch den Erben gemäß § 2328 BGB geleisteten Betrages. Aufgrund der erheblichen Probleme bei der Durchsetzung der Ansprüche gemäß § 2329 BGB weist das OLG Düsseldorf FamRZ 1996, 445, zu Recht auf die Verpflichtung der Gerichte hin, auf zutreffende Vorgehensweisen und Antragstellung besonders hinzuwirken; vgl. das Beispiel in BeckPFormB/*Klinger* II. L. 6.
[80] Auch der Anspruch gemäß § 2329 BGB verjährt in drei Jahren (Fristbeginn mit Erbfall, § 2332 Abs. 1 BGB).
[81] Zum Verhältnis zwischen § 2325 BGB und § 2287 BGB Soergel/*Dieckmann* BGB § 2325 Rn. 14.
[82] Würde die Tochter die Erbschaft ausschlagen, könnte sie keinen Pflichtteil liquidieren. § 2306 BGB greift nicht, da sie in Höhe des Pflichtteils zur Erbin eingesetzt ist und die Erbschaft keinen Beschränkungen oder Beschwerungen unterliegt. Sie würde bei Ausschlagung mithin ihren Erbschaftsanspruch verlieren und keinen Pflichtteilsanspruch gewinnen; ihren Pflichtteilsergänzungsanspruch – als selbständigen Anspruch – würde sie jedoch behalten, *Ebenroth* Rn. 978; MüKoBGB/*Lange* § 2325 Rn. 4, § 2326 Rn. 4; *Steiner* MDR 1997, 906.

sprüche bestehen. Allerdings ist der Ergänzungsanspruch gemäß § 2326 BGB um den Wert des über die Hälfte des gesetzlichen Erbteils Hinterlassenen zu kürzen.

Häufig wird in solchen Fällen allerdings die Regelung des § 2327 BGB übersehen. Hat der Gläubiger des Pflichtteilsergänzungsanspruches selbst eine Schenkung vom Erblasser erhalten, so ist diese Schenkung auf den Ergänzungsanspruch anzurechnen. Diese Anrechnungsvorschrift ist unabhängig davon, wann diese Schenkung vorgenommen wurde und ob der schenkende Erblasser bei der Schenkung eine Anrechnung auf den Pflichtteil (wie bei § 2315 BGB) verfügte.[83]

bb) Besonderheiten. (1) Fristbeginn. Schwierig ist oft zu beantworten, wann die Zehn-Jahres-Frist zu laufen beginnt. Diese Schwierigkeiten gelten insbesondere, wenn der Erblasser die Schenkung nur „halbherzig" ausführt und sich **Widerrufsvorbehalte** oder dingliche (Nießbrauch, Wohnrecht) sowie schuldrechtliche **Nutzungsmöglichkeiten** zurückbehält. Der BGH hat nach zuvor uneinheitlicher Rechtsprechung entschieden, dass die Frist erst dann zu laufen beginnt, wenn der Erblasser den Gegenstand vollständig aus seinem Vermögen ausgegliedert hat, die **Schenkung** also **endgültig vollzogen** wurde.[84] Im Einzelnen bedeutet dies, dass beispielsweise die Frist erst zu laufen beginnen kann, wenn der Beschenkte im Grundbuch eingetragen ist; die bloße Auflassung genügt nicht, um die Frist in Gang zu setzen.[85] Hat sich der Erblasser den Nießbrauch vorbehalten, wird die Frist ebenfalls nicht in Gang gesetzt.[86] Streitig war bislang die Frage, ob und inwieweit vorbehaltene Wohnungsrechte am übertragenen Grundstück einem Fristbeginn iSv. § 2325 Abs. 3 BGB entgegenstehen.[87] Hier hat der BGH entschieden, dass in Ausnahmefällen der Beginn des Fristlaufs gem. § 2325 Abs. 3 BGB gehindert sein kann.[88] Weiterhin streitig und noch nicht höchstrichterlich entschieden ist, wann die Frist beginnt, wenn sich der schenkende Erblasser Widerrufs- oder Rückforderungsrechte zurückbehält.[89] Schließlich ist ungeklärt, wann der Fristlauf gem. § 2325 Abs. 3 BGB in Gang gesetzt wird, wenn der Erblasser einer Stiftung, deren Begünstigter er ist, Vermögen zuführt.[90]

Der Erblasser, der etwas wegschenken will, um den verschenkten Vermögenswert aus dem Ergänzungsanspruch herauszunehmen, sollte sich daher möglichst keinerlei Rechte am verschenkten Gegenstand vorbehalten, damit die Zehn-Jahres-Frist in Gang gesetzt wird (immer vorausgesetzt, dass er die Zehn-Jahres-Frist überlebt). Schenkungen an Ehegatten helfen zur Erreichung dieses Zieles selten, da unter Ehegatten die Frist erst bei Auflösung der Ehe zu laufen beginnt.

Steht nach den vorstehenden Ausführungen fest, dass die Zehn-Jahres-Frist nicht zu laufen begonnen hat oder ist der Erblasser innerhalb der Frist verstorben, sind die Vermögenswerte bei der Berechnung des Pflichtteilsanspruches (zeitanteilig) mit zu berücksichtigen. Eine andere Frage ist es dann, ob bestimmte zurückbehaltene Rechte, insbesondere

---

[83] Berechnungsbeispiele bei Soergel/*Dieckmann* BGB § 2327 Rn. 6; vgl. auch OLG Oldenburg ZEV 1998, 143.
[84] BGH ZEV 2016, 445; BGH NJW 1994, 1791; ausführlich mit teilweise abweichender Auffassung *Cornelius,* Der Pflichtteilsergänzungsanspruch, Rn. 689 ff.
[85] BGH BWNotZ 1988, 46.
[86] BGH NJW 1994, 1791; aA MüKoBGB/*Lange* § 2325 Rn. 62 f.
[87] Zum bisherigen Meinungsstand s. ua BGH ZEV 2016, 445 (446 Rn. 13).
[88] BGH ZEV 2016, 445.
[89] *Reiff* NJW 1995, 1136, geht in einer Analyse zu BGH NJW 1994, 1791, davon aus, dass Widerrufsvorbehalte nur dann den Fristbeginn hemmen, wenn es sich um eine freie Widerrufsmöglichkeit handelt, der Widerruf also im freien Ermessen des Erblassers liegt; so auch Palandt/*Weidlich* BGB § 2325 Rn. 28; aA OLG Düsseldorf ZEV 2008, 525 (mit kritischer Anm. *Herrler*), das den Anlauf der 10-Jahres-Frist allein auf der Grundlage verneint, dass sich der Schenker für den Fall ein Rückforderungsrecht vorbehalten hat, dass der Beschenkte den übergebenen Grundbesitz ohne seine Zustimmung weiter veräußert oder belastet.
[90] Hierzu ausführlich *Scherer/Pawlytta,* Jubiläumsschrift 10 Jahre DVEV 1995–2005, 127 ff., die sich auch mit der Frage befassen, wie der Fall zu behandeln ist, dass der Erblasser nicht nur Begünstigter, sondern zugleich auch einziges Vorstandsmitglied der Stiftung ist.

das Nießbrauchsrecht, wertmindernd zu berücksichtigen sind (zur Berechnung der Schenkung sogleich).

51 **(2) Der Pflichtteilsberechtigte.** Gläubiger des Pflichtteilsergänzungsanspruches ist der Pflichtteilsberechtigte;[91] unerheblich ist mittlerweile, ob die Pflichtteilsberechtigung bereits **im Zeitpunkt der Schenkung** vorlag. Der BGH hat die Theorie der Doppelberechtigung aufgegeben.[92]

52 **(3) Der Schenkungsbegriff.** Der Schenkungsbegriff des § 2325 BGB ist dem des § 516 BGB gleichzusetzen. Entscheidend ist daher, dass der Empfänger aus dem Vermögen des Zuwendenden eine Bereicherung erfährt und sich beide über die Unentgeltlichkeit der Zuwendung einig sind. Die Unentgeltlichkeit ist vom Pflichtteilsberechtigten darzulegen und zu beweisen.[93] Auch im Rahmen des § 2325 BGB ist zu beachten, dass eine Schenkung in einer gemischten (hierzu → § 17 Rn. 111) oder in einer verschleierten Schenkung liegen kann.[94] Sog. **unbenannte Zuwendungen** unter Ehegatten werden erbrechtlich wie Schenkungen behandelt (s. → § 17 Rn. 111).[95] Unterhaltsleistungen sind keine unentgeltlichen Zuwendungen, auch dann nicht, wenn durch eine bedeutsame Zuwendung eine langjährige Tätigkeit entlohnt werden soll.[96] Streitig ist die Behandlung von Abfindungszahlungen, die für Erbverzichte[97] geleistet wurden. Bei Zuwendung einer **Kapitallebensversicherung** kann im Valutaverhältnis eine Schenkung vorliegen.[98] Wendet der Erblasser die Todesfallleistung aus einem Lebensversicherungsvertrag einem Dritten über ein widerrufliches Bezugsrecht schenkweise zu, so berechnet sich ein Pflichtteilsergänzungsanspruch gem. § 2325 Abs. 1 BGB weder nach der Versicherungsleistung noch nach der Summe der vom Erblasser gezahlten Prämien.[99] Vielmehr richtet sich die Pflichtteilsergänzung allein nach dem Wert, den der Erblasser aus den Rechten seiner Lebensversicherung in der letzten juristischen Sekunde seines Lebens nach objektiven Kriterien für sein Vermögen hätte umsetzen können.[100] In aller Regel ist dabei auf den Rückkaufswert abzustellen; ggf. auch auf einen objektiv belegten höherer Veräußerungswert.[101] Anderes kann aber gelten, wenn der Anspruch auf Auszahlung der Lebensversicherung mangels Bezugsberechtigung in den Nachlass fällt.

53 **(4) Die Bewertung der Schenkung.** Bei der Bewertung der Schenkung ist gemäß § 2325 Abs. 2 BGB zwischen verbrauchbaren und nicht verbrauchbaren Sachen zu unterscheiden. Verbrauchbare Sachen kommen gemäß § 2325 Abs. 2 S. 1 BGB mit ihrem Wert im Zeitpunkt der Schenkung in Ansatz. Bei nicht verbrauchbaren Sachen ist gemäß § 2325 Abs. 2 S. 2 BGB das sog. **Niederstwertprinzip** zu beachten: Grundsätzlich kommen danach die nicht verbrauchbaren Sachen mit ihrem Wert zum Zeitpunkt des Erbfalls in Ansatz. Liegt dieser Wert aber über dem inflationsbereinigten[102] Wert im Zeitpunkt der Schenkung, ist nur dieser niedere Wert im Zeitpunkt der Schenkung maßgeblich. Auf das skizzierte Niederstwertprinzip ist bei Auskunftsklagen in der Antragstellung zu achten.

---

[91] Es reicht aus, dass er Pflichtteilsberechtigter ist, ihm muss nicht zwingend auch ein Pflichtteilsanspruch zustehen, Palandt/*Weidlich* BGB § 2325 Rn. 4; *Steiner* MDR 1997, 906.
[92] Hierzu Palandt/*Weidlich* BGB § 2325 Rn. 4.
[93] OLG Oldenburg FamRZ 2000, 638.
[94] Zu Begriff und Beweiserleichterungen MüKoBGB/*Lange* § 2325 Rn. 19 ff.; zur Schenkung unter Auflage ebd. Rn. 20.
[95] Für eine Anwendung des § 2325 BGB BGH NJW 1992, 564; *Schotten* NJW 1990, 2841; Palandt/*Weidlich* BGB § 2325 Rn. 10 mwN; aA *Langenfeld* NJW 1994, 2133, MüKoBGB/*Lange* § 2325 Rn. 15.
[96] Vgl. OLG Oldenburg FamRZ 2000, 638.
[97] Vgl. im Einzelnen Palandt/*Weidlich* BGB § 2325 Rn. 16.
[98] BGH NJW 2010, 3232 (3233); Palandt/*Weidlich* BGB § 2325 Rn. 13.
[99] BGH NJW 2010, 3232 ff.
[100] BGH NJW 2010, 3232 ff.; Palandt/*Weidlich* BGB § 2325 Rn. 13.
[101] BGH NJW 2010, 3232 ff.; Palandt/*Weidlich* BGB § 2325 Rn. 13.
[102] Vgl. Palandt/*Weidlich* BGB § 2325 Rn. 18; BGH NJW 1994, 1791; aA *Pentz* FamRZ 1997, 724.

I. Das Pflichtteilsrecht § 20

Der Antrag kann etwa lauten, dass der Gegner verurteilt wird, Auskunft über den Wert einer Sache (durch Vorlage eines Sachverständigengutachtens) durch Wertschätzung sowohl auf den Todes- als auf den Schenkungstag zu erteilen.

Wichtig ist in diesem Zusammenhang die Rechtsprechung des BGH zur Wertermittlung in Fällen **vorbehaltener Nutzungsrechte**,[103] die dann eine Rolle spielt, wenn die verschenkte Sache – wie oft – zum Zeitpunkt der Schenkung (inflationsbereinigt) weniger wert war, als sie im Zeitpunkt des Erbfalles wert ist.[104] Vom Wert der Sache zum Schenkungsstichtag ist in diesem Fall der kapitalisierte Wert der vom Schenker zurückbehaltenen Nutzungsmöglichkeiten, beispielsweise der Wert eines **Nießbrauchsrechts**, abzuziehen.[105] Diese Rechtsprechung stellt einen gewissen Ausgleich zu der oben (→ Rn. 48) erwähnten Rechtsprechung her, dass bei Schenkungen, bei denen sich der Schenker schuld- oder sachenrechtlich Nutzungsrechte vorbehält oder einräumen lässt, die Zehn-Jahres-Frist gemäß § 2325 Abs. 3 BGB nicht zu laufen beginnt. Daher können solche Schenkungen auch dann noch dem Schenkungsergänzungsanspruch unterfallen, wenn sie sehr lange zurückliegen. Andererseits sind die dem Schenker vorbehaltenen oder eingeräumten Rechte wertmindernd zu beachten, jedenfalls dann, wenn der Wert der Schenkung im Zeitpunkt der Schenkung niedriger als im Zeitpunkt des Erbfalls ist.

54

3. Pflichtteils- und Gesellschaftsrecht

Bereits an einigen Stellen wurde darauf hingewiesen, dass bei Regelungen der Unternehmensnachfolge zu beachten ist, welche pflichtteilsrechtlichen Auswirkungen sie eventuell, oft als ungewolltes „Nebenprodukt", nach sich ziehen. An dieser Stelle soll – ohne Anspruch auf Vollständigkeit – der Versuch einer systematischen Darstellung der Verknüpfungen zwischen Pflichtteilsrecht und Unternehmensnachfolgeregelungen unternommen werden.[106]

55

a) Pflichtteilsrecht und Unternehmensnachfolge bei Kapitalgesellschaften. Bei der Vererbung von Anteilen an Kapitalgesellschaften entstehen gelegentlich pflichtteilsrechtliche Probleme bezüglich der **Bewertung** dieser Anteile. Werden beispielsweise die Anteile nur einem von mehreren Abkömmlingen vererbt oder wird der Ehegatte des Erblassers übergangen, stellt sich die Frage, wie zur Berechnung der Pflichtteilsansprüche die Anteile an den Kapitalgesellschaften zu bewerten sind (dazu → Rn. 74 ff.).

56

b) Pflichtteilsrecht und Unternehmensnachfolge bei Personengesellschaften und einzelkaufmännischen Unternehmen. Wird die Nachfolge in Personengesellschaftsanteile (GbR, OHG, KG) oder einzelkaufmännischen Unternehmen so geregelt, dass Pflichtteilsberechtigte zurückgesetzt werden, sind die Probleme vielschichtiger: Zwar stellt sich auch bei Personengesellschaften und einzelkaufmännischen Unternehmen ein **Bewertungsproblem**, auch im Zusammenhang mit der Frage der Beachtlichkeit von **Buchwertklauseln** und der Frage, ob **latente Steuerbelastungen** vom Wert abzusetzen sind (s. Rn. 73, 76). Zunächst aber ist zu untersuchen, ob den zurückgesetzten Pflichtteilsberechtigten überhaupt **Pflichtteils- oder Pflichtteilsergänzungsansprüche** hinsichtlich des Wertes der Personengesellschaftsanteile oder des einzelkaufmännischen Unternehmens, von dessen Nachfolge sie ganz oder zum Teil ausgeschlossen werden, zustehen. Bei den Personengesellschaftsanteilen ist in diesem Zusammenhang zu berücksichtigen, dass beispielsweise die GbR durch den Tod eines Gesellschafters aufgelöst wird.

57

---

[103] Vgl. BGH NJW-RR 1990, 1158; NJW 1992, 2887; NJW 1994, 1791.
[104] Ist der Wert des geschenkten Gegenstandes im Zeitpunkt des Erbfalls niedriger als bei der Schenkung und daher maßgeblich, bleibt das Nutzungsrecht unbeachtet, vgl. Palandt/*Weidlich* BGB § 2325 Rn. 21.
[105] MüKoBGB/*Lange* § 2325 Rn. 53; Palandt/*Weidlich* BGB § 2325 Rn. 21.
[106] Vgl. *Nieder*, Rn. 985–1021; *Kuttler*, Vermögensrechtliche Auswirkungen nachfolgesteuernder Klauseln; *Riedel* ZErb 2003, 212.

Zwar kann gesellschaftsvertraglich durch sog. Fortsetzungsklauseln das Fortbestehen der Gesellschaft vereinbart werden, dies führt aber – ebenso wie dies beim Tod eines Gesellschafters einer OHG ex lege geschieht – lediglich zur Fortführung unter den verbleibenden Gesellschaftern. Soll darüber hinaus der Anteil an der Gesellschaft vererblich sein, sind sog. Nachfolgeklauseln im Gesellschaftsvertrag zu vereinbaren. Die Betrachtung der Pflichtteilsansprüche hat daher unter Beachtung dieser möglichen Nachfolgeklauseln zu geschehen. Nach einer anschließenden Betrachtung der Situation in einzelkaufmännischen Unternehmen ist schließlich zu erörtern, ob die lebzeitige Aufnahme eines Nachfolgers in eine Personalgesellschaft oder die lebzeitige Übergabe eines einzelkaufmännischen Unternehmens Pflichtteilsergänzungsansprüche gemäß § 2325 BGB auslösen kann (Rn 68).

58 **aa) Keine Klauseln oder schlichte Fortsetzungsklausel.** Sind keine Fortsetzungs- oder Nachfolgeklauseln vereinbart, wird eine **GbR** nach dem Tod eines Gesellschafters aufgelöst (vgl. § 1 Rn. 12). Das Auseinandersetzungsguthaben gebührt den Erben. Bestehen Pflichtteilsansprüche, ist in die Berechnung des Pflichtteilsanspruches auch das Auseinandersetzungsguthaben einzubeziehen.[107]

59 Verstirbt ein Gesellschafter einer **OHG** oder ein persönlich haftender Gesellschafter einer **KG**, wird die Gesellschaft unter den verbleibenden Gesellschaftern fortgeführt, § 131 Abs. 2 HGB. Gleiches gilt für die **GbR,** soweit der Gesellschaftsvertrag eine Fortsetzungsklausel vorsieht. In allen Fällen rücken die Erben nicht in die Gesellschafterstellung ein; ihnen steht – vorbehaltlich anderer Regelungen – allerdings der volle Abfindungsbetrag zu, § 738 Abs. 1 S. 2 BGB. In die Pflichtteilsberechnung fließt dann dieser Betrag mit ein.

60 Pflichtteilsrechtliche Probleme ergeben sich, wenn im Gesellschaftsvertrag geregelt ist, dass beim Ausscheiden eines Gesellschafters seine Erben eine **Abfindung** erhalten, die unter dem tatsächlichen Wert der Beteiligung liegt, oder der Abfindungsanspruch gänzlich ausgeschlossen ist. Handelt es sich um eine zulässige Anteilsbeschränkung, ist im Rahmen der Pflichtteilsberechnung zunächst auch nur der aus dem Gesellschaftsvertrag ergebende Betrag anzusetzen.[108] Allerdings könnte diese Regelung hinsichtlich der Wertdifferenz als eine Schenkung zugunsten der Mitgesellschafter zu qualifizieren sein, mit der Folge, dass eventuell Pflichtteilsergänzungsansprüche gemäß §§ 2325 ff. BGB bestehen.[109] Zusammengefasst vertritt die Rechtsprechung hierzu die Auffassung, dass jedenfalls dann, wenn der Ausschluss oder die Beschränkung für das Ausscheiden **eines jeden** der Gesellschafter vereinbart ist, Pflichtteilsergänzungsansprüche nicht bestehen, da in diesem Fall von einer unentgeltlichen Zuwendung der Gesellschafter untereinander nicht ausgegangen werden kann.[110] Für jeden Gesellschafter besteht bei dieser Klausel die gleiche Chance, dass seinem Gesellschaftsanteil ein Teil zuwächst, ohne dass volle Abfindungsansprüche geleistet werden müssen. Andererseits besteht für jeden Gesellschafter das Risiko, seinen Anteil zu verlieren, ohne dass volle Abfindungsansprüche an seine Erben erbracht werden.[111] Hieraus folgt umgekehrt, dass Pflichtteilsergänzungsansprüche bestehen können, wenn die Abfindungsbeschränkung oder der Ausschluss von Abfindungen nur für das Ausscheiden einzelner Gesellschafter vorgesehen ist.[112]

---

[107] *Riedel* MSTB PflichtteilsR-HdB § 16 Rn. 13.
[108] *Riedel* MSTB PflichtteilsR-HdB § 16 Rn. 14.
[109] Zum Meinungsstand MüKoBGB/*Lange* § 2325 Rn. 32 ff. und *Riedel* MSTB PflichtteilsR-HdB § 16 Rn. 15 ff.
[110] BGH NJW 1981, 1956; Palandt/*Weidlich* BGB § 2325 Rn. 15.
[111] Anderes kann gelten, wenn ein grobes Missverhältnis zwischen Chance und Risiko der einzelnen Gesellschafter besteht, zB aufgrund erheblicher Altersunterschiede der Gesellschafter, vgl. die Nachweise bei MüKoBGB/*Lange* § 2325 Rn. 32 und *Riedel* MSTB PflichtteilsR-HdB § 16 Rn. 18.
[112] Vgl. MüKoBGB/*Lange* § 2325 Rn. 32 mwN.

I. Das Pflichtteilsrecht § 20

Bei der **Kommanditgesellschaft** ist zu beachten, dass gemäß § 177 HGB der Anteil des Kommanditisten vererblich ist, die vorstehenden Ausführungen sind daher für diese Situation ohne Relevanz. Abweichend kann aber im Gesellschaftsvertrag geregelt werden, dass auch der Anteil des Kommanditisten unvererblich ist und somit nach dem Tod des Kommanditisten dessen Anteil den anderen Gesellschaftern zuwächst. Es gilt dann das zum Tod eines persönlich haftenden Gesellschafters soeben Gesagte. **61**

bb) Eintrittsklauseln. Mit der Eintrittsklausel kann einem Dritten die Befugnis eingeräumt werden, in die Gesellschaft einzutreten. Diese Klausel kann sowohl für persönlich haftende Gesellschafter einer GbR, OHG oder KG als auch für Kommanditisten einer KG[113] vorgesehen werden. Die Nachfolge vollzieht sich in allen Fällen – am Nachlass vorbei – als Nachfolge unter Lebenden. Bei der Eintrittsklausel ist aber daneben dafür Sorge zu tragen, dass der Eintrittsberechtigte nicht nur den Gesellschaftsanteil, sondern auch die **Vermögensrechte** des Anteils erhält. Oft wird die Eintrittsklausel daher mit einer **letztwilligen Zuwendung** des Abfindungsanspruches verbunden. In diesem Fall fällt der Abfindungsanspruch in den Nachlass und ist insoweit für die Pflichtteilsberechnung gemäß § 2303 BGB relevant.[114] Wird der Abfindungsanspruch hingegen **unter Lebenden** zugewendet (durch Abtretung auf den Todesfall), bestehen aufgrund der Zuwendung eventuell Pflichtteilsergänzungsansprüche gemäß § 2325 BGB. Die Zehn-Jahres-Frist des § 2325 Abs. 3 BGB wird in diesem Zusammenhang kein Problem darstellen, unabhängig davon, wann die Weichen für die lebzeitige Übertragung des Kapitalanteils auf den Todesfall gestellt wurden: Die Frist beginnt erst zu laufen, wenn der Schenker sich völlig von dem Vermögenswert gelöst hat (vgl. → Rn. 48), so dass bei der lebzeitigen Übertragung auf den Todesfall erst ab dem Todestag die Zehn-Jahres-Frist zu laufen beginnt.[115] Erhält der Eintrittsberechtigte ausnahmsweise nur den Gesellschaftsanteil und keinen Kapitalanteil, werden in der Regel auch keine Pflichtteilsansprüche bestehen. In diesen Fällen ist von einem entgeltlichen Erwerb auszugehen, denn der Erwerber muss selbst einen Kapitalanteil erbringen, wenn ihm die gleichen mit dem Anteil verbundenen Rechte zustehen sollen wie dem Erblasser.[116] **62**

cc) Nachfolgeklauseln. Die Nachfolgeklauseln sind die in der Praxis am häufigsten anzutreffenden Klauseln. Auch sie können sowohl für die Nachfolge in Gesellschaftsanteile persönlich haftender Gesellschafter (bei GbR, OHG, KG) als auch für Kommanditanteile vereinbart werden. Bezüglich der Anteile persönlich haftender Gesellschafter bewirkt die Nachfolgeklausel zunächst, dass der Anteil überhaupt vererblich gestellt wird.[117] Infolge der Nachfolgeklausel fällt daher der Anteil an den oder die Erben und ist zur Berechnung der Pflichtteilsansprüche heranzuziehen. Unerheblich ist in diesem Zusammenhang, dass der Gesellschaftsanteil nicht eigentlich nachlassaktiv ist, da er aufgrund der **Sondererbfolge** unmittelbar auf die Erben übergeht. Gleichwohl gehört der Gesellschaftsanteil zum Nachlass. Dies gilt sowohl bei der sog. **einfachen** als auch bei der **qualifizierten** Nachfolgeklausel. Die qualifizierte Nachfolgeklausel bewirkt in einer Art „dinglich wirkender Teilungsanordnung", dass der Gesellschaftsanteil unmittelbar und ungeteilt dem oder den benannten Erben[118] und nicht zunächst der Erbengemeinschaft zufällt, die dann den Anteil auf die (qualifiziert) benannten Erben übertragen müsste.[119] Für den Pflichtteilsbe- **63**

---

[113] § 177 HGB ist dispositiv.
[114] MüKoBGB/*Lange* § 2325 Rn. 34.
[115] Vgl. BGH NJW 1994, 1791; MüKoBGB/*Lange* § 2325 Rn. 35.
[116] Vgl. auch Soergel/*Dieckmann* BGB § 2325 Rn 31.
[117] Für Kommanditisten folgt die Vererblichkeit bereits aus § 177 HGB; hier spielen Nachfolgeklauseln insbesondere als qualifizierte Nachfolgeklauseln eine Rolle.
[118] Vgl. BGH NJW 1977, 1339.
[119] Vgl. auch MAH GesellschaftsR/*Klein*/*Lindemeier* Bd. 1, § 11 Rn. 27 ff. Den übrigen Miterben, die aufgrund der qualifizierten Klausel keine Teilhabe am Gesellschaftsanteil erlangen, steht in der Regel gegen den oder die begünstigten Erben ein Ausgleichsanspruch zu.

rechtigten ergeben sich daraus aber keine Besonderheiten: Der Wert des Gesellschaftsanteils gehört trotz der aufgezeigten Konstruktion zum Nachlass, aus dessen Wert sich wiederum der Pflichtteilsanspruch berechnet.[120]

64 **dd) Einzelkaufmännisches Unternehmen.** Bei der Vererbung von einzelkaufmännischen Unternehmen treten keine spezifischen Probleme im Verhältnis zum Pflichtteilsrecht auf, abgesehen von den noch zu erörternden Bewertungsproblemen (s. → Rn. 67).

65 **ee) Pflichtteilsergänzungsansprüche bei lebzeitiger Aufnahme in eine Personengesellschaft und bei lebzeitiger Übertragung von Anteilen oder einzelkaufmännischen Unternehmen.** Nehmen Gesellschafter lebzeitig eine Person in ihre Gesellschaft auf oder gründet ein Einzelkaufmann mit einer Person eine Personengesellschaft, so ist fraglich, ob in einem solchen Akt eine **unentgeltliche Zuwendung** dann liegen kann, wenn die Aufnahme zu besonders günstigen Konditionen erfolgt, insbesondere der neue Gesellschafter keine dem Wert entsprechende Einlage zu erbringen hat. Folge einer unentgeltlichen Zuwendung wäre, dass dem Pflichtteilsberechtigten gemäß § 2325 BGB Pflichtteilsergänzungsansprüche gegen den Erben oder gemäß § 2329 BGB gegen die begünstigte Person zustehen könnten. Ein vergleichbares Problem stellt sich bei lebzeitiger Übertragung eines Gesellschaftsanteiles oder eines einzelkaufmännischen Unternehmens, wenn kein oder kein dem Wert der Beteiligung entsprechendes Entgelt fließt.

66 Problematisch an der Einordnung der beschriebenen Vorgänge als „unentgeltlich" ist der Umstand, dass der neue Gesellschafter, soweit er die Rechtsstellung eines **persönlich haftenden Gesellschafters** erwirbt, bzw. der neue Inhaber eines einzelkaufmännischen Unternehmens, nach dem Erwerb **unbeschränkt haftet** und überdies häufig verpflichtet ist, seine **gesamte Arbeitskraft** einzubringen. Zum Teil wird diese Haftungslage und die Verpflichtung zur Arbeitsleistung als Gegenleistung für die Übertragung oder Aufnahme gesehen;[121] eine Unentgeltlichkeit wäre dann nicht gegeben. Andererseits ist die Übernahme der Haftung und die Verpflichtung zur Arbeitsleistung aber wohl eher eine Folge der Übertragung als eine Gegenleistung für die Übertragung. Besser erscheint es daher, die Frage, ob Beteiligungen entgeltlich oder unentgeltlich übertragen wurden, aufgrund Betrachtung und Abwägung der jeweiligen konkreten Lage zu beantworten.[122] Dabei lassen sich folgende Leitlinien fixieren: Die genannten Probleme stellen sich zunächst nicht bei Aufnahme eines **Kommanditisten** bzw. bei Übertragung eines Kommanditanteiles. Die Stellung des Kommanditisten ist nur in beschränktem Maße mit Haftungsgefahren verbunden, so dass ein Kommanditanteil „schenkfähig" ist.[123] Gleiches gilt bei Übertragung einer **stillen Gesellschaft**.[124] Bei der Aufnahme in die Gesellschaft einer **GbR, OHG** oder bei Aufnahme als **Komplementär** einer KG bzw. bei Übertragung eines entsprechenden Anteils ist hingegen grundsätzlich davon auszugehen, dass keine Schenkung vorliegt.[125] Aus den Umständen des Einzelfalls kann sich aber anderes ergeben.[126] Insbesondere werden die tatsächlichen Haftungsgefahren und der tatsächlich geschuldete Arbeitseinsatz zu würdigen sein. Handelt es sich beispielsweise um eine rein vermögensverwaltende Gesellschaft, wird eher von der Schenkfähigkeit auszugehen sein, als wenn es sich um Anteile an einer im produzierenden Gewerbe tätigen Gesellschaft handelt.[127]

---

[120] Vgl. MüKoBGB/*Lange* § 2311 Rn. 49.
[121] Siehe MüKoBGB/*Lange* § 2325 Rn. 30 mwN.
[122] So auch Soergel/*Dieckmann* § 2325 BGB Rn. 24.
[123] BGH NJW 1990, 2616.
[124] Vgl. MüKoHGB/*K. Schmidt* § 230 Rn. 98; Ebenroth/Boujong/Joost/Strohn/*Gehrlein* § 230 Rn. 23.
[125] BGH BB 1965, 472 (zur Neuaufnahme eines Gesellschafters in eine OHG; keine unentgeltliche Zuwendung, wenn dafür die Pflicht zur Geschäftsführung, die Verlustbeteiligung und die persönliche Haftung für die Geschäftsverbindlichkeiten übernommen wird).
[126] BGH NJW 1981, 1956.
[127] Vgl. auch OLG Schleswig ZErb 2012, 168; Palandt/*Weidlich* BGB § 2325 Rn. 14; *Mayer* ZEV 2003, 355 (356).

I. Das Pflichtteilsrecht

Steht als Ergebnis der Abwägung fest, dass der Anteil Gegenstand einer Schenkung sein kann und sind somit die §§ 2325, 2329 BGB anwendbar, stellt sich die weitere Frage, wann die **Zehn-Jahres-Frist** gemäß § 2325 Abs. 3 BGB zu laufen beginnt. Unter Berücksichtigung der schon mehrfach erwähnten Rechtsprechung des BGH (s. → Rn. 48) wird bei Anteilsübertragungen auf den Zeitpunkt abzustellen sein, zu dem der Erblasser völlig aus der Gesellschaft ausgeschieden ist. Bei Aufnahme in eine bestehende Gesellschaft und bei Anteilsübertragungen bzw. Gründung einer Gesellschaft durch Aufnahme in ein einzelkaufmännisches Unternehmen ist daher der Zeitpunkt maßgeblich, in dem der neue Gesellschafter frei von Rechten des aufnehmenden Gesellschafters seine Gesellschafterstellung ausüben kann. Hat der Erblasser seinen Anteil auf den Zeitpunkt seines Todesfalles abgetreten, beginnt der Lauf der Frist erst mit dem Tod des Erblassers.[128]

ff) Bewertung. (1) Einzelkaufmännische Unternehmen. Nach einhelliger Auffassung ist zur Bestimmung des Wertes nicht auf den Bilanzwert des Unternehmens, sondern auf den **wirklichen Unternehmenswert** unter Einbeziehung aller stillen Reserven und der Aktivierung des Firmenwertes abzustellen.[129] Dieser wirkliche Unternehmenswert ist naturgemäß nicht einfach zu bestimmen, da es anders als bei verkehrsgängigen Gütern keinen ausgeprägten Markt für einzelkaufmännische Unternehmen gibt. Sollte im Einzelfall das Unternehmen zeitnah zum Erbfall verkauft worden sein, kann natürlich auf diesen Wert zurückgegriffen werden. Eine gesetzlich vorgegebene Bewertungsmethode existiert nicht. In der Praxis orientiert man sich an den betriebswirtschaftlichen Unternehmensbewertungsmethoden;[130] diese Methoden werden von der Rechtsprechung anerkannt. Jedoch obliegt die sachverhaltsspezifische Auswahl aus der Vielzahl der zur Verfügung stehenden Methoden und deren Anwendung dem – sachverständig beratenen – Tatrichter,[131] der die Auswahl nach pflichtgemäßen Ermessen zu treffen hat.[132] Während früher zumeist der Unternehmenswert durch eine Zusammenschau von **Substanzwert** und **Ertragswert** ermittelt wurde;[133] wird heute regelmäßig die Ertragswertmethode als allein maßgebliche Bewertungsmethode angesehen,[134] insbesondere dann, wenn der Ertragswert unterhalb des Substanzwertes liegt.[135] Zur Begründung wird darauf verwiesen, dass der Erwerber in der Regel insbesondere an einer ausreichenden Verzinsung des investierten Kapitals interessiert ist.[136] An dieser Erwartung des Erwerbers orientiere sich daher auch der bei Veräußerung des Unternehmens zu erzielende Erlös. 67

Der **Ertragswert** definiert sich als Barwert der auf den Stichtag abgezinsten Zukunftserträge. Zukunftserträge in diesem Sinne sind alle nachhaltig erzielbaren finanziellen Überschüsse, dh alle Ausschüttungen, die nach Berücksichtigung des zum Bewertungsstichtags dokumentierten Unternehmenskonzepts unter Berücksichtigung der bisherigen und geplanten Ausschüttungspolitik, der Eigenkapitalausstattung, der steuerlichen Rahmenbedingungen und rechtlicher Ausschüttungsrestriktionen tatsächlich zur Ausschüttung zur Verfügung stehen.[137] 68

Um den Zukunftsertrag eines Unternehmens zu ermitteln, bedarf es einer Prognose, die auf einer Rückschau der Erträge in der Vergangenheit beruht. Vorgeschlagen wird, die

---

[128] Vgl. MüKoBGB/*Lange* § 2325 Rn. 35.
[129] MüKoBGB/*Lange* § 2311 BGB Rn 38.
[130] Vgl. hierzu *Piltz*, Die Unternehmensbewertung in der Rechtsprechung, passim.
[131] BGH NJW 2014, 294 (zum Zugewinn); Palandt/*Brudermüller* BGB § 1376 Rn. 45 (zum Zugewinn).
[132] Vgl. MüKoBGB/*Lange* § 2311 Rn. 39 mwN zur Rspr.
[133] BGH NJW 1973, 509.
[134] MüKoBGB/*Lange* § 2311 Rn. 39 mwN; Damrau/Tanck/*Riedel* § 2311 BGB Rn. 155 mwN.
[135] BGH NJW 1978, 1316; MüKoBGB/*Lange* § 2311 Rn. 39 mwN; MAH ErbR/*Horn* § 46 Rn. 98 mwN.
[136] Vgl. MüKoBGB/*Lange* § 2311 Rn. 39 mwN.
[137] Vgl. IDW S 1 Rn. 35 ff., IDW-FN 2008, 271 ff.; Ebenroth/Boujong/Joost/Strohn/*Lorz* § 131 HGB Rn. 76.

Erträge der letzten 3 bis 5 Jahre als Grundlage zu nehmen.[138] In der Praxis durchgesetzt hat sich die so genannte **Phasenmethode**.[139] Danach wird für die ersten drei bis maximal fünf Jahre eine Detailprognose des jährlichen Ertrags des **betriebsnotwendigen** Vermögens erstellt. Bei der Betrachtung der zweiten Phase beruhen die Ertragsprognosen auf langfristigen Fortschreibungen von Trendentwicklungen, die auf den vorangegangenen Planungen aufbauen und in konstanten oder konstant wachsenden Erträgen resultieren.[140] Die so ermittelten Zukunftserträge sind auf den Stichtag **abzuzinsen**; auf diesem Wege wird dann der Betrag ermittelt, dessen Erträge bei realistischer Verzinsung dem Zukunftsertrag entsprechen würden. Umstritten ist allerdings, welcher Zeitraum der Abzinsung zugrunde zu legen ist. Da grundsätzlich von einer unendlichen Lebenserwartung eines Unternehmens auszugehen ist, ist das Modell einer immer währenden Rente Ausgangspunkt.[141] Bei der Kapitalisierung kann das Risiko einer mit Unsicherheiten behafteten Zukunftsprognose berücksichtigt werden.[142] Auch die fortschreitende **Geldentwertung** ist bei der Bemessung der Höhe des Zinssatzes zu berücksichtigen.[143] Schließlich ist zu dem so ermittelten Ertragswert – um den Unternehmenswert zu berechnen – noch der Wert des nicht betriebsnotwendigen Vermögens zu addieren.

69 Gegen die Anwendung der Ertragswertmethode im Pflichtteilsrecht wird allerdings eingewandt, dass sie dem **Stichtagsprinzip** widerspreche, denn der Ertragswert orientiere sich zu sehr an den zu erwartenden Zukunftserträgen. Es wird daher empfohlen, jedenfalls dann mindestens den **Liquidationswert** des Unternehmens zur Zeit des Erbfalls als maßgeblich zu erachten, wenn der Ertragswert unter dem Liquidationswert liegen sollte.[144] Dem ist jedoch entgegenzuhalten, dass sich der maßgebliche Unternehmenswert gerade nicht aus den Liquidationswerten oder den Vergangenheitserträgen, sondern aus den zu erwartenden Zukunftserträgen ergibt, die teilweise erheblich differieren können.[145] Besonders deutlich wird dies in Fällen, in denen Unternehmen von dauernder Innovation abhängig sind. Dort besagen die Erfolge der Vergangenheit nichts über den zukünftigen wirtschaftlichen Erfolg des Unternehmens. Dieser Umstand muss angemessen berücksichtigt werden.[146]

70 Schwierigkeiten ergeben sich auch bei **kleineren und mittleren Unternehmen**, bei denen der Ertrag maßgeblich von der **Person des bisherigen Betreibers abhängt.** Welchen Anteil die Person des Inhabers für den Ertrag eines solchen Unternehmens hat, wird sich jedoch in den seltensten Fällen genau bestimmen lassen. Daher bereitet die Prognose zukünftiger Erträge Schwierigkeiten.[147]

71 (2) Personengesellschaften. Die Bewertung von Anteilen an Personalgesellschaften orientiert sich an den oben dargestellten Grundsätzen für die Bewertung ganzer Handelsunternehmen. Maßgeblich ist der sich aus der jeweiligen Beteiligungsquote ergebende quotale Wert.[148] Problematisch ist allerdings der Einfluss gesellschaftsvertraglicher Klauseln auf

---

[138] BeckOK BGB/*Cziupka* Stand 1.5.2019 (50. Edition) § 1376 Rn. 19 (zum Zugewinn); vgl. auch BGH NJW 1982, 2441 (zum Zugewinn).
[139] Vgl. IDW S 1, Rn. 77 ff., FN-IDW 2008, 271 ff. Die IDW S 1 wird ergänzt durch die IDW S 13 v. 6.4. 2016, die Besonderheiten bei der Unternehmensbewertung zur Bestimmung von Ansprüchen im Familien- und Erbrecht berücksichtigt.
[140] Vgl. näher IDW S 1, Rn. 77 ff., FN-IDW 2008, 271 ff.; Damrau/Tanck/*Riedel* § 2311 BGB Rn. 190.
[141] BGH NJW 1982, 575; vgl. auch Schlitt/Müller/*Lohr*/Prettl PflichtteilsR § 4 Rn. 96; IDW S 1, Rn. 85 ff., FN-IDW 2008, 271 ff.
[142] Vgl. auch IDW S 1, Rn. 88 ff., FN-IDW 2008, 271 ff.
[143] Vgl. auch IDW S 1, Rn. 94 ff., FN-IDW 2008, 271 ff.
[144] Schlitt/Müller/*Lohr*/Prettl PflichtteilsR § 4 Rn. 72 mwN und Rn. 75 mwN; vgl. auch Damrau/Tanck/*Riedel* § 2311 BGB Rn. 158 mwN; IDW S 1, Rn. 140, FN-IDW 2008, 271 ff.
[145] *Piltz*, 139; BGH NJW 1973, 509; so den Ausnahmen BGH NJW 1982, 2497.
[146] Hierzu Schlitt/Müller/*Lohr*/Prettl PflichtteilsR § 4 Rn. 138.
[147] Zu der Bewertung kleiner und mittlerer Unternehmen Schlitt/Müller/*Lohr*/Prettl PflichtteilsR § 4 Rn. 140 ff.; s. auch IDW S 13 Rn. 28 ff., IDW Life, 574 ff.
[148] Schlitt/Müller/*Lohr*/Prettl PflichtteilsR § 4 Rn. 147.

den Wert der Anteile. Sind aufgrund des gesellschaftsvertraglichen Status mit den vom Erben erworbenen Gesellschaftsanteilen besondere Rechte (zB **Mehrstimmrechte oder andere Sonderrechte**) oder Pflichten verbunden, kann dies ggf. einen Zu- oder Abschlag bei der Bestimmung des Wertes rechtfertigen.[149] In diesem Zusammenhang stellt sich die Frage, ob die häufig in Gesellschaftsverträgen anzutreffenden **Buchwert-Abfindungsklauseln** eine Wertkorrektur legitimieren.[150] Das Problem liegt auf der Hand: Einerseits soll der Erbe der Nachlassbewertung zur Berechnung des Pflichtteilsanspruches den Verkehrswert der Gesellschaftsanteile zugrunde legen, andererseits kann er wegen der grundsätzlichen Unveräußerlichkeit von Personengesellschaftsanteilen (§ 719 BGB) den Anteil nicht am freien Markt verwerten; für eine derartige Verwertung bedürfte er der Zustimmung der übrigen Gesellschafter. Er kann sich mithin nur durch Kündigung von der ererbten Beteiligung lösen. Kündigt er aber, erhält er aufgrund der Buchwert-Abfindungsklausel nur einen Betrag, der dem Buchwert oder jedenfalls einem Wert zwischen Verkehrswert und Buchwert entspricht. Dies gilt auch dann, wenn er lediglich kündigt, um sich Liquidität zur Bedienung des sofort fälligen Pflichtteilsanspruches zu verschaffen. Überdies kann es sein, dass im Gesellschaftsvertrag vorgesehen ist, dass der ausscheidende Gesellschafter selbst diesen Betrag nur in Raten erhält, die über mehrere Jahre zu leisten sind. Dem Erben ist daher an einer Reduktion des Wertes der Beteiligung im Rahmen der Pflichtteilsberechnung gelegen. Der Pflichtteilsberechtigte hingegen wird diesem Einwand des Erben entgegnen, dass die **vermögensrechtliche Nutzbarkeit** des Gesellschaftsanteils, solange er vom Erben gehalten wird, in keiner Weise durch die Buchwert-Abfindungsklausel beeinträchtigt ist.

Der aufgezeigte Interessenkonflikt zwischen Erben und Pflichtteilsberechtigten ist bislang nicht höchstrichterlich entschieden worden. Immerhin hat der BGH im Zusammenhang mit der Bewertung von Anteilen für die Berechnung des Zugewinnanspruches gemäß § 1376 BGB die Problemlage dadurch gelöst, dass er eine Minderung des Beteiligungswertes in dem Maße billigte, in dem sich die eingeschränkte Verwertbarkeit der Beteiligung nach der Verkehrsanschauung auf den Wert auswirkt.[151] Dies gilt jedenfalls dann, wenn der Erbe in der Gesellschaft verbleibt. Offen gelassen hat der BGH ausdrücklich, ob nicht in einem Fall, in dem der Erbe die Gesellschaft kündigt, sogar nur auf den konkreten Wert abzustellen ist, den der Erbe von der Gesellschaft erlangt, insbesondere wenn die Kündigung gerade erfolgt, um den Pflichtteilsanspruch zu erfüllen.[152] Die Höhe des Abschlages ist mithin eine Frage des konkreten Einzelfalls.[153] Zwar wird diese Auffassung letztlich zu willkürlich festgelegten Abschlägen führen, andererseits hat sie den Vorzug, der Einzelfallgerechtigkeit näher zu kommen als Auffassungen, die keine Wertminderung zulassen oder für lediglich vorläufige Werte mit der Möglichkeit späterer Korrektur plädieren.[154] 72

Bei der Ermittlung des Unternehmenswertes für die Pflichtteilsberechnung stellt sich schließlich die Frage, ob die auf den stillen Reserven des Unternehmens ruhenden **latenten Steuerbelastungen** zu berücksichtigen sind.[155] Während der BGH eine latente Steu- 73

---

[149] MüKoBGB/*Lange* § 2311 Rn. 49; BeckOGK BGB/*Blum* § 2311 Rn. 204 ff.
[150] Vgl. auch *Reimann* DNotZ 1992, 472.
[151] BGH NJW 1980, 229 (zur Bewertung einer Personalgesellschaft); NJW 1987, 321 (zur Bewertung einer GmbH). Kritisch – wegen der besonderen Situation unter Ehegatten – zur Übernahme der Rechtsprechung zum Zugewinnausgleich *Pentz* FamRZ 1997, 724. Die Kritik von *Pentz* betrifft jedoch die Übernahme der Rechtsprechung zum Schenkungsbegriff in § 1374 Abs. 2 BGB auf § 2325 BGB und steht daher der hier vorgeschlagenen Übernahme der Rechtsprechung nicht entgegen.
[152] BGH NJW 1980, 229.
[153] S. hierzu auch IDW S 13 Rn. 45 ff. und 49 ff., IDW Life, 574 ff.
[154] Zum Meinungsstand MüKoBGB/*Lange* § 2311 Rn. 51; aA Soergel/*Dieckmann* § 2311 BGB Rn. 30.
[155] Aus dem Urteil des BGH vom 26.4.1972 (NJW 1972, 1269) lässt sich entnehmen, dass eine latente Ertragsteuerlast zwar nicht als Nachlassverbindlichkeit abzugsfähig ist, jedoch bei der Unternehmensbewertung im Rahmen des § 2311 BGB berücksichtigungsfähig sein könne; s. auch Damrau/Tanck/*Riedel* BGB § 2311 Rn. 89.

erlast ungeachtet einer bestehenden Veräußerungsabsicht im Rahmen des Zugewinnausgleichs wertmindernd in Ansatz bringt,[156] ist höchstrichterlich noch nicht geklärt, ob diese Rechtsprechung auch auf die Wertermittlung im Rahmen der Pflichtteilsberechnung auszuweiten ist.[157] Jedenfalls für den Fall, dass ein Verkauf und damit eine Aufdeckung der Reserven mit der Folge der Besteuerung bevorsteht, sind die latenten Steuern zu berücksichtigen.[158] Unseres Erachtens empfiehlt sich grundsätzlich eine pflichtteilsmindernde Berücksichtigung latenter Steuern, und zwar unabhängig davon, ob eine Verwertung geplant ist oder nicht.[159] Die Argumentation, es sei keine Rechtfertigung für die pauschale Berücksichtigung der Steuern auszumachen,[160] führt in einen Zirkelschluss, da sie häufig dazu führt, dass der Erbe das mit latenten Steuern belastete Unternehmen verkaufen muss, gerade weil die Steuerbelastung nicht pflichtteilsmindernd angerechnet wird.

74 **(3) Kapitalgesellschaftsanteile.** Grundsätzlich ist auch bei Kapitalgesellschaftsanteilen der gemeine Wert zu ermitteln. Bei AG-Anteilen ist dies häufig kein Problem; sofern ein Börsenkurs notiert wird, ist der mittlere Kurswert am Todestag[161] an der dem Erblasserwohnsitz am nächsten gelegenen Börse maßgeblich.[162] Bei der Bewertung von GmbH-Geschäftsanteilen stellt sich jedoch, ähnlich wie soeben für Personalgesellschaftsanteile erörtert, oft die Frage, ob und ggf. in welcher Weise sich bestimmte Statutenregelungen auf die Bewertung auswirken.[163] In Rede stehen insbesondere **Vinkulierungsklauseln** und Klauseln, die nach dem Erbgang zur **Abtretung** verpflichten oder zur **Einziehung** ermächtigen. Sieht das Statut Vinkulierungsklauseln vor (§ 15 Abs. 5 GmbHG), sind also die Anteile nicht frei veräußerlich, entsteht zum Teil ein ähnlicher Interessengegensatz wie bei Anteilen an einer Personengesellschaft: Der Erbe muss auf Basis des gemeinen Werts der Geschäftsanteile den Pflichtteilsanspruch erfüllen, eventuell kann er den Anteil aber nicht verwerten, um sich Liquidität zur Bedienung des Anspruches zu verschaffen. Zwar gibt es speziell zur Frage der Geschäftsanteilsbewertung unter Beachtung von Vinkulierungsklauseln so weit ersichtlich keine veröffentlichte Rechtsprechung. Es ist aber nicht Recht einzusehen, warum nicht auch in diesem Verhältnis die oben herangezogene Rechtsprechung[164] zur Wertermittlung einer unveräußerlichen (dh nur mit Zustimmung der übrigen Mitgesellschafter veräußerungsfähigen) Unternehmensbeteiligung beim Zugewinnausgleich Gültigkeit haben soll. Hier wie dort ist mithin ein Abschlag vom gemeinen Wert aufgrund der durch die Klausel verschlechterten Möglichkeiten, den Anteil zu veräußern, vorzunehmen.[165]

75 Enthält das Statut der Gesellschaft eine **Abtretungs- oder Einziehungsklausel,** ändert diese nichts daran, dass der Anteil zunächst in den Nachlass fällt und deshalb der Wert des Geschäftsanteils für die Berechnung des Pflichtteilsanspruches heranzuziehen ist. Probleme entstehen aber dann, wenn im Statut der Gesellschaft weiterhin geregelt ist, dass infolge der Abtretung oder Einziehung nur eine unter dem Wert des Anteils liegende Abfindung zu gewähren ist. Die besondere Problematik in diesen Fällen im Vergleich zu den oben bereits besprochenen Buchwert-Abfindungsklauseln in Personengesellschaften besteht hier darin, dass der Gesellschafter den Anteil **zwangsläufig** verliert, während man in dem oben angerissenen Interessenkonflikt zwischen Erben und Pflichtteilsberechtigtem

---

[156] BGH NJW 2011, 2572 (2576).
[157] BeckOGK/*Blum* BGB § 2311 Rn. 196; s. auch IDW S 13 Rn. 42 und 43, IDW Life, 574 ff.
[158] BGH NJW 1972, 1269 (1270).
[159] S. auch *Schmid* ZErb 2015, 133 (135) mwN.
[160] BeckOGK/*Blum* BGB § 2311 Rn. 196.
[161] BGH NJW 2001, 828;
[162] MüKoBGB/*Lange* § 2311 Rn. 45; Dauner-Lieb/Grziwotz/*Vedder* PflichtteilsR und GesellschaftsR Rn. 22 (Besonderheiten der Aktien bzw. des Aktienpakets können ggf. Zu- oder Abschläge rechtfertigen).
[163] Burandt/Rojahn/*G. Müller* § 2311 BGB Rn. 83; s. auch Dauner-Lieb/Grziwotz/*Vedder* PflichtteilsR und GesellschaftsR Rn. 21 zu gesellschaftsvertraglichen Abfindungsbeschränkungen.
[164] BGH NJW 1980, 229; NJW 1987, 321.
[165] S. auch Burandt/Rojahn/*G. Müller* § 2311 BGB Rn. 84.

davon ausging, dass es Sache des Erben ist, zu entscheiden, ob er den Gesellschaftsanteil behält oder nicht. Wurde aber bereits in der oben erwähnten Situation durch die Rechtsprechung ein Wertabschlag zugebilligt, muss dies hier erst recht gelten; jedenfalls dann, wenn von der Abtretungs- oder Einziehungsklausel Gebrauch gemacht wird.[166]

Ist von der statutarischen Möglichkeit des im Erbgang erworbenen Geschäftsanteils bzw. der diesbezüglichen Geltendmachung des Abtretungsverlangens gegen Abfindung unter Verkehrswert bei Geltendmachung des Pflichtteilsanspruches noch kein Gebrauch gemacht worden, kann wegen der gleichwohl drohenden Gefahr ebenfalls ein Abschlag gerechtfertigt sein. Da der Verkauf einer Beteiligung an einer Kapitalgesellschaft gemäß § 17 EStG jedenfalls dann steuerpflichtig ist, wenn der Gesellschafter zu 1% oder mehr an der Gesellschaft beteiligt war, gelten die Ausführungen in → Rn. 73 zur Frage der Berücksichtigung **latenter Steuerlasten** entsprechend.

II. Der Erb- und der Pflichtteilsverzicht sowie die Erbunwürdigkeit

1. Allgemeines

a) Einführung. Gemäß § 2346 Abs. 1 BGB können Verwandte und der Ehegatte[167] des Erblassers durch einen Vertrag mit dem Erblasser, der der **notariellen Beurkundung** bedarf, auf ihr zukünftiges Erbrecht verzichten.[168] Das Erfordernis der notariellen Beurkundung ergibt sich aus § 2348 BGB, es erstreckt sich auch auf das zugrunde liegende Verpflichtungsgeschäft.[169] **Folge** eines Erbverzichts ist, dass der Verzichtende nach dem Tod des Erblassers behandelt wird, als sei er schon vor dem Erbfall verstorben, er ist dadurch **von der Erbfolge ausgeschlossen.** In der Praxis ist der Erbverzicht meist mit einer Gegenleistung des Erblassers verbunden, die letztlich den Vertragspartner motiviert, die Verzichtserklärung abzugeben. Erforderlich für die Wirksamkeit eines Erbverzichtes ist eine Gegenleistung aber nicht. Der Verzichtsvertrag kann auch unentgeltlich abgeschlossen werden.

Wichtig ist, dass bei Abgabe der Verzichtserklärung hinreichend deutlich wird, auf was verzichtet wird: Gemäß § 2346 Abs. 1 BGB ist zunächst ein **Verzicht auf das gesetzliche Erbrecht** möglich.[170] Ein so formulierter Erbverzicht hindert den Verzichtenden aber nicht, als **gewillkürter** Erbe zu erben, sofern der Erblasser ihn entsprechend berücksichtigt. Allerdings ist es gemäß § 2352 BGB auch möglich, auf (bereits erfolgte und im Verzichtsvertrag genau zu benennende) **testamentarische oder erbvertragliche**[171] Zuwendungen, also Erbeinsetzungen oder Vermächtnisse, zu verzichten.[172] Daraus folgt umgekehrt, dass in einem Fall, in dem der Erbverzicht nur hinsichtlich testamentarischer oder erbvertraglicher Zuwendungen erklärt wird, der Verzichtende durchaus als gesetzlicher Erbe erben kann.

---

[166] S. auch Dauner-Lieb/Grziwotz/*Vedder* PflichtteilsR und GesellschaftsR Rn. 21; MüKoBGB/*Lange* § 2311 BGB Rn. 44.

[167] Zur Frage des Wegfalls der Unterhaltslast des geschiedenen Ehegatten gemäß § 1586b BGB bei Pflichtteilsverzicht *Pentz* FamRZ 1998, 1344; vgl. auch Palandt/*Brudermüller* BGB § 1586b Rn. 8.

[168] Zum Erbverzicht und seines schuldrechtlichen Grundgeschäfts v. *Proff zu Imich* DNotZ 2017, 84ff.; zu Erb- und Pflichtteilsverzichtsverträgen im Lichte der EuErbVO *Weber* ZEV 2015, 503ff.; zur Frage der Erstreckung eines in der Bundesrepublik vor dem 3.10.1990 abgeschlossenen Verzichtsvertrages auf Vermögen in der früheren DDR vgl. OLG Düsseldorf FGPrax 1998, 58.

[169] Palandt/*Weidlich* BGB § 2348 Rn. 1.

[170] Bsp. in BeckFormB BHW/*Najdecki* VI. 22.

[171] Beim Verzicht auf erbvertragliche Zuwendungen ist allerdings gemäß § 2352 S. 2 BGB zu beachten, dass nur ein im Erbvertrag bedachter Dritter verzichten kann; es ist nicht erforderlich, dass der Vertragspartner diesem Verzicht des Dritten zustimmt.

[172] Bsp. in BeckFormB BHW/*Najdecki* VI. 24.

78 **Formulierungsbeispiel Erbverzicht:**

Ich, ..., verzichte hiermit auf mein gesamtes gesetzliches Erbrecht am Nachlass meines Ehegatten ..., der die Verzichtserklärung hiermit entgegen und annimmt.

79 Schließlich ist es möglich, lediglich auf das **Pflichtteilsrecht** zu verzichten, § 2346 Abs. 2 BGB.[173] Der Verzicht auf das gesetzliche Erbrecht enthält zwar einen Pflichtteilsverzicht, § 2346 Abs. 1 S. 2 BGB,[174] gleichwohl räumt das Gesetz die in der Praxis oft genutzte Möglichkeit ein, nur auf das Pflichtteilsrecht zu verzichten. Auch hier ist zu beachten, dass der bloße Pflichtteilsverzicht nichts daran ändert, dass der Verzichtende nach dem Erbfall als gesetzlicher oder gewillkürter Erbe erbt, sofern er nicht enterbt wird.

80 **Formulierungsbeispiel Pflichtteilsverzicht:**

Die Erschienenen verzichten jeweils wechselseitig auf ihr Pflichtteilsrecht am Nachlass des anderen Ehegatten.

Die Erschienenen nehmen den Verzicht des jeweils anderen hiermit entgegen und an.

Der Pflichtteilsverzicht erfolgt jeweils unentgeltlich und ohne Verpflichtung zur Gewährung einer Abfindung. Zuwendungen unter Lebenden oder durch Verfügung von Todes wegen sind weder Grundlage dieses Verzichts, noch werden sie in Zukunft erwartet. Die Wirksamkeit des Pflichtteilsverzichts ist unabhängig vom Bestand und Wert unseres jetzigen Vermögens, möglicher Wertveränderungen sowie des Werts unseres künftigen Nachlasses.

Bei einem Verzicht unter Ehegatten ist zu überlegen, ob sich der Verzicht auch auf die **Zugewinnausgleichsansprüche** erstrecken sollte. So kann es trotz Pflichtteilsverzichtes durchaus liquide Ansprüche des Ehegatten in Form eines konkreten Zugewinnausgleichanspruches geben. Möchte man auch diesen Anspruch ausschließen bzw. einschränken, müssen die Ehegatten in den Güterstand der Gütertrennung wechseln oder modifizierte Zugewinngemeinschaft vereinbaren. Bei der Entscheidungsfindung, welcher Güterstand den Ehegatten im konkreten Fall anzuempfehlen ist, ist an die Regelung des § 5 ErbStG zu denken, die nur auf den gesetzlichen Güterstand der (modifizierten) Zugewinngemeinschaft Anwendung findet.

81 **b) Empfehlungen.** Will der Erblasser eine Person, die zum Kreis der gesetzlichen Erben gehört (insbesondere Ehegatte, Abkömmlinge), endgültig von der Erbfolge ausschließen, ist es erforderlich, dass sich der Verzicht entweder auf das gesetzliche Erbrecht **und** auf (bereits vorhandene)[175] gewillkürte Zuwendungen erstreckt, oder aber der Erblasser, wenn der Verzicht nur für das gesetzliche Erbrecht erklärt wird, darauf achtet, sein Testament so zu ändern, dass Verfügungen zugunsten des Verzichtenden gestrichen werden.

82 Will der Erblasser zunächst lediglich erreichen, dass er seine Nachfolge unberührt von störenden **Pflichtteilsansprüchen** planen kann, sollte er lediglich Pflichtteilsverzichtsverträge mit den Pflichtteilsberechtigten schließen. Diese Verzichte geben ihm die Freiheit, seine Nachfolge so zu planen, wie ihm dies richtig erscheint. Darüber hinaus hat der bloße Pflichtteilsverzicht den Vorteil, dass nicht ohne Not eventuelle Pflichtteilsansprüche anderer Berechtigter, die nicht auf ihren Pflichtteil verzichtet haben, erhöht werden, was beim Erbverzicht gemäß § 2310 BGB leicht geschieht (vgl. das Fallbeispiel bei → Rn. 4).

---

[173] Bsp. in BeckFormB BHW/*Najdecki* VI. 23; vgl. auch MVHdB VI Bürgerl.R II/ *Otto* XVI. 1. Der Pflichtteilsverzichtsvertrag kann nur zu Lebzeiten des Erblassers wirksam geschlossen werden, vgl. BGH NJW 1997, 521.

[174] Es kann aber vereinbart werden, dass mit dem Verzicht auf das gesetzliche Erbrecht kein Pflichtteilsverzicht einhergeht, Palandt/*Weidlich* BGB § 2346 Rn. 3.

[175] Der Verzicht auf künftige Zuwendungen ist nicht zulässig, Nieder/Kössinger/*Kössinger* § 19 Rn. 2a.

Auch hier gilt, dass der Pflichtteilsverzicht grundsätzlich nichts daran ändert, dass der Verzichtende als gesetzlicher oder gewillkürter Erbe erbt, falls er nicht ausdrücklich enterbt wird.

Es ist nicht erforderlich, dass sich der Verzicht auf das gesamte Pflichtteilsrecht erstreckt.[176] Beispielsweise kann einschränkend vereinbart werden, dass bei der Berechnung des Pflichtteilsanspruches bestimmte Nachlasswerte nicht berücksichtigt werden (sogenannter gegenständlich beschränkter Pflichtteilsverzicht).[177] 83

Schließlich ist es möglich und kommt in der Praxis sehr häufig vor, dass der Verzicht **bedingt** geschlossen wird.[178] Die Vereinbarung einer Bedingung hat insbesondere Bedeutung beim Pflichtteilsverzicht von Abkömmlingen, die im Rahmen eines Berliner Testamentes als Schlusserben eingesetzt werden, sowie beim entgeltlichen Verzicht. Beim Pflichtteilsverzicht des Schlusserben im Rahmen des **Berliner Testamentes** sollte der auf seinen Pflichtteil nach dem Tod des Erstversterbenden verzichtende Abkömmling den Verzicht nur unter der **Bedingung** abgeben, dass der überlebende Elternteil auch tatsächlich Erbe des erstversterbenden Elternteils wird und sich an der Schlusserbeneinsetzung des Verzichtenden nichts ändert. In ähnlicher Weise wird der Pflichtteilsverzicht oft unter der Bedingung vorgenommen, dass die verzichtenden Kinder in einer bestimmten Weise letztwillig bedacht werden.[179] Schließlich werden Pflichtteilsverzichte häufig **entgeltlich** geschlossen, dh, der Erblasser verpflichtet sich, dem Verzichtenden eine entsprechende Leistung zu erbringen. So kann beispielsweise vereinbart werden, dass Abkömmlinge eines Unternehmers Pflichtteilsverzichtserklärungen abgeben und sie als Abfindung eine Unterbeteiligung am Unternehmen erhalten.[180] Missliche Probleme entstehen allerdings, wenn in diesem Zusammenhang zwar der Verzicht wirksam, das Abfindungsversprechen jedoch unwirksam abgeschlossen wird, oder dann, wenn der Erblasser nach der erfolgten Verzichtserklärung die Gegenleistung nicht erbringt. Zwar haben Literatur und Rechtsprechung für die genannten Fälle Lösungsmöglichkeiten erarbeitet, gleichwohl verbleiben Unsicherheiten.[181] Besser ist es daher, den Verzicht **aufschiebend bedingt** auf die Leistung der Abfindung oder auflösend bedingt auf die Nichtleistung zu erbringen.[182] Überdies kann geregelt werden, dass der Verzicht nur wirksam ist, wenn Gleiches für die Abfindungsvereinbarung gilt.[183] 84

c) Stillschweigend geschlossene Verzichte und bloße Abfindungserklärungen. aa) Stillschweigend geschlossene Verzichte. Die Existenz von stillschweigend geschlossenen Verzichten ist umstritten, nach Auffassung der Rechtsprechung sind sie jedoch möglich. Setzen sich beispielsweise **erbvertraglich** Ehegatten wechselseitig zu Erben ein und bestimmen sie überdies, dass die gemeinsamen Abkömmlinge Schlusserben werden sollen, geht die Rechtsprechung von einem stillschweigenden Pflichtteilsverzicht der Abkömmlinge nach dem Tod des erstverstorbenen Ehegatten aus, wenn auch die Abkömmlinge Partner des Erbvertrages sind.[184] Stillschweigende Verzichte sind danach immer dann in Betracht zu ziehen, wenn erbvertraglich zu Schlusserben eingesetzte Abkömmlinge ihre Schlusserbeneinsetzung annehmen, weil dann jedenfalls sichergestellt ist, dass sie die Verfügungen der Eltern **kennen und akzeptieren.** In entsprechender Weiterführung dieser Rechtsprechung wurde in einem notariellen gemeinschaftlichen Ehegattentestament der Pflichtteilsverzicht jedes Ehegatten am Nachlass des jeweils anderen Ehegatten 85

---

[176] Palandt/*Weidlich* BGB § 2346 Rn. 15.
[177] Vgl. Schlitt/Müller/*G. Müller* PflichtteilsR § 10 Rn. 87.
[178] Firsching/Graf/*Graf* NachlassR Rn. 1.428 mwN.; *J. Mayer* ZEV 2000, 263.
[179] Bsp. in MVHdB VI Bürgerl.R II/*Otto* XVI. 1 § 2.
[180] Bsp. in MVHdB VI Bürgerl.R II/*Otto* XVI. 1 §§ 2, 3.
[181] Vgl. hierzu Firsching/Graf/*Graf* NachlassR Rn. 1.428 mwN.
[182] Bsp. in MVHdB VI Bürgerl.R II/*Otto* XVI. 1 § 2; vgl. auch Nieder/Kössinger/*Kössinger* § 19 Rn. 14; *Edenfeld* ZEV 1997, 134.
[183] Vgl. *Ebenroth* Rn. 364.
[184] Vgl. BGH NJW 1957, 422; OLG Düsseldorf FamRZ 2001, 856; vgl. auch *Keim* ZEV 2001, 1.

gesehen.¹⁸⁵ Die Kritik an dieser Rechtsprechung setzt daran an, dass solche stillschweigende Verzichte nicht in der von § 2348 BGB geforderten Form abgeschlossen sind.¹⁸⁶

86 **bb) Bloße Abfindungserklärungen.** Gleichsam das Gegenteil des stillschweigenden Erbverzichts stellt die bloße Abfindungserklärung dar. Trotz des scheinbar auf einen Erbverzicht deutenden Wortlautes, mit dem erklärt wird, dass sich der Empfänger hinsichtlich des künftigen Nachlasses als abgefunden erklärt, ist ein Erbverzicht von den Beteiligten oft nicht gewollt. Sinn solcher Abfindungserklärungen, die insbesondere bei **Übergabeverträgen von Hofgütern** anzutreffen sind, ist vielmehr, sich entweder bei der künftigen Auseinandersetzung die empfangenen Werte anrechnen zu lassen oder am Erbe nur noch insoweit teilhaben zu wollen, als es um Werte geht, die der Erblasser **nach** der Hofübergabe erwirbt.¹⁸⁷

87 **d) Aufhebung und Beseitigung des Erbverzichts.** In gleicher Form, in der der Verzichtsvertrag geschlossen wird, kann er durch Aufhebungsvertrag wieder aufgehoben werden, § 2351 BGB, allerdings nicht mehr nach dem Tod des Verzichtenden.¹⁸⁸ Daneben ist gelegentlich zu prüfen, ob sich der Verzichtende nicht beispielsweise durch Anfechtung vom Verzicht befreien kann.¹⁸⁹ Hierbei ist aufgrund des geltenden Abstraktionsprinzips zwischen dem abstrakten Verfügungsgeschäft (dem Verzicht als solchen) und dem jedem Verzicht zugrunde liegenden Verpflichtungsgeschäft (idR die Vereinbarung über die Gegenleistung) zu unterscheiden. Eine Anfechtung des Verfügungsgeschäftes ist in der Regel kaum denkbar, da sich die Fehlvorstellungen zumeist nicht auf den (abstrakten) Verzicht als solchen beziehen dürften,¹⁹⁰ sondern allenfalls auf das dem Verzicht zugrundeliegende Verpflichtungsgeschäft. Gleichwohl kann die Nichtigkeit eines wirksam angefochtenen¹⁹¹ Verpflichtungsgeschäftes auch auf den (abstrakten) Verzicht durchschlagen, wenn nach dem Parteiwillen beide Geschäfte „miteinander stehen und fallen sollen", dh zu einer Rechtseinheit miteinander verknüpft sind.¹⁹² Motiv, sich vom Verpflichtungsgeschäft (und bei Verknüpfung auch vom Verzicht) zu lösen, wird oft ein **Irrtum über die Vermögensverhältnisse** des Erblassers sein, und zwar entweder über die Verhältnisse im Augenblick des Verzichts oder über die künftige Entwicklung. Ein solcher Irrtum gilt aber nicht als ein zur Anfechtung berechtigender Irrtum über verkehrswesentliche Eigenschaften im Sinne des § 119 Abs. 2 BGB. Auch die Geschäftsgrundlage iSd. § 313 BGB wird durch Fehlvorstellungen über das Vermögen des Erblassers in der Regel nicht berührt.¹⁹³ Wurde der Verzichtende hingegen über die Vermögensverhältnisse **getäuscht,** kann er das Verpflichtungsgeschäft gemäß § 123 Abs. 1 BGB anfechten.

88 In diesem Zusammenhang sei **vor falschen Wertangaben** anlässlich der notariellen Beurkundung **gewarnt:** Zwar erfolgt die Frage des Notars nach dem Vermögen oft nur, um die Kosten der Beurkundung zu berechnen, die Wertangaben werden aber auf der

---

¹⁸⁵ BGH NJW 1977, 1728.
¹⁸⁶ Vgl. MüKoBGB/*Wegerhoff* § 2348 Rn. 7.
¹⁸⁷ *Edenfeld* ZEV 1997, 134; *Lange/Kuchinke,* 172; s. aber auch OLG Oldenburg FamRZ 1998, 645.
¹⁸⁸ BGH NJW 1998, 3117; krit. *Muscheler* ZEV 1999, 49.
¹⁸⁹ Nach Eintritt des Erbfalls kann dem Erbverzicht jedoch nicht mehr entgegengehalten werden, die Geschäftsgrundlage fehle, BGH ZEV 1999, 62; Firsching/Graf/*Graf,* Nachlassrecht, 4.131. Auch eine Anfechtung scheidet nach dem Tode aus, vgl. BayObLG NJW-RR 2006, 372 ff.; OLG Celle ZEV 2004, 156 ff.; Firsching/Graf/*Graf* NachlassR 4.130; *Pentz* MDR 1999, 785.
¹⁹⁰ *Horn* ZEV 2010, 295 (296).
¹⁹¹ Die Nichtigkeit kann sich auch aus anderen Gründen ergeben, zB aufgrund Sittenwidrigkeit des Verpflichtungsgeschäftes nach § 138 BGB, vgl. auch OLG Hamm NJW 2017, 576 (das eine Unwirksamkeit des Verpflichtungsgeschäftes infolge Sittenwidrigkeit bejaht hat, wenn die getroffenen Vereinbarungen ein erhebliches Ungleichgewicht zulasten des Verzichtenden ausweisen). S. auch *v. Proff* ZEV 2017, 301, der sich ausführlich mit der Inhaltskontrolle von Erb- und Pflichtteilsverzichten im Lichte der vorgenannten Entscheidung des OLG Hamm befasst.
¹⁹² *Horn* ZEV 2010, 295 (297).
¹⁹³ *Edenfeld* ZEV 1997, 134.

Urkunde vermerkt. Dem Verzichtenden wird die Anfechtung des Verzichts unter Berufung auf diesen in der Urkunde erwähnten Vermögenswert unter Umständen erleichtert, denn immerhin liegt in dem Vermerk ein Indiz für die Wertangaben zur Höhe des Vermögens, die der Erblasser dem Verzichtenden gegeben hat.

2. Die Folgen des Verzichts für Abkömmlinge des Verzichtenden

a) Verzicht auf das gesetzliche Erbrecht. Verzichtet ein Abkömmling oder ein Seitenverwandter auf sein gesetzliches Erbrecht, so **wirkt** dieser Verzicht, vorbehaltlich einer anderen Regelung, **für seinen gesamten Stamm,** vgl. § 2349 BGB. Im Zweifel gilt der Verzicht aber nur, wenn es zur Folge hat, dass entweder andere Abkömmlinge oder der Ehegatte des Erblassers erben, § 2350 Abs. 2 BGB. Diese Zweifelsregelung kann zu unvorhergesehenen Problemen führen: Möchte beispielsweise ein Unternehmer mit einem seiner Kinder einen Erbverzicht schließen, weil er sein Vermögen zum Teil an seine anderen Kinder, zum Teil aber auch an einen Dritten, etwa einen Mitarbeiter und designierten Nachfolger, der kein gesetzlicher Erbe ist, vererben will, so sollte bei Abfassung des Erbverzichtsvertrages darauf geachtet werden, dass § 2350 Abs. 2 BGB abbedungen wird. Dies kann dadurch geschehen, dass der Erbverzicht als **absoluter Erbverzicht** gekennzeichnet,[194] oder aber im Verzichtsvertrag ausdrücklich erklärt wird, **wem der Anteil** des Verzichtenden **anfällt** (§ 2350 Abs. 1 BGB). Ansonsten besteht im Beispielsfall die Gefahr, dass der Erbverzicht leer läuft, weil aufgrund der Begünstigung eines Dritten der Anteil des Verzichtenden nicht an die **anderen Abkömmlinge** fällt und somit entsprechend der Zweifelsregelung des § 2350 Abs. 2 BGB der Verzicht nicht gilt. 89

Ähnlich wirkt § 2350 Abs. 1 BGB: Wird im Erbverzicht festgehalten, wem der Anteil des Verzichtenden als Begünstigtem zufallen soll, greift der Verzicht im Zweifel nur, wenn die begünstigte Person auch tatsächlich den Anteil des Verzichtenden erwirbt. Tritt die Bedingung nicht ein, erwirbt der Begünstigte also nicht anstelle des Verzichtenden dessen Erbteil, ist der Verzicht unwirksam. Der Erblasser sollte mithin sehr darauf achten, dass er in Höhe der Verzichtsquote den Begünstigten entsprechend höher bedenkt. Ein Beispiel für die Relevanz dieser Frage: Zwei Brüder verzichten zugunsten der Stiefmutter in einem Erbverzicht mit dem Vater auf ihr gesetzliches Erbrecht. Der Vater, der noch eine Schwester hinterlässt, hat es jedoch vor seinem Tod versäumt, seine Ehefrau zur Alleinerbin einzusetzen. Ungeachtet der eventuellen Unwirksamkeit des Erbverzichts wären in diesem Fall gesetzliche Erben die Schwester zu 1/4 und die Ehefrau zu 3/4. Dies hätte aber gemäß § 2350 Abs. 1 BGB die Unwirksamkeit des Erbverzichts jedenfalls insoweit zur Folge, als die Schwester Erbin würde. Folglich erhielten die Brüder trotz des Verzichts 1/4 der Erbschaft. Allerdings wird zum Teil vertreten, dass die Benennung einer begünstigten Person in einem Erbverzicht zugleich eine das Erbrecht der begünstigten Person begründende Wirkung hat.[195] Für den Beispielsfall bedeutet dies, dass schon allein aufgrund der Benennung der Ehefrau als Begünstigte im Erbverzicht ihr die Erbteile der Brüder durch den Erblasser letztwillig zugewendet worden wären und sie mithin Alleinerbin würde. Diese Meinung hat den Vorteil, dass sie dem Erbverzicht zugunsten einer bestimmten Person in den Fällen zur Wirksamkeit verhilft, in denen es an einer ausdrücklichen Verfügung zugunsten der begünstigten Person in Höhe des Verzichts fehlt. Allerdings ist nicht einzusehen, dass in einem Erbverzicht auch eine Verfügung von Todes wegen zugunsten der begünstigten Person zu sehen sein soll: Der Erbverzicht beschränkt sich nach seinem Gehalt auf eine Regelung zwischen dem Erblasser und dem Verzichten- 90

---

[194] Vgl. nur *Ebenroth* Rn. 358.
[195] *Kipp/Coing*, 458 mwN; vgl. ablehnend Staudinger/*Schotten* BGB § 2350 Rn. 14.

den, betrifft aber in der Regel nicht das Verhältnis zwischen dem Erblasser und dem durch den Verzicht begünstigten Dritten.[196]

91 Verzichtet ein Ehegatte, der mit dem Erblasser im gesetzlichen Güterstand der **Zugewinngemeinschaft** lebte, auf sein gesetzliches Erbrecht, so kann er gleichwohl seinen eventuellen Zugewinnausgleich geltend machen.[197] Anderes gilt, wenn sich der Verzicht auch auf den Zugewinnausgleichsanspruch erstreckte.

92 **b) Verzicht auf das Pflichtteilsrecht.** Auch der Verzicht auf das Pflichtteilsrecht erstreckt sich, falls nichts anderes geregelt ist, **auf den gesamten Stamm** des Verzichtenden.[198]

93 **c) Verzicht auf gewillkürte Zuwendungen.** Beim Verzicht auf Zuwendungen, also auf Erbeinsetzungen oder Vermächtnisse gemäß § 2352 BGB, ist zu beachten, dass sich der Verzicht – wie der Verzicht auf das gesetzliche Erbrecht oder auf den Pflichtteil – auf Abkömmlinge des Verzichtenden erstreckt; § 2352 S. 3 BGB wird seit dem 1.1.2010 um die Verweisung auf § 2349 BGB erweitert.[199] Vor dem 1.1.2010 war dies nicht der Fall. Das hatte zur Konsequenz, dass in der Regel statt des Verzichtenden entweder dessen Abkömmlinge als Ersatzerben gemäß § 2069 BGB, oder aber tatsächlich eingesetzte Ersatzerben gemäß § 2096 BGB erbten. In diesem Zusammenhang traten Probleme auf, wenn ein Erblasser mit einem Abkömmling einen Erbverzicht vereinbaren wollte, der Erblasser aber in seiner Testierfreiheit eingeschränkt war.

3. Die Erbunwürdigkeit

94 Wer erbunwürdig ist, kann weder Erbe (§ 2344 BGB) noch Pflichtteilsberechtigter (zur Pflichtteilsunwürdigkeit vgl. → Rn. 24) oder Vermächtnisnehmer (§ 2345 BGB) sein, die Folgen der Erbunwürdigkeit reichen also über den Wortlaut hinaus. Die Erbunwürdigkeitsgründe sind abschließend in § 2339 BGB aufgezählt: Vollendete oder versuchte vorsätzliche Tötung des Erblassers, vorsätzliches Versetzen des Erblassers in einen Zustand der Testierunfähigkeit, vorsätzliche Verhinderung der Errichtung oder Aufhebung einer Verfügung von Todes wegen durch den Erblasser, Bestimmung des Erblassers zu einer Verfügung von Todes wegen aufgrund arglistiger Täuschung oder Drohung und schließlich Fälschung oder Unterdrückung[200] einer Verfügung von Todes wegen. Gemäß § 2339 Abs. 2 BGB tritt keine Erbunwürdigkeit ein, wenn im Falle der Täuschung oder Drohung des Erblassers oder im Falle der Fälschung oder Unterdrückung die Verfügung vor dem Eintritt des Erbfalls unwirksam geworden ist oder geworden wäre. Ebenso ist die Erbunfähigkeit ausgeschlossen, wenn der Erblasser dem Täter **verzeiht**, § 2343 BGB.

95 Die Erbunwürdigkeit wirkt nur beim Erbfall der Person, der gegenüber ein Erbunwürdigkeitsgrund verwirkt wurde. Hat zB ein Abkömmling ein Elternteil getötet, ist es wegen dieser Tat nicht als erbunwürdig nach dem Tod des überlebenden Ehegatten von der Erbfolge ausgeschlossen.[201] Anders als bei der Pflichtteilsentziehung (vgl. → Rn. 25) beruht die Erbunwürdigkeit nicht auf einer Verfügung des Erblassers, sondern auf der Tat selbst, daher muss die Erbunwürdigkeit in einem gerichtlichen Verfahren, durch **Anfechtung** des Erbschaftserwerbs, geltend gemacht werden, §§ 2340, 2342 BGB. Nur so kann

---

[196] Staudinger/*Schotten* BGB § 2350 Rn. 14, 17; *Lange/Kuchinke,* 179. Anderes kann natürlich dann gelten, wenn sich aus der Auslegung des Erbverzichts konkrete Anhaltspunkte dafür ergeben, dass der Erblasser gleichzeitig die im Erbverzicht begünstigte Person auch zum Erben einsetzen wollte; Staudinger/*Schotten* BGB § 2350 Rn. 15.
[197] Vgl. nur Palandt/*Weidlich* BGB § 2346 Rn. 12.
[198] Vgl. Palandt/*Weidlich* BGB § 2349 Rn. 1.
[199] Palandt/*Weidlich* BGB § 2352 Rn. 5.
[200] Siehe BGH NJW 1970, 197 (fälschliche Anfertigung eines Testaments); krit. *Lange/Kuchinke,* 157.
[201] Der überlebende Ehegatte kann jedoch das Kind enterben und ihm den Pflichtteil entziehen, § 2333 Nr. 1 BGB.

II. Der Erb- und der Pflichtteilsverzicht sowie die Erbunwürdigkeit § 20

letztlich der Ausschluss des Erbunwürdigen von der Erbfolge gesichert werden, insbesondere wenn der Erblasser aufgrund der Handlung des Erbunwürdigen keine entsprechende Verfügung mehr errichten kann (etwa bei Totschlag) oder der Erbunwürdige Handlungen vorgenommen hat, die der Erblasser nicht bemerkt hat oder nicht bemerken konnte (etwa Fälschung des Testaments). Die Anfechtung des Erbschaftserwerbs durch den Erbunwürdigen ist erst nach dem Tod des Erblassers zulässig; anfechtungsberechtigt ist jeder, dem der Wegfall des Erbunwürdigen zustatten kommt, und sei es auch nur, wenn noch eine weitere Person wegfallen müsste, damit der Anfechtende anstelle des Erbunwürdigen in die Erbfolge eintritt, § 2341 BGB. Anfechtungsberechtigt ist daher der Enkel gegenüber seinem Großvater, auch wenn der Vater noch lebt.[202] Die Erbunwürdigkeit ist innerhalb eines Jahres nach Kenntnis des Anfechtungsgrundes geltend zu machen, § 2340 Abs. 3 BGB. Der Erbunwürdige scheidet mit Rechtskraft des Urteils aus der Erbfolge aus. Gemäß § 2344 Abs. 2 BGB fällt die Erbschaft demjenigen an, der berufen sein würde, wenn der Erbunwürdige zur Zeit des Erbfalls nicht gelebt hätte.

---

[202] Ebenfalls sind der Ersatzerbe und der Nacherbe zur Anfechtung befugt, *Lange/Kuchinke*, 162.

5. Kapitel. Vorweggenommene Erbfolge

§ 21 Grundfragen

Übersicht

	Rn.
I. Welche Gesellschaftsform passt?	9
1. Personengesellschaften	9
2. Kapitalgesellschaften	25
II. Checkliste zu Planung der Unternehmensnachfolge	37
III. Der Blick auf einige erbschaftsteuerliche Regelungen zum Verständnis des Zivilrechts	38
1. Einleitung	38
2. Einkommensverlagerung	41
3. Ausschöpfung der Zehn-Jahres-Frist bei Schenkung	43
4. Schenkung von Immobilienbesitz und Familienwohnheim	45
5. Nutzbarmachung der Güterstandschaukel	48
6. Rechtsnachfolge in betriebliches Vermögen	51
7. Poolvertrag	64
a) Poolvertrag als Innengesellschaft	64
b) Bedeutung des Pools in Hinblick auf § 13b Abs. 1 Nr. 3 ErbStG	69

Die „Übertragung des Vermögens oder eines wesentlichen Teils davon durch den künftigen Erblasser auf einen oder mehrere als künftige Erben in Aussicht genommene Empfänger"[1], hat neben der persönlichen Zufriedenheit des Schenkers viele rechtliche Vorteile: 1
- Steuerung und Begleitung der Vermögensverteilung durch den Schenker,
- Kontrollmöglichkeiten im Unternehmen,
- schonender Übergang des Unternehmens oder Unternehmensteils auf den Nachfolger,
- Wahrung der Familieninteressen,
- Vermeidung von Auseinandersetzungen zwischen Erben,
- Wahl des Nachfolgers in einem Vertrag unter Lebenden kann einem Dritten überlassen werden, was im Testament unzulässig ist (§ 2065 BGB),
- Einflussnahme auf Höhe der Pflichtteilsansprüche, etwa durch Nutzung der Zehn-Jahres-Frist (§ 2325 Abs. 3 BGB),
- Kapitalisierung und Absetzung der mit der Übertragung des Unternehmens verknüpften Verpflichtungen des Empfängers als Abzugsposten bei der Pflichtteilsbemessung,
- Übertragung von im Ausland liegenden Vermögen unter Vermeidung zwingender Regelungen bzw. Statuten internationalen Erbrechts,
- Gestaltung des Haftungszugriffs von Gläubigern bei persönlich haftenden Kaufleuten durch Übertragung,
- Einkommensteuerliche Privilegien durch Einkommensverlagerung,
- Erbschaft- und schenkungsteuerliche Privilegien – auch hier gibt es den 10-Jahresrhythmus für die Ausnutzung von Steuervorteilen innerhalb der Zehn-Jahres-Frist, die in Zukunft eine größere Rolle für Unternehmensvermögen einnehmen dürften.

Der Nachteil der vorweggenommenen Erbfolge, dass der Erblasser einen Vermögensteil 2 oder seine Verfügungsmöglichkeit darüber aufgibt, kann durch Gestaltungsmöglichkeiten insbesondere bei der Vorsorge und einer Rückabwicklung abgemildert werden. Es können dadurch auch in der Zeit nach Durchführung der vorweggenommenen Erbfolge Korrekturen der eingeleiteten Veränderungen vorgenommen werden, zumal wenn Schenker und Beschenkter für einen guten Unternehmensübergang in mehreren Tranchen zu-

---

[1] BGH NJW 1995, 1349 (1350); DNotZ 1992, 32 (33); BFH MittBayNot 1990, 372ff. = BStBl. II 1990, 847.

sammenarbeiten. Der potentielle Schenker sollte sich dennoch prüfen, ob er damit leben kann, wenn er auf eine Korrektur warten muss warten oder sogar darum streiten muss.

3 Es versteht sich, dass es einen **Königsweg** der Nachfolgegestaltung nicht geben kann. Die Wünsche der an der lebzeitigen Übertragung eines Unternehmens Beteiligten geben den Weg für die rechtliche Umsetzung der vorweggenommenen Erbfolge vor, werden sich jedoch nicht alle gleichermaßen realisieren lassen. Die Wünsche können sich durchaus gegenseitig ausschließen oder überschneiden, oder infolge steuerlicher oder pflichtteilsrechtlicher Konsequenzen finanziell riskant sein. In diesem Sinne sind die Gestaltungsinstrumente des Vertrages kritisch auf Machbarkeit oder Passform zu prüfen.

4 Auch kann sich eine einst gefundene stimmige Generationennachfolgeregelung durch zwischenzeitliche Entwicklungen bei den Beteiligten, zB durch Wegzug in ein anderes Land oder Hinzutreten/Wegfall weiterer Familienangehöriger, oder durch deren veränderte Vorstellungen oder durch die erbschaft- und schenkungsteuerlichen und andere Gesetzesänderungen korrekturbedürftig geworden sein.[2] Insbesondere die erbschaft- und schenkungsteuerlichen Neuerungen verlangen eine **Überprüfung** der Rechtsform, des Gesellschaftsvertrages und der Vermögensverteilung innerhalb und außerhalb des Unternehmens. Was heute gewünscht wird und stimmig ist, kann durch zukünftige Entwicklungen bei den Beteiligten oder durch deren veränderte Vorstellungen oder gesetzliche Vorgaben korrekturbedürftig werden.

> **Hinweis:**
> In jedem Fall sollte ein bestehender Gesellschaftsvertrag und die Generationennachfolgeregelung aktuell wegen der in 2016 geänderten erbschaft- und schenkungsteuerlichen Vorschriften und in regelmäßigen Abständen – etwa alle fünf Jahre oder bei Eintritt besonderer tatsächlicher oder gesetzlicher Ereignisse – überprüft werden.

5 Vorrangiges Interesse wird die Sicherung und Erhaltung des in dem Unternehmen oder der Unternehmensbeteiligung angelegten Vermögens und die Unternehmensführung sein. Von Bedeutung für die Nachfolgeplanung sind insbesondere zeitliche Gesichtspunkte. Planung und vertragliche Umsetzung der Nachfolge sind je nach Vermögenszusammensetzung nicht ohne weiteres kurzfristig zu bewerkstelligen, sondern in Schritten von durchaus mehreren Jahren. Dies dient dem Ziel einer reibungslosen Unternehmensnachfolge, zB durch Einräumung einer Gesellschafterstellung, vielleicht begleitet durch ein Anstellungsverhältnis und den Rückzug des Schenkers aus dem Unternehmen. Auf dem Prüfstand bei der vorweggenommenen Erbfolge stehen auch die Unternehmensform und das Verwaltungsvermögens im Unternehmensvermögen, welches durch die Erbschaftsteuerreform 2016 nur noch bis zu einem Anteil von 10% wie begünstigtes Vermögen behandelt werden kann (→ Rn. 55).

6 Die Sammlung aller relevanten Aspekte der Unternehmensnachfolge und die Subsumtion der Konsequenzen aus einer gewünschten Unternehmensnachfolge stehen am Anfang der Überlegungen der Beteiligten. Alle steuerlichen, gesellschaftsrechtlichen und erbrechtlichen Belange sind mit einzubeziehen, da lebzeitige Regelungen der Nachfolge – insbesondere im Gesellschaftsrecht – nicht ohne zu erwartende erbrechtliche Konsequenzen gedacht werden können.

> **Hinweis:**
> Es ist bei der Nachfolgeregelung unbedingt darauf zu achten, dass zwischen gesellschaftsrechtlichen Nachfolgeregelungen, erbrechtlichen Anordnungen und entspre-

---

[2] Pflichtteilsergänzung auch bei Eheschließung nach Schenkung BGH NJW 2012, 2730 (2731 f.) mit Anm. *Litzenburger* FD ErbR 2012, 333067; *Siebert* NJW 2006, 2948, 2949 f.; *Tiedtke* DNotZ 1998, 85 (86 f.).

chend auch den Regelungen im Vertrag zur vorweggenommenen Erbfolge ein **Gleichlauf** gilt. Erbrecht und Gesellschaftsrecht sind vom Gesetz nicht aufeinander abgestimmt. Gesellschaftsrecht schlägt Erbrecht. Und nicht jeder Gesellschaftsvertrag lässt eine Nachfolge in der gewünschten Art zu.

Im Hinblick auf den Erbfall sind insbesondere Pflichtteilsansprüche und Pflichtteilsergänzungsansprüche zu prüfen, und im Hinblick auf die steuerlichen Konsequenzen die Rechtsfolgen des Erbschaftsteuerrechts und des Einkommensteuerrechts. Nicht vergessen: **Unerwünschte steuerliche Effekte** einer Betriebsaufspaltung bzw. Aufdeckung stiller Reserven infolge einer ausgelösten Entnahme durch Vereinbarung eines Nießbrauchs[3] oder durch Übertragung von *Vermögenswerten,* welche einer Gesellschaft von ihrem Gesellschafter überlassen werden und nicht aus Einlagen bestehen *(Sonderbetriebsvermögen)*, sind auf den ersten Blick nicht immer erkennbaren. 7

Es wird zunehmend auch Generationennachfolgeregelungen mit internationalem Bezug geben, etwa weil eine Partei im Ausland ansässig ist, eine ausländische Staatsbürgerschaft hat oder ein ausländischer (Steuer-) Standort begründet wurde oder werden soll. Die EU-ErbVO[4] enthält Regelungen zur Rechtsnachfolge von Personen, die nach dem 17.8.2015 verstorben sind und hält Gestaltungsmöglichkeiten zur internationalen Vermögensnachfolge bereit.[5] Denn sie kehrt ab von der Anknüpfung an das Staatsangehörigkeitsrecht des Erblassers und knüpft an das Recht des gewöhnlichen Aufenthaltsortes (Art. 22 Abs. 1 EuErbVO) oder an das Recht des Staats an, zu dem der Erblasser eine nähere Beziehung hatte (Art. 21 Abs. 2 EuErbVO). Das **Erbstatut** ist nunmehr **wandelbar,** der Erblasser kann den gewöhnlichen Aufenthalt gestalten bzw. bei Aufenthalt außerhalb des Staatsangehörigkeitsstaates das Heimatrecht wählen (Art. 22 Abs. 1 EuErbVO). Diese Änderungsmöglichkeiten können deshalb in Zukunft maßgeblichen Einfluss auf die Beratungstätigkeit haben. **Nicht wandelbar** hingegen ist das **Ehestatut** (Gesamtverweisung nach Art. 14 Abs. 1 Nr. 1 EGBGB, Ausnahmen → § 15). Gilt ein ausländisches Ehestatut, ist auf das jeweils aktuell geltende ausländische Recht abzustellen,[6] es sei denn, dass die ausländische Rechtsordnung eine Rückverweisung auf das deutsche Recht enthält, die anerkannt würde (Art. 4 Abs. 1 S. 2 EGBGB). 8

I. Welche Gesellschaftsform passt?

1. Personengesellschaften

Personengesellschaften (GbR, OHG, KG, GmbH & Co. KG, AG & Co. KG, PartG, PartGmbB) können mit geringem finanziellen Aufwand und ohne größeren Förmlichkeiten gegründet werden. Die Anforderungen an den Mindestinhalt des Gesellschaftsvertrages einer Personengesellschaft sind erheblich geringer als bei einer Kapitalgesellschaft, ein Mindestkapital ist gesetzlich nicht vorgeschrieben. Auch GmbH & Co. KG bzw. AG & Co. KG sind gesellschaftsrechtlich und steuerrechtlich als Personengesellschaft zu qualifizieren (Komplementärgesellschaften → Kapitalgesellschaften). 9

---

[3] BFH GmbHR 2015, 776 (777 f.) zum Ende einer Betriebsaufspaltung bei Übertragung von Besitz- und Betriebs-GmbH unter Nießbrauchvorbehalt; *Stein* ZEV 2019, 131 ff., *Sass* ErbStB 2019, 82 ff.
[4] Geltungsbereich Europäische Union mit Ausnahme des Vereinigten Königreichs, Irlands und Dänemarks. Zu beachten ist, dass die Kollisionsnormen der EU-ErbVO universell gelten, dh auch gegenüber den durch die Verordnung nicht gebundenen EU-Mitgliedstaaten und sonstigen Drittstaaten.
[5] OLG München ZEV 2017, 333 (334) mit Anm. *Rentsch:* kein Wechsel des persönlichen Aufenthalts bei geschäftsunfähiger Person.
[6] OLG Hamm FamRZ 2010, 975 (976); dagegen BGH NJW 1963, 1975 (1976 f.), OLG Nürnberg FamRZ 2011, 1509 (1510) für die Versteinerungstheorie, nach der Rechtsänderungen des fremden Rechts von der Verweisung nicht erfasst werden, es auf das zum Zeitpunkt der Eheschließung geltende ausländische Recht ankommt.

10 Mit Ausnahme der **Gründungsabsprache** sind Normierungen bei der Personengesellschaft entbehrlich; ohne ausdrückliche Regelung gelten die gesetzlichen Bestimmungen. Die Willensbildung durch Beschlüsse wird in der Personen- und Personenhandelsgesellschaft weniger förmlich vollzogen als in der Kapitalgesellschaft (Beurkundung für Gesellschaftsvertrag und Beschlussfassung entfällt). Anders als bei AG und GmbH ist die Gesellschafterversammlung kein eigenes Gesellschaftsorgan. Die Beschlussfassung ist nicht an die Abhaltung von Gesellschafterversammlungen gebunden.[7] Die schlichte Abgabe übereinstimmender Willenserklärungen ist ausreichend.

11 Die Gesellschaftsanteile sind nur übertragbar, wenn dies im Gesellschaftsvertrag oder durch Gesellschafterbeschluss zugelassen wird. Das Gesetz ordnet die **Unübertragbarkeit** an (§§ 717 BGB, 105 Abs. 2, 161 Abs. 2 HGB). Die Regelung der Übertragbarkeit selbst ist nicht an Förmlichkeiten gebunden.[8] Unproblematisch ist die Zulassung des Ausscheidens eines Gesellschafters aus der Personengesellschaft (§§ 736 ff BGB, 131 Abs. 3 HGB). Mangels festen Gesellschaftskapitals in der Personengesellschaft wächst den Altgesellschaftern der Anteil des Ausscheidenden den übrigen Gesellschaftern zu (§ 738 BGB). Der als Minderjähriger oder Geschäftsunfähiger aufgenommene Gesellschafter hat mit Erreichen der Volljährigkeit ein Sonderkündigungsrecht (§ 723 Abs. 1 Nr. 2 BGB) und kann die Einrede der Haftungsbeschränkung nach § 1629a BGB geltend machen.

12 Den §§ 30 GmbHG, 57 AktG vergleichbare Kapitalerhaltungsvorschriften existieren nicht. Damit zwingt ein Minus in der Bilanz auch nicht sofort zur Stellung eines Insolvenzantrages. Allerdings können die Grundsätze über die **Kapitalerhaltung** für die an einer GmbH & Co. KG beteiligten Kommanditisten in bestimmten Fallkonstellationen entsprechend gelten. Ein Beispiel ist der Fall, in dem Kommanditisten Vermögen der KG in einem Umfang ausgezahlt wird, dass dadurch mittelbar das Vermögen der Komplementär-GmbH (bei deren Beteiligung an den Einlagen) unter den Nennwert des Stammkapitals herabsinkt,[9] auch wenn der Kommanditist nicht zugleich Gesellschafter der GmbH ist.[10]

13 Zu den Pflichten zur Aufstellung und Veröffentlichung des Jahresabschlusses und der Pflicht zur Prüfung durch einen Abschlussprüfer gilt:

14 Die Pflicht zur Aufstellung des Jahresabschlusses und des Lageberichts nach den für Kapitalgesellschaften geltenden Vorschriften besteht für Personengesellschaften nur, wenn es sich um Personenhandelsgesellschaften ohne eine natürliche Person als persönlich haftender Gesellschafter handelt (§§ 264a Abs. 1 Nr. 1, 335b HGB), also bei Kapitalgesellschaften & Co.[11] Die Aufnahme einer natürlichen Person als (zusätzlich zur GmbH) persönlich haftender Gesellschafter kann daher allein das Ziel haben, den Anwendungsbereich der Publizitätsvorschriften nach HGB zu umgehen.[12] Personenhandelsgesellschaften, für welche das PublG nicht gilt, brauchen ihre Bilanz auch nicht um einen Anhang oder einen Lagebericht zu erweitern.

15 Der Pflicht zur Prüfung des Jahresabschlusses durch den Abschlussprüfer und zur Offenlegung unterliegen Personengesellschaften und Einzelkaufleute nach dem PublG, sofern sie an drei aufeinanderfolgenden Abschlussstichtagen zwei der folgenden besondere Merkmale erfüllt:
– Die Bilanzsumme einer auf den Abschlussstichtag aufgestellten Jahresbilanz übersteigt 65 Mio. EUR,

---

[7] Ausnahmen bei Publikums-KG, BGH NJW 1988, 969 (970).
[8] Zu den gesetzlichen Rechtsfolgen bei Tod eines Gesellschafters und den gesellschaftsvertraglichen Regelungsmöglichkeiten → § 22 Rn. 285.
[9] BGH NJW 1973, 1036 (1038).
[10] BGH NJW 1990, 1725 (1728 f.).
[11] MüHdb GesR I/*Sangen-Emden*, 4. Aufl. 2014, § 62 Rn. 23–25; Hesselmann/Tillmann/*Mueller-Thuns* Handbuch GmbH & Co. KG, 21. Aufl. 2016, § 7 Rn. 42.
[12] Hesselmann/Tillmann/*Mueller-Thuns*, Handbuch GmbH & Co. KG, 21. Aufl. 2016, § 7 Rn. 42–44 auch zum Zeitpunkt des Eintritts mwN; *Bitter/Grasshoff* DB 2000, 2285 (2286).

– der Umsatzerlös des Unternehmens in den letzten 12 Monaten vor dem Abschlussstichtag übersteigt 130 Mio. EUR und/oder
– das Unternehmen hat in den letzten 12 Monaten vor dem Abschlussstichtag durchschnittlich mehr als 5000 Arbeitnehmer beschäftigt.[13]

Die GbR ist im **Handelsregister** nicht eintragungspflichtig, es sei denn, dass sie als Kaufmann zu behandeln und als OHG im Handelsregister einzutragen ist. Sie ist Kaufmann, wenn sie (handels-)gewerblich tätig ist und diese (handels-)gewerbliche Tätigkeit einen gewissen Umfang erreicht (Handelsgewerbe im Unterschied zum Kleingewerbe). Orientierungskriterien für den Umfang sind der Umsatz (mehr als EUR 250.000), die Zahl der Mitarbeiter (mehr als fünf Beschäftigte), der Verkehrswert (mehr als EUR 120.000 Verkehrswert des Betriebsvermögens) und/oder die Bilanzierungspflicht (§§ 238 HGB, 141 Abs. 1 Nr. 1–5 AO; § 22 UStG). § 721 Abs. 2 BGB verlangt bei Gesellschaften (von längerer Dauer) lediglich einen Rechnungsabschluss.

Personengesellschaften kennen zwar nur die **Selbstorganschaft**, nicht die Fremdgeschäftsführung; allerdings kann dieser Nachteil bei Nutzbarmachung der GmbH & Co. KG bzw. AG & Co. KG überwunden werden. Begrifflich handelt es sich dennoch um eine Selbstorganschaft. Die Vertretung liegt dann in den Händen der Komplementärgesellschaft. Bei der typischen GmbH & Co. KG sind die Kommanditisten zugleich Gesellschafter der Komplementär-GmbH. In der sog. Einheits-GmbH & Co. KG hält die KG selbst die Anteile an der GmbH.

Die Gewinne einer Personengesellschaft werden den Gesellschaftern direkt zugeordnet. Tätigkeitsvergütungen des Unternehmers der Personengesellschaft stellen steuerlich Einkünfte aus Gewerbebetrieb (oder freiberuflicher Tätigkeit) dar. Es handelt sich dabei in Abweichung zur Kapitalgesellschaft um laufende Entnahmen aus dem Unternehmen; das Geschäftsergebnis dürfen sie als vermeintliche Aufwendungen nicht schmälern. Steuerlich handelt es sich lediglich um eine Vorabvergütung, deren Auswirkungen steuerlich später bei der einheitlichen und gesonderten Gewinnfeststellung wieder rückgängig gemacht werden müssen, sofern die Bezüge über die Geschäftsbücher als Betriebsausgaben verbucht worden sind. Das sog. „Gehalt" wird dem **Gewinnanteil** des betreffenden Teilhabers der Personengesellschaft hinzugerechnet.

Für Personengesellschaften ist die **unbeschränkte Haftung** im Außenverhältnis mindestens eines Gesellschafters, bei der reinen Personengesellschaft mit seinem Privatvermögen[14] angeordnet. Die GbR und deren Gesellschafter haften unbeschränkt, beschränkbar lediglich durch individualvertragliche Vereinbarungen mit dem Vertragspartner, nicht durch Namensführung mit dem Zusatz einer Haftungsbeschränkung.[15] Für die GmbH & Co. KG bzw. die AG & Co. KG wird die Beschränkung dadurch erreicht, dass persönlich haftender Gesellschafter eine Kapitalgesellschaft ist. Lediglich im Verhältnis zur Gesellschaft und zu Mitgesellschaftern haftet der Gesellschafter der GbR nur beschränkt für einen Verstoß gegen diejenige Sorgfalt, die er in eigenen Angelegenheiten anzuwenden pflegt (§ 708).[16]

Die gesetzliche Vorschriften zur GbR in den §§ 705 ff. BGB gelten ergänzend auch für die **Personenhandelsgesellschaft** (§§ 105 Abs. 2, 161 Abs. 2 HGB). Sie enthalten überwiegend dispositives Recht und lassen dem Erblasser daher einen erheblichen Spielraum. Eine Annäherung der Personengesellschaft an die Kapitalgesellschaft durch eine kapitalistische Ausgestaltung des Gesellschaftsvertrages ist möglich.[17]

Personengesellschaften unterliegen grundsätzlich nicht der Einkommen- und Körperschaftsteuer. Die Einkommensteuer wird nicht in der GuV des Unternehmens verbucht.

---

[13] *Bitter/Grasshoff* DB 2000, 2285 (2286f.) auch zu dem hier nicht behandelten Konzerntatbestand.
[14] Eine Beschränkung der Haftung der GbR erkennt der BGH NJW 1999, 3483 (unter Aufgabe der „Theorie der Doppelverpflichtung") nicht an.
[15] BGH NJW 1999, 3483; *Blenske* NJW 2000, 3170ff.; *Wagner* NJW 2001, 1110.
[16] BGH NJW 2013, 3572 (3573).
[17] BGH NJW 1983, 2498, zur Ausgestaltung des GbR-Gesellschaftsvertrages wie bei einer Publikums-KG.

Die **Zurechnung der Gewinne** erfolgt direkt bei den Gesellschaftern, da es sich um deren persönliche Einkommensteuer handelt.[18] Die OHG ist stets, die GbR bei gewerblicher Tätigkeit Gewerbesteuersubjekt; letztere kann auch umsatzsteuerlich Unternehmer sein. Die GbR bietet sich insbesondere für rein vermögensverwaltende Zwecke, dh nicht operativ tätige Besitzgesellschaften an, da diese nicht gewerblich sind. Bei entsprechender Vermögensverwaltung durch eine Kapitalgesellschaft entstände Gewerbesteuer und Ertragsteuer auf Veräußerungsgewinne.

22   Personengesellschaften sind zwar keine juristischen Personen. Die OHG, die KG und die Außengesellschaft bürgerlichen Rechts sind jedoch juristisch in gewisser Weise verselbständigt. Sie können unter ihrem Gesellschaftsnamen Rechte erwerben[19], können Verbindlichkeiten eingehen, klagen und verklagt werden[20] und sind deliktsfähig.[21]

23   Grundbuchrechtlich ist die GbR mittlerweile neben den Gesellschaftern unter der Bezeichnung in das **Grundbuch** eintragungsfähig, die ihre Gesellschafter im Gesellschaftsvertrag für sie vorgesehen haben (§ 47 GBO).[22] Die Erbengemeinschaft ist kraft Gesetzes ebenso wie die GbR Gesamthandgemeinschaft, bei Gütergemeinschaft auch über den Tod eines Gesamthänders hinaus als fortgesetzte Gütergemeinschaft. Dennoch werden die Erben- und die fortgesetzte Gütergemeinschaft nicht mit der Gesellschaft bürgerlichen Rechts gleichgestellt, da diese nicht rechtsgeschäftlich, sondern gesetzlich begründet worden sind, und da im Falle der Erbengemeinschaft auch keine werbende, sondern eine auf Auseinandersetzung angelegte Gemeinschaft entsteht.[23]

24   Eine Ausnahme davon ist wiederum der Fall, in dem ein vererbliches Handelsgeschäft eines Einzelkaufmannes auf mehrere Erben in gesamthänderischer Verbundenheit auf die Miterben übergeht und von der ungeteilten Erbengemeinschaft als Gesamthand auch werbend (erlaubt) fortgeführt wird.[24]

2. Kapitalgesellschaften

25   Kapitalgesellschaften als völlig eigene Rechtssubjekte bedingen einen erheblichen **Errichtungs- und Betreibensaufwand** sowie Beurkundungs- und Beglaubigungserfordernisse. Auf die Gewinne der Kapitalgesellschaft fallen Körperschaftsteuer und kraft Rechtsform auch Gewerbesteuer an.[25] Das gilt auch für die gesellschaftsrechtlich und steuerrechtlich vollumfängliche als Kapitalgesellschaft geltende KGaA und ihre Kommanditaktionäre, die als Kapitalgesellschaft bzw. Kapitalgesellschafter behandelt werden, nicht jedoch für den persönlich haftenden Komplementär der KGaA, der natürliche Person ist, und als Personengesellschafter besteuert wird.

26   Die Anteile an der GmbH können nur in notarieller Form übertragen werden. Die Errichtung verlangt ein bestimmtes Stamm- bzw. Grundkapital.[26] Die Gesellschafter- bzw. Hauptversammlung ist zwingendes Gesellschaftsorgan, durch welches sich die Willensbildung der Gesellschaft vollzieht.

---

[18] Der persönlich haftende Komplementär als Privatperson der KGaA unterliegt ebenfalls der Besteuerung als Personengesellschafter. Auf das Vorliegen von Mitunternehmerrisiko und Mitunternehmerinitiative kommt es bei ihm nicht an, so dass selbst ein Komplementär ohne Vermögensbeteiligung an der KGaA als Mitunternehmer besteuert wird (§ 15 Abs. 1 S. 1 Nr. 3 EStG).
[19] Zur Außengesellschaft bürgerlichen Rechts als Kommanditistin BGH NJW 2001, 3121.
[20] Das galt für die OHG und die KG kraft Gesetzes seit jeher. Für die GbR gilt die Teilrechtsfähigkeit seit BGH NJW 2008, 1378 (1379); NJW 2001, 1056 f.
[21] BGH NJW 2003, 1445 (1446) unter Aufgabe der Entscheidung BGH NJW 1966, 1807.
[22] BGH NJW 2009, 594 ff.
[23] BGH ZEV 2001, 504; *Marotzke* ZEV 2002, 507, zu den Unterschieden zwischen der Erbengemeinschaft und der Gesellschaft bürgerlichen Rechts.
[24] BGH NJW 1985, 136; Palandt/*Edenhofer*, BGB § 2032, Rn. 4.
[25] Hinzu kommt zurzeit Solidaritätszuschlag. Gewerbesteuer kraft Rechtsform auch für Kapitalgesellschaften mit freiberuflichem oder vermögensverwaltendem Zweck.
[26] Erleichterungen im AktG für die kleine AG.

I. Welche Gesellschaftsform passt? § 21

Form- und Fristvorschriften (§ 51 GmbHG, § 123 AktG) sind zwingend zu beachten, soweit diese nicht gesellschaftsvertraglich oder durch einmalige Satzungsdurchbrechung (soweit zulässig) abgeändert wurden. 27

Ein einfaches Ausscheiden aus der Kapitalgesellschaft ist nicht vorgesehen. Dafür sind die Anteile grundsätzlich übertragbar. Für die GmbH besteht jedoch ein außerordentliches Austrittsrecht, wenn Umstände vorliegen, die dem Gesellschafter einen Verbleib in der Gesellschaft unzumutbar machen.[27] 28

Viele gesetzliche Vorschriften zu Kapitalgesellschaften sind zwingend, insbesondere diejenigen zur Erhaltung des Stamm- und Grundkapitals. 29

Kapitalgesellschaften sind zudem gehalten, ihre unternehmerischen Entscheidungen durch Wahrung der Unternehmensmitbestimmung zu mildern, indem sie bei Unternehmen mit idR mehr als 500 und weniger als 2000 Beschäftigten einen Aufsichtsrat einrichten und diesen mit einem Drittel der Aufsichtsratssitze mit Vertretern der Belegschaft besetzen (DrittelbG), und bei Unternehmen mit in der Regel mehr als 2000 Beschäftigten den Aufsichtsrat paritätisch besetzen (MitbestG). 30

Zwingend sind auch die **Publizitätspflichten** des HGB[28] sowie Vorschriften zu Aufstellung und Umfang des Jahresabschlusses und Prüfungspflichten, damit verbundenen Fristen und Sanktionsmöglichkeiten. 31

Den Gläubigern der Kapitalgesellschaft haftet allein das Gesellschaftsvermögen (§§ 1 Abs. 1 AktG, 13 Abs. 2 GmbHG, 278 Abs. 1 AktG). Eine Sonderstellung nimmt auch hier die KGaA ein, da sie sich in einen personen- und einen kapitalgesellschaftsrechtlichen Bereich aufspaltet. Hier haftet der Komplementär als natürliche Person unbeschränkt, es sei denn, dass es sich um eine **Kapitalgesellschaft & Co. KGaA** (GmbH & Co. KGaA oder AG & Co. KGaA) handelt, in der keine natürliche Person unbeschränkt haftet. 32

Da in der Kapitalgesellschaft rechtlich zwischen Gesellschaft und Gesellschaftern eine klarere Trennung vollzogen wird als in der Personengesellschaft, sind gesellschaftsrechtliche wie auch schuldrechtliche Beziehungen zwischen der Gesellschaft und ihren Gesellschaftern ohne weiteres möglich. Vertretung erfolgt mittels **Fremdorganschaft.** 33

In der Kapitalgesellschaft wir der Gewinn den Gesellschaftern im Verhältnis der Beteiligung am Gesellschaftskapital zugewiesen. Formal benötigen die Gesellschafter einen Ausschüttungsbeschluss (§ 29 GmbHG).[29] Gewinne der Gesellschaft können im Unterschied zu Personengesellschaften als betriebsübliches Rechtsgeschäft den Gesellschaftern vorweg zugeführt werden, bevor sie als Dividenden an sie ausgeschüttet werden. Dies geschieht in Form von Tätigkeits- oder Nutzungsvergütungen im Rahmen von Geschäftsführungs- oder Anstellungsverträgen. Vereinbarungen zwischen der Kapitalgesellschaft und ihrem Gesellschafter müssen im Voraus klar und eindeutig geregelt werden. Die Anerkennung von **Tätigkeitsvergütungen** an den Gesellschafter-Geschäftsführer verlangt einen Vertrag, der einem Drittvergleich standhält. Rückstellungen für Pensionsverpflichtungen gegenüber einem Gesellschafter-Geschäftsführer bedürfen eines schriftlichen Vertrages.[30] Schriftliche Niederschrift der Gesellschafterversammlung ist erforderlich. Pensionszusagen dürfen nicht zeitlich zurückbezogen werden.[31] Diese Förmlichkeiten sind auch bei Vereinbarungen über die Änderung der Bezüge eines Gesellschafter-Geschäftsführers zu be- 34

---

[27] Fehlerhafte Gesellschaft → § 2 Rn. 44.
[28] §§ 238 ff. HGB.
[29] Für Gesellschaften, die vor dem 1.1.1986 im Handelsregister eingetragen wurden, gilt § 29 GmbHG aF, der grundsätzlich Vollausschüttung vorsah. § 29 Abs. 1 GmbHG in der aktuellen Fassung gibt zwar jedem Gesellschafter einen Anspruch auf seinen Gewinnanteil, ermächtigt jedoch die Gesellschafterversammlung, diesen Anspruch in seinem Umfang durch einfachen Gesellschafterbeschluss zu reduzieren oder auszuschließen (Problem des Aushungerns von Mitgesellschaftern). Auch in der personalistischen GmbH mit zwei zu 50% beteiligten Gesellschaftern bedarf der eine Gesellschafter der Mitwirkung des Mitgesellschafters, denn ohne den anderen Mitgesellschafter ist eine Mehrheit nicht herbeizuführen.
[30] BGH BB 1991, 927.
[31] BFH/NV 1989, 195.

achten. Selbstverständlich muss der Gesellschafter der Tätigkeit tatsächlich nachgehen, zu der er sich gegenüber seiner Gesellschaft verpflichtet hat.

35 Die Anteile bzw. Aktien sind nach dem Gesetzt (idR) **frei veräußerbar** (§§ 10 Abs. 1, 68 AktG, 15 GmbHG). In der GmbH muss der Erwerb bei der Gesellschaft angemeldet und in der zum Handelsregister zu reichenden Gesellschafterliste eingereicht werden (§§ 16, 40 GmbHG). Soll die Übertragbarkeit beschränkt werden, muss der Gesellschaftsvertrag eine entsprechende Regelung enthalten.

36 Die AG als Kapitalgesellschaft sieht im Vergleich zur GmbH schwierigere Gründungsbedingungen, eine kompliziertere Organisation und weniger Möglichkeiten der Abdingbarkeit des AktG durch die Satzung vor (§ 23 Abs. 5 AktG beschränkt die Abdingbarkeit auf ausdrücklich im AktG zugelassene Abweichungen, Ergänzungen auf nicht abschließende Regelungen). Die AG findet insbesondere im Kreise größerer Mittelständler Zuspruch, um einen späteren Börsengang zu erleichtern oder sich zumindest diese Option offen zu halten. Eine weitere Gruppe bilden die Unternehmen, die zwar keine Börsenabsichten haben, aber außerbörslich ihren Anteilseignerkreis vergrößern wollten, etwa durch die Ausgabe von Belegschaftsaktien oder die Hereinnahme von Kunden als Gesellschafter, so besonders bei Beratungsunternehmen. Auch Familiengesellschaften, bei denen die Inhaber bei der Regelung der Nachfolge eine starke Trennung zwischen Management und Gesellschafterkreis anstreben, wählen heute vermehrt die AG. Sie bietet eine interessante Alternative zur GmbH, insbesondere dann, wenn ein erhöhter Geldbedarf der Gesellschaft besteht und ein größerer Kreis von Kapitalgebern gefunden werden soll, ohne alle Gesellschafter mit den Rechten eines GmbH-Gesellschafters auszustatten.

II. Checkliste zu Planung der Unternehmensnachfolge

37 Am Anfang einer Nachfolgeplanung steht die Materialsammlung. Eine Checkliste kann helfen, bedarf jedoch immer der Fortschreibung und Individualisierung.

Checkliste zu Planung der vorweggenommenen Erbfolge

1. Sachverhaltsermittlung zu den Personen der an der Generationennachfolgregelung Beteiligten/deren Familienmitgliedern
   - Staatsangehörigkeit aller Beteiligter heute und Wunsch nach Wechsel der Staatsbürgerschaft
   - Wohnsitz und gewöhnlicher Aufenthalt aller Beteiligter heute (Schluss- bzw. Wegzugsbesteuerung), und Wunsch zum Wohnsitzwechsel/Wechsel des gewöhnlichen Aufenthalts in ein europäisches oder außereuropäisches Ausland
   - Anzahl der Eheschließungen bzw. eingetragene Lebenspartnerschaften
   - gesetzliche und vertragliche Unterhaltsansprüche getrenntlebender/geschiedener Ehegatten/Lebenspartner, auch im Falle des Ablebens eines Beteiligten
   - gesetzliches/vertragliches Erbrecht des Ehegatten/Lebenspartners und der Kinder, auch Adoptivkinder, und deren Pflichtteilsrechte
   - geplante Eheschließung des Erblassers/Pflichtteilsergänzung auch für Schenkungen vor der Eheschließung/beschränkter Pflichtteilsverzichtsvertrag
   - bestehende bindende Testamente oder Erbverträge der Beteiligten und etwaigen Rechtsvorgängern (Vorerbschaften/Nacherbschaften)
   - Widerruf letztwilliger Verfügungen
   - Form und Verwahrung letztwilliger Verfügungen
   - Eheverträge des Schenkers und des Beschenkten
   - Güterstand, Zustimmungserfordernis nach § 1365 BGB
   - bereits erfolgte oder geplante Güterstandschaukel
   - Indizien für das Vorliegen einer Ehegatteninnengesellschaft

- Rechtswahl bei einer Nachlassregelung, zB durch oder trotz Verlegung des Wohnsitzes, Konsequenzen der Rechtswahl für den Zugewinn und Pflichtteilsansprüche
- Minderjährige Kinder, Vormund, Pflegschaft, elterliche Sorge
- Behinderte Angehörige, Pflegschaft, Betreuungsregelung
- Stellung der Beteiligten als Vorerbe, Vollerbe, Nutznießer von Vermögen, als Erbe bei Güterstand der (fortgesetzten) Gütergemeinschaft
- Inlandvermögen, Auslandsvermögen, seit wann im Bestand, und mit welchen rechtlichen Implikationen
- Erbrechtliche Vorgänge in der ehemaligen DDR
- Persönliche und wirtschaftliche Motive des Schenkers
- Lastenverteilung bei evtl. zukünftiger Verarmung des Schenkers

2. Sachverhaltsermittlung zur vorweggenommenen Erbfolge
   - Sichtung aller Gesellschaftsverträge und Überprüfung der Inhalte mit Blick auf das ErbStG
   - Gleichlaufkontrolle zwischen Erbschaftsrecht, Schenkungsrecht, Gesellschaftsrecht
   - Synchronisation der Gesellschaftsverträge in der typischen GmbH & Co. KG
   - Poolung von Geschäftsanteilen, Aktien
   - Sonstiges Vermögen der Beteiligten
   - Betriebsaufspaltungen/Entnahmetatbestände/Sonderbetriebsvermögen
   - Prüfung der Rechtsform jetzt und für die Zukunft: evtl. Umwandlung, Realteilung
   - Haltung der Mitgesellschafter, ggf. Anspruch auf Zustimmung zu einer vorweggenommenen Erbfolge
   - Vollmachten für den Nachfolger oder Dritte zur Handlung in der Privatsphäre oder in Vertretung in einer Gesellschaft für den Gesellschafter

3. Ermittlung steuerlicher Implikationen vor/nach/während/durch die vorweggenommene Erbfolge
   - Dem geplanten Ereignis vorangegangene Schenkungen/Erbschaften/gesellschaftsvertragliche Anpassungen
   - Neufassung Gesellschaftsvertrag/Poolvertrag
   - Betriebsaufspaltung/Entnahmetatbestände/Sonderbetriebsvermögen Betriebsaufgabe
   - Beschränkte/unbeschränkte Körperschaftsteuerpflicht des Schenkungsgegenstands (§ 6 Abs. 3 AStG)
   - Schenkungsteuer
   - Erbschaftsteuer auf sämtliche an diversen Stichtagen (Vorlauf, Schenkungszeitpunkt, Nachlauf) dem Unternehmen und dem Vermögen des Erblassers zuzuordnende Vermögensgegenstände (Beurteilung nach Zivilrecht, nicht wirtschaftlich)
   - Einkommensteuer
   - Gewerbesteuer
   - Grunderwerbssteuer

4. Zeitliche Planung für den Beschenkten nach der Schenkung betrieblichen Vermögens
   - Mögliche Nachversteuerungstatbestände
   - Erfüllung einer Vielzahl von Fristen vor/nach dem Besteuerungszeitpunkt:
   - 2-jährige Rückschau für junge Finanzmittel,
   - 2-jährige Rückschau für gesellschaftsvertragliche Voraussetzungen bei Begünstigungsregelungen für Familiengesellschaften,
   - 2-jährige Rückschau für Qualifizierung junges Verwaltungsvermögen,
   - 2-jährige Nachlauffrist zur Investition bestimmten Verwaltungsvermögens,
   - 3-jährige Rückschau für Schulden,
   - Nachhaltefrist für Mindestlohnsumme und Behaltepflichten: 5 Jahre bei Regelverschonung, 7 Jahre bei Optionsverschonung,

- 20 Jahre Vorschau für gesellschaftsvertragliche Voraussetzungen bei Begünstigungsregelungen für Familiengesellschaften
- Geplante Änderung des gewöhnlichen Aufenthalts des Schenkers oder des in Aussicht genommenen Beschenkten: Wechsel des Erbstatuts, Schlussbesteuerung/Wegzugsbesteuerung

5. Blick auf den Erbfall und Folgen für die vorweggenommene Erbfolge
   - Einsetzung von Erben, Vermächtnisnehmern (kein Verteilertestament)
   - Erben im Inland oder im Ausland und ab/seit wann
   - Erbverzichtsvertrag mit/ohne Abfindung
   - Absicherung Dritter
   - Besondere Vermögensmassen: Gesellschafts- oder Geschäftsanteile
   - Lebensversicherungen und Bezugsrechtsanordnung im Lebensversicherungsvertrag
   - Anrechnungsbestimmungen bei lebzeitigen Zuwendungen an Ehegatten, Lebenspartner und andere Pflichtteilsberechtigte
   - Ausgleichungspflichten
   - Teilungsanordnungen
   - Schicksal von Unterhaltsverpflichtungen, evtl. Gleichlauf mit Pflichtteilsverzicht
   - Postmortale Vollmachten für den Nachfolger zur Begründung, Aufhebung, Änderung, Löschung von Rechten oder Rangrücktritt
   - Auferlegung der Verpflichtung zur Erstellung eines Nachlassverzeichnisses im (ersten/zweiten) Erbfall
   - Auferlegung der anwaltlichen Prüfung der Anordnungen auch direkt nach dem Erbfall

6. Wiedervorlagesystem zur regelmäßige Überprüfung der für die vorweggenommene Erbfolge gefundenen Regelungen:
   - Stimmen die Annahmen noch? Was hat sich geändert?
   - Zwischenzeitliche Änderung des gewöhnlichen Aufenthalts des Schenkers oder des in Aussicht genommenen Beschenkten und möglicher Wechsel des Erbstatuts

III. Der Blick auf einige erbschaftsteuerliche Regelungen zum Verständnis des Zivilrechts

1. Einleitung

38   Die Einordnung der vorweggenommenen Erbfolge in die zivilrechtliche Systematik der Rechtsgeschäfte ist streng zu trennen von deren steuerlicher Behandlung. Die Begriffe der Entgeltlichkeit und Unentgeltlichkeit werden im Steuerrecht durchaus mit einer anderen Bedeutung als im Zivilrecht verwendet.[32]

39   Eventuell zivilrechtlich als entgeltlich qualifizierte Verträge können dennoch bei der Erbschaft- bzw. Schenkungsteuer als unentgeltliche Verträge zu behandeln sein. Die zivilrechtliche Subsumtion darf daher keinesfalls zu der Annahme verleiten, dass damit eine Aussage über die (schenkung-) steuerrechtliche Einordnung getroffen werden kann (→ § 28).

40   Das Schenkung- und Erbschaftsteuerrecht wird in diesem Werk in §§ 27 und 28 im Detail abgehandelt. An dieser Stelle dienen Ausführungen zum Schenkung- und Erbschaftsteuerrecht lediglich der Abrundung des Bildes der vom Steuerrecht beeinflussten

---

[32] Allerdings wird für die Bestimmung, welche Vermögensgegenstände am Stichtag dem Vermögen des Schenkers/Erblassers zuzuordnen sind, meist auf das Zivilrecht abgestellt, nicht auf die wirtschaftliche Betrachtungsweise: BFH ZEV 2017, 283 mAnm *Wachter*, zur Besteuerung eines erbten Pflichtteilsanspruchs im Unterschied zu einem originären Pflichtteilsanspruch.

III. Der Blick auf einige erbschaftsteuerliche Regelungen zum Verständnis des Zivilrechts § 21

zivilrechtlichen Regelungen und Gestaltungsmöglichkeiten, insbesondere bei vorweggenommener Erbfolge in Unternehmensvermögen:

2. Einkommensverlagerung

Der Schenker kann sich zivilrechtlicher Gestaltungsmöglichkeiten bedienen, die steuerlich der Einkommensverlagerung auf Nachkommen mit deren ggf. niedrigeren Steuersätzen dienen, und die dem Beschenkten und dem Beschenkten zugutekommen, und die der Gefahr einer Zerschlagung des Unternehmens zur Liquiditätsschöpfung vorbeugen können. 41

Zur Minderung der Einkommens und damit der Steuerprogression des Hauptbeteiligten wird gerne auf die stille Gesellschaft oder Unterbeteiligung zurückgegriffen, oder es wird eine Nießbrauchkonstruktion gewählt. 42

3. Ausschöpfung der Zehn-Jahres-Frist bei Schenkung

Das Erbschaftsteuer- und Schenkungsteuergesetz gewährt jedem Erwerber alle zehn Jahre einen persönlichen Freibetrag bei Erwerb von derselben Person. Die Ausnutzung dieser Frist kann zugleich auch für die Reduzierung von Pflichtteilsansprüchen genutzt werden (§ 2325 Abs. 3 BGB). Die Ausnutzung dieser Teilübertragungen ist bei großen Vermögen zu empfehlen, und sie ist bei Grundstücksschenkungen beliebt. 43

Die 10-Jahresfrist gilt auch bei dem Erwerb weiterer verfügbaren Vermögens nach § 28a Abs. 4 Nr. 3 ErbStG – **in diesem Fall egal vom wem** – nach dem Zeitpunkt der Entstehung der Steuer (eines Großerwerbs). Sie führt zur Aufhebung eines Erlasses der Steuer bei Erwerb von begünstigtem Vermögen im Wert von addiert mehr als EUR 26 Mio. (§ 13c Abs. 1 ErbStG), soweit der Erwerber die Verschonungsbedarfsprüfung (§ 28a Abs. 1 S. 2, 3 ErbStG) mit der Folge eines (Teil-) Erlasses beantragt und erhalten hatte. 44

4. Schenkung von Immobilienbesitz und Familienwohnheim

Insbesondere das Familienwohnheim ist ein wichtiges Thema für Familien: Es kann steuerfrei 45
– durch den Ehegatten/Lebenspartner durch Verfügung unter Lebenden (§ 13 Abs. 1 Nr. 4a ErbStG) oder
– durch den Ehegatten/Lebenspartner von Todes wegen (§ 13 Abs. 1 Nr. 4b ErbStG) oder
– durch Kinder (Steuerklasse I Nr. 2) und Kinder verstorbener Kinder (Steuerklasse I Nr. 2) von Todes wegen (§ 13 Abs. 1 Nr. 4c ErbStG)
erworben werden. Sollte auf der Immobilie noch eine Finanzierung lasten, ist die Abzugsbeschränkung nach § 10 Abs. 6 ErbStG zu beachten. Auch die Behaltens- und Nutzungsfristen zu Wohnzwecken von zehn Jahren ist bei Erwerb im Erbfall zu beachten, es sei denn, dass der Erwerber stirbt oder aus zwingenden Gründen an einer Selbstnutzung zu eigenen Wohnzwecken gehindert ist. Wird die Immobilie verkauft, vermietet oder als Zweitwohnsitz genutzt, entfällt die Steuerbefreiung rückwirkend. Bei Schenkungen gilt die Zehn-Jahres-Frist nicht.

Die Schenkung von zu Wohnzwecken vermietete Grundstücken werden mit einem Bewertungsabschlag von 10 % angesetzt (§ 13d Abs. 1 ErbStG), Damit sind auch Gegenleistungen des Beschenkten für etwaige von ihm übernommenen Leistungs-, Nutzungs- und Duldungsauflagen nur zu 90 % abzugsfähig. 46

Steuerlich wird die Grundstücksschenkung erst als ausgeführt behandelt, wenn die Vertragsparteien die Auflassung erklärt haben (§ 925 Abs. 1 S. 1, § 873 Abs. 1 BGB), die Eintragung der Rechtsänderung in das Grundbuch von dem Schenker bewilligt worden ist (§ 19 GBO) und der Beschenkte jederzeit seine Eintragung als Eigentümer in das Grund- 47 buch beantragen und damit den Eintritt der – dinglichen – Rechtsänderung herbeiführen kann, sowie, dass die Umschreibung im Grundbuch nachfolgt.[33] Diese braucht nicht innerhalb eines bestimmten Zeitraums zu erfolgen.

5. Nutzbarmachung der Güterstandschaukel

48 Die Praktizierung der Güterstandschaukel kann schenkungsteuerfrei erfolgen (§ 5 Abs. 2 ErbStG), und die umgekehrte Güterstandschaukel jedenfalls, soweit es zu einer Aufhebung des Güterstandes zu Lebzeiten kommt.[34] Diese Gestaltung bietet die Möglichkeit der **steuerfreien Vermögensmehrung** beim Ehegatten, bis heute auch noch der Pflichtteilsreduzierung – wenn auch mit Vorsicht anzuwenden[35] – und der Optimierung von Schenkungsteuerfreibeträgen von Abkömmlingen beider oder einzelner Elternteile. Denn die steuerliche Begünstigung von unterschiedlichen Personen wird nicht zusammengerechnet, und weiteres verfügbares Vermögen des Nachfolgers spielt außerhalb von Großerwerben und dort bei Antrag auf Verschonungsbedarfsprüfung (§ 28a ErbStG)[36] keine Rolle. Der BFH hat die Schenkungsteuerfreiheit des Güterstandwechsels anerkannt, selbst wenn unmittelbar nach Wahl der Gütertrennung sofort wieder zum gesetzlichen Güterstand zurückgekehrt wird.[37] Die Güterstandschaukel kann also zur legalen Verringerung der Erbschaft- und Schenkungsteuer genutzt werden.

49 **Formulierungsbeispiel im notariellen Vertrag:**

Die Eheleute A + B heben hiermit mit Wirkung vom ... den gesetzlichen Güterstand der Zugewinngemeinschaft auf und vereinbaren für ihre Ehe ab dem ... die Geltung des Güterstands der Gütertrennung.

Der Zugewinnausgleichsanspruch des A aus der Beendigung der Zugewinngemeinschaft beträgt EUR ... gemäß der in Anlage X enthaltenen Berechnung[38] und ist wie folgt auszugleichen: ....

Die Eheleute A + B verzichten hiermit wechselseitig auf eine Anfechtung der der Zugewinnberechnung zugrundeliegenden Wertfeststellungen und der Berechnungen, falls diese Fehler enthalten sollten. Mit der Erfüllung des Zugewinnausgleichsanspruchs des A sind sämtliche Ansprüche aus einem etwaigen Zugewinn der Eheleute A + B bis zum ... wechselseitig erledigt. Weitergehende Ansprüche für die Zeit bis ... sind ausgeschlossen.

50 Selbst eine spätere Scheidung muss für die Gestaltung der vorweggenommenen Erbfolge nicht unbedingt schädlich sein, wenn die Ehefrau an einer Gesellschaft beteiligt ist oder im Rahmen des Zugewinnausgleichs beteiligt wird und die Eheleute auch nach Scheidung über eine Nachfolge auf die Kindergeneration einig sind; die geschiedene Ehefrau bleibt **Angehörige im Sinne einer Familiengesellschaft** nach § 15 AO (→ Fn. 44).

---

[33] BFH NJW-RR 2006, 78 (79): keine steuerliche Rückwirkung einer zivilrechtlichen Genehmigung; BFH BFH/NV 2000, 95; DStR 2005 S. 518. Ganz anders im Pflichtteilsrecht bei vorbehaltenem Nutzungsrecht → § 22 Rn. 26 ff.

[34] BFH NJW 2005, 3663 (3664) = BStBl II 05, 843 = DNotI-Report 2005, 181 zur „Güterstandschaukel".

[35] Allerdings kann im Einzelfall die Güterstandschaukel im Hinblick auf den Pflichtteil als missbräuchlich zu betrachten sein (BGHZ 116, 178).

[36] Als Alternative zu Antrag auf Abschmelzungsregelung nach § 13c ErbStG.

[37] BFH ZEV 2005, 490; NotBZ 2005, 413.

[38] Die Berechnung hat für das Finanzamt konkret und nachvollziehbar zu erfolgen, die vormalige Geltung einer modifizierten Zugewinngemeinschaft ist bei der Berechnung zu beachten, Gutachten zur Wertermittlung von Unternehmensbeteiligungen oder Immobilien sind als Unterlegung der Wertangaben zu empfehlen; die Ausgleichsleistung ist tatsächlich zu erbringen.

6. Rechtsnachfolge in betriebliches Vermögen

Die erbschaftsteuerlichen Privilegierungen bei unentgeltlichem Erwerb von Land- und forstwirtschaftlichem Vermögen, Betriebsvermögen (auch Beteiligungen an Mitunternehmerschaften) sowie Beteiligungen an Kapitalgesellschaften, an deren Nennkapital der Erblasser oder Schenker zu mehr als 25% unmittelbar beteiligt ist, sind durch die in 2014 ergangene Entscheidung des BVerfG[39] vom Gesetzgeber neu geregelt worden. Die am 4.11.2016 beschlossenen und mit Rückwirkung zum 1.7.2016 in Kraft getreten Änderungen im Schenkung- und Erbschaftsteuerrecht (→ § 27, 28) gewähren auch in Zukunft erbschaftsteuerliche Privilegierung des unentgeltlichen Erwerbs des begünstigungsfähigen Vermögens.[40] Begünstigungsfähig sind unverändert die (auch geringfügige) Beteiligung an einer Personengesellschaft in Form einer Mitunternehmerschaft sowie Kapitalgesellschaftsanteile mit einer Mindestbeteiligungsquote von mehr als 25%, ersatzweise mit Poolbindung von mehr als 25%.

51

Die Regelungen sind kompliziert (und komplizierter als die alte Regelung) und machen einen erhöhten Prüfungsaufwand mit komplexen Rechenschritten, einen längeren zeitlichen Vorlauf der Planung sowie juristische Geistesgegenwart auch in der Nachlaufzeit (evtl. bis zu 20 Jahre) nötig.[41] Die neuen Regeln bieten Streitpotential und landen möglicherweise über kurz oder lang wieder vor dem Bundesverfassungsgericht, bedeuten damit Planungsunsicherheit. Denn schon jetzt halten viele Experten Teile der Neuregelungen erneut für verfassungs- und europarechtswidrig.[42]

52

Die Verschonungsregeln zum begünstigungsfähigen Vermögen[43] unterscheiden zwischen

53

- **kleineren und mittleren Unternehmen** mit einem begünstigten Vermögen von bis zu EUR 26 Mio. und der Möglichkeit der Regel- oder Optionsverschonung mit einem Verschonungsabschlag von 85% bzw. 100%
- **Großunternehmen** mit einem begünstigten Vermögen im Wert von addiert mehr als EUR 26 Mio., – für Familienunternehmen[44] abzüglich des sogleich genannten Vorabschlags – und der Möglichkeit abschmelzender Regelverschonung (Abschmelzung um jeweils 1% für jede volle 750.000 EUR, die der Wert des begünstigten Vermögens den Betrag von 26 Mio. EUR übersteigt), oder Verschonung nach Verschonungsbedarfsprüfung (Optionsverschonung), ggf. verringerter Verschonungsabschlag bei der Verschonung größerer Vermögen,[45] (allerdings gemäß § 28a ErbStG auf den Erben bezogen, nicht unternehmensbezogen) und
- **Familienunternehmen,** für die bei entsprechender Qualifizierung das zusätzliche Privileg eines Vorababschlags auf das begünstigte Vermögen gewährt wird (§ 13a Abs. 9

---

[39] BVerfG BeckRS 2014, 59427, BGBl. I 2015, 4.
[40] Zu Problemen der Rückwirkung *Weber/Schwind* ZEV 2016, 688 ff.
[41] Kritisch *Crezelius* ZEV 2016, 541 ff., 545.
[42] Zu rechtssystematischen Bedenken zB *Crezelius* ZEV 2016, 541, (545 f.), der jedoch zur Zurückhaltung bei der Behauptung möglicher Verfassungswidrigkeit warnt; verfassungswidrig für *Wighardt*, http://blog.handelsblatt.com/steuerboard/2016/10/14; zur Europarechtswidrigkeit wegen verbotener Beihilfe *Seer* GmbHR 2016, 673.
[43] Rechenbeispiele bei *Landsittel* ZErb 2016, 383 ff.
[44] Familienunternehmen ist ein Unternehmen beliebiger Größe, wenn:
(1) sich die Mehrheit der Entscheidungsrechte im Besitz der natürlichen Person(en), die das Unternehmen gegründet hat/haben, der natürlichen Person(en), die das Gesellschaftskapital des Unternehmens erworben hat/haben oder im Besitz ihrer Ehepartner, Eltern, ihres Kindes oder der direkten Erben ihres Kindes befindet, und
(2) die Mehrheit der Entscheidungsrechte direkt oder indirekt besteht, und/oder
(3) mindestens ein Vertreter der Familie oder der Angehörigen offiziell an der Leitung bzw. Kontrolle des Unternehmens beteiligt ist. Börsennotierte Unternehmen entsprechen der Definition des Familienunternehmens, wenn die Person, die das Unternehmen gegründet oder das Gesellschaftskapital erworben hat oder deren Familien oder Nachfahren aufgrund ihres Anteils am Gesellschaftskapital 25% der Entscheidungsrechte halten. Diese Definition umfasst auch Familienunternehmen, die die erste Generationsübertragung noch nicht vollzogen haben. Sie umfasst weiterhin Einzelunternehmer und Selbständige (sofern eine rechtliche Einheit besteht, die übertragen werden kann).
[45] Optionsverschonung, sofern das begünstigungsfähige Vermögen nicht zu mehr als 20% aus Verwaltungsvermögen besteht (§ 13a Abs. 10 ErbStG).

ErbStG) unabhängig von dem Bewertungsverfahren;[46] die Voraussetzungen dafür sind allerdings an eine Reihe **gesellschaftsvertraglicher Beschränkungen** geknüpft (§ 13a Abs. 9 ErbStG; → §§ 27, 28). Für das nicht begünstigte Vermögen bleibt es bei der regulären Besteuerung, ggf. entlastet um den persönlichen Freibetrag etc.

54 Generell wird von einer höheren Steuerbelastung durch die Versteuerung des Nettoverwaltungsvermögens[47] (abseits der Kulanzgrenze) auszugehen sein. Denn nach bisherigem Recht ging das Verwaltungsvermögens des Unternehmensvermögens, wenn es nicht mehr als 50% (§ 13b Abs. 2 ErbStG aF) bzw. 10% (§ 13a Abs. 8 Nr. 3 ErbStG aF für eine Behaltensfrist von sieben Jahren) des Wertes des Unternehmens ausmachte, in die Begünstigung mit ein. Es wurde vormals ein Verschonungsabschlag von 85% bzw. 100% (§ 13a Abs. 8 Nr. 4 ErbStG aF) gewährt, so dass also ggf. nur 15% des gesamten Unternehmenswerts der Versteuerung unterworfen werden mussten.[48]

55 Nach dem neuen Recht muss geprüft werden, ob der gemeine Wert des Unternehmens[49] den Wert des Nettoverwaltungsvermögens übersteigt. Nur dann ist das unternehmerische Vermögen grundsätzlich begünstigungsfähig. Das **Nettoverwaltungsvermögen** unterliegt bis auf einen Kulanzpuffer wie Privatvermögen grundsätzlich der vollen Versteuerung (10% des gemeinen Werts und nach Abzug nicht begünstigten Vermögens, § 13b Abs. 7 ErbStG). Es wird daher auch eine Planungsaufgabe sein, das Verwaltungsvermögen in dem Unternehmen zu verändern. Bei einem (hier Brutto-) Verwaltungsvermögen von mehr als 90% gibt es keine Begünstigung (§ 13b Abs. 2 S. 2 ErbStG, und es ist der Bruttowert vor der Schuldenverrechnung und vor dem Freibetrag nach § 13b Abs. 4

---

[46] *Crezelius* ZEV 2016, 54 (545): nicht Familien-Holdinggesellschaften; *Weber/Schwind* ZEV 2016, 688 ff.; außerhalb von Großerwerben wirkt sich diese Entlastung neben der Regelverschonung (85%) um bis zu 4,5% aus.

[47] Hier ist Nettoverwaltungsvermögen nach quotalem Schuldenabzug gemeint (§ 13b Abs. 6 ErbStG). In den quotalen Schuldenabzug werden diejenigen Schulden einbezogen, die nach dem Finanzmitteltest und nach der Aussonderung für Altersvorsorgeverpflichtungen verbleiben. Eine Schuldenverrechnung mit wirtschaftlich nicht belastenden Schulden darf nicht erfolgen (§ 13b Abs. 8 ErbStG). Vorsicht bei Verwendung des Begriffs Verwaltungsvermögen, da an anderer Stelle auch Bruttoverwaltungsvermögen ermittelt werden, zB bei Ausschluss der Verschonung bei 90% Bruttoverwaltungsvermögen bezogen auf den gemeinen Wert. Bei mehrstufigen Unternehmensstrukturen wird das Verwaltungsvermögen konsolidiert ermittelt und in einer sogenannten Verbundvermögensaufstellung zusammengefasst (§ 13b Abs. 9 ErbStG).

[48] Allerdings gibt es echte Rückwirkungen auf die ab 1.1.2016 zurückreichenden Fälle bei der Zusammenrechnung von Vorerwerben begünstigten Vermögens (§ 14 ErbStG). Die Rückwirkung bei der Anwendung des Kapitalisierungsfaktors mit dem Risiko des Wegfalls der gewährten Vergünstigung und der nachträglichen Steuerfestsetzung ist beseitigt worden durch Erlass der Obersten Finanzbehörden der Länder vom 11.5.2017 zur Anwendung des § 203 BewG, DStR 2017, 1165, durch ein Wahlrecht für den Steuerpflichtigen, auf die Rechtslage vor dem 30.6.2016 abstellen zu dürfen: Es geht dabei für Erwerbe bis zu einem gemeinen Wert von 26 Mio. EUR beim vereinfachten Ertragswertverfahren zur Ermittlung des gemeinen Wert des Unternehmens um einem festgeschriebenen Kapitalisierungsfaktor in Höhe von 13,75 (§ 203 Abs. 1 BewG) rückwirkend auf den 1.1.2016. Nach bisheriger Ermittlungsmethode des Kapitalisierungsfaktors ergab sich für 2016 auf Basis des niedrigen Zinsniveaus ein Faktor von 17,8571. Durch den neuen Wert sinken die Unternehmenswerte im Rahmen der Bewertung, was idR zu einer niedrigeren Steuerlast führt. Ggf. kann sich diese Änderung negativ auf zwischen dem 1.1.2016 und dem 30.6.2016 bereits veranlagte Sachverhalte auswirken. Nach der alten Rechtslage ist bei Überschreiten der Verwaltungsvermögensquoten von 50% (§ 13b Abs. 2 ErbStG aF) bzw. 10% (§ 13a Abs. 8 Nr. 3 ErbStG aF für Behaltensfrist von sieben Jahren) der Erwerb nicht begünstigt. Der Anteil des Verwaltungsvermögens bestimmt sich dabei nach dem Verhältnis der Summe der gemeinen Werte der Wirtschaftsgüter des Verwaltungsvermögens zum gemeinen Wert des Unternehmens. Mit der Bewertungsänderung sinkt der gemeine Wert des Betriebs, das Übersteigen der Verwaltungsvermögensquote tritt schneller ein.

[49] Gemeiner Wert (gemeiner Wert, § 12 ErbStG, § 9 BewG) = Marktpreis bzw. Gesamtbewertung für Einzelunternehmen, für Anteile an Personengesellschaften und für Anteile an Kapitalgesellschaften (§§ 11 und 109 BewG), nach vereinfachtem Ertragswertverfahren (beruhend auf in der Vergangenheit durchschnittlich erzielte Jahreserträge, §§ 199 bis 203 BewG) oder nach Ertragswert, dh gegenwärtiger Wert zukünftiger Zahlungsüberschüsse, zB nach der Discounted-Cash-Flow-Methode (DCF-Methode), bei der die erwarteten Zahlungsüberschüsse mit einem geeigneten Zinssatz diskontiert werden. Mindestwert = Substanzwert (§ 11 Abs. 2 S. 3 BewG).

III. Der Blick auf einige erbschaftsteuerliche Regelungen zum Verständnis des Zivilrechts § 21

Nr. 5 ErbStG zugrunde zu legen). Damit sind zwingend der gemeine Wert des Betriebs und damit die Quote zu ermitteln, die zukünftig nicht mehr verschonungsfähig sind.[50]

Verwaltungsvermögen kann nach der **Investitionsklausel** mit Hilfe eines vorgefassten 56 Investitionsplans oder bei Verwendung für bestimmte Lohnkosten reduziert werden, diese Gestaltungsmöglichkeit funktioniert jedoch nur im Erbfall, nicht bei vorweggenommener Erbfolge. Für die Gestaltung reicht es allerdings nicht, wenn der Erbe innerhalb der geforderten zwei Jahre nach dem Erbfall das vom Erblasser erworbene Verwaltungsvermögen innerhalb von zwei Jahren investiert. Die Investition des Erben muss auf dem vorgefassten Plan (der möglicherweise schon „in der Schublade liegt") des Erblassers beruhen.

Finanzmittel (Geschäftsguthaben, Geldforderungen, Forderungen aus Lieferung und 57 Leistungen) gehören nur dann zum (steuerschädlichen) Verwaltungsvermögen, soweit ihr Wert nach Abzug aller Schulden 15 % des gemeinen Werts des gesamten Unternehmens übersteigt (§ 13b Abs. 4 Nr. 5 ErbStG), und nur dann, wenn der Betrieb nach seinem Hauptzweck einer Tätigkeit aus Land- und Forstwirtschaft, Gewerbebetrieb oder einer freiberuflichen Tätigkeit dient. Junge Finanzmittel sind stets Verwaltungsvermögen.

Mögliche schädliche **Nachversteuerungstatbestände** (zB bei Unterschreitung von 58 Mindestlohnsummen bei vorzeitigem Verkauf, bei Insolvenz vor Ablauf der Haltefristen, bei überhöhter Ausschüttung → Rn. 55–57, §§ 27, 28) zwingen den Schenker dazu, sich abzusichern, zB durch die Gewährung von Sicherheiten durch den Beschenkten für die Steuerschulden oder durch Vereinbarung vertraglicher **Rückforderungsrechte** für den Fall der Inanspruchnahme (→ § 22 Rn. 120). Zudem könnte eine ausdrückliche Übernahme der Schenkungsteuer durch den Beschenkten im Schenkungsvertrag festgehalten werden.

Für **Familienunternehmen** kann noch vor der Wahl der Regel- oder Optionsverschonung 59 unter Umständen ein sog. Vorab-Abschlag gewährt werden (§ 13a Abs. 9 ErbStG). Dieser wird vor Anwendung des Verschonungsabschlags (85 bzw. 100%) gewährt und kann zu nennenswerter Senkung des Unternehmenswerts führen.[51] Hierfür müssen der Gesellschaftsvertrag oder die Satzung des Unternehmens die gesetzlich verlangten Bestimmungen über **Entnahme- bzw. Ausschüttungsbeschränkungen, Verfügungsbeschränkungen** über Anteile am Unternehmen sowie **Abfindungsbeschränkungen** enthalten (→ § 22 Rn. 277–291). Nicht ausreichend ist die Regelung der Anforderungen in einem Poolvertrag. Diese in § 13a Absatz 9 ErbStG aufgelisteten Voraussetzungen müssen auch den tatsächlichen Verhältnissen entsprechen, also „gelebt" werden, und zwar 2 Jahre vor und 20 Jahre nach dem Stichtag der Entstehung der Steuer.[52] Ein Verstoß gegen die Anforderungen wird unabhängig von den Verstoßfolgen für den Verschonungsabschlag ausgelöst.

Vor einer Schenkung von Unternehmensvermögen sollte geprüft werden, ob vor dem 60 Erwerb gebildete Rücklagen aufgelöst und ausgeschüttet werden sollten, da diese nach dem Erwerb nicht ohne weiteres steuerunschädlich ist. Andere Gewinnausschüttungen nach der Übertragung aus Gewinnen vor der Übertragung dürften unschädlich sein, soweit die vorgenannten Beschränkungen eingehalten werden.

Bei sog. Großerwerben, bei denen sich auf Antrag des Erwerbers der Abschlag um 61 jeweils 1% für jede volle 750.000 EUR, die der Wert des begünstigten Vermögens den Betrag von 26 Mio. EUR übersteigt (§ 13a Abs. 1, 10 ErbStG), verringert (Abschmel-

---

[50] *Geck* ZEV 2016, 546 (548), kritisch auch zu der 90%-Regelung mit Rechenbeispiel.
[51] *Weber/Schwind* ZEV 2016, 688 (689).
[52] *Geck* ZEV 2016, 546 (522); *Crezelius* ZEV 2016, 541 (545), zum Problem der Nachaktivierung durch eine Betriebsprüfung, die gegenläufig die AfA der Folgejahre erhöht, welche in den Folgejahren zu einem niedrigeren Gewinn führt, der eventuell zu einer bezogen auf den niedrigeren steuerrechtlichen Gewinn zu hohen, den Betrag von 37,5% des Gewinns übersteigenden Entnahmen führt, mit der Folge des Wegfalls der Voraussetzungen für den Vorabschlag; *Weber/Schwind* ZEV 2016, 688 ff.; *Hannes* ZEV 2016, 554 (557) zum dem Problem der Verpfändung von Gesellschaftsanteilen an die Bank als Verstoß gegen die Verschonungsregel. Konflikt mit § 723 Abs. 3 BGB (der für Personen- und Kapitalgesellschaften analog gilt) ist ungeklärt.

62 Die im bisherigen Recht unbekannte und in 2016 eingeführte Regelung des sog. **Erlassmodells** bei einen Großerwerb über EUR 26 Mio. sieht vor, dass auf Antrag des Erwerbers die Steuer zu erlassen, ist, wenn er nachweist, dass er persönlich nicht in der Lage ist, die Steuer aus seinem verfügbaren Vermögen zu begleichen (§ 28a Abs. 2 ErbStG). In der Literatur wird daher darüber gesprochen, Übertragungen an „arme" Erwerber in Betracht zu ziehen (Kinder und Stiftungen).[53] Das sollte allerdings nicht das Kriterium einer Unternehmensnachfolge sein.

63 Allerdings führt die Regelung, dass der Großerwerber 50% des eigenen verfügbaren Vermögens und – entsprechend der Beteiligungsquote – Werte des nicht begünstigten Verwaltungsvermögens im übergegangenen Vermögen einzusetzen hat, zu einem verfassungsrechtlich fragwürdigen **Systembruch**[54] und zu absurden Ergebnissen.[55] Gesellschaftsrechtlich soll der Erwerber gehalten sein, nach der Regelung des § 28a Abs. 2 ErbStG auch 50% derjenigen Vermögensgegenstände einsetzen, auf die er eventuell gesellschaftsrechtlich gar nicht zugreifen kann, etwa weil er als Erwerber und Inhaber einer 30% betragenden GmbH-Beteiligung nach dem gesellschaftsrechtlichen Mehrheitsprinzip nicht auf den im Vermögen der juristischen Person befindlichen Vermögensgegenstand zugreifen kann. Selbst wenn die Zustimmung des Mitgesellschafters zu erhalten wäre, hieße das weiter gedacht, dass die Entnahme und Veräußerung eines im Gesellschaftsvermögen befindliche Wirtschaftsguts, welches erbschaftsteuerrechtlich als Verwaltungsvermögen qualifiziert wird, zur Aufdeckungen stiller Reserven führen könnte und dann auch noch zu Ertragsteuern führte, die mit dem Einsatz des verfügbaren Vermögens nach § 28a ErbStG kumulierten.

7. Poolvertrag

64 **a) Poolvertrag als Innengesellschaft.** § 13b Abs. 1 Nr. 3 S. 2 ErbStG eröffnet die Begünstigung eine Beteiligung an einer Kapitalgesellschaft, auch wenn die Mindestbeteiligung von mehr als 25% nicht gegeben ist, wenn mehr als 25% der Kapitalgesellschaftsanteile oder alle Anteile gepoolt werden.[56]

65 Der **Poolvertrag** ist eine Absprache zwischen einzelnen, mehreren oder allen Gesellschaftern, durch den die Gesellschafter/Aktionäre ihre Stimmrechte in den Stimmenpool einbringen und sich verpflichten, ihre Stimmrechte in der Hauptversammlung so abzugeben, wie der Pool es zuvor beschlossen hat. Gepoolt werden kann im Gesellschaftsvertrag selbst oder in einem selbstständigen Vertrag, der zwischen den Poolmitgliedern idR eine Innengesellschaft, meist als GbR, begründet. Eine Regelung in der Satzung der Aktiengesellschaft scheidet allerdings wegen des **Grundsatzes der Satzungsstrenge** aus (§ 23 Abs. 5 AktienG), hier bleibt es bei dem Pool durch Innengesellschaft. Zudem können stimmrechtlose Aktien in eine Poolvereinbarung für § 13b ErbStG nicht einbezogen werden.[57] Auf jeden Fall müssen die Anteile im jeweiligen Alleineigentum der Poolmitglieder

---

[53] Zur Übertragung auf Stiftungen → § 9.
[54] *Crezelius* ZEV 2016, 541 (546): Erbschaft- oder Schenkungsteuer müsse nach der Idee des ErbStG aus dem unentgeltlich übergegangenen Substrat – und nur aus ihm – beglichen werden. Beziehe man im Rahmen der individuellen Bedürfnisprüfung auch existentes Privatvermögen des Erwerbers mit ein, trete ein Vermögensteuereffekt ein.
[55] *Crezelius* ZEV 2016, 541 (546): siehe auch Rechenbeispiel bei *Landsittel* ZErb 2016, 383 (391).
[56] Bei der Poolung von 30% börsennotierter Aktien ist an die Gefahr nach dem WpÜG zur Abgabe eines Übernahmeangebots nach §§ 29 ff. WpÜG zu denken. Trotz des abweichenden Wortlauts des § 13b Abs. 1 Abs. 3 können alle Gesellschafter poolen: koord. Ländererlass v. 22.6.2017 Abschn. 13b 6 Abs. 5 S. 8 BStBl. I, 902 (nicht Bayern). Die Erbschaftsteuer-Richtlinien 2019, die voraussichtlich Mitte 2019 in Kraft treten sollen, werden eine bundeseinheitliche Anwendung des ErbSt-Rechts gewährleisten.
[57] Koord. Ländererlass v. 22.6.2017 Abschn. 13b 6 Abs. 5 S. 1.

bleiben, nicht Gesamthandvermögen der GbR, da sonst die unmittelbare Beteiligung des Erblassers streitig wird.

Die Regelungsmöglichkeiten sind vielfältig, wenn auch für die GmbH weniger restriktiv als für die AG (zwingend zB §§ 20ff., 26 Abs. 5, 60, 136 Abs. 2, 405 AktG, §§ 21ff, 29ff. WpÜG):[58]
– Motivation des Poolvertrages,
– Stimmbindung,
– Verfügungsbeschränkungen,
– Vertreter der Poolmitglieder,
– Sanktionen für Pflichtverletzungen durch Poolmitglieder,
– Treuhandmodell,
– Mitverkaufsverpflichtungen etc.,
– Mechanismen im Falle etwaiger Konflikte mit gesellschaftsrechtlichen Besonderheiten, zB das Stimmrechtsverbot in § 47 Abs. 4 GmbHG oder in § 136 AktienG, oder bei Verletzung des Stimmverbots nach Weisung der Gesellschaft, des Vorstands oder des Aufsichtsrats,
– Bindungsdauer, Kündigung, Beendigung bei Tod, Kündigung eines Gesellschafters, Insolvenz, kraft Gesetzes.

Der Poolvertrag eignet sich nicht für die Schaffung der Voraussetzungen des Vorwegabschlags nach § 13a Abs. 9 ErbStG.

Der Abschluss des Poolvertrages ist formlos möglich, es sei denn, dass Regelungen für die Übertragung von Anteilen getroffen werden, die ihrerseits nur notariell übertragen werden können (zB im Treuhandmodell). Das betrifft vorrangig die GmbH. Die notarielle Beurkundung ist dann einzuhalten (§ 15 Abs. 4 GmbHG).

b) Bedeutung des Pools in Hinblick auf § 13b Abs. 1 Nr. 3 ErbStG. Die Regelungen für die Steuerprivilegierung gemäß § 13a ErbStG finden bei der Übertragung von Anteilen an einer Personengesellschaft unabhängig von einer quotalen Beteiligungshöhe des Schenkers an der Gesellschaft Anwendung (§ 13b Abs. 1 Nr. 1, 2 ErbStG). Dies ist bei GmbH-Anteilen, Aktien oder Anteilen an einer Kommanditgesellschaft auf Aktien anders. Deren Übertragung kann begünstigt behandelt werden, wenn der Schenker im Zeitpunkt der Übertragung zu mehr als 25% am Nennkapital der Gesellschaft beteiligt ist (§ 13b Abs. 1 Nr. 3 S. 1 ErbStG), und wenn **mehr als 25% der Kapitalgesellschaftsanteile** für einen Zeitraum nach Übertragung von fünf Jahren (bei 85%iger Verschonung) bzw. von sieben Jahren (bei 100%iger Verschonung[59]) gepoolt werden. Das verlangt:
– einen Vertrag,
– über die Anteile wird nur nach einem einheitlichen Kriterienkatalog verfügt[60], oder sie werden auf andere der Verpflichtung unterliegende Anteilseigner übertragen,
– eine einheitliche Stimmausübung zugunsten der Poolgemeinschaft erfolgt unter Verzicht einzelner Anteilseigner, und
– die Aufhebung der Poolvereinbarung ist erst nach dem jeweiligen Behaltenszeitraum von fünf bzw. sieben Jahren nach Erwerb möglich.

Selbstverständlich muss die Kapitalgesellschaft die weiteren Prüfungsschritte[61] der Privilegierung bestehen sowie die nachlaufenden Pflichten einhalten.

---

[58] BGH NJW 2009, 669ff.; *Wachter* ErbR 2016, 114 (116); ErbR 2016, 174ff. zum Pool im ErbStR.
[59] Komplettverschonung zu 100% nur möglich, wenn der Anteil an dem im Betriebsvermögen enthaltenen Verwaltungsvermögen 20% nicht übersteigt.
[60] Koord. Ländererlass v. 22.6.2017 Abschn. 13b 6 Abs. 4; *Felten* ZEV 627ff.
[61] Prüfungsschritte vereinfacht:
1. Einstiegstest vor Ermittlung des begünstigungsfähigen Vermögens ist die 90%-Grenze, bei der das Verhältnis zwischen Verwaltungsvermögen (hier sind nur Verbindlichkeiten nach § 13b Abs. 2 S. 2 ErbStG abzugsfähig) und Unternehmenswert ermittelt wird, und bei deren Überschreitung der Wert des begünstigungsfähigen Vermögens vollständig nicht begünstigt wird.

71 Für die Berechnung der Beteiligungshöhe werden nicht nur die Anteile des Schenkers einbezogen, sondern Anteile weiterer Anteilseigner mit geringerer Beteiligung hinzugerechnet, wenn der Schenker und die weiteren Anteilseigner untereinander verpflichtet sind, über die Anteile nur einheitlich zu verfügen oder diese ausschließlich auf andere derselben Verpflichtung unterliegende Anteilseigner zu übertragen. Die Verpflichtung zur gleichen Verfügungsregel hinsichtlich der gepoolten Anteile heißt nicht, dass alle Poolmitglieder zum selben Zeitpunkt über ihre Anteile verfügen oder die Anteile auf dieselbe Person übertragen müssen. Eine Übertragung ausschließlich auf andere, derselben Verpflichtung unterliegende Anteilseigner, ist auch gegeben, wenn der Erwerber zeitgleich mit der Übertragung der Poolvereinbarung beitreten muss,

72 Formulierungsvorschlag:
Sämtliche Polmitglieder sind verpflichtet, hinsichtlich aller von ihnen jetzt und/oder in Zukunft (durch Kapitalerhöhung, Zukauf, ...) gehaltenen Geschäftsanteilen an der GmbH ... nur einheitlich Verpflichtungen zu begründen (auch Unterbeteiligungen) und nur einheitlich Verfügungen (Übertragungen, Verpfändung, Nießbrauch, sonstige Belastungen) einzugehen, und dies auch nur nach vorheriger Information der Poolversammlung, es sei denn, dass diese Rechtshandlungen vorgenommen werden
a. zugunsten anderer Poolmitglieder,
b. zugunsten von Personen, die zuvor dieser Poolvereinbarung durch schriftliche Erklärung gegenüber sämtlichen Poolmitgliedern beigetreten sind.

sowie das Stimmrecht gegenüber nichtgebundenen Gesellschaftern einheitlich ausüben muss,

73 Formulierungsvorschlag:
Die Poolmitglieder verpflichten sich, ihre Stimmrechte aus allen Geschäftsanteilen an der GmbH ..., welche dieser Poolvereinbarung jetzt und/oder in Zukunft (durch Kapitalerhöhung, Zukauf, ...) unterliegen, in sämtlichen in der/für die GmbH ... zu fassenden Beschlüssen übereinstimmend auszuüben.

Für die Einheitlichkeit der Stimmabgabe werden alle Poolmitglieder binnen ... Tagen vor der Gesellschafterversammlung der GmbH ... in einer Poolversammlung ihr Stimmverhalten zu den Punkten der Tagesordnung nach Maßgabe der Mehrheitserfordernisse des Poolvertrages gemäß § ... festlegen.

---

2. Erfassung nicht verrechenbaren Vermögens: junge Finanzmittel, junges Verwaltungsvermögen und gewisse Schulden (soweit die Summe der Schulden den durchschnittlichen Schuldenstand der letzten drei Jahre vor dem Zeitpunkt der Entstehung der Steuer übersteigt, es sei denn dass die Erhöhung des Schuldenstands durch die Betriebstätigkeit veranlasst ist).
3. Ermittlung des Nettowerts des Verwaltungsvermögens, hier Saldierung mit Altersversorgungsverpflichtungen (hier § 13b Abs. 2 S. 2 und Abs. 3 ErbStG), sowie Saldierung mit Finanzmitteln (möglicherweise Freibetrag 15% des gemeinen Wertes des Betriebs), sodann quotale Verrechnung der verbliebenen Schulden gemäß § 13b Abs. 6 ErbStG: Der Nettowert des Verwaltungsvermögens ergibt sich durch Kürzung des gemeinen Werts des Verwaltungsvermögens um den nach Anwendung der Absätze 3 und 4 verbleibenden anteiligen gemeinen Wert der Schulden. Die anteiligen Schulden nach Satz 1 bestimmen sich nach dem Verhältnis des gemeinen Werts des Verwaltungsvermögens zum gemeinen Wert des Betriebsvermögens des Betriebs oder der Gesellschaft zuzüglich der nach Anwendung der Absätze 3 und 4 verbleibenden Schulden.
4. Berechnung des begünstigten Vermögens: Gemeiner Wert des begünstigungsfähigen Vermögens abzüglich Nettowert des Verwaltungsvermögens (Ziff. 3) zzgl. 10%iger Kulanzpuffer.
5. Gesellschaftsvertragstest für Familiengesellschaften.
6. Regelverschonung, Optionsverschonung: Beläuft sich der Anteil des schädlichen Vermögens bezogen auf das gesamte Unternehmensvermögen auf über 50%, wird von vornherein jegliche Steuerbefreiung versagt. Bei Optionsverschonung Verhältnis zwischen Verwaltungsvermögen nach § 13b Absatz 3 und 4 ErbStG und Unternehmenswert nicht mehr als 20%.

III. Der Blick auf einige erbschaftsteuerliche Regelungen zum Verständnis des Zivilrechts § 21

> Alle Poolmitglieder sind verpflichtet, ihr Stimmrecht gemäß dieser Festlegung auszuüben, unabhängig davon, wie und ob sie in der betreffenden Poolversammlung gestimmt haben.

praktischerweise durch einen Vertreter aller Poolmitglieder

> **Formulierungsbeispiel:** 74
>
> Zur Sicherstellung der einheitlichen Stimmabgabe der Gesellschafter der GmH nach Maßgabe der vorherigen in der Poolversammlung gefundenen Abstimmungsmehrheiten (gemäß § *...*) wählen die Poolmitglieder gemäß §*...* des Poolvertrages einen Vertreter der Poolmitglieder sowie dessen Stellvertreter für die Dauer von drei Jahren.
>
> Der Vertreter und/oder der Stellvertreter können ihr Amt jederzeit mit Wirkung zum Ende der nächsten Gesellschafterversammlung der GmbH niederlegen oder von diesem Amt mehrheitlich von der Poolversammlung abberufen werden. Der Vertreter und/oder der Stellvertreter sind dabei nicht gehindert, in der Poolversammlung mitzustimmen.
>
> Selbst für den Fall, dass die Poolversammlung aktuell keinen Vertreter und/oder Stellvertreter haben sollte, verpflichten sich die Poolmitglieder, in der Gesellschafterversammlung der GmbH nach Maßgabe der vorherigen in der Poolversammlung gefundenen Abstimmungsmehrheiten (gemäß § *...*) zu stimmen.
>
> Aufgabe des Vertreters und für den Fall dessen Verhinderung des Stellvertreters ist die Vertretung und einheitliche Stimmabgabe sämtlicher Poolmitglieder in der Gesellschafterversammlung der GmbH.
>
> Vertreter und Stellvertreter erhalten dafür von den Poolmitgliedern eine Vollmacht gemäß § *...*.

und/oder verbunden mit Sanktionen für den Fall des Abweichens von der Festlegung des Abstimmungsinhalts.[62]

Bei Einräumung einer Unterbeteiligung muss auch der Unterbeteiligte den Verpflichtungen der Poolvereinbarung unterliegen. 75

Beim Nießbrauch kommt es auf das Stimmrecht an – verbleibt dies beim poolgebundenen Besteller, führt die Bestellung des Nießbrauchs nicht zum Verlust der Voraussetzung der begünstigten Poolvereinbarung. 76

Da dem Gesellschafter allerdings nicht untersagt werden kann, seine Anteile an einen Erben oder Vermächtnisnehmer zu vererben (wenn die Satzung dies zulässt), und § 2302 BGB eine Verpflichtung zur Ausgestaltung seiner letztwilligen Verfügungen verbietet, wird man zwar den Gesellschaftern auch bei Vererbung/Vermächtnis auferlegen, die Poolbindung weiterzugeben, aber es bleibt das Risiko der Besteuerung der Schenkung in voller Höhe. 77

Soweit in der Praxis im Fall des Ausscheidens eines Gesellschafters die Fortsetzung der Gesellschaft mit den übrigen Gesellschaftern vorgesehen ist, kommt es lediglich beim kündigenden Gesellschafter zu einer **Nachversteuerung**,[63] wenn die Tatbestandvoraussetzungen dann noch vorliegen. Diese können ggf. auch im Fall der **Kapitalerhöhung** zur Absenkung unter 25% führen. Im Poolvertrag müssen Fortsetzungsklauseln fixiert werden, um Nachbesteuerung der übrigen Gesellschafter zu vermeiden. Alternativ ist das Recht zur Kündigung des Pools auszuschließen, solange bei einem Gesellschafter noch eine erbschaftsteuerliche Haltefrist[64] läuft. Wird er vor Ablauf dieser Frist aufgelöst, entfällt die Steuerfreiheit anteilig für die restliche Dauer der Nichteinhaltung der Frist. 78

---

[62] Stimmbindung → § 22 Rn. 244–255; Innengesellschaft → § 2 Rn. 93.
[63] *Spiegelberger*, Vermögensnachfolge, 23. Aufl. 2010, § 2 Rn. 251.
[64] Hat der Schenker seinerseits durch Schenkung erworben, ist die unentgeltliche Weitergabe auch während der Haltefrist steuerunschädlich.

79 Auch wenn der Poolvertrag nicht auf steuerlichen Überlegungen beruht und nicht spezifischen Anforderungen des ErbStG genügt, dient er als *Gestaltungsinstrument* in Familiengesellschaften, zB um die einheitliche Stimmabgabe der Familienmitglieder sicherzustellen.

§ 22 Gestaltungsformen zur Durchführung der Generationennachfolge

Übersicht

Rn.

I. Typische Bestandteile zur Regelung der vorweggenommenen Erbfolge 1
II. Gestaltungsinstrumentarien im Vertrag der vorweggenommenen Erbfolge 6
   1. Unterlassungsverpflichtungen als schuldrechtliche Verfügungsverbote nach § 137 S. 2 BGB 7
   2. Schenkung und Nießbrauch 15
      a) Grundlagen 16
         aa) Inhalt des Rechts 18
         bb) Unterschiedliche zivilrechtliche Auswirkungen 25
      b) Schenkungsteuerliche Folgen des Nießbrauchs 26
         aa) Vorbehaltsnießbrauch 27
         bb) Zuwendungsnießbrauch 30
         cc) Schenker und Beschenkter als Mitunternehmer 32
      c) Bestellung und Beendigung 39
      d) Nießbrauch an Unternehmen und Unternehmensbeteiligungen 41
         aa) Einführung 41
         bb) Nießbrauch an einem Einzelunternehmen 44
         cc) Nießbrauch an Personengesellschaftsanteilen 59
         dd) Nießbrauch an Kapitalgesellschaftsbeteiligungen 72
      e) Genehmigung 81
   3. Stille Gesellschaft und Unterbeteiligung 82
      a) Stille Gesellschaft als Sonderform der GbR 84
      b) Unterbeteiligung 92
   4. Wohnrechte 104
      a) Dauerwohnrecht nach § 31 Abs. 1 WEG 107
      b) Wohnungsrecht nach § 1093 BGB 109
      c) Mitbenutzung einer Wohnung 113
      d) Gewährung von Wohnraum als Reallast 114
   5. Vertragliche Ausstiegsszenarien 115
      a) Freie Hinauskündigungsklauseln in Gesellschaftsverträgen 116
      b) Rückforderungsrechte des Schenkers 120
      c) Widerrufsvorbehalt 138
      d) Auflösende Bedingung 143
      e) Weitergabeverpflichtung 146
      f) Wiederkaufrecht 148
      g) Regelung zur Abwicklung der Gegenleistungen 149
   6. Verpflichtungen des Zuwendungsempfängers gegenüber dem Schenker 151
      a) Tatsächliche Versorgungsleistungen 152
         aa) Altenteil 153
         bb) Leibrente 161
         cc) Dauernde Last 167
         dd) Versorgungszeitrente 168
      b) Abstandszahlungen an den Schenker 169
      c) Was sagt das Steuerrecht zu Versorgungsleistungen 170
III. Gestaltungsinstrumentarien im Gesellschaftsvertrag 173
   1. Einleitung 174
   2. Vinkulierung 183
      a) Zweck der Vinkulierung 184
      b) Vinkulierung „von Gesetzes wegen" in Personengesellschaften 189
      c) Vinkulierung in der GmbH 190
      d) Vinkulierung in der AG 198
   3. Lösung des Gesellschafters aus der Gesellschaft 205
      a) Möglichkeiten 206
      b) Lösung aus der Personengesellschaft 208

	Rn.
c) Lösung aus der Kapitalgesellschaft	218
4. Ungleiche Stimmgewichtsverteilung	225
a) Personengesellschaften	225
b) Kapitalgesellschaften	236
5. Körperschaftliche Stimmbindungsabsprachen/außerhalb der Satzung begründete Abstimmungsverpflichtungen und Stimmrechtsvollmachten	244
a) Einleitung	244
b) Personengesellschaften	247
c) Kapitalgesellschaften	251
aa) GmbH	251
bb) AG	255
6. Vorkaufs- und Ankaufsrecht	256
7. Kontrolle der Unternehmensleitung	262
8. Disparitätische Ausschüttungen/Gewinnbeteiligungen	267
a) Personengesellschaften	268
b) Kapitalgesellschaften	275
9. Abfindungsbeschränkungen/Abfindungsausschluss im Gesellschaftsvertrag	277
a) Abfindungsbeschränkungen	278
b) Abfindungsausschluss	285
c) Rechtsfolgen	291
d) Was wird von dem Gesellschaftsvertrag beim Vorababschlag für hierfür qualifizierte Familienunternehmen verlangt?	292
10. Freie Hinauskündigungsklauseln in Gesellschaftsverträgen	294
11. Pensionsleistungen	297

I. Typische Bestandteile zur Regelung der vorweggenommenen Erbfolge

1 Der Wunsch vieler Erblasser ist es, dass ihr Vermögen generationsübergreifend und ohne Streit unter den Erben erhalten bleibt oder sogar gemehrt wird. Rechtliche und steuerliche Möglichkeiten dafür werden im Folgenden behandelt, soweit Erblasser Maßnahmen dafür bereits lebzeitig anstreben. Auch der Familienfrieden kann von lebzeitigen Maßnahmen der Partizipation am Familienvermögen profitieren.

2 Die vorweggenommene Erbfolge geschieht zu Lebzeiten des Schenkers, wird zeitlich über längere Zeiträume umgesetzt und verlangt daher nach vertraglichen Sicherungs- und Korrekturmöglichkeiten des Schenkers für sich und die Familie in dem Übertragungsvertrag und dem Gesellschaftsvertrag.

3 Gesetzliche Sicherungs- und Korrekturrechte sind zwar vorhanden, greifen jedoch idR zu kurz, der Schenker hat sie dazulegen und zu beweisen, und sie passen selten für die Fälle der vorweggenommenen Erbfolge in Unternehmen und Gesellschaftsbeteiligungen.

4 Eine einmal eingeräumte Gesellschafterstellung für einen Nachfolger gibt dem Schenker auch keine rechtliche Handhabe zur Durchsetzung seiner Auffassungen in der Gesellschafterversammlung. Selbst die vertraglich vereinbarten Möglichkeiten im Schenkungsvertrag, Gesellschafts- oder Geschäftsanteile zurückzufordern oder die Schenkung zu widerrufen, sind von der Rechtsprechung erheblich eingeschränkt worden und bedürfen zudem der Zustimmung aller Gesellschafter. Absicherungen im Gesellschaftsvertrag sind daher in Erwägung zu ziehen.

5 Im Folgenden findet sich eine Darstellung beliebter vertraglicher Gestaltungsinstrumentarien im Vertrag der vorweggenommenen Erbfolge oder im Gesellschaftsvertrag.

II. Gestaltungsinstrumentarien im Vertrag der vorweggenommenen Erbfolge

6 Gesetzlich ausgeformte Gestaltungsmöglichkeiten können in den Vertrag zur vorweggenommenen Erbfolge eingearbeitet und individualisiert werden.

1. Unterlassungsverpflichtungen als schuldrechtliche Verfügungsverbote nach § 137 S. 2 BGB

Mit dem Verfügungsverbot kann ein Verbot einer Verfügung in der vorweggenommenen 7 Erbfolge vereinbart werden, welches ansonsten für den Berechtigten Gültigkeit hätte. § 137 Satz 1 BGB lässt zwar den vertraglich vereinbarten Ausschluss oder die Beschränkung zur Verfügung über ein veräußerliches Recht nicht zu. Eine Verpflichtung, über ein solches Recht nicht zu verfügen, kann indes gemäß § 137 Satz 2 BGB wirksam vereinbart werden. Das **Verfügungsverbot** eignet sich zB für den Erhalt von Grundbesitz über Generationen im Besitz einer Familie, soweit unter Beachtung des Übermaßverbots durch dieses schuldrechtliche Verfügungsverbot dem beschenkten Berechtigten verboten wird, über sein Recht zu verfügen. Vertragliche Verfügungsverbote, die sich nur auf einen einzelnen Vermögensgegenstand beziehen, sind wirksam.[1]

Um Nachversteuerungstatbestände des ErbStG zu vermeiden, sind insbesondere Verfü- 8 gungsverbote von Bedeutung, welche sich befassen mit
- der Veräußerung eines Betriebs, Teilbetriebs oder Anteils an einer Personengesellschaft,
- die Aufgabe des Betriebes,
- der Veräußerung eines land- und forstwirtschaftlichen Betriebes,
- dem Verkauf von Anteilen an Kapitalgesellschaften, die Liquidation oder die Herabsetzung des Nennkapitals,
- der Aufhebung eines Vertrages zur Stimmrechtsbündelung bei Anteilen an Kapitalgesellschaften (Poolvertrag).

Das Verfügungsverbot in Übergabeverträgen zur vorweggenommenen Erbfolge ist in 9 Hinblick auf seine Dauer[2] oder seine Beeinträchtigung der wirtschaftlichen Handlungsfreiheit des Beschenkten allerdings auf ein **Übermaß** und damit auf das Risiko einer Sittenwidrigkeit (§ 138 BGB) zu prüfen, wenn es im Rahmen eines Betriebsübergangs vereinbart wird. Vertragliche Verfügungsverbote nach § 137 Satz 2 BGB, die sich auf ein Betriebsvermögen oder auf dessen gesamtes Grundvermögen erstrecken oder die ordnungsgemäße Bewirtschaftung des Betriebs und damit die wirtschaftliche Existenz des Beschenkten gefährden, auch wenn das Verfügungsverbot dann nur ein Grundstück betrifft, können unwirksam sein.

Unterlassungspflichten, die dem Beschenkten eine Verfügung über das Vermögen eines 10 übergebenen Betriebs insgesamt oder über dessen Grundvermögen untersagen, hält der BGH für eine unzulässige Knebelung und sittenwidrig (§ 138 Abs. 1 BGB), wenn der Beschenkte von dem Übergeber keine **Zustimmung** verlangen darf, die sich im Rahmen ordnungsgemäßer Bewirtschaftung bewegt und den Zweck des Verfügungsverbots nicht wesentlich gefährdet (Veräußerung oder Belastung).[3] Angesichts der seit 2016 geregelten Änderungen erbschaftsteuerlicher Privilegierungen von Familiengesellschaften dürfte jedenfalls die Vereinbarung von Verfügungsverboten im Schenkungsvertrag zu wesentlichem Betriebsvermögen iSv § 13a Abs. 6 ErbStG im Rahmen der **Haltefristen** (5 oder 7 Jahre) zulässig sein. Denn dem Schenker sollte nicht zugemutet werden können, dass Nachsteu-

---
[1] BGH NJW 1997, 861–863; BGH NJW 2009, 1135 (1136f.) zur Aufspaltung einer sittenwidrigen Vertragsklausel in einen wirksamen und einen unwirksamen Teil.
[2] BGH NJW 2009, 1135 (1136f.): Unterlassungsverpflichtungen werden nicht nach 30 Jahren unwirksam, Analogien aus dem Schuldrecht kämen nicht in Betracht (§ 137 S. 2, § 462 S. 1, § 544 BGB), Analogien aus dem Erbrecht (§ 2044 Abs. 2 S. 1, § 2109 Abs. 1, § 2162 Abs. 2 S. 1, § 2210 S. 1 BGB) blieben offen, da die 30-Jahres- Frist bei analoger Anwendung erst mit dem Tod des Übergebers zu laufen begänne.
[3] BGH NJW 2012, 3162–3165; BGH NJW 2009, 1135 (1136f.): Das Verfügungsverbot erfasste das gesamte Immobilienvermögen des land- und forstwirtschaftlichen Betriebs einschließlich des dem Beschenkten bereits zuvor gehörenden $\frac{1}{4}$-Anteils; es erstreckt sich aber nicht auf das bewegliche Betriebs- und auf das Privatvermögen. Der BGH hat dennoch eine unzulässige Einschränkung der ordnungsgemäßen Bewirtschaftung des übernommenen Betriebs, zu der auch die Aufnahme von Krediten und deren dingliche Absicherung gehört, angenommen, den Vertrag jedoch gerettet über eine ergänzende Vertragsauslegung, wonach der Rückforderungsberechtigte Verfügungen des Übernehmers zustimmen musste, die zur ordnungsgemäßen Bewirtschaftung erforderlich waren; BGH NJW 1997, 861–863.

ertatbestände ausgelöst werden, für die er mit haftet, insbesondere bei vollständiger oder teilweiser Veräußerung des erworbenen Betriebes/der Beteiligung,[4] oder bei Aufgabe des Gewerbebetriebes oder Mitunternehmeranteils.

11 Bei Verbindung der Betriebsübertragung mit Unterlassungspflichten und **Vorbehaltsnießbrauch** ist zu beachten, dass dies nicht steuerneutral erfolgen kann,[5] es sei denn, dass es sich um einen land- und forstwirtschaftlichen Betrieb handelt.[6]

12 Verfügungsverbote im Zusammenhang mit einer Betriebsübergabe sind strengen Maßstäben unterworfen, Verfügungsverbote im Zusammenhang mit der Übergabe nur eines Grundstücks hingegen keinen.

13 Formulierungsbeispiel:

(1) Der Erwerber verpflichtet sich, die ihm in diesem Vertrag zugewendeten Liegenschaften des landwirtschaftlichen Gutes ... sowie die bereits in seinem Eigentum befindlichen Liegenschaften, auch die ersatzweise zukünftig hinzu erworbenen Grundstücke – alle, soweit diese auch dem landwirtschaftlichen Gut ... zu dienen bestimmt sind oder sein können (Karte in Anlage) –, weder ganz noch teilweise während eines Zeitraumes von 35 Jahren zu veräußern noch zu verpfänden oder anderweitig zu belasten. Die Pfändung durch Eingriffe Dritter steht dem Verbot gleich, es sei denn, dass Eingriffe Dritter abgewendet werden, dass der Erwerber Ansprüche Dritter binnen ... Monaten seit Wirksamwerden der Pfändung befriedigt. Die Veräußerung an die leiblichen Abkömmlinge ... ist jedoch zulässig.

(2) Der Schenker verpflichtet sich jedoch, Grundstücke von seinen Rechten zum Zweck der Veräußerung freizugeben bzw. mit seinen Rechten im Rang hinter Grundpfandrechten oder Dienstbarkeiten o.ä. zurückzutreten und der Veräußerung oder Belastung zuzustimmen, wenn die Veräußerung oder die Bestellung der vorrangigen Belastung
(i) einer ordnungsgemäßen Bewirtschaftung des landwirtschaftlichen Gutes ... entspricht,
(ii) der Verkaufserlös bzw. Darlehensvaluten dem landwirtschaftlichen Gut ... binnen sechs Monaten zugeführt werden und
(iii) die verbleibenden Grundstücke den operativen Betrieb des landwirtschaftlichen Gutes ... gewährleisten sowie
(iv) die dingliche Absicherung an den Grundstücken ... % des Verkehrswerts aller Grundstücke, die dem landwirtschaftlichen Gut ... zu dienen bestimmt sind oder sein können (Karte), nicht übersteigt. Vorrangige Grundpfandrechte sind mit ihrem Kapitalbetrag zuzüglich Nebenleistung und Zinsen für fünf Jahre anzusetzen.

(3) Das Veräußerungsverbot ist schuldrechtlich vereinbart mit der Maßgabe, dass ein Verstoß hiergegen dem Schenker das Recht gibt, die Übertragung der Schenkung bzw. der ersatzweise zukünftig hinzu erworbenen Grundstücke an sich zu verlangen.

(4) Das 35-jährige Veräußerungsverbot beginnt mit Unterzeichnung des Vertrages und gilt auch nach Ableben des Schenkers. Ansprüche auf Rückübertragung nebst dem Anspruch aus der damit verbundenen Rückauflassungsvormerkung stehen beim Ableben des Schenkers ersatzweise ... zu.

(5) Zur Sicherung des Anspruchs auf Rückübertragung verpflichtet sich der Erwerber, eine Vormerkung in Abteilung II der Grundbücher zu Lasten (i) der zugewendeten Lie-

---

[4] BGH NJW 2009, 1135 (1136) zu Verfügungsverboten.
[5] BFH DStR 2017, 1308 (1312 f.), ohne Unterschied, ob ein aktiv betriebener oder ein ruhender, auch ein verpachteter Betrieb unter Vorbehaltsnießbrauch übertragen wird. *Dräger* DB 2017, 2768 (2770) zu den Folgewirkungen, zB Ergänzungsbilanz für den Übernehmer, Ansetzung zum Teilwert des Mitunternehmeranteils beim Übertragenden, soweit der Nießbrauch anteilig auf dem Mitunternehmeranteil lastet. *Stein* ZEV 2019, 131–137; *Sass* ErbStB 2019, 82–87.
[6] BFH DStR 2017, 1308 (1314) mwN aus der BFH-Rspr.; dazu *Dräger* DB 2017, 2768 ff.

> genschaften und (ii) aller bereits in seinem Eigentum befindlichen Liegenschaften ... (Anlage), (iii) ersatzweise zukünftig hinzu erworbenen Grundstücke für den Veräußerer und ... an anderer Stelle in dieser Urkunde (bzw. mit zukünftigem Erwerb) zu beantragen und eintragen zu lassen.
>
> (6) Der Erwerber und der Schenker vereinbaren schon jetzt, dass der Schenker das Recht hat, Ansprüche Dritter abzulösen, die durch eine Pfändung oder Verpfändung Sicherheiten an Grundstücken oder dem Geschäftsbetrieb abgesichert sind, gegen Übergang der abgelösten Forderung auf den Schenker.

In dem Fall der unentgeltlichen Übertragung eines Kommanditanteils verbunden mit einem Verfügungsverbot im Hinblick auf eine noch vom Schenker beabsichtigte Veräußerung kann eine mittelbare Schenkung des Veräußerungserlöses liegen, wenn der Beschenkte im Verhältnis zum Schenker nur über den Verkaufserlös, nicht aber über die Anteile frei verfügen durfte und insoweit den Verfügungen des Schenkers unterworfen war.[7]

2. Schenkung und Nießbrauch

Der Nießbrauch ist ein beliebtes Gestaltungsmittel im Rahmen der vorweggenommenen Erbfolge, weil er die Möglichkeit bietet, (i) die Vermögenssubstanz vom Ertrag zu trennen,[8] und entweder die Substanz oder den Ertrag an den Nachfolger weiterzureichen, sowie um (ii) Pflichtteilsansprüche zu reduzieren.

a) Grundlagen. Die inhaltlichen Ausgestaltungen des Nießbrauchs bieten die unterschiedlichsten Möglichkeiten für die Nachfolgeregelung. Sie verlangen jedoch auch, in jedem einzelnen Fall die zivilrechtlichen und steuerlichen Besonderheiten und Risiken der Bestellung und Zuwendung im Blick zu haben.

aa) Inhalt des Rechts. Der Nießbrauch ist höchstpersönliches und unvererbbares dingliches Recht (§§ 1059, 1061 BGB)[9] für die Zeit der Einräumung – befristet oder auf Lebzeiten –, die Nutzungen der belasteten Sache, des belasteten Rechts (§§ 1030 Abs. 1, 1068 Abs. 1 BGB), des Vermögens und der Erbschaft (§§ 1030 Abs. 1, 1068, 1085, 1089 BGB), mithin auch eines Unternehmens, im vereinbarten Umfang zu ziehen. Lediglich die Ausübung des Nießbrauchrechts kann auf Grund schuldrechtlicher Vereinbarung einem Dritten überlassen werden (§ 1059 S. 2 BGB) wenn auch der vertragliche Ausschluss[10] der Überlassung bei der vorweggenommenen Erbfolge die Regel sein dürfte. Das Recht auf einzelne Nutzungen hingegen ist kein Nießbrauch und nur an Grundstücken in Form der beschränkt persönlichen Dienstbarkeit (§ 1090 BGB) möglich.

Der Nießbraucher hat bei der Ausübung des Nutzungsrechts die bisherige wirtschaftliche Bestimmung des Nießbrauchgegenstandes aufrechtzuerhalten, nach den **Regeln einer ordnungsgemäßen Wirtschaft** zu verfahren und für die gewöhnliche Unterhaltung[11] bzw. Erhaltung der Sache bzw. des Rechtes in ihrem wirtschaftlichen Bestande zu sorgen (§§ 1036, 1041, 1068 Abs. 2 BGB). Bei Unternehmensnießbrauch ist die Aufgabe eines einzelnen Betriebszweigs unter Aufrechterhaltung des Geschäftsbetriebs im Übrigen statthaft, verpflichtet den Unternehmensnießbraucher jedoch bei Veräußerung von Anlagevermögen zur Bestandserhaltung mit einem gewissen unternehmerischen Ermessens-

---

[7] BFH Urteil vom 8.3.2017 Az. II R 2/15 www.bundesfinanzhof.de.
[8] Ein Grundstückseigentümer darf einen Nießbrauch auch für sich selbst bestellen, BGH NJW 2011, 3517 (3518).
[9] Eine Ausnahme besteht nach § 1059a BGB für juristische Personen. BGH NJW 2016, 1953 (1954): Kein „Heimfall" des Nießbrauchs auf den Eigentümer bei Tod des Nießbrauchers; mit Anm. *K. Schmidt* JuS 2016, 940 ff.; BGH NJW 2011, 3517 (3518): Bestellung eines Nießbrauchs für den Eigentümer.
[10] BGH NJW 1985, 2827.
[11] BGH ZEV 2003, 417 (418 f.).

spielraum durch Reinvestition oder durch Schuldentilgung. Unterbleibt die Reinvestitionen für veräußerte Anlagegüter, hat der Nießbrauchberechtigte (Schenker) Anspruch auf Sicherheitsleistung.[12]

20 Bei einer Bestellung des Nießbrauchs für mehrere Berechtigte sind diese im Zweifel Gesamtgläubiger; auch ohne ausdrückliche Regelung steht dann das Nießbrauchrecht dem Überlebenden weiterhin voll zu, wenn einer der Nießbrauchnehmer verstirbt.

21 Während sich in der zivilrechtlichen Diktion Begrifflichkeiten finden wie
– **Vollrechtsnießbrauch,** bei welchem dem Nießbraucher alle Nutzungsrechte an der Sache oder dem Recht übertragen werden,
– **Ertragsnießbrauch,** bei dem eine Ertragsbeteiligung – genau genommen ein obligatorisches Nutzungsrecht – zugewendet wird; eine Eintragung im Grundbuchregister bei Zuwendung eines Grundstücks unterbleibt,
– **Quotennießbrauch,** bei dem der Nutzer nur einen Anteil an dem auf die Sache oder das Recht entfallenden Ertrag zurückbehält, ansonsten das Vermögensrecht bzw. den Gegenstand überträgt,

22 Formulierungsbeispiel:
Der Schenker behält sich auf Lebensdauer an dem zugewendeten Grundbesitz ein Nießbrauchrecht zur hälftigen Nutzung vor. Für den Inhalt gelten die gesetzlichen Bestimmungen. Die Eintragung des Nießbrauchs im Grundbuch an der Rangstelle ... für den Berechtigten wird hiermit bewilligt und beantragt.

– **Bruchteilnießbrauch** an einem ideellen Bruchteil einer Sache in ungeteiltem Eigentum bzw. ungeteilter Inhaberschaft,
– **Sicherungsnießbrauch,** bei dem die Bestellung des Nießbrauchs zum Zweck der Sicherung eines Gläubigers erfolgt,[13] und bei dem die Erträge mit eigenen Forderungen verrechnet werden,
– **Nettonießbrauch,** bei dem der Nießbraucher alle öffentlichen und privaten Lasten und Tilgungsleistungen, auch die ursprünglich den Eigentümer treffenden, trägt,[14]
– **Bruttonießbrauch,** bei dem der Nießbraucher von ihn gesetzlich treffenden Lasten vertraglich befreit wird,
– **Eigentümernießbrauch,** bei dem der Eigentümer ohne gleichzeitige Übertragung des Eigentums ein Nießbrauchrecht für sich bestellt.[15]

werden sowohl im Zivil- als auch im Steuerrecht Unterscheidungen getroffen zwischen dem
– **Zuwendungsnießbrauch,**[16] bei welchem der Rechtsinhaber die Nutzungen an dem Vermögen ganz oder quotal an einen Dritten (zB an den länger lebenden Ehegatten zu dessen Absicherung seiner Altersversorgung) zuwendet, mit ertragsteuerlichen Privilegien für Gesellschaftsvermögen jedoch dann auch unter Übertragung wesentlicher Mitverwaltungsrechte, jedenfalls des Stimmrechts des Gesellschafters;

---

[12] BGH NJW-RR 2006, 874–877; BGH NJW 2002, 434 (435).
[13] *Hannes,* Formularbuch Vermögens- und Unternehmensnachfolge, 2. Aufl. 2017, A 1.03 Rn. 12.
[14] FG Münster, Urteil vom 26.11.2015 (3 K 2711/13 Erb, EFG 2016, 493, LEXinform 5018745, Revision eingelegt, Az. BFH: II R 4/16, LEXinform 0950716) berücksichtigt bei der Wertermittlung des (Vorbehalts-) Nießbrauchs die vom Nießbraucher übernommene Verpflichtung zur Zahlung von Tilgungen und Schuldzinsen wertmindernd.
[15] BGH NJW 2011, 3517 (3518).
[16] BFH DB 1990, 915f. = MittRhNotK 1992, 198. Beim Zuwendungsnießbrauch an einem vermieteten Grundstück erzielt der Nießbraucher, nicht der Eigentümer Einkünfte aus V+V, kann aber keine Abschreibungen der Gebäudesubstanz geltend machen.

II. Gestaltungsinstrumentarien im Vertrag der vorweggenommenen Erbfolge § 22

> **Formulierungsbeispiel:** 23
> Der Schenker bestellt an dem Grundbesitz zugunsten seines Kindes K den bis zum ... befristeten Nießbrauch, wobei der Nießbraucher abweichend von der gesetzlichen Regelung weder Kosten noch Lasten des Grundbesitzes zu tragen hat, noch zu Sicherheitsleistungen verpflichtet ist. Die Eintragung des Nießbrauchs im Grundbuch an der Rangstelle ... für den Berechtigten wird hiermit bewilligt und beantragt

– **Vorbehaltsnießbrauch,**[17] bei dem der bisherige Rechtsinhaber den Gegenstand auf den Empfänger überträgt und sich die Nutzungen aus dem belasteten Vermögen ganz oder quotal vorbehält,

> **Formulierungsbeispiel:** 24
> Der Schenker behält sich auf Lebensdauer an dem zugewendeten Grundbesitz ein Nießbrauchrecht vor. Für den Inhalt gelten die gesetzlichen Bestimmungen mit folgenden Abweichungen: Der Nießbraucher trägt auch die außerordentlichen öffentlichen Lasten sowie die gewöhnlichen und außergewöhnlichen Ausbesserungen und Unterhaltungsmaßnahmen. Dem Nießbraucher stehen keine Verwendungsersatzansprüche und keine Wegnahmerechte zu.
> Die Eintragung des Nießbrauchs im Grundbuch an der Rangstelle ... für den Berechtigten wird hiermit bewilligt und beantragt.

– **Vermächtnisnießbrauch,**[18] bei welchem der Gegenstand durch letztwillige Verfügung auf den Empfänger übergeht, und der Nießbrauch daran einem Dritten vermacht wird (§ 2174 BGB).

Kombinationen der verschiedenen Gestaltungen des Nießbrauchs sind möglich (zB 24a Zuwendungs- und Quotennießbrauch).

bb) Unterschiedliche zivilrechtliche Auswirkungen. Die Regelung eines Nieß- 25 brauchs kann durchaus unterschiedliche Folgen nach sich ziehen, je nachdem, ob man sich im Schenkungsrecht, Erb- oder Pflichtteilsrecht, Güterrecht oder Steuerrecht befindet:
- Im Schenkungsrecht mindern dingliche Belastungen und damit auch ein vorbehaltener Nießbrauch von vornherein den **Wert** eines schenkungsweise zugewendeten Grundstücks und sind daher bei der Berechnung des Werts in Abzug zu bringen.[19]
- Im Zusammenhang mit der Frage des Beginns der **Zehn-Jahres-Frist** gem. § 2325 Abs. 3 BGB verlangt der BGH bei Vorbehalt eines (dinglichen oder schuldrechtlichen) Vollrechtsnießbrauchs für die Bewirkung der Schenkung, dass der Schenker den Vermögenswert rechtlich übertragen und wirtschaftlich aus seinem Vermögen ausgegliedert hat, dh den Genuss des verschenkten Gegenstands auch nach der Schenkung tatsächlich entbehren muss (Genusstheorie[20]). Wird der Nießbrauch dem Ehegatten zugewendet und behält sich der Schenker selbst keinen Nießbrauch vor, beginnt die Frist mit Grundbuchänderung. Für den Bruchteils- bzw. Quotennießbrauch ist die Frage der

---

[17] Beim Vorbehaltsnießbrauch einem vermieteten Grundstück erzielt der Schenker weiter die Einkünfte aus V+V, auch wenn der Beschenkte als Eigentümer im Grundbuch steht, und er kann im Umfang wie zuvor als Eigentümer die Abschreibung geltend machen (§ 9 Abs.1 S. 3 Nr. 7 iVm § 7 EStG).
[18] Auch Versorgungsnießbrauch genannt, MüKoBGB/*Pohlmann*, 7. Aufl. 2017, § 1068 Rn. 20. Vermächtnisnießbrauch ggf. als steuergünstige Alternative der Vor- und Nacherbschaft vorzuziehen.
[19] BGH NJW 2017, 329; NJW-RR 1996, 705 (706 f.) = ZEV 1994, 233; *Zeranski* NJW 2017, 1345 (1347); *Sass* ErbStB 2019, 83.
[20] BGHZ 125, 395 = NJW 1994, 1791 unter Berufung auf BGH NJW 1987, 122; BGH NJW 1988, 821 (822); LG Marburg NJW-RR 1987, 1290 (1291); MüKoBGB/*Lange* § 2325 Rn. 62; ausführlich *Zeranski* NJW 2017, 1345 ff.

Bewirkung vom BGH noch nicht entscheiden.[21] Teilweise wird vertreten, dass im Falle eines Quoten- oder Bruchteilnießbrauchs der Beginn der Zehn-Jahres-Frist gem. § 2325 Abs. 3 BGB mit rechtlichem Eigentumsübergang zu laufen beginnt, wenn weniger als 50% des Gesamtnutzungswerts,[22] teilweise weniger als 25%[23] des Vermögenswertes vorbehaltenen werden. Es gibt jedoch keine verlässlichen Daten.

- Für den **Pflichtteilsergänzungsanspruch** (§ BGB § 2325 BGB) gilt zudem das Niederstwertprinzip (§ 2325 Abs. 2 BGB): Für die Berechnung des Pflichtteilsanspruchs wird der Schenkungsgegenstand zunächst sowohl zum Zeitpunkt der Schenkung als auch zum Zeitpunkt des Erbfalles unter Außerachtlassung des Nießbrauchs bewertet.[24] Kommt nach diesem Vergleich ohne den Nießbrauch der Wert im Zeitpunkt der Schenkung zur Anwendung, mindern dingliche Belastungen und damit auch ein vorbehaltener Nießbrauch den Wert eines schenkungsweise zugewendeten Grundstücks und sind daher bei der Berechnung des Werts mit dem kapitalisierten Wert der hieraus zu ziehenden Nutzungen anzusetzen in Abzug zu bringen.[25] Bei der benachteiligenden Schenkung unter Nießbrauchvorbehalt im Tatbestand des § 2287 BGB kommt es auf das Niederstwertprinzip und die Zehn-Jahres-Frist nicht an.
- Im **Güterrecht** hat der BGH in der Frage der Bewertung eines mit Rücksicht auf ein künftiges Erbrecht übertragenen, mit einem Nießbrauch des Übergebers belasteten Vermögensgegenstands entschieden, dass der fortlaufende Wertzuwachs der Zuwendung auf Grund des abnehmenden Werts des Nießbrauchs für den dazwischen liegenden Zeitraum im Zugewinn nicht berücksichtigt wird – allerdings wird der um den Nießbrauch geminderte Wert im Anfangsvermögen und im Endvermögen angesetzt wird.[26] Wenn aber der Nießbrauch wegen hohen Wertzuwachses des Grundstücks ebenfalls im Wert gestiegen ist, soll der verschieden hohe Wert des Nießbrauchs im Anfangs- und Endvermögen einzusetzen sein.

26 **b) Schenkungsteuerliche Folgen des Nießbrauchs.** Die steuerliche Behandlung des Nießbrauchs ist insbesondere bei der Übertragung von Unternehmensvermögen durch jüngste Entscheidungen des BFH in den Fokus gerückt worden. Die Vorhersehbarkeit der Besteuerung für einige Formen der Betriebsübergabe bei Vereinbarung des Nießbrauchs ist schwierig.

27 **aa) Vorbehaltsnießbrauch.** Beim Vorbehaltsnießbrauch stellt der Verbleib des Nießbrauchs beim Schenker steuerrechtlich **keine Gegenleistung** des Beschenkten des mit dem Nießbrauch belasteten im Übrigen unentgeltlich übertragenen Wirtschaftsgutes dar.[27] Wirtschaftlich gesehen übernimmt der Beschenkte nur das belastete, nämlich das um das Nutzungsrecht geminderte Eigentum; der Kapitalwert[28] des Nießbrauchs wird (wie auch das Wohnungsrecht) vom Wert des übertragenen Vermögensgegenstandes abgezogen, die Schenkungsteuerbelastung kann reduziert werden.[29] Die Abzugsbeschränkung nach § 10

---

[21] Alternativ wird diskutiert, die Übergabe zB eines Mietshauses gegen Zahlung einer Leibrente in Höhe (eines Teils) der monatlichen Mieteinnahmen zu vereinbaren: *Heinrich* MittRhNotK 1995, 157 (164); *N. Mayer* ZEV 1994, 325 (327). Zum Wohnungsrecht: *Sass* ErbStB 2019, 86.
[22] *N. Mayer* ZEV 1994, 325 (327).
[23] *Cornelius* ZErb 2006, 230 (235).
[24] BGH NJW 1994, 1791 (1792); BGH NJW 1992, 2887 (2888).
[25] BGH NJW 2017, 329; NJW-RR 1996, 705 (706, 707); ZEV 2006, 265 (266) mit zust. Anm. *Joachim* ZEV 2006, 504; aA MüKoBGB/*Lange*, 7. Aufl. 2017, § 2325 Rn. 54; BGH ZEV 1994, 233 mit Anm. *Leipold* JZ 1994, 1121; BGH ZEV 1996, 186 (187).
[26] BGH NJW 2015, 2334 (2335); *Hauß* FamRB 2016, 66 mit Berechnungsbeispielen.
[27] BFH vom 30.9.2013, BStBl I 2013, 1184, Rz. 40; *Sass* ErbStB 2019, 85.
[28] Zur Ermittlung des Kapitalwertes → § 28.
[29] BFH ZEV 2017, 291 (293): Erbschaft- und Schenkungsteuer sind nicht nach gleichen Maßstäben zu bemessen wie Grunderwerbsteuer, Nießbrauch unterliegt bei Grundstücksschenkung hinsichtlich des Werts der Grunderwerbsteuer; Hesselmann/Tilmann/Mueller-Thuns/*Hannes*, Handbuch GmbH&Co.KG, 21. Aufl. 2016, § 8 Rn. 150.

Abs. 6 S. 4, 5 ErbStG zu beachten: Die Nießbrauchlast ist nicht abzugsfähig beziehungsweise ggf. anteilig zu kürzen, wenn sie im Zusammenhang mit schenkungsteuerlich begünstigtem Vermögen steht.

Bei Kombination eines Nießbrauchvorbehaltes mit Versorgungsleistungen sollte der Nießbrauchvorbehalt gegenständlich so beschränkt werden, dass die Versorgungsleistungen aus den Erträgen des restlichen Vermögens erbracht werden können. Anderenfalls sind die wiederkehrenden Leistungen, die der Empfänger trotz des Nießbrauchvorbehaltes zu erbringen hat, steuerlich weder als ein (zu Anschaffungskosten führendes) Entgelt noch als abziehbare Versorgungsleistungen, sondern als nicht abzugsfähige Unterhaltsleistungen zu behandeln.[30]

28

Ein vorzeitiger unentgeltlicher Verzicht auf ein vorbehaltenes Nießbrauchrecht erfüllt als Rechtsverzicht (erneut) den Schenkungstatbestand des § 7 Abs. 1 Nr. 1 ErbStG.[31] Heranzuziehen ist die Werterhöhung des Nießbrauchrechts zwischen ursprünglicher Schenkung und späterem Nießbrauchverzicht.[32]

29

bb) Zuwendungsnießbrauch. Beim Zuwendungsnießbrauch ist der kapitalisierte Wert des Nießbrauchrechts beim Empfänger zu versteuern (§ 12 Abs. 1 ErbStG, §§ 13 bis 16 BewG). Der Beschenkte Nießbraucher kann anstatt der Einmalbesteuerung des Nutzungsrechtes auch eine fortlaufende jährliche Besteuerung nach dem Jahreswert wählen (§ 23 Abs. 1 ErbStG).

30

Auch die Zuwendung eines Nießbrauchs kann mit einer Privilegierung nach §§ 13a, 13b ErbStG einhergehen.

31

cc) Schenker und Beschenkter als Mitunternehmer. Auch bei Nießbrauchkonstruktionen kann die Begünstigungen nach § 13a ErbStG in Betracht kommen und der Beschenkte an einem Unternehmen/an Gesellschaftsanteilen neben dem Schenker, der sich den Nießbraucher vorbehalten hat, durchaus als Mitunternehmer anzusehen sein, und er kann somit über eine eigene Einkommensquelle verfügen,[33] wenn **Mitunternehmerinitiative** und **Mitunternehmerrisiko** beim Beschenkten vorliegen.

32

Die Mitunternehmerinitiative kann erreicht werden, indem der Beschenkte das mit der Beteiligung verbundene Stimmrecht sowie Auskunfts- und Einsichtsrechte in Angelegenheiten des Nießbrauchrechts erhält und der Nießbraucher das Zustimmungsrecht nach § 1071 Abs. 1 und 2 BGB behält.[34] Zur Begründung des Mitunternehmerrisikos sollte der Beschenkte auch an den stillen Reserven beteiligt werden.[35]

33

Wählt der Nießbrauchbesteller eine Gestaltung, bei welcher der Nießbraucher nicht unternehmerisch am Erfolg und Misserfolg des Unternehmens beteiligt ist, verbleibt die Unternehmerstellung weiterhin beim Besteller.[36]

34

Auch beim Nießbrauch an Kapitalgesellschaftsanteilen wird die Behandlung davon abhängen, wer die mit dem Kapitalgesellschaftsanteil verbundenen Stimm-, Anfechtungs- und Mitgliedschaftsrechte (Gewinnbezugsrechte, Verlustbeteiligung) ausübt und ob der Beschenkte aufgrund eines (bürgerlich-rechtlichen) Rechtsgeschäfts bereits eine rechtlich geschützte, auf den Erwerb des Rechts gerichtete Position erworben hat, die ihm gegen seinen Willen nicht mehr entzogen werden kann. Es kommt stets auf eine Gesamtschau aller Vertragsbestandteile an;[37] verbleibt „zu viel" an Rechten am Mitunternehmeranteil

35

---

[30] BFH BStBl. II 1992, 805; BStBl. II 1994, 20 f.; *Sass* ErbStB 2019, 85.
[31] BFH ZEV 2014, 622 (623 f.).
[32] BFH ZEV 2004, 211 (212); *Rödl/Seifried* ZEV 2004, 238; *Sass* ErbStB 2019, 85.
[33] *Stein* ZEV 2019, 135, 136; Hesselmann/Tilmann/Mueller-Thuns/*Hannes*, Handbuch GmbH&Co.KG 21. Aufl. 2016, § 8 Rn. 151.
[34] *Dräger* DB 2017, 2768.
[35] BFH BStBl. II 2016, 383.
[36] *Paus* BB 1990, 1675 (1681); MüKoBGB/*Pohlmann* § 1085 Rn. 14.
[37] Nicht nur Nießbrauchrechte des Schenkers, auch freie Widerrufsmöglichkeiten im Schenkungsvertrag oder Besonderheiten im Gesellschaftsvertrag können der Annahme einer Mitunternehmerstellung entge-

beim Veräußerer, verfügt der Erwerber nicht über die für einen Mitunternehmer charakteristische Mitunternehmerinitiative bzw. das entsprechende Mitunternehmerrisiko.

36 Umgekehrt ist es möglich, sowohl den Nießbrauch mitunternehmerisch auszugestalten als auch die Gesellschaftsstellung, so dass beide von § 13a ErbStG profitieren können.

37 Sind nießbrauchbelastete Kapitalgesellschaftsanteile gepoolt worden, sind Vorbehalts- und Zuwendungsnießbrauch unschädlich – bei mitunternehmerischer Ausgestaltung ist der Nießbraucher in die Bindung der Poolvereinbarung einzubeziehen.

38 Wird beim Vorbehaltsnießbrauch die Begünstigung nach § 13a ErbStG in Anspruch genommen, ist die Abzugsbeschränkung nach § 10 Abs. 6 S. 4, 5 ErbStG zu beachten: Die Nießbrauchlast ist nicht abzugsfähig bzw. ggf. anteilig zu kürzen.[38]

39 **c) Bestellung und Beendigung.** Die wirksame Einräumung eines Nießbrauchs folgt im Wesentlichen der für die Übertragung des Gegenstandes oder Rechtes, an dem der Nießbrauch bestellt wird, geltenden Verschaffungsform – ungeachtet der Form gemäß § 518 BGB. Das Formerfordernis erstreckt sich auf sämtliche Regelungen des Vertrages, sofern diese rechtlich eine Einheit bilden, dh miteinander „stehen und fallen" sollen:[39]
– Für bewegliche Sachen ist dies Einigung und Übergabe oder Übergabeersatz (§ 1032 BGB).[40]
– Der Nießbrauch an einer Immobilie kann in Form notariell beglaubigter Unterschriften der privatschriftlichen Vereinbarung nach § 873 Abs. 1 BGB bestellt werden.[41]
– Die Übernahme der Verpflichtung zur Bestellung des Nießbrauchs an einem Grundstück bedarf jedoch der notariellen Beurkundung.
– Der Nießbrauchvertrag an Personengesellschaftsanteilen (Außen- und Innengesellschaft) bedarf zu seiner Wirksamkeit nicht der notariellen Beurkundung. Das gilt wie bei der Übertragung eines Geschäftsanteils auch dann, wenn zum Gesellschaftsvermögen ein Grundstück gehört.[42]
– Die Bestellung des Nießbrauchs an GmbH-Anteilen erfolgt durch notarielle Beurkundung (§ 15 Abs. 4, 5 GmbHG).
– Die Nießbrauchbestellung an Inhaberaktien erfolgt durch Einigung und Übergabe oder Mitbesitzeinräumung (§ 1081 Abs. 2 BGB), die an Namensaktien durch Indossament, Einigung und Übergabe.
– Auch die Bestellung eines Nießbrauchs an einem Vermögen erfolgt nach Maßgabe der für einzelne Sachen und Rechte geltenden Einräumung (§ 1085 BGB).

40 Der Nießbrauch erlischt kraft Gesetzes durch Tod des Berechtigten, durch Eintritt einer auflösenden Bedingung, durch Ablauf der Befristung oder Untergang der Sache/Erlöschen des Rechts, an denen der Nießbrauch bestellt wurde, und rechtsgeschäftlich durch vorzeitigen unentgeltlichen Verzicht des Berechtigten auf ein vorbehaltenes Nießbrauchrecht[43] oder durch Aufhebungsvereinbarung.

---

genstehen. *Götz/Jorde* FR 2003, 998 (1000) zu Besonderheiten bei der Übertragung von Mitunternehmeranteilen, wenn die vorbehaltenen Widerrufsmöglichkeiten des Schenkers dazu führen, dass der Beschenkte nicht mehr als Mitunternehmer angesehen wird; *Sass* ErbStB 2019, 85.

[38] FG Münster BeckRS 2013, 96244: keine Steuerverschonung bei Übertragung eines Kommanditanteils unter Nießbrauchvorbehalt, wenn sich der Nießbraucher die gesellschaftsrechtlichen Stimmrechte vorbehält.

[39] BGH NJW 1994, 2885; BGH NJW 1987, 1069. Formulierungsvorschlag → *Hannes*, Formularbuch Vermögens- und Unternehmensnachfolge, 2. Aufl. 2017, A 1.03, insbesondere zur Berechtigung Mehrerer Rn. 33–35, A 1.04.

[40] Mit Ausnahme der §§ 929a, 932a BGB.

[41] BFH ZEV 2017, 291 (292): Wird bei einer Grundstücksschenkung ein Nießbrauch zugunsten des Schenkers eingeräumt und ist dieser bei der Schenkungsteuer abziehbar, unterliegt die Grundstücksschenkung hinsichtlich des Werts des Nießbrauchs der Grunderwerbsteuer; die für die Grunderwerbsteuer geltenden Vorschriften zu ermitteln ist das sind andere als nach Schenkungsteuer.

[42] BGH NJW 1983, 1110f., für die Übertragung eines Gesellschaftsanteils.

[43] BFH ZEV 2014, 622ff., Schenkung bei vorzeitigem unentgeltlichen Verzicht auf ein vorbehaltenes Nießbrauchrecht (§ 7 Abs. 1 Nr. 1 ErbStG); *Sass* ErbStB 2019, 84.

d) Nießbrauch an Unternehmen und Unternehmensbeteiligungen.[44] **aa) Einführung.** Die Gestaltungsalternativen des Nießbrauchs können im Rahmen der Unternehmensnachfolge nutzbar gemacht werden für Einzelunternehmen, Personengesellschaftsbeteiligungen, Kapitalgesellschaftsbeteiligungen und für betriebliches Vermögen.[45] Der gewünschte Nachfolger kann durch den Nießbrauch bereits in einer Unternehmerstellung installiert werden und bei Begründung einer echten Mitunternehmerstellung auch schenkungsteuerliche Privilegien in Anspruch nehmen (§ 13a ErbStG).[46]

Der Erblasser gibt mit der Hingabe von Vermögenswerten oder der Aufgabe seiner Unternehmerstellung allerding seine Bestimmungsrechte in dem Unternehmen auf oder schränkt sie ein, wenn nicht in dem Bestellungsvertrag Mitspracherechte formuliert worden sind. Wer das nicht möchte, sollte über die Gründung einer BGB-Innengesellschaft nachdenken, welche die Möglichkeit gibt, Stimmrechte und Gewinnbezugsrechte flexibel zu verteilen, und deren verbandliche Willensbildung ausdrückliche Regelungen über Entscheidungsrechte entbehrlich macht. Die gewünschten Erben werden so zu Gesellschaftern – jedoch nicht zu Handelsgesellschaftern. Gewerblichkeit wird bei Vereinbarung der BGB-Innengesellschaft nicht begründet.

Vorsicht geboten ist bei Vereinbarung des Nießbrauchs stets in Hinblick auf mögliche Betriebsaufspaltungen und Entnahmetatbestände. Wenn ein Besitzunternehmen und ggf. auch ein Betriebsunternehmen bzw. die GmbH-Anteile eines solchen unter dem Vorbehalt des Nießbrauchs auf einen Dritten übertragen werden, kann damit eine Betriebsaufspaltung wegen des Wegfalls entweder der personellen oder sachlichen Verflechtung enden.[47] Die Bestellung eines Nießbrauchs an einzelnen Wirtschaftsgütern eines Betriebsvermögens kann einen Entnahmetatbestand schaffen, der auch nicht durch bloßes Rückgängigmachen der Nießbrauchbestellung ungeschehen gemacht werden kann.[48]

bb) Nießbrauch an einem Einzelunternehmen. Genau genommen hat der Einzelunternehmer keine Forderung gegen sein Unternehmen, die Gegenstand eines Nießbrauchs sein könnte. Dennoch ist der Vorbehaltsnießbrauch an einem **Einzelunternehmen** entweder als Nießbrauch am Gesamtunternehmen (§ 22 Abs. 2 HGB) oder zivilrechtlich als Ertragsnießbrauch mit schuldrechtlichem Anspruch auf die Gewinnauszahlung möglich.[49] Bei Ertragsnießbrauch erfolgt keine dingliche Bestellung des Nießbrauchs. Das Unternehmen wird weiterhin vom Eigentümer auf sein Risiko geführt. Dem Nießbrauchberechtigten steht lediglich ein schuldrechtlicher Anspruch auf Auszahlung des Gewinns bzw. eines Gewinnanteils zu.

Die Bestellung des Nießbrauchs erfolgt zivilrechtlich nicht an dem Unternehmen als Sach- und Rechtsgesamtheit, sondern nur an den einzelnen zu dem Vermögen gehören-

---

[44] Umfangreiche Muster bei *Hannes,* Formularbuch Vermögens- und Unternehmensnachfolge, 2. Aufl. 2017, A 1.32, A 2.52, A 2.64.
[45] Details der zivilrechtlichen, steuerrechtlichen und gesellschaftsrechtlichen Aspekte behandeln *Carlé/Bauschatz,* Nießbrauch bei Betriebsvermögen – zivil- und steuerrechtliche Probleme und Lösungen, KÖSDI 2001, Nr. 6, 12872–12884; *Küspert,* Der Nießbrauch am Personengesellschaftsanteil, FR 2014, 397–409; *Paus* BB 1990, 1675 ff.
[46] BFH GmbHR 2010, 499 (500) = NV 2010, 690: Übertragung eines Kommanditanteils unter Nießbrauchvorbehalt und gleichzeitiger unwiderruflicher Bevollmächtigung des Schenkers, die Stimm- und Verwaltungsrechte für den Beschenkten auszuüben, lässt die Mitunternehmerstellung (Mitunternehmerinitiative) des Beschenkten nicht entfallen, wenn dieser nicht gehindert ist, die ihm als Kommanditisten zustehenden Stimm- und Verwaltungsrechte selbst wahrzunehmen.
[47] BFH MittBayNot 2016, 275 = GmbHR 2015, 776, mit Anmerkungen *Dehmer* MittBayNot 2016, 277–279. Keine Vermutung gleichgerichteter Interessen bei Eheleuten. *Stein* ZEV 2019, 133–135.
[48] Der Nießbrauch kann als Zuwendungsnießbrauch eingeräumt werden, der Nießbrauchbesteller bleibt wirtschaftlicher Eigentümer des als Sonderbetriebsvermögen gehaltenen Wirtschaftsgutes, es liegt eine Entnahme der mit der Nutzung verbundenen anteiligen jährlichen Wertabgaben des Betriebes für das Wirtschaftsgut vor.
[49] MüKoBGB/*Pohlmann* § 1085 Rn. 14, 15.

den **Sachen und Rechten** (§ 1085 BGB)[50] sowie unter Einweisung in den „*good will*",[51] und ausdrücklich begleitet von der Einigung, einen Vermögensnießbrauch begründen zu wollen.[52] Die Betriebsübergabe trägt damit kauf- und schenkungsrechtliche Elemente.[53]

46 Der Nießbraucher des Einzelunternehmens darf die Nutzungen aus allen Sachen und Rechten ziehen, darf den Betrieb selbst führen und auch verpachten oder verleihen.[54]

47 Will der bisherige Inhaber das Unternehmen eigenverantwortlich fortführen, jedoch das Unternehmen auf den Nachfolger übertragen, steht der **Vorbehaltsnießbrauch** zur Verfügung. Um einen Vorbehaltsnießbrauch mit Überlassung der Ausübung handelt es sich bei der Übertragung des Betriebes bei gleichzeitiger Verpachtung bzw. Überlassung des wirtschaftenden Betriebes durch den Berechtigten.

48 Steuerlich gibt es hier einige Fallstricke, die für Dräger zur Konsequenz haben, die Übertragung unter Nießbrauchvorbehalt nicht mehr zu empfehlen, stattdessen den Verbleib eines Mitunternehmeranteils bei dem Übertragenden, oder die Vereinbarung einer Versorgungsrente oder eines reinen Ertragsnießbrauchs.[55] Solche Fallstricke sind zB:
– Werden ein Besitzunternehmen und ggf. auch ein Betriebsunternehmen unter dem Vorbehalt des Nießbrauchs auf einen Dritten übertragen, kann damit eine Betriebsaufspaltung wegen des Wegfalls entweder der personellen oder sachlichen Verflechtung enden.[56]
– Die Bestellung eines Nießbrauchs an einzelnen Wirtschaftsgütern eines Betriebsvermögens kann Entnahmetatbestände schaffen, die nicht durch bloßes Rückgängigmachen der Nießbrauchbestellung ungeschehen gemacht werden können.[57]
– Die zivilrechtlich unentgeltliche Betriebsübertragung unter Vorbehaltsnießbrauch wird steuerlich vom BFH für Einzelunternehmen nicht nachvollzogen, das Einzelunternehmen kann nicht zu Buchwerten unter Vorbehaltsnießbrauch übertragen werden. Denn der Übertragende stellt seine bisherige gewerbliche Tätigkeit nicht ein, die einzige wesentliche Betriebsgrundlage wird aufgrund des vorbehaltenen Nießbrauchs vom bisherigen Betriebsinhaber weiterhin gewerblich genutzt.[58] Voraussetzung einer Betriebsübertragung ist für den BFH, dass der Gewerbetreibende die im Rahmen des übertragenen Betriebs ausgeübte gewerbliche Tätigkeit aufgibt, dh er sich einer weiteren Tätigkeit im Rahmen des übertragenen Gewerbebetriebs endgültig enthält und seine bisherige Tätigkeit einstellt. Wer in den Genuss des § 6 Abs. 3 EStG kommen möchte, muss zudem alle wesentlichen Betriebsgrundlagen übertragen, also auch Sonderbetriebsvermögen, wenn es sich um funktional wesentliches Betriebsvermögen handelt.

49 **Land- und forstwirtschaftliche Betriebe** sind von der neusten Rechtsprechung des BFH ausgenommen, sie können unentgeltlich im Wege der vorweggenommenen Erbfolge auch dann gemäß § 6 Abs. 3 EStG ohne Aufdeckung stiller Reserven übertragen wer-

---

[50] MüKoBGB/*Pohlmann* § 1085 Rn. 8, 10.
[51] ZB Geschäftserfahrungen und -geheimnisse, Organisation, Reputation, Kundenstamm.
[52] *Grunsky* BB 1972, 585, Staudinger/*Heinze* (2017) Anh. zu BGB §§ 1068f. Rn. 20ff.
[53] → § 2 Rn. 50, 98.
[54] *Paus* BB 1990, 1675.
[55] *Dräger* DB 2017, 2768 (2770f.).
[56] BFH MittBayNot 2016, 275 = GmbHR 2015, 776, mit Anm. *Dehmer* MittBayNot 2016, 277–279; *Stein* ZEV 2019, 131–137. Keine Vermutung gleichgerichteter Interessen bei Eheleuten.
[57] Der Nießbrauch kann als Zuwendungsnießbrauch eingeräumt werden, der Nießbrauchbesteller bleibt wirtschaftlicher Eigentümer des als Sonderbetriebsvermögen gehaltenen Wirtschaftsgutes, es liegt eine Entnahme der mit der Nutzung verbundenen anteiligen jährlichen Wertabgaben des Betriebes für das Wirtschaftsgut vor.
[58] BFH 2017, DStR 2017, 1308 (1312f.), ohne Unterschied, ob ein aktiv betriebener oder ein ruhender, auch ein verpachteter Betrieb unter Vorbehaltsnießbrauch übertragen wird. *Dräger* DB 2017, 2768 (2770) zu den Folgewirkungen, zB Ergänzungsbilanz für den Übernehmer, Ansetzung zum Teilwert des Mitunternehmeranteils beim Übertragenden, soweit der Nießbrauch anteilig auf dem Mitunternehmeranteil lastet; *Stein* ZEV 2019, 131–137.

den, auch wenn sich der Übertragende den Nießbrauch an dem land- und forstwirtschaftlichen Betrieb vorbehält.[59]

Handelt es sich um einen **Zuwendungsnießbrauch** und übt der Nachfolger alle unternehmerischen Rechte aus, verbleibt die Vermögenssubstanz beim bisherigen Inhaber. Der Betrieb des bisherigen Unternehmens wird unterbrochen, der Nießbraucher begründet ein weiteres selbständiges Unternehmen.[60] Das gilt auch beim Vorbehaltsnießbrauch, der Betrieb wird nicht aufgegeben, sondern fortgeführt, der neue Betriebsinhaber ist jedoch an der aktiven Ausübung vorübergehend gehindert, bis sich der Nießbraucher zurückzieht. 50

Die Änderung der Unternehmerstellung auf den Nießbraucher ist im Handelsregister einzutragen (§ 22 Abs. 2 HGB), soweit es sich nicht um Kleingewerbe (§ 1 Abs. 2, 2 HGB) handelt. Wählt der Nießbrauchbesteller eine Gestaltung, bei welcher der Nießbraucher nicht unternehmerisch am vollen Ertrag des Unternehmens beteiligt ist, verbleibt die Unternehmerstellung weiterhin beim Besteller.[61] Das Handelsregister wird dann nicht verändert. 51

Die Veräußerung von Anlagevermögen des Handelsgeschäfts verpflichtet den Nießbraucher zur Reinvestition, zur Schuldentilgung oder ggf. zur Hinterlegung von Geld für den Nießbrauchgeber,[62] da die wirtschaftliche Bestimmung des Betriebs im Wesentlichen nicht verändert werden darf. 52

Im Falle des **Quotennießbrauchs,** bei dem sich ein Einzelkaufmann bei der Übertragung des Geschäfts an den Empfänger den Nießbrauch zu einem Bruchteil vorbehält,[63] ist der bisherige Inhaber im Handelsregister zu löschen. Seine Stellung ist wirtschaftlich vergleichbar der eines stillen Gesellschafters, dessen Position jedoch dinglich abgesichert ist. Die Unternehmensführung liegt bei dem Geschäftsinhaber, während der Nießbraucher am Unternehmen (also an den einzelnen Unternehmensgegenständen und auch am „Tätigkeitsbereich") entsprechend seiner Quote dinglich berechtigt ist. Soll hingegen die kaufmännische Mitverantwortung des „Nießbrauchers" fortdauern und er aufgrund des Nießbrauchs Mitunternehmer bleiben, so bedarf es hierzu einer ausdrücklichen Vereinbarung. Dies hat zur Folge, dass das Unternehmen als OHG oder als GbR fortgeführt wird.[64] 53

Die folgenden Ausführungen stellen auf den Nießbrauch mit unternehmerischer Stellung des Nießbrauchers ab **(Vollrechts- bzw. Zuwendungs-Nießbrauch)**.[65] Der Nießbraucher haftet im Außenverhältnis für die Geschäftsschulden des bisherigen Inhabers (§ 25 Abs. 1 HGB), wenn er auch die Firma übernimmt (§ 22 Abs. 2 HGB). Im Innenverhältnis gehen die betrieblichen Verbindlichkeiten jedoch nicht auf den Nießbraucher über. Der Ausschluss der Haftung des Nießbrauchers für Verbindlichkeiten des Bestellers im Außenverhältnis ist nach Maßgabe des § 25 Abs. 2 HGB sicherzustellen. 54

Das **Anlagevermögen** nebst Inventar bleibt Eigentum des Bestellers. Eine Verfügung des Nießbrauchers über einzelne Inventarstücke in den Grenzen einer ordnungsgemäßen Wirtschaft ist bei Ersatzbeschaffung zulässig (analog § 1048 BGB). Die im Rahmen dieser Verpflichtung erworbenen Wirtschaftsgüter werden Eigentum des Nießbrauchbestellers. Erwirbt der Nießbraucher ohne vertragliche Verpflichtung Wirtschaftsgüter, welche die Kapazität des Betriebs erweitern, wird er Eigentümer. Das **Umlaufvermögen** einschließlich Forderungen wird Eigentum des Nießbrauchers (§ 1067 BGB) und haftet für die von 55

---

[59] BFH DStR 2017, 1308 (1314) mwN aus der BFH-Rspr.; dazu *Dräger* DB 2017, 2768 ff.
[60] *Stein* ZEV 2019, 132.
[61] *Paus* BB 1990, 1675 (1681); MüKoBGB/*Pohlmann* § 1085 Rn. 14.
[62] BGH NJW-RR 2006, 874–877; BGH NJW 2002, 434 (435).
[63] Staudinger/*Heinze* (2017) Anh. zu BGB §§ 1068 f. Rn. 31; MüKoBGB/*Pohlmann,* 7. Aufl. 2017, § 1068 Rn. 23.
[64] MüKoBGB/*Pohlmann* § 1085 Rn. 8 ff.
[65] Vergleichbar der Unternehmenspacht.

ihm begründeten neuen Geschäftsschulden.[66] In seinen unternehmerischen Entscheidungen unterliegt der Nießbraucher allerdings Einschränkungen, da er die „bisherige wirtschaftliche Bestimmung" des Betriebes aufrecht zu erhalten, nach den Regeln einer ordnungsgemäßen Wirtschaft zu verfahren und für die Unterhaltung[67] und Erhaltung der Sache bzw. des Rechtes in deren wirtschaftlichen Bestand zu sorgen hat (§§ 1036, 1041, 1068 Abs. 2 BGB). Er darf einzelne Betriebszweige unter Aufrechterhaltung des Geschäftsbetriebs im Übrigen aufgeben, hat jedoch zu reinvestieren oder Schulden zu tilgen, oder aber Sicherheit zu leisten.[68] Eine Zustimmung zur Umgestaltung des Betriebes sollte daher vertraglich geregelt werden.

56 Die öffentlichen und privaten Verpflichtungen des Betriebs, die üblicherweise aus den Einnahmen bestritten werden, zB die Zinsen für das Fremdkapital, die laufenden Betriebssteuern (Umsatzsteuer, Gewerbesteuer, Grundsteuer, Kfz-Steuer usw.), Löhne sowie Instandhaltungsmaßnahmen, hat der Nießbraucher zu tragen.

57 Das Gesetz lässt offen, wie weit der Nießbraucher Gewinne entnehmen darf und wer Verluste zu tragen hat. Auch wenn zu lesen ist, dass dem Nießbraucher als Nutzung der Reingewinn nach Abzug sämtlicher Aufwendungen, die zur Erhaltung des Unternehmens als Erwerbsquelle erforderlich sind, gebühren, sollte vertraglich geregelt werden, welche Rücklagen für Ersatzbeschaffungen uä zu bilden sind.

58 Mit Ausnahme der Verpflichtung, dass ein Nießbrauch an einem Grundstück im Grundbuch einzutragen ist, sind sämtliche Regelungen der Nießbrauchbestellung an einem Handelsgeschäft **dispositiv.** Eigentümer und Nießbraucher sollten deshalb insbesondere die folgenden Inhalte vertraglich festschreiben:[69] Die Tilgung der betrieblichen Verbindlichkeiten, die Aufnahme von Betriebskrediten, die Gewinn- und Verlustverteilung, Entnahmerechte des Nießbrauchers und gegebenenfalls des Nießbrauchbestellers, Rücklagen für Ersatzbeschaffungen, Rückgabe des Umlaufvermögens bzw. Entschädigungszahlungen hierfür, Beendigung des Nießbrauchs in besonderen Fällen, zB Krankheit, Arbeitsunfähigkeit des Nießbrauchers, oder bei krassen betrieblichen Fehlentscheidungen.

59 **cc) Nießbrauch an Personengesellschaftsanteilen.** Auch an Gesellschaftsanteilen kann ein Nießbrauch bestellt werden.[70] Die Einräumung verlangt die Zustimmung aller Gesellschafter, da § 1069 Abs. 2 BGB die Bestellung an einem übertragbaren Recht verlangt, und da zudem nach den gemäß §§ 105 Abs. 2, 161 Abs. 1 HGB auch für die OHG und die KG geltenden Bestimmungen der §§ 717, 719 BGB die einzelnen Ansprüche aus dem Gesellschaftsverhältnis – auch der Anteil am Gesellschaftsvermögen – nicht übertragen werden können. Die Einräumung an Gesellschaftsanteilen darf nicht unwiderruflich erfolgen.

60 **Formulierungsvorschlag:**

1. Vorbehaltsnießbrauch
Der Schenker behält sich an der geschenkten OHG-Beteiligung einschließlich aller mitgeschenkten Gesellschafterkonten den lebenslangen und unentgeltlichen Nießbrauch nach Maßgabe der folgenden Regelungen vor.

---

[66] Bei der Bilanzierung ist auch zu beachten, dass die AfA für Anlagevermögen dem Eigentümer zusteht, nicht dem Nießbraucher. Ggf. vereinbarte Rückübertragungsverpflichtungen sind passivierungspflichtig.
[67] BGH NJW-RR 2003, 1290 (1291).
[68] BGH NJW-RR 2006, 874–877; BGH NJW 2002, 434 (435).
[69] *Paus* BB 1990, 1975 (1676).
[70] BGH NJW 1972, 1755 (1756); BFH NJW 1995, 1918 (1919) zu Personengesellschaftsanteil mit Sonderbetriebsvermögen; Hesselmann/Tilmann/Mueller-Thuns/*Hannes,* Handbuch GmbH&Co.KG, 21. Aufl. 2016, § 8 Rn. 87–91. Eintragungsfähigkeit des Nießbrauchs im Handelsregister für den KG-Anteil OLG Oldenburg NJW-RR 2015, 814 (815), und OLG Stuttgart ZIP 2013, 624 (625).

II. Gestaltungsinstrumentarien im Vertrag der vorweggenommenen Erbfolge § 22

> Der Nießbrauch erstreckt sich auf die auf den Beschenkten übertragene Beteiligung nebst anteiligem Guthaben auf den zu übertragenden Konten in ihrer heutigen und zukünftigen Höhe.
> Dem Nießbraucher stehen während der Dauer des Nießbrauchs die nach dem Gesellschaftsvertrag und den Gesellschafterbeschlüssen zur Entnahme vorgesehenen laufenden Gewinnbeteiligungen aus der ordentlichen und laufenden Geschäftätigkeit der OHG sowie die während der Dauer des Nießbrauchs daraus gebildeten und aufgelösten Gewinnrücklagen zu. Gewinne aus außerordentlicher Geschäftstätigkeit, auch Aufdeckung stiller Reserven, stehen dem Beschenkten zu.
> 2. Ausübung der Stimm- und Verwaltungsrechte
> Die Stimm- und Verwaltungsrechte aus den zugewendeten und/oder später hinzuerworbenen Geschäftsanteilen stehen dem Beschenkten zu. Bei der Ausübung ist auf die Belange des Schenkers Rücksicht zu nehmen.
> Der Beschenkte verpflichtet sich, bei den im folgenden aufgezählten Beschlussgegenständen sein Stimm- und Verwaltungsrecht nur im Einvernehmen mit dem Schenker auszuüben:
> (a) Änderungen des Gesellschaftsvertrages in den §§ ...,
> (b) Änderung der Beteiligungsverhältnisse,
> (c) Beschlüsse über die Gewinnverwendung, Änderung des Zinssatzes auf Guthaben auf Gesellschafterkonten.
> Die Mitgesellschafter der OHG haben der Nießbrauchbestellung in dem in Anlage beigefügten Gesellschafterbeschluss zugestimmt.
> 3. Sanktionen für den Fall des Verstoßes gegen Ziff. 2 ...

Eine im Gesellschaftsvertrag enthaltene Zustimmung allein zur Übertragung der Anteile reicht nicht aus für die Bestellung eines Nießbrauchs am Gesellschaftsanteil als Ganzes, da die Nießbrauchbestellung eine Aufspaltung der Mitverwaltungsrechte (hier das Stimmrecht) auf zwei Personen zur Folge hat (nicht Abspaltung), die nur bei namentlicher Zulassung für die übrigen Gesellschafter zumutbar ist.[71] Die Zustimmung aller Gesellschafter ist daher einzuholen. 61

Für den Nießbrauch an den nach der gesetzlichen Regelung frei übertragbaren, in § 717 S. 2 BGB genannten vermögensrechtlichen Bezügen, insbesondere den Ansprüchen auf den Gewinnanteil und das Auseinandersetzungsguthaben, gilt das ausdrückliche Zustimmungserfordernis nicht,[72] sofern nicht dazu gesellschaftsvertragliche Einschränkungen getroffen wurden. Denn die vermögensrechtlichen Wirkungen des Nießbrauchs haben nicht automatisch Auswirkungen auf die Mitverwaltungsrechte (Stimmrecht, Kontrollrecht)[73] des Gesellschafters und beeinträchtigt die übrigen Gesellschafter nicht über das normale Maß hinaus. Hat ein Gesellschafter an seiner Beteiligung einen Nießbrauch bestellt, kann die Auslegung zwar ergeben, dass es sich, wenn die Zustimmung der übrigen Gesellschafter fehlt, um den Nießbrauch an den frei übertragbaren vermögensrechtlichen Bezügen handelt;[74] jedoch sollte Auslegungsunsicherheiten durch eindeutige Formulierungen vorgebeugt werden. 62

Macht der Gesellschaftsvertrag die Belastung eines Gesellschaftsanteiles von der Zustimmung der übrigen Gesellschafter abhängig, so kann diese, falls der Gesellschaftsvertrag hier eine Mehrheitsentscheidung vorsieht, mit Mehrheitsbeschluss erfolgen. 63

---

[71] So auch MüKoBGB/*Pohlmann* § 1068 Rn. 26, 32, 33, 36. Hesselmann/Tilmann/Mueller-Thuns/*Hannes*, Handbuch GmbH&Co.KG, 21. Aufl. 2016, § 8 Rn. 89.
[72] MüKoBGB/*Pohlmann* § 1068 Rn. 28.
[73] BGH NJW 1999, 571 (572); BGH ZEV 2002, 240 (241 f.) zu Stimmrecht in der WEG; MüKoBGB/*Pohlmann* § 1068 Rn. 28.
[74] MünchHdb. GesR II/*Escher/Haag*, 5. Aufl. 2019 KG § 27 Rn. 17, 38.

64 Auch die Bestellung eines Nießbrauchs am Kommanditanteil ist möglich (§ 1069 Abs. 1 BGB), soweit der Gesellschaftsvertrag dies zulässt. Soll der Nießbrauch auch die gesamthänderisch gebundenen Konten erfassen, müsste die Vereinbarung diese mit einbeziehen. Scheidet der Kommanditist aus einer KG aus und möchte er unter Übertragung seines KG-Anteils auf den Komplementär dennoch die Nutzungen aus dem Kommanditanteil ziehen, ist dies nur durch die schuldrechtliche Fiktion des Fortbestehens des KG-Anteils möglich, da der KG-Anteil durch die Vereinigung mit der Kapitaleinlage des Komplementärs untergeht. Alternativ könnte eine Unterbeteiligung an einer Beteiligung vereinbart werden.

65 Dem Nießbraucher gebühren der auf den Personengesellschaftsanteil entfallende entnahmefähige **Gewinn** und die gegebenenfalls auf das Gesellschafterkonto entfallende Zinsen[75] sowie Informations- und Auskunftsrechte.[76] An die Gewinnverwendung der Gesellschaft (Beschluss oder Satzung) ist der Nießbraucher gebunden. Das Entnahmerecht sollte – auch aus ertragsteuerlichen Gründen – vertraglich detailliert geregelt werden.[77] Mitverwaltungsrechte dürften unter das Abspaltungsverbot fallen und stehen dem Nießbraucher nicht zu (Stimmrecht, Geschäftsführungs- und Vertretungsbefugnis, Recht der Beteiligung an Gesellschafterversammlungen), es sei denn, die Mitgesellschafter gestatten dies.[78] Die Verwaltungsrechte verbleiben beim Gesellschafter, der ja auch das Haftungsrisiko trägt. Das Gewinnbeteiligungsrecht erstreckt sich nur auf den entnahmefähigen Gewinn.

66 Nicht zu den dem Nießbraucher gebührenden Nutzungen des Gesellschaftsanteils gehören
– der der Substanzmehrung dienende, nicht ausschüttungsfähige Gewinn,[79]
– außerordentliche Erträge, zB aus der Auflösung stiller Reserven als Ausfluss der Vermögenssubstanz,[80]
– das Auseinandersetzungsguthaben bei Ausscheiden oder Liquidation.

67 Der Nießbraucher hat jedoch einen Anspruch auf Wiederanlage und die sodann anfallenden Erträge. Kapitalkontenerhöhungen stehen dem Nießbrauchbesteller zu;[81] die Gewinnbeteiligung daraus dem Nießbraucher. Verluste, die auf die Beteiligung entfallen, sind vom Nießbraucher nicht auszugleichen.[82] Entscheidungen über außergewöhnliche Geschäftsführungsmaßnahmen und Geschäfte des Kernbereichs, welche den Nießbrauch aufheben oder seinen Inhalt in beeinträchtigender Weise verändern, bedürfen der Zustimmung des Nießbrauchers.[83]

68 Die Haftung für die Gesellschaftsverbindlichkeiten trifft im Außenverhältnis auch bei Nießbrauchbestellung zurzeit noch weiterhin den Anteilsinhaber. Eine daneben bestehende oder sogar eine ausschließliche Haftung des Nießbrauchers besteht nach herrschender Literaturmeinung nicht,[84] es sei denn, dass die Gesellschafterstellung treuhänderisch auf

---

[75] BGH NJW 1981, 1560 (1562); NJW 1972, 1755 (1756); MüKoBGB/*Pohlmann* § 1068 Rn. 50; aA *Sudhoff* NJW 1971, 481 (483) ua; *Sass* ErbStB 2019, 85.
[76] BFH NJW 1995, 1918 (1919).
[77] MüKoBGB/*Pohlmann* § 1068 Rn. 50.
[78] BGH NJW 1972, 1755 (1756); OLG Koblenz NJW 1992, 2163 (2164); Hesselmann/Tilmann/Mueller-Thuns/*Hannes*, Handbuch GmbH&Co.KG, 21. Aufl. 2016, § 8 Rn. 89.
[79] BGH DNotZ 1975, 735 (Investitionsrücklage); NJW 1972, 1755 (1756) (Erhöhung Gesellschaftsbeteiligung); BFH NJW 1995, 1918 (1919) (Sonderbetriebsvermögen); Staudinger/*Heinze* (2017) Anh. zu BGB §§ 1068f. Rn. 80ff.; MüKoBGB/*Pohlmann* § 1068 Rn. 50, 51.
[80] MüKoBGB/*Pohlmann* § 1068 Rn. 53, 58.
[81] BGHZ 58, 320 f.; BGH DNotZ 1975, 735.
[82] Staudinger/*Heinze* (2017) Anh. zu BGB §§ 1068f. Rn. 86, 87; MüKoHGB/*K. Schmidt*, 2. Aufl. 2007, HGB Vor § 230 Rn. 23 mwN; dies gilt beim „normalen", dh beim Ertragsnießbrauch. Wurde dem Nießbraucher hingegen nach außen - treuhänderisch - die volle Gesellschafterstellung eingeräumt, trifft ihn auch ein Verlust. Ob dieser endgültig bei ihm verbleibt oder ob ihm ein Ausgleichsanspruch zusteht, ist eine Frage des Innenverhältnisses.
[83] MüKoBGB/*Pohlmann* § 1068 Rn. 69, 70.
[84] MHdB GesR II/*Escher/Haag* 5. Aufl. 2019, KG § 27 Rn. 57; Schlegelberger/*K. Schmidt* (1986) HGB Vor § 335 Rn. 19; MüKoHGB/*K. Schmidt*, 2. Aufl. 2007, HGB Vor § 230 Rn. 16; MüKoBGB/*Pohlmann* § 1068 Rn. 83 koppelt die Frage an die Eintragungsfähigkeit im Handelsregister.

den Nießbraucher übertragen wurde. In der Rechtsprechung ist die Frage für Personengesellschaften noch nicht geklärt.

Bei einem Nießbrauch an einem Kommanditanteil erlangte diese Frage Bedeutung, **69** wenn die Einlage des Kommanditisten nicht in voller Höhe geleistet worden wäre (§ 171 Abs. 1 HGB), nicht ganz oder teilweise zurückbezahlt worden wäre (§ 172 Abs. 4 HGB), und der Nießbraucher in das Handelsregister eingetragen werden könnte.[85] Die Eintragungsfähigkeit des Nießbrauchers wird als entscheidend für die Frage einer Art Mitgesellschafterstellung und damit seiner Haftung angesehen.[86]

Auch für den Nießbrauch an einem Gesellschaftsanteil einer Grundstücks-GbR könnte **70** sich die Überlegung ergeben, ob der Nießbraucher mit im Grundbuch zu vermerken ist – und er damit einer Außenhaftung näher rückt.[87]

Steuerlich ist auf die für Einzelunternehmen ergangene BFH-Rechtsprechung aus 2017 **71** (Ablehnung der Übertragung eines Einzelunternehmens zu Buchwerten bei Vorbehaltsnießbrauch)[88] hinzuweisen, die das Risiko mit sich bringt, dass diese Rechtsprechung auch auf die Übertragung von Mitunternehmeranteilen unter Vorbehaltsnießbrauchs anwendbar sein kann.[89] Das wird in Teilen der Literatur nicht zwingend gesehen, und die Finanzverwaltung hat die Entscheidung des BFH noch nicht im BStBl. veröffentlicht. *Dräger* rät auch bei Beteiligungen an Personengesellschaften die Übertragung unter Nießbrauchvorbehalt ab.[90]

dd) Nießbrauch an Kapitalgesellschaftsbeteiligungen. Da sowohl Geschäftsanteile an **72** einer GmbH als auch Aktien nach der gesetzlichen Regelung frei verfügbar und belastbar sind, ist eine Nießbrauchbestellung an ihnen zulässig.[91] Soweit der Gesellschaftsvertrag der GmbH vorsieht, dass die Abtretung eines Geschäftsanteils an die Genehmigung der Gesellschaft oder sonstige Voraussetzungen geknüpft ist (Vinkulierung § 15 Abs. 5 GmbHG), bedarf es der in der Satzung vorgesehenen Genehmigung auch für die Nießbrauchbestellung,[92] anderenfalls ist die Bestellung zustimmungsfrei möglich. Untersagt der Gesellschaftsvertrag die Abtretung generell, so ist auch eine Nießbrauchbestellung ausgeschlossen.

Zulässiger Gegenstand des Nießbrauchs bei GmbH-Anteilen kann der Geschäftsanteil **73** selbst[93] oder der Gewinnanspruch sein. Letzteres wird jedoch steuerlich nicht anerkannt, hat daher keine praktische Bedeutung.

Sofern die Parteien nichts Abweichendes vereinbaren, erstreckt sich der Nießbrauch **74** auf den ausgeschütteten Gewinnanteil[94] als Teil des Rechts, die Nutzungen aus dem Anteil zu ziehen (§§ 1030, 100 BGB) und von der GmbH zu verlangen, weiterhin auf die Surrogate des Geschäftsanteils (zB Nießbrauch an der Liquidationsquote gemäß § 72

---

[85] Gegen die Eintragung der Belastung des Kommanditanteils mit einem Nießbrauch in das Handelsregister: OLG München GmbHR 2016, 1267, dafür: OLG Stuttgart ZIP 2013, 624; OLG Oldenburg ZIP 2015, 1173; *Wachter* GmbHR 2016, 1271–1273. MüKoBGB/*Pohlmann* § 1068 Rn. 83; *Sass* ErbStB 2019, 86 empfiehlt die Stellung eines Eintragungsantrags als Regelfall.
[86] BayObLG BB 1973, 956; MüKoHGB/*K. Schmidt*, 2. Aufl. 2007, HGB Vor § 230 Rn. 16 mwN.
[87] MüKoHGB/*K. Schmidt*, 2. Aufl. 2007, HGB Vor § 230 Rn. 16.
[88] BFH DStR 2017, 1308 (1314) mwN aus der BFH-Rspr.; *Dräger* DB 2017, 2768 ff.
[89] So noch bei BFH DB 1989, 1752; FG Münster EFG 2014, 1951.
[90] *Dräger* DB 2017, 2768 (2770 f.); *Stein* ZEV 2019, 132 f.
[91] Hesselmann/Tilmann/Mueller-Thuns/*Hannes*, Handbuch GmbH&Co.KG, 21. Aufl. 2016, § 8 Rn. 90; zu Vor- und Nachteilen s. *Binz/Sorg* BB 1989, 1521 ff; *Crezelius*, NWB Fach 10, 463.
[92] MüKoBGB/*Pohlmann* § 1068 Rn. 35, 36.
[93] Hesselmann/Tilmann/Mueller-Thuns/*Hannes*, Handbuch GmbH&Co.KG, 21. Aufl. 2016, § 8 Rn. 90. Die Möglichkeit eines Nießbrauchs am „Gewinnstammrecht", entwickelt von *Siebert* BB 1956, 1126 ff., wird in der Praxis abgelehnt; s. MünchHdb. GesR III/*Sommer* § 26 Rn. 91 mwN; MüKoBGB/*Pohlmann* § 1068 Rn. 29.
[94] BFH DStR 1992, 711 f.; MünchHdb. GesR III/*Sommer* § 26 Rn. 62, 72; mit Fassung des Gewinnverteilungsbeschlusses, gegebenenfalls pro rata temporis, wenn der Nießbrauch im Laufe eines Geschäftsjahres entsteht oder endet.

GmbHG oder an dem Einziehungsgeld gemäß § 34 GmbHG). Er bezieht sich jedoch nicht auf neue Geschäftsanteile und nicht auf die stillen Reserven des Anlagevermögens.[95] Die Verwaltungsrechte bleiben beim Gesellschafter, wenn nichts anderes geregelt ist.[96]

75 Formulierungsbeispiel:
1. Nießbrauch
Der Schenker behält sich an den geschenkten Geschäftsanteilen den lebenslangen und unentgeltlichen Nießbrauch nach Maßgabe der folgenden Regelungen vor. Der Nießbrauch erfasst alle Geschäftsanteile.
Der Nießbrauch erstreckt sich auch auf alle Geschäftsanteile, welche der Beschenkte an der … GmbH durch zukünftige Kapitalerhöhungen gleich welcher Art erwirbt. Der Nießbraucher ist bei einer von dem beschenkten Gesellschafter aus eigenen Mitteln zu leistenden weiteren Einlage allerdings nur dann berechtigt, die Nutzungen zu fordern, wenn er die Einlage für den Beschenkten leistet oder diesen von seiner Einlageverpflichtung freistellt.
Dem Nießbraucher stehen während der Dauer des Nießbrauchs sämtliche Ausschüttungen aus dem Jahresüberschuss/Bilanzgewinn ab dem Geschäftsjahr … zu, auch wenn sie aus dem Gewinnvortrag oder aus Rücklagen erfolgen oder auf außerordentlichen Geschäftsvorfällen beruhen.
Erträge, die zum Zeitpunkt der Beendigung des Nießbrauchs nicht an … ausgeschüttet worden sind, stehen dem Beschenkten zu. Sollte die Gesellschaft Verluste erzielen, ist der Nießbraucher in keinem Fall zu Nachschüssen verpflichtet.
Der Nießbrauch erstreckt sich auch auf die Surrogate, die der Beschenkte für die Geschäftsanteile/Teile davon erwirbt. Dies gilt sowohl für den Fall der Veräußerung des Geschäftsanteils als auch für die Fälle der Umwandlung der Gesellschaft, durch die die Geschäftsanteile in neuen Beteiligungen und/oder in einer Abfindung münden. Der Beschenkte verpflichtet sich, sollte der Nießbrauch nicht automatisch an dem Surrogat bestehen bzw. darauf übergehen, alle erforderlichen Erklärungen gegenüber … abzugeben, um den Fortbestand des Nießbrauchs daran sicherzustellen.
Das Nießbrauchrecht ist höchstpersönlich und nicht übertragbar oder vererbbar. … ist nicht berechtigt, Dritten die Ausübung des Nießbrauchs zu überlassen.
Der Schenker … darf den Nießbrauch jederzeit durch schriftliche Erklärung gegenüber dem Beschenkten aufgeben.
2. Ausübung der Stimm- und Verwaltungsrechte
Die Stimm- und Verwaltungsrechte aus den zugewendeten und/oder später hinzuerworbenen Geschäftsanteilen stehen dem Beschenkten zu. Bei der Ausübung ist auf die Belange des Schenkers Rücksicht zu nehmen.
Der Beschenkte verpflichtet sich, bei den im folgenden aufgezählten Beschlussgegenständen sein Stimm- und Verwaltungsrecht nur im Einvernehmen mit dem Schenker auszuüben:
(a) Änderungen des Gesellschaftsvertrages in den §§ …,
(b) Änderung der Beteiligungsverhältnisse,
(c) Beschlüsse über die Gewinnverwendung,
(d) Änderung des Zinssatzes auf Guthaben auf Gesellschafterkonten.

76 Der Nießbraucher kann Adressat von Eigenkapitalersatzregeln (§§ 30, 31 GmbHG) sein und steht dann auf einer Stufe mit dem Gesellschafter, jedenfalls dann, wenn ihm neben der Beteiligung am Gewinn der Gesellschaft in atypischer Weise weitreichende Befugnisse zur Einflussnahme auf die Geschäftsführung und die Gestaltung der Gesellschaft

---

[95] MünchHdb. GesR III/*Kraus*, 5. Aufl. 2018 § 26 Rn. 82 ff. mwN, Rn. 74; MHdB GesR III/*Kraus*, 5. Aufl. 2018, GmbH § 26 Rn. 75.
[96] MünchHdb. GesR III/*Kraus*, 5. Aufl. 2018 GmbH § 26 Rn. 94–96.

eingeräumt sind, insbesondere wenn er die Geschicke der Gesellschaft mitbestimmen kann.[97]

Die aus der Gesellschafterstellung fließenden **Mitverwaltungsrechte**, zB Teilnahmerechte an Gesellschafterversammlungen, Auskunftsrechte (§ 51a GmbHG), Minderheitsrechte (§ 50 GmbHG) sowie das Stimmrecht werden vom Nießbrauch nicht erfasst, sondern verbleiben beim Gesellschafter.[98] Es besteht Gleichlauf zwischen der materiellrechtlichen Berechtigung als Gesellschafter und der Gesellschafterliste; dh, dass nur der Gesellschafter, der in der im Handelsregister eingetragenen Gesellschafterliste steht (§§ 16, 40 GmbHG), im Verhältnis zur Gesellschaft zur Ausübung der Gesellschafterrechte legitimiert ist. Lediglich beim Nießbrauch an Aktien werden nach § 22 Abs. 1 Nr. 4, § 30 Abs. 1 Nr. 4 WPHG nur für Zwecke dieses Gesetzes dem Nießbraucher die Stimmrechte zugerechnet; ansonsten findet ein gesetzlicher Übergang des Stimmrechts auf den Nießbraucher nicht statt. 77

Der Nießbraucher kann in der Gesellschafterliste nicht vermerkt werden.[99] Demnach ist der Nießbrauch an einem Geschäftsanteil in seiner Wirkung immer nur ein vermögensrechtlicher. Die Gesellschaft kann rechtlich nur an den „Listen"-Gesellschafter schuldbefreiend leisten, die Gewinne dürfen jedoch unmittelbar (nur) an den Nießbraucher ausgeschüttet werden, wenn der Nießbrauch der Gesellschaft angezeigt wurde (analog §§ 1068, 1070, 407 ff. BGB). Einkommensteuerlich wird er ebenso behandelt, der „angezeigte" Nießbraucher versteuert die Gewinne.[100] 78

Der Nießbraucher selbst hat ein auf die Gewinnverteilung und sonstige Vermögensrechte beschränktes Auskunftsrecht (§ 242 BGB).[101] Für das Stimmrecht wird die Zulassung abweichender Vereinbarungen zwischen Besteller und Nießbraucher diskutiert,[102] zT unter der Bedingung der Zustimmung der Mitgesellschafter. 79

Die aus dem Geschäftsanteil fließenden Verpflichtungen treffen den Besteller. Er allein ist zur Einzahlung von Einlagerückständen verpflichtet. Wiederkehrende Leistungen, welche mit dem Gewinn in Zusammenhang stehen, lasten dagegen auf dem Nießbrauch und sind von dem Nießbraucher zu zahlen. Ein statuarisches **Bezugsrecht** für neue Geschäftsanteile bei einer Kapitalerhöhung gebührt dem Besteller und nicht dem Nießbraucher.[103] Der Nießbrauch besteht jedoch nach dessen Ausübung an demjenigen Teil der neuen Aktien fort, der dem Wertverhältnis des Bezugsrechts zum Gesamtwert der neuen Aktien entspricht.[104] 80

---

[97] BGH ZEV 2011, 671 (672); BGH NJW 1992, 3035 ff.
[98] Hinsichtlich des Stimmrechts ist die Rechtslage umstritten. Die hM ist für den Verbleib des Stimmrechts beim Gesellschafter: BGH ZEV 1999, 71; OLG Koblenz NJW 1992, 2164; MHdB GesR III/*Kraus*, 5. Aufl. 2018, GmbH § 26 Rn. 94; MüKoBGB/*Pohlmann* § 1068 Rn. 71–81; Staudinger/*Frank* BGB Anh. zu §§ 1068 f. Rn. 97 mwN; jetzt auch Palandt/*Herrler* BGB § 1068 Rn. 3. Für Stimmberechtigung des Nießbrauchers: Sudhoff, NJW 1974, 2207; krit. auch MüKoBGB/*Pohlmann* § 1068 Rn. 74–78; Esch/Baumann/Schulze zur Wiesche 5. A. I Rn. 1530. Für gemeinsame Ausübungsberechtigung: KöKo/Zöllner AktG § 134 Rn. 15.
[99] Ulmer/Habersack/*Löbbe*, 2. Aufl. 2013, GmbHG § 16 Rn. 37 mwN; *Mayer* DNotZ 2008, 403 (407).
[100] BMF-Schreiben vom 30.9.2013 zur einkommensteuerrechtlichen Behandlung des Nießbrauchs und anderer Nutzungsrechte bei den Einkünften aus Vermietung und Verpachtung.
[101] MünchHdb. GesR III/*Kraus* 5. Aufl. 2018 GmbH § 26 Rn. 98.
[102] So zB MüKoBGB/*Pohlmann* § 1068 Rn. 69 ff.; Sudhoff NJW 1974, 2205 (2207); ausf. Fleck, FS Fischer, S. 107 ff.; dagegen aber die wohl hM; OLG Koblenz NJW 1992, 2164 ff.; BGH NJW 1987, 780 f.: keine Abspaltung des Stimmrechts von der Aktie.
[103] So für Aktien: Staudinger/*Heinze* BGB Anh. §§ 1068 f. Rn. 113; für Kapitalerhöhungen bei einer KG BGH NJW 1972, 1755 (1756); gegen Bezugsrecht für Nießbraucher: Scholz/*Winter/Seibt*, 10. Aufl. 2006, GmbHG § 15 Rn. 214, 216.
[104] Streitig, zum Meinungsstand *Fricke* GmbHR 2008, 739 (743 ff.); OLG Koblenz NJW 1992, 2164 ff.; BGH NJW 1987, 780 f.

81 **e) Genehmigung.** Die Bestellung eines Nießbrauchs kann nach verschiedenen Rechtsvorschriften genehmigungspflichtig sein.[105] Ein Vertrag, der die Verpflichtung zur Bestellung des Nießbrauchs am Vermögen eines Mündels oder an einer diesem anfallenden Erbschaft begründet (das Kausalgeschäft), ferner die Bestellung des Nießbrauchs an einem Erbteil das Mündels (das dingliche Rechtsgeschäft) bedürfen der Genehmigung des Familiengerichts (§ 1822 Nr. 1 BGB). Dasselbe gilt weiterhin nach § 1821 Abs. 1 Nr. 1 u. 4 BGB für die Belastung eines Grundstücks des Mündels mit einem Nießbrauch oder die Verpflichtung hierzu, nicht jedoch für den Vorbehalt des Nießbrauchs an einem dem Mündel gleichzeitig übereigneten Grundstück. Umgekehrt ist die Bestellung eines Vorbehaltsnießbrauchs für das Mündel nicht vom Familiengericht zu genehmigen. Anders der Zuwendungsnießbrauch an das Mündel: dieser ist genehmigungspflichtig.

3. Stille Gesellschaft und Unterbeteiligung

82 Stille Gesellschaft und Unterbeteiligung eignen sich auf einer ersten Stufe zu einer Nachfolgeregelung, um den Nachfolger am Ergebnis eines Handelsgeschäfts oder eines Gesellschaftsanteils zu beteiligen.[106]

83 Handelsrechtlich wird zwischen typischer und atypischer stiller Gesellschaft oder Unterbeteiligung unterschieden. Steuerrechtlich wird danach unterschieden, ob der stille Gesellschafter/Unterbeteiligte als Mitunternehmer anzusehen ist (→ § 28). Die Kriterien müssen nicht vollständig übereinstimmen.

84 **a) Stille Gesellschaft als Sonderform der GbR.** In der stillen Gesellschaft als Sonderform einer Gesellschaft bürgerlichen Rechts beteiligt sich der stille Gesellschafter (natürliche Person, juristische Person, Personengesellschaften) in der Weise an einem Handelsgewerbe (Einzelkaufmann oder Handelsgesellschaft), dass die Kapitaleinlage gegen einen Anteil am Gewinn in das Vermögen des Inhabers des Handelsgeschäftes übergeht (§ 230 Abs. 1 HGB). Die stille Gesellschaft ist selbst keine Handelsgesellschaft im Sinne des HGB.

85 IdR können diese Beteiligungsformen der stillen Gesellschaft zivilrechtlich formlos begründet werden.[107] Eine Zuwendung einer stillen Beteiligung im Wege der Schenkung bedarf der Beurkundung[108] des Schenkungsvertrags und (ggf.) des Gesellschaftsvertrags,[109] deren Gesellschaftsvertrag sonst formfrei abgeschlossen werden kann. Die Eingehung einer stillen Gesellschaft mit einer Aktiengesellschaft bedarf der Schriftform, der Zustimmung der Hauptversammlung und der Eintragung im Handelsregister (§§ 293 ff. AktG).

86 Ein Formmangel der Einräumung einer atypischen stillen Beteiligung dürfte durch Bewirkung geheilt werden in entsprechender Anwendung der vom BGH für die Zuwendung einer atypischen Unterbeteiligung durch den Abschluss eines Gesellschaftsvertrags.[110]

87 Der stille Gesellschafter ist am Gewinn und Verlust der Gesellschaft entsprechend den gesellschaftsvertraglichen Vereinbarungen beteiligt, und mangels vertraglicher Bestimmung in Höhe eines nach den Umständen angemessenen Anteils (§ 231 Abs. 1 HGB). Die stille Gesellschaft tritt nicht nach außen in Erscheinung und ist nicht im Handelsregister eingetragen. Eine Ausnahme bildet lediglich die Eingehung einer stillen Gesellschaft mit einer

---

[105] ZB Genehmigungspflicht des Familiengerichts, weiterhin Genehmigung der Landwirtschaftsbehörde bei Schenkung eines land- oder forstwirtschaftlichen Grundstücks (§§ 2, 8 GrdstVG), Genehmigung nach dem BauGB, nach §§ 1821, 1822 BGB: Staudinger/*Heinze* BGB Vor §§ 1030 ff. Rn. 45 ff.: GrdstVG, R.Heimst.G, BauGB, §§ 1821, 1822 BGB.

[106] Umfangreiche Muster bei *Hannes*, Formularbuch Vermögens- und Unternehmensnachfolge, 2. Aufl. 2017, A 1.11, A 1.12, A 1.21, A 1.22, A 2.51–A 2.63.

[107] Schriftform bei stiller Gesellschaft an Aktiengesellschaft (§ 293 AktG).

[108] Besonderheit einer Heilungsmöglichkeit bei Abschluss eines Unterbeteiligungsvertrags BGH DNotZ 2012, 713 ff.

[109] BGH DNotZ 2012, 713 (715) = NZG 2012, 222, kommentiert von *Reimann* ZEV 2012, 167–171, und *Blaurock* NZG 2012, 521–524; Unterbeteiligung an GmbH-Anteil nicht nach § 15 Abs. 3 GmbHG zu beurkunden, aber Beurkundung der schenkweise Einräumung erforderlich.

[110] BGH DNotZ 2012, 713 (715); BGHZ 50, 316 (320). → Rn. 100.

Aktiengesellschaft, welche die Eintragung im Handelsregister verlangt. Die stille Gesellschaft eignet sich für die Beschaffung von Finanzbedarf beim stillen Gesellschafter ohne eine Bank, und ohne dass unabhängig von der Gewinnsituation Kreditzinsen zu befriedigen wären. Die Rechte und Pflichten des stillen Gesellschafters beschränken sich ausschließlich auf das Innenverhältnis.

In der sog. **typischen stillen Gesellschaft** erhält der stille Gesellschafter keine Beteiligung am Betriebsvermögen, er übernimmt kein unternehmerisches Risiko, er gibt seine Einlage zum Zweck des gemeinsamen Betriebs des Handelsgewerbes, nimmt an deren Gewinn teil, und erzielt steuerlich Einkünfte aus Kapitalvermögen (§ 20 Abs. 1 Nr. 4 EStG). Der stille Gesellschafter nimmt nach der gesetzlichen Konzeption auch am Verlust – absetzbar als Werbungskosten – bis zur Höhe seiner Einlage teil, diese Verlustbeteiligung kann jedoch im Gesellschaftsvertrag ausgeschlossen werden (§ 231 Abs. 2 HGB). 88

Die Einlage kann gemäß § 706 Abs. 3 Satz 3 BGB in Geld oder in Sach- oder Dienstleistungen bestehen. Für die Überlassung der Einlage erhält er üblicherweise eine Beteiligung am Gewinn. Im Außenverhältnis ist der stille Gesellschafter selbst Gläubiger der Gesellschaft mit Gewinnbeteiligung. Vertraglich kann vorgesehen sein, dass auch ein negatives Einlagekonto entsteht, dh Verluste über die Einlage hinausgehen können. Spätere Gewinne des Unternehmens müssen allerdings zur Aufstockung des Einlagekontos verwendet werden, und zwar bis zur Höhe der bedungenen Einlage auch bei positivem Einlagekonto (§ 232 Abs. 2 HGB). Der typische stille Gesellschafter hat Anspruch auf Mitteilung des Jahresabschlusses und Kontrolle seiner Richtigkeit unter Einsicht der Bücher (§ 233 Abs. 1, 3 HGB). 89

In der sog. **atypischen stillen Gesellschaft** erhält der stille Gesellschafter eine Beteiligung am Gewinn und Verlust der Gesellschaft und idR am tatsächlichen Zuwachs des Gesellschaftsvermögens (Vermögen einschließlich Anlagevermögen, stille Reserven, ggf. Geschäftswert); er trägt ein Mitunternehmerrisiko und kann Mitunternehmerinitiative entfalten. 90

Ohne eine Beteiligung an den stillen Reserven kann ein stiller Gesellschafter jedoch auch Mitunternehmer sein, wenn ihm abweichend von der handelsrechtlichen Regelung das Recht eingeräumt wird, wie ein Unternehmer auf das Schicksal der Gesellschaft einzuwirken. 91

b) Unterbeteiligung. Bei der **Unterbeteiligung** handelt es sich um eine stille Beteiligung an einem Gesellschaftsanteil einer Personengesellschaft oder Kapitalgesellschaft – nicht jedoch an einem Handelsgeschäft –,[111] die idR zivilrechtlich formlos eingeräumt werden kann.[112] Eine Zuwendung im Wege der Schenkung bedarf der Beurkundung. 92

Formulierungsbeispiel für die Zuwendung einer atypischen Unterbeteiligung in notarieller Urkunde: 93

A ist Gesellschafter an der X- KG und als Kommanditist mit einem Kommanditanteil in Höhe von … beteiligt. A räumt dem B schenkweise eine Unterbeteiligung an einem Teilkommanditanteil in Höhe von Euro … seiner Beteiligung an der X-KG mit Wirkung ab dem 1.1.… ein. Die Unterbeteiligung an dem Teilkommanditanteil in Höhe von Euro … wird hiermit mit Wirkung zum 1.1.… eingeräumt. B nimmt diese Schenkung hiermit an.

Die Details der Unterbeteiligung regelt der in Anlage I enthaltene Innengesellschaftsvertrag zwischen dem A und dem B. Der Gesellschaftsvertrag der X-KG findet sich in Anlage II.

---

[111] MHdB GesR I/ *Gayk*, 5. Aufl: 2019, § 30 Rn. 11; *Blaurock*, Handbuch Stille Gesellschaft, 8. Aufl. 2016, Rn. 30.9., Rn. 30.29.
[112] Steuerliche Anerkennung bei unentgeltlicher Einräumung typischer stiller Beteiligung notarielle Form verlangt: BFH/NV 2003, 1547.

Der A ist binnen 6 Monaten ab Kenntnis berechtigt, die unentgeltliche Aufhebung des Unterbeteiligungsvertrages oder die Übertragung der Unterbeteiligung auf einen von ihm benannten Dritten, jeweils mit Wirkung zum Eintritt der folgenden Ereignisse zu verlangen, wenn eine der folgenden Voraussetzungen in der Person des B eintreten:
- B stirbt vor dem A ohne Abkömmlinge,
- die Voraussetzungen für die Entziehung des Pflichtteils liegen vor,
- der B hat seine berufliche Ausbildung nicht bis zum ... Lebensjahr mit bestandener Prüfung abgeschlossen,
- über das Vermögen des B wird zu Lebzeiten des A das Insolvenzverfahren eröffnet oder mangels Masse nicht eröffnet, oder es werden Zwangsvollstreckungsmaßnahmen in die Unterbeteiligung eingeleitet und nicht binnen einer Frist von 2 Monaten wieder aufgehoben,
- die Ehe des B wird zu Lebzeiten des A geschieden, und der B hat keinen Ehevertrag geschlossen, der die Unterbeteiligung bei der Ermittlung des Anfangs- und Endvermögens für die Berechnung des Zugewinnausgleichsanspruchs oder eines vergleichbaren Anspruchs nach einem vergleichbaren ausländischen Güterstand ausnimmt.

Die vorstehenden Regelungen entsprechen dem Rücktrittsrecht und gehen dem Gesellschaftsvertrag vor. Nutzungen, die der Unterbeteiligte vor Ausübung des Verlangens auf Aufhebung bezogen hat, verbleiben ihm. B hat keine Ansprüche auf Erstattung etwaiger Aufwendungen im Zusammenhang mit der Unterbeteiligung.

Die Aufhebungserklärung bedarf der notariellen Beurkundung und muss dem aus der schenkweisen Zuwendung Verpflichteten bzw. dessen Erben innerhalb von 6 Monaten nach Kenntnis des Berechtigten vom Eintritt des Aufhebungsgrundes in Form einer Ausfertigung der notariellen Urkunde zugehen.

Die Zuwendung der Unterbeteiligung ist auf den Erbteil und den Pflichtteilsanspruch des B mit dem Wert zur Zeit der Einräumung der Unterbeteiligung gegenüber dem Nachlass des A anzurechnen.

Die Kosten der Beurkundung sowie eine etwaige Schenkungsteuer trägt der A.

Sollte eine oder sollten mehrere der Bestimmungen dieses Vertrages unwirksam, undurchführbar oder nicht durchsetzbar sein oder werden, so wird die Wirksamkeit der übrigen Bestimmungen davon nicht berührt. Anstelle der entfallenen Bestimmung gilt eine solche als vereinbart, die im Rahmen des rechtlich Möglichen dem am nächsten kommt, was die Parteien nach dem Sinn und Zweck der unwirksamen, undurchführbaren oder nicht durchsetzbaren Bestimmung wirtschaftlich gewollt haben. Entsprechendes gilt für etwaige Lücken in diesem Vertrag.

Anlage I: Unterbeteiligungsvertrag

§ 1 Gesellschaftsverhältnis

Der A ist Hauptbeteiligter der X-KG mit einem Kommanditanteil in Höhe von .... A hat dem B schenkweise eine Unterbeteiligung an einem Teilkommanditanteil in Höhe von Euro ... seiner Beteiligung an der X-KG eingeräumt. Zwischen A und B ist dadurch eine Innengesellschaft begründet worden, die durch den Gesellschaftsvertrag und nachrangig durch das Gesetz geregelt wird.

Eine Abtretung der Rechte aus der Unterbeteiligung kann nur nach vorheriger Zustimmung des Hauptbeteiligten erfolgen.

§ 2 Dauer, Auflösung, Kündigung

Die Gesellschaft beginnt am 1.1.... und wird auf unbestimmte Zeit geschlossen.

Scheidet der A aus der X-KG aus, endet der Unterbeteiligungsvertrag zum Zeitpunkt der Wirksamkeit des Ausscheidens des A. Wird die X-KG aufgelöst, bleibt die Unterbeteiligung bis zur Liquidation bestehen.

Jeder Gesellschafter kann den Unterbeteiligungsvertrag kündigen, jedoch nicht mit Wirkung vor dem …. Die Kündigungsfrist beträgt … Monate zum Ende des Kalenderjahres. Die Kündigung erfolgt durch eingeschriebenen Brief gegenüber dem Mitgesellschafter.

§ 3 Konten

Für den A und den B werden im Rahmen der Unterbeteiligung die Konten geführt, die für den Hauptbeteiligten auch in der X-KG unterhalten werden. Das sind das Kapitalkonto I als Festkapitalkonto, das Darlehenskonto, das Rücklagenkonto sowie das Verlustvortragskonto. Die Kontenstände per … sind in Anlage III abgebildet.

§ 4 Geschäftsführung

Die Geschäftsführung der Unterbeteiligungsgesellschaft steht ausschließlich dem A zu. Das gilt für die Wahrnehmung der Gesellschafterrechte gegenüber der X-KG und im Innenverhältnis gegenüber dem Unterbeteiligten.

Der Hauptbeteiligte A ist verpflichtet, seine Rechte in der … KG hinsichtlich des Teilkommanditanteils auch im Interesse des Unterbeteiligten B wahrzunehmen. Vor einer Beschlussfassung wird A unverzüglich nach Erhalt der Ladung zur Gesellschafterversammlung eine einstimmig herbeizuführende Abstimmung mit B [alt.; mit einfacher Stimmenmehrheit innerhalb der Innengesellschaft, wobei das Verhältnis der jeweiligen Gesamtbeteiligung des A zur Unterbeteiligung maßgebend ist] herbeiführen. Das Abstimmungsverhalten des A in der … KG für die Teilkommanditbeteiligung des A richtet sich nach dem zwischen A und B in der Innengesellschaft einstimmig herbeizuführenden Beschluss. Der A hat sein Stimmrecht danach auszuüben. Bei einem Verstoß gilt ….

Dem B stehen gegenüber dem A die sämtlichen Informations- und Kontrollrechte zu, die auch der B als Kommanditist gegen die … KG hat.

§ 4 Ergebnisbeteiligung

B ist an den auf den Teilkommanditanteil des A entfallenden Ergebnissen (Gewinn und Verlust) der Hauptgesellschaft gemäß Steuerbilanz beteiligt, allerdings nach Korrektur folgender Positionen: anteilig abzuziehen sind …, hinzuzurechnen sind ….

Ändert sich der Ergebnisanteil des A an dem Teilkommanditanteil durch eine Betriebsprüfung in der Hauptgesellschaft, ist der geänderte Ergebnisanteil des A an der Hauptgesellschaft für die Beteiligung an dem Teilkommanditanteil des B maßgebend.

Der Anspruch auf den Gewinnanteil des Unterbeteiligten besteht in gleicher Weise und im gleichen Umfang wie derjenige des A gegenüber der X-KG nach deren Gesellschaftsvertrag. Eine Korrektur des Ergebnisanteils durch eine Betriebsprüfung und verpflichtet den Unterbeteiligten B zur Rückzahlung etwaiger an ihn ausgezahlter Gewinnanteile auf den ursprünglich ermittelten Gewinn.

§ 5 Abfindung

Bei Beendigung der Unterbeteiligung durch Kündigung steht B eine Abfindung zu, die sich in analoger Anwendung der Abfindungsregelung des Gesellschaftsvertrages der X-KG bemisst. Im Falle des Ausscheidens des A aus der X-KG erhält der B den auf den Teilkommanditanteil entfallenden Abfindungsbetrag, im Falle der Auflösung der X-KG den auf den Teilkommanditanteil entfallende Liquidationserlös. Eine etwaige Zahlungspflicht des A in die X-KG wegen ausgleichungspflichtiger Verluste hat der B entsprechend seine Unterbeteiligung an dem Teilkommanditanteil zu tragen.

§ 6 Tod eines Gesellschafters

Durch den Tod eines Gesellschafters wird die Gesellschaft nicht aufgelöst. Der Hauptbeteiligte hat jedoch das Recht, im Falle des Vorversterbens des Unterbeteiligten die Aufhebung des Vertrages, mit dem die Unterbeteiligung schenkweise zugewendet wurde, zu verlangen. Für diesen Fall entsteht kein Abfindungsanspruch, die Aufhebung entspricht der Rückabwicklung der Schenkung. Der Unterbeteiligungsvertrag kann mit dem Erben des Unterbeteiligten fortgesetzt werden.

§ 8 Schlussbestimmungen

Im Falle der Änderung der Rechtsform der Hauptgesellschaft sind A und B verpflichtet, den Unterbeteiligungsvertrag an die Veränderungen so anzupassen, dass die Unterbeteiligung an die neue Rechtsform der Beteiligung mit der dann bestehenden Quote beibehalten werden kann.

Soweit der Gesellschaftsvertrag keine besonderen Regelungen, enthält, gelten die gesetzlichen Vorschriften.

Die etwaige Nichtigkeit einzelner Bestimmungen berührt die Wirksamkeit des Gesellschaftsvertrages im Übrigen nicht. Die Gesellschafter sind verpflichtet, anstelle der unwirksamen Bestimmung eine dem Vertragsgedanken entsprechende Neuregelung zu treffen. Sofern eine Neuregelung nicht gefunden wird, gelten die für die Regelungslücke bestehenden gesetzlichen Vorschriften.

94–99 *Nicht belegt.*

100 Eine Heilung bei Zuwendung des Einlagebetrages (nur) in einer atypischen stillen Beteiligung (§ 516 BGB) hat der BGH mit Abschluss des Unterbeteiligungsvertrages für möglich gehalten.[113]

101 Das Rechtsverhältnis besteht zwischen dem Hauptbeteiligten und dem Unterbeteiligten als rein bürgerlich-rechtliche Innengesellschaft ohne Gesamthandvermögen, in der dem Dritten eine schuldrechtliche Mitberechtigung (zumindest) am Gewinn des Gesellschaftsanteils des Hauptbeteiligten eingeräumt wird.[114] Zwischen den Vertragsparteien finden Vorschriften zur stillen Gesellschaft entsprechende Anwendung (§§ 230–236 HGB). Zur Hauptgesellschaft selbst hat der Unterbeteiligte keine Rechtsbeziehungen.

102 Auch bei der Unterbeteiligung wird handelsrechtlich (und steuerrechtlich) unterschieden zwischen typischer Unterbeteiligung und atypischer Unterbeteiligung. Bei der **typischen Unterbeteiligung** wird dem Unterbeteiligten nur ein Teil der Gewinnquote des Hauptbeteiligten überlassen, und bei Beendigung der Unterbeteiligungsgesellschaft wird ihm lediglich ein Anspruch auf Rückzahlung der Einlage gewährt. Bei der **atypischen Unterbeteiligung** gewährt die vertragliche Gestaltung dem Unterbeteiligten Mitunternehmerqualitäten.[115] Anhaltspunkte im Unterbeteiligungs-Gesellschaftsvertrag für die Annahme einer **atypischen Unterbeteiligung** sind

– eine Teilhabe des Unterbeteiligten an den Wertveränderungen des Gesellschaftsanteils bei einer Auflösung/Beendigung der Unterbeteiligung, die sich nicht nur auf die Einlage beschränkt, sondern am aktuellen Wert des Anteils an der Hauptgesellschaft,
– die Ausstattung des Unterbeteiligten mit Einflussmöglichkeiten auf Entscheidungen in der Hauptgesellschaft, zB durch dessen direkte Tätigkeit in der Hauptgesellschaft, mit Zustimmung der übrigen Gesellschafter der Hauptgesellschaft,
– indirekte Einflussnahme durch Zustimmungspflichten des Unterbeteiligten zu Entscheidungen in der Gesellschaft, zB durch Stimmbindungsvertrag.

103 Sind Kapitalgesellschaftsanteile für erbschaftsteuerliche Zwecke gepoolt worden, schadet die (typische/atypische) Unterbeteiligung nicht iSd § 13b Abs. 1 Nr. 3 ErbStG, der Unterbeteiligte ist jedoch den Verpflichtungen der Poolvereinbarung zu unterwerfen.[116]

---

[113] BGH DNotZ 2012, 713 ff. Nicht geheilt werden andere Formvorschriften, zB nach § 15 GmbHG.
[114] BGH DNotZ 2012, 713 (715–717); BGHZ 50, 316 (320); MüKoBGB/*Schäfer* Vor § 705 Rn. 92; *Blaurock,* Handbuch Stille Gesellschaft, 8. Aufl. 2016 § 30.1.
[115] MüKoBGB/*Schäfer* Vor § 705 Rn. 101; *K. Schmidt* DB 2002, 829 (832).
[116] *Hannes,* Formularbuch Vermögens- und Unternehmensnachfolge, 2. Aufl. 2017, C.2 Rn. 37.

4. Wohnrechte

104 Wohnrechte nehmen einen wichtigen Platz ein in Verträgen zur vorweggenommenen Erbfolge. Sie sind idR Teil unterschiedlicher Überlassungsabsprachen, zB eines Schenkungsvertrages, ggf. auch in Verbindung mit Nießbrauch, eines Mietvertrages oder Leihvertrages (§ 598 BGB). Die Ausgestaltung kann durch Dauerwohnrecht nach dem WEG, durch dingliches Wohnrecht nach § 1093 BGB, durch schuldrechtliches Wohnrecht oder durch Wohnungsreallast (§ 1105 BGB) erfolgen. Wird ausschließlich ein (lebenslanges) Wohnrecht ohne Gegenleistung unentgeltlich überlassen, handelt es sich zivilrechtlich um eine Leihe.[117]

105 Im Rahmen des Pflichtteilsrechts nach § 2325 Abs. 3 BGB ist daran zu denken, dass die Zehn-Jahres-Frist erst in Lauf gesetzt wird, wenn die Immobilie rechtlich übertragen und wirtschaftlich aus dem Vermögen des Schenkers ausgesondert wurde. Das ist bei Übertragung unter Vorbehalt eines Wohnrechtsvorbehalts erst mit Beendigung des Wohnrechts der Fall, wenn der Schenker den verschenkten Gegenstand auch nach Vertragsschluss noch **im Wesentlichen weiterhin nutzen** konnte.[118] Wann dies der Fall ist, hat der BGH bisher offen gelassen, und ist in der Literatur umstritten.[119]

106 Steuerlich werden Wohnrechte im Rahmen einer gemischten Schenkung oder Schenkung unter einer Auflage (Gegenleistungen, Leistungs-, Nutzungs- und Duldungsauflagen) entsprechend § 10 Absatz 1 Satz 1 und 2 ErbStG berücksichtigt, soweit die Bereicherung der Besteuerung unterliegt. Die Bereicherung wird wie beim Nießbrauch ermittelt, indem von dem Steuerwert der Leistung des Schenkers (zu ermitteln nach § 12 ErbStG) die Gegenleistungen des Beschenkten abgezogen werden. Hinsichtlich Nutzungs- und Duldungsauflagen gilt dies allerdings nur, soweit § 10 Absatz 6 Satz 6 ErbStG den Abzug nicht ausschließt, weil ein Nutzungsrecht sich bereits als Grundstücksbelastung bei der Ermittlung des gemeinen Werts eines Grundstücks ausgewirkt hat.[120] Da vermietete Grundstücke mit einem Bewertungsabschlag von 10 % angesetzt werden (§ 13 Abs. 1 ErbStG), werden auch Gegenleistungen nur mit 90 % bereicherungsmindernd berücksichtigt.

107 **a) Dauerwohnrecht nach § 31 Abs. 1 WEG.** Als veräußerliches und vererbliches Wohnrecht – im Unterschied zum Wohnungsrecht gem. § 1093 BGB — ermöglicht § 31 Abs. 1 WEG die Einräumung eines Nutzungsrechts an einer Immobilie (in ihrer Gesamtheit oder einem Teil davon) unter Ausschluss des Eigentümers. Es berechtigt zu jeder Art von Nutzung der Räumlichkeiten, auch zur Vermietung. Es kann nicht wie Eigentum mit Hypotheken und Grundpfandrechten belastet, sondern nur verpfändet, aber auch gepfändet werden. Ohne entsprechende Vereinbarung hat der Dauerwohnberechtigte keine Steuern und sonstige öffentliche Lasten des Grundstücks zu tragen.

108 Die Begründung gesonderten Wohnungseigentums ist entbehrlich, die Wohnung muss allerdings abgeschlossen sein (§ 32 Abs. 1 WEG). Die Bestellung erfolgt durch Einigung und Eintragung in Abteilung II des Grundbuches (§ 873 Abs. 1 BGB), nicht durch Auflassung (§ 925 BGB). Notarielle Beurkundung ist nicht erforderlich, Beglaubigung genügt (§ 29 GBO).

109 **b) Wohnungsrecht nach § 1093 BGB.** Als nicht übertragbare und nicht vererbliche Form der beschränkten persönlichen Dienstbarkeit (§ 1093 BGB) kann auch das personenbezogene Recht bestellt werden, ein Gebäude oder einen Teil eines Gebäudes unter

---

[117] BGH ZEV 2008, 192; Staudinger/*Chiusi* (2013) BGB § 516 Rn. 21.
[118] *Wegmann* MittBayNot 1994, 307 (308) zur Leibrente als fristunschädliche Alternative.
[119] → Nießbrauch Rn. 27; BGH NJW 2016, 2957 (2959) = ZEV 2016, 445; OLG Karlsruhe NJW-RR 2008, 601 (602); OLG München ZEV 2008, 480 (481).
[120] R E 7.4 ErbStR 2011.

Ausschluss des Eigentümers als Wohnung zu benutzen.[121] Familienangehörige und Hauspersonal dürfen aufgenommen werden, Dritte nur im Falle der Gestattung (§ 1093 Abs. 2, 1092 Abs. 1 S. 2 BGB). Das Wohnungsrecht ist personengebunden und im Gegensatz zur Wohnungsreallast nicht pfändbar, es sei denn, dass es kraft ausdrücklicher Anordnung einem Dritten überlassen werden kann.

110 Der Grundstückseigentümer ist gesetzlich nicht zur Instandhaltung zur Sicherstellung des Wohnungsrechts verpflichtet, wenn dies nicht durch beurkundeten Vertrag geregelt ist. Der Wohnungsberechtigte trägt nur die gewöhnlichen Ausbesserungs- und Erneuerungsaufwendungen innerhalb der Wohnung (§ 1041 Abs. 1 BGB). Es kann nicht zum dinglichen Inhalt des Wohnungsrechts gemacht werden, dass der Wohnungsberechtigte Grundstückslasten trägt. § 1093 Abs. 1 S. 2 BGB schließt in seiner Verweisung § 1047 BGB aus.

111 Die gesetzliche Regelung passt häufig nicht in den Fällen der Übertragung von Immobilien auf junge und mittelbeschränkte Abkömmlinge. Die Vereinbarung weiterer Zahlungspflichten in der Schenkungsurkunde sollte erwogen werden, hat jedoch nur schuldrechtlichen Charakter. Bei separater Bestellung (ohne Übertragung eines Grundstückes) wird das Wohnungsrecht wie jede beschränkte persönliche Dienstbarkeit durch Einigung und Eintragung (§ 873 BGB) in der Grundbuchform des § 29 GBO begründet.

112 **Formulierungsbeispiel:**
Der Empfänger gewährt den Schenkern zu 1) und zu 2) ein höchstpersönliches, nicht übertragbares und lebenslanges Wohnungsrecht an dem Einfamilienhaus mit Garage sowie das Recht zur Nutzung des Grundstücks ... unter Ausschluss der Benutzung durch den Empfänger. Die Ausübung des Wohnungsrechtes gestattet jedem Berechtigten die Nutzung der Immobilie gemeinsam und allein, und jeweils mit einem Lebensgefährten für den Fall, dass einer der Schenker zu 1) und zu 2) verstirbt und der Überlebende das Wohnungsrecht dann allein weiter nutzt, sowie die Nutzung gemeinsam mit Hauspersonal/Pflegepersonal.
- Die Schenker zu 1) und zu 2) tragen die gewöhnlichen Ausbesserungs- und Erneuerungsaufwendungen innerhalb der Wohnung sowie die anteiligen Kosten für Strom, Wasser und umlegbare Nebenkosten bezüglich der dem Wohnungsrecht unterliegenden Immobilie, und zwar als Gesamtschuldner, und für den Fall des Erlöschens des Wohnungsrechts für einen Begünstigten allein. Im Übrigen wird das Wohnungsrecht unentgeltlich gewährt.
- Das Wohnungsrecht gestattet den Schenkern zu 1) und zu 2), das Wohnungsrecht gemeinsam oder unabhängig voneinander auszuüben. Etwaigen Abstimmungsbedarf zwischen den Schenkern zu 1) und zu 2) zur Ausübung des Wohnungsrechts regeln diese im Einverständnis des Empfängers untereinander.
- Das Wohnungsrecht eines jeden Berechtigten erlischt bei Verlassen des Hauses auf Dauer, spätestens jeweils mit dessen Tod.
- Der Empfänger zu 3) ist zur Instandhaltung der Immobilie zur Sicherstellung der jeweiligen Wohnungsrechte verpflichtet.

113 **c) Mitbenutzung einer Wohnung.** Im Unterschied zu dem Wohnungsrecht nach § 1093 BGB wird die Mitbenutzung zum Wohnen gemeinsam mit dem Eigentümer als (ggf. lebenslanges) Wohnrecht als beschränkt persönliche Dienstbarkeit nach §§ 1090 – 1092 BGB (vergleichbar dem Wohnungsrecht) vereinbart.[122]

---

[121] OLG Frankfurt a.M. MittBayNot 2007, 402 (403), zur Formulierung der Bewilligungserklärung mit der Bezeichnung als „Wohnungsrecht" oder „unter Ausschluss des Eigentümers" und einer möglichen Auslegung als Bestellung eines Wohnungsrechts im Sinn von § 1093 BGB, mAnm *Adam*; *Hannes*, Formularbuch Vermögens- und Unternehmensnachfolge, 2. Aufl. 2017, A 1.01 Rn. 43.
[122] OLG Frankfurt a.M. MittBayNot 2007, 402 (403); BayObLGZ 1964, 1 ff. = DNotZ 1965, 166.

d) Gewährung von Wohnraum als Reallast. Als Reallast versteht man die Belastung 114 eines Grundstückes mit dem dinglichen Stammrecht auf Entrichtung wiederkehrender Leistungen und dem dinglichen Recht auf Entrichtung jeder Einzelleistung. Die ergänzende persönliche Haftung des Eigentümers für die Einzelleistungen ist nur Folge der dinglichen Haftung. Im Unterschied zur Dienstbarkeit, welche dem Berechtigten ein Duldungs- oder Unterlassungsrecht gibt, ist die Reallast auf ein **aktives Handeln** gerichtet. Die Reallast kann auch als Wohnungsreallast gewährt werden. Sie begründet die Verpflichtung, allgemein – nicht an bestimmten Räumen – Wohnraum zu gewähren und gebrauchsfähig zu erhalten.[123] Bei **separater Bestellung** (ohne Übertragung eines Grundstückes) wird die Reallast durch Einigung und Eintragung (§ 873 BGB) in der Grundbuchform des § 29 GBO begründet.

5. Vertragliche Ausstiegsszenarien

Auf gesetzliche Korrekturmöglichkeiten bei Störungen in der vorweggenommenen Erbfolge ist wenig Verlass. Die vertraglichen Möglichkeiten sollten daher ausgeschöpft werden. Im Gesellschaftsrecht bedarf es dann der Mitwirkung von Mitgesellschaftern, wenn die Rückführung eines Gesellschafts- oder Geschäftsanteils erstrebt wird. 115

a) Freie Hinauskündigungsklauseln in Gesellschaftsverträgen. Der BGH vollzieht 116 im Gesellschaftsrecht die zivilrechtliche Annahme nicht nach, freie oder jederzeitige Widerrufsvorbehalte hinderten **die wirksame Schenkung nicht.**[124] Er hält freie Hinauskündigungsklauseln oder freie Ausschlussklauseln in Gesellschaftsverträgen oder solche Vereinbarungen in anderen Vertragsdokumenten, die einer freien Hinauskündigung gleichkommen, zB in einem unbefristeten, jederzeit auszuübenden Kauf- und Übertragungsangebot für GmbH-Anteile unter Wert,[125] und ohne sachlichen Grund für unzulässig (§ 138 BGB).[126] Dies gilt idR ungeachtet der Zustimmung der Mitgesellschafter zu diesem Verfahren. Der BGH hat nur bei außergewöhnlichen Umständen jeweils unter Bekräftigung des Grundsatzes zur Sittenwidrigkeit Ausnahmen der freien Hinauskündigung angenommen:
– beim Managermodell[127] und beim Mitarbeitermodell,[128] wenn die Beteiligung unentgeltlich überlassen wurde oder zumindest Erwerbskosten erstattet werden,[129]
– bei Beendigung eines im Vordergrund stehenden Kooperationsvertrags,[130]
– beim Juniorpartnervertrag bei einer Freiberuflersozietät,[131]
– Ausschluss des Erben eines Mitgesellschafters.[132]
In der Literatur sind gelegentlich Fallgruppen vorgeschlagen worden, in denen eine freie 117 Hinauskündigung oder vergleichbare Handlungen zulässig sein sollen,[133] so zB (1) bei rein kapitalistisch geprägten, keinen nennenswerten Einfluss gewährenden Beteiligungen ohne

---

[123] BGH NJW 1972, 540.
[124] BGH DNotZ 1991, 819 (822); *Kirnberger/Werz* ErbStB 2003, 292.
[125] BGH NJW 1990, 2622 (2623).
[126] BGH NJW 1990, 2622 (2623); NJW 1989, 834 (835 f.) zur zulässigen Ausschließung des Kommanditisten bei Tod des Komplementärs; NJW 1989, 2681 (2682) zum zulässigen Ausschluss aus wichtigem Grund; NJW 1985, 2421 (2422), zu Kündigung der Gesellschaft nach freiem Ermessen; BGH NJW 1981, 2565 (2566), zum Ausschluss nach freiem Ermessen; BGH NJW 1982, 2303 Ls., zur Übernahme der KG-Beteiligung nach freiem Ermessen in Publikums-KG. Bis 1977 hatte der BGH NJW 1977, 1292 (1293) die freie Hinauskündbarkeit bei unzweideutiger Regelung im Gesellschaftsvertrag und sachlicher Rechtfertigung für zulässig gehalten.
[127] BGH DStR 2005, 1913 (1914 f.); BGH NZG 2007, 422. MüHdb GesR II/*Schulte/Hushahn*, 5. Aufl. 2019, § 38 Rn. 38.
[128] BGH DStR 2005, 1910 (1911 f.).
[129] OLG Celle GmbHR 2003, 1428; BGH NJW 2005, 3641 (3642 f.); NJW 2005, 3644 (3646).
[130] BGH DStR 2005, 798 (799 f.).
[131] BGH NJW 2004, 2013 (2014).
[132] BGH NJW 1989, 834 (835); MüHdb GesR II/*Schulte/Hushahn*, 5. Aufl. 2019 § 38 Rn. 38, 41.
[133] *Kollhosser*, AcP 194, 241 f.

Existenzsicherungscharakter oder (2) bei Vorliegen objektiver Kriterien, so zB nachhaltiger Abweichung von bisherigen Unternehmenszielen, ansehensschädigendem Verhalten, Begehung von Straftaten oder Integrationsunfähigkeit.[134] Von einer Verwendung von Blankoklauseln im Vertrauen darauf, dass solche Fallgruppen anerkannt werden oder dass im Einzelfall eine sachliche Rechtfertigung vorliegt, ist abzuraten.

118 Auch schenkungsteuerlich bestehen Bedenken gegen freie Hinauskündigungsrechte bzw. Widerrufsmöglichkeiten wegen der ertragsteuerlichen Zuordnung zum Schenker mit der Folge, dass die Verschonungsmöglichkeiten für Betriebsvermögen (§§ 13a, 13b ErbStG) mangels Mitunternehmerstellung des Beschenkten regelmäßig nicht in Anspruch genommen werden können.[135]

119 Lediglich einzelne Rückforderungsrechte, auf deren Eintritt der Schenker keinen Einfluss hat, lassen die Mitunternehmerstellung des Beschenkten idR nicht entfallen, beeinträchtigen weder Mitunternehmerinitiative noch Mitunternehmerrisiko.[136]

120 **b) Rückforderungsrechte des Schenkers.** Die gesetzlichen Absicherungsrechte des Zuwendenden in einem Vertrag zur vorweggenommenen Erbfolge, der idR als Schenkung oder gemischte Schenkung ausgestaltet ist, sind dürftig (→ § 2 Rn. 175 ff.). Darauf allein sollte sich niemand verlassen, wenn sichergestellt werden soll, dass der Vertrag rückgängig gemacht werden soll.[137]

121 Vertragliche Rückforderungsereignisse sind vielfältig vereinbar. Sie hindern nicht die Annahme einer vollzogenen Schenkung und sind (bei Vereinbarung eines abschließenden Kriterienkatalogs) im Gegensatz zu dem freien oder jederzeitigen Widerrufsvorbehalt nicht pfändbar.[138] Beispiele sind (die folgenden Ereignisse schließen sich teilweise aus):
– Vorversterben des Beschenkten oder dessen Abkömmling vor dem Schenker,
– Grober Undank gegen den Schenker/den Ehegatten,
– Zwangsvollstreckungsmaßnahmen in das Vermögen des Zuwendungsempfängers,
– Insolvenz des Zuwendungsempfängers,
– Nichtvollendung einer zur Unternehmensleitung qualifizierenden Ausbildung,
– Beendigung der Mitarbeit des Beschenkten im Unternehmen,
– Auslösung von Nachsteuertatbeständen bei Zuwendung von Unternehmensvermögen durch den Beschenkten — orientiert an § 13a Abs. 6 ErbStG — innerhalb einer gesetzten Haltefrist, namentlich
  – Vollständige oder teilweise Veräußerung des erworbenen Betriebes/der Beteiligung,[139]
  – Aufgabe des Gewerbebetriebes oder Mitunternehmeranteils,
  – Verdeckte Einlage in eine Kapitalgesellschaft oder Kapitalherabsetzung,
  – Veräußerung oder Entnahme wesentlicher Betriebsgrundlagen,
  – Überentnahmen, wenn diese am Ende des jeweiligen Überwachungszeitraums nicht durch eine Rückzahlung ausgeglichen worden sind,
  – Kündigung eines Poolvertrags (bei Kapitalgesellschaften),
– Eintritt des Falls der Inanspruchnahme des Schenkers durch das Finanzamt auf Zahlung von Schenkungsteuern bei Übertragung von Unternehmensvermögen,[140]

---

[134] *Klumpp,* ZEV 1995, 385 (389).
[135] *Pauli* ZEV 2013, 289 (296), mwN *Götz/Jorde* FR 2003, 998 (1000) zu Besonderheiten bei der Übertragung von Mitunternehmeranteilen, wenn die vorbehaltenen Widerrufsmöglichkeiten des Schenkers dazu führen, dass der Beschenkte nicht mehr als Mitunternehmer angesehen wird.
[136] *Pauli* ZEV 2013, 289 (296), mwN BFH DStR 1994, 1004 (1005) = ZEV 1994, 320 mit Anm. Piltz. Ausnahmen sind je nach Regelungen im Gesellschaftsvertrag möglich.
[137] OLG Koblenz ZEV 2002, 460 ff. mAnm *Kornexl* zur wertmäßigen Berücksichtigung des vorbehaltenen Rücktrittsrechts im Pflichtteilsergänzungsanspruch.
[138] BGH ZEV 2003, 293 (294); *Pauli* ZEV 2013, 289 (296), mwN.
[139] BGH NJW 2009, 1135 (1136).
[140] Für die Schenkungsteuer sind der Beschenkte und der Schenker Gesamtschuldner der Erbschaftsteuer.

II. Gestaltungsinstrumentarien im Vertrag der vorweggenommenen Erbfolge § 22

- Veräußerung der übertragenen Immobilie (nicht Wohnimmobile) innerhalb einer Frist von 10 Jahren ab Erwerb durch den Schenker selbst (zwecks Vermeidung der Besteuerung von Veräußerungsgewinnen),
- Verheiratung des Übernehmers ohne Abschluss eines Gütertrennungsvertrages oder eines im Falle der Geltung ausländischer Ehewirkungen nach der geltenden ausländischen Rechtsordnung vergleichbaren Vertrages,
- bei Geltendmachung von ausländischen Pflichtteilsrechten oder ausländischen Noterbrechten durch den Erben des Beschenkten an der Schenkung (Vermeidung der Minderung des Nachlasses des Beschenkten zulasten auserkorener Erben),[141]
- Wiederverheiratung des Gesellschaftsanteilserben nach Tod eines Gesellschafters,[142]
- Eintritt der Geschäftsunfähigkeit oder Krankheit oder Drogenabhängigkeit des Empfängers oder dessen Eintritt in eine Sekte,
- Scheidung des Übernehmers,[143]
- ein neues Schenkungsteuerrecht löst die am 1.7.2016 in Kraft getretenen Vorschriften binnen eines bestimmten Zeitraums x ab.[144]

Insbesondere das Rücktrittsrecht im Falle des Vorversterbens des Beschenkten vor dem Schenker ist bedeutsam, um sicherzustellen, dass unerwünschte Erben des vorverstorbenen Beschenkten (zB der geschiedene Ehegatte des Schenkers) nicht mit in der Gesellschaft sitzen (falls im Gesellschaftsvertrag erlaubt), jedenfalls nicht auf dem Umweg des Erbfalls auf Kosten des Schenkers bereichert werden und eine Nachfolgestellung einnehmen. Ggf. kann der Schenker sich im Schenkungsvertrag eine (begrenzte) Vollmacht einräumen lassen, um Übertragungshandlungen selbst veranlassen zu können. 122

Für die Vereinbarung eines Rückforderungsrechts spricht, dass der Rückfall nicht automatisch ausgelöst wird. 123

Die vertragliche Ausgestaltung der Rückforderung eines Unternehmens sollte klarstellen, ob das Rückforderungsrecht veräußerlich bzw. vererbbar sein soll, etwa für den Ehegatten, und was zu vom Beschenkten zwischenzeitlich getätigten Investitionen, eingeleiteten Veränderungen, für geleistete Dienste, Nutzungen, Zins- und Tilgungsleistungen und ggf. anderen bei der Zuwendung übernommene Verpflichtungen wie zB einen Pflichtteils- oder Erbverzicht gelten soll.[145] 124

Gesetzlich ist geregelt, dass die jeweiligen vertraglichen Leistungen unter Einschluss der Nutzungen entweder rückgewährt werden (§§ 346 ff. BGB) oder ein Anspruch auf Wertersatz besteht (§ 346 Abs. 2 BGB). 125

> **Formulierungsbeispiele:** 126
> Der Schenker der Gesellschaftsanteile … und im Falle des Todes des Schenkers der/die … [Hinweis: sollte eine letztwillige Verfügung eine Klarstellung enthalten, dass das Rücktrittsrecht vererblich ist, für wen und auszuüben zu wessen Gunsten] hat das ver-

---

[141] Bei Auslandsbezug ist zu beachten, dass es anders als nach deutschem Erbrecht nicht in allen ausländischen Rechtsordnungen möglich ist, zu Lebzeiten auf seinen Pflichtteil zu verzichten, zB nicht in Frankreich, Italien und Spanien. Bei einem Noterbrecht, zB in Frankreich, erhalten Kinder mehr als nur den Pflichtteil. Das Noterbrecht gibt eine dingliche Berechtigung am Nachlass. Dem soll ggf. vorgebeugt werden.

[142] BGH BeckRS 1965, 00143 = FamRZ 65, 600; sollte allerdings der Ehegatte dadurch faktisch vom Nachlass und vom Pflichtteil ausgeschlossen werden, ist Vorsicht geboten. → Ehegattenerbrecht § 15 Rn. 53 ff.

[143] *Weser* ZEV 1995, 353 ff. (355).

[144] Dies könnte die Möglichkeit eröffnen, sich von der Schenkung nach dem geltenden Recht, die zB unter Lohnsummenvorbehalt steht, zu lösen, und unter einem evtl. günstigeren Recht neu zu schenken. Insbesondere zu steuerlich motivierten Rückforderungsrechten → *Götz*, Möglichkeiten zum Widerruf einer Schenkung, NWB-EV Nr. 9 v. 6.9.2017, 318 (320, 321) mit Formulierungsbeispielen.

[145] → Rn. 25 zum Problem des Beginns der 10-Jahres-Frist im Pflichtteilsrecht (§ 2325 Abs. 3 BGB) bei freien Rückforderungsrechten mangels wirtschaftlicher Ausgliederung aus dem Vermögen des Schenkers; zur Vererblichkeit des Rücktrittsrechts *Pauli* ZEV 2013, 289 (296); *Stein* FamFR 2011, 243.

erbbare Recht, von diesem Vertrag durch schriftliche Erklärung gegenüber dem Empfänger oder dessen Erbe zurückzutreten, wenn
- der Empfänger vor dem Schenker verstirbt,
- der Beschenkte aufgrund einer psychischen Krankheit oder einer körperlichen, geistigen oder seelischen Behinderung ganz oder teilweise seine Angelegenheiten nicht mehr selbst zu besorgen und eine gerichtliche Betreuung (gleich welcher Art) bestellt worden ist,
- der Empfänger sich gegen den Schenker oder dessen Ehegatten grob undankbar verhält, insbesondere nachhaltig den Familienfrieden stört;
- wenn der Empfänger zu Lebzeiten des Schenkers oder vor Ablauf des Jahres ... ohne dessen Zustimmung ganz oder teilweise seine Gesellschaftsanteile veräußert oder belastet, oder wenn diese im Wege der Zwangsversteigerung veräußert werden;
- der Empfänger die Gesellschaft zu Lebzeiten des Schenkers oder vor Ablauf des Jahres ... ohne dessen Zustimmung des ... die Gesellschaft kündigt;
- wenn der Empfänger gegen wesentliche Gesellschafterpflichten verstößt, insbesondere gegen die Regelungen in ... des Gesellschaftsvertrages,
- wenn der Empfänger gegen die Pflichten aus dem Poolvertrag verstößt, insbesondere gegen die Regelungen ...,
- wenn in die Gesellschaftsanteile oder wegen dieser Gesellschaftsanteile gegen den Beschenkten ein Zugewinnausgleichsanspruch oder ein Anspruch auf Auseinandersetzung des Güterstandes einer Gütergemeinschaft oder vergleichbare Ansprüche infolge der Geltung eines ausländischen Güterstands geltend gemacht wird;
- die Voraussetzungen für den Ausschluss des Empfängers (zukünftigen Gesellschafters) aus der Gesellschaft vorliegen, insbesondere weil ein Gläubiger des Empfängers in dessen zukünftige Gesellschaftsanteile die Zwangsvollstreckung betreibt und die Maßnahmen nicht innerhalb von drei Monaten wieder eingestellt werden,
- wenn über das Vermögen des Empfängers das Insolvenzverfahren eröffnet oder dessen Eröffnung mangels Masse abgelehnt wird;

Die Mitgesellschafter ... haben der Rücktrittsregelung mit der Maßgabe, dass die Gesellschaftsanteile mit Ausübung des Rücktrittsrechts an den Schenker oder ... zurückfallen, mit Erklärung vom ... zugestimmt.

Der Rücktritt ist von ... gegenüber ... schriftlich binnen einer Frist von ... Monaten ab Kenntnis des zum Rücktritt berechtigenden Umstands zu erklären; nach Ablauf der Frist erlischt das Recht zum Widerruf endgültig.

Die Rückübertragung hat unentgeltlich, jedoch auf Kosten des ... zu erfolgen.

127 Eine zu weitgehende und damit sittenwidrige Knebelung des Beschenkten (§ 138 Abs. 1 BGB) hat der BGH angenommen im Falle der Vereinbarung einer Rückforderung wegen Verstoßes gegen Unterlassungspflichten, wenn dem Beschenkten eine Verfügung über das Vermögen eines übergebenen Betriebs insgesamt oder über dessen Grundvermögen untersagt wird, und der Übergeber keine **Zustimmung** zu einer mit den Grundsätzen ordnungsgemäßer Wirtschaft zu vereinbarenden und den Zweck des Verfügungsverbots nicht wesentlich gefährdenden Verfügung verlangen darf.[146] Angesichts der seit 2016 geregelten Änderungen erbschaftsteuerlicher Privilegierung von Familiengesellschaften dürfte jedenfalls die Vereinbarung von Verfügungsverboten im Schenkungsvertrag zu Be-

---

[146] BGH NJW 2012, 3162–3165 und BGH NJW 2009, 1135 (1136) zu Verfügungsverboten; → Rn. 7 ff. mit Formulierungsbeispiel; → *Feick* in Beck'sches Musterformularbuch III. C. 2, s.a. Anm. 10; keine Sittenwidrigkeit bei langer Bindungsdauer von Rücktrittsrechten BGH NJW 2009, 1135 (1136 f.): Unterlassungsverpflichtungen werden nicht nach 30 Jahren unwirksam, Analogien aus dem Schuldrecht kämen nicht in Betracht (§ 137 S. 2, § 462 S. 1, § 544 BGB), Analogien aus dem Erbrecht (§ 2044 Abs. 2 S. 1, § 2109 Abs. 1, § 2162 Abs. 2 S. 1, § 2210 S. 1 BGB) blieben offen, da die 30-Jahres-Frist bei analoger Anwendung erst mit dem Tod des Übergebers zu laufen begänne.

triebsvermögen iSv § 13a Abs. 6 ErbStG im Rahmen der **Haltefristen** (5 oder 7 Jahre) zulässig sein, oder bei Aufgabe des Gewerbebetriebes oder Mitunternehmeranteils.

Es kann die vertragliche Ausgestaltung zur **Verstärkung** gesetzlich bereits bekannter Positionen, zB bei Verarmung oder grobem Undank genutzt werden. Bei Einräumung der Stellung eines persönlich haftenden Gesellschafters in einer OHG oder KG empfiehlt sich die Vereinbarung von Rechten bei Verarmung oder grobem Undank ausdrücklich dann, wenn für eine Schenkung nicht angenommen wird. Bei Personenmehrheit auf Veräußerer- oder Erwerberseite ist zu regeln, ob und inwieweit die Ausübung vertraglicher Rechte zuzulassen ist, wenn ein Tatbestand nur hinsichtlich einer Person erfüllt ist. 128

Allerdings ist das Rückforderungsrecht an Gesellschaftsbeteiligungen erschwert, da der **Gesellschaftsverband** daran zu beteiligen ist und zustimmen muss,[147] und Vereinbarungen darüber eines sachlich gerechtfertigten Grundes bedürfen. In Gesellschaftsverträgen ist häufig lediglich die Möglichkeit geregelt, ohne Zustimmung der Gesellschafter auf Mitgesellschafter und Kinder zu übertragen, nicht aber, den (schenkenden) Altgesellschafter wieder in die Gesellschaft aufzunehmen. Das wäre jedoch für die absolute Wirksamkeit einer Rückkehr in die Gesellschaft bei der Personengesellschaft unerlässlich, bei der Kapitalgesellschaft abhängig von der Regelung im Gesellschaftsvertrag. 129

Die Stellung als Schenker gibt dem Gesellschafter keine besonderen gesellschaftsrechtlichen Privilegien. Zusätzlich oder alternativ ist daher die Absicherung gewünschter Regelungen im Gesellschaftsvertrag zu prüfen. 130

Die Vereinbarung von Rückforderungsrechten eignet sich in erster Linie bei Grundstücken,[148] da diese im Grundbuch durch Rückauflassungsvormerkung gemäß § 883 BGB gesichert werden können[149] und nicht den gesellschaftsrechtlichen Besonderheiten unterliegen. Die freie Rückforderung ist bei Grundstückszuwendungen möglich, allerdings mit den Risiken behaftet, dass einkommensteuerlich das Eigentum wirtschaftlich dem Schenker zugerechnet wird[150] und gepfändet werden kann. 131

Der Anspruch des Übergebers aus einem auf den Tod des Übernehmers befristeten Grundstücksübergabevertrag kann durch Vormerkung gesichert werden.[151] 132

> **Formulierungsbeispiel für Schenkung einer Immobilie:** 133
> 1. Der Schenker (Vater) hat das Recht, von diesem Vertrag durch schriftliche Erklärung gegenüber dem Beschenkten (Sohn) oder im Falle des Vorversterbens des Beschenkten gegenüber dessen Erben zurückzutreten, und der Ehegatte des Schenkers (Mutter) erbt von dem Schenker das Recht, im Falle des Vorversterbens der Schenkers gegenüber dem Beschenkten bzw. dessen Erben zurückzutreten, wenn
> - der Beschenkte ohne eigene Abkömmlinge vor den Eltern verstirbt,
> - der Beschenkte aufgrund einer psychischen Krankheit oder einer körperlichen, geistigen oder seelischen Behinderung ganz oder teilweise seine Angelegenheiten nicht mehr selbst zu besorgen kann und eine Betreuung (gleich welcher Art) bestellt worden ist,
> - wenn der Beschenkte zu Lebzeiten der Eltern ohne deren Zustimmung das Eigentum und gegen deren Willen ganz oder teilweise veräußert oder belastet, oder wenn die Immobile zwangsverwaltet oder im Wege der Zwangsversteigerung veräußert wird;
> - wenn wegen der Immobilie gegen den Beschenkten ein güterrechtlicher Anspruch geltend gemacht wird;

---

[147] BGH NJW 1990, 2616 (2618) für die Zuwendung eines KG-Anteils.
[148] BayObLG DNotZ 2002, 784; OLG Düsseldorf FGPrax 2002, 196; FGPrax 2002, 202; *Weser*, ZEV 1995, 353 ff.
[149] BayObLG NJW-RR 1995, 1297: eine einzige Vormerkung für Sukzessivberechtigung der Eltern.
[150] BFH BStBl II 1989, 1034 f. = NJW-RR 1990, 1142 (Ls.); BStBl II 1983, 179 = NJW 1983, 904 (Ls.).
[151] BGH ZEV 2002, 512 f., mit der Einschränkung, dass sich das Grundstück beim Tod des Übernehmers noch in dessen Vermögen befindet.

- wenn über das Vermögen der Beschenkten das Insolvenzverfahren eröffnet oder dessen Eröffnung mangels Masse abgelehnt wird;

  Das Rücktrittsrecht erlischt nicht mit dem Tod des Schenkers, es geht auf den Ehegatten über. Im Übrigen ist das Rücktrittsrecht nicht vererblich.

  Die gesetzlichen Rücktritts- und Widerrufsrechte gemäß § 528 BGB wegen Verarmung des Schenkers und gemäß § 530 BGB wegen groben Undanks gelten als vertraglich vereinbart.

  Im Falle des Rücktritts hat der Beschenkte keinen Anspruch auf Aufwendungen, Verwendungen oder werterhöhende Maßnahmen.

  Die Rückübertragung hat unentgeltlich, jedoch auf Kosten des Beschenkten zu erfolgen.

2. Die Beteiligten sind sich hiermit unbedingt darüber einig, dass
   - das Eigentum an den in § ... genannten Grundvermögen auf den Beschenkten übergehen soll,
   - an rangbereiter Stelle in Abtlg. II für den Schenker die Eintragung einer Rückauflassungsvormerkung an dem genannten Grundvermögen gemäß § 883 BGB im Grundbuch erfolgt für die in 1. genannten Fälle, und zwar auch dann, wenn es sich um die vertragliche Sicherung der Rückübereignung für den Fall der Verwirklichung eines gesetzlichen Rückforderungsrechtes handelt. Die Rückauflassungsvormerkung ist vererbbar auf den Ehegatten des Schenkers,
   - Zur Sicherung des bedingten Rückübertragungsanspruchs nach wirksamer Ausübung eines vorstehend eingeräumten Rückforderungsrechtes oder des gesetzlichen Widerrufs gemäß § 530 BGB („grober Undank") oder gem. § 528 BGB (Verarmung des Schenkers) bestellt hiermit der Übernehmer zugunsten beider Eltern als Gesamtberechtigte gem. § 428 BGB eine Auflassungsvormerkung am Vertragsbesitz und bewilligt und beantragt deren Eintragung im Grundbuch. Die Vormerkung ist als Sicherungsmittel auflösend befristet. Sie erlischt mit dem Tod des jeweiligen Elternteils.

   Sie bewilligen und beantragen, diese Rechtsänderungen in das Grundbuch einzutragen.

134 Eine Vollmacht für den Rückforderungsberechtigten kann hilfreich sein, insbesondere im Hinblick auf §§ 925, 177 BGB. Stellt der Schenker dem Erwerber einen Geldbetrag zum Erwerb eines Vermögensgutes zur Verfügung, kann die Rückforderung entweder auf den Geldbetrag oder das Vermögensgut gehen – bei Gesellschaftsbeteiligungen muss die gesellschaftsvertragliche Seite diese Möglichkeit vorsehen.

135 Die Vereinbarung von Rückforderungsrechten „ex tunc" ist im Allgemeinen möglich, nicht jedoch bei begleitender Vereinbarung eines **Leibgedingvertrages**.[152] Bei einem Dauerschuldverhältnis wie dem Leibgedingvertrag ist eine vertraglich vorgesehene Lösung nur durch Kündigung „ex nunc" möglich.[153]

136 Rückforderungsrechte können auch bei Zuwendungen im Wege der Ausstattung sowie der ehebedingten Zuwendung vereinbart werden. Bei **ehebedingten Zuwendungen** empfiehlt sich diese Vertragsgestaltung für die Fälle, in denen die Zuwendung aus Vermögen erfolgt, das nach § 1374 BGB nicht dem Zugewinnausgleich unterliegt, dh insbesondere bei Gütertrennung bzw. bei Ausschluss des Zugewinnausgleichs im Falle der Scheidung. Möglicherweise entfällt die Geschäftsgrundlage einer ehebedingten Zuwendung mit der endgültigen Trennung der Ehegatten.[154] Allerdings ist bei der Rückabwicklung ein etwaiger

---

[152] Leibgedingverträge beziehen sich nicht nur auf ländliche, sondern auf alle Arten von Immobilien, und können auch bei Unternehmensnachfolge bedeutsam werden, wenn Immobilien im Zusammenhang mit dem Unternehmen übertragen werden.
[153] BayObLGZ 1989, 479 (483f.).
[154] BGH NJW 2007, 1744 (1746).

Zugewinnausgleich zu prüfen, um nicht den Aufwand einer Rückabwicklung zu betreiben, der dann aufgrund eines Zugewinnausgleichsanspruchs ohne Nutzen sein könnte.[155]

Bei Ausübung eines vertraglichen Rückforderungsrechts fällt durch die Rückübertragung des Geschenks keine Schenkungsteuer an, mit Ausnahme gezogener Nutzungen. Die Erbschaftsteuer auf die Schenkung erlischt mit Wirkung für die Vergangenheit, soweit ein Geschenk wegen eines Rückforderungsrechts herausgegeben werden musste, nach Abzug gezogener Nutzungen (§ 29 ErbStG). Die vom Beschenkten gezahlte Schenkungsteuer wird nach § 13 Ziff. 10 ErbStG erstattet. 137

c) Widerrufsvorbehalt. Die Vereinbarung freier Widerrufsvorbehalte mit der Folge, dass der Rechtsgrund der Übertragung mit Rückwirkung beseitigt wird, ist möglich und hindert zivilrechtlich nicht die Annahme einer vollzogenen Schenkung,[156] eignet sich jedoch nur für die Übertragung von Grundstücken und. für Einzelunternehmen.[157] 138

Bei schenkweiser Zuwendung von Gesellschafts- und Geschäftsanteilen hat der BGH freie Hinauskündigungsklauseln oder solche Vereinbarungen, die einer freien Hinauskündigung gleichkommen, also auch Widerrufsvorbehalte, ungeachtet der Zustimmung der Mitgesellschafter zu diesem Verfahren wegen Verstoßes gegen § 138 BGB für unzulässig erklärt[158] mit Ausnahme der Fälle, die auch schon bei der Hinauskündigung genannt wurden (→ Rn. 116–119). Zudem entfällt dann die Privilegierung von Mitunternehmeranteilen gemäß §§ 13a, 13b ErbStG. Von einer Vereinbarung freier Widerrufsvorbehalte ist daher abzuraten. 139

Wirksame Vereinbarungen zum Widerruf und zur Hinauskündigung bedürfen eines sachlich gerechtfertigten Grundes. Eine sachliche Rechtfertigung für ein Ausschließungsrecht hat der BGH angenommen, wenn die Zuwendung „wegen enger persönlicher Beziehungen zu [dem] Mitgesellschafter", der die volle Finanzierung der Gesellschaft übernimmt, sozusagen nur für die Zeit des Vertrauensverhältnisses eingeräumt wurde[159] – eine Konstellation, die kaum auf die vorweggenommene Erbfolge passen wird. Ist statt der Schenkung ein Treuhandverhältnis vereinbart worden, kann ein freier Widerrufsvorbehalt vereinbart werden.[160] 140

In der Literatur diskutiert wird selbst im Falle einer zulässigen Vereinbarung eine Ausübungskontrolle in Form einer Befristung des Widerrufsvorbehalts, zB in Anlehnung an die Befristung der Rückforderung der Zuwendung bei Verarmung des Schenkers auf 10 oder 15 Jahre.[161] Der BGH hat dies bisher nicht nachvollzogen, und bei Übergabeverträgen selbst in einer sich über 35 Jahre erstreckenden Verfügungsbeschränkung hinsichtlich des zu einem Betrieb gehörenden Grundbesitzes keinen Verstoß gegen § 138 BGB gesehen.[162] 141

Das rechtsgeschäftliche Widerrufsrecht des Veräußerers ist nicht vererblich, aber pfändbar, was sich auch durch Vereinbarung einer Unabtretbarkeit (§ 399 BGB) nicht korrigie- 142

---

[155] BGH NJW 1991, 2553 (2555); NJW 1982, 1093 (1094f.); NJW 1977, 1234 (1235).
[156] Mit der Einschränkung des Beginns der 10-Jahresfrist nach § 2325 Abs. 3 BGB → Rn. 25; BayObLG RPfleger 1990, 61 (62); MüKoBGB/*Koch*, 7. Aufl. 2016, § 517 Rn. 3; *Kollhosser*, AcP 194, 237.
[157] Steuerrechtlich ist für eine Annahme der Schenkung jedoch Vorsicht geboten, da freie Widerrufsvorbehalte den Verbleib „wirtschaftlichen Eigentums" begründen könnten.
[158] BGH NJW 1990, 2622 (2623); NJW 1989, 834 (835f.) zur zulässigen Ausschließung des Kommanditisten beim Tod des Komplementärs; NJW 1989, 2681 (2682) zur zulässigen Ausschluss aus wichtigem Grund; NJW 1985, 2421 (2422), zu Kündigung der Gesellschaft nach freiem Ermessen; BGH NJW 1981, 2565 (2566), zum Ausschluss nach freiem Ermessen; BGH NJW 1982, 2303 Ls., zur Übernahme der KG-Beteiligung nach freiem Ermessen in Publikums-KG. Bis 1977 hatte der BGH NJW 1977, 1292 (1293) die freie Hinauskündbarkeit bei unzweideutiger Regelung im Gesellschaftsvertrag und sachlicher Rechtfertigung für zulässig gehalten.
[159] BGH NJW 1990, 2622 (2623).
[160] Klumpp ZEV 1995, 385 (389).
[161] So *K. Schmidt* JBFST 1991/92, 194; aA *Pauli* ZEV 2013, 289 (296) mwN.
[162] BGH ZEV 2012, 550 (552); *Pauli* ZEV 2013, 289 (296) mwN.

ren lässt[163] und als unerwünschter Nachteil gesehen wird. Die Rückabwicklung erfolgt nach Bereicherungsrecht.

143 **d) Auflösende Bedingung.** Die Vereinbarung auflösender Bedingungen ist möglich, wenn diese genau definiert werden (rechtfertigender Grund). Ihre Auslösetatbestände sind mit denen der Rückforderungsrechte vergleichbar. Ihr Eintritt löst den automatischen Wegfall des Vertrages[164] – und soweit Grundstücke betroffen sind, den Wegfall des schuldrechtlichen Vertrages (§ 925 Abs. 2 BGB) – aus. Dieser Automatismus wird häufig als Nachteil empfunden, da dem Zuwendenden nicht die Möglichkeit bleibt, zu entscheiden, ob er den Rückfall wirklich will,[165] und da dadurch unerwünschte steuerliche Konsequenzen ausgelöst werden können. Der Automatismus kann jedoch gerade gewünscht sein, so zB bei eintretender Vermögensverschlechterung (§ 490 Abs. 1 S. 1 BGB) oder Insolvenz des Beschenkten, denn die auflösende Bedingung (des schuldrechtlichen und des dinglichen Rechtsgeschäfts) ist insolvenzfest.[166] Zudem macht der Automatismus mühsame Rücktrittsverlangen überflüssig.

144 Die Rückabwicklung folgt auch hier dem Bereicherungsrecht.

145 Formulierungsbeispiel:

1. Die Schenkung und die Abtretung stehen jeweils unter der auflösenden Bedingung, dass über das Vermögen des Beschenkten das Insolvenzverfahren eröffnet oder die Eröffnung mangels Masse abgelehnt wird, jeweils mit der Folge, dass die Schenkung zu Gunsten des Beschenkten rückwirkend wegfällt und die Abtretung an den Beschenkten ihre Wirkung verliert.

2. Die Schenkung und die Abtretung stehen weiter unter der auflösenden Bedingung, dass das Widerrufsrecht nach Maßgabe von § ... des Vertrages ausgeübt wird.

3. Soweit eine auflösende Bedingung nach Absatz 1 oder Absatz 2 eintritt, gehen die verschenkten KG-Anteile samt etwaiger Guthaben auf den bei der KG geführten Gesellschafterkonten sowie etwaige Surrogate unentgeltlich auf den Schenker über, und zwar unter der aufschiebenden Bedingung der Eintragung des Rückfallberechtigten als Kommanditist der KG kraft Sonderrechtsnachfolge im

Handelsregister. Eine gesonderte Rückübertragungsvereinbarung ist nicht erforderlich.

146 **e) Weitergabeverpflichtung.** Eine Alternative zur Vereinbarung eines Rückforderungsrechts besteht in der Vereinbarung einer Weitergabeverpflichtung des Zuwendungsempfängers oder dessen Erben an einen Dritten. Dadurch kann der Dritte (Letzterwerber) vom ursprünglichen Schenker, nicht vom beschenkten Zwischenerwerber erwerben und hat seinen Erwerb in diesem Personenverhältnis auch zu versteuern. Im Gesellschaftsrecht gelten die vom BGH angenommenen Einschränkungen wie bei der freien Hinauskündigung, allerdings nur, wenn der Gesellschaftsvertrag die Übertragung auf Altgesellschafter nicht zulässt: Es bedarf eines sachlich gerechtfertigten Grundes.

147 Die Weitergabeverpflichtung ist auch erbschaftsteuerlich nachteilig, weil alte Erbschaftsteuer nicht erstattet wird. Der Erstattungsanspruch des (die Schenkungsteuer zahlenden) Schenkers aufgrund eines Rückgabeverlangens nach § 29 ErbStG (unter Abzug der gezogenen Nutzungen) oder der Erstattungsanspruch des Beschenkten für gezahlte Schenkungsteuer werden „verschenkt".

---

[163] *Weser* ZEV 1995, 354;
[164] MüKoBGB/*Koch*, 7. Aufl. 2016, § 517 Rn. 3; *Weser,* ZEV 1995, 353 (356).
[165] *Kollhosser,* AcP 194, 236; *Weser,* ZEV 1995, 353 (356).
[166] *Pauli* ZEV 2013, 289 (294); *Götz,* Möglichkeiten zum Widerruf einer Schenkung in NWB-EV Nr. 9 v. 6.9.2017, 318.

f) Wiederkaufrecht. Das Kaufrecht gibt dem Verkäufer das Recht, sich in dem Kaufvertrag den Wiederkauf vorbehalten (§ 456 BGB). Die Ausübung des Wiederkaufrechts bedarf nicht der für den Kaufvertrag bestimmten Form. Der Preis, zu welchem verkauft worden ist, gilt im Zweifel auch für den Wiederkauf. Das Wiederkaufrecht kann für Grundstücke durch Auflassungsvormerkung gemäß § 883 BGB gesichert werden.[167]

148

g) Regelung zur Abwicklung der Gegenleistungen. Für den Fall der Rückabwicklung bestimmt § 346 BGB, dass empfangene Leistungen zurück zu gewähren sind, für geleistete Dienste und Nutzungsüberlassungen Wertersatz zu leisten ist. Diese Vorschrift taugt wenig für eine Verweisung bei vertraglichen Rechten, die zum Widerruf, zur Auflösung, zur Weitergabe o. ä. führen. Es ist vertraglich zu regeln, was der Verpflichtete für seine Leistungen an den Schenker oder an Dritte, für notwendige und nützliche Verwendungen und für Investitionen erhalten soll.

149

> **Formulierungsbeispiel:**
>
> Für den Fall, dass der Schenker nach Vorversterben des Beschenkten die Schenkung von den Erben zurückfordert, hat er den Erben
> - die Ausgleichszahlungen an …,
> - notwendige Verwendungen, unter Berücksichtigung einer Abschmelzung von … % p.a., jedoch nicht mehr als für … Jahre,
> - die wertsteigernden nützlichen Verwendungen, soweit diese im Zeitpunkt der Rückforderung noch bestehen,
>
> zu erstatten sowie die mit Zustimmung des Schenkers aufgenommenen
> - Darlehen und zu ihrer Sicherung bestellte Grundpfandrechte in noch bestehender Höhe zu übernehmen, jedoch nur, soweit diese nicht nach den vorstehenden Regelungen für notwendige oder wertsteigernde nützliche Verwendungen bereits auszugleichen sind.
>
> Andere Grundpfandrechte werden im Rahmen der Rückforderung nicht übernommen und sind abzulösen, hindern jedoch nicht das Rückforderungsverlangen.
>
> Im Streitfall soll ein Sachverständiger den Erstattungsbetrag für die Verwendungen ermitteln, die Kosten tragen die Parteien bzw. deren Erben je zur Hälfte.

150

6. Verpflichtungen des Zuwendungsempfängers gegenüber dem Schenker

Die Ausgestaltung lebzeitiger Zuwendungen geht meist mit der Regelung von Gegenleistungen des Beschenkten einher. Rechtlich kann die Gegenleistung dazu führen, dass der Wert der Schenkung gemindert ist, und dass sie Einfluss auf den Pflichtteil oder die steuerliche Bewertung haben kann.

151

a) Tatsächliche Versorgungsleistungen.[168] Der Zuwendungsempfänger kann sich zur Erbringung tatsächlicher Versorgungsleistungen verpflichten. Dazu gehören beispielsweise die Haushaltsführung, Verköstigung oder Pflegedienste. Wenn das zugewendete Vermögen auch ein Grundstück umfasst, können diese Naturalleistungen als regelmäßig wiederkehrende Leistungspflichten durch Eintragung von Reallasten im Grundbuch dinglich gesichert werden.

152

---

[167] *Spiegelberger*, Vermögensnachfolge, 2. Aufl. 2010, § 10 Rn. 107.
[168] Versorgungsleistungen führen nicht zu einer Einschränkung des Leistungsbezugs von Pflegegeld nach dem PflegeVG; andere Leistungseinschränkungen, zB nach dem BSHG, SGB III oder SGB V, sind möglich. Siehe dazu *Raststätter* ZEV 1996, 281, oder *J. Mayer* ZEV 1995, 269, sowie ZEV 1997, 176.

153 **aa) Altenteil.** auch als Leibgedinge, Leibzucht, Auszug, Austrag oder Ausgedinge bezeichnet,[169] ist ein Mischvertrag, der dem Berechtigten durch dessen Zweckbestimmung, eine dauernde Versorgung durch Geld- und Naturalleistungen sicherzustellen, Rechte verschiedener Art gewährt. Das Altenteil ist gesetzlich nicht definiert. Der Begriff Leibgedinge oder Altenteil findet sich lediglich in § 49 GBO, der die Bezeichnung grundbuchtechnisch als hinreichende Kennzeichnung der darin enthaltenen Rechte erklärt, weiterhin in Art. 96 EGBGB, Art. 9 EGZVG, § 850b ZPO und in § 23 GVG, nicht jedoch im BGB. Gemäß Art. 96 EGBGB können die jeweiligen ergänzenden landesrechtlichen Vorschriften schuldrechtliche Bestimmungen zum Altenteilvertrag für den Fall vorsehen, dass dem Verpflichteten ein Grundstück überlassen wird.[170] Seine besondere Verbreitung finden Altenteilvorbehalte im Bereich des landwirtschaftlichen Übergabevertrages. Die Regelungen über den Leibgedingevertrag beschränken sich jedoch nicht nur auf landwirtschaftliche Hofübergaben oder den ländlichen Grundbesitz, sondern gelten grundsätzlich für alle Arten von Immobilien, also auch für städtische Grundstücke.[171]

154 Maßgeblich für den Altenteilvertrag sind die seinen Inhalt ausmachenden Rechte, dh im wesentlichen „Ansprüche auf Sach- und Dienstleistungen, die aus und auf einem Grundstück zu gewähren sind, und die der allgemeinen und persönlichen Versorgung des Berechtigten dienen und eine - regelmäßig lebenslängliche - Verknüpfung des Berechtigten mit dem belasteten Grundstück bezwecken. Sie ruhen als Reallasten und beschränkte persönliche Dienstbarkeiten auf dem Grundstück, aus dem sie zu befriedigen sind".[172]

155 Das besondere Merkmal des Altenteilvertrages besteht für den BGH darin, dass der Zuwendungsempfänger in eine die Existenz wenigstens teilweise begründenden Wirtschaftseinheit unter Übernahme des Altenteiles einrückt.[173] Ein gewöhnlicher gegenseitiger Vertrag mit beiderseitigen, etwa gleichwertig gedachten Leistungen genügt nicht,[174] auch wenn ein Teil der Gegenleistung für die Grundstücksübereignung Züge aufweist, die einem Leibgedinge eigen sind. Eine Grundstücksübertragung wird daher noch nicht allein durch eine Wohnrechtsgewährung mit Pflege- und Versorgungsverpflichtung zum Altenteilvertrag.[175] Das BayObLG sah im Gegensatz zum BGH das Vorliegen einer die Existenz begründenden Wirtschaftseinheit nicht als wesentlich an. Nach seiner Auffassung lagen der Entscheidung über das Vorliegen eines Leibgedinges mehrere Kriterien zugrunde; im Vordergrund stand dabei der auf persönliche Beziehungen gestützte Versorgungscharakter des Vertrages.[176] Entscheidend sollte die vertragliche Sicherung der Versorgung des Übergebers bei Übertragung wesentlicher Vermögenswerte sein. Da der BGH ausdrücklich anerkennt, dass Ausformungen des Leibgedingevertrages „in den einzelnen Landesteilen" eine eigenständige Entwicklung nehmen und sich die ökonomischen Möglichkeiten der Fortführung übernommener Wirtschaftseinheiten insbesondere im landwirtschaftlichen Bereich gewandelt haben, dürfte den Anforderungen des BGH jedenfalls in Bayern der zwingende Charakter genommen sein.[177] Im restlichen Bundesgebiet sollte davon ausgegangen werden, dass die Kriterien des BGH gelten; das BayObLG wäre insoweit nur über Landesrecht zur Entscheidung berufen.[178]

---

[169] MüKoBGB/*Mohr*, 7. Aufl. 2017, § 1105 Rn. 46.
[170] Zu den einzelnen landesrechtlichen Vorschriften Staudinger/*J. Mayer* (2009) BGB Einl. zu §§ 1105–1112 Rn. 4–19.
[171] BGH NJW 1962, 2249 (2250); BayObLGZ 1993, 192 (196); 1964, 344 (347 f.).
[172] OLG München ZEV 2017, 105–107; OLG Celle OLGReport Celle 2009, 887: Wohnrecht mit Versorgungsverpflichtung noch kein Altenteilvertrag.
[173] BGHZ 208, 154 Rz. 18, auch zur Frage eines Rücktritts Rz. 23 ff.; BGH NJW 2003, 1325; BGH NJW-RR 1989, 2122; BGH NJW 1981, 2569; KG Berlin ZEV 2015, 237, zu der Einräumung eines Leibgedings durch eine GbR, deren Gesellschafter die Söhne des Leibgedingberechtigten waren.
[174] BGH NJW 2003, 1325 (1326).
[175] BayObLGZ 1993, 192 (195); zur Umwandlung einer Pflege- in eine Zahlungsverpflichtung BGH NJW-RR 2002, 853 (854).
[176] BayObLGZ 1993, 192 (194); 1994, 12 (20).
[177] Ausführlich *Mayer* DNotZ 1996, 621, der im Ergebnis der Auffassung des BayObLG zustimmt.
[178] Das Bayerische Oberste Landesgericht war 2006 aufgelöst und am 15.9.2018 wieder eingeführt worden.

Die in dem Überlassungsvertrag übernommenen (Pflege-) Verpflichtungen mindern den Wert der Zuwendung, was insbesondere im Pflichtteilsrecht von Bedeutung ist.[179] Maßgeblicher Zeitpunkt für die Berechnung des Werts ist der Vertragsabschluss.[180] § 13 Abs. 1 Nr. 9 ErbStG gewährt zudem einen Pflegefreibetrag bei Schenkung oder Erbschaft. 156

Die Eintragung des Altenteils erfolgt nach § 49 GBO im Grundbuch, in der auf die Eintragungsbewilligung Bezug genommen wird (§ 874 BGB). Einer Eintragung der einzelnen Rechte bedarf es nicht. In der Bewilligung sind die einzelnen Rechte detailliert und ihrer Rechtsnatur nach aufzuführen. Diese kann bereits eine Löschungserleichterung nach § 23 Abs. 2 GBO vorsehen (Nachweis des Todes des Berechtigten). Einzelne Leistungsansprüche wie (i) Versorgungsleistungen in Form von Leibrenten oder dauernden Lasten werden dinglich gewöhnlich durch Reallasten gesichert,[181] (ii) das Recht zur Nutzung eines Grundstücks in einzelnen Beziehungen (zB das Wohnungsrecht) dinglich als beschränkt persönliche Dienstbarkeiten (§§ 1090 ff. BGB), und (iii) und spätere Erhöhungsbeträge der Versorgungsleistungen ggf. auch durch Grundpfandrechte. 157

Zivilrechtlich werden Leibrenten und dauernde Lasten unterschieden. Steuerlich wird nun auf diese **Unterscheidung** verzichtet, dort sind es „wiederkehrende **Versorgungsleistungen**", **die** unter besonderen Bedingungen als **Sonderausgaben** abgezogen werden können und vom **Empfänger** der Leistung zu **versteuern** sind **(§ 10 Abs. 1 Nr. 1a EStG, § 22 Nr. 1b EStG)**.[182] 158

Die **gemeinsamen Verpflichtungen aus einem** Altenteilvertrag bleiben auch im Fall einer Scheidung bestehen**; um dies zu vermeiden, sind vertragliche Regelungen für den Fall der Scheidung zu treffen.**[183] 159

Zu prüfen ist, ob diverse landesrechtliche Vorschriften die Rückabwicklung von Leibgeding- bzw. Altenteilverträgen erschweren (Anordnung in Art. 96 EGBGB). Die landesrechtlichen Bestimmungen[184] können beispielsweise einen Ausschluss der gesetzlichen Rücktrittsrechte bei Nichterfüllung/Verzug mit Leistungspflichten oder einen Ausschluss des Rückforderungsrechts nach § 527 BGB bei Nichterfüllung einer Auflage enthalten.[185] Für eine Verdrängung auch der Grundsätze über den Wegfall der Geschäftsgrundlage im Altenteilvertrag spricht daher einiges.[186] 160

bb) Leibrente. Im Zusammenhang mit der Übergabe von Vermögenswerten kann sich der Übergeber eine Leibrente gemäß § 759 BGB ausbedingen. Es handelt sich dabei um ein einheitliches nutzbares Recht, das dem Berechtigten grundsätzlich für die Lebenszeit eines Menschen eingeräumt wird und dessen Erträge aus fortlaufend wiederkehrenden gleichmäßigen Leistungen in Geld oder vertretbaren Sachen bestehen. Die Leistungen müssen grundsätzlich auf **Lebensdauer** eines Menschen zugesagt sein. Hierbei kann auf die Lebensdauer des Gläubigers — so die Zweifelsregelung des § 759 Abs. 1 BGB — des 161

---

[179] BGH NJW 2017, 329 (330 f.) mit Anm. *Keim*; BGH MittBayNot 1996, 307 (309) = ZEV 1996, 186.
[180] BGH NJW 2017, 329 (330 f.); *OLG Celle* FamRZ 2009, 462 (453); *OLG Koblenz* ZEV 2002, 460 (461).
[181] BGH NJW 1994, 1159 (1160).
[182] Nach § 10 Abs. 1a Nr. 2 EStG sind Versorgungsleistungen als Sonderausgaben abzugsfähig im Zusammenhang mit der Übertragung eines Anteils an einer Mitunternehmerschaft, die eine Tätigkeit iSd §§ 13, 15 Abs. 1 S. 1 Nr. 1, 18 Abs. 1 EStG ausübt, eines Betriebs oder Teilbetriebs sowie eines mindestens 50 % betragenden Anteils an einer GmbH, wenn der Übergeber als Geschäftsführer tätig war und der Übernehmer diese Tätigkeit übernimmt. Zur einkommensteuerrechtlichen Behandlung von wiederkehrenden Leistungen → § 28.
[183] OLG Hamm FamRZ 2013, 1977 ff. mAnm *Höhler-Heun* FamFR 2013, 306.
[184] § 7 Bad.Württ.AGBGB; Art. 17 BayAGBGB; § 16 Hess.AGBGB; § 9 NdsAGBGB; § 13 Rhl.-Pf.AGBGB; § 5 Schl. H. AGBGB ; Art. 15 § 7 Preuß. AGBGB v. 20.9.1899 (Pr.GS 176) gültig in Nordrhein-Westfalen und Berlin. In den fünf neuen Bundesländern sind landesrechtliche Bestimmungen nicht ersichtlich (Staudinger/*J. Mayer* (2009) BGB Einl. zu §§ 1105–1112 Rn. 4 ff.
[185] BGHZ 208, 154 ff., zu dem Rücktritt von einem dauerhaft ins Werk gesetzten Hofübergabevertrag bei schwerwiegender Vertragsverletzung.
[186] *Mayer* DNotZ 1996, 629.

Schuldners oder eines Dritten sowie auf die Lebensdauer mehrerer Personen abgestellt werden.

162 **Formulierungsbespiel:**

Der Empfänger verpflichtet sich, dem Schenker auf seine Lebensdauer zu dessen Versorgung eine Leibrente zu zahlen in Höhe von Euro ... mtl., zahlbar jeweils am 1. eines Monats, beginnend am ...

Aufschiebend bedingt durch den Tod des Schenkers verpflichtet sich der Empfänger, an dessen Ehefrau zu ihrer Versorgung eine Leibrente zu zahlen in Höhe von Euro ... mtl., zahlbar jeweils am 1. eines Monats, beginnend am .... Sollte die Ehe durch Scheidung vor dem Tod des Schenker geendet haben, wobei die Rechtshängigkeit des Scheidungsantrages ausreichend ist, entfällt die Verpflichtung des Empfängers zur Zahlung der Leibrente an die Ehefrau des Schenkers.

Die Leibrente wird jährlich jeweils zum 1.1. eines Jahres überprüft und erhöht sich in demselben prozentualen Verhältnis, in dem sich der vom Statistischen Bundesamt für ein Jahr festgestellte Verbraucherpreisindex für eine vierköpfige Familie für Deutschland auf der Basis 2017 = 100 gegenüber dem jeweiligen Prüfungszeitpunkt (1.1. eines Jahres) festzustellenden Index erhöht. Eine Verminderung der Leibrente findet nicht statt. Eine weitergehende Veränderung kann nicht verlangt werden.

163 Das schließt nicht aus, dass die Leibrente unter bestimmten Voraussetzungen früher endet, etwa weil sie mit einer bestimmten Laufzeit versehen wird. Genaue Abgrenzungskriterien zwischen der verlängerten oder abgekürzten Leibrente und einer bloßen Zeitrente wurden bisher nicht ausgebildet.[187] Für die Einordnung wird es darauf ankommen, ob sich die Lebensdauer der Bezugsperson trotz der Abkürzung oder Verlängerung der Rente auf die Rentendauer auswirken wird. Bei starker Abkürzung oder Verlängerung liegt der Sache nach eine Versorgungszeitrente vor.

164 Entscheidend für die Bestimmung der Leibrente (in Abgrenzung zur dauernden Last) sind die feste Größe des Zuwendungsgegenstandes sowie die Losgelöstheit des Zahlungsflusses von der eigentlichen Geschäftsgrundlage. Die Höhe ist fest, darf jedoch durch Wertsicherungsklauseln veränderbar sein.[188] Handelt es sich um eine zwar auf Lebenszeit bezogene, im Übrigen aber inhaltlich unbestimmte, von den beiderseitigen Verhältnissen abhängige Unterhaltszusage, liegt keine Leibrente vor, ggf. eine dauernde Last.

165 Zur Gültigkeit eines Vertrages, durch den eine Leibrente versprochen wird, ist, soweit nicht eine andere Form vorgeschrieben ist, schriftliche Erteilung des Versprechens erforderlich (§ 761 BGB) oder notarielle Beurkundung (§ 126 BGB) oder Prozessvergleich (§ 127a BGB). Das Formerfordernis erfasst das Versprechen des Leibrentenschuldners. Die spätere Abänderung eines wirksamen Leibrentenversprechens ist dem Formerfordernis nur unterworfen, wenn der Schuldner zusätzlich beschwert ist. Die Nichteinhaltung der Form hat die Nichtigkeit des Leibrentenversprechens zur Folge (§ 125 S. 1 BGB). Im Gegensatz zu § 761 BGB sehen die §§ 311b Abs. 1 S. 2, 518 Abs. 2 BGB sowie § 15 Absatz 4 S. 2 GmbHG eine Heilung von Formmängeln durch Erfüllung vor. Da § 761 keine „weiterreichenden Zwecke verfolgt", wird nach herrschender Meinung die Leibrentenvereinbarung von der Heilungswirkung der §§ 311b Abs. 1 S. 2, 518 Abs. 2 und des § 15 Abs. 4 S. 2 GmbHG, die sich auf alle Vereinbarungen erstreckt, erfasst.[189] Die mangelnde Form des mündlich erteilten Leibrentenversprechens wird daher geheilt bei vollzogener Leibrentenschenkung, im Falle des § 311b Abs. 1 BGB durch Auflassung und Eintragung und

---

[187] Staudinger/*J. Mayer* BGB Vor § 759 Rn. 21–23
[188] Formulierungsbeispiel bei *Hannes*, Formularbuch Vermögens- und Unternehmensnachfolge, 2. Aufl. 2017, A 1.05 § 3.3.
[189] BGH NJW 1978, 1577; Staudinger/*J. Mayer* BGB § 761 Rn. 13, 14; aA MüKoBGB/*Habersack*, 7. Aufl. 2017, § 761 Rn. 10.

im Rahmen des § 15 GmbHG durch den dinglichen Abtretungsvertrag ab dem Zeitpunkt der wirksamen Abtretung.[190] Bei Erbringung nur einzelner Leibrentenzahlungen liegt jedenfalls für die künftigen Leibrententeile keine Erfüllung vor, vertreten wird auch die Ablehnung der Heilung hinsichtlich der Teilleistungen.[191]

Als dingliche Sicherung kommen die Reallast (§ 1105 BGB) und die Rentenschuld als besondere Form der Grundschuld (§ 1199 BGB) in Betracht.

cc) Dauernde Last. Die dauernde Last ist eine Versorgungsleistung in Geld oder in vertretbaren Sachen, deren Höhe jedoch nach dem Vertragsinhalt bei geänderter Leistungsfähigkeit des Verpflichteten oder geänderter Bedarfslage des Berechtigten an die neue Situation angepasst wird, und eine **Mindestlaufzeit** von 10 Jahren aufweist. Die Abänderbarkeit der Leistungspflicht kann im Vertrag entweder unter ausdrücklicher Bezugnahme auf § 323 ZPO[192] oder durch eine gleichwertige Änderungsmöglichkeit - etwa Umsatz oder Gewinn des Unternehmens - festgelegt werden. Sie unterliegt nicht der Form des § 761 BGB, wohl aber sehr häufig als Bestandteil des Generationennachfolgevertrages anderen Formvorschriften. Die Besicherung erfolgt durch Eintragung einer Reallast (§ 1105 BGB) im Grundbuch, sie verlangt besondere Beachtung des sachenrechtlichen Bestimmbarkeitsgrundsatzes.

dd) Versorgungszeitrente. Die Versorgungszeitrente ist (anders als die Leibrente)[193] nicht von der Dauer eines Menschenlebens abhängig, sondern beschränkt sich auf einen **kalendermäßig** bestimmten Zeitraum. Die Höhe ist regelmäßig unveränderbar. Die Bestimmung der Zeitrente hängt davon ab, ob die Lebensdauer der Bezugsperson für das Rentenende noch ausschlaggebend ist.

b) Abstandszahlungen an den Schenker. Abstandszahlungen können als Geld- oder Sachleistungen oder durch Übernahme privater Verbindlichkeiten übernommen werden. Sachleistungen sind jedoch nur Entgelt, soweit diese zeitlich vor der Zuwendung zum eigenen Vermögen des Empfängers gehört haben.

c) Was sagt das Steuerrecht zu Versorgungsleistungen. Die Darstellung des Steuerrechts zur Vermögensübergabe gegen Versorgungsleistungen findet sich in § 28.

Nur so viel: Steuerlich wird nicht mehr zwischen Leibrente und dauernder Lasst unterschieden. Das Gesetz spricht nur von Versorgungsleistungen (§ 10 Abs. 1a Nr. 2 EStG). Versorgungsleistungen können als Sonderausgaben abzugsfähig sein, soweit eine Vermögensübergabe in einer einzelvertraglichen Regelung unter Lebenden mit Rücksicht auf die künftige Erbfolge erfolgt, und der Beschenkte diese Versorgungsleistungen mit dem übergebenen Vermögen erwirtschaftet, und
– der Empfänger in Deutschland unbeschränkt einkommensteuerpflichtig ist, was eine Wegzugsklausel im Vertrag nahelegt,

> **Formulierungsvorschlag:**
> Wenn die Leibrentenzahlungen bei dem Zahler nicht mehr als Sonderausgabe gemäß § 10 Abs. 1 Nr. 1a EStG abgezogen werden dürfen, und dies auf eine in Deutschland lediglich beschränkte Steuerpflicht des Empfängers beruht, ist die Leibrente im den Durchschnittssteuersatz des Leistenden zu kürzen.

---

[190] MüKoGmbH/*Reichert*/*Weller* 3. Aufl. 2018 § 15 Rn. 120–129.
[191] Staudinger/*J. Mayer* (2015) BGB § 761 Rn. 13.
[192] BayObLG MittBayNot 1987, 94;
Spiegelberger, Vermögensnachfolge, 2. Aufl. 2010, § 10 Rn. 106; *Geck* ZEV 2003, 441 (442 f.).
[193] Staudinger/*J. Mayer* BGB Vor §§ 759 ff. Rn. 23.

und
- eine lebenslange Laufzeit vereinbart wurde,
und diese im Zusammenhang gewährt werden mit der Übertragung
- eines Mitunternehmeranteils an einer Personengesellschaft, die eine Tätigkeit im Sinne der §§ 13, 15 Absatz 1 Satz 1 Nummer 1 oder des § 18 Absatz 1 EStG ausübt,
- eines Betriebs oder Teilbetriebs oder
- von mindestens 50% der Anteile an einer GmbH, wenn der Übergeber als Geschäftsführer tätig war und der Übernehmer diese Tätigkeit nach der Übertragung übernimmt.
- oder für den Teil der Versorgungsleistungen, der auf den Wohnteil eines Betriebs der Land- und Forstwirtschaft entfällt.

Es ist weiterhin davon auszugehen, dass Versorgungsleistungen, die nicht als Sonderausgaben abzugsfähig sind, also insbesondere im Zusammenhang mit der Übergabe von Immobilien, als (teil-) entgeltlicher Vorgang eingestuft werden.[194]

III. Gestaltungsinstrumentarien im Gesellschaftsvertrag

173 Thematisch geht es bei den Gestaltungsinstrumentarien in Gesellschaftsverträgen um Maßnahmen zur Erhaltung des Unternehmens und Sicherung des Einflusses auf das Unternehmen, und auch um die Bereitung des Bodens für die Nutzung von steuerlichen Begünstigungsregelungen (§ 13b ErbStG) oder des Vorababschlags für dafür qualifizierte Familienunternehmen (§ 13a Abs. 9 ErbStG).

1. Einleitung

174 Die Gestaltung der Nachfolge im Wege der vorweggenommen Erbfolge zwingt den Schenker, seine Wünsche vorzubereiten. Die Möglichkeiten sind vielfältig, so zB
- durch Vorbereitungen innerhalb des Unternehmens zum Zweck der Reduzierung steuerschädlichen Verwaltungsvermögens,
- die Reduzierung von Verwaltungsvermögen nach der **Investitionsklausel** mit Hilfe eines vorgefassten („in der Schublade befindlichen") Investitionsplans oder bei Verwendung für bestimmte Lohnkosten (allerdings nur im Erbfall, nicht bei vorweggenommener Erbfolge). (→ §§ 13, 27, 28),
- durch Realteilung oder durch Umwandlung eines Unternehmens (→ § 30),
- durch Praktizierung einer Güterstandschaukel und Ausgleich des Zugewinnanspruchs mit einer unternehmerischen Mitbeteiligung des Ehegatten (→ § 15). Der Vorteil ist, dass dadurch ggf. bei einem späteren Erbgang oder einer späteren Schenkung an Abkömmlinge mehrere Erwerbe begünstigten Vermögens von mehreren Personen anstatt von einer Person bewerkstelligt werden können – wenn nicht bei sog. Großerwerben und dort bei Antrag auf Verschonungsbedarfsprüfung (§ 28a ErbStG) das eigene verfügbare Vermögen eine Rolle spielt.[195] Der Nachteil ist, dass der Ausgleich des Zugewinns durch Übertragung von unternehmerischem Vermögen als Veräußerungsvorgang anzusehen ist und Einkommensteuer auslösen kann.

175 Der Zuwendungsvertrag, letztwillige Verfügungen und auch der Gesellschaftsvertrag sind zu harmonisieren. Das ist der möglicherweise letzte Zeitpunkt, in dem der Schenker den Gesellschaftsvertrag inhaltlich bestimmen und den Gleichlauf zwischen erbrechtlichen Anordnungen und Gesellschaftsvertrag nach seinen Wünschen bzw. zur Sicherung der

---

[194] BMF v. 11.3.2010 BStBl. I, 227 Rn. 57, 65 ff. Ggf mit unterschiedlichen AFA-Sätzen für den entgeltlichen und den unentgeltlichen Teil und mit der Folge, dass steuerpflichtige veräußerungsgewinne ausgelöst werden können.
[195] Rechenbeispiel *Landsittel* ZErb 2016, 383, 390, 391; *Geck* ZEV 2016, 546 ff.; problematisch, wie Vorerwerbe vor dem 1.7.2016 zu behandeln sind, die zB keine Unterscheidung begünstigten Vermögens kannten

III. Gestaltungsinstrumentarien im Gesellschaftsvertrag § 22

erbschaftsteuerlichen Begünstigung herstellen kann und sollte. Ist der Nachfolger erst einmal in die Gesellschaft aufgenommen worden, ist er vollwertiger Partner mit allen Rechten.[196] Die Änderungsmöglichkeit des Gesellschaftsvertrages ist dann erschwert.

Dem voran geht selbstverständlich und mit zeitlich großzügigem Vorlauf die Sammlung aller relevanten Punkte zur Gestaltung sowie aller steuerlichen, gesellschaftsrechtlichen, und erbrechtlichen Aspekte und Risiken der Entscheidung zur Nachfolge, insbesondere auch derjenigen einer Betriebsaufspaltung bzw. Aufdeckung stiller Reserven.[197] **176**

Der Schenker verliert ggf. seine Gesellschafterstellung oder einen Teil davon, muss Einbußen seiner Stimmkraft hinnehmen, wenn sich die Mehrheitsverhältnisse ändern, und hat nun einen oder mehrere Mitgesellschafter. In vielen Fällen wird der Schenker gehalten sein, auf Einkommen zu verzichten und den Gesellschaftsvertrag oder die Satzung zu ändern: ZB sind Entnahmen oder Ausschüttungen auf höchstens 37,5 Prozent des um die auf den Gewinnanteil oder die Ausschüttungen aus der Gesellschaft entfallenden Steuern vom Einkommen gekürzten Betrages des steuerrechtlichen Gewinns zu beschränken, wenn Erbschaftssteuerprivilegien in Anspruch genommen werden sollen. Möglicherweise ist vor Ende des jeweiligen Überwachungszeitraums eine Einlage zum Ausgleich zu tätigen. Denn nur so und durch die Installierung weiterer Satzungsregelungen kann dem Beschenkten ein sog. Vorab-Abschlag für Familienunternehmen noch vor der Regel- oder Optionsverschonung verschafft werden (§ 13a Abs. 9 ErbStG). Erforderlich ist dafür zudem eine Vinkulierung zugunsten von Mitgesellschaftern, Familienangehörigen (§ 15 AO)[198] oder Familienstiftungen und Beschränkungen der Abfindung für den Fall des Ausscheidens unter den gemeinen Wert der Beteiligung/des Anteils. Von Bedeutung kann es sein, dass auch Personen, die den Angehörigenstatus früher erfüllt haben, deren familiäre Beziehung zwischenzeitlich aufgelöst wurde, weiterhin als Angehörige gelten, also auch der geschiedene Ehepartner. Dazu sollte auch gesellschaftsvertraglich eine Klarstellung erfolgen. **177**

Ein etwaiger Erhalt maßgeblichen Einflusses auf die Geschicke der Gesellschaft verlangt die genaue Festschreibung der Reichweite der Befugnisse des Schenkers im Gesellschaftsvertrag. Die Möglichkeiten des Schenkers, sich im Schenkungsvertrag die Rückforderung oder den Widerruf des Gesellschafts- oder Geschäftsanteils vorzubehalten, ist von der Rechtsprechung erheblich eingeschränkt worden. Zudem bedürfen die Möglichkeiten der Zustimmung aller Gesellschafter bzw. deren Zulässigkeit im Gesellschaftsvertrag. **178**

Zur Erhaltung des Unternehmens, zur Sicherung seines Einflusses auf die Unternehmenspolitik und zur Verpflichtung des Nachfolgers stehen verschiedene gesellschaftsvertragliche Instrumente zur Verfügung: Eine Vinkulierung von Gesellschaftsanteilen ermöglicht die Beschränkung bzw. Verhinderung des Eindringens Dritter in die Gesellschaft, was insbesondere bei Familiengesellschaften für den Erhalt des Familiencharakters des Unternehmens von Bedeutung ist,[199] ggf. kombiniert mit einem Andienungsrecht in dem Gesellschaftsvertrag. **179**

Eine Beschränkung der Kündigungsmöglichkeiten des Nachfolgers kann dessen langfristige Bindung an das Unternehmen sichern und ist zur Vermeidung etwaiger Nachversteuerungstatbestände (kumulativ mit anderen steuerschädlichen Handlungen, → Rn. 120) von Bedeutung. Bleibt der Erblasser selbst noch Gesellschafter, kann eine unterschiedliche Stimmgewichtung sicherstellen, dass ihm in bestimmten Fragen die Mehrheit verbleibt. **180**

Ist der Erblasser bereits ausgeschieden, kann dem Bedürfnis nach „Fernsteuerung" durch die Vereinbarung eines Stimmrechtsbindungsvertrags oder einer unwiderruflichen Stimmrechtsvollmacht (in der Kapitalgesellschaft, in der Personengesellschaft nur, wenn **181**

---

[196] Gesellschaftsrecht geht Erbrecht vor: BGH NJW 2002, 2787 (2789) = ZEV 2002, 322 in einem Notarhaftungsfall; BayObLG NZG 2000, 1026 (1027).
[197] BFH MittBayNot 2016, 274 (275) mAnm *Dehmer* MittBayNot 2016, 277–279.
[198] *Geck* ZEV 2016, 546 (552): Nicht vermögensverwaltende Personengesellschaften, auch wenn die Gesellschafter ausschließlich Angehörige iSv § 15 AO sind.
[199] MHdB GesR IV/*Wiesner*, 2. Aufl. 1999, § 14 Rn. 17.

im Gesellschaftsvertrag oder durch Beschluss der Gesellschafter zugelassen) oder durch Übernahme der Geschäftsführung durch den Schenker (für eine Übergangszeit) Rechnung getragen werden. Schließlich kann die Einrichtung von Kontrollorganen dem ausgeschiedenen Gesellschafter unternehmerischen Einfluss sichern.

182 Der Schutz vor unerwünschtem Eigentumserwerb durch Dritte und die Sicherung des Gesellschafterbestandes kann auch durch die Vereinbarung von Ankaufs- oder Vorkaufsrechten erreicht werden, insbesondere, wenn die Fungibilität von Anteilen nicht eingeschränkt werden soll. Damit kann auch weiteren Personen, zB weiteren Erben, eine Erwerbschance gesichert werden.

2. Vinkulierung

183 Im Personengesellschaftsrecht ist die freie Abtretbarkeit von Gesellschaftsanteilen gesetzlich regelhaft eingeschränkt; im Kapitalgesellschaftsrecht kann die gesetzlich geregelte freie Abtretbarkeit eingeschränkt, dh vinkuliert werden. Die gesetzlichen Vorgaben sind gestaltbar.

184 **a) Zweck der Vinkulierung.** Durch Vinkulierungsklauseln im Gesellschaftsvertrag (oder durchaus auch in Nebenvereinbarungen der Gesellschafter) soll die Übertragbarkeit von Gesellschaftsanteilen auf andere Personen zum Schutz der Veräußerung an unerwünschte Dritte eingeschränkt werden.

185 Die Vinkulierung wird insbesondere für Familiengesellschaften Bedeutung[200] haben, um ein Unternehmen vor einer Überfremdung und unerwünschten Einflussnahme zu schützen, und um die erbschaftsteuerliche Vergünstigung des sog. Vorab-Abschlags nach § 13a Abs. 9 ErbStG auf der Ebene der Ermittlung der Bemessungsgrundlage noch vor der Wahl der Regel- oder Optionsverschonung nutzen zu können.

186 Für diese Privilegierung müssen im Gesellschaftsvertrag oder in der Satzung des Unternehmens neben Bestimmungen zu Verfügungsbeschränkungen über Anteile auch Bestimmungen über Entnahme- bzw. Ausschüttungsbeschränkungen (auf begünstigtes und nicht begünstigtes Vermögen), sowie bestimmte Abfindungsbestimmungen (Minderung der Abfindung gegenüber dem gemeinen Wert von bis zu 30 %) enthalten sein. Zudem müssen diese Regelungen 20 Jahre ab dem Zeitpunkt der Entstehung der Steuer eingehalten werden. Der Abschlag wird bei Bestehen dieses Gesellschaftsvertragstests dann auch unabhängig von Mindestlohnsumme (Details zur Höhe und Berechnung → § 21 Rn. 51 ff.) und Behaltensregelung gewährt.

187 Die nachträgliche Einführung von Vinkulierungsklauseln bedarf der Zustimmung aller Gesellschafter. Sie hat klarzustellen, wer genau innerhalb des Gesellschafterkreises bzw. der Gesellschaft die Zustimmung zu einer Veräußerung von Gesellschafts- oder Geschäftsanteilen erteilen darf.

188 Es ist zu bedenken, dass das Ziel des Eindringens unerwünschter Dritter in den Kreis der Gesellschafter alleine durch eine Beschränkung der Abtretbarkeit nur unvollkommen erreicht werden kann. Die Vinkulierung sollte im Gesellschaftsvertrag oder in Gesellschaftsvereinbarungen/Poolvereinbarungen durch weitere Regelungen begleitet werden, um den Schutz vor Überfremdung zu optimieren. Die Bestellung eines Pfandrechts oder Nießbrauchs sollte ebenfalls eingeschränkt werden. Ein Zugriff von Gläubigern durch Pfändung von Geschäftsanteilen und Verwertung ist möglich, und im Falle der Insolvenz des Gesellschafters fallen die Anteile in die Insolvenzmasse, der Insolvenzverwalter erhält die Verfügungsbefugnis. Vinkulierungsklauseln helfen auch nicht, wenn (i) Anteile aufgrund gesetzlicher Vorschriften (zB Anwachsung, Erbfolge, Umwandlungsvorgänge) auf einen neuen Inhaber übergehen, wenn (ii) die Geschäftsanteile von einer Gesellschaft („Holding") gehalten werden und es zu Veränderungen im Gesellschafterkreis der Hol-

---

[200] Definition Familienunternehmen → § 21 Fn. 44.

ding kommt, oder wenn (iii) über Erbteile und Teile von Erbteilen an Nachlässen verfügt wird, zu denen vinkulierte Geschäftsanteile gehören. Denn in der Übertragung des Erbteils liegt nicht zugleich eine Verfügung über den Geschäftsanteil.

b) Vinkulierung „von Gesetzes wegen" in Personengesellschaften. Bei Personengesellschaften ist der Anteil zunächst „von Gesetzes wegen" vinkuliert, dh nur bei Zustimmung aller Gesellschafter übertragbar, wenn nicht der Gesellschaftsvertrag etwas anderes regelt. Bei Personengesellschaften ist eher daran zu denken, die Übertragung auf einen bestimmten Personenkreis, zB weitere Abkömmlinge oder Mitgesellschafter zu erleichtern, um nicht durch die übrigen, ggf. neu hinzutretenden Gesellschafter an Übertragungen gehindert zu werden, und um Streit über die lebzeitige Übertragung einer Gesellschaftsbeteiligung auf einen zur Nachfolge berufenen Erben zu vermeiden.[201] Das Bedürfnis der Vinkulierung besteht daher in der Kapitalgesellschaft.

c) Vinkulierung in der GmbH. Für Geschäftsanteile sieht das Gesetz deren freie Übertragbarkeit bzw. Vererbbarkeit vor (§ 15 Abs. 1 GmbHG). Die Erbengemeinschaft rückt gesamthänderisch in die Mitberechtigung ein (§§ 2032 ff. BGB). Im Verhältnis zur Gesellschaft gilt nur der derjenige als Erwerber, der als solcher in der im Handelsregister aufgenommenen Gesellschafterliste eingetragen ist (§§ 16 Abs. 1, 40 GmbHG).

Nach § 15 Abs. 5 GmbHG kann die **Abtretung** der Geschäftsanteile durch Gesellschaftsvertrag - nicht das Kausalgeschäft – für Teile oder alle Geschäftsanteile an weitere Voraussetzungen geknüpft werden. So kann zB die Übertragung eines Geschäftsanteils generell oder für bestimmte Fälle an die Zustimmung der Gesellschaft, der Gesellschafterversammlung, des Beirates oder bestimmter Gesellschafter gebunden werden.[202] Aber auch eine zustimmungsfreie Übertragung auf bestimmte Personen, beispielsweise Abkömmlinge unter Beibehaltung des Zustimmungsvorbehaltes für Übertragungen auf andere Personen, ist möglich.[203] Auch eine Übernahme bestimmter Verpflichtungen durch den Erwerber kann installiert werden.

Verlangt die Satzung für die Abtretung des Geschäftsanteils die Genehmigung der Gesellschaft, so erteilt grundsätzlich der GmbH-Geschäftsführer diese Genehmigung. Im Innenverhältnis bedarf er jedoch dazu eines Beschlusses der Gesellschafter nach dem Quorum des Gesellschaftsvertrages, es sei denn, dass der Gesellschaftsvertrag dem Geschäftsführer die alleinige Entscheidungsbefugnis zuweist. Um Nachteile grundloser oder willkürliche Erteilung der Genehmigung vorzubeugen, sollte die Wirksamkeit an die Entscheidung der Gesellschafterversammlung geknüpft werden. Zudem empfiehlt sich die Regelung, wann eine Genehmigung erteilt werden darf (soweit dem § 13 Abs. 9 Nr. 2 ErbStG Genüge getan werden soll und nur Familienmitglieder in der Gesellschaft verbleiben dürfen).

Fehlt eine ausdrückliche Zuweisung auf die Geschäftsführung, muss der Geschäftsführer die Entscheidung der Gesellschafter einholen. Die Versagung der Zustimmung der Abtretung des Geschäftsanteils bedarf keines sachlichen Grundes, sofern die Satzung nichts anderes vorschreibt. Die Satzung kann die Ablehnungsfälle aufzählen, ggf. auch abschließend. Ein wichtiger Grund in der Person des Erwerbers der Geschäftsanteile rechtfertigt stets die Versagung.

Die Rechtsfolge der **fehlenden Zustimmung im Außenverhältnis** ist die schwebende Unwirksamkeit der Abtretung bis zur Erteilung der Zustimmung;[204] die Rechtsfol-

---

[201] BGH NJW 1987, 952 (954) zur Zustimmungspflicht der Übertragung der Stellung als persönlich haftender Gesellschafter schon bei Lebzeiten auf den zur Nachfolge berufenen Erben.
[202] OLG Schleswig GmbHR 1999, 35 Ls.; *Henssler/Strohn* GesR, 3. Aufl. 2016, GmbHG § 15 Rn. 89, 91; Baumbach/Hueck/*Fastrich*, 21. Aufl. 2017 § 15 Rn. 38, 39.
[203] *Henssler/Strohn*, GesR, 3. Aufl. 2016, GmbHG § 15 Rn. 84.
[204] *Henssler/Strohn*, GesR, 3. Aufl. 2016, GmbHG § 15 Rn. 99 mwN aus Rspr. und Lit.

gen der **fehlenden Zustimmung im Innenverhältnis** sind umstritten.[205] Bei Missbrauch der Vertretungsmacht ist davon auszugehen, dass die Beschränkung der Rechtsmacht auch auf den Erwerber ausstrahlt und deshalb die Genehmigung des Geschäftsführers die GmbH nicht bindet, wenn durch die Gesellschafterversammlung kein Beschluss getroffen worden ist. Die Erteilung der Zustimmung ist missbräuchlich, ein ggf. vorliegender Zustimmungsbeschluss muss angefochten werden.[206]

195 Die gesellschaftsvertragliche Vinkulierung wirkt absolut; eine Übertragung von Geschäftsanteilen einer GmbH unter deren Missachtung macht den Übertragungsakt schwebend unwirksam. Wird die Übertragung von Geschäftsanteilen nicht im Gesellschaftsvertrag, sondern zB in einer Gesellschaftervereinbarung an die Zustimmung einzelner oder aller Gesellschafter gebunden, wirkt die Übertragungsbeschränkung nur obligatorisch. Eine ohne Einholung der Zustimmung erfolgte Veräußerung ist wirksam, wird im Innenverhältnis zwischen den Betroffenen Ansprüche begründen.

196 Die Vinkulierungsklauseln gelten in der Regel nicht für die vermögensrechtlichen Ansprüche des Gesellschafters, zB den Gewinnanspruch oder den Anspruch auf das Liquidationsguthaben. Insoweit darf die Satzung die Abtretung aber durch eine besondere Regelung erschweren oder verbieten.[207] Auf die Einräumung einer Unterbeteiligung sind Vinkulierungsklauseln gleichfalls nicht anwendbar, aber analog auf die Übertragung von Bezugsrechten,[208] auf Stimmbindungsverträge und Treuhandverträge, wenn nicht der Gesellschaftsvertrag ausdrücklich etwas anderes sagt.[209]

197 Ob die Abtretung von der **Genehmigung eines Nichtgesellschafters** abhängig gemacht werden kann, wird unterschiedlich beurteilt,[210] da ihm ein gesellschaftliches Recht nicht eingeräumt werden kann. Die Gesellschaft kann sich ihm gegenüber jedoch schuldrechtlich verpflichten, die satzungsmäßig ihr zustehende Genehmigungsbefugnis nicht ohne Befragen oder ohne Zustimmung auszuüben. Auch ein Ausschluss der Abtretbarkeit wird für möglich gehalten.[211] Eine Lösungsmöglichkeit von der Gesellschaft besteht dann unabdingbar in Form der außerordentlichen Kündigung der Gesellschafterstellung (aus wichtigem Grund).[212]

198 **d) Vinkulierung in der AG.** Im Aktienrecht gilt der **Grundsatz der freien Übertragbarkeit** der Mitgliedschaft. Abweichend von der GmbH (§ 15 Abs. 5 GmbHG) ist eine Vinkulierung, dh die Bindung der Übertragung an die Zustimmung der Gesellschaft, eingeschränkt nach § 68 Abs. 2 AktG zulässig, welche sodann als Namensaktien ausgegeben werden müssen. Die Vinkulierung ist nicht bei Universalsukzession anzuwenden (§ 1922 BGB, § 69 Abs. 1 AktG), aber bei rechtsgeschäftlicher Übertragung zur Erfüllung eines Vermächtnisses oder als Ergebnis einer Erbenauseinandersetzung. Die Möglichkeit und Wirksamkeit der Vinkulierung ist nicht davon abhängig, dass die betroffenen Mitgliedschaften verbrieft sind. Eine Vinkulierung von Inhaberaktien ist unwirksam (§ 137 S. 1 BGB).

---

[205] Offen gelassen von BGH GmbHR 1988, 260 (261).
[206] MüKoGmbH/*Reichert/Weller*, 3. Aufl. 2018 § 15 Rn. 416.
[207] Scholz/Winter/*Seibt*, 11. Aufl. 2014, GmbHG § 15 Rn. 110, GmbHG Anh. § 34; Baumbach/Hueck/*Fastrich*, 21. Aufl. 2017, GmbHG § 15 Rn. 39.
[208] *Henssler/Strohn*, GesR, 3. Aufl. 2016, GmbHG § 15 Rn. 127.
[209] *Henssler/Strohn*, GesR, 3. Aufl. 2016, GmbHG § 15 Rn. 123.
[210] Bejaht von BayObLG WM 1989, 139 (142); *Henssler/Strohn*, GesR, 3. Aufl. 2016, GmbHG § 15 Rn. 93; MüKoGmbHG/*Reichert/Weller*, 3. Aufl. 2018 § 15 GmbHG Rn. 428 f.; Baumbach/Hueck/Fastrich 21. Aufl. 2017 GmbHG § 15 Rn. 37; aA Scholz/*Winter/Seibt*, 11. Aufl. 2018, GmbHG § 15 Rn. 122.
[211] BayObLG DB 1989, 214 (215 f.); Scholz/*Winter/Seibt*, 10. Aufl. 2006, GmbHG § 15 Rn. 135 mwN; Baumbach/Hueck/*Fastrich*, 21. Aufl. 2017, GmbHG § 15 Rn. 38; Anh. § 34 Rn. 18 ff.
[212] BGH DNotZ 1992, 526 (530 ff.): Ausscheiden nicht zum Nennwert; bei BayObLG München GmbHR 1990, 221 (222), war aber die zu geringe Gewinnausschüttung kein Kündigungsgrund. Scholz/*Winter/Seibt*, 10. Aufl. 2006, GmbHG § 15 Rn. 135; Baumbach/Hueck/*Fastrich*, 21. Aufl. 2017, GmbHG § 15 Rn. 38.

III. Gestaltungsinstrumentarien im Gesellschaftsvertrag § 22

Die Satzung kann die Gründe bestimmen, aus denen die Zustimmung verweigert werden darf (§ 68 Abs. 2 S. 4 AktG). Sie kann dagegen nicht vorsehen, dass die Verweigerung in bestimmten Fällen verweigert werden muss. 199

Die Form der Übertragung von Aktien hängt davon ab, ob die Aktien in verkörperter Form ausgegeben worden sind und um welche Aktienart es sich handelt:[213] Bei vinkulierten Namensaktien bedarf es zusätzlich der Zustimmung des nach der Satzung der AG vorgesehenen Gesellschaftsorgans (§ 68 Abs. 2 S. 3 AktG). Sofern die Satzung nichts anderes bestimmt, entscheidet über die Zustimmung der Vorstand (§ 68 Abs. 2 S. 2 AktG). Die Zustimmung kann formfrei vor der Verfügung als Einwilligung (§ 183 BGB) oder danach als Genehmigung (§ 184 BGB) sowohl gegenüber dem über die Aktien Verfügenden als auch gegenüber dem durch die Verfügung Begünstigten abgegeben werden. Die Zustimmung erteilt der Vorstand, es sei denn, die Satzung überträgt dies dem Aufsichtsrat oder der Hauptversammlung (§ 68 Abs. 2 AktG). 200

– Nicht verbriefte Aktien werden nach den Grundsätzen der Abtretung (§§ 398, 413 BGB) übertragen.[214]
– Einzeln verbriefte Namensaktien werden übertragen durch Indossament und Übereignung oder Übergabesurrogat.[215]
– Verbriefte Inhaberaktien – deren eingeschränkte Übertragung nur in Aktionärsvereinbarungen, nicht nach § 68 AktG, vereinbart werden kann – werden durch Einigung und Übergabe der Urkunde übertragen (wobei die Übergabe durch Übergabesurrogate ersetzt werden kann), oder nach den Übertragungsvorschriften des Depotgesetzes mit Absendung des Stückeverzeichnisses (§ 18 Abs. 3 DepotG). Miteigentumsanteile an in einer Globalurkunde oder Sammelurkunde[216] verkörperten Aktien werden zwar rechtlich durch Einigung und Übergabe und durch Übergang des Besitzmittlungsverhältnisses übertragen; faktisch erfolgt dies jedoch in Buchungsvorgängen.

Die Übertragung ist der Gesellschaft nachzuweisen (ggf. zugleich mit der Zustimmung bei Vinkulierung) und wird im Aktienregister (§ 67 AktG) vermerkt. 201

Die Regulierung des Gesellschafterwechsels durch vinkulierte Namensaktien ist nur nach für alle Aktionäre dieser Aktiengattung gleichermaßen geltenden Kriterien zulässig (Gleichbehandlungsgebot nach § 53a AktG). Zu den Verweigerungsgründen gehören insbesondere die Familienfremdheit, Konkurrenteneigenschaften etc. 202

Auch **börsengehandelte (Namens-) Aktien** können vinkuliert sein (§ 5 Abs. 2 Nr. 2 BörsZulV). Dieser Aktientyp ist allerdings erschwert umlauffähig. Für Familiengesellschaften besteht die Möglichkeit, für ein Mehrheitspaket der Familiengesellschafter vinkulierte Namensaktien und für die Börsenemission im Übrigen frei übertragbare Inhaberaktien auszugeben.[217] Ihre Übertragung kann in der Satzung der AG von der Zustimmung des Vorstandes, des Aufsichtsrates oder der Hauptversammlung abhängig gemacht werden. Auch die Gründe, aus denen die Zustimmung verweigert werden darf, müssen aus der Satzung ersichtlich sein. Durch andere Erfordernisse oder statuarische Zustimmungsvorbehalte Dritter kann die freie Übertragbarkeit nicht eingeschränkt werden – das ist ein wesentlicher Unterschied zu § 15 Abs. 5 GmbHG. Die Regelung des § 68 AktG ist damit wesentlich enger als die des § 15 Abs. 5 GmbHG, die gestattet, dass der Gesellschaftsvertrag die Abtretung der Geschäftsanteile durch Erfordernisse „irgendwelcher Art" erschwert. Die Vinkulierung erfasst auch die Übertragung von Aktien auf einen Treuhänder. 203

---

[213] Außerbörsliche Übertragung von Aktien, *Modlich* DB 2002, 671.
[214] BGH NJW 1993, 1983 (1986); *Henssler/Strohn*, GesR, 3. Aufl. 2016, AktG § 68 Rn. 3.
[215] *Henssler/Strohn*, GesR, 3. Aufl. 2016, AktG § 68 Rn. 3.
[216] Clearstream International S.A. als Zentralverwahrer für Abwicklung und Verwahrung von Wertpapieren im Sinne von § 1 Abs. 3 DepotG: MüKoAktG/*Bayer*, 4. Aufl. 2016, § 68 Rn. 5.
[217] *Kölling* NZG 2000, 631 (633). Das Gleichbehandlungsgebot steht ua in §§ 11, 12 iVm 23 Abs. 3 Nr. 4 AktG zur Disposition der Satzung durch Schaffung verschiedener Aktiengattungen im Wege der Ausstattung der Aktien mit unterschiedlichen Rechten.

204 Schuldrechtliche Vereinbarungen mit dem Ziel der Abschließung einer AG gegen Außenstehende sind grundsätzlich zulässig, zum Beispiel durch Übernahme einer Verpflichtung, Aktien nicht oder nur unter bestimmten Voraussetzungen oder nur an bestimmte Erwerber zu veräußern.[218] Eine Alternative gegen unerwünschte Verfügungen außerhalb der Satzung besteht für ein bestimmtes im Familienbesitz befindliches Aktienvermögen in der Möglichkeit der Einbringung in einen Pool, das heißt in aller Regel in eine BGB-Innengesellschaft unter Aufnahme schuldrechtlicher Absprachen über Verfügungsbeschränkungen.

3. Lösung des Gesellschafters aus der Gesellschaft

205 Nicht jede Nachfolge in einer Gesellschaft glückt. Die Lösung aus der Kooperation sollte möglich sein und im Gesellschaftsvertrag geregelt werden; das gilt für den Ausstieg und den Ausschluss.

206 **a) Möglichkeiten.** Die Möglichkeit der Loslösung des neu aufgenommenen Gesellschafters von der Gesellschaft kann ausdrücklich geregelt werden, um die langfristige Bindung des Nachfolgers an die Gesellschaft zu sichern. Das Gesetz sieht weder für Personengesellschaften noch für Kapitalgesellschaften ein Austrittsrecht des Gesellschafters vor.

207 Will der Gesellschafter sich aus dem Verband lösen, gehen Personen- und Kapitalgesellschaftsrecht verschiedene Wege.

208 **b) Lösung aus der Personengesellschaft.** Der Personengesellschafter (der auf unbefristete Zeit eingegangenen Gesellschaft) hat die Möglichkeit zur **Kündigung der Gesellschaft** – nicht der Mitgliedschaft oder der Beteiligung an der der Gesellschaft – mit der Folge der Herbeiführung der Auflösung der Gesellschaft (§ 723 BGB).

209 Ist im Gesellschaftsvertrag bestimmt, dass bei Kündigung eines Gesellschafters die Gesellschaft unter den übrigen Gesellschaftern fortbestehen soll, kann der Gesellschafter durch Kündigung austreten (§ 736 BGB), oder er kann bei Vorliegen eines zur Kündigung berechtigenden Grundes ausgeschlossen werden.[219]

210 § 723 Abs. 3 BGB verbietet eine Beschränkung oder einen Ausschluss des Kündigungsrechts des Gesellschafters. Darin zeigt sich der allgemeine Rechtsgrundsatz, dass die Begründung persönlicher oder wirtschaftlicher Bindungen auf unbegrenzte Zeit und ohne Kündigungsmöglichkeit mit der persönlichen Freiheit der Vertragschließenden unvereinbar ist, mithin nicht wirksam vereinbart werden kann.[220] Dieser Grundsatz gilt auch für Personenhandelsgesellschaften und stille Gesellschaften.[221] Für die Kündigung aus wichtigem Grund bzw. die ihr gleichstehende Auflösungsklage hat dieser Grundsatz im HGB in den Vorschriften der §§ 133 Abs. 3, 234 Abs. 1 S. 2 HGB Eingang gefunden.

211 Vereinbarungen über den **Ausschluss der ordentlichen Kündigung** sind daher bei unbefristeten (oder auf Lebenszeit eingegangenen) Gesellschaften unzulässig. Das gilt auch für Vereinbarungen, welche die Wirksamkeit der Kündigung an die Mitwirkung von Mitgesellschaftern oder einen Mehrheitsbeschluss binden, oder bestimmte Gründe verlangen, oder das Kündigungsrecht faktisch erschweren.[222] Soll eine bestimmte Gesellschafterkon-

---

[218] BGH NJW 1994, 2536 (2537): die der Bindung unterworfenen Aktien waren nicht auf die zwischen den Aktionären in Form einer GbR abgeschlossene Schutzgemeinschaft übertragen worden, unterlagen jedoch der schuldrechtlichen Bindung, dass diese bei Ausscheiden aus der GbR übertragen werden sollten.
[219] BGH NJW 2008, 2992; NJW 2008, 1943 (1944 f.) zur Kündigung mehrerer Gesellschafter; OLG Stuttgart NZG 2004, 766 (768) zur Anwachsung bei zweigliedriger Gesellschaft; *Henssler/Strohn*, GesR, 3. Aufl. 2016, BGB § 737 Rn. 1, 5.
[220] BGH NJW 1994, 2536 (2537); NJW 1973, 1602; NJW 1954, 106.
[221] BGH NJW 1954, 106 (für OHG und KG); NJW 1957, 461 (462) (für stille Gesellschaft); MüKoBGB/*Schäfer* § 723 Rn. 62.
[222] BGH NJW 2002, 3536 (3537); DStR 2014, 1404 (1405); DStR 2010, 1898 (1899); *Henssler/Strohn*, GesR, 3. Aufl. 2016, BGB § 723 Rn. 26–30.

stellation sichergestellt werden, kann dies für einen begrenzten Zeitraum durch Vereinbarungen über eine Befristung der Gesellschaft erreicht werden (§§ 723 Abs. 1 S. 2, 724 BGB). Alternativ muss der kündigende Gesellschafter den übrigen Gesellschaftern ein Vorkaufsrecht anbieten[223] (hilfreich ggf. in der Poolgesellschaft).

Das Recht zur ordentlichen Kündigung ist nur für unbefristete Gesellschaften gewährleistet. Die Grenze zulässiger Zeitbestimmungen wird teilweise bei 30 Jahren gesehen;[224] diese dürfte jedoch für viele Fälle zu lang und damit unwirksam sein. Die Beurteilung einer überlangen Bindung ist abhängig vom Einzelfall. **212**

Hierbei sind außer dem schutzwürdigen Interesse des Gesellschafters an einer Lösungsmöglichkeit auch die Struktur der Gesellschaft, zB als Familiengesellschaft, Art und Ausmaß der aus dem Gesellschaftsvertrag folgenden Pflichten, sicherlich auch der durch den Gesellschaftszweck begründete Wunsch der Gesellschafter an einem langfristigen Bestand der Gesellschaft zu berücksichtigen.[225] Die Aufnahme einer Zeitdauer hindert jedoch nicht die Kündigung aus wichtigem Grund (§ 723 Abs. 1 S. 2 BGB). **213**

Einer Kündigung mit der Folge der Auflösung der Gesellschaft wird praktisch idR vorgebeugt durch Fortsetzungsklauseln, die entweder unmittelbar zum Ausscheiden des Kündigenden führen oder den Mitgesellschaftern das Recht geben, die Fortsetzung ohne ihn zu beschließen. **214**

Die Ausschließung eines Gesellschafters unter Fortbestand der Gesellschaft ist unter den Voraussetzungen der Vereinbarung des Fortbestand der Gesellschaft bei Kündigung eines Gesellschafters und Vorliegen eines wichtigen Grunds in der Person eines Gesellschafters möglich (§ 737 S. 2 BGB; dispositiv). **215**

Der Gesellschafter der OHG und der KG können gesetzlich ordentlich mit sechsmonatiger Frist zum Schluss des Geschäftsjahres kündigen (§§ 161 Abs. 2, 132 HGB). Ein außerordentliches Kündigungsrecht gibt es nicht, es muss bei Vorliegen eines wichtigen Grundes Auflösungsklage erhoben werden (§§ 161 Abs. 2, 133 HGB). Die Kündigung führt nicht zur Auflösung der Gesellschaft, sondern zum Ausscheiden des kündigenden Gesellschafters (§§ 131 Abs. 3 Nr. 3, 161 Abs. 2 HGB). Sein Gesellschaftsanteil wächst den überlebenden Gesellschaftern an (§ 738 Abs. 1 S. 1 BGB iVm §§ 105 Abs. 2, 161 Abs. 2 HGB). Diese setzen die Gesellschaft fort, der ausscheidende Gesellschafter erhält einen Abfindungsanspruch (§ 738 Abs. 1 S. 2 BGB, §§ 105 Abs. 2, 161 Abs. 2 HGB). **216**

Für die KG (§§ 161 ff. HGB) gelten die Bestimmungen über die OHG entsprechend. Die Rechtsstellung des Komplementärs entspricht derjenigen des Gesellschafters einer OHG. Im Falle seines Ausscheidens durch Kündigung hat die Auflösung der Gesellschaft dann zur Folge.[226] Setzen die Kommanditisten das Handelsgewerbe fort, wandelt sich die Gesellschaft zwingend in eine OHG, und bei nicht handelsgewerblicher Tätigkeit in eine GBR.[227] **217**

c) Lösung aus der Kapitalgesellschaft. Für den Gesellschafter der Kapitalgesellschaft kommt eine einseitige Lösung aus dem Gesellschaftsverhältnis idR durch eine **Veräußerung der Anteile** in Betracht, in Ausnahmefällen durch außerordentliches Austrittsrecht. **218**

Die einseitige Lösung aus der GmbH erfolgt im Grundsatz durch eine Veräußerung des Geschäftsanteils.[228] **219**

---

[223] Kein Verstoß gegen § 723 Abs. 3 BGB: BGH NJW 1994, 2536 (2537).
[224] BGH DStR 2007, 34 (35).
[225] MüKoBGB/*Schäfer* § 723 Rn. 66.
[226] BGH NJW 1979, 1705 (1706); *Henssler/Strohn*, GesR, 3. Aufl. 2016, HGB § 1162 Rn. 16, 18.
[227] Beitritt eines Komplementärs erlaubt Fortführung der KG; *Henssler/Strohn*, GesR, 3. Aufl. 2016, HGB § 1162 Rn. 16.
[228] Sonderfälle sind die Freigabe des Geschäftsanteils (§ 27 Abs. 1 GmbHG) und, sofern die betreffenden Gesellschafter mindestens 10% des Stammkapitals innehaben, die Auflösungsklage wegen eines in den Verhältnissen der Gesellschaft liegenden wichtigen Grundes (§ 61 GmbHG).

220 Ein gesetzliches Recht zur ordentlichen Kündigung besteht weder für die Gesellschaft noch für den Gesellschafter. Es finden sich daher häufig Satzungsregeln zum Kündigungsrecht eines Gesellschafters unter Fortsetzung der Gesellschaft.

221 Auch wenn ein Kündigungsrecht des Gesellschafters im Gesellschaftsvertrag fehlt, gesteht die Rechtsprechung jedem Gesellschafter ein zwingendes, unverzichtbares außerordentliches **Austrittsrecht** zu, wenn Umstände vorliegen, die ihm den weiteren Verbleib in der Gesellschaft unzumutbar machen.[229] Die Erklärung des Austritts ermöglicht den verbleibenden Gesellschaftern die Einziehung oder Übernahme des Geschäftsanteils des austrittswilligen Gesellschafters. Dieses Austrittsrecht gilt als „*ultima ratio*" und wird dann gewährt, wenn der Gesellschaftsvertrag die Veräußerung des Geschäftsanteils in erheblichem Maße einschränkt oder ausschließt,[230] so dass dem Gesellschafter faktisch ein Anteilsverkauf nicht möglich ist.

222 Zusätzliche Formerfordernisse des Übertragungsaktes erschweren zwar dessen Übertragung, schränken aber nicht die Veräußerung des Geschäftsanteils ein. Dass dem Gesellschafter (ohne eine entsprechende Satzungsbestimmung) die Veräußerung allein aus tatsächlichen Gründen nicht gelingt, gibt noch kein außerordentliches Kündigungsrecht.[231] Der Gesellschafter hat das Risiko der wirtschaftlichen Verwertbarkeit seines Anteils zu tragen.[232] Das Austrittsrecht darf nur ausgeübt werden, wenn ihm die Fortsetzung des Gesellschaftsverhältnisses aus wichtigem Grunde nicht zugemutet werden kann.

223 Der Aktionär kann seine Mitgliedschaft in der AG durch rechtsgeschäftliche Übertragung der Aktien beenden.[233] Soweit Satzungsbestimmungen die Verfügungsbefugnis des Aktionärs durch Vinkulierung einschränken und die Zustimmung des berufenen Gesellschafterorgans verweigert wird, hängt der Erfolg der Erzwingung der **Zustimmung** zur Übertragung davon ab, ob in der Satzung die Gründe bestimmt sind, aus denen die Zustimmung verweigert werden darf (§ 68 Abs. 2 S. 4 AktG), oder ggf. Poolabsprachen einer Veräußerung entgegenstehen. Werden die Verweigerungsgründe in der Satzung oder dem Poolvertrag abschließend festgelegt, so darf die Zustimmung nicht aus anderen Gründen verweigert werden.[234] Überlässt die Satzung die Erteilung der Zustimmung dem Ermessen des zur Entscheidung berufenen Gesellschaftsorgans, hat dieses Grenzen der Ermessensausübung zu beachten. Seine Entscheidung darf nicht schikanös (§ 226 BGB) sein, nicht auf eine sittenwidrige Schädigung (§ 826 BGB) abzielen und auch nicht gegen die Grundsätze von Treu und Glauben (§ 242 BGB) verstoßen. Darüber hinaus darf sie nicht das aktienrechtliche Gleichbehandlungsgebot (§ 53a AktG) verletzen. Auch darf niemand auf Dauer in einer AG festgehalten werden, sodass eine Verweigerung der Zustimmung nur aus wichtigem Grund versagt werden darf.

224 Da die Satzung allerdings keine zwingenden Zustimmungsverbote festlegen kann,[235] bleibt das zuständige Gesellschaftsorgan auch bei Vorliegen eines satzungsmäßigen Verweigerungsgrundes befugt und verpflichtet, über die Zustimmung nach pflichtgemäßem Ermessen zu entscheiden, wobei die Grenzen wie bei fehlender Festlegung der Verweigerungsgründe entsprechend zu beachten sind. Im Einzelfall kann sich trotz Vorliegens eines satzungsmäßigen Verweigerungsgrundes ein Anspruch des Veräußerers auf Zustimmung ergeben, damit die Aktie nicht praktisch unveräußerlich wird.[236]

---

[229] BGH NZG 2014, 541 (542); NJW 1992, 892 (894f.); BayObLG DStR 1991, 44 = GmbHR 1990, 221; *Henssler/Strohn*, GesR, 3. Aufl. 2016, GmbHG § 34 Rn. 24; MüKoGmbH/*Strohn*, 3. Aufl. 2018 § 34 Rn. 102 mwN.
[230] *Henssler/Strohn*, GesR, 3. Aufl. 2016, GmbHG § 34 Rn. 32, 33.
[231] Scholz/*Winter/Seibt*, 12. Aufl. 2018, GmbHG § 15 Rn. 115ff.
[232] Scholz/*Winter/Seibt*, 12. Aufl. 2018, GmbHG § 15 Rn. 127.
[233] Gesamtrechtsnachfolge bzw. Übergang kraft Gesetzes fallen nicht darunter, *Henssler/Strohn*, GesR, 3. Aufl. 2016, AktG § 68 Rn. 8.
[234] MüKoAktG/*Bayer*, 4. Aufl. 2016, AktG § 68 Rn. 62.
[235] MüKoAktG/*Bayer*, 4. Aufl. 2016, AktG § 68 Rn. 62.
[236] MüKoAktG/*Bayer*, 2. Aufl. 2003, AktG § 68 Rn. 62 mwN.

4. Ungleiche Stimmgewichtsverteilung

a) Personengesellschaften. Eine satzungsmäßige ungleiche Gewichtung der Stimmen 225
bis hin zum Stimmrechtsausschluss ist möglich, zumal das Gesetz an verschiedenen Stellen
Stimmrechtsausschlüsse kennt.[237]

Allerdings ist bei ungleicher Stimmgewichtsverteilung in der Personengesellschaft die 226
Zwei-Stufen-Prüfung des BGH zu beachten,[238] und auch die ehemals gültige Kernbereichslehre der Gesellschafterrechte kann im Einzelfall noch zur Prüfung der Wirksamkeit herangezogen werden. Solche Gesellschafterbeschlüsse unterliegen einem konkreten Zustimmungsvorbehalt des betroffenen - sonst stimmrechtslosen - Gesellschafters.[239]

Zu dem Bereich, in dem der Stimmrechtsausschluss unwirksam sein wird, bzw. in dem 227
es auf der zweiten Stufe um schlechthin unverzichtbare oder „relativ unentziehbare" Mitgliedschaftsrechte geht, dürften jedenfalls die Vermehrung von Pflichten gegen den Willen des betroffenen Gesellschafters oder die Schmälerung gesellschaftsvertraglich festgelegter Rechte des Gesellschafters gehören.[240]

Jedoch können für die personengleiche GmbH & Co. KG der Stimmrechtsausschluss 228
der Komplementär-GmbH auch für Beschlüsse, die in unverzichtbare Mitgliedschaftsrechte eingreifen, zulässig sein, da sich ihre schützenswerten Interessen mit denen der Gesellschafter decken.[241]

Für den persönlich haftenden Gesellschafter in der OHG wird vertreten, dass ein 229
Stimmrechtsausschluss einen Wertungswiderspruch zum Verbot der Stimmrechtsabtretung darstelle, die Möglichkeit von Mehrheitsbeschlüssen genügend Gestaltungsspielraum belasse.[242]

Für eine Kommanditbeteiligung[243] und für die Komplementär-GmbH in der KG[244] hat 230
der BGH entschieden, dass sogar eine stimmrechtslose Beteiligung geschaffen werden kann, wenn und soweit ein Stimmrecht für die Fälle verbleibt, in denen es um die Rechtsstellung des Gesellschafters (zB durch Änderung der Gewinnbeteiligung) geht.

> **Formulierungsbeispiel:** 231
>
> Das Stimmrecht des persönlich haftenden Gesellschafters ... in Angelegenheiten der Gesellschaft wird ausgeschlossen. Zu Beschlüssen, die in seine Rechtsstellung als Gesellschafter eingreifen, hat der ... ein Stimmrecht nach den im Folgenden genannten Mehrheitsverhältnissen. Die von den übrigen Gesellschaftern zu treffenden Beschlüsse in den Angelegenheiten der Gesellschaft werden mit einer Mehrheit von ... der Stimmen gefasst.

Die Satzung kann auch ein Vetorecht einzelner Gesellschafter vorsehen.[245] Ein schuld- 232
rechtlicher Ausschluss soll vereinbart werden können.

Auch die Einräumung eines Mehrfachstimmrechtes in der Personengesellschaft ist zu- 233
lässig,[246] darf jedoch von dem privilegierten Gesellschafter nicht genutzt werden, um in

---

[237] BGH NZG 2012, 625 (626f.) = ZIP 2012, 918; BGH NJW 85, 972 (974); Baumbach/Hopt/*Roth*, 38. Aufl. 2018, § 119 Rn. 8, 13, 36; MüKoBGB/*Schäfer* § 709 Rn. 63; Erman/*Westermann*, 15. Aufl. 2018, BGB § 709 Rn. 24.
[238] → § 2 Rn. 274.
[239] MüKoBGB/*Schäfer* § 709 Rn. 63; MHdB GesR I/*Weipert*, 4. Aufl. 2014, § 34 Rn. 29.
[240] BGH NJW-RR 1988, 995 (996).
[241] BGH NJW 1993, 2101 (2102).
[242] Baumbach/Hopt/*Roth*, 38. Aufl. 2018, HGB § 119 Rn. 13 mwN.
[243] BGH NJW 1956, 1198 (1199f.) für eine Kommanditbeteiligung.
[244] BGH NJW 1993, 2100 (2101) für Komplementär-GmbH bei personengleicher GmbH & Co. KG.
[245] Scholz/*K. Schmidt*, 11. Aufl. 2014, GmbHG § 47 Rn. 12.
[246] Baumbach/Hopt/*Roth*, 38. Aufl. 2018, HGB § 163 Rn. 8; MHdB GesR II/*Jaletzke*, 4. Aufl. 2014, § 66 Rn. 24.

den Kernbereich der Rechte seiner Mitgesellschafter einzugreifen.[247] Insofern unterscheidet sich das Personengesellschaftsrecht vom Aktiengesellschaftsrecht (vgl. § 12 Abs. 2 AktG).

234 Selbst für die Komplementärin einer Publikums-KG, die am Kapital und am Gewinn und Verlust der Gesellschaft nicht beteiligt war und die eine umsatzabhängige Vergütung erhielt, hat das OLG Karlsruhe ein Mehrstimmrecht bei Gesellschafterbeschlüssen anerkannt.[248]

235 Neu und zu beachten bei ungleicher Stimmgewichtsverteilung oder Sonderstimmrechten ist die Geltung des **Transparenzregisters,** die Pflichtangaben ua zu (wirtschaftlich berechtigten) Gesellschaftern (§ 3 GWG, § 40 Abs. 1, 2 GmbHG) verlangt; das sind natürliche Personen, die – unmittelbar oder mittelbar – mehr als 25 % der Kapitalanteile halten oder mehr als 25 % der Stimmrechte kontrollieren. Auch der gesetzliche Vertreter oder der geschäftsführende Gesellschafter kann wirtschaftlich Berechtigter sein. Mitteilungspflichtig sind juristische Personen des Privatrechts (AG, GmbH, Vereine) und eingetragene Personengesellschaften (OHG, KG). Nicht erfasst ist die GbR, da diese nicht im Handelsregister eingetragen wird. Die jeweiligen Gesellschafter sind zudem gegenüber der mitteilungspflichtigen Gesellschaft zu Angaben verpflichtet, wenn die entsprechende Beteiligungsmehrheit eingetreten ist.

236 **b) Kapitalgesellschaften.** In den Kapitalgesellschaften sind die gesetzlichen Stimmgewichte nach der Vermögensbeteiligung des Gesellschafters bemessen. Für eine davon abweichende Stimmgewichtsverteilung ist je nach Art der Kapitalgesellschaft zu differenzieren.

237 Für die **GmbH** ist in § 47 Abs. 2 GmbHG vorgesehen, dass jeder Euro eines Geschäftsanteils eine Stimme gewährt. Diese Regelung ist aufgrund von § 45 Abs. 2 durch Satzungsänderung abänderbar, da § 53 Abs. 2 GmbHG nur Stimmenmehrheit, nicht Mehrheit des vertretenen Kapitals fordert. Daher dürfen bestimmte Geschäftsanteile auch mit Mehrstimmrechten verbunden sein.[249] Auch dürfen einzelne Gesellschafter mit einem Vetorecht ausgestattet sein,[250] dürfen dies jedoch nicht missbräuchlich ausüben. Ohnehin ordnet § 47 Abs. 4 GmbHG an, dass ein Gesellschafter nicht Richter in eigener Sache sein soll und deshalb kein Stimmrecht bei einer Beschlussfassung zu seiner Entlastung, Befreiung von einer Verbindlichkeit, Vornahme eines Rechtsgeschäfts oder die Einleitung oder Erledigung eines Rechtsstreites gegenüber dem Gesellschafter hat.

238 Weiterhin können Höchststimmrechte vereinbart und Geschäftsanteile vom Stimmrecht ganz ausgeschlossen werden.[251] Das Recht auf Teilnahme an den Versammlungen, das Informationsrecht (§ 51a GmbHG), das Recht zur Anfechtung von Beschlüssen bei Leistungsvermehrungen durch Satzungsänderung sowie bei Eingriffen in den Kernbereich seiner Mitgliedschaft bzw. in unverzichtbare oder unentziehbare Mitgliedschaftsrechte bleiben davon unberührt, um überhaupt noch von einem echten Mitgliedschaftsrecht als

---

[247] Gemäß § 242 BGB ist eine Vertragsklausel unwirksam, wenn sie ohne ausreichende sachliche Rechtfertigung einseitig die Belange der Gründer bzw. bestimmter Gesellschafter verfolgt und die berechtigten Interessen der Anlagegesellschafter unangemessen und unbillig beeinträchtigt; vgl. MüKoBGB/*Schubert*, 8. Aufl. 2019, § 242 Rn. 473; zum Mehrstimmrecht: MHdB GesR II/*Jaletzke*, 4. Aufl. 2014, § 66 Rn. 24.

[248] OLG Karlsruhe NJW-RR 2015, 163 (164): für Stimmen in Höhe von 20 % der gezeichneten Haftsumme geteilt durch 1000 konnte nicht festgestellt werden, dass das zugeteilte Stimmrecht die Leitungsorgane einer wirksamen Kontrolle der Kommanditisten (Anleger) entzieht oder diese in einer sonst der rechtlichen Wertung widersprechenden Weise hierdurch rechtlos gestellt sind.

[249] Baumbach/Hueck/*Zöllner/Noack*, 21. Aufl. 2017, GmbHG § 47 Rn. 69; Scholz/*K. Schmidt*, 11. Aufl. 2014, GmbHG § 47 Rn. 11.

[250] Scholz/*K. Schmidt*, 11. Aufl. 2014, GmbHG § 47 Rn. 12.

[251] Baumbach/Hueck/*Zöllner/Noack*, 21. Aufl. 2017, GmbHG § 47 Rn. 68, 70a; Scholz/*K. Schmidt*, 11. Aufl. 2014, GmbHG § 47 Rn. 11; MHdB GesR III/*Wolff*, 3. Aufl. 2009, § 38 Rn. 4. mwN.

Gesellschafter sprechen zu können.²⁵² Beschlüsse, durch die stimmrechtslose Gesellschafter gegenüber stimmberechtigten Anteilsinhabern benachteiligt werden, bedürfen zu ihrer Wirksamkeit der Zustimmung der benachteiligten Gesellschafter.²⁵³ Ein Ausgleich durch Gewährung eines Vorzugsrechts bei der Gewinnverteilung ist (anders als im Aktienrecht) nicht erforderlich.

Der Gesellschaftsvertrag kann die Wirksamkeit eines Beschlusses auch von der Zustimmung eines Gesellschafters abhängig machen,²⁵⁴ zB in Form der Benennung bestimmter Beschlussgegenstände (zB Geschäftsführerbestellung). Ist der Schenker eines Geschäftsanteils aus der GmbH bereits ausgeschieden und möchte sich für bestimmte Entscheidungen ein Zustimmungserfordernis vorbehalten, kann dies mit schuldrechtlicher Wirkung geschehen. Ob dies auch in der Satzung festgeschrieben werden kann, ist zweifelhaft.²⁵⁵ 239

Bei der **AG** wird das Stimmrecht nach den Nennbeträgen der Aktien, beziehungsweise bei Stückaktien nach deren Anzahl bestimmt. Gemäß § 12 Abs. 2 AktG sind Mehrstimmrechte grundsätzlich unzulässig. 240

Allerdings ist die Kontrolle in der **KGaA** nicht an die Höhe der Kapitalbeteiligung gebunden. Die Komplementäre der KGaA behalten – abhängig von der Ausgestaltung der Satzung – in der Regel auch dann die Macht in der Gesellschaft, wenn sie lediglich eine geringe oder gar keine Vermögenseinlage leisten.²⁵⁶ 241

Für die AG will das Gesetz verhindern, dass eine kapitalmäßige Minderheit wachsenden Einfluss auf die Gesellschaft ausüben kann. Das Stimmgewicht kann jedoch für nicht börsennotierte Gesellschaften auch durch Höchststimmrechte beeinflusst werden (§ 134 Abs. 1 S. 2 AktG). Derartige Stimmrechtsbeschränkungen dürfen nicht für einzelne Aktionäre, sondern nur für alle Aktionäre innerhalb derselben Aktiengattung gleichermaßen angeordnet werden (§ 134 Abs. 1 S. 5 AktG). 242

Die Ausgabe (auch zeitlich befristeter) stimmrechtsloser Vorzugsaktien (§ 12 Abs. 1 S. 2 AktG) ist möglich, wenn diese mit einem Dividendenvorzug ausgegeben werden (§ 139 Abs. 1 AktG). Stimmrechtslose Aktien können für § 13b ErbStG nicht in eine Poolvereinbarung einbezogen werden.²⁵⁷ 243

5. Körperschaftliche Stimmbindungsabsprachen/außerhalb der Satzung begründete Abstimmungsverpflichtungen und Stimmrechtsvollmachten

a) Einleitung. Das Stimmrecht des Gesellschafters ist mitgliedschaftliches „Grundrecht", steht im Grundsatz jedem Gesellschafter zu und dient der Durchsetzung der Belange des Gesellschafters. Dem Schenker kann bei lebzeitiger Aufnahme von Familienmitgliedern in die Gesellschaft daran gelegen sein, die Stimmrechtsausübung des Nachfolgers für eine gewisse Zeit einzuschränken. Das Stimmrecht kann durch körperschaftliche Stimmbindungsabsprachen, durch Stimmbindungsverträge²⁵⁸ und Stimmrechtsvollmachten²⁵⁹ eingeschränkt werden. **Stimmbindungsverträge** finden – soweit zulässig – gerne Eingang in 244

---

[252] BGH NJW 1954, 1563: Zusammentreffen von Ausschluss von Stimmrecht und Gewinnbezugsrecht war zulässig, da allen Gesellschaftern noch mindestens ein voll berechtigter Anteil verblieb.
[253] Baumbach/Hueck/ *Zöllner/Noack*, 21. Aufl. 2017, GmbHG § 47 Rn. 68; Scholz/*K. Schmidt*, 11. Aufl. 2014, GmbHG § 45 Rn. 54.
[254] Scholz/*K. Schmidt*, 11. Aufl. 2014, GmbHG § 47 Rn. 12.
[255] Bejahend Scholz/*K. Schmidt*, 11. Aufl. 2014, GmbHG § 47 Rn. 12, jedoch einschränkend für strukturändernde Beschlüsse (Satzungsänderung, Auflösung, Umwandlung, Verschmelzung), die schwebend unwirksam sein sollen.
[256] Bleiben Familienmitglieder persönlich haftende Gesellschafter oder Mehrheits-Gesellschafter der Komplementärgesellschaft (GmbH, AG), behalten sie die Kontrolle, selbst wenn über die Börse mehr als 50% des Grundkapitals als Kommanditaktionäre verkauft werden, die nicht zur Familie gehören.
[257] Koord. Ländererlass v. 22.6.2017 Abschn. 13b 6 Abs. 5 S. 1.
[258] BGH NJW 1987, 1890 (1892); NJW 1967, 1963 (1965) (für die GmbH); Henssler/Strohn GesR, 3. Aufl. 2016, GmbHG § 47 Rn. 86, 87; Baumbach/Hueck/ *Zöllner/Noack*, 21. Aufl. 2017, GmbHG § 47 Rn. 113; *K. Schmidt*, GesR, 4. Aufl. 2002, 617.
[259] BFH/NV 1998, 852.

schuldrechtliche Gesellschaftervereinbarungen (zB Poolvereinbarungen), direkt in den Gesellschaftsvertrag ggf. dann, wenn eine allseitige Bindung unter allen Gesellschaftern gewünscht wird.[260]

245 Damit verpflichten sich die Gesellschafter, ihr Stimmrecht in der Gesellschaft nicht frei, sondern nach Weisungen bestimmter Gesellschafter im Rahmen der inhaltlichen Festlegung eines Stimmbindungsvertrages, zB eines Poolvertrages mit den in dem Pool festgelegten Mehrheiten abzustimmen, zB Gesellschafter eines Familienstammes nur durch ein einheitlich auszuübendes Stimmrecht. Der gebundene Gesellschafter ist gehalten, in einem bestimmten Sinne abzustimmen. Stimmbindungsverträge dürfen nicht gegen die guten Sitten verstoßen, dürfen keine Knebelung des Verpflichteten darstellen und dürfen nicht zu gesellschaftsrechtlich unzulässigem Abstimmungsverhalten verpflichten. Die Bindung kann demnach immer nur im Rahmen des den Gesellschaftern gegebenen stimmrechtlichen Ermessens gegeben sein. Die Vinkulierung von Gesellschaftsanteilen macht einen Stimmbindungsvertrag nicht von der Genehmigung der Gesellschaft abhängig.[261]

246 Eine von einer Gesellschaftervereinbarung (nicht körperschaftliche Stimmbindungsabsprachen) **abweichende Stimmabgabe** ist gesellschaftsrechtlich gültig, es sei denn, dass die Stimmabgabe ihrerseits normwidrig ist.[262] Die abredewidrige Stimmabgabe verletzt den Stimmbindungsvertrag und verpflichtet bei Verschulden zum Schadensersatz, eine vertragliche Sicherung durch Vertragsstrafe ist daher sinnvoll. Wegen der Bindung abweichender Stimmabgabe dürfte eine Erfüllungsklage aus dem Stimmbindungsvertrag jedenfalls dann unzulässig sein, wenn die Stimmabgabe gültig ist.

247 **b) Personengesellschaften.** In Personengesellschaften dürften Stimmbindungsverträge bei der vorweggenommenen Erbfolge von Interesse sein, wenn zB ein Gesellschafter, der seine Kinder durch Anteilsschenkungen in die Gesellschaft aufgenommen hat, deren Abstimmungsverhalten durch Verträge noch für eine gewisse Zeit an seine Entschlüsse binden will.

248 Die Zulässigkeit von Stimmbindungsverträgen steht außer Zweifel, wenn diese von allen Gesellschaftern getragen werden oder eine Bindung der Gesellschafter untereinander umfassen. Die Zustimmung aller Gesellschafter oder der gesellschaftsvertraglich vorgesehenen Mehrheit bzw. Zulassung im Gesellschaftsvertrag wird teilweise zwingend für erforderlich gehalten bei Stimmbindungen gegenüber Mitgesellschaftern;[263] sie kann auch - anders als in der AG - zu einer Bindung gegenüber Gesellschaftsorganen führen, zB der Mehrheitsgesellschafter gegenüber dem Geschäftsführer (Abberufung nur aus wichtigem Grund). Die Stimmbindung verliert ihre Wirksamkeit erst dann, wenn diese treuwidrig eingesetzt wird.[264]

249 Die Zulässigkeit von Stimmbindungen gegenüber Dritten wird sehr unterschiedlich beurteilt,[265] jedenfalls wird sie dann bejaht, soweit „der aus dem Stimmbindungsvertrag berechtigte Dritte bei wirtschaftlicher Betrachtung an der gesellschaftsrechtlichen Bindung teilhat, so etwa der Treugeber oder ein Unterbeteiligter bei der offenen Treuhand bzw. Unterbeteiligung".[266] Nur dann sollte von einer wirksamen Stimmbindung ausgegangen werden.

---

[260] Scholz/*K. Schmidt*, 11. Aufl. 2014, GmbHG § 47 Rn. 38.
[261] Baumbach/Hueck/Zöllner/*Noack*, 21. Aufl. 2017, GmbHG § 47 Rn. 113.
[262] Baumbach/Hueck/Zöllner/*Noack*, 21. Aufl. 2017, GmbHG § 47 Rn. 117, 118.
[263] *K. Schmidt*, GesR, 4. Aufl. 2002, 619, generell für die Gesellschaften, in denen eine Anteilsübertragung nicht ohne Zustimmung der Mitgesellschafter zulässig wäre.
[264] *K. Schmidt*, GesR, 4. Aufl. 2002, 618.
[265] Bejahend *Scholz/K. Schmidt*, 11. Aufl. 2014, GmbHG § 47 Rn. 42; BGH ZIP 1983, 432 (433), für die GmbH, auf Personengesellschaften übertragbar; Baumbach/Hueck/Zöllner/*Noack*, 21. Aufl. 2017, § 47 GmbHG Rn. 113; MHdB GesR I/*Weipert*, 4. Aufl. 2014 § 34 Rn. 45 ff.; aA ua *Zöllner* ZHR 155, 168 (180). Stimmbindung für *Flume* JurP 1983, 240 ff. generell unzulässig.
[266] *K. Schmidt*, GesR 4. Aufl. 2002, S. 619.

Stimmrechtsvollmachten bei Personengesellschaften müssen im Gesellschaftsvertrag oder 250
durch einen entsprechenden Beschluss der Gesellschafter zugelassen sein. Grenzen für die
Erteilung einer (unwiderruflichen) Stimmrechtsvollmacht zieht das für Personengesellschaften und Kapitalgesellschaften geltende Abspaltungsverbot. Dieses ist nicht tangiert,
wenn der Treugeber Gesellschafterrechte wahrnimmt, die im Außenverhältnis gegenüber
der Gesellschaft dem Treuhänder zustehen.

c) Kapitalgesellschaften. aa) GmbH. Bei der GmbH sind Stimmbindungen der Gesell- 251
schafter untereinander innerhalb und außerhalb der Satzung zulässig.[267] Eine Bindung ist
auch gegenüber den Geschäftsführern,[268] auch Fremdgeschäftsführern[269] zulässig.

Bei Stimmbindungen gegenüber Dritten gilt das zu Personengesellschaften Gesagte 252
entsprechend. Sie sind auch bei der Treuhand, beim Pfandrecht, beim Nießbrauch oder
bei der Unterbeteiligung möglich.[270] Ua wird, damit nicht in unzulässiger Weise in die
Gesellschaft hineinregiert wird, gefordert, dass sich die Stimmbindung im Rahmen des
dem Gesellschafter zustehenden Abstimmungsermessens hält,[271] so zB bei Treuhand,
Nießbrauch, Unterbeteiligung oder Pfandrecht. Selbst dann kann ein an sich inhaltlich
zulässiges Abstimmungsverhalten unwirksam sein, wenn nach Weisung einer vom Stimmrecht ausgeschlossenen Person abgestimmt wird, die zwar nicht Gesellschafter ist, aber als
Gesellschafter vom Stimmrecht ausgeschlossen wäre. Zudem wird für strukturändernde
Beschlüsse (Satzungsänderung, Umwandlung u. ä.) eine Drittbindung nur akzeptiert, soweit der Dritte im materiellen Sinne Träger von Gesellschaftsinteressen ist oder wenn die
Strukturänderung in den Dienst einer zulässigen Einzelabrede gestellt wird. Nichtig sind
zudem alle entgeltlichen Stimmbindungen (§ 138 BGB).[272] Aber auch für andere
Beschlüsse in der Gesellschaft wird für die Stimmbindung gegenüber Dritten eine Rechtfertigung gefordert, die zB darin besteht, dass die Stimmbindung „in den Dienst eines
gesellschaftsrechtlich zulässigen Vertrags-Hauptzwecks zwischen dem gebundenen Gesellschafter und dem bindenden Dritten gestellt ist".[273] Dahinter steht der Wunsch, Außenstehenden nicht die Geschicke der Gesellschaft zu überantworten.

Die Stimmbindung im **Poolvertrag** als schuldrechtliche Gesellschaftervereinbarung 253
zwischen einzelnen, mehreren oder allen Gesellschaftern ist in Hinblick auf § 13b Abs. 1
Nr. 3 S. 1 ErbStG, der für eine Begünstigung eine Mindestbeteiligung von mehr als 25%
an einer Kapitalgesellschaft neben Einhaltung verschiedener weiterer Vorgaben verlangt,
für die GmbH von Bedeutung. Darin kann die Entscheidungsbildung über die Stimmrechtsausübung im Weg einfacher Mehrheit vorgesehen werden, die auch dann maßgebend ist, wenn es um in der GmbH mit qualifizierter Mehrheit zu treffende Entscheidungen geht.[274] Der Pool kann auch einen **Stichentscheid durch Nichtgesellschafter**
vorsehen. Auch das Los oder Dritte oder ein Schiedsgericht können für die Auflösung
einer Patt-Situation zuständig sein – das ist noch keine Zubilligung von Stimmrechten an
Nichtgesellschafter.

---

[267] BGH NJW 1983, 1910 (1911); OLG Celle LSK 1992, 300104 Ls.; BGH NJW 1967, 1964 (1965); *Henssler/Strohn*, GesR, 3. Aufl. 2016, GmbHG § 47 Rn. 86, 87; *Baumbach/Hueck/Zöllner/Noack*, 21. Aufl. 2017, GmbHG § 47 Rn. 113.
[268] BGH ZIP 1983, 432 (433); OLG Celle LSK 1992, 300104 Ls; *Baumbach/Hueck/Zöllner/Noack* 21. Aufl. 2017 § 47 GmbHG Rn. 113.
[269] BGH ZIP 1983, 432 (433); OLG Frankfurt NZG 2000, 378
[270] *Baumbach/Hueck/Zöllner/Noack,* 21. Aufl. 2017, GmbHG § 47 Rn. 114; *Scholz/K. Schmidt,* 11. Aufl 2014, GmbHG § 47 Rn. 42.
[271] *Henssler/Strohn*, GesR, 3. Aufl. 2016, GmbHG § 47 Rn. 89; *Baumbach/Hueck/Zöllner/Noack*, 21. Aufl. 2017, GmbHG § 47 Rn. 113.
[272] *K. Schmidt*, GesR, 4. Aufl. 2002, 617.
[273] *Scholz/K. Schmidt*, 11. Aufl. 2014, GmbHG § 47 Rn. 42.; BGH GmbHR 1991, 580.
[274] BGH NJW 2009, 669 (670 f.) Schutzgemeinschaft II mAnm *C. Schäfer* ZGR 2009, 768; *Baumbach/Hueck/Zöllner/Noack*, 21. Aufl. 2017, GmbHG § 47 Rn. 113.

254 Eine von einer Gesellschaftervereinbarung abweichende Stimmabgabe ist dennoch gesellschaftsrechtlich gültig, es sei denn, dass die Stimmabgabe ihrerseits normwidrig ist.[275] Ein (durchschlagender) Mangel des Gesellschafterbeschlusses kann ausnahmsweise dann angenommen werden, wenn ein Verstoß gegen einen alle Gesellschafter verpflichtenden Stimmbindungsvertrag vorliegt. Problematisch ist allerdings die Begründung für die GmbH, da gemäß der im GmbH-Recht analog anwendbaren Vorschrift des § 243 Abs. 1 AktG der Anfechtung nur solche Beschlüsse unterliegen, die unter Verletzung des Gesetzes oder der Satzung zustande gekommen sind. Der BGH meint, eine Regelung, die die Gesellschafter über eine die Gesellschaft betreffende Angelegenheit vereinbart hätten, sei „als eine [solche] der Gesellschaft zu behandeln", wenn ihr die aus der Abrede Verpflichteten angehören; die vertragswidrig überstimmten Gesellschafter könnten nicht auf den umständlichen Weg einer Klage gegen die Mitgesellschafter verwiesen werden. Später greift er auf schuldrechtliche Abkommen mit Bindung für alle Gesellschafter zurück.[276]

255 bb) AG. Bei der AG ist der Abschluss von Verträgen, durch die sich Aktionäre zur Abstimmung in einem bestimmten Sinne verpflichten, grundsätzlich wirksam und durchsetzbar (ausdrücklich für unzulässig erklärt in § 136 Abs. 2, 405 Abs. 3 Nr. 6, 7 AktG).[277] Sie haben schuldrechtlichen Charakter, können aber dennoch in die Satzung aufgenommen werden, können dann entweder formelle oder fakultativ-materielle Satzungsbestimmung sein.[278] Die Zulässigkeit besteht jedenfalls so lange, wie der Beschluss über das Stimmverhalten das Ergebnis eines Entscheidungsfindungsprozesses ist, an dem ausschließlich Aktionäre beteiligt sind. Verboten und nichtig ist ein Vertrag, durch den sich ein Aktionär den Weisungen der Gesellschaft, des Vorstandes oder des Aufsichtsrates unterwirft (§ 136 Abs. 2 AktG) oder seine Stimme verkauft.[279] Für einen Stimmbindungsvertrag, der Namensaktien erfasst, sollte die Zustimmung des Organs vorliegen, welches einer Übertragung zuzustimmen hätte. Rechtlich problematisch ist die in einem Poolvertrag erfolgte Stimmbindung, wenn hierdurch außenstehende Dritte maßgeblichen Einfluss auf die Stimmabgabe erlangen,[280] ohne dass seitens dieser Personen ein Kapitalrisiko getragen wird. Solche Verträge sind daher stets besonders sorgfältig auf ihre generelle Wirksamkeit und auf ihre Gültigkeit für den einzelnen Abstimmungsfall zu prüfen. Nichtig sind jedenfalls entgeltliche Stimmbindungen (§ 405 Abs. 3 Nr. 6 AktG). Unzulässig und unwirksam sind ferner in Analogie zu § 136 Abs. 2 AktG Stimmbindungen, nach Weisung der Gesellschaft, ihrer Organe (nicht einzelner Organmitglieder persönlich) oder eines von ihr abhängigen Unternehmens abzustimmen.

6. Vorkaufs- und Ankaufsrecht

256 Das Vorkaufsrecht gibt dem Berechtigten die Möglichkeit, einen Gegenstand käuflich zu erwerben, wenn ein anderer diesen verkauft. Der Berechtigte erhält die Befugnis, einen Kaufvertrag mit dem Verpflichteten durch Erklärung gegenüber dem Verpflichteten zustande zu bringen. Das Vorkaufsrecht kann schuldrechtlich (§ 463 BGB) oder dinglich für den jeweiligen Eigentümer eines anderen Grundstücks (§ 1094 BGB) bestellt werden.

---

[275] Baumbach/Hueck/ *Zöllner/Noack,* 21. Aufl. 2017, GmbHG § 47 Rn. 117, 118;
[276] BGH NJW 1983, 1910 (1911): schuldrechtliches Abkommen mit Bindung für alle Gesellschafter ist ausreichend; BGH NJW 1987, 1890 (1892); Bindung aller Gesellschafter rechtfertigt Anfechtungs- oder Nichtigkeitsklage; BGH NJW 2010, 3718 (3719) = NZG 2010, 988: Vereinbarung geringerer Abfindungshöhe in Nebenabrede, mit Anm. *Noack* NZG 2010, 1017 f. und *Leitzen* RNotZ 2010, 566 ff.; OLG Hamm NZG 2000, 1036 (1037); Baumbach/Hueck/ *Zöllner/Noack,* 21. Aufl. 2017, GmbHG § 47 Rn. 117, 118; *Ulmer* NJW 1987,1849 ff.
[277] BGH NJW 2009, 669 (670 f.).
[278] *Hüffer,* 11. Aufl. 2014, AktG § 133 Rn. 26, und zur Abgrenzung formeller/materieller Satzungsbestimmungen § 23 Rn. 2–5.
[279] *K. Schmidt,* GesR, 4. Aufl. 2002, 619; BGH NJW 1995, 1739 ff.
[280] Zu beachten ist im Zusammenhang mit Stimmbindungsverträgen die Mitteilungspflicht nach dem WpHG bei börsennotierten Gesellschaften.

Das Ankaufsrecht begründet nicht nur ein Recht zum Abschluss eines Kaufvertrages bei Abschluss eines anderweitigen Kaufvertrages, sondern auch bei anderen vertraglich festgelegten Geschehnissen eine Übertragungspflicht oder eine Angebotspflicht. 257

Die Einräumung eines An- oder Vorkaufsrechts ist formbedürftig, wenn es auf den Abschluss eines formbedürftigen Kaufvertrages gerichtet ist. Für die Ausübung eines Ankaufsrechts ist nicht mehr die notarielle Form erforderlich, jedoch bei der Wahl eines bindenden Angebots, das förmlich angenommen werden muss. 258

Im Gesellschaftsrecht können Vorkaufs- und Ankaufsrechte der anderen Gesellschafter und bei der GmbH der Gesellschaft durch den Gesellschaftsvertrag begründet werden, jedoch unter Beachtung der Beschränkungen des Erwerbs durch die Gesellschaft bei Erwerb eigener Anteile. 259

Im Aktienrecht ist eine statuarische Begründung eines Vorkaufs- oder Ankaufsrechts wegen der insoweit abschließenden Regelung in § 68 AktG ausgeschlossen, doch kann sich der Gesellschafter selbst schuldrechtlichen Vorkaufs- bzw. Ankaufsrechten unterwerfen. 260

Das Vorkaufsrecht ist begrifflich nur auf Kaufverträge anwendbar und gilt nicht für Schenkungen einschließlich einer gemischten Schenkung.[281] 261

7. Kontrolle der Unternehmensleitung

Die Kontrolle der Unternehmensleitung obliegt in Personengesellschaften und der GmbH der Gesellschafterversammlung,[282] in der AG dem Aufsichtsrat. 262

Die alleinige Ausübung der Geschäftsführung kann in der Personen- und in der Kapitalgesellschaft gesellschaftsvertraglich sichergestellt werden,[283] in der Personengesellschaft nicht fremdorganschaftlich, dort jedoch durch rechtsgeschäftliche Vollmacht. Der Wegfall des (einzigen) geschäftsführungsberechtigten Gesellschafters in der Personengesellschaft durch Tod führt zur Gesamtgeschäftsführungsbefugnis der verbliebenen Gesellschafter (§ 709 Abs. 1 BGB), die Bestellung eines Notgeschäftsführers wie in der GmbH scheidet aus.[284] 263

Besteht der Wunsch nach einem neutralen Kontrollorgan, stellen Beiräte, Verwaltungsräte bzw. Aufsichtsräte, die durch Satzung oder schuldrechtliche Absprachen bestellt werden können, ein hilfreiches Instrument dar. 264

Die Installierung des Beirates sollte im Gesellschaftsvertrag selbst erfolgen. Eine Berufung des Beirates durch schuldrechtliche Vereinbarung (Geschäftsbesorgungsverträge mit den Beiratsmitgliedern) ist zwar möglich, aber nicht zu empfehlen, wenn dessen Pflichten über Beratungsaufgaben hinausgehen. Die Wahl der Beiratsmitglieder erfolgt in der Regel durch die Gesellschafterversammlung. Benennungs- und Entsenderechte einzelner Gesellschafter können vorgesehen werden. Es sollten Regelungen für den Fall getroffen werden, dass sich die Gesellschafterversammlung für spätere Beiratsperioden außerstande zeigt, einen Beirat mit der erforderlichen Mehrheit zu wählen oder ein ausgeschiedenes Beiratsmitglied zu ersetzen. Solche Situationen können durch eine Verlängerung der Amtszeit der bisherigen Beiratsmitglieder bis zur (verzögerten) Neuwahl vermieden werden. 265

Als Kontrollinstrumentarium dienen Befugnisse zur Bestellung, Anstellung, Abberufung und Kündigung von Geschäftsführern bzw. Vorständen, die Schaffung eines Katalogs zustimmungspflichtiger Geschäfte sowie die Einräumung von Mitwirkungsrechten bei der 266

---

[281] BGH NJW 1987, 892; Erman/*Grunewald* BGB § 463 Rn. 8.
[282] Abgesehen von den Gesellschaften, in welchen die mitbestimmungsrechtlichen Vorschriften einen Aufsichtsrat zwingend erfordern, und abgesehen von der Verfassung der AG, ist das vom Gesellschaftsrecht regelmäßig vorgesehene Kontrollorgan die Gesellschafterversammlung selbst.
[283] BGH NJW 2014, 3779 (3780).
[284] BGH NJW 2014, 3779 (3780) betr. GBR; OLG Frankfurt a.M. NZG 2111, 1277 (1278) betr. GmbH; NZG 2014, 418 (419, 429) betr. Familien-GBR.

Unternehmensplanung. Für das Kontrollorgan in Form eines Aufsichtsrates in der GmbH gelten gemäß § 52 GmbHG eine Reihe aktienrechtlicher Vorschriften.

8. Disparitätische Ausschüttungen/Gewinnbeteiligungen

267 Die wirtschaftliche Beteiligung oder Gleichbehandlung des für die Nachfolge auserkorenen Nachfolgers soll möglicherweise noch auf sich warten lassen. Ungleichbehandlungen sind in Personen- und Kapitalgesellschaften möglich.

268 **a) Personengesellschaften.** Für die GbR normiert § 722 Abs. 1 BGB als gesetzlichen Regelfall die Verteilung von Gewinn und Verlust nach Köpfen.

269 Soweit das Wesen der GbR im Zusammenschluss der Gesellschafter zur Erreichung eines gemeinsamen Zwecks besteht, ist damit nicht zwingend die Erbringung eines Beitrags in Form einer Kapitalbeteiligung[285] Voraussetzung. Nicht jeder Gesellschafter muss am Ergebnis der Geschäftstätigkeit oder am Vermögen beteiligt sein, und auch die kapitalmäßige Beteiligung nur eines Gesellschafters aus einer Reihe von Gesellschaftern am Gewinn der sog. „*Societas Leonina*", ist zulässig, da der nötige gemeinsame Zweck (§ 705 BGB) nicht dadurch ausgeschlossen ist, dass erwirtschaftete Gewinne nur einem Gesellschafter zufließen sollen.[286]

270 Für die OHG enthalten die §§ 120 und 121 HGB Bestimmungen über die Verteilung von Gewinn und Verlust. Jeder Gesellschafter der OHG soll 4% seines Kapitalanteils vom Jahresgewinn erhalten, und soweit der Jahresgewinn dazu nicht ausreicht, soll ein entsprechend niedrigerer Satz errechnet werden (§ 121 Abs. 1 S. 2 HGB). Ein etwa überschießender Teil des Jahresgewinns wird nach Köpfen verteilt.

271 Für die KG verweist § 167 Abs. 1 HGB auf die Vorschriften des § 120 HGB, allerdings mit der Modifikation, dass Gewinne des Kommanditisten dem Kapital nur solange zugeschrieben werden, bis der Kapitalanteil die zugesagte Hafteinlage erreicht hat. Im Übrigen werden wie im System der festen Kapitalanteile alle Gewinnanteile allen Kapitalanteilen zugerechnet (§ 167 Abs. 2 HGB), und Verlustanteile bis zum Betrag des Kapitalanteils und der rückständigen Hafteinlage des Kommanditisten (§ 167 Abs. 3 HGB) berücksichtigt.

272 Bei der stillen Gesellschaft gilt hinsichtlich der Gewinn- und Verlustverteilung der Grundsatz des § 231 HGB. Es gilt ein Gewinn- und Verlustanteil als vereinbart, der nach den Umständen angemessen erscheint. Für den stillen Gesellschafter ist eine Beteiligung am Gewinn nicht abdingbar, wohingegen die Beteiligung am Verlust ausgeschlossen werden kann (§ 231 Abs. 2 HGB).

273 Gesellschaftsvertraglich sind die Gesellschafter der Personengesellschaft weitgehend frei in der Gewinnverteilungsgestaltung und können von §§ 722 BGB, 121, 168 HGB abweichen, auch durch Satzungsdurchbrechung im Einzelfall. Die Grenze bildet lediglich die Sittenwidrigkeit.[287]

274 Steuerlich ist eine Abweichung vom gesetzlichen Grundsatz in der Satzung zugelassen,[288] eine Anerkennung durch Satzungsdurchbrechung ist fraglich. Allerdings ist ein Übermaß an Gewinnbeteiligung an einer Personengesellschaft bei Einräumung einer Gesellschafterstellung als selbständige Schenkung anzusehen, wenn die Beteiligung mit einer Gewinnbeteiligung ausgestaltet, die insbesondere der Kapitaleinlage, der Arbeits- oder der sonstigen Leistung des Gesellschafters für die Gesellschaft nicht entspricht oder die einem fremden Dritten üblicherweise nicht eingeräumt würde (§ 7 Abs. 6 ErbStG, der nur für

---

[285] Mit dem Begriff des Kapitalanteils, der in den §§ 705 ff. BGB nicht erwähnt ist, ist der Maßstab für die wirtschaftliche Beteiligung der einzelnen Gesellschafter am Vermögen der Gesellschaft gemeint. MHdB GesR I/*Gummert*, 4. Aufl. 2014, § 13 Rn. 18 mwN. Der bezifferte Kapitalanteil ist nicht gleich zu setzen mit dem Gesellschaftsanteil, der Mitgliedschaft oder Beteiligung an der Gesellschaft.
[286] OLG Frankfurt a.M. NZG 2013, 338 (339) mit Anm. *Leuering/Rubner* NJW-Spezial 2013, 145; NJW 1987, 3124 ff.; BayObLGZ 1989, 52;NJW-RR 1999, 687(688); NJW-RR 1996, 1446.
[287] Baumbach/Hopt/*Roth*, 38. Aufl. 2018, HGB § 121 Rn. 8.
[288] BFH/NV 2010, 1865; GmbHR 2015, 274.

die Personengesellschaft gilt).²⁸⁹ Hinsichtlich der Gewinnverteilung in Familiengesellschaften gelten zudem die Grundsätze, die allgemein bei der Prüfung von Verträgen naher Angehöriger Anwendung finden.²⁹⁰ Unklar ist, ob eine nachträgliche erhöhte Gewinnbeteiligung ohne gleichzeitige Zuwendung einer Personengesellschaftsbeteiligung nach § 7 Abs. 6 oder Abs. 1 ErbStG zu behandeln ist, und ob Einkommensteuer neben Schenkungsteuer anfallen kann.²⁹¹

b) Kapitalgesellschaften. In der GmbH erfolgt die Verteilung des Gewinnes nach dem Verhältnis der Geschäftsanteile (§ 29 GmbHG). Der Gesellschaftsvertrag kann eine andere Verteilung festsetzen (§ 29 Abs. 3 GmbHG). Abweichende Regelungen durch Satzung oder Gesellschafterbeschluss sind möglich.²⁹² 275

In der Aktiengesellschaft ergibt sich der mitgliedschaftliche Gewinnanspruch des Aktionärs aus § 58 Abs. 4 AktG. Der Anspruch entsteht mit Feststellung des Jahresabschlusses, wenn die Bilanz einen Gewinn ausweist. Der Anteil des Aktionärs am Gewinn bestimmt sich nach seinem Anteil am Grundkapital (§ 60 Abs. 1 AktG). Die Satzung darf eine andere Art der Gewinnverteilung bestimmen (§ 60 Abs. 3 AktG),²⁹³ zB bei der Nebenleistungs-AG Verteilung des Gewinns nach Verhältnis der von den Aktionären angelieferten Warenmengen (§ 55 AktG). Die abweichende Regelung muss in der Satzung selbst enthalten sein. Die Verteilung darf weder Dritten noch einem Beschluss der Hauptversammlung überlassen werden. Ein gleichwohl gefasster Hauptversammlungsbeschluss ist wegen Kompetenzverletzung nichtig (§ 241 Nr. 3, 3. Variante AktG), da eine Gewinnverteilung durch Dritte, auch durch Beschluss der Hauptversammlung, in der Satzung nicht vorsehen sein darf.²⁹⁴ Aus der Regelung über die Vorzugsaktie ohne Stimmrecht (§§ 139 ff. AktG) darf nicht geschlossen werden, dass nur diese Aktiengattung den Ausschluss von der Gewinnbeteiligung zulässt, denn die zentrale Regelung zu den Vorzugsaktien ist der Ausschluss des Stimmrechts, nicht die Freiheit der Gestaltung der Gewinnverteilung. 276

9. Abfindungsbeschränkungen/Abfindungsausschluss im Gesellschaftsvertrag

Abweichungen zur Abfindungsregelung vom Gesetz sind möglich und im Hinblick auf die Inanspruchnahme des Vorab-Abschlags im ErbStG geboten. 277

a) Abfindungsbeschränkungen. Bei fehlender Regelungen im Gesellschaftsvertrag oder schuldrechtlichen Nebenabreden hat der Ausscheidende Anspruch auf den vollen wirtschaftlichen Wert (Verkehrswert) des Gesellschafts- bzw. Geschäftsanteils. Dieses Ergebnis wird von Gesellschaftern nicht stets gewünscht, da es die Bewegungsfreiheit der Gesellschaft einschränken kann. 278

Abfindungsleistungen in Gesellschaftsverträgen oder Gesellschaftervereinbarungen (schuldrechtliche Nebenabreden)²⁹⁵ können aufgrund der Satzungsautonomie grundsätzlich beschränkt werden. Auch können unterschiedliche Abfindungen bei unterschiedli- 279

---

²⁸⁹ → § 28; Blümich/*Bode* EStG § 15 Rn. 401, 402–429.
²⁹⁰ Blümich/*Bode* EStG § 15 Rn. 401.
²⁹¹ → § 28; BFH ZEV 2012, 58 (59, 69) Vorrang der Schenkungsbesteuerung; ZEV 2013, 223 (224). Bei Erwerb von Todes wegen findet sich eine fast identische Regelung in § 3 Abs. 1 S. 2 ErbStG.
²⁹² BGH NJW 2010, 3718 (3719f.); BayObLGZ 2001, 137 (139f.); BFH/NV 2010, 1865; GmbHR 2015, 274; seit 2013 Anerkennung vom BMF bei „wirtschaftlich vernünftigen außersteuerlichen Gründen" v. 17.12.2013 – IV C 2 – S 2750 – a/11/10001 bei der GmbH und der AG, dagegen BFH Urt. v. 14.2.2014 Az. IV R 28/11 Rz. 22; zu dem umgekehrten Vorgang der disquotalen Einlage in die GmbH → § 2 Rn. 75.
²⁹³ BGH NJW 1983, 282 (283); *Hüffer/Koch*, 12. Aufl. 2016, § 60 Rn. 6; MüKoAktG/*Bayer* § 60 Rn. 21.
²⁹⁴ BGH DStR 2014, 2470 (2471) = AG 2014, 624 Rn. 10; *Hüffer/Koch*, 12. Aufl. 2016, § 60 Rn. 6 mwN; BayObLGZ 2001, 137 (139f.).
²⁹⁵ BGH NJW 2010, 3718 (3719f.): Die Gesellschaft kann gemäß § 328 Abs. 1 BGB als Dritte aus der Vereinbarung der Gesellschafter eigene Rechte herleiten; BGH NJW-RR 1993, 607 (608): Vereinbarung der Gesellschafter untereinander oder der Gesellschaft gegenüber (§ 328 BGB).

chen Ausscheidensfällen (zB verschuldete Ausschließung, Kündigung) vorgesehen sein. Es besteht nicht etwa eine Vermutung für die Unzulässigkeit selbst weitgehender Beschränkungen; die Unzulässigkeit bedarf vielmehr besonderer Begründung.

280   Die Vertragsfreiheit zur Einschränkung von Abfindungsleistungen findet dort ihre Grenzen, wo die Beschränkung je nach Grund des Ausscheidens im Einzelfall unangemessen erscheint (§ 138 BGB).[296] Die Abfindung darf jedenfalls nicht deshalb beschränkt werden, weil der Betroffene die Beteiligung geschenkt erhalten hat. Allein die Tatsache, dass der Anteil oder die Mittel zum Erwerb des Anteils geschenkt worden sind, macht den Empfänger weder zum **Gesellschafter „zweiter Klasse"**[297] noch darf der schenkende Gesellschafter daraus besondere gesellschaftsrechtliche Privilegien herleiten.

281   Für qualifizierte Familienunternehmen verlangt das Erbschaftsteuergesetz zur Inanspruchnahme des sog. Vorab-Abschlags auf der Ebene der Ermittlung der Bemessungsgrundlage sogar im Gesellschaftsvertrag/der Satzung ausdrücklich eine **Abfindungsbeschränkung** (neben Bestimmungen zu Verfügungsbeschränkungen über Anteile und zu Minderung der Abfindung gegenüber dem gemeinen Wert von bis zu 30%). Diese Regelungen sind für mindestens 20 Jahre ab dem Zeitpunkt der Entstehung der Steuer beizubehalten (§ 13a Abs. 9 ErbStG). Auf eine Vereinbarung wirksamer **einschränkender Abfindungsklauseln** im Gesellschaftsvertrag wird daher großer Wert gelegt werden, die Formulierung sollte sich b.a.w. eng an § 13a Abs. 9 ErbStG orientieren, um deren Wirksamkeit zu garantieren.

282   Eine Beschränkung des Abfindungsanspruchs, die zur Folge hat, dass dieser erheblich hinter dem Wert des Anteils zurückbleibt, wird wohl als rechtlich unzulässig anzusehen sein (§ 138 BGB).[298] Daher ist Buchwertklauseln und ähnlich weit gehende Abfindungsklauseln dann die Wirksamkeit zu versagen, wenn ein erhebliches Missverhältnis zum Ertragswert besteht. Die Zulässigkeitsgrenze war bisher für den BGH schon überschritten, wenn die Leistung um 20% hinter dem *„wirklichen Wert"* zurückbleibt. Für die Zukunft dürften bis zu 30% Abschlagshöhe auf den *„gemeinen Wert"* unproblematisch sein, da dies der Regelung in § 13a Abs. 9 ErbStG entspricht – zumindest dann, wenn es um Familienunternehmen geht. Hinter den verschiedenen Begrifflichkeiten zum Wert verbirgt sich im Ergebnis beim BGH und im Steuerrecht der Marktpreis bzw. die Gesamtbewertung[299] auch für Anteile an Kapitalgesellschaften.

283   Satzungsklauseln, welche die Abfindung zum vollen Substanzwert vorsehen, jedoch den Firmenwert nicht mitberücksichtigen, können durchaus zulässig sein.[300] Eine Beschränkung der Abfindung wird als willkürlich angesehen, wenn der wirtschaftliche Anteilswert den Nennwert um ein Vielfaches übersteigt und das an dem gesellschaftlichen

---

[296] Abfindungsbeschränkungen dürfen nicht dazu führen, wirtschaftlich gesehen die Kündigung oder den Austritt aus der Gesellschaft unmöglich zu machen: BGH WM 1971, 1338 (1340); NZG 2000, 1027; DNotZ 1992, 526 (531 ff.); NJW-RR 2006, 1270 (1271); NZG 2008, 623 (626 f.); NJW 2001, 2638 (2369); NJW 1997, 2592 (2593); NJW 1994, 2536 (2537 f.); BGB-Gesellschaft ohne Gesamthandvermögen, in dem die Gesellschafter bei Ausscheiden aus der Gesellschaft verpflichtet waren, Kapitalschaftsanteile zuerst den Mitgesellschaftern anzubieten; BGH DNotZ 1992, 526 (529); BGH NJW 1979, 104; NJW 1975, 1835 (1837); *Baumbach/Hueck/Fastrich*, 21. Aufl. 2017, § 34 Rn. 34 ff.

[297] BGH BB 1989, 1073; BGH NJW 2005, 3644 (3646). Allerdings hat der BGH die Beschränkung der Abfindung von Managern und Mitarbeitern, denen die Gesellschafterstellung nur für die Zeit ihrer aktiven Tätigkeiten der Gesellschaft eingeräumt wird, zugelassen: BGH NZG 2007, 422. MHdB GesR II/ *Piehler/Schulte*, 4. Aufl. 2014, § 38 Rn. 40.

[298] Abfindungsbeschränkungen dürfen nicht dazu führen, wirtschaftlich gesehen die Kündigung oder der Austritt aus der Gesellschaft unmöglich zu machen → Rn. 205 ff.

[299] Gemeiner Wert (gemeiner Wert, § 12 ErbStG, § 9 BewG) = Marktpreis bzw. Gesamtbewertung für Einzelunternehmen, für Anteile an Personengesellschaften und für Anteile an Kapitalgesellschaften (§§ 11 und 109 BewG), nach vereinfachten Ertragswertverfahrens (beruhend auf der in der Vergangenheit durchschnittlich erzielten Jahreserträgen (§§ 199 bis 203 BewG) oder nach Ertragswert, dh gegenwärtiger Wert zukünftiger Zahlungsüberschüsse (zB Discounted-Cash-Flow-Methode), Mindestwert = Substanzwert (§ 11 Abs. 2 Satz 3 BewG).

[300] BGH NJW 1975, 1835 (1837) für Entgeltbestimmung im Fall der Pfändung eines Geschäftsanteils und im Fall der Ausschließung eines Gesellschafters aus wichtigem Grund.

Zweck ausgerichtete Interesse der verbleibenden Gesellschafter an dem Fortbestand des Unternehmens eine derartig weit gehende Beschneidung der Abfindung nicht erforderlich erscheinen lässt. Ebenfalls soll dem Gesellschafter durch die Abfindungsbeschränkung oder entsprechend ungünstige Zahlungsmodalitäten nicht sein Recht auf Beendigung der Mitgliedschaft entzogen werden. Eine Abfindungsklausel, die eine unter dem wirklichen Anteilswert liegende Abfindung vorsieht, wird aber nicht allein deswegen unwirksam, weil ihre Anwendung wegen des im Laufe der Zeit eingetretenen Missverhältnisses zwischen der Abfindung und dem wirklichen Anteilswert unbillig ist. In diesem Fall ist der Inhalt der vertraglichen Abfindung vielmehr durch ergänzende Vertragsauslegung zu ermitteln,[301] dh die Abfindung wird an die nunmehr bestehenden Verhältnisse unter Berücksichtigung der mit ihr verfolgten Zwecke angepasst. Soweit die Abfindungsklauseln dagegen Regelungen enthalten, die von Anfang an die zum Eingreifen der die Sittenwidrigkeit begründenden Umstände enthalten, sind sie nichtig (§ 138 BGB) und an ihre Stelle tritt der volle Anteilswert.

Im Kapitalgesellschaftsrecht schlägt eine spätere Einziehung gegen Zahlung eines beschränkten Abfindungsanspruchs nicht auf die Nachlassbewertung „zur Zeit des Erbfalls" zum Zweck der Pflichtteilsberechnung durch! **284**

b) Abfindungsausschluss. Das Thema des „abfindungslosen Ausscheidens" für den Fall **285** des Versterbens eines Gesellschafters wird gerne zur Gestaltung von Pflichtteils- und Pflichtteilsergänzungsrechten aufgegriffen,[302] ist jedoch mit Vorsicht zu genießen, insbesondere bei Sanktionscharakter des Ausschlusses.[303] Auch allein der unentgeltliche Erwerb einer Gesellschafterbeteiligung rechtfertigt nicht den völligen (oder weitgehenden) Abfindungsausschluss bei Ausscheiden.[304] Im Fall der Zwangseinziehung ist der vollständige Abfindungsausschluss ausgeschlossen. Grundsätzlich ist er nur ausnahmsweise zulässig, zB
- bei Verfolgung eines rein ideellen Zwecks der Gesellschaft,[305]
- bei Ausschluss auf den Todesfall aller oder bestimmter Gesellschafter zum Zweck des Erhalts eines Familienunternehmens bei unentgeltlicher Anteilseinziehung von familienfremden Erben;[306] solche Klauseln sind darauf gerichtet, ungeachtet der erbrechtlichen Dispositionen den Anteil bestimmten Angehörigen (als Mitgesellschafter) zuzuwenden. Vereinbarungen mit Wirkung für und gegen alle Gesellschafter gleichermaßen für den Fall des Austritts oder des Todes haben ihren Ursprung in dem Gesellschaftsverhältnis und werden in der Regel zivilrechtlich nicht als unentgeltliche Zuwendung angesehen,[307]
- bei Beteiligung eines ausersehenen Nachfolgers im Rahmen eines Mitarbeiterbeteiligungsmodells (Managementbeteiligung, Geschäftsführer-Beteiligungsmodell), wenn die Beteiligung unentgeltlich überlassen wurde oder zumindest Erwerbskosten erstattet werden.[308]

---

[301] Grundlegend BGH NJW 1993, 3193 (3194); NJW 1993, 2101 (2103).
[302] Als Instrument zur Umgehung des Pflichtteils- und Pflichtteilsergänzungsrechts empfohlen von *Winkler* ZEV 2005, 89, 92 ff.; *Wegmann* ZEV 1998, 136 (137); kritisch zB *U. Mayer* ZEV 2003, 358; *Pogorzelski* RNotZ 2017, 489 (499 ff.);
[303] BGH NZG 2014, 820, = JuS 2014, 1126 mit Anm. *K. Schmidt*.
[304] BGH NJW 1993, 2101 (2103); Baumbach/*Hueck*/*Fastrich*, 21. Aufl. 2017, GmbHG § 34 Rn. 34a; aA UHL/*Ulmer*/*Habersack*, 2. Aufl. 2014, GmbHG § 34 Rn. 100, 104 mwN bei Zwangseinziehung aus wichtigem Grund.
[305] BGH NJW 1997, 2592 (2593).
[306] BGH DB 1977, 342 (343); Baumbach/*Hopt* HGB § 138 Rn. 34; MünchHdb. GesR I/*Piehler*/*Schulte*, 4. Aufl. 2014, § 76 Rn. 40 ff.
[307] BGH WM 1971, 1338 (1339 f.); DNotZ 1966, 621; BGH NJW 1957, 180; *Buchwald* AcP Bd. 154, 22 (24); *Reinicke* NJW 1957, 561 (562); *Sudhoff* NJW 1961, 807.
[308] OLG Celle GmbHR 2003, 1428; BGH NJW 2005, 3641 (3642, 3643); NJW 2005, 3644 (3646).

286 **Formulierungsbespiel für die KG:**

Den Erben eines verstorbenen Gesellschafters steht kein Abfindungsanspruch zu. Sie scheiden entschädigungslos aus der Gesellschaft aus. Der Anteil des verstorbenen Gesellschafters am Gesellschaftsvermögen, nämlich sein Fest- oder Kommanditkapitalkonto und sein Darlehnskonto (sowie ggf. weitere Konten), auch soweit diese durch Verlust und/oder durch Auszahlung unter den auf die bedungene Einlage geleisteten Betrag herabgemindert sein sollten, sowie ein etwaiger Anteil an den stillen Reserven, wächst den verbleibenden Gesellschaftern oder dem verbleibenden Gesellschafter im Verhältnis deren Kapitalkonten zu. Die verbleibenden Gesellschafter haben keinen Anspruch gegen die Erben auf Ausgleich einer unter die bedungene Einlage herabgeminderten Einlage.

Die Kündigung der KG durch die übrigen Gesellschafter aus Anlass des Versterbend des Gesellschafters und der Übernahme der ggf. unter die bedungene Einlage herabgeminderten Einlage des verstorbenen Gesellschafters ist ausgeschlossen.

287 Es ist auch zulässig, im Falle der Vereinbarung des Verlustes der Gesellschafterstellung unter Ausschluss eines Abfindungsanspruchs eine „schenkweise" Zuwendung an Mitgesellschafter zu erstreben und diese ausdrücklich in dem Gesellschaftsvertrag als solche zu deklarieren.[309] Ein Bedürfnis dazu ist durchaus gegeben, wenn Zweifel an einer Zulässigkeit einer rein gesellschaftsrechtlichen Beurteilung bestehen, etwa wenn die beteiligten Gesellschafter eine sehr unterschiedliche Lebenserwartung haben.[310]

288 Ob zivilrechtlich zwischen der gesellschaftsrechtlichen Vereinbarung oder der schenkungsrechtlichen Zuordnung unterschieden wird, ist für die steuerrechtlichen Konsequenzen und die Verschonungsmöglichkeiten nicht von Bedeutung (§ 7 Abs. 1 Nr. 1 ErbStG bei Schenkung; § 7 Abs. 7 ErbStG enthält einen fiktiven Besteuerungstatbestand, in dem gesellschaftsvertraglich geregelte Abfindungsbeschränkung bzw. geregelter Ausschluss mit Steuerfolgen bei den verbleibenden Gesellschaftern belegt wird).

289 Soweit es um die Anwendung allgemeinen Schenkungsrechts geht, ist die erforderliche Form des § 518 Abs. 1 BGB bei notarieller Beurkundung des Gesellschaftsvertrages gewahrt. Treffen Gesellschafter außerhalb des Gesellschaftsvertrags durch schuldrechtliche Nebenabreden Absprachen zur Abfindungsbeschränkung, besteht kein Formerfordernis (es sei denn, dies geschähe als Schenkung), das gilt auch bei Auseinanderfallen von GmbH-Vertrag und schuldrechtlicher Nebenabrede.

290 Die Sondervorschrift des § 2301 Abs. 1 Satz 1 BGB über Schenkungsversprechen von Todes wegen greift nur ein, wenn der Abfindungsausschluss aufgrund der konkreten Satzungsgestaltung unter der Bedingung des Überlebens bestimmter Mitgesellschafter steht. Den Fall der Vollziehung der Schenkung durch Hingabe des zugewendeten Gegenstandes, ebenfalls unter der Bedingung, dass der beschenkte Empfänger den Erblasser überlebt, unterstellt § 2301 Abs. 2 BGB den Schenkungsvorschriften unter Lebenden.[311] Infolge der Verweisung in § 2301 Abs. 2 BGB auf § 518 Abs. 2 BGB muss die Schenkung noch zu Lebzeiten des Erblassers vollzogen sein. Ein solcher Vollzug kann in einer beurkundungspflichtigen Nachfolgeklausel im Gesellschaftsvertrag zugunsten eines Mitgesellschafters als Übertragung unter Lebenden für den Todesfall gegeben sein.[312]

---

[309] *Klumpp* ZEV 1995, 387.
[310] KG DNotZ 1978, 109 (111); OLG Düsseldorf BeckRS 2016, 05865 = MDR 1977, 932.
[311] → § 2 Rn. 142 ff.
[312] BGH NJW 1959, 1433; BGH ZEV 2012, 167 ff. mAnm *Reimann,* zum Vollzug der unentgeltlichen Zuwendung einer durch den Abschluss eines Gesellschaftsvertrages entstehenden Unterbeteiligung iSv § 2301 Abs. 2, § 518 Abs. 2 BGB mit Abschluss des Gesellschaftsvertrages, mit der dem Unterbeteiligten über eine schuldrechtliche Mitberechtigung an den Vermögensrechten des dem Hauptbeteiligten zustehenden Gesellschaftsanteils hinaus mitgliedschaftliche Rechte in der Unterbeteiligungsgesellschaft eingeräumt werden. → § 2 Rn. 149.

c) Rechtsfolgen. Soweit die Abfindungsklausel Regelungen enthält, die von Anfang an 291 die Sittenwidrigkeit begründende Umstände umfasst, sind sie nichtig (§ 138 BGB). Es ist der volle Anteilswert auszugleichen. Erweist sich die Abfindungsklausel erst durch zwischenzeitlich eingetretene Wertänderungen als mangelhaft, kann dagegen der Missbrauchseinwand erhoben werden.[313] Diese Klausel ist nicht nichtig, sondern wird unter Berücksichtigung der mit der Abfindungsregelung verfolgten Zwecke an die nunmehr bestehenden Verhältnisse angepasst.

d) Was wird von dem Gesellschaftsvertrag beim Vorababschlag für hierfür 292 **qualifizierte Familienunternehmen verlangt?** Im Hinblick auf die nunmehr beschlossenen Änderungen im Schenkung- und Erbschaftsteuerrecht (→ § 13, 14) zum Vorababschlag für hierfür qualifizierte Familienunternehmen (§ 13a Abs. 9 ErbStG) ist zu beachten, dass sich die Höhe des Wertabschlags steuerlich allein nach der Abfindungsregelung im Gesellschaftsvertrag der Gesellschaft richtet, deren Anteile erworben werden. Die Höhe des Wertabschlags hängt allein von der „prozentualen" **Minderung der Abfindung** gegenüber dem gemeinen Wert der Beteiligung ab, darf jedoch höchstens 30 % betragen. Zudem darf die Entnahme oder Ausschüttung in der Gesellschaft höchstens 37,5 % des um die auf den Gewinnanteil oder die Ausschüttungen aus der Gesellschaft entfallenden Steuern vom Einkommen gekürzten Betrages des steuerrechtlichen Gewinns[314] betragen (unberücksichtigt bleiben Entnahmen zur Begleichung der auf den Gewinnanteil oder die Ausschüttungen aus der Gesellschaft entfallenden Steuern vom Einkommen), und die Beteiligung darf nur auf Familienangehörige (§ 15 AO) oder auf eine Familienstiftung übertragen werden.

Die in § 13a Absatz 9 ErbStG aufgelisteten Voraussetzungen müssen den tatsächlichen 293 Verhältnissen entsprechen, also „gelebt" werden, und zwar mit einer **2-jährigen Vorfrist** und mindestens mit einer **20-jährigen Nachfrist** nach dem Stichtag der Entstehung der Steuer. Der Gesellschaftsvertrag hat diese Voraussetzungen zwingend zu regeln. Da Einzelunternehmen keinen Gesellschaftsvertrag haben, sind sie ggf. steuerlich benachteiligt. Im Zuge der Nachfolge kann daher eine Umwandlung des Einzelunternehmens in die GmbH oder GmbH & Co. KG in Betracht gezogen werden (→ § 6, 30–32).

10. Freie Hinauskündigungsklauseln in Gesellschaftsverträgen

Für unzulässig hält der BGH freie Hinauskündigungsklauseln oder freie Ausschlussklauseln 294 ohne sachlichen Grund.[315] Gleich ist, ob diese in Gesellschaftsverträgen oder Vereinbarungen in anderen Vertragsdokumenten geregelt sind, die einer freien Hinauskündigung gleichkommen, zB in einem unbefristeten, jederzeit ausübbaren Kauf- und Übertragungsangebot für GmbH-Anteile unter Wert.[316] Dies gilt ungeachtet der Zustimmung der Mitgesellschafter zu diesem Verfahren. Ausnahmen im Einzelfall wegen außergewöhnlicher Umstände sind statthaft.

In der Literatur sind gelegentlich Fallgruppen vorgeschlagen worden, in denen eine 295 freie Hinauskündigung oder vergleichbare Handlungen zulässig sein sollen,[317] so zB

---

[313] BGH NJW 1993, 2101 (2102).
[314] Der Begriff des „steuerrechtlichen Gewinns" verweist auf die Steuerbilanz, lässt allerdings offen, wie dieser im Gesellschaftsvertrag definiert werden soll. Viele Fragen dazu beantwortet der im Einvernehmen mit den obersten Finanzbehörden der Länder mit Ausnahme von Bayern ergangene AEErbSt 2017 Abschnitt 13a.19 (zu § 13a ErbStG); voraussichtlich treten in 2019 die Erbschaftssteuer-Richtlinien 2019 in Kraft.
[315] → § 2 Rn. 175 ff.; § 22 Rn. 115 ff.; BGH NJW 1989, 834 (835 f.) (zulässig bei Tod eines Mitgesellschafters); NJW 1989, 2681 (2682)(zulässig bei Ausschluss aus wichtigem Grund); NJW 1981, 2565 (2566)(nichtig bei freiem Ermessen, zulässig bei Ausschluss aus wichtigem Grund).
[316] BGH NJW 1990, 2623 (2623).
[317] *Kollhosser* AcP 194, 241 f.

- bei rein kapitalistisch geprägten, keinen nennenswerten Einfluss gewährenden Beteiligungen ohne Existenzsicherungscharakter[318] oder
- bei Vorliegen objektiver Kriterien, so zB nachhaltiger Abweichung von bisherigen Unternehmenszielen, ansehensschädigendem Verhalten, Begehung von Straftaten oder Integrationsunfähigkeit.[319]

296 Von einer Verwendung von Blankoklauseln im Vertrauen darauf, dass solche Fallgruppen anerkannt werden oder dass im Einzelfall eine sachliche Rechtfertigung vorliegt, ist abzuraten.

11. Pensionsleistungen

297 Der schenkende Gesellschafter kann sich bei Eingehung eines Gesellschaftsverhältnisses mit dem Beschenkten oder bei Anteilsübertragung auf diesen (unter Zustimmung der Mitgesellschafter) Pensionsanwartschaften bzw. -ansprüche vorbehalten. Diese Möglichkeit besteht sowohl für die Personen- als auch für die Kapitalgesellschaft. In der Kapitalgesellschaft kann für die erteilte Zusage eine **Rückstellung** gebildet werden.

298 Möglich ist die Aufnahme einer Altersversorgungsregelung in den Gesellschaftsvertrag, zB des Inhaltes, dass der Zuwendungsempfänger mit Erreichen eines bestimmten Lebensalters entweder seine Mitarbeit in der Gesellschaft einstellt und/oder aus der Gesellschaft ausscheidet und die Gesellschaft eine Pension, ggf. auch Witwenrente, gewährt.

299 Die steuerliche Anerkennung von Pensionsleistungen ist abhängig von der Höhe und dem Zeitpunkt der Gewährung, der herrschenden Stellung des Bezugsberechtigten, die Dauer der Betriebszugehörigkeit und ihrer betrieblichen Veranlassung.[320] Zudem ist zu beachten, dass bei der Ermittlung des **Verwaltungsvermögens** als sog. begünstigungsfähiges Vermögen[321] im Erbschaft- und Schenkungsteuerrecht im Einstiegstest[322] nur das Altersversorgungsvermögen nicht zum steuerschädlichen Verwaltungsvermögen zählt, welches durch Treuhandverhältnisse gesichert wird (§ 13b Abs. 2 S. 2, Abs. 3 ErbStG). Eine Abzugsfähigkeit von Altersversorgungsverpflichtungen (§ 13b Abs. 3 ErbStG), die nicht durch Treuhandverhältnisse gesichert sind, besteht für das Verwaltungsvermögen nicht. Ab sofort ist jeder Gesellschafter, der die Nachfolge im Auge hat, aufgerufen, die Abzugsmöglichkeit von Altersversorgungsverpflichtungen zu überprüfen und ggf. auf eine neue Grundlage zu stellen.

300 Eine Verpfändung von Ansprüchen zB aus einer etwaigen Rückdeckungsversicherung begründet noch kein Treuhandverhältnis und kann in Hinblick auf die Akzessorietät der Verpfändung (§§ 1204, 1273 ff. BGB) und des sachenrechtlichen Bestimmtheitsgrundsatzes Probleme machen. In Betracht zu ziehen sind daher Konstruktionen, die der Gesetzgeber mit dem Begriff „Contractual Trust Arrangements" benennt. Dabei werden Pensionsver-

---

[318] *Klumpp* ZEV 1995, 388.
[319] *Klumpp* ZEV 1995, 389.
[320] Die Zusage einer Pension an einen beherrschenden GmbH-Gesellschafter-Geschäftsführer ist eine verdeckte Gewinnausschüttung, wenn der Zeitraum zwischen der Zusage der Pension und dem vorgesehenen Zeitpunkt des Eintritts in den Ruhestand weniger als 10 Jahre beträgt, BFH BB 1995, 861. Soweit ein Gesellschafter-Geschäftsführer keine beherrschende Stellung einnimmt, sind Pensionsrückstellungen auf das 65. Lebensjahr des Berechtigten steuerlich eher anerkannt. Pensionszusagen, die auf Erreichen des 75. Lebensjahres oder für den Fall der Invalidität ganz allgemein abgestellt sind, werden steuerlich anerkannt. Eine Rückdeckungsversicherung zur Deckung des Ruhegehaltes wird steuerlich als Betriebsausgabe anerkannt, wenn sie betrieblich veranlasst ist.
[321] Begünstigungsfähige Vermögen sind Sachgesamtheiten des land- und forstwirtschaftlichen Vermögens, inländisches Betriebsvermögen unter Einschluss von Mitunternehmeranteilen sowie Anteile an Kapitalgesellschaften mit einer unmittelbaren Beteiligungsquote von mehr als 25%, ersatzweise einer Poolregelung, alles belegen im Inland, in der Europäischen Union oder einem Staat des Europäischen Wirtschaftsraums.
[322] Einstiegstest vor Ermittlung des begünstigungsfähigen Vermögens ist die 90% Grenze, bei der das Verhältnis zwischen Verwaltungsvermögen (hier sind nur Verbindlichkeiten nach § 13b Abs. 2 S. 2 ErbStG abzugsfähig) und Unternehmenswert ermittelt wird, und bei deren Überschreitung der Wert des begünstigungsfähigen Vermögens vollständig nicht begünstigt wird.

III. Gestaltungsinstrumentarien im Gesellschaftsvertrag §22

pflichtungen aus der eigenen Bilanz des Unternehmens wirtschaftlich ausgegliedert. Die Pensionen werden auf eine Treuhandgesellschaft übertragen.[323] Zwischen dem Unternehmen und dem Treuhänder wird eine Treuhandabrede getroffen. Allerdings genügt dafür nicht die Verwaltungstreuhand, da diese nicht insolvenzfest ist, das Geschäftsbesorgungsverhältnis mit Insolvenzeröffnung erlischt und der Insolvenzverwalter Herausgabeansprüche geltend machen könnte. Es ist ein unabhängiges Sicherungstreuhandverhältnis zu vereinbaren, entweder mit dem Versorgungsberechtigten oder mit dem CTA-Unternehmen.

---

[323] BT-Drucks.18/8911 S. 41; Zur Ausgliederung von Pensionsverpflichtungen auf eine Pensionsgesellschaft, *Förster* BetrAV 2001, 133 (135).

6. Kapitel. Gesellschaftsrechtliche Gestaltungsmöglichkeiten

§ 23 Übersicht über die Gesellschaftsformen

Übersicht

	Rn.
I. Personen- und Kapitalgesellschaften, Einzelunternehmen	2
II. Grundsätzliche Eigenschaften der Personengesellschaften	11
1. Außengesellschaften	12
a) GbR	15
b) OHG	16
c) KG	17
2. Innengesellschaften	18
III. Grundsätzliche Eigenschaften der Kapitalgesellschaften	23
1. Die GmbH	27
2. Die Aktiengesellschaft	31
3. Die Kommanditgesellschaft auf Aktien	33
IV. Mischformen	34
1. Die GmbH & Co. KG	37
2. Die GmbH & Co. KGaA	41
V. Stiftung	42
VI. Vor- und Nachteile der Personen- und der Kapitalgesellschaften	43
1. Vorteile von Personengesellschaften	44
2. Vorteile von Kapitalgesellschaften	47
3. Nachteile der Personengesellschaften	51
4. Nachteile der Kapitalgesellschaften	53
VII. Verhältnis zwischen Erb- und Gesellschaftsrecht	57
VIII. Gesellschaftsrechtliche Formvorschriften	60
1. Personengesellschaften	61
2. Kapitalgesellschaften	63
3. Übertragung von Anteilen	64
IX. Überlegungen mit Blick auf die Unternehmensnachfolge	65
1. Nachfolge in der Unternehmensleitung	67
2. Altersversorgung	68
3. Verhinderung der Zersplitterung der Beteiligung	69
4. Haftung der Nachfolger	70
5. Verhinderung eines erbfallbedingten Kapitalabflusses	71
6. Erbschaftsteuerplanung	72

Erwerbswirtschaftliche Betätigung erfolgt heutzutage oftmals mittels einer Gesellschaft, wobei traditionell zwischen Personen- und Kapitalgesellschaften unterschieden wird. Nachfolgend wird ein einführender Überblick über die insoweit in Betracht kommenden Gesellschaftsformen gegeben, die in → § 24 im Einzelnen erläutert werden. 1

I. Personen- und Kapitalgesellschaften, Einzelunternehmen

Personengesellschaften sind Personenvereinigungen von mehreren Gesellschaftern, die auf vertraglicher Grundlage einen gemeinsamen Zweck verfolgen. Als Gesellschafter kann grundsätzlich jeder Rechtsträger beteiligt sein. Natürliche Personen, Personengesellschaften, Kapitalgesellschaften oder Stiftungen können daher Gesellschafter einer Personengesellschaft sein. Der gemeinsame Zweck besteht regelmäßig in der Verfolgung wirtschaftlicher Ziele, insbesondere der Gewinnerzielung zum Nutzen aller Gesellschafter. **Personenhandelsgesellschaften** sind durch den Zusammenschluss der Gesellschafter zum gemeinsamen Betrieb eines Handelsgewerbes, **Partnerschaftsgesellschaften** durch den Zusammenschluss von Angehörigen der freien Berufe zur gemeinsamen Berufsausübung gekennzeichnet. Ab- 2 zugrenzen sind die Personengesellschaften von der auf gesetzlicher Grundlage entstehenden Bruchteilsgemeinschaft, deren Grundform die Gemeinschaft nach Bruchteilen ist (§ 741 ff. BGB).

3 **Kapitalgesellschaften** entstehen ebenfalls auf der Grundlage einer gesellschaftsvertraglichen Vereinbarung zwischen im Regelfall, aber nicht zwingend, mehreren Gesellschaftern zur Verfolgung eines gemeinsamen Zweckes. Bei der Kapitalgesellschaft erfolgt eine rechtliche Verselbständigung der Gesellschaft, die so weit geht, dass dieser eine eigene Rechtspersönlichkeit zukommt, die Gesellschaft also einen von ihren Gesellschaftern unabhängigen Rechtsträger darstellt. Kapitalgesellschaften sind daher juristische Personen in Form einer privatrechtlichen Körperschaft. Zum Schutz des Rechtsverkehrs ist die Konstitution der Gesellschaft dabei an besondere formelle Erfordernisse geknüpft. Insbesondere bedarf die Entstehung als letztem konstitutionellen Element der Eintragung im jeweiligen Register (§ 21 BGB, § 41 Abs. 1 AktG, § 11 Abs. 1 GmbHG).

4 Die **wichtigsten Gesellschaftsformen** sind im Bereich der Personengesellschaften
– die Gesellschaft bürgerlichen Rechts (§§ 705 ff. BGB),
– die offene Handelsgesellschaft (§§ 105 ff. HGB),
– die Kommanditgesellschaft (§§ 161 ff. HGB),
– die Partnerschaftsgesellschaft (§§ 1 ff. PartGG) einschließlich der Rechtsformvariante der Partnerschaftsgesellschaft mit beschränkter Berufshaftung (§ 8 Abs. 4 PartGG).

5 Im Bereich der **Körperschaften** sind
– der eingetragene Verein
– die Aktiengesellschaft,
– die Kommanditgesellschaft auf Aktien,
– die Gesellschaft mit beschränkter Haftung einschließlich der Rechtsformvariante der Unternehmergesellschaft und
– die Genossenschaft
zu nennen, wobei AG, KGaA und GmbH als **Kapitalgesellschaften** bezeichnet werden.

6 Als besondere Form der Verselbständigung der Rechtsträgerschaft für ein Sondervermögen ist
– die Stiftung privaten Rechts (§§ 80 ff. BGB)
zu erwähnen, die ebenfalls eine juristische Person, aber keine Körperschaft ist.

7 Daneben sollen lediglich der Vollständigkeit halber
– der wirtschaftliche Verein (§ 22 BGB),
– der eingetragene (nicht wirtschaftliche) Verein (§§ 55, 21 BGB),
– der nichtrechtsfähige Verein (§ 54 BGB) und
– der Versicherungsverein auf Gegenseitigkeit (§ 171 VAG)
genannt werden.

8 Auslaufend beziehungsweise bereits ausgelaufen sind
– die Seehandelsgesellschaften (Parten- und Baureederei, §§ 489 ff. HGB aF),
– die Bergrechtliche Gewerkschaft und
– die auf landesrechtlichen Berggesetzen beruhenden Bergrechtlichen Gesellschaften (§ 176 BBergG).

9 Als **supranationale Gesellschaftsformen der Europäischen Union** ist auf
– die Europäische Wirtschaftliche Interessenvereinigung (EWIV),[1]
– die Europäische (Aktien-)Gesellschaft (SE),[2]
– die Europäische Genossenschaft (SCE)[3]
und die geplanten Rechtsformen
– Europäische Einpersonengesellschaft (EUP) und

---

[1] VO (EWG) Nr. 2137/85.
[2] VO (EG) Nr. 2157/2001.
[3] VO (EG) Nr. 1435/2003.

– Europäische Stiftung (SUP) hinzuweisen.

Selbstverständlich kann eine wirtschaftliche Betätigung durch einen Unternehmensträger auch in der Form eines **Einzelunternehmens** ausgeübt werden. Insbesondere im Bereich der Kaufleute, die ein Handelsgewerbe betreiben, der Handwerker, der Freiberufler oder gewerblichen Vermieter beziehungsweise Kapitalanleger ist die Unternehmensträgerschaft als Einzelperson häufig anzutreffen. Insoweit sind Erläuterungen mit Ausnahme der erbrechtlichen Übertragung (→ § 17 ff.) in diesem Handbuch unter Verweis auf die allgemeinen Rechtsvorschriften des Zivil- und Handelsrechts nicht vorgesehen.

II. Grundsätzliche Eigenschaften der Personengesellschaften

Personengesellschaften sind Vereinigungen mehrerer Rechtsträger zur Verfolgung eines gemeinsamen Zwecks. Dieser Zweck ist in den hier betrachteten Fällen regelmäßig ein wirtschaftlicher Zweck, der in der Absicht der Erzielung eines (finanziellen) Nutzens für die Gesellschafter verfolgt wird. Unterscheiden lassen sich Personengesellschaften in Außen- und Innengesellschaften.

1. Außengesellschaften

Bei einer Außengesellschaft nimmt die Gesellschaft als solche am Rechtsverkehr teil und tritt damit nach Außen in Erscheinung. Dies setzt eine Rechtsfähigkeit und damit eine rechtliche Verselbständigung der Gesellschaft voraus. Die rechtliche Verselbständigung der Vermögensgegenstände, die von den Gesellschaftern zur Zweckverfolgung als Beiträge auf die Gesellschaft übertragen werden, führt zur Bildung von Gesellschaftsvermögen, bei dem es sich nach traditioneller Auffassung um Gesamthandsvermögen aller Gesellschafter handelt, über das der einzelne Gesellschafter nicht verfügen kann. Teilungsansprüche der Gesellschafter bestehen insoweit nicht.

Die Gesellschafter sind persönlich haftbar für die im Rahmen der Gesellschaft eingegangenen oder entstandenen Verbindlichkeiten, bei Kommanditisten allerdings summenmäßig auf die vereinbarte „Haftsumme" beschränkt (§§ 171 f. HGB). Die Geschäftsführung und die Vertretung erfolgen durch die Gesellschafter selbst (Prinzip der Selbstorganschaft). Für die interne Willensbildung gilt im Grundsatz das Einstimmigkeitsprinzip (§§ 114 Abs. 1, 116 Abs. 2, 119, 161 Abs. 3 HGB, 709 Abs. 1 BGB).

Aufgrund der Vereinbarung der gemeinsamen Zweckverfolgung unter enger persönlicher Bindung besteht zwischen den Gesellschaftern einer Personengesellschaft eine besondere Treuepflicht. Die Existenz der Gesellschaft ist grundsätzlich an die Mitgliedschaft aller Gesellschafter gebunden (§§ 717, 727 Abs. 1, 728 Abs. 2 BGB), jedoch nicht bei den Personenhandelsgesellschaften (§§ 131 Abs. 3, 177 HGB). Bei einer fehlenden abweichenden Vereinbarung der Gesellschafter ist die Beteiligung an einer Personengesellschaft daher regelmäßig nicht vererblich.

a) GbR. Die GbR ist die Grundform der Personengesellschaften, obwohl ihre gesetzliche Einführung durch das BGB (§§ 705 ff. BGB) erst nach dem Inkrafttreten des Allgemeinen Deutschen Handelsgesetzbuches von 1861 erfolgte, in dem die OHG, die KG und die KGaA ebenso wie die stille Gesellschaft bereits reglementiert waren. Der gemeinsame Zweck, den die Gesellschafter, die für die Verbindlichkeiten der Gesellschaft persönlich haften, verfolgen, ist rechtlich nicht limitiert, solange er nicht gegen Recht und Gesetz verstößt. Der Betrieb eines Handelsgewerbes ist allerdings den Personenhandelsgesellschaften vorbehalten. Die GbR hat nach dem Gesetz keine Firma, kann sich aber unter einer einheitlichen Bezeichnung am Rechtsverkehr beteiligen. Zu den Einzelheiten wird auf die Ausführungen in → § 24 Rn. 2 ff. verwiesen.

16 **b) OHG.** Die **OHG** ist die Grundform der Personenhandelsgesellschaften. Der gemeinsame Zweck, den die Gesellschafter verfolgen, muss sich auf den Betrieb eines Handelsgewerbes unter einer gemeinsamen Firma richten. Der Übergang zur GbR ist fließend. Sofern das betriebene Unternehmen nicht bereits seiner Art nach einen in kaufmännischer Weise eingerichteten Geschäftsbetrieb erfordert, ist mit Erreichen eines Umfangs, der einen in kaufmännischer Weise eingerichteten Geschäftsbetrieb erfordert, eine OHG entstanden (§§ 105 Abs. 1, 1 Abs. 2 HGB). Ebenso wie bei der GbR haften alle Gesellschafter mit ihrem gesamten Vermögen für die Verbindlichkeiten der Gesellschaft. Sie müssen im Rechtsverkehr eine gemeinsame Firma verwenden, die den rechtlichen Vorgaben der §§ 18 ff. HGB zu entsprechen hat.

17 **c) KG.** Die **KG** unterscheidet sich von der OHG dadurch, dass sie neben den persönlich haftenden Gesellschaftern auch Kommanditisten als Gesellschafter aufweist, deren Haftung für die Verbindlichkeiten der Gesellschaft in der Summe auf einen zwischen den Gesellschaftern selbst festgelegten Betrag, die Haftsumme, begrenzt ist. Die Kehrseite der Haftungsbegrenzung ist allerdings der Ausschluss von der Geschäftsführung und Vertretung der Gesellschaft (§ 164 HGB). Außergewöhnliche Geschäfte bedürfen aber der Zustimmung der Kommanditisten. Die gesetzlichen Kontrollrechte der Kommanditisten sind im Vergleich zu denen eines persönlich haftenden Gesellschafters eingeschränkt (§§ 166, 118 HGB).

2. Innengesellschaften

18 Eine Innengesellschaft beruht auf einer schuldrechtlichen Vereinbarung ihrer Gesellschafter. Sie tritt nach außen – also gegenüber Dritten – nicht in Erscheinung und wird demzufolge auch nicht in einem Register öffentlich registriert. Eine Innengesellschaft ist nicht rechtsfähig. Grundtypus ist die nicht nach außen in Erscheinung tretende GbR.

19 Die **stille Gesellschaft** beruht auf der Erbringung einer Vermögenseinlage des stillen Gesellschafters in das Betriebsvermögen eines Kaufmanns (§§ 230 Abs. 1, 1 Abs. 1 HGB). Der Kaufmann beziehungsweise Unternehmensträger kann sowohl eine natürliche Person als auch eine Personenhandels- oder Kapitalgesellschaft sein. Man unterscheidet zwischen der typischen und der atypischen stillen Gesellschaft, wobei diese Unterscheidung im Wesentlichen steuerrechtlich begründet ist. Die Einordnung als atypischer stiller Gesellschafter führt zur steuerlichen Behandlung als Mitunternehmer des Handelsgewerbes mit der Folge der steuerlichen Behandlung der (positiven und negativen) Einkünfte aus der stillen Gesellschaft als Einkünfte aus Gewerbebetrieb (§ 15 Abs. 1 Nr. 2 EStG). Dem typischen stillen Gesellschafter werden Verluste hingegen nicht zugerechnet. Die ihm zufließenden Gewinnanteile stellen Einkünfte aus Kapitalvermögen dar (§ 20 Abs. 1 Nr. 4 EStG).

20 Eine **Unterbeteiligung** ist die Beteiligung eines nach außen nicht in Erscheinung tretenden Gesellschafters an der Beteiligung des anderen Gesellschafters an einer anderen Gesellschaft. Die Unterbeteiligung ist rechtlich als Innen-GbR zu qualifizieren. Sie kann an der Beteiligung an einer Personen- oder Kapitalgesellschaft bestehen. Häufig dient sie der Verdeckung der tatsächlichen Beteiligungsverhältnisse und ist daher dem Treuhandverhältnis wesensverwandt. Die Unterbeteiligung entsteht durch die schuldrechtliche Vereinbarung der Gesellschafter, mit der der Unterbeteiligte schuldrechtlich einem Mitinhaber des Anteils an der Hauptgesellschaft gleichgestellt wird.

21 Für die Unternehmensnachfolge kann die Unterbeteiligung als Mittel der gleichmäßigen Verteilung der aus der unternehmerischen Beteiligung resultierenden Einkommensressourcen ohne eine Zersplitterung der Beteiligung im Außenverhältnis sinnvoll sein.

22 Gegenüber der stillen Gesellschaft grenzt sich die Unterbeteiligung durch den Gegenstand der Beteiligung (bei der Untergesellschaft an einer gesellschaftsrechtlichen Beteiligung, bei einer stillen Gesellschaft am Handelsgewerbe) und die Person des Vertragspartners (bei der Unterbeteiligung ein Gesellschafter, bei der stillen Gesellschaft der

III. Grundsätzliche Eigenschaften der Kapitalgesellschaften

Unternehmensträger) ab. Anders als bei der Treuhand bleibt der Hauptbeteiligte regelmäßig auch im eigenen Interesse an der Hauptgesellschaft beteiligt, und der Unterbeteiligte handelt auf eigene Rechnung.

III. Grundsätzliche Eigenschaften der Kapitalgesellschaften

Kapitalgesellschaften zeichnet die völlige Verselbständigung des unternehmensbezogenen Vermögens zu einer juristischen Person aus. Damit geht die faktische Beschränkung der Haftung des Unternehmensträgers auf die im Rahmen der Gründung oder einer späteren Kapitalerhöhung eingelegten Vermögensgegenstände und das mittels des Unternehmens Erwirtschaftete einher. Für die von der Kapitalgesellschaft eingegangenen oder begründeten Verpflichtungen haftet nur diese mit ihrem Vermögen. Insoweit bildet die KGaA als Mischform, bei der mindestens einer der Gesellschafter persönlich für die Verbindlichkeiten der Gesellschaft haftet, eine Ausnahme. Die ansonsten strikte Haftungsbeschränkung auf das Gesellschaftsvermögen begründet eine starke Reglementierung der Eigenkapitalaufbringung, der Mindestkapitalisierung und der Erhaltung des Eigenkapitals. 23

Die Existenz der Kapitalgesellschaft ist von der Mitgliedschaft ihrer Gesellschafter unabhängig. Es herrscht das Prinzip der Fremdorganschaft und der Aufspaltung der Entscheidungs- und Verantwortungsträgerschaft auf zwei Organe, das Geschäftsführungsorgan und die Gesellschaftsversammlung, die gegebenenfalls um ein Überwachungsorgan, den Aufsichtsrat, erweitert werden. Eine Ausnahme bildet die KGaA, die in ihrem Bestand vom Vorhandensein eines persönlich haftenden Gesellschafters abhängt und bei der das Prinzip der Selbstorganschaft zum Tragen kommt. 24

Die Haftungsbeschränkung der Gesellschafter auf die Leistung ihrer Einlagen ermöglicht das Grundprinzip der Mehrheitsentscheidung. Der Gesellschafter hat ein auf seinen Kapitalbeitrag beschränktes und damit kalkulierbares Risiko und kann sich deshalb dem Risiko unterwerfen, bei bestimmten Entscheidungen durch die Mehrheit überstimmt zu werden. Schließlich führt die vollständige Verselbständigung der Gesellschaft von den Gesellschaftern zu einer grundsätzlich besseren Verkehrsfähigkeit der Beteiligung. Damit geht die freie Vererblichkeit der Beteiligung einher. 25

Für die Nachfolgeregelung ergibt sich aus der freien Vererblichkeit eine gänzlich andere Zielrichtung. Muss der Unternehmer bei der Personengesellschaft dafür Sorge tragen, dass seine erbrechtlichen Verfügungen durch entsprechende gesellschaftsvertragliche Regelungen überhaupt gesellschaftsrechtliche Wirkung entfalten (Fortsetzungs- und Nachfolgeklauseln), muss bei der Beteiligung an einer Kapitalgesellschaft das Regelungsziel gerade die Einschränkung einer zu weit gehenden Übertragbarkeit sein. Dies gilt vornehmlich bei der GmbH als einer eher personalistischen Form der Kapitalgesellschaft. 26

1. Die GmbH

Die GmbH ist die am weitesten verbreitete Rechtsform unter den Kapitalgesellschaften. Aktuell sind über eine Million GmbHs in die Handelsregister eingetragen (→ § 5 Rn. 39). Bei der GmbH fällt gegenüber den anderen Rechtsformen des Kapitalgesellschaftsrechts der geringste Aufwand bei der Errichtung an. Dies gilt sowohl für die formellen Anforderungen als auch für die Höhe des Mindestkapitals, das inzwischen sogar eine Gesellschaftsgründung mit einem Kapital von lediglich 1 EUR erlaubt („Unternehmergesellschaft"; § 5a Abs. 1 GmbHG). Das GmbH-Recht räumt den Gesellschaftern zudem eine große Gestaltungsfreiheit für die innere Organisation der Gesellschaft ein. 27

Die GmbH unterliegt der unternehmerischen Mitbestimmung nur, wenn regelmäßig mehr als 500 Arbeitnehmer beschäftigt werden. 28

Gegenüber den anderen Kapitalgesellschaften zeichnet sich die GmbH auch dadurch aus, dass sie nur zwei Organe, die Gesellschafterversammlung und die Geschäftsführer, hat. Eine Ausnahme davon bilden GmbHs, bei der die unternehmerische Mitbestimmung 29 zum Tragen kommt, da die Bildung eines Aufsichtsrats, dessen Mitglieder teilweise von den Arbeitnehmern bestimmt werden, dann verpflichtend ist. Die freiwillige Bildung eines Aufsichtsrats auf Basis einer gesellschaftsrechtlichen Vereinbarung ist den Gesellschaftern bei fehlender gesetzlicher Verpflichtung unbenommen.

30 Die GmbH kann zu jedem gesetzlich zulässigen Zweck gegründet werden. Eine Einpersonengründung – wie bei der AG und der KGaA – ist möglich.

2. Die Aktiengesellschaft

31 Die AG erfordert ein Mindestkapital von 50 000 EUR. Sie kann als Einpersonengesellschaft errichtet werden. Nicht börsennotierte AGs erfahren gegenüber börsennotierten AGs einige Formerleichterungen hinsichtlich der Einladung und Durchführung der Hauptversammlung. Dennoch bleibt festzuhalten, dass für die innere Organisation eine erheblich strengere Regelungsvorgabe durch das AktG erfolgt, als dies bei der GmbH durch das GmbHG der Fall ist.

32 Durch die zwingend dreistufige Organschaft (Hauptversammlung, Vorstand, Aufsichtsrat) erfordert die AG zudem einen deutlich höheren administrativen Aufwand gegenüber der GmbH und den Personengesellschaften, während die Verkehrsfähigkeit der nur noch im Ausnahmefall einzelverbrieften Aktien deutlich höher ist, als die Beteiligung an einer anderen Gesellschaftsform. Darüber hinaus erlaubt das Aktienrecht die Ausgabe unterschiedlicher Beteiligungsrechte und fördert damit die Aggregierung von Kapital, insbesondere am öffentlichen Kapitalmarkt.

3. Die Kommanditgesellschaft auf Aktien

33 Die Kommanditgesellschaft auf Aktien (KGaA) ist eine Kapitalgesellschaft, konkret eine Aktiengesellschaft, bei der Elemente des KG- und damit des Personengesellschaftsrechts zur Anwendung kommen. Sie ist somit eine Mischgesellschaft, die allerdings im Gegensatz zu der am häufigsten anzutreffenden Mischform, der GmbH & Co. KG, kraft Gesetzes eine eigene Rechtspersönlichkeit hat (§ 278 Abs. 1 AktG). Bei der KGaA haftet mindestens ein Gesellschafter den Gläubigern persönlich und unbeschränkt für die Verbindlichkeiten der Gesellschafter. Der oder die persönlich haftenden Gesellschafter führen die Geschäfte der KGaA und vertreten diese wie die persönlich haftenden Gesellschafter bei einer KG. Auf die KGaA kommt insoweit der Grundsatz der Selbstorganschaft zur Anwendung, der zur Folge hat, dass die Geschäftsführungs- und Vertretungskompetenz den persönlich haftenden Gesellschaftern (meist ist es einer) grundsätzlich nicht entziehbar ist.

IV. Mischformen

34 Obwohl es im Gesellschaftsrecht einen Numerus clausus der Gesellschaftsformen gibt, nach dem die zulässigen Gesellschaftsformen abschließend vom Gesetzgeber vorgegeben werden, hat sich in der Praxis durch die Gestaltungsfreiheiten bei der inneren Organisation einzelner Gesellschaften und die dadurch mögliche Kombination verschiedener Gesellschaftsformen eine Anzahl von Mischformen herausgebildet, die ihrerseits wiederum Einfluss auf die gesetzlichen Regelungen gewonnen haben. Die wohl bekannteste Mischform, die ihren Ursprung steuerrechtlichen Motiven verdankt, ist die GmbH & Co. KG (→ § 24 Rn. 943 ff.). Bei dieser Kommanditgesellschaft fungiert eine GmbH als einziger persönlich haftender Gesellschafter. Die Kommanditisten der KG sind in diesem Fall zumeist auch Gesellschafter der persönlich haftenden GmbH.

35 Durch diese Kombination wird die steuerliche Behandlung der Gesellschafter des Unternehmensträgers wie bei einer Personengesellschaft bei Beschränkung der Haftung auf das Vermögen der KG, der persönlich haftenden GmbH und die Haftsummen der Kommanditisten erreicht. Selbstverständlich kann auch jeder andere Rechtsträger und damit

auch jede andere Kapitalgesellschaft als persönlich haftender Gesellschafter einer KG fungieren, wenn der individuell festgelegte Gesellschaftszweck dies zulässt. Möglich, aber nicht verbreitet, sind deshalb auch die AG & Co. KG, die eV & Co. KG sowie die Stiftung & Co. KG.

Mit Ausnahme der gesetzlich geregelten KGaA ist die überwiegende Zahl der Mischformen dem Grundtypus der Personengesellschaften zuzuordnen.

1. Die GmbH & Co. KG

Die GmbH & Co. KG wurde ursprünglich als Alternative zur Kapitalgesellschaft konzipiert, um die Doppelbesteuerung des Erwirtschafteten sowohl bei der Gesellschaft als auch (bei entsprechender Gewinnausschüttung) bei den Gesellschaftern zu vermeiden. Auch wenn diese steuerliche Motivation im Wesentlichen weggefallen ist, erfreut sich die GmbH & Co. KG weiterhin großer Beliebtheit.

Die GmbH & Co. KG ermöglicht mittelbar die Fremdorganschaft in der KG. Die Kommanditisten können über ihre Bestellung als Geschäftsführer der als persönlich haftender Gesellschafter fungierenden GmbH die verantwortliche Leitung der Geschäfte ohne eine persönliche Haftung entweder selbst übernehmen oder diese gesellschafterfremden Dritten übertragen.

Da den Gläubigern der GmbH & Co. KG neben der KG selbst nur die als persönlich haftender Gesellschafter fungierende GmbH, deren Stammkapital zumeist dem Mindeststammkapital entspricht, haftet, stellt sich die GmbH & Co. KG aus Gläubigersicht wie eine Kapitalgesellschaft dar. Der Gesetzgeber hat sich daher entschlossen, die aus Gläubigerschutzgründen mit dem Fehlen einer persönlichen Haftung stets einhergehenden erhöhten Anforderungen an die Rechnungslegung, die auch eine Prüfung des Jahresabschlusses vorschreiben, und die Publizität (§§ 264 ff., 316 ff., 325 ff. HGB) auch bei der GmbH & Co. KG zur Anwendung kommen zu lassen (§ 264a HGB). Dennoch bleibt die GmbH & Co. KG mangels eigener Rechtspersönlichkeit eine Personengesellschaft.

Es ist bereits angesprochen worden, dass die KG auch andere Kapitalgesellschaften als eine GmbH als persönlich haftenden Gesellschafter einer KG fungieren kann. Für Fragen der Organisation von Familiengesellschaften oder der Unternehmensnachfolge sind diese im Regelfall aber nicht interessant. Die GmbH erfüllt die Funktion als persönlich haftender Gesellschafter wegen ihrer weitgehenden Gestaltungsfreiheit in der Praxis am besten. Interessant kann aber auch eine Stiftung & Co. KG sein, bei der der Stifter und seine Familie als Kommanditisten beteiligt sind. Die Stiftung bedarf zwar einer staatlichen Genehmigung. In ihre Satzung können aber die Vorstellungen des Stifters für die Unternehmenspolitik dauerhaft festlegt und das notwendige Betriebskapital sichergestellt werden. Allerdings ist zu beachten, dass auf das Stiftungsvermögen alle 30 Jahre eine Erbersatzsteuer erhoben wird (§ 9 Abs. 1 Nr. 4 ErbStG).

2. Die GmbH & Co. KGaA

Die GmbH & Co. KGaA ist eine höchst interessante Mischform. Bei ihr fungiert eine GmbH als persönlich haftender Gesellschafter der KGaA, wodurch sich die unbeschränkte persönliche Haftung des zur organschaftlichen Geschäftsführung und Vertretung berufenen persönlich haftenden Gesellschafters auf das Vermögen der GmbH beschränkt und ein persönliches Haftungsrisiko der in der unternehmerischen Verantwortung stehenden natürlichen Personen entfällt. Die Finanzierung über den Kapitalmarkt ist möglich, ohne dass dadurch ein Verlust der Leitungsmacht droht.

V. Stiftung

Die rechtsfähige Stiftung des privaten Rechts ist in den §§ 80 ff. BGB geregelt. Nachdem die Stifter die Stiftung errichtet haben, wozu es lediglich eines Stifters bedarf, diese mit dem entsprechenden Stiftungsvermögen ausgestattet wurde und die staatliche Genehmigung vorliegt, endet mit der rechtlichen Entstehung der Stiftung die rechtliche Beziehung zwischen Stifter und Stiftung vollständig. An der Stiftung ist nach ihrer Entstehung niemand mitgliedschaftlich „beteiligt". Bei ihr erlangt somit das Stiftungsvermögen eine vollständige Verselbständigung. Weder das Stiftungsvermögen als solches noch irgendwelche Anteilsrechte können daher übertragen oder vererbt werden. Die Stifter bestimmen in der Satzung den Zweck der Stiftung, der allerdings der staatlichen Genehmigung bedarf. Es kann vorgesehen werden, dass das Stiftungsvermögen der Familie dienen soll („Familienstiftung"). Eine Stiftung kann als Unternehmensträger oder als persönlich haftender Gesellschaft einer Personengesellschaft oder einer KGaA fungieren. Die Errichtung der Stiftung durch den Stifter („Stiftungsgeschäft") kann auch durch Verfügung von Todes wegen vorgenommen werden.

VI. Vor- und Nachteile der Personen- und der Kapitalgesellschaften

43 Im Nachfolgenden sollen einige grundsätzliche Vor- und Nachteile sowohl der Personengesellschaften als auch der Kapitalgesellschaften aufgezeigt werden, die der Unternehmer bei der Rechtsformwahl zu berücksichtigen hat. Die angesprochenen Punkte erheben keinen Anspruch auf Vollständigkeit. Steuerliche Überlegungen werden im Regelfall einen wichtigen Faktor bei der Rechtsformwahl darstellen. Dennoch sollte im Hinblick auf langfristige Unternehmensziele das Steuerrecht wegen seiner Kurzlebigkeit nicht überbewertet werden.

1. Vorteile von Personengesellschaften

44 Personengesellschaften sind mit einem geringen Aufwand zu gründen; ebenso einfach kann die Änderung der gesellschaftsvertraglichen Regelungen herbeigeführt werden. Dazu bedarf es regelmäßig nur einer mündlichen Vereinbarung (→ § 24 Rn. 33). Darüber hinaus erlauben die gesetzlichen Vorschriften eine **große Gestaltungsfreiheit** im Hinblick auf die innere Organisationsstruktur. Dies kann zum Beispiel die Vereinbarung höherer Kapitaleinlagen als der im Handelsregister einzutragenden Haftsummen der Kommanditisten betreffen. Ebenso kann eine feste Vermögenseinlage der persönlich haftenden Gesellschafter gesellschaftsvertraglich vereinbart werden. Die Gesellschafter können sich über die Verteilung von Stimmrechten und Gewinnen abweichend von den gesetzlichen Regelungen, beispielsweise nach dem Kapitalkontostand, einigen. Insbesondere Abweichungen von dem Einstimmigkeitsprinzip sind in der Praxis ebenso üblich wie (qualifizierte) Nachfolgeklauseln, die die Vererblichkeit der Beteiligung ermöglichen und zugleich die übrigen Gesellschafter vor unerwünschten Nachfolgern schützen.

45 Die Gesellschafter einer Personengesellschaft sind nicht zur Aufbringung eines Mindestkapitals verpflichtet. Die Entnahme von Gewinnen ist nicht an formelle Erfordernisse gebunden. Kapitalerhaltungsvorschriften, wie sie das Kapitalgesellschaftsrecht regelt, sind nicht zu beachten, wohl aber das mögliche Wiederaufleben der in der Summe beschränkten Haftung der Kommanditisten, sofern eine Auszahlung an diese zu einer Unterschreitung der bereits geleisteten Haftsumme führt.

46 Schließlich kann ganz allgemein festgestellt werden, dass eine formwechselnde Umwandlung bei einer Personengesellschaft im Regelfall einfacher zu erreichen ist.

2. Vorteile von Kapitalgesellschaften

47 Der sicherlich wichtigste Vorteil der Kapitalgesellschaften ist die Beschränkung der Haftung auf das Vermögen der Gesellschaft. Allerdings ist dieser Vorteil durch eine Mischform wie die GmbH & Co. KG ebenfalls zu erreichen. Daher erfreut sich diese Rechtsformkombination in der Praxis großer Beliebtheit.

Einschränkend muss an dieser Stelle auf die Rechtsprechung zur **Haftung des GmbH-** 48
Gesellschafters hingewiesen werden, die inzwischen, von der Haftung wegen eines Rechtsformmissbrauchs abgesehen, als reine Innenhaftung angesehen wird und in der Praxis zumeist vom Insolvenzverwalter und damit erst im Insolvenzfall geltend gemacht wird. Die wesentlichen Haftungsgefahren für den Gesellschafter resultieren dabei nicht aus seiner Gesellschafterstellung, sondern aus der zumeist zugleich wahrgenommen Stellung als Geschäftsführer. Dabei geht es regelmäßig darum, dass die eigenen Interessen insbesondere in der Krise der Gesellschaft über die der Gesellschaft gestellt werden und diese dadurch geschädigt wird.

Durch die Möglichkeit der **Fremdorganschaft** wird es der Unternehmerfamilie gerade im Fall des Generationswechsels erleichtert, eine Kontinuität des Unternehmens zu gewährleisten und dieses als Einkommensquelle zu erhalten, auch wenn kein geeigneter Nachfolger für die unternehmerische Leitung unter den Erben gefunden werden kann. Aber auch hier hat die GmbH & Co. KG inzwischen den Vorteil der Kapitalgesellschaften aufgrund der Möglichkeit der Fremdorganschaft neutralisiert, da die Geschäftsführung in der als persönlich haftender Gesellschafter fungierenden GmbH fremden Dritten übertragen werden kann. Somit ist in dieser Mischform der Personengesellschaft ebenfalls eine Fremdorganschaft möglich. 49

Ein auch im Hinblick auf die Unternehmensnachfolge wertzuschätzender Vorteil der 50
Kapitalgesellschaften ist die grundsätzlich hohe Verkehrsfähigkeit und die Vererblichkeit der Beteiligungsrechte, die aber insbesondere bei der GmbH gesellschaftsvertraglich erheblich eingeschränkt werden können.

3. Nachteile der Personengesellschaften

Dem Vorteil der Kapitalgesellschaften aufgrund der Möglichkeit der Fremdorganschaft 51
steht bei den Personengesellschaften das Prinzip der Selbstorganschaft gegenüber. Wenn diese Beschränkung ein Problem bei der Unternehmensnachfolge darstellt, bietet allerdings die GmbH & Co. KG eine ausreichende Alternative.

Die in der Höhe unbeschränkte **persönliche Haftung** für die Verbindlichkeiten der 52
Gesellschaft, der alle Gesellschafter mit Ausnahme der Kommanditisten unterliegen und die damit zwingend mit der Übernahme unternehmerischer Verantwortung einhergeht, ist sicherlich der gewichtigste Nachteil der Personengesellschaften, weil sie die unternehmerische Risikobereitschaft einschränkt. Von der nachfolgenden Generation wird sie teilweise strikt abgelehnt. Auch hier bietet die GmbH & Co. KG Abhilfe. Andererseits muss auch berücksichtigt werden, dass finanzierende Banken und große Lieferantenkreditgeber insbesondere aufgrund in der jüngeren Vergangenheit erheblich gestiegener regulatorischer Vorgaben für Kreditinstitute, die mittelbar auch die Lieferanten betreffen, vom mittelständischen Unternehmer trotz erheblich gestiegener Eigenkapitalquoten[4] im Regelfall rechtsformunabhängig persönliche Sicherheiten verlangen.

4. Nachteile der Kapitalgesellschaften

Die Kapitalgesellschaftsgründung wie auch wesentliche Entscheidungen, insbesondere Ge- 53
sellschaftsvertrags- beziehungsweise Satzungsänderungen, bedürfen der **notariellen Beurkundung** der entsprechenden Gesellschafterbeschlüsse sowie einer Veröffentlichung im Bundesanzeiger oder gleichwertigen Publikationen und der Eintragung ins Handelsregister. Bei der AG treten bei der Errichtung die Erfordernisse eines Gründungsberichtes durch die Gründer und einer Gründungsprüfung zumindest durch den Vorstand und den Aufsichtsrat, teilweise darüber hinaus auch durch einen externen Gründungsprüfer hinzu.

---

[4] Die durchschnittliche Eigenkapitalquote der kleinen und mittleren Unternehmen ist von 18,4% im Jahr 2002 auf 30,0% im Jahr 2016 gestiegen (*Gerstenberger*, Hohe Eigenkapitalquoten im Mittelstand: KMU schätzen ihre Unabhängigkeit, KfW-Research – Fokus Volkswirtschaft Nr. 206 vom 15.5.2018).

Damit verbunden ist für kleine und mittelständische Unternehmen ein relativ hoher Kosten- und Verwaltungsaufwand.

54 Die Gesellschafterrechte werden durch die Organstruktur und das Prinzip der Fremdorganschaft auf die Gesellschafterversammlung transferiert und Kontrollrechte eingeengt. Durch das Mehrheitsprinzip werden Minderheitsgesellschafter grundsätzlich in der Kontrolle ihrer Investition in das Unternehmen beschränkt.

55 Nachteilig können sich bei Kapitalgesellschaften auch die Vorschriften über die **unternehmerische Mitbestimmung** auswirken. Bei einer Kapitalgesellschaft ist rechtsformbedingt, allerdings größenabhängig, das Mitbestimmungsgesetz anwendbar, das einen Arbeitsdirektor im Leitungsorgan und eine hälftige Besetzung des gegebenenfalls einzurichtenden Aufsichtsrats mit Arbeitnehmervertretern vorschreibt und zu erheblichen administrativen Belastungen und Einschränkungen der unternehmerischen Leitungsmacht führt. Das Mitbestimmungsgesetz wird allerdings nur einen kleinen Teil der Familienunternehmen betreffen, da es eine unternehmerische Mitbestimmung erst ab 2.000 Arbeitnehmern vorschreibt. Es findet auch auf die GmbH & Co. KG Anwendung (§ 4 Abs. 1 MitbestG).[5] Unterhalb der Schwelle von 2000 Arbeitnehmern ist, ebenfalls rechtsformabhängig, das Drittelbeteiligungsgesetz zu berücksichtigen, das die unternehmerische Mitbestimmung im gegebenenfalls einzurichtenden Aufsichtsrat, der zu einem Drittel mit Arbeitnehmervertretern besetzt sein muss, ab 500 Arbeitnehmern vorschreibt. Auf die GmbH & Co. KG kommt das Drittelbeteiligungsgesetz nicht zur Anwendung.

56 Schließlich haben Kapitalgesellschaften, ebenfalls größenabhängig, hinsichtlich des Jahresabschlusses **Publizitäts- und Prüfungspflichten** zu beachten. Die Gesellschaft hat größenabhängig innerhalb von drei beziehungsweise sechs Monaten nach dem Ende eines jeden Geschäftsjahres einen Jahresabschluss aufzustellen (§ 264 Abs. 1 HGB), der auch einen Anhang beinhaltet (§ 284 ff. HGB) und größenabhängig um einen Lagebericht (§§ 289 ff. HGB) zu erweitern ist. Abhängig von der Größe der Gesellschaft (§ 267 HGB) unterliegt der Jahresabschluss zudem einer Abschlussprüfung (§ 316 Abs. 1 HGB). Innerhalb eines Jahres nach dem Abschlussstichtag ist der Jahresabschluss gegebenenfalls nebst Lagebericht und Bestätigungs- beziehungsweise Versagungsvermerk des Abschlussprüfers beim zuständigen Handelsregister einzureichen (§§ 325 Abs. 1, Abs. 1a HGB). Diese Belastungen laufen nicht nur den Interessen von Familiengesellschaften an der Vertraulichkeit ihrer wirtschaftlichen Betriebsdaten zuwider, die durch größenabhängige Erleichterungen teilweise abgemildert werden (§§ 288, 326 f. HGB), sondern verursachen auch administrativen Aufwand. Auf Personenhandelsgesellschaften, an denen keine natürliche Person als persönlich haftender Gesellschafter beteiligt ist und damit namentlich für die GmbH & Co. KG, kommen vorgenannte Vorschriften ebenfalls zur Anwendung (§ 264a HGB).

VII. Verhältnis zwischen Erb- und Gesellschaftsrecht

57 Der Unternehmer, der sich mit der Regelung seiner Nachfolge auseinandersetzt, wird sowohl erbrechtliche Verfügungen treffen als auch gesellschaftsvertragliche Maßnahmen ergreifen müssen, um das Regelungsziel zu erreichen. Der entscheidende Unterschied zwischen diesen Regelungsmitteln ergibt sich daraus, dass die erbrechtlichen Verfügungen im Regelfall einseitiger Natur sind, erst mit dem Tod des Erblassers verbindlich werden und zuvor vom Unternehmer einseitig wieder geändert werden können. Ausnahme ist der Erbvertrag. Ebenso wie eine gesellschaftsvertragliche Vereinbarung stellt er ein Rechtsgeschäft unter Lebenden dar, das sofort verbindlich und nicht mehr einseitig aufhebbar ist.

58 Die erbrechtlichen Verfügungen unterliegen den Rechtsvorschriften des Erbrechts. Die gesellschaftsvertraglichen Vereinbarungen folgen demgegenüber den gesellschaftsrechtli-

---

[5] Anders ist es, wenn eine ausländische Kapitalgesellschaft oder eine Stiftung als persönlich haftender Gesellschafter einer KG fungiert.

chen Rechtsnormen des HGB und den jeweiligen Sonderrechten. Im **Konfliktfall** setzt sich gemäß Art. 2 EGHGB das Handelsrecht und damit die gesellschaftsrechtlichen Vorschriften durch.

Widersprüche zwischen erbrechtlichen Verfügungen und den gesellschaftsvertraglichen Vereinbarungen sind zu vermeiden, denn sie können im jeweils anderen Regelungsbereich das Erreichen des Regelungsziels vereiteln. Beispielsweise würde die testamentarische Erbenbestimmung eines persönlichen haftenden Gesellschafters einer Personengesellschaft fehlgehen, wenn der Gesellschaftsvertrag eine qualifizierte Nachfolgeklausel enthält (→ § 24 Rn. 484 ff.) und der vom Unternehmer bestimmte Erbe die vereinbarten Qualifikationen nicht aufweist.

VIII. Gesellschaftsrechtliche Formvorschriften

Hinsichtlich der Formvorschriften ist zwischen Personen- und Kapitalgesellschaften zu unterscheiden.

1. Personengesellschaften

Grundsätzlich besteht bei den Personengesellschaften hinsichtlich der Errichtung oder einer nachfolgenden Änderung des Gesellschaftsvertrages **Formfreiheit**. Dennoch ist es im Hinblick auf die Klarheit und die Beweissicherung empfehlenswert, den Gesellschaftsvertrag in Schriftform abzufassen und in diesem Zusammenhang im Hinblick auf künftige Vertragsänderungen eine qualifizierte Schriftformklausel zu vereinbaren (→ § 24 Fn. 40). Auch im Fall der formfrei möglichen rechtsgeschäftlichen Vertretung eines Gesellschafters beim Abschluss des Gesellschaftsvertrages sollte zur Beweissicherung die Schriftform gewahrt werden. Die Beteiligung eines Minderjährigen bedarf aufgrund der mit der Beteiligung einhergehenden Haftungsrisiken der Genehmigung des Familiengerichts (§§ 1822 Nr. 3, 1643 Abs. 1 BGB). Dies gilt auch für eine kommanditistische Beteiligung.[6]

Zu beachten bleibt, dass bei der Verpflichtung zur Einbringung von Grundstücken oder grundstücksgleichen Rechten die Formvorschrift des § 311b Abs. 1 BGB (**notarielle Beurkundung**) einzuhalten ist; hinsichtlich der Verfügung gilt die Formvorgabe des § 925 Abs. 1 BGB. Die Einbringung eines GmbH-Anteiles in eine Personengesellschaft bedarf sowohl hinsichtlich des Verpflichtungs- als auch hinsichtlich des Übertragungsgeschäftes der notariellen Beurkundung (§ 15 Abs. 3, Abs. 4 GmbHG). Nur am Rande sei darauf hingewiesen, dass bei der Einbringung des wesentlichen Vermögens eines Gesellschafters in die Gesellschaft gegebenenfalls auch die Formvorschrift des § 311b Abs. 3 BGB zu berücksichtigen ist. Ein formwirksamer Vollzug heilt in vorstehenden Fällen jeweils die formunwirksame Verpflichtung. Nicht heilbar ist das Fehlen einer in bestimmten Konstellationen erforderlichen Zustimmung des Ehegatten beziehungsweise des Lebenspartners (§§ 1365 Abs. 1 BGB, 6 S. 2 LPartG).

2. Kapitalgesellschaften

Bei den Kapitalgesellschaften unterliegt sowohl die Vereinbarung als auch die Änderung des Gesellschaftsvertrages der Form der notariellen Beurkundung. Die Vollmacht für einen rechtsgeschäftlichen Vertreter eines Gründers bedarf zumindest der notariellen Beglaubigung (§§ 2 Abs. 2 GmbHG, 23 Abs. 1 AktG). Bei minderjährigen Gründern ist nach herrschender Meinung eine Genehmigung des Familiengerichts erforderlich.[7] Bei der AG ist für die Errichtung grundsätzlich noch ein schriftlicher Gründungsbericht (§ 32 AktG) sowie die Gründungsprüfung (§ 33 AktG) zu beachten. Kapitalgesellschaften entstehen als Rechtspersonen erst mit ihrer Eintragung (§§ 11 Abs. 1 GmbHG, 41 Abs. 1

---

[6] BGHZ 17, 160 = NJW 1955, 1067.
[7] MüKoGmbHG/*Heinze* § 2 Rn. 89 (für die GmbH); MüKoAktG/*Heider* § 2 Rn. 11 (für die AG).

AktG). Der Gesetzgeber muss bis zum 1. August 2021 eine bei Redaktionsschluss nicht mögliche Online-Gründung der GmbH ermöglichen (Art. 13g RL (EU) 2017/1132, eingefügt durch RL (EU) 2019/1151). Ob in diesem Zusammenhang auch eine Online-Gründung der AG und/oder der KGaA ermöglicht wird, ist bei Redaktionsschluss nicht bekannt.

3. Übertragung von Anteilen

64 Auf die Formerfordernisse und Zustimmungsbedürfnisse bei Schenkungen und insbesondere Schenkungen an minderjährige Familienmitglieder ist bereits hingewiesen worden.

IX. Überlegungen mit Blick auf die Unternehmensnachfolge

65 Der Unternehmer wird sich grundsätzlich vor die Frage gestellt sehen, in welcher Rechtsform er seine unternehmerischen Aktivitäten durchführen soll. Die Frage der Rechtsform stellt sich dabei bereits bei bzw. vor der Aufnahme der unternehmerischen Tätigkeit, also bei der Gründung eines Unternehmens. Sie wird sich aber auch im weiteren Verlauf anlässlich eventueller Wachstumspläne, der Aufnahme neuer Gesellschafter oder deren Ausscheiden und im Hinblick auf die Änderung steuerrechtlicher oder sonstiger Rahmenbedingungen stellen. In all diesen Entscheidungssituationen werden grundlegende Fragen gesellschaftsrechtlicher, steuerlicher und auch tatsächlicher Art zu klären sein. Darüber hinaus ist eine Überprüfung des Status quo in regelmäßigen Abständen sinnvoll.

66 Einen besonderen Anlass zur Überprüfung stellt die Planung der Unternehmensnachfolge dar. Die grundsätzlichen Eigenschaften sowie die Vor- und Nachteile der verschiedenen Gesellschaftsformen sind bereits angesprochen worden. Nachfolgend gilt es, noch einige Gesichtspunkte der Unternehmensnachfolgeplanung anzusprechen, die nicht gesellschaftsrechtlicher Natur sind. Aufgrund der Komplexität der zu berücksichtigenden Sachfragen und der Vielgestaltigkeit, in der sich der zu regelnde familiäre und unternehmerische Sachverhalt präsentieren kann, können die nachfolgenden Gesichtspunkte nur Grundlinien aufzeigen, die berücksichtigt werden sollten.

1. Nachfolge in der Unternehmensleitung

67 Das Hauptanliegen des Unternehmers wird die Sicherung der Kontinuität des Unternehmens sein. Dabei wird das Hauptaugenmerk insbesondere auf die Frage gerichtet sein müssen, wer die Nachfolge in der Leitung des Unternehmens antritt. Soll das Unternehmen familienintern übertragen werden, die Unternehmensleitung aber aufgrund fehlenden Interesses oder fehlender Qualifikation der Nachfolger familienextern erfolgen, wird man sich für eine Gesellschaftsform entscheiden, bei der eine Fremdorganschaft zulässig ist.

2. Altersversorgung

68 Ein weiterer Gesichtspunkt ist die Sicherung der Altersversorgung des Unternehmers und seiner unterhaltsberechtigten Angehörigen. Hier wird neben steuerlichen Gesichtspunkten auch die Möglichkeit einer rein kapitalistischen Fortsetzung der Beteiligung des Unternehmers nach seinem Rücktritt aus der aktiven Unternehmensführung in Betracht zu ziehen sein.

3. Verhinderung der Zersplitterung der Beteiligung

69 Insbesondere bei Familiengesellschaften wird der Unternehmer auf die Verhinderung der Zersplitterung seiner Beteiligung im Erbfall achten.

4. Haftung der Nachfolger

Im Hinblick auf seinen Nachfolger muss der Unternehmer dafür Sorge tragen, dass dessen 70
Motivation zur Übernahme von Verantwortung nicht durch Haftungsrisiken gelähmt wird. Daher sollte für geeigneten Haftungsschutzmaßnahmen für die Nachfolger Sorge getragen werden.

5. Verhinderung eines erbfallbedingten Kapitalabflusses

Wenn der Unternehmer einen geeigneten Nachfolger unter seinen Nachfahren gefunden 71
hat, wird dieser im Regelfall gegenüber anderen erbberechtigten Angehörigen Ausgleichspflichten übernehmen müssen. In diesem Fall muss das Unternehmen insbesondere durch entsprechende gesellschaftsvertragliche Regelungen, aber auch durch erbrechtliche Verfügungen vor einem übermäßigen Kapitalabfluss geschützt werden.

6. Erbschaftsteuerplanung

Sofern die vollständige Unternehmensübertragung nicht bereits zu Lebzeiten des Unter- 72
nehmers erfolgt, sollte der Unternehmer im Rahmen der Nachfolgeplanung zusätzlich zu den für jede Rechtsformwahlentscheidung anzustellenden steuerlichen Überlegungen auch erbschaftsteuerliche Gesichtspunkte berücksichtigen. Insbesondere ist in diesem Zusammenhang sicherzustellen, dass der durch die Erbschaftsteuer anfallende Liquiditätsbedarf getragen werden kann.

§ 24 Die Gesellschaftsformen im Einzelnen

Übersicht

	Rn.
I. Die Gesellschaft bürgerlichen Rechts	2
1. Rechtliche Grundlagen	6
a) Rechtsfähigkeit	7
b) Die GbR als Gesamthandschaft	10
c) Prinzip der Anwachsung	13
aa) Begriffliches	14
bb) Inhalt	17
cc) Heutige Bedeutung	18
d) Handelsgewerbe und Kaufmannseigenschaft	19
e) Bezeichnung der Gesellschaft im Rechtsverkehr	20
2. Entstehung der GbR	21
a) Entstehung durch Gesellschaftsvertrag	21
aa) Rechtsnatur des Vertrags	22
bb) Mindestinhalt	23
(1) Gesellschafter	24
(2) Gemeinsamer Zweck	26
(3) Förderungspflicht	29
(4) Beitragspflicht	30
(5) Dauer der Gesellschaft	32
cc) Formerfordernisse	33
(1) Grundsatz der Formfreiheit	33
(2) Formvorgaben	34
(a) Übertragung eines Grundstücks	35
(b) Übertragung von GmbH-Geschäftsanteilen	36
(c) Übertragung des künftigen Vermögens	37
(d) Übertragung des gegenwärtigen Vermögens	38
(e) Schenkung einer GbR-Beteiligung	39
(f) Beteiligung von Minderjährigen	40
(3) Folgen von Formverstößen	41
dd) Entstehungszeitpunkt	42
b) Andere Entstehungsgründe	45
aa) Umwandlung	45
bb) Rechtsformverfehlung	47
3. Rechte und Pflichten der Gesellschafter	49
a) Rechte der Gesellschafter	50
aa) Verwaltungsrechte	51
(1) Geschäftsführungsbefugnis	53
(a) Grundsatz der Selbstorganschaft	54
(b) Art der Geschäftsführungsbefugnis	56
(c) Umfang der Geschäftsführungsbefugnis	58
(d) Widerspruchsrecht der anderen Gesellschafter	62
(e) Entzug der Geschäftsführungsbefugnis	64
(f) Kündigung der Geschäftsführung	69
(g) Persönliche Ausübung	70
(2) Vertretungsbefugnis	71
(a) Akzessorietät zur Geschäftsführungsbefugnis	72
(b) Entzug der Vertretungsbefugnis	74
(c) Fehlende Publizität	76
(d) Kündigung	77
(e) Untervertretung	78
(3) Stimmrecht	79
(4) Kontrollrechte	84
(5) Kündigungsrecht	86

	Rn.
(a) Außerordentliche Kündigung	87
(b) Ordentliche Kündigung	89
(c) Kündigung zur Unzeit	91
(d) Rechtsfolgen	92
bb) Vermögensrechte	93
(1) Aufwendungsersatz	94
(2) Ergebnisbeteiligung	97
(3) Ansprüche im Fall der Auseinandersetzung	99
cc) Exkurs: Vollstreckung in Gesellschafterrechte und in das Gesellschaftsvermögen	102
(1) Vollstreckung gegen die Gesellschaft	102
(2) Vollstreckung gegen Gesellschafter	103
b) Pflichten der Gesellschafter	108
aa) Pflichten aus der Mitgliedschaft	109
(1) Förderungspflicht	109
(2) Beitragspflicht	110
(3) Nachschusspflicht	111
(4) Treuepflicht	112
(5) Wettbewerbsverbot	113
bb) Pflichten bei organschaftlicher Tätigkeit	114
(1) Tätigkeitspflicht	115
(2) Ordnungsgemäße Ausübung	116
(3) Wettbewerbsverbot	117
(4) Berichtspflicht	118
(5) Auskunftspflicht	119
(6) Rechenschaftspflicht	120
(7) Herausgabepflicht	121
4. Haftung der Gesellschafter	122
a) Haftung wegen eigener Pflichtverletzungen	122
b) Haftung für die Gesellschaftsverbindlichkeiten	125
aa) Rückgriff auf handelsrechtliche Normen	126
bb) Vertretenmüssen und Verschulden	128
cc) Haftungsbeschränkungen	129
dd) Einreden und Einwendungen	131
ee) Leistungsverweigerungsrechte	132
ff) Haftung gegenüber Mitgesellschaftern	133
gg) Haftung eintretender Gesellschafter	135
hh) Haftung ausgeschiedener Gesellschafter	136
ii) Haftung nach Beendigung der Gesellschaft	137
jj) Ausgleichsansprüche in Anspruch genommener Gesellschafter	138
c) Haftung aus sonstigen Gründen	141
5. Aufsichtsrat, Beirat	142
6. Änderungen im Gesellschafterbestand	144
a) Ausscheiden von Gesellschaftern	145
b) Ausschluss von Gesellschaftern	146
c) Eintritt von Gesellschaftern	147
aa) Eintritt unter Lebenden	148
bb) Todesfallbedingter Eintritt (Eintrittsklauseln)	149
d) Gesellschafterwechsel	150
aa) Unter Lebenden	151
bb) Gesellschafterwechsel von Todes wegen (Nachfolgeklauseln)	152
(1) Rechtsgeschäftliche Nachfolgeklauseln	153
(2) Einfache (erbrechtliche) Nachfolgeklauseln	154
(3) Qualifizierte (erbrechtliche) Nachfolgeklauseln	155
7. Beendigung der Gesellschaft	156
a) Auflösung	157
b) Auseinandersetzung der Gesellschafter	161

	Rn.
c) Vollbeendigung	162
II. Personenhandelsgesellschaften (OHG und KG)	163
1. Rechtliche Grundlagen	165
a) Anwendbare Normen	165
b) Rechtsfähigkeit	168
c) Gesamthandschaft	169
d) Prinzip der Anwachsung	170
e) Handelsgewerbe und Kaufmannseigenschaft	171
2. Entstehung der Gesellschaft	173
a) Entstehung durch Gesellschaftsvertrag	173
aa) Rechtsnatur des Vertrags	174
bb) Mindestinhalt	175
(1) Gesellschafter	175
(2) Gemeinsamer Zweck	177
(3) Förderungspflicht	178
(4) Beitragspflicht	179
(5) Gemeinschaftliche Firma	180
(6) Haftung	181
(7) Dauer der Gesellschaft	182
cc) Formerfordernisse	183
dd) Registerpflicht	184
ee) Entstehungszeitpunkt	188
b) Andere Entstehungsgründe	190
aa) Formwechsel	191
(1) Aus einer GbR	192
(2) Aus einer anderen Personenhandelsgesellschaft	194
(3) Nach dem Umwandlungsgesetz	195
bb) Rechtsformverfehlung	196
3. Rechte und Pflichten der Gesellschafter	198
a) Rechte der Gesellschafter	199
aa) Verwaltungsrechte	200
(1) Geschäftsführungsbefugnis	201
(a) Grundsatz der Selbstorganschaft	202
(b) Art der Geschäftsführungsbefugnis	203
(c) Umfang der Geschäftsführungsbefugnis	205
(d) Widerspruchsrecht der anderen Geschäftsführer	208
(e) Entzug der Geschäftsführungsbefugnis	209
(f) Kündigung der Geschäftsführung	215
(g) Persönliche Ausübung	216
(2) Vertretungsbefugnis	217
(a) Allgemeines	217
(b) Art der Vertretungsbefugnis	218
(c) Umfang der Vertretungsbefugnis	219
(d) Entzug der Vertretungsbefugnis	222
(e) Kündigung	223
(f) Untervertretung	224
(3) Stimmrecht	225
(4) Kontrollrechte	227
(a) Persönlich haftende Gesellschafter	227
(b) Kommanditisten	229
(5) Kündigungsrecht	230
(a) Ordentliche Kündigung	231
(b) Außerordentliche Kündigung	232
(c) Kündigung zur Unzeit	234
(d) Rechtsfolgen	235
bb) Vermögensrechte	236
(1) Aufwendungsersatz	237

	Rn.
(a) Erforderliche Aufwendungen	238
(b) Verluste durch die Geschäftsführung	239
(c) Anspruchsinhalt	240
(2) Ergebnisbeteiligung	244
(3) Entnahmerecht	247
(4) Ansprüche im Fall der Auseinandersetzung	249
(a) Beendigung der Gesellschaft	250
(b) Ausscheiden eines Gesellschafters	252
b) Pflichten der Gesellschafter	254
aa) Pflichten aus der Mitgliedschaft	255
(1) Förderungspflicht	256
(2) Beitragspflicht	257
(3) Nachschusspflicht	258
(4) Treuepflicht	259
(5) Wettbewerbsverbot	260
(6) Pflicht zu Registeranmeldungen	266
bb) Pflichten aus organschaftlicher Tätigkeit	267
(1) Tätigkeitspflicht	267
(2) Ordnungsgemäße Ausübung	268
(3) Wettbewerbsverbot	269
(4) Berichtspflicht	270
(5) Auskunftspflicht	271
(6) Rechenschaftspflicht	272
(7) Rechnungslegung	273
(8) Herausgabepflicht	276
4. Haftung der Gesellschafter	277
a) Art der Haftung	278
b) Höhe der Haftung, umfasste Verbindlichkeiten	279
aa) Persönlich haftende Gesellschafter	280
(1) Gründungsgesellschafter	281
(2) Eintretende Gesellschafter	282
(3) Wechsel zur kommanditistischen Haftung	284
bb) Kommanditisten	287
(1) Gründungskommanditisten	288
(a) Auf die Haftsumme beschränkte Haftung	289
(b) Unbeschränkte Kommanditistenhaftung	294
(2) Eintretende Kommanditisten	300
(3) Änderung der Haftsumme	304
(4) Entfall der Haftung	308
(5) Wiederaufleben der Haftung	310
(6) Wechsel zur unbeschränkten Haftung	311
cc) Nicht kommanditistisch bedingte Haftungsbeschränkungen	313
(1) Minderjährige Gesellschafter	314
(2) Rechtsgeschäftliche Haftungsbeschränkungen	317
(3) Haftungsbeschränkende Zusätze in der Firma	318
c) Vertretenmüssen und Verschulden	319
d) Einreden und Einwendungen	320
e) Leistungsverweigerungsrechte	321
f) Haftung ausgeschiedener Gesellschafter	322
g) Haftung nach Beendigung der Gesellschaft	324
h) Besonderheiten bei der Haftung gegenüber Mitgesellschaftern	327
i) Ausgleichsansprüche in Anspruch genommener Gesellschafter	328
5. Aufsichtsrat, Beirat	329
6. Änderungen im Gesellschafterbestand	330
a) Ausscheiden von Gesellschaftern	331
aa) Allgemeines	332
bb) Voraussetzungen	335

	Rn.
(1) GbR	336
(a) Fortsetzungsvereinbarung	337
(b) Vorliegen der vereinbarten Voraussetzungen	345
(2) OHG und KG	347
cc) Rechtsfolgen	354
(1) Gesetzlich vorgesehene Rechtsfolgen	355
(a) Ausscheiden aus der Gesellschaft	356
(b) Fortsetzung der Gesellschaft	358
(c) Anwachsung	361
(d) Rückgabe überlassener Gegenstände	363
(e) Befreiung von den Schulden der Gesellschaft	364
(f) Nachhaftung	365
(g) Abfindungsanspruch	367
(2) Individuell vereinbarte Rechtsfolgen	401
b) Ausschluss von Gesellschaftern	407
aa) Formelle Voraussetzungen	408
bb) Materielle Voraussetzungen	411
cc) Rechtsfolgen	414
dd) Rechtsschutz	415
c) Eintritt von Gesellschaftern	416
aa) Eintritt unter Lebenden	417
bb) Todesfallbedingter Eintritt (Eintrittsklauseln)	420
(1) Rechtsnatur	421
(2) Formvorgaben	422
(3) Voraussetzungen und Inhalt	423
(a) Fortsetzungsklausel	423
(b) Benennung des Eintrittsberechtigten	424
(c) Art des Eintritts	427
(d) Konditionen des Eintritts	429
(e) Befristung	434
(f) Ersatzlösung	435
(4) Rechtsfolgen	438
(a) Ausscheiden des verstorbenen Gesellschafters	439
(b) Fortsetzung der Gesellschaft	440
(c) Anwachsung	441
(d) Herausgabe von überlassenen Gegenständen	442
(e) Abfindungsanspruch	443
(f) Eintrittsrecht	444
(g) Übertragung der Vermögensposition	445
(h) Haftung	448
(5) Vor- und Nachteile	450
d) Gesellschafterwechsel	452
aa) Unter Lebenden	453
bb) Gesellschafterwechsel von Todes wegen (Nachfolgeklauseln)	461
(1) Rechtsgeschäftliche Nachfolgeklauseln	462
(2) Einfache (erbrechtliche) Nachfolgeklauseln („einfache Nachfolgeklauseln")	463
(a) Zweck	464
(b) Inhalt	465
(c) Form	468
(d) Bestimmung der Nachfolger	469
(e) Übergang der Beteiligung	470
(f) Möglichkeiten der Haftungsbeschränkung	474
(g) Ausgleichsansprüche	480
(h) Vor- und Nachteile	481
(i) Formulierungsvorschlag für eine einfache Nachfolgeklausel	483

	Rn.
(3) Qualifizierte (erbrechtliche) Nachfolgeklauseln („qualifizierte Nachfolgeklauseln")	484
(a) Zweck	485
(b) Inhalt	486
(c) Form	489
(d) Bestimmung der Nachfolger	492
(e) Übergang der Beteiligung	493
(f) Möglichkeiten der Haftungsbeschränkung	494
(g) Ausgleichansprüche	495
(h) Formulierungsvorschlag für eine qualifizierte Nachfolgeklausel	496
7. Beendigung der Gesellschaft	497
a) Auflösung	498
aa) Gesetzliche Auflösungsgründe	499
bb) Vertragliche Auflösungsgründe	505
cc) Rechtsfolgen	506
b) Auseinandersetzung der Gesellschafter	508
aa) Liquidatoren	509
bb) Ablauf der Liquidation	510
c) Vollbeendigung	512
III. Die Gesellschaft mit beschränkter Haftung (GmbH und UG)	514
1. Rechtliche Grundlagen	515
a) Anwendbare Normen	515
b) Rechtsnatur	516
c) Handelsgewerbe und Kaufmannseigenschaft	517
d) Rechtsfähigkeit	518
e) Trennungsprinzip	519
f) Haftung	520
g) Bedeutung des Kapitals	521
h) Die UG als Variante der GmbH	522
2. Entstehung der Gesellschaft	523
a) Entstehung durch Gründung	523
aa) Vorgründungsstadium	525
bb) Vorgesellschaft („Vor-GmbH")	530
(1) Rechtliche Grundlagen	531
(2) Entstehung durch Beurkundung des Gesellschaftsvertrags	533
(a) Rechtsnatur des Gesellschaftsvertrags	534
(b) Pflichtinhalt	535
(c) Fakultativer Inhalt	548
(d) Gründung im vereinfachten Verfahren	559
(e) Form des Gesellschaftsvertrags	561
(3) Erforderliche Handlungen vor der Registereintragung	562
(a) Bestellung der ersten Geschäftsführer	563
(b) Leistung auf die Stammeinlagen	569
(c) Sachgründungsbericht	571
(4) Handelndenhaftung	572
(5) Anmeldung zum Handelsregister	574
(a) Einzureichende Unterlagen	575
(b) Abzugebende Erklärungen	579
(c) Weitere Angaben	580
cc) Eintragung beziehungsweise Nichteintragung	581
b) Entstehung durch Umwandlung	583
3. Rechte und Pflichten der Gesellschafter und der Organe	584
a) Gesellschafter	584
aa) Rechte der Gesellschafter	584
(1) Verwaltungsrechte	585
(a) Geschäftsführungsbefugnis	586
(b) Vertretungsbefugnis	587

	Rn.
(c) Stimmrecht	588
(d) Kontrollrechte	589
(e) Kündigungsrecht	592
(f) Weitere Verwaltungsrechte	593
(2) Vermögensrechte	594
(a) Aufwendungsersatz	595
(b) Ergebnisbeteiligung	597
bb) Pflichten der Gesellschafter	600
(1) Förderungspflicht	601
(2) Beitragspflicht	602
(a) Gegenstand der Beitragspflicht	603
(b) Grundsatz der realen Kapitalaufbringung	604
(3) Nachschusspflicht	614
(4) Treuepflicht	617
(5) Wettbewerbsverbot	618
b) Organe	619
aa) Geschäftsführer	620
(1) Bestellung	621
(2) Persönliche Voraussetzungen	622
(3) Kompetenzen	623
(4) Pflichten	625
(a) Sorgfaltspflicht im weiteren Sinne	626
(b) Treuepflicht	631
(5) Abberufung	632
bb) Gesellschafterversammlung	634
(1) Kompetenz	635
(2) Einberufung	643
cc) Aufsichtsrat	645
(1) Gesetzlich vorgeschriebener Aufsichtsrat	646
(2) Freiwilliger Aufsichtsrat	647
dd) Beirat	648
4. Haftung der Gesellschaft, der Gesellschafter und der Organe	649
a) Haftung der Gesellschaft	650
b) Haftung der Gesellschafter	651
aa) Haftung gegenüber der Gesellschaft	652
(1) Bestellung eines inhabilen Geschäftsführers (§ 6 Abs. 5 GmbHG)	654
(2) Überbewertung von Sacheinlagen (§ 9 Abs. 1 GmbHG)	655
(3) Falschangaben bei der Anmeldung (§ 9a Abs. 1 GmbHG)	656
(4) Schädigung der Gesellschaft durch die Einlagen (§ 9a Abs. 2 GmbHG)	657
(5) Verdeckte Sacheinlagen (§ 19 Abs. 4 GmbHG)	658
(6) Nicht erbrachte Einlagen von Mitgesellschaftern (§ 24 GmbHG)	659
(7) Unterbilanzhaftung („Vorbelastungshaftung")	660
(8) Verbotene Zahlungen an Gesellschafter (§§ 31 Abs. 1, 30 Abs. 1 GmbHG)	661
(9) Stimmrechtsmissbrauch	663
bb) Haftung gegenüber Gesellschaftsgläubigern	664
(1) Haftung aus einer besonderen persönlichen Verpflichtung	665
(2) Durchgriffshaftung	666
(a) Rechtsformmissbrauch („Institutsmissbrauch")	667
(b) Materielle Unterkapitalisierung	668
(c) Vermögensvermischung („Sphärenvermischung")	671
(3) Haftung in der Insolvenz	672
(a) Verletzung der Insolvenzantragspflicht	673
(b) Nachrangigkeit von Gesellschafterdarlehen in der Insolvenz (§ 39 Abs. 1 Nr. 5 InsO)	674
cc) Haftung für die Verbindlichkeiten der Vorgründungsgesellschaft	675

	Rn.
c) Haftung der Organe	676
aa) Geschäftsführer	677
(1) Haftung gegenüber der Gesellschaft	678
(a) Gesellschaftsrechtliche Haftung	679
(b) Haftung aus dem Anstellungsvertrag und dem allgemeinen Zivilrecht	682
(2) Haftung gegenüber Gesellschaftsgläubigern	683
bb) Gesellschafterversammlung	684
cc) Aufsichtsrat	685
dd) Beirat	687
5. Änderungen im Gesellschafterbestand	688
a) Austritt von Gesellschaftern	689
aa) Austritt aus wichtigem Grund	690
(1) Voraussetzungen	691
(2) Vollzug	693
bb) Austritt ohne wichtigen Grund	699
(1) Voraussetzungen	702
(2) Vollzug	704
b) Ausschluss von Gesellschaftern	705
aa) Ausschluss durch Gestaltungsurteil	706
(1) Voraussetzungen	707
(2) Rechtsfolgen	712
(3) Rechtsschutz	716
bb) Ausschluss durch Gesellschafterbeschluss	717
(1) Voraussetzungen	718
(2) Rechtsfolgen	720
(3) Rechtsschutz	721
c) Gesellschafterwechsel	723
aa) Gesellschafterwechsel unter Lebenden	724
bb) Gesellschafterwechsel von Todes wegen	730
(1) Grundsatz der Vererblichkeit	731
(2) Gesellschaftsvertragliche Gestaltungsmöglichkeiten	733
(a) Auf den Tod bedingte Abtretung	735
(b) Einziehungsrecht der Gesellschaft	738
(c) Abtretungspflicht der Erben	740
(d) Eintrittsrecht	742
(e) Übertragungsrecht der Gesellschaft	743
(f) Inhaltsänderungen	744
(g) Qualifikation von Erben	745
d) Eintritt von Gesellschaftern	747
aa) Eintritt unter Lebenden	748
(1) Übernahme bestehender Geschäftsanteile	749
(2) Teilung von Geschäftsanteilen	750
(3) Kapitalerhöhung	753
bb) Eintritt von Todes wegen	756
6. Beendigung der Gesellschaft	757
a) Auflösung	758
aa) Gesetzliche Auflösungsgründe	759
bb) Gesellschaftsvertragliche Auflösungsgründe	769
cc) Rechtsfolgen	770
b) Abwicklung der Gesellschaft	771
aa) Liquidatoren	772
bb) Bekanntmachung	773
cc) Rechnungslegung	775
dd) Die Abwicklung an sich	779
ee) Vermögensverteilung	780
ff) Abschließende Maßnahmen	781

	Rn.
c) Vollbeendigung	782
IV. Die Aktiengesellschaft	784
1. Rechtliche Grundlagen	785
a) Anwendbare Normen	786
b) Rechtsnatur	787
c) Handelsgewerbe und Kaufmannseigenschaft	788
d) Rechtsfähigkeit	789
e) Trennungsprinzip	790
f) Haftung	791
g) Bedeutung des Kapitals	792
2. Entstehung der Gesellschaft	793
a) Entstehung durch Gründung	793
aa) Vorgründungsstadium	795
bb) Vorgesellschaft („Vor-AG")	796
(1) Rechtliche Grundlagen	797
(2) Entstehung	798
(a) Feststellung der Satzung	799
(b) Übernahme der Aktien	818
(3) Erforderliche Handlungen vor der Registeranmeldung	824
(a) Organbestellungen	825
(b) Gründungsbericht	826
(c) Gründungsprüfung	827
(d) Leistung der Einlagen	828
(4) Anmeldung zur Eintragung	830
(5) Registergerichtliche Prüfung	831
cc) Aktiengesellschaft	832
b) Nachgründung (§ 52 AktG)	833
c) Haftung der Gründungsbeteiligten	836
d) Entstehung durch Umwandlung	837
3. Rechte und Pflichten der Gesellschafter	838
a) Rechte der Aktionäre	838
aa) Gleichbehandlungsgebot	838
bb) Verwaltungsrechte	839
cc) Vermögensrechte	845
b) Pflichten der Aktionäre	846
4. Organe der Gesellschaft	848
a) Vorstand	849
aa) Aufgaben und Stellung	850
bb) Bestellung und Abberufung	853
cc) Anstellungsvertrag	854
dd) Persönliche Voraussetzungen	855
ee) Auswahl der Mitglieder und Zusammensetzung	856
ff) Organisation und Geschäftsordnung	857
gg) Beendigung	858
hh) Pflichten	859
ii) Haftung	861
b) Aufsichtsrat	862
aa) Aufgaben und Stellung	863
bb) Anzahl der Mitglieder und Zusammensetzung	867
(1) Gesetzlicher Normalfall	868
(2) Mitbestimmungspflichtige Unternehmen	869
(a) MontanMitbestG	870
(b) MontanMitbestErgG	871
(c) MitbestG	872
(d) DrittelbG	873
cc) Bestellung	874
dd) Persönliche Voraussetzungen	876

	Rn.
ee) Dauer der Amtszeit	878
ff) Anstellungsverhältnis	879
gg) Beendigung	880
hh) Innere Ordnung	882
ii) Haftung	884
c) Hauptversammlung	885
aa) Funktion	886
bb) Stellung	887
cc) Kompetenzen	888
dd) Einberufung	891
ee) Ablauf	893
ff) Beschlussfassung	894
5. Übertragung der Mitgliedschaftsrechte	897
a) Übertragung unter Lebenden	898
b) Vererbung	899
6. Beendigung der Gesellschaft	900
V. Die Kommanditgesellschaft auf Aktien	901
1. Rechtliche Grundlagen	903
a) Rechtsnatur	904
b) Anwendbare Normen	905
c) Handelsgewerbe und Kaufmannseigenschaft	907
d) Rechtsfähigkeit	908
e) Bedeutung des Kapitals	909
2. Entstehung der Gesellschaft	910
a) Gründer	911
b) Feststellung der Satzung	912
c) Inhalt der Satzung	913
aa) Firma	914
bb) Persönlich haftende Gesellschafter	915
cc) Ergebnisverteilung	917
3. Rechte und Pflichten der Gesellschafter und der Organe	918
a) Persönlich haftende Gesellschafter	918
b) Aufsichtsrat	924
c) Hauptversammlung	927
aa) Kompetenzen	928
bb) Teilnahmeberechtigung	930
cc) Stimmberechtigung	931
dd) Beschlussfassung	932
4. Haftung der Gesellschaft, der Gesellschafter und der Organe	933
5. Änderungen des Gesellschafterbestandes	934
6. Beendigung der Gesellschaft	936
a) Auflösung	936
b) Abwicklung	938
c) Vollbeendigung	939
7. Vorzüge der KGaA für Familiengesellschaften	940
VI. Personengesellschaften als Mischgesellschaft (insbes. GmbH & Co. KG)	943
1. Gründe für die Rechtsformwahl	944
2. Entstehung der GmbH & Co. KG	948
3. Gestaltungsmöglichkeiten	954
a) Allgemeines	954
b) Personengleiche GmbH & Co. KG	958
c) Beteiligungsgleiche GmbH & Co. KG	959
d) Einpersonen-GmbH & Co. KG	961
e) Doppel- oder mehrstöckige GmbH & Co. KG	962
f) Einheits-GmbH & Co. KG	963
4. Rechte und Pflichten der Gesellschafter und der Organe	965
a) Geschäftsführer der GmbH	966

	Rn.
b) Gesellschafter	969
aa) Gesellschafter der KG	970
(1) Persönlich haftender Gesellschafter	971
(2) Kommanditisten	972
bb) Gesellschafter der GmbH	973
c) Gesellschafterversammlungen	974
d) Aufsichtsrat	975
e) Beirat	977
5. Haftung der Gesellschafter und der Organe	978
a) Ebene der KG	979
aa) Haftung der Gesellschaft	979
bb) Haftung der Gesellschafter	980
(1) Haftung der GmbH als persönlich haftender Gesellschafter	981
(2) Haftung der Kommanditisten	982
(3) Haftung der Mitglieder des Aufsichtsrats	986
(4) Haftung der Mitglieder des Beirats	987
b) Ebene der GmbH	988
aa) Haftung der Gesellschaft	989
bb) Haftung der Gesellschafter	990
cc) Haftung der Geschäftsführer	991
dd) Haftung der Mitglieder des Aufsichtsrats	994
ee) Haftung der Mitglieder des Beirats	996
6. Änderungen des Gesellschafterbestandes	997
7. Beendigung der Gesellschaft	998
VII. Der Beirat als rechtsformunabhängiges fakultatives Organ	1001
1. Allgemeines	1002
a) Begriff des Beirats	1002
b) Rechtliche Zulässigkeit eines Beirats	1004
c) Abgrenzung zu anderen Gremien	1005
2. Die Beiratsmitglieder	1007
a) Anzahl	1008
b) Persönliche Voraussetzungen	1010
c) Bestellung	1012
d) Art des Rechtsverhältnisses	1015
aa) Organschaftliches Rechtsverhältnis	1016
bb) Schuldrechtliches Verhältnis	1017
e) Dauer der Amtszeit	1018
f) Beendigung	1019
3. Aufgaben und Kompetenzen des Beirats	1021
a) Grundsatz der Gestaltungsfreiheit	1022
b) Arten der Kompetenzzuweisung	1023
c) Grenzen der Kompetenzzuweisung	1024
d) Zulässige Kompetenzzuweisungen	1027
aa) Überwachung	1027
bb) Personalentscheidungen	1028
cc) Prüfung und Feststellung des Jahresabschlusses	1029
dd) Zustimmung zur Übertragung oder Teilung von Geschäftsanteilen	1030
ee) Weisungsbefugnisse	1031
ff) Zustimmungs- und Ablehnungsbefugnisse	1032
gg) Beratungsbefugnisse	1033
hh) Schlichtungs- und schiedsgerichtliche Aufgaben	1034
4. Innere Ordnung	1035
a) Innere Ordnung des Beirats	1035
b) Folgen fehlerhafter Beiratsbeschlüsse	1037
5. Rechte und Pflichten des Beirats und seiner Mitglieder	1040
a) Rechte und Pflichten des Beirats	1040
b) Rechte und Pflichten der Beiratsmitglieder	1043

	Rn.
aa) Rechte	1043
bb) Pflichten	1044
6. Haftung des Beirats und der Beiratsmitglieder	1045
a) Kapitalgesellschaft	1046
b) Personengesellschaft	1047

Nachfolgend werden die für die Unternehmensnachfolge praktisch relevanten Rechtsformen des Personen- und Kapitalgesellgesellschaftsrechts vertieft dargestellt und jeweils für die Unternehmensnachfolge relevante Gestaltungsmöglichkeiten aufgezeigt. Gegenstand der Darstellung sind namentlich die Gesellschaft bürgerlichen Rechts (GbR), die Personenhandelsgesellschaften Offene Handelsgesellschaft (OHG) und Kommanditgesellschaft (KG), die Gesellschaft mit beschränkter Haftung (GmbH), einschließlich der Rechtsformvariante der Unternehmergesellschaft (UG), die Aktiengesellschaft (AG) und die Kommanditgesellschaft auf Aktien (KGaA). Darüber hinaus wird die Möglichkeit einer Mischgesellschaft, namentlich einer GmbH & Co. KG erläutert und rechtsformübergreifend die Möglichkeit der Einrichtung eines Beirats dargestellt. Auf die Ausführungen zu den Regelungen, die ein Gesellschaftsvertrag vor der Übertragung haben sollte, wird ergänzend verwiesen (→ § 14). Hinsichtlich der an dieser Stelle wegen ihrer für die Thematik der Unternehmensnachfolge untergeordneten Bedeutung nicht behandelten Rechts- und Gesellschaftsformen (Einzelunternehmen, Partnerschaftsgesellschaften auf dem Gemeinschaftsrecht der EU basierende Gesellschaftsformen und die über einer GmbH & Co. KG hinaus denkbaren Mischgesellschaften) wird auf die komprimierten Darstellungen in → § 5 Rn. 39 ff. verwiesen.

I. Die Gesellschaft bürgerlichen Rechts

Die Gesellschaft bürgerlichen Rechts („GbR") ist die Grundform der Personengesellschaften; alle anderen Rechtsformen des Personengesellschaftsrechts bauen entweder unmittelbar — so die OHG (§ 105 Abs. 3 HGB) — oder mittelbar über das auf dem Recht der GbR basierende Recht der OHG — so die KG (§ 161 Abs. 2 HGB), die PartGes[1] und die EWIV (§ 1 EWIVAG) - auf dem Recht der GbR auf.

Zugleich ist die GbR die am meisten verbreitete Personengesellschaft; rd. 90 % aller erwerbswirtschaftlich tätigen Personengesellschaften (ohne Mischgesellschaften) sind GbR (→ § 5 Rn. 39). Dabei handelt es sich im Wesentlichen um gewerblich tätige Gesellschaften bei denen das Unternehmen nach Art und Umfang einen in kaufmännischer Weise eingerichteten Geschäftsbetrieb nicht erfordert,[2] um Zusammenschlüsse von Freiberuflern und um Gesellschaften, die im Bereich der Land- und Forstwirtschaft oder der Verwaltung eigenen Vermögens tätig sind.

Schließlich ist die GbR die einzige Personengesellschaft, die auch für die Verfolgung eines nichterwerbswirtschaftlichen Zwecks gegründet werden kann,[3] und die nicht nur als Außengesellschaft, sondern auch als reine Innengesellschaft existent sein kann.[4] Unmittel-

---

[1] Dem Wortlaut des § 1 Abs. 4 PartGG nach basieren Partnerschaftsgesellschaften auf dem Recht der GbR. Da aber in nahezu jedem Regelungsbereich des PartGG auf das Recht der OHG verwiesen wird (§§ 4 Abs. 1, 6 Abs. 3, 7 Abs. 2, Abs. 3, Abs. 5, 8 Abs. 1, 9 Abs. 1, Abs. 4, 10 Abs. 1, Abs. 2 PartGG), ergibt sich ein nahezu lückenloser Verweis auf das Recht der OHG.

[2] Andernfalls läge ein Handelsgewerbe vor (§ 1 Abs. 2 HGB) und die Gesellschaft ist Kaufmann iSd HGB (§ 1 Abs. 1 HGB). Da dann auch die Voraussetzungen des § 105 Abs. 1 HGB vorlägen, wäre die Gesellschaft in diesem Fall von Gesetzes wegen eine OHG (→ Rn. 192). Eine noch ausstehende Eintragung im Handelsregister stünde dem nicht entgegen, da eine OHG in diesem Fall bereits mit der Aufnahme der Tätigkeit entsteht (§ 123 Abs. 2 HGB).

[3] Klassisches Beispiel für eine GbR, mit der kein erwerbswirtschaftlicher Zweck verfolgt wird, ist die Fahrgemeinschaft.

[4] Innengesellschaften (→ § 5 Rn. 47 ff.) treten im Gegensatz zu Außengesellschaften (→ § 5 Rn. 51 ff.) nicht nach außen in Erscheinung und können daher nicht erwerbswirtschaftlich tätig sein.

bar damit zusammenhängend ist der Umstand, dass die GbR die einzige nicht registerpflichtige Personengesellschaft ist.[5]

5   Vor dem Hintergrund der Thematik der Unternehmensnachfolge beschränkt sich die nachfolgende Darstellung auf (Außen-)GbR mit erwerbswirtschaftlichem Zweck.

1. Rechtliche Grundlagen

6   Die aufgrund ihrer Normierung im BGB gemeinhin auch als *„BGB-Gesellschaft"* bezeichnete GbR wurde mit Inkrafttreten des Bürgerlichen Gesetzbuchs am 1.1.1900[6] eingeführt. Seitdem befinden sich ihre gesetzlichen Grundlagen unverändert unter dem Titel *„Gesellschaft"* in den §§ 705 ff. BGB im Zweiten Buch des BGB (*„Recht der Schuldverhältnisse"*). Die Normierung im BGB anstatt in einem Spezialgesetz verdeutlicht, dass die GbR primär nicht für wirtschaftliche Betätigungen konzipiert wurde.

7   **a) Rechtsfähigkeit.** Die Fähigkeit, Träger von Rechten und Pflichten sein zu können, wird als Rechtsfähigkeit bezeichnet. Natürliche Personen sind qua Geburt rechtsfähig (→ § 5 Rn. 10). Bei privatrechtlichen Rechtsträgern, die keine natürlichen Personen sind, folgt die Rechtsfähigkeit regelmäßig aus dem für den Rechtsträger maßgeblichem Spezialgesetz, wie beispielsweise dem AktG oder dem GmbHG, wobei es zusätzlich der staatlichen Anerkennung im Einzelfall bedarf, die zumeist durch eine Registereintragung erfolgt. Für die GbR fehlt es sowohl an einer solchen Norm als auch an der Möglichkeit der Registereintragung.

8   Nach **früher herrschender Sichtweise** ist die GbR nicht rechtsfähig. Rechtsträger sind nach dieser Betrachtung die Gesellschafter der GbR selbst, die – schon wegen der aufgrund der fehlenden Rechtsfähigkeit nicht möglichen Vertretung der GbR – im eigenen Namen handeln, wobei die nicht handelnden Gesellschafter von den handelnden vertreten werden (§ 714 BGB). Diese Sichtweise ist überholt.

9   Inzwischen ist die Rechtsfähigkeit der (Außen-)GbR seit der Änderung der Rechtsprechung des BGH im Jahr 2001[7] **allgemein anerkannt.** Eine GbR, die als Außengesellschaft am Rechtsverkehr teilnimmt, kann demnach selbst Träger von Rechten und Pflichten sein, soweit diese durch die Teilnahme am Rechtsverkehr begründet werden.[8] Anders als die nicht rechtsfähige Innen-GbR ist die Außen-GbR somit zumindest **teilrechtsfähig.**[9] Tatsächlich kann eine Außen-GbR nach heutigem Verständnis nahezu alle Rechtspositionen einnehmen,[10] insbesondere Rechte und Sachen, auch Immobilien, erwerben und Verpflichtungen begründen. Konkret ist eine Außen-GbR parteifähig (§ 50

---

[5] Eine Registerpflicht würde die – wie das Bsp. der Fahrgemeinschaft (→ Fn. 3) verdeutlicht – oftmals spontan oder zumindest kurzfristig und zumeist ohne das konkrete Bewusstsein einer Gesellschaftsgründung erfolgende Gründung einer GbR im privaten Bereich, dem hauptsächlichem Anwendungsbereich der GbR, faktisch unmöglich machen und zudem wegen der Registerpublizität der Gründung einer Innen-GbR entgegenstehen.
[6] Die Einführung des BGB diente der Vereinheitlichung des zuvor stark zersplitterten Privatrechts im seinerzeitigen Deutschen Reich. Entsprechend wurden mit der Einführung des BGB knapp 100 lokal und regional geltende Gesetze außer Kraft gesetzt; MüKoBGB/*Säcker* Einl. Vor § 1 Rn. 9 ff.
[7] BGHZ 146, 341 = NJW 2001, 1056.
[8] BGHZ 146, 341 = NJW 2001, 1056.
[9] Der BGH hat auf die begrenzte Reichweite seiner Entscheidung, die Rechtsfähigkeit der GbR anzuerkennen (BGHZ 146, 341 = NJW 2001, 1056), hingewiesen, die bspw. der seinerzeitigen Rspr. des BAG (NJW 1989, 3034, 3035) und des BSG (BSGE 61, 15, 17), nach der GbR nicht Arbeitgeber bzw. nicht Unternehmer im sozialrechtlichen Sinne sein können, nicht entgegenstehe (BGH NJW 2002, 1207, 1208). Diese eher vordergründigen Ausführungen des BGH sind vor dem Hintergrund der seinerzeit geäußerten, nicht unberechtigt erscheinenden Kritik zu sehen, vor der Entscheidung über die Zuerkennung der Rechtsfähigkeit nicht den Gemeinsamen Senat der obersten Gerichtshöfe des Bundes gemäß § 2 Abs. 1 RsprEinhG angerufen zu haben.
[10] MüKoBGB/*Schäfer* Vor § 718 Rn. 11 mwN. Bspw. kann eine GbR als Vermieterin von Wohnraum das Mietverhältnis wegen des Eigenbedarfs eines Gesellschafters oder des Angehörigen eines Gesellschafters kündigen (BGH NJW 2017, 547).

I. Die Gesellschaft bürgerlichen Rechts § 24

Abs. 1 ZPO),[11] prozessfähig (§ 51 Abs. 1 ZPO), grundbuchfähig (§ 47 Abs. 2 GBO), insolvenzfähig (§ 11 Abs. 2 Nr. 1 InsO) und nach herrschender Meinung auch erbfähig[12]. Gleichwohl sind GbR in ihrem Bestand (weiterhin) von ihren Gesellschaftern abhängig,[13] haben demnach **keine eigene Rechtspersönlichkeit**[14] (→ § 5 Rn. 9) und sind auch **keine juristischen Personen**.

b) Die GbR als Gesamthandschaft. Der für die Charakterisierung nicht nur der GbR, sondern der Personengesellschaften insgesamt zentrale, die rechtliche Zuordnung des Gesellschaftsvermögens betreffende Begriff der **Gesamthandschaft** findet sich in den §§ 705ff. BGB lediglich in der amtlichen Überschrift des § 719 BGB *("Gesamthänderische Bindung")*, die im Rahmen der Schuldrechtsreform zum 1.1.2002 in das Gesetz eingefügt wurde.[15] Im HGB und im PartGG findet der Begriff keine Erwähnung. 10

Hintergrund der gesamthänderischen Bindung ist die ursprüngliche Ansicht, GbR seien nicht rechtsfähig (→ Rn. 8). Da eine GbR nach dieser Betrachtung keine Rechte und Pflichten innehaben und demzufolge auch keine Vermögenswerte erwerben oder halten konnte, ordnete § 718 Abs. 1 BGB an, dass das **Gesellschaftsvermögen** *„gemeinschaftliches Vermögen der Gesellschafter"* ist, dieses also rechtlich den Gesellschaftern zugeordnet ist, die insoweit eine **Gemeinschaft** (→ § 5 Rn. 24ff.) bilden. Zum Schutz der anderen Gesellschafter war es einem einzelnen Gesellschafter dabei nicht möglich, über seinen Anteil am Gesellschaftsvermögen zu verfügen oder eine Aufteilung durch Realteilung oder durch Veräußerung und Erlösteilung zu verlangen (§ 719 Abs. 1 BGB), da dies jeweils die Grundlagen der GbR beeinträchtigt hätte. Aus diesen Restriktionen folgt, dass es sich bei der Gemeinschaft nicht um eine (Bruchteils-)Gemeinschaft im Sinne der §§ 741ff. BGB handelt, sondern um eine **Gesamthandschaft** (→ § 5 Rn. 27).[16] 11

Seit der **Anerkennung der Rechtsfähigkeit** der (Außen-)GbR (→ Rn. 9) entspricht es der allgemeinen Ansicht, dass die GbR über eine eigene Vermögenssphäre verfügt und das Eigentum an den zu ihrem Vermögen zählenden Gegenständen daher selbst inne hat. Das Konstrukt der Gesamthandschaft ist daher eigentlich nicht mehr erforderlich. Gleichwohl entspricht es weiterhin der herrschenden Ansicht, dass (Außen-)GbR – ebenso wie alle übrigen Personengesellschaften – (rechtsfähige) Gesamthandschaften mit einer den Kapitalgesellschaften vergleichbaren Vermögenszuordnung sind. 12

c) Prinzip der Anwachsung. Das Prinzip der Anwachsung betrifft bei Gesamthandschaften die aus dem Ausscheiden von Teilhabern resultierende Anpassung der Vermögenszuordnung an den geänderten Teilhaberbestand. 13

aa) Begriffliches. Das Prinzip der Anwachsung kommt im BGB dem Wortlaut nach **ausschließlich im Erbrecht** in Konstellationen zur Anwendung, in denen mehreren ein gemeinschaftliches Recht am Nachlass (Erbengemeinschaft, §§ 2032ff. BGB), an einem Gegenstand des Nachlasses (Gemeinschaftliches Vermächtnis, §§ 2157ff. BGB) oder am Gesamtgut einer fortgesetzten Gütergemeinschaft (§§ 1483ff. BGB) zusteht und einer der 14

---

[11] BGH NJW 2001, 1056, 1058.
[12] Der BFH hat die Erbfähigkeit einer GbR in einem Fall ohne inhaltliche Problematisierung angenommen (BFHE 212, 535 = NJW 2006, 2943), in der Literatur wird überwiegend von der Erbfähigkeit der GbR ausgegangen (MüKoBGB/*Schäfer* § 718 Rn. 22; Henssler/Strohn/*Kilian* BGB § 718 Rn. 4 mwN).
[13] Der „Verlust" aller Gesellschafter führt unweigerlich zur sofortigen liquidationslosen Vollbeendigung der Gesellschaft (→ Rn. 359).
[14] K. Schmidt InsO/*K. Schmidt* § 11 Rn. 15; *Hirte* NJW 1999, 179.
[15] Art. 1 Abs. 2 des Gesetzes zur Modernisierung des Schuldrechts v. 26.11.2001, BGBl. I 3138.
[16] Eine Gemeinschaft ist eine Gemeinschaft nach Bruchteilen, sofern sich aus dem Gesetz nicht ein anderes ergibt (§ 741 BGB). Vorliegend ergibt sich aus dem Gesetz ein anderes, da eine Bruchteilsgemeinschaft sich ua dadurch auszeichnet, dass jeder Teilhaber jederzeit die Aufhebung der Gemeinschaft durch Teilung verlangen kann (§§ 749 Abs. 1, Abs. 3, 752ff. BGB), die Teilbarkeit vorliegend aber durch § 719 Abs. 1 BGB ausgeschlossen ist.

15 Im Recht der **Personengesellschaften** (§§ 705 ff. BGB, 105 ff. HGB, 1 ff. PartGG) findet sich lediglich im Recht der GbR eine inhaltlich vergleichbare Norm (§ 738 Abs. 1 S. 1 BGB), die über die einschlägigen Verweisungsnormen (OHG: § 105 Abs. 3 HGB; KG: §§ 105 Abs. 3, 161 Abs. 2 HGB; PartGes: § 1 Abs. 4 PartG) auch bei den übrigen Rechtsformen des Personengesellschaftsrechts zur Anwendung kommt. Im Unterschied zu den angesprochenen erbrechtlichen Regelungen wird bei der GbR im Gesetz allerdings nicht von einem Anwachsen, sondern von einem Zuwachsen gesprochen („*wächst sein Anteil ... den übrigen Gesellschaftern zu*"; § 738 Abs. 1 S. 1 BGB). Dabei handelt es sich auch nicht um ein Formulierungsversehen des historischen Gesetzgebers, vielmehr wurde den Begriffen des Anwachsens und des Zuwachsens zur Zeit der Einführung des BGB ein (in Feinheiten) abweichender Inhalt zugemessen.[19] Tatsächlich müsste im Gesellschaftsrecht daher anders als im Erbrecht von einer **Zuwachsung** gesprochen werden. Gleichwohl wird - so auch nachfolgend - im Erb- wie im Gesellschaftsrecht ausschließlich der Begriff der **Anwachsung** verwendet.

16 Der Begriff der **Abwachsung** als der Anwachsung gegenteiliger Vorgang, der im Fall des Hinzukommens von weiteren Berechtigten zur Anwendung kommt, findet sich im Gesetz nicht. Dem **Erbrecht** ist eine Abwachsung, schon deshalb fremd, weil der Kreis der Berechtigten mit dem Ableben des Erblassers feststeht und sich nachträglich selbst im Fall der Geburt einer erbberechtigten Person nicht mehr erweitern kann, sondern lediglich noch Verringerungen möglich sind.[20] Im **Gesellschaftsrecht** wird unter einer Abwachsung der nicht normierte, der Anwachsung gegenteilige Vorgang im Fall der Erweiterung des Gesellschafterkreises verstanden.[21] Insoweit gelten die nachfolgenden Ausführungen zum Prinzip der Anwachsung „mit umgekehrten Vorzeichen" entsprechend.

17 **bb) Inhalt.** Das im Personengesellschaftsrecht zur Anwendung kommende Prinzip der Anwachsung steht im Zusammenhang mit der ursprünglichen Einordnung der Personengesellschaften als nicht rechtsfähige Gesamthandsgemeinschaft ohne eigene Vermögenssphäre, die zur Folge hatte, dass das Gesellschaftsvermögen den gesamthänderisch gebundenen Gesellschaftern zugeordnet wurde (→ Rn. 11). Dass einem Gesellschafter bei dieser Betrachtung das ihm aufgrund seiner Gesellschafterstellung zugeordnete Eigentum am Gesellschaftsvermögen bei seinem Ausscheiden aus der Gesellschaft nicht weiter zustehen kann, sondern dieses letztlich den verbleibenden Gesellschaftern zufallen muss, ist dabei unmittelbar eingängig, da andernfalls Nichtgesellschafter über die Geschicke der Gesellschaft mitbestimmen würden. Ebenso bedarf es keiner vertiefenden Erläuterung, dass dieser Übergang sinnvollerweise nicht der Mitwirkung der Gesellschafter, insbesondere nicht der eines ausscheidenden oder bereits ausgeschiedenen Gesellschafters bedarf, sondern sich automatisch mit dem Gesellschafterwechsel vollziehen sollte, damit die jederzeitige Syn-

---

[17] §§ 2094 f. BGB (Erbengemeinschaft); §§ 2158 f. BGB (gemeinschaftliches Vermächtnis); §§ 1490 S. 3, 1491 Abs. 4 BGB (fortgesetzte Gütergemeinschaft).
[18] MüKoBGB/*Rudy* § 2094 Rn. 6.
[19] Beide Begriffe beschreiben die Vergrößerung oder Verstärkung einer Sache oder eines Zustandes, wobei die Anwachsung zu einer unmittelbaren Verbindung führt und von innen oder außen kommen kann, während ein Zuwachs von außen kommt und nicht zu einer unmittelbaren Verbindung führt. Im Einzelfall kann die Unterscheidung Schwierigkeiten bereiten (die Stimme wächst an, der Erwerb eines Grundstücks ist ein Zuwachs des Vermögens, handelt es sich um das Nachbargrundstück, erfährt das vorhandene Grundstück eine Anwachsung); Weigand, Wörterbuch der Deutschen Synonymen Bd. I, unbek. Aufl. 1843, S. 82.
[20] Wird ein Abkömmling des Erblassers erst nach dessen Ableben geboren, wird erbrechtlich ein vor dem Erbfall liegender Geburtszeitpunkt fingiert (§ 1923 Abs. 2 BGB; → § 5 Rn. 11).
[21] OLG Thüringen FGPrax 2001, 12; MüKoBGB/*Kohler* § 873 Rn. 24.

I. Die Gesellschaft bürgerlichen Rechts § 24

chronität zwischen dem Gesellschafterbestand und den Eigentümern des Gesellschaftsvermögens sichergestellt ist und kein (ehemaliger) Gesellschafter eine Blockademöglichkeit hat. Dementsprechend ordnet § 738 Abs. 1 S. 1 BGB an, dass die eigentumsrechtliche Zuordnung des Gesellschaftsvermögens bei einer Änderung des Gesellschafterbestandes dieser folgt, **ohne** dass **besondere dingliche Übertragungsakte** erforderlich sind.[22] Ein Gesellschafter verliert damit mit seinem Ausscheiden aus der Gesellschaft nicht nur die ihm schuldrechtlich aus der Beteiligung gegen die anderen Gesellschafter zustehenden Ansprüche, sondern auch alle ihm aus § 718 Abs. 1 BGB am Gesellschaftsvermögen zustehenden Rechte, die **ohne sein Zutun** auf die verbleibenden Gesellschafter übergehen.[23]

cc) Heutige Bedeutung. Nach heutiger Rechtsauffassung haben – von der hier nicht betrachteten reinen Innen-GbR abgesehen – Personengesellschaften eine eigene, von der ihrer Gesellschafter getrennte Vermögenssphäre, sodass es keine Gesellschaftsform mehr gibt, bei der das Gesellschaftsvermögen nicht der Gesellschaft selbst, sondern ihren Gesellschaftern zugeordnet ist. Nichtsdestotrotz werden Personengesellschaften weiterhin als Gesamthandschaften angesehen (→ Rn. 12), was bedeutet, dass bei einer Veränderung des Gesellschafterbestandes eine Anpassung der Zuordnung der Rechte an der Gesamthandsgemeinschaft an den geänderten Gesellschafterkreis erforderlich ist, das Prinzip der An- und Abwachsung also weiterhin zur Anwendung kommt. 18

d) Handelsgewerbe und Kaufmannseigenschaft. Eine GbR kann **kein Handelsgewerbe** im Sinne des HGB betreiben, da sie in diesem Fall die Voraussetzungen des § 105 Abs. 1 HGB erfüllen würde und demnach richtigerweise keine GbR, sondern eine OHG wäre (→ Rn. 192). Dementsprechend kann eine GbR auch **nicht Kaufmann** iSd. HGB sein (§ 1 Abs. 1 HGB). 19

e) Bezeichnung der Gesellschaft im Rechtsverkehr. Das BGB sieht für Außen-GbR – für Innen-GbR stellt sich die Frage einer Bezeichnung im Rechtsverkehr ohnehin nicht – weder das Recht noch die Pflicht vor, unter einer einheitlichen Bezeichnung am Rechtsverkehr teilzunehmen. Gründe, die der Nutzung einer entsprechenden Bezeichnung entgegenstehen, sind nicht erkennbar. Dass der Gesetzgeber in § 47 Abs. 2 GBO selbst anordnet, bei Grundbucheinträgen von GbR *„auch die Gesellschafter"* einzutragen, verdeutlicht, dass dieser den Auftritt von GbR im Rechtsverkehr unter einer eigenen Bezeichnung grundsätzlich als zulässig ansieht. Unzulässig sind allerdings Bezeichnungen, die auf einen Vollkaufmann oder eine Haftungsbeschränkung hindeuten *(„GbR mbH")*.[24] Eine Bezeichnung, die einen allgemein anerkannten, die Gesellschaftsform der Gesellschaft bürgerlichen Rechts kennzeichnenden Zusatz *(„GbR")* beinhaltet, ist insoweit unproblematisch und anzuraten. 20

2. Entstehung der GbR

a) Entstehung durch Gesellschaftsvertrag. Eine GbR entsteht wie jede Personengesellschaft regelmäßig aufgrund einer vertraglichen Vereinbarung zwischen mindestens zwei nicht identischen Gesellschaftern. 21

aa) Rechtsnatur des Vertrags. Die heute herrschende Meinung sieht im Gesellschaftsvertrag eine schuldrechtliche Vereinbarung, die organisationsrechtliche Elemente enthält. 22

---

[22] Henssler/Strohn GesR/*Kilian* BGB § 738 Rn. 3.
[23] Als Ausgleich steht dem ausgeschiedenen Gesellschafter gemäß § 738 Abs. 1 S. 2 BGB ein Anspruch zu, so gestellt zu werden, wie er im Fall der Liquidation der Gesellschaft stünde („Abfindungsanspruch"; → Rn. 367 ff.).
[24] BGH BB 1957, 9; OLG Karlsruhe BB 1985, 2196, OLG Thüringen ZIP 1998, 1798.

Daher sind auf den Gesellschaftsvertrag und die aus diesem resultierenden Rechte und Pflichten die allgemeinen schuldrechtlichen Regelungen des BGB (§§ 241 ff. BGB) anwendbar, sofern Besonderheiten des Gesellschaftsrechts dem nicht entgegenstehen.[25]

23 **bb) Mindestinhalt.** Der Gesellschaftsvertrag muss die Gesellschafter nennen, die sich über einen gemeinsamen Zweck der Gesellschaft und die Verpflichtung, diesen Zweck zu fördern, einig sein müssen.

24 **(1) Gesellschafter.** Da Personengesellschaften im Gegensatz zu den auf einer gesellschafterunabhängigen vertraglichen Grundlage beruhenden Kapitalgesellschaften (→ § 5 Rn. 113) auf einer individuellen vertraglichen Vereinbarung der Gesellschafter basieren und niemand mit sich selbst Verträge schließen kann, muss eine Personengesellschaft – und damit auch eine GbR – jederzeit mindestens zwei nichtidentische Gesellschafter haben.[26] Andernfalls könnte eine Personengesellschaft auch keine Gesamthandschaft (→ § 5 Rn. 27) sein, da diese als Gemeinschaft (→ § 5 Rn. 24 ff.) nicht aus lediglich einem Teilhaber bestehen kann.

25 Als Gesellschafter einer Personengesellschaft kommen alle Rechtsträger (→ § 5 Fn. 6) in Betracht, also alle natürlichen und juristischen Personen sowie alle Personengesellschaften (→ § 5 Rn. 8 ff.).[27] Ausgenommen ist die jeweilige Personengesellschaft selbst, da eine Personengesellschaft aus rechtslogischen Gründen nicht an sich selbst beteiligt sein kann.[28] Bruchteilsgemeinschaften (→ § 5 Rn. 25) und die Gesamthandschaften (→ § 5 Rn. 27) eheliche Gütergemeinschaft, Erbengemeinschaft und Urhebergemeinschaft können mangels Rechtsfähigkeit nicht Gesellschafter einer Personengesellschaft sein.[29]

26 **(2) Gemeinsamer Zweck.** Der von Gesellschaftern gemeinsam verfolgte Zweck ist das prägende Element jeder Gesellschaft. Er muss keinen dauerhaften Zusammenschluss erfordern, sondern kann auch kurzfristiger und einmaliger Natur sein. Er ist von den (individuellen) Zielen und Motiven der Gesellschafter, die inhomogen sein können, zu unterscheiden.[30]

27 Der Gesellschaftszweck einer GbR kann in **jedem erlaubten Handeln oder Erfolg** liegen und wirtschaftlicher oder ideeller Art sein.[31] Ausgenommen ist der Zweck, ein **Handelsgewerbe unter gemeinsamer Firma zu betreiben,** da das Gesetz für diesen Zweck die Rechtsform der OHG oder KG vorgibt (§ 105 Abs. 1 HGB bzw. § 161 Abs. 1 HGB).

28 Bei einer **erwerbswirtschaftlich tätigen GbR** ist der Gesellschaftszweck auf den **Betrieb eines Unternehmens** (→ § 5 Rn. 2) gerichtet. Der Gesellschaftszweck, ein Unternehmen zu betreiben, ist in dieser Weite allerdings zu unkonkret, um Rechte und Pflichten zwischen den Gesellschaftern begründen zu können. Vielmehr ist eine Konkretisierung erforderlich, die zumeist über die auch als **Gegenstand des Unternehmens**

---

[25] MüKoBGB/*Schäfer* § 705 Rn. 155.
[26] Nach der Rspr. des BGH ist der Gesellschaftsanteil an einer Personengesellschaft „notwendig ein einheitlicher (…), der in der Hand eines Gesellschafters nicht einer Aufspaltung oder einer verschiedenen rechtlichen Gestaltung zugänglich ist" (BGHZ 24, 106 = NJW 1957, 1026, 1027), weshalb ein Gesellschafter einer Personengesellschaft an dieser nicht mit einem zweiten Anteil beteiligt sein kann.
[27] BGH NJW 1998, 376 (Beteiligung einer GbR an einer anderen GbR); MüKoBGB/*Schäfer* § 705 Rn. 68 ff.
[28] Die Beteiligung einer Personengesellschaft an sich selbst würde bspw. zu einem unlösbaren Widerspruch zu dem Prinzip der Selbstorganschaft (→ Rn. 54) stehen.
[29] MüKoBGB/*Schäfer* § 705 Rn. 81 ff.; aA zur Erbengemeinschaft *K. Schmidt*, Gesellschaftsrecht, S. 1449. Eine Erbengemeinschaft kann anerkanntermaßen zumindest dann Gesellschafter einer Personengesellschaft sein, wenn die Gesellschaft aufgelöst ist, da der Zweck der Gesellschaft dann in der eigenen Abwicklung liegt und damit dem der Erbengemeinschaft konform ist (→ Rn. 471).
[30] So kann der gemeinsame Zweck im Betrieb eines gewinnorientierten Unternehmens liegen, auch wenn die Gesellschafter mit den erwirtschafteten Mitteln unterschiedliche (private) Ziele verfolgen.
[31] MüKoBGB/*Schäfer* § 705 Rn. 144.

I. Die Gesellschaft bürgerlichen Rechts § 24

bezeichnete Unternehmenstätigkeit erfolgt und üblicherweise weit gefasst wird (*„Der Handel mit Waren aller Art"*). Der **Aspekt der Gewinnerzielung und** – vorbehaltlich der konkreten Entscheidung der Gesellschafter im Einzelfall – **der Verteilung der erwirtschafteten Gewinne** zwischen den Gesellschaftern ist vom Zweck, ein Unternehmen zu betreiben, regelmäßig unausgesprochen umfasst. Entgegen früher verbreiteter Ansicht ist es nicht erforderlich, dass alle Gesellschafter am Erfolg der Gesellschaft partizipieren.[32] Der Gesellschaftszweck kann auch eine bestimmte (Teil-)Verwendung des Gewinns beinhalten, beispielsweise die (teilweise) Verwendung zur Unterstützung einer bestimmten gemeinnützigen Einrichtung. Üblicherweise endet der Gesellschaftszweck jedoch mit der Gewinnverteilung zwischen den Gesellschaftern; die Verwendung der den Gesellschaftern zugewiesenen Gewinne fällt dann in deren private Sphäre.

(3) Förderungspflicht.[33] Die Vereinbarung eines gemeinsamen Zwecks ist für das Entstehen einer Gesellschaft nicht ausreichend. Erforderlich ist darüber hinaus die Verpflichtung der Gesellschafter, diesen Zweck während der Dauer der Gesellschaft zu fördern (§ 705 BGB).[34] Bei einer GbR besteht diese Förderungspflicht zumeist in der Erbringung von Diensten für die Gesellschaft. Eine Förderung kann aber auch in jeder Handlung oder in einem Unterlassen liegen, ohne dass es auf ihren Wert oder ihre Werthaltigkeit ankommt.[35] 29

(4) Beitragspflicht. Die Beitragspflicht ist ausweislich des Wortlauts des § 705 BGB eine spezielle Förderungspflicht, die darin besteht, die vertraglich vereinbarten Beiträge zu leisten. Unbeschadet der persönlichen Haftung der Gesellschafter für die Gesellschaftsverbindlichkeiten (→ Rn. 122 ff.) schließt dies eine **Nachschusspflicht** aus, sofern für diese keine explizite Vereinbarung besteht (§ 707 BGB). Die zu leistenden Beiträge und ihre Bewertung sind nur für das Innenverhältnis der Gesellschafter relevant und können daher frei vereinbart werden.[36] Zumeist wird die einmalige oder dauerhafte geldwerte Überlassung von Geld, Sachen oder Rechten einschließlich der Überlassung zur Nutzung als **Beitrag** vereinbart,[37] geleistete Beiträge werden als **Einlagen** bezeichnet. Sie dienen neben der Förderung der Gesellschaft in der Regel auch als Maßstab für die Verteilung der Stimmrechte (→ Rn. 79 ff.), des laufenden Ergebnisses der Gesellschaft (→ Rn. 97) und des Liquidationsergebnisses im Fall der Beendigung der Gesellschaft (→ Rn. 161). 30

Ungeklärt ist, ob die Vereinbarung von Beiträgen unabdingbare Voraussetzung für das Entstehen einer Gesellschaft ist (→ § 5 Rn. 23).[38] Für die Praxis empfiehlt es sich, zur Vermeidung von Unsicherheiten von der Vereinbarung einer Beitragsfreiheit abzusehen und stattdessen „Minimalbeiträge" zu vereinbaren. 31

(5) Dauer der Gesellschaft. Die Dauer der Gesellschaft kann durch Befristungen und auflösende Bedingungen frei vereinbart werden. Fehlt es an einer solchen Bestimmung, liegt eine auf Dauer eingegangene Gesellschaft vor, die im Gegensatz zu einer für eine 32

---

[32] Gesellschafter, die nicht am Ergebnis der Gesellschaft teilhaben, werden steuerlich regelmäßig nicht als „Mitunternehmer" anerkannt; BFHE 190, 204 = NJW-RR 2000, 1052.
[33] Die Förderungspflicht wird auch als Förderpflicht bezeichnet.
[34] MüKoBGB/*Schäfer* § 705 Rn. 153.
[35] MüKoBGB/*Schäfer* § 705 Rn. 154.
[36] Hintergrund ist, dass es bei Personengesellschaften aufgrund des Grundsatzes der persönlichen Haftung der Gesellschafter (→ Rn. 122 ff.) anders als im Kapitalgesellschaftsrecht keiner Kapitalaufbringungsvorschriften zum Schutz der Gesellschaftsgläubiger bedarf.
[37] Nach weitgehender Ansicht soll auch eine auf der Person eines Gesellschafters beruhende Erhöhung der Kreditwürdigkeit der Gesellschaft als Beitragsleistung anzuerkennen sein (MüKoBGB/*Schäfer* § 706 Rn. 10 mwN). Faktisch wird dann allerdings der bloße Beitritt des Gesellschafters als Einlage gewertet, was zirkulär und mit dem Wortlaut der §§ 705 bis 707 BGB, in denen jeweils eine im Vertrag vereinbarte Leistung vorausgesetzt wird, nicht in Einklang zu bringen ist.
[38] *Sprau* spricht davon, dass Gesellschafter in Ausnahmefällen gänzlich von der Beitragspflicht befreit sein können; Palandt/*Sprau*, 76. Aufl. 2017, BGB § 706 Rn. 2.

bestimmte Zeit eingegangene Gesellschaft nicht nur außerordentlich gekündigt werden kann, wofür ein wichtiger Grund vorliegen muss (→ Rn. 87), sondern jederzeit auch ohne Vorliegen eines wichtigen Grundes. Eine ordentliche Kündigung ist bei einer nicht auf Dauer eingegangenen Gesellschaft hingegen ausgeschlossen (→ Rn. 89).

33 **cc) Formerfordernisse. (1) Grundsatz der Formfreiheit.** Der **Abschluss des Gesellschaftsvertrages** ist im Grundsatz **formfrei** möglich und kann folglich auch mündlich oder stillschweigend erfolgen.[39] Aus Gründen der Beweisbarkeit empfiehlt es sich, den Gesellschaftsvertrag zumindest in **schriftlicher Form** zu vereinbaren. Eine ausdrückliche Kennzeichnung als GbR-Gesellschaftsvertrag ist dabei nicht erforderlich. **Vertragsänderungen** bedürfen ebenfalls keiner besonderen Form, sofern die Parteien nicht im ursprünglichen Gesellschaftsvertrag eine gewillkürte Form vereinbart haben oder die Änderungsvereinbarung aus anderen Gründen formbedürftig ist (→ Rn. 34ff.). Die Vereinbarung einer **qualifizierten Schriftformklausel** für Vertragsänderungen ist in diesem Zusammenhang anzuraten.[40] Unterlag der zu ändernde Gesellschaftsvertrag wegen seines Inhalts besonderen Formvorschriften, kann eine Vertragsänderung formfrei vorgenommen werden, wenn die wesentlichen Leistungspflichten des die ursprüngliche Formbedürftigkeit auslösenden Rechtsgeschäfts erfüllt sind.[41]

34 **(2) Formvorgaben.** Trotz der grundsätzlichen Formfreiheit kann der Gesellschaftsvertrag oder eine Änderungsvereinbarung wegen seines Inhalts im Einzelfall formbedürftig sein. Zumeist resultiert eine Formbedürftigkeit aus dem Inhalt der vereinbarten Beitragsleistungen.

35 **(a) Übertragung eines Grundstücks.** Verpflichtet sich ein Gesellschafter als Beitrag, ein Grundstück auf die Gesellschaft zu übertragen, bedarf diese Verpflichtung der **notariellen Beurkundung** (§ 311b Abs. 1 S. 1 BGB). Ein Formverstoß wird durch formwirksame Erfüllung geheilt (§ 311b Abs. 1 S. 2 BGB), für die es der **Auflassung** in der Form des § 925 Abs. 1 S. 1 BGB und der **Eintragung ins Grundbuch** (§ 873 Abs. 1 BGB) bedarf.

36 **(b) Übertragung von GmbH-Geschäftsanteilen.** Die Verpflichtung zur Übertragung eines Geschäftsanteils an einer GmbH bedarf der **notariellen Beurkundung** (§ 15 Abs. 4 S. 1 GmbHG). Gleiches gilt für die Übertragung selbst (§ 15 Abs. 3 GmbHG). Der formgerechte Vollzug heilt die formunwirksame Verpflichtung (§ 15 Abs. 4 S. 2 GmbHG).

37 **(c) Übertragung des künftigen Vermögens.** Eine Verpflichtung zur Übertragung des künftigen Vermögens oder eines Bruchteils davon ist stets nichtig (§ 311b Abs. 2 BGB; → § 5 Rn. 190); eine Heilungsmöglichkeit besteht nicht.

38 **(d) Übertragung des gegenwärtigen Vermögens.** Verpflichtet sich ein Gesellschafter, sein ganzes gegenwärtiges Vermögen oder einen Bruchteil davon auf die Gesellschaft zu übertragen, ist ausweislich § 311b Abs. 3 BGB die **notarielle Form** einzuhalten (→ § 5 Rn. 191ff.). Auch in diesem Fall sind Formverstöße nicht heilbar.

---

[39] MüKoBGB/*Schäfer* § 705 Rn. 32ff.; Palandt/*Sprau*, 76. Aufl. 2017, BGB § 705 Rn. 12.

[40] Bei Vereinbarung der einfachen Schriftform besteht die Gefahr, dass eine mündliche Vertragsänderung gleichwohl wirksam ist, da diese konkludent die Vereinbarung beinhaltet, auf die ursprünglich vereinbarte Schriftform zu verzichten. Dem begegnet die auch als „doppelte Schriftformklausel" bezeichnete qualifizierte Schriftformklausel dadurch, dass zusätzlich vereinbart wird, dass auch die Aufhebung der vereinbarten Schriftform nur schriftlich möglich ist. Nicht schriftliche Vertragsänderungen sind dann formunwirksam (BGHZ 66, 378 = NJW 1976, 1395). In AGB vereinbarte qualifizierte Schriftformklauseln verstoßen allerdings gegen den Grundsatz des Vorrangs der Individualabrede (§ 305b BGB) und sind daher unwirksam (BGH NJW 2017, 1017). Dies gilt nicht bei Verträgen auf dem Gebiet des Gesellschaftsrechts (§ 310 Abs. 4 S. 1 BGB).

[41] MüKoBGB/*Schäfer* § 705 Rn. 57.

(e) Schenkung einer GbR-Beteiligung. Die unentgeltliche Einräumung einer Beteiligung an einer (Außen-)GbR stellt wegen der unabdingbaren persönlichen Haftung der Gesellschafter keine Schenkung dar, sodass die schenkungsrechtliche Formvorschrift des § 518 Abs. 1 BGB nicht einschlägig ist.[42] 39

(f) Beteiligung von Minderjährigen. Sollen Minderjährige an der Gesellschaft beteiligt werden, ist aufgrund der Risiken, die aus der persönlichen Haftung für die Verbindlichkeiten der Gesellschaft resultieren (→ Rn. 125 ff.), die Genehmigung des Familiengerichts erforderlich (§§ 1822 Nr. 3, 1643 Abs. 1 BGB). 40

(3) Folgen von Formverstößen. Die Missachtung einer vorgeschriebenen oder vereinbarten Form hat grundsätzlich die Nichtigkeit des Gesellschaftsvertrags beziehungsweise der Änderungsvereinbarung zur Folge (§ 125 BGB). Sind lediglich einzelne Regelungen der Vereinbarung nichtig, hat die Teilunwirksamkeit regelmäßig die **Unwirksamkeit** des gesamten Vereinbarung zur Folge (§ 139 BGB). In solchen Fällen sind die Grundsätze über die **fehlerhafte Gesellschaft** zu beachten, nach denen eine bereits in Gang gesetzte Gesellschaft aus Gründen des Verkehrsschutzes im Regelfall nur mit Wirkung *ex nunc* unwirksam ist, sobald sich ein Betroffener auf die Nichtigkeit beruft. Ausnahmen gelten unter anderem, wenn die Unwirksamkeit ihre Ursache in Gesetzen zum Schutz von Minderjährigen hat. 41

dd) Entstehungszeitpunkt. Im **Innenverhältnis** der Gesellschafter entsteht die GbR mit dem **schuldrechtlichen Wirksamwerden des Gesellschaftsvertrages,** in der Regel also mit dem Vertragsschluss. Sofern für die Wirksamkeit weitere Voraussetzungen erforderlich sind, beispielsweise eine Genehmigung des Familiengerichts bei der Beteiligung eines Minderjährigen (→ Rn. 40), entsteht die GbR mit dem Vorliegen der entsprechenden Voraussetzungen. Die Leistung der im Rahmen des Gesellschaftsvertrags versprochenen Beiträge (→ Rn. 30) ist für die Entstehung der Gesellschaft hingegen nicht erforderlich.[43] 42

Soll die Gesellschaft im Innenverhältnis zu einem abweichenden Zeitpunkt entstehen, bedarf es einer entsprechenden Vereinbarung der Gesellschafter. Ein Beginn der Innengesellschaft vor Vertragsschluss ist dabei denklogisch ausgeschlossen. Die Gesellschafter können aber vereinbaren, sich (wirtschaftlich) so zu stellen, als sei die GbR bereits zu einem früheren Zeitpunkt entstanden.[44] Steuerrechtlich werden gesellschaftsrechtliche Vereinbarungen mit Rückwirkung allerdings regelmäßig nicht anerkannt.[45] 43

Da eine GbR eine reine Innengesellschaft sein kann (→ § 5 Rn. 47), ist eine Außenwirkung für das Entstehen der GbR nicht erforderlich. Wird die GbR als **Außengesell-** 44

---

[42] BGH NJW 1981, 1956, 1957 (für eine OHG-Beteiligung); aA MüKoBGB/*Schäfer* § 705 Rn. 43, mit der Begründung, dass darauf abzustellen sei, ob die Belastungen den Wert der Beteiligung objektiv „*deutlich*" übersteigen und subjektiv eine Unentgeltlichkeit gewollt ist. Dies übersieht, dass bei einer Schenkung lediglich das Schenkungsversprechen formbedürftig ist (§ 518 Abs. 1 S. 1 BGB), der Abschluss des Gesellschaftsvertrags aber nicht das Schenkungsversprechen, sondern die nicht formbedürftige (gem. § 518 Abs. 2 BGB einen Formverstoß gerade heilende) Erfüllung eines zuvor abgegebenen Schenkungsversprechens darstellt. Beurkundungsbedürftig ist daher allenfalls das bereits vor dem Vertragsschluss abgegebene Schenkungsversprechen. Weiter wird auf eine rein wirtschaftliche Beurteilung abgestellt, die im Wesentlichen auf Prognosen basiert, deren Eintritt nicht gesichert ist. Insbesondere Fehlentwicklungen, für die der Beschenkte aufgrund der mit der Beteiligung verbundenen persönlichen Haftung persönlich einzustehen hätte, sind oftmals aber erst *ex-post* erkennbar, insbesondere wenn diese ihre Ursache in nicht vorhersehbaren und daher auch nicht prognostizierbaren Ereignissen haben, die erst nach Vertragsschluss eintreten. Auf diese Weise „beschenkte" Minderjährigen und Betreute könnten im Ergebnis in potentiell unkalkulierbarer Größenordnung belastet werden, da die diese schützenden §§ 1822 Nr. 3, 1643 Abs. 1 BGB bei Schenkungen nicht zur Anwendung kommen.
[43] MüKoBGB/*Schäfer* § 705 Rn. 1.
[44] BGH WM 1976, 972 = BeckRS 1976, 31115396.
[45] BFHE 142, 130; BFHE 131, 224.

schaft betrieben, tritt die Außenwirkung mit ihrem erstmaligen Auftreten nach außen ein. Einer Gesellschaftervereinbarung ist dies nur insoweit zugänglich, dass der Zeitpunkt vereinbart werden kann, zu dem die Gesellschaft erstmals nach außen in Erscheinung treten soll. Da die Außengesellschaft frühestens im selben Zeitpunkt wie die Innengesellschaft entstehen kann, führt ein Auftreten der Gesellschaft nach außen zu einem früheren Zeitpunkt zu einer **Scheingesellschaft**,[46] sofern dem vorzeitigen Außenauftritt keine zumindest **konkludente Vertragsänderung** zugrunde liegt.

45 **b) Andere Entstehungsgründe. aa) Umwandlung.** Gemäß §§ 190 f., 228 ff. UmwG kann eine Kapitalgesellschaft, deren Unternehmensgegenstand nicht im Betrieb eines kaufmännischen Handelsgewerbes liegt, in eine GbR umgewandelt werden.[47] Die GbR entsteht in diesem Fall im Innen- wie im Außenverhältnis mit der Eintragung der Umwandlung im Register der Kapitalgesellschaft (§ 235 Abs. 1 UmwG).

46 Eine (noch) nicht ins Handelsregister eingetragene Personenhandelsgesellschaft wird automatisch zur GbR, wenn das vollkaufmännisch betriebene Unternehmen nicht mehr besteht oder es nach Art und Umfang einen in kaufmännischer Weise eingerichteten Geschäftsbetrieb nicht mehr erfordert (§§ 1 Abs. 2, 105 Abs. 1 HGB). Die GbR entsteht in diesem Fall im Innen- wie im Außenverhältnis in diesem Zeitpunkt, der sich rechtstatsächlich aber nur im Ausnahmefall exakt ermitteln lassen wird. Eine ins Handelsregister eingetragene Personenhandelsgesellschaft verliert in vorstehenden Fällen ihren Status als Personenhandelsgesellschaft hingegen nicht (OHG: § 105 Abs. 2 HGB; KG: §§ 105 Abs. 2, 161 Abs. 2 HGB); dazu bedarf es vielmehr der Löschung der Gesellschaft aus dem Handelsregister, für die ein Antrag der Gesellschafter erforderlich ist.[48]

47 **bb) Rechtsformverfehlung.** Haben sich die Gesellschafter zum **Betrieb eines vollkaufmännischen Unternehmens** zusammengeschlossen und die Geschäftstätigkeit zu einem Zeitpunkt aufgenommen, in dem es an einem vollkaufmännischen Unternehmen (noch) fehlt, entsteht mit dem Wirksamwerden des Vertrags (bis zum Vorliegen der Kaufmannseigenschaft) **im Innenverhältnis** eine GbR, auf die das Recht der OHG zur Anwendung kommt, soweit die §§ 705 ff. BGB nicht entgegenstehen. Im Außenverhältnis entsteht die GbR mit ihrem erstmaligen Auftreten nach außen.

48 Deutlich seltener dürften die Fälle sein, in denen eine ausländische Gesellschaft ihren **Verwaltungssitz ohne konstitutive Neugründung ins Inland verlegt** und es kein die Bundesrepublik zur Anerkennung dieser Rechtsform verpflichtendes internationales Abkommen gibt. In solchen Fällen wird die Gesellschaft beim Vorliegen der Voraussetzungen des § 1 Abs. 2 HGB als OHG, andernfalls als GbR eingeordnet (→ 5 Rn. 37). Die GbR entsteht in diesen Fällen im Innenverhältnis spätestens mit Abschluss der Sitzverlegung und im Außenverhältnis mit dem erstmaligen Auftreten in der Bundesrepublik nach außen, nicht aber vor Begründung der Innengesellschaft.[49] Eine ergänzende Vertragsauslegung wird dabei regelmäßig dazu führen, dass im Innenverhältnis das ausländische Recht zur Anwendung kommen soll, soweit die §§ 705 ff. BGB dem nicht entgegenstehen.

3. Rechte und Pflichten der Gesellschafter

49 Die üblicherweise weitestgehend im Gesellschaftsvertrag geregelten Rechte und Pflichten der Gesellschafter betreffen im Gegensatz zu den gesetzlichen Regelungen über die Haf-

---

[46] Für die Verpflichtungen der Scheingesellschaft haften die Scheingesellschafter den Gesellschaftsgläubigern persönlich, sofern Ihnen der Rechtsschein zurechenbar ist. Scheingesellschafter sind die handelnden Personen und diejenigen, die trotz Kenntnis oder Kennenmüssens des falschen Rechtsscheins ihre Nennung als persönlich haftender Gesellschafter der Scheingesellschaft nicht unterbunden haben.
[47] BGH NJW 2017, 559.
[48] Henssler/Strohn/*Henssler* HGB § 105 Rn. 26.
[49] Vor der Entstehung der Innen-GbR besteht die ausländische Rechtsform, die als solche am Rechtsverkehr in der Bundesrepublik teilnehmen kann (→ § 5 Rn. 37).

I. Die Gesellschaft bürgerlichen Rechts § 24

tung gegenüber den Gesellschaftsgläubigern (→ Rn. 125 ff.) das Innenverhältnis der Gesellschafter. Dieses kann von den Gesellschaftern unter Beachtung der aus dem Allgemeinen Teil des BGB und den aus den allgemeinen Regelungen des Schuldrechts folgenden Restriktionen[50] ihren Vorstellungen und Bedürfnissen entsprechend weitestgehend frei ausgestaltet werden, da die §§ 705 ff. BGB größtenteils dispositiv sind. Die §§ 705 ff. BGB kommen dann lediglich ergänzend zur Anwendung.

a) Rechte der Gesellschafter. Zu unterscheiden sind die **Verwaltungsrechte** 50 (→ Rn. 51 ff.) und die **Vermögensrechte** (→ Rn. 93 ff.) der Gesellschafter.

aa) Verwaltungsrechte. Im Unterschied zu den Vermögensrechten sind Verwaltungs- 51 rechte nichtmonetärer Art und höchstpersönlicher Natur (→ § 5 Rn. 166). Sie bestehen gegenüber den Mitgesellschaftern und sind nach dem gesellschaftsrechtlichen Grundprinzip des **Abspaltungsverbots** (§ 717 S. 1 BGB) untrennbar mit der Beteiligung an der Gesellschaft verknüpft.[51] Verwaltungsrechte können daher ebenso wenig wie die aus ihnen resultierenden Ansprüche für sich übertragen (§ 717 S. 1 BGB) oder belastet werden (§ 1274 Abs. 2 BGB), im Rahmen einer Zwangsvollstreckung (→ Rn. 103 ff.) sind sie nicht pfändbar (§ 851 Abs. 1 ZPO). Diese Restriktionen sind schon deshalb geboten, um inhaltsleere Beteiligungen, bei denen dem Gesellschafter keine Gesellschafterrechte zustehen, zu vermeiden und die Mitgesellschafter vor der Haftung für Entscheidungen selbst nicht haftender „faktischer Gesellschafter" zu schützen, die sie sich nicht als Vertragspartner ausgesucht haben.

Verwaltungsrechte werden in **eigennützige Rechte,** die den Gesellschaftern im eige- 52 nen Interesse zustehen (bspw. Kontrollrechte), und **fremdnützige Rechte,** die ihnen im Interesse der Gesellschaft zustehen und die im Interesse der Gesellschaft wahrzunehmen sind (bei einer GbR bspw. die Geschäftsführungsbefugnis), unterschieden.[52]

(1) Geschäftsführungsbefugnis. Die Geschäftsführungsbefugnis ist die Berechtigung, 53 die Gesellschaft im Innenverhältnis zu lenken. Sie ist für die GbR in den §§ 709 ff. BGB geregelt.

(a) Grundsatz der Selbstorganschaft. Wie alle Gesellschaften können auch Personen- 54 gesellschaften als reine Rechtsgebilde nicht selbst, sondern nur durch andere nach innen und außen handeln. Bei juristischen Personen und damit auch bei Kapitalgesellschaften erfolgt dies durch die dafür vorgesehenen Organe, bei den Personengesellschaften hingegen durch die Gesellschafter selbst (**„Grundsatz der Selbstorganschaft").** Die Befugnis zur nach innen gerichteten organschaftlichen Geschäftsführung steht dabei ebenso wie die Befugnis zur nach außen gerichteten organschaftlichen Vertretung (→ Rn. 71 ff.) grundsätzlich jedem Gesellschafter zu.[53] Die organschaftliche Geschäftsführungs- und die organschaftliche Vertretungsbefugnis gehen daher im Personengesellschaftsrecht miteinander einher, sofern die Gesellschafter nicht im Einzelfall ein anderes vereinbaren. Sie können einem Gesellschafter nur beim Vorliegen eines wichtigen Grundes gegen seinen Willen entzogen werden (→ Rn. 64 ff.). Für Gesellschafter, die von Gesetzes wegen nicht unbe-

---

[50] Dies betrifft insbesondere § 134 BGB (Verstoß gegen ein gesetzliches Verbot), § 138 BGB (sittenwidrige Rechtsgeschäfte) und § 242 BGB (Beachtung der Grundsätze von Treu und Glauben).
[51] BGHZ 188, 233 = NJW 2011, 2040 (2041); stRspr seit BGHZ 3, 345 = NJW 1952, 178; HK-BGB/*Saenger* § 717 Rn. 2.
[52] MüKoBGB/*Schäfer* § 705 Rn. 226.
[53] Gesellschafter, die ohne persönliche Haftung lediglich kapitalmäßig an einer Personengesellschaft beteiligt sind, insbesondere also die Kommanditisten einer KG, sind nicht zur organschaftlichen Geschäftsführung oder Vertretung befugt.

schränkt für die Gesellschaftsverbindlichkeiten haften, gilt der Grundsatz der Selbstorganschaft, der nicht disponibel ist und nur wenige Ausnahmen kennt,[54] nicht.[55]

55 Da die Verwaltungsrechte wegen des Abspaltungsverbots nicht übertragbar sind (→ Rn. 51), können Nichtgesellschafter und nicht persönlich haftende Gesellschafter weder zur organschaftlichen Geschäftsführung noch zur organschaftlichen Vertretung ermächtigt werden.[56] Ihnen kann lediglich auf schuldrechtlicher Basis eine **Befugnis zur nichtorganschaftlichen Geschäftsführung** und/oder zur nichtorganschaftlichen Vertretung erteilt werden, sofern die Befugnis zur organschaftlichen Geschäftsführung und zur organschaftlichen Vertretung bei den Gesellschaftern verbleibt.[57] Auf die nichtorganschaftlichen Geschäftsführer und Vertreter kommen die gesellschaftsrechtlichen Normen der jeweiligen Gesellschaftsform zur Geschäftsführung und Vertretung nicht zur Anwendung. Art und Umfang der nichtorganschaftlichen Geschäftsführungs- und Vertretungsbefugnis, die unabhängig von dem zugrunde liegenden schuldrechtlichen Verhältnis[58] jederzeit mit sofortiger Wirkung entziehbar sein muss,[59] ergeben sich vielmehr aus der Festlegung durch die (insoweit von ihren organschaftlichen Vertretern vertretene) Gesellschaft.

56 **(b) Art der Geschäftsführungsbefugnis.** Bei der GbR stellt **die gemeinschaftliche Geschäftsführung durch alle Gesellschafter** den gesetzlichen Normalfall dar (§ 709 BGB). Vereinbaren die Gesellschafter, dass nur bestimmte Gesellschafter geschäftsführungsbefugt sind, sind diese im Zweifel gemeinschaftlich geschäftsführungsbefugt, während die anderen Gesellschafter von der (organschaftlichen) Geschäftsführung ausgeschlossen sind (§ 710 BGB). Möglich ist es auch, einzelnen oder allen geschäftsführenden Gesellschaftern auf vertraglicher Basis **Einzelgeschäftsführungsbefugnis** zu erteilen (§ 711 BGB).

57 Bei erwerbswirtschaftlich tätigen GbR empfiehlt es sich in der Regel, eine **Aufteilung der Geschäftsführungsbereiche** entsprechend der Organisation des Unternehmens vorzunehmen, und den geschäftsführenden Gesellschaftern in den von ihnen verantworteten organisatorischen Bereichen hinsichtlich der gewöhnlichen Geschäfte (→ Rn. 59) Einzelgeschäftsführungsbefugnis zu erteilen.

58 **(c) Umfang der Geschäftsführungsbefugnis.** Dem Umfang nach erstreckt sich die Geschäftsführungsbefugnis auf die Vornahme aller gewöhnlichen und außergewöhnlichen Geschäfte der Gesellschaft:

59 • **Gewöhnliche Geschäfte** sind alle Geschäfte, die bei einer Gesellschaft entsprechender Branche und Größe üblicherweise zumindest gelegentlich vorkommen.

60 • **Außergewöhnliche Geschäfte** sind demgegenüber nach ihrer Art oder ihrem Umfang für die Gesellschaft derart außergewöhnlich, dass sie nahezu singulären Charakter

---

[54] Abweichend vom Grundsatz der Selbstorganschaft kann ein Nichtgesellschafter im Fall der Beendigung einer Personengesellschaft zum alleinigen Liquidator bestellt werden (OHG: § 146 Abs. 2 HGB; KG: §§ 146 Abs. 2, 161 Abs. 2 HGB; PartGes: §§ 146 Abs. 2 HGB, 10 Abs. 1 PartGG; GbR: § 146 Abs. 2 HGB analog gem. *obiter dictum* in BGH NJW 2011, 3087, 3089 Tz. 19). Im Fall eines gegen den einzigen geschäftsführungs- bzw. den einzigen vertretungsbefugten Gesellschafter gerichteten Verfahrens auf Ausschluss aus der Gesellschaft oder Entzug der organschaftlichen Geschäftsführungs- oder Vertretungsbefugnis kann das zuständige Gericht einen Nichtgesellschafter auf die Dauer des Verfahrens beschränkt zur organschaftlichen Geschäftsführung bzw. Vertretung ermächtigen.
[55] Dies betrifft insbesondere die Kommanditisten einer KG.
[56] BGHZ 188, 233 = NJW 2011, 2040 (2041); NJW 1982, 877 (879); BGHZ 36, 292 = NJW 1962, 738; BGHZ 33, 105 = NJW 1960, 1997; MüKoBGB/*Schäfer* § 709 Rn. 5.
[57] BGHZ 188, 233 = NJW 2011, 2040 (2041); NJW 1982, 877 (879); BGHZ 36, 292 = NJW 1962, 738; Henssler/Strohn/*Servatius* BGB § 709 Rn. 14.
[58] In Betracht kommt insbesondere eine entgeltliche oder unentgeltliche Geschäftsbesorgung (§§ 675 Abs. 1, 611 ff. BGB bzw. §§ 662 ff. BGB).
[59] Bei einer Publikums-GbR ist es insoweit ausreichend, dass die Entziehung nur aus wichtigem Grund möglich ist (BGH NJW 1982, 877 (879)).

I. Die Gesellschaft bürgerlichen Rechts § 24

haben, beispielsweise eine Entscheidung über eine erhebliche Betriebserweiterung. Sofern die Geschäftsführung nicht von allen Gesellschaftern gemeinschaftlich wahrgenommen wird, sollte in Erwägung gezogen werden, außergewöhnliche Geschäfte von der Zustimmung aller Gesellschafter oder einer bestimmten Mehrheit der Gesellschafter (→ Rn. 80) abhängig zu machen.

- **Grundlagengeschäfte** sind Geschäfte, die Änderungen des Gesellschaftsvertrags darstellen oder die die Grundlagen der Gesellschaft zumindest berühren. Sie sind bei keiner Gesellschaftsform von der Geschäftsführungsbefugnis umfasst, sondern fallen stets in den Kompetenzbereich aller Gesellschafter. 61

(d) Widerspruchsrecht der anderen Gesellschafter. Gegen beabsichtigte Geschäftsführungsmaßnahmen eines geschäftsführenden Gesellschafters mit **Einzelgeschäftsführungsbefugnis** steht allen anderen, und damit auf den nicht geschäftsführungsbefugten Gesellschaftern ein **Widerspruchsrecht** zu (§ 711 BGB). Hintergrund ist, dass niemand für Maßnahmen persönlich haften soll, die er nicht beeinflussen kann.[60] Widerspricht auch nur ein Gesellschafter, muss das Geschäft unterbleiben. Um sicherzustellen, dass die widerspruchsberechtigten Gesellschafter zumindest von grundlegenden Geschäften rechtzeitig Kenntnis erhalten, sollten Informationspflichten des einzelgeschäftsführungsbefugten Gesellschafters definiert werden, da die aus §§ 713, 666 Var. 1 BGB resultierende Geschäftsführerpflicht, die (Mit-)Gesellschafter auf besondere Vorkommnisse hinzuweisen (→ Rn. 118), inhaltlich nicht klar genug umrissen ist. 62

Da das Widerspruchsrecht selbst ein **Geschäftsführungsrecht** und damit ein fremdnütziges Verwaltungsrecht ist,[61] darf es nur im Interesse der Gesellschaft ausgeübt werden (→ Rn. 52). Es kann wie die Geschäftsführungsbefugnis selbst nur beim Vorliegen eines wichtigen Grundes entzogen werden (→ Rn. 64 ff.), im Fall von Interessenkollisionen kann es nicht ausgeübt werden (→ Rn. 83).[62] 63

(e) Entzug der Geschäftsführungsbefugnis. (aa) Allgemeines. Ein ohne oder gegen den Willen des betroffenen Gesellschafters erfolgender Entzug der Geschäftsführungsbefugnis ist dem Wortlaut des § 712 Abs. 1 BGB nach lediglich bei einer nach § 710 BGB (gesellschaftsvertraglich) übertragenen Geschäftsführungsbefugnis (→ Rn. 56) möglich. Allgemein anerkannt ist, dass die gesetzliche Formulierung zu eng ist, ein Entzug der Geschäftsführungsbefugnis unter den weiteren Voraussetzungen des § 712 Abs. 1 BGB also bei jedem geschäftsführenden Gesellschafter möglich ist, ohne dass es auf die rechtliche Grundlage seiner Geschäftsführungsbefugnis ankommt.[63] 64

(bb) Formelle Voraussetzungen. Formell ist für den Entzug der Geschäftsführungsbefugnis ein **einstimmiger Beschluss der übrigen Gesellschafter** erforderlich, der mit Zugang der entsprechenden Benachrichtigung beim betroffenen Gesellschafter wirksam wird und sich im Zweifel auch auf die Vertretungsbefugnis (→ Rn. 74) bezieht.[64] Im Fall einer **Mehrheitsklausel** (→ Rn. 80) genügt ein Beschluss mit entsprechender Stimmenmehrheit. Der Beschluss ist gerichtlich überprüfbar, unter den Voraussetzungen der §§ 935, 940 ZPO besteht die Möglichkeit einstweiligen Rechtsschutzes.

---

[60] Im Fall der gemeinschaftlichen Geschäftsführung durch einige Gesellschafter müssen die nicht geschäftsführungsbefugten Gesellschafter allerdings darauf vertrauen, dass im Kollektiv der geschäftsführenden Gesellschafter die „richtige" Entscheidung getroffen wird. Ein Widerspruchsrecht eines einzelnen Gesellschafters besteht in diesem Fall nicht, kann aber gesellschaftsvertraglich vereinbart werden.
[61] MüKoBGB/*Schäfer* § 711 Rn. 1.
[62] MüKoBGB/*Schäfer* § 711 Rn. 2.
[63] Henssler/Strohn/*Servatius* BGB § 712 Rn. 2; MüKoBGB/*Schäfer* § 712 Rn. 2.
[64] Henssler/Strohn/*Servatius* BGB § 715 Rn. 2. Umgekehrt gilt dies nicht (MüKoBGB/*Schäfer* § 715 Rn. 4 mwN).

66 **(cc) Materielle Voraussetzungen.** In materieller Hinsicht bedarf es für den Entzug der Geschäftsführungsbefugnis eines **wichtigen Grundes**. Dafür werden im Gesetz - wie bei allen Rechtsformen -[65] **grobe Pflichtverletzungen** und die **Unfähigkeit zur ordnungsgemäßen Geschäftsführung** exemplarisch genannt (§ 712 Abs. 1 BGB). Der BGH geht in ständiger Rechtsprechung im gesamten Personengesellschaftsrecht vom Vorliegen eines wichtigen Grundes aus, wenn das Verhältnis der anderen Gesellschafter zum betroffenen Gesellschafter *„nachhaltig zerstört und es den übrigen Gesellschaftern nicht zumutbar ist, dass der geschäftsführende Gesellschafter weiterhin für die Gesellschaft Geschäftsführerbefugnisse besitzt und damit auf die alle Gesellschafter betreffenden Belange der Gesellschaft Einfluss nehmen kann.*"[66] Der begründete Verdacht unredlichen Verhaltens kann dafür ausreichen.[67]

67 Zu beachten ist, dass ein Entzug von Verwaltungsrechten nur als **Ultima Ratio** beim Fehlen einer milderen Alternative in Betracht kommt.[68] Hintergrund dieser Restriktion ist zum einen, dass es sich bei den Verwaltungsrechten um die essentiellen Rechte eines Gesellschafters handelt, zum anderen gebietet es die zwischen den Gesellschaftern bestehende **Treuepflicht** (→ Rn. 112), die Interessen des betroffenen Gesellschafters angemessen zu berücksichtigen. Steht der Entzug der Geschäftsführungsbefugnis im Raum, kann es beispielsweise bei einer Einzelgeschäftsführungsbefugnis weniger einschneidend und gleich effektiv sein, lediglich diese und nicht die Geschäftsführungsbefugnis an sich zu entziehen.

68 **(dd) Rechtsfolgen.** Folge des Entzugs der Geschäftsführungsbefugnis ist, dass der betroffene Gesellschafter nicht mehr geschäftsführungsbefugt ist. Vertreten wird, dass der Entzug einer vertraglich übertragenen Geschäftsführungsbefugnis (→ Rn. 56) darüber hinaus zum **Wiederaufleben der gemeinschaftlichen Geschäftsführungsbefugnis aller Gesellschafter** (§ 709 BGB) führt.[69] Richtig ist, dass ein Rückgriff auf § 709 BGB zumindest dann erfolgen muss, wenn der Entzug der Geschäftsführungsbefugnis andernfalls zur Handlungsunfähigkeit der Gesellschaft zur Folge hat, beispielsweise weil kein weiterer Gesellschafter geschäftsführungsbefugt ist oder weil der Entzug einen von zwei gemeinschaftlich geschäftsführungsbefugten Gesellschaftern betrifft.[70] Um Unsicherheiten zu vermeiden, sollte im Gesellschaftsvertrag festgehalten werden, ob die Anwendung des § 709 BGB generelle Rechtsfolge sein soll oder nicht.

69 **(f) Kündigung der Geschäftsführung.** Geschäftsführende Gesellschafter haben das unabdingbare Recht, die Geschäftsführung jederzeit aus wichtigem Grund fristlos zu kündigen (§§ 712 Abs. 2, 671 Abs. 2, Abs. 3 BGB). Dies soll es dem Gesellschafter ermöglichen, sich in Ausnahmesituationen von der mit der Geschäftsführungsbefugnis einhergehenden Geschäftsführungspflicht (→ Rn. 115) zu befreien, ohne die Gesellschaft kündigen zu müssen. Ein wichtiger Grund zur Kündigung liegt dabei vor, wenn es dem Gesellschafter unzumutbar ist, weiterhin als geschäftsführender Gesellschafter zu fungieren. Eine Kündigung zur Unzeit ist wirksam, kann den Kündigenden aber zu Schadensersatz verpflichten, insoweit gelten die Ausführungen in → Rn. 90 mit der Maßgabe, dass insoweit auf § 671 Abs. 2 BGB abzustellen ist,[71] entsprechend.

70 **(g) Persönliche Ausübung.** Die einem Gesellschafter zustehende Geschäftsführungsbefugnis kann nur von diesem selbst wahrgenommen werden (§§ 713, 664 Abs. 1 S. 1 BGB).

---

[65] OHG: § 117 Abs. 1 HGB; KG: §§ 117 Abs. 1, 161 Abs. 2 HGB, PartGes: §§ 117 Abs. 1 HGB, 6 Abs. 3 S. 2 PartGG; AG: § 84 Abs. 3 S. 2 AktG; KGaA: §§ 278 Abs. 2 AktG, 117 Abs. 1, 161 Abs. 2 HGB; GmbH/UG: § 38 Abs. 2 S. 2 GmbHG.
[66] BGH NJW-RR 2008, 704 (705); NJW 1988, 969 = BGHZ 102, 172 (176); NJW 1982, 2495.
[67] BGHZ 31, 195 (204) = NJW 1960, 625.
[68] Henssler/Strohn/*Servatius* BGB § 712 Rn. 1.
[69] Nachw. in MüKoBGB/*Schäfer* § 712 Fn. 31.
[70] MüKoBGB/*Schäfer* § 712 Rn. 20.
[71] MüKoBGB/*Schäfer* § 712 Rn. 28.

I. Die Gesellschaft bürgerlichen Rechts § 24

(2) Vertretungsbefugnis. Auch in Bezug auf das das Außenverhältnis betreffende rechts- 71
geschäftliche Handeln gilt, dass eine GbR als reines Rechtsgebilde nur durch andere tätig werden kann (→ Rn. 54). Das rechtliche Können, für einen anderen - vorliegend die GbR - rechtsgeschäftlich zu handeln, wird dabei als Vertretung bezeichnet. Da der **Grundsatz der Selbstorganschaft** auch auf die Vertretung zur Anwendung kommt (→ Rn. 54), wird die organschaftliche Vertretung der GbR zwingend von den Gesellschaftern wahrgenommen (→ Rn. 54).

(a) Akzessorietät zur Geschäftsführungsbefugnis. Gemäß § 714 BGB folgt die Ver- 72
tretungsbefugnis „*im Zweifel*" nach Art (→ Rn. 56) und Umfang (→ Rn. 58 ff.)[72] der Geschäftsführungsbefugnis.[73] Im gesetzlichen Normalfall wird die GbR somit **von allen Gesellschaftern gemeinschaftlich** vertreten (§§ 709, 714 BGB; → Rn. 56).

Die Vertretungsbefugnis kann aber auch **unabhängig von der Geschäftsführungs-** 73
befugnis geregelt werden. So kann beispielsweise vereinbart werden, dass ein einzelgeschäftsführungsbefugter Gesellschafter die Gesellschaft nicht oder nur gemeinsam mit einem anderen Geschäftsführer vertreten darf, dass ein Gesellschafter vertretungsbefugt, aber nicht geschäftsführungsbefugt ist, oder dass ein Gesellschafter lediglich für gewöhnliche Geschäfte alleinvertretungsbefugt ist. Im Rahmen der Unternehmensnachfolge gibt dies die Möglichkeit, dem Nachfolger schrittweise Verantwortung nach innen zu übertragen und die Außenberechtigung mit zeitlichem Versatz anzupassen.

(b) Entzug der Vertretungsbefugnis. Da die Vertretungsbefugnis im Normalfall mit 74
der Geschäftsführungsbefugnis einhergeht (→ Rn. 72), beinhaltet der **Entzug der Geschäftsführungsbefugnis** (→ Rn. 64 ff.) im Regelfall unausgesprochen auch den Entzug der Vertretungsbefugnis.[74] Soll nur die Geschäftsführungsbefugnis – nicht aber die Vertretungsbefugnis – entzogen werden, bedarf es daher einer klarstellenden Formulierung im Gesellschafterbeschluss. Letztlich empfiehlt es sich generell, den Gesellschafterbeschluss so zu formulieren, dass es keiner Auslegung bedarf, ob lediglich die Geschäftsführungsbefugnis entzogen wird, oder ob auch die Vertretungsbefugnis von dem Beschluss umfasst ist. Ein isolierter Entzug allein der Vertretungsbefugnis ist bei gleichzeitig bestehender Geschäftsführungsbefugnis nicht möglich (§ 715 BGB).

Voraussetzungen und Verfahren des Entzugs der Vertretungsbefugnis entsprechen denen 75
des Entzugs der Geschäftsführungsbefugnis (§ 715 BGB; → Rn. 64 ff.).

(c) Fehlende Publizität. Da eine GbR weder registerpflichtig noch registerfähig ist 76
(→ Rn. 4), kann die Vertretungsbefugnis eines (vorgeblich) für die GbR Handelnden von Außenstehenden nicht ohne Weiteres geprüft werden. Für die Vertragspartner der GbR ist die Rechtsunsicherheit daher im Vergleich zu anderen Gesellschaftsformen erhöht. Im Fall einer tatsächlich fehlenden Vertretungsmacht wird dieses Manko zumeist über die Rechtsfiguren der **Duldungs- und der Anscheinsvollmacht** korrigiert, die den Rechtsverkehr aber nicht in jedem Fall schützen.

---

[72] Der Umfang der Vertretungsbefugnis wird durch § 181 BGB begrenzt (Verbot der Selbst- und der Mehrfachkontrahierung). Das Verbot der Selbstkontrahierung untersagt es, als Vertreter eines anderen mit sich selbst einen Vertrag abzuschließen, das Verbot der Mehrfachkontrahierung untersagt den Vertragsschluss, wenn der Vertreter mehrere Vertragsparteien vertritt. Von den Beschränkungen des § 181 BGB kann Befreiung erteilt werden.
[73] Nach dem Wortlaut des § 714 BGB sind die geschäftsführenden Gesellschafter im Zweifel berechtigt, die nicht geschäftsführenden Gesellschafter zu vertreten. Diese Formulierung ist historisch bedingt (→ Rn. 8). Heute wird die Norm dahingehend verstanden, dass die Vertretungsbefugnis der Geschäftsführungsbefugnis folgt, sofern die Gesellschafter keine abweichende Regelung getroffen haben (Henssler/Strohn/*Servatius* BGB § 714 Rn. 7; MüKoBGB/*Schäfer* § 714 Rn. 1).
[74] Henssler/Strohn/*Servatius* BGB § 715 Rn. 2; MüKoBGB/*Schäfer* § 715 Rn. 4 mwN.

77 **(d) Kündigung.** Anders als die Geschäftsführungsbefugnis (→ Rn. 69), ist eine Kündigung der Vertretungsbefugnis durch den Vertretungsbefugten **nicht möglich,** letztlich aber auch nicht erforderlich, da die Vertretungsbefugnis im Gegensatz zur Geschäftsführungsbefugnis nicht mit einer Tätigkeitspflicht einhergeht.

78 **(e) Untervertretung.** Eine Untervertretung **ist ausgeschlossen** (§§ 713, 664 Abs. 1 S. 1 BGB).

79 **(3) Stimmrecht.** Neben der Geschäftsführungs- und Vertretungsbefugnis stellt das Stimmrecht das wichtigste Verwaltungsrecht des Gesellschafters dar. Aus dem Umstand, dass im Gesetz eine Gesamtgeschäftsführung durch alle Gesellschafter vorgesehen ist (→ Rn. 56), folgt dabei, dass die Willensbildung der Gesellschafter der **Einstimmigkeit** bedarf. Grund dafür ist, dass niemand für eine gegen seinen Willen getroffene Entscheidungen persönlich haften soll.

80 Das Einstimmigkeitsprinzip kann durch eine **Mehrheitsklausel,** die zwischen den Gesellschaftern einstimmig vereinbart werden muss, abbedungen werden. Für die formelle Wirksamkeit eines Gesellschafterbeschlusses genügt dann eine Stimmenmehrheit mit dem vereinbarten Quorum, die Frage der materiell-rechtlichen Wirksamkeit des Beschlusses ist gesondert zu beurteilen (→ § 5 Rn. 68). Bei einem **Grundlagengeschäft** (→ Rn. 61) kann eine Mehrheitsklausel nur zur Anwendung kommen, wenn diese den Gegenstand des Grundlagengeschäfts umfasst. Ausreichend ist es dafür, dass sich dies aus einer Auslegung der Klausel ergibt; eine ausdrückliche Nennung des entsprechenden Geschäftstyps in der Mehrheitsklausel ist dafür nicht (mehr) erforderlich.[75] Betrifft der Beschlussgegenstand den **Kernbereich der Mitgliedschaft,** ist auch bei einer entsprechenden Mehrheitsklausel die Zustimmung der betroffenen Gesellschafter erforderlich.[76] Zum Kernbereich gehören beispielsweise der Gegenstand des Unternehmens und der Gesellschafterkreis.

81 **Gesellschafterversammlungen** sind im Recht der GbR nicht vorgesehen, da die Gesellschafterangelegenheiten nach den dispositiven Regelungen der §§ 705 ff. BGB im Rahmen der Geschäftsführung behandelt werden, die im gesetzlichen Normalfall von allen Gesellschaftern gemeinschaftlich wahrgenommen wird (→ Rn. 56). In der Praxis sollten zumindest für den Fall, dass nicht alle Gesellschafter geschäftsführungsbefugt sind, Regelungen über Einberufung und Abhaltung von Gesellschafterversammlungen einschließlich der Rechtsfolgen bei Formverstößen in den Gesellschaftsvertrag aufgenommen werden.

82 Die Ausübung des Stimmrechts kann bei entsprechender gesellschaftsvertraglicher Regelung, sonst mit Zustimmung der übrigen Gesellschafter durch einen **Vertreter** erfolgen. Ein Privatgläubiger eines Gesellschafters, der dessen Beteiligung gepfändet hat, ist nicht stimmberechtigt (→ Rn. 107).

83 **In eigenen Angelegenheiten** darf ein Gesellschafter aus allgemeinen gesellschaftsrechtlichen Gründen nicht, auch nicht durch einen Vertreter abstimmen (**„Stimmverbot"**), da von dem entsprechenden Gesellschafter oder einem weisungsgebundenen Vertreter insoweit keine Neutralität erwartet werden kann. Andernfalls wäre die im gesetzlichen Normalfall erforderliche Einstimmigkeit bei Maßnahmen, die sich gegen einen Gesellschafter richten, faktisch niemals erreichbar. Das Stimmrechtsverbot betrifft beispielsweise die Abstimmung über die eigene Inanspruchnahme wegen verursachter Schäden, die eigene Entlastung und den Entzug der eigenen Geschäftsführungsbefugnis.

---

[75] BGHZ 203, 77 = NZG 2014, 1296 unter Aufgabe der auf das RG zurückgehenden Rspr. vom „Bestimmtheitsgrundsatz", nach der Grundlagengeschäfte nur dann von einer Mehrheitsklausel erfasst sind, wenn der entsprechende Geschäftstyp konkret als Gegenstand der Mehrheitsklausel benannt ist (RGZ 91, 166; 163, 385; BGHZ 8, 35 (41) = NJW 1953, 102).
[76] MüKoBGB/*Schäfer* § 709 Rn. 91 ff.

I. Die Gesellschaft bürgerlichen Rechts § 24

(4) Kontrollrechte. § 716 Abs. 1 BGB regelt die Kontrollrechte der Gesellschafter. 84
Danach ist es jedem Gesellschafter erlaubt, sich persönlich – bei fehlender eigener Sachkunde auch unter Zuhilfenahme sachverständiger Personen, die beruflich zur Verschwiegenheit verpflichtet sind – über die Angelegenheiten der Gesellschaft zu unterrichten, **Einsicht in die Geschäftsbücher und -papiere** zu nehmen und aus diesen einen Rechnungsabschluss selbst herzuleiten. Letzteres dient der Kontrolle der von den geschäftsführenden Gesellschaftern mittels des Rechnungsabschlusses vorgenommenen Ergebnisermittlung, die Grundlage der Ergebnisverteilung ist (→ Rn. 97). Ein ergänzender **Auskunftsanspruch** über Informationen, die sich aus den Unterlagen der Gesellschaft nicht ergeben, ist allgemein anerkannt.

Die Kontrollrechte können vertraglich erweitert, aber auch beschränkt oder ausge- 85
schlossen werden. Im Fall des Verdachts der unredlichen Geschäftsführung entfaltet eine **Beschränkung oder Abbedingung** der Kontrollrechte keine Wirkung (§ 716 Abs. 2 BGB). Sie ist aufgrund der persönlichen Haftung aller Gesellschafter regelmäßig auch nicht sinnvoll. In Abhängigkeit von der persönlichen Sachkunde der Gesellschafter kann es sinnvoll sein, eine **Erweiterung** der Kontrollrechte dahingehend zu vereinbaren, dass es generell gestattet ist, einen sachkundigen, berufsrechtlich zur Verschwiegenheit verpflichteten Dritten hinzuzuziehen oder sich - weitergehend - insoweit vollständig von einem entsprechenden Dritten vertreten zu lassen.

(5) Kündigungsrecht. Zu unterscheiden ist zwischen der außerordentlichen und der or- 86
dentlichen Kündigung eines Gesellschafters.

(a) Außerordentliche Kündigung. Jedem Gesellschafter steht das Recht zu, die Gesell- 87
schaft bei Vorliegen eines wichtigen Grundes **fristlos** zu kündigen (§§ 723 Abs. 1 S. 2, S. 3 BGB). Ein **wichtiger Grund** liegt dabei vor, wenn dem kündigenden Gesellschafter die Fortsetzung der Gesellschaft bis zum Ablauf der vereinbarten Befristung (→ Rn. 32) beziehungsweise der gesellschaftsvertraglich für eine ordentliche Kündigung vereinbarten Kündigungsfrist (→ Rn. 89) nicht zumutbar ist, weil das erforderliche Vertrauensverhältnis grundlegend zerstört oder ein Zusammenwirken der Gesellschafter zum Wohle der Gesellschaft aus anderen Gründen nicht mehr möglich ist.[77] Exemplarisch nennt das Gesetz schwerwiegende Vertragsverletzungen eines Mitgesellschafters (§ 723 Abs. 1 S. 3 Nr. 1 BGB). Bei einem minderjährigen Gesellschafter stellt zudem die Vollendung des 18. Lebensjahres einen wichtigen Grund dar, der diesen zur Kündigung innerhalb von drei Monaten berechtigt (§ 723 Abs. 1 S. 3 Nr. 2, S. 4 BGB; → Rn. 233).

Das Recht zur außerordentlichen Kündigung darf weder ausgeschlossen noch „diesen 88
Vorschriften zuwider" beschränkt werden (§ 723 Abs. 3 BGB). Ob eine Beschränkung durch die Vereinbarung einer Kündigungsfrist oder eines Kündigungstermin zulässig ist, ist vor dem Hintergrund des Wortlauts des § 723 Abs. 1 S. 6 BGB unklar, richtigerweise aber nach Sinn und Zweck, es den Gesellschaftern zu ermöglichen, sich in besonderen Fällen mit sofortiger Wirkung von der Gesellschaft zu lösen, abzulehnen.

(b) Ordentliche Kündigung. Bei einer GbR, die für eine unbestimmte Zeit oder auf 89
Lebenszeit eingegangen ist, besteht die Möglichkeit, die Gesellschaft auch ohne einen wichtigen oder einen sonstigen Grund zu kündigen („ordentliche Kündigung", §§ 723 Abs. 1 S. 1, 724 S. 1 BGB). Eine **Kündigungsfrist** oder ein **Kündigungstermin** sind insoweit im Gesetz nicht vorgesehen, können aber im Gesellschaftsvertrag vereinbart werden (arg.e. § 723 Abs. 1 S. 6 BGB). Solch eine das Recht zur ordentlichen Kündigung beschränkende Vereinbarung ist regelmäßig anzuraten, wenn die Gesellschaft abweichend von der gesetzlich vorgesehenen Rechtsfolge der Auflösung von den übrigen Gesellschaftern fortgesetzt werden soll (→ Rn. 92), damit die fortsetzenden Gesellschafter eine ent-

---

[77] MüKoBGB/*Schäfer* § 723 Rn. 28 mwN.

sprechende Dispositionsfrist haben. Verbreitet ist insoweit die Vereinbarung einer Kündigungsfrist von sechs Monaten zum Ende eines jeden Geschäftsjahres, was die Ermittlung der dem kündigenden Gesellschafter zustehenden Abfindung (→ Rn. 367 ff.) vereinfachen kann.

90 Über die Vereinbarung von Kündigungsfristen und Kündigungsterminen hinaus ist das Recht zur ordentlichen Kündigung **nicht ausschließbar** und **nicht beschränkbar** (§ 723 Abs. 3 BGB). Vereinbarungen, die dieses Recht dadurch entwerten, dass statt einer (ordentlich kündbaren) unbefristeten Gesellschaft eine (nur außerordentlich kündbare) befristete Gesellschaft gegründet wird, die aber derart langlaufend ist, dass die Gesellschafter für einen nicht überschaubaren Zeitraum gebunden sind („**überlange Befristungen**", beispielsweise eine auf 60 Jahre befristete Gesellschaft), verstoßen gegen § 723 Abs. 3 BGB und sind daher unwirksam.[78]

91 **(c) Kündigung zur Unzeit.** Eine (ordentliche oder außerordentliche) Kündigung ist unzeitig, wenn sie bei der Gesellschaft zu Nachteilen führt, die bei einem anderen Kündigungszeitpunkt nicht entstehen würden.[79] Eine unzeitige Kündigung ist treuepflichtwidrig (→ Rn. 112) und unzulässig, sofern die Unzeitigkeit der Kündigung nicht durch einen wichtigen Grund gerechtfertigt ist (§ 723 Abs. 2 S. 1 BGB). Ob dies der Fall ist, ist anhand einer Abwägung zwischen dem Interesse des Kündigenden am gewählten Kündigungszeitpunkt und dem Interesse der Gesellschaft an einem anderen Kündigungszeitpunkt zu ermitteln. Die Unzulässigkeit der unzeitigen Kündigung berührt deren Wirksamkeit nicht,[80] verpflichtet den Kündigenden aber bei einem vorwerfbaren Verhalten (→ Rn. 123) zum Schadensersatz (§ 723 Abs. 2 S. 2 BGB).

92 **(d) Rechtsfolgen.** Die Kündigung eines Gesellschafters hat die **Auflösung der Gesellschaft** zur Folge, durch die deren liquidationsweise Beendigung eingeleitet wird (→ Rn. 157 ff.). Alternativ können die Gesellschafter als Rechtsfolge die **Fortsetzung der Gesellschaft** zwischen den übrigen Gesellschaftern unter Ausscheiden des kündigenden Gesellschafters (→ Rn. 331 ff.) vereinbaren (§ 736 Abs. 2 BGB). Solch eine Vereinbarung wird sinnvollerweise bereits im Gesellschaftsvertrag getroffen; → Rn. 337 ff.). Der Kündigende ist in diesem Fall so zu stellen, wie er im Fall einer Liquidation der Gesellschaft stünde (§ 738 Abs. 1 S. 2 BGB; → Rn. 100).

93 **bb) Vermögensrechte.** Die in § 717 S. 2 BGB genannten Rechte auf Aufwendungsersatz (→ Rn. 94 ff.), auf den Gewinnanteil (→ Rn. 97 f.) und auf das dem Gesellschafter im Fall der Auseinandersetzung[81] Zukommende (→ Rn. 99 ff.) werden als Vermögensrechte bezeichnet. Sie stehen dem Gesellschafter in dessen eigenem Interesse **gegenüber der Gesellschaft** zu. Aus den Vermögensrechten resultierende (monetäre) Ansprüche sind ausweislich § 717 S. 2 BGB im Gegensatz zu Ansprüchen aus Verwaltungsrechten (→ Rn. 51 ff.) für sich **übertragbar** (§§ 413, 398 ff. BGB), daher auch durch eine Verpfändung **belastbar** (§§ 1273 Abs. 1, 1204 ff. BGB) und im Rahmen der Zwangsvollstreckung **pfändbar** (§§ 829 ff. ZPO).

94 **(1) Aufwendungsersatz.** Aufwendungen sind **freiwillige Vermögensopfer.** Soweit ein geschäftsführender Gesellschafter im Rahmen der Geschäftsführung Aufwendungen tätigt, die er den Umständen nach für erforderlich halten darf, steht ihm gegen die Gesellschaft ein Ersatzanspruch zu (§§ 670, 713 BGB), der von der Zeit der Aufwendung an

---

[78] BGH NJW 2007, 295; In Betracht kommt auch eine Unwirksamkeit wegen Sittenwidrigkeit (§ 138 BGB; BGH NJW 2007, 295).
[79] BGH GRUR 1959, 384 (388) = MDR 1959, 547.
[80] BGH WM 1976, 1030 = BeckRS 1976, 00350.
[81] Zwischen den Gesellschaftern findet die Auseinandersetzung statt, wenn die Gesellschaft aufgelöst wird (§ 730 Abs. 1 BGB) oder ein Gesellschafter aus der Gesellschaft ausscheidet (§ 738 ff. BGB).

mit dem **gesetzlichen Zinssatz** von 4% p.a. zu verzinsen ist (§§ 256, 246 BGB). Im Verzugsfall kann stattdessen der Verzugszins aus §§ 288 Abs. 1, 247 BGB beansprucht werden. Tätigt ein nicht geschäftsführungsbefugter Gesellschafter Aufwendungen im Interesse der Gesellschaft, steht ihm ein inhaltsgleicher Anspruch aus einer Geschäftsführung ohne Auftrag zu (§§ 670, 683 S. 1 BGB),[82] sofern sein Tätigwerden dem wirklichen oder dem mutmaßlichen Interesse der Gesellschaft entsprach. Leistungen, die ein von einem Gesellschaftsgläubiger persönlich in Anspruch genommener Gesellschafter auf die entsprechende Gesellschaftsschuld erbringt, sind regelmäßig im Interesse der Gesellschaft.

Einem geschäftsführenden Gesellschafter steht unter vorstehenden Voraussetzungen ein **Anspruch auf Vorschuss** in Höhe der ihm voraussichtlich entstehenden Aufwendungen zu (§§ 669, 713 BGB), während es im Fall eines nicht geschäftsführungsbefugten Gesellschafters an einer entsprechenden Anspruchsgrundlage fehlt. 95

Begründet ein Gesellschafter im Interesse der Gesellschaft eine persönliche Verbindlichkeit, steht ihm vor deren Tilgung auch ein **Befreiungsanspruch** aus § 257 BGB zu,[83] der zu einer Abkürzung der Zahlungswege führt und zur Folge hat, dass die vom Gesellschafter eingegangene Verbindlichkeit im Innenverhältnis als Verbindlichkeit der Gesellschaft behandelt wird. Bei einer persönlichen Inanspruchnahme für eine Gesellschaftsschuld kommt ein Befreiungsanspruch hingegen nicht in Betracht, da der in Anspruch genommene Gesellschafter in diesem Fall keine Verbindlichkeit begründet hat, sondern seine Inanspruchnahme auf seiner persönlichen Haftung für die Gesellschaftsverbindlichkeiten beruht. 96

(2) Ergebnisbeteiligung. Jeder Gesellschafter hat das Recht auf den vertraglich vereinbarten Anteil am Ergebnis der Gesellschaft, das im **Rechnungsabschluss** ermittelt wird. Inhalt und Form des Rechnungsabschlusses, der bei Gelegenheitsgesellschaften erst im Rahmen der Beendigung der Gesellschaft (→ Rn. 156 ff.), ansonsten im Zweifel zum Ende eines jeden Geschäftsjahres zu erstellen ist (§ 721 Abs. 1, Abs. 2 BGB), ergeben sich aus § 259 BGB.[84] Bei einer erwerbswirtschaftlich tätigen GbR erscheint eine Vereinbarung, die **handelsrechtlichen Vorschriften über die Aufstellung des Jahresabschlusses** (§§ 238 ff. HGB, insbesondere §§ 242 Abs. 1 bis Abs. 3, 243 Abs. 1, Abs. 2 HGB) entsprechend anzuwenden, sachgerecht.[85] 97

Die **Ergebnisverteilung** richtet sich nach der Vereinbarung der Gesellschafter. Sie kann für Gewinne und Verluste unterschiedlich ausgestaltet werden. Eine Abrede nur für den Gewinnfall gilt bei fehlender Abrede für den Verlustfall auch für diesen und umgekehrt (§ 722 Abs. 2 BGB). Fehlt es an einer Abrede der Gesellschafter über die Ergebnisverteilung, wird das Ergebnis **nach Köpfen** verteilt (§ 722 Abs. 1 BGB). Gerade bei einer GbR, mit der ein erwerbswirtschaftlicher Zweck verfolgt wird, ist dies selten sachgerecht, weshalb eine **gesellschaftsvertragliche Reglung,** nach der die Einlagen (→ Rn. 30) 98

---

[82] Henssler/Strohn/*Servatius* BGB § 713 Rn. 12.
[83] Ebenso Henssler/Strohn/*Servatius* BGB § 713 Rn. 13; aA MüKoBGB/*Schäfer* § 713 Rn. 15, § 714 Rn. 55 mit der nicht näher erläuterten Begründung, dass solch ein Anspruch mit der „*Haftungsstruktur der GbR*" unvereinbar sei.
[84] MHdB GesR I/*Gummert* § 14 Rn. 9; Henssler/Strohn/*Kilian* BGB § 721 Rn. 5.
[85] Weitreichender MüKoBGB/*Schäfer* § 721 Rn. 6, wenn generell die „*Aufstellung einer den Verhältnissen der GbR angepassten Gewinn- und Verlustrechnung*" nach den §§ 238 ff. HGB mit der Begründung befürwortet wird, dass diese Normen, wenn nicht ohnehin ausdrücklich oder stillschweigend vereinbart, bei wirtschaftlich tätigen Gesellschaften die am besten geeignete Rechnungsgrundlage böten. Letzterem mag zwar zustimmen sein, gleichwohl kommt eine Anwendung dieser Normen ohne eine entsprechende Vereinbarung der Gesellschafter nicht in Betracht. Abgesehen davon, dass der Gesellschaftsvertrag oftmals eine einer konkludenten Vereinbarung entgegenstehende Erklärung über das Fehlen von Nebenabreden und eine qualifizierte Schriftformklausel enthält, erfordert eine stillschweigende Vereinbarung eine (regelmäßig nicht vorliegende) Willensbetätigung jedes Gesellschafters, die auf einen Rechtsbindungswillen, die §§ 238 ff. HGB entsprechend anzuwenden, schließen lässt. Eine analoge Anwendung der §§ 238 ff. HGB kommt hingegen nur bei einer planwidrigen Regelungslücke in Betracht, die aber — vgl. § 259 BGB — nicht vorliegt.

oder ein anderes sachgerechtes Kriterium den Maßstab für die Ergebnisbeteiligung darstellt, im Regelfall anzuraten ist. Der **Auszahlungsanspruch** entsteht mit der Feststellung des Rechnungsabschlusses durch die Gesellschafter,[86] ein **Anspruch auf Vorschuss** besteht nicht. **Verlustzuweisungen** begründen nur bei einer entsprechenden Vereinbarung der Gesellschafter eine **Nachschusspflicht** (§ 707 BGB; → Rn. 111).

99 **(3) Ansprüche im Fall der Auseinandersetzung.** Die Auseinandersetzung der Gesellschafter findet statt, wenn ein Gesellschafter aus der Gesellschaft ausscheidet (→ Rn. 331 ff.) oder die Gesellschaft beendet wird (→ Rn. 156 ff.).

100 Im Fall der **Beendigung der Gesellschaft** sind den Gesellschaftern die Gegenstände, die sie der Gesellschaft zur Nutzung überlassen haben, zurückzugeben (§ 732 S. 1 BGB), das Vermögen der Gesellschaft wird liquidiert. Ein nach „Berichtigung" der Gesellschaftsschulden (§ 733 Abs. 1 BGB) und Rückzahlung der Einlagen (§ 733 Abs. 2 BGB) verbleibender Überschuss oder Fehlbetrag wird im Rahmen einer **Schlussabrechnung** auf die Gesellschafter verteilt, deren individuelles **Auseinandersetzungsguthaben** sich aus der Saldierung mit den gesellschaftsbezogenen Forderungen und Verbindlichkeiten des jeweiligen Gesellschafters gegenüber den anderen Gesellschaftern ergibt. Die Ausführungen in → Rn. 397 zur Schlussabrechnung im Fall eines aus der Gesellschaft ausscheidenden Gesellschafters gelten insoweit entsprechend. Ein aus der Schlussabrechnung resultierender Fehlbetrag ist auszugleichen (§ 735 BGB; → Rn. 111).

101 Ein aus der von den übrigen Gesellschaftern fortgesetzten Gesellschaft **ausgeschiedenen Gesellschafter** ist durch Tilgung von der persönlichen Haftung für die Gesellschaftsschulden zu befreien (§ 738 Abs. 1 S. 2 BGB), für die noch nicht fällige Gesellschaftsschulden sind ihm Sicherheiten zu stellen (§§ 738 Abs. 1 S. 3, 232 BGB). Zudem sind ihm seine der Gesellschaft zur Nutzung überlassenen Gegenstände zurückzugeben (§ 732 S. 1 BGB) und ihm steht ihm ein **Abfindungsanspruch** zu, durch den er so gestellt werden soll, wie er im Fall der Beendigung der Gesellschaft stünde (§ 738 Abs. 1 S. 2 BGB). Auch insoweit findet im Rahmen einer Schlussabrechnung eine Saldierung mit den gesellschaftsbezogenen Forderungen und Verbindlichkeiten gegenüber den anderen Gesellschaftern statt (→ Rn. 397); ein negativer Saldo ist vom Gesellschafter auszugleichen (§ 739 BGB; → Rn. 400).

102 **cc) Exkurs: Vollstreckung in Gesellschafterrechte und in das Gesellschaftsvermögen. (1) Vollstreckung gegen die Gesellschaft.** Für die Vollstreckung in das Gesellschaftsvermögen bedurfte es bis zur Anerkennung der Rechtsfähigkeit der GbR eines Titels gegen alle Gesellschafter (§ 736 ZPO), da ausschließlich die Gesellschafter als (gesamthänderische) Eigentümer des Gesellschaftsvermögens angesehen wurden (§§ 718, 719 Abs. 1 BGB; → Rn. 8). Seit der Anerkennung der Rechtsfähigkeit der GbR (→ Rn. 9) ist ein Titel gegen die Gesellschaft ausreichend.

103 **(2) Vollstreckung gegen Gesellschafter.** Wegen einer Verbindlichkeit eines Gesellschafters kann eine **Vollstreckung in das Gesellschaftsvermögen** nicht stattfinden, da es an einem Titel gegen die Gesellschaft fehlt (→ Rn. 102). Dies gilt auch, wenn die Verbindlichkeit aus der persönlichen Haftung des Gesellschafters für die Verbindlichkeiten der Gesellschaft (→ Rn. 125 ff.) resultiert.

104 Eine Vollstreckung aus einem Titel gegen einen Gesellschafter kann daher nur in das Vermögen des Gesellschafters selbst erfolgen. Soweit dabei in die Beteiligung des Gesellschafters an der GbR oder in Rechte oder Ansprüche aus der Beteiligung vollstreckt werden soll, ist Folgendes zu beachten:

105 • **Verwaltungsrechte** der Gesellschafter (→ Rn. 51 ff.) und aus diesen resultierende Ansprüche sind aufgrund des Abspaltungsverbots (→ Rn. 51) für sich weder übertragbar

---

[86] BGHZ 80, 357 = NJW 1981, 2563.

I. Die Gesellschaft bürgerlichen Rechts § 24

(§ 717 S. 1 BGB) noch belastbar (§§ 1274 Abs. 2, 717 S. 1 BGB) und können daher auch nicht Gegenstand von Vollstreckungsmaßnahmen sein (§§ 851 Abs. 1 ZPO, 717 S. 1 BGB).

- Aus den **Vermögensrechten** (→ Rn. 93 ff.) resultierende Ansprüche sind demgegenüber übertragbar (§§ 717 S. 2, 413, 398 ff. BGB), belastbar (§§ 1273 Abs. 1, 1204 ff. BGB) und können Gegenstand eines Pfändungspfandrechts sein (§§ 829 ff. ZPO). Dies gilt auch für künftige oder bedingte Ansprüche. 106
- Die **Beteiligung im Ganzen** ist (mit Zustimmung der anderen Gesellschafter) übertragbar (§§ 413, 398 ff. BGB; → Rn. 453 ff.), verpfändbar (§§ 1273 Abs. 1, 1204 ff. BGB) und kann daher auch im Rahmen der Zwangsvollstreckung gepfändet werden (§§ 859 Abs. 1 S. 1, 857 Abs. 1, 829 ff. ZPO).[87] Eine Verwertung im Wege der Versteigerung ist jedoch – gleich ob ein (rechtsgeschäftliches) Pfandrecht oder ein Pfändungspfandrecht vorliegt – ausgeschlossen, da dies dazu führen würde, dass ein Erwerber, den die übrigen Gesellschafter sich nicht ausgesucht haben, für dessen Entscheidungen sie aber persönlich haften müssten, in die Rechtsstellung des von der Pfändung betroffenen Gesellschafters einrückt. Der Gläubiger hat stattdessen die Möglichkeit, die Gesellschaft zu kündigen (§ 725 BGB)[88] und sich anschließend aus den (zuvor zu pfändenden) Ansprüchen, die dem Gesellschafter im Rahmen der Auseinandersetzung zustehen (→ Rn. 99 ff.), zu befriedigen. Aus der Beteiligung resultierende Verwaltungsrechte des Gesellschafters kann der Gläubiger trotz der Pfändung der Beteiligung nicht wahrnehmen (→ Rn. 51). 107

b) Pflichten der Gesellschafter. Sowohl die Gesellschafterstellung als auch eine organschaftliche Tätigkeit gehen mit Pflichten einher. Die Verletzung solch einer Pflicht kann eine Schadensersatzpflicht des Gesellschafters zur Folge haben (→ Rn. 122). 108

aa) Pflichten aus der Mitgliedschaft. (1) Förderungspflicht. Die Gesellschafter haben die dauerhafte Verpflichtung, den gesellschaftsvertraglich vereinbarten Zweck der Gesellschaft zu fördern (→ Rn. 29). 109

(2) Beitragspflicht. Die Gesellschafter sind darüber hinaus zur Leistung der im Gesellschaftsvertrag vereinbarten Beiträge an die Gesellschaft verpflichtet (→ Rn. 30). 110

(3) Nachschusspflicht. Während der werbenden Tätigkeit kann eine Beitragserhöhung (und damit auch ein Nachschuss für laufende Verluste oder andere Zwecke) nur bei einer entsprechenden Vereinbarung der Gesellschafter verlangt werden (§ 707 BGB; → Rn. 30). Wird die Gesellschaft beendet oder scheidet ein Gesellschafter aus der Gesellschaft aus, besteht hingegen die Pflicht, einen sich aus der aufzustellenden Schlussabrechnung (→ Rn. 397) ergebenden negativen Saldo auszugleichen (§§ 735, 739 BGB; → Rn. 100). 111

(4) Treuepflicht. Aus dem Gesellschaftsvertrag resultiert unabhängig von der Gesellschaftsform eine gesellschaftsrechtliche Treuepflicht gegenüber Gesellschaft und Mitgesellschaftern. Sie schützt diese vor der Überbetonung eigener Interessen[89] und ist umso ausgeprägter, je mehr die Gesellschaft ihrer Rechtsform und ihrer konkreten Ausgestaltung nach auf ein Zusammenwirken der Gesellschafter ausgerichtet ist. Die Treuepflicht ist daher bei einer Zweipersonen-GbR weitreichender als bei einer Publikums-GbR, bei der die Treuepflicht wiederum weitreichender als bei einer börsennotierten AG ist. **Im** 112

---

[87] Saenger/*Kemper* ZPO § 859 Rn. 2 ff.; KKRM/*Kindler* HGB § 105 Rn. 66.
[88] § 725 BGB ist im Fall einer rechtsgeschäftlichen Verpfändung entsprechend anwendbar (MüKoBGB/*Schäfer* § 725 Rn. 3).
[89] MüKoBGB/*Schäfer* § 705 Rn. 222.

Verhältnis zur Gesellschaft als Gesamtheit der Gesellschafter gilt insoweit, dass fremdnützige Gesellschafterrechte, die einem Gesellschafter zur Förderung des gemeinsamen Zwecks zustehen, im gemeinsamen Interesse der Gesellschafter und eigennützige Rechte unter Berücksichtigung der Interessen der Gesellschaft auszuüben sind (→ Rn. 52).[90] **Gegenüber den Mitgesellschaftern** verpflichtet die Treuepflicht - weniger weitgehend - dazu, eigene Rechte nur unter angemessener Berücksichtigung von deren besonders schutzwürdigen Belangen auszuüben.[91] Zum Tragen kommt die Treupflicht insbesondere bei Abstimmungen.

113 **(5) Wettbewerbsverbot.** Anders als bei den Personenhandelsgesellschaften, bei denen ein Wettbewerbsverbot unabhängig von einer organschaftlichen Tätigkeit schon allein aus der Beteiligung an der Gesellschaft resultiert (§§ 112f. HGB; → Rn. 260ff.), ist ein Wettbewerbsverbot in den §§ 705ff. BGB nicht ausdrücklich vorgesehen. Insoweit resultiert aber aus der Treuepflicht (→ Rn. 112) die Verpflichtung, nicht den Interessen der Gesellschaft zuwider zu handeln und folglich auch nicht in Konkurrenz zu dieser zu treten. Dies gilt unstreitig für Gesellschafter mit organschaftlicher Geschäftsführungs- und/oder Vertretungskompetenz, während ein Gesellschafter ohne organschaftliche Kompetenzen nur dann einem Wettbewerbsverbot unterliegen soll, wenn seine Kontrollrechte (§ 716 Abs. 1 BGB; → Rn. 84) über das gemäß § 716 Abs. 2 BGB Unabdingbare (→ Rn. 85) hinausgehen, da nur in diesem Fall die Gefahr bestehen soll, dass die Konkurrenztätigkeit unter Ausnutzung von Kenntnissen über Geschäfts- und Betriebsgeheimnisse der Gesellschaft ausgeübt wird.[92] Offen bleibt, wie die Aufnahme einer Konkurrenztätigkeit oder die Beteiligung an einem Wettbewerber der Gesellschaft mit der zentralen Pflicht eines jeden Gesellschafters, die Gesellschaft zu fördern (→ Rn. 109), in Einklang zu bringen sein soll. Bei der Verfolgung eines erwerbswirtschaftlichen Zwecks erscheint es sachgerecht, die Anwendbarkeit der §§ 112f. HGB gesellschaftsvertraglich zu vereinbaren.

114 **bb) Pflichten bei organschaftlicher Tätigkeit.** Die Wahrnehmung der organschaftlichen Geschäftsführung und/oder der organschaftlichen Vertretung geht mit Pflichten gegenüber der Gesellschaft einher.

115 **(1) Tätigkeitspflicht.** Soweit ein Gesellschafter geschäftsführungsbefugt ist (→ Rn. 53ff.), hat dieser auch die als **Pflicht zur Geschäftsführung** bezeichneten Verpflichtung, geschäftsführend tätig zu werden.[93] Bei einer organschaftlichen Vertretungsbefugnis besteht eine Pflicht zum Tätigwerden hingegen regelmäßig nicht.

116 **(2) Ordnungsgemäße Ausübung.** Die organschaftlichen Befugnisse eines Gesellschafters sind fremdnützige Verwaltungsrechte, die der Förderung des gemeinsamen Zwecks dienen (→ Rn. 52). Die Treuepflicht gebietet es, diese Befugnisse nur im Interesse und zum Wohl der Gesellschaft auszuüben, selbst wenn dies den eigenen Interessen des Handelnden schadet (→ Rn. 112).

117 **(3) Wettbewerbsverbot.** Hinsichtlich des Wettbewerbsverbots bei organschaftlicher Tätigkeit wird auf die Ausführungen in → Rn. 113 verwiesen.

118 **(4) Berichtspflicht.** Gesellschafter mit organschaftlichen Kompetenzen haben die Gesellschaft und damit letztlich die (anderen) Gesellschafter in ihrer Gesamtheit unaufgefordert

---

[90] MüKoBGB/*Schäfer* § 705 Rn. 226.
[91] MüKoBGB/*Schäfer* § 705 Rn. 229.
[92] MüKoBGB/*Schäfer* § 705 Rn. 236.
[93] MHdB GesR I/*v. Ditfurth* § 7 Rn. 14.

über wichtige Ereignisse, die ihnen im Rahmen ihrer organschaftlichen Tätigkeit bekannt werden, zu informieren (§§ 713, 666 Var. 1 BGB).

(5) Auskunftspflicht. Auf Verlangen eines Gesellschafters hat ein organschaftlich tätiger 119 Gesellschafter der Gesamtheit der Gesellschafter Auskunft über die Angelegenheiten der Gesellschaft und über seine Tätigkeit zu erteilen (§§ 713, 666 Var. 2 BGB). Primäres Informationsmittel der Gesellschafter bleibt aber das individuelle Kontrollrecht aus § 716 BGB (→ Rn. 84).[94]

(6) Rechenschaftspflicht. Bei Beendigung seiner organschaftlichen Tätigkeit hat der 120 Gesellschafter Rechenschaft über diese abzulegen (§§ 713, 666 Var. 3, 259 BGB). Über Zeiträume, für die dem Gesellschafter bereits Entlastung erteilt wurde, worüber üblicherweise (zumeist ohne ausdrückliche vertragliche Vereinbarung) im Rahmen der Vorlage des Rechnungsabschlusses (→ Rn. 97) abgestimmt wird, braucht der Gesellschafter keine Rechenschaft mehr abzulegen.

(7) Herausgabepflicht. Schließlich haben organschaftlich tätige Gesellschafter das im 121 Rahmen ihrer Tätigkeit für die Gesellschaft Entgegengenommene an die Gesellschaft herauszugeben. Soweit für die Gesellschaft entgegengenommenes Geld vor der Herausgabe für eigene Zwecke verwendet wird, ist der verwendete Betrag vom Zeitpunkt der Eigenverwendung an mit 4% p.a. zu verzinsen (§§ 713, 668, 667, 246 BGB). Ein Recht zur (vorübergehenden) Eigenverwendung resultiert aus dieser Zinsregelung nicht,[95] die Geltendmachung eines höheren (Zins-)Schadens ist beim Vorliegen der übrigen haftungsrechtlichen Voraussetzungen möglich.

4. Haftung der Gesellschafter

a) Haftung wegen eigener Pflichtverletzungen. Pflichten der Gesellschafter einer 122 Personengesellschaft resultieren aus dem Gesellschaftsvertrag und gegebenenfalls auch aus einer organschaftlichen Stellung (GbR: → Rn. 108 ff.; OHG/KG: → Rn. 254 ff.). Sie bestehen gegenüber der Gesellschaft und/oder den Mitgesellschaftern, nicht aber gegenüber außenstehenden Dritten. Verletzt ein Gesellschafter in vorwerfbarer Weise eine seiner Pflichten, ist er – je nachdem, wem gegenüber die verletzte Pflicht bestand – der Gesellschaft und/oder den Mitgesellschaftern zum Ersatz des kausal entstandenen Schadens verpflichtet (§ 280 Abs. 1 BGB).

Hinsichtlich des für die Haftung erforderlichen Vertretenmüssens kommt – auch bei der 123 OHG und der KG (→ Rn. 254) – der **Sorgfaltsmaßstab der eigenüblichen Sorgfalt** zur Anwendung (§ 708 BGB), durch den das in § 276 BGB angeordnete Vertretenmüssen fahrlässigen und vorsätzlichen Handelns dahingehend modifiziert wird, dass für fahrlässiges Handeln nur einzustehen ist, wenn nicht die Sorgfalt beachtet wurde, die üblicherweise in eigenen Angelegenheiten angewendet wird, oder grobe Fahrlässigkeit vorliegt (§ 277 BGB). Da der Maßstab der eigenüblichen Sorgfalt den Schädiger im Vergleich zum andernfalls zur Anwendung kommenden Maßstab des § 276 BGB gleich- oder besserstellt, handelt es sich um eine **Haftungsprivilegierung.** Diese begründet sich daraus, dass die Gesellschafter sich durch den Abschluss des Gesellschaftsvertrags wechselseitig mit ihren persönlichen Verhaltensweisen als Mitgesellschafter für eine enge persönliche Zusammenarbeit akzeptiert haben, weshalb es nicht möglich sein soll, einen Mitgesellschafter anschließend für die Folgen ebendieses Verhaltens in Regress zu nehmen. Bei Gesellschaf-

---

[94] MüKoBGB/*Schäfer* § 713 Rn. 9.
[95] Die Eigenverwendung von der Gesellschaft zustehenden Geld stellt regelmäßig einen zum Entzug der Geschäftsführungs- und Vertretungsbefugnis berechtigenden wichtigen Grund dar (§§ 712 Abs. 1, 715 BGB; → Rn. 64 ff.; → Rn. 74).

ten, bei denen es bereits strukturell an einer engen Zusammenarbeit der Gesellschafter fehlt, was insbesondere bei **Publikumsgesellschaften** der Fall ist, kommt der Maßstab der eigenüblichen Sorgfalt aus teleologischen Gründen nicht zur Anwendung.[96] Anerkannt ist, dass für den Haftungsmaßstab der eigenüblichen Sorgfalt zudem bei **Schäden im Straßenverkehr** kein Raum ist (beispielsweise im Fall der Beschädigung eines im Eigentum der Gesellschaft stehenden PKW bei einer dienstlichen Fahrzeugnutzung).[97] Der Sorgfaltsmaßstab der eigenüblichen Sorgfalt kann gesellschaftsvertraglich **modifiziert oder abbedungen** werden, wobei eine gesellschaftsvertragliche Abbedingung der Haftung für Vorsatz nicht möglich ist (§ 276 Abs. 3 BGB).

124   Die **Verjährung** richtet sich nach den allgemeinen Regeln (§§ 194 ff. BGB)

125 **b) Haftung für die Gesellschaftsverbindlichkeiten.** Bei einer Personengesellschaft haftet den Gesellschaftsgläubigern neben der Gesellschaft selbst stets mindestens ein Gesellschafter persönlich für die Verbindlichkeiten[98] der Gesellschaft.[99] Bei einer GbR kommen insoweit weitestgehend die Regelungen zur OHG (§§ 128 ff., 159 f. HGB) entsprechend zur Anwendung, sodass alle Gesellschafter den Gesellschaftsgläubigern für die Gesellschaftsverbindlichkeiten einzustehen haben.

126 **aa) Rückgriff auf handelsrechtliche Normen.** Im Recht der GbR gibt es keine Norm, die die Haftung der Gesellschafter für die Verbindlichkeiten der Gesellschaft anordnet. Dies ist historisch bedingt und begründet sich daraus, dass die GbR ursprünglich mit der Konsequenz als nicht rechtsfähig angesehen wurde, dass nicht die Gesellschaft, sondern die Gesellschafter selbst berechtigt und - hier entscheidend - verpflichtet wurden (→ Rn. 8), sodass es keiner ausdrücklichen Regelung für die persönliche Haftung der Gesellschafter bedurfte.

127   Heute ist die Rechtsfähigkeit der (Außen-)GbR ebenso allgemein anerkannt wie der Umstand, dass das Vermögen und die Schulden aus der Tätigkeit der GbR dieser selbst zuzuordnen sind (→ Rn. 9). Hinsichtlich der persönlichen Haftung der Gesellschafter, die unbestritten und aus dogmatischen Gründen unverzichtbar ist, da die GbR andernfalls faktisch eine Kapitalgesellschaft ohne ein gesetzlich vorgegebenes Mindestkapital wäre, besteht damit eine vor der Anerkennung der Rechtsfähigkeit nicht vorhandene Regelungslücke, die durch einen Rückgriff auf das Haftungsregime der OHG (→ Rn. 277 ff.) geschlossen wird. Die Gesellschafter einer GbR haften den Gesellschaftsgläubigern somit in entsprechender Anwendung des § 128 S. 1 HGB für alle Verbindlichkeiten der Gesellschaft **persönlich, unmittelbar und unbeschränkt**,[100] wobei die Gesellschafterhaftung **akzessorisch** zur Haftung der Gesellschaft ist, ihr also in Bestand und Umfang folgt (→ Fn. 169). Gesellschafter und Gesellschaft sind **Gesamtschuldner** im Sinne des § 421 BGB.

128 **bb) Vertretenmüssen und Verschulden.** Auf ein persönliches Vertretenmüssen des in Anspruch genommenen Gesellschafters kommt es nicht an. Die Frage der subjektiven Vorwerfbarkeit kann lediglich von Bedeutung sein, wenn eine Verbindlichkeit der Gesellschaft behauptet wird, die ein vorwerfbares, der GbR zurechenbares Verhalten (nicht notwendigerweise des in Anspruch genommenen Gesellschafters selbst) voraussetzt. Insoweit

---

[96] BGHZ 75, 321 = NJW 1980, 589; BGHZ 69, 207 = NJW 1977, 2311.
[97] BGHZ 46, 313 = NJW 1967, 558.
[98] Verpflichtungen, die aus einem Schuldverhältnis resultieren, werden als Verbindlichkeiten bezeichnet.
[99] Ausnahmen sind die PartG mbB und in besonderen Konstellationen auch die PartG. Bei der PartG mbB (→ § 5 Rn. 58) haftet unter der Voraussetzung einer bestehenden Berufshaftpflichtversicherung keiner der Partner für berufliche Fehler persönlich (→ § 5 Rn. 81). Gleiches gilt aus tatsächlichen Gründen für berufliche Fehler bei einer PartG, wenn der Auftrag überhaupt nicht oder nicht von einem Partner bearbeitet wurde, da die Haftung insoweit von Gesetzes wegen auf auftragsbearbeitende Partner beschränkt ist (§ 8 Abs. 2 PartGG; → § 5 Rn. 81).
[100] BGHZ 146, 341 = NJW 2001, 1056 (1061).

wird der GbR in entsprechender Anwendung des § 31 BGB[101] das Handeln ihrer organschaftlich berechtigten Gesellschafter und in direkter Anwendung des § 278 BGB das Handeln ihrer Erfüllungsgehilfen zugerechnet. Zugerechnet wird dabei auch deliktisches Handeln, soweit die deliktische Handlung im Rahmen und nicht lediglich bei Gelegenheit des Handelns für die GbR begangen wurde.[102]

cc) Haftungsbeschränkungen. Gegenüber einem Gesellschaftsgläubiger kann die Haftung nur durch eine **individualvertragliche Vereinbarung** beschränkt oder abbedungen werden. Auf eine formal nur die Gesellschaft begünstigende Vereinbarung mit dem Gläubiger kann ein in Anspruch genommener Gesellschafter sich berufen (→ Rn. 131). Eine generelle Haftungsbeschränkung durch **Allgemeine Geschäftsbedingungen** ist nicht möglich.[103] Erst recht kann die Haftung nicht durch einen haftungsbeschränkenden Zusatz in der im Rechtsverkehr verwendeten **Bezeichnung der GbR** (→ Rn. 20; bspw. „*GbR mbH*") beschränkt werden, da die Gesellschaftsformen vom Gesetzgeber abschließend vorgegeben werden („Numerus clausus der Gesellschaftsformen"; → § 5 Rn. 22), durch einen haftungsbeschränkenden Zusatz aber faktisch eine neue, vom Gesetzgeber nicht legitimierte Rechtsform geschaffen und somit gegen den Numerus clausus der Gesellschaftsformen verstoßen würde.[104]

129

Bei **minderjährigen Gesellschaftern** ist die Haftung auf das bei Eintritt der Volljährigkeit vorhandene Vermögen beschränkt (§ 1629a Abs. 1 S. 1 BGB). Macht der vormals minderjährige Gesellschafter nicht binnen drei Monaten nach Eintritt der Volljährigkeit von seinem Recht zur außerordentlichen Kündigung der Gesellschaft (§§ 723 Abs. 1 S. 2, S. 3 Nr. 2 BGB) Gebrauch, gelten die vor Eintritt der Volljährigkeit entstandenen Verbindlichkeiten mit der Folge der unbeschränkten Haftung als nach Eintritt der Volljährigkeit entstanden (§ 1629a Abs. 4 S. 1 BGB).

130

dd) Einreden und Einwendungen. Ein persönlich in Anspruch genommener Gesellschafter kann sich entsprechend § 129 Abs. 1 HGB nicht nur auf eigene Einreden und Einwendungen berufen, sondern auch auf Einwendungen und Einreden der Gesellschaft.

131

ee) Leistungsverweigerungsrechte. Ein persönlich in Anspruch genommener Gesellschafter kann die Leistung in entsprechender Anwendung der §§ 129 Abs. 2, Abs. 3 HGB verweigern, soweit und solange die GbR das der Verbindlichkeit zugrundeliegende Rechtsgeschäft anfechten oder der Gläubiger sich durch Aufrechnung gegenüber der Gesellschaft befriedigen kann.

132

ff) Haftung gegenüber Mitgesellschaftern. Resultiert eine gegenüber einem Gesellschafter bestehende Verbindlichkeit der Gesellschaft aus dem Gesellschaftsverhältnis (**„Sozialverbindlichkeit"**), ist eine persönliche Haftung der übrigen Gesellschafter aus einer entsprechenden Anwendung des § 128 S. 1 HGB ausgeschlossen. Dies gilt nicht für den Abfindungsanspruch eines ausgeschiedenen Gesellschafters (→ Rn. 367 ff.).

133

Für nicht mit dem Gesellschaftsverhältnis im Zusammenhang stehende, gegen die Gesellschaft gerichtete Ansprüche eines Gesellschafters haften die übrigen Gesellschafter hingegen wie gegenüber einem außenstehenden Gesellschaftsgläubiger. Der Höhe nach haftet der in Anspruch genommene Gesellschafter in diesem Fall allerdings nur insoweit, wie der der Anspruch des anspruchsstellenden Gesellschafters dessen eigenen Haftungsanteil übersteigt.[105]

134

---

[101] BGHZ 172, 169 = NJW 2007, 2490; BGHZ 154, 88 = NJW 2003, 1445.
[102] Bei § 31 BGB folgt diese Restriktion bereits aus dem Wortlaut der Norm, im Fall des § 278 BGB entspricht sie der stRspr des BGH (bspw. NJW-RR 2014, 622).
[103] BGH NJW 1999, 3485.
[104] BGHZ 142, 315 = NJW 1999, 3483; NJW-RR 2004, 400 Tz. 17; BFHE 255, 239.
[105] Palandt/*Sprau*, 76. Aufl. 2017, § 714 Rn. 19.

135 gg) Haftung eintretender Gesellschafter. Nachträglich in die Gesellschaft eintretende Gesellschafter haften in entsprechender Anwendung der §§ 128 S. 1, 130 Abs. 1 HGB auch für die vor ihrem Eintritt begründeten Verbindlichkeiten[106] der Gesellschaft.[107]

136 hh) Haftung ausgeschiedener Gesellschafter. Scheidet ein Gesellschafter aus der Gesellschaft aus (→ Rn. 331 ff.), haftet er den Gesellschaftsgläubigern für die bis zu seinem Ausscheiden begründeten Verbindlichkeiten der GbR für einen Zeitraum von fünf Jahren unbegrenzt mit seinem Privatvermögen („**Nachhaftung**"; §§ 160 Abs. 1 HGB, 736 Abs. 2 BGB). Da das Ausscheiden eines GbR-Gesellschafters mangels Registerpflicht der GbR (→ Rn. 4) nicht in ein öffentliches Register eingetragen wird, beginnt der Lauf der Fünfjahresfrist abweichend vom Wortlaut des § 160 Abs. 1 S. 2 HGB erst mit der Kenntnis des jeweiligen Gesellschaftsgläubigers vom Ausscheiden des Gesellschafters.[108] Anders als im Fall einer OHG oder KG fehlt es somit an einem einheitlichen Ablauf der Nachhaftungsfrist, da diese gläubigerindividuell zu ermitteln ist. Für den Zeitpunkt der Kenntniserlangung ist dabei der sich auf den Ablauf der Nachhaftungsfrist berufende Gesellschafter beweispflichtig. Ein ausgeschiedener Gesellschafter sollte daher sicherstellen, dass zumindest die wesentlichen Gesellschaftsgläubiger zeitnah und in nachweisbarer Form über sein Ausscheiden aus der Gesellschaft informiert werden. Bei Gesellschaftsverbindlichkeiten, die auf ein deliktisches Handeln des ausgeschiedenen Gesellschafters selbst zurückzuführen sind, kommt eine zeitliche Begrenzung der Haftung auf die Nachhaftungsfrist nach herrschender Lehre nicht in Betracht.[109]

137 ii) Haftung nach Beendigung der Gesellschaft. Auch nach Vollbeendigung der Gesellschaft (→ Rn. 162) haften die zum Beendigungszeitpunkt noch vorhandenen GbR-Gesellschafter in entsprechender Anwendung des § 128 S. 1 HGB für die Verbindlichkeiten der Gesellschaft. Wäre dies nicht der Fall, wäre die persönliche Haftung der Gesellschafter für die Gesellschaftsgläubiger letztlich auch ohne Wert. Verjährung tritt insoweit fünf Jahre nach der Auflösung der Gesellschaft ein, sofern der gegen die Gesellschaft gerichtete Anspruch nicht aus anderen Gründen (bspw. den allgemeinen Verjährungsregelungen oder einer Verjährungsvereinbarung mit dem Gläubiger) früher verjährt (§§ 159 Abs. 1 HGB, 736 Abs. 2 BGB). Der Lauf der Verjährungsfrist beginnt dem Wortlaut nach mit der Eintragung der Auflösung der Gesellschaft im Handelsregister (§ 159 Abs. 2 HGB), die es bei einer GbR mangels Registerpflicht (→ Rn. 4) nicht gibt. Insoweit gelten die Ausführungen und Handlungsempfehlungen zur Haftung eines ausgeschiedenen Gesellschafters entsprechend (→ Rn. 136).

138 jj) Ausgleichsansprüche in Anspruch genommener Gesellschafter. Soweit die Leistung des in Anspruch genommenen Gesellschafters seinen eigenen Haftungsanteil übersteigt, geht der Anspruch des Gesellschaftsgläubigers einschließlich der bestehenden akzessorischen Sicherheiten[110] durch die Leistung auf den leistenden Gesellschafter über (§§ 401 Abs. 1, 412, 426 Abs. 2 S. 1 BGB). Zudem steht dem in Anspruch genommenen Gesellschafter – sofern er im Innenverhältnis nicht allein für die Verbindlichkeit einzustehen hat – ein gegen die Gesellschaft gerichteter **Anspruch auf Aufwendungsersatz** aus §§ 670, 713 BGB beziehungsweise §§ 670, 683 S. 1 BGB (→ Rn. 94 ff.) zu. Der dar-

---

[106] Die Begründung einer Verbindlichkeit ist von ihrer Entstehung zu unterscheiden. Eine Verbindlichkeit entsteht, wenn alle anspruchsbegründenden Tatsachen vorliegen. Begründet ist sie bereits in dem Zeitpunkt, in dem das Schuldverhältnis iwS, das den Rechtsgrund der Verbindlichkeit darstellt, entstanden ist.
[107] BGHZ 154, 370 = NJW 2003, 1803.
[108] BGH NZG 2007, 3784 (für den Fall einer OHG bei unterbliebener Registereintragung); OLG Stuttgart BeckRS 2012, 16019 (für die GbR).
[109] MüKoHGB/K. Schmidt § 160 Rn. 25 mwN.
[110] Akzessorische Sicherheiten sind in ihrem Bestand vom Bestehen der besicherten Forderung abhängig. Dies ist bei Hypotheken, Pfandrechten und Bürgschaften der Fall.

I. Die Gesellschaft bürgerlichen Rechts § 24

über hinaus bestehende, gegen die übrigen Gesellschafter gerichtete **Anspruch auf Gesamtschuldnerausgleich** aus § 426 Abs. 1 S. 1 BGB ist im Verhältnis zum gegen die Gesellschaft gerichteten Auslagenersatzanspruch subsidiär.[111]

Die **Höhe des Ausgleichsanspruchs** richtet sich bei fehlender individueller Abrede 139 über die konkrete Gesellschaftsverbindlichkeit abweichend von § 426 Abs. 1 S. 1 BGB nach der Verlustbeteiligung der Gesellschafter,[112] die im Zweifel (wie in § 426 Abs. 1 S. 1 BGB vorgesehen) nach Köpfen erfolgt (§ 722 Abs. 1 BGB; → Rn. 98).

Beruht die Gesellschaftsverbindlichkeit auf **subjektiv vorwerfbarem Verhalten eines** 140 **Mitgesellschaftes,** beurteilt sich dessen Ersatzpflicht gegenüber den Mitgesellschaftern nach dem im Innenverhältnis allein relevanten Maßstab der **Sorgfalt in eigenen Angelegenheiten** (§ 708 BGB). Nach diesem Maßstab hat der Schädiger neben Vorsatz und grober Fahrlässigkeit nur für die Sorgfalt einzustehen, die er in eigenen Angelegenheiten anzuwenden pflegt (§ 277 BGB; → Rn. 123).

c) Haftung aus sonstigen Gründen. Bei Vorliegen der entsprechenden Voraussetzungen 141 haftet ein Gesellschafter (auch) aus den allgemeinen gesetzlichen Gründen, beispielsweise aus Delikt oder einer Geschäftsführung ohne Auftrag.

5. Aufsichtsrat, Beirat

Ein Aufsichts- oder Beirat ist bei der GbR gesetzlich nicht, auch nicht nach den einschlä- 142 gigen Gesetzen über die unternehmerische Mitbestimmung (MontanMitbestG, MontanMitbestErgG, MitbestG, DrittelbG; dazu → Rn. 870 ff.), vorgeschrieben. Eine freiwillige Einrichtung auf gesellschaftsvertraglicher Basis ist möglich. Mit der Maßgabe, dass sich Restriktionen aus dem Grundsatz des Selbstorganschaft (→ Rn. 54) ergeben können, kann insoweit auf die Ausführungen zum fakultativen Beirat in → Rn. 1001 ff. verwiesen werden. Diese gelten für einen fakultativen Aufsichtsrat mit dem Unterschied entsprechend, dass ein Aufsichtsrat insbesondere der Überwachung der Geschäftsführung dient und insoweit im Gesellschaftsvertrag meist auf die aktienrechtlichen Vorschriften über den Aufsichtsrat verwiesen wird.

Ein in der Rechtsform der GbR organisiertes gewerblich tätiges Unternehmen weist 143 zwingend einen eher geringen Geschäftsumfang auf, da andernfalls eine OHG vorläge (→ Rn. 192). Die freiwillige Einrichtung eines Aufsichts- oder Beirats macht bei einer eher geringen Unternehmensgröße aber – auch vor dem Hintergrund, dass die Mitglieder des Aufsichts- oder Beirats regelmäßig entgeltlich tätig werden – zumeist keinen Sinn, weshalb ein freiwilliger Aufsichts- oder Beirat bei einer GbR in der Praxis eher ein Ausnahmefall ist.

6. Änderungen im Gesellschafterbestand

Der Gesellschafterbestand kann sich dadurch ändern, dass Gesellschafter aus der Gesell- 144 schaft ausscheiden oder aus dieser ausgeschlossen werden, neue Gesellschafter in die Gesellschaft eintreten oder ein Gesellschafterwechsel stattfindet. Die Erläuterung erfolgt insoweit im Zusammenhang mit den entsprechenden Ausführungen zur OHG und KG (→ Rn. 330 ff.), auf die nachfolgend verwiesen wird.

a) Ausscheiden von Gesellschaftern. Unter dem Ausscheiden eines Gesellschafters 145 wird die Beendigung seiner Beteiligung an der identitätswahrend von den übrigen Gesellschaftern fortgesetzten Gesellschaft verstanden. Auf die Ausführungen in → Rn. 331 ff. wird verwiesen.

---

[111] Mitgesellschafter können nur in Anspruch genommen werden, wenn die Gesellschaft zum Ausgleich nicht in der Lage ist (BGHZ 37, 299 = NJW 1962, 1863; NJW 1988, 1375).
[112] BGH NJW 1988, 1375.

146 b) Ausschluss von Gesellschaftern. Der Ausschluss ermöglicht es den Gesellschaftern, einen störenden Mitgesellschafter aus der Gesellschaft zu entfernen und die Gesellschaft ohne diesen fortzusetzen. Für die übrigen Gesellschafter ist der Ausschluss des störenden Gesellschafters damit die Alternative zur Kündigung der Gesellschaft. Auf die Ausführungen in → Rn. 407 ff. wird verwiesen.

147 c) Eintritt von Gesellschaftern. Durch den Eintritt eines Gesellschafters erweitert sich der Gesellschafterkreis bei unveränderter Identität der Gesellschaft (→ Rn. 416 ff.).

148 aa) Eintritt unter Lebenden. Die Gesellschafter können mit einem noch nicht unmittelbar an der Gesellschaft beteiligten Rechtsträger dessen Aufnahme in die Gesellschaft vereinbaren. Auf die Ausführungen in → Rn. 417 ff. wird verwiesen.

149 bb) Todesfallbedingter Eintritt (Eintrittsklauseln). Eine Eintrittsklausel ist eine gesellschaftsvertragliche Vereinbarung, mit der einem Dritten das auf den Todesfall eines bestimmten Gesellschafters bedingte Recht eingeräumt wird, als neuer Gesellschafter in die von den überlebenden Gesellschaftern ohne die Erben des verstorbenen Gesellschafters fortgesetzte Gesellschaft einzutreten. Eintrittsklauseln dienen damit der Regelung der Nachfolge eines Gesellschafters in seine Beteiligung für den Fall seines Ablebens, wobei die Identität der Gesellschaft gewahrt bleibt, die Identität der Beteiligung hingegen nicht. Auf die Ausführungen in → Rn. 420 ff. wird verwiesen.

150 d) Gesellschafterwechsel. Der Austausch eines Gesellschafters bei Wahrung der Identität sowohl der Beteiligung als auch der Gesellschaft wird als Gesellschafterwechsel bezeichnet. Auf die Ausführungen in → Rn. 452 ff. wird verwiesen.

151 aa) Unter Lebenden. Mangels einer Norm, die einen Übergang der Beteiligung auf einen anderen Rechtsträger als Rechtsfolge vorsieht, kommt ein Gesellschafterwechsel nur auf rechtsgeschäftlicher Basis in Betracht. Auf die Ausführungen in → Rn. 453 ff. wird verwiesen.

152 bb) Gesellschafterwechsel von Todes wegen (Nachfolgeklauseln). Nachfolgeklauseln sollen den todesfallbedingten Verlust der Beteiligung verhindern, indem vereinbart wird, dass die Gesellschaft im Fall des Todes eines Gesellschafters mit einem Dritten (rechtsgeschäftliche Nachfolgeklauseln) oder mit den Erben des verstorbenen Gesellschafters (erbrechtliche Nachfolgeklauseln) fortgesetzt wird, wodurch sowohl die Identität sowohl der Gesellschaft als auch die der Beteiligung gewahrt wird. Auf die Ausführungen in → Rn. 452, 461 ff. wird verwiesen.

153 (1) Rechtsgeschäftliche Nachfolgeklauseln. Eine rechtsgeschäftliche Nachfolgeklausel zeichnet sich dadurch aus, dass die Nachfolge in die Beteiligung des verstorbenen Gesellschafters allein aufgrund einer rechtsgeschäftlichen Vereinbarung erfolgt. Auf die Ausführungen in → Rn. 461 wird verwiesen.

154 (2) Einfache (erbrechtliche) Nachfolgeklauseln. Die einfache Nachfolgeklausel ist eine erbrechtliche Nachfolgeklausel, was bedeutet, dass sich der todesfallbedingte Gesellschafterwechsel in die fortgesetzte Gesellschaft ohne Mitwirkung der Nachfolger allein nach den erbrechtlichen Regelungen der §§ 1922 ff. BGB vollzieht. Nachfolger des verstorbenen Gesellschafters sind somit seine Erben. Im Unterschied zur qualifizierten Nachfolgeklausel, bei der nur bestimmte Erben oder Erben, die bestimmte Eigenschaften aufweisen, dem Erblasser in die Beteiligung nachfolgen (→ Rn. 155), werden bei einer einfachen Nachfolgeklausel alle Erben Nachfolger des verstorbenen Gesellschafters. Auf die Ausführungen in → Rn. 463 ff. wird verwiesen.

(3) Qualifizierte (erbrechtliche) Nachfolgeklauseln. Die qualifizierte Nachfolgeklausel ist ebenso wie die einfache Nachfolgeklausel eine erbrechtliche Nachfolgeklausel, sodass sich die Nachfolge in der Beteiligung nach dem Erbrecht richtet. Im Unterschied zur einfachen Nachfolgeklausel (→ Rn. 154) wird die Nachfolge bei der qualifizierten Nachfolgeklausel auf Erben mit bestimmten Eigenschaften („Qualifikationen") beschränkt. Auf die Ausführungen in → Rn. 484 ff. wird verwiesen.

7. Beendigung der Gesellschaft

Die Beendigung der GbR vollzieht sich grundsätzlich in den drei Schritten Auflösung, Auseinandersetzung der Gesellschafter und Vollbeendigung (→ § 5 Rn. 89 ff.).

a) Auflösung. Durch die Auflösung wird der gemeinsam verfolgte Zweck (→ Rn. 26 ff.) dahingehend geändert, dass die Gesellschaft nunmehr auf die Auseinandersetzung gemäß den §§ 730 bis 735 BGB (→ Rn. 161) zwecks anschließender Vollbeendigung der Gesellschaft (→ Rn. 162) ausgerichtet ist.

Stets möglich ist zunächst die Auflösung durch einen **Auflösungsbeschluss,** der als Grundlagengeschäft einstimmig gefasst werden muss, sofern im Gesellschaftsvertrag keine Mehrheitsentscheidung vorgesehen ist (→ Rn. 80). Darüber hinaus finden sich in den §§ 723 bis 728 BGB folgende **gesetzliche Auflösungsgründe:**
- Ablauf der zwischen den Gesellschaftern vereinbarten Zeit (→ Rn. 32),
- Erreichen des vereinbarten Zwecks (§ 726 Var. 1 BGB),
- Unmöglichwerden der Zweckerreichung (§ 726 Var. 2 BGB),
- Kündigung der Gesellschaft durch einen Gesellschafter (→ Rn. 86 ff.) oder einen Privatgläubiger eines Gesellschafters (→ Rn. 107),
- Eröffnung des Insolvenzverfahrens über das Vermögen der Gesellschaft (§ 728 Abs. 1 S. 1 BGB) oder eines Gesellschafters (§ 728 Abs. 2 S. 1 BGB)
- Tod eines Gesellschafters (§ 727 Abs. 1 BGB).

Bei den in der Person eines Gesellschafters liegenden Auflösungsgründen (Kündigung durch den Gesellschafter oder einen seiner Privatgläubiger, Insolvenz des Gesellschafters, Tod oder Ausschluss des Gesellschafters) steht die Rechtsfolge der Auflösung der Gesellschaft zur Disposition der Gesellschafter und kann daher abbedungen werden (→ Rn. 332). Die anderen Auflösungsgründe (Zeitablauf, Zweckerreichung, Unmöglichkeit der Zweckerreichung, Insolvenz der Gesellschaft) stehen hinsichtlich der drei erstgenannten Gründe insoweit zur Disposition der Gesellschafter, dass eine Auflösung durch eine Änderung des Gesellschaftsvertrags (Aufhebung oder Verlängerung der Befristung der Gesellschaft, Änderung des bisher verfolgten Zwecks) verhindert werden kann. Die dem Schutz des Rechtsverkehrs dienende Auflösung im Fall der Insolvenz der Gesellschaft steht demgegenüber nicht zur Disposition der Gesellschafter.

Mit der Auflösung der Gesellschaft endet für die Gesellschafter die Pflicht zur Förderung des ursprünglichen Gesellschaftszwecks. Den Gesellschaftern steht die Geschäftsführungsbefugnis und damit auch die Vertretungsbefugnis im Zweifel nunmehr wieder gemeinschaftlich zu (§ 730 Abs. 2 S. 2 BGB).

b) Auseinandersetzung der Gesellschafter. Bei fehlender abweichender Vereinbarung der Gesellschafter (bspw. in Form der Vereinbarung einer Realteilung) wird die Gesellschaft liquidiert. Dazu sind die schwebenden Geschäfte zu beenden (§ 730 Abs. 2 BGB), den Gesellschaftern sind die der Gesellschaft zur Nutzung überlassenen Gegenstände zurückzugeben (§ 732 BGB) und die gemeinschaftlichen Schulden sind auszugleichen (§ 733 Abs. 1 BGB). Ein nach der anschließenden Rückerstattung der Einlagen (§ 733 Abs. 2 BGB) verbleibender Überschuss ist ebenso wie ein Fehlbetrag im Rahmen der Schlussabrechnung (→ Rn. 397) unter den Gesellschaftern zu verteilen (§§ 734 f. BGB). Fehlt es an der Vereinbarung eines Verteilungsmaßstabs, folgt die Verteilung eines Überschusses der vereinbarten Verteilung der Gewinne (§ 734 BGB) und die Verteilung eines Fehlbetrages der vereinbarten Verteilung der Verluste (§ 735 BGB). Eine Verteilungsregelung nur für die Gewinne gilt bei fehlender Regelung über die Verteilung der Verluste auch für diese und umgekehrt (§ 722 Abs. 2 BGB). Im Zweifel erfolgt die Verteilung nach Köpfen (§ 722 Abs. 1 BGB). Für den Fall eines sich im Rahmen der Schlussabrechnung für einen oder mehrere Gesellschafter ergebenden negativen Saldos gelten die Ausführungen in → Rn. 400 entsprechend.

162 **c) Vollbeendigung.** Mit dem Abschluss der Auseinandersetzung endet das Gesellschaftsverhältnis, auch wenn noch nicht alle gemeinschaftlichen Verbindlichkeiten erfüllt sind.[113] Die Gesellschafter einer vollbeendeten GbR haften den Gesellschaftsgläubigern auch über die Beendigung der Gesellschaft hinaus persönlich. Verjährung tritt insoweit spätestens fünf Jahre nach Kenntnis des Gläubigers von der Auflösung der Gesellschaft ein (§§ 159 Abs. 1 HGB, 736 Abs. 2 BGB; → Rn. 137).

II. Personenhandelsgesellschaften (OHG und KG)

163 Die im HGB geregelten Personengesellschaften **offene Handelsgesellschaft** („OHG") und **Kommanditgesellschaft** („KG"), werden aufgrund ihres Zweckes, ein Handelsgewerbe zu betreiben (OHG: § 105 Abs. 1 HGB; KG: § 161 Abs. 1 HGB), als **Personenhandelsgesellschaften** bezeichnet. Sie sind zwingend **Außengesellschaften** (→ Rn. 51) und unterscheiden sich dadurch voneinander, dass bei einer OHG alle Gesellschafter unbeschränkt für die Verbindlichkeiten der Gesellschaft haften (§ 105 Abs. 1 HGB), während es bei einer KG mindestens einen unbeschränkt und einen beschränkt haftenden Gesellschafter gibt (§ 161 Abs. 1 HGB).

164 Die **Bedeutung** der bereits im ADHGB von 1861 geregelten Personenhandelsgesellschaften hat seit ihrer Einführung insbesondere wegen des stark gestiegenen Bedürfnisses nach einem Ausschluss jeglicher persönlichen Haftung erheblich abgenommen; unter Außerachtlassung der Gesellschaften, bei denen keine natürliche Person unbeschränkt haftet, werden derzeit lediglich noch 1,9% aller erwerbswirtschaftlich tätigen Gesellschaften in der Rechtsform einer OHG (1,1%) oder KG (0,8%) betrieben (→ § 5 Rn. 39). Heute besteht die wesentliche Bedeutung der Personenhandelsgesellschaften darin, Basis einer Mischgesellschaft zu sein, bei der alle unbeschränkt haftenden Gesellschafter Rechtsträger sind, bei denen keine natürliche Person den Gesellschaftsgläubigern persönlich haftet. Zumeist handelt es sich dabei um Kapitalgesellschaften, wodurch die in der Flexibilität und der unmittelbaren steuerlichen Ergebniszurechnung auf die mitunternehmerisch tätigen Gesellschafter liegenden Vorteile der Personengesellschaften mit den insbesondere in der Beschränkung der Haftung auf das Gesellschaftsvermögen liegenden Vorteilen der Kapitalgesellschaften kombiniert werden. Die Zahl entsprechender Mischgesellschaften ist rund sechseinhalbmal so hoch, wie die der „reinen" Personenhandelsgesellschaften; weit überwiegend handelt es sich dabei um GmbH & Co. KGs (→ § 5 Rn. 39).

1. Rechtliche Grundlagen

165 **a) Anwendbare Normen.** OHG und GbR (→ Rn. 2ff.) unterscheiden sich hinsichtlich des Gesellschaftszwecks dadurch, dass dieser bei einer OHG zwingend im Betrieb eines Handelsgewerbes liegt (§ 105 Abs. 1 HGB; → Rn. 177), während mit einer GbR jeder andere mit der Rechtsordnung in Einklang stehende Zweck verfolgt werden kann (→ Rn. 27). Vor diesem Hintergrund stellt sich die **OHG** als **Spezialität der GbR** dar, weshalb die §§ 705 ff. BGB grundsätzlich auch bei der OHG zur Anwendung kommen. Die §§ 105 ff. HGB enthalten demgegenüber lediglich dem speziellen Gesellschaftszweck

---

[113] MüKoBGB/*Schäfer* § 730 Rn. 35.

geschuldete punktuelle Modifikationen und Ergänzungen der §§ 705 ff. BGB, die diesen vorgehen (§ 105 Abs. 3 HGB).

OHG und KG wiederum unterscheiden sich dadurch, dass bei einer OHG alle Gesellschafter unbeschränkt für die Verbindlichkeiten der Gesellschaft haften, während es bei einer **KG** neben mindestens einem unbeschränkt für die Verbindlichkeiten der Gesellschaft haftenden Gesellschafter mindestens einen lediglich beschränkt haftenden Gesellschafter (**„Kommanditist"**) gibt (§ 161 Abs. 1 HGB). Die sich daraus ergebenden Besonderheiten der KG im Vergleich zur OHG sind Gegenstand der §§ 161 ff. HGB. Die Reglungen zur OHG (§§ 105 ff. BGB) kommen ausweislich § 161 Abs. 2 HGB ergänzend zur Anwendung, was die (weiter) ergänzende Anwendung der §§ 705 ff. BGB gemäß § 105 Abs. 3 HGB beinhaltet.

Soweit in den nachfolgenden Ausführungen nicht ausdrücklich zwischen OHG und KG unterschieden wird, gelten die Ausführungen für OHG und KG gleichermaßen; Verweise auf die §§ 705 ff. BGB kommen in diesem Fall über § 105 Abs. 3 HGB auf die OHG und über §§ 105 Abs. 3, 161 Abs. 2 HGB auf die KG zur Anwendung, während Verweise auf die §§ 105 ff. HGB über § 161 Abs. 2 HGB auf die KG zur Anwendung kommen.

b) Rechtsfähigkeit. Personenhandelsgesellschaften können „*unter ihrer Firma Rechte erwerben und Verbindlichkeiten eingehen, Eigentum und andere dingliche Rechte an Grundstücken erwerben, vor Gericht klagen und verklagt werden*" (§ 124 Abs. 1 HGB). Dass Personenhandelsgesellschaften rechtsfähig sind und über eine eigene Vermögenssphäre verfügen, steht nach dieser Umschreibung außer Frage; fraglich kann lediglich sein, wie weit die Rechtsfähigkeit reicht. Die vorstehende Aufzählung deutet insoweit auf eine Teilrechtsfähigkeit hin, erweist sich bei genauerer Betrachtung aber als Umschreibung einer im Grundsatz **unbeschränkten Rechtsfähigkeit**.[114]

c) Gesamthandschaft. Die Frage, ob Personenhandelsgesellschaften Gesamthandschaften (→ § 5 Rn. 27) sind, ist dogmatischer Natur und streitig. Unstreitig ist, dass Personenhandelsgesellschaften **keine eigene Rechtspersönlichkeit** (→ § 5 Rn. 9) haben und daher keine juristischen Personen (→ § 5 Rn. 17 ff.) sind.[115] Für die Ansicht, Personenhandelsgesellschaften seien Gesamthandschaften, spricht, dass sie auf dem Recht der GbR basieren (→ Rn. 165) und GbR nach (derzeit) herrschender Auffassung Gesamthandschaften sind (→ Rn. 12). Dagegen spricht der Umstand, dass Personenhandelsgesellschaften ausweislich § 124 Abs. 1 HGB eine eigene Vermögenssphäre haben (→ Rn. 168), sodass die in § 718 Abs. 1 BGB für die GbR angeordnete gesamthänderische Vermögenszuordnung auf die Gesellschafter bei Personenhandelsgesellschaften nicht nur nicht erforderlich ist, sondern richtigerweise nach dem Prinzip der Spezialität durch § 124 Abs. 1 HGB verdrängt ist und daher nicht zur Anwendung kommt (§ 105 Abs. 3 HGB). Auch wenn die besseren Argumente dafür sprechen, Personenhandelsgesellschaften nicht als **Gesamthandschaften** anzusehen, ist dies weiterhin herrschende Ansicht und wird für die nachfolgenden Ausführungen zugrunde gelegt.

d) Prinzip der Anwachsung. Sofern man die Personenhandelsgesellschaften mit der herrschenden Meinung als Gesamthandschaften (→ Rn. 10 ff.) ansieht (→ Rn. 169), geht dies zwangsläufig damit einher, dass auch das damit zusammenhängende Prinzip der Anwachsung (→ Rn. 13 ff.) zur Anwendung kommt.

---

[114] MüKoHGB/*K. Schmidt* § 105 Rn. 7.
[115] In der Vergangenheit wurde vereinzelt die Ansicht vertreten, Personenhandelsgesellschaften seien juristische Personen. Gegen diese Ansicht spricht bereits der Umstand, dass juristische Personen nur durch einen staatlichen Hoheitsakt entstehen können, der regelmäßig in einer Registereintragung liegt (→ § 5 Rn. 8), eine Personenhandelsgesellschaft ausweislich § 123 Abs. 2 HGB aber unabhängig von einer Registereintragung bereits durch die Aufnahme der Geschäftstätigkeit entsteht (→ Rn. 189).

171 **e) Handelsgewerbe und Kaufmannseigenschaft.** Voraussetzung für das Vorliegen einer Personenhandelsgesellschaft ist das Betreiben eines Handelsgewerbes (OHG: § 105 Abs. 1 HGB; KG: § 161 Abs. 1 HGB; → Rn. 177). **Handelsgewerbe** ist jeder Gewerbebetrieb – dies schließt unter anderem Freiberufler und Land- und Forstwirte aus –, außer das betriebene Unternehmen erfordert nach Art oder Umfang keinen in kaufmännischer Weise eingerichteten Geschäftsbetrieb (§ 1 Abs. 2 HGB). Durch die Eintragung im Handelsregister gilt ein gewerblich tätiges Unternehmen als Handelsgewerbe, auch wenn die Voraussetzungen des § 1 Abs. 2 HGB nicht vorliegen (§ 2 Abs. 1 HGB).

172 Träger des Unternehmens (→ § 5 Rn. 5) ist insoweit allein die Gesellschaft, der das unternehmerische Vermögen rechtlich zugeordnet ist (§ 124 Abs. 1 HGB), sodass diese **Kaufmann** im Sinne des HGB ist (§ 1 Abs. 1 HGB). Ihre Gesellschafter sind als solche indes nicht Kaufmann.[116]

2. Entstehung der Gesellschaft

173 **a) Entstehung durch Gesellschaftsvertrag.** Die Gründung einer Personenhandelsgesellschaft erfolgt im Regelfall durch den Abschluss eines Gesellschaftsvertrages.

174 **aa) Rechtsnatur des Vertrags.** Bei dem Gesellschaftsvertrag einer Personenhandelsgesellschaft handelt es sich um eine schuldrechtliche Vereinbarung der Gesellschafter mit organisationsrechtlichen Elementen, sodass die allgemeinen schuldrechtlichen Regelungen des BGB (§§ 241 ff. BGB) anwendbar sind, soweit Besonderheiten des Gesellschaftsrechts nicht entgegenstehen.

175 **bb) Mindestinhalt. (1) Gesellschafter.** Wie bei der GbR bedarf es auch für eine Personenhandelsgesellschaft mindestens zweier nicht personenidentischer Gesellschafter. Als Gesellschafter kommen dabei alle Rechtsträger mit Ausnahme der Personenhandelsgesellschaft selbst in Betracht, also alle natürlichen und juristischen Personen, sowie alle (anderen) Personengesellschaften (→ Rn. 24). Aufgrund der **Einheitlichkeit der Beteiligung** (→ Fn. 26) ist es dabei nicht möglich, dass ein Gesellschafter mit mehreren selbständigen Anteilen an einer Personenhandelsgesellschaft beteiligt ist. Dies gilt nicht nur, soweit es sich um denselben Gesellschaftertypus handelt, sondern auch für den Fall einer (gewünschten) Beteiligung als persönlich haftender Gesellschafter und Kommanditist an einer KG.[117] Eine **Einpersonengesellschaft** ist damit nicht möglich.[118]

176 Die **Gesellschafter einer OHG** werden im Gesetz als „**Gesellschafter**" bezeichnet;[119] während **bei einer KG** zwischen den beschränkt haftenden „**Kommanditisten**" und den unbeschränkt haftenden Gesellschaftern („**persönlich haftende Gesellschafter**") unterschieden wird (§ 161 Abs. 1 HGB). Der – missglückte –[120] Terminus „persönlich haftender Gesellschafter" wird im HGB zugleich als Oberbegriff für die Gesellschafter einer OHG und die persönlich haftenden Gesellschafter einer KG verwendet (bspw. in § 112 Abs. 1 und 2 HGB und in § 264a Abs. 1 HGB). Für die persönlich haftenden Gesellschafter einer KG ist auch die – im Gesetz nicht verwendete – Bezeichnung als

---

[116] MüKoHGB/*K. Schmidt* § 105 Rn. 13.
[117] BGHZ 24, 106 = NJW 1957, 1026, 1027; → Fn. 33.
[118] Faktisch lässt sich eine Einpersonengesellschaft bspw. dadurch realisieren, dass eine natürliche Person und ein von dieser beherrschter nichtnatürlicher Rechtsträger die einzigen Gesellschafter der Personenhandelsgesellschaft sind.
[119] Ausnahme ist § 131 Abs. 2 HGB, in dem seit einer 1999 in Kraft getretenen Neufassung in Anlehnung an das Recht der KG von „persönlich haftenden Gesellschaftern" gesprochen wird, was überflüssig ist, da bei einer OHG stets alle Gesellschafter persönlich haften (§ 105 Abs. 1 HGB).
[120] Die Bezeichnung „persönlich haftender Gesellschafter" impliziert, dass Kommanditisten nicht persönlich haften. Dies ist ausweislich § 171 Abs. 1 Hs. 1 HGB nicht der Fall, die Haftung ist insoweit lediglich der Höhe nach limitiert und entfällt, soweit der Kommanditist seine Hafteinlage an die Gesellschaft geleistet hat (→ Rn. 287 ff.).

"**Komplementär**" gebräuchlich, die teilweise aber auch für die Gesellschafter einer OHG oder als Oberbegriff für die Gesellschafter einer OHG und die persönlichen haftenden Gesellschafter einer KG verwendet wird.[121] Nachfolgend wird entsprechend der Diktion des HGB bei Ausführungen, die lediglich die OHG betreffen, der Begriff „Gesellschafter" verwendet, während bei Ausführungen, die sich auf die OHG und die KG beziehen, für alle vollhaftenden Gesellschafter die Bezeichnung „persönlich haftende Gesellschafter" verwendet wird.

(2) Gemeinsamer Zweck. Während mit einer GbR jeder mit der Rechtsordnung in Einklang stehende Zweck verfolgt werden kann (→ Rn. 27), liegt der von den Gesellschaftern gemeinsam verfolgte Zweck bei einer Personenhandelsgesellschaft zwingend darin, ein **Handelsgewerbe** (→ Rn. 171) **unter einer gemeinsamen Firma zu betreiben** (OHG: § 105 Abs. 1 HGB; KG: § 161 Abs. 1 HGB). Entgegen dem insoweit missverständlichen Wortlaut muss ein Handelsgewerbe nicht nur angestrebt werden, sondern **objektiv vorliegen** und der gemeinsame Zweck der Gesellschafter darauf gerichtet sein, dieses zu betreiben. Sähe man es anders, würde allein der Wille der Gesellschafter darüber entscheiden, ob eine Personenhandelsgesellschaft vorliegt und die damit einhergehenden gesetzlichen Verpflichtungen (bspw. die Buchführungs- und Bilanzierungspflicht, §§ 238 ff., 242 ff. HGB) zur Anwendung kommen oder nicht. Wird mit der Gesellschaft ein anderer Zweck als der Betrieb eines Handelsgewerbes verfolgt, liegt keine Personenhandelsgesellschaft vor, außer wenn die Gesellschaft (gegebenenfalls freiwillig gemäß § 2 S. 1 HGB) ins Handelsregister eingetragen ist. Liegt keine Personenhandelsgesellschaft vor, handelt es sich regelmäßig um eine GbR.

(3) Förderungspflicht. Auch bei einer Personenhandelsgesellschaft ist es erforderlich, dass die Gesellschafter sich für die Dauer der Gesellschaft zur Förderung des gemeinsamen Zwecks verpflichten. Diese Förderungspflicht wird bereits durch die (zwingende) Übernahme der – im Fall der persönlich haftenden Gesellschafter einer OHG oder KG unbeschränkten und im Fall der Kommanditisten beschränkten – Haftung für die Gesellschaftsverbindlichkeiten (→ Rn. 277 ff.) erfüllt.[122]

(4) Beitragspflicht. Hinsichtlich der Beitragspflicht kann auf die Ausführungen zur GbR verwiesen werden (→ Rn. 30), die dahingehend zu ergänzen sind, dass bei **Kommanditisten** zwischen dem vereinbarten Beitrag, der das Innenverhältnis der Gesellschafter betrifft und gemeinhin als „**Pflichteinlage**" bezeichnet wird, und der „**Hafteinlage**" zu unterscheiden ist. Die Hafteinlage, die treffender auch als „**Haftsumme**" bezeichnet wird, ist dabei der von den Gesellschaftern vereinbarte Betrag, auf den die Haftung der Kommanditisten im Außenverhältnis summenmäßig beschränkt ist (→ Rn. 181). Er kann für jeden Kommanditisten individuell festgelegt werden. In den §§ 161 ff. HGB kommt diese Unterscheidung nur unzureichend zum Ausdruck, da sowohl die Pflichteinlage als auch die Haftsumme als „**Einlage**" bezeichnet werden.[123]

(5) Gemeinschaftliche Firma. Erforderlich ist, dass die Gesellschaft im Geschäftsverkehr eine gemeinschaftliche Firma führt, die Kennzeichnungs- und Unterscheidungskraft besitzt und auf die Rechtsform der Gesellschaft hinweist (OHG: §§ 105 Abs. 1, 17 Abs. 1,

---

[121] Im HGB findet sich der Begriff des Komplementärs lediglich in Form der „Komplementärgesellschaft" in den im Jahr 2000 eingefügten §§ 264c Abs. 3 und Abs. 4 HGB. Als Komplementärgesellschaft werden insoweit Gesellschaften bezeichnet, die persönlich haftende Gesellschafter einer OHG oder KG sind, wenn bei der Personenhandelsgesellschaft kein Gesellschafter eine natürliche Person oder eine Personengesellschaft mit wenigstens einer persönlich haftenden natürlichen Person ist.
[122] Oetker/*Oetker* HGB § 161 Rn. 29.
[123] MüKoHGB/*K. Schmidt* § 172 Rn. 6.

18 Abs. 1, 19 Abs. 1 Nr. 2 HGB; KG: §§ 161 Abs. 1, 17 Abs. 1, 18 Abs. 1, 19 Abs. 1 Nr. 2 HGB).

181 **(6) Haftung.** Eine **OHG** setzt voraus, dass alle Gesellschafter unbeschränkt für die Verbindlichkeiten der Gesellschaft haften (§ 105 Abs. 1 HGB). An einer entsprechenden ausdrücklichen Abrede fehlt es regelmäßig, diese ergibt sich aber zwanglos aus der Vereinbarung, eine OHG zu gründen. Bei einer **KG** gibt es demgegenüber wenigstens einen unbeschränkt und einen beschränkt haftenden Gesellschafter (§ 161 Abs. 1 HGB), weshalb es einer Festlegung bedarf, welche Gesellschafter nur beschränkt haften und wie hoch ihre – die Höhe der Haftung gegenüber den Gesellschaftsgläubigern festlegende – **Haftsumme** (→ Rn. 179) ist. Eine Mindesthöhe für die Haftsumme, die für jeden Kommanditisten individuell festgelegt werden kann, besteht dabei nicht, Änderungen der Haftsumme sind durch eine entsprechende Änderung des Gesellschaftsvertrags jederzeit möglich (→ Rn. 304 ff.).

182 **(7) Dauer der Gesellschaft.** Eine Personenhandelsgesellschaft kann befristet oder für eine unbestimmte Dauer vereinbart werden. Im Zweifel liegt eine auf Dauer eingegangene Gesellschaft vor, die im Gegensatz zu einer für eine bestimmte Zeit eingegangene Gesellschaft nicht nur außerordentlich gekündigt werden kann, wofür ein wichtiger Grund vorliegen muss (→ Rn. 87), sondern auch ordentlich. Eine ordentliche Kündigung ist bei einer befristet eingegangenen Gesellschaft hingegen ausgeschlossen (→ Rn. 89).

183 **cc) Formerfordernisse.** In Ermangelung einer gesetzlichen Formvorgabe kann der Gesellschaftsvertrag einer Personenhandelsgesellschaft im Grundsatz **formfrei** vereinbart werden, wovon allerdings abzuraten ist. Aus Beweisgründen ist es empfehlenswert, den Gesellschaftsvertrag zumindest in schriftlicher Form zu schließen und für Vertragsänderungen eine qualifizierte Schriftformklausel (→ Fn. 40) zu vereinbaren. Auf die Ausführungen zur GbR über im Einzelfall zu beachtende Formerfordernisse, die auch für Personenhandelsgesellschaften gelten, wird ergänzend verwiesen (→ Rn. 34 ff.).

184 **dd) Registerpflicht.** Personenhandelsgesellschaften sind registerpflichtig. Die Anmeldung zur Eintragung ins Handelsregister ist von allen Gesellschaftern gemeinsam (→ Rn. 266) beim Amtsgericht am Sitz der Gesellschaft vorzunehmen (§ 106 Abs. 1 HGB), wobei die Anmeldung folgende Daten enthalten muss:
- Name, Vorname(n), Geburtsdatum und Wohnort der **persönlich haftenden Gesellschafter** (§ 106 Abs. 2 Nr. 1 HGB),
- **Firma, Sitz** und **inländische Geschäftsanschrift** der Gesellschaft (§ 106 Abs. 2 Nr. 2 HGB),
- die **Vertretungsverhältnisse** der Gesellschaft (§ 106 Abs. 2 Nr. 4 HGB).

185 Anzumelden sind auch:
- **Änderungen** der vorgenannten Daten (§ 107 HGB),
- der **Eintritt eines Gesellschafters** (§ 107 HGB),
- das **Ausscheiden eines Gesellschafters** (§§ 143 Abs. 1 S. 1, Abs. 2 HGB) sowie die **Auflösung der Gesellschaft** (§ 143 Abs. 1 S. 1 HGB).

186 Bei einer KG sind zudem
- die **Kommanditisten** (§ 162 Abs. 1 S. 1 HGB),
- die Höhe ihrer für die Haftung maßgeblichen **Haftsumme** (§ 162 Abs. 1 S. 1 HGB),
- **Erhöhungen und Herabsetzungen der Haftsumme** (§ 175 S. 1 HGB) sowie
- der **Eintritt und das Ausscheiden von Kommanditisten** (§ 162 Abs. 3 HGB)

anzumelden.

187 **Daten über Kommanditisten** werden zum Schutz ihrer Privatsphäre nicht bekanntgemacht (§ 162 Abs. 2 HGB). Dies umfasst nicht nur die persönlichen Daten (Name, Vorname, Geburtsdatum und Wohnort), sondern auch die Anzahl der Kommanditisten,

die Höhe ihrer jeweiligen Haftsumme und die Summe der Haftsummen aller Kommanditisten. Aus der Registerveröffentlichung ergibt sich daher nur, dass es sich bei der Gesellschaft um eine KG handelt; die nicht bekanntgemachten Daten sind im Handelsregister einsehbar, was auch über das Internet erfolgen kann.

ee) Entstehungszeitpunkt. Wie die GbR entsteht auch eine Personenhandelsgesellschaft im **Innenverhältnis** bei fehlender abweichender Vereinbarung der Gesellschafter mit dem wirksamen Abschluss des Gesellschaftsvertrages (→ Rn. 42). 188

Im **Außenverhältnis** entsteht die Personenhandelsgesellschaft mit der **Eintragung ins Handelsregister** (§ 123 Abs. 1 HGB), oder – im Fall eines vorherigen Beginns der Geschäfte – **mit dem Geschäftsbeginn** (§ 123 Abs. 2 HGB). Maßgeblich für den **Beginn der Geschäftstätigkeit** ist dabei das erstmalige Auftreten der Gesellschaft nach außen, das bereits bei Vorbereitungshandlungen vorliegen kann (Eröffnung eines Bankkontos, Beauftragung eines Maklers, Abschluss eines Mietvertrags). 189

b) Andere Entstehungsgründe. Eine Personenhandelsgesellschaft kann auch durch einen Formwechsel entstehen oder aus einer Rechtsformverfehlung resultieren. 190

aa) Formwechsel. Eine Personenhandelsgesellschaft kann durch einen identitätswahrenden Formwechsel aus einer GbR, aus einer anderen Personenhandelsgesellschaft oder durch einen Formwechsel nach dem UmwG entstehen. 191

(1) Aus einer GbR. Ein identitätswahrender Formwechsel kann daraus resultieren, dass der bislang minderkaufmännische gewerbliche Geschäftsbetrieb einer GbR nach Art und Umfang die Qualität eines vollkaufmännischen Handelsgewerbes erlangt. Von diesem im Einzelfall schwer zu bestimmenden Zeitpunkt an betreibt die Gesellschaft ein Handelsgewerbe (§ 1 Abs. 2 HGB), ist daher Kaufmann (§ 1 Abs. 1 HGB) und wandelt sich ohne Zutun der Gesellschafter auch gegen deren Willen im Innen- wie im Außenverhältnis in eine OHG, da nunmehr die Voraussetzungen des § 105 Abs. 1 HGB erfüllt werden. Auf eine gegebenenfalls noch ausstehende Eintragung der OHG kommt es insoweit nicht an (§ 123 Abs. 2 HGB; → Rn. 189). 192

Wird eine GbR bei fehlendem Vorliegen eines vollkaufmännischen Geschäftsbetriebes **freiwillig als OHG oder** (unter gleichzeitiger Änderung des Gesellschaftsvertrags dahingehend, dass einer oder einige, nicht aber alle der Gesellschafter den Gesellschaftsgläubigern gegenüber künftig nur noch auf einen festgelegten Betrag beschränkt haften) **als KG eingetragen** (§§ 2 S. 2, 105 Abs. 2 HGB), ist die Eintragung für die Entstehung der Personenhandelsgesellschaft konstitutiv (OHG: §§ 2 S. 1, 105 Abs. 1 HGB; KG: §§ 2 S. 1, 161 Abs. 1 HGB); eine vorherige Aufnahme der Geschäftstätigkeit ist für das Entstehen der Personenhandelsgesellschaft ohne Bedeutung (§ 123 Abs. 2 HGB). Ob im Innenverhältnis der Gesellschafter bereits vor der Eintragung das Recht der (vereinbarten) Personenhandelsgesellschaft anwendbar ist, ist eine Frage der Abrede zwischen den Gesellschaftern. 193

(2) Aus einer anderen Personenhandelsgesellschaft. Eine OHG kann dadurch entstehen, dass der Gesellschaftsvertrag einer KG dahingehend geändert wird, dass alle Kommanditisten künftig unbeschränkt für die Verbindlichkeiten der Gesellschaft haften oder der letzte Kommanditist aus der KG ausscheidet und mindestens zwei Gesellschafter verbleiben (→ Rn. 163). Eine KG kann demgegenüber dadurch entstehen, dass der Gesellschaftsvertrag einer OHG dahingehend geändert wird, dass künftig mindestens einer der Gesellschafter – nicht aber alle – für die Verbindlichkeiten der Gesellschaft lediglich noch auf die Höhe seiner festzusetzenden Haftsumme beschränkt haftet, oder ein lediglich beschränkt haftender Gesellschafter in die OHG eintritt (→ Rn. 163). 194

195 **(3) Nach dem Umwandlungsgesetz.** Durch eine formwechselnde Umwandlung kann eine Personenhandelsgesellschaft nur aus einer Kapitalgesellschaft entstehen (§§ 228 ff. UmwG).

196 **bb) Rechtsformverfehlung.** Eine Rechtsformverfehlung liegt vor, wenn die Gesellschaft eine andere Rechtsform hat, als von den Gesellschaftern vereinbart. Dies betrifft zum einen den Fall der angestrebten gewerblich tätigen GbR, die nach Art oder Umfang ihrer Tätigkeit tatsächlich eine OHG ist (→ Rn. 192).

197 Eine Rechtsformverfehlung kommt zudem in Betracht, wenn eine im Ausland gegründete Gesellschaft ihren Sitz in die Bundesrepublik verlegt und mit dem Gründungsstaat kein Übereinkommen besteht, das die Bundesrepublik zur Anerkennung der ausländischen Rechtsform verpflichtet. Die Ausführungen zur GbR gelten insoweit entsprechend (→ Rn. 48). Die Personenhandelsgesellschaft, bei der es sich regelmäßig um eine OHG handeln wird, entsteht dann mit der Aufnahme der Geschäfte (§ 123 Abs. 2 HGB).

3. Rechte und Pflichten der Gesellschafter

198 Wie bei der GbR (→ Rn. 49) ermöglicht der Gesetzgeber auch bei Personenhandelsgesellschaften die Ausgestaltung der Innenverhältnisse in weiten Teilen den Gesellschaftern selbst (OHG: § 109 HGB; KG: § 163 HGB). Die gesetzlichen Regelungen der §§ 109 ff. HGB (OHG) beziehungsweise der §§ 164 ff., 161 Abs. 2, 109 ff. HGB (KG), die jeweils durch die §§ 705 ff. BGB ergänzt werden (OHG: § 105 Abs. 3 HGB; KG: §§ 161 Abs. 2, 105 Abs. 3 HGB), kommen daher nur zur Anwendung, wenn es an einer vorgehenden gesellschaftsvertraglichen Vereinbarung fehlt oder die gesetzliche Regelung zwingend ist.

199 **a) Rechte der Gesellschafter.** Die aus der Beteiligung resultierenden Rechte eines Gesellschafters gegenüber Gesellschaft und Mitgesellschaftern entsprechen im Grundsatz denen eines GbR-Gesellschafters (→ Rn. 50 ff.).

200 **aa) Verwaltungsrechte.** Wie ausgeführt sind Verwaltungsrechte nichtmonetärer Art und höchstpersönlicher Natur, unterliegen dem Abspaltungsverbot und werden in eigennützige und fremdnützige Verwaltungsrechte unterschieden (→ Rn. 51).

201 **(1) Geschäftsführungsbefugnis.** Für die organschaftliche Geschäftsführungsbefugnis sind die §§ 114 bis 117 HGB und § 164 S. 1 HGB maßgeblich, ergänzend ist auf die §§ 709 ff. BGB zurückzugreifen (→ Rn. 53 ff.).

202 **(a) Grundsatz der Selbstorganschaft.** Der in → Rn. 54 erläuterte Grundsatz der Selbstorganschaft kommt auch auf Personenhandelsgesellschaften zur Anwendung. Damit sind alle persönlich haftenden Gesellschafter einer Personenhandelsgesellschaft zur organschaftlichen Geschäftsführung berechtigt (§ 114 Abs. 1 HGB), sofern nicht einzelne Gesellschafter gesellschaftsvertraglich von der Geschäftsführung ausgeschlossen sind oder diese einzelnen Gesellschaftern übertragen ist. Kommanditisten sind demgegenüber nicht zur organschaftlichen Geschäftsführung befugt (§ 164 S. 1 HGB), sie können lediglich zur nichtorganschaftlichen Geschäftsführung ermächtigt werden. Eine organschaftliche Fremdgeschäftsführung ist ausgeschlossen (→ Rn. 55).

203 **(b) Art der Geschäftsführungsbefugnis.** Weitergehend als bei der GbR, bei der der Grundsatz der gemeinschaftlichen Geschäftsführung durch alle Gesellschafter gilt (→ Rn. 56), ist für die zur organschaftlichen Geschäftsführung berechtigten Gesellschafter einer Personenhandelsgesellschaft eine **Einzelgeschäftsführungsbefugnis** vorgesehen (§ 115 Abs. 1 HGB). Im Zweifel gilt die die Einzelgeschäftsführungsbefugnis auch, wenn die Geschäftsführungsbefugnis durch den Gesellschaftsvertrag lediglich einem oder einigen

persönlich haftenden Gesellschaftern übertragen wird (§ 115 Abs. 1 HGB). Die übrigen persönlich haftenden Gesellschafter sind in diesem Fall von der (organschaftlichen) Geschäftsführung ausgeschlossen (§ 114 Abs. 2 HGB).

Bei einer vereinbarten **Gesamtgeschäftsführungsbefugnis** sind die geschäftsführenden Gesellschafter nur gemeinschaftlich geschäftsführungsbefugt. Ein Handeln ohne die Zustimmung der anderen geschäftsführenden Gesellschafter ist in diesem Fall ausnahmsweise zulässig, wenn die Umstände ein sofortiges Handeln erfordern, um eine Gefahr von der Gesellschaft abzuwenden („**Gefahr im Verzug**"; § 115 Abs. 2 HGB). Soweit möglich, ist die Einholung der Zustimmung der anderen geschäftsführenden Gesellschafter zu versuchen. Wird eine Zustimmung nicht erteilt, hat die Maßnahme zu unterbleiben. 204

(c) Umfang der Geschäftsführungsbefugnis. Bei einer Personenhandelsgesellschaft ist die Geschäftsführungsbefugnis im Gegensatz zur GbR (→ Rn. 58) auf die **Vornahme gewöhnlicher Geschäfte** (→ Rn. 59) beschränkt (§ 116 Abs. 1 HGB). Darüber hinaus sind die geschäftsführenden Gesellschafter im Innenverhältnis zur Entscheidung über die (bei einer GbR mangels eines Handelsgewerbes nicht mögliche) **Erteilung und den Widerruf**[124] **einer Prokura** (§§ 48 ff. HGB) zuständig, wobei über die Erteilung auch bei einer Einzelgeschäftsführungsbefugnis alle geschäftsführenden Gesellschafter gemeinschaftlich zu entscheiden haben (§ 116 Abs. 3 S. 1 HGB). 205

Über **außergewöhnliche Geschäfte** (→ Rn. 60), die bei der GbR in den Kompetenzbereich der geschäftsführenden Gesellschafter fallen (→ Rn. 58), entscheiden bei einer Personenhandelsgesellschaft **alle Gesellschafter** – auch die Kommanditisten und die gesellschaftsvertraglich von der Geschäftsführung ausgeschlossenen Gesellschafter – durch (einstimmigen) Beschluss (§§ 116 Abs. 2, 164 S. 1 HGB).[125] Hintergrund des im Vergleich zur GbR geringeren Umfangs der Geschäftsführungskompetenz ist, dass die gesetzlich vorgesehene Einzelgeschäftsführungsbefugnis (→ Rn. 203) einem geschäftsführenden Gesellschafter andernfalls weitreichende Entscheidungen zulasten aller Gesellschafter ohne Abstimmung mit diesen ermöglichen würde, was bei einer GbR im gesetzlichen Normalfall der gemeinschaftlichen Geschäftsführung (→ Rn. 56) nicht möglich ist. 206

Grundlagengeschäfte (→ Rn. 61) fallen bei einer Personenhandelsgesellschaft – wie stets im Gesellschaftsrecht – in den Kompetenzbereich aller Gesellschafter. 207

(d) Widerspruchsrecht der anderen Geschäftsführer. (Geplanten) Maßnahmen eines einzelgeschäftsführungsbefugten Geschäftsführers kann - so vorhanden - jeder andere *geschäftsführende* Gesellschafter **widersprechen** (§ 115 Abs. 1 HGB). Mit der Maßgabe, dass dieses Widerspruchsrecht bei der GbR jedem Gesellschafter zusteht, kann insoweit auf die Ausführungen zur GbR verwiesen werden (→ Rn. 62).[126] Die Beschränkung des Widerspruchsrechts auf die geschäftsführenden Gesellschafter begründet sich daraus, dass sich die Geschäftsführungskompetenz ohnehin auf die Vornahme gewöhnlicher Geschäfte und damit auf das Tagesgeschäft beschränkt (→ Rn. 205), über das die geschäftsführungsbefugten Gesellschafter bei einem wirtschaftlich ausgerichteten Unternehmen allein entscheiden 208

---

[124] Für den Widerruf der einem Kommanditisten gesellschaftsvertraglich zustehende Prokura bedarf es wie beim Entzug der Geschäftsführungsbefugnis eines wichtigen Grundes iSd § 117 HGB (→ Rn. 209 ff.). Ein wegen des Fehlens eines wichtigen Grundes unrechtmäßiger Widerruf der Prokura ist bei ordnungsgemäßer Erklärung durch die vertretungsbefugten Gesellschafter (→ Rn. 219) im Außenverhältnis gleichwohl wirksam (BGHZ 17, 392 = NJW 1955, 1394).
[125] Dem missglückten Wortlaut des § 164 S. 1 HGB zuwider, der insoweit von einem Widerspruchsrecht der Kommanditisten spricht, ist nach allgA die Zustimmung aller Gesellschafter erforderlich (MüKoHGB/*Grunewald* § 164 Rn. 10; Oetker/*Oetker* § 164 Rn. 12).
[126] Die regelmäßig mit der Geschäftsführungsbefugnis einhergehende Vertretungsbefugnis (→ Rn. 217) wird durch einen Widerspruch indes nicht überwunden; der Widerspruch wirkt somit nur im Innenverhältnis. Eine Missachtung des Widerspruchs im Außenverhältnis stellt aber regelmäßig eine Pflichtverletzung dar (→ Rn. 268), die den handelnden Gesellschafter zum Schadensersatz verpflichten und einen wichtigen Grund zum Entzug der Vertretungsbefugnis darstellen kann (→ Rn. 220).

sollen. Dies würde durch ein allen Gesellschaftern zustehendes Widerspruchsrecht, das sich auch auf die Maßnahmen des Tagesgeschäfts erstreckt, konterkariert.

209 **(e) Entzug der Geschäftsführungsbefugnis.** Wie bei der GbR (§ 712 Abs. 1 BGB; → Rn. 64 ff.) ist es auch bei einer Personenhandelsgesellschaft möglich, einem geschäftsführenden Gesellschafter im Ausnahmefall die Geschäftsführungsbefugnis zu entziehen (§ 117 HGB). Dies gilt auch für den einzigen persönlich haftenden Gesellschafter einer KG.[127]

210 Die **materiellen Voraussetzungen** entsprechen schon nach dem Wortlaut des § 117 HGB denen des § 712 Abs. 1 BGB. Erforderlich ist somit das **Vorliegen eines wichtigen Grundes** in Form eines nachhaltig gestörten Verhältnisses zwischen dem betroffenen Gesellschafter und den anderen Gesellschaftern, das es diesen unzumutbar macht, dass der betroffene Gesellschafter weiterhin als Geschäftsführer Einfluss auf die Belange der Gesellschaft nehmen kann (→ Rn. 66).[128] Zudem darf es keine mildere Alternative geben, der Entzug muss **Ultima Ratio sein** (→ Rn. 67).

211 Das **Entzugsverfahren** selbst unterscheidet sich demgegenüber grundlegend von dem der GbR. Während bei der GbR ein Gesellschafterbeschluss der übrigen Gesellschafter für den Entzug der Geschäftsführungsbefugnis ausreichend, aber auch erforderlich ist (→ Rn. 65), bedarf es dazu bei einer Personenhandelsgesellschaft eines gerichtlichen **Gestaltungsurteils**, für das formell ein **Antrag aller anderen Gesellschafter** erforderlich ist (§ 117 HGB). Abweichende Vereinbarungen, beispielsweise dahingehend, dass wie bei der GbR ein Gesellschafterschluss für den Entzug der Geschäftsführungsbefugnis ausreichend ist, sind zulässig.

212 Liegt ein wichtiger Grund für den Entzug der Geschäftsführungsbefugnis vor, ist es den anderen Gesellschaftern regelmäßig nicht zumutbar, ein gerichtliches Gestaltungsurteil abzuwarten. In diesem Fall besteht die Möglichkeit, **vorläufigen Rechtsschutz** in Form einer einstweiligen Verfügung (§§ 935, 940 ZPO) zu erlangen, sofern die dafür erforderliche Eilbedürftigkeit nicht durch zu langes Zuwarten selbst widerlegt wurde.[129] Im Rahmen des erkennbaren Rechtsschutzbegehrens ist es dem Gericht dabei gestattet, eigene, von den Anträgen abweichende Anordnungen zu treffen (§ 938 ZPO), beispielsweise einem einzelgeschäftsführungsbefugten Gesellschafter vorläufig lediglich die gemeinschaftliche Geschäftsführung zu gestatten.[130] **Zuständig** ist das Gericht der Hauptsache (§ 937 Abs. 1 ZPO; → Rn. 213), erforderlich ist auch insoweit ein **Antrag aller anderen Gesellschafter.**[131] Die Hauptsache selbst muss noch nicht rechtshängig sein.[132]

213 Im **Hauptsacheverfahren,** für das die Zuständigkeit der Kammer für Handelssachen eröffnet ist (§ 95 Abs. 1 Nr. 4a GVG),[133] ist das Gericht demgegenüber an die Anträge der

---

[127] BGHZ 51, 198 = NJW 1969, 507. Der Entzug der Vertretungsbefugnis ist in diesem Fall nicht möglich (→ Rn. 222).
[128] Ein zum Entzug der Geschäftsführungsbefugnis berechtigender wichtiger Grund stellt zumeist auch einen wichtigen Grund iSd § 127 HGB dar, der zum Entzug der Vertretungsbefugnis berechtigt (→ Rn. 222). Der Entzug der Geschäftsführungs- und der Vertretungsbefugnis erfolgen daher regelmäßig parallel und gehen ggf. mit dem Ausschluss des Gesellschafters aus der Gesellschaft einher (§§ 133, 140 HGB; → Rn. 407 ff.).
[129] Zu empfehlen ist regelmäßig ein Tätigwerden innerhalb von zwei Wochen nach Kenntnis der anderen Gesellschafter von dem wichtigen Grund.
[130] Die Zuerkennung einer gemeinschaftlichen Geschäftsführungsbefugnis ist im Vergleich zum Entzug der Einzelgeschäftsführungsbefugnis kein von einem entsprechenden Antrag umfasstes „Weniger", sondern stellt einen eigenständigen Streitgegenstand dar, BGH NJW-RR 2002, 540.
[131] MüKoHGB/*Jickeli* § 117 Rn. 71.
[132] MüKoHGB/*Jickeli* § 117 Rn. 70.
[133] Voraussetzung ist die sachliche Zuständigkeit des Landgerichts, die einen Streitwert von mehr als 5.000 EUR voraussetzt (§§ 23 Nr. 1, 71 Abs. 1 GVG). Dieser richtet sich nach dem Wert des Interesses, das bei einer Vergütung der Geschäftsführungstätigkeit regelmäßig mit der dreieinhalbfachen Jahresvergütung anzusetzen ist (§ 9 ZPO), nicht jedoch mit mehr als dem Wert der Beteiligung des Gesellschafters (MüKoZPO/*Wöstmann* § 3 Rn. 77 mwN).

Parteien gebunden (§ 308 Abs. 1 ZPO). Da das **Ultima-Ratio-Prinzip** zu beachten ist (→ Rn. 210) und ein im Vergleich zum Entzug der Geschäftsführungsbefugnis milderes Mittel oftmals kein vom Antrag umfasstes „Weniger" darstellt (→ Fn. 130), empfiehlt sich eine Antragstellung bei der der Entzug der Geschäftsführungsbefugnis als Maximalziel den **Hauptantrag** darstellt, und aufgrund des Ultima-Ratio-Prinzips in Betracht kommenden milderen Alternativen aus Vorsichtsgründen im Wege von Hilfsanträgen berücksichtigt werden.

Der zumeist ebenfalls gewünschte **Entzug der Vertretungsbefugnis** (§ 127 HGB; → Rn. 222) stellt einen eigenen Streitgegenstand dar und erfordert damit einen eigenständigen Antrag. Der Antrag auf Entzug der Geschäftsführungsbefugnis kann zwar dahingehend ausgelegt werden, dass auch der Entzug der Vertretungsbefugnis beantragt ist.[134] Da die Vertretungsbefugnis bei einer Personenhandelsgesellschaft aber - anders als bei der GbR (→ Rn. 72) - nicht akzessorisch zur Geschäftsführungsbefugnis ist, sind an solch eine Antragsauslegung höhere Anforderungen zu stellen, als bei einer GbR (→ Rn. 74). 214

(f) Kündigung der Geschäftsführung. Die Möglichkeit eines geschäftsführenden Gesellschafters, die Geschäftsführung jederzeit aus wichtigem Grund zu kündigen (§ 712 Abs. 2 BGB; → Rn. 69), besteht auch für die geschäftsführenden Gesellschafter einer Personenhandelsgesellschaft. 215

(g) Persönliche Ausübung. Die einem Gesellschafter zustehende Befugnis zur organschaftlichen Geschäftsführung kann nur von diesem selbst wahrgenommen werden (§§ 713, 664 Abs. 1 S. 1 BGB). 216

(2) Vertretungsbefugnis. (a) Allgemeines. Der **Grundsatz der bei Selbstorganschaft** (→ Rn. 54) gilt auch für die organschaftliche Vertretungsbefugnis einer Personenhandelsgesellschaft, die Ausführungen zur organschaftlichen Geschäftsführungsbefugnis (→ Rn. 202) gelten insoweit entsprechend. Zur organschaftlichen Vertretung der Gesellschaft sind demnach vorbehaltlich einer abweichenden gesellschaftsvertraglichen Vereinbarung **alle Gesellschafter** berufen (§ 125 Abs. 1 HGB). Ausgenommen sind die nach der Vorstellung des historischen Gesetzgebers lediglich als Kapitalgeber fungierenden **Kommanditisten** (§ 170 HGB), diese können lediglich als nichtorganschaftliche Vertreter (beispielsweise als Prokurist, §§ 48 ff. HGB) fungieren. Eine Akzessorietät zur Geschäftsführungsbefugnis besteht — anders als bei der GbR (→ Rn. 72) — nicht. Die organschaftliche Geschäftsführungs- und die organschaftliche Vertretungsbefugnis können somit jeweils autonom geregelt werden. Üblicherweise sind die geschäftsführungsbefugten Gesellschafter aber auch vertretungsbefugt. 217

(b) Art der Vertretungsbefugnis. Gesetzlich ist die **Einzelvertretungsbefugnis** vorgesehen (§ 125 Abs. 1 HGB). Eine **Gesamtvertretung** kann gesellschaftsvertraglich für alle oder mehrere Gesellschafter dergestalt vereinbart werden, dass diese nur gemeinsam mit einem anderen vertretungsberechtigten Gesellschafter (§ 125 Abs. 2 S. 1 HGB) zur Vertretung berechtigt sind. Ebenso ist es möglich, für einen oder mehrere Gesellschafter die Gesamtvertretung **mit einem Prokuristen** zu vereinbaren (§ 125 Abs. 3 S. 1 HGB). 218

(c) Umfang der Vertretungsbefugnis. Die Vertretungsmacht ist umfassend (§ 126 Abs. 1 HGB) und zum Schutz des Rechtsverkehrs im Außenverhältnis nicht beschränkbar (§ 126 Abs. 2 HGB). Sie berechtigt zur Vertretung sowohl **in gewöhnlichen als auch in außergewöhnlichen Angelegenheiten,**[135] und ist damit weitreichender als die auf gewöhnliche Geschäfte beschränkte Geschäftsführungsbefugnis (→ Rn. 205). Sie berechtigt 219

---

[134] BGHZ 51, 198 = NJW 1969, 507; MüKoHGB/*K. Schmidt* § 127 Rn. 4.
[135] Oetker/*Boesche* HGB § 126 Rn. 4.

zur Vornahme von **Anmeldungen zum Handelsregister** in Angelegenheiten, die nicht die Grundlagen der Gesellschaft betreffen (→ Rn. 266), zur **Erteilung und** zum **Widerruf der Prokura** im Außenverhältnis (§ 126 Abs. 1 HGB)[136] und zur **Belastung und Veräußerung von Grundstücken**[137].

220 Die Inanspruchnahme der Vertretungsmacht in einer gewöhnlichen Angelegenheit der Gesellschaft, der ein geschäftsführender Gesellschafter im Innenverhältnis widersprochen hat (→ Rn. 208), oder in einer außergewöhnlichen Angelegenheit, der im Innenverhältnis nicht alle Gesellschafter zugestimmt haben (→ Rn. 206), berührt die Wirksamkeit der Vertretung nicht, ist **im Innenverhältnis** aber **pflichtwidrig** und kann den handelnden vertretungsbefugten Gesellschafter daher zum Schadensersatz gegenüber der Gesellschaft verpflichten (→ Rn. 122). Zudem kann die pflichtwidrige Inanspruchnahme der Vertretungsmacht einen wichtigen Grund darstellen, dem Gesellschafter die Vertretungsbefugnis zu entziehen (→ Rn. 222).

221 Ihre Grenzen findet die Vertretungsbefugnis neben den **gesetzlichen Vertretungsverboten** des § 181 BGB (→ Fn. 72), von denen im Einzelfall oder generell Befreiung erteilt werden kann, bei den in den Kompetenzbereich aller Gesellschafter fallenden **Grundlagengeschäften** (→ Rn. 61). Sofern **Niederlassungen** existent sind, ist es zulässig, die Vertretungsbefugnis auf bestimmte Niederlassungen zu beschränken (§§ 126 Abs. 3, 50 Abs. 3 HGB).

222 **(d) Entzug der Vertretungsbefugnis.** Der Entzug der Vertretungsbefugnis (§ 127 HGB) ist unter denselben Voraussetzungen wie der Entzug der Geschäftsführungsbefugnis (§ 117 HGB) möglich, sodass insoweit auf die Ausführungen in → Rn. 209 ff. verwiesen werden kann. Bei einer KG kann dem einzigen persönlich haftenden Gesellschafter die Vertretungsbefugnis (im Gegensatz zur Geschäftsführungsbefugnis) nicht entzogen werden.[138]

223 **(e) Kündigung.** Anders als die Geschäftsführung, die vom Geschäftsführungsbefugten gekündigt werden kann (→ Rn. 215), ist die Vertretungsbefugnis durch den Vertretungsbefugten nicht kündbar (→ Rn. 77).

224 **(f) Untervertretung.** Eine Untervertretung **ist ausgeschlossen** (§§ 664 Abs. 1, 713 BGB).

225 **(3) Stimmrecht.** Auch bei Personenhandelsgesellschaften gilt für Gesellschafterbeschlüsse das Grundprinzip der **Einstimmigkeit** (§ 119 Abs. 1 HGB). Haben die Gesellschafter sich davon abweichend auf eine **Mehrheitsklausel** (→ Rn. 80) verständigt, ist im Zweifel nicht auf die bei der Abstimmung anwesenden Gesellschafter, sondern auf die Anzahl aller Gesellschafter abzustellen (§ 119 Abs. 2 HGB). Die Vertretung eines Gesellschafters bei der Ausübung des Stimmrechts bedarf der Zustimmung der übrigen Gesellschafter oder einer dies legitimierenden gesellschaftsvertraglichen Regelung; eine Ausübung des Stimmrechts durch den Privatgläubiger eines Gesellschafters, der dessen Beteiligung gepfändet hat, ist ausgeschlossen (→ Rn. 82). In eigenen Angelegenheiten ist ein Gesell-

---

[136] Im Innenverhältnis liegt die Kompetenz, über die Erteilung und den Widerruf einer Prokura zu entscheiden, bei allen geschäftsführenden Gesellschaftern gemeinsam (§ 116 Abs. 3 HGB; → Rn. 205). § 126 Abs. 1 HGB stellt insoweit klar, dass die Kompetenz, die Erteilung bzw. den Widerruf der Prokura dem Prokuristen gegenüber zu erklären und zum Handelsregister anzumelden, im Außenverhältnis allein bei den vertretungsberechtigten Gesellschaftern liegt (MüKoHGB/*K. Schmidt* § 126 Rn. 8).
[137] Diese Nennung dient der Klarstellung, dass diese Kompetenz, die einem Prokuristen nur bei einer ausdrücklichen Erteilung zusteht (§ 49 Abs. 2 HGB), von der Vertretungsbefugnis eines organschaftlichen Vertreters umfasst ist (MüKoHGB/*K. Schmidt* § 126 Rn. 7).
[138] BGHZ 51, 198 = NJW 1969, 507.

schafter nicht stimmberechtigt (→ Rn. 83), sodass insoweit auch eine Vertretung nicht in Betracht kommt.

Regelungen über **Gesellschafterversammlungen** finden sich im Gesetz - wie bei der GbR (→ Rn. 81) - nicht. Gesellschaftsvertragliche Vorgaben zur Ladung (Zuständigkeit und ausnahmsweise Alternativzuständigkeit, Form, Frist und Inhalt), zum Anlass der Einberufung (turnusgemäße Versammlung, Umstände, die zur Einberufung einer außerordentlichen Versammlung verpflichten) und zum Ablauf, insbesondere zur Versammlungsleitung (Kompetenz, Ausschluss und Möglichkeit, einen anderen Versammlungsleiter zu bestimmen) sind anzuraten. 226

(4) Kontrollrechte. (a) Persönlich haftende Gesellschafter. Die Kontrollrechte **der persönlich haftenden Gesellschafter** weisen in materieller Hinsicht keine Besonderheiten gegenüber dem Recht der GbR (→ Rn. 84) auf. Persönlich haftende Gesellschafter sind berechtigt, sich über die Angelegenheiten der Gesellschaft zu unterrichten, die **Handelsbücher und Papiere der Gesellschaft einzusehen** und sich aus diesen eine Bilanz – diese ist Grundlage der Ergebnisverteilung (§ 120 Abs. 1 HGB; → Rn. 244) – und einen Jahresabschluss anzufertigen (§ 118 Abs. 1 HGB).[139] Bei fehlender Sachkunde des Gesellschafters kann ein sachkundiger Dritter, der beruflich zur Verschwiegenheit verpflichtet ist, hinzugezogen werden.[140] Über den Wortlaut des § 118 Abs. 1 HGB hinaus besteht auch das Recht, eine **Abschrift des Jahresabschlusses** zu verlangen, was bereits daraus folgt, dass dieses Recht auch den mit geringeren Kontrollrechten ausgestatteten Kommanditisten zusteht (§ 166 Abs. 1 HGB; → Rn. 229). 227

Eine **gesellschaftsvertragliche Beschränkung oder Abbedingung** der Kontrollrechte der persönlich haftenden Gesellschafter ist möglich, zumeist aber nicht zu empfehlen. Sie steht einer Geltendmachung im Fall des **Verdachts auf unredliche Geschäftsführung** nicht entgegen (§ 118 Abs. 2 HGB). In Abhängigkeit von der persönlichen Sachkunde der Gesellschafter kann eine **Erweiterung** der Kontrollrechte dahingehend sinnvoll sein, dass es dem Gesellschafter generell gestattet ist, einen sachkundigen, berufsrechtlich zur Verschwiegenheit verpflichteten Dritten hinzuziehen oder sich - weitergehend - insoweit von einem entsprechenden Dritten vertreten zu lassen. 228

(b) Kommanditisten. Den Kommanditisten steht demgegenüber lediglich das Recht zu, eine Abschrift des Jahresabschlusses zu verlangen und dessen Richtigkeit unter Einsicht in die Bücher und Papiere der Gesellschaft zu prüfen (§ 166 Abs. 1 HGB). Bei fehlender eigener Sachkunde können berufsrechtlich zur Verschwiegenheit verpflichtete sachkundige Dritte hinzugezogen werden.[141] Das Kontrollrecht des Kommanditisten ist weder beschränkbar noch abdingbar, kann aber – beispielsweise im vorstehend vorgeschlagenen Umfang (→ Rn. 228) – erweitert werden. 229

(5) Kündigungsrecht. Besonderheiten im Vergleich zum Recht der GbR gibt es auch bei den Kündigungsmöglichkeiten der Gesellschafter. 230

(a) Ordentliche Kündigung. Bei einer auf unbestimmte Dauer eingegangenen Personenhandelsgesellschaft steht jedem Gesellschafter (auch den Kommanditisten) das Recht zur **ordentlichen Kündigung seiner Mitgliedschaft**[142] zu (§ 723 Abs. 1 S. 1 BGB). 231

---

[139] Da die Bilanz ohnehin Teil des Jahresabschlusses ist (§ 242 Abs. 3 HGB), hätte es für das Recht, sich eine Bilanz anzufertigen, keiner gesonderten Regelung bedurft.
[140] BGHZ 25, 115 = NJW 1957, 1555 (1557) (für § 166 HGB).
[141] BGHZ 25, 115 = NJW 1957, 1555 (1557).
[142] In § 723 Abs. 1 S. 1 BGB heißt es, dass „*die Gesellschaft*" gekündigt werden könne. Dies ist bei einer GbR passend, da eine Kündigung bei einer GbR die Auflösung der Gesellschaft zur Folge hat (→ Rn. 92). Bei einer Personenhandelsgesellschaft hingegen führt die Kündigung zum Ausscheiden des

Anders als bei der GbR, bei der das Gesetz für die ordentliche Kündigung keine Kündigungsfrist und keinen Kündigungstermin vorsieht (→ Rn. 89), ist bei den Personenhandelsgesellschaften eine **Kündigungsfrist von sechs Monaten** gesetzlich vorgesehen, wobei eine Kündigung nur **zum Ende eines Geschäftsjahres** möglich ist (§ 132 HGB). Der Kündigungstermin kann durch eine gesellschaftsvertragliche Abrede verändert oder aufgehoben werden, ebenso wie die Kündigungsfrist verkürzt oder aufgehoben werden kann.[143] Eine Verlängerung der Kündigungsfrist ist ebenfalls möglich; sie ist unwirksam, wenn sie einem nach § 723 Abs. 3 BGB unzulässigen Ausschluss des Kündigungsrechts gleichkommt (→ Rn. 90).[144] Eine Verkürzung der Kündigungsfrist wirkt dabei auch für die Kündigung durch den Gläubiger eines Gesellschafters (§ 135 HGB; → Rn. 351), eine Verlängerung hingegen nicht.[145] Eine Kündigung zur Unzeit kann den Kündigenden zum Schadensersatz verpflichten (→ Rn. 234).

232 **(b) Außerordentliche Kündigung.** Beim Vorliegen eines wichtigen Grundes kann jeder Gesellschafter (einschließlich der Kommanditisten) seine Mitgliedschaft (→ Fn. 142) **fristlos** kündigen, ohne dass es darauf ankommt, ob die Gesellschaft für eine bestimmte Dauer oder unbefristet vereinbart ist (§§ 723 Abs. 1 S. 2, S. 3 BGB; → Rn. 87). Ein **wichtiger Grund** liegt vor, wenn dem kündigenden Gesellschafter die Fortsetzung der Gesellschaft bis zum Ablauf einer gesellschaftsvertraglich für eine ordentliche Kündigung vereinbarten Kündigungsfrist (→ Rn. 89) beziehungsweise - im Fall einer befristeten Gesellschaft - der vereinbarten Befristung (→ Rn. 32) nicht zumutbar ist, weil das erforderliche Vertrauensverhältnis grundlegend zerstört oder ein Zusammenwirken der Gesellschafter zum Wohle der Gesellschaft aus anderen Gründen nicht mehr möglich ist.[146] Exemplarisch nennt das Gesetz schwerwiegende Vertragsverletzungen eines Mitgesellschafters (§ 723 Abs. 1 S. 3 Nr. 1 BGB). Auch beim Vorliegen eines wichtigen Grundes darf eine Kündigung allerdings nicht zur Unzeit erfolgen, ein Verstoß kann eine Schadensersatzpflicht des Kündigenden zur Folge haben (→ Rn. 234).

233 Die **Vollendung des 18. Lebensjahres** stellt aufgrund gesetzlicher Anordnung einen wichtigen Grund zur außerordentlichen Kündigung dar (§ 723 Abs. 1 S. 3 Nr. 2 BGB). Dieses Kündigungsrecht steht dem Wortlaut nach jedem Gesellschafter und damit auch dem volljährig gewordenen Kommanditisten zu. Nach verbreiteter Ansicht kommt dieses Recht zur außerordentlichen Kündigung bei einem **Kommanditisten** allerdings nur in Betracht, **wenn ihm eine persönliche Haftung droht,** weil die Pflichteinlage (→ Rn. 179) nicht oder nicht vollständig geleistet wurde[147] oder der Wert der geleisteten Pflichteinlage die vereinbarte Haftsumme (→ Rn. 291) unterschreitet.[148] Rechtsprechung des BGH ist insoweit bisher nicht existent. Die Gesetzesbegründung und der Sinn und Zweck des § 723 Abs. 1 S. 3 Nr. 2 BGB[149] sprechen in der Tat für ein einschränkendes

---

kündigenden Gesellschafters (§ 131 Abs. 3 Nr. 3 HGB; → Rn. 235), weshalb in diesem Fall von einer Kündigung der Mitgliedschaft gesprochen wird.

[143] Oetker/*Kamanabrou* HGB § 132 Rn. 16.
[144] EBJS/*Lorz* HGB § 132 Rn. 19; MüKoHGB/*K. Schmidt* § 132 Rn. 27.
[145] MüKoHGB/*K. Schmidt* § 135 Rn. 25.
[146] MüKoBGB/*Schäfer* § 723 Rn. 28 mwN.
[147] MüKoBGB/*Schäfer* § 723 Rn. 41.
[148] MüKoBGB/*Schäfer* § 723 Rn. 41; MüKoHGB/*K. Schmidt* § 132 Rn. 5; Henssler/Strohn/*Klöhn* HGB § 132 Rn. 20.
[149] Hintergrund der §§ 1629a und 723 Abs. 1 S. 3 Nr. 2 BGB ist die Rspr. des BVerfG, nach der es verfassungswidrig ist, dass Eltern ihre Kinder kraft elterlicher Vertretungsmacht (§ 1629 Abs. 1 BGB) „mit erheblichen Schulden in die Volljährigkeit 'entlassen'" können (BVerfGE 72, 155 = NJW 1986, 1859). Der Gesetzgeber entschloss sich bei der Umsetzung dieser Entscheidung, die persönliche Haftung eines Minderjährigen auf dessen zum Zeitpunkt der Vollendung des 18. Lebensjahres vorhandenes Vermögen zu begrenzen (§ 1629a Abs. 1 S. 1 BGB). Um es dem volljährig Gewordenen darüber hinaus zu ermöglichen, sich von vor seiner Volljährigkeit begründeten Zukunftsrisiken zu befreien, die *„(persönlich haftende) Gesellschafter einer BGB-Gesellschaft, OHG oder KG"* tragen, und die seine Vertreter in seinem Namen eingegangen sind, wurde mit § 723 Abs. 1 S. 3 Nr. 2 BGB zudem die Möglichkeit geschaffen, entspre-

Verständnis der Norm dahingehend, dass das Recht zur außerordentlichen Kündigung wegen des Erreichens der Volljährigkeit nur in Betracht kommt, wenn dem Gesellschafter eine *unbeschränkte* **persönliche Haftung** droht. Soweit die vereinbarte Pflichteinlage des Kommanditisten zum Zeitpunkt der Erlangung der Volljährigkeit noch nicht geleistet wurde, droht aber keine unbegrenzte persönliche Haftung, sondern es liegt eine quantifizierbare Verbindlichkeit des volljährig gewordenen Kommanditisten gegenüber der Gesellschaft vor, für die er lediglich beschränkt auf sein beim Eintritt der Volljährigkeit vorhandenes Vermögen haftet (§ 1629a Abs. 1 S. 1 BGB).[150, 151] In dem Fall, dass die Haftsumme nicht vollständig aufgebracht wurde, ist die Außenhaftung des Kommanditisten summenmäßig auf die im Handelsregister eingetragene Haftsumme abzüglich der bisher aufgebrachten Haftsumme begrenzt (§ 171 Abs. 1 HGB), sodass lediglich eine auf diese Differenz begrenzte persönliche Haftung besteht. Insoweit gelten die Ausführungen zur nicht vollständig aufgebrachten Pflichteinlage entsprechend (→ Fn. 151). Eine **unbegrenzte persönliche Haftung** eines volljährig gewordenen Kommanditisten besteht tatsächlich lediglich in dem Fall, dass die KG ihre Geschäfte mit Zustimmung der Eltern oder sonstigen Vertreter des zu dieser Zeit minderjährigen Kommanditisten vor der Eintragung der Gesellschaft ins Handelsregister aufgenommen hat, wobei die Haftung sich in diesem Fall auf die bis zur Eintragung der Haftsumme rechtsgeschäftlich begründeten Gesellschaftsverbindlichkeiten beschränkt und auch nur gegenüber Gesellschaftsgläubigern besteht, denen die Kommanditistenstellung nicht bekannt war (§ 176 Abs. 1 HGB; → Rn. 297). Nach hier vertretener Auffassung kann eine Kündigung eines volljährig gewordenen Kommanditisten nach §§ 723 Abs. 1 S. 2, S. 3 Nr. 2 BGB nur in diesem Fall in Betracht kommen.

(c) Kündigung zur Unzeit. Eine Kündigung zur Unzeit, die sowohl bei einer ordentlichen als auch bei einer außerordentlichen Kündigung möglich ist, berührt die Wirksamkeit der Kündigung nicht, sondern verpflichtet den vorwerfbar zur Unzeit Kündigenden zum Schadensersatz, wenn kein wichtiger Grund für die unzeitige Kündigung vorlag (§ 723 Abs. 2 BGB). Auf die entsprechenden Ausführungen zur GbR (→ Rn. 90) wird verwiesen. 234

(d) Rechtsfolgen. Im Gegensatz zur GbR (→ Rn. 92) hat eine Kündigung bei einer Personenhandelsgesellschaft nicht die Auflösung der Gesellschaft, sondern das **Ausscheiden des Kündigenden** zur Folge (§ 131 Abs. 3 Nr. 3 HGB; → Fn. 142). Führt das Ausscheiden dazu, dass lediglich ein Gesellschafter verbleibt, ist die Gesellschaft unmittelbar aufgelöst und das Gesellschaftsvermögen wächst dem verbliebenen Gesellschafter an (→ Rn. 359). Verbleiben bei einer KG mindestens zwei Gesellschafter, handelt es sich bei der Gesellschaft in dem Fall, dass kein Kommanditist verbleibt, nunmehr um eine OHG 235

---

chende Mitgliedschaften innerhalb von drei Monaten ab Eintritt der Volljährigkeit fristlos zu kündigen (BT-Drs. 13/5624, 10 li.Sp.). Wird diese Kündigungsmöglichkeit nicht wahrgenommen, haftet der volljährig gewordene persönlich haftende Gesellschafter für alle Gesellschaftsverbindlichkeiten unbeschränkt, sofern er nicht im Einzelfall nachweisen kann, dass die Verbindlichkeit vor seiner Volljährigkeit begründet wurde (§ 1629 Abs. 4 S. 1 BGB).

[150] Dem insoweit misslungenem Wortlaut des § 1629 Abs. 1 BGB zuwider kommt die Norm nicht nur bei einer Vertretung des Minderjährigen durch seine Eltern zur Anwendung, sondern auch bei einer Verpflichtung durch einen Mitgesellschafter einer Personengesellschaft (BT-Drs. 13/5624, 8 li.Sp.). Diese Formulierung resultiert daraus, dass der Gesetzgeber zu dieser Zeit noch von einer Mitverpflichtung aller Gesellschafter durch den nach außen handelnden Gesellschafter ausging. Diese Betrachtung ist überholt (→ Rn. 8 ff.) und daher heute dahingehend zu verstehen, dass § 1629a Abs. 1 S. 1 BGB auch auf Verbindlichkeiten aus der persönlichen Haftung für Gesellschaftsverbindlichkeiten zur Anwendung kommt.

[151] Beruft sich der volljährig Gewordene insoweit auf die Haftungsbeschränkung aus § 1629a Abs. 1 S. 1 BGB, liegt – sofern man sich nicht auf eine Vertragsanpassung verständigen kann – für die übrigen Gesellschafter entsprechend § 723 Abs. 1 S. 3 Nr. 1 BGB ein wichtiger Grund vor, der sie zur fristlosen Kündigung berechtigt. Zudem kommt in diesem Fall ein Ausschluss des volljährig gewordenen Gesellschafters in Betracht (§ 140 Abs. 1 HGB; → Rn. 407 ff.).

(→ Rn. 194), verbleiben hingegen lediglich Kommanditisten, ist die KG in Ermangelung eines unabdingbar erforderlichen persönlich haftenden Gesellschafters (§ 161 Abs. 1 HGB) aufgelöst (→ Rn. 360).[152]

236 **bb) Vermögensrechte.** Von den Verwaltungsrechten (→ Rn. 200 ff.) zu unterscheiden sind die Vermögensrechte des Gesellschafters, bei denen es sich um gegen die Gesellschaft gerichtete eigennützige Rechte (zum Begriff → Rn. 52) handelt. Die aus ihnen resultierenden monetären Ansprüche sind im Gegensatz zu den Verwaltungsrechten einer Verfügung zugänglich und können Gegenstand einer Pfändung sein (→ Rn. 93).

237 **(1) Aufwendungsersatz.** Alle Gesellschafter einer Personenhandelsgesellschaft haben aus § 110 Abs. 1 HGB einen gegen die Gesellschaft gerichteten Anspruch auf Ersatz der ihnen in Gesellschaftsangelegenheiten entstanden Aufwendungen, die sie den Umständen nach für erforderlich halten durften, und der Verluste, die ihnen durch die Geschäftsführung entstanden sind.

238 **(a) Erforderliche Aufwendungen.** Freiwillige Vermögensopfer werden als „Aufwendungen" bezeichnet (→ Rn. 94). Leistungen, die ein Gesellschafter aufgrund einer persönlichen Inanspruchnahme für Verbindlichkeiten der Gesellschaft an einen Gesellschaftsgläubiger erbringt, sind Aufwendungen im Sinne von § 110 Abs. 1 HGB. Ob diese ersatzfähig sind, hängt davon ab, ob der Gesellschafter die Leistung für erforderlich halten durfte, was bei einer Leistung an einen Gesellschaftsgläubiger beispielsweise nicht der Fall ist, wenn der in Anspruch genommene Gesellschafter in Unkenntnis bestehender Einwendungen ohne Abstimmung mit den Mitgesellschaftern auf erstes Anfordern an den Gesellschaftsgläubiger leistet.

239 **(b) Verluste durch die Geschäftsführung.** „Verluste" sind in Abgrenzung zu Aufwendungen unfreiwillige Vermögensnachteile,[153] während „Geschäftsführung" jedes Tätigwerden eines Gesellschafters im (mutmaßlichen) Interesse der Gesellschaft ist, ohne dass es auf eine Geschäftsführungsbefugnis im Sinne der §§ 114 ff. HGB (→ Rn. 201 ff.) ankommt. Im Zusammenhang mit der Beteiligung erlittene Verluste, beispielsweise in Form zugewiesener Verlustanteile oder eines gesunkenen Werts der Beteiligung, sind keine Verluste im Sinne des § 110 HGB, gleiches gilt mangels einer ausdrücklichen Anordnung auch für immaterielle Schäden, die nicht die Verletzungen der in § 253 Abs. 2 BGB genannten Rechtsgüter (insbesondere die körperliche Unversehrtheit und die Gesundheit) betreffen (§ 253 Abs. 1 BGB).

240 **(c) Anspruchsinhalt.** Der Gesellschafter hat Anspruch auf Ersatz der vorgenannten Aufwendungen und Verluste (§ 110 Abs. 1 HGB). Der Aufwendungsersatzanspruch aus § 110 Abs. 1 HGB ist spezieller als der - insoweit deckungsgleiche - bei der GbR (und über § 105 Abs. 3 HGB im Grundsatz auch bei der OHG und KG) zur Anwendung kommende Aufwendungsersatzanspruch aus §§ 670, 713 BGB beziehungsweise §§ 670, 683 S. 1 BGB (→ Rn. 94 ff.) und verdrängt diesen daher.

241 Bei Geldaufwendungen ist der Aufwendungsersatzanspruch vom Aufwendungszeitpunkt an **mit 5% p.a. zu verzinsen** (§ 110 Abs. 2 HGB). Nach herrschender Ansicht gilt dies entsprechend für Aufwendungen, die nicht in Geld getätigt wurden, und auch für Verluste im Sinne des § 110 HGB (→ Rn. 239).[154]

---

[152] MüKoHGB/*K. Schmidt* § 131 Rn. 46.
[153] MüKoHGB/*Langhein* § 110 Rn. 17. Rechtlich wäre daher der Begriff „Schäden" treffender.
[154] MüKoHGB/*Langhein* § 110 Rn. 25; Oetker/*Lieder* HGB § 110 Rn. 24; EBJS/*Bergmann* HGB § 110 Rn. 36; Henssler/Strohn/*Finckh* HGB § 110 Rn. 24 (nur für Verluste iSd § 110 HGB). Der Umstand, dass es hinsichtlich der nicht in Geld getätigten Aufwendungen wegen der insoweit direkt anwendbaren §§ 256, 246 BGB (→ Rn. 94), die eine Verzinsung von 4% p.a. vorsehen, an einer Regelungslücke fehlt

Begründet ein Gesellschafter im Interesse der Gesellschaft eine Verbindlichkeit anstatt Aufwendungen zu tätigen, steht ihm aus § 257 BGB ein **Befreiungsanspruch** gegen die Gesellschaft zu (→ Rn. 96). 242

Hinsichtlich des nur bei einem geschäftsführenden Gesellschafter in Betracht kommenden **Anspruchs auf Vorschuss** kommen über § 105 Abs. 3 HGB die bereits in → Rn. 95 erläuterten §§ 669, 713 BGB zur Anwendung. 243

(2) Ergebnisbeteiligung. Wie im Recht der GbR (→ Rn. 97) steht den Gesellschaftern einer Personenhandelsgesellschaft ein Anteil am Ergebnis der Gesellschaft zu, sofern dies nicht gesellschaftsvertraglich abbedungen ist.[155] Die **Ergebnisermittlung** erfolgt dabei im Gegensatz zur GbR nicht mittels eines zu diesem Zweck erstellten Rechnungsabschlusses (→ Rn. 97), sondern auf Basis des ohnehin **am Ende eines jeden Geschäftsjahres** aufzustellenden **Jahresabschlusses** (OHG: § 120 Abs. 1 HGB; KG: §§ 167 Abs. 1, 120 Abs. 1 HGB; → Rn. 273 ff.).[156] 244

Hinsichtlich der **Ergebnisverteilung** sehen die disponiblen gesetzlichen Regelungen vor, dass alle Gesellschafter - auch die Kommanditisten - im Gewinnfall eine **Gewinnzuweisung in Höhe von 4 %** – im Fall eines dazu nicht ausreichenden Gewinns eines entsprechend reduzierten Prozentsatzes – ihres nach § 121 Abs. 2 HGB ermittelten Kapitalanteils erhalten (OHG: § 121 Abs. 1 HGB; KG: §§ 168 Abs. 1, 121 Abs. 1 HGB). **Verluste und übersteigende Gewinne** werden bei einer OHG nach Köpfen verteilt (§ 121 Abs. 3 HGB), während bei einer KG insoweit *„ein den Umständen nach angemessenes Verhältnis"* als vereinbart gilt (§ 168 Abs. 2 HGB), bei dem man neben dem Einsatz für die Gesellschaft, beispielsweise in Form von unentgeltlichen Diensten, insbesondere den Umstand berücksichtigen wird, dass die Kommanditisten lediglich beschränkt für die Gesellschaftsverbindlichkeiten haften.[157] Einem Gesellschafter zugewiesene Gewinne erhöhen, ihm zugewiesene Verluste und Entnahmen vermindern seinen Kapitalanteil (§ 120 Abs. 2 HGB), wobei der **Kapitalanteil eines Kommanditisten** seine vereinbarte Pflichteinlage (→ Rn. 179) nicht übersteigen kann (§ 167 Abs. 2 HGB). 245

Sinnvoll und üblich ist es, im Gesellschaftsvertrag die Bildung verschiedener **Kapitalkonten** zu vereinbaren, wobei sich die Bildung eines **festen Kapitalkontos** für jeden Gesellschafter anbietet, auf das dessen Einlage gebucht wird, und dessen Bestand für die Beteiligung am Jahresergebnis und die Anzahl der Stimmrechte maßgeblich ist. Zusätzlich erforderlich ist dann ein weiteres **variables Kapitalkonto,** über das Ergebniszuweisungen, Entnahmen und Ähnliches gebucht werden **(„Zweikontenmodell").**[158] 246

(3) Entnahmerecht. Bei einer Personenhandelsgesellschaft steht den **persönlich haftenden Gesellschaftern** das Recht zu, im laufenden Geschäftsjahr einen Betrag in Höhe von bis zu 4 % seines für das vorgehende Geschäftsjahr festgestellten Kapitalanteils zu entnehmen **(„Kapitalentnahmerecht";** § 122 Abs. 1 HGB). Dies gilt unabhängig davon, ob und in welcher Höhe die Gesellschaft im vorgehenden Geschäftsjahr einen Gewinn 247

---

und es dem Gesetzgeber freisteht, zwischen der Verzinsung von Geldaufwendungen und anderen Aufwendungen zu differenzieren, spricht – soweit es um nicht in Geld getätigte Aufwendungen geht – gegen die herrschende Ansicht. Für Verluste iSd § 110 HGB besteht in der Tat eine Regelungslücke.

[155] Gesellschafter, die nicht am Ergebnis der Gesellschaft teilhaben, werden steuerlich regelmäßig nicht als „Mitunternehmer" anerkannt (BFHE 190, 204 = NJW-RR 2000, 1052).

[156] Dem Wortlaut nach wird das Ergebnis des Geschäftsjahres auf Basis der Bilanz ermittelt (§ 120 Abs. 1 HGB). Diese beinhaltete zum Zeitpunkt des Inkrafttretens der Norm auch die Gewinn- und Verlustrechnung. Nach heutiger Rechtslage (§ 242 Abs. 3 HGB) entspricht dies dem Jahresabschluss (Oetker/Lieder HGB § 120 Rn. 9).

[157] MüKoHGB/*Grunewald* § 168 Rn. 3.

[158] Von einem „Dreikontenmodell" wird gesprochen, wenn entnahmefähige Gewinnanteile und Gewinnentnahmen über ein anderes Konto gebucht werden als die nicht entnahmefähigen Ergebnisanteile, von einem „Vierkontenmodell", wenn auch die nicht entnahmefähigen Gewinne und Verluste über gesonderten Konten gebucht werden.

erwirtschaftet hat. Sofern im Vorjahr ein Gewinn erwirtschaftet wurde und der Gewinnanteil eines persönlichen haftenden Gesellschafters den vorgenannten Betrag überstieg, darf auch der übersteigende Anteil am Vorjahresgewinn entnommen werden, soweit dies nicht zu einer offensichtlichen Schädigung der Gesellschaft führt („**Gewinnentnahmerecht**"; § 122 Abs. 1 HGB). **Im Fall der Liquidation** der Gesellschaft (→ Rn. 508 ff.) sind die Kapital- und Gewinnentnahmerechte der persönlich haftenden Gesellschafter **ausgeschlossen** (§ 155 Abs. 2 S. 3 HGB).

248 **Kommanditisten** steht demgegenüber lediglich ein Recht auf **(vollständige) Entnahme ihres Gewinnanteils** zu, soweit die Entnahme nicht dazu führen würde, dass die vereinbarte Pflichteinlage unterschritten wird oder sich eine bereits bestehende Unterschreitung erhöht (§ 169 Abs. 1 HGB).

249 **(4) Ansprüche im Fall der Auseinandersetzung.** Wie bei der GbR (→ Rn. 99) findet auch bei einer Personenhandelsgesellschaft eine Auseinandersetzung der Gesellschafter statt, wenn ein Gesellschafter aus der Gesellschaft ausscheidet (→ Rn. 331 ff.) oder die Gesellschaft beendet wird (→ Rn. 497 ff.).

250 **(a) Beendigung der Gesellschaft.** Die Ansprüche der Gesellschafter im Fall der **Beendigung einer Personenhandelsgesellschaft** entsprechen im Wesentlichen den Ansprüchen, die einem Gesellschafter im Fall der Beendigung einer GbR zustehen (→ Rn. 100). Der Gesellschaft zur Nutzung überlassene Gegenstände sind den Gesellschaftern zurückzugeben (§ 732 S. 1 BGB), zudem ist das nach Liquidation des Gesellschaftsvermögens (§§ 145 ff. HGB) und Berichtigung der Gesellschaftsschulden (§ 733 Abs. 1 BGB) verbleibende Vermögen (vorbehaltlich einer anderen Vereinbarung) im Rahmen einer Schlussabrechnung (→ Rn. 397) nach dem Verhältnis der Kapitalanteile zu verteilen (§ 155 Abs. 1 HGB; → Rn. 510).

251 Beim **Kommanditisten** führt die Auszahlung des Auseinandersetzungsguthabens zum Wiederaufleben der summenmäßig begrenzten Außenhaftung, soweit durch die Auszahlung der auf die vereinbarte Haftsumme geleistete Betrag verringert wird (§§ 171 Abs. 1, 172 Abs. 4 S. 1 HGB; → Rn. 310). In dieser Höhe haftet der Kommanditist den Gesellschaftsgläubigern auf fünf Jahre begrenzt nach (§ 159 Abs. 1 HGB; → Rn. 324 ff.).[159] Dies lässt sich dadurch vermeiden, dass das Auseinandersetzungsguthaben in Höhe der Haftsumme erst nach Ablauf der Nachhaftung ausgezahlt wird, was bei einer Beendigung der Gesellschaft regelmäßig nicht im Interesse der Beteiligten liegen dürfte.

252 **(b) Ausscheiden eines Gesellschafters.** Im Fall des **Ausscheidens eines Gesellschafters** (→ Rn. 331 ff.) gelten die Ausführungen zur GbR entsprechend (→ Rn. 101). Der Gesellschafter ist somit durch Tilgung der Gesellschaftsverbindlichkeiten von der persönlichen Haftung für diese zu befreien (§ 738 Abs. 1 S. 2 BGB), für die noch nicht fälligen Verbindlichkeiten der Gesellschaft sind ihm Sicherheiten zu stellen (§§ 738 Abs. 1 S. 3, 232 BGB). Zudem sind ihm seine der Gesellschaft zur Nutzung überlassenen Gegenstände zurückzugeben (§ 732 S. 1 BGB) und ihm steht ein Abfindungsanspruch zu, durch den er so gestellt werden soll, wie er im Fall der Beendigung der Gesellschaft stünde (§ 738 Abs. 1 S. 2 BGB). Auch insoweit findet im Rahmen einer Schlussabrechnung eine Saldierung mit den gesellschaftsbezogenen Forderungen und Verbindlichkeiten gegenüber den anderen Gesellschaftern statt; ein negativer Saldo ist vom Gesellschafter auszugleichen (§ 739 BGB).

253 Im Fall des **Ausscheidens eines Kommanditisten** gilt für die Auszahlung des Abfindungsanspruchs das zur Auszahlung des Auseinandersetzungsguthabens Ausgeführte (→ Rn. 251) mit der Maßgabe entsprechend, dass die Nachhaftung des ausgeschiedenen Kommanditisten sich aus § 160 Abs. 1 S. 1 HGB ergibt.

---

[159] MüKoHGB/*K. Schmidt* § 172 Rn. 73.

b) Pflichten der Gesellschafter. Zu unterscheiden ist zwischen den mit der Beteiligung 254 einhergehenden und den aus einer organschaftlichen Stellung resultierenden Pflichten.

aa) Pflichten aus der Mitgliedschaft. Die aus der Beteiligung an der Gesellschaft resul- 255 tierenden Pflichten eines Gesellschafters entsprechen im Wesentlichen denen eines GbR-Gesellschafters (→ Rn. 108 ff.).

(1) Förderungspflicht. Die Gesellschafter haben die dauerhafte Verpflichtung, den mit 256 der Gesellschaft verfolgten gemeinsamen Zweck, unter gemeinsamer Firma ein Handelsgewerbe zu betreiben (→ Rn. 177), zu fördern (→ Rn. 178).

(2) Beitragspflicht. Die Gesellschafter haben die vereinbarten Beiträge (→Rn. 179) zum 257 vereinbarten Zeitpunkt an die Gesellschaft zu leisten. Soweit eine vereinbarte Geldleistung bei Fälligkeit nicht erbracht wird, **verzinst** sich der Anspruch der Gesellschaft von der Fälligkeit an verschuldensunabhängig mit dem im Handelsrecht zur Anwendung kommenden gesetzlichen Zins von 5% p.a. (§§ 111 Abs. 1, 352 Abs. 2 HGB). Liegt Verzug im Sinne des § 286 Abs. 1 BGB vor, was bei einer kalendermäßig vereinbarten oder bestimmbaren Fälligkeit auch ohne Mahnung der Fall ist (§ 286 Abs. 2 Nr. 1 und Nr. 2 BGB), hat die Gesellschaft Anspruch auf **Verzugszinsen** in Höhe von fünf Prozentpunkten über dem jeweiligen Basiszinssatz (§§ 280 Abs. 1, Abs. 2, 286 Abs. 1, Abs. 2, 288 Abs. 1, 247 BGB; → Rn. 174). Die **Geltendmachung weiterer Schäden,** die im Regelfall eine Vorwerfbarkeit der Spätleistung voraussetzt, ist möglich (§ 111 Abs. 2 HGB).

(3) Nachschusspflicht. Während der werbenden Tätigkeit der Gesellschaft kann eine 258 Erhöhung der vereinbarten Beiträge nur bei einer entsprechenden Vereinbarung der Gesellschafter verlangt werden (§ 707 BGB; → Rn. 30). Wird die Gesellschaft hingegen beendet oder scheidet ein Gesellschafter aus der Gesellschaft aus, besteht in dem Fall, dass sich aus der im Rahmen der Auseinandersetzung (→ Rn. 249 ff.) aufzustellenden Schlussabrechnung (→ Rn. 397) ein negativer Saldo eines persönlich haftenden Gesellschafters ergibt, eine Nachschusspflicht (§§ 735, 739 BGB; → Rn. 400). Kommanditisten sind demgegenüber nicht nachschusspflichtig (§ 167 Abs. 3 HGB).[160]

(4) Treuepflicht. Auch die Gesellschafter einer Personenhandelsgesellschaft unterliegen 259 einer Treuepflicht gegenüber Gesellschaft und Mitgesellschaftern; insoweit gilt das bereits im Rahmen der Erläuterung der GbR Ausgeführte (→ Rn. 112).

(5) Wettbewerbsverbot. Im Unterschied zur GbR, bei der ein Wettbewerbsverbot nicht 260 ausdrücklich normiert ist, sich aber zumindest für die geschäftsführungsbefugten Gesellschafter aus der Treuepflicht ergibt (→ Rn. 113), hat der Gesetzgeber **für die persönlich haftenden Gesellschafter** einer Personenhandelsgesellschaft ein Wettbewerbsverbot gesetzlich normiert (§ 112 HGB), ohne dass es insoweit auf eine Geschäftsführungs- oder Vertretungsbefugnis ankommt. Auf **Kommanditisten** kommt das Wettbewerbsverbot grundsätzlich nicht zur Anwendung (§ 165 BGB), da diese im gesetzestypischen Fall mit dem Tagesgeschäft der Gesellschaft nicht in Berührung kommen.[161] Hat ein Kommanditist aufgrund der Ausgestaltung des Gesellschaftsvertrags in atypischer Weise einen maßgeblichen Einfluss auf die Geschicke der Gesellschaft, kommt § 112 HGB entsprechend zur Anwendung.[162]

Inhaltlich richtet sich das Wettbewerbsverbot sowohl gegen das **Tätigwerden im** 261 **gleichen Geschäftsbereich** wie auch gegen eine **Beteiligung als persönlich hatten-**

---

[160] BGHZ 86, 122 = NJW 1983, 876.
[161] MüKoHGB/*Grunewald* § 165 Rn. 4.
[162] BGHZ 89, 162 = NJW 1984, 1351.

der Gesellschafter an einer anderen Handelsgesellschaft – was lediglich bei einer OHG, einer KG oder einer KGaA möglich ist. Nimmt ein dem Anwendungsbereich des § 112 HGB unterfallender Gesellschafter bei einer anderen Handelsgesellschaft eine einem persönlich haftenden Gesellschafter vergleichbare Position ein (bspw. als Geschäftsführer und einziger Gesellschafter einer GmbH), lässt sich ein dem § 112 HGB inhaltsgleiches Verbot dieser Fremdtätigkeit beziehungsweise Fremdbeteiligung zwanglos aus der allgemeinen Treuepflicht (→ Rn. 259) herleiten.

262 **In zeitlicher Hinsicht** dauert das Wettbewerbsverbot ebenso wie die Treuepflicht so lange an, wie der Gesellschafter an der Gesellschaft beteiligt ist. Ein **nachvertragliches Wettbewerbsverbot** bedarf daher einer gesonderten Vereinbarung und ist zwecks Vermeidung einer Sittenwidrigkeit mit der Folge der Unwirksamkeit (§ 138 Abs. 1 BGB) in zeitlicher und räumlicher Hinsicht auf das aus Gesellschaftssicht zwingend Erforderliche zu begrenzen. Gegebenenfalls kann die Sittenkonformität durch die Vereinbarung einer angemessenen Karenzentschädigung hergestellt werden.

263 Im Fall eines nach dem Maßstab der eigenüblichen Sorgfalt (§§ 708, 277 BGB; → Rn. 123) zu vertretenden Verstoßes gegen § 112 HGB steht der Gesellschaft ausweislich § 113 Abs. 1 HGB ein **Anspruch auf Schadensersatz** gegen den dem Wettbewerbsverbot zuwider handelnden Gesellschafter zu. Bei einem auf eigene Rechnung getätigten Geschäft kann die Gesellschaft den **Eigeneintritt in das Geschäft,** bei einem Handeln auf fremde Rechnung die **Herausgabe der Vergütung** oder – soweit diese noch nicht geleistet wurde – die **Abtretung des Vergütungsanspruchs** verlangen (§ 113 Abs. 1 HGB). Über die Geltendmachung des Anspruchs beschließen die übrigen Gesellschafter (§ 113 Abs. 2 HGB). **Kenntnisabhängige Verjährung** („relative Verjährung") tritt drei Monate nachdem alle Mitgesellschafter von dem Verstoß Kenntnis erlangt haben oder hätten erlangen müssen ein, **kenntnisunabhängige Verjährung** („absolute Verjährung") fünf Jahre nach Entstehung des Anspruchs (§ 113 Abs. 3 HGB).

264 Liegt „lediglich" ein **Verstoß gegen die Treuepflicht,** nicht aber gegen § 112 HGB vor, kommt eine Haftung des Gesellschafters aus § 113 Abs. 1 HGB nicht in Betracht. Ein **Anspruch auf Schadensersatz** ergibt sich in diesem Fall regelmäßig aus den §§ 280 Abs. 1, 277, 708 BGB (→ Rn. 122), während es an einer § 113 Abs. 1 HGB vergleichbaren Anspruchsgrundlage für einen Eigeneintritt oder eine Herausgabe der erhaltenen Vergütung beziehungsweise Abtretung des Vergütungsanspruchs fehlt. Die **Verjährung** des Schadensersatzanspruchs richtet sich in diesem Fall nach den allgemeinen Regelungen des BGB.

265 Sinnvoll erscheint es, im Gesellschaftsvertrag eine von der gesetzlichen Regelung **abweichende Vereinbarung** zu treffen, durch die der Anwendungsbereich des § 112 HGB zumindest dahingehend erweitert wird, dass eine Beteiligung an einem Konkurrenzunternehmen unabhängig von der Gesellschafterstellung generell untersagt ist und ein Verstoß die Anwendung des § 113 HGB zur Folge hat.

266 **(6) Pflicht zu Registeranmeldungen.** Alle Gesellschafter einschließlich der Kommanditisten sind verpflichtet, die die Grundlagen der Gesellschaft betreffenden Anmeldungen zum Handelsregister (→ Rn. 184 ff.) gemeinsam zu bewirken (§§ 108 S. 1, 106 Abs. 2, 107, 143 Abs. 1 S. 1, 143 Abs. 2, 162 Abs. 2, 175 HGB); bei der Anmeldung des Ausscheidens eines Gesellschafters umfasst das diesen. Im Fall eines Entzugs der Vertretungsbefugnis (→ Rn. 222) ist die Anmeldung hingegen auch ohne den betroffenen Gesellschafter möglich. Sonstige Anmeldungen können von den vertretungsberechtigten Gesellschaftern vorgenommen werden, beispielsweise die Änderung der inländischen Geschäftsanschrift (§ 108 S. 2 HGB), beziehungsweise sind von diesen vorzunehmen, beispielsweise die Erteilung oder der Widerruf einer Prokura (§ 126 Abs. 1 HGB; → Rn. 219). Anmeldungen haben elektronisch in öffentlich beglaubigter Form zu erfolgen (§ 12 Abs. 1 HGB), was die Beauftragung eines Notars erforderlich macht (§ 39a BeurkG). Davon auszugehen ist, dass der Gesetzgeber im Rahmen der bis zum 1.8.

2021 erforderlichen Umsetzung der im Juni 2019 geänderten RL (EU) 2017/1132 (→ Rn. 561) ein Verfahren eingeführt, das die Registeranmeldung ohne eine physische Anwesenheit beim Notar oder einer anderen Stelle ermöglicht.

bb) Pflichten aus organschaftlicher Tätigkeit. (1) Tätigkeitspflicht. Die organschaftliche **Geschäftsführungsbefugnis** beinhaltet im Gegensatz zur organschaftlichen Vertretungsbefugnis eine Pflicht zum Tätigwerden (**Geschäftsführungspflicht;** → Rn. 115). 267

(2) Ordnungsgemäße Ausübung. Wie bei der GbR (→ Rn. 116) sind auch die Gesellschafter einer Personenhandelsgesellschaft verpflichtet, bei der Ausübung einer organschaftlichen Befugnis ausschließlich **im Interesse und zum Wohle der Gesellschaft** zu handeln. 268

(3) Wettbewerbsverbot. Anders als im Recht der GbR (→ Rn. 113) ergibt sich bei Personenhandelsgesellschaften ein Wettbewerbsverbot bereits aus der Stellung als persönlich haftender Gesellschafter (§ 112 HGB; → Rn. 260 ff.). Besonderer Regelungen für organschaftlich tätige Gesellschafter bedarf es daher anders als im Recht der GbR nicht, weil nach dem Grundsatz der Selbstorganschaft nur persönlich haftenden Gesellschaftern organschaftliche Befugnisse zustehen können (→ Rn. 202). 269

(4) Berichtspflicht. Bei Personenhandelsgesellschaften hat ein organschaftlich tätiger Gesellschafter die Gesamtheit der Gesellschafter unaufgefordert über wichtige Ereignisse, die ihm im Rahmen seiner Tätigkeit bekannt werden, zu informieren (§§ 713, 666 Var. 1 BGB). Die Ausführungen zur GbR gelten insoweit entsprechend (→ Rn. 118). Zu informieren sind auch die Kommanditisten, da wichtige Ereignisse im Normalfall als außergewöhnlich zu klassifizieren sind, und außergewöhnliche Angelegenheiten in die Kompetenz aller Gesellschafter einschließlich der Kommanditisten fallen (§ 116 Abs. 2 HGB; → Rn. 206). 270

(5) Auskunftspflicht. Die Ausführungen zur Auskunftspflicht eines organschaftlich tätigen GbR-Gesellschafters (→ Rn. 119) gelten für die organschaftlich tätigen Gesellschafter einer Personenhandelsgesellschaft entsprechend. Primäres Informationsmittel der Gesellschafter ist deren Kontrollrecht aus § 118 Abs. 1 HBG (persönlich haftende Gesellschafter) beziehungsweise § 166 Abs. 1 HGB (Kommanditisten). 271

(6) Rechenschaftspflicht. Organschaftlich tätige Gesellschafter sind bei Beendigung ihrer Organstellung rechenschaftspflichtig (§§ 713, 666 Var. 3, 259 BGB). Üblicherweise wird (zumeist ohne ausdrückliche vertragliche Vereinbarung) im Rahmen der Feststellung des Jahresabschlusses über die Entlastung der verantwortlich tätigen Gesellschafter abgestimmt. In diesem Fall betrifft die Rechenschaftspflicht lediglich noch den Zeitraum, der noch nicht Gegenstand eines Entlastungsbeschlusses war. 272

(7) Rechnungslegung. Personenhandelsgesellschaften sind Kaufleute (→ Rn. 172) und daher **buchführungspflichtig** (§ 238 Abs. 1 HGB). Darüber hinaus sind sie verpflichtet, zu Beginn des Handelsgewerbes eine **Eröffnungsbilanz** und zum Schluss eines jeden Geschäftsjahres einen **Jahresabschluss** aufzustellen (§ 242 Abs. 1 bis 3 HGB). Wird die Gesellschaft liquidiert (→ Rn. 508 ff.), haben die Liquidatoren (§ 146 Abs. 1 HGB) zu Beginn der Liquidation eine **Liquidationseröffnungs- und** nach Abschluss der Liquidation eine **Liquidationsschlussbilanz** aufzustellen (§ 154 HGB). 273

Aufgrund der persönlichen Haftung mindestens eines Gesellschafters hat der Gesetzgeber bei Personengesellschaften auf die für Kapitalgesellschaften obligatorische **Erweite-** 274 rung des Jahresabschlusses um einen Anhang (§§ 284 ff., 264 Abs. 1 S. 1 HGB)[163] und die ebenfalls obligatorische **Aufstellung eines Lageberichts** (§§ 289 ff., 264 Abs. 1 S. 1 HGB)[164] sowie auf die **Pflicht zur Prüfung** des Jahresabschlusses durch einen Abschlussprüfer (§§ 316 ff., 264 Abs. 1 S. 1 HBG)[165] **und zur Offenlegung des Jahresabschlusses** (§§ 325 ff., 264 Abs. 1 S. 1 HGB) verzichtet. Dieses Privileg entfällt bei Personenhandelsgesellschaften, bei denen kein persönlich haftender Gesellschafter eine natürliche Person oder eine Personengesellschaft ist, bei der eine natürlich Person persönlich haftet (§ 264a Abs. 1 S. 1 HGB), oder bei denen das betriebene Unternehmens aufgrund seiner Größe von besonderer Bedeutung ist (§§ 3 Abs. 1, 1 Abs. 1, 5 Abs. 2, 6 Abs. 1 S. 1, 9 Abs. 1 S. 1 PublG)[166].

275 **Im Innenverhältnis** sind allein die geschäftsführenden Gesellschafter für die Beachtung der Rechnungslegungspflichten zuständig. Zu unterzeichnen ist der Jahresabschluss gleichwohl von allen persönlich haftenden Gesellschaftern (§ 245 S. 2 HGB), was die Verantwortlichkeit auch der nicht organschaftlich befugten persönlich haftenden Gesellschafter **im Außenverhältnis** unterstreicht.

276 **(8) Herausgabepflicht.** Organschaftlich tätige Gesellschafter haben das im Rahmen ihrer Tätigkeit für die Gesellschaft Entgegengenommene an die Gesellschaft herauszugeben. Entgegengenommenes Geld ist von dem Zeitpunkt an, an dem es hätte abgeliefert werden müssen, mit **5 % p.a. zu verzinsen** (§§ 111 Abs. 1, 352 Abs. 2 HGB), ohne dass daraus eine Berechtigung zur verzinslichen Eigenverwendung folgt.

4. Haftung der Gesellschafter

277 Zu unterscheiden ist zwischen der das Innenverhältnis betreffenden Haftung für eine Verletzung der in → Rn. 254 ff. erörterten Pflichten, der das Außenverhältnis betreffenden Haftung für die Gesellschaftsverbindlichkeiten und der Haftung aus anderen Gründen, beispielsweise aus Delikt. Hinsichtlich der Haftung für eigene Pflichtverletzungen kann auf die Ausführungen zur GbR verwiesen werden (→ Rn. 122), gleiches gilt für die nicht die Haftung für die Gesellschaftsverbindlichkeiten betreffende Haftung aus anderen Gründen (→ Rn. 141). Die nachfolgenden Ausführungen beschränken sich daher auf die Haftung der Gesellschafter für die Verbindlichkeiten der Gesellschaft, die in den §§ 128 ff. HGB normiert ist; für die Kommanditisten finden sich Modifizierungen in den §§ 171 ff. HGB.[167]

278 **a) Art der Haftung.** Die Gesellschafter einer Personenhandelsgesellschaft haften den Gesellschaftsgläubigern im Wege einer akzessorischen Haftung[168] **persönlich** für die Ver-

---

[163] Diese Pflicht besteht unter bestimmten Voraussetzungen (§ 264 Abs. 1 S. 5 HGB) nicht für Kapitalgesellschaften, bei denen an zwei aufeinanderfolgenden Abschlussstichtagen (§§ 267 Abs. 4 S. 1, 267a Abs. 2 HGB) zwei der drei in § 267a Abs. 1 HGB genannten Größenkriterien (300.000 EUR Bilanzsumme, 700.000 EUR Umsatzerlöse, 10 Arbeitnehmer im Jahresdurchschnitt) nicht überschritten werden („Kleinstkapitalgesellschaften").
[164] Diese Pflicht besteht nur für mindestens mittelgroße Kapitalgesellschaften (§ 264 Abs. 1 S. 4 HGB). Mittelgroß sind Kapitalgesellschaften, bei denen an zwei aufeinanderfolgenden Abschlussstichtagen (§ 267 Abs. 4 S. 1 HGB) zwei der drei in § 267 Abs. 1 HGB genannten Größenkriterien überschritten werden (20 Mio. EUR Bilanzsumme, 40 Mio. EUR Umsatzerlöse, 250 Arbeitnehmer im Jahresdurchschnitt).
[165] Die Prüfungspflicht besteht gemäß § 316 Abs. 1 S. 1 HGB nur für mindestens mittelgroße Kapitalgesellschaften (→ Fn. 172).
[166] Diese Pflichten treffen Personenhandelsgesellschaften und Einzelunternehmen (nicht aber eine GbR, EWIV oder PartGes), die an zwei aufeinanderfolgenden Abschlussstichtagen zwei der drei in § 1 Abs. 1 PublG genannten Größenkriterien überschreiten (65 Mio. EUR Bilanzsumme, 130 Mio. EUR Umsatzerlöse, 5.000 Arbeitnehmer im Jahresdurchschnitt).
[167] Henssler/Strohn/*Gummert* HGB § 172 Rn. 1.
[168] Bei einer akzessorischen Haftung folgt die Haftung in ihrer Entstehung, ihrem Inhalt und ihrem Untergang der Hauptschuld. Dies hat bspw. zur Folge, dass der Gläubiger über seinen (akzessorischen) An-

bindlichkeiten der Gesellschaft. Sie können von den Gesellschaftsgläubigern **unmittelbar** (§§ 128 S. 1, 171 Abs. 1 HGB) **und als Gesamtschuldner** (§§ 128 S. 1 HGB, 421 BGB) in Anspruch genommen werden, ohne dass eine vorherige oder gleichzeitige Inanspruchnahme der Gesellschaft oder der Mitgesellschafter erforderlich ist.

b) Höhe der Haftung, umfasste Verbindlichkeiten. Die Höhe der Haftung richtet sich nach dem Gesellschaftertypus. Vom **Zeitpunkt des Wirksamwerdens** der Begründung der Haftung, der Änderung der Haftungshöhe oder der Beendigung der Haftung kann ein Gesellschaftsgläubiger sich nicht nur für alle nach diesem Zeitpunkt begründeten Verbindlichkeiten[169] der Gesellschaft (**„Neuverbindlichkeiten")**, sondern - so existent - auch für die zuvor begründeten **„Altverbindlichkeiten"** auf den wirksam gewordenen Umstand berufen beziehungsweise kann der Gesellschafter einem Gesellschaftsgläubiger den wirksam gewordenen Umstand für diese Verbindlichkeiten entgegenhalten. Ausnahmen sind Veränderungen, die für die Gläubiger der Altverbindlichkeiten nachteilig sind, diese wirken stets nur für die Neuverbindlichkeiten. 279

aa) Persönlich haftende Gesellschafter. Die persönlich haftenden Gesellschafter haften den Gesellschaftsgläubigern mit ihrem gesamten Vermögen **in unbeschränkter Höhe** (§ 128 S. 1 HGB). 280

(1) Gründungsgesellschafter. Die persönlich haftenden Gesellschafter einer neu gegründeten Personenhandelsgesellschaft haften den Gesellschaftsgläubigern von dem Zeitpunkt an, in dem die Gesellschaft im Außenverhältnis entsteht. Von diesem Zeitpunkt an können sich Gläubiger der Gesellschaft **hinsichtlich der Neuverbindlichkeiten** auf die unbeschränkte Haftung des Gesellschafters berufen, **Altverbindlichkeiten** sind bei einer neu gegründeten Gesellschaft naturgemäß nicht existent. Maßgeblich für das Entstehen der Gesellschaft im Außenverhältnis ist dabei die **Eintragung der Gesellschaft** im Handelsregister (§ 123 Abs. 1 HGB). Bei einem vorherigen **Beginn der Geschäftstätigkeit** ist auf diesen Zeitpunkt abzustellen (§ 123 Abs. 2 HGB), wobei der Beginn der Geschäftstätigkeit bereits mit dem erstmaligen Auftreten der Gesellschaft nach außen vorliegt, wofür Vorbereitungshandlungen ausreichend sein können (Eröffnung eines Bankkontos, Beauftragung eines Maklers, Abschluss eines Mietvertrags; → Rn. 189). 281

(2) Eintretende Gesellschafter. Der Eintritt eines (neuen) persönlich haftenden Gesellschafters in eine bestehende Personenhandelsgesellschaft wird vorbehaltlich einer abweichenden gesellschaftsvertraglichen Vereinbarung **sofort wirksam.** Wird der **Eintritt auf einen späteren Zeitpunkt** vereinbart, tritt die Außenwirkung zu dem vereinbarten Zeitpunkt ein, im Fall einer **vorherigen Eintragung** des neuen Gesellschafters tritt die Außenwirkung mit der Eintragung ein. Ein **rückwirkend vereinbarter Eintritt** ist im Außenverhältnis nicht möglich, die Außenwirkung tritt in diesem Fall mit dem Abschluss der Beitrittsvereinbarung ein.[170] 282

Mit dem Wirksamwerden seines Eintritts im Außenverhältnis haftet der neue persönlich haftende Gesellschafter den Gesellschaftsgläubigern für die **Neuverbindlichkeiten** (§ 128 S. 1 HGB) und die **Altverbindlichkeiten** der Gesellschaft (§§ 130 Abs. 1, 128 S. 1 HGB) im beschriebenen Umfang (→ Rn. 280). 283

---

spruch gegen einen Gesellschafter nicht getrennt von der Hauptforderung verfügen kann (MüKoHGB/K. Schmidt § 128 Rn. 16).

[169] Die Begründung einer Verbindlichkeit ist von ihrer Entstehung zu unterscheiden. Eine Verbindlichkeit entsteht, wenn alle anspruchsbegründenden Tatsachen vorliegen. Begründet ist sie bereits in dem Zeitpunkt, in dem das Schuldverhältnis iwS, das den Rechtsgrund der Verbindlichkeit darstellen, entstanden ist.

[170] Im Innenverhältnis ist ein rückwirkend vereinbarter Eintritt dahingehend zu verstehen, dass der eintretende Gesellschafter so gestellt wird, als sei er zum vereinbarten Zeitpunkt in die Gesellschaft eingetreten (→ Rn. 43).

284 **(3) Wechsel zur kommanditistischen Haftung.** Vereinbaren die Gesellschafter einer Personenhandelsgesellschaft, dass einer von mehreren persönlich haftenden Gesellschaftern[171] den Gesellschaftsgläubigern **künftig nur noch** summenmäßig auf einen bestimmten Betrag beschränkt - also **kommanditistisch** - **haftet** (§ 161 Abs. 1 HGB), wird die Haftungsbegrenzung auf die Haftsumme (→ Rn. 289 ff.) im Außenverhältnis mit der Eintragung der Haftsumme im Handelsregister wirksam (§§ 171 Abs. 1, 172 Abs. 1 HGB; → Rn. 293) und wirkt damit von diesem Zeitpunkt an für die **Neuverbindlichkeiten.**

285 **Für die Altverbindlichkeiten** haftet der Kommanditist **weiterhin unbeschränkt** - andernfalls wäre die unbeschränkte Haftung eines persönlich haftenden Gesellschafters für die Gesellschaftsgläubiger im Ergebnis auch ohne Wert. Das Fortbestehen der unbeschränkten Haftung für die Altverbindlichkeiten ist allerdings in entsprechender Anwendung der **Enthaftungsfrist** für einen ausgeschiedenen Gesellschafter (→ Rn. 323) zeitlich begrenzt (§ 160 Abs. 3 S. 1, Abs. 1 S. 1 HGB).

286 Die **fünfjährige „Enthaftungsfrist"** beginnt mit der Eintragung der Änderung zu laufen (§§ 160 Abs. 3 S. 1, Abs. 1 S. 1, S. 2 HGB). Nach Ablauf der Enthaftungsfrist, die sich aufgrund einer entsprechenden Anwendung der in § 160 Abs. 1 S. 3 HGB genannten **verjährungshemmenden Tatbestände** des BGB verlängern kann, kommt eine unbeschränkte Haftung für die Altverbindlichkeiten nicht mehr in Betracht. Von diesem Zeitpunkt an haftet der Gesellschafter daher für die Altverbindlichkeiten ebenfalls auf seine eingetragene Haftsumme beschränkt (§ 160 Abs. 3 S. 3 HGB).[172, 173] Unberührt bleibt die Möglichkeit des Gesellschafters, sich auf eine vorherige Verjährung der Gesellschaftsverbindlichkeit zu berufen (§ 129 Abs. 1 HGB; → Rn. 320).

287 **bb) Kommanditisten.** Die Haftung eines Kommanditisten ist gegenüber den Gesellschaftsgläubigern auf seine im Handelsregister eingetragene Haftsumme beschränkt (§§ 171 ff. HGB; → Rn. 289 ff.). Eine unbeschränkte Kommanditistenhaftung kommt für Gesellschaftsverbindlichkeiten in Betracht, die im Rahmen einer bereits vor Eintragung der Gesellschaft begonnenen Geschäftstätigkeit begründet wurden, wenn der Kommanditist dem vorzeitigen Geschäftsbeginn zugestimmt hat (§ 176 HGB; → Rn. 294 ff.).

288 **(1) Gründungskommanditisten.** Eine **neu gegründete KG** wird wie eine OHG mit ihrer Eintragung im Handelsregister - bei einem vorherigen Beginn der Geschäftstätigkeit mit diesem - im Außenverhältnis wirksam (§§ 123 Abs. 1, Abs. 2 HGB; → Rn. 189).[174] Von diesem Zeitpunkt an sind die §§ 171 ff. HGB auf die Kommanditisten der Gesellschaft anwendbar, nach denen für die Haftung eines Kommanditisten Folgendes gilt:

289 **(a) Auf die Haftsumme beschränkte Haftung.** Ein Kommanditist haftet den Gesellschaftsgläubigern im Gegensatz zu einem persönlich haftenden Gesellschafter lediglich auf *„den Betrag einer bestimmten Vermögenseinlage beschränkt"* (§ 161 Abs. 1 HGB). Da der Terminus „Einlage" in den §§ 161 ff. HGB sowohl für den - allein das Innenverhältnis betreffenden — vereinbarten Beitrag des Kommanditisten, als auch für die davon zu unterscheidende Höhe seiner Haftung gegenüber den Gesellschaftsgläubigern verwendet wird, wird der geschuldete Beitrag im Sinne der §§ 705 ff. BGB zur besseren Unterscheidung

---

[171] Betrifft die Vereinbarung der künftig lediglich beschränkten Haftung alle persönlich haftenden Gesellschafter, wird § 161 Abs. 1 HGB zuwider — und damit unter Verstoß gegen den Numerus clausus der Gesellschaftsformen (→ § 5 Rn. 22) — eine KG ohne persönlich haftende Gesellschafter angestrebt. Solch eine Vereinbarung ist unwirksam.

[172] MüKoHGB/*K. Schmidt* § 176 Rn. 43.

[173] Dogmatisch ungeklärt ist, ob die die beschränkte Haftung für die Altverbindlichkeiten erst mit dem Ablauf der Enthaftungsfrist entsteht, oder ob — was überzeugender erscheint — die mit der Eintragung der Haftsumme wirksam werdende Haftungsbeschränkung (→ Rn. 284) auch die Altverbindlichkeiten umfasst, insoweit aber bis zum Ablauf der Enthaftungsfrist von der fortlaufenden unbeschränkten Haftung „überlagert" wird.

[174] Oetker/*Oetker* HGB § 161 Rn. 24; MüKoHGB/*K. Schmidt* § 123 Rn. 1.

II. Personenhandelsgesellschaften (OHG und KG) § 24

gemeinhin als „**Pflichteinlage**" und der die Haftungsbegrenzung angebende Betrag im Sinne des § 161 Abs. 1 BGB als „**Hafteinlage**" oder – besser, da insoweit keine Einlageverpflichtung besteht – als „**Haftsumme**" bezeichnet (→ Rn. 179).[175]

Bei der Beschränkung der Haftung des Kommanditisten auf die Haftsumme handelt es sich um eine **summenmäßige Beschränkung,** was bedeutet, dass jede Leistung des Kommanditisten auf eine Verbindlichkeit der Gesellschaft zu einer Reduktion seiner verbleibenden Haftung für die übrigen Verbindlichkeiten der Gesellschaft – nicht aber zu einer Reduktion der Haftsumme – führt. Vor dem Hintergrund, dass dem auf eine Gesellschaftsverbindlichkeit leistenden Kommanditisten im Normalfall ein Auslagenerstattungsanspruch aus § 110 Abs. 1 HGB gegen die Gesellschaft (→ Rn. 237 ff.) und aus § 426 Abs. 1 S. 1 BGB ein (subsidiärer) Anspruch auf Gesamtschuldnerausgleich gegen die Mitgesellschafter zusteht, und der Kommanditist sich in Höhe des von der Gesellschaft und/oder den Mitgesellschaftern erhaltenen Ausgleichs mangels eigener wirtschaftlicher Belastung nicht auf seine Leistung an die Gläubiger der Gesellschaft berufen kann, kommt der Aspekt der summenmäßigen Begrenzung der Kommanditistenhaftung letztlich nur und erst zum Tragen, wenn der Kommanditist den ihm zustehenden Ausgleich weder bei der Gesellschaft, noch bei den Mitgesellschaftern realisieren kann. 290

(aa) Festlegung der Haftsumme. Die für die Außenhaftung eines Kommanditisten maßgebliche **Haftsumme** wird von den Gesellschaftern (üblicherweise im Gesellschaftsvertrag) in Form eines in EUR ausgedrückten[176] (positiven) Geldbetrags **für jeden Kommanditisten individuell** festgelegt. Die Höhe kann dabei frei vereinbart werden, kann den Wert der vereinbarten Pflichteinlage des entsprechenden Kommanditisten daher unter- oder überschreiten, oder diesem entsprechen. **Fehlt es an einer** ausdrücklichen **Vereinbarung über die** Höhe der **Haftsumme,** ist auf die Höhe der vereinbarten Pflichteinlage zurückzugreifen. Ist insoweit eine Sacheinlage vereinbart, gilt im Zweifel der dieser objektiv zukommende Wert als Haftsumme;[177] bei einer vereinbarten Pflichteinlage, die neben der Einlage eines Gegenstandes auch eine Barkomponente enthält, wird man auf den objektiven Wert der gesamten Pflichteinlage abstellen. Ob eine Vereinbarung, die Pflichteinlage zu erhöhen, auch eine Erhöhung der der Haftsumme zur Folge hat, ist gegebenenfalls durch eine Auslegung der Vereinbarung zu ermitteln. Besondere **Formerfordernisse** sind für die Vereinbarung der Haftsumme **nicht zu beachten**. 291

Auch wenn in den §§ 161 ff. HGB **kein Mindestbetrag für die Haftsumme** vorgegeben ist, sollte von der Vereinbarung einer symbolischen Haftsumme, die faktisch keine Haftungsbeschränkung, sondern eine Haftungsbefreiung zur Folge hat, abgesehen werden, um mögliche Verzögerungen bei der Eintragung der Haftsumme vorzubeugen, die zu einem späteren Wirksamwerden der Haftungsbeschränkung im Außenverhältnis führen. 292

(bb) Wirksamwerden der Haftungsbeschränkung. Die Haftungsbeschränkung eines Kommanditisten auf die Haftsumme wird **mit deren Eintragung** wirksam (§§ 171 Abs. 1, 293

---

[175] MüKoHGB/*K. Schmidt* § 172 Rn. 6.
[176] EBJS/*Strohn* HGB § 171 Rn. 6; aA Oetker/*Oetker* HGB § 161 Rn. 15 (die Festlegung des Betrags kann in Fremdwährung, die Eintragung muss in Euro erfolgen) und *Voigt* NZG 2008, 933 (Festlegung und Eintragung können auch in Fremdwährung erfolgen), letzterer mit der Begründung, dass die Auslegung der §§ 171 f. HGB der Vereinbarung einer in Fremdwährung dotierten Haftsumme nicht widerspreche. Die Feststellung, dass eine Auslegung einem bestimmten Verständnis der ausgelegten Norm nicht entgegensteht, ist aber nicht damit gleichzusetzen, dass dieses Verständnis vom Norminhalt zutreffend ist. Argumente, die dafür sprechen, dass der Gesetzgeber mit dem Wort „*Betrag*" in § 172 Abs. 1 HGB auch Dotierungen in anderen Währungen als Euro, dem einzigen gesetzlichen Zahlungsmittel (§ 14 Abs. 1 S. 2 BBankG), zulassen wollte oder Sinn und Zweck oder der Telos der Norm für die Zulässigkeit der Dotierung der Haftsumme in Fremdwährung sprechen, werden nicht genannt und sind auch nicht ersichtlich. Allerdings soll die Eintragung in Fremdwährung, namentlich in USD dotierter Haftsummen bei einigen (nicht benannten) Registergerichten der Praxis entsprechen (*Voigt* NZG 2008, 933 (935)).
[177] BGH NJW 1977, 1820.

172 Abs. 1 HGB). Von diesem Zeitpunkt an haftet der Kommanditist für die **Neuverbindlichkeiten** (→ Rn. 279) auf seine Haftsumme beschränkt. Die Eintragung der Haftsumme eines Kommanditisten setzt dabei naturgemäß dessen Eintragung als Kommanditist und damit auch die Eintragung der Gesellschaft als Kommanditgesellschaft voraus. Da mit der Neueintragung einer KG auch deren persönlich haftende Gesellschafter und Kommanditisten (einschließlich deren Haftsumme) eingetragen werden, wird – von Anmelde- und Eintragungsfehlern abgesehen – die Haftsumme eines Kommanditisten bei einer Neugründung zeitgleich mit KG eingetragen. **Sofern die Geschäftätigkeit der Gesellschaft erst nach der Eintragung der KG begonnen wird** (→ Rn. 189), ist die Haftung der Gründungskommanditisten mangels existierender Altverbindlichkeiten im Ergebnis **für alle Verbindlichkeiten** der Gesellschaft auf ihre Haftsumme beschränkt.

294 **(b) Unbeschränkte Kommanditistenhaftung.** Wird die KG im Außenverhältnis bereits **vor ihrer Eintragung** durch den **Beginn der Geschäftstätigkeit** wirksam (§ 123 Abs. 2 HGB; → Rn. 189), findet eine Haftungsbeschränkung auf die Haftsumme für die bis zur Eintragung der Gesellschaft begründeten Verbindlichkeiten nicht statt, da in diesem Fall die nach §§ 171 Abs. 1, 172 Abs. 1 HGB für die Haftungsbegrenzung erforderliche Eintragung der Haftsumme mangels Eintragung der Gesellschaft (noch) nicht erfolgt sein kann, sodass der Kommanditist in dieser Situation **unbeschränkt haftet**.[178]

295 Zu berücksichtigen ist allerdings auch, dass Gesellschafter im Grundsatz nur für Sachverhalte unbeschränkt haften sollen, die sie beeinflussen können (→ Rn. 62). Da Kommanditisten von der organschaftlichen Geschäftsführung und Vertretung ausgeschlossen sind (§§ 164 S. 1, 170 HGB) und sie auch nur der Vornahme außergewöhnlicher Geschäfte widersprechen können (§ 164 S. 1 HGB), können sie den – aus ihrer Sicht mit erheblichen (unerwünschten) Haftungsrisiken verbundenen – Geschäftsbeginn vor der Eintragung der Gesellschaft im Ergebnis nur durch eine entsprechende Vereinbarung im Gesellschaftsvertrag verhindern. Vor diesem Hintergrund beinhaltet § 176 Abs. 1 HGB ein **Haftungsprivileg für die Kommanditisten,** die dem frühzeitigen Geschäftsbeginn nicht zugestimmt haben, da ausweislich § 176 Abs. 1 HGB lediglich die Kommanditisten, die dem frühzeitigen Geschäftsbeginn zugestimmt haben, **für die bis zur Eintragung der Gesellschaft begründeten Verbindlichkeiten wie persönlich haftende Gesellschafter** haften (§ 176 Abs. 1 S. 1 HGB).[179]

296 Die zur unbeschränkten Kommanditistenhaftung führende **Zustimmung** in den Beginn der Geschäfte vor der Eintragung der Gesellschaft kann **im Voraus („Einwilligung"; § 183 S. 1 BGB) oder nachträglich („Genehmigung"; § 184 Abs. 1 BGB)** erfolgen. Eine ausdrückliche Erklärung ist dazu nicht erforderlich. So beinhaltet die Vereinbarung eines Gesellschaftsvertrags, in dem der Beginn der Geschäftstätigkeit nicht geregelt ist und der auch keinen Anlass bietet, von einem erst nach der Eintragung erfolgendem Geschäftsbeginn auszugehen, eine konkludente Einwilligung in den vorzeitigen Beginn der Geschäfte[180] und die Teilnahme am vor der Eintragung erwirtschafteten Ergebnis die (konkludente) Genehmigung des vorzeitigen Geschäftsbeginns.[181]

297 **(aa) Beschränkungen der unbeschränkten Kommanditistenhaftung.** Auch wenn eine Kenntnis des Gesellschaftsgläubigers von den die unbeschränkte Haftung des Kommanditisten begründenden Tatsachen nicht erforderlich ist, kommt eine unbeschränkte Kommanditistenhaftung nicht in Betracht, wenn die Verbindlichkeit der Gesellschaft nicht wegen eines Vertrauens des Gläubigers auf die unbeschränkte Haftung des Kommanditisten begründet worden sein kann, weil

---

[178] Ein Ausschluss der Haftung kommt in dieser Konstellation nicht in Betracht, da ein nicht eingetragener Kommanditist nicht besser stehen kann, als ein eingetragener Kommanditist.
[179] MüKoHGB/*K. Schmidt* § 176 Rn. 3, 12.
[180] MüKoHGB/*K. Schmidt* § 176 Rn. 12.
[181] BGHZ 82, 209 = NJW 1982, 883.

- der Gesellschaftsgläubiger zum Zeitpunkt der Begründung seiner Forderung Kenntnis von der Kommanditistenstellung des (noch) nicht als Kommanditist eingetragenen Gesellschafters hatte (§ 176 Abs. 1 Hs. 2 HGB) oder
- die Forderung des Gläubigers ihrer Art nach nicht auf einem Vertrauen auf die unbeschränkte Haftung des Kommanditisten beruhen kann,[182] was bei Gesellschaftsverbindlichkeiten, die nicht rechtsgeschäftlich begründet wurden, regelmäßig der Fall ist (bspw. Verbindlichkeiten aus unerlaubter Handlung oder Steuerverbindlichkeiten).[183]

(bb) Zeitliche Befristung der unbeschränkten Kommanditistenhaftung. Mit der Eintragung der Haftsumme des Kommanditisten tritt eine Haftungszäsur ein, da der Kommanditist für die nachfolgend begründeten Verbindlichkeiten der Gesellschaft lediglich auf seine Haftsumme beschränkt haftet (→ Rn. 293).[184] Für die Verbindlichkeiten der Gesellschaft, für die der Kommanditist unbeschränkt haftet, beginnt in entsprechender Anwendung des § 160 Abs. 3 HGB eine (mindestens) fünfjährige Enthaftungsfrist zu laufen, hinsichtlich der näheren Einzelheiten wird auf die vorstehenden Ausführungen verwiesen (→ Rn. 286). 298

(cc) Vermeidung der unbeschränkten Kommanditistenhaftung. Zur Vermeidung einer unbeschränkten Kommanditistenhaftung empfiehlt es sich, im Gesellschaftsvertrag ausdrücklich zu vereinbaren, dass mit den Geschäften – einschließlich aller vorbereitender Maßnahmen mit Außenwirkung (→ Rn. 189) – erst nach der Eintragung der Gesellschaft begonnen werden darf. In diesem Fall ist zu beachten, dass der Kommanditist sich nicht selbst zu dieser Vereinbarung in Widerspruch setzen darf, beispielsweise indem er an einem vor der Eintragung der Gesellschaft erwirtschafteten Ergebnis teilnimmt oder vor der Eintragung eine vereinbarte Bareinlage per Überweisung an die Gesellschaft leistet (was ein Bankkonto der Gesellschaft und damit ein abredewidriges Tätigwerden nach außen voraussetzt). Einfacher und sicherer ist es zu vereinbaren, dass die Gesellschafterstellung des Kommanditisten erst mit der Eintragung seiner Haftsumme wirksam wird. 299

(2) Eintretende Kommanditisten. Der Eintritt eines (neuen) Kommanditisten in eine bereits bestehende Personenhandelsgesellschaft wird zum vertraglich vereinbarten Zeitpunkt wirksam. Fehlt es an einer entsprechenden Festlegung oder ist ein (nicht möglicher) rückwirkender Beitritt vereinbart, wird der Beitritt sofort wirksam.[185] Erfolgt die Eintragung des eintretenden Kommanditisten vor dem vereinbarten Eintrittszeitpunkt, wird die Kommanditistenstellung im Außenverhältnis in diesem Zeitpunkt wirksam. 300

Vom Zeitpunkt des Wirksamwerdens des Eintritts kommen die §§ 171 ff. HGB zur Anwendung, was bedeutet, dass die **Haftungsbeschränkung** des eintretenden Kommanditisten **auf seine Haftsumme** (→ Rn. 289 ff.) **mit deren Eintragung wirksam** wird (§§ 171 Abs. 1, 172 Abs. 1 HGB; → Rn. 293), die – von Fehlern bei der Anmeldung oder der Eintragung abgesehen – zusammen mit der Eintragung des neuen Kommanditisten erfolgt. Die kommanditistische Haftung erstreckt sich auf die nachfolgend begrün- 301

---

[182] BGHZ 82, 209 = NJW 1982. 883 (885).
[183] MüKoHGB/*K. Schmidt* § 176 Rn. 37; EBJS/*Strohn* HGB § 176 Rn. 14; Henssler/Strohn/*Gummert*, HGB § 176 Rn. 25.
[184] In dem Fall, dass vor der *ex nunc* wirkenden Einwilligung des nicht eingetragenen Kommanditisten in den vorzeitigen Beginn der Geschäftstätigkeit bereits Verbindlichkeiten begründet wurden, gilt dies auch für diese. Eine Genehmigung des vorzeitigen Geschäftsbeginns wirkt demgegenüber auf den Beginn der Geschäftstätigkeit zurück (§ 184 Abs. 1 BGB), sodass der Kommanditist in diesem Fall für alle vor der Eintragung seiner Haftsumme begründeten Verbindlichkeiten unbeschränkt haftet. Zur Frage, ob der Kommanditist für diese Verbindlichkeiten zudem auch beschränkt haftet, die beschränkte Haftung aber von der unbeschränkten verdrängt wird, oder die beschränkte Haftung für diese Verbindlichkeiten erst nach Ablauf der Enthaftungsfrist entsteht, wird auf → Fn. 180 verwiesen.
[185] Die Vereinbarung eines rückwirkenden Beitritts führt im Innenverhältnis dazu, dass alle Gesellschafter sich so behandeln lassen müssen, als sei der Beitritt zum vereinbarten Zeitpunkt erfolgt (→ Rn. 43).

deten **Neuverbindlichkeiten** der Gesellschaft und aufgrund der – in wesentlichen Teilen mit § 130 Abs. 1 HGB (→ Rn. 283) wortlautidentischen – Anordnung des § 173 Abs. 1 HGB auch auf die **Altverbindlichkeiten,** was den Kommanditisten aufgrund der summenmäßigen Beschränkung seiner Haftung auf die Haftsumme nicht benachteiligt.

302 **Haftungsrechtlich problematisch** ist es, wenn der **Eintritt** des Kommanditisten bereits **vor der Eintragung seiner Haftsumme** wirksam wird, da der Kommanditist in diesem Fall aufgrund seiner Gesellschafterstellung bereits für die Neu- und Altverbindlichkeiten der Gesellschaft haftet (§ 173 Abs. 1 HGB), es mangels einer Eintragung seiner Haftsumme aber an einer Beschränkung seiner Haftung auf diese fehlt. Zwar sieht das Gesetz aufgrund eines Verweises auf § 176 Abs. 1 HGB dem Wortlaut nach auch insoweit eine faktische Privilegierung des dem Geschäftsbeginn nicht zustimmenden Kommanditisten vor, da nur ein dem Geschäftsbeginn zustimmender Gesellschafter für die vor der Eintragung seiner Haftsumme begründeten Verbindlichkeiten der Gesellschaft unbeschränkt haftet (§§ 176 Abs. 2, Abs. 1 HGB; → Rn. 295). Tatsächlich kommt es nach der Rechtsprechung des BGH im Fall eines eintretenden Kommanditisten auf solch eine Zustimmung aber nicht an, da ein in eine bestehende Gesellschaft eintretender Gesellschafter praktisch keine Möglichkeit hat, die bereits begonnene Geschäftstätigkeit bis zur Eintragung seiner Haftsumme zu unterbinden.[186] Zudem könne der eintretende Kommanditist der unbeschränkte Kommanditistenhaftung *„leicht vorbeugen"*, indem er die Wirksamkeit seines Eintritts auf seine Eintragung im Handelsregister bedingt,[187] was anzuraten ist (→ Rn. 299).

303 Hinsichtlich der **Beschränkungen der unbeschränkten Kommanditistenhaftung** und ihrer **zeitlichen Befristung** kann auf die Ausführungen in → Rn. 297 verwiesen werden.

304 **(3) Änderung der Haftsumme.** Erhöhungen und Herabsetzungen der Haftsumme sind durch eine Änderung des Gesellschaftsvertrags jederzeit, auch vor der Eintragung der ursprünglich vereinbarten Haftsumme, möglich. Sie werden im Außenverhältnis mit der Eintragung wirksam.

305 Eine bereits vor der Eintragung von der Gesellschaft *„in handelsüblicher Weise"* – beispielsweise durch Zeitungsannonce, Rundschreiben, Rundfax oder Veröffentlichung auf der Internetseite der Gesellschaft[188] – **(allgemein) bekannt gemachte Erhöhung der Haftsumme** wird gemäß § 172 Abs. 2 Var. 1 HGB bereits mit der Bekanntmachung wirksam. Die Bekanntmachung muss dabei mit Zustimmung des Kommanditisten erfolgen[189] und den Erhöhungsbetrag nennen.[190] Eine Kenntnisnahme des Gläubigers ist hingegen nicht erforderlich. Wird die Haftsummenerhöhung vor der Eintragung lediglich einem Gläubiger oder einigen **Gläubigern individuell mitgeteilt,** tritt die vorzeitige Wirksamkeit nur diesen gegenüber im Zeitpunkt des individuellen Zugangs ein (§ 172 Abs. 2 Var. 2 HGB). Erforderlich ist in diesem Fall, dass der Gläubiger gerade aufgrund seiner Gläubigerstellung[191] unter Nennung des Erhöhungsbetrags mit Billigung des Kommanditisten oder von diesem selbst von der Haftsummenerhöhung informiert wurde.[192]

---

[186] BGHZ 82, 209 = NJW 1982, 883.
[187] BGHZ 82, 209 = NJW 1982, 883.
[188] EBJS/*Strohn* HGB § 172 Rn. 12; MüKoHGB/*K. Schmidt* § 172 Rn. 36; aA für Rundschreiben (und damit auch für Rundfaxe) mit dem überzeugenden Argument, dass diese nicht an die Allgemeinheit, sondern gezielt an einen begrenzten Empfängerkreis gerichtet sind: Westermann/Wertenbruch/*Sassenrath*, Handbuch Personengesellschaften, 71. Lieferung 5.2018, Einlage und Haftung des Kommanditisten, Fn. 7 zu Rn. 2848.
[189] BGHZ 108, 187 = NJW 1989, 3152 (3155).
[190] BGH DStR 1996, 29 (30) = BeckRS 9998, 41010; ausreichend dürfte auch die Nennung der neuen Haftsumme sein, optimalerweise wird – so eine Bindung im Außenverhältnis gewollt ist – beides genannt.
[191] Die gesellschaftsrechtlich bedingte Kenntnis eines Mitgesellschafters, der Gläubiger der Gesellschaft ist, ist daher nicht ausreichend; RG JW 1930, 2658 (zitiert nach EBJS/*Strohn* HGB § 172 Rn. 13).

Mit dem Wirksamwerden wirkt die Haftsummenerhöhung **für die Neuverbindlich-** 306
keiten der Gesellschaft **und** in entsprechender Anwendung des § 173 Abs. 1 HGB
(→ Rn. 301) auch für **die Altverbindlichkeiten**.[193]

Eine **Herabsetzung der Haftsumme** wird demgegenüber stets (erst) mit ihrer Ein- 307
tragung wirksam und wirkt ausschließlich für die nach der Eintragung der geänderten
Haftsumme begründeten Verbindlichkeiten der Gesellschaft (§ 174 HGB). Hat ein Gesellschaftsgläubiger bereits vor der Eintragung Kenntnis von der Herabsetzung der Haftsumme, kann dieser sich nach allgemeiner Auffassung vom Zeitpunkt der Kenntniserlangung an nicht auf die aus dem Handelsregister ersichtliche (höhere) Haftsumme berufen, da es insoweit an einem schützenswerten Vertrauen auf die Richtigkeit dieser Eintragung fehlt.[194] Die Beweislast für die vorzeitige Kenntnis des Gläubigers liegt beim sich auf diese berufenden Kommanditisten.

(4) Entfall der Haftung. Die Haftung eines Kommanditisten gegenüber den Gesell- 308
schaftsgläubigern reduziert sich — **bei unveränderter Haftsumme** und damit für die
Gesellschaftsgläubiger nicht erkennbar — in dem Umfang, in dem er oder ein Dritter
(§ 267 BGB) die mit ihm **vereinbarte Pflichteinlage an die Gesellschaft leistet** und
der Gesellschaft dadurch ein (positiver) und messbarer finanzieller Wert zugeführt wird,
sich das Haftungsvermögen der Gesellschaft also durch die Leistung der Pflichteinlage objektiv erhöht (§ 171 Abs. 1 Hs. 2 HGB).

Beweisbelastet für die Höhe der durch die Pflichteinlage aufgebrachten Haftsumme 309
und damit **für den objektiven Wert** der geleisteten Pflichteinlage **ist der Kommanditist.** Sofern keine Bareinlage als Pflichteinlage vereinbart ist und für den Gegenstand der
Pflichteinlage auch kein Börsen- oder Marktpreis existiert, sollte der Kommanditist daher
im eigenen Interesse den Zustand und sonstige wertrelevante Eigenschaften des Gegenstandes der Pflichteinlage — gegebenenfalls unter Zuhilfenahme sachverständiger Personen
— dokumentieren. Ist eine Sacheinlage vereinbart, durch die nach der Vorstellung des
Kommanditisten die Haftsumme zu einem erheblichen Teil oder gar vollständig aufgebracht werden soll, kann es sich empfehlen, die Haftsumme in geringerer Höhe als dem
angenommenen objektiven Wert des Gegenstands der Pflichteinlage zu vereinbaren, um
das Risiko zu reduzieren, dass die Außenhaftung wegen einer zu optimistischen Bewertung der Sacheinlage tatsächlich nur teilweise entfällt. Dies gilt insbesondere, wenn der
vereinbarten Pflichteinlage ein hoher, aber schwer zu ermittelnder Wert beigemessen wird,
beispielsweise bei der Einlage eines Unternehmens.

(5) Wiederaufleben der Haftung. Zum Wiederaufleben der durch Aufbringung der 310
Haftsumme erloschenen Haftung (→ Rn. 308) kommt es, **soweit die** vom Kommanditisten **bereits aufgebrachte Haftsumme** ohne adäquate Gegenleistung wieder an diesen
„zurückfließt" (§ 172 Abs. 4 HGB). Konkret lebt die Haftung eines Kommanditisten in
dem Umfang **wieder auf,** in dem

- dem Kommanditisten seine (Pflicht-)Einlage zurückbezahlt wird (§ 172 Abs. 4 S. 1
HGB), was bei einer Zuwendung an den Kommanditisten, durch der Gesellschaft
ohne eine entsprechende Gegenleistung Vermögenswerte entzogen werden, der Fall
ist,[195] wenn dies zur Unterschreitung der bereits aufgebrachten Haftsumme führt.[196] Das
Wiederaufleben der Haftung unterbleibt, soweit die Unterschreitung der bereits aufgebrachten Haftsumme auf der Entnahme eines im Jahresabschluss ausgewiesenen, tat-

---

[192] MüKoHGB/*K. Schmidt* § 172 Rn. 37.
[193] Oetker/*Oetker* HGB § 172 Rn. 8: MüKoHGB/*K. Schmidt* § 172 Rn. 34; Baumbach/Hopt/*Roth* HGB § 172 Rn. 2.
[194] MüKoHGB/*K. Schmidt* § 175 Rn. 17; Baumbach/Hopt/*Roth* HGB § 174 Rn. 1; Oetker/*Oetker* HGB § 174 Rn. 10.
[195] BGHZ 39, 319 = NJW 1963, 1873 (1876).
[196] MüKoHGB/*K. Schmidt* § 172 Rn. 64.

sächlich aber nicht vorhandenen Gewinns (**„Scheingewinn"**) beruht, der entsprechende Jahresabschluss in gutem Glauben auf seine Richtigkeit errichtet wurde und der Kommanditist seinen Anteil am (Schein-)Gewinn in gutem Glauben auf die Richtigkeit des Jahresabschluss bezogen hat (§ 174 Abs. 5 HGB).[197] Auch die Auszahlung des Abfindungsanspruchs beim Ausscheiden eines Kommanditisten (→ Rn. 367ff.) beziehungsweise - im Fall der Beendigung der Gesellschaft (→ Rn. 497ff.) - seines Auseinandersetzungsguthabens (→ Rn. 510) beinhaltet die Rückzahlung der bereits geleisteten Pflichteinlage und reduziert damit die bereits aufgebrachte Haftsumme des Kommanditisten,

- der Kommanditist Gewinne entnimmt, obwohl sein Kapitalanteil (→ Rn. 245) aufgrund von Verlusten die durch die Pflichteinlage bereits aufgebrachte Haftsumme wieder unterschreitet (§ 172 Abs. 4 S. 2 Var. 1 HGB),
- der Kapitalanteil des Kommanditisten aufgrund von Entnahmen die durch die Pflichteinlage bereits aufgebrachte Haftsumme wieder unterschreitet (§ 172 Abs. 4 S. 2 Var. 2 HGB).

311 **(6) Wechsel zur unbeschränkten Haftung.** Die Vereinbarung der Gesellschafter einer KG, nach der **einer der Kommanditisten künftig persönlich haftender Gesellschafter** ist, wird im Außenverhältnis **mit der Eintragung im Handelsregister wirksam**. Von diesem Zeitpunkt an haftet der ehemalige Kommanditist den Gesellschaftsgläubigern nach § 128 S. 1 HGB für die **Neuverbindlichkeiten** unbeschränkt, zudem kommt § 130 Abs. 1 HGB mit der Folge der ebenfalls unbeschränkten Haftung für die **Altverbindlichkeiten** entsprechend zur Anwendung.

312 Sofern die Änderung des Gesellschaftertyps von der Gesellschaft bereits vor der Eintragung **in handelsüblicher Weise (allgemein) bekanntgemacht** wurde, können die Gesellschaftsgläubiger sich in entsprechender Anwendung des § 172 Abs. 2 HGB unabhängig von ihrer tatsächlichen Kenntnis bereits vom Zeitpunkt der Bekanntmachung auf die unbeschränkte Haftung für die Neu- und Altverbindlichkeiten berufen; im Fall einer **gezielten Bekanntgabe gegenüber einem oder einigen Gläubigern,** gilt dies lediglich für diese (→ Rn. 305ff.).

313 **cc) Nicht kommanditistisch bedingte Haftungsbeschränkungen.** Im Einzelfall kann eine Haftungsbeschränkung auch aus dem Recht zum Schutz der Minderjährigen oder aus einer rechtsgeschäftlichen Individualvereinbarung resultieren.

314 **(1) Minderjährige Gesellschafter.** Aus verfassungsrechtlichen Gründen[198] steht einem volljährig Gewordenen die Möglichkeit zu, sich hinsichtlich seiner vor Eintritt der Volljährigkeit von einem Vertreter rechtsgeschäftlich begründeten Verbindlichkeiten auf eine Beschränkung seiner Haftung auf sein ihr zum Zeitpunkt des Eintritts der Volljährigkeit vorhandenes Vermögen (zu dem auch die Beteiligung gehört) zu berufen (§§ 1629a Abs. 1 S. 1 und 4 BGB). Die gilt auch, soweit die Verbindlichkeiten aus Sachverhalten resultieren, die nach §§ 1643, 1821f. BGB vom Familiengericht genehmigt wurden, nicht jedoch für Verbindichkeiten aus einem — bei einer Beteiligung an einer Personenhandelsgesellschaft nicht vorliegenden — selbständigen Erwerbsgeschäft im Sinne von § 112 BGB.

315 Zu den **von den Vertretern vor der Volljährigkeit begründeten Verbindlichkeiten** gehört gegebenenfalls auch die trotz Fälligkeit noch nicht (vollständig) erfüllte gesellschaftsvertragliche Verpflichtung zur Leistung des vereinbarten Beitrags. Sofern der volljährig gewordene Gesellschafter sich Verbindlichkeiten aus seiner persönlichen Haftung als

---

[197] Soweit in § 174 Abs. 5 HGB dem Wortlaut nach auf die Bilanz abgestellt wird, ist damit nach heutiger Diktion der Jahresabschluss gemeint (→ Fn. 164).
[198] BVerfGE 72, 155 = NJW 1986, 1859.

Kommanditist oder persönlich haftender Gesellschafter gegenübersieht, sollte bei der Entscheidung über die Erhebung der Einrede aus § 1629a Abs. 1 S. 4 BGB berücksichtigt werden, dass dem Gesellschafter im Umfang seiner Leistung an einen Gesellschaftsgläubiger regelmäßig ein Aufwendungsersatzanspruch gegen die Gesellschaft (§ 110 Abs. 1 HGB) und - subsidiär - (anteilige) Ansprüche auf Gesamtschuldnerausgleich gegen die Mitgesellschafter (§ 426 Abs. 1 BGB) zustehen (→ Rn. 328) und die kommanditistische Haftung ohnehin in der Summe auf die (noch nicht aufgebrachte) Haftsumme beschränkt ist (→ Rn. 290; → Rn. 308 ff.).

Bei einer vor Erreichen der Volljährigkeit von einem Vertreter begründeten Beteiligung an einer Personenhandelsgesellschaft, die mit einer **unbeschränkten persönlichen Haftung** verbunden ist, kann der Gesellschafter seine Mitgliedschaft binnen drei Monaten ab Eintritt der Volljährigkeit außerordentlich künden (§§ 723 Abs. 1 S. 2, S. 3 Nr. 2, S. 4 BGB; → Rn. 233). In diesem Fall haftet er auch hinsichtlich der erst nach Eintritt seiner Volljährigkeit begründeten Gesellschaftsverbindlichkeiten in der Summe lediglich auf sein beim Eintritt der Volljährigkeit vorhandenes Vermögen beschränkt (§ 1629a Abs. 4 S. 1 BGB). Einem volljährig gewordenen Kommanditisten steht das Sonderkündigungsrecht aus §§ 723 Abs. 1 S. 2, S. 3 Nr. 2, S. 4 BGB nach hier vertretener Auffassung nur in dem Fall der unbeschränkten Kommanditistenhaftung zu (→ Rn. 233), die nur unter bestimmten Voraussetzungen in Betracht kommt (→ Rn. 294 ff.; → Rn. 302). 316

(2) Rechtsgeschäftliche Haftungsbeschränkungen. Schon aus Gründen der Vertragsfreiheit ist es stets zulässig, eine Haftungsbeschränkung durch eine **individualvertragliche Vereinbarung** herbeizuführen, wobei sich die Wirkung solch einer Vereinbarung naturgemäß auf die Vertragspartner beschränkt. Haftungsbeschränkungen durch **AGB** sind demgegenüber unwirksam (→ Rn. 129).[199] 317

(3) Haftungsbeschränkende Zusätze in der Firma. Rechtsformzusätze wie „*OHG mbH*" stellen einen Verstoß gegen den Numerus clausus der Gesellschaftsformen dar und haben daher keine haftungsbeschränkende Wirkung (→ Rn. 129). 318

c) Vertretenmüssen und Verschulden. Auf ein eigenes Handeln und damit ein eigenes Vertretenmüssen oder Verschulden des in Anspruch genommenen Gesellschafters kommt es aufgrund der Akzessorietät der Haftung (→ Fn. 169) nicht an. Sofern es für den vom Anspruchsteller geltend gemachten Anspruch auf eine Vorwerfbarkeit ankommt, wird der Gesellschaft entsprechend § 31 BGB das Handeln ihrer Organe und nach § 278 BGB das Handeln ihrer Erfüllungsgehilfen zugerechnet (→ Rn. 128). 319

d) Einreden und Einwendungen. Der in Anspruch genommene Gesellschafter kann sich ausweislich § 129 Abs. 1 HGB nicht nur auf eigene Einreden und Einwendungen berufen, sondern auch auf Einreden und Einwendungen, die der Gesellschaft zustehen. 320

e) Leistungsverweigerungsrechte. Ein in Anspruch genommener Gesellschafter ist in dieser Eigenschaft nicht befugt, Gestaltungsrechte der Gesellschaft auszuüben. Er kann die Leistung aber verweigern, soweit und solange die Gesellschaft das der Verbindlichkeit zugrundeliegende Rechtsgeschäft anfechten oder der Gläubiger sich durch Aufrechnung gegenüber der Gesellschaft befriedigen kann (§ 129 Abs. 2 und Abs. 3 HGB). 321

f) Haftung ausgeschiedener Gesellschafter. Das Ausscheiden eines Gesellschafters (→ Rn. 331 ff.) wird im Außenverhältnis mit der **Eintragung im Handelsregister** wirksam. Es hat zur Folge, dass der ausgeschiedene Gesellschafter für die **Neuverbindlichkeiten** der Gesellschaft nicht haftet. Bei einem Kommanditisten beinhaltet die Aus- 322

---

[199] BGH NJW 1999, 3485.

zahlung des Abfindungsanspruch (→ Rn. 367 ff.) eine Rückzahlung der bereits aufgebrachten Haftsumme und führt im Umfang der Rückzahlung zum Wiederaufleben der Haftung (→ Rn. 310).

323   Unabhängig vom Gesellschaftertypus beginnt für die **Altverbindlichkeiten** mit der Eintragung des Ausscheidens eine „**Enthaftungsfrist**" zu laufen (§ 160 Abs. 1 S. 2 HGB), die – vorbehaltlich einer **Verlängerung** aufgrund einer entsprechenden Anwendung der in § 160 Abs. 1 S. 3 HGB genannten **verjährungshemmenden Tatbestände** des BGB – fünf Jahre nach der Eintragung endet (§ 160 Abs. 1 S. 1 HGB). Nach Ablauf der Enthaftungsfrist kommt eine Inanspruchnahme des ausgeschiedenen Gesellschafters für die Altverbindlichkeiten nicht mehr in Betracht. Nach der herrschenden Lehre gilt dies nicht für Gesellschaftsverbindlichkeiten, die auf ein deliktisches Handeln des ausgeschiedenen Gesellschafters zurückzuführen sind.[200]

324   **g) Haftung nach Beendigung der Gesellschaft.** Auch nach vollständiger Beendigung der Gesellschaft (→ Rn. 512) haften **die zum Zeitpunkt der** die Beendigungsphase einleitenden **Auflösung** der Gesellschaft (→ Rn. 498 ff.) **vorhandenen Gesellschafter** für die bis zur Vollbeendigung begründeten Gesellschaftsverbindlichkeiten. Die Auszahlung des Auseinandersetzungsguthabens (→ Rn. 510) an einen Kommanditisten beinhaltet eine Rückzahlung der bereits aufgebrachten Haftsumme und führt im Umfang der Rückzahlung zum Wiederaufleben der Haftung (→ Rn. 310).

325   **Mit der Eintragung der Auflösung** beginnt für alle zu diesem Zeitpunkt bereits begründeten und bis zur Vollbeendigung noch begründeten Verbindlichkeiten hinsichtlich der Gesellschafterhaftung eine (absolute) **fünfjährige (Sonder-)Verjährungsfrist** zu laufen (§ 159 Abs. 1 HGB). Ein **Neubeginn der Verjährung** (§ 212 BGB) und eine **Verjährungshemmung** nach § 204 BGB, nicht aber durch andere verjährungshemmende Maßnahmen wie Verhandlungen, sind ausweislich § 159 Abs. 4 HGB möglich. Sofern die haftungsgegenständliche Verbindlichkeit der Gesellschaft aus anderen Gründen, beispielsweise nach §§ 195, 199 Abs. 1 BGB bereits zuvor verjährt, können die Gesellschafter sich nach der missverständlichen und angesichts des § 129 Abs. 1 HGB (→ Rn. 320) überflüssigen Regelung in § 159 Abs. 1 HGB auch auf diese berufen,[201] sodass (ohne Berücksichtigung eines möglichen Neubeginns der Verjährung oder einer Verjährungshemmung) zugunsten der Gesellschafter spätestens fünf Jahre nach Eintragung der Auflösung Verjährung eintritt.

326   Das vom Gesetzgeber vorgesehene Konzept der Sonderverjährung führt zu **Inkonsequenzen** und ist **nicht sachgerecht,** insbesondere weil die Sonderverjährung bereits mit der Eintragung der Auflösung der Gesellschaft zu laufen beginnt. So hätte eine mehr als fünfjährige Liquidation dem Wortlaut des Gesetzes nach die groteske Folge, dass die Gesellschafter (zumindest) hinsichtlich der während der werbenden Tätigkeit der Gesellschaft begründeten Verbindlichkeiten schon vor der Vollbeendung der Gesellschaft von einer vorzeitigen Verjährung profitieren können, und dass der Anspruch eines Gesellschaftsgläubigers gegen die Gesellschafter für eine später als fünf Jahre nach der Eintragung der Auflösung begründete Verbindlichkeit zum Zeitpunkt ihrer Begründung bereits verjährt ist. Dem entsprechenden Gläubiger haftet in diesem Fall – wie bei einer Kapitalgesellschaft – lediglich noch die Gesellschaft.

327   **h) Besonderheiten bei der Haftung gegenüber Mitgesellschaftern.** Die persönliche Haftung eines Gesellschafters für die aus dem Gesellschaftsverhältnis resultierenden Verbindlichkeiten der Gesellschaft gegenüber einem Mitgesellschafter ist ausgeschlossen (→ Rn. 133); dies gilt nicht für den Abfindungsanspruch eines ausgeschiedenen Gesellschafters. Für andere Verbindlichkeiten der Gesellschaft gegenüber einem Mitgesellschaf-

---

[200] MüKoHGB/*K. Schmidt* § 160 Rn. 25 mwN.
[201] MüKoHGB/*K. Schmidt* § 159 Rn. 26.

ter haften die anderen Gesellschafter lediglich in dem Umfang persönlich, wie die Gesellschaftsverbindlichkeit den Haftungsanteil des anspruchsstellenden Gesellschafters übersteigt (→ Rn. 134). Eine vorherige Inanspruchnahme der Gesellschaft ist nicht erforderlich und lässt sich auch nicht aus der gesellschaftsrechtlichen Treuepflicht (→ Rn. 259) herleiten.[202]

i) Ausgleichsansprüche in Anspruch genommener Gesellschafter. Hinsichtlich der Ausgleichsansprüche eines in Anspruch genommenen Gesellschafters kann mit der Maßgabe, dass der Aufwendungsersatzanspruch insoweit nicht aus §§ 670, 713 BGB beziehungsweise §§ 670, 683 S. 1 BGB, sondern aus § 110 Abs. 1 HGB (→ Rn. 237 ff.) folgt und dass ein Kommanditist auch insoweit lediglich auf seine (noch nicht aufgebrachte) Haftsumme beschränkt haftet, auf die Ausführungen zur GbR verwiesen werden (→ Rn. 138 ff.). 328

5. Aufsichtsrat, Beirat

Ein Aufsichts- oder Beirat ist weder für die OHG noch für die KG gesetzlich vorgeschrieben. Ein entsprechende Pflicht ergibt sich auch nicht aus den einschlägigen Gesetzen über die unternehmerische Mitbestimmung (MontanMitbestG, MontanMitbestErgG, MitbestG, DrittelbG; dazu → Rn. 870 ff.).[203] Eine freiwillige Einrichtung auf gesellschaftsvertraglicher Basis ist möglich. Mit der Maßgabe, dass sich Restriktionen aus dem Grundsatz der Selbstorganschaft (→ Rn. 54) ergeben können, kann insoweit auf die Ausführungen zum fakultativen Beirat in → Rn. 1001 ff. verwiesen werden. Diese gelten für einen fakultativen Aufsichtsrat mit dem Unterschied entsprechend, dass ein Aufsichtsrat insbesondere der Überwachung der Geschäftsführung dient und insoweit meist auf die aktienrechtlichen Vorschriften über den Aufsichtsrat verwiesen wird. 329

6. Änderungen im Gesellschafterbestand

Der Gesellschafterbestand einer Personengesellschaft kann sich dadurch ändern, dass ein Gesellschafter aus der Gesellschaft ausscheidet oder aus dieser ausgeschlossen wird, ein neuer Gesellschafter in die Gesellschaft eintritt oder ein Gesellschafterwechsel stattfindet. Da die Voraussetzungen und Rechtfolgen bei GbR, OHG und KG insoweit in weiten Teilen identisch sind, erfolgt nachfolgend eine weitestgehend einheitliche Darstellung für diese drei Gesellschaftsformen. 330

a) Ausscheiden von Gesellschaftern. Unter dem Ausscheiden eines Gesellschafters wird die Beendigung seiner Beteiligung an der identitätswahrend von den übrigen Gesellschaftern fortgesetzten Gesellschaft verstanden. 331

aa) Allgemeines. Das Ausscheiden eines Gesellschafters stellt in Konstellationen, die einer Fortsetzung der Gesellschaft mit dem betroffenen Gesellschafter entgegenstehen (und damit auch im Fall des Ablebens eines Gesellschafters), eine Alternative zur alle Gesellschafter betreffenden Auflösung der Gesellschaft dar. Es schützt damit die übrigen Gesellschafter vor der Zerschlagung der Ertragskraft des Unternehmens. Bei einer Personenhandelsgesellschaft ist das Ausscheiden eines Gesellschafters regelmäßige Rechtsfolge, wenn Umstände vorliegen, die einer Fortsetzung der Gesellschaft unter seiner Teilnahme entgegenstehen (§ 131 Abs. 3 HGB; → 347 ff.), während bei einer GbR dafür eine Gesellschaftervereinbarung erforderlich ist (→ Rn. 336 ff.). 332

---

[202] BGH NZG 2013, 1334 = BeckRS 2013, 19773.
[203] Ausnahme ist die Kapitalgesellschaft & Co. KG, bei der ein Aufsichtsrat unter bestimmten Voraussetzungen vorgeschrieben ist (→ Rn. 975). Der Aufsichtsrat ist dann allerdings bei der Kapitalgesellschaft, nicht aber bei der hier betrachteten Personen(handels)gesellschaft zu bilden.

333 **Nachlasssteuernd** lässt sich in diesem Zusammenhang der Umstand nutzen, dass der einem ausgeschiedenen Gesellschafter für den Verlust der Beteiligung zustehende Abfindungsanspruch (→ Rn. 367 ff.), der bei einem todesfallbedingten Ausscheiden in den Nachlass des verstorbenen Gesellschafters fällt, durch eine **Abfindungsvereinbarung** (→ Rn. 375 ff.) reduziert und auch vollständig ausgeschlossen werden kann (→ Rn. 393). Dies ermöglicht es einem nachlassregelnden Gesellschafter, durch eine die Mitwirkung der übrigen Gesellschafter erfordernde Gestaltung des Gesellschaftsvertrages dafür zu sorgen, dass die unternehmerische Beteiligung im Fall seines todesfallbedingten Ausscheidens nicht in den Nachlass fällt und dadurch als dauerhafte Einnahmequelle beseitigt wird, und den Erben aufgrund der Abfindungsvereinbarung auch kein beziehungsweise – im Fall der Vereinbarung eines den Wert der Beteiligung unterschreitenden Abfindungsanspruchs – kein adäquater Wertausgleich zugutekommt, die Beteiligung also teilweise oder gar vollständig **am Nachlass „vorbeigesteuert"** wird.[204] Im Fall einer GbR oder einer Kommanditbeteiligung bedarf es für solch eine Nachlasssteuerung neben der Abfindungsvereinbarung einer Vereinbarung, durch die die gesetzliche vorgesehene todesfallbedingte Auflösung der Gesellschaft (GbR: § 727 Abs. 1 BGB) beziehungsweise die gesetzlich vorgesehene Fortsetzung der Gesellschaft mit den Erben des verstorben Kommanditisten (§ 177 HGB) überwunden wird.

334 Eine Nachlasssteuerung auf vorstehende Weise führt dazu, dass die überlebenden Gesellschafter in Höhe des am Nachlass Vorbeigesteuerten begünstigt werden. Ist diese Begünstigung nicht gewünscht, bietet es sich an, einem Dritten durch eine Eintrittsklausel (→ Rn. 420 ff.) ein todesfallbedingtes Eintrittsrecht in die Gesellschaft zu verschaffen. Geht es dem nachfolgeregelnden Gesellschafter hingegen lediglich darum, eine Nachfolge seiner Erben in die Beteiligung zu verhindern, kann deren Partizipation an den künftigen Gewinnen der Gesellschaft auch dadurch sichergestellt werden, dass ihnen im Fall einer GbR anstelle der Abfindung eine einer stillen Beteiligung nachempfundene Rechtsposition an der von den übrigen Gesellschaftern fortgesetzten Gesellschaft eingeräumt wird[205] beziehungsweise – im Fall einer OHG oder KG – eine stille Beteiligung (→ § 5 Rn. 49) oder eine Kommanditbeteiligung.

335 **bb) Voraussetzungen.** Die Voraussetzungen für das Ausscheiden eines Gesellschafters unter Fortsetzung der Gesellschaft durch die übrigen Gesellschafter sind von der Gesellschaftsform abhängig.

336 **(1) GbR.** Im Recht der GbR ist das Ausscheiden eines Gesellschafters unter Fortsetzung der Gesellschaft durch die übrigen Gesellschafter nicht als Rechtsfolge vorgesehen und bedarf daher einer Vereinbarung der Gesellschafter.

337 **(a) Fortsetzungsvereinbarung.** Soll ein bestimmtes Ereignis das Ausscheiden des betroffenen Gesellschafters zur Folge haben, bedarf es im Fall einer GbR einer Vereinbarung der Gesellschafter. Bei Gesellschaften, mit denen ein erwerbswirtschaftlicher Zweck verfolgt wird, ist es regelmäßig sinnvoll, solch eine Vereinbarung für gesellschafterbezogene Ereignisse, die nach dem Gesetz die Auflösung der Gesellschaft zur Folge haben, zu tref-

---

[204] In dem Umfang, in dem der Wert der Beteiligung am Nachlass vorbeigesteuert wird, werden die überlebenden Gesellschafter, denen der Anteil des verstorbenen Gesellschafters anwächst (→ Rn. 361), begünstigt. In Abhängigkeit von den Umständen des Einzelfalls kann hierin eine – im Grundsatz hinsichtlich des Schenkungsversprechens formbedürftige – Schenkung liegen (→ Rn. 384 ff.).

[205] Die Vereinbarung einer stillen Beteiligung ist nicht möglich, da eine GbR weder Kaufmann ist noch ein Handelsgewerbe betreibt (→ Rn. 19) und daher die Voraussetzungen des § 230 Abs. 1 HGB nicht erfüllt. Eine entsprechende Anwendung soll mangels einer Regelungslücke nicht in Betracht kommen (Henssler/Strohn/*Servatius* HGB § 230 Rn. 3; tatsächlich ist eine ursprünglich nicht vorhandene Regelungslücke durch die Anerkennung der Rechtsfähigkeit der GbR entstanden). Unstreitig ist jedenfalls, dass die Gründung einer Innen-GbR, die wie eine stille Gesellschaft ausgestaltet ist, möglich ist. Materielle Unterschiede zu einer stillen Gesellschaft bestehen dann nicht.

II. Personenhandelsgesellschaften (OHG und KG) § 24

fen, um die Gesellschafter, bei denen das zum Ausscheiden führende Ereignis nicht eintritt, vor der vermeidbaren Zerschlagung der Ertragskraft des Unternehmens zu schützen. Dazu bedarf es ausweislich § 736 Abs. 1 BGB einer gesellschaftsvertraglichen Vereinbarung, nach der die Gesellschaft bei Eintritt des entsprechenden Ereignisses von den übrigen Gesellschaftern fortgesetzt wird (**„Fortsetzungsklausel"**; zur Alternative eines situationsbedingten Fortsetzungsbeschlusses → Rn. 342 ff.). Dies ist für folgende Fälle zulässig:

- **Kündigung** der Gesellschaft durch einen Gesellschafter (§§ 723 f. BGB),
- **Kündigung** der Gesellschaft **durch einen Privatgläubiger** eines Gesellschafters (§ 725 Abs. 1 BGB; → Rn. 107),[206]
- **Eröffnung des Insolvenzverfahrens** über das Vermögen eines Gesellschafters (§ 728 Abs. 2 BGB),
- **Tod eines Gesellschafters** (§ 727 Abs. 1 BGB).

Gesetzliche Formvorgaben gibt es für Fortsetzungsklauseln **nicht**. Die gegebenenfalls beim Abschluss des Gesellschaftsvertrags aufgrund der vereinbarten Beiträge relevanten gesetzlichen Formvorschriften (→ Rn. 34 ff.) sind nicht, auch nicht mittelbar einschlägig. Eine Fortsetzungsvereinbarung kann daher **formlos** geschlossen werden, sofern die Gesellschafter sich nicht auf bestimmte Form verständigt haben (→ Rn. 33). 338

Nach wortlautgetreuem Verständnis geht eine Fortsetzungsklausel fehl, wenn das Ausscheiden des betroffenen Gesellschafters zum Verbleib lediglich eines Gesellschafters führt, da eine Einpersonen-GbR unzulässig, eine Fortsetzung der Gesellschaft in diesem Fall also rechtlich nicht möglich ist. Der von dem als Ausscheidensgrund vereinbarten Ereignis betroffene Gesellschafter würde in diesem Fall wegen des Fehlgehens der Vereinbarung nicht aus der Gesellschaft ausscheiden, sondern die GbR wäre aufgelöst und würde liquidiert. Dem wird in Gesellschaftsverträgen teilweise dadurch entgegengetreten, dass vereinbart wird, dass der letztverbleibende Gesellschafter in diesem Fall das Vermögen der Gesellschaft übernimmt, sodass dieses erhalten bleibt und der verbleibende Gesellschafter unter Abfindung des ausgeschiedenen Gesellschafters (→ Rn. 367 ff.) das Unternehmen in anderer Rechtsform selbst weiter betreiben kann (**„Übernahmeklausel"**). Möglich ist es auch, dem verbleibenden Gesellschafter ein befristetes Übernahmerecht zuzubilligen, wodurch dieser situationsbedingt entscheiden kann, ob die Gesellschaft in Anwendung der gesetzlichen Normen aufgelöst und abgewickelt wird oder er das Unternehmen übernimmt. 339

Fehlt es an einer Übernahmeklausel, ist eine Fortsetzungsklausel nach der Rechtsprechung des BGH in Konstellationen, in denen lediglich ein Gesellschafter verbliebe, regelmäßig dahingehend zu verstehen, dass der verbleibende Gesellschafter das Gesellschaftsvermögen unter Ausscheiden der übrigen Gesellschafter übernimmt, sofern sich aus dem Gesellschaftsvertrag nicht ein gegenteiliger Wille der Gesellschafter ergibt.[207] Um das Risiko einer dem tatsächlichen Willen der Gesellschafter widersprechenden Auslegung zu vermeiden, ist eine ausdrückliche Regelung für den Fall lediglich eines verbleibenden Gesellschafters unabhängig davon, welche rechtliche Folge dies haben soll, anzuraten. 340

Für nicht in § 736 Abs. 1 BGB genannte Ereignisse kann trotz des Umstandes, dass die Norm den Eindruck einer geschlossenen Aufzählung vermittelt, ebenfalls die Rechtsfolge des Ausscheidens des betroffenen Gesellschafters unter Fortsetzung der Gesellschaft durch die übrigen Gesellschafter vereinbart werden.[208] Dabei darf es sich aber nicht um 341

---

[206] Die Zulässigkeit einer auf den Fall der Kündigung der Gesellschaft durch einen Privatgläubiger eines Gesellschafters bedingten Fortsetzungsvereinbarung ergibt sich nicht aus § 736 Abs. 1 BGB, ist aber allgemein anerkannt; Henssler/Strohn/*Kilian* BGB § 736 Rn. 5; MüKoBGB/*Schäfer* § 736 Rn. 12; Beck PersGes-HB/*Sauter* § 8 Rn. 110; Staudinger/*Habermeier* (2003) BGB § 736 Rn. 9; Erman/*Westermann*, 15. Aufl. 2017, BGB § 736 Rn. 2. Eine diese Ansicht explizit bestätigende höchstrichterliche Entscheidung steht noch aus, der BGH hat die Möglichkeit einer Fortsetzungsvereinbarung für den Fall der Kündigung der Gesellschaft durch einen Pfändungsgläubiger eines Gesellschafters in einer Entscheidung aber zumindest implizit unterstellt (NJW 1993, 1002).
[207] BGHZ 32, 307 = NJW 1960, 1664 (1666); 2008, 2992 Tz. 9 mwN.
[208] Arg.e. BGH BeckRS 1965, 00143 = WM 1965, 1035; Staudinger/*Habermeier* (2003) BGB § 736 Rn. 9; MüKoBGB/*Schäfer* § 736 Rn. 15.

ein Ereignis handeln, das nach dem Gesetz zwingend die Auflösung der Gesellschaft zur Folge hat. Auch sollte von der Anknüpfung an **sachfremde Erwägungen** abgesehen werden, da insoweit die Gefahr der Unwirksamkeit wegen Sittenwidrigkeit besteht (§ 138 Abs. 1 BGB). Optimalerweise werden nur solche **Kriterien** als Anknüpfungspunkte vereinbart, die inhaltlich **keiner Interpretation bedürfen** und auch **keiner Interpretation zugänglich** sind.[209] Denkbar ist es beispielsweise, das Ausscheiden eines Gesellschafters mit dem Erreichen eines bestimmten Alters oder dem Verlust einer für die Gesellschaftstätigkeit maßgeblichen Eigenschaft oder Fähigkeit zu verknüpfen.[210] Letztlich hängt die Wirksamkeit solch einer Vereinbarung aber immer von den Umständen des Einzelfalls ab.[211]

342 Enthält der Gesellschaftsvertrag keine Fortsetzungsklausel, führt der Eintritt eines der in §§ 723 ff. BGB genannten Ereignisse nach dem Gesetz zwingend zur Auflösung (→ Rn. 157 ff.) und damit zur Abwicklung der Gesellschaft. Im Fall der Auflösung der Gesellschaft wegen des Todes eines Gesellschafters rückt zudem der Erbe – bei mehreren Erben die Erbengemeinschaft – in die Gesellschafterstellung des verstorbenen Gesellschafters ein (→ Rn. 471).

343 Solange die Gesellschaft noch nicht vollbeendet ist, können die Gesellschafter auch nach der Auflösung die Fortsetzung der Gesellschaft unter Ausscheiden der nicht fortsetzungsfähigen (und gegebenenfalls auch der nicht fortsetzungswilligen) Gesellschafter vereinbaren.[212] Solch ein **Fortsetzungsbeschluss** bedarf der **Einstimmigkeit** aller zum Zeitpunkt der Beschlussfassung vorhandenen Gesellschafter, also auch des Gesellschafters, in dessen Sphäre der Auflösungsgrund eingetreten ist und dessen Ausscheiden nun beschlossen werden soll; im Fall der todesfallbedingten Auflösung also der Erbe beziehungsweise die Erbengemeinschaft.

344 Ist eine **Mehrheitsklausel** (→ Rn. 80) einschlägig, reicht formal zwar die Beschlussfassung mit einer entsprechenden Stimmenmehrheit. Materiell ist es aber erforderlich, dass der beschlossene Eingriff in die Rechtspositionen der Gesellschafter „*im Interesse der Gesellschaft geboten und dem betroffenen Gesellschafter unter Berücksichtigung seiner eigenen schutzwerten Belange zumutbar ist.*"[213] Zustimmen müssen nach diesem Maßstab zumindest die fortsetzenden Gesellschafter. Führt die Fortsetzung der Gesellschaft für die ausscheidenden Gesellschafter zu rechtlichen oder wirtschaftlichen Nachteilen, was insbesondere der Fall ist, wenn der einem ausgeschiedenen Gesellschafter zustehende Abfindungsanspruch (→ Rn. 367 ff.) aufgrund einer gesellschaftsvertraglichen Abfindungsregelung (→ Rn. 375 ff.) den voraussichtlichen Auseinandersetzungsanspruch im Fall der Abwicklung der GbR (→ Rn. 374) unterschreitet, müssen auch diese zustimmen.[214]

345 **(b) Vorliegen der vereinbarten Voraussetzungen.** Neben dem Vorliegen einer Fortsetzungsvereinbarung ist es **in materieller Hinsicht** erforderlich, dass das Ereignis, dessen Eintritt nach der Vereinbarung der Gesellschafter zum Ausscheiden des entsprechenden Gesellschafters führen soll (→ Rn. 337), eingetreten ist.

346 Sofern die Gesellschafter auch **formelle Voraussetzungen** vereinbart haben, müssen auch diese vorliegen. Möglich ist es beispielsweise, zugunsten der fortsetzungsfähigen Gesellschafter ein **Gestaltungsrecht** zu vereinbaren, das es diesen erlaubt, in der konkret eingetretenen Situation ohne die Mitwirkung der nicht fortsetzungsfähigen Gesellschafter

---

[209] MüKoBGB/*Schäfer* § 736 Rn. 15.
[210] Staudinger/*Habermeier* (2003) BGB § 736 Rn. 9; MüKoBGB/*Schäfer* § 736 Rn. 15.
[211] So hat der BGH eine Regelung, nach der die Wiederverheiratung eines Gesellschafters dessen Ausscheiden aus der Gesellschaft zur Folge hat, bei einer Familiengesellschaft als wirksam angesehen (BeckRS 1965, 00143 = WM 1965, 1035).
[212] MüKoBGB/*Schäfer* § 736 Rn. 17.
[213] BGHZ 203, 77 = NJW 2015, 859 (862) mwN.
[214] Der BGH hat in der älteren Rspr. für die Änderung der Kündigungsfolgen bei einer OHG einen einstimmigen Beschluss verlangt (BGHZ 48, 251 = NJW 1967, 2157).

über die Fortsetzung der Gesellschaft zu entscheiden. Dies kann beispielsweise dergestalt erfolgen, dass es für eine Fortsetzung der Gesellschaft zusätzlich zu den materiellen Bedingungen auch einer, hier als **Fortsetzungserklärung** bezeichneten fristgebundenen Erklärung der nicht aus der Gesellschaft ausgeschiedenen Gesellschafter gegenüber den nicht fortsetzungsfähigen Gesellschaftern bedarf.[215] Da die vereinbarte Rechtsfolge der Fortsetzung der Gesellschaft in diesem Fall erst mit dem Zugang der Fortsetzungserklärung eintritt, führt der Eintritt einer der Fortsetzung der Gesellschaft mit dem betroffenen Gesellschafter entgegenstehenden Ereignisses regelmäßig wegen des **Vorliegens eines gesetzlichen Auflösungsgrundes** (zunächst) zur schwebend unwirksamen Auflösung der Gesellschaft. Für die Einhaltung der vereinbarten Erklärungsfrist ist in diesem Fall der Zugang beim betroffenen Gesellschafter maßgeblich, im Fall des todesfallbedingten Ausscheidens ist auf den rechtzeitigen Zugang bei den Erben abzustellen. Da diese nicht in jedem Fall zeitnah feststehen, birgt dies die Gefahr, dass die erklärungswilligen Gesellschafter sich mangels sicherer Kenntnis vom **Erklärungsgegner** nicht rechtzeitig erklären können. Dem kann beispielsweise durch eine gesellschaftsvertragliche Bestimmung eines insoweit für die Erben Empfangsbevollmächtigten begegnet werden.

(2) OHG und KG. Anders als im Recht der GbR **ist das Ausscheiden** eines Gesellschafters bei einer Personenhandelsgesellschaft **für bestimmte** gesellschafterbezogene **Ereignisse** bereits im Gesetz **als Rechtsfolge vorgesehen** (§ 131 Abs. 3 S. 1 HGB). Dabei handelt es sich um die Ereignisse, bei denen im Fall einer GbR die im Gesetz vorgesehene Auflösung der Gesellschaft von den Gesellschaftern dahingehend modifiziert werden kann, dass der von dem Ereignis primär betroffene Gesellschafter aus der Gesellschaft ausscheidet (§ 736 Abs. 1 BGB; → Rn. 337). Konkret sieht § 131 Abs. 3 S. 1 HGB in folgenden Fällen das Ausscheiden des betroffenen Gesellschafters vor: 347

- **Tod eines persönlich haftenden Gesellschafters** (§ 131 Abs. 3 S. 1 Nr. 1 HGB). Im Fall des Todes eines Kommanditisten wird die Gesellschaft demgegenüber mit dessen Erben fortgesetzt, sodass es für das todesfallbedingte Ausscheiden eines Kommanditisten einer Vereinbarung der Gesellschafter bedarf (§§ 177, 131 Abs. 3 S. 1 Nr. 5 HGB; → Rn. 352). Möglich sind auch Vereinbarungen, nach denen nur bestimmte Gesellschafter mit dem Tod aus der Gesellschaft ausscheiden, während der Tod eines der anderen Gesellschafter zu anderen Rechtsfolgen – beispielsweise einem Eintrittsrecht eines Dritten (→ Rn. 420 ff.) oder der Auflösung der Gesellschaft (GbR: → Rn. 157 ff.; OHG/KG: → Rn. 498 ff.) – führt. 348
- **Eröffnung des Insolvenzverfahrens** über das Vermögen des Gesellschafters (§ 131 Abs. 3 S. 1 Nr. 2 HGB), 349
- **Kündigung des Gesellschafters** (§ 131 Abs. 3 S. 1 Nr. 3 HGB), ohne dass es darauf ankommt, ob die Kündigung ordentlich (→ Rn. 231) oder außerordentlich (→ Rn. 232) erfolgt, 350
- **Kündigung durch einen Privatgläubiger** des **Gesellschafters** (§ 131 Abs. 3 S. 1 Nr. 4 HGB). Solch eine Kündigung ist nach § 135 HGB nur wirksam, wenn 351
  - der durch die Kündigung entstehende Abfindungsanspruch des Gesellschafters (→ Rn. 367 ff.) aufgrund eines nicht lediglich vorläufig vollstreckbaren Titels im Wege der Zwangsvollstreckung gepfändet (§ 829 ZPO) und dem Privatgläubiger zur Einziehung oder an Zahlungs statt überwiesen wurde (§ 835 Abs. 1 ZPO),

---

[215] Haben die verbleibenden Gesellschafter nicht die Absicht, das Unternehmen weiter zu betreiben, sondern wollen dieses ohne den ausgeschiedenen Gesellschafter verwerten, liegt zumindest dann ein treuwidriges Verhalten vor, wenn in diesem Zusammenhang ein Gestaltungsrecht ausgeübt wird, um das Ausscheiden des betroffenen Gesellschafters herbeizuführen, und das Ausscheiden – wie zumeist – im Vergleich zur tatsächlich geplanten Abwicklung der Gesellschaft für die ausgeschiedenen Gesellschafter finanziell nachteilig ist. In dieser Situation können sich die verbleibenden Gesellschafter nicht auf die Fortsetzungsvereinbarung berufen (BGH NJW 2008, 1943 (1945); MüKoBGB/*Schäfer* § 736 Rn. 9).

- eine in den letzten sechs Monaten vom Privatgläubiger betriebene Zwangsvollstreckung in das bewegliche Vermögen des Gesellschafters nicht zur Befriedigung geführt hat und
- eine Kündigungsfrist von sechs Monaten zum Ende eines Geschäftsjahres abgelaufen ist.[216]

352 • **Eintritt eines sonstigen Ereignisses,** das nach den Regelungen des Gesellschaftsvertrags zum Ausscheiden eines Gesellschafters führt (§ 131 Abs. 3 S. 1 Nr. 5 HGB). Auf die im Rahmen der Erläuterung der GbR getätigten Ausführungen zu den Anforderungen an solche eine Vereinbarung (→ Rn. 341), die auch für den Fall einer Personenhandelsgesellschaft gelten, kann an dieser Stelle verwiesen werden. In Betracht kommt solch eine Vereinbarung insbesondere für den Fall der **Ablehnung der Eröffnung des Insolvenzverfahrens** über das Vermögen eines Gesellschafters mangels Masse oder den **Tod eines Kommanditisten,** wenn die gesetzlich vorgesehene Fortsetzung der Gesellschaft mit dessen Erben (§§ 177 HGB) nicht gewünscht ist. Die vertragliche Vereinbarung des Rechts, einen Mitgesellschafter ohne Vorliegen eines wichtigen Grundes – also anlasslos – aus der Gesellschaft auszuschließen (**„Hinauskündigungsrecht"**), ist demgegenüber grundsätzlich wegen Sittenwidrigkeit unwirksam,[217] sofern es für diese Regelung nicht ausnahmsweise einen sachlichen Grund – beispielsweise eine Probezeit für einen in eine bestehende Gesellschaft eintretenden Gesellschafter – gibt, und das Hinauskündigungsrecht befristet ist.[218]

353 • **Beschluss der Gesellschafter** über das Ausscheiden eines Gesellschafters (§ 131 Abs. 3 S. 1 Nr. 6 HGB), der im Gegensatz zu einem Beschluss über den Ausschluss eines Gesellschafters (§ 140 HGB; → Rn. 407 ff.) der Mitwirkung des betroffenen Gesellschafters bedarf.

354 cc) **Rechtsfolgen.** Die Rechtsfolgen ergeben sich aus dem Gesetz und dem Gesellschaftsvertrag.

355 **(1) Gesetzlich vorgesehene Rechtsfolgen.** Die gesetzlich vorgesehenen, weitestgehend disponiblen Rechtsfolgen ergeben sich unabhängig davon, ob es sich bei der Gesellschaft um eine GbR, OHG oder KG handelt, aus den §§ 738 ff. BGB.

356 **(a) Ausscheiden aus der Gesellschaft.** Mit dem Vorliegen der gesetzlichen Voraussetzungen (OHG/KG; → Rn. 347 ff.) oder – im Fall der GbR – der vereinbarten Voraussetzungen bei bestehender Fortsetzungsvereinbarung (→ Rn. 336 ff.) scheidet der betroffene Gesellschafter ipso jure aus der Gesellschaft aus. Das zwischen den Gesellschaftern bestehende **schuldrechtliche (Gesellschafts-)Vertragsverhältnis** erlischt, soweit es den ausgeschiedenen Gesellschafter betrifft, und damit auch dessen **Mitgliedschaftsrechte und -pflichten.**

357 Sofern bei **allen Gesellschaftern** die Voraussetzungen für ein Ausscheiden vorliegen, kommt ein Ausscheiden nicht in Betracht, da dies entweder eine im Personengesellschaftsrecht nicht mögliche gesellschafterlose Gesellschaft (→ Rn. 24) oder eine sofortige Vollbeendigung der Gesellschaft ohne eine vermögensrechtliche Zuordnung des vorhandenen Gesellschaftsvermögens zur Folge hätte. In diesem Fall scheidet keiner der Gesell-

---

[216] Das Kündigungsrecht aus § 135 ist ein eigenes Kündigungsrecht des Privatgläubigers, sodass es sich bei der in § 135 HGB genannten Kündigungsfrist von sechs Monaten zum Ende eines Geschäftsjahres um eine eigene Kündigungsfrist des Privatgläubigers handelt. Im Ausgangspunkt entspricht diese der in § 132 HGB für den Fall der ordentlichen Kündigung eines Gesellschafters vorgesehenen Kündigungsfrist (→ Rn. 231). Eine zwischen den Gesellschaftern vereinbarte kürzere Kündigungsfrist wirkt auch für die andernfalls benachteiligten Privatgläubiger, eine vereinbarte längere Kündigungsfrist hingegen nicht (MüKoHGB/*K. Schmidt* § 135 Rn. 25).
[217] BGHZ 125, 74 = NJW 1994, 1156; NJW-RR 2007, 1256; NJW 2004, 2013.
[218] BGH NJW-RR 2007, 1256 (1258); NJW 2004, 2013 (2015).

schafter aus der Gesellschaft aus, sondern die Gesellschaft ist aufgelöst und zu liquidieren (→ Rn. 497 ff.). Die nachfolgend beschriebenen Rechtsfolgen treten in diesem Fall nicht ein.

(b) Fortsetzung der Gesellschaft. Die Gesellschaft wird von den übrigen Gesellschaftern unter Wahrung der rechtlichen **Identität und der Bezeichnung** (GbR; → Rn. 20) beziehungsweise der **Firma** (OHG/KG: → Rn. 180) fortgesetzt.[219] Dies setzt voraus, dass mindestens zwei Gesellschafter verbleiben (GbR: → Rn. 24; OHG/KG: → Rn. 175). 358

Scheidet der vorletzte Gesellschafter aus der Gesellschaft aus, ist diese unabhängig davon, ob es sich um eine GbR, OHG oder KG handelt, unmittelbar und liquidationslos vollbeendet, da die - auch für eine aufgelöste Gesellschaft erforderliche - Mindestanzahl von zwei Gesellschaftern unterschritten ist.[220] Rechtsnachfolger der Gesellschaft ist in diesem Fall der verbleibende Gesellschafter (→ Rn. 362), der die Gesellschaft zwar nicht identitätswahrend fortsetzen, aber das betriebene Unternehmen künftig als Einzelunternehmen oder in anderer Rechtsform betreiben oder dieses liquidieren kann.[221] Handelt es sich bei dem verbleibenden Gesellschafter um einen Kommanditisten, führt die Verwendung einer der Firma der untergegangenen KG vergleichbaren Firmierung nach hier vertretener Auffassung zu einer unbeschränkten Haftung nicht nur für die neu begründeten Verbindlichkeiten, sondern in entsprechender Anwendung der §§ 27 Abs. 1, 25 Abs. 1 HGB auch für die (Alt-)Verbindlichkeiten der untergegangenen KG.[222] Alternativ ist es dem verbleibenden Kommanditisten ungeachtet der genauen Dogmatik möglich, das Unternehmen unter Aufrechterhaltung seiner beschränkten persönlichen Haftung liquidieren.[223] 359

Scheidet bei einer KG beim Verbleiben mehrerer Kommanditisten der **letzte persönlich haftende Gesellschafter** aus, ist die Gesellschaft aufgelöst[224] und von den Kommanditisten zu liquidieren (→ Rn. 508 ff.).[225] Im umgekehrten Fall des Ausscheidens des **letzten Kommanditisten** beim Verbleiben mehrerer persönlich haftender Gesellschafter liegt demgegenüber kein Auflösungsgrund vor, vielmehr handelt es sich bei der Gesellschaft vom Ausscheiden des letzten Kommanditisten an um eine OHG. 360

(c) Anwachsung. Die erforderliche **sachenrechtliche Neuzuordnung** des Anteils des ausgeschiedenen Gesellschafters am unveränderten Bestand des Gesellschaftsvermögens erfolgt gemäß § 738 Abs. 1 S. 1 BGB im Wege der Anwachsung (→ Rn. 13 ff.). Der ausgeschiedene Gesellschafter verliert dabei seinen Anteil am gesamthänderisch gebundenen Gesellschaftsvermögen, der den verbleibenden Gesellschaftern **automatisch** (anteilig) anwächst, ohne dass es eines Übertragungsaktes bedarf (→ Rn. 14).[226] 361

---

[219] Sofern der Name des verstorbenen Gesellschafters in der Bezeichnung bzw. Firmierung der Gesellschaft enthalten ist, benötigt die Gesellschaft aufgrund des (vererblichen) Namensrechts (§ 12 BGB) der Zustimmung der Erben des verstorbenen Gesellschafters oder dessen lebzeitiger Zustimmung zur Fortsetzung der Nutzung des Namens. Sinnvollerweise enthält der Gesellschaftsvertrag eine entsprechende Regelung.
[220] MüKoHGB/*K. Schmidt* § 131 Rn. 101; EBJS/*Weipert* HGB § 162 Rn. 30.
[221] Der Betrieb des Unternehmens in der Rechtsform eines Einzelunternehmens bzw. eines Einzelkaufmanns setzt voraus, dass es sich bei dem verbleibenden Gesellschafter um eine natürliche Person handelt.
[222] Eine direkte Anwendung der §§ 130 Abs. 1, 128 S. 1 HGB scheitert daran, dass keine Personenhandelsgesellschaft mehr vorliegt. Eine entsprechende Anwendung der §§ 130 Abs. 1, 128 S. 1 HGB hätte zur Folge, dass der das Unternehmen fortsetzende (ehemalige) Kommanditist auch dann für die Altverbindlichkeiten unbeschränkt haften würde, wenn die Firmierung grundlegend geändert wird, sodass der Eindruck eines identischen Rechtsträgers nicht besteht. Unabhängig davon haftet der ausgeschiedene (persönlich haftende) Gesellschafter den Gesellschaftsgläubigern entsprechend § 159 Abs. 1 bzw. § 160 Abs. 1 S. 1 HGB für die Altverbindlichkeiten der Gesellschaft.
[223] MüKoHGB/*K. Schmidt* § 131 Rn. 55, 66.
[224] MüKoHGB/*K. Schmidt* § 131 Rn. 46; EBJS/*Weipert* HGB § 162 Rn. 28.
[225] MüKoHGB/*K. Schmidt* § 131 Rn. 46.
[226] Henssler/Strohn/*Kilian* BGB § 738 Rn. 3 ff.

362 Scheidet der vorletzte Gesellschafter aus der Gesellschaft aus, wächst dem verbleibenden Gesellschafter das gesamte ursprünglich gesamthänderisch gebundenes Gesellschaftsvermögen an (→ Rn. 359).[227] Dies gilt im Fall einer KG auch, wenn es sich bei dem verbleibenden Gesellschafter um einen Kommanditisten handelt (→ Rn. 360).[228]

363 **(d) Rückgabe überlassener Gegenstände.** Gegenstände, die in das Vermögen der Gesellschaft übergegangen sind, bleiben dieser zugeordnet. Dem ausgeschiedenen Gesellschafter sind aber die Gegenstände, die er der Gesellschaft aufgrund der gesellschaftsvertraglichen Beziehung zur Nutzung überlassen hat, zurückzugeben (§§ 738 Abs. 1 S. 2, 732 S. 1 BGB). Im Fall einer von der Gesellschaft zu vertretenden Zustandsverschlechterung ist diese ersatzpflichtig (§§ 732 S. 2, 738 Abs. 1 S. 2 BGB). Zugerechnet wird der Gesellschaft dabei das Handeln ihrer geschäftsführenden Gesellschafter und ihrer Erfüllungsgehilfen (GbR: → Rn. 128; OHG/KG: → Rn. 319), hinsichtlich des Vertretenmüssens der geschäftsführenden Gesellschafter gilt insoweit der Maßstab der eigenüblichen Sorgfalt (§§ 708, 277 BGB; → Rn. 123).

364 **(e) Befreiung von den Schulden der Gesellschaft.** Gemäß § 738 Abs. 1 S. 2 BGB hat der ausgeschiedene Gesellschafter einen Anspruch auf Befreiung von der persönlichen Haftung für die Schulden der Gesellschaft, die durch die Erfüllung der Schuld erfolgt. Wegen der Haftung für streitige und noch nicht fällige Verbindlichkeiten sind dem ausgeschiedenen Gesellschafter Sicherheiten zu stellen (§§ 738 Abs. 1 S. 3, 232 BGB), da eine Erfüllung insoweit noch nicht in Betracht kommt. Bei einem ausgeschiedenen Kommanditisten ist eine Befreiung von den Schulden nur erforderlich, soweit der Kommanditist im Außenverhältnis überhaupt noch haftet. Ausreichend ist es, dem Kommanditisten in dieser Höhe Sicherheit zu leisten, wobei zu beachten ist, dass die vollständige Auszahlung des Abfindungsanspruchs eine Rückzahlung der bereits aufgebrachten Haftsumme beinhaltet (→ Rn. 310).

365 **(f) Nachhaftung.** Ein aus der Gesellschaft ausgeschiedener Gesellschafter kann im Außenverhältnis bis zum Ablauf der fünfjährigen Nachhaftungsfrist von Gesellschaftsgläubigern für die vor seinem Ausscheiden begründeten Gesellschaftsverbindlichkeiten in Anspruch genommen werden (GbR: → Rn. 136; OHG/KG: → Rn. 323). Diese Beschränkung der Haftungsdauer gilt nach herrschende Lehre nicht für Verbindlichkeiten, die auf ein deliktisches Handeln des ausgeschiedenen Gesellschafters zurückzuführen sind.[229] Bei einem Kommanditisten beinhaltet die Auszahlung des Abfindungsanspruchs (→ Rn. 367 ff.) die Rückzahlung der bereits aufgebrachten Haftsumme, sodass die insoweit bereits erloschene Außenhaftung (→ Rn. 308 f.) im Umfang der Rückzahlung wiederauflebt (→ Rn. 310). Wirtschaftlich ist die Nachhaftung nur von Bedeutung, wenn der ausgeschiedene Gesellschafter seinen gegenüber der Gesellschafter bestehenden Befreiungsanspruch (→ Rn. 364) nicht realisieren kann.

366 Im Fall des todesfallbedingten Ausscheidens eines Gesellschafters oder des Ablebens eines bereits aus anderen Gründen ausgeschiedenen Gesellschafters handelt es sich bei den aus der Nachhaftung resultierenden Verbindlichkeiten um Nachlassverbindlichkeiten im Sinne des § 1967 BGB.[230] Die Erben haben die Möglichkeit, ihre Haftung auf den Nachlass zu beschränken, indem sie durch entsprechende Antragstellung eine Nachlassverwaltung herbeiführen (§§ 1975, 1981 Abs. 1 BGB).[231]

---

[227] MüKoBGB/*Schäfer* § 730 Rn. 65.
[228] MüKoHGB/*K. Schmidt* § 131 Rn. 101; EBJS/*Weipert* HGB § 162 Rn. 30.
[229] MüKoHGB/*K. Schmidt* § 160 Rn. 25 mwN.
[230] MüKoHGB/*K. Schmidt* § 139 Rn. 99.
[231] Dieselbe Wirkung hat die Eröffnung des Insolvenzverfahrens über den Nachlass (§ 1975 BGB). Beim Vorliegen der entsprechenden Voraussetzungen sind die Erben antragpflichtig (§ 1980 BGB).

II. Personenhandelsgesellschaften (OHG und KG) § 24

(g) Abfindungsanspruch. Einem ausgeschiedenen Gesellschafter steht eine Abfindung 367
für den Verlust seiner Beteiligung zu, die bei einem todesfallbedingten Ausscheiden Gegenstand des Nachlasses ist.

(aa) Gesetzliche Regelung. Gemäß § 738 Abs. 1 S. 2 BGB ist der ausgeschiedene 368
Gesellschafter durch den Abfindungsanspruch so zu stellen, wie er stünde, wenn die Gesellschaft nicht von den verbleibenden Gesellschaftern fortgesetzt würde. In diesem Fall würde die Gesellschaft aufgelöst und abgewickelt, und der nach Berichtigung der Gesellschaftsschulden und Rückzahlung der Einlagen verbleibende Betrag würde zwischen den Gesellschaftern verteilt (GbR: §§ 733 f. BGB; OHG/KG: §§ 145 ff. HGB).

Für die Ermittlung des Abfindungsanspruchs bedarf es somit im ersten Schritt einer **Er-** 369
mittlung der fiktiven Einnahmen und Ausgaben im Fall der Liquidation der Gesellschaft. Eine Schätzung ist insoweit erforderlich und zulässig (§ 738 Abs. 2 BGB). Sofern mit der Gesellschaft der Zweck verfolgt wird, ein Unternehmen zu betreiben, entsprechen die fiktiven Liquidationseinnahmen der Gesellschaft den voraussichtlich bei einer Verwertung des Unternehmens realisierbaren Einnahmen.

Bei einem Unternehmen, bei dem die Rendite des eingesetzten Kapitals die am Kapi- 370
talmarkt risikolos erzielbare Rendite übersteigt, ist der Wert des Unternehmens im Ganzen regelmäßig höher als der Wert der Einzelkomponenten. Eine Zerschlagung des Unternehmens hätte in diesem Fall zur Folge, dass dieser Mehrwert nicht realisiert würde. Wirtschaftlich sinnvoll – und bei der Ermittlung der voraussichtlichen Liquidationseinnahmen der Gesellschaft zu unterstellen – ist in diesem Fall eine **Veräußerung des Unternehmens im Ganzen,** bei der der Kaufpreis regelmäßig dem durch Anwendung der **Ertragswertmethode** ermittelten Barwert der bei einer unterstellten Unternehmensfortführung *(„going concern")* erwarteten künftigen Einzahlungsüberschüsse **(„Ertragswert")** entspricht.[232] Die von der Gesellschaft voraussichtlich zu tragenden Veräußerungskosten, beispielsweise für Beratungs- und Vermittlungstätigkeiten Dritter, sind in Abzug zu bringen.

Ist die Rendite des im Unternehmen gebundenen Kapitals hingegen geringer als die 371
risikolos am Kapitalmarkt erzielbare Rendite, werden die unternehmerischen Risiken, die sich bei einer persönlichen Haftung der Gesellschafter nicht lediglich auf das eingesetzte Kapital beschränken, im Ergebnis nicht vergütet. Sofern eine Änderung dieses Zustandes nicht zu erwarten ist, kann eine Liquidation des Unternehmens durch **Einzelveräußerung der dem Unternehmen zugeordneten Vermögenswerte** gegenüber einer Veräußerung des Unternehmens im Ganzen vorteilhaft sein. Dies hängt von der Summe der insgesamt zu erwartenden Liquidationserlöse ab, die die Buchwerte zumeist deutlich unterschreiten. Die der Gesellschaft voraussichtlich entstehenden Veräußerungskosten sind auch in diesem Fall in Abzug zu bringen.

Aus den Liquidationseinnahmen wären im Fall der Beendigung der Gesellschaft 372
zunächst die **Gesellschaftsschulden zu berichtigen** (GbR: § 733 Abs. 1 BGB;

---

[232] Die *Ertragswertmethode* geht von den prognostizierten künftigen Jahresüberschüssen des Unternehmens aus, die um die nicht zahlungswirksamen Aufwendungen (bspw. Abschreibungen) und Erträge bereinigt und anschließend durch Abzinsung entsprechend des erwarteten zeitlichen Anfalls der Zahlungen auf den Betrachtungsstichtag abgezinst werden. Präziser als die *Ertragswertmethode* sind die sogenannten *Discounted Cash-Flow Verfahren* (DCF-Verfahren), bei denen die tatsächlichen Zahlungen den Ausgang der Betrachtung bilden, was allerdings eine entsprechend detaillierte Datenbasis erfordert. Ungeeignet für eine Unternehmensbewertung sind die *Substanzwertmethode,* bei der der Zeit- oder der Wiedererrichtungswert des Unternehmens ermittelt wird, und die sogenannten *Multiplikatorverfahren,* bei denen eine bestimmte Kenngröße, zumeist der Umsatz, mit einem „branchenüblichen" Multiplikator vervielfacht den Unternehmenswert darstellen soll. Das *Stuttgarter Verfahren* schließlich ist ein Verfahren für die steuerliche Bewertung von Anteilen an nicht börsennotierten Kapitalgesellschaften, bei dem die Ergebnisse der letzten Jahre mit unterschiedlicher Gewichtung in die Unternehmensbewertung einfließen. Dieses Vorgehen hat keinen betriebswirtschaftlich anerkannten Hintergrund und wird von der Finanzverwaltung nicht mehr angewendet.

OHG/KG: § 155 Abs. 1 HGB). Dementsprechend sind diese bei der Ermittlung des Abfindungsanspruchs in Abzug zu bringen. Sofern die Liquidationseinnahmen unter Anwendung der Ertragswertmethode ermittelt wurden ist zu beachten, dass der Ertragswert regelmäßig unter der Prämisse der Übernahme der Gesellschaftsverbindlichkeiten durch den Erwerber ermittelt wird.[233] In diesem Fall kommt eine (erneute) Berücksichtigung der Gesellschaftsschulden durch einen Abzug vom Ertragswert nicht in Betracht.

373 Im Fall einer **GbR** würden den Gesellschaftern im Fall der Beendigung der Gesellschaft vor der Verteilung des Liquidationsergebnisses ihre **Einlagen** (→ Rn. 30) **zurückerstattet** (§ 733 Abs. 2 S. 1 BGB). Soweit diese nicht in Geld geleistet wurden, ist der Wert zum Zeitpunkt der Einlage zu ersetzen (§ 733 Abs. 2 S. 2 BGB). Dies gilt nicht für Einlagen in Form von Dienstleistungen und Nutzungsüberlassungen (§ 733 Abs. 2 S. 3 BGB), die damit im Ergebnis nicht vergütet werden. Der danach verbleibende (positive oder negative) Betrag würde dann unter den Gesellschaftern verteilt (§ 733 Abs. 2 BGB). Fehlt es an einer Vereinbarung über den Verteilungsschlüssel, wird die Verteilung im Fall eines Liquidationsüberschusses entsprechend der vertraglich vereinbarten Gewinnverteilung, im Fall einer Unterdeckung entsprechend der vertraglich vereinbarten Verlustverteilung vorgenommen. Fehlt es an einer solchen Abrede, ist auf die gesetzliche Gewinnbeziehungsweise Verlustverteilung (→ Rn. 98) abzustellen (§§ 734f. BGB). Im Fall einer **OHG oder KG** würde der Liquidationsüberschuss hingegen nach dem Verhältnis der in der Schlussbilanz ausgewiesenen Kapitalanteile zwischen den Gesellschaftern verteilt (§ 155 Abs. 1 HGB). Dies beinhaltet wertmäßig eine Rückzahlung der geleisteten Einlagen, soweit diese noch vorhanden sind.

374 Im Ergebnis entspricht der gesetzliche Abfindungsanspruch damit regelmäßig dem Wert der Einlagen des ausgeschiedenen Gesellschafters zum Einlagezeitpunkt zuzüglich seines Anteils an dem (um den Wert der Einlagen aller Gesellschafter reduzierten) Ertragswert des Unternehmens.

375 **(bb) Vertragliche Vereinbarungen (Abfindungsvereinbarungen).** Vertragliche Vereinbarungen über die Höhe und die Art und Weise der Ermittlung des Abfindungsanspruchs sind zulässig.[234] Solch eine Vereinbarung wird regelmäßig in abstrakt-genereller Form[235] im Gesellschaftsvertrag getroffen; in diesem Fall wird auch von einer **Abfindungsklausel** gesprochen.

376 **(aaa) Gründe für Abfindungsvereinbarungen.** Abfindungsvereinbarungen werden meist aus einem oder mehreren der folgenden Gründe geschlossen:
- Die Gesellschaft soll vor — sich nicht zwingend ankündigenden — Abfindungsansprüchen geschützt werden, die sie der Höhe nach überfordern und in ihrem Bestand gefährden können. Diese Gefahr ist bei der im Normalfall bei einer Unternehmensbewer-

---

[233] Da die Ertragswertmethode auf den prognostizierten künftigen Zahlungen basiert, sind die für die Tilgung der zum Bewertungsstichtag vorhandenen Verbindlichkeiten künftig zu leistenden Auszahlungen bereits im ermittelten Ertragswert berücksichtigt.
[234] BGHZ 135, 387 = NJW 1997, 2592 mwN.
[235] Möglich, aber eher ungewöhnlich sind auch abstrakt-individuelle Vereinbarungen und Vereinbarungen, in denen ein konkreter Abfindungsanspruch generell oder individuell für jeden Gesellschafter festgelegt wird. Zumindest von konkret-generellen und konkret-individuellen Vereinbarungen ist abzuraten. Selbst wenn in diesem Zusammenhang an einen Inflationsausgleich gedacht wird, besteht (insbesondere bei einer auf Dauer angelegten Gesellschaft) die erhebliche Gefahr, dass die Gesellschaft sich — so überhaupt entsprechende Erwartungen vorhanden sind — anders als erwartet entwickelt, sodass die Gesellschaft im Fall des Ausscheidens eines Gesellschafters das Risiko eines unangemessen hohen Abfindungsanspruchs, aber auch eines Abfindungsanspruchs trägt, der im Verhältnis zum wahren Wert des Anteils derart gering ist, dass die Rechtsprechung dem ausgeschiedenen Gesellschafter im Wege einer ergänzenden Vertragsauslegung eine deutlich höhere Abfindung zubilligt (→ Rn. 392).

tung anzuwendenden Ertragswertmethode durchaus real.[236] Ihr kann auch durch eine Fälligkeitsvereinbarung begegnet werden (→ Rn. 396).

- Das häufige Ergebnis der Ertragswertmethode, dass ein ausgeschiedener Gesellschafter (oder dessen Erben) einen den Anteil am bilanziellen Eigenkapital der Gesellschaft übersteigenden Betrag erhält, wird als nicht sachgerecht angesehen, da das Eigenkapital als Unternehmenswert angesehen wird.
- Die Ertragswertmethode wird als unpraktikabel angesehen, da die Ermittlung des Abfindungsanspruchs finanzmathematische Kenntnisse erfordert und daher zumeist die Zuhilfenahme eines Sachverständigen bedingt.
- Die Ertragswertmethode wird aufgrund des Umstandes, dass die Bewertung auf prognostizierten Werten beruht, als nicht objektiv oder willkürlich angesehen.

(bbb) Inhalt. Der Inhalt ist weitestgehend frei vereinbar. Eine Abfindungsvereinbarung kann sich beispielsweise darauf beschränken, den Abfindungsanspruch zu limitieren, die bei einer fehlenden anderweitigen Vereinbarung regelmäßig - aber nicht zwingend - zur Anwendung kommende Ertragswertmethode (→ Rn. 370; → Fn. 233) festzuschreiben oder (in möglichst abstrakter Form) festzulegen, auf welche Art und Weise die bei der Ertragswertmethode erforderlichen Daten zu prognostizieren und der anzuwendende Kalkulationszins festzulegen sind. 377

Verbreitet ist die Vereinbarung, einen Zwischenabschluss auf den Zeitpunkt des Ausscheidens aufzustellen und den im Zwischenabschluss ausgewiesenen Saldo der Kapital- und Privatkonten des ausgeschiedenen Gesellschafters als Abfindung zu vereinbaren (**„Buchwertmethode"**), wodurch die Anwendung der Ertragswertmethode abbedungen wird. Der Zwischenabschluss wird dabei regelmäßig unter Fortführung der bisherigen Bewertungsmethoden nach handelsrechtlichen Gesichtspunkten aufgestellt. Durch die gesellschaftsvertragliche Vereinbarung eines Kündigungstermins (GbR: → Rn. 89; OHG/KG: → Rn. 231) kann dabei für den Fall der ordentlichen Kündigung eines Gesellschafters dafür gesorgt werden, dass der kündigende Gesellschafter an einem Abschlussstichtag ausscheidet, wodurch die Aufstellung eines gesonderten Zwischenabschlusses zur Ermittlung des Abfindungsanspruchs vermieden wird. Angesichts der heutzutage EDV-gestützten Buchführung sollte diesem Aspekt allerdings nicht zu viel Bedeutung beigemessen werden. 378

Aus betriebswirtschaftlicher Sicht stellt die Buchwertmethode keine geeignete Methode zur Bewertung eines Unternehmens dar. Sie führt — was zumeist Ziel ihrer Anwendung ist (→ Rn. 376) - regelmäßig zu einem dem Ertragswert nicht entsprechenden, sondern diesen unterschreitenden Wert. Die Diskrepanzen können dabei gravierend sein, da bei der Buchwertmethode ausschließlich auf bilanzielle und damit vergangenheitsbezogene Werte abgestellt wird, während insbesondere der als **„Goodwill"** bezeichnete Geschäftswert, der den nicht in der Bilanz ausgewiesenen[237] Betrag angibt, den ein Käufer bei einem Erwerb des Unternehmens über den bilanziellen Buchwert hinaus zu zahlen bereit wäre, ebenso wie **stille Reserven** und **stille Lasten** komplett unberücksichtigt bleibt. Dies führt dazu, dass ertragreiche Unternehmen aufgrund des nicht berücksichtigten Goodwill, der bei einem ertragreichen Unternehmen regelmäßig hoch ist, unterbewertet 379

---

[236] So hat ein Unternehmen, das dauerhaft einen Einnahmenüberschuss von 100.000 EUR p.a. erwirtschaftet, bei einem Kalkulationszins von 5% nach der Ertragswertmethode einen Wert von 2.000.000 EUR. Selbst bei einer eher geringen Beteiligungsquote des ausgeschiedenen Gesellschafters von bspw. 20% beträgt dessen Abfindungsanspruch aus § 738 Abs. 2 S. 2 BGB 400.000 EUR, also das Vierfache des jährlich Erwirtschafteten.
[237] Ein selbstgeschaffener *(„originärer")* Geschäftswert darf nicht bilanziert werden (§ 248 Abs. 2 HGB). Bilanziert werden darf lediglich der Goodwill, den die bilanzierende Gesellschaft beim Erwerb eines Unternehmens selbst gezahlt hat (§ 246 Abs. 1 S. 4 HGB), was der „Ergebnisglättung" durch Verteilung des (zumeist hohen) Einmalaufwands auf mehrere Geschäftsjahre mittels der zwingend vorzunehmenden Abschreibungen (§§ 253 Abs. 3 S. 3, S. 4 HGB) dient, aber keine Aussage über den tatsächlichen Goodwill zulässt.

werden. Verstärkend kommt hinzu, dass ertragreiche Unternehmen dazu tendieren, das bei Anwendung der Buchwertmethode für den Abfindungsanspruch maßgebliche Eigenkapital - soweit beeinflussbar - eher niedrig auszuweisen, während bei ertragsarmen Unternehmen meist ein gegenteiliges Bilanzierungsverhalten festzustellen ist.[238]

380 **Modifikation der Buchwertmethode** sind möglich. Beispielsweise kann unter **Verzicht auf einen Zwischenabschluss** auf den letzten Jahresabschluss abgestellt werden. Ebenso können die Gesellschafter sich darauf verständigen, dass der Zwischenabschluss **unter steuerlichen Gesichtspunkten** aufzustellen ist oder dass bestimmte Vermögenswerte oder Schulden **abweichend von den Buchwerten** bewertet werden. So kann beispielsweise vereinbart werden, das Aktivvermögen oder Teile davon (bspw. nur das Immobiliarvermögen) nicht mit den handelsrechtlichen Anschaffungs- oder Herstellungskosten, sondern mit den aktuellen, durch Gutachten zu ermittelnden Marktwerten zu bewerten, oder nur solche Rückstellungen bei der Ermittlung der Abfindung zu berücksichtigen, die nach dem Steuerrecht zwingend gebildet werden müssen. Wird komplett auf aktuelle Marktwerte abgestellt, erhielte der ausgeschiedene Gesellschafter im Ergebnis zusätzlich zu seinen Einlagen und den auf ihn entfallenden anteiligen, den Gesellschaftern noch nicht zugewiesenen Ergebnissen auch den auf ihn entfallenden Anteil an den stillen Reserven der Gesellschaft. Da es sich insoweit um tatsächlich bereits erwirtschaftete, im Abschluss nicht ausgewiesene Gewinne handelt, erscheint dies sachgerecht.

381 Unter der Annahme, dass ein Käufer bereit wäre, den Ertragswert des Unternehmens als Kaufpreis zu akzeptieren, entspricht der Goodwill der Differenz zwischen dem Buchwert und dem Ertragswert des Unternehmens. Eine **Berücksichtigung des Goodwills** bei der Ermittlung der Abfindung führt demzufolge im Ergebnis dazu, dass der ausgeschiedene Gesellschafter zum Ertragswert abgefunden wird, sodass eine entsprechende Modifikation der Buchwertmethode keinen Sinn ergibt, sondern direkt auf den Ertragswert abgestellt werden sollte. Alternativ kann die Bewertung des Goodwills abstrakt vorgegeben werden, beispielsweise in Form einer festen Relation zum Buchwert des Anlagevermögens oder des bilanziellen Eigenkapitals. Eine betriebswirtschaftlich anerkannte Grundlage für solch eine Pauschalierung gibt es aber nicht.

382 Soll der Abfindungsanspruchs eines ausgeschiedenen Gesellschafters auf Basis eines nach handelsrechtlichen Grundsätzen aufgestellten Jahres- oder Zwischenabschlusses ermittelt werden, beinhaltet diese Vereinbarung dem Wortlaut nach eine asymmetrische Partizipation des abfindungsberechtigten Gesellschafters **am Ergebnis der schwebenden Geschäfte,** da (noch) nicht realisierte Gewinne handelsrechtlich nicht ausgewiesen werden dürfen („Realisationsprinzip"; § 252 Abs. 1 Nr. 4 HGB), während für drohende Verluste aus schwebenden Geschäften aufwandswirksame und damit eigenkapitalverringernde Rückstellungen zwingend zu bilden sind (§ 249 Abs. 1 S. 1 HGB). Dass diese, eine Modifikation des § 740 Abs. 1 BGB zulasten ausgeschiedener Gesellschafter darstellende Folge den Gesellschaftern zum Zeitpunkt der Vereinbarung bewusst und von ihnen gewollt ist, dürfte eher selten der Fall sein. Beweisbelastet dafür, dass die Partizipation ausgeschiedener Gesellschafter an den (voraussichtlichen) Gewinnen aus den zum Zeitpunkt des Ausscheidens schwebenden Geschäfte durch eine vereinbarte Buchwertklausel nicht ausgeschlossen werden sollte, ist im Streitfall der sich darauf berufende ausgeschiedene Gesellschafter. Eine entsprechende Klarstellung des tatsächlich Gewollten in der Abfindungsvereinbarung zur Vermeidung künftiger Streitigkeiten ist daher anzuraten.

---

[238] Bei ertragsarmen Unternehmen besteht zumeist ein Interesse, das Eigenkapital durch die Wahrnehmung von Aktivierungswahlrechten und eine hohe Bewertung der einzelnen Aktiva bei entsprechend umgekehrten Verhalten hinsichtlich der Passiva möglichst hoch auszuweisen, um gegenüber (potentiellen) Fremdkapitalgebern solventer zu erscheinen. Bei ertragreichen Unternehmen hingegen ist zumeist ein gegenteiliges Bilanzierungsverhalten zu beobachten, das sich aus dem Ziel begründet, stille Reserven „für schlechte Zeiten" zu bilden und die Ertragssteuerlast zu senken (die Steuerbilanz basiert im Grundsatz auf den handelsrechtlichen Ansätzen, § 5 Abs. 1 S. 1 EStG, niedrigere Aktiva und höhere Passiva verringern daher die steuerliche Bemessungsgrundlage).

II. Personenhandelsgesellschaften (OHG und KG) § 24

(ccc) Formerfordernisse. Eine Abfindungsvereinbarung kann im Grundsatz formfrei vereinbart werden. Im Einzelfall kann sich eine Formbedürftigkeit aus dem konkreten Inhalt der Vereinbarung (beispielsweise wenn als Abfindung ein Grundstück übertragen werden soll) oder aus einer gesellschaftsvertraglichen Vereinbarung der Gesellschafter über eine einzuhaltende Form ergeben (GbR: → Rn. 33; OHG/KG: → Rn. 183). 383

Wegen des Inhalts kommt eine Formbedürftigkeit lediglich unter dem Gesichtspunkt einer **Schenkung unter Lebenden** (§§ 516 ff. BGB) oder – im Fall eines todesfallbedingten Ausscheidens – unter dem Gesichtspunkt einer **Schenkung von Todes wegen** (§ 2301 BGB) in Betracht, bei denen das Schenkungsversprechen jeweils der notariellen Beurkundung bedarf (§ 518 Abs. 1 BGB beziehungsweise §§ 2301 Abs. 1, 1937, 2231 ff., 2247, 518 Abs. 1 BGB).[239] Eine **Schenkung** zeichnet sich dabei in objektiver Hinsicht dadurch aus, dass der Schenker dem Beschenkten einer Vermögegenstand **unentgeltlich** – also ohne Gegenleistung – zuwendet, oder der Wert der Leistung höher ist, als der der Gegenleistung (**"gemischte Schenkung"**).[240] Subjektiv müssen die Parteien darin übereinstimmen, dass die Unentgeltlichkeit beziehungsweise der Mehrwert der Leistung des Schenkers eine schenkungsweise Zuwendung an den Beschenkten sein soll.[241] 384

Ob eine Abfindungsvereinbarung, die dazu führt, dass einem ausgeschiedenen Gesellschafter ein geringer Abfindungsanspruch zusteht, als ihm bei Anwendung des § 738 Abs. 1 S. 2 BGB zustünde, eine – zumindest gemischte – Schenkung darstellt, ist eine Frage des Einzelfalls und bedarf einer gesellschafterbezogenen wertenden Betrachtung von Leistung und Gegenleistung. Die Leistung eines Gesellschafters liegt dabei in der Verpflichtung, sich im Abfindungsfall mit einer den Wert seiner Beteiligung unterschreitenden Abfindung abfinden zu lassen. Die Gegenleistung besteht in den im Gegenzug von den Mitgesellschaftern eingegangenen korrespondierenden, den Gesellschafter begünstigenden Verpflichtungen. Da Leistung und Gegenleistung lediglich auf den Eintritt eines bestimmten Ereignisses bedingt versprochen werden, sind bei der Wertermittlung die – kaum jemals exakt zu beziffernden – Eintrittswahrscheinlichkeiten zu berücksichtigen. 385

Bei einer paritätischen Beteiligung der Gesellschafter und sonst gleichen Umständen liegen regelmäßig keine Anhaltspunkte für eine Besserstellung eines Gesellschafters vor. Anders ist es, wenn die Gesellschafter – bei jeweils sonst gleichen Umständen – in unterschiedlicher Höhe an der Gesellschaft beteiligt sind, die Höhe des Abfindungsanspruchs in Abhängigkeit vom betroffenen Gesellschafter variiert oder die Wahrscheinlichkeit für den Eintritt eines zum Ausscheiden aus der Gesellschaft führenden Ereignisses bei den einzelnen Gesellschaftern unterschiedlich hoch ist. So ist es unmittelbar eingängig, dass bei einem für den Fall des todesfallbedingten Ausscheidens wechselseitig vereinbarten Abfindungsverzicht die Eintrittswahrscheinlichkeit bei einem Gesellschafter, der unter einen schweren Erkrankung leidet[242] oder deutlich älter ist als die übrigen Gesellschafter,[243] höher ist als bei den übrigen Gesellschaftern und dessen Verzicht für die übrigen Gesellschafter objektiv einen höheren Wert hat, als deren korrespondierenden Zusagen für diesen. Subjektiv kommt es darauf an, dass den vertragschließenden Gesellschaftern diese Umstände zum Zeitpunkt der Vereinbarung bekannt sind. 386

Der BGH sieht solche (gemischten) Schenkungen zwar als formbedürftig an, ein – in der Praxis regelmäßig vorliegender – Formverstoß wird nach der Rechtsprechung des BGH aber durch den Abschluss der Vereinbarung selbst geheilt, da diese einen Formverstoß heilenden dinglichen Vollzug der Schenkung bereits beinhaltet.[244] Hintergrund ist, dass es für einen dinglichen Vollzug ausreicht, dem Erwerber eine bedingte, nicht mehr 387

---

[239] Im Fall einer Schenkung von Todes wegen kann das Schenkungsversprechen auch in eigenhändiger Niederschrift abgegeben werden (§§ 2301 Abs. 1, 1937, 2231 ff., 2247 BGB).
[240] NJW 2012, 605 Tz. 14.
[241] BGHZ 59, 132 = NJW 1972, 1709; NJW 2012, 605 mwN.
[242] BGH NJW 1981, 1956.
[243] BGH NJW 1981, 1956.
[244] BGH WM 1971, 1338 = BeckRS 1971, 31081173; MüKoBGB/*Schäfer* § 738 Rn. 61.

entziehbare Position einzuräumen, die beim Bedingungseintritt zum Vollrecht erstarkt (Anwartschaftsrecht). Dies ist bei Abfindungsklauseln der Fall, da der Eintritt eines zum Ausscheiden eines Gesellschafters führenden Ereignisses dessen automatisches Ausscheiden zur Folge hat und damit zur Wandlung seines bedingten Abfindungsanspruchs in einen unbedingten Anspruch führt. Ein etwaiger Verstoß gegen § 518 Abs. 1 BGB wird damit mit dem Abschluss der Abfindungsvereinbarung selbst und damit im selben Zeitpunkt, in dem er begangen wird, geheilt (§ 518 Abs. 2 BGB). Dies gilt nicht nur bei Schenkungen unter Lebenden, sondern auch bei Schenkungen von Todes wegen, da § 2301 Abs. 2 BGB insoweit auf die Vorschriften über Schenkungen unter Lebenden (§§ 516 ff. BGB) verweist.

388 Liegt eine wirksame Schenkung vor, kann diese nach dem AnfG von anfechtungsberechtigten Gläubigern innerhalb von vier Jahren ab Abschluss der Vereinbarung angefochten werden (§§ 2, 4 Abs. 1, 8 Abs. 1, Abs. 3, 11 Abs. 1, Abs. 2 AnfG). Im Fall einer im Gesellschaftsvertrag getroffenen Abfindungsvereinbarung wird so eine Anfechtung regelmäßig an der Anfechtungsfrist scheitern.

389 **(ddd) Materielle Grenzen.** Dass eine Abfindungsvereinbarung zu einem von dem nach § 738 Abs. 1 S. 2 BGB ermittelten Abfindungsanspruch abweichenden Anspruch des ausgeschiedenen Gesellschafters führt, liegt in der Natur der Sache und ist zumeist auch gerade das Ziel der Abfindungsvereinbarung (→ Rn. 376). Die Vereinbarung eines Abfindungsanspruchs, der den nach dem Gesetz ermittelten Abfindungsanspruch unterschreitet, ist dabei grundsätzlich zulässig.[245] Dementsprechend betont der BGH auch regelmäßig, dass eine Buchwertklausel dem Interesse der Gesellschaft Rechnung trage, die Liquidität und den Fortbestand des Unternehmens nicht zu gefährden.[246] Der Grundsatz der Zulässigkeit einer Abfindungsvereinbarung gilt allerdings nicht grenzenlos:

390 • Unter dem Gesichtspunkt der **Sittenwidrigkeit** (§ 138 Abs. 1 BGB) ist eine Abfindungsvereinbarung unwirksam, wenn sie bereits zum Zeitpunkt ihres Abschlusses zur Folge hat, dass die Abfindung eines ausgeschiedenen Gesellschafters den tatsächlichen Wert seiner Beteiligung um mindestens 50 % unterschreitet.[247]

391 • Die **Unwirksamkeit einer Abfindungsvereinbarung** kommt zudem unter dem Gesichtspunkt einer — bei Personengesellschaften nach § 723 Abs. 3 BGB unzulässigen — **Beschränkung der Kündigungsrechte** in Betracht, wenn die Abfindungsvereinbarung bereits zum Zeitpunkt ihres Abschlusses geeignet ist, einen Gesellschafter wegen der Diskrepanz zwischen der vereinbarten Abfindung und dem tatsächlichen Wert seiner Beteiligung von einer Kündigung der Gesellschaft beziehungsweise der Mitgliedschaft abzuhalten.[248]

392 • Entsteht ein **grobes Missverhältnis** zwischen dem tatsächlichen Wert des Anteils und dem Abfindungsanspruch im vorstehenden Sinne (→ Rn. 390) nachträglich, ist zu ermitteln, ob die Gesellschafter die Abfindungsvereinbarung mit dem vorliegenden Inhalt auch getroffen hätten, wenn sie dieses Missverhältnis erkannt hätten. Wäre die Vereinbarung in diesem Fall nicht mit dem vorliegenden Inhalt geschlossen worden, ist darauf abzustellen, was die Gesellschafter bei angemessener Abwägung ihrer Interessen unter Berücksichtigung der Gesichtspunkte von Treu und Glauben vereinbart hätten, wenn sie das Missverhältnis zum Zeitpunkt der Vereinbarung erkannt hätten.[249]

393 Die Vereinbarung eines **vollständigen Abfindungsausschlusses** ist nach Vorgesagtem schon wegen der anfänglichen Unterschreitung des tatsächlichen Wertes der Beteiligung

---

[245] BGHZ 123, 281 = NJW 1993, 3193.
[246] BGHZ 123, 281 = NJW 1993, 3193.
[247] BGHZ 123, 281 = NJW 1993, 3193.
[248] BGHZ 123, 281 = NJW 1993, 3193 (Personengesellschaften); BGHZ 116, 359 = NJW 1992, 892 (895) (GmbH).
[249] BGHZ 123, 281 = NJW 1993, 3193.

um mehr als 50% regelmäßig wegen Sittenwidrigkeit unwirksam (§ 138 Abs. 1 BGB),[250] sofern es nicht ausnahmsweise einen sachgerechten Grund gibt, dem ausgeschiedenen Gesellschafter eine Kompensation für den Verlust des – den verbleibenden Gesellschaftern anwachsenden – Anteils an der Gesellschaft vollständig zu versagen. Als zulässig hat die Rechtsprechung einen Abfindungsausschluss bisher nur angesehen, wenn
- mit der Gesellschaft ein **ideeller Zweck** verfolgt wird,
- es sich um eine **Mitarbeiter- oder Managementbeteiligung auf Zeit** ohne eigenen Kapitaleinsatz handelt oder
- es sich um eine Abfindungsklausel **auf den Todesfall** handelt.[251]

Abgesehen werden sollte davon, die Höhe des Abfindungsanspruchs in **Abhängigkeit vom Grund des Ausscheidens** zu variieren, da der Wert der Beteiligung eines ausgeschiedenen Gesellschafters regelmäßig nicht vom Grund seines Ausscheidens abhängt, eine entsprechende Vereinbarung mithin selten sachgerecht ist. Sofern die Höhe des Abfindungsanspruchs gleichwohl vom Grund des Ausscheidens abhängig gemacht wird, ist dies zumindest dann unter dem Gesichtspunkt einer Vereinbarung zulasten Dritter unwirksam, wenn im Wesentlichen Externe, zumeist Gläubiger des ausgeschiedenen Gesellschafters, von einer geringeren Bewertung betroffen sind. Dies ist bei Vereinbarungen der Fall, nach denen der Abfindungsanspruch eines wegen der Kündigung eines Privatgläubigers (§ 725 BGB) oder wegen persönlicher Insolvenz (§ 728 Abs. 2 BGB) aus der Gesellschaft ausgeschiedenen Gesellschafters spürbar geringer ist, als der ihm im Fall des Ausscheidens wegen einer Eigenkündigung (§ 723 f. BGB) zustehende Abfindungsanspruch. Eine Vereinbarung, die zur Folge hat, dass der **zum Nachlass zählende Abfindungsanspruch** im Fall des todesfallbedingten Ausscheidens eines Gesellschafters geringer ist, als bei einem nicht todesfallbedingten Ausscheiden, ist demgegenüber angesichts des Umstandes, dass der Abfindungsanspruch für diesen Fall sogar komplett ausgeschlossen werden kann (→ Rn. 393), zulässig.

(eee) Pflichtteilsansprüche. Durch den vollständigen oder teilweisen Abfindungsverzicht eines Gesellschafters im Rahmen der Abfindungsklausel können keine Pflichtteilsansprüche (§ 2303 BGB) gegen die Erben ausgelöst werden, da weder die Beteiligung noch ein Ausgleichsanspruch Teil des Nachlasses wird (→ Rn. 333), dessen Wert Basis der Ermittlung von Pflichtteilsansprüchen ist. Soweit der Abfindungsverzicht für den Fall eines todesfallbedingten Ausscheidens als Schenkung anzusehen ist, kommen aber **Pflichtteilsergänzungsansprüche** in Betracht, die sich gemäß § 2329 BGB ausnahmsweise gegen den Begünstigten, vorliegend also gegen die überlebenden Gesellschafter richten, soweit die primär verpflichteten Erben (§ 2325 Abs. 1 BGB) die Ergänzung verweigern, weil sie selbst pflichtteilsberechtigt sind (§ 2328 BGB) oder sie nur auf den – für die Erfüllung des Ergänzungsanspruchs nicht ausreichenden – Nachlass beschränkt haften (§§ 1975 ff. BGB).[252]

(cc) Fälligkeitsvereinbarungen. Selbst wenn eine Abfindungsregelung existiert, die zu einer Reduktion des sich aus dem Gesetz ergebenden Abfindungsanspruchs führt, hat der Abfindungsanspruch eines ausgeschiedenen Gesellschafters häufig immer noch eine Größenordnung, die einer sofortigen Tilgung durch die Gesellschaft entgegensteht. Um die aus der im Gesetz vorgesehenen sofortigen Fälligkeit des Abfindungsanspruchs (§ 271 Abs. 1 BGB) drohende übermäßige Belastung der Liquidität der Gesellschaft zu vermeiden, sollte unabhängig davon, ob die Gesellschafter eine Abfindungsvereinbarung geschlossen haben oder insoweit die gesetzlichen Reglungen zur Anwendung kommen, stets

---

[250] BGHZ 201, 65 Tz. 13.
[251] BGHZ 201, 65 Tz. 13 = NZG 2014, 820 (für GmbH); BGH WM 1971, 1338 = BeckRS 1971, 31081173; BGHZ 22, 186 = NJW 1957, 180.
[252] BGH NJW 1981, 1446.

eine Fälligkeitsvereinbarung im Gesellschaftsvertrag enthalten sein. Regelmäßig wird insoweit die Zahlung des Abfindungsanspruchs in mehreren, gegebenenfalls verzinslichen Raten vereinbart.

397 **(dd) Konzept der Schlussabrechnung.** Nach allgemeiner Ansicht ist der Abfindungsanspruch unabhängig davon, ob er nach den gesetzlichen Regelungen oder auf Basis einer Abfindungsvereinbarung ermittelt wird, Teil einer für die GbR gesetzlich nicht kodifizierten und für OHG und KG lediglich für den Fall der Beendigung der Gesellschaft vorgesehenen, im Gesetz (§ 155 Abs. 1 HGB) als „**Schlussbilanz**" bezeichneten **Schlussabrechnung,** in die neben der Abfindung für den Verlust der Beteiligung auch alle sonstigen aus dem Gesellschaftsverhältnis resultierenden Ansprüche und Verpflichtungen des ausgeschiedenen Gesellschafters gegenüber Gesellschaft und Mitgesellschaftern einzustellen und zu saldieren sind. Gefordert werden kann vom ausgeschiedenen Gesellschafter lediglich der sich aus der Abrechnung ergebende Saldo,[253] während die in der Schlussabrechnung zu berücksichtigenden Positionen zu unselbständigen Rechnungsposten werden, die nicht mehr eigenständig durchsetzbar sind (**„Durchsetzungssperre"**).[254]

398 **(ee) Schuldner des Abfindungsanspruchs.** Der **modifizierbare** (→ Rn. 375 ff.), im Grundsatz aber **nicht vollständig ausschließbare** (→ Rn. 393) Abfindungsanspruch wird von der Gesellschaft geschuldet. Abweichend von dem Grundsatz, dass Gesellschafter einer Personengesellschaft für Gesellschaftsschulden, die aus dem Gesellschaftsverhältnis resultieren, nicht persönlich haften (GbR: → Rn. 133; OHG/KG: → Rn. 327), haften die verbleibenden Gesellschafter für den Abfindungsanspruch ausnahmsweise persönlich, was sachgerecht ist, da diesen der Anteil des Ausgeschiedenen am Gesellschaftsvermögen anwächst (→ Rn. 361). Die Haftung eines Kommanditisten richtet sich dabei nach den §§ 171 ff. HGB und ist daher auf die eingetragene Haftsumme beschränkt (→ Rn. 289 ff.).[255]

399 Beim Ausscheiden des vorletzten Gesellschafters haftet diesem lediglich der verbliebene Gesellschafter für den Abfindungsanspruch, da die Gesellschaft nicht mehr existent ist (→ Rn. 359). Ein das Unternehmen unter unbeschränkter persönlicher Haftung fortführender Kommanditist haftet für den Abfindungsanspruch unbeschränkt, andernfalls würde ihm (insbesondere im Fall einer vollständig aufgebrachten Haftsumme) das Unternehmen auf Kosten des ausgeschiedenen Gesellschafters zufallen. Führt der verbleibende Kommanditist das Unternehmen hingegen nicht fort, kann sich seine Haftung lediglich auf den Liquidationsüberschuss zuzüglich seiner noch nicht aufgebrachten Haftsumme beschränken.

400 Ein **negativer Abfindungsanspruch** verpflichtet den ausgeschiedenen Gesellschafter in Durchbrechung des Grundsatzes, dass Gesellschafter nicht zum Nachschuss verpflichtet sind (GbR: → Rn. 30; OHG/KG: → Rn. 258) zum Ausgleich gegenüber der Gesellschaft. Dies gilt nach derzeitiger Rechtsprechung ohne entsprechende Gesellschaftervereinbarung allerdings nicht, soweit der Nachschuss dem Kontenausgleich zwischen den Gesellschaftern dient.[256] Eine Änderung dieser Rechtsprechung deutet sich an.[257]

---

[253] Gemeinhin wird (auch) der Saldo als Abfindungsanspruch bezeichnet. Soweit hier von einem Abfindungsanspruch gesprochen wird, ist — sofern nicht anders kenntlich gemacht — lediglich der Anspruch des ausgeschiedenen Gesellschafters für den Verlust seiner Beteiligung gemeint.

[254] MüKoBGB/*Schäfer* § 730 Rn. 49.

[255] BGH NJW 2011, 2355; BGHZ 148, 201 (206) = NJW 2001, 2718; MüKoBGB/*Schäfer* § 705 Rn. 218.

[256] BGH NJW 1984, 435.

[257] Für die Publikums-GbR hat der BGH unter ausdrücklicher Aufgabe dieser Rspr. entschieden, dass der Ausgleich zwischen den Gesellschaftern jedenfalls auch dann ohne entsprechende Vereinbarung von den Liquidatoren vorgenommen wird, wenn diese Ansprüche Gegenstand der von den Gesellschaftern beschlossenen Schlussabrechnung sind. (BGHZ 191, 293 = NJW 2012, 1439 (1443)).

(2) Individuell vereinbarte Rechtsfolgen. Während es bei der GbR einer Fortsetzungsvereinbarung der Gesellschafter bedarf, um die Rechtsfolge des Ausscheidens herbeizuführen (→ Rn. 336ff.), bedarf es bei einer Personenhandelsgesellschaft einer Vereinbarung, wenn eines der in § 131 Abs. 3 S. 1 Nr. 1 bis 3 HGB genannten Ereignisse generell oder ausnahmsweise eine andere Rechtsfolge als das Ausscheiden des entsprechenden Gesellschafters zur Folge haben soll. 401

Als alternative Rechtsfolgen zum Ausscheiden eines Gesellschafters kommen in Betracht:

- Die **Fortsetzung der Gesellschaft mit dem betroffenen Gesellschafter.** Dies ist allerdings nur im Fall der Insolvenz des Gesellschafters denkbar, wird aber in diesem Fall zumeist keinen Sinn ergeben, da die Verfügungsbefugnis über die Beteiligung und die Verwaltungsrechte bei einer Gesellschafterinsolvenz auf den Insolvenzverwalter übergehen,[258] wobei das Verwertungsinteresse des Insolvenzverwalters regelmäßig nicht mit dem mit der Gesellschaft verfolgten Zweck und damit mit den Interessen der übrigen Gesellschafter vereinbar ist.[259] 402

- Im Fall des Todes eines Gesellschafters die **Fortsetzung der Gesellschaft mit dessen Erben;** für den Fall des Todes eines Kommanditisten ist diese (disponible) Rechtsfolge bereits gesetzlich vorgesehen (§ 177 HGB). 403

- Im Fall einer OHG oder KG die **Auflösung der Gesellschaft.** Diese kann in Konstellationen, in denen das Ausscheiden eine Beendigung der Gesellschaft zur Folge hätte, weil lediglich ein Gesellschafter oder – im Fall einer KG – ausschließlich Kommanditisten verbleiben würden, als generelle Rechtsfolge sinnvoll sein. Bei einer GbR entspricht die Auflösung bereits der gesetzlich vorgesehenen Rechtsfolge und bedarf daher keiner Vereinbarung. 404

Möglich ist es auch, den verbleibenden Gesellschaftern die Möglichkeit einzuräumen, nach Eintritt eines eigentlich zum Ausscheiden eines Gesellschafters führenden Ereignisses innerhalb einer bestimmten Frist die **Auflösung der Gesellschaft zu beschließen.** Vorbehaltlich einer abweichenden Vereinbarung, beispielsweise in Form einer Mehrheitsklausel (→ Rn. 80), ist dazu ein einstimmiger Beschluss erforderlich. Im Fall des Todes eines Gesellschafters ist der Beschluss dessen Erben mitzuteilen, sodass es auf den rechtzeitigen Zugang bei den Erben ankommt. Diese stehen allerdings nicht in jedem Fall zeitnah fest, sodass die anderen Gesellschafter mangels sicherer Kenntnis vom **Erklärungsgegner** Schwierigkeiten haben können, sich wirksam zu erklären. Dem kann beispielsweise durch eine gesellschaftsvertragliche Bestimmung eines für die Erben insoweit Empfangsbevollmächtigten begegnet werden. Der betroffene Gesellschafter beziehungsweise (in den Fällen des § 131 Abs. 3 S. 1 Nr. 2 und 3 HGB) dessen Gläubiger dürfen durch den Auflösungsbeschluss nicht schlechter gestellt werden, als der Gesellschafter im Fall seines Ausscheidens stünde, was beispielsweise bei einer den betroffenen Gesellschafter begünstigenden Abfindungsklausel, die wegen des Auflösungsbeschlusses nicht mehr zur Anwendung kommt, der Fall sein kann. 405

- Verbreitet wird den anderen Gesellschaftern für den Fall der ordentlichen Kündigung eines Gesellschafters ein gesetzlich nicht vorgesehenes **Recht zur Anschlusskündigung** eingeräumt, dass es jedem verbleibenden Gesellschafter erlaubt, innerhalb einer bestimmten Frist individuell zu entscheiden, ob er sich der Kündigung mit der Folge seines Ausscheidens zum selben Zeitpunkt anschließt. Schließen sich alle Gesellschafter der Kündigung an, ist die Gesellschaft aufgelöst (→ Rn. 157ff.). 406

b) Ausschluss von Gesellschaftern. Der Ausschluss ermöglicht es den Gesellschaftern, einen störenden Mitgesellschafter aus der Gesellschaft zu entfernen und die Gesellschaft 407

---

[258] MüKoHGB/*K. Schmidt* § 131 Rn. 69.
[259] Nach aA ist die Vereinbarung, die Gesellschaft mit einem insolventen Gesellschafter fortzusetzen, unzulässig (Oetker/*Kamanabrou* HGB § 131 Rn. 29 mwN).

ohne diesen fortzusetzen (GbR: § 737 BGB; OHG/KG: § 140 Abs. 1 HGB). Für die übrigen Gesellschafter ist der Ausschluss des störenden Gesellschafters damit die Alternative zur Eigenkündigung der Gesellschaft (GbR) beziehungsweise der Mitgliedschaft (OHG/KG) aus wichtigem Grund (GbR: § 723 Abs. 1 S. 2 BGB; OHG/KG: §§ 723 Abs. 1 S. 2 BGB, 131 Abs. 3 Nr. 3 HGB).

408 **aa) Formelle Voraussetzungen.** Im Fall einer **GbR** erfordert der Ausschluss eines Gesellschafters ausweislich § 737 S. 1 BGB eine auf die Kündigung der Gesellschaft durch einen Gesellschafter bedingte **Fortsetzungsklausel** (→ Rn. 337 ff.). Im Fall einer **OHG/KG** entspricht die Fortsetzung der Gesellschaft ohne den ausgeschlossenen Gesellschafter demgegenüber bereits der gesetzlichen Rechtsfolge (§ 140 Abs. 1 S. 1 HGB) und bedarf daher keiner gesonderten Vereinbarung.

409 Unabhängig von der Gesellschaftsform bedarf es für den Ausschluss eines Gesellschafters eines einheitlichen Vorgehens der übrigen Gesellschafter. Für den Ausschluss eines GbR-Gesellschafters ist insoweit ein **einstimmiger Gesellschafterbeschluss** der übrigen Gesellschafter erforderlich (§ 737 S. 2 BGB), der wirksam wird, wenn er dem betroffenen Gesellschafter zugeht (§ 737 S. 3 BGB), während es für den Ausschluss eines Gesellschafters einer OHG oder KG eines **Urteils** des zuständigen Gerichts bedarfs, für das eine von **allen übrigen Gesellschaftern geführte Ausschließungsklage** erforderlich ist (§ 140 Abs. 1 S. 1 HGB). Das höhere Schutzniveau von OHG- und KG-Gesellschaftern rechtfertigt sich daraus, dass OHG und KG im Gegensatz zur GbR stets erwerbswirtschaftlichen Zielen dienen (GbR: § 705 Abs. 1 BGB; OHG: § 105 Abs. 1 HGB; KG: § 161 Abs. 1 HGB), sodass der Ausschluss eines OHG- oder KG-Gesellschafters regelmäßig mit der für diesen schwerwiegenden Folge der Beseitigung seiner einzigen Erwerbseinkunftsquelle einhergeht.

410 Dass durch den Ausschluss lediglich ein Gesellschafter verbleiben würde, steht einem entsprechenden Beschluss (GbR) beziehungsweise Klageantrag (OHG/KG) nicht entgegen. Vertragliche Vereinbarungen, die die **formellen Voraussetzungen** für den Ausschluss eines Gesellschafters **herabsetzen,** beispielsweise durch die Vereinbarung der Zulässigkeit einer Mehrheitsentscheidung im Fall einer GbR[260] oder eines Ausschlusses durch Beschluss der übrigen Gesellschafter im Fall einer OHG oder KG, sind zulässig,[261] bergen aber insbesondere bei Gesellschaften mit einer geringen Gesellschafteranzahl die Gefahr des Missbrauchs. Die **Vereinbarung strengerer formeller Voraussetzungen,** ist stets möglich, bietet sich aufgrund der bei OHG und KG bereits im Gesetz vorgesehenen strengen Anforderungen aber lediglich im Fall einer GbR an.

411 **bb) Materielle Voraussetzungen.** In materieller Hinsicht bedarf es für den Ausschluss eines Gesellschafters eines in seiner Person liegenden **wichtigen Grundes** (GbR: §§ 737 S. 1, 723 Abs. 1 S. 2 BGB; OHG/KG: §§ 140 Abs. 1 S. 1, 133 Abs. 2 HGB), wofür im Gesetz exemplarisch die zumindest grob fahrlässige Verletzung einer dem auszuschließenden Gesellschafter nach dem Gesellschaftsvertrag obliegenden wesentlichen Verpflichtung oder die Unmöglichkeit, eine solche Verpflichtung zu erfüllen, genannt werden (GbR: §§ 737 S. 1, 723 Abs. 1 S. 2, S. 3 Nr. 1 BGB; OHG/KG: §§ 140 Abs. 1 S. 1, 133 Abs. 2 HGB). Der BGH geht in ständiger Rechtsprechung vom Vorliegen eines den Ausschluss aus der Gesellschaft rechtfertigenden wichtigen Grundes aus, wenn Gründe in der Person des betroffenen Gesellschafters vorliegen, die dazu führen, dass den anderen Gesellschaftern die Fortsetzung der Gesellschaft mit dem betroffenen Gesellschafter nach einer Würdigung der Umstände des Einzelfalls und einer beiden Seiten gerecht werdenden Gesamtabwägung nicht zumutbar ist.[262] Dabei sind Art und Schwere der Verfehlung des

---
[260] OLG Brandenburg BeckRS 2010, 4108.
[261] BGHZ 31, 295 = NJW 1960, 625; MüKoHGB/*K. Schmidt* § 140 Rn. 91 mwN.
[262] BGH NZG 2003, 625 mwN = BeckRS 2003, 4266.

betroffenen Gesellschafters – und gegebenenfalls auch die der übrigen Gesellschafter – zu berücksichtigen.²⁶³ Bei einem **Kommanditisten** wird solch eine Unzumutbarkeit aufgrund der im Vergleich zu einem persönlich haftenden Gesellschafter eingeschränkten Verwaltungsrechte (→ Rn. 200 ff.) eher selten vorliegen.

Die **vertragliche Vereinbarung,** dass bestimmte Ereignisse keinen wichtigen, zum Ausschluss des betroffenen Gesellschafters berechtigenden Grund darstellen, ist stets zulässig, während eine Vereinbarung, dass ein bestimmtes Ereignis einen Ausschlussgrund darstellt, sich als unwirksam erweisen kann. So ist die vertragliche Vereinbarung des Rechts, einen Mitgesellschafter ohne Vorliegen eines wichtigen Grundes – also anlasslos - aus der Gesellschaft auszuschließen (**„Hinauskündigungsrecht"**) grundsätzlich wegen Sittenwidrigkeit unwirksam,²⁶⁴ sofern es für diese Regelung nicht ausnahmsweise einen sachlichen Grund – beispielsweise eine Probezeit für einen in eine bestehende Gesellschafter eintretenden Gesellschafter – gibt, und das Hinauskündigungsrecht befristet ist.²⁶⁵ Zulässig ist es, die **Pfändung der Beteiligung** als Ausschlussgrund zu vereinbaren.²⁶⁶ 412

Aufgrund seiner gravierenden Folgen für den betroffenen Gesellschafter kommt ein Gesellschafterausschluss stets nur als **Ultima Ratio** (→ Rn. 67) in Betracht; es darf also kein milderes Mittel (beispielsweise der Entzug der Geschäftsführungsbefugnis; GbR: → Rn. 64 ff.; OHG/KG: → Rn. 209 ff.) vorhanden sein, das die Unzumutbarkeit beseitigen würde.²⁶⁷ 413

cc) Rechtsfolgen. Der ausgeschlossene Gesellschafter scheidet im Fall einer GbR mit Wirksamwerden des Beschlusses, im Fall einer OHG oder KG mit der Rechtskraft des entsprechenden Urteils aus der Gesellschaft aus. Die Rechtsfolgen eines Ausscheidens werden an anderer Stelle im Detail erläutert (→ Rn. 358 ff.). Insbesondere steht dem ausgeschlossenen Gesellschafter ein Anspruch auf Abfindung für den Verlust seiner Beteiligung zu (→ Rn. 367 ff.), der auch dann nicht reduziert oder ausgeschlossen werden kann, wenn dem ausgeschlossenen Gesellschafter – wie zumeist bei einem Ausschluss (→ Rn. 411 f.) – schwerwiegende Verfehlungen vorzuwerfen sind.²⁶⁸ 414

dd) Rechtsschutz. Die Wirksamkeit eines Ausschlusses ist im Fall einer GbR durch einen Antrag auf Feststellung der Unwirksamkeit des Ausschlussbeschlusses **gerichtlich überprüfbar.** Im Fall einer OHG oder KG erfolgt die gerichtliche Überprüfung demgegenüber bereits ex ante, da der Ausschluss einer gerichtlichen Entscheidung bedarf. **Vorläufiger Rechtsschutz** eines ausgeschlossenen GbR-Gesellschafters bis zur Entscheidung des Gerichts über die Wirksamkeit des Ausschlussbeschlusses der übrigen Gesellschafter beziehungsweise – im Fall einer OHG oder KG – der übrigen Gesellschafter bis zur Entscheidung des Gerichts über ihren Antrag auf Ausschluss eines Gesellschafters, ist beim Vorliegen der Voraussetzungen der §§ 935, 940 ZPO möglich. 415

c) Eintritt von Gesellschaftern. Durch den Eintritt eines Gesellschafters erweitert sich der Gesellschafterkreis bei unveränderter Identität der Gesellschaft. 416

aa) Eintritt unter Lebenden. Die Gesellschafter können mit einem noch nicht unmittelbar an der Gesellschaft beteiligten Rechtsträger (→ § 5 Rn. 8 ff.)²⁶⁹ dessen Aufnahme in die Gesellschaft vereinbaren. Die rechtliche Identität der Gesellschaft wird durch solch 417

---

²⁶³ BGH NZG 2003, 625 mwN = BeckRS 2003, 4266.
²⁶⁴ BGHZ 125, 74 = NJW 1994, 1156; NJW-RR 2007, 1256; NJW 2004, 2013.
²⁶⁵ BGH NJW-RR 2007, 1256 (1258); NJW 2004, 2013 (2015).
²⁶⁶ MüKoHGB/*K. Schmidt* § 140 Rn. 94.
²⁶⁷ BGH NZG 2003, 625 mwN = BeckRS 2003, 4266.
²⁶⁸ BGHZ 201, 65 = NZG 2014, 820 (822) (für GmbH).
²⁶⁹ Ein Gesellschafter einer Personengesellschaft kann nur mit einem Anteil (direkt) an dieser beteiligt sein; → Fn. 33.

einen Eintritt nicht berührt. Dies gilt auch, wenn ein in eine GbR oder eine OHG eintretender Gesellschafter lediglich beschränkt oder ein beim gleichzeitigen Ausscheiden des einzigen Kommanditisten in eine KG eintretender Gesellschafter unbeschränkt haften soll, sodass ein Rechtsformwechsel zur KG beziehungsweise zur OHG stattfindet (§ 161 Abs. 1 HGB beziehungsweise § 105 Abs. 1 HGB; → Rn. 194).[270] Die Kombination des Eintritts eines Gesellschafters mit dem Ausscheiden eines anderen Gesellschafters (→ Rn. 331 ff.) ist möglich, sinnvoller ist aber zumeist eine Übertragung der Beteiligung (→ Rn. 452 ff.), da bei dieser auch die Identität der Beteiligung gewahrt bleibt. Da der Gesellschafterkreis den Kernbereich der Mitgliedschaft betrifft, ist für den Eintritt eines Gesellschafters auch beim Vorliegen einer Mehrheitsklausel die Zustimmung aller Gesellschafter erforderlich (→ Rn. 80).

418 Im **Innenverhältnis** erwirbt der Eintretende durch den Eintritt die Gesellschafterstellung einschließlich sämtlicher Mitgliedschaftsrechte und -pflichten, wie sie sich aus dem Gesetz und dem Gesellschaftsvertrag ergeben. In entsprechender Anwendung des § 738 Abs. 1 BGB wächst ihm eine gesamthänderische Beteiligung am Gesellschaftsvermögen an. Die Anwachsung beim eintretenden Gesellschafter geht mit einer proportionalen Abwachsung (→ Rn. 16) bei den Altgesellschaftern einher.

419 Im **Außenverhältnis** haftet der eintretende Gesellschafter den Gesellschaftsgläubigern unabhängig davon, ob er in eine GbR, eine OHG oder eine KG eintritt nicht nur für die nach seinem Eintritt begründeten Gesellschaftsverbindlichkeiten, sondern auch für die bereits zuvor von der Gesellschaft begründeten Gesellschaftsverbindlichkeiten (GbR: → Rn. 135; OHG/KG: → Rn. 283 bzw. → Rn. 300). Für einen eintretenden Kommanditisten besteht die Gefahr der unbeschränkten Haftung für die zwischen dem Wirksamwerden seines Eintritts und der Eintragung seiner Haftsumme begründeten Gesellschaftsverbindlichkeiten, da die kommanditistische Haftungsbeschränkung im Außenverhältnis erst mit der Eintragung der Haftsumme wirksam wird (→ Rn. 302). Der Eintritt eines Kommanditisten sollte daher stets auf die Eintragung seiner Haftsumme bedingt vereinbart werden (→ Rn. 302).

420 **bb) Todesfallbedingter Eintritt (Eintrittsklauseln).** Eine Eintrittsklausel ist eine gesellschaftsvertragliche Vereinbarung, mit der einem Dritten das auf den Todesfall eines bestimmten Gesellschafters bedingte Recht eingeräumt wird, als neuer Gesellschafter in die von den überlebenden Gesellschaftern fortgesetzte Gesellschaft einzutreten. Eintrittsklauseln dienen damit der Regelung der Nachfolge eines Gesellschafters in seine Beteiligung für den Fall seines Ablebens,[271] wobei die Identität der Gesellschaft gewahrt bleibt, die Identität der Beteiligung hingegen nicht. Auch wenn solch eine Vereinbarung aufgrund des Vorrangs des Gesellschaftsrechts vor dem Erbrecht[272] geeignet ist, erbrechtlich nicht mögliche Nachfolgegestaltungen herbeizuführen, ist die Zulässigkeit von Eintrittsklauseln unbestritten.[273] Aufgrund des Umstands, dass sich die Nachfolge bei ihnen im Gegensatz zu den an anderer Stelle dargestellten erbrechtlichen Nachfolgeklauseln (→ Rn. 463 ff.) ausschließlich nach dem Gesellschaftsrecht richtet, werden Eintrittsklauseln auch als **gesellschaftsrechtliche Nachfolgeklauseln** bezeichnet.[274]

421 **(1) Rechtsnatur.** Bei einer Eintrittsklausel handelt es in rechtlicher Hinsicht um einen **echten Vertrag zugunsten Dritter** (§ 328 Abs. 1 BGB), bei dem der nachlassregelnde

---

[270] Im Fall des Eintritts in eine GbR, bei der der Eintretende lediglich beschränkt haten soll, ist eine freiwillige Eintragung der Gesellschaft als KG in das Handelsregister erforderlich (§ 2 S. 1 HGB), wodurch die Gesellschaft der Anwendung des Handelsrechts unterworfen wird.
[271] MüKoBGB/*Schäfer* § 727 Rn. 53.
[272] BGHZ 98, 48 = NJW 1986, 2431.
[273] BGHZ 68, 255 = NJW 1977, 1339; MüKoBGB/*Schäfer* § 727 Rn. 53; Henssler/Strohn/*Kilian* BGB § 727 Rn. 18.
[274] Baumbach/Hopt/*Roth* § 139 Rn. 56.

Gesellschafter Versprechensempfänger und die übrigen Gesellschafter die Versprechenden sind. Die Eintrittsklausel stellt dabei das **Deckungsverhältnis** zwischen dem nachlassregelnden Gesellschafter und den versprechenden Gesellschaftern dar, aus dem das zwischen den versprechenden Gesellschaftern und dem Dritten bestehende **Erfüllungsverhältnis** in Form des bedingten Rechts des Dritten, in die Gesellschaft einzutreten, resultiert.

(2) Formvorgaben. Gesetzliche Formvorgaben gibt es für Eintrittsklauseln nicht.[275] Dies gilt auch, wenn die Eintrittsklausel vorsieht, dass der Eintrittsberechtigte im Fall seines Eintritts keine beziehungsweise keine adäquate Einlage zu leisten hat, oder er die Vermögensposition des verstorbenen Gesellschafters übernimmt, ohne dass er gegenüber dem Erblasser (zu dessen Lebzeiten) oder den Erben eine angemessene Gegenleistung zu erbringen hat. Insoweit gelten die Ausführungen zur – gegebenenfalls gemischten - Schenkung durch die Vereinbarung einer unausgewogenen Abfindungsvereinbarung entsprechend (→ Rn. 384 ff.). Ist der Eintrittsberechtigte minderjährig, bedarf sein Eintritt in die Gesellschaft der Genehmigung des Familiengerichts (§§ 1643 Abs. 1, 1822 Nr. 3 BGB); ist der gesetzliche Vertreter des Minderjährigen selbst Gesellschafter, ist zudem ein Ergänzungspfleger zu berufen (§§ 1909, 1795, 181 BGB).[276] Die Eintrittsklausel muss stets von allen Gesellschaftern vereinbart werden (→ Rn. 417). 422

(3) Voraussetzungen und Inhalt. (a) Fortsetzungsklausel. Da der Tod eines Gesellschafters nach der dispositiven gesetzlichen Regelung des § 727 Abs. 1 BGB bei einer GbR die Auflösung der Gesellschaft zur Folge hat, die Eintrittsklausel dem als Nachfolger ausgewählten Dritten aber ein Eintrittsrecht in die fortgesetzte Gesellschaft verschaffen soll, bedarf es bei einer GbR neben der Eintrittsklausel auch einer Vereinbarung der Gesellschafter über die Fortsetzung der Gesellschaft im Fall des Todes eines Gesellschafters (→ Rn. 337 ff.). Fehlt es im Gesellschaftsvertrag der GbR an einer **todesfallbedingten Fortsetzungsklausel**, ergibt sich die Fortsetzungsvereinbarung aber auch konkludent aus der Eintrittsklausel selbst,[277] da diese andernfalls keinen Sinn ergäbe. Im Fall des Todes eines Gesellschafters einer OHG oder KG ist die Fortsetzung der Gesellschaft durch die verbleibenden Gesellschafter demgegenüber bereits gesetzlich vorgesehen (§ 131 Abs. 3 S. 1 Nr. 1 HGB beziehungsweise § 177 HGB),[278] sodass in diesen Fällen keine todesfallbedingte Fortsetzungsklausel erforderlich ist. 423

(b) Benennung des Eintrittsberechtigten. Der Eintrittsberechtigte kann bereits in der Eintrittsklausel konkret oder auch in abstrakter Form benannt werden. Ebenso ist es möglich, die Benennung des Eintrittsberechtigten der letztwilligen Verfügung beziehungsweise der lebzeitigen Bestimmung durch den Gesellschafter, dessen Nachfolge geregelt wird, zu unterstellen. Da erbrechtliche Normen auf Eintrittsklauseln nicht anwendbar sind (→ Rn. 420), § 2065 BGB mithin unbeachtlich ist, kann der seinen Nachlass regelnde Gesellschafter die Bestimmung des Eintrittsberechtigten auch von persönlichen Kriterien, beispielsweise einer bestimmten Qualifikation oder einem bestimmten Mindestalter abhängig machen oder die Benennung einem anderen überlassen.[279] 424

Als **Eintrittsberechtigter** kommt unabhängig von einer eventuellen Erbenstellung oder der Erbfolge jeder Rechtsträger (→ § 5 Rn. 8 ff.) mit Ausnahme der Gesellschaft selbst in Betracht (GbR: → Rn. 25; OHG/KG: → Rn. 175). Sofern der Eintrittsberechtigte zum Zeitpunkt des Bedingungseintritts bereits unmittelbar an der Gesellschaft betei- 425

---

[275] MHdB GesR I/*Klein/Lindemeier* § 11 Rn. 35.
[276] MHdB GesR II/*Klein/Lindemeier* § 41 Rn. 88 mwN.
[277] MüKoBGB/*Schäfer* § 727 Rn. 53.
[278] Beim Tod eines persönlich haftenden Gesellschafters wird die Gesellschaft dabei allein zwischen den verbleibenden Gesellschaftern fortgesetzt (§ 131 Abs. 3 S. 1 Nr. 1 HGB), beim Tod eines Kommanditisten hingegen mit dessen Erben (§ 177 HGB).
[279] MHdB GesR II/*Klein/Lindemeier* § 41 Rn. 80.

ligt ist, wird eine Auslegung der Eintrittsklausel regelmäßig dazu führen, dass dem Eintrittsberechtigtem statt eines Eintrittsrechts das Recht zusteht, seinen Anteil an der Gesellschaft im Umfang der Beteiligung des verstorbenen Gesellschafters zu erweitern, da ein Rechtsträger nur einmal an einer Personengesellschaft beteiligt sein kann (→ Fn. 26). Üblicherweise handelt es sich bei dem Eintrittsberechtigten um eine natürliche Person. Klargestellt werden sollte, dass das Eintrittsrecht nicht übertragbar, belastbar oder vererblich ist.

426   Aus **Sicht der Mitgesellschafter** hat eine bereits im Gesellschaftsvertrag erfolgende konkrete Benennung des Eintrittsberechtigten gegenüber den übrigen Varianten nicht nur den Vorteil der Vorhersehbarkeit, sondern auch der Mitbestimmung über den potentiellen künftigen Gesellschafter. Dieser Vorteil relativiert sich allerdings dadurch, dass die tatsächliche Eintrittsberechtigung in Abhängigkeit vom Zeitpunkt des Ablebens des nachlassregelnden Gesellschafters oftmals erst geraume Zeit nach Abschluss des Gesellschaftsvertrags zum Tragen kommt. Spiegelbildlich dazu hat die Benennung des Eintrittsberechtigten im Gesellschaftsvertrag aus **Sicht des benennenden Gesellschafters** den Nachteil einer vorzeitigen Bindung, da eine Änderung des Eintrittsberechtigten als Änderung des Gesellschaftsvertrags der Mitwirkung der übrigen Gesellschafter bedarf, die im Regelfall nicht sichergestellt ist. Zwar kann sich insoweit aus der Treuepflicht (GbR: → Rn. 112; OHG/KG: → Rn. 259) ein Anspruch des benennenden Gesellschafters gegen einen die Mitwirkung verweigernden Mitgesellschafter auf Zustimmung zur Änderung des Eintrittsberechtigten ergeben, wenn in der Person des nun gewünschten Eintrittsberechtigten keine Gründe liegen, die dazu führen, dass dessen (möglicher) künftiger Eintritt in die Gesellschaft dem die Zustimmung verweigernden Gesellschafter nicht zumutbar ist. Dieser Anspruch muss gegebenenfalls aber erst gerichtlich durchgesetzt werden, was langwierig sein kann und das stets vorhandene Risiko eines Unterliegens beinhaltet.

427   **(c) Art des Eintritts.** Festzulegen ist auch, auf welche Weise der Eintritt in die Gesellschaft erfolgt. Möglich ist es, dem Eintrittsberechtigte das auf den Tod des benennenden Gesellschafters bedingte Recht zuzubilligen, seine Aufnahme in die Gesellschaft ohne Mitwirkung der überlebenden Gesellschafter durch eine **einseitige Erklärung** herbeizuführen. In diesem Fall müssen die mitgliedschaftlichen Konditionen für den Eintritt bereits so zwischen dem nachlassregelnden Gesellschafter und den übrigen Gesellschaftern festgelegt werden, dass die gesellschaftsvertragliche Verbindung zwischen diesen und dem Eintrittsberechtigten allein durch dessen Eintrittserklärung zustande kommt, die gegenüber den übrigen Gesellschaftern abzugeben ist. Ein Vereinbarung, dass die Eintrittserklärung gegenüber der Gesellschaft abzugeben ist, ist zulässig und zumindest im Fall einer GbR auch sinnvoll, da die übrigen Gesellschafter, die dem Eintrittsberechtigten nicht zwingend bekannt sind, sich bei einer GbR anders als bei einer OHG oder KG nicht dem Handelsregister oder einem sonstigen Register entnehmen lassen.

428   Alternativ kann dem Eintrittsberechtigten auch das Recht eingeräumt werden, von den überlebenden Gesellschaftern den Abschluss einer **Aufnahmevereinbarung** zu verlangen,[280] was eine Mitwirkung der überlebenden Gesellschafter erfordert. Auch in diesem Fall sollten die mitgliedschaftlichen Konditionen für den Eintrittsberechtigten — zumindest hinsichtlich der vertragswesentlichen Bestandteile (GbR: → Rn. 23 ff.; OHG/KG: → Rn. 175 ff.) — bereits im Deckungsverhältnis festgelegt werden, andernfalls wären Verhandlungen zwischen dem Eintrittsberechtigten und den überlebenden Gesellschaftern über die Eintrittskonditionen erforderlich, die den überlebenden Gesellschaftern Blockademöglichkeiten bieten.

429   **(d) Konditionen des Eintritts.** Im Wesentlichen wird bei der Festlegung der mitgliedschaftlichen Konditionen des Dritten darum gehen, dessen **individuellen Rechte und**

---

[280] MüKoBGB/*Schäfer* § 727 Rn. 57.

II. Personenhandelsgesellschaften (OHG und KG) § 24

Pflichten wie besondere Geschäftsführungs- und Vertretungsbefugnisse oder -ausschlüsse, seinen Anteil an der Gesellschaft und eventuell zu leistende Beiträge festzulegen.

Dabei werden die Gesellschafter das Eintrittsrecht regelmäßig so ausgestalten, dass der Eintrittsberechtigte lediglich den Gesellschaftertypus annehmen kann, den der verstorbene Gesellschafter innehatte. Möglich ist es aber auch, für den Eintrittsberechtigten einen **Gesellschaftertypus** vorzusehen, der nicht dem des nachlassregelnden Gesellschafters entspricht. Dass der Nachfolger eines Kommanditisten nur das Recht zum Eintritt als persönlich haftender Gesellschafter haben soll, dürfte dabei eher selten der Fall sein. Denkbar ist es aber, dass der Nachfolger eines GbR-Gesellschafters beziehungsweise eines persönlich haftenden Gesellschafters einer OHG oder KG nur das Recht haben soll, als Kommanditist in die Gesellschaft einzutreten.[281] Bei einer Personenhandelsgesellschaft ist solch eine Vereinbarung zwanglos möglich, sofern die erforderliche Mindestanzahl von zwei persönlich haftenden Gesellschaftern (OHG: § 105 Abs. 1 HGB) beziehungsweise einem persönlich und einem beschränkt haftenden Gesellschafter (KG: § 161 Abs. 1 HGB) erreicht wird. Bei einer GbR müssen die Gesellschafter sich bei solch einer Vereinbarung bewusst sein, dass der Eintritt eines lediglich beschränkt haftenden Gesellschafters zwingend eine freiwillige Registereintragung der Gesellschaft nach § 2 S. 2 HGB erfordert, wodurch die Gesellschafter sich und die Gesellschaft dem Handelsrecht unterwerfen; sinnvoll ist es, eine entsprechende Verpflichtung ausdrücklich zu vereinbaren. Fehlt es im Fall einer Personenhandelsgesellschaft an einer Vereinbarung, welchen Gesellschaftertypus der Eintrittsberechtigte im Eintrittsfall haben soll, ist davon auszugehen, dass der Eintrittsberechtigte nur zum Eintritt mit dem Gesellschaftertypus berechtigt ist, den der verstorbene Gesellschafter innehatte. Schließlich ist es mit vorstehenden Maßgaben auch möglich, dem Eintrittsberechtigten die Möglichkeit einzuräumen, den **Gesellschaftertypus selbst zu bestimmen.**

Zumeist wird es das Ziel des nachlassregelnden Gesellschafters sein, dem Eintrittsberechtigten die **Vermögensstellung** zu verschaffen, die er selbst zum Zeitpunkt seines todesfallbedingten Ausscheidens hatte.[282] Dies kann durch eine auf den Eintritt in die Gesellschaft bedingte Abtretung des durch das (künftige) todesfallbedingte Ausscheiden des nachlassregelnden Gesellschafters entstehenden Abfindungsanspruchs (→ Rn. 367 ff.) an den Eintrittsberechtigten bei Rückwandlung in einen Kapitalanteil im Fall des Eintritts erfolgen oder durch die Verpflichtung der überlebenden Gesellschafter, die ihnen durch den Tod des Erblassers anwachsenden Vermögensrechte (→ Rn. 441) treuhänderisch für den Eintrittsberechtigten zu halten und im Fall des Eintritts an diesen abzutreten.[283] Im letzteren Fall sollte klarstellend ein auf die Wahrnehmung des Eintrittsrechts bedingter Abfindungsausschluss vereinbart werden. Fehlt es im Gesellschaftsvertrag an einer ausdrücklichen Vereinbarung, wie der Eintretende die Vermögensposition des verstorbenen Gesellschafters erlangen soll, gilt in dem Fall, dass der Eintrittsberechtigte bei einem Eintritt in die Gesellschaft die Vermögensposition des verstorbenen Gesellschafters übernehmen soll, die Treuhandvariante als vereinbart.[284]

Möglich ist es auch zu vereinbaren, dass der Eintrittsberechtigte die Vermögensposition des verstorbenen Gesellschafters nur teilweise übernimmt und die Differenz den Erben oder Dritten in Form eines Abfindungsanspruchs zukommt oder dass der Eintrittsberechtigte – gegebenenfalls gegen Differenzausgleich – eine höhere oder geringere Beteiligung erhält, als der verstorbene Gesellschafter innehatte.

Soll der Eintrittsberechtigte die Vermögensposition des verstorbenen Gesellschafters nicht übernehmen, beispielsweise weil deren Wert für die Erben erhalten werden soll,

---

[281] Bei einem Eintritt in die Gesellschaft als Kommanditist ist zur Vermeidung von Haftungsrisiken darauf zu achten, dass der Eintritt auf die Eintragung der Haftsumme im Handelsregister bedingt erfolgt (→ Rn. 302).
[282] BGH NJW 1978, 264.
[283] MüKoBGB/*Schäfer* § 727 Rn. 59.
[284] MüKoBGB/*Schäfer* § 727 Rn. 59.

wird man vereinbaren, dass der Eintrittsberechtigte im Falle seines Eintritts einen Beitrag zu leisten hat und der durch das todesfallbedingte Ausscheiden des nachlassregelnden Gesellschafters entstehende Abfindungsanspruch den Erben zukommt oder dass der Eintrittsberechtigte im Fall seines Eintritts einen Ausgleich an die Erben zu leisten hat, deren Anspruch in diesem Fall durch die Beteiligung gesichert werden sollte.

434 **(e) Befristung.** In jedem Fall ist es zum Schutz der überlebenden Gesellschafter und aus Gründen der Rechtsklarheit erforderlich, das Eintrittsrecht mit einer **Befristung** zu versehen.

435 **(f) Ersatzlösung.** Eine **Ersatzlösung** sollte für den Fall vorgesehen werden, dass es nicht zu einem wirksamen Eintritt des Eintrittsberechtigten kommt, beispielsweise weil dieser von seinem Eintrittsrecht keinen Gebrauch macht oder den Eintritt nicht fristgerecht erklärt. Möglich ist es beispielsweise, einen Ersatzeintrittsberechtigen oder die Fortsetzung der Gesellschaft mit allen Erben (→ Rn. 463 ff.) oder nur mit bestimmten Erben (→ Rn. 484 ff.) vorzusehen.

436 Ist als Ersatzlösung die Fortsetzung der Gesellschaft allein durch die überlebenden Gesellschafter gewünscht, sollte dies im Fall einer GbR trotz des Umstandes, dass diese Folge regelmäßig bereits aus der im Zusammenhang mit der Eintrittsklausel vereinbarten Fortsetzungsvereinbarung folgt (→ Rn. 423), ausdrücklich geregelt werden, um einer andernfalls nicht auszuschließenden anderweitigen Auslegungen durch ein Gericht vorzubeugen. Bei einer Personenhandelsgesellschaft bedarf es für diese Folge demgegenüber keiner ausdrücklichen Vereinbarung (→ Rn. 423).

437 Wird im Zusammenhang mit der Eintrittsklausel ein Abfindungsausschluss vereinbart (→ Rn. 431), sollte zudem klargestellt werden, ob dieser im Fall des Nichteintritts ebenfalls zur Anwendung kommt. Fehlt es einer entsprechenden Regelung, ist im Fall der Fortsetzung der Gesellschaft zwischen den übrigen Gesellschaftern regelmäßig davon auszugehen, dass der Abfindungsausschluss auflösend bedingt auf den Nichteintritt des Dritten vereinbart ist.[285] Gilt ein vereinbarter Abfindungsausschluss demgegenüber auch in dem Fall, dass es nicht zu einem Eintritt des Eintrittsberechtigten kommt, werden letzten Endes die überlebenden Gesellschafter begünstigt, denen die Vermögensposition des todesbedingt ausgeschiedenen Gesellschafters anteilig anwächst, ohne dass das Gesellschaftsvermögen durch einen entsprechenden Abfindungsanspruch gemindert wird.

438 **(4) Rechtsfolgen.** Die Rechtfolgen eines Eintrittsrechts entsprechen in weiten Teilen denen des Ausscheidens eines Gesellschafters. Auf die entsprechenden Erläuterungen in → Rn. 354 ff. kann - soweit sich aus den nachfolgenden Ausführungen nicht ein anderes ergibt - verwiesen werden.

439 **(a) Ausscheiden des verstorbenen Gesellschafters.** Der verstorbene Gesellschafter scheidet mit seinem Tod aus der Gesellschaft aus (→ Rn. 356 f.).

440 **(b) Fortsetzung der Gesellschaft.** Die überlebenden Gesellschafter setzen die Gesellschaft ohne die Erben des verstorbenen Gesellschafters fort (→ Rn. 358).

441 **(c) Anwachsung.** Die Beteiligung des verstorbenen Gesellschafters an der Gesellschaft geht unter, seine gesamthänderische Beteiligung am Gesellschaftsvermögen wächst den überlebenden Gesellschaftern anteilig an (→ Rn. 361). Soll die Vermögensposition des verstorbenen Gesellschafters dem eintrittsberechtigten Dritten zukommen, kann dies dadurch erfolgen, dass die überlebenden Gesellschafter hinsichtlich des Anwuchses als Treuhänder des eintrittsberechtigten Dritten fungieren (→ Rn. 447).

---

[285] MüKoBGB/*Schäfer* § 727 Rn. 59.

(d) Herausgabe von überlassenen Gegenständen. Die Erben können die Herausgabe 442
der Gegenstände verlangen, die der verstorbene Gesellschafter der Gesellschaft zur Nutzung überlassen hat (→ Rn. 363). Diese sind Teil des Nachlasses.

(e) Abfindungsanspruch. Durch das Ausscheiden des verstorbenen Gesellschafters 443
(→ Rn. 439) entsteht ein Abfindungsanspruch für den Untergang der Beteiligung
(→ Rn. 367 ff.), der ohne gesonderte Vereinbarung Teil des Nachlasses ist. Soll die Vermögensposition des verstorbenen Gesellschafters dem Eintrittsberechtigten im Fall seines Eintritts in die Gesellschaft zukommen, wird der Abfindungsanspruch hingegen regelmäßig auf den Eintritt bedingt auf Eintrittsberechtigten übertragen oder ausgeschlossen
(→ Rn. 445 ff.).

(f) Eintrittsrecht. Der Eintrittsberechtigte ist aufgrund der zu seinen Gunsten auf den 444
Tod des nachlassregenden Gesellschafters bedingt geschlossenen Eintrittsvereinbarung
(→ Rn. 420) berechtigt, durch eine den vereinbarten Anforderungen entsprechende und
auch im Übrigen wirksame Eintrittserklärung zu den zuvor festgelegten Konditionen in
die von den überlebenden Gesellschaftern fortgeführte Gesellschaft einzutreten oder – je
nach Ausgestaltung der Eintrittsklausel – die Aufnahme in die Gesellschaft zu verlangen.

(g) Übertragung der Vermögensposition. Eine Eintrittsklausel ergibt regelmäßig nur 445
dann einen Sinn, wenn der Eintrittsberechtigte im Fall seines Eintritts in die Gesellschaft
die Vermögensposition des verstorbenen Gesellschafters einnimmt.[286]

Hat der nachlassregelnde Gesellschafter dazu zu Lebzeiten den im Zeitpunkt seines 446
Todes entstehenden Abfindungsanspruch auf den eigenen Tod bedingt und unter der auflösenden Bedingung der Nichtausübung des Eintrittsrechts an den Eintrittsberechtigten
abgetreten (→ Rn. 431), ist der dem Eintrittsberechtigten schwebend unwirksam zugeordnete Abfindungsanspruch nicht Gegenstand des Nachlasses. Erklärt der Eintrittsberechtigten wirksam den Eintritt in die Gesellschaft, entfällt die auflösende Bedingung und
damit auch der Schwebezustand, sodass der Abfindungsanspruch in Form einer Rückumwandlung in einen Kapitalanteil dem Eintretenden zugutekommt. Tritt der Eintrittsberechtigte nicht in die Gesellschaft ein, kommt die auflösende Bedingung zum Tragen und
der Abfindungsanspruch fällt, sofern es im Gesellschaftsvertrag an einer anderweitigen
Regelung fehlt, in den Nachlass.

Wurde hingegen vereinbart, dass die überlebenden Gesellschafter hinsichtlich ihres Anwuchses, welchen sie aufgrund des todesfallbedingten Ausscheidens des verstorbenen Gesellschafters erfahren, – ebenfalls auflösend bedingt auf die Nichtausübung des Eintrittsrechts – als Treuhänder für den Eintrittsberechtigten fungieren (→ Rn. 431), führt die 447
Ausübung des Eintrittsrechts zur Auflösung des Treuhandverhältnisses unter Begründung
einer Beteiligung des Eintrittsberechtigten. Der Abfindungsanspruch (→ Rn. 443) ist in
diesem Fall regelmäßig ausgeschlossen, da der Anteil des verstorbenen Gesellschafters am
Gesellschaftsvermögen mit seinem Tod nicht zugunsten der überlebenden Gesellschafter
untergegangen ist. Kommt die auflösende Bedingung des Nichteintritts des Eintrittsberechtigten zum Tragen, entfällt das Treuhandverhältnis und die Beteiligungsrechte wachsen bei den überlebenden Gesellschaftern wirksam an. Ob der Abfindungsausschluss in
diesem Fall ebenfalls zur Anwendung kommen soll, was regelmäßig nicht der Vorstellung
des nachlassregelnden Gesellschafters entsprechen wird, sollte im Gesellschaftsvertrag ausdrücklich geregelt werden.

(h) Haftung. Ein ausgeschiedener Gesellschafter haftet den Gesellschaftsgläubigern bis 448
zum Ablauf der Nachhaftungsfrist unbeschränkt – im Fall eines Kommanditisten auf die
eingetragene Haftsumme beschränkt – für die bis zu seinem Ausscheiden begründeten

---

[286] BGH NJW 1978, 264.

Verbindlichkeiten der Gesellschaft (→ Rn. 365), gleichzeitig steht ihm gegen die verbleibenden Gesellschafter ein Anspruch auf Befreiung von den Gesellschaftsschulden zu (→ Rn. 364). Im Fall eines todesfallbedingten Ausscheidens treffen diese Rechtsfolgen als Teil der Gesamtrechtsnachfolge **die Erben des verstorbenen Gesellschafters** (§ 1922 Abs. 1 BGB), ohne dass es auf den Eintritt oder Nichteintritt des Eintrittsberechtigten ankommt. Diese geerbte Haftung kann von den Erben auf den Nachlass beschränkt werden (§§ 1975, 1981 Abs. 1 BGB; → Rn. 366).

449 Der **Eintrittsberechtigte** haftet den Gesellschaftsgläubigern im Fall seines Eintritts aufgrund seiner Gesellschafterstellung für die Neu- und die Altverbindlichkeiten der Gesellschaft (GbR: → Rn. 135; OHG/KG: → Rn. 283, → Rn. 300ff.). Ist der **Eintrittsberechtigte zugleich Erbe** des verstorbenen Gesellschafters, besteht die vorstehend beschriebene Möglichkeit der Haftungsbeschränkung auf den Nachlass nur hinsichtlich der aus der erbrechtlichen Rechtsnachfolge resultierenden Haftung, die gesellschaftsrechtliche Haftung aus dem Eintritt in die Gesellschaft bleibt davon unberührt. Abzulehnen ist die in der Literatur vertretene Ansicht, dass eintrittsberechtigte Erben, die ihr Eintrittsrecht wahrgenommen haben, im Verhältnis zu den nicht eintrittsberechtigten Erben in entsprechender Anwendung des § 426 Abs. 1 BGB allein für die Altverbindlichkeiten der Gesellschaft haften.[287]

450 **(5) Vor- und Nachteile.** Der Vorteil und wesentliche Unterschied der Eintrittsklausel im Vergleich zu den Nachfolgeklauseln (→ Rn. 461ff.) besteht darin, dass beim Tod des nachlassregelnden Gesellschafters **kein automatischer Übergang** seiner Beteiligung auf die Nachfolger erfolgt, sondern diese zwingend untergeht und der Begünstigte selbständig und eigenverantwortlich über seinen Eintritt in die Gesellschaft durch **Begründung eines neuen Anteils** entscheidet. Ist der Eintrittsberechtigte zugleich Erbe oder Vermächtnisnehmer des verstorbenen Gesellschafters, kann durch eine **erbrechtliche Auflage** mittelbarer Zwang zum Eintritt ausgeübt werden. Die Erbeinsetzung oder das Vermächtnis kann auch unter der Bedingung erfolgen, dass der Begünstigte den Eintritt erklärt.

451 Ein **Nachteil** der Eintrittsklausel besteht darin, dass die überlebenden Gesellschafter für die Dauer der Befristung keine Gewissheit über den künftigen Gesellschafterbestand haben und bis zur Entscheidung des Eintrittsberechtigten über den Eintritt das Risiko eines – gegebenenfalls erheblichen – Liquiditätsabflusses wegen der möglichen Abfindungsansprüche der Erben tragen. Weiterhin gewährleistet die Eintrittsklausel nicht die Kontinuität der Gesellschaft, weil der Eintrittsberechtigte, sofern er nicht in seiner Eigenschaft als Erbe durch erbrechtliche Verfügungen zum Eintritt „gezwungen" wird, nicht in die Gesellschaft eintreten muss, sodass auf Dauer eine schleichende Verminderung des Gesellschafterbestands droht.[288]

452 **d) Gesellschafterwechsel.** Der Austausch eines Gesellschafters bei Wahrung der Identität sowohl der Beteiligung als auch der Gesellschaft wird als Gesellschafterwechsel bezeichnet. Die Kombination des Eintritts eines Gesellschafters (→ Rn. 416ff.) mit dem Ausscheiden eines anderen Gesellschafters (→ Rn. 331ff.) kann in tatsächlicher Hinsicht

---

[287] So aber MHdB GesR II/*Klein/Lindemeier* § 41 Rn. 97. Diese Ansicht übersieht, dass es für eine entsprechende Anwendung des § 426 Abs. 1 BGB an einer Regelungslücke fehlt, da in § 1922 Abs. 1 BGB bewusst die ausnahmslose Gesamtrechtsnachfolge der Erben angeordnet wird. Anerkanntweise umfasst diese auch alle Verbindlichkeiten des Erblassers, unabhängig davon, ob diese mit einem in den Nachlass fallenden Gegenstand im Zusammenhang stehen oder nicht. So kann ein Erblasser sein Kfz zwanglos seinem nicht erbberechtigten Neffen vermachen, während der der Finanzierung des Kfz-Erwerbs dienende Kredit in den Nachlass fällt. Für eine abweichende Handhabung bei Verbindlichkeiten aus einer nicht in den Nachlass fallenden unternehmerischen Beteiligung besteht kein Anlass. Ohnehin profitieren zumeist auch die nicht eintrittsberechtigten Erben von der unternehmerischen Beteiligung, da der Nachlass oftmals im Wesentlichen aus Gegenständen besteht, deren Erwerb der Erblasser mit aus der Beteiligung resultierenden Einkünften finanziert hat.

[288] MHdB GesR II/*Klein/Lindemeier* § 41 Rn. 77.

zu einem vergleichbaren Ergebnis führen, hat aber den Untergang der Beteiligung des ausscheidenden Gesellschafters bei Begründung eines neuen Anteils für den eintretenden Gesellschafter – und somit den Verlust der Identität des Anteils – zur Folge. Insoweit wird unter Verweis auf die vorstehenden (→ Rn. 331 ff.) beziehungsweise nachfolgenden Ausführungen (→ Rn. 416 ff.) auf eine gesonderte Darstellung solch eines kombinierten Vorgehens verzichtet.

aa) Unter Lebenden. Ein Gesellschafterwechsel unter Lebenden kommt mangels einer 453 Norm, die einen Übergang der Beteiligung auf einen anderen Rechtsträger als Rechtsfolge vorsieht, nur auf rechtsgeschäftlicher Basis in Betracht. § 717 S. 1 BGB steht einer rechtsgeschäftlichen Übertragung der Beteiligung nicht entgegen, da durch diese Norm lediglich die isolierte Übertragung von Verwaltungsrechten untersagt wird, nicht aber die Übertragung der Beteiligung an sich (→ Rn. 51).

Schuldrechtlich bedarf es für einen Gesellschafterwechsel unter Lebenden einer Ver- 454 einbarung zwischen dem Altgesellschafter und seinem Nachfolger. Eine Vereinbarung allein zwischen dem Altgesellschafter und den übrigen Gesellschaftern mit Wirkung zugunsten des Nachfolgers (Vertrag zugunsten Dritter; § 328 ff. BGB) scheitert daran, dass die Vereinbarung ohne die Mitwirkung des Erwerbers aufgrund der mit der Beteiligung verbundenen Gesellschafterpflichten (auch im Fall einer Kommanditbeteiligung) einen unzulässigen Vertrag zulasten Dritter darstellt.[289] Die Mitwirkung des Nachfolgers ist daher unabdingbar.

Bei der dem Gesellschafterwechsel zugrundeliegenden schuldrechtlichen Vereinbarung 455 zwischen Altgesellschafter und Nachfolger wird es sich regelmäßig um einen **Kaufvertrag oder eine Schenkung** handeln. **Formvorgaben** wegen des Vertragstyps können sich dann aus § 518 Abs. 1 BGB ergeben, der für ein Schenkungsversprechen die notarielle Form vorgibt. Unabhängig von der Frage, ob die Übertragung einer Beteiligung an einer Personengesellschaft überhaupt Gegenstand einer Schenkung sein kann, was die Rechtsprechung bei Beteiligungen, die mit einer unbeschränkten persönlichen Haftung einhergehen, verneint (→ Rn. 39),[290] würde ein Formverstoß durch den Vollzug in Form der Übertragung der Beteiligung geheilt (§ 518 Abs. 2 BGB), wozu bereits eine bedingte Abtretung, die dem Nachfolger eine Rechtsposition vermittelt, die ohne seine Mitwirkung nicht aufgehoben werden kann, ausreichend ist (→ Rn. 387).[291]

Aus dem Umstand, dass eine Gesellschaftsbeteiligung Gegenstand der schuldrechtlichen 456 Vereinbarung ist, kann sich hingegen kein Formerfordernis ergeben, da die Verpflichtung zur Übertragung einer Beteiligung an einer Personengesellschaft ebenso wie die dingliche Übertragung selbst mangels einer gesetzlichen Formvorgabe formfrei möglich ist. Das gilt auch in dem Fall, dass das Vermögen der Gesellschaft im Wesentlichen aus Grundstücken oder GmbH-Anteilen besteht,[292] bei denen ohne den „Mantel der Gesellschaft" sowohl die schuldrechtliche Verpflichtung als auch die dingliche Erfüllung formbedürftig wären (→ Rn. 35). Eine Ausnahme gilt nur in Umgehungsfällen, bei denen ein - grundsätzlich zulässiger -[293] Totalaustausch der Gesellschafter unverkennbar das Ziel hat, die Formvorschriften, die bei Übertragung des Gesamthandsvermögens im Wege von Einzelübertragungen einschlägig wären, zu umgehen.[294]

---

[289] BGHZ 68, 225 = NJW 1977, 1339 (1341); MüKoBGB/*Schäfer* § 727 Rn. 50.
[290] Die Schenkung einer Kommanditbeteiligung ist demgegenüber möglich; BGHZ 112, 40 = NJW 1990, 2616.
[291] Bei einem Schenkungsversprechen von Todes wegen gilt dies entsprechend (§§ 2301 Abs. 2, 518 Abs. 2 BGB).
[292] BGH NJW 1998, 376; BGHZ 86, 367 = NJW 1983, 11; OLG Düsseldorf NZG 2007, 510; BeckNotar-HdB/*Heckschen/Herrler/Starke* Rn. 57.
[293] BGH DStR 2016, 546 (548) = BeckRS 2016, 1729 = NJW-Spezial 2016, 80.
[294] BGHZ 86, 367 = NJW 1983, 1110.

457 Die dingliche **Übertragung der Beteiligung** erfolgt in entsprechender Anwendung der §§ 413, 398 ff. BGB durch Abtretung.[295] Aufgrund der damit einhergehenden Änderung des Gesellschaftsbestands ist die Zustimmung aller Mitgesellschafter erforderlich,[296] auch wenn diese nicht Vertragspartner sind. Die Zustimmung kann bereits im Voraus im Gesellschaftsvertrag erteilt werden. Zulässig ist es auch, die Zustimmung einer Mehrheitsentscheidung zu unterstellen.[297]

458 Der Erwerber tritt im Wege der **partiellen Gesamtrechtsnachfolge** (→ § 5 Rn. 172 ff.) in die Rechtsstellung des Veräußerers ein.[298] Die beinhaltet in Abweichung vom Grundsatz, dass höchstpersönliche Rechte nicht übertragbar sind (→ § 5 Rn. 166) auch die (höchstpersönlichen) − gerade das Ziel der Übertragung darstellen − Verwaltungsrechte (GbR: → Rn. 51 ff.; OHG/KG: → Rn. 200 ff.), die dem Veräußerer aufgrund seiner Gesellschafterstellung zustehen. Verwaltungsrechte, die dem Veräußerer gerade wegen seiner Person eingeräumt wurden, beispielsweise ein einem GbR-Gesellschafter wegen seiner besonderen Befähigung zugestandenes Recht zur Einzelgeschäftsführung (→ Rn. 56), verbleiben hingegen beim Veräußerer und gehen mit der Beendigung seiner Gesellschafterstellung unter, während personenbezogene Beschränkungen, beispielsweise der Entzug der Geschäftsführungsbefugnis aus wichtigem Grund (GbR: → Rn. 64 ff.; OHG/KG: → Rn. 209 ff.) entfallen.[299]

459 Die allgemeine Befugnis des Veräußerers zur organschaftlichen Geschäftsführung und Vertretung geht somit auf den Erwerber über, sofern diese nicht gesellschaftsvertraglich einzelnen Gesellschaftern zugewiesen oder der veräußernde Gesellschafter durch den Gesellschaftsvertrag von der Geschäftsführung ausgeschlossen ist (→ Rn. 56).[300] Im Hinblick auf eventuelle aus dem Gesellschaftsverhältnis resultierende Verbindlichkeiten des veräußernden Altgesellschafters gegenüber der Gesellschaft findet im Regelfall ein Schuldbeitritt des Erwerbers statt, der zu einer gesamtschuldnerischen Haftung mit dem Veräußerer führt. Abweichende Vereinbarungen bedürfen der Zustimmung der anderen Gesellschafter.[301]

460 Bei der Übertragung einer Kommanditbeteiligung besteht die Möglichkeit, den identitätswahrenden Übergang durch die Eintragung eines „**Nachfolgevermerks**" im Handelsregister publik zu machen. Die Eintragung führt dazu, dass der Neukommanditist nach außen auch die Rechtsnachfolge in die bereits aufgebrachte Haftsumme antritt, sodass eine auf die jeweilige individuelle Haftsumme begrenzte Haftung sowohl des Alt- als auch des Neukommanditisten für die vor dem Gesellschafterwechsel begründeten Gesellschaftsverbindlichkeiten, die im Ergebnis dazu führt, dass den Gesellschaftsgläubigern gegenüber zweifach auf die Haftsumme gehaftet wird, vermieden wird.[302] Voraussetzung ist, dass keine Rückzahlung der Haftsumme von der Gesellschaft an den Altkommanditisten erfolgt (→ Rn. 310), dieser also ausschließlich von dem Neugesellschafter eine Kompensation für den Verlust seiner Beteiligung erhält.

461 **bb) Gesellschafterwechsel von Todes wegen (Nachfolgeklauseln).** Nachfolgeklauseln sollen den todesfallbedingten Verlust der Beteiligung verhindern, indem vereinbart wird, dass die Gesellschaft im Fall des Todes eines Gesellschafters mit einem Dritten (rechtsgeschäftliche Nachfolgeklauseln) oder den Erben des verstorbenen Gesellschafters (erbrechtliche Nachfolgeklauseln) fortgesetzt wird, wodurch sowohl die Identität der Gesellschaft als auch die der Beteiligung gewahrt wird. Dies erfordert im Fall einer GbR

---

[295] BGHZ 81, 82 = NJW 1981, 2747; BGHZ 13, 179 = NJW 1954, 1155.
[296] BGHZ 13, 179 = NJW 1954, 1155.
[297] MüKoBGB/*Schäfer* § 719 Rn. 28.
[298] BGHZ 81, 82 = NJW 1981, 2747.
[299] Baumbach/Hopt/*Roth* HGB § 105 Rn. 72; MüKoBGB/*Schäfer* § 719 Rn. 41.
[300] Baumbach/Hopt/*Roth* HGB § 105 Rn. 72; MüKoBGB/*Schäfer* § 719 Rn. 41.
[301] MüKoBGB/*Schäfer* § 719 Rn. 45.
[302] Henssler/Strohn/*Gummert* HGB § 173 Rn. 14.

zwingend eine Abbedingung des § 727 Abs. 1 BGB, nach dem die Gesellschaft durch den Tod eines Gesellschafters aufgelöst wird, und im Fall eines persönlich haftenden Gesellschafters einer OHG/KG eine Abbedingung des § 131 Abs. 3 S. 1 Nr. 1 HGB, nach dem ein persönlich haftender Gesellschafter im Fall seines Todes aus der Gesellschaft ausscheidet. Diese Abbedingungen erfolgen regelmäßig konkludent.

(1) Rechtsgeschäftliche Nachfolgeklauseln. Eine rechtsgeschäftliche Nachfolgeklausel 462 zeichnet sich dadurch aus, dass die Nachfolge in die Beteiligung des verstorbenen Gesellschafters nicht nach den erbrechtlichen Regelungen (§ 1922 ff. BGB) oder – wie bei einem Eintritt aufgrund einer Eintrittsklausel (→ Rn. 420 ff.) - nach gesellschaftsrechtlichen Reglungen, sondern allein aufgrund einer rechtsgeschäftlichen Vereinbarung erfolgt. Insoweit gelten die vorstehenden Ausführungen zum Gesellschafterwechsel unter Lebenden (→ Rn. 453 ff.) mit der Maßgabe entsprechend, dass die Übertragung der Beteiligung durch eine auf den Todesfall des nachlassregelnden Gesellschafters und das Überleben des Nachfolgers bedingte Abtretung (§§ 413, 398 ff. BGB) erfolgt. Eine wegen fehlender Mitwirkung des Nachfolgers unwirksame rechtsgeschäftliche Nachfolgeklausel (→ Rn. 454) ist regelmäßig in eine Eintrittsklausel (→ Rn. 420 ff.) umzudeuten.[303]

(2) Einfache (erbrechtliche) Nachfolgeklauseln („einfache Nachfolgeklauseln"). 463 Die einfache Nachfolgeklausel ist ebenso wie die qualifizierte Nachfolgeklausel (→ Rn. 484 ff.) eine **erbrechtliche Nachfolgeklausel,** was bedeutet, dass sich der todesfallbedingte Gesellschafterwechsel in die fortgesetzte Gesellschaft ohne Mitwirkung der Nachfolger allein nach den erbrechtlichen Regelungen der §§ 1922 ff. BGB vollzieht. Im Unterschied zur qualifizierten Nachfolgeklausel (→ Rn. 484 ff.), bei der nur Erben, die bestimmte Eigenschaften aufweisen, Nachfolger des verstorbenen Gesellschafters werden, werden bei einer einfachen Nachfolgeklausel alle Erben Nachfolger des verstorbenen Gesellschafters.

(a) Zweck. Der Zweck einer einfachen Nachfolgeklausel liegt regelmäßig darin, die Be- 464 teiligung zugunsten aller Erben als dauerhafte Einkunftsquelle zu erhalten.

(b) Inhalt. Da das Gesellschaftsrecht dem Erbrecht vorgeht,[304] bedarf es für die Nach- 465 folge der Erben in die Beteiligung eines verstorbenen Gesellschafters bei Fortführung der Gesellschaft einer gesellschaftsvertraglichen Regelung, die entgegenstehende gesetzliche Regelungen – bei einer GbR die gesetzlich vorgesehene Auflösung der Gesellschaft im Fall des Todes eines Gesellschafters (§ 727 Abs. 1 BGB), bei einem persönlich haftenden Gesellschafter einer OHG oder KG das gesetzlich vorgesehene Ausscheiden durch den Tod (§ 131 Abs. 3 S. 1 Nr. 1 HGB) – überwindet und zudem den erbrechtlichen Übergang der Beteiligung ermöglicht und gesellschaftsrechtlich anerkennt. Dazu ist es ausreichend, aber auch erforderlich, für den Fall des Todes eines **Gesellschafters einer GbR** beziehungsweise eines **persönlich haftenden Gesellschafters einer OHG oder KG** eine gesellschaftsrechtliche Vereinbarung zu treffen, nach der die Gesellschaft mit dessen Erben fortgesetzt wird. Im Fall einer **Kommanditbeteiligung** ist die Fortsetzung der Gesellschaft mit den Erben bereits gesetzlich vorgesehen (→ § 177 HGB) und bedarf daher keiner Vereinbarung. Eine Erweiterung der Vereinbarung dahingehend, dass die Gesellschaft in dem Fall, dass die Beteiligung Gegenstand eines Vermächtnisses ist, mit den das Vermächtnis annehmenden **Vermächtnisnehmern** fortgesetzt wird, erhöht für den nachlassregelnden Gesellschafter die erbrechtlichen Gestaltungsmöglichkeiten.

---

[303] BGHZ 68, 225 = NJW 1977, 1339; MüKoBGB/*Schäfer* § 727 Rn. 50.
[304] BGHZ 98, 48 = NJW 1986, 2431.

466 Festgehalten werden sollte in der Vereinbarung, ob die Nachfolgeklausel auch auf **Ersatzerben und Erbeserben** zur Anwendung kommen soll. Im Regelfall wird dies nicht gewollt sein. Ebenso sollten die Auswirkungen einer **Vor- und Nacherbfolgeanordnung** bedacht werden, insbesondere die sich aus § 2113 Abs. 2 BGB ergebenden Verfügungsbeschränkungen für den Vorerben. Diese können durch einen gesellschaftsrechtlichen Ausschluss des Vor- oder des Nacherben vermieden werden, was allerdings voraussetzt, dass die erbrechtliche Gestaltung zum Zeitpunkt der Vereinbarung der Nachfolgeklausel bereits feststeht. Zumeist wird dies nicht der Fall sein.

467 Sinnvoll kann die zusätzliche Vereinbarung einer **Vertreterklausel** sein, die die Erben und/oder Vermächtnisnehmer verpflichtet, ihre Verwaltungsrechte (zumindest in einer werbend tätigen Gesellschaft) in einer von ihnen zu bestimmenden Person zu bündeln. Dies ist zulässig, darf allerdings nicht zu einem Ausschluss oder zu einer Beschränkung des Stimmrechts in ihrem Kernbereich führen.[305] Üblicherweise wird es sich bei dem gemeinsamen Vertreter um einen der Miterben beziehungsweise Vermächtnisnehmer handeln. Ein Nichtgesellschafter kann nur mit Zustimmung der Mitgesellschafter gemeinsamer Vertreter sein (GbR: → Rn. 51; OHG/KG: → Rn. 200).

468 **(c) Form.** Die einfache Nachfolgeklausel kann formfrei vereinbart und geändert werden. Die Zustimmung aller Gesellschafter ist jeweils erforderlich. Eine (mindestens) schriftliche Vereinbarung der einfachen Fortsetzungsklausel bei gleichzeitiger Vereinbarung der (qualifizierten) Schriftform (→ Fn. 40) für Änderungen und Ergänzungen ist anzuraten, schon weil die von der Nachfolgeklausel Begünstigten regelmäßig nicht an der oftmals Jahrzehnte vor Eintritt des Erbfalls getroffenen Vereinbarung beteiligt sind.

469 **(d) Bestimmung der Nachfolger.** Durch die (erbrechtliche) Bestimmung seiner Erben beziehungsweise Vermächtnisnehmer legt der Gesellschafter zugleich fest, wer im Fall seines Todes in seine Stellung als Gesellschafter einrückt.[306] Die Bestimmung der Erben kann dabei durch ein einseitiges Rechtsgeschäft des Erblassers in Form eines **Testaments** erfolgen, das jederzeit ohne Mitwirkung anderer änderbar ist und als „ordentliches Testament" entweder eigenhändig vom Erblasser ge- und unterschrieben sein muss (§§ 2231 Nr. 2, 2247 BGB; „eigenhändiges Testament") oder notariell beurkundet sein muss (§§ 2231 Nr. 1, 2232 BGB; „öffentliches Testament").[307] Erfolgt die Bestimmung nicht durch ein öffentliches Testament, sollte eine Testamentshinterlegung bei einem Gericht (§ 344 Abs. 1 Nr. 3 FamFG) in Erwägung gezogen werden, die mit einer Eintragung in das elektronisch von der Bundesnotarkammer geführte Zentrale Testamentsregister (§§ 78 Abs. 2 Nr. 3, 78c ff. BNotO) einhergeht (§ 347 Abs. 1 S. 1 FamFG); im Fall eines öffentlichen Testaments erfolgt die Meldung zur Eintragung in das Zentrale Testamentsregister durch den beurkundenden Notar (§ 34a Abs. 1 BeurkG). Alternativ zur einseitigen Bestimmung der Erben durch den nachlassregelnden Gesellschafter kann die Erbenbestimmung auch durch ein mehrseitiges Rechtsgeschäft in Form eines **Erbvertrags** erfolgen (§ 1941 BGB), der zwingend bei gleichzeitiger Anwesenheit der Vertragsparteien notariell vereinbart werden muss (§ 2276 BGB). In diesem Fall ist eine spätere Änderung allein durch den Erblasser nicht möglich. Fehlt es an einer testamentarischen oder erbvertraglichen Bestimmung der erbrechtlichen Nachfolger durch den Erblasser, bestimmen sich seine Erben – und damit die Nachfolger in den Gesellschaftsanteil – nach der **gesetzlichen Erbfolge** (§§ 1924 ff. BGB).

---

[305] BGHZ 119, 346 = NJW 1993, 1265 (1267).
[306] MüKoBGB/*Schäfer* § 727 Rn. 31.
[307] Unter besonderen Voraussetzungen kann auch ein Nottestament errichtet werden; die formellen und materiellen Voraussetzungen für Nottestamente ergeben sich aus den §§ 2249–2251 BGB.

(e) **Übergang der Beteiligung.** Die Beteiligung des Erblassers ist Gegenstand seines 470 Nachlasses, der nach den erbrechtlichen Regelungen **automatisch mit seinem Ableben** auf die Erben übergeht,[308] ohne dass es einer Mitwirkung der Erben oder Dritter bedarf (§ 1922 Abs. 1 BGB).[309] Der automatische Übergang findet auch statt, wenn der Erbe minderjährig ist, eine Genehmigung durch das Familiengericht ist insoweit nicht erforderlich (§§ 1643 Abs. 1, 1822 BGB). Besondere Rechte oder Pflichten, die dem Erblasser wegen besonderer persönlicher Eigenschaften gewährt oder auferlegt wurden, gehen nicht auf den Erben über.[310] Die im Fall einer Beteiligung des Erblassers als persönlich haftender Gesellschafter einer OHG oder KG dem Übergang entgegenstehende, da dem Erbrecht vorrangige gesellschaftsrechtliche Regelung (→ Rn. 465) des § 131 Abs. 3 S. 1 Nr. 1 HGB, nach der ein persönlich haftender Gesellschafter durch seinen Tod aus der Gesellschaft ausscheidet, die Beteiligung also untergeht und damit nicht Gegenstand des Nachlasses ist, ist durch die gesellschaftsvertragliche Vereinbarung, die Gesellschaft mit den Erben fortzusetzen (→ Rn. 465), (konkludent) abbedungen. Gleiches gilt bei einer GbR-Beteiligung für die gesetzlich vorgesehene Rechtsfolge der Auflösung (§ 727 Abs. 1 BGB).

Im Fall eines **Alleinerben** ist der erbrechtliche Übergang der Beteiligung auf den 471 Nachfolger als Teil der Gesamtrechtsnachfolge (§ 1922 Abs. 1 BGB) dogmatisch unproblematisch.[311] Anders ist es bei einer Mehrheit von Erben, da eine auf ihre eigene Auflösung ausgerichtete Erbengemeinschaft nicht geeignet ist, die mit der Beteiligung an einer mit erwerbswirtschaftlicher Zielsetzung betriebenen Personengesellschaft einhergehenden Verwaltungsrechte und Pflichten sachgerecht wahrzunehmen und daher nicht Gesellschafter einer werbend tätigen Personengesellschaft sein kann.[312] **Mehrere Erben** werden daher bei der Nachfolge in eine werbend tätige Gesellschaft abweichend vom erbrechtlichen Grundsatz der Gesamtrechtsnachfolge im Wege einer **Sondererbfolge** entsprechend ihrer Erbquote unmittelbar Nachfolger des Erblassers in dessen Beteiligung. Die Beteiligung spaltet sich dabei in mehrere Anteile auf, ohne dass dies die Identität der Beteiligung oder die Zugehörigkeit zum Nachlass berührt.[313] Dies gilt auch bei einer kommanditistischen Beteiligung des Erblassers.[314] An einer zum Zeitpunkt des Todes des Erblassers **bereits aufgelösten Gesellschaft** nehmen die Erben demgegenüber in ungeteilter Erbengemeinschaft teil, da der auf die Auseinandersetzung gerichtete Zweck der Erbengemeinschaft dem in diesem Fall auf die Auseinandersetzung der Gesellschafter gerichteten Zweck der (Abwicklungs-)Gesellschaft nicht – wie bei einer werbend tätigen Gesellschaft – entgegensteht.[315] **Aus den Vermögensrechten resultierende Ansprüche** des Erblassers (GbR: → Rn. 93 ff.; OHG/KG: → Rn. 236 ff.) sind nicht von der Sondererbfolge umfasst, sondern fallen in den ungeteilten Nachlass.[316] Der Erblasser kann über diese Ansprüche anderweitige erbrechtliche Verfügungen treffen, da diese Ansprüche einzeln übertragbar sind (§ 717 S. 2 BGB; → Rn. 93, OHG/KG: → Rn. 236). Gesellschaftsrechtlich kann solch eine Verfügung ausgeschlossen werden.

Sofern auch **Vermächtnisnehmer** als Nachfolger zugelassen werden und die Beteili- 472 gung Gegenstand eines Vermächtnisses ist, findet keine automatische Rechtsnachfolge statt. Stattdessen fällt die Beteiligung des Erblassers mit dessen Tod in den Nachlass, wobei die die Erben aufgrund des Vermächtnisses zur Übertragung auf die Vermächtnisnehmer verpflichtet sind (§§ 2174, 2147 BGB).

---

[308] BGHZ 22, 186 = NJW 1957, 180; BGHZ 68, 225 = 1977, 1339; BGHZ 98, 48 = NJW 1986, 2431; MüKoBGB/*Schäfer* § 727 Rn. 31.
[309] MüKoBGB/*Leipold* § 1922 Rn. 95.
[310] MüKoBGB/*Leipold* § 1922 Rn. 95.
[311] BGHZ 98, 48 = NJW 1986, 2431.
[312] BGHZ 22, 186 = NJW 1957, 180; BGHZ 68, 225 = NJW 1977, 1339 (1342).
[313] BGHZ 22, 186 = NJW 1957, 180; BGHZ 68, 225 = NJW 1977, 1339; NJW 1983, 2376.
[314] BGHZ 108, 187 = NJW 1989, 3152.
[315] MüKoHGB/*K. Schmidt* § 139 Rn. 9.
[316] BGHZ 108, 187 = NJW 1989, 3152; BGHZ 91, 132 = NJW 1984, 2104.

473 Entsprechend der mit dem Erblasser geschlossenen gesellschaftsrechtlichen Abrede, die Gesellschaft mit den Erben fortzusetzen, wird die werbende Tätigkeit der Gesellschaft – bei einer aufgelösten Gesellschaft die Abwicklung – nahtlos mit den auf vorstehende Weise erbrechtlich mit dem Tod des Erblassers in die Beteiligung und alle mit dieser einhergehenden Rechten und Pflichten einschließlich der Haftung eingerückten Nachfolgern fortgesetzt. Auf eine Kenntnis der Erben von ihrer Gesellschafterstellung, die allein aus der – regelmäßig ohne ihr Zutun – zwischen dem Erblasser und den übrigen Gesellschaftern geschlossenen einfachen Nachfolgeklausel resultiert, oder gar eine Zustimmung kommt es dabei nicht an.

474 **(f) Möglichkeiten der Haftungsbeschränkung.** Die automatische Nachfolge allein durch die vom Erblasser einseitig festlegbare Erbenstellung kann insbesondere für Erben problematisch sein, die einem GbR-Gesellschafter oder einem persönlich haftenden Gesellschafter einer OHG oder KG nachfolgen und sich damit der aus ihrer ohne ihre Mitwirkung begründeten Gesellschafterstellung resultierenden unbeschränkten persönlichen Haftung für alle Verbindlichkeiten der Gesellschaft einschließlich der Altverbindlichkeiten gegenübersehen.

475 Aus diesem Grund kann jeder Erbe, der aufgrund einer (einfachen oder qualifizierten) Nachfolgeklausel **Nachfolger eines persönlich haftenden Gesellschafters einer OHG oder KG** wird, von den anderen Gesellschaftern verlangen, dass seine Beteiligung in eine Kommanditbeteiligung umgewandelt wird (§ 139 Abs. 1 HGB; zur Nachfolge in eine GbR-Beteiligung siehe → Rn. 478). Das Umwandlungsverlangen muss dabei gegenüber den überlebenden Gesellschaftern, nicht aber gegenüber den Miterben erklärt werden; dies gilt auch, wenn die Miterben in der Gesellschaft verbleiben.[317] Im Fall der Ablehnung hat der Erbe das Recht, fristlos sein Ausscheiden aus der Gesellschaft zu erklären (§ 139 Abs. 2 HGB). Auch diese Austrittserklärung muss allein gegenüber den überlebenden Gesellschaftern abgegeben werden. Vorstehende Rechte müssen **innerhalb von drei Monaten nach Kenntnis von der Erbenstellung,** nicht aber vor Ablauf der erbrechtlichen Ausschlagungsfrist (§ 1942 ff. BGB) geltend gemacht werden; die Regelungen des BGB zur Verjährung gelten insoweit entsprechend (§ 139 Abs. 3 HGB). Bei einer rechtzeitigen Austrittserklärung treten die allgemeinen Folgen des Ausscheidens (→ Rn. 354 ff.) ein.[318] Zudem werden in diesem Fall – ebenso wie bei einer Umwandlung der Beteiligung in eine Kommanditbeteiligung oder einer zwischenzeitlichen Auflösung der Gesellschaft – die bis zum Wirksamwerden der Austrittserklärung durch Zugang bei den überlebenden Gesellschaftern entstandenen (→ Fn. 170) Gesellschaftsschulden als Nachlassverbindlichkeiten behandelt (§ 139 Abs. 4 HGB), sodass der Erbe die Haftung insoweit auf den Nachlass – zu dem bei einem Austritt aus der Gesellschaft auch der Abfindungsanspruchs als Surrogat der Beteiligung gehört – beschränken kann (→ Rn. 366). Das Recht, die Umwandlung in eine Kommanditbeteiligung zu verlangen, kann gesellschaftsvertraglich nicht ausgeschlossen werden (§ 139 Abs. 5 HGB). Eine gesellschaftsvertragliche Modifikation des § 139 Abs. 1 HGB dahingehend, dass den Erben ein befristetes Recht zur Umwandlung zusteht, ist demgegenüber zulässig.

476 Unklar ist, ob im Fall der Annahme des Umwandlungsverlangens § 176 Abs. 2 HGB mit der Folge der unbeschränkten Haftung auf die zwischen dem Zeitpunkt der Annahme und der Eintragung der Haftsumme begründeten Gesellschaftsverbindlichkeiten zur Anwendung kommt. Die herrschende Lehre verneint dies.[319] Dem ist zumindest in den Fällen zuzustimmen, in denen der Erbe sich unverzüglich um die Eintragung seiner Haftsumme bemüht und eine eventuelle Eintragungsverzögerung nicht von ihm zu vertreten

---

[317] BGHZ 55, 267 = NJW 1971, 1268.
[318] Henssler/Strohn/*Klöhn* HGB § 139 Rn. 68.
[319] Oetker/*Kamanabrou* HGB § 139 Rn. 89; EBJS/*Strohn* HGB § 176 Rn. 28; Baumbach/Hopt/*Roth* HGB § 176 Rn. 10; MüKoHGB/*K. Schmidt* § 176 Rn. 21.

ist. Da es an einer entsprechenden BGH-Entscheidung fehlt,[320] ist dem Erben allerdings ein schnellstmögliches Tätigwerden anzuraten, wobei ungeklärt ist, ob dem Erben insoweit ein eigenes Anmelderecht zusteht.[321] Vorsichtshalber sollte eine Anmeldung daher unverzüglich aus eigenem Recht erfolgen und zugleich für eine schnellstmögliche Anmeldung durch alle Gesellschafter Sorge getragen werden.

Vorstehende Rechte aus § 139 HGB stehen Erben, die zum Zeitpunkt des Erbfalls **bereits als persönlich haftende Gesellschafter** an der Gesellschaft beteiligt sind, **Vermächtnisnehmern** und Erben von **Kommanditisten** nicht zu. Bei Gesellschaftern, die bereits vor dem Erbfall bei unbeschränkter persönlicher Haftung an der Gesellschaft beteiligt waren, ist dies unproblematisch, da diese keine zusätzlichen Risiken erben. Vermächtnisnehmer werden nicht mit dem Erbfall, sondern erst durch die gegen ihren Willen nicht mögliche Erfüllung des Vermächtnisses durch die Erben Nachfolger in der Beteiligung, sodass der Schutz des § 139 HGB bei ihnen ebenfalls nicht erforderlich ist. Bei der Beerbung eins Kommanditisten besteht hingegen in dem Fall, dass die Geschäftstätigkeit der KG bereits vor der Eintragung der Haftsumme des Erblassers begonnen wurde die Gefahr einer geerbten unbeschränkten Haftung (→ Rn. 294 ff.). Dieser Gefahr kann durch die Beschränkung der Haftung auf den Nachlass begegnet werden. 477

Ob § 139 HGB auf die **Erben eines GbR-Gesellschafters** entsprechend zur Anwendung kommt, was bei einer Wandlung einer geerbten Beteiligung in eine Kommanditbeteiligung eine freiwillige Eintragung der Gesellschaft als KG (§§ 105 Abs. 2, 161 Abs. 2 HGB) erfordert, wodurch die Gesellschaft der Geltung des Handelsrechts unterworfen würde, ist streitig.[322] Der BGH hat diese Frage bisher offengelassen.[323] Geht man aus Vorsichtsgründen davon aus, dass § 139 HGB bei der GbR nicht entsprechend zur Anwendung kommt,[324] haftet der Nachfolger den Gesellschaftsgläubigern aufgrund seiner durch den Erbfall entstehenden Gesellschafterstellung selbst bei einer sofortigen fristlosen Kündigung der Gesellschaft unmittelbar nach Kenntnis des Erbfalls für alle bis zur Kenntnis des jeweiligen Gesellschaftsgläubigers von seinem Ausscheiden begründeten Gesellschaftsverbindlichkeiten bis zum Ablauf der Nachhaftungsfrist unbeschränkt (→ Rn. 136). Diese Haftung kann dann lediglich durch fristgerechte Ausschlagung der Erbschaft vermieden werden. Sinnvoller scheint es, bis zur Klärung der Rechtslage durch den Gesetzgeber und die Rechtsprechung im Fall einer GbR-Beteiligung von der Verwendung einer einfachen Nachfolgeklausel abzusehen. 478

Für zum Zeitpunkt des Erbfalls **minderjährige Erben und Vermächtnisnehmer** besteht stets die Möglichkeit, sich mit der Volljährigkeit auf die **Haftungsbeschränkung** auf das zum Zeitpunkt der Erlangung der Volljährigkeit vorhandene Vermögen zu berufen (§ 1629a Abs. 1 S. 1 BGB). War der Erblasser Gesellschafter einer GbR oder persönlich haftender Gesellschafter einer OHG oder KG, steht dem (vormals) minderjährigen Gesellschafter mit Erlangung der Volljährigkeit für die Dauer von drei Monaten das **Recht zur außerordentlichen Kündigung** der Gesellschaft beziehungsweise der Mitglied- 479

---

[320] Für den Fall der erbrechtlichen Nachfolge in die Beteiligung eines persönlich haftenden Gesellschafters bei gesellschaftsvertraglicher Vereinbarung der automatischen Umwandlung in eine Kommanditbeteiligung hat der BGH die Anwendung des § 176 Abs. 2 HGB bejaht (BGHZ 66, 98 = NJW 1976, 848). In einer späteren Entscheidung heißt es hingegen, § 176 Abs. 2 HGB sei auf einen eintretenden Erben „*wohl nicht*" anwendbar (BGHZ 108, 187 = NJW 1989, 3152 (3155)).
[321] Vom BGH offengelassen in BGHZ 108, 187 = NJW 1989, 3152.
[322] In der jüngeren Literatur wird die entsprechende Anwendung des § 139 HGB entgegen der früher herrschende Lehre überwiegend befürwortet (bspw. MüKoHGB/*K. Schmidt* § 139 Rn. 60; MüKoBGB/*Schäfer* § 727 Rn. 47; EBJS/*Lorz* HGB § 139 Rn. 97; *Schäfer* NJW 2005, 3665; *Hahn* JuS 2017, 720; *von Proff* DStR 2017, 2555; *Mock* NZG 2004, 118. Der 71. Deutsche Juristentag 2016 hat die Schaffung eines § 139 HGB entsprechenden Austrittsrechts für die GbR mit großer Mehrheit befürwortet (https://www.djt.de/fileadmin/downloads/71/Beschluesse_gesamt.pdf, S. 36), was impliziert, dass § 139 HGB bei einer GbR nicht entsprechend zur Anwendung kommt.
[323] BGH NZG 2014, 696.
[324] Denkbar ist auch eine entsprechende Anwendung des § 1629a BGB (→ Rn. 479), eine entsprechende Anwendung des § 139 HGB liegt allerdings näher.

schaft zu (§§ 1629a Abs. 4 S. 1, 723 Abs. 1 S. 2, S. 3 Nr. 2 BGB). Im Fall der Nachfolge in eine OHG-Beteiligung setzt dies voraus, dass die Beteiligung nicht bereits aufgrund eines Verlangens des (vormaligen) gesetzlichen Vertreters des Minderjährigen nach § 139 Abs. 1 HGB in eine Kommanditbeteiligung umgewandelt und die Haftsumme vor Erlangung der Volljährigkeit ins Handelsregister eingetragen wurde. Die Ausführungen in → Rn. 314 ff. gelten insoweit entsprechend. Nimmt der bei Begründung der Beteiligung minderjährige Gesellschafter das Sonderkündigungsrecht nicht wahr, haftet er für die ab Erlangung der Volljährigkeit entstandenen Verbindlichkeiten der Gesellschaft unbeschränkt und die vor der Volljährigkeit entstandenen Verbindlichkeiten der Gesellschaft gelten im Zweifel mit der Folge der unbeschränkten persönlichen Haftung als nach dem Eintritt der Volljährigkeit entstanden (§ 1629a Abs. 4 S. 1 BGB).

480 **(g) Ausgleichsansprüche.** Als Teil des Nachlasses[325] ist die Beteiligung auch im Fall der Sondererbfolge wertmäßig bei der Ermittlung von Pflichtteilsansprüchen (§§ 2303 ff. BGB) zu berücksichtigen;[326] Ausgleichsansprüche der Erben sind demgegenüber ausgeschlossen, da alle Erben entsprechend ihrer Erbquote die Nachfolge des Erblassers antreten.

481 **(h) Vor- und Nachteile.** Der wesentliche **Vorteil** der einfachen Nachfolgeklausel liegt in der Bewahrung der Beteiligung als dauerhafte Einnahmequelle für alle Erben und der einfachen, nur wenige Folgeprobleme verursachenden Regelung der Rechtsfolgen, die ohne Mitwirkung der Erben automatisch mit dem Tod des Erblassers eintreten. Der Erblasser behält zu jeder Zeit die ausschließliche Entscheidungskompetenz für die Bestimmung seiner Nachfolger. Eine Abfindung, die der Gesellschaft Liquidität entzieht, fällt nur an, wenn ein Nachfolger wegen der Nichtannahme seines – im Fall einer GbR-Beteiligung möglicherweise nicht zulässigen – Verlangens nach § 139 Abs. 1 HGB, seine Beteiligung in eine Kommanditbeteiligung umzuwandeln, seinen Austritt aus der Gesellschaft erklärt. Diese ist abdingbar (→ Rn. 393).

482 Für die überlebenden Gesellschafter liegen die **Nachteile** der einfachen Nachfolgeklausel darin, dass sie weder über die Nachfolger noch über deren Anzahl mitbestimmen können, sodass in Abhängigkeit von der den **überlebenden Gesellschaftern** nicht mit Sicherheit bekannten Anzahl der Erben eine Zersplitterung der Beteiligung des Erblassers droht, die mit einer Vervielfachung der Verwaltungsrechte, insbesondere der Stimmrechte einhergeht. Fehlt es in dieser Situation an einer gesellschaftsvertraglichen Vereinbarung einer Mehrheitsklausel, kann die Steuerung der Gesellschaft zum Nachteil aller Gesellschafter erheblich gestört werden. Für **die Erben** hat die einfache Nachfolgeklausel die unter Umständen unerwünschte Nachfolge in die Gesellschafterstellung des Erblassers zur Folge. Diese kann mit einer unbeschränkten persönlichen Haftung einhergehen, der nur unter Umständen nur durch eine Ausschlagung der gesamten Erbschaft begegnet werden kann.

483 **(i) Formulierungsvorschlag für eine einfache Nachfolgeklausel.** Ein Formulierungsvorschlag findet sich in → § 14.

484 **(3) Qualifizierte (erbrechtliche) Nachfolgeklauseln („qualifizierte Nachfolgeklauseln").** Die qualifizierte Nachfolgeklausel ist ebenso wie die einfache Nachfolgeklausel (→ Rn. 463 ff.) eine erbrechtliche Nachfolgeklausel, sodass sich die Nachfolge in der Beteiligung nach dem Erbrecht richtet (→ Rn. 463). Im Unterschied zur einfachen Nachfol-

---

[325] BGHZ 98, 48 = NJW 1986, 2431; 1983, 2376; MüKoBGB/*Gergen* § 2032 Rn. 60b.
[326] Der BGH hat solch einen Anspruch auf Wertausgleich zwischen den Erben aus Treu und Glauben hergeleitet (BGHZ 22, 186 = NJW 1957, 180). In der Literatur werden bereicherungsrechtliche Ansprüche und Ansprüche aus einer entsprechenden Anwendung des § 1978 BGB oder der §§ 2050 ff. BGB diskutiert (MüKoBGB/*Schäfer* § 727 Rn. 45 mwN).

geklausel wird dabei nicht jeder Erbe des verstorbenen Gesellschafters durch das dem Erbrecht vorgehende Gesellschaftsrecht[327] als Nachfolger akzeptiert, sondern die Nachfolge wird gesellschaftsrechtlich auf Erben mit bestimmten Eigenschaften („Qualifikationen") beschränkt.

(a) Zweck. Mit einer qualifizierten Nachfolgeklausel wird regelmäßig die Bewahrung der unternehmerischen Beteiligung des Erblassers unter Ausschluss unerwünschter Nachfolger bezweckt. Dies kann dem Schutz der Gesellschaft — und damit sowohl der überlebenden Gesellschafter als auch der qualifizierten Erben — vor fachlich oder persönlich nicht ausreichend qualifizierten Erben dienen und gleichzeitig einer Zersplitterung der Beteiligung des Erblassers, die in Abhängigkeit von der Anzahl der Erben zur Erschwerung der Willensbildung in der Gesellschaft und zum Verlust des mit der Beteiligung des Erblassers verbundenen Einflusses auf die Belange der Gesellschaft führen kann, entgegenwirken. 485

(b) Inhalt. Hinsichtlich des Inhalts einer qualifizierten Nachfolgeklausel gilt das zur einfachen Nachfolgeklausel Ausgeführte (→ Rn. 465 ff.) mit der Maßgabe, dass die Fortsetzung der Gesellschaft aufgrund der gesellschaftsrechtlich vereinbarten qualifizierten Nachfolgeklausel nur mit den Erben beziehungsweise — bei entsprechender Vereinbarung — Vermächtnisnehmern des verstorbenen Gesellschafters erfolgt, die die in der Nachfolgeklausel festgelegten **Qualifikationen** aufweisen. Insoweit kann eine abstrakte Beschreibung erfolgen („Die Gesellschaft wird mit jedem zum Zeitpunkt des Erbanfalls lebenden Kind des verstorbenen Gesellschafters fortgesetzt, sofern dieses volljährig ist und eine Berufsausbildung zum Bankkaufmann erfolgreich abgeschlossen hat"), ebenso ist es aber möglich, die Nachfolge in die Beteiligung auf bestimmte, namentlich in der Vereinbarung benannte oder außerhalb der Vereinbarung zu benennende Erben zu beschränken; in diesem Fall besteht die Qualifikation darin, die benannte Person zu sein. Erben des verstorbenen Gesellschafters, die die vereinbarten Qualifikationen nicht aufweisen, werden nicht Nachfolger des Erblassers in dessen Beteiligung, ihre Nachfolge in das übrige Vermögen des Erblassers bleibt unberührt. 486

Bei einer **namentlichen Benennung** der Nachfolger, die mit weiteren Anforderungen, beispielsweise einem erforderlichen Mindestalter kombiniert werden kann, ist, wenn die Benennung nicht bereits im Gesellschaftsvertrag erfolgt, festzulegen, wer die Benennung, die zu Lebzeiten des Erblassers erfolgen muss, in welcher Form wem gegenüber vornehmen kann. Zwingend ist, dass es sich bei den Benannten um Erben oder - bei einer entsprechenden Vereinbarung in der qualifizierten Nachfolgeklausel - um einen Vermächtnisnehmer des nachlassregelnden Gesellschafters handelt, da sich die Nachfolge in die Beteiligung unter Berücksichtigung der gesellschaftsrechtlich vereinbarten Qualifikationen nach dem Erbrecht richtet. Möglich ist es auch zu vereinbaren, dass die Benennung außerhalb des Gesellschaftsvertrag durch den seine Nachfolge regelnden Gesellschafter selbst oder einen Dritten erfolgt, wobei die Bestimmung durch einen Dritten eine erhöhte Gefahr des Fehlgehens beinhaltet, da sichergestellt sein muss, dass der Benannte Erbe des nachlassregelnden Gesellschafters wird. Unabhängig davon, auf welche Weise die Bestimmung der Nachfolger erfolgt, sollte in dem Fall, dass mehrere Nachfolger bestimmt werden, festgelegt werden, in welchem Verhältnis die Beteiligung den Nachfolgern zufallen soll. 487

Darüber hinaus können und sollten auch Regelungen für den Fall getroffen werden, dass der verstorbene Gesellschafter keinen Nachfolger bestimmt hat oder dass der bestimmte Nachfolger nicht den gesellschaftsrechtlichen Vereinbarungen entspricht (**„fehlgeschlagene qualifizierte Nachfolgeklausel"**). Im Fall einer GbR ist beiden Fällen zunächst davon auszugehen, dass die Nachfolgeklausel eine Fortsetzung der Gesellschaft 488

---

[327] BGHZ 98, 48 = NJW 1986, 2431.

unter den überlebenden Gesellschaftern zum Inhalt hat, andernfalls ergäbe diese keinen Sinn. Eine Frage des Einzelfalls ist es demgegenüber, ob eine Umdeutung der fehlgeschlagenen qualifizierten Nachfolgeklausel möglich ist.[328] Optimalerweise wird in einer qualifizierten Nachfolgeklausel aber auch das im Fall eines Fehlschlagens Gewollte zum Ausdruck gebracht.

489 **(c) Form.** Die qualifizierte Nachfolgeklausel kann formfrei vereinbart und geändert werden. Die Zustimmung aller Gesellschafter ist jeweils erforderlich. Eine (mindestens) schriftliche Vereinbarung der qualifizierten Fortsetzungsklausel bei gleichzeitiger Vereinbarung der qualifizierten Schriftform (→ Fn. 40) für Änderungen und Ergänzungen ist anzuraten, schon weil die von der Nachfolgeklausel Begünstigten regelmäßig nicht an der oftmals Jahrzehnte vor Eintritt des Erbfalls getroffenen Vereinbarung beteiligt sind.

490 Die Bestimmung der Erben ist demgegenüber eine erbrechtliche Angelegenheit und richtet sich nach den erbrechtlichen Bestimmungen; insoweit kann auf die Ausführungen in → Rn. 469 verwiesen werden.

491 Ein dem nachlassregelnden Gesellschafter oder einem Dritten zustehendes Bestimmungsrecht, das von der Erbenbestimmung zu unterscheiden ist, ist gesellschaftsrechtlicher Natur. Gesetzliche Formvorgaben gibt es insoweit nicht. Durch die Vereinbarung einer bestimmten (Mindest-)Form und der Erklärungsgegner sollte eine manipulationssichere und nachweisbare Benennung sichergestellt werden, beispielsweise indem vereinbart wird, dass die Benennung der Erben, die dem nachlassregelnden Gesellschafters im Gegensatz zu den übrigen Erben in dessen Beteiligung nachfolgen, durch eine eigenhändig ge- und unterschriebene Mitteilung des nachlassregelnden Gesellschafter an die Gesellschaft oder testamentarisch erfolgt. Für den benennenden Gesellschafter ist es optimal, wenn mehrere Varianten zulässig sind. Fehlt es im Fall der Benennung durch den nachlassregelnden Gesellschafter an einer Vereinbarung von Form und Erklärungsgegner, ist die Benennung – sofern sich nicht aus allgemeinen Regelungen des Gesellschaftsvertrags ein anderes ergibt – formfrei möglich und muss gegenüber allen Mitgesellschaftern erklärt werden.

492 **(d) Bestimmung der Nachfolger.** Die Bestimmung der Erben ist eine erbrechtliche Angelegenheit und richtet sich nach den erbrechtlichen Bestimmungen; insoweit kann auf die Ausführungen in → Rn. 469 verwiesen werden. Nachfolger des nachlassregelnden Gesellschafters in dessen Beteiligung können indes aufgrund der gesellschaftsrechtlichen und damit dem Erbrecht vorrangigen qualifizierten Nachfolgeklausel lediglich die Erben werden, die die vereinbarten Qualifikationen aufweisen. Steht dem nachlassregelnden Gesellschafter oder Dritten insoweit ein Bestimmungsrecht zu, müssen die Erben, die die Nachfolge des nachlassregenden Gesellschafters in dessen Beteiligung antreten sollen, dem vereinbarten Erklärungsgegner in der richtigen Form (→ Rn. 491) mitgeteilt werden.

493 **(e) Übergang der Beteiligung.** Mit der Maßgabe, dass ein Übergang aufgrund der gesellschaftsrechtlichen Beschränkung der zulässigen Nachfolger nur auf solche Erben beziehungsweise Vermächtnisnehmer möglich ist, die alle vereinbarten Qualifikationen aufweisen, kann hinsichtlich des Übergangs der Beteiligung auf den oder die Nachfolger auf die Ausführungen zur einfachen Nachfolgeklausel verwiesen werden (→ Rn. 470 ff.). Auf die Bedeutung der Vereinbarung von Regelungen für den Fall des Fehlschlagens der qualifizierten Nachfolgeklausel wurde hingewiesen (→ Rn. 488).

---

[328] So wurde eine fehlgeschlagene qualifizierte Nachfolgeklausel bereits in ein Eintrittsrecht (→ Rn. 420 ff.) umgedeutet (BGH NJW 1978, 264), was sich angesichts des Umstands, dass dadurch einem nicht den vereinbarten Anforderungen entsprechenden Erben die Möglichkeit zum Eintritt in die Gesellschaft zugebilligt wird, regelmäßig nicht aufdrängen wird.

(f) Möglichkeiten der Haftungsbeschränkung. Hinsichtlich der Möglichkeiten der Haftungsbeschränkung bei einer qualifizierten Nachfolgeklausel wird auf die entsprechenden Ausführungen zur einfachen Nachfolgeklausel verwiesen (→ Rn. 474 ff.).

(g) Ausgleichansprüche. Anders als bei einer einfachen Nachfolgeklausel partizipieren die Erben bei einer qualifizierten Nachfolgeklausel regelmäßig nicht entsprechend ihrer Erbquote an der unternehmerischen Beteiligung des Erblassers, sodass die wertmäßige Aufteilung des Nachlasses, der auch im Fall der Sondererbfolge die Beteiligung umfasst,[329] regelmäßig nicht den Erbquoten entspricht, sofern der Erblasser nicht testamentarisch einen anderweitigen wertmäßigen Ausgleich herstellt. Bei streitiger rechtlicher Grundlage hat dies unbestritten **erbrechtliche Ausgleichsansprüche zwischen den Erben,** nicht aber gesellschaftsrechtliche Ansprüche der nicht qualifizierten Erben gegen die Gesellschaft oder die überlebenden Gesellschafter zur Folge.[330] Der Erblasser kann solche Ausgleichsansprüche durch ein Vorausvermächtnis der Beteiligung zugunsten des Nachfolgers ausschließen (§ 2150 BGB)[331] oder durch letztwillige Verfügung anstatt eines Wertausgleiches auf Basis des Vollwertes nur einen Teilwertausgleich anordnen. Möglich ist es auch, den weichenden Erben im Wege eines Vermächtnisses einen Anspruch auf Unterbeteiligung (→ § 5 Rn. 50) an der Gesellschaftsbeteiligung zu verschaffen, der sich gegen den Nachfolger in der Beteiligung richtet.[332] Bei der Nachfolge in die Beteiligung eines persönlich haftenden Gesellschafters sind schließlich auch Nachfolgevereinbarungen denkbar, nach denen qualifizierte Erben dem Erblasser (unbeschadet ihrer Rechte aus § 139 HGB; → Rn. 475) entsprechend ihrer Erbquote als persönlich haftende Gesellschafter und nichtqualifizierte Erben entsprechend ihrer Erbquote als Kommanditisten in die Beteiligung nachfolgen;[333] was in Abhängigkeit von der Anzahl der nichtqualifizierten Erben und deren Erbquoten zu einem entsprechend geringeren Einfluss der qualifizierten Erben auf die Belange der Gesellschaft führt und auch die Meinungsbildung in der Gesellschaft insgesamt erschweren kann.

(h) Formulierungsvorschlag für eine qualifizierte Nachfolgeklausel. Ein Formulierungsvorschlag für eine qualifizierte Nachfolgeklausel findet sich in → § 14.

7. Beendigung der Gesellschaft

Die Beendigung einer Personenhandelsgesellschaft vollzieht sich in den drei Schritten Auflösung, Liquidation und Vollbeendigung (→ § 5 Rn. 89 ff.).

a) Auflösung. Durch die Auflösung der Gesellschaft tritt diese in die Phase der Beendigung ein. Dafür bedarf es eines Auflösungsgrundes.

aa) Gesetzliche Auflösungsgründe. Die im Gesetz vorgesehenen **Auflösungsgründe** finden sich in §§ 131 Abs. 1, Abs. 2 HGB. Mit der Maßgabe, dass gesellschafterbezogene Ereignisse im Gegensatz zur GbR nicht zur Auflösung der Gesellschaft, sondern zum Ausscheiden des betroffenen Gesellschafters führen (→ Rn. 347), und die Auflösungsgründe der Zweckerreichung und des Unmöglichwerdens der Zweckerreichung (§ 726

---

[329] BGHZ 98, 48 = NJW 1986, 2431; 1983, 2376; MüKoBGB/*Gergen* § 2032 Rn. 60b.
[330] Der BGH hat solch einen Anspruch auf Wertausgleich zwischen den Erben aus Treu und Glauben hergeleitet (BGHZ 22, 186 = NJW 1957, 180). In der Literatur werden bereicherungsrechtliche Ansprüche und Ansprüche aus einer entsprechenden Anwendung des § 1978 BGB oder der §§ 2050 ff. BGB diskutiert (MüKoBGB/*Schäfer* § 727 Rn. 45 mwN).
[331] MüKoBGB/*Schäfer* § 727 Rn. 45; MüKoHGB/*K. Schmidt* § 139 Rn. 20.
[332] MüKoHGB/*K. Schmidt* § 139 Rn. 20.
[333] Bei einer GbR setzt dies im Fall des Vorhandenseins unqualifizierter Erben die freiwillige Eintragung der Gesellschaft ins Handelsregister mit der Folge der Anwendbarkeit des Handelsrechts voraus (§ 2 S. 2 HGB).

BGB) angesichts des Gesellschaftszwecks, ein Handelsgewerbe unter gemeinsamer Firma zu betreiben (→ Rn. 177), nicht zum Tragen kommen, entsprechen die Auflösungsgründe denen der GbR (→ Rn. 158):

500 • **Ablauf der** zwischen den Gesellschaftern **vereinbarten Zeit** (§ 131 Abs. 1 Nr. 1 HGB),

501 • **Auflösungsbeschluss** der Gesellschafter (§ 131 Abs. 1 Nr. 2 HGB), der einstimmig gefasst werden muss, sofern gesellschaftsvertraglich keine Mehrheitsentscheidung vorgesehen ist.[334] Eine bestimmte Form sieht das Gesetz nicht vor. Im Fall einer dauerhaften, der Erreichung des Gesellschaftsweeks entgegenstehenden Unrentabilität kann sich aus der Treuepflicht (→ Rn. 259) eine Pflicht zur Zustimmung ergeben.[335]

502 • **Eröffnung des Insolvenzverfahrens** über das Vermögen der Gesellschaft (§ 131 Abs. 1 Nr. 3 HGB),

503 • **Gerichtliche Auflösungsentscheidung** (§§ 131 Abs. 1 Nr. 4, 133 HGB). Eine gerichtliche Auflösungsentscheidung setzt in **formeller Hinsicht** einen auf Auflösung der Gesellschaft gerichteten Klageantrag (lediglich) eines Gesellschafters voraus („Auflösungsklage"). **Materiell** muss ein **wichtiger Grund** für die Auflösung vorliegen; insoweit kann mit der Maßgabe auf die entsprechenden Ausführungen zum Ausschluss eines Gesellschafters (→ Rn. 411) verwiesen werden, dass nicht die Fortsetzung der Gesellschaft mit einem bestimmten Gesellschafter, sondern die Fortsetzung der Gesellschaft an sich unzumutbar sein muss, was sowohl aus gesellschafts- als auch aus gesellschafterbezogenen Gründen der Fall sein. Zu beachten ist auch insoweit das Ultima-Ratio-Prinzip (→ Rn. 413), was bei gesellschafterbezogenen Gründen in Abhängigkeit von den Umständen des Einzelfalls dazu führen kann, dass eine Auflösung der Gesellschaft wegen der Möglichkeit, den „störenden" Gesellschafter aus der Gesellschaft auszuschließen (→ Rn. 407 ff.), unzulässig ist.

504 Bei Personenhandelsgesellschaften, bei denen kein persönlich haftender Gesellschafter eine natürliche Person oder eine anderer Personenhandelsgesellschaft ist, bei der mindestens ein Gesellschafter eine natürliche Person ist, ist die Gesellschaft zudem aufgelöst, wenn die **Eröffnung eines Insolvenzverfahrens mangels Masse abgelehnt** wird (§ 131 Abs. 2 Nr. 1 HGB) oder die Gesellschaft **wegen Vermögenslosigkeit aus dem Handelsregister gelöscht** wird (§§ 131 Abs. 2 Nr. 2 HGB, 394 Abs. 1, Abs. 4 FamFG).

505 bb) **Vertragliche Auflösungsgründe.** Allgemein anerkannt ist, dass die Gesellschafter zudem die Möglichkeit haben, Auflösungsgründe gesellschaftsvertraglich zu vereinbaren, was letztlich bereits aus der Möglichkeit folgt, eine Auflösung der Gesellschaft zu beschließen (→ Rn. 501). Als vertraglich vereinbarte Auflösungsgründe kommen dabei insbesondere die Ereignisse in Betracht, bei denen das Gesetz im Fall einer GbR die Auflösung der Gesellschaft als Rechtsfolge vorsieht, die bei einer OHG oder KG nach dem Gesetz hingegen „lediglich" zum Ausscheiden des betroffenen Gesellschafters führen. Konkret handelt es sich um die in §§ 131 Abs. 3 Nr. 1 bis Nr. 4 HGB genannten Ereignisse
• **Tod eines persönlich haftenden Gesellschafters** (§ 131 Abs. 3 Nr. 1 HGB; → Rn. 348); möglich ist es, die Auflösung der Gesellschaft auch oder nur für den Fall des Todes eines **Kommanditisten** oder eines bestimmten Gesellschafters vorzusehen.

---

[334] MüKoHGB/*K. Schmidt* § 131 Rn. 15.
[335] BGH NJW 1960, 434. Zumindest bei einer Publikumspersonengesellschaft kann sich aus der Treuepflicht die Pflicht ergeben, einem Sanierungsbeschluss zuzustimmen, der eine Nachschusspflicht der zustimmenden und ein Ausscheiden der nichtzustimmenden Gesellschafter vorsieht, wenn der voraussichtliche Abfindungsanspruch der ausscheidenden Gesellschafter ihren Anteil am Ergebnis der ansonsten erforderlichen Liquidation der Gesellschaft zumindest entspricht (BGHZ 183, 1 = NJW 2010, 65 – „*Sanieren oder Ausscheiden*"). Dies gilt nicht, wenn der Gesellschaftsvertrag für diesen Fall statt des Ausscheidens eine Nichtteilnahme an den Kapitalmaßnahmen unter Verwässerung der quotalen Beteiligung an der Gesellschaft vorsieht (BGH NJW 2011, 1667 = NZG 2011, 510).

II. Personenhandelsgesellschaften (OHG und KG) § 24

- **Eröffnung des Insolvenzverfahrens** über das Vermögen eines Gesellschafters (§ 131 Abs. 3 Nr. 2 HGB). Sofern die Rechtsfolge der Auflösung der Gesellschaft für diesen Fall gewollt ist, sollte eine Erweiterung dahingehend in Betracht gezogen werden, dass auch die Ablehnung der Insolvenzeröffnung mangels Masse zur Auflösung der Gesellschaft führt.
- **Kündigung der Mitgliedschaft** durch einen Gesellschafter (§ 131 Abs. 3 Nr. 3 HGB; → Rn. 350) oder den Privatgläubiger eines Gesellschafters (§ 131 Abs. 3 Nr. 4 HGB; → Rn. 351).

cc) Rechtsfolgen. Mit dem Eintritt des Auflösungsgrundes ist die Gesellschaft ohne weiteres Zutun der Gesellschafter aufgelöst, was bedeutet, dass die Gesellschaft nicht mehr dem Zweck dient, unter gemeinsamer Firma ein Handelsgewerbe zu betreiben, sondern der gemeinsam verfolgte Zweck nunmehr in der Liquidation und anschließenden Vollbeendigung der Gesellschaft liegt; man spricht insoweit auch von einer **Liquidationsgesellschaft** oder einer **Abwicklungsgesellschaft**. Zur Förderung des ursprünglichen Gesellschaftszwecks sind die Gesellschafter dementsprechend nicht mehr verpflichtet. 506

Die Gesellschafter sind in den Fällen des § 131 Abs. 1 HGB (→ Rn. 500 ff.) und bei Eintritt eines gesellschaftsvertraglich vereinbarten Auflösungsgrundes verpflichtet, die Auflösung der Gesellschaft **zur Eintragung ins Handelsregister anzumelden** (§ 143 Abs. 1 S. 1 HGB; → Rn. 266). Eine zeitnahe Eintragung ist dabei im eigenen Interesse der Gesellschafter, da mit der Eintragung der Auflösung hinsichtlich ihrer persönlichen Haftung für die Gesellschaftsverbindlichkeiten eine Verkürzung der Verjährung auf maximal fünf Jahre eintritt (→ Rn. 325). 507

b) Auseinandersetzung der Gesellschafter. Die Auseinandersetzung der Gesellschafter erfolgt – so das in den §§ 145 ff. HGB vorgesehene Vorgehen – dadurch, dass das Gesellschaftsvermögen vollständig monetarisiert und der nach Berichtigung der Gesellschaftsschulden verbleibende Betrag zwischen den Gesellschaftern aufgeteilt wird („**Liquidation**"). Eine andere Art der Auseinandersetzung, beispielsweise durch Realteilung, ist möglich (§ 158 S. 1 HGB). 508

aa) Liquidatoren. Die Liquidation erfolgt im nachfolgend nicht weiter betrachteten Fall der insolvenzbedingten Auflösung der Gesellschaft unter Beachtung der besonderen Vorgaben der InsO durch den Insolvenzverwalter (§ 80 InsO), andernfalls durch alle Gesellschafter als Liquidatoren (§ 146 Abs. 1 S. 1 HGB). Sind mehrere Erben eines verstorbenen Gesellschafters in Erbengemeinschaft an der Gesellschaft beteiligt, haben diese einen **gemeinsamen Vertreter** zu bestellen (§ 146 Abs. 1 S. 2 HGB). Die Liquidatoren vertreten die Gesellschaft gemeinschaftlich gerichtlich und außergerichtlich (§§ 149 S. 2, 150 Abs. 1 HGB). Abweichende Vereinbarungen der Gesellschafter zu den Liquidatoren oder der Art ihrer Vertretungsbefugnis sind möglich (§ 150 Abs. 1 HGB). Der (unbeschränkte) **Umfang der Vertretungsbefugnis** kann mit Wirkung für das Innenverhältnis, nicht aber mit Wirkung für das Außenverhältnis beschränkt werden (§ 151 HGB). Die allgemeinen Beschränkungen der Vertretungsmacht (§ 181 BGB; → Fn. 72) gelten auch für Liquidatoren. Die Liquidatoren und die Art ihrer Vertretungsbefugnis sind von sämtlichen Gesellschaftern zur **Eintragung im Handelsregister** anzumelden (§ 148 Abs. 1 S. 1 HGB; → Rn. 266); gleiches gilt für Änderungen (§ 148 Abs. 1 S. 2 HGB). 509

bb) Ablauf der Liquidation. Die laufende **Geschäftstätigkeit wird eingestellt,** neue Geschäfte können zur Beendigung schwebender Geschäfte gleichwohl getätigt werden (§ 149 S. 1 HGB). Das gesamte verwertbare **Aktivvermögen** der Gesellschaft (Sachvermögen, Rechte und Forderungen) wird monetarisiert (§ 149 S. 1 HGB), was auch durch eine Unternehmensveräußerung erfolgen kann. Die Schulden der Gesellschaft werden liquidationsbegleitend bei Fälligkeit oder auch vorzeitig aus den Liquidationserlösen getilgt. 510

Für die **Schuldenberichtigung,** die bei nicht fälligen und streitigen Verbindlichkeiten durch Rückbehalt der erforderlichen Beträge erfolgt (§ 155 Abs. 2 S. 2 HGB), nicht erforderliche finanzielle Mittel werden vorläufig zwischen den Gesellschaftern verteilt (§ 155 Abs. 2 S. 1 HGB). Der nach vollständiger Liquidation des Aktivvermögens und Berichtigung der Schulden verbleibende Betrag wird nach dem Verhältnis ihrer Kapitalanteile unter den Gesellschaftern verteilt (§ 155 Abs. 1 HGB). Diese Verteilung ist Teil der **Schlussabrechnung** (→ Rn. 397 ff.), in der auch alle sonstigen aus dem Gesellschaftsverhältnis resultierenden Ansprüche sowohl zwischen der Gesellschaft und den Gesellschaftern als auch zwischen den Gesellschaftern berücksichtigt und mit der Folge saldiert werden, dass von den Gesellschaftern allein der als **„Auseinandersetzungsguthaben"** bezeichnete Saldo gefordert und durchgesetzt werden kann beziehungsweise – soweit dies zur Berichtigung der Schulden erforderlich ist – ein Negativsaldo eines Gesellschafters eingefordert werden kann (→ Rn. 400).

511 Die Liquidation ist beendet, wenn kein verwertbares Aktivvermögen mehr vorhanden ist. Im Fall eines Liquidationsüberschusses setzt dies die Verteilung des nach Berichtigung der Schulden verbliebenen Vermögens an die Gesellschafter voraus.

512 **c) Vollbeendigung.** Sofern kein Fall einer sofortigen liquidationslosen Vollbeendigung vorliegt (→ Rn. 359) endet die Gesellschaft nach herrschender Meinung automatisch, wenn kein verwertbares Aktivvermögen mehr vorhanden ist, also mit der Beendigung der Liquidation.[336] Das Erlöschen der Firma – nicht der Gesellschaft – ist von den Liquidatoren zur (deklaratorischen) **Eintragung im Handelsregister** anzumelden (§ 157 Abs. 1 HGB). Ist tatsächlich noch werthaltiges Aktivvermögen der Gesellschaft vorhanden, besteht die Gesellschaft der Registerlöschung zuwider fort. Dies ist auch der Fall, wenn sich ein als wertlos angesehener Gegenstand, beispielsweise eine vollständig abgeschriebene Forderung, im Nachhinein als werthaltig erweist.

513 Mit der Vollbeendigung endet das das **Innenverhältnis** betreffende Gesellschaftsverhältnis. Im **Außenverhältnis** haften die Gesellschafter den Gesellschaftsgläubigern auch über die Vollbeendigung der Gesellschaft hinaus persönlich für die von der Gesellschaft begründeten Verbindlichkeiten. Spätestens fünf Jahre nach der Eintragung der Auflösung der Gesellschaft im Handelsregister tritt insoweit allerdings eine Verjährung zugunsten der Gesellschafter, nicht aber zugunsten der Gesellschaft ein (§§ 159 Abs. 1 HGB; → Rn. 324 ff.).

III. Die Gesellschaft mit beschränkter Haftung (GmbH und UG)

514 Die Gesellschaft mit beschränkter Haftung (**„GmbH"**) wurde 1892, rund 30 Jahre nach der Einführung der AG im ADHGB im Jahr 1861 und noch vor dem Inkrafttreten des BGB im Jahr 1900 in das deutsche Recht eingeführt. Heute ist die GmbH die in der Praxis wichtigste und am meisten verbreitete Kapitalgesellschaft; ca. 87 % der Kapitalgesellschaften sind GmbHs, unter Berücksichtigung der haftungsbeschränkten Unternehmergesellschaft (**„UG"**), einer Variante der GmbH (→ Rn. 522),[337] sind es sogar 99 %. Unter den Kapitalgesellschaften zeichnet sich die GmbH insbesondere durch ihre geringen Gründungsvoraussetzungen und die Flexibilität bei der Ausgestaltung des Innenverhältnisses aus, weshalb sie verbreitet auch als persönlich haftender Gesellschafter einer KG eingesetzt wird (**„GmbH & Co. KG";** → Rn. 943 ff.).

---

[336] BGH NJW 1995, 196; 1979, 1987; EBJS/*Hillmann* HGB § 155 Rn. 21, § 157 Rn. 7; Oetker/*Kamanabrou* HGB § 157 Rn. 3; Koller/Kindler/Roth/Morck/*Kindler* HGB § 157 Rn. 1; Henssler/Strohn/*Klöhn* HGB § 157 Rn. 5.
[337] Alle nachfolgenden Ausführungen zur GmbH beziehen sich daher auch auf die verbreitet als eigenständige Gesellschaftsform angesehene UG, sofern nicht ausdrücklich zwischen der GmbH und der UG unterschieden wird.

III. Die Gesellschaft mit beschränkter Haftung (GmbH und UG) § 24

1. Rechtliche Grundlagen

a) Anwendbare Normen. Die rechtlichen Grundlagen der GmbH finden sich seit ihrer Einführung im Jahr 1892 in einem eigenständigen Gesetz, dem *„Gesetz betreffend die Gesellschaften mit beschränkter Haftung"* (GmbHG). Da GmbHs kraft Rechtsform Handelsgesellschaften sind (§ 13 Abs. 3 GmbHG), kommen die Vorschriften des HGB, insbesondere die §§ 1ff. HGB („Handelsstand"), die §§ 238ff. HGB („Handelsbücher") und die §§ 343ff. HGB („Handelsgeschäfte") auf sie ebenfalls zur Anwendung, wobei die Normen des GmbHG im Konfliktfall vorrangig sind. 515

b) Rechtsnatur. Die GmbH ist eine **Kapitalgesellschaft.** Kapitalgesellschaften sind im Gegensatz zu Personengesellschaften juristische Personen und haben als solche eine **eigene Rechtspersönlichkeit** (→ § 5 Rn. 9). Für die GmbH folgt dies aus § 13 Abs. 1 GmbHG. Innerhalb der juristischen Personen zählen Kapitalgesellschaften dabei in Abgrenzung zu den rechtlich verselbständigten Vermögen („Stiftungen") zu den **rechtlich verselbständigte Personenvereinigungen** und damit zu den **Körperschaften** (→ § 5 Rn. 19ff.), deren Grundtypus der eingetragene Verein (§§ 21ff., 55ff. BGB) ist. Von den ebenfalls zu den Körperschaften zählenden Genossenschaften unterscheiden sich Kapitalgesellschaften dabei durch den Gesellschaftszweck, der bei einer Genossenschaft in der Förderung des Erwerbs oder der Wirtschaft der Mitglieder liegt, und des geschlossenen Gesellschafterkreises bei einem festen gezeichneten Kapital im Sinne von § 266 Abs. 3 A. I HGB („Stammkapital"; → Rn. 542). 516

c) Handelsgewerbe und Kaufmannseigenschaft. Bei einer GmbH besteht unabhängig von ihrer tatsächlichen Tätigkeit die gesetzliche Vermutung, dass ein Handelsgewerbe betrieben wird (§ 13 Abs. 3 GmbHG). GmbHs sind damit kraft Rechtsform Kaufmann (§ 6 Abs. 1 HGB). 517

d) Rechtsfähigkeit. GmbHs sind als juristische Personen **unbeschränkt rechtsfähig** (§ 13 Abs. 1 GmbHG). 518

e) Trennungsprinzip. Wie alle Kapitalgesellschaften haben GmbHs eine **eigene Vermögenssphäre,** die von der ihrer Gesellschafter zu trennen ist (§§ 13 Abs. 1, Abs. 2 GmbHG). Sämtliches Vermögen und sämtliche Schulden der GmbH sind mithin – anders als bei den Personengesellschaften, deren Vermögen nach tradierter Auffassung gemeinsames, gesamthänderisch gebundenes Vermögen der Gesellschafter ist – allein der Gesellschaft zuzurechnen. 519

f) Haftung. Im Gegensatz zu den Gesellschaftern einer Personengesellschaft haften die Gesellschafter einer Kapitalgesellschaft den Gesellschaftsgläubigern gegenüber nicht. Einziges Haftungssubjekt für die Gesellschaftsverbindlichkeiten einer GmbH ist somit diese selbst (§ 13 Abs. 2 GmbHG). Lediglich in begrenzten Ausnahmefällen, die jeweils ein nicht rechtskonformes Handeln voraussetzen, kommt ein „Haftungsdurchgriff" auf die Gesellschafter in Betracht (→ Rn. 666ff.). 520

g) Bedeutung des Kapitals. Da die Gesellschaft der einzige Rechtsträger ist, der den Gesellschaftsgläubigern für die Gesellschaftsverbindlichkeiten einzustehen hat, ist das Kapital der Gesellschaft für die Gesellschaftsgläubiger von besonderer Bedeutung. Es ist der Gesellschaft daher aus Gläubigerschutzgründen nicht frei entziehbar, sondern muss der Gesellschaft von den Gesellschaftern in einer von diesen selbst festgelegten Höhe von mindestens 25.000 EUR (§ 5 Abs. 1 GmbHG; zur UG → Rn. 543) dauerhaft und in werthaltiger Form zur Verfügung gestellt werden (**„Grundsatz der realen Kapitalaufbringung";** → Rn. 604ff.). In dieser Höhe darf es auch nicht an die Gesellschafter zu- 521 rückgezahlt werden (**„Grundsatz der Kapitalerhaltung"**, → Rn. 661), sodass es den Gesellschaftsgläubigern (vorbehaltlich eines „Verbrauchs" durch Verluste) in Form eines die Schulden in mindestens dieser Höhe übersteigenden Aktivvermögens dauerhaft als Haftungsmasse zur Verfügung steht. Dieser Teil des Kapitals wird als **„Stammkapital"** bezeichnet.

522 **h) Die UG als Variante der GmbH.** Die haftungsbeschränkte Unternehmergesellschaft („UG") wurde 2008 vom Gesetzgeber als Reaktion auf die rasante Zunahme der Anzahl der in Deutschland niedergelassenen Gesellschaften (insbesondere) aus dem EU-Ausland, bei denen die Haftung trotz eines minimalen Gründungskapitals auf das Vermögen der Gesellschaft beschränkt ist, durch Einfügung des § 5a GmbHG eingeführt (→ § 5 Rn. 104 ff.). Es handelt sich bei ihr nicht um eine eigenständige Gesellschaftsform, sondern eine „Einstiegsvariante" der GmbH, die sich von dieser insbesondere dadurch unterscheidet, dass sie bereits mit einem (sofort aufzubringenden) Stammkapital von 1 EUR gegründet werden kann (§§ 5a Abs. 1, Abs. 2, 5 Abs. 2 GmbHG) und damit faktisch jedermann eine wirtschaftliche Betätigung ohne das Risiko einer persönlichen Haftung ermöglicht. Anders als bei der traditionellen GmbH muss der Jahresüberschuss bei einer UG teilweise einbehalten werden (§ 5a Abs. 3 GmbHG), um die im Vergleich zur „vollwertigen" GmbH geringere Eigenkapitalbasis zu stärken. Eine Umschreibung in eine „vollwertige" GmbH ist möglich, wenn das Stammkapital (beispielsweise aus den einbehaltenen Jahresüberschüssen) auf mindestens 25.000 EUR erhöht wird (§ 5a Abs. 5 GmbHG).

2. Entstehung der Gesellschaft

523 **a) Entstehung durch Gründung.** Für die Gründung einer GmbH bedarf es wie bei jeder Gesellschaft einer gesellschaftsvertraglichen, das Innenverhältnis betreffenden Vereinbarung zwischen den Gesellschaftern. Im Außenverhältnis wird die GmbH als unbeschränkt rechtsfähige juristische Person durch die anschließende staatliche Anerkennung wirksam. Diese erfolgt bei einer privatrechtlichen Körperschaft durch die Eintragung in ein staatliches, öffentlich zugängliches Register. Im Fall einer GmbH ist dies das Handelsregister.

524 In zeitlicher Hinsicht lässt sich die Gründung einer GmbH vor diesem Hintergrund in zwei Phasen unterteilen:
- die der eigentlichen Gründung vorgehende Phase bis zum Abschluss des Gesellschaftsvertrags (**„Vorgründungsstadium"**) und
- die Phase vom Abschluss des Gesellschaftsvertrags bis zur Entstehung der Gesellschaft durch ihre Eintragung im Handelsregister (**„Vorgesellschaft"**).

525 **aa) Vorgründungsstadium.** Die Gründung der GmbH beginnt mit ihrer Errichtung durch den notariellen Abschluss eines Gesellschaftsvertrags. Die vor der Errichtung liegende Phase, in der die (künftigen) Gründungsgesellschafter sich zunächst zusammenfinden, auf den Inhalt eines Gesellschaftsvertrags verständigen und übereinkommen, die Gesellschaft auf dieser Basis zu gründen, wird als Vorgründungsstadium bezeichnet. Eine dem Recht des GmbHG unterfallende Personenvereinigung besteht in diesem Stadium nicht.

526 Nach verbreiteter Ansicht entsteht im Rahmen dieser Vorgründungsphase - zumeist konkludent - ein den Anforderungen der §§ 705 ff. BGB genügender und daher im Grundsatz als (Innen-)GbR, bei einem Tätigwerden mit Außenwirkung – beispielsweise der Beauftragung eines Maklers, der Anschaffung von Betriebsmitteln oder der Inanspruchnahme von Beratungsleistungen – als (Außen-)GbR oder gar OHG zu qualifizierender, als **„Vorgründungsgesellschaft"** bezeichneter Zusammenschluss der späteren Gründungsgesellschafter, mit dem der Zweck verfolgt wird, eine GmbH zu gründen beziehungsweise einen wirksamen Gesellschaftsvertrag abzuschließen. Dies ist in dieser

Weite nicht richtig, da eine konkludent begründete Mitgliedschaft in solch einer Vorgründungsgesellschaft dann zum Abschluss des GmbH-Gesellschaftsvertrags in der erforderlichen notariellen Form (§ 2 Abs. 1 GmbHG) verpflichten würde, was der mit der notariellen Form unter anderem verfolgten Belehrungs- und Hinweisfunktion[338] zuwiderlaufen würde. Richtigerweise bedarf eine Vereinbarung, die – wie der Gesellschaftsvertrag einer Vorgründungsgesellschaft – zum Abschluss eines notariellen GmbH-Gesellschaftsvertrags verpflichtet, daher selbst der notariellen Beurkundung,[339] an der es im Vorgründungsstadium regelmäßig fehlt. Entgegen der herrschenden Ansicht ist das Bestehen einer verpflichtend auf die Gründung einer GmbH ausgerichteten Vorgründungsgesellschaft, die vom BGH als Vorgründungsgesellschaft im engeren Sinne bezeichnet wird,[340] daher als Ausnahmefall anzusehen. Dies schließt es nicht aus, dass sich die (künftigen) Gründungsgesellschafter vor dem formgerechten Abschluss des GmbH-Gesellschaftsvertrags ohne eine (wirksame) Verpflichtung zum Abschluss eines notariellen GmbH-Gesellschaftsvertrags gesellschaftsrechtlich verbinden, beispielsweise zwecks Vorbereitung der späteren Geschäftstätigkeit. Solche gesellschaftsrechtlichen Verbindungen sind ebenfalls als GbR oder - selten - als OHG zu qualifizieren; der BGH spricht insoweit von einer Vorgründungsgesellschaft im weiten Sinne.[341]

527 Da die spätere GmbH mit einer eventuell im Vorgründungsstadium bestehenden Gesellschaft rechtlich nicht identisch und auch nicht deren Rechtsnachfolgerin ist, hat eine Vorgründungsgesellschaft nur temporären Charakter. Eine Vorgründungsgesellschaft in der Rechtsform der GbR ist dabei mit dem Abschluss des GmbH-Gesellschaftsvertrags wegen Zweckerreichung aufgelöst (§ 726 BGB), während dazu im seltenen Fall einer – meist unwissend und daher auch nicht im Handelsregister eingetragen – in der Rechtsform einer OHG betriebenen Vorgründungsgesellschaft ein Auflösungsbeschluss erforderlich ist (→ Rn. 499; → Rn. 501), der meist konkludent gefasst wird.

528 Da weder die mit dem Abschluss des GmbH-Gesellschaftsvertrags entstehende Vorgesellschaft (→ Rn. 530 ff.) noch die nachfolgend aus dieser entstehende GmbH (→ Rn. 581) Rechtsnachfolgerin einer eventuell entstandenen Vorgründungsgesellschaft ist, müssen sämtliche von dieser erworbenen Vermögensgegenstände und begründeten Schulden, die auf die spätere GmbH übergehen sollen, im Wege von Singularsukzessionen (→ § 5 Rn. 169) nach der Entstehung der Vorgesellschaft auf diese übertragen werden, was bei Forderungen voraussetzt, dass kein Abtretungsverbot besteht (§§ 399 f. BGB), und bei Schulden - und daher auch bei laufenden Verträgen - eine Zustimmung des Gläubigers erfordert (§§ 414 f. BGB). Dies gilt auch für Vermögensgegenstände, Schulden und laufende Verträge, die nicht einer Vorgründungsgesellschaft, sondern einem einzelnen Gesellschafter zuzurechnen sind. Möglich ist auch die Übertragung direkt auf die GmbH, was deren Eintragung voraussetzt. Vorteile gegenüber der Übertragung auf die Vorgesellschaft bietet dies nicht, da die Vorgesellschaft sich später ohnehin in die GmbH umwandelt (→ Rn. 581).

529 Unabhängig davon, ob vor der eigentlichen Gründung der GmbH eine Vorgründungsgesellschaft im engeren oder weitesten Sinne zwischen den Gründungsgesellschaftern zustande kommt oder nicht, ist zu beachten, dass jedes Tätigwerden nach außen im Vorgründungsstadium mit einer **persönlichen Haftung** einhergeht, die sich nur durch eine Individualvereinbarung mit dem jeweiligen Gläubiger oder einen jeweils auf die Entstehung der GmbH und die Genehmigung der Vereinbarung durch deren Geschäftsführer bedingten Vertragsschluss vermeiden lässt.[342] Ein Auftreten unter der Firma der künftigen GmbH stellt demgegenüber eine Falschbezeichnung des handelnden Rechtsträgers im

---

[338] BGHZ 105, 324 = NJW 1989, 295.
[339] BGH NJW 1992, 362.
[340] BGH NJW 1992, 362.
[341] BGH NJW 1992, 362.
[342] OLG Stuttgart BeckRS 2000, 30132442; Baumbach/Hueck/*Fastrich* GmbHG § 11 Rn. 37; MHLS/*Blath* GmbHG § 11 Rn. 37.

Rechtsverkehr mit der Folge der Verpflichtung des tatsächlich handelnden Rechtsträgers dar.[343]

530 **bb) Vorgesellschaft („Vor-GmbH").** § 11 Abs. 1 GmbH stellt klar, dass die GmbH vor ihrer Eintragung *„als solche"* nicht existiert, was verdeutlicht, dass bereits vor der Eintragung – konkret mit der gemäß § 2 Abs. 1 GmbHG erforderlichen notariellen Beurkundung des Gesellschaftsvertrags – eine Gesellschaft entsteht, bei der es sich aber (noch) nicht um die erst später durch die Eintragung ins Handelsregister entstehende GmbH handelt. Man spricht in diesem Stadium von der Vorgesellschaft.

531 **(1) Rechtliche Grundlagen.** Bei der Vorgesellschaft handelt es sich um eine gesetzlich nicht geregelte Gesellschaftsform eigener Art *(„sui generis")*, die keine juristische Person ist, die aber auch nicht zu den Personengesellschaften zählt. Die Vorgesellschaft entsteht durch den Abschluss des Gesellschaftsvertrags in notarieller Form. Sie ist auf die Eintragung der angestrebten GmbH ins Handelsregister ausgerichtet. Da der Abschluss des Gesellschaftsvertrags zwingend vor der Eintragung der Gesellschaft erfolgen muss, ist eine GmbH-Gründung ohne eine zwischenzeitlich existente Vorgesellschaft nicht möglich. Die Vorgesellschaft ist zumindest teilrechtsfähig, solange die Eintragung noch verfolgt wird.[344]

532 Auf die Vorgesellschaft kommen einige Regelungen des GmbHG direkt zur Anwendung (insbes. § 1 bis § 11 GmbHG), im Übrigen kommen die Regelungen des GmbHG entsprechend zur Anwendung, sofern die fehlende Eintragung der Anwendung nicht entgegensteht; Entsprechendes gilt für die Regelungen des Gesellschaftsvertrags.[345]

533 **(2) Entstehung durch Beurkundung des Gesellschaftsvertrags.** Die Vorgesellschaft entsteht automatisch mit dem Abschluss des wirksamen GmbH-Gesellschaftsvertrags.

534 **(a) Rechtsnatur des Gesellschaftsvertrags.** Die Rechtsnatur des GmbH-Gesellschaftsvertrags ist streitig, für die Gründung einer GmbH aber letztlich nicht von Relevanz. Vertreten wird, dass der Gesellschaftsvertrag eine Sonderform eines Vertrags ist (**„Vertragstheorie"**),[346] dass durch den Gesellschaftsvertrag objektives Recht geschaffen wird (**„Normentheorie"**),[347] als auch, dass es sich um ein besonderes, da organisationsrechtliche Elemente beinhaltendes Rechtsgeschäft handelt (**„modifizierte Normentheorie"**).[348] Unstreitig ist jedenfalls, dass der Inhalt des Gesellschaftsvertrags nicht nur für und gegen die Gründungsgesellschafter und deren Rechtsnachfolger, sondern auch für und gegen alle nach der Gründung neu in die Gesellschaft eintretenden Gesellschafter wirkt.

535 **(b) Pflichtinhalt.** Der Mindestinhalt des Gesellschaftsvertrags ergibt sich im Wesentlichen aus § 3 Abs. 1 GmbHG.

536 **(aa) Gesellschafter.** Die vertragschließenden Gesellschafter sind unbeschadet der Verpflichtung, mit der Anmeldung zum Handelsregister eine Gesellschafterliste einzureichen (→ Rn. 576) namentlich zu benennen. Als Gesellschafter kommt insoweit jeder Rechtsträger mit Ausnahme der zum Zeitpunkt der Unterzeichnung des Gesellschaftsvertrags mangels Eintragung rechtlich noch nicht existenten GmbH selbst oder der Vorgesellschaft in Betracht. Eine Gründung durch einen Gesellschafter ist trotz der auf mehrere Gesell-

---

[343] BGHZ 91, 148 = NJW 1984, 2164; 1998, 1645.
[344] BGHZ 117, 323 = NJW 1992, 1824, BGHZ 80, 129 = NJW 1981, 1373.
[345] MüKoGmbHG/*Merkt* § 11 Rn. 12.
[346] MüKoGmbHG/*Heinze* § 2 Rn. 5a.
[347] MüKoGmbHG/*Heinze* § 2 Rn. 6.
[348] MüKoGmbHG/*Heinze* § 2 Rn. 7 ff.

schafter hindeutenden Bezeichnung der Gründungsurkunde als „Gesellschaftsvertrag" möglich (§ 1 GmbHG).

Im Fall der rechtsgeschäftlichen **Vertretung eines Gründers** bedarf es einer notariellen Beglaubigung der Vollmacht (§ 2 Abs. 2 GmbHG). Bei einer gesetzlichen oder organschaftlichen Vertretung bedarf es demgegenüber keiner Vollmachtsurkunde. Soweit **Minderjährige als Gründer** teilnehmen, ist eine Vormundbestellung für den Fall erforderlich, dass ein Elternteil ebenfalls Gründer ist, da die Eltern in diesem Fall inhabil sind (§ 181 BGB für den an der Gründung beteiligten Elternteil, §§ 1629 Abs. 2 S. 1, 1795 Abs. 1 Nr. 1 BGB für den anderen Elternteil). Da die Gesellschaft regelmäßig auf den Betrieb eines Erwerbsgeschäftes gerichtet ist, wird eine familiengerichtliche Genehmigung zumeist auch nach § 1822 Abs. 1 S. 3 BGB erforderlich sein. 537

(bb) Gegenstand der Vereinbarung. Der Gesellschaftsvertrag muss zwingend die unbedingte Erklärung der Gesellschafter beinhalten, eine GmbH (ggf. in der Variante der UG) gründen zu wollen. 538

(cc) Firma der Gesellschaft. Im Gesellschaftsvertrag ist ausweislich § 3 Abs. 1 Nr. 1 GmbHG die Firma der Gesellschaft (→ Rn. 180) festzulegen. Diese muss die Bezeichnung „**Gesellschaft mit beschränkter Haftung**" oder eine allgemein verständliche Abkürzung dieser Bezeichnung enthalten (§ 4 S. 1 GmbHG). Üblich ist die Abkürzung „GmbH", verbreitet sind auch Abkürzungen wie „Ges.m.b.H.", „G.m.b.H." oder ähnliche Variationen. Im Fall einer UG muss in der Firma abweichend von Vorstehenden zwingend die Bezeichnung „**Unternehmergesellschaft (haftungsbeschränkt)**" oder „**UG (haftungsbeschränkt)**" geführt werden (§ 5a Abs. 1 GmbHG), Veränderungen oder Abkürzungen *(„UG mbH")* sind unzulässig. 539

(dd) Sitz der Gesellschaft. Im Gesellschaftsvertrag muss der Ort angegeben werden, an dem die Gesellschaft ihren Sitz hat (§ 3 Abs. 1 Nr. 1 GmbHG; „**statutarischer Sitz**"). Dieser stimmt üblicherweise, aber nicht zwingend mit dem Ort überein, an der sich die Verwaltung der Gesellschaft befindet (**„Verwaltungssitz"**). Der statutarische Sitz muss im Inland belegen sein (§ 4a GmbHG). Er ist insbesondere für die staatlichen Zuständigkeiten maßgeblich. Dies betrifft nicht nur die örtliche Zuständigkeit der Verwaltungsbehörden (§ 3 Abs. 1 Nr. 3 lit. a VwVfG), sondern auch der Gerichte und damit neben der zivilrechtlichen Zuständigkeit (§ 17 ZPO) auch die Zuständigkeit des Handelsregisters (§ 7 Abs. 1 GmbHG) und des Insolvenzgerichts (§ 3 Abs. 1 S. 1 InsO). 540

(ee) Gegenstand des Unternehmens. Der gemäß § 3 Abs. 1 Nr. 2 GmbHG im Gesellschaftsvertrag zu benennende Gegenstand des Unternehmens gibt den Bereich und den Gegenstand der Tätigkeit der Gesellschaft an. Er wird oftmals weit gefasst *(„der Im- und Export von Waren aller Art")*, wodurch den Geschäftsführern, die den gesellschaftsvertraglich vereinbarten Gegenstand des Unternehmens zu beachten haben, da über diesen hinausgehende Maßnahmen in die Kompetenz der Gesellschafter fallen, im Innenverhältnis ein größerer Handlungsspielraum eingeräumt wird. 541

(ff) Betrag des Stammkapitals. Anzugeben ist die Höhe des Stammkapitals (§ 3 Abs. 1 Nr. 3 GmbHG). Dieses gibt den Betrag an, der der Gesellschaft von den Gesellschaftern dauerhaft zur Verfügung gestellt wird und der nicht an die Gesellschafter zurückgezahlt werden darf. Es steht den Gesellschaftsgläubigern als Haftungsmasse zur Verfügung und vermittelt diesen somit eine gewisse Sicherheit (→ Rn. 521). Unterschreitet das Eigenkapital der Gesellschaft verlustbedingt das Stammkapital, müssen künftige Gewinne zunächst zur Wiederauffüllung verwendet werden. 542

Da der Nennbetrag eines Geschäftsanteils (→ Rn. 544) auf volle EUR lauten muss (§ 5 Abs. 2 S. 1 GmbHG), lautet auch das Stammkapital auf **volle EUR**. Es beträgt mindes- 543 tens **25.000 EUR** (§ 5 Abs. 1 GmbHG) und ist nach oben offen. Für die UG ist ein Mindestbetrag des Stammkapitals hingegen nicht festgelegt. Da ein Geschäftsanteil auch bei der UG auf volle EUR lauten muss, beträgt das Mindeststammkapital einer UG **1 EUR**. Maximal kann das Stammkapital einer UG bei ihrer Gründung 24.999 EUR betragen (§§ 5a Abs. 1, 5 Abs. 1 GmbHG).

544 **(gg) Zahl und Nennbeträge der Geschäftsanteile.** Das Stammkapital verteilt sich auf die „**Geschäftsanteile**" (§ 5 Abs. 3 S. 1 GmbHG), die einen jeweils auf volle EUR lautenden Nennwert („Nennbetrag") haben (§ 5 Abs. 2 S. 1 GmbHG). Die Geschäftsanteile verkörpern dabei die Mitgliedschaft an der Gesellschaft, wobei jeder Geschäftsanteil eine Beteiligung in dem Umfang vermittelt, der der Relation seines Nennbetrags zum Stammkapital der Gesellschaft entspricht. Gesellschafter können bei der Errichtung der Gesellschaft mehrere Geschäftsanteile übernehmen (§ 5 Abs. 2 S. 2 GmbHG), die unterschiedlich hohe Nennbeträge haben können (§ 5 Abs. 3 S. 1 GmbHG). Die Summe der Nennbeträge der Geschäftsanteile, die mit arabischen Ziffern fortlaufend zu nummerieren sind (§ 1 Abs. 1 S. 1 GesLV), muss dem Stammkapital entsprechen (§ 5 Abs. 3 S. 2 GmbH). Mit dieser Maßgabe können die Anzahl und die Nennbeträge der Geschäftsanteile frei festgelegt werden. Die Zahl und die Nennbeträge der Geschäftsanteile, die jeder Gesellschafter übernimmt, sind dabei im Gesellschaftsvertrag anzugeben (§ 3 Abs. 1 Nr. 4 HGB).

545 Es bietet sich an, alle Geschäftsanteile mit demselben Nennbetrag auszustatten und im Gesellschaftsvertrag ergänzend zu vereinbaren, dass eine Zusammenlegung von Geschäftsanteilen unzulässig ist.

546 **(hh) Stammeinlage.** Die Stammeinlage ist in § 3 Abs. 1 Nr. 4 GmbHG als die von jedem Gesellschafter auf das Stammkapital zu leistende Einlage legaldefiniert. Sie kann gesellschafterindividuell festgelegt werden und muss als **Bareinlage** oder als **Sacheinlage** (→ Rn. 547) an die Gesellschaft geleistet werden (→ Rn. 602 ff.). Die Vereinbarung einer Kombination aus Bar- und Sacheinlage ist möglich. Die Stammeinlage jedes Gesellschafters entspricht der Summe der Nennbeträge der von ihm übernommenen Geschäftsanteile (§ 14 S. 2 GmbHG). Eine **Unter-Pari-Emission** ist unzulässig,[349] die **Vereinbarung eines Aufgeldes** ist hingegen möglich (→ Rn. 552).

547 **(ii) Vereinbarte Sacheinlagen.** Sacheinlagen sind Einlagen, die nicht in der (baren oder unbaren) Leistung von (inländischem) Geld an die Gesellschaft liegen. Sofern Sacheinlagen vereinbart sind, sind diese im Gesellschaftsvertrag zu bezeichnen. Zudem ist anzugeben, welcher Nennbetrag mit der Sacheinlage aufgebracht werden soll (§ 5 Abs. 4 S. 1 GmbHG).

548 **(c) Fakultativer Inhalt.** Die Gesellschafter können die Regelungen des GmbHG durch den Gesellschaftsvertrag modifizieren und ergänzen, soweit diese disponibel sind. Dies ist nur bei Regelungen, die das Innenverhältnis betreffen, der Fall.

549 **(aa) Befristung der Gesellschaft.** Eine Befristung der Gesellschaft ist zulässig; sie ist in den Gesellschaftsvertrag aufzunehmen (§ 3 Abs. 2 GmbHG).

550 **(bb) Nebenleistungspflichten.** Zulässig ist die Vereinbarung von Nebenleistungspflichten. Diese können in einem Tun oder Unterlassen bestehen, das entgeltlich oder unentgeltlich sein kann. Sie müssen die Gesellschafter nicht im gleichen Maße betreffen und können im Gesellschaftsvertrag, aber auch außerhalb des Gesellschaftsvertrags zwischen den Gesellschaftern vereinbart werden. Nebenleistungspflichten, die gemäß § 3 Abs. 2

---

[349] BGHZ 68, 191 = NJW 1977, 1196.

GmbHG im Gesellschaftsvertrag vereinbart werden, haben **korporativen Charakter,** was bedeutet, dass sie das Verhältnis zwischen Gesellschafter und Gesellschaft betreffen und auch für und gegen Rechtsnachfolger eines Gesellschafters und neu eintretende Gesellschafter gelten. Möglich ist es auch, solche Vereinbarungen allein zwischen den Gesellschaftern zu treffen, was zur Folge hat, dass die Gesellschafter sich lediglich **schuldrechtlich** gegenüber den anderen Gesellschaftern verpflichten. Gegenüber neu eintretenden Gesellschaftern oder dem Einzelrechtsnachfolger eines vertragschließenden Gesellschafters gelten diese Vereinbarungen – vom Ausnahmefall eines echten Vertrags zugunsten Dritter (§§ 328 ff. BGB) abgesehen – nicht.

(aaa) Geldleistungspflichten. Über die Einlagepflicht hinaus können weitere individuelle Geldleistungspflichten vereinbart werden. Diese können beispielsweise in der Verpflichtung zur **Gewährung von Darlehen** oder Sicherheiten, zur Leistung von **Nachschüssen,** zum Verlustausgleich oder zur Teilnahme an künftigen Kapitalerhöhungen bestehen.[350] Der Umfang der Nebenleistungspflicht muss dabei *„so konkret festgelegt sein, dass die verpflichteten Gesellschafter das Ausmaß der auf sie zukommenden Verpflichtungen ohne Weiteres zu überschauen vermögen",*[351] was bei einer zeitlich unbeschränkten und betragsmäßig unbegrenzten Verlustausgleichspflicht nicht der Fall ist.[352] 551

Die Gesellschafter können vereinbaren, dass neben der Stammeinlage ein **Aufgeld** (**„Agio"**) an die Gesellschaft zu leisten ist. Solch eine Vereinbarung führt dazu, dass die Gesellschaft mit einem das Stammkapital übersteigenden Eigenkapital ausgestattet wird, wobei das Agio im Gegensatz zum Stammkapital bilanziell nicht im „festen" gezeichneten Kapital (§§ 266 Abs. 3 A. I, 272 Abs. 1 S. 1 HGB), sondern in den variablen Kapitalrücklagen auszuweisen ist (§§ 266 Abs. 3 A. II, 272 Abs. 2 Nr. 4 HGB), auf die die Kapitalerhaltungsvorschriften (→ Rn. 661) nicht zur Anwendung kommen. Die Vereinbarung eines Agios kann sinnvoll sein kann, um ein von Außenstehenden oftmals als Solvenzrisiko angesehenes Unterschreiten des Stammkapitals durch Anfangsverluste in der Aufbauphase zu vermeiden. Bei der Aufnahme neuer Gesellschafter unter Erhöhung des Stammkapitals (→ Rn. 753 ff.) bietet sich ein Agio an, um sicherzustellen, dass der Gesellschaft Mittel in Höhe des tatsächlichen Wertes der neuen Geschäftsanteile zugeführt werden. 552

(bbb) Sachleistungen. Die Vereinbarung von Sachleistungen ist zulässig. Diese können beispielsweise in der befristeten oder unbefristeten Überlassung von Immobilien, beweglichen Sachen oder Rechten liegen, die entgeltlich oder unentgeltlich erfolgen kann. 553

(ccc) Sonderrechte („Vorzugsrechte"). Möglich ist auch die Vereinbarung individueller Sonderrechte. Diese können beispielsweise darin bestehen, dass bestimmten Gesellschaftern Mehrfachstimmrechte, das Recht zur Entsendung eines Vertreters in einen fakultativ vereinbarten Aufsichts- oder Beirat (→ Rn. 556), besondere Auskunfts- und Informationsrechte oder höhere Anteile am Jahresüberschuss oder dem Liquidationsüberschuss zugestanden werden. Die Gestaltungsmöglichkeiten sind vielfältig. Sie erlauben eine weitestgehende Personalisierung der GmbH. 554

(ddd) Sonstige Handlungen und Unterlassungen. Sie betreffen häufig, aber nicht zwingend das Gesellschaftsverhältnis und können beispielsweise darin liegen, dass (bestimmte) Gesellschafter sich zur **Übernahme der Geschäftsführung,** zu einem bestimmten Stimmverhalten oder zum Unterlassen, **Vereinbarungen über das Stimmverhalten** einzugehen, verpflichten. Verbreitet wird auch vereinbart, dass Geschäftsanteile nur auf bestimmte Personen (bspw. Familienmitglieder oder Mitgesellschafter) übertragen 555

---

[350] MHLS/*J. Schmidt* GmbHG § 3 Rn. 58.
[351] BGH NJW-RR 1989, 228 = MDR 1989, 331.
[352] BGH NZG 2008, 148 = BeckRS 2008, 01356.

werden dürfen oder dass (bestimmten) Mitgesellschaftern oder der Gesellschaft ein **Vorkaufsrecht** zusteht. Möglich und oftmals sinnvoll ist die Vereinbarung eines **Wettbewerbsverbots** (→ Rn. 618).

556 **(cc) Abweichungen vom Normalstatut.** Das GmbHG enthält hinsichtlich der Ausgestaltung des Innenverhältnisses in großen Teilen dispositive Regelungen, die durch gesellschaftsvertragliche Regelungen geändert, ergänzt oder auch abbedungen werden können. Zulässig ist es beispielsweise, die Übertragung von Geschäftsanteilen von der Zustimmung der Gesellschaft beziehungsweise eines bestimmten Organs abhängig zu machen (**„Vinkulierung"**, § 15 Abs. 5 GmbHG) oder einen im GmbHG nicht zwingend vorgesehenen **Aufsichtsrat** auf gesellschaftsvertraglicher Basis einzuführen (§ 52 Abs. 1 GmbHG; → Rn. 647). Verbreitet wird statt oder neben einem Aufsichtsrat auch ein **Beirat** vereinbart, wobei Aufsichts- und Beirat sich nach hier verwendeter Diktion dadurch unterscheiden, dass der Aufsichtsrat zwingend ein von der Geschäftsführung unabhängiges Überwachungsorgan ist, während Funktionen, Rechte und Besetzung eines Beirats frei vereinbart werden können (→ Rn. 648).

557 **(dd) Übernahme des Gründungsaufwands durch die Gesellschaft.** Der für die Gründung der Gesellschaft entstehende Aufwand für Notar, Register, Veröffentlichung und gegebenenfalls anwaltliche und steuerliche Beratung (**„Gründungsaufwand"**) ist von den Gesellschaftern zu tragen. Eine gesellschaftsvertragliche Vereinbarung, dass die Gesellschaft den Gründungsaufwand trägt, ist trotz des Umstandes, dass die Einlagen den Geschäftsführern aufgrund der Vorbelastung dann § 7 Abs. 2 S. 1 GmbHG zuwider nicht ungeschmälert zur Verfügung stehen, in entsprechender Anwendung des § 26 Abs. 2 AktG zulässig, bedarf zu ihrer Wirksamkeit aber einer Angabe der einzelnen Aufwandspositionen (§ 9a Abs. 1 GmbHG) und des Gesamtbetrags,[353] der angemessen sein muss.[354] Gemeinhin wird dies angenommen, wenn der Gründungsaufwand 10% des Stammkapitals nicht übersteigt. Die Nennung eines Höchstbetrags (*„bis zu einem Betrag von 2.500 EUR"*) ist zulässig, eine indirekte Angabe (*„bis zu einem Betrag von 10% des Stammkapitals"*) nicht.[355] Ist der von der Gesellschaft zu tragende Gründungsaufwand nicht angemessen, steht die Vereinbarung der Eintragung der Gesellschaft entgegen (§ 9c Abs. 2 Nr. 2 GmbHG iVm § 26 Abs. 2 AktG analog).[356] Eine Vergütung einzelner Gesellschafter für Tätigkeiten im Rahmen der Gründung (**„Gründerlohn"**) zählt nach überwiegender (schon mangels Begründung nicht überzeugender) Ansicht zum Gründungsaufwand.[357]

558 Erfolgt die **Gründung im vereinfachten Verfahren** (→ Rn. 559), ist der von der Gesellschaft zu tragende Gründungsaufwand auf 300 EUR limitiert und darf – was bei einem Betrag von 300 EUR ohnehin nur für UGs relevant ist – das Stammkapital nicht übersteigen. Da der angemessene Gründungsaufwand bis zu einem Betrag von 300 EUR schon bei einer vereinfachten Gründung in jedem Fall von der Gesellschaft getragen werden kann, macht das Abstellen auf 10% des Stammkapitals bei einer UG allenfalls bei einem Stammkapital von mindestens 3.000 EUR Sinn.[358]

559 **(d) Gründung im vereinfachten Verfahren.** § 2 Abs. 1a GmbHG ermöglicht die Gründung einer GmbH im sogenannten vereinfachten Verfahren. Die Gründung erfolgt

---

[353] BGHZ 107, 1 = NJW 1989, 1610; 1998, 233.
[354] Gründungsaufwand von 15.000 EUR ist bei einem Stammkapital von 25.000 EUR nicht angemessen; OLG Oldenburg NZG 2014, 1383 = DStR 2015, 134.
[355] OLG Zweibrücken ZIP 2014, 623 = GmbHR 2014, 427.
[356] BGHZ 107,1 = NJW 1989, 1610; Baumbach/Hueck/*Fastrich* GmbHG § 5 Rn. 57.
[357] Bspw. MüKoGmbHG/*Schwandtner* § 5 Rn. 277; Henssler/Strohn GesR/*Schäfer* GmbHG § 5 Rn. 29; Baumbach/Hueck/*Fastrich* GmbHG § 5 Rn. 57; ablehnend MHLS/*Leitzen* GmbHG § 5 Rn. 201.
[358] Das OLG Hamburg hat Gründungsaufwand von 700 EUR bei einem Stammkapital von 1.000 EUR als angemessen angesehen (DNotZ 2011, 457 (459) = GmbHR 2011, 766), das KG Gründungsaufwand von 1.000 EUR bei Stammkapital von 1.000 EUR (DStR 2015, 2677 = GmbHR 2015, 1158).

III. Die Gesellschaft mit beschränkter Haftung (GmbH und UG) § 24

in diesem Fall nach einem gesetzlichen **„Musterprotokoll"**, das in zwei Varianten, davon eine für die Gründung einer Einpersonengesellschaft, in der Anlage zu § 2 Abs. 1a GmbHG wiedergegeben ist. Inhaltlich enthält das Musterprotokoll die Angaben nach § 3 Abs. 1 GmbHG (→ Rn. 535 ff.) und die Bestellung des Geschäftsführers. Dabei ist es unabänderlich vorgesehen, dass jeder Gesellschafter genau einen Geschäftsanteil erhält, dass keine Sacheinlagen vereinbart werden, dass der Geschäftsführer von den Beschränkungen des § 181 BGB befreit ist und dass die Gesellschaft die - nicht näher spezifizierten - Gründungskosten bis zu einem Betrag von 300 EUR trägt. Änderungen oder Ergänzungen des Mustertextes sind im Rahmen der Gründung unzulässig (§ 2 Abs. 1a S. 3 GmbHG), können aber durch Änderungen des Gesellschaftsvertrags nach der Eintragung der Gesellschaft vorgenommen werden. Voraussetzung für eine Gründung im vereinfachten Verfahren ist, dass die Gesellschaft maximal drei Gesellschafter und nur einen Geschäftsführer hat.

Bei einem Stammkapital von unter 30.000 EUR führt die Gründung im vereinfachten 560
Verfahren zu einer Ersparnis bei den Notarkosten, da der Mindestgeschäftswert von
30.000 EUR (§ 105 Abs. 1 S. 1 Nr. 1, S. 2 GNotKG) im vereinfachten Verfahren nicht
zur Anwendung kommt (§ 105 Abs. 6 Nr. 1 GNotKG) und die Geschäftsführerbestellung
in derselben Urkunde erfolgt, in der auch der Gesellschaftsvertrag beurkundet wird.[359] In
der Theorie ist aufgrund des geringeren Prüfungsaufwandes für das Registergericht zudem
von einer schnelleren Eintragung der Gesellschaft auszugehen, empirische Feststellungen
hierzu stehen aus.[360] Aufgrund der Einschränkungen bei der inhaltlichen Ausgestaltung
des Gesellschaftsvertrags sollte eine Gesellschaftsgründung im vereinfachten Verfahren allenfalls bei einer Einpersonengesellschaft in Betracht gezogen werden.

(e) Form des Gesellschaftsvertrags. Der Gesellschaftsvertrag einer GmbH bedarf der 561
notariellen Beurkundung und ist **von allen Gesellschaftern** zu unterzeichnen
(§ 2 Abs. 1 GmbHG). Dies gilt auch bei einer Gründung im vereinfachten Verfahren
(→ Rn. 559). Eine Vertretung durch einen Bevollmächtigten ist nur auf Basis einer zumindest notariell beglaubigten Vollmachtsurkunde zulässig (§ 2 Abs. 2 GmbHG). Der Gesetzgeber ist angehalten, bis spätestens zum 1.8.2021 ein nicht verpflichtendes Verfahren
einzurichten, mit dem sich die Gründung einer GmbH bei Nutzung elektronischer Identifizierungsmittel vollständig online vornehmen lässt (Art. 13g RL (EU) 2017/1132, eingefügt durch RL (EU) 2019/1151). Eine physische Anwesenheit vor eine Notar- oder eine
andere Stelle darf dann nur ausnahmsweise verlangt werden, bspw. wenn im Einzelfall
Anhaltspunkte vorliegen, die den Verdacht rechtfertigen, dass ein Fall des Identitätsmissbrauchs oder fehlender Geschäftsfähigkeit vorliegt.

(3) Erforderliche Handlungen vor der Registereintragung. Neben dem formwirksa- 562
men Abschluss des Gesellschaftsvertrags bedarf es für die Eintragung der GmbH der Erfüllung weiterer Voraussetzungen.

(a) Bestellung der ersten Geschäftsführer. Vor der Registeranmeldung ist von den 563
Gesellschaftern mindestens ein Geschäftsführer (§ 6 Abs. 1 GmbHG) zu bestellen. Dies
kann im Gesellschaftsvertrag oder durch einen gesonderten Gesellschafterbeschluss, der
üblicherweise im Rahmen der Beurkundung des Gesellschaftsvertrags aufgenommen und
notariell beglaubigt wird, erfolgen (§§ 6 Abs. 3 S. 2, 46 Nr. 5 GmbHG).

Zum Geschäftsführer kann jede **unbeschränkt geschäftsfähige natürliche Person** 564
bestellt werden (§ 6 Abs. 2 S. 1 GmbHG). Auf eine Gesellschafterstellung kommt es dabei nicht an (**Möglichkeit der Fremdorganschaft;** § 6 Abs. 3 S. 1 GmbHG).

---

[359] Im Detail MüKoGmbHG/*Heinze* § 2 Rn. 226.
[360] MüKoGmbHG/*Heinze* § 2 Rn. 252.

565 Geschäftsführer kann nicht sein, wer
- für die Besorgung seiner Vermögenangelegenheiten der Zustimmung eines Betreuers bedarf (§ 6 Abs. 2 S. 2 Nr. 1 GmbHG) oder
566 - aufgrund gerichtlicher oder behördlicher Entscheidung einen bestimmten Beruf, ein bestimmtes Gewerbe oder einen Gewerbezweig, der zumindest teilweise mit dem Gegenstand des Unternehmens übereinstimmt, nicht ausüben darf (§ 6 Abs. 2 S. 2 Nr. 2 GmbHG).

567 Für die Dauer von fünf Jahren ab Rechtskraft des Urteils kann ausweislich § 6 Abs. 2 S. 2 Nr. 3 GmbHG nicht Geschäftsführer sein, wer
- wegen Insolvenzverschleppung (§ 15a Abs. 4 InsO),
- Insolvenzstraftaten (§§ 283 ff. StGB),
- Falschangaben im Rahmen der Gründung einer Kapitalgesellschaft (§ 82 GmbHG, § 399 AktG),
- Unrichtiger Darstellung (§ 331 HGB, § 400 AktG, § 313 UmwG, § 17 PublG),
- Betrug (§ 263 ff. StGB) oder
- Untreue (§§ 266 ff. StGB)
– in den beiden letztgenannten Fällen zu einer Freiheitsstrafe von mindestens einem Jahr – verurteilt worden ist. Dies gilt auch bei einer Verurteilung im Ausland wegen einer vergleichbaren Tat (§ 6 Abs. 2 S. 3 GmbHG).

568 Die Geschäftsführer vertreten die Vorgesellschaft, wofür ein Handeln unter der Firma der (künftigen) Gesellschaft – korrekterweise mit dem Zusatz „i.Gr." – erforderlich ist. Ihre Geschäftsführungsbefugnis und Vertretungsmacht sind dabei bis zur Eintragung der Gesellschaft durch den Zweck der Vorgesellschaft dahingehend beschränkt, die Entstehung der GmbH zu fördern und die eingebrachten Einlagen (→ Rn. 569) zu verwalten und zu erhalten.[361] Eine Erweiterung dieser Befugnisse durch eine Ermächtigung aller Gesellschafter ist möglich.[362] So kann es den Geschäftsführern gestattet werden, die Geschäftstätigkeit bereits vor der Eintragung der GmbH aufzunehmen oder Vorbereitungsmaßnahmen (bspw. durch die Beauftragung eines Maklers oder der Anmietung einer Immobilie) durchzuführen.

569 **(b) Leistung auf die Stammeinlagen.** Vor der Registeranmeldung der Gesellschaft müssen alle **vereinbarten Sacheinlagen** (→ Rn. 547) vollständig an die Gesellschaft geleistet sein. Ob bei der Einlage einer Immobilie wegen der teilweise erheblichen Bearbeitungszeiten der Grundbuchämter eine Ausnahme dahingehend zu machen ist, dass eine Anwartschaft der Gesellschaft insoweit ausreichend ist, ist streitig.[363] Der Gesetzgeber hat im Gesetzgebungsverfahren allerdings verdeutlicht, dass für die Einlage einer Immobilie keine Ausnahme gelten soll.[364] Soweit der Nennbetrag eines Geschäftsanteils nicht durch eine Sacheinlage, sondern in bar – dies beinhaltet auch bargeldlose Zahlungen – zu leisten ist, muss mindestens ein Viertel der **Bareinlage** an die Vorgesellschaft geleistet werden. Angesichts des Umstandes, dass Bareinlagen zumeist bargeldlos geleistet werden, setzt dies regelmäßig die vorherige Eröffnung eines Bankkontos durch den oder die Geschäftsführer im Namen der Vorgesellschaft voraus. Insgesamt muss unabhängig von der Höhe des Stammkapitals mindestens die Hälfte des gesetzlichen Mindeststammkapitals von 25.000 EUR an die Gesellschaft geleistet werden (§§ 7 Abs. 2 S. 2, 5 Abs. 1 GmbHG). Eine gesellschaftsvertragliche Erhöhung der vor der Eintragung mindestens zu leistenden Bareinlagen ist möglich.

570 Bei einer **Gründung im vereinfachten Verfahren** (→ Rn. 559) sind nur Bareinlagen zulässig (Nr. 3 des Musterprotokolls). Im Gründungsprotokoll ist in diesem Fall für alle

---

[361] BGHZ 80, 129 = NJW 1981, 1373 (1375).
[362] BGHZ 80, 129 = NJW 1981, 1373 (1375).
[363] MüKoGmbHG/*Herrler* § 7 Rn. 123 ff. mwN.
[364] BT-Drs. 8/3908, 71 li.Sp.

Gesellschafter einheitlich festzuhalten, ob die Einlage vor der Eintragung zur Hälfte oder in voller Höhe geleistet werden muss (Nr. 3 des Musterprotokolls). Im Fall der Gründung einer **UG** sind – auch wenn die Gründung nicht im vereinfachten Verfahren erfolgt – stets nur Bareinlagen zulässig (§ 5a Abs. 2 S. 2 GmbHG), die vor der Anmeldung vollständig geleistet werden müssen (§ 5a Abs. 2 S. 1 GmbHG).

(c) Sachgründungsbericht. Sofern Sacheinlagen vereinbart sind (→ Rn. 547), haben die Gesellschafter in einem Sachgründungsbericht die für die Bewertung maßgeblichen Umstände darzulegen. Ist ein Unternehmen Gegenstand einer Sacheinlage, beinhaltet dies die Angabe der Jahresergebnisse der beiden letzten Geschäftsjahre (§ 5 Abs. 4 S. 2 GmbHG). Eine externe Sachgründungsprüfung wie bei der AG (§§ 33 Abs. 2 Nr. 4, Abs. 4 AktG; → Rn. 827) ist bei der GmbH nicht erforderlich. 571

(4) Handelndenhaftung. Gemäß § 11 Abs. 2 GmbHG haften die vor der Eintragung der Gesellschaft in deren Namen Handelnden neben der Vorgesellschaft persönlich. Diese persönliche Haftung ist wie die eines OHG-Gesellschafters akzessorisch (→ Fn. 169) und der Höhe nach unbeschränkt; Beschränkungen durch Individualvereinbarungen mit Gläubigern sind zulässig. Die Haftung bezieht sich lediglich auf Verbindlichkeiten aus rechtsgeschäftlichem Handeln einschließlich der Sekundäransprüche. Unerheblich ist es, ob im Namen der Vorgesellschaft, also insbesondere unter Verwendung des Zusatzes „i.Gr." oder im Namen der mangels Eintragung noch nicht entstandenen GmbH gehandelt wurde. Die Beschränkung der Haftung auf rechtsgeschäftliches Handeln führt dazu, dass als Haftende lediglich die Geschäftsführer in Betracht kommen. Die Handelndenhaftung endet mit der Eintragung der Gesellschaft; von diesem Zeitpunkt an haftet lediglich noch die GmbH. 572

Entsprach das Handeln des in Anspruch genommenen Geschäftsführers seinen Befugnissen, die sich regelmäßig aus einem der Bestellung zum Geschäftsführer zugrundeliegenden Geschäftsbesorgungsvertrag (§§ 675 Abs. 1, 611 BGB) ergeben, hat dieser einen Erstattungsanspruch gegen die Vorgesellschaft, der inhaltlich auch in der Freihaltung (§ 257 BGB) bestehen kann. Andernfalls kommt ein Anspruch gegen die Gesellschaft nur unter dem Gesichtspunkt einer GoA in Betracht, was voraussetzt, dass eine Pflicht der Gesellschaft, deren Erfüllung im öffentlichen Interesse lag, ohne die (vertragswidrige) Geschäftsführung nicht rechtzeitig erfüllt worden wäre (§ 679 BGB). Ob und unter welchen Voraussetzungen auch Ersatzansprüche gegen die Gesellschafter bestehen, ist umstritten und von der Rechtsprechung noch nicht entschieden. Einigkeit besteht aber darin, dass solche Ansprüche nur im Ausnahmefall bestehen können. 573

(5) Anmeldung zum Handelsregister. Die Registeranmeldung ist von allen Geschäftsführern zu veranlassen (§§ 7 Abs. 1, 78 GmbHG). Die Anmeldung muss elektronisch in öffentlich beglaubigter Form erfolgen (§ 12 Abs. 1 HGB), was die Beauftragung eines Notars erforderlich macht (§ 39a BeurkG). Der Gesetzgeber ist angehalten, bis zum 1.8. 2021 die Möglichkeit zu eröffnen, eine Anmeldung ohne physische Anwesenheit beim Notar oder einer anderen Stelle vorzunehmen (→ Rn. 561). 574

(a) Einzureichende Unterlagen. Mit der Anmeldung der Gesellschaft zum Handelsregister sind folgende Unterlagen einzureichen: 575
- der **Gesellschaftsvertrag** und gegebenenfalls die Vollmachen der aufgrund einer Bevollmächtigung handelnden Unterzeichner (§ 8 Abs. 1 Nr. 1 GmbHG),
- der Gesellschafterbeschluss über die **Bestellung der Geschäftsführer,** sofern deren Bestellung nicht im Gesellschaftsvertrag vorgenommen wurde (§ 8 Abs. 1 Nr. 2 GmbHG; → Rn. 563 ff.),
- im Fall eines vereinbarten Aufsichtsrats (→ Rn. 647), dessen Mitglieder bereits vor der Eintragung der Gesellschaft bestellt wurden, die Bestellungsurkunde (§§ 37 Abs. 4

Nr. 3 AktG, 52 Abs. 3 S. 1 GmbHG) sowie eine **Liste der Aufsichtsratsmitglieder** unter Nennung von Name, Vorname, ausgeübten Beruf und Wohnort (§§ 37 Abs. 4 Nr. 3a AktG, 52 Abs. 3 S. 1 GmbHG); für einen freiwillig eingerichteten **Beirat** (→ Rn. 648) gilt diese Bestimmung nicht.[365]

576 • eine von den Geschäftsführern unterschriebene **Gesellschafterliste,** in der die Daten der Gesellschafter (bei natürlichen Personen Name, Vorname, Geburtsdatum und Wohnort; bei eingetragenen Gesellschaften Firma, statutarischer Sitz, Registergericht und Registernummer; bei nicht eingetragenen Gesellschaften die vorgenannten Daten ihrer Gesellschafter unter einer zusammenfassenden Bezeichnung), deren Geschäftsanteile (Nennbeträge und laufende Nummern) sowie die Höhe der prozentualen Beteiligung an der Gesellschaft pro Geschäftsanteil und in der Summe (jeweils bezogen auf die Nennbeträge der Geschäftsanteile in Relation zum Stammkapital) anzugeben sind (§§ 8 Abs. 1 Nr. 3, 40 Abs. 1 GmbHG),

577 • bei Sacheinlagen die schuldrechtlichen und dinglichen Verträge, aus denen sich die Leistung an die Gesellschaft ergibt,[366] den Sachgründungsbericht (→ Rn. 571) sowie Unterlagen, die zeigen, dass der Wert des Sacheinlage mindestens dem Nennbetrag der dafür übernommenen Geschäftsanteile entspricht (§§ 8 Abs. 1 Nr. 4, Nr. 5 GmbHG).

578 Bei einer Gründung im vereinfachten Verfahren (→ Rn. 559) ist angesichts des Umstandes, dass eine Gründung in diesem Fall nur als Bargründung zulässig ist und die Geschäftsführerbestellung im Gründungsprotokoll, das gleichzeitig als Gesellschafterliste gilt (§ 1 Abs. 2a S. 4 GmbHG), erfolgt, lediglich das notariell beurkundete Gründungsprotokoll mit der Anmeldung einzureichen.

579 **(b) Abzugebende Erklärungen.** Im Rahmen der Anmeldung ist von den Geschäftsführern zu versichern, dass
• die Einlagen im erforderlichen Mindestumfang (→ Rn. 569) geleistet wurden und sich endgültig in der freien Verfügung der Geschäftsführer befinden (§§ 8 Abs. 2 S. 1, 7 Abs. 2, Abs. 3 GmbHG). Freie Verfügung bedeutet dabei, dass der Gegenstand der Leistung den Geschäftsführern rechtlich und tatsächlich uneingeschränkt zur Verfügung steht. Dies ist beispielsweise nicht der Fall, wenn die Einlage mangels eines Bankkontos der Gesellschaft „zunächst" auf das Konto eines nicht geschäftsführungsbefugten Gesellschafters überwiesen wird, für das der Geschäftsführer Einzelvollmacht hat, da der nicht geschäftsführungsbefugte Gesellschafter in diesem Fall ohne Einwilligung des Geschäftsführers – und sogar gegen dessen Willen – über die Einlage verfügen kann.[367]
• keine Umstände nach § 6 Abs. 2 S. 2 Nr. 2 GmbHG (→ Rn. 566) oder § 6 Abs. 2 S. 2 Nr. 3, S. 3 GmbHG (→ Rn. 567) vorliegen, die ihrer Bestellung zum Geschäftsführer entgegenstehen (§ 8 Abs. 3 S. 1 GmbHG),
• sie über ihre unbeschränkte Auskunftspflicht gegenüber dem Registergericht belehrt worden sind (§ 8 Abs. 3 S. 1 GmbHG).

580 **(c) Weitere Angaben.** Schließlich sind in der Anmeldung eine inländische Geschäftsanschrift (§ 8 Abs. 4 Nr. 1 GmbHG) sowie die Art und der Umfang der Vertretungsbefugnis der Geschäftsführer (§ 8 Abs. 4 Nr. 2 GmbHG) anzugeben, wobei sich der Sinn der geforderten Angabe des Umfangs der Vertretungsbefugnis nicht erschließt, da dieser nicht mit Außenwirkung beschränkt werden kann (§ 37 Abs. 2 S. 1 GmbHG).

581 **cc) Eintragung beziehungsweise Nichteintragung.** Die juristische Person und damit die Gesellschaft als solche entsteht durch die konstitutive Eintragung im Handelsregister aus der Vorgesellschaft. Dogmatisch ungeklärt ist dabei, ob es sich insoweit um eine Um-

---

[365] MüKoGmbHG/*Spindler* § 52 Rn. 740.
[366] Die schuldrechtliche Vereinbarung liegt meist in dem Gesellschaftsvertrag selbst.
[367] BGH NJW 2001, 1647 (1648) = GmbHR 2001, 641.

III. Die Gesellschaft mit beschränkter Haftung (GmbH und UG) § 24

wandlung handelt oder „lediglich" eine - unzweifelhaft vorliegende - rechtliche Identität besteht. Alle Vermögensgegenstände und Schulden der Vorgesellschaft sind mit der Eintragung solche der Gesellschaft, die Haftung der vor der Eintragung Handelnden (→ Rn. 572) erlischt. Unterschreitet das Eigenkapital der Gesellschaft zum Zeitpunkt der Eintragung das Stammkapital, haften die Gründer der Gesellschaft für den Differenzbetrag persönlich („Unterbilanzhaftung"; → Rn. 660).

Steht es fest, dass die Gesellschaft nicht zur Eintragung kommt, weil die Gesellschafter 582 diese — gegebenenfalls nach einer bereits erfolgten Ablehnung der Eintragung (§ 9c GmbHG) — nicht weiter verfolgen, ist die Erreichung des Zwecks der Vorgesellschaft, die Gesellschaft zur Eintragung zu bringen, unmöglich geworden, sodass die Vorgesellschaft entsprechend § 726 BGB aufgelöst und abzuwickeln ist. Eine Fortsetzung der bereits begonnenen Geschäftstätigkeit oder gar die Aufnahme der Geschäftstätigkeit hat in diesem Fall die Entstehung einer GbR beziehungsweise einer OHG zur Folge.

b) Entstehung durch Umwandlung. Eine GmbH kann zudem (auch in der Variante 583 der UG) auch nach den Vorschriften des UmwG durch Verschmelzung, Spaltung oder Formwechsel entstehen.

3. Rechte und Pflichten der Gesellschafter und der Organe

a) Gesellschafter. aa) Rechte der Gesellschafter. Bei Kapitalgesellschaften - und damit auch bei der GmbH - wird wie bei den Personengesellschaften zwischen den Verwaltungs- und den Vermögensrechten der Gesellschafter unterschieden. 584

(1) Verwaltungsrechte. Die Verwaltungsrechte (zum Begriff → Rn. 51) der Gesellschafter sind im Vergleich zu denen bei einer Personengesellschaft deutlich eingeschränkt, was sich insbesondere daraus begründet, dass die Gesellschafter einer GmbH für deren Verbindlichkeiten nicht persönlich haften und es sich bei einer GmbH um eine eigenständige (juristische) Person handelt. 585

(a) Geschäftsführungsbefugnis. Die organschaftliche Geschäftsführung erfolgt nach den 586 gesetzlichen Regelungen durch die Geschäftsführer (dazu im Einzelnen → Rn. 620 ff.), bei denen es sich um Gesellschafter handeln kann, aber nicht muss (**„Möglichkeit der Fremdgeschäftsführung"** beziehungsweise der Fremdorganschaft). Für eine allein aus der Gesellschafterstellung resultierende Geschäftsführungsbefugnis eines Gesellschafters bedarf es mangels einer entsprechenden gesetzlichen Regelung einer gesellschaftsvertraglichen Vereinbarung.[368] Sofern solch eine Vereinbarung getroffen wird, sollte aus Sicht der übrigen Gesellschafter darauf geachtet werden, dass die Geschäftsführungsbefugnis nicht personenunabhängig (*„der Inhaber des Geschäftsanteils Nr. 3"*), sondern einem namentlich benannten Gesellschafter unter der auflösenden Bedingung des Verlustes der Beteiligung erteilt wird, um zu vermeiden, dass der Gesellschafter über den Verlust seiner Beteiligung hinaus geschäftsführungsbefugt ist[369] oder ein Nachfolger in der Beteiligung automatisch geschäftsführungsbefugt ist. Das Recht der übrigen Gesellschafter, dem geschäftsführenden Gesellschafter die Geschäftsführungsbefugnis aus wichtigem Grund zu entziehen, ist unabdingbar (§ 38 Abs. 2 S. 1 GmbHG; → Rn. 632) und bleibt von solch einer Vereinbarung unberührt.

(b) Vertretungsbefugnis. Die organschaftliche Vertretung der Gesellschaft erfolgt zwin- 587 gend durch die Geschäftsführer (§§ 35 Abs. 1 S. 1, 37 Abs. 1 S. 1 GmbHG). Vor diesem

---
[368] BGH NJW 2012, 1656 (1658).
[369] Dies ist nach der Rspr. des BGH ohnehin nicht möglich, da Sonderrechte stets an die Gesellschafterstellung gebunden sind (NJW 2012, 1656 (1658)).

Hintergrund gelten die vorstehenden Ausführungen zur Geschäftsführung (→ Rn. 586) entsprechend.

588 **(c) Stimmrecht.** Mit der Beteiligung an der Gesellschaft geht ein Stimmrecht der Gesellschafter in den in § 46 GmbHG genannten, gegebenenfalls durch den Gesellschaftsvertrag modifizierten und ergänzten Angelegenheiten der Gesellschaft einher, das in der Gesellschafterversammlung - einem Organ der Gesellschaft - ausgeübt wird (§§ 47 Abs. 1, 48 Abs. 1 GmbHG; → Rn. 634 ff.). Man spricht bei diesen Rechten auch von den **versammlungsbezogenen Verwaltungsrechten.** Unmittelbar mit dem Stimmrecht einher geht das Recht jedes Gesellschafters, an den Gesellschafterversammlungen teilzunehmen und diese in besonderen Konstellationen auch selbst einzuberufen (§ 50 Abs. 3 S. 1 GmbHG).

589 **(d) Kontrollrechte.** Jedem Gesellschafter steht unabhängig von der Höhe seiner Beteiligung gegenüber der Gesellschaft ein Recht auf **Auskunft** über deren Angelegenheiten und auf **Einsicht** in deren Bücher und Schriften zu (§ 51a Abs. 1 GmbHG). Da dieses Recht, das nicht höchstpersönlich ist, sondern auch durch Dritte wahrgenommen werden kann, wenn die Wahrung der Vertraulichkeit gewährleistet ist,[370] Ausfluss der gegenwärtigen Gesellschafterstellung ist, steht es **ehemaligen Gesellschaftern** selbst bei einem bestehenden rechtlichen Interesse nicht zu;[371] in diesem Fall kann aber ein materiell-rechtliche Auskunftsanspruch aus § 810 BGB oder aus § 242 BGB in Betracht kommen. Das Auskunfts- und Einsichtsrecht ist **nicht abdingbar** (§ 51a Abs. 3 GmbHG); einem Auskunfts- oder Einsichtsverlangen eines Gesellschafters ist **unverzüglich nachzukommen** (§ 51a GmbHG).

590 Eine Auskunft oder Einsichtnahme darf lediglich **verweigert** werden, wenn Tatsachen die Besorgnis begründen, dass der Gesellschafter diese zu **gesellschaftsfremden Zwecken** verwendet und der Gesellschaft oder einem verbundenen Unternehmen dadurch einen **nicht unerheblichen Nachteil** zufügt (§ 51a Abs. 2 S. 1 GmbHG). Gesellschaftsfremde Zwecke sind dabei alle nicht im Zusammenhang mit der Mitgliedschaft stehenden Zwecke. Häufigster Anwendungsfall ist die Beteiligung des Gesellschafters an einem **Konkurrenzunternehmen,** die für sich allerdings keine entsprechende Besorgnis rechtfertigt. Anders wird es regelmäßig sein, wenn die Beteiligung an dem Konkurrenzunternehmen wesentlich oder höher ist, als die an der Gesellschaft, oder der Gesellschafter für dieses tätig ist. Je nach den Umständen des Einzelfalls kann auch eine Beteiligung einer dem Gesellschafter nahestehenden Person an einem Konkurrenzunternehmen eine Verweigerung rechtfertigen. Die Verweigerung ist auf das aus Gesellschaftssicht Erforderliche zu beschränken. Die Missbrauchsgefahr kann durch die Zwischenschaltung eines vertrauenswürdigen, zur Verschwiegenheit verpflichteten Sachverständigen, der sich der Gesellschaft gegenüber verpflichtet, seinen Auftraggeber nur über bestimmte Erkenntnisse zu berichten, neutralisiert werden.

591 Über die Verweigerung **beschließen die übrigen Gesellschafter** in einer von den Geschäftsführern einzuberufenden Gesellschafterversammlung. Der betroffene Gesellschafter ist teilnahme-, aber nicht stimmberechtigt. Durch einen das Auskunfts- oder Informationsansinnen ablehnenden Beschluss werden die Geschäftsführer angewiesen, die begehrte Auskunft nicht zu erteilen beziehungsweise die begehrte Einsicht nicht zu gewähren.

592 **(e) Kündigungsrecht.** Ein Recht zur Kündigung der Beteiligung oder gar der Gesellschaft ist im Gesetz nicht vorgesehen. Anerkannt ist aber das Recht eines jeden Gesellschafters, aus wichtigem Grund aus der Gesellschaft auszutreten (→ Rn. 690 ff.). Die

---

[370] Roth/Altmeppen/*Altmeppen* GmbHG § 51a Rn. 16; MüKoGmbHG/*Hillmann* § 51a Rn. 19.
[371] BGH NJW 1989, 225.

gesellschaftsvertragliche Vereinbarung eines Austrittsrechts ohne wichtigen Grund ist möglich (→ Rn. 699 ff.).

(f) Weitere Verwaltungsrechte. Gesellschafter haben zudem das Recht zur **Anfechtung von** (anfechtbaren) **Gesellschafterbeschlüssen** (entsprechend §§ 241 ff. AktG). In besonderen Ausnahmekonstellationen steht ihnen das Recht zu, aus dem Gesellschaftsverhältnis resultierende Ansprüche der Gesellschaft gegen Mitgesellschafter, deren Geltendmachung eigentlich in die Kompetenz der Geschäftsführer fällt (→ Rn. 623), in Prozessstandschaft – also in eigenem Namen – geltend zu machen (**„Gesellschafterklage"** oder auch *„actio pro socio"*). **Weitere Verwaltungsrechte** können im Gesellschaftsvertrag vereinbart werden (→ Rn. 554). 593

(2) Vermögensrechte. Die Vermögensrechte der Gesellschafter beschränken sich im gesetzlichen Normalfall auf das Recht auf Beteiligung am Ergebnis des abgelaufenen Geschäftsjahres und – bei Beendigung der Gesellschaft – am Ergebnis der Liquidation. 594

(a) Aufwendungsersatz. Aufwendungen sind freiwillige Vermögensopfer. Ein mit der Beteiligung einhergehendes Vermögensrecht, das die Gesellschaft § 110 HGB vergleichbar verpflichtet, den Gesellschaftern die für die Gesellschaft getätigten Aufwendungen zu ersetzen (→ Rn. 237 ff.), gibt es im Recht der Kapitalgesellschaften nicht. Da die Befugnis zur Geschäftsführung und Vertretung der Gesellschaft bei den Geschäftsführern liegt, ist eine solche Norm auch nicht erforderlich. Aufwendungsersatzansprüche eines Gesellschafters können daher nur aus den allgemeinen zivilrechtlichen Regelungen resultieren, namentlich bei einer Beauftragung durch die Gesellschaft (§ 670 BGB) oder bei einer dem tatsächlichen oder dem mutmaßlichen Willen der Gesellschaft entsprechenden Geschäftsführung ohne Auftrag (§§ 683 S. 1, 670 BGB). 595

Aufwendungsersatzansprüche sind von der Zeit der Aufwendung an mit dem gesetzlichen Zinssatz von 4% p.a. **zu verzinsen** (§§ 256, 246 BGB); im Verzugsfall liegt der halbjährlich angepasste Jahreszinssatz 5%-Punkte über dem jeweiligen Basiszinssatz (§§ 288 Abs. 1, 247 BGB). Besteht die Aufwendung in der Begründung einer Verbindlichkeit, besteht ein Befreiungsanspruch (§ 257 BGB). 596

(b) Ergebnisbeteiligung. Die Gesellschafter beschließen auf Basis des von ihnen festgestellten Jahresabschlusses über die Ergebnisverwendung (§ 46 Nr. 1 GmbHG). Soweit der Beschluss über die Ergebnisverwendung eine Ausschüttung an die Gesellschafter vorsieht, begründet dieser einen Anspruch jedes Gesellschafters auf einen seiner quotalen Beteiligung am Stammkapital der Gesellschaft entsprechenden Anteil am ausgeschütteten Betrag (§ 29 Abs. 3 GmbHG). Im Gesellschaftsvertrag kann eine andere Verteilung vereinbart werden (§ 29 Abs. 3 GmbHG). Ebenso ist eine abweichende Vereinbarung durch einen Gesellschafterbeschluss möglich, für den es neben der erforderlichen Stimmenmehrheit auch der Zustimmung der von diesem Beschluss betroffenen Gesellschafter bedarf. 597

Eine Beteiligung an einem negativen Ergebnis in Form einer automatischen **Nachschusspflicht** ist gesetzlich nicht vorgesehen. Gesellschaftsvertraglich kann eine Verlustausgleichspflicht als Nebenleistungsplicht aufgrund des unübersehbaren Haftungsrisikos nicht ohne betragsmäßige Grenze vereinbart werden (→ Rn. 551).[372] Ein situationsbedingter Beschluss einer Nachschusspflicht ist nur zulässig, wenn der Gesellschaftsvertrag die Möglichkeit solch eines Beschlusses vorsieht (§ 26 Abs. 1 GmbHG; → Rn. 614 ff.). 598

Im Fall der Auflösung der Gesellschaft wird diese regelmäßig liquidiert (→ Rn. 771 ff.). Die Gesellschafter haben in diesem Fall einen Anspruch auf den ihrer Beteiligungsquote entsprechenden **Anteil am Liquidationsüberschuss,** gesellschaftsvertraglich kann eine andere Verteilung vorgesehen werden (§ 72 GmbHG). 599

---

[372] BGH NZG 2008, 148; NJW-RR 1989, 228.

600 bb) Pflichten der Gesellschafter. Die Pflichten der Gesellschafter sind weniger ausgeprägt als bei einer Personengesellschaft. Sie beschränken sich im Wesentlichen auf die Beitragspflicht und die Treuepflicht.

601 (1) Förderungspflicht. Eine Gesellschaft setzt zwingend die Vereinbarung der Gesellschafter voraus, den gemeinsamen Zweck zu fördern (§ 705 BGB; → Rn. 29). Bei der GmbH ist diese Pflicht im Wesentlichen auf die Geschäftsführer delegiert und reduziert sich bei den Gesellschaftern daher faktisch auf die Treuepflicht (→ Rn. 617) und die Pflicht, die vereinbarten Beiträge zu leisten (→ Rn. 602 ff.).

602 (2) Beitragspflicht. Die wesentliche Pflicht der Gesellschafter besteht darin, die vereinbarten Beiträge an die Gesellschaft zu leisten.

603 (a) Gegenstand der Beitragspflicht. Vereinbart werden können Geld- und Sacheinlagen. Vereinbarte Sacheinlagen sind im Gesellschaftsvertrag zu spezifizieren (→ Rn. 547). Dass ausschließlich Sacheinlagen vereinbart werden (**„Sachgründung"**) ist selten, da eine Gesellschaft stets – und gerade in der Anfangsphase – eine gewisse Liquidität zum Arbeiten benötigt und eine dauerhaft unzureichende Liquidität eine Insolvenzantragspflicht unter dem Gesichtspunkt der Zahlungsunfähigkeit begründet (§§ 15a Abs. 1 S. 1, 17 Abs. 2 InsO). Sofern Sacheinlagen vereinbart werden, ist daher zumeist auch eine Barkomponente vorgesehen; man spricht in diesem Fall von einer **„Mischgründung"**. Zumeist erfolgt die Gründung in Form einer **Bargründung,** bei der das Stammkapital dem Mindestbetrag von 25.000 EUR (§ 5 Abs. 1 GmbHG) entspricht. Im Fall einer **UG** oder einer Gründung im **vereinfachten Verfahren** ist die Vereinbarung von Sacheinlagen unzulässig (§ 5a Abs. 2 S. 2 GmbHG beziehungsweise Nr. 3 des Musterprotokolls).

604 (b) Grundsatz der realen Kapitalaufbringung. Aufgrund der fehlenden persönlichen Haftung der Gesellschafter ist es aus Gründen des Gläubigerschutzes elementar, dass das vereinbarte Stammkapital der Gesellschaft durch die vereinbarten Beiträge wertmäßig vollständig aufgebracht wird („Grundsatz der realen Kapitalaufbringung").

605 (aa) Konsequenzen für Sacheinlagen. Bei der Vereinbarung von Sacheinlagen besteht die Gefahr, dass diese fehlerhaft bewertet werden. Die Unterbewertung einer Sacheinlage stellt dabei eine Begünstigung der Gesellschaft dar und ist daher unter dem Gesichtspunkt des Gläubigerschutzes unproblematisch. Soweit der Wert einer Sacheinlage den Nennbetrag der dafür gewährten Geschäftsanteile zum Zeitpunkt der Eintragung hingegen unterschreitet, wird das Stammkapital im Ergebnis nicht in der vereinbarten Höhe aufgebracht. Der entsprechende Gesellschafter hat in diesem Fall den Differenzbetrag in Geld an die Gesellschaft zu leisten (§ 9 Abs. 1 GmbHG). Verjährung tritt insoweit zehn Jahre nach der Eintragung der Gesellschaft ein (§ 9 Abs. 2 GmbHG).

606 Die Feststellung, ob die Bewertung der Sacheinlagen angemessen ist, setzt voraus, dass diese überhaupt einer Bewertung zugänglich sind. Ein nicht bewertbarer Gegenstand kann daher nicht Gegenstand einer Sacheinlage sein. Auf die Bilanzierungsfähigkeit der Sacheinlage soll es nach herrschender Meinung hingegen nicht ankommen.[373] Diese – der Rechtsprechung des BGH widersprechende –[374] Ansicht übersieht zumindest, dass die Einlage eines nicht bilanzierungsfähigen Gegenstandes zwangsläufig zu einer Unterbilanz und damit zu einer Unterbilanzhaftung der Gesellschafter (→ Rn. 660) führt, die (wertmäßige) Einlagepflicht trotz der Sacheinlage über die Unterbilanzhaftung also faktisch fortbesteht. Angesichts des Umstandes, dass von einem Gesellschafter selbstgeschaffene immaterielle Vermögensgenstände, die üblicherweise den Inbegriff nicht aktivierungsfähi-

---

[373] MüKoGmbHG/*Schwandtner* § 5 Rn. 70 mwN.
[374] BGHZ 29, 300 = NJW 1959, 934.

III. Die Gesellschaft mit beschränkter Haftung (GmbH und UG) § 24

ger Vermögensgegenstände darstellen, bei einer Sacheinlage in eine Kapitalgesellschaft bei dieser aktivierungsfähig und -pflichtig sind,[375] fragt sich ohnehin, welche nicht aktivierungsfähigen, gleichwohl aber werthaltigen Gegenstände es überhaupt geben sollte.

(bb) Behandlung verdeckter Sacheinlagen. Von einer verdeckten Sacheinlage wird gesprochen, wenn formal eine Bargründung vereinbart wird, aufgrund einer im Zusammenhang mit der Vereinbarung getroffenen Abrede faktisch aber eine Misch- oder Sachgründung vereinbart ist (§ 19 Abs. 4 S. 1 GmbHG). Klassischer Fall ist die im Zusammenhang mit der Gründung der Gesellschaft getroffene Vereinbarung, dass die Gesellschaft nach ihrer Eintragung einen bestimmten Gegenstand von einem Gesellschafter oder einem zwischengeschalteten Dritten erwirbt. Solch ein Vorgehen stellt eine Umgehung der Sachgründungsvorschriften, insbesondere des Erfordernisses, einen Sachgründungsbericht aufzustellen (→ Rn. 571), dar, berührt die Wirksamkeit der getroffenen Abreden und der Leistung des Gegenstands der (verdeckten) Sacheinlage an die Gesellschaft aber nicht (§ 19 Abs. 4 S. 3 GmbHG). Allerdings wird der Gesellschafter trotz der formal bereits erfolgten Leistung der vordergründig vereinbarten Bareinlage nicht von seiner Einlagepflicht befreit. Auf die somit weiterhin bestehende Einlagepflicht wird der Wert der verdeckten Sacheinlage zum Zeitpunkt der Überlassung beziehungsweise – sofern die Überlassung vor der Eintragung der Gesellschaft erfolgt – zum Zeitpunkt der Eintragung angerechnet (§ 19 Abs. 4 S. 3 GmbHG), sodass der Gesellschafter faktisch zum Differenzausgleich verpflichtet ist. Anders als im Fall einer offenen Sacheinlage trägt der Gesellschafter im Streitfall aber die Beweislast für den Wert des Gegenstands der verdeckten Sacheinlage. 607

(cc) Kreditierung von Einlagen. Sofern die Gründung nicht im vereinfachten Verfahren erfolgt, ist eine **vollständige Aufbringung** des vereinbarten Stammkapitals durch Leistung der vereinbarten Einlagen vor der Anmeldung zur Eintragung nur erforderlich, soweit Sacheinlagen vereinbart sind (§ 7 Abs. 3 GmbHG; → Rn. 569). Bei Geldeinlagen ist es demgegenüber ausreichend, dass diese zum Zeitpunkt der Anmeldung jeweils zu mindestens einem Viertel geleistet sind (§§ 7 Abs. 2 S. 1, Abs. 3 GmbHG); insgesamt müssen zum Zeitpunkt der Anmeldung mindestens 12.500 EUR in Form von Sach- oder Geldeinlagen auf die Geschäftsanteile geleistet sein (§§ 7 Abs. 2 S. 2, 5 Abs. 1 GmbHG). Faktisch ist es damit trotz des Mindeststammkapitals von 25.000 EUR möglich, eine GmbH zu gründen, obwohl lediglich Mittel in Höhe von 12.500 EUR zur Verfügung stehen, wobei die nicht vor der Anmeldung erbrachten Einlagen natürlich gleichwohl geschuldet sind und ihre Leistung von den Geschäftsführern jederzeit verlangt werden kann. 608

Aus **Sicht der Gesellschaft und der Gesellschaftsgläubiger** beinhaltet eine nur teilweise Kapitalaufbringung vor der Eintragung die Gefahr der fehlenden Leistungswilligkeit und -fähigkeit der einlagepflichtigen Gesellschafter zum Zeitpunkt der Einforderung der ausständigen Einlagen und damit die Gefahr, dass das vereinbarte Stammkapital nicht vollständig aufgebracht wird. Da die vollständige Aufbringung des gezeichneten Kapitals - hier des Stammkapitals - bei einer Kapitalgesellschaft von essentieller Bedeutung ist, hat die Gesellschaft weitreichende, auch durch eine gesellschaftsvertragliche Vereinbarung nicht abdingbare oder zugunsten der Gesellschafter „aufweichbare" Möglichkeiten, auf die Nichtleistung ausstehender Einlagen zu reagieren (§§ 25, 21 ff. GmbHG). 609

So kann ein Gesellschafter, der seine eingeforderte ausstehende Einlage trotz einer mit einer Nachfrist von mindestens einem Monat und der Androhung des Ausschlusses versehenen Leistungsaufforderung der Gesellschaft nicht leistet, des entsprechenden Geschäftsanteils und der bereits erfolgten Leistungen auf diesen zugunsten der Gesellschaft für verlustig erklärt werden („**Kaduzierung**"; §§ 21 Abs. 1 S. 1, S. 3, Abs. 2 S. 1 GmbHG). 610

---

[375] Winkeljohann/Förschle/Deubert/*Winkeljohann/Schellhorn*, Sonderbilanzen Rn. D 134.

Die Kaduzierung bedarf dabei ebenso wie die Leistungsaufforderung eines eingeschriebenen Briefes (§§ 21 Abs. 1 S. 2, Abs. 2 S. 2 GmbHG).

611 Von der Kaduzierung an haften auch die Rechtsvorgänger des säumigen (ehemaligen) Gesellschafters für die ausstehende Einlage (§§ 22 Abs. 1, Abs. 3 GmbHG). Bei mehreren Rechtsvorgängern sind diese in chronologischer Reihenfolge beginnend mit dem unmittelbaren Rechtsvorgänger in Anspruch zu nehmen (§ 22 Abs. 2 GmbHG), wobei die Inanspruchnahme eines früheren Rechtsvorgängers voraussetzt, dass der zuvor in Anspruch genommene Rechtsvorgänger nicht binnen eines Monats nach Zugang der Zahlungsaufforderung geleistet hat (§ 22 Abs. 2 GmbHG). Ein den rückständigen Betrag ausgleichender Rechtsvorgänger wird Inhaber des Geschäftsanteils (§ 22 Abs. 4 GmbHG). Ist der rückständige Betrag auf diese Weise hingegen nicht realisierbar, kann der Geschäftsanteil öffentlich versteigert werden (§§ 23 GmbHG, 814 ZPO); mit Zustimmung des ausgeschlossenen Gesellschafters ist auch eine andere Art der Verwertung zulässig. Für verbleibende Differenzen haften sowohl der ausgeschlossene Gesellschafter (§ 21 Abs. 3 GmbHG) als auch – im Verhältnis der Nennbeträge ihrer Geschäftsanteile – die übrigen Gesellschafter. Bei einem Ausfall auch eines der übrigen Gesellschafter gilt dies für die dann übrigen Gesellschafter entsprechend (§ 24 GmbHG).

612 Aus **Sicht der Gesellschafter** beinhaltet die nicht vollständige Leistung der Einlagen vor der Anmeldung der Gesellschaft neben der Gefahr, dass (unerwünschte) Dritte im Rahmen der Verwertung eines kaduzierten Geschäftsanteils Gesellschafter werden auch die Gefahr der Haftung für anderweitig nicht realisierbare ausstehende Einlagen von Mitgesellschaftern. Die gesellschaftsvertragliche Abrede, dass die vereinbarten Einlagen innerhalb einer kurzen Frist vollständig an die (Vor-)Gesellschaft zu leisten sind und eine Anmeldung der GmbH zum Handelsregister erst erfolgen darf, wenn die Einlagen vollständig geleistet wurden, kann daher empfehlenswert sein, zumal das Haftungsrisiko in Abhängigkeit von der Anzahl der Gesellschafter, der Höhe der ausstehenden Einlagen und der Verteilung der Geschäftsanteile eine erhebliche Größenordnung annehmen kann. Wird beispielsweise eine Zweipersonen-GmbH mit einem in bar zu leistenden Stammkapital von 100.000 EUR gegründet, an der ein Gesellschafter zu 5 %, und der andere zu 95 % beteiligt ist und bei der die Einlagen vor der Anmeldung vereinbarungsgemäß nur im gesetzlichen Mindestmaß von 25 % zu leisten sind, haftet der Minderheitsgesellschafter bei eigenen Geschäftsanteilen mit einem Nennbetrag von 5.000 EUR nicht nur für die eigenen ausstehenden Einlagen (3.750 EUR), sondern auch für die ausstehenden Einlagen des Mehrheitsgesellschafters (71.250 EUR), soweit diese nicht durch die Versteigerung der entsprechenden Geschäftsanteile realisiert werden können. Diese Szenario ist für die Gesellschafter zwar beherrschbar, da die Einforderung ausstehender Einlagen das Innenverhältnis der Gesellschaft betrifft, sodass die Geschäftsführer – so es sich bei diesen nicht ohnehin um die Gesellschafter selbst handelt – einen der Einforderung ausstehender Einlagen oder den beschriebenen möglichen Folgemaßnahmen entgegenstehenden Beschluss der Gesellschafter, bei dem der säumige Gesellschafter nicht stimmberechtigt ist, zu beachten haben. Im Fall der Insolvenz der Gesellschaft fordert der nicht den Weisungen der Gesellschafter unterliegende Insolvenzverwalter ausstehende Einlagen aber regelmäßig (schon zur Vermeidung der eigenen Haftung) ein.

613 Der Anspruch der Gesellschaft auf Leistung der Einlagen verjährt zehn Jahre nach der Eintragung der Gesellschaft (§ 19 Abs. 6 S. 1 GmbHG). Sofern in unverjährter Zeit ein Insolvenzverfahren über das Vermögen der Gesellschaft eröffnet wird, tritt die Verjährung frühesten sechs Monate nach Eröffnung des Insolvenzverfahrens ein (§ 19 Abs. 6 S. 2 GmbHG).

614 **(3) Nachschusspflicht.** Eine Nachschusspflicht ist gesetzlich nicht vorgesehen. Sie kann aber von den Gesellschaftern beschlossen werden, wenn der Gesellschaftsvertrag diese Möglichkeit eröffnet (§ 26 Abs. 1 GmbHG), wobei zwischen einer auf einen bestimmten Betrag beschränkten und einer unbeschränkten Nachschusspflicht zu unterscheiden ist.

Im Fall einer **beschränkten Nachschusspflicht** stehen der Gesellschaft bei einer verzögerten Leistung des eingeforderten Nachschusses die gleichen Rechte zu, wie im Fall einer nicht erbrachten Einlageleistung (§§ 28 Abs. 1, 21 ff. GmbHG; → Rn. 609 ff.); eine Differenzhaftung der übrigen Gesellschafter ist in diesem Fall allerdings ausgeschlossen.

Bei einer **unbeschränkten Nachschusspflicht** kann ein Gesellschafter sich demgegenüber von der Pflicht zur Leistung eines eingeforderten Nachschusses befreien, indem er der Gesellschaft seinen Geschäftsanteil zur Befriedigung zur Verfügung stellt (**„Preisgabe"**); bei mehreren Geschäftsanteilen kann die Preisgabe auf bestimmte Geschäftsanteile beschränkt werden. Die Preisgabe muss binnen eines Monats nach der Aufforderung zur Leistung des Nachschusses erklärt werden und setzt voraus, dass die Stammeinlage vollständig geleistet wurde (§ 27 Abs. 1 S. 1 GmbHG). Leistet ein Gesellschafter den eingeforderten Nachschuss nicht und gibt seinen Geschäftsanteil auch nicht Preis, kann die Gesellschaft diesem durch eingeschriebenen Brief erklären, dass sie den Geschäftsanteil als zur Verfügung gestellt betrachte (**„Fiktion der Preisgabe"**; § 27 Abs. 1 S. 2 GmbHG). Die Preisgabe oder deren Fiktion berechtigt die Gesellschaft zur Verwertung durch einen Verkauf im Wege der öffentlichen Versteigerung (§ 27 Abs. 2 S. 1 GmbHG) oder auf eine andere, mit dem betroffenen Gesellschafter vereinbarte Art (§ 27 Abs. 2 S. 2 GmbHG). Ein den rückständigen Nachschuss und die Verkaufskosten übersteigender Erlös gebührt dem betroffenen Gesellschafter (§ 27 Abs. 2 S. 3 GmbHG). Würde der Erlös hingegen nicht zur Befriedigung der Gesellschaft ausreichen, fällt der Geschäftsanteil der Gesellschaft zu (§ 27 Abs. 3 S. 1 GmbHG), die den Anteil dann frei verwerten kann (§ 27 Abs. 3 S. 2 GmbHG). Anders als im Fall der beschränkten Nachschusspflicht findet eine Differenzhaftung des betroffenen Gesellschafters nicht statt. Die Möglichkeit der tatsächlichen oder fiktiven Preisgabe kann gesellschaftsvertraglich auf Fälle beschränkt werden, bei denen der auf den Geschäftsanteil eingeforderte Nachschuss einen bestimmten Betrag übersteigt (§ 27 Abs. 4 GmbHG); soweit der eingeforderte Nachschuss in diesem Fall den festgesetzten Betrag unterschreitet, kommen die Regelungen zur beschränkten Nachschusspflicht (→ Rn. 615) zur Anwendung (§ 28 Abs. 1 S. 2 GmbHG).

(4) Treuepflicht. Auch die Gesellschafter einer GmbH unterliegen einer Treuepflicht gegenüber Gesellschaft und Mitgesellschaftern; insoweit gilt das bereits im Rahmen der Erläuterung der GbR Ausgeführte (→ Rn. 112). Die Treuepflicht kommt insbesondere beim Stimmverhalten zum Tragen. Sie kann dazu führen, dass ein bestimmtes Stimmverhalten unzulässig ist oder dass ein Gesellschafter in einem bestimmten Sinne abzustimmen hat.

(5) Wettbewerbsverbot. Die Beteiligung an einer GmbH geht von Gesetzes wegen nicht mit einem Wettbewerbsverbot einher. Eine Beteiligung an einem oder eine Tätigkeit für ein Konkurrenzunternehmen ist also zulässig. Anders ist dies bei Gesellschaftern, die – beispielsweise als Geschäftsführer oder als Mitglied eines Aufsichtsrats – organschaftlich für die Gesellschaft tätig sind. Bei Gesellschaftern, die maßgeblichen Einfluss auf die Belange der Gesellschaft haben, kann ein Wettbewerbsverbot zudem aus der Treuepflicht (→ Rn. 617) resultieren. Die gesellschaftsvertragliche Vereinbarung eines Wettbewerbsverbots ist als gesellschaftsvertragliche Nebenleistungspflicht in Form eines Unterlassens zulässig (→ Rn. 550; → Rn. 555). Das Wettbewerbsverbot ist in diesem Fall auf den Gegenstand des Unternehmens (→ Rn. 541) beschränkt und passt sich bei einer Änderung des Unternehmensgegenstandes diesem automatisch an.[376] Bei einer konturenlosen Formulierung des Unternehmensgegenstandes (*„Der Handel mit Waren aller Art"*) ist das Wettbewerbsverbot nach hier vertretener Auffassung auf den tatsächlichen Gegenstand des Unternehmens beschränkt, dies gilt auch hinsichtlich der räumlichen Begrenzung.

---

[376] MüKoGmbHG/*Harbarth* § 53 Rn. 252.

619 **b) Organe.** Juristische Personen sind wie alle Rechtsträger, die keine natürlichen Personen sind, künstliche Gebilde, die als solche nicht in der Lage sind, einen eigenen Willen zu bilden oder in tatsächlicher Form zu handeln. Dies erfolgt vielmehr durch die Organe, wobei ein Organ mehrere Mitglieder (**„Organwalter"**) haben kann. Organ beziehungsweise Organwalter kann dabei im Grundsatz jeder Rechtsträger sein. Handelt es sich bei diesem Rechtsträger ebenfalls nicht um eine natürliche Person, handelt dieser ebenfalls durch sein entsprechendes Organ; am Ende erfolgt aber jede Willensbildung und jedes tatsächliche Handeln eines Organs beziehungsweise eines Organwalters durch natürliche Personen. Organe der GmbH sind die Geschäftsführer, die Gesellschafterversammlung und - soweit einschlägig - der Aufsichts- und/oder Beirat.

620 **aa) Geschäftsführer.** Die Gesellschaft muss zwingend mindestens einen Geschäftsführer haben (§ 6 Abs. 1 GmbHG).

621 **(1) Bestellung.** Die Bestellung der Geschäftsführer fällt in den Kompetenzbereich der Gesellschafter (§ 46 Nr. 5 GmbHG), sie erfolgt im Rahmen einer Gesellschafterversammlung (§§ 47 Abs. 1, 48 Abs. 1 GmbHG).

622 **(2) Persönliche Voraussetzungen.** Zum Geschäftsführer können nur **natürliche, unbeschränkt geschäftsfähige Personen** bestellt werden (§ 6 Abs. 2 S. 1 GmbHG). Auf eine Gesellschafterstellung kommt es insoweit nicht an (**Möglichkeit der Fremdorganschaft;** § 6 Abs. 3 S. 1 GmbHG). Auch eine bestimmte fachliche Qualifikation ist nicht erforderlich. In den in § 6 Abs. 2 S. 2 GmbH genannten Fällen (→ Rn. 565 ff.), insbesondere also bei Personen, bei denen eine Betreuung in Vermögensangelegenheiten angeordnet ist, die in einem den Gegenstand der Gesellschaft zumindest tangierenden Beruf oder Gewerbe nicht tätig sein dürfen oder die in den letzten fünf Jahren wegen bestimmter Delikte, die eine nicht ordnungsgemäße Geschäftsführung befürchten lassen, verurteilt wurden, ist eine Bestellung zum Geschäftsführer nicht möglich.

623 **(3) Kompetenzen.** Geschäftsführer sind nicht nur – wie es die Bezeichnung bereits verdeutlicht – zur **Geschäftsführung,** also zur Leitung der Gesellschaft nach innen (→ Rn. 53) berechtigt, sondern auch zur **Vertretung** der Gesellschaft in allen gerichtlichen und außergerichtlichen Angelegenheiten (§ 35 Abs. 1 GmbH). Mehrere Geschäftsführer sind dabei **gesamtvertretungsbefugt,** sofern im Gesellschaftsvertrag nicht andere Vertretungsregelungen vereinbart sind (§ 35 Abs. 2 S. 1 GmbHG) oder die Gesellschafter einem Geschäftsführer bei seiner Bestellung ausdrücklich Einzelvertretungsbefugnis erteilen.

624 **Die Vertretungsbefugnis** umfasst alle gewöhnlichen und außergewöhnlichen Geschäfte. Die Beschränkungen des § 181 BGB (→ Fn. 72), von denen einem Geschäftsführer Befreiung erteilt werden kann, kommen zur Anwendung. Die Vertretungsbefugnis kann zudem durch den Gesellschaftsvertrag, einen generellen oder einzelfallbezogenen Beschluss der Gesellschafter (sofern diese Kompetenz durch den Gesellschaftsvertrag auf einen Aufsichts- oder Beirat übertragen wurde, durch einen Beschluss des Aufsichts- bzw. Beirats) oder den Anstellungsvertrag des Geschäftsführers **beschränkt werden** (§ 37 Abs. 1 GmbHG). Solch eine Beschränkung ergibt sich zunächst aus der gesellschaftsvertraglichen Festlegung des Unternehmensgegenstandes (→ Rn. 541). Weitere Beschränkungen können beispielsweise in der Vorgabe von betraglichen Grenzen oder Zustimmungserfordernissen liegen, zudem kann die Vertretungsbefugnis lediglich für eine bestimmte Art von Geschäften erteilt werden. Beschränkungen des Umfangs der Vertretungsbefugnis sind für den Geschäftsführer im Innenverhältnis zur GmbH bindend, **im Außenverhältnis** gegenüber Dritten aber **ohne Wirkung** (§ 37 Abs. 2 S. 1 GmbH). Daher sind auch Geschäfte, die ein Geschäftsführer unter bewusster Missachtung seiner Vertretungsmacht tätig, grundsätzlich wirksam. Die Grenze zur Unwirksamkeit zieht die

III. Die Gesellschaft mit beschränkter Haftung (GmbH und UG) § 24

Rechtsprechung bei einem dem Vertragspartner zum Zeitpunkt des Geschäftsschlusses bekannten oder für diesen evidenten Überschreiten der Vertretungsbefugnis; ob die Überschreitung in vorwerfbarer Weise erfolgt ist, ist hingegen unerheblich.

(4) Pflichten. Die Pflichten der Geschäftsführer werden in die Sorgfaltspflicht (im weiteren Sinne) und die Treuepflicht unterschieden.[377] **625**

(a) Sorgfaltspflicht im weiteren Sinne. Ausweislich § 43 Abs. 1 GmbHG haben Geschäftsführer in den Angelegenheiten der Gesellschaft die Sorgfalt eines ordentlichen Geschäftsmannes anzuwenden. Die daraus resultierenden Pflichten sind vielfältig. Sie lassen sich in vier Pflichtenkreise unterscheiden.[378] **626**

(aa) Legalitätspflicht. Geschäftsführer haben ihre sich aus dem Gesellschaftsvertrag und dem GmbHG ergebenden Pflichten ebenso wie die sich aus anderen Rechtsnormen ergebenden Pflichten der Gesellschaft zu beachten. Dies beinhaltet unter anderem die Pflicht zur **Beachtung des Unternehmensgegenstandes,** die Pflicht zur Anmeldung anmeldungspflichtiger Tatsachen zum **Handelsregister** (§ 78 GmbHG), die Pflicht, im Fall der Änderung des Gesellschafterkreises oder der Beteiligung eines Gesellschafters eine aktualisierte **Gesellschafterliste** zum Handelsregister einzureichen (§ 40 Abs. 1 GmbHG), die Pflicht, für eine **ordnungsgemäße Buchführung** zu sorgen (§§ 41 GmbHG, 238 ff. HGB), die Pflicht zur Aufstellung der Eröffnungsbilanz bei Beginn der Geschäftstätigkeit sowie eines **Jahresabschlusses (einschließlich Anhang) und gegebenenfalls eines Lageberichts** zum Ende eines jeden Geschäftsjahres (§§ 241 Abs. 1, Abs. 2, Abs. 3, 264 Abs. 1 HGB), zur fristgerechten Vorlage des Jahresabschlusses gegebenenfalls nebst Lagebericht und dem Bericht des Abschlussprüfers gegenüber den Gesellschaftern (§ 42a Abs. 1 GmbH) und zur Veröffentlichung des Jahresabschlusses (gegebenenfalls nebst Lagebericht und Bestätigungsvermerk des Abschlussprüfers) (§ 325 Abs. 1 Nr. 1 HGB), die Pflicht zur **Ladung der Gesellschafter zur Gesellschafterversammlung** (§§ 49f. GmbHG), die Pflicht, Gesellschaftern Auskünfte zu erteilen und Einsicht in die Bücher zu gewähren oder dies zu verweigern (§ 51a Abs. 1, Abs. 2 GmbHG) und die Pflicht, **Weisungen der Gesellschafter** zu beachten (§ 37 Abs. 1 GmbHG). Weiter sind die für den Betrieb des Unternehmens erforderlichen **behördlichen Genehmigungen** einzuholen und die branchenspezifischen und allgemeinen Rechtsnormen sowie behördliche Anordnungen zu beachten (siehe dazu auch → Rn. 630). Beim Vorliegen einer Zahlungsunfähigkeit oder Überschuldung ist ein **Insolvenzantrag** zu stellen (§ 15a Abs. 1 S. 1 InsO). Von herausragender Bedeutung ist insoweit § 30 GmbHG, der die Auszahlung von Vermögen an Gesellschafter untersagt, soweit dieses zur Erhaltung des Stammkapitals erforderlich ist („**Grundsatz der Kapitalerhaltung**"; → Rn. 661). **627**

(bb) Sorgfaltspflicht ieS. Hierbei handelt es sich um Pflichten, die insbesondere das unternehmerische Handeln betreffen. Insoweit lässt sich allgemein sagen, dass ein sorgfältig handelnder Geschäftsführer unternehmerische Entscheidungen unter Berücksichtigung der zur Verfügung stehenden Zeit auf Basis quantitativ und qualitativ ausreichender, im Zweifel zunächst zu beschaffender Information zum (vermeintlichen) Wohl der Gesellschaft zu treffen hat. Geschäftsführer haben für eine dem Unternehmensgegenstand und der Unternehmensgröße angemessene **Aufbau- und Ablauforganisation** und ein angemessenes **internes Berichtswesen** zur Unternehmenssteuerung („Controlling") zu sorgen. Insgesamt hat ein Geschäftsführer jeweils so zu handeln, wie ein **ordnungsgemäß handelnder Geschäftsleiter** in der konkreten Situation handeln würde („Business Judgment Rule"), wobei ihm ein Ermessensspielraum zukommt. **628**

---

[377] MüKoGmbHG/*Fleischer* § 43 Rn. 245.
[378] MüKoGmbHG/*Fleischer* § 43 Rn. 12.

629 **(cc) Überwachungspflicht.** Geschäftsführer haben die Pflicht, den Unternehmensgang und die Einhaltung der Gesetze und sonstiger relevanter Normen einschließlich behördlicher Anordnungen und Auflagen zu überwachen. Da jeder Geschäftsführer unabhängig von einem ihm zugewiesenen Ressort gesamtverantwortlich ist, beinhaltet die Überwachungspflicht auch eine angemessene Überwachung der nicht zugewiesenen Ressorts; insoweit besteht ein Informationsanspruch gegen den ressortverantwortlichen Geschäftsführer, der regelmäßig in Geschäftsführertreffen, in denen jeder Geschäftsführer über das eigene Ressort berichtet, nachgekommen wird. Im Wesentlichen ist ein Geschäftsführer aber für die Überwachung des eigenen Ressorts dahingehend verantwortlich, dass rechtskonform gehandelt wird, die Gesellschaft oder Dritte also nicht durch rechtswidriges Handeln geschädigt werden.

630 **(dd) Compliance-Pflicht.** In der jüngeren Literatur wird verstärkt das Bestehen einer eigenständigen Compliance-Pflicht im Sinne einer Legalitätskontrollpflicht propagiert,[379] nach der die Geschäftsführer Vorkehrungen zu treffen haben, um ein rechtstreues Verhalten sicherzustellen. Bei genauer Betrachtung handelt es sich bei der Compliance-Pflicht um die Zusammenfassung von verschiedenen Einzelpflichten aus den Bereichen der Legalitäts-, der Sorgfalts- und der Überwachungspflicht unter neuem Namen, die allenfalls zur Betonung des Stellenwerts dieser Einzelpflichten Sinn ergibt.

631 **(b) Treuepflicht.** Die Treuepflicht der Geschäftsführer ist von der der Gesellschafter (→ Rn. 617) zu unterscheiden. Sie ist gesetzlich nicht kodifiziert. Die Geschäftsführer sind der Gesellschaft aufgrund ihrer Organstellung zur Loyalität verpflichtet. Dies beinhaltet es unter anderem, über die Angelegenheit der Gesellschaft Stillschweigen zu bewahren, stets - auch bei Geschäften mit sich selbst, die bei einer Befreiung von den Beschränkungen des § 181 BGB zulässig sind - im Interesse der Gesellschaft zu handeln, nicht in Konkurrenz zur Gesellschaft zu treten und Interessenkonflikte gegebenenfalls ungefragt und rechtzeitig offenzulegen.[380]

632 **(5) Abberufung.** Ein Geschäftsführer kann von der Gesellschafterversammlung **jederzeit frist- und anlasslos** mit einfacher Stimmmehrheit abberufen werden (§§ 46 Nr. 5, 38 Abs. 1 GmbHG). Die Vereinbarung eines höheren Quorums ist zulässig. Gesellschaftsvertraglich kann die Möglichkeit zur Abberufung dahingehend beschränkt werden, dass eine Abberufung **nur aus wichtigem Grund** möglich ist (§ 38 Abs. 2 S. 1 GmbHG), wobei ein wichtiger Grund insbesondere bei der groben Verletzung von Geschäftsführerpflichten oder der Unfähigkeit zur ordnungsmäßigen Geschäftsführung vorliegt. Ein höheres Mindestquorum darf für diesen Fall allerdings nicht vereinbart werden.[381] Ein gesellschaftsvertragliches Sonderrecht eines Gesellschafters zur Geschäftsführung wird regelmäßig dahingehend zu verstehen sein, dass eine Abberufung nur aus wichtigem Grund möglich ist. Optimalerweise wird dies im Gesellschaftsvertrag klar zum Ausdruck gebracht.

633 Sofern der betroffene Geschäftsführer zugleich Gesellschafter der GmbH ist, unterliegt er bei der Abstimmung über seine eigene Abberufung keinem Stimmrechtsverbot.[382] Dies gilt nicht, wenn die Abberufung aus wichtigem Grund erfolgt.[383]

634 **bb) Gesellschafterversammlung.** Die Gesellschafterversammlung ist dem Rang nach das oberste Organ der Gesellschaft. Sie dient dem Meinungsaustausch und der Willensbildung der Gesellschafter in den diesen zugewiesenen Angelegenheiten.

---

[379] MüKoGmbHG/*Fleischer* § 43 Rn. 142 mwN.
[380] MüKoGmbHG/*Fleischer* § 43 Rn. 152 ff.
[381] BGHZ 86, 177 = NJW 1983, 938.
[382] RGZ 74, 276 (279); BGHZ 18, 205 (208) = NJW 1955, 1716.
[383] BGHZ 86, 177 = NJW 1983, 938; NJW 1969, 1483.

III. Die Gesellschaft mit beschränkter Haftung (GmbH und UG) § 24

(1) Kompetenz. Als ranghöchstes Organ ist die Gesellschafterversammlung allzuständig ("**Grundsatz der Omnipotenz der Gesellschafterversammlung**"),[384] was bedeutet, dass sie über die ihr in Gesetz und Gesellschaftsvertrag zugewiesenen Zuständigkeiten hinaus die Kompetenz hat, jedwede Angelegenheit durch Beschluss an sich zu ziehen und über diese verbindlich zu entscheiden. Dies gilt ausnahmsweise nicht, soweit bestimmte Zuständigkeiten zwingend einem anderen Organ zugewiesen sind, was beispielsweise bei einem nach §§ 6 Abs. 1, 1 Abs. 1 MitbestG gesetzlich vorgeschriebenen Aufsichtsrat der Fall ist (§ 25 Abs. 1 S. 1 Nr. 2 MitbestG). 635

Eine vollständige Darstellung der Zuständigkeiten der Gesellschafterversammlung ist vor diesem Hintergrund nicht möglich. Die wesentlichen Primärzuständigkeiten, die erweitert und - mit Ausnahme von Angelegenheiten, die zwingend in die Kompetenz der Gesellschafter fallen - auf andere statutarisch festgelegte Gesellschaftsorgane, namentlich auf einen Aufsichts- oder Beirat verlagert werden können, ergeben sich aus § 46 GmbHG. Im gesetzlichen Normalfall haben die Gesellschafter unter anderem die Kompetenz, 636

- den **Gesellschaftsvertrag zu ändern** (§ 53 Abs. 1 GmbHG), dies beinhaltet die Kompetenz, das Stammkapital zu erhöhen (→ Rn. 753 ff.) oder herabzusetzen (§§ 55 ff. GmbHG), 637
- die **Auflösung der Gesellschaft** zu beschließen (§ 60 Abs. 1 Nr. 2 GmbHG), 638
- den **Jahresabschluss** (im Fall der Liquidation auch die Liquidationseröffnungsbilanz, § 71 Abs. 2 S. 1 GmbHG) **festzustellen** und die über die **Ergebnisverwendung** zu entscheiden (§ 46 Nr. 1 GmbHG), 639
- über die **Einforderung von Einlagen** (§ 46 Nr. 2 GmbHG), **Nachschüsse** (§ 26 Abs. 1 GmbHG) und die **Rückzahlung von Nachschüssen** zu beschließen (§ 46 Nr. 3 GmbHG), 640
- **Geschäftsführer** (im Fall der Auflösung: die Liquidatoren) **zu bestellen** und jederzeit auch ohne Vorliegen eines besonderen Grundes **abzuberufen** und diesen **Entlastung zu erteilen** (§ 46 Nr. 5 GmbHG beziehungsweise §§ 66 Abs. 1, 71 Abs. 2 S. 1 GmbHG), 641
- über die **Geltendmachung von Ersatzansprüchen** der Gesellschaft, die dieser aus der Gründung oder der Geschäftsführung **gegen Gesellschafter oder Geschäftsführer** zustehen, zu beschließen sowie die Gesellschaft in allen **Prozessen gegen die Geschäftsführer** zu vertreten (§ 46 Nr. 8 GmbHG). Dies gilt auch, soweit es sich um vormalige Gesellschafter[385] oder vormalige Geschäftsführer[386] handelt. 642

(2) Einberufung. Die Gesellschafterversammlung ist einzuberufen, wenn ein Fall eintritt, der nach Gesetz oder Satzung eine Einberufung erforderlich macht, oder das Wohl der Gesellschaft es erfordert (§ 49 Abs. 2 GmbH). Die Einberufung erfolgt durch die Geschäftsführer (§ 49 Abs. 1 GmbHG). Aus dem Umstand, dass der Jahresabschluss in Abhängigkeit von der Größe der Gesellschaft spätestens elf Monate nach dem Ende des jeweiligen Geschäftsjahres von den Gesellschaftern festgestellt und über die Ergebnisverwendung beschlossen werden muss (§ 42a Abs. 2 S. 1 GmbHG), folgt, dass eine Gesellschafterversammlung **mindestens einmal im Jahr** einzuberufen ist. Die Gesellschafterversammlung ist unverzüglich einzuberufen, wenn sich aus dem aufgestellten Jahresabschluss oder einer während des Geschäftsjahres aufgestellten Bilanz ergibt, dass die **Hälfte des Stammkapitals verloren** ist (§ 49 Abs. 3 GmbHG). Sie ist zudem bei einem Zweck und Gründe nennenden **Verlangen von Gesellschaftern, deren Geschäftsanteile dem Nennbetrag nach mindestens 10% des Stammkapitals repräsentieren**, 643

---

[384] MHLS/*Römermann* GmbHG § 46 Rn. 3; MüKoGmbHG/*Liebscher* § 46 Rn. 2.
[385] MüKoGmbHG/*Liebscher* § 46 Rn. 243 mwN.
[386] BGHZ 116, 153 = NJW 1992, 977; BGHZ 28, 255 = NJW 1959, 194.

einzuberufen (§ 50 Abs. 1 GmbHG). Kommen die Geschäftsführer dem nicht nach, sind die Gesellschafter selbst zur Einberufung berechtigt (§ 50 Abs. 3 GmbHG).

644 Für die Einberufung sieht das Gesetz die Einladung der Gesellschafter durch **eingeschriebenen Brief** vor, die mit einer **Frist von mindestens einer Woche** zu bewirken ist (§ 51 Abs. 1 GmbHG), wobei bei der Fristberechnung nicht auf den Zugang beim Gesellschafter abzustellen ist, sondern (als Fristende) auf den Tag, an dem die Einladung dem Gesellschafter bei normaler Postlaufzeit zugeht.[387] Inhaltlich muss die Einberufung zumindest **Zeit und Ort der Versammlung** nennen. Die **Tagesordnung** muss den Gesellschaftern spätestens drei Tage vor der Versammlung vorliegen (§ 51 Abs. 4 GmbHG), wobei die **Tagesordnungspunkte** so gefasst sein müssen, dass sie aus sich heraus verständlich sind und den Gesellschaftern eine sachgerechte Vorbereitung ermöglichen. Im Fall der **Einstimmigkeit bei Anwesenheit aller Gesellschafter** können Gesellschafterbeschlüsse stets auch ohne Beachtung der gesetzlichen Formalien gefasst werden (§ 50 Abs. 3 GmbHG).

645 **cc) Aufsichtsrat.** Der Aufsichtsrat ist ein bei einer AG zwingend einzurichtendes Organ (§ 95 S. 1, S. 2 AktG), das die Gesellschaft gegenüber dem Vorstand und den einzelnen (auch ehemaligen) Vorstandsmitgliedern vertritt (§ 112 S. 1 AktG), für die Bestellung beziehungsweise Abberufung der Vorstandsmitglieder zuständig ist (§ 84 AktG) und die Geschäftsführung des Vorstands überwacht (§§ 111 Abs. 1, 76 Abs. 1 AktG). **Bei der GmbH ist ein Aufsichtsrat demgegenüber im Grundsatz nicht vorgeschrieben** (arg.e. § 52 Abs. 1 GmbHG), was sich daraus begründet, dass die GmbH im Gegensatz zur AG für Gesellschaften mit wenigen Gesellschaftern konzipiert ist, die „nah am Geschehen" sind und die Geschäftsführung selbst überwachen (§ 51a GmbHG; → Rn. 589ff.) oder sogar selbst wahrnehmen, sodass ein Aufsichtsrat bei einer GmbH regelmäßig nicht erforderlich ist. In bestimmten Fällen ist indes aus Gründen der **unternehmerischen Mitbestimmung** der Arbeitnehmer auch bei einer GmbH ein Aufsichtsrat gesetzlich vorgeschrieben (→ Rn. 869ff.). Ist dies nicht der Fall, ist es den Gesellschaftern unbenommen, freiwillig einen Aufsichtsrat zu bilden.

646 **(1) Gesetzlich vorgeschriebener Aufsichtsrat.** Gesetzlich vorgeschrieben ist ein Aufsichtsrat bei der GmbH in Fällen, in denen es um die unternehmerische Mitbestimmung der Arbeitnehmer nach dem DrittelbG, dem MitbestG, dem MontanMitbestG oder dem MontanMitbestErgG geht (→ Rn. 869ff.).[388] Auf solch einen Aufsichtsrat kommen regelmäßig die aktienrechtlichen Vorschriften über die Bildung und Zusammensetzung sowie die Rechte und Pflichten des Aufsichtsrats beziehungsweise der Aufsichtsratsmitglieder zur Anwendung (→ Rn. 862ff.).

647 **(2) Freiwilliger Aufsichtsrat.** Sofern ein Aufsichtsrat nicht gesetzlich vorgeschrieben ist, steht es den Gesellschaftern frei, sich gesellschaftsvertraglich auf die Bildung eines Aufsichtsrats zu verständigen (§ 52 Abs. 1 GmbHG, **„fakultativer Aufsichtsrat"**). Das Gesetz sieht für diesen Fall eine weitgehende Gestaltungsfreiheit vor und verweist in § 52 Abs. 1 GmbH lediglich subsidiär auf die in → Rn. 862ff. erläuterten aktienrechtlichen Vorschriften. Aufgrund dieser Gestaltungsfreiheit kann ein freiwilliger Aufsichtsrat sich wesentlich von einem gesetzlich vorgeschriebenen Aufsichtsrat unterscheiden. Auch wenn es terminologisch sachgerecht ist, (wie nachfolgend) nur dann von einem freiwilligen „Aufsichtsrat" zu sprechen, wenn dieser mit einem aktienrechtlichen Aufsichtsrat vergleichbaren Befugnissen (Bestellung und Abberufung der Mitglieder des Vertretungsorgans, Überwachung des Vertretungsorgans und Vertretung der Gesellschaft gegenüber den Mitgliedern des Vertretungsorgans)

---

[387] BGHZ 100, 264 = NJW 1987, 2580.
[388] In seltenen Fällen ergibt sich aus dem Gegenstand des Unternehmens eine Pflicht, einen Aufsichtsrat zu bilden, bspw. aus § 18 Abs. 2 S. 1 KAGB.

ausgestattet ist und andernfalls von einem „Beirat", wird ein freiwilliger Aufsichtsrat in der Praxis häufig als „Beirat" bezeichnet (→ Rn. 1003).

dd) Beirat. Ein Beirat ist bei der GmbH nicht vorgeschrieben. Der fakultative Beirat ist Gegenstand gesonderter, rechtsformübergreifender Ausführungen (→ Rn. 1001 ff.). 648

4. Haftung der Gesellschaft, der Gesellschafter und der Organe

Für die Verbindlichkeiten der Gesellschaft haftet den Gesellschaftsgläubigern nur die Gesellschaft (§ 13 Abs. 2 GmbHG). Die Haftung der Gesellschafter und Organe beziehungsweise — bei Organen mit mehreren Organwaltern — der Organwalter beschränkt sich vor diesem Hintergrund im Wesentlichen auf die Haftung für eigene Pflichtverletzungen und für eigenes deliktisches Handeln. 649

a) Haftung der Gesellschaft. Als juristische Person haftet die Gesellschaft ihren Gläubigern selbst für ihre diesen gegenüber bestehenden Verbindlichkeiten. Die Haftung der Gesellschaft ist dabei im Grundsatz unbeschränkt, faktisch haftet die Gesellschaft ihren Gläubigern in der Summe aber „lediglich" mit ihrem Gesellschaftsvermögen, da die Gesellschafter nur bei einer (regelmäßig nicht vereinbarten) gesellschaftsvertraglichen Grundlage zu Nachschüssen verpflichtet sind (→ Rn. 614 ff.) und eine Überschuldung die Insolvenz der Gesellschaft zur Folge hat (§§ 15a Abs. 1 S. 1, 19 Abs. 1, Abs. 2 InsO). Eigene Verbindlichkeiten der Gesellschaft können dabei beispielsweise aus staatlichen Anordnungen (zB einem Steuerbescheid) und aus der Gesellschaft zurechenbaren rechtsgeschäftlichen und tatsächlichen Handeln resultieren. Letzteres beinhaltet die Haftung für deliktisches Handeln der Geschäftsführer (§ 31 BGB entsprechend). 650

b) Haftung der Gesellschafter. Entgegen verbreiteter Ansicht ist eine Haftung der Gesellschafter einer GmbH nicht gänzlich ausgeschlossen. Gegenüber der Gesellschaft kommt eine Haftung insbesondere in Betracht, wenn das vereinbarte Kapital nicht aufgebracht oder an die Gesellschafter zurückgezahlt wird. Eine Haftung gegenüber Gesellschaftsgläubigern kommt demgegenüber nur im Ausnahmefall in Betracht. 651

aa) Haftung gegenüber der Gesellschaft. Die Haftung eines Gesellschafters gegenüber der Gesellschaft kommt zunächst **unter allgemeinen zivilrechtlichen Gesichtspunkten** in Betracht, also beispielsweise aus Pflichtverletzungen, die im Rahmen eines Vertragsverhältnisses mit der Gesellschaft begangen wurden, oder aus deliktischem Handeln zum Nachteil der Gesellschaft (bspw. im Fall einer fahrlässigen Beschädigung von Eigentum der Gesellschaft, § 823 Abs. 1 BGB). 652

Unter **gesellschaftsrechtlichen Gesichtspunkten** ist eine Haftung gegenüber der Gesellschaft im Wesentlichen bei Verstößen gegen den Grundsatz der realen Kapitalaufbringung (→ Rn. 604 ff.) und den Grundsatz der Kapitalerhaltung (→ Rn. 661 f.) möglich. 653

(1) Bestellung eines inhabilen Geschäftsführers (§ 6 Abs. 5 GmbHG). Wer als Gesellschafter einer Person, die nach §§ 6 Abs. 2, Abs. 3 GmbHG nicht Geschäftsführer sein kann (→ Rn. 564 ff.), vorsätzlich oder grob fahrlässig die Führung der Geschäfte überlässt, haftet der Gesellschaft neben dem Geschäftsführer für Schäden, die dieser aus Pflichtverletzungen des Geschäftsführers entstehen (§ 6 Abs. 5 GmbHG). Nicht erforderlich ist es dafür, dass der inhabile Geschäftsführer wirksam zum Geschäftsführer bestellt wurde.[389] Ein „Überlassen" im vorstehenden Sinne kann auch in der Nichtabberufung eines inhabi- 654

---

[389] MüKoGmbHG/*W. Goette* § 6 Rn. 51.

len Geschäftsführers liegen. Minderheitsgesellschafter haben insoweit das ihnen Mögliche und Zumutbare zu unternehmen.[390]

655 **(2) Überbewertung von Sacheinlagen (§ 9 Abs. 1 GmbHG).** Erreicht der Wert einer Sacheinlage zum Zeitpunkt der Eintragung der Gesellschaft nicht den Nennbetrag, der durch die Sacheinlage aufgebracht werden soll, hat der entsprechende Gesellschafter den Minderbetrag durch die Einlage von Geld auszugleichen (§ 9 Abs. 1 S. 1 GmbHG). Verjährung tritt insoweit zehn Jahre nach der Eintragung der Gesellschaft ein (§ 9 Abs. 2 GmbHG).

656 **(3) Falschangaben bei der Anmeldung (§ 9a Abs. 1 GmbHG).** Die Anmeldung der errichteten Gesellschaft zur Eintragung ins Handelsregister erfolgt durch die Geschäftsführer (§ 78 GmbHG), die in diesem Zusammenhang unter anderem versichern müssen, dass die Geschäftsanteile von den Gesellschaftern übernommen wurden und die Stammeinlagen im erforderlichen Umfang (→ Rn. 569) zur freien Verfügung der Geschäftsführer geleistet wurden. Diese Versicherung beinhaltet die Aussage, dass die Gesellschaft den Gründungsaufwand maximal in der gesellschaftsvertraglich festgelegten, angemessenen Höhe trägt (→ Rn. 557). Entsprechen die Versicherungen gemäß §§ 8 Abs. 2, Abs. 3 GmbHG nicht den Tatsachen, sind die Gesellschafter der Gesellschaft in Gesamtschuldnerschaft mit den Geschäftsführern zum Ersatz verpflichtet (§ 9a Abs. 1 GmbHG). Dies gilt nicht für Gesellschafter, denen die zur Ersatzpflicht führenden Tatsachen nicht bekannt waren und auch nicht bekannt sein mussten (§ 9a Abs. 3 GmbHG).

657 **(4) Schädigung der Gesellschaft durch die Einlagen (§ 9a Abs. 2 GmbHG).** Die Gesellschafter haften der Gesellschaft als Gesamtschuldner für Schäden, die der Gesellschaft durch einen Gesellschafter vorsätzlich oder grob fahrlässig durch seine Einlage zugefügt werden (§ 9a Abs. 2 GmbHG). Dies betrifft insbesondere den Fall einer zwar werthaltigen, für die Gesellschaft aber nutzlosen und nicht ohne Weiteres liquidierbaren Sacheinlage. Auch in diesem Fall haften die Gesellschafter, denen die zur Ersatzpflicht führenden Tatsachen nicht bekannt waren und auch nicht bekannt sein mussten, nicht (§ 9a Abs. 3 GmbHG).

658 **(5) Verdeckte Sacheinlagen (§ 19 Abs. 4 GmbHG).** Im Fall einer verdeckten Sacheinlage (→ Rn. 607) haftet der leistende Gesellschafter der Gesellschaft auf die (vorgeblich) vereinbarte Geldeinlage, auf die der Wert, der der Sacheinlage zum Zeitpunkt der Eintragung zukam, auf Nachweis des Gesellschafters angerechnet wird (→ Rn. 607).

659 **(6) Nicht erbrachte Einlagen von Mitgesellschaftern (§ 24 GmbHG).** Sofern ein Gesellschafter seine vereinbarungsgemäß erst nach der Eintragung der Gesellschaft fällige Einlage nicht leistet und die fehlende Einlage auch durch einen Verkauf des entsprechenden Geschäftsanteils nicht realisiert werden kann, haften die Mitgesellschafter quotal für den Fehlbetrag (→ Rn. 611).

660 **(7) Unterbilanzhaftung („Vorbelastungshaftung").** Allgemein anerkannt ist, dass der Gesellschaft das Stammkapital zum Zeitpunkt ihrer Entstehung durch die Eintragung im Handelsregister in der vereinbarten Höhe zur Verfügung stehen muss **(„Unversehrtheitsgrundsatz")**. In früherer Rechtsprechung ging der BGH daher davon aus, dass nur solche Verbindlichkeiten der Vorgesellschaft mit der Eintragung auf die Gesellschaft übergehen, die im Gesetz oder dem Gesellschaftsvertrag vorgesehen oder gründungsnotwendig sind **(„Vorbelastungsverbot")**.[391] Soweit Verbindlichkeiten nach diesem Maßstab

---

[390] MüKoGmbHG/*W. Goette* § 6 Rn. 53.
[391] BGHZ 45, 338 = NJW 1966, 1311; BGHZ 65, 378 = NJW 1976, 419.

bei der Vorgesellschaft verblieben, stand es der Gesellschaft allerdings frei, die Geschäfte der Vorgesellschaft mit der Folge des (nachträglichen) Übergangs auch der aus diesen Geschäften resultierenden Verbindlichkeiten zu genehmigen. Im Ergebnis konnte das Vorbelastungsverbot somit auf einfache Weise unterlaufen werden. Es wurde vom BGH daher aufgegeben und durch das Konzept der „**Unterbilanzhaftung**", die auch als „**Vorbelastungshaftung**" oder „**Differenzhaftung**" bezeichnet wird, ersetzt, nach der die Verbindlichkeiten der Vorgesellschaft ausnahmslos auf die Gesellschaft übergehen (→ Rn. 581), die Gesellschafter der Gesellschaft aber dafür haften, dass dieser das Stammkapital zum Zeitpunkt der Eintragung im vereinbarten Umfang zur Verfügung steht.[392] Es handelt sich mithin um eine (quotale) – von der „**Verlustdeckungshaftung**"[393] zu unterscheidende – Haftung der Gesellschafter für die Verluste, die durch die Aufnahme der Geschäftstätigkeit im Stadium der Vorgesellschaft – und damit vor der Eintragung der Gesellschaft – entstanden sind. In der Praxis wird ein entsprechender Anspruch der Gesellschaft regelmäßig nur und erst im Fall der Insolvenz geltend gemacht.

(8) Verbotene Zahlungen an Gesellschafter (§§ 31 Abs. 1, 30 Abs. 1 GmbHG). 661
Die §§ 31 Abs. 1, 30 Abs. 1 GmbHG dienen der Kapitalerhaltung, sie sollen verhindern, dass die Gesellschaft ihren Gesellschaftern Vermögen zuwendet, das zur Erhaltung des Stammkapitals erforderlich ist. § 30 Abs. 1 GmbHG untersagt entsprechende „Auszahlungen" an Gesellschafter, wobei der Begriff „Auszahlung" extensiv zu verstehen ist. Verboten sind letztlich alle Dispositionen der Gesellschaft, die diese unter Berücksichtigung einer eventuellen, marktgerecht bewerteten Gegenleistung bilanziell entreichern und den begünstigten Gesellschafter bereichern, und die zudem zur Folge haben, dass das bilanzielle Eigenkapital der Gesellschaft das Stammkapital unterschreitet beziehungsweise eine bestehende Unterschreitung vertieft wird. Dazu kann eine Kreditgewährung an einen Gesellschafter, die normalerweise nicht eigenkapitalwirksam ist ausreichen, wenn der Bilanzwert des Rückforderungsanspruchs der Gesellschaft die Darlehensvaluta – beispielsweise wegen einer eingeschränkten Bonität des Darlehensnehmers und fehlenden Sicherheiten – unterschreitet. Das Verbot des § 30 Abs. 1 GmbHG umfasst nach der Rechtsprechung des BGH auch eigenkapitalwirksame Dispositionen der Gesellschaft zugunsten eines mit dem Gesellschafter verbundenen Unternehmens im Sinne der §§ 15 ff. AktG und nahestehender Personen wie Ehepartnern oder minderjährigen Kindern.[394] Ob auch der darüber hinausgehende, in § 138 InsO genannte Personenkreis, der im Insolvenzfall zu den nahestehenden Personen zählt (bspw. die Eltern und Geschwister eines Gesellschafters und die mit einem Gesellschafter in häuslicher Gemeinschaft wohnende Personen), umfasst ist,[395] ist von der Rechtsprechung noch nicht entschieden.

Das „Auszahlungsverbot" des § 30 Abs. 1 GmbHG wird durch eine Erstattungspflicht 662
des Empfängers flankiert (§ 31 Abs. 1 GmbH). Die Erstattungspflicht reduziert sich auf das zur Befriedigung der Gesellschaftsgläubiger Erforderliche, wenn der Empfänger beziehungsweise dessen Vertreter die das Verbot begründenden Tatsachen nicht kannte und auch nicht kennen musste (§ 31 Abs. 2 GmbHG).

(9) Stimmrechtsmissbrauch. Gesellschafterrechte werden in eigen- und fremdnützige 663
Rechte unterschieden, wobei Vermögensrechte stets eigennützig sind, während Verwaltungsrechte auch fremdnützig sein können (→ Rn. 52). Aufgrund der Treuepflicht

---

[392] BGHZ 80, 129 = NJW 1981, 1373.
[393] Die Verlustdeckungshaftung betrifft den Fall, dass die Gesellschaft nicht zur Eintragung gelangt und das Vermögen der Vorgesellschaft zur Erfüllung ihrer Verbindlichkeiten nicht ausreicht. In diesem Fall haften die Gesellschafter der Vorgesellschaft quotal auf den Ausgleich der entstandenen Verluste, wodurch die Gesellschaft in die Lage versetzt wird, ihre Verbindlichkeiten so zu erfüllen, als sei sie zur Eintragung gelangt.
[394] BGHZ 81, 365 = NJW 1982, 386.
[395] So MüKoGmbHG/*Ekkenga* § 30 Rn. 162.

(→ Rn. 617) sind fremdnützige Gesellschafterrechte dabei im Interesse der Gesellschaft und eigennützige Rechte in Abhängigkeit von dem Grad der Personalisierung der Gesellschaft unter Berücksichtigung der Interessen von Gesellschaft und Mitgesellschaftern auszuüben. Dies kann im Einzelfall zu einer Verpflichtung eines Gesellschafters führen, in einem bestimmten Sinne abzustimmen, beispielsweise einen der Veruntreuung zulasten der Gesellschaft dringend verdächtigen Geschäftsführer abzuberufen. Entsteht der Gesellschaft durch ein gegen die Treuepflicht verstoßendes Abstimmungsverhalten eines Gesellschafters ein Schaden, ist dieser der Gesellschaft bei einem mindestens fahrlässig begangenen Stimmrechtsmissbrauch zum Ersatz verpflichtet (§ 280 Abs. 1 BGB).[396]

664 **bb) Haftung gegenüber Gesellschaftsgläubigern.** Im Gegensatz zu den Personengesellschaften, bei denen jeweils mindestens ein Gesellschafter den Gesellschaftsgläubigern persönlich haftet, haften die Gesellschafter einer GmbH den Gesellschaftsgläubigern für die Verbindlichkeiten der Gesellschaft grundsätzlich nicht (§ 13 Abs. 2 GmbHG). Die Haftung eines Gesellschafters gegenüber den Gesellschaftsgläubigern kommt vor diesem Hintergrund nur im Ausnahmefall in Betracht.[397]

665 **(1) Haftung aus einer besonderen persönlichen Verpflichtung.** Ein Gesellschafter haftet einem Gesellschaftsgläubiger persönlich, sofern er sich diesem gegenüber – beispielsweise durch einen **Schuldbeitritt oder** eine **Bürgschaft** – persönlich zur Haftung verpflichtet hat. Eine solche Erklärung wird in der Praxis oftmals von Kreditinstituten und größeren Lieferanten zur Voraussetzung einer Kreditgewährung gemacht, insbesondere wenn es sich bei der Gesellschaft um eine junge oder eher kleine GmbH handelt.

666 **(2) Durchgriffshaftung.** Von einer **Durchgriffshaftung** wird in den Fällen gesprochen, in denen die Beschränkung der Haftung auf das Gesellschaftsvermögen (§ 13 Abs. 2 GmbHG) ausnahmsweise nicht zum Tragen kommt, ein Gesellschaftsgläubiger also quasi durch das haftungsrechtliche „Schutzschild" der Gesellschaft auf einen Gesellschafter persönlich zugreifen kann, der in diesem Fall neben der Gesellschaft haftet. Dies ist nur in seltenen Ausnahmefällen der Fall. Einer Durchgriffshaftung liegt zumeist ein gläubigerschädigendes Verhalten des Gesellschafters zugrunde, Anspruchsgrundlage ist insoweit regelmäßig § 826 BGB. Zu unterscheiden sind nachfolgende Fallgruppen:

667 **(a) Rechtsformmissbrauch („Institutsmissbrauch").** Eine Gesellschafterhaftung unmittelbar gegenüber den Gesellschaftsgläubigern kommt nach der älteren Rechtsprechung in Betracht, wenn es dem Gesellschafter nach Treu und Glauben (§ 242 BGB) verwehrt ist, sich auf das Trennungsprinzip (→ Rn. 519) und damit auf die Beschränkung der Haftung auf das Gesellschaftsvermögen zu berufen. Heute wird der Institutsmissbrauch als Fall der sittenwidrigen vorsätzlichen Schädigung (§ 826 BGB) angesehen. Ein Institutsmissbrauch liegt vor, wenn eine GmbH eingesetzt wird, um die Haftungsbeschränkung auf das Gesellschaftsvermögen zur Schädigung der Gläubiger zu missbrauchen. Dies ist beispielsweise der Fall, wenn ein Immobilieneigentümer eine GmbH gründet, die Aufträge zur Sanierung der im Eigentum ihres Gesellschafters stehenden Immobilie vergibt, ohne über die notwendigen Mittel zur Zahlung der vereinbarten Werklöhne zu verfügen,[398] oder ein Bauträger seine Projekte zwecks Abwehr von Gewährleistungsansprüchen mittels zwischengeschalteter Gesellschaften, deren Gewinne zeitnah abgezogen werden, realisiert.

---

[396] MüKoGmbHG/*Drescher* § 47 Rn. 261.
[397] Die nachfolgenden Ausführungen betreffen die Haftung im Fall einer eingetragenen Gesellschaft. Sofern vor dem wirksamen Abschluss des Gesellschaftsvertrags der GmbH bzw. UG eine von dieser zu unterscheidende Vorgründungsgesellschaft bestand (→ Rn. 526), haften die Gesellschafter der Vorgründungsgesellschaft deren Gläubigern auch nach der Eintragung der Gesellschaft persönlich (→ Rn. 529).
[398] BGH NJW-RR 1988, 1181.

(b) Materielle Unterkapitalisierung. In der Literatur wird vertreten, dass die Gesellschafter einer GmbH in dem Fall, dass sie die Gesellschaft mit einem zu geringen Eigenkapital ausstatten („materielle Unterkapitalisierung"),[399] den Gesellschaftsgläubigern unter dem Gesichtspunkt eines Rechtsmissbrauchs (§ 242 BGB) oder einer sittenwidrigen vorsätzlichen Schädigung (§ 826 BGB) persönlich für deren Forderungen gegen die Gesellschaft haften. Nach welchen konkreten Maßstäben die Angemessenheit der Kapitalausstattung beurteilt werden soll, bleibt dabei zumeist offen. 668

Gravierende Aspekte sprechen gegen eine Gesellschafterpflicht, die Gesellschaft mit einem „angemessenen" Kapital auszustatten. So könnte sich solch eine Pflicht angesichts der fehlenden Nachschusspflicht (→ Rn. 614) nach derzeitiger Gesetzeslage lediglich auf die Kapitalausstattung zum Zeitpunkt der Eintragung der Gesellschaft beziehen. Da die Geschäftstätigkeit der Gesellschaft zu diesem Zeitpunkt, so überhaupt vorhanden, aber regelmäßig lediglich einen geringen Umfang aufweist, liefe die Pflicht weitestgehend leer. Wo sie nicht leerliefe, wäre eine risikolose Gesellschaftsgründung letztlich nicht möglich. Hinzu kommt, dass es selbst in der Betriebswirtschaftslehre keine allgemeingültige oder branchenspezifische, wenigstens verbreitet anerkannte Aussage darüber gibt, wann das einer Gesellschaft von ihren Gesellschaftern zur Verfügung gestellte Kapital angemessen ist. Letztlich ist eine Pflicht zur angemessenen Kapitalausstattung der Gesellschaft auch nicht erforderlich, da Gesellschaften mit einer nicht ausreichenden Kapitalausstattung unter Insolvenzgesichtspunkten regelmäßig nicht von dauerhaftem Bestand sein werden. 669

In der der Literatur wird eine Durchgriffshaftung unter dem Gesichtspunkt der materiellen Unterkapitalisierung überwiegend abgelehnt. Der Gesetzgeber hat bewusst von der Statuierung einer Gesellschafterpflicht, die Gesellschaft mit einem „angemessenen" Kapital auszustatten, abgesehen[400] und darüber hinaus zwischenzeitlich die Möglichkeit eröffnet, eine GmbH (in der Rechtsformvariante der UG) mit einem Stammkapital von 1 EUR zu gründen (→ Rn. 543), das faktisch nie angemessen sein kann. Der BGH hat einer Durchgriffshaftung unter dem Gesichtspunkt der materiellen Unterkapitalisierung unter anderem unter Verweis auf die Entscheidung des Gesetzgebers abgelehnt.[401] 670

(c) Vermögensvermischung („Sphärenvermischung"). Eine Vermögensvermischung liegt vor, wenn die private Sphäre der Gesellschafter so mit der der Gesellschaft vermischt ist, dass die Abgrenzung der Sphären und damit die Vermögenszuordnung nicht durchschaubar ist. Dies geht nahezu zwangsläufig mit einer nicht ordnungsgemäßen Buchführung der GmbH einher, die in den Kompetenzbereich der Geschäftsführer fällt (→ Rn. 627). Da eine Durchgriffshaftung unter dem Gesichtspunkt einer sittenwidrigen vorsätzlichen Schädigung (§ 826 BGB) das vorsätzliche Handeln des in Anspruch genommenen Gesellschafters voraussetzt, kommt eine persönliche Haftung wegen einer Vermögensvermischung nur bei den Gesellschaftern in Betracht, die für die Vermögensvermischung verantwortlich sind; bei diesen kann es sich nur um Gesellschafter mit einem beherrschenden Einfluss handeln.[402] 671

(3) Haftung in der Insolvenz. Die grundsätzliche Beschränkung der Haftung auf das Gesellschaftsvermögen (§ 13 Abs. 2 GmbHG) gilt auch im Fall der Insolvenz der Gesellschaft, andernfalls wäre die Haftungsbeschränkung für die Gesellschafter auch ohne Sinn. Eine Gesellschafterhaftung in der Insolvenz kommt daher ebenfalls nur im Ausnahmefall in Betracht. 672

---

[399] Von einer formellen Unterkapitalisierung wird demgegenüber gesprochen, wenn die Kapitalausstattung der Gesellschaft zwar angemessen ist, dies aber nur durch Gesellschafterdarlehen erreicht wird, die Gesellschaft also allein bei Betrachtung des Eigenkapitals „formell" unterkapitalisiert ist.
[400] BT-Drs. 8/1347, 38 f.
[401] BGHZ 176, 204 = NJW 2008, 2437.
[402] BGHZ 125, 366 = NJW 1994, 1801.

673 **(a) Verletzung der Insolvenzantragspflicht.** Im Fall der Zahlungsunfähigkeit (§ 17 Abs. 2 InsO) oder der Überschuldung der Gesellschaft (§ 19 Abs. 2 InsO) sind die Geschäftsführer verpflichtet, binnen drei Wochen einen Insolvenzantrag zu stellen (§ 15a Abs. 1 S. 1 InsO). Bei Missachtung dieser Antragspflicht haften die Geschäftsführer den Gesellschaftsgläubigern für den diesen entstandenen Schaden persönlich (→ Rn. 683). Im Fall einer **führungslosen Gesellschaft,** der vorliegt, wenn die Gesellschaft keinen Geschäftsführer hat oder die Geschäftsführer (beispielsweise krankheitsbedingt) an der Wahrnehmung der Geschäftsführung gehindert sind, sind ausnahmsweise die Gesellschafter, die Kenntnis von dem Vorliegen der Zahlungsunfähigkeit beziehungsweise Überschuldung haben, verpflichtet, einen Insolvenzantrags zu stellen (§ 15a Abs. 3 InsO). Anders als die Geschäftsführer sind die Gesellschafter im Fall einer führungslosen Gesellschaft aber nicht verpflichtet, das Vorliegen einer Insolvenzantragspflicht zu überwachen. Gesellschafter, die trotz entsprechender Kenntnis keinen Insolvenzantrag stellen, sind den Gesellschaftsgläubigern zum Ersatz des diesen entstandenen Schadens verpflichtet (§§ 823 Abs. 2 BGB, 15a Abs. 3 InsO); hinsichtlich der Haftungshöhe kann auf die Ausführungen zur Haftung eines gegen § 15a Abs. 1 S. 1 InsO verstoßenden Geschäftsführers verweisen werden (→ Rn. 683).

674 **(b) Nachrangigkeit von Gesellschafterdarlehen in der Insolvenz (§ 39 Abs. 1 Nr. 5 InsO).** Mittelbar haften die Gesellschafter den Gesellschaftsgläubigern in der Insolvenz der Gesellschaft dadurch, dass Gesellschafterdarlehen in der Insolvenz nur nachrangig - an rangletzter Stelle - bedient werden (§§ 39 Abs. 1 Nr. 5, Abs. 4 S. 1 InsO), was im Regelfall mit einem Totalverlust einhergeht. Die Nachrangigkeit gilt allerdings nur für Darlehen von Gesellschaftern, die Geschäftsführer sind oder deren Beteiligung 10% übersteigt (§ 39 Abs. 5 InsO).

675 **cc) Haftung für die Verbindlichkeiten der Vorgründungsgesellschaft.** Sofern vor dem wirksamen Abschluss des Gesellschaftsvertrags der GmbH eine Vorgründungsgesellschaft bestand (→ Rn. 526), haften die Gesellschafter einer als GbR oder OHG zu qualifizierenden Vorgründungsgesellschaft deren Gläubigern persönlich.

676 **c) Haftung der Organe.** Organe der Gesellschaft sind die Geschäftsführer, die Gesellschafterversammlung und sonstige, im Gesellschaftsvertrag oder im anderen Gesetzen als dem GmbHG, insbesondere den Mitbestimmungsgesetzen vorgesehene Organe, die regelmäßig Aufgaben wahrnehmen, die ansonsten in den Kompetenzbereich der Gesellschafterversammlung fallen würden.

677 **aa) Geschäftsführer.** Die Geschäftsführer der GmbH stehen nur der Gesellschaft gegenüber in einem Pflichtenverhältnis und haften daher regelmäßig auch nur dieser gegenüber. Eine Haftung gegenüber Gesellschaftsgläubigern oder sonstigen Dritten kommt nur im Ausnahmefall in Betracht.

678 **(1) Haftung gegenüber der Gesellschaft.** Eine Haftung der Geschäftsführer gegenüber der Gesellschaft basiert regelmäßig auf gesellschaftsrechtlichen Normen des GmbHG.

679 **(a) Gesellschaftsrechtliche Haftung.** Die gesellschaftsrechtliche Haftung betrifft die im GmbHG geregelten Haftungstatbestände.

680 **(aa) § 43 Abs. 2 GmbHG.** Zentrale Haftungsnorm der Geschäftsführerhaftung ist § 43 Abs. 2 GmbHG. Ihr zufolge haften Geschäftsführer, die ihre Pflichten – das Gesetz spricht dogmatisch ungenau lediglich von „Obliegenheiten" – verletzen, der Gesellschaft als Gesamtschuldner für den dieser entstandenen Schaden. Die Pflichten der Geschäftsführer sind vielfältig, insoweit wird auf die Ausführungen in → Rn. 625 ff. verwiesen. Die

III. Die Gesellschaft mit beschränkter Haftung (GmbH und UG) § 24

erforderliche Vorwerfbarkeit liegt vor, wenn die Sorgfalt eines ordentlichen Geschäftsmannes nicht beachtet wurde (§ 43 Abs. 1 GmbHG),[403] was zumindest bei einer Sorgfaltspflichtverletzung faktisch immer der Fall ist.

(bb) § 64 GmbHG. Die Geschäftsführer haften der Gesellschaft für Zahlungen, die sie trotz bestehender Zahlungsunfähigkeit oder festgestellter Überschuldung leisten (§ 64 S. 1 GmbHG). Dies gilt nicht für Zahlungen, die trotz der Insolvenzreife mit der Sorgfalt eines ordentlichen Geschäftsmannes vereinbar sind (§ 64 S. 2 GmbHG), was insbesondere bei Zahlungen der Fall ist, durch die eine Masseschmälerung oder eine für die Masse nachteilige sofortige Einstellung des Geschäftsbetriebs verhindert wird.[404] Ebenso haften die Geschäftsführer für vor der Insolvenz geleistete Zahlungen an Gesellschafter, soweit diese zur Zahlungsunfähigkeit der Gesellschaft führen mussten (§ 64 S. 3 GmbHG). Die Ansprüche der Gesellschaft verjähren nach fünf Jahren (§§ 43 Abs. 4, 64 S. 4 GmbHG).

681

(b) Haftung aus dem Anstellungsvertrag und dem allgemeinen Zivilrecht. Bei dem Anstellungsvertrag eines Geschäftsführers handelt es sich um einen Geschäftsbesorgungsvertrag, auf den die Regelungen des Dienstvertrags Anwendung finden (§§ 675 Abs. 1, 611 ff. BGB). Der Dienstvertrag kann die sich aus Gesetz und Gesellschaftsvertrag ergebenden organschaftlichen Pflichten des Geschäftsführers ergänzen. Für Verstöße gegen organschaftliche Pflichten haften die Geschäftsführer aus § 43 Abs. 2 GmbHG (→ Rn. 680). Diese Norm beinhaltet in ihrem Anwendungsbereich die Haftung aus dem Anstellungsvertrag, der damit keine eigenständige Bedeutung zukommt.[405] Dies wird man auch für deliktische Haftung zu berücksichtigen haben, soweit die deliktische Handlung im Zusammenhang mit der organschaftlichen Tätigkeit steht (beispielsweise die fahrlässige Beschädigung von Sachen, die im Eigentum der Gesellschaft stehen).

682

(2) Haftung gegenüber Gesellschaftsgläubigern. Da vertragliche und gesellschaftsrechtliche Pflichten der Geschäftsführer nur gegenüber der Gesellschaft bestehen, kommt eine Haftung gegenüber Gesellschaftsgläubigern nur bei deliktischem Handeln in Betracht. Hervorzuheben ist insoweit die Haftung wegen **Insolvenzverschleppung** bei Verletzung der insolvenzrechtlichen Pflicht, im Insolvenzfall binnen drei Wochen nach Insolvenzeintritt einen Insolvenzantrag zu stellen (§§ 823 Abs. 2, 15a Abs. 1 S. 1 InsO). Bei einem „**Altgläubiger**", dessen Forderung gegen die Gesellschaft bereits zu dem Zeitpunkt, zu dem ein Insolvenzantrag zu stellen war, begründet war, haften die Geschäftsführer dabei auf den „Quotenschaden", sofern ein rechtzeitiger Insolvenzantrag für den Altgläubiger zu einer höheren Insolvenzquote und damit einer höheren Zahlung geführt hätte. Dieser Schaden wird als **Gesamtschaden,** der letztlich in der Massereduktion durch Fortführung des Unternehmens liegt, für alle Altgläubiger vom Insolvenzverwalter geltend gemacht (§ 92 InsO). Bei einem „**Neugläubiger**" mit vertraglichen Ansprüchen besteht der Schaden demgegenüber darin, ein Vertragsverhältnis mit Gesellschaft und damit eine Verpflichtung dieser gegenüber begründet zu haben, obwohl die Gesellschaft zum Zeitpunkt des Vertragsschlusses bereits insolvent war. Geschützt ist insoweit das negative Interesse des Neugläubigers, der damit im Ergebnis den Ersatz der ihm entstandenen Aufwendungen verlangen kann; ein entgangener Gewinn kann darüber hinaus beansprucht werden, wenn der Vertragsschluss dazu geführt hat, dass ein anderweitig realisierbarer Gewinn nicht realisiert wurde (§ 252 BGB). Neugläubiger mit gesetzlichen Ansprüchen haben mangels eines geschützten Vertrauens keine Ersatzansprüche wegen Insolvenzverschleppung.[406]

683

---

[403] § 43 Abs. 1 GmbHG beschreibt in Doppelfunktion sowohl den Inhalt der Sorgfaltspflicht (→ Rn. 626 ff.) als auch den Verschuldensmaßstab.
[404] MüKoGmbHG/*H.-F. Müller* § 64 Rn. 154.
[405] BGH NJW-RR 2008, 744; NJW 1997, 741; NJW-RR 1989, 1255.
[406] BGHZ 164, 50 = NJW 2005, 3137.

684 **bb) Gesellschafterversammlung.** Die Gesellschafterversammlung ist Organ der Gesellschaft (→ Rn. 634), haftet als solches allerdings nicht. Haftungssubjekt kann lediglich ein Organwalter, also der einzelne Gesellschafter sein, insoweit kommt im Einzelfall eine Haftung aus einem gegen die Treuepflicht verstoßendem Abstimmungsverhalten in Betracht (→ Rn. 663 ff.).

685 **cc) Aufsichtsrat.** Sofern ein Aufsichtsrat aufgrund gesetzlicher Vorgaben besteht (→ Rn. 646), haften dessen Mitglieder (einschließlich der Arbeitnehmervertreter) für die Verletzung der gegenüber der Gesellschaft bestehenden Pflicht, die Sorgfalt eines ordnungsgemäß und gewissenhaft handelnden Aufsichtsrats anzuwenden. Dies ergibt sich aus dem Verweis auf §§ 116 S. 1, 93 AktG in dem im konkreten Fall einschlägigen Mitbestimmungsgesetz (§ 1 Abs. 1 Nr. 3 DrittelbG, § 25 Abs. 1 Nr. 2 MitbestG, § 3 Abs. 2 MontanMitbestG, § 3 Abs. 1 S. 1 MontanMitbestErgG iVm. § 3 Abs. 2 MontanMitbestG). Die Haftung gegenüber Gesellschaft und Dritten für eigenes deliktisches Handeln bleibt unberührt.

686 Für die Haftung des Mitglieds eines freiwilligen Aufsichtsrat (→ Rn. 647) gilt Vorstehendes nach der gesetzlichen Konzeption entsprechend (§§ 52 Abs. 1 GmbHG, 116 S. 1, 93 AktG). Im Gesellschaftsvertrag kann Abweichendes vereinbart werden. Die deliktische Haftung gegenüber Dritten ist demgegenüber nicht disponibel.

687 **dd) Beirat.** Hinsichtlich der Haftung der Mitglieder eines auf freiwilliger Basis eingerichteten Beirats (→ Rn. 648) wird auf die Ausführungen in → Rn. 1046 verwiesen.

5. Änderungen im Gesellschafterbestand

688 GmbH haben ein im Gesellschaftsvertrag festgelegtes Stammkapital, das sich auf die Geschäftsanteile, welche die Beteiligung an der Gesellschaft vermitteln, verteilt (→ Rn. 542 ff.). Änderungen des Gesellschafterbestandes gehen daher mit einer Änderung der Anzahl oder der Zuordnung der Geschäftsanteile einher.

689 **a) Austritt von Gesellschaftern.** Die einseitige Beendigung der eigenen Beteiligung an der Gesellschaft durch einen Gesellschafter wird im Kapitalgesellschaftsrecht zumeist als „Austritt" bezeichnet. Formal handelt es sich um eine Kündigung der Mitgliedschaft. Ein Austritt kann aus wichtigem Grund oder – bei entsprechender gesellschaftsvertraglicher Grundlage – ohne einen solchen erfolgen.

690 **aa) Austritt aus wichtigem Grund.** Das Recht zum Austritt beim Vorliegen eines wichtigen Grundes ist ein gesetzlich nicht geregeltes **unabdingbares und unverzichtbares Mitgliedschaftsrecht** eines jeden Gesellschafters.[407] Dieses Recht ist dem bei Personenhandelsgesellschaften bestehenden Recht zur fristlosen Kündigung der Mitgliedschaft aus wichtigem Grund (→ Rn. 232) inhaltlich vergleichbar.

691 **(1) Voraussetzungen.** In formeller Hinsicht bedarf es für einen Austritt aus wichtigem Grund einer gegenüber der Gesellschaft abzugebenden **Austrittserklärung** des austrittswilligen Gesellschafters. Eine bestimmte Form ist dabei nicht zu beachten. Aus Beweisgründen ist die Abgabe der Erklärung in einer Form anzuraten, die den Nachweis des Zugangs ermöglicht. Regelungen über die zu beachtende Form im Gesellschaftsvertrag sind zulässig und zu empfehlen. Die Vereinbarung einer Austrittsfrist oder eines Austrittstermins stellen demgegenüber regelmäßig eine unzulässige Beschränkung des Austrittsrechts dar.

---

[407] BGH NZG 2014, 541 = ZIP 2014, 873; BGHZ 116, 359 = NJW 1992, 892; BGHZ 9, 157 = NJW 1953, 780.

III. Die Gesellschaft mit beschränkter Haftung (GmbH und UG) § 24

Materiell bedarf es für einen Austritt aus wichtigem Grund naturgemäß des Vorliegens eines **wichtigen Grundes**. Ein solcher liegt – wie bei den Personengesellschaften (GbR: → Rn. 87; OHG/KG: → Rn. 232) – vor, wenn Umstände vorliegen, die dem austrittswilligen Gesellschafter den Verbleib in der Gesellschaft unzumutbar machen.[408] Ein für Gesellschaft und Mitgesellschafter milderes Mittel mit für den Austrittswilligen gleicher Wirkung darf nicht vorhanden sein (**„Ultima-Ratio-Prinzip"**).[409] Solch ein milderes Mittel kann beispielsweise in der Veräußerung der Geschäftsanteile (→ Rn. 724 ff.) liegen, sodass ein Austritt insoweit **subsidiär** ist.[410] Ein auch unter Berücksichtigung der erforderlichen Bedenkzeit zu langes Abwarten des Austrittswilligen nach Kenntnis der zum Austritt berechtigenden Umstände kann gegen die Unzumutbarkeit des Verbleibs in der Gesellschaft sprechen, wobei Versuche des Austrittswilligen, diese Umstände zu beseitigen, bei dieser Beurteilung nicht zu dessen Lasten gehen dürfen. 692

(2) **Vollzug**. Solange der Austretende Inhaber der Geschäftsanteile ist, ist er weiterhin Gesellschafter der GmbH. Erforderlich ist es daher, dass der Austretende seiner **Geschäftsanteile** verlustig wird. Dieser **dingliche Vollzug des Austritts** kann entweder dadurch erfolgen, dass die Geschäftsanteile des Austretenden auf einen anderen Rechtsträger – meist auf einen anderen Gesellschafter oder auch auf die Gesellschaft selbst – **übertragen** (→ Rn. 724) **oder von der Gesellschaft eingezogen** werden. Die Entscheidung über das Schicksal der Geschäftsanteile liegt dabei bei der Gesellschaft. Eine – in diesem Fall ausnahmsweise auch ohne gesellschaftsvertragliche Grundlage mögliche – **Einziehung der Geschäftsanteile** setzt dabei voraus, dass der Austretende die Einlagen auf die Geschäftsanteile vollständig geleistet hat und dass die von der Gesellschaft zu leistende Abfindungszahlung (→ Rn. 697) nicht dazu führt, dass das bilanzielle Eigenkapital das Stammkapital, das sich durch die Einziehung nicht ändert,[411] unterschreitet oder eine bestehende Unterschreitung vertieft wird (Grundsatz der Kapitalerhaltung; → Rn. 661). Eine Unterschreitung des Stammkapitals kann gegebenenfalls durch eine zeitgleiche Herabsetzung des Stammkapitals vermieden werden, wobei eine Herabsetzung unter das Mindestkapital von 25.000 EUR (§ 5 Abs. 1 GmbHG) nicht zulässig ist.[412] Erfolgt der Vollzug des Austritts nicht in angemessener Zeit, ist der Austrittswillige zur Auflösungsklage aus wichtigem Grund (§ 61 Abs. 1 GmbHG) berechtigt, die letztlich die Liquidation der Gesellschaft zur Folge hat.[413] 693

---

[408] BGHZ 116, 359 = NJW 1992, 892 (895).
[409] BGH NZG 2014, 541 = ZIP 2014, 873.
[410] MüKoGmbHG/*Strohn* § 34 Rn. 109.
[411] Nach der Rspr. des BGH hat eine Einziehung von Geschäftsanteilen eine Diskrepanz zwischen dem Stammkapital und der Summe der Nennbeträge der Geschäftsanteile zur Folge (BGHZ 203, 303 = NJW 2015, 1385 (1387)). Dies ist streitig (MüKoGmbHG/*Strohn* § 34 Rn. 65). § 5 Abs. 3 S. 2 GmbHG spricht gegen die Ansicht des BGH.
[412] Im Fall einer UG würde eine Kapitalherabsetzung gegen das Ziel des Gesetzgebers verstoßen, durch die „Ansparung" von Eigenkapital das für eine vollwertige GmbH erforderliche Mindestkapital zu erreichen (der Gesetzgeber spricht insoweit von einer „Kapitalaufholung", BT-Drs. 16/6140, 32 li.Sp.). Eine Kapitalherabsetzung ist daher bei einer UG nach hier vertretener Auffassung generell unzulässig. Dafür spricht auch die Regelung des § 58 Abs. 2 S. 1 GmbHG, nach der eine Kapitalherabsetzung nicht dazu führen darf, dass das Mindestkapital nach § 5 Abs. 1 GmbHG unterschritten wird. Lediglich im - eher theoretischen - Fall, dass das Stammkapital einer UG den Mindestbetrag von 25.000 EUR überschreitet, was nur bei einer vorherigen Kapitalerhöhung ohne Änderung des Rechtsformzusatzes in der Firmierung möglich ist (§ 5a Abs. 5 GmbHG), ist eine Kapitalherabsetzung bei einer UG denkbar, sofern diese nicht zu einer Unterschreitung des Mindestkapitals führt. Materiell handelt es sich in diesem Fall der Firmierung als UG zuwider aber ohnehin um eine „vollwertige" GmbH (§ 5a Abs. 5 GmbHG).
[413] BGHZ 88, 320 (326) = NJW 1984, 489. Offen ist, ob diese Möglichkeit es erfordert, dass die Geschäftsanteile des Austrittswilligen wie bei einer „normalen" Auflösungsklage mindestens 10% des Stammkapitals entsprechen (§ 61 Abs. 2 S. 2 GmbHG). Dies wird man verneinen müssen, da das Recht zum Austritt aus wichtigem Grund andernfalls für Gesellschafter mit Beteiligungen von weniger als 10% nicht durchsetzbar wäre.

694 Bis zum Vollzug des Austritts ist der Austrittswillige aufgrund seiner fortbestehenden Gesellschafterstellung weiterhin berechtigt, seine **Gesellschafterrechte** (→ Rn. 584 ff.) wahrzunehmen, insbesondere sein Stimmrecht (→ Rn. 588) auszuüben. Gegen von den anderen Gesellschaftern beabsichtigte Maßnahmen darf er allerdings nur stimmen, wenn diese seine eigenen Vermögensinteressen, die sich regelmäßig auf die ihm zustehende Abfindung (→ Rn. 697) beschränken, beeinträchtigen können.[414] Eine gesellschaftsvertragliche Abrede, dass das Stimmrecht eines austrittswilligen Gesellschafters bereits von seiner Austrittserklärung an ruht, ist zulässig.[415]

695 Ebenfalls zulässig sind gesellschaftsvertragliche Vereinbarungen über das Schicksal der Geschäftsanteile eines austretenden Gesellschafters. Solch eine Vereinbarung kann beispielsweise darin bestehen, dass die Geschäftsanteile jedes Gesellschafters aufschiebend bedingt auf seinen Austritt (nach entsprechender Teilung) im Verhältnis der Beteiligungsquoten der übrigen Gesellschafter an diese abgetreten werden oder dass die Geschäftsanteile auf den Austritt des Gesellschafters bedingt eingezogen werden. Der Vollzug des Austritts erfolgt dann automatisch mit dem Wirksamwerden der Austrittserklärung, regelmäßig also mit dem Zugang der Austrittserklärung bei der Gesellschaft. Die Vereinbarung eines automatischen sofortigen Vollzugs des Austritts hat aus Sicht des Austretenden den Vorteil, dass sein Austritt von der Gesellschaft und dadurch mittelbar von den anderen Gesellschaftern nicht verzögert werden kann. Dem steht allerdings der Nachteil gegenüber, dass der Verlust der Beteiligung in diesem Fall regelmäßig vor der Erfüllung des Anspruchs auf Zahlung der Abfindung (→ Rn. 697) erfolgt, der Austretende also in Vorleistung tritt.

696 Gesellschaftsvertragliche Vereinbarungen, nach denen ein **Austritt sofort wirksam** wird, ohne dass in diesem Zusammenhang bereits Regelungen über das Schicksal der Geschäftsanteile getroffen werden, sind ebenfalls möglich.[416] Solch eine Regelung bietet aus Sicht der Gesellschaft und der verbleibenden Gesellschafter den Vorteil des sofortigen Wirksamwerdens des Austritts, ohne dass die Gesellschaft (und damit die verbleibenden Gesellschafter) bereits über die Frage, ob die Geschäftsanteile übertragen oder eingezogen werden sollen, entschieden haben müssen. Ungeklärt ist, ob die Geschäftsanteile in diesem Fall temporär inhaberlos sind oder bis zur Übertragung beziehungsweise Einziehung treuhänderisch von der Gesellschaft gehalten werden.[417]

697 Dem austretenden Gesellschafter steht eine **Abfindung** für den Verlust seiner Geschäftsanteile zu, die ihm Zug um Zug gegen deren Übertragung beziehungsweise Einziehung zu zahlen ist. Die Höhe der Abfindung hat dabei dem Wert der Geschäftsanteile zu entsprechen, der regelmäßig nach dem Ertragswertverfahren (→ Rn. 370) zu ermitteln ist. Abweichende gesellschaftsvertragliche Regelungen zur Höhe und zur Fälligkeit der Abfindung sind möglich, insoweit kann – mit der Maßgabe, dass solche Vereinbarungen bei einer GmbH als Teil des Gesellschaftsvertrags zur Formwirksamkeit stets der notariellen Beurkundung bedürfen (§ 2 Abs. 1 S. 1 GmbHG) – im Wesentlichen auf die entsprechenden Ausführungen zu den Personenhandelsgesellschaften verwiesen werden (→ Rn. 375 ff.; → Rn. 396).

698 Möglich ist es nach hier vertretener Ansicht auch, den übrigen Gesellschaftern das befristete Recht einzuräumen, die Liquidation der Gesellschaft unter Teilnahme des austrittswilligen Gesellschafters zu beschließen, was insbesondere dem Schutz von Gesellschaftern vor dem Austritt „unternehmensrelevanter" Gesellschafter dient.

699 bb) Austritt ohne wichtigen Grund. Ein Recht zum anlasslosen Austritt aus der Gesellschaft beziehungsweise zur anlasslosen Kündigung der Mitgliedschaft, wie es bei den

---

[414] BGHZ 88, 320 = NJW 1984, 489.
[415] BGHZ 88, 320 = NJW 1984, 489.
[416] BGH NJW-RR 2003, 1265 = NZG 2003, 871 = ZIP 2003, 1544.
[417] BGH NJW-RR 2003, 1265 (1267) = NZG 2003, 871 = ZIP 2003, 1544.

III. Die Gesellschaft mit beschränkter Haftung (GmbH und UG) § 24

Personenhandelsgesellschaften vorgesehen ist (→ Rn. 232), gibt es im Recht der GmbH nicht. Ein entsprechendes Recht bedarf daher einer gesellschaftsvertraglichen Grundlage.

Im gesetzlichen Normalfall, in dem die Geschäftsanteile frei veräußerbar sind (§ 15 Abs. 1 GmbHG), führt ein unbedingtes Austrittsrecht im Ergebnis dazu, dass einem Gesellschafter, der sich von seiner Beteiligung trennen will, eine Abnahmegarantie für den Fall gegeben wird, dass sich die Geschäftsanteile am Markt nicht oder nicht zu einem Preis, der die ihm im Fall seines Austritts zu zahlenden Abfindung übersteigt, veräußern lässt. Diese „Abnahmegarantie" geht auf Kosten der Gesellschaft und damit letztlich auf Kosten der übrigen Gesellschafter. Oftmals wird die Übertragbarkeit der Geschäftsanteile allerdings eingeschränkt, um eine Veräußerung an einen von den verbleibenden Gesellschaftern nicht gewünschten Erwerber zu verhindern (→ Rn. 726). In diesem Fall kann ein bedingungsloses Austrittsrechtsrecht auch für die nicht austrittswilligen Gesellschafter die im Vergleich zur Fortsetzung der Zusammenarbeit mit einem austrittswilligen Gesellschafter bessere Alternative sein. **700**

Denkbar, in der Praxis aber eher ungewöhnlich ist eine Vereinbarung, nach der Gesellschafter mit mehreren Geschäftsanteilen ihren Austritt auf einen oder mehrere Geschäftsanteile beschränken können. Terminologisch würde man in diesem Fall aber eher von einer Kündigung von Geschäftsanteilen als von einem Austritt sprechen. Die nachfolgenden Ausführungen gelten in diesem Fall entsprechend. **701**

(1) Voraussetzungen. Die Voraussetzungen eines Austritts ohne wichtigen Grund können weitestgehend frei vereinbart werden. Formell wird man sich hinsichtlich der **Form der Austrittserklärung** regelmäßig zumindest auf die Schriftform verständigen. Fehlt es an der Vereinbarung einer bestimmten Form, kann der Austritt auch formlos erklärt werden, wobei dem Austrittswilligen ohnehin eine Form zu empfehlen ist, die den Nachweis des Zugangs und des Zeitpunktes des Zugangs erlaubt. Üblich und sinnvoll ist es zudem, sich auf eine **Austrittsfrist und** (in abstrakter Form) auf einen **Austrittstermin** zu verständigen. Verbreitet ist die Vereinbarung, dass ein Austritt mit einer Frist von mehreren Monaten zum Ende des laufenden Geschäfts- oder Kalenderjahres erklärt werden kann. Die Vereinbarung einer **Karenzzeit,** beispielsweise dergestalt, dass ein Austritt frühestens zum Ende des fünften vollständigen Geschäftsjahres erklärt werden kann, ist möglich. **702**

Die Vereinbarung materieller Voraussetzungen ist möglich, aber unüblich. Sofern materielle Voraussetzungen vereinbart werden, sollte klargestellt werden, dass das Recht zum Austritt aus wichtigen Grund unberührt bleibt. **703**

(2) Vollzug. Wie bei einem Austritt aus wichtigem Grund bedarf es auch bei einem vertraglich vereinbartem Austrittsrecht eines Vollzugs durch Übertragung oder Einziehung der Geschäftsanteile des austretenden Gesellschafters, der bei fehlenden anderweitigen Vereinbarungen Zug um Zug gegen Zahlung einer Abfindung für den Verlust der Geschäftsanteile vorzunehmen ist. Die Ausführungen zum Austritt aus wichtigen Grund gelten insoweit entsprechend (→ Rn. 693 ff.). **704**

b) Ausschluss von Gesellschaftern. Das Pendant zum Austritt (→ Rn. 689 ff.) ist der Ausschluss, bei dem ein Gesellschafter – meist gegen seinen Willen – auf Betreiben seiner Mitgesellschafter seiner Beteiligung verlustig wird. Gesetzliche Regelungen zum Ausschluss eines GmbH-Gesellschafters gibt es nicht. Gleichwohl ist der Ausschluss eines „störenden" Gesellschafters aus wichtigem Grund aber schon deshalb stets möglich, weil er – bei gleicher (wirtschaftlicher) Wirkung für den störenden Gesellschafter – die nicht störenden Gesellschafter weniger belastet als die alternativ in Betracht kommende Auflösung der Gesellschaft nach § 61 Abs. 1 GmbHG. **705**

aa) Ausschluss durch Gestaltungsurteil. Sofern der Gesellschaftsvertrag nicht die Möglichkeit eröffnet, einen störenden Gesellschafter durch einen Gesellschafterbeschluss **706**

auszuschließen (→ Rn. 717 ff.), bedarf es für den Ausschluss eines störenden Gesellschafters eines gerichtlichen Gestaltungsurteils.

707 **(1) Voraussetzungen.** Hinsichtlich der Voraussetzungen gilt das zum Ausschluss eines Gesellschafters einer Personenhandelsgesellschaft Ausgeführte (→ Rn. 407 ff.) im Wesentlichen entsprechend.

708 **In formeller Hinsicht** bedarf es eines **Antrags der Gesellschaft** auf Ausschluss des störenden Gesellschafters beim zuständigen Gericht. Erforderlich für die Einleitung eines gerichtlichen Ausschlussverfahrens ist ein **Gesellschafterbeschluss,** der entsprechend § 60 Abs. 1 Nr. 2 GmbHG mit einer Mehrheit von mindestens 75 % der abgegebenen Stimmen gefasst wurde.[418] Die Vereinbarung eines geringeren oder höheren Quorums ist zulässig,[419] der betroffene Gesellschafter selbst ist nicht stimmberechtigt (§ 47 Abs. 4 S. 2 GmbHG).[420] Ebenfalls zulässig ist eine gesellschaftsvertragliche Regelung, nach der ein Ausschluss keines Urteils, sondern **lediglich eines Gesellschafterbeschlusses** bedarf (→ Rn. 717 ff.); bei fehlender anderweitiger Vereinbarung kommt in diesem Fall ebenfalls ein Quorum von 75 % der abgegebenen Stimmen zur Anwendung.

709 Die **gerichtliche Zuständigkeit** ist in örtlicher Hinsicht sowohl am Sitz der Gesellschaft (§§ 22, 17 Abs. 1 ZPO) als auch am Wohnort (§ 13 ZPO) beziehungsweise Sitz (§ 17 Abs. 1 ZPO) des beklagten Gesellschafters eröffnet. In sachlicher Hinsicht richtet sich die Zuständigkeit nach dem Streitwert, wobei regelmäßig die Zuständigkeit des Landgerichts eröffnet sein wird (§§ 71 Abs. 1, 23 Nr. 1 GVG). Sofern beim zuständigen Landgericht eine **Kammer für Handelssachen** eingerichtet ist, ist deren Zuständigkeit eröffnet (§§ 94, 95 Abs. 1 Nr. 4 lit. a GVG). Bei der Antragstellung ist zu beachten, dass ein Ausschluss lediglich bedingt auf die Abfindung des Ausgeschlossenen binnen einer bestimmten Frist erfolgt (→ Rn. 712), sodass die Beantragung eines unbedingten Ausschlusses regelmäßig zu einer (vermeidbaren) Teilabweisung mit entsprechender Kostenfolge führt.

710 **In materieller Hinsicht** bedarf es für den Ausschluss eines Gesellschafters eines Ausschlussgrundes. Trotz Fehlens gesetzlicher Ausschlussgründe ist ein **Ausschluss aus wichtigem Grund** wie ausgeführt stets möglich (→ Rn. 705). Ein wichtiger Grund liegt dabei vor, wenn Umstände dazu führen, dass der Verbleib des betroffenen Gesellschafters in der Gesellschaft unzumutbar ist. Anders als bei einem Austritt aus wichtigem Grund (→ Rn. 692) kann es sich dabei nur um Umstände handeln, die in der Person oder im Verhalten des betroffenen Gesellschafters liegen (personen- beziehungsweise verhaltensbedingte Gründe). Zudem darf es kein milderes Mittel geben, das gleich geeignet ist, die Unzumutbarkeit zu beseitigen (**Ultima-Ratio-Prinzip,** → Rn. 692).

711 Gesellschaftsvertragliche Präzisierungen und Ergänzungen der wichtigen Gründe, beispielsweise dergestalt, dass ein bestimmtes Ereignis oder Verhalten eines Gesellschafters einen zum Ausschluss berechtigenden wichtigen Grund darstellt, sind zulässig. Eine darüberhinausgehende **gesellschaftsvertragliche Vereinbarung von Ausschlussgründen,** die keinen wichtigen Grund darstellen, ist demgegenüber nur wirksam, wenn wegen ganz besonderer Umstände Gründe vorliegen, die die Vereinbarung sachlich rechtfertigen können.[421] Solch ein Grund kann beispielsweise in der Beendigung der Tätigkeit des Gesellschafters für das betriebene Unternehmen, in dem alle Gesellschafter mitarbeiten, liegen.[422] Die Vereinbarung eines Rechts zur anlasslosen Hinauskündigung ist unzulässig.[423]

---

[418] BGHZ 9, 157 (177) = NJW 1953, 780 (783).
[419] BGHZ 153, 258 = NJW 2003, 2314.
[420] BGHZ 9, 157 (178) = NJW 1953, 780 (784).
[421] BGHZ 107, 351 = NJW 1989, 2681 (für KG); BGHZ 81, 264 = NJW 1981, 2565 (für KG); BGHZ 68, 212 = NJW 1977, 1292 (für KG).
[422] BGH NJW 1983, 2880.

III. Die Gesellschaft mit beschränkter Haftung (GmbH und UG) § 24

(2) Rechtsfolgen. Um sicherzustellen, dass der Ausgeschlossene die ihm zustehende Abfindung erhält, wobei hinsichtlich der Höhe der Abfindung auf die entsprechenden Ausführungen zum Austritt eines Gesellschafters verwiesen werden kann (→ Rn. 697), darf der Ausschluss nach der Rechtsprechung des BGH im Gestaltungsurteil **nur unter der Bedingung** ausgesprochen werden, **dass dem Ausgeschlossenen** binnen einer vom Gericht im Urteil festgelegten Frist **die mit dem Urteil festgesetzte Abfindung bezahlt wird.**[424] Ein Zahlungsanspruch des beklagten Gesellschafters folgt aus solch einer Entscheidung nicht, vielmehr liegt es im Ermessen der Gesellschaft, den Ausschluss durch Leistung der Abfindung herbeizuführen. Fördert der beklagte Gesellschafter im Prozess die Ermittlung der Abfindung nicht im gebotenen Maße, kann das Gericht eine **vorläufige Abfindung** festsetzen.[425, 426]

Ungeklärt ist, ob der Ausgeschlossene bereits mit der Rechtskraft des Urteils **aus der Gesellschaft ausscheidet** oder ob er – was naheliegender erscheint – seine Gesellschafterstellung bis zum Bedingungseintritt behält, seine Gesellschafterrechte bis dahin beziehungsweise – bei fehlenden Bedingungseintritt – bis zum Fristablauf aber nicht oder nur in eingeschränktem Maße wahrnehmen kann.[427]

Zu trennen ist die Frage der Gesellschafterstellung des Ausgeschlossenen vom **Schicksal seiner Geschäftsanteile,** die vorübergehend trägerlos sind und von der Gesellschaft ohne Mitwirkung des Ausgeschlossenen übertragen oder eingezogen werden können,[428] Eine **Übertragung der Geschäftsanteile** führt dabei regelmäßig dazu, dass die Abfindung des Ausgeschlossenen wirtschaftlich vom Zessionar zu leisten ist. Zur Alternative der Einziehung siehe → Rn. 693.

Festzuhalten ist, dass die Rechtsfolgen eines Ausschlusses nicht bis in letzte geklärt sind und teilweise sogar widersprüchlich erscheinen. Eine in sich stimmige gesellschaftsvertragliche Regelung der Rechtsfolgen eines Ausschlusses ist daher zu empfehlen. Dabei sollte insbesondere in Erwägung gezogen werden, die Wirksamkeit des Ausschlusses von der Zahlung der Abfindung zu entkoppeln, indem hinsichtlich der Abfindung eine Fälligkeitsvereinbarung getroffen und hinsichtlich des Ausschlusses vereinbart wird, dass dieser mit der Rechtskraft des Urteils wirksam ist.

(3) Rechtsschutz. Der **betroffene Gesellschafter** ist durch das Erfordernis eines rechtskräftigen Gestaltungsurteils hinreichend geschützt. Allerdings wird das Zuwarten auf ein rechtskräftiges Urteil der **Gesellschaft und** den **Mitgesellschaftern** zumeist nicht zuzumuten sein. Unter den Voraussetzungen der §§ 935, 940 ZPO, die beim Vorliegen des Hauptsacheanspruchs regelmäßig vorliegen, besteht ein Anspruch der Gesellschaft auf Erlass einer **einstweiligen Verfügung** zum vorläufigen Schutz ihrer Interessen. Zuständig ist insoweit das Gericht der Hauptsache (§ 937 Abs. 1 ZPO; → Rn. 709).

---

[423] BGHZ 107, 351 = NJW 1989, 2681 (für KG); BGHZ 81, 264 = NJW 1981, 2565 (für KG); BGHZ 68, 212 = NJW 1977, 1292 (für KG); MüKoGmbHG/*Strohn* § 34 Rn. 140 ff.; differenzierend Roth/Altmeppen GmbHG § 60 Rn. 74.
[424] BGHZ 9, 157 (174) = NJW 1953, 780 (783).
[425] BGHZ 16, 317 (324) = NJW 1955, 667.
[426] In einem Regierungsentwurf zur Reform des GmbHG aus dem Jahr 1972 wurde in § 208 Abs. 1 RegE insoweit folgende Regelung für ein Ausschließungsurteil vorgesehen: *„Gibt das Gericht der Ausschlussklage statt, so hat es, wenn der ausgeschlossene Gesellschafter dies beantragt hatte, im Urteil zugleich die Durchführung des Ausschlusses davon abhängig zu machen, dass die Gesellschaft binnen sechs Monaten seit der Rechtskraft des Urteils eine vorläufige Abfindung an den Gesellschafter zahlt. Der Betrag der vorläufigen Abfindung ist im Urteil festzusetzen. Dem Gesellschafter stehen aus seinem Geschäftsanteil keine Rechte zu, sobald das Urteil, das der Ausschlussklage stattgibt, rechtskräftig geworden ist."* (BT-Drs. VI, 3088, 57 re.Sp.). Die vorläufige Abfindung war dabei als auf Basis des Einheitswerts des Betriebsvermögens ermitteltes Vorab auf die endgültige Abfindung ausgestaltet.
[427] MüKoGmbHG/*Strohn* § 34 Rn. 117; MüKoGmbHG/*Strohn* § 34 Rn. 170.
[428] MüKoGmbHG/*Strohn* § 34 Rn. 117 mwN.

717 **bb) Ausschluss durch Gesellschafterbeschluss.** Möglich ist auch eine Vereinbarung, nach der ein Ausschluss aus wichtigem Grund (lediglich) eines Gesellschafterbeschlusses bedarf.

718 **(1) Voraussetzungen.** Erforderlich ist neben einer entsprechenden gesellschaftsvertraglichen Grundlage ein Beschluss der Gesellschafter über den Ausschluss des betroffenen Gesellschafters. Fehlt es an einer Regelung über das erforderliche Quorum, ist eine Zustimmung von wenigstens 75% der abgegebenen Stimmen bei fehlendem Stimmrecht des betroffenen Gesellschafters erforderlich. Wirksam wird der Ausschluss bei fehlender anderweitiger Vereinbarung mit dem Zugang des Beschlusses beim Ausgeschlossenen.[429]

719 Materiell ist es auch bei einem Ausschluss durch einen Gesellschafterbeschluss erforderlich, dass ein wichtiger, im Verhalten oder der Person des betroffenen Gesellschafters liegender Grund für den Ausschluss gegeben ist und dass das Ultima-Ratio-Prinzip beachtet ist (→ Rn. 710). Zur gesellschaftsvertraglichen Vereinbarung von Ausschlussgründen gilt das in → Rn. 711 Ausgeführte.

720 **(2) Rechtsfolgen.** Hinsichtlich des Schicksals der Geschäftsanteile des Ausgeschlossenen gelten die Ausführungen in → Rn. 714, hinsichtlich der Höhe des Abfindungsanspruchs die Ausführungen in → Rn. 697 entsprechend.

721 **(3) Rechtsschutz.** Anders als bei einem Ausschluss aufgrund eines gerichtlichen Urteils ist es bei einem Ausschluss durch einen Gesellschafterbeschluss der **betroffene Gesellschafter,** der rechtsschutzbedürftig sein kann. Ihm steht der Weg zu den ordentlichen Gerichten mit dem Ziel, gegenüber der Gesellschaft die Unwirksamkeit des Ausschlusses feststellen zu lassen, offen. Zur gerichtlichen Zuständigkeit gelten die Ausführungen im → Rn. 709 mit der Maßgabe, dass sich die gerichtliche Zuständigkeit in örtlicher Hinsicht stets nach dem Sitz der Gesellschaft richtet (§ 17 Abs. 1 ZPO bzw. §§ 22, 17 Abs. 1 ZPO).

722 Oftmals wird die (rechtskräftige) gerichtliche Klärung schon aus prozessualen Gründen erst zu einem Zeitpunkt erfolgen, in dem eine positive Entscheidung für den Ausgeschlossenen zu spät käme. **Einstweiliger Rechtsschutz** in Form einer einstweiligen Verfügung ist unter den Voraussetzungen der §§ 935, 940 ZPO möglich. Zuständig ist das Gericht der Hauptsache (§ 937 Abs. 1 ZPO). Materiell ist die Glaubhaftmachung erforderlich, dass der Gesellschafterbeschluss wegen formeller oder materieller Mängel unwirksam ist (Verfügungsanspruch) und dass dem Betroffenen ohne die beantragte einstweilige Verfügung wesentliche Nachteile – beispielsweise die irreparable Verwertung der Geschäftsanteile durch die Gesellschaft – drohen (Verfügungsgrund). Dabei wägt das Gericht die Interessen der Gesellschaft und des Betroffenen gegeneinander ab. Hinsichtlich des Inhalts der einstweiligen Verfügung ist das Gericht nicht an den Antrag des betroffenen Gesellschafters gebunden (§ 938 Abs. 1 ZPO), sondern kann auch nicht beantragte Anordnungen treffen, die es für zweckdienlich hält.

723 **c) Gesellschafterwechsel.** Da die Beteiligung an der Gesellschaft durch die Geschäftsanteile vermittelt wird, bedarf ein Gesellschafterwechsel dergestalt, dass ein bisher nicht an der Gesellschaft Beteiligter an die Stelle eines vorhandenen Gesellschafters tritt, eines Übergangs der Geschäftsanteile des ausscheidenden Gesellschafters auf den neuen Gesellschafter, also einer entsprechenden Einzel- oder gar einer Gesamtrechtsnachfolge, wobei Rechtsnachfolgen nach dem UmwG nachfolgend unbeachtet bleiben.

724 **aa) Gesellschafterwechsel unter Lebenden.** Ein Gesellschafterwechsel unter Lebenden erfolgt dadurch, dass die die Beteiligung vermittelnden Geschäftsanteile des ausscheiden-

---

[429] BGH NJW 2011, 2294, 2295.

III. Die Gesellschaft mit beschränkter Haftung (GmbH und UG) § 24

den Gesellschafters auf den neuen Gesellschafter übergehen, der neue Gesellschafter insoweit also Einzelrechtsnachfolger des ausscheidenden Gesellschafters wird. Dazu bedarf es einer dinglichen Übertragung der Geschäftsanteile, die möglich ist, da die Geschäftsanteile durch § 15 Abs. 1 GmbHG veräußerlich gestellt werden. Mangels einer Verkörperung der Geschäftsanteile im Wege einer Verbriefung erfolgt die dingliche Übertragung dabei durch **Abtretung** (§§ 413, 398 ff. BGB), die ebenso wie das zugrundeliegende Verpflichtungsgeschäft, bei dem es sich regelmäßig um einen Kauf oder eine (gegebenenfalls gemischte) Schenkung handeln wird, der **notariellen Form** bedarf (§§ 15 Abs. 3, Abs. 4 S. 1 GmbHG). Ein formunwirksames Verpflichtungsgeschäft wird durch den formwirksamen Vollzug geheilt (§ 15 Abs. 4 S. 2 GmbHG).

Als Erwerber und damit als neuer Gesellschafter kommt jeder Rechtsträger in Betracht. Dies beinhaltet unter Beachtung der Restriktionen des § 33 GmbHG auch die Gesellschaft selbst, wobei der Erwerb eigener Anteile durch die Gesellschaft aufgrund des Umstandes, dass der Gesellschaft aus den eigenen Anteilen in entsprechender Anwendung von § 71b AktG keine Gesellschafterrechte zustehen, nachfolgend nicht als Fall des Eintritts eines neuen Gesellschafters betrachtet wird. 725

Die Übertragbarkeit der Geschäftsanteile kann durch eine gesellschaftsvertragliche Vereinbarung beschränkt werden. Nach herrschender, vom BGH allerdings noch nicht bestätigter Meinung, ist auch ein gesellschaftsvertraglicher Ausschluss der Übertragbarkeit möglich.[430] Gerade für Familiengesellschaften und Gesellschaften, in denen es auf eine persönliche Zusammenarbeit der Gesellschafter ankommt, ist die Beschränkung der Veräußerbarkeit häufig empfehlenswert. Die den Gesellschaftern zur Verfügung stehenden Möglichkeiten sind dabei vielfältig. Im Regelfall wird die Veräußerbarkeit von der Zustimmung der Gesellschaft abhängig gemacht (**„Vinkulierung"**, § 15 Abs. 5 GmbHG). In diesem Fall erteilt der Geschäftsführer als Organ der GmbH die Zustimmung, für die er bei fehlender anderweitiger Regelung im Gesellschaftsvertrag die Zustimmung der Gesellschafter bedarf,[431] wobei der veräußerungswillige Gesellschafter stimmberechtigt ist.[432] Wird die Zustimmung verweigert, ist das vorläufig schwebend unwirksame Übertragungsgeschäft endgültig unwirksam.[433] 726

Im Fall einer Vinkulierung sollte im Gesellschaftsvertrag geregelt werden, ob der erforderliche Gesellschafterbeschluss über die Zustimmung einer qualifizierten Mehrheit oder gar einer Einstimmigkeit bedarf. Fehlt es an einer anderweitigen Regelung im Gesellschaftsvertrag, reicht eine Mehrheit der abgegebenen Stimmen aus.[434] Sinnvoll erscheint es, darüberhinausgehend zu regeln, dass eine Abtretung nicht der Zustimmung der Gesellschaft, sondern der Gesellschafterversammlung oder des Aufsichts- oder des Beirats bedarf,[435] um das (regelmäßig geringe) Risiko einer nach § 37 Abs. 2 GmbHG nach außen wirksamen Zustimmung eines pflichtwidrig handelnden Geschäftsführers zu vermeiden. 727

Auch die gesellschaftsvertragliche Regelung von **Vorkaufs- oder Vorerwerbsrechten** für Gesellschafter, Gesellschaft oder bestimmte Dritte ist möglich. Die wohl gebräuchlichste Form dieser Einschränkung der Übertragbarkeit sieht Vorkaufsrechte für die Mitgesellschafter im Fall eines Anteilsverkaufes vor. 728

Bei einer Veränderung des Inhabers eines Geschäftsanteils gilt gegenüber der Gesellschaft derjenige als Gesellschafter, der in der zum Handelsregister eingereichten (→ Rn. 576) und bei Bedarf zu aktualisierenden (→ Rn. 627) Gesellschafterliste eingetragen ist (§ 16 Abs. 1 S. 1 GmbHG). Erfolgt die Aufnahme der Gesellschafterliste ins Handelsregister im Fall einer Veränderung unverzüglich nach der Vornahme einer Rechtshandlung des Erwerbers (beispielsweise der Abberufung des bisherigen und Bestellung 729

---

[430] RGZ 80, 178; Baumbach/Hueck/*Fastrich* GmbHG § 15 Rn. 38 mwN.
[431] BGH NJW 1988, 2241.
[432] BGH NJW 1988, 2241 (2243); BGHZ 48, 163 (167) = NJW 1967, 1963.
[433] BGHZ 13, 179 (187) = NJW 1955, 1154.
[434] BGHZ 48, 163 (167) = NJW 1967, 1963.
[435] BGHZ 43, 261 (264) = NJW 1965, 1378.

eines neuen Geschäftsführers durch den neuen Mehrheitsgesellschafter), wirkt dies auf den Zeitpunkt der Rechtshandlung zurück (§ 16 Abs. 1 S. 2 GmbHG).

730 **bb) Gesellschafterwechsel von Todes wegen.** Während ein Gesellschafterwechsel von Todes wegen bei Personengesellschaften wegen des Vorrangs des Gesellschaftsrechts vor dem Erbrecht von den Gesellschaftern inhaltlich nahezu beliebig und mit direkter Wirkung für den erbrechtlichen Erwerb ausgestaltet werden kann, unterliegen diese Gestaltungsmöglichkeiten bei GmbH gewissen Restriktionen.

731 **(1) Grundsatz der Vererblichkeit.** Geschäftsanteile sind ausweislich § 15 Abs. 1 GmbHG vererblich. Nach ganz herrschender, regelmäßig ohne inhaltliche Begründung vorgebrachter Ansicht ist die Vererblichkeit nicht abdingbar,[436] sodass die Geschäftsanteile eines verstorbenen Gesellschafters stets Teil seines Nachlasses sind. Der BGH hat die Frage, ob die Vererblichkeit der Geschäftsanteile abdingbar ist, bisher offengelassen, hat aber eine die herrschender Meinung bestätigende Tendenz erkennen lassen.[437]

732 Nach ebenfalls ganz herrschender Meinung ist es – anders als bei Personengesellschaften – auch nicht möglich, die Nachfolge eines verstorbenen Gesellschafters durch eine gesellschaftsrechtliche Vereinbarung zu beeinflussen, beispielsweise dergestalt, dass nur bestimmte Erben beziehungsweise Erben mit bestimmten Eigenschaften Nachfolger des verstorbenen Gesellschafters werden können.[438] Wer Nachfolger des verstorbenen Gesellschafters wird, richtet sich daher allein nach dem Erbrecht; eine Sondererbfolge wie bei den Personengesellschaften findet nicht statt.[439] Dies gilt auch, wenn der verstorbene Gesellschafter Inhaber mehrerer Geschäftsanteile war, deren Nennbeträge eine Aufteilung auf die Erben entsprechend der Erbquoten erlauben würden.

733 **(2) Gesellschaftsvertragliche Gestaltungsmöglichkeiten.** Die gesellschaftsvertraglichen Gestaltungsmöglichkeiten sind Gegenstand von → § 14 und sollen daher an dieser Stelle nur angerissen werden.

734 Die gesellschaftsvertraglichen Gestaltungsmöglichkeiten sind weitreichend und stehen den Gestaltungsmöglichkeiten bei den Personengesellschaften im Ergebnis nicht nach. Sie basieren zumeist darauf, dass die Geschäftsanteile durch den Gesellschaftsvertrag eine bestimmte Ausgestaltung erfahren können, die die Erben, die lediglich entsprechend ausgestaltete Geschäftsanteile erwerben, bindet. Erforderlich für die Wirksamkeit solch einer Gestaltung ist jeweils, dass der verstorbene Gesellschafter an der Vereinbarung mitgewirkt hat.

735 **(a) Auf den Tod bedingte Abtretung.** Gesellschaftsvertragliche Vereinbarungen, durch die ein Gesellschafter seine Geschäftsanteile auf seinen eigenen Tod und das Überleben des Zessionars bedingt an einen anderen Rechtsträger, bei dem es sich um einen Erben, einen Mitgesellschafter, die Gesellschaft selbst oder jeden beliebigen Dritten handeln kann, abtritt, sind nach einhelliger Ansicht zulässig.[440] Sie bedürfen der notariellen Beurkundung (§ 15 Abs. 3 GmbHG), was in der Praxis aufgrund der Beurkundungsbedürftigkeit des Gesellschaftsvertrags (§ 2 Abs. 1 GmbHG) keine Restriktion darstellt. Der Begünstigte muss an der Vereinbarung mitwirken und daher zum Zeitpunkt der Vereinbarung bereits feststehen. Sofern ein Minderjähriger begünstigt werden soll, ist die Vertre-

---

[436] MüKoGmbHG/*Reichert/Weller* § 15 Rn. 438; MHLS/*Ebbing* GmbHG § 15 Rn. 6; Henssler/Strohn/*Verse* GmbHG § 15 Rn. 26; Baumbach/Hueck/*Fastrich* GmbHG § 15 Rn. 12.
[437] BGH GmbHR 1977, 81 = MDR 1977, 473 = WM 1977, 192.
[438] MüKoGmbHG/*Reichert/Weller* § 15 Rn. 440; MHLS/*Ebbing* GmbHG § 15 Rn. 22; Baumbach/Hueck/*Fastrich* GmbHG § 15 Rn. 12.
[439] MüKoGmbHG/*Reichert/Weller* § 15 Rn. 440; MHLS/*Ebbing* GmbHG § 15 Rn. 22; Baumbach/Hueck/*Fastrich* GmbHG § 15 Rn. 9.
[440] MüKoGmbHG/*Reichert/Weller* § 15 Rn. 451; MHLS/*Ebbing* GmbHG § 15 Rn. 24.

III. Die Gesellschaft mit beschränkter Haftung (GmbH und UG) § 24

tung durch die zur Vermögenssorge Berechtigten, regelmäßig also die (gemeinschaftliche) Vertretung durch die Eltern (§ 1626 Abs. 1, 1629 Abs. 1 S. 1, S. 2 BGB) ausreichend; einer Genehmigung des Familiengerichts bedarf es insoweit aufgrund der fehlenden Gesellschafterhaftung nicht (§§ 1643 Abs. 1, 1821 f. BGB). Der Begünstigte ist durch die §§ 160 ff. BGB geschützt.[441] Dies beinhaltet den Schutz vor Zwischenverfügungen des nachlassregelnden Gesellschafters (§ 161 Abs. 1 S. 1 BGB). Möglich bleibt ein gutgläubiger Erwerb durch einen Nichtbegünstigten vor dem Bedingungseintritt.

Regelmäßig wird es von den Gesellschaftern nicht gewünscht sein, dass der Begünstigte vor dem Bedingungseintritt über seinen bedingten Anspruch verfügt oder dass dieser Anspruch im Fall des Vorversterbens des Begünstigten in dessen Nachlass fällt. Entsprechende klarstellende Regelungen im Gesellschaftsvertrag sind daher anzuraten. Ebenfalls sollte klargestellt werden, dass das Recht der Gesellschafter, gesellschaftsrechtliche Maßnahmen mit unmittelbaren oder mittelbaren Einfluss auf die durch die Geschäftsanteile vermittelte Beteiligung, insbesondere also das Recht, den Nennbetrag der Geschäftsanteile zu ändern, Kapitalerhöhungen gegen Ausgabe neuer Geschäftsanteile durchzuführen, einen Gesellschafter auszuschließen oder die Gesellschaft aufzulösen, unberührt bleiben und dass die Haftung der Gesellschafter nach § 160 Abs. 1 BGB (zumindest) insoweit ausgeschlossen ist.[442] 736

In der Praxis ist die todesfallbedingte Abtretung der Geschäftsanteile selten sachgerecht, da Änderungen der Mitwirkung des Begünstigten bedürfen, die regelmäßig nicht vorausgesetzt werden kann, sodass die Flexibilität, nachträgliche Änderungen vorzunehmen, verloren geht. 737

(b) Einziehungsrecht der Gesellschaft. Zulässig sind gesellschaftsvertragliche Regelungen, nach denen die Gesellschaft im Fall des Ablebens eines Gesellschafters das Recht hat, dessen Geschäftsanteile einzuziehen.[443] Über die Einziehung entscheiden dabei allein die überlebenden Gesellschafter; die Erben des verstorbenen Gesellschafters, die mit dessen Ableben seine Gesamtrechtsnachfolger und damit Inhaber der Geschäftsanteile werden, sind nicht stimmberechtigt.[444] Bei entsprechender gesellschaftsvertraglicher Ausgestaltung kann die Einziehung auch entschädigungslos erfolgen.[445] 738

Im Ergebnis ist es durch eine entsprechende gesellschaftsvertragliche Gestaltung also möglich, den überlebenden Gesellschaftern die Möglichkeit zu geben, die Erben eines verstorbenen Gesellschafters auch ohne sachlichen Grund entschädigungslos aus der Gesellschaft auszuschließen. Da sich die durch die verbleibenden, den überlebenden Gesellschaftern zugeordneten Geschäftsanteile vermittelte prozentuale Beteiligung an der Gesellschaft und damit auch der Wert der verbleibenden Geschäftsanteile dadurch rechnerisch – vergleichbar einer Anwachsung im Personengesellschaftsrecht – erhöht, dürfte bei den überlebenden Gesellschaftern regelmäßig ein starkes Motiv vorhanden sein, von solch einer Ausschlussmöglichkeit Gebrauch zu machen. 739

(c) Abtretungspflicht der Erben. Möglich ist es auch, gesellschaftsvertraglich zu vereinbaren, dass die Erben eines Gesellschafters verpflichtet sind, die Geschäftsanteile des Erblassers an einen im Gesellschaftsvertrag benannten oder von den überlebenden Gesellschaftern zu benennenden Rechtsträger, bei dem es sich um einen Dritten, aber auch um einen Gesellschafter oder die Gesellschaft selbst handeln kann, abzutreten.[446] Die gerichtlich durchsetzbare Abtretung muss dann innerhalb der vereinbarten, bei Fehlen einer ent- 740

---

[441] MüKoGmbHG/*Reichert/Weller* § 15 Rn. 451; MHLS/*Ebbing* GmbHG § 15 Rn. 24.
[442] Solch ein Ausschluss ist nach allgemeiner Ansicht zulässig; MüKoBGB/*Westermann* § 160 Rn. 8 mwN.
[443] BGH GmbHR 1977, 81 = MDR 1977, 473 = WM 1977, 192.
[444] BGH GmbHR 1977, 81 = MDR 1977, 473 = WM 1977, 192.
[445] BGH GmbHR 1977, 81 = MDR 1977, 473 = WM 1977, 192.
[446] MüKoGmbHG/*Reichert/Weller* § 15 Rn. 452; MHLS/*Ebbing* GmbHG § 15 Rn. 25 ff.

sprechenden Vereinbarung in angemessener Frist in der in § 15 Abs. 3 GmbHG vorgeschriebenen notariellen Form erfolgen.[447]

741 Eine Abfindung der Erben für den Verlust der Geschäftsanteile kann, muss aber nicht vereinbart werden. Ist eine entschädigungslose Abtretung gewünscht, sollte dies im Gesellschaftsvertrag klar zu Ausdruck gebracht werden. Andernfalls sollten der Abfindungsverpflichtete, bei dem es sich regelmäßig um den Zessionar als Erwerber der Geschäftsanteile handeln wird, und die Art und Weise Ermittlung der Abfindungshöhe im Gesellschaftsvertrag festgelegt werden.

742 **(d) Eintrittsrecht.** Anstatt einer Abtretungspflicht der Erben (→ Rn. 740) kann im Gesellschaftsvertrag auch einem Rechtsträger das gegen die Erben gerichtete Recht eingeräumt werden, die Abtretung der geerbten Geschäftsanteile an sich selbst zu verlangen,[448] was in dem Fall, dass der Berechtigte nicht Gesellschafter ist, eine einem Eintrittsrecht vergleichbare Wirkung hat. Zur Abfindung gilt das in → Rn. 741 Ausgeführte.

743 **(e) Übertragungsrecht der Gesellschaft.** Wird ein todesfallbedingtes Recht der Gesellschaft zur Übertragung der in den Nachlass des verstorbenen Gesellschafters fallenden Geschäftsanteile gesellschaftsvertraglich vereinbart, hat die Gesellschaft das Recht, die entsprechenden Geschäftsanteile ohne Mitwirkung der Erben auf einen anderen Rechtsträger zu übertragen. Die dogmatischen Grundlagen sind ungeklärt, zumeist wird auf § 185 Abs. 1 BGB, §§ 164 ff. BGB oder § 34 Abs. 2 GmbHG abgestellt.[449] Zur Abfindung gilt das in → Rn. 741 Ausgeführte. Soll es der Gesellschaft auch gestattet sein, die Geschäftsanteile auf sich selbst zu übertragen, sollte dies vor dem Hintergrund des § 181 BGB ausdrücklich klargestellt werden.

744 **(f) Inhaltsänderungen.** Da die Erben eines verstorbenen Gesellschafters dessen Geschäftsanteile in der bestehenden gesellschaftsvertraglichen Ausgestaltung erwerben, ist es auch möglich, dass die Gesellschafter eine gesellschaftsvertragliche Regelung treffen, nach der die Geschäftsanteile eines Gesellschafters mit dessen Ableben eine inhaltliche Änderung erfahren.[450] Denkbar ist es beispielsweise, das durch die Geschäftsanteile vermittelte Recht der Erben auf Gewinnbezug und Anteil am Liquidationsüberschuss (zugunsten der überlebenden Gesellschafter) zu reduzieren.

745 **(g) Qualifikation von Erben.** Die gesellschaftsvertragliche Festlegung von erforderlichen Eigenschaften, die ein Erbe aufweisen muss, beispielsweise eines bestimmten Alters, einer bestimmten Ausbildung oder beruflichen Erfahrung (**„Qualifikation"**), um einen Geschäftsanteil erben zu können („qualifizierte Nachfolgeklausel"), ist nicht möglich.

746 Möglich ist es aber, den Erwerb von Geschäftsanteilen durch einen Rechtsträger, der bestimmte Eigenschaften nicht aufweist, (auch) im Fall eines Erwerbs von Todes wegen von einer Genehmigung der Gesellschaft abhängig zu machen. Klargestellt werden sollte bei solch einer Vereinbarung, dass diese auch zum Tragen kommt, wenn einzelne Miterben einer Erbengemeinschaft nicht qualifiziert sind, und dass es zu einer Genehmigung eines nichtqualifizierten Erben oder Miterben eines Beschlusses der anderen Gesellschafter ohne Mitwirkung der Erben bedarf.[451] Ebenso sollten die Rechtsfolgen für den Fall, dass die Gesellschaft einen nichtqualifizierten Erben oder Miterben nicht genehmigt, vereinbart werden. Wird ein nichtqualifizierter Miterbe nicht genehmigt, kommt der Geschäfts-

---

[447] MüKoGmbHG/*Reichert/Weller* § 15 Rn. 453.
[448] MüKoGmbHG/*Reichert/Weller* § 15 Rn. 454.
[449] MüKoGmbHG/*Reichert/Weller* § 15 Rn. 456.
[450] MüKoGmbHG/*Reichert/Weller* § 15 Rn. 459; MHLS/*Ebbing* GmbHG § 15 Rn. 32.
[451] BGHZ 92, 386 = NJW 1985, 2592. Der BGH hat eine entsprechende Klausel in dieser Entscheidung ohne inhaltliche Erörterung als wirksam vorausgesetzt.

anteil bei fehlender anderweitiger Vereinbarung insoweit ebenfalls den qualifizierten Miterben zugute.⁴⁵²

d) Eintritt von Gesellschaftern. Von einem Eintritt eines Gesellschafters wird gesprochen, wenn sich der Gesellschafterkreis um (mindestens) einen Rechtsträger, der bisher nicht an der Gesellschaft beteiligt war, erweitert. 747

aa) Eintritt unter Lebenden. Der Eintritt eines neuen Gesellschafters in die bestehende Gesellschaft erfordert es, dass der neue Gesellschafter bereits bestehende oder neu geschaffene Geschäftsanteile erwirbt. Neue Geschäftsanteile können dabei dadurch entstehen, dass bestehende Geschäftsanteile geteilt werden oder dass das Stammkapital gegen Ausgabe neuer Geschäftsanteile erhöht wird. 748

(1) Übernahme bestehender Geschäftsanteile. Der Eintretende kann bestehende Geschäftsanteile eines Gesellschafters oder – im Fall eigener Anteile – auch der Gesellschaft selbst erwerben. Insoweit kann auf die Ausführungen in → Rn. 724 ff. verwiesen werden. Sofern der vormalige Inhaber aller Gesellschaftsanteile verlustig wird, liegt ein Gesellschafterwechsel vor. 749

(2) Teilung von Geschäftsanteilen. Bestehende Geschäftsanteile können geteilt werden, sodass sich die Anzahl der Geschäftsanteile erhöht. Die durch die Teilung entstandenen Geschäftsanteile müssen einen Nennbetrag von mindestens 1 EUR aufweisen (§ 5 Abs. 2 S. 1 GmbHG); die Summe der Nennbeträge der durch die Teilung entstandenen Geschäftsanteile muss dem Nennbetrag des geteilten Geschäftsanteils entsprechen. 750

Der Beschluss über die Teilung von Geschäftsanteilen fällt in den Kompetenzbereich der Gesellschafterversammlung (§ 46 Nr. 4 GmbHG), die mit einfacher Mehrheit der abgegebenen Stimmen entscheidet (§ 47 Abs. 1 GmbHG). Der Gesellschaftsvertrag kann die Zuständigkeit eines anderen Organs (Geschäftsführer, Aufsichtsrat, Beirat) vorsehen.⁴⁵³ Der (wirksame) Teilungsbeschluss hat unmittelbar konstitutive Wirkung. Eine Korrektur der zum Handelsregister einzureichenden Gesellschafterliste ist dem Wortlaut des § 40 Abs. 1 GmbHG nach nicht erforderlich, da sich durch die Teilung weder die Gesellschafter noch der Umfang ihrer Beteiligung verändert. Gleichwohl ist eine Anmeldung der Veränderung durch die Geschäftsführer (§ 40 Abs. 1 S. 1 GmbHG) zu empfehlen, da die Teilung zu einer Veränderung der in der Gesellschafterliste festgehaltenen Nummern der Geschäftsanteile führt (§ 1 Abs. 3 S. 1 GesLV) und die Rechtsprechung zumindest teilweise von einer Berichtigungspflicht ausgeht.⁴⁵⁴ 751

Der Inhaber der durch die Teilung entstandenen Geschäftsanteile kann diese ganz oder teilweise an einen oder mehrere andere Rechtsträger, die dadurch in die Gesellschaft eintreten, übertragen; insoweit kann auf die Ausführungen in → Rn. 724 ff. verwiesen werden. 752

(3) Kapitalerhöhung. Eine Erhöhung des Stammkapitals kann unter Zuführung neuen Kapitals von außen (§§ 55 ff. GmbHG) oder aus den Rücklagen der Gesellschaft erfolgen (§§ 57c ff. GmbHG). Im Zusammenhang mit der Aufnahme eines neuen Gesellschafters kommt dabei nur eine Kapitalerhöhung nach den §§ 55 ff. GmbHG in Betracht, da eine Kapitalerhöhung aus Gesellschaftsmitteln nur unter Erhöhung der Nennbeträge der vorhanden Geschäftsanteile oder unter Ausgabe neuer Geschäftsanteile möglich ist, die dann zwingend den vorhandenen Gesellschaftern zustehen (§§ 57h Abs. 1 S. 1, 57j GmbHG). 753

---

⁴⁵² BGHZ 92, 386 = NJW 1985, 2592.
⁴⁵³ MüKoGmbHG/*Liebscher* § 46 Rn. 95.
⁴⁵⁴ OLG Köln NZG 2013, 1431 = DNotZ 2014, 387.

754 Für eine Kapitalerhöhung bedarf es stets eines mit einer Mehrheit von 75% der abgegebenen Stimmen gefassten Gesellschafterbeschlusses, der, da es sich um eine Änderung des Gesellschaftsvertrags handelt, der notariellen Beurkundung bedarf (§§ 53 Abs. 2, 55 Abs. 1 GmbHG). Unter denselben Voraussetzungen können auch die Geschäftsführer für maximal fünf Jahre (beginnend ab der Eintragung des Beschlusses im Handelsregister) ermächtigt werden, das Stammkapital durch die Ausgabe neuer Geschäftsanteile bis zu einem festzulegenden Nennbetrag zu erhöhen (**„genehmigtes Kapital"**, § 55a Abs. 1 S. 1 GmbHG), wobei das genehmigte Kapital 50% des vorhandenen Stammkapitals nicht übersteigen darf (§ 55a Abs. 1 S. 2 GmbHG).

755 Unabhängig davon, ob die Kapitalerhöhung durch Bareinlagen oder durch Sacheinlagen erfolgt, gelten die Gründungsvorschriften insoweit entsprechend. Die Übernehmer der neuen Geschäftsanteile, bei denen es sich auch um (bisherige) Nichtgesellschafter handeln kann (§ 55 Abs. 2 S. 1 GmbHG), müssen die Übernahme der Geschäftsanteile, die auf einen vollen, nicht notwendig denselben Eurobetrag lauten (§§ 55 Abs. 4, 5 Abs. 2, Abs. 3 GmbHG), in mindestens notariell beglaubigter Form erklären (§ 55 Abs. 1 GmbHG) und die Mindesteinlagen (→ Rn. 569) auf diese leisten (§§ 56a, 7 Abs. 2 S. 1, Abs. 3 GmbHG). Sodann ist die Kapitalerhöhung unter der Versicherung, dass die Einlagen zur freien Verfügung der Gesellschaft geleistet wurden (§ 57 Abs. 2 S. 1 GmbHG) von den Geschäftsführern (§§ 78, 57 Abs. 1 GmbHG) unter Beifügung der geänderten Gesellschafterliste (§ 40 Abs. 1 GmbHG) zum Handelsregister einzureichen (§ 57 Abs. 1 GmbHG).

756 bb) Eintritt von Todes wegen. Eine Eintrittsklausel ist im Personengesellschaftsrecht eine gesellschaftsvertragliche Vereinbarung, mit der einem Dritten das auf den Todesfall eines bestimmten Gesellschafters bedingte Recht eingeräumt wird, als neuer Gesellschafter in die von den überlebenden Gesellschaftern unter Ausscheiden des verstorbenen Gesellschafters fortgesetzte Gesellschaft einzutreten. Eintrittsklauseln dienen damit der Regelung der Nachfolge eines Gesellschafters in seine Beteiligung für den Fall seines Ablebens. Bei GmbH scheitern Eintrittsklauseln daran, dass die Vererblichkeit der Geschäftsanteile nach ganz herrschender Meinung nicht abbedungen werden kann (→ Rn. 731), es also an der Voraussetzung eines todesfallbedingt ersatzlos ausscheidenden Gesellschafters fehlt. Gleichwohl sind gesellschaftsvertragliche Gestaltungen möglich, mit denen ein vergleichbares Ergebnis herbeigeführt werden kann. Insoweit kann auf die Ausführungen in → Rn. 733 ff. verwiesen werden.

6. Beendigung der Gesellschaft

757 Die Beendigung der Gesellschaft vollzieht sich wie bei den Personengesellschaften regelmäßig, aber nicht zwingend, in drei Schritten. Sie beginnt mit der Auflösung der Gesellschaft, setzt sich mit der Abwicklung der Gesellschaft, die mit der Verteilung des Liquidationsüberschusses ihren Abschluss findet und damit der Auseinandersetzung der Gesellschafter bei der Beendigung einer Personengesellschaft vergleichbar ist, fort und endet mit der Vollbeendigung der vermögenlosen Gesellschaft durch die Löschung aus dem Handelsregister.

758 a) Auflösung. Die Beendigung der Gesellschaft wird durch ihre Auflösung eingeleitet.

759 aa) Gesetzliche Auflösungsgründe. Die gesetzlichen Auflösungsgründe sind nicht disponibel. Sie finden sich im Wesentlichen[455] in § 60 Abs. 1 GmbHG:

---

[455] Weitere spezialgesetzliche Auflösungsgründe, die an dieser Stelle nicht näher betrachtet werden sollen, sind bspw. der Ablauf oder das Erlöschen einer Erlaubnis nach § 32 KWG (§§ 35, 38 Abs. 1 S. 2 KWG) und ein vereinsrechtliches Verbot wegen verfassungsfeindlicher oder ähnlich schwerwiegender Ziele oder Tätigkeiten (§§ 3, 17 VereinsG; siehe bspw. BVerwG NVwZ 1998, 174).

- Ablauf der im Gesellschaftsvertrag vereinbarten Zeit (§ 60 Abs. 1 Nr. 1 GmbHG), 760
- **Auflösungsbeschluss der Gesellschafter** mit einer Mehrheit von 75% der abgegebenen Stimmen, sofern im Gesellschaftsvertrag kein anderes Quorum vereinbart wurde (§ 60 Abs. 1 Nr. 2 GmbHG), 761
- **gerichtliches Auflösungsurteil** bei Unmöglichwerden der Erreichung des Gesellschaftszwecks oder aus wichtigem Grund (§§ 60 Abs. 1 Nr. 3, 61 GmbHG), 762
- **Auflösung durch eine Verwaltungsbehörde bei Gefährdung des Gemeinwohls** (§§ 60 Abs. 1 Nr. 3, 62 GmbHG); nach dem bei staatlichen Handeln stets zu beachtenden Grundsatz der Verhältnismäßigkeit kommt eine Auflösung nur in Betracht, wenn keine milderen Mittel mit mindestens gleicher Wirkung hinsichtlich des verfolgten Ziels, die Gefährdung des Gemeinwohl abzuwenden, bestehen. Da der Verwaltung insoweit regelmäßig ausreichend spezialgesetzliche Handlungsmöglichkeiten zur Verfügung stehen, ist die Auflösung durch eine Verwaltungsbehörde in der Praxis äußerst selten, 763
- **Eröffnung des Insolvenzverfahrens über das Vermögen der Gesellschaft** (§ 60 Abs. 1 Nr. 4 GmbHG); Insolvenzeröffnungsgründe sind die eingetretene Zahlungsunfähigkeit (§ 17 InsO), die drohende Zahlungsunfähigkeit (§ 18 InsO) und die Überschuldung (§ 19 InsO), wobei jeder Geschäftsführer, im Fall der Führungslosigkeit auch jeder Gesellschafter bei einer Überschuldung oder einer eingetretenen Zahlungsunfähigkeit zur Antragstellung binnen drei Wochen verpflichtet ist (§§ 15 Abs. 1 S. 1, Abs. 3 InsO), 764
- Eintritt der Rechtskraft des Beschlusses des Insolvenzgerichts, mit dem die **Eröffnung des Insolvenzverfahrens mangels Masse abgelehnt** wird (§§ 60 Abs. 1 Nr. 5 GmbHG, 26 Abs. 1 InsO), 765
- Eintritt der Rechtskraft des Beschlusses des Registergerichts über die **Auflösung wegen Mängeln im Gesellschaftsvertrag,** die trotz Aufforderung nicht behoben werden (§§ 60 Abs. 1 Nr. 6 GmbHG, 399 FamFG); hierzu bedarf es des Fehlens oder der Nichtigkeit der Angaben zu Sitz und Firma der Gesellschaft (§§ 399 Abs. 4 FamFG, 3 Abs. 1 Nr. 1 GmbHG) oder der Anzahl und der Nennbeträge der von den einzelnen Gesellschaftern übernommene Geschäftsanteile (§§ 399 Abs. 4 FamFG, 3 Abs. 1 Nr. 4 GmbHG) oder der Nichtigkeit des angegebenen Stammkapitals (§§ 399 Abs. 4 FamFG, 3 Abs. 1 Nr. 3 GmbHG), 766
- **Löschung der Gesellschaft wegen Vermögenslosigkeit** (§ 60 Abs. 1 Nr. 7 GmbHG, 394 FamFG), die beabsichtigte Löschung wird den Geschäftsführern unter Bestimmung einer angemessenen Widerspruchsfrist bekannt gemacht, sofern diese und ihr inländischer Aufenthaltsort bekannt sind (§ 394 Abs. 2 S. 1 FamFG). Versehentliche oder überraschende Löschungen kommen daher in der Praxis nicht vor. 767
- Ob auch der **Erwerb aller Geschäftsanteile durch die Gesellschaft selbst** einen Auflösungsgrund darstellt, was verbreitet angenommen wird, aber nicht unmittelbar aus dem Gesetz folgt, ist umstritten, aber ohne praktische Relevanz.[456] 768

bb) Gesellschaftsvertragliche Auflösungsgründe. Die gesellschaftsvertragliche Vereinbarung von Auflösungsgründen ist zulässig (§ 60 Abs. 2 GmbHG). Da sie eine automatische Auflösung zur Folge haben, müssen sie hinreichend bestimmt sein. In Betracht kommen beispielsweise die aus dem Personengesellschaftsrecht bekannten Gründe 769
- Tod eines Gesellschafters,
- Eröffnung des Insolvenzverfahrens über das Vermögen eines Gesellschafters oder die Ablehnung der Verfahrenseröffnung mangels Masse,
- Pfändung des Geschäftsanteils eines Gesellschafters,
- Kündigung der Gesellschaft durch einen Gesellschafter bei Vereinbarung eines entsprechenden Kündigungsrechts.

---

[456] MüKoGmbHG/*Berner* § 60 Rn. 199 ff.

770 **cc) Rechtsfolgen.** Durch die Auflösung ist der Zweck der Gesellschaft nunmehr auf die eigene Abwicklung und Vollbeendigung ausgerichtet. Die Geschäftsführer verlieren ihre Vertretungsbefugnis, die nunmehr bei den Liquidatoren (→ Rn. 772) liegt. Der Status der Gesellschaft als juristische Person bleibt unberührt.

771 **b) Abwicklung der Gesellschaft.** Die Abwicklung der Gesellschaft erfolgt im Regelfall im Wege der **Liquidation** (§§ 65 ff. GmbHG).[457]

772 **aa) Liquidatoren.** Die Abwicklung nach den §§ 65 ff. GmbHG erfolgt durch die Liquidatoren, die mit der Auflösung anstelle der Geschäftsführer **vertretungsbefugt** sind. Liquidatoren sind dabei im Gegensatz zum Personengesellschaftsrecht (GbR: → Rn. 160; OHG/KG: → Rn. 509) nicht die Gesellschafter, sondern die **Geschäftsführer,** sofern die Gesellschafter nicht im Gesellschaftsvertrag oder durch Beschluss andere Personen bestimmt haben (§ 66 Abs. 1 GmbHG) oder das Gericht auf Antrag von Gesellschaftern, deren Geschäftsanteile mindesten 10% des Stammkapitals repräsentieren, aus wichtigen Gründen einen Liquidator bestimmt. Liquidator kann jede natürliche, unbeschränkt geschäftsfähige Person sein; Gründe, die einer Bestellung zum Geschäftsführer entgegenstehen (§ 6 Abs. 2 S. 2, Abs. 3 GmbHG; → Rn. 564 ff.) stehen auch einer Stellung als Liquidator entgegen (§ 66 Abs. 4 GmbHG).

773 **bb) Bekanntmachung.** Die Auflösung ist zur Eintragung in das Handelsregister anzumelden (§ 65 Abs. 1 GmbHG). Im Fall der unmittelbaren Löschung wegen Vermögenslosigkeit (→ Rn. 767) entfällt die Eintragung der Auflösung (§ 65 Abs. 1 S. 4 GmbHG). Die Anmeldepflicht liegt regelmäßig bei den Liquidatoren,[458] da die Geschäftsführer mit der Auflösung ihre Vertretungsbefugnis verlieren.[459]

774 Zudem ist die Auflösung von den Liquidatoren in den Gesellschaftsblättern, also dem Bundesanzeiger und gegebenenfalls weiteren im Gesellschaftsvertrag vereinbarten Gesellschaftsblättern (§ 12 GmbHG), bekanntzumachen (§ 65 Abs. 2 S. 1 GmbHG). Die Gläubiger der Gesellschaft sind im Rahmen der Bekanntmachung aus Rechtsschutzgründen aufzufordern, sich bei dieser zu melden (§ 65 Abs. 2 S. 2 GmbHG).

775 **cc) Rechnungslegung.** Die Liquidatoren sind zur Aufstellung eines zumeist vereinfacht als „Schlussbilanz" bezeichneten Jahresabschlusses für das am Tag vor der Auflösung endende Geschäftsjahr, bei dem es sich regelmäßig um ein Rumpfgeschäftsjahr handelt, verpflichtet. Insoweit bestehen bilanzrechtlich keine Besonderheiten, die §§ 238 ff. HGB und die §§ 264 ff. HGB kommen uneingeschränkt und unter Beachtung der Fortführungsprämisse (§ 252 Abs. 1 Nr. 2 HGB) zur Anwendung.

776 Darüber hinaus sind die Liquidatoren zur Aufstellung einer **Liquidationseröffnungsbilanz** nebst eines erläuternden Berichts verpflichtet (§ 71 Abs. 1 GmbHG). Da die Liquidationseröffnungsbilanz nahtlos an die Schlussbilanz anschließt, basiert sie regelmäßig auf dieser, wobei die Fortführungsprämisse nicht mehr einschlägig ist, es also regelmäßig zu abweichenden Wertansätzen kommt. Für das Anlagevermögen kommen von der Auflösung an regelmäßig die Bewertungsgrundsätze für das Umlaufvermögen („strenges Niederstwertprinzip", § 253 Abs. 4 HGB) zur Anwendung (§ 71 Abs. 2 S. 3 GmbHG).

---

[457] Im Fall der Löschung der Gesellschaft wegen Vermögenslosigkeit (→ Rn. 767) findet eine Abwicklung mangels Vermögen nicht statt. Bei einer insolvenzbedingten Auflösung erfolgt die Abwicklung (sofern keine Eigenverwaltung nach §§ 270 ff. InsO angeordnet wurde) durch den vom Gericht bestellten Insolvenzverwalter (§§ 80 Abs. 1, 27 Abs. 1 InsO) nach den Regelungen der InsO. Bei einer Auflösung nach §§ 3, 17 VereinsG (→ Fn. 463) erfolgt die Abwicklung nach §§ 10 ff. VereinsG durch die zuständige Behörde oder einen von dieser bestellten Verwalter.

[458] Bei einer Auflösung wegen Eröffnung des Insolvenzverfahrens oder wegen eines Mangels des Gesellschaftsvertrags, wird die Eintragung der Auflösung von Amts wegen vom Gericht vorgenommen.

[459] MüKoGmbHG/*Limpert* § 65 Rn. 6.

Zum Ende eines jeden Geschäftsjahres haben die Liquidatoren jeweils einen **Jahresabschluss nebst Lagebericht** aufzustellen (§ 71 Abs. 1 GmbHG), den letzten für das mit dem Ende der Liquidation endende Rumpfgeschäftsjahr (**„Liquidationsschlussbilanz"**). Die Aufstellungs- und Bewertungsgrundätze ergeben sich insoweit mit der Maßgabe, dass eine Bewertung unter Fortführungsgesichtspunkten (§ 252 Abs. 1 Nr. 2 HGB) nicht mehr in Betracht kommt, aus den §§ 238 ff., 264 ff. HGB. 777

Die **Feststellung** der vorgenannten Bilanzen beziehungsweise Abschlüsse erfolgt durch die Gesellschafter (Schlussbilanz: § 46 Nr. 1 GmbHG; im Übrigen: § 71 Abs. 1 S. 1 GmbHG). 778

dd) Die Abwicklung an sich. Die Liquidatoren haben ausweislich § 70 GmbHG die laufenden Geschäfte zu beenden und das Vermögen der Gesellschaft soweit möglich zu monetarisieren. Dazu können auch neue Geschäfte eingegangen werden. Die Verbindlichkeiten und die sonstigen Verpflichtungen der Gesellschaft sind zu erfüllen, gegebenenfalls kommt auch eine Hinterlegung oder Sicherheitsleistung in Betracht (§ 73 Abs. 2 GmbHG). 779

ee) Vermögensverteilung. Sofern die Schulden der Gesellschaft vollständig getilgt oder gesichert sind und seit dem Gläubigeraufruf (→ Rn. 774) mindestens ein Jahr vergangen ist, kann das verbliebene Vermögen der Gesellschaft zwischen den Gesellschaftern verteilt werden (§§ 73 Abs. 1, 72 S. 1 GmbHG). Die Verteilung erfolgt im Wege einer Schlussrechnung nach dem im Gesellschaftsvertrag vorgesehenen Verteilungsschlüssel andernfalls nach den Nennbeträgen der Geschäftsanteile (§ 72 GmbHG). 780

ff) Abschließende Maßnahmen. Die aufbewahrungspflichtigen Geschäftsunterlagen (§ 257 Abs. 1 HGB) sind für die Dauer von zehn Jahren aufzubewahren; dazu sind sie einem der Gesellschafter oder einem Dritten in Verwahrung zu geben (§ 74 Abs. 2 S. 1 GmbHG). Sodann ist der Schluss der Liquidation von den Liquidatoren zur Eintragung ins Handelsregister anzumelden (§ 74 Abs. 1 S. 1 GmbHG). 781

c) Vollbeendigung. Unmittelbar nach der Eintragung des Abschlusses der Liquidation im Handelsregister (→ Rn. 781) wird die Gesellschaft, bei der es sich dann nur noch um eine leere Hülle handelt, **aus dem Handelsregister gelöscht** (§ 74 Abs. 1 S. 2 GmbHG). Die juristische Person hört dadurch auf zu existieren. Bei einer Löschung wegen Vermögenslosigkeit (§ 394 FamFG; → Rn. 767) erfolgt die Löschung unmittelbar, da es in diesem Fall mangels vorhandenen Vermögens keiner Liquidation der Gesellschaft bedarf. 782

Stellt sich nach der Löschung der liquidierten Gesellschaft heraus, dass diese zum Zeitpunkt der Löschung **nicht vermögenslos** war, findet hinsichtlich des verbliebenen Vermögens entsprechend § 273 Abs. 4 AktG eine („echte") **Nachtragsliquidation** statt. Wurde die nicht vermögenslose Gesellschaft ohne Liquidation wegen (angenommener) Vermögenslosigkeit nach § 394 FamFG gelöscht, erfolgt eine (erstmalige) Liquidation des Vermögens (§ 66 Abs. 5 GmbHG); diese wird auch als „unechte" Nachtragsliquidation bezeichnet. 783

IV. Die Aktiengesellschaft

Die Aktiengesellschaft (**„AG"**) ist eine der ältesten deutschen Gesellschaftsformen. Sie wurde 1861 – rund 30 Jahre vor der Einführung der GmbH (1892) und rund 40 Jahre vor der Einführung des BGB (1900) – im ADHGB in das deutsche Recht eingeführt. Gemessen an der Anzahl der Unternehmen, die in der Rechtsform einer AG betrieben werden, ist die AG von untergeordneter Bedeutung. Lediglich 1,2 % der Kapitalgesellschaften sind AG; bezogen auf alle Unternehmen werden lediglich 0,2 % in der Rechts- 784 form einer AG betrieben (→ § 5 Rn. 39). Bei diesen handelt es sich allerdings zumeist um größere Unternehmen, sodass die wirtschaftliche Bedeutung der AG erheblich größer ist als ihre Verbreitung.

1. Rechtliche Grundlagen

785 Die AG ist auf eine Vielzahl von Gesellschaftern mit eher geringer Bindung an die Gesellschaft ausgelegt, wobei zwischen börsennotierten und nicht börsennotierten AG zu unterscheiden ist. Während bei börsennotierten AG die Finanzierung über den Kapitalmarkt im Vordergrund steht, ist bei nichtbörsennotierten AG oftmals die vermeintlich höhere Seriosität gegenüber der GmbH oder die Möglichkeit eines künftigen Börsenganges für die Rechtsformwahl ausschlaggebend.

786 **a) Anwendbare Normen.** Die rechtlichen Grundlagen der AG finden sich seit 1937 in einem eigenständigen Gesetz, dem *„Aktiengesetz"* (AktG). Da AGs kraft Rechtsform Handelsgesellschaften sind (§ 3 Abs. 1 AktG), kommen die Vorschriften des HGB, insbesondere die §§ 1 ff. HGB („Handelsstand"), die §§ 238 ff. HGB („Handelsbücher") und die §§ 343 ff. HGB („Handelsgeschäfte") auf die AG ebenfalls zur Anwendung, wobei die Normen des AktG im Konfliktfall vorrangig sind.

787 **b) Rechtsnatur.** Die AG ist eine Gesellschaft mit eigener Rechtspersönlichkeit (§ 1 Abs. 1 S. 1 AktG) und damit eine **juristische Person** (→ § 5 Rn. 9). Sie zählt zu den Kapitalgesellschaften (zum Begriff → Rn. 516).

788 **c) Handelsgewerbe und Kaufmannseigenschaft.** Bei AG besteht unabhängig vom tatsächlichen Gegenstand des betriebenen Unternehmens die gesetzliche Vermutung, dass ein Handelsgewerbe betrieben wird (§ 3 Abs. 1 AktG). AG sind damit kraft Rechtsform Kaufmann (§ 6 Abs. 1 HGB).

789 **d) Rechtsfähigkeit.** AG sind als juristische Personen unbeschränkt rechtsfähig (§ 1 Abs. 1 S. 1 AktG).

790 **e) Trennungsprinzip.** Als juristische Personen haben AG eine **eigene Vermögenssphäre,** die von der ihrer Gesellschafter zu trennen ist. Sämtliches Vermögen und sämtliche Schulden der AG sind mithin allein der Gesellschaft zuzurechnen.

791 **f) Haftung.** Den Gesellschaftsgläubigern gegenüber haften die Aktionäre nicht (§ 1 Abs. 1 S. 2 AktG); einziges Haftungssubjekt für die Verbindlichkeiten einer AG ist somit regelmäßig nur die AG selbst.

792 **g) Bedeutung des Kapitals.** Da die Haftung für die Gesellschaftsverbindlichkeiten bei Kapitalgesellschaften auf das Gesellschaftsvermögen beschränkt ist,[460] ist deren Kapitalausstattung für die Gesellschaftsgläubiger von besonderer Bedeutung. Zum Schutz der Gesellschaftsgläubiger schreibt das Gesetz bei Kapitalgesellschaften daher eine von den Gründern zu bewirkende Mindestkapitalausstattung vor, die im Fall einer AG 50.000 EUR beträgt (→ Rn. 804). Die genaue Höhe wird von den Gesellschaftern festgelegt (**„Grundkapital"**). Um dem Zweck des Gläubigerschutzes zu genügen, muss dieses Kapital der Gesellschaft in werthaltiger Form zur Verfügung gestellt werden (**„Grundsatz der realen Kapitalaufbringung"**; → Rn. 846) und (wertmäßig) dauerhaft in der Ge-

---

[460] Ausnahme ist die KGaA, bei der mindestens ein Gesellschafter den Gesellschaftsgläubigern persönlich haftet (§ 278 Abs. 1 AktG). Meist handelt es sich bei dem persönlich haftenden Gesellschafter einer KGaA aber ebenfalls um eine Kapitalgesellschaft, sodass den Gesellschaftsgläubigern nur das Kapital der KGaA und der persönlich haftenden Kapitalgesellschaft als Haftungsmasse zur Verfügung steht.

IV. Die Aktiengesellschaft § 24

sellschaft belassen werden (**„Grundsatz der Kapitalerhaltung"**). Zum Schutz des Kapitals sind alle Leistungen an Aktionäre, die nicht in Gewinnausschüttungen bestehen oder aus anderem Rechtsgrund zulässig sind, verboten (**„Verbot der Einlagenrückgewähr"**, § 57 Abs. 1 S. 1 AktG).

2. Entstehung der Gesellschaft

a) Entstehung durch Gründung. Die Gründung einer AG vollzieht sich wie die einer GmbH (→ Rn. 523) in mehreren Phasen. Diese lassen diese sich in die Phase bis zur Errichtung der Gesellschaft durch formwirksame Feststellung der Satzung und Übernahme der Aktien durch die Gründer (**„Vorgründungsstadium"**) und die sich anschließende Phase bis zum Entstehung der AG durch Eintragung im Handelsregister, in der eine **Vorgesellschaft** besteht, unterteilen. 793

Terminologisch wird zwischen einer **einfachen Gründung** und einer **qualifizierten Gründung** unterschieden. Eine qualifizierte Gründung liegt dabei in den Fällen des § 33 Abs. 2 AktG vor, also wenn 794

- ein Mitglied des Vorstands oder des Aufsichtsrats zu den Gründern gehört,
- ein Mitglied des Vorstands oder des Aufsichtsrats sich einen besonderen Vorteil oder für die Gründung oder deren Vorbereitung eine von der Gesellschaft zu leistende Entschädigung oder Belohnung ausbedungen hat,
- bei der Gründung für Rechnung eines Mitglieds des Vorstands oder des Aufsichtsrats Aktien übernommen werden oder
- eine Gründung mit Sacheinlagen (→ Rn. 813) oder Sachübernahmen (→ Rn. 814) erfolgt.

In diesen Fällen besteht die erhöhte Gefahr, dass die Mechanismen, die die Ordnungsgemäßheit der Gründung und die reale Kapitalaufbringung sicherstellen sollen (beispielsweise die Gründungsprüfung durch die Mitglieder des Vorstands und des Aufsichtsrats gem. § 33 Abs. 1 AktG; → Rn. 827), versagen, weshalb bei solchen Gründungen Besonderheiten zu beachten sind.

aa) Vorgründungsstadium. Das Vorgründungsstadium umfasst den der Gründung vorgehenden Zeitraum bis zur formwirksamen Vereinbarung der Satzung und der (zeitlich damit zusammenfallenden) Übernahme der Aktien durch die Gründer. Eine dem Recht des AktG unterfallende Personenvereinigung besteht in dieser Phase nicht. Es kann aber eine als GbR oder OHG zu qualifizierende **Vorgründungsgesellschaft** bestehen, die Ausführungen zur GmbH gelten insoweit entsprechend (→ Rn. 526 ff.). Gleiches gilt für die im Rahmen der Erläuterung der GmbH getätigten Ausführungen über die **Haftung** bei einem Tätigwerden nach außen (→ Rn. 529). 795

bb) Vorgesellschaft („Vor-AG"). § 41 Abs. 1 S. 1 AktG stellt klar, dass die AG vor ihrer Eintragung *„als solche"* nicht existiert, was verdeutlicht, dass bereits vor der Eintragung eine Gesellschaft besteht, bei der es sich aber (noch) nicht um die erst später durch die Eintragung ins Handelsregister entstehende AG handelt. Man spricht in diesem Stadium von der Vorgesellschaft. 796

(1) Rechtliche Grundlagen. Hinsichtlich der rechtlichen Grundlagen kann auf die entsprechenden Ausführungen zur GmbH verwiesen werden (→ Rn. 531), die für die Vor-AG entsprechend gelten. 797

798 **(2) Entstehung.** Die Vorgesellschaft entsteht, sobald die Aktien von den Gründern übernommen worden sind (§ 29 AktG),[461] was die Feststellung der Satzung, in der unter anderem die Art und die Anzahl der emittierten Aktien festgelegt wird, voraussetzt.

799 **(a) Feststellung der Satzung.** Die Satzung ist das Normstatut der AG. Diese muss in einer notariellen Urkunde festgestellt werden (§ 23 Abs. 1 S. 1 AktG) und bestimmte Mindestangaben enthalten (§ 23 Abs. 2 bis 4 AktG). Dabei ist auf die **Satzungsstrenge des Aktienrechts** hinzuweisen, die Abweichungen von gesetzlichen Vorschriften nur zulässt, wenn diese Möglichkeit im Gesetz ausdrücklich eröffnet wird (§ 23 Abs. 5 S. 1 AktG), und Ergänzungen nur, wenn das Gesetz keine abschließende Regelung enthält (§ 23 Abs. 5 S. 2 AktG). Hinsichtlich der Vertretung eines Gründers bei der Satzungsfeststellung kann auf die Ausführungen in → Rn. 820 verwiesen werden. Ob der Gesetzgeber im Rahmen der bis zum 1.8.2021 erforderlichen Umsetzung der Änderungen der RL (EU) 2017/1132, nach denen unter anderem ein Verfahren bereitgestellt werden muss, eine GmbH auch ohne körperlichen Anwesenheit bei einem Notar oder einer anderen Stelle zu gründen (→ Rn. 561), auch eine Online-Gründung der AG ermöglicht, ist bei Redaktionsschluss nicht bekannt.

800 **(aa) Pflichtinhalt der Satzung.** Der Mindestinhalt der Satzung ergibt sich aus §§ 23 Abs. 3, Abs. 4 AktG. In seltenen Fällen gibt es zudem branchenspezifische Gesetze, aus denen sich weitere notwendige Satzungsbestandteile ergeben.[462]

801 **(aaa) Firma.** Die Satzung muss die Firma der Gesellschaft im Sinne von § 18 HGB bestimmen (§ 23 Abs. 3 Nr. 1 AktG), diese muss die Bezeichnung „Aktiengesellschaft" oder eine allgemein verständliche Abkürzung – beispielsweise „AG" oder „Aktienges." – enthalten (§ 4 AktG).

802 **(bbb) Sitz der Gesellschaft.** Der (statutarische) Sitz der Gesellschaft (→ Rn. 540) ist in der Satzung festzulegen (§§ 5, 23 Abs. 3 Nr. 1 AktG).

803 **(ccc) Gegenstand des Unternehmens.** Der Gegenstand des Unternehmens (→ Rn. 541) ist anzugeben (§ 23 Abs. 3 Nr. 2 AktG), wobei bei einer AG konkretere Angaben als bei einer GmbH verlangt werden.

804 **(ddd) Höhe des Grundkapitals.** Die Höhe des Grundkapitals (→ Rn. 792) ist festzulegen (§ 23 Abs. 3 Nr. 3 AktG), dieses muss auf volle EUR lauten (§ 6 AktG) und mindestens 50.000 EUR betragen (§ 7 AktG).

805 **(eee) Zerlegung des Grundkapitals (Nennbetragsaktien und Stückaktien).** In der Satzung muss festgelegt werden, ob das Grundkapital in Nennbetragsaktien (§ 8 Abs. 2 AktG) oder Stückaktien (§ 8 Abs. 3 AktG) zerlegt ist (§ 23 Abs. 3 Nr. 4 AktG). **Nennbetragsaktien** haben einen Nennwert („Nennbetrag"), der auf einen vollen Eurobetrag lautet (§ 8 Abs. 2 S. 1 AktG). Dieser ist bei den einzelnen Nennbetragsaktien nicht notwendigerweise gleich hoch. Die Summe der Nennbeträge entspricht dem Grundkapital. Die **Anzahl der Aktien für jeden Nennbetrag** ist in der Satzung anzugeben. **Stückaktien** haben demgegenüber keinen Nennbetrag; hier ist in der Satzung lediglich festzulegen, in wie viele Stückaktien das Grundkapital zerlegt ist, wobei auf jede Stückaktie rechnerisch ein anteiliges Grundkapital von mindestens 1 EUR entfallen muss (§ 8 Abs. 3 S. 3 AktG). Eine **Kombination** von Nennbetrags- und Stückaktien ist **nicht möglich** (§ 8 Abs. 1 AktG).

---

[461] MüKoAktG/*Pentz* § 29 Rn. 3; Hüffer/Koch AktG § 29 Rn. 1.
[462] Siehe dazu MüKoAktG/*Pentz* § 23 Rn. 154.

(fff) Aktiengattungen (Stammaktien und Vorzugsaktien). Sofern mehrere **Aktiengattungen** bestehen, die Aktien also unterschiedliche Rechte (beispielsweise hinsichtlich der Stimmrechte oder der Ergebnisbeteiligung) vermitteln (§ 11 AktG), sind die Aktiengattungen und die **Aktienanzahl pro Gattung** anzugeben (§ 23 Abs. 3 Nr. 4 AktG). Aktien ohne besondere Rechte werden dabei zumeist als **Stammaktien** und Aktien mit besonderen Rechten als **Vorzugsaktien** bezeichnet. Die Vereinbarung von **Mehrstimmrechten** ist unzulässig (§ 12 Abs. 2 AktG), die (zum selben Resultat führende) Ausgabe von Aktien ohne Stimmrecht ist zulässig, dies allerdings nur, wenn diese Aktien einen Vorzug bei der Gewinnverteilung erfahren (**„Vorzugsaktien ohne Stimmrecht"**; §§ 12 Abs. 1 S. 2, 139 ff. AktG). **Höchststimmrechte,** nach denen einem Aktionär unabhängig von der Anzahl seiner Aktien maximal eine bestimmte Anzahl an Stimmen auf der Hauptversammlung zusteht, können bei nicht börsennotierten AG in der Satzung vereinbart werden (§ 134 Abs. 1 S. 2 AktG), durch diese Beschränkung der Stimmkraft entsteht aber keine eigene Aktiengattung.[463]

806

(ggg) Aktienart (Namensaktien und Inhaberaktien). Festzulegen ist zudem, ob es sich bei den Aktien um Namens- oder Inhaberaktien handelt (§ 23 Abs. 3 Nr. 5 AktG). **Namensaktien** lauten auf den Namen des Inhabers. Sie sind der gesetzliche Normalfall (§ 10 Abs. 1 S. 1 AktG). Der AG gegenüber gilt bei Namensaktien derjenige als Aktionär, der in dem von der AG geführten **Aktienregister,** in dem bestimmte persönliche Daten des Aktionärs, die der Identifikation und der Kontaktaufnahme dienen, erfasst werden (§ 67 Abs. 1 AktG), als Aktionär verzeichnet ist (§ 67 Abs. 2 S. 1 AktG).[464] **Inhaberaktien** sind demgegenüber namenslos und vermitteln dem jeweiligen Besitzer unabhängig von dessen Berechtigung die Gesellschafterrechte. Sie stellen inzwischen die Ausnahme dar.

807

(hhh) Zahl der Mitglieder des Vorstands. Bestimmt werden muss in der Satzung zudem die Zahl der Mitglieder des Vorstands beziehungsweise die Regeln, nach denen deren Anzahl ermittelt wird (§ 23 Abs. 3 Nr. 6 AktG). Festgelegt werden kann dabei sowohl eine feste Zahl als auch eine Mindest- und Höchstzahl. Eine Regel kann beispielsweise darin bestehen, dass der Aufsichtsrat die Zahl der Mitglieder des Vorstands bestimmt.[465]

808

(iii) Form der Bekanntmachungen. Schließlich muss die Satzung Bestimmungen über die Form der Bekanntmachungen der Gesellschaft enthalten (§ 23 Abs. 4 AktG). Dies betrifft **nicht die Pflichtbekanntmachungen** der Gesellschaft. Für diese ist regelmäßig die Veröffentlichung in den Gesellschaftsblättern, die in der Satzung festgelegt werden können (→ Rn. 816), vorgeschrieben, wobei eine zusätzliche Veröffentlichung im Bundesanzeiger in diesen Fällen obligatorisch ist (§ 25 AktG). § 23 Abs. 4 AktG betrifft demgegenüber **freiwillige Bekanntmachungen** der Gesellschaft (beispielsweise eines Quartalsabschlusses) und Bekanntmachungen, die von Gesetzes wegen nicht zwingend in den Gesellschaftsblättern veröffentlicht werden müssen (beispielsweise § 63 Abs. 1 S. 2 AktG).

809

(bb) Weiterer Pflichtinhalt bei qualifizierter Gründung. Im Fall einer qualifizierten Gründung (→ Rn. 794) ergeben sich zusätzliche Anforderungen an die Satzung aus den §§ 26 f. AktG.

810

---

[463] MüKoAktG/*Heider* § 12 Rn. 35.
[464] Zu aktientypunabhängigen Meldepflichten von Aktionären, deren Beteiligung an der AG bestimmte Schwellenwerte über- bzw. unterschreitet, siehe → § 5 Fn. 189.
[465] BT-Drs. 8/1678, 12 li.Sp.

811 **(aaa) Sondervorteile.** Besondere Vorteile, die einem Aktionär oder einem Dritten gewährt werden, bedürfen zu ihrer Wirksamkeit der Festsetzung in der Satzung unter Benennung des Berechtigten (§§ 26 Abs. 1, Abs. 3 AktG).

812 **(bbb) Gründungsaufwand.** Der Gründungsaufwand einschließlich des Gründerlohns (zu den Begriffen → Rn. 557) darf von der Gesellschaft nur bei einer satzungsrechtlichen Grundlage getragen werden (§§ 26 Abs. 2, Abs. 3 AktG).

813 **(ccc) Sacheinlagen.** Einlagen, die nicht in der baren oder unbaren Leistung von Geld bestehen, werden als Sacheinlagen bezeichnet (§ 27 Abs. 1 S. 1 AktG). Sie sind in der Satzung hinreichend konkret zu benennen. Der Nennbetrag beziehungsweise (bei Stückaktien) die Stückzahl der für die Sacheinlage gewährten Aktien ist anzugeben (§ 27 Abs. 1 S. 1 AktG). Sacheinlagen können nur solche Vermögensgegenstände sein, deren wirtschaftlicher Wert feststellbar ist; Dienstleistungen können nicht Gegenstand von Sacheinlagen sein (§ 27 Abs. 2 AktG).

814 **(ddd) Sachübernahmen.** Eine Sachübernahme liegt vor, wenn die künftige Gesellschaft Vermögensgegenstände von einem anderen Rechtsträger (entgeltlich) übernehmen soll (§ 27 Abs. 1 S. 1 AktG). Sie führen wirtschaftlich zum selben Ergebnis wie eine Sacheinlage und werden daher wie eine solche behandelt. Hinsichtlich des möglichen Gegenstands einer Sachübernahme und den erforderlichen Satzungsangaben gelten die Ausführungen in → Rn. 813 daher entsprechend.

815 **(cc) Fakultativer Inhalt der Satzung.** Ergänzungen der Regelungen des AktG oder Abweichungen von diesen sind nur unter den Voraussetzungen des § 23 Abs. 5 AktG zulässig.

816 **(aaa) Ergänzende Regelungen.** Satzungsrechtliche Regelungen, die die Regelungen des AktG ergänzen, sind zulässig, wenn das Gesetz keine abschließende Regelung enthält (§ 23 Abs. 5 S. 2 AktG). Zulässig sind beispielsweise Gerichtsstandsklauseln,[466] Schiedsgerichtsklauseln für Fälle, die nicht vom Gesetz der staatlichen Gerichtsbarkeit unterstellt sind[467] und Regelungen, die persönliche Voraussetzungen für Vorstands- oder für die von der Hauptversammlung gewählten Aufsichtsratsmitglieder[468] statuieren (beispielsweise ein Mindestalter oder eine erforderliche berufliche Qualifikation, str. für die Festlegung einer erforderlichen Familienzugehörigkeit).[469]

817 **(bbb) Abweichungen von den Regelungen des AktG.** Die Regelungen des AktG sind im Grundsatz nicht disponibel. Abweichungen von den aktienrechtlichen Vorschriften sind daher nur zulässig, wenn das Gesetz eine Abweichung ausdrücklich gestattet (§ 23 Abs. 5 S. 1 AktG). Sofern es um Normen des AktG geht, die den **Aufbau der Gesellschaft** betreffen, gestattet das Gesetz keine Abweichungen. Nicht möglich ist es daher, per Satzung auf die Bildung eines Aufsichtsrats zu verzichten oder in der Satzung die Bildung eines Beirates zu vereinbaren, dem Kompetenzen des Aufsichtsrats übertragen werden. **Minderheitenrechte** können ebenfalls nicht eingeschränkt werden.[470] Zulässig

---

[466] BGHZ 123, 347 (349) = NJW 1994, 51.
[467] BGHZ 132, 278 = NJW 1996, 1753.
[468] Die Satzung kann hingegen keine persönlichen Voraussetzungen für ggf. von den Arbeitnehmern zu wählende Aufsichtsratsmitglieder festlegen, § 100 Abs. 4 AktG.
[469] Hüffer/Koch AktG § 23 Rn. 38 mwN; MüKoAktG/*Pentz* § 23 Rn. 169 mwN.
[470] Hüffer/Koch AktG § 23 Rn. 36; MüKoAktG/*Pentz* § 23 Rn. 164. Soweit vertreten wird, dass auch Erweiterungen von Minderheitenrechten unzulässig sind (MüKoAktG/*Pentz*, aaO), entspricht dies nicht der allgemeinen Ansicht.

sind Abweichungen insbesondere, soweit es um erforderliche Beschlussmehrheiten und die Formalien der Hauptversammlung geht.[471]

(b) Übernahme der Aktien. Die notarielle Urkunde, mit der die Satzung festgestellt wird, muss zudem bestimmte, nicht zum Normstatut der AG zählende Erklärungen der Gründer enthalten (§ 23 Abs. 2 AktG), durch die die Aktien übernommen werden. Mit dieser Übernahme der Aktien, die faktisch zeitgleich mit der Feststellung der Satzung erfolgt, ist die Gesellschaft errichtet (mangels Eintragung ins Handelsregister aber noch nicht entstanden) und die Vorgesellschaft entsteht. 818

Für die Übernahme der Aktien sind folgende Angaben in der Gründungsurkunde erforderlich: 819

- **Gründer** (§ 23 Abs. 2 Nr. 1 AktG). Gründer sind die (künftigen) Aktionäre, die die Satzung festgestellt haben (§ 28 AktG). Als Gründer kommt **jeder Rechtsträger** mit Ausnahme der (zu diesem Zeitpunkt mangels Eintragung rechtlich noch nicht existenten) AG selbst in Betracht. Eine Gründung durch lediglich einen Gründer (**„Einpersonengesellschaft"**) ist möglich, eine Höchstzahl an Gründern gibt es nicht (§ 2 AktG). Im Fall der rechtsgeschäftlichen **Vertretung eines Gründers** bedarf es einer notariellen Beglaubigung der Vollmacht (§ 23 Abs. 1 S. 2 AktG). Bei einer gesetzlichen oder organschaftlichen Vertretung bedarf es demgegenüber keiner Vollmachtsurkunde. 820

  Sofern **Minderjährige als Gründer** an einer AG-Gründung teilnehmen, bei der auch mindestens ein Elternteil Gründer ist, ist die Bestellung eines Ergänzungspflegers für den Minderjährigen erforderlich (§ 1909 Abs. 1 S. 1 BGB), da die Eltern in diesem Fall inhabil sind (§ 181 BGB für den an der Gründung beteiligten Elternteil, §§ 1629 Abs. 2 S. 1, 1795 Abs. 1 Nr. 1 BGB für den anderen Elternteil). Da die AG regelmäßig auf den Betrieb eines Erwerbsgeschäfts gerichtet ist, wird zumeist auch eine familiengerichtliche Genehmigung nach § 1822 Abs. 1 S. 3 BGB erforderlich sein. 821

- Für jeden Gründer ist bei Nennbetragsaktien (→ Rn. 805) der **Nennbetrag** und bei Stückaktien (→ Rn. 805) **die Stückzahl der übernommen Aktien** anzugeben. Gibt es mehrere Aktiengattungen (→ Rn. 806), ist auch die Gattung der übernommenen Aktien anzugeben (§ 23 Abs. 3 Nr. 2 AktG). Anzugeben ist zudem der **Ausgabebetrag**, dieser darf den **geringsten Ausgabebetrag** - bei Nennbetragsaktien ist dies der Nennbetrag, bei Stückaktien der auf eine Aktie entfallende anteilige Betrag am Grundkapital - nicht unterschreiten (**Verbot der Unter-pari-Emission;** § 9 Abs. 1 AktG). Eine Überschreitung des geringsten Ausgabebetrags ist zulässig (§ 9 Abs. 2 AktG). Der übersteigende Betrag wird als **„Aufgeld"** (**„Agio"**) bezeichnet. Bilanziell ist der Mehrbetrag in die **Kapitalrücklage** (§ 266 Abs. 3 A.II. HGB) einzustellen (§ 272 Abs. 2 Nr. 1 HGB). 822

- Der **eingezahlte Betrag des Grundkapitals** (§ 23 Abs. 2 Nr. 3 AktG). Nach allgemeiner Auffassung ist mit der unklaren gesetzlichen Regelung der zum Zeitpunkt der Beurkundung bereits auf das Grundkapital geleistete Gesamtbetrag gemeint, eine Zuordnung auf die einzelnen Gründer ist nicht erforderlich.[472] Da zum Zeitpunkt der Beurkundung der Gründungsurkunde noch nicht einmal eine Vorgesellschaft besteht (→ Rn. 818), an die eine Leistung auf die (mangels beurkundeter Gründungsurkunde zu diesem Zeitpunkt auch noch nicht geschuldeten) Beiträge erfolgen könnte, wird der Gesamtbetrag zumeist null betragen. Zu empfehlen ist die Festlegung, in welcher Höhe die Gründer (unter Beachtung der Mindestbeträge des § 36a AktG; → Rn. 828) ihre Einlagen vor der Anmeldung der Gesellschaft zur Eintragung ins Handelsregister erbringen müssen.[473] 823

---

[471] Für einen Überblick über die Normen des AktG, die einer abweichenden Regelung durch die Satzung zugänglich sind, siehe MüKoAktG/*Pentz* § 23 Rn. 163.
[472] MüKoAktG/*Pentz* § 23 Rn. 63; Hüffer/Koch AktG § 23 Rn. 19.
[473] MüKoAktG/*Pentz* § 23 Rn. 62.

824 (3) Erforderliche Handlungen vor der Registeranmeldung. Nachdem die AG durch die Feststellung der Satzung und die Übernahme der Aktien errichtet (→ § 5 Rn. 8) und die Vorgesellschaft entstanden ist, sind die Voraussetzungen für die Anmeldung zur Eintragung ins Handelsregister zu schaffen.

825 (a) Organbestellungen. Im Anschluss an die Feststellung der Satzung und die Übernahme der Aktien haben die Gründer die Mitglieder des ersten Aufsichtsrats zu bestellen (§ 30 Abs. 1 S. 1 AktG), der ausschließlich aus Vertretern der Anteilseigner besteht (§ 30 Abs. 2 AktG). Die Bestellung bedarf nicht der notariellen Beurkundung (§ 30 Abs. 1 S. 2 AktG), erfolgt aber zweckmäßigerweise in der (notariell zu beurkundenden) Errichtungsurkunde. Der erste Aufsichtsrat bestellt sodann – nachdem seine Mitglieder den Vorsitzenden des Aufsichtsrats gewählt haben (§ 107 Abs. 1 S. 1 AktG) – die Mitglieder des ersten Vorstands (§ 30 Abs. 4 AktG). Für diese Bestellung bedarf es lediglich der (stets erforderlichen) Niederschrift über die Sitzung des Aufsichtsrats, die vom Aufsichtsratsvorsitzenden zu unterzeichnen ist (§ 107 Abs. 2 S. 1 AktG).

826 (b) Gründungsbericht. Die Gründer (→ Rn. 820) haben einen **schriftlichen Bericht** über die Gründung zu erstellen (§ 32 Abs. 1 AktG), der auch Angaben zu den Sacheinlagen (§ 32 Abs. 2 AktG) und dazu zu enthalten hat, ob und in welcher Weise Mitglieder des Vorstands oder des Aufsichtsrats an der Gründung beteiligt sind (§ 32 Abs. 3 AktG).

827 (c) Gründungsprüfung. Vorstand und Aufsichtsrat haben den Gründungsbericht und den Gründungsvorgang zu prüfen. Im Fall einer qualifizierten Gründung (→ Rn. 794) ist zudem eine **Prüfung** durch einen vom Gericht zu bestellenden Gründungsprüfer erforderlich (§§ 33f. AktG).

828 (d) Leistung der Einlagen. Vor der Anmeldung der Gesellschaft zur Eintragung ins Handelsregister muss auf die vereinbarten **Bareinlagen** mindestens ein Viertel des geringsten Ausgabebetrags (→ Rn. 822) und - sofern einschlägig - das volle Aufgeld eingezahlt worden sein (§ 36a Abs. 1 AktG).

829 Die **Sacheinlagen** sind dem Wortlaut des § 36a Abs. 2 S. 1 AktG zufolge vollständig zu leisten. Diese Regelung wird durch § 36a Abs. 2 S. 2 AktG allerdings dahingehend eingeschränkt, dass Sacheinlagen, die in der Übertragung von Vermögensgegenständen bestehen, innerhalb von fünf Jahren beginnend ab der Eintragung bewirkt werden müssen, sodass vor der Eintragung nur solche Sacheinlagen vollständig zu erbringen sind, die in der bloßen Nutzungsüberlassung bestehen (str.).[474] Für den Fall einer **verdeckten Sacheinlage,** bei der formal eine Bargründung erfolgt, bei wirtschaftlicher Betrachtung aufgrund von Nebenabreden aber zumindest teilweise eine Sachgründung vorliegt, enthält § 27 Abs. 3 AktG eine inhaltlich § 19 Abs. 4 GmbHG gleichende Regelung, weshalb auf die entsprechenden Ausführungen zur GmbH (→ Rn. 658) verwiesen werden kann.

830 (4) Anmeldung zur Eintragung. Zum Abschluss des Gründungsvorgangs bedarf es der Anmeldung der AG zur Eintragung in das Handelsregister. Diese ist von allen Gründern, und allen Aufsichtsrats- und Vorstandsmitgliedern vorzunehmen (§ 36 Abs. 1 AktG). Die Anmeldung darf nicht erfolgen, bevor die Einlagen im beschriebenen Mindestumfang (→ Rn. 828) ordnungsgemäß geleistet wurden und zur freien Verfügung des Vorstands[475] stehen (§ 36 Abs. 2 AktG). Hinsichtlich der in diesem Zusammenhang erforderlichen Angaben, Erklärungen und der einzureichenden Unterlagen kann auf die §§ 37f. AktG verwiesen werden. Bei einer Einpersonengründung sind dem Registergericht zudem – ähnlich wie bei der Gesellschafterliste einer GmbH (→ Rn. 576) - Name, Vorname, Ge-

---

[474] MüKoAktG/*Pentz* § 36a Rn. 9ff. mwN zum Meinungsstand.
[475] Insoweit kann auf die Ausführungen zur GmbH (→ Rn. 579) verwiesen werden.

burtsdatum und Wohnort des alleinigen Aktionärs mitzuteilen (§ 42 AktG). Ob der Gesetzgeber künftig ein Verfahren einrichtet, das eine Anmeldung ohne eine körperliche Anwesenheit beim Notar oder einer anderen Stelle ermöglicht, ist bei Redaktionsschluss nicht bekannt (→ Rn. 799).

(5) Registergerichtliche Prüfung. Nach Eingang der Anmeldung erfolgt eine registergerichtliche Prüfung. Diese erstreckt sich auf die **formale Ordnungsmäßigkeit der Errichtung und der Anmeldung** (§ 38 Abs. 1 S. 1 AktG), bei deren Fehlen die Eintragung abzulehnen ist (§ 38 Abs. 1 S. 2 AktG). Wegen einer mangelhaften, fehlenden oder nichtigen Satzungsbestimmung darf die Eintragung dabei nur abgelehnt werden, wenn der Fehler zwingende Satzungsbestandteile oder Tatsachen, die veröffentlichungspflichtig oder einzutragen sind, betrifft, Gläubigerschutzvorschriften verletzt werden oder der Fehler die Nichtigkeit der Satzung zur Folge hat (§ 38 Abs. 4 AktG). Die **materielle Prüfung,** die ebenfalls die Ablehnung der Eintragung zur Folge haben kann, ist demgegenüber auf die Prüfung der Bewertung von Sacheinlagen beziehungsweise Sachübernahmen beschränkt (§ 38 Abs. 2 S. 2 AktG). Hinsichtlich der Rechtsfolgen einer abgelehnten Eintragung wird auf die entsprechenden Ausführungen zur GmbH verwiesen (→ Rn. 582). 831

cc) Aktiengesellschaft. Liegt kein Grund zur Versagung der Eintragung vor, wird die Gesellschaft ins Handelsregister eingetragen. Mit der Eintragung entsteht die AG als juristische Person (§ 41 Abs. 1 S. 1 AktG). Eventuelle Gründungsmängel werden durch die Eintragung geheilt; Ausnahme sind die in § 399 Abs. 1 S. 1 FamFG genannten Satzungsmängel, die aber nachträglich heilbar sind. Die nun entstandene Aktiengesellschaft ist mit der Vorgesellschaft rechtlich identisch, wobei dogmatisch ungeklärt ist, ob es sich insoweit um eine Umwandlung der Vorgesellschaft in die AG handelt. Alle Vermögensgegenstände und Schulden der Vorgesellschaft sind mit der Eintragung solche der Gesellschaft, ohne dass es einer rechtsgeschäftlichen Übertragung bedarf. 832

b) Nachgründung (§ 52 AktG). Bei der Nachgründung handelt es sich nicht um eine Gründung dergestalt, dass eine neue Gesellschaft zur Entstehung gebracht wird, sondern um Konstellationen, in denen die AG zeitnah nach ihrer Entstehung Verträge schließt, die bei wirtschaftlicher Betrachtung eine nachträglich vereinbarte Sachgründung darstellen. Abgesehen davon, dass solche Verträge die Gefahr beinhalten, dass tatsächlich stets eine Sachgründung vereinbart war, kann die Anwendung der besonderen Vorschriften für eine qualifizierte Gründung (→ Rn. 794) nicht davon abhängen, ob eine Sachgründung vor oder kurz nach der Eintragung der AG vereinbart wird. 833

Vor diesem Hintergrund stellt das AktG besondere Anforderungen an Verträge über den Erwerb von Vermögensgegenständen, die die AG innerhalb von zwei Jahren nach ihrer Eintragung mit Gründern oder Aktionären, die mit mehr als 10% am Grundkapital der Gesellschaft beteiligt sind, schließt, sofern die Gegenleistung der AG 10% des Grundkapitals übersteigt. Solche Verträge bedürfen zu ihrer Wirksamkeit der Zustimmung der Hauptversammlung. Der **Zustimmungsbeschluss** erfordert neben der Mehrheit der abgegebenen Stimmen eine Mehrheit von 75% des vertretenen Grundkapitals (§ 52 Abs. 5 S. 1 AktG). Sofern die Nachgründung bereits im ersten Jahr nach der Eintragung der Gesellschaft erfolgt, muss die Mehrheit zudem 25% des Grundkapitals der Gesellschaft (also auch des bei der Abstimmung nicht vertretenen Grundkapitals) erreichen. Darüber hinaus sind ein **Nachgründungsbericht** des Aufsichtsrates und eine **Prüfung** durch den gerichtlich bestellten Gründungsprüfer gemäß § 33 AktG erforderlich (§§ 52 Abs. 2 S. 1, Abs. 3 S. 1 AktG). Der Vertragspartner der AG, das Datum des Vertragsschlusses und das Datums des Zustimmungsbeschlusses sind ins Handelsregister einzutragen (§§ 52 Abs. 1 S. 1, Abs. 8 AktG). Erfolgt der Erwerb im Rahmen der laufenden Geschäftstätigkeit, in der Zwangsvollstreckung oder an der Börse, kommt § 52 AktG nicht zur Anwendung (§ 52 Abs. 9 AktG). 834

835 Praktisch wichtig ist Vorstehendes insbesondere bei der Umwandlung einer GmbH in eine Aktiengesellschaft nach den §§ 238 ff. UmwG. § 52 AktG ist in diesem Fall entsprechend anzuwenden, wenn innerhalb von zwei Jahren nach der Eintragung der AG eine Kapitalerhöhung mit Sacheinlagen im beschriebenen Umfang erfolgt.[476]

836 **c) Haftung der Gründungsbeteiligten.** An der Gründung der AG beteiligte Personen haften der Gesellschaft nach Maßgabe der §§ 46 ff. AktG für schuldhaft begangene Fehler im Rahmen des Gründungsvorgangs. Eventuelle Hintermänner der Gründer haften wie diese selbst (§ 46 Abs. 5 AktG). Ein Verzicht auf oder ein Vergleich über Ansprüche aus den §§ 46 ff. AktG ist an hohe Voraussetzungen geknüpft (§ 50 AktG).

837 **d) Entstehung durch Umwandlung.** Die in der Praxis wohl häufiger vorkommende Entstehungsform dürfte die Umwandlung auf der Grundlage des Umwandlungsgesetzes, insbesondere durch Formwechsel (§§ 190 ff. UmwG) sein.

3. Rechte und Pflichten der Gesellschafter

838 **a) Rechte der Aktionäre. aa) Gleichbehandlungsgebot.** Die AG ist gemäß § 53a AktG verpflichtet, alle Aktionäre gleich zu behandeln (**„Gleichbehandlungsgebot"**). Konkret bedeutet dies, dass eine sachlich gleiche Behandlung der Aktionäre bei gleichen Bedingungen geboten und eine Ungleichbehandlung ohne ausreichende sachliche Rechtfertigung verboten ist. § 53a AktG ist ein Ausfluss der Treuepflicht der AG gegenüber den Aktionären, die von allen Organen der AG bei deren Handeln zu beachten ist.[477] Der einzelne Aktionär kann sich gegenüber der AG auf das Gleichbehandlungsgebot berufen, um ein eigenständiges subjektives Recht handelt es sich indes nicht.[478]

839 **bb) Verwaltungsrechte.** Die Verwaltungsrechte eines Aktionärs sind geringer als die eines GmbH-Gesellschafters, was dem Umstand geschuldet ist, dass insbesondere die Kontrollrechte auf ein besonderes Organ, den Aufsichtsrat, ausgelagert sind. Die wesentlichen Verwaltungsrechte des Aktionärs bestehen vor diesem Hintergrund in dem Recht auf Teilnahme an den Hauptversammlungen (§ 118 Abs. 1 S. 1 AktG), dem Stimmrecht (§ 134 AktG) und dem Auskunftsrecht (§ 131 Abs. 1 S. 1 AktG).

840 Das **Recht zur Teilnahme an den Hauptversammlungen** ist im Kern unentziehbar.[479] Es besteht auch für die nicht stimmberechtigten Aktionäre (beispielsweise bei einem Stimmrechtsverbot nach § 136 AktG oder bei Aktionären mit Vorzugsaktien ohne Stimmrecht, §§ 139 ff. AktG).[480]

841 Das **Stimmrecht** des Aktionärs beginnt mit der vollständigen Leistung der Einlage (§ 134 Abs. 2 S. 1 AktG). Die Satzung kann bestimmen, dass das Stimmrecht bereits mit der Leistung der Mindesteinlage (→ Rn. 828) beginnt (§ 134 Abs. 2 S. 3 AktG). Gerade bei Familiengesellschaften bestehen häufig **Stimmbindungsverträge** zur Sicherung des Einflusses in der Hauptversammlung. Solch eine außerhalb der Satzung angelegte, nur die Parteien der Vereinbarung bindende Bündelung der Stimmrechte der Familienmitglieder kann Schutz vor familienfremden Aktionären und deren Einfluss gewähren. Die Zulässigkeit solcher Verträge ist ebenso anerkannt[481] wie deren gerichtliche Durchsetzbarkeit.[482]

---

[476] MüKoAktG/*Pentz* § 52 Rn. 69 ff. mwN.
[477] MüKoAktG/*Götze* § 53a Rn. 5.
[478] MüKoAktG/*Götze* § 53a Rn. 4.
[479] Hüffer/Koch AktG § 118 Rn. 25.
[480] BGH NJW 1971, 2225 (für GmbH); MüKoAktG/*Kubis* § 118 Rn. 55; Hüffer/Koch AktG § 118 Rn. 24.
[481] BGHZ 48, 163 = NJW 1967, 1963 (für GmbH); MüKoAktG/*Heider* § 12 Rn. 22.
[482] BGHZ 48, 163 = NJW 1967, 1963 (für GmbH).

IV. Die Aktiengesellschaft § 24

Die **Stimmkraft** eine Aktionärs richtet sich nach dem Nennbetrag oder (bei Stückaktien) nach der Anzahl seiner Aktien (§ 134 Abs. 1 S. 1 AktG). Eine Modifikation der Stimmkraft ist in zweierlei Hinsicht möglich: 842
- Eine zum Kapitalanteil disproportionale Stimmkraft kann durch die Ausgabe von **stimmrechtslosen Vorzugsaktien** gemäß §§ 12 Abs. 1 S. 2, 139 ff. AktG erreicht werden. Stimmrechtslose Vorzugsaktien dürfen dabei maximal bis zur Hälfte des Grundkapitals ausgegeben werden (§ 139 Abs. 2 AktG). Für den Unternehmer, der die Unternehmensnachfolge regeln möchte, oder die Familiengesellschaft kann es daher interessant sein, bestimmte Mitglieder der Familie mit Hilfe von stimmrechtslosen Vorzugsaktien kapitalmäßig an der Gesellschaft zu beteiligen, ohne dass Einflussmöglichkeiten bestehen. Erforderlich ist dafür allerdings die Gewährung einer Vorzugsdividende. Wird diese in einem Geschäftsjahr nicht oder nicht vollständig gezahlt, lebt das Stimmrecht temporär wieder auf (§ 140 Abs. 2 AktG).
- Bei nicht börsennotierten Gesellschaften ist die Begrenzung des Stimmrechts auch durch die Festlegung eines **Höchststimmrechts** in der Satzung möglich (§ 134 Abs. 1 S. 2 AktG; → Rn. 806). In diesem Fall wird das Stimmrecht eines Aktionärs unabhängig von der Höhe seiner kapitalmäßigen Beteiligung auf eine bestimmte Stimmenanzahl begrenzt. Diese Begrenzung muss allerdings alle Aktionäre gleichmäßig treffen. Höchststimmrechte eignen sich daher nicht zur Begünstigung von Familienmitgliedern.

Eine **organschaftliche Geschäftsführungs- oder Vertretungsbefugnis** steht dem Aktionär aus seiner Gesellschafterstellung nicht zu. Diese Kompetenzen fallen vielmehr in die Zuständigkeit des Vorstands, dessen Mitglieder vom Aufsichtsrat bestimmt werden. Aktionäre können Mitglied des Vorstands sein (in diesem Fall sind die Beschränkungen des Stimmrechts aus § 136 AktG zu beachten), der Vorstand kann aber auch ausschließlich aus Mitgliedern bestehen, die keine Aktionäre sind (**„Möglichkeit der Fremdorganschaft"**). 843

Schließlich ist auf das nicht beschränkbare **Auskunftsrecht** des Aktionärs gemäß § 131 AktG hinzuweisen. Dieses ist gegenüber dem Auskunftsrecht eines GmbH-Gesellschafters (→ Rn. 589 ff.) erheblich eingeschränkt. Sein Auskunftsrecht kann der Aktionär nur in der Hauptversammlung und dort nur hinsichtlich der Angelegenheiten geltend machen, die Gegenstand der Tagesordnung sind (§ 131 Abs. 1 S. 1 AktG). Über das auf die Tagesordnungspunkte beschränkte Auskunftsrecht hinaus hat jeder Aktionär in der Hauptversammlung Anspruch auf solche Auskünfte, die anderen Aktionären außerhalb der Versammlung gewährt wurden (§ 131 Abs. 4 S. 1 AktG). Ein **Recht auf Einsicht in die Geschäftsunterlagen** steht dem Aktionär im Gegensatz zu einem GmbH-Gesellschafter (→ Rn. 589 ff.) hingegen nicht zu, was sich daraus begründet, dass die Überwachung der Geschäftsführung des Vorstandes in die Kompetenz des Aufsichtsrats fällt (§ 111 Abs. 1 AktG), der entsprechend einsichtsbefugt ist (§ 111 Abs. 2 S. 1 AktG). 844

cc) Vermögensrechte. Bei den Vermögensrechten ist das **Rechts auf Gewinnbeteiligung** des Aktionärs aus § 58 Abs. 4 S. 1 AktG von zentraler Bedeutung. Zu beachten ist, dass Vorstand und Aufsichtsrat bis zu 50 % des Bilanzgewinns in die freien Rücklagen einstellen und damit die Höhe des ausschüttbaren Gewinns erheblich beeinflussen können (§§ 58 Abs. 2 S. 1, 172 S. 1 AktG, in der Satzung kann gem. § 58 Abs. 2 S. 2 AktG ein höherer oder geringerer Maximalbetrag festgelegt werden), ohne dass dies der Mitwirkung der Hauptversammlung bedarf. Neben dem Dividendenrecht haben alle Aktionäre im Fall der Beendigung der Gesellschaft einen Anspruch auf den auf sie entfallenden **Anteil am Liquidationsüberschuss** (§ 271 Abs. 1 AktG). 845

b) Pflichten der Aktionäre. Soweit die vereinbarten Beiträge nicht bereits vor der Eintragung geleistet wurden (→ Rn. 828) sind die Aktionäre verpflichtet, diese an die Gesellschaft zu bewirken (§ 54 Abs. 2 AktG), wobei der bereits im Rahmen der GmbH erläuterte Grundsatz der realen Kapitalaufbringung (→ Rn. 604 ff.) zu beachten ist. Der 846

Anspruch der Gesellschaft auf Leistung der Einlagen entsteht dabei mit deren Einforderung durch den Vorstand (§ 63 Abs. 1 S. 1 AktG), er verjährt nach 10 Jahren (§ 54 Abs. 4 S. 1 AktG). Eine Befreiung von der Einlageverpflichtung ist nicht möglich (§ 66 Abs. 1 S. 1 AktG). Im Fall der Nichtleistung kann ein Aktionär ausgeschlossen und seiner Aktien für verlustig erklärt werden. In diesem Fall haften die Voreigentümer der Aktien; sind die ausstehenden Einlagen auch von diesen nicht zu erlangen, werden die Aktien verwertet (§§ 63 ff. AktG).

847 Zur Leistung von Nachschüssen über die vereinbarte Kapitaleinlage hinaus sind die Aktionäre nicht verpflichtet. Nebenleistungspflichten sind – mit Ausnahme der in § 55 Abs. 1 S. 1 AktG genannten wiederkehrenden nichtmonetären Leistungen – nicht zulässig. Anerkannt ist, dass ein Aktionär sowohl gegenüber der AG selbst als auch gegenüber seinen Mitaktionären einer Treuepflicht[483] und einem aus dieser resultierenden Schädigungsverbot unterliegt.[484]

4. Organe der Gesellschaft

848 Die dreigliedrige Organisation der AG und das Verhältnis der Organe zueinander ist in eine weitgehend zwingende Zuständigkeitsordnung eingebettet, die sich aus der Ausrichtung der AG auf eine Vielzahl von Aktionären mit eher geringer persönlicher Bindung an die Gesellschaft erklärt. Die weitgehend zwingende Organisationsverfassung der AG bildet für Familienunternehmen oftmals eine Hemmschwelle zur Wahl der Rechtsform der AG, weil der unmittelbare Einfluss der Gesellschafter auf die Leitung des Unternehmens – wie er bei der GmbH durch die Weisungsbefugnis der Gesellschafterversammlung gegenüber den Geschäftsführern gegeben ist (→ Rn. 635) – erheblich eingeschränkt ist.

849 **a) Vorstand.** Der ausschließlich aus natürlichen Personen bestehende Vorstand ist das Leitungs- und Vertretungsorgan der Gesellschaft.

850 **aa) Aufgaben und Stellung.** Zentrale Aufgabe des Vorstands ist die **Geschäftsführung.** Das Gesetz spricht insoweit von der **Leitung der Gesellschaft** unter eigener Verantwortung (§ 76 Abs. 1 AktG). Diese Zuständigkeit kann durch die Satzung nicht auf andere Organe übertragen werden.[485] Der Vorstand hat somit zwingend die Verantwortung für die Formulierung der Unternehmensziele und die Durchführung der Maßnahmen zu deren Verwirklichung,[486] wobei die Vorstandsmitglieder bei fehlender anderweitiger Regelung in der Satzung oder der Geschäftsordnung (→ Rn. 857) **gesamtgeschäftsführungsbefugt** sind (§ 77 Abs. 1 AktG).

851 Der wesentliche Unterschied zur GmbH liegt in der **Weisungsungebundenheit** des Vorstandes. Der Vorstand ist zwar berechtigt, im Grundsatz aber nicht verpflichtet, eine Entscheidung der Hauptversammlung über eine bestimmte Geschäftsführungsmaßnahme einzuholen (§ 119 Abs. 2 AktG). Lediglich in schwerwiegenden Fällen kann aus § 119 Abs. 2 AktG eine Pflicht des Vorstandes resultieren, eine **Entscheidung der Hauptversammlung** über eine bestimmte Geschäftsführungsmaßnahme einzuholen.[487] Für den Fall, dass die AG außerhalb des UmwG zur Übertragung ihres gesamten Vermögens verpflichtet werden soll, ist dies in § 179a Abs. 1 S. 1 AktG explizit vorgeschrieben. **Gegenüber dem Aufsichtsrat** kann die Leitungsmacht des Vorstands dadurch eingeschränkt werden, dass bestimmte Geschäftsführungsmaßnahmen von einer Zustimmung des Aufsichtsrats abhängig gemacht werden (§ 111 Abs. 4 S. 2 AktG). Der Aufsichtsrat kann dadurch bestimmte Geschäftsführungsmaßnahmen verhindern, Geschäftsführungsmaßnah-

---

[483] BGHZ 103, 184 = NJW 1988, 1579; BGHZ 129, 136 = NJW 1995, 1739.
[484] BGHZ 129, 136 = NJW 1995, 1739.
[485] MüKoAktG/*Spindler* § 76 Rn. 22.
[486] MHdB GesR IV/*Wiesner* § 19 Rn. 17.
[487] BGHZ 83, 122 = NJW 1982, 1703 – Holzmüller; BGHZ 159, 30 = NJW 2004, 1860 – Gelatine.

men anordnen kann er indes nicht.[488] Die weitreichende Weisungsungebundenheit des Vorstands wird dadurch geschützt, dass ein Vorstandsmitglied nur beim Vorliegen eines wichtigen Grundes abberufen werden kann (§ 84 Abs. 3 S. 1 AktG).[489]

Darüber hinaus vertritt der Vorstand die Gesellschaft gerichtlich und außergerichtlich (**organschaftliche Vertretung**, § 78 Abs. 1 S. 1 AktG). Bei mehreren Vorstandsmitgliedern besteht bei fehlender anderweitiger Regelung in der Satzung eine Gesamtvertretungsbefugnis (§ 78 Abs. 2 S. 1 AktG). In der Satzung kann insoweit bestimmt werden, dass die Vorstandsmitglieder allein oder gemeinsam mit einem Prokuristen vertretungsbefugt sind (§ 78 Abs. 3 S. 1 AktG). Bei einer entsprechenden Ermächtigung durch die Satzung kann auch der Aufsichtsrat eine entsprechende Festlegung treffen (§ 78 Abs. 3 S. 2 AktG). Bei der Entgegennahme von Willenserklärungen sind die Vorstandsmitglieder stets einzelvertretungsbefugt (§ 78 Abs. 2 S. 2 AktG). 852

bb) Bestellung und Abberufung. Die Vorstandsmitglieder werden vom Aufsichtsrat bestellt und gegebenenfalls auch wieder abberufen (§ 84 AktG). Eine **Bestellung** ist für maximal fünf Jahre zulässig (§ 84 Abs. 1 S. 1 AktG), eine wiederholte Bestellung ist möglich (§ 84 Abs. 1 S. 2 AktG). Anders als bei der GmbH ist die Einräumung der Position eines Vorstandsmitglieds als Sonderrecht oder die Bestellung auf eine längere Dauer als fünf Jahre bei einer AG nicht möglich. Ein Widerruf der Bestellung (**„Abberufung"**) kann nur aus wichtigem Grund erfolgen (§ 84 Abs. 3 S. 1 AktG). Neben der Verletzung von Pflichten stellt dabei auch der Vertrauensentzug durch die Hauptversammlung einen zur Abberufung berechtigenden wichtigen Grund dar (§ 84 Abs. 3 S. 2 AktG). 853

cc) Anstellungsvertrag. Von der organschaftlichen Stellung des einzelnen Vorstandsmitglieds ist der die schuldrechtlichen Beziehungen zur AG (bspw. Entgelt und Urlaub) regelnde **Anstellungsvertrag** zu trennen. Bei diesem handelt es sich regelmäßig um einen dienstrechtlich geprägten Geschäftsbesorgungsvertrag (§§ 675 Abs. 1, 611 ff. BGB) oder - bei Unentgeltlichkeit - um einen Auftrag (§§ 662 ff. BGB). Hinsichtlich Dauer und Verlängerung gelten die Regelungen zur Bestellung entsprechend (§ 84 Abs. 1 S. 5 AktG). Die Unwirksamkeit oder Beendigung des Anstellungsvertrags berührt die Wirksamkeit der Organstellung nicht und umgekehrt.[490] Regelmäßig wird man im Anstellungsvertrag aber vorsehen, dass der Widerruf der Bestellung automatisch zur Beendigung des Anstellungsvertrags führt (**„Gleichlaufklausel"**).[491] 854

dd) Persönliche Voraussetzungen. Mitglieder des Vorstandes können nur unbeschränkt geschäftsfähige natürliche Personen sein (§ 76 Abs. 3 S. 1 AktG). Auf eine Gesellschafterstellung kommt es dabei nicht an (**Möglichkeit der Fremdorganschaft**). Ein Aktionär kann somit, muss aber nicht zum Vorstandsmitglied bestellt werden. Mitglieder des Aufsichtsrats können wegen der Kollusion mit der Überwachungsfunktion des Aufsichtsrats nicht Mitglied des Vorstands sein (§ 105 Abs. 1 AktG). In der Satzung können persönliche und sachliche Eignungsvoraussetzungen für Vorstandsmitglieder festgelegt werden, durch diese darf das Auswahlermessen des für die Auswahl und Bestellung zuständigen Aufsichtsrates aber nicht unangemessen eingeschränkt werden.[492] Für Familiengesellschaften kann es sinnvoll sein, bei gleicher Eignung die vorrangige Bestellung von Familienmitgliedern gegenüber familienfremden Kandidaten festzuschreiben.[493] Beachtet der 855

---
[488] MüKoAktG/*Habersack* § 111 Rn. 111.
[489] MHdB GesR IV/*Wiesner* § 19 Rn. 18.
[490] Gleichwohl nimmt die Rspr. insbesondere in Fällen, in denen der (nur aus wichtigem Grund mögliche) Widerruf der Bestellung Ausdruck von Vertrauensverlusten ist, oftmals eine konkludent mit dem Widerruf erklärte Kündigung des Anstellungsverhältnisses an (MüKoAktG/*Spindler* § 84 Rn. 122 mwN).
[491] MüKoAktG/*Spindler* § 84 Rn. 197.
[492] Hüffer/Koch AktG § 23 Rn. 38 mwN; MüKoAktG/*Pentz* § 23 Rn. 169 mwN.
[493] MHdB GesR IV/*Wiesner* § 20 Rn. 7.

Aufsichtsrat derartige statutarische Festlegungen bei der Bestellung nicht, kann dies den Aufsichtsrat zur Abberufung des nicht satzungskonformen Vorstandsmitglieds aus wichtigem Grund (§ 84 Abs. 3 S. 1 AktG) verpflichten.[494]

856 **ee) Auswahl der Mitglieder und Zusammensetzung.** Die Anzahl der Vorstandsmitglieder wird durch die Satzung bestimmt (§ 23 Abs. 3 Nr. 6 AktG). Bei AG mit einem Grundkapital von mehr als 3 Mio. EUR sieht das Gesetz zwei Vorstandsmitglieder vor, eine abweichende Regelung in der Satzung ist zulässig (§ 76 Abs. 2 S. 2 AktG). Bei einer dem Anwendungsbereich des MitbestG unterfallenden AG (→ Rn. 872) ist wegen der erforderlichen Bestellung eines Arbeitsdirektors (§ 33 Abs. 1 S. 1 MitbestG) grundsätzlich ein zweigliedriger Vorstand erforderlich (§ 76 Abs. 2 S. 3 AktG).

857 **ff) Organisation und Geschäftsordnung.** Das Gesetz regelt in § 77 Abs. 1 S. 1 AktG hinsichtlich der Organisation des Vorstandes lediglich, dass die Geschäftsführungsbefugnis **gemeinschaftlich** ausgeübt wird. Der Erlass einer **Geschäftsordnung,** in der unter anderem die internen Zuständigkeiten und Verfahrensfragen geregelt werden, ist möglich. Durch die Geschäftsordnung kann der Grundsatz der Gesamtgeschäftsführungsbefugnis überwunden werden;[495] Abweichungen vom Grundsatz der Gesamtvertretungsbefugnis bedürfen demgegenüber einer entsprechenden Regelung in der Satzung (§ 78 Abs. 2 S. 1 AktG). Das Recht zum Erlass einer Geschäftsordnung liegt beim Aufsichtsrat (§ 77 Abs. 2 S. 1 AktG). Sofern der Aufsichtsrat keine Geschäftsordnung erlässt, ist der Vorstand befugt, sich einstimmig selbst eine Geschäftsordnung zu geben, außer wenn die Satzung vorsieht, dass allein der Aufsichtsrat diese Befugnis hat (§ 77 Abs. 2 S. 1, S. 3 AktG). Einzelfragen der Geschäftsordnung kann die Satzung stets verbindlich regeln (§ 77 Abs. 2 S. 2 AktG).

858 **gg) Beendigung.** Die organschaftliche Stellung als Mitglied des Vorstands endet neben der Abberufung (→ Rn. 853) durch den Ablauf der Befristung, den Tod des Vorstandsmitglieds, den Verlust der Geschäftsfähigkeit oder die Vollbeendigung der AG (Umwandlung, Verschmelzung oder Erlöschen).[496] Die Beendigung des Anstellungsvertrags oder die Auflösung der Gesellschaft beenden die organschaftliche Stellung demgegenüber ebenso wenig wie die Eröffnung des Insolvenzverfahrens über das Vermögen der Gesellschaft. Im Fall der Auflösung der Gesellschaft wandelt sich die Stellung in die des Liquidators (§ 265 Abs. 1 AktG). Die einseitige (organschaftliche) Suspendierung eines Vorstandsmitglieds durch die AG, an die vor dem Hintergrund des § 84 Abs. 3 S. 1 AktG hohe Anforderungen zu stellen sind, ist eine vorläufige Maßnahme, die nicht zur Beendigung der Bestellung führt.[497] Anerkannt ist, dass das Vorstandsmitglied im Grundsatz jederzeit berechtigt ist, sein Amt niederzulegen,[498] die entsprechende Erklärung ist gegenüber der durch den Aufsichtsrat vertretenen AG (§ 112 S. 1 AktG) abzugeben.[499]

859 **hh) Pflichten.** Neben der Pflicht zur Geschäftsleitung (§ 76 Abs. 1 AktG) resultiert für die Vorstandsmitglieder sowohl aus der Organstellung als auch aus dem Anstellungsverhältnis eine besondere Interessenwahrungs- und Treuepflicht.[500] Vorstandsmitglieder sind in besonderem Maße zur Geheimhaltung verpflichtet (§ 93 Abs. 1 S. 3 AktG) und unterliegen gemäß § 88 Abs. 1 AktG einem Wettbewerbsverbot. Sie haben die Pflicht, dem

---

[494] MHdB GesR IV/*Wiesner* § 20 Rn. 9.
[495] MüKoAktG/*Spindler* § 77 Rn. 10.
[496] MüKoAktG/*Spindler* § 84 Rn. 210.
[497] MHdB GesR IV/*Wiesner* § 20 Rn. 73 ff.
[498] BGHZ 78, 82 = NJW 1980, 2415 (GmbH); BGHZ 121, 257 = NJW 1993, 1198 (GmbH); BGH NJW-RR 2011, 1184 (GmbH); Hüffer/Koch AktG § 84 Rn. 44.
[499] Hüffer/Koch AktG § 84 Rn. 44.
[500] MüKoAktG/*Spindler* § 93 Rn. 125 mwN.

IV. Die Aktiengesellschaft § 24

Aufsichtsrat (spätestens) zu den im Gesetz bestimmten Zeitpunkten beziehungsweise im gesetzlich festgelegten Turnus (§ 90 Abs. 2 AktG) über die Unternehmensplanung, die Rentabilität der Gesellschaft, den Gang und die Lage der Gesellschaft sowie Geschäfte von erheblicher Bedeutung zu berichten (§ 90 Abs. 1 S. 1 AktG). Bei außerordentlichen Anlässen ist darüber hinaus ein Sonderbericht zu erstatten (§ 90 Abs. 1 S. 3 AktG). Mit den Berichtspflichten des Vorstands ist das Recht des Aufsichtsrates und jedes Aufsichtsratsmitglieds verbunden, jederzeit Bericht über Angelegenheiten der Gesellschaft, die erheblichen Einfluss auf die Lage der Gesellschaft haben können, zu verlangen (§ 90 Abs. 3 AktG). An den Hauptversammlungen haben die Vorstandsmitglieder teilzunehmen (§ 118 Abs. 3 S. 1 AktG). Auf Verlangen eines Aktionärs ist der Vorstand diesem im Rahmen der Hauptversammlung zur Auskunftserteilung über Angelegenheiten der Gesellschaft, die mit einem Tagesordnungspunkt in Zusammenhang stehen, verpflichtet (§ 131 Abs. 1 S. 1 AktG).

Strikt zu beachten ist von den Vorstandsmitgliedern das dem **Grundsatz der Kapital-** 860 **erhaltung** dienende **Verbot der Rückgewähr von Einlagen,** nach dem bereits geleistete Einlagen den Aktionären nicht zurückgewährt werden dürfen (§ 57 Abs. 1 S. 1 AktG). Zinsen auf die Einlage dürfen weder zugesagt noch gezahlt werden (§ 57 Abs. 2 AktG).

ii) Haftung. § 93 AktG regelt die strenge **Haftung** der Vorstandsmitglieder. Die Vor- 861 standsmitglieder sind der Gesellschaft zum Schadensersatz verpflichtet, sofern sie die Sorgfalt eines ordentlichen und gewissenhaften Geschäftsleiters außer Acht lassen und der AG daraus ein Schaden entsteht, wobei sich das in Anspruch genommene Vorstandsmitglied hinsichtlich der Pflichtverletzung zu exkulpieren hat (§ 93 Abs. 2 S. 2 AktG). Mehrere Vorstandsmitglieder haften als Gesamtschuldner (§ 93 Abs. 2 S. 1 AktG). Die Schadensersatzpflicht ist ausgeschlossen, wenn das Vorstandsmitglied aufgrund eines rechtskonformen Beschlusses der Hauptversammlung gehandelt hat (§ 93 Abs. 4 S. 1 AktG). Der Anspruch der AG auf Schadensersatz verjährt fünf Jahre, bei börsennotierten AG zehn Jahre nach der Entstehung des Anspruchs (§§ 93 Abs. 6 AktG, 200 BGB).[501] Zudem haften die Vorstandsmitglieder der AG - vergleichbar der GmbH-Geschäftsführerhaftung aus § 64 S. 1 GmbHG (→ Rn. 681) - für Zahlungen der Gesellschaft, die nach Insolvenzeintritt geleistet werden (§ 92 Abs. 2 S. 1 AktG). Den Gesellschaftsgläubigern haften sie im Fall der verspäteten Stellung eines Insolvenzantrags für die daraus resultierenden Schäden (§§ 823 Abs. 2 BGB, 15a Abs. 1 S. 1 InsO); hinsichtlich der näheren Einzelheiten kann auf die entsprechenden Ausführungen zur GmbH verwiesen werden (→ Rn. 683). Zu beachten ist zudem die regelmäßig von der Haftung nach § 93 AktG verdrängte Haftung eines Vorstandsmitglieds aus dem Anstellungsvertrag und aus dem allgemeinen Zivilrecht, hinsichtlich derer die Ausführungen zur GmbH ebenfalls entsprechend gelten (→ Rn. 682).

b) Aufsichtsrat. Der Aufsichtsrat ist insbesondere für die Überwachung der Geschäfts- 862 führung des Vorstands verantwortlich. Zudem erfolgt im Aufsichtsrat die unternehmerische Mitbestimmung nach den einschlägigen Mitbestimmungsgesetzen.

aa) Aufgaben und Stellung. Der Aufsichtsrat ist ein obligatorisches Organ der AG. Er 863 ist für nahezu alle Angelegenheiten, die den Vorstand betreffen, zuständig, namentlich für die Auswahl, **Bestellung und Abberufung der Vorstandsmitglieder** (§ 84 AktG; → Rn. 853), für die **Überwachung der Geschäftsführung des Vorstandes** (§ 111 Abs. 1 AktG) und für die gerichtliche und außergerichtliche Vertretung der AG gegenüber den (aktuellen und ehemaligen) Vorstandsmitgliedern (§ 112 S. 1 AktG). Diese Aufgaben, die bei der GmbH in die Kompetenz der Gesellschafterversammlung fallen (§§ 46 Nr. 5, Nr. 6, Nr. 8 GmbHG), sind bei der AG dementsprechend der unmittelba-

---

[501] Hüffer/Koch AktG § 93 Rn. 87.

ren Kompetenz der Aktionäre entzogen. Stattdessen wählen die Aktionäre die Aufsichtsratsmitglieder, soweit diese nicht nach den Mitbestimmungsgesetzen von den Arbeitnehmern zu wählen sind (§ 119 Abs. 1 Nr. 1 AktG). Der Aufsichtsrat ist somit ein von den Aktionären bestimmtes, zwischen den Aktionären und dem Vorstand stehendes Organ zur Wahrung der Interessen der Aktionäre. Über vorstehende Aufgaben hinaus ist der Aufsichtsrat das Gremium, in dem die **unternehmerische Mitbestimmung** stattfindet (→ Rn. 869 ff.).[502]

864 Der Aufsichtsrat kann eine Geschäftsordnung für den Vorstand erlassen (§ 77 Abs. 2 S. 1 AktG) und hat dadurch die Möglichkeit, den von ihm überwachten Vorstand zu organisieren. Er kann Zustimmungsvorbehalte für bestimmte Arten von Geschäften bestimmen, wodurch er in die Lage versetzt wird, bestimmte Geschäftsführungsmaßnahmen zu verhindern (§ 111 Abs. 4 S. 2 AktG; → Rn. 851). Geschäftsführungsmaßnahmen erzwingen kann der Aufsichtsrat indes (formal) nicht. Ihm ist vom Vorstand über bestimmte unternehmensrelevante Sachverhalte regelmäßig Bericht zu erstatten (§§ 90 Abs. 1 S. 1, Abs. 2 AktG), bei außerordentlichen Ereignissen besteht eine Verpflichtung des Vorstands zur Erstattung eines Sonderberichts (§ 90 Abs. 1 S. 3 AktG). Darüber hinaus ist der Aufsichtsrat ebenso wie jedes einzelne Mitglied jederzeit berechtigt, vom Vorstand Bericht über die Angelegenheiten der Gesellschaft an den Aufsichtsrat zu verlangen (§ 90 Abs. 3 AktG). Die Geschäftsunterlagen der Gesellschaft kann der Aufsichtsrat ebenso wie die Vermögensgegenstände einsehen und prüfen (§ 111 Abs. 2 S. 1 AktG), damit können vom Aufsichtsrat auch einzelne Mitglieder oder sachverständige Dritte beauftragt werden (§ 111 Abs. 2 S. 2 AktG).

865 Der Aufsichtsrat ist zur Einberufung einer Hauptversammlung verpflichtet, wenn das Wohl der Gesellschaft es erfordert (§ 111 Abs. 3 S. 1 AktG). Die Mitglieder des Aufsichtsrats sind zur Teilnahme an den Hauptversammlungen verpflichtet (§ 118 Abs. 3 S. 1 AktG),[503] was bei einer satzungsmäßigen Grundlage unter besonderen, in der Satzung festzulegenden Voraussetzungen auch durch eine Videozuschaltung erfolgen kann (§ 118 Abs. 3 S. 2 AktG). Zu jedem Tagesordnungspunkt der Hauptversammlung hat der Aufsichtsrat einen Beschlussvorschlag zu unterbreiten (§ 124 Abs. 3 S. 1 AktG).

866 Durch die Billigung des von ihm gemäß § 171 Abs. 1 S. 1 AktG zu prüfenden Jahresabschlusses stellt der Aufsichtsrat diesen fest, sofern Vorstand und Aufsichtsrat nicht beschließen, die Feststellung der Hauptversammlung zu überlassen (§ 172 S. 1 AktG). Stellen Vorstand und Aufsichtsrat den Jahresabschluss fest, können sie vorbehaltlich abweichender Satzungsregelungen bis zu 50 % des Jahresüberschusses in die anderen Gewinnrücklagen (§ 266 Abs. 3 A. III. 4 HGB) einstellen (§ 58 Abs. 2 S. 1 AktG) und dadurch der Gewinnverwendung durch die Hauptversammlung (§ 119 Abs. 1 Nr. 2, 174 AktG) entziehen. Die zivilrechtliche Beauftragung des von der Hauptversammlung bestellten Abschlussprüfers (§§ 318 Abs. 1 S. 1 HGB, 119 Abs. 1 Nr. 4 AktG) erfolgt durch den Aufsichtsrat (§ 111 Abs. 2 S. 3 AktG).[504] Eine Kreditgewährung der AG an Vorstandsmitglieder, Prokuristen, zum gesamten Geschäftsbetrieb bevollmächtigte Handlungsbevollmächtigte oder Aufsichtsratsmitglieder oder bestimmten Familienmitglieder dieser Personen bedarf der Einwilligung des Aufsichtsrats (§§ 89, 115 AktG).

---

[502] Bei Kapitalgesellschaften mit mehr als 2.000 Arbeitnehmern erfolgt die unternehmerische Mitbestimmung zudem durch den im Vorstand angesiedelten Arbeitsdirektor (§§ 1 Abs. 1, 33 Abs. 1 S. 1 MitbestG), die betriebliche (und damit rechtsformunabhängige) Mitbestimmung erfolgt bei Betrieben mit mehr als fünf Mitarbeitern über den Betriebsrat (§ 1 Abs. 1 S. 1 BetrVG).

[503] Dass es sich trotz des Wortlautes des § 118 Abs. 3 S. 1 AktG („*sollen an der Hauptversammlung teilnehmen*") um eine Pflicht handelt, entspricht der allgA, bspw. MüKoAktG/*Kubis* § 118 Rn. 101; Hölters/*Drinhausen* AktG § 118 Rn. 33.

[504] Dadurch soll vermieden werden, dass der Vorstand sich den Abschlussprüfer durch die Vereinbarung eines großzügigen Entgelts gewogen macht.

bb) Anzahl der Mitglieder und Zusammensetzung. Die Mitgliederanzahl und die 867
Zusammensetzung des Aufsichtsrats hängen davon ab, ob die Gesellschaft der unternehmerischen Mitbestimmung unterliegt oder – was den gesetzlichen Normalfall darstellt – nicht.

(1) Gesetzlicher Normalfall. Im gesetzlichen Normalfall besteht der Aufsichtsrat aus 868
mindestens drei Mitgliedern (§ 95 S. 1 AktG), die von der Hauptversammlung gewählt werden (§ 119 Abs. 1 Nr. 1 AktG). In der Satzung kann eine (konkrete) höhere Zahl festgelegt werden (§ 95 S. 2 AktG). Die Festlegung einer höheren Zahl als drei ist zu empfehlen, um im Verhinderungsfall einzelner Aufsichtsratsmitglieder die Beschluss- und damit die Handlungsfähigkeit des Aufsichtsrats, die die Teilnahme von mindestens drei Aufsichtsratsmitgliedern an der entsprechenden Aufsichtsratssitzung erfordert (§ 108 Abs. 2 S. 3 AktG), sicherzustellen. Die in der Satzung festgelegte Anzahl der Aufsichtsratsmitglieder darf die sich in Abhängigkeit von der Höhe des Grundkapitals aus § 95 S. 4 AktG ergebende Höchstzahl von neun, fünfzehn oder einundzwanzig Mitgliedern nicht übersteigen.

(2) Mitbestimmungspflichtige Unternehmen. Bei Gesellschaften, die der unterneh- 869
merischen Mitbestimmung unterliegen, werden die Aufsichtsratsmitglieder teilweise von den Arbeitnehmern bestimmt. Eine Pflicht zur unternehmerischen Mitbestimmung kann dabei (in abnehmender Rangfolge) aus dem MontanMitbestG, dem MontanMitbestErgG, dem MitbestG und dem DrittelbG resultieren.

(a) MontanMitbestG. Das MontanMitbestG kommt auf AG und GmbH zur Anwen- 870
dung, die ein Unternehmen der Montanindustrie betreiben und mehr als 1.000 Arbeitnehmer beschäftigen (§§ 1 Abs. 1, Abs. 2 MontanMitbestG).[505] In seinem Anwendungsbereich geht es als speziellstes Gesetz allen anderen Mitbestimmungsgesetzen vor. Der Aufsichtsrat besteht zwingend aus elf Mitgliedern (§ 4 Abs. 1 S. 1 MontanMitbestG) und setzt sich wie aus § 4 Abs. 1 S. 2 MontanMitbestG ersichtlich zusammen. Übersteigt das Grundkapital (im Fall einer GmbH das Stammkapital) 10 beziehungsweise 25 Mio. EUR, kann in der Satzung (bei GmbH im Gesellschaftsvertrag) bestimmt werden, dass der Aufsichtsrat aus fünfzehn bzw. einundzwanzig Mitgliedern besteht (§§ 9 Abs. 1 S. 1, Abs. 2 S. 1 MontanMitbestG).

(b) MontanMitbestErgG. Dem Anwendungsbereich des MontanMitbestErgG unter- 871
fallen AG und GmbH, die – ohne nach ihrem Betriebszweck selbst der Montanindustrie anzugehören – eine nach §§ 1 Abs. 1, Abs. 2 MontanMitbestG mitbestimmungspflichtige Gesellschaft (→ Rn. 870) beherrschen, wenn der Unternehmenszweck des Konzerns von dem des beherrschten Unternehmens gekennzeichnet wird (§§ 1 bis 4 MontanMitbestErgG).[506] Der Aufsichtsrat besteht in diesem Fall aus fünfzehn Mitgliedern (§ 5 Abs. 1 S. 1 MontanMitbestErgG) und setzt sich wie aus § 5 Abs. 1 S. 2 MontanMitbestErgG ersichtlich zusammen. Übersteigt das Grundkapital (bei GmbH des Stammkapital) 25 Mio. EUR, kann in der Satzung (bei GmbH im Gesellschaftsvertrag) die Anzahl der Aufsichtsratsmitglieder mit einundzwanzig festgelegt werden (§ 5 Abs. 1 S. 3 AktG).

---

[505] Im Fall einer GmbH, die die genannten Voraussetzungen erfüllt, ist ein Aufsichtsrat zu bilden (§ 3 Abs. 1 MontanMitbestG), auf den die aktienrechtlichen Vorschriften der §§ 95 ff. AktG entsprechend zur Anwendung kommen (§ 3 Abs. 2 MontanMitbestG).
[506] Handelt es sich bei dem herrschenden Unternehmen um eine GmbH, ist diese zur Bildung eines Aufsichtsrats verpflichtet, auf den die aktienrechtlichen Vorschriften der §§ 95 ff. AktG entsprechend anzuwenden sind (§§ 3 Abs. 1 S. 2 MontanMitbestErgG, 3 MontanMitbestG).

872 **(c) MitbestG.** Das MitbestG kommt auf Unternehmen zur Anwendung, die in der Rechtsform einer Kapitalgesellschaft (AG, KGaA, GmbH) oder einer Genossenschaft betrieben werden (§ 1 Abs. 1 Nr. 1 MitbestG) und **regelmäßig mehr als 2.000 Arbeitnehmer** beschäftigen (§ 1 Abs. 1 Nr. 2 MitbestG), sofern die Arbeitnehmer nicht bereits nach dem MontanMitbestG (→ Rn. 870) oder dem MontanMitbestErgG (→ Rn. 871) ein Mitbestimmungsrecht haben (§ 1 Abs. 2 MitbestG). Einer Kapitalgesellschaft, die als persönlich haftender Gesellschafter einer KG fungiert und regelmäßig nicht mehr als 500 Arbeitnehmer beschäftigt, damit also weder die Größenordnung des § 1 Abs. 1 Nr. 2 MitbestG erreicht, noch dem DrittelbG unterfällt (→ Rn. 873), werden die Arbeitnehmer der KG zugerechnet, wenn die Mehrheit der Kommanditisten die Mehrheit der Anteile oder Stimmen der Kapitalgesellschaft innehat (§ 4 Abs. 1 MitbestG).[507] Dies betrifft namentlich die AG & Co. KG, die GmbH & Co. KG und die (in der Praxis allenfalls vereinzelt vorkommende) KGaA & Co. KG. Der Aufsichtsrat,[508] auf den die Regelungen der §§ 7 ff. MitbestG vorrangig zur Anwendung kommen (§ 6 Abs. 2 S. 1 MitbestG),[509] hat (in Abhängigkeit von der Anzahl der Arbeitnehmer) zwölf, sechzehn oder zwanzig Mitglieder, von denen die Hälfte von den Arbeitnehmern bestimmt wird (§§ 7 Abs. 1, Abs. 2 MitbestG).[510]

873 **(d) DrittelbG.** Das Drittelbeteiligungsgesetz gilt für alle AGs, die vor dem 10.8.1994 eingetragen wurden und keine Familiengesellschaft im Sinne von § 1 Abs. 1 Nr. 1 S. 3 DrittelbG sind. Auf nach dem 9.8.1994 gegründete AGs und alle übrigen Kapitalgesellschaften kommt es zur Anwendung, wenn regelmäßig mehr als 500 Arbeitnehmer beschäftigt werden (§ 1 Abs. 1 Nr. 1 bis 3 DrittelbG).[511] Die Anzahl der Aufsichtsratsmitglieder ergibt sich in diesem Fall aus der Satzung, wird also von den Aktionären festgelegt, wobei ein Drittel der Aufsichtsratsmitglieder[512] Arbeitnehmervertreter sein müssen (§ 4 Abs. 1 DrittelbG). Dies erfordert es, dass die Mitgliederanzahl des Aufsichtsrats (glatt) durch drei teilbar ist (§ 95 S. 3 AktG), wobei hinsichtlich der Mindest- und der Höchstzahl der Aufsichtsratsmitglieder auf die Ausführungen in → Rn. 868 verwiesen werden kann.

874 **cc) Bestellung.** Da sich das Mandat zur Überwachung der Geschäftsleitung aus den Mitgliedschaftsrechten der Aktionäre ableitet, fällt die Bestellung der Mitglieder des Aufsichtsrats in die Kompetenz der Hauptversammlung (§§ 101 Abs. 1 S. 1, 119 Abs. 1 Nr. 1 AktG). Dies gilt nicht für die - nachfolgend nicht betrachteten - Arbeitnehmervertreter einer mitbestimmungspflichtigen Gesellschaft. Über die Bestellung entscheidet die Hauptversammlung mit der einfachen Mehrheit der abgegebenen Stimmen (§ 133 Abs. 1 AktG).

875 Für Familiengesellschaften ist die Möglichkeit von Bedeutung, bis zu ein Drittel der Aufsichtsratsmitglieder aufgrund eines in der Satzung verankerten **Entsendungsrechtes** zu bestellen (§ 101 Abs. 2 AktG). Das entsandte Mitglied unterliegt zwar keinen Weisun-

---

[507] Das gleiche gilt ausweislich § 4 Abs. 1 MitbestG in dem hier nicht relevanten Fall, dass es sich bei dem persönlich haftenden Gesellschafter der KG um eine Genossenschaft handelt.
[508] Sofern – wie bei der GmbH – ein Aufsichtsrat gesetzlich nicht vorgeschrieben ist, hat eine dem MitbestG unterfallende Gesellschaft zwingend einen Aufsichtsrat zu bilden (§ 6 Abs. 1 MitbestG).
[509] Auf den Aufsichtsrat einer GmbH kommen die §§ 95 ff. AktG mit wenigen Ausnahmen zur Anwendung (§§ 6 Abs. 2, 25 Abs. 1 Nr. 2 MitbestG), vorrangig sind die §§ 7 ff. MitbestG.
[510] Zwei (im Fall eines Aufsichtsrats mit 20 Mitgliedern drei) Aufsichtsratsmitglieder der Arbeitnehmer müssen Gewerkschaftsvertreter sein (§ 7 Abs. 2 MitbestG).
[511] Darüber hinaus gilt das DrittelbG für VVaG, bei denen ein Aufsichtsrat besteht (§ 1 Abs. 1 Nr. 4 DrittelbG), und für Genossenschaften mit idR mehr als 500 Arbeitnehmern.
[512] GmbH mit regelmäßig mehr als 500 Arbeitnehmern haben einen Aufsichtsrat zu bilden, auf den die aktienrechtlichen Vorschriften nahezu ausnahmslos zur Anwendung kommen (§ 1 Abs. 1 Nr. 3 DrittelbG).

gen,⁵¹³ kann aber jederzeit vom Entsendungsberechtigten abberufen und ersetzt werden (§ 103 Abs. 2 S. 1 AktG). Solch ein Entsendungsrecht kann für einzelne Aktionäre oder bestimmte Aktiengattungen (→ Rn. 806) statutarisch festgelegt werden (§ 101 Abs. 2 S. 1 AktG), wobei ein Gattungsrecht nur für vinkulierte Namensaktien eingeräumt werden kann (§ 101 Abs. 2 S. 2 AktG).

dd) Persönliche Voraussetzungen. Mitglied des Aufsichtsrats können nur unbeschränkt geschäftsfähige natürliche Personen sein (§ 100 Abs. 1 S. 1 AktG). Ausgeschlossen sind Personen, die bereits in zehn Handelsgesellschaften, die von Gesetzes wegen einen Aufsichtsrat zu bilden haben, Aufsichtsratsmitglied sind („Lex Abs"),⁵¹⁴ die gesetzlicher Vertreter eines abhängigen Unternehmens oder eines Unternehmens sind, deren Aufsichtsrat ein Vorstandsmitglied der AG angehört, oder die im Fall einer börsennotierten AG in den letzten zwei Jahren Mitglied des Vorstands waren, sofern sie nicht von Aktionären, die zusammen mindestens 25 % der Stimmrechte halten, vorgeschlagen werden (§ 100 Abs. 2 S. 1 Nr. 1 bis 4 AktG). Aufsichtsratsmitglied kann ebenfalls nicht sein, wer Vorstandsmitglied, Stellvertreter eines Vorstandsmitglieds, Prokurist oder Generalbevollmächtigter der AG ist (§ 105 Abs. 1 AktG). In der Satzung können persönliche Voraussetzungen für die von der Hauptversammlung zu wählenden Aufsichtsratsmitglieder bestimmt werden (§ 100 Abs. 4 AktG). Ob die Familienzugehörigkeit ein zulässiges Kriterium ist, ist umstritten;⁵¹⁵ überwiegend wird es verneint.⁵¹⁶ 876

Bei börsennotierten AG, die der unternehmerischen Mitbestimmung nach dem MitbestG, MontanMitbestG oder dem MontanMitbestErgG unterfallen, müssen mindestens 30 % der Aufsichtsratsmitglieder Frauen und mindestens 30 % Männer sein (§ 96 Abs. 2 AktG). 877

ee) Dauer der Amtszeit. Die Bestellung der Aufsichtsratsmitglieder erfolgt auf Zeit. Sie darf nicht für einen längeren Zeitraum als bis zur Beendigung der Hauptversammlung, die über die Entlastung für das vierte Geschäftsjahr nach dem Beginn der Amtszeit beschließt (§ 102 Abs. 1 S. 1 AktG), erfolgen wobei das Geschäftsjahr, in dem die Amtszeit beginnt, nicht mitgezählt wird (§ 102 Abs. 1 S. 2 AktG). Bei einer Bestellung für die maximal mögliche Amtszeit beträgt diese regelmäßig rd. fünf Jahre. Für Familiengesellschaften kann es nützlich sein, eine kürzere als die maximal zulässige Amtszeit in der Satzung festzulegen, um den Einfluss der Aktionäre zu stärken. 878

ff) Anstellungsverhältnis. Überwiegend wird – entgegen der Rechtsprechung des RG⁵¹⁷ – vertreten, dass die Aufsichtsratsmitglieder im Gegensatz zu den Mitgliedern des Vorstandes (→ Rn. 854) nicht in einem Anstellungsverhältnis (insbes. aus §§ 675 Abs. 1, 611 ff. BGB) zur Gesellschaft stehen.⁵¹⁸ Der BGH hat diese Frage bisher offengelassen.⁵¹⁹ 879

gg) Beendigung. Die Mitgliedschaft im Aufsichtsrat endet mit dem Ablauf der Amtszeit, mit dem Tod des Aufsichtsratsmitglieds und mit dem Wegfall der persönlichen Voraussetzungen (→ Rn. 876). Eine Niederlegung des Mandats ist jederzeit möglich, kann das 880

---

⁵¹³ RGZ 165, 68; BGHZ 36, 296 (306) = NJW 1962, 864 (866).
⁵¹⁴ Aufsichtsratsmandate, bei denen die Person Vorsitzender des Aufsichtsrats ist, zählen dabei doppelt (§ 100 Abs. 2 S. 3 AktG), während bis zu fünf Aufsichtsratssitze in abhängigen Unternehmen unberücksichtigt bleiben (§ 100 Abs. 2 S. 2 AktG).
⁵¹⁵ MHdB GesR IV/*Hoffmann-Becking* § 30 Rn. 32.
⁵¹⁶ MüKoAktG/*Habersack* § 100 Rn. 58; Hüffer/Koch AktG § 100 Rn. 20.
⁵¹⁷ RGZ 146, 145; 152, 273.
⁵¹⁸ LG München I NZG 2013, 182 = BeckRS 2013, 1391; MüKoAktG/*Habersack* § 101 Rn. 67; Henssler/Strohn/*Henssler* AktG § 101 Rn. 1; Hüffer/Koch AktG § 101 Rn. 2.
⁵¹⁹ BGH DStR 2008, 2075 = NZG 2008, 834.

Aufsichtsratsmitglied bei einer Niederlegung zur Unzeit aber zum Schadensersatz verpflichten.[520]

881 Ein Widerruf der Bestellung (**„Abberufung"**) ist (im Rahmen einer Hauptversammlung, § 119 Abs. 1 Nr. 1 AktG) jederzeit möglich, wobei es dazu im Gegensatz zur (durch den Aufsichtsrat erfolgenden) Abberufung eines Vorstandsmitglieds, für die ein wichtiger Grund erforderlich ist (§ 84 Abs. 3 S. 1 AktG), keines Grundes bedarf (§ 103 Abs. 1 S. 1 AktG). Erforderlich ist aber eine Mehrheit von 75 % der abgegebenen Stimmen (§ 103 Abs. 1 S. 2 AktG), sofern in der Satzung keine andere Mehrheit bestimmt ist (§ 103 Abs. 1 S. 3 AktG). Aus **wichtigem Grund** kann ein Aufsichtsratsmitglied zudem jederzeit durch eine gerichtliche Entscheidung abberufen werden (§ 103 Abs. 3 S. 1 AktG). Antragsberechtigt ist der Aufsichtsrat, der ohne das betroffene Mitglied mit einfacher Mehrheit über den Antrag beschließt (§ 103 Abs. 3 S. 2 AktG).[521] Dem Registergericht ist bei Änderungen in der Zusammensetzung des Aufsichtsrats eine Liste der aktuellen Aufsichtsratsmitglieder einzureichen, hierfür ist der Vorstand verantwortlich (§ 106 AktG). Ein **entsandtes Aufsichtsratsmitglied** (→ Rn. 875) kann vom Entsendungsberechtigten jederzeit abberufen und durch eine andere Person ersetzt werden (§ 103 Abs. 2 S. 1 AktG).

882 **hh) Innere Ordnung.** Hinsichtlich der Organisation des Aufsichtsrats macht das AktG nur geringe Vorgaben. Die Hauptversammlung kann dem Aufsichtsrat eine **Geschäftsordnung** vorgeben, andernfalls kann dieser sich selbst eine Geschäftsordnung geben. Entscheidungen des Aufsichtsrats werden durch **Beschluss** mit einfacher Mehrheit getroffen, wobei die Hälfte der Mitglieder, mindestens aber drei Mitglieder durch Stimmabgabe, die auch in einer Enthaltung liegen kann, an der Beschlussfassung teilnehmen muss (§ 108 Abs. 2 S. 2, S. 3 AktG).[522] In der Satzung kann eine andere Bestimmung zur Beschlussfähigkeit getroffen werden (§ 108 Abs. 2 S. 1 AktG). Regelungen über einen Stimmrechtsausschluss von Aufsichtsratsmitgliedern enthält das AktG nicht, insoweit kommt § 34 BGB entsprechend zur Anwendung.[523] Der Aufsichtsrat muss einen **Vorsitzenden** und mindestens einen Stellvertreter aus seiner Mitte wählen (§ 107 Abs. 1 S. 1 AktG), die zum Handelsregister anzumelden sind (§ 107 Abs. 1 S. 2 AktG). Über jede Aufsichtsratssitzung ist eine vom Vorsitzenden zu unterzeichnende Niederschrift anzufertigen (§ 107 Abs. 2 S. 1 AktG). Jedes Mitglied des Aufsichtsrats hat das Recht, unter Angabe von Zweck und Gründen die unverzügliche Einberufung des Aufsichtsrats durch den Aufsichtsratsvorsitzenden zu verlangen (§ 110 Abs. 1 S. 2 AktG), wobei die Sitzung des Aufsichtsrats in diesem Fall spätestens zwei Wochen nach der Einberufung stattfinden muss (§ 110 Abs. 1 S. 2 AktG).

883 Für Familiengesellschaften, die durch die Ausgabe von jungen Aktien an Familienfremde Kapital aufnehmen wollen, kann es sinnvoll sein, die Beschlussfassung des Aufsichtsrats einer qualifizierten Mehrheit der abgegebenen Stimmen zu unterwerfen und gegebenenfalls dem Familienvertreter ein **Stichentscheidrecht** zu gewähren.[524] Auch hinsichtlich der Beschlussfähigkeit kann sich empfehlen, ein höheres Quorum als die Hälfte der Mitglieder des Aufsichtsrats vorzusehen, um sicherzustellen, dass Entscheidungen nicht ohne die Vertreter der Familieninteressen getroffen werden können.[525] Unzulässig ist es allerdings, die Beschlussfähigkeit des Aufsichtsrats von der Teilnahme bestimmter Aufsichts-

---

[520] MüKoAktG/*Habersack* § 103 Rn. 60 mwN.
[521] Ist das Aufsichtsratsmitglied aufgrund eines satzungsmäßigen Rechts in den Aufsichtsrat entsandt worden, sind zudem Aktionäre, deren Anteile zusammen 10 % oder 1 Mio. EUR des Grundkapitals erreichen, antragsbefugt (§ 103 Abs. 3 S. 3 AktG).
[522] BGH NJW-RR 2007, 1483 (1485).
[523] Spindler/Stilz/*Spindler* AktG § 108 Rn. 27. Zulässig ist es, dass der Ausgeschlossene zur Herstellung der Beschlussfähigkeit an der Abstimmung teilnimmt und sich der Stimme enthält (BGH NJW-RR 2007, 1483 (1485)).
[524] *Schaub* ZEV 1995, 87.
[525] *Schaub* ZEV 1995, 87.

ratsmitglieder abhängig zu machen[526] oder die Wahl des Aufsichtsratsvorsitzenden durch Vorgaben in der Satzung derart einzugrenzen, dass zwingend ein Interessenvertreter der Familie zu wählen ist.[527]

ii) Haftung. Hinsichtlich der Sorgfaltspflicht und des Haftungsmaßstabes eines Aufsichtsratsmitglieds gilt der Maßstab für die Haftung eines Vorstandsmitglieds entsprechend (§§ 116 S. 1, 93 Abs. 1 S. 1 AktG). Neben einem objektiven Sorgfaltspflichtmaßstab ist auch hier auf die **Beweislastumkehr** zu Lasten des Aufsichtsratsmitglieds hinzuweisen (§§ 116 S. 1, 93 Abs. 2 S. 2 AktG). Mehrere Aufsichtsratsmitglieder haften als Gesamtschuldner (§§ 116 S. 1, 93 Abs. 2 S. 1 AktG). Die Gesellschaft wird insoweit vom Vorstand vertreten, der im Rahmen der ordnungsgemäßen Geschäftsführung über die Geltendmachung von Ansprüchen gegen ein Mitglied des Aufsichtsrats zu entscheiden hat (§ 76 Abs. 1 AktG). Um der Gefahr vorzubeugen, dass die hinsichtlich ihrer Bestellung und der Konditionen ihrer Anstellung vom Aufsichtsrat abhängigen Mitglieder des Vorstands von der Geltendmachung entsprechender Ansprüche absehen, verpflichtet das Gesetz den Vorstand zum zeitnahen Tätigwerden auf Beschluss der Hauptversammlung, für den eine einfache Mehrheit ausreichend ist (§ 147 Abs. 1 AktG). Alternativ kann die Hauptversammlung für die Geltendmachung eines gegenüber einem Aufsichtsratsmitglied bestehenden Anspruchs einen besonderen Vertreter bestimmen (§ 147 Abs. 2 S. 1 AktG), was in dem Fall, dass der Vorstand nicht von sich aus tätig geworden ist, sinnvoll ist. Fehlt es an einer entsprechenden Mehrheit in der Hauptversammlung, kann das Gericht auf Antrag von Aktionären, deren Anteile am Grundkapital mindestens 10% oder 1 Mio. EUR betragen, einen besonderen Vertreter bestellen (§ 147 Abs. 2 S. 2 AktG).

c) Hauptversammlung. Die Hauptversammlung ist das Organ, in dem die Aktionäre untereinander kommunizieren und ihre Entscheidungen über die Belange der Gesellschaft treffen.

aa) Funktion. In der Hauptversammlung nehmen die Aktionäre in formalisierter Art und Weise ihre versammlungsbezogenen Gesellschafterrechte im Wege der Beschlussfassung wahr. Außerhalb der Hauptversammlung findet eine Ausübung von Aktionärsrechten demgegenüber nur in geringem Umfang bei gesetzlicher Zulassung statt (§ 118 Abs. 1 S. 1 AktG), insbesondere bei Aktionärsrechten, die gerichtlich geltend zu machen sind (bspw. § 147 Abs. 2 S. 2 AktG). Von Aktionären außerhalb der Hauptversammlung gefasste Beschlüsse sind – auch bei einer Einpersonen-AG oder einem Einverständnis aller Aktionäre – ohne rechtliche Wirkung.[528]

bb) Stellung. Die Hauptversammlung ist den anderen Gesellschaftsorganen nicht übergeordnet.[529] Gleichwohl ist festzuhalten, dass die Kompetenzen der anderen Gesellschaftsorgane letztlich gesetzlich delegierte und institutionalisierte Gesellschafterrechte sind, wobei die anderen Organe insoweit unter der Kontrolle der Aktionäre stehen, dass deren Mitglieder unmittelbar (Aufsichtsrat) oder mittelbar (Vorstand) von der Hauptversammlung bestellt und abberufen werden. Vor diesem Hintergrund ist es sachgerecht, die Hauptversammlung als **oberstes Organ** der AG anzusehen, was letztlich auch darin zum Ausdruck kommt, dass die Hauptversammlung den anderen Organen teilweise (meist die innere Ordnung des Organs betreffende) Vorgaben machen kann,[530] während dies umge-

---

[526] BGHZ 83, 151 (155) = NJW 1982, 1530.
[527] BGHZ 83, 106 (112) = NJW 1982, 1525.
[528] MüKoAktG/*Kubis* § 118 Rn. 32.
[529] BVerfG NJW 2000, 349. Konkret spricht das BVerfG davon, dass die Aktionäre, die richtigerweise kein Gesellschaftsorgan sind, „den anderen Gesellschaftsorganen" nicht übergeordnet seien.
[530] Meist handelt es sich um Vorgaben mittels der Satzung, bspw. §§ 77 Abs. 2 S. 2, 78 Abs. 3 S. 1, 108 Abs. 2 S. 1, 111 Abs. 4 S. 2 AktG.

kehrt nie der Fall ist, und dass in den (seltenen) Fällen, in denen es zu Kompetenzüberschneidungen mit anderen Organen kommt, die Entscheidung der Hauptversammlung maßgeblich ist.[531]

888 **cc) Kompetenzen.** Die Kompetenzen der Hauptversammlung ergeben sich aus dem Gesetz. Darüber hinausgehende **Kompetenzerweiterungen durch die Satzung** können nur vorgenommen werden, wenn das Gesetz diese Möglichkeit ausdrücklich eröffnet (§ 23 Abs. 5 S. 1 AktG).

889 Zentrale Norm über die **Kompetenzen der Hauptversammlung** ist § 119 AktG. Danach entscheidet die Hauptversammlung über
- die Bestellung und Abberufung der Mitglieder des Aufsichtsrats (soweit sie nicht entsendet werden oder mitbestimmungsrechtlich zu wählen sind, → Rn. 869 ff.),
- die Verwendung des Bilanzgewinns,
- die Entlastung der Mitglieder des Vorstands und des Aufsichtsrats,
- die Bestellung des Abschlussprüfers,
- Satzungsänderungen,
- Maßnahmen der Kapitalerhöhung oder -herabsetzung,
- die Auflösung der Gesellschaft und
- Fragen der Geschäftsführung (auf Verlangen des Vorstands).

890 Neben den vorstehend genannten Kompetenzen sind im AktG noch diverse **weitere Entscheidungsbefugnisse** der Hauptversammlung geregelt. Hierzu zählen der Entzug des Vertrauens gegenüber einem Vorstandsmitglied (§ 84 Abs. 3 S. 2 AktG) und die Entscheidung über die Geltendmachung von Ersatzansprüchen gegen Gründungsbeteiligte sowie gegen Mitglieder des Vorstands und des Aufsichtsrats (§ 147 Abs. 1 S. 1 AktG). Insbesondere ist die Hauptversammlung für alle die **Grundlagen der Gesellschaft** betreffenden Entscheidungen zuständig. Soweit sich dies nicht bereits aus dem Gesetz selbst ergibt (beispielsweise § 293 Abs. 1 S. 1 AktG, § 293 Abs. 2 S. 1 AktG, § 319 Abs. 1 S. 1 AktG, § 319 Abs. 2 S. 1 AktG und § 327a Abs. 1 S. 1 AktG) besteht insoweit eine **ungeschriebene Hauptversammlungskompetenz,** die daraus folgt, dass das Ermessen des Vorstands, nach § 119 Abs. 2 AktG eine Entscheidung der Hauptversammlung herbeizuführen, in diesen Fällen auf null reduziert ist.[532]

891 **dd) Einberufung.** Eine Hauptversammlung ist mindestens einmal jährlich abzuhalten (§ 120 Abs. 1 S. 1 AktG). Sie wird vom Vorstand einberufen (§ 121 Abs. 1 S. 1 AktG). Sie ist einzuberufen, wenn Verluste dazu führen, dass das Eigenkapital lediglich noch der Hälfte des Grundkapitals (oder weniger) entspricht (§ 92 Abs. 1 AktG). Eine Hauptversammlung ist zudem auf Verlangen von Aktionären, die zusammen mit 5 % am Grundkapital beteiligt sind, einzuberufen, wobei Zweck und Gründe des Verlangens zu nennen sind (§ 122 Abs. 1 S. 1 AktG). Im Ausnahmefall, dass das Wohl der Gesellschaft eine Einberufung erfordert, ist der Aufsichtsrat zur Einberufung einer Hauptversammlung verpflichtet (§ 111 Abs. 3 S. 1 AktG).

892 Die Hauptversammlung ist spätestens dreißig Tage vor dem Versammlungstag, der nicht mitgerechnet wird, einzuberufen (§ 123 Abs. 1 AktG). Die Einberufung ist in den Gesellschaftsblättern bekanntzumachen (§ 121 Abs. 4 S. 1 AktG). Sind die Aktionäre namentlich bekannt, kann die Einberufung auch durch eingeschriebenen Brief erfolgen (§ 121 Abs. 4 S. 2 AktG). Die Einberufung muss die in § 121 Abs. 3 AktG genannten Informationen enthalten (unter anderem den Ort und die Zeit der Hauptversammlung, die Tagesordnung und das Verfahren für die Stimmabgabe). Sind alle Aktionäre erschienen oder vertreten, können Beschlüsse auch bei Fehlern in der Einberufung gefasst werden, sofern kein Aktionär der Beschlussfassung widerspricht (§ 121 Abs. 6 AktG).

---

[531] Bspw. § 147 Abs. 1 S. 1 AktG.
[532] BGHZ 83, 122 = NJW 1982, 1703 – Holzmüller; BGHZ 159, 30 = NJW 2004, 1860 – Gelatine.

ee) Ablauf. Die Hauptversammlung wird durch den Vorsitzenden geleitet, welcher entweder in der Satzung oder durch Wahl in der Versammlung bestimmt wird. Über die Beschlüsse (einschließlich der das Verfahren betreffenden Beschlüsse) ist eine Niederschrift aufzunehmen, die notariell zu beurkunden ist (§ 130 Abs. 1 S. 1 AktG). Soweit für Beschlüsse keine Mehrheit von drei Vierteln des vertretenen Kapitals erforderlich ist (→ Rn. 895), genügt bei nicht börsennotierten AG auch eine durch den Aufsichtsratsvorsitzenden unterzeichnete Niederschrift (§ 130 Abs. 1 S. 3 AktG).

ff) Beschlussfassung. Beschlüsse bedürfen grundsätzlich der **einfachen Mehrheit** der abgegebenen Stimmen (§ 133 Abs. 1 AktG). Enthaltungen zählen dabei nicht als abgegebene Stimme.[533] Ein Aktionär ist ebenso wie sein Vertreter in den in § 136 Abs. 1 AktG genannten Fällen (Entscheidung über die eigene Entlastung, über die eigene Befreiung von einer Verbindlichkeit oder über die Geltendmachung von Ansprüchen gegen den Aktionär) von der Ausübung seines Stimmrechts ausgeschlossen.

Beschlüsse, die die Grundlagen der Gesellschaft betreffen, bedürfen neben einer einfachen Stimmenmehrheit regelmäßig einer **Dreiviertelmehrheit** des vertretenen Grundkapitals („qualifizierte Kapitalmehrheit"). Dies betrifft beispielsweise Beschlüsse über Satzungsänderungen (§ 179 Abs. 2 S. 1 AktG), Kapitalerhöhungen gegen Einlagen (§ 182 Abs. 1 S. 1 AktG), bedingte Kapitalerhöhungen (§ 193 Abs. 1 S. 1 AktG), Kapitalherabsetzungen (§ 222 Abs. 1 S. 1 AktG) und über die Auflösung der Gesellschaft (§ 262 Abs. 1 Nr. 2 AktG). In der Satzung können für diese Fälle höhere Kapitalmehrheiten festgelegt werden, teilweise ist auch die Vereinbarung einer niedrigeren Kapitalmehrheit zulässig. Beschlüsse, durch die Sonderrechte von Aktionären (beispielsweise ein Entsendungsrecht) eingeschränkt oder aufgehoben werden, bedürfen stets der **Zustimmung** der betroffenen Aktionäre.

Für Familien-AG sind insbesondere dort Gestaltungsmöglichkeiten in der Satzung möglich, wo das Gesetz eine Unterschreitung der Dreiviertelmehrheit ausdrücklich gestattet. Hält die Familie aufgrund einer Kapitalerhöhung ohne Beteiligung der Familie oder der Veräußerung von Aktien künftig nicht mehr drei Viertel, aber zumindest noch die Mehrheit des stimmberechtigten Kapitals, empfiehlt es sich, die gesetzlichen Mehrheitserfordernisse im zulässigen Maße so zu reduzieren, dass der Einfluss der Familie erhalten bleibt.[534] Ist abzusehen, dass die Familie die einfache Stimmenmehrheit nicht halten kann, kann durch die rechtzeitige Festsetzung von entsprechend qualifizierteren Mehrheiten zumindest ein faktisches Vetorecht hergestellt werden.[535]

5. Übertragung der Mitgliedschaftsrechte

Die Mitgliedschaftsrechte der Aktionäre sind in den Aktien verbrieft, wobei heutzutage eine Verbriefung in einer Sammelurkunde üblich ist, an der der einzelne Aktionär ein anteiliges Recht hat.

a) Übertragung unter Lebenden. Hinsichtlich der Übertragung von Aktien unter Lebenden kann auf die Ausführungen in → § 5 Rn. 248 ff. verwiesen werden.

b) Vererbung. Aktien sind vererblich, die Vererblichkeit kann durch die Satzung nicht ausgeschlossen werden.[536] Der todesfallbedingte Rechtsübergang auf die Erben erfolgt im Wege der Gesamtrechtsnachfolge gemäß § 1922 BGB.[537] Eine Sondererbfolge wie bei der Vererbung von Anteilen an einer Personengesellschaft (→ Rn. 471) tritt nicht ein. Meh-

---

[533] BGHZ 129, 136 (153) = NJW 1995, 1739 (1743).
[534] *Schaub* ZEV 1995, 88.
[535] *Schaub* ZEV 1995, 88.
[536] MüKoBGB/*Leipold* § 1922 Rn. 78.
[537] MüKoBGB/*Leipold* § 1922 Rn. 78.

rere Erben können ihre Rechte nur durch einen gemeinschaftlichen Vertreter ausüben (§ 69 Abs. 1 AktG). Sofern ein Testamentsvollstrecker oder Nachlassverwalter bestellt ist, vertritt dieser die Erben.

6. Beendigung der Gesellschaft

900 Auch bei der AG ist zwischen der Auflösung, der Abwicklung im Wege der Liquidation und der abschließenden Vollbeendigung durch Löschung der vermögenslosen Gesellschaft aus dem Handelsregister zu unterscheiden. Auflösungsgründe sind gemäß § 262 AktG der Zeitablauf, ein Auflösungsbeschluss der Hauptversammlung mit qualifizierter Kapitalmehrheit, die Eröffnung des Insolvenzverfahrens über das Vermögen der Gesellschaft beziehungsweise dessen Ablehnung mangels Masse und die rechtskräftige Feststellung eines Satzungsmangels durch das Registergericht gemäß § 399 FamFG. Die Vorstandsmitglieder sind grundsätzlich als Liquidatoren berufen (§ 265 AktG). Das Vermögen der Gesellschaft wird liquidiert und primär zur Berichtigung der Verbindlichkeiten verwendet (§ 268 Abs. 1 S. 1 AktG). Das danach verbleibende Vermögen der Gesellschaft darf unter den Aktionären verteilt werden, wenn seit der Bekanntmachung der Auflösung der Gesellschaft und dem Aufruf der Gläubiger, ihre Ansprüche bei der Gesellschaft anzumelden (§ 267 AktG), mindestens ein Jahr verstrichen ist (§§ 271 Abs. 1, 272 Abs. 1 AktG). Durch die Löschung der vermögenslosen Gesellschaft aus dem Handelsregister (§ 273 Abs. 1 AktG) ist die AG vollbeendet.

V. Die Kommanditgesellschaft auf Aktien

901 Die KGaA ist eine hybride Gesellschaftsform (**„Mischform"**, → § 5 Rn. 148). Bei ihr sind die Elemente des Personen- und des Kapitalgesellschaftsrechts dergestalt kombiniert, dass es sowohl persönlich haftende Gesellschafter als auch nichthaftende (Kommandit-)Aktionäre gibt, wobei die persönlich haftenden Gesellschafter die organschaftlichen Geschäftsführer und Vertreter der KGaA sind. Im deutschen Gesellschaftsrecht ist die KGaA mit insgesamt 348 Gesellschaften, davon 266 (76,4%) in Form einer Kapitalgesellschaft & Co. KGaA (→ § 5 Rn. 154), eine Randerscheinung (→ § 5 Rn. 39).

902 Die wenig verbreitete Rechtsform der KGaA ist insbesondere für mittelständische Unternehmer mit größerem Kapitalbedarf interessant, da sie es ermöglicht, das betriebene Unternehmen um den Preis der persönlichen Haftung, die durch die Zwischenschaltung eines haftungsabschirmenden Rechtsträgers (beispielsweise einer GmbH) vermieden werden kann, über den Kapitalmarkt zu finanzieren und zugleich ohne eigene Kapitalmehrheit, ja sogar ohne eine eigene Kapitalbeteiligung zu kontrollieren. Neben mehreren DAX-Unternehmen ist die KGaA (meist in Form einer Kapitalgesellschaft & Co. KGaA) insbesondere bei Privatbanken und bei Teilnehmern der Fußballbundesliga anzutreffen.

1. Rechtliche Grundlagen

903 Ursprünglich war die KGaA als besondere Ausprägung der KG konzipiert, bei der das Kapital der als „Kommanditaktionäre" bezeichneten Kommanditisten in Aktien zerlegt ist, die in Abgrenzung zur auf Dauer angelegten Kommanditbeteiligung an einer KG frei handelbar sind. Heute ist die KGaA als AG normiert, bei der es neben den am Grundkapital beteiligten Aktionären, die weiterhin als „Kommanditaktionäre" bezeichnet werden, mindestens einen als solchen nicht am Grundkapital beteiligten persönlich haftenden Gesellschafter gibt, dessen Rechtsstellung weitestgehend der eines persönlich haftenden Gesellschafters einer Personenhandelsgesellschaft entspricht.

a) **Rechtsnatur.** Die KGaA ist eine **Kapitalgesellschaft.**[538] Ihr Grundkapital ist in Aktien zerlegt, über die die nicht persönlich haftenden **Kommanditaktionäre** an der Gesellschaft beteiligt sind (§ 278 Abs. 1 AktG). Darüber hinaus gibt es bei der KGaA mindestens einen Gesellschafter, der den Gesellschaftsgläubigern persönlich haftet („**persönlich haftender Gesellschafter**", § 278 Abs. 1 AktG), ohne als solcher am Grundkapital beteiligt zu sein. Ein persönlich haftender Gesellschafter kann zugleich Kommanditaktionär sein, muss es aber nicht. Da auf die KGaA trotz ihrer Einordnung als Kapitalgesellschaft hinsichtlich der persönlich haftenden Gesellschafter Elemente des Personengesellschaftsrechts zur Anwendung kommen (§ 278 Abs. 2 AktG), handelt es sich bei ihr um eine **Mischgesellschaft.**[539]

904

b) **Anwendbare Normen.** Auf die KGaA kommen primär die §§ 278 ff. AktG zur Anwendung. Weitere anwendbare Rechtsnormen ergeben sich aus den Verweisungen in §§ 278 Abs. 2, Abs. 3 AktG. Demnach kommen auf das Rechtsverhältnis der persönlich haftenden Gesellschafter untereinander, gegenüber der Gesamtheit der Kommanditaktionäre und gegenüber Dritten die Regelungen über die KG (§§ 161 ff. HGB) zur Anwendung (§ 278 Abs. 2 AktG), was die ergänzende Anwendung der Vorschriften zur OHG (§§ 161 Abs. 2, 105 ff. HGB) und zur GbR (§§ 161 Abs. 2, 105 Abs. 3 HGB, 705 ff. BGB) beinhaltet.

905

Im Übrigen gelten für die KGaA die Vorschriften über die Aktiengesellschaft (§§ 1 bis 277 AktG) entsprechend, soweit sich aus dem Fehlen eines Vorstands oder den §§ 279 ff. AktG nicht ein anderes ergibt (§ 278 Abs. 3 AktG). Dem Wortlaut nach kommen die Vorschriften über die AG damit auch für das in § 278 Abs. 2 AktG nicht genannte Rechtsverhältnis der persönlich haftenden Gesellschafter zur Gesellschaft zur Anwendung, was aber umstritten ist.[540]

906

c) **Handelsgewerbe und Kaufmannseigenschaft.** Bei KGaA besteht unabhängig vom tatsächlichen Gegenstand des betriebenen Unternehmens die gesetzliche Vermutung, dass ein **Handelsgewerbe** betrieben wird (§§ 3 Abs. 1, 278 Abs. 3 AktG). KGaA sind damit kraft Rechtsform Kaufmann (§ 6 Abs. 1 HGB).

907

d) **Rechtsfähigkeit.** KGaA sind juristische Personen (§ 278 Abs. 1 AktG) und damit **unbeschränkt rechtsfähig** (→ § 5 Rn. 9). Sie haben eine eigene Vermögenssphäre, sämtliches Vermögen und sämtliche Schulden der KGaA sind allein der Gesellschaft zuzurechnen („**Trennungsprinzip**").

908

e) **Bedeutung des Kapitals.** Die Bedeutung des Kapitals wurde in → Rn. 792 für die AG erläutert. Diese Ausführungen gelten für die KGaA, auf die die Vorschriften für die AG in weiten Teilen entsprechend zur Anwendung kommen (§ 278 Abs. 3 AktG), unbeschadet des Umstandes, dass es bei einer KGaA auch persönlich haftende Gesellschafter gibt, gleichermaßen.

909

2. Entstehung der Gesellschaft

Da die §§ 1 ff. AktG auf die KGaA entsprechend zur Anwendung kommen, soweit es nicht um die Rechtsverhältnisse der persönlich haftenden Gesellschafter geht oder sich aus dem Fehlen eines Vorstands oder aus den §§ 279 ff. AktG ein anderes ergibt (→ Rn. 905), gelten die Ausführungen zur Entstehung der AG (→ Rn. 793 ff.) unter Be-

910

---

[538] Vgl. die amtliche Überschrift zum mit § 264 HGB beginnenden zweiten Abschnitt des Dritten Buchs des HGB.
[539] *Wölfert* NWB MAAAH-13986.
[540] Zweifelnd MüKoAktG/*Perlitt* § 278 Rn. 263 mwN.

rücksichtigung der nachfolgend dargestellten Abweichungen für die Entstehung einer KGaA entsprechend.

911 **a) Gründer.** Wer sich durch Feststellung der Satzung an der Gründung der KGaA beteiligt ist Gründer der Gesellschaft (§ 280 Abs. 3 AktG). Gründer sind damit alle persönlich haftenden Gesellschafter und die Übernehmer der Aktien (§ 280 Abs. 2 AktG). Als Gründer (und damit Gesellschafter der KGaA) in Betracht kommt dabei **jeder Rechtsträger,** auch eine Personengesellschaft[541] oder eine Kapitalgesellschaft.[542] Eine **Einpersonengründung** dergestalt, dass es lediglich einen persönlich haftenden Gesellschafter gibt, der zugleich alle Kommanditaktien übernimmt und dadurch auch der einzige Kommanditaktionär ist, ist möglich.[543]

912 **b) Feststellung der Satzung.** An der Feststellung der Satzung müssen sich alle Gründer (→ Rn. 911) beteiligen (§ 280 Abs. 2 AktG). Im Fall der rechtsgeschäftlichen **Vertretung eines Gründers** bedarf dessen Vollmacht einer notariellen Beglaubigung (§ 280 Abs. 1 S. 3 AktG). Bei einer gesetzlichen oder organschaftlichen Vertretung bedarf es demgegenüber keiner Vollmachtsurkunde.

913 **c) Inhalt der Satzung.** Hinsichtlich des Inhalts der Satzung einer KGaA gelten die Vorschriften zur AG (→ Rn. 800 ff.) weitestgehend entsprechend (§ 281 Abs. 1 AktG). Die Abweichungen zum Recht der AG sind nachfolgend dargestellt.

914 **aa) Firma.** Die Firma (§ 18 HGB) muss die Bezeichnung „Kommanditgesellschaft auf Aktien" oder eine allgemein verständliche Abkürzung wie „Kommanditges. aA" oder „KGaA" enthalten (§ 279 Abs. 1 AktG). Sofern bei der KGaA keine natürliche Person persönlich haftet, muss in der Firma zudem auf diesen Umstand hingewiesen werden (§ 279 Abs. 2 AktG), was beispielsweise – in dem Fall, dass eine GmbH persönlich haftender Gesellschafter ist – durch die Bezeichnung als „GmbH & Co. KGaA" erfolgen kann.

915 **bb) Persönlich haftende Gesellschafter.** Über den Inhalt der Satzung einer AG hinausgehend muss die Satzung der KGaA **Namen, Vornamen** und **Wohnort** der persönlich haftenden Gesellschafter enthalten (§ 281 Abs. 1 AktG), die (statt der Angaben über die bei der KGaA nicht vorhandenen Vorstandsmitglieder) unter Angabe der jeweiligen Vertretungsbefugnis in das Handelsregister eingetragen werden (§ 282 AktG).

916 Persönlich haftende Gesellschafter müssen – unbeschadet der Möglichkeit, sich zugleich als Kommanditaktionär an der Gesellschaft zu beteiligen (→ Rn. 911) – **keine Einlagen** leisten, die Satzung kann dies aber vorsehen (§ 281 Abs. 2 AktG). Solche **„Sondereinlagen"** sind in der Bilanz nach dem gezeichneten Kapital gesondert auszuweisen (§ 286 Abs. 2 S. 1 AktG). Sie berechtigen nur zum Gewinnbezug oder zur Teilnahme am Liquidationsergebnis, wenn dies in der Satzung ausdrücklich festgelegt ist.

917 **cc) Ergebnisverteilung.** Eine satzungsmäßige Regelung über die Verteilung des Ergebnisses der Gesellschaft auf die persönlich haftenden Gesellschafter und die Kommanditaktionäre ist gesetzlich nicht vorgeschrieben, aber möglich. Fehlt es an einer solchen, kommt (über §§ 278 Abs. 2 AktG, 161 Abs. 2 HGB) die handelsrechtliche Regelung des § 121 HGB (→ Rn. 245) zur Anwendung.[544] Sofern Sondereinlagen der persönlich haf-

---

[541] OLG Hamburg NJW 1969, 1030 (GmbH & Co. KG als persönlich haftender Gesellschafter).
[542] BGHZ 134, 392 = NJW 1997, 1923 (GmbH als persönlich haftender Gesellschafter).
[543] BT-Drs. 15/5092, 31 li.Sp. Bei Personengesellschaften ist die Beteiligung eines Gesellschafters hingegen zwingend einheitlich (→ Fn. 33), weshalb ein persönlich haftender Gesellschafter einer KG nicht gleichzeitig deren Kommanditist sein kann (→ Rn. 175).
[544] MüKoAktG/*Perlitt* § 281 Rn. 33; Henssler/Strohn/*Arnold* AktG § 281 Rn. 3.

V. Die Kommanditgesellschaft auf Aktien § 24

tenden Gesellschafter vereinbart werden (→ Rn. 916), kann es sich anbieten, den Anteil der persönlich haftenden Gesellschafter am Gewinn und am Liquidationsergebnis (zumindest auch) nach der Höhe der Sondereinlagen zu bemessen.

3. Rechte und Pflichten der Gesellschafter und der Organe

a) Persönlich haftende Gesellschafter. Ein wesentlicher Unterschied zwischen der KGaA und der AG besteht darin, dass die KGaA keinen Vorstand hat. Dessen Aufgaben, namentlich die organschaftliche Geschäftsführung und Vertretung, werden bei einer KGaA stattdessen wie bei einer Personenhandelsgesellschaft von den (dem Kapitalgesellschaftsrecht eigentlich fremden) persönlich haftenden Gesellschaftern wahrgenommen (§§ 278 Abs. 2, 283 AktG), auf die weitestgehend das Recht der KG zur Anwendung kommt (→ Rn. 905). Hinsichtlich der Rechte und Pflichten der persönlich haftenden Gesellschafter kann daher unter Berücksichtigung der nachfolgend erläuterten Abweichungen weitestgehend auf die entsprechenden Ausführungen zu den Personenhandelsgesellschaften verwiesen werden (→ Rn. 198 ff.). 918

Bei der KGaA gilt der **Grundsatz der Selbstorganschaft** (→ Rn. 54), sodass ausschließlich die persönlich haftenden Gesellschafter zur Wahrnehmung der **organschaftlichen Geschäftsführung und Vertretung** berechtigt und verpflichtet sind. Die Möglichkeit einer organschaftlichen Fremdgeschäftsführung oder Vertretung besteht bei einer KGaA mithin nicht, weshalb im Fall einer nach dem MitbestG mitbestimmungspflichtigen KGaA (anders als bei einer GmbH oder AG) **kein Arbeitsdirektor** zu bestellen ist (§ 33 Abs. 1 S. 2 MitbestG). Eine **Fremdorganschaft** kann – bei gleichzeitiger Ausschaltung der aus der persönlichen Haftung resultierenden Risiken (→ Rn. 933) – dadurch ermöglicht werden, dass eine GmbH oder eine AG als persönlich haftender Gesellschafter fungiert. Regelmäßig fällt die Wahl dabei auf die GmbH (→ § 5 Rn. 39). Möglich ist es in diesem Zusammenhang aber beispielsweise auch, eine Stiftung, eine Kapitalgesellschaft & Co. KG oder eine Kapitalgesellschaft & Co. KGaA als persönlich haftenden Gesellschafter einzusetzen.[545] 919

Hinsichtlich der organschaftlichen Geschäftsführung und Vertretung kommen die (auch im Fall einer KGaA weitestgehend disponiblen)[546] handelsrechtlichen Vorschriften über die Geschäftsführung und Vertretung der KG (§§ 114 ff., 125 ff., 161 Abs. 2 HGB) zur Anwendung (§ 278 Abs. 2 AktG), die in → Rn. 201 ff. (Geschäftsführung) beziehungsweise → Rn. 217 ff. (Vertretung) dargestellt werden. Die persönlich haftenden Gesellschafter sind nach diesen Regelungen (vorbehaltlich einer abweichenden Festlegung in der Satzung) **einzelgeschäftsführungsbefugt** (→ Rn. 203) und **einzelvertretungsbefugt** (→ Rn. 218). Geschäftsführungsbefugte persönlich haftende Gesellschafter können den Geschäftsführungsmaßnahmen anderer persönlich haftender Gesellschafter **widersprechen** (→ Rn. 208). Da sich die Geschäftsführungsbefugnis auf die Vornahme gewöhnlicher Geschäfte beschränkt (→ Rn. 205), bedarf es für die **Vornahme außergewöhnlicher Geschäfte** der Zustimmung aller anderen Gesellschafter (→ Rn. 206), also aller (auch der nicht geschäftsführungsbefugten) persönlich haftenden Gesellschafter (§§ 278 Abs. 2 AktG, 161 Abs. 2, 116 Abs. 2 HGB) und der Kommanditaktionäre (§§ 278 Abs. 2 AktG, 164 S. 1 HGB), wobei diese auf einer Hauptversammlung über die **Erteilung der Zustimmung** beschließen (§§ 278 Abs. 3, 118 Abs. 1 S. 1 AktG), für die eine einfache Stimmenmehrheit genügt (§§ 278 Abs. 3, 133 Abs. 1 AktG). Aus Gründen der Praktikabilität bietet es sich an, das Zustimmungserfordernis hinsichtlich der Kommanditaktionäre 920

---

[545] Auch Mischgesellschaften unter Beteiligung einer Stiftung kommen als persönliche haftender Gesellschafter in Betracht (Stiftung & Co. KG bzw. Stiftung & Co. KGaA). Praktische Bedeutung haben solche Konstruktionen indes nicht.
[546] MüKoAktG/*Perlitt* § 278 Rn. 219 ff.

in der Satzung entweder komplett abzubedingen oder auf den Aufsichtsrat zu übertragen. **Grundlagengeschäfte** fallen in den Kompetenzbereich aller Gesellschafter (→ Rn. 929).

921 Für den **Entzug der Geschäftsführungs- und/oder Vertretungsbefugnis aus wichtigem Grund** (§§ 117, 127, 161 Abs. 2 HGB, 278 Abs. 2 AktG) bedarf eines entsprechenden Beschlusses sowohl der übrigen persönlich haftenden Gesellschafter als auch der Kommanditaktionäre. Unklar und von der Rechtsprechung noch nicht entschieden ist, ob die Vertretungsbefugnis bei einer KGaA auch dem einzigen persönlich haftenden Gesellschafter entzogen werden kann,[547] was bei einer KG nicht möglich ist.

922 Da die persönlich haftenden Gesellschafter in der KGaA an die Stelle des nicht vorhandenen Vorstands treten, kommen auf diese zudem die aktienrechtlichen Vorschriften über den Vorstand in Teilen entsprechend zur Anwendung. Insoweit kann auf die – abschließende[548] und einer Änderung durch die Satzung nicht zugängliche – Aufzählung in § 283 AktG verwiesen werden, nach der unter anderem die Regelungen über die Haftung von Vorstandsmitgliedern (§§ 283 Nr. 3, 93 AktG), über die Pflichten gegenüber dem Aufsichtsrat (§ 283 Nr. 4 AktG) und über die Pflicht zur Einberufung der Hauptversammlung in den vorgeschriebenen Fällen (§ 283 Nr. 6 AktG) auf die persönlich haftenden Gesellschafter zur Anwendung kommen. Ein Verweis auf die Möglichkeit, bestimmte Geschäfte der Zustimmung des Aufsichtsrats zu unterwerfen (§ 111 Abs. 4 S. 2 AktG), findet sich in § 283 AktG nicht. Die satzungsrechtliche Vereinbarung solch eines Zustimmungsvorbehalts ist möglich,[549] allerdings vor dem Hintergrund, dass sich die Geschäftsführungsbefugnis der persönlich haftenden Gesellschafter ohnehin auf die Vornahme gewöhnlicher Geschäfte beschränkt (→ Rn. 920), zumeist eher nicht erforderlich.

923 Die persönlich haftenden Gesellschafter unterliegen einem **Wettbewerbsverbot**. Insoweit greift das Gesetz allerdings nicht auf die entsprechende Regelung für die Vorstandsmitglieder einer AG (§ 88 AktG) zurück, sondern enthält in § 284 AktG eine eigenständige Regelung, die weitestgehend §§ 112f. HGB (→ Rn. 260ff.) entspricht. Anders als bei einem Vorstandsmitglied einer AG, das ohne die Einwilligung des Aufsichtsrats keine mit einer Geschäftsführungstätigkeit verbundene oder zu dieser berechtigende Stellung bei einer anderen Handelsgesellschaft einnehmen und auch kein eigenes Handelsgewerbe betreiben darf, selbst wenn keine Berührungspunkte mit dem Unternehmensgegenstand der AG bestehen, benötigt ein persönlich haftender Gesellschafter einer KGaA lediglich für Beteiligungen an und Tätigkeiten für Konkurrenzunternehmen die Einwilligung des Aufsichtsrats und der übrigen persönlich haftenden Gesellschafter.

924 **b) Aufsichtsrat.** Auf den Aufsichtsrat der KGaA kommen die in → Rn. 862ff. erläuterten Vorschriften über den Aufsichtsrat einer AG weitestgehend entsprechend zur Anwendung, weshalb nachfolgend vorwiegend auf die abweichenden Regelungen eingegangen wird.

925 Hinsichtlich der **Überwachungskompetenz** des Aufsichtsrats, die sich bei der KGaA auf die Überwachung der Geschäftsführung der persönlich haftenden Gesellschafter bezieht, ist zu berücksichtigen, dass die bei der AG bestehende Möglichkeit, bestimmte Arten von Geschäften von der Zustimmung des Aufsichtsrats abhängig zu machen (§ 111 Abs. 4 S. 2 AktG), bei einer KGaA einer in der Satzung verankerten Grundlage bedarf.[550] Anders als der Aufsichtsrat einer AG hat der Aufsichtsrat einer KGaA **keine Personalkompetenz** zur Bestellung und Abberufung der organschaftlichen Geschäftsführer und Vertreter, was sich daraus ergibt, dass bei der KGaA der Grundsatz der Selbstorganschaft zur Anwendung kommt (→ Rn. 919). Die **Vertretungskompetenz** des Aufsichtsrats be-

---

[547] Dies soll nach verbreiteter Ansicht möglich sein, da bei einer KGaA im Gegensatz zur KG eine Notbestellung durch das zuständige Gericht möglich sein soll (§ 85 AktG analog bzw. § 29 BGB analog); MüKoAktG/*Perlitt* § 278 Rn. 255 mwN; offengelassen in MüKoBGB/*Leuschner* § 29 Rn. 4 mwN.
[548] BGHZ 134, 392 = NJW 1997, 1923.
[549] MüKoAktG/*Perlitt* § 278 Rn. 193 mwN.
[550] MüKoAktG/*Perlitt* § 278 Rn. 193 mwN.

schränkt sich bei der KGaA auf die gerichtliche Vertretung der Gesellschaft[551] gegenüber den persönlich haftenden Gesellschaftern (§ 287 Abs. 2 AktG). Eine Kompetenz zur außergerichtlichen Vertretung der KGaA gegenüber den persönlich haftenden Gesellschaftern hat der Aufsichtsrat hingegen nicht; diese Kompetenz liegt bei einer KGaA vielmehr (zumindest formell) bei der Hauptversammlung, ist aber regelmäßig von der in der Satzung abdingbaren Kompetenz des Aufsichtsrats, die Beschlüsse der Hauptversammlung auszuführen („**Ausführungskompetenz**", § 297 Abs. 1 AktG), umfasst. Eine Kompetenz, den **Jahresabschluss festzustellen** (§ 172 S. 1 AktG) hat der Aufsichtsrat nicht, dies fällt bei der KGaA vielmehr zwingend in die Kompetenz der Hauptversammlung (§ 286 Abs. 1 AktG).

Soweit es die **unternehmerische Mitbestimmung** im Aufsichtsrat anbelangt, kommen das MontanMitbestG und das MontanMitbestErgG auf die KGaA nicht zur Anwendung (§ 1 MontanMitbestG beziehungsweise § 1 MontanMitbestErgG). Eine unternehmerische Mitbestimmung findet daher nur nach dem MitbestG und dem DrittelbG statt (§ 1 Abs. 1 MitbestG beziehungsweise § 1 Abs. 1 Nr. 2 DrittelbG). Insoweit kann auf die vorstehenden Ausführungen zum Aufsichtsrat einer AG verwiesen werden (→ Rn. 872). 926

c) Hauptversammlung. Die Kommanditaktionäre nehmen ihre versammlungsbezogenen Gesellschafterrechte in der Hauptversammlung wahr, die ein Organ der Gesellschaft ist. Die Regelungen zur Hauptversammlung einer AG (→ Rn. 885 ff.) gelten weitestgehend entsprechend, die Abweichungen werden nachfolgend erörtert. 927

aa) Kompetenzen. Die Kompetenzen der Hauptversammlung entsprechen denen einer AG-Hauptversammlung (→ Rn. 888 ff.), soweit sich aus dem Fehlen eines Vorstands nicht ein anderes ergibt (§ 278 Abs. 3 AktG). Zwingend beschließt die Hauptversammlung bei der KGaA über die **Feststellung des Jahresabschlusses** (§ 286 Abs. 1 S. 1 AktG), die bei einer AG auch durch den Aufsichtsrat erfolgen kann (§ 172 S. 1 AktG). Einem persönlich haftenden Gesellschafter kann die Hauptversammlung die **Geschäftsführungs- und/oder Vertretungsbefugnis** aus wichtigem Grund durch Beschluss **entziehen** (→ Rn. 921), was bei der AG in die Kompetenz des Aufsichtsrats fällt (§ 84 Abs. 3 S. 1 AktG).[552] 928

Bei Beschlüssen, die die **Grundlagen der Gesellschaft** und damit auch die persönlich haftenden Gesellschafter betreffen, ist auch die (getrennt erfolgende) **Zustimmung der persönlich haftenden Gesellschafter** erforderlich (§ 285 Abs. 2 S. 1 AktG; → Rn. 61). Für bestimmte Beschlussgegenstände, die keine Grundlagengeschäfte darstellen, die aber auch die persönlich haftenden Gesellschafter betreffen, ist deren Zustimmung zudem im Gesetz angeordnet, beispielsweise für die Feststellung des Jahresabschlusses (§ 286 Abs. 1 S. 2 AktG). 929

bb) Teilnahmeberechtigung. Zur Teilnahme an der Hauptversammlung ist **jeder Kommanditaktionär** berechtigt, aber nicht verpflichtet. Dies gilt auch für Kommanditaktionäre, die zugleich persönlich haftende Gesellschafter sind. **Persönlich haftende Gesellschafter,** die – was nicht bei jedem persönlich haftenden Gesellschafter der Fall sein muss – zur organschaftlichen Geschäftsführung und/oder zur organschaftlichen Vertretung befugt sind, sind wie die Vorstandsmitglieder einer AG (→ Rn. 859) teilnahmeverpflichtet, schon um den Kommanditaktionären die geschuldeten Auskünfte geben zu können (§§ 131 Abs. 1 S. 1, 278 Abs. 3 AktG). Eine Teilnahmepflicht besteht nicht, wenn ledig- 930

---

[551] Soweit in § 287 Abs. 2 AktG von der Vertretung der „*Gesamtheit der Kommanditaktionäre*" gesprochen wird, ist dies historisch bedingt, nach heutigem Verständnis ist damit die Gesellschaft gemeint (MüKo-AktG/*Perlitt* § 287 Rn. 75).
[552] Bei der AG kann die Hauptversammlung einem Vorstandsmitglied lediglich das Vertrauen entziehen, was Grundlage einer Abberufung des Vorstandsmitglieds durch den Aufsichtsrat sein kann (§ 84 Abs. 3 S. 2 AktG; → Rn. 853).

lich Tagesordnungspunkte verhandelt werden, für die die Anwesenheit der geschäftsführungs- und vertretungsbefugten persönlich haftenden Gesellschafter nicht erforderlich ist, beispielsweise wenn ausschließlich die Wahl der Mitglieder des Aufsichtsrats auf der Tagesordnung steht. Die nicht zur organschaftlichen Geschäftsführung und Vertretung berechtigten persönlich haftenden Gesellschafter sind teilnahmeberechtigt, um sich informieren zu können; die Hauptversammlung kann allerdings beschließen, ohne diese zu tagen.

931 **cc) Stimmberechtigung.** Stimmberechtigt sind nur die Kommanditaktionäre (§ 285 Abs. 1 AktG). Ist ein Kommanditaktionär zugleich persönlich haftender Gesellschafter, ist dieser in den in § 285 Abs. 1 S. 2 AktG genannten Angelegenheiten nicht, auch nicht mittels eines Vertreters (§ 285 Abs. 1 S. 3 AktG) stimmberechtigt. Dies betrifft beispielsweise die Wahl und Abberufung der von den Kapitaleignern zu bestimmenden Mitglieder des Aufsichtsrats (§ 285 Abs. 1 S. 2 Nr. 1 AktG) und die Abstimmung über die Entlastung der persönlich haftenden Gesellschafter und der Mitglieder des Aufsichtsrats (§ 285 Abs. 1 Nr. 2 AktG).

932 **dd) Beschlussfassung.** Mit der Maßgabe, dass Grundlagengeschäfte der Zustimmung aller persönlich haftenden Gesellschafter und der Hauptversammlung der Kommanditaktionäre bedürfen (→ Rn. 929), kann hinsichtlich der für die Beschlussfassung erforderlichen Mehrheiten auf die Ausführungen zur Hauptversammlung der AG verwiesen werden (→ Rn. 894), die für die KGaA entsprechend gelten (§ 287 Abs. 3 AktG).

4. Haftung der Gesellschaft, der Gesellschafter und der Organe

933 Haftungssubjekt für die Verbindlichkeiten der **KGaA** ist zunächst diese selbst (→ Rn. 908). Zudem haften die **persönlich haftenden Gesellschafter** den Gesellschaftsgläubigern wie die persönlich haftenden Gesellschafter einer Personenhandelsgesellschaft im Wege einer akzessorischen Haftung persönlich, unmittelbar und unbeschränkt als Gesamtschuldner für die Verbindlichkeiten der KGaA (§§ 278 Abs. 2 AktG, 161 Abs. 2, 128 S. 1 HGB). Insoweit gelten die Ausführungen in → Rn. 277 ff. entsprechend, soweit sich diese auf die Haftung der persönlich haftenden Gesellschafter für die Verbindlichkeiten der Gesellschaft beziehen. Eine Haftung der **Kommanditaktionäre** für die Verbindlichkeiten der Gesellschaft ist demgegenüber (anders als die eines KG-Kommanditisten, die lediglich summenmäßig auf die Haftsumme beschränkt ist; → Rn. 287) ausgeschlossen (§ 278 Abs. 1 AktG). Die geschäftsführungs- und vertretungsbefugten persönlich haftenden Gesellschafter haften der Gesellschaft im Fall einer Pflichtverletzung wie ein Mitglied des Vorstands einer AG (§§ 283 Nr. 3, 93 AktG; → Rn. 861). Dies gilt entsprechend für die **Mitglieder des Aufsichtsrats** (§§ 278 Abs. 3, 116, 93 AktG; → Rn. 884).

5. Änderungen des Gesellschafterbestandes

934 Hinsichtlich der Änderungen des Gesellschafterbestandes gelten für die **persönlich haftenden Gesellschafter** die Ausführungen zu den Personenhandelsgesellschaften (→ Rn. 330 ff.) entsprechend.[553] Soweit im Zusammenhang mit einer Änderung des Gesellschafterbestandes eine Zustimmung aller Gesellschafter oder ein Zusammenwir-

---

[553] Soweit durch den Wortlaut des § 289 Abs. 5 AktG der Eindruck erweckt wird, ein persönlich haftender Gesellschafter könne nur durch Ausschluss oder wegen eines in der Satzung festgelegten Grundes aus der Gesellschaft ausscheiden, beruht dies nach ganz herrschender Meinung auf einem Formulierungsversehen und ist dahingehend zu verstehen, dass in der Satzung über die gesetzlichen Gründe der §§ 131 Abs. 3, 140 Abs. 1 S. 1 HGB hinaus weitere Gründe für den Ausschluss eines persönlich haftenden Gesellschafters festgelegt werden können (MüKoAktG/*Perlitt* § 289 Rn. 83; Hensler/Strohn/*Arnold* AktG § 289 Rn. 4; Hüffer/Koch AktG § 289 Rn. 8). Auch insoweit gelten daher die die persönlich haftenden Gesellschafter betreffenden Ausführungen in → Rn. 330 ff. entsprechend.

ken aller anderen Gesellschafter erforderlich ist, müssen alle (anderen) persönlich haftenden Gesellschafter und die Hauptversammlung der Kommanditaktionäre zustimmen, letztere mit einer qualifizierten Kapitalmehrheit von 75% (§§ 179 Abs. 2, 286 Abs. 3 AktG).

Für die **Kommanditaktionäre** kann auf die Ausführungen zur AG verwiesen werden (→ Rn. 897 ff.). 935

6. Beendigung der Gesellschaft

a) Auflösung. Die **Auflösung** der KGaA richtet sich nach den in → Rn. 498 ff. erläuterten handelsrechtlichen Vorschriften (§§ 289 Abs. 1 AktG, 161 Abs. 2, 131 Abs. 1 HGB). Zudem wird die KGaA im Fall der rechtskräftigen Ablehnung der Eröffnung des Insolvenzverfahrens mangels Masse (§ 289 Abs. 2 Nr. 1 AktG), der rechtskräftigen Feststellung von bestimmten schwerwiegenden Satzungsmängeln (§§ 289 Abs. 2 Nr. 2 AktG, 399 FamFG) und der Löschung wegen Vermögenslosigkeit (§§ 289 Abs. 2 Nr. 3 AktG, 394 FamFG) aufgelöst. 936

Ebenfalls zur Auflösung führt der Fortfall aller geschäftsführungs- und vertretungsbefugten persönlich haftenden Gesellschafter. In diesem Fall haben die Gesellschafter der KGaA aber in entsprechender Anwendung von § 139 HGB die Möglichkeit, den Mangel des Fehlens eines zur organschaftlichen Geschäftsführung und Vertretung berechtigten persönlich haftenden Gesellschafters binnen drei Monaten zu beheben.[554] Das Gericht ist zur zwischenzeitlichen Bestellung eines Notgeschäftsführers, bei dem es sich nicht um einen Gesellschafter handeln muss, befugt (§ 85 AktG/§ 29 BGB entsprechend).[555] 937

b) Abwicklung. Die **Abwicklung** erfolgt nach den Regelungen des AktG (→ Rn. 900), wobei alle persönlich haftenden Gesellschafter und eine oder mehrere von der Hautversammlung gewählte Personen Abwickler sind, sofern die Satzung nicht ein anderes bestimmt (§ 290 Abs. 1 AktG). 938

c) Vollbeendigung. Wenn die Gesellschaft vermögenslos und aus dem Handelsregister gelöscht ist (§§ 273 Abs. 1 S. 2, 287 Abs. 3 AktG), tritt die Vollbeendigung ein. Stellt sich nach der Löschung der liquidierten Gesellschaft heraus, dass diese zum Zeitpunkt der Löschung **nicht vermögenslos** war, findet hinsichtlich des verbliebenen Vermögens eine Nachtragsliquidation statt (§§ 273 Abs. 4, 287 Abs. 3 AktG). 939

7. Vorzüge der KGaA für Familiengesellschaften

Die KGaA bietet als Mischform von KG und AG die Vorteile des **Zugangs zum Kapitalmarkt** ohne Verlust der unternehmerischen Leitungsbefugnis sowie der hohen Verkehrsfähigkeit der Beteiligungsrechte. Der in der unbeschränkten Haftung der persönlich haftenden Gesellschafter liegende Nachteil kann durch die Zwischenschaltung eines Rechtsträgers, bei dem keine natürliche Person persönlich haftet (beispielsweise einer GmbH), ausgeschaltet werden (→ Rn. 902). Gegenüber der AG besteht der Vorteil der größeren Flexibilität in der Gestaltung der inneren Organisation, die aus der Anwendung des KG-Rechts auf die persönlich haftenden Gesellschafter resultiert. Daneben ist die KGaA auch hinsichtlich der unternehmerischen Mitbestimmung privilegiert, was aber lediglich bei Gesellschaften mit regelmäßig mehr als 2.000 Arbeitnehmern zum Tragen kommt (→ Rn. 919; → Rn. 926). 940

---

[554] In Betracht kommen die Aufnahme eines neuen persönlichen haftenden Gesellschafters, die Erteilung der Geschäftsführungs- und Vertretungsbefugnis an einen zuvor nicht entsprechend berechtigten persönlich haftenden Gesellschafter oder eine Umwandlung der Gesellschaft (bspw. in eine AG).
[555] MüKoAktG/*Perlitt* § 278 Rn. 257 mwN.

941 Für den Unternehmer, der auch die Nachfolge seiner Führungsposition im Unternehmen plant, ergibt sich durch die Rechtsformwahl einer KGaA oder einer GmbH & Co. KGaA der Vorteil, dass die Kontinuität des Unternehmens durch das Ableben des Unternehmers nicht gefährdet wird. Insbesondere die Möglichkeit, Familienfremde zu Geschäftsführern in der als persönlich haftender Gesellschafter fungierenden GmbH zu berufen, hilft gegebenenfalls, (noch) nicht volljährige oder nicht zur Führung qualifizierte Nachfolger an der Gesellschaft zu beteiligen, ohne die eigene Kontrolle (oder die der Familie) über das Unternehmen zu verlieren.[556] Durch entsprechende Gestaltung des Gesellschaftsvertrages der GmbH kann der Unternehmer zudem sich selbst oder der Familie den Einfluss auf die Personalentscheidungen sichern.[557]

942 Gegen die Rechtsform der KGaA sprechen deren recht komplexe Struktur und der damit einhergehende hohe Aufwand für die Rechtsgestaltung. Im Fall eines persönlich haftenden Gesellschafters bei dem keine natürliche Person persönlich haftet (beispielsweise bei einer GmbH & Co. KGaA), bedarf es zudem einer zusätzlichen Rechnungslegung des persönlich haftenden Gesellschafters.

VI. Personengesellschaften als Mischgesellschaft (insbes. GmbH & Co. KG)

943 In der Praxis ist die KG ist in ihrer klassischen, der Vorstellung des historischen Gesetzgebers entsprechenden Form, bei der ausschließlich natürliche Personen Gesellschafter sind, von untergeordneter Bedeutung. Lediglich knapp 6% aller KG weisen eine entsprechende Gesellschafterstruktur auf (→ § 5 Rn. 39). Deutlich praxisrelevanter ist die KG als Mischgesellschaft, insbesondere in Form einer Kapitalgesellschaft & Co. KG (→ § 5 Rn. 39), wobei es sich bei der Kapitalgesellschaft zumeist um eine GmbH handelt (→ § 5 Rn. 149.).

1. Gründe für die Rechtsformwahl

944 Personengesellschaften haben gegenüber den Kapitalgesellschaften den Vorteil der größeren Flexibilität in der Gestaltung der Innenverhältnisse der Gesellschaft, was diese auch für die Unternehmensnachfolge interessant macht.[558] Sofern das betriebene Unternehmen als Gewerbebetrieb zu qualifizieren ist (also keine freiberufliche oder land- und forstwirtschaftliche Tätigkeit vorliegt), kommt dabei als Unternehmensträger lediglich eine Personenhandelsgesellschaft in Betracht, sofern ein in kaufmännischer Weise eingerichteter Geschäftsbetrieb nach Art oder Umfang des Unternehmens erforderlich ist (§ 1 Abs. 2 HGB), was nachfolgend unterstellt wird. Eine KG erlaubt es dem Unternehmer dabei, Familienmitglieder durch eine Beteiligung als Kommanditist für diese risikolos am Erfolg des Unternehmens teilhaben zu lassen, ohne diesen zugleich Einfluss auf die unternehmerischen Entscheidungen zu geben. Ebenso können Dritte als Kommanditisten beteiligt werden, beispielsweise Mitarbeiter, die für das Unternehmen von besonderer Bedeutung sind, oder Risikokapitalgeber.

945 Eine Personenhandelsgesellschaft geht allerdings mit dem meist als gravierend angesehenen Nachteil einher, dass die in der unternehmerischen Verantwortung stehenden Gesellschafter den Gesellschaftsgläubigern unbeschränkt persönlich haften. Darüber hinaus kommt bei Personenhandelsgesellschaften der einer organschaftlichen Fremdgeschäftsführung entgegenstehenden Grundsatz der Selbstorganschaft (→ Rn. 54) zur Anwendung, was sich bei einem rückzugswilligen Unternehmer insbesondere bei einer (noch) fehlen-

---

[556] *Haase* GmbHR 1997, 917 (922); *Hesselmann* BB 1989, 2344 (2346).
[557] *Hennerkes/May* BB 1988, 2398.
[558] Lange Zeit wurde zudem die persönliche Zurechnung des (anteiligen) Unternehmensergebnisses auf die einzelnen Mitunternehmer (§ 15 Abs. 1 Nr. 2 EStG) als Vorteil der Personengesellschaften gegenüber den Kapitalgesellschaften angesehen. Heute kann dies in dieser Allgemeinheit nicht mehr gesagt werden. Insbesondere bei ertragsstarken Unternehmen, bei denen die Gewinne im Unternehmen belassen werden, kann eine Kapitalgesellschaft angesichts des KSt-Satzes von 15% (§ 23 Abs. 1 KStG, hinzu kommt die GewSt) aus steuerlicher Sicht sinnvoll sein.

VI. Personengesellschaften als Mischgesellschaft (insbes. GmbH & Co. KG)

den Qualifikation der Nachfolger zur Führung des Unternehmens als problematisch erweisen kann.

Die beschriebenen Nachteile lassen sich dadurch neutralisieren, dass ausschließlich **946** nichtnatürliche Rechtsträger, bei denen kein Gesellschafter persönlich haftet, als persönlich haftende Gesellschafter fungieren.[559] Neben einer Stiftung (→ § 9) kommen dafür insbesondere eine AG oder eine GmbH, aber auch eine GbR, OHG, KG oder KGaA, bei der keine natürliche Person persönlich haftet (beispielsweise eine GmbH & Co. KGaA oder eine andere GmbH & Co. KG) als persönlich haftender Gesellschafter in Betracht. Hat die unternehmenstragende Personenhandelsgesellschaft mehrere persönlich haftende Gesellschafter, können diese auch unterschiedlicher Rechtsform sein (bspw. eine KG mit zwei persönlich haftenden Gesellschaftern, davon eine GmbH und eine AG & Co. KGaA).

Zu unterscheiden sind damit zwei Rechtsträger: Die unternehmenstragende Personen- **947** handelsgesellschaft, bei der es sich regelmäßig um eine KG handelt, und der an dieser als persönlich haftender Gesellschafter beteiligte nichtnatürliche Rechtsträger. Bei diesem handelt es sich zumeist um eine GmbH (→ § 5 Rn. 149), da diese im Innenverhältnis relativ flexibel ausgestaltet werden kann. Die organschaftliche Geschäftsführung und Vertretung der KG erfolgt damit durch die GmbH (§§ 114 Abs. 1, 125 Abs. 1, 161 Abs. 2, 164 HGB). Da die GmbH durch ihre Geschäftsführer vertreten wird (§ 35 Abs. 1 S. 1 GmbHG), führen diese faktisch die Geschäfte der KG und vertreten diese. Der Umstand, dass bei der KG (entsprechendes gilt für den Fall einer OHG) – nach der Vorstellung des historischen Gesetzgebers atypisch – keine natürliche Person persönlich haftet, ist für den Rechtsverkehr in der Firmierung zu verdeutlichen (§ 19 Abs. 2 HGB), was bei einer KG, bei der eine GmbH als persönlich haftender Gesellschafter fungiert, zumeist durch die Bezeichnung der unternehmenstragenden KG als „GmbH & Co. KG" erfolgt. Die GmbH & Co. KG stellt damit keine eigenständige Rechtsform dar, sondern ist eine KG, bei der eine GmbH persönlich haftender Gesellschafter ist. Vor diesem Hintergrund kann nachfolgend im Wesentlichen auf die Ausführungen zur KG (→ Rn. 163 ff.) und zur GmbH (→ Rn. 514 ff.) verwiesen werden.

2. Entstehung der GmbH & Co. KG

Die Entstehung einer KG wird in → Rn. 173 ff., die einer GmbH in → Rn. 523 ff. erör- **948** tert. Unter Berücksichtigung des Nachfolgenden gelten diese Ausführungen auch für eine KG, bei der eine GmbH als persönlich haftender Gesellschafter fungiert, und für eine GmbH, die als persönlich haftender Gesellschafter an einer KG beteiligt ist.

Bei dem Gesellschaftsvertrag der KG sollte auf die Regelungen zur Gewinnvertei- **949** lung geachtet werden, da die gesetzlichen Regelungen insoweit eher unkonkret sind (→ Rn. 245). Eine - wie zumeist - nicht am Kapital der KG beteiligte GmbH wird man dabei regelmäßig von der Teilnahme am Ergebnis der KG ausnehmen. Dann sollte allerdings eine angemessene Vergütung der GmbH für die Übernahme der Haftung und für die Wahrnehmung der organschaftlichen Geschäftsführung und Vertretung bei der KG vereinbart werden, andernfalls könnte von der Finanzverwaltung insoweit auf der Ebene der GmbH eine verdeckte Gewinnausschüttung angenommen werden. Sofern die GmbH nicht am Ergebnis der KG teilnimmt, sollte klargestellt werden, dass die damit verbundene Nichtteilnahme am Verlust der Gesellschaft nicht mit einer (internen) Haftungsfreistellung der GmbH einhergeht, andernfalls könnte eine entsprechende Vertragsauslegung dazu führen, dass Gläubiger der GmbH (und damit wegen deren persönlicher Haftung für die Verbindlichkeiten der KG auch jeder Gläubiger der KG) den internen, gegen die Kommanditisten gerichteten Erstattungsanspruch der GmbH pfänden und verwerten, wodurch die Kommanditisten faktisch wie persönlich haftende Gesellschafter haften würden.

---

[559] Bei solchen Rechtsträgern ist stets auch eine Fremdorganschaft zulässig.

Auch von der Vereinbarung einer von Gesetzes wegen nicht bestehenden Nachschusspflicht der Kommanditisten (§ 167 Abs. 3 HGB) sollte abgesehen werden, da diese im Verlustfall ebenfalls einen pfändbaren Anspruch (in diesem Fall der KG) gegen die Kommanditisten begründet, der das Haftungsprivileg der Kommanditisten aushebeln kann.[560]

950 Früher wurde oftmals empfohlen, im Gesellschaftsvertrag der GmbH besonderes Augenmerk auf die Formulierung des Unternehmensgegenstands zu legen und diesen hinreichend deutlich von dem der KG abzugrenzen.[561] Dies geschah angesichts der Gefahr, dass die Finanzverwaltung andernfalls wegen einer Überschneidung mit dem Unternehmensgegenstand die KG eine verdeckte Gewinnausschüttung der GmbH zugunsten der Kommanditisten annehmen könnte.[562] Diese Rechtsprechung ist zwar überholt, in der Verwaltungspraxis soll sich dies gleichwohl noch nicht vollständig durchgesetzt haben, weshalb an vorstehender Empfehlung festgehalten wird.[563] Alternativ kann im Gesellschaftsvertrag der GmbH eine Befreiung der Gesellschafter vom Wettbewerbsverbot vereinbart werden, die sich auch auf die Aktivitäten der KG bezieht.[564]

951 Bei der Firmierung der Gesellschaften ist darauf zu achten, dass diese ausreichende Unterscheidungskraft besitzen (§ 30 Abs. 1 HGB). Eine bloße Unterscheidung durch den unterschiedlichen Rechtsformzusatz ist dafür nicht ausreichend.[565] Üblich und ausreichend ist es, bei der Firma der GmbH einen Zusatz zu verwenden (etwa *„Verwaltungs-"* oder *„Geschäftsführungs-"*).[566] Bei der KG muss zudem der Umstand, dass keine natürliche Person persönlich haftet, verdeutlicht werden (§ 19 Abs. 2 HGB; → Rn. 947).

952 In zeitlicher Hinsicht ist zu berücksichtigen, dass die GmbH zum Zeitpunkt des Abschlusses des KG-Gesellschaftsvertrags bereits in rechtsfähiger Form existent sein muss. Ausreichend ist insoweit das Bestehen einer Vor-GmbH,[567] für die der formgerechte Abschluss des GmbH-Gesellschaftsvertrags ausreichend ist (→ Rn. 530). Aus haftungsrechtlichen Gründen ist es allerdings zu empfehlen, die Geschäftstätigkeit der unternehmenstragenden KG erst nach erfolgter Eintragung der GmbH aufzunehmen, da ein Scheitern der Eintragung die persönliche Haftung der für die Vor-GmbH handelnden Personen zur Folge hat (§ 11 Abs. 2 GmbHG; → Rn. 572), die durch die GmbH & Co. KG gerade vermieden werden soll. Um eine persönliche Haftung der Kommanditisten (→ Rn. 294 ff.) zu vermeiden, wird man zudem vor der Aufnahme der Geschäftstätigkeit die mit der Eintragung der GmbH & Co. KG ins Handelsregister erfolgende Eintragung der Haftsummen der Kommanditisten abwarten (→ Rn. 299).

953 Unterlassen werden sollte es, die an die GmbH zur Aufbringung des Stammkapitals geleisteten Einlagen bei dieser im Wege eines Darlehens oder ähnlicher Konstruktionen zugunsten der Kommanditisten zu entnehmen, was häufig erfolgt, um damit die gegenüber der KG geschuldete Pflichteinlage zu erbringen. Solch eine Entnahme bei der GmbH kann bei einer Zeitnähe zur Leistung der Stammeinlage als bloßes „Hin- und Herzahlen" angesehen werden, durch das die Einlageschuld des GmbH-Gesellschafters nicht erfüllt wird.[568] Liegt ein Hin- und Herzahlen nicht vor, wofür der GmbH-Gesellschafter beweisbelastet ist,[569] besteht die Gefahr, dass die Darlehensgewährung als Verstoß gegen § 30 Abs. 1 GmbHG (→ Rn. 661) gewertet wird, bei nicht marktüblichen Darlehenskonditionen kommt zudem die Annahme einer verdeckten Gewinnausschüttung in Betracht.

---

[560] MHdB GesR II/*v. Falkenhausen/Schneider* § 23 Rn. 49; MHdB GesR II/*Herchen* § 30 Rn. 114.
[561] So Sudhoff/*Froning* Unternehmensnachfolge, 5. Aufl. 2005, § 42 Rn. 23.
[562] BFHE 157, 138 = BeckRS 1989, 22008993.
[563] Dazu ausführlich BeckHdB Personengesellschaften/*Stengel* § 23 Rn. 136.
[564] Crezelius/Schrade D Rn. 1011 Fn. 350.
[565] BGHZ 46, 7 = NJW 1966, 1813.
[566] BGHZ 80, 353 =NJW 1981, 2746.
[567] BGHZ 80, 129 = NJW 1981, 1373.
[568] BGHZ 165, 113 = NJW 2006, 509; BGHZ 153, 107 = NJW 2003, 825.
[569] BGH GmbHR 2014, 319 = BeckRS 2014, 1942.

3. Gestaltungsmöglichkeiten

a) Allgemeines. Der Unternehmer, der seine Nachfolge plant, sollte stets berücksichtigen, dass die Beteiligung von Familienmitgliedern am Unternehmen mit einer Schwächung der eigenen Position im Unternehmen einhergeht. Dies kann insbesondere in späteren, sich zum Zeitpunkt der gesellschaftsrechtlichen Vereinbarungen meist nicht abzeichnenden Konfliktfällen mit Nachteilen für den Unternehmer verbunden sein. Es ist Aufgabe des Beraters, den Unternehmer auf diese Gefahr hinzuweisen und bestmöglich vor dieser zu schützen.

954

Wesentlich ist insoweit die Stellung des Unternehmers in der GmbH. Regelmäßig ist der Unternehmer einzelvertretungsberechtigter und oftmals auch einziger Geschäftsführer der GmbH und damit faktisch zugleich auch der von der GmbH vertretenen unternehmenstragenden KG. Zur Sicherung dieser Stellung verfügt der Unternehmer optimalerweise bei der GmbH über die Stimmenmehrheit. Andernfalls besteht für die übrigen Gesellschafter die Möglichkeit, den (insoweit selbst stimmberechtigten) Unternehmer jederzeit anlasslos als GmbH-Geschäftsführer abzuberufen (→ Rn. 632) oder ihm auf Ebene der GmbH (verbindliche) Weisungen in Geschäftsführungsangelegenheiten der GmbH – und damit mittelbar auch hinsichtlich der Geschäftsführung der unternehmenstragenden KG – zu erteilen. Alternativ oder ergänzend zur Stimmrechtsmehrheit ist es möglich und zu empfehlen, dass dem Unternehmer im GmbH-Gesellschaftsvertrag ein Geschäftsführungsrecht als Sonderrecht (→ Rn. 554) eingeräumt wird.

955

Auch die Mehrheit der Stimmrechte bei der GmbH schützt den Unternehmer aufgrund des aus § 47 Abs. 4 S. 2 GmbHG resultierenden Stimmrechtsverbots allerdings nicht vor einer Abberufung als GmbH-Geschäftsführer aus wichtigem Grund, die auch im Fall einer gesellschaftsvertraglichen Geschäftsführungsbefugnis stets möglich ist (→ Rn. 633). Geschützt ist der Unternehmer in dieser Hinsicht aber durch das Erfordernis eines wichtigen Grundes, für den im Gesetz exemplarisch grobe Pflichtverletzungen oder die dauernde Unfähigkeit zur ordnungsgemäßen Geschäftsführung, die von der Rechtsprechung bereits bei einer sechsmonatigen Arbeitsunfähigkeit angenommen wurde,[570] genannt werden. Auch der Ausschluss des Unternehmers aus der GmbH und/oder aus der unternehmenstragenden KG ist aus wichtigem Grund stets möglich (GmbH: → Rn. 705ff.; KG: → Rn. 407ff.).

956

Der Umstand, dass ein Familienmitglied seine Beteiligung an der KG und/oder GmbH schenkungsweise erhalten hat, hindert dieses nicht an der Wahrnehmung der damit verbundenen Gesellschafterrechte zulasten des Schenkers,[571] zu deren Wahrnehmung es aus der Treuepflicht sogar verpflichtet sein kann.[572] Die gezielte Wahrnehmung von Gesellschafterrechten, um den Schenker aus der Gesellschaft zu drängen, berechtigt diesen allerdings zum Widerruf der Schenkung wegen groben Undanks (§ 530 Abs. 1 BGB).[573]

957

b) Personengleiche GmbH & Co. KG. Die typische GmbH & Co. KG ist so strukturiert, dass alle Kommanditisten an der persönlich haftenden GmbH beteiligt sind und umgekehrt („personengleiche" oder auch „personenidentische GmbH & Co. KG"). Zwingend ist solch eine Gesellschaftergleichheit indes nicht; insbesondere bei der zumeist der Kapitalanlage dienenden Publikums-GmbH & Co. KG sind die Kapitalanleger zumeist lediglich als Kommanditisten beteiligt, während die geschäftsführende persönliche haftende GmbH unter der Kontrolle der Emittentin steht. Eine **Familien-GmbH & Co. KG** ist demgegenüber zumeist personengleich. Geschäftsführer der GmbH (und damit faktisch auch der KG) ist dabei regelmäßig ausschließlich der Unternehmer. Möglich ist es aber

958

---
[570] OLG Zweibrücken NJW-RR 2003, 1398 = NZG 2003, 931.
[571] BGHZ 112, 40 (48) = NJW 1990, 2616 (2618); NJW 1989, 2685.
[572] MüKoBGB/*Koch* § 530 Rn. 13.
[573] BGHZ 112, 40 = NJW 1990, 2616 (KG).

auch, dass nur der Unternehmer an der GmbH beteiligt ist und bei dieser als Geschäftsführer (und damit faktisch auch als Geschäftsführer und Vertreter der KG) fungiert, während die Familienmitglieder im Wege einer Kommanditbeteiligung ausschließlich an der KG beteiligt sind.

959 **c) Beteiligungsgleiche GmbH & Co. KG.** Bei einer beteiligungsgleichen GmbH & Co. KG sind die Kommanditisten der unternehmenstragenden KG quotal (bezogen auf die Stimmrechte) in gleicher Höhe an der persönlich haftenden GmbH beteiligt, wie an der KG. Eine beteiligungsgleiche GmbH & Co. KG ist daher zwingend auch personengleich (→ Rn. 958). Um den Gleichlauf der Beteiligungen sicherzustellen, ist es erforderlich, beide Gesellschaftsverträge so aufeinander abzustimmen, dass eine Veränderung der Beteiligung bei der einen Gesellschaft automatisch eine entsprechende Veränderung der Beteiligung an der anderen Gesellschaft zur Folge hat.

960 Möglich ist es, der persönlich haftenden GmbH bei der KG keine Stimmrechte einzuräumen, sodass nur die Kommanditisten abstimmungsbefugt sind. Dies ist in der Praxis der Regelfall. Werden die Regelungen über die Gesellschafterversammlung (Anlass, Form, Frist und Inhalt der Ladung, Versammlungsleitung, Beschlussfassung) aufeinander abgestimmt, können die Gesellschafterversammlungen der GmbH und der unternehmenstragenden KG weitestgehend parallel abgehalten werden.

961 **d) Einpersonen-GmbH & Co. KG.** Gleichfalls möglich ist es, dass ein Rechtsträger - vorliegend der Unternehmer - einziger Gesellschafter der GmbH und zugleich auch einziger Kommanditist der unternehmenstragenden KG ist. In diesem Fall handelt es sich bei der GmbH & Co. KG faktisch um eine (eigentlich unzulässige; → Rn. 175) Einpersonen-KG.

962 **e) Doppel- oder mehrstöckige GmbH & Co. KG.** Wie bereits dargestellt (→ Rn. 946) kann auch eine (andere) GmbH & Co. KG persönlich haftender Gesellschafter der unternehmenstragenden KG sein. Durch diese Konstruktion kann die gewerbesteuerliche Abzugsfähigkeit einer von der unternehmenstragenden KG („Untergesellschaft") an den an der persönlich haftenden KG („Obergesellschaft") als Kommanditist beteiligten Unternehmer gezahlte Tätigkeitsvergütung bei der Untergesellschaft sichergestellt werden, sodass die Tätigkeitsvergütung des Unternehmers nicht der Gewerbesteuer unterliegt.[574] Zu beachten ist, dass die Obergesellschaft nur dann eine KG ist, wenn sie neben ihrer Funktion als persönlich haftender Gesellschafter auch ein vollkaufmännisches Handelsgewerbe betreibt (§ 161 Abs. 1 HGB), was regelmäßig nicht der Fall ist, oder sie freiwillig ins Handelsregister eingetragen ist (§§ 161 Abs. 2, 105 Abs. 2, 2 S. 2 HGB). Anderenfalls handelt es sich der Firmierung als KG zuwider um eine GbR. Vor dem Hintergrund, dass die Haftungsbeschränkung der Kommanditisten auf die Haftsumme erst mit der entsprechenden Eintragung ins Handelsregister eintritt (§ 172 Abs. 1 HGB),[575] ist eine Eintragung der Obergesellschaft aus haftungsrechtlicher Sicht aber ohnehin nahezu zwingend.

963 **f) Einheits-GmbH & Co. KG.** Werden die Geschäftsanteile der Kommanditisten an der GmbH in die KG eingelegt, wird – sofern die GmbH (wie in diesen Fällen üblich) keine externen Gesellschafter hat – eine Einheit von KG und GmbH hergestellt. Die KG wird in diesem Fall als „Einheits-GmbH & Co. KG" bezeichnet. Der Vorteil der Einheits-GmbH & Co. KG liegt darin, dass keine Verzahnungsmechanismen in den Gesellschafts-

---

[574] BFHE 163, 1 = GmbHR 1991, 281 = BeckRS 1991, 22009880.
[575] Ob das Haftungsprivileg des § 176 HGB in diesem Fall zur Anwendung kommt ist str. Der BGH hat dies abgelehnt (BGHZ 69, 95 = NJW 1977, 1683). Ob diese Rspr. noch anwendbar ist, ist zweifelhaft (MüKoHGB/*K. Schmidt* § 176 Rn. 7).

verträgen der beiden Gesellschaften erforderlich sind, um einen Gleichlauf der Beteiligungs- und Stimmrechtsverhältnisse in den beiden Gesellschaften herzustellen.[576] Dass solch eine Konstruktion trotz der Folge, dass die Geschäftsführer der GmbH als faktische Geschäftsführer der KG deren Gesellschafterrechte bei der GmbH wahrnehmen und damit auch über ihre eigene Bestellung entscheiden (§ 46 Nr. 5 GmbHG), zulässig ist, ergibt sich mittelbar aus § 172 Abs. 6 S. 1 HGB. Um die Ausübung der Gesellschafterrechte in der GmbH durch die Kommanditisten sicherzustellen, bedarf es im Fall der Einheits-GmbH & Co. KG zumindest bei der GmbH gesellschaftsvertraglicher Vorkehrungen, die optimalerweise vorsehen, dass jeder Kommanditist in der GmbH in dem Umfang stimmberechtigt ist, wie er quotal an der KG beteiligt ist. Sinnvoll ist es zudem, dass der Gesellschaftsvertrag der KG eine Regelung enthält, nach der die Kommanditisten die Gesellschafterrechte der KG bei der GmbH (anteilig) wahrnehmen.

Da § 172 Abs. 6 S. 1 HGB anordnet, dass eine Einlage der GmbH-Anteile in die KG nicht auf die Haftsumme des einlegenden Kommanditisten angerechnet wird, sollte die Pflichteinlage zudem neben der GmbH-Beteiligung noch eine Barkomponente umfassen und die Haftsumme in Höhe der Barkomponente (und damit niedriger als die Pflichteinlage) festgelegt werden. **964**

4. Rechte und Pflichten der Gesellschafter und der Organe

Hinsichtlich der Rechte und Pflichten der Gesellschafter einer KG kann auf die Ausführungen in → Rn. 198 ff., hinsichtlich der Rechte und Pflichten der Gesellschafter und der Organe einer GmbH auf die Ausführungen in → Rn. 584 ff. verwiesen werden, weshalb die nachfolgenden Ausführungen sich insoweit auf einen Überblick und die bei einer GmbH & Co. KG zu berücksichtigenden Besonderheiten beschränken. **965**

a) Geschäftsführer der GmbH. Die Geschäftsführer der GmbH führen und vertreten die GmbH. Diese hat regelmäßig kein eigenes operatives Geschäft, sondern fungiert lediglich als persönlich haftender Gesellschafter der unternehmenstragenden KG und hat daher bei dieser die organschaftliche Geschäftsführung und Vertretung inne. Die Geschäftsführer der GmbH sind damit faktisch auch die Geschäftsführer und Vertreter der GmbH (formal ist dies die GmbH). Zu beachten ist, dass sich die Geschäftsführungsbefugnis bei der GmbH auf alle gewöhnlichen und außergewöhnlichen Geschäfte bezieht (→ Rn. 624), während außergewöhnliche Geschäfte bei der unternehmenstragenden KG der Zustimmung aller Gesellschafter und damit auch der Kommanditisten bedürfen (→ Rn. 205 ff.). **966**

Die Geschäftsführer der GmbH werden von der Gesellschafterversammlung der GmbH bestellt (→ Rn. 621). Bei einer personengleichen GmbH & Co. KG (→ Rn. 958) erfolgt die Bestellung der GmbH-Geschäftsführer damit faktisch durch die Kommanditisten, wobei bei einer GmbH – anders als bei einer Personengesellschaft, bei der auch ein nichtnatürlicher Rechtsträger Geschäftsführer sein kann – nur eine natürliche Person als Geschäftsführer in Betracht kommt (→ Rn. 622). Die Geschäftsführer der GmbH können, müssen aber nicht an der GmbH oder an der KG beteiligt sein (Möglichkeit der Fremdorganschaft). Eine Befreiung von den Beschränkungen des § 181 BGB ist erforderlich, wenn die Geschäftsführer auch in der Lage sein sollen, Rechtsgeschäfte zwischen sich und der GmbH abzuschließen, während für die Befugnis, Geschäfte zwischen sich und der KG abzuschließen, eine entsprechende Befreiung bei der KG erforderlich ist.[577] Für die Möglichkeit, bei einem Rechtsgeschäft sowohl die GmbH als auch die KG zu vertreten, ist eine entsprechende Befreiung bei beiden Gesellschaften erforderlich. Im Fall der Fremdgeschäftsführung wird man entsprechende Befreiungen regelmäßig eher zurückhal- **967**

---

[576] *Esch* BB 1991, 1129; MüKoHGB/*Grunewald* § 161 Rn. 95.
[577] Bei der KG ist dabei nicht die GmbH, sondern der Geschäftsführer der GmbH von den Beschränkungen des § 181 BGB zu befreien; BGHZ 58, 115 = NJW 1972, 623.

tend erteilen oder zumindest auf den Fall der gleichzeitigen Vertretung sowohl der GmbH als auch der KG beschränken. Möglich ist auch ein Zustimmungsvorbehalt der Gesellschafterversammlung oder (sofern existent) des Aufsichts- beziehungsweise des Beirats.

968 Vorbehaltlich einer anderen Regelung im Gesellschaftsvertrag der GmbH können deren Geschäftsführer von der Gesellschafterversammlung jederzeit wieder abberufen werden (→ Rn. 632). Zudem kann die Gesellschafterversammlung der GmbH den Geschäftsführern Weisungen hinsichtlich der Geschäftsführung der GmbH und dadurch mittelbar auch hinsichtlich der Geschäftsführung der KG erteilen.

969 **b) Gesellschafter.** Zu unterscheiden ist zwischen den Gesellschaftern der unternehmenstragenden KG und den Gesellschaftern der bei dieser als persönlich haftender Gesellschafter fungierenden GmbH. Insoweit herrschen zumeist Überschneidungen (→ Rn. 958 ff.).

970 **aa) Gesellschafter der KG.** Gesellschafter der unternehmenstragenden KG sind die GmbH als persönlich haftender Gesellschafter und der oder die Kommanditisten.

971 **(1) Persönlich haftender Gesellschafter.** Die GmbH ist wie ausgeführt der (idR einzige) persönlich haftende Gesellschafter der unternehmenstragenden KG. Hinsichtlich der Rechte und Pflichten kann mit der Maßgabe, dass die GmbH insoweit durch ihre Geschäftsführer vertreten wird, die gegebenenfalls den Weisungen der GmbH-Gesellschafterversammlung Folge zu leisten haben, auf die Ausführungen in → Rn. 198 ff. verwiesen werden. Insbesondere steht der als persönlich haftender Gesellschafter der KG fungierenden GmbH die Befugnis zur organschaftlichen Geschäftsführung und Vertretung der KG zu.

972 **(2) Kommanditisten.** Hinsichtlich der Rechte und Pflichten der Kommanditisten der unternehmenstragenden KG kann auf die entsprechenden, im Rahmen der Erläuterung der Personenhandelsgesellschaften getätigten Ausführungen (→ Rn. 198 ff.) verwiesen werden. Darauf hinzuweisen ist, dass Kommanditisten nicht dem Wettbewerbsverbot der §§ 112 f. HGB unterliegen (→ Rn. 260). Bei einem Gesellschafter, der die Geschicke der Gesellschaft bestimmt, beispielsweise weil er zugleich an der GmbH beteiligt ist und bei dieser maßgeblichen Einfluss auf die Geschäftsführung hat, kann ein Wettbewerbsverbot aber aus der Treuepflicht resultieren.[578] Bei einer GmbH & Co. KG ist es regelmäßig sinnvoll, im Gesellschaftsvertrag der KG ein Wettbewerbsverbot für die Kommanditisten zu vereinbaren.

973 **bb) Gesellschafter der GmbH.** Gesellschafter der GmbH sind zumeist die Kommanditisten der unternehmenstragenden KG (→ Rn. 958 ff.). Hinsichtlich der aus der GmbH-Beteiligung resultierenden Rechte und Pflichten kann auf die Erläuterung in → Rn. 584 ff. verwiesen werden. Darauf hinzuweisen ist dabei auf die Auskunfts- und Einsichtsrechte eines GmbH-Gesellschafters aus § 51a GmbHG (→ Rn. 589 ff.), die sich aufgrund der Stellung der GmbH als persönlich haftender Gesellschafter der KG auch auf die Angelegenheiten der unternehmenstragenden KG erstrecken.[579] Diese Rechte sind nicht abdingbar (§ 51a Abs. 3 GmbHG), sodass die Kommanditisten der unternehmenstragenden KG, die auch an der GmbH beteiligt sind, über ihre Beteiligung an der GmbH mittelbar weitergehende Kontrollrechte in den Angelegenheiten der KG haben, als ihnen aus der Kommanditistenstellung selbst zustehen (§ 166 HGB; → Rn. 229).

974 **c) Gesellschafterversammlungen.** In der Gesellschafterversammlung nehmen die Gesellschafter ihre versammlungsbezogenen Mitgliedschaftsrechte wahr. Bei einer GmbH &

---

[578] BGHZ 89, 162 = NJW 1984, 1351.
[579] BGH NJW 1989, 225.

VI. Personengesellschaften als Mischgesellschaft (insbes. GmbH & Co. KG) § 24

Co. KG ist dabei zwischen der Gesellschafterversammlung der unternehmenstragenden KG und der der als persönlich haftender Gesellschafter an der KG beteiligten GmbH zu unterscheiden. Hinsichtlich der näheren Einzelheiten kann auf die Ausführungen in → Rn. 226 (KG) und in → Rn. 634 ff. (GmbH) verwiesen werden.

d) Aufsichtsrat. Auf der Ebene der unternehmenstragenden KG ist die Bildung eines Aufsichtsrats nicht, auch nicht durch die einschlägigen Mitbestimmungsgesetze, vorgeschrieben. Die freiwillige Bildung eines Aufsichtsrats auf Basis einer gesellschaftsvertraglichen Vereinbarung ist möglich (→ Rn. 329). In diesem Fall können die Kompetenzen des Aufsichtsrats relativ frei ausgestaltet werden, wobei aus gesellschaftsrechtlicher Sicht üblicherweise nur dann von einem (freiwilligen) Aufsichtsrat gesprochen wird, wenn das Gremium zumindest auch die Kompetenz zur Überwachung der Geschäftsführung hat. 975

Hinsichtlich der GmbH kann auf die entsprechenden Ausführungen in → Rn. 645 ff. verwiesen werden. Ein Aufsichtsrat unter Beteiligung von Arbeitnehmervertretern ist auf der Ebene der GmbH insbesondere vorgeschrieben, wenn die GmbH selbst regelmäßig mehr als 500 Arbeitnehmer beschäftigt (→ Rn. 869 ff.). Dies ist bei einer GmbH, die als persönlich haftender Gesellschafter einer (unternehmenstragenden) KG fungiert, regelmäßig nicht der Fall. Sofern bei einer GmbH & Co. KG die Mehrheit der Kommanditisten bei der GmbH über die Mehrheit der Stimmrechte verfügt und die GmbH regelmäßig nicht mehr als 500 Arbeitnehmer beschäftigt, werden der GmbH allerdings die Arbeitnehmer der KG zugerechnet. Sofern die GmbH aufgrund solch einer Zurechnung als Gesellschaft gilt, die regelmäßig mehr als 500 Arbeitnehmer beschäftigt, ist bei dieser nach dem MitbestG ein Aufsichtsrat zu bilden, dessen Mitglieder teilweise von den Arbeitnehmern der KG bestimmt werden (→ Rn. 872). 976

e) Beirat. Die freiwillige Bildung eines Beirats durch gesellschaftsvertragliche Vereinbarung ist sowohl bei der unternehmenstragenden KG als auch bei der GmbH möglich. Die Kompetenzen können relativ frei ausgestaltet werden, sie liegen zumeist in der Begleitung der Geschäftsführung bei bestimmten unternehmerischen Entscheidungen durch Beratung und gegebenenfalls auch Zustimmung. Insoweit kann auf die Ausführungen in → Rn. 1001 ff. verwiesen werden, wobei die Bildung eines Beirats bei der KG regelmäßig sinnvoller ist als bei der GmbH, da das operative Geschäft von der KG betrieben wird. 977

5. Haftung der Gesellschafter und der Organe

Zu unterscheiden sind bei der Haftung die Ebene der unternehmenstragenden KG und die der an dieser als persönlich haftender Gesellschafter beteiligten GmbH. 978

a) Ebene der KG. aa) Haftung der Gesellschaft. Eine KG ist rechtsfähig und haftet daher für ihre Verbindlichkeiten, die im Wesentlichen aus der unternehmerischen Tätigkeit resultieren werden. In deliktischer Hinsicht wird der KG rechtswidriges und schuldhaftes Verhalten der für sie organschaftlich handelnden GmbH entsprechend § 31 BGB zugerechnet. Da auch im Verhältnis zwischen der GmbH und deren Geschäftsführern eine entsprechende Zurechnung erfolgt, haftet die KG für deliktisches Handeln der GmbH-Geschäftsführer, sofern dieses bei der Führung der Geschäfte der KG beziehungsweise im Rahmen der Vertretung der KG erfolgte. 979

bb) Haftung der Gesellschafter. Neben der KG selbst haften den Gläubigern der KG deren Gesellschafter, wobei die Haftung der Kommanditisten auf die im Handelsregister eingetragene Haftsumme beschränkt ist. 980

981 **(1) Haftung der GmbH als persönlich haftender Gesellschafter.** Aufgrund ihrer Stellung als persönlich haftender Gesellschafter der KG haftet die GmbH den Gläubigern der KG wie diese selbst (§§ 161 Abs. 2, 128 S. 1 HGB). Ist die GmbH mangels Eintragung noch nicht entstanden, der GmbH-Gesellschaftsvertrag aber bereits formgerecht abgeschlossen, ist bei der KG tatsächlich eine Vor-GmbH persönlich haftender Gesellschafter. Haftungsrechtliche Probleme gibt dies nur, wenn die GmbH nicht zur Eintragung gelangt, in diesem Fall kommt eine Handelndenhaftung der Geschäftsführer der Vor-GmbH in Betracht (§ 11 Abs. 2 GmbHG; → Rn. 572 f.). Liegt noch nicht einmal eine Vor-GmbH vor, obwohl bereits im Namen einer (tatsächlich dann nicht existenten) GmbH & Co. KG gehandelt wird, haften die handelnden Personen entsprechend § 179 Abs. 1 BGB persönlich; dies gilt nicht, wenn die GmbH später noch zur Entstehung gelangt und die Vertretung genehmigt (§ 177 Abs. 1 BGB).

982 **(2) Haftung der Kommanditisten.** Die Kommanditisten haften den Gläubigern der KG demgegenüber lediglich auf ihre im Handelsregister eingetragene Haftsumme beschränkt. Diese Haftung erlischt, soweit sie durch die Pflichteinlage aufgebracht wird. Dies gilt nicht, soweit die Pflichteinlage in der Beteiligung des Kommanditisten an der persönlich haftenden GmbH besteht (§ 172 Abs. 6 S. 1 HGB), weshalb in diesem Fall in Erwägung zu ziehen ist, die Pflichteinlage um eine Barkomponente zu erweitern und die Haftsumme mit dem Wert der Barkomponente festzulegen (→ Rn. 964).

983 Soweit ein Kommanditist Zuwendungen von der KG empfängt, die rechnerisch zu einer Unterschreitung der bereits aufgebrachten Haftsumme oder zu einer Vertiefung einer bereits bestehenden Unterschreitung führen, lebt eine bereits erloschene Haftung wieder auf (→ Rn. 310). Bei einer GmbH & Co. KG ist zu berücksichtigen, dass Rückflüsse aus dem KG-Vermögen an die Kommanditisten mittelbar auch die an der KG beteiligte GmbH betreffen, zumal die Beteiligung der GmbH an der KG bei der GmbH zumeist den wesentlichen Vermögensgegenstand darstellt. Soweit eine Zuwendung der KG an einen Kommanditisten bei der GmbH eine nach § 30 Abs. 1 GmbHG (→ Rn. 661) unzulässige Unterschreitung des Stammkapitals zur Folge hat, ist der begünstigte Kommanditist der KG entsprechend § 31 Abs. 1 GmbHG (→ Rn. 662) auch dann zur Rückzahlung verpflichtet, wenn er selbst nicht Gesellschafter der GmbH ist.[580]

984 Eine unbeschränkte Kommanditistenhaftung kann ausnahmsweise in Betracht kommen, wenn die KG vor der Eintragung der Haftsumme mit der Geschäftstätigkeit beginnt (→ Rn. 294 ff.). Vor diesem Hintergrund ist es sinnvoll, dass die Kommanditisten den KG-Gesellschaftsvertrag beziehungsweise ihren Beitritt in eine bestehende KG auf die Eintragung ihrer Haftsumme im Handelsregister bedingt abschließen (→ Rn. 299).

985 Sofern ein Kommanditist - wie zumeist - zugleich Gesellschafter der als persönlich haftender Gesellschafter fungierenden GmbH ist, kommt zudem eine - selten einschlägige - persönliche Haftung aus der Beteiligung an der GmbH in Betracht (→ Rn. 990). Kommanditisten, die zugleich Geschäftsführer der GmbH sind, können zudem unter diesem Gesichtspunkt haften (→ Rn. 991 ff.).

986 **(3) Haftung der Mitglieder des Aufsichtsrats.** Die Bildung eines Aufsichtsrats auf der Ebene der unternehmenstragenden KG ist nur auf freiwilliger Basis durch eine gesellschaftsvertragliche Vereinbarung möglich (→ Rn. 975). Gesetzliche Normen über die Ausgestaltung solch eines Aufsichtsrats oder über die Haftung der Aufsichtsratsmitglieder sind, anders als beim freiwilligen Aufsichtsrat einer GmbH, nicht existent. Für die Publikums-KG hat der BGH entschieden, dass die Regelungen zur Haftung des Mitglieds eines AG-Aufsichtsrats (§§ 116 S. 1, 93 AktG) entsprechend zur Anwendung kommen und dass ein Aufsichtsratsmitglied, das zugleich an der KG beteiligt ist, nicht (lediglich) für die eigenübliche Sorg-

---

[580] BGHZ 110, 342 = NJW 1990, 1725.

falt (§§ 161 Abs. 2, 105 Abs. 3 HGB, 708, 277 BGB) haftet.[581] Für die Mitglieder des Aufsichtsrats einer personalistischen KG gilt dies nach hier vertretener Ansicht vorbehaltlich einer abweichenden Abrede entsprechend, sofern diese nicht an der KG beteiligt sind. Liegt eine solche Beteiligung vor, ist dies weniger eindeutig. Nach hier vertretener Auffassung ist in diesem Fall – wiederum vorbehaltlich einer anderweitigen Abrede – eine entsprechende Anwendung der §§ 116 S. 1, 93 AktG ebenfalls geboten, wobei hinsichtlich der Vorwerfbarkeit der Maßstab der eigenüblichen Sorgfalt (→ Rn. 123) zur Anwendung kommt.

(4) Haftung der Mitglieder des Beirats. Sofern bei der unternehmenstragenden KG ein Beirat auf freiwilliger Basis gebildet ist, stehen dessen Mitglieder in einer vertraglichen Beziehung zur KG und haften dieser daher nach den allgemeinen zivilrechtlichen Grundsätzen (§§ 280 Abs. 1, 276 BGB), sofern sich aus dem Vertrag nicht ein anderes ergibt. Der Haftungsmaßstab der §§ 708, 277 BGB kommt auf ein Beiratsmitglied, das zugleich an der KG beteiligt ist, nicht zur Anwendung, weil es sich bei der vertraglichen Beziehung um ein vom Gesellschaftsvertrag zu trennendes Vertragsverhältnis handelt. 987

b) Ebene der GmbH. Bei der GmbH kommt neben der Haftung der Gesellschaft selbst eine Haftung der Organe der Gesellschaft und – unter besonderen Voraussetzungen – auch eine Haftung der Gesellschafter in Betracht. 988

aa) Haftung der Gesellschaft. Die GmbH haftet für ihre eigenen Verbindlichkeiten. Diese sind angesichts des Umstands, dass die GmbH zumeist lediglich als persönlich haftender Gesellschafter der unternehmenstragenden KG fungiert und bei dieser – vertreten durch ihre Geschäftsführer – die Geschäfte führt, regelmäßig überschaubar. Für deliktisches Handeln ihrer Geschäftsführer hat die GmbH entsprechend § 31 BGB einzustehen. Dies beinhaltet die Haftung für deliktisches Handeln bei der Geschäftsführung und Vertretung der KG. Für die Verbindlichkeiten der unternehmenstragenden KG haftet die GmbH aufgrund ihrer Beteiligung als persönlich haftender Gesellschafter mit ihrem gesamten Vermögen (→ Rn. 981). 989

bb) Haftung der Gesellschafter. Die Gesellschafter der GmbH, bei denen es sich zumeist um die Kommanditisten der unternehmenstragenden KG handelt, haften den Gläubigern der GmbH im Grundsatz nicht (§ 13 Abs. 2 GmbHG). Eine Haftung eines GmbH-Gesellschafters kommt allenfalls unter deliktischen Gesichtspunkten oder bei Verstößen gegen die Grundsätze der ordnungsgemäßen Kapitalaufbringung und Kapitalerhaltung in Betracht, wobei die Haftung in diesen Fällen zumeist gegenüber der GmbH selbst besteht (→ Rn. 651 ff.). 990

cc) Haftung der Geschäftsführer. Die Geschäftsführer einer GmbH haften dieser insbesondere für die Schäden, die dieser aus Pflichtverletzungen im Rahmen der Geschäftsführung entstehen (→ Rn. 678 ff.). Eine Haftung gegenüber Gläubigern der GmbH kommt demgegenüber lediglich aus Delikt in Betracht (→ Rn. 683). Gleiches gilt für eine Haftung gegenüber Dritten. 991

Bei einer GmbH & Co. KG besteht die Besonderheit, dass die unternehmenstragende KG, die in keiner schuldrechtlichen Beziehung zum GmbH-Geschäftsführer steht, in den Schutzbereich des zwischen dem GmbH-Geschäftsführer und der GmbH bestehenden Schuldverhältnisses einbezogen ist, sodass die aus § 43 Abs. 1 GmbH resultierende Sorgfaltspflicht des GmbH-Geschäftsführers (→ Rn. 626 ff.) auch im Verhältnis zwischen dem GmbH-Geschäftsführer und der von ihm (mittelbar) geführten und vertretenen KG zur 992

---

[581] BGHZ 69, 207 = NJW 1977, 2311.

Anwendung kommt.[582] Hinsichtlich des Vertretenmüssens kann bei einer kapitalistisch geprägten GmbH & Co. KG ebenfalls auf den Maßstab des § 43 Abs. 1 GmbHG verwiesen werden, während bei einer personalistisch geprägten GmbH & Co. KG – und damit regelmäßig auch bei einer Familien-GmbH & Co. KG nach verbreiteter Ansicht das Haftungsprivileg der §§ 708, 277 BGB, nach dem nur die eigenübliche Sorgfalt (→ Rn. 123) zu vertreten ist, zugunsten des GmbH-Geschäftsführers zur Anwendung kommt.[583]

993 Im Fall der Zahlungsunfähigkeit oder Überschuldung der unternehmenstragenden KG besteht im Fall einer GmbH & Co. KG – anders als bei einer KG, bei der wenigstens ein persönlich haftender Gesellschafter eine natürliche Person ist – eine Pflicht der organschaftlichen Vertreter des persönlich haftenden Gesellschafters, spätestens nach drei Wochen einen Insolvenzantrag zu stellen (§ 15a Abs. 1 S. 2 InsO) und keine Zahlungen zulasten der KG mehr zu leisten (§ 130a Abs. 1 S. 1 HGB). Bei einem Verstoß gegen eine dieser Pflichten haften die GmbH-Geschäftsführer der KG für die dieser entstandenen Schäden. Bei einem Verstoß gegen die Insolvenzantragspflicht haften sie zudem den Gläubigern der KG wie in → Rn. 683 beschrieben.

994 **dd) Haftung der Mitglieder des Aufsichtsrats.** Die Haftung der Mitglieder eines freiwillig gebildeten GmbH-Aufsichtsrats gegenüber der GmbH richtet sich ausweislich § 52 Abs. 1 GmbH nach den aktienrechtlichen Vorschriften der §§ 116 S. 1, 93 AktG (→ Rn. 884), sofern im Gesellschaftsvertrag nicht ein anderes bestimmt ist. Für die Mitglieder eines mitbestimmungsrechtlich vorgeschriebenen Aufsichtsrats folgt eine Haftung nach den aktienrechtlichen Vorschriften aus § 1 Abs. 1 Nr. 3 S. 2 DrittelbG beziehungsweise § 25 Abs. 1 Nr. 2 MitbestG.

995 Bei einer GmbH & Co. KG besteht die Besonderheit, dass der als persönlich haftender Gesellschafter fungierenden GmbH die Arbeitnehmer der unternehmenstragenden KG unter bestimmten Voraussetzungen mitbestimmungsrechtlich mit der Folge zugerechnet werden (§ 4 Abs. 1 S. 1 MitbestG), dass bei der GmbH ein Aufsichtsrat zu bilden ist. Wie die Arbeitnehmerzurechnung zeigt, liegt die Aufgabe solch eines Aufsichtsrats trotz der Ansiedlung auf der Ebene der GmbH insbesondere in der Überwachung und Kontrolle der Geschäftsführung der unternehmenstragenden KG. Nach hier vertretener Ansicht ist es daher sachgerecht, die KG in den Schutzbereich des zwischen der GmbH und dem Aufsichtsratsmitglied bestehenden Schuldverhältnisses einzubeziehen, sodass die Mitglieder des GmbH-Aufsichtsrats nicht nur der GmbH, sondern – wie die GmbH-Geschäftsführer (→ Rn. 992) – auch der KG für Pflichtverstöße haften, wobei insoweit die aktienrechtlichen Maßstäbe der §§ 116 S. 1, 93 AktG zur Anwendung kommen.

996 **ee) Haftung der Mitglieder des Beirats.** Sofern bei einer GmbH & Co. KG ein Beirat eingerichtet ist, ist dieser regelmäßig auf der Ebene der unternehmenstragenden KG angesiedelt. Zur Haftung der Mitglieder solch eines Beirats wurde bereits ausgeführt (→ Rn. 987). Für den Fall eines GmbH-Beirats gelten die Ausführungen in → Rn. 1045. Ob die Mitglieder eines GmbH-Beirats auch gegenüber der unternehmenstragenden KG haften, ist eine Frage des Einzelfalls. Eine entsprechende vertragliche Klarstellung ist wünschenswert.

6. Änderungen des Gesellschafterbestandes

997 Änderungen des Gesellschafterbestandes kann es sowohl auf der Ebene der unternehmenstragenden KG als auch bei der als persönlich haftender Gesellschafter fungierenden GmbH geben. Insoweit kann auf die entsprechenden Ausführungen zu den Personenhandelsgesellschaften (→ Rn. 330 ff.) und zur GmbH (→ Rn. 688 ff.) verwiesen werden. Re-

---

[582] BGHZ 100, 190 = NJW 1987, 2008; BGHZ 76, 326 = NJW 1980, 1524; BGHZ 75, 321 = NJW 1980, 589.
[583] MüKoBGB/*Schäfer* § 708 Rn. 5 mwN.

gelmäßig wird man die Gesellschaftsverträge der GmbH und der KG so miteinander verzahnen, dass das Ausscheiden eines an beiden Gesellschaften beteiligten Gesellschafters bei der einen Gesellschaft zu einem automatischen Ausscheiden auch bei der anderen Gesellschaft führt.

7. Beendigung der Gesellschaft

Zu unterscheiden ist zwischen der Beendigung der unternehmenstragenden KG und der der GmbH. Insoweit kann im Grundsatz auf die Ausführungen in → Rn. 497 ff. (KG) und in → Rn. 757 ff. (GmbH) verwiesen werden. **998**

Auflösung, Liquidation oder Vollbeendigung der unternehmenstragenden KG haben regelmäßig keine Auswirkung auf die an dieser beteiligten GmbH. Sofern die GmbH am Kapital der KG beteiligt ist und der voraussichtliche Anteil der GmbH am Liquidationsergebnis der KG den Bilanzwert der Beteiligung nicht (mehr) erreicht, muss die die KG-Beteiligung bei der GmbH allerdings mit der Auflösung der KG – wenn die Unterschreitung des Bilanzwertes erst nachfolgend eintritt oder bekannt wird entsprechend später – auf den niedrigeren Wert abgeschrieben werden (§ 253 Abs. 3 S. 5 HGB). Mit der Vollbeendigung der KG ist die KG-Beteiligung bei der GmbH auszubuchen. Erfolgt die Auflösung der KG insolvenzbedingt (§§ 161 Abs. 2, 131 Abs. 1 Nr. 3 beziehungsweise Abs. 2 Nr. 1 HGB), hat dies regelmäßig auch die Insolvenz und damit die Auflösung der GmbH nach § 60 Abs. 1 Nr. 5 oder Nr. 6 GmbH zur Folge, da die GmbH gemäß §§ 161 Abs. 2, 128 S. 1 HGB für die Verbindlichkeiten der KG einzustehen hat, ohne dass ein werthaltiger Ausgleichsanspruch nach § 110 HGB gegenüber der KG besteht. In diesem Fall bestellt das Gericht regelmäßig dieselbe Person bei der GmbH und der KG zum Insolvenzverwalter. **999**

Umgekehrt hat die Beendigung der GmbH regelmäßig Auswirkungen auf den Bestand der KG, da eine KG die Existenz eines persönlich haftenden Gesellschafters voraussetzt (§ 161 Abs. 1 HGB). Da die GmbH allerdings erst mit ihrer Vollbeendigung rechtlich nicht mehr existent ist, ist die KG (unter der Voraussetzung, dass es neben der GmbH keinen weiteren persönlich haftenden Gesellschafter gibt) auch erst zu diesem Zeitpunkt aufgelöst[584] und von den Kommanditisten zu liquidieren (→ Rn. 360). Die Löschung der GmbH wegen Vermögenslosigkeit (§ 394 FamFG) hat demgegenüber zumindest dann nicht die Auflösung der KG zur Folge, wenn die GmbH am Kapital der KG beteiligt ist, da die GmbH dann – sofern keine Vermögenslosigkeit der KG vorliegt – ihrer Registerlöschung zuwider tatsächlich nicht vermögenslos ist.[585] In diesem Fall ist die GmbH trotz Löschung weiterhin persönlich haftender Gesellschafter der KG. **1000**

VII. Der Beirat als rechtsformunabhängiges fakultatives Organ

Der Beirat ist ein gesellschaftsrechtlich weder vorgeschriebenes noch geregeltes, rechtsformunabhängiges Gremium freiwilliger und dauerhafter Art, das unter vielfältigen Bezeichnungen wie *„Verwaltungsrat"* oder *„Gesellschafterausschuss"* insbesondere bei mittelständischen und Großunternehmen verbreitetet vorzufinden ist. Seine genauen Aufgaben und Kompetenzen hängen mangels gesetzlicher Vorgaben von der individuellen Ausgestaltung durch die Gesellschafter ab. Er kann ein wichtiges und sinnvolles Instrument zur fachlichen Unterstützung der Geschäftsführung, aber auch zur Einflussnahme und Überwachung sein. Genaue oder auch nur annähernde Zahlen über seine Verbreitung gibt es - soweit ersichtlich - nicht. **1001**

---

[584] MHLS/*Nerlich* GmbHG § 60 Rn. 376.
[585] MHLS/*Nerlich* GmbHG § 60 Rn. 378.

1. Allgemeines

1002 **a) Begriff des Beirats.** Eine allgemein anerkannte Definition des Begriffs „Beirat" oder der Aufgaben eines Beirats gibt es nicht. Der Begriff wird vielmehr bei einer Vielzahl von Institutionen des Privatrechts und des öffentlichen Rechts für mit unterschiedlichsten Rechten ausgestattete Gremien statutarischer und nichtstatutarischer Art verwendet. Die Spanne reicht von den *„Elternräten"* beziehungsweise *„Elternbeiräten"* nach den Landesschulgesetzen über den *„Verwaltungsbeirat"* einer Wohnungseigentümergemeinschaft (§ 29 WEG) und dem *„Fernsehrat"* des Zweiten Deutschen Fernsehens (§§ 19a ff. ZDF-StV) bis zu den aktuell 14 *„Bezirksbeiräten"* der Deutsche Bank AG mit insgesamt über 550 Beiratsmitgliedern.

1003 Nachfolgend wird unter einem Beirat ein **dauerhaft eingerichtetes,** aus mehreren Mitgliedern bestehendes **Gremium** verstanden, das auf gesellschaftsvertraglicher beziehungsweise satzungsrechtlicher Grundlage beruht und damit ein **Organ der Gesellschaft** ist. Da es im Gesellschaftsrecht an entsprechenden gesetzlichen Vorgaben fehlt, findet sich für solch einen Beirat in der Praxis eine Vielzahl von Bezeichnungen, beispielsweise *„Verwaltungsrat"*, *„Gesellschafterausschuss"* oder *„Familienrat"*. Oftmals wird auch ein freiwillig gebildeter Aufsichtsrat als *„Beirat"* bezeichnet. Dieser Diktion wird nachfolgend aus Abgrenzungszwecken nicht gefolgt (→ Rn. 647).

1004 **b) Rechtliche Zulässigkeit eines Beirats.** Organschaftliche Beiräte können **bei jeder Gesellschaftsform** eingerichtet werden.[586] Dies folgt aus der grundsätzlichen Freiheit der Gesellschafter, die Innenverhältnisse der Gesellschaft nach eigenem Belieben frei auszugestalten, soweit dies nicht gegen zwingende gesetzliche Vorgaben verstößt (GbR: → Rn. 49; OHG/KG: → Rn. 198; GmbH: → Rn. 556; AG, KGaA: → Rn. 817), wobei das Recht der AG und der KGaA insoweit am restriktivsten ist (§ 23 Abs. 5 S. 1 AktG).

1005 **c) Abgrenzung zu anderen Gremien.** Mangels einer gesellschaftsrechtlichen Regelung des Beirats wird in der Praxis eine Vielzahl von Gremien als „Beirat" bezeichnet, die vorstehende Kriterien (→ Rn. 1002) nicht erfüllen. Abzugrenzen ist der Beirat im hier behandelten Sinne zunächst von Gremien, deren Mitglieder allein auf **schuldrechtlicher Grundlage** tätig werden. Solche Gremien haben keine organschaftlichen Befugnisse, sodass die Entscheidungen solch eines Gremiums von dem gesellschaftsrechtlich zuständigen Organ – regelmäßig dem für die Geschäftsführung und Vertretung zuständigen Organ – übergangen werden können. Erst Recht gilt dies für **außerhalb der Gesellschaft organisierte Gremien,** die meist den Interessen einzelner Gesellschafter oder Gesellschaftergruppen dienen.

1006 Von einem **obligatorischen Aufsichtsrat** unterscheidet sich der Beirat im hier erörterten Sinne dadurch, dass seine Bildung nicht gesetzlich vorgeschrieben ist, sondern auf freiwilliger Basis mit inhaltlich freier Ausgestaltung durch die Gesellschafter erfolgt.[587] Dies gilt letztlich auch für die Abgrenzung vom **fakultativen Aufsichtsrat,** der sich letztlich als obligatorischer Aufsichtsrat auf freiwilliger Basis darstellt.

2. Die Beiratsmitglieder

1007 Da der Beirat ein gesetzlich nicht geregeltes Organ ist, gibt es keine gesetzlichen Vorgaben über die Beiratsmitglieder.

---

[586] *Thümmel* DB 1995, 2461.
[587] Davon abweichend wird ein nach § 18 Abs. 2 S. 2 KAGB für bestimmte GmbH & Co. KG vorgeschriebener Aufsichtsrat im Gesetz als „Beirat" bezeichnet.

a) Anzahl. Die Anzahl der Beiratsmitglieder ist von den Gesellschaftern **frei bestimmbar**, sodass auch ein **Einpersonen-Beirat** zulässig ist.[588] Der Gesellschaftsvertrag beziehungsweise die Satzung kann die Anzahl der Beiratsmitglieder festlegen oder diese Entscheidung dem für die Berufung der Beiratsmitglieder zuständigen Organ überlassen. Sinnvoll dürfte es regelmäßig sein, dass der Gesellschaftsvertrag beziehungsweise die Satzung entsprechende Vorgaben enthält. Zumindest sollten im Gesellschaftsvertrag beziehungsweise in der Satzung die **Mindest- und die Höchstzahl der Mitglieder** festlegt werden, wobei diese Zahlen so zu bemessen sind, dass sie sowohl einen sachgerechten Meinungsaustausch im Gremium als auch die Funktionsfähigkeit des Gremiums gewährleisten. Soweit in der Literatur eine ungerade Anzahl an Beiratsmitgliedern als Möglichkeit genannt wird, ein Abstimmungspatt auszuschließen,[589] berücksichtigt dies nicht die Möglichkeit von Stimmenthaltungen und der Verhinderung von Beiratsmitgliedern, weshalb ein abweichendes Stimmgewicht einzelner Mitglieder (meist des Vorsitzenden) bei Stimmgleichheit vorzugswürdig ist (→ Rn. 1036).

In der Praxis soll sich eine Größe des Beirats zwischen drei und fünf Mitgliedern bewährt haben,[590] tatsächlich dürfte die optimale Anzahl unter anderem von den konkreten Aufgaben des Beirats, der Unternehmensgröße und auch der Unternehmensorganisation abhängig sein.

b) Persönliche Voraussetzungen. Gesetzliche Bestimmungen über die persönlichen Voraussetzungen der Beiratsmitglieder gibt es nicht. Im Allgemeinen wird es Sinn machen, dass nur eine **volljährige** und auch sonst **unbeschränkt geschäftsfähige natürliche Personen** Beiratsmitglied sein kann. Letztlich wird man die an die Beiratsmitglieder zu stellenden Voraussetzungen in Abhängigkeit von der Funktion des Beirats festlegen, beispielsweise ein bestimmtes Mindest- oder Höchstalter, eine bestimmte **berufliche Qualifikation oder Erfahrung** oder auch die Zugehörigkeit zu einem bestimmten Familienstamm.

Nichtgesellschafter können Beiratsmitglieder sein. Auch der Umstand, dass die vorgesehene Person bereits **Mitglied eines anderen Organs** der Gesellschaft ist, steht ihrer Bestellung nicht per se entgegen, wird aber regelmäßig aufgrund der üblichen Verzahnung der Organe und der gewollten Verantwortungstrennung wenig Sinn ergeben. Mitglieder eines vom Beirat überwachten Organs können nicht Mitglied des Beirats sein.

c) Bestellung. Sofern der Gesellschaftsvertrag beziehungsweise die Satzung nicht ein anderes bestimmt, sind die **Gesellschafter** (bei Kapitalgesellschaften die Gesellschafter- beziehungsweise die Hauptversammlung) für die Bestellung der Beiratsmitglieder zuständig. Eine eindeutige Regelung ist vorzugswürdig und insbesondere im Fall einer KGaA, bei der sich im Zweifel die Frage stellt, ob die Hauptversammlung der Kommanditaktionäre alleinzuständig ist, oder es - wovon auszugehen ist (→ Rn. 929) - einer Zustimmung der persönlich haftenden Gesellschafter bedarf, zu empfehlen. Die Bestellungskompetenz darf allerdings nicht im Widerspruch zur Funktion des Beirats stehen. So ist es nicht sachgerecht, der Geschäftsführung die Befugnis zur Bestellung der Mitglieder eines Beirats zu geben, dessen Funktion gerade in der Überwachung der Geschäftsführung besteht. Werden Kompetenzen von anderen Organen oder von den Gesellschaftern im Wege einer verdrängenden Kompetenzzuweisung (→ Rn. 1023) auf den Beirat verlagert (bspw. bei einer GmbH das Recht zur Bestellung der Geschäftsführer von der Gesellschafterversammlung auf den Beirat), wird man verlangen müssen, dass die Beiratsmitglieder von dem gesetzlich vorgesehenen Kompetenzträger oder den Gesellschaftern bestimmt wer-

---

[588] MüKoGmbHG/*Spindler* § 52 Rn. 726 (GmbH); MHdB GesR II/*Mutter* § 8 Rn. 51 (KG).
[589] So MüKoGmbHG/*Spindler* § 52 Rn. 726 und MHdB GesR II/*Mutter* § 8 Rn. 51 (KG).
[590] MüKoGmbHG/*Spindler* § 52 Rn. 726 mwN.

den. Bei einer konkurrierenden Kompetenzzuweisung (→ Rn. 1023) werden die Beiratsmitglieder optimalerweise von den Gesellschaftern ernannt.

1013 Vorgesehen werden kann auch, dass bestimmte Gesellschafter im Wege eines Sonderrechtes ein **Entsendungsrecht** erhalten. Sogar Nichtgesellschaftern kann ein Entsendungsrecht eingeräumt werden,[591] was beispielsweise bei langfristig investierten Fremdkapitalgebern von erheblicher Bedeutung oder zur freiwilligen Beteiligung der Arbeitnehmer an (bestimmten) unternehmerischen Entscheidungen denkbar ist. Restriktionen können sich insoweit beispielsweise aus dem bei Personengesellschaften zur Anwendung kommenden Grundsatz der Selbstorganschaft ergeben (→ Rn. 1025).

1014 Ein **Kooptationsrecht** der Beiratsmitglieder, nach dem diese selbst ihre Nachfolger bestellen, ist möglich. Sinnvoller wird aus Sicht der Gesellschafter oftmals ein nicht bindendes Vorschlagsrecht des (regulär) ausscheidenden Beiratsmitglieds sein.

1015 **d) Art des Rechtsverhältnisses.** Gesetzliche Regelungen zum Rechtsverhältnis zwischen dem Beiratsmitglied und der Gesellschaft gibt es nicht.

1016 **aa) Organschaftliches Rechtsverhältnis.** Zwischen dem Beiratsmitglied und der Gesellschaft besteht aufgrund der Stellung des Beiratsmitglieds als Organwalter ein organschaftliches Rechtsverhältnis.[592] Im Hinblick auf die oft als „Sitzungsgeld" oder (juristisch unzutreffend) als „Aufwendungsentschädigung" bezeichnete **Vergütung** und den **Aufwendungsersatz** sollte, sofern kein ausdrückliches schuldrechtliches Verhältnis geschlossen wird, in dem diese Punkte geregelt werden (→ Rn. 1017), eine gesellschaftsvertragliche beziehungsweise satzungsrechtliche Festlegung erfolgen, was aber teilweise – insbesondere wenn der Beirat faktisch nur die Funktion hat, die Gesellschaft mit den Namen bekannter Personen zu schmücken – wegen der Möglichkeit der Einsichtnahme über das Handelsregister nicht gewünscht sein wird. Möglich ist es auch, diese Regelungen einem Gesellschafterbeschluss oder dem Beschluss des für die Bestellung der Beiratsmitglieder zuständigen Organs (nicht aber einem Entsendungsberechtigten) zu überlassen (→ Rn. 1012 ff.), wobei ein vom Beirat überwachtes Organ nicht für die Festsetzung der Vergütung der Beiratsmitglieder zuständig sein sollte. Eine Festlegung der Vergütung durch einen Gesellschafterbeschluss hat den Vorteil der größeren Flexibilität. Fehlt es an der Festlegung einer Vergütung, soll nach herrschender Meinung in entsprechender Anwendung des §§ 612 Abs. 1, Abs. 2 BGB die übliche Vergütung geschuldet sein.[593] Auch ohne ausdrückliche Festlegung hat ein Beiratsmitglied in entsprechender Anwendung des § 670 BGB einen Anspruch auf Ersatz der ihm entstandenen Aufwendungen.[594]

1017 **bb) Schuldrechtliches Verhältnis.** Ob auch ein schuldrechtliches Verhältnis zwischen der Gesellschaft und dem Beiratsmitglied besteht, ist streitig. Ausdrücklich geschlossen wird solch ein Rechtsverhältnis regelmäßig nicht, was eine schuldrechtliche Beziehung in Form einer meist als **Anstellungsverhältnis** bezeichneten entgeltlichen Geschäftsbesorgung (§§ 675 Abs. 1, 611 ff. BGB) oder – was eher selten der Fall sein dürfte – einer unentgeltlichen Geschäftsbesorgung (§§ 662 ff. BGB) durch eine konkludente Einigung aber nicht ausschließt.[595] Um entsprechende Unklarheiten zu vermeiden, sollte im Gesellschaftsvertrag beziehungsweise in der Satzung geregelt werden, ob ein Anstellungsvertrag zu schließen ist, durch welches Organ die Gesellschaft in diesem Zusammenhang vertreten wird und in wessen Kompetenz gegebenenfalls die Festlegung des Entgelts fällt.

---

[591] BGH NJW 1982, 877 (879).
[592] BeckGmbH-HdB/*Müller* § 6 Rn. 56.
[593] MüKoGmbHG/*Spindler* § 52 Rn. 765; BeckGmbH-HdB/*Müller* § 6 Rn. 57.
[594] MüKoGmbHG/*Spindler* § 52 Rn. 766; BeckGmbH-HdB/*Müller* § 6 Rn. 59.
[595] In diesem Fall würde in der Bestellung zugleich das Angebot auf Abschluss eines Anstellungsvertrags liegen, das durch die Annahme der Bestellung, die auch in der Aufnahme der Tätigkeit liegen kann, angenommen wird.

VII. Der Beirat als rechtsformunabhängiges fakultatives Organ § 24

e) Dauer der Amtszeit. Soweit im Gesellschaftsvertrag beziehungsweise in der Satzung keine Befristung der Amtszeit festgelegt ist, gelten die Beiräte als **auf unbestimmte Zeit** bestellt.[596] Zweckmäßigerweise sollte im Gesellschaftsvertrag beziehungsweise in der Satzung eine Befristung der Amtszeit vorgesehen werden. Weiterhin sollte eine Regelung dahingehend vorsehen werden, dass die Amtszeit erst endet, sobald das neue Beiratsmitglied wirksam bestellt ist. 1018

f) Beendigung. Die Beendigung der Mitgliedschaft im Beirat kann durch den Tod des Mitglieds, den Wegfall der persönlichen Voraussetzungen für die Mitgliedschaft oder auch durch Amtsniederlegung erfolgen.[597] Eine Amtsniederlegung zur Unzeit ist wirksam,[598] verpflichtet das Beiratsmitglied aber zum Schadensersatz. 1019

Ein Widerruf der Bestellung (**„Abberufung"**) ist, sofern nicht ein anderes geregelt ist, jederzeit möglich. Die Abberufungskompetenz folgt insoweit der Bestellungskompetenz (→ Rn. 1012 ff.). Sinnvoll kann es sein, die Abberufung zumindest im Fall eines lediglich auf Zeit bestellten Beiratsmitglieds vom Vorliegen einer qualifizierten Mehrheit (vgl. § 103 Abs. 1 S. 2 AktG) oder eines wichtigen Grundes abhängig zu machen (vgl. § 103 Abs. 3 S. 1 AktG),[599] wodurch eine gewisse Kontinuität und Unabhängigkeit des Beirats sichergestellt, zugleich aber dem für die Abberufung zuständigen Organ die Möglichkeit, frei agieren zu können, genommen wird. Unabhängig von der Zuständigkeit für die Bestellung sollen die Gesellschafter stets berechtigt sein, ein Beiratsmitglied aus wichtigem Grund mit qualifizierter Mehrheit abzuberufen.[600] Ein entsandtes Beiratsmitglied kann jederzeit vom Entsendungsberechtigten wieder abberufen und ersetzt werden (vgl. § 103 Abs. 2 S. 1 AktG).[601] 1020

3. Aufgaben und Kompetenzen des Beirats

Die Aufgaben und Kompetenzen des Beirats können von den Gesellschaftern weitestgehend frei bestimmt werden. Aussagen über die Aufgaben und Kompetenzen sind daher nur in abstrakter Weise möglich. 1021

a) Grundsatz der Gestaltungsfreiheit. Die auch im Gesellschaftsrecht geltende **Vertragsfreiheit** beinhaltet die Möglichkeit, Rechtsverhältnisse inhaltlich frei auszugestalten, soweit dem nicht gesetzliche Regelungen oder die Rechte anderer entgegenstehen. Insbesondere bei Personengesellschaften sind mangels zwingender gesetzlicher Vorgaben weitgehende Modifikationen der gesetzlich vorgesehenen Zuständigkeiten möglich (GbR: → Rn. 49; OHG: § 109 HGB; KG: § 163 HGB), während die **Gestaltungsfreiheit** bei Kapitalgesellschaften wegen der höheren Anzahl nicht disponibler gesetzlicher Vorgaben deutlich eingeschränkter ist. Dies gilt insbesondere für die AG (vgl. § 23 Abs. 5 S. 1 AktG). 1022

b) Arten der Kompetenzzuweisung. Die Zuweisung von Kompetenzen an den Beirat kann in Form einer konkurrierenden oder einer verdrängenden Kompetenzzuweisung erfolgen. Bei einer **konkurrierenden Kompetenzzuweisung** an den Beirat bleibt der im Gesetz vorgesehene Kompetenzträger neben dem Beirat zuständig. In diesem Fall sollte der Gesellschaftsvertrag beziehungsweise die Satzung eine Rangordnung der Zuständig- 1023

---

[596] OLG Düsseldorf BB 1982, 1574 = BeckRS 2014, 7013; MüKoGmbHG/*Spindler* § 52 Rn. 736 mwN.
[597] MHdB GesR II/*Mutter* § 8 Rn. 61; BeckGmbH-HdB/*Müller* § 6 Rn. 36.
[598] Eine Unwirksamkeit wegen eines Rechtsmissbrauchs (§ 242 BGB) bzw. eines Verstoßes gegen das Schikaneverbot (§ 226 BGB) ist in extremen Fällen denkbar, faktisch wird die Gesellschaft aber kein Interesse daran haben, dass ein entsprechendes Beiratsmitglied weiterhin organschaftlich für die Gesellschaft tätig ist.
[599] MHdB GesR II/*Mutter* § 8 Rn. 62.
[600] MüKoGmbHG/*Spindler* § 52 Rn. 737 mwN.
[601] MHdB GesR II/*Mutter* § 8 Rn. 62.

keiten vorgeben. Eine **verdrängende Zuweisung von Kompetenzen** an den Beirat geht demgegenüber mit einem Kompetenzverlust bei dem im Gesetz vorgesehenen Kompetenzträger einher.

1024 c) **Grenzen der Kompetenzzuweisung.** Die Möglichkeit der Kompetenzzuweisung auf den Beirat wird zunächst durch entgegenstehende **nicht disponible gesetzliche Kompetenzzuweisungen,** die sich insbesondere aus nicht disponiblen gesetzlichen Pflichten ergeben, begrenzt. So können bei einer GmbH beispielsweise die Zuständigkeiten der Geschäftsführer, bestimmte Angelegenheiten zur Eintragung im Handelsregister anzumelden (§ 78 GmbHG), bei Änderungen im Gesellschafterbestand eine aktualisierte Gesellschafterliste zum Handelsregister einzureichen (§ 40 Abs. 1 GmbHG), für eine ordnungsgemäße Buchführung zu sorgen und den Jahresabschluss aufzustellen (§§ 41, 42a Abs. 1 S. 1 GmbHG), die Gesellschafterversammlung einzuberufen (§§ 49 Abs. 1, Abs. 3 GmbHG) und bei Vorliegen der entsprechenden Voraussetzungen einen Insolvenzantrag zu stellen (§ 15a Abs. 1 S. 1 InsO) nicht auf einen Beirat verlagert werden. Ebenso muss der Beschluss über die Einforderung von Nachschüssen bei einer GmbH den Gesellschaftern vorbehalten bleiben (§ 26 Abs. 1 GmbHG).

1025 Entsprechend sind der Kompetenzzuweisung auf den Beirat einer Personengesellschaft durch den **Grundsatz der Selbstorganschaft** Grenzen gesetzt, soweit es um die Verlagerung von Geschäftsführungs- und Vertretungskompetenzen geht. Werden dem Beirat insoweit wesentliche Kompetenzen eingeräumt, so muss die Mehrheit der Beiratsmitglieder aus persönlich haftenden Gesellschaftern bestehen.[602]

1026 Eine weitere Grenze liegt dort, wo **unabdingbare Gesellschafterrechte** verlagert werden sollen. Dies betrifft alle Maßnahmen, die die Gesellschaft als solche betreffen, also beispielsweise Entscheidungen über die Auflösung der Gesellschaft oder (zumindest bei Personengesellschaften) über den Ausschluss von Gesellschaftern.[603] Im Bereich der Personengesellschaften wird diese Grenze letztlich anhand der Kernbereichstheorie (→ Rn. 80) zu ziehen sein,[604] bei Kapitalgesellschaftern wird man davon ausgehen können, dass Grundlagenbeschlüsse, die sich zumeist dadurch auszeichnen, dass sie einer Mehrheit von mindestens 75 % der Stimmen bedürfen, der Entscheidungsbefugnis eines Beirates entzogen sind.[605]

1027 d) **Zulässige Kompetenzzuweisungen. aa) Überwachung.** Zulässig ist es grundsätzlich, die Überwachung der Geschäftsführung auf den Beirat zu übertragen, sofern ein Aufsichtsrat nicht gesetzlich vorgeschrieben ist. Solch ein Beirat ist im Ergebnis ein **fakultativer Aufsichtsrat.**

1028 bb) **Personalentscheidungen.** Dem Beirat können die Befugnis zur Bestellung und Abberufung von Geschäftsführern und Prokuristen sowie zum Abschluss, zur Änderung oder zur Beendigung von Dienstverträgen mit diesen Personen übertragen werden. Bei Personengesellschaften ergeben sich Einschränkungen aus dem Grundsatz der Selbstorganschaft (→ Rn. 1025). Bei einer AG liegt die Kompetenz zur Bestellung und Abberufung von Mitgliedern des Vorstands zwingend beim Aufsichtsrat (§§ 84 Abs. 1 S. 1, Abs. 3 S. 1, 23 Abs. 5 S. 1 AktG).

1029 cc) **Prüfung und Feststellung des Jahresabschlusses.** Dem Beirat kann sowohl die Prüfung als auch die Feststellung des Jahresabschlusses übertragen werden. Bei AG und KGaA dürfen die entsprechenden Kompetenzen des Aufsichtsrats (§§ 171 Abs. 1 S. 1, 172

---

[602] MHdB GesR II/*Mutter* § 8 Rn. 15, 28.
[603] MHdB GesR II/*Mutter* § 8 Rn. 14.
[604] Offengelassen in BGH NJW 1985, 972.
[605] BeckGmbH-HdB/*Müller* § 6 Rn. 46.

S. 1 AktG) allerdings nicht eingeschränkt werden, sodass dem Beirat in diesem Fall lediglich eine ergänzende (und damit regelmäßig nicht zweckmäßige) Prüfungskompetenz zugewiesen werden kann, während die Zuweisung der Feststellungskompetenz ausgeschlossen ist. Die Vorschriften über die gesetzliche Jahresabschlussprüfung durch einen Abschlussprüfer (§§ 316 ff. HGB), die Kapitalgesellschaften, Personenhandelsgesellschaften, bei denen keine natürliche Person persönlich haftet (insbesondere also GmbH & Co. KGs) oder die bestimmte Größenmerkmale überschreiten, betreffen, bleiben bei einer Zuweisung der Prüfungskompetenz auf den Beirat unberührt.

dd) Zustimmung zur Übertragung oder Teilung von Geschäftsanteilen. Dem Beirat kann bei einer GmbH die Zustimmungsbefugnis zu Teilungen oder der Übertragung von Geschäftsanteilen beziehungsweise der Neuaufnahme von Gesellschaftern übertragen werden. 1030

ee) Weisungsbefugnisse. Zulässig ist es im Fall einer Personenhandelsgesellschaft oder einer GmbH, dem Beirat Weisungsbefugnisse gegenüber der Geschäftsführung einzuräumen.[606] Im Fall der Unternehmensnachfolge kann sich der aus der aktiven Geschäftsführung ausscheidende Unternehmer dadurch Geschäftsführungskompetenzen erhalten. 1031

ff) Zustimmungs- und Ablehnungsbefugnisse. Da Zustimmungsbefugnisse im Vergleich zu Weisungsbefugnissen ein Weniger darstellen, können dem Beirat einer Personenhandelsgesellschaft oder einer GmbH Zustimmungs- und Ablehnungsbefugnisse zu Maßnahmen der Geschäftsführung eingeräumt werden. 1032

gg) Beratungsbefugnisse. Klassisch ist der Beirat, dem Beratungsaufgaben zugewiesen sind. Üblicherweise setzt dies eine aktive Inanspruchnahme der Beratungsleistung durch die Geschäftsführung voraus, die an das Beratungsergebnis regelmäßig nicht gebunden ist. Wegen der fehlenden Geschäftsführungs- und Vertretungsbefugnis kann solch ein Beratungsgremium vollständig mit externen Beiratsmitgliedern besetzt sein. Oftmals ist dies auch gewollt, um sich externen Sachverstand zu sichern. Ebenso ist in der Praxis aber festzustellen, dass ein beratender Beirat teilweise lediglich die Funktion hat, die Gesellschaft mit prominenten Namen zu schmücken. 1033

hh) Schlichtungs- und schiedsgerichtliche Aufgaben. Möglich ist es, einen Beirat zu errichten, dem die Aufgabe der **Schlichtung** und gegebenenfalls auch der **schiedsgerichtlichen Entscheidung** in gesellschaftsrechtlichen Streitigkeiten zugewiesen wird. Dies setzt voraus, dass eine rechtlich ordnungsgemäße und unparteiliche Handhabung durch den Beirat gewährleistet ist, was bei einem „Familienrat" regelmäßig nicht der Fall sein wird. Darauf zu achten ist, dass der Gesellschaftsvertrag beziehungsweise die Satzung einen Schiedsvertrag enthält, der den Anforderungen des § 1031 ZPO genügt. Ob die Entscheidung über Anfechtungs- und Nichtigkeitsklagen gegen Gesellschafterbeschlüsse einem Schiedsgericht zugewiesen werden kann, ist zweifelhaft. Die Einrichtung eines Beirats mit schlichtungs- oder schiedsrichterlichen Aufgaben wird regelmäßig nur bei größeren Gesellschaften mit einer Vielzahl von Gesellschaftern sinnvoll sein. 1034

4. Innere Ordnung

a) Innere Ordnung des Beirats. Gesetzliche Vorgaben über die innere Ordnung eines Beirates gibt es nicht. Es empfiehlt sich, zumindest die Grundzüge der inneren Ordnung im Gesellschaftsvertrag beziehungsweise in der Satzung zu regeln, wobei sich oftmals ein Rückgriff auf die aktienrechtlichen Vorschriften über den Aufsichtsrat anbieten wird. De- 1035

---

[606] MHdB GesR II/*Mutter* § 8 Rn. 26.

tails können gegebenenfalls der **Geschäftsordnung** des Beirats überlassen werden, die dieser sich selbst gibt, die aber auch von den Gesellschaftern oder – bei entsprechender gesellschaftsvertraglicher beziehungsweise satzungsrechtlicher Grundlage – von einem anderen Organ vorgegeben werden kann.

1036 Der Beirat sollte einen **Vorsitzenden** haben, der für die Einberufung und die Versammlungsleitung zuständig ist. Dieser kann vom Bestellungsorgan ernannt oder von den Beiratsmitgliedern gewählt werden. Möglich ist auch eine gesellschaftsvertragliche beziehungsweise satzungsrechtliche abstrakte Festlegung, beispielsweise dergestalt, dass das älteste Beiratsmitglied Vorsitzender des Beirats ist. Entsprechendes gilt für den stellvertretenden Vorsitzenden. Die **Formalien der Einberufung** und der Mindestturnus der Einberufung sind zu regeln, wobei sich der Turnus nach der Funktion des Beirats richten wird. Ebenso sollte das **Beschlussfassungsverfahren** festgelegt und die Frage geregelt werden, ob eine bestimmte Teilnehmerzahl für die Beschlussfähigkeit des Beirats erforderlich ist. Sofern es an einer Regelung im Gesellschaftsvertrag beziehungsweise in der Satzung fehlt, entscheidet der Beirat zumindest im Fall einer Kapitalgesellschaft mit der einfachen Mehrheit der erschienenen Mitglieder (§ 32 Abs. 1 BGB).[607] Ob dies auch bei einer Personengesellschaft gilt, oder ob stattdessen das Einstimmigkeitsprinzip zur Anwendung kommt, ist streitig.[608] Das Beschlussfassungsverfahren sollte so ausgestaltet sein, dass es keine Pattsituationen geben kann. Oftmals hat daher bei Pattsituationen der Vorsitzende die ausschlaggebende Stimme. Die Festschreibung einer **Protokollpflicht** kann empfehlenswert sein. Das Protokoll sollte dann innerhalb eines vorgegebenen Zeitraums zu erstellen und zumindest vom Vorsitzenden und vom Protokollführer zu unterzeichnen sein.

1037 **b) Folgen fehlerhafter Beiratsbeschlüsse.** Ein Beiratsbeschluss ist fehlerhaft, wenn der Beirat formelle oder materielle Vorgaben des Gesellschaftsvertrags beziehungsweise der Satzung nicht beachtet, der Beschluss unter Vorstoß gegen die Geschäftsordnung zustande kommt oder in materieller Hinsicht gegen Gesetze oder sonstige Rechtsnormen verstößt. Dies beinhaltet die Stimmabgabe eines nicht stimmberechtigten Beiratsmitgliedes, was insbesondere der Fall sein kann, wenn ein Beiratsmitglied in eigenen Angelegenheiten abstimmt.

1038 Streitig ist, unter welchen Voraussetzungen ein fehlerhafter Beschluss nichtig oder anfechtbar ist. Bei einer **Personengesellschaft** wird man regelmäßig die Nichtigkeit des fehlerhaften Beiratsbeschlusses annehmen müssen.[609] Bei **Kapitalgesellschaften** wird demgegenüber zumeist zwischen nichtigen und anfechtbaren Beschlüssen differenziert.[610] Aufgrund der bestehenden Unsicherheit empfiehlt es sich, die Rechtsfolgen eines fehlerhaften Beschlusses im Gesellschaftsvertrag beziehungsweise in der Satzung zu regeln. Unzulässig wäre es, in diesem Zusammenhang festzulegen, dass ein fehlerhafter Beschluss stets wirksam ist. Der Beirat kann einen nichtigen oder anfechtbaren Beschluss jederzeit durch einen fehlerfreien Beschluss selbst heilen.[611]

1039 Von der Frage der Fehlerhaftigkeit eines Beschlusses ist die Frage zu trennen, wer auf welche Weise zur **Geltendmachung** berechtigt ist, wer sich also auf die Nichtigkeit eines Beschlusses berufen kann beziehungsweise wer diesen anfechten kann und welche Formalien dabei zu beachten sind. Generell gilt, dass jedes Beiratsmitglied und jeder vom fehlerhaften Beschluss betroffene Gesellschafter zur Geltendmachung berechtigt ist. Die Geltendmachung der Nichtigkeit erfolgt im Wege einer auch als „**Nichtigkeitsklage**" bezeichneten Feststellungsklage, die Anfechtung durch eine **Anfechtungsklage**. Zuständig ist die ordentliche Gerichtsbarkeit, wobei die aktienrechtlichen Vorschriften der

---

[607] BeckGmbH-HdB/*Müller* § 6 Rn. 39.
[608] MHdB GesR II/*Mutter* § 8 Rn. 69.
[609] MHdB GesR II/*Mutter* § 8 Rn. 70.
[610] MüKoGmbHG/*Spindler* § 52 Rn. 771 ff.
[611] MHdB GesR II/*Mutter* § 8 Rn. 72.

§§ 246 ff. AktG (Anfechtungsklage) beziehungsweise der §§ 249 ff. AktG (Nichtigkeitsklage) entsprechend zur Anwendung kommen.

5. Rechte und Pflichten des Beirats und seiner Mitglieder

a) Rechte und Pflichten des Beirats. Gesetzliche Regelungen über die **Rechte eines Beirats** gibt es nicht. Teilweise ergeben sich diese aus den dem Beirat zugewiesenen Kompetenzen (→ Rn. 1027 ff.). So setzt die Kompetenz zur Prüfung des Jahresabschlusses nahezu zwingend Informations-, Auskunfts- und gegebenenfalls auch Einsichtsrechte des Beirats gegenüber der Geschäftsführung (und damit einhergehende Pflichten der Geschäftsführung) voraus. Der genaue Inhalt dieser Rechte ergibt sich dann regelmäßig aus den Rechten des gesetzlich vorgesehenen Kompetenzträgers. 1040

Optimalerweise werden die Rechte des Beirats im Gesellschaftsvertrag beziehungsweise in der Satzung festgelegt, sodass eine deduktive Ermittlung nicht erforderlich ist. In diesem Fall sind die Rechte so festzulegen, dass der Beirat die ihm zugedachten Aufgaben erfüllen kann. Festzulegen sind in diesem Zusammenhang gegebenenfalls auch die gegenüber dem Beirat bestehenden Pflichten anderer Organe, beispielsweise die Pflicht, den Beirat anlassbezogen und turnusmäßig über bestimmte Angelegenheiten zu informieren. 1041

Festzulegen sind zudem die **Pflichten des Beirats,** die insbesondere in einer Pflicht zur Auskunftserteilung gegenüber den Gesellschaftern liegen werden. Für die Einhaltung solcher Pflichten sind – auch wenn sich diese formal gegen den Beirat richten – die Mitglieder des Beirats verantwortlich (→ Rn. 1044). 1042

b) Rechte und Pflichten der Beiratsmitglieder. aa) Rechte. Die Beiratsmitglieder haben Anspruch auf Zahlung einer **Vergütung** und auf **Aufwendungsersatz;** insoweit kann auf die Ausführungen in → Rn. 1016 verwiesen werden. Darüber hinaus sind die Beiratsmitglieder selbstverständlich bei den Sitzungen des Beirats teilnahmeberechtigt und – sofern nicht ausnahmsweise ein Stimmrechtsausschluss (bspw. in Abstimmungen über eigene Angelegenheiten des Beiratsmitglieds) vorliegt – stimmberechtigt, wobei diese Rechte aufgrund des höchstpersönlichen Charakters des Amtes nur persönlich wahrgenommen werden können. Soweit den Beiratsmitgliedern zur Wahrnehmung ihrer Aufgaben neben den dem Beirat als Organ zustehenden Rechten (→ Rn. 1040) besondere individuelle Rechte zustehen sollen, beispielsweise ein individuelles Auskunftsrecht gegenüber einem anderen Organ, bedürfen diese der Festlegung im Gesellschaftsvertrag beziehungsweise in der Satzung. 1043

bb) Pflichten. Die Beiratsmitglieder unterliegen aus ihrer Organstellung einer **Treuepflicht** gegenüber der Gesellschaft, die sich insbesondere in einer Pflicht zur Verschwiegenheit und gegebenenfalls auch in einem Wettbewerbsverbot manifestiert.[612] Generell verbietet die Treuepflicht die Ausnutzung der Organstellung zum eigenen Vorteil und verpflichtet die Beiräte auf das Unternehmensinteresse.[613] Sofern im Gesellschaftsvertrag beziehungsweise in der Satzung nicht ein anderes geregelt ist, unterliegen Beiratsmitglieder darüber hinaus einer besonderen **Sorgfaltspflicht,** nach der sie bei ihrer Tätigkeit die Sorgfalt eines ordentlichen und gewissenhaften Beiratsmitglieds walten zu lassen haben (→ Rn. 1045 ff.). 1044

6. Haftung des Beirats und der Beiratsmitglieder

Der Beirat haftet als solcher nicht. Haftungssubjekt sind ausschließlich die Mitglieder des Beirats, wobei die Haftungsgrundlagen nicht abschließend geklärt sind.[614] Die Festschrei- 1045

---

[612] MHdB GesR II/*Mutter* § 8 Rn. 80.
[613] MHdB GesR II/*Mutter* § 8 Rn. 81.
[614] *Rinze* NJW 1992, 2790.

bung der Haftungsgrundlagen im Gesellschaftsvertrag beziehungsweise in der Satzung ist daher zu empfehlen, wobei (in Abhängigkeit von der genauen Funktion des Beirats) eine entsprechende Anwendbarkeit der haftungsrechtlichen Normen des GmbH-Rechts (§ 43 GmbHG) oder des Aktienrechts (§ 93 AktG bzw. §§ 116, 93 AktG) sinnvoll erscheint. Bei einer Personengesellschaft ist auch die gesellschaftsvertragliche Klärung der Frage, ob § 708 BGB (→ Rn. 123) auf Beiratsmitglieder, die an der Gesellschaft beteiligt sind, zur Anwendung kommt, wünschenswert. Fehlt es an einer gesellschaftsvertraglichen beziehungsweise satzungsrechtlichen Regelung über die Haftungsgrundlagen, wird man zwischen dem Beirat einer Kapitalgesellschaft und dem einer Personengesellschaft unterscheiden müssen.

1046 **a) Kapitalgesellschaft.** Bei einer GmbH haften die Geschäftsführer für Verstöße gegen die Sorgfalt eines ordentlichen Geschäftsmannes (§§ 43 Abs. 2, Abs. 1 GmbHG) und die Mitglieder eines fakultativen Aufsichtsrats für Verstöße gegen die Sorgfalt eines ordentlichen und gewissenhaften Aufsichtsratsmitglieds (§§ 52 Abs. 1, 116 S. 1, 93 AktG). Entsprechendes gilt für die Haftung von Vorstands- und Aufsichtsratsmitgliedern einer AG (§§ 93 Abs. 2 S. 1, Abs. 1 AktG bzw. §§ 116 S. 1, 93 AktG) und die Haftung von persönlich haftenden Gesellschaftern und Aufsichtsratsmitgliedern einer KGaA (§§ 283 Nr. 3, 93 AktG beziehungsweise §§ 278 Abs. 3, 116 S. 1, 93 AktG). Damit ist jeweils eine Umkehr der Beweislast zulasten des in Anspruch genommenen Organwalters verbunden; die Verjährungsfrist beträgt jeweils fünf Jahre und beginnt mit der schädigenden Handlung zu laufen. Vor diesem Hintergrund ist es sachgerecht, das Beiratsmitglied einer Kapitalgesellschaft hinsichtlich Haftung, Beweislast und Verjährung ebenso zu behandeln. Ein Beiratsmitglied haftet damit in entsprechender Anwendung der genannten Normen für Verstöße gegen die Sorgfalt eines ordentlichen und gewissenhaften Beiratsmitglieds, wobei sich der genaue Inhalt der geschuldeten Sorgfalt aus den konkreten Aufgaben und Kompetenzen des Beirats ergibt. Eine Beschränkung der Haftung auf Verstöße gegen die Sorgfalt in eigenen Angelegenheiten (§§ 708, 277 BGB) bei Beiratsmitgliedern, die an der Gesellschaft beteiligt sind, kommt bei einer Kapitalgesellschaft nicht in Betracht.

1047 **b) Personengesellschaft.** Für die Beiratsmitglieder einer Personengesellschaft wird zumeist eine Haftung entsprechend der bereits erläuterten §§ 43 GmbHG, 93, 116 AktG (→ Rn. 1046) angenommen.[615] Der BGH hat dies bisher lediglich für den Fall einer Publikums-GmbH & Co. KG bestätigt.[616] Ebenfalls für eine Publikums-GmbH & Co. KG hat der BGH entschieden, dass sich ein an der Gesellschaft beteiligtes Beiratsmitglied nicht auf den geringeren Sorgfaltsmaßstab der §§ 708, 277 BGB berufen kann.[617] Außerhalb einer Publikumsgesellschaft ist demgegenüber davon auszugehen, dass ein an der Gesellschaft beteiligtes Beiratsmitglied lediglich für die Sorgfalt in eigenen Angelegenheiten einzustehen hat (GbR: §§ 708, 277 BGB; OHG: §§ 105 Abs. 3 HGB, 708, 277 BGB; KG: §§ 161 Abs. 2, 105 Abs. 3 HGB, 708, 277 BGB).

---

[615] Roth/Altmeppen/*Altmeppen* GmbHG § 52 Rn. 94; MHdB GesR II/*Mutter* § 8 Rn. 87.
[616] BGHZ 87, 84 = NJW 1983, 1675; 1978, 425; BGHZ 69, 207 = NJW 1977, 2311.
[617] BGHZ 69, 207 = NJW 1977, 2311.

7. Kapitel. Steuerrecht

§ 25 Unternehmensveräußerung

Übersicht

	Rn.
I. Einkommen-/Körperschaftsteuer	2
1. Veräußerung von Einzelunternehmen und Personengesellschaftsanteilen	3
a) Veräußerer	5
b) Gegenstand der Veräußerung	6
aa) Ganzer Gewerbebetrieb	7
bb) Teilbetrieb	12
cc) 100%ige Beteiligung an einer Kapitalgesellschaft	20
dd) Mitunternehmeranteil	24
c) Veräußerungsvorgang	36
aa) Veräußerung eines ganzen Gewerbebetriebes	40
bb) Veräußerung eines Teilbetriebs	46
cc) Veräußerung einer 100%igen Beteiligung an einer Kapitalgesellschaft	47
dd) Veräußerung eines Mitunternehmeranteils	49
d) Gewinnerzielungsabsicht	53
e) Veräußerungsgewinn	54
aa) Veräußerungszeitpunkt	58
bb) Veräußerungspreis	61
cc) Veräußerungskosten	74
dd) Buchwert des Betriebsvermögens	75
ee) Freibetrag	79
ff) Tarifbegünstigung	90
gg) Steuerermäßigung bei Einkünften aus Gewerbebetrieb, § 35 EStG	109
hh) Rücklage nach § 6b oder § 6c EStG	111
f) Besteuerungswahlrecht	113
g) Laufender Gewinn/Verlust	121
h) Behandlung beim Erwerber	128
2. Veräußerung von Kapitalgesellschaftsanteilen	142
a) Veräußerung von Privatvermögen gehaltenen relevanten Beteiligungen	143
aa) Begriff der Anteile an einer Kapitalgesellschaft	144
bb) Begriff der 1%igen Beteiligung	145
cc) Begriff der Veräußerung und Veräußerungszeitpunkt	162
dd) Gewinnerzielungsabsicht	165
ee) Veräußerungsgewinn	166
ff) Teileinkünfteverfahren	183
gg) Freibetrag, Freigrenze	184
hh) Tarifvergünstigung	191
ii) Veräußerungsverlust	192
jj) Besteuerungswahlrecht	202
kk) Verlustvortrag	206
b) Veräußerung von im Privatvermögen gehaltenen nichtrelevanten Beteiligungen	213
c) Veräußerung von im Betriebsvermögen gehaltenen Beteiligungen	215
d) Laufender Gewinn/Verlust	218
e) Behandlung beim Erwerber	219
II. Gewerbesteuer	222
1. Veräußerung von im Privatvermögen gehaltenen Kapitalgesellschaftsanteilen	222
2. Veräußerungsgewinne bei Betriebsvermögen	223
a) Veräußerung von Betrieben oder Teilbetrieben	227
b) Veräußerung von Mitunternehmeranteilen	228
c) Veräußerung von Kapitalgesellschaftsanteilen	230
3. Die Behandlung von gewerbesteuerlichen Verlustvorträgen	233

	Rn.
III. Schenkungsteuer	249
IV. Grunderwerbsteuer	250
V. Umsatzsteuer	259
1. Geschäftsveräußerung	260
a) Gegenstand der Geschäftsveräußerung	261
b) Übereignung oder Einbringung im Ganzen	265
c) An einen anderen Unternehmer für dessen Unternehmen	266
d) Rechtsfolgen der Nichtsteuerbarkeit	269
2. Veräußerung von Anteilen an einer Kapitalgesellschaft	273
3. Veräußerung von Anteilen an einer Personengesellschaft	274
4. Die Veräußerung begleitende Nebengeschäfte	275
VI. Abgabenordnung	276
1. Anzeigepflichten	277
2. Haftung des Eigentümers von Gegenständen nach § 74 AO	280
a) Wesentliche Beteiligung	281
b) Eigentümer von Gegenständen	287
c) Dem Unternehmen dienende Gegenstände	288
d) Haftungsumfang	289
3. Die Haftung des Betriebsübernehmers nach § 75 AO	290
a) Unternehmen oder Teilbetrieb	291
b) Übereignung	292
c) „Im Ganzen"	293
d) Haftungsumfang	295
4. Sonstige haftungsrechtliche Vorschriften außerhalb der Abgabenordnung	298

1 Eine der gängigsten Formen der Unternehmensnachfolge und zugleich das ertragsteuerliche Grundmodell eines Unternehmensübergangs ist die Unternehmensveräußerung. Das Steuerrecht versteht diesen Begriff weit. Es fällt daher nicht nur der Verkauf zu Fremdvergleichsbedingungen hierunter, sondern auch Übertragungen, die man im normalen Sprachgebrauch eher dem Bereich der Schenkung zuordnen würde. Schon geringfügige Gegenleistungen, zu denen sich der Erwerber moralisch verpflichtet fühlt, können unabsichtlich eine Unternehmensveräußerung im steuerlichen Sinne auslösen und verheerende steuerliche Konsequenzen nach sich ziehen (→ Rn. 68). Auch Gleichstellungsgelder und Abstandszahlungen (→ § 28 Rn. 47, 69, 77) münden oft ebenso in ein Veräußerungsgeschäft wie die Übernahme eines negativen Kapitalkontos (→ Rn. 68). Entscheidend ist allein, dass der Veräußerer sein Unternehmen auf einen oder mehrere Erwerber überträgt und dafür eine Gegenleistung erhält. Da unter diesem Begriff alles versammelt wird, was der Veräußerer oder auf seine Veranlassung hin ein Dritter für den hingegebenen Betrieb erhält (→ Rn. 62), wird schnell deutlich, wie leicht man steuerlich in einen Veräußerungsvorgang hineingeraten kann.

Anders als bei den ungewollten Veräußerungen fließen steuerliche Überlegungen regelmäßig in die Gestaltung des bewusst gewählten Veräußerungsvorgangs ein und sind in vielen Fällen sogar maßgebend. Es ist daher notwendig, bevor man zur Darstellung der steuerlichen Folgen einer Unternehmensveräußerung kommt, zunächst einen Blick auf die unterschiedlichen steuerlichen Zielrichtungen auf Veräußerer- und Erwerberseite zu werfen: Für den **Verkäufer** steht der Veräußerungsgewinn im Vordergrund. Er strebt danach, diesen steuerfrei oder zumindest ermäßigt besteuert zu vereinnahmen. Hat er eine Thesaurierungsrücklage gebildet, stellt die Veräußerung des Unternehmens ein die Nachversteuerung auslösendes Ereignis dar. Für den **Käufer** ist dagegen bedeutsam, dass er den Kaufpreis und die erwerbsbedingten Kosten möglichst rasch absetzen kann. Er zielt daher im Wesentlichen darauf ab, die Anschaffungskosten in Abschreibungspotential zu verwandeln und die Finanzierungskosten abzuziehen. Zugleich sind die laufenden Verluste und noch nicht verbrauchten Verlustvorträge im Auge zu behalten, die durch einen Inhaberwechsel ganz oder teilweise untergehen können. Dies zeigt, dass die steuerliche Interessenlage von unterschiedlichen Sichtweisen geprägt ist, die allerdings nicht im Gegensatz zueinanderstehen müssen. Es kann daher für beide Seiten von Nutzen sein, sich gegenseitig bei der Verwirklichung der steuerlichen Zielvorstellung zu unterstützen. Hierdurch verwirklichte steuerliche Ersparnisse können sich durchaus bei der Kaufpreisfindung auswirken.

Vor jeder Veräußerung ist ein Blick auf die Historie des zu veräußernden Unternehmens zu werfen. Durch vorangegangene Transaktionen können **steuerliche Sperrfristen** in Gang gesetzt worden sein, die im Zuge der geplanten Veräußerung unerwünschte steuerliche Folgen auslösen können. Diese gilt es durch geeignete Vorbereitungsmaßnahmen zu vermeiden.

1a

Beim geplanten Verkauf von Anteilen an einer **Personengesellschaft** bzw. Mitunternehmerschaft sind zB folgende Sperrfristen zu beachten:

- Vorangegangene **Übertragung eines Mitunternehmeranteils** zum Buchwert ohne Mitübertragung des Sonderbetriebsvermögens, § 6 Abs. 3 EStG: Die Sperrfrist beträgt fünf Jahre (§ 6 Abs. 3 S. 2 EStG) und beginnt mit dem Übergang des wirtschaftlichen Eigentums.[1] Der Verstoß gegen die Sperrfrist führt zum rückwirkenden Ansatz des Teilwerts.
- Vorangegangene **Übertragung einzelne Wirtschaftsgüter** auf die Personengesellschaft zum Buchwert nach § 6 Abs. 5 S. 3 EStG: Die Sperrfrist beträgt mindestens drei Jahre (§ 6 Abs. 5 S. 4 EStG) und beginnt mit dem Übergang des wirtschaftlichen Eigentums der einzelnen Wirtschaftsgüter, endet jedoch erst drei Jahre nachdem der Übertragende seine Steuererklärung für der Veranlagungszeitraum der Übertragung abgegeben hat.[2] Wird der Anteil einer Körperschaft, Personenvereinigung oder Vermögensmasse an dem übertragenen Wirtschaftsgut begründet oder erhöht er sich, beträgt die Sperrfrist insoweit sieben Jahre, § 6 Abs. 5 S. 6 EStG, und beginnt mit dem Übergang des wirtschaftlichen Eigentums. Der Verstoß gegen die Sperrfrist führt zum rückwirkenden Ansatz des Teilwerts.
- Vorangegangene **Realteilung** bei der einzelne Wirtschaftsgüter (zum Buchwert übertragener Grund und Boden, übertragene Gebäude oder andere übertragene wesentliche Betriebsgrundlagen) auf die zu veräußernde Personengesellschaft/Mitunternehmerschaft übertragen worden sind, § 16 Abs. 3 S. 2ff. EStG: Die Sperrfrist beträgt mindestens drei Jahre (§ 16 Abs. 3 S. 3 EStG) und beginnt im Zeitpunkt der Realteilung, endet jedoch erst drei Jahre nachdem der Übertragende seine Steuererklärung für der Veranlagungszeitraum der Übertragung abgegeben hat.[3] Der Verstoß gegen die Sperrfrist führt zum rückwirkenden Ansatz des gemeinen Werts.
- Vorangegangene **Einbringungsvorgänge** in eine Kapitalgesellschaft unterhalb des gemeinen Werts (zB Einbringung eines Teilbetriebs durch die zu veräußernde Personengesellschaft), § 20 Abs. 1 UmwStG: Die Sperrfrist beträgt sieben Jahre und beginnt mit dem Zeitpunkt der Einbringung, § 22 Abs. 1 UmwStG. Der Verstoß gegen die Sperrfrist führt zur rückwirkenden Entstehung eines ratierlich abschmelzenden Einbringungsgewinns I.
- Vorangegangene **Verschmelzung** einer Kapitalgesellschaft auf die zu veräußernde Personengesellschaft nach §§ 3ff. UmwStG: Die Sperrfrist beträgt fünf Jahre und beginnt mit der Umwandlung, § 18 Abs. 3 S. 1 UmwStG. Der Sperrfristverstoß führt dazu, dass der Gewinn aus der Veräußerung des Personengesellschaftsanteils der Gewerbesteuer

---

[1] Schmidt/*Kulosa* EStG § 6 Rn. 668; BMF BStBl. I 2005, 458 Rn. 11.
[2] Gibt der Übertragende keine Steuererklärung ab, soll die Sperrfrist nach Ansicht der Finanzverwaltung mit Ablauf des sechsten Jahres enden, das auf den Veranlagungs-/Feststellungszeitraum der Übertragung folgt; BMF BStBl. I 2011, 1279, Rn. 22 aE. Der Gesetzeswortlaut deutet allerdings eher darauf hin, dass die Sperrfrist in diesem Fall niemals endet; ebenso wohl Schmidt/*Kulosa* EStG § 6 Rn. 716.
[3] BMF BStBl. I 2019, 6 Rn. 24. Anders als zu § 6 Abs. 5 EStG (→ Fn. 2) hat die Finanzverwaltung hier keine Regelung für die vorzeitige Beendigung der Sperrfrist für den Fall getroffen, dass der Übertragende keine Steuererklärung abgibt.

unterliegt und der daraus resultierende Gewerbesteuer-Messbetrag auch nicht im Rahmen der Steueranrechnung nach § 35 EStG angerechnet werden darf, § 18 Abs. 3 UmwStG.
- Vorangegangener **Formwechsel** von einer Kapitalgesellschaft in die zu veräußernde Personengesellschaft nach § 9 UmwStG: Die Sperrfrist beträgt fünf Jahre und beginnt mit der Umwandlung, § 18 Abs. 3 S. 1 UmwStG. Der Sperrfristverstoß führt dazu, dass der Gewinn aus der Veräußerung des Personengesellschaftsanteils der Gewerbesteuer unterliegt und der daraus resultierende Gewerbesteuer-Messbetrag auch nicht im Rahmen der Steueranrechnung nach § 35 EStG angerechnet werden darf, § 18 Abs. 3 UmwStG.
- Vorangegangene Übertragungen von **Grundstücken,** die nach §§ 5, 6 GrEStG von der Grunderwerbsteuer befreit waren: Die Sperrfrist beträgt fünf Jahre und beginnt mit dem Übergang des Grundstücks auf die Gesamthand, § 5 Abs. 3 bzw. § 6 Abs. 3 S. 2 GrEStG. Der Sperrfristverstoß löst rückwirkend Grunderwerbsteuer aus.
- Vorangegangene steuerbegünstigte **Schenkung** oder vorangegangener steuerbegünstigter Übergang der zu veräußernden Personengesellschafts-/Mitunternehmeranteile im **Erbfall,** § 13a ErbStG: Die Sperrfrist beträgt fünf Jahre bei der Regelverschonung (§ 13a Abs. 6 ErbStG) und sieben Jahre bei der Optionsverschonung (§ 13a Abs. 6, Abs. 10 S. 1 Nr. 6 ErbStG und beginnt mit dem Erwerb (→ § 27 Rn. 193). Der Sperrfristverstoß führt zum rückwirkenden anteiligen Wegfall des Verschonungsabschlags, § 13a Abs. 6 S. 2 ErbStG (→ § 27 Rn. 196 ff.).
- Beim geplanten Verkauf von Anteilen an einer **Kapitalgesellschaft** sind zB folgende Sperrfristen zu beachten:
- Vorangegangene **Übertragung** des zu veräußernden Kapitalgesellschaftsanteils **auf eine Personengesellschaft** zum Buchwert nach § 6 Abs. 5 S. 3 EStG: Die Sperrfrist beträgt mindestens drei Jahre (§ 6 Abs. 5 S. 4 EStG) und beginnt mit dem Übergang des wirtschaftlichen Eigentums der einzelnen Wirtschaftsgüter, endet jedoch erst drei Jahre nachdem der Übertragende seine Steuererklärung für der Veranlagungszeitraum der Übertragung abgegeben hat.[4] Wird der Anteil einer Körperschaft, Personenvereinigung oder Vermögensmasse an dem übertragenen Wirtschaftsgut begründet oder erhöht er sich, beträgt die Sperrfrist insoweit sieben Jahre, § 6 Abs. 5 S. 6 EStG, und beginnt mit dem Übergang des wirtschaftlichen Eigentums. Der Verstoß gegen die Sperrfrist führt zum rückwirkenden Ansatz des Teilwerts.
- Vorangegangene **Realteilung** bei welcher der zu veräußernde Kapitalgesellschaftsanteil auf den Veräußerer übertragen worden sind, § 16 Abs. 3 S. 2 ff. EStG: Die Sperrfrist beträgt mindestens drei Jahre (§ 16 Abs. 3 S. 3 EStG) und beginnt im Zeitpunkt der Realteilung, endet jedoch erst drei Jahre nachdem der Übertragende seine Steuererklärung für den Veranlagungszeitraum der Übertragung abgegeben hat.[5] Der Verstoß gegen die Sperrfrist führt zum rückwirkenden Ansatz des gemeinen Werts.
- Vorangegangene **Einbringungsvorgänge** in eine Kapitalgesellschaft unterhalb des gemeinen Werts, § 20 Abs. 1 UmwStG: Die Sperrfrist beträgt sieben Jahre und beginnt mit dem Zeitpunkt der Einbringung, § 22 Abs. 1 UmwStG. Der Verstoß gegen die Sperrfrist führt zur rückwirkenden Entstehung eines ratierlich abschmelzenden Einbringungsgewinns I.
- Vorangegangener **Anteilstausch** nach § 21 UmwStG: Die Sperrfrist beträgt sieben Jahre und beginnt mit dem Zeitpunkt der Einbringung, § 22 Abs. 2 UmwStG. Der Ver-

---

[4] Gibt der Übertragende keine Steuererklärung ab, soll die Sperrfrist nach Ansicht der Finanzverwaltung mit Ablauf des sechsten Jahres enden, das auf den Veranlagungs-/Feststellungszeitraum der Übertragung folgt; BMF BStBl. I 2011, 1279, Rn. 22 aE. Der Gesetzeswortlaut deutet allerdings eher darauf hin, dass die Sperrfrist in diesem Fall niemals endet; ebenso wohl Schmidt/*Kulosa* EStG § 6 Rn. 716.
[5] BMF BStBl. I 2019, 6 Rn. 24. Anders als zu § 6 Abs. 5 EStG (→ Fn. 2) hat die Finanzverwaltung hier keine Regelung für die vorzeitige Beendigung der Sperrfrist für den Fall getroffen, dass der Übertragende keine Steuererklärung abgibt.

stoß gegen die Sperrfrist führt zur rückwirkenden Entstehung eines ratierlich abschmelzenden Einbringungsgewinns II.
- Vorangegangene grunderwerbsteuerfreie Übertragungen von **Grundstücken** im Rahmen von **Umstrukturierungen im Konzern,** § 6a GrEStG: Die Sperrfrist in der Form einer Behaltensfrist beträgt fünf Jahre und beginnt mit dem Umstrukturierungsakt, § 6a S. 4 GrEStG. Der Sperrfristverstoß löst rückwirkend Grunderwerbsteuer aus.
- Vorangegangene steuerbegünstigte **Schenkung** oder vorangegangener steuerbegünstigter Übergang des zu veräußernden Kapitalgesellschaftsanteils im **Erbfall**, § 13a ErbStG: Die Sperrfrist beträgt fünf Jahre bei der Regelverschonung (§ 13a Abs. 6 ErbStG) und sieben Jahre bei der Optionsverschonung (§ 13a Abs. 6, Abs. 10 S. 1 Nr. 6 ErbStG und beginnt mit dem Zeitpunkt der Schenkung bzw. des Erbfalls (→ § 27 Rn. 193). Der Sperrfristverstoß führt zum rückwirkenden anteiligen Wegfall des Verschonungsabschlags, § 13a Abs. 6 S. 2 ErbStG (→ § 27 Rn. 196 ff.).

Liegen derartige Sperrfristen vor, sollte darüber nachgedacht werden, den Verkauf bis zum Ablauf der Frist zu verschieben und ggf. mit Optionen oder anderen begleitenden Maßnahmen den Anteil zu „sichern". Dabei muss allerdings darauf geachtet werden, dass durch diese Maßnahmen nicht der Übergang des wirtschaftlichen Eigentums an dem Anteil übergeht. Sind andere, nicht sperrfristbehafteter Anteile vorhanden, können diese übertragen werden.

I. Einkommen-/Körperschaftsteuer

Üblicherweise spricht man umgangssprachlich von einer Unternehmensveräußerung, 2 wenn ein Unternehmen als Ganzes an einen oder mehrere Personen gegen Zahlung eines Kaufpreises veräußert wird. In ertragsteuerlicher Hinsicht ist dies anders. Hier versteht man unter der Unternehmensveräußerung die Übertragung (inkl. Tausch, Einbringung, Umwandlung) eines Unternehmens als Ganzes (Betrieb), eines in sich abgeschlossenen Teiles davon (Teilbetrieb) oder von Gesellschaftsanteilen (Mitunternehmeranteile, Kapitalgesellschaftsanteile) mit seinen wesentlichen Betriebsgrundlagen in einem einheitlichen Vorgang gegen Entgelt in der Weise auf einen Erwerber, dass der Betrieb als lebender Organismus des Wirtschaftslebens fortgeführt werden kann.[6] Dass der Betrieb vom Erwerber auch tatsächlich fortgeführt wird, ist nicht erforderlich.[7] Dabei muss nicht unbedingt auch ein zivilrechtlicher Eigentumsübergang erfolgen. Ausreichend ist das wirtschaftliche Eigentum am Veräußerungsgegenstand.[8] Dh wenn ein anderer als der Eigentümer die tatsächliche Herrschaft über ein Wirtschaftsgut in der Weise ausübt, dass er den zivilrechtlichen Eigentümer auf Dauer von der Einwirkung auf das Wirtschaftsgut ausschließen kann, § 39 Abs. 2 Nr. 1 S. 1 AO, ist ihm trotz anders lautender Zivilrechtslage das Eigentum steuerlich zuzurechnen.[9] Der umgangssprachliche Begriff deckt sich daher nur zum Teil mit dem steuerlichen Begriff der Unternehmensveräußerung und ist zum Teil weiter, indem er zB auch die Veräußerung an mehrere Erwerber zulässt, aber gleichzeitig auch enger, da er zB die Teilbetriebsveräußerung nicht erfasst. Für die steuerliche Behandlung sind die Veräußerung von Einzelunternehmen und Personengesellschaften einerseits und die von Kapitalgesellschaftsanteilen andererseits zu unterscheiden.

1. Veräußerung von Einzelunternehmen und Personengesellschaftsanteilen

Die Veräußerung von Einzelunternehmen und Personengesellschaftsanteilen ist in § 16 3 EStG geregelt. Gewinne und Verluste, die bei der Veräußerung entstehen, gehören zu den Einkünften aus Gewerbebetrieb, §§ 15 Abs. 1, 16 Abs. 1 EStG. Bei der Tonnagebesteue-

---
[6] R 16 Abs. 1 S. 1 EStR; BFH BStBl. II 2014, 388.
[7] R 16 Abs. 1 S. 2 EStR.
[8] Schmidt/*Wacker* EStG § 16 Rn. 20.
[9] BFH BStBl. II 2007, 296; BStBl. II 1988, 832 (zum GmbH-Anteil); BStBl. II 1989, 877 (zu KG-Anteil).

rung gehören die Veräußerungsgewinne zu den Tonnage-Gewinnen, § 5a Abs. 5 EStG. Gewinne sind somit einkommensteuerpflichtig, Verluste ausgleichs- und abzugsfähig. Auf Einkünfte aus Land- und Forstwirtschaft, §§ 14, 14a EStG, und aus selbständiger Arbeit, § 18 EStG, ist § 16 Abs. 1 EStG entsprechend anzuwenden.

4   Den Veräußerungsgewinnen kommt innerhalb der gewerblichen Einkünfte eine Sonderstellung zu,[10] denn sie sind unter bestimmten Voraussetzungen steuerbefreit, § 16 Abs. 4 EStG, unterliegen grundsätzlich einem ermäßigten Steuersatz, § 34 Abs. 1, Abs. 2 Nr. 1 EStG und erfahren darüber hinaus in der Regel auch gewerbesteuerlich eine andere Behandlung. Sie sind daher von den laufenden Gewinnen abzugrenzen. Der im Einkommensteuerbescheid festgestellte Veräußerungsgewinn ist beitragspflichtiges Arbeitseinkommen iSd § 3 Abs. 1 S. 1 BeitrVerfGrSsSz und ist daher bei der Bemessung der Kranken- und Pflegeversicherungsbeiträge zu berücksichtigen.[11]

5   a) Veräußerer. Der persönliche Anwendungsbereich dieser Vorschrift erstreckt sich nicht nur auf natürliche Personen und Personengesellschaften, sondern auch auf **Körperschaften** im Sinne des KStG. Als Veräußerer kommt neben dem Betriebsinhaber – Erben werden mit Erbanfall zu Betriebsinhabern – auch der **Insolvenzverwalter** in Betracht, sofern nicht bereits eine Betriebseinstellung bei Insolvenzeröffnung zur Betriebsaufgabe geführt hat.[12] Soweit **beschränkt Steuerpflichtige** im Inland eine Betriebsstätte unterhalten oder einen ständigen Vertreter bestellt haben und keine abweichende DBA-Regelung besteht, gilt § 16 EStG auch für sie.

6   b) Gegenstand der Veräußerung. Als Gegenstand der Veräußerung werden von § 16 EStG nur der **ganze Gewerbebetrieb**, der **Teilbetrieb** und der **Mitunternehmeranteil** sowie die **100%ige Beteiligung an einer Kapitalgesellschaft** erfasst. Andere Veräußerungsgegenstände sind nicht in den Anwendungsbereich mit einbezogen und profitieren somit auch nicht von den Vergünstigungen der §§ 16, 34 EStG. Soweit durch ein DBA nichts Anderes bestimmt ist, erfasst § 16 EStG bei unbeschränkt steuerpflichtigen Personen auch deren ausländische Betriebe, Teilbetriebe, Mitunternehmeranteile und 100%ige Kapitalgesellschaftsbeteiligungen.

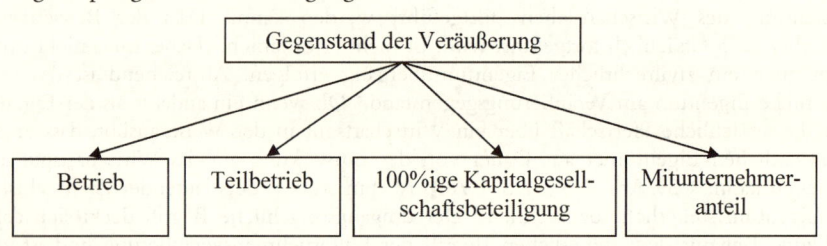

```
                    Gegenstand der Veräußerung
           ┌──────────┬─────────┬──────────┐
        Betrieb   Teilbetrieb  100%ige      Mitunternehmer-
                              Kapitalgesell- anteil
                              schaftsbeteiligung
```

7   aa) Ganzer Gewerbebetrieb. Ein **ganzer** Gewerbebetrieb ist Veräußerungsgegenstand im Sinne des § 16 Abs. 1 S. 1 EStG, wenn es sich um einen selbständigen Organismus des Wirtschaftslebens handelt, der vom Erwerber fortgeführt werden kann.[13] Abzustellen ist auf die Verhältnisse beim Veräußerer im Zeitpunkt des Abschlusses des Kausalgeschäfts.[14] Unerheblich ist, ob der Erwerber den Betrieb fortführt oder stilllegt.[15] Unerheblich ist auch, ob der Betrieb schon werbend am Markt aufgetreten ist, solange er nur im Wesent-

---

[10] Zu den Besonderheiten bei der Tonnagebesteuerung vgl. Schmidt/*Weber-Grellet* EStG § 5a Rn. 17.
[11] BSG DStR 2018, 972.
[12] BFH BStBl. III 1964, 70.
[13] BFH BStBl. II 1992, 380; BFH/NV 2015, 678 mwN.
[14] *Tiedtke/Wälzholz* DStZ 2000, 127; Schmidt/*Wacker* EStG § 16 Rn. 91; aA BFH BStBl. II 1985, 245: Zeitpunkt der Übertragung des wirtschaftlichen Eigentums.
[15] R 16 Abs. 1 S. 2 EStR.

lichen bereits eingerichtet und bei zielgerechter Weiterverfolgung des Businessplans ein selbständig lebensfähiger Organismus zu erwarten ist.[16] Der Gewerbebetrieb im Sinne des § 16 Abs. 1 S. 1 EStG ist nicht als die Summe aller aktiven und passiven Wirtschaftsgüter zu verstehen. Die Rechtsprechung erachtet es vielmehr als ausreichend, wenn nur die **wesentlichen Betriebsgrundlagen** veräußert werden, denn mit ihnen lässt sich der Betrieb in nach außen unveränderter Weise fortführen. Unschädlich ist es daher, wenn unwesentliche Wirtschaftsgüter des Betriebs- oder Sonderbetriebsvermögens in das Privatvermögen überführt oder an andere Personen veräußert werden.

Damit stellt sich die Frage, was zu den wesentlichen Betriebsgrundlagen zu zählen ist **8** und was nicht. Die Vielzahl unterschiedlicher Arten von Betrieben macht es unmöglich, den Begriff der wesentlichen Betriebsgrundlagen in einer abstrakten Definition oder abschließenden Aufzählung zu erfassen. Vielmehr sind jeder konkrete Gewerbebetrieb und die zu ihm gehörigen einzelnen Wirtschaftsgüter für sich zu betrachten. Als Beurteilungskriterien sind
– die Art des Betriebs (Fabrikation, Handel, Dienstleistung)
– und die Funktion der einzelnen Wirtschaftsgüter in diesem Betrieb
heranzuziehen. Zwischen beiden Merkmalen besteht ein funktionaler Zusammenhang. So wird man zB eines von mehreren Kopiergeräten bei einem Werkzeugmaschinenhersteller nicht, bei einem Copy-Shop dagegen sehr wohl zu den wesentlichen Betriebsgrundlagen zählen müssen. Nach der Rechtsprechung des BFH ist bei der Betriebsveräußerung – anders als bei der Betriebsverpachtung (→ § 7 Rn. 9), der Betriebsaufspaltung (→ § 8 Rn. 5) – darüber hinaus auch das Vorhandensein erheblicher stiller Reserven als Beurteilungskriterium heranzuziehen **(funktional-quantitative Betrachtungsweise)**.[17] Wirtschaftsgüter ohne oder ohne nennenswerte stille Reserven sind danach auch dann wesentliche Betriebsgrundlagen, wenn sie für den Betrieb funktional unwesentlich, aber mit erheblichen stillen Reserven behaftet sind. Ein funktional unwesentliches, aber mit erheblichen stillen Reserven behaftetes Betriebsvermögen, wie zB ein seit vielen Jahren zum Betriebsvermögen gehörendes, aber nicht benötigtes Grundstück, ist demzufolge immer wesentlich. Gleiches gilt für Wirtschaftsgüter des Sonderbetriebsvermögens, die mit erheblichen stillen Reserven behaftet sind, und zwar unabhängig davon, ob diese Wirtschaftsgüter in einem Zusammenhang mit dem Betrieb der Gesellschaft stehen (Sonderbetriebsvermögen I), oder aber nur der Beteiligung des Gesellschafters an der Gesellschaft förderlich sind (Sonderbetriebsvermögen II).[18] Um den Tatbestand der Betriebsveräußerung zu erfüllen, muss es daher mitveräußert werden. Begründet wird dies mit dem Sinn und Zweck der §§ 16 Abs. 1, 34 EStG, die verhindern sollen, dass durch die zusammengeballte Aufdeckung stiller Reserven infolge des progressiven Einkommensteuertarifs eine übermäßige Belastung bei vollständiger Beendigung der betreffenden gewerblichen Tätigkeit eintritt. Es müssen im Zuge der Veräußerung daher **alle** wesentlichen stillen Reserven aufgedeckt werden. Die mit erheblichen stillen Reserven behafteten Wirtschaftsgüter, und zwar auch die des Sonderbetriebsvermögens sind entweder mit zu veräußern, dann liegt eine Betriebsveräußerung vor, oder aber im Zuge der Veräußerung in das Privatvermögen zu überführen, wobei es sich dann um eine Betriebsaufgabe handelt. Sollen sie allerdings weiterhin in einem Betriebsvermögen gehalten werden, kann die Begünstigung nur erreicht werden, wenn die fraglichen Wirtschaftsgüter zum Teilwert in dieses überführt werden. Denn nur dann kommt es zu einer vollständigen Realisierung der zusammengeballten stillen Reserven.

---

[16] BFH BStBl. II 1992, 380; BFH/NV 2015, 678.
[17] BFH/NV 2016, 1438 Rn. 19 mwN; H 139 Abs. 8 „Abgrenzung zur Betriebsaufspaltung/Betriebsverpachtung" EStH; Schmidt/*Wacker* EStG § 16 Rn. 101.
[18] BFH/NV 2016, 1438. Dies gilt auch in Bezug auf das ErbStG, da die Nachsteuerregelung des § 13a Abs. 6 Nr. 1 S. 2 ErbStG an die ertragsteuerliche Wertung anknüpft (→ § 27 Rn. 252 ff.).

9 Im Einzelnen sind als (funktional) wesentliche Betriebsgrundlagen grundsätzlich anzusehen:
- die Wirtschaftsgüter des Anlagevermögens, insbes. Betriebsgrundstücke, Maschinen, Betriebsvorrichtungen, und zwar auch dann, wenn diese austauschbar sind;[19]
- immaterielle Wirtschaftsgüter, die es dem Betriebsinhaber erlauben, seinen Betrieb nahezu unverändert fortzuführen (zB Fernverkehrsgenehmigung,[20] Geschäftswert und die diesen bestimmenden Faktoren);[21]
- Umlaufvermögen, welches in gewisser Weise einzigartig (zB Gemälde, Antiquitäten) oder nicht kurzfristig wieder beschaffbar ist (zT Teppiche, Schmuck als Warenbestand).[22]

Unterhält ein Unternehmer im selben Gebäude mehrere ganze Gewerbebetriebe oder Teilbetriebe, ist das Gebäude für alle Betriebe gleichermaßen wesentliche Betriebsgrundlage.[23] Hier kann es erforderlich sein, den Teilbetrieb zu verlagern und erst danach zu veräußern (→ Rn. 18).

Immaterielle Wirtschaftsgüter spielen insbesondere bei einer Betriebsveräußerung in Verbindung mit einer Neugründung eines anderen Betriebes eine Rolle. Hier sind sie für die Abgrenzung von der innerbetrieblichen Strukturänderung oder der örtlichen Betriebsverlegung bedeutsam, die nicht zu einer begünstigten Unternehmensveräußerung führen.

10 Nicht zu den wesentlichen Betriebsgrundlagen gehören (sofern in ihnen keine stillen Reserven größeren Ausmaßes ruhen):
- kurzfristig wieder beschaffbare Wirtschaftsgüter des Anlagevermögens,[24] insbesondere solche von geringem Wert;
- kurzfristig wieder beschaffbares Umlaufvermögen (zB Lebensmittel);[25]
- Kundenforderungen und liquide Mittel;[26]
- Verbindlichkeiten und Rückstellungen, da sie nicht funktionell der betrieblichen Leistungserbringung dienen.[27]

11 Ob eine in früheren Jahren gebildete **Rücklage nach § 6b EStG** zu den wesentlichen Betriebsgrundlagen gehört oder aber als unwesentliche Betriebsgrundlage in einen anderen Betrieb des Veräußerers überführt und dort fortgeführt werden kann, ohne die Begünstigung des Veräußerungsgewinns zu beeinträchtigen, hängt davon ab, ob sie stille Reserven enthält, die bei der Veräußerung einer wesentlichen Grundlage des Betriebs aufgedeckt worden sind. Liegt der Rücklage die Veräußerung einer wesentlichen Betriebsgrundlage zugrunde, so ist die Veräußerung des Betriebes nicht begünstigt, wenn der Veräußerer die Rücklage nach § 6b EStG zulässigerweise fortführt.[28] Wird die Rücklage nach § 6b EStG im Rahmen der Betriebsveräußerung gewinnerhöhend aufgelöst oder unzulässiger Weise fortgeführt, so erfolgt die Auflösung der Rücklage im Zusammenhang mit der Betriebsveräußerung. Der dabei entstehende Gewinn gehört somit zum Veräußerungsgewinn.[29] Liegt der Rücklage nach § 6b EStG die Veräußerung einer unwesentlichen Betriebsgrundlage zugrunde, so beeinträchtigt die Fortführung der Rücklage in ei-

---

[19] BFH/NV 1992, 659; BFH/NV 2016, 1438.
[20] BFH BStBl. II 1990, 420.
[21] BFH BStBl. II 1985, 245 für den Großabnehmer einer Druckerei im Zusammenhang mit deren „Neueröffnung"; II 1985, 131 für Kundenstamm eines Lebensmittelhändlers, der 200–300 m von seinem alten Standort ein „neues" Geschäft eröffnet; III 1966, 459 mwN für den Kundenstamm eines Handelsvertreters; II 2017, 992 für Firmennamen/-bezeichnung eines Betriebes.
[22] BFH BStBl. II 1989, 602.
[23] BFH BStBl. II 1975, 232, BFH BStBl. 1996, 409.
[24] BFH BStBl. II 1990, 55 für Pkw einer Fahrschule; 1986, 672 für Betriebseinrichtung eines Großhandels; 1985, 205 für Pferde einer Reitschule.
[25] BFH BStBl. II 1976, 672.
[26] BFH BStBl. II 1982, 384; 1973, 219.
[27] BFH BStBl. II 1985, 323; 1981, 460.
[28] R 6b Abs. 10 S. 3 EStR 2012.
[29] HM R 6b Abs. 10 S. 5 EStR, vgl. auch *Dötsch*, § 6 b-Rücklage, 411/414 mwN in Fn. 18 ff.; aA *Paus* FR 1984, 249 (li. Sp.).

nem anderen Betrieb des Veräußerers die Begünstigung des Veräußerungsvorgangs nicht. ME kann grundsätzlich davon ausgegangen werden, dass es sich bei dem Wirtschaftsgut, aus dessen Veräußerung die Rücklage herrührt, um eine unwesentliche Betriebsgrundlage gehandelt hat. Denn die Veräußerung des Wirtschaftsguts ohne gleichzeitige Neuanschaffung indiziert grundsätzlich dessen Entbehrlichkeit. Es ist folglich nicht funktional erheblich und damit unwesentlich. Sofern die 6 b-Rücklage aber erhebliche stille Reserven enthält, wird man mit der funktional-quantitativen Betrachtungsweise regelmäßig aufgrund der in der Rücklage nach § 6b EStG angesammelten stillen Reserven zur Wesentlichkeit gelangen.[30] Eine zulässigerweise fortgeführte Rücklage nach § 6b EStG, die erst **nach Betriebsveräußerung** aufgrund Fristablaufs gemäß § 6b Abs. 3 S. 5 EStG gewinnerhöhend aufzulösen ist, führt zu nachträglichen, nicht begünstigten Einkünften aus Gewerbebetrieb im Sinne des § 24 Nr. 2 EStG, die allerdings gewerbesteuerfrei bleiben.[31] Hier fehlt der Bezug zur Betriebsveräußerung.

bb) Teilbetrieb. Als Veräußerungsgegenstand kommt ferner ein Teilbetrieb in Betracht. 12
Er ist zunächst abzugrenzen gegenüber dem ganzen Gewerbebetrieb. Dies ist bedeutsam im Hinblick auf den Umfang der zu übertragenden wesentlichen Betriebsgrundlagen. Darüber hinaus muss eine Abgrenzung zu unselbständigen Betriebsteilen und einzelnen Wirtschaftsgütern des Betriebsvermögens erfolgen, denn diese sind weder nach §§ 34, 16 Abs. 4 EStG begünstigt noch gewerbesteuerfrei.

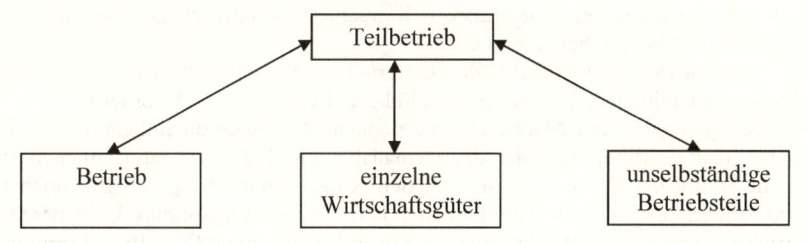

```
                    ┌──────────────┐
                    │  Teilbetrieb │
                    └──────────────┘
           ↕               ↕               ↕
    ┌──────────┐    ┌──────────────┐   ┌──────────────┐
    │  Betrieb │    │   einzelne   │   │ unselbständige│
    │          │    │Wirtschaftsgüter│   │ Betriebsteile │
    └──────────┘    └──────────────┘   └──────────────┘
```

Der Teilbetrieb gemäß § 16 Abs. 1 Nr. 1 EStG ist **nicht deckungsgleich** mit dem Begriff des „Betriebsteils" im Sinne des § 613a BGB oder dem der „Betriebsstätte" nach § 12 AO.

Es handelt sich bei ihm um einen
– organisch geschlossenen Teil des Gesamtbetriebs,
– der für sich allein lebensfähig und
– bereits vor Veräußerung mit einer gewissen Selbständigkeit ausgestattet ist.[32]

Das Merkmal **organisch geschlossener Teil des Gesamtbetriebs** ist ein rein innerbe- 13
trieblich zu beurteilendes Kriterium. Es dient der Abgrenzung des Teilbetriebs von bloßen Unterabteilungen und einzelnen Betriebsmitteln. Ein organisch geschlossener Teil des Gesamtbetriebs setzt sich in der Regel aus mehreren Wirtschaftsgütern zusammen. Unerheblich ist, ob die Wirtschaftsgüter zum einen Teil zum Gesellschaftsvermögen einer Personengesellschaft (Gesamthandsvermögen) und zum anderen Teil zum Sonderbetriebsvermögen eines Gesellschafters gehören.[33] Bei einem einzelnen Wirtschaftsgut handelt es sich grundsätzlich um keinen Teilbetrieb. Gleiches gilt für Wirtschaftsgüter des Sonderbetriebsvermögens, auch nicht im Hinblick auf ihre sachenrechtliche Zuordnung.[34] Sie stehen zwar im Eigentum des Mitunternehmers und nicht in dem der Personengesellschaft.

---

[30] Schmidt/*Wacker* EStG § 16 Rn. 108.
[31] BFH BStBl. II 1982, 348; H 6b „Rücklage bei Betriebsveräußerung" EStH; Schmidt/*Wacker* EStG § 16 Rn. 108, 373.
[32] GrS BFH BStBl. II 2000, 123; BFH BStBl. II 2003, 838 mwN; vgl. auch Art. 2i) Richtlinie (EWG) Nr. 90/434 „Fusionsrichtlinie"; EuGH IStR 2002, 94.
[33] Schmidt/*Wacker* EStG § 16 Rn. 152; aA evtl. BFH BStBl. II 1968, 9.
[34] BFH BStBl. II 1979, 554.

Diese Trennung vom Gesellschaftsvermögen allein reicht jedoch nicht aus, das Sonderbetriebsvermögen als Teilbetrieb anzusehen. Es kann jedoch Teil eines Teilbetriebs sein.

14 Hat eine natürliche Person mehrere Betriebe, die weder sachlich noch wirtschaftlich zueinander in Verbindung stehen, handelt es sich jeweils um selbständige ganze Gewerbebetriebe und nicht um Teilbetriebe.[35] Ein ganzer Gewerbebetrieb liegt auch dann vor, wenn nach Veräußerung kein selbständiger Teilbetrieb zurückbleibt. Wird zB ein Gewerbebetrieb verkauft und das zurückbehaltene Betriebsgrundstück vermietet, liegt eine Betriebsaufgabe vor. Die Vermietung des Grundstücks ist keine gewerbliche Tätigkeit, sofern sie nicht auch außerhalb des Gewerbebetriebes gewerblichen Charakter hätte.[36] Ein Teilbetrieb liegt daher insoweit nicht vor. Tatsächlich ist das Grundstück im Zuge der Veräußerung der übrigen Wirtschaftsgüter des Betriebes in das Privatvermögen überführt worden. Diese Thematik ist häufig auch bei der Veräußerung der Betriebsgesellschaft im Rahmen einer Betriebsaufspaltung anzutreffen. Das zurückbehaltene Besitzunternehmen stellt in der Regel keinen Teilbetrieb dar, und zwar auch dann nicht, wenn einzelne Grundstücke oder gar Grundstücksgruppen an fremde Dritte vermietet werden.[37] Eine Teilbetriebsveräußerung kommt somit immer nur dann in Betracht, wenn in dem Unternehmen **mindestens zwei Teilbetriebe** vorhanden sind, so dass im Zuge der Veräußerung immer noch mindestens ein Teilbetrieb verbleibt. Dabei ist das Größen- und Wertverhältnis des zu veräußernden Teilbetriebs zu dem verbleibenden Teilbetrieb nicht maßgebend.[38] Verbleibt kein Teilbetrieb, wird das Unternehmen im Ganzen verkauft oder aufgegeben, nicht jedoch eine organisatorisch geschlossene und mit gewisser Selbständigkeit ausgestattete Untereinheit veräußert.

15 Eine organisatorische Aufteilung des Unternehmens nach örtlichen oder fachlichen Gesichtspunkten führt lediglich zu unselbständigen Betriebsteilen. Erforderlich ist ein eigenes Leistungsangebot am Markt; innerbetriebliche Organisationseinheiten wie zB die eigene Buchhaltungsabteilung oder das Dentallabor als Teil einer zahnärztlichen Praxis reichen nicht, solange sie über keinen eigenen Kundenkreis verfügen.[39] Ein noch nicht werbend tätiger, dh im Aufbau befindlicher betrieblicher Organismus kann bereits ein Teilbetrieb im Sinne des § 16 EStG sein, sofern er bereits wesentliche Betriebsgrundlagen hat.[40] Ausreichend ist, dass das eigene Leistungsangebot konkret beabsichtigt ist. Die Veräußerung von einzelnen Wirtschaftsgütern eines zerstörten Teilbetriebs ist nur dann eine Teilbetriebsveräußerung bzw. -aufgabe, wenn die Veräußerung in engem zeitlichen Zusammenhang mit der Zerstörung erfolgt.[41]

16 Der Teil eines Gesamtbetriebs ist **allein lebensfähig,** wenn von ihm seiner Struktur nach eigenständig betriebliche Tätigkeit ausgeübt werden kann.[42] Unerheblich ist, ob stets und sofort Gewinn erzielt wird.[43] Dagegen werden in der Regel ein eigenständiger Kundenstamm[44] und eigene Einkaufsbeziehungen[45] für die Lebensfähigkeit des Teilbetriebs erforderlich sein. Abzustellen ist grundsätzlich auf die Verhältnisse beim Veräußerer im **Zeitpunkt der Veräußerung.** Bei einem erst im Aufbau befindlichen Teilbetrieb ist dieses Merkmal allerdings ebenso wie bei einem zerstörten Teilbetrieb entbehrlich.[46]

17 Eine **gewisse Selbständigkeit** erfordert, dass die verschiedenen Wirtschaftsgüter zusammen einer Betätigung dienen, die sich von der übrigen gewerblichen Betätigung ab-

---

[35] BFH BStBl. II 1989, 901; BFH/NV 2013, 252, 1125, jeweils zur GewSt.
[36] BFH BStBl. II 1998, 735; 2005, 778; aA *Tiedtke/Wälzholz* FR 1999, 117.
[37] BFH BStBl. II 1969, 397; zur gewerblichen Verpachtung als Teilbetrieb → Rn. 24.
[38] BFH BStBl. II 1977, 45.
[39] BFH BStBl. II 1994, 352 zu § 18 Abs. 3 EStG.
[40] BFH BStBl. II 1989, 458; BFH/NV 2015, 678.
[41] BFH BStBl. II 1982, 707; FG Hmb EFG 2000, 552, rkr.
[42] BFH BStBl. II 1989, 376; 1976, 415 mwN.
[43] BFH BStBl. II 1996, 409.
[44] BFH BStBl. II 1975, 832.
[45] BFH/NV 1992, 516.
[46] BFH BStBl. II 1989, 458.

hebt und unterscheidet.[47] Dennoch muss bei einer **natürlichen Person** zwischen den einzelnen gewerblichen Betätigungen ein sachlicher und wirtschaftlicher Zusammenhang bestehen. Denn anderenfalls würden mehrere ganze Gewerbebetriebe vorliegen (→ Rn. 7). Maßgebend ist das Gesamtbild der beim Veräußerer bestehenden Verhältnisse **im Zeitpunkt der Veräußerung,**[48] ohne dass eine vollständige Selbständigkeit vorliegen muss.[49] Maßgebend ist der Abschluss des Kausalgeschäfts.[50] Unerheblich ist das Verhalten des Erwerbers. Es spielt daher keine Rolle, ob dieser den Teilbetrieb als solchen fortführt, in sein Unternehmen als unselbständigen Teil integriert oder gänzlich einstellt. Erreicht der Teilbetrieb erst beim Erwerber seine Selbständigkeit in hinreichendem Maße, liegt keine Teilbetriebsveräußerung vor. Eine eigene Buchführung ist weder unerlässlich[51] noch allein ausreichend,[52] indiziert aber die Selbständigkeit. Wie und ob der Erwerber die Wirtschaftsgüter in seinem Unternehmen einsetzt, ist für die Klassifizierung als Teilbetrieb unerheblich. Für die Beurteilung, ob eine gewisse Selbständigkeit vorliegt, können insbesondere folgende Merkmale ausschlaggebend sein:
– örtliche Trennung[53]
– Verwendung jeweils anderer Betriebsmittel, insbes. unterschiedlichen Anlagevermögens[54]
– Einsatz verschiedenen Personals[55]
– gesonderte Buchführung/Kostenrechnung[56]
– selbständige Preisgestaltung[57]
– eigener Kundenstamm[58]
– Vergütung eines eigenen Geschäftswerts durch den Erwerber[59]
– eigene Einkaufsbeziehungen.[60]

Die Gewichtung der einzelnen Indizien hängt von der Art des Betriebs ab, denn ihnen kann zB in einem Fertigungs-, Handels- oder Dienstleistungsbetrieb eine jeweils gänzlich unterschiedliche Bedeutung zukommen. Eine Zweigniederlassung im Sinne des § 13 HGB stellt grundsätzlich einen Teilbetrieb dar.[61] Bei einer Betriebsaufspaltung kann das Besitzunternehmen ausnahmsweise ein Teilbetrieb sein, wenn die Verpachtung originär gewerblichen Charakter hat[62] oder wenn selbständige Verwaltungskomplexe an mehrere Betriebsgesellschaften oder an verschiedene Teilbetriebe der Betriebsgesellschaft vermietet werden.[63]

Ebenso wie bei der Veräußerung eines ganzen Gewerbebetriebs ist auch bei der Teilbetriebsveräußerung ausreichend, wenn die wesentlichen **Betriebsgrundlagen** veräußert werden (→ Rn. 7). Selbstverständlich müssen nur die für den Teilbetrieb wesentlichen Betriebsgrundlagen übertragen werden. Wird ein Wirtschaftsgut, zB ein Gebäude, von verschiedenen Teilbetrieben des Unternehmens genutzt und bei der Veräußerung eines dieser Teilbetriebe nicht oder nicht mit dem entsprechenden Teil mitveräußert, liegt keine Teilbetriebsveräußerung vor, wenn es sich bei dem Wirtschaftsgut um eine wesentli-

18

---

[47] BFH BStBl. II 1979, 557 mwN.
[48] GrS BFH BStBl. II 2000, 123.
[49] BFH BStBl. II 1984, 486.
[50] → Fn 4.
[51] BFH BStBl. III 1965, 656.
[52] BFH BStBl. II 1969, 397.
[53] BFH BStBl. II 1989, 376; 1996, 409.
[54] BFH BStBl. II 1989, 376.
[55] BFH BStBl. II 1989, 653; 1983, 113.
[56] BFH BStBl. II 1980, 51.
[57] BFH BStBl. II 1989, 376.
[58] BFH BStBl. II 1984, 486.
[59] BFH BStBl. II 1987, 455.
[60] BFH/NV 1992, 516.
[61] BFH BStBl. II 1995, 403;1993, 677.
[62] BFH FR 2001, 1169; BStBl. II 2005, 395; →. Rn. 21.
[63] BFH/NV 1998, 690; BStBl. II 2005, 395; FG Münster EFG 1998, 737 rkr.

che Betriebsgrundlage handelt.[64] Dies soll unabhängig vom Nutzungsumfang gelten.[65] In diesem Fall sollte der Teilbetrieb verlagert werden. Ist dies nicht möglich wäre das Grundstück ggf. real zu teilen oder, falls dies nicht zumutbar ist (Billigkeitsregelung), eine ideelle Teilung durch Einräumung von Miteigentumsanteilen im Verhältnis der tatsächlichen Nutzung vorzunehmen.[66] Die bloße Nutzungsüberlassung ist nicht ausreichend.[67] Die Rechtsprechung verlangt, dass die in dem veräußerten Teilbetrieb gebildeten, bedeutenden stillen Reserven einschließlich des Geschäftswerts aufgelöst werden.[68]

19 Bei einer **Betriebsaufspaltung** ist für die Beurteilung, ob die Veräußerung von Betriebsgrundlagen des Besitzunternehmens als Teilbetriebsveräußerung zu werten ist, **allein** auf die Verhältnisse bei diesem abzustellen.[69] Die Anteile an einer Betriebskapitalgesellschaft sind wesentliche Betriebsgrundlagen iSv § 16 EStG des Besitzeinzelunternehmens.[70] Dienen die veräußerten Wirtschaftsgüter der Besitzgesellschaft erst bei einheitlicher Betrachtung von Betriebs- und Besitzunternehmen einer Betätigung, die sich von der sonstigen Produktions- oder Handelstätigkeit der Betriebsgesellschaft abhebt, liegt keine Teilbetriebsveräußerung vor. Es können daher insoweit nur einzelne, voneinander abgrenzbare Verwaltungskomplexe des Besitzunternehmens als Teilbetriebe in Betracht kommen (→ Rn. 17 aE). Bei der Betriebsgesellschaft gilt dies entsprechend.

20 **cc) 100 %ige Beteiligung an einer Kapitalgesellschaft.** Durch § 16 Abs. 1 Nr. 1 S. 2 EStG ist eine im Betriebsvermögen gehaltene 100 %ige Beteiligung an einer Kapitalgesellschaft einem Teilbetrieb gleichgestellt. Dies beruht darauf, dass ihre Veräußerung wirtschaftlich betrachtet der Veräußerung eines Teilbetriebs entspricht. Diese Gleichbehandlung hat jedoch durch die Einführung des Teileinkünfteverfahrens sehr an Bedeutung verloren. Denn ab dem Veranlagungszeitraum 2002 bzw. 2009 entfällt grundsätzlich auch für die 100 %ige Beteiligung an einer Kapitalgesellschaft die Tarifbegünstigung nach § 34 Abs. 2 Nr. 1 EStG. Es bleibt insoweit bei der 40 %igen Freistellung/Nichtberücksichtigung von Veräußerungsgewinnen/-verlusten, §§ 3 Nr. 40b, 3c Abs. 2 EStG. Die Teilbetriebsfiktion des § 16 Abs. 1 Nr. 1 S. 2 EStG hat daher nur noch Bedeutung für den Freibetrag nach § 16 Abs. 4 EStG (→ Rn. 79 ff.), bei Umstrukturierungen (→ §§ 20 Abs. 1 S. 2, Abs. 5 S. 4, 23 Abs. 4, 24 UmwStG) sowie bei der Veräußerung einbringungsgeborener Anteile im Sinne des § 21 UmwStG innerhalb der Sperrfrist (→ § 3 Nr. 40 S. 3 und 4 EStG), bei der das Teileinkünfteverfahren nicht anwendbar ist.[71] Der Gewinn aus der Veräußerung der Beteiligung ist allerdings gewerbesteuerpflichtiges laufendes Ergebnis (→ Rn. 230 ff.). Etwas Anderes gilt nur, wenn die Beteiligung im Zuge einer Unternehmensveräußerung oder -aufgabe verkauft wird. Denn in diesem Fall ist die vom Grundsatz her vorliegende Teilbetriebsveräußerung Bestandteil der beiden anderen begünstigten Tatbestände und tritt hinter diese zurück. Voraussetzung ist, dass die Beteiligung
– das gesamte Nennkapital umfasst und
– vollständig zum Betriebsvermögen gehört.

21 Kapitalgesellschaften sind die Aktiengesellschaft, die Gesellschaft mit beschränkter Haftung und die Kommanditgesellschaft auf Aktien. Voraussetzung für die Begünstigung nach §§ 16, 34 EStG ist die Beteiligung am **gesamten Nennkapital** der Kapitalgesellschaft. Besitzt die Kapitalgesellschaft eigene Anteile, ist für die Berechnung deren Nennwert vom Grund- oder Stammkapital abzuziehen.

---

[64] BFH BStBl. II 1996, 409; → Rn. 16.
[65] Kritisch dazu *Gosch* StBP 1996, 248; *Herzig* DB 2000, 2236.
[66] BMF BStBl. I 2011, 1314 Rn. 15.08.
[67] BFH BStBl. II 2011, 467.
[68] BFH BStBl. II 1987, 455 (funktional-quantitative Betrachtungsweise; → Rn. 8).
[69] BFH/NV 1994, 617.
[70] BStBl. II 2007, 772; 2014, 158.
[71] Schmidt/*Wacker* EStG § 16 Rn. 161 aE.

Ferner muss der Veräußerer **wirtschaftlicher Eigentümer** sein. Eine Ausnahme gilt hier 22
für Personengesellschaften. Eine im Gesellschaftsvermögen (Gesamthandsvermögen) einer
Personengesellschaft gehaltene 100 %ige Beteiligung an einer Kapitalgesellschaft wird steuerlich gemäß § 39 Abs. 2 Nr. 2 AO grundsätzlich den Beteiligten anteilig zugerechnet. Jeder
Gesellschafter ist somit wirtschaftlicher Eigentümer eines Teils der Beteiligung. Dennoch ist
§ 16 Abs. 1 Nr. 1 S. 2 EStG auf diesen Fall anwendbar, wenn die Personengesellschaft gewerblich tätig[72] oder gewerblich geprägt (→ Rn. 30) ist. Als Veräußerer gilt hier insoweit
die Personengesellschaft als Einheit. Entsprechendes gilt für eine 100 %ige Beteiligung im
Miteigentum (§ 1008 BGB) und für eine in der Summe 100 %ige Beteiligung, deren Anteile sich im Betriebsvermögen oder Sonderbetriebsvermögen eines oder mehrerer Personengesellschafter befinden.[73] Nicht erforderlich ist, dass es sich um eine Beteiligung im handelsrechtlichen Sinne gemäß § 271 HGB handelt.[74]

Die Anteile müssen **insgesamt Betriebsvermögen** sein.[75] Ausreichend ist gewillkür- 23
tes Betriebsvermögen ebenso wie Sonderbetriebsvermögen. Die Anteile können darüber
hinaus in verschiedenen Betriebsvermögen liegen. Sie können daher teils Gesellschaftsvermögen sein und teils den Gesellschaftern (nicht notwendig allen) gehören. Sie können
sich aber auch nur im Sonderbetriebsvermögen der Gesellschafter (nicht notwendig allen)
befinden.[76] Da eine nicht gewerbliche Personengesellschaft, die auch nicht gewerblich geprägt ist, kein Betriebsvermögen hat, ist § 16 Abs. 1 Nr. 1 S. 2 EStG hier nicht anwendbar. Wird ein Teil einer 100 %igen Beteiligung an einer Kapitalgesellschaft nicht im Betriebsvermögen gehalten, so muss dieser Teil vor einer Veräußerung eingelegt werden, um
die Vergünstigungen der §§ 16, 34 EStG zu erhalten. 100 %ige Beteiligungen an Kapitalgesellschaften, die im Privatvermögen gehalten werden, fallen unter die Begünstigung des
§ 17 EStG (→ Rn. 144).

dd) Mitunternehmeranteil. Durch § 16 Abs. 1 Nr. 2 EStG wird der Mitunternehmer 24
bei Veräußerung seines Mitunternehmeranteils dem Einzelunternehmer, der seinen ganzen Gewerbebetrieb veräußert, gleichgestellt. Erfasst werden:
– Gesellschaftsanteile von Personengesellschaften mit Gesamthandsvermögen (OHG, KG, GbR),
– Gesellschaftsanteile von Personengesellschaften mit Bruchteilseigentum der Gesellschafter (zB Partenreederei),
– Anteile an Gemeinschaften mit Gesamthandsvermögen (zB Erbengemeinschaft),
– Gesellschaftsanteile von Personengesellschaften, die als Innengesellschaften kein Gesellschaftsgesamthandsvermögen haben können (zB atypisch stille Gesellschaft),
soweit gewerbliche Personenzusammenschlüsse bzw. gewerblich geprägte Personengesellschaften (→ Rn. 30) zugrunde liegen, die die Kriterien einer Mitunternehmerschaft erfüllen. Für Personenzusammenschlüsse, die land- und forstwirtschaftliche oder freiberufliche
Einkünfte erzielen, gelten die Regelungen über die Mitunternehmerschaft entsprechend.

Für die steuerrechtliche Beurteilung kommt es allerdings nicht darauf an, ob sich der 25
Personenzusammenschluss nach bürgerlich-rechtlichen oder handelsrechtlichen Vorschriften
ein bestimmtes Rechtskleid überziehen lässt. Maßgebend ist vielmehr auch hier wieder die
wirtschaftliche Betrachtungsweise. Dies wird insbesondere dann deutlich, wenn man
ausländische Rechtsgebilde betrachtet, die zB nach Landesrecht als Personengesellschaft (zB
die Limited Liability Company in den USA[77]), aber aufgrund Ausgestaltung im Gesellschaftsvertrag nach den allein maßgeblichen deutschen Beurteilungskriterien wirtschaftlich
als eine Kapitalgesellschaft angesehen werden können. Die Rechtsprechung stellt hier einen

---

[72] BFH BStBl. II 1982, 751.
[73] BFH BStBl. II 1995, 705; R 16 Abs. 3 S. 7 EStR.
[74] Finanzverwaltung DStR 1989, 394.
[75] R 16 Abs. 3 S. 8 EStR.
[76] BFH BStBl. II 1995, 705; R 16 Abs. 3 S. 7 EStR.
[77] IRS Rev. Ruling 88–76 (1988–2 C.B. 360).

Typenvergleich an.[78] Darüber hinaus wird auch die Stellung der einzelnen, an dem Personenzusammenschluss beteiligten Person für sich allein beurteilt, ob eine Mitunternehmerschaft vorliegt. Dies bedeutet, dass nicht jeder Gesellschafter auch zugleich Mitunternehmer sein muss. Andererseits können Nicht-Gesellschafter sehr wohl Mitunternehmer sein.[79] Mit anderen Worten: Es können in einer Gesellschaft Mitunternehmer und Nicht-Mitunternehmer nebeneinander auftreten.

26 Der Begriff der **Mitunternehmerschaft** ist gesetzlich nicht definiert und wurde weitgehend von der Rechtsprechung ausgefüllt. Er setzt voraus, dass
– mindestens zwei Personen (Mitunternehmer), die
– Mitunternehmerinitiative entfalten und
– Mitunternehmerrisiko tragen,
– gemeinschaftlich
– eine gewerbliche oder zumindest gewerblich geprägte Tätigkeit[80] ausüben.

Mitunternehmer können zunächst einmal alle **natürlichen** und **juristischen Personen** sein, soweit sie **unmittelbar** an dem Personenzusammenschluss beteiligt sind. Es spielt keine Rolle, ob sie unbeschränkt oder beschränkt einkommen- oder körperschaftsteuerpflichtig sind.[81] **Mittelbar** über eine oder mehrere Personengesellschaften (Obergesellschaften) – Kapitalgesellschaften entfalten Abschirmwirkung nach oben – beteiligte Gesellschafter einer gewerblichen oder gewerblich geprägten Personengesellschaft, der Untergesellschaft, (sog. **Sonder-Mitunternehmer**[82]) werden den unmittelbar Beteiligten gleichgestellt, § 15 Abs. 1 Nr. 2 S. 2 EStG. Dies hat zur Folge, dass Vergütungen, die von der Personengesellschaft an diesen Personenkreis gezahlt werden, und Wirtschaftsgüter, die dieser der Gesellschaft zur Verfügung stellt, als Sondervergütungen und Sonderbetriebsvermögen im Gesamtgewinn bzw. Gesamtbetriebsvermögen der Untergesellschaft zu erfassen sind.

27 Der Begriff des Mitunternehmers setzt grundsätzlich voraus, dass die betreffende Person im Rahmen des Personenzusammenschlusses Mitunternehmerrisiko trägt und Mitunternehmerinitiative entfalten kann.[83] Grundsätzlich müssen beide Merkmale gleichermaßen vorliegen. Ein Weniger des einen Merkmals kann allerdings durch ein Mehr des anderen ausgeglichen werden.[84] Sie sind insoweit kompensierbar. Nicht notwendig ist, dass die Merkmale bei jedem Gesellschafter in gleicher Ausprägung vorliegen. Vorsicht ist bei einem Mehr an Mitunternehmerinitiative geboten, denn hier kann zB krankheitsbedingte Handlungsunfähigkeit schlagartig zu einem Verlust der Mitunternehmerstellung und daran anknüpfend zur Besteuerung der stillen Reserven führen.

28 **Mitunternehmerrisiko** bedeutet Teilhabe am Erfolg und Misserfolg eines Gewerbebetriebes.[85] Dies drückt sich in der Regel in einer Beteiligung des Mitunternehmers
• am Gewinn und Verlust **sowie**
• an den stillen Reserven einschließlich eines Firmenwerts
aus. Zumindest die **Beteiligung am laufenden Gewinn** ist in jedem Fall für das Vorliegen einer Mitunternehmerschaft erforderlich.[86] Eine bloße Umsatzbeteiligung genügt in der Regel nicht.[87] Grundsätzlich ist hierbei der Totalgewinn gemeint, dh inklusive **stiller Reserven**.[88] Wird die Beteiligung an den stillen Reserven generell ausgeschlossen, dh,

---

[78] BFH BStBl. II 2009, 263; BMF BStBl. I 2004, 411; OFD Frankfurt IStR 2016, 860 Rn. 35.
[79] BFH BStBl. II 1986, 10; 2007, 927; BFH/NV 2014, 1711.
[80] Bei land- und forstwirtschaftlicher sowie bei freiberuflicher Tätigkeit müssen diese Tätigkeiten ausgeübt werden.
[81] BFH BStBl. II 1988, 663.
[82] Schmidt/*Wacker* EStG § 15 Rn. 612.
[83] GrS BFH BStBl. II 1993, 616 (621); 1984, 751 (769 mwN); BFH DStR 2018, 2372 Rn. 28 ff.
[84] BFH BStBl. II 1997, 272; DStR 2017, 2104.
[85] BFH BStBl. II 2000, 183; DStR 2017, 2104.
[86] *Schulze zur Wiesche* DB 1997, 244; vgl. auch BFH BStBl. II 2000, 183.
[87] BFH BStBl. II 2001, 359; BStBl. II 2016, 383.
[88] BFH BStBl. II 1984, 751; 1991, 800.

erhält der Gesellschafter sowohl im Falle seines Ausscheidens als auch bei Liquidation der Gesellschaft lediglich den Buchwert, liegt grundsätzlich keine Mitunternehmerstellung vor.[89] Dies gilt jedoch nicht, wenn eine Beteiligung an den stillen Reserven lediglich auf den Fall des freiwilligen Ausscheidens eines Gesellschafters begrenzt wird.[90] Erhält der Minderheitsgesellschafter beim Ausscheiden den vollen Verkehrswert und spielt es keine Rolle, wenn er vom Mehrheitsgesellschafter aus der Gesellschaft hinausgedrängt werden kann.[91] Auch eine Beteiligung am Firmenwert ist grundsätzlich erforderlich.[92] Allerdings vermittelt eine Beteiligung am laufenden Gewinn bei entsprechend starker Ausprägung der Mitunternehmerinitiative ausreichend Mitunternehmerrisiko.[93] Die **Teilhabe am Verlust** ist keine unabdingbare Voraussetzung für das Vorliegen einer Mitunternehmerstellung. Allerdings ist sie ein deutliches Indiz. Sie kann wie zB beim Kommanditisten begrenzt sein. Eine persönliche Haftung ist nicht erforderlich.[94] Andererseits kann eine unbeschränkte Außenhaftung ausreichen, auch wenn im Innenverhältnis ein Freistellungsanspruch besteht.[95]

Mitunternehmerinitiative liegt vor, wenn der Gesellschafter an den unternehmerischen Entscheidungen, wie sie Geschäftsführern oder leitenden Angestellten obliegen, teilhat.[96] Ausreichend ist jedoch, wenn ihm die Möglichkeit zusteht, Rechte auszuüben, die den Stimm-, Kontroll- und Widerspruchsrechten eines Kommanditisten nach den Vorschriften des HGB wenigstens angenähert sind.[97] Das **Stimmrecht** betrifft grundsätzlich keine Geschäftsführungsentscheidungen, sondern nur solche im Gesellschafterbereich. Dies sind in der Regel die Änderung des Unternehmenszwecks, des Gesellschaftsvertrags und der Gewinnverteilung, die Aufnahme neuer Gesellschafter, die Gewinnfeststellung sowie die Bestellung von Geschäftsführern. In den Bereich der Geschäftsführung fallen dagegen die Aufstellung der Bilanz und die laufende Geschäftsführung. Ein besonderes Problem ergibt sich beim atypisch stillen Gesellschafter. Das Gewinnfeststellungsrecht steht hier allein dem Geschäftsinhaber zu. Es liegt somit eine Abweichung zu den Rechten des Kommanditisten vor. Dies ist aber unerheblich, da seine Rechte denjenigen eines Kommanditisten nur **angenähert** sein müssen. Deshalb wird man die Mitunternehmerinitiative nur dann verneinen können, wenn der Geschäftsinhaber durch Ausübung von Bewertungswahlrechten den Gewinn (stark) manipulieren kann. Die starke Mitunternehmerinitiative muss grundsätzlich durch das Gesellschaftsverhältnis vermittelt werden.[98] Bei der GmbH & atypisch still reicht es ausnahmsweise aus, wenn die starke Mitunternehmerinitiative durch die Geschäftsführertätigkeit des stillen Gesellschafters bei der Geschäftsherrin (GmbH) vermittelt wird.[99] Das **Kontrollrecht** umfasst dagegen die Berechtigung, eine abschriftliche Mitteilung des Jahresabschlusses zu verlangen und dessen Richtigkeit durch Einsichtnahme in die Bücher und die sonstigen Unterlagen der Gesellschaft zu überprüfen (§ 166 Abs. 1 HGB für den Kommanditisten und § 233 Abs. 1 HGB für den stillen Gesellschafter). Eine Einschränkung dieser Mindestkontrollrechte führt ebenso zur Verneinung der Mitunternehmerstellung wie der vertragliche Ausschluss der Stimmrechte.[100]

Für das Vorliegen einer Mitunternehmerschaft ist weiterhin erforderlich, dass der zugrundeliegende Personenzusammenschluss freiberuflich, land- und forstwirtschaftlich oder

---

[89] BFH BStBl. II 1981, 663.
[90] BFH BStBl. II 1979, 670.
[91] BFH BStBl. II 2019, 131; FG Hmb EFG 2011, 1997.
[92] BFH DStR 2004, 933 zur atypisch stillen Gesellschaft; BFH BStBl. II 1996, 269 zur Unterbeteiligung.
[93] BFH BStBl. II 2016, 383; DStR 2004, 933; DStRE 1999, 81; *Schulze zur Wiesche*, DB 1997, 244.
[94] BFH BStBl. II 1992, 330.
[95] BFH BStBl. II 1987, 553; 2010, 751.
[96] BFH BStBl. II 1997, 272.
[97] BFH BStBl. II 1999, 384; DStR 2017, 2104.
[98] BFH DStR 2017, 2104; BStBl. II 1982, 389.
[99] BFH DStR 2017, 2104; BFH/NV 1991, 34; BFH/NV 2004, 188.
[100] BFH DB 1988, 940; BStBl. II 209 (312).

gewerblich tätig, oder aber zumindest gewerblich geprägt ist. **Gewerbliche Tätigkeit** setzt voraus, dass der Personenzusammenschluss ein gewerbliches Unternehmen im Sinne von § 15 Abs. 1 S. 1 Nr. 1 iVm Abs. 2 EStG betreibt.[101] Dies müssen die Personen gemeinschaftlich, dh in ihrer Verbundenheit als Gesellschafter tun. Handelt es sich bei dem Personenzusammenschluss um eine Außengesellschaft, muss diese alle einen Gewerbebetrieb kennzeichnenden Merkmale erfüllen.[102] Liegt demgegenüber eine Innengesellschaft vor, müssen die den Gewerbebetrieb kennzeichnenden Merkmale bei dem nach außen als Unternehmer auftretenden Gesellschafter vorliegen.[103] Ist eine Gesellschaft als OHG oder KG in das Handelsregister eingetragen, gilt die widerlegbare Vermutung, dass sie gewerblich tätig ist.[104] Eine nur teilweise gewerblich tätige inländische oder ausländische[105] Personengesellschaft gilt, soweit sie von Gewinnerzielungsabsicht (→ Rn. 53) getragen ist, nach § 15 Abs. 3 Nr. 1 EStG in vollem Umfang als Gewerbebetrieb.[106] Dies gilt nicht für andere Personenzusammenschlüsse, wie zB eine zT gewerblich tätige Erbengemeinschaft,[107] eheliche Gütergemeinschaft[108] oder reine Bruchteilsgemeinschaft (Ausnahme: Partenreederei).[109] Auf den Umfang der gewerblichen Tätigkeit kommt es grundsätzlich nicht an. Die infizierende Wirkung der gewerblichen Einkünfte entfällt nach Ansicht der Rechtsprechung nur dann, wenn die gewerbliche Tätigkeit von ganz untergeordneter Bedeutung ist, was der Fall sein soll, wenn die originär gewerblichen Nettoumsatzerlöse nicht höher als 3% und nicht höher als EUR 24.500 sind.[110] Ansonsten führt jede auch nur geringfügige gewerbliche Tätigkeit der Personengesellschaft zur Umqualifizierung der nicht gewerblichen Einkünfte in gewerbliche.[111] Ausreichend ist bereits das Halten einer Beteiligung an einer gewerblichen oder gewerblich geprägten Personengesellschaft, da die Obergesellschaft insoweit unweigerlich gewerbliche Einkünfte erzielt. Eine **gewerblich geprägte Personengesellschaft** liegt vor, wenn an dieser mit Gewinnerzielungsabsicht (→ Rn. 53) betriebenen, jedoch nicht gewerblich tätigen Gesellschaft zumindest eine Kapitalgesellschaft unmittelbar oder mittelbar beteiligt ist und nur diese zur Geschäftsführung befugt ist, § 15 Abs. 3 Nr. 2 S. 1 EStG.

31 Der Mitunternehmeranteil umfasst die Mitgliedschaft an dem Personenzusammenschluss einschließlich der dinglichen Mitberechtigung am **Gesamthandsvermögen** und etwaiges **Sonderbetriebsvermögen** des einzelnen Mitunternehmers.[112] Auch hier ist wiederum erforderlich, dass zusammen mit dem Mitunternehmeranteil die **wesentlichen Betriebsgrundlagen** (→ Rn. 7 ff.) mitveräußert werden. Abgesehen von dem Fall, dass aufgrund einheitlicher Planung und in engem zeitlichem Zusammenhang mit der Veräußerung eines Mitunternehmeranteils wesentliche Betriebsgrundlagen einer Personengesellschaft aus dem Betriebsvermögen der Gesellschaft ohne Aufdeckung sämtlicher stillen Reserven steuerneutral in ein anderes Betriebsvermögen überführt werden, sog. **Gesamtplanrechtsprechung**,[113] kann es sich hierbei im Übrigen nur um Wirtschaftsgüter des **Sonderbetriebsvermögens** handeln. Maßgebend ist nach hM, ob diese bei funktional-quantitativer Betrachtungsweise (→ Rn. 8) für den Betrieb und somit auch für den Mit-

---

[101] BFH/NV 2017, 1279 Rn. 22; vgl. zum Begriff des gewerblichen Unternehmens und seiner Abgrenzung Schmidt/*Wacker* EStG § 15 Rn. 8 ff.; zur land- und forstwirtschaftlichen Tätigkeit vgl. Schmidt/*Kulosa* EStG § 13 Rn. 6.
[102] GrS BFH BStBl. II 1984, 751 (762).
[103] BFH BStBl. II 1986, 311.
[104] BFH BStBl. II 1978, 54 mwN.
[105] *Bordewin* NWB Fach 3b, 3281 (3283).
[106] BFH BStBl. II 1998, 603; 2002, 152, sog. „Abfärbe- oder Infektionstheorie".
[107] BFH BStBl. II 1987, 120; → a. § 27 Rn. 82.
[108] R 138 Abs. 5 S. 3 EStR.
[109] *Horn* BuW 1996, 495.
[110] BFH BStBl. II 2015, 1002; 2016, 381; 2015, 996; 2015, 999; OFD Frankfurt a.M. juris.
[111] BFH BStBl. II 1998, 603.
[112] BFH BStBl. II 1998, 383; BStBl. II 1995, 714; Schmidt/*Wacker* EStG § 16 Rn. 407 mwN; aA mit gewichtigen und systematisch richtigen Argumenten *Knobbe-Keuk* StbJb 91/92, 228.
[113] BFH BStBl. II 2001,229; 2015, 529; 2015, 536; DStR 2015, 211; *Schulze zur Wiesche* DStR 2015, 1161.

unternehmeranteil wesentlich sind. Ist dies der Fall und kommt es im Zuge des Veräußerungsvorgangs nicht zur Realisierung der stillen Reserven, so ist die Veräußerung des Mitunternehmeranteils ohne das dazugehörige Sonderbetriebsvermögen nach Ansicht der Rechtsprechung **nicht nach § 16, 34 EStG begünstigt.** Denn die Realisierung wird nach dem Sinn und Zweck der Begünstigungsregelung der §§ 16, 34 EStG für erforderlich gehalten.[114] Auch sog. **Sonderbetriebsvermögen II,** das heißt Wirtschaftsgüter, die der Begründung oder Stärkung der Beteiligung an der Mitunternehmerschaft dienen, kann eine wesentliche Betriebsgrundlage darstellen.[115] Dies gilt zB für den Anteil eines Kommanditisten einer GmbH & Co. KG an der im Übrigen nicht eigenständig gewerblichen Komplementär-GmbH.[116] Bei einer doppel- oder mehrstöckigen Personengesellschaft umfasst der Mitunternehmeranteil an der Obergesellschaft nur die Beteiligung an der Obergesellschaft und das dazugehörigen Sonderbetriebsvermögen bei der Obergesellschaft. Wirtschaftsgüter, die ein Gesellschafter der Obergesellschaft unmittelbar der Untergesellschaft zur Nutzung überlassen hat, gehören ausschließlich zu seinem Sondermitunternehmeranteil bei der Untergesellschaft.[117] Veräußert der Obergesellschafter seinen Anteil an der Obergesellschaft, liegt hierin entsprechend des Transparenzgedankens bei Mitunternehmerschaften die Veräußerung von zwei (oder mehr) Mitunternehmeranteilen, dem an der Obergesellschaft und dem an der Untergesellschaft bzw. den weiteren Untergesellschaften.[118] In diesem Fall ist tarifbegünstige Veräußerung nur dann gegeben, wenn das dazugehörige Sonderbetriebsvermögen von Ober- und Untergesellschaft mit veräußert wird.

> **Empfehlung:**
> Bei jeder Veräußerung eines Mitunternehmeranteils ist dem Sonderbetriebsvermögen besondere Beachtung zu schenken. Zum einen wird es häufig übersehen, zum anderen kann die Aufdeckung der darin ruhenden stillen Reserven nicht gewollt sein. Beides hat zur Folge, dass die Begünstigung der §§ 16, 34 EStG entfällt, sofern es sich bei den Wirtschaftsgütern des Sonderbetriebsvermögens um wesentliche Betriebsgrundlagen handelt.

32

Existieren Wirtschaftsgüter des Sonderbetriebsvermögens, die wesentliche Betriebsgrundlage einer Mitunternehmerschaft sind, sind im Einzelnen folgende Fallkonstellationen zu unterscheiden:

33

- Ein Gesellschafter veräußert seinen ganzen Mitunternehmeranteil und das dazugehörige Sonderbetriebsvermögen an einen Erwerber. Es handelt sich um einen begünstigten Veräußerungsvorgang.
- Ein Gesellschafter veräußert seinen ganzen Mitunternehmeranteil und überführt das dazugehörige Sonderbetriebsvermögen zeitgleich oder danach in sein Privatvermögen. Es liegt eine begünstigte Aufgabe eines Mitunternehmeranteils vor.[119]
- Ein Gesellschafter veräußert seinen ganzen Mitunternehmeranteil und das dazugehörige Sonderbetriebsvermögen an einen anderen als den Erwerber des Gesellschaftsanteils. Es liegt eine begünstigte Aufgabe eines Mitunternehmeranteils vor.
- Ein Gesellschafter veräußert seinen ganzen Mitunternehmeranteil und überführt das dazugehörige Sonderbetriebsvermögen vorab in ein anderes Betriebsvermögen oder ein

---

[114] BFH BStBl. II 1991, 635; ähnlich BFH BStBl. 1994, 458 zu § 24 UmwStG; *Hörger* DStR 1998, 233; aA *Knobbe-Keuk* StbJb 91/92, 232.
[115] BFH BStBl. II 1998, 104; BStBl. II 1998, 383; FinVerw DStR 2002, 1860; *Märkle* DStR 2001, 685; aA BFH BStBl. II 1996, 342.
[116] BFH BStBl. II 1999, 286 mwN.
[117] Schmidt/*Wacker* EStG § 16 Rn. 407; *Ley* KÖSDI 1997, 11081.
[118] Schmidt/*Wacker* EStG § 16 Rn. 407.
[119] BFH BStBl. II 1995, 890 mwN.

anderes Sonderbetriebsvermögen von ihm selbst. Die Überführung des Sonderbetriebsvermögens hat gemäß § 6 Abs. 5 S. 1 bzw. 2 EStG zum Buchwert zu erfolgen.[120] Es kommt nicht zur geballten Aufdeckung der in den wesentlichen Betriebsgrundlagen ruhenden stillen Reserven. Der Gewinn aus der Anteilsveräußerung ist nicht begünstigter laufender Gewinn.

- Ein Gesellschafter veräußert seinen ganzen Mitunternehmeranteil und überträgt das dazugehörige Sonderbetriebsvermögen durch verdeckte Einlage auf eine Kapitalgesellschaft. Da die Wirtschaftsgüter des Sonderbetriebsvermögens anderen betriebsfremden Zwecken zugeführt werden und damit als entnommen gelten, tritt Gewinnrealisierung ein. Es liegt daher eine begünstigte Aufgabe eines Mitunternehmeranteils vor.[121] Handelt es sich bei dem verdeckt eingelegten Sonderbetriebsvermögen um Kapitalgesellschaftsanteile, so gilt insoweit das Teileinkünfteverfahren, §§ 3 Nr. 40b, 3c Abs. 2 EStG (→ Rn. 183).

- Ein Gesellschafter veräußert seinen ganzen Mitunternehmeranteil und überträgt das dazugehörige Sonderbetriebsvermögen in sachlichem und zeitlichem Zusammenhang mit der Veräußerung in das Gesamthandsvermögen der Mitunternehmerschaft. Das Sonderbetriebsvermögen ist gemäß § 6 Abs. 5 S. 3 Nr. 2 EStG mit dem Buchwert anzusetzen.[122] Kommt es bei wirtschaftlicher Betrachtungsweise zu einer geballten Realisierung der stillen Reserven, zB weil der Wert des Sonderbetriebsvermögens mit dem Kaufpreis für den Mitunternehmeranteil abgegolten wird,[123] liegt eine begünstigte Aufgabe eines Mitunternehmeranteils vor. Ist dies nicht der Fall, ist der Gewinn aus der Anteilsveräußerung nicht begünstigter laufender Gewinn. Gleiches gilt, wenn der ausscheidende Gesellschafter das Sonderbetriebsvermögen in das Sonderbetriebsvermögen eines anderen Mitunternehmers derselben Mitunternehmerschaft überträgt. Der Buchwertansatz folgt hier aus § 6 Abs. 5 S. 3 Nr. 3 EStG, sofern der gesamte Vorgang sich wirtschaftlich betrachtet nicht als entgeltliches Geschäft darstellt und § 6 Abs. 5 S. 3 Nr. 3 EStG nicht zum Tragen kommt.

- Ein Gesellschafter veräußert seinen ganzen Mitunternehmeranteil und überträgt das dazugehörige Sonderbetriebsvermögen in sachlichem und zeitlichem Zusammenhang mit der Veräußerung in das Gesamthandsvermögen einer anderen Mitunternehmerschaft. Das Sonderbetriebsvermögen ist gemäß § 6 Abs. 5 S. 3 Nr. 2 EStG mit dem Buchwert anzusetzen.[124] Mangels zusammengeballter Realisierung der stillen Reserven entfällt die Begünstigung.

- Ein Gesellschafter veräußert seinen ganzen Mitunternehmeranteil und überträgt das dazugehörige Sonderbetriebsvermögen in sachlichem und zeitlichem Zusammenhang mit der Veräußerung in das Betriebsvermögen einer anderen Mitunternehmerschaft, die kein Gesamthandsvermögen hat (zB atypisch stille Gesellschaft). Dies wäre zB der Fall, wenn der Gesellschafter das Sonderbetriebsvermögen dazu benutzen würde, sich an dem Erwerber oder einer anderen Gesellschaft atypisch still zu beteiligen. In diesem Fall findet § 6 Abs. 5 S. 3 Nr. 2 EStG nach hM analog Anwendung, obwohl nach dessen Wortlaut ein Gesamthandsvermögen erforderlich ist. Voraussetzung ist lediglich, dass die Besteuerung der stillen Reserven gesichert und keine Kapitalgesellschaft als Mitunternehmer beteiligt ist.[125] Wirtschaftlich gesehen sind das Gesellschaftsvermögen der stillen Gesellschaft und das Gesamthandsvermögen gleichwertig. Die Buchwerte

---

[120] Zu zurückbehaltenen Schulden, die mit dem Sonderbetriebsvermögen zusammenhängen vgl. *Steger/Raible* NWB 2018, 426.
[121] BFH BStBl. II 1990, 420; Schmidt/*Wacker* EStG § 16 Rn. 112.
[122] BFH DStR 2018, 1014.
[123] Gegebenenfalls wäre zu prüfen, ob sich die Übertragung des Sonderbetriebsvermögens wirtschaftlich gesehen nicht als entgeltlicher Vorgang darstellt und § 6 Abs. 5 S. 3 Nr. 2 EStG nicht anwendbar ist.
[124] BFH DStR 2018, 1014.
[125] *Schulze zur Wiesche* StBP 2003, 132; *Pyszka* DStR 2003, 857; Schmidt/*Kulosa* EStG § 6 Rn. 691; BMF BStBl. I 2011, 1279 Tz. 9; aA *Brandenberg* DStZ 2003, 551.

sind zwingend fortzuführen. Es kommt nicht zur geballten Aufdeckung der in den wesentlichen Betriebsgrundlagen ruhenden stillen Reserven. Der Gewinn aus der Anteilsveräußerung ist nicht begünstigter laufender Gewinn.
- Ein Gesellschafter veräußert nur einen Teil seines Mitunternehmeranteils (→ Rn. 35) und behält das dazugehörige Sonderbetriebsvermögen zurück. Es liegt keine begünstigte Veräußerung eines Mitunternehmeranteils vor, § 16 Abs. 1 S. 2 EStG.
- Ein Gesellschafter veräußert nur einen Teil seines Mitunternehmeranteils (→ Rn. 35) und das gesamte Sonderbetriebsvermögen. Es liegt keine begünstigte Veräußerung eines Mitunternehmeranteils vor, § 16 Abs. 1 S. 2 EStG. Entsprechendes gilt bei gleichzeitiger Überführung der Wirtschaftsgüter des Sonderbetriebsvermögens in das Privatvermögen, wobei es sich dann allerdings um die nicht begünstigte Aufgabe eines Teils eines Mitunternehmeranteils handelt.
- Eine Personengesellschaft veräußert ihren ganzen Gewerbebetrieb. Gleichzeitig überführt ein Mitunternehmer sein Sonderbetriebsvermögen ganz oder teilweise zum Buchwert gemäß § 6 Abs. 5 EStG in ein anderes Betriebsvermögen/Sonderbetriebsvermögen. Lediglich der Gewinnanteil des Gesellschafters, der das Sonderbetriebsvermögen in ein anderes Betriebsvermögen zu Buchwerten überführt hat, ist nicht begünstigter laufender Gewinn.[126] Bei den übrigen Mitgesellschaftern liegt dagegen eine begünstigte Veräußerung vor. Entsprechendes gilt, wenn eine Personengesellschaft ihren ganzen Gewerbebetrieb veräußert und gleichzeitig ein Mitunternehmer sein Sonderbetriebsvermögen in das Gesamthandsvermögen einer Mitunternehmerschaft überführt. Da das Sonderbetriebsvermögen gemäß § 6 Abs. 5 S. 3 Nr. 2 EStG mit dem Buchwert anzusetzen ist, liegt bei ihm keine begünstigte Aufgabe eines Mitunternehmeranteils vor.[127]
- Ein Gesellschafter einer Personengesellschaft veräußert nur sein Sonderbetriebsvermögen. Es liegt nicht begünstigter laufender Gewinn vor, da weder ein Mitunternehmeranteil noch ein Teilbetrieb veräußert werden.[128]

> **Empfehlung:** 34
> Die Fallkonstellationen zeigen, dass die Überführung von Wirtschaftsgütern des Sonderbetriebsvermögens zum Buchwert in ein anderes Betriebsvermögen bei gleichzeitiger Veräußerung des Mitunternehmeranteils sich als schwierig gestaltet. Hier kann die **rechtzeitige** vorherige erfolgsneutrale Übertragung der betreffenden Wirtschaftsgüter in ein Betriebsvermögen oder ein anderes Sonderbetriebsvermögen desselben Steuerpflichtigen gemäß § 6 Abs. 5 EStG helfen. Nach der Übertragung sind die Wirtschaftsgüter grundsätzlich nur dem anderen Betriebsvermögen bzw. Sonderbetriebsvermögen zuzurechnen. Sie zählen nicht mehr zum Sonderbetriebsvermögen der ursprünglichen Gesellschaft. Nach Einhaltung einer angemessenen Frist – es darf kein unmittelbarer zeitlicher und wirtschaftlicher Zusammenhang bestehen[129] – kann der Mitunternehmeranteil sodann ohne den Ballast des Sonderbetriebsvermögens begünstigt veräußert werden. Die Dauer der angemessenen Frist ist bislang weder von der Rechtsprechung noch von der Finanzverwaltung konkretisiert worden. Im Hinblick auf die Veräußerungssperre in § 6 Abs. 5 S. 4 EStG, die der Verhinderung von Missbräuchen dient, dürfte eine Veräußerung des Mitunternehmeranteils drei Jahre nach der Ausgliederung zum Buchwert in keinem engen zeitlichen und wirtschaftlichen Zusammenhang mehr stehen und damit tarifbegünstigt sein.[130]

---

[126] BFH BStBl. II 1991, 635; aA mit zutreffenden Argumenten *Knobbe-Keuk* StbJb 91/92, 232.
[127] BFH DStR 2018, 1014.
[128] BFH BStBl. II 1991, 510; Schmidt/*Wacker* EStG § 16 Rn. 414 aE.
[129] BFH/NV 2013, 376; BStBl. II 2014, 388.
[130] Ebenso *Schulze zur Wiesche* DStR 2015, 1161; vgl. auch BFH/NV 2015, 479; BStBl. II 1993, 710.

35 Zu beachten ist auch, dass die **Veräußerung eines Bruchteils eines Mitunternehmeranteils seit dem 1.1.2002** keinen begünstigten Veräußerungsvorgang mehr darstellt, § 16 Abs. 1 S. 2 EStG. Teilanteilsveräußerungen, die vor diesem Datum liegen, sind jedoch noch begünstigt. Der Bundesfinanzhof sieht zu Recht keinen Anlass, für die Vergangenheit die bisherige ständige Rechtsprechung hierzu, die infolge der Billigung durch die Finanzverwaltung eine Vielzahl von Vertragsgestaltungen geprägt hat, aufzugeben.[131]

36 c) **Veräußerungsvorgang.** Unter Veräußerung im Sinne des § 16 Abs. 1 EStG ist jede von Gewinnerzielungsabsicht getragene **entgeltliche Übertragung** des wirtschaftlichen Eigentums an einem ganzen Gewerbebetrieb, einem Teilbetrieb, einer im Betriebsvermögen gehaltenen 100%igen Beteiligung an einer Kapitalgesellschaft, eines ganzen Mitunternehmeranteils oder Anteils eines persönlich haftenden Gesellschafters einer KGaA **in einem einheitlichen Vorgang auf eine andere Person,** dh natürliche Person, Kapitalgesellschaft, Personengesellschaft usw. zu verstehen.[132] Bei der Veräußerung eines ganzen Betriebes und/oder eines Teilbetriebes ist zusätzlich erforderlich, dass der Steuerpflichtige die mit diesen entfaltete **Betätigung endgültig einstellt.** Die voll unentgeltliche Übertragung eines Gewerbebetriebs, Teilbetriebs oder Mitunternehmeranteils fällt mit Ausnahme der verdeckten Einlage in eine Kapitalgesellschaft (→ § 26 Rn. 21) nicht in den Anwendungsbereich des § 16 EStG; hier hat § 6 Abs. 3 EStG Vorrang. Daher liegen weder eine Veräußerung noch eine Betriebsaufgabe vor, wenn ein Betrieb, Teilbetrieb oder Mitunternehmeranteil zB durch Erbfall vom Erblasser auf den Erben übergeht (→ § 27 Rn. 255) oder im Wege einer reinen Schenkung im Sinne von § 516 BGB übertragen werden (→ § 28 Rn. 133). Bei der **verdeckten Einlage** kommt es lediglich zu einer Wertsteigerung der Anteile an der Kapitalgesellschaft, welche nach der Rechtsprechung keine Gegenleistung darstellt. Die §§ 20 ff. UmwStG sind nicht anwendbar, da die übertragenden Gesellschafter keine neuen Gesellschaftsanteile erhalten. Die verdeckte Einlage stellt daher keine (entgeltliche) Veräußerung, sondern eine Betriebsaufgabe im Sinne von § 16 Abs. 3 EStG dar (→ § 26 Rn. 9, 21).[133]

37 Erforderlich ist somit die Abgrenzung von unentgeltlichen und entgeltlichen Übertragungen. Da dieses in erster Linie ein Problem bei der vorweggenommenen Erbfolge darstellt (→ § 28 Rn. 46 ff.), sollen hier nur kurz die wesentlichen Kriterien zusammengefasst werden: **Entgeltlich** ist eine Übertragung, wenn sie in Erfüllung eines schuldrechtlichen Verpflichtungsgeschäfts (zB Kaufvertrag, Tauschvertrag) erfolgt, bei dem die Gegenleistung kaufmännisch nach dem vollen Wert der Leistung bemessen ist oder durch die Übertragung eine aus anderem Rechtsgrund entstandene betriebliche oder auch private Geldschuld (zB Darlehen, Zugewinnausgleichsanspruch) an Erfüllungs statt getilgt wird. Eine **unentgeltliche** Übertragung liegt demgegenüber vor, wenn für die Leistung keine Gegenleistung erbracht wird.

38 Schwieriger zu beurteilen sind die **teilentgeltlichen** Vorgänge (zB gemischte Schenkungen), für die das Einkommensteuerrecht keine ausdrückliche Regelung vorsieht. Teilentgeltlich sind diejenigen Übertragungen, bei denen sich Leistung und Gegenleistung nicht wertmäßig ausgewogen gegenüberstehen und den Parteien dieser Umstand auch bewusst ist. Anders ausgedrückt kann man sagen, dass sich bei einem teilentgeltlichen Vorgang Elemente der unentgeltlichen und der entgeltlichen Übertragung vereinen. Dementsprechend erfolgt die steuerliche Behandlung entweder allein nach den Vorschriften für entgeltliche oder allein nach denjenigen für unentgeltliche Übertragungen, und zwar jeweils angewendet entweder auf die Übertragung insgesamt oder aber nur auf einen Teil der Übertragung.

---

[131] BFH BStBl. II 2004, 1086 mwN zur bisherigen Rechtsprechung. Zur begünstigten Teilanteilsveräußerung vor dem 1.1.2002 vgl. Sudhoff/*von Sothen,* 4. Aufl., § 51 Rn. 42.
[132] BFH BStBl. II 1993, 228; BB 1993, 1496.
[133] BFH BStBl. II 1991, 512 mwN; BFH/NV 2009, 1411.

Im Rahmen der Unternehmensveräußerung ist hierbei zu unterscheiden, ob es sich um **39** eine teilentgeltliche Übertragung von Privatvermögen oder von Betriebsvermögen handelt.[134] Die **teilentgeltliche Übertragung von Privatvermögen** (zB im Privatvermögen gehaltene Anteile an Kapitalgesellschaften) ist in einen voll entgeltlichen und einen voll unentgeltlichen Teil aufzuteilen, und zwar nach dem Verhältnis des Verkehrswerts der übertragenen Wirtschaftsgüter zu Gegenleistung (sog. **Aufteilungsmethode** oder strengen Trennungstheorie → § 28 Rn. 50).[135] Demgegenüber stellt die **teilentgeltliche Übertragung von Betriebsvermögen,** soweit es sich um Betriebe, Teilbetriebe oder Mitunternehmeranteile handelt, sowohl für den Veräußerer als auch den Erwerber einen einheitlichen Vorgang dar (sog. **Einheitsmethode**).[136] Übersteigt die Gegenleistung den Netto-Buchwert der übertragenen Wirtschaftsgüter des Betriebsvermögens (Kapitalkonto), handelt es sich um einen voll entgeltlichen Vorgang. Beim Veräußerer entsteht ein Veräußerungsgewinn, der gegebenenfalls tarifbegünstigt und für den unter Umständen auch ein Freibetrag zu gewähren ist. Der Erwerber hat insoweit Anschaffungskosten. Die Verpflichtung zur Gegenleistung ist ebenso wie ihre Finanzierung bei ihm in voller Höhe Betriebsschuld. Ist dagegen die Gegenleistung niedriger als der Buchwert des übertragenen Betriebsvermögens, so handelt es sich um einen voll unentgeltlichen Vorgang. Der Veräußerer erzielt keinen Veräußerungsgewinn und auch keinen Veräußerungsverlust. Der Erwerber hat keine Anschaffungskosten; er ist an die Buchwerte gebunden und hat diese gemäß § 6 Abs. 3 EStG fortzuführen (→ § 28 Rn. 51). Auch hier sind die Gegenleistung und ihre Finanzierung betrieblich veranlasst.[137]

aa) Veräußerung eines ganzen Gewerbebetriebes. Die Veräußerung eines ganzen Be- **40** triebes liegt vor, wenn
– das wirtschaftliche Eigentum an allen wesentlichen Betriebsgrundlagen in einem einheitlichen Vorgang
– auf einen Erwerber übertragen wird und
– damit die bisher in diesem Betrieb mit diesen wesentlichen Betriebsgrundlagen entfaltete gewerbliche Betätigung des Veräußerers endet.[138]

Die Veräußerung der wesentlichen Betriebsgrundlagen (zum Begriff → Rn. 7) erfolgt immer dann in einem **einheitlichen Vorgang,** wenn sie auf **einem Kausalgeschäft** (zB Unternehmenskaufvertrag) beruht. Unschädlich ist es, wenn sich die Übereignung der Wirtschaftsgüter in mehreren Einzelakten vollzieht. Daneben liegt ferner ein einheitlicher Vorgang vor, wenn die Veräußerung der wesentlichen Betriebsgrundlagen aufgrund eines einheitlichen Entschlusses Schritt für Schritt in einem engen zeitlichen Zusammenhang erfolgt und der erste und der letzte Übertragungsakt sachlich miteinander verknüpft sind.[139] Ausnahmsweise sind in diesem Fall mehrere, allerdings durch den auf Gesamtübertragung gerichteten Entschluss verknüpfte, Kausalgeschäfte zulässig. Hierbei wird man einen Zeitraum von bis zu einem Jahr wohl noch als eng ansehen können. Nach der Rechtsprechung kann in Ausnahmefällen auch ein Zeitraum von drei Jahren noch als „kurz" angesehen werden.[140] Ist der Betrieb zB durch einen Brand **zerstört worden,** führt die Veräußerung der verbliebenen Wirtschaftsgüter, die auch weiterhin zum Betriebsvermögen gehören, oder ihre Überführung in das Privatvermögen nur dann zu einem Veräußerungsgewinn, wenn die Veräußerung in **engem** zeitlichen Zusammenhang

---

[134] Zur Behandlung der teilentgeltlichen Veräußerung einzelner Wirtschaftsgüter des Betriebsvermögens → § 28 Rn. 52.
[135] BFH BStBl. II 1981, 11 zu § 17 EStG; BFH BStBl. II 1988, 942 zu § 23 EStG; BMF BStBl. I 1993, 80 Rn. 14–15; H 17 Abs. 4 EStH 2016 „Teilentgeltliche Übertragung".
[136] BFH BStBl. II 1995, 367 mwN; H 16 Abs. 7 EStH 2016 „Einheitstheorie"; → § 28 Rn. 51.
[137] BMF BStBl. I 1993, 80 Rn. 38.
[138] BFH BStBl. II 1994, 838 mwN.
[139] BFH BStBl. II 1989, 653; 1992, 392; 1994, 15; *Blumers* DB 1988, 2317; Littmann/Bitz/*Pust* EStG § 16 Rn. 81.
[140] BFH BStBl. II 1994, 15; Schmidt/*Wacker* EStG § 16 Rn. 121 tendiert zu „ca. 2 Jahren".

mit der Zerstörung erfolgt und noch ein Teilbetrieb vorhanden ist.[141] Ist dies nicht der Fall, liegt eine Betriebsaufgabe vor, sofern der enge zeitliche und sachliche Zusammenhang mit der Zerstörung gegeben ist. Ein einheitlicher Vorgang liegt ferner auch dann vor, wenn die wesentlichen Betriebsgrundlagen teils entgeltlich und teils durch verdeckte Einlage auf eine Kapitalgesellschaft übergehen.[142]

41 Erforderlich ist ferner die Übertragung der wesentlichen Betriebsgrundlagen auf **einen Erwerber**. Dies können auch mehrere Personen sein, sofern sie nur gesellschaftlich verbunden sind. Eine Veräußerung an mehrere Erwerber – eine Personengesellschaft ist **ein** Erwerber! – bewirkt, dass der Betrieb als einheitliches Gebilde zerstört wird. In diesem Fall können daher nur Teilbetriebsveräußerung, Betriebsaufgabe oder nicht begünstigte allmähliche Abwicklung vorliegen. Entsprechendes gilt, wenn wesentliche Betriebsgrundlagen in das Privatvermögen überführt oder anderen betriebsfremden Zwecken[143] zugeführt werden, da auch insoweit nicht alle wesentlichen Betriebsgrundlagen auf einen Erwerber übertragen werden. „Betriebsfremd" ist dabei im Zusammenhang mit dem zu übertragenden Betrieb zu verstehen, so dass auch die Überführung eines Teils der wesentlichen Betriebsgrundlagen in einen anderen Betrieb des Veräußerers allenfalls zu einer begünstigten Betriebsaufgabe führen könnte. Diese scheitert allerdings wiederum an der zwingenden Buchwertfortführung nach § 6 Abs. 5 EStG, da es insoweit zu keiner zusammengeballten Realisierung der stillen Reserven kommt. Unschädlich ist es dagegen, wenn unwesentliche Betriebsgrundlagen in das Privatvermögen überführt, an andere Personen veräußert oder gegebenenfalls zu Buchwerten in ein anderes Betriebsvermögen des Veräußerers überführt werden. Werden wesentliche Betriebsgrundlagen nicht übertragen, sondern dem Erwerber lediglich zur Nutzung überlassen (zB vermietet oder verpachtet), kommt eine Veräußerung nicht in Betracht. Es kann jedoch eine Betriebsaufgabe vorliegen, wenn das betreffende Wirtschaftsgut zuvor entnommen wurde (→ § 26 Rn. 20).

42 Der Betrieb muss im Zeitpunkt der Übertragung noch **„als selbständiger Organismus des Wirtschaftslebens"**[144] bestehen. Dies trifft auch auf einen Betrieb in der Aufbauphase zu, der noch nicht werbend tätig ist, sofern nur die wesentlichen Betriebsgrundlagen vorhanden sind.[145] Unschädlich ist eine kurze Unterbrechungszeit, wenn zB der Betriebsinhaber kurz zuvor verstorben ist und der Betrieb alsbald von seinen Erben insgesamt veräußert wird. Entscheidend ist jedoch, dass auch nach der Unterbrechung der Betrieb noch besteht und durch den Erwerber nahezu unverändert weitergeführt werden kann. Unerheblich ist, ob dies der Erwerber auch tatsächlich tut. Wird der Betrieb im Anschluss an die Veräußerung stillgelegt, betrifft dies allein die Sphäre des Erwerbers und hat keinen Einfluss auf den Veräußerungsvorgang als solchen.[146]

43 Die **Einstellung der bisherigen gewerblichen Tätigkeit** ist, so wie die Definition des Gewerbebetriebs in § 15 Abs. 2 EStG auch, tätigkeitsbezogen. Nur die mit dem veräußerten Betrieb verbundene gewerbliche Tätigkeit muss eingestellt werden, und zwar grundsätzlich von demjenigen Steuersubjekt, das zuvor mit Hilfe eben dieses Betriebes den Tatbestand der Erzielung gewerblicher Einkünfte verwirklicht hat.[147] Eine Einstellung der bisherigen gewerblichen Tätigkeit liegt daher auch dann vor, wenn ein Einzelunternehmer seinen Betrieb an eine Personengesellschaft veräußert, an der er selbst beteiligt ist, oder zu Teilwerten in eine solche einbringt.[148] Entsprechendes gilt bei der Veräußerung des Gewerbebetriebs einer Personengesellschaft an einen der Gesellschafter oder an eine

---

[141] BFH BStBl. II 1970, 738.
[142] BFH BStBl. II 1990, 420.
[143] BFH BStBl. II 1987, 705.
[144] BFH BStBl. II 1982, 707.
[145] BFH BStBl. II 1989, 458; 1992, 380; BFH/NV 2015, 678.
[146] Anders im Umsatzsteuerrecht, → Rn. 258, 263.
[147] BFH BB 1993, 1496; BFH/NV 2017, 1077; Ausnahme: Veräußerung durch den Konkursverwalter, vgl. BFH BStBl. III 1964, 70.
[148] BFH BStBl. II 1994, 856; BB 1993, 1496; BFH/NV 2015, 479.

andere Personengesellschaft, an der alle oder ein Teil der veräußernden Gesellschafter beteiligt sind. Bei diesen Vorgängen ist aber die seit dem 1. Januar 1994 geltende Umqualifizierung des Veräußerungsgewinns in laufenden Gewinn gemäß § 16 Abs. 2 S. 3 EStG, § 24 Abs. 3 S. 3 UmwStG zu beachten (→ Rn. 124). Werden lediglich die bisherigen wesentlichen Betriebsgrundlagen gegen neue Wirtschaftsgüter ausgetauscht, liegt keine Veräußerung des Betriebes, sondern lediglich eine nicht begünstigte Veräußerung einzelner Wirtschaftsgüter vor.[149] Denn der Betrieb als solcher bleibt bestehen.

Da die Einstellung der gewerblichen Tätigkeit tätigkeitsbezogen ist, schadet eine **anderweitige** gewerbliche Tätigkeit des Veräußerers – sei es eine bisherige oder eine neu aufgenommene – nicht, solange sie sich nur von der durch Veräußerung eingestellten Tätigkeit wirtschaftlich unterscheidet. Daher liegt auch dann eine insgesamt begünstigte Veräußerung des ganzen Gewerbebetriebs vor, wenn eine Personengesellschaft ihren Gewerbebetrieb an einen Dritten veräußert und sich sodann nicht auflöst,[150] sondern eine anderweitige Tätigkeit aufnimmt oder zunächst als Gesellschaft bürgerlichen Rechts fortbesteht und später unter Wahrung ihrer zivilrechtlichen Identität und unter Einsatz des aus der Betriebsveräußerung erlösten Kapitals einen neuen, nicht mit dem bisherigen identischen Gewerbebetrieb eröffnet. Entsprechendes gilt, wenn dieselben Personen zivilrechtlich zu einer weiteren Personengesellschaft mit **anderer** Zwecksetzung zusammengeschlossen sind und diesen – anderen – Betrieb fortführen.[151] Besondere Bedeutung kommt hier dem Kundenstamm zu. Wird bei der neuen Tätigkeit auf den alten Kundenstamm zurückgegriffen, liegt idR nur eine nicht begünstigte innerbetriebliche Strukturänderung vor.[152] Die Einstellung der Tätigkeit muss nicht von Dauer sein. Es reicht, wenn zB eine freiberufliche Tätigkeit in dem bisherigen örtlich begrenzten Wirkungskreis wenigstens für eine gewisse Zeit eingestellt wird.[153] Der Begriff der „gewissen Zeit" ist nicht exakt bestimmt, sondern hängt letztlich von den Umständen des Einzelfalls ab. Insoweit wird primär auf die Kundenbeziehungen abzustellen sein. Denn die Erfahrung zeigt, dass diese Beziehungen sich nach einer gewissen Zeit verflüchtigen. Ist dies der Fall, kann die Aufnahme der alten Tätigkeit keine schädliche Rückwirkung mehr entfalten. Analog der zivilrechtlichen Rechtsprechung zu vertraglichen Wettbewerbsverboten[154] wird wohl eine Frist von zwei Jahren abzuwarten sein. Wird dieselbe Tätigkeit dagegen an einem anderen Ort, mit anderem Personal und mit einem anderen Kundenstamm neu aufgenommen, bedarf es keines Abwartens. Die Fortsetzung der Berufstätigkeit als Arbeitnehmer oder freier und damit selbständiger Mitarbeiter im veräußerten Betrieb ist unschädlich, weil die Berufstätigkeit nunmehr für Rechnung des Erwerbers ausgeübt wird.[155]

Pachtet der Veräußerer den veräußerten Betrieb vom Erwerber oder behält er sich den Nießbrauch vor, liegt hierin keine Betriebsveräußerung im Ganzen.[156] Denn der Veräußerer stellt seine bisherige Tätigkeit nicht ein, sondern geht ihr unter Einsatz von Firma, Kundenstamm und anderer geschäftswertbildender Faktoren weiter nach. Anders ist dies nur bei land- und forstwirtschaftlichen Betrieben, wo es auf das Merkmal der Einstellung oder Beendigung der bisherigen Tätigkeit durch den Veräußerer nicht ankommt.[157] Auch die Veräußerung des Betriebs an eine Kapitalgesellschaft, an der der Veräußerer – ggf. mehrheitlich – beteiligt ist und in deren Geschäftsführung er tätig ist, ist begünstigte Betriebsveräußerung.[158] Der Veräußerer stellt seine bisherige gewerbliche Tätigkeit ein und

---

[149] BFH BStBl. II 1985, 245.
[150] BFH BStBl. II 1982, 348.
[151] FG Hmb EFG 1981, 346.
[152] BFH BStBl. II 1989, 357.
[153] BFH BStBl. II 1986, 335; BFH/NV 2008, 1478.
[154] BGH BB 1994, 95.
[155] BFH BStBl. II 2009, 43.
[156] BFH/NV 1993, 161; 2017, 1077; Schmidt/*Wacker* EStG § 16 Rn. 99; aA *Tiedtke/Wälzholz* DStR 1999, 217.
[157] BFH BStBl. II 1985, 508; BFH/NV 1993, 161.
[158] BFH BStBl. II 1989, 973.

erzielt nunmehr grds. Einkünfte aus unselbständiger Tätigkeit, § 19 EStG, und Kapitalvermögen, § 20 EStG.

46 **bb) Veräußerung eines Teilbetriebs.** Die Veräußerung eines Teilbetriebs liegt vor, wenn
– das wirtschaftliche Eigentum an allen seinen wesentlichen Betriebsgrundlagen in einem einheitlichen Vorgang (→ Rn. 40)
– auf einen Erwerber (→ Rn. 41) übertragen wird und
– der Steuerpflichtige die Tätigkeit, die er mit den veräußerten wesentlichen Betriebsgrundlagen entfaltet hat, endgültig einstellt (→ Rn. 43) und damit den bisherigen Geschäftszweig nicht mehr weiterverfolgt.[159]
Wird ein Teilbetrieb aufgrund eines einheitlichen Entschlusses schrittweise und in engem zeitlichem Zusammenhang veräußert, muss die in dem Teilbetrieb entfaltete Tätigkeit spätestens mit dem letzten Übergabeakt eingestellt werden.[160]

47 **cc) Veräußerung einer 100%igen Beteiligung an einer Kapitalgesellschaft.** Die der Teilbetriebsveräußerung gleichgestellte Veräußerung einer 100%igen Beteiligung an einer Kapitalgesellschaft erfordert, dass die Beteiligung
– insgesamt (→ Rn. 21) in einem einheitlichen Vorgang (→ Rn. 40)
– an einen Erwerber veräußert (→ Rn. 41) wird.
Grundsätzlich entspricht der Veräußerungsvorgang also demjenigen beim ganzen Betrieb und beim Teilbetrieb, allerdings ist nicht erforderlich, dass die bisherige mit dem Betrieb entfaltete gewerbliche Tätigkeit eingestellt wird. Abweichend von dem entsprechenden Tatbestandsmerkmal bei der Veräußerung eines ganzen Betriebes oder eines Teilbetriebs (→ Rn. 40) liegt aber ein **einheitlicher Vorgang** auch dann noch vor, wenn die Veräußerung in Teilen nacheinander ohne übergreifenden Sachzusammenhang an einen Erwerber erfolgt, sofern dies nur innerhalb eines Wirtschaftsjahres geschieht.[161] Wird die Beteiligung in zwei aufeinander folgenden Wirtschaftsjahren übertragen, handelt es sich nur dann um einen einheitlichen Vorgang, wenn die Veräußerung als einheitlicher wirtschaftlicher Vorgang zu werten ist.[162]

48 Wird die Beteiligung verdeckt in eine Kapitalgesellschaft eingelegt, an verschiedene Erwerber übertragen, insgesamt entnommen oder teilweise veräußert und im Übrigen in das Privatvermögen überführt, kann eine nach § 16 Abs. 3 EStG ebenfalls begünstigte Betriebsaufgabe vorliegen (→ § 26 Rn. 21). Aufgrund der Einführung des Teileinkünfteverfahrens ist die Veräußerung einer als Teilbetrieb geltenden 100%igen Kapitalgesellschaftsbeteiligung nicht mehr nach § 34 EStG tarifbegünstigt. Es gibt ggf. aber hierfür noch den Freibetrag nach § 16 Abs. 4 EStG (→ Rn. 79). Der Tausch einer 100%igen Beteiligung gegen andere Anteile an einer wirtschaftlich identischen, dh wert-, art- und funktionsgleichen Kapitalgesellschaft ist gemäß § 6 Abs. 6 EStG ein normaler Veräußerungs- bzw. Aufgabevorgang. Die Einbringung einer 100%igen Beteiligung in eine Kapitalgesellschaft gegen Gewährung von Gesellschaftsrechten kann nach den §§ 20 ff. UmwStG begünstigt sein.

49 **dd) Veräußerung eines Mitunternehmeranteils.** Die Veräußerung eines Mitunternehmeranteils setzt
– den Übergang des wirtschaftlichen Eigentums an diesem grundsätzlich mitsamt dem dazugehörigen Sonderbetriebsvermögen, das wesentliche Betriebsgrundlage ist,
– in einem einheitlichen Vorgang (→ Rn. 40)
– auf einen Erwerber voraus (→ Rn. 41).

---

[159] BFH BStBl. II 1979, 557; 1989, 973 mwN.
[160] BFH BStBl. II 1989, 653 zu § 7 Abs. 1 EStDV (jetzt § 6 Abs. 3 EStG).
[161] R 16 Abs. 3 S. 6 EStR 2012.
[162] Schmidt/*Wacker* EStG § 16 Rn. 164.

Grundsätzlich entspricht der Veräußerungsvorgang also demjenigen beim ganzen Betrieb 50
und beim Teilbetrieb, allerdings ist nicht erforderlich, dass die bisherige mit dem Betrieb
entfaltete gewerbliche Tätigkeit eingestellt wird. Der Veräußerungsvorgang erfasst also folgende **vollentgeltlichen** Rechtsvorgänge **unter Lebenden:**
– Ausscheiden eines Mitunternehmers durch Übertragung des Mitunternehmeranteils auf **einen** neu eintretenden Mitunternehmer.
– Ausscheiden eines Mitunternehmers durch Übertragung des Mitunternehmeranteils auf **einen** der bisherigen Mitunternehmer.
– Auflösung und Beendigung der atypisch stillen Gesellschaft oder einer anderen Innengesellschaft durch Übereignung des Unternehmens auf den stillen/Innengesellschafter und Fortführung desselben durch diesen.
– Ausscheiden eines Gesellschafters aus einer mehrgliedrigen Personengesellschaft unter Fortbestand der Gesellschaft zwischen den restlichen Gesellschaftern mit anteiliger Anwachsung bei diesen.[163]
– Auflösung und Beendigung der atypisch stillen Gesellschaft oder einer anderen Innengesellschaft durch Ausscheiden des stillen/Innengesellschafters und Fortführung des Unternehmens durch den Außengesellschafter.[164]
– Ausscheiden eines Gesellschafters aus einer zweigliedrigen Personengesellschaft unter Fortführung des Unternehmens als Einzelunternehmen durch den verbleibenden Gesellschafter.
– Einbringung des Mitunternehmeranteils in eine Personengesellschaft gegen Gewährung von Gesellschaftsrechten.[165]
– Einbringung eines Mitunternehmeranteils in eine Kapitalgesellschaft gegen Gewährung von Gesellschaftsrechten.[166]

In den Fällen des Ausscheidens spielt es keine grundsätzlich Rolle, ob dieses auf eine Ver- 51
einbarung unter den betroffenen Gesellschaftern, den Gesellschaftsvertrag oder eine gerichtliche Entscheidung (zB § 140 HGB) zurückzuführen ist.[167] Unerheblich ist, wie lange die Beteiligung gehalten wurde. Eine begünstigte Veräußerung liegt daher auch vor, wenn der Mitunternehmeranteil nur kurzfristig gehalten wurde.[168] Fraglich ist aber, wer in diesen Fällen den begünstigten Veräußerungsgewinn erzielt. Denn wenn ein Gesellschaftsverhältnis von vornherein aufgrund tatsächlicher oder rechtlicher Befristung nur auf eine kurze Zeitdauer angelegt ist, soll nach der Rechtsprechung die Teilhabe an einer von der Gesellschaft erstrebten Betriebsvermögensmehrung in der Form eines entnahmefähigen laufenden Gewinns oder eines Veräußerungsgewinns fehlen.[169] Der Erwerber erlangt in diesem Fall keine Mitunternehmerstellung, so dass bereits die Übertragung auf ihn den Veräußerungs- bzw. Aufgabetatbestand des § 16 EStG realisiert. Praktische Bedeutung erlangt dieser Fall hauptsächlich in den Fällen, in denen der Veräußerung eine unentgeltliche Übertragung vorangeht. Aber auch bei zwei kurz hintereinander geschalteten Veräußerungsgewinnen kann sie zum Tragen kommen, wenn zwischen den Veräußerungsvorgängen keine reelle Chance einer Gewinn-/Verlusterzielung oder Wertveränderung der Beteiligung gegeben war.[170]

---

[163] BFH DStR 1997, 1669 mwN; FinVerw FR 2002, 1151. Erfolgt die Anwachsung unentgeltlich, sind die Buchwerte fortzuführen, § 6 Abs. 3 EStG; vgl. OFD Berlin DB 2002, 1966; *Brandenberg* DStZ 2002, 514.
[164] BFH/NV 1997, 838; BStBl. II 2012, 888.
[165] BFH BStBl. II 1994, 458; anzuwenden ist aber vorrangig § 24 UmwStG.
[166] BFH BStBl. II 1996, 342 mwN; anzuwenden sind aber vorrangig die §§ 20 ff. UmwStG. Zur verdeckten Einlage → § 26 Rn. 21.
[167] Schmidt/*Wacker* EStG § 16 Rn. 412 aE.
[168] BFH DStR 2017, 26 (53) (Mitunternehmerstellung für 4 Tage); *Olbrich* DStR 1997, 186; aA *Lehnert* DStR 1996, 1153, der in diesen Fällen laufenden Gewinn annimmt.
[169] BFH BStBl. II 1986, 896; FG Hamburg EFG 2016, 499 mwN.
[170] FG Hamburg EFG 2016, 499 bei Beteiligungserwerb für eine logische Sekunde.

52 Eine begünstigte Veräußerung eines Mitunternehmeranteils setzt schließlich voraus, dass dieser **und** das zu den wesentlichen Betriebsgrundlagen gehörige Sonderbetriebsvermögen an **einen Erwerber** übertragen werden. Wird das Sonderbetriebsvermögen dagegen in engem zeitlichen und wirtschaftlichen Zusammenhang an einen anderen als den Erwerber des Mitunternehmeranteils entgeltlich veräußert, liegt eine ebenfalls begünstigte **Aufgabe des Mitunternehmeranteils** vor (→ § 26 Rn. 37 ff.). Gleiches gilt, wenn dieses Sonderbetriebsvermögen ins Privatvermögen überführt wird.[171] Bei Überführung des Sonderbetriebsvermögens, das zu den wesentlichen Betriebsgrundlagen gehört, zu Buchwerten in ein anderes Betriebs- oder Sonderbetriebsvermögen desselben Steuerpflichtigen in zeitlichem und wirtschaftlichem Zusammenhang mit der Veräußerung des Mitunternehmeranteils liegt weder eine begünstigte Veräußerung noch eine begünstigte Aufgabe des Mitunternehmeranteils vor, da in diesem Falle kein ganzer Mitunternehmeranteil übertragen wurde.[172] Die Aufspaltung eines Mitunternehmeranteils und anschließende vollständige Veräußerung an zwei oder mehr Erwerber ist Betriebsaufgabe (→ § 26 Rn. 37 ff.).

53 **d) Gewinnerzielungsabsicht.** Die Gewinnerzielungsabsicht setzt voraus, dass der Steuerpflichtige danach strebt, mit seiner Tätigkeit positive Einkünfte zu erzielen und zwar als Betriebsvermögensmehrung in Gestalt eines Totalgewinns (§ 15 Abs. 2 S. 1 EStG).[173] Sie ist ein subjektives Merkmal, das neben das objektive Merkmal der negativen Gewinnprognose tritt. Im Bereich der Unternehmensveräußerung dient sie dazu, sog. **Liebhabereibetriebe** aus der Besteuerung auszusondern, bei denen es nicht darum geht Einkünfte zu erzielen, sondern seinen persönlichen Neigungen zu frönen. Dieses Merkmal spielt eher eine untergeordnete Rolle. Dennoch kann es vorkommen, das ein Betrieb über Jahre nur Verluste einfährt, bevor er auf den Nachfolger übergeht. Hier kann der Veräußerer durch die Vornahme geeigneter Umstrukturierungsmaßnahmen seine Gewinnerzielungsabsicht zum Ausdruck bringen. Derartige Maßnahmen sind als geeignet anzusehen, wenn nach dem Erkenntnishorizont im Zeitpunkt ihrer Vornahme aus der Sicht eines wirtschaftlich vernünftig denkenden Betriebsinhabers eine hinreichende Wahrscheinlichkeit dafür besteht, dass sie innerhalb eines überschaubaren Zeitraums zum Erreichen der Gewinnzone führen würden.[174] Führen diese Maßnahmen zu keinem Erfolg, wandelt sich ein einkommensteuerrechtlich relevanter Erwerbsbetrieb zu einem Liebhabereibetrieb um. Hierin liegt ein Strukturwandel und keine gewinnrealisierende Betriebsaufgabe.[175] Der betriebliche Organismus bleibt mithin bestehen und auch die Verknüpfung der Wirtschaftsgüter mit dem Betrieb wird nicht gelöst; sie bleiben Betriebsvermögen.[176] Allerdings sind Wertänderungen des Betriebsvermögens, die während der Zeit der Liebhaberei eintreten, einkommensteuerrechtlich irrelevant. Die Wirtschaftsgüter des Betriebsvermögens bleiben sog. „eingefrorenes Betriebsvermögen", deren stille Reserven erst bei Betriebsaufgabe oder Veräußerung entweder des gesamten Betriebs oder einzelner Wirtschaftsgüter erfolgt.[177] Der dann erzielte Gewinn oder Verlust setzt sich aus der Wertentwicklung vor und nach dem Zeitpunkt des Strukturwandels zusammen und ist dementsprechend in einen betrieblich veranlassten und einen privat veranlassten Teil aufzuteilen. Das gilt unabhängig davon, ob die betreffenden Gewinnanteile positiv oder negativ sind. Der Steuerpflichtige, dessen Betrieb von einem derartigen Strukturwandel betroffen ist, steht letztlich vor der Herausforderung die in der Zeit der betrieblichen Betätigung angefallenen stillen Reserven auf den Zeitpunkt des Strukturwandels zu ermitteln, was bei einem schleichenden Prozess kaum möglich ist. Bei der späteren Veräußerung der Wirtschaftsgü-

---

[171] Schmidt/*Wacker* EStG § 16 Rn. 414.
[172] Schmidt/*Wacker* EStG § 16 Rn. 414 mwN; → Rn. 40.
[173] BFH/NV 2018, 36; BFH NWB 2017, 3554; BStBl. II 2004, 1063 mwN.
[174] BFH/NV 2018, 36; BFH NWB 2017, 3554; BStBl. II 2004, 1063.
[175] BFH BStBl. II 2016, 939 mwN.
[176] BFH BStBl. II 2016, 939; 1982, 381; *Wüllenkemper* EFG 2015, 14; EFG 2015, 1433.
[177] BFH BStBl. II 2017, 112.

ter oder des Betriebs sind diese stillen Reserven zu versteuern. Die Veräußerung eines Liebhabereibetriebs kann daher auch dann zu einem steuerpflichtigen Gewinn führen, wenn der erzielte Erlös die festgestellten stillen Reserven nicht erreicht.[178]

e) Veräußerungsgewinn. Der Veräußerungsgewinn ist gemäß der Legaldefinition in § 16 Abs. 2 EStG der Betrag, um den der Veräußerungspreis nach Abzug der Veräußerungskosten den nach § 4 Abs. 1 oder § 5 EStG zu ermittelnden Wert des Betriebsvermögens im Zeitpunkt der Veräußerung übersteigt: 54

        Veräußerungspreis
./. Veräußerungskosten
./. Buchwert des Betriebsvermögens

= Veräußerungsgewinn

Der Begriff „Veräußerungsgewinn" ist daher nicht notwendigerweise mit dem Begriff des „Gewinns" als Synonym für einen positiven Saldo gleichzusetzen. Auch ein **Verlust**, dh wenn die Summe aus Veräußerungskosten und Buchwert des Betriebsvermögens größer ist als der Veräußerungspreis, ist in der Terminologie des Gesetzes ein – wenngleich negativer – Veräußerungsgewinn.

Bei **teilentgeltlicher Veräußerung** eines Gewerbebetriebs, Teilbetriebs oder Mitunternehmeranteils entsteht ein Veräußerungsgewinn nur in der Höhe, in der die Gegenleistung den Buchwert des Veräußerungsgegenstands übersteigt. Denn anders als bei der teilentgeltlichen Veräußerung von Privatvermögen, bei der eine Aufteilung in ein voll entgeltliches und ein voll unentgeltliches Geschäft entsprechend dem Verhältnis von Verkehrswert und Gegenleistung erfolgt (Trennungstheorie, → § 28 Rn. 50), wird die Veräußerung von Betriebsvermögen, soweit es sich um einen Betrieb, Teilbetrieb oder Mitunternehmeranteil handelt, nach der sog. **Einheitstheorie** als einheitliches Geschäft beurteilt (→ § 28 Rn. 51). Ist die Gegenleistung niedriger als der Buchwert, so liegt daher **insgesamt** eine unentgeltliche Übertragung im Sinne von § 6 Abs. 3 EStG vor. Beim Veräußerer entstehen somit weder ein Veräußerungsgewinn noch ein Veräußerungsverlust. 55

Soweit nominelle Gewinne[179] oder Gewinne aus geringfügigen Anteilen[180] durch § 16 EStG der Einkommensteuer unterworfen werden, ist dies verfassungsgemäß.

Der Veräußerungsgewinn bzw. -verlust einer **Personengesellschaft** ist für diese als Steuersubjekt zu ermitteln und nach dem im Gesellschaftsvertrag vorgesehenen Verteilungsschlüssel oder – mangels einer derartigen Vereinbarung – entsprechend dem Schlüssel für die Verteilung des Jahresgewinns auf die Gesellschafter zu verteilen[181] und einkommensteuerlich zuzurechnen.[182] Veräußerungsgewinne aus der Veräußerung von Sonderbetriebsvermögen sind allein dem betreffenden Gesellschafter zuzurechnen. 56

Seit dem Veranlagungszeitraum 1994 wird ein Veräußerungsgewinn insoweit in nicht begünstigten **laufenden Gewinn** umqualifiziert, „als auf der Seite des Veräußerers und auf der Seite des Erwerbers dieselben Personen Unternehmer oder Mitunternehmer sind", § 16 Abs. 2 S. 3 EStG (→ Rn. 124 ff.). 57

aa) Veräußerungszeitpunkt. Der Veräußerungszeitpunkt ist sowohl für die Ermittlung des Buchwertes als auch für die Bewertung und den Ansatz des Veräußerungspreises maßgebend. Darüber hinaus legt er den Zeitpunkt der Gewinnverwirklichung und damit denjenigen der Entstehung des Steueranspruchs fest. Grundsätzlich entsteht der Veräuße- 58

---

[178] BFH BStBl. II 2017, 112.
[179] BFH BStBl. II 1971, 626; 1974, 572.
[180] BFH/NV 1999, 769.
[181] BGH JZ 1956, 219.
[182] BFH BStBl. II 1982, 456.

rungsgewinn im Zeitpunkt der **Übertragung des wirtschaftlichen Eigentums.**[183] Bei einem **Teilbetrieb** gilt das Realisationsprinzip.[184] Auch für den Veräußerungszeitpunkt kommt es nur darauf an, wann das wirtschaftliche Eigentum an den wesentlichen Betriebsgrundlagen übergegangen ist. Bei einem Mitunternehmeranteil ist grundsätzlich der Abschluss des Verfügungsvertrages maßgebend, sofern nicht das wirtschaftliche Eigentum vorher übergeht oder das Verfügungsgeschäft zeitlich hinausgeschoben oder aufschiebend bedingt ist.[185]

59 In diesem Zeitpunkt entsteht der Veräußerungsgewinn, und zwar **unabhängig davon,** wann der vereinbarte Kaufpreis fällig wird oder dem Veräußerer tatsächlich zufließt oder ob er in Raten zahlbar oder gestundet ist.[186] Er ist auch grundsätzlich **in diesem Zeitpunkt zu versteuern** und wird nur bei der Veräußerung eines Betriebes, Teilbetriebes oder Mitunternehmeranteils gegen bestimmte wiederkehrende Bezüge durchbrochen (→ Rn. 67, 113). Eventuell später eintretende Änderungen des Kaufpreises wirken dann materiellrechtlich auf den Zeitpunkt der Veräußerung zurück und können über § 175 Abs. 1 Nr. 2 AO in der Veranlagung noch berücksichtigt werden. Vereinbaren die Parteien eine schuldrechtliche **Rückbeziehung der Veräußerung,** dh, der Erwerber wird vertraglich so gestellt, als hätte er den Gewerbebetrieb, Teilbetrieb oder Mitunternehmeranteil bereits vor Vertragsschluss übernommen, hat dies steuerlich grundsätzlich keine Auswirkung.

60 **Empfehlung:**
Liegt der **Übergabestichtag im Schnittpunkt zweier Wirtschaftsjahre,** ist darauf zu achten, dass die Formulierung so gewählt wird, dass er steuerlich dem richtigen Wirtschaftsjahr zugeordnet wird. Wird zB der Gewerbebetrieb auf den 1. Januar 02 veräußert, fällt der Veräußerungsgewinn in das Jahr 02. Lautet die Vereinbarung der Parteien, dass der Übergang der Nutzen und Lasten mit Ablauf des Jahres 01 erfolgen soll, so ist der Veräußerungsgewinn bereits im Jahr 01 verwirklicht.[187]

61 **bb) Veräußerungspreis.** Man unterscheidet den Veräußerungspreis im engeren und im weiteren Sinne, wobei nur der Veräußerungspreis im engeren Sinne unter § 16 Abs. 2 EStG fällt. Der **Veräußerungspreis im engeren Sinne** ist grundsätzlich die **Gegenleistung,** die der Veräußerer oder auf seine Veranlassung ein Dritter vom Erwerber oder einem Dritten für die Übertragung des Betriebs, Teilbetriebs oder Mitunternehmeranteils erhält,[188] abzüglich des darin enthaltenen Entgeltanteils, der für den laufenden Gewinn gezahlt wird.

      Gegenleistung
+ Wert des negativen Kapitalkontos
./. Entgeltanteil für laufenden Gewinn

      Veräußerungspreis ieS

Demgegenüber gehören zum **Veräußerungspreis im weiteren Sinne** auch die sonstigen Leistungen, die zwar **nicht als Gegenleistung** für die Übereignung des Unternehmens gezahlt werden, aber dennoch in einem unmittelbaren wirtschaftlichen Zusammenhang mit der Veräußerung stehen und denen eine eigenständige Bedeutung zukommt. Dies kann zB bei der Vereinbarung einer Unterhaltsrente neben dem Kaufpreis der Fall

---

[183] GrS BFH BStBl. II 1993, 897 (902).
[184] Schmidt/*Wacker* EStG § 16 Rn. 249; zum Realisationsprinzip Schmidt/*Weber-Grellet* EStG § 5 Rn. 78 ff.
[185] Schmidt/*Wacker* EStG § 16 Rn. 441 mwN.
[186] GrS BFH BStBl. II 1993, 897 (902 mwN).
[187] BFH BStBl. II 1993, 228; 1999, 269.
[188] BFH BStBl. II 1978, 295.

I. Einkommen-/Körperschaftsteuer § 25

sein. Aber auch wenn der Veräußerer zusammen mit dem Betrieb, Teilbetrieb oder Mitunternehmeranteil Wirtschaftsgüter seines Privatvermögens mit veräußert, handelt es sich bei diesen um eigenständige Zusatzleistungen.[189] Demgegenüber wird der Vereinbarung eines Wettbewerbsverbots grundsätzlich keine eigenständige Bedeutung zukommen; das hierfür gezahlte Entgelt gehört daher in der Regel zum Veräußerungspreis im engeren Sinne.[190]

  Veräußerungspreis ieS
+ eigenständige Zusatzleistung
_____
  Veräußerungspreis iwS

Bei der Berechnung des begünstigten Veräußerungsgewinns gemäß §§ 16, 34 EStG ist nur der Veräußerungsgewinn im engeren Sinne zu berücksichtigen. Die eigenständigen Zusatzleistungen des Erwerbers bzw. Veräußerers sind zuvor auszuscheiden und als eigenständige Sachverhalte, zB als sonstige Einkünfte im Sinne des § 22 EStG, gesondert auf steuerliche Folgen hin zu untersuchen. Bei einem einheitlichen Gesamtkaufpreis muss grundsätzlich entsprechend dem Verhältnis der Verkehrswerte aufgeteilt werden.

Der für den Veräußerungspreis im engeren Sinne maßgebliche Begriff der **Gegenleistung** beinhaltet das, was der Veräußerer oder auf dessen Veranlassung hin ein Dritter für den hingegebenen Betrieb erlangt. Die Gegenleistung kann von dem Erwerber, einem Dritten oder von beiden erbracht werden und muss nicht notwendigerweise in Geld bestehen. Auch geldwerte Güter und Leistungen können Gegenleistung sein, wie zB die Verpflichtung zur Übereignung von Sachgütern, zur Zahlung gleichbleibender sowie abänderbarer wiederkehrender Leistungen oder zur Freistellung von einer privaten Verbindlichkeit. Der vom Veräußerer geschuldete Umsatzsteueranteil gehört ebenfalls mit zum Veräußerungspreis,[191] sofern die Veräußerung zu einer umsatzsteuerlichen Leistung führt und nicht gemäß § 1 Abs. 1a UStG bereits die Umsatzsteuerbarkeit entfällt (→ Rn. 257 ff.). Hierzu korrespondierend führt die in diesen Fällen aus der Veräußerung resultierende Umsatzsteuerschuld zu Veräußerungskosten.[192] Erlischt ein Mitunternehmeranteil, ist Gegenleistung/Veräußerungspreis der gegen die Gesellschaft oder den Übernehmer (§ 140 Abs. 1 S. 2 HGB) gerichtete Abfindungsanspruch,[193] gegebenenfalls zuzüglich des Anspruchs auf Haftungsfreistellung. 62

Bei einer **unterjährigen Veräußerung** gehören auch Teile der Gegenleistung zum Veräußerungspreis, die als Abgeltung für den bis zur Veräußerung erwirtschafteten Gewinn gezahlt werden.[194] Eine solche unterjährige Veräußerung liegt vor, wenn Betriebe, Teilbetriebe oder Mitunternehmeranteile nicht zum Bilanzstichtag, sondern während des Wirtschaftsjahres veräußert werden. Da die §§ 16, 34 EStG aber nicht dazu dienen, auch den laufenden Gewinn zu begünstigen, ist zur Ermittlung des Veräußerungspreises im engeren Sinne der Anteil der Gegenleistung festzustellen, der vom Erwerber zur Abgeltung des laufenden Gewinns gezahlt wird. Hierfür ist es jedoch nicht erforderlich, eine Stichtagsbilanz zu erstellen. Ausreichend ist vielmehr eine plausible Schätzung des bislang erwirtschafteten Gewinns. Anhand des Kapitalstands der – dann vom Erwerber zum Ende des Wirtschaftsjahres aufgestellten – Abschlussbilanz wird die Richtigkeit der Schätzung der Vertragsparteien von der Finanzverwaltung überprüft.[195] Die hierbei festgestellten Abweichungen werden nicht als Folge einer glücklichen oder unglücklichen Tätigkeit des 63

___
[189] BFH BStBl. II 1982, 320; BStBl. II 1982, 107; → zur Umsatzsteuer Rn. 272.
[190] BFH BStBl. II 1999, 590; BFH/NV 2003, 1161 mwN (→ Rn. 67). Das auf das Wettbewerbsverbot entfallende Entgelt unterliegt aber ggf. der Umsatzsteuer, → Rn. 272.
[191] BFH BStBl. II 1989, 563.
[192] BFH BStBl. II 1989, 563.
[193] BFH BStBl. II 1994, 227.
[194] Schmidt/*Wacker* EStG § 16 Rn. 269.
[195] *Aretz/Bühler* BB 1993, 1335 (1341).

Erwerbers, sondern schlicht als unzutreffende Schätzung des unterjährigen Betriebsvermögenswertes angesehen und gegebenenfalls korrigiert.

64 Empfehlung:
Haben sich die Vertragsparteien Gedanken über die Aufteilung des Kaufpreises gemacht, sollten sie diese schriftlich festhalten, und zwar entweder im Vertrag selbst, in einem separaten Aktenvermerk oder in sonstiger Weise. Denn eine steuerliche Beurteilung durch die Finanzverwaltung erfolgt häufig erst Jahre später. Es ist dann oftmals schwierig, die damals ausschlaggebenden Erwägungen zu rekonstruieren. Einfließen sollten dabei nach Möglichkeit sämtliche Erwägungen, mögen sie auch noch so banal erscheinen. So kann zB die Annahme, dass der Gewinn immer erst in der zweiten Jahreshälfte erwirtschaftet wird und deshalb kein laufender Gewinn bezahlt werden soll, durchaus dazu dienen, die Plausibilität der Schätzung zu manifestieren.

65 Der **Wertansatz der Gegenleistung** auf Veräußererseite hat grundsätzlich mit dem **gemeinen Wert** zu erfolgen. Dies ergibt sich aus entsprechender Anwendung des § 16 Abs. 3 S. 7 EStG, der für die Betriebsaufgabe den Ansatz der Verkehrswerte explizit vorschreibt. Zur Ermittlung des gemeinen Werts sind die §§ 2 bis 16 BewG lediglich teilweise und auch nur sinngemäß anwendbar.[196] § 6 EStG ist für die Ermittlung des Veräußerungspreises bei ganzen Betrieben und Mitunternehmeranteilen nicht heranzuziehen; er gilt nur für den laufenden Gewinn.[197] Anders ist dies in der Regel bei der **Teilbetriebsveräußerung,** hier ist der Maßstab der Bewertung grundsätzlich nicht der gemeine Wert, sondern der Wert gemäß § 6 EStG. Denn die Veräußerung eines Teilbetriebes ist bilanzrechtlich der eines einzelnen Wirtschaftsguts gleichwertig, und die Kaufpreisforderung ist – sofern sie nicht entnommen wird – Betriebsvermögen. Lediglich die Sonderregelung des § 16 Abs. 1 Nr. 1 EStG bewirkt somit die Sonderstellung des Teilbetriebs und verwandelt die an sich als laufenden Gewinn zu klassifizierende Kaufpreisforderung in einen Veräußerungsgewinn.

66 Der **Erwerber** hat die Kaufpreisverpflichtung unabhängig davon, ob es sich bei dem erworbenen Wirtschaftsgut um einen ganzen Betrieb, Teilbetrieb oder Mitunternehmeranteil handelt, mit dem Wert nach § 6 EStG zu passivieren und zugleich entsprechende Anschaffungskosten zu aktivieren. Bei der Teilbetriebsveräußerung ist der Wertansatz bei Erwerber und Veräußerer daher in der Regel identisch. Anders kann sich dies allerdings bei der Veräußerung von ganzen Betrieben oder Mitunternehmeranteilen darstellen. Da auf der Veräußererseite grundsätzlich der gemeine Wert, auf der Erwerberseite dagegen der Wert gemäß § 6 EStG maßgebend ist, können hier die Wertansätze differieren.[198]

67 Im Einzelnen gilt für die unterschiedlichen Arten der Gegenleistung Folgendes:
- Bei **Bar- oder Buchgeld** ist der Nennwert als Veräußerungspreis anzusetzen. Für Fremdwährungsvaluta ist der Umrechnungskurs im Veräußerungszeitpunkt maßgebend. Der Zeitpunkt der tatsächlichen Umwechslung spielt keine Rolle, denn mit Erhalt der Fremdwährungsvaluta ist die Veräußerung beendet. Das Geld ist Privatvermögen geworden. Etwaige später eintretende Wertverluste oder Werterhöhungen spielen daher steuerlich nur noch bei Umwechslung innerhalb der einjährigen Spekulationsfrist (§ 23 Abs. 1 Nr. 2 EStG) eine Rolle.[199]
- Bei einem **Tausch** ist der gemeine Wert der erlangten Wirtschaftsgüter maßgebend. Keine Rolle spielt der gemeine Wert des hingegebenen Betriebes.[200] Auch hier ist die

---

[196] Schmidt/*Wacker* EStG § 16 Rn. 277; aA BFH BStBl. II 1978, 295, sowie 2010, 182 wonach die §§ 2–16 BewG unmittelbar gelten sollen.
[197] BFH BStBl. II 1978, 295.
[198] Schmidt/*Wacker* EStG § 16 Rn. 277.
[199] BFH BStBl. II 2000, 469.
[200] BFH BStBl. II 1969, 238; 1975, 58 zu § 17 EStG.

Veräußerung mit der Hingabe der Wirtschaftsgüter erledigt. Diese sind Privatvermögen geworden. Abgesehen von privaten Veräußerungsgeschäften wird eine Wertveränderung steuerlich nicht erfasst.
- Handelt es sich bei der Gegenleistung um eine **gestundete Forderung,** ist auch hier Ausgangspunkt für den Wertansatz grundsätzlich der gemeine Wert, dh ihr Nennwert, soweit nicht besondere Umstände einen höheren oder geringeren Wert begründen.[201]
- Ist die Forderung **zinslos** oder **niedrig verzinslich gestundet** und beträgt die Stundung mehr als ein Jahr, ist der gemeine Wert abzuzinsen und die Gegenleistung mit dem Barwert anzusetzen. Hierzu kann auf § 12 BewG zurückgegriffen werden. Durch die Abzinsung wird der eigentliche Veräußerungspreis von dem Teil der erhaltenen Leistung getrennt, den der Erwerber nicht für das Unternehmen, sondern für die Finanzierung des Kaufpreises durch den Veräußerer bezahlt. Erhält der Veräußerer später das vereinbarte Entgelt, stellt die Differenz zum Barwert nach Ansicht des BFH[202] eine Einnahme aus Kapitalvermögen dar. Die Kaufpreisforderung aus der Betriebsveräußerung sei notwendiges Privatvermögen; eine Nachwirkung des Betriebsvermögens gebe es insoweit nicht. Nach anderer Ansicht[203] bleibt die Forderung dagegen als „Restbetriebsvermögen" erhalten, mit der Konsequenz, dass die Differenz zum Barwert als nachträgliche gewerbliche Einkünfte zu versteuern wäre. Die steuerliche Begünstigung des Veräußerungsgewinns wird hierdurch allerdings nicht gefährdet. Eine weitere Ansicht[204] will dem Steuerpflichtigen ein Wahlrecht ähnlich dem bei der Betriebsverpachtung (→ § 7 Rn. 8) zugestehen.
- Entsprechend verhält es sich hinsichtlich der Zinsen, wenn die Forderung **normal verzinslich gestundet** ist. Die Zinsen zählen dann ebenfalls nicht zum Veräußerungspreis, sondern sind, je nachdem, welcher Ansicht man folgt, entweder als Einkünfte aus Kapitalvermögen oder aus Gewerbebetrieb zu erfassen. Eine Abzinsung ist nicht vorzunehmen, da die Kaufpreisforderung normalverzinslich ist und somit im Veräußerungspreis kein Entgelt für die Finanzierung enthalten ist.
- Ist im Zeitpunkt der Veräußerung mit einem ganzen oder teilweisen **Ausfall der Forderung** zu rechnen, ist sie mit einem entsprechend geringeren Wert anzusetzen. Erhält der Veräußerer später dann doch mehr (zB den vollen Betrag) oder sogar noch weniger (höherer Forderungsausfall), als er erwartete, kommt es zu einer rückwirkenden Korrektur des Veräußerungspreises (→ Rn. 71).
- Eine **Fremdwährungsforderung** ist grundsätzlich mit dem Wechselkurs im Zeitpunkt der Veräußerung anzusetzen. Ist der Kurs im Zeitpunkt der Erfüllung der Forderung höher oder niedriger als dieser Wertansatz, ist der Veräußerungspreis rückwirkend zu korrigieren.[205]
- Besteht die Gegenleistung in einem **Anspruch auf wiederkehrende Leistungen auf Lebenszeit,** zB in einer dauernden Last oder Leibrente, hat der Veräußerer grundsätzlich ein **Wahlrecht** zwischen der **Sofortversteuerung** des Veräußerungsgewinns im Zeitpunkt der Veräußerung und der Möglichkeit der **späteren Zuflussbesteuerung** (→ Rn. 113). Hier entsteht die Steuerpflicht erst zu dem Zeitpunkt, zu dem die Rentenzahlungen den Wert des Kapitalkontos im Veräußerungszeitpunkt zuzüglich etwaiger Veräußerungskosten übersteigen. Ab diesem Zeitpunkt liegen sodann in voller Höhe nachträgliche Einkünfte aus Gewerbebetrieb gemäß §§ 15 Abs. 1, 24 Nr. 2 EStG vor, für die weder ein Freibetrag nach § 16 Abs. 4 EStG noch eine Tarifermäßigung nach

---

[201] BFH BStBl. II 1978, 295.
[202] BFH/NV 2016, 1430; Schmidt/*Wacker* EStG § 16 Rn. 281; aA BFH BStBl. II 1984, 550 für den Fall, dass die Vertragsbeteiligten den Zeitpunkt der Tilgung weitgehend offenlassen, mit der Folge, dass die Kaufpreisforderung keinen Zinsanteil enthält.
[203] *Dötsch,* Einkünfte aus Gewerbebetrieb, 107 ff.; *Dötsch,* FS Beisse, 1997, 139 (143) mwN.
[204] *Theisen* DStR 1994, 1599 (1604).
[205] Schmidt/*Wacker* EStG § 16 Rn. 283 „in sinngemäßer Anwendung von GrS BFH BStBl. II 1993, 897"; *Groh* DB 1995, 2235; aA *Bordewin* FR 1994, 555 (560); *Paus* FR 1994, 241.

§ 34 EStG gewährt wird. Der in den wiederkehrenden Leistungen enthaltene Zinsanteil stellt bei Veräußerungen ab dem 1. Januar 2004 allerdings bereits im Zeitpunkt des Zuflusses nachträgliche Betriebseinnahmen dar (→ Rn. 113). Werden die lebenslänglichen wiederkehrenden Leistungen **neben einem festen Barpreis** gewährt, besteht für den Veräußerer das Wahlrecht nur hinsichtlich des Teils des Veräußerungsgewinns, der auf die wiederkehrenden Leistungen entfällt.[206] Dies muss dann allerdings konsequenterweise auch für die Fälle gelten, in denen die wiederkehrenden Leistungen neben anderen möglichen Gegenleistungen wie zB anderen Wirtschaftsgütern gewährt werden.

- Der **Anspruch auf wiederkehrende Bezüge** ist bei der Ermittlung des Veräußerungspreises als Gegenleistung nur dann anzusetzen, wenn der Veräußerer die Sofortbesteuerung im Veräußerungszeitpunkt wählt. Denn bei der Alternative der Zuflussversteuerung liegen **laufende** gewerbliche Einkünfte vor. Die Gegenleistung entspricht hier regelmäßig dem **Barwert** des Anspruchs. Nach Ansicht der Finanzverwaltung[207] ist zur Ermittlung des Barwertes von einem Zinssatz von 5,5 % (→ §§ 13 ff. BewG) auszugehen, sofern vertraglich kein anderer Satz vereinbart wurde. Dem kann aus Vereinfachungsgründen gefolgt werden. Richtiger erscheint es jedoch, als Barwert den versicherungsmathematisch ermittelten Betrag zugrunde zu legen, den der Veräußerer nach den Verhältnissen auf dem Kapitalmarkt zum Zeitpunkt der Veräußerung hätte aufwenden müssen, um gleichartige wiederkehrende Bezüge (zB von einer Versicherung) zu erhalten.[208] Ist eine **Wertsicherung** vereinbart, ist ein entsprechend niedrigerer Kapitalisierungszinsfuß zu verwenden.[209]

- Werden die wiederkehrenden Leistungen nicht auf Lebenszeit gewährt (sog. **Zeitrenten**) oder der **Kaufpreis in Raten** gezahlt, steht dem Veräußerer das Wahlrecht nur dann zu, wenn die vereinbarten wiederkehrenden Leistungen wagnisbehaftet sind und Versorgungszwecken dienen (→ Rn. 117). **Feste Kaufpreisraten,** die lediglich über einen Zeitraum von bis zu zehn Jahren zu zahlen sind, sind noch nicht wagnisbehaftet.[210] Kaufpreisraten, die länger als 10 Jahre zu zahlen sind, sind dagegen wagnisbehaftet.[211] Daneben muss in diesen Fällen zusätzlich die **Absicht** des Veräußerers, sich eine **Versorgung zu verschaffen,** erkennbar vorgelegen haben.

Sofern das Wahlrecht nicht besteht oder im Sinne einer Sofortbesteuerung ausgeübt wird, ist als Gegenleistung regelmäßig der Barwert des Anspruchs anzusetzen. Wählt der Veräußerer die Zuflussbesteuerung, entsteht die Steuerpflicht – abgesehen vom in den wiederkehrenden Leistungen enthaltenen Zinsanteil (→ Rn. 113 aE) – erst zu dem Zeitpunkt, zu dem die wiederkehrenden Zahlungen/Leistungen den Wert des Kapitalkontos im Veräußerungszeitpunkt zuzüglich etwaiger Veräußerungskosten übersteigen.

- Bei der Vereinbarung von **gewinn- und umsatzabhängige Kaufpreisraten** oder Teil-Kaufpreisraten besteht nach Ansicht der Rechtsprechung kein Wahlrecht. Das Entgelt ist zwingend als laufende nachträgliche Betriebseinnahme in der Höhe zu versteuern, in der die Summe der Entgelte das – ggf. um zusätzliche Einmalleistungen gekürzte – Schlusskapitalkonto zuzüglich der Veräußerungskosten überschreitet.[212] Dies gilt gleichermaßen für das sog. Gewinnvorabmodell, bei dem der hinzutretende Gesellschafter weder eine Einlage in die Gesellschaft noch eine Zuzahlung an die Altgesellschafter erbringt, gleichwohl aber an den stillen Reserven und am Gewinn und Verlust

---

[206] R 16 Abs. 11 S. 9 EStR 2012.
[207] R 16 Abs. 11 S. 10 EStR 2012.
[208] Schmidt/*Wacker* EStG § 16 Rn. 284 mwN.
[209] BFH BStBl. II 1971, 92; → Rn. 81.
[210] BFH/NV 2017, 4; BFH BStBl. II 1968, 653; BFH/NV 1994, 159.
[211] FG Münster EFG 2001, 1275 rkr; H 16 Abs. 11 EStH „Ratenzahlungen"; krit. BFH/NV 2017, 4; aA Schmidt/*Wacker* EStG § 16 Rn. 225.
[212] BFH BStBl. II 2002, 532; BStBl. II 2013, 883; BStBl. II 2016, 600; Schmidt/*Wacker* EStG § 16 Rn. 229; aA *Neu/Lühn* DStR 2003, 61. Zu Gestaltungen vgl. *Stahl* KÖSDI 2002, 13535 (13541).

der Gesellschaft beteiligt ist, wenn auch im quotal geringerem Umfang als die Altgesellschafter.[213] Die den Altgesellschaftern über den allgemeinen Gewinnverteilungsschlüssel hinaus zugewiesenen Gewinnanteile sind Tilgungsleistungen der Neugesellschafter auf den vereinbarten Kaufpreis.[214] Dies gilt sowohl in den Fällen, in denen ein Sockelbetrag vereinbart wurde, als auch in denen, wo weder eine betragsmäßige noch eine zeitliche Begrenzung vorgesehen ist.[215]

- Werden **unwesentliche Betriebsgrundlagen** im Zuge der Veräußerung in das Privatvermögen des Veräußerers überführt, ist ihr gemeiner Wert analog § 16 Abs. 3 S. 4 EStG dem Veräußerungspreis hinzuzurechnen.[216] Gleiches gilt, wenn der Veräußerer diese kurz vor der Veräußerung entnimmt (sog. „Vorabentnahme").[217] Anlässlich einer Teilbetriebsveräußerung entnommene Wirtschaftsgüter, die nicht dem veräußerten Teilbetrieb zugehörten, sind bei der Ermittlung des Veräußerungspreises für den Teilbetrieb nicht mit zu berücksichtigen. Ihre Entnahme ist mangels Zusammenhangs mit der Teilbetriebsveräußerung nicht begünstigt. Sie sind gemäß § 6 Abs. 1 Nr. 4 S. 1 EStG mit dem Teilwert zu bewerten, welcher in den laufenden Gewinn des verbleibenden Betriebes einfließt.
- Übernimmt der Übernehmer **betriebliche Verbindlichkeiten,** so stellen diese grundsätzlich keine Gegenleistung dar,[218] denn ein Betrieb, Teilbetrieb oder Mitunternehmeranteil besteht nicht nur aus aktiven, sondern auch aus passiven Wirtschaftsgütern. Die Freistellung des Veräußerers von den betrieblichen bilanzierten Verbindlichkeiten schlägt sich daher nicht im Veräußerungspreis, sondern in einem entsprechend niedrigeren Buchwert des Betriebsvermögens nieder.
- Übernimmt der Übernehmer private Verbindlichkeiten des Veräußerers, liegen insoweit eine Abfindung und damit Anschaffungskosten des Erwerbers vor.[219] Die übernommene Verbindlichkeit wird Betriebsvermögen des Erwerbers und die darauf gezahlten Zinsen sind ab dann Betriebsausgaben.[220]
- Passivierte Verbindlichkeiten, die vom Veräußerer **zurückbehalten** werden, sind ebenfalls keine Gegenleistung und bei der Ermittlung des Betriebsvermögens im Veräußerungszeitpunkt auszuscheiden.[221]
- Ebenfalls keine Gegenleistung liegt vor, wenn die übernommenen Betriebsschulden die Buchwerte der Aktiva insgesamt übersteigen, dh ein Betrieb mit **negativem Kapitalkonto** übertragen wird.[222] Auch hier handelt es sich um den Erwerb von aktiven und passiven Wirtschaftsgütern. Sind die passiven Wirtschaftsgüter höher als die aktiven, führt dies nicht zu einer Umqualifizierung in eine Gegenleistung, sofern die anteiligen stillen Reserven einschließlich eines Geschäftswerts das übernommene negative Kapitalkonto übersteigen (→ § 28 Rn. 47). Tun sie es allerdings nicht, ist in Höhe dieses negativen Kapitalkontos (abzüglich der Veräußerungskosten) ein **Veräußerungspreis** anzunehmen. Der Veräußerer erlangt in diesem Fall die Befreiung von einer (betrieblichen) Verbindlichkeit. Auf Seiten des Erwerbers entstehen Anschaffungskosten in Höhe des übernommenen negativen Kapitalkontos. Betriebsschulden werden also

---

[213] *Levedag* DStR 2017, 1233.
[214] BFH BStBl. II 2016, 600; *Levedag* DStR 2017, 1233. Im Ergebnis ist den Neugesellschaftern somit ein Gewinnanteil nach dem allgemeinen Gewinnverteilungsschlüssel zuzurechnen, der in Höhe des den Altgesellschaftern zugewiesenen überquotalen Gewinns eine Einkommensverwendung der Neugesellschafter darstellt.
[215] *Levedag* DStR 2017, 1233; BFH BStBl. 2002, 532; *Lüken* DStR 2016, 889.
[216] BFH/NV 1989, 698.
[217] BFH BStBl. II 1990, 132.
[218] Str., wie hier BFH BStBl. II 2002, 519; BFH/NV 2010, 50; aA GrS BFH BStBl. II 1990, 847/854; vgl. zum Streitstand Schmidt/*Wacker* EStG § 16 Rn. 267 mwN.
[219] BFH/NV 2019, 551.
[220] BFH/NV 2019, 551.
[221] BFH BStBl. II 1992, 472 zu B III 3 aE.
[222] Schmidt/*Wacker* EStG § 16 Rn. 268.

ausnahmsweise zu Veräußerungsentgelt bzw. Anschaffungskosten, nicht jedoch zur Gegenleistung. Etwaige verrechenbare Verluste iSd § 15a EStG gehen anders als bei einer unentgeltlichen Übertragung (→ § 28 Rn. 45) nicht auf den Erwerber über, sondern dienen zum Ausgleich des Veräußerungsgewinns, der auch den Wegfall der Verpflichtung zur Auffüllung des negativen Kapitalkontos mit einschließt.[223] Bei einer entgeltlichen Veräußerung eines Teil-Mitunternehmeranteils ist nur der dem veräußerten Kapitalanteil entsprechende Teil der verrechenbaren Verluste mit dem Veräußerungsgewinn zu verrechnen; die restlichen verrechenbaren Verluste werden vorgetragen (→ § 28 Rn. 45).

68 Wird ein Betrieb mit negativem Kapitalkonto übertragen und daneben vom Übernehmer eine **Zusatzleistung** erbracht, zB eine Zahlung (zB an den Übertragenden oder in Form eines Gleichstellungsgeldes oder einer Abstandszahlung) geleistet oder eine private Verbindlichkeit des Veräußerers übernommen, ist beides Bestandteil des Veräußerungspreises, jedoch nur die Zusatzleistung eine Gegenleistung. Die Differenz zwischen der Gegenleistung des Übernehmers und dem Wert des negativen Kapitalkontos bildet dann den Veräußerungspreis.[224] Dies kann insofern zu einer **steuerlichen Falle** für den Übertragenden werden, wenn ohne diese Zusatzleistung eine **unentgeltliche Übertragung** vorgelegen hätte.

Beispiel:

Der zu übertragende Betrieb des Vaters V weist ein negatives Kapitalkonto von EUR 200.000,– auf. Stille Reserven sind reichlich vorhanden. V möchte, dass seine Tochter T den Betrieb übernimmt. Er ist froh, dass sie die Familientradition fortsetzen will, und möchte daher eigentlich keine Gegenleistung haben. T möchte sich angesichts der hohen stillen Reserven jedoch erkenntlich zeigen. Nach langem Hin und Her willigt V schließlich ein, dass T die Hypothek, die auf Vaters Ferienhäuschen ruht und noch mit EUR 10.000,– valutiert, übernimmt. V wäre dann auch privat schuldenfrei.

Steuerlich sind die Konsequenzen für V fatal: Da es sich um die Übertragung eines Betriebes handelt, ist die Einheitsmethode anzuwenden. Die Gegenleistung in Höhe von EUR 10.000,– ist größer als der Netto-Buchwert von EUR ./. 200.000,–. V hat daher einen Veräußerungsgewinn von EUR 200.000,– + EUR 10.000,– = EUR 210.000,– zu versteuern. Den Freibetrag gemäß § 16 Abs. 4 EStG erhält er angesichts der Höhe des Veräußerungsgewinns nicht. Hinzu kommt, dass V durch die Übertragung auf T keinerlei liquide Mittel erhalten hat, aus denen er diese Steuerschuld begleichen könnte. Er wird also sein übriges Vermögen angreifen müssen.

Hätte T die private Schuld demgegenüber nicht übernommen, wäre der Betrieb **ohne Gegenleistung** und damit in vollem Umfang unentgeltlich übertragen worden. Ein Veräußerungsgewinn wäre nicht entstanden. Angesichts der Freibeträge nach §§ 13a, 16 ErbStG und der bewertungsrechtlichen Vergünstigungen für Betriebsvermögen wäre der Übertragungsvorgang nicht nur einkommen- sondern ggf. auch schenkungsteuerfrei geblieben. Eine separate Schenkung von T an V in Höhe von EUR 10000,– wäre ebenso ohne steuerliche Folgen geblieben.

69 **Empfehlung:**

Soll ein ganzer Betrieb, ein Teilbetrieb oder ein Mitunternehmeranteil mit negativem Kapitalkonto übertragen werden, ist aus Sicht des Veräußerers genau zu planen, ob und in welcher Form ein Entgelt gezahlt werden soll. Schon eine geringe Gegenleistung würde zu einem Veräußerungsgewinn führen, der nicht nur das Entgelt, sondern auch das ne-

---

[223] BFH BStBl. II 2018, 527; Schmidt/*Wacker* EStG § 15a Rn. 224.
[224] BMF BStBl. I 1993, 80 Rn. 31; Schmidt/*Wacker* EStG § 15a Rn. 215 ff. mwN.

gative Kapitalkonto umfassen würde. Hieraus können sich Steuerbelastungen ergeben, die durch das erhaltene Entgelt nicht gedeckt sind und gegebenenfalls mit privaten Mitteln ausgeglichen werden müssen. Anstatt der beabsichtigten Gegenleistung könnte in einer derartigen Konstellation zB eine Unterhaltsrente vereinbart werden, die kein Entgelt darstellt, da sie nicht unter kaufmännischen Gesichtspunkten abgewogen wird, sondern sich an den individuellen Bedürfnissen des Übergebers orientiert und ihm seine Existenz sichern soll (→ § 28 Rn. 128 ff., 142).

Andererseits kann ein Veräußerungsgewinn aber auch vorteilhaft sein, und zwar in den Fällen, in denen der Freibetrag genutzt werden kann. Hier entsteht auf Seiten des Veräußerers keine oder nur eine geringe Steuer; auf Seiten des Erwerbers entstehen jedoch Anschaffungskosten, die wiederum zu einer höheren Abschreibung führen.

Wird ein Betrieb mit **negativem Kapitalkonto** übertragen, das ganz oder teilweise 70 aufgrund nur **verrechenbarer Verluste** nach § 15a Abs. 1 S. 1 und Abs. 2 EStG entstanden ist, und muss der ausscheidende Mitunternehmer dieses nicht ausgleichen, erzielt er in Höhe des Wegfalls seines negativen Kapitalkontos aus der Steuerbilanz einen Veräußerungsgewinn,[225] der insoweit allerdings keine Gegenleistung darstellt (→ Rn. 67; → § 28 Rn. 45). Da es sich bei diesem Veräußerungsgewinn um einen Gewinn aus der Beteiligung des Mitunternehmers an einer KG bzw. an einer dieser vergleichbaren Gesellschaft (→ § 15a Abs. 5 EStG) handelt, ist er gemäß § 15a Abs. 2 EStG mit den vorhandenen verrechenbaren Verlusten zu saldieren.[226] Der Veräußerungsgewinn vermindert sich entsprechend; nur der Rest ist dann noch einkommensteuerpflichtig.

Muss der Veräußerer sein negatives Kapitalkonto **ausgleichen,** entsteht bei ihm insoweit kein Veräußerungsgewinn. Aufgrund dieser Ausgleichszahlung erwächst ihm jedoch eine tatsächliche wirtschaftliche Belastung, die sich bislang nicht steuerlich auswirken konnte, da für ihn bislang nur verrechenbare Verluste festgestellt wurden. Aus dem Sinn und Zweck des § 15a EStG ergibt sich sodann, dass der Veräußerer in Höhe des Ausgleichsbetrages nunmehr einen ausgleichsfähigen gewerblichen Verlust erzielt, § 15a Abs. 2 S. 2 EStG.

Die Gegenleistung knüpft in erster Linie an das Verpflichtungsgeschäft an. Sie ent- 71 spricht daher regelmäßig dem **erlangten Anspruch.** Stellt sich später heraus, dass der auf der Grundlage des Kausalgeschäfts ermittelte Wertansatz des Anspruchs von dem tatsächlich erzielten Erlös abweicht, ist er entsprechend zu **korrigieren,** und zwar rückwirkend auf den Zeitpunkt der Veräußerung. Dies gilt in positiver wie negativer Hinsicht. Erweist sich zB der als Entgelt erhaltene Anspruch als nicht durchsetzbar, ist der Erlös, dh die Gegenleistung, um den ausgefallenen Betrag zu kürzen. Liegt bereits ein bestandskräftiger Steuerbescheid vor, so ist dieser gemäß § 175 Abs. 1 S. 1 Nr. 2 AO zu ändern.[227] Der Steuerpflichtige muss dabei allerdings nicht darauf warten, dass endgültig feststeht, dass der Anspruch ganz oder teilweise ausfällt. Die Korrektur kann bereits erfolgen, wenn als sicher anzunehmen ist, dass der Schuldner nicht zahlen kann und eine Verbesserung dieser Situation nicht absehbar ist.

Keine rückwirkende Korrektur erfolgt, wenn die Risiken bereits berücksichtigt wur- 72 den oder sich lediglich vertragsimmanente Risiken verwirklichen. Ist eine **Leibrente mit Wertsicherung** vereinbart, ist bereits beim Ansatz des Barwerts ein entsprechend niedrigerer Kapitalisierungszinsfuß zu verwenden.[228] Die späteren Erhöhungen aufgrund der Wertsicherung werden auf diese Weise bereits im Barwert berücksichtigt und führen daher nicht zu einer rückwirkenden Korrektur des Veräußerungspreises.[229] Ist bei einer

---

[225] BFH BStBl. II 2018, 527; Schmidt/*Wacker* EStG § 15a Rn. 224.
[226] BFH BStBl. II 2018, 527; BFH/NV 1995, 872; BStBl. II 1996, 474 zu 3. aE; *Natschke* StBP 1997, 85 (91).
[227] GrS BFH BStBl. II 93, 894.
[228] BFH BStBl. II 1971, 92.
[229] BFH BStBl. II 1970, 541.

Leibrente eine Höchstlaufzeit vereinbart (**abgekürzte Leibrente**) und stirbt der Rentenberechtigte vor Ablauf derselben, so ist der Tod kein Ereignis mit steuerlicher Rückwirkung im Sinne des § 175 Abs. 1 S. 1 Nr. 2 AO, das eine Neuberechnung des Rentenbarwerts erforderlich macht.[230] Die Rechtsprechung des Großen Senats[231] zur Rückwirkung bei Störung des Veräußerungsgeschäfts ist nicht anwendbar, da keine solche vorliegt. Es realisiere sich lediglich ein bewusst in Kauf genommenes, vertragsimmanentes Risiko. Der Veräußerungspreis bleibt daher unverändert.

73 Von dieser Änderung des Wertansatzes der Gegenleistung zu unterscheiden ist die wertmäßige Änderung **durch** oder **nach Verwendung** der Gegenleistung. Gerät zB der Erwerber des Betriebes in Schwierigkeiten und vereinbart er daraufhin mit dem Veräußerer, dass die noch offene Kaufpreisforderung in eine Darlehensschuld umgewandelt wird – man spricht insoweit von **Novation** oder Schuldumfassung –, verwendet der Veräußerer die Gegenleistung. An die Stelle der bisherigen Kaufpreisforderung tritt nun die Darlehensschuld. Fällt sie später aus, ist eine rückwirkende Änderung des Veräußerungsgewinns nicht mehr möglich, da die wertmäßige Änderung des erlangten Surrogats nicht mehr in einer engen Beziehung zur Veräußerung steht.[232] Ebenso wenig ist der Veräußerungsgewinn zu korrigieren, wenn sich der Veräußerer mit der erlangten Gegenleistung in eine andere Gesellschaft einkauft und diese später in Konkurs geht. Sobald der Veräußerer die Gegenleistung verwendet, verliert das Erlangte seinen Zusammenhang zum Veräußerungsvorgang. Die der Veräußerung nachfolgende Wertentwicklung der erhaltenen Wirtschaftsgüter fällt in den Risikobereich des Betriebsveräußerers. Positive wie negative Wertentwicklungen haben nichts mehr mit dem Veräußerungsvorgang zu tun; sie sind daher unerheblich. Ähnlich verhält es sich beim Tausch.[233]

74 **cc) Veräußerungskosten.** Bei der Ermittlung des Veräußerungsgewinns sind nun in einem zweiten Schritt die Veräußerungskosten von dem Veräußerungspreis abzuziehen. Hierbei handelt es sich um diejenigen Aufwendungen, die unmittelbar dem Veräußerungsakt zugerechnet werden können, weil sie durch diesen veranlasst wurden.[234] Es kommt dabei nur auf den **sachlichen Zusammenhang** und nicht auf zeitliche Momente an. Sie können daher auch vor oder nach der Veräußerung anfallen. Entscheidend ist, dass sie durch den Veräußerungsvorgang veranlasst sind. Veräußerungskosten sind zB Notar-, Inserats-, Reisekosten, Berater-, Gutachterhonorare, Grundbuchgebühren und Verkehrssteuern, ferner auch Abfindungen zur Beendigung von Schuldverhältnissen wie zB Pacht- und Arbeitsverhältnissen sowie Gebäudeabbruchkosten.[235] Aber auch eine etwaige aufgrund der Veräußerung zu zahlende Umsatzsteuer und die Gewerbesteuer auf den Gewinn aus der Veräußerung einer zum Betriebsvermögen gehörigen 100%igen Beteiligung an einer Kapitalgesellschaft[236] führen zu den Veräußerungsgewinn mindernden Veräußerungskosten.[237] Entsprechendes gilt für die Gewerbesteuer, die der Veräußerer zu tragen hat, weil er sich vertraglich zur Übernahme der Gewerbesteuerbelastung verpflichtet hat.[238] § 4 Abs. 5b EStG ist in diesem Fall auf den Veräußerer nicht anwendbar, da er nicht Schuldner der Gewerbesteuer ist. Wird vor dem Finanzgericht über die Höhe des Veräußerungsgewinns gestritten, gehören auch die damit zusammenhängenden Kosten zu den Veräußerungskosten.[239] Gleiches gilt für Vorfälligkeitsentschädigungen, die im Rah-

---

[230] BFH BStBl. II 2000, 179; aA zu Recht *Dötsch*, Einkünfte aus Gewerbebetrieb, 1987, 131 f.; Kirchhof/Söhn/*Reiß* EStG § 16 Rn. E 91; *Paus* FR 1994, 241.
[231] GrS BFH BStBl. II 1993, 894.
[232] Schmidt/*Wacker* EStG § 16 Rn. 381.
[233] Schmidt/*Wacker* EStG § 16 Rn. 279.
[234] BFH BStBl. II 2000, 458.
[235] Schmidt/*Wacker* EStG § 16 Rn. 301 mwN.
[236] Schmidt/*Wacker* EStG § 16 Rn. 301; BFH BStBl. II 2010, 736.
[237] BFH BStBl. II 1989, 563.
[238] BFH DStR 2019, 975.
[239] BFH BStBl. III 1966, 190; II 1998, 621.

men der Betriebsveräußerung für die Ablösung von Krediten gezahlt werden,[240] sowie den Rest des aktiv abgegrenzten Disagios, sofern dieses nicht als Rechenposten bereits die Vorfälligkeitsentschädigung mindert.[241]

Hiervon zu unterscheiden sind betriebliche Aufwendungen, die nicht in unmittelbarem Zusammenhang mit dem Veräußerungsvorgang stehen, sondern als **Betriebsausgaben** den laufenden Gewinn mindern.

Spätere **Änderungen** der Veräußerungskosten betreffen auch den Veräußerungsgewinn. Die vom Großen Senat des BFH zur späteren Inanspruchnahme des Veräußerers für Betriebsschulden entwickelten Grundsätze (→ Rn. 71) finden hier entsprechend Anwendung.[242] Liegt bereits ein bestandskräftiger Steuerbescheid vor, so ist dieser gemäß § 175 Abs. 1 S. 1 Nr. 2 AO zu ändern.[243] Entsprechendes gilt, wenn die Veräußerungskosten erst vor oder nach dem Veranlagungszeitraum der Veräußerung gezahlt wurden und deshalb bislang nicht berücksichtigt werden konnten.[244]

dd) Buchwert des Betriebsvermögens. Der Buchwert des Betriebsvermögens wird ebenso wie die Veräußerungskosten vom Veräußerungspreis abgezogen. Die Bestimmung des Buchwerts erfolgt gemäß § 16 Abs. 2 S. 2 EStG grundsätzlich nach den allgemeinen handels- und steuerrechtlichen Ansatz- und Bewertungsvorschriften (§ 4 Abs. 1 bzw. § 5 EStG).[245] Hierdurch wird allerdings keine eigenständige Bilanzierungspflicht auf den Zeitpunkt der Veräußerung begründet. Diese kann sich jedoch aus anderen Vorschriften, wie zB § 242 HGB, ergeben. Wird keine Bilanz erstellt, zB weil geeignete Aufzeichnungen fehlen, ist der Buchwert zu schätzen.[246] Bewertungswahlrechte, erhöhte Abschreibungen usw. können dann allerdings für die im letzten Wirtschaftsjahr angeschafften oder hergestellten Wirtschaftsgüter nicht berücksichtigt werden. 75

Zu ermitteln ist der Buchwert des Betriebsvermögens **auf den Veräußerungszeitpunkt** (→ Rn. 58). Sofern bilanziert wurde, ist der Ausgangspunkt hierbei die Schlussbilanz des der Veräußerung vorausgegangenen Bilanzstichtages. Bei der Veräußerung von Mitunternehmeranteilen ist die Gesamtbilanz der Mitunternehmerschaft maßgebend. Diese wird sodann auf den Veräußerungszeitpunkt fortentwickelt, um nach Berücksichtigung von Einlagen und Entnahmen den bis dahin angefallenen, nicht begünstigten laufenden Gewinn zu ermitteln und abzugrenzen. Hierzu kann – anders als bei der Vollbeendigung → § 26 Rn. 57 – für das sich bis zur Veräußerung ergebende Rumpfwirtschaftsjahr entweder eine Schlussbilanz erstellt werden oder der Buchwert ist zu schätzen.[247] Eine Pflicht zur Bilanzierung auf den Veräußerungszeitpunkt besteht nicht.[248] Bei einer Mitunternehmerschaft setzt sich der Buchwert aus den Buchwerten in der Steuerbilanz der Personengesellschaft, in einer Sonderbilanz für Wirtschaftsgüter des Sonderbetriebsvermögens, gleichgültig, ob diese mit veräußert oder Privatvermögen werden, und in einer Ergänzungsbilanz, sofern der Veräußerer (Ausgeschiedene) diese nach § 6 Abs. 5 S. 4 EStG gebildet[249] oder seinen Gesellschaftsanteil mit individuellen Anschaffungskosten erworben hatte.[250] 76

Setzt der Veräußerer gemäß § 4 Abs. 3 EStG als Gewinn den Überschuss der Betriebseinnahmen über die Betriebsausgaben **(Einnahmen-Überschuss-Rechnung)** an, muss 77

---

[240] BFH BStBl. II 2000, 458; einschränkend *Kempermann* FR 2000, 713; hiergegen zu Recht *Wacker* KFR § 16 I/2000.
[241] Schmidt/*Wacker* EStG § 16 Rn. 301 mwN.
[242] Schmidt/*Wacker* EStG § 16 Rn. 315.
[243] GrS BFH BStBl. II 93, 894.
[244] Schmidt/*Wacker* EStG § 16 Rn. 300.
[245] BFH BStBl. II 1991, 802.
[246] BFH BStBl. II 1991, 802.
[247] BFH BStBl. II 1991, 802.
[248] BFH BStBl. II 1989, 312; Schmidt/*Wacker* EStG § 16 Rn. 311.
[249] *Paus* FR 2003, 59 (67).
[250] Schmidt/*Wacker* EStG § 16 Rn. 463 mwN.

er fiktiv auf den Veräußerungszeitpunkt zur Gewinnermittlung durch Betriebsvermögensvergleich nach § 4 Abs. 1 EStG übergehen. Denn die Gewinnermittlung nach § 4 Abs. 3 EStG ist nur eine vereinfachte Form der Gewinnermittlung nach §§ 4 Abs. 1 oder 5 EStG. Sie muss über die Totalperiode gesehen zu demselben Gesamtgewinn führen wie der Vermögensvergleich. Deshalb müssen betriebliche Vorgänge, die sich bei der Gewinnermittlung durch Bestandsvergleich auf den Gewinn ausgewirkt hätten, sich jedoch bei der Einnahme-Überschussrechnung bislang nicht auswirken konnten (wie zB Forderungen, die noch nicht vom Kunden beglichen wurden), nunmehr im Zeitpunkt der Veräußerung steuerlich erfasst werden. Dies geschieht durch Zu- und Abrechnungen, die den Steuerpflichtigen so stellen, als habe er den Gewinn während der ganzen Zeit des Bestehens des Betriebs durch Vermögensvergleich ermittelt.[251] Ein sich aufgrund der Umstellung ergebender Gewinn zählt nicht zum Veräußerungsgewinn, sondern ist Teil des laufenden Gewinns des letzten Wirtschaftsjahrs.[252] Ist dieser aufgrund des Wechsels der Gewinnermittlungsart im Rahmen der Veräußerung entstandene Gewinn außerordentlich hoch und führt zu einer dementsprechend ebenfalls außerordentlich hohen Steuerbelastung, ist bei der Betriebsveräußerung die zur Vermeidung von Härten grundsätzlich mögliche Verteilung der Zurechnungsbeträge auf drei Jahre **nicht zulässig**.[253]

78 Bei der Ermittlung des Buchwerts sind insbesondere folgende **Grundsätze** zu beachten:
- **Aktivierungsverbote** sind zu beachten. Daher sind zB nicht entgeltlich erworbene immaterielle Wirtschaftsgüter nicht anzusetzen (§ 5 Abs. 2 EStG). Dadurch, dass sie nicht berücksichtigt werden, erhöhen sie den Veräußerungsgewinn und nicht den laufenden Gewinn.[254]
- Die **Abschreibung** ist zeitanteilig zu berücksichtigen.[255] **Geringwertige Wirtschaftsgüter** können noch in der Schlussbilanz gemäß § 6 Abs. 2 EStG in voller Höhe als Betriebsausgaben abgesetzt werden. Unerheblich ist, ob es sich um eine normale oder aber um eine für die Einnahme-Überschussrechnung aufgestellte fiktive Schlussbilanz handelt. Gleiches gilt für **erhöhte Abschreibungen, Sonderabschreibungen und steuerfreie Rücklagen** zB nach § 6b Abs. 3, Abs. 10 EStG oder für Ersatzbeschaffung, sofern ihre zeitlichen Voraussetzungen nicht bereits vor der Veräußerung entfallen sind. Durch die Berücksichtigung als Betriebsausgaben belasten sie einerseits den laufenden Gewinn, erhöhen aber andererseits über den entsprechend geminderten Buchwert im Zuge ihrer Realisierung bei der Veräußerung den Veräußerungsgewinn.[256] Durch die Ausnutzung erhöhter Abschreibungen sowie die Bildung von Rücklagen in der Schlussbilanz wird somit der dem hohen Steuersatz unterliegende laufende Gewinn vermindert und der entsprechende Betrag faktisch in begünstigten Veräußerungsgewinn „umqualifiziert". Diesem Effekt steht allerdings in den meisten Fällen die Verzinsung der betreffenden Beträge gegenläufig gegenüber (→ § 6b Abs. 7 EStG). Fallen die Voraussetzungen für die Inanspruchnahme dieser Vergünstigungen vor Veräußerung oder später mit Wirkung für die Vergangenheit weg, entstehen dadurch laufende Gewinne. Der Buchwert wäre dann entsprechend erhöht, der Veräußerungsgewinn wiederum entsprechend verringert.

---

[251] BFH BStBl. II 1985, 255.
[252] BFH BStBl. II 2014, 242; 1962, 199.
[253] FG Baden-Württemberg DStRE 1997, 803; H 4.1 EStH „Keine Verteilung des Übergangsgewinns".
[254] FG Hamburg EFG 2000, 432 rkr.
[255] BFH BStBl. II 1971, 688.
[256] Vgl. Schmidt/*Wacker* EStG § 16 Rn. 318; R 6b Abs. 10 S. 5 EStR zu § 6b EStG; BMF BStBl. I 2007, 790 Ziff. 4; BFH BStBl. II 1992, 392 zur Rücklage für Ersatzbeschaffung; Schmidt/*Kulosa* EStG § 7g Rn. 60 mwN.

I. Einkommen-/Körperschaftsteuer § 25

> **Empfehlung:**
> Die Problematik des Wegfalls von derartigen Voraussetzungen spielt vor allem eine Rolle, wenn **Verbleibensfristen**, wie zB bei § 7g Abs. 4 EStG oder der Drei-Jahres-Frist in § 2 InvZulG, erfüllt sein müssen. Hier empfiehlt es sich, in den Kaufvertrag eine Klausel aufzunehmen, in der sich der Erwerber verpflichtet, diese Voraussetzungen auch zukünftig zu erfüllen. Hält er sich dann nicht daran, hat er die hierdurch verursachten steuerlichen Mehrbelastungen zu übernehmen.

- **Rechnungsabgrenzungsposten,** wie zB ein aktiviertes Disagio, mindern als Veräußerungskosten den Buchwert des Unternehmens (→ Rn. 74). Passive Rechnungsabgrenzungsposten sind dagegen Teil des Veräußerungsgewinns.[257]
- **Nicht abzugsfähige Betriebsausgaben** gemäß § 4 Abs. 5 EStG und § 160 AO mindern den Buchwert des Unternehmens,[258] sind jedoch steuerlich dem laufenden Gewinn wieder hinzuzurechnen.
- **Pensionsverpflichtungen** gegenüber Arbeitnehmern, seien es Anwartschaften oder laufende Verpflichtungen, mindern nach Maßgabe des § 6a EStG und den allgemeinen Bilanzierungsvorschriften auch dann den laufenden Gewinn oder erhöhen den Verlust aus dem laufenden Betrieb, wenn dieser in demselben Jahr veräußert und dabei ein Veräußerungsgewinn erzielt wird.[259] Sie mindern insofern sowohl den laufenden Gewinn als auch den Buchwert des Betriebes.
- Entsprechendes gilt für **Rückstellungen,** wenn die Voraussetzungen für deren Bildung im Zeitpunkt der Veräußerung noch bestehen und durch die Veräußerung nicht entfallen. Entfallen die Voraussetzungen zuvor, darf die Rückstellung in der auf den Zeitpunkt der Veräußerung zu erstellenden Bilanz nicht mehr passiviert werden. Entfallen sie erst infolge der Veräußerung, gehört der Auflösungsbetrag zum steuerbegünstigten Veräußerungsgewinn.[260]
- Der **Ausgleichsanspruch eines Handelsvertreters** nach § 89b HGB ist, auch wenn die Vertragsbeendigung mit einer Betriebsveräußerung zusammenfällt, noch zugunsten des laufenden Gewinns zu aktivieren.[261]
- Wurden Wirtschaftsgüter des **notwendigen Privatvermögens** fälschlicherweise bilanziert, sind diese erfolgsneutral auszubuchen.[262]
- Wurden Wirtschaftsgüter des **notwendigen Betriebsvermögens** fälschlicherweise nicht bilanziert, so sind sie nunmehr in der Schlussbilanz mit dem Wert auszuweisen, den sie bei richtiger Bilanzierung hätten.[263]

ee) Freibetrag. Der Gesetzgeber war bestrebt, aus sozialen Gründen Gewinne aus der Veräußerung kleinerer Betriebe steuerlich zu entlasten und dem Veräußerer so die Altersversorgung zu erleichtern.[264] Zu diesem Zweck hat er in § 16 Abs. 4 EStG eine Regelung geschaffen, die unter bestimmten Voraussetzungen für den Veräußerer eine **persönliche Steuerbefreiung**[265] in Form eines Freibetrages auf den Veräußerungsgewinn bereithält, der bereits bei der Ermittlung der Einkünfte zu berücksichtigen und unmittelbar vom zuvor ermittelten – vorläufigen – „Veräußerungsgewinn" abzuziehen ist. Erst der so reduzierte Veräußerungsgewinn fließt in die Berechnung des zu versteuern-

79

---

[257] BFH BStBl. II 2018, 778; FG Münster EFG 2008, 618; FG Niedersachsen EFG 16, 1955.
[258] BFH BStBl. II 2010, 631; FG Münster EFG 1994, 294 rkr.
[259] BFH BStBl. II 1994, 740 zur Betriebsaufgabe.
[260] FG Schleswig-Holstein EFG 1996, 590.
[261] BFH BStBl. II 1991, 218; BFH/NV 1998, 1354; 2011, 1120.
[262] BFH BStBl. II 1973, 706.
[263] BFH BStBl. II 1987, 679.
[264] BR-Drs. 303/83, 25.
[265] BFH DStR 2015, 1378.

den Einkommens ein. Der steuerfreie Teil des Veräußerungsgewinns zehrt somit keine Verluste aus anderen **Einkunftsquellen** auf. Denn er hat sich bereits ausgewirkt, wenn die Summe der Einkünfte aus Gewerbebetrieb gebildet wird. Das Gleiche gilt selbstverständlich erst recht, wenn die Summe der Einkünfte aus den anderen Einkunftsarten besteht. Der Freibetrag bewirkt also lediglich eine Verringerung des Veräußerungsgewinns. Gleichzeitig bedeutet dies eine Verringerung der Einkünfte, die nach § 34 EStG einem ermäßigten Steuersatz unterliegen und als „besondere Abteilung" innerhalb der Summe der Einkünfte (→ Rn. 96) zu behandeln sind.

80 Der Freibetrag nach § 16 Abs. 4 EStG beträgt EUR 45.000,– und setzt voraus,[266] dass der Steuerpflichtige
– einen **Antrag** auf Gewährung des Freibetrages gestellt hat,
– im **Zeitpunkt der Betriebsveräußerung**
– entweder das **55. Lebensjahr vollendet** hat **oder** im sozialversicherungsrechtlichen Sinne **dauernd berufsunfähig** ist,
– ihm der Freibetrag zuvor noch nicht gewährt worden ist und
– der Veräußerungsgewinn die absolute Freibetragsgrenze von EUR 181.000,– nicht übersteigt.[267]

81 Erforderlich ist also zunächst, dass der Steuerpflichtige die Gewährung des Freibetrages **beantragt,** da die Finanzverwaltung den Freibetrag nicht von Amts wegen gewährt. Der weder frist- noch formgebundene Antrag muss nicht bereits in der Steuererklärung gestellt werden, in der der Veräußerungsgewinn erklärt wird. Er kann vielmehr bis zur **Bestandskraft** des entsprechenden Bescheides nachgeholt werden. Auch eine Antragstellung im Verfahren vor dem Finanzgericht ist daher noch rechtzeitig. Umgekehrt ist es bis zu diesem Zeitpunkt möglich, den Antrag wieder zurückzunehmen. Dies könnte dann interessant sein, wenn der Freibetrag durch den Veräußerungsgewinn nicht ausgeschöpft wird und ein weiterer Veräußerungsgewinn ansteht, der eine bessere Ausnutzung des Freibetrags ermöglicht. Bei gleichzeitiger Veräußerung mehrerer Betriebe, Teilbetriebe oder Mitunternehmeranteile kann der Freibetrag durch den Antrag entsprechend gesteuert und dem Veräußerungsvorgang zugeordnet werden, der die beste Ausnutzung des Freibetrages gewährleistet. Gehört zB zu dem Betriebsvermögen eines Einzelunternehmers ein Mitunternehmeranteil und wird dieser zusammen mit dem Einzelunternehmen veräußert, kann der Steuerpflichtige den Abzug des Freibetrages entweder bei der Veräußerung des Einzelunternehmens oder bei der des Mitunternehmeranteils beantragen.[268] Dabei ist auch das Wechselspiel mit der Begünstigung nach § 34 EStG zu beachten (→ Rn. 94). Gleiches gilt bei der Veräußerung eines Anteils an der zu einer doppelstöckigen Personengesellschaft gehörenden Obergesellschaft. Hier hängt es vom Antrag des veräußernden Gesellschafters der Obergesellschaft ab, ob der Freibetrag bei dem Veräußerungsgewinn aus der Veräußerung des Anteils an der Obergesellschaft oder bei der damit verbundenen Veräußerung der mittelbaren Beteiligung an der Untergesellschaft abzuziehen ist.[269]

> **Empfehlung:**
> Werden in einem Veranlagungszeitraum mehrere Veräußerungs- und/oder Aufgabegewinne erzielt, muss darauf geachtet werden, dass der Freibetrag nach § 16 Abs. 4 EStG – eine ausreichende Höhe des Veräußerungsgewinns vorausgesetzt – bei dem Veräußerungsgewinn beantragt wird, bei dem er sich am stärksten auswirken kann. Hierzu sind

---

[266] Der Freibetrag betrug vom 1.1.1996 bis 31.12.2000 DM 60.000,–, im VZ 2001 DM 100.000,–, vom 1.1.2002 bis 31.12.2003 EUR 51.200,–; zur Rechtslage bis zum 31. Dezember 1995 vgl. Schmidt/Schmidt, 14. Aufl. 1998, EStG § 16 Rn. 575ff.
[267] Die absolute Freibetragsgrenze betrug vom 1.1.1996 bis 31.12.2000 DM 360.000,–, im VZ 2001 DM 400.000,–, vom 1.1.2002 bis 31.12.2003 EUR 205.200,–.
[268] R 16 Abs. 13 S. 6 und 7 EStR.
[269] Schmidt/*Wacker* EStG § 16 Rn. 582.

> stets auch die Tarifbegünstigungen der § 34 Abs. 1 und Abs. 3 EStG (→ Rn. 90 ff.) sowie die tariflichen Auswirkungen des Teileinkünfteverfahrens und der sonstigen Abzüge (→ Rn. 92 f.) mit in die Berechnungen einzubeziehen.

Maßgebender **Zeitpunkt** für die Beurteilung, ob die tatbestandlichen Voraussetzungen vorliegen, ist in der Regel der Zeitpunkt des dinglichen Rechtsgeschäfts bzw. des Endes der Betriebsaufgabe. Bei der Betriebsveräußerung/-aufgabe wegen dauernder Berufsunfähigkeit stellt der BFH allerdings auf das Rechtsgeschäft ab, „mit dem die Veranlassungskette rechtlich bindend in Gang gesetzt wurde".[270] Hier soll nicht das schuldrechtliche Geschäft sondern das Verfügungsgeschäft entscheidend sein. Dies ist zB dann bedeutsam, wenn der Veräußerer nach dem Kausalgeschäft, aber vor dem Verfügungsgeschäft verstirbt. Denn die Veräußerung im Sinne des § 16 EStG setzt den Übergang des wirtschaftlichen Eigentums voraus (→ Rn. 58). Ist der Veräußerer aber bereits vor diesem Zeitpunkt verstorben, so liegt im Zeitpunkt des Übergangs des Verfügungsgeschäfts eine „dauernde Berufsunfähigkeit" nicht mehr vor. Dennoch gewährte der BFH den Erben den Freibetrag, da diese durch den noch vom Erblasser abgeschlossenen Vertrag als dessen Rechtsnachfolger gebunden waren.[271] 82

Der Steuerpflichtige muss entweder das 55. Lebensjahr vollendet haben oder aber dauernd berufsunfähig sein. Für die **Vollendung des 55. Lebensjahres** ist auf die §§ 187 Abs. 2 S. 2, 188 BGB abzustellen. Der Geburtstag selbst ist nicht mitzurechnen, das 55. Lebensjahr somit mit Ablauf des Tages vor dem Geburtstag vollendet. Maßgebend soll auch hier der Zeitpunkt des Erfüllungsgeschäfts sein.[272] In Grenzfällen sollte darauf geachtet werden, dass der Zeitpunkt des Erfüllungsgeschäfts nicht auf 24 Uhr des vorherigen Tages, sondern auf 0 Uhr des Geburtstages gelegt wird. Denn erst nach 24 Uhr ist das Lebensjahr vollendet. Zutreffender erscheint es jedoch, wenn für den Zeitpunkt auf den Veranlagungszeitraum abgestellt wird. Ausreichend sollte daher sein, wenn der Steuerpflichtige in demselben Veranlagungszeitraum das Erfüllungsgeschäft abschließt und das 55. Lebensjahr vollendet bzw. dauernd berufsunfähig wird. Hier eine zeitliche Reihenfolge zu verlangen ist überspitzt. 83

Maßgeblich für die Beurteilung des alternativ möglichen Tatbestandsmerkmals der **„dauernden Berufsunfähigkeit"** ist auch im Steuerrecht die Definition des § 240 Abs. 2 S. 2 SGB VI. Berufsunfähigkeit liegt danach vor, wenn die Erwerbsfähigkeit des Steuerpflichtigen wegen Krankheit oder Behinderung auf weniger als sechs Stunden derjenigen von körperlich, geistig und seelisch gesunden natürlichen Personen mit ähnlicher Ausbildung und gleichwertigen Kenntnissen und Fähigkeiten gesunken ist. Eine Berufsunfähigkeit aus Rechtsgründen, zB aufgrund der Verhängung eines Berufsverbots reicht hingegen nicht aus.[273] Die Erwerbsfähigkeit orientiert sich an den persönlichen Verhältnissen des Steuerpflichtigen. Abzustellen ist auf seine Kräfte und Fähigkeiten sowie auf die Zumutbarkeit im Hinblick auf seine Berufsausbildung und die bisherige Tätigkeit. Nicht ausreichend ist eine Berufsunfähigkeit aus Rechtsgründen, zB aufgrund eines Berufsverbots. Der Tod stellt keine dauernde Berufsunfähigkeit im Sinne des § 16 Abs. 4 EStG dar.[274] In Todesfällen muss die Berufsunfähigkeit daher entweder bereits beim Veräußerer vor Eintritt des Todes, oder aber bei den Erben vorgelegen haben.[275] 84

Sowohl das Merkmal der Vollendung des 55. Lebensjahres als auch das der dauernden Berufsunfähigkeit sind Tatbestandsmerkmale, die **beim Veräußerer persönlich** vorliegen müssen. Es reicht daher nicht, auch nicht bei Zusammenveranlagung, wenn der Ehepart-

---

[270] BFH BStBl. II 1995, 893.
[271] BFH BStBl. II 1995, 893.
[272] *Kanzler* FR 1995, 851; *Wendt* FR 2000, 1199.
[273] Schmidt/*Wacker* EStG § 16 Rn. 579.
[274] BFH BStBl. II 1985, 204.
[275] BFH/NV 1991, 813.

ner des Veräußerers das 55. Lebensjahr vollendet hat[276] oder dauernd berufsunfähig ist. Dementsprechend ist der Freibetrag bei der Veräußerung eines ganzen Gewerbebetriebs einer Mitunternehmerschaft nur denjenigen Mitunternehmern zu gewähren, die auch die persönlichen Voraussetzungen des § 16 Abs. 4 EStG erfüllen. Ist also beispielsweise nur einer von drei Mitunternehmern über 55 Jahre alt und sind die beiden anderen auch nicht dauernd berufsunfähig, so steht nur dem einen der (volle, → Rn. 85) Freibetrag zu. Darüber hinaus kann der Freibetrag nur natürlichen Personen, nicht jedoch Körperschaften zugutekommen.

85   Gemäß § 16 Abs. 4 S. 2 EStG ist der Freibetrag jedem Steuerpflichtigen nur **einmal in seinem Leben** zu gewähren. Der Bezug auf die Lebenszeit ergibt sich daraus, dass den Freibetrag nur natürliche Personen erhalten können. Jedem Steuerpflichtigen steht der **volle Freibetrag** zur Verfügung, und zwar unabhängig davon, ob dem Antrag die Veräußerung eines ganzen Betriebes, eines Teilbetriebes oder eines Mitunternehmeranteils zugrunde liegt. Eine andere Frage ist, ob er auch voll ausgenutzt werden kann (→ Rn. 87 Beispiel (1)). Bei der Veräußerung des Gewerbebetriebs einer Personengesellschaft verteilt sich der Freibetrag nicht etwa anteilig auf die Mitunternehmer; hier steht jedem von ihnen der volle Freibetrag zu,[277] sofern in seiner Person auch die übrigen Tatbestandsvoraussetzungen erfüllt sind. Die Behandlung entspricht derjenigen bei der Veräußerung aller Mitunternehmeranteile, nur dass die Personengesellschaft hier in gleicher personeller Besetzung bestehen bleibt.

86   Umstritten ist, ob die Einschränkung des § 16 Abs. 4 S. 2 EStG unabhängig davon gilt, welcher Einkunftsart (Gewerbebetrieb, Land- und Forstwirtschaft, selbständige Tätigkeit) der veräußerte Betrieb, Teilbetrieb oder Mitunternehmeranteil zuzuordnen ist.[278] Danach würde die Inanspruchnahme des Freibetrages in einer Einkunftsart auch auf die beiden anderen Einkunftsarten durchschlagen.

Beispiel:
Ein Tierarzt besitzt neben seiner Praxis noch einen Gewerbebetrieb, in welchem er Medikamente verkauft. Nach dem 31. Dezember 1995 veräußert er unter Ausnutzung des Freibetrages nach § 16 Abs. 4 S. 2 EStG nur den Medikamentenhandel. Bei der später erfolgenden Veräußerung der Praxis könnte er keinen Freibetrag nach § 18 Abs. 3 S. 2 EStG iVm § 16 Abs. 4 S. 2 EStG mehr in Anspruch nehmen. Ähnliche Probleme können sich beispielsweise auch bei der Veräußerung von Schiffsbeteiligungen durch Freiberufler ergeben.

§§ 14 S. 2, 18 Abs. 3 S. 2 EStG sehen allerdings nur eine entsprechende Anwendung des § 16 Abs. 4 EStG vor. Nach dem Gesetzeswortlaut liegen daher drei entsprechend der Einkunftsarten getrennte Objektgrenzen vor.[279] Der Freibetrag ist folglich (auf Antrag) bei jeder der drei in Frage kommenden Einkunftsarten einmal zu gewähren.

87   Der Veräußerungsgewinn darf die **absolute Freibetragsgrenze iHv EUR** 181.000,– nicht übersteigen. Andernfalls entfällt der Freibetrag vollständig, und zwar, da er nur einmal im Leben des Steuerpflichtigen gewährt wird, für immer. Allerdings tritt aufgrund des Antragserfordernisses diese Konsequenz nur ein, wenn der Steuerpflichtige trotz Überschreitens der Freigrenze den Antrag stellt bzw. aufrechterhält. Stellt sich erst im Laufe des Veranlagungsverfahrens heraus, dass die Freigrenze überschritten wird, empfiehlt es sich, den Antrag zurückzunehmen, was bis zur Bestandskraft der Veranlagung auch noch möglich ist (→ Rn. 81). Neben der absoluten Freibetragsgrenze gibt es noch die im Gesetz genannte **relative Freibetragsgrenze,** bei deren Überschreitung sich der Freibetrag stufenweise auf null reduziert. Diese Grenze ist daher nicht Tatbestandsmerkmal für die Ge-

---

[276] BFH BStBl. II 1980, 645.
[277] R 16 Abs. 13 S. 3 EStR.
[278] R 16 Abs. 13 S. 5 EStR; OFD Cottbus DB 1997, 1439; *Kanzler* FR 2000, 1245, 1254.
[279] *Paus* INF 1995, 586.

I. Einkommen-/Körperschaftsteuer § 25

währung des Freibetrags, sondern reguliert lediglich dessen Höhe. Sie liegt bei EUR 136.000,–.

Übersteigt der Veräußerungsgewinn diese Grenze, reduziert sich der Freibetrag um den diese Grenze übersteigenden sog. **Ermäßigungsbetrag**.

Beispiele:

(1) Der Veräußerungsgewinn beträgt weniger als EUR 45.000,– und damit weniger als der Freibetrag. In diesen Fällen steht dem Veräußerer zwar immer der volle Freibetrag zu, seine Höhe wird allerdings durch den Veräußerungsgewinn begrenzt. Der nicht ausgenutzte Freibetrag verfällt.

(2) Der Veräußerungsgewinn beträgt EUR 45.000,– oder mehr, maximal jedoch EUR 136.000,–. In diesen Fällen erhält der Veräußerer immer den vollen Freibetrag iHv EUR 45.000,–. Einen nicht ausgenutzten Teil des Freibetrags gibt es nicht.

(3) Der Veräußerungsgewinn beträgt EUR 140.000,–, liegt somit über der relativen Freibetragsgrenze. In diesen Fällen steht dem Veräußerer der Freibetrag verringert um den Ermäßigungsbetrag zu.

	EUR	EUR	EUR
Veräußerungsgewinn vor – Freibetrag:			140.000,–
Ermäßigungsbetrag:	140.000,–	./. 136.000,–	4.000,–
Freibetrag:	45.000,–	./. 4.000,–	41.000,–
Veräußerungsgewinn nach – Freibetrag:	140.000,–	./. 41.000,–	99.000,–

(4) Der Veräußerungsgewinn beträgt EUR 181.000,– (= absolute Freibetragsgrenze) oder mehr.

In diesen Fällen entfällt der Freibetrag völlig.

Die Freibetragsgrenze knüpft – sei sie nun absolut oder relativ – an den Veräußerungsgewinn an. Umstritten ist, ob dieser für den Freibetrag maßgebende **„Veräußerungsgewinn" im Sinne des § 16 Abs. 4 S. 3 EStG** auch den Teil umfasst, der gemäß § 16 Abs. 2 S. 3 u. Abs. 3 S. 2 EStG als laufender Gewinn zu behandeln ist.[280] Dies ist von Bedeutung, wenn der Veräußerungsgewinn inklusive dieses Teils die Freibetragsgrenze (→ die Beispiele 3 u. 4) überschreiten, der Veräußerungsgewinn, der um den als laufenden Gewinn umqualifizierten Anteil vermindert wurde, jedoch unterhalb dieser Freibetragsgrenze bleiben würde. Die Verwaltung[281] bezieht den als laufenden Gewinn umqualifizierten Veräußerungsgewinn **nicht** mit in die Berechnung des für die Freibetragsgrenze maßgebenden Veräußerungsgewinns gemäß § 16 Abs. 4 S. 3 EStG ein. Sie folgt damit (noch) der für den Steuerpflichtigen günstigeren Lösung.

Da der Freibetrag vom Veräußerungsgewinn abzuziehen ist, setzt dies voraus, dass ein Veräußerungsgewinn im Zeitpunkt seiner Verwirklichung vorhanden ist. Macht der Steuerpflichtige bei der Veräußerung gegen **wiederkehrende Bezüge** von seinem Wahlrecht im Sinne einer Zuflussbesteuerung (→ Rn. 113) Gebrauch, kann ein Freibetrag nicht abgezogen werden. Die Berücksichtigung bei den nachträglichen Einkünften kommt ebenfalls nicht in Betracht, da hier der Zweck der Steuerbefreiung, als Härteausgleich für die punktuelle Besteuerung stiller Reserven zu dienen, bereits durch die gestreckte Versteuerung erreicht wird. Erfolgt die Veräußerung gegen Einmalentgelt und wiederkehrende Bezüge und wählt der Veräußerer für Letztere die Zuflussbesteuerung, kann er den **vollen** Freibetrag von dem anteilig auf das Einmalentgelt entfallenden Veräußerungsgewinn abziehen,[282] vorausgesetzt, der gesamte Veräußerungspreis (einschließlich des Kapitalwerts

---

[280] So Schmidt/*Wacker* EStG § 16 Rn. 578.
[281] R 16 Abs. 13 S. 9 Hs. 2 EStR.
[282] BFH BStBl. II 1968, 75.

der wiederkehrenden Bezüge) übersteigt nicht die Freibetragsgrenze.[283] Der nicht verbrauchte Teil des Freibetrags verfällt.

Wird der Veräußerungsgewinn in verschiedenen Veranlagungszeiträumen verwirklicht, zB weil ein Teil der wesentlichen Betriebsgrundlagen in einem und der andere Teil in einem anderen Kalenderjahr (an denselben Erwerber) veräußert wird, stellt sich die Frage, welchem der Veranlagungszeiträume der nur einmal zu gewährende Freibetrag zuzuordnen ist. Die wohl hM zieht den Freibetrag vom im ersten Veranlagungszeitraum verwirklichten Gewinn voll und den verbleibenden Rest vom Gewinn des folgenden Veranlagungszeitraums ab.[284] Richtiger erscheint es aber, den Freibetrag im Verhältnis der in den einzelnen Veranlagungszeiträumen verwirklichten Teile des Gesamtgewinns aufzuteilen.[285] Maßgebend ist aber immer der Veräußerungsgewinn aller Veranlagungszeiträume. Ergibt sich im zweiten Veranlagungszeitraum durch den Gewinn oder Verlust eine Über- oder Unterschreitung der Kappungsgrenze oder insgesamt ein Verlust, ist der im ersten Veranlagungszeitraum berücksichtigte Freibetrag rückwirkend nach § 175 Abs. 1 S. 1 Nr. 2 AO zu ändern. Entsteht in einem Veranlagungszeitraum ein Gewinn und in dem anderen ein Verlust, ist die Tarifermäßigung des § 34 EStG nur auf den saldierten Betrag anzuwenden.[286]

90 **ff) Tarifbegünstigung.** Veräußerungsgewinne im Sinne der §§ 14, 14a Abs. 1, 16, 18 Abs. 3 EStG jeweils mit Ausnahme des steuerpflichtigen Teils der Veräußerungsgewinne, welcher dem Teileinkünfteverfahren unterlegen hat, zählen zu den außerordentlichen Einkünften nach § 34 Abs. 2 Nr. 1 EStG. Sie unterliegen einem ermäßigten Steuersatz, und zwar entweder in der Form einer Tarifglättung (§ 34 Abs. 1 EStG, → Rn. 95 ff.) oder einer pauschalen Tarifentlastung (§ 34 Abs. 3 EStG, → Rn. 103 ff.). Veräußerungsgewinne im Sinne des § 17 EStG sind seit dem 1.1.2001 von der Tarifbegünstigung ausgenommen (→ Rn. 92). Die Tarifbegünstigungen des § 34 EStG haben den Zweck, die zusammengeballte Realisierung der während vieler Jahre entstandenen stillen Reserven nicht mit dem progressiven Einkommensteuertarif zu erfassen.[287] Sie setzen Einkommensteuerpflicht voraus und gelten daher **nur für natürliche Personen und Personengesellschaften / Mitunternehmerschaften** – hier allerdings für die unbeschränkt wie auch für die beschränkt steuerpflichtigen gleichermaßen (§ 50 Abs. 1 S. 3 EStG) –, **nicht** hingegen **für Körperschaften**.[288] Soll eine körperschaftsteuerpflichtige juristische Person als Veräußerer in den Genuss der Tarifvergünstigung kommen, hilft nur eine Umwandlung.

91 Eine einschneidende Wirkung entfaltet der Zweck der Tarifbegünstigungen nach § 34 Abs. 1 und 3 EStG. Er dient allein dazu, erhöhte Steuerbelastungen abzumildern, die durch die Zusammenballung von den in § 34 Abs. 2 EStG genannten Arten von Einkünften (§§ 14, 14a Abs. 1, 16, 18 Abs. 3 EStG) entstehen. Dabei ist es unerheblich, ob durch die gebündelte Erfassung auch tatsächlich ein höherer Steuersatz aufgrund der Progressionswirkung zur Anwendung kommen würde als bei Aufteilung auf mehrere Veranlagungszeiträume.[289] Eine derartige Zusammenballung von Einkünften liegt nach der Rechtsprechung allerdings grundsätzlich nur dann vor, wenn alle stillen Reserven in einem einheitlichen Vorgang aufgedeckt werden. Eine Tarifbegünstigung scheidet daher aus, wenn aufgrund einheitlicher Planung und in engem zeitlichen Zusammenhang mit der Veräußerung eines Mitunternehmeranteils wesentliche Betriebsgrundlagen steuerneutral in ein anderes Betriebsvermögen überführt werden (sog. **Gesamtplanrechtspre-**

---

[283] BFH BStBl. II 1989, 409.
[284] *Herrmann/Heuer/Raupach* EStG § 16 Rn. 725.
[285] BMF BStBl. I 2006, 7; diff. *Kanzler* DStR 2009, 400: antragsgemäß.
[286] BMF BStBl. I 2006, 7.
[287] GrS BFH BStBl. II 1993, 897 (902).
[288] BFH BStBl. II 1991, 455.
[289] BFH BStBl. II 2001, 229; 2015, 529; 2015, 536; DStR 2015, 211; *Schulze zur Wiesche* DStR 2015, 1161.

chung).²⁹⁰ Gleiches gilt, wenn wesentliche Betriebsgrundlagen einer Mitunternehmerschaft teilweise und unter Fortführung der stillen Reserven auf eine neu gegründete Mitunternehmerschaft übertragen und anschließend Anteile an der neu gegründeten Mitunternehmerschaft veräußert werden.²⁹¹ In der Person des Veräußerers werden nicht alle stillen Reserven in einem einheitlichen Vorgang aufgedeckt. Die Tarifvergünstigung entfällt ferner in dem Ausnahmefall, dass der Veräußerungsgewinn nicht geballt in einem Jahr sondern erst mit Zufluss der Kaufpreiszahlungen realisiert wird und dementsprechend nach dem Zuflussprinzip zu versteuern ist.²⁹² Entsprechendes gilt, wenn dem Veräußerer ausnahmsweise ein Wahlrecht eingeräumt ist, den Kaufpreis entweder sofort oder bei Zufluss zu versteuern,²⁹³ oder er auf den Veräußerungsgewinn ganz oder teilweise § 6b EStG oder § 6c EStG anwendet.²⁹⁴

Soweit Veräußerungsgewinne im Sinne des § 34 Abs. 2 Nr. 1 EStG dem **Teileinkünfteverfahren** unterliegen, ist die Tarifermäßigung ausgeschlossen. Hierdurch soll eine doppelte Ermäßigung vermieden werden. Von dieser Einschränkung sind Gewinne im Rahmen der Betriebsveräußerung betroffen, die aus folgenden Wirtschaftsgütern bzw. Veräußerungsvorgängen herrühren: 92

– Anteile an Körperschaften, deren Leistungen beim Empfänger zu Einnahmen im Sinne des § 20 Abs. 1 Nr. 1 EStG (zB Dividenden) führen;
– 100%ige Beteiligung an einer Kapitalgesellschaft, § 16 Abs. 1 Nr. 1 S. 2 EStG;
– Veräußerung einbringungsgeborener Anteile an einer Kapitalgesellschaft, § 21 Abs. 1 UmwStG;
– Entstrickung, Liquidation (→ § 26 Rn. 79 ff.) oder verdeckte Einlage in eine Kapitalgesellschaft von einbringungsgeborenen Anteilen an einer Kapitalgesellschaft, § 21 Abs. 2 UmwStG;²⁹⁵
– Einbringungen, Realteilungen und sonstige Umwandlungen, soweit sich im umgewandelten Betriebsvermögen Kapitalgesellschaftsanteile befinden.

Betroffen ist lediglich der steuerpflichtige Anteil der aufgezählten Veräußerungsgewinnbestandteile, für die § 3 Nr. 40b iVm mit § 3c Abs. 2 EStG Anwendung findet. Die Tarifbegünstigung bleibt erhalten, wenn die teilweise Steuerbefreiung nicht zum Zuge kommt, was passieren kann, wenn Besitzzeiten (→ § 3 Nr. 40 S. 3 ff.) nicht eingehalten werden. Da sich der (gesamte) Veräußerungsgewinn somit einerseits aus Teilen zusammensetzen kann, die unter das Teileinkünfteverfahren fallen und demzufolge teilweise steuerfrei und teilweise nicht tarifbegünstigt sind, und andererseits aus den Teilen, für die die Tarifbegünstigung gilt, muss eine entsprechende **Aufteilung** vorgenommen werden.

> **Empfehlung:** 93
> Bei Veräußerungen, die auch Bestandteile enthalten, auf die das Teileinkünfteverfahren zur Anwendung gelangt, sollte bereits im Kaufvertrag eine entsprechende Aufteilung des Gesamtkaufpreises auf die beiden steuerlich zu unterscheidenden Veräußerungskomponenten vorgenommen werden. Dieser kommt zwar lediglich **Indizwirkung** zu. Der Finanzverwaltung wird der Gegenbeweis – zumindest bei Verträgen unter fremden Dritten – aber regelmäßig schwerfallen, da sich diese Art der Kaufpreisfindung objektivierend auswirkt. Sie ist nämlich von einem Interessenkonflikt zwischen Veräußerer und

---

²⁹⁰ BFH BStBl. II 2001, 229; *Spindler* DStR 2005, 1.
²⁹¹ BFH BStBl. II 2015, 536.
²⁹² RFH StuW 1941 Nr. 146; BFH BStBl. II 1968, 653; 2013, 883; 2016, 600; FG Hamburg EFG 2016, 1987, Rev. I R 71/16.
²⁹³ BFH BStBl. II 1968, 653; 2013, 883; 2016, 600; R 16 Abs. 11 EStR 2012.
²⁹⁴ Schmidt/*Wacker* EStG § 34 Rn. 27.
²⁹⁵ Ob hier nicht möglicherweise doch eine Tarifvergünstigung zu gewähren ist, könnte zweifelhaft sein, da § 34 Abs. 2 EStG auf § 3 Nr. 40b EStG verweist, der wiederum nur von Veräußerungen, nicht jedoch von Entstrickung, Liquidation oder verdeckter Einlage spricht, → § 26 Rn. 59.

Erwerber gekennzeichnet. Ist keine Vereinbarung im Kaufvertrag vorgenommen, erfolgt die Aufteilung grundsätzlich entsprechend der Aufteilung der Anschaffungskosten beim Erwerber (→ Rn. 128 ff.).

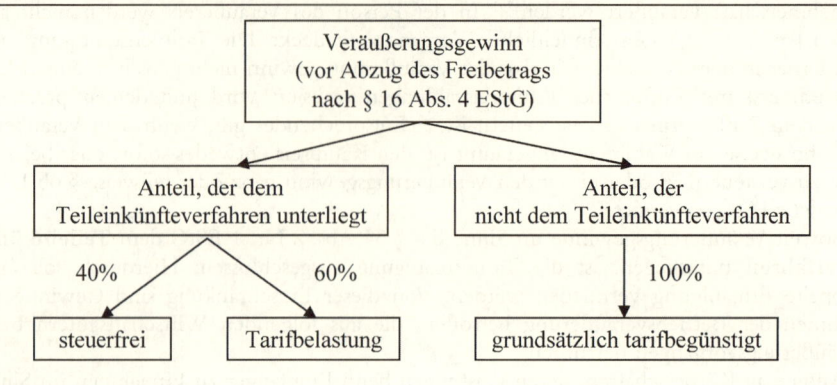

```
                    Veräußerungsgewinn
                  (vor Abzug des Freibetrags
                     nach § 16 Abs. 4 EStG)
                  /                        \
         Anteil, der dem              Anteil, der
    Teileinkünfteverfahren unterliegt  nicht dem Teileinkünfteverfahren
         40%          60%                   100%
      steuerfrei   Tarifbelastung    grundsätzlich tarifbegünstigt
```

94 Die Tarifbegünstigungen des § 34 EStG knüpfen an den Veräußerungsgewinn an. Bleibt der Veräußerungsgewinn aufgrund der Freibetragsregelungen (→ §§ 14 S. 2, 14a Abs. 1, 16 Abs. 4, 18 Abs. 3 EStG) steuerfrei, kommt der ermäßigte Steuersatz nicht mehr zum Zuge. Sind in dem Veräußerungsgewinn nebeneinander Teile enthalten, die dem Teileinkünfteverfahren unterliegen, und Teile, bei denen dies nicht der Fall ist, so ist für tarifliche Zwecke der Freibetrag des § 16 Abs. 4 EStG zuerst von den Einkünften abzuziehen, die dem Teileinkünfteverfahren unterliegen würden.[296] Gleiches gilt hinsichtlich etwaiger Sonderausgaben. Dies resultiert daraus, dass nach ständiger Rechtsprechung Freibeträge und Abzüge grundsätzlich von den höher zu versteuernden Einkünften abzuziehen sind, sofern und soweit keine anders lautende gesetzliche Regelung besteht.[297]

Beispiel:
Ein verheirateter, nicht dauernd getrenntlebender 65-jähriger Steuerpflichtiger veräußert seinen in der Rechtsform einer GmbH geführten Malereibetrieb nebst dem von ihm persönlich gehaltenen Betriebsgrundstück (Betriebsaufspaltung) im Veranlagungszeitraum 2017. Er erzielt insgesamt einen Veräußerungsgewinn von EUR 116.000,-, von dem EUR 32.000,- auf das Grundstück und EUR 84.000,- auf die GmbH entfallen. Ein Antrag nach § 16 Abs. 4 EStG ist gestellt, nicht jedoch einer nach § 34 Abs. 3 EStG. Daneben sind Sonderausgaben in Höhe von EUR 5.100,- angefallen. Weitere Einkünfte existieren nicht.

Berechnung der steuerpflichtigen Einkünfte:	EUR	EUR
Veräußerungsgewinn nach § 16 Abs. 1 EStG		116.000,-
davon nach §§ 3 Nr. 40 S. 1b, 3c Abs. 2 EStG steuerfrei (= 40 % des auf die GmbH entfallenden Veräußerungsgewinns)		./. 33.600,-
Freibetrag nach § 16 Abs. 4 EStG		./. 45.000,-
Summe der Einkünfte		37.400,-
Altersentlastungsbetrag, § 24a EStG		./. 988,-
Gesamtbetrag der Einkünfte		36.412,-
Sonderausgaben		./. 5.100,-
Zu versteuerndes Einkommen		31.312,-

---

[296] BFH BStBl. II 2010, 1011; Schmidt/*Wacker* EStG § 34 Rn. 29; aA BMF BStBl. I 2006, 7.
[297] BFH DStR 2004, 549 zur Tarifermäßigung allgemein; BStBl. III 1959, 404 zu Sonderausgaben; BStBl. II 1999, 588 zum Arbeitnehmer-Pauschbetrag.

Berechnung der tarifbegünstigten Einkünfte:

Veräußerungsgewinn		116.000,–
davon nach §§ 3 Nr. 40 S. 1b, 3c Abs. 2 EStG steuerfrei		./. 33.600,–
davon dem Teileinkünfteverfahren unterliegend, § 34 Abs. 2 Nr. 1 EStG		./. 50.400,–
Zwischensumme (entspricht dem Gewinn aus der Veräußerung des Betriebsgrundstücks)		32.000,–
steuerpflichtiger Teil des dem Teileinkünfteverfahren unterliegenden Teils des Veräußerungsgewinns	50.400,–	
Freibetrag nach § 16 Abs. 4 EStG	./. 45.000,–	
restlicher steuerpflichtiger Teil des dem Teileinkünfteverfahren unterliegenden Teils des Veräußerungsgewinns	5.400,–	
Zu berücksichtigender Freibetrag nach § 16 Abs. 4 EStG		0,–
Altersentlastungsbetrag, § 24a EStG	./. 988,–	
restlicher steuerpflichtiger Teil des dem Teileinkünfteverfahren unterliegenden Teils des Veräußerungsgewinns	4.412,–	
Sonderausgaben	./. 5.100,–	
Zu berücksichtigende Sonderausgaben		688,–
tarifbegünstigungsfähiger Veräußerungsgewinn		31.312,–

In dem zu versteuernden Einkommen sind tarifbegünstigte außerordentliche Einkünfte von EUR 31.312,– enthalten. Freibetrag und Altersentlastungsbetrag werden vollständig, die Sonderausgaben überwiegend mit dem nach § 34 EStG nicht begünstigten Teil des dem Teileinkünfteverfahren unterliegenden Anteils des Veräußerungsgewinns verrechnet. Mangels eines verbleibenden zu versteuernden Einkommens beträgt die Einkommensteuer das Fünffache der auf ein Fünftel des zu versteuernden Einkommens entfallenden Einkommensteuer, § 34 Abs. 1 S. 3 EStG. Nach der Splittingtabelle ergibt sich eine Einkommensteuer von EUR 0,–.

Da die Tarifbegünstigung an das zu versteuernde Einkommen anknüpft, gilt Entsprechendes, wenn dieses kleiner als der Veräußerungsgewinn ausfällt. Dies kann zum einen durch die **Sonderausgaben** (§§ 10 bis 10b EStG), den **Altersentlastungsbetrag** (§ 24a EStG), den **Entlastungsbetrag für Alleinerziehende** (§ 24b EStG), den **Haushaltsfreibetrag** (§ 32 Abs. 7 EStG), die **außergewöhnlichen Belastungen** (§§ 33 bis 33b EStG) und die sonstigen vom Einkommen abzuziehenden Beträge bedingt sein, zum anderen aber auch durch einen **Verlustausgleich.**

Die Vorschrift des § 34 Abs. 1 EStG ist eine **Tarifvorschrift,** die erst nach Abschluss der Einkommensermittlung zur Anwendung kommt. Die Berechnung der Summe der Einkünfte nach § 2 Abs. 3 EStG und die Berechnung der Einkommensteuer nach § 34 Abs. 1 EStG sind unabhängig voneinander vorzunehmen. § 34 Abs. 1 EStG verlangt nicht, für die Berechnung der Höhe der außerordentlichen Einkünfte die Berechnung des § 2 Abs. 3 EStG zu übernehmen. Eine Beziehung zum Einkommen besteht lediglich insofern, als nach § 34 Abs. 1 S. 1 EStG die außerordentlichen Einkünfte, auf die die mit einem ermäßigten Steuersatz zu bemessende Einkommensteuer entfällt, in dem **zu versteuernden Einkommen** des Steuerpflichtigen enthalten sein müssen, denn nur dieses unterliegt der Besteuerung. Es kommt daher für die Anwendung der Tarifbegünstigungen zunächst nur darauf an, dass nach Anwendung des Verlustausgleichs noch positives Einkommen vorhanden ist. Keine Rolle spielt, aus welchen Einkünften es sich zusammensetzt. Im ersten Schritt ist daher das zu versteuernde Einkommen zu ermitteln. Im zwei-

96 Bei der Ermittlung des zu versteuernden Einkommens sind Veräußerungsgewinne, um dem besonderen Charakter der außerordentlichen Einkünfte gerecht zu werden, wie eine **„besondere Abteilung"**[298] innerhalb der Summe der Einkünfte bzw. der jeweiligen Einkunftsart zu behandeln und daher zunächst gesondert zu erfassen. Der sachliche Umfang der außerordentlichen Einkünfte, die in § 34 Abs. 2 EStG in Verbindung mit den darin aufgelisteten Normen definiert werden, ist dabei entsprechend den Bestimmungen des § 2 Abs. 2 EStG in Verbindung mit den §§ 4 bis 7i EStG bzw. §§ 8 bis 9a EStG zu ermitteln.[299] Die Höhe der bezogenen außerordentlichen Einkünfte im Sinne des § 34 EStG ist nach der Systematik des Gesetzes somit vor Anwendung eines etwaigen Verlustausgleichs und somit auch vor Anwendung des bis zum Veranlagungszeitraum 2003 geltenden beschränkten Verlustabzugs nach § 2 Abs. 3 S. 2 bis 8 EStG zu errechnen.

97 Erst im Anschluss hieran erfolgt der **Verlustausgleich,** und zwar zunächst horizontal, dh innerhalb der jeweiligen Einkunftsart, und sodann vertikal, dh einkunftsartenübergreifend. Hinsichtlich der Tarifbegünstigungen gemäß § 34 EStG wirkt er aber – vorbehaltlich etwaiger vorrangig zu berücksichtigender Ausgleichsbeschränkungen (→ Rn. 98) – lediglich insoweit beschränkend, als das zu versteuernde Einkommen hierdurch geringer wird als der zuvor gesondert ermittelte Veräußerungsgewinn. Die Veräußerungsgewinne sind in den **horizontalen und den vertikalen Verlustausgleich** mit einzubeziehen. Für die **Veranlagungszeiträume 1999 bis 2003** gilt hinsichtlich des vertikalen Verlustausgleichs die Beschränkung des § 2 Abs. 3 S. 2 bis 8, § 2b und § 15b EStG.[300]

98 Das so ermittelte zu versteuernde Einkommen ist nun aufzuteilen in gemäß § 34 Abs. 1 EStG begünstigte außerordentliche Einkünfte und dem normalen Tarif unterliegendes restliches Einkommen. Dabei ist von den zuvor im Rahmen der Einkünfteermittlung gesondert ermittelten außerordentlichen Einkünften (→ Rn. 54 ff.) auszugehen, zu denen auch der Veräußerungsgewinn zählt, soweit er nicht dem Teileinkünfteverfahren unterlegen hat. Diese außerordentlichen Einkünfte sind im zu versteuernden Einkommen auch dann enthalten, wenn sie durch andere negative Einkünfte im Rahmen der Ermittlung des Gesamtbetrags der Einkünfte aufgezehrt wurden, denn sie sind dabei als Rechengröße eingeflossen. Die Summe der Einkünfte enthält die Gesamtheit ihrer Summanden.[301] Eine Korrektur im Rahmen des Verlustausgleichs findet bei der Tarifermittlung grundsätzlich nicht mehr statt.[302] Etwas anderes gilt, wenn der laufende Verlust aufgrund einer besonderen Regelung einer **Ausgleichsbeschränkung** unterliegt, wie zB derjenigen nach § 15 Abs. 4 EStG oder § 15a EStG. Bei einem Zusammentreffen von Ausgleichsbeschränkung und Veräußerungsgewinn hat diese **Vorrang.**[303] Der laufende Verlust wird dann vorrangig zum Ausgleich mit den positiven Einkünften herangezogen, mit denen der Ausgleich nach dieser besonderen Regelung noch möglich ist. Trifft daher zB ein nach § 15a EStG nicht ausgleichsfähiger Anteil am laufenden Verlust mit einem aus derselben Einkunftsquelle stammenden, an sich steuerbegünstigten Veräußerungsgewinn zusammen, so ist der laufende Verlust mit dem Veräußerungsgewinn zu verrechnen. Ein etwaiger danach noch verbleibender Verlust ist als verrechenbarer Verlust nach § 15a Abs. 4 S. 1 EStG in dem betreffenden Veranlagungszeitraum gesondert festzustellen. Soweit also ein Verlustausgleich stattfindet, kommt es zu einer definitiven Verringerung des Veräußerungsgewinns. Weitere derartige Aus-

---

[298] BFH BStBl. II 2004, 547 mwN.
[299] BFH BStBl. II 2004, 547; *Weber-Grellet* BB 2004, 1877.
[300] Zur Berechnung vgl. Schmidt/*Seeger* EStG, 23. Aufl. 2004, § 2 Rn. 60 ff. Soweit Veräußerungsgewinne betroffen sind vgl. *Eggers/Bauer* DStR 2000, 1171; *Röhner* BB 2000, 2234; 2001, 1126.
[301] BFH DStR 2004, 549; BStBl. II 1974, 378.
[302] BFH DStR 2004, 549; BStBl. II 1974, 378; Schmidt/*Wacker* EStG § 34 Rn. 51.
[303] BFH BStBl. II 1995, 467 (470).

I. Einkommen-/Körperschaftsteuer § 25

gleichsbeschränkungen befinden sich in § 2a Abs. 1 und § 2b EStG, nicht jedoch in § 2 Abs. 3 in der bis zum 31.12.2003 geltenden Fassung (→ Rn. 97).

Beispiel a):
Ein Steuerpflichtiger hat im Veranlagungszeitraum 2017
- laufende Einkünfte aus Gewerbebetrieb (§ 15 EStG) von EUR 100.000,–
- einen verrechenbaren Verlust (§ 15a Abs. 4 EStG) von EUR 125.000,–
- und einen Veräußerungsgewinn (§ 16 EStG) von EUR 50.000,–
  aus der gleichen Einkunftsquelle sowie
- einen Veräußerungsgewinn aus dem Verkauf
  einer wesentlichen Beteiligung (§ 17 EStG) von EUR 50.000,–.

Daneben hat er noch
- Einkünfte aus nichtselbständiger Tätigkeit (§ 19 EStG) von EUR 75.000,–
- sowie Verluste aus Vermietung und Verpachtung (§ 21 EStG) von EUR 100.000,–

Die Sonderausgaben belaufen sich auf EUR 10.000,–.
Die Voraussetzungen des § 34 Abs. 3 EStG sind nicht erfüllt. Es findet somit folgender Ausgleich der Verluste statt:

	EUR	EUR
Horizontaler Verlustausgleich:		
Einkünfte aus Gewerbebetrieb:		
§ 15 EStG	100.000,–	
§ 15a EStG	./. 125.000,–	
verbleibende verrechenbare Verluste	./. 25.000,–	
§ 16 EStG	50.000,–	
Zwischensumme	25.000,–	
§ 17 EStG (60 % aufgrund des Teileinkünfteverfahrens)		30.000,–
Summe der Einkünfte aus Gewerbebetrieb		+ 55.000,–
Einkünfte aus nichtselbständiger Tätigkeit		+ 75.000,–
Summe der positiven Einkünfte		+ 130.000,–
Vertikaler Verlustausgleich:		
Einkünfte aus Vermietung und Verpachtung		./. 100.000,–
Summe der Einkünfte = Gesamtbetrag der Einkünfte		+ 30.000,–
Sonderausgaben		./. 10.000,–
zu versteuerndes Einkommen		+ 20.000,–
Ermittlung der tarifbegünstigten Einkünfte, § 34 EStG		
Außerordentliche Einkünfte	+ 50.000,–	
vorrangige Verlustverrechnung gem. § 15a EStG	./. 25.000,–	
verbleibende außerordentliche Einkünfte	+ 25.000,–	

In dem zu versteuernde Einkommen sind nach Verlustausgleich verbleibende außerordentliche Einkünfte von EUR 25.000,– enthalten. Da dieser Betrag größer als das zu versteuernde Einkommen ist, ist das gesamte zu versteuernde Einkommen tarifbegünstigt. Mangels eines verbleibenden zu versteuernden Einkommens beträgt die Einkommensteuer das Fünffache der auf ein Fünftel des zu versteuernden Einkommens entfallenden Einkommensteuer, § 34 Abs. 1 S. 3 EStG. Sowohl nach der Grund- als auch nach der Splittingtabelle ergibt sich eine Einkommensteuer von EUR 0,– (→ Rn. 94).

Beispiel b):
Wie Beispiel a), allerdings betragen die Verluste aus Vermietung und Verpachtung nur EUR 92.500,–. Nach Berücksichtigung der Sonderausgaben verbleibt ein zu versteuerndes Einkommen von EUR 27.500,–. Das verbleibende zu versteuernde Einkommen (§ 34 Abs. 1 S. 2 EStG) errechnet sich dann wie folgt:

	EUR
zu versteuerndes Einkommen	27.500,–
./. verbleibende außerordentliche Einkünfte	25.000,–
verbleibendes zu versteuerndes Einkommen	2.500,–

Nach der Grund- wie auch nach der Splittingtabelle ergibt sich eine Einkommensteuer von EUR 0,–, denn sowohl für das verbleibende zu versteuernde Einkommen von EUR 2.500,– als auch für das verbleibende zu versteuernde Einkommen zuzüglich eines Fünftels der außerordentlichen Einkünfte in Höhe von insgesamt EUR 7.500,– (= EUR 2.500,– + EUR 5.000,–). Die festzusetzende Steuer bemisst sich daher insgesamt auf EUR 0,– (→ Rn. 100).

99 Der nach diesem Berechnungsschema ermittelte, übrigbleibende Veräußerungsgewinn unterliegt einem ermäßigten Steuersatz, und zwar entweder in Form einer Tarifglättung (§ 34 Abs. 1 EStG) oder von 56 % des durchschnittlichen Steuersatzes unter Einbeziehung von Progressionsvorbehalten (§ 34 Abs. 3 EStG); letzteres allerdings nur einmal im Leben und das auch nur unter ganz bestimmten Voraussetzungen.

Bei der Tarifglättung gemäß § 34 Abs. 1 EStG wird der Progressionseffekt durch die Bildung eines Mischtarifs abgemildert. Anders als die pauschale Tarifsenkung des § 34 Abs. 3 EStG ist die Tarifglättung nach § 34 Abs. 1 EStG nicht nur auf Veräußerungsgewinne, sondern auch auf andere Arten außerordentlicher Einkünfte anzuwenden. Sie ist darüber hinaus seit dem Veranlagungszeitraum 2002 nicht mehr antragsgebunden und wird von Amts wegen berücksichtigt. Nach § 34 Abs. 1 S. 2 EStG beträgt die für die außerordentlichen Einkünfte anzusetzende Einkommensteuer das Fünffache des Unterschiedsbetrags zwischen der Einkommensteuer für das um diese Einkünfte verminderte zu versteuernde Einkommen (verbleibendes zu versteuerndes Einkommen) und der Einkommensteuer für das verbleibende zu versteuernde Einkommen zuzüglich eines Fünftels dieser Einkünfte. Ist das verbleibende zu versteuernde Einkommen negativ und das zu versteuernde Einkommen positiv, so beträgt die Einkommensteuer nach § 34 Abs. 1 S. 3 EStG das Fünffache der auf ein Fünftel des zu versteuernden Einkommens entfallenden Einkommensteuer. Dieser recht unhandliche Wortlaut des § 34 Abs. 1 EStG soll im Folgenden näher erläutert werden, wobei zwei Fallgruppen zu unterscheiden sind:

100 (1) Ist das verbleibende zu versteuernde Einkommen **positiv,** gilt § 34 Abs. 1 S. 2 EStG. Hier ist zunächst festzuhalten, dass der Mischtarif lediglich die Einkommensteuer auf die außerordentlichen Einkünfte erfasst. Die Einkommensteuer auf das **verbleibende zu versteuernde Einkommen (EStvzvE)**, dh auf das um die außerordentlichen Einkünfte verminderte zu versteuernde Einkommen, wird nach den allgemeinen Regeln berechnet. Die gesamte Einkommensteuer unter Berücksichtigung der Progressionsglättung nach § 34 Abs. 1 EStG **(EStinsgesamt)** setzt sich somit aus zwei Komponenten zusammen, und zwar zum einen aus der Einkommensteuer auf das verbleibende zu versteuernde Einkommen und zum anderen aus derjenigen auf die außerordentlichen Einkünfte **(ESt_{aoE}):**

$$ESt_{insgesamt} = ESt_{vzvE} + ESt_{aoE}$$

Die **Einkommensteuer auf die außerordentlichen Einkünfte** beträgt das Fünffache der Einkommensteuer-Differenz, dh der Differenz zwischen der Einkommensteuer auf das verbleibende zu versteuernde Einkommen **(vzvE)** zuzüglich einem Fünftel der außerordentlichen Einkünfte **(aoE)** und der Einkommensteuer auf das verbleibende zu versteuernde Einkommen:

$$ESt_{aoE} = 5 \times (ESt[vzvE + aoE/5] - ESt_{vzvE})$$

Für die Ermittlung der Einkommensteuer auf die außerordentlichen Einkünfte sind daher
– zunächst das verbleibende zu versteuernde Einkommen und ein Fünftel der außerordentlichen Einkünfte zusammenzuzählen,
– dann ist hierauf die Einkommensteuer zu ermitteln,
– hiervon die Einkommensteuer auf das verbleibende zu versteuernde Einkommen wieder abzuziehen und
– der so ermittelte Betrag schließlich mit fünf zu multiplizieren.

Auf diese Weise unterliegen die außerordentlichen Einkünfte also nur dem Steuersatz, der auf ein Fünftel der außerordentlichen Einkünfte entfällt, und nicht demjenigen, der auf sie insgesamt entfallen würde.

(2) Ist das verbleibende zu versteuernde Einkommen **negativ,** aber das zu versteuernde Einkommen positiv, gilt § 34 Abs. 1 S. 3 EStG. Hier besteht das zu versteuernde Einkommen insgesamt nur aus außerordentlichen Einkünften (→ Rn. 98). Es ist daher auch nur insoweit die Einkommensteuer zu berechnen. Dementsprechend ist in diesem Fall das verbleibende zu versteuernde Einkommen gleich null. Die Einkommensteuer insgesamt beträgt somit das Fünffache der Einkommensteuer, die auf ein Fünftel des zu versteuernden Einkommens insgesamt (**zvE$_{insgesamt}$**) entfallen würde:

$$ESt_{insgesamt} = 5 \times ESt[zvE_{insgesamt}/5]$$

Für die Ermittlung der Einkommensteuer auf das in diesem Fall nur aus außerordentlichen Einkünften bestehende zu versteuernde Einkommen ist daher
– zunächst das zu versteuernde Einkommen (nicht die außerordentlichen Einkünfte insgesamt) durch fünf zu teilen,
– hierauf die Einkommensteuer zu ermitteln und
– der so ermittelte Betrag schließlich mit fünf zu multiplizieren.

In diesem Fall unterliegt das zu versteuernde Einkommen insgesamt als übrig gebliebener Rest der außerordentlichen Einkünfte nur dem Steuersatz, der auf ein Fünftel von ihnen entfällt, und nicht demjenigen, der auf sie insgesamt entfallen würde.

Die wirtschaftliche **Wirkung**[304] des § 34 EStG lässt sich wie folgt zusammenfassen:
- Die maximal mögliche Steuerentlastung aus § 34 Abs. 1 EStG beläuft sich gegenüber regulär besteuerten Einkünften auf maximal das Vierfache des Abzugsbetrages gemäß § 32a Abs. 1 S. 2 Nr. 5 EStG. Für den Veranlagungszeitraum 2016 ergibt sich bei einem Abzugsbetrag von EUR 16.027,52 eine maximale Steuerentlastung von EUR 64.110,08, in dem Veranlagungszeitraum 2017 EUR 64.658,12 bei einem Abzugsbetrag von EUR 16.164,53 und ab dem Veranlagungszeitraum 2018 EUR 65.750,80 (Abzugsbetrag = EUR 16.437,70).
- Die maximal mögliche Entlastung liegt vor, wenn die außerordentlichen Einkünfte das Fünffache der Grenze zur oberen Proportionalzone des Einkommensteuertarifs gemäß § 32a Abs. 1 S. 2 Nr. 5 EStG erreichen und kein verbleibendes zu versteuerndes Einkommen vorhanden ist. Es ergibt sich somit für den Veranlagungszeitraum 2016 bei Anwendung der Grundtabelle ein maximal entlasteter Betrag an außerordentlichen Einkünften in Höhe von EUR 1.222.235,– (Grenze zur oberen Proportionalzone = EUR 244.447,–), für den Veranlagungszeitraum 2017 in Höhe von EUR 1.281.520,– (Grenze zur oberen Proportionalzone = EUR 256.304,–) und für die Veranlagungszeiträume ab 2018 in Höhe von EUR 1.302.665,– (Grenze zur oberen Proportionalzone = EUR 260.533,–).
- Das verbleibende zu versteuernde Einkommen wird vorrangig zur Ausfüllung des Progressionsbereichs herangezogen und verringert auf diese Weise die maximal mögliche Steuerentlastung. Je höher die laufenden ordentlichen Einkünfte sind, desto geringer ist die Entlastungswirkung.

---

[304] Vgl. *Herzig/Förster* DB 1999, 711.

Dies zeigt, dass bei der **Steuerplanung**[305] neben der Höhe der außerordentlichen Einkünfte auch und gerade auf die Steuerung der ordentlichen Einkünfte und des Veräußerungszeitpunkts zu achten sein wird. **Ehegatten,** die nach § 26 die Möglichkeit haben, die Veranlagungsart zu wählen, sollten durchrechnen, ob sie durch die Wahl der getrennten Veranlagung unter Umständen trotz des damit einhergehenden Verlustes des Splittingvorteils eine geringere Steuerbelastung herbeiführen können. Dies gilt insbesondere dann, wenn der eine Ehegatte nur außerordentliche Einkünfte erzielt, während der andere Ehegatte laufende, ins Gewicht fallende Einkünfte bezieht.[306]

103 Ab dem Veranlagungszeitraum 2001 kann der Steuerpflichtige anstatt der Tarifglättung nach § 34 Abs. 1 EStG eine **pauschale Tarifentlastung** in Höhe von 56% des Durchschnittssteuersatzes der Einkommensteuer, mindestens jedoch in Höhe des jeweiligen Eingangssteuersatzes, wählen. Diese Möglichkeit gilt nur für Veräußerungsgewinne im Sinne des § 34 Abs. 2 Nr. 1 EStG bis zu einer Begünstigungsgrenze von EUR 5.000.000,– und hier auch nur für **einen einzigen.** Sie gilt nicht für die anderen in § 34 Abs. 2 Nr. 2 bis 5 EStG genannten außerordentlichen Einkünfte und auch nicht für dem Teileinkünfteverfahren unterliegende Veräußerungsgewinne im Sinne des § 17 EStG.

Die Tarifentlastung nach § 34 Abs. 3 EStG setzt voraus, dass der Steuerpflichtige
– einen Antrag gestellt hat,
– im Zeitpunkt der Betriebsveräußerung
– entweder das 55. Lebensjahr vollendet hat oder im sozialversicherungsrechtlichen Sinne dauernd
– berufsunfähig ist und
– ihm die Tarifentlastung zuvor noch nicht gewährt worden ist, gerechnet ab dem Veranlagungszeitraum 2001.

Der Antrag kann vom Steuerpflichtigen oder seinem Erben bis zur Rechtskraft des Bescheides bzw. bis zum Schluss der mündlichen Verhandlung vor dem Finanzgericht nachgeholt, geändert oder zurückgenommen werden. Er ist nicht formgebunden. Hat der Steuerpflichtige in dem betreffenden Veranlagungszeitraum mehrere Veräußerungsgewinne erzielt, steht ihm ein **Wahlrecht** zu, auf welchen Veräußerungsgewinn die Tarifentlastung und auf welchen die Tarifglättung zur Anwendung kommen soll, § 34 Abs. 3 S. 5 EStG. Soweit die Voraussetzungen des § 34 Abs. 1 und Abs. 3 EStG nebeneinander vorliegen, was bedeutet, dass hinsichtlich des § 34 Abs. 3 EStG ein Antrag gestellt wurde, führt das Finanzamt bei der Steuerberechnung eine programmgesteuerte Vorteilsberechnung durch.[307] Der Antrag nach § 34 Abs. 3 S. 1 EStG ist unabhängig von dem Antrag nach § 16 Abs. 4 EStG.

> **Empfehlung:**
> Bei mehreren Veräußerungsgewinnen, sei es im gleichen Veranlagungszeitraum, sei es in späteren Jahren, sind beide Regelungen miteinander abzustimmen. Hier sind insbesondere unter Berücksichtigung der dem Teileinkünfteverfahren unterliegenden Einkünfte, der Sonderausgaben und sonstigen Abzüge detaillierte Berechnungen der verschiedenen Möglichkeiten vorzunehmen, um die günstigste Variante zu ermitteln.

104 Die Tarifentlastung des § 34 Abs. 3 EStG wird nur einmal im Leben gewährt, wobei vor dem 1.1.2001 erfolgte Veräußerungen nicht mitgezählt werden, § 52 Abs. 47 S. 7 EStG aF Abgestellt wird dabei auf den Steuerpflichtigen, der den Veräußerungsgewinn erzielt hat. Die Zusammenveranlagung führt daher nicht dazu, dass ein Ehegatte zweimal die Tarifentlastung geltend machen kann. Umgekehrt führt die Inanspruchnahme der Ta-

---

[305] *Herzig/Förster* DB 1999, 711.
[306] *Hagen/Schynol* DStR 1999, 1430; *Korezkij* BB 2000, 122; *Schmidt/Seeger* § 26 EStG Rn. 18.
[307] R 34 Abs. 1 S. 4 EStR.

I. Einkommen-/Körperschaftsteuer § 25

rifentlastung nach § 34 Abs. 3 EStG des einen Ehegatten nicht zum Verbrauch der Tarifentlastung beim anderen Ehegatten. Weitere Voraussetzung ist, dass der Steuerpflichtige das 55. Lebensjahr vollendet haben oder dauernd berufsunfähig sein muss (→ Rn. 84). Soweit die Tarifentlastung bereits in Anspruch genommen wurde oder die persönlichen Voraussetzungen problematisch sein sollten, wird als Gestaltungshinweis empfohlen, einen Mitunternehmeranteil steuerneutral in eine Kapitalgesellschaft einzubringen oder eine Personengesellschaft formwechselnd in eine Kapitalgesellschaft umzuwandeln und dann nach Ablauf der Sieben-Jahres-Frist des § 22 Abs. 1 UmwStG die Kapitalgesellschaftsanteile unter Anwendung des Teileinkünfteverfahrens zu veräußern.[308] Diese Gestaltung erfordert allerdings eine entsprechend rechtzeitige Planung und dürfte lediglich bei größeren mittelständischen Unternehmen in Betracht zu ziehen sein. Darüber hinaus erfordert dieser Schritt relativ sichere Plandaten für den Sieben-Jahres-Zeitraum und angesichts der Schnelllebigkeit der Steuergesetzgebung auch ein gerüttelt Maß an Risikobereitschaft.

Der durchschnittliche Steuersatz ist unter Einbeziehung aller steuerbaren Einkünfte – **105** also auch des Veräußerungsgewinns – und der dem Progressionsvorbehalt nach § 32b EStG unterliegenden nicht steuerbaren Einkünfte zu ermitteln. Ergeben sich neben Veräußerungsgewinnen auch Veräußerungsverluste, sind diese vor Anwendung des ermäßigten Steuersatzes zu saldieren.[309] Wird hierbei auf die Einkommensteuertabellen zurückgegriffen, ist der Stufenmittelwert maßgebend.[310] Der durchschnittliche Steuersatz errechnet sich dann derart, dass der für die Stufe angegebene Einkommensteuerbetrag, sofern er nicht genau auf einen Stufenwert lautet, durch den Stufenmittelwert geteilt wird.

Beispiel:
Beträgt das zu versteuernde Einkommen (inkl. Veräußerungsgewinn) zB EUR 72.150,–, lautet der Stufenmittelwert nach der Splittingtabelle (gültig ab 1. Januar 2018) EUR 72.150,– und die Einkommensteuer EUR 14.627,–. Der durchschnittliche Steuersatz errechnet sich dann

$$14.627,- \times 100 : 72.150,- = 20{,}2730\ \% \text{ (gerundet).}$$

56 % des durchschnittlichen Steuersatzes würden demnach 11,35288 % betragen.

Im Gegensatz zu der bis 1998 geltenden ähnlichen Regelung sieht § 34 Abs. 3 EStG **106** einen **Mindeststeuersatz von 14 %** vor. Unterschreitet der durchschnittliche Steuersatz, wie im Beispiel in Rn. 105, den jeweiligen Eingangssteuersatz, so ist stattdessen dieser als Mindeststeuersatz auf die außerordentlichen Einkünfte anzuwenden. Der pauschale Tarif in Höhe von 56 % wirkt sich daher erst dann richtig aus, wenn der Durchschnittssteuersatz auf die Summe aus Veräußerungsgewinnen, verbleibendem zu versteuernden Einkommen und dem Progressionsvorbehalt unterliegenden Einkünften das 1,7857fache des Eingangssteuersatzes von 14 % bzw. 25 % überschreitet. Der Mindeststeuersatz verdrängt daher die pauschale Tarifentlastung bis zu folgendem zu versteuerndem Einkommen:

Veranlagungszeitraum	Einzelveranlagung	Zusammenveranlagung
2016	EUR 49.103,–	EUR 98.206,–
2017	EUR 49.595,–	EUR 99.190,–
2018	EUR 50.458,–	EUR 100.916,–

Die Tarifentlastung des § 34 Abs. 3 EStG ist betragsmäßig auf Veräußerungsgewinne bis **107** EUR 5 Mio. (2001: DM 10 Mio.) begrenzt. Ein diese Grenze übersteigender Betrag unterliegt ebenso wie etwaige weitere Veräußerungsgewinne und sonstige außerordentliche

---

[308] *Jakobs/Wittmann* GmbHR 2000, 920; *Korn/Schiffers* EStG § 34 Rn. 64.
[309] BFH/NV 2001, 1279; BStBl. II 2012, 405.
[310] Vgl. *Hagen/Schynol* DB 2001, 397 (403); aA Frotscher/Geurts/*Herrmann* EStG § 34 Rn. 75, der auf den Eingangsbetrag der betreffenden Tabellenstufe abstellt.

Einkünfte der Tarifglättung nach § 34 Abs. 1 EStG.[311] Die Betragsgrenze bezieht sich bei Vorliegen mehrerer Veräußerungsgewinne in einem Veranlagungszeitraum nur auf den Gewinn, für den der Antrag nach § 34 Abs. 3 EStG gestellt wurde. Sie gilt daher im Falle der Zusammenveranlagung auch nur für den Ehegatten, der den betreffenden Veräußerungsgewinn erzielt hat.

Liegen neben Veräußerungsgewinnen, für die ein Antrag nach § 34 Abs. 3 EStG gestellt wurde, weitere außerordentliche Einkünfte vor, die nach § 34 Abs. 1 EStG begünstigt sind, sind die Steuerermäßigungen jeweils unter Berücksichtigung der jeweils anderen Steuerermäßigung zu berechnen. Deshalb ist eine äußerst komplizierte und kaum überschaubare Verhältnismäßigkeitsberechnung vorzunehmen.[312] Problematisch und weitgehend ungeklärt ist auch die Verlustverrechnung, wenn nebeneinander nach § 34 Abs. 1 und Abs. 3 EStG zu besteuernde außerordentliche Einkünfte vorliegen. Entsprechendes gilt, wenn Sonderausgaben, außergewöhnliche Belastungen und die sonstigen Abzüge auf die außerordentlichen Einkünfte durchschlagen. Soweit laufende oder dem Teileinkünfteverfahren unterliegende Einkünfte vorliegen, sind die Verluste, Sonderausgaben und sonstigen Abzüge vorrangig mit diesen zu verrechnen, soweit nicht eine Verlustausgleichsbeschränkung vorgeht (→ Rn. 97). Soweit hiernach noch Verluste bzw. die bei der Ermittlung des Einkommens abzuziehenden Beträge verbleiben, die mit außerordentlichen Einkünften im Sinne des § 34 EStG verrechnet werden müssten, stellt sich die Frage, ob sie entweder vorrangig von den nach § 34 Abs. 1 EStG zu besteuernden Einkünften oder vorrangig von den nach § 34 Abs. 3 EStG zu besteuernden Einkünften oder jeweils anteilig abzuziehen sind.[313] Eine pauschale Aussage, welche dieser Möglichkeiten am günstigsten ist, lässt sich nicht treffen. Denkt man den von der Rechtsprechung[314] aufgestellten Grundsatz, dass die Tarifermäßigung, soweit irgend möglich, dem Steuerpflichtigen zugutekommen soll, konsequent weiter, wird man hier Vergleichsberechnungen vornehmen und die für die für den Steuerpflichtigen günstigste Abzugsmöglichkeit zugrunde legen müssen.[315]

Hinsichtlich des Freibetrags nach § 16 Abs. 4 EStG stellt sich diese Problematik hingegen nicht, da dieser immer einem Veräußerungsgewinn zugeordnet ist. Diesbezüglich stellt sich das Problem bereits beim Steuerpflichtigen bzw. seinem Berater, der hier im Vorwege durch Steuerbelastungsvergleiche die optimale Zuordnung berechnen muss.

108 Hinsichtlich der beiden tariflichen Begünstigungstatbestände des § 34 EStG lässt sich wirtschaftlich Folgendes feststellen:
- Die Vorteilsbereiche beider Alternativen sind von der Höhe des Veräußerungsgewinns und der Höhe des verbleibenden zu versteuernden Einkommens abhängig.
- Ist der Veräußerungsgewinn niedrig und liegen keine oder nur geringere verbleibende zu versteuernde Einkünfte vor, so ist die Regelung des § 34 Abs. 1 EStG grundsätzlich günstiger als die Regelung des § 34 Abs. 3 EStG.
- In allen anderen Fällen wird in der Regel die Steuerermäßigung nach § 34 Abs. 3 EStG zu einem besseren Ergebnis führen.
- Ist die Summe aus Veräußerungsgewinn und anderen Einkünften kleiner als der jeweils gültige Grundfreibetrag, sollte kein Antrag nach § 34 Abs. 3 EStG gestellt werden, da dieser die Mindestbesteuerung vorsieht.

109 gg) Steuerermäßigung bei Einkünften aus Gewerbebetrieb, § 35 EStG. Die Steuerermäßigung nach § 35 EStG ist eine Anrechnung der Gewerbesteuer in pauschalierten Form. Soweit in dem zu versteuernden Einkommen gewerbliche Einkünfte enthalten

---

[311] Wie hier Blümich/*Lindberg* EStG § 34 Rn. 77; aA Schmidt/*Wacker* EStG § 34 Rn. 60: voller Steuersatz.
[312] BT-Drs. 14/4217, 8; R 34.2 Abs. 2 EStR; *Hagen/Schynol* DB 2001, 397 (402 f.); NWB F 3, 11579 mit Berechnungsbeispielen; vgl. auch H 34.2 EStH Beispiel 5.
[313] *Hagen/Schynol* DB 2001, 397 (403 f.).
[314] Vgl. BFH DStR 2004, 549 mwN.
[315] So wohl auch *Hagen/Schynol* DB 2001, 397 (403).

I. Einkommen-/Körperschaftsteuer § 25

sind,[316] mindert sich die hierauf (anteilig) entfallende tarifliche Einkommensteuer um das 3,8fache des Gewerbesteuermessbetrages. Die Steuerermäßigung gilt für unbeschränkt und beschränkt steuerpflichtige natürliche Personen gleichermaßen, nicht jedoch für Kapitalgesellschaften. Sind eine oder mehrere Mitunternehmerschaften dazwischengeschaltet, muss der letztlich auf die natürliche Person entfallende Gewerbesteuermessbetrag auf der Ebene der jeweiligen Mitunternehmerschaft nach § 35 EStG einheitlich und gesondert festgestellt werden. Begünstigt sind nur gewerbliche, mit Gewerbesteuer belastete[317] Einkünfte. Bei nicht mit Gewerbesteuer belasteten Veräußerungsvorgängen kommt eine Steuerermäßigung nicht in Betracht. Nach § 7 GewStG nicht belastete Betriebsveräußerungsgewinne sowie Vorgänge nach §§ 16, 17 EStG, §§ 22 Abs. 1, 24 Abs. 2 und 18 Abs. 2 UmwStG scheiden daher aus. Etwas Anderes gilt, wenn derartige Gewinne gewerbesteuerpflichtig sind. Nach § 35 EStG begünstigt sind daher die Veräußerung einer 100%igen Kapitalgesellschaftsbeteiligung, sofern sie nicht im Zusammenhang mit Betriebsaufgabe oder -veräußerung steht, die Veräußerung „an sich selbst" nach § 16 Abs. 2 S. 3 EStG und § 24 Abs. 3 S. 3 UmwStG, Teilanteilsveräußerungen iSd § 16 Abs. 1 S. 2 EStG, Veräußerungsgewinne, soweit sie nicht auf eine natürliche Person als unmittelbar beteiligter Mitunternehmer entfallen, § 7 S. 2 GewStG[318] und Übernahmefolgegewinne.[319] Auf Veräußerungsgewinne, die der Tonnagebesteuerung unterliegen, ist § 35 EStG nicht anzuwenden, § 5a Abs. 5 S. 2 EStG.

Ausgangspunkt der Berechnung des Ermäßigungsbetrages ist der 3,8-fache GewSt-Messbetrag. Bei Mitunternehmern und persönlich haftenden Gesellschaftern einer KGaA ist auf den entsprechenden Anteil am GewSt-Messbetrag abzustellen. Der GewSt-Messbescheid ist Grundlagenbescheid für die Anrechnung nach § 35 EStG. Der GewSt-Messbetrag ist nach dem allgemeinen handelsrechtlichen[320] Gewinnverteilungsschlüssel aufzuteilen. Bei mehrstöckigen Mitunternehmerschaften wird der anteilige GewSt-Messbetrag betriebsbezogen ermittelt, mit dem Faktor 3,8 vervielfältigt sowie die tatsächlich zu zahlende GewSt begrenzt und sodann von Ebene zu Ebene bis zur natürlichen Person am Schluss „durchgereicht".[321] Der so ermittelte **potentielle Anrechnungsbetrag** wird sodann in zweifacher Hinsicht begrenzt und zwar zum einen durch den Ermäßigungshöchstbetrag und zum anderen durch die tatsächlich gezahlte Gewerbesteuer. Der Ermäßigungshöchstbetrag errechnet sich gemäß folgender Formel: 110

$$\frac{\text{Summe der positiven gewerblichen Einkünfte}}{\text{Summe aller positiven Einkünfte}} \times \text{geminderte tarifliche Einkommensteuer}$$

Hierdurch wird die Ermäßigung im Wege einer Verhältnisrechnung auf den Teil der tariflichen Einkommensteuer begrenzt, der auf die im zu versteuernden Einkommen enthaltenen gewerblichen Einkünfte entfällt. Dies bedeutet, dass sich sowohl die Verlustverrechnung als auch der Sonderausgabenabzug und der Abzug der außergewöhnlichen Belastungen mindernd auf den Ermäßigungsbetrag nach § 35 EStG auswirken. Zu beachten ist, dass bei einem **unterjährigem Gesellschafterwechsel** der Anteil am Gewerbesteuermessbetrag nur für diejenigen Gesellschafter festzustellen ist, die zum Zeitpunkt der Entstehung der Gewerbesteuer Mitunternehmer der fortbestehenden Personengesellschaft als Schuldnerin der Gewerbesteuer sind.[322] Aufteilungsmaßstab ist der zum Ende des

---

[316] Zur Ermittlung der im zu versteuernden Einkommen enthaltenen gewerblichen Einkünfte vgl. BFH BStBl. II 2007, 694; 2016, 871; *Korezkij* BB 2005, 26; *Ritzer/Stangl* DStR 2005, 11 mwN.
[317] Schmidt/*Wacker* EStG § 35 Rn. 10; *Wendt* FR 2000, 1173 (1179); aA *Neu* DStR 2000, 1933; *Korezkij* DStR 2001, 1642.
[318] BMF BStBl. I 2016, 1187 Rn. 14; Schmidt/*Wacker* EStG § 35 Rn. 18.
[319] BMF BStBl. I 2011, 1314 Rn. 6.02; Schmidt/*Wacker* EStG § 35 Rn. 18.
[320] Schmidt/*Wacker* EStG § 35 Rn. 25; *Ritzer/Stangl* DStR 2002, 1785.
[321] BFH DStRE 2017, 1491; DStR 2017, 1917; Schmidt/*Wacker* EStG § 35 Rn. 26; BMF DStR 2019, 878 Rn. 25. *Dreßler* DStR 2019, 1078.
[322] BFH BStBl. II 2016, 875; BMF BStBl. I 2016, 1187.

gewerbesteuerrechtlichen Erhebungszeitraums geltende allgemeine Gewinnverteilungsschlüssel. Unterjährig ausgeschiedenen Gesellschaftern ist kein anteiliger Gewerbesteuermessbetrag zuzurechnen. Dies gilt auch bei abweichender zivilrechtlicher Vereinbarung, wenn sich zB der aus der Gesellschaft ausgeschiedene Veräußerer des Mitunternehmeranteils zivilrechtlich zur Übernahme der auf den Veräußerungsgewinn entfallenden Gewerbesteuer verpflichtet hat. Wird also ein Anteil am 31.12. um 23:59 Uhr veräußert, erhält der Käufer den kompletten GewSt-Messbetrag für das Jahr, obwohl er nur eine Minute beteiligt war. Um die Gewerbesteuer dennoch verursachergerecht zu verteilen, bedarf es daher zielgenauer Steuerklauseln, um diese Wirkung eintreten zu lassen.[323] Da der BFH allein darauf abstellt, wer mit Ablauf des Erhebungszeitraums (noch) Mitunternehmer der Mitunternehmerschaft ist, ist dem Erblasser bzw. Schenker bei unterjähriger Gesamt- oder Einzelrechtsnachfolge kein GewSt-Messbetrag zuzuordnen.[324]

Darüber hinaus ist der potentielle Anrechnungsbetrag durch die tatsächlich zu zahlende GewSt begrenzt. Insoweit ist der GewSt-Bescheid der Gemeinde zugleich Grundlagenbescheid für § 35 EStG. Bei mehrstöckigen Mitunternehmerschaften ist der für den Schlussgesellschafter festgestellte anteilige Gewerbesteuerbetrag betriebsbezogen (nicht unternehmerbezogen) aufzuteilen, soweit er auf verschiedene Mitunternehmerschaften entfällt.[325] Auch bei der tatsächlich zu zahlenden Gewerbesteuer ist der allgemeine handelsrechtliche Gewinnverteilungsschlüssel maßgebend.

111 **hh) Rücklage nach § 6b oder § 6c EStG.** Der Veräußerer kann, soweit die Voraussetzungen des § 6b oder § 6c EStG vorliegen, für den bei der Veräußerung entstandenen Gewinn eine Rücklage bilden. Tut er dies, entfällt die Tarifvergünstigung für diesen Gewinn **insgesamt,** und zwar auch dann, wenn er die Rücklage lediglich für einen Teil des Gewinns bildet, § 34 Abs. 1 S. 4, Abs. 3 S. 6 EStG.[326] Dies gilt ausnahmsweise nicht für den Teil des Gewinns, der auf die Veräußerung eines Kapitalgesellschaftsanteils entfällt. Für diesen Teil, der aufgrund des Teileinkünfteverfahrens nicht zu den außerordentlichen Einkünften gehört, kann eine steuerfreie Rücklage nach § 6b Abs. 10 EStG gebildet und zugleich für den Rest die Vergünstigung des § 34 EStG in Anspruch genommen werden.[327] Die Steuervorteile des § 34 Abs. 1 EStG und der § 6b/§ 6c EStG werden nicht nebeneinander gewährt. Die Tarifbegünstigungen entfallen auch, wenn eine Rücklage nach § 6b EStG durch die Personengesellschaft gebildet werden, nicht jedoch, wenn ein anderer Gesellschafter den auf der Ebene der Gesellschaft entstandenen Veräußerungsgewinn anteilig auf Reinvestitionen im Sonderbetriebsvermögen oder seinem sonstigen Betriebsvermögen überträgt; hiervon werden die tariflichen Begünstigungen nach § 34 EStG der anderen Gesellschafter nicht berührt. Denn nach Aufgabe der rechtsträgerbezogenen Betrachtungsweise gilt wieder die gesellschafterbezogene Betrachtungsweise, weshalb allein die jeweiligen Gesellschafter berechtigt sind. Der Freibetrag nach § 16 Abs. 4 EStG wird anders als die Tarifvergünstigung auch dann gewährt, wenn der Veräußerer für den Veräußerungsgewinn eine Rücklage nach § 6b EStG bildet.[328]

112 Die Rücklagenbildung nach § 6b EStG für einen Gewinn aus einer Betriebsveräußerung kann sich trotz des Wegfalls der Tarifvergünstigung immer dann lohnen, wenn die Vergünstigung nach § 34 EStG nicht gewährt wird. Dies gilt zB dann, wenn der Steuerpflichtige die persönlichen Voraussetzungen des § 34 Abs. 3 EStG nicht erfüllt und der

---

[323] *Dreßler/Oenings* DStR 2017, 625.
[324] *Dreßler/Oenings* DStR 2017, 625; *Gläser/Zöller* BB 2017, 987.
[325] BFH/NV 2017, 1536; Schmidt/*Wacker* EStG § 35 Rn. 41; BMF BStBl. I 2016, 1187 Rn. 9; aA *Cordes* DStR 2010, 1416, der die Begrenzung der Gewerbesteueranrechnung mitunternehmerbezogen durchführen will.
[326] Schmidt/*Wacker* EStG § 16 Rn. 108; Schmidt/*Loschelder* EStG § 6b Rn. 8.
[327] FG Münster DStR 2017, 8, Rev. IV R 48/15.
[328] Schmidt/*Wacker* EStG § 16 Rn. 586.

Veräußerungsgewinn oberhalb der maximal nach § 34 Abs. 1 EStG zu erreichenden Entlastungsgrenze liegt (→ Rn. 102).

Ansonsten ist die Bildung der Rücklage nach § 6b EStG immer nur dann als günstiger anzusehen, wenn die durch die Rücklagenbildung gestundeten Steuerbeträge derart hochverzinslich angelegt werden können, dass sowohl die nicht gewährte Tarifvergünstigung als auch die aus der Verzinsung resultierende Steuerlast verdient werden. Bei einer etwaigen Auflösung der Rücklage käme noch der Erhöhungsbetrag nach § 6b Abs. 7 EStG zzgl. der sich hieraus ergebenden Steuerlast hinzu.

f) Besteuerungswahlrecht. Grundsätzlich ist der Veräußerungsgewinn im Zeitpunkt der Veräußerung verwirklicht und in dem Veranlagungszeitpunkt zu versteuern, in den dieser Zeitpunkt fällt (sog. **Sofortbesteuerung,** → Rn. 59). In bestimmten Fällen, in denen der Veräußerungserlös erst in den der Veräußerung nachfolgenden Veranlagungszeiträumen zufließt, steht dem Veräußerer ein Wahlrecht zu,[329] anstatt der Sofortbesteuerung nachträgliche Einkünfte aus Gewerbebetrieb im jeweiligen Jahr des Zuflusses zu versteuern **(sog. Zuflussbesteuerung)**, da es für den Veräußerer eine unbillige Härte darstellen könnte, den Veräußerungsgewinn sofort zu versteuern, wenn er die hierfür erforderlichen liquiden Mittel erst in späteren Jahren erhält. Daneben könnte es bei vorzeitigem Tod des (oder der) Rentenberechtigten mangels rückwirkender Korrektur des Veräußerungspreises (→ Rn. 71) dazu kommen, dass Gewinne versteuert werden, die der Veräußerer tatsächlich niemals erzielt.[330] Dies gilt sowohl für die Veräußerung eines ganzen Betriebes wie auch für diejenige eines Teilbetriebes oder eines Mitunternehmeranteils. Ob der Steuerpflichtige die wiederkehrenden Leistungen direkt vom Erwerber oder im Zusammenhang mit der Veräußerung von dritter Seite (zB von einer Versicherung) bekommt, ist für das Wahlrecht unerheblich.[331]

Wählt der Steuerpflichtige die **Sofortbesteuerung,** ist der Veräußerungsgewinn in dem Veranlagungszeitraum, in den die Veräußerung fällt, in voller Höhe, dh in der Regel in Höhe des Barwerts, steuerlich zu erfassen und dann auch nach den §§ 16, 34 EStG begünstigt. Die danach in den späteren Jahren gezahlten Rentenzahlungen bzw. Kaufpreisraten sind nur noch in Höhe ihres Ertragsanteils als sonstige Einkünfte gemäß § 15 Abs. 1 iVm § 24 Nr. 2 EStG steuerpflichtig, sofern das Recht auf die Bezüge als Betriebsvermögen ohne Betrieb zu werten ist,[332] oder nach § 20 Abs. 1 Nr. 7 EStG (bei Zeitrenten)[333] bzw. nach § 22 Nr. 1 S. 3a) bb) EStG (bei Leibrenten),[334] sofern sie als Privatvermögen gelten. Der Substanzanteil der jeweiligen Zahlung wurde bereits im ersten Jahr erfasst. Dadurch unterliegt in den der Veräußerung nachfolgenden Jahren nur noch der Teil der Rente oder Rate der Besteuerung, der nicht als Gegenleistung für den Betrieb, sondern als Entgelt für die gestreckte Zahlungsweise erbracht wird. Die Höhe von Substanz- und Zinsanteil ist ggf. im Wege der Schätzung zu ermitteln.

Entscheidet sich der Veräußerer für die Möglichkeit der **Zuflussbesteuerung,** entsteht die Steuerpflicht bei Veräußerungen von Betrieben, Teilbetrieben oder Mitunternehmeranteilen **vor dem 1. Januar 2004** erst zu dem Zeitpunkt, zu dem die Rentenzahlungen bzw. Kaufpreisraten den Wert des Kapitalkontos im Veräußerungszeitpunkt zuzüglich etwaiger Veräußerungskosten übersteigen. Ab diesem Zeitpunkt liegen in voller Höhe nachträgliche Einkünfte aus Gewerbebetrieb gemäß §§ 15 Abs. 1, 24 Nr. 2 EStG vor, für

---

[329] BFH BStBl. II 2002, 522; DStRE 2018, 1389; R 16 Abs. 11 EStR; BMF BStBl. I 2004, 1187; 922 Rn. 64. Das Bestehen eines Wahlrechts wird aufgrund der Entscheidung des GrS des BFH (BStBl. II 1993, 897 (902)) zur rückwirkenden Änderung des Betriebsveräußerungsgewinns zT angezweifelt. Zum Streitstand vgl. Schmidt/*Wacker* EStG § 16 Rn. 225.
[330] BFH BStBl. II 2002, 532.
[331] BFH DStRE 2018, 1385; Schmidt/*Wacker* EStG § 16 Rn. 237.
[332] Schmidt/*Wacker* EStG § 16 Rn. 241.
[333] BFH/NV 1993, 87.
[334] BFH BStBl. II 2002, 532; EStR 16 Abs. 11 S. 5 EStR.

die weder ein Freibetrag nach § 16 Abs. 4 EStG[335] noch eine Tarifermäßigung nach § 34 EStG[336] gewährt wird. Durch die Zuflussbesteuerung wird das Fortbestehen des Gewerbebetriebs fingiert. Sowohl Zins- als auch Tilgungsanteil zählen daher noch zu den Einkünften aus Gewerbebetrieb im Sinne der §§ 15, 24 Nr. 2 EStG,[337] zumindest solange, wie die aus dem Veräußerungsvorgang resultierenden wiederkehrenden Leistungen nicht durch Novation in eine neue, nun zum Privatvermögen gehörende Darlehensschuld umgewandelt werden. Anders als bei der Veräußerung von im Privatvermögen gehaltenen Anteilen an Kapitalgesellschaften (→ Rn. 205) erzielt der Veräußerer hinsichtlich des Zinsanteils keine Einkünfte im Sinne des § 20 Abs. 1 Nr. 7 EStG und erhält somit keinen Sparerfreibetrag nach § 20 Abs. 4 EStG.

Bei Veräußerungsvorgängen **nach dem 31. Dezember 2004,** bei denen sich der Veräußerer für die Zuflussbesteuerung entscheidet, ist bereits von Anfang an eine Aufteilung in einen Zins- und Tilgungsanteil vorzunehmen.[338] Nur der **Tilgungsanteil** ist zunächst mit dem Wert des Kapitalkontos im Veräußerungszeitpunkt zuzüglich etwaiger Veräußerungskosten zu verrechnen. Er unterliegt erst danach der Besteuerung und führt zu nachträglichen Einkünften aus Gewerbebetrieb im Sinne der §§ 15, 24 Nr. 2 EStG. Der **Zinsanteil** unterliegt von Anfang an der Besteuerung nach §§ 15, 24 Nr. 2 EStG. Die Aufteilung in einen Zins- und einen Tilgungsanteil ist bei einer Leibrente/dauernden Last nach §§ 13, 14 BewG oder nach versicherungsmathematischen Grundsätzen und bei einem in Raten zu zahlenden Kaufpreis nach Tabelle 2 zu § 12 BewG vorzunehmen, wobei bei Ratenzahlungsvereinbarungen der Zinsanteil aus Vereinfachungsgründen auch in Anlehnung an die Ertragswerttabelle des § 55 Abs. 2 EStDV bestimmt werden kann.[339] Ist in dem veräußerten Betriebsvermögen ein Anteil an einer Kapitalgesellschaft enthalten, zählt der Tilgungsanteil nach Verrechnung mit den Anschaffungskosten der Beteiligung und etwaigen auf sie entfallenden Veräußerungskosten sowie der Zinsanteil von Anfang an zu den Einkünften aus Gewerbebetrieb nach § 17 iVm §§ 15, 24 Nr. 2 EStG.[340] Nur auf den Tilgungsanteil ist nach § 3 Nr. 40c S. 3 EStG das Teileinkünfteverfahren anzuwenden.

115 Das Wahlrecht besteht bei folgenden Veräußerungsvorgängen:
– Veräußerung gegen wiederkehrende Leistungen auf Lebenszeit **(Leibrente; dauernde Last)**,
– Veräußerung gegen wiederkehrende Leistungen mit Mindest- oder Höchstlaufzeit, wenn die statistische Lebenserwartung des Berechtigten kürzer bzw. länger als die entsprechende Laufzeit ist;[341]
– Veräußerung gegen wiederkehrende Leistungen auf Zeit **(Zeitrente)**, wenn die vereinbarten wiederkehrenden Leistungen wagnisbehaftet sind **und** Versorgungszwecken dienen;
– bei einer Laufzeit von mehr als 10 Jahren müssen sie primär der Versorgung dienen,[342]
– bei sehr langer Laufzeit müssen sie auch der Versorgung dienen.[343]
– Veräußerung gegen Kaufpreisraten, wenn die vereinbarten wiederkehrenden Leistungen wagnisbehaftet sind **und** Versorgungszwecken dienen.

116 Unproblematisch ist das Wahlrecht nach herrschender Meinung[344] im Falle einer **Leibrente/dauernden Last.** Hier kommt es lediglich darauf an, dass die Leistungen nicht auf bestimmte Zeit, sondern auf die Lebenszeit des Bezugsberechtigten gezahlt werden. Wird

---

[335] BFH BStBl. II 1989, 409; R 16 Abs. 11 EStH.
[336] BFH BStBl. II 1968, 76; R 16 Abs. 11 EStH.
[337] BFH BStBl. II 1996, 287; Schmidt/*Wacker* EStG § 16 Rn. 245.
[338] BMF BStBl. I 2004, 1187.
[339] BMF BStBl. I 2004, 1187.
[340] BMF BStBl. I 2004, 1187; → Rn. 204 ff.
[341] *Neu/Lühn* DStR 2003, 61; Schmidt/*Wacker* EStG § 16 Rn. 225.
[342] BFH BStBl. II 1974, 452.
[343] BFH BB 1991, 2353.
[344] Schmidt/*Wacker* EStG § 16 Rn. 222 ff.; *Groh* DB 1995, 2235; aA *Paus* DStZ 2003, 523.

die **Leibrente** neben einem **festen Barpreis** gewährt, besteht das Wahlrecht nur hinsichtlich des Teils des Veräußerungsgewinns, der auf die wiederkehrende Leistungen entfällt.[345] Dies muss dann allerdings konsequenterweise auch für die Fälle gelten, in denen die wiederkehrenden Leistungen neben anderen möglichen Gegenleistungen wie zB anderen Wirtschaftsgütern gewährt werden.

Entsprechendes muss dann auch für Veräußerungen gegen wiederkehrende Leistungen mit Mindest- oder Höchstlaufzeit gelten, wenn die statistische Lebenserwartung des Berechtigten länger bzw. kürzer als die entsprechende Laufzeit ist. Die Situation ist hier keine andere.[346]

Anders verhält es sich jedoch bei sog. **Zeitrenten** und bei **Kaufpreiszahlungen in Raten.** Hier steht dem Veräußerer das Wahlrecht nur dann zu, wenn die vereinbarten wiederkehrenden Leistungen wagnisbehaftet sind und Versorgungszwecken dienen. Wiederkehrende Leistungen sind **wagnisbehaftet,** wenn ihnen ein Ausfallrisiko anhaftet und dieses Risiko nicht konkret einschätzbar ist. Die Kalkulierbarkeit des Risikos wird umso geringer, je länger die Laufzeit der wiederkehrenden Leistungen ist. **Feste Kaufpreisraten,** die lediglich über einen Zeitraum von zehn Jahren zu zahlen sind, sind dagegen nach Ansicht des BFH nicht wagnisbehaftet.[347] Die bloße Gefahr einer künftigen Geldentwertung stelle für sich genommen noch kein Risiko dar.[348] Daneben muss die **Versorgungsabsicht** des Veräußerers erkennbar vorgelegen haben. Nur dann sind Zeitrente und Ratenzahlung einer Leibrente so ähnlich, dass auch eine aufgeschobene Besteuerung neben der Sofortversteuerung in Betracht kommen kann. 117

Bei der Vereinbarung von **gewinn- und umsatzabhängige Zeitrenten** und **Kaufpreisraten** oder Teil-Kaufpreisraten besteht nach Ansicht der Rechtsprechung kein Wahlrecht. Das Entgelt ist zwingend als laufende nachträgliche Betriebseinnahme in der Höhe zu versteuern, in der die Summe der Entgelte das – ggf. um zusätzliche Einmalleistungen gekürzte – Schlusskapitalkonto zuzüglich der Veräußerungskosten überschreitet.[349]

Die Unterscheidung macht keinen Sinn, wenn man bedenkt, dass das Wahlrecht ursprünglich dazu dienen sollte, den Veräußerer vor der unbilligen Härte zu schützen, den Veräußerungsgewinn sofort zu versteuern, obwohl er die dafür erforderlichen liquiden Mittel erst in den späteren Jahren erhalten wird. Macht man mit diesem sinnvollen Gedanken Ernst, so muss das Wahlrecht, sofern man an ihm überhaupt festhalten will, auch bei weniger als 10-jähriger Laufzeit und unabhängig vom Versorgungsbedürfnis gewährt werden. Es käme dann auch nicht darauf an, ob feste oder gewinn- bzw. umsatzabhängige Raten gezahlt werden würden. Demgegenüber geht die Tendenz in der Rechtsprechung und wohl auch bei der Finanzverwaltung jedoch eher dahin, das Wahlrecht ausschließlich auf lebenslängliche Bezüge zu beschränken.[350] Damit würde die Unternehmensnachfolge erschwert werden.

Hinsichtlich der **Ausübung des Wahlrechts,** die solange zulässig ist, wie der entsprechende Steuerbescheid nicht formell und materiell bestandskräftig ist,[351] ist jeweils im Einzelfall zu prüfen, welche Alternative günstiger ist. Grundsätzlich lässt sich sagen, dass die Sofortbesteuerung – vorausgesetzt, es sind ausreichend liquide Mittel zur Begleichung der zu erwartenden Steuerschuld vorhanden – günstiger ist, wenn 118
– der Freibetrag in vollem Umfang gewährt werden kann oder
– wenn auch zukünftig hohe Einkünfte zu erwarten sind.

---

[345] R 16 Abs. 11 S. 9 EStR; BFH DStRE 2018, 1385 mwN.
[346] Schmidt/*Wacker* EStG § 16 Rn. 225; *Neu/Lühn* DStR 2003, 61 (66).
[347] BFH BStBl. II 1968, 653; BFH/NV 1994, 159.
[348] BFH BStBl. II 1968, 653.
[349] BFH BStBl. II 2002, 532; 2015, 717; 2016, 600; Schmidt/*Wacker* EStG § 16 Rn. 229; aA *Neu/Lühn* DStR 2003, 61. Zu Gestaltungen vgl. *Stahl* KÖSDI 2002, 13535 (13541).
[350] Vgl. auch Schmidt/*Wacker* EStG § 16 Rn. 224.
[351] BFH DStRE 2018, 1385.

Demgegenüber ist idR die Zuflussbesteuerung günstiger, wenn
- kein Freibetrag zusteht oder
- wenn zukünftig keine oder nur geringe Einkünfte zu erwarten sind.

119 Eine interessante Gestaltungsalternative bietet sich dadurch, dass das Wahlrecht auch genutzt werden kann, wenn der Veräußerungspreis sich aus **zwei oder mehr Komponenten** zusammensetzt und eine davon eine Rentenzahlung ist. Denn der Veräußerer kann den vollen Freibetrag von dem anteilig auf die Veräußerungspreiskomponenten entfallenden Veräußerungsgewinn abziehen,[352] bei denen es sich nicht um Rentenzahlungen handelt. Voraussetzung ist dabei jedoch, dass der gesamte Veräußerungsgewinn, dh der auf sämtliche Komponenten inklusive des Barwerts der wiederkehrenden Leistungen entfallende Betrag, nicht die absolute Freibetragsgrenze übersteigt (→ Rn. 87). Liegt er zwischen der relativen und der absoluten Freibetragsgrenze, ist von dem Freibetrag der Ermäßigungsbetrag abzuziehen. Ein nicht verbrauchter Teil des Freibetrags kann nach hM[353] nicht von den nach und nach zu versteuernden wiederkehrenden Bezügen abgezogen werden. Entsprechendes muss bei einem langjährig gestreckten Kaufpreis (→ Rn. 117) gelten. Hier entspricht die erste, im Veräußerungszeitpunkt gezahlte Rate grundsätzlich der Einmalzahlung, während die restlichen Raten einer Leibrente nicht unähnlich sind; zusammen bilden sie den Veräußerungspreis. Übersteigt der Veräußerungspreis also insgesamt nicht die relative Freibetragsgrenze, kann mE der Freibetrag von dieser ersten Rate in voller Höhe abgezogen werden.

120 Wählt der Veräußerer bei einem sich aus einem festen Kaufpreis und einer Leibrente zusammensetzenden Kaufpreis die Besteuerung der wiederkehrenden Bezüge als laufende nachträgliche Einkünfte aus Gewerbebetrieb im Sinne des § 15 iVm § 24 Nr. 2 EStG, kommt insoweit die Tarifvergünstigung des § 34 EStG nicht zum Zuge. Auf den durch den festen Kaufpreis realisierten Veräußerungsgewinn ist die Tarifvergünstigung allerdings zu gewähren.[354]

> **Empfehlung:**
> Soll die Veräußerung gegen Leibrente oÄ erfolgen, empfiehlt es sich, einen festen Kaufpreisanteil auszuhandeln, der dem Freibetrag nach § 16 Abs. 4 EStG der Höhe nach entspricht. Auf diese Weise wird zwar auch nicht die Tarifermäßigung des § 34 EStG, wohl aber immerhin der Freibetrag ausgenutzt.

121 **g) Laufender Gewinn/Verlust.** Alle Gewinne und Verluste, die bei der Veräußerung entstehen, gehören zu den Einkünften aus Gewerbebetrieb, §§ 15 Abs. 1, 16 Abs. 1 EStG, Land- und Forstwirtschaft, § 14 S. 1 EStG, oder freiberuflicher Tätigkeit, § 18 EStG, sofern sie steuerbar sind.[355] Jedoch kommt nur den Veräußerungsgewinnen innerhalb dieser Einkünfte eine Sonderstellung zu, denn sie sind unter bestimmten Voraussetzungen steuerbefreit, § 16 Abs. 4 EStG, unterliegen grundsätzlich einem ermäßigten Steuersatz, § 34 Abs. 1, Abs. 2 Nr. 1 EStG, und erfahren darüber hinaus nach hM auch gewerbesteuerlich eine andere Behandlung (→ Rn. 223). Sie sind daher von den laufenden Gewinnen abzugrenzen. Gleiches gilt für den Teil des Veräußerungsgewinns, der zu nicht begünstigtem laufenden Gewinn umqualifiziert wird (→ Rn. 124).

---

[352] BFH BStBl. II 1968, 75; R 16 Abs. 11 S. 9 EStR.
[353] BFH BStBl. II 1989, 409; BB 1991, 2353; H 16 Abs. 11 „Freibetrag", EStH.
[354] BFH BStBl. II 1968, 76.
[355] Nicht steuerbar ist zB der vom Steuerberater des Veräußerers gezahlte Schadensersatz wegen einer zu hohen tariflichen Steuerbelastung, BFH BStBl. II 1998, 621.

I. Einkommen-/Körperschaftsteuer § 25

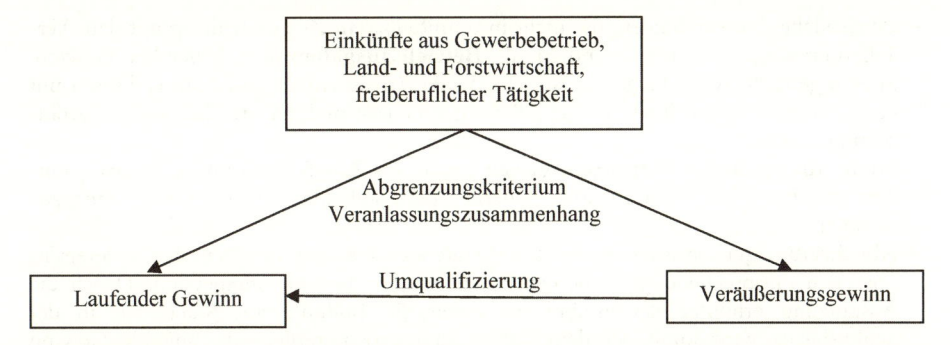

```
           ┌─────────────────────────────┐
           │  Einkünfte aus Gewerbebetrieb,│
           │  Land- und Forstwirtschaft,  │
           │  freiberuflicher Tätigkeit   │
           └─────────────────────────────┘
                    ╱         ╲
              Abgrenzungskriterium
            Veranlassungszusammenhang
             ╱                     ╲
    ┌──────────────┐  Umqualifizierung  ┌──────────────────┐
    │Laufender Gewinn│◄─────────────────│ Veräußerungsgewinn│
    └──────────────┘                    └──────────────────┘
```

Sofern bilanziert wurde, ist der Ausgangspunkt die Schlussbilanz des der Veräußerung vorausgegangenen Bilanzstichtages. Diese wird sodann auf den Veräußerungszeitpunkt fortentwickelt, um nach Berücksichtigung von Einlagen und Entnahmen den bis dahin angefallenen, nicht begünstigten laufenden Gewinn zu ermitteln und abzugrenzen. Dieser setzt sich aus Gewinnen oder Verlusten zusammen, die vor, während und nach der Betriebsveräußerung angefallen sind und nicht durch diese veranlasst sind. Gewinne **vor** Betriebsveräußerung ergeben sich grundsätzlich aus der Fortentwicklung der einzelnen Bilanzpositionen bis zum Veräußerungszeitpunkt nach den Grundsätzen ordnungsmäßiger Buchführung. Gewinne **nach** der Betriebsveräußerung bestimmen sich nach dem Zeitpunkt der Betriebsveräußerung, der Qualifikation der zurückbehaltenen Wirtschaftsgüter als Betriebsvermögen und der Möglichkeit die Bemessungsgrundlage für den Veräußerungsgewinn aufgrund späterer Ereignisse rückwirkend zu ändern.[356] Beim unterjährigen Ausscheiden aus einer Mitunternehmerschaft soll eine **Abschichtungsbilanz** aufzustellen sein, sofern nichts anderes vereinbart wurde.[357]

Setzt der Veräußerer gemäß § 4 Abs. 3 EStG als Gewinn den Überschuss der Betriebseinnahmen über die Betriebsausgaben an, muss er fiktiv auf den Veräußerungszeitpunkt zur Gewinnermittlung durch Betriebsvermögensvergleich nach § 4 Abs. 1 EStG übergehen.[358] Ein sich aufgrund der Umstellung ergebender Gewinn zählt nicht zum Veräußerungsgewinn, sondern ist Teil des laufenden Gewinns des letzten Wirtschaftsjahres.[359] Ist dieser aufgrund des Wechsels der Ermittlungsart entstandene Gewinn außerordentlich hoch und führt zu einer dementsprechend ebenfalls außerordentlich hohen Steuerbelastung, ist bei der Betriebsveräußerung, anders als bei der Betriebsfortführung, die zur Vermeidung von Härten grundsätzlich mögliche Verteilung der Zurechnungsbeträge auf drei Jahre nicht zulässig.[360] Dies bedeutet jedoch nicht, dass der Veräußerer auch für die Ermittlung nachträglicher Einkünfte an die Gewinnermittlung nach § 4 Abs. 1 EStG gebunden ist. Der Übergang dient ausschließlich einer sachgerechten Besteuerung im Veräußerungszeitpunkt. Danach kann der Veräußerer wählen, ob er seinen Gewinn durch Betriebsvermögensvergleich nach § 4 Abs. 1 EStG oder durch Einnahmen-Überschussrechnung nach § 4 Abs. 3 EStG ermittelt. Gleiches gilt für den Veräußerer, der vor Betriebsveräußerung seinen Gewinn nach § 4 Abs. 1 EStG ermittelt hat.[361]

Bei der Ermittlung des laufenden Gewinns insbesondere während der Betriebsveräußerung ist zu beachten:

---

[356] Vgl. Schmidt/*Wacker* EStG § 16 Rn. 340, 350 ff. mwN.
[357] Schmidt/*Wacker* EStG § 16 Rn. 463.
[358] R 4 Abs. 6 EStR; → Rn. 86.
[359] BFH BStBl. II 1990, 287.
[360] BFH BStBl. II 2002, 287; R 4.6 Abs. 1 S. 3 EStR; H 4.6 EStH „Keine Verteilung des Übergangsgewinns".
[361] Str.; wie hier BFH BStBl. II 1997, 509 (IV. Senat); FG Hamburg EFG 1988, 287, rkr.; aA BFH BStBl. II 1978, 430 (I. Senat); H 16 Abs. 1 EStH „Gewinnermittlung"; Kirchhof/Söhn/Mellinghoff/*Geserich* EStG § 24 C 17: zwingend § 4 Abs. 3 EStG, offen gelassen BFH BStBl. II 2014, 288 (VIII. Senat).

- Betriebliche Aufwendungen, die nicht in unmittelbarem Zusammenhang mit dem Veräußerungsvorgang stehen, mindern als **Betriebsausgaben** den laufenden Gewinn. Hierzu gehören Abfindungen an ausscheidende Arbeitnehmer und Abbruchkosten nur dann, wenn sie nicht durch die Veräußerung veranlasst sind; anderenfalls sind sie Veräußerungskosten.[362]
- **Nicht abzugsfähige Betriebsausgaben** gemäß § 4 Abs. 5 EStG und § 160 AO mindern den Buchwert,[363] sind jedoch steuerlich dem laufenden Gewinn wieder hinzuzurechnen.
- **Abschreibungen** belasten einerseits den laufenden Gewinn, erhöhen aber andererseits über den entsprechend geminderten Buchwert den Veräußerungsgewinn. Durch die Ausnutzung erhöhter Abschreibungen sowie die Bildung von Rücklagen in der Schlussbilanz wird somit der dem hohen Steuersatz unterliegende laufende Gewinn vermindert und die entsprechenden Beträge faktisch in begünstigten Veräußerungsgewinn „umqualifiziert". Fallen die Voraussetzungen für die Inanspruchnahme dieser Vergünstigungen vor Veräußerung oder später mit Wirkung für die Vergangenheit weg, entstehen dadurch laufende Gewinne. Der Buchwert wäre dann entsprechend erhöht, der Veräußerungsgewinn wiederum entsprechend verringert.
- Der Gewinn aus der Veräußerung einer im Betriebsvermögen gehaltenen **100%igen Beteiligung an einer Kapitalgesellschaft** ist kein Bestandteil des laufenden Ergebnisses des veräußernden Betriebes, sofern die Veräußerung oder Entnahme im Zuge der Betriebsveräußerung bzw. -aufgabe des sie haltenden Betriebes erfolgt. Die Veräußerung einer derartigen Beteiligung als Teil der laufenden unternehmerischen Tätigkeit ist dagegen laufender Gewinn, auch dann, wenn sie zeitlich mit der Aufgabe oder der Veräußerung ihres Betriebs zusammenfällt.
- Die **Gewerbesteuer** auf den Gewinn aus der Veräußerung einer zum Betriebsvermögen gehörigen 100%igen Beteiligung an einer Kapitalgesellschaft zählt – sofern sie denn anfällt (→ Rn. 230) – grundsätzlich zu den Veräußerungskosten.[364]
- Auch sog. **Gemeinkosten,** zB allgemeine Verwaltungs-, Raum- oder Personalkosten, können als Veräußerungskosten zu qualifizieren sein, soweit sie bei der gebotenen wertenden Zuordnung eine größere Nähe zu einzelnen Veräußerungsvorgängen als zum allgemeinen Geschäftsbetrieb aufweisen.[365]
- **Rechnungsabgrenzungsposten** wie zB ein aktiviertes Disagio sind Veräußerungskosten (→ Rn. 74) und damit Teil des Veräußerungsgewinns.[366] Auch ein passiver Rechnungsabgrenzungsposten ist kein laufender Gewinn, sondern im Rahmen des Veräußerungsgewinns zu erfassen.[367]
- **Pensionsverpflichtungen** gegenüber Arbeitnehmern, seien es Anwartschaften oder laufende Verpflichtungen, mindern nach Maßgabe des § 6a EStG und den allgemeinen Bilanzierungsvorschriften auch dann den laufenden Gewinn oder erhöhen den Verlust aus dem laufenden Betrieb, wenn der Betrieb in demselben Jahr aufgegeben und dabei einen Veräußerungsgewinn erzielt wird.[368] Die Abfindung nicht passivierter Pensionszusagen gehört demgegenüber zu den Veräußerungskosten.[369]
- **Rückstellungen** mindern den laufenden Gewinn, wenn die Voraussetzungen für deren Bildung im Zeitpunkt der Veräußerung noch bestehen und durch die Veräußerung nicht entfallen. Fallen die Voraussetzungen **vor der Veräußerung** weg, darf die Rückstellung in der auf den Zeitpunkt der Veräußerung zu erstellenden Bilanz nicht mehr

---

[362] Schmidt/*Wacker* EStG § 16 Rn. 341.
[363] FG Münster EFG 1994, 294 rkr; BFH BStBl. II 2010, 631.
[364] BFH BStBl. II 2010, 736.
[365] BFH BStBl. II 2017, 182.
[366] Schmidt/*Wacker* EStG § 16 Rn. 301; Littmann/Bitz/Pust/*Rapp* EStG § 16 Rn. 125g.
[367] BFH BStBl. II 2018, 778; FG Niedersachsen DStRE 2017, 907.
[368] BFH BStBl. II 1994, 740 zur Betriebsaufgabe.
[369] BFH BStBl. II 2005, 559.

passiviert werden. Entfallen die Voraussetzungen für die Bildung einer Rückstellung erst **infolge der Veräußerung** des Betriebes, gehört der Auflösungsbetrag dagegen zum steuerbegünstigten Veräußerungsgewinn.[370]
– Der **Ausgleichsanspruch eines Handelsvertreters** nach § 89b HGB ist, auch wenn die Vertragsbeendigung mit einer Betriebsveräußerung zusammenfällt, noch zugunsten des laufenden Gewinns zu aktivieren.[371]
– Werden Wirtschaftsgüter im Zuge einer **Teilbetriebsveräußerung** entnommen und gehören sie nicht zu dem veräußerten Teilbetrieb, liegen in Höhe ihres Teilwerts (§ 6 Abs. 1 Nr. 4 S. 1 EStG) laufende Einkünfte des Betriebes vor.
– Ist ein **Teilbetrieb zB** durch Brand zerstört worden und werden lange Zeit danach die verbliebenen Wirtschaftsgüter veräußert oder in das Privatvermögen überführt, handelt es sich mangels einheitlichen Zusammenhangs mit der Zerstörung der Betriebsanlagen (→ Rn. 40) bei dem hierbei entstehenden Gewinn um laufenden Gewinn.
– Veräußert ein Gesellschafter seinen ganzen **Mitunternehmeranteil** und überführt er gleichzeitig das dazugehörige, zu den wesentlichen Betriebsgrundlagen zu zählende Sonderbetriebsvermögen zum **Buchwert** in ein anderes Betriebsvermögen, in ein anderes Sonderbetriebsvermögen von ihm selbst oder in das eines anderen Mitunternehmers, in das Gesamthandsvermögen der Mitunternehmerschaft oder einer anderen Mitunternehmerschaft oder in das Betriebsvermögen einer anderen Mitunternehmerschaft ohne Gesamthandsvermögen, ist der Gewinn aus der Anteilsveräußerung nicht begünstigter laufender Gewinn (→ Rn. 33).
– Veräußert ein Gesellschafter nur einen Teil seines Mitunternehmeranteils, ist der Gewinn aus der Anteilsveräußerung gemäß § 16 Abs. 1 S. 2 EStG laufender Gewinn. Gleiches gilt, wenn er zusätzlich zu diesem Teil eines Mitunternehmeranteils Betriebsvermögen oder Sonderbetriebsvermögen gemäß § 6 Abs. 5 EStG zwingend zum Buchwert überträgt oder in sein Privatvermögen überführt (→ Rn. 33).
– Veräußert eine **Personengesellschaft** ihren ganzen Gewerbebetrieb und überführt ein Mitunternehmer sein zu den wesentlichen Betriebsgrundlagen zählendes Sonderbetriebsvermögen ganz oder teilweise zum **Buchwert** in ein anderes Betriebsvermögen/Sonderbetriebsvermögen, ist nur der Gewinnanteil dieses Gesellschafters nicht begünstigter laufender Gewinn.[372] Bei den übrigen Mitgesellschaftern liegt demgegenüber ein begünstigter Veräußerungsgewinn vor.
– Veräußert ein Gesellschafter einer Personengesellschaft lediglich sein **Sonderbetriebsvermögen**, liegt nicht begünstigter laufender Gewinn vor. Denn es wird weder ein Mitunternehmeranteil noch ein Teilbetrieb veräußert.[373]

124 Ab dem Veranlagungszeitraum 1994 wird der Veräußerungsgewinn **in laufenden Gewinn** ohne Tarif- und Freibetragsvergünstigung **umqualifiziert,** soweit auf Veräußerer- und Erwerberseite dieselben Personen Unternehmer oder Mitunternehmer sind, § 16 Abs. 2 S. 3 EStG, § 24 Abs. 3 S. 3 UmwStG. Durch diese Fiktion werden dem betroffenen Gewinn(-anteil) die Vergünstigungen des Veräußerungsgewinns (Freibetrag nach § 16 Abs. 4 EStG und begünstigter Steuersatz gemäß § 34 EStG) entzogen, und er wird dem normalen Einkommensteuertarif nach § 32a EStG unterstellt.

125 Erfasst werden sollten lediglich die Fälle, in denen der Veräußerer quasi „an sich selbst" veräußert.[374] Die hierfür erforderliche Mitunternehmerstellung in der erwerbenden Personengesellschaft wird bei einer **direkten Beteiligung des Veräußerers** erreicht. Im Hinblick auf § 15 Abs. 1 S. 1 Nr. 2 S. 2 EStG (Durchgriff bei Mitunternehmer-Kette) muss dies aber auch für eine mittelbare Beteiligung des Veräußerers gelten,[375] **soweit** diese über

---
[370] FG SchlHFG EFG 1996, 590.
[371] BFH BStBl. II 1991, 218; BFH/NV 1998, 1354; 2016, 1030.
[372] BFH BStBl. II 1991, 635.
[373] BFH/NV 2006, 519; Schmidt/*Wacker* EStG § 16 Rn. 414 aE.
[374] BT-Drs. 12/5630, 80.
[375] *Schiffers* BB 1994, 1469; Schmidt/*Wacker* EStG § 16 Rn. 7, 97.

Personengesellschaften gehalten werden. Etwas Anderes gilt dagegen für über Kapitalgesellschaften gehaltene mittelbare Beteiligungen. Die Gesellschafter einer Kapitalgesellschaft sind keine Mitunternehmer. Hier entfaltet die Kapitalgesellschaft Abschirmwirkung. Dementsprechend werden auch Gewinne aus der Veräußerung an oder der Einbringung in eine Kapitalgesellschaft, an der der Veräußerer oder die Gesellschafter der veräußernden Personengesellschaft beteiligt sind, nicht umqualifiziert.

126 Die Umqualifizierung („insoweit") richtet sich nach dem **Gewinnverteilungsschlüssel der erwerbenden Personengesellschaft**,[376] in welchem sich regelmäßig die Beteiligungsquote des Veräußerers widerspiegelt. Veräußert zB ein Einzelunternehmer seinen Betrieb im Wege des Verkaufs an oder der Einbringung in eine OHG, an der er zu 30% am Gewinn beteiligt ist, gilt der von ihm erzielte Veräußerungsgewinn zu 30% als nicht begünstigter laufender Gewinn und nur zu 70% als begünstigter Veräußerungsgewinn. Dies kann nur dann gelten, wenn die Beteiligungen am laufenden Gewinn und an den stillen Reserven deckungsgleich sind. Ist in der erwerbenden Personengesellschaft eine andere Verteilung der stillen Reserven vorgesehen, so muss im Hinblick auf den Sinn und Zweck der besonderen Behandlung des Veräußerungsgewinns, die zusammengeballte Realisierung der stillen Reserven zu begünstigen, und den des § 16 Abs. 2 S. 3 EStG, die Veräußerung an sich selbst nicht zu begünstigen,[377] dieser Verteilungsschlüssel maßgebend sein.[378]

127 Die Umqualifizierung erfasst **ausschließlich** Gewinne aus der Veräußerung an eine Mitunternehmerschaft. Nicht erfasst werden daher Gewinne aus dem Übergang von Wirtschaftsgütern aus dem Betriebsvermögen in das Privatvermögen und aus der Veräußerung an oder der Einbringung in eine Kapitalgesellschaft, an der der Veräußerer oder die Gesellschafter der veräußernden Personengesellschaft beteiligt sind. Werden also zB im wirtschaftlichen Zusammenhang mit einer Unternehmensveräußerung oder -einbringung im Sinne von § 24 UmwStG – unwesentliche Wirtschaftsgüter – aus dem Betriebsvermögen in das Privatvermögen überführt und entsteht hierbei Gewinn, findet keine Umqualifizierung dieses Veräußerungsgewinns nach § 16 Abs. 2 S. 3 EStG in laufenden Gewinn statt. Denn die Wirtschaftsgüter verlassen endgültig den betrieblichen Bereich. Insoweit ist der Veräußerer/Erwerber daher nicht mehr – wie von § 16 Abs. 2 S. 3 EStG gefordert – als Unternehmer oder Mitunternehmer beteiligt.[379]

Die einkommensteuerliche Umqualifizierung führt nicht dazu, dass der in laufenden Gewinn umqualifizierte Veräußerungsgewinn gewerbesteuerpflichtig wird (→ Rn. 233). Er ist dann jedoch auch nicht nach § 35 EStG begünstigt.

128 **h) Behandlung beim Erwerber.** Während der Veräußerer etwas für seinen Betrieb erhält und sich somit aus steuerlicher Sicht die Frage nach Gewinn oder Verlust und Steuerbegünstigung stellt, ist auf der Seite des Erwerbers die Behandlung der zu leistenden Zahlung zu beurteilen. Für ihn stellt sich die Frage, inwieweit die Zahlung als Anschaffungskosten zu klassifizieren und ob gegebenenfalls ein sofortiger Betriebsausgabenabzug zulässig ist. Steuerliches Ziel des Erwerbers ist es, den Kaufpreis und die erwerbsbedingten Kosten möglichst zügig geltend machen zu können, die Anschaffungskosten somit in Abschreibungspotential zu transformieren.

129 Beim Erwerb eines Unternehmens stellt die Transformation der **Anschaffungskosten** in Abschreibungspotential grundsätzlich keine Schwierigkeit dar. Der Erwerber hat die Anschaffungskosten der zum Betriebsvermögen gehörenden Wirtschaftsgüter gemäß § 6

---

[376] Schmidt/*Wacker* EStG § 16 Rn. 97.
[377] BT-Drs. 12/5630, 80.
[378] Wie hier *Schiffers* BB 1994, 1469 (1471); *Korn* KÖSDI 1994, 9684; vgl. auch BFH BStBl. II 2001, 178 (zur Einbringung ins Sonderbetriebsvermögen).
[379] *Schiffers* BB 1994, 1469 (1471).

EStG zu aktivieren[380] und sodann gemäß § 7 EStG abzuschreiben. **Anschaffungszeitpunkt** ist der Übergang des wirtschaftlichen Eigentums. Unter Anschaffungskosten ist die Summe aller Aufwendungen zu verstehen, die geleistet werden, um einen Vermögensgegenstand zu erwerben und ihn in einen betriebsbereiten Zustand zu versetzen, soweit sie dem Vermögensgegenstand einzeln zugeordnet werden können, § 255 Abs. 1 S. 1 HGB. Zu diesen Aufwendungen zählt zunächst das an den Veräußerer gezahlte Entgelt. Daneben werden aber auch Anschaffungsnebenkosten und Betriebsbereitschaftskosten ebenso wie nachträgliche Änderungen dieser Beträge erfasst. Der Gewinn auf Seiten des Veräußerers ist daher in der Regel nicht mit den Anschaffungskosten des Erwerbers identisch:

	vertragliches Entgelt
+	Anschaffungsnebenkosten
+	Betriebsbereitschaftskosten
+/−	Änderungen dieser Beträge
	Anschaffungskosten

Anschaffungsnebenkosten sind die Aufwendungen, die getätigt werden, um die wirtschaftliche Verfügungsmacht zu erlangen.[381] Es geht dabei um die zutreffende Abgrenzung von bloßen Vorbereitungsmaßnahmen, die zu sofort abziehbaren Betriebsausgaben führen, und Aufwendungen, die für den Erwerb des Betriebes, Teilbetriebes oder Mitunternehmeranteils gemacht werden und damit zu Anschaffungskosten führen. Anschaffungsnebenkosten sind zB Gebühren für Vertragsbeurkundungen und Notaranderkonto sowie Vermittlungsprovisionen. Keine Anschaffungsnebenkosten sind in der Regel Finanzierungskosten. Diese gehören grundsätzlich zu den sofort abziehbaren Geldbeschaffungskosten.[382] Abgrenzungskriterium ist die Entscheidung zum Erwerb. Es ist daher darauf abzustellen, ob die Kosten vor oder nach Fassung des grundsätzlichen Erwerbsentschlusses angefallen sind. Aufwendungen zur Vorbereitung einer noch gänzlich unbestimmten und später vielleicht noch zu treffenden Erwerbsentscheidung, wie zB Marktstudien, sind sofortabziehbare Betriebsausgaben.[383] Due Diligence-Kosten und die Kosten der Vertragsvorbereitung, Vertragsgestaltung und -begleitung gehören dagegen grundsätzlich zu den Anschaffungsnebenkosten.[384]

Betriebsbereitschaftskosten sind demgegenüber Aufwendungen, die darauf abzielen, das erlangte Wirtschaftsgut in einen für den gedachten Betriebszweck geeigneten Zustand zu versetzen.[385] Sie spielen im Bereich der Unternehmensnachfolge eine eher untergeordnete Rolle. Zu denken ist etwa an die Kosten des Erwerbs eines Betriebes mit Wasser- oder Brandschaden oder die Kosten für den Umbau eines Schiffes.[386] Bei der **teilentgeltlichen Übertragung** eines Betriebs, Teilbetriebs oder Mitunternehmeranteils gilt auch auf Seiten des Erwerbers die Einheitstheorie. Nur soweit die Gegenleistung den Buchwert übersteigt, liegen Anschaffungskosten vor. Ist die Gegenleistung niedriger als der Buchwert, entstehen dem Erwerber keine Anschaffungskosten.[387] **Gegenstand der Anschaffung** ist der Betrieb, Teilbetrieb oder Mitunternehmeranteil. Ist Sonderbetriebsvermögen mitveräußert worden, sind Gegenstand der Anschaffung auch die erworbenen Wirtschaftsgüter dieses Sonderbetriebsvermögens.

---

[380] AA *Knobbe-Keuk*, § 23 II 6, die bei Ausscheiden eines Gesellschafters aus einer Personengesellschaft ein Aktivierungswahlrecht annimmt. Statt der Aktivierung der Anschaffungskosten könnten auch alle Buchwerte fortgeführt und der Betrag, um den die Abfindungsleistung das Kapitalkonto des Ausscheidenden übersteigt, von den Kapitalkonten der verbleibenden Gesellschafter abgesetzt werden.
[381] Schmidt/*Kulosa* EStG § 6 Rn. 31 ff.; ähnlich Frotscher/Geurts/*Mutscher* EStG § 6 Rn. 129.
[382] BFH BStBl. II 1984, 101.
[383] FG Köln DStRE 2012, 724 mwN.
[384] BFH BStBl. II 2004, 597; FG Köln DStRE 2012, 724.
[385] BFH BStBl. II 1981, 660.
[386] BFH BStBl. II 1986, 60.
[387] BFH BStBl. II 1995, 770.

131 Werden **Betriebe oder Teilbetriebe** erworben (sog. Asset-Deal), sind die dazugehörigen Wirtschaftsgüter gemäß § 6 EStG mit den jeweils auf sie entfallenden Anschaffungskosten anzusetzen. Materielle und immaterielle Wirtschaftsgüter sind hierbei grundsätzlich gleichermaßen zu erfassen. Unproblematisch ist dies, wenn Anschaffungskosten und Buchwert des in der Steuerbilanz ausgewiesenen Kapitalkontos einander entsprechen, was allerdings nur äußerst selten der Fall ist. Liegen die Anschaffungskosten – wie dies in der Regel der Fall sein wird – über dem Buchwert des steuerlichen Kapitalkontos, erfolgt die Verteilung der Anschaffungskosten nach der noch herrschenden **Stufentheorie**:[388]

1. Stufe: Eine erste widerlegbare Vermutung spricht dafür, dass in den Buchwerten der **bilanzierten,** aktiven, materiellen und immateriellen **Wirtschaftsgüter** stille Reserven enthalten sind. Dementsprechend sind die über dem Buchwert liegenden Anschaffungskosten zunächst auf diese Wirtschaftsgüter zu verteilen, dh die bisherigen Buchwerte sind bis maximal zum Teilwert aufzustocken. Etwa vorhandene und bisher nicht bilanzierte Wirtschaftsgüter sind nunmehr zu aktivieren und ggf. bis zum Teilwert aufzustocken. Die Aufstockung der Buchwerte richtet sich, soweit die Anschaffungskosten nicht direkt einem bestimmten Wirtschaftsgut zuzuordnen sind (zB Notarkosten zum Betriebsgrundstück), nach dem Verhältnis der über dem Buchwert liegenden Anschaffungskosten (sog. Mehrbetrag) zu den stillen Reserven aller bilanzierten Wirtschaftsgüter insgesamt:

$$\text{Aufteilungsquote} = \frac{\text{Summe der Anschaffungskosten ./. Summe der Buchwerte}}{\text{Summe der stillen Reserven}}$$

Um den **Aufstockungsbetrag** zu ermitteln, ist die Aufteilungsquote sodann mit den stillen Reserven des betreffenden Wirtschaftsgutes zu multiplizieren:

Aufstockungsbetrag = Aufteilungsquote × stille Reserven des Einzelwirtschaftsguts

Aufstockungsbetrag = Aufteilungsquote x stille Reserven des Einzelwirtschaftsguts

Die Grenze der Aufstockung bildet in jedem Fall der Teilwert der bilanzierten Wirtschaftsgüter, § 6 EStG. Ist der zu verteilende Mehrbetrag größer als die Summe der stillen Reserven, folgt die Verteilung dieses nunmehr um die stillen Reserven verminderten Mehrbetrages nach den Grundsätzen der folgenden Stufen.

2. Stufe: Sind die Anschaffungskosten höher als der Buchwert zuzüglich des Anteils an den stillen Reserven der bilanzierten Wirtschaftsgüter, spricht eine zweite, wiederum widerlegbare Vermutung dafür, dass zum übernommenen Betriebsvermögen **nicht bilanzierte**, zB selbstgeschaffene **immaterielle Einzel-Wirtschaftsgüter** gehören. Da entgeltlich angeschafft, sind sie mit ihren Anschaffungskosten zu aktivieren. Auch hier ist die Grenze für die Aktivierung der Teilwert dieser Wirtschaftsgüter.

3. Stufe: Sind die Anschaffungskosten auch noch höher als der Buchwert zuzüglich des Anteils an den stillen Reserven der bilanzierten Wirtschaftsgüter und nicht bilanzierten Wirtschaftsgüter, spricht schließlich eine dritte, wiederum widerlegbare Vermutung dafür, dass ein originärer **Geschäftswert** erworben wurde. Der verbleibende, in der ersten und zweiten Stufe bislang nicht verteilte Rest der Anschaffungskosten wird nun als Geschäftswert aktiviert. Auch hier ist wiederum der Teilwert die Obergrenze.

4. Stufe: Übersteigen schließlich die Anschaffungskosten auch noch den Geschäftswert oder ist ein solcher nicht vorhanden, handelt es sich bei diesem überschießenden Restbetrag um sofort abzugsfähige Betriebsausgaben, sofern diese Mehrzahlungen nicht außerbetrieblich veranlasst waren.

---

[388] Vgl. Schmidt/*Wacker* EStG § 16 Rn. 487 ff. mwN. Hinsichtlich der Fälle des Ausscheidens eines Gesellschafters aus einer Personengesellschaft vgl. aber auch *Knobbe-Keuk* § 23 II 6, die eine Buchwertfortführung für zulässig erachtet, wenn der Betrag, um den die Abfindungsleistung das Kapitalkonto des Ausscheidenden übersteigt, von den Kapitalkonten der verbleibenden Gesellschafter abgesetzt wird.

I. Einkommen-/Körperschaftsteuer § 25

Im Vordringen ist die **„modifizierte Stufentheorie"**,[389] und zwar in zwei unterschiedlichen Ausprägungen. Nach einer Ansicht ist der Mehrbetrag ebenso wie bei der Stufentheorie proportional[390] zu den stillen Reserven aller bilanzierten Wirtschaftsgüter insgesamt, allerdings bereits in der ersten Stufe auf **alle bilanzierten und nicht bilanzierten,** materiellen wie immateriellen Wirtschaftsgüter zu verteilen. Hier werden also erste und zweite Stufe der Stufentheorie zusammengefasst. Nach aA sind die ersten drei Stufen der Stufentheorie zusammenzufassen. Die stillen Reserven sind also bereits in der ersten Stufe auf alle bilanzierten und nicht bilanzierten Wirtschaftsgüter **einschließlich des Geschäftswerts** zu verteilen, und zwar im Verhältnis der Teilwerte.[391] Die Aufteilungsquote ermittelt sich wie folgt: 132

$$\text{Aufteilungsquote} = \frac{\text{Summe der Anschaffungskosten}}{\text{Summe der Teilwerte}}$$

Um den Aufstockungsbetrag zu ermitteln, ist die Aufteilungsquote sodann mit dem Teilwert des betreffenden Wirtschaftsgutes zu multiplizieren:

$$\text{Aufstockungsbetrag} = \text{Aufteilungsquote} \times \text{Teilwert des Einzelwirtschaftsguts}$$

Die verschiedenen Theorien führen grundsätzlich nur dann zu unterschiedlichen Ergebnissen, wenn die Anschaffungskosten geringer sind als der Teilwert. Die modifizierte Stufentheorie ist dabei immer dann vorteilhafter, wenn die nicht bilanzierten Wirtschaftsgüter, zB von der Gesellschaft selbst geschaffene Patente (Abschreibungszeitraum: 8 Jahre[392]), schneller abzuschreiben sind als die bilanzierten, zB Grund und Boden (grds. keine Abschreibung).

Beim Erwerb von **Mitunternehmeranteilen** ist in entsprechender Weise vorzugehen.[393] Auch hier sind die Anschaffungskosten Ausgangspunkt für den in der Folge vom Erwerber erzielten Gewinn. Ist der Veräußerer ein Gesellschafter mit **negativem Kapitalkonto** und muss dieses nicht von ihm ausgeglichen werden, so gehört auch der Betrag des **übernommenen** negativen Kapitalkontos grundsätzlich zu den Anschaffungskosten, den der Veräußerer hätte ausgleichen müssen und der nunmehr auf den Erwerber übergeht. Dies ist bei einem unbeschränkt haftenden Gesellschafter grundsätzlich das gesamte negative Kapitalkonto,[394] bei einem beschränkt haftenden Gesellschafter dagegen nur der Teil des Kapitalkontos, der durch rückzahlungspflichtige Entnahmen negativ geworden ist.[395] In Höhe des übernommenen negativen Kapitalkontos sind in einer Ergänzungsbilanz des Erwerbers im Umfang seiner Gewinnbeteiligung und bis zur Höhe des anteiligen Teilwerts (bei Überschreiten des Teilwerts → Rn. 135) Aufstockungen auf die Buchwerte der Wirtschaftsgüter der Gesellschaft und einen nicht aktivierten Geschäftswert vorzunehmen, die in der Folge entsprechend dem Verbrauch dieser Wirtschaftsgüter erfolgsmindernd abgeschrieben werden. In der Steuerbilanz der Gesellschaft ist das negative Kapitalkonto entsprechend fortzuführen.[396] Ist vom Erwerber zusätzlich ein Entgelt bezahlt worden, entstehen ihm Anschaffungskosten in Höhe des zusätzlichen Entgelts **und** des übernommenen, ganz oder teilweise aus nur verrechenbaren Verlusten bestehenden Kapitalkontos.[397] Dies entspricht der Behandlung auf der Veräußererseite als steuerpflichtiger Veräußerungsgewinn (→ Rn. 70). Kommt es zu einer Anwachsung des Anteils bei den 133

---

[389] Schmidt/*Wacker* EStG § 16 Rn. 490 mwN.
[390] BMF BStBl. I 2011, 1314 Tz. 20.18 iVm Tz. 03.25; *Hörger/Stobbe* DStR 1991, 1230.
[391] *Siegel* DStR 1991, 1478; vgl. auch BFH BStBl. II 1994, 458, wonach die Anschaffungskosten nach dem Verhältnis der Teilwerte auf die einzelnen Wirtschaftsgüter zu verteilen sind.
[392] BFH BStBl. II 1970, 594; BdF BB 1977, 1028.
[393] Schmidt/*Wacker* EStG § 16 Rn. 480 mwN.
[394] BFH BStBl. II 1993, 706.
[395] BFH BStBl. II 1996, 642.
[396] BFH BStBl. II 1994, 745.
[397] Schmidt/*Wacker* EStG § 15a Rn. 215; § 16 Rn. 497.

verbleibenden Gesellschaftern, §§ 738 Abs. 1 S. 1 BGB, 105 Abs. 2, 161 Abs. 2 HGB, ist das negative Kapitalkonto auf die verbleibenden Mitunternehmer im Verhältnis ihrer Beteiligungen umzubuchen. In Höhe der vom ausscheidenden Mitunternehmer auf sie übergehenden stillen Reserven entstehen ihnen zusätzliche Anschaffungskosten, die in der Gesellschaftsbilanz – hier sind alle Gesellschafter gleichermaßen betroffen, so dass es mangels Abweichung von der Gesellschaftsbilanz keiner Ergänzungsbilanz bedarf – zu aktivieren sind.

134 Gleicht der Veräußerer das negative Kapitalkonto **voll aus,** ist diese Ausgleichszahlung bei der Gesellschaft **erfolgsneutral** als Tilgung zu buchen, so dass für den Erwerber insoweit keine Anschaffungskosten entstehen. Die Anschaffungskosten sind vom Erwerber in einer Ergänzungsbilanz zu aktivieren. Leistet der Veräußerer eine **Ausgleichszahlung, die geringer** ist als sein negatives Kapitalkonto, so zählt nur noch der Teil des negativen Kapitalkontos zu den Anschaffungskosten, für den nun der Erwerber einzustehen hat, also der Betrag des übernommenen negativen Kapitalkontos abzüglich der erfolgsneutralen Ausgleichszahlung.[398] In einer Ergänzungsbilanz des Erwerbers sind wiederum im Umfang seiner Gewinnbeteiligung Aufstockungen auf die Buchwerte der Wirtschaftsgüter der Gesellschaft und einen nicht aktivierten Geschäftswert vorzunehmen (→ Rn. 136). In der Steuerbilanz der Gesellschaft ist das negative Kapitalkonto entsprechend fortzuführen.[399]

135 Übersteigt das negative Kapitalkonto die stillen Reserven einschließlich des Geschäftswerts, ist danach zu unterscheiden, ob der Mitunternehmer ohne Abfindung ausscheidet und der Anteil den verbleibenden Gesellschaftern anwächst oder ob eine entgeltliche Veräußerung an einen anderen Mitunternehmer oder einen Dritten vorliegt. Im Falle der Anwachsung auf die verbliebenen Gesellschafter steht fest, dass verbleibenden Mitunternehmer die Verluste zu tragen haben, so dass gemäß § 52 Abs. 24 S. 4 EStG ein Veräußerungsverlust entsteht, der unter den Voraussetzungen des § 15a EStG unter Umständen sofort ausgleichs- bzw. abzugsfähig ist.[400] Im Falle der Veräußerung auf einen anderen Mitunternehmer oder einen Dritten ist § 52 Abs. 24 S. 4 EStG nicht anwendbar, mit der Folge, dass in keinem Fall sofort abzugsfähige Verluste geltend gemacht werden können. Übersteigt also das negative Kapitalkonto die Summe der stillen Reserven einschließlich eines Geschäftswerts, ist die Bildung eines **Ausgleichspostens** erforderlich.[401] Der die stillen Reserven übersteigende Betrag kann in der Ergänzungsbilanz des Erwerbers direkt ausgewiesen,[402] oder aber außerhalb der Bilanz als Merkposten geführt und gleichzeitig das negative Kapitalkonto von vornherein um diesen Betrag gekürzt werden.[403] In beiden Fällen ist der Ausgleichs- bzw. Merkposten mit allen[404] künftigen auf den Erwerber entfallenden Gewinnanteilen zu verrechnen und entsprechend aufzulösen. Insoweit hat der Erwerber die Gewinne nicht zu versteuern, da diese Gewinne bereits der Veräußerer in seinem Veräußerungsgewinn versteuert hat.[405] Hat der Erwerber zusätzlich zu dem übernommenen negativen Kapitalkonto, soweit es aus nur verrechenbaren Verlusten besteht, ein Entgelt gezahlt, hat er lediglich in Höhe des zusätzlichen Entgelts Anschaffungskosten, da der Veräußerer „seinen" verrechenbaren Verlust mit dem Gewinn aus der Veräußerung seines Mitunternehmeranteils verrechnen kann und ihn so verbraucht.[406] Der Erwerber übernimmt zwar das negative Kapitalkonto und muss dieses zukünftig auch mit Gewinnen auffüllen. Diese Gewinne werden steuerlich aber durch die erfolgswirksame Auflösung des in der positiven Ergänzungsbilanz des Erwerbers gebildeten aktiven Ausgleichs-

---

[398] Schmidt/*Wacker* EStG § 16 Rn. 497.
[399] BFH BStBl. II 1994, 745.
[400] BFH BStBl. II 1995, 246; R 15a Abs. 6 S. 4 und 5 EStR.
[401] *Natschke* StBP 1997, 85 (91).
[402] BFH BStBl. II 1994, 745; BFH/NV 1995, 872.
[403] BFH BStBl. II 1995, 246.
[404] FG Münster EFG 2011, 960; Schmidt/*Wacker* EStG § 16 Rn. 501; § 15a Rn. 222.
[405] BFH BStBl. II 1994, 749; 1999, 266; 2018, 527.
[406] BFH BStBl. II 2018, 527.

posten wieder neutralisiert.[407] Dies umfasst auch den Teil des verrechenbaren Verlustanteils, der, der durch stille Reserven gedeckt ist.[408]

Die Anschaffungskosten für einen Mitunternehmeranteil sind in einer für den Mitunternehmer aufzustellenden Ergänzungsbilanz darzustellen.[409] Dies resultiert daraus, dass der Erwerber eines Mitunternehmeranteils die bestehenden Vermögensrechte aus der Beteiligung und damit auch das Kapitalkonto seines Vorgängers übernimmt. In der Gesellschaftsbilanz verändert sich daher insoweit grundsätzlich nur die Zuordnung des Kapitalkontos. Die Ergänzungsbilanz dient dazu, das übernomme Kapitalkonto des Veräußerers in der Gesellschaftsbilanz auf den Anschaffungspreis zu berichtigen. Sie entfaltet dabei nur eine steuerliche, nicht jedoch eine handelsrechtliche Wirkung. Handelsrechtlich maßgebend bleibt die Bilanz der Personengesellschaft, in der sich der Veräußerungsvorgang grundsätzlich nicht widerspiegelt. Im Einzelnen gilt Folgendes: 136

- Für die Anschaffungskosten, die das übernomme **Kapitalkonto** des Veräußerers in der Steuerbilanz der Gesellschaft **übersteigen** und auf Wirtschaftsgüter des Betriebsvermögens entfallen, sind unabhängig von der Handelsbilanz der Personengesellschaft in einer **positiven Ergänzungsbilanz** zusätzliche Anschaffungskosten für die Anteile an den stillen Reserven der betreffenden Wirtschaftsgüter des Gesamthandsvermögens und an einem Geschäftswert zu aktivieren und in gleicher Höhe ein Mehrkapital zu passivieren. Ist das Entgelt nicht bereits Zug um Zug entrichtet worden, ist anstatt des Mehrkapitals die ausstehende Kaufpreisschuld auszuweisen. Die positive Ergänzungsbilanz dient dazu, die über die bisherigen Buchwerte hinausgehenden Kaufpreisanteile einer steuerlich wirksamen Abschreibung zugänglich zu machen. Steuerlich stellt sich der Erwerb von Mitunternehmeranteilen als Anschaffung von Anteilen an den einzelnen zum Gesellschaftsvermögen gehörenden Wirtschaftsgütern dar.[410] Da sich die stillen Reserven letztlich im Gewinn der Gesellschafter niederschlagen, richtet sich der Anteil des Erwerbers nach der Höhe seiner Gewinnbeteiligung. Der höhere Anschaffungspreis gegenüber den übrigen Gesellschaftern führt entsprechend der Verwendung der Wirtschaftsgüter bei der Gesellschaft in der Folge zu zusätzlichen Aufwendungen des Erwerbers und zur Verminderung seines Gewinnanteils. 137

- Liegt der Kaufpreis für einen Mitunternehmeranteil **unter** dem Betrag des übernommenen **positiven Kapitalkontos** des Veräußerers in der Steuerbilanz der Gesellschaft, muss der Minderbetrag in einer **negativen Ergänzungsbilanz** passiviert werden, damit die tatsächlichen Anschaffungskosten ausgewiesen und gewinnwirksam werden.[411] Zu diesem Zweck werden die auf den Erwerber entfallenden Buchwerte der Wirtschaftsgüter des Gesellschaftsvermögens in der Ergänzungsbilanz durch Korrekturen herabgesetzt, die in der Folge entsprechend dem Verbrauch der Wirtschaftsgüter gewinnerhöhend aufgelöst werden. Der Anteil des Erwerbers bestimmt sich hierbei nach der Beteiligung am Gewinn und Verlust der Gesellschaft, weil der Verbrauch der Wirtschaftsgüter für ihn in diesem Umfang gewinnwirksam wird und nur insoweit durch Auflösung von Abstockungsbeträgen berichtigt werden kann. Ein negativer Geschäftswert kann nicht anstelle der Minderwerte in der Ergänzungsbilanz passiviert werden. 138

Hinsichtlich der **Aktivierung** gilt daher auch hier die Stufentheorie (→ Rn. 131) bzw. die modifizierte Stufentheorie (→ Rn. 132) mit der Maßgabe, dass lediglich die auf den entsprechenden Mitunternehmeranteil entfallenden Anteile der Wirtschaftsgüter erfasst werden. Die Vermutung, dass die über den Buchwert hinausgehenden Anschaffungskosten einen Anteil des Veräußerers an den stillen Reserven und an einem Geschäftswert abgelten, ist widerlegt, wenn der Veräußerer ein sog. **„lästiger Gesellschafter"** war, der sich zB geschäftsschädigend verhalten hat und nun hinausgekauft wurde. In diesem Fall 139

---

[407] BFH BStBl. II 2018, 527; Schmidt/*Wacker* EStG § 15a Rn. 225.
[408] Schmidt/*Wacker* EStG § 15a Rn. 225.
[409] BFH BStBl. II 1994, 745.
[410] BFH BStBl. II 1995, 831.
[411] BFH BStBl. II 1994, 745.

liegen ausnahmsweise neben aktivierungspflichtigen Anschaffungskosten **sofort abzugsfähige Betriebsausgaben** vor. Dies gilt jedoch nicht, wenn feststeht, dass stille Reserven und/oder ein Geschäftswert vorhanden waren und der Ausgeschiedene hieran auch partizipierte.[412] Solange derartige geldwerte Wirtschaftsgüter vorhanden sind, ist grundsätzlich davon auszugehen, dass für diese auch ein ihrem Wert entsprechender Betrag aufgewandt wird. Erst wenn der Teilwert der erworbenen Wirtschaftsgüter überschritten wird, erfolgt die Zahlung nicht mehr als Gegenleistung für diese, sondern für das Ausscheiden des „lästigen" Veräußerers. Wird ein derartiger Lästigkeitszuschlag auf den Veräußerungspreis nicht von allen Gesellschaftern der Personengesellschaft, sondern nur von einzelnen erbracht, liegen insoweit Sonderbetriebsausgaben dieser Gesellschafter vor.[413]

140   Hat sich der Erwerb des Mitunternehmeranteils als Fehlmaßnahme erwiesen, wurde der Anteil also zu einem überhöhten Preis erworben, ohne dass ein lästiger Gesellschafter abgefunden wurde, und kann der Mehrbetrag gegenüber dem Kapitalkonto nicht mit der Abgeltung stiller Reserven an den anteiligen Wirtschaftsgütern und einem Anteil an einem Geschäftswert erklärt werden, kann der verbleibende Restbetrag ebenfalls zu einer sofort abziehbaren Betriebsausgabe führen.[414] Dies trifft jedoch dann nicht zu, wenn bei Erwerb des Mitunternehmeranteils ein **negatives Kapitalkonto** dem Kaufpreis hinzugerechnet wird (→ Rn. 133).[415]

141   Werden vom Erwerber auch Wirtschaftsgüter des **Sonderbetriebsvermögens** erworben und von diesem als Sonderbetriebsvermögen weitergeführt, sind die hierauf entfallenden Aufwendungen in einer Sonderbilanz zu aktivieren. Ist Gegenstand der Anschaffung eine **100%ige Beteiligung an einer Kapitalgesellschaft,** ist auch diese mit den Anschaffungskosten zu aktivieren, § 6 Abs. 1 Nr. 2 S. 1 EStG. Absetzungen für Abnutzung sind allerdings nicht zulässig; in Betracht kommt allenfalls eine Teilwertabschreibung, wenn deren Voraussetzungen vorliegen. Um die Anschaffungskosten der Beteiligung in Abschreibungspotential zu transformieren, bedarf es daher besonderer Gestaltungsmaßnahmen, wie zB dem Kombinationsmodell.[416]

2. Veräußerung von Kapitalgesellschaftsanteilen

142   Anders als die Veräußerung von Betrieben, Teilbetrieben oder Mitunternehmeranteilen, die immer zu gewerblichen Einkünften iSd § 15 EStG führen, kann die Veräußerung von Kapitalgesellschaftsanteilen auch zu Einkünften aus Kapitalvermögen führen. Zunächst ist zu unterscheiden, ob es sich um im Betriebs- oder im Privatvermögen gehaltene Anteile handelt. Während Erstere immer gewerbliche Einkünfte sind, trifft dies bei im Privatvermögen gehaltenen Anteilen grundsätzlich nur dann zu, wenn es sich bei der Veräußerung um eine sog. relevante Beteiligung handelt.

---

[412] BFH/NV 1990, 496.
[413] BFH BStBl. II 1995, 246.
[414] BFH BStBl. II 1994, 745 (748).
[415] BStBl. II 1994, 745 (748); aA zB *Autenrieth* FS Haas, 1996, 7 (11) der einen sofort abzugsfähigen Verlust annimmt.
[416] Vgl. zB *Beisel/Klumpp,* Der Unternehmenskauf, § 6 Rn. 100; *Maiterth/Müller* BB 2002, 598; *Blumers/Schmidt* DB 1991, 609 ff.

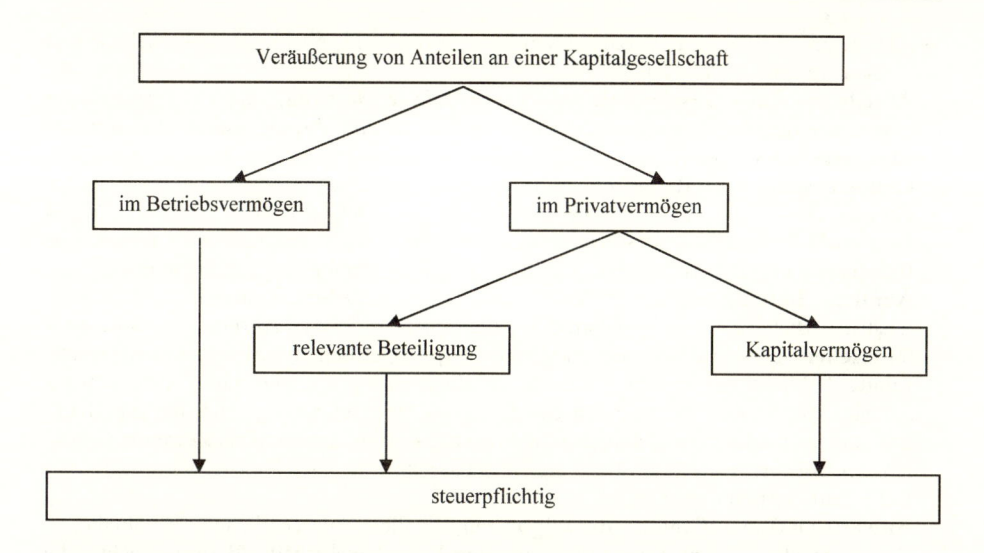

I. Einkommen-/Körperschaftsteuer § 25

```
                Veräußerung von Anteilen an einer Kapitalgesellschaft
                         /                              \
              im Betriebsvermögen              im Privatvermögen
                         \                    /              \
                     relevante Beteiligung              Kapitalvermögen
                         \          |                   /
                              steuerpflichtig
```

a) Veräußerung von im Privatvermögen gehaltenen relevanten Beteiligungen. Die 143
Veräußerung von Anteilen an einer Kapitalgesellschaft, die im Privatvermögen gehalten
werden, ist grundsätzlich ein Vorgang der privaten Vermögenssphäre. Als solcher unterfiel
er früher nur ausnahmsweise der Einkommenbesteuerung. Seit der Erweiterung des § 20
Abs. 2 EStG um die steuerliche Erfassung von Veräußerungsgewinnen ist aber jede Veräußerung von Kapitalgesellschaftsanteilen steuerpflichtig. Es stellt sich mithin nicht mehr die
Frage, ob der Gewinn aus der Veräußerung einer Kapitalgesellschaftsbeteiligung steuerpflichtig oder steuerfrei ist, sondern welcher Einkunftsart er zuzuordnen ist und ob er
dem Teileinkünfteverfahren oder der Abgeltungsteuer unterliegt. Ebenso wie § 16 EStG
bei der Veräußerung von Betrieben, Teilbetrieben oder Mitunternehmeranteilen erfasst
auch § 17 EStG nur die Substanzveränderung, nicht jedoch den laufenden Gewinn.[417]
Die Besteuerung der laufenden Erträge erfolgt nach § 20 Abs. 1 EStG; § 15 EStG ist nicht
einschlägig, da es nicht um die Einkünfte der Kapitalgesellschaft, sondern allein um diejenigen des Anteilseigners geht. Beide Paragraphen zusammen regeln einander ergänzend
die Besteuerung der im Privatvermögen gehaltenen Beteiligungen an einer Kapitalgesellschaft, und zwar § 20 Abs. 1 EStG im Nutzungsbereich und § 17 und § 20 Abs. 2 EStG
im Vermögensbereich.[418] Gehörte die relevante Beteiligung früher zu einem Betriebsvermögen des Steuerpflichtigen, sind die in dieser Zeit eingetretenen Wertveränderungen
bereits bei der Überführung in das Privatvermögen und nicht erst im Rahmen des § 17
EStG steuerlich zu erfassen.

Als **Veräußerer** kommt grundsätzlich nur eine **natürliche Person** in Betracht. Ist sie
unbeschränkt steuerpflichtig, fallen unter § 17 EStG inländische Kapitalgesellschaftsanteile
ebenso wie ausländische, wobei es keine Rolle spielt, ob diese unbeschränkt, beschränkt
oder überhaupt nicht im Inland körperschaftsteuerpflichtig ist.[419] Ist der Veräußerer nur
beschränkt steuerpflichtig, erfasst § 17 EStG lediglich Anteile an einer Kapitalgesellschaft,
deren Sitz oder Geschäftsleitung sich im Inland befindet, § 49 Abs. 1 Nr. 2e EStG.

aa) Begriff der Anteile an einer Kapitalgesellschaft. § 17 Abs. 1 S. 3 EStG enthält 144
eine abschließende Aufzählung der von § 17 EStG erfassten Anteile an einer Kapitalgesellschaft:

---

[417] BFH/NV 1993, 714.
[418] *Weber-Grellet* DStR 1998, 1617.
[419] BFH DStR 2000, 1687.

- **Aktien** inklusive KGaA, Vorzugsaktien ohne Stimmrecht (§§ 11, 12 Abs. 1 AktG) und Zwischenscheine (§ 17 iVm § 8 Abs. 4 AktG),
- **Anteile an einer Gesellschaft mit beschränkter Haftung,** und zwar unabhängig davon, wie die Gesellschafterrechte (Mitverwaltungs- und Vermögensrechte) in der Satzung ausgestaltet sind,[420]
- **Genossenschaftsanteile** (§ 7a GenG),
- **Genussscheine,** die ein Recht auf Beteiligung am Liquidationserlös gewähren,[421] und zwar unabhängig davon, ob sie verbrieft oder nicht verbrieft sind.[422] Da das Gesetz eine Beteiligung am „Kapital" fordert, reicht die bloße Gewinnbeteiligung nicht aus.
- **Ähnliche Beteiligungen,** zB Anteile an einer Vorgesellschaft, soweit diese körperschaftsteuerlich als Kapitalgesellschaft zu beurteilen ist,[423] und **Anteile an einer ausländischen,** dem Sinnbild einer deutschen Kapitalgesellschaft entsprechenden **Gesellschaft.**[424] Nicht hierzu zählen Anteile an Versicherungsvereinen auf Gegenseitigkeit, Anteile eines persönlich haftenden Gesellschafters einer KGaA, typische und grundsätzlich auch atypische stille Gesellschaften (→ Rn. 24, 148), eigenkapitalersetzende Gesellschafterdarlehen sowie sonstige eigenkapitalersetzende Gesellschafterleistungen (zB Bürgschaft, Rangrücktritt, Nutzungsüberlassung).
- **Anwartschaften auf solche Beteiligungen,** dh alle schuldrechtlichen und dinglichen Rechte auf den Erwerb eines Anteils an einer Kapitalgesellschaft, zB Bezugsrechte, die tatsächliche oder rechtliche Möglichkeit, sich ein Bezugsrecht zu verschaffen[425] sowie Wandlungs- und Optionsrechte aus Schuldverschreibungen, sofern eine relevante Beteiligung vorliegt.[426] Auch rein schuldrechtliche Ansprüche gegen einen Gesellschafter auf Übertragung von Anteilen sind als Anwartschaften auf solche Beteiligungen erfasst.[427]

145 **bb) Begriff der 1%igen Beteiligung.** Es stellt sich die Frage, wann eine Beteiligung von 1 v.H. vorliegt, denn nur dann ist der Veräußerungsvorgang von § 17 EStG erfasst. Nach § 17 Abs. 1 S. 1 und 4 EStG liegt eine derartige Beteiligung vor, wenn der Veräußerer
- innerhalb der letzten **fünf Jahre**
- am Kapital der Gesellschaft **zu mindestens 1 %** (bis 31. Dezember 1998: zu mehr als einem Viertel; bis 31. Dezember 2001 zu mindestens 10 vH)[428] unmittelbar oder mittelbar beteiligt war (sog. **relevante Beteiligung**).

146 Maßgeblich ist grundsätzlich das **Nominalkapital,** und zwar unabhängig davon, inwieweit es eingezahlt ist. Etwas anderes kann nur dann gelten, wenn sich die Gesellschafterrechte aufgrund des Gesellschaftsvertrages nach dem eingezahlten Kapital richten.[429] Unerheblich ist ferner, ob und welchen Einfluss die Beteiligung auf die Kapitalgesellschaft hat.[430] Eine relevante Beteiligung kann daher aufgrund von Vorzugsaktien ohne Stimmrecht gegeben sein. Unerheblich ist auch, ob ein abweichender Gewinnverteilungs-, Liquidations- oder Abweichungsschlüssel im Gesellschaftsvertrag vereinbart wurde. Ist ein Gesellschaftsvertrag zB derart ausgestaltet, dass er einem GmbH-Gesellschafter, der zwar nominell nicht zu 1 vH beteiligt ist, dem aber abweichend von § 29 Abs. 2 GmbHG und

---

[420] Schmidt/*Weber-Grellet* EStG § 17 Rn. 21.
[421] BFH BStBl. II 1996, 77; 2005, 861; *Kratzsch* DStR 2004, 581 mwN.
[422] Schmidt/*Weber-Grellet* EStG § 17 Rn. 22; aA *Haarmann* JbFSt 85/86, 407 (413).
[423] Schmidt/*Weber-Grellet* EStG § 17 Rn. 24.
[424] H 17 Abs. 2 „Ausländische Kapitalgesellschaft" EStH; BFH BStBl. II 2000, 424; zum Typenvergleich → § 12 Rn. 112 ff.
[425] *Eppler* DStR 1988, 64; ähnlich BFH BStBl. II 1991, 832.
[426] BFH BStBl. II 1976, 288.
[427] BFH BStBl. II 2008, 475; 2013, 578; Schmidt/*Weber/Grellet* EStG § 17 Rn. 28.
[428] Vgl. hierzu Sudhoff/*von Sothen,* 4. Aufl. 2000, § 51 Rn. 148 ff.
[429] Schmidt/*Weber-Grellet* EStG § 17 Rn. 38; aA FG Schleswig-Holstein EFG 1987, 178 rkr.
[430] BFH BStBl. II 1970, 310; 2005, 861.

I. Einkommen-/Körperschaftsteuer § 25

§ 72 GmbHG ein Recht auf mehr als 1% des Rein- und Liquidationsgewinns zusteht, so liegt keine relevante Beteiligung vor.[431]

Bei der Berechnung des für § 17 EStG maßgebenden Grund- oder Stammkapitals ist der Nennwert der **eigenen Anteile,** die die Kapitalgesellschaft besitzt, abzuziehen.[432] Entsprechendes gilt im Falle der **Einziehung von GmbH-Geschäftsanteilen.** Hier bleibt das Stammkapital zwar unverändert, jedoch verändert sich das Beteiligungsverhältnis der verbleibenden Geschäftsanteile. Dementsprechend ist der Nennwert des eingezogenen Geschäftsanteils vom Stammkapital abzuziehen.[433]

147

> **Empfehlung:**
> Sowohl beim Erwerb eigener Anteile als auch bei der Einziehung von Geschäftsanteilen ist daher Vorsicht geboten, denn beide können dazu führen, dass aus einer nicht relevanten Beteiligung eine relevante wird. Dies gilt insbesondere für Gesellschaftsverträge, die eine Einziehung im Falle des Todes eines Gesellschafters vorsehen. Hier sollten sich die Gesellschafter die steuerlichen Folgen nicht nur bei Abfassung des Gesellschaftsvertrages, sondern bei jeder Beteiligungsveränderung erneut vergegenwärtigen.

Kapitalersetzende Gesellschafterleistungen sind bei der Berechnung des maßgebenden Grund- oder Stammkapitals **nicht zu berücksichtigen,** da sie keine Gesellschafterrechte begründen und ihnen somit die Ähnlichkeit zum Grund- oder Stammkapital fehlt.

Problematischer ist dagegen zu bestimmen, ob und inwieweit Genussscheine, Bezugs-, Wandlungs- oder Optionsrechte, aber auch eine stille Beteiligung auf die Berechnung des nach § 17 Abs. 1 S. 1 EStG maßgebenden Kapitals der Gesellschaft Einfluss nehmen. Hier wird man darauf abstellen müssen, ob bei diesen Anteilen eine Beteiligung an der Substanz der Kapitalgesellschaft vorliegt.[434] Denn der Zweck des § 17 EStG ist darauf gerichtet, die Realisierung des Zuwachses an der Substanz der Kapitalgesellschaft auf der Ebene des Anteilseigners zu besteuern.[435] Dementsprechend muss auch das Kapital aller Anteile, die am Liquidationserlös partizipieren, mit in die Berechnung des nach § 17 Abs. 1 S. 1 EStG maßgebenden Kapitals mit einbezogen werden. Anteile an einer Kapitalgesellschaft sind zwar gemäß § 17 Abs. 1 Satz 3 EStG auch **Bezugsrechte,** dh Anwartschaften auf solche Beteiligungen. Jedoch bewirkt die Übertragung einer Anwartschaft noch keinen Übergang der Beteiligung[436] und mithin bei der Bestimmung der Beteiligungshöhe nicht zu berücksichtigen, und zwar ungeachtet ihrer Eigenschaft als möglicher Gegenstand einer Veräußerung iS von § 17 Abs. 1 Satz 1 EStG.[437] Das müsste konsequenterweise auch für Wandlungs- und Optionsrechte gelten.[438] Eine **typisch stille Beteiligung** hat daher regelmäßig keinen Einfluss auf die relevante Beteiligungshöhe im Sinne des § 17 EStG.[439] Gleiches gilt auch für die **atypisch stille Beteiligung,** obwohl hier eine Beteiligung am Liquidationserlös vorliegt, vorausgesetzt, es handelt sich um eine Mitunternehmerschaft. Diese wird als eigenes Gewinnermittlungssubjekt nämlich bereits von §§ 15 Abs. 1 S. 1 Nr. 2, 16 EStG erfasst. Für eine erneute Einbeziehung in ein anderes Gewinnermittlungssubjekt, die Kapitalgesellschaft, bleibt insoweit kein Raum.[440]

148

---

[431] BFH BStBl. II 1998, 257; Schmidt/*Weber-Grellet* EStG § 17 Rn. 40; aA H 17 Abs. 2 „Missbrauch" EStH arg. § 42 AO.
[432] BFH BStBl. II 1971, 89; BFH/NV 1990, 27; H 17 Abs. 2 „Eigene Anteile" EStH.
[433] BFH/NV 1990, 27.
[434] BFH BStBl. II 2006, 746; Blümich/*Vogt* EStG § 17 Rn. 250; *Kratzsch* DStR 2004, 581 mwN.
[435] BFH BStBl. II 1999, 698; 1975, 505 (509).
[436] BFH BStBl. II 2008, 475; 2013, 578.
[437] BFH BStBl. II 2013, 578; aA *Kirchhof* EStG § 17 Rn. 23.
[438] Schmidt/*Weber-Grellet* EStG § 17 Rn. 45;
[439] NdsFG EFG 2004, 192; BFH BStBl. II 2005, 861; *Kratzsch* DStR 2004, 581.
[440] *Kratzsch* DStR 2004, 581.

Beispiel:

Die beiden Gesellschafter A und B sind am Stammkapital einer GmbH in Höhe von EUR 100.000,– mit jeweils 1 % beteiligt. Die restlichen 98 % hält C. Daneben nehmen B zu 99 % und D zu 1 % mit einem Genussscheinkapital von ebenfalls EUR 100.000,– zu 50 % am Liquidationserlös der GmbH teil. Das Stammkapital und das Genussscheinkapital bilden zusammen das für § 17 EStG maßgebende Kapital. Für A, B C und D ergeben sich somit folgende Beteiligungsquoten:

$$A: \frac{€\ 1.000,-\ \text{Stammkapital} + EUR\ 0\ \text{Genussscheinkapital} \times 100 = 0{,}5\ \%}{EUR\ 200.000,-\ \text{maßgebendes Kapital}}$$

$$B: \frac{€\ 1.000,-\ \text{Stammkapital} + EUR\ 99.000,-\ \text{Genussscheinkapital} \times 100 = 50\ \%}{€\ 200.000,-\ \text{maßgebendes Kapital}}$$

$$C: \frac{€\ 98.000,-\ \text{Stammkapital} + EUR\ 0\ \text{Genussscheinkapital} \times 100 = 49\ \%}{€\ 200.000,-\ \text{maßgebendes Kapital}}$$

$$D: \frac{€\ 0\ \text{Stammkapital} + EUR\ 1.000,-\ \text{Genussscheinkapital} \times 100 = 0{,}5\ \%}{€\ 200.000,-\ \text{maßgebendes Kapital}}$$

Nur B und C sind somit relevant beteiligt. A hält zwar 1 % des Stammkapitals der GmbH, ist jedoch an dem im Sinne von § 17 EStG maßgebenden Kapital, das sich aus Stammkapital und Genussscheinkapital zusammensetzt, nur zu 0,5 % beteiligt.

149 Das für § 17 EStG maßgebende Kapital errechnet sich demnach wie folgt:

Nominalkapital
+ sonstiges Kapital, das am Liquidationserlös teilnimmt,
./. eigene Anteile
./. eingezogene Anteile

Kapital insgesamt

Bei der Berechnung der **Beteiligungsquote,** dh wenn ein Veräußerer zu mindestens 1 % beteiligt ist, sind alle Anteile zu berücksichtigen, die ihm **einkommensteuerlich** zuzurechnen sind. Hierunter fallen diejenigen Anteile, deren zivilrechtlicher Eigentümer der Veräußerer ist, es sei denn, sie sind einem Dritten wirtschaftlich zuzurechnen, und diejenigen deren **wirtschaftlicher Eigentümer** (→ § 39 Abs. 2 AO) er ist. Über einen Treuhänder gehaltene Anteile gelten daher gemäß § 17 EStG als unmittelbare Beteiligung; der Treuhänder verhindert somit nicht die Zurechnung der Anteile zum Veräußerer. Gleiches gilt für Gesellschaftsanteile, bei denen der Veräußerer zur Weiterveräußerung verpflichtet war, und solche, bei denen eine bedingte Rückübertragungsverpflichtung gegen Abfindung bestand.[441] Der Nießbrauch führt demgegenüber nicht zu einer Zurechnung,[442] es sei denn, es liegt Dispositionsnießbrauch vor, bei dem der Nießbraucher ermächtigt ist, auf **eigene** Rechnung über die nießbrauchsbelasteten Anteile zu verfügen.

150 **Verschenkte Anteile** sind grundsätzlich dem Beschenkten zuzurechnen. Etwas anderes gilt nur, wenn die Schenkung frei widerruflich[443] oder nur befristet ist.[444] Unerheblich für die Zurechnung der Anteile beim Beschenkten ist, wenn der Schenker zugleich gesetzlicher Vertreter des Beschenkten ist, sofern die Schenkung rechtswirksam zustande gekom-

---

[441] BFH BStBl. II 2005, 857; Schmidt/*Weber-Grellet* EStG § 17 Rn. 50.
[442] BFH BStBl. II 2012, 308; 2015, 224; H 17 Abs. 4 EStH „Vorbehaltsnießbrauch".
[443] BFH BStBl. II 1989, 877 zu § 15 EStG.
[444] Schmidt/*Weber-Grellet* EStG § 17 Rn. 52.

men ist.[445] Auch die Tatsache, dass eine Schenkung nach § 530 BGB wegen groben Undanks widerrufen werden kann, rechtfertigt kein anderes Ergebnis.[446] Gleiches gilt bei einer Scheidungsklausel.[447] Selbst wenn der Beschenkte auf die Lebenszeit des Schenkers von jeglicher Sachherrschaft ausgeschlossen ist, sollen ihm die Anteile zugerechnet werden.[448] In diesem Fall ist aber wohl der Schenker wirtschaftlicher Eigentümer nach § 39 Abs. 2 Nr. 1 S. 1 AO mit der Folge, dass ihm trotz Schenkung der Anteil weiterhin zuzurechnen ist. Anderes gilt, wenn lediglich eine unwiderrufliche Stimmrechtsvollmacht vorbehalten wurde. Hierdurch ergibt sich noch keine eigentümerähnliche Stellung des Schenkers; der Anteil ist daher dem Beschenkten zuzurechnen.[449] Vermieden werden sollte die schenkweise Übertragung unter der Auflage der Veräußerung nach Fristablauf. Hier wird man wohl einen Rechtsmissbrauch im Sinne des § 42 AO annehmen müssen.[450] Liegen neben Anteilen, die der Veräußerer im Privatvermögen hält, weitere vor, die er **im Betriebsvermögen** hält, sind diese ebenfalls in die Berechnung der Relevanzgrenze mit einzubeziehen. Gleiches gilt für einbringungs-, verschmelzungs- und spaltungsgeborene Anteile im Sinne von §§ 13, 15 UmwStG (→ Rn. 158).

Bei **Bruchteilseigentum** gilt dies nur für den auf den Veräußerer entfallenden Bruchteil. Auch bei **Gesamthandsvermögen ohne Betriebsvermögen (vermögensverwaltende Personengesellschaft)**, wie zB einer reinen Immobilien-KG oder einer Erbengemeinschaft, erfolgt die Zurechnung nach § 39 Abs. 2 Nr. 2 AO anteilig in entsprechender Weise unmittelbar beim Gesellschafter/Mitglied (sog. **Bruchteilsbetrachtung**).[451] Nur der auf den Veräußerer entfallende Anteil ist in die Berechnung des maßgebenden Kapitals mit einzubeziehen. 151

Beispiel:

Zu dem Gesamthandsvermögen einer dreiköpfigen Erbengemeinschaft (Mutter und zwei Kinder) gehört ein 2 %iger Anteil an einer GmbH. Bei gesetzlicher Erbfolge und Zugewinngemeinschaft erbt die Mutter 1/2 und die Kinder je 1/4. Der Mutter ist daher 1 % und den Kindern je 0,5 % der GmbH-Beteiligung zuzurechnen. Nur die Mutter wäre zu mindestens 1 % an der GmbH beteiligt. Dieses Ergebnis hätte sich durch testamentarische Verfügung leicht vermeiden lassen.

Maßgeblich für die Höhe der anteiligen Zurechnung im Verhältnis der Gesellschafter ist grundsätzlich der nominelle Kapitalanteil. Weicht der Gewinnverteilungs-, Liquidations- oder Abfindungsschlüssel hiervon ab, ist dies für die Frage der Beteiligungshöhe irrelevant.[452] Auch ein abweichender Gewinnverteilungsschlüssel spielt für die Berechnung der relevanten Beteiligung keine Rolle. Hält der Gesellschafter neben den ihm über die Gesamthandsgemeinschaft unmittelbar zuzurechnenden Kapitalgesellschaftsanteilen noch eigene direkt, sind beide Beteiligungen zur Berechnung der relevanten Beteiligungsgrenze zusammenzurechnen.[453]

Gehören die Kapitalgesellschaftsanteile zu einer **Gesamthandsgemeinschaft mit Betriebsvermögen (Mitunternehmerschaft)** erfolgt keine Zurechnung beim Mitunternehmer; die Mitunternehmerschaft selbst ist Zurechnungssubjekt (sog. **Einheitsbetrachtung**). Aus Sicht der Gesellschafter handelt es sich um eine mittelbare Beteiligung an einer Kapitalgesellschaft (→ Rn. 152). Auf der Ebene des Gesellschafters sind die Anteile

---

[445] BFH BStBl. II 1994, 635 zur Personengesellschaft.
[446] BFH BStBl. II 1994, 635 zur Personengesellschaft.
[447] BFH BStBl. II 1998, 542.
[448] BFH BStBl. II 1989, 414; krit. Schmidt/*Weber-Grellet* EStG § 17 Rn. 54.
[449] BFH BStBl. II 1996, 5 zur GbR.
[450] Schmidt/*Weber-Grellet* EStG § 17 Rn. 54; aA wohl FG Münster EFG 1998, 115 zu § 17 Abs. 1 S. 1 EStG aF.
[451] Schmidt/*Weber-Grellet* EStG § 17 Rn. 56; OFD Frankfurt a.M. DStR 2015, 2554 Tz. 18.
[452] BFH/NV 2015, 495; Schmidt/*Weber-Grellet* EStG § 17 Rn. 60.
[453] BFH BStBl. II 1996, 312.

daher in Höhe seiner Beteiligungsquote am Kapital der Gesamthandsgemeinschaft (→ Rn. 151) bei der Ermittlung der 1%-Grenze zu berücksichtigen.

152 Neben den unmittelbaren Beteiligungen, bei denen dem Veräußerer die Anteile gemäß § 39 AO zuzurechnen sind, werden auch die **mittelbaren Beteiligungen** zur Berechnung des maßgebenden Kapitalanteils mit berücksichtigt. Der Veräußerer ist mittelbar beteiligt, soweit eine andere Kapitalgesellschaft oder eine Mitunternehmerschaft, an der der Veräußerer seinerseits unmittelbar oder wiederum nur mittelbar beteiligt ist, Eigner von Anteilen ist. Die Höhe der mittelbaren Beteiligung errechnet man, indem die Beteiligung des steuerpflichtigen Veräußerers an der Zwischengesellschaft (ZG) ins Verhältnis zu der Beteiligung der Zwischengesellschaft an der mittelbaren Beteiligung gesetzt wird:

$$\frac{\text{Anteil des Veräußerers an der ZG} \times \text{Anteil der ZG an der Beteiligung}}{100}$$

Bei mehreren hintereinander geschalteten Zwischengesellschaften wiederholt man diese Berechnung entsprechend.

Beispiel:
Hält ein Veräußerer V an der A-GmbH 50 %, diese an der B-GmbH 20 % und die B-GmbH an der C-GmbH wiederum 20 %, so ergibt sich für V hinsichtlich der C-GmbH folgende mittelbare Beteiligung:

(50 × 20) : 100 = 10 %
(10 × 20) : 100 = 2 %

V ist somit an der C-GmbH zu 2 % mittelbar beteiligt und damit zu mindestens 1 % im Sinne des § 17 EStG.

Für die Berechnung der dem Steuerpflichtigen mittelbar zuzurechnenden Anteile kommt es nach hM[454] nicht darauf an, in welcher Höhe er an der zwischengeschalteten Kapitalgesellschaft beteiligt ist oder ob er sie gar beherrscht. Auch kleinste, unbedeutende Beteiligungen sind daher mit zu berücksichtigen.

153 Die zwischengeschaltete Kapitalgesellschaft ist selbst Steuersubjekt und entfaltet auf diese Weise eine Abschirmwirkung zum Anteilseigner. Daher erlangt die mittelbare Beteiligung im Rahmen des § 17 EStG nur dann rechtliche Relevanz, wenn es um die Veräußerung der daneben bestehenden unmittelbaren, sich im Privatvermögen befindlichen Beteiligung geht.

Beispiel:
Ein Steuerpflichtiger ist an der A-GmbH zu 0,5 % und an der B-GmbH zu 50 % beteiligt. Die B-GmbH hält 1 % der Anteile der A-GmbH.

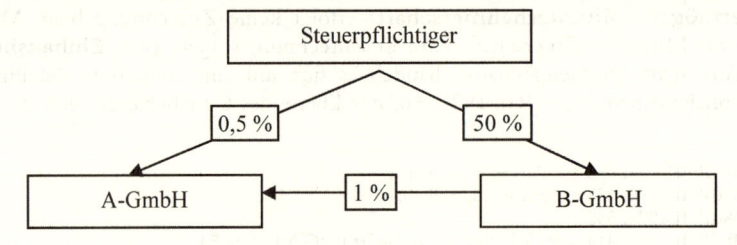

```
              Steuerpflichtiger
             /                \
         0,5 %              50 %
           ↓                   ↓
       A-GmbH  ← 1 % ←  B-GmbH
```

---

[454] Vgl. Schmidt/*Weber-Grellet* EStG § 17 Rn. 68 mwN.

Der Steuerpflichtige ist somit zu 0,5 % unmittelbar und zu 0,5 % (= 50 % von 1 %) mittelbar an der A-GmbH beteiligt. Insgesamt ist er somit im Sinne des § 17 EStG zu mindestens 1 % beteiligt. Veräußert er Anteile seiner **unmittelbaren** Beteiligung, gehört der Gewinn aus dieser Veräußerung bei dem Steuerpflichtigen zu den Einkünften aus Gewerbebetrieb. Veräußert dagegen die B-GmbH ihre Anteile, unterliegt der Gewinn aus der Veräußerung nur bei ihr der Versteuerung. Für den dahinter stehenden Anteilseigner ergeben sich zunächst keinerlei Auswirkungen. Veräußert dieser seine unmittelbar an der A-GmbH gehaltenen Anteile fünf Jahre, nachdem die B-GmbH die von ihr an der A-GmbH gehaltenen Anteile veräußert hat, greift § 17 EStG nicht mehr ein (→ Rn. 154); der Steuerpflichtige war zu diesem Zeitpunkt nicht mehr relevant beteiligt. Etwas anderes gilt allerdings, wenn er die Anteile innerhalb der in § 17 EStG genannten Fünf-Jahres-Frist veräußert; innerhalb dieses Zeitraums war er am Kapital der A-GmbH relevant beteiligt.

Die relevante Beteiligung von mindestens 1 % der Anteile an der Kapitalgesellschaft **154** muss innerhalb der letzten fünf Jahre vor der Veräußerung bestanden haben. Für die Beurteilung der **Fünf-Jahres-Frist** im Sinne des § 17 Abs. 1 S. 1 EStG kommt es nicht darauf an, ob dem Veräußerer im Veräußerungszeitpunkt mindestens 1 % der Anteile zuzurechnen waren. Entscheidend ist nur, dass er zu irgendeinem Zeitpunkt innerhalb der fünf Jahre vor der Anteilsveräußerung in relevanter Weise beteiligt war, und sei es auch nur für eine logische Sekunde.[455] Umgekehrt spielt eine relevante Beteiligung, die vor diesem Zeitraum einmal bestanden hatte, keine Rolle mehr. Gleiches muss für die Fälle der **„zwischenzeitlichen Nichtbeteiligung"** gelten, wenn der Veräußerer innerhalb des Fünf-Jahres-Zeitraumes seine relevante Beteiligung vollständig veräußert, sich sodann erneut, diesmal jedoch unwesentlich beteiligt und auch diese Beteiligung schließlich wieder veräußert. Zwar kommt es nach dem Wortlaut des Gesetzes nur darauf an, dass der Veräußerer innerhalb der fünf Jahre relevant beteiligt war. Allerdings liegt in dieser Vorgehensweise grundsätzlich keine Steuerumgehung durch Teilveräußerung, so dass unter Zugrundelegung des Zwecks des Gesetzes, der daneben auch an die Einflussmöglichkeit des relevant Beteiligten anknüpft, eine teleologische Reduktion des § 17 EStG geboten ist.[456]

Erwirbt ein Steuerpflichtiger, der ursprünglich eine relevante Beteiligung hatte, die **155** durch den Verkauf einzelner Anteile innerhalb der letzten fünf Jahre unter die Relevanzgrenze (1 %) abgesunken ist, nun wieder (neue) Anteile dazu, ohne dass die Relevanzgrenze erneut erreicht wird, werden diese Neuanteile nach hM so behandelt, als gehörten sie zu der ursprünglich relevanten Beteiligung; sie werden also infiziert.[457] Die Infektionswirkung endet allerdings fünf Jahre nach Wegfall der Relevanz, da dann die Voraussetzungen für die Steuerpflicht gemäß § 17 Abs. 1 S. 1 EStG nicht mehr gegeben sind. Bis dahin sind die Anteile jedoch als Teil einer ursprünglich relevanten Beteiligung anzusehen.

Die Absenkung der Relevanzgrenze (früher: Wesentlichkeitsgrenze) zum 1. Januar 1999 **156** wirkt sich über die tatbestandliche Rückanknüpfung auch auf Veräußerungen von unter 1 %igen Restbeteiligungen nach dem 31. Dezember 2001 bzw. 10 %igen Restbeteiligungen nach dem 31. Dezember 1998 aus, sofern in dem davor liegenden Fünfjahreszeitraum eine mindestens 1- bzw. 10 %ige Beteiligung bestand. Betrug diese höhere Beteiligung vor dem 1. Januar 2002 bzw. 1999 und innerhalb des jeweiligen Fünfjahreszeitraums mehr als 10 %/25 %, so hat sich für den Steuerpflichtigen durch die Herabsetzung der Relevanzgrenze steuerlich nichts geändert; auch nach § 17 EStG aF wäre der Veräußerungsgewinn steuerpflichtig gewesen. Etwas Anderes gilt, wenn der Veräußerer bzw. bei unentgeltlichem Erwerb sein Rechtsvorgänger vor dem 1. Januar 2002/1999 und inner-

---

[455] BFH BStBl. II 1993, 331 mwN.
[456] FG Köln EFG 1996, 1031 rkr.; Schmidt/*Weber-Grellet* EStG § 17 Rn. 77 mwN; aA BFH DStR 1999, 929.
[457] BFH BStBl. II 1994, 222; 1998, 397; *Herzig/Förster* DB 1999, 711; *dies.* DB 1997, 594 mwN.

halb des jeweiligen Fünfjahreszeitraums lediglich mit einer Quote zwischen 1% und 10% bzw. 10% und 25% am Kapital der Gesellschaft beteiligt gewesen wäre. Erst durch die Herabsetzung der Relevanzgrenze wird die Veräußerung der verbliebenen, weniger als 1%/10% betragenden Restbeteiligung steuerpflichtig. Auch in diesem Fall ist unter Zugrundelegung des Zwecks der Rückanknüpfung (s. Rn. 154) eine teleologische Reduktion des § 17 EStG geboten.[458]

Beispiel:

Besaß ein Steuerpflichtiger vor dem 1. Januar 1999 eine Beteiligung von 20% und reduziert er diese bis zum 31. Dezember 1998 auf 9,99% sowie bis zum 31. Dezember 2001 auf 0,99%, war er nicht innerhalb der letzten fünf Jahre relevant beteiligt.

157 Der Fünf-Jahres-Zeitraum berechnet sich nach § 108 AO iVm §§ 187 bis 193 BGB.[459] Ausgangspunkt für die **Fristberechnung** ist die Anteilsveräußerung. Umstritten ist, ob dabei das schuldrechtliche Erwerbs- bzw. Veräußerungsgeschäft[460] oder die Übertragung des wirtschaftlichen Eigentums[461] maßgebend ist. Für die zweite Ansicht spricht, dass der Begriff der Veräußerung in diesem Fall innerhalb des § 17 EStG einheitlich im Sinne des für die Gewinnrealisierung maßgebenden Zeitpunkts verwendet werden würde. In Grenzfällen sollte vorsichtshalber darauf geachtet werden, dass die Fünf-Jahres-Frist sowohl bei Abschluss des Verpflichtungsgeschäfts als auch bei Übertragung des wirtschaftlichen Eigentums bereits verstrichen war. Bei der Anteilsveräußerung handelt es sich um ein Ereignis; es liegt somit eine **Ereignisfrist** vor, bei der gemäß § 187 Abs. 1 BGB der Tag des Ereignisses, dh der Anteilsveräußerung, für den **Beginn der Frist** nicht mitgezählt wird. Die Frist beginnt somit mit dem Tag, der dem Tag der Anteilsveräußerung vorangeht. Fand die Anteilsveräußerung zB am 1. März 2017 statt, beginnt die Frist mit dem 28. Februar 2017. Das **Fristende** ist mit Ablauf desjenigen Tages des Jahres, der durch seine Zahl dem Ereignistag entspricht, erreicht. Im obigen Beispiel ist der Ereignistag der 1. März des Jahres 2017. Die Frist endet somit mit Ablauf des 1. März 2012. Ist der Ereignistag dagegen der 29. Februar 2016, so endet die Frist gemäß § 188 Abs. 3 BGB mit Ablauf des 28. Februar 2011, da dem Jahr 2011 das maßgebende Datum 29. Februar fehlt. Fällt das Ende der Frist auf einen Sonntag, gesetzlichen Feiertag oder einen Sonnabend, so endet die Frist gemäß § 108 Abs. 3 AO mit dem Ablauf des nächstfolgenden Werktages. Fraglich ist, ob § 108 Abs. 3 AO hier überhaupt Anwendung findet. Denn Zweck dieser Regelung ist es, zum einen die Sonn- und Feiertagsruhe zu wahren und zum anderen zu berücksichtigen, dass sich in Wirtschaft und öffentlicher Verwaltung weitgehend die Fünf-Tage-Woche durchgesetzt hat. Dem Steuerpflichtigen soll daher die Möglichkeit gegeben werden, eine erforderliche Handlung nicht am Sonntag, Feiertag oder Sonnabend, sondern erst am nächsten Werktag vorzunehmen. Bei § 17 EStG geht es jedoch um eine in die Vergangenheit gerichtete Betrachtungsweise. Handlungen seitens des Steuerpflichtigen können insoweit nicht mehr erfolgen. Daher ist § 108 Abs. 3 AO teleologisch zu reduzieren, mit der Folge, dass das Fristende eben dieser Sonntag, Feiertag oder Sonnabend ist. Folgt man dieser Ansicht nicht, ist darauf zu achten, dass sich die Frist dadurch, dass zurückgerechnet wird, verlängert. Würde der 1. März aus dem obigen Beispiel also ein Sonntag sein, so endet die Frist bei Rückrechnung vom Veräußerungszeitpunkt an nicht bereits am Montag, den 2. März (was eine Verkürzung des Zeitraums bedeuten würde), sondern erst am Freitag dem 27. bzw. bei Vorliegen eines Schaltjahres, dem 28. Februar.

158 Der Fünf-Jahres-Zeitraum bezieht sich grundsätzlich auf die veräußerte Beteiligung. Der Veräußerer muss innerhalb dieses Zeitraums an genau der Gesellschaft zu mindestens

---

[458] BFH BStBl. 2013, 372; *Herzig/Förster* DB 1999, 711; Schmidt/*Weber-Grellet* EStG § 17 Rn. 34 mwN.
[459] Schmidt/*Weber-Grellet* EStG § 17 Rn. 72.
[460] Lademann/Söffing/*Brockhoff* EStG § 17 Rn. 28.
[461] Schmidt/*Weber-Grellet* EStG § 17 Rn. 74.

I. Einkommen-/Körperschaftsteuer § 25

1 % beteiligt gewesen sein, deren Anteile er nun veräußert. Dieser Grundsatz wird ausnahmsweise durchbrochen, wenn es sich um **verschmelzungs- oder spaltungsgeborene Anteile** handelt. Anteile an der übertragenden Gesellschaft, die im Zuge einer Verschmelzung, einer ganzen oder teilweisen Vermögensübertragung von einer Kapitalgesellschaft auf eine andere Kapitalgesellschaft, einer Aufspaltung oder einer Abspaltung durch Anteile an der aufnehmenden Gesellschaft ersetzt werden (§ 13 Abs. 2 S. 1–2 bzw. § 15 iVm § 13 Abs. 2 S. 1–2 UmwStG), werden daher in die Berechnung des Fünf-Jahres-Zeitraums mit einbezogen. War der Veräußerer der (neuen) Anteile also vor der Umwandlung zu mindestens 1 % beteiligt, fällt der Veräußerungsvorgang unter § 17 EStG; und zwar auch dann, wenn er es nach der Umwandlung oder aufgrund der Umwandlung nicht mehr ist.

Der Veräußerer muss indessen selbst innerhalb der Fünf-Jahres-Frist zu mindestens 1 % **159** beteiligt gewesen sein. Ausnahmsweise wird dieser Grundsatz jedoch durch § 17 Abs. 1 S. 4 EStG durchbrochen, wenn ein Rechtsvorgänger des Veräußerers innerhalb der letzten fünf Jahre vor der Veräußerung relevant beteiligt war und der Veräußerer den veräußerten Anteil unentgeltlich erworben hat (sog. **Besitzzeitanrechnung**). Betroffen sind hier nur die Fälle, in denen der Veräußerer selbst nicht schon im Zeitpunkt der Veräußerung, oder aber in den fünf Jahren davor relevant beteiligt war. Denn dann würde § 17 Abs. 1 S. 1 EStG sogleich zur Steuerpflicht führen. Erfasst werden sollen lediglich die Anteile, die einmal zu einer relevanten und nun zu einer unter 1 %igen Beteiligung gehörten. Allein sie sollen die vollen fünf Jahre steuerverhaftet bleiben. Dementsprechend werden dem Veräußerer bereits gehörende Anteile nicht infiziert, dh sie werden nicht zu relevanten Anteilen, wenn derartige einmal zu einer relevanten Beteiligung gehörenden Anteile hinzuerworben werden, solange dieser hierdurch nicht insgesamt zu mindestens 1 % (geschenkte und eigene Anteile addiert) an der Gesellschaft beteiligt ist.

Beispiel:
Gehörten dem Veräußerer also beispielsweise bereits 0,4 % der Gesellschaftsanteile und erhält er weitere 0,5 % aus der relevanten Beteiligung seines Vaters hinzu, so entsteht hier weder insgesamt eine relevante Beteiligung, noch ist der Verkauf der ursprünglichen 0,4 %igen Beteiligung steuerpflichtig. Allein die Veräußerung der unentgeltlich erworbenen 0,5 % der Gesellschaftsanteile innerhalb des Fünf-Jahres-Zeitraums kann eine Besteuerung auslösen. Hätte der Veräußerer allerdings 0,6 % von seinem Vater erhalten, so wäre er insgesamt zu 1 % beteiligt gewesen. In diesem Fall wäre jede Veräußerung steuerpflichtig.

Als **unentgeltlicher Erwerb** gilt sowohl die Schenkung als auch der Erwerb von To- **160** des wegen. Bei **teilentgeltlichem Erwerb** der Anteile gilt die Trennungstheorie (→ § 28 Rn. 50), so dass § 17 Abs. 1 S. 4 EStG nur den voll unentgeltlich übertragenen Anteil betrifft. Werden mehrere Anteile zu unterschiedlichen Zeitpunkten erworben, sind diese jeweils für sich gesondert zu beurteilen.

Der in § 17 Abs. 1 S. 4 EStG genannte Fünf-Jahres-Zeitraum wird zum einen auf den **161** Veräußerer und zum anderen auf dessen Rechtsvorgänger bezogen. Dies führt jedoch nicht dazu, dass der Zeitraum insgesamt gesehen über fünf Jahre hinausgeht. Vielmehr ist zunächst zu prüfen, ob der Veräußerer den veräußerten Anteil innerhalb der letzten fünf Jahre vor der Veräußerung unentgeltlich erworben hat. Ausgehend vom Veräußerungszeitpunkt wird hierbei zurückgerechnet. Liegt danach kein unentgeltlicher Erwerb innerhalb dieses Zeitraums vor, ist § 17 EStG nicht einschlägig, die Veräußerung unterliegt dem Teileinkünfteverfahren. Hat der Veräußerer den Anteil jedoch innerhalb des Fünf-Jahres-Zeitraums unentgeltlich erworben, ist in einem zweiten Schritt zu prüfen, ob einer der Rechtsvorgänger innerhalb der letzten fünf Jahre relevant beteiligt war. Auch für diese Beurteilung ist der Zeitpunkt der Veräußerung beim Rechtsnachfolger der Ausgangspunkt. Von ihm wird zurückgerechnet. Nur wenn dieser zweite Prüfungspunkt bejaht werden kann, gehört der Gewinn aus der Veräußerung zu den Einkünften aus Gewerbebetrieb. Anderenfalls erzielt der Veräußerer aus dem Veräußerungsvorgang Einkünfte aus Kapitalvermögen. Auch hier bestimmt sich die Berechnung des Fünf-Jahres-Zeitraums nach § 108 AO iVm §§ 187–193 BGB (→ Rn. 157). Ausreichend ist, dass einer der Rechtsvorgänger zu irgendeinem Zeitpunkt innerhalb des Fünf-Jahres-Zeitraums relevant beteiligt war (→ Rn. 154). § 17 Abs. 1 S. 4 EStG lässt sich somit nicht durch eine Kettenschenkung umgehen.

162 **cc) Begriff der Veräußerung und Veräußerungszeitpunkt.** § 17 EStG erfasst nur den Gewinn aus der Veräußerung von Anteilen an einer Kapitalgesellschaft sowie den Liquidationsgewinn, nicht aber den laufenden Gewinn. Eine Veräußerung nach § 17 Abs. 1 S. 1 EStG liegt vor, wenn und sobald das **wirtschaftliche Eigentum** an den Anteilen von einer Person auf eine andere **gegen Entgelt** übertragen wird.[462] Eine Veräußerung setzt somit grundsätzlich voraus, dass neben dem entgeltlichen Kausalgeschäft (zB Kaufvertrag) auch das Erfüllungsgeschäft vollendet ist bzw. der Erwerber die Stellung eines wirtschaftlichen Eigentümers gemäß § 39 AO innehat. Bedarf die Übertragung von Anteilen an einer Kapitalgesellschaft zB der Genehmigung durch die Gesellschaft, so etwa bei der Teilung und anschließenden Veräußerung von GmbH-Gesellschaftsanteilen gemäß § 17 GmbHG, wird die Veräußerung daher erst mit der Erteilung dieser Genehmigung wirksam.[463]

163 Keine Veräußerung stellt dagegen die Übertragung des wirtschaftlichen Eigentums aufgrund eines voll unentgeltlichen Rechtsgeschäfts dar. Für die teilentgeltliche Veräußerung ist die **Trennungstheorie** (→ § 28 Rn. 50) maßgebend. Die aufgrund des teilentgeltlichen Geschäfts übertragenen Kapitalgesellschaftsanteile sind nach dem Verhältnis ihres Verkehrswerts zur Gegenleistung in eine voll entgeltliche und in eine voll unentgeltliche Veräußerung aufzuteilen. Nur der voll entgeltliche Teil wird von § 17 EStG erfasst. Allerdings ist umstritten, ob jeder teilentgeltlich erworbene Kapitalgesellschaftsanteil wertmäßig in einen voll entgeltlichen und einen voll unentgeltlichen Teil aufzuteilen ist[464] oder ob eine gegenständliche Trennung stattfindet, die übertragenen Anteile somit in voll entgeltliche und voll unentgeltliche Kapitalgesellschaftsanteile gespalten werden.[465] Die lediglich wertmäßige Aufteilung berührt nicht die Einheit des Geschäftsanteils. Im Fall der Weiterveräußerung eines derartigen zu einer relevanten Beteiligung gehörenden Anteils kommt es daher immer (anteilig) zu einer Steuerpflicht nach § 17 Abs. 1 S. 1 EStG. Demgegenüber ist es dem Steuerpflichtigen bei gegenständlicher Trennung der Kapitalgesellschaftsanteile möglich, zu entscheiden, ob er zB nur die unentgeltlich erworbenen Anteile – vorbehaltlich des § 17 Abs. 1 S. 4 EStG – steuerfrei veräußert.

> **Empfehlung:**
> Angesichts dieses Meinungsstreits sollten Kapitalgesellschaftsanteile, die teilentgeltlich erworben werden sollen, von Anfang an in ein voll entgeltliches und ein voll unentgeltliches Geschäft geteilt werden.

164 Der **Veräußerungszeitpunkt** wird durch den Charakter der Veräußerung als einmaliger Vorgang bestimmt. Dementsprechend ist der Veräußerungsgewinn stichtagsbezogen und erstreckt sich nicht auf einen bestimmten Zeitraum. Analog dem Realisationsprinzip der Grundsätze ordnungsmäßiger Buchführung ist daher in der Regel der Veräußerungszeitpunkt der Zeitpunkt, zu dem das **wirtschaftliche Eigentum** an den veräußerten Ka-

---
[462] BFH BStBl. II 2000, 424.
[463] BFH BStBl. II 1995, 870.
[464] *Groh* StuW 1984, 217; *Widmann* StKongRep 1994, 83 (92).
[465] *Littmann/Rapp* EStG § 17 Rn. 161.

pitalgesellschaftsanteilen auf den Erwerber **übergeht**.[466] Im Falle eines vorangegangenen Kausalgeschäfts ist zB der Veräußerungszeitpunkt grundsätzlich erst bei Vornahme des Erfüllungsgeschäfts gegeben. Unerheblich ist, wann das Veräußerungsentgelt zufließt und wie lange der Erwerber das wirtschaftliche Eigentum innehatte. Ausreichend ist demzufolge auch ein Durchgangserwerb für eine juristische Sekunde.[467] Die Rückbeziehung des Kausalgeschäfts ist schon nach allgemeinen Grundsätzen einkommensteuerlich unbeachtlich.[468] Wird ein bestimmter Veräußerungszeitpunkt angestrebt, ist darauf zu achten, dass die Übertragungsvoraussetzungen (zB die Genehmigung nach § 17 GmbHG) zu diesem Stichtag auch vorliegen (→ Rn. 162).

dd) Gewinnerzielungsabsicht. § 17 Abs. 1 S. 1 EStG ordnet die Veräußerung einer relevanten Beteiligung den gewerblichen Einkünften zu. Einkünfte aus Gewerbebetrieb kann aber nur erzielen, wer in der Absicht Gewinn zu erzielen tätig wird (§ 15 Abs. 2 S. 1 EStG; → a. Rn. 53). Insoweit gelten für § 17 EStG keine Besonderheiten. Liegt also objektiv gesehen die Veräußerung einer relevanten Beteiligung vor, ist ergänzend zu prüfen, ob auch ein entsprechendes **subjektives Wollen des Steuerpflichtigen** bezogen auf den Veräußerungsvorgang gegeben ist. Regelmäßig wird hierbei allerdings davon auszugehen sein, dass der relevant Beteiligte eine entsprechende Absicht der Gewinnerzielung besitzt, und zwar selbst dann, wenn die Gewinnerzielung bei kurzer Dauer der Beteiligung in den Hintergrund treten kann.[469] Hieran ändert sich auch dann nichts, wenn ein Veräußerungsverlust entstanden ist. Allerdings prüft die Rechtsprechung in diesen Fällen, ob eine missbräuchliche rechtliche Gestaltung gewählt worden ist, um steuerliche Vorteile zu erzielen (→ § 42 AO), verneint dies aber überwiegend.[470] Entscheidend ist der **Totalgewinn** als Gesamtergebnis der steuerrelevanten Tätigkeit oder Nutzung von Kapitalvermögen.[471] Abzustellen ist bei einer relevanten Beteiligung daher nicht allein auf den sich durch die Wertsteigerung ergebenden Veräußerungsgewinn. Zu berücksichtigen sind vielmehr auch die laufenden Erträge aus Ausschüttungen. Veräußerungsgewinn und Ausschüttungsverhalten der Kapitalgesellschaft stehen hierbei in einer Wechselwirkung.[472] Unerheblich ist, ob sich bei dieser Betrachtung im Endergebnis ein positiver oder aber ein negativer Saldo ergibt. Entsprechend dem subjektiven Charakter des Merkmals ist entscheidend, wie der Steuerpflichtige auf sich verändernde Gewinnsituationen reagiert. Erweist sich ein mit Gewinnerzielungsabsicht begonnenes Vorhaben nicht als realisierbar und stellt der Steuerpflichtige seine auf Einkünfteerzielung gerichtete Tätigkeit daraufhin ein, ist die zur Beendigung notwendige Abwicklungsphase noch Teil der steuerrelevanten Tätigkeit.[473] Auch die Vornahme geeigneter Umstrukturierungsmaßnahmen sind ein wichtiges Indiz für das Vorliegen einer Gewinnerzielungsabsicht und zwar selbst dann, wenn sie lediglich auf Kostensenkung gerichtet sind und nur bei Außerachtlassung der Zinsen auf Verbindlichkeiten aus früheren Fehlmaßnahmen zu künftig positiven Ergebnissen führen.[474] Die Gewinnerzielungsabsicht wirkt insoweit nach.

ee) Veräußerungsgewinn. Der Veräußerungsgewinn ist nach der Legaldefinition des § 17 Abs. 2 S. 1 EStG der Betrag, um den der Veräußerungspreis (bzw. der gemeine Wert der Anteile, wenn die Veräußerung in einer verdeckten Einlage besteht, § 17 Abs. 2 S. 2 EStG) abzüglich Veräußerungskosten die Anschaffungskosten übersteigt:

---

[466] BFH BStBl. II 2005, 46; 2009, 140.
[467] BFH BStBl. II 1995, 870.
[468] BFH DB 1995, 79.
[469] BFH BStBl. II 1995, 722; BFH BStBl. II 2017, 1040 (zu § 20 EStG).
[470] BFH BStBl. II 1994, 683; 2011, 427; 2017, 930; BFH/NV 2017, 1168.
[471] BFH BStBl. II 1984, 751 (766); FG Hamburg DStRE 2017, 276.
[472] BFH BStBl. II 1986, 596.
[473] BFH BStBl. II 1995, 722.
[474] BFH BStBl. II 2004, 1063; → Rn. 53.

Veräußerungspreis/gemeiner Wert
./. Veräußerungskosten
./. Anschaffungskosten

Veräußerungsgewinn

Der so ermittelte Veräußerungsgewinn bleibt nach § 3 Nr. 40 Buchst. c S. 1 EStG zu 40% steuerfrei (→ Rn. 183). Ebenso wie bei § 16 EStG (→ Rn. 54) stellt auch ein **Verlust** in der Terminologie des Gesetzes einen wenngleich negativen Veräußerungsgewinn dar. Nach der Rechtsprechung des BFH ist § 17 Abs. 2 S. 1 EStG eine Gewinnermittlungsvorschrift eigener Art.[475] Der Veräußerungsgewinn bzw. -verlust ist in gleicher Weise wie der laufende Gewinn im Rahmen der Gewinneinkünfte auf der Grundlage eines Betriebsvermögensvergleiches zu ermitteln.[476] Das Zufluss-Abfluss-Prinzip des § 11 EStG ist nicht anwendbar. Die Grundsätze ordnungsmäßiger Buchführung sind analog anzuwenden. Entscheidend ist, dass es sich bei der Veräußerung um einen einmaligen Vorgang handelt, bei dem nachträgliche Änderungen nicht in einer Folgebilanz oder nach den Grundsätzen des Zuflussprinzips in einem späteren Veranlagungszeitraum berücksichtigt werden können. Der Gewinn bzw. Verlust entsteht daher grundsätzlich im Zeitpunkt der Veräußerung (→ Rn. 162).

167 Zum **Veräußerungspreis** zählt alles, was der Veräußerer oder auf dessen Veranlassung ein Dritter für die Kapitalgesellschaftsanteile vom Erwerber[477] oder auf dessen Veranlassung von einem Dritten[478] aus dem Veräußerungsgeschäft als **Gegenleistung** (→ Rn. 62) erhält.[479] Bei **teilentgeltlicher Veräußerung**, dh, wenn sich die erlangte Gegenleistung im Verhältnis zum Verkehrswert als unangemessen niedrig darstellt, ist die **Trennungstheorie** (→ § 28 Rn. 50) maßgebend. Nur der voll entgeltliche Teil der Veräußerung wird von § 17 EStG erfasst (→ Rn. 163). Zu unterscheiden ist immer, wofür die Gegenleistung erbracht wird. Denn zusammen mit den Kapitalgesellschaftsanteilen können gleichzeitig auch andere Wirtschaftsgüter mit veräußert werden. Die erhaltene Gegenleistung ist dann aufzuteilen. Im Einzelnen ist zu unterscheiden:

- Zur Gegenleistung gehört ein Entgelt, das der Erwerber dafür bezahlt, dass er bei Erwerb der Kapitalgesellschaftsanteile während eines Wirtschaftsjahres am Gewinn der Gesellschaft bereits vom Beginn dieses Wirtschaftsjahres an beteiligt sein soll,[480] denn der Gewinnauszahlungsanspruch ist noch nicht entstanden. Ferner gehören zur Gegenleistung Gewinnausschüttungen, die auf einem nach Anteilsübertragung gefassten Gewinnverwendungsbeschluss beruhen und zivilrechtlich noch dem Veräußerer zustehen.[481] Nicht zur Gegenleistung gehört demgegenüber der durch Ausschüttungsbeschluss bereits entstandene Gewinnauszahlungsanspruch,[482] der zusammen mit den Anteilen an der Kapitalgesellschaft abgetreten wird. Dieser ist insoweit ein selbständiges Wirtschaftsgut und bildet zusammen mit den Anteilen das Veräußerungsgut; die Gegenleistung ist dementsprechend aufzuteilen. Etwas anderes gilt nur, wenn durch die Abtretung lediglich der Zahlungsweg verkürzt werden soll.[483] In diesem Fall ist der abgetretene Gewinnauszahlungsanspruch selbst Gegenleistung für die Anteile.
- Wird im Zuge der Anteilsveräußerung mit dem Veräußerer ein **Wettbewerbsverbot** mit eigener wirtschaftlicher Bedeutung vereinbart, liegt auch insoweit wieder ein selbständiges Veräußerungsgut vor. Dem Wettbewerbsverbot kommt dann eine eigenständi-

---
[475] BFH BStBl. III 1957, 443; 1985, 428 mwN.
[476] BFH BStBl. II 1995, 725 mwN.
[477] BFH BStBl. II 1975, 58.
[478] BFH BStBl. II 1983, 128.
[479] BFH BStBl. II 1995, 693.
[480] BFH BStBl. II 1986, 794; BFH/NV 2015, 1561.
[481] FG BW EFG 1994, 727.
[482] Ein entstandener Gewinnanspruch steht dem Gesellschafter (Veräußerer) gemäß § 99 Abs. 2 BGB zu und ist ihm gemäß § 20 Abs. 2a EStG zuzurechnen.
[483] BFH BStBl. II 1983, 128.

ge wirtschaftliche Bedeutung zu, wenn es zeitlich begrenzt ist, sich in seiner wirtschaftlichen Bedeutung heraushebt und wenn dies in den getroffenen Vereinbarungen, vor allem in einem neben dem Kaufpreis für die Beteiligung geleisteten Entgelt, das auch verdeckt vereinbart sein kann, klar zum Ausdruck gelangt. Darüber hinaus muss auszuschließen sein, dass der Wert der Beteiligung den gezahlten Kaufpreis rechtfertigt.[484] Die Entschädigung wird dann nicht für die Kapitalgesellschaftsanteile, sondern allein für das Wettbewerbsverbot erbracht. Sie gehört daher auch nicht zum Veräußerungspreis im Sinne des § 17 Abs. 2 S. 1 EStG, sondern zu den sonstigen Einkünften aus Leistungen gemäß § 22 Nr. 3 EStG und stellt eine Entschädigung im Sinne von § 24 Nr. 1b EStG dar.[485] Entsprechendes gilt bei einem für die Verpflichtungen aus einer Poolvereinbarung bezogenen Entgelt, das unabhängig von der Veräußerung der Anteile als Gegenleistung für eine Tätigkeit (zB einheitliche Stimmrechtsausübung) gezahlt wird.[486]

- Ebenfalls nicht für die Anteile gezahlt werden Zinsen auf eine gestundete Kaufpreisforderung. Sie stehen im Zusammenhang mit der Forderung und stellen daher keine Gegenleistung für die Anteile, sondern vielmehr Einkünfte aus Kapitalvermögen dar.[487]

Der **Wertansatz** der Gegenleistung hat grundsätzlich mit dem „Wert" der empfangenen Wirtschaftsgüter zu erfolgen. Hierunter ist der **gemeine Wert** (→ § 9 BewG) zu verstehen. Dies ergibt sich aus § 17 Abs. 2 S. 3 EStG, der für den Fall der verdeckten Einlage bei fehlendem oder zu geringem Veräußerungspreis den gemeinen Wert als Bewertungsmaßstab heranzieht. § 6 EStG ist für die Ermittlung des Veräußerungspreises dagegen nicht heranzuziehen, da er sich ausschließlich auf Betriebsvermögen und nicht auf das hier maßgebliche Privatvermögen bezieht. Zu den Einzelheiten für die unterschiedlichen Arten der Gegenleistung → Rn. 67. 168

Von dem so ermittelten Veräußerungspreis sind zur Ermittlung des Veräußerungsgewinns in einem zweiten Schritt die **Veräußerungskosten** abzuziehen (→ Rn. 74). Nicht zu den Veräußerungskosten zählt der Verlust von Gesellschafterdarlehen,[488] die Erfüllung einer Nachschusspflicht,[489] die Inanspruchnahme[490] und Zahlungen zur Freistellung[491] des Veräußerers aus einer Bürgschaft für Schulden der Kapitalgesellschaft sowie der Verzicht auf eine Pensionszusage.[492] Ebenfalls nicht zu den Veräußerungskosten gehören die Kosten eines fehlgeschlagenen Verkaufs.[493] Hier fehlt der unmittelbare sachliche Bezug zu einem konkreten Veräußerungsgeschäft, denn ein solches hat gerade nicht stattgefunden. In Anlehnung an die Rechtsprechung zu letztlich erfolglos gebliebenen Verkaufsbemühungen bei Mitunternehmeranteilen[494] nimmt der BFH an, dass die vergeblichen Veräußerungskosten im Ergebnis laufenden Betriebsaufwendungen ähnlich sind.[495] Sie können aber zu den Werbungskosten bei den Einkünften aus Kapitalvermögen, da der Gewinn aus der Veräußerung einer nicht zum Betriebsvermögen gehörenden Kapitalanlage seit 2009 zu den steuerpflichtigen Einkünften im Sinne des § 20 EStG gehört.[496] Gegebenenfalls handelt es sich jedoch bei diesen vergeblichen Veräußerungskosten ausnahmsweise um nachträgliche Anschaffungskosten auf die Beteiligung, die dann im Falle einer späteren Veräußerung gewinnmindernd zu berücksichtigen wären (→ Rn. 177). Ist auch dies nicht der 169

---

[484] BFH/NV 2003, 1161.
[485] BFHNV 2003, 1161; die entgegenstehende Ansicht des BFH-Urteils in BStBl. II 1983, 289 ist überholt.
[486] BFH/NV 2017, 830.
[487] FG Hmb BeckRS 2013, 95130 mwN.
[488] BFH BStBl. II 1992, 234, evtl. Anschaffungskosten, → Rn. 172 ff.
[489] BFH BStBl. II 1993, 34, hierbei handelt es sich um Anschaffungskosten, → Rn. 172.
[490] BFH BStBl. II 1997, 290, insoweit handelt es sich ggf. um Anschaffungskosten, → Rn. 172.
[491] BFH BStBl. II 1985, 320; evtl. Anschaffungskosten, → Rn. 172.
[492] FG Saarland EFG 1992, 330 rkr.; evtl. Anschaffungskosten, vgl. hierzu *Flies* DStZ 1996, 197 (201).
[493] BFH DStRE 1998, 117.
[494] BFH BStBl. II 1994, 287.
[495] BFH DStRE 1998, 117.
[496] Die anderslautende Rechtsprechung in BFH BStBl. II 1998, 102 erging zur Rechtslage vor 2009.

Fall, sind sie der Privatsphäre zuzuordnen und dementsprechend steuerlich nicht berücksichtigungsfähig.

170 Schließlich sind in einem dritten Schritt die **Anschaffungskosten** der veräußerten Anteile von dem bereits um die Veräußerungskosten geminderten Veräußerungspreis abzuziehen. Hierunter sind entsprechend § 255 Abs. 1 HGB alle Aufwendungen des Erwerbers zur Erlangung der Anteile zu verstehen[497] (historische Anschaffungskosten). Der Begriff ist dabei weit auszulegen, um möglichst eine Gleichstellung mit der Veräußerung von Mitunternehmeranteilen zu erreichen.[498] Im Einzelnen gilt für die unterschiedlichen Arten der Aufwendungen Folgendes:

– Werden die Anteile bei **Gründung der Kapitalgesellschaft** erworben und handelt es sich nicht um so genannte einbringungsgeborene Anteile nach § 21 Abs. 1 S. 1 UmwStG, zählt die **Einlageverpflichtung** zu den Anschaffungskosten. Bei einer Bareinlage ist der Nennwert, bei einer Sacheinlage der gemeine Wert maßgebend. Unerheblich ist, ob die Einlageverpflichtung bereits erfüllt wurde oder nicht.[499]

– Auch bei einer **Kapitalerhöhung** entspricht grundsätzlich die **Einlageverpflichtung** den Anschaffungskosten.[500] Erfolgt die Anschaffung unter Ausübung eines Bezugsrechts, erhöht sich der Anschaffungspreis für die jungen Anteile um die Anschaffungskosten des Bezugsrechts, wobei umstritten ist, wie diese zu ermitteln sind.[501]

– Erfolgt die **Kapitalerhöhung aus Gesellschaftsmitteln,** sind die Anschaffungskosten für die Altanteile auf diese und die jungen Anteile nach dem Verhältnis der Anteile am Nennkapital aufzuteilen, § 3 KapErhStG.

– Werden die Anteile durch **Kauf** erworben, ist als Anschaffungskosten der **Kaufpreis** anzusetzen. Zu den Anschaffungskosten gehört auch ein Entgelt, das der Erwerber dafür bezahlt, dass er bei Erwerb der Kapitalgesellschaftsanteile während eines Wirtschaftsjahres am Gewinn der Gesellschaft bereits vom Beginn dieses Wirtschaftsjahres an beteiligt sein soll,[502] denn der Gewinnauszahlungsanspruch ist noch nicht entstanden. Ferner zählen Gewinnausschüttungen, die auf einem nach Anteilsübertragung gefassten Gewinnverwendungsbeschluss beruhen und zivilrechtlich noch dem Veräußerer zustehen, dazu.[503]

Dies gilt nicht für den durch Ausschüttungsbeschluss bereits entstandenen Gewinnauszahlungsanspruch, der zusammen mit den Anteilen an der Kapitalgesellschaft abgetreten wird. Dieser ist insoweit ein selbständiges Wirtschaftsgut und bildet zusammen mit den Anteilen das Veräußerungsgut; die Gegenleistung ist dementsprechend aufzuteilen.

– Erfolgt der Erwerb der Anteile durch **Tausch,** ist Anschaffungspreis der **gemeine Wert** der im Tausch gegebenen Wirtschaftsgüter, analog § 6 Abs. 6 S. 1 EStG.

– Werden die Anteile gegen **wiederkehrende Bezüge** erworben, ist Anschaffungspreis der **Barwert** dieser Bezüge.[504] Er kann entweder nach §§ 12–14 BewG oder versicherungsmathematisch ermittelt werden.

– Wird eine relevante Beteiligung **aus dem Betriebsvermögen in das Privatvermögen überführt,** ist dies im Rahmen der Betriebsaufgabe als Anschaffung im Sinne des § 17 EStG zu werten.[505] Gemäß § 6 Abs. 1 Nr. 4 S. 1 EStG ist der **Teilwert** im Falle der Entnahme und nach § 16 Abs. 3 S. 4 EStG der **gemeine Wert** im Falle der Be-

---

[497] BFH BStBl. II 1987, 810.
[498] BFH BStBl. II 2002, 733; krit. *Weber-Grellet* DStR 1998, 1617.
[499] Schmidt/*Weber-Grellet* EStG § 17 Rn. 157; zur disquotalen Zuzahlung in das Eigenkapital vgl. *Schulze-Osterloh* BB 2018, 427.
[500] BFH BStBl. II 1985, 320.
[501] Schmidt/*Weber-Grellet* EStG § 17 Rn. 157: Gesamtwertmethode; *Felix* FR 1993, 688: Kurswert; zur disquotalen Zuzahlung in das Eigenkapital vgl. *Schulze-Osterloh* BB 2018, 427.
[502] BFH BStBl. II 1986, 815.
[503] *Wichmann* GmbHR 1995, 426.
[504] BFH BStBl. II 1995, 167 zu VuV; BMF-Schreiben vom 16.9.2004 BStBl. I 2004, 415 Tz. 51.
[505] BFH BStBl. II 1992, 969 mwN zu VuV; Schmidt/*Weber-Grellet* EStG § 17 Rn. 179; *Herrmann/Heuer/Raupach* EStG § 17 Rn. 208.

triebsaufgabe als Anschaffungskosten anzusetzen.[506] Dieser ist auch dann maßgebend, wenn bei der Ermittlung des Entnahme- bzw. des Betriebsaufgabegewinns ein zu geringer Wert angesetzt wurde oder die stillen Reserven überhaupt nicht erfasst worden sind.[507] Eine Korrektur dieser Fehler hat ausschließlich bei der Ermittlung des Entnahme- bzw. Aufgabegewinns nach § 16 EStG zu erfolgen; sie kann nicht im Rahmen der Ermittlung des Veräußerungsgewinns nach § 17 EStG nachgeholt werden.

– Bei Anteilen an Kapitalgesellschaften im Beitrittsgebiet gelten als Anschaffungskosten für vor dem 1. Juli 1990 erworbene Anteile der nach §§ 11, 52 DMBilG zu ermittelnde Wert.[508]

– Nicht zu den Anschaffungskosten der Anteile im Gesellschafterbesitz gehören Aufwendungen der Kapitalgesellschaft für den Erwerb **eigener Anteile,** und zwar selbst dann nicht, wenn erst durch diesen Erwerb aus einer nicht relevanten Beteiligung eine relevante wird.[509] Entsprechendes muss für die **Einziehung gegen Abfindung** gelten.[510]

171 Zu den Anschaffungskosten gehören auch die sog. **Anschaffungsnebenkosten.** Dies sind zB die vom Veräußerer seinerzeit getragenen Beurkundungs- und Beratungskosten sowie Provisionen[511] und auch Reisekosten.[512] Ferner können auch vergebliche Veräußerungskosten als nachträgliche Anschaffungsnebenkosten anzusehen sein (→ Rn. 177).

172 Auch **nachträgliche Aufwendungen** des Anteilseigners gehören zu den Anschaffungskosten, wenn sie durch das Gesellschaftsverhältnis veranlasst und weder Werbungskosten nach § 20 EStG noch Veräußerungskosten sind.[513] Hierzu zählen grundsätzlich nur solche Aufwendungen des Gesellschafters, die nach handels- und bilanzsteuerrechtlichen Grundsätzen zu einer **offenen oder verdeckten Einlage** in das Kapital der Gesellschaft führen. Der Ausfall anderer privater Darlehens- und Regressforderungen fällt nicht in den Anwendungsbereich des § 17 EStG, sondern in den des § 20 EStG. Im Einzelnen gilt Folgendes:

- **Nachschüsse** im Sinne der §§ 26 bis 28 GmbHG und sonstige **verlorene Zuschüsse**[514] werden mit dem Nennwert erfasst. Nimmt die Gesellschaft ausnahmsweise Sachleistungen an Erfüllung statt an, sind diese mit dem gemeinen Wert zu bewerten. Entsprechendes gilt für sonstige Zuzahlungen nach § 272 Abs. 2 Nr. 4 HGB wie Einzahlungen in die Kapitalrücklage[515] und Barzuschüsse wie zB Sanierungszuschüsse.[516] Die Einzahlung in die Kapitalrücklage kann auch noch in der Krise erfolgen und dazu verwendet werden, betriebliche Verbindlichkeiten zu tilgen, für die der Gesellschafter gebürgt habe.[517] Hierin liegt kein Missbrauch von Gestaltungsmöglichkeiten iSv § 42 Abs. 1 S. 1 AO, da es gesellschaftsrechtskonform ist, den Kapitalbedarf einer Gesellschaft mit Eigenkapital zu decken.[518]

- Der **Verzicht auf eine noch werthaltige Gesellschafterforderung** gehört grundsätzlich nur in Höhe des gemeinen Werts im Zeitpunkt des Verzichts[519] zu den Anschaffungskosten, es sei denn, die Gesellschafterforderung zählte bereits früher – dann in der Regel zu einem höheren Wert – zu den nachträglichen Anschaffungskosten. Der nicht (mehr) werthaltige Teil der Forderung stellt im Zeitpunkt des endgültigen Ver-

---

[506] Schmidt/*Weber-Grellet* EStG § 17 Rn. 179.
[507] BFH BStBl. 2010, 790; *Pyszka* GmbHR 1998, 1173.
[508] Vgl. *Töben* DStR 1995, 828.
[509] BFH/NV 1990, 27.
[510] Schmidt/*Weber-Grellet* EStG § 17 Rn. 158 aE.
[511] BFH BStBl. II 1980, 116; 2010,159.
[512] BFH BStBl. II 1981, 470 zu VuV.
[513] BFH BStBl. II 1993, 340.
[514] BFH BStBl. II 1994, 242; DStR 2017, 2098; BMF DStR 2019, 796.
[515] BFH BStBl. II 2001, 168; 2012, 281.
[516] BFH/NV 2005, 19; BMF DStR 2019, 796.
[517] BFH BStBl. II 2019, 194 Rn. 27; BFH/NV 2019, 19; BFH/NV 2019, 22.
[518] BFH BStBl. II 2019, 194 Rn. 28 f.; BFH/NV 2019, 19; BFH/NV 2019, 22.
[519] GrS BFH DStR 1997, 1282; BFH BStBl. II 2005, 694.

zichts eine verdeckte Einlage in die Kapitalgesellschaft dar und führt somit beim relevant beteiligten Gesellschafter zu Anschaffungskosten iSd § 17 Abs. 2 EStG.[520]

- **Darlehen oder Bürgschaften,** die der Gesellschafter der Gesellschaft **wie ein fremder Dritter** gewährte, führen dagegen nicht zu Anschaffungskosten, sondern unterfallen dem Anwendungsbereich des § 20 EStG.[521] Der Ausfall eines derartigen Darlehens oder einer solchen Bürgschaften und die Wertlosigkeit des gegen die Gesellschaft gerichteten Rückgriffsanspruchs führen mithin zu Werbungskosten bei den Einkünften aus Kapitalvermögen bzw. seit dem 1.1.2018 zu einem Verlust nach § 20 Abs. 2 S. 1 Nr. 7, S. 2, Abs. 4 EStG.[522] Das Einkommensteuerrecht respektiert die Entscheidung des Gesellschafters, der Gesellschaft nicht Eigen-, sondern Fremdkapital zur Verfügung zu stellen.[523]

173 - Der Verlust von **kapitalersetzende Darlehen, die bis zum 27.9.2017** hingegeben oder bei Eintritt der Krise stehen gelassen wurden und bei denen die Hingabe oder das Stehenlassen durch das Gesellschaftsverhältnis veranlasst waren, stellen nachträgliche Anschaffungskosten dar.[524] Denn in diesem Fall haben diese Finanzierungshilfen aufgrund der eingetretenen Kapitalbindung und des zusätzliche Haftungsrisiko des Gesellschafters nach der Rechtslage vor Inkrafttreten des MoMiG (bis 31.10.2008) von Anfang an Einlagecharakter. Dies rechtjfertigt es, den Ausfall einer Forderung ausnahmsweise steuerlich zu berücksichtigen. Diese Sichtweise gilt trotz veränderter Rahmenbedingungen und grundsätzlicher Neuordnung des Eigenkapitalersatzrechts durch das MoMiG aus Gründen des Vertrauensschutzes bis zum 27.9.2017 fort.[525] Für die Beurteilung, ob eine Finanzierungshilfe durch das Gesellschaftsverhältnis veranlasst war, hat der BFH darauf abgestellt, ob sie eigenkapitalersetzend war.[526] Er hat dies bejaht, wenn der Gesellschafter der Gesellschaft zu einem Zeitpunkt, in dem ihr die Gesellschafter als ordentliche Kaufleute nur noch Eigenkapital zugeführt hätten, stattdessen ein Darlehen gewährt, eine Bürgschaft zur Verfügung gestellt oder eine wirtschaftlich entsprechende andere Rechtshandlung iSd § 32a Abs. 1 und 3 GmbHG aF vorgenommen hatte (sogenanntes funktionelles Eigenkapital).[527] Lagen diese Voraussetzungen nicht vor, hatte die Finanzierungshilfe (auch gesellschaftsrechtlich) nicht die Funktion von Eigenkapital und der Gesellschafter war insofern wie jeder andere Fremdkapitalgeber zu behandeln. Darlehen, die in der Krise der Gesellschaft hingegeben oder von vornherein in die Finanzplanung der Gesellschaft einbezogen waren, führen zu Anschaffungskosten in Höhe des Nennwerts im Zeitpunkt der Hingabe. Haben derartige Finanzierungshilfen aber erst aufgrund des Eintritts der Krise, zB in Verbindung mit der Nichtausübung der Rechte nach § 775 Abs. 1 Nr. 1 BGB den Status einer eigenkapitalersetzenden Finanzierungshilfe erlangt, sind sie also von dem Gesellschafter in der Krise stehen gelassen worden, so führen sie – nur – mit dem im Zeitpunkt des Eintritts der Krise beizulegende Wert zu Anschaffungskosten.[528] Dies ist in aller Regel nicht der Nennwert, sondern der darunter liegende gemeine Wert, da in diesem Zeitpunkt kein Bargeld, sondern vielmehr ein bereits gewährtes Darlehen und damit eine Sachleistung zu bewerten ist. Das Darlehen hat somit nicht von Anfang an, sondern erst ab dem

---

[520] *Jachmann-Michel* BB 2018, 2329; *Kahlert* DStR 2018, 229.
[521] BFH BStBl. II 1999, 348; DStR 2017, 2098.
[522] BFH DStR 2017, 2801; *Jachmann-Michel* BB 2018, 23, 29; aA BMF BStBl. 2016, 85.
[523] BFH BStBl. II 1999, 342; BFH/NV 2013, 1783; DStR 2017, 2098.
[524] BFH DStR 2017, 2098.
[525] BFH DStR 2017, 2098 Rn. 42 spricht von Vertrauensschutz bis zum Tag vor dem Tag der Veröffentlichung des Urteils, also bis zum 26.9.2017, 24:00 Uhr. BMF DStR 2019, 796 bezieht den 27.9.2017 aber noch mit in die Vertrauensschutzregelung ein. AA FG Berlin-Brandenburg EFG 2018, 1366 mAnm *Weinschütz*.
[526] BFH/NV 2001, 23; BStBl. II 2008, 706; BStBl. II 2009, 5; DStR 2017, 2098.
[527] BFH BStBl. II 2008, 706; BFH/NV 2011, 778; DStR 2017, 2098.
[528] BFH BStBl. II 1999, 348; BStBl. II 1999, 559; BStBl. II 1999, 817; BFH/NV 2006, 1472; DStR 2017, 2098.

Zeitpunkt des Stehenlassens in der Krise Einlagecharakter. Der bis zu diesem Zeitpunkt eingetretene Wertverlust gehört in die Privatsphäre des Gesellschafters und wirkt sich demzufolge entweder steuerlich nicht aus,[529] oder unterfällt bei Forderungen, die nach dem 31.12.2008 erworben wurden, als Veräußerungsverlust der Regelung des § 20 Abs. 2 S. 2 Nr. 7 S. 2, Abs. 4 EStG.[530] Entsprechendes gilt für **Finanzplandarlehen,** die von vornherein in die Finanzplanung der Gesellschaft in der Weise mit einbezogen sind, dass die zur Aufnahme der Geschäfte erforderliche Kapitalausstattung der Gesellschaft durch eine Kombination von Eigen- und Fremdfinanzierung erreicht werden soll, werden gesellschaftsrechtlich den Einlagen gleichgestellt. Sofern es sich um ein krisenunabhängiges Finanzplandarlehen handelt, ist es gesellschaftsrechtlich von Anfang an als Haftkapital gebundenes Darlehen unabhängig vom Zeitpunkt der Krise mit dem Nennwert als nachträgliche Anschaffungskosten anzusetzen.[531]

- Der Ausfall von **kapitalersetzenden Darlehen,** die **nach dem 27.9.2017** hingegeben oder bei Eintritt der Krise stehen gelassen wurden, führen unabhängig davon, ob das Darlehen krisenbestimmt oder in der Krise der Gesellschaft übernommen worden ist, im zeitlichen Anwendungsbereich des MoMiG grundsätzlich nicht mehr zu nachträglichen Anschaffungskosten der Beteiligung iS des § 17 Abs. 2 und 4 EStG.[532] Der BFH stellt insoweit auch für die Beurteilung nach § 17 Abs. 2 und 4 EStG ausschließlich auf den handelsrechtlichen Begriff der Anschaffungskosten iSd § 255 Abs. 1 HGB ab. Neben den Aufwendungen des Gesellschafters, die nach handels- und bilanzsteuerrechtlichen Grundsätzen zu einer offenen oder verdeckten Einlage in das Kapital der Gesellschaft führen (→ Rn. 170 f.), können nun nur noch solche vom Gesellschafter gewährte Fremdkapitalhilfen zu Anschaffungskosten führen, die aufgrund der vertraglichen Abreden mit der Zuführung einer Einlage in das Gesellschaftsvermögen wirtschaftlich vergleichbar sind. Ihnen muss bilanzsteuerrechtlich die Funktion von zusätzlichem Eigenkapital zukommen.[533] Dies kann zB bei einem Gesellschafterdarlehen der Fall sein, dessen Rückzahlung auf Grundlage der von den Beteiligten getroffenen Vereinbarungen – wie beispielsweise der Vereinbarung eines Rangrücktritts iS des § 5 Abs. 2a EStG – im Wesentlichen denselben Voraussetzungen unterliegt wie die Rückzahlung von Eigenkapital.[534] Andere Aufwendungen aus Fremdkapitalhilfen wie der Ausfall eines vormals „krisenbedingten", „krisenbestimmten" oder „in der Krise stehen gelassenen" Darlehens oder der Ausfall mit einer Bürgschaftsregressforderung führen zukünftig grundsätzlich nicht mehr zu Anschaffungskosten der Beteiligung. Die Finanzverwaltung hat sich der BFH-Rechtsprechung angeschlossen und gewährt Vertrauensschutz bis einschließlich 27.9.2017.[535] Hinsichtlich eines wirtschaftlich mit einer Einlage vergleichbaren Gesellschafterdarlehens nimmt sie allerdings auf eine BFH-Entscheidung Bezug,[536] aus der der Schluss gezogen werden kann, dass dies nur bei einem Rangrücktritt der Fall ist, der zur Anwendung des § 5 Abs. 2a EStG führt und die Verbindlichkeit in der Steuerbilanz nicht mehr anzusetzen ist.[537] Stellt ein Darlehen Fremdkapital dar, zählt es nicht zu den Anschaffungskosten. Der Verlust des Darlehens kann aber zu einem steuerlich anzuerkennenden Veräußerungsverlust nach § 20 Abs. 2 S. 1 Nr. 7, S. 2 und Abs. 4 EStG führen, sofern es sich um Forderungen handelt, die nach dem 31.12.2008 angeschafft oder begründet wurden[538] und Einkünfteerzielungsabsicht bestand. Letzteres setzt idR voraus, dass es sich um ein verzinsliches Darlehen

---

[529] BFH BStBl. II 1999, 817; 2017, 2098.
[530] BFH DStR 2017, 2801; DStR 2019, 553; *Jachmann-Michel* BB 2018, 2329.
[531] BFH DStR 1998, 73.
[532] BFH DStR 2017, 2098.
[533] BFH DStR 2017, 2098.
[534] BFH BStBl. II 2012, 332; 2015, 769; BFH/NV 2017, 155; DStR 2017, 2098.
[535] BMF DStR 2019, 796.
[536] BFH BStBl. I 2012, 337.
[537] *Ott* GStB 2019, 1.
[538] BFH/NV 2018, 280; 2019, 450; *Jachmann-Michel* BB 2018, 2329.

handelt. Ist das Darlehen zwar verzinslich, werden die Zinsen aber nicht gezahlt, kommt es darauf an, ob diese dem Gesellschafter dennoch zugeflossen sind. Dies wäre bei einem beherrschenden Gesellschafter auch dann ohne tatsächliche Zahlung der Fall, wenn die GmbH die Zinsen als Aufwand gebucht hat.[539] Wie der Veräußerungsverlust verrechnet werden kann, hängt von der Beteiligungshöhe ab. Ist der Gesellschafter mit mindestens 10% an der Kapitalgesellschaft beteiligt, kann der Verlust mit Einkünften aus anderen Einkunftsarten verrechnet werden, § 32d Abs. 2 Nr. 1 S. 1 Buchst. b, S. 2 EStG. Bei einer Beteiligungshöhe von weniger als 10% darf der Verlust nur mit Einkünften aus Kapitalvermögen ausgeglichen oder von ihnen abgezogen werden, § 20 Abs. 6 EStG. Der Verzicht auf eine Forderung ist nach den gleichen Grundsätzen zu behandeln (→ Rn. 171).[540] Die auf das MoMiG gestützte Rechtsprechung des BFH dürfte auf ausländische Kapitalgesellschaften nicht ohne weiteres übertragbar sein, da diese gerade nicht den Regelungen des MoMiG unterliegen. Hier wird auf das ausländische Gesellschaftsrecht abzustellen sein. Ist dieses dem MoMiG vergleichbar, können die Grundsätze entsprechend gelten. Hat das ausländische Gesellschaftsrecht dagegen ein Eigenkapitalersatzrecht, muss die Frage, ob nachträgliche Anschaffungskosten vorliegen, anhand dessen beurteilt werden.[541]

175 • Entsprechendes gilt für die **Inanspruchnahme aus einer Bürgschaft** des Gesellschafters für Schulden der Kapitalgesellschaft – nicht jedoch die bloße Bürgschaftsverpflichtung als solche. Auch hier ist danach zu unterscheiden, ob die Bürgschaft **vor oder nach dem 27.9.2017** gegeben wurde. Die Bürgschaftsübernahme davor führt bei Inanspruchnahme aus der Bürgschaft zu nachträglichen Anschaffungskosten, wenn der Ersatzanspruch nach § 774 BGB gegen die Gesellschaft – wie in der Regel – wertlos ist und die Übernahme der Bürgschaft ihre Ursache im Gesellschaftsverhältnis hat. Ähnlich dem Verzicht auf eine Gesellschafterforderung ist auch hier die **Veranlassung durch das Gesellschaftsverhältnis** gegeben, wenn im Zeitpunkt der Übernahme der Bürgschaft die Inanspruchnahme und die Uneinbringlichkeit der Rückgriffsforderung so wahrscheinlich war, dass ein Nichtgesellschafter bei Anwendung der Sorgfalt eines ordentlichen Kaufmanns die Bürgschaft nicht übernommen hätte.[542] Gleiches gilt für das „Stehenlassen" der Bürgschaft zu einem Zeitpunkt, zu dem die Gesellschaft keinen Bankkredit mehr erhalten hätte, wenn die Eingehung der Bürgschaft kapitalersetzenden Charakter hat, weil die Gesellschaft zB im Zeitpunkt der Bürgschaftszusage bereits überschuldet war[543] oder die Bürgschaft für Schulden einer noch gesunden Kapitalgesellschaft unentgeltlich, ohne Sicherheiten und zeitlich unbeschränkt übernommen wurde.[544] Die Höhe der nachträglichen Anschaffungskosten entspricht der Höhe der aufgrund der Inanspruchnahme geleisteten Zahlung. Nicht erforderlich ist, dass der aus der Bürgschaftsverpflichtung konkret in Anspruch genommene Gesellschafter bereits gezahlt hat[545] oder zahlungsfähig ist.[546] Die nachträglichen Anschaffungskosten entstehen, wenn mit der Inanspruchnahme ernstlich zu rechnen ist.[547]

Die Inanspruchnahme aus einer nach dem 27.9.2017 hingegebenen Bürgschaft führt dagegen grundsätzlich nicht zu Anschaffungskosten auf die Beteiligung an der Kapitalgesellschaft. Mit Inanspruchnahme aus der Bürgschaft und Befriedigung des Gläubigers erwirbt der Gesellschafter gem. § 774 Abs. 1 BGB die Forderung gegen die Gesellschaft.[548] Diese Forderung stellt ebenso, wie der aus dem Bürgschaftsauftrag folgende

---

[539] BFH BStBl. II 2019, 34.
[540] *Jachmann-Michel* BB 2018, 2329.
[541] So wohl auch LfSt Niedersachsen DStR 2017, 2390 aE.
[542] BFH BStBl. II 1992, 234.
[543] BFH DStR 1997, 1807.
[544] OFD München FR 1996, 431.
[545] BFH BStBl. II 1994, 162.
[546] BFH/NV 1993, 364; aA *Braun* GmbHR 1995, 211; Schmidt/*Weber-Grellet* EStG § 17 Rn. 178.
[547] FG BW EFG 2001, 632.
[548] BGH NJW-RR 2008, 1006 Rn. 11; *Kahlert* DStR 2018, 229; *Jachmann-Michel* BB 2018, 2329.

vertragliche Aufwendungsersatzanspruch gem. §§ 675, 670 BGB eine Kapitalforderung iSd § 20 Abs. 1 Nr. 7 EStG dar, die zwar bei Bedingungseintritt wertlos ist.[549] Dennoch bleibt es ein Forderungsverlust gem. § 20 Abs. 2 S. 1 Nr. 7, S. 2, Abs. 4 EStG.[550] Für die Einkünfteerzielungsabsicht ist auf den Zeitpunkt der Übernahme der Bürgschaft abzustellen, da der Bürge die Darlehensforderung bereits mit der Übernahme der bürgschaft aufschiebend bedingt durch die Befriedigung des Gläubigers erwirbt.[551] Zahlungen zur Freistellung von einer Bürgschaftsverpflichtung sind nach den gleichen Grundsätzen zu behandeln.

Anwendungs- bereich der Abgeltungs- steuer	Forderung etc. nicht mit Einlage wirtschaftlich vergleichbar		Forderung mit Einlage wirtschaftlich vergleichbar (§ 5 IIa EStG)
	ohne Vertrauensschutz- regelung	mit Vertrauensschutzre- gelung	
ja	– keine nachtr. AK (§ 17 EStG) – Ausfall steuerwirksam (§ 20 EStG) – Bet. $\geq$ 10 %: tarif- best. (100 %) – Bet. $<$ 10 %: § 20 Abs. 6 EStG	– nachtr AK (§ 17 EStG): 60 % – nicht als AK berücksich- tigter Wertverlust: – Bet. $\geq$ 10 %: tarif- best. (100 %) – Bet. $<$ 10 %: § 20 Abs. 6 EStG	– nachtr AK (§ 17 EStG): 60 % – nicht als AK berücksich- tigter Wertverlust: – Bet. $\geq$ 10 %: tarif- best. (100 %) – Bet. $<$ 10 %: § 20 Abs. 6 EStG
nein	– keine nachtr. AK (§ 17 EStG) – kein § 20 EStG – Ausfall nicht steuerwirk- sam	– nachtr. AK (§ 17 EStG): 60 % – nicht als AK berücksich- tigter Wertverlust: kein § 20 EStG	– nachtr. AK (§ 17 EStG): 60 % – nicht als AK berücksich- tigter Wertverlust: kein § 20 EStG

- Die **Rückzahlung einer offenen Vorabausschüttung**,[552] die nicht auf einer rechtlichen oder tatsächlichen Verpflichtung beruht, ist als Einlage mit dem Nennwert zu den Anschaffungskosten der Beteiligung zu zählen. Gleiches gilt für die **Rückzahlung einer verdeckten Gewinnausschüttung** aufgrund der §§ 30, 31 GmbHG oder einer Verpflichtung im Gesellschaftsvertrag.[553]

- **Vergebliche Veräußerungskosten** können zu den nachträglichen Anschaffungsnebenkosten zu zählen sein, wenn zB Rechtsanwaltsgebühren für die Vorbereitung von Übertragungsverträgen anfallen, weil Anteile auf Verlangen eines potentiellen Erwerbers vor der Veräußerung an diesen zunächst auf einen der Gesellschafter allein übertragen werden sollen.[554] Scheitern die Verhandlungen mit dem potentiellen Erwerber, sind diese Kosten wohl nur dann als nachträgliche Anschaffungsnebenkosten bei den Gesellschaftern zu berücksichtigen, die sie wirtschaftlich getragen haben, wenn es zu der beabsichtigten, vorübergehenden Übertragung der Beteiligung auf den einen Gesellschafter auch tatsächlich gekommen ist. Denn nur dann besteht ein Zusammenhang mit einer Anschaffung, der den Bezug zur beabsichtigten Veräußerung überlagert. Deutlich gemacht werden muss jedoch, dass die Kosten, die zB auf die Erstellung der Vertragsentwürfe für die Anteilsveräußerung an den potentiellen Erwerber entfallen, ausschließlich mit dem letztlich gescheiterten Veräußerungsvorgang zusammenhängen und somit **keine** Anschaffungs- bzw. Anschaffungsnebenkosten darstellen können. Hierbei handelt

---

[549] *Jachmann-Michel* BB 2018, 2329.
[550] *Jachmann-Michel* BB 2018, 2329.
[551] *Jachmann-Michel* BB 2018, 2329.
[552] BFH BStBl. II 1994, 561.
[553] BFH BStBl. II 1990, 24; aA FG München EFG 1994, 411 rkr.: negative Betriebseinnahmen beim Gesellschafter.
[554] Vgl. BFH DStRE 1998, 117.

es sich vielmehr um Kosten, die der Privatsphäre zuzuordnen und als solche grundsätzlich steuerlich nicht berücksichtigungsfähig sind. Derartige vergebliche Anschaffungskosten stellen auch keine abzugsfähigen Werbungskosten bei den Einkünften aus Kapitalvermögen[555] oder nichtselbständiger Arbeit dar.[556]

178 **Drittaufwand,** auch der von nahestehenden Personen oder Familienangehörigen des Gesellschafters[557] führt demgegenüber grundsätzlich nicht zu nachträglichen Anschaffungskosten,[558] es sei denn, es handelt sich lediglich um einen Fall des abgekürzten Zahlungswegs, dh die unmittelbare Leistung des Dritten ist zugleich eine Zuwendung des Gesellschafters an die Gesellschaft.[559] Auch bei der mittelbaren verdeckten Einlage[560] oder einer im Innenverhältnis bestehenden Ersatzverpflichtung gegenüber dem Dritten[561] zählt der Drittaufwand ausnahmsweise zu den Anschaffungskosten. Allerdings ist auch in diesen Fällen die geänderte Rechtsprechung zu kapitalersetzenden Fremdkapitalhilfen (→ Rn. 173 ff.) zu beachten. Auch **laufende Nutzungen** und die dadurch veranlassten Aufwendungen begründen keine nachträglichen Anschaffungskosten, da sie nicht einlagefähig sind.[562] Gleiches gilt für die bei unentgeltlichem Erwerb zu zahlende Erbschaft- oder Schenkungsteuer.[563] Hier sind aber die Anschaffungskosten des Rechtsvorgängers zu berücksichtigen.

179 Maßgebend sollen zugunsten wie zuungunsten des Steuerpflichtigen die tatsächlichen Anschaffungskosten (sog. **historische Anschaffungskosten**) sein, und zwar auch dann, wenn die Anteile des Anteilseigners oder seines Rechtsvorgängers im Zeitpunkt der Anschaffung noch nicht steuerverstrickt waren.[564] Ein Wertzuwachs im Privatvermögen vor Steuerverstrickung würde somit plötzlich steuerbar werden. Dieses Problem wird insbesondere bei der steuerlichen Gestaltung leicht übersehen. Hierbei handelt es sich vor allem um folgende Fälle:

(1) Aus einer ursprünglich nicht relevanten Beteiligung wird durch **Hinzuerwerb** (zB Kauf oder Erbfall) eine relevante Beteiligung.[565] Hierbei ist auch an die Fälle zu denken, wo der Erbe bereits eine nicht relevante Beteiligung hat und im Erbfall eine weitere Beteiligung an derselben Kapitalgesellschaft erhält, die er allerdings aufgrund der testamentarischen Regelungen (insbesondere bei Erbfolge- und -auseinandersetzungsvorgängen) weiterzuleiten hat (Durchgangserwerb weiterer Anteile), so dass er zumindest kurzzeitig relevant beteiligt ist.[566]

Beispiel:

Ein bislang mit lediglich 0,5 % und damit nicht relevant beteiligter Gesellschafter A erhält weitere 0,5 % der Anteile von dem ebenfalls bislang nicht relevant beteiligten Mitgesellschafter B geschenkt. Die historischen Anschaffungskosten liegen jeweils bei EUR 2.500, und der Teilwert jeweils bei EUR 100.000,–. Durch den Hinzuerwerb hält A nunmehr eine relevante Beteiligung. Würde er diese zum Teilwert verkaufen, entstünde ein Veräuße-

---

[555] FG Hmb EFG 2014, 1782.
[556] BFH BStBl. II 2017, 1073.
[557] BFH BStBl. II 2001, 286.
[558] BFH BStBl. II 1999, 774; BMF BStBl. I 1996, 1257; Schmidt/*Weber-Grellet* EStG § 17 Rn. 163, 177.
[559] BFH BStBl. II 1997, 290.
[560] BFH BStBl. II 2001, 234; BStBl. II 2001, 385; Schmidt/*Weber-Grellet* § 17 Rn. 177 mwN.
[561] BFH BStBl. II 2012, 487.
[562] GrS BFH BStBl. II 1988, 348 (354).
[563] HessFG EFG 1982, 566 rkr.
[564] BFH/NV 1993, 597; BFH BStBl. II 1996, 312; Dötsch/Pung/Möhlenbrock/*Pung/Werner* EStG § 17 Rn. 253 mwN.; zu Recht aA Schmidt/*Weber-Grellet* EStG § 17 Rn. 159: Als Anschaffungskosten ist der gemeine Wert der Anteile zu dem Zeitpunkt anzusetzen, zu dem die relevante Beteiligung entstanden ist.
[565] BFH BStBl. II 1970, 310; BFH/NV 1993, 597; BFH BStBl. II 1994, 222; 1999, 486; verfassungsrechtlich unbedenklich, BVerfG BFH/NV 2005, 361.
[566] *Herzig/Förster* DB 1997, 594; BFH BStBl. II 1995, 714: Die Belastung des Anteils mit der Weitergabeverpflichtung ändert nichts an Zurechnung des Anteils zum Vermögen des Erwerbers, § 39 Abs. 2 Nr. 1 AO.

rungsgewinn von EUR 195.000,–. Hätten A und B die Anteile zuvor veräußert, wäre der Vorgang insgesamt nicht steuerpflichtig gewesen.

(2) Eine relevante Beteiligung wird **aus dem Betriebsvermögen entnommen** und verschenkt.[567]

Beispiel:

Der Gesellschafter B hält eine 1,0 %ige und damit relevante Beteiligung an einer Kapitalgesellschaft in dem Betriebsvermögen seines Einzelunternehmens. Diese verschenkt er an A. Damit kommt es bei B zunächst zwingend zu einer Entnahme. Ausgehend von den im ersten Fall genannten Werten werden bei B somit stille Reserven in Höhe von EUR 195.000,– besteuert. A veräußert die geschenkt erhaltene Beteiligung sogleich wieder zum Teilwert. Da er relevant beteiligt ist und die Anteile unentgeltlich erworben hat, sind nach § 17 Abs. 2 S. 3 EStG bei der Berechnung des Veräußerungsgewinns die Anschaffungskosten des B maßgebend. Hier sieht die hM allerdings die Entnahme der Beteiligung aus dem Betriebsvermögen als Anschaffung nach § 17 EStG an.[568] Danach wären hier die Anschaffungskosten gleich dem Entnahmewert (→ Rn. 170), welcher wiederum gemäß § 6 Abs. 1 Nr. 4 EStG dem Teilwert entspräche. A hätte somit einen Veräußerungsgewinn in Höhe von EUR 0 zu versteuern.

(3) Der Anteilseigner **wechselt von der beschränkten in die unbeschränkte Steuerpflicht**.[569]

Beispiel:

Der beschränkt Steuerpflichtige A wechselt aus dem Ausland in die unbeschränkte deutsche Steuerpflicht. Er ist seit langem an einer ausländischen Kapitalgesellschaft im deutschen Sinne relevant beteiligt. Nun veräußert er die Beteiligung zum Teilwert. Nach dem DBA steht der Bundesrepublik Deutschland das Besteuerungsrecht zu. Auch hier sollen die historischen Anschaffungskosten maßgebend sein. Es kommt mithin zu einer rückwirkenden Wertzuwachsbesteuerung. Nach § 17 Abs. 2 S. 3 EStG idF des SEStEG sind unter bestimmten Voraussetzungen nicht die historischen Anschaffungskosten, sondern der „Wegzugswert" in dem ausländischen Staat, höchstens jedoch der gemeine Wert (§ 6 Abs. 1 Nr. 4 EStG) maßgebend. Erfolgte im Ausland keine Wegzugsbesteuerung, ergibt sich unter Zugrundelegung der o.g. Werte für A ein steuerpflichtiger Veräußerungsgewinn von EUR 195.000,–. Hätte A die Anteile vor dem Wechsel in die deutsche unbeschränkte Steuerpflicht veräußert, wäre in Deutschland keine Besteuerung erfolgt.

(4) Die **Relevanzgrenze** des § 17 EStG wird, wie zum 1. Januar 1999 und zum 1. Januar 2002 geschehen, vom Gesetzgeber **herabgesetzt**.

Beispiel:

A ist mit 1,0 % an einer deutschen Kapitalgesellschaft beteiligt. Mit Wirkung zum 1. Januar 2002 hat der Gesetzgeber die Relevanzgrenze von „10 %" auf „1 %" abgesenkt. Aus der ehemals nicht relevanten Beteiligung des A ist damit eine relevante geworden. Sollten auch hier die historischen Anschaffungskosten maßgeblich sein, würde A unter Zugrundelegung der o.g. Werte im Falle der Veräußerung nach dem 31. Dezember 1998 auch hier wieder

---

[567] Vgl. den Beispielsfall bei *Crezelius* DB 1997, 195.
[568] BFH BStBl. II 1992, 969 mwN: zu VuV; Schmidt/*Weber-Grellet* EStG § 17 Rn. 179; *Herrmann/Heuer/Raupach* EStG § 17 Rn. 208. Bei einer bloßen Entnahme erwirbt der Entnehmende die Beteiligung mangels Rechtsträgerwechsels nicht und schafft sie deshalb auch nicht iS von § 255 Abs. 1 HGB an, so dass keine Anschaffungskosten iSd § 17 Abs. 2 EStG vorliegen. Dennoch liegt ein anschaffungsähnlicher Vorgang vor, mit der Folge, dass an die Stelle der „historischen" Anschaffungskosten der Entnahmewert (Teilwert, § 6 Abs. 1 Nr. 4 EStG) tritt, BFH BStBl. II 2008, 872; 2010, 790.
[569] BFH BStBl. II 1996, 312; R 140 Abs. 4 S. 6 EStR; *Wolff-Diepenbrock*, FS Klein, 1994, 875; Dötsch/Pung/Möhlenbrock/*Pung/Werner* EStG § 17 Rn. 263.

einen Veräußerungsgewinn in Höhe von EUR 195.000,– erzielen. Hätte er die Anteile vor diesem Datum veräußert, wäre der Gewinn steuerfrei geblieben. Die Absenkung der Beteiligungsgrenze verstößt aber gegen die verfassungsrechtlichen Grundsätze des Vertrauensschutzes und ist nichtig, soweit in einem Veräußerungsgewinn Wertsteigerungen steuerlich erfasst werden, die bis zur Verkündung des entsprechenden Gesetzes entstanden sind und die entweder – bei einer Veräußerung bis zu diesem Zeitpunkt – nach der zuvor geltenden Rechtslage steuerfrei realisiert worden sind oder – bei einer Veräußerung nach Verkündung des Gesetzes – sowohl zum Zeitpunkt der Verkündung als auch zum Zeitpunkt der Veräußerung nach der zuvor geltenden Rechtslage steuerfrei hätten realisiert werden können.[570] Die Anschaffungskosten des A entsprechen daher dem Teilwert der Beteiligung im Zeitpunkt der Verkündung des Gesetzes, so dass nur noch die Wertsteigerung zwischen der Gesetzesänderung und dem Verkauf zu versteuern ist.

180 Lediglich der zweite und der vierte Fall führen zu einem befriedigenden Ergebnis. Im Übrigen kommt es zur Besteuerung von Wertzuwächsen, die bis zu dem die Steuerverstrickung auslösenden Ereignis steuerfrei gewesen sind. Sie werden also nachträglich in die Steuerpflicht mit einbezogen, was vom Gesetzgeber zumindest für den Fall der Herabsetzung der Wesentlichkeitsgrenze zum 1. Januar 1999 auch ausdrücklich gewollt ist.[571] Dieses unbefriedigende Ergebnis lässt sich jedoch durch teleologische Reduktion des Wortlauts des § 17 Abs. 2 EStG korrigieren.[572] Danach muss beim relevant Beteiligten für das steuerverstrickte Vermögen immer derjenige Beteiligungswert maßgebend sein, der im Zeitpunkt der Steuerverstrickung vorlag (sog. **Verstrickungswert**). Dies bedeutet, dass jeweils der **gemeine Wert der Anteile** als Anschaffungskosten anzusetzen ist, und zwar
– im ersten Fall im Zeitpunkt des Entstehens einer relevanten Beteiligung gemäß § 17 Abs. 1 S. 4 EStG,
– im zweiten Fall im Zeitpunkt des Beginns der privaten, relevanten Beteiligung,
– im dritten Fall im Zeitpunkt des Beginns der unbeschränkten Steuerpflicht und schließlich
– im vierten Fall im Zeitpunkt des Inkrafttretens der Gesetzesänderung.
Die Rechtsprechung sieht dies enger. Danach soll nur dort, wo Wertsteigerungen bereits der Besteuerung unterworfen wurden, § 17 EStG über seinen Wortlaut hinaus teleologisch reduziert werden, damit es zu keiner Doppelberücksichtigung stiller Reserven kommen kann.[573] Solange Rechtsprechung und Finanzverwaltung allerdings auch in den Fällen 1 und 3 die historischen Anschaffungskosten für die Ermittlung des Veräußerungsgewinns zugrunde legen, kann der unerwünschten Besteuerung nur durch entsprechende vorsorgliche Gestaltung angemessen begegnet werden.

181 Sind Kapitalgesellschaftsanteile zu **unterschiedlichen Anschaffungskosten** erworben worden, so behalten sie insoweit grundsätzlich ihre Selbständigkeit, als eine Zuordnung der Anschaffungskosten zu den entsprechenden und auch identifizierbaren Anteilen überhaupt möglich ist. Dies ist ohne Auswirkung, wenn gleichzeitig alle Anteile veräußert werden. Werden aber nur Teile der Beteiligung veräußert, kann der Veräußerer zB zuerst diejenigen Anteile mit den höchsten Anschaffungskosten verkaufen und so seinen Veräußerungsgewinn zunächst kleiner halten. Ist aber eine Zuordnung der unterschiedlichen Anschaffungskosten zu den veräußerten Anteilen nicht möglich (zB mangels Identifizierbarkeit der Anteile), so sind die durchschnittlichen Anschaffungskosten maßgeblich.

182 **Sonstige Aufwendungen** des Veräußerers, die weder Veräußerungskosten noch Anschaffungskosten sind, können allenfalls als Werbungskosten bei den Einkünften aus Kapi-

---

[570] BVerfG BStBl. II 2011, 86.
[571] BT-Drucks. 14/265, 179.
[572] Vgl. mit zutreffenden Argumenten *Crezelius* DB 1997, 195; Schmidt/*Weber-Grellet* EStG § 17 Rn. 159; *IDW* WPg. 1999, 33; *Herzig/Förster* DB 1997, 594; *Vogt* DStR 1999, 1596; *Schweyer/Dannecker* BB 1999, 2375; *Schmidt* StuW 1996, 3001; vgl. auch § 13 Abs. 2 S. 3 UmwStG; aA Dötsch/Pung/Möhlenbrock/*Pung/Werner* EStG § 17 Rn. 251.
[573] BFH BStBl. II 2008, 872; 2010, 790.

talvermögen nach § 20 EStG[574] oder – im Falle eines Gesellschafter-Geschäftsführers – bei denjenigen aus nichtselbständiger Arbeit nach § 19 EStG[575] Berücksichtigung finden. Zum Veräußerungsgewinn nach § 17 Abs. 2 EStG fehlt der sachliche Bezug. So sind **Zinsen** für Kredite zum seinerzeitigen Erwerb der nun veräußerten Anteile nur als Werbungskosten bei den Einkünften aus Kapitalvermögen abzugsfähig, soweit das noch möglich ist. Wurde die relevante Beteiligung entgeltlich gegen wiederkehrende Bezüge erworben, ist nur der Ertragsanteil als Werbungskosten bei den Einkünften aus Kapitalvermögen zu berücksichtigen.[576] Der wirtschaftliche Verlust eines normalverzinslichen Darlehens, das der Kapitalgesellschaft von ihrem Gesellschafter-Geschäftsführer oder einem sonstigen Gesellschafter, der gleichzeitig Arbeitnehmer ist, gewährt wurde, kann entweder steuerlich gar nicht zu berücksichtigen sein (→ Rn. 173), zu nachträglichen Anschaffungskosten des Gesellschafters führen (→ Rn. 172 ff.), einen Veräußerungsverlust iSd § 20 Abs. 2 EStG darstellen (→ Rn. 174), oder aber als Werbungskosten bei den Einkünften aus nichtselbständiger Arbeit Berücksichtigung finden. Stehen die Aufwendungen wie hier mit mehreren Einkunftsarten in einem objektiven Zusammenhang, so sind sie bei der Einkunftsart zu berücksichtigen, zu der sie nach Grund und Wesen die engere Beziehung haben.[577] Entscheidend sind die Umstände im Zeitpunkt der Verlustübernahme (zB im Zeitpunkt des Forderungsverzichts).[578] Bei der Abgrenzung sind sämtliche Umstände des jeweiligen Einzelfalls mit einzubeziehen. Je höher die Beteiligung des Gesellschafter-Arbeitnehmers ist, umso mehr spricht zB dafür, dass eine innere wirtschaftliche Verbindung zu den Einkünften aus Gewerbebetrieb bzw. Kapitalvermögen anzunehmen und von nachträglichen Anschaffungskosten der Beteiligung bzw. von einem Veräußerungsverlust auszugehen ist. Daneben ist die Höhe der Einnahmen aus dem Arbeitsverhältnis mit den Vermögensverhältnissen der Kapitalgesellschaft und den Renditeentwicklungen und -erwartungen aus der Beteiligung zu vergleichen und gegeneinander abzuwägen. Auch die Konsequenzen einer Weigerung des Gesellschafter-Arbeitnehmers auf die jeweiligen Einkünfte sind in die Beurteilung mit einzubeziehen.[579] Eine Aufteilung der Aufwendungen ist nach Ansicht der Rechtsprechung nicht möglich, auch wenn ein Darlehen nicht unter das Abzugs- und Aufteilungsverbots des § 12 Nr. 1 S. 2 EStG fällt.[580] Ist der Verlust des Darlehens den Anschaffungskosten der Beteiligung zuzurechnen, so kann er sich nur beim relevant Beteiligten auswirken; der Verlust des nicht relevant beteiligten Gesellschafter-Arbeitnehmers fällt dagegen in die einkommensteuerlich nicht zu berücksichtigende Privatsphäre[581] oder ist für nach dem 31.12.2008 erworbene Beteiligungen nach den eingeschränkten Regeln des § 20 Abs. 6 S. 2 ff EStG abzugsfähig.

ff) Teileinkünfteverfahren. Der Veräußerer (natürliche Personen oder nicht gewerbliche Personengesellschaften als Anteilseigner) versteuert die von ihm erzielten Veräußerungsgewinne nur zur 60%. Hierdurch wird dem Umstand Rechnung getragen, dass der Gewinn bereits auf der Ebene der Kapitalgesellschaft einer Besteuerung unterlegen hat. Um eine erneute Besteuerung derselben Einkünfte zu vermeiden, erfolgt anstatt der bisherigen Anrechnung nunmehr eine teilweise Freistellung von der Besteuerung. Nach § 3 Nr. 40 Buchst. c S. 1 EStG ist daher 40% des Veräußerungspreises oder des gemeinen Wertes im Sinne des § 17 Abs. 2 EStG **steuerfrei**. Korrespondierend hierzu sind auch die

183

---

[574] BFH BStBl. II 1986, 596 für Schuldzinsen.
[575] BFH BStBl. II 1993, 663; 2017, 1073; *Grube*, FS Klein, 1994, 913, jeweils zu Darlehensverlusten.
[576] BMF-Schreiben vom 16.9.2004 BStBl. I 2004, 922 Tz. 53 u. 54.
[577] BFH BStBl. II 1983, 467; 2017, 1073.
[578] BFH BStBl. II 1993, 111.
[579] BFH BStBl. II 1993, 111.
[580] BFH BStBl. II 1982, 37; aA Littmann/*Wolff-Diepenbrock* EStG § 9 Rn. 81; sowie bei Schuldzinsen *Lang*, Bemessungsgrundlage der Einkommensteuer, 495 f.
[581] BFH BStBl. II 1992, 902.

Veräußerungskosten und die Anschaffungskosten nur zu 40% anzusetzen, § 3c Abs. 2 EStG.

184 **gg) Freibetrag, Freigrenze.** Auch bei der Veräußerung von im Privatvermögen gehaltenen relevanten Beteiligungen an Kapitalgesellschaften werden steuerpflichtige Gewinne aus der Veräußerung kleinerer Betriebe steuerlich entlastet. Zu diesem Zweck ist in § 17 Abs. 3 EStG unter bestimmten Voraussetzungen für den Veräußerer eine **sachliche Steuerbefreiung**[582] in Form eines Freibetrages auf den Veräußerungsgewinn vorgesehen. Dies bedeutet, dass der Freibetrag bereits bei der Ermittlung der Einkünfte zu berücksichtigen ist. Er ist daher, wenn seine Voraussetzungen vorliegen, unmittelbar von dem zuvor ermittelten, steuerpflichtigen Teil des vorläufigen „Veräußerungsgewinns" (60%) abzuziehen. Erst der so reduzierte Veräußerungsgewinn fließt in die Berechnung des zu versteuernden Einkommens ein. Der Freibetrag bewirkt also lediglich eine Verringerung des Veräußerungsgewinns.

185 Der **Freibetrag** beträgt für jeweils 100% des Nennkapitals einer Kapitalgesellschaft EUR 9.060,– (vom 1. Januar 2002 bis 31. Dezember 2003: EUR 10.300,–; bis 31. Dezember 2001: DM 20.000,–). Der für den einzelnen Veräußerungsvorgang maßgebende Freibetrag errechnet sich also nach dem Verhältnis des Nennwerts der veräußerten Anteile zu dem um den Nennwert eigener Anteile geminderten Nennkapital der Kapitalgesellschaft.

$$\frac{\text{Nennwert der veräußerten Anteile}}{(\text{Nennkapital der Kapitalgesellschaft ./. Nennwert eigenen Anteile})} \times \text{EUR } 9.060,-$$

Der Freibetrag beträgt bei ein und derselben Kapitalgesellschaft daher immer nur maximal EUR 9.060,–. Wird ein geringerer Anteil als 100% veräußert, wird auch nur ein entsprechender Teil des Freibetrags von EUR 9.060,– gewährt. So beträgt der Freibetrag für die Veräußerung einer 15%igen Beteiligung auch nur 15% von EUR 9.060,– = EUR 1.359,–. Keine Rolle spielt auch, ob der Veräußerer noch Anteile zurückbehält.

186 Im Unterschied zu dem Freibetrag nach § 16 Abs. 4 EStG kann der Freibetrag nach § 17 Abs. 3 EStG innerhalb eines Veranlagungszeitraums bei der Veräußerung von Anteilen an **verschiedenen** Kapitalgesellschaften auch **mehrfach** gewährt werden. Hier ist jede der Veräußerungen unter Berücksichtigung der jeweiligen Verhältnisrechnungen für sich zu betrachten.

Beispiel:
Veräußert ein Steuerpflichtiger zB 20% der Anteile an der Kapitalgesellschaft A und 50% der Anteile an der Kapitalgesellschaft B, so erhält er bei A maximal einen Freibetrag in Höhe von EUR 1.812,– und bei B maximal in Höhe von EUR 4.530,–. Bei der Veräußerung von zwei 100%igen Beteiligungen im gleichen Veranlagungszeitraum würde jeweils ein Freibetrag von maximal EUR 9.060,– gewährt werden können.

187 Die Gewährung des so ermittelten maximalen Freibetrags von EUR 9.060,– bzw. des entsprechenden Teils davon ist allerdings noch von der Höhe des Veräußerungsgewinns abhängig. Denn auch bei § 17 EStG ist eine **Freibetragsgrenze**, bei deren Überschreitung sich der Freibetrag sukzessive auf null reduziert, und eine Freigrenze vorgesehen, die den Freibetrag gänzlich entfallen lässt. Veräußert der Steuerpflichtige mehrmals innerhalb eines Veranlagungszeitraums Anteile an derselben Kapitalgesellschaft, werden diese zur Ermittlung des für die Berechnung des Freibetrags maßgebenden Veräußerungsgewinns zusammengerechnet.[583]

---

[582] BFH BStBl. II 1992, 437.
[583] Schmidt/*Weber-Grellet* EStG § 17 Rn. 193; aA Littmann/*Rapp* EStG § 17 Rn. 286.

I. Einkommen-/Körperschaftsteuer § 25

Die Höhe der Freibetragsgrenze richtet sich nach der Höhe des veräußerten Anteils am Nennkapital und beträgt maximal EUR 36.100,– (vom 1. Januar 2002 bis 31. Dezember 2003: EUR 41.000,–; bis 31. Dezember 2001: DM 80.000,–):

$$\frac{\text{Nennwert der veräußerten Anteile}}{\text{(Nennkapital der Kapitalgesellschaft ./. Nennwert eigenen Anteile)}} \times \text{EUR } 36.100,-$$

Die Freibetragsgrenze beträgt bei ein und derselben Kapitalgesellschaft daher immer nur maximal EUR 36.100,–. Wird ein geringerer Anteil an der Kapitalgesellschaft als 100% veräußert, entspricht die Freibetragsgrenze auch nur dem entsprechenden Teil von EUR 36.100,–. So beträgt die Freibetragsgrenze für die Veräußerung einer 18%igen Beteiligung auch nur 15% von EUR 36.100,– = EUR 5.415,–. Beträgt der Veräußerungspreis mehr als EUR 5.415,–, verringert sich der Freibetrag.

Gemäß § 17 Abs. 3 S. 2 EStG sinkt der Freibetrag um den Betrag, um den der Veräußerungsgewinn den Teil von EUR 36.100,– übersteigt, der dem veräußerten Anteil am Nennkapital der Kapitalgesellschaft entspricht (sog. **Ermäßigungsbetrag**). Dieser errechnet sich dadurch, dass man von dem Veräußerungsgewinn die Freibetragsgrenze abzieht:

$$\text{Ermäßigungsbetrag} = \text{Veräußerungsgewinn ./. Freibetragsgrenze}$$

Ist der Ermäßigungsbetrag dabei kleiner oder gleich null, entfällt der Freibetrag, da in diesen Fällen die Freigrenze (→ Rn. 188) überschritten ist. Werden also zB die oben genannten 15% der Anteile für EUR 6.000,–, veräußert, beträgt der Ermäßigungsbetrag (EUR 6.000,– ./. EUR 5.415,– =) EUR 585,–, so dass sich der Freibetrag von EUR 1.359,– auf EUR 774,– reduziert.

Die **Freigrenze** schließlich, bei deren Überschreiten der Freibetrag gänzlich entfällt, **188** errechnet sich aus der Freibetragsgrenze und dem maximalen Freibetrag:

$$\text{Freigrenze} = \text{Freibetragsgrenze} + \text{maximaler Freibetrag}$$

oder

$$\frac{\text{Nennwert der veräußerten Anteile}}{\text{(Nennkapital d. Kapitalgesellsch. ./. Nennwert eig. Anteile)}} \times (\text{€ } 36.100,- + \text{€ } 9.060,-)$$

Werden also zB 15% der Anteile veräußert, beträgt die Freigrenze EUR 5.415,– + EUR 1.359,– = EUR 6.774,– bzw. 15% x EUR 45.160,– = EUR 6.774,–. Ab diesem Betrag entfällt der Freibetrag insgesamt.

Im Einzelnen sind im Hinblick auf die Ermäßigung des Freibetrags folgende Konstellationen zu unterscheiden: **189**

(1) **Veräußerungsgewinn < Freibetrag**
In diesen Fällen steht dem Veräußerer zwar immer der volle Freibetrag zu, seine Höhe wird allerdings durch den Veräußerungsgewinn begrenzt. Der nicht ausgenutzte Freibetrag verfällt.

(2) **Veräußerungsgewinn ≥ Freibetrag ≤ Freibetragsgrenze**
In diesen Fällen erhält der Veräußerer immer den vollen Freibetrag. Einen nicht ausgenutzten Teil des Freibetrags gibt es nicht. Dies wäre in dem oben genannten Beispiel (→ Rn. 187) der Fall, wenn sich der Veräußerungsgewinn zwischen EUR 1.359,– und EUR 5.415,– bewegen würde.

(3) **Veräußerungsgewinn > Freibetragsgrenze < Freigrenze**
In diesen Fällen steht dem Veräußerer der Freibetrag verringert um den Ermäßigungsbetrag zu. Dies wäre in dem oben genannten Beispiel (→ Rn. 187) der Fall, wenn sich der Veräußerungsgewinn zwischen EUR 5.415,– und EUR 6.774,– bewegen würde.

(4) Veräußerungsgewinn ≥ Freigrenze
In diesen Fällen entfällt der Freibetrag vollständig. Dies wäre in dem oben genannten Beispiel (→ Rn. 187) ab einem Veräußerungsgewinn von EUR 6.774 der Fall.

190 Anders als bei dem Freibetrag nach § 16 Abs. 4 EStG ist derjenige nach § 17 Abs. 3 EStG unabhängig von Lebensalter und Berufsfähigkeit des Steuerpflichtigen nicht auf Antrag, sondern **von Amts wegen** zu gewähren. Einzige Voraussetzung ist, dass der Veräußerungsgewinn die Freigrenze des § 17 Abs. 3 S. 2 EStG nicht übersteigt (→ Rn. 188).

191 **hh) Tarifvergünstigung.** Seit dem 1. Januar 2001 zählen Gewinne aus der Veräußerung einer relevanten Beteiligung an einer Kapitalgesellschaft nicht mehr zu den außerordentlichen Einkünften im Sinne des § 34 Abs. 2 Nr. 1 EStG und unterliegen somit keiner Tarifvergünstigung.

192 **ii) Veräußerungsverlust.** Seit dem Veranlagungszeitraum 1996 ist die Berücksichtigung von Verlusten aus der Veräußerung relevanter Beteiligungen an Kapitalgesellschaften durch § 17 Abs. 2 S. 4 EStG stark eingeschränkt. Erreicht werden sollte hierdurch, dass ein nicht relevant beteiligter Gesellschafter, dessen Beteiligung seit der Anschaffung im Wert gemindert war, durch Aufstockung seiner Beteiligung bis zur Relevanzgrenze und anschließender steuerpflichtiger Veräußerung der nunmehr relevanten Beteiligung die im Privatvermögen entstandene und daher grundsätzlich unbeachtliche Wertminderung seiner Beteiligung in einen steuerlich ausgleichsfähigen Verlust verwandelte. Seit Absenkung der Relevanzgrenze auf nur noch 1% ist diese Verlustnutzungsbeschränkung nicht mehr gerechtfertigt. Der Gesetzgeber sah sich dennoch bisher nicht genötigt, sie zu streichen und damit einen deutlichen Beitrag zur Vereinfachung des Steuerrechts zu leisten.

§ 17 Abs. 2 S. 6 EStG formuliert die Verlustberücksichtigung negativ und beschreibt, wann ein Veräußerungsverlust **nicht** zu berücksichtigen ist. Die Regelung ist anteilsbezogen ausgestaltet und unterstreicht dadurch gleichzeitig die Selbständigkeit von zu unterschiedlichen Zeitpunkten angeschafften Kapitalgesellschaftsanteilen. Sie unterscheidet zwischen entgeltlich und unentgeltlich erworbenen Anteilen. Teilentgeltlich erworbene Anteile sind nach der Trennungstheorie (→ § 28 Rn. 50) wertmäßig in voll entgeltlich und voll unentgeltlich erworbene Anteile aufzuteilen. Ein Veräußerungsverlust ist sodann nach den für den jeweiligen Anteil geltenden Grundsätzen zu beurteilen. Sofern ein Veräußerungsverlust abziehbar ist, gilt auch für ihn das **Teileinkünfteverfahren** (→ Rn. 183), so dass er im Ergebnis nur zu 60% zu berücksichtigen ist.

193 Gemäß § 17 Abs. 2 S. 6 lit. b EStG kommt eine Berücksichtigung von Veräußerungsverlusten, die auf **entgeltlich erworbene Anteile** entfallen, nur unter folgenden Voraussetzungen in Betracht:
– Veräußerung von entgeltlich erworbenen Anteilen,
– die entweder ununterbrochen über mindestens fünf Jahre zu einer relevanten Beteiligung gehörten oder
– deren Erwerb zur Begründung einer relevanten Beteiligung geführt hat oder
– die nach Begründung der relevanten Beteiligung erworben worden sind.

Neben einem entgeltlichen Erwerb, der immer dann vorliegt, wenn das Entgelt dem Wert der erworbenen Anteile entspricht,[584] muss für die Berücksichtigung eines Veräußerungsverlusts mindestens eines der drei weiteren Merkmale erfüllt sein:

194 (1) Ein Anteil muss **ununterbrochen über mindestens fünf Jahre** zu einer relevanten Beteiligung gehört haben **(sog. Behaltensfrist).** Anders als in § 17 Abs. 1 S. 1 EStG reicht er hier nicht aus, dass der Veräußerer irgendwann innerhalb des Fünfjahreszeitraums einmal vorübergehend beteiligt war. In derartigen Fällen kann es nur über die beiden anderen Merkmale zur Verlustberücksichtigung kommen, da es dort auf eine Behaltens-

---

[584] Zur Bewertung → Rn. 168; zur Entgeltlichkeit → § 28 Rn. 47 ff., zum teilentgeltlichen Erwerb → Rn. 167 und → § 28 Rn. 50.

frist nicht ankommt. Das Tatbestandsmerkmal der wesentlichen Beteiligung iSv § 17 Abs. 2 S. 6 lit. b EStG ist dabei veranlagungszeitraumbezogen auszulegen, dh die Frage der Relevanz der Beteiligung ist für jedes Kalenderjahr ihres Bestehens nach der jeweils maßgebenden Fassung von § 17 Abs. 1 EStG festzustellen.[585] Der Fünfjahreszeitraum berechnet sich nach § 108 AO iVm §§ 187 bis 193 BGB (→ Rn. 157). Auch hier sollte man auf die Übertragung des wirtschaftlichen Eigentums abstellen, denn so wird erreicht, dass der Begriff der Veräußerung in § 17 EStG einheitlich im Sinne des für die Gewinnrealisierung maßgebenden Zeitpunkts verwendet wird. In Grenzfällen sollte aber vorsichtshalber darauf geachtet werden, dass die Behaltensfrist sowohl bei Abschluss des Verpflichtungsgeschäfts als auch bei Übertragung des wirtschaftlichen Eigentums bereits verstrichen war. Erfolgt der **Erwerb** der Anteile **zu unterschiedlichen Zeitpunkten,** so ist jeder Erwerb für sich allein zu beurteilen. Die Frist beginnt jeweils in dem Zeitpunkt zu laufen, in dem der betreffende Anteil erworben wurde. Dies kann dazu führen, dass für den einen Teil der veräußerten Anteile ein Veräußerungsverlust zu berücksichtigen ist, für den anderen Teil jedoch nicht. Die Frist beginnt mit dem Tag, der dem Tag der Anteilsveräußerung vorangeht, und **dauert mindestens fünf Jahre.** Genau fünf Jahre sind daher, anders als bei der früheren Regelung zu derivativ erworbenen Beteiligungen, ausreichend. Sie **endet** mit Ablauf desjenigen Tages des Jahres, der durch seine Zahl dem Ereignistag entspricht.

(2) Der Erwerb des Anteils muss beim Veräußerer zur **Begründung einer relevanten** **195**
Beteiligung geführt haben. Dies ist der Fall, wenn die erworbenen Anteile („Neuanteile") selbst eine relevante Beteiligung darstellen oder zusammen mit weiteren unmittelbar oder mittelbar gehaltenen Anteilen des Steuerpflichtigen eine solche erreichen.[586] Auf eine Behaltensfrist kommt es bei diesen Anteilen (anders als für den bisher nicht relevanten Teil bei einer Aufstockung) nicht an. Ein Verlust ist ohne Wartefrist berücksichtigungsfähig. Bei der Beurteilung, ob eine relevante Beteiligung durch die Neuanteile begründet wurde, ist auf die neue Relevanzgrenze von 1% abzustellen. Dies gilt auch für den Erwerb von Anteilen, die vor dem 1. Januar 2002, dh zu einer Zeit erworben wurden, als für das Vorliegen einer relevanten Beteiligung noch 10% bzw. mehr als 25% des Gesellschaftskapitals erforderlich waren.[587] Ob das **schuldrechtliche Erwerbs- bzw. Veräußerungsgeschäft** oder die **Übertragung des wirtschaftlichen Eigentums** als Erwerb im Sinne des § 17 Abs. 2 S. 6 lit. b S. 2 EStG anzusehen ist, ist wohl ebenso wie bei der Berechnung der Fünfjahresfrist nach § 17 Abs. 1 S. 1 EStG (→ Rn. 157) zu entscheiden. Auch hier sollte man auf die Übertragung des wirtschaftlichen Eigentums abstellen, denn so wird erreicht, dass der Begriff der Veräußerung in § 17 EStG einheitlich im Sinne des für die Gewinnrealisierung maßgebenden Zeitpunkts verwendet wird. Erwirbt der Steuerpflichtige **mehrere Anteile,** die erst zusammen eine relevante Beteiligung darstellen, zum selben Zeitpunkt, haben alle Anteile zur Begründung einer relevanten Beteiligung geführt. Dies gilt auch, wenn der Steuerpflichtige die Anteile in verschiedenen Urkunden oder von verschiedenen Personen übernimmt, denn § 17 Abs. 2 S. 6 lit. b S. 2 EStG setzt nicht voraus, dass die Anteile in einem einheitlichen Vorgang oder aus der Hand einer Person[588] erworben werden. Hierauf wird in derart gelagerten Fällen zu achten sein, damit nicht für den zuerst erworbenen Anteil die Behaltensfrist abgewartet werden muss, um in den Genuss der Berücksichtigung des Veräußerungsverlusts zu kommen.

(3) Der Anteil muss **nach Begründung der relevanten Beteiligung erworben** wer- **196**
den. Dies ist der Fall, wenn durch den Erwerb der Neuanteile eine bereits vorhandene relevante Beteiligung des Steuerpflichtigen aufgestockt wird.[589] Auch hier kommt es auf

---
[585] BFH BStBl. II 2008, 856; BFH/NV 2013, 11.
[586] *Herzig/Förster* DB 1999, 711.
[587] *Herzig/Förster* DB 1999, 711; aA Schmidt/*Weber-Grellet* EStG § 17 Rn. 200, Beispiel (4).
[588] *Herzig/Förster* DB 1999, 711.
[589] *Herzig/Förster* DB 1999, 711.

eine Behaltensfrist nicht an. Ein Verlust ist ohne Wartefrist berücksichtigungsfähig. Ebenso ist bei der Beurteilung, ob eine relevante Beteiligung durch die Neuanteile begründet wurde, wiederum auf die neue Relevanzgrenze von 1% abzustellen. Dies gilt auch für den Erwerb von Anteilen, die vor dem 1. Januar 2002 erworben wurden (→ Rn. 195). Notwendig ist grundsätzlich, dass beim Steuerpflichtigen die relevante Beteiligung noch im Zeitpunkt des Erwerbs der Neuanteile bestand. Als Erwerb gemäß § 17 Abs. 2 S. 6 lit. b S. 2 EStG ist hier ebenfalls wieder die Übertragung des wirtschaftlichen Eigentums anzusehen (→ Rn. 157). Eine Ausnahme erscheint nur dann gerechtfertigt, wenn ursprünglich eine relevante Beteiligung vorhanden war, die durch den Verkauf einzelner Anteile innerhalb der letzten fünf Jahre unter die Relevanzgrenze (1%) abgesunken ist, und nun wieder Anteile erworben werden, ohne dass die Relevanzgrenze erneut erreicht wird. Die Neuanteile werden also behandelt, als gehörten sie zu der ursprünglich einmal relevanten Beteiligung; sie werden infiziert.[590] Die Infektionswirkung endet allerdings fünf Jahre nach Wegfall der Relevanz, da dann die Voraussetzungen für die Steuerpflicht gemäß § 17 Abs. 1 S. 1 EStG nicht mehr gegeben sind. Bis dahin sind die Anteile allerdings als „nach Begründung der relevanten Beteiligung" anzusehen und ein Veräußerungsverlust ist dementsprechend berücksichtigungsfähig. Erforderlich ist aber, dass der Steuerpflichtige im Zeitpunkt des Erwerbs der Neuanteile noch Anteile einer ehemals relevanten Beteiligung hat. Ist kein Anteil der ursprünglich relevanten Beteiligung mehr vorhanden, kann eine Infektion nicht eintreten.[591]

197 § 17 Abs. 2 S. 6 EStG kann Probleme beim besonders im Bereich der Unternehmensnachfolge bedeutsamen **sukzessiven Abbau** einer relevanten Beteiligung aufwerfen.

Beispiel:[592]

Ein Steuerpflichtiger erwarb entgeltlich am 1. Januar und am 1. Juni 02 jeweils einen 0,5%igen Anteil an einer GmbH. Am 1. Juli 07 veräußert er zunächst den am 1. Juni 02 erworbenen Anteil. Am 1. Oktober 07 veräußert er sodann den am 1. Januar 02 erworbenen Anteil. Bei beiden Veräußerungen erzielte er einen Verlust.

Der Verlust aus der Veräußerung des am 1. Juni 02 erworbenen Anteils ist zu berücksichtigen, denn er wurde entgeltlich erworben und gehörte während der gesamten letzten fünf Jahre zu einer relevanten Beteiligung des Steuerpflichtigen, § 17 Abs. 2 S. 4b S. 1 EStG. Der Verlust aus der Veräußerung des am 1. Januar 02 erworbenen Anteils ist dagegen nach dem Wortlaut des § 17 Abs. 2 S. 4b EStG nicht zu berücksichtigen. Zwar wurde auch er entgeltlich erworben. Er hat aber weder zur Begründung einer relevanten Beteiligung geführt, noch ist er nach Begründung einer relevanten Beteiligung erworben worden, § 17 Abs. 2 S. 4b S. 2 EStG. Ferner gehörte er nicht innerhalb der gesamten letzten fünf Jahre vor seiner Veräußerung zu einer relevanten Beteiligung, da der Steuerpflichtige ab dem 1. Juli 07 nur noch mit 0,5% an der GmbH beteiligt war und somit keine relevante Beteiligung mehr vorlag. Hätte der Steuerpflichtige dagegen die Anteile in umgekehrter Reihenfolge veräußert, dh zuerst den am 1. Januar 02 und danach den am 1. Juni 02 erworbenen Anteil, so wären beide Veräußerungsverluste zu berücksichtigen gewesen. Der zuerst veräußerte, am 1. Januar 02 erworbene Anteil hätte in diesem Fall innerhalb der gesamten fünf Jahre vor seiner Veräußerung zu einer relevanten Beteiligung gehört, § 17 Abs. 2 S. 4b S. 1 EStG. Dies träfe auf den dann zum 1. Oktober 07 veräußerten, am 1. Juni 02 erworbenen Anteil zwar nicht zu. Der Verlust kann aber dennoch berücksichtigt werden, da der Anteil zur Begründung einer relevanten Beteiligung des Steuerpflichtigen geführt hat, § 17 Abs. 2 S. 4b S. 2 EStG.

---

[590] BFH BStBl. II 1994, 222; 1998, 397; *Herzig/Förster* DB 1999, 711; *dies.* DB 1997, 594 mwN; aA Schmidt/*Weber-Grellet* EStG § 17 Rn. 200, Beispiel (4).
[591] FG Köln EFG 1996, 1031 rkr.; *Kröner* StbJb 1997/98, 193 (208) mwN; aA BFH DStR 1999, 929.
[592] *Herzig/Förster* DB 1999, 711.

I. Einkommen-/Körperschaftsteuer § 25

Die enge, sich stark am Wortlaut orientierende Auslegung ist jedoch vom Sinn und Zweck der Verlustbegrenzung nicht gedeckt,[593] da der Anteil über fünf Jahre ununterbrochen steuerverhaftet war und auch innerhalb der letzten fünf Jahre vor der Veräußerung zu einer relevanten Beteiligung gehörte. Darüber hinaus kann es nicht ausschlaggebend für die Verlustberücksichtigung sein, in welcher Reihenfolge die Anteile veräußert werden, solange nicht nach Reduzierung der relevanten Beteiligung der Fünfjahreszeitraum des § 17 Abs. 1 S. 1 EStG abgelaufen ist. § 17 Abs. 2 S. 4 EStG ist daher teleologisch zu reduzieren. **198**

Gemäß § 17 Abs. 2 S. 6 lit. a EStG kommt eine Berücksichtigung von Veräußerungsverlusten, die auf **unentgeltlich erworbene** Anteile entfallen, nur unter folgenden Voraussetzungen in Betracht: **199**
- Veräußerung von unentgeltlich erworbenen Anteilen,
- die entweder vom Veräußerer vor mehr als fünf Jahren erworben wurden oder
- bei deren Veräußerung der Rechtsvorgänger anstelle des Steuerpflichtigen den Veräußerungsverlust hätte geltend machen können.

Neben dem unentgeltlichen Erwerb, das heißt, wenn der Veräußerer die Anteile zuvor erworben hat, ohne hierfür eine Gegenleistung erbracht zu haben,[594] muss für die Berücksichtigung eines Veräußerungsverlustes mindestens eines der beiden weiteren Merkmale erfüllt sein:

(1) Der Anteil muss vom Veräußerer **vor mehr als fünf Jahren** unentgeltlich **erworben** worden sein. Die Berücksichtigung eines Veräußerungsverlustes in diesen Fällen ergibt sich im Umkehrschluss aus § 17 Abs. 2 S. 6 lit. a EStG. Bei der Berechnung der Frist ist sowohl für den Zeitpunkt der Veräußerung als auch für denjenigen des unentgeltlichen Erwerbs nicht das schuldrechtliche Erwerbs- bzw. Veräußerungsgeschäft, sondern die **Übertragung des wirtschaftlichen Eigentums** maßgebend (→ Rn. 157). Auch hier sollte aber in Grenzfällen vorsichtshalber darauf geachtet werden, dass die Behaltensfrist sowohl bei Abschluss des Verpflichtungsgeschäfts als auch bei Übertragung des wirtschaftlichen Eigentums bereits verstrichen war. Die Berechnung der Behaltefrist erfolgt gemäß § 108 AO iVm §§ 187 bis 193 BGB (→ Rn. 157). Sie dauert mehr als fünf Jahre. Genau fünf Jahre sind daher, anders als beim entgeltlichen Erwerb, nicht ausreichend. Unerheblich ist allerdings, wie lange die Anteile außerhalb der 5-jährigen Behaltensfrist steuerverhaftet waren. Erforderlich ist nur, dass im Zeitpunkt der Veräußerung der Anteile eine Steuerverhaftung gemäß § 17 Abs. 1 EStG besteht. Werden mehrere Anteile, die **zu unterschiedlichen Zeitpunkten erworben** wurden, veräußert, muss für jeden Anteil gesondert geprüft werden, ob die Behaltensfrist abgelaufen ist. Die Anteile sind insoweit selbständig. Dies kann dazu führen, dass für den einen Teil der veräußerten Anteile ein Veräußerungsverlust zu berücksichtigen ist, für den anderen Teil jedoch nicht. **200**

(2) Der **Rechtsvorgänger** des Veräußerers müsste an dessen Stelle den Verlust aus der Veräußerung des auf diesen unentgeltlich übertragenen Anteils geltend machen können. Dies ist, sofern der Rechtsvorgänger die Anteile entgeltlich erworben hat (→ Rn. 193), der Fall, wenn die Anteile entweder ununterbrochen über mindestens fünf Jahre zu einer relevanten Beteiligung gehörten (→ Rn. 194), deren Erwerb zur Begründung einer relevanten Beteiligung geführt hat (→ Rn. 195), oder die nach Begründung der relevanten Beteiligung erworben worden sind (→ Rn. 196). Sofern der Rechtsvorgänger die Anteile unentgeltlich erworben hat (→ Rn. 199), hätte er den Veräußerungsverlust geltend machen können, wenn die Anteile entweder von ihm vor mehr als fünf Jahren erworben wurden (→ Rn. 200), oder aber sein Rechtsvorgänger an seiner Stelle den Veräußerungsverlust hätte geltend machen können. Hierbei ist auf den **Zeitpunkt der Veräußerung** **201**

---

[593] Vgl. *Herzig/Förster* DB 1999, 711.
[594] Zur Unentgeltlichkeit → § 28 Rn. 50; zum teilentgeltlichen Erwerb → Rn. 167 und → § 28 Rn. 50.

der **Anteile** durch den Rechtsnachfolger abzustellen. Dies ergibt sich bereits aus dem Wortlaut des § 17 Abs. 2 S. 6 lit. a S. 2 EStG.[595]

202 **jj) Besteuerungswahlrecht.** Auch bei der Veräußerung von Kapitalgesellschaftsanteilen ist der Veräußerungsgewinn grundsätzlich im Zeitpunkt der Veräußerung verwirklicht (→ Rn. 164) und in dem Veranlagungszeitpunkt zu versteuern, in den dieser Zeitpunkt fällt (sog. **Sofortbesteuerung**). In bestimmten Fällen, in denen der Veräußerungserlös nicht sofort, sondern erst in den der Veräußerung nachfolgenden Veranlagungszeiträumen zufließt, besteht jedoch ein Wahlrecht, das dem Veräußerer erlaubt, anstatt der Sofortbesteuerung nachträgliche Einkünfte aus Gewerbebetrieb im jeweiligen Jahr des Zuflusses zu versteuern (sog. **Zuflussbesteuerung**), wobei dann allerdings kein Freibetrag nach § 17 Abs. 3 EStG gewährt wird.[596] Andernfalls könnte es für den Veräußerer eine unbillige Härte darstellen, den Veräußerungsgewinn sofort zu versteuern, wenn er die hierfür erforderlichen liquiden Mittel erst in späteren Jahren erhält. Das Wahlrecht besteht bei folgenden Veräußerungsvorgängen:
– Veräußerung gegen wiederkehrende Leistungen auf Lebenszeit (**Leibrente; dauernde Last;** → Rn. 116),
– Veräußerung gegen wiederkehrende Leistungen mit **Mindest- oder Höchstlaufzeit,** wenn die statistische Lebenserwartung des Berechtigten länger bzw. kürzer als die entsprechende Laufzeit ist (→ Rn. 116),
– Veräußerung gegen wiederkehrende Leistungen auf Zeit (**Zeitrente**), wenn die vereinbarten wiederkehrenden Leistungen wagnisbehaftet sind **und** Versorgungszwecken dienen (→ Rn. 117),
– Veräußerung gegen **Kaufpreisraten,** wenn die vereinbarten wiederkehrenden Leistungen wagnisbehaftet sind **und** Versorgungszwecken dienen (→ Rn. 117).

203 Wählt der Steuerpflichtige die **Sofortbesteuerung** des Veräußerungsgewinns, ist der Veräußerungsgewinn in dem Veranlagungszeitraum, in den die Veräußerung fällt, in voller Höhe, dh in der Regel in Höhe des Barwerts, steuerlich zu erfassen und dann auch nach § 17 EStG freibetragsbegünstigt. Es gilt das Teileinkünfteverfahren. Die danach in den späteren Jahren gezahlten Rentenzahlungen bzw. Kaufpreisraten sind als sonstige Einkünfte gemäß § 22 Nr. 1 S. 3 lit. a bb EStG nur noch in Höhe ihres Ertragsanteils[597] oder mit dem darin enthaltenen Zinsanteil nach § 20 Abs. 1 Nr. 7 EStG[598] steuerpflichtig.

204 Entscheidet sich der Veräußerer im Veräußerungszeitpunkt für die Möglichkeit der **Zuflussbesteuerung,** sind die Zahlungen von Anfang an in einen Zins- und in einen Tilgungsanteil aufzuteilen.[599] Der ratierlich eingehende **Tilgungsanteil** ist zunächst mit den Anschaffungskosten der Beteiligung und etwaigen Veräußerungskosten zu verrechnen. Er unterliegt erst danach der Besteuerung und führt zu nachträglichen Einkünften aus Gewerbebetrieb gemäß §§ 17, 24 Nr. 2 EStG, und zwar unabhängig davon, ob es sich um Leibrenten, dauernde Lasten, Zeitrenten oder Kaufpreisraten im obigen Sinne handelt. In den Fällen, in denen bei Wahl der Sofortbesteuerung das Teileinkünfteverfahren anzuwenden gewesen wäre, gilt das Teileinkünfteverfahren (→ Rn. 183). § 3 Nr. 40 S. 1 lit. c EStG ist nur auf den Tilgungsanteil anzuwenden.

205 Der **Zinsanteil** unterliegt von Anfang an der Besteuerung nach § 22 Abs. 1 S. 3 lit. a EStG (bei Leibrenten, dauernde Lasten) bzw. § 20 Abs. 1 Nr. 7 EStG (bei Kaufpreisraten) in voller Höhe. Bei Zeitrenten richtet sich die steuerliche Behandlung des Zinsanteils danach, ob sie aufgrund ihrer Ausgestaltung eher der Leibrente oder einer Ratenzahlungsvereinbarung entsprechen. Zur Ermittlung des Zinsanteils ist bei Leibrenten und dauernden

---

[595] Vgl. *Herzig/Förster* DB 1999, 711; *Strahl* KÖSDI 2000, 12260 (12268); nach aA soll der Zeitpunkt der unentgeltlichen Übertragung maßgebend sein, Schmidt/*Weber-Grellet* EStG § 17 Rn. 198 mwN.
[596] R 17 Abs. 7 S. 2 iVm R 16 Abs. 11 EStR; BMF BStBl. I 2004, 1187; → Rn. 184 ff.
[597] BFH BStBl. II 1993, 15; BMF BStBl. I 2004, 1187.
[598] BFH BStBl. II 1996, 663; BMF BStBl. I 2004, 1187; 2004 922 Rn. 54.
[599] BMF BStBl. I 2004, 1187.

Lasten auf die Tabelle in § 22 Nr. 1 S. 3 lit. a S. 3 EStG und bei Ratenzahlungsvereinbarungen auf Tabelle 2 zu § 12 BewG zurückzugreifen. Bei Ratenzahlungsvereinbarungen kann der Zinsanteil auch in Anlehnung an die Ertragswerttabelle des § 55 EStDV bestimmt werden.[600] Bei Zinsanteilen von Kaufpreisraten und ihnen ähnlichen Zeitrenten ist aufgrund ihrer steuerlichen Qualifikation als Einkünfte aus Kapitalvermögen in Sinne des § 20 Abs. 1 Nr. 7 EStG der Sparerfreibetrag in Höhe von EUR 801,– bzw. EUR 1.602,– bei Zusammenveranlagung, § 20 Abs. 9 S. 1 EStG. Für Veräußerer mit keinen oder nur geringen Einkünften aus Kapitalvermögen kann die Ratenzahlungsvereinbarung daher günstiger als die Leibrente sein, bei der lediglich ein Werbungskostenpauschbetrag von EUR 102,– zu berücksichtigen ist, § 9a S. 1 Nr. 3 EStG.

kk) Verlustvortrag. Veräußerungsverluste im Sinne des § 17 Abs. 2 S. 6 EStG fallen auf der Ebene des Anteilseigners an. Hat die Kapitalgesellschaft selbst Verluste erlitten und dementsprechend einen Verlustvortrag, ist zusätzlich die Missbrauchsvorschrift des **§ 8c KStG** zu beachten. Danach entfällt der Verlustvortrag einer Kapitalgesellschaft vollständig – vorbehaltlich einer Umstrukturierung im Konzern (§ 8c Abs. 1 S. 4 KStG) – bei einem sog. schädlichen Beteiligungserwerb. Ein solcher liegt vor, wenn innerhalb von 5 Jahren unmittelbar oder mittelbar mehr als 50 % der Anteile auf einen Erwerber oder diesem nahe stehende Personen entgeltlich oder unentgeltlich übertragen werden oder ein vergleichbarer Sachverhalt vorliegt, § 8c Abs. 1 S. 1 KStG.[601] Gleiches gilt, wenn statt der Anteile 50 % der Mitgliedschaftsrechte, Beteiligungsrechte oder der Stimmrechte an einer Körperschaft unmittelbar oder mittelbar übertragen werden. Von § 8c KStG/§ 10a GewStG nicht erfasst werden nichtbeteiligungsähnliche Strukturen, wie zB partiarische oder eigenkapitalersetzende Darlehen typisch stille Gesellschaften und Unterbeteiligungen sowie Bezugsrechte.[602]

206

Als **Übertragung** ist jeder dingliche Rechtsübergang auf eine andere Person (natürliche oder juristische Person, Personengesellschaft) anzusehen. Nach Ansicht des FG Münster fallen alle entgeltlichen und unentgeltlichen Übertragungen und damit auch Anteilsübergänge im Wege der vorweggenommenen Erbfolge und konsequenterweise dann auch der Erbfall unter § 8c KStG.[603] Soweit es für den Erwerb auf den Übergang einer Eigentumsposition ankommt, soll nach Ansicht der Finanzverwaltung auf den Übergang des wirtschaftlichen Eigentums abzustellen sein.[604] Neben entgeltlichen Vorgängen werden daher auch unentgeltliche Vorgänge wie Schenkung und Erbauseinandersetzung, aber auch der Übergang im **Erbfall** von § 8c KStG erfasst.[605] Die Finanzverwaltung klammert allerdings den Anteilserwerb seitens einer natürlichen Person durch Erbfall einschließlich der unentgeltlichen Erbauseinandersetzung und der unentgeltlichen vorweggenommenen Erbfolge zwischen Angehörigen iS des § 15 AO aus dem Anwendungsbereich des § 8c KStG aus.[606] Erfasst wird danach nur der vollständig unentgeltliche Übergang im Erbfall bzw. der vorweggenommenen Erbfolge. Auch bei nur geringfügiger entgeltlicher Übertragung findet § 8c KStG auch auf den Erbfall, die Erbauseinandersetzung und die vorweggenommene Erbfolge Anwendung.[607] Auf **Schenkungen** ist § 8c KStG uneinge-

207

---

[600] BMF BStBl. I 2004, 1187.
[601] § 8c Abs. 1 S. 1 KStG aF wurde vom BVerfG für die Zeit vom 1.1.2007 bis 31.12.2015 für verfassungswidrig erklärt worden, BVerfG DStR 2017, 1094. Der Gesetzgeber hat keine Neuregelung vorgenommen. § 8c Abs. 1 S. 1 KStG aF ab dem VZ 2008 nicht mehr anzuwenden, § 34 Abs. 6 KStG nF. Ob § 8c Abs. 1 S. 2 KStG aF/§ 8c Abs. 1 S. 1 KStG nF verfassungswidrig ist, wird der BVerfG (BVerfG 2 BvL 19/17) zu klären haben, vgl. FG Hamburg DStR 2017, 2377, vgl. auch *Blümick/Brandis* KStG § 8c Rn. 22 mwN.
[602] Lenski/Steinberg/*Kleinheisterkamp* GewStG § 10a Rn. 114.
[603] FG Münster DStR 2016, 8.
[604] BMF BStBl. I 2017, 1645 Rn. 6; aA BFH BStBl. II 2004, 614; *Streck* KStG § 8c Rn. 25.
[605] Blümich/*Brandis* KStG § 8c Rn. 43; *Streck* KStG § 8c Rn. 29.
[606] BMF BStBl. I 2017, 1645 Rn. 4.
[607] BMF BStBl. I 2017, 1645 Rn. 4.

schränkt anzuwenden. Bei einer mittelbaren Beteiligung soll die Beteiligungs- bzw. Stimmrechtsquote nach Ansicht der Finanzverwaltung durchgerechnet werden.[608]

208   Als Erwerber gilt jede natürliche und juristische Person sowie Mitunternehmerschaften. Bei vermögensverwaltenden Personengesellschaften gilt eine anteilige Zurechnung nach § 39 Abs. 2 Nr. 2 AO.[609] Erfasst wird auch die Übertragung auf einen Mitgesellschafter.[610] Übertragungen auf nahestehende Personen und auf Erwerber mit gleichgerichteten Interessen werden für die Bestimmung der prozentualen Höhe einer Anteilsübertragung zusammengerechnet, § 8c Abs. 1 S. 1 KStG. Der Kreis der **nahestehenden Personen** reicht über Familienangehörige hinaus. Er definiert sich über die Beziehung zum Erwerber, die familienrechtlicher, gesellschaftsrechtlicher, schuldrechtlicher oder auch rein tatsächlicher Art sein kann.[611] Eine beherrschende Stellung ist für ein Nahestehen nicht erforderlich.[612] Bei **Erwerber mit gleichgerichteten Interessen** muss das gemeinsame Interesse auf eine dauerhafte und abgestimmte Beeinflussung der Kapitalgesellschaft gerichtet sein.[613] Die Finanzverwaltung nimmt demgegenüber gleichgerichtete Interessen bereits dann an, wenn zwischen den Erwerbern eine „Abstimmung" stattgefunden hat, wobei die Abstimmung über bloße Absprachen, die sich auf den Erwerb als solchen richten, hinausgehen müssen.[614] Die bloße Möglichkeit eines Beherrschens reicht nicht aus.[615] Die Absprache muss im Zeitpunkt des Erwerbs bestehen.[616] Absprachen nach Anteilserwerb sind unschädlich.[617]

209   Der Anteilserwerb muss innerhalb eines **Zeitraums von 5 Jahren** erfolgen. Nach hier vertretener Auffassung ist auf den Zeitpunkt des zivilrechtlichen Eigentumsübergangs abzustellen (→ Rn. 207). Die Finanzverwaltung stellt auf den Zeitpunkt des Übergangs des wirtschaftlichen Eigentums ab.[618] Der Fünf-Jahreszeitraum berechnet taggenau sich nach § 108 AO iVm §§ 187 bis 193 BGB. Zu beachten ist, dass nach Ansicht der Finanzverwaltung zu Beginn des Fünf-Jahreszeitraums noch kein Verlustvortrag der späteren Verlustgesellschaft vorhanden sein muss.[619]

210   Liegt danach ein schädlicher Beteiligungserwerb vor, so entfällt der Verlustvortrag bei der 50%-Grenze komplett. Erfolgt der schädliche Beteiligungserwerb unterjährig, sollen nach Ansicht der Finanzverwaltung auch die im laufenden Geschäftsjahr bis zu diesem Zeitpunkt entstandenen unterjährigen Verluste entfallen.[620] Dies gilt nicht, soweit in dem erworbenen Unternehmen **stille Reserven** vorhanden sind, § 8c Abs. 1 S. 5 bis 8 KStG. Danach kann der bisher nicht genutzte Verlust insoweit abgezogen werden, als er bei einem schädlichen Beteiligungserwerb im Sinne des S. 1 die gesamten zum Zeitpunkt des schädlichen Beteiligungserwerbs vorhandenen im Inland steuerpflichtigen stillen Reserven des Betriebsvermögens der Körperschaft nicht übersteigt. Ist der Verlustvortrag niedriger oder gleich den stillen Reserven, bleibt er erhalten. Übersteigt er die stillen Reserven, geht er vollständig verloren.

211   Ein an sich schädlicher Beteiligungserwerb kommt darüber hinaus nicht zum Tragen, wenn der Erwerb zum Zweck der Sanierung des Geschäftsbetriebs der Kapitalgesellschaft erfolgte, § 8c Abs. 1a KStG. Eine Sanierung ist danach eine Maßnahme, die darauf ge-

---

[608] BMF BStBl. I 2017, 1645 Rn. 12; kritisch *Streck* KStG § 8c Rn. 32.
[609] BMF BStBl. I 2017, 1645 Rn. 25.
[610] *Streck* KStG § 8c Rn. 15; aA *Hans* FR 2007, 775.
[611] BMF BStBl. I 2017, 1645 Rn. 26 iVm H 8.5 KStH 2015 „Nahestehende Personen"; vgl. auch BFH BStBl. II 1997, 301.
[612] BMF BStBl. I 2017, 1645 Rn. 26 iVm H 8.5 KStH 2015 „Nahestehende Personen".
[613] *Streck/Olbing* KStG § 8c Rn. 17.
[614] BMF BStBl. I 2017, 1645 Rn. 28.
[615] BFH BStBl. II 2017, 921.
[616] BFH BStBl. II 2017, 921.
[617] *Streck/Olbing* KStG § 8c Rn. 17, BFH BStBl. II 2017, 921, die darauf hinweisen, dass das Finanzamt für eine derartige Absprache die Darlegungs- und Beweislast trägt.
[618] BMF BStBl. I 2017, 1645 Rn. 13.
[619] BMF BStBl. I 2017, 1645 Rn. 17.
[620] BMF BStBl. I 2017, 1645 Rn. 33ff.

I. Einkommen-/Körperschaftsteuer § 25

richtet ist, die Zahlungsunfähigkeit oder Überschuldung zu verhindern oder zu beseitigen und zugleich die wesentlichen Betriebsstrukturen zu erhalten. Da die EU-Kommission die Sanierungsklausel als unzulässige Beihilfe erachtete,[621] wurde § 8c Abs. 1a KStG in seiner Anwendung suspendiert, § 34 Abs. 6 KStG aF. Der Beschluss der EU-Kommission wurde mittlerweile vom EuGH für nichtig erklärt.[622] Die Anwendung der Sanierungsklausel wurde durch das JStG 2018 reaktiviert, § 34 Abs. 6 S. 2 KStG nF.

Eine weitere Einschränkung des Wegfalls des Verlustvortrags bei schädlichem Beteiligungserwerb findet § 8c KStG in der Regelung des **fortführungsgebundenen Verlustvortrags** nach § 8d KStG. Danach ist § 8c KStG auf Antrag nicht anzuwenden, wenn die Kapitalgesellschaft in einem bestimmten Beobachtungszeitraum ausschließlich denselben Geschäftsbetrieb unterhalten hat und in diesem Zeitraum bis zum Schluss des Veranlagungszeitraums des schädlichen Beteiligungserwerbs kein Ereignis im Sinne von Abs. 2 stattgefunden hat. Der Antrag ist in der Steuererklärung für die Veranlagung des Veranlagungszeitraums zu stellen, in den der schädliche Beteiligungserwerb fällt, § 8d Abs. 1 S. 5 KStG. 212

b) Veräußerung von im Privatvermögen gehaltenen nichtrelevanten Beteiligungen. Veräußerungsgewinne, die bei der Veräußerung von im Privatvermögen gehaltenen nicht relevanten Beteiligungen an Kapitalgesellschaften entstehen, sind, sofern sie bis zum 31.12.2008 erworben wurden und nicht einbringungsgeboren iSd § 17 Abs. 6 EStG sind, **nicht steuerbar.** Derartige Veräußerungsverluste sind umgekehrt allerdings auch nicht mit anderen positiven Einkünften verrechenbar. Vorsicht ist geboten vor vermeintlich nicht relevanten Beteiligungen, wie zB bei einer ursprünglich relevanten Kapitalgesellschaftsbeteiligung, die erst durch eine frühere Teilveräußerung zu einer nicht relevanten Beteiligung abgesunken ist. Sofern seitdem noch keine fünf Jahre verstrichen sind, sind diese Anteile noch nach § 17 Abs. 1 S. 1 EStG steuerbefangen (→ Rn. 145 ff.). Entsprechendes gilt nach Ansicht des BFH[623] für die Fälle zwischenzeitlicher Nichtbeteiligung, wenn die unter 1% liegende Beteiligung erst neu erworben wurde, nachdem zuvor innerhalb des Fünfjahreszeitraums eine relevante Beteiligung vollständig veräußert wurde und der Gesellschafter somit vorübergehend überhaupt nicht an der Kapitalgesellschaft beteiligt war (→ Rn. 154). Wurden Anteile iSd § 17 EStG oder ein Betrieb, Teilbetrieb oder Mitunternehmeranteil ohne Aufdeckung der stillen Reserven in eine Kapitalgesellschaft eingebracht und lag die Beteiligungshöhe danach unter 1%, gelten die aufgrund der Umwandlung gewährten Anteile **ohne zeitliche Befristung** als Anteile iSd § 17 Abs. 1 S. 1 EStG und bleiben somit steuerverstrickt, § 17 Abs. 6 EStG. 213

Veräußerungsgewinne von nach dem 31.12.2008 erworbenen nicht relevanten Beteiligungen zählen zu den Einkünften aus Kapitalvermögen iSd § 20 Abs. 2 S. 1 Nr. 1 EStG, sofern nicht § 17 Abs. 6 EStG vorgeht (→ Rn. 172 ff.). Sie unterliegen der Abgeltungsteuer, § 43 Abs. 1 S. 1 Nr. 9 EStG. Veräußerungsverluste von nach dem 31.12.2008 erworbenen nicht relevanten Beteiligungen sind nach den eingeschränkten Regeln des § 20 Abs. 6 S. 2 ff. EStG abzugsfähig. Anders als Verluste nach § 17 EStG dürfen die Verluste aus Kapitalvermögen nicht generell, sondern nur dann mit Einkünften aus anderen Einkunftsarten ausgeglichen und auch nach § 10d EStG abgezogen werden, wenn die Beteiligung mindestens 10% betrug, § 32d Abs. 2 Nr. 1 S. 1 Buchst. b, S. 2 EStG (→ Rn. 174). Bei Beteiligungen unter 10% gilt die Verlustverrechnungsbeschränkung des § 20 Abs. 6 EStG, so dass nur eine Verrechnung mit Einkünften aus Kapitalvermögen zulässig ist (→ Rn. 174). Die Ermittlung des Veräußerungsgewinns/-verlusts erfolgt nach den gleichen Grundsätzen wie bei § 17 EStG (→ Rn. 166 ff.).[624] 214

---

[621] Beschl. DB 2011, 2069.
[622] EuGH IStR 2018, 552.
[623] BFH BStBl. II 1999, 650; BFH/NV 2016, 1448.
[624] Dötsch/Pung/Möhlenbrock/*Dötsch/Werner* EStG § 20 Rn. 196.

215 c) Veräußerung von im Betriebsvermögen gehaltenen Beteiligungen. § 17 EStG ist auf im Betriebsvermögen gehaltene Anteile an Kapitalgesellschaften nicht anwendbar.[625] Veräußerungsgewinne von im Betriebsvermögen gehaltenen Beteiligungen sind daher immer **einkommensteuerpflichtig.** Bei der Veräußerung durch natürliche Personen oder Personengesellschaften gilt das Teileinkünfteverfahren (→ Rn. 183). Wird die Beteiligung verdeckt in eine Kapitalgesellschaft eingelegt, an verschiedene Erwerber übertragen, insgesamt entnommen oder teilweise veräußert und im Übrigen in das Privatvermögen überführt, kann eine nach § 16 Abs. 3 EStG ebenfalls begünstigte **Betriebsaufgabe** vorliegen (→ § 26 Rn. 35). Der **Tausch** einer 100%igen Beteiligung gegen andere Anteile an einer wirtschaftlich identischen, dh wert-, art- und funktionsgleichen Kapitalgesellschaft führte bis zum 31. Dezember 1998 weder zu einer Veräußerung noch zu einer Aufgabe im Sinne des § 16 EStG.[626] Dies gilt seit dem 1. Januar 1999 nicht mehr. Die hingegebene Beteiligung wird nunmehr veräußert und die erlangte Beteiligung gilt als mit dem gemeinen Wert angeschafft, § 6 Abs. 6 S. 1 EStG. Die Einbringung einer 100%igen Beteiligung in eine Kapitalgesellschaft gegen Gewährung von Gesellschaftsrechten kann nach den §§ 20 ff. UmwStG begünstigt sein.

216 Ist eine Körperschaft Veräußerer, bleibt ein Veräußerungsgewinn nach § 8b Abs. 2 S. 1 KStG außer Ansatz. Eine verdeckte Einlage ist der Veräußerung gleichgestellt, § 8b Abs. 2 S. 5 KStG. Die Steuerfreiheit gilt auch für Gewinne aus der Veräußerung von ausländischen Kapitalgesellschaftsbeteiligungen. Dabei spielen Mindestbeteiligungsquoten, Aktivitätsprüfungen oder das Bestehen eines Doppelbesteuerungsabkommens keine Rolle. Wurde auf die Beteiligung eine steuerwirksame Teilwertabschreibung ohne zwischenzeitliche steuerpflichtige Zuschreibung in gleicher Höhe vorgenommen, gilt die Steuerfreiheit nicht, § 8b Abs. 2 S. 4 KStG. Ab dem Veranlagungszeitraum 2004 gelten 5% des steuerfreien Veräußerungsgewinns als nicht abziehbare Betriebsausgaben, § 8b Abs. 3 S. 1 KStG, was im Ergebnis dazu führt, dass 5% des Veräußerungsgewinns letztlich doch zu versteuern sind.

217 Der Gewinn aus der Veräußerung einer im Betriebsvermögen gehaltenen 100%igen Beteiligung an einer Kapitalgesellschaft ist zwar einkommensteuerlich begünstigt, aber dennoch Bestandteil des laufenden Ergebnisses des veräußernden Betriebes und als solcher grundsätzlich nach hM in vollem Umfang gewerbesteuerpflichtig (→ aber Rn. 230).

218 d) Laufender Gewinn/Verlust. Anders als die Personengesellschaft ist die Kapitalgesellschaft selbst Steuersubjekt. Dementsprechend wird das Einkommen auch ihr selbst und nicht ihren Gesellschaftern zugerechnet und nach dem KStG besteuert. Die Kapitalgesellschaft schirmt den laufenden Gewinn daher grundsätzlich zunächst einmal vom Gesellschafter ab. Dementsprechend gehören thesaurierte Gewinnanteile, Verlustanteile der Gesellschaft und Wertveränderungen der Beteiligung vor deren Veräußerung grundsätzlich nicht zu den Einkünften des Gesellschafters.

Auf der Ebene des Gesellschafters erfolgt die Versteuerung erst mit Ausschüttung bzw. anderweitigem Zufluss. Diese Einkünfte stellen bei ihm Einkünfte aus Kapitalvermögen gemäß § 20 EStG dar.

219 e) Behandlung beim Erwerber. Aus Erwerbsicht spielen nicht wie für den Veräußerer Steuerbegünstigungen oder gar Steuerfreiheit des Veräußerungsgewinns die entscheidende Rolle. Hier ist entscheidend, inwieweit die Zahlung als Anschaffungskosten zu klassifizieren und ob gegebenenfalls ein sofortiger Betriebsausgabenabzug zulässig ist. Steuerliches Ziel des Erwerbers ist es in der Regel, den Kaufpreis und die erwerbsbedingten Kosten möglichst zügig steuermindernd geltend machen zu können. Im Wesentlichen

---

[625] BFH BStBl. II 1974, 706; R 140 I EStR.
[626] BFH BStBl. III 1959, 30.

I. Einkommen-/Körperschaftsteuer § 25

ist seine Interessenlage also darauf gerichtet, die Anschaffungskosten in Abschreibungspotential zu transformieren.

Während bei dem Erwerb eines Einzelunternehmens oder von Mitunternehmeranteilen die **Transformation** von Anschaffungskosten **in Abschreibungspotential** grundsätzlich relativ problemlos möglich ist (→ Rn. 129), bedarf es beim Erwerb von Kapitalgesellschaftsanteilen hierfür besonderer Gestaltungsmaßnahmen. Zwar sind im betrieblichen Bereich auch sie mit den Anschaffungskosten zu aktivieren, § 6 Abs. 1 Nr. 2 S. 1 EStG, bzw. mit diesen in besondere, laufend zu führende Verzeichnisse aufzunehmen, § 4 Abs. 3 S. 5 EStG, allerdings ist bei ihnen eine Abschreibung für Abnutzung nicht zulässig.[627] Abhilfe schafft nur eine Reorganisation im Anschluss an den Erwerb der Anteile wie zB nach dem Kombinationsmodell.[628] Die meisten anderen bisher genutzten Unternehmenskaufmodelle (zB Mitunternehmerschaftsmodell,[629] Umwandlungsmodell,[630] Organschaftsmodell[631]), auf die hier nicht eingegangen werden soll, sind seit dem Systemwechsel vom Anrechnungs- zum Halb- bzw. Teileinkünfteverfahren, der weitgehenden Steuerfreiheit nach § 8b KStG und der Änderung des § 4 Abs. 6 UmwStG unattraktiv geworden. Der share-deal ist dem asset-deal daher aus Erwerbersicht grundsätzlich vorzuziehen.[632]

Ausgangspunkt für die Behandlung beim Erwerber sind also auch hier wieder die **Anschaffungskosten** (→ Rn. 170ff.). Hierzu gehören auch die sog. **Anschaffungsnebenkosten** (→ Rn. 171). Dies sind zB die vom Veräußerer seinerzeit getragenen Beurkundungs- und Beratungskosten sowie Provisionen[633] und ggf. auch Reisekosten.[634] Auch **nachträgliche Aufwendungen** des Anteilseigners (→ Rn. 172ff.) gehören zu den Anschaffungskosten, wenn sie durch das Gesellschaftsverhältnis veranlasst und weder Werbungskosten/Veräußerungsverluste nach § 20 EStG noch Veräußerungskosten sind. Hierzu gehören vor allem **verdeckte Einlagen. Sonstige Aufwendungen** des Veräußerers, die weder Veräußerungskosten noch Anschaffungskosten sind, können allenfalls als Werbungskosten oder Veräußerungsverluste bei den Einkünften aus Kapitalvermögen nach § 20 EStG[635] oder im Falle eines Gesellschafter-Geschäftsführers bei denjenigen aus nichtselbständiger Arbeit nach § 19 EStG[636] Berücksichtigung finden (→ Rn. 182). Maßgebend sollen zugunsten wie zuungunsten des Steuerpflichtigen die tatsächlichen Anschaffungskosten (sog. **historische Anschaffungskosten**) sein, und zwar auch dann, wenn die Anteile des Anteilseigners oder seines Rechtsvorgängers im Zeitpunkt der Anschaffung noch nicht steuerverstrickt waren.[637] Sind Kapitalgesellschaftsanteile zu **unterschiedlichen Anschaffungskosten** erworben worden, so behalten sie grundsätzlich dennoch ihre Selbständigkeit, soweit eine Zuordnung der Anschaffungskosten zu den entsprechenden und auch identifizierbaren Anteilen überhaupt möglich ist.

220

Für den Erwerber ergibt sich aus § 20 Abs. 5 EStG eine Sonderproblematik, die sich allerdings in der Regel auch beim Veräußerer bemerkbar macht. Denn nach § 20 Abs. 1 Nr. 1 bis Nr. 3 iVm Abs. 5 EStG sind Gewinnausschüttungen, die auf einem nach Anteilsübertragung gefassten Gewinnverwendungsbeschluss beruhen und zivilrechtlich noch dem Veräußerer zustehen, trotzdem vom Erwerber zu versteuern. Der vom Erwerber an den Veräußerer weitergeleitete oder im Falle der Vorausabtretung des Gewinnauszahlungsanspruchs von der Gesellschaft unmittelbar an den Veräußerer gezahlte Gewinnanteil

221

---

[627] BFH BStBl. II 1986, 142.
[628] Vgl. zB *Beisel/Klumpp*, Der Unternehmenskauf, § 6 Rn. 100; *Maiterth/Müller* BB 2002, 598; *Blumers/Schmidt* DB 1991, 609ff.
[629] *Herzig* StbJb 1989/90, 257 (287); *Blumers/Schmidt* DB 1991, 621ff.
[630] *Herzig/Schaumburg*, Umstrukturierung von Unternehmen, 120ff.
[631] *Pluskat* DB 2001, 2216; *Korn/Stahl* KÖSDI 2001, 13054 (13060), *Kollruss* Inf 2001, 430.
[632] *Bomhard* BB 2003 Beil. 1, 1.
[633] BFH BStBl. II 1980, 116.
[634] BFH BStBl. II 1981, 470 zu VuV.
[635] BFH BStBl. II 1986, 596 für Schuldzinsen.
[636] BFH BStBl. II 1993, 663; *Grube* FS Klein, 1994, 913 jeweils zu Darlehensverlusten.
[637] BFH BStBl. II 1996, 312 mwN; → Rn. 178ff.

führt beim Käufer gleichzeitig zur Erhöhung der Anschaffungskosten der Beteiligung (→ Rn. 170). Beim Veräußerer erhöht sich die Gegenleistung (→ Rn. 67 und damit der Veräußerungsgewinn. Der Erwerber zahlt somit Einkommensteuer für etwas, was er nicht erlangt. Der Wert des Gewinnanspruchs stellt sich für ihn daher um diese Steuerbelastung geringer dar, was sich wiederum grundsätzlich in einer Verringerung des Kaufpreises niederschlagen dürfte. Es dürfte daher regelmäßig günstiger sein, vor der Veräußerung eine Vorabausschüttung vorzunehmen.[638]

II. Gewerbesteuer

1. Veräußerung von im Privatvermögen gehaltenen Kapitalgesellschaftsanteilen

222 Der Gewinn aus der Veräußerung einer im Privatvermögen gehaltenen Beteiligung an einer Kapitalgesellschaft, sei sie nun relevant oder nicht relevant, ist bereits deswegen nicht gewerbesteuerpflichtig, weil der Gewerbesteuer gemäß § 3 GewStG nur der Gewerbebetrieb unterliegt. Dies ist hier die Kapitalgesellschaft selbst. Der dahinter stehende Anteilseigner, der die Beteiligung in seinem Privatvermögen lediglich hält, ist nicht gewerblich tätig und unterliegt dementsprechend auch nicht der Gewerbesteuer.

2. Veräußerungsgewinne bei Betriebsvermögen

223 Der Gewerbesteuer unterliegt bei **natürlichen Personen** (Unternehmern) und **Personengesellschaften** grundsätzlich nur der laufende, nicht hingegen der Veräußerungsgewinn. Als eine auf den tätigen Gewerbebetrieb bezogene Sachsteuer erfasst die Gewerbesteuer nur den durch den laufenden Betrieb angefallenen Gewinn.[639] Er wird als Gewerbeertrag bezeichnet und ist verfahrensrechtlich für gewerbesteuerliche Zwecke selbständig zu ermitteln. Da der Gewerbeertrag gemäß § 7 GewStG (vermehrt und vermindert um die Hinzurechnungen und Kürzungen nach den §§ 8, 9 GewStG) nach den Vorschriften des EStG oder KStG zu bemessen ist, kommt § 16 EStG und § 8b KStG somit mittelbar entscheidende Bedeutung zu. Dies gilt grundsätzlich auch hinsichtlich der Ermittlung des Veräußerungsgewinns. Er ist bei der Ermittlung des Gewerbeertrags aus dem Gewinn aus Gewerbebetrieb auszuscheiden. Entsprechendes gilt für die Veräußerungskosten, die bei der Ermittlung des Veräußerungsgewinns abzuziehen sind. Sie dürfen den Gewerbeertrag nicht mindern. Zu den aus dem Gewinn aus Gewerbebetrieb auszugrenzenden Bestandteilen gehören auch solche, die zwar nach dem Einkommensteuerrecht nicht Veräußerungs- oder Aufgabegewinne darstellen, die aber in einem unmittelbaren sachlichen Zusammenhang mit der Betriebsveräußerung oder Betriebsaufgabe stehen und deshalb gleichfalls keine „laufenden" Gewinne darstellen.[640] Entsprechendes gilt für Gewinne aus der Veräußerung von Sonderbetriebsvermögen, zB einer im Sonderbetriebsvermögen II eines Mitunternehmers gehaltenen Beteiligung an einer GmbH.[641] Von einem der Zurechnung zum Gewerbeertrag iSd § 7 Satz 1 GewStG entgegenstehenden Zusammenhang der Veräußerung einer solchen Beteiligung mit der Veräußerung oder Aufgabe eines Betriebs oder eines Mitunternehmeranteils ist dabei grundsätzlich auszugehen, wenn die Anteilsveräußerung Bestandteil des einheitlichen wirtschaftlichen Vorgangs der Betriebsveräußerung oder Betriebs- bzw. Mitunternehmeranteilsaufgabe ist, welche zur Einstellung der werbenden Tätigkeit des Unternehmens führt.[642]

224 Über § 7 Abs. 1 GewStG gilt § 16 EStG auch für die Gewerbesteuer. Es kommt daher für eine Betriebsveräußerung nicht nur darauf an, dass alle funktional wesentlichen Be-

---

[638] Vgl. *Carlé* KÖSDI 1999, 11906, mit Formulierungsvorschlag aus Veräußerersicht für eine entsprechende Kaufvertragsklausel; vgl. auch *Pyszka* DStR 1996, 170; Schmidt/*Weber-Grellet* EStG § 17 Rn. 135.
[639] GrS BFH BStBl. III 1964, 124.
[640] BFH BStBl. II 2016, 544; 2009, 289.
[641] BFH BStBl. II 2016, 544; 2008, 742.
[642] BFH BStBl. II 2016, 544; BFH/NV 2006, 608.

triebsgrundlagen von der Veräußerung erfasst sind, sondern auch, dass alle mit erheblichen stillen Reserven behafteten Wirtschaftsgüter mit veräußert werden (**funktional-quantitative Betrachtungsweise**). Nicht erforderlich ist jedoch, dass alle Voraussetzungen des § 16 EStG erfüllt sind, solange nur die gewerbliche Betätigung des bisherigen Gewerbebetriebs endgültig endet.[643] Es kann folglich dazu kommen, dass einkommensteuerlich wie im Fall der allmählichen Abwicklung keine begünstigte Veräußerung vorliegt, gewerbesteuerlich die Veräußerung aber nicht zu erfassen ist, wenn sie auf Maßnahmen zur Vermögensverwertung nach Einstellung der werbenden Tätigkeit des Betriebs beruht. Bei der Ermittlung des Gewerbeertrags eines Einzelunternehmens oder einer Personengesellschaft ist der Veräußerungsgewinn in der Regel gewerbesteuerlich nicht zu berücksichtigen. Hiervon macht § 7 S. 2 GewStG seit dem Erhebungszeitraum 2002 eine Ausnahme, soweit Personengesellschaften oder Kapitalgesellschaften an einer Mitunternehmerschaft beteiligt sind. Der auf diese über eine Mitunternehmerschaft entfallende Veräußerungsgewinn wird in Gewerbeertrag umqualifiziert. Unterfällt ein Veräußerungsgewinn ausnahmsweise der Gewerbesteuer, so ist ein **Freibetrag nach § 16 Abs. 4 EStG** auch bei der Ermittlung des Gewerbeertrags zu beachten, denn insoweit handelt es sich um eine sachliche Steuerbefreiung.[644] Einnahmen, die entweder unter keine Einkunftsart fallen oder aufgrund besonderer gesetzlicher Vorschriften als steuerfrei behandelt werden, unterliegen nicht der Gewerbesteuer.[645] Im Übrigen gelten bei der Ermittlung des Gewinns iSv § 7 S. 1 GewStG auch die Steuerbefreiungen nach § 3 EStG, soweit es sich um sachliche und nicht um persönliche Steuerbefreiungen handelt.[646] Auch § 3 Nr. 40 EStG und § 3c Abs. 2 EStG sowie § 8b KStG sind anzuwenden.

Veräußerungsgewinne, die gemäß §§ 16 Abs. 1 S. 2, Abs. 2 S. 3, Abs. 3 S. 5 EStG, 24 Abs. 3 S. 3 UmwStG **in laufende Gewinne umqualifiziert** werden, werden hierdurch auch gewerbesteuerlich zu einem Teil des steuerpflichtigen Gewerbeertrags.[647] Dies soll sicherstellen, dass im Rahmen einer Betriebsaufgabe anfallende Veräußerungsgewinne nur steuerlich begünstigt werden, soweit Wirtschaftsgüter an Dritte veräußert werden.[648] **225**

Bei **Kapitalgesellschaften** unterliegt, anders als bei natürlichen Personen (Unternehmern) und Personengesellschaften, nach wohl hM grundsätzlich auch jeder Veräußerungsgewinn der Gewerbesteuer, sofern der Gewinn nicht nach § 8b KStG steuerbefreit ist (→ Rn. 232). Denn die Tätigkeit der Kapitalgesellschaft gelte gemäß § 2 Abs. 2 S. 1 GewStG stets und in vollem Umfang als Gewerbebetrieb.[649] Aufgrund dieser unterschiedlichen gewerbesteuerlichen Behandlung von Einzelunternehmen, Personen- und Kapitalgesellschaften kommt es auch bei deren Veräußerung zu entsprechend differenzierten gewerbesteuerlichen Folgen: **226**

a) **Veräußerung von Betrieben oder Teilbetrieben**[650] Der Gewerbesteuer unterliegen nicht Gewinne, positive wie negative, aus der Veräußerung von ganzen Betrieben und Teilbetrieben durch den **Einzelunternehmer** oder eine **Personengesellschaft,** soweit der dabei entstehende Gewinn auf eine **unmittelbar** als Mitunternehmer beteiligte natürliche Person entfällt. Bei einer doppelstöckigen Personengesellschaft ist der Gewinn aus der Veräußerung des Betriebes oder Teilbetriebes der Mitunternehmerschaft der Untergesellschaft gewerbesteuerpflichtig, § 7 S. 2 GewStG. Der Gewinn, den eine **Kapitalgesell- 227**

---

[643] BFH BStBl. II 2009, 289; 1980, 658.
[644] BFH BStBl. II 1992, 437.
[645] BStBl. II 2010, 1020.
[646] Frotscher/Drüen/*Schnitter* GewStG § 7 Rn. 33.
[647] BFH BStBl. II 2016, 544; 2010, 912; 2004, 754; BFH/NV 2015, 520.
[648] BFH BStBl. II 2016, 544; BTDrucks 12/5630, 58.
[649] BFH BStBl. II 2002, 155 mwN; H 7.1 Abs. 4 GewStH; → Rn. 235.
[650] Zu den einkommensteuerlich gemäß § 16 Abs. 1 Nr. 3 EStG den Teilbetrieben gleichgestellten 100%igen Kapitalgesellschaftsbeteiligungen → Rn. 237.

schaft bei der Veräußerung ihres Betriebes oder eines Teilbetriebes erzielt, unterliegt dagegen nach hM der Gewerbesteuer.

228 **b) Veräußerung von Mitunternehmeranteilen.** Der Gewerbesteuer unterliegen ebenfalls nicht Gewinne, positive wie negative, aus der Veräußerung des gesamten Mitunternehmeranteils durch einen **Einzelunternehmer** oder eine **Personengesellschaft,** soweit der dabei entstehende Gewinn auf eine unmittelbar als Mitunternehmer beteiligte natürliche Person entfällt. Dies gilt auch dann, wenn der Mitunternehmeranteil zuvor durch ganz oder teilweise erfolgsneutrale Einbringung nach § 24 UmwStG entstanden, also einbringungsgeboren war,[651] sofern die siebenjährige Sperrfrist nach § 24 Abs. 5 UmwStG beachtet wird. Der Umstand, dass ein entsprechender Gewinn, den die Kapitalgesellschaft seinerzeit bei unmittelbarer Veräußerung statt bei Sacheinbringung ihres Betriebes erzielt hätte, gewerbesteuerbar gewesen wäre (→ Rn. 229 aE), kann zu keinem anderen Ergebnis führen. Denn ausschlaggebend ist allein die gesetzliche Regelung in § 24 Abs. 3 UmwStG, wonach der Kapitalgesellschaft die Möglichkeit eröffnet wird, ihre gewerbliche Tätigkeit beenden zu können, ohne dass hierdurch ein Veräußerungsgewinn und damit eine gewerbesteuerliche Belastung entsteht. Die später außerhalb der Sperrfrist erfolgende Veräußerung des einbringungsgeborenen Mitunternehmeranteils ist hiervon losgelöst nach den allgemeinen gewerbesteuerlichen Regeln zu beurteilen. Ausnahmsweise gilt der Veräußerungsgewinn eines Mitunternehmeranteils kraft der gesetzlichen Fiktion des § 7 Abs. 1 GewStG iVm §§ 16 Abs. 1 S. 2, Abs. 2 S. 3, Abs. 3 S. 5 EStG, 24 Abs. 3 S. 3 UmwStG als laufender Gewinn, wenn auf Seiten des Veräußerers und des Erwerbers **dieselben Personen** Mitunternehmer sind.[652] Die Veräußerung lediglich eines **Teils eines Mitunternehmeranteils** unterliegt dagegen der Gewerbesteuer, § 7 Abs. 1 GewStG iVm § 16 Abs. 1 S. 1 Nr. 2 und Nr. 3 EStG. Dies führt dann allerdings auch zu der Konsequenz, dass ein Veräußerungsverlust zu berücksichtigen ist,[653] der bei der Veräußerung des gesamten Mitunternehmeranteils entfallen würde. Wird bei der Veräußerung eines Mitunternehmeranteil mit der Entstehung eines Veräußerungsverlusts gerechnet, ist aus gestalterischer Sicht zu empfehlen, einen Restanteil zurück zu behalten. Dieser verbleibende Restanteil darf sich allerdings nicht als vernachlässigbarer Zwerganteil ohne jede wirtschaftliche Bedeutung darstellen.[654] Soll dagegen nur ein Teil eines Mitunternehmeranteils veräußert werden und wird hierbei ein Gewinn erwartet, ist aus gestalterischer Sicht zu überlegen, zuvor den Anteil unentgeltlich auf eine nahestehende Person zu übertragen, der behalten werden soll. In einem zweiten Schritt wird dann der verbleibende Restanteil als gesamter Mitunternehmeranteil gewerbesteuerfrei verkauft.[655] Die Gesamtplanrechtsprechung steht dem nicht entgegen.[656]

229 Bei einer **doppelstöckigen Personengesellschaft** ist der Gewinn aus der Veräußerung der Mitunternehmeranteile der Untergesellschaft durch die Obergesellschaft gewerbesteuerpflichtig, § 7 S. 2 GewStG. Die Veräußerung eines Mitunternehmeranteils an der **Obergesellschaft,** ist als einheitlicher Veräußerungsvorgang zu behandeln, auch wenn mit dem Kaufpreis stille Reserven der Untergesellschaft mit abgegolten werden.[657] Eine Aufteilung des Veräußerungsgewinns nach dem Verhältnis der stillen Reserven, die auf die Ober- und auf die Untergesellschaft entfallen, ist somit nicht erforderlich. Der Veräußerungsgewinn ist gewerbesteuerfrei. Die Besserstellung unmittelbar beteiligter Personen ist

---

[651] BFH BStBl. II 1997, 224.
[652] BFH BStBl. II 2016, 544; Lenski/Steinberg/*Roser* GewStG § 7 Rn. 324.
[653] R 7.1 Abs. 3 S. 6 GewStR 2009.
[654] *Neyer* BB 2005, 577.
[655] *Neyer* BB 2005, 577.
[656] BFH/NV 2016, 1452.
[657] R 7.1 Abs. 3 S. 5 GewStR 2009; Blümich/*Drüen* GewStG § 7 Rn. 129; Frotscher/Drüen/*Schnitter* GewStG § 7 Rn. 107; aA Lenski/Steinberg/*Roser* GewStG § 7 Rn. 324a; *Ludwig* BB 2007, 2152.

verfassungsgemäß.[658] Bei **Erbengemeinschaften** ergeben sich diesbezüglich keine Probleme, da der Mitunternehmeranteil nicht der Erbengemeinschaft, sondern aufgeteilt unmittelbar auf die Miterben übergeht (→ § 27 Rn. 333). Es entsteht somit durch den Erbfall keine aus der Erbengemeinschaft als Obergesellschaft und der Mitunternehmerschaft als Untergesellschaft bestehende doppelstöckige Personengesellschaft.

Seit dem Veranlagungszeitraum 2002 ist nunmehr auch der Gewinn aus der Veräußerung eines von einer **Kapitalgesellschaft** gehaltenen Mitunternehmeranteils nach § 7 S. 2 Nr. 2 GewStG iVm § 8 Abs. 1 S. 1 KStG gewerbesteuerpflichtig, da er auf die Kapitalgesellschaft und „nicht auf eine natürliche Person als unmittelbar beteiligter Mitunternehmer entfällt".[659] Dies gilt auch dann, wenn der Mitunternehmeranteil zuvor durch ganz oder teilweise erfolgsneutrale Einbringung nach § 24 UmwStG entstanden, also einbringungsgeboren war. Steuerschuldner bei der gewerbesteuerpflichtigen Veräußerung von Mitunternehmeranteilen ist die Mitunternehmerschaft, nicht der veräußernde Mitunternehmer.[660]

c) Veräußerung von Kapitalgesellschaftsanteilen. Der Gewinn aus der Veräußerung 230 einer Beteiligung an einer Kapitalgesellschaft unterliegt bei **Einzelunternehmen** und **Personengesellschaften** dann nicht der Gewerbesteuer, wenn die Veräußerung im Zuge einer Betriebsveräußerung oder -aufgabe erfolgt.[661] Im Übrigen ist er grundsätzlich[662] Bestandteil des laufenden Ergebnisses des veräußernden Betriebes und als solcher in vollem Umfang gewerbesteuerpflichtig.[663] Dies gilt unabhängig davon, in welcher Höhe die Beteiligung besteht. Auch eine 100%ige Kapitalgesellschaftsbeteiligung, die gemäß § 16 Abs. 1 Nr. 1 S. 2 EStG als Teilbetrieb gilt und demzufolge im Falle der Veräußerung die gleiche einkommensteuerliche Behandlung wie diese erfährt, genießt im Gewerbesteuerrecht grundsätzlich keinerlei Vergünstigung. Ein aus der Veräußerung von Kapitalgesellschaftsanteilen resultierender positiver Gewinn erhöht daher grundsätzlich als Teil des laufenden gewerblichen Gewinns den Gewerbeertrag und führt zu einer entsprechenden Erhöhung der Gewerbesteuer.

Die unterschiedliche Behandlung der Veräußerung einer 100%igen Kapitalgesellschafts- 231 beteiligung durch einen Einzelunternehmer oder eine Personengesellschaft im Einkommen- und Gewerbesteuerrecht ist insbesondere im Hinblick auf deren starke wirtschaftliche Verwandtschaft zum Teilbetrieb höchst unbefriedigend.[664] Es stellt sich daher die Frage, wie sich diese Gewerbesteuerbelastung vermeiden lässt. Hierfür stehen grundsätzlich drei Wege offen:

(1) Man kann die 100%ige Kapitalgesellschaftsbeteiligung einem Teilbetrieb im Sinne des § 16 Abs. 1 Nr. 1 S. 1 EStG zuordnen, der verkauft werden soll. Der auf die Beteiligung entfallende Gewinn ist Teil des Veräußerungsgewinns des Teilbetriebs und unterliegt als solcher nicht der Gewerbesteuer.

(2) Die Kapitalgesellschaft könnte in eine Personengesellschaft umgewandelt werden. Ein hierbei entstehender Übernahmegewinn unterliegt nach § 18 Abs. 2 UmwStG nicht der Gewerbesteuer. Erfolgt die Veräußerung allerdings innerhalb von fünf Jahren nach dem Vermögensübergang, unterliegt der dabei entstehende Veräußerungs- oder Aufgabegewinn kraft der besonderen Missbrauchsvorschrift des § 18 Abs. 4 UmwStG der Gewerbesteuer. Es muss daher die Fünfjahresfrist abgewartet werden, um die Gewerbesteuerfreiheit zu erlangen. Vorsicht ist geboten, wenn Verlustvorträge vorhanden sind. Diese gehen

---

[658] BVerfG DStR 2018, 731.
[659] Bis zum 31. Dezember 2001 war die Veräußerung gewerbesteuerfrei, vgl. BFH BStBl. II 1997, 224; R 40 Abs. 2 S. 3 GewStR; Sudhoff/*von Sothen*, 4. Aufl. 2000, § 51 Rn. 236.
[660] BVerfG DStR 2018, 731.
[661] BFH BStBl. II 1972, 470; 1993, 131 mwN.
[662] Eine Ausnahme kann bei einbringungsgeborenen Kapitalgesellschaftsanteilen vorliegen, → Rn. 240.
[663] BFH BStBl. II 1993, 131; 2013, 907.
[664] Zur Kritik vgl. *Rose* FR 1993, 253.

nämlich gemäß § 4 Abs. 2 S. 2 UmwStG nicht auf die übernehmende Personengesellschaft über.

(3) Schließlich kann die Substanz der Kapitalgesellschaft durch Gewinnausschüttungen vermindert werden, die bei der empfangenden Muttergesellschaft dem gewerbesteuerlichen Schachtelprivileg unterfallen. Hier unterliegt dann nur noch der danach bei der Veräußerung erzielte (kleinere) Gewinn der Gewerbesteuer.

232 Der Gewinn aus der Veräußerung einer von einer **Kapitalgesellschaft** gehaltenen Beteiligung an einer Kapitalgesellschaft unterliegt grundsätzlich[665] gemäß § 8b Abs. 2 KStG iVm § 7 GewStG nicht der Gewerbesteuer. Die körperschaftsteuerliche Befreiung der Veräußerungserfolge aus dem Verkauf von Beteiligungen an Kapitalgesellschaften durch Kapitalgesellschaften führt zu einer entsprechenden Verringerung des Gewerbeertrags und wirkt insoweit steuerbefreiend. Lediglich 5% des Gewinns unterliegen der KSt und damit gemäß § 7 S. 1 GewStG auch der GewSt; § 8b Abs. 3 S. 1 KStG.

3. Die Behandlung von gewerbesteuerlichen Verlustvorträgen

233 Der gewerbesteuerliche Verlustvortrag kann bei einer Veränderung des Unternehmens und insbesondere auch bei einem Wechsel der Unternehmer verloren gehen. Denn Voraussetzung des gewerbesteuerlichen Verlustabzugs sind die Unternehmensidentität und die Unternehmeridentität. **Unternehmensidentität** bedeutet, dass der im Abzugsjahr bestehende Gewerbebetrieb wirtschaftlich identisch mit dem Gewerbebetrieb sein muss, der im Jahr der Verlustentstehung bestanden hat.[666] **Unternehmeridentität** bedeutet demgegenüber, dass der Steuerpflichtige, der den Verlustabzug in Anspruch nimmt, den Gewerbeverlust zuvor in eigener Person erlitten haben muss.[667] Beide Voraussetzungen müssen kumulativ vorliegen. Kommt es also zB bei einem unverändert fortgeführten Unternehmen lediglich zu einem kompletten Unternehmerwechsel, reicht dies nicht für den gewerbesteuerlichen Verlustabzug; der im übergegangenen Unternehmen entstandene Verlust entfällt vollständig.

234 Träger dieses Rechts auf den gewerbesteuerlichen Verlustabzug sind bei einem Einzelunternehmen der Einzelunternehmer, bei Personengesellschaften und anderen Mitunternehmerschaften nach Ansicht von Rechtsprechung und Finanzverwaltung die einzelnen Mitunternehmer,[668] und dies, obwohl Steuersubjekt die Personengesellschaft ist. Zutreffend weist die Gegenansicht[669] daher darauf hin, dass die Mitunternehmerstellung des Gesellschafters auf der gesamthänderischen Verbundenheit beruht und dass sich aus § 15 Abs. 3 EStG, der die Einheit aller Tätigkeiten einer Gesellschaft fingiert und die Gepräge-Rechtsprechung gesetzlich manifestiert, die Unternehmereigenschaft der Personengesellschaft selbst ableiten lässt. Hinzu kommt, dass die Personengesellschaften nicht nur steuerlich durch die Rechtsprechung des Bundesfinanzhofs eine gewisse Selbständigkeit erfahren haben,[670] sondern durch die Änderung der Rechtsprechung des Bundesgerichtshof zu der Gesellschaft bürgerlichen Rechts auch zivilrechtlich die grundsätzliche Selbständigkeit von Personengesellschaften unterstrichen wurde. Mit der Einfügung der Sätze 4 und 5 in § 10a GewStG durch das JStG 2007 wurde für Mitunternehmerschaften erstmals eine gesetzliche Grundlage für die mitunternehmerbezogene Sichtweise geschaffen. Zugleich wurde der Rechtsprechung des Bundesfinanzhofs,[671] dass der Verlustabzug bei Mitunternehmerschaften eine auf die einzelnen Mitunternehmer bezogene Berechnung des positiven wie negativen Gewerbeertrags erfordert, der Boden entzogen.

---

[665] Ausnahmen finden sich in § 8b Abs. 2 S. 4, sowie Abs. 4, 7, 8 KStG.
[666] Vgl. im Einzelnen R 10a.2 GewStR 2009.
[667] R 10a.3 Abs. 1 S. 1 GewStR.
[668] GrS BFH BStBl. II 1993, 616 (625); R 10a.3 Abs. 3 S. 1 GewStR.
[669] *Knobbe-Keuk* § 21 I; *Finkenbeiner* BB 1997, 230; Blümich/*Drüen* GewStG § 10a Rn. 62.
[670] So etwa der BFH zur Frage der Bekanntgabe einer Außenprüfungsanordnung: BStBl. II 1990, 272; oder zur doppelstöckigen Personengesellschaft: BStBl. II 1991, 691.
[671] Vgl. Lenski/Steinberg/*Kleinheisterkamp* GewStG § 10a Rn. 360 ff.

II. Gewerbesteuer

235 Voraussetzung ist zunächst einmal das im **Verlustentstehungsjahr** überhaupt **ein negativer Gewerbeertrag** entstanden ist, denn nur dann kann er gemäß § 10 S. 5 GewStG auf die einzelnen Mitunternehmer verteilt werden. Der Gewerbeertrag wird unter Berücksichtigung von Hinzurechnungen und Kürzungen unter Einbeziehung der Sonderbetriebseinnahmen und -ausgaben sowie der Ergebnisse etwaiger Ergänzungsbilanzen nach den §§ 7 bis 9 GewStG ermittelt. Ein so errechneter negativer Gewerbeertrag ist dann entsprechend dem **Gewinn- und Verlustverteilungsschlüssel des Verlustentstehungsjahres** auf die einzelnen Mitunternehmer aufzuteilen, § 10a S. 4 GewStG. Hat dabei einer der Gesellschafter trotz des negativen Gesamtgewerbeertrags einen positiven Anteil am Gewerbeertrag, so findet bereits auf dieser Stufe der Ausgleich zwischen den einzelnen Mitunternehmern mit negativem Anteil statt. Ergibt sich danach **insgesamt ein positiver Gewerbeertrag,** kann auf die einzelnen Mitunternehmer **kein** Gewerbeverlust verteilt und kein vortragsfähiger Gewerbeverlust festgestellt werden. Hieran ändert sich auch dann nichts, wenn sich dieser einheitliche positive Gewerbeertrag aus negativen Gewinnanteilen des einen Gesellschafters und positiven Gewinnanteilen des anderen zusammensetzt. Die negativen Gewinnanteile werden in diesem Fall bereits bei der Ermittlung des Gewerbeertrags ausgeglichen, dh mit den positiven Anteilen der anderen Gesellschafter verrechnet. Zu einer Aufteilung eines negativen Gewerbeertrags kann es daher nicht mehr kommen.

236 Entsteht in den **Folgejahren,** dh nach einem Jahr mit Verlustvortrag, ein positiver Gewerbeertrag, ist dieser ebenfalls den einzelnen Mitunternehmern zuzuordnen, diesmal allerdings grundsätzlich entsprechend dem **Gewinnverteilungsschlüssel des Abzugsjahres** wiederum unter Berücksichtigung von Sonderbetriebseinnahmen und -ausgaben sowie der Ergebnisse der Ergänzungsbilanzen, sofern der Gewinnverteilungsschlüssel nicht von außerbetrieblichen Erwägungen beeinflusst ist, § 10a S. 5 GewStG.[672] Es können somit unterschiedliche Gewinnverteilungsschlüssel im Verlustentstehungsjahr und im Abzugsjahr zum Tragen kommen. Einschränkungen des Verlustvortrags ergeben sich – abgesehen von den seit dem 1. Januar 2004 geltenden Verlustabzugsbeschränkungen (→ Rn. 248) – daher nur bei Veränderungen im Gesellschafterbestand.

Beispiel:[673]
Die ABC-OHG weist für die Jahre 01 und 02 einen Gewerbeertrag inklusive Sonderbetriebseinnahmen und -ausgaben der Gesellschafter von insgesamt EUR ./. 50.000,– bzw. EUR 40.000,– aus, der sich wie folgt auf die Gesellschafter verteilt:

	A T€	B T€	C T€	Gesamt T€
Jahr 01	+ 50	./. 30	./. 70	./. 50
Jahr 02	+ 20	+ 80	./. 60	+ 40

Laut Gesellschaftsvertrag sind A und B sowohl in 01 als auch in 02 mit jeweils mit 30 % und C mit 40 % am Ergebnis der Gesellschaft beteiligt. C veräußert zum 31. Dezember 02 seinen Gesellschaftsanteil an D.

	A T€	B T€	C T€	Summe T€
Anteil am Gewerbeverlust in 01	./. 15	./. 15	./. 20	./. 50
Ausgleich im Jahr 02	+ 12	+ 12	+ 16	+ 40
Verbleibender Verlustabzug	./. 3	./. 3	./. 4	./. 10

---

[672] BFH BStBl. II 1978, 348 (351).
[673] In Anlehnung an *Brandenberg* JbFfStR 1995/96, 316.

Der Gewinn des Jahres 02 wird vollständig mit den Verlustvorträgen verrechnet. Der vortragsfähige Gewerbeverlust wäre zum 31. Dezember 02 auf insgesamt EUR 10.000,– festzustellen und würde in Höhe von EUR 4.000,– auf C entfallen. Veräußert dieser zum 31. Dezember 02 seinen Anteil an D, verfällt der Verlustvortrag insoweit. Die auf A und B entfallenden Verlustvorträge werden auf den 31. Dezember 02 als verbleibender vortragsfähiger Verlustvortrag festgestellt.

Dies bedeutet im Endeffekt: **Laufende Gewerbeverluste** werden mitunternehmerübergreifend saldiert. Gewerbesteuerliche **Verlustvorträge** werden demgegenüber quotal auf die einzelnen Mitunternehmer verteilt und können dann nur noch von diesen jeweils allein genutzt werden. Bei einem **unterjährigen Unternehmerwechsel** ist der bis zum Zeitpunkt des Wechsels erzielte positive Gewerbeertrag mit früheren Verlusten des ausscheidenden Mitunternehmers zu verrechnen. Da der Gewerbebetrieb jedoch bei einem partiellen Mitunternehmerwechsel nicht als eingestellt iSv § 2 Abs. 5 S. 1 GewStG gilt, sind etwaige positive Gewerbeerträge zunächst mit etwaigen Verlusten, die noch nach dem Ausscheiden des Mitunternehmers im Erhebungszeitraum entstanden sind, zu verrechnen.[674] Dh etwaige nach dem Ausscheiden des Mitunternehmers entstandene Gewerbeverluste sind von dem Gewerbeertrag bis zum Ausscheiden des Mitunternehmers abzuziehen, was eine separate Ermittlung des bis zu diesem Zeitpunkt angefallenen Gewerbeertrags errfordert.[675]

237 Im Einzelnen sind folgende Fallkonstellationen zu unterscheiden:
- **Veräußert ein Einzelunternehmer sein Einzelunternehmen,** entfällt der im übergegangenen Unternehmen entstandene und vom bisherigen Einzelunternehmer noch nicht verbrauchte gewerbesteuerliche Verlustvortrag, da es an der Unternehmeridentität fehlt. Hierbei ist unerheblich, worauf der Wechsel des Unternehmers beruht. Es kommt daher nicht darauf an, ob er entgeltlich oder unentgeltlich, unter Lebenden oder durch Erbfolge eingetreten ist und ob es sich um eine gesetzliche oder gewillkürte Erbfolge[676] oder um eine vorweggenommene Erbfolge handelt.[677]

238 - **Wird ein Einzelunternehmen in eine Personengesellschaft eingebracht,** bleibt der vorhandene gewerbesteuerliche Verlustvortrag grundsätzlich erhalten, wenn Unternehmens- und Unternehmeridentität gegeben sind. Unternehmensidentität ist insbesondere dann gegeben, wenn die **Personengesellschaft** das Unternehmen des Einzelunternehmers fortführt. Dabei sind betriebsbedingte und strukturelle Anpassungen der gewerblichen Betätigung an veränderte wirtschaftliche Verhältnisse unschädlich.[678] Zulässig ist auch die Eingliederung des Unternehmens in das der Personengesellschaft, sofern die Identität des bisherigen Betriebs innerhalb der Gesamttätigkeit des aufnehmenden Betriebs gewahrt bleibt.[679] Eine Fortführung des Einzelunternehmens als Teilbetrieb der Personengesellschaft ist nicht erforderlich. Auch darf eine von mehreren wirtschaftlichen Betätigungen des aufgenommenen Einzelunternehmens eingestellt werden.[680] Unternehmeridentität ist gegeben, da der bisherige Einzelunternehmer auch weiterhin als (Mit-)Unternehmer an dem eingebrachten Betrieb beteiligt ist. Sie besteht daher nur insoweit, als der einbringende Einzelunternehmer auch Gesellschafter der aufnehmenden Personengesellschaft ist. Die vorgetragenen Verluste sind nur von dem positiven Gewerbeertrag der zukünftigen Erhebungszeiträume zu kürzen, der nach dem Gewinnverteilungsschlüssel des jeweiligen Abzugsjahres auf den einbringenden Unter-

---

[674] BFH DStR 2009, 683 Rn. 29; FG Baden-Württemberg DStRE 2018, 922; Lenski/Steinberg/*Kleinheisterkamp* GewStG § 10a Rn. 368a.
[675] BFH DStR 2009, 683 Rn. 29; FG Baden-Württemberg DStRE 2018, 922.
[676] BFH BStBl. III 1958, 426; 1961, 357; 1965, 115.
[677] *Glanegger/Güroff* GewStG § 10a Rn. 91.
[678] BFH BStBl. II 1983, 425.
[679] BFH BStBl. II 1994, 764 (767).
[680] BFH/NV 1994, 899.

nehmer entfällt.[681] Die anderen Mitunternehmer kommen somit nicht in den Genuss des gewerbesteuerlichen Verlustvortrags des übernommenen Unternehmens.

- **Wird ein Personengesellschaftsanteil auf einen neuen Gesellschafter übertragen,** geht der auf den Ausscheidenden entfallende Anteil am gewerbesteuerlichen Verlustvortrag unter, da es insoweit an der **Unternehmeridentität** fehlt. Der auf die verbleibenden Altgesellschafter entfallende Rest kann in nachfolgenden Erhebungszeiträumen von dem auf die Altgesellschafter entfallenden und nach dem Gewinnverteilungsschlüssel der jeweiligen Abzugsjahre ermittelten positiven Gewerbeertrag abgezogen werden. 239

- **Werden Teile eines Personengesellschaftsanteils auf einen neuen Gesellschafter übertragen,** mindert sich ein vorhandener Verlustvortrag nicht, und zwar auch nicht teilweise, da der übertragende Gesellschafter auch weiterhin als Mitunternehmer an der Personengesellschaft beteiligt bleibt. Allerdings verringert sich ein positiver Gewerbeertrag zukünftiger Erhebungszeiträume nur um den auf die Altgesellschafter entfallenden und nach dem Gewinnverteilungsschlüssel des jeweiligen Abzugsjahres ermittelten Anteils. Der Neugesellschafter partizipiert daher nicht. Zu beachten ist, dass der seine Beteiligung verringernde Gesellschafter dadurch in der Regel auch in geringerem Maße am zukünftigen Gewinn beteiligt ist. Der auf ihn entfallende Anteil des Verlustvortrags verringert sich daher entsprechend langsamer. 240

- **Wird ein Personengesellschaftsanteil auf einen Altgesellschafter übertragen,** geht auch hier der auf den Ausscheidenden entfallende Anteil am gewerbesteuerlichen Verlustvortrag unter. Der verbleibende Rest kann in nachfolgenden Erhebungszeiträumen von dem auf die Altgesellschafter entfallenden und nach dem Gewinnverteilungsschlüssel der jeweiligen Abzugsjahre ermittelten positiven Gewerbeertrag abgezogen werden. Der den Anteil des Ausscheidenden übernehmende Gesellschafter stockt durch die Übernahme seine Beteiligung auf, was bei ihm regelmäßig zu einer höheren Beteiligung am Gewinn führt. Der auf ihn entfallende Verlustvortrag wird sich daher in der Regel schneller abbauen. 241

- **Werden Teile eines Personengesellschaftsanteils auf einen Altgesellschafter übertragen,** mindert sich ein vorhandener Verlustvortrag nicht, und zwar auch nicht teilweise, da der übertragende Gesellschafter auch weiterhin als Mitunternehmer an der Personengesellschaft beteiligt bleibt. Der vorhandene gewerbesteuerliche Verlustvortrag kann auch weiterhin grundsätzlich vom gesamten positiven Gewerbeertrag nachfolgender Erhebungszeiträume abgesetzt werden, da sich der Gesellschafterbestand nicht verändert hat. Zu beachten ist, dass der seine Beteiligung verringernde Gesellschafter dadurch in der Regel auch in geringerem Maße am zukünftigen Gewinn beteiligt ist. Der auf ihn entfallende Anteil des Verlustvortrags verringert sich daher entsprechend langsamer. 242

Die Einzelfälle zeigen, dass es durchaus sinnvoll sein kann, wenn der übertragende Gesellschafter im Hinblick auf die Nutzung gewerbesteuerlicher Verlustvorträge einen Restanteil seiner Beteiligung zurückbehält. Hierbei ist es jedoch erforderlich, dass er bis zu seinem endgültigen Ausscheiden auch einkommensteuerlich weiterhin Mitunternehmer bleibt. Dies könnte insbesondere dann nicht mehr der Fall sein, wenn die Übertragungsverträge praktisch zu einem Übergang des wirtschaftlichen Eigentums führen.[682] 243

- **Bei einer Realteilung** kommt es nach wohl hM darauf an, ob ein Teilbetrieb übernommen wird. Nur wenn dies der Fall ist und der übernommene Unternehmensteil vom Übernehmer fortgeführt wird, ist die Unternehmensidentität gegeben[683] und der übernehmende Gesellschafter kann den auf ihn entfallenden vortragsfähigen Gewerbe- 244

---

[681] BFH BStBl. II 1978, 348.
[682] Vgl. auch *Pyszka* DStR 1997, 1073.
[683] BFH BStBl. II 1991, 25; Lenski/Steinberg/*Kleinheisterkamp* GewStG § 10a Rn. 40; Blümich/*Drüen* GewStG § 10a Rn. 58; *Glanegger/Gürhoff* GewStG § 10a Rn. 23e; *Stöcker* DStZ 1991, 61.

verlust weiterhin abziehen. Dabei macht die Finanzverwaltung allerdings die Einschränkung dahingehend, dass jeweils höchstens nur der Teil des Gewerbeverlustes abgezogen werden darf, der dem übernommenen Teilbetrieb tatsächlich zugeordnet werden kann.[684] Da die Gewerbeverluste auf die Mitunternehmer verteilt wurden, führt diese Sichtweise immer dazu, dass bei dem den Teilbetrieb übernehmen Gesellschafter der Teil des Verlustes wegfällt, der auf den nicht übernommenen Teil des Gesellschaftsvermögens entfällt. Es stellt sich dann aber die Frage, in welcher Höhe er entfällt. Dh ob der den Teilbetrieb übernehmende Gesellschafter zukünftig alle diesem Teilbetrieb zuordenbaren Verluste nutzen kann oder nur den Anteil der dem Teilbetrieb zuordenbaren Gewerbeverluste, der dem Anteil der Teilbetriebsverluste zum Anteil der Gewerbeverluste insgesamt entspricht. Denn der dem jeweiligen Mitunternehmer nach § 10a S. 4 und S. 5 GewStG zugeordnete Gewerbeverlust setzt sich in der Regel aus dem Verlust beider Teilbetriebe zusammen.

Beispiel:

Die real zu teilende Mitunternehmerschaft besteht aus zwei gleichwertigen Teilbetrieben, von denen jeder der beiden Gesellschafter einen übernehmen soll. Der Gesellschafter A übernimmt den Teilbetrieb X, dem ein Verlustvortrag von EUR 60.000 zuzuordnen ist. Der Gesellschafter B übernimmt den Teilbetrieb Y, dem ein Verlustvortrag von EUR 40.000 zuzuordnen ist. Da beide Gesellschafter zu 50 % an der Mitunternehmerschaft beteiligt waren, sind ihnen die Gewerbeverluste nach § 10a S. 4 und 5 GewStG je zur Hälfte zugeordnet worden. Jeder Gesellschafter verfügt mithin über einen gewerbesteuerlichen Verlustvortrag von EUR 50.000,00.

Variante 1:

A hat einen gewerbesteuerlichen Verlustvortrag von EUR 50.000 und erhält den Teilbetrieb X, dem ein gewerbesteuerlicher Verlustvortrag von EUR 60.000 zuzuordnen ist. Sein gewerbesteuerlicher Verlustvortrag ist auf den ihm zugeordneten Gewerbeverlust beschränkt und beträgt EUR 50.000. B hat einen gewerbesteuerlichen Verlustvortrag von EUR 50.000 und erhält den Teilbetrieb Y, dem ein gewerbesteuerlicher Verlustvortrag von EUR 40.000 zuzuordnen ist. Sein gewerbesteuerlicher Verlustvortrag entfällt in Höhe von EUR 10.000, da nach Ansicht der Finanzverwaltung höchstens der Teil des Fehlbetrages abgezogen werden, der dem übernommenen Teilbetrieb tatsächlich zugeordnet werden kann. Sein Gewerbeverlust beträgt mithin EUR 40.000.

Variante 2:

Der Gewerbesteuerverlust beträgt insgesamt EUR 100.000 und entfällt zu 60 % auf den Teilbetrieb X und zu 40 % auf den Teilbetrieb Y. Man könnte die Einschränkung der Finanzverwaltung, dass höchstens nur der Teil des Fehlbetrages abgezogen werden kann, der dem übernommen Teilbetrieb tatsächlich zugeordnet werden kann, auch dahingehend verstehen, dass der dem jeweiligen Gesellschafter zuvor nach § 10a S. 4 und 5 GewStG zugeordnete Verlust nur in anteilig in Höhe der Quote des auf den übernommenen Teilbetrieb entfallenden Gewerbeverlust zum gesamten Gewerbeverlust bestehen bleibt.[685] Denn der Verlustvortrag nach § 10a GewStG setzt nach Ansicht der Rechtsprechung voraus, dass der Gewerbeverlust in *demselben* Unternehmen entstanden sein muss wie der spätere Gewerbeertrag.[686] Dieser Verlust wurde aber in den vorangegangenen Jahren zwischen den Gesellschaftern aufgeteilt. Der dem A nach § 10a S. 4 und 5 GewStG zugeordnete (Gesamt-)Verlust setzt sich also aus einen (Teil-)Verlust in Höhe von 60 %, der mit dem Teilbetrieb X, und einem (Teil-)Verlust von 40 % zusammen, der mit dem Teilbetrieb Y verknüpft ist. Danach wäre der Gewerbeverlust des A auf

---

[684] R 10a .3 Abs. 3 S. 9 Nr. 7 GewStR 2009.
[685] *Bordewin* DStR 1995, 313.
[686] BFH BStBl. II 1990, 25.

EUR 30.000 (= EUR 50.000 × 60 %) und der des B auf EUR 20.000 (= EUR 50.000 × 40 %) begrenzt. Richtiger erscheint die Variante 1. Denn bis zur Realteilung steht jedem Gesellschafter ein Anteil am ungeteilten Gesamtverlust der realgeteilten Ursprungsgesellschaft zu.[687] Variante 2 würde demgegenüber den Verlust bereits vor der Realteilung aufspalten.

Wird von einem Realteiler kein Teilbetrieb übernommen, gehen die Verluste mangels Unternehmensidentität verloren, und zwar auch dann, wenn der übernehmende Gesellschafter eine Kapitalgesellschaft ist.[688] Nach zutreffender Ansicht, sollte eine **partielle Unternehmensidentität** unabhängig von der Erfüllung der Teilbetriebsvoraussetzungen zum Übergang der Gewerbeverluste führen, wenn die real geteilte Wirtschaftseinheit – ohne die Fiktion des § 15 Abs. 3 EStG – als selbstständige Gewerbebetriebe anzusehen sind und der Gewerbeverlust des Gesamtunternehmens aufgrund entsprechender Buchführung zweifelsfrei den jeweiligen Wirtschaftseinheiten zugeordnet werden kann.[689] Denn die vorherige gewerbliche Tätigkeit wird nicht aufgegeben, sondern so wie bisher fortgeführt. Für das Ausscheiden (mindestens) eines Mitunternehmers unter Mitnahme von mitunternehmerischem Vermögen aus einer zwischen den übrigen Mitunternehmern fortbestehenden Mitunternehmerschaft (sog. unechte Realteilung) gelten die vorgenannten Grundsätze ebenso.[690]

245

Da die Tätigkeit einer **Kapitalgesellschaft** stets und in vollem Umfang als Gewerbebetrieb gilt, § 2 Abs. 2 S. 1 GewStG, und sie unabhängig davon, ob sie verschiedene Tätigkeiten ausüben, somit nur einen Gewerbebetrieb unterhalten können, kommt es für sie auf das Merkmal der **Unternehmensidentität** nicht an.[691] Dies gilt grundsätzlich auch für das Merkmal der **Unternehmeridentität,** da anders als bei Personengesellschaften die Kapitalgesellschaft selbst Trägerin des Unternehmens ist. Überträgt eine Kapitalgesellschaft allerdings ihren Betrieb auf eine andere Kapitalgesellschaft, wie zB in Umwandlungsfällen, führt dies zu einem Unternehmerwechsel, der den Gewerbeverlust dann entfallen lässt. Obwohl also ein Wechsel auf der Ebene der Gesellschafter bei einer Kapitalgesellschaft nicht zu einem (ggf. partiellen) Wegfall der Unternehmeridentität führt, statuiert § 10a S. 10 GewStG diesen Wegfall für bestimmte Fälle durch Verweis auf § 8c und § 8d KStG.

246

Nach § 10a GewStG/§ 8c KStG entfällt der Verlustvortrag einer Kapitalgesellschaft – vorbehaltlich einer Umstrukturierung im Konzern (§ 8c Abs. 1 S. 4 KStG), einer Sanierung und der Stille-Reserven-Klausel (§ 8c Abs. 1a KStG) –, wenn innerhalb von 5 Jahren unmittelbar oder mittelbar mehr als 50 % der Anteile auf einen Erwerber oder diesem nahe stehende Personen entgeltlich oder unentgeltlich übertragen werden oder ein vergleichbarer Sachverhalt vorliegt **(schädlicher Beteiligungserwerb)**, § 8c Abs. 1 S. 1 KStG. Gleiches gilt, wenn statt der Anteile 50 % der Mitgliedschaftsrechte, Beteiligungsrechte oder der Stimmrechte an einer Körperschaft unmittelbar oder mittelbar übertragen werden. Von § 10a GewStG/§ 8c KStG nicht erfasst werden nichtbeteiligungsähnliche Strukturen, wie zB Genussrechte, partiarische oder eigenkapitalersetzende Darlehen typisch stille Gesellschaften und Unterbeteiligungen sowie Bezugsrechte.[692] Diese Rechtsfolgen treten ganz oder teilweise nicht ein, wenn stille Reserven vorhanden sind, ein Sanierungsfall vorliegt oder auf Antrag, die Regelungen des fortführungsgebundenen Verlustvortrags nach § 8d KStG eingreifen (→ 210 ff.).

247

Der Abzug eines Verlustvortrags ist bis zum 31. Dezember 2003 uneingeschränkt möglich. Seit dem 1. Januar 2004 sehen die S. 1 bis 3 des § 10a GewStG diesbezüglich Ein-

248

---

[687] *Herzig/Förster/Förster* DStR 1996, 1025.
[688] BFH BStBl. II 1971, 147; 1985, 403; *Glanegger/Gürhoff* GewStG § 10a Rn. 23e.
[689] Lenski/Steinberg/*Kleinheisterkamp* GewStG § 10a Rn. 40; Frotscher/Drüen/*Schnitter* GewStG § 10a Rn. 63; aA *Glanegger/Gürhoff* GewStG § 10a Rn. 23e.
[690] Frotscher/Drüen/*Schnitter* GewStG § 10a Rn. 63.
[691] Lenski/Steinberg/*Kleinheisterkamp* GewStG § 10a Rn. 29; Frotscher/Drüen/*Schnitter* GewStG § 10a Rn. 65; aA *Glanegger/Güroff* GewStG § 10a Rn. 25.
[692] Lenski/Steinberg/*Kleinheisterkamp* GewStG § 10a Rn. 114.

schränkungen vor. Ab diesem Zeitpunkt darf ein positiver Gewerbertrag nur noch bis zu EUR 1.000.000,– uneingeschränkt abgezogen werden. Ein danach verbleibender positiver Gewerbeertrag kann nur noch bis zu 60 % durch im ersten Schritt noch nicht verbrauchte verbleibende Verlustvorträge ausgeglichen werden. Gewerbeerträge jenseits der Grenze von EUR 1 Mio. unterliegen daher zukünftig trotz eines entsprechend hohen Gewerbeverlustvortrags immer noch in Höhe von 40 % der Gewerbesteuer. Bei Mitunternehmerschaften ist der Höchstbetrag von EUR 1.000.000,– den Mitunternehmern entsprechend dem allgemeinen Gewinnverteilungsschlüssel zuzurechnen, § 10a S. 5 GewStG. Er wird daher auf der Ebene der Mitunternehmer und nicht auf der Ebene der Mitunternehmerschaft angewendet.[693] Bei einem **unterjährigen Ausscheiden** eines Mitunternehmers aus der Mitunternehmerschaft, steht dem ausscheidenden Mitunternehmer der Höchstbetrag nur zeitanteilig zu.[694]

III. Schenkungsteuer

249 Da es sich bei der Unternehmensveräußerung um ein entgeltliches Geschäft handelt, fällt Schenkungsteuer nicht an (zur teilentgeltlichen Veräußerung → § 55 Rn. 28).

IV. Grunderwerbsteuer

250 Befinden sich im Betriebsvermögen eines Unternehmens (Einzelunternehmen, Personengesellschaft, Kapitalgesellschaft) Grundstücke oder grundstücksgleiche Rechte, kann im Zuge der Unternehmensveräußerung Grunderwerbsteuer anfallen. Zum Grundstück gehören gemäß § 2 GrEStG neben dem Grund und Boden auch dessen wesentliche Bestandteile, wie zB Gebäude, nicht jedoch Betriebsvorrichtungen wie zB ein Getreidesilo. Die Grunderwerbsteuer knüpft grundsätzlich bereits an das schuldrechtliche Verpflichtungsgeschäft an und beträgt je nach Bundesland zwischen 3,5 % und 6,5 % von der jeweiligen Bemessungsgrundlage.[695] Steuerschuldner sind regelmäßig der Erwerber und der Veräußerer als Gesamtschuldner (§ 13 Nr. 1 GrEStG), bei der Vereinigung von mindestens 95 % der Anteile an einer Gesellschaft in einer Hand der oder die Erwerber (§ 13 Nr. 5 GrEStG) und bei Änderung des Gesellschafterbestandes die Personengesellschaft (§ 13 Nr. 6 GrEStG).[696]

251 Bei der Veräußerung eines **ganzen Betriebes** (Einzelunternehmens) oder **Teilbetriebes** werden die Wirtschaftsgüter einzeln übertragen. Hier fällt Grunderwerbsteuer nach § 1 Abs. 1 GrEStG an, wenn im Zuge dessen Grundstücke oder grundstücksgleiche Rechte im Sinne des § 2 GrEStG **übertragen** werden. Da das Grunderwerbsteuergesetz in § 1 Abs. 1 GrEStG an einen bürgerlich-rechtlichen Rechtsvorgang anknüpft, scheiden eine Zuordnung nach wirtschaftlichen Gesichtspunkten und die Anwendung des § 39 Abs. 2 Nr. 1 AO grundsätzlich aus.[697] Bei Eintritt in ein Einzelunternehmen wird dieses als Personengesellschaft fortgeführt. Hier ist nur der dem Eintretenden zuzurechnende Anteil grunderwerbsteuerpflichtig, § 5 Abs. 2 GrEStG. **Bemessungsgrundlage** ist gemäß § 8 Abs. 1 GrEStG die **Gegenleistung,** die der Veräußerer für das Grundstück erhält. Werden zusammen mit dem Grundstück auch andere Wirtschaftsgüter mit veräußert und wird insgesamt ein einheitlicher Kaufpreis gezahlt, muss der auf das Grundstück entfallende Anteil ermittelt werden. Dies erfolgt gemäß der **Borut-**

---

[693] Blümich/*Drüen* GewStG § 10a Rn. 113; Glanzegger/Güroff/*Güroff* GewStG § 10a Rn. 120c; FG Baden-Württemberg DStRE 2018, 922.
[694] FG Baden-Württemberg DStRE 2018, 922.
[695] Seit dem 1.9.2006 steht den Ländern das Recht zu, die Steuersätze der GrESt zu bestimmen, Art. 105 Abs. 2a S. 2 GG.
[696] Zur Rechtslage bis zum 31. Dezember 1999 vgl. Sudhoff/*von Sothen*, 4. Aufl. 2000, § 51 Rn. 255.
[697] BFH BStBl. II 2015, 57; 2005, 148.

IV. Grunderwerbsteuer § 25

tau'schen Formel[698] nach dem Verhältnis, in dem der Wert des Grundstücks zum Wert der sonstigen Gegenstände steht:

$$\frac{\text{Gesamtpreis} \times \text{gemeiner Wert des Grundstücks}}{\text{angemessener (gemeiner) Wert der sonstigen Gegenstände} + \text{gemeiner Wert des Grundstücks}}$$

Bei der Veräußerung von Anteilen an unmittelbar oder mittelbar grundbesitzenden Personen- oder Kapitalgesellschaften knüpft das GrEStG an die **Änderung des Gesellschafterbestandes** an. Erfasst wird zunächst der **Gesellschafterwechsel** bei Personengesellschaften. Gemäß § 1 Abs. 2a GrEStG fällt Grunderwerbsteuer grundsätzlich erst an, wenn sich innerhalb von fünf Jahren der **Gesellschafterbestand einer Personengesellschaft,**[699] zu deren Vermögen die Grundstücke oder grundstücksgleichen Rechte im Sinne des § 2 GrEStG gehören, unmittelbar oder mittelbar dergestalt ändert, dass mindestens **95% der Anteile** auf neue Gesellschafter übergehen (→ Rn. 254). Gleiches gilt bei der **Anteilsvereinigung,** bei der sich mindestens 95% der Anteile in der Hand eines Gesellschafters vereinigen, § 1 Abs. 3 GrEStG (→ Rn. 255). Diese Regelung gilt für Personen- und Kapitalgesellschaften gleichermaßen. Schließlich wird noch das Innehaben einer Beteiligung aufgrund eines Vorgangs erfasst, aufgrund dessen ein Rechtsträger insgesamt eine wirtschaftliche Beteiligung in Höhe von (durchgerechnet) mindestens 95% an einer grundbesitzenden Kapital- oder Personengesellschaft erhält, § 1 Abs. 3a GrEStG (→ Rn. 256).[700] **Bemessungsgrundlage** ist nach § 8 Abs. 2 S. 1 Nr. 3 GrEStG der Wert im Sinne des § 151 Abs. 1 S. 1 Nr. 1 iVm § 157 Abs. 1 bis 3 BewG und damit der gemeine Wert des Grundstücks, nicht der auf das Grundstück entfallende Anteil der Gegenleistung für die Kapital- oder Personengesellschaftsanteile. Die Wertermittlung erfolgt somit entweder nach dem Ertragswertverfahren (§§ 184 ff. BewG) oder dem Sachwertverfahren (§§ 189 ff. BewG).[701]

Anders als der an den zivilrechtlichen, rechtsförmlichen Übergang eines Grundstücks oder grundstücksgleichen Rechts anknüpfende § 1 Abs. 1 GrEStG stellen § 1 Abs. 2a, 3 und 3a GrEStG bei der **mittelbaren Änderung des Gesellschafterbestandes** auf wirtschaftliche Zusammenhänge ab. Der Gedanke der **wirtschaftlichen Zurechnung** gem. § 39 Abs. 2 Nr. 1 AO ist im Grunderwerbsteuerrecht anwendbar, wenn und soweit die Auslegung eines im GrEStG verwendeten gesetzlichen Merkmals ergibt, dass es nicht auf die zivilrechtlichen, sondern auf die wirtschaftlichen Gegebenheiten ankommt. Dies ist bei dem Merkmal der „mittelbaren Änderung" des Gesellschafterbestandes der Fall. In Anlehnung an die für § 39 Abs. 2 Nr. 1 AO geltenden Grundsätze können es demgemäß auch schuldrechtliche Vereinbarungen rechtfertigen, einen Anteil am Gesellschaftsvermögen einer grundstücksbesitzenden Personengesellschaft abweichend von der zivilrechtlichen Zuordnung zum (Alt-)Gesellschafter einem Dritten (fiktiver Neugesellschafter) für Zwecke des § 1 Abs. 2a GrEStG zuzurechnen.[702] Entsprechendes gilt für das Vorliegen einer mittelbaren Gesellschafterstellung iSd § 1 Abs. 3 GrEStG, welche sich lediglich nach wirtschaftlichen Gesichtspunkten beurteilen lässt.[703] Dabei kommt es darauf an, dass über die schuldrechtliche Vereinbarung einem anderen als dem an der grundbesitzenden Personengesellschaft unmittelbar Beteiligten eine Wertteilhabe an dem Gesellschaftsgrundbesitz

---

[698] *Boruttau* GrdEStG § 9 Rn. 111; BFH BStBl. II 1978, 320 mwN.
[699] Der Tatbestand soll auf grundbesitzende Kapitalgesellschaften erweitert werden, § 1 Abs. 2b GrEStG-E.
[700] Die Beteiligungsgrenze soll bei allen die Änderung des Gesellschafterbestands betreffenden Tatbeständen von 95% auf 90% abgesenkt werden; § 1 Abs. 2a, Abs. 2b, Abs. 3 und Abs. 3a GrEStG-E.
[701] Zur Bewertung von Grundstücken und Erbbaurechten vgl. MAH ErbR/*von Sothen* § 35 Rn. 67 ff.
[702] BFH BStBl. II 2016, 57; 2016, 356; DStR 2018, 26 Rn. 24; gleichlautende Ländererlasse DStR 2018, 2582; BStBl. I 2018, 1333; krit. Weilbach/*Kramer*/Weilbach/Baumann, GrEStG § 1 Rn. 4.8.9.; aA *Behrens*/*Bielinis* DStR 2014, 2369.
[703] BFH/NV 2019, 412.

vermittelt wird.[704] Nach Ansicht der Finanzverwaltung[705] müssen folgende Kriterien erfüllt sein:
- Der mittelbar Beteiligte hat aufgrund eines Rechtsgeschäfts bereits eine rechtlich geschützte, auf den Erwerb des Rechts gerichtete Position erworben, die ihm gegen seinen Willen nicht mehr entzogen werden kann (zB Herausgabeanspruch aufgrund einer Kaufoption oder eines Treuhandverhältnisses).
- Die mit dem Anteil verbundenen wesentlichen Rechte (zB Innehaben des Gewinnstammrechts, Befugnis zur Ausübung der Stimmrechte, Widerspruchs- und Kontrollrechte) sind auf den mittelbar Beteiligten übergegangen oder im Sinne des mittelbar Beteiligten auszuüben.
- Das Risiko einer Wertminderung und die Chance einer Wertsteigerung (zB Beteiligung am Gesellschaftsvermögen, an einem etwaigen Auseinandersetzungsguthaben sowie dem Liquidationserlös) sind auf den mittelbar Beteiligten übergegangen.

Das gleichzeitige Abstellen auf zivilrechtliches und wirtschaftliches Eigentum kann dazu führen, dass bei einer mittelbaren Änderung des Gesellschafterbestands aufgrund ein und desselben Lebenssachverhalts einmal beim zivilrechtlichen und einmal beim wirtschaftlichen Eigentümer, insgesamt also zweimal der Grunderwerbsteuer unterliegt. Sofern der wirtschaftliche Eigentumsübergang dem dinglichen nur vorangeht, wie dies bei der Übertragung von Kommanditanteilen wegen § 176 Abs. 2 HGB regelmäßig vereinbart wird, scheidet eine (erneute) Besteuerung der dinglichen Übertragung aus.[706] Bei Kapitalgesellschaften kommt es für den Grunderwerbsteuertatbestand § 1 Abs. 3 GrEStG entscheidend auf die rechtlich begründeten Einflussmöglichkeiten auf die grundbesitzende Gesellschaft an.[707] Die Grundlage einer derartigen Zurechnung aufgrund wirtschaftlichen Eigentums ist nicht auf bestimmte Vertragstypen beschränkt.[708] Die Einräumung einer umfassenden, unwiderruflichen Vollmacht zur Ausübung der Rechte aus einem Gesellschaftsanteil reicht aber nicht aus, um eine mittelbare Änderung des Gesellschafterbestandes im Hinblick auf den von der Vollmacht umfassten Gesellschaftsanteil anzunehmen.[709]

254 Der **Gesellschafterwechsel** bei einer Personengesellschaft (GbR, OHG, KG, GmbH & Co. KG, PartG) unterliegt der Grunderwerbsteuer, wenn mindestens 95% der Anteile am Gesellschaftsvermögen innerhalb von fünf Jahren auf einen neuen Gesellschafter übergehen, § 1 Abs. 2a GrEStG. Der Anteil am Gesellschaftsvermögen ist im Sinne der sachenrechtlichen Mitberechtigung am Gesamthandsvermögen zu verstehen, so wie sie sich aus dem Gesellschaftsvertrag der Personengesellschaft ergibt.[710] Regelt der Gesellschaftsvertrags nichts, ist auf die §§ 722, 734 bzw. §§ 120 bis 122 zurückzugreifen.[711] Bestimmt er dagegen, dass der Wert eines zum Gesamthandsvermögen der Personengesellschaft gehörenden Grundstücks nicht allen, sondern nur bestimmten Gesellschaftern zustehen soll, spielen die Anteile der anderen, am Grundstückswert nicht partizipierenden Gesellschafter für § 1 Abs. 2a GrEStG keine Rolle.[712] Der Tatbestand des § 1 Abs. 2a GrEStG ist nur dann erfüllt, wenn der Anteil am Gesellschaftsvermögen auf einen **neuen Gesellschafter** übergeht, der aktuell nicht beteiligt ist. War er früher bereits beteiligt, ist es aber aktuell nicht, ist er dennoch ein Neugesellschafter und zwar selbst dann, wenn seine vorherige Beteiligung an der Personengesellschaft noch keine fünf Jahre zurück liegt.[713]

---

[704] BFH BStBl II 2018, 783; koordinierte Ländererlasse BStBl I 2018, 1314 Tz. 5.1.2.
[705] Koordinierte Ländererlasse BStBl I 2018, 1314 Tz. 5.1.2.
[706] *Fleischer/Keul* Stbg 2019, 104; *Behrens* BB 2019, 30.
[707] BFH BStBl. II 2016, 356 Tz. 13.
[708] BFH BStBl. II 2016, 57; 2016, 356; DStR 2018, 26 Tz. 24.
[709] BFH DStR 2018, 26 Rn. 24; BMF BStBl. II 2018, 1314 Tz. 5.1.2 aE.
[710] BFH/NV 1993, 494; koordinierte Ländererlasse BStBl. I 2018, 1314 Tz. 4.
[711] Koordinierte Ländererlasse BStBl. I 2018, 1314 Tz. 4.
[712] *Wilms/Jochum/Schnitter* GrEStG § 1 Rn. 255.1; koordinierte Ländererlasse BStBl. I 2018, 1314 Tz. 4.
[713] BFH BStBl. II 2013, 963; koordinierte Ländererlasse BStBl. I 2018, 1314 Tz. 5.2.1.1.; zu den Besonderheiten bei Kapitalgesellschaften als Neugesellschafter, zum Treuhandverhältnis und zur formwechselnden Umwandlung vgl. koordinierte Ländererlasse BStBl. I 2018, 1314 Tz. 5.2.3.

Zur Ermittlung der **95%-Grenze** ist auf das Verhältnis der Beteiligung der Neugesellschafter zu der fortbestehenden Beteiligung von Altgesellschaftern nach dem Gesellschafterwechsel abzustellen. Stockt ein Neugesellschafter seine Beteiligung innerhalb von fünf Jahren nach dem erstmaligen Erwerb des Mitgliedschaftsrechts durch den Erwerb weiterer Anteile am Gesellschaftsvermögen auf, wirkt dies quotenerhöhend; er gilt insoweit also nicht als Altgesellschafter.[714] Bei Gesellschaftsstrukturen mit Personen- und Kapitalgesellschaften ist durch Personengesellschaften durchzurechnen und auf der Ebene jeder Kapitalgesellschaft die 95%-Grenze zu prüfen.[715] Änderungen im Gesellschafterbestand der an der grundbesitzenden Personengesellschaft beteiligten Personengesellschaften werden durch Multiplikation der Vomhundertsätze der Anteile am Gesellschaftsvermögen anteilig berücksichtigt.[716]

Der **Fünfjahreszeitraum** beginnt jeweils neu mit der Übertragung eines Anteils auf einen neuen Gesellschafter. Er berechnet sich nach §§ 186 ff. BGB.[717] Alle innerhalb dieses Zeitraums stattfindenden Gesellschafterwechsel auf Neugesellschafter sind zusammenzurechnen. Der Tatbestand kann daher auch schleichend verwirklicht werden. Da bereits vor diesem Erwerb vollzogene und nach § 1 Abs. 2a GrEStG zu berücksichtigende Anteilserwerbe einzubeziehen sein können, sollte sich ein Erwerber grundsätzlich eine Zusicherung des veräußernden Altgesellschafters über das Fehlen der die 95%-Grenze überschreitenden Anteilsänderungen geben lassen.[718] Nach Ansicht der Finanzverwaltung gilt der Fünfjahreszeitraum nicht für Gesellschafterwechsel bei mittelbarer Beteiligung über eine Kapitalgesellschaft.[719] Richtigerweise können aber alle innerhalb des Fünfjahreszeitraums stattfindende Gesellschafterwechsel nur zusammen betrachtet werden.[720]

Alle Rechtsvorgänge, die zur Verwirklichung des Tatbestands des § 1 Abs. 2a GrEStG geführt haben, sind bei Tatbestandsverwirklichung innerhalb von zwei Wochen[721] nach Kenntniserlangung von der grundbesitzenden Personengesellschaft bei dem für die Besteuerung bzw. Feststellung zuständigen Finanzamt **anzuzeigen**, § 19 Abs. 1 S. 1 Nr. 3a, Abs. 3 GrEStG. Bei sukzessiver Änderung des Gesellschafterbestands sind bei der Anzeige die vorausgegangenen Gesellschafterwechsel, die zur Tatbestandsverwirklichung beigetragen haben, anzugeben.[722] Bei mehreren Beteiligten ist der Anzeige eine Beteiligungsübersicht beizufügen, § 20 Abs. 2 Nr. 3 GrEStG. Der Anzeige ist insbesondere deshalb besondere Beachtung zu schenken, da eine Steuererstattung im Falle der Rückgängigmachung nur dann in Betracht kommt, wenn alle Erwerbe fristgerecht und in allen Teilen vollständig beim zuständigen Finanzamt angezeigt wurden, § 16 Abs. 5 GrEStG. Fehleranfällig dürfte insbesondere die sukzessiver Anteilsübertragung sein, zu der auch die Aufstockung der Beteiligung gehört,[723] da diese sich oft als schleichender Prozess darstellt und das Überschreiten der 95%-Grenze leicht übersehen werden kann. Auch bei der mittelbaren Änderung des Gesellschafterbestands ohne dinglichen Übergang der Anteile, bei der der Tatbestand nur aufgrund des schuldrechtlichen Verpflichtungsgeschäfts über die wirtschaftliche Zurechnung nach § 39 Abs. 2 Nr. 1 AO erfüllt wird, könnte die Anzeige

---
[714] BFH BStBl. II 2017, 966; koordinierte Ländererlasse BStBl. I 2018, 1314 Tz. 5.3.
[715] Koordinierte Ländererlasse BStBl. I 2018, 1314 Tz. 5.3.
[716] Koordinierte Ländererlasse BStBl. I 2018, 1314 Tz. 5.3.
[717] Boruttau/*Fischer* § 1 Rn. 911; *Behrens/Hofmann* UVR 2004, 27.
[718] *Bornhard/Dettmeier/Fischer* BB 2003, Beil. 1 S. 6; *Pahlke/Pahlke* GrEStG § 1 Rn. 284.
[719] Koordinierte Ländererlasse BStBl. I 2018, 1314 Tz. 5.2.3.1; 6.
[720] *Fleischer/Keul* Stbg 2019, 104; *Behrens* BB 2019, 30; *Broemel/Lange* DStR 2019, 185.
[721] Die Frist verlängert sich auf einen Monat für den Steuerschuldner, der eine natürliche Person ohne Wohnsitz oder gewöhnlichen Aufenthalt im Inland, eine Kapitalgesellschaft ohne Geschäftsleitung oder Sitz im Inland oder eine Personengesellschaft ohne Ort der Geschäftsführung im Inland ist, § 19 Abs. 3 S. 2 GrEStG.
[722] Koordinierte Ländererlasse BStBl. I 2018, 1314 Tz. 13.
[723] BFH BStBl. II 2017, 966; koordinierte Ländererlasse BStBl. I 2018, 1314 Tz. 10.

leicht übersehen werden. **Steuerschuldner** ist die Personengesellschaft, nicht der Erwerber, § 13 Nr. 6 GrEStG.[724]

255   Bei der **Anteilsvereinigung** nach § 1 Abs. 3 GrEStG kommt es auf der Ebene der Gesellschafter einer Personen- oder Kapitalgesellschaft[725] zu einer signifikanten Veränderung der Beteiligungsstruktur in der Form einer erstmaligen Vereinigung von 95% der Gesellschaftsanteile in einer Person (§ 1 Abs. 3 Nr. 1 und Nr. 2 GrEStG) oder der Übertragung derart vereinigter Anteile auf eine andere Person (§ 1 Abs. 3 Nr. 3 und Nr. 4 GrEStG). Der Tatbestand fingiert den Übergang des Grundstücks auf den Erwerber; das zivilrechtliche Eigentum verbleibt unverändert bei der Gesellschaft. Anders als bei § 1 Abs. 2a GrEStG, bei dem der Übergang innerhalb einer Fünfjahresfrist auf einen neuen Gesellschafter erfoderlich ist (→ Rn. 254), kann die Anteilsvereinigung auch bei einem Altgesellschafter eintreten und kennt kein zeitliches Limit.

Erfasst werden
- schuldrechtliche Rechtsgeschäfte über weniger als 95% der Anteile einer grundbesitzenden Gesellschaft, wenn sich infolge des Erfüllungsgeschäfts mindestens 95% der Anteile einer solchen Gesellschaft unmittelbar oder mittelbar in einer Hand vereinigen (§ 1 Abs. 3 Nr. 1 GrEStG),
- derartige Anteilsvereinigungen, allerdings ohne vorangegangenes schuldrechtliches Rechtsgeschäft (§ 1 Abs. 3 Nr. 2 GrEStG),
- schuldrechtliche Rechtsgeschäfte, die den Anspruch auf Übertragung unmittelbar oder mittelbar von mindestens 95% der Anteile einer grundbesitzenden Gesellschaft aus einer Hand begründen (§ 1 Abs. 3 Nr. 3 GrEStG) sowie
- die Übertragung derart vereinigter Anteile, aber ohne vorangegangenes schuldrechtliches Rechtsgeschäft (§ 1 Abs. 3 Nr. 4 GrEStG).

Eine **Erbengemeinschaft** ist ein selbständiger Rechtsträger im grunderwerbsteuerlichen Sinne und kann daher aufgrund eines dem Erbfall nachfolgenden Rechtsgeschäfts wie zB der Übernahme neuer Gesellschaftsanteile im Rahmen einer Kapitalerhöhung Erwerberin iSd § 1 Abs. 3 Nr. 1 GrEStG sein, so dass es in der Hand der Erbengemeinschaft zu einer Anteilsvereinigung kommen kann.[726] Die Anteilsvereinigung und die Anteilsübertragung von 95% der Anteile setzen grundsätzlich einen zivilrechtlichen Anspruch auf Übertragung der Anteile oder einen zivilrechtlichen Erwerb der Anteile[727] oder einen Erwerb der Anteile kraft Gesetzes voraus.[728] Bei der mittelbaren Anteilsvereinigung muss dieser Anspruch auf einer der darunterliegenden Ebenen gegeben sein. Erforderlich ist eine Anteilsvereinigung bzw- -übertragung von mindestens 95% der Anteile. Eigene Anteile einer Kapitalgesellschaft bleiben bei der Ermittlung der 95%-Grenze außer Betracht.[729] Werden Anteile eingezogen, kann es zu einer Anteilsvereinigung in der Hand des verbleibenden Gesellschafters kommen.[730] Bei der mittelbaren Anteilsvereinigung bzw. -übertragung kommt es darauf an, dass der Anteilserwerber sowohl bei der zwischengeschalteten Gesellschaft oder bei den Zwischengesellschaften als auch bei der grundbesitzenden Gesellschaft selbst in grunderwerbsteuerrechtlich erheblicher Weise die rechtliche Möglichkeit hat, seinen Willen durchzusetzen.[731]

---

[724] Zur Haftung des ausgeschiedenen Altgesellschafters für die GrESt vgl. *Wohltmann* AO-StB 2006, 76.
[725] BFH DStR 2014, 1389; BFH/NV 2008, 1529. Nicht unter § 1 Abs. 3 GrEStG fallen eingetragene und nicht eingetragene Vereine, Erbengemeinschaften (BFH BStBl III 55, 269; BStBl II 76, 159), Stiftungen, stille Gesellschaften sowie allgemein Innengesellschaften, Boruttau/*Meßbacher-Hönsch* GrEStG § 1 Rn. 957.
[726] BFH BStBl. II 14, 536; Boruttau/*Meßbacher-Hönsch* GrEStG § 1 Rn. 958.
[727] BFH/NV 92, 57.
[728] Boruttau/*Meßbacher-Hönsch* GrEStG § 1 Rn. 1004.
[729] Boruttau/*Meßbacher-Hönsch* GrEStG § 1 Rn. 989 ff.
[730] BFH BStBl. II 1988, 959.
[731] BFH BStBl, II 2016, 356; BStBl II 2018, 667; gleichlautende Ländererlasse BStBl I 2018, 1053.

IV. Grunderwerbsteuer § 25

Alle Rechtsvorgänge, die zur Verwirklichung des Tatbestands des § 1 Abs. 3 GrEStG geführt haben, sind bei Tatbestandsverwirklichung innerhalb von zwei Wochen[732] nach Kenntniserlangung von der grundbesitzenden Personengesellschaft bei dem für die Besteuerung bzw. Feststellung zuständigen Finanzamt **anzuzeigen**, § 19 Abs. 1 S. 1 Nr. 4 bis Nr. 7, Abs. 3 GrEStG. Bei mehreren Beteiligten ist der Anzeige eine Beteiligungsübersicht beizufügen, § 20 Abs. 2 Nr. 3 GrEStG. Eine verspätete oder unvollständige Anzeige schließt eine grunderwerbsteuerliche Rückgängigmachung nach § 16 GrEStG aus (→ Rn. 254). **Steuerschuldner** ist bei der Anteilsvereinigung der Erwerber, § 13 Nr. 5 lit. a GrEStG, und bei der Anteilsübertragung die am Erwerbsvorgang Beteiligten, § 13 Nr. 1 GrEStG.

Beim **Innehaben einer 95%igen Beteiligung** iSd § 1 Abs. 3a GrEStG werden Rechtsvorgänge, die dazu führen, dass ein Rechtsträger erstmalig eine wirtschaftliche Beteiligung von mind 95% an einer grundbesitzenden Ges innehat.[733] Der Tatbestand kann durch jeden Rechtsvorgang verwirklicht werden, so zB durch Veräußerung, Abtretung, Anwachsung, Umwandlung,[734] aber auch durch eine Erbfolge.[735] Erfasst werden sowohl Kapital- als auch Personengesellschaften.[736] Gesellschafterwechsel, die nach § 1 Abs. 2a GrEStG nicht erfasst werden, weil sie außerhalb des Fünfjahreszeitraums stattfinden, fallen unter § 1 Abs. 3a GrEStG.[737] Eine Frist ist dort nicht vorgesehen. Zudem sind auch Übertragungen von Anteilen am Gesellschaftsvermögen zwischen Altgesellschaftern, die den Tatbestand des § 1 Abs 2a GrEStG nicht erfüllen, nach § 1 Abs 3a GrEStG steuerbar.[738] Allerdings wird die Steuer in Höhe des Anteils nicht erhoben, zu dem der Erwerber am Vermögen der Gesamthand beteiligt ist, § 6 Abs. 2 GrEStG.[739] Die wirtschaftliche Beteiligung ergibt sich aus der Summe der unmittelbaren und mittelbaren Beteiligungen am Kapital oder am Vermögen der Gesellschaft, § 1 Abs. 3a S. 2 GrEStG. Für die Ermittlung der mittelbaren Beteiligungen sind die Vomhundertsätze am Kapital oder am Vermögen der Gesellschaften zu multiplizieren, § 1 Abs. 3a S. 3 GrEStG, dh es ist unabhängig von der Gesellschaftsform durch die verschiedenen Beteiligungsebenen „durchzurechnen".[740] Eigene Anteile der KapGes und wechselseitige Beteiligungen sind bei der Ermittlung der wirtschaftlichen Beteiligungsquote nicht zu berücksichtigen.[741] Eine wirtschaftliche Beteiligung kann nicht durch stille Beteiligungen (typische und atypische), partiarische Darlehen, Genussrechte oder sonstige Gesellschafterdarlehen entstehen.[742] Alle Rechtsvorgänge, die zur Verwirklichung des Tatbestands des § 1 Abs. 3 GrEStG geführt

256

---

[732] Die Frist verlängert sich auf einen Monat für den Steuerschuldner, der eine natürliche Person ohne Wohnsitz oder gewöhnlichen Aufenthalt im Inland, eine Kapitalgesellschaft ohne Geschäftsleitung oder Sitz im Inland oder eine Personengesellschaft ohne Ort der Geschäftsführung im Inland ist, § 19 Abs. 3 S. 2 GrEStG.
[733] Gleichlautende Ländererlasse BStBl I 2018, 1078 Tz. 4; Boruttau/*Meßbacher-Hönsch* GrEStG § 1 Rn. 1203.
[734] Boruttau/*Meßbacher-Hönsch* GrEStG § 1 Rn. 1203; Wilms/Jochum/*Schnitter* GrEStG § 1 Rn. 414.10; Pahlke/*Pahlke* § 1 Rn. 436; *Illing* DStZ 13, 504.
[735] Boruttau/*Meßbacher-Hönsch* GrEStG § 1 Rn. 1203; aA Hofmann GrEStG § 1 Rn. 188: teleologische Reduktion des § 1 Abs 3a GrEStG.
[736] Boruttau/*Meßbacher-Hönsch* GrEStG § 1 Rn. 1214.
[737] Wilms/Jochum/*Schnitter* GrEStG § 1 Rn. 414.25; Boruttau/*Meßbacher-Hönsch* GrEStG § 1 Rn. 1192; Pahlke/Pahlke § 1 Rn. 414; Illing DStZ 2013, 504; Wagner/Mayer BB 2014, 279.
[738] Boruttau/*Meßbacher-Hönsch* GrEStG § 1 Rn. 1192; gleichlautende Ländererlasse BStBl. I 2018, 1078 Tz 5 Bsp. 7 und Tz. 7 Bsp. 11; Wilms/Jochum/*Schnitter* GrEStG § 1 Rn. 414.24; Pahlke/*Pahlke* § 1 Rn. 414; aA *Behrens/Morgenweck* BB 2013, 2839.
[739] Boruttau/*Meßbacher-Hönsch* GrEStG § 1 Rn. 1192; gleichlautende Ländererlasse BStBl. I 2018, 1078 Tz 5 Bsp. 7 und Tz. 7 Bsp. 11; gleichlautende Ländererlasse BStBl. I 2018, 1334 Tz. 4.3.
[740] Gleichlautende Ländererlasse BStBl. I 2018, 1078 Tz. 5.
[741] Boruttau/*Meßbacher-Hönsch* GrEStG § 1 Rn. 1225; Pahlke/*Pahlke* GrEStG § 1 Rn. 428.
[742] Boruttau/*Meßbacher-Hönsch* GrEStG § 1 Rn. 1225; Pahlke/*Pahlke* GrEStG § 1 Rn. 429; Wilms/Jochum/*Schnitter* GrEStG § 1 Rn. 414.16; *Behrens* DStR 2013, 2726; *Wischott/Keller/Graessner/Bakeberg* DB 2013, 2235; *Wagner/Mayer* BB 2014, 279; *Schanko* UVR 2014, 44.

haben, sind bei Tatbestandsverwirklichung innerhalb von zwei Wochen[743] nach Kenntniserlangung von der grundbesitzenden Personengesellschaft bei dem für die Besteuerung bzw. Feststellung zuständigen Finanzamt **anzuzeigen,** § 19 Abs. 1 S. 1 Nr. 7a, Abs. 3 GrEStG. Bei mehreren Beteiligten ist der Anzeige eine Beteiligungsübersicht beizufügen, § 20 Abs. 2 Nr. 3 GrEStG. Eine verspätete oder unvollständige Anzeige schließt eine grunderwerbsteuerliche Rückgängigmachung nach § 16 GrEStG aus (→ Rn. 254). **Steuerschuldner** ist der Rechtsträger, der aufgrund des steuerbaren Rechtsvorgangs die wirtschaftliche Beteiligung von mindestens 95 % an einer grundbesitzenden Gesellschaft innehat, § 13 Nr. 7 GrEStG.

257   Gesamthandsgemeinschaften sind zwar grunderwerbsteuerlich selbständige Rechtsträger. Anders als bei Kapitalgesellschaften bleibt jeder Personengesellschafter aber am Gesellschaftsvermögen und damit auch an dem Grundbesitz gesamthänderisch mitberechtigt.[744] Konsequenterweise wird die Grunderwerbsteuer grundsätzlich in Höhe dieser Mitberechtigung nach Maßgabe der §§ 5 und 6 GrEStG nicht erhoben. Dh soweit der übertragende oder erwerbende Gesamthänder am Vermögen der Gesamthand beteiligt ist, fällt keine Grunderwerbsteuer an. Dies gilt entsprechend beim Übergang eines Grundstücks von einer Gesamthand auf eine andere Gesamthand, soweit deren Gesamthänder identisch sind und ihre Beteiligungshöhe übereinstimmt, § 6 Abs. 3 S. 1 iVm Abs. 1 S. 1 GrEStG. Auf eine Anteilsvereinigung/-übertragung gem. § 1 Abs. 3 Nr. 1 bis Nr. 4 GrEStG in der Person einer Gesamthand ist die Vergünstigungsvorschrift des § 5 Abs. 1 GrEStG nicht (entsprechend) anwendbar.[745] Entsprechendes gilt für § 6 Abs. 3 GrEStG.[746] Zu beachten ist, dass die Steuervergünstigungen nach § 6 Abs. 1 bis 3 GrEStG nicht gelten, soweit ein Gesamthänder bzw. dessen Rechtsvorgänger seinen Anteil an der Gesamthand innerhalb von fünf Jahren vor dem Grundstücksübergang durch Rechtsgeschäft unter Lebenden erworben hat, § 6 Abs. 4 S. 1 GrEStG, oder soweit eine vom Beteiligungsverhältnis abweichende Auseinandersetzungsquote innerhalb der letzten fünf Jahre vor der Auflösung der Gesamthand vereinbart worden ist, § 6 Abs. 4 S. 2 GrEStG.[747]

258   Wird ein Unternehmen, zu dem Grundstücke oder grundstücksgleiche Rechte gehören, an den **Ehegatten, Lebenspartner oder Verwandte** des Veräußerers in gerader Linie (zB Kinder, auch Stiefkinder, nicht jedoch Geschwister) oder deren Ehegatten (zB Schwiegersohn oder -tochter) veräußert, fällt gemäß § 3 Nr. 4 bzw. Nr. 6 GrEStG ausnahmsweise keine Grunderwerbsteuer an. Dies gilt auch für den Gesellschafterwechsel,[748] die Anteilsübertragung gem. § 1 Abs. 3 Nr. 3 und 4 GrEStG,[749] die Anteilsvereinigung an einer Personengesellschaft[750] und das Innehaben.[751] Bei der Anteilsvereinigung an Kapitalgesellschaftsanteilen sind die Steuerbefreiungen nach § 3 Nr. 4 und Nr. 6 GrEStG nicht anwendbar.[752] Erfolgt die Veräußerung an **Geschwister,** fällt jedoch grundsätzlich Grunderwerbsteuer an. Stellt sich die Grundstücksübertragung zwischen Geschwistern aber als abgekürzter Leistungsweg einer freigebigen Zuwendung eines Elternteils an die Schwester des Beschenkten heraus, kann diese in interpolierender Betrachtung des § 3 Nr. 2 Satz 1

---

[743] Die Frist verlängert sich auf einen Monat für den Steuerschuldner, der eine natürliche Person ohne Wohnsitz oder gewöhnlichen Aufenthalt im Inland, eine Kapitalgesellschaft ohne Geschäftsleitung oder Sitz im Inland oder eine Personengesellschaft ohne Ort der Geschäftsführung im Inland ist, § 19 Abs. 3 S. 2 GrEStG.
[744] Gleichlautende Ländererlasse BStBl. I 2018, 1334.
[745] BFH BStBl. II 2009, 544; 2017, 653; Boruttau/*Meßbacher-Hönsch* GrEStG § 5 Rn. 56c.
[746] Boruttau/*Meßbacher-Hönsch* GrEStG § 6 Rn. 8.
[747] Gleichlautende Ländererlasse BStBl. I 2018, 1334 Tz. 1 aE.
[748] BFH BStBl. II 2014, 266; koordinierte Ländererlasse BStBl. I 2018, 1314 Tz. 8; Pahlke/*Pahlke* GrEStG § 1 Rn. 316.
[749] Boruttau/*Meßbacher-Hönsch* GrEStG § 3 Rn. 55, 359, 438.
[750] Boruttau/*Meßbacher-Hönsch* GrEStG § 3 Rn. 438.
[751] Pahlke/*Pahlke* GrEStG § 1 Rn. 454.
[752] Boruttau/*Meßbacher-Hönsch* GrEStG § 3 Rn. 51, 359, 437; gleichlautende Ländererlasse BStBl. I 2018, 1069.

iVm § 3 Nr. 6 GrEStG steuerbefreit sein. Der interpolierenden Betrachtung steht § 42 AO nicht entgegen, wenn die Grundstücksübertragung zwischen Geschwistern bei einer (Neu-)Gestaltung der vorweggenommenen Erbfolge auf dem Interesse eines Elternteils beruht, gegenüber einem begünstigten Kind selbst als Schenker aufzutreten.

V. Umsatzsteuer

Als Verkehrssteuer besteuert die Umsatzsteuer einen wirtschaftlichen Verkehrsvorgang, den Umsatz. Allein die Ausführung eines solchen Umsatzes ist der Anknüpfungspunkt für die Umsatzsteuer. Ob ein getätigter Umsatz tatsächlich der Umsatzsteuer unterliegt, hängt davon ab, ob er erstens **steuerbar** und zweitens auch **steuerpflichtig** ist. Nur wenn beides der Fall ist, fällt Umsatzsteuer an. Die persönlichen Verhältnisse der an diesem Umsatz beteiligten Personen sind ohne Belang. Steuerschuldner ist der **Unternehmer**. Anders als im Ertragsteuerrecht sind aus umsatzsteuerlicher Sicht nicht nur die natürliche Person bzw. der Gesellschafter und die Kapitalgesellschaft, sondern auch die Personengesellschaft als **selbständige Rechtsträger** anzusehen. Das ertragsteuerliche Institut der **Mitunternehmerschaft** im Sinne des § 15 Abs. 1 Nr. 2 EStG ist dem Umsatzsteuerrecht fremd. Der Veräußerer muss Unternehmer sein, was bei Einzelunternehmern regelmäßig der Fall ist. Allein durch die Beteiligung an einer unternehmerisch tätigen Gesellschaft wird deren Gesellschafter nicht zum Unternehmer. Im Rahmen der Unternehmensveräußerung sind die Geschäftsveräußerung (§ 1 Abs. 1a UStG), der Wechsel im Personenbestand einer Kapitalgesellschaft und derjenige im Personenbestand einer Personengesellschaft zu unterscheiden.

1. Geschäftsveräußerung

Gemäß § 1 Abs. 1a S. 1 UStG unterliegen die Umsätze im Rahmen einer Geschäftsveräußerung im Ganzen an einen anderen Unternehmer für dessen Unternehmen nicht der Umsatzsteuer. Sie sind somit bereits nicht steuerbar. Was dabei unter einer Geschäftsveräußerung im umsatzsteuerlichen Sinne zu verstehen ist, ergibt sich aus der Legaldefinition des § 1 Abs. 1a S. 2 UStG. Voraussetzung ist, dass ein Unternehmen oder ein in der Gliederung eines Unternehmens gesondert geführter Betrieb im Ganzen entgeltlich oder unentgeltlich übereignet oder in eine Gesellschaft eingebracht wird.

a) Gegenstand der Geschäftsveräußerung. Als Gegenstand der Geschäftsveräußerung kommen zum einen das „Unternehmen" und zum anderen der „in der Gliederung eines Unternehmens gesondert geführte Betrieb" in Betracht. Anders als der tätigkeitsbezogene Unternehmensbegriff, der nach der Legaldefinition des § 2 Abs. 1 S. 2 UStG die gesamte gewerbliche oder berufliche Tätigkeit eines Unternehmers umfasst, ist der **Begriff des Unternehmens** in § 1 Abs. 1a S. 2 UStG gegenstandsbezogen. Ein Unternehmen in diesem Sinne wird daher aus der Summe der ihm zugeordneten körperlichen und nichtkörperlichen Gegenstände gebildet. Es muss sich dabei nicht um ein „lebendes" Unternehmen handeln.[753] Der Erwerber muss das Unternehmen **ohne nennenswerte finanzielle Aufwendungen fortführen** können.[754] Es reicht aus, wenn der Erwerber mit dem Erwerb des Unternehmens oder des gesondert geführten Betriebs seine unternehmerische Tätigkeit beginnt oder diese nach dem Erwerb in veränderter Form fortführt,[755] nicht jedoch, wenn er beabsichtigt, die übernommene Geschäftstätigkeit sofort abzuwickeln.[756]

---

[753] BFH BStBl. II 2003, 430; UR 2001, 214; R 5 Abs. 1 S. 4 UStR; *Birkenfeld* Umsatzsteuer-Handbuch § 48 Rn. 29, 30.
[754] BFH BStBl. II 2004, 664; R 5 Abs. 1 S. 2 UStR.
[755] R 5 Abs. 1 S. 3 UStR.
[756] EuGH DStR 2003, 2220; Bunjes/*Robisch* § 1 UStG Rn. 119; aA *Stadie* Ust-Lb 5.196;

262 Ein in der Gliederung eines Unternehmens **gesondert geführter Betrieb**[757] ist ein Teil des Unternehmens, der einen für sich lebensfähigen Organismus darstellt, welcher unabhängig von den anderen Geschäften des Unternehmens nach Art eines selbständigen Unternehmens betrieben worden ist und **nach außen hin** ein selbständiges, in sich abgeschlossenes Wirtschaftsgebilde gewesen ist.[758] Die Finanzverwaltung geht umsatzsteuerlich von einem gesondert geführten Betrieb aus, wenn ein Teilbetrieb im einkommensteuerlichen Sinne vorliegt[759] (→ Rn. 19 ff.). Der einkommensteuerliche Begriff des Teilbetriebs kann jedoch mit dem umsatzsteuerlichen Begriff des gesondert geführten Betriebes nicht gleichgesetzt werden. Er ist vielmehr im Sinne eines Unternehmensteils zu verstehen.[760] Maßgebend ist dementsprechend das Gesamtbild der Verhältnisse innerhalb des Gesamtunternehmens. Erforderlich ist daher regelmäßig, dass der gesondert geführte Betrieb einen eigenen örtlichen Wirkungs- und Kundenkreis[761] und eine eigene Buchführung[762] hat. Im Außenverhältnis handelt es sich somit häufig um Betriebsstätten, Filialen oder Zweigstellen.

263 Ähnlich wie bei § 16 EStG umfasst der Unternehmensbegriff bzw. der Begriff des gesondert geführten Betriebes im Sinne des § 1 Abs. 1a S. 2 UStG nicht notwendig sämtliche Wirtschaftsgüter dieser beiden Unternehmenseinheiten. Ein Unternehmen bzw. ein gesondert geführter Betrieb in diesem Sinne liegt daher auch dann vor, wenn nur die wesentlichen Grundlagen veräußert werden.[763] Gleiches gilt, wenn einzelne wesentliche Betriebsgrundlagen, wie zB ein Betriebsgrundstück, nicht mitübereignet, sondern dem Erwerber durch den Veräußerer langfristig zur Nutzung überlassen werden und damit eine dauerhafte Fortführung des Unternehmens oder des gesondert geführten Betriebes durch den Erwerber möglich ist.[764] Langfristigkeit liegt nach Ansicht des BFH bei einer Nutzungsüberlassung von acht[765] bis zehn Jahren[766] vor. Unwesentliche Wirtschaftsgüter können, müssen jedoch nicht in dem Zusammenhang mit veräußert werden. Was zu den wesentlichen Grundlagen zu zählen ist, hängt von der Art des Unternehmens bzw. des gesondert geführten Betriebes ab. Dabei ist die Wesentlichkeit tätigkeitsbezogen,[767] dh rein funktional zu interpretieren. Die Anwendung einer funktional quantitativen Betrachtungsweise, wie sie im Einkommensteuerrecht von der wohl hM vertreten wird (→ Rn. 8), scheidet für das Umsatzsteuerrecht aus. Denn die auf den Sinn und Zweck der §§ 16, 34 EStG abstellende Ansicht findet hier keine Entsprechung und würde außerdem dem vom Gesetzgeber angestrebten Vereinfachungseffekt zuwiderlaufen.[768] Ein nicht auf die speziellen Bedürfnisse des Betriebes zugeschnittenes Betriebsgrundstück muss daher als unwesentlich angesehen werden. Da es für eine dauerhafte Fortführung des Unternehmens nicht erforderlich ist, muss es noch nicht einmal zur Nutzung überlassen werden.[769] Werden außerhalb der Geschäftsveräußerung unwesentliche Teile des Unternehmens bzw. des gesondert geführten Betriebes veräußert oder entnommen, sind auf diese Umsätze die allgemeinen Vorschriften des UStG anzuwenden.

264 Bei der Beurteilung, ob ein Unternehmen bzw. ein gesondert geführter Betrieb vorliegt, ist auf die Unternehmensverhältnisse beim Veräußerer im Zeitpunkt der Veräuße-

---

[757] Art. 5 Abs. 8 der 6. EG-Richtlinie spricht von „Teilvermögen".
[758] R 5 Abs. 3 S. 2 UStR.
[759] R 5 Abs. 3 S. 4 UStR.
[760] *Birkenfeld* Umsatzsteuer-Handbuch I Rn. 568.13.
[761] BFH BStBl. II 1975, 832.
[762] BFH BStBl. III 1967, 161; UR 1967, 45; 1967, 104.
[763] R 5 Abs. 1 S. 1 und 6 UStR.
[764] BFH BStBl. II 2004, 662; UR 2003, 16; UR 2003, 135; R 5 Abs. 1 S. 7 u. 8 UStR; Rau/Dürrwächter/*Nieskens* UStG § 1 Rn. 1240.
[765] BFH BStBl. II 2004, 665.
[766] BFH BStBl. II 2008, 165.
[767] *Lippross* UStG Abschn. 2.11.3 b.
[768] BT-Drs. 12/5630, 84.
[769] Vgl. auch Rau/Dürrwächter/*Nieskens* UStG § 1Rn 1240; möglicherweise auch R 5 Abs. 2 S. 5, 6 UStR.

rung abzustellen. Unerheblich ist daher, ob der Erwerber bereits Unternehmer war oder es durch den Erwerb des Unternehmens erst wird. Das Unternehmen des Erwerbers kann sich daher auch erst im Aufbau befinden.[770] Es ist ferner nicht erforderlich, dass der Erwerber das Unternehmen bzw. den gesondert geführten Betrieb in der bisher vom Veräußerer gewählten Art und Weise fortführt.[771] Er kann daher die eingeschlagene Geschäftsrichtung nach seinem Belieben beibehalten oder ändern. Der Erwerber darf die übernommene Geschäftstätigkeit aber nicht sofort nach Übernahme abwickeln. Dies sollte vertraglich gesichert und dem Käufer für den Fall des Zuwiderhandelns die Umsatzsteuer auferlegt werden (→ a. Rn. 271 f.).

b) Übereignung oder Einbringung im Ganzen. Die Geschäftsveräußerung hat im Ganzen zu erfolgen. Dies setzt einen einheitlichen Übertragungsvorgang **an einen Erwerber** voraus. Eine Geschäftsveräußerung im Ganzen liegt daher nicht vor, wenn die wesentlichen Wirtschaftsgüter des Unternehmens bzw. des gesondert geführten Betriebs an mehrere Erwerber veräußert werden. Der Verkauf der wesentlichen Betriebsgrundlagen an zwei verschiedene Erwerber, zB das Grundstück an den einen und das Inventar an den anderen, ist keine nichtsteuerbare Geschäftsveräußerung im Ganzen und zwar selbst dann, wenn beide die wirtschaftliche Tätigkeit des Veräußerers gemeinsam fortführen wollen.[772] Hier hilft nur der gemeinsame Erwerb als Gesellschaft. Darüber hinaus muss zwischen den einzelnen Übertragungsakten ein **wirtschaftlicher Zusammenhang** bestehen. Sofern dieser gegeben ist, schadet es nicht, wenn die Übertragung in mehreren Teilakten erfolgt und von dem Willen getragen ist, das ganze Unternehmen zu veräußern.[773] Als weitere Voraussetzung für das Vorliegen einer Geschäftsveräußerung muss das Unternehmen bzw. der gesondert geführte Betrieb aufgrund eines **rechtsgeschäftlichen Übertragungsvorgangs** auf den Erwerber übergehen. Dabei kann es sich um mehrere zeitlich versetzte Kausalgeschäfte handeln, wenn diese in einem engen sachlichen und zeitlichen Zusammenhang stehen.[774] Das Gesetz spricht hier von **Übereignung** und **Einbringung.** Entscheidend ist, dass dem Erwerber, soweit es sich um Liefergegenstände handelt, die Verfügungsmacht oder bei Rechten, die im Wege sonstiger Leistungen übertragen werden, die Rechtsstellung des Veräußerers (insbesondere die Inhaberschaft des Rechts) verschafft wird.[775] Erfasst wird auch die Übertragung des Unternehmensvermögens im Rahmen von Umwandlungen.[776] Ein Formwechsel stellt allerdings schon begrifflich keine Geschäftsübertragung dar.

c) An einen anderen Unternehmer für dessen Unternehmen. Schließlich muss die Geschäftsveräußerung, um nicht steuerbar zu sein, von einem Unternehmer als Veräußerer ausgehen und an einen Erwerber erfolgen, der Unternehmer ist und das erworbene Unternehmen bzw. den erworbenen gesondert geführten Geschäftsbetrieb für sein Unternehmen erwirbt. Unerheblich ist, ob der Erwerber bereits Unternehmer war oder es durch den Erwerb des Unternehmens erst wird.[777] Zu beachten ist, dass der Erwerber aber nicht schon mit dem Erwerb des Unternehmens, sondern erst dann zum Unternehmer wird, wenn er mit den erworbenen Wirtschaftsgütern auch eine nachhaltige Tätigkeit entfaltet, § 2 Abs. 1 S. 3 UStG. Bringt der Erwerber das Unternehmen bzw. den gesondert geführten Betrieb unmittelbar nach dem Erwerb in eine Gesellschaft ein, so reicht die Einbringung noch nicht für die Annahme einer nachhaltigen unternehmerischen Tä-

---

[770] BFH BStBl. II 1994, 224; R 5 Abs. 1 S. 4; Abs. 3 S. 3 UStR.
[771] EuGH UR 2004, 19 Tz 45; R 5 Abs. 1 S. 3 UStR; OFD Niedersachsen DStR 2017, 2285.
[772] BFH BStBl. II 2015, 908.
[773] BFH BStBl. II 1982, 483; R 5 Abs. 2 S. 7 UStR.
[774] BFH BStBl. II 2004, 626; R 5 Abs. 1 S. 9 UStR.
[775] R 5 Abs. 2 S. 4 bis 6 UStR; *Lippross* UStG Abschn. 2.11.3 c.
[776] Rau/Dürrwächter/*Nieskens* UStG § 1 Rn. 1248.
[777] R 5 Abs. 1 S. 3 UStR; Rau/Dürrwächter/*Nieskens* UStG § 1 Rn. 1301.

tigkeit aus.⁷⁷⁸ Die Veräußerung erfolgt dann nicht an einen anderen Unternehmer. Für die nichtsteuerbare Geschäftsveräußerung im Ganzen reicht es aber nach der Rechtsprechung, wenn die Fortführbarkeit der selbständigen wirtschaftlichen Tätigkeit sich als Ergebnis der Übertragung einer Fortführbarkeit in der Kette darstellt.⁷⁷⁹ Der kurzfristige Zwischenerwerb ist dementsprechend unschädlich solange am Ende der Kette nur ein Erwerber (zB eine Gesellschaft) steht, die die unternehmerische Tätigkeit fortführt.

267 Die Beurteilung, ob der Erwerber das Unternehmen bzw. den gesondert geführten Betrieb für sein Unternehmen erwirbt, hat nicht aus Sicht des Veräußerers zu geschehen. Maßgebend ist allein die **Zuordnungsentscheidung des Erwerbers.** Erwirbt dieser die Wirtschaftsgüter für seinen außerunternehmerischen Bereich, ist die Geschäftsveräußerung steuerbar. Es empfiehlt sich, das hierin ruhende Risiko für den Veräußerer durch zivilrechtliche Vereinbarungen zu begrenzen. Zu denken wäre hier beispielsweise an eine schuldrechtliche Verpflichtung des Erwerbers, das Unternehmen bzw. den gesondert geführten Betrieb seinem Unternehmen zuzuordnen und sich gleichzeitig vorzubehalten, im Falle nichtunternehmerischer Verwendung den Erwerber mit Umsatzsteuer nachzubelasten.⁷⁸⁰

268 Der Erwerber kann das Unternehmen bzw. den gesondert geführten Betrieb in der bisher vom Veräußerer gewählten Art und Weise fortführen oder ändern,⁷⁸¹ sofern er nur Unternehmer ist und die Wirtschaftsgüter seinem Unternehmen zugeordnet hat. Er darf das Unternehmen etc. allerdings nicht einstellen. Nach der Rechtsprechung des Europäischen Gerichtshofs muss der Erwerber beabsichtigen, den übertragenen Geschäftsbetrieb oder Unternehmensteil zu betreiben und nicht nur die betreffende Geschäftstätigkeit sofort abzuwickeln. Für den Veräußerer empfiehlt es sich, auch für diese Fälle entsprechende Vorsorge mittels zivilrechtlicher Vereinbarungen im Rahmen des Veräußerungsvertrages zu treffen (→ Rn. 270, 264). Der Erwerber braucht keine umsatzsteuerpflichtige entgeltliche Tätigkeit auszuüben.⁷⁸² Damit ist zB auch die Veräußerung an einen Arzt möglich. Unerheblich ist ebenfalls, ob der Erwerber zum Vorsteuerabzug berechtigt ist oder nicht, zB wegen der besonderen Besteuerungsform als Kleinunternehmer (§ 19 Abs. 1 UStG), als Unternehmer mit pauschaliertem Vorsteuerabzug (§§ 23, 23a UStG), als pauschal besteuerter Land- oder Forstwirt (§ 24 Umsatzsteuer) oder als ein Unternehmer, der der Differenzbesteuerung (§§ 25, 25a UStG) unterliegt.⁷⁸³ In diesen Fällen bewirkt die nicht steuerbare Geschäftsveräußerung einen unbelasteten Letztverbrauch, was allerdings Art. 5 Abs. 8 der 6. EG-Richtlinie widerspricht.⁷⁸⁴ Dies wurde vom Gesetzgeber allerdings bewusst in Kauf genommen.⁷⁸⁵

269 **d) Rechtsfolgen der Nichtsteuerbarkeit.** Liegt eine Geschäftsveräußerung im Sinne des § 1 Abs. 1a UStG vor, sind alle mit ihr im Zusammenhang bewirkten Umsätze nicht steuerbar. Dementsprechend darf über die Geschäftsveräußerung **nicht mit Umsatzsteuerausweis abgerechnet werden.** Geschieht dies dennoch, schuldet der Veräußerer als Aussteller der Rechnung die ausgewiesene Steuer nach § 14c Abs. 1 UStG, es sei denn, er berichtigt den Steuerbetrag gegenüber dem Erwerber als Leistungsempfänger, sofern die Gefährdung des Steueraufkommens beseitigt ist. Leistungen, die der Veräußerer oder der Erwerber im Zusammenhang mit der nicht steuerbaren Geschäftsveräußerung nach § 1 Abs. 1a UStG in Anspruch nimmt, wie zB anwaltliche Beratungsleistungen oder Notarge-

---

⁷⁷⁸ BFH BStBl. II 1987, 512.
⁷⁷⁹ BFH DStR 2016, 311; Rau/Dürrwächter/*Nieskens* UStG § 1 Rn. 1305.
⁷⁸⁰ *Lippross* UStG Abschn. 2.11.3 e.
⁷⁸¹ EuGH UR 2004, 19 Tz 45; R 5 Abs. 1 S. 3 UStR; OFD Niedersachsen DStR 2017, 2285.
⁷⁸² Rau/Dürrwächter/*Nieskens* UStG § 1 Rn. 1304.
⁷⁸³ Rau/Dürrwächter/*Nieskens* UStG § 1 Rn. 1304.
⁷⁸⁴ Vgl. hierzu *Schlienkamp* UR 1994, 93.
⁷⁸⁵ Vgl. Rau/Dürrwächter/*Nieskens* UStG § 1 Rn. 1304.

V. Umsatzsteuer § 25

bühren, berechtigen nach § 15 Abs. 1 S. 1 UStG zum Vorsteuerabzug.[786] Ein Ausschlusstatbestand im Sinne des § 15 Abs. 2 UStG liegt nicht vor.[787]

Gemäß § 1 Abs. 1a S. 3 UStG tritt der erwerbende Unternehmer an die Stelle des Veräußerers. Es findet damit keine umsatzsteuerliche Gesamtrechtsnachfolge, sondern eine **„wirtschaftsgutbezogene Einzelrechtsnachfolge",**[788] und zwar auf den Veräußerungszeitpunkt, statt. Dies bedeutet für den Veräußerer, dass er zuvor bewirkte Umsätze auch weiterhin zu versteuern hat bzw. diesbezüglich zum Vorsteuerabzug berechtigt ist. Seine **Unternehmereigenschaft besteht fort,** bis er alle Rechtsbeziehungen abgewickelt hat, die mit dem veräußerten Unternehmen zusammenhängen und vor dem Veräußerungszeitpunkt bewirkt wurden.[789] Für den Erwerber bedeutet dies, dass Entscheidungen des Veräußerers im Rahmen gesetzlicher Wahlrechte (zB § 1a Abs. 4, § 9, § 19 Abs. 2, § 23 Abs. 3, § 23a Abs. 3, § 24 Abs. 4 UStG) für ihn fortgelten, er diese aber für seine Umsätze im gesetzlichen Rahmen der Wahlrechte neu ausüben kann.[790] Soweit ausgeübte Wahlrechte für die Zukunft oder ggf. auch für die Vergangenheit (zB bei dem Verzicht auf die Steuerbefreiung nach § 9 UStG) zurückgenommen werden können, tritt der Erwerber auch insoweit in die Rechtsposition des Veräußerers ein.[791]

Hinsichtlich des **Vorsteuerabzugs** nach § 15 UStG und der **Vorsteuerkorrekturen** nach § 15a UStG gilt nach § 1 Abs. 1a S. 3 UStG ebenfalls die Unternehmenskontinuität. Der Erwerber muss sich daher die für den Vorsteuerabzug maßgebende Verwendung der durch den Veräußerer angeschafften oder hergestellten Wirtschaftsgüter zurechnen lassen. Gemäß § 15a Abs. 10 UStG wird der für die noch vom Veräußerer erworbenen Wirtschaftsgüter maßgebliche Berichtigungszeitraum nicht unterbrochen. Dementsprechend muss der Erwerber anstelle des Veräußerers die Vorsteuerkorrekturen vornehmen, wenn sich bei ihm, dh nach dem Veräußerungszeitpunkt, innerhalb des Berichtigungszeitraums die für den Vorsteuerabzug maßgebenden Verhältnis im Sinne von § 15a UStG für vom Veräußerer angeschaffte oder hergestellte Wirtschaftsgüter gegenüber den Verhältnissen im Kalenderjahr der erstmaligen Verwendung geändert haben. Die Vorsteuerkorrektur kann sich dabei je nach Verwendung durch den Erwerber sowohl zu seinen Gunsten als auch zu seinen Ungunsten auswirken.

Der Erwerber hat gegenüber dem Veräußerer im Zusammenhang mit der Berichtigung des Vorsteuerabzugs einen **Auskunftsanspruch.** Der Veräußerer ist nach § 15 Abs. 10 S. 2 UStG verpflichtet, dem Erwerber die für die Durchführung der Berichtigung erforderlichen Angaben zu machen. Hierbei handelt es sich um einen **zivilrechtlichen Anspruch,** der auch vor den Zivilgerichten geltend zu machen ist. Er verjährt als ein die Hauptleistungspflicht begleitender Nebenanspruch mangels anderer gesetzlicher Bestimmung nach Ablauf der regelmäßigen **Verjährung** (§ 195 BGB: 3 Jahre).

2. Veräußerung von Anteilen an einer Kapitalgesellschaft

Bei der Veräußerung von Anteilen an einer Kapitalgesellschaft fällt **grundsätzlich keine Umsatzsteuer** an. Dies gilt sowohl für den Fall, dass nur einzelne Anteile veräußert werden, als auch für den gleichzeitigen Wechsel aller Gesellschafter einer Kapitalgesellschaft. Die Veräußerung aller Geschäftsanteile einer Einmann-GmbH löst ebenfalls keine Umsatzbesteuerung aus. In der Regel ist die Veräußerung von Anteilen an einer Kapitalgesellschaft bereits **nicht steuerbar,** da der Veräußerer häufig kein Unternehmer ist. Das bloße Erwerben und Halten von Beteiligungen an Kapitalgesellschaften stellt keine nachhaltige

---

[786] EuGH UR 2001, 164; *Schlienkamp* UR 1994, 93.
[787] So nun auch R 5 Abs. 4 S. 1 UStR im Anschluss an BFH BStBl. II 2003, 430.
[788] *Widmann* UR 1995, 325.
[789] BFH BStBl. II 1993, 696.
[790] Bunjes/*Robisch* UStG § 1 Rn. 140; Rau/Dürrwächter/*Nieskens* UStG § 1 Rn. 1356; aA OFD Niedersachsen UR 2016, 293 Tz. 4.
[791] Schwarz/Widmann/*Radeisen* UStG § 1 Rn. 462.

gewerbliche oder berufliche Tätigkeit im Sinne des § 2 Abs. 1 UStG dar.[792] Eigentümer des Vermögens ist die Kapitalgesellschaft selbst. Deren Eigentümerstellung wird durch den Wechsel auf der Gesellschafterebene aber nicht berührt. Sollte der Veräußerer ein Unternehmer im Sinne des § 2 Abs. 1 UStG sein und liegen die übrigen Voraussetzungen für die Steuerbarkeit der Anteilsveräußerung vor, so entfällt die Umsatzbesteuerung dennoch, da es sich dann um gemäß § 4 Nr. 8e und f UStG **steuerfreie Umsätze** handelt.

3. Veräußerung von Anteilen an einer Personengesellschaft

274 Auch bei der Veräußerung von Anteilen an einer Personengesellschaft fällt **grundsätzlich keine Umsatzsteuer an.** Dies gilt sowohl für die Veräußerung einer bloßen Beteiligung als auch für den gleichzeitigen Wechsel aller Personengesellschafter.[793] Auch wenn bei einer GmbH & Co. KG die Gesellschafter der Komplementär-GmbH, die zugleich Kommanditisten der KG sind, wechseln, löst dies keine Umsatzsteuer aus. Die Veräußerung von Personengesellschaftsanteilen ist häufig schon deshalb **nicht steuerbar,** weil der Veräußerer kein Unternehmer im Sinne des § 2 Abs. 1 UStG ist. Die Verfügungsmacht über das Betriebsvermögen liegt bei der Personengesellschaft. Diese ist selbst Unternehmer. Dabei ist es unerheblich, ob die Gesellschafter der Personengesellschaft Mitunternehmer gemäß § 15 Abs. 1 Nr. 2 EStG sind.[794] Kommt es zu einem Wechsel auf der Gesellschafterebene, so führt dies nicht zu einer Änderung der Verfügungsmacht über das Vermögen; diese bleibt nach wie vor bei der Personengesellschaft. Sollte der Veräußerer ein Unternehmer im Sinne des § 2 Abs. 1 UStG sein und liegen auch die übrigen Voraussetzungen für die Steuerbarkeit der Anteilsveräußerung vor, so entfällt die Umsatzbesteuerung dennoch, da es sich dann um gemäß § 4 Nr. 8e und f UStG **steuerfreie** Umsätze handelt.

4. Die Veräußerung begleitende Nebengeschäfte

275 Veräußert ein Unternehmer zusammen mit dem Unternehmen **Privatvermögen** im ertragsteuerlichen Sinne, kommt es für die Umsatzsteuerbarkeit darauf an, ob der Unternehmer den Gegenstand dem unternehmerischen oder dem nicht unternehmerischen Tätigkeitsbereich zugewiesen hat.[795] Dies sollte im Zuge der Veräußerung unbedingt klar gestellt werden.

Unterwirft sich der Veräußerer im Rahmen der Veräußerung einem **Wettbewerbsverbot,** kann hierin eine umsatzsteuerpflichtige Leistung liegen. Bei Einzelunternehmern wird das Wettbewerbsverbot grundsätzlich in die Geschäftsveräußerung mit einzubeziehen sein. Es ist dann nicht steuerbar.[796] Bei Personen- oder Kapitalgesellschaften kann das Wettbewerbsverbot als sonstige Leistung umsatzsteuerpflichtig sein. Dabei spielt es keine Rolle, ob der Gesellschafter zuvor Unternehmer war. Er wird es spätestens durch die Vereinbarung des Wettbewerbsverbots.[797]

VI. Abgabenordnung

276 In verfahrensrechtlicher Hinsicht ist auf die **Anzeige der Erwerbstätigkeit** gemäß § 138 AO und die **Anmeldung** von Betrieben in besonderen Fällen gemäß § 139 AO hinzuweisen. Daneben enthält die AO aber auch materiell-rechtliche Bestimmungen. Im Rahmen der Unternehmensveräußerung spielt dabei insbesondere die **Haftung für betriebsbedingte Steuern** nach §§ 74, 75 AO eine bedeutende Rolle. Aus haftungsrechtlicher

---

[792] R 18 Abs. 1 S. 5 UStR.
[793] Vgl. BMF v. 8.7.1988 BStBl. I 1988, 195.
[794] BFH BStBl. II 1981, 408.
[795] BFH BStBl. II 1988, 746; R 24b Abs. 1 UStR.
[796] BFH BStBl. II 2013, 301.
[797] BFH BStBl. II 2004, 472.

VI. Abgabenordnung § 25

Sicht sind aber darüber hinaus auch noch andere, nicht in der Abgabenordnung geregelte Vorschriften zu beachten (→ Rn. 298).

1. Anzeigepflichten

Um die steuerliche Erfassung von Land- und Forstwirten, Gewerbetreibenden und freiberuflich Tätigen sicherzustellen, statuiert die Abgabenordnung in § 138 Abs. 1 AO für diese Berufsgruppen eine Pflicht zur Anzeige von **Eröffnung, Verlegung und Aufgabe** des Betriebes, der Betriebsstätte oder der Tätigkeit. Die Begriffe Land- und Forstwirt, Gewerbetreibender und Freiberufler entsprechen dabei denen des EStG. Im Zuge der Unternehmensveräußerung spielt, auch wenn dies auf den ersten Blick nicht sogleich ersichtlich ist, die Anzeige der Eröffnung eine Rolle. Denn unter den Begriff der Eröffnung fällt nicht nur die Aufnahme der Tätigkeit. Erfasst wird vielmehr auch die Betriebseröffnung durch einen **Einzel- oder Gesamtrechtsnachfolger** nach Erwerb eines bereits bestehenden Unternehmens.[798] Hierzu korrespondierend trifft den Veräußerer eine Anzeigepflicht hinsichtlich der Aufgabe durch Veräußerung des Unternehmens. Darüber hinaus erfasst der Begriff der Eröffnung auch die Aufnahme einer freiberuflichen Tätigkeit durch Eintritt in eine Sozietät von Freiberuflern.

277

Anzeigepflichtiger ist derjenige, der den Betrieb eröffnet oder die freiberufliche Tätigkeit aufnimmt, dh der Erwerber, und, wenn auch mit anderem Erklärungsinhalt, derjenige, der den Betrieb aufgibt, dh der Veräußerer. Gewerbetreibende, die nach § 14 GewO gegenüber dem zuständigen Gemeindeamt anzeigepflichtig sind, genügen damit gleichzeitig ihrer Verpflichtung aus § 138 AO.[799] Im Übrigen kann die Anzeige formlos erfolgen.[800] **Adressat** der Anzeige ist bei Land- und Forstwirten sowie bei Gewerbetreibenden grundsätzlich nur die Gemeinde, nicht das Finanzamt. Bei Freiberuflern ist die Aufnahme der Tätigkeit dem Wohnsitz- oder Tätigkeitsfinanzamt anzuzeigen. Die **Anmeldefrist** beträgt gemäß § 138 Abs. 3 AO einen Monat ab dem meldepflichtigen Ereignis.

278

Eine weitere, neben die nach § 138 AO tretende Anzeigepflicht trifft nach § 139 AO Betriebe, an deren Tätigkeit eine besondere Verbrauch- oder Verkehrsteuerpflicht geknüpft ist. Auch hier wird der Inhaberwechsel erfasst.[801] Bei den Verbrauchsteuern sind insbesondere die Bier-, Tabak-, Schaumwein-, Branntwein-, Strom- und Mineralölsteuern zu nennen. § 139 AO bezieht sich jedoch nicht auf die Umsatzsteuer. Bei den Verkehrsteuern ist vor allem die Grunderwerbsteuer, aber auch an Versicherung-, Feuerschutz-, Rennwett- und Lotteriesteuer zu denken.

279

2. Haftung des Eigentümers von Gegenständen nach § 74 AO

§ 74 AO regelt die Haftung des Eigentümers von Gegenständen. Danach haften die an einem Unternehmen wesentlich beteiligten Personen mit den in ihrem Eigentum stehenden Gegenständen, die dem Unternehmen dienen, für die betriebsbedingten Steuern. Die Vorschrift regelt eine gegenständlich beschränkte teilweise vom Zivilrecht abweichende verschuldensunabhängige Durchgriffshaftung. Sie soll den Ausfall betriebsbedingter Steuern verhindern und knüpft hierzu an den objektiven Beitrag des wesentlich beteiligten Gesellschafters an, den dieser durch die Bereitstellung von Gegenständen für die Weiterführung des Betriebes leistet, und die Einflussnahme des Gesellschafters auf das Unternehmen.[802]

280

---

[798] Tipke/Kruse/*Brandis* AO § 138 Rn. 1a; AEAO zu § 138 Nr. 1 S. 3.
[799] AEAO zu § 138 Nr. 1 S. 5.
[800] AEAO zu § 138 Nr. 1 S. 7.
[801] Tipke/Kruse/*Brandis* AO § 139.
[802] BFH BStBl. II 1984, 127; BFH/NV 2012, 1509; Tipke/Kruse/*Loose* AO § 74 Rn. 2 mwN.

281 a) Wesentliche Beteiligung. Die wesentliche Beteiligung im Sinne des § 74 AO kann grundsätzlich zu allen Unternehmensformen (zB auch zu einem Einzelunternehmen oder einer Personengesellschaft) bestehen, ist also zB nicht wie die relevante Beteiligung in § 17 EStG auf Kapitalgesellschaften beschränkt. Ebenfalls im Gegensatz zu § 17 EStG kennt § 74 AO neben der sich ausschließlich an der Beteiligung am Kapital bzw. Vermögen orientierenden Berechnung (§ 74 Abs. 2 S. 1 AO) noch eine weitere Möglichkeit der wesentlichen Beteiligung an einem Unternehmen, nämlich die Beteiligung kraft beherrschenden Einflusses (§ 74 Abs. 2 S. 2 AO).

282 § 74 Abs. 2 S. 1 AO setzt voraus, dass eine Person unmittelbar oder mittelbar **zu mehr als einem Viertel** am Grund- oder Stammkapital oder am Vermögen des Unternehmens beteiligt ist. Aufgrund des Wortlauts stellt eine genau 25%ige Beteiligung daher **keine** wesentliche Beteiligung im Sinne des § 74 Abs. 2 S. 1 AO dar. Unerheblich ist, ob die Beteiligung überhaupt Einflussmöglichkeiten gewährt, da die Vorschrift allein auf die Beteiligungsquote abstellt. Vermittelt diese allerdings einen beherrschenden Einfluss auf das Unternehmen, zB wenn 10% am Kapital einer Personengesellschaft 51% der Stimmrechte zugewiesen sind, könnte eine wesentliche Beteiligung nach § 74 Abs. 2 S. 2 AO vorliegen (→ Rn. 285). Unbeachtlich ist ferner, ob die Beteiligung teilweise im Privat- und teilweise im Betriebsvermögen gehalten wird; für § 74 AO ist die Summe ausschlaggebend. Zu beachten ist, dass das Gesetz die Haftung sowohl am Grund- bzw. Stammkapital als auch am Vermögen festmacht. Dies bedeutet, dass zB eine 26%ige Beteiligung am Stammkapital die Haftung auslösen kann, auch wenn der Gesellschafter am Vermögen der Gesellschaft in geringerem Umfang beteiligt ist. Umgekehrt kann eine Beteiligung von mehr als 25% am Vermögen einer Gesellschaft (zB aufgrund Genussscheins) die Haftungsfolgen auch dann auslösen, wenn der insoweit Beteiligte mit weniger als 25% oder gar 0% am Grund- oder Stammkapital beteiligt ist.

283 Soweit für die Berechnung der Wesentlichkeitsgrenze das **Nominalkapital** maßgeblich ist, kommt es nicht darauf an, inwieweit es eingezahlt ist. Ferner ist der Nennwert der **eigenen Anteile,** die eine Kapitalgesellschaft besitzt, abzuziehen. Entsprechendes gilt im Falle der **Einziehung von GmbH-Geschäftsanteilen.** Hier bleibt das Stammkapital zwar unverändert, jedoch verändert sich das Beteiligungsverhältnis der verbleibenden Geschäftsanteile.[803] Die für die Betriebsaufspaltung entwickelte **Personengruppentheorie,** mit der bei Betriebsaufspaltungen ein einheitlicher geschäftlicher Betätigungswille einer geschlossenen Personengruppe und damit eine personelle Verflechtung belegt werden sollen, führt allerdings für Zwecke des § 74 AO nicht zu einer Zusammenrechnung der in einem Familienverbund gehaltenen Anteile.[804]

284 Bei der Berechnung der **Beteiligungsquote** sind alle Anteile zu berücksichtigen, die ihm **einkommensteuerlich zuzurechnen** sind. Hierunter fallen die Anteile, deren zivilrechtlicher Eigentümer der Veräußerer ist, sofern sie nicht einem Dritten wirtschaftlich zuzurechnen sind, und die, deren **wirtschaftlicher Eigentümer** er ist. Über einen Treuhänder gehaltene Anteile gelten daher als mittelbare Beteiligung; der Treuhänder verhindert somit nicht die Zurechnung der Anteile zum Treugeber. Bei **Bruchteilseigentum** ist der Bruchteil maßgebend und bei **Gesamthandsvermögen** erfolgt die Zurechnung gemäß § 39 Abs. 2 Nr. 2 AO in entsprechender Weise.

285 Neben der sich an der Höhe der Beteiligung orientierenden Bestimmung der wesentlichen Beteiligung sieht § 74 Abs. 2 S. 1 AO eine weitere Möglichkeit vor. Danach gilt als wesentlich beteiligt, wer auf das Unternehmen einen **beherrschenden Einfluss** ausübt und durch sein Verhalten dazu beiträgt, dass fällige betriebsbedingte Steuern nicht entrichtet werden. Durch diese Bestimmung sollen **faktische Beherrschungsverhältnisse** erfasst werden, bei denen keine oder nur eine geringe Beteiligung am Vermögen, Stamm- oder Grundkapital besteht. Diesem Zweck entsprechend reicht die bloße Möglichkeit,

---

[803] BFH/NV 1990, 27 zu § 17 EStG.
[804] BFH BStBl. II 2016, 375.

beherrschenden Einfluss auszuüben, nicht.[805] Es muss vielmehr eine konkrete Einwirkung auf das Unternehmen erfolgen. Ausreichend, aber auch stets erforderlich, um den Haftungstatbestand auszulösen, ist, dass der Beherrschende seinen Einfluss dazu nutzt, dass die betriebsbedingten Steuern nicht entrichtet werden. Der beherrschende Einfluss kann auf rechtlichen Vereinbarungen oder persönlichen Verhältnissen, insbesondere verwandtschaftlichen, wirtschaftlichen oder gesellschaftlichen Beziehungen beruhen.[806] Drei Beispiele sollen dies verdeutlichen:

Beispiele:
(1) Bestimmt ein Kreditgeber unter Androhung der Kreditkündigung mit Konkursfolge, dass der Unternehmer eingehende Gelder vorrangig zur Tilgung einzusetzen hat, und werden daraufhin betriebsbedingte Steuern nicht entrichtet, hat dieser beherrschenden Einfluss gemäß § 74 Abs. 2 S. 2 AO.
(2) Der Veräußerer behält einen Anteil von 10 % an seiner Personengesellschaft zurück, dem im Gesellschaftsvertrag 51 % der Stimmen zugewiesen sind, damit er auch zukünftig noch Einfluss auf die Geschicke der Gesellschaft nehmen kann. Eine wesentliche Beteiligung im Sinne des § 74 Abs. 2 S. 1 AO scheidet aus, da der Veräußerer nicht zu mehr als 25 % am Kapital bzw. Vermögen der Gesellschaft beteiligt ist. Nimmt der Veräußerer nun Einfluss auf die Gesellschaft und kommt es dadurch nicht zur Entrichtung fälliger betriebsbedingter Steuern, ist er nach § 74 Abs. 2 S. 2 AO wesentlich beteiligt.
(3) An einer GmbH ist die Geschäftsführerin mit 10 % beteiligt. Ihr nicht fachkundiger Ehemann, der sich ausschließlich der Erziehung der beiden gemeinsamen Kinder widmet und aus den Geschäften der GmbH auch völlig heraushält, hält ebenso wie die minderjährigen Kinder je 30 % der Anteile an der Gesellschaft. Die Ehefrau hat hier beherrschenden Einfluss, da sie als gesetzliche Vertreterin Gesamtvertretung neben dem Ehemann gemäß § 1629 BGB und aufgrund der Teilnahmslosigkeit ihres Ehemannes auch die Stimmrechte der Kinder ausüben kann.

Der BFH[807] hat bisher offen gelassen, ob die für den Fall der Betriebsaufspaltung entwickelten Grundsätze zumindest zur Feststellung eines herrschenden Einflusses iS des § 74 Abs. 2 S. 2 AO herangezogen werden können, wie dies im Schrifttum zT vertreten wird.[808] Unabhängig davon muss die mit beherrschendem Einfluss ausgestattete Person im Rahmen ihrer Einflussmöglichkeiten kausal durch positives Tun oder Unterlassen dazu beigetragen haben, dass fällige Steuern iSd § 74 Abs. 1 S. 1 AO nicht entrichtet wurden. Eine Haftung wird nicht schon dadurch begründet, dass der Betroffene keine eigenen finanziellen Mittel eingesetzt oder eigene Initiativen entfaltet hat, um diese Mittel von Dritten zu beschaffen.[809]

b) Eigentümer von Gegenständen. Der wesentliche Beteiligte haftet nur mit in seinem Eigentum befindlichen Gegenständen. Maßgebend ist aus Vollstreckungsgründen ausschließlich die zivilrechtliche Rechtslage; § 39 Abs. 2 AO ist nicht anwendbar. Anwartschaftsrechte als Vorstufe des Eigentums können daher noch nicht der Haftung dienen.[810] Unter Eigentumsvorbehalt stehende Wirtschaftsgüter können nicht nach § 74 AO beim wesentlich beteiligten Erwerber zur Haftung herangezogen werden, sondern allenfalls beim wesentlich beteiligten Veräußerer. Entsprechendes muss für sicherungsübereignete

---
[805] AEAO zu § 74 Rn. 4.
[806] BFH BStBl. II 1991, 801 mwN zur Betriebsaufspaltung.
[807] BFH BStBl. II 2016, 375.
[808] *Mösbauer* DStZ 1996, 513; *Nacke*, Die Haftung für Steuerschulden, 3. Aufl. 2012, Rn. 472; Beermann/ Gosch/ *Jatzke* AO § 74 Rn. 15.
[809] Tipke/Kruse/*Loose* AO § 74 Rn. 14; Klein/*Rüsken* AO § 74 Rn. 16.
[810] BFH BStBl. III 1957, 279.

Wirtschaftsgüter gelten.[811] Hier sind die Wirtschaftsgüter dem Sicherungsnehmer als zivilrechtlichem Eigentümer zuzurechnen.

288 **c) Dem Unternehmen dienende Gegenstände.** Ferner muss der sich im Eigentum des wesentlich Beteiligten befindliche Gegenstand dem Unternehmen dienen, und zwar nicht nur vorübergehend. Derartige Gegenstände können alle Wirtschaftsgüter materieller und immaterieller Art sein,[812] sofern sie nicht nur von untergeordneter Bedeutung für das Unternehmen sind.[813] Auch die Teilfläche eines Grundstücks kann hierzu zu zählen sein, wenn das Unternehmen nur auf dieser betrieben wird und sie grundbuchmäßig verselbständigt werden kann.[814] Die Gegenstände, mit denen der wesentlich beteiligte Eigentümer haftet, müssen dem Unternehmen im Zeitpunkt der Entstehung der Steuer gedient haben. Es ist nicht erforderlich, dass sie dies noch im Zeitpunkt der Geltendmachung der Haftung tun.[815]

289 **d) Haftungsumfang.** Die Haftung erstreckt sich gemäß § 74 Abs. 1 AO nur auf die **betriebsbedingten Steuern.** Hierunter sind Steuern und Ansprüche auf Erstattung von Steuervergünstigungen zu verstehen, bei denen sich die Steuerpflicht auf den Betrieb des Unternehmens gründet, die also als Entstehungstatbestand ein Unternehmen zwingend voraussetzen.[816] Dementsprechend können diese Steuern bei Nichtunternehmern nicht anfallen. Bei betriebsbedingten Steuern handelt es sich insbesondere um die Umsatzsteuer (inkl. Eigenverbrauch), Gewerbesteuer und bei Herstellungsbetrieben auch um die Verbrauchsteuern. Erfasst werden ferner Rückforderungen von Investitionszulagen. Nicht dazu gehören die Abzugsteuern, wie zB die Lohnsteuer (mit Ausnahme der pauschalierten Lohnsteuer), die Personensteuern, wie zB Einkommen-, Körperschaft- und Erbschaftsteuer, sowie Zölle, Grundsteuer, Grunderwerbsteuer und steuerliche Nebenleistungen.[817] In **zeitlicher Hinsicht** erstreckt sich die Haftung nur auf Steuern, die während des Bestehens der wesentlichen Beteiligung entstanden sind. Auf die Fälligkeit kommt es nicht an.[818] Der wesentlich Beteiligte haftet **gegenständlich beschränkt.** Will er die Vollstreckung in die Gegenstände abwenden, so kann er dies nur durch Zahlung der gesamten Haftungsschuld erreichen. Gleiches gilt, wenn diese höher ist als der Wert des Gegenstandes, dessen Vollstreckung abgewendet werden soll. Letzteres ist zB dann denkbar, wenn nur von einem von mehreren, der Haftung dienenden Wirtschaftsgütern die Vollstreckung abgewendet werden soll. Ist der Gegenstand veräußert oder verschrottet, setzt sich die Haftung an den Surrogaten fort.[819]

3. Die Haftung des Betriebsübernehmers nach § 75 AO

290 § 75 AO regelt die Haftung des Betriebsübernehmers. Danach haftet der Erwerber eines Unternehmens oder eines in der Gliederung eines Unternehmens gesondert geführten Betriebes bei einer Übereignung im Ganzen in bestimmtem Umfang für betriebsbedingte Steuern und Steuerabzugsbeträge. Hierdurch soll erreicht werden, dass die in dem Unternehmen als solchem liegende Sicherung hinsichtlich der betriebsbedingten Steuern nicht verloren geht. Auf die Kenntnis des Erwerbers von den Steuerschulden kommt es nicht an.

---

[811] AEAO zu § 74 Rn. 4; Klein/*Rüsken* AO § 74 Anm. 3b.
[812] AEAO zu § 74 Rn. 1 S. 2; Klein/*Rüsken* AO § 74 Rn. 3b.
[813] BFH BStBl. III 1957, 279.
[814] BFH BStBl. III 1961, 216.
[815] FG Niedersachsen EFG 1981, 58; Klein/*Rüsken* AO § 74 Rn. 8.
[816] AEAO zu § 74 Rn. 2 S. 1.
[817] AEAO zu § 74 Rn. 2 S. 2 u. 3.
[818] AEAO zu § 74 Rn. 2 S. 1.
[819] BFH BStBl. II 2012, 223; BFH/NV 2012, 547; Tipke/Kruse/*Loose* AO § 74 Rn. 17; Klein/*Rüsken* AO § 74 Rn. 3 mwN; aA FG Münster EFG 2011, 8; Schwarz/Pahlke/*Schwarz* AO § 74 Rn. 17.

a) **Unternehmen oder Teilbetrieb.** Als Unternehmen ist jede selbständig ausgeübte Tätigkeit gemäß § 2 UStG anzusehen.[820] Erfasst werden sollen daher ua neben land- und forstwirtschaftlichen, gewerblichen und freiberuflichen[821] Unternehmen auch reine Vermietungsunternehmen.[822] Der in der Gliederung eines Unternehmens gesondert geführte Betrieb ist gegenüber dem Unternehmen der engere Begriff. Er entspricht dem einkommensteuerlichen Begriff des Teilbetriebs (→ Rn. 12 ff.). 291

b) **Übereignung.** Der Begriff der Übereignung ist im Sinne des § 39 AO zu verstehen.[823] Ausschlaggebend ist daher nicht die zivilrechtliche Eigentumslage. Abzustellen ist vielmehr auf das wirtschaftliche Eigentum. Keine Übereignung nach § 75 AO liegt vor bei Gesamtrechtsnachfolge, Anwachsung,[824] Verpachtung, auch wenn diese langfristig erfolgt,[825] und Sicherungsübereignung. Bei Letzterer kann allerdings dann eine Haftung ausgelöst werden, wenn der Sicherungsnehmer wirtschaftlicher Eigentümer des sicherungsübereigneten Gegenstands wird.[826] Bei Erwerb aus einer Insolvenzmasse handelt es sich zwar grundsätzlich um eine Übereignung. Um aber die Verwertung der Insolvenzmasse zu erleichtern, schließt § 75 Abs. 2 AO die Haftung für diese Fälle aus. Entsprechendes gilt für Erwerbe im Vollstreckungsverfahren. 292

c) **„Im Ganzen".** Eine Übereignung „im Ganzen" liegt vor, wenn der Erwerber **alle wesentlichen Grundlagen des Unternehmens** übertragen erhält.[827] Die Haftung wird daher nicht ausgeschlossen, wenn der Erwerber unwesentliche Betriebsbereiche oder Wirtschaftsgüter nicht übernimmt. Zur Beurteilung der Wesentlichkeit ist allein auf die Funktion innerhalb des Unternehmens bzw. des Teilbetriebs abzustellen. Die im Einkommensteuerrecht vertretene Auffassung, dass auch funktional unwesentliche, aber mit erheblichen stillen Reserven behaftete Wirtschaftsgüter zu den wesentlichen Grundlagen eines Unternehmens gehören (sog. funktional quantitative Betrachtungsweise, Rn. 8), kann im Rahmen des § 75 AO keine Anwendung finden. Dies hätte zur Folge, dass nicht nur weniger betriebliche Haftungsmasse aufgrund des zurückbehaltenen Wirtschaftsguts zur Verfügung stände, sondern der Erwerber darüber hinaus auch noch begünstigt wäre, da mangels Übereignung im Ganzen § 75 AO nicht eingreifen würde. Aus haftungsrechtlicher Sicht geht es aber allein um das Unternehmen als solches. Dieses muss fortgeführt werden können. Insofern kann nur ein rein funktionales Verständnis der Wesentlichkeit in Betracht kommen. 293

Erforderlich ist ferner, dass es sich um ein **lebensfähiges Unternehmen** handelt, dh der Erwerber muss in der Lage sein, mit den auf ihn übergegangenen Grundlagen ohne erhebliche finanzielle Aufwendungen das Unternehmen fortzuführen.[828] Dabei kommt es darauf an, dass der Betrieb, so wie er übereignet wird, fortgeführt werden **könnte**. Nicht erforderlich ist, dass er auch tatsächlich fortgeführt wird. Vorgänge nach der Übereignung sind hierbei grundsätzlich unbeachtlich. Erweiterungs- oder Rationalisierungsmaßnahmen spielen für die Lebensfähigkeit ebenso wenig eine Rolle wie Renditefragen. Der Erwerber kann den Betrieb auch stilllegen. War der Betrieb bereits vor dem Erwerb stillgelegt, so verliert er seine Eigenschaft als lebensfähiger Betrieb nicht schon bei nur kurzfristiger 294

---

[820] BFH BStBl. II 1993, 700; BFH/NV 1996, 726; Klein/*Rüsken* AO § 74 Rn. 8; aA *Brune* DStZ 1992, 135; Schwarz/Pahlke/*Schwarz* AO § 75 Anm. 5.
[821] Tipke/Kruse/*Loose* AO § 75 Rn. 2; aA Klein/*Orlopp* AO § 75 Anm. 3.
[822] BFH BStBl. II 2011, 477; 1993, 700; DStR 1994, 1193; Tipke/Kruse/*Loose* § 75 AO Rn. 6; Klein/*Rüsken* AO § 75 Rn. 8; Schwarz/*Pahlke* AO § 75 Rn. 6.
[823] BFH BStBl. II 1986, 589.
[824] BFH DB 1985, 1823.
[825] BFH BStBl. II 1986, 589.
[826] BFH BStBl. III 1967, 684; Tipke/Kruse/*Loose* AO § 75 Rn. 29.
[827] BFH/NV 1992, 712; im Ergebnis → Rn. 260.
[828] BFH BStBl. II 1986, 589; Tipke/Kruse/*Loose* AO § 75 Rn. 10 mwN.

Stilllegung von wenigen Wochen.[829] Erst nach mehreren Monaten hat er seinen Charakter als lebender Organismus verloren.[830]

295 **d) Haftungsumfang.** Ebenso wie § 74 AO erstreckt sich die Haftung nach § 75 Abs. 1 S. 1 AO lediglich auf die **betriebsbedingten Steuern** (→ Rn. 289). In **zeitlicher Hinsicht** existieren zwei Grenzen: Zum einen müssen die Steuern seit dem Beginn des letzten, vor der Übereignung liegenden Kalenderjahres (sog. **Haftungszeitraum**) entstanden und zum anderen müssen sie bis zum Ablauf von einem Jahr nach Anmeldung des Betriebs durch den Erwerber gemäß §§ 155 oder 168 AO festgesetzt oder angemeldet worden sein (sog. **Anmeldungs-** und **Feststellungszeitraum**). Die für den Haftungszeitraum maßgebende Entstehung der Steuer richtet sich nach den betreffenden Einzelsteuergesetzen (→ § 38 AO, §§ 13, 18 UStG; § 18 GewStG; §§ 38, 44 EStG). Der Beginn richtet sich nach dem Tag des wirtschaftlichen Übergangs im Sinne des § 39 AO, nicht nach dem Tag des Vertragsabschlusses. Bis dahin muss der Tatbestand für die Entstehung der Steuerschuld vom Veräußerer gelegt sein. Ist dies der Fall, kann die Steuerschuld bei Übereignung zu Beginn oder im Laufe eines Monats gesetzestechnisch wie bei §§ 13, 18 UStG auch erst zeitlich nach der Übereignung entstanden sein.[831]

296 Für die Festsetzungsfrist kommt es auf die Anmeldung des Betriebs an, die der Erwerber nach § 138 AO vorzunehmen hat. Sie beginnt jedoch frühestens mit dem Zeitpunkt der Betriebsübernahme. Ab diesem Zeitpunkt beginnt die Jahresfrist zu laufen. Wird die Betriebsübernahme nicht angezeigt, erlangt das Finanzamt jedoch auf andere Weise, zB durch eine Außenprüfung, Kenntnis von der Betriebsübernahme, so beginnt die Jahresfrist mit diesem Zeitpunkt. Zu beachten ist, dass das Gesetz nicht auf das Kalenderjahr abstellt. Die Berechnung der Frist erfolgt nach § 108 AO iVm §§ 187 ff. BGB. Innerhalb der Jahresfrist müssen die Steuern auch der Höhe nach festgesetzt worden sein. Ein später ergehender, höherer Änderungsbescheid beeinflusst die Haftungsschuld des Erwerbers nicht mehr.

> **Empfehlung:**
> Je später der Betrieb angemeldet wird, umso später beginnt auch der Festsetzungszeitraum. Der Erwerber sollte daher die Anmeldung in seinem eigenen Interesse möglichst frühzeitig vornehmen.

297 Schließlich ist die Haftung des Erwerbers auch noch in sachlicher Hinsicht begrenzt. Er haftet nach § 75 Abs. 1 S. 2 AO nur mit dem übernommenen Vermögen. Dabei handelt es sich um die Gesamtheit der Gegenstände, die das übernommene Aktivvermögen bilden. Die Schulden sind nicht abzuziehen. Ist das Vermögen ganz oder teilweise beim Erwerber nicht mehr vorhanden, so treten an dessen Stelle die Surrogate.[832] Reicht das übernommene Vermögen zur Begleichung der Steuerschulden nicht aus, bleibt der Erwerber haftfrei. Er muss insoweit nicht mit seinem sonstigen Vermögen einstehen.

4. Sonstige haftungsrechtliche Vorschriften außerhalb der Abgabenordnung

298 Die Haftung des Erwerbers für Steuerschulden kann sich darüber hinaus auch aus den Vorschriften des bürgerlichen Rechts und des Handelsrechts ergeben, § 191 Abs. 1 und 4 AO. Die steuerrechtlichen und die zivilrechtlichen Haftungsvorschriften stehen selbständig nebeneinander.[833] Im Einzelnen sind hier die folgenden Vorschriften zu beachten.

---

[829] BFH/NV 1992, 712; 1986, 62.
[830] BFH/NV 1988, 615; HFR 1962, 19; 1963, 410.
[831] BFH BStBl. II 1982, 490; Tipke/Kruse/*Loose* AO § 75 Rn. 54.
[832] FG München EFG 1985, 587; Tipke/Kruse/*Loose* § 75 AO Rn. 62; aA *Rössler* NWB Fach 2, 3710.
[833] BFH BStBl. II 1986, 156; 2015, 119.

- Erbschaftskauf nach §§ 2371 ff. BGB;
- Erwerb eines Handelsgeschäfts unter Firmenfortführung nach § 25 Abs. 1 HGB;
- Eintritt in das Geschäft eines Einzelkaufmanns nach § 28 HGB;
- Persönliche Haftung der Gesellschafter einer OHG nach § 128 HGB;
- Persönliche Haftung der Gesellschaft einer GbR entsprechend §§ 421, 427 BGB bzw. analog § 128 HGB;[834]
- Persönliche Haftung des Komplementärs einer KG nach §§ 161 Abs. 2, 128 HGB;
- Haftung des Kommanditisten nach den §§ 171 bis 177 HGB;
- Haftung der Aktionäre, Vorstands- und Aufsichtsratsmitglieder; nach §§ 41, 62, 93, 116, 117 AktG.

Für den stillen Gesellschafter ergibt sich demgegenüber keine zivilrechtliche Haftung, da dieser mangels eines Gesellschaftsvermögens nicht für Schulden der Gesellschaft einstehen muss; Schuldner ist allein der Geschäftsinhaber.[835]

---

[834] BGH NJW 2001, 1956 = DStR 2001, 310 mAnm von *Goette*.
[835] BFH/NV 1990, 591.

§ 26 Unternehmensaufgabe

Übersicht

	Rn.
I. Einkommen-/Körperschaftsteuer	1
1. Aufgabe von Einzelunternehmen und Personengesellschaften	2
a) Aufgebender	3
b) Gegenstand der Aufgabe	4
aa) Ganzer Gewerbebetrieb	5
bb) Teilbetrieb	6
cc) 100%ige Beteiligung an einer Kapitalgesellschaft	7
dd) Mitunternehmeranteil	8
c) Aufgabevorgang	11
aa) Aufgabe eines ganzen Gewerbebetriebes	16
bb) Aufgabe eines Teilbetriebes	33
cc) Aufgabe einer 100%igen Beteiligung an einer Kapitalgesellschaft	35
dd) Aufgabe eines Mitunternehmeranteils	37
d) Gewinnerzielungsabsicht	46
e) Aufgabegewinn	47
aa) Aufgabezeitpunkt	50
bb) Aufgabepreis	51
cc) Aufgabekosten	55
dd) Sonstige Aufwendungen	56
ee) Buchwert des Betriebsvermögens	57
ff) Freibetrag	58
gg) Tarifvergünstigung	59
hh) Steuerermäßigung bei Einkünften aus Gewerbebetrieb, § 35 EStG	60
ii) Rücklage nach § 6b und § 6c EStG	61
f) Laufender Gewinn/Verlust	62
g) Behandlung beim Erwerber	64
2. Auflösung und Liquidation von Kapitalgesellschaften	65
a) Besteuerung auf der Ebene der Gesellschaft	66
aa) Anwendungsbereich	67
bb) Abwicklungs- und Besteuerungszeitraum	69
cc) Abwicklungsgewinn	72
dd) Besteuerung	77
b) Besteuerung auf der Ebene des Gesellschafters	79
aa) Liquidationsauskehrungen von im Privatvermögen gehaltenen relevanten Beteiligungen	80
bb) Liquidationsauskehrungen von im Privatvermögen gehaltenen nicht relevanten Beteiligungen	87
cc) Liquidationsauskehrungen von im Betriebsvermögen gehaltenen Beteiligungen einer natürlichen Person	89
dd) Liquidationsauskehrungen von im Betriebsvermögen gehaltenen Beteiligungen einer juristischen Person	90
II. Gewerbesteuer	91
III. Schenkungsteuer	94
IV. Grunderwerbsteuer	95
V. Umsatzsteuer	96
VI. Abgabenordnung	97

I. Einkommen-/Körperschaftsteuer

1 Auch der ertragsteuerrechtliche Begriff der Unternehmensaufgabe ist nicht identisch mit dem umgangssprachlichen Begriffsverständnis. So handelt es sich zB bei der allmählichen Abwicklung bzw. Auflösung eines Gewerbebetriebes nicht um eine Unternehmensaufgabe (→ Rn. 25). Auch der Tod eines Einzelunternehmers führt noch nicht dazu.[1] Gleiches gilt für eine innerbetriebliche Strukturänderung, wenn zB eine Gärtnerei in einen land- und forstwirtschaftlichen Betrieb verwandelt wird.[2] Hier wird nicht etwa der Betrieb, dh die Gärtnerei, aufgegeben; er bleibt vielmehr vom steuerlichen Standpunkt aus unverändert und wechselt nur seine Geschäftsrichtung. Andererseits liegt im steuerrechtlichen Sinne eine Unternehmensaufgabe vor, wenn die wesentlichen Betriebsgrundlagen an mehrere Erwerber veräußert werden (→ § 25 Rn. 41), was man umgangssprachlich sicherlich als „Unternehmensveräußerung" bezeichnen würde. Aber auch, wenn der Betrieb als selbständiger Organismus des Wirtschaftslebens bestehen bleibt, kann trotzdem eine Unternehmensaufgabe vorliegen. Dies ist der Fall, wenn der Betrieb „durch eine Handlung des Steuerpflichtigen oder durch einen Rechtsvorgang in seiner ertragsteuerlichen Einordnung so verändert wird, dass die Erfassung der im Buchansatz für die Wirtschaftsgüter des Betriebsvermögens enthaltenen stillen Reserven nicht mehr gewährleistet ist".[3] Man spricht hier von **Entstrickung**. Typischer Fall ist die Betriebsverlegung ins Ausland, wo der Gewinn aufgrund eines Doppelbesteuerungsabkommens nicht mehr der deutschen Besteuerung unterliegt (→ § 12 Rn. 187ff.). Dies zeigt, wie vielschichtig der ertragsteuerliche Begriff der Unternehmensaufgabe ist.

1. Aufgabe von Einzelunternehmen und Personengesellschaften

Die Aufgabe eines Betriebes, Teilbetriebes oder Mitunternehmeranteils ist in § 16 EStG geregelt. Sie ist gemäß § 16 Abs. 3 S. 1 EStG eine Unterart der Veräußerung. Gewinne und Verluste, die bei einer Betriebsaufgabe entstehen, gehören zu den Einkünften aus Gewerbebetrieb, §§ 15 Abs. 1, 16 Abs. 1, Abs. 3 S. 1 EStG. Gewinne sind somit einkommensteuerpflichtig, Verluste grundsätzlich ausgleichs- und abzugsfähig. Auf Einkünfte aus Land- und Forstwirtschaft, §§ 14, 14a EStG, und aus selbständiger Arbeit, § 18 EStG, ist § 16 Abs. 3 EStG entsprechend anzuwenden. Auch dem Aufgabegewinn kommt innerhalb der gewerblichen Einkünfte eine Sonderstellung zu: Er ist unter bestimmten Voraussetzungen steuerbefreit, § 16 Abs. 4 EStG, unterliegt grundsätzlich einem ermäßigten Steuersatz, § 34 Abs. 1, Abs. 2 Nr. 1 EStG, und erfährt darüber hinaus auch gewerbesteuerlich eine andere Behandlung. Er ist daher von dem laufenden Gewinn zB im Rahmen einer allmählichen Abwicklung oder einer Betriebsunterbrechung abzugrenzen. Der im Einkommensteuerbescheid festgestellte Aufgabegewinn ist beitragspflichtiges Arbeitseinkommen iSd § 3 Abs. 1 S. 1 BeitrVerfGrsSz und ist daher bei der Bemessung der Kranken- und Pflegeversicherungsbeiträge zu berücksichtigen.[4]

a) Aufgebender. Der persönliche Anwendungsbereich dieser Vorschrift erstreckt sich nicht nur auf **natürliche Personen** (Betriebsinhaber) und **Personengesellschaften,** sondern auch auf **Körperschaften** im Sinne des Körperschaftsteuergesetzes. Erben werden mit Erbanfall zu Betriebsinhabern. Soweit beschränkt Steuerpflichtige im Inland eine Betriebsstätte unterhalten oder einen ständigen Vertreter bestellt haben und keine abweichende DBA-Regelung besteht, gilt § 16 Abs. 3 EStG auch für sie.

b) Gegenstand der Aufgabe. Als Gegenstand der Aufgabe werden von § 16 EStG der ganze Gewerbebetrieb, der Teilbetrieb und der Mitunternehmeranteil sowie die 100%ige Beteiligung an einer Kapitalgesellschaft erfasst. Andere Veräußerungsgegenstände sind nicht in den Anwendungsbereich mit einbezogen und profitieren somit auch nicht von den Vergünstigungen der §§ 16, 34 EStG. Soweit durch ein DBA nichts Anderes bestimmt ist, erfasst § 16 EStG bei unbeschränkt steuerpflichtigen Personen auch deren

---
[1] BFH BStBl. II 1993, 716.
[2] BFH BStBl. II 1987, 342.
[3] BFH BStBl. II 1982, 381.
[4] BSG DStR 2018, 972.

ausländische Betriebe, Teilbetriebe, Mitunternehmeranteile und 100%ige Kapitalgesellschaftsbeteiligungen.

5 aa) Ganzer Gewerbebetrieb. Der Begriff des ganzen Gewerbebetriebs als Aufgabegegenstand im Sinne des § 16 Abs. 3 S. 1 EStG entspricht grundsätzlich demjenigen bei der Veräußerung (→ § 25 Rn. 7). Es muss sich um einen selbständigen Organismus des Wirtschaftslebens handeln, der fortgeführt werden kann. Abzustellen ist auf die Verhältnisse beim Aufgebenden im Zeitpunkt der Aufgabe. Unerheblich ist, ob der Betrieb schon werbend am Markt aufgetreten ist, solange er nur im Wesentlichen bereits eingerichtet und bei zielgerechter Weiterverfolgung des Businessplans ein selbständig lebensfähiger Organismus zu erwarten gewesen wäre. Hier muss allerdings ein besonderes Augenmerk auf die Gewinnerzielungsabsicht gelegt werden, die in derartigen Fällen von der Finanzverwaltung regelmäßig angezweifelt wird (→ § 25 Rn. 53). Die Aufgabe eines ganzen Gewerbebetriebs im Sinne des § 16 Abs. 3 S. 1 EStG setzt ebenso wie die Veräußerung eines ganzen Gewerbebetriebs nicht voraus, dass alle aktiven und passiven Wirtschaftsgüter übertragen werden. Auch hier ist es ausreichend, wenn alle **wesentlichen Betriebsgrundlagen**[5] – unabhängig von der Höhe der in ihnen enthaltenen stillen Reserven – von den Aufgabehandlungen erfasst werden (→ § 25 Rn. 8 ff.).

6 bb) Teilbetrieb. Als Gegenstand der Aufgabe kommt ferner der Teilbetrieb in Betracht, auch wenn er in § 16 Abs. 3 S. 1 EStG nicht explizit genannt wird.[6] Er ist begrifflich abzugrenzen gegenüber dem ganzen Gewerbebetrieb, unselbständigen Betriebsteilen und einzelnen Wirtschaftsgütern. Ebenso wie bei der Teilbetriebsveräußerung liegt bei der Aufgabe ein Teilbetrieb nur dann vor, wenn es sich um einen
– organisch geschlossenen Teil des Gesamtbetriebs handelt (→ § 25 Rn. 13 ff.),
– der für sich allein lebensfähig ist (→ § 25 Rn. 16) und
– bereits vor Aufgabe mit einer gewissen Selbständigkeit ausgestattet war (→ § 25 Rn. 17).

Ebenso wie bei der Aufgabe eines ganzen Gewerbebetriebs ist auch bei der Teilbetriebsaufgabe ausreichend, aber auch erforderlich, wenn sich die Aufgabehandlungen auf **die wesentlichen Betriebsgrundlagen** erstrecken (→ § 25 Rn. 8 ff.). Selbstverständlich gilt dies nur für die für den Teilbetrieb wesentlichen Betriebsgrundlagen. Wird ein Wirtschaftsgut, zB ein Gebäude, von verschiedenen Teilbetrieben des Unternehmens genutzt und bei der Aufgabe eines dieser Teilbetriebe nicht oder nicht mit dem entsprechenden Teil mit veräußert, mit entnommen etc., liegt keine Teilbetriebsaufgabe vor, wenn es sich bei dem Wirtschaftsgut um eine wesentliche Betriebsgrundlage handelt.[7] Dies soll unabhängig vom Nutzungsumfang gelten.[8] Die Rechtsprechung verlangt, dass die in dem aufgegebenen Teilbetrieb gebildeten, bedeutenden stillen Reserven einschließlich des Geschäftswerts aufgelöst werden.[9] Hierbei nützt es einer Personengesellschaft auch nicht, wenn sie die wesentliche Betriebsgrundlage nicht mehr für ihre gewerbliche Tätigkeit einsetzt, sondern zB nur noch fremdvermietet oder überhaupt nicht nutzt. Denn nach § 15 Abs. 3 Nr. 1 EStG gilt die einkommensteuerlich relevante Betätigung einer Personengesellschaft, die nur zT gewerblich tätig ist, in vollem Umfang als Gewerbebetrieb.[10] Ist die Personengesellschaft nach Aufgabe des Teilbetriebs nur noch vermögensverwaltend tätig und ist sie nicht gewerblich geprägt (→ § 25 Rn. 30), führt die Betriebseinstellung im Teilbetrieb nach Ansicht der Rechtsprechung notwendig zur Aufgabe des ganzen Ge-

---

[5] BFH BStBl. II 1993, 710; 2005, 637.
[6] BFH BStBl. II 1995, 705.
[7] BFH BStBl. II 1996, 409; 2009, 43.
[8] Kritisch dazu *Gosch* StBP 1996, 248.
[9] BFH BStBl. II 1987, 455.
[10] Vgl. Schmidt/*Wacker* EStG § 15 Rn. 185.

I. Einkommen-/Körperschaftsteuer § 26

werbebetriebs der Personengesellschaft, sofern diese nicht allmählich abgewickelt werden soll.[11]

cc) 100%ige Beteiligung an einer Kapitalgesellschaft. Der BFH räumt ein, dass die 7 Übertragung der Grundsätze für eine Teilbetriebsaufgabe auf eine Verwertung einer 100%igen Kapitalgesellschaftsbeteiligung Schwierigkeiten bereiten kann.[12] Dennoch ist eine im Betriebsvermögen gehaltene 100%ige Beteiligung an einer Kapitalgesellschaft einem Teilbetrieb gleichgestellt. Dies ist jedoch seit Einführung des Teileinkünfteverfahrens nicht mehr sonderlich bedeutsam (→ § 25 Rn. 20). Hinzu kommt, dass der Gewinn aus der Aufgabe der Beteiligung nach hM gewerbesteuerpflichtiges laufendes Ergebnis darstellt (→ Rn. 91). Etwas Anderes gilt nur, wenn die Beteiligung im Zuge einer Unternehmensveräußerung oder -aufgabe verkauft wird. In diesem Fall ist die vom Grundsatz her vorliegende Teilbetriebsaufgabe Bestandteil der beiden anderen begünstigten Tatbestände und tritt hinter diese zurück. Im Wesentlichen reduziert sich daher die Bedeutung der Aufgabe einer 100%igen Beteiligung an einer Kapitalgesellschaft auf den Freibetrag nach § 16 Abs. 4 EStG (→ Rn. 58).

Eine 100%ige Beteiligung liegt vor, wenn sie
– das gesamte Nennkapital umfasst (→ § 25 Rn. 21) und
– vollständig zum Betriebsvermögen gehört (→ § 25 Rn. 23).

dd) Mitunternehmeranteil. Durch § 16 Abs. 3 iVm Abs. 1 Nr. 2 EStG wird der Mit- 8 unternehmer bei Aufgabe seines Mitunternehmeranteils dem Einzelunternehmer, der seinen ganzen Gewerbebetrieb veräußert, gleichgestellt. Der Begriff des Mitunternehmeranteils entspricht demjenigen bei der Veräußerung (→ § 25 Rn. 26 ff.).

Der Begriff der **Mitunternehmerschaft** ist gesetzlich nicht definiert und wurde weitgehend von der Rechtsprechung ausgefüllt. Er setzt voraus, dass
– mindestens zwei Personen (Mitunternehmer), die
– Mitunternehmerinitiative entfalten (→ § 25 Rn. 29) und
– Mitunternehmerrisiko (→ § 25 Rn. 28) tragen,
– gemeinschaftlich
– eine gewerbliche oder zumindest gewerblich geprägte Tätigkeit[13] ausüben (→ § 25 Rn. 30).

Zu beachten ist, dass der Mitunternehmeranteil die Mitgliedschaft an dem Personenzu- 9 sammenschluss einschließlich der dinglichen Mitberechtigung am Gesamthandsvermögen und etwaiges **Sonderbetriebsvermögen** des einzelnen Mitunternehmers beinhaltet. Auch hier ist es wiederum erforderlich, dass zusammen mit dem Mitunternehmeranteil die wesentlichen Betriebsgrundlagen (→ § 25 Rn. 8 ff., 31) von den Aufgabehandlungen mit umfasst werden. Existieren Wirtschaftsgüter des Sonderbetriebsvermögens, die wesentliche Betriebsgrundlage einer Mitunternehmerschaft sind, kann es sich je nach Sachlage um eine begünstigte Veräußerung bzw. Aufgabe oder um einen nicht begünstigten Vorgang handeln (→ § 25 Rn. 33). In folgenden Fallkonstellationen handelt es sich um eine begünstigte Aufgabe:
– Ein Gesellschafter veräußert seinen ganzen Mitunternehmeranteil und überführt das dazugehörige Sonderbetriebsvermögen in sein Privatvermögen.[14]
– Ein Gesellschafter veräußert seinen ganzen Mitunternehmeranteil und das dazugehörige Sonderbetriebsvermögen an einen anderen als den Erwerber des Gesellschaftsanteils.[15]

---

[11] BFH BStBl. II 1968, 78 mwN; aA wohl *Knobbe-Keuk* § 7 V 3; § 22 IV 1 a.
[12] BFH BB 1989, 964.
[13] Für land- und forstwirtschaftliche sowie für freiberufliche Tätigkeit gelten die Regeln über die Mitunternehmerschaft entsprechend.
[14] BFH BStBl. II 1995, 890 mwN.
[15] Schmidt/*Wacker* EStG § 16 Rn. 414.

– Ein Gesellschafter veräußert seinen ganzen Mitunternehmeranteil und überträgt das dazugehörige Sonderbetriebsvermögen durch verdeckte Einlage auf eine Kapitalgesellschaft. Da die Wirtschaftsgüter des Sonderbetriebsvermögens anderen betriebsfremden Zwecken zugeführt werden und damit als entnommen gelten, tritt Gewinnrealisierung ein. Es liegt daher eine begünstigte Aufgabe eines Mitunternehmeranteils vor.[16] Handelt es sich bei dem verdeckt eingelegten Sonderbetriebsvermögen um Kapitalgesellschaftsanteile, so gilt insoweit das Teileinkünfteverfahren, §§ 3 Nr. 40b, 3c Abs. 2 EStG (→ § 25 Rn. 183).

– Ein Gesellschafter teilt seinen Mitunternehmeranteil und veräußert sodann in sachlichem und zeitlichem Zusammenhang mit der Teilung **alle** Teil-Mitunternehmeranteile an einen oder mehrere Erwerber. Hinsichtlich des Sonderbetriebsvermögens gelten die vorgenannten Fallkonstellationen. Dabei spielt es keine Rolle, ob das Sonderbetriebsvermögen an einen der Erwerber eines der Teil-Mitunternehmeranteile oder an einen Dritten entgeltlich veräußert wird.

10 Folgende Fallkonstellationen stellen zwar eine Betriebsaufgabe, aber **keine** begünstigte Betriebsaufgabe dar:

– Ein Gesellschafter veräußert seinen ganzen Mitunternehmeranteil und überführt wesentliche Betriebsgrundlagen des dazugehörigen Sonderbetriebsvermögens in ein anderes Betriebsvermögen oder Sonderbetriebsvermögen von ihm selbst. Die Übertragung hat gemäß § 6 Abs. 5 S. 1 bzw. S. 2 EStG zum Buchwert zu erfolgen. Es fehlt an der zusammengeballten Realisierung der stillen Reserven.

– Ein Gesellschafter veräußert seinen ganzen Mitunternehmeranteil und überträgt wesentliche Betriebsgrundlagen des dazugehörigen Sonderbetriebsvermögens in das Gesamthandsvermögen der Mitunternehmerschaft. Gemäß § 6 Abs. 5 S. 3 Nr. 2 EStG ist dieses Sonderbetriebsvermögen mit dem Buchwert anzusetzen, so dass auch hier eine zusammengeballte Realisierung der stillen Reserven ausscheidet. Kommt es allerdings bei wirtschaftlicher Betrachtungsweise zu einer geballten Realisierung der stillen Reserven, zB weil der Wert des Sonderbetriebsvermögens mit dem Kaufpreis für den Mitunternehmeranteil abgegolten wird,[17] liegt eine begünstigte Aufgabe eines Mitunternehmeranteils vor.

– Ein Gesellschafter veräußert seinen ganzen Mitunternehmeranteil und überträgt die dazugehörigen wesentlichen Betriebsgrundlagen des Sonderbetriebsvermögens in das Sonderbetriebsvermögen eines anderen Mitunternehmers derselben Mitunternehmerschaft. Die Begünstigung scheitert an dem Zwang zum Buchwertansatz des Sonderbetriebsvermögens gemäß § 6 Abs. 5 S. 3 Nr. 3 EStG.

– Ein Gesellschafter veräußert seinen ganzen Mitunternehmeranteil und überführt gleichzeitig seine wesentlichen Betriebsgrundlagen enthaltendes Sonderbetriebsvermögen in das Gesamthandsvermögen einer anderen Mitunternehmerschaft. Die Begünstigung scheitert an dem Zwang zum Buchwertansatz des Sonderbetriebsvermögens gemäß § 6 Abs. 5 S. 3 Nr. 2 EStG.

– Eine Personengesellschaft veräußert ihren ganzen Gewerbebetrieb. Gleichzeitig überführt ein Mitunternehmer sein Sonderbetriebsvermögen mit den darin enthaltenen wesentlichen Betriebsgrundlagen in das Gesamthandsvermögen einer anderen Mitunternehmerschaft. Die Begünstigung scheitert an dem Zwang zum Buchwertansatz des Sonderbetriebsvermögens gemäß § 6 Abs. 5 S. 3 Nr. 2 EStG.

11 c) **Aufgabevorgang.** Die Aufgabe eines Betriebes stellt eine Sonderform der Entnahme dar, man spricht insoweit auch von **Totalentnahme**.[18] Einkommensteuerlich gilt sie als

---

[16] BFH BStBl. II 1990, 420; Schmidt/*Wacker* EStG § 16 Rn. 112.
[17] Gegebenenfalls wäre zu prüfen, ob sich die Übertragung des Sonderbetriebsvermögens wirtschaftlich gesehen nicht als entgeltlicher Vorgang darstellt und § 6 Abs. 5 S. 3 Nr. 2 EStG nicht anwendbar ist.
[18] Schmidt/*Wacker* EStG § 16 Rn. 170.

Veräußerung, § 16 Abs. 3 S. 1 EStG, und ist dieser somit gleichgestellt. Sie setzt grundsätzlich eine Aufgabehandlung des Steuerpflichtigen oder zumindest einen „substituierenden Rechtsvorgang" voraus[19] und muss in einem **einheitlichen Vorgang** erfolgen. Bei der Aufgabe eines ganzen Betriebs und/oder eines Teilbetriebes ist grundsätzlich auch erforderlich, dass der Steuerpflichtige die mit diesen entfaltete **Betätigung endgültig einstellt** und der Betrieb als selbständiger Organismus des Wirtschaftslebens zu bestehen aufhört.[20] Dies ist ausnahmsweise nicht erforderlich, wenn die Betriebsaufgabe aus einer Entstrickungssituation hervorgegangen ist (→ Rn. 1).

Die Betriebsaufgabe ist zu unterscheiden von der ebenfalls begünstigen Betriebsveräußerung und der nicht begünstigten Betriebsverlagerung, der Betriebsänderung, dem Strukturwandel, der Betriebsunterbrechung sowie der allmählichen Abwicklung. Vereinfacht ausgedrückt unterscheidet sich die Betriebsaufgabe von der 12
– Betriebsveräußerung dadurch, dass bei Letzterer alle wesentlichen Betriebsgrundlagen an einen Erwerber veräußert werden,
– Betriebsverlagerung und -änderung dadurch, dass bei dieser der Betrieb als selbständiger Organismus des Wirtschaftslebens bestehen bleibt,
– Betriebsunterbrechung und dem Strukturwandel dadurch, dass die bisherige gewerbliche Tätigkeit endgültig eingestellt wird,
– allmählichen Abwicklung dadurch, dass alle wesentlichen Betriebsgrundlagen in einem einheitlichen Vorgang veräußert oder in das Privatvermögen überführt werden.

Von dem Begriff der Betriebsaufgabe erfasst werden auch Einbringungsvorgänge, dh offene Sacheinlagen in eine Personen-[21] oder Kapitalgesellschaft[22] gegen Gewährung einer Mitunternehmerstellung bzw. von Gesellschaftsrechten. Hier finden die §§ 20 bis 24 des UmwStG allerdings vorrangig Anwendung, sofern alle wesentlichen Betriebsgrundlagen eingebracht werden.[23] Soweit es bei zurückbehaltenen wesentlichen Betriebsgrundlagen zur Realisierung der stillen Reserven kommt (zB durch Überführung in das Privatvermögen), liegt eine begünstigte Betriebsaufgabe vor. Erhält der Einbringende keine Gegenleistung, wie zB bei der **verdeckten Einlage** in eine Kapitalgesellschaft, bei welcher die bloße Wertsteigerung der Anteile nicht als eine solche Gegenleistung angesehen wird,[24] liegt keine Veräußerung, wohl aber eine Betriebsaufgabe iSd § 16 Abs. 3 EStG vor. Gleiches gilt für die **verschleierte Sacheinlage**.[25] In beiden Fällen ist § 20 UmwStG nicht anwendbar. 13

Die **unentgeltliche Übertragung** eines Gewerbebetriebs, Teilbetriebs oder Mitunternehmeranteils[26] fällt mit Ausnahme der verdeckten Einlage in eine Kapitalgesellschaft (→ Rn. 13), zumindest wenn die Anteile an der aufnehmenden Kapitalgesellschaft im Privatvermögen gehalten werden, nicht in den Anwendungsbereich des § 16 EStG; hier hat § 6 Abs. 3 EStG Vorrang. Daher liegen weder eine Veräußerung noch eine Betriebsaufgabe vor, wenn ein Betrieb, Teilbetrieb oder Mitunternehmeranteil zB durch Erbfall vom Erblasser auf den Erben übergeht (→ § 27 Rn. 252). Dies betrifft allerdings nur die vollständige unentgeltliche Übertragung. Wird nur ein Teil der wesentlichen Betriebsgrundlagen unentgeltlich übertragen und der Rest bei gleichzeitiger Betriebseinstellung zB in das Privatvermögen überführt, hat § 16 Abs. 3 EStG Vorrang vor § 6 Abs. 3 EStG.[27] 14

---

[19] BFH BStBl. II 1984, 474 mwN.
[20] BFH BStBl. II 1994, 564.
[21] BFH BStBl. II 2016, 1032.
[22] BFH BStBl. II 2016, 913.
[23] BFH BStBl. II 1994, 856.
[24] BFH BStBl. II 2016, 1032; 1991, 512 mwN.
[25] BFH BStBl. II 1993, 131; vgl. auch Schmidt/*Wacker* EStG § 16 Rn. 202 mwN.
[26] Zur Abgrenzung von entgeltlichen, teilentgeltlichen und unentgeltlichen Vorgängen → § 28 Rn. 46 ff.
[27] BFH BStBl. II 1994, 15.

Beispiel:

Eine Mutter überträgt auf ihren Sohn unentgeltlich ein Elektrofachgeschäft und behält das Grundstück nebst dem Gebäude, in dem der Betrieb geführt wird, zurück. Da das Grundstück wesentliche Betriebsgrundlage des Elektrofachgeschäfts war, liegt keine einheitliche unentgeltliche Betriebsübertragung iSv § 6 Abs. 3 EStG vor. Es handelt sich vielmehr bei der Mutter um eine Betriebsaufgabe iSd § 16 Abs. 3 S. 1 EStG. Sämtliche Wirtschaftsgüter, dh auch die auf den Sohn übertragenen, wurden somit durch die Mutter entnommen. Die stillen Reserven sind zu versteuern. Bei dem Sohn ist von einer Betriebseröffnung auszugehen. Eine Fortführung der Buchwerte kommt nicht in Betracht.

15 Auch der **Tod eines Einzelunternehmers** führt für sich genommen noch nicht zur Betriebsaufgabe. Es liegt vielmehr eine unentgeltliche „Übertragung" iSv § 6 Abs. 3 EStG vor. Der Erbe tritt in die Rechtsstellung des Erblassers ein (→ § 27 Rn. 252).

16 **aa) Aufgabe eines ganzen Gewerbebetriebes.** Die Aufgabe eines ganzen Gewerbebetriebes liegt vor, wenn der Steuerpflichtige
– aufgrund eines Entschlusses, den Betrieb aufzugeben,
– die wesentlichen Betriebsgrundlagen entweder durch eine Aufgabehandlung oder einen diese „substituierenden Rechtsvorgang" betriebsfremden Zwecken zuführt, und zwar
– in einem einheitlichen Vorgang, sowie
– die bislang in dem Betrieb ausgeübte gewerbliche Tätigkeit endgültig einstellt und
– dadurch der Betrieb als selbständiger Organismus des Wirtschaftslebens zu bestehen aufhört[28] oder es zur Entstrickung kommt.[29]

17 Erforderlich ist somit zunächst, dass der Steuerpflichtige einen **Aufgabeentschluss** trifft.[30] Unerheblich ist, welche Motive diesem zugrunde lagen. Auslöser der Betriebsaufgabe kann daher auch ein Berufsverbot oder die Zerstörung der Betriebsgrundlagen sein. Nicht erforderlich ist eine ausdrückliche **Aufgabeerklärung,** denn die Betriebsaufgabe ist ein tatsächlicher Vorgang, dessen einkommensteuerliche Folgen durch Willenserklärung nicht vermieden werden können.[31] Dementsprechend kann eine Betriebsaufgabe auch nicht durch eine derartige Aufgabeerklärung zurückbezogen werden.[32] Allerdings kann es sich empfehlen, eine Aufgabeerklärung gegenüber dem Finanzamt abzugeben, da ihr bei der Abgrenzung der Betriebsaufgabe zur allmählichen Abwicklung zumindest indizierende Bedeutung zukommt. Denn stellt der Steuerpflichtige seine bisherige werbende gewerbliche Tätigkeit endgültig ein, liegt hierin nicht notwendig eine Betriebsaufgabe. Ihm steht vielmehr ein **Wahlrecht** zu, den Betrieb sofort begünstigt aufzugeben, oder aber **allmählich** und dann nicht begünstigt **abzuwickeln.**[33] Da für die sich aus dieser Wahl ergebende Besteuerung bestimmte Grundlagen geschaffen werden müssen, sind nach der Rechtsprechung an die Eindeutigkeit und Klarheit der Wahl des Steuerpflichtigen strenge Anforderungen zu stellen.[34] Eine besondere Form ist für die Aufgabeerklärung allerdings nicht vorgeschrieben. Sie kann daher auch mündlich erfolgen. Ist die Aufgabeerklärung einmal abgegeben, ist sie wirksam und bindend. Der Steuerpflichtige kann sich danach nicht darauf berufen, diese rechtsgestaltende Erklärung sei wirkungslos, weil ihm nicht bewusst gewesen sei, dass mit der Betriebsaufgabe auch die stillen Reserven aufzudecken seien. Die Rechtsprechung des Bundesfinanzhofs, nach der eine Betriebsaufgabeerklärung

---

[28] BFH BStBl. II 1994, 564.
[29] Schmidt/*Wacker* EStG § 16 Rn. 175 mwN.
[30] R 16 Abs. 2 S. 1 EStR.
[31] BFH BStBl. II 1998, 373; Schmidt/*Wacker* EStG § 16 Rn. 185, 188 aE.
[32] BFH DStR 1995, 1992.
[33] HL BFH/NV 1997, 225 mwN; weitergehend mit zutreffender Argumentation *Knobbe-Keuk* DStR 1985, 494, wonach der Steuerpflichtige auch das Betriebsvermögen fortbestehen lassen kann; ähnlich Kirchhof/Söhn/*Reiß* EStG § 16 Rn. F 30–34.
[34] BFH BStBl. II 1972, 936.

erkennbar von dem Bewusstsein der daraus folgenden Versteuerung der stillen Reserven getragen sein müsse, bezieht sich nur auf konkludente Erklärungen (→ Rn. 18).[35]

Fehlt es an einer Aufgabeerklärung, kommt es auf das Verhalten des Steuerpflichtigen an. Erfüllt dieses alle Tatbestandsmerkmale einer Betriebsaufgabe, so hat er das ihm zustehende Wahlrecht im Sinne einer Betriebsaufgabe ausgeübt. Ist dies nicht der Fall, bleibt das bisherige Betriebsvermögen einkommensteuerrechtlich so lange Betriebsvermögen, als das rechtlich noch möglich ist, dh bis zum Zeitpunkt der tatsächlichen Verwertung, der eindeutigen Übernahme in das Privatvermögen[36] oder der Aufgabe der Verwertungsabsicht.[37] Letzteres ist der Fall, wenn mit einer Veräußerung nicht mehr zu rechnen ist. Es ist daher nicht möglich, die Gewinnrealisierung dadurch auf ewig hinauszuschieben, dass die Wirtschaftsgüter weder veräußert noch ausdrücklich entnommen, sondern zB nur noch vermietet werden.[38] Die bis dahin nicht veräußerten Wirtschaftsgüter werden zum Zeitpunkt der Aufgabe der Verwertungsabsicht notwendiges Privatvermögen. Ob der dadurch realisierte Gewinn begünstigt ist oder nicht, hängt davon ab, ob eine bis dahin noch nicht beendete Betriebsaufgabe[39] oder eine allmähliche Abwicklung vorliegt. Steuerpflichtige, die von vornherein nicht die Absicht hatten, die wesentlichen Betriebsgrundlagen zu veräußern oder die Abwicklungsabsicht später aufgeben, dies aber zum fraglichen Zeitpunkt nicht zum Ausdruck bringen, können nach Treu und Glauben daran gehindert sein, sich später darauf zu berufen, dass Wirtschaftsgüter bereits früher Privatvermögen geworden sind.[40] Die durch die allmähliche Abwicklung veranlassten Aufwendungen und Erträge sind als laufendes Einkommen aus dem insoweit fortbestehenden Gewerbebetrieb zu erfassen.[41] Der Aufgabeentschluss kann sich schließlich nach der Rechtsprechung auch in einem substituierenden Rechtsvorgang (→ Rn. 22) niederschlagen.[42] Der Aufgabeentschluss manifestiert sich hier in der steuerentstrickenden Handlung des Steuerpflichtigen.

Dem Aufgabeentschluss folgt sodann die Umsetzung dieser Entscheidung. Dies kann zum einen durch eine **Aufgabehandlung** geschehen. In erster Linie kommen hier Veräußerung und Entnahme in Betracht. Die wesentlichen Betriebsgrundlagen müssen dabei entweder insgesamt klar und eindeutig äußerlich erkennbar in das Privatvermögen überführt[43] oder anderen betriebsfremden Zwecken zugeführt[44] oder insgesamt einzeln an verschiedene Erwerber veräußert[45] oder teilweise veräußert und teilweise in das Privatvermögen überführt werden.[46] Während die **Veräußerung** und der Veräußerungszeitpunkt in der Regel relativ leicht zu erkennen sind, bereitet die **Privatentnahme** insbesondere im Hinblick auf die Abgrenzung zur nicht begünstigten allmählichen Abwicklung häufig Probleme. Der Entnahmehandlung liegt grundsätzlich kein schriftlicher Vertrag und oftmals lediglich eine Umwidmung zugrunde. Aus diesen Gründen verlangt die Rechtsprechung eine klare und eindeutige Entnahmehandlung, die darüber hinaus vor allem auch äußerlich erkennbar sein muss.[47] Der rein tatsächliche Vorgang muss mithin nachprüfbar sein. Zu denken wäre dabei zB bei einem Grundstück an den Abschluss eines langfristigen Mietvertrages.[48] **Umlaufvermögen** kann bis auf unbedeutende Restposten nicht in das

---

[35] BFH BB 2005, 160.
[36] BFH BStBl. II 1980, 186; 1989, 509.
[37] BFH BStBl. II 1984, 364.
[38] BFH BStBl. II 1997, 561; aA *Knobbe-Keuk* DStR 1985, 494; zu Ausweichstrategien vgl. *Streck* FR 1988, 57.
[39] BFH/NV 1992, 659.
[40] Schmidt/*Wacker* EStG § 16 Rn. 187; aA evtl. BFH/NV 1992, 227.
[41] BFH BStBl. II 1989, 509.
[42] BFH BStBl. II 1984, 474 mwN.
[43] BFH BStBl. II 2001, 798; BFH/NV 2015, 479.
[44] BFH BStBl. II 1987, 705; 1991, 512; zur verdeckten Einlage in eine Kapitalgesellschaft → § 26 Rn. 11, 19.
[45] BFH BStBl. II 2003, 537.
[46] BFH BStBl. II 1987, 705.
[47] BFH BStBl. II 1985, 456.
[48] BFH/NV 1987, 578.

Privatvermögen überführt und eine spätere Veräußerung dadurch nicht zu einem Privatvorgang werden.[49] Insoweit ist Vorsicht geboten. Gehört das Umlaufvermögen zu den wesentlichen Betriebsgrundlagen und wird es nicht innerhalb des Zeitraums der Betriebsaufgabe (→ Rn. 25 f.) betriebsfremden Zwecken zugeführt, liegt eine nicht begünstigte allmähliche Abwicklung vor.

20 Keine Aufgabehandlung stellt die **unentgeltliche Übertragung** des Betriebes dar (→ § 28 Rn. 132 ff.). Gemäß § 6 Abs. 3 EStG hat der Erwerber die Buchwerte fortzuführen. Es kommt somit nicht zur Realisierung der stillen Reserven. Wird dagegen nur ein Teil der wesentlichen Betriebsgrundlagen unentgeltlich übertragen und der Rest bei gleichzeitiger Betriebseinstellung zB in das Privatvermögen überführt, hat § 16 Abs. 3 EStG Vorrang vor § 6 Abs. 3 EStG.[50] Auch die unentgeltliche Übertragung eines Betriebs iSd § 6 Abs. 3 EStG setzt voraus, dass **alle** wesentlichen Betriebsgrundlagen auf den Erwerber übergehen. Geschieht dies nicht, kommt es darauf an, ob die unentgeltlich übertragenen wesentlichen Betriebsgrundlagen in ein Privat- oder Betriebsvermögen wechseln. Bei Überführung in das Privatvermögen, kommt es zunächst zu einer Entnahme durch den Schenker und dann zu einer unentgeltlichen Übertragung auf den Erwerber. Hierdurch kommt es zur Realisierung sämtlicher stillen Reserven. Wird die wesentliche Betriebsgrundlage dagegen **vorab** in ein anderes Betriebsvermögen überführt, geschieht die gemäß § 6 Abs. 5 EStG zum Buchwert. Es kann mithin zu einer Kombination aus § 6 Abs. 3 und Abs. 5 EStG kommen, so dass die stillen Reserven insgesamt nicht aufgedeckt werden.[51]

21 Werden alle wesentlichen Betriebsgrundlagen verdeckt in eine Kapitalgesellschaft eingelegt, ist dies eine Betriebsaufgabe, da die **verdeckte Einlage** kein entgeltliches Geschäft darstellt und die §§ 20 ff. UmwStG nicht, auch nicht analog anwendbar sind.[52] Gleiches gilt für die verschleierte Sacheinlage.[53] Bei der offenen Sacheinlage gelten die §§ 20 ff. UmwStG dagegen vorrangig.

22 Eine andere Form der Umsetzung des Aufgabeentschlusses ist diejenige durch einen **substituierenden Rechtsvorgang.** Um einen solchen handelt es sich insbesondere, wenn der Betrieb als wirtschaftlicher Organismus zwar bestehen bleibt, aber durch eine Handlung des Steuerpflichtigen oder einen Rechtsvorgang in seiner ertragsteuerlichen Einordnung so verändert wird, dass die Erfassung der stillen Reserven nicht mehr gewährleistet ist. Eine derartige Situation ist zB gegeben, wenn der Steuerpflichtige seinen Betrieb ins Ausland verlagert und der Gewinn dann nicht mehr der inländischen Besteuerung unterliegt, § 16 Abs. 3a EStG.[54] Entsprechendes gilt beim Wegfall der Voraussetzungen für eine **Betriebsaufspaltung**[55] und bei einer **gewerblich geprägten Personengesellschaft** (→ § 25 Rn. 30), die nach Veräußerung des gewerblichen Betriebsteils nur noch vermögensverwaltend tätig ist. Aus der Betriebseinstellung im einzigen gewerblichen Teilbetrieb einer gewerblich geprägten Personengesellschaft folgt notwendig die **Aufgabe des ganzen Gewerbebetriebes** bzw. deren allmähliche Abwicklung.[56] Der Wegfall der gewerblichen Prägung bzw. der Voraussetzungen für eine Betriebsaufspaltung stellt somit einen die Aufgabehandlung substituierenden Rechtsvorgang dar, mit der oftmals prekären Folge, dass auch die in dem nicht gewerblichen „Teilbetrieb" bzw. bei der Betriebsaufspaltung in dem Besitzunternehmen enthaltenen stillen Reserven aufgedeckt werden. Die daraus wiederum resultierende zusätzliche Steuerlast kann, da ein hierzu kor-

---

[49] BFH/NV 1991, 373 mwN; aA zu Recht *Herzig* BB 1985, 741.
[50] BFH BStBl. II 1994, 15.
[51] BFH DStR 2012, 2118; BFH/NV 2016, 1452; BFH DStR 18, 1014 mAnm *Wacker;* aA Schmidt/*Wacker* EStG § 16 Rn. 15; BMF BStBl. I 2013, 1164.
[52] BFH BStBl. II 1991, 512; aA FG Düsseldorf EFG 1086, 375 rkr.
[53] BFH BStBl. II 1993, 131; aA *Widmann,* FS Döllerer, 1997, 721.
[54] BFH BStBl. II 1977, 76 mwN; BMF BStBl. I 2011, 1278.
[55] BFH/NV 2000, 559.
[56] BFH BStBl. II 1968, 78.

respondierender Zufluss finanzieller Mittel fehlt, gegebenenfalls zu Liquiditätsengpässen führen. Auch die **Vernichtung der wesentlichen Betriebsgrundlagen** stellt einen die Aufgabehandlung substituierenden Rechtsvorgang dar. Sofern auch die anderen Voraussetzungen vorliegen, kann so zB durch einen Brand eine Betriebsaufgabe ausgelöst werden. Hier wird in der Regel der die Aufgabe substituierende Vorgang vor dem Aufgabeentschluss liegen.

Die Aufgabehandlung bzw. der sie substituierende Rechtsvorgang muss zu einer **Realisierung aller stiller Reserven** der wesentlichen Betriebsgrundlagen führen (→ § 25 Rn. 8 ff.). Ein Geschäftswert enthält in der Regel keine stillen Reserven mehr; er geht durch die Betriebsaufgabe unter.[57] Dabei spielt es keine Rolle, ob es sich um einen originären oder einen derivativ erworbenen Geschäftswert handelt. Überführt der Steuerpflichtige gemäß § 6 Abs. 5 EStG einige oder gar alle wesentlichen Betriebsgrundlagen zum Buchwert in ein anderes Betriebsvermögen etc., liegt insgesamt keine Betriebsaufgabe vor. Bei funktional nicht mehr wesentlichen Betriebsgrundlagen müssen allerdings erhebliche stille Reserven vorhanden sein, da es nur dann als wesentliche Betriebsgrundlage iSd § 16 EStG einzuordnen ist (quantitative Betrachtungsweise).[58]

23

Der Tatbestand der Betriebsaufgabe erfordert weiter, dass sich der Übergang ins Privatvermögen oder die Einzelveräußerung aller wesentlichen Betriebsgrundlagen **in einem einheitlichen Vorgang** vollzieht.[59] Dies ist immer der Fall, wenn die Veräußerung etc. der wesentlichen Betriebsgrundlagen auf **einem Kausalgeschäft** (zB Veräußerung der Anteile an der Betriebs-GmbH bei der Betriebsaufspaltung[60]) beruht. Unschädlich ist es, wenn sich die Übereignung der Wirtschaftsgüter in mehreren Einzelakten vollzieht.

24

In aller Regel erfolgt aber eine Betriebsaufgabe, sofern mehrere wesentliche Betriebsgrundlagen vorhanden sind, **sukzessiv**. Die Aufgabehandlungen erfolgen dann Schritt für Schritt. Sie müssen im Hinblick auf den Gesetzeszweck, nur die zusammengeballte Realisierung stiller Reserven zu begünstigen, wirtschaftlich noch als einheitlicher Vorgang zu werten[61] und durch den auf Gesamtübertragung gerichteten Entschluss verknüpft sein. Ein derartiger wirtschaftlich einheitlicher Vorgang ist gegeben, wenn zwischen Beginn und Ende der Aufgabe nur ein **kurzer Zeitraum** liegt. Welcher Zeitraum noch kurz ist, lässt sich nicht schematisch bestimmen[62] und hängt grundsätzlich vom Einzelfall ab. Nach der Rechtsprechung liegt in der Regel keine Betriebsaufgabe, sondern eine nicht begünstigte allmähliche Abwicklung vor, wenn sich die Beendigung über mehr als zwei Veranlagungszeiträume hinzieht.[63] In Ausnahmefällen kann auch ein Zeitraum von drei Jahren noch als „kurz" angesehen werden.[64] Auch die Tarifbegünstigung nach § 34 EStG erstreckt sich in diesem Fall gegebenenfalls über mehrere Veranlagungszeiträume. Die Begrenzung in § 34 Abs. 3 EStG auf EUR 5 Mio. (→ § 25 Rn. 107) ist dann allerdings auf den gesamten Abwicklungszeitraum anzuwenden, so dass der darüber hinaus gehende Teil des Aufgabegewinns auch dann nicht begünstigt ist, wenn er in mehreren Veranlagungszeiträumen verwirklicht wurde.[65] In diesem Rahmen ist die Tarifermäßigung nach § 34 Abs. 3 EStG allerdings auch in allen Veranlagungszeiträumen zu gewähren.[66] Dies muss für die Tarifermäßigung nach § 34 Abs. 1 EStG entsprechend gelten. Allerdings enthält dieser keine betragsmäßige Begrenzung. Hier stellt der Spitzensteuersatz die Grenze dar. Durch die Verteilung des Aufgabegewinns auf zwei oder in Ausnahmefällen sogar auf

25

---

[57] BFH BStBl. II 1994, 607 (614).
[58] BFH/NV 2015, 479.
[59] BFH BStBl. II 2001, 798; 1993, 710; 2001, 1186 mwN.
[60] BFH BStBl. II 1994, 23 mwN.
[61] Schmidt/*Wacker* EStG § 16 Rn. 192.
[62] Die Schwankungsbreite liegt zwischen neun Monaten und drei Jahren, vgl. Schmidt/*Wacker* EStG § 16 Rn. 193 mwN.
[63] BFH BStBl. II 1993, 710.
[64] BFH BStBl. II 2001, 282.
[65] *Tiedtke/Heckel* DStR 2001, 145; BMF BStBl. I 2006, 7.
[66] Nach BMF BStBl. I 2006, 7 nur auf Antrag und nur bei Betriebsaufgabe über 2 Kalenderjahre.

26 mehr Veranlagungszeiträume lässt sich mithin gegenüber der Versteuerung in einem Veranlagungszeitraum ein Progressionsvorteil erzielen.

26 Die **Aufgabe beginnt** nicht bereits mit dem inneren Aufgabenentschluss oder dessen Kundgabe,[67] sondern vielmehr erst mit Handlungen, die objektiv auf die Auflösung des Betriebes gerichtet sind.[68] Dies kann zB die Schließung des Ladenlokals,[69] die Einstellung der Produktion[70] oder die Veräußerung von Wirtschaftsgütern des Anlagevermögens sein.[71] Die **Aufgabe endet** mit der letzten Aufgabehandlung, bezogen auf das letzte Wirtschaftsgut, das zu den wesentlichen Betriebsgrundlagen gehört.[72] Es ist nicht auf den Zeitpunkt abzustellen, in dem die stillen Reserven des Betriebs im Wesentlichen oder nahezu vollständig aufgedeckt worden sind.[73] Bei der Aufgabehandlung kann es sich um eine Veräußerung,[74] Vernichtung, Entnahme, aber auch um eine Vermietung dieses Wirtschaftsguts handeln.[75] Die Zurückbehaltung von Wirtschaftsgütern, die nicht zu den wesentlichen Betriebsgrundlagen gehören, steht der Beendigung der Betriebsaufgabe nicht entgegen (→ § 25 Rn. 7). Eine nachfolgende Abwicklung schwebender Geschäfte, wie zB der Einzug von Außenständen,[76] berührt die bereits vollzogene Betriebsaufgabe ebenso wenig wie der Verkauf von Vorräten, die nicht wesentliche Betriebsgrundlage sind.[77]

27 Im Falle der **Zerstörung** des Betriebs, zB durch einen Brand, führt die Veräußerung bzw. Entnahme der verbliebenen Wirtschaftsgüter, die auch weiterhin zum Betriebsvermögen gehören, oder ihre Überführung in das Privatvermögen nur dann zu einem Aufgabegewinn,[78] wenn diese in engem zeitlichen Zusammenhang mit der Zerstörung erfolgen.[79] Denn nur insoweit handelt es sich um einen einheitlichen Vorgang. Gleiches gilt, wenn die wesentlichen Betriebsgrundlagen teils entgeltlich (zB gegen Gewährung von Gesellschaftsrechten) in eine Kapitalgesellschaft eingebracht und teils ins Privatvermögen überführt werden.[80] Stehen die wesentlichen Betriebsgrundlagen ganz oder teilweise nicht mehr zur Verfügung, so liegt eine nur vorübergehende Betriebsunterbrechung vor, wenn aufgrund objektiver Umstände die Wiederaufnahme der werbenden Tätigkeit innerhalb eines überschaubaren Zeitraums wahrscheinlich ist und der eingestellte und der wiedereröffnete Betrieb – trotz der Auswechslung wesentlicher Betriebsgrundlagen – als wirtschaftlich identisch erscheinen.[81]

28 Ein weiteres Tatbestandsmerkmal für das Vorliegen einer Betriebsaufgabe ist die **Betriebseinstellung.** Darunter ist zu verstehen, dass die bislang in dem Betrieb ausgeübte gewerbliche Tätigkeit (von dem Steuersubjekt) **endgültig** eingestellt wird. Es liegen somit weder Betriebsunterbrechung, noch Betriebsverlegung, noch Betriebsänderung, noch Betriebsverpachtung, noch allmähliche Abwicklung vor. Die Einstellung der bisherigen gewerblichen Tätigkeit ist, so wie die Definition des Gewerbebetriebs in § 15 Abs. 2 EStG auch, tätigkeitsbezogen. Nur die mit dem veräußerten Betrieb verbundene gewerbliche Tätigkeit muss eingestellt werden, und zwar grundsätzlich von demjenigen, der zuvor mit Hilfe ebendieses Betriebes den Tatbestand der Erzielung gewerblicher Einkünfte

---

[67] BFH BStBl. II 1970, 719: Auflösungsbeschluss einer Personengesellschaft.
[68] BFH BStBl. II 1994, 105; BFH/NV 2011, 1694.
[69] BFH/NV 1992, 227; BStBl. II 2005, 637.
[70] BFH BStBl. II 1993, 710.
[71] BFH BStBl. II 1984, 711; BFH/NV 1992, 659.
[72] BFH BStBl. II 2003, 467.
[73] BFH BStBl. II 1993, 710.
[74] BFH BStBl. II 1985, 456; 2001, 282.
[75] BFH/NV 1993, 358.
[76] BFH BStBl. II 1970, 719; 2010, 631.
[77] BFH BStBl. II 1994, 23; zum Umlaufvermögen als wesentliche Betriebsgrundlage → § 25 Rn. 19.
[78] BFH BStBl. II 1970, 738.
[79] BFH BStBl. II 1982, 707.
[80] BFH BStBl. II 1987, 705; die Überführung in ein anderes (Sonder-)Betriebsvermögen reicht nicht, → Rn. 7.
[81] BFH BStBl. II 1992, 392; BFH/NV 2004, 1231.

verwirklicht hat.[82] Die Umstände, die zur Betriebseinstellung geführt haben, sind unerheblich. Auch wenn der Betrieb daher zB aufgrund eines Berufsverbots eingestellt wird, liegt eine begünstigte Betriebsaufgabe vor. Lediglich eine **Betriebsunterbrechung** und somit keine Betriebsaufgabe ist dagegen anzunehmen, wenn es nach den äußerlich erkennbaren Umständen wahrscheinlich ist, dass die werbende Tätigkeit innerhalb eines überschaubaren Zeitraums und in gleichartiger oder ähnlicher Weise wieder aufgenommen wird, so dass der stillgelegte und der wieder aufgenommene Betrieb wirtschaftlich identisch sind.[83] Entsprechendes gilt, wenn der Betrieb alsbald ohne Aufgabe **verpachtet** wird. Solange der Verpächter keine Betriebsaufgabe erklärt, gilt eine Betriebsverpachtung als Betriebsunterbrechung im weiteren Sinne (→ § 7 Rn. 1). Ebenfalls als Betriebsunterbrechung ist zu werten, wenn der Betrieb zB durch einen Brand zerstört und wieder aufgebaut wird. Hier reicht die Bildung einer Rücklage für Ersatzbeschaffung als äußerlich erkennbare, den Willen zur Fortführung bekundende Handlung aus.[84]

Eine **anderweitige gewerbliche Tätigkeit** des Veräußerers – sei es eine bisherige oder eine neue aufgenommene – schadet nicht, solange sie sich nur von der durch Aufgabe eingestellten Tätigkeit wirtschaftlich unterscheidet. Daher liegt auch dann eine insgesamt begünstigte Aufgabe des ganzen Gewerbebetriebs vor, wenn eine Personengesellschaft ihre wesentlichen Betriebsgrundlagen an mehrere Dritte veräußert und sich sodann nicht auflöst,[85] sondern eine anderweitige Tätigkeit aufnimmt oder zunächst als Gesellschaft bürgerlichen Rechts fortbesteht und später unter Wahrung ihrer zivilrechtlichen Identität und unter Einsatz des aus der Betriebsveräußerung erlösten Kapitals einen neuen, nicht mit dem bisherigen identischen Gewerbebetrieb eröffnet.[86] 29

Im Gegensatz zur Betriebsveräußerung nach § 16 Abs. 1 EStG und der voll unentgeltlichen Übertragung gemäß § 6 Abs. 3 EStG erfordert die Betriebsaufgabe des ganzen Gewerbebetriebes, vom Sonderfall der Entstrickung einmal abgesehen, dass der Betrieb **als selbständiger Organismus des Wirtschaftslebens zu existieren aufhört.** Dies impliziert zunächst, dass der Betrieb als selbständiger Organismus des Wirtschaftslebens[87] im Zeitpunkt der Aufgabe noch besteht. Denn nur, wenn dies der Fall ist, kann er aufhören zu existieren. Besteht er bereits nicht mehr, so handelt es sich bei der Aufgabehandlung lediglich um den letzten Akt einer nicht begünstigten allmählichen Abwicklung. Bei einer Betriebsunterbrechung und der Betriebsverpachtung wird der Fortbestand des unterbrochenen bzw. verpachteten Betriebes solange fingiert, bis der Steuerpflichtige die Aufgabe ausdrücklich erklärt oder das Finanzamt, möglicherweise auch erst der zuständige Sachbearbeiter des Finanzamts[88] die Tatsachen bekannt werden, aus denen sich die rechtlichen Voraussetzungen der Aufgabe ergeben, § 16 Abs. 3b EStG. Befindet sich der Betrieb noch in der Aufbauphase und ist noch nicht werbend tätig, kann trotzdem eine Betriebsaufgabe in Betracht kommen, sofern wesentliche Betriebsgrundlagen vorhanden sind.[89] Hier wird man sich allerdings auf Fragen der Finanzverwaltung nach der Gewinnerzielungsabsicht (→ § 25 Rn. 53) einstellen und diese anhand eines soliden Businessplans beantworten müssen. Der Betrieb hört als selbständiger Organismus des Wirtschaftslebens zu existieren auf, wenn nicht nur der Bezug zur Person des Steuerpflichtigen **(Subjektbezogenheit)**, sondern auch derjenige zu den wesentlichen Betriebsgrundlagen **(Objektbezogenheit)** verloren geht. Erforderlich ist daher grundsätzlich, dass die wesentlichen Betriebsgrundlagen von dem bisherigen Betrieb losgelöst werden. Kommt es nur zu einem Austausch der 30

---

[82] BFH BStBl. II 1994, 838; BFH/NV 2015, 479; Ausnahme: Veräußerung durch den Insolvenzverwalter, vgl. BFH BStBl. III 1964, 70.
[83] BFH BStBl. II 1985, 131; BFH/NV 2004, 1231.
[84] BFH BStBl. II 1992, 392.
[85] BFH BStBl. II 1982, 348 zur Veräußerung.
[86] BFH BStBl. II 2007, 723 zu § 10a GewStG.
[87] BFH BStBl. II 1994, 564.
[88] Schmidt/*Wacker* EStG § 16 Rn. 183; *Manz* DStR 2013, 1512.
[89] BFH/NV 2015, 678; BFH BStBl. II 1992, 380 zur Veräußerung.

handelnden Personen, liegt in der Regel keine Betriebsaufgabe, sondern entweder eine Betriebsveräußerung, eine unentgeltliche Betriebsübertragung, oder aber eine Betriebsverpachtung vor. Lediglich bei der Letzteren kann es zu einer Betriebsaufgabe kommen, und zwar dann, wenn der Verpächter von seinem Wahlrecht Gebrauch macht und die Betriebsaufgabe erklärt (→ § 7 Rn. 2ff.). Diese Ausnahme ist deswegen gerechtfertigt, weil die Verpachtung regelmäßig langfristig oder sogar auf Dauer angelegt ist und der Betriebsinhaber sich somit von der ursprünglichen gewerblichen Tätigkeit sehr stark entfernt.

31 Keine Betriebsaufgabe liegt beim sog. **Strukturwandel** vor, bei dem die wesentlichen Betriebsgrundlagen erhalten bleiben und lediglich anders eingesetzt werden. Hier wird die Verknüpfung der Wirtschaftsgüter mit dem bisherigen Betrieb nicht gelöst. Dies ist zB der Fall, wenn aus einer Gärtnerei ein land- und forstwirtschaftlicher Betrieb[90], aus einem Pflegebetrieb eine Ferienpension,[91] aus einem Hotel ein Restaurant[92] oder aus einem Produktions- ein Handelsbetrieb wird.[93] Entsprechendes gilt für den sog. **Beurteilungswandel**, bei dem zB eine freiberufliche Praxis aufgrund einer gewerblichen Nebentätigkeit oder aufgrund der Übertragung auf jemanden, der nicht über die erforderliche freiberufliche Qualifikation verfügt, insgesamt zum Gewerbebetrieb wird.[94] Auch der Wandel eines Gewerbebetriebes in einen „Liebhabereibetrieb" führt nicht zur Betriebsaufgabe. Hier werden die dem Betrieb dienenden Wirtschaftsgüter „eingefrorenes" Betriebsvermögen. Die bis zu diesem Zeitpunkt angewachsenen stillen Reserven werden erst später und dann grundsätzlich nicht begünstigt versteuert, wenn die betreffenden Wirtschaftsgüter betriebsfremden Zwecken zugeführt werden.[95] Eine negative Wertentwicklung während der Liebhabereiphase berührt die Steuerpflicht des auf die einkommensteuerlich relevante Phase entfallenden Gewinnanteils nicht. Die Veräußerung des Liebhabereibetriebs kann daher auch dann zu einem steuerpflichtigen Gewinn führen, wenn der erzielte Erlös die festgestellten stillen Reserven nicht erreicht. Hier könnte eine Aufgabeerklärung im Zeitpunkt des Wandels Abhilfe schaffen. Durch die hierdurch ausgelöste Überführung der wesentlichen Betriebsgrundlagen in das Privatvermögen wird aus dem Beurteilungswandel eine begünstigte Aufgabe.[96]

32 Das Merkmal der Beendigung des selbständigen Organismus ist in Entstrickungsfällen **ausnahmsweise entbehrlich**, § 16 Abs. 3a EStG. Das deutsche Besteuerungsrecht gilt mit der Verlegung des Betriebs bzw. Teilbetriebs ins Ausland als beschränkt, so dass es hierdurch zu einer begünstigten Betriebsaufgabe iSd §§ 16, 34 EStG kommt. Auch bei einer Betriebsaufspaltung soll der Wegfall der personellen oder sachlichen Verflechtung zu einer Betriebsaufgabe führen.[97] Dies bedeutet jedoch nicht, dass das Merkmal überhaupt überflüssig ist und eine Betriebsaufgabe immer vorliegen kann, auch wenn der Betrieb als selbständiger Organismus des Wirtschaftslebens bestehen bleibt.[98] Solange der BFH die Betriebsaufgabe nicht nur an die Person des Steuerpflichtigen knüpft, sondern darüber hinaus auch an die Existenz des Betriebes selbst, muss die Entbehrlichkeit auf die Ausnahmefälle beschränkt bleiben, in denen § 16 Abs. 3 EStG als Auffangtatbestand[99] mit dem Ziel eingesetzt wird, die stillen Reserven bei der letzten Gelegenheit zu besteuern. Denn allein in diesen Fällen kommt es nicht zu einer tatsächlichen Betriebsbeendigung. Lediglich um die steuerliche Erfassung der stillen Reserven sicherzustellen, wird eine Betriebsaufgabe fingiert. Ohne eine solche Fiktion ist es nicht gerechtfertigt, auf die tatsächliche Beendigung als selbständiger Organismus des Wirtschaftslebens zu verzichten.

---

[90] BFH BStBl. II 1987, 342; 2009, 654.
[91] BFH/NV 2006, 727
[92] BFH/NV 2004, 1231.
[93] BFH/NV 1997, 226.
[94] BFH BStBl. II 1993, 36; zur Abfärbe- oder Infektionstheorie vgl. Schmidt/*Wacker* EStG § 18 Rn. 50.
[95] BFH BStBl. II 1993, 430; 2017, 112.
[96] *Becker* INF 2001, 487 (491).
[97] BFH BStBl. II 1984, 474; BFH/NV 2000, 559; Schmidt/*Wacker* § 15 EStG Rn. 865.
[98] So aber wohl *Döllerer* DStZ 1982, 267.
[99] *Knobbe-Keuk* JbFSt 1983/84, 457.

bb) Aufgabe eines Teilbetriebes. Die Aufgabe eines Teilbetriebes liegt daher vor, 33 wenn
- aufgrund eines Entschlusses, den Teilbetrieb aufzugeben (→ Rn. 17),
- die wesentlichen Betriebsgrundlagen entweder durch eine Aufgabebehandlung (→ Rn. 19) oder einen diese „substituierenden Rechtsvorgang" (→ Rn. 22) betriebsfremden Zwecken zugeführt werden, und zwar
- in einem einheitlichen Vorgang (→ Rn. 24), sowie
- die bislang in dem Teilbetrieb ausgeübte gewerbliche Tätigkeit endgültig eingestellt wird (→ Rn. 28) und
- dadurch der Teilbetrieb als selbständiger Organismus des Wirtschaftslebens zu bestehen aufhört (→ Rn. 30).

Deutlich hingewiesen werden soll an dieser Stelle jedoch nochmals auf die Folgen des 34 **Wegfalls der gewerblichen Prägung**[100] einer Personengesellschaft (→ Rn. 30). Ist diese nach Betriebseinstellung in einem Teilbetrieb in dem anderen nur noch vermögensverwaltend tätig und auch nicht mehr gewerblich geprägt, folgt aus der Betriebseinstellung im Teilbetrieb nach Ansicht der Rechtsprechung notwendig die **Aufgabe des ganzen Gewerbebetriebes** bzw. deren allmähliche Abwicklung.[101] Dies hat zur Folge, dass auch die in dem nicht gewerblichen „Teilbetrieb" enthaltenen stillen Reserven aufgedeckt werden. Die daraus wiederum resultierende zusätzliche Steuerlast kann, da ein hierzu korrespondierender Zufluss finanzieller Mittel fehlt, gegebenenfalls zu Liquiditätsengpässen führen.

cc) Aufgabe einer 100%igen Beteiligung an einer Kapitalgesellschaft. Zu unter- 35 scheiden sind zwei Fallkonstellationen:
- Es findet lediglich eine Verfügung über die Anteile statt.
- Die Kapitalgesellschaft wird aufgelöst und liquidiert.

Im ersten Fall handelt es sich um eine Teilbetriebsaufgabe, wenn die Beteiligung
- insgesamt (→ § 25 Rn. 21) in einem einheitlichen Vorgang (→ Rn. 24)
- entweder durch eine Aufgabehandlung oder einen diese „substituierenden Rechtsvorgang" betriebsfremden Zwecken zugeführt wird (→ Rn. 22 ff.).

Nicht erforderlich ist grundsätzlich, dass die in der Kapitalgesellschaft entfaltete gewerbliche Tätigkeit eingestellt und diese selbst als selbständiger Organismus des Wirtschaftslebens zu existieren aufhört.[102] Erfasst werden also hauptsächlich die Fälle, in denen die Beteiligung an **verschiedene Erwerber** veräußert,[103] insgesamt entnommen[104] oder teilweise veräußert und im Übrigen in das Privatvermögen überführt wird.[105]

Demgegenüber erfordert der zweite Fall, dass **zusätzlich** zu den Tatbestandsvorausset- 36 zungen des ersten Falles
• die bislang in dem Teilbetrieb ausgeübte gewerbliche Tätigkeit endgültig eingestellt wird (→ Rn. 28) und
• dadurch der Teilbetrieb als selbständiger Organismus des Wirtschaftslebens zu bestehen aufhört (→ Rn. 30).

Aufgrund des Teileinkünfteverfahrens ist die Aufgabe einer 100%igen Beteiligung an einer Kapitalgesellschaft zwar eine Teilbetriebsaufgabe. Diese ist aber nach § 34 Abs. 2 Nr. 1 EStG nicht mehr tarifbegünstigt. Die Teilbetriebsfiktion in § 16 EStG hat daher grundsätzlich nur noch Bedeutung für den Freibetrag nach § 16 Abs. 4 EStG und für Umstrukturierungen im Sinne des UmStG. Wird eine 100%ige Beteiligung an einer Ka-

---

[100] Vgl. Schmidt/*Wacker* EStG § 15 Rn. 211; → auch § 25 Rn. 37.
[101] BFH BStBl. II 1968, 78; aA *Herrmann/Heuer/Raupach* EStG § 16 Rn. 412; wohl auch *Knobbe-Keuk* § 7 V 3, § 22 IV 1 a.
[102] BFH BStBl. II 1982, 751.
[103] Schmidt/*Wacker* EStG § 16 Rn. 164; für Veräußerung evtl. BFH BStBl. II 1982, 751.
[104] BFH BStBl. II 1982, 751.
[105] Schmidt/*Wacker* EStG § 16 Rn. 164.

pitalgesellschaft liquidiert, deren Anteile von einer Personengesellschaft gehalten werden, so ist der Auskehrungserlös nach § 16 Abs. 1 Nr. 1 S. 2 HS 2 EStG auch dann nicht tarifbegünstigt, wenn die Liquidation mit einer Betriebsaufgabe der Personengesellschaft verbunden ist.[106] Wenn der aus der Auflösung der Kapitalgesellschaftsbeteiligung erzielte Gewinn des Anteilseigners zugleich in den Aufgabegewinn des Gesamtbetriebs eingeht, ist dieser entsprechend aufzuteilen. Soweit er auf die Aufgabe der Kapitalgesellschaftsbeteiligung entfällt, unterliegt er dem Teileinkünfteverfahren. Der Gewinn aus der Aufgabe des Betriebes unterliegt dagegen der Tarifbegünstigung gemäß § 34 EStG. Dies gilt auch wenn zuvor im engen zeitlichen Zusammenhang mit der Betriebsaufgabe eine das gesamte Nennkapital umfassende Beteiligung an einer Kapitalgesellschaft zum Buchwert in ein anderes Betriebsvermögen übertragen oder überführt worden ist.[107] Die Frage der Tarifbegünstigung ist bezogen auf die jeweils betroffene Sachgesamtheit zu prüfen und im Sinne einer segmentierten Betrachtung ist die Aufdeckung der in den wesentlichen Wirtschaftsgütern vorhandenen stillen Reserven nur im Hinblick auf die jeweils veräußerte oder aufgegebene Sachgesamtheit zu untersuchen.

37 **dd) Aufgabe eines Mitunternehmeranteils.** Die Aufgabe eines Mitunternehmeranteils setzt voraus, dass der Mitunternehmeranteil gegebenenfalls nebst dem zu den wesentlichen Betriebsgrundlagen gehörenden Sonderbetriebsvermögen (→ § 25 Rn. 52)
– insgesamt in einem einheitlichen Vorgang (→ Rn. 21, → § 25 Rn. 40)
– entweder durch eine Aufgabehandlung (zB dem Ausscheiden des Mitunternehmers) oder einen diese „substituierenden Rechtsvorgang" betriebsfremden Zwecken zugeführt wird (→ Rn. 22 ff.).
Nicht erforderlich ist grundsätzlich, dass die in der Mitunternehmerschaft entfaltete gewerbliche Tätigkeit eingestellt und diese selbst als selbständiger Organismus des Wirtschaftslebens zu existieren aufhört. Nach herkömmlichem Verständnis wird die Aufgabe eines Mitunternehmeranteils immer dann in Betracht kommen, wenn der Mitunternehmeranteil und das dazugehörige Sonderbetriebsvermögen unterschiedliche Wege gehen (→ Rn. 9) oder der gesamte Mitunternehmeranteil aufgeteilt und in einem sachlichen und zeitlichen Zusammenhang an verschiedene Erwerber veräußert wird.[108] Erfasst wird ferner das Ausscheiden eines Mitunternehmers aus der Mitunternehmerschaft gegen Sachwertabfindung bei im Übrigen unverändert bestehen bleibender Mitunternehmerschaft. Der Übergang eines Anteils an einer Freiberuflermitunternehmerschaft auf einen Gesellschafter, der nicht über die erforderliche Qualifikation verfügt, führt nicht zu einer Aufgabe, sondern lediglich zu einem Strukturwandel in der Mitunternehmerschaft (→ Rn. 31).

38 **Realteilungen einer Mitunternehmerschaft** sind ein Sonderfall der Betriebsaufgabe, da es bei ihnen aufgrund der in § 16 Abs. 3 S. 2 EStG vorgeschriebenen zwangsweisen Buchwertfortführung zu keiner Gewinnrealisierung kommt, wenn und soweit das übernommene Vermögen weiterhin Betriebsvermögen des dieses übernehmenden Mitunternehmers bleibt. Dies gilt auch dann, wenn die bisherigen Mitunternehmer dabei nur einzelne Wirtschaftsgüter erhalten; § 16 Abs. 3 EStG verdrängt als die speziellere Regelung § 6 Abs. 5 S. 3 EStG.[109] Das übernommene Vermögen muss in ein Betriebsvermögen des übernehmenden Mitunternehmers überführt werden. Ausreichend ist, dass das Betriebsvermögen durch das übernommene Vermögen beim Übernehmer als solcher erst entsteht. In der Folgezeit kann allerdings eine Nachsteuer anfallen, wenn der Abfindungsempfänger innerhalb einer **Sperrfrist von drei Jahren** die übernommenen Wirtschaftsgüter veräußert oder entnimmt, § 16 Abs. 3 S. 3 EStG. Die Sperrfrist beginnt im Zeitpunkt der

---

[106] BFH/NV 2009, 725.
[107] BStBl. II 2015, 797.
[108] BFH/NV 2002, 600; *Rödder* DStR 2001, 1634.
[109] BFH DStR 2017, 1376; Schmidt/*Wacker* EStG § 16 Rn. 536; BMF BStBl. I 2019, 6 Rn. 2, 32.

Realteilung und endet drei Jahre nach der **Abgabe der Feststellungserklärung** der Mitunternehmerschaft für den Veranlagungszeitraum der Realteilung. Die Sperrfrist beträgt daher idR mehr als drei Jahre (→ Rn. 43). Man unterscheidet die **echte Realteilung,** bei der die Mitunternehmerschaft aufgelöst bzw. bei einer zweigliedrigen Mitunternehmerschaft vom verbleibenden Mitunternehmer allein fortgeführt wird, und die **unechte Realteilung** bei der sie zwar bestehen bleibt, aber zumindest ein Mitunternehmer unter Mitnahme von Betriebsvermögen der Mitunternehmerschaft aus dieser ausscheidet. Gegenstand einer Realteilung ist das Gesamthands- bzw. Mitunternehmerschaftsvermögen.[110] Die bloße Mitnahme des Sonderbetriebsvermögens reicht nicht für eine Realteilung, da in diesen Fällen das Vermögen der Mitunternehmerschaft nicht geteilt wird; hier gilt § 6 Abs. 5 S. 2 EStG. Das Sonderbetriebsvermögen ist in die Realteilungsgrundsätze nur dann einzubeziehen, wenn zugleich Betriebsvermögen der Mitunternehmerschaft übernommen wird.[111] Eine Mitunternehmerschaft, die nur Betriebsvermögen hat, wird somit real geteilt, wenn

– jeder Gesellschafter einer zwei- oder mehrgliedrigen Personengesellschaft bei Auflösung und Beendigung der Personengesellschaft und ihres Betriebs einen Teil des Gesellschaftsvermögens übernimmt;[112]
– eine Personengesellschaft in der Weise aufgelöst und beendet wird, dass das Betriebsvermögen zerschlagen oder in Teilbetrieben auf zwei oder mehrere Folgegesellschaften verteilt wird;[113]
– die Gesellschafter einer fortbestehenden Personengesellschaft eine zweite beteiligungs- und gesellschafteridentische Personengesellschaft gründen und auf diese Teile des Gesellschaftsvermögens der Altgesellschaft übertragen;[114]
– ein oder mehrere Gesellschafter aus einer beendeten[115] oder fortbestehenden[116] Personengesellschaft unter Abfindung mit Teilen des Betriebsvermögens der Gesellschaft (Mitunternehmeranteile, Teile von Mitunternehmeranteilen, Teilbetrieb[117] oder einzelne Wirtschaftsgüter[118]) ausscheiden **(Sachwertabfindung)**.[119]

Die Grundsätze der Realteilung gelten nicht nur für Außen-, sondern auch für reine **39** Innengesellschaften, wie zB die atypisch stille Gesellschaft[120] und die Erbengemeinschaft (→ § 27 Rn. 268 ff., 275). Erforderlich für die **steuerneutrale Realteilung** ist, dass Teilbetriebe, Mitunternehmeranteile oder einzelne Wirtschaftsgüter in das jeweilige Betriebsvermögen des Mitunternehmers übertragen werden. Ausreichend ist, wenn das Betriebsvermögen erst durch die Übertragung entsteht.[121] Nicht erforderlich ist, dass die zugewiesenen Wirtschaftsgüter funktional wesentlich sind.[122] Dies gilt auch für die unechte Realteilung, bei der der Ausscheidende somit auch funktional oder quantitativ unwesentliche Wirtschaftsgüter in sein Betriebsvermögen überführen kann.[123] Erfasst werden auch negative Einzelwirtschaftsgüter **(Schulden)**, ausgenommen solche, die erst durch die Realteilung entstehen, wie zB die Wertausgleichsschuld. Dies ist einer der

---

[110] BMF BStBl. I 2019, 6 Rn. 2, 32.
[111] BMF BStBl. I 2019, 6 Rn. 5; *Riedel* GmbHR 2019, 221.
[112] Vgl. BFH BStBl. II 1982, 456; 1994, 809.
[113] Vgl. BFH BStBl. II 1992, 946; FG Saarland EFG 2003, 1776, rkr.
[114] BFH BStBl. II 2017, 37; BMF BStBl. I 2019, 6 Rn. 7; Schmidt/*Wacker* EStG § 16 Rn. 535; *Winkemann* BB 2004, 130; aA *Schmitt* Stbg 2005, 20.
[115] BFH BStBl. II 1992, 946.
[116] BFH BStBl. II 2017, 37; DStR 2017, 1376.
[117] BFH BStBl. II 2017, 37; BMF BStBl. I 2019, 6 Rn. 5; die Übertragung einer 100%igen Kapitalgesellschaftsbeteiligung stellt die Übertragung eines Teilbetriebs dar, Rn. 6.
[118] BFH DStR 2017, 1378; aA BMF BStBl. I 2017, 36 unter II.
[119] → § 27 Rn. 266; *Winkemann* BB 2004, 130 mwN in Fn. 53; Schmidt/*Wacker* EStG § 16 Rn. 536.
[120] *Groh*, FS Kruse, 2001, 417 (429); *Meyer-Scharenberg* StKongRep 1994, 253 mwN. zum Streitstand.
[121] *Carlé/Bauschatz* KÖSDI 2002, 13133; vgl. auch BFH BStBl. II 2003, 194; BMF BStBl. 2019, 12; Schmidt/*Wacker* EStG § 16 Rn. 543.
[122] BMF BStBl. I 2019, 6 Rn. 8.
[123] AA *Eggert* BBK 2019, 138.

Vorteile der Realteilung gegenüber der Übertragung von Einzelwirtschaftsgütern nach § 6 Abs. 5 S. 3 EStG, bei der die Mitübertragung von Verbindlichkeiten idR zu einer (teil-)entgeltlichen Übertragung führt und es zu einer Aufdeckung stiller Reserven kommt.[124] Bei der Realteilung ist ein Zusammenhang der Schulden zu den sonstigen übernommenen Wirtschaftsgütern ebenso wenig gefordert, wie ein Gleichlauf der Schulden mit dem rechnerischen Anteil des Mitunternehmers am Gesellschaftsvermögen.[125] Die inkongruente Schuldübernahme stellt kein Entgelt im Sinne eines Wertausgleichs dar.[126] Erhält der Gesellschafter nur liquide Mittel, soll allerdings keine steuerneutrale Realteilung, sondern entgeltliche Veräußerung eines Mitunternehmeranteils gegen Geld vorliegen.[127] Diese Ansicht vermag nicht zu überzeugen. Auch liquide Mittel sind Wirtschaftsgüter. Die feinsinnige Unterscheidung zwischen liquiden Mitteln und anderen Wirtschaftsgütern ist dem Gesetz fremd. **Sonderbetriebsvermögen** kann Gegenstand der Realteilung sein, soweit es im Zuge der Übertragung des Gesamthands-/Mitunternehmervermögens mit übertragen wird. Die isolierte Übertragung von Sonderbetriebsvermögen richtet sich nach § 6 Abs. 5 S. 2 EStG.[128] Ebenfalls nach § 6 Abs. 5 EStG zu beurteilen ist die Überführung von Sonderbetriebsvermögen des ausscheidenden Realteilers bei der bisherigen Mitunternehmerschaft in ein anderes ihm gehörendes Sonderbetriebsvermögen, in das er auch die Wirtschaftsgüter des real geteilten Gesamthands-/Mitunternehmervermögens übertragen hat.[129] Das Sonderbetriebsvermögen muss im Zuge der Realteilung somit auf einen anderen Mitunternehmer übertragen werden; nur dann fällt es unter § 16 Abs. 3 EStG. Die buchhalterische Umsetzung der Realteilung ohne Wertausgleich erfolgt über die **Kapitalkontenanpassung.**[130] Der übernehmende Gesellschafter hat die Buchwerte der übernommenen Wirtschaftsgüter zwingend fortzuführen. Diese bleiben somit unverändert und geben den Wert des Kapitalkontos vor. Die Kapitalkonten der Realteiler laut Schlussbilanz der Mitunternehmerschaft werden durch Auf- oder Abstocken gewinnneutral dahin angepasst, dass ihre Höhe der Summe der Buchwerte der übernommenen Wirtschaftsgüter entspricht.[131] Es kommt somit regelmäßig zur Verschiebung stiller Reserven unter den Gesellschaftern.

40 Kommt es zwischen den realteilenden Gesellschaftern zu einem **Wertausgleich** aus Eigenvermögen (Privatvermögen, Betriebsvermögen aus einem eigenen Betrieb), so ändert dies nichts an dem Zwang zur Buchwertfortführung. Der Wertausgleich führt lediglich zum Entstehen eines nicht gewerbesteuerpflichtigen[132] (→ Rn. 92; Ausnahme: § 7 S. 2 GewStG) Gewinns. Nach Ansicht des VIII. Senats des BFH entsteht ein laufender Gewinn in Höhe des Ausgleichsbetrages, der nicht nach §§ 16 Abs. 4, 34 EStG begünstigt ist.[133] In dieser Höhe erzielen der Ausgleichsempfänger Betriebseinnahmen und der Ausgleichsverpflichtete Anschaffungskosten. Nach Ansicht der Finanzverwaltung und einem Teil der Literatur wird nur im Verhältnis der Ausgleichszahlung zum Wert des übernommenen Betriebsvermögens entgeltlich angeschafft und veräußert und nur insoweit Gewinn realisiert.[134] In Höhe des um den anteiligen Buchwert geminderten Spitzenausgleichs entsteht ein Veräußerungsgewinn für den veräußernden Realteiler bzw. die

---

[124] BMF BStBl. I 2011, 1279 Rn. 15 ff.; BMF BStBl. I 2013, 1164.
[125] Schmidt/*Wacker* EStG § 16 Rn. 545.
[126] BFH BStBl. II 2017, 37.
[127] BMF BStBl. I 2019, 6 Rn. 3; aA BFH BStBl. II 2017, 37; Schmidt/*Wacker* EStG § 16 Rn. 545; *Rogall* DStR 2006, 731.
[128] BMF BStBi. I 2019, 6 Rn. 5; → Rn. 38.
[129] *Gragert* NWB 2019, 476.
[130] BMF BStBl. I 2019, 6 Rn. 22; Schmidt/*Wacker* EStG § 16 Rn. 547; *Winkemann* BB 2004, 130; aA *Clausen* DB 2002, Beilage 1, 33; *Engl* DStR 2002, 119: Die Buchwerte werden an die Kapitalkonten angepasst (sog. Buchwertanpassung).
[131] BFH BStBl. II 1992, 385; BMF BStBl. I 2019, 6 Rn. 22.
[132] BMF BStBl. I 2019, 6 Rn. 18; BFH BStBl. 194, 809; Schmidt/*Wacker* EStG § 16 Rn. 548.
[133] BFH BStBl. II 1994, 607; BFH/NV 1995, 98; ebenso *Reiß* DStR 1995, 1129.
[134] BMF BStBl. I 1994, 601; 1998, 268 Tz. 24.18; 2019, 6 Rn. 17 (strenge Trennungstheorie, → § 28 Rn. 50, 52); Schmidt/*Wacker* EStG § 16 Rn. 548; *Groh* WPg 1991; 620.

I. Einkommen-/Körperschaftsteuer § 26

veräußernde Mitunternehmerschaft. Dieser Gewinn ist mangels zusammengeballter Realisierung der stillen Reserven nicht nach §§ 16 Abs. 4, 34 EStG begünstigt.[135] Die Finanzverwaltung gewährt diese Vergünstigung bei der Zuteilung von Teilbetrieben aber dennoch.[136] Ein derartiger Wertausgleich und seine steuerlichen Folgen lassen sich vermeiden, wenn vor der Realteilung die liquiden Mittel des Gesellschaftsvermögens durch Kreditaufnahme oder Einlage aus dem Eigenvermögen des Gesellschafters in für den Wertausgleich erforderlicher Höhe aufgestockt werden (sog. **Einlagenlösung**).[137] Erfolgen zeitnah im Zusammenhang mit der Realteilung Kreditaufnahmen zum Zwecke der Durchführung derselben, nimmt die Finanzverwaltung Gestaltungsmissbrauch an.[138] Da die Realteilung auch das Sonderbetriebsvermögen umfassen kann,[139] lässt sich der Spitzenausgleich durch gezielte Mitübertragung von notwendigem, aber auch von gewillkürtem Sonderbetriebsvermögen vermeiden.

Zu einer **gewinnrealisierenden Realteilung** kann es kommen, wenn 41
- die zugewiesenen Wirtschaftsgüter nicht Betriebsvermögen (einschließlich Sonderbetriebsvermögen) des übernehmenden Mitunternehmers werden,
- die Besteuerung der stillen Reserven nicht sichergestellt ist, zB beim Transfer der Wirtschaftsgüter in ein ausländisches Betriebsvermögen,
- einzelne Wirtschaftsgüter unmittelbar oder mittelbar auf eine Körperschaft, Personenvereinigung oder Vermögensmasse übertragen werden oder
- rückwirkend bei einer Realteilung bei der bestimmte zuvor zum Buchwert übertragene Wirtschaftsgüter innerhalb einer dreijährigen Sperrfrist veräußert oder entnommen werden.

Jeder Realteilungsakt ist dabei für sich zu betrachten, und zwar sowohl nach personenbezogenen (Welcher Mitunternehmer ist betroffen?) als auch nach objektbezogenen Kriterien (Um welches Wirtschaftsgut geht es?). Überführt nur ein Mitunternehmer die ihm zugewiesenen Wirtschaftsgüter in sein Privatvermögen, so tritt nur bei ihm – nach vorheriger Kapitalkontenanpassung – Gewinnrealisierung ein. Die übrigen Gesellschafter führen die Buchwerte auf der Grundlage angepasster Kapitalkonten fort. Übernimmt ein Mitunternehmer die ihm zugewiesenen Wirtschaftsgüter bis auf eines oder mehrere in ein Betriebsvermögen, so realisiert er – wiederum nach vorheriger Kapitalkontenanpassung – einen Anteil an dem Aufgabegewinn der Mitunternehmerschaft, dessen Höhe sich danach bestimmt, in welchem Umfang die Wirtschaftsgüter in sein Privatvermögen gelangt sind.[140] Lediglich im erstgenannten Fall ist der Aufgabegewinn nach §§ 16, 34 EStG begünstigt. Im zweiten Fall fehlt es an der zusammengeballten Realisierung der stillen Reserven. Hier käme eine Begünstigung nur in Betracht, wenn die übrigen, dem Mitunternehmer im Zuge der Realteilung zugewiesenen und in das Betriebsvermögen überführten Wirtschaftsgüter keine nennenswerten stillen Reserven enthalten.[141]

Die sog. **Körperschaftsklausel**, wonach bei unmittelbarer oder mittelbarer Übertragung einzelner Wirtschaftsgüter auf eine Körperschaft, Personenvereinigung oder Vermögensmasse trotz Überführung in ein Betriebsvermögen also, der gemeine Wert[142] anzusetzen ist, soll verhindern, dass stille Reserven steuerneutral auf Kapitalgesellschaften überspringen und so in den Bereich des Teileinkünfteverfahrens gelangen. Ist eine Körperschaft an einer Realteilung beteiligt, könnten dieser als Gestaltungsvariante lediglich 42

---

[135] Ebenso Schmidt/*Wacker* EStG § 16 Rn. 548.
[136] BMF BStBl. I 1994, 601.
[137] *Knobbe-Keuk* § 22 IX 3; *Groh* WPg 1991, 620; *Hörger* DStR 1993, 37 (43); *Winkemann* BB 2004, 130 (135); aA Schmidt/*Wacker* EStG § 16 Rn. 550, der in diesen Einlagen lediglich „Scheineinlagen" sieht, die nichts an der Gewinnrealisierung ändern sollen; ausdrücklich offengelassen BFH BStBl. II 2017, 37 Rn. 45.
[138] BMF BStBl. I 2006, 253 Tz. 25.
[139] BMF BStBl. I 2019, 6 Rn. 5; → Rn. 39.
[140] Vgl. Schmidt/*Wacker* EStG § 16 Rn. 551 mwN.
[141] Ebenso Schmidt/*Wacker* EStG § 16 Rn. 551.
[142] Schmidt/*Wacker* EStG § 16 Rn. 555; aA *Paus* FR 2002, 866 (873): Teilwertansatz.

Wirtschaftsgüter zugewiesen werden, die keine oder zumindest keine nennenswerten stillen Reserven enthalten.[143] Der im Zuge der Realteilung unter Beteiligung einer Körperschaft entstehende Aufgabegewinn ist gemäß der Realteilungsabrede zu verteilen.[144] Ist allerdings nur eine Kapitalgesellschaft zu 100 % an der Realteilungsgesellschaft beteiligt, ist § 16 Abs. 3 S. 4 EStG nicht anzuwenden, da deren vermögensmäßiger Anteil weder begründet wird, noch sich erhöht.[145]

43 Soweit bei einer Realteilung bestimmte einzelne Wirtschaftsgüter steuerneutral übertragen wurden, ist rückwirkend der gemeine Wert dieser Wirtschaftsgüter anzusetzen, wenn sie innerhalb einer dreijährigen **Sperrfrist** veräußert oder entnommen werden, § 16 Abs. 3 S. 3 EStG. Betroffen von dieser Regelung sind Grund und Boden, Gebäude und andere wesentliche Betriebsgrundlagen. Anders als § 6 Abs. 5 S. 4 EStG, dessen Sperrfrist uneingeschränkt für jedes eingebrachte Wirtschaftsgut gilt, ist § 16 Abs. 3 S. 4 EStG auf die genannten Wirtschaftsgüter beschränkt. Das Merkmal der Wesentlichkeit muss sich auch auf den veräußerten Grund und Boden oder das Gebäude erstrecken. Gehören diese nicht zu den wesentlichen Betriebsgrundlagen, ist die Sperrfrist nicht zu beachten.[146] Soweit der Begriff der wesentlichen Betriebsgrundlage allerdings funktional-quantitativ verstanden wird,[147] dürfte dies kaum von praktischer Relevanz sein. Richtigerweise ist aber allein auf die funktionale Wesentlichkeit abzustellen (→ § 25 Rn. 9 ff.). Bei Betrieben, Teilbetrieben und Mitunternehmeranteilen, auch wenn es sich nur um Teil-Mitunternehmeranteile handelt,[148] greift die Sperrfrist nicht ein. Auch die Sperrfristen nach § 6 Abs. 3 S. 2 und Abs. 5 S. 3 Nr. 1 iVm S. 4 EStG kommen nicht zum Zuge.[149] Bei Mischfällen, in denen zB sowohl Teilbetriebe als auch einzelne Wirtschaftsgüter übertragen werden, gilt die Sperrfrist nur für Letztere.[150] Für die Wirtschaftsgüter, die bei der unechten Realteilung in der ursprünglichen, fortgeführten Mitunternehmerschaft verbleiben, gilt § 16 Abs. 3 S. 3 EStG nicht.[151] Gleiches gilt für Wirtschaftsgüter des Sonderbetriebsvermögens, die im Zuge der Realteilung nicht oder nur in ein eigenes Sonderbetriebsvermögen (→ Rn. 39) übertragen wurden; sie können daher frei entnommen oder veräußert werden.[152] Nach Ansicht der Finanzverwaltung ist auch die Einbringung der im Rahmen der Realteilung erhaltenen einzelnen Wirtschaftsgüter eine Veräußerung, wenn sie zusammen mit einem Betrieb, Teilbetrieb oder Mitunternehmer(teil-)anteil nach §§ 20, 24 UmwStG eingebracht werden.[153] Auch ein Formwechsel nach § 25 UmwStG und eine Übertragung nach § 6 Abs. 5 EStG sollen eine schädliche Veräußerung darstellen.[154] Die Sperrfrist beginnt mit der Realteilung und endet drei Jahre nach der Abgabe der Steuererklärung der Mitunternehmerschaft für den Veranlagungszeitraum der Realteilung. Maßgebend ist daher der Zugang beim zuständigen Finanzamt. Erstreckt sich die Realteilung über **mehrere Veranlagungszeiträume,** ist bei der echten Realteilung die Abgabe der Steuererklärung des Veranlagungszeitraums maßgeblich, in der die Übertragung der letzten wesentlichen Betriebsgrundlage des Gesamthands-/Mitunternehmerschaftsvermögen fällt.[155] Bei der zeitlich gestreckten unechten Realteilung kommt es auf den Veranlagungszeitraum an, in dem der Mitunternehmeranteil auf die verbleibenden Gesellschafter übergeht.[156] In

---

[143] *Paus* FR 2002, 1217.
[144] *Winkemann* BB 2004, 130; aA Schmidt/*Wacker* EStG § 16 Rn. 555: Verteilung nach dem allgemeinen Gewinnverteilungsschlüssel.
[145] Schmidt/*Wacker* EStG § 16 Rn. 555.
[146] Schmidt/*Wacker* EStG § 16 Rn. 552; aA BMF BStBl. II 2019, 6 Rn. 24; *Paus* FR 2002, 866 (873).
[147] So Schmidt/*Wacker* EStG § 16 Rn. 554; *Röhrig* EStB 2002, 231.
[148] BMF BStBl. II 2017, 36 Ziff. III; *Brandenberg* DStZ 2002, 594.
[149] Schmidt/*Wacker* EStG § 16 Rn. 552.
[150] Schmidt/*Wacker* EStG § 16 Rn. 552.
[151] BMF BStBl. I 2019, 6 Rn. 25.
[152] *Gragert* NWB 2019, 476.
[153] BMF BStBl. I 2019, 6 Rn. 26; aA zu Recht Schmidt/*Wacker* EStG § 16 Rn. 552.
[154] BMF BStBl. I 2019, 6 Rn. 26; aA zu Recht Schmidt/*Wacker* EStG § 16 Rn. 552.
[155] *Riedel* GmbHR 2019, 221.
[156] *Riedel* GmbHR 2019, 221; → § 25 Rn. 58.

I. Einkommen-/Körperschaftsteuer § 26

Fällen der Realteilung unter Zuweisung von einzelnen Wirtschaftsgütern sollten die Realteiler darauf hinwirken, dass die Steuererklärung möglichst zügig eingereicht wird, um die Frist früher enden zu lassen und so möglichst schnell wieder die volle Handlungsfähigkeit hinsichtlich der zugewiesenen Wirtschaftsgüter zu erlangen. Darüber hinaus sollte der Zugang dokumentiert werden. Der Drei-Jahres-Zeitraum wird nach §§ 187 Abs. 1, 188 Abs. 2 BGB berechnet. §§ 193 BGB, 108 AO sind nicht anwendbar.[157] Für die Beurteilung, ob der Übertragungsakt noch in die Sperrfrist fällt oder nicht, ist der Zeitpunkt des wirtschaftlichen Eigentums, nicht das schuldrechtliche Kausalgeschäft maßgebend.[158] Die schädliche Verfügung führt dazu, dass rückwirkend auf den Realteilungszeitpunkt (§ 175 Abs. 1 S. 1 Nr. 2, Abs. 2 AO) der gemeine Wert der wesentlichen Betriebsgrundlage anzusetzen ist. Abzustellen ist auf den Wert im Realteilungszeitpunkt, nicht auf den Wert im Zeitpunkt der schädlichen Verfügung. Der hierdurch entstehende laufende Gewinn ist nur dann nach §§ 16, 34 EStG begünstigt, wenn er rückwirkend zu einer Aufdeckung sämtlicher stiller Reserven aus den wesentlichen Betriebsgrundlagen führt.[159] Er soll nach dem allgemeinen Gewinnverteilungsschlüssel der realgeteilten Mitunternehmerschaft zu verteilen sein.[160] Er würde demnach auch auf die Realteiler entfallen, die nicht schädlich verfügt haben. Die Finanzverwaltung erkennt es jedoch an, wenn der Gewinn allein dem entnehmenden oder veräußernden Realteiler zuzurechnen ist, sofern dies nach dem Gesellschaftsvertrag oder den von den Mitunternehmern schriftlich getroffenen Vereinbarungen über die Realteilung so vorgesehen ist.[161] In der Praxis sollte man angesichts der gewichtigen Gegenstimmen zweigleisig fahren und im Realteilungsvertrag nicht nur eine Gewinnverteilungsabrede für den Fall der schädlichen Verfügung vorsehen, sondern zugleich eine Schadensersatzklausel aufnehmen, wonach der schädlich verfügende Realteiler den anderen den Schaden zu ersetzen hat, den diese aufgrund der schädlichen Verfügung erleiden. Bei der unechten Realteilung ist der aufgrund der Sperrfristverletzung entstehende Gewinn dem Ausgeschiedenen nach Sachwertabfindungsgrundsätzen zuzurechnen.[162] Dies führt dazu, dass der Ausscheidende so behandelt wird, als hätte er seinen Mitunternehmeranteil an die verbliebenen Mitunternehmer veräußert (§ 16 Abs. 1 S. 2 EStG), wohingegen diese das dem Ausgeschiedenen übertragene Wirtschaftsgut an ihn veräußern und in Höhe des gemeinen Werts des hingegebenen Wirtschaftsguts Anschaffungskosten haben.[163] In diesem Fall muss die Schadensersatzklausel im Realteilungsvertrag die steuerlichen Effekte aus dem hierdurch gewonnenen Abschreibungspotential berücksichtigen.[164]

Die in § 16 Abs. 5 EStG geregelte **Körperschaftsteuerklausel II** ergänzt die vorstehende Regelung. Werden im Zuge einer Realteilung Teilbetriebe, dh auch 100%ige Kapitalgesellschaftsbeteiligungen auf einzelne Mitunternehmer übertragen und gehen dadurch Anteile an einer Körperschaft, Personenvereinigung oder Vermögensmasse unmittelbar oder mittelbar von einer natürlichen Person oder Personengesellschaft auf eine (Mitunternehmer-)Körperschaft über, ist auch für diese grundsätzlich der Buchwert anzusetzen, § 16 Abs. 3 S. 2 EStG. § 16 Abs. 3 S. 4 EStG ist nur auf einzelne Wirtschaftsgüter, nicht hingegen auf einen Teilbetrieb anwendbar. § 16 Abs. 5 EStG schließt diese Lücke, wenn es innerhalb von sieben Jahren nach der Realteilung zu einer unmittelbaren oder mittelbaren Weiterveräußerung/-übertragung der Anteile an der im Zuge der Realteilung erhaltenen Körperschaftsbeteiligung etc. kommt. Ebenso wie § 16 Abs. 3 S. 4 EStG ist rückwirkend auf den Zeitpunkt der Realteilung der gemeine Wert der weiterveräußerten

44

---

[157] Schmidt/*Wacker* EStG § 16 Rn. 552.
[158] Schmidt/*Wacker* EStG § 16 Rn. 552.
[159] BMF BStBl. I 2019, 6 Rn. 28.
[160] Schmidt/*Wacker* EStG § 16 Rn. 552; *Schell* BB 2006, 1026; *Paus* DStZ 2006, 285.
[161] BMF BStBl. I 2019, 6 Rn. 29.
[162] BMF BStBl. I 2019, 6 Rn. 31; aA Dorn/*Müller* DStR 2019, 726.
[163] Dorn/*Müller* DStR 2019, 726.
[164] Dorn/*Müller* DStR 2019, 726.

Körperschaft-, Personenvereinigungs- oder Vermögensmassenbeteiligung in der Realteilungsbilanz der realgeteilten Mitunternehmerschaft anzusetzen. Das gleiche gilt, wenn die Beteiligung nicht veräußert, sondern in eine Kapitalgesellschaft eingebracht wird. Der rückwirkend zu versteuernde Veräußerungsgewinn berechnet sich anhand des gemeinen Werts der veräußerten bzw. in eine Kapitalgesellschaft eingebrachten Anteile im Realteilungszeitpunkt abzüglich der Kosten für diese Anteilsübertragung und abzüglich des Werts, mit dem der Mitunternehmer die im Zuge der Realteilung erhaltenen Anteile angesetzt hat. Der so ermittelte Betrag vermindert sich um jeweils ein Siebtel für jedes seit dem Realteilungszeitpunkt abgelaufene Zeitjahr, nicht Kalenderjahr.

45   Bei der **verdeckten Einlage** eines Mitunternehmeranteils in eine Kapitalgesellschaft kommt es lediglich zu einer Wertsteigerung der Anteile an der Kapitalgesellschaft, welche nach der Rechtsprechung keine Gegenleistung darstellt. Sie stellt daher keine (entgeltliche) Veräußerung, sondern eine Betriebsaufgabe im Sinne von § 16 Abs. 3 EStG dar.[165] Die §§ 20 ff. UmwStG sind nicht anwendbar, da keine neuen Gesellschaftsanteile gewährt werden.[166] Ebenso verhält es sich bei dem **Anwachsungsmodell,** wenn zB bei einer GmbH & Co. KG sämtliche Kommanditisten, die zugleich Gesellschafter der Komplementär-GmbH sind, aus der KG ausscheiden und dafür keine Abfindung erhalten, oder diese aber niedriger als der Verkehrswert der KG-Anteile ist.[167] Werden die Kommanditanteile dagegen im Zuge einer Kapitalerhöhung in die GmbH eingebracht, sind die §§ 20 ff. UmwStG anwendbar, da neue Gesellschaftsanteile ausgegeben werden (sog. erweitertes Anwachsungsmodell).[168]

46   **d) Gewinnerzielungsabsicht.** Die Gewinnerzielungsabsicht als Abgrenzungskriterium zur steuerlich unbeachtlichen Liebhaberei setzt voraus, dass der Steuerpflichtige danach strebt, mit seiner Tätigkeit positive Einkünfte zu erzielen und zwar als Betriebsvermögensmehrung in Gestalt eines Totalgewinns (§ 15 Abs. 2 S. 1 EStG).[169] Diese Voraussetzung ist bei Aufgabe und Veräußerung identisch, so dass auf die dortigen Ausführungen verwiesen werden kann (→ § 25 Rn. 53). Sie wird von der Finanzverwaltung regelmäßig nur dann ins Spiel gebracht, wenn ein Aufgabeverlust geltend gemacht wird. Dem ist am einfachsten zu begegnen, wenn der Aufgebende bereits vor der Aufgabe geeignete Umstrukturierungsmaßnahmen eingeleitet und dokumentiert hat.

47   **e) Aufgabegewinn.** Der Aufgabegewinn ist definiert als die Summe der Veräußerungspreise der veräußerten Wirtschaftsgüter zuzüglich der gemeinen Werte der in das Privatvermögen überführten oder in sonstiger Weise betriebsfremden Zwecken zugeführten Wirtschaftsgüter und der im wirtschaftlichen Zusammenhang mit der Aufgabe angefallenen sonstigen Erträge oder Aufwendungen abzüglich der Aufgabekosten und des Buchwerts des Betriebsvermögens im Zeitpunkt der Aufgabe:

      Aufgabepreis
./. Aufgabekosten
./. sonstige Aufwendungen
./. Buchwert des Betriebsvermögens

= Veräußerungsgewinn

---

[165] BFH BStBl. II 1991, 512 mwN.
[166] Dies ist aber anders zu beurteilen, sofern bei einer Bargründung oder -kapitalerhöhung der Gesellschafter zusätzlich zu der Bareinlage die Verpflichtung übernimmt, als Aufgeld (Agio) einen Mitunternehmeranteil in die Kapitalgesellschaft einzubringen; BFH BStBl. II 2010, 1094.
[167] BFH BStBl. II 1987, 705; OFD Düsseldorf DB 1988, 1524; Schmidt/*Wacker* EStG § 16 Rn. 513 mwN.
[168] BFH BStBl. I 2008, 916; Schmidt/*Wacker* EStG § 16 Rn. 513.
[169] BFH BStBl. II 2004, 1063; BFH/NV 2018, 36 mwN.

Der Begriff „Aufgabegewinn" ist daher nicht notwendigerweise mit dem Begriff des „Gewinns" als Synonym für einen positiven Saldo gleichzusetzen. Auch ein **Verlust** ist in der Terminologie des Gesetzes ein – wenn gleich negativer – Aufgabegewinn.

Bei **teilentgeltlicher Aufgabe** eines Gewerbebetriebs, Teilbetriebs oder Mitunternehmeranteils entsteht ein Aufgabegewinn nach der sog. **Einheitsmethode** nur in der Höhe, in der die Gegenleistung den Buchwert des Veräußerungsgegenstandes übersteigt (→ § 28 Rn. 51). Zwei Beispiele sollen diesen etwas merkwürdig klingenden Fall verdeutlichen: 48

Beispiele:

(1) Ein Vater veräußert einen Mitunternehmeranteil auf seine Tochter, das dazugehörige Sonderbetriebsvermögen auf seinen Sohn, und zwar jeweils zu einem über dem Buchwert, aber unter dem Teilwert liegenden Preis.

(2) Eine Mutter überträgt ihr Einzelhandelsunternehmen zu einem über dem Buchwert, aber unter dem Teilwert liegenden Preis auf ihren Sohn. Das Grundstück, auf dem der Betrieb betrieben wird, überführt sie in ihr Privatvermögen.

Ist die Gegenleistung **niedriger** als der Buchwert, so liegt eine unentgeltliche Übertragung vor. Eine voll unentgeltliche Übertragung iSv § 6 Abs. 3 EStG kommt allerdings nur dann in Betracht, wenn sämtliche wesentlichen Betriebsgrundlagen unentgeltlich auf den oder die Erwerber übergehen.[170] Nur in diesem Fall entstehen beim Veräußerer weder Aufgabegewinn noch Aufgabeverlust. Wird dagegen zB im zweiten Beispiel der Betrieb unentgeltlich übertragen und das für diesen funktional wesentliche Betriebsgrundstück in das Privatvermögen der Mutter überführt, ist insgesamt eine (vollentgeltliche) Aufgabe des ganzen Gewerbebetriebes anzunehmen.[171] Es sind sämtliche stillen Reserven im Betrieb und im Grundstück aufzudecken und zu versteuern. Dies lässt sich zumindest hinsichtlich des Betriebes dadurch vermeiden, dass das Grundstück entnommen wird, bevor der verbliebene Betrieb unentgeltlich übertragen wird; immer vorausgesetzt, die vorgeschaltete Entnahme nicht den Untergang der Sachgesamtheit als funktionsfähige betriebliche Einheit bewirkt hat.[172] Eine Begünstigung nach § 34 EStG scheidet in diesem Falle allerdings aus, da nicht alle stillen Reserven des Betriebes aufgedeckt werden. Wird das Grundstück zuvor in ein anderes Betriebsvermögen desselben Steuerpflichtigen oder in ein Gesamthandsvermögen einer Mitunternehmerschaft überführt, ist dieser Vorgang nach § 6 Abs. 5 EStG steuerneutral möglich. Dies gilt auch, wenn die Entnahme bzw. die Übertragung dem Betriebsübergang aufgrund einheitlicher Planung vorgeschaltet wurden. Gleiches gilt, wenn ein Mitunternehmer (ggf. aufgrund einheitlicher Planung) Sonderbetriebsvermögen veräußert, bevor er den ihm verbliebenen Mitunternehmeranteil unentgeltlich überträgt.[173] Auch hier steht dies der Buchwertfortführung nach § 6 Abs. 3 EStG nicht entgegen. § 6 Abs. 3 EStG und § 6 Abs. 5 EStG lassen sich mithin miteinander kombinieren.

Der Aufgabegewinn bzw. -verlust einer **Personengesellschaft** ist für diese als Steuersubjekt zu ermitteln und nach dem im Gesellschaftsvertrag vorgesehenen Verteilungsschlüssel oder – mangels einer derartigen Vereinbarung – entsprechend dem Schlüssel für die Verteilung des Jahresgewinns auf die Gesellschafter zu verteilen[174] und einkommensteuerlich zuzurechnen.[175] Aufgabegewinne aus der Veräußerung oder Zuführung zu betriebsfremden Zwecken von Sonderbetriebsvermögen sind allein dem betreffenden Gesellschafter zuzurechnen. 49

---

[170] BFH BStBl. II 1994, 15 mwN.
[171] BFH BStBl. II 1995, 890.
[172] BFH/NV 2016, 1702; 2015, 415; aA BMF BStBl. I 2013, 1164.
[173] BFH/NV 2015, 415; aA BMF BStBl. I 2013, 1164.
[174] BGH JZ 1956, 219.
[175] BFH BStBl. II 1982, 456.

50 **aa) Aufgabezeitpunkt.** Um den Aufgabegewinn richtig zu ermitteln, ist zunächst der zugrunde zu legende Aufgabezeitpunkt zu bestimmen. Denn er ist sowohl für die Realisierung des Aufgabegewinns, die Bewertung des Aufgabepreises (→ Rn. 51 ff.), die Ermittlung des Buchwertes des Betriebsvermögens (→ Rn. 57) als auch die Abgrenzung des begünstigten Aufgabegewinns vom nicht begünstigten vorausgehenden laufenden Gewinn und nachträglichen gewerblichen Einkünften maßgebend. Üblicherweise handelt es sich bei dem Aufgabezeitpunkt tatsächlich um einen **Aufgabezeitraum,** da die Betriebsaufgabe sich in der Regel in mehreren Teilakten vollzieht. Nur ausnahmsweise, wie zB bei der verdeckten Einlage,[176] existiert nur ein Aufgabezeitpunkt. Maßgeblich für die Gewinnverwirklichung und Bewertung ist nicht der Beginn der Betriebsaufgabe (→ Rn. 26) oder ein vom Steuerpflichtigen erklärter Zeitpunkt, sondern die tatsächlichen Umstände,[177] dh grundsätzlich der **Zeitpunkt des einzelnen Aufgabeteilaktes.** Der Betriebsaufgabegewinn entsteht somit sukzessive und unter Umständen auch in verschiedenen Veranlagungszeiträumen.[178] Für Wirtschaftsgüter, die nicht zur Veräußerung bestimmt sind, entsteht der Aufgabegewinn zu dem Zeitpunkt, in dem sie ausdrücklich ins Privatvermögen überführt werden oder, wenn dies nicht der Fall ist, sobald die werbende Tätigkeit eingestellt ist und alle anderen wesentlichen Betriebsgrundlagen veräußert oder entnommen sind.[179] Bleibt nach Verwertungshandlungen im Zuge einer Betriebsaufgabe lediglich eine wesentliche Betriebsgrundlage – zB ein Betriebsgrundstück – zurück, die sich nicht veräußern lässt, wird diese notwendiges Privatvermögen, unabhängig davon, ob eine Überführungserklärung abgegeben wird oder nicht.[180] In diesem Zeitpunkt ist die Betriebsaufgabe beendet. Im Falle der Veräußerung einer wesentlichen Betriebsgrundlage entsteht der Aufgabegewinn im Zeitpunkt der Übertragung des **wirtschaftlichen Eigentums,** und zwar unabhängig davon, wann der vereinbarte Kaufpreis fällig wird oder dem Aufgebenden tatsächlich zufließt. Auch in den Fällen des die Aufgabehandlung substituierenden Rechtsvorgangs kommt es darauf an, wann dieser wirtschaftlich vollendet ist. Entscheidend ist nur, dass die Veräußerung etc. im Zuge und nicht nur gelegentlich der Betriebsaufgabe im Rahmen des eigentlichen Geschäftsbetriebs erfolgt (→ Rn. 30).

51 **bb) Aufgabepreis.** Der Aufgabepreis ist die Summe aus
– dem Veräußerungspreis für die im Rahmen der Aufgabe veräußerten Wirtschaftsgüter (§ 16 Abs. 3 S. 6 EStG),
– dem gemeinen Wert der ins Privatvermögen überführten aktiven und passiven Wirtschaftsgüter (§ 16 Abs. 3 S. 7 EStG),
– dem gemeinen Wert etwaiger im Betriebsvermögen zurückbleibender Schulden,[181] die durch die Betriebsaufgabe zu Privatvermögen werden, einschließlich des damit zusammenhängenden passiven Rechnungsabgrenzungspostens[182] und
– im wirtschaftlichen Zusammenhang mit der Aufgabe erzielter sonstiger Erträge.
Er kann, muss aber nicht, mit Hilfe einer auf den Aufgabezeitpunkt zu erstellenden Aufgabebilanz (Schlussbilanz) ermittelt werden.[183] Anders als in einer Schlussbilanz zur Ermittlung des laufenden Gewinns sind in der Aufgabebilanz alle mit der Aufgabe zusammenhängenden Vorgänge nach den bis zur bestandskräftigen Veranlagung gewonnenen Erkenntnissen über wertaufhellende und wertbegründende Ereignisse zu erfassen.[184] Ist der laufende Gewinn durch **Einnahmen-Überschussrechnung** nach § 4 Abs. 3 EStG

---

[176] BFH BStBl. II 1991, 512; → Rn. 45.
[177] BFH BStBl. II 1971, 484.
[178] BFH BStBl. II 1992, 392.
[179] BFH/NV 1992, 227.
[180] BFH/NV 1992, 659.
[181] BFH BStBl. II 1991, 802; BStBl. II 2018, 778.
[182] BStBl. II 2018, 778.
[183] BFH BStBl. II 1994, 607.
[184] BFH BStBl. II 1991, 802; *Paus* FR 1994, 241.

ermittelt worden (zB bei Freiberuflern und sonstigen selbständig Tätigen, § 18 EStG), muss der Steuerpflichtige zwecks Ermittlung des Aufgabegewinns zur Gewinnermittlung durch Betriebsvermögensvergleich nach § 4 Abs. 1 EStG übergehen.[185] Der sich allein aufgrund des Übergangs auf die Gewinnermittlung nach § 4 Abs. 1 EStG ergebende Gewinn ist laufender Gewinn, für den kein Verteilungswahlrecht besteht.[186]

Bei dem **Veräußerungspreis** handelt es sich um die Gegenleistung, die der Aufgebende (Veräußerer) für die veräußerten Wirtschaftsgüter erlangt. Im Einzelnen kann auf die Ausführungen bei der Unternehmensveräußerung verwiesen werden (→ § 25 Rn. 61ff.). Erfolgt die Veräußerung einzelner Wirtschaftsgüter gegen **wiederkehrende Leistungen,** besteht grundsätzlich kein Wahlrecht zwischen Sofort- und Zuflussbesteuerung.[187] Als Veräußerungspreis ist der Kapitalwert der wiederkehrenden Leistungen anzusetzen. Er ist grundsätzlich versicherungsmathematisch und nicht nach den §§ 13 bis 16 BewG zu ermitteln.[188] Besteht wirtschaftlich gesehen ausnahmsweise kein großer Unterschied zu einer Unternehmensveräußerung, wie zB bei der Veräußerung eines ganzen Betriebes an zwei Erwerber, muss wohl auch dem Aufgebenden ebenso wie dem Veräußerer das Wahlrecht zugestanden werden, denn die Betriebsaufgabe gilt schließlich gemäß § 16 Abs. 3 S. 1 EStG als Veräußerung. Darüber hinaus müsste das Wahlrecht, sofern man an diesem überhaupt festhalten will, prinzipiell auch auf die Betriebsaufgabe gegen wiederkehrende Leistungen insgesamt ausgeweitet werden, denn die wiederkehrenden Leistungen im Zusammenhang mit einer Betriebsaufgabe sind ebenso wagnisbehaftet wie diejenigen im Rahmen einer Betriebsveräußerung. Sie dienen in der Regel den gleichen Versorgungsaspekten und fließen dem Aufgebenden ebenfalls zeitverzögert zu (→ a. § 25 Rn. 117). Werden einzelne Wirtschaftsgüter im Rahmen der **Betriebsaufgabe** veräußert und sind auf Seiten des Veräußerers und des Erwerbers dieselben Personen als Unternehmer oder Mitunternehmer beteiligt, so werden die hieraus resultierenden Veräußerungsgewinne nicht als Teil des Aufgabegewinns behandelt, sondern stellen vielmehr **(fiktiven) laufenden Gewinn** dar, § 16 Abs. 3 S. 5 EStG (→ Rn. 63; § 25 Rn. 124). Bei einer Überführung von Wirtschaftsgütern in das Privatvermögen bleibt es dagegen bei der Behandlung des Entnahmegewinns als Aufgabegewinn. Zwar stehen auf beiden Seiten die gleichen Personen, es erfolgt jedoch keine Überführung in ein Betriebsvermögen.

Bei einer Entnahme im Zuge der Betriebsaufgabe sind die entnommenen Wirtschaftsgüter gemäß § 16 Abs. 3 S. 7 EStG mit dem **gemeinen Wert** und nicht wie sonst üblich gemäß § 6 Abs. 1 Nr. 4 EStG mit dem Teilwert anzusetzen. Im Gegensatz zum Teilwert, der aus der Sicht des Erwerbers eines ganzen Betriebes unter dem Aspekt der Betriebsfortführung betrachtet wird, geht es beim gemeinen Wert um den individuellen Marktwert des einzelnen Wirtschaftsguts und zwar losgelöst vom Betriebszusammenhang. Der gemeine Wert wird daher nach § 9 Abs. 2 BewG[189] durch den Preis bestimmt, der im gewöhnlichen Geschäftsverkehr nach der Beschaffenheit des Wirtschaftsguts bei einer Veräußerung zu erzielen wäre. Dabei sind alle Umstände, die den Preis beeinflussen, mit Ausnahme von ungewöhnlichen oder persönlichen Verhältnissen zu berücksichtigen. Dies bedeutet, dass zB der gemeine Wert von Maschinen, Einrichtungsgegenständen, Waren usw. der Einzelveräußerungspreis ist. Gleiches gilt für entnommene Wirtschaftsgüter des Sonderbetriebsvermögens.[190] Für die Bewertung von Kapitalgesellschaftsanteilen und Wertpapieren gilt § 11 BewG grundsätzlich sinngemäß.[191] Ein Geschäftswert ist bei der

---

[185] BFH BStBl. II 1998, 290; R 4.5 Abs. 6 EStR; → § 25 Rn. 86.
[186] BFH BStBl. II 2002, 287; R 17 Abs. 1 S. 5 EStR; H 4.1 EStH „Keine Verteilung des Übergangsgewinns".
[187] BFH BStBl. II 1989, 323; Schmidt/*Wacker* EStG § 16 Rn. 292; aA zu Recht *Schulze zur Wiesche* StBP 1983, 260; → a. § 25 Rn. 119.
[188] Schmidt/*Wacker* EStG § 16 Rn. 294; aA FG Köln EFG 1986, 561, rkr.
[189] BFH BStBl. II 1985, 456.
[190] BFH BStBl. II 1995, 112 mwN.
[191] BFH BStBl. II 2016, 346: ggf. Sachverständigengutachten; 2010, 843: Ableitung aus Verkäufen; 2010, 182: grds. Bewertungsabschlag bei bestehenden Verfügungsbeschränkungen; 2017, 69 mwN.: Schätzung

Ermittlung des Aufgabepreises grundsätzlich nicht anzusetzen, da er im Zuge der Aufgabe regelmäßig untergeht.[192] Dies gilt unabhängig davon, ob es sich um einen originären oder einen derivativ erworbenen Geschäftswert handelt. Anders verhält es sich lediglich bei der Betriebsverpachtung (→ § 7 Rn. 28) und der Realteilung, bei der der Geschäftswert vielfach von einem der Realteiler entgeltlich oder unentgeltlich übernommen wird.[193] Erfolgt die Betriebsaufgabe teilweise im Wege der **verdeckten Einlage** in eine Kapitalgesellschaft, ist der auf die verdeckt eingelegten Wirtschaftsgüter entfallende Wert dem Aufgabegewinn hinzuzurechnen.[194] Bei der Umwandlung einer GmbH & Co. KG im Wege des Anwachsungsmodells (→ Rn. 45) ist nach Ansicht der Finanzverwaltung bei der Ermittlung des Aufgabepreises auch der gemeine Wert der Anteile an der Komplementär-GmbH anzusetzen, da diese Sonderbetriebsvermögen waren (→ § 25 Rn. 31).[195]

54 **Sonstige Erträge,** die der Steuerpflichtige im zeitlichen und wirtschaftlichen Zusammenhang mit der Aufgabe erzielt, gehören ebenfalls zum Aufgabepreis. Hierbei handelt es sich zB um von dritter Seite, insbesondere der öffentlichen Hand gezahlte Entschädigungen und Stilllegungsgelder,[196] um Versicherungsleistungen[197] und den betrieblich veranlassten Erlass von Betriebsschulden.[198]

55 cc) **Aufgabekosten.** Bei den Aufgabekosten handelt es sich gemäß § 16 Abs. 2 S. 1 EStG um Aufwendungen, die in unmittelbarer **sachlicher Beziehung** zur Veräußerung einzelner Wirtschaftsgüter im Rahmen der Betriebsaufgabe stehen. Ebenso wie bei den Veräußerungskosten kommt es nicht auf zeitliche Momente an (→ § 25 Rn. 74). Als Aufgabekosten können daher insbesondere Notar-, Inserats-, Reisekosten, Grundbuchgebühren und Verkehrssteuern in Betracht kommen. Zu den Aufgabekosten zählen darüber hinaus grundsätzlich alle **Betriebsausgaben,** die vom Beginn bis zum Ende der Betriebsaufgabe in sachlichem Zusammenhang mit dieser anfallen.[199] Hierzu gehören zB die Gehälter für Arbeitnehmer, die mit Aufgabehandlungen befasst sind,[200] und Abfindungen zur Beendigung von Schuldverhältnissen (→ § 25 Rn. 74). Eine nachträgliche Änderung der Aufgabekosten führt grundsätzlich zu einer rückwirkenden Änderung des Veräußerungsgewinns (→ § 25 Rn. 74).

56 dd) **Sonstige Aufwendungen.** Sonstige Aufwendungen, die der Steuerpflichtige in zeitlichem und wirtschaftlichem Zusammenhang mit der Betriebsaufgabe tätigt, mindern den Aufgabegewinn. Dies kann zB der Verlust einer Ausgleichsforderung gegen einen Mitgesellschafter sein.[201] Entsprechendes gilt, wenn der Vorsteuerabzug aufgrund der Veräußerung eines umsatzsteuerpflichtig vermieteten Gebäudes nach § 15a Abs. 1 iVm Abs. 4 UStG berichtigt wird und hierin zugleich die Veräußerung des gesamten Betriebs liegt.[202]

---

im Stuttgarter Verfahren ist ein „brauchbares Hilfsmittel"; zu Recht aA Schmidt/*Wacker* EStG § 16 Rn. 294.
[192] BFH BStBl. II 1994, 607; 2009, 634.
[193] BFH BStBl. II 1994, 607 (614) mwN.
[194] BFH/NV 1993, 525.
[195] FinVerw FR 2003, 48; Schmidt/*Wacker* EStG § 16 Rn. 513; aA *Knobbe-Keuk* § 22 VII 3 f: Es wird kein Gewinn realisiert, da die Anteile an der Komplementär-GmbH Betriebsvermögen (ohne Betrieb) bleiben und ihre Anschaffungskosten um den Buchwert des untergegangenen Kommanditanteils zu erhöhen seien.
[196] BFH/NV 1998, 1354 mwN; abl. FG Hamburg EFG 2014, 1009 rkr. Bei fehlender Veranlassung durch die Betriebsaufgabe.
[197] BFH BStBl. II 1982, 707.
[198] BFH BStBl. II 1989, 456 für Säumniszuschläge; BFH/NV 2006, 713 für Erlass der nach der Betriebsaufgabe verbleibenden Schuld; Schmidt/*Wacker* EStG § 16 Rn. 365.
[199] BFH BStBl. II 2005, 637; Schmidt/*Wacker* EStG § 16 Rn. 305.
[200] *Heuer* FR 1974, 593.
[201] BFH BStBl. II 1993, 594.
[202] BFH BStBl. II 1992, 1038.

ee) Buchwert des Betriebsvermögens. Als Letztes ist schließlich noch der Buchwert 57
des Betriebsvermögens bei der Ermittlung des Aufgabegewinns zu berücksichtigen. Er
wird vom Aufgabepreis abgezogen. Es gelten hier die gleichen Grundsätze wie bei der
Veräußerung, so dass auf die dort gemachten Ausführungen verwiesen werden kann
(→ § 25 Rn. 75 ff.). Bei der Gewinnermittlung nach § 4 Abs. 3 EStG ist zur Bestimmung
des letzten laufenden Gewinns und des Aufgabegewinns zur Gewinnermittlung nach § 4
Abs. 1 EStG übergehen. Wird eine bestrittene und daher in der Schlussbilanz zu Recht
nicht aktivierte Forderung, die nach der Betriebsaufgabe als Restbetriebsvermögen zurückbleibt, später ganz oder teilweise erfüllt, bleibt der Buchwert unverändert. Die Forderung ist so zu behandeln, als ob sie bei Betriebsaufgabe zu diesem Betrag in das Privatvermögen übergegangen wäre. Es erhöht sich somit rückwirkend der Aufgabepreis und
damit der Aufgabegewinn um den tatsächlich gezahlten Betrag.[203]

ff) Freibetrag. Auch bei der Betriebsaufgabe steht dem Aufgebenden gemäß § 16 Abs. 4 58
EStG unter bestimmten Voraussetzungen eine sachliche Steuerbefreiung in Form eines
Freibetrages auf den Aufgabegewinn zu. Er ist unmittelbar von dem zuvor ermittelten –
vorläufigen – Aufgabegewinn abzuziehen. Der Freibetrag beträgt EUR 45.000,– und setzt
voraus,[204] dass der Steuerpflichtige
– einen Antrag auf Gewährung des Freibetrages gestellt hat (§ 25 Rn. 81),
– im Zeitpunkt der Betriebsaufgabe (Rn. 82) entweder das 55. Lebensjahr vollendet hat
 (→ § 25 Rn. 83) oder im sozialversicherungsrechtlichen Sinne dauernd berufsunfähig
 ist (§ 25 Rn. 84),
– ihm der Freibetrag zuvor noch nicht gewährt worden ist (§ 25 Rn. 85) und
– der Veräußerungsgewinn die absolute Freibetragsgrenze von EUR 181.000,– nicht
 übersteigt (§ 25 Rn. 87).

gg) Tarifvergünstigung. Aufgabegewinne zählen zu den außerordentlichen Einkünften 59
iSd § 34 Abs. 2 Nr. 1 EStG und unterliegen grundsätzlich einem ermäßigten Steuersatz.
Auch bei der Betriebsaufgabe muss es zu einer zusammengeballten Realisierung der stillen
Reserven kommen. Der Aufgabegewinn kann jedoch hier ausnahmsweise in zwei Veranlagungszeiträumen anfallen, ohne dass die Tarifbegünstigung entfällt, sofern die Betriebsaufgabe nur zügig abgewickelt wird.[205] Im Einzelnen kann auf die Ausführungen bei der
Unternehmensveräußerung verwiesen werden (→ § 25 Rn. 90 ff.). Ergänzend ist anzumerken, dass auch bei der Liquidation von zum Betriebsvermögen gehörenden einbringungsgeborenen Kapitalgesellschaftsanteilen (§ 21 Abs. 2 Nr. 3 UmwStG) die Tarifbegünstigung entfällt. Zwar verweist § 34 Abs. 2 Nr. 1 EStG auf § 3 Nr. 40b EStG, welcher
nur von Veräußerungen und nicht von Liquidationen spricht. § 21 Abs. 2 S. 1 UmwStG
verweist allerdings ausdrücklich auf die Rechtsfolgen des § 21 Abs. 1 UmwStG, was zum
Ausdruck bringen soll, dass es sich nur um eine anders geartete Ausprägung einer Veräußerung handelt.[206]

hh) Steuerermäßigung bei Einkünften aus Gewerbebetrieb, § 35 EStG. Die Steu- 60
erermäßigung nach § 35 EStG ist eine Anrechnung der Gewerbesteuer in pauschalierten
Form. Soweit in dem zu versteuernden Einkommen gewerbliche Einkünfte enthalten
sind, mindert sich die hierauf (anteilig) entfallende tarifliche Einkommensteuer um das
3,8fache des Gewerbesteuermessbetrages. Die Anrechnung ist allerdings in zweifacher
Hinsicht begrenzt und zwar zum einen durch den Ermäßigungshöchstbetrag und zum anderen durch die tatsächlich gezahlte Gewerbesteuer (→ § 25 Rn. 110). Die Steuermäßi-

---
[203] BFH BStBl. II 1994, 564; *Groh* DB 1995, 2235 (2239); aA *Strubinger* DStR 1996, 292, der nachträgliche (nicht begünstigte) Einkünfte aus Gewerbebetrieb gemäß § 24 Nr. 2 EStG annimmt.
[204] Zur Rechtslage bis zum 31. Dezember 2003 → § 25 Rn. 80 Fn. 251.
[205] BFH BStBl. II 1993, 710; → a. Rn. 23.
[206] Ebenso Schmidt/*Wacker* EStG § 34 Rn. 28.

gung gilt nur für natürliche Personen, nicht jedoch Kapitalgesellschaften. Begünstigt sind nur gewerbliche, mit Gewerbesteuer belastete Einkünfte, § 35 Abs. 1 S. 5 EStG. Nach § 7 GewStG nicht belastete Betriebsaufgabegewinne scheiden daher aus. Bei Mitunternehmerschaften sind die tatsächlich zu zahlende Gewerbesteuer und der Gewerbesteuermessbetrag entsprechend dem allgemeinen zum Ende des gewerbesteuerrechtlichen Erhebungszeitraums geltende Gewinnverteilungsschlüssel aufzuteilen. Zu beachten ist, dass bei einem unterjährigen Gesellschafterwechsel unabhängig davon, ob er entgeltlich oder unentgeltlich oder im Wege der Einzel- oder Gesamtrechtsnachfolge erfolgt, der Anteil am Gewerbesteuermessbetrag nur für diejenigen Gesellschafter festzustellen ist, die zum Zeitpunkt der Entstehung der Gewerbesteuer Mitunternehmer der fortbestehenden Personengesellschaft als Schuldnerin der Gewerbesteuer sind (→ § 25 Rn. 110).

61 **ii) Rücklage nach § 6b und § 6c EStG.** Auch bei der Betriebsaufgabe kann der Aufgebende, sofern die Voraussetzungen des § 6b EStG vorliegen, für den bei der Aufgabe entstandenen Gewinn eine **Rücklage** bilden. Tut er dies, entfällt die Tarifvergünstigung **insgesamt,** und zwar auch dann, wenn er die Rücklage lediglich für einen Teil des Gewinns bildet, § 34 Abs. 1 S. 4, Abs. 3 S. 6 EStG. Der Freibetrag nach § 16 Abs. 4 EStG wird jedoch gewährt (→ § 25 Rn. 111).

62 **f) Laufender Gewinn/Verlust.** Dem Aufgabegewinn kommt ebenso wie dem Veräußerungsgewinn (→ § 25 Rn. 90 ff.) innerhalb der Einkünfte aus Gewerbebetrieb eine Sonderstellung zu. Darüber hinaus erfährt er auch gewerbesteuerlich eine andere Behandlung. Er ist somit vom laufenden Gewinn abzugrenzen. Insoweit gelten die gleichen Grundsätze wie bei der Betriebsveräußerung (→ § 25 Rn. 121 ff.), wobei hinsichtlich der Gewinne nach Betriebsaufgabe auf den letzten Aufgabevorgang abzustellen ist. Bei der Veräußerung von Warenbeständen im Zuge der Betriebsaufgabe ist ergänzend anzumerken, dass hierbei zwei Fallgruppen zu unterscheiden sind:
(1) Erfolgt die Veräußerung des Warenbestands an den bisherigen Kundenkreis, so besteht kein Unterschied zum normalen Geschäftsbetrieb, und zwar auch dann, wenn wie zB beim Räumungsverkauf erhebliche Preisnachlässe gewährt werden. Die Erlöse sind somit dem laufenden Gewinn zuzuordnen.[207]
(2) Erfolgt die Veräußerung des Warenbestands dagegen an ein Unternehmen der gleichen oder einer höheren Handelsstufe oder auch an den ursprünglichen Lieferanten der Ware, ist sie der Betriebsaufgabe zuzuordnen. Die Erlöse gehören damit zum Aufgabepreis.[208] Gleiches gilt bei Veräußerung des Warenbestandes an Handelsvertreter, die den Verkauf bisher nur vermittelten.[209]

63 Hat sich der Aufgebende für eine **allmähliche Betriebsabwicklung** entschieden (→ Rn. 25), bleibt das bisherige Betriebsvermögen einkommensteuerlich so lange als Betriebsvermögen erhalten, als dies rechtlich noch möglich ist, nämlich bis zum Zeitpunkt der tatsächlichen Verwertung oder der eindeutigen Übernahme in das Privatvermögen[210] oder der Aufgabe der Verwertungsabsicht.[211] Die durch die Abwicklung veranlassten Aufwendungen und Erträge sind als laufendes Einkommen aus dem insoweit fortbestehenden Gewerbebetrieb zu erfassen.[212] Auch bei der Betriebsaufgabe kann es zu einer anteiligen **Umqualifizierung von Aufgabegewinn** in nicht begünstigten laufenden Gewinn kommen. Erfasst werden allerdings nur Gewinne aus Veräußerungsvorgängen. Werden einzelne Wirtschaftsgüter im Rahmen der Betriebsaufgabe veräußert und sind auf Seiten des Veräußerers und des Erwerbers dieselben Personen als Unternehmer oder Mitunter-

---

[207] BFH BStBl. II 1989, 602.
[208] BFH BStBl. II 1981, 798.
[209] BFH BStBl. II 1989, 368.
[210] BFH BStBl. II 1980, 186; 1989, 509.
[211] BFH BStBl. II 1984, 364.
[212] BFH BStBl. II 1989, 509.

I. Einkommen-/Körperschaftsteuer § 26

nehmer beteiligt, so werden die hieraus resultierenden Veräußerungsgewinne nicht als Teil des Aufgabegewinns behandelt, sondern stellen vielmehr gemäß § 16 Abs. 3 S. 5 EStG **(fiktiven) laufenden Gewinn** dar. Zur Berechnung des umqualifizierten und damit nicht begünstigten Teilbetrags des Aufgabegewinns (→ § 25 Rn. 124 ff.). Nicht umqualifiziert werden demgegenüber Gewinne aus dem Übergang von Wirtschaftsgütern aus dem Betriebsvermögen in das Privatvermögen.

g) Behandlung beim Erwerber. Bei der Betriebsaufgabe ist aus Erwerbersicht insbesondere danach zu unterscheiden, ob die Wirtschaftsgüter in ein Betriebsvermögen oder in das Privatvermögen überführt werden. Erfolgt die Überführung ins Betriebsvermögen (zB durch Veräußerung), so gelten die in diesem Zusammenhang zur Unternehmensveräußerung gemachten Ausführungen hier entsprechend (§ 25 Rn. 128 ff.). Werden die Wirtschaftsgüter dagegen in das **Privatvermögen** überführt, spielen sie steuerlich nur noch eingeschränkt eine Rolle. Zunächst unterliegen Gewinne aus ihrer Veräußerung, seien sie positiv oder negativ, grundsätzlich nicht mehr der Besteuerung (sog. Dualismus der Einkünfteermittlung). Darüber hinaus sind sie steuerlich nur noch relevant, soweit sie zur Erzielung von Einkünften im Sinne des § 2 EStG eingesetzt werden. So ist zB Bemessungsgrundlage der Absetzung für Abnutzung grundsätzlich der Entnahmewert.[213] **64**

2. Auflösung und Liquidation von Kapitalgesellschaften

Anders als die Veräußerung von Anteilen an einer Kapitalgesellschaft löst deren Auflösung und Liquidation nicht nur auf der **Ebene des Anteilseigners,** sondern auch auf der **Ebene der Gesellschaft** steuerliche Folgen aus. Auf den Gewinn der Körperschaft wird bei dieser Körperschaftsteuer erhoben. Auf die Beteiligungserträge (ausgeschüttete Gewinne) fällt beim Anteilseigner Einkommensteuer an. Damit ein und derselbe Gewinn nicht doppelt besteuert wird, wurde die gezahlte Körperschaftsteuer früher bei der Besteuerung des Anteilseigners voll angerechnet **(Anrechnungsverfahren).** Durch den Systemwechsel zum nunmehr geltenden **Teileinkünfteverfahren** bzw. zur **Abgeltungssteuer** bei einer Beteiligung ≤ 1% wird die Doppelbelastung durch eine ermäßigte Besteuerung auf beiden Ebenen versucht zu vermeiden, und zwar auf der Ebene der Kapitalgesellschaft durch Anwendung eines deutlich verringerten Steuersatzes von zurzeit 15 v.H. und auf der Ebene des Anteilseigners durch Steuerfreistellung von 40% der Beteiligungserträge bzw. durch die Abgeltungsteuer von 25%. Aufgrund des Pauschal-Charakters wird die steuerliche Doppelbelastung allerdings bei einem niedrigeren Einkommensteuersatz nicht vermieden. Bei höheren Einkommensteuersätzen ist das Teileinkünfteverfahren für den Anteilseigner günstiger als das Anrechnungsverfahren. Die Trennung der beiden Besteuerungsebenen, Kapitalgesellschaft auf der einen Seite, Anteilseigner auf der anderen Seite, wird auch in der Liquidation der Kapitalgesellschaft beibehalten. Dies resultiert daraus, dass die persönliche Körperschaftsteuerpflicht der Kapitalgesellschaft erst endet, wenn die geschäftliche Tätigkeit tatsächlich eingestellt und das gesamte vorhandene Vermögen an die Gesellschafter oder andere Beteiligte verteilt ist, frühestens jedoch mit dem Ablauf eines etwa vorgeschriebenen Sperrjahres. Die Löschung der Gesellschaft im Handelsregister hat steuerlich nur deklaratorische Wirkung.[214] Solange noch steuerrechtliche Pflichten zu erfüllen sind und Steuerbescheide mit Rechtsbehelfen angegriffen werden können, wird die Kapitalgesellschaft für Zwecke der Besteuerung als fortbestehend angesehen. Die gesamte Liquidation vollzieht sich somit noch auf der Ebene der Gesellschaft. Erst die Leistungen aus dem Liquidationserlös führen zu einer Besteuerung der Gesellschafter. Eine bloße Betriebseinstellung führt noch nicht zu einer Auflösung der Kapitalgesellschaft im Sinne des § 17 Abs. 4 EStG.[215] **65**

---

[213] Vgl. Schmidt/*Drenseck* EStG § 7 Rn. 68 mwN.
[214] Schmidt/*Weber-Grellet* EStG § 17 Rn. 214.
[215] BFH/NV 1990, 361.

66 **a) Besteuerung auf der Ebene der Gesellschaft.** Die Besteuerung des Gewinns, der bei der Auflösung und Abwicklung **(Liquidation)** einer nach § 1 Abs. 1 Nr. 1 bis 3 EStG unbeschränkt steuerpflichtigen Kapitalgesellschaft[216] entsteht, ist in § 11 KStG geregelt, der als lex specialis allen anderen Vorschriften über die Gewinnermittlung der dort genannten Körperschaften vorgeht. Dieser verfolgt im Ergebnis wie § 16 EStG das Ziel, die bei der Betriebsaufgabe vorhandenen stillen Reserven aufzudecken und einer Schlussbesteuerung zuzuführen. Dies bedeutet, dass die in den steuerlichen Wertansätzen enthaltenen stillen Reserven aufgedeckt und besteuert werden.

67 **aa) Anwendungsbereich.** Tatbestandlich setzt § 11 KStG
– die Auflösung der Kapitalgesellschaft und
– ihre nachfolgende Liquidation (Abwicklung) voraus.
Beide Merkmale müssen kumulativ vorliegen. Eine Liquidation ohne Abwicklung fällt ebenso wenig unter § 11 KStG[217] wie die sog. Scheinabwicklung, dh wenn trotz Auflösung die Liquidation nicht ernsthaft betrieben wird. In beiden Fällen sind jährliche Veranlagungen durchzuführen, wobei sich die Gewinnermittlung nach den allgemeinen Vorschriften richtet.

68 Die **Auflösung** ist im Gegensatz zur Abwicklung ein Rechtsakt. Sie erfolgt regelmäßig durch Beschluss der Haupt- oder Gesellschafterversammlung. Daneben können aber auch Zeitablauf, ein gerichtliches Urteil oder andere Ereignisse zur Auflösung führen. Für § 11 KStG kommt es nicht darauf an, aus welchen Gründen die Auflösung erfolgt. Bei einer Abwicklung ohne den formalen Auflösungsakt (sog. stille Abwicklung) findet § 11 KStG keine Anwendung; es gelten die allgemeinen Gewinnermittlungsregelungen.[218] Die **Abwicklung** ist ein tatsächlicher Vorgang. Ihr Ziel ist die vollständige Beendigung und das Erlöschen der Körperschaft. Neue Geschäfte dürfen nur eingegangen werden, soweit dies zur Abwicklung erforderlich ist (§ 268 Abs. 1 AktG, § 70 S. 2 GmbHG). Ein etwaiges Schlussvermögen ist an die Anteilseigner zu verteilen (§ 271 AktG, § 72 GmbHG). Danach, frühestens jedoch nach Ablauf des Sperrjahres, ist die Abwicklung tatsächlich und rechtlich beendigt. Nicht erforderlich ist, dass alle Wirtschaftsgüter versilbert werden. Diese Gegenstände werden dann bei der Verteilung des Schlussvermögens in Form einer Sachauskehrung auf die Anteilseigner übertragen. Werden Wirtschaftsgüter im Wege der Einzelrechtsnachfolge in ein anderes Betriebsvermögen des Anteilseigners überführt, so ist § 11 KStG dennoch anwendbar, weil die Kapitalgesellschaft sich ihres Vermögens entledigt und ihre werbende Tätigkeit einstellt.[219] Im Falle einer Insolvenz unterbleibt eine Abwicklung (§ 264 Abs. 1 AktG, § 66 Abs. 1 GmbHG). Gemäß § 11 Abs. 7 KStG sind die Abs. 1 bis 6 dieser Vorschrift aber entsprechend anzuwenden. Hierzu muss allerdings mit der Abwicklung begonnen werden; die bloße Eröffnung des Insolvenzverfahrens reicht noch nicht. Wird der Betrieb also zunächst trotz Eröffnung des Insolvenzverfahrens fortgeführt, sind wie bisher jährlich Veranlagungen durchzuführen.[220]

Die Liquidation der Kapitalgesellschaft führt in der Regel zugleich zur Einstellung des Geschäftsbetriebs. Diese ist ein schädliches Ereignis im Sinne des § 8d Abs. 2 KStG und lässt einen etwaigen fortführungsgebundenen Verlustvortrag entfallen. Betroffen sind die zuletzt festgestellten fortführungsgebundenen Verluste. Etwaige seit der letzten Feststellung angefallene Gewinne können daher nicht mehr mit dem fortführungsgebundenen Verlust-

---

[216] Die Auflösung und Abwicklung anderer Körperschaften richtet sich nach § 8 Abs. 1 KStG iVm EStG § 16, insbesondere haben diese jährliche Steuererklärungen abzugeben.
[217] FG Baden-Württemberg EFG 1990, 540; Dötsch/Pung/Möhlenbrock/*Münch* KStG § 11 Rn. 11.
[218] BFH HFR 1962, 310; Gosch/*Stabold* KStG § 11 Rn. 30; Dötsch/Punkg/Möhlenbrock/*Münch* KStG § 11 Rn. 11.
[219] Ebenso Frotscher/*Drüen* KStG § 11 Rn. 20.
[220] RFH RStBl. 1939, 355.

vortrag verrechnet werden. Die Bearbeitungszeiten des Finanzamts oder des Steuerpflichtigen bei Einreichung der Steuererklärung sind unerheblich.[221]

bb) Abwicklungs- und Besteuerungszeitraum. Besteuerungs-, Ermittlungs- und auch Veranlagungszeitraum ist während der Liquidation nicht mehr wie sonst das Kalender- oder Wirtschaftsjahr, sondern er entspricht grundsätzlich dem **Abwicklungszeitraum.** Er kann, muss aber nicht dem Kalender- oder Wirtschaftsjahr entsprechen und wird dies in aller Regel auch nicht tun. Dieser abweichende Gewinnermittlungszeitraum ist eine Folge der handelsrechtlichen Vorschriften, nach denen der Abwicklungsgewinn im verteilbaren Vermögen aufgeht und die nach Handelsrecht aufzustellenden Bilanzen keine Gewinnermittlungsbilanzen sind, sondern den Charakter von Vermögensermittlungsbilanzen haben, dh auf die Schlussrechnung ausgerichtet sind.

Beginn des Abwicklungszeitraums ist der Tag der Auflösung. Er **endet** mit dem tatsächlichen und rechtlichen Abschluss der Abwicklung, dh mit der Auskehrung des Schlussvermögens an die Anteilseigner und dem Ablauf des Sperrjahres. Soweit er **drei Jahre** nicht übersteigt, stimmt der Abwicklungszeitraum grundsätzlich mit dem Besteuerungszeitraum überein. Dies bedeutet jedoch nicht, dass beide identisch sind.[222] Vielmehr kann es in einem Abwicklungszeitraum auch mehrere Besteuerungszeiträume geben, insbesondere dann, wenn der Abwicklungszeitraum mehr als drei Jahre beträgt (Rn. 71). Darüber hinaus kann der Besteuerungszeitraum nach Ansicht der Finanzverwaltung auch bereits vor dem Abwicklungszeitraum beginnen (→ Rn. 71).

Der **Liquidationsbesteuerungszeitraum beginnt** ebenso wie der Abwicklungszeitraum mit dem Tag der Auflösung. Fällt dieser in ein Wirtschaftsjahr, so ist ein Zwischenabschluss für ein am Tag der Auflösung endendes **Rumpfwirtschaftsjahr** aufzustellen.[223] Da handelsrechtlich ein solcher Zwischenabschluss geboten ist, entsteht steuerlich nach dem Maßgeblichkeitsgrundsatz zwingend ebenfalls ein Rumpfwirtschaftsjahr, was für die Besteuerung des Gewinns vor Auflösung zugrunde zu legen ist.[224] Nach Ansicht der Finanzverwaltung kann der Steuerpflichtige ein solches Rumpfwirtschaftsjahr bilden; er muss es aber nicht.[225] Der Steuerpflichtige hat hiernach praktisch ein Wahlrecht, ob er den Besteuerungszeitraum über den Abwicklungszeitraum hinaus erweitert und das Ergebnis dieses Rumpfwirtschaftsjahres mit einbezieht und die Steuerfestsetzung hinausschiebt oder nicht. Dabei handelt es sich um eine sachliche Billigkeitsregelung und damit um eine Selbstbindung der Finanzverwaltung.[226] Bildet die Kapitalgesellschaft kein Rumpfwirtschaftsjahr, kann die Einbeziehung des Zeitraums vom Schluss des vorangegangenen Wirtschaftsjahres bis zum Auflösungszeitpunkt in den Abwicklungszeitraum zu Liquiditätsvorteilen führen, weil durch die spätere Besteuerung des Gewinns dieses vorgeschalteten Zeitraums eine Steuerpause eintreten kann. Handelsrechtlich ist eine Liquidationseröffnungsbilanz aufzustellen, die allerdings keine Gewinnermittlungsbilanz ist. Der Besteuerungszeitraum soll drei (Zeit-)Jahre nicht übersteigen, § 11 Abs. 1 S. 2 KStG,[227] und ist zugleich maßgebender Veranlagungszeitraum für den Verlustabzug. Er kann aber überschritten werden. Die Entscheidung hierüber ist in das pflichtgemäße Ermessen der Finanzverwaltung gestellt. Maßgebend sind die Umstände des Einzelfalls. Ist nur mit einer geringfügigen Überschreitung des Dreijahreszeitraums zu rechnen, wird eine Verlängerung in der Regel in Betracht kommen. Dauert die Abwicklung länger als drei Zeitjahre und besteht kein Grund, den Liquidationsbesteuerungszeitraum zu verlängern, ist wieder

---

[221] Frotscher/*Drüen* KStG § 8d Rn. 135.
[222] Vgl. Frotscher/*Drüen* KStG § 11 Rn. 22 ff.
[223] BFH BStBl. II 1974, 692.
[224] Ebenso Frotscher/*Drüen* KStG § 11 Rn 27.
[225] R 11 Abs. 1 S. 3 KStR 2015.
[226] *Jünger* BB 2001, 69.
[227] RFH RStBl. 1937, 967.

zur jährlichen Besteuerung überzugehen.[228] Die Entscheidung der Finanzverwaltung über die Dauer dieses „Zwischenveranlagungszeitraums" ist ein selbständiger Verwaltungsakt, der ggf. auch selbständig anzugreifen ist.[229] Ändern sich während des (mehrjährigen) Besteuerungszeitraums die Besteuerungsgrundsätze, ist der im gesamten Besteuerungszeitraum erzielte Gewinn nach den Grundsätzen zu besteuern, die im letzten Kalenderjahr des Besteuerungszeitraums gelten.[230] Insoweit kommt dem Zwischenveranlagungszeitraum ggf. steuererhöhende oder steuersenkende Wirkung zu. Die Abwicklung ist abgeschlossen und die körperschaftsteuerliche Existenz der Kapitalgesellschaft in dem Zeitpunkt beendet, in dem nur noch die Schlusssteuer offen ist.[231] Nach Ansicht des FG Düsseldorf sind die im Zuge einer mehrjährigen Liquidation vorgenommenen Zwischenveranlagungen zur Körperschaftsteuer am Ende des Abwicklungszeitraums nach § 173 Abs. 1 S. 1 Nr. 2 AO durch eine einheitliche Veranlagung für den dann bekannten gesamten Abwicklungszeitraum zu ersetzen.[232] Im Rahmen dieser endgültigen Abwicklungsbesteuerung ist die Verlustabzugsbeschränkung des § 10d Abs. 2 S. 1 EStG (Mindestbesteuerung) nicht anzuwenden.[233]

72 **cc) Abwicklungsgewinn.** Der Besteuerung ist der Abwicklungsgewinn zugrunde zu legen. Er wird durch Betriebsvermögensvergleich ermittelt, und zwar durch Gegenüberstellung des Abwicklungs-Endvermögens mit dem Abwicklungs-Anfangsvermögen, § 11 Abs. 2 KStG. Hierbei handelt es sich um einen Bestandsvergleich eigener Art, der losgelöst von den handelsrechtlichen Jahresabschlüssen auf eine möglichst vollständige Erfassung der stillen Reserven zielt.[234] Auf den so ermittelten Vermögenszuwachs bzw. -rückgang sind gemäß § 11 Abs. 6 KStG die sonst geltenden Vorschriften anzuwenden. Es ergibt sich somit folgendes Berechnungsschema:

    Abwicklungs-Endvermögen
./. Abwicklungs-Anfangsvermögen
+/– Gewinnkorrekturen

    Abwicklungsgewinn

Auch hier ist der Begriff Abwicklungsgewinn nicht notwendigerweise mit dem Gewinn als Synonym für einen positiven Saldo gleichzusetzen. Auch ein **Verlust,** dh, wenn die Summe aus dem Abwicklungs-Anfangsvermögen, den nichtabziehbaren Ausgaben und den sonstigen Hinzurechnungen größer ist als das Abwicklungs-Endvermögen, ist in der Terminologie des Gesetzes ein – wenngleich negativer – Abwicklungsgewinn. Erstreckt sich der Abwicklungszeitraum über mehr als drei Jahre (→ Rn. 71), kann es zu Zwischenveranlagungen kommen. Unabhängig von der Frage, ob diese Zwischenveranlagungen endgültig sind oder ob noch eine übergreifende, alle Zwischenveranlagungen einbeziehende Schlussveranlagung erforderlich ist,[235] wird für jede Zwischenveranlagung der Gewinn in sinngemäßer Anwendung des § 11 KStG ermittelt. Das (vorläufige) Abwicklungsendvermögen des vorangegangenen Zwischenveranlagungszeitraums wird im nachfolgenden Zwischenveranlagungszeitraum zum Abwicklungsanfangsvermögen.

73 Gemäß § 11 Abs. 3 KStG handelt es sich bei dem **Abwicklungs-Endvermögen** um das zur Verteilung kommende Vermögen, vermindert um die steuerfreien Vermögensmeh-

---

[228] R 11 Abs. 1 S. 7 KStR; Frotscher/*Drüen* KStG § 11 Rn. 38a; aA *Kläschen/Zenthöfer:* § 11 KStG: weitere Drei-Jahres-Zeiträume; der nachfolgende Zwischenveranlagungszeitraum kann aber anstatt eines Jahres auch länger dauern maximal aber wiederum nur drei Jahre, FG Brandenburg EFG 2002, 432.
[229] BFH/NV 2014, 1593 mwN.
[230] RFH RStBl. 1939, 598; BFH BStBl. II 2008, 319.
[231] RFH RStBl. 1940, 715.
[232] FG Düsseldorf DStR 2019, 6, Rev. BFH I R 36/18.
[233] FG Düsseldorf DStR 2019, 6, Rev. BFH I R 36/18; vgl. auch OFD Frankfurt a.M. DStR 2019, 387.
[234] BFH BStBl. III 1966, 152.
[235] Gosch/*Stabold* KStG § 11 Rn. 51 mwN.

rungen (zB die Steuerbefreiungen nach § 8b, § 8 Abs. 1 KStG iVm § 3 EStG und nach DBA steuerfreie ausländische Einkünfte), die dem Steuerpflichtigen im Abwicklungszeitraum zugeflossen sind.

Abwicklungs-Endvermögen
./. steuerfrei Vermögensmehrungen
----
anzusetzendes Abwicklungs-Endvermögen

Etwaige im Abwicklungszeitraum angefallene laufende Erträge, wie zB Zinserträge, schlagen sich im Abwicklungsendvermögen nieder. Soweit es sich bei dem zur Verteilung kommenden Vermögen um Bar- oder Buchgeld handelt, ist der Nennwert anzusetzen. Kommen **Sachwerte** zur Verteilung, sind diese nach den Vorschriften des Bewertungsgesetzes zu beurteilen.[236] Anzusetzen ist daher grundsätzlich der **gemeine Wert** nach § 9 BewG; § 6 EStG gilt nicht. Auch ein Wertansatz zum Teilwert nach § 10 BewG scheidet aus, da die GmbH nicht fortgeführt wird. Dies gilt auch für immaterielle Wirtschaftsgüter, und zwar unabhängig davon, ob sie entgeltlich erworben oder originär geschaffen wurden. Gehen sie im Zuge der Liquidation unter (so in der Regel der Firmenwert), fehlt ihnen ein gemeiner Wert; sie sind daher, auch wenn sie entgeltlich erworben wurden, mit EUR 0,– zu bewerten.[237] Wurden Wirtschaftsgüter zu einem unter dem gemeinen Wert liegenden Preis an Anteilseigner veräußert, so sind diese Wirtschaftsgüter nicht mit dem niedrigeren Wert, sondern vielmehr mit dem gemeinen Wert anzusetzen.[238] Dies gilt auch für den Fall, dass der Abwicklungszeitraum drei Jahre übersteigt und das Finanzamt wieder zur jährlichen Besteuerung übergeht. Für die Liquidationszwischenbilanzen und die Liquidationsendbilanz gelten somit die gleichen Bewertungsgrundsätze.[239] Maßgebend ist der Wert im **Zeitpunkt** der Sachauskehrung bzw. Veräußerung an den Gesellschafter,[240] der allerdings nach dem Beginn der Auflösung liegen muss, da das betreffende Wirtschaftsgut ansonsten bereits zum Abwicklungs-Anfangsvermögen gehört. Alle **bis zur Bestandskraft** des Bescheides bekannt werdenden Umstände, die den objektiven Wert erhellen, sind zu berücksichtigen.[241] **Eigene Anteile** sind wegen ihrer nunmehr entfallenen Veräußerbarkeit nicht in das Abwicklungs-Endvermögen mit einzubeziehen und bei der Bewertung auszuscheiden.[242] Sie dürfen den Abwicklungsgewinn nicht mindern. Da die eigenen Anteile mittlerweile handelsbilanziell nicht mehr aktiviert, sondern vom Eigenkapital abgesetzt werden (§ 272 Abs. 1a, 1b HGB), sind sie bereits im Abwicklungs-Anfangsvermögen nicht mehr enthalten. Dies gilt auch für die Steuerbilanz,[243] so dass sie sich auf den Abwicklungsgewinn nicht auswirken und die früher erforderliche Gewinnkorrektur unterbleibt. Gesellschafterdarlehen sind, solange kein Forderungsverzicht erklärt wurde, im Rahmen des Abwicklungsendvermögens mit dem Nennwert zu berücksichtigen.[244]

Das derart ermittelte zur Verteilung kommende Vermögen ist um die während der Liquidation zugeflossenen **steuerfreien Vermögensmehrungen** zu vermindern, § 11 Abs. 3 KStG. Auf diese Weise unterliegen diese nicht der Körperschaftsteuer. Erfasst werden sämtliche Zugänge, die nach den allgemeinen Gewinnermittlungsvorschriften steuerfrei bleiben.[245] Neben den sachlich steuerbefreiten Einnahmen (→ zB §§ 3, 3a EStG, § 8b KStG) gehören auch Einlagen und Nachschüsse während des Liquidationszeitraums dazu.

74

---

[236] BFH BStBl. III 1966, 152.
[237] Gosch/*Stabold* KStG § 11 Rn. 70 mwN.
[238] RFH RStBl. 1939, 598; BFH BStBl. III 1966, 152.
[239] BFH BStBl. III 1966, 152; Frotscher/*Drüen* KStG § 11 Rn. 35.
[240] RFH RStBl. 1939, 598; BFH BStBl. III 1966, 152; Gosch/*Stabold* KStG § 11 Rn. 67.
[241] BFH BStBl. III 1966, 152.
[242] RFH RStBl. 1930, 760.
[243] BMF BStBl. I 2013, 1615 Rn. 8; Dötsch/Pung/Möhlenbrock/*Graffe* KStG § 11 Rn. 44.
[244] Dietrich/Weber DStR 2019, 966; OFD Frankfurt a.M. DStR 2019, 560.
[245] RFH RStBl. 1929, 280.

Verzichtet ein Gesellschafter während dieser Zeit aus gesellschaftlichen Gründen auf eine ihm gegen die Körperschaft zustehende Forderung, führt dies zwar zu einer Einlage, aber nur in Höhe des werthaltigen Teils dieser Forderung. Nur insoweit zählt der Forderungsverzicht zur steuerfreien Vermögensmehrung. Der nichtwerthaltige Teil der Forderung ist gewinnerhöhend aufzulösen.[246] Ob Vermögensmehrungen aufgrund Schenkung und Erbschaft[247] zu den steuerfreien Vermögensmehrungen zählen, ist zweifelhaft. Nach der Rechtsprechung verfügt eine Kapitalgesellschaft ertragsteuerrechtlich über keine außerbetriebliche Sphäre, so dass der Bereich ihrer gewerblichen Gewinnerzielung sämtliche Einkünfte umfasst, gleichviel in welcher Form und Art sie ihr zufließen.[248] Auch die steuerfreien Vermögensmehrungen müssen nach dem Beginn der Abwicklung erfolgen.

75 Dem Abwicklungs-Endvermögen ist das **Abwicklungs-Anfangsvermögen** gegenüberzustellen. Hierbei handelt es sich um das Betriebsvermögen, das am Schluss des der Auflösung vorangegangenen Wirtschaftsjahres der Veranlagung zur Körperschaftsteuer zugrunde gelegt worden ist.

Abwicklungs-Anfangsvermögen
./. Gewinnausschüttungen für Wirtschafsjahre vor Auflösung
anzusetzendes Abwicklungs-Anfangsvermögen

Als letzte Schlussbilanz kommt nach der hier vertretenen Ansicht (→ Rn. 71) nur die Bilanz des (Rumpf-)Wirtschaftsjahres in Betracht, dass vom Schluss des letzten vollen Wirtschaftsjahres bis zur Auflösung lief. Nach Ansicht der Finanzverwaltung kann aber auch die Bilanz des letzten vollen, der Auflösung vorangehenden Wirtschaftsjahres als Schlussbilanz zugrunde gelegt werden (→ Rn. 71). In beiden Fällen ergibt sich das Vermögen aus dem Buchführungswerk und ist nach den Vorschriften der §§ 6ff. EStG, also mit den steuerlichen Buchwerten zu bewerten.[249] Bilanzierungsfehler, die der letzten Veranlagung zugrunde lagen, dürfen im Abwicklungs-Anfangsvermögen nicht korrigiert werden; sie werden im Rahmen der Liquidationsbesteuerung erfasst.[250] Ist eine positive Körperschaftsteuerfestsetzung für das der Auflösung vorangegangene (Rumpf-)Wirtschaftsjahr (zB wegen Vorliegen eines Verlustes) unterblieben, ist das Betriebsvermögen anzusetzen, das bei einer Veranlagung ermittelt worden wäre, § 11 Abs. 4 S. 2 KStG. Das so aufgrund der letzten Schlussbilanz vor Auflösung ermittelte Betriebsvermögen ist nun noch um den **Gewinn eines vorangegangenen Wirtschaftsjahres** zu mindern, der im Liquidationszeitraum ausgeschüttet worden ist, § 11 Abs. 4 S. 3 KStG. Offene wie verdeckte Gewinnausschüttungen für Zeiträume nach Auflösung der Gesellschaft können nicht mehr vorgenommen werden. Werden derartige Zuwendungen dennoch getätigt, so handelt es sich nicht um Gewinnausschüttungen, sondern um Liquidationsraten. Im Abwicklungszeitraum können noch ordnungsgemäße Gewinnverteilungsbeschlüsse für vor der Auflösung abgelaufene Wirtschaftsjahre gefasst werden.[251] Dies gilt auch für Gewinnausschüttungen für ein Rumpfwirtschaftsjahr, das wegen der Liquidation der Kapitalgesellschaft bis zum Auflösungstag gebildet worden ist. Diese Möglichkeit, noch ordnungsgemäß Gewinn ausschütten zu können, hat erhöhte Bedeutung für den Übergang vom körperschaftsteuerlichen Anrechnungs- zum Halbeinkünfteverfahren.[252]

76 War am Schluss des vorangegangenen Veranlagungszeitraums **kein Betriebsvermögen vorhanden,** was der Fall ist, wenn eine Gesellschaft noch vor Ablauf des ersten Wirtschaftsjahres wieder aufgelöst wird, gilt als Abwicklungs-Anfangsvermögen die Summe

---

[246] BFH BStBl. II 2002, 436.
[247] So Blümich/*Pfirrmann* KStG § 11 Rn. 54.
[248] BFH BStBl. II 2017, 324; Dötsch/Pung/Möhlenbrock/*Graffe* KStG § 11 Tz. 46.
[249] RFH RStBl. 1929, 280.
[250] Frotscher/*Drüen* KStG § 11 Rn. 60.
[251] BFH/NV 1999, 829.
[252] Vgl. hierzu *Jünger* BB 2001, 69.

der später geleisteten Einlagen (zB Grund-, Stammkapital, verdeckte Einlagen, Überparizahlungen etc.), § 11 Abs. 5 KStG. Sie sind mit dem gemeinen Wert zu bewerten. Da im Abwicklungszeitraum getätigte offene wie verdeckte Einlagen das Abwicklungs-Endvermögen mindern (→ Rn. 73), geht § 11 Abs. 5 KStG vor, mit der Folge, dass in diesem Fall keine Verminderung stattfindet.[253] Denn ansonsten käme es zur doppelten Berücksichtigung der Einlagen.

Schließlich sind gemäß § 11 Abs. 6 KStG noch die „sonst geltenden Vorschriften" anzuwenden, soweit sich diese nicht bereits bei der Durchführung des Bestandsvergleichs ausgewirkt haben. An erster Stelle sind hier die nichtabziehbaren Aufwendungen zu nennen, die dem Ergebnis des Bestandsvergleichs hinzuzurechnen sind. Gleiches gilt für den Wert eigener Anteile, die beim Abwicklungs-Endvermögen nicht erfasst wurden (Rn. 73).[254]

	anzusetzendes Abwicklungs-Endvermögen
./.	anzusetzendes Abwicklungs-Anfangsvermögen
	vorläufiger Abwicklungsgewinn
./.	abziehbare Aufwendungen gem. § 9 Abs. 1 Nr. 1 KStG
+	geleistete Spenden
./.	abziehbare Spenden gem. § 9 Abs. 1 Nr. 2 KStG
+	nicht abziehbare Betriebsausgaben
+	Buchwert eigener Anteile, soweit im Abwicklung-Anfangsvermögen enthalten
./.	Verlustabzug nach § 10d EStG iVm §§ 8 Abs. 1, 8c KStG
	Abwicklungsgewinn

dd) Besteuerung. Der Körperschaftsteuer unterliegt der um die nach § 10d EStG abziehbaren Verluste geminderte Abwicklungsgewinn. Auf diesen Betrag ist der Körperschaftsteuertarif anzuwenden. Dieser beträgt für unbeschränkt steuerpflichtige Kapitalgesellschaften 15 vH, § 23 Abs. 1 KStG. Etwaige durch den verlängerten Besteuerungszeitraum ausgelöste Besteuerungsnachteile sind vom Steuerpflichtigen hinzunehmen.[255] Auch im mehrjährigen Besteuerungszeitraum der Abwicklung ist daher zum Beispiel ein sogenannter Sockelbetrag der Mindestbesteuerung von EUR 1 Mio. nach § 10d Abs. 2 S. 1 EStG nur einmal und nicht mehrfach für jedes Kalenderjahr des verlängerten Besteuerungszeitraums anzusetzen.[256] Falls sich der Körperschaftsteuertarif während des Abwicklungsbesteuerungszeitraums ändert, ist der Tarif maßgebend, der in dem letzten Kalenderjahr des Abwicklungsbesteuerungszeitraums galt.[257] Hat also zB die Abwicklung am 1.3. 2007 begonnen und endet sie am 15.2.2008, so unterliegt der gesamte Abwicklungsgewinn dem für den Veranlagungszeitraum 2008 geltenden Körperschaftsteuertarif in Höhe von 15 vH und nicht dem davor geltenden Tarif von 25 vH. Kommt es innerhalb des Abwicklungszeitraums zu einer Körperschaftsteuertarifsenkung, liegen die Vorteile grundsätzlich nur im Bereich der nichtabziehbaren Aufwendungen, die durch die Steuersatzänderung eine echte Entlastung erfahren. Der ansonsten noch erlangte Liquiditätsvorteil spielt bei der aufgelösten und liquidierten Gesellschaft keine Rolle mehr.

Kommt es bei einer länger andauernden Liquidation zu einer oder mehreren Zwischenveranlagungen gilt für den – jeweiligen – Zwischenveranlagungszeitraum das Steuerrecht zum Ende dieses Zeitpunkts. In den darauffolgenden Zwischenveranlagungszeiträumen gilt jeweils wiederum das Gleiche, bis schließlich im Beendigungszeitpunkt das

---

[253] Gosch/*Stalbold* KStG § 11 Rn. 77; *Schnitger/Fehrenbacher/Moritz* KStG § 11 Rn. 170.
[254] RFH RStBl. 1939, 923.
[255] BFH BStBl. II 2013, 508 mwN; Blümich/*Pfirrmann* KStG § 11 Rn. 80; Frotscher/*Drüen* KStG § 11 Rn. 43.
[256] BFH BStBl. II 2013, 508; Frotscher/*Drüen* KStG § 11 Rn. 44c.
[257] RFH RStBl. 1939, 598; BFH BStBl. II 2008, 319.

Steuerrecht anzuwenden ist, was im Zeitpunkt am Ende des Schlussveranlagungszeitraums gilt. Die Zwischenveranlagung bewirkt, dass der Abwicklungszeitraum in mehrere selbständige Gewinnermittlungs- und Veranlagungszeiträume aufgespalten wird, mit der Folge, dass nicht nur die zum vorherigen Zwischenveranlagungszeitraum veränderte Rechtslage anzuwenden ist, sondern auch ein Freibetrag jeweils abzuziehen ist.[258] Jede Zwischenveranlagung ist eine endgültige Veranlagung und muss nicht durch eine alle Zwischenveranlagungen übergreifende Schlussveranlagung ersetzt werden.[259] Für den neuen (Zwischen-) Veranlagungszeitraum gilt dann auch wieder der Sockelbetrag der Mindestbesteuerung von EUR 1 Mio. nach § 10d Abs. 2 S. 1 EStG neu.

78 Aus dem Anrechnungsverfahren übrig geblieben ist die Einführung eines **steuerlichen Einlagekontos,** in dem das frühere EK04 fortgeführt wird, § 27 KStG. Dort sind die nicht in das Nennkapital geleisteten Einlagen auszuweisen und dessen Bestand jeweils gesondert festzustellen. Die Rückgewähr dieser Einlagen führt nach § 20 Abs. 1 Nr. 1 S. 3 EStG zu einer nichtsteuerbaren Vermögensmehrung, nicht zu steuerfreien Einnahmen.[260] Die Anschaffungskosten des Anteilseigners für seine Beteiligung sind um die Ausschüttungen zu mindern.[261] Anders ist dies bei im Privatvermögen gehaltenen relevanten Beteiligungen iSd § 17 EStG. Hier stellt die Einlagenrückgewähr nach § 17 Abs. 4 EStG einen Veräußerungserlös dar, auf den das Teileinkünfteverfahren anzuwenden ist. Werden derartige Beteiligungen im Betriebsvermögen gehalten, entsteht nach Abzug des Buchwerts der Beteiligung und aus einer diesen übersteigenden Einlagenrückgewähr ein bei Privatpersonen dem Teileinkünfteverfahren unterliegender Gewinn. Gehört die Beteiligung zum Betriebsvermögen einer Kapitalgesellschaft unterliegt dieser Gewinn der laufenden Besteuerung; § 8b Abs. 1 S. 1 KStG ist nicht anwendbar.[262]

Nach § 28 Abs. 1 KStG sind die Teile des Nennkapitals getrennt auszuweisen und gesondert festzustellen, die nicht durch Umwandlung von Einlagen, sondern von sonstigen Rücklagen zugeführt worden sind (Sonderausweis). Die Rückzahlung dieses gesondert ausgewiesenen Teils des Nennkapitals gilt nach § 28 Abs. 2 S. 2 KStG als Gewinnausschüttung, die beim Anteilseigner zu Bezügen im Sinne des § 20 Abs. 1 Nr. 2 EStG führt (→ Rn. 80). Soweit Liquidationsauskehrungen an die Anteilseigner vorgenommen werden, die zu den Einkünften aus Kapitalvermögen gehören (→ Rn. 80), hat die Kapitalgesellschaft gemäß § 43 Abs. 1 Nr. 1 iVm § 43a Abs. 1 Nr. 1 EStG **Kapitalertragsteuer** einzubehalten und an das Finanzamt abzuführen.

79 **b) Besteuerung auf der Ebene des Gesellschafters.** Die Auskehrung von Liquidationserlösen ist aus steuerlicher Sicht differenziert zu betrachten. Zum einen ist zu unterscheiden, ob es sich um im **Betriebs-** oder um im **Privatvermögen** gehaltene Anteile handelt. Zum anderen ist die Auskehrung an die Anteilseigner danach aufzuteilen, ob es sich um eine Auskehrung **thesaurierter Gewinne,** dh Einnahmen aus Kapitalvermögen, oder um **Kapitalrückzahlungen** im engeren Sinne handelt.

80 **aa) Liquidationsauskehrungen von im Privatvermögen gehaltenen relevanten Beteiligungen.** Gemäß § 17 Abs. 4 S. 3 EStG sind die Auskehrungen thesaurierter Gewinne und aufgelöster stiller Reserven nach § 20 Abs. 1 Nr. 1 u. Nr. 2 EStG laufende **Einkünfte aus Kapitalvermögen** und unterliegen somit nicht der Begünstigung nach § 17 Abs. 3 EStG. Für diesen Teil der Liquidationsauskehrungen gilt grundsätzlich die

---

[258] Blümich/*Pfirrmann* KStG § 11 Rn. 81; FG Köln EFG 2013, 78; offen gelassen von BFH/NV 2014, 1593.
[259] Ebenso Blümich/*Pfirrmann* § 11 KStG Rn. 81; Gosch/*Stalbold* § 11 KStG Rn. 51 ff.; aA Schnitger/Fehrenbacher/*Moritz* KStG § 11 Rn. 102; *Bergmann* GmbHR 2012, 943 mwN.
[260] BFH BStBl. II 2014, 937; 2011, 898; 999, 647; 1991, 177; BMF BStBl. I 2016, 85 Rn. 63.
[261] BFH BStBl. II 1991, 177; zu den den Buchwert der Beteiligung übersteigenden Ausschüttungen vgl. BFH BStBl. II 1999, 647 (698).
[262] BFH BStBl. II 2011, 898; Blümich/*Oellerich* KStG § 27 Rn. 10.

25%ige Abgeltungsteuer, § 32d Abs. 1 EStG. Handelt es sich um eine **unternehmerische Beteiligung** kann der steuerpflichtige Anteilseigner die Besteuerung nach dem Teileinkünfteverfahren beantragen. Dies ist der Fall, wenn er zu mindestens 25% an der Kapitalgesellschaft beteiligt ist oder, wenn er mit weniger als 25% aber zu mindestens 1% beteiligt ist und zugleich für die Kapitalgesellschaft beruflich tätig ist, § 32d Abs. 2 Nr. 3 EStG. Stellt er den Antrag bleiben 40% der Einkünfte steuerfrei und die anderen 60% unterliegen der tariflichen Einkommensteuer, § 3 Nr. 40d bzw. e, § 3c Abs. 2 EStG.

Kapitalrückzahlungen fallen dagegen unter § 17 EStG. Sie fließen in die Berechnung eines etwaigen Liquidationsgewinns mit ein. Auch hier soll der Begriff Liquidationsgewinn wieder als Summe verstanden werden, die sowohl positiv wie auch negativ sein kann. Gemäß § 17 Abs. 4 S. 1 EStG sind die Abs. 1 bis 3 dieser Vorschrift entsprechend anzuwenden. Der Liquidationsgewinn ist nach § 17 Abs. 2 EStG iVm §§ 4 Abs. 2, 5 EStG und den Grundsätzen ordnungsmäßiger Buchführung zu ermitteln (→ § 25 Rn. 166 ff.) und sodann zu 60% anzusetzen (§ 3 Nr. 40c S. 2, § 3c Abs. 2 EStG, Teileinkünfteverfahren). 81

Ausgangspunkt für die Berechnung des **Liquidationsgewinns** ist der Veräußerungspreis, als welcher der **gemeine Wert** des dem Steuerpflichtigen zugeteilten Vermögens der Kapitalgesellschaft gilt, § 17 Abs. 4 S. 2 EStG. Dieses kann aus Geld oder sonstigen Wirtschaftsgütern bestehen. Auch selbstgeschaffene immaterielle Wirtschaftsgüter können mit zu erfassen sein.[263] Gleiches gilt für den Befreiung von einer Verbindlichkeit.[264] Die Bewertung richtet sich grundsätzlich nach § 9 BewG (→ § 25 Rn. 168). Dies bedeutet zB für die Befreiung von der Verbindlichkeit, dass diese nur in Höhe des werthaltigen Teils anzusetzen ist. Ist der Gesellschafter, der von der Verbindlichkeit gegenüber der Liquidationsgesellschaft befreit wird, vermögenslos und die Forderung der Gesellschaft damit wertlos, erfolgt der Ansatz im Rahmen der Liquidationsgewinnermittlung mit 0,00 EUR. 82

Vom gemeinen Wert des zugeteilten Vermögens abzuziehen sind die vom Anteilseigner persönlich getragenen **Auflösungskosten**,[265] die **Anschaffungskosten** (→ § 25 Rn. 170 f.) einschließlich der **nachträglichen** Anschaffungskosten der Anteile (→ § 25 Rn. 172) und der Betrag, der beim Gesellschafter gemäß § 20 Abs. 1 Nr. 1 oder 2 EStG zu den **Einkünften aus Kapitalvermögen** gehört. Soweit für Ausschüttungen Beträge aus dem steuerlichen Einlagekonto im Sinne von § 27 KStG als verwendet gelten, mindern sie die Anschaffungskosten (→ Rn. 78). Ob durch die Liquidation ein Gewinn oder Verlust im Sinne des § 17 EStG entsteht, hängt also im Wesentlichen davon ab, ob die Anschaffungskosten für die Anteile höher oder niedriger als ihr Nennwert sind. 83

Der Liquidationsgewinn entsteht, sobald nach handelsrechtlichen Grundsätzen ordnungsmäßiger Buchführung ein Gewinn realisiert wäre.[266] Hierbei handelt es sich um den **Zeitpunkt,** zu dem gesellschaftsrechtlich der Anspruch auf Auszahlung eines Abwicklungsguthabens entsteht.[267] Auch die Liquidationsraten sind in diesem Zeitpunkt zu erfassen, nicht bereits im Jahr des Zuflusses.[268] Der Liquidationsgewinn ist also insgesamt steuerlich in dem Veranlagungszeitraum zu erfassen, in dem er entstanden ist. 84

Soweit ein **Liquidationsverlust** nach § 17 Abs. 2 EStG zu berücksichtigen ist (→ § 25 Rn. 192 ff.), ist er in dem Jahr zu erfassen, in dem mit einer wesentlichen Änderung des bereits feststehenden Verlustes nicht mehr zu rechnen ist,[269] dh sobald und soweit fest- 85

---

[263] BFH BStBl. II 1989, 794.
[264] BFH/NV 2015, 1679.
[265] BFH/NV 1994, 459; auch → § 25 Rn. 169.
[266] BFH BStBl. II 1985, 428; BFH/NV 1994, 459.
[267] Schmidt/*Weber-Grellet* EStG § 17 Rn. 223; ähnlich BFH BStBl. II 1993, 340; *Neu* GmbHR 2000, 57 (61); aA *Paus* FR 1995, 49, der auf den Zeitpunkt der Auflösung der Gesellschaft abstellt.
[268] Schmidt/*Weber-Grellet* EStG § 17 Rn. 223.
[269] BFH BStBl. II 1985, 428; 2002, 731; BFH/NV 2003, 1305.

steht, dass kein Vermögen an die Gesellschafter verteilt wird[270] und keine weiteren wesentlichen Anschaffungskosten oder Auflösungskosten anfallen werden.[271]

86 Nicht zu den Kapitalrückzahlungen, sondern zu den dem Teileinkünfteverfahren unterliegenden Einkünften aus Kapitalvermögen gehören
– Liquidationszahlungen, die nicht in der Rückzahlung von Nennkapital bestehen, § 20 Abs. 1 Nr. 2 S. 1 HS. 2 iVm § 20 Abs. 1 Nr. 1 S. 3 EStG;
– Bezüge aufgrund einer Kapitalherabsetzung, § 20 Abs. 1 Nr. 2 S. 2 EStG;
– Nennkapital, soweit es auf der Umwandlung von Rückzahlungen beruht, die aus dem Gewinn gebildet worden waren, § 20 Abs. 1 Nr. 2 S. 2 EStG, sowie
– Bezüge, die nach der Auflösung von unbeschränkt steuerpflichtigen Kapitalgesellschaften anfallen und als Gewinnausschüttungen im Sinne des § 28 Abs. 2 S. 2 KStG gelten (→ Rn. 78).

Die Einkünfte sind nur zu 60 % anzusetzen, § 3 Nr. 40d bzw. e EStG, und unterliegen nach Abzug von 60 % der Werbungskosten, § 3c Abs. 2 EStG, bzw. dem Werbungskosten-Pauschbetrag (§ 9a S. 1 Nr. 2 EStG) und des Sparer-Freibetrags (§ 20 Abs. 4 EStG) dem persönlichen Einkommensteuersatz des jeweiligen Anteilseigners.

87 **bb) Liquidationsauskehrungen von im Privatvermögen gehaltenen nicht relevanten Beteiligungen.** Die Auskehrungen thesaurierter Gewinne und aufgelöster stiller Reserven sind nach § 20 Abs. 1 Nr. 1 u. 2 EStG laufende **Einkünfte aus Kapitalvermögen.** Sie sind nach den allgemeinen Grundsätzen steuerpflichtig und unterliegen der 25 %igen Abgeltungsteuer, § 32d Abs. 1 EStG (→ Rn. 80). Da es sich um nicht relevante und damit um Beteiligungen < 1 % handelt, kann es sich nicht um unternehmerische Beteiligungen iSd § 32d Abs. 2 Nr. 3 handeln. Eine Besteuerung nach dem Teileinkünfteverfahren kann daher nicht beantragt werden.

88 Die **Kapitalrückzahlungen** sind dem privaten Vermögensbereich zuzuordnen und bleiben steuerfrei, da § 20 Abs. 2 EStG die Auflösung der Veräußerung nicht als Veräußerung erfasst.[272] Ein möglicherweise in Betracht kommender Liquidationsverlust kann daher steuerlich nicht abgezogen werden. Das kann dazu führen, dass der Anteilseigner Steuern aus den Kapitalerträgen im Sinne des § 20 Abs. 1 Nr. 2 EStG bezahlen muss, obwohl wirtschaftlich gesehen ein Verlust vorliegt, der aber steuerlich nicht berücksichtigungsfähig ist.[273] Die **Anteilsrotation** (die Gesellschafter A und B verkaufen sich wechselseitig ihre Beteiligung) zum Heben von Verlusten ist grundsätzlich zulässig.[274]

89 **cc) Liquidationsauskehrungen von im Betriebsvermögen gehaltenen Beteiligungen einer natürlichen Person.** Auskehrungen **thesaurierter Gewinne** sind nach § 15 EStG iVm § 20 Abs. 8 EStG laufende gewerbliche Einkünfte, sofern die Anteile an der Kapitalgesellschaft von einer natürlichen Person im Betriebsvermögen gehalten werden oder zum Gewerbebetrieb einer Personengesellschaft gehören. Sie unterliegen dem Teileinkünfteverfahren und in Höhe von 60 % einkommensteuerpflichtig (§ 3 Nr. 40d bzw. e, § 3c Abs. 2 EStG).

Hinsichtlich der **Kapitalrückzahlung** ist zu unterscheiden: Wird eine inländische Kapitalgesellschaft liquidiert, deren Anteile zu **100 %** zu einem Betriebsvermögen gehören, so handelt es sich um eine Teilbetriebsaufgabe (→ Rn. 33). Der Liquidationsgewinn unterliegt dem Teileinkünfteverfahren und ist mit 60 % anzusetzen (§ 3 Nr. 40c S. 2, § 3c Abs. 2 EStG) und bei Vorliegen der persönlichen Voraussetzungen nach § 16 Abs. 4 EStG

---

[270] BFH/NV 1994, 459.
[271] BFH BStBl. II 1999, 344.
[272] Dötsch/Pung/Möhlenbrock/*Dötsch* KStG, EStG § 20 Rn. 198;
[273] Krit. *Meyer-Arndt* DB 1981, 15; zu möglichen Gestaltungen vgl. *Sommer* StKongRep 1994, 137 (164).
[274] BFH BStBl. II 2011, 427; BFH/NV 2001, 1636; aA Frotscher/Geurts/*Frotscher* EStG § 17 Rn. 289 für den Fall, dass gleichhoch beteiligte Gesellschafter ihre Anteile untereinander übertragen, sodass die bisherige Gesellschafterstellung unverändert bleibt.

begünstigt. Beträgt die Beteiligung **weniger als 100%**, greift die Teilbetriebsfiktion nicht. Der Gesellschafter muss den Liquidationsgewinn im Sinne des § 17 Abs. 4 EStG als laufende Einkünfte aus Gewerbebetrieb versteuern, wobei auch hier 40% steuerfrei bleiben (§ 3 Nr. 40c S. 2, § 3c Abs. 2 EStG, Teileinkünfteverfahren). Entsprechendes gilt für den Liquidationsverlust. In Höhe von 60% des Verlustes werden die übrigen einkommensteuerpflichtigen Einkünfte des Anteilseigners gemindert.

dd) Liquidationsauskehrungen von im Betriebsvermögen gehaltenen Beteiligungen einer juristischen Person. Kapitalgesellschaften erzielen ausschließlich Einkünfte aus Gewerbebetrieb, § 8 Abs. 2 KStG. Dies gilt gleichermaßen für Kapitalerträge wie für den Liquidationsgewinn, mit Ausnahme der Rückzahlung des Nennkapitals und Auskehrungen aus dem steuerlichen Einlagekonto.[275] In ertragsteuerlicher Hinsicht kommt es auf die Beteiligungshöhe der die Beteiligung haltenden juristischen Person an. Ist diese < 10%, sind die erhaltenen Kapitalerträge auf der Ebene der Obergesellschaft in vollem Umfang steuerpflichtig und unterliegen dem normalen Körperschaftsteuersatz von 15%, § 8b Abs. 4 KStG. Bei einer Beteiligungshöhe von ≥ 10% bleiben die Kapitalerträge bei der Einkommensermittlung der Obergesellschaft außer Ansatz, § 8b Abs. 1 KStG. Allerdings gelten 5% der Kapitalerträge als nichtabziehbare Betriebsausgaben, § 8b Abs. 5 KStG. Ein Liquidationsverlust ist unabhängig von der Beteiligungshöhe nicht abziehbar, § 8b Abs. 3 S. 3 KStG.

II. Gewerbesteuer

Der Gewerbesteuer unterliegt bei natürlichen Personen (Unternehmern) und Personengesellschaften grundsätzlich nur der laufende, nicht hingegen der Aufgabegewinn. Als eine auf den tätigen Gewerbebetrieb bezogene Sachsteuer erfasst die Gewerbesteuer nämlich nur den durch den laufenden Betrieb angefallenen Gewinn.[276] Die nach der Betriebseinstellung vorgenommenen Abwicklungsmaßnahmen außerhalb des gewöhnlichen Geschäftsverkehrs, wie zB der Verkauf des Aktivvermögens zum Zwecke der Liquidation oder der Einzug rückständiger Forderungen etc. sind gewerbesteuerlich nicht mehr relevant.[277] Anknüpfungspunkt bilden hier wieder die einkommensteuerrechtlichen Regeln. Da sich die gewerbesteuerliche Behandlung mit derjenigen des Veräußerungsgewinns deckt, kann weitgehend auf die dortigen Anmerkungen verwiesen werden (→ § 25 Rn. 222ff.). Wenn im Rahmen eines weiterbestehenden Gesamtbetriebs ein **Teilbetrieb** eingestellt und nach und nach abgewickelt (liquidiert) wird, ist der volle Ertrag des Unternehmens einschließlich der Abwicklungsgewinne der Gewerbesteuer zu unterwerfen.[278] Die **Aufgabe eines Mitunternehmeranteils** setzt voraus, dass alle wesentlichen Betriebsgrundlagen in einem einheitlichen Vorgang aufgegeben werden. Der Mitunternehmeranteil iS von § 16 Abs. 1 Satz 1 Nr. 2 EStG umfasst dabei nicht nur den Anteil des Mitunternehmers am Vermögen der Gesellschaft, sondern auch etwaiges Sonderbetriebsvermögen des Gesellschafters, denn das Sonderbetriebsvermögen eines Mitunternehmers gehört zu seiner gewerblichen Tätigkeit und damit zum Betriebsvermögen der Mitunternehmerschaft.[279] Vorsicht ist bei einer gestuften Veräußerung einer GmbH & Co. KG geboten, bei der zuerst die GmbH-Beteiligung (Sonderbetriebsvermögen II) an die KG und danach die KG an den Investor verkauft wird. Der Veräußerer hat hier zwar das Sonderbetriebsvermögen und das Gesamthandsvermögen seines Mitunternehmeranteils getrennt veräußert und dadurch seinen Mitunternehmeranteil in zwei unmittelbar zeitlich und

---

[275] BMF BStBl. I 2003, 292 Tz. 7.
[276] GrS BFH BStBl. III 1964, 124.
[277] BFH BStBl. II 1977, 618.
[278] BFH BStBl. III 1964, 248
[279] BFH BStBl. II 2016, 544; 1998, 104, mwN; → § 25 Rn. 31.

sachlich zusammenhängenden Akten aufgegeben.[280] Allerdings ist der im Rahmen der Aufgabe des Mitunternehmeranteils erzielte Gewinn aus der Veräußerung der GmbH-Beteiligung nach § 7 Satz 1 GewStG iVm § 16 Abs. 3 Satz 5 EStG als laufender Gewinn in die Gewerbesteuer einzubeziehen, da auf der Seite des Veräußerers und auf der Seite des Erwerbers dieselben Personen Unternehmer oder Mitunternehmer sind.[281] Hätte der Veräußerer GmbH- und KG-Beteiligung direkt an den Erwerber veräußert, wäre der gesamte Vorgang gewerbesteuerfrei geblieben.

92 Gewerbesteuerliche Verlustvorträge gehen mit der Aufgabe des Betriebes verloren. Wurde der Gewinn durch Einnahmen-Überschussrechnung ermittelt, ist für die Betriebsaufgabe zur Gewinnermittlung durch Bestandsvergleich überzugehen. Die aus dem Übergang resultierenden Zu- und Abrechnungen unterliegen allerdings als laufender Gewinn der Gewerbesteuer.[282] Bei einer **Realteilung** mit Wertausgleich (→ Rn. 40) entsteht ein nicht gewerbesteuerpflichtiger Gewinn,[283] sofern dieser nicht aufgrund des § 7 S. 2 GewStG ausnahmsweise gewerbesteuerpflichtig wird.

93 **Kapitalgesellschaften** gelten gemäß § 2 Abs. 2 GewStG grundsätzlich stets und in vollem Umfang als Gewerbebetrieb. Die Rechtsprechung hat dies als verfassungsrechtlich unbedenklich angesehen.[284] Dementsprechend endet ihre Gewerbesteuerpflicht auf der Ebene der Kapitalgesellschaft erst mit der Einstellung jeglicher werbender Tätigkeit. Dass es sich bei der Tätigkeit von Kapitalgesellschaften immer um eine werbende Tätigkeit handelt, wird nach Ansicht der hM von § 2 Abs. 2 GewStG unterstellt.[285] Deshalb unterliegt die Kapitalgesellschaft auch während der Liquidationsphase der Gewerbesteuer.[286] Diese und damit auch die Gewerbesteuerpflicht finden erst mit Verteilung des Vermögens an die Gesellschafter ihr Ende. Im Hinblick darauf, dass für die Personengesellschaft in § 15 Abs. 3 Nr. 1 EStG bestimmt ist, dass die Tätigkeit dieser Gesellschaften „im vollen Umfang" als Gewerbebetrieb gilt, ist die Ansicht der hM eher willkürlich als verständlich (→ § 25 Rn. 231). Richtigerweise sollten Kapital- und Personengesellschaften insoweit einheitlich behandelt werden. Es käme dann allein auf die Einstellung des Geschäftsbetriebs an. Diese Voraussetzung wird als erfüllt angesehen, wenn die werbende Tätigkeit entweder insgesamt aufgegeben wird oder die verbleibende Tätigkeit im Verhältnis zur bisherigen nur noch unwesentlich ist.[287] Eine Einstellung der werbenden Tätigkeit soll danach vorliegen, wenn sich die Tätigkeit des Unternehmens darauf beschränkt, mit Hilfe von Subunternehmern oder unter Einsatz ausgeliehener oder nur formal beschäftigter Arbeitnehmer Gewährleistungsverpflichtungen aus früher bearbeiteten Aufträgen zu erfüllen.[288] Sofern die Kapitalgesellschaftsanteile in einem **Betriebsvermögen** gehalten werden, unterliegen die Liquidationsauskehrungen grundsätzlich ebenso auf der Ebene des Gesellschafters der Gewerbesteuer, und zwar auch, wenn es sich um eine 100%ige Kapitalgesellschaftsbeteiligung handelt.[289] Hinsichtlich der Kapitalrückzahlungen gilt dies uneingeschränkt. Bei der Auskehrung thesaurierter Gewinne ist zu differenzieren: Sollte der Gesellschafter zu mindestens 15% an der Kapitalgesellschaft beteiligt sein, wird eine zusätzliche Gewerbesteuerbelastung grundsätzlich durch die Kürzung aufgrund des gewerbesteuerlichen Schachtelprivilegs nach § 9 Nr. 2a GewStG vermieden. Beträgt die Beteiligung weniger als 15%, ist § 9 Nr. 2a GewStG nicht anwendbar, so dass der Gewinn

---

[280] BFH BStBl. II 2016, 544; BFH BStBl. II 1995, 890.
[281] BFH BStBl. II 2016, 544.
[282] BFH BStBl. II 1973, 233.
[283] BFH/NV 2000, 927; BFH BStBl. II 1994, 809; BMF BStBl. I 2019, 6 Rn. 30; Lenski/Steinberg/*Roser* GewStG § 7 Rn. 326.
[284] BFH BStBl. II 1983, 77.
[285] BFH BStBl. II 1980, 658; BFH/NV 2001, 816; R 19 Abs. 3 GewStR.
[286] § 16 Abs. 1 GewStDV; R 44 GewStR; BFH BStBl. II 1980, 658.
[287] BFH BStBl. II 2003, 822 mwN (zu § 19 Abs. 1 S. 1 iVm § 12 Abs. 3 S. 2 UmwStG alte Fassung).
[288] BFH BStBl. II 2003, 822 (zu § 19 Abs. 1 S. 1 iVm § 12 Abs. 3 S. 2 UmwStG alte Fassung).
[289] Anders die hier vertretene Ansicht, wonach die in der Liquidation der 100%igen Kapitalgesellschaftsbeteiligung eine gewerbesteuerfreie Teilbetriebsaufgabe darstellt, → § 25 Rn. 231.

zweimal der Gewerbesteuer unterliegt. Werden die Kapitalgesellschaftsanteile im **Privatvermögen** gehalten, unterliegt ein eventueller Liquidationsgewinn nach § 17 EStG auf der Ebene des Gesellschafters nicht der Gewerbesteuer, da der Veräußerungsgewinn auf der Ebene des Anteilseigners und nicht bei der Kapitalgesellschaft anfällt.[290]

III. Schenkungsteuer

Im Rahmen der Betriebsaufgabe und der Liquidation von Kapitalgesellschaften fällt grundsätzlich keine Schenkungsteuer an. Diese kann aber dadurch ausgelöst werden, dass im Zuge der Betriebsaufgabe Wirtschaftsgüter, die zuvor zum Betriebsvermögen gehörten, verschenkt werden. Der Schenkung geht dann eine Entnahme voraus (→ Rn. 53). 94

IV. Grunderwerbsteuer

Befinden sich im Betriebsvermögen eines Unternehmens (Einzelunternehmen, Personengesellschaft, Kapitalgesellschaft) Grundstücke oder grundstücksgleiche Rechte, kann im Zuge der Unternehmensaufgabe Grunderwerbsteuer anfallen (→ § 25 Rn. 250 ff.). 95

V. Umsatzsteuer

Soweit im Zuge der Betriebsaufgabe bzw. der Liquidation einer Personen- oder Kapitalgesellschaft steuerbare und steuerpflichtige Umsätze getätigt werden, fällt Umsatzsteuer an. Entnimmt ein Unternehmer im Zuge der Betriebsaufgabe aus seinem Unternehmen für Zwecke, die außerhalb des Unternehmens liegen, wird diese Entnahme nach § 3 Abs. 1b S. 1 Nr. 1 und Abs. 1b S. 2 UStG einer Lieferung gegen Entgelt gleichgestellt, sofern der Gegenstand oder seine Bestandteile zum vollen oder teilweisen Vorsteuerabzug berechtigt haben.[291] Zur Geschäftsveräußerung im Ganzen → § 25 Rn. 257 ff. Die Verteilung des Gesellschaftsvermögens unter die Gesellschafter im Zuge der Auflösung einer Personengesellschaft ist eine umsatzsteuerbare Leistung der Gesellschaft an die Gesellschafter.[292] Diese ist idR aber nach § 4 Nr. 8 Buchst. b, c, e und ff. KStG steuerfrei. Die Unternehmereigenschaft einer Gesellschaft endet erst mit vollständiger Abwicklung sämtlicher Rechtsbeziehungen.[293] Aufgrund der früheren Unternehmereigenschaft begründete Verpflichtungen, wie zB Anmeldepflichten nach §§ 18 UStG ff. oder Pflichten zur Erteilung bzw. Berichtigung von Rechnungen nach §§ 14, 14a UStG sind auch nach Einstellung der Unternehmertätigkeit zu erfüllen.[294] Ferner können auch Gestaltungsrechte wie zB nach § 9 UStG oder § 19 Abs. 2 UStG von dem ehemaligen Unternehmer noch nachträglich ausgeübt werden.[295] Schließlich kann er Rechnungen erstellen und ihm gegenüber ein anderer Unternehmer auch noch eine Gutschrift erteilen.[296] Bei einer Realteilung ist zu beachten, dass diese keine Gesamtrechtsnachfolge ist und der Ausscheidende nicht in die umsatzsteuerrechtliche Rechtsposition der ggf. aufgelösten Personengesellschaft einrückt.[297] Leistungen, die noch von der Gesellschaft erbracht wurden, kann der übernehmende Realteiler daher nur im Namen und für Rechnung der Gesellschaft in Rechnung stellen, § 14 Abs. 4 Nr. 1, 2 UStG, nicht im eigenen Namen.[298] Werden einzelne Wirtschaftsgüter im Zuge einer Realteilung von einer Personengesellschaft auf eine 96

---

[290] *Glanegger/Güroff* GewStG § 9 Nr. 2a Rn. 8a.
[291] BFH BStBl. II 2014, 1029.
[292] *Korn* KÖSDI 2013, 18504 mwN.
[293] FG Köln DStRE 2005, 39 (rkr.) für eine ehemalige Baugesellschaft, deren einzige Tätigkeit in der Erfüllung einer Witwenrente bestand.
[294] *Rau/Dürrwächter/Stadie* UStG § 2 Rn. 686.
[295] *Rau/Dürrwächter/Stadie* UStG § 2 Rn. 686.
[296] *Rau/Dürrwächter/Stadie* UStG § 2 Rn. 686.
[297] *Korn* KÖSDI 2013, 18504; *Stenert* DStR 2018, 765.
[298] *Stenert* DStR 2018, 765.

andere übertragen, kommt es zu einem Durchgangserwerb bei dem übernehmenden Realteiler.[299]

VI. Abgabenordnung

97 Land- und Forstwirte, Gewerbetreibende und freiberuflich Tätige haben gemäß § 138 Abs. 1 AO die Pflicht, die Aufgabe des Betriebes, der Betriebsstätte oder der Tätigkeit **anzuzeigen** (→ § 25 Rn. 277 ff.).

---

[299] *Stenert* DStR 2018, 765.

§ 27 Erbfall

Übersicht

	Rn.
I. Erbschaftsteuer	4
1. Erwerb von Todes wegen	8
2. Ermittlung des steuerpflichtigen Erwerbs	31
a) Wertermittlung	32
aa) Kapitalgesellschaften	35
bb) Einzelunternehmen und Personengesellschaften	57
cc) Betriebsvermächtnis	87
dd) Vermächtnis bezüglich eines Personengesellschaftsanteils	90
ee) Vermächtnis bezüglich eines Kapitalgesellschaftsanteils	92
ff) Vermächtnis bezüglich einzelner Wirtschaftsgüter des Betriebsvermögens	93
gg) Vermächtnisnießbrauch am Betriebsvermögen	94
b) Nachlassverbindlichkeiten	96
aa) Erblasserverbindlichkeiten	97
bb) Erbfallschulden	101
cc) Erbfallkosten	102
c) Allgemeine sachliche Steuerbefreiungen	109
d) Steuerbegünstigtes Betriebsvermögen	113
aa) Begünstigungsfähiges Vermögen	118
bb) Ermittlung des begünstigten Vermögens	131
cc) Vorwegabschlag für „Familienunternehmen"	170
dd) Verschonungsabschlag und Abzugsbetrag	174
ee) Verschonungsparameter Lohnsumme	176
ff) Behaltefrist und Nachversteuerung	192
gg) Reinvestitionsklausel	217
hh) Nachsteuerberechnung	220
ii) Abschmelzungsmodell	229
jj) Verschonungsbedarfsprüfung	233
kk) Familienstiftung	238
3. Steuerklassen	242
4. Freibeträge	243
5. Steuertarife	245
6. Stundung und Erlöschen der Erbschaftsteuer	248
II. Einkommen-/Körperschaftsteuer	252
1. Besteuerung des Erblassers	252
2. Besteuerung des Alleinerben bei Übergang eines Einzelunternehmens	253
3. Besteuerung einer Erbengemeinschaft bei Übergang eines Einzelunternehmens	258
a) Erbengemeinschaft als Mitunternehmerschaft	259
b) Auseinandersetzung der Erbengemeinschaft	262
aa) Verfügung über Erbanteile	263
bb) Ausscheiden von Miterben	264
cc) Veräußerung der Nachlassgegenstände	267
dd) Realteilung ohne Ausgleichszahlung	268
ee) Realteilung mit Ausgleichszahlung	275
ff) Teilerbauseinandersetzung	281
4. Personengesellschaftsanteil als Nachlassgegenstand	284
a) Liquidation der Gesellschaft	285
b) Fortsetzungsklausel	286
c) Übernahmeklausel	290
d) Einfache Nachfolgeklausel	291
e) Qualifizierte Nachfolgeklausel	293
f) Teilnachfolgeklausel	295

	Rn.
g) Eintrittsklausel	296
5. Kapitalgesellschaftsanteil als Nachlassgegenstand	299
6. Übergang auf eine Familienstiftung	302
7. Erbfallschulden	305
a) Sachvermächtnis	306
b) Nießbrauchsvermächtnis	310
aa) Nießbrauch an einem Einzelwirtschaftsgut	311
bb) Nießbrauch am Einzelunternehmen	313
cc) Nießbrauch am Personengesellschaftsanteil	317
dd) Nießbrauch am Kapitalgesellschaftsanteil	320
c) Rentenvermächtnis	321
d) Stille Gesellschaft als Vermächtnis	324
e) Unterbeteiligung als Vermächtnis	326
f) Sonstige Vermächtnisse	327
8. Testamentsvollstreckung	328
III. Gewerbesteuer	332
IV. Grunderwerbsteuer	338
V. Umsatzsteuer	342
VI. Verfahrensrecht	349
VII. Reparatur einer verunglückten Erbfolge	358
1. Erfüllung unwirksamer Verfügungen von Todes wegen	359
2. Auslegung nach dem Erblasserwillen	362
3. Ausschlagung und Anfechtung der Annahme	363
4. Erbvergleich	364
5. Sachspende	365

1 Ein Erbfall hat nicht nur erbschaftsteuerliche, sondern auch ertragsteuerliche Konsequenzen, die im Folgenden beide in ihren Grundzügen dargestellt werden. Er ist vom Erblasser darüber hinaus aber auch beeinflussbar und somit gestaltbar. Aus steuerlicher Sicht kann nur dringend dazu geraten werden, den Erbfall vorher genau zu durchdenken, zu planen und sodann entsprechend zu gestalten. Die im Rahmen der Gestaltung häufig auftretenden erbschaft- und ertragsteuerlichen Fragestellungen werden im 1. Teil in den Kapiteln 1. bis 3. erörtert. An dieser Stelle seien daher nur kurz die klassischen Brennpunkte der steuerlich motivierten Gestaltungsberatung im Bereich der Unternehmensnachfolge genannt.

Aus erbschaftsteuerlicher Sicht ist hier zunächst die Abstimmung zwischen dem Gesellschaftsvertrag einer Personengesellschaft und dem Testament des Gesellschafters zu nennen. Diese ist nicht nur im Hinblick auf die Steuerbefreiung für Betriebsvermögen nach § 13a ErbStG zwingend notwendig. Bei der Abfassung der Nachfolgeklauseln sowie bei der Ausübung der Rechte aus diesen Klauseln muss darüber hinaus deren erbschaftsteuerliche Wirkung immer im Auge behalten werden. Eine erbschaftsteuerlich besonders unglückliche Situation ergibt sich dabei immer, wenn – wie zB im Falle einer Fortsetzungsklausel (→ Rn. 15, 74) – anstatt eines Gesellschaftsanteils lediglich ein Abfindungsanspruch und ggf. Wirtschaftsgüter des ehemaligen Sonderbetriebsvermögens in den Nachlass fallen. Den Erben stehen daher weder der Verschonungsabschlag nach § 13a Abs. 1 ErbStG (→ Rn. 174 ff.), der Abzugsbetrag nach § 13a Abs. 2 ErbStG (→ Rn. 174 ff.), die Vollbefreiung nach § 13a Abs. 10 ErbStG (→ Rn. 175) noch die Tarifbegrenzung gemäß § 19a ErbStG (→ Rn. 246) zu. Diese steuerlichen Vergünstigungen können aber den verbleibenden Gesellschaftern zugutekommen (→ Rn. 74).

2 Bei der Einkommensteuer kann der falsch oder ungeplante Erbfall indirekt zu erheblichen Einkommensteuerbelastungen führen. Dies ist zB der Fall, wenn einzelne Wirtschaftsgüter des Betriebsvermögens, vorzugsweise Grundstücke, die bereits seit langer Zeit zum Unternehmen gehören, anderen Personen zugewiesen werden als der Betrieb im Ganzen. Die hieraus resultierende Entnahme des Wirtschaftsguts kann zur Realisierung der stillen Reserven führen und eine entsprechend hohe Einkommensteuer auslösen. Ein besonderes Augenmerk sollte in diesem Zusammenhang auf das Sonderbetriebsvermögen gerichtet sein, welches bei testamentarischen Lösungen leider nur allzu häufig übersehen wird. Die gravierendsten steuerlichen Folgen ergeben sich aber in der Regel bei Betriebsaufspaltungen, wenn Besitz- und Betriebsunternehmen im Zuge des Erbfalles getrennt werden (→ § 8 Rn. 11 ff.). Hat zB ein Unternehmer ein Grundstück, welches er an eine GmbH vermietet hat, deren Alleingesellschafter er ist, an den einen Erben und die GmbH-Beteiligung an einen anderen Erben vermacht, endet die Betriebsaufspaltung. In diesem Fall kommt es zur Besteuerung aller stillen Reserven, dh sowohl derjenigen in dem Grundstück als auch derjenigen in der GmbH-Beteiligung. Da die Übertragung grundsätzlich unentgeltlich erfolgt, fließen den Erben keine liquiden Mittel zu, aus denen die Steuer beglichen werden könnte. Häufig werden dann dem Betrieb liquide Mittel entzogen, was wiederum das Unternehmen in eine Krise führen kann. Eine Reparatur dieser Gestaltungen ist häufig nicht möglich (→ § 11 Rn. 24).

Beraten Notare, Rechtsanwälte, Steuerberater, Wirtschaftsprüfer oder **steuerrechts- 3 kundige Testamentsvollstrecker** bei der Abfassung eines Testaments, so haben sie aufgrund der sie treffenden allgemeinen Warnpflicht des sachkundigen Beauftragten auch eine **Belehrungspflicht** über die steuerrechtlichen Folgen der testamentarischen Anordnungen. Insbesondere Rechtsanwälte und Notare sollten beachten, dass das Steuerrecht ein Rechtsgebiet wie jedes andere ist. Es kann daher nicht stillschweigend ausgeklammert werden. Fehlt dem Berater das entsprechende Fachwissen, so hat er den Mandanten spätestens bei Erteilung des Auftrags darauf hinzuweisen und ggf. auf die Hinzuziehung eines Spezialisten zu drängen.

I. Erbschaftsteuer

Durch den Tod eines Menschen gehen sein Vermögen, aber auch seine Schulden auf eine 4 oder mehrere Personen über. Es kommt also zu einem Vermögenstransfer, der als solcher der Besteuerung unterliegt, soweit es beim Erwerber zu einer **Bereicherung** kommt. Die Steuerbarkeit erstreckt sich also nur auf unentgeltliche Übertragungen, wobei die ertragsteuerliche Differenzierung nach unentgeltlichen und (teil-)entgeltlichen Übertragungen (→ § 28 Rn. 46 ff.) für Zwecke der Erbschaftsbesteuerung ebenso wie bei der Schenkungsbesteuerung nicht ohne weiteres maßgeblich ist (→ § 28 Rn. 6). Erforderlich ist ferner, dass der Erwerb einen Inlandsbezug aufweist, sei es auf Seiten des Erblassers, des Erwerbers oder des Vermögensgegenstandes, § 2 ErbStG (→ § 12 Rn. 104 ff.). Anders als im angloamerikanischen Rechtskreis ist nicht der Erblasser, sondern der Erwerber Schuldner der Erbschaftsteuer, § 20 ErbStG. Eine eventuell angeordnete Testamentsvollstreckung ändert hieran nichts. Als Erwerber kommen grundsätzlich natürliche und juristische Personen in Betracht, sofern sie zur Zeit des Erbfalls leben bzw. bereits gezeugt sind und danach lebend geboren werden. **Personengesellschaften** (OHG, KG, GbR) scheiden nach der Rechtsprechung des Bundesfinanzhofs als Erwerber im erbschaftsteuerlichen Sinne aus.[1] Wird eine Personengesellschaft vom Erblasser bedacht, erwirbt unter Durchbrechung des Grundsatzes der Maßgeblichkeit des Zivilrechts für das Erbschaftsteuerrecht nicht die Gesamthandsgemeinschaft, sondern allein die einzelnen Gesamthänder. Diese sind Erwerber und zugleich Steuerschuldner im erbschaftsteuerlichen Sinne. Es kommt daher für den Inlandsbezug nicht auf den Sitz oder den Ort der Geschäftsleitung der Personengesellschaft an, sondern auf die Inländereigenschaft des jeweiligen Gesamthänders (→ § 12 Rn. 111). Für die Praxis stellt diese Sichtweise eine erhebliche Erleichterung dar. Zuwendungen zur gesamten Hand können so in individuelle Teilzuwendungen des Erblassers an die Gesamthänder zerlegt werden. Es gelten die Steuerklassen der Gesamthänder und somit nicht die zumeist ungünstigere Steuerklasse III, die ansonsten auf die Personen-

---

[1] BFH BStBl. II 1995, 81.

gesellschaft als „übrigen Erwerber" im Sinne des § 15 Abs. 1 ErbStG anzuwenden wäre. Bei verwandtschaftlichen Beziehungen, insbesondere bei Vermögensübergängen von den Eltern auf die Kinder, sind daher keine gestalterischen Maßnahmen erforderlich, um die Anwendung der ungünstigen Steuerklasse III bei Zuwendungen zur gesamten Hand auszuschließen.[2]

5 **Familienstiftungen** und Familienvereine, die nach § 1 Abs. 1 Nr. 4 ErbStG der Ersatzerbschaftsteuer unterliegen und im Zeitpunkt der Steuerentstehung (§ 9 Abs. 1 Nr. 4 ErbStG) ihre Geschäftsleitung oder ihren Sitz im Inland haben (§ 2 Abs. 1 Nr. 2 ErbStG), sind unbeschränkt steuerpflichtig. Die Steuerpflicht umfasst also auch das der Familienstiftung gehörende Auslandsvermögen (→ § 12 Rn. 134).[3] Für ausländische Familienstiftungen sieht das Gesetz keine beschränkte Steuerpflicht vor, so dass deren Inlandsvermögen nicht der Ersatzerbschaftsteuer unterworfen werden kann.[4]

6 Die Erbschaftsteuer entsteht gemäß § 9 Abs. 1 Nr. 1 ErbStG grundsätzlich mit dem Tode des Erblassers und nur in den in § 9 Abs. 1 Nr. 1a) bis j) ErbStG abschließend aufgezählten Ausnahmen zu einem anderen Zeitpunkt. Kommen Ehegatten durch einen Unglücksfall, wie zB einen Flugzeugabsturz, ums Leben, gilt die Vermutung gem. § 11 VerschG (sog. Kommorientenvermutung), dass sie gleichzeitig gestorben sind, so dass untereinander Erwerbsvorgänge von Todes wegen nicht stattfinden können.[5] Gleiches muss auch für andere Personen gelten, die durch einen derartigen Unglücksfall sterben und in erbrechtlicher Beziehung zueinander stehen.

Jeder der Erbschaftsteuer unterliegende Erwerb ist vom Erwerber binnen einer Frist von drei Monaten nach erlangter Kenntnis von dem Erbanfall dem für die Verwaltung der Erbschaftsteuer zuständigen Finanzamt anzuzeigen, § 30 Abs. 1 ErbStG. Beim Erwerb von Todes wegen beginnt diese Frist allerdings erst, sobald der Erwerber Kenntnis von dem Erbanfall erlangt hat. Daneben sind die gesetzlichen Vertreter, Vermögensverwalter und Verfügungsberechtigte verpflichtet, §§ 34, 35 AO. In diesem Zusammenhang sollte nicht nur an die Eltern minderjähriger Kinder gedacht, sondern zB auch der Geschäftsführer einer GmbH im Auge behalten werden. Denn auch eine Kapitalgesellschaft kann Erwerber sein. Testamentsvollstrecker sind dagegen nicht anzeigepflichtig, wohl sind sie aber – zumindest nach Aufforderung durch die Finanzbehörde – zur Abgabe der Erbschaftsteuererklärung verpflichtet. Eine Anzeige ist gem. § 30 Abs. 3 ErbStG ausnahmsweise dann nicht nötig, wenn der Erwerb auf einer von einem deutschen Gericht, einem deutschen Notar oder einem deutschen Konsul eröffneten Verfügung von Todes wegen beruht, sich aus der Verfügung das Verhältnis des Erwerbers zum Erblasser unzweifelhaft ergibt und der Erwerb weder Grundbesitz, noch Betriebsvermögen, Anteile an Kapitalgesellschaften, die nicht der Anzeigepflicht nach § 33 ErbStG unterliegen, oder Auslandsvermögen enthält. Eine unterlassene oder verspätete Anzeige stellt grundsätzlich eine Steuerhinterziehung nach § 370 Abs. 1 Nr. 2 AO dar. Eine falsche Anzeige kann zu einer Steuerhinterziehung nach § 370 Abs. 1 Nr. 1 oder Nr. 2 AO führen und zwar selbst dann, wenn die Falschangaben nur telefonisch erfolgten.[6] Die Tat ist vollendet, wenn die Finanzbehörde die Entscheidung trifft, keine Erbschaft- bzw. Schenkungsteuererklärung anzufordern.[7]

7 Aufgrund des umfassenden deutschen Besteuerungsanspruchs (→ § 12 Rn. 105 ff.) kommt es bei Sachverhalten mit Auslandsberührung häufig zu Überschneidungen mit den Besteuerungsansprüchen anderer Staaten. Während im Ertragsteuerrecht zahlreiche **Abkommen zur Vermeidung der Doppelbesteuerung** (DBA) existieren, gibt es diese

---

[2] Mönch/Weinmann/*Weinmann* ErbStG § 2 Rn. 10.
[3] Mönch/Weinmann/*Weinmann* ErbStG § 2 Rn. 19.
[4] *Meincke*/*Hannes*/*Holtz* ErbStG § 2 Rn. 18; Mönch/Weinmann/*Weinmann* ErbStG § 2 Rn. 19.
[5] FG München BeckRS 1994, 31050847; BGHZ 72, 85.
[6] FG Nürnberg ErbStB 2016, 363; Troll/Gebel/Jülicher/Gottschalk/*Jülicher* ErbStG § 30 Rn. 51.
[7] *Eich* ErbStB 2008, 76; Troll/Grebel/Jülicher/Gottschalk/*Jülicher* ErbStG § 30 Rn. 53.

I. Erbschaftsteuer § 27

im Bereich der Erbschaft- und Schenkungsteuer nur mit Dänemark,[8] Frankreich,[9] Griechenland,[10] Schweden,[11] Schweiz[12] und den USA[13] (→ § 12 Rn. 157 ff.). Soweit kein DBA greift, lässt § 21 ErbStG als einseitige Maßnahme zum Schutz vor einer doppelten Besteuerung bei unbeschränkter Steuerpflicht des Erwerbers eine Anrechnung der ausländischen Erbschaft- und Schenkungsteuer zu (→ § 12 Rn. 152). § 21 ErbStG findet keine Anwendung bei beschränkter Erbschaftsteuerpflicht (→ § 12 Rn. 152).

1. Erwerb von Todes wegen

Anknüpfungspunkt der Erbschaftsteuer ist die Bereicherung, die dem einzelnen Erwerber zufließt. Beim Erbfall kommt als steuerpflichtiger Vorgang nur der Erwerb von Todes wegen (§ 1 Abs. 1 Nr. 1 ErbStG) in Betracht. Die steuerpflichtigen Tatbestände sind in § 3 ErbStG abschließend aufgezählt. Erfasst wird jede Bereicherung aus Anlass des Todes eines anderen Menschen. Im Bereich der Unternehmensnachfolge sind hier hauptsächlich zu nennen   **8**
– der Erwerb durch Erbanfall, durch Vermächtnis oder aufgrund Erbersatz- oder Pflichtteilsanspruchs, § 3 Abs. 1 Nr. 1 ErbStG,
– der Erwerb durch Schenkung auf den Todesfall, § 3 Abs. 1 Nr. 2 ErbStG,
– der Übergang von Vermögen auf eine vom Erblasser angeordnete Stiftung, § 3 Abs. 2 Nr. 1 ErbStG,
– die Zuwendung aufgrund einer Auflage oder Bedingung, § 3 Abs. 2 Nr. 2 ErbStG, und
– die Abfindung für Erbverzichte, § 3 Abs. 2 Nr. 4 ErbStG.
Maßgebend für die Beurteilung, ob ein Unternehmen von Todes wegen erworben wurde, ist grundsätzlich das bürgerliche Recht. Eine wirtschaftliche Betrachtungsweise ist zwar nicht ausgeschlossen, aber nur eingeschränkt anwendbar.[14] Der Erwerb von wirtschaftlichem Eigentum an einem Wirtschaftsgut ist kein Erwerb im Sinne des § 3 ErbStG.

Unter **Erbanfall** ist der Übergang der zum Nachlass gehörenden Vermögensgegenstände[15] aufgrund gesetzlicher, testamentarischer oder erbvertraglicher Erbfolge zu verstehen. Er umfasst auch die Nachlassgegenstände, die der Erbe nicht selbst behalten darf, sondern aufgrund letztwilliger Verfügung des Erblassers (zB Vermächtnis, Auflage) an einen anderen herausgeben muss (→ Rn. 6, 10). Dabei kommt es nicht darauf an, ob der Erblasser tatsächlich eine Bereicherung angestrebt hatte.[16] Ferner ist nicht entscheidend, ob eine letztwillige Verfügung unter einem Formmangel litt, sofern es das ernstliche Verlangen des Erblassers war, mit dem Nachlass so zu verfahren, wie es die Erben tatsächlich getan haben.[17] Maßgebend für die Bemessung der Erbschaftsteuer ist somit der vom Erblasser erhaltene Anteil und nicht etwa die Ergebnisse der Erbauseinandersetzung. Dabei kommt der vom Nachlassgericht geprüften und festgestellten Quote die widerlegbare Rechtsvermutung der Richtigkeit und Vollständigkeit zu.[18] Zum Erwerb durch Erbanfall gehört ferner der Erwerb eines Anteils an einer gewerblichen Personengesellschaft auch durch Miterben, die gesellschaftsrechtlich aufgrund einer qualifizierten Nachfolgeklausel von der Gesellschafternachfolge ausgeschlossen sind (→ Rn. 17) sowie der Erwerb eines Anteils an einem Hof auch durch Miterben, die nach dem Höferecht von der Hoferbfolge ausgeschlossen sind.   **9**

---
[8] BStBl. I 1996, 1219.
[9] BGBl. I 2007, 1402; 2009, 596.
[10] RGBl. 1912, 173.
[11] BStBl. I 1994, 422.
[12] BStBl. I 1980, 243.
[13] BStBl. I 1982, 765; 2001, 144.
[14] BFH BStBl. III 1969, 348; 1963, 178.
[15] BFH BStBl. III 1957, 211.
[16] BFH BStBl. III 1961, 243.
[17] BFH/NV 2011, 261; BStBl. II 1970, 119; Troll/Gebel/Jülicher/Gottschalk/*Jülicher* ErbStG § 3 Rn. 57 mwN.
[18] BFH BStBl. II 1996, 242.

10 Soweit mehrere Erben in **Erbengemeinschaft** erwerben, ist ihnen der Nachlass gemäß § 39 Abs. 2 Nr. 2 AO **anteilig zuzurechnen.** Bestand Streit hinsichtlich der Erbeinsetzung, ist die durch Urteil oder Vergleich[19] bestimmte **Quote** maßgebend. Entsprechendes muss bei bloßer Unklarheit hinsichtlich der Erbeinsetzung gelten, wenn sich die Erben ohne gerichtliche Auseinandersetzung einigen.[20] Entscheidend ist aber, dass es sich tatsächlich nur um eine Einigung über die Erbeinsetzung und nicht bereits um eine Neuverteilung anlässlich der Erbauseinandersetzung handelt. Denn Letztere kann eine Schenkung an einen Erben durch die anderen Erben beinhalten und müsste dann (zusätzlich) für sich betrachtet werden. Dementsprechend ist auch die Einigung der Anspruchsberechtigten mit dem Hoferben (§ 18 HöfeO) über die Verteilung des zu erwartenden Verkaufserlöses für die Besteuerung heranzuziehen.[21] Hat der Erblasser **Teilungsanordnungen** für die Erbauseinandersetzung getroffen, so berühren diese aufgrund ihrer rein schuldrechtlichen Wirkung die erbschaftsteuerliche Aufteilung des Nachlasses grundsätzlich ebenso wenig wie die **Erbauseinandersetzung** selbst.[22] Eine auch erbschaftsteuerlich wirksame Zuordnung von Vermögensgegenständen kann der Erblasser daher regelmäßig nur durch ein Vermächtnis (zB Betriebsvermächtnis oder Vorausvermächtnis) erreichen. Ausnahmsweise ist aber auch die Teilungsanordnung erbschaftsteuerlich maßgebend, wenn sie sich nicht allein auf die Nachlassverteilung im Zuge der Erbauseinandersetzung bezieht, sondern darüber hinaus die Erbquoten festlegt.[23] Die Sondererbfolge aufgrund **qualifizierter Nachfolgeklausel** (→ Rn. 17) bei einer Personengesellschaft ist eine mit dem Erbfall wirksam gewordene, gegenständlich begrenzte Erbauseinandersetzung, bei der sich die gesellschaftsvertragliche Nachfolgeklausel als ein gesellschaftsrechtlich besonders ausgestalteter Unterfall einer Teilungsanordnung erweist.[24] Entsprechendes gilt für eine Abfindung, die der in einem widerrufenen Testament als Alleinerbe eingesetzte Erbprätendent aufgrund eines Prozessvergleichs vom rechtswirksam eingesetzten Alleinerben dafür bekommt, dass er dessen Erbenstellung nicht mehr bestreitet. Dies ist kein der Erbschaftsteuer unterliegender Erwerb von Todes wegen iSd § 3 ErbStG.[25]

11 Fällt ein **Einzelunternehmen** in den Nachlass, ist nicht etwa der Betrieb als solcher Erwerbsgegenstand, sondern die einzelnen Wirtschaftsgüter, die in ihm lediglich organisatorisch zu einer Funktionseinheit zusammengefasst sind. Der „Betrieb" ist keine rechtliche Einheit.[26] Ein im Privatvermögen gehaltener **Kapitalgesellschaftsanteil** ist demgegenüber als rechtliche Einheit grundsätzlich selbst Erwerbsgegenstand im erbschaftsteuerlichen Sinne. Bei **Personengesellschaften** setzt sich der Erwerbsgegenstand in der Regel aus dem Gesellschaftsanteil (rechtliche Einheit) und dem Sonderbetriebsvermögen zusammen. Ähnlich verhält es sich bei sonstigen Mitunternehmerschaften. Sowohl bei Kapital- als auch bei Personengesellschaften ist für die Bestimmung des Erwerbsgegenstands neben dem Erbrecht vor allem das Gesellschaftsrecht bedeutsam. Denn dieses bestimmt in erster Linie darüber, ob und wie die in der Mitgliedschaft gebündelten Rechte und Pflichten aufgrund gesetzlicher oder gewillkürter Erbfolge auf einen oder mehrere Rechtsnachfolger übergehen und wie der Erwerbsgegenstand somit letztlich aussieht. Dies ist von entscheidender Bedeutung für die steuerliche Begünstigung des Betriebsvermögens (→ Rn. 113 ff.). Ist der Erwerbsgegenstand keine betriebliche Funktionseinheit sondern zB nur ein Abfindungsanspruch, so gelten diese erbschaftsteuerlichen Vergünstigungen nicht.

---

[19] BFH BStBl. II 2011, 725; BFH/NV 1999, 313; BFH/NV 2001, 163; *Meincke/Hannes/Holtz* ErbStG § 3 Rn. 16 ff.
[20] RFH RStBl. 1939, 835; BFH BStBl. II 1972, 886.
[21] BFH BStBl. II 1977, 730; FG Münster ZEV 2014, 338.
[22] BFH BStBl. II 1992, 669; BFH/NV 1993, 100; BFH/NV 2011, 603.
[23] R E 3.1 Abs. 2 ErbStR 2011; Troll/Gebel/Jülicher/Gottschalk/*Jülicher* ErbStG § 3 Rn. 117; *Gebel,* Betriebsvermögensnachfolge, Rn. 415 ff.
[24] BFH BStBl. II 1983, 329; BFH/NV 1998, 959; vgl. zum Zivilrecht: BGHZ 68, 225 = NJW 1977, 1339.
[25] BFH BStBl. II 2011, 725; *Benne* FR 2004, 1102, unter C.; *Billig* UVR 2010, 253 unter II.1.
[26] Vgl. zum Zivilrecht: BGH NJW 1988, 1668; 1968, 393.

I. Erbschaftsteuer § 27

Sofern keine gesellschaftsvertragliche Regelung getroffen wurde, fällt in folgenden Fällen **12** ein **Abfindungsanspruch** in den Nachlass:
- Der Tod des Gesellschafters einer mehrgliedrigen OHG[27] führt zu dessen Ausscheiden aus der OHG, § 131 Abs. 3 Nr. 1 HGB. Der Gesellschaftsanteil des Verstorbenen wächst den die Gesellschaft fortsetzenden Gesellschaftern an. Diese müssen die Erben des Verstorbenen abfinden.
- Die gleichen Folgen ergeben sich beim Tod eines von mehreren Komplementären einer KG §§ 131 Abs. 3 Nr. 1, 161 Abs. 2 HGB und
- beim Tod eines Partners einer Partnerschaftsgesellschaft, § 9 Abs. 1 PartG, § 131 Abs. 3 Nr. 1 HGB.

Demgegenüber kommt es in den folgenden Fällen mangels abweichender Bestimmung im **13** Gesellschaftsvertrag zur **Liquidation der Gesellschaft:**
- Entsprechendes gilt für den Tod eines Komplementärs einer KG vor dem 1.7.1998.
- Beim Tod eines Gesellschafters einer zweigliedrigen OHG ist eine Fortsetzung der Gesellschaft durch den allein verbleibenden Gesellschafter nicht möglich und zieht deren Auflösung nach sich.
- Das Gleiche gilt beim Tod einer nur aus zwei Personen bestehenden Partnerschaftsgesellschaft.
- Auch der Tod des letzten Komplementärs führt zur Auflösung der KG.
- Der Tod eines Gesellschafters einer GbR führt zur Auflösung der Gesellschaft, § 727 BGB.

In allen Liquidationsfällen werden die Erben Gesellschafter der Abwicklungsgesellschaft. Nachlassgegenstand ist daher der Anteil an der Abwicklungsgesellschaft, für den grundsätzlich auch die Steuerbegünstigungen des § 13a ErbStG gelten, was regelmäßig aber nur von kurzer Dauer sein wird, da mit der Durchführung der Liquidation die Nachsteuertatbestände des § 13a Abs. 6 ErbStG verwirklicht werden (→ Rn. 192ff.).

Vor diesem Hintergrund könnte eine **Reaktivierung der Abwicklungsgesellschaft 14** interessant sein. Hierzu können die Mitglieder der Abwicklungsgesellschaft diese durch einen einstimmigen **Fortsetzungsbeschluss** als werbende Gesellschaft wiederaufleben lassen.[28] Der Fortsetzungsbeschluss bewirkt, dass anstelle der Erbengemeinschaft nunmehr die Erben persönlich Mitglieder der fortgesetzten Gesellschaft werden. Es kommt zu einem **Anteilssplitting** und damit zu einer **partiellen Nachlassteilung**.[29] Sofern das Sonderbetriebsvermögen nicht in diese Teilerbauseinandersetzung mit einbezogen wird, bleibt es gemeinschaftliches Vermögen der Erbengemeinschaft. Nachlassgegenstand bleibt aber nach wie vor der (ungeteilte) Anteil an der Abwicklungsgesellschaft, da der Fortsetzungsbeschluss erst nach dem Tod des Erblassers erfolgt. Er ist damit letztlich lediglich ein Reparaturmechanismus, mit dem die ansonsten drohende Nachversteuerung (→ Rn. 192ff.) verhindert werden kann. Für die Gestaltungsberatung ist zu bedenken, dass der Fortsetzungsbeschluss eine sinnvolle, vor dem Tod des Gesellschafters gefasste Regelung im Gesellschaftsvertrag nicht ersetzen kann. Denn er bedarf der Zustimmung aller Erben, die bei zerstrittenen Erben dann aber manchmal nicht mehr zu bekommen ist.

Die gesellschaftsvertraglich vereinbarte **Fortsetzungsklausel** verhindert die Auflösung **15** der Gesellschaft in den gesetzlich vorgesehenen Fällen und hat somit nur noch bei der GbR Bedeutung. Sie führt zur Fortsetzung der Gesellschaft ohne die Erben des verstorbenen Mitgesellschafters. Nachlassgegenstand ist der mit dem Nennwert anzusetzende Abfindungsanspruch, der nicht zum Betriebsvermögen gehört. Die Steuerbegünstigungen nach § 13a ErbStG kommen daher nicht zum Tragen.

---

[27] Ab diesem Zeitpunkt gelten die §§ 131, 161 Abs. 2 HGB in der Fassung des Handelsrechtsreformgesetzes, BGBl. I 1998, 1474.
[28] BGH WM 1963, 728; DStR 2004, 649.
[29] BFH BStBl. II 1995, 241.

16 Sieht der Gesellschaftsvertrag eine **einfache Nachfolgeklausel** vor, rücken die Erben des Gesellschafters in die Gesellschafterstellung des Verstorbenen nach. Der Gesellschaftsanteil geht unmittelbar im Wege der Sondererbfolge auf die Erben über. Bei mehreren Erben wird er dinglich bereits durch den Tod des Erblassers entsprechend aufgespalten. Erbschaftsteuerlich wird der gesplittete Gesellschaftsanteil mit seinem Steuerwert in den Gesamtsteuerwert des Nachlasses einbezogen, der anschließend auf die Miterben ihren Erbquoten entsprechend aufgeteilt wird.[30] Diese einheitliche Behandlung der gesplitteten Gesellschaftsanteile geht auf die Rechtsprechung des für das Erbrecht zuständigen BGH-Senats zurück, wonach sämtliche mit der Beteiligung an der Personengesellschaft verbundenen Mitgliedschaftsrechte auch beim Erbgang eine Einheit bilden und dass der Gesellschaftsanteil, obwohl er in Folge der Sondererbfolge nicht dem gemeinschaftlichen Vermögen der Erbengemeinschaft zugeordnet werden kann, dennoch zum Nachlass gehört (sog. **Einheitsthese**).[31] Die gesetzliche Regelung des § 177 HGB beim **Tod eines Kommanditisten** wirkt erbschaftsteuerlich wie eine einfache Nachfolgeklausel.

17 Bei einer **qualifizierten Nachfolgeklausel** werden in der Regel nicht alle Miterben Gesellschafter, sondern nur die ausdrücklich zur Nachfolge berufenen. Der Gesellschaftsanteil geht dinglich mit den Anteilen, die in der Nachfolgeklausel bestimmt sind, im Wege der Sondererbfolge auf die qualifizierten Erben über. Die nicht zur Gesellschafternachfolge berufenen Erben haben einen Anspruch auf Wertausgleich gegen die qualifizierten Erben. Erbschaftsteuerlich soll es sich nach Ansicht der Rechtsprechung und der Finanzverwaltung – abweichend von der dinglichen Rechtslage – bei der qualifizierten Nachfolgeklausel aber lediglich um einen gesellschaftsrechtlich besonders ausgestalteten Unterfall einer Teilungsanordnung handeln mit der Folge eines erbschaftsteuerlichen Durchgangserwerbs aller Erben.[32] Dies bedeutet, dass der Gesellschaftsanteil neben den Wirtschaftsgütern des Sonderbetriebsvermögens erbschaftsteuerlich dem Nachlass und damit zunächst allen Erben zuzurechnen ist. Da dieser kurze Moment allerdings nicht dazu reicht, bei dem Erben eine Mitunternehmerstellung zu begründen (→ Rn. 293), kommt es zu einer anteiligen Entnahme des Sonderbetriebsvermögens. Dieser von dem unmittelbaren dinglichen Erwerb des Gesellschaftsanteils durch den qualifizierten Erben abweichende erbschaftsteuerliche Durchgangserwerb aller Miterben wird mit einem Vergleich zur einfachen Nachfolgeklausel und letztlich mit der Einheitsthese des BGH[33] begründet. Auch bei der einfachen Nachfolgeklausel geht der Gesellschaftsanteil dinglich unmittelbar auf die Miterben über und wird trotzdem in den Nachlass und dementsprechend vom BFH auch in dessen Gesamtsteuerwert mit einbezogen. Diese Ansicht wird zT als dogmatisch angreifbar angesehen.[34] Als Konsequenz wird für die Beratungspraxis teilweise sogar empfohlen, die Klausel aus erbschaftsteuerlicher Sicht nach Möglichkeit zu vermeiden.[35] All diese Probleme stellen sich nicht, wenn nur (noch) qualifizierte Erben zum Zeitpunkt des Erbfalls vorhanden sind. In diesem Fall wirkt die qualifizierte Nachfolgeklausel wie eine einfache Nachfolgeklausel.

18 Anders als eine Nachfolgeklausel führt die **Eintrittsklausel** nicht zu einem unmittelbaren Übergang der Mitgliedschaft auf den oder die Erben.[36] Diese erhalten durch sie lediglich einen schuldrechtlichen Anspruch, in die Gesellschaft mit oder ohne Einlageverpflichtung aufgenommen zu werden. Bei einer **zweigliedrigen Gesellschaft** führt der Tod des einen Gesellschafters trotz der Eintrittsklausel zwangsläufig zum Erlöschen der Gesellschaft. Die Problematik der Eintrittsklausel liegt erbschaftsteuerlich darin begründet,

---

[30] BFH BStBl. II 1983, 329; BFH/NV 2011, 603.
[31] BGH NJW 1983, 2376; vgl. auch BGHZ 108, 187.
[32] BFH BStBl. II 1983, 329; BFH/NV 2001, 574; R 3.1 Abs. 3, R 13b.1 Abs. 2 ErbStR.
[33] BGH NJW 1983, 2376.
[34] *Hübner* ZErb 2004, 34; *Meincke/Hannes/Holtz* § 3 Rn. 19; *Terpitz* ZEV 1999, 45; aA *Gebel*, Betriebsvermögensnachfolge, Rn. 818.
[35] *Hübner* ZErb 2004, 34.
[36] Zu Eintrittsklausel, die Nichterben begünstigen, vgl. Rn. 8.

I. Erbschaftsteuer § 27

dass sie zivilrechtlich bei den Erben keinen Erwerb des Gesellschaftsanteils durch Erbanfall bewirkt (Stichtagsprinzip) und eine wirtschaftliche Zurechnung im Erbschaftsteuerrecht ausscheidet. Mit dem Tod des Erblassers ist dessen Mitgliedschaft in der Gesellschaft erloschen, sein Anteil am Gesellschaftsvermögen wächst den verbleibenden Gesellschaftern an (§ 738 Abs. 1 S. 1 BGB), die den Erben des verstorbenen Gesellschafters wiederum eine Abfindung zu zahlen haben (§ 738 Abs. 1 S. 2 BGB). Nachlassgegenstand ist der mit dem Nennwert anzusetzende Abfindungsanspruch.[37] Etwaige Wirtschaftsgüter des Sonderbetriebsvermögens des Erblassers sind im Nachlass mit dem gemeinen Wert anzusetzendes Privatvermögen. Ist der Abfindungsanspruch geringer als der Steuerwert des Anteils, erzielen die verbleibenden Gesellschafter in Höhe der Differenz einen steuerbaren Anwachsungserwerb (§ 3 Abs. 1 Nr. 2 S. 2 ErbStG), der nach § 13a ErbStG begünstigt wäre. Macht der eintrittsberechtigte Erbe von seinem Recht Gebrauch, liegt hierin ein voll- oder teilentgeltlicher Erwerb unter Lebenden.

Hieran ändert sich grundsätzlich nichts, wenn die Eintrittsklausel als **Treuhandklausel** **19** mit Weitergabeverpflichtung ausgestaltet wird. Etwas Anderes könnte allenfalls dann gelten, wenn die Eintrittsklausel so ausgestaltet wurde, dass sie dem Eintrittsberechtigten eine Mitunternehmerstellung vermittelt oder wie ein Vertrag zugunsten Dritter im Sinne des § 3 Abs. 1 Nr. 4 ErbStG wirkt. Für Letzteres müsste der Erblasser im Hinblick auf den Eintritt des Eintrittswilligen auf seinen Abfindungs- bzw. Entschädigungsanspruch verzichten und der Eintrittswillige deshalb für den nach dem Tode des Erblassers/Altgesellschafters durch Beitritt oder Weiterübertragung erworbenen Gesellschaftsanteil keine äquivalente Gegenleistung (mehr) zu erbringen haben.[38] Der Altgesellschafter hält den Anteil sozusagen „treuhänderisch" für den Eintrittswilligen. Voraussetzung ist allerdings, dass eine derartige Klausel zivilrechtlich wirksam vereinbart wurde. Im Hinblick auf die Rechtsprechung zum vorbehaltlosen Abfindungsanspruch sind hier enge Grenzen gesetzt.[39] Darüber hinaus muss bei der Abfassung einer derartigen Klausel darauf geachtet werden, dass die „Treuhandlösung" nicht so weit geht, dass sie einkommensteuerlich angesichts der dort geltenden wirtschaftlichen Betrachtungsweise oder gar nach § 39 Abs. 2 Nr. 1 S. 2 AO zu ungewollten ertragsteuerlichen Ergebnissen führt (→ Rn. 296).

Abgesehen von diesem Spezialfall ist es für die erbschaftsteuerliche Beurteilung jedoch unerheblich, ob und inwieweit das Eintrittsrecht ausgeübt wird. Dennoch differenziert die Finanzverwaltung danach und behandelt den Erwerb eines Gesellschaftsanteils durch einen Erben, der von seinem Eintrittsrecht – zwangsläufig erst nach dem Tod des Erblassers – Gebrauch macht, als Erwerb durch Erbanfall.[40] Für die Bewertung des Nachlasses ist somit der Gesellschaftsanteil mit dessen Steuerwert zu berücksichtigen. Die erbschaftsteuerliche Behandlung entspricht nach dieser Ansicht derjenigen bei der qualifizierten Nachfolgeklausel und erstreckt sich konsequenterweise auch auf das dazu gehörende Sonderbetriebsvermögen.[41] Ob und inwieweit diese Ansicht Bestand haben wird, ist mehr als fraglich. Aus erbschaftsteuerlicher Sicht sollten Eintrittsklauseln wegen der mit ihnen verbundenen Unsicherheiten vermieden werden. Die Ansicht der Finanzverwaltung spricht im Übrigen nur von dem „Anteil an einer Personengesellschaft", nicht aber von einem Mitunternehmeranteil, so dass sich die Frage stellt, ob auch das Sonderbetriebsvermögen mit einbezogen ist.[42]

---

[37] Ebenso FG Niedersachsen EFG 2000, 960; *Gebel*, Betriebsvermögensnachfolge, Rn. 834 ff.; Troll/Gebel/Jülicher/Gottschalk/*Gottschalk* ErbStG § 3 Rn. 148; aA R E 13b.1 Abs. 2 S. 2 u. 3 ErbStR 2011; Moench/Weinmann/*Weinmann* ErbStG § 3 Rn. 79; *Hübner/Maurer* ZEV 2009, 361.
[38] Vgl. *Gebel*, Betriebsvermögensnachfolge, Rn. 835.
[39] *Gebel*, Betriebsvermögensnachfolge, Rn. 829.
[40] R E 13b.1 Abs. 2 S. 2 u. 3 ErbStR 2011; ebenso Moench/Weinmann/*Moench* ErbStG § 3 Rn. 79; *Hübner/Maurer* ZEV 2009, 361; Troll/Gebel/Jülicher/Gottschalk/*Jülicher* ErbStG § 13b Rn. 90.
[41] Troll/Gebel/Jülicher/Gottschalk/*Jülicher* ErbStG § 13b Rn. 91.
[42] *Gebel*, Betriebsvermögensnachfolge, Rn. 842.

Macht der Eintrittsberechtigte von seinem Recht keinen Gebrauch, wächst der Anteil den überlebenden Gesellschaftern an. Dieser Anwachsungserwerb nach § 3 Abs. 1 Nr. 2 S. 2 ErbStG ist begünstigt.[43]

20 Bei einer **Übernahmeklausel** steht dem oder den verbleibenden Gesellschaftern das Recht zustellt, die Übertragung des an die Erben des verstorbenen Gesellschafters zunächst vererbten Personengesellschaftsanteils gegen Zahlung einer Abfindung zu fordern. Die Erben werden mit dem Tod des Erblassers Gesellschafter der Personengesellschaft. Nachlassgegenstand ist daher der Anteil an der Personengesellschaft. Dies gilt grundsätzlich auch für die Steuerbegünstigungen des § 13a ErbStG, was regelmäßig aber nur von kurzer Dauer sein wird, da mit der Übernahme durch den übernahmeberechtigten Gesellschafter die Nachsteuertatbestände des § 13a Abs. 6 ErbStG verwirklicht werden (→ Rn. 192 ff.). Macht der übernahmeberechtigte Gesellschafter demgegenüber von dem ihm zustehenden Übernahmerecht keinen Gebrauch, entsprechen die erbschaftsteuerlichen Folgen denen der einfachen Nachfolgeklausel. Ist die Übernahmeklausel allerdings so ausgestaltet, dass die Ausübung des Übernahmerechtes durch den übernahmeberechtigten Altgesellschafter auf den Todestag zurückwirkt, kommt es zivilrechtlich zu einem unmittelbaren Erwerb durch den Übernahmeberechtigten.[44] In diesem Fall fällt nicht der Gesellschaftsanteil, sondern lediglich ein mit dem Nennwert zu bewertender Abfindungsanspruch in den Nachlass, sofern der Gesellschaftsvertrag diesen nicht wirksam ausgeschlossen hat.[45] Die erbschaftsteuerliche Behandlung erfolgt wie bei der Fortsetzungsklausel. Die Vergünstigungen der §§ 13a, 19a ErbStG können hier von den Erben nicht beansprucht werden, wohl aber von dem Altgesellschafter. Schuldet der übernahmeberechtigte Altgesellschafter keine oder nur eine Minderabfindung, liegt in seiner Person ein Erwerb durch Schenkung auf den Todesfall nach § 3 Abs. 1 Nr. 2 ErbStG vor. Beim Erben ist der Anteil bei unverzüglicher Übertragung nach dem Todesfall an einen verbleibenden Gesellschafter aufgrund einer gesellschaftsvertraglichen Weitergabeverpflichtung nur mit dem geringeren Abfindungswert anzusetzen, § 10 Abs. 10 ErbStG.

21 Das **Vermächtnis** spielt im Erbschaftsteuerrecht in mehrfacher Hinsicht eine Rolle. So gehören die Vermächtnisgegenstände zum Nachlass und damit zum Erbanfall (→ Rn. 4). Das Vermächtnis stellt ferner eine Nachlassverbindlichkeit dar (→ Rn. 101) und korrigiert so die Erbschaftsteuerbelastung des Erben. Im Rahmen des hier interessierenden Erwerbs von Todes wegen handelt es sich allerdings um einen steuerpflichtigen Erwerb durch den Vermächtnisnehmer. Dieser gilt als vom Erblasser unmittelbar zugewandt, was zB für die Steuerklasse Bedeutung hat (→ Rn. 242). Soweit die Testamentsvollstreckerkosten das angemessene Maß überschreiten (→ Rn. 104) und vom Erblasser auf Grund besonderer Umstände angeordnet wurden, die tatsächlich und rechtlich nicht mit der der Testamentsvollstreckung zusammenhängen, stellen sie ein Vermächtnis zugunsten des Testamentsvollstreckers dar. Insoweit unterliegen sie grundsätzlich der Erbschaft- und nicht der Einkommensteuer. Liegen diese Umstände allerdings nicht vor, besteht eine Vermutung dafür, dass eine vom Erblasser als Testamentsvollstreckerhonorar bezeichnete Vergütung auch tatsächlich und rechtlich mit der Testamentsvollstreckung zusammenhängt; denn sie ist im Gegensatz zum Vermächtnis dadurch gekennzeichnet, dass der Testamentsvollstrecker sie nur dann erhält, wenn er sein Amt ausübt.[46] Das Erbschaftsteuerrecht folgt insoweit nicht dem Zivilrecht (vgl. § 2221 BGB) und unterwirft das Honorar in vollem Umfang nur der Einkommensteuer.

22 Hat der Erblasser ein **Betriebsvermächtnis** verfügt, ist Nachlassgegenstand und Vermächtnisgegenstand der Betrieb mit allen Aktiva und Passiva, sofern die Schuldübernahme nicht ausdrücklich ausgeschlossen wurde. Während dem Erben der Betrieb unmittel-

---

[43] R E 13b.1 Abs. 2 S. 4 ErbStR 2011.
[44] OLG Hamm ZEV 1999, 321.
[45] *Gebel*, Betriebsvermögensnachfolge, Rn. 804.
[46] BFH DStR 2005, 825; BStBl. II 1990, 1028.

I. Erbschaftsteuer § 27

bar zugerechnet wird und dieser somit von den steuerlichen Begünstigungen der §§ 13a, 19a ErbStG profitiert, kann beim Vermächtnisnehmer der auf Übertragung einer betrieblichen Sach- und Rechtsgesamtheit gerichtete, mit dem gemeinen Wert anzusetzende Vermächtnisanspruch als Erwerbsgegenstand zu sehen sein (**Sach- oder Stückvermächtnis**).[47] Diese auf die Rechtsprechung zu Sachleistungsansprüchen zurückgehende Ansicht ist zu Recht angezweifelt worden.[48] In § 3 Abs. 1 Nr. 1 ErbStG ist der „Erwerb durch Vermächtnis" und nicht der „Erwerb des Vermächtnisanspruchs durch Vermächtnisanfall" gleichwertig neben den „Erwerb durch Erbanfall" gestellt worden. Dies zeigt, dass es um den Erwerb des Vermächtnisgegenstandes und nicht um den des Vermächtnisanspruchs gehen sollte.[49] Durch die Annäherung des Steuerwerts an den Verkehrswert (gemeinen Wert) hat sich die Problematik relativiert. Ein **Personengesellschaftsanteil,** der Gegenstand eines Vermächtnisses ist, ist ebenso wie das Betriebsvermächtnis ein Stückvermächtnis und somit entsprechend zu behandeln.

Enthält der Gesellschaftsvertrag einer Personengesellschaft eine Eintrittsklausel (→ Rn. 18), kann die dadurch eröffnete Möglichkeit, der Gesellschaft beizutreten, auch für ein **Eintrittsvermächtnis** genutzt werden, dessen Gegenstand der mit dem Tod des Erblassers entstandene Abfindungsanspruch ist.[50] Diese Variante findet häufig Verwendung, wenn die Eintrittsklausel offen gehalten ist und es den Gesellschaftern überlassen ist, für den Todesfall ihren Nachfolger außerhalb des Gesellschaftsvertrages selbst zu bestimmen. Sie wird darüber hinaus häufig verwandt, wenn der Vermächtnisnehmer nicht als Erbe berufen ist. Der so erworbene Abfindungsanspruch versetzt den Vermächtnisnehmer in die Lage, die ihn grundsätzlich bei Eintritt in die Gesellschaft treffende Einlageverpflichtung mit dem ihm vermächtnisweise zugewandten Abfindungsanspruch zu verrechnen. Nachlassgegenstand ist auch hier wieder der mit dem Nennwert anzusetzende Abfindungsanspruch. Zumindest für ein Eintrittsvermächtnis eines **Nichterben** ist nach Ansicht der Finanzverwaltung jedoch Erwerbsgegenstand der begünstigt zu bewertende Gesellschaftsanteil.[51] Ob und inwieweit dies Bestand haben wird, ist fraglich (→ Rn. 18 f.). Etwaiges Sonderbetriebsvermögen ist mit dem gemeinen Wert zu bewertendes Privatvermögen, und zwar auch dann, wenn es Vermächtnisgegenstand ist und dem das Eintrittsrecht ausübenden Vermächtnisnehmer zugeordnet ist. Ob es von der Finanzverwaltung in die Sonderregelung mit einbezogen ist, ist zweifelhaft.[52] 23

Schlägt der Erbe oder der Vermächtnisnehmer die Erbschaft bzw. das Vermächtnis **aus**, so gilt sein Erwerb gemäß § 1953 Abs. 1 bzw. § 2180 BGB rückwirkend als nicht erfolgt (→ § 11 Rn. 1 ff.). Dieser zivilrechtlichen Situation entsprechend entfällt die entstandene Erbschaftsteuer ebenfalls mit Wirkung für die Vergangenheit. Ein bereits ergangener Erbschaftsteuerbescheid ist in diesem Fall nach § 175 Abs. 1 S. 1 Nr. 2 AO aufzuheben. Die Erbschaft bzw. das Vermächtnis fällt dem Nächstberufenen bzw. dem Ersatzerben oder Ersatzvermächtnisnehmer zu, der daraufhin auch neuer Schuldner der Erbschaftsteuer wird. Sofern allerdings mehrere Erben vorhanden sind, führt die Ausschlagung durch einen Miterben nicht zur Auswechslung des Steuerschuldners. Denn zivilrechtlich erhöht sich lediglich der Erbanteil der verbleibenden, dh nicht ausschlagenden Miterben und damit auch nur deren Erbschaftsteuerschuld. Die Rechtsfolgen der Ausschlagung gelten auch für den Fall, dass in der Folgezeit Umstände eintreten (zB Auffinden eines Testaments oder Anfechtung eines solchen), die den Erbfall **unwirksam machen**. 24

---

[47] *Gebel*, Betriebsvermögensnachfolge, Rn. 209 ff.; Troll/Gebel/Jülicher/Gottschalk/*Gebel* § 3 Rn. 172.
[48] *Viskorf* FR 2001, 966, zweifelt sogar daran, dass der zuständige Senat an der Rechtsprechung festhalten wird.
[49] Viskorf/Glier/Hübner/Knobel/Schuck/*Hübner* ErbStG § 3 Rn. 23, 127; Moench/Weinmann/*Weinmann* ErbStG § 3 Rn. 96, 101.
[50] *Gebel*, Betriebsvermögensnachfolge, Rn. 849.
[51] R E 13b.1 Abs. 2 S. 3 ErbStR; ebenso Moench/Weinmann/*Weinmann* ErbStG § 3 Rn. 79.
[52] *Gebel*, Betriebsvermögensnachfolge, Rn. 849.

25 Die **Schenkung auf den Todesfall** zählt wegen ihrer Verknüpfung mit dem Tod des Schenkers zu den Erwerben von Todes wegen. Sie wird im Bereich der Unternehmensnachfolge häufig dann als erbrechtliche Gestaltung in Betracht gezogen, wenn sich der Erblasser zu Lebzeiten von seinem Unternehmen noch nicht trennen kann. Es muss allerdings auch darauf hingewiesen werden, dass sie als Gestaltungsmittel nur ein „Notnagel" sein kann, da sie den auserkorenen Betriebsnachfolger regelmäßig in seiner freien Entfaltung behindert und ihm wenig Perspektiven aufzeigt. Als eine Schenkung auf den Todesfall gilt auch der auf dem **Ausscheiden eines Gesellschafters** beruhende Übergang des Anteils eines Gesellschafters oder eines Teils dieses Anteils bei dessen Tod auf die anderen Gesellschafter oder die Gesellschaft, soweit der Wert des Anteils die Abfindungsansprüche übersteigt, § 3 Abs. 1 Nr. 2 S. 2 ErbStG. Dies betrifft neben Anteilen an Personengesellschaften auch Anteile an Kapitalgesellschaften. Die Wertung als Schenkung auf den Todesfall setzt voraus, dass es sich zivilrechtlich auch tatsächlich um eine freigebige Zuwendung handelt. Der Erwerber muss daher objektiv auf Kosten des Schenkers bereichert und die Zuwendung unentgeltlich sein (→ § 28 Rn. 4 ff.). Das subjektive Merkmal des Bewusstseins der Unentgeltlichkeit muss nach Ansicht der Rechtsprechung für den Erwerbstatbestand des gesellschaftsrechtlichen Anteilsübergangs nicht vorliegen.[53] Bei Personengesellschaften wird ein derartiger Erwerb von Todes wegen regelmäßig verwirklicht, wenn der Gesellschaftsvertrag mit einer Abfindungsbeschränkung ausgestaltet ist und eine **Fortsetzungsklausel** (→ Rn. 15) enthält oder das bei einer **Eintrittsklausel** (→ Rn. 18) eingeräumte Eintrittsrecht nicht ausgeübt wird. Den verbleibenden Gesellschaftern wächst der Anteil des ausscheidenden an, ohne dass dem Wertzuwachs ein entsprechender Ausgleichsanspruch gegenübersteht. Der Annahme einer objektiven Bereicherung der die Gesellschaft fortführenden Gesellschafter steht nicht entgegen, dass der durch Tod ausgeschiedene Gesellschafter oder dessen Rechtsvorgänger bei Gründung der Gesellschaft weder eine Einlage erbracht noch Aufwendungen für zu diesem Zeitpunkt vorhandene stille Reserven geleistet hat und der Anspruch des ausscheidenden Gesellschafters bei Fortbestehen der Gesellschaft durch Gesellschaftsvertrag auf den Buchwert begrenzt worden ist.[54] Gleiches gilt, wenn bei einer zweigliedrigen Personengesellschaft der verbleibende Gesellschafter das Gesellschaftsvermögen allein übernimmt und keinen vollen Wertausgleich leisten muss.[55] Auch bei Zuwendungen an eine Personengesellschaft sind Erwerber und Steuerschuldner stets die verbleibenden Gesellschafter.[56] Denn das Recht der Personengesellschaften kennt den Erwerb eigener Anteile nicht.

26 Für **Kapitalgesellschaften** gilt eine entsprechende erbschaftsteuerliche Wertung für den Fall der **Einziehung eines Gesellschaftsanteils** aus Anlass des Todes Gesellschafters sowie einer die Erben treffenden gesellschaftsvertraglichen **Übertragungsverpflichtung**, § 3 Abs. 1 Nr. 2 S. 3 ErbStG. Sieht der Gesellschaftsvertrag einer Kapitalgesellschaft also die Einziehung des Gesellschaftsanteils des verstorbenen Gesellschafters vor und ist die zu zahlende Abfindung geringer als der Steuerwert des Anteils, kommt es bei den verbleibenden Gesellschaftern zu einer entsprechenden steuerpflichtigen Bereicherung. Gleiches gilt, wenn die Erben eines Kapitalgesellschaftsanteils durch den Gesellschaftsvertrag verpflichtet sind, den durch Erbanfall erworbenen Geschäftsanteil auf die Gesellschafter oder die Gesellschaft zu übertragen. Besteuert wird die Wertdifferenz. Erwerber sind die Gesellschafter bzw. beim Erwerb durch die Gesellschaft diese selbst. Nach der Anhebung der erbschaft- und schenkungsteuerlichen Werte kommt diesem Bereich, der bislang eher ein Schattendasein führte, erheblich größere Bedeutung zu, insbesondere auch deshalb, weil die Finanzverwaltung dem Erwerb aufgrund der Einziehung als nicht nach §§ 13a, 19a

---

[53] BFH BStBl. II 1992, 912; BFH/NV 1993, 101; 1996, 609; kritisch zu Recht: *Meincke/Hannes/Holtz* ErbStG § 3 Rn. 78 mwN.
[54] BFH/NV 1996, 610.
[55] BFH BStBl. II 1992, 925.
[56] BFH BStBl. II 1995, 81.

I. Erbschaftsteuer § 27

ErbStG begünstigt ansehen, da die Gesellschafter bzw. die Gesellschaft keine Anteile erwerben.[57]

§ 3 Abs. 2 Nr. 1 ErbStG erfasst uneingeschränkt alle Fälle des Vermögensübergangs auf eine vom Erblasser angeordnete **Stiftung**.[58] Die Stiftung muss vom Erblasser nicht unbedingt selbst testamentarisch angeordnet worden sein. Erfasst wird daher auch der Vermögensübergang auf die Stiftung, die erst aufgrund einer Bedingung oder Auflage des Erblassers von den Erben errichtet wird. Gleiches gilt hinsichtlich der bereits bestehenden Stiftung, die der Erblasser testamentarisch als Erben oder Vermächtnisnehmer einsetzt. Ist die Stiftung noch nicht errichtet, entsteht die Erbschaftsteuer erst mit deren Genehmigung, § 9 Abs. 1 Nr. 1c) ErbStG.[59] Zwischen Tod des Erblassers und Genehmigung erwirtschaftete Gewinne unterliegen somit sowohl der Ertragsteuer wie auch der Erbschaftsteuer.[60] Der Übergang von Vermögen auf eine **nichtrechtsfähige Stiftung** ist als Zweckzuwendung nach § 8 ErbStG zu behandeln.[61] Schließlich erfasst die Vorschrift auch die Anordnung eines **testamentary trusts** oder einer ähnlichen Vermögensmasse[62] ausländischen Rechts, deren Zweck auf die Bindung von Vermögen gerichtet ist. Hier entsteht die Erbschaftsteuer mit dem Zeitpunkt der Bildung oder Ausstattung der Vermögensmasse, § 9 Abs. 1 Nr. 1c) Hs. 2 ErbStG.

Verbindet der Erblasser den Erwerb durch den Erben mit einer **Auflage** oder einer **Bedingung,** so stellt die daraufhin erfolgende Zuwendung für den Begünstigten einen Erwerb von Todes wegen dar, § 3 Abs. 2 Nr. 2 ErbStG. Die Steuer entsteht mit der Vollziehung der Auflage bzw. Erfüllung der Bedingung, § 9 Abs. 1 Nr. 1d) ErbStG. Als vom Erblasser zugewendet und damit als Erwerb von Todes wegen gilt auch die **Abfindung für Erbverzichte** usw, § 3 Abs. 2 Nr. 4 ErbStG. Hierunter fallen die Abfindung für einen Verzicht auf den entstandenen Pflichtteilsanspruch oder Erbersatzanspruch sowie diejenige für die **Ausschlagung** einer Erbschaft oder eines Vermächtnisses.[63] Durch den Verzicht kommt es zu keiner Bereicherung aufgrund der Erbschaft. Erst durch die Abfindung ist der Verzichtende bzw. Ausschlagende bereichert. Der Verzicht selbst bleibt gemäß § 13 Abs. 1 Nr. 11 ErbStG steuerfrei. Zu beachten ist, dass bei einem **geltend gemachten** Pflichtteils- oder Erbersatzanspruch die Erbschaftsteuer bereits gemäß § 9 Abs. 1 Nr. 1b) ErbStG entstanden ist. Ein danach ausgesprochener Verzicht lässt die Erbschaftsteuerschuld nicht entfallen.

Wird das einem Dritten durch Vertrag zugunsten Dritter **zugewendete Recht zurückgewiesen** (§ 333 BGB), so fällt eine dafür gewährte Abfindung seit dem 1.1.2009 unter § 3 Abs. 2 Nr. 4 ErbStG und ist steuerpflichtig.[64] Derjenige, dem das Recht aufgrund der Zurückweisung zufällt und der die Abfindung leistet, kann das aufgewendete Vermögen als Kosten zur Erlangung des Erwerbs nach § 10 Abs. 5 Nr. 3 ErbStG abziehen. Die Zurückweisung ist nicht fristgebunden, darf jedoch noch nicht, auch nicht konkludent angenommen sein, und entfaltet steuerliche Wirkung für die Vergangenheit, § 175 Abs. 1 S. 1 Nr. 2 AO.

Schuldner der Erbschaftsteuer ist beim Erwerb von Todes wegen nicht der Erblasser oder der Nachlass, sondern der Erwerber, § 20 ErbStG. Eine eventuell angeordnete Testamentsvollstreckung ändert hieran nichts. Die Erbschaftsteuer entsteht beim Erwerb von Todes wegen gem. § 9 Abs. 1 Nr. 1 ErbStG grundsätzlich mit dem Tode des Erblas-

---

[57] R E 3.4 Abs. 3 S. 9 ErbStR 2011.
[58] BFH BStBl. II 1996, 99.
[59] BFH BStBl. II 1996, 99.
[60] BFH BStBl. II 1996, 99; zu Recht aA *Kapp/Ebeling/Geck* ErbStG § 3 Rn. 282.1; → § 8 Rn. 18; → § 9 Rn. 47 mwN vgl. auch *Gebel*, Betriebsvermögensnachfolge, Rn. 1233.
[61] RFH RStBl. 1939, 729.
[62] Zum Begriff der Vermögensmasse vgl. *Schienke-Ohletz* DStR 2019, 21.
[63] Zur Ausschlagung als Gestaltungs- und Reparaturmöglichkeit → § 11 Rn. 1ff. sowie MAH ErbR/*von Sothen* § 36 Rn. 358 ff.
[64] Zur Gesetzeslücke aufgrund der früheren Rechtslage vgl. *Meincke* ZEV 2000, 214.

sers und nur in den in § 9 Abs. 1 Nr. 1 Buchst. a–j ErbStG abschließend aufgezählten Ausnahmen zu einem anderen Zeitpunkt.

2. Ermittlung des steuerpflichtigen Erwerbs

31 Steuerbemessungsgrundlage der Erbschaftsteuer ist gemäß § 10 Abs. 1 S. 1 ErbStG der Wert der Bereicherung, soweit diese nicht steuerfrei gestellt ist. Um den steuerpflichtigen Erwerb zu errechnen, ist somit die Bereicherung des Erwerbers um die sachlichen Steuerbefreiungen und persönlichen Freibeträge zu mindern. Danach ergibt sich folgendes Berechnungsschema:

```
       Vermögen nach Steuerwerten
  ./.  sachliche Steuerbefreiungen
  ─────────────────────────────────
   =   Vermögensanfall nach Steuerwerten
  ./.  Nachlassverbindlichkeiten
  ─────────────────────────────────
   =   Bereicherung des Erwerbers
  ./.  persönliche Freibeträge
  ─────────────────────────────────
   =   steuerpflichtiger Erwerb
```

32 **a) Wertermittlung. Bewertungszeitpunkt** ist grundsätzlich der Zeitpunkt der Entstehung der Steuerschuld, § 11 ErbStG. Beim Erbfall ist dies grundsätzlich der Zeitpunkt des Todes des Erblassers (§ 9 Abs. 1 Nr. 1 ErbStG). Es ist daher eine erbschaftsteuerliche Stichtagsbewertung aller zum Erwerb gehörenden Wirtschaftsgüter durchzuführen. Unerheblich ist die Wertentwicklung nach diesem Zeitpunkt. Wird zB ein zum Nachlass gehörendes Grundstück erst Jahre später von der Erbengemeinschaft verkauft und der Veräußerungserlös geteilt, sind weder der Verkaufserlös noch der Anteil den jedes Mitglied der Erbengemeinschaft erhält, für die Bewertung des Erbfalls von Bedeutung. Gleiches gilt hinsichtlich der Wertentwicklung bis zur Verfügungsmöglichkeit des Erben. Ein Wertverlust vor der Verfügbarkeit bedingt zB durch Formalitätshürden, fehlendem Vermögenszugriff oder Streitigkeiten spielt für die Bewertung keine Rolle und wird auch nur in Ausnahmefällen als unbillige Härte berücksichtigt werden können, sofern sie für der Erwerber unvermeidbar waren.[65]

33 Ausgangspunkt ist der Wert des Vermögensanfalls. Hierunter ist der Steuerwert des übergegangenen Vermögens abzüglich der sachlichen Steuerbefreiungen zu verstehen. Beim Erbfall sind noch die Nachlassverbindlichkeiten abzuziehen. Die Bewertung der Vermögensgegenstände richtet sich gemäß § 12 Abs. 1 ErbStG nach den Vorschriften des ersten Teils des Bewertungsgesetzes, soweit sich aus den Abs. 2 bis 7 des § 12 ErbStG nichts Anderes ergibt. Die zum jeweiligen Erwerb gehörenden Vermögensgegenstände sind zum Zwecke der Erbschaftbesteuerung einzeln und gesondert zu bewerten. Bewertungsgegenstand ist die sog. **wirtschaftliche Einheit,** § 2 BewG. Hierbei kann es sich um einen einzelnen Vermögensgegenstand handeln. Dienen mehrere Vermögensgegenstände eines Eigentümers einem gemeinschaftlichen wirtschaftlichen Zweck, sind sie zu einer wirtschaftlichen Einheit zusammenzufassen. Hinterlässt zB ein Erblasser ein Wohngebäude nebst Grund und Boden, einen Carport, eine Umzäunung und Zubehör, so handelt es sich insoweit nur um eine wirtschaftliche Einheit. Hinterlässt er daneben noch ein Einzelhandelsgeschäft, so sind die hierzu gehörenden Wirtschaftsgüter ebenfalls zu einer weiteren eigenständigen Einheit zusammenzufassen. Der Nachlass würde in diesem Fall aus insgesamt zwei wirtschaftlichen Einheiten bestehen, die jede für sich gesondert zu

---

[65] BVerfG BStBl. II 1995, 671 unter B. 2. und C. II. 3.; BFH BFH/NV 1990, 643; *Mönch/Weinmann/Weinmann* ErbStG § 11 Rn. 12; *Meincke/Hannes/Holtz* ErbStG § 9 Rn. 11.

I. Erbschaftsteuer § 27

bewerten wäre. Gehörte ihm eine wirtschaftliche Einheit nicht allein, wird gleichwohl die gesamte Einheit bewertet und hieraus der anteilige Wert abgeleitet, § 3 BewG.

Welches **Bewertungsverfahren** schließlich zugrunde zu legen ist und welche Maßstäbe hierbei anzulegen sind, hängt im Wesentlichen davon ab, um was für einen Bewertungsgegenstand, dh um welche wirtschaftliche Einheit es sich handelt.[66] Soweit nichts anderes vorgeschrieben ist, ist für die Bewertung einer wirtschaftlichen Einheit immer der **gemeine Wert** maßgebend, § 9 Abs. 1 BewG. Dieser entspricht dem Preis, der im gewöhnlichen Geschäftsverkehr, dh nach den marktwirtschaftlichen Grundsätzen von Angebot und Nachfrage, unter Berücksichtigung der Beschaffenheit des Vermögensgegenstandes bei einer Veräußerung zu erzielen wäre, § 9 Abs. 2 S. 1 BewG. Ungewöhnliche Verhältnisse bleiben dabei ebenso unberücksichtigt, wie persönliche Umstände, die in der Person des Verkäufers oder Käufers ruhen. Bei Familienunternehmen, bei denen Entnahme- bzw. Ausschüttungs-, Verfügungs- und Abfindungsbeschränkungen existieren, gewährt § 13a Abs. 9 ErbStG einen Wertabschlag. Hierbei handelt es sich um eine gesetzlich geregelte, nicht in § 9 BewG verankerte[67] Verschonung in der Form eines Abschlags vom Unternehmenswerts, um den besonderen persönlichen Verhältnissen bei diesen Gesellschaften Rechnung zu tragen. 34

Im Folgenden soll nur auf die für die Unternehmensnachfolge besonders interessanten Bereiche der Bewertung von Betriebsvermögen und von Anteilen an Kapitalgesellschaften eingegangen werden.

aa) Kapitalgesellschaften. Zum Privatvermögen gehörende Kapitalgesellschaftsanteile sind gemäß § 12 Abs. 5 ErbStG iVm § 11 BewG mit dem gemeinen Wert der Anteile anzusetzen, und zwar sowohl beim Erben als auch beim Vermächtnisnehmer. Handelt es sich um **börsennotierte Anteile** an Kapitalgesellschaften, dh um Wertpapiere, die zum Besteuerungszeitpunkt an einer deutschen Börse zum amtlichen Handel oder zum geregelten Markt zugelassen oder in den Freiverkehr mit einbezogen sind, erfolgt die Bewertung gemäß § 11 Abs. 1 BewG zum jeweiligen Börsenkurs zum Besteuerungszeitpunkt und damit grundsätzlich am Todestag. Liegen keine Stichtagswerte vor, so ist der letzte innerhalb von 30 Tagen vor dem Stichtag im regulierten Markt bzw. im Freiverkehr notierte Kurs maßgebend, § 11 Abs. 1 S. 2, 3 BewG. Voraussetzung ist allerdings, dass die zur Bewertung herangezogenen Verkäufe, aus denen der gemeine Wert der Anteile abgeleitet werden soll, im gewöhnlichen Geschäftsverkehr getätigt wurden.[68] Die Zugrundelegung des Kurswerts birgt insbesondere für technologieorientierte Unternehmen erhebliche Risiken in sich. Diese Unternehmen werden vom Markt nach den Zukunftsaussichten ihrer Produkte bewertet. Hinzu kommt häufig noch ein psychologischer Effekt, der die Bewertung des Unternehmens zusätzlich irrational beeinflusst. Die Volatilität der Aktien ist entsprechend hoch. Es kann daher die Situation eintreten, dass die Aktien im Bewertungszeitpunkt sehr hoch bewertet sind, der Kurs kurz darauf einbricht und die Erbschaftsteuerlast das gesamte Vermögen verschlingt. 35

---

[66] Nach Art. 3 des ErbStRG kann ein Erwerber im Falle eines Erwerbes von Todes wegen – explizit ausgeschlossen ist damit die Schenkung unter Lebenden –, für den die Steuer gemäß § 9 ErbStG nach dem 31.12.2006 und vor dem 1.1.2009 entstanden ist, beantragen, dass hierauf bereits das neue Erbschaftsteuer- und Bewertungsrecht angewendet wird. Der Antrag war bis zum 30.6.2009 zu stellen. Auf eine Darstellung dieses Wahlrechts wird aufgrund des Zeitablaufs der Regelung verzichtet und auf die einschlägige Literatur verwiesen; vgl. zB gleichlautender Ländererlass v. 23.2.2009 ZEV 2009, 152 mAnm *Eisele*; *Neufang/Brey/Merz* Stbg 2009, 129.

[67] BVerfG BStBl. II 2007, 192 verlangt eine Trennung von Bewertungs- und Verschonungsebene, weshalb der Verschonungsabschlag nicht in den Bewertungsvorschriften eingefügt werden konnte; vgl. Troll/Gebel/Jülicher/Gottschalk/*Jülicher* ErbStG § 12 Rn. 73.

[68] BFH BStBl. II 1993, 266; 2017, 149.

Beispiel:

Der 31-jährige Vorstandsvorsitzende eines Biotechnologieunternehmens stirbt bei einem Flugzeugabsturz. Die Aktie wird im Todeszeitpunkt mit 100 EUR gehandelt. Als die Nachricht eine Woche später bekannt wird, bricht der Kurs auf 10 EUR ein. Er ist nicht verheiratet und hinterlässt sein Aktienvermögen von 100.000 Stück (= 10 % der Aktien) seiner Lebensgefährtin. Ohne Korrektur würde bei einem Freibetrag von 20.000 EUR und einem Steuersatz von 50 % eine Erbschaftsteuerschuld – nach Härteausgleich gem. § 19 Abs. 3 ErbStG – von 4.777.275 EUR verbleiben. Der Wert der erbten Aktien beträgt allerdings nur noch 1.000.000 EUR.

Hier und in den meisten Fällen wird man sicherlich mit außergewöhnlichen Umständen iSd § 9 Abs. 2 S. 3 BewG argumentieren können.[69] Der niedrigere Wert war im Steuerentstehungszeitpunkt bereits gegeben, realisiert sich jedoch erst verzögert im Börsenkurs, da die kursbeeinflussende Tatsache erst bekannt werden muss. Der außergewöhnlich hohe Kurs hat daher außer Betracht zu bleiben. Allerdings ist nach der Rechtsprechung des BFH eine Abweichung vom Börsenkurs nur in ganz engen Grenzen zulässig, insbesondere bei solchen Umständen, die bei einem Antrag auf Streichung des Kurses (Kursaussetzung) durch den Börsenvorstand im Hinblick auf § 29 Abs. 3 BörsG berücksichtigt werden könnten.[70] Im Zweifel bliebe dann nur der Erlass im Billigkeitswege.

Wertpapiere, die nur im **freien Markt,** also insbesondere im Telefonverkehr und im Bankenverkehr und nicht im Amtlichen und Geregelten Markt sowie im Freiverkehr gehandelt werden, sind nicht nach § 11 Abs. 1 BewG, sondern nach § 11 Abs. 2 BewG zu bewerten.[71]

36 Bei **nicht börsennotierten Anteilen** an Kapitalgesellschaften liegen realistische Kauf- und Verkaufspreise meist nicht vor. Hier ist der gemeine Wert zu schätzen. Er ist in erster Linie aus zeitnahen, dh weniger als ein Jahr zurückliegenden Verkäufen abzuleiten, wobei grundsätzlich ein einziger Verkauf als Grundlage für die Bewertung ausreicht.[72] Verkäufe nach dem Besteuerungszeitpunkt können nur in Ausnahmefällen der Bewertung zugrunde gelegt werden, etwa dann, wenn sich die Kaufpreisverhandlungen vor dem Stichtag stattgefunden haben und der Kaufpreis sich so weit verdichtet hat, dass er durch den Kaufvertrag letztlich nur noch dokumentiert wird.[73] Nachträgliche, erst nach dem Bewertungsstichtag vorgenommene Kaufpreisminderungen sind zu berücksichtigen, wenn das Minderungsrecht objektiv bereits am Bewertungsstichtag vorhanden war; auf die subjektive Kenntnis der Beteiligten kommt es nicht an.[74] Der Wert der Anteile kann auch aus der Ausgabe neuer Anteile im Rahmen einer Kapitalerhöhung abgeleitet werden.[75] Aus dem Tatbestandsmerkmal „ableiten" in § 11 Abs. 2 BewG folgt indessen nicht, dass der gemeine Wert zwingend mit den tatsächlich vorliegenden Kaufpreisen übereinstimmen muss und die Kaufpreise, auch wenn sie im gewöhnlichen Geschäftsverkehr und unter drittüblichen Bedingungen zustande gekommen sind, unbesehen und pauschal der Wertfindung zugrunde zu legen sind.[76] Ableiten bedeutet vielmehr, dass der tatsächlich erzielte Kaufpreis als Ausdruck des gemeinen Werts zu ändern ist, wenn Umstände vorliegen, die eine Änderung gebieten.[77] Derartige Besonderheiten der Anteile sind mit Zu- oder Abschlägen

---

[69] Ebenso Troll/Gebel/Jülicher/Gottschalk/*Jülicher* ErbStG § 12 Rn. 278.
[70] BFH BStBl. II 1974, 656; BFH/NV 2002, 319; BStBl. II 2009, 444; vgl. auch Kapp/Ebeling/*Geck* ErbStG § 12 Rn. 112 ff.
[71] BFH BStBl. II 2011, 68; 1994, 394; 1973, 46; Rössler/Troll/*Eisele* ErbStG § 11 Rn. 6; Gürsching/Stenger/*Mannek* BewG § 11 Rn. 46.
[72] R B 11.2 Abs. 1 S. 1–3 ErbStR 2011.
[73] BFH BStBl. II 1989, 80; R B 11.2 Abs. 1 S. 4 ErbStR 2011.
[74] BFH BStBl. II 2009, 444.
[75] BFH BStBl. II 1993, 266.
[76] BFH BStBl. II 2017, 149.
[77] BFH BStBl. II 1979, 618; 1994, 394; 2011, 68; 2017, 149.

I. Erbschaftsteuer § 27

zu berücksichtigen. Wertbeeinflussende zu berücksichtigenden Umstände liegen zB vor, wenn nur Kurswerte für Vorzugsaktien vorliegen, aber Stammaktien zu bewerten sind,[78] wenn eine Minderheitsbeteiligung nach dem Verkaufspreis für eine Mehrheitsbeteiligung zu bewerten ist,[79] wenn ein **Paketzuschlag** bei einer Beteiligung von mehr als 25 % vorzunehmen ist, weil der gemeine Wert höher ist als der aus Verkäufen oder dem Börsenkurs abgeleitete Wert,[80] oder wenn eine Kapitalgesellschaft eigene Anteile hält.[81]

Ist eine Bewertung durch Verkäufe oder den Börsenkurs nicht möglich, so ist der gemeine Wert gemäß § 11 Abs. 2 S. 2 BewG unter Berücksichtigung der Ertragsaussichten der Kapitalgesellschaft oder einer anderen anerkannten, auch im gewöhnlichen Geschäftsverkehr für nicht steuerliche Zwecke üblichen Methode zu ermitteln, wobei der Substanzwert der Wirtschaftsgüter der Gesellschaft die Wertuntergrenze bildet. Neben diesen sogenannten marktgängigen Verfahren bietet das Gesetz wahlweise die Bewertung nach einem vereinfachten Ertragswertverfahren an, § 11 Abs. 2 S. 4 BewG, und will damit dem Bedürfnis der Praxis nach einer vereinfachten standardisierten Bewertung Rechnung tragen. Es handelt sich hier um ein Wahlrecht des Steuerpflichtigen und nicht zugleich um ein solches der Finanzverwaltung.[82] Dennoch kann diese es selbstverständlich zu Kontroll- und Plausibilitätszwecken heranziehen. Es ist der Steuerpflichtige, der letztlich die Feststellungslast für die Üblichkeit der von ihm gewählten Methode trägt.[83] Ist diese gängig und stimmig, ist die Finanzverwaltung an den Unternehmenswert gebunden und kann nicht anhand einer anderen anerkannten Methode einen höheren Wert zugrunde legen. 37

Die bewertungsrechtliche Wertermittlung knüpft an die wirtschaftliche Einheit im Ganzen an, § 2 Abs. 1 BewG. Dies ist der ungeteilte Anteilswert der Kapitalgesellschaft, so dass zunächst der gemeine Wert für die Gesellschaft bzw. das Gesellschaftsvermögen insgesamt zu ermitteln und sodann auf die Gesellschafter zu verteilen ist.

Bei den **marktgängigen Verfahren** sieht das Gesetz grundsätzlich keine Einschränkung vor. Als Maßstab wird allerdings häufig der Standard des Instituts der Wirtschaftsprüfer, der IDW S 1, heranzuziehen sein. Das ultimative Bewertungsverfahren gibt es nicht. Entscheidend sind vielmehr der Bewertungsanlass und die vorgefundenen Parameter des Unternehmens. Entsprechend diesem unterschiedlichen Ansatz unterscheidet man in der Unternehmensbewertung die substanzorientierten, die marktorientierten und die ertragswertorientierten Verfahren.[84] Die **substanzorientierten Bewertungsverfahren** werden herangezogen, wenn die Ertragskraft des Unternehmens von untergeordneter Rolle ist. Dies ist zB bei schlechter Ergebnislage, bei insolvenzgefährdeten Unternehmen oder bei Liquidationsgesellschaften der Fall. Innerhalb der substanzorientierten Verfahren unterscheidet man sodann zwischen Verfahren, die auf Rekonstruktionswerte und solche, die auf Liquidationswerte abstellen. Bei der Ermittlung des **Rekonstruktionswerts** werden die Wiederbeschaffungswerte herangezogen, die erforderlich wären, um das Unternehmen zu reproduzieren. Problematisch ist bei diesem Verfahren regelmäßig die Ermittlung nicht bilanzierungsfähiger, insbesondere immaterieller Wiederbeschaffungswerte. Der **Liquidationswert** stellt den Barwert der Nettoerlöse dar, die sich bei Veräußerung der einzelnen Vermögensgegenstände des zu bewertenden Unternehmens abzüglich der Schulden und der Liquidationskosten sowie unter Berücksichtigung der Ertragsteuerauswirkungen ergeben würden. Ein Geschäfts- oder Firmenwert wird regelmäßig nicht anzusetzen sein. 38

---

[78] BFH BStBl. II 1994, 394; 1999, 810.
[79] BFH BStBl. II 1979, 618.
[80] R B 11.6 ErbStR 2011.
[81] BFH BStBl. II 1989, 80.
[82] R B 199.1 Abs. 4 S. 1 ErbStR 2011; *Hannes/Onderka* ZEV 2008, 173; *Schulte/Birnbaum/Hinkers* BB 2009, 300; *Eisele* NWB 2011, 2782 (2787); aA *Viskorf* ZEV 2009, 591; *Mannek* DB 2008, 423; *ders.* ErbStB 2009, 312.
[83] *Hübner* C. II. 1.
[84] Vgl. *Wenzel/Hoffmann* BBK F. 28, 1463.

39 Die **marktorientierten Verfahren** sind vereinfachte Verfahren, die auch als Praktikerlösungen bezeichnet werden können. Von Bedeutung ist hier insbesondere die **Multiplikatormethode**, bei der der unbekannte Wert eines Unternehmens unter Rückgriff auf unterschiedliche Multiplikatoren, wie Ergebnismultiplikatoren, umsatz- oder produktmengenorientierte Multiplikatoren bestimmt wird. Während der IDW S 1 diese Methode grundsätzlich nur zur Plausibilitätskontrolle der Ergebnisse einer vorgeschalteten ertragswertorientierten Bewertung heranziehen will,[85] erfreut sich diese Methode insbesondere im Bereich der Bewertung von Freiberuflerpraxen großer Beliebtheit und ist insoweit als branchentypisches und hier übliches Bewertungsverfahren anzuerkennen.[86] Dennoch bleibt die Bestimmung des „richtigen" Multiplikators die eigentliche Herausforderung und zugleich Unsicherheit. Die Kammern, wie zB die Bundesärztekammer,[87] die Bundesrechtsanwaltskammer[88] und die Bundessteuerberaterkammer[89] stellen zwar branchenübliche Bewertungsmaßstäbe zum Zwecke der Bewertung zur Verfügung, geben aber nur Bandbreiten an. Sie werten hierzu ihnen bekannt gewordene Verkäufe aus und ermitteln so den Multiplikator indem Sie den Jahresumsatz zum Veräußerungserlös in Relation setzen. Die Bewertung erfolgt sodann nach folgender Formel:

$$\text{Unternehmenswert} = \text{nachhaltig erzielbarer Jahresumsatz} \times \text{Multiplikator}$$

40 Andere gängige Multiplikatoren sind zB EBITDA und EBIT, die branchenbezogen veröffentlicht werden und so leicht zugänglich sind. Dennoch sollte nicht außer Acht gelassen werden, dass die Aussagekraft dieser Methode stark von dem jeweils angewandten Multiplikator und dessen Ermittlung abhängt. Je vergleichbarer die Daten des Unternehmens mit den Daten der Unternehmen sind, die zur Multiplikatorermittlung herangezogen wurden, umso höher ist die Wahrscheinlichkeit, dass der ermittelte Unternehmenswert der Realität entspricht. Bei regional operierenden Unternehmen sind daher zB die Zahlen regionaler Wettbewerber internationalen Kennzahlen vorzuziehen. Insgesamt ist daher – auch bei Freiberuflerpraxen – eine Tendenz hin zum Ertragswertverfahren nach dem Standard des IDW S. 1 zu erkennen.[90]

41 Bei den **ertragswertorientierten Verfahren** unterscheidet man zwischen dem Ertragswertverfahren und den Discounted-Cashflow (DCF)-Verfahren. Beide Verfahren basieren konzeptionell auf dem Kapitalwertverfahren, bei dem zukünftige finanzielle Zahlungsüberschüsse mit einem bestimmten Kapitalisierungssatz auf den Bewertungszeitpunkt diskontiert werden. Das in Deutschland überwiegend angewandte Ertragswertverfahren verfolgt einen Nettoansatz, der den Marktwert des Eigenkapitals direkt ermittelt. Das international überwiegende DCF-Verfahren ist demgegenüber ein Bruttoverfahren, das den Marktwert des Eigenkapitals indirekt ermittelt, indem zunächst der Gesamtwert des Unternehmens bestimmt wird und sodann der Marktwert des Fremdkapitals abgezogen wird. Während also das Ertragswertverfahren von vornherein allein auf den Unternehmenseigentümer abstellt, bezieht das DCF-Verfahren den Fremdkapitalgeber zunächst mit ein. Beide Verfahren sind marktgängig im Sinne des § 11 Abs. 2 S. 2 BewG. Auch das IDW

---

[85] Vgl. IDW S 1 idF 2008, Rn. 143, 144.
[86] Kritisch und zugleich einen Überblick über die branchenspezifischen Bewertungsmethoden gebend: FinMin Bayern BeckVerw 267920.
[87] Die Bundesärztekammer Deutsches Ärzteblatt 2008, 2778, knüpft den Multiplikator an die Anzahl der Jahre, in denen eine vom bisherigen Praxisinhaber angelegte Patientenbindung besteht und wendet hier „in der Regel" den Faktor 200% (= 2 Jahre) an. Ein erheblicher wertbildender Faktor ist bei Kassenarztpraxen in gesperrten Bezirken die Vertragsarztzulassung, die sich über den Multiplikator nur bedingt abbilden lässt.
[88] Die Bundesrechtsanwaltskammer BRAK-Mitteilung 2018, 6 ff. gibt als Multiplikatoren 30 bis 100% an.
[89] Die Bundessteuerberaterkammer, Berufsrechtliches Handbuch, 4.2.1 Hinweise der Bundessteuerberaterkammer für die Ermittlung des Wertes einer Steuerberaterpraxis, März 2017, gibt den Multiplikator mit 80% bis 140% an; krit. und weiterführend *Wehmeier* Stbg 2010, 465, der anhand realisierter Kaufpreise den Rahmen nur bis 120% zieht.
[90] *Wehmeier* Stbg 2010, 465; *Knief* DStR 2009, 604 (für Steuerberaterpraxen); *Knief* DB 2009, 866 (für medizinische Praxen).

erkennt den DCF-Ansatz als für die Unternehmenswertermittlung zulässig an.[91] Ertragswert- und DCF-Verfahren werden zukünftig wichtige Alternativen zum vereinfachten Ertragswertverfahren nach § 199 BewG darstellen. Dabei wird sicherlich zunächst indikativ abzuwägen sein, ob eine Unternehmenswertermittlung nach IDW S 1 gegenüber einer Anwendung des vereinfachten Ertragswertverfahrens vorteilhaft ist.[92] Insbesondere für kleinere und mittlere Unternehmen ist die aufwendige Bewertung nach dem IDW-Standard S1 jedoch häufig eine Hürde. Abhilfe könnte hier eine vereinfachte, sich auf die notwendigen Kernelemente des IDW S1 konzentrierende Bewertung, wie zB die „FV (Fair Value)-Unternehmensbewertung[93] bringen.

Alternativ zu den marktgängigen Verfahren bietet das Bewertungsgesetz ein **vereinfachtes Ertragswertverfahren** in den §§ 199 ff. BewG an, sofern dieses nicht zu offensichtlich unzutreffenden Ergebnissen führt. Es ist rechtsformneutral und daher für Personen- wie Kapitalgesellschaften gleichermaßen anwendbar. Damit soll dem Steuerpflichtigen die Möglichkeit eröffnet werden, ohne hohen Ermittlungsaufwand und Kosten für ein Bewertungsgutachten einen erbschaftsteuerlich akzeptablen Unternehmens- bzw. Anteilswert zu ermitteln. Nach wie vor nicht geklärt ist bisher, wann das Verfahren wegen eines offensichtlich unzutreffenden Ergebnisses nicht zur Anwendung gelangen kann. Richtigerweise sollte diese Grenze im Hinblick auf den bei der Unternehmensbewertung grundsätzlich immer gegebenen Beurteilungsspielraum eher zu groß als zu eng gefasst werden. In der Literatur findet sich eine Bandbreite für die Abweichung in Höhe von 10% bis 50%.[94] Nichtsdestotrotz verbleibt insoweit ein Risiko. Insbesondere im Rahmen der Erbauseinandersetzung finden in Bezug auf das zu verteilende Erbe und damit auch in Bezug auf die zur Erbmasse gehörenden Kapitalgesellschaftsanteile Wertfestsetzungen statt, die dem Finanzamt eine Überprüfung des nach dem vereinfachten Ertragswertverfahren ermittelten Unternehmenswert erlauben. Entsprechendes gilt für nach dem Bewertungsstichtag erfolgende Verkäufe. Sie sind zwar nicht für die Bewertung zugrunde zu legen, haben aber dennoch Indizwirkung. Für die Finanzverwaltung haben auch Verkäufe bis zu einem Jahr vor dem Bewertungsstichtag indizielle Wirkung. Darüber hinaus neigt sie offenbar zu einer Nachschau anhand etwaiger Verkäufe und Erbauseinandersetzungen nach dem Stichtag.[95] Ferner ist die Finanzbehörde bei bestimmten Fallkonstellationen, für die das vereinfachte Ertragswertverfahren konzeptionell nicht angelegt ist, gehalten, die Bewertung des Steuerpflichtigen dezidiert zu hinterfragen. Derartige begründete Zweifel hat die Finanzverwaltung[96]
– bei komplexen Strukturen von verbundenen Unternehmen;
– bei neu gegründeten Unternehmen,[97] bei denen der künftige Jahresertrag noch nicht aus den Vergangenheitserträgen abgeleitet werden kann, insbesondere weil hier hohe Gründungs- und Ingangsetzungsaufwendungen, zu offensichtlich unzutreffenden Ergebnissen führen;
– beim Branchenwechsel[98] eines Unternehmens, bei dem deshalb der künftige Jahresertrag noch nicht aus den Vergangenheitserträgen abgeleitet werden kann;

---

[91] IDW S 1 idF 2008, Rn. 101.
[92] *Gerber/König* BB 2009, 1268; → Rn. 35.
[93] *Rohde* DStR 2016, 1566.
[94] *Mannek* DB 2008, 423 (Abweichung von > 50%); *Rhode/Gemeinhardt* StuB 2009, 167 (Abweichung bis zu 25%); Kapp/Ebeling/*Geck* ErbStG § 12 Rn. 226 (Toleranzgrenze liegt bei 20%); Pauli/Maßbaum/*Suerbaum* Erbschaftsteuerreform 2009, 35 (bis zu 10%).
[95] R B 199.1 Abs. 5 ErbStR 2011.
[96] R B 199.1 Abs. 6 ErbStR 2011.
[97] Hier werden die Argumente der Finanzbehörde aber schon sehr stichhaltig sein müssen, da § 201 Abs. 3 S. 1 BewG Neugründungen explizit in den Anwendungsbereich des vereinfachten Ertragswertverfahren einbezieht (→ Rn. 45 aE).
[98] Auch der Branchenwechsel ist in § 201 Abs. 3 S. 1 BewG explizit genannt. Es gilt daher insoweit das Gleiche wie bei der Neugründung (Fn. 94).

— in sonstigen Fällen, in denen auf Grund der besonderen Umstände der künftige Jahresertrag nicht aus den Vergangenheitserträgen abgeleitet werden kann (wie zB Wachstumsunternehmen, branchenbezogene oder allgemeine Krisensituationen oder absehbare Änderungen des künftigen wirtschaftlichen Umfeldes);
— bei grenzüberschreitenden Sachverhalten, zB nach § 1 AStG, § 4 Abs. 1 S. 3 EStG oder § 12 Abs. 1 KStG, sofern der jeweils andere Staat nicht die Ergebnisse des vereinfachten Ertragswertverfahrens seiner Besteuerung zugrunde legt.

43 Zwar hat die Finanzverwaltung ihre Zweifel substantiiert darzulegen und dem Steuerpflichtigen im Rahmen des rechtlichen Gehörs nach § 91 AO Gelegenheit zu geben, diese Bedenken zu zerstreuen. Schafft er dies nicht, geht die Finanzverwaltung davon aus, dass die Voraussetzungen für die Ausübung des Wahlrechts nicht vorliegen.[99] Damit ist der Weg für sie frei, sich selbst ein ihr genehmes Bewertungsverfahren auszusuchen. Das auf dem Steuerpflichtigen lastende Risiko lässt sich letztlich nur dadurch eindämmen, dass zwei Bewertungen durchgeführt werden und zwar eine nach dem vereinfachten Ertragswertverfahren und die andere nach einem marktgängigen Bewertungsverfahren, für welche die Einschränkung des „offensichtlich unzutreffenden Ergebnisses" gesetzlich nicht vorgesehen ist. Kommt die Verschonungsregelung (→ Rn. 174 ff.) zum Tragen, mag der Effekt zunächst zwar nur gering sein. Er wird aber deutlich größer, wenn es später zu einer Nachversteuerung kommen sollte und wenn vielleicht sogar ein Progressionssprung droht.

44 Anders als die marktgängigen Bewertungsverfahren beschränkt sich das vereinfachte Ertragswertverfahren auf die Bewertung des Unternehmens im Kernbereich und klammert nicht betriebsnotwendiges Vermögen, § 200 Abs. 2 BewG, und solches, das innerhalb von zwei Jahren vor dem Bewertungsstichtag eingelegt worden ist (sog. junges Vermögen) einschließlich damit zusammenhängender Schulden, § 200 Abs. 4 BewG, aus. Beteiligungen an anderen Gesellschaften sind ebenfalls eigenständig, ggf. ebenfalls nach dem vereinfachten Ertragswertverfahren zu bewerten, § 200 Abs. 3 BewG. Die Bewertung erfolgt nach den allgemeinen Grundsätzen jeweils zum gemeinen Wert. Die so ermittelten Werte werden zu dem nach dem vereinfachten Verfahren ermittelten Ertragswert hinzuaddiert. Für die Wertermittlung eines Unternehmens mit Beteiligungen bedeutet dies, dass der Wert des Tochterunternehmens in den Wert des Mutterunternehmens einfließt und nicht dem Anteilseigner der Muttergesellschaft unmittelbar zugeordnet wird. Zum **nicht betriebsnotwendigen Vermögen** zählen die Wirtschaftsgüter und Schulden eines Unternehmens, die in keinem direkten Zusammenhang zur operativen Geschäftstätigkeit des Unternehmens stehen, und deshalb veräußert oder entnommen werden könnten, ohne die Leistungsfähigkeit des Unternehmens zu beeinträchtigen. Der Begriff des „nicht betriebsnotwendigen Vermögens" ist nicht notwendigerweise deckungsgleich mit dem Verwaltungsvermögen gemäß § 13b Abs. 2 S. 2 ErbStG. So wäre zB ein in Geldmarktfonds zwischen geparkter Betrag zur Finanzierung eines noch nicht fälligen Kaufpreises für eine neue Produktionsmaschine zwar dem betriebsnotwendigen Vermögen zuzuordnen, aber aufgrund des § 13 Abs. 2 S. 2 Nr. 4 ErbStG dem Verwaltungsvermögen zuzuordnen (→ Rn. 146). Die mit diesen ausgeklammerten Wirtschaftsgütern und Schulden zusammenhängenden Erträge und Aufwendungen werden im Rahmen der Ermittlung des nachhaltig erzielbaren Jahresertrages neutralisiert (→ Rn. 45).

45 Das vereinfachte Ertragswertverfahren knüpft zwar an den zukünftig nachhaltig erzielbaren Jahresertrag an, § 200 Abs. 1 BewG, greift hierzu aber anders als die betriebswirtschaftlich anerkannten Ertragswertverfahren auf Daten der Vergangenheit zurück. Maßgebend sind die entsprechend modifizierten Betriebsergebnissen auf der Grundlage der Steuerbilanzen der letzten drei vor dem Bewertungsstichtag abgelaufenen Wirtschaftsjahre. Dieser Rückgriff auf Vergangenheitsdaten, obwohl der zukünftige nachhaltig zu erzielende Jahresertrag maßgebend ist, ist dem Vereinfachungsgedanken geschuldet. Das

---

[99] R B 199.1 Abs. 4 S. 3–7 ErbStR 2011.

I. Erbschaftsteuer § 27

vereinfachte Ertragswertverfahren verzichtet auf die Erstellung entsprechender Finanzplandaten und greift als Schätzungsgrundlage – ähnlich wie bisher bei der Ermittlung des Ertragshundertsatzes im Rahmen des Stuttgarter Verfahrens – auf das existierende Zahlenwerk des Unternehmens zurück. Allerdings ist § 201 BewG offen formuliert und lässt in den Fällen, in denen das Ergebnis der letzten drei Jahre zB aufgrund einer Krisensituation nicht für die Zukunft repräsentativ ist, Schätzergebnisse, wie eine aktuelle Finanzplanung als Beurteilungsgrundlage für die Gewinnung eines nachhaltig erwarteten Betriebsergebnisses zu.[100] Da das Gesetz auf die Steuerbilanzen abstellt, ist letztlich die einkommensteuerrechtliche Situation im Erbschaftsteuerrecht wertbestimmend und -beeinflussend. So bleiben beispielsweise handelsrechtlich zu bildende Rückstellungen für drohende Verluste aus schwebenden Geschäften, § 249 Abs. 1 S. 1 HGB, in der Steuerbilanz (§ 5 Abs. 4a EStG) und damit auch im vereinfachten Ertragswertverfahren unberücksichtigt, wohingegen sie bei Ertragswertverfahren nach IDW S 1 zu berücksichtigen wären.[101] Bei Neugründungen innerhalb des Dreijahreszeitraums ist der seit Gründung abgelaufene Zeitraum maßgebend. Sollte das Betriebsergebnis des am Bewertungsstichtag noch nicht abgelaufenen Jahres für die Herleitung des künftig zu erzielenden Jahresertrages von Bedeutung sein, ist dieses Jahr als drittes Jahr heranzuziehen, § 201 Abs. 2 BewG. Bei vorangegangenen Umwandlungen innerhalb des Dreijahreszeitraums ist von den früheren Betriebsergebnissen ausgehen; umwandlungsbedingte Auswirkungen sind ggf. zu korrigieren, § 201 Abs. 3 BewG.

Die einzige, vom Steuerpflichtigen in engen Grenzen zu beeinflussende Stellgröße ist **46** das Betriebsergebnis, dh das Steuerbilanzergebnis im Sinne von §§ 4 Abs. 1, 5 EStG, wobei Ergebnisse aus Sonder- und Ergänzungsbilanzen unberücksichtigt bleiben,[102] bzw. der Überschuss der Betriebseinnahmen über die Betriebsausgaben. Dieses ist um bestimmte Einmaleffekte zu bereinigen, § 202 BewG:

Hinzuzurechnen sind
– Investitionsabzugsbeträge, Sonderabschreibungen oder erhöhte Absetzungen, Bewertungsabschläge, Zuführungen zu steuerfreien Rücklagen sowie Teilwertabschreibungen;
– Absetzungen auf den Geschäfts- oder Firmenwert oder auf firmenwertähnliche Wirtschaftsgüter;
– einmalige Veräußerungsverluste sowie außerordentliche Aufwendungen;
– im Gewinn nicht enthaltene Investitionszulagen, soweit in Zukunft mit weiteren zulagebegünstigten Investitionen in gleichem Umfang gerechnet werden kann;
– der Ertragsteueraufwand (Körperschaftsteuer, Zuschlagsteuern und Gewerbesteuer);
– Aufwendungen, die im Zusammenhang stehen mit Vermögen im Sinne des § 200 Abs. 2 und 4 BewG, und übernommene Verluste aus Beteiligungen im Sinne des § 200 Abs. 2 bis 4 BewG. Finanzierungsaufwendungen für Tochtergesellschaften sind jedoch nicht wieder hinzuzurechnen.[103]

Die normale Absetzung für Abnutzung (AfA) über den Zeitraum der betriebsgewöhnlichen Nutzungsdauer ist zu berücksichtigen, wobei als „normal" die lineare AfA gilt, § 202 Abs. 1 Nr. 1a S. 3 BewG. Die im Einkommensteuerrecht für 2009 und 2010 wieder eingeführte degressive Abschreibung nach § 7 Abs. 2 EStG ist mithin zu korrigieren. Entgegen dem Gesetzeswortlaut ist nach Ansicht der Finanzverwaltung die degressive Abschreibung bei Gebäuden nach § 7 Abs. 5 EStG nicht zu berichtigen.[104] Abzuziehen sind
– gewinnerhöhende Auflösungsbeträge steuerfreier Rücklagen sowie Gewinne aus der Anwendung des § 6 Abs. 1 Nr. 1 S. 4 und Nr. 2 S. 3 EStG;
– einmalige Veräußerungsgewinne sowie außerordentliche Erträge;

---
[100] *Schilling/Kandels* DB 2013, 599.
[101] IDW S 1 idF 2008, Rn. 102.
[102] R B 202 Abs. 1 S. 2 ErbStR 2011.
[103] R B 202 Abs. 3 Nr. 1. f) S. 2–4 ErbStR 2011.
[104] R B 202 Abs. 3 Nr. 1. a) S. 2, 3 ErbStR 2011.

- im Gewinn enthaltene Investitionszulagen, soweit in Zukunft nicht mit weiteren zulagebegünstigten Investitionen in gleichem Umfang gerechnet werden kann;
- ein angemessener Unternehmerlohn, soweit in der bisherigen Ergebnisrechnung kein solcher berücksichtigt worden ist, sowie Lohnaufwand für bislang unentgeltlich tätige Familienangehörige des Eigentümers. Der Abzug soll einen Beitrag zur Rechtsformneutralität leisten, da das Geschäftsführergehalt bei der Kapitalgesellschaft abziehbar ist, beim Einzelunternehmen und der Personengesellschaft hingegen nicht. Die Finanzverwaltung orientiert sich hinsichtlich der Angemessenheit am Fremdvergleich, an den Bruttogehältern leitender Angestellter und den körperschaftsteuerlichen Grundsätzen zur verdeckten Gewinnermittlung.[105] Der strenge Formalismus, der bei der verdeckten Gewinnausschüttung ansonsten gilt, wird hier aber nicht durchgreifen können. Richtigerweise sollte der Unternehmerlohn in Anlehnung an die Rechtsprechung des BGH individuell, personen- und standortbezogen unter Berücksichtigung der fachlichen Besonderheiten ermittelt werden.[106] Nur so behält der Steuerpflichtige Einfluss auf eine der wichtigsten Stellschrauben der Bewertung.[107]
- Erträge aus der Erstattung von Ertragsteuern (Körperschaftsteuer, Zuschlagsteuern und Gewerbesteuer);
- Erträge, die im Zusammenhang stehen mit Vermögen im Sinne des § 200 Abs. 2–4 BewG.

47 Die Aufzählung ist nicht abschließend. Es sind vielmehr alle sonstigen wirtschaftlich nicht begründeten Vermögensminderungen oder -erhöhungen mit Einfluss auf den zukünftig nachhaltig zu erzielenden Jahresertrag und mit gesellschaftsrechtlichem Bezug hinzuzurechnen bzw. abzuziehen, § 202 Abs. 1 Ziff. 3 BewG. Hauptanwendungsfall wird in diesem Bereich die verdeckte Gewinnausschüttung sein. Ebenfalls in diesen Bereich gehört der Gewinn aus der Überführung eines inländischen Wirtschaftsguts in das DBA-Ausland. Es handelt sich hierbei um einen Entstrickungstatbestand, bei dem die Veräußerung zum gemeinen Wert lediglich fingiert wird, § 12 Abs. 1 KStG. Die damit einhergehende Aufdeckung der stillen Reserven ist Bestandteil des Steuerbilanzgewinns der Gesellschaft (§§ 8 Abs. 2, 12 Abs. 1 KStG iVm § 4 Abs. 1 EStG) und erhöht daher zunächst die erbschaftsteuerliche Bemessungsgrundlage für die Anteilsbewertung. Der Vorgang ist einmalig und hat keinen Einfluss auf die Nachhaltigkeit des zukünftigen Jahresertrags. Er ist daher entsprechend zu neutralisieren.[108]

48 Schließlich ist das so gefundene bereinigte Betriebsergebnis, sofern es denn positiv ist, zur Abgeltung des Ertragsteueraufwands noch um 30 Prozent zu mindern. Wurden die individuellen ertragsteuerlichen Auswirkungen im Rahmen der Hinzurechnungen und Abzüge im ersten Schritt noch bereinigt, so fließen sie nun mit einem einheitlichen Prozentsatz in das Betriebsergebnis ein. Mit diesem Schritt soll die Steuerbelastung rechtsformneutral berücksichtigt werden, wobei der angewandte Prozentsatz nach den Vorstellungen des Gesetzgebers der durchschnittlichen Unternehmenssteuerlast für Kapital- und Personengesellschaften entsprechen soll. Bei einer Personengesellschaft, die in geringerem Maße mit betrieblichen Steuern belastet ist als 30%, führt der pauschale Abzug dazu, dass faktisch auch persönliche Steuern mit in die Unternehmensbewertung einfließen. Dies führt im Vergleich zur Bewertung nach dem Ertragswertverfahren IDW S 1 bei diesen Personengesellschaften zu einer Wertreduzierung.[109] Die so ermittelten Betriebsergebnisse werden zusammengezählt und hernach durch drei bzw. bei Neugründungen und Veränderungen durch die entsprechend kürzeren Anzahl an Wirtschaftsjahren geteilt. Das Ergebnis ist der durchschnittliche Jahresertrag, § 201 Abs. 2 S. 3 und 4 BewG.

---

[105] R B 202 Abs. 3 Nr. 2. f) S. 4–6 ErbStR 2011.
[106] BGH StBg 2008, 173.
[107] Vgl. auch *Knief* DB 2010, 289.
[108] Ebenso *Gottschalk* ZEV 2009, 157.
[109] *Hannes/Onderka* ZEV 2008, 173.

I. Erbschaftsteuer
§ 27

Der durchschnittliche Jahresertrag wird sodann für Bewertungsstichtage nach dem 31.12. 2015 mit einem Kapitalisierungsfaktor von zur Zeit 13,75 multipliziert, § 203 Abs. 1 BewG.[110] Das Bundesministerium der Finanzen ist ermächtigt, durch Rechtsverordnung mit Zustimmung des Bundesrates den Kapitalisierungsfaktor an die Entwicklung der Zinsstrukturdaten anzupassen, § 203 Abs. 2 BewG.

Die **Wertuntergrenze** für die erbschaftsteuerliche Bewertung bildet immer der **Substanzwert**. Dies gilt unabhängig davon, welche Unternehmensbewertungsmethode zuvor für die Wertermittlung zugrunde gelegt wurde. Lediglich bei der Ableitung des gemeinen Werts aus Verkäufen unter fremden Dritten, scheidet der Substanzwert als Mindestwert aus.[111] Ist der Substanzwert höher, ist er für die Erbschaftsteuer heranzuziehen. Der Substanzwert ist die Summe der gemeinen Werte der zum Betriebsvermögen gehörenden Wirtschaftsgüter und der sonstigen aktiven Ansätze abzüglich der zum Betriebsvermögen gehörenden Schulden und sonstigen Abzüge. Damit ist allerdings noch nicht gesagt, dass Substanzwert auch gleich Substanzwert ist. Vielmehr ist zu unterscheiden, ob es sich um ein aktives oder um ein in Abwicklung befindliches Unternehmen handelt. Solange es sich bei der zu bewertenden Gesellschaft um ein lebendes Unternehmen handelt, ist der Substanzwert als **Rekonstruktions- bzw. Reproduktionswert** zu verstehen. Maßgebend ist daher der Wiederbeschaffungspreis im Zeitpunkt des Todes bzw. der Schenkung. Grundgedanke dieser Bewertung ist die Frage, was muss aufgewandt werden, um alle im Unternehmen vorhandenen Wertgegenstände alternativ neu zu beschaffen oder zu errichten („Neuerrichten eines grundsätzlich identischen Unternehmens auf der grünen Wiese").[112] Liquidationsbedingter Aufwand ist grundsätzlich ebensowenig zu berücksichtigen, wie die zukünftige ertragsteuerliche Belastung aufgrund der Auflösung stiller Reserven im späteren Liquidationsfall.[113] Bei unrentablen und ertragsschwachen Kapitalgesellschaften, sollte die Liquidation daher beschlossen werden, um die latente Ertragsteuerbelastung und die Liquidationskosten oder negative Geschäftswertkomponenten (zB schlechte Bonität, Kundenqualität, Standortqualität, Mitarbeiterqualität oder Technologiequalität) als selbstständig bewertbare wirtschaftliche Belastungen abziehen zu können.

Bei der Ermittlung des Substanzwerts sind alle Wirtschaftsgüter, dh Vermögen und Schulden mit ihren gemeinen Werten einzubeziehen, die nach §§ 95–97 zum Betriebsvermögen gehören. Eigenkapital und Rücklagen bleiben unberücksichtigt. Steuerliche Aktivierungs- und Passivierungsverbote sind unbeachtlich.[114] Drohverlustrückstellungen sind daher ebenso anzusetzen, wie selbst geschaffene immaterielle Wirtschaftsgüter. Auch geschäftswertähnliche Gebilde wie zB der Kunden- oder Patientenstamm und das Know-How sind mit zu berücksichtigen, sofern ihnen ein eigenständiger Wert zugewiesen werden kann.[115] Der Geschäfts-, Firmen- oder Praxiswert ist dagegen bei der Substanzwertermittlung nicht zu berücksichtigen. Für die Bewertung der positiven wie negativen Wirtschaftsgüter gelten jeweils die allgemeinen Regelungen. Bei Erfindungen und Urheberrechten mit unbestimmter Vertragsdauer für die keine feste Lizenzgebühr vereinbart worden ist, kann auf die letzte vor dem Stichtag gezahlte Lizenzgebühr abgestellt und eine acht jährige Laufzeit zugrunde gelegt werden.[116] Als gemeinen Wert des beweglichen abnutzbaren Anlagevermögens erlaubt die Finanzverwaltung aus Vereinfachungsgründen den Ansatz von 30% der Anschaffungs- oder Herstellungskosten, sofern dies nicht zu unzutreffenden Ergebnissen führt.[117]

---

[110] Zur Rechtslage für Bewertungsstichtage vor dem 31.12.2015 vgl. MAH ErbR/*von Sothen* § 35 Rn. 35; LfSt Bayern Beck Verw. 342607; gleichlautende Ländererlasse BStBl. I 2017, 751.
[111] Ähnlich R B 11.3 Abs. 1 S. 2 ErbStR 2011, allerdings mit der Einschränkung des „tatsächlichen Verkaufs im gewöhnlichen Geschäftsverkehr".
[112] *Peemöller* Unternehmensbewertung, 543 ff.
[113] BFH BStBl. II 2018, 281.
[114] R B 11.3 Abs. 3 S. 2 ErbStR 2011.
[115] R B 11.3 Abs. 3 S. 5 ErbStR 2011.
[116] R B 11.3 Abs. 6 S. 3 ErbStR 2011.
[117] R B 11.3 Abs. 7 S. 2 ErbStR 2011.

§ 27

51 Bei einer **Liquidationsgesellschaft** ist grundsätzlich nur der Substanzwert anzusetzen, da Erträge nicht mehr anfallen werden. Etwas Anderes kann gelten, wenn das Unternehmen aus der Liquidation heraus als Sachgesamtheit veräußert werden sollte. Soweit die Gesellschaft zerschlagen wird, dh die Vermögensgegenstände veräußert und die Schulden beglichen werden, wird der Wert des Unternehmens nicht mehr durch den Gebrauch der Unternehmenssubstanz, sondern durch deren Liquidationswert und somit absatzmarktorientiert bestimmt. Anders als beim Substanzwert eines aktiven Unternehmens sind als Wertansatz die durch den Verkauf der Vermögensgegenstände erzielbaren bzw. für die Ablösung von Schulden zu zahlenden Marktpreise heranzuziehen. Ferner sind als „sonstige Abzüge" Positionen wie Sozialplan, Abfindungen, Abbruch, Rekultivierung und Ähnliches zu berücksichtigen, die erst im Rahmen der Liquidation entstehen.[118] Die zukünftige ertragsteuerrechtliche Belastung aufgrund einer im Bewertungszeitpunkt beschlossenen Liquidation der Kapitalgesellschaft ist als Rückstellungen für ungewisse Verbindlichkeiten bei der Ermittlung des Substanzwerts wertmindernd zu berücksichtigen.[119] Dis gilt jedoch nicht, wenn die Liquidation nur beabsichtigt, aber noch nicht beschlossen ist.[120] Der Wert des Kapitalgesellschaftsanteils wird daher in diesem Fall ohne Abzug der späteren ertragsteuerlichen Belastung in die Bemessungsgrundlage der Erbschaftsteuer einbezogen. Hierdurch kann es beim Erben zu einer Doppelbesteuerung durch Erbschaft- und Ertragsteuern kommen, sofern im Vermögen der Kapitalgesellschaft stille Reserven enthalten sind.[121]

52 Die Bewertung von **Auslandsvermögen,** das zu einer im steuerlichen Privatvermögen gehaltenen in- oder ausländischen Kapitalgesellschaft gehört, erfolgt nach den allgemeinen Grundsätzen mit dem gemeinen Wert nach § 11 Abs. 2 BewG, § 12 Abs. 3 ErbStG iVm §§ 151 Abs. 1 S. 1 Nr. 3, 157 Abs. 4 S. 2 BewG. Aus bewertungsrechtlicher Sicht spielt es daher keine Rolle, ob die Kapitalgesellschaft nur über Inlandsvermögen, über Inlandsvermögen mit Auslandsberührung oder nur über Auslandsvermögen verfügt.[122] § 31 BewG, der eine grenzüberschreitende wirtschaftliche Einheit in einen inländischen und einen oder mehrere ausländische Teile aufspaltet, ist bei Kapitalgesellschaften nicht anwendbar, da er sich nur auf die Bewertung von ausländischem Betriebsvermögen gemäß § 95 BewG bezieht.[123] Trotz des ausländischen Bezugs bleibt es daher dabei, dass die inländische Kapitalgesellschaft eine wirtschaftliche Einheit ist und für sie unter Einbeziehung des Auslandsvermögens ungeteilt ein Gesamtwert festgestellt werden muss. Für das Ertragswertverfahren hat dies wiederum zur Konsequenz, dass die Erträge der ausländischen Betriebsstätte einer inländischen Kapitalgesellschaft in vollem Umfang in die Bemessungsgrundlage für die erbschaftsteuerliche Anteilsbewertung mit einfließen. Eine etwaige einkommensteuerliche Freistellung aufgrund eines DBA ändert hieran nichts.[124] Auch das vereinfachte Ertragswertverfahren kann auf die ausländische Beteiligung angewendet werden, die gemäß § 200 Abs. 3 BewG mit einem eigenständig zu ermittelnden gemeinen Wert anzusetzen ist. Freilich wird hier der nach den ausländischen Rechtsvorschriften ermittelte Ertrag in einen nach deutschen Grundsätzen ermittelten Gewinn zu transformieren sein.[125] Die Finanzverwaltung akzeptiert jedoch auch ein nach den ausländischen Gewinnermittlungsvorschriften berechnetes Betriebsergebnis, sofern die Korrekturen gemäß § 202 Abs. 1 S. 2 BewG möglich sind.[126] Das einheitliche durchschnittliche Jahresergebnis beinhaltet dann auch den im Ausland erwirtschafteten Teil. Ist die in- oder

---

[118] Vgl. *Peemöller* Unternehmensbewertung, 543, 562 ff.
[119] BFH BStBl. II 2018, 281.
[120] BFH BStBl. II 2018, 281.
[121] *Meßbacher-Hönsch* ZEV 2018, 182.
[122] *Gottschalk* ZEV 2009, 157; ders. ZEV 2010, 493.
[123] *Gottschalk* ZEV 2009, 157; aA *Mannek* DB 2008, 423.
[124] *Gottschalk* ZEV 2009, 157.
[125] *Gottschalk* ZEV 2009, 157; aA *Mannek* DB 2008, 423.
[126] R B 199.2 S. 3 ErbStR 2011.

I. Erbschaftsteuer § 27

ausländische Kapitalgesellschaft Teil eines ausländischen Betriebsvermögens, erfolgt ihre Bewertung über § 31 BewG ebenfalls nach §§ 11 Abs. 2, 199 ff. BewG.

Bestimmte wertbeeinflussende Faktoren wie zB fehlender Einfluss auf die Geschäftsführung oder Ausstattung mit ungleichen Rechten werden bei den betriebswirtschaftlichen Ertragswertverfahren im Risikozuschlag berücksichtigt.[127] Beim vereinfachten Ertragswertverfahren werden sie hingegen ausgeblendet, da der Risikozuschlag hier fix bei 4,5 % liegt.[128] Vor diesem Hintergrund sollte bei Vorliegen derartiger Faktoren immer geprüft werden, ob ein alternatives Ertragswertverfahren nicht zu einem günstigeren Ergebnis führt. 53

Bei der Bewertung einer **Komplementär-GmbH,** die außer einer Kostenerstattung nur noch ein Entgelt für die Übernahme des Haftungsrisikos erhält und ansonsten keine Geschäfte im eigenen Namen macht, gelten seit dem 1.1.2009 keine Besonderheiten mehr. Sie ist nach den dargestellten Verfahren selbständig zu bewerten und gegebenenfalls mit dem Substanzwert anzusetzen. 54

Im Wert des Anteils ist auch das **Gewinnbezugsrecht** enthalten. Die vor dem Erbanfall erwirtschafteten, aber noch nicht ausgeschütteten Gewinne gehen mit über, ohne dass sich hierdurch der zum Bewertungsstichtag ermittelte Anteilswert betragsmäßig um den auf die Zeit bis zu diesem Stichtag entfallenden Gewinnanteil erhöht, wenn der Gewinnverwendungsbeschluss im Zeitpunkt der Steuerentstehung noch nicht gefasst war.[129] Ist der Gewinnverwendungsbeschluss allerdings vor dem Bewertungsstichtag gefasst worden, ist er gesondert als Kapitalforderung des Erben in der Vermögensaufstellung zu erfassen[130] und mit dem Nennwert bzw. Gegenwartswert anzusetzen, § 12 Abs. 1 ErbStG iVm § 12 Abs. 1 BewG. 55

Zu beachten ist, dass Schulden und Lasten, soweit sie Anteile an Kapitalgesellschaften betreffen, nur mit dem Betrag abzugsfähig sind, der dem Verhältnis des nach Anwendung des § 13a ErbStG verbleibenden Werts dieses Vermögens zu dem Wert vor der Anwendung des § 13a ErbStG entspricht, § 10 Abs. 6 S. 5 ErbStG (→ Rn. 108). Schließlich sollte bei der Unternehmensbewertung beachtet werden, dass diese nicht nur bei der Ermittlung der erbschaftsteuerlichen Bemessungsgrundlage eine Rolle spielt, sondern zugleich unmittelbaren Einfluss auf die Verschonungsregelung nach § 13b Abs. 2 S. 1 ErbStG hat. Denn der hier ermittelte Wert des Anteils ist zugleich Beurteilungsmaßstab für die Frage, ob das in der Gesellschaft vorhandene Verwaltungsvermögen mehr als 50 % bzw. mehr als 10 % des Gesamtvermögens ausmacht (→ Rn. 116). Wird der Wertansatz also zu niedrig gewählt, kann dies den vollständigen Wegfall der Verschonungsregelungen nach sich ziehen. Diese Korrelation von Anteilswert und Verschonungsregelung gilt es bei der Bewertung im Blick zu behalten. Die Aufteilung des nach § 11 Abs. 2 BewG ermittelten Werts einer Kapitalgesellschaft ist grundsätzlich nach dem Verhältnis des Anteils am Nennkapital der Gesellschaft vorzunehmen, § 97 Abs. 1b S. 1 BewG. Gesellschaftsvertragliche Vereinbarungen, wie zB eine vom Verhältnis des Anteils am Nennkapital abweichende Gewinnverteilung oder Beteiligung am Liquidationserlös sind zu berücksichtigen, § 97 Abs. 1b S. 3, 4 BewG. Ungewöhnliche oder persönliche Verhältnisse bleiben aber bei der Aufteilung des Werts der Kapitalgesellschaft aber weiterhin unberücksichtigt.[131] 56

bb) Einzelunternehmen und Personengesellschaften. Betriebsvermögen von Einzelunternehmen oder Personengesellschaften wird als ein einheitlicher Zuwendungsgegenstand angesehen. Es stellt ein Bündel aus Rechten und Pflichten dar, die so eng miteinander verwoben sind, dass nur eine saldierende Bewertung in Betracht kommt. Diese 57

---

[127] Vgl. zB R B 11.6 Abs. 2 S. 2 ErbStR 2011 für den Paketzuschlag bei mehr als 25 %iger Beteiligung.
[128] R B 11.6 Abs. 2 S. 3 ErbStR 2001.
[129] BFH/NV 1992, 250; R E 12.3 Abs. 2 ErbStR 2011; aA FG Hmb EFG 1991, 544; vgl. auch → § 25 Rn. 173.
[130] R E 12.3 Abs. 1 ErbStR 2011; vgl. auch → § 25 Rn. 216.
[131] Gleichlautende Ländererlasse DStR 2016, 966.

Vielzahl von aktiven und passiven Wirtschaftsgütern bildet die wirtschaftliche Einheit „Betriebsvermögen", § 2 Abs. 1 S. 3 BewG. Die zu dem zu bewertenden Betriebsvermögen gehörenden Wirtschaftsgüter werden also nicht einzeln, sondern zusammen bewertet. Bei Kapitalgesellschaften zählen alle Wirtschaftsgüter, die diesen Gesellschaften gehören, zum Betriebsvermögen, § 97 Abs. 1 S. 1 Nr. 1 BewG (→ Rn. 50). Bei einem Einzelunternehmen, einer Freiberuflerpraxis oder einer Mitunternehmerschaft (Personengesellschaft) ist die Frage schon schwieriger zu beantworten, da der Einzelunternehmer auch Privatvermögen haben kann und die Gesellschafter einer Personengesellschaft Wirtschaftsgüter in ihrem Alleineigentum haben können, die letztlich doch zum Betriebsvermögen der Personengesellschaft zuzuordnen sind, obwohl es dieser nicht gehört, § 97 Abs. 1 Nr. 5 S. 2 BewG (→ Rn. 61 ff.). Auch können Vermögensgegenstände vom Erblasser willkürlich dem Betriebs- oder dem Privatvermögen zugeordnet worden sein. Letzteres ermöglicht dem Erblasser gestalterischen Einfluss auf die steuerlichen Verschonungsregelungen der §§ 13a, 19a EStG zu nehmen. Im Grundsatz gilt: Aktivvermögen (→ Rn. 118 ff.) sollte dem Betrieb zugeordnet sein, um die steuerliche Begünstigung hierfür zu erhalten. Beim Verwaltungsvermögen (→ Rn. 139 ff.) ist es genau umgekehrt. Gehört es zum Privatvermögen kann es den Verschonungseffekt nicht verringern.[132]

58 Trotz einheitlicher Bewertung der wirtschaftlichen Einheit Betriebsvermögen ist für bestimmte Wirtschaftsgüter dennoch ein eigenständiger Wertansatz zu finden. Dies betrifft zB alle Wirtschaftsgüter des Betriebsvermögens im Rahmen der Substanzwertermittlung (→ Rn. 49), das Sonderbetriebsvermögen bei mitunternehmerischen Personengesellschaften, § 97 Abs. 1a Nr. 2 BewG (→ Rn. 72), das nicht betriebsnotwendige und das junge Betriebsvermögen im Rahmen der Bewertung nach dem vereinfachten Ertragswertverfahren (→ Rn. 42) und das Verwaltungsvermögen bei der Verhältnisrechnung im Zuge der Verschonung nach §§ 13a, 13b ErbStG (→ Rn. 116).

59 Für den Bestand und die Bewertung des **Betriebsvermögens** sowie für die des Vermögens, das einer freiberuflichen Tätigkeit dient (§ 96 Hs. 1 BewG), sind grundsätzlich die Verhältnisse im Steuerentstehungszeitpunkt, dh in der Regel im Zeitpunkt des Erbfalls (§ 9 Abs. 1 Nr. 1 Hs. 1 ErbStG), maßgebend, §§ 11, 12 Abs. 5 S. 1 ErbStG. Dies bedeutet, dass auf den Bewertungsstichtag (Todestag) eine besondere Aufstellung, die so genannte **Vermögensaufstellung,** zu fertigen ist.[133] Sie dient zwar in erster Linie der Ermittlung des grundsätzlich subsidiär zu prüfenden Substanzwerts, bestimmt aber zugleich den Umfang des Betriebsvermögens bei den anderen Bewertungsmethoden. Entsteht die Steuer zu einem Zeitpunkt, der nicht mit dem Schluss des Wirtschaftsjahres übereinstimmt, auf das der Betrieb einen regelmäßigen jährlichen Abschluss macht, ist grundsätzlich ein Zwischenabschluss zu erstellen, der den Grundsätzen der Bilanzkontinuität entspricht. Aus Vereinfachungsgründen kann hiervon abgesehen und der Wert des Betriebsvermögens aus einer auf den Schluss des letzten vor dem Besteuerungszeitpunkt endenden Wirtschaftsjahres erstellten Vermögensaufstellung abgeleitet werden.[134] Entsprechend kann verfahren werden, wenn zum Erwerb ein Anteil an einer Personengesellschaft gehör.

60 In die Vermögensaufstellung sind alle aktiven und passiven Wirtschaftsgüter aufzunehmen, die dem Gewerbebetrieb bzw. der freiberuflichen Praxis dienen und bei der steuerlichen Gewinnermittlung dem Betriebsvermögen zuzuordnen sind.[135] Abzustellen ist auf die einkommensteuerliche Zuordnung beim Erblasser, dh darauf, ob ein Wirtschaftsgut bei ihm der einkommensteuerlichen Gewinnermittlung gemäß § 4 EStG bei den Einkünften aus Gewerbebetrieb im Sinne des § 15 Abs. 1 und 2 EStG (§ 95 Abs. 1 BewG)

---

[132] Moench/Weinmann/*Weinmann* ErbStG § 12 Teil II.3 Rn. 4.
[133] R B 109.2 Abs. 4 ErbStR 2011.
[134] R B 109 Abs. 2 ErbStR 2011.
[135] R B 95 Abs. 1 S. 1 ErbStR 2011.

I. Erbschaftsteuer § 27

bzw. freiberuflicher Tätigkeit im Sinne des § 18 Abs. 1 Nr. 1 EStG (§ 96 BewG) berücksichtigt wurde. Bevor also eine Bewertung vorgenommen werden kann, ist somit zunächst der **Umfang des Betriebsvermögens** zu ermitteln. Dabei ist – anders als bei der Kapitalgesellschaft – jedes Wirtschaftsgut daraufhin zu untersuchen, ob es betrieblich veranlasst angeschafft, hergestellt oder eingelegt worden ist. Eine betriebliche Veranlassung liegt vor, wenn ein objektiver wirtschaftlicher oder tatsächlicher Zusammenhang mit dem Betrieb besteht.[136] Insofern gilt die ertragsteuerliche Dreiteilung in notwendiges Betriebsvermögen, gewillkürtes Betriebsvermögen und Privatvermögen auch im Erbschaftsteuerrecht. Gewillkürtes Betriebsvermögen, dass auch bei der Gewinnermittlung nach § 4 Abs. 3 EStG (Einnahmenüberschussrechnung) gebildet werden darf,[137] muss bereits durch den Erblasser/Schenker in unmissverständlicher Weise durch entsprechende zeitnah erstellte Aufzeichnungen dem Betrieb gewidmet worden sein. Der Erbe/Beschenkte, kann dies nicht nachholen.

Bei **bilanzierenden Gewerbetreibenden und freiberuflich Tätigen** besteht zwischen der Steuerbilanz auf den Besteuerungszeitpunkt bzw. den Schluss des letzten davor endenden Wirtschaftsjahres und der Vermögensaufstellung grundsätzlich **Bestandsidentität**. Die in der Steuerbilanz ausgewiesenen Wirtschaftsgüter tauchen auch in der Vermögensaufstellung wieder auf. Da bei der ertragsteuerlichen Steuerbilanz allerdings Aktivierungs- und Passivierungsverbote zu beachten sind (vgl. §§ 5 ff. EStG), wohingegen bei der erbschaftsteuerlichen Bewertung auf den gemeinen Wert abzustellen ist (vgl. § 109 BewG), der diese Verbote nicht kennt, wird die Identität von Steuerbilanz und Vermögensaufstellung insoweit durchbrochen. Zu einer Durchbrechung der Bestandsidentität kommt es zB bei 61

– zum Gesamthandsvermögen gehörenden notwendigen Privatvermögen (ertragsteuerlich kein Ansatz, bewertungsrechtlich anzusetzen;
– Gewinnansprüchen gegen eine beherrschte Gesellschaft als sonstiger Abzug bei der beherrschten Gesellschaft, (ertragsteuerlich kein Ansatz, bewertungsrechtlich besteht ein Ansatzgebot, § 103 Abs. 2 BewG);
– Rücklagen und Ausgleichsposten mit Rücklagencharakter wie zB die Rücklagen nach §§ 6b–6d, 7g Abs. 3 und § 52 Abs. 16 EStG sowie Rücklagen für Ersatzbeschaffung und Rücklagen nach §§ 1 und 3 des Auslandsinvestitionsgesetzes (ertragsteuerlich anzusetzen, bewertungsrechtlich nicht, § 103 Abs. 3 BewG);
– handelsrechtlich gebotene Rückstellungen (ertragsteuerlich kein Ansatz, § 5 Abs. 4a S. 1 EStG, bewertungsrechtlich anzusetzen[138]);
– selbstgeschaffene Wirtschaftsgüter des Anlagevermögens (ertragsteuerlich kein Ansatz, § 5 Abs. 2 EStG, bewertungsrechtlich anzusetzen[139]);
– geschäfts-, firmen- und praxiswertbildende Faktoren, denen wie zB bei Know-how und Kundenstamm ein eigenständiger Wert zugewiesen werden kann (ertragsteuerlich kein Ansatz, § 5 Abs. 2 EStG, bewertungsrechtlich anzusetzen[140]).

Unzutreffende Bilanzansätze sind nicht zu übernehmen.[141] Andererseits sind fälschlicherweise nicht in der Steuerbilanz enthaltene Vermögenspositionen wie zB nicht gebildete Rückstellungen oder nicht eingebuchte Verbindlichkeiten gleichwohl bei der erbschaftsteuerlichen Ermittlung des Werts des Betriebsvermögens zu berücksichtigen.[142] Zivilrechtlich nicht im Eigentum des Betriebsinhabers stehende Wirtschaftsgüter, die allerdings nach § 39 AO in seinem wirtschaftlichen Eigentum stehen, sind – trotz Erfassung in der 62

---

[136] BFH BStBl. II 1988, 424.
[137] BFH BStBl. II 2004, 985; BFH/NV 2011, 1847; R B 95 Abs. 3 S. 4 ErbStR 2011.
[138] R B 95 Abs. 2 S. 2 Nr. 5 ErbStR 2011 iVm R B 11.3 Abs. 3 S. 3 ErbStR 2011.
[139] BFH DStRE 2012, 38; R B 95 Abs. 2 S. 2 Nr. 4 ErbStR 2011 iVm R B 11.3 Abs. 3 S. 4 ErbStR 2011.
[140] R B 109.1 ErbStR 2011 iVm R B 11.3 Abs. 3 S. 5 ErbStR 2011.
[141] BFH/NV 2011, 1147; BStBl. II 2010, 923; Moench/Weinmann/*Weinmann* ErbStG § 12 Teil II.3 Rn. 5 aE.
[142] BFH BStBl. II 2014, 581.

Steuerbilanz – in der Vermögensaufstellung nicht zu erfassen und zu bewerten. Das Erbschaftsteuerrecht knüpft an die zivilrechtliche Eigentumslage an. Ist die Rechtsposition, die das wirtschaftliche Eigentum vermittelt, allerdings selbst bewertbar, kann es auch bewertungsrechtlich zu einem entsprechenden Ansatz kommen, nur eben als Rechtsposition und nicht als Eigentum.[143]

63 Ebenso wie bei bilanzierenden Gewerbetreibenden und freiberuflich Tätigen besteht auch bei einer **bilanzierenden Personengesellschaft** grundsätzlich Bestandsidentität zwischen Steuerbilanz und Vermögensaufstellung mit den entsprechenden Durchbrechungen (→ Rn. 61). Allerdings stellen § 97 Abs. 1 S. 1 und Abs. 1a Nr. 1 S. 1 BewG für den Umfang des Betriebsvermögens nach dem eindeutigen Wortlaut nur darauf ab, dass die Wirtschaftsgüter der Personenvereinigung etc. „gehören". Für die Frage der Zuordnung zum Betriebsvermögen kommt es folglich nur auf die Zugehörigkeit zum Gesamthandsvermögen an. Die ertragsteuerliche Zuordnung spielt für das Gesamthandseigentum der Personengesellschaft dementsprechend keine Rolle, so dass auch ertragsteuerlich als notwendiges Privatvermögen zu qualifizierende Wirtschaftsgüter, die der Personengesellschaft dinglich oder wirtschaftlich (§ 39 AO) zugeordnet sind, mit in den Bewertungsgegenstand „Personengesellschaftsanteil" mit einbezogen sind.[144] Nach Ansicht der Finanzverwaltung sollen Forderungen und Verbindlichkeiten des Gesellschafters gegenüber der Personengesellschaft/Mitunternehmerschaft nur dann in die Bewertung einbezogen werden, wenn sie bei der steuerlichen Gewinnermittlung zum Betriebsvermögen der Gesellschaft gehören und ihnen ein entsprechender Schuldposten in einer Sonderbilanz dieses Gesellschafters gegenübersteht.[145] Eine derartige Einschränkung ist dem Gesetzeswortlaut nicht zu entnehmen.[146] Daneben bewirkt eine derartige „Korrektur" aber auch eine Abweichung vom gemeinen Wert und verfehlt das gesetzgeberische Ziel.

64 Darüber hinaus sind die Wirtschaftsgüter aus den **Sonderbilanzen** für das Sonderbetriebsvermögen I und II zu berücksichtigen.[147] Dabei hat die Zurechnung zum Sonderbetriebsvermögen der Personengesellschaft Vorrang vor anderen Zurechnungen, wie zB der Zurechnung zum Betriebsvermögen eines von einem Gesellschafter neben der Personengesellschaft betriebenen Einzelunternehmens, § 97 Abs. 1 Nr. 5 S. 2 BewG. Maßgebend ist nach dem Gesetzeswortlaut die steuerliche Gewinnermittlung, so dass es insoweit auf die ertragsteuerlichen Grundsätze ankommt. Anders als bei der Gesamthand kann es sich beim Sonderbetriebsvermögen nicht um Privat- sondern nur um notwendiges oder gewillkürtes Sonderbetriebsvermögen handeln.[148] Für die Einordnung des Ergänzungsbilanzen bleiben unberücksichtigt. Bei atypisch stillen Beteiligungen und atypisch stillen Unterbeteiligungen handelt es sich zivilrechtlich um reine Innengesellschaften ohne Gesamthandsvermögen. Die Einlage des stillen Gesellschafters geht in das Vermögen der Gesellschaft bzw. des Einzelunternehmens über. Der stille Gesellschafter hat lediglich einen Abfindungsanspruch. Da der Begriff „Gesellschaft" im Sinne des § 97 Abs. 1 S. 1 Nr. 5 S. 1 BewG aber nicht zivilrechtlich, sondern ertragsteuerlich zu verstehen ist, wie sich aus der Verweisung auf § 15 Abs. 1 S. 1 Nr. 2 und Abs. 2 sowie § 18 Abs. 4 S. 2 EStG ergibt, kommt es allein darauf an, ob die atypisch stille Beteiligung eine Mitunternehmerstellung vermittelt (→ § 25 Rn. 26).[149] Dementsprechend sind die Wirtschaftsgüter des Beteiligungsunternehmens anteilig auch dem stillen Gesellschafter oder stillen Unterbeteiligten zuzurechnen.[150]

---

[143] Troll/Gebel/Jülicher/Gottschalk/*Gebel* ErbStG § 12 Rn. 752.
[144] *Riedel* ZErb 2015, 204; Rössler/Troll/*Eisele* BewG § 97 Rn. 27; aA R B 97.1 Abs. 1 S. 5 ErbStR 2011.
[145] R B 97.1 Abs. 2 S. 1 und 2 ErbStR 2011.
[146] *Riedel* ZErb 2015, 204.
[147] R B 97.1 Abs. 1 S. 1 Nr. 2 ErbStR 2011.
[148] Rössler/Troll/*Eisele* BewG § 97 Rn. 27a.
[149] BFH DStRE 2012, 38 Rn. 19; Gleichlautende Ländererlasse BStBl. I 2012, 1101; Rösler/Troll/*Eisele* BewG § 97 Rn. 11 ff.; Viskorf/Knobel/Schuck/*Wälzholz* BewG § 97 Rn. 10 ff. und 16 ff.
[150] FinMin Bayern DStR 2008, 508; DStR 2009, 908.

I. Erbschaftsteuer § 27

Auch bei **nichtbilanzierenden Gewerbetreibenden und freiberuflich Tätigen** (Einnahmen-Überschuss-Rechner) ist Ausgangspunkt die ertragsteuerliche Wertung, allerdings existiert keine Steuerbilanz. Dementsprechend müssen die Wertansätze zunächst einmal ermittelt werden, und zwar nicht nur die des notwendigen Betriebsvermögens, dh die Wirtschaftsgüter, die zu mehr als 50% eigenbetrieblich genutzt werden, sondern auch die des **gewillkürtes Betriebsvermögen**s, dh die Wirtschaftsgüter, die zu mindestens 10% eigenbetrieblich genutzt werden.[151] Da derzeit Betriebsvermögen häufig deutlich günstiger besteuert wird als Privatvermögen, kann die zusätzliche Berücksichtigung des gewillkürtes Betriebsvermögens insbesondere bei ertragstarken Unternehmen vorteilhaft sein. Allerdings muss die Zuordnung des nicht betriebsnotwendigen Vermögensgegenstands zum Betriebsvermögen noch vom Erblasser getroffen worden sein. Der Erbe kann diesen Widmungsakt nicht nachholen.[152] Der Erbe kann auch die auf ihn übergegangenen Wahlrechte (zB auf Sonderabschreibungen) nicht in einer für Zwecke der Wertermittlung auf den Todestag erstellten Zwischenbilanz mit erbschaftsteuerlicher Wirkung ausüben.[153] § 12 Abs. 5 S. 1 ErbStG stellt auf die Verhältnisse am Todestag ab. Nachträgliche Dispositionen des Rechtsnachfolgers können den vom Erblasser gewählten Wertansatz daher nicht verändern. Dies setzt jedoch voraus, dass der Erblasser auch tatsächlich eine Wahl getroffen hat. Ist die Steuerbilanz des dem Todestag vorangehenden Wirtschaftsjahres noch nicht erstellt, kann der Erbe in ihr sämtliche Wahlrechte ausüben. **65**

Grundstücke, die teilweise betrieblich und teilweise privat genutzt werden, sind nach Ansicht der Finanzverwaltung nach ertragsteuerlichen Grundsätzen aufzuteilen.[154] Ferner sind anzusetzen entstandene Forderungen (inklusive von bis zum Besteuerungszeitpunkt entstandenen Honoraransprüchen bei freiberuflich Tätigen) und Verbindlichkeiten, die mit dem Betrieb oder einzelnen Teilen des Betriebsvermögens in wirtschaftlichem Zusammenhang stehen, sowie Bankguthaben und Bargeld, die aus den Tätigkeiten herrühren.[155] Ein wirtschaftlicher Zusammenhang ist gegeben, wenn die Entstehung der Schuld ursächlich und unmittelbar auf Vorgängen beruht, die das Betriebsvermögen betreffen.[156] Dies ist zB der Fall bei betrieblichen Steuerschulden und ungewissen Verbindlichkeiten, die eine wirtschaftliche Belastung darstellen.[157] Unerheblich für die Zuordnung der Schuld ist, ob Wirtschaftsgüter des Privatvermögens als Sicherheit dienen und ob sie auflösend oder aufschiebend bedingt sind.[158] Bei Darlehensschulden und anderen Verbindlichkeiten gegenüber nahen Verwandten prüft die Finanzverwaltung, ob ernstlich damit gerechnet werden muss, dass der Gläubiger Erfüllung verlangt. Ist dies nicht der Fall, will sie den Abzug verweigern.[159] Dies ist jedoch unzulässig, denn der Gläubiger (Verwandte) kann bis zur Verjährung jederzeit Erfüllung verlangen. Dass er dies vielleicht nicht tun wird, ändert nichts daran, dass es sich bis dahin um eine Verbindlichkeit handelt. **66**

Für **nichtbilanzierende Personengesellschaften** gelten die vorgenannten Grundsätze entsprechend. Zusätzlich ist hier auch das Sonderbetriebsvermögen mit zu berücksichtigen (→ Rn. 64). Ferner sind gegebenenfalls Wirtschaftsgüter des ertragsteuerlichen Privatvermögens, die sich im Gesamthandsvermögen einer Personengesellschaft befinden, mit zu erfassen. **67**

Der so ermittelte Umfang des Betriebsvermögens bildet den Bewertungsgegenstand, dh den inländischen Gewerbebetrieb, das freiberuflichen Unternehmen bzw. den Mitunternehmeranteil, § 109 BewG. Nach Streichung des § 98a BewG durch das ErbStRG ist das **68**

---

[151] R B 95 Abs. 3 ErbStR 2011.
[152] Troll/Gebel/Jülicher/Gottschalk/Gebel ErbStG § 10 Rn. 31.
[153] Gebel, Betriebsvermögensnachfolge, Rn. 25, 113; aA Rödder DB 1993, 2137.
[154] R B 95 Abs. 3 S. 3 ErbStR 2011; die ertragsteuerlichen Gesichtspunkte finden sich in R 4.2 Abs. 3 EStR 2008.
[155] R B 95 Abs. 3 S. 5–8, R 103.2 Abs. 1 ErbStR 2011.
[156] R 103.2 Abs. 1 S. 2 ErbStR 2011; vgl. auch R 4.2 Abs. 15 EStR 2008.
[157] R 103.2 Abs. 3 und 6 ErbStR 2011.
[158] R 103.2 Abs. 2 S. 1 und Abs. 1 S. 3 ErbStR 2011.
[159] R 103.2 Abs. 1 S. 7 ErbStR 2011.

inländische Betriebsvermögen als wirtschaftliche Einheit nunmehr insgesamt und ungeteilt zu bewerten und zwar zum gemeinen Wert. Für dessen Ermittlung ist § 11 Abs. 2 BewG maßgebend, § 109 Abs. 1 S. 2 BewG bzw. § 109 Abs. 2 S. 2 BewG. Die Bewertung ist dementsprechend weitgehend identisch mit der Bewertung von Kapitalgesellschaftsanteilen, so dass insoweit auf die dortigen Erläuterungen verwiesen werden kann (→ Rn. 35 ff.) und an dieser Stelle nur einige Besonderheiten angesprochen werden sollen.

69 Im Rahmen der Wertermittlung nach dem vereinfachten Ertragswertverfahren ist ein **angemessener Unternehmerlohn** zu berücksichtigen, sofern noch nicht geschehen (→ Rn. 46). Der Abzug des angemessenen Unternehmerlohns soll einen Beitrag zur Rechtsformneutralität leisten, da das Geschäftsführergehalt bei der Kapitalgesellschaft im Zuge der ertragsteuerlichen Gewinnermittlung abziehbar ist, beim Einzelunternehmen und der Personengesellschaft hingegen nicht. Die Angemessenheit soll durch Fremdvergleich ermittelt werden. Für die Höhe des Unternehmerlohns ist daher auf die Vergütung abzustellen, die eine nicht an der Gesellschaft bzw. dem Einzelunternehmen beteiligte Geschäftsführung erhalten würde. Da derartige Fremdvergleiche aber häufig fehlen werden, wird auch in diesem Bereich geschätzt werden müssen. Der Steuerpflichtige wird dabei bestrebt sein, möglichst hohe Werte anzusetzen, um den Ausgangswert für die Kapitalisierung entsprechend niedrig zu halten. Hier wird sich eine Parallelproblematik entwickeln, wie wir sie aus dem Bereich der verdeckten Gewinnausschüttung her kennen, wo zwischen Steuerpflichtigem und Finanzamt trefflich über die Angemessenheit der Geschäftsführergehälter gestritten wird.

70 Bei der Bewertung von Mitunternehmeranteilen ist das Sonderbetriebsvermögen zwar eigenständig neben dem Ertragswert für das Gesamthandsvermögen mit dem gemeinen Wert zu bewerten, § 97 Abs. 1a Nr. 2 S. 1 BewG. Die das Sonderbetriebsvermögen betreffenden Erträge und Aufwendungen bleiben jedoch im Gewinn der Personengesellschaft enthalten und sind nicht heraus zu rechnen.[160] Dies betrifft die Sondervergütungen aller Gesellschafter und nicht etwa nur diejenigen des Gesellschafters, dessen Mitunternehmeranteil zu bewerten ist. Es geht um die Ermittlung des gemeinen Werts der Gesellschaft. Ob ein Gesellschafter zB ein Darlehen zur Verfügung stellt oder ein fremder Dritter ist für dessen Ermittlung ohne Belang. Darüber hinaus wirken Gesamthandsbilanz und Sonderbilanz gegenläufig. So steht der zum Gesamthandsvermögen gehörenden Verbindlichkeit gegenüber ihrem Gesellschafter eine entsprechende zum Sonderbetriebsvermögen dieses Gesellschafters gehörende Forderung gegenüber. Nur die Berücksichtigung der Zinsen bei der Ermittlung des Ertragswerts der Gesamthand als Aufwand vermag den korrespondierenden Ertrag, der in die Ermittlung des gemeinen Werts der Forderung im Sonderbetriebsvermögen einfließt, zu neutralisieren. Auf diese Weise wird der doppelte Ansatz der Wirtschaftsgüter des Sonderbetriebsvermögens verhindert. Diese Vorgehensweise setzt unausgesprochen voraus, dass die Ansätze im Gesamthands-/Mitunternehmerschaftsvermögen einerseits und im Sonderbetriebsvermögen anderseits korrespondieren. Er kommt allerdings dann aus dem Gleichgewicht, wenn dies nicht der Fall ist. Dies kann zB dann der Fall sein, wenn das marktgängige Verfahren zur Bewertung der Gesellschaft wie zB die Multiplikatormethode (→ Rn. 39) die Entgelte für die Überlassung des Sonderbetriebsvermögens überhaupt nicht erfasst[161] oder das Sonderbetriebsvermögen nicht zu marktüblichen Konditionen oder gar unentgeltlich überlassen wird.[162] In beiden Fällen führt dies zu künstlich höheren Erträgen und damit zu einem zu hohen Ertragswert der Personengesellschaft. Da das Sonderbetriebsvermögen gleichzeitig mit dem gemeinen Wert bewertet wird, fällt der erbschaftsteuerliche Erwerb zu hoch aus. Im ersten Fall kann durch die Wahl einer anderen Bewertungsmethode korrigierend eingegriffen werden. Im

---

[160] R B 97.2 S. 6 ErbStR 2011.
[161] Daragan/Halaczinsky/Riedel/*Riedel* BewG § 97 Rn. 33; Rösler/Troll/*Eisele* BewG § 97 Rn. 27b.
[162] Viskorf/Knobel/Schuck/*Wälzholz* BewG § 97 Rn. 29.

zweiten Fall, ist im Zuge der Unternehmensbewertung eine Anpassung an die marktüblichen Entgelte vorzunehmen und mit entsprechend korrigierten Betriebsergebnissen zu rechnen.[163] Diese Vorgehensweise entspricht derjenigen beim vereinfachten Ertragswertverfahren in § 202 Abs. 1 Nr. 1 lit. f, Nr. 2 lit. f und Nr. 3 BewG (→ Rn. 46).

Die Ergebnisse der Sonderbilanzen selbst sind nicht Teil des Gesamthandsergebnisses und bleiben ebenso wie die Ergebnisse aus etwaigen Ergänzungsbilanzen für die Wertermittlung der Gesamthand außer Betracht. Für das vereinfachte Ertragswertverfahren (→ Rn. 42 ff.) ist dies in § 202 Abs. 1 S. 1 Hs. 2 BewG explizit geregelt. **71**

Die Ermittlung des gemeinen Werts des **Sonderbetriebsvermögens** erfolgt selbstständig neben der Ermittlung des Werts der Personengesellschaft, § 97 Abs. 1a Nr. 2 BewG. Die Wertermittlung erfolgt als Einzelbewertung, so dass insoweit – je nach Art des Sonderbetriebsvermögens – die allgemeinen Regelungen gelten. Der Wert des Sonderbetriebsvermögens ist nur dem betreffenden Gesellschafter zuzurechnen. **72**

Eine weitere Besonderheit stellt die Bewertung von **ausländischem Betriebsvermögen** dar. Anders als bei der Bewertung von Kapitalgesellschaften, die international ausgestaltet ist,[164] unterscheidet § 12 ErbStG hier zwischen Inland (§ 12 Abs. 5 ErbStG) und Ausland (§ 12 Abs. 7 ErbStG). Für die Bewertung ausländischen Betriebsvermögens sind gemäß § 12 Abs. 7 ErbStG iVm § 31 BewG die Vorschriften des ersten Teils des BewG (§§ 1–16 BewG), insbesondere § 9 BewG anzuwenden. Die Bewertung eines ausländischen Unternehmens hängt somit von der Rechtsform ab, in der es betrieben wird: Als Kapitalgesellschaft erfolgt die Bewertung nach dem Ertragswertverfahren, als Einzelunternehmen oder als Personengesellschaft nach dem gemeinen Wert. Europarechtlich verstößt diese Differenzierung gegen die Kapitalverkehrsfreiheit im Sinne des Art. 56 EG-Vertrag.[165] § 12 Abs. 5 ErbStG ist daher europarechtskonform erweiternd auszulegen, so dass sich zumindest innerhalb der EU keine andere Beurteilung als bei reinem Inlandsvermögen ergibt.[166] Ein EU-Betriebsvermögen (Einzelunternehmen, Personengesellschaft/Mitunternehmerschaft) ist dementsprechend nach §§ 157 Abs. 5 S. 2, 11 Abs. 2 BewG zu bewerten. Außerhalb der EU könnte es nach § 12 Abs. 7 ErbStG dagegen beim gemeinen Wert bleiben, was bedeuten würde, dass der gemeine Wert des ausländischen Betriebsvermögens aus der Summe der gemeinen Werte der Einzelwirtschaftsgüter zu ermitteln wäre.[167] Ob dies letztlich zutreffend ist, hängt davon ab, ob die Kapitalverkehrsfreiheit einer derartige Schlechterstellung des Drittstaatenfalles toleriert[168] oder ob sie ggf. durch die vorrangig zur Anwendung kommende Niederlassungsfreiheit verdrängt wird.[169] Die Finanzverwaltung löst das Problem pragmatisch, indem sie auch bei der Bewertung ausländischer Unternehmen das Ertragswertverfahren nach §§ 199 ff. BewG anwendet (→ Rn. 41 ff.).[170] **73**

Hinsichtlich der **Nachfolgeklauseln bei Personengesellschaften** gilt in Bezug auf die Bewertung Folgendes: **74**

- Bei der **Fortsetzungsklausel** kann eine Schenkung auf den Todesfall nach § 3 Abs. 1 Nr. 2 S. 1 ErbStG oder ein Erwerb von Todes wegen nach § 3 Abs. 1 Nr. 2 S. 2 ErbStG in Betracht kommen, wenn die von den verbleibenden Gesellschaftern an die Erben zu zahlende Abfindung geringer als der Steuerwert des Anteils ist. Die Differenz, dh der den Altgesellschaftern infolge der Anwachsung zufallende Vermögenszuwachs ist als Wert des Erwerbs von Todes wegen anzusetzen. Auf die Absicht des Erblassers, dh

---

[163] *Riedel* ZErb 2015, 204; *Rösler/Troll/Eisele* BewG § 97 Rn. 27b; aA R B 97.2 S. 6 ErbStR 2011; vgl. auch *Konold/Schweizer* DStR 2017, 558, die die Korrektur in einem der normalen Bewertung nachfolgenden zweiten Schritt über einen veränderten „angemessenen Aufteilungsschlüssel" lösen wollen.
[164] *Gottschalk* ZEV 2009, 157; vgl. auch → Rn. 52.
[165] EuGH ZEV 2004, 74 – Barbier; EuGH ZEV 2006, 460 – van Hilten/van Heijden; *Jäger* ZEV 2008, 87.
[166] Vgl. auch FinMin BaWü. DStR 2008, 1537.
[167] *Gottschalk* ZEV 2009, 157.
[168] *Hey* DStR 2011, 1149.
[169] EuGH DStR 2012, 1508 – Scheunemann; *Wünsche* IStR 2012, 785.
[170] R B 199.2 ErbStR 2011.

des ausscheidenden Gesellschafters, die verbleibenden Gesellschafter bereichern zu wollen, kommt es nicht an.

Der Abfindungsanspruch gehört bei den Erben zum Gesamtnachlass. Er ist mit seinem Nenn- bzw. Gegenwartswert in die Nachlasswertberechnung einzubeziehen, § 12 Abs. 1 ErbStG iVm § 12 BewG, sofern nicht besondere Umstände, wie zB im Gesellschaftsvertrag vereinbarte Zahlungsmodalitäten einen höheren oder geringeren Wert begründen. Ist eine **Minderabfindung** vereinbart, so zB bei den häufig anzutreffenden **Buchwertklauseln,** ist deren zivilrechtliche Wirksamkeit[171] – sofern gegeben – auch erbschaftsteuerlich zu beachten. Ist im Todeszeitpunkt wegen einer seit dem Vertragsschluss eingetretenen Änderung der tatsächlichen Verhältnisse, insbesondere der Bewertungsfaktoren, ein grobes Missverhältnis zwischen der Abfindung und dem wirklichen Anteilswert entstanden, so ist die Abfindung nach den Grundsätzen von Treu und Glauben im Wege der ergänzenden Vertragsauslegung anzupassen. In die Nachlasswertberechnung fließt daher der angepasste Wert ein. Die im Zuge des Erbfalls zwangsweise in das Privatvermögen übergegangenen Wirtschaftsgüter des Sonderbetriebsvermögens sind mit dem gemeinen Wert anzusetzen, § 12 Abs. 1 ErbStG iVm § 9 BewG. Verliert der Abfindungsanspruch nachträglich an Wert, führt dies anders als im Einkommensteuerrecht nicht zu einem veränderten Wertansatz, da im Erbschaftsteuerrecht grundsätzlich die Verhältnisse im Zeitpunkt des Todes maßgebend sind. War zu diesem Zeitpunkt die Realisierung des Abfindungsanspruchs schon ungewiss, liegt hierin ein besonderer Umstand, der bereits bei der Nachlasswertberechnung einen unter dem Nennbetrag liegenden Wertansatz rechtfertigt.[172] Ansonsten können nachträglich eintretende Ereignisse nur berücksichtigt werden, wenn sie aufgrund eines Gesetzesvorbehaltes, der auch dem Besteuerungszeitpunkt nachfolgende Vorgänge erfasst, oder aufgrund einer zivilrechtlichen Rückwirkungsfiktion, der auch steuerliche Wirkung für die Vergangenheit zukommt, oder durch Nachsteuertatbestände in die Steuerberechnung Eingang finden.[173]

Da die Erben lediglich einen Abfindungsanspruch und ggf. Wirtschaftsgüter des ehemaligen Sonderbetriebsvermögens erwerben, stehen ihnen der Verschonungsabschlag nach § 13a Abs. 1 ErbStG (→ Rn. 174), der Vorwegabschlag (→ Rn. 170), der Abzugsbetrag nach § 13a Abs. 2 ErbStG (→ Rn. 174), die Vollbefreiung nach § 13a Abs. 10 ErbStG (→ Rn. 175 f.) und die Tarifbegrenzung gemäß § 19a ErbStG (→ Rn. 246) nicht zu. Diese steuerlichen Vergünstigungen können aber den verbleibenden Gesellschaftern zugutekommen.

75 • Bei der **einfachen Nachfolgeklausel** liegt erbschaftsteuerlich ein Erwerb von Todes wegen durch Erbanfall vor, § 3 Abs. 1 Nr. 1 ErbStG, der im Ergebnis nicht anders zu behandeln ist als der Erwerb des restlichen Nachlasses. Sind mehrere Erben vorhanden, wird der gesplittete Gesellschaftsanteil mit seinem Steuerwert in den Gesamtsteuerwert des Nachlasses einbezogen, der anschließend auf die Miterben entsprechend ihrer Erbquoten aufgeteilt wird.[174] Das Gleiche gilt für die Wirtschaftsgüter des Sonderbetriebsvermögens, die ohnehin im Anteilssteuerwert (→ Rn. 64, 67) enthalten sind. Die gesetzliche Regelung des § 177 HGB wirkt beim Tod eines Kommanditisten erbschaftsteuerlich wie eine einfache Nachfolgeklausel und ist dementsprechend bewertungsrechtlich genauso wie diese zu behandeln. Der Verschonungsabschlag nach § 13a Abs. 1 ErbStG (→ Rn. 174), der Vorwegabschlag (→ Rn. 170), der Abzugsbetrag nach § 13a Abs. 2 ErbStG (→ Rn. 174), die Vollbefreiung nach § 13a Abs. 10

---

[171] BGH NJW 1985, 192; DStR 1993, 1109; DStR 1993, 1790; NJW 1994, 2536; DStR 2006, 1005; vgl. auch *Wangler* DStR 2009, 1501.
[172] BFH/NV 1993, 354; BFH/NV 2011, 7; *Gebel* UVR 1994, 104; vgl. aber BFH BStBl. II 1994, 36, der unverständlicherweise bez. eines zum Nachlass gehörenden, aber nicht einklagbaren Versicherungsanspruchs eine konkret drohende Leistungsstörung oder Leistungsverweigerung verlangt.
[173] Troll/Gebel/Jülicher/Gottschalk/*Gebel* ErbStG Anh. AO Rn. 33.
[174] BFH BStBl. II 1983, 329; vgl. auch *Gebel*, Betriebsvermögensnachfolge, Rn. 805.

ErbStG (→ Rn. 175f.) und die Tarifbegrenzung gemäß § 19a ErbStG (→ Rn. 246) stehen den Erben zu.

Erfolgt die Übertragung des Gesellschaftsanteils aufgrund einer gesellschaftsvertraglichen Weitergabeverpflichtung unverzüglich, dh alsbald nach dem Todestag an **Mitgesellschafter,** muss der Erbe gemäß § 10 Abs. 10 ErbStG allein den niedrigeren Abfindungsanspruch als Vermögensanfall erfassen und nicht den höheren Anteilswert gemäß § 12 ErbStG. Hierdurch wird verhindert, dass der Erbe den Steuerwert des ererbten Anteils zu versteuern hat, obwohl er den Gesellschaftsanteil nicht behalten, sondern gegen eine unter dem Steuerwert liegende Abfindung herausgeben muss. Voraussetzung ist nur, dass er unverzüglich handelt. Dies ändert aber nichts daran, dass die Differenz zwischen dem Abfindungsbetrag und dem Steuerwert bei den übernehmenden Gesellschaftern als Bereicherung der Erbschaftsteuer unterfällt, § 3 Abs. 1 Nr. 2; § 7 Abs. 7 ErbStG. In diesem Fall stehen dem Erben die Betriebsvermögensbegünstigungen nicht zu. 76

- Bei der Sondererbfolge aufgrund **qualifizierter Nachfolgeklausel** zugunsten eines Miterben wird die Besteuerung bei der Erbschaftsteuer so vorgenommen, als ob das Betriebsvermögen allen Erben angefallen sei.[175] Dies gilt sowohl für den Gesellschaftsanteil als auch für das Sonderbetriebsvermögen. Dabei gelangen die Wirtschaftsgüter, die beim Erblasser zum Sonderbetriebsvermögen gehörten, mit dem Erbfall insoweit in das Privatvermögen, als sie anteilig den „nichtqualifizierten" Miterben zuzurechnen sind (→ Rn. 293). Hierdurch kommt es insoweit in der Person des Erblassers ertragsteuerlich zu einem Entnahmegewinn. Da das Sonderbetriebsvermögen noch durch den Erblasser entnommen wird (→ Rn. 293), fließt es als Privatvermögen in den Nachlass. Dies bewirkt wiederum, dass bei der Nachlasswertberechnung, sofern das Sonderbetriebsvermögen auf „nichtqualifizierte" Erben übergegangen ist, der **gemeine Wert** anzusetzen ist (§ 12 Abs. 1 ErbStG).[176] Die sich hieraus ergebenden Nachteile treffen alle Miterben gemeinsam, dh auch den „qualifizierten" Erben, da die höheren Wertansätze in den Gesamtsteuerwert des Nachlasses eingehen. Aus erbschaftsteuerlicher Sicht ist diese Klausel nur mit Vorsicht einzusetzen.[177] Da die Rechtsprechung die qualifizierte Nachfolgeklausel als einen Unterfall der Teilungsanordnung behandelt, haben Ausgleichsverpflichtungen, die der qualifizierte Nachfolger-Erbe an die anderen Erben dafür zahlt, dass der ihm zugewiesene Gesellschaftsanteil im Wert höher als der seiner Erbquote entsprechende Anteil am Nachlass ist, erbschaftsteuerlich keine Auswirkung. Die insoweit zu zahlende Abfindung stellt auch keinen zusätzlichen Erwerb von Todes wegen für die nichtqualifizierten Erben dar, da insoweit ein Austausch stattfindet. Ist dieser Ausgleich durch den Erblasser ausgeschlossen worden, so hat der qualifizierte Nachfolger allerdings einen Mehrwert erlangt, den er als zusätzlichen Erwerb zu versteuern hat. Die anderen, nicht qualifizierten Miterben können diesen Mehrerwerb des qualifizierten Erben als Nachlassverbindlichkeit abziehen.[178] Übersteigt der Wert des auf den qualifizierten Erben übergegangenen Gesellschaftsanteils dessen Erbquote und ist die Abfindung geringer als der Steuerwert des Anteils, kommt es bei dem qualifizierten Erwerber insoweit zu einem Erwerb von Todes wegen. Bei den nicht qualifizierten Erben ist der Anteil nur mit dem geringeren Abfindungswert anzusetzen, § 10 Abs. 10 ErbStG. Der Verschonungsabschlag nach § 13a Abs. 1 ErbStG (→ Rn. 174), der Vorwegabschlag (→ Rn. 170), der Abzugsbetrag nach § 13a Abs. 2 ErbStG (→ Rn. 174), die Vollbefreiung nach § 13a Abs. 10 ErbStG (→ Rn. 175f.) und die Ta- 77

---

[175] BFH BStBl. II 1983, 329. Da das Vermögen an den qualifizierten Erben übergeht, kommen den nicht qualifizierten Erben die erbschaftsteuerlichen Vergünstigungen der §§ 13a, 19a ErbStG nicht zugute, § 13a Abs. 5 ErbStG, → Rn. 114.
[176] AA *Gebel*, Betriebsvermögensnachfolge, Rn. 818f.
[177] Vgl. auch *Hübner* ZErb 2004, 34.
[178] BFH BFH/NV 2011, 603. Zu den Folgen hinsichtlich der Begünstigungen nach §§ 13a, 19a ErbStG → Rn. 114; zu den einkommensteuerlichen Folgen → Rn. 293ff.

rifbegrenzung gemäß § 19a ErbStG (→ Rn. 246) stehen aufgrund des wenn auch kurzen Durchgangserwerbs sämtlichen Erben im Verhältnis ihrer Erbquoten zu. Auch die nicht qualifizierten Erben erwerben durch Erbanfall anteilig Betriebsvermögen. Aufgrund der Zuordnung des Betriebsvermögens zum qualifizierten Erben kommt es allerdings sogleich zur Verwirklichung eines Nachsteuertatbestandes (→ Rn. 192 ff.). Durch die Zuordnung des Betriebsvermögens zum qualifizierten Erben kommen die Vergünstigungen allein und in vollem Umfang diesem zugute. Die erbschaftsteuerlichen Begünstigungen gehen mithin nicht verloren.

78 • Die **Eintrittsklausel** räumt dem Erben ein Wahlrecht ein, die Anteile zu übernehmen oder auf die Übernahme zu verzichten. Da bei der erbschaftsteuerlichen Beurteilung auf die Verhältnisse am Todestag abzustellen ist und der Erbe zu diesem Zeitpunkt lediglich einen Anspruch auf Abschluss eines Aufnahmevertrages hat, gehört allein der in der Person des Erblassers entstandene Abfindungsanspruch zum Nachlass. Die erbschaftsteuerliche Behandlung folgt daher, sofern die Eintrittsklausel nicht ausnahmsweise in eine qualifizierte Nachfolgeklausel umgedeutet werden kann, der bei der Fortsetzungsklausel (→ Rn. 74), und zwar unabhängig davon, ob der Erbe oder ein Nichterbe von seinem Eintrittsrecht Gebrauch macht und ob sie als Treuhandklausel ausgestaltet ist oder nicht. Der Abfindungsanspruch ist gemäß § 12 Abs. 1 ErbStG iVm § 12 BewG mit seinem Nennwert zu bewerten.[179] Ein Betriebsvermögensfreibetrag nach § 13a Abs. 1 Nr. 1 ErbStG steht den Erben daher ebenso wenig zu, wie der Bewertungsabschlag nach § 13a Abs. 2 ErbStG. Da etwaiges Sonderbetriebsvermögen mit dem Erbfall zu Privatvermögen wird, unterliegt es den allgemeinen Bewertungsvorschriften gemäß § 12 Abs. 1 ErbStG iVm § 9 BewG und fließt mit dem gemeinen Wert in die Nachlasswertberechnung ein.

Für den Fall, dass ein Erbe von seinem Eintrittsrecht Gebrauch macht und die Anteile übernimmt, erfolgt die Behandlung nach Ansicht der Finanzverwaltung allerdings wie beim Erbanfall.[180] Für die Bewertung des Nachlasses ist somit der Gesellschaftsanteil mit dessen Steuerwert zu berücksichtigen. Die erbschaftsteuerliche Behandlung entspricht nach dieser Ansicht derjenigen bei der qualifizierten Nachfolgeklausel (Rn. 77) und erstreckt sich konsequenterweise auch auf das dazu gehörende Sonderbetriebsvermögen.[181] Ob und inwieweit diese Ansicht Bestand haben wird, ist mehr als fraglich. Aus erbschaftsteuerlicher Sicht sollten Eintrittsklauseln wegen der mit ihnen verbundenen Unsicherheiten vermieden werden. Macht der Eintrittsberechtigte von seinem Recht keinen Gebrauch und wächst der Anteil den überlebenden Gesellschaftern an. Dieser Anwachsungserwerb nach § 3 Abs. 1 Nr. 2 S. 2 ErbStG ist dann begünstigt.[182]

79 • Ist die Eintrittsklausel als **Eintrittsvermächtnis** ausgestaltet und bestimmt, dass ein Nichterbe gegen eine Einlage in Höhe des Abfindungsanspruchs des Erblassers rückbezüglich auf dessen Tod eintrittsberechtigt ist und ist ihm dieser Abfindungsanspruch vom Erblasser vermächtnisweise zugewendet worden, führt die Ausübung des Eintrittsrechts beim Nichterben nach Ansicht der Finanzverwaltung zu einem nach §§ 13a, 19a ErbStG begünstigten Erwerb von Todes wegen nach § 3 Abs. 1 Nr. 4 EStG.[183] Dies kann dazu führen, dass die Erben den Abfindungsanspruch nach § 12 Abs. 1 ErbStG iVm § 12 BewG mit dem Nennwert in die Nachlassbewertung mit einzubeziehen haben, dass – folgt man der Ansicht der Finanzverwaltung – die bei ihm als Nachlassverbindlichkeit abzuziehende Vermächtnislast aber nach § 12 Abs. 5 ErbStG zu bewerten ist. Dies kann dazu führen, dass der Erbe letztlich nichts erlangt, aber bei einem niedrigen Wert der Vermächtnislast auf einem Teil der Erbschaftsteuer sitzen bleibt. Folgt

---

[179] Niedersächsisches FG EFG 2000, 960; *Gebel*, Betriebsvermögensnachfolge, Rn. 834 ff.
[180] R E 13b.1 Abs. 2 S. 2 u. 3 ErbStR 2011; ebenso Moench/Weinmann/*Moench* ErbStG § 3 Rn. 79; *Hübner/Maurer* ZEV 2009, 361; Troll/Gebel/Jülicher/Gottschalk/*Jülicher* ErbStG § 13b Rn. 90.
[181] Troll/Gebel/Jülicher/Gottschalk/*Jülicher* ErbStG § 13b Rn. 91.
[182] R E 13b.1 Abs. 2 S. 4 ErbStR 2011.
[183] R E 13b.1 Abs. 2 S. 3 ErbStR 2011.

man also der Ansicht der Finanzverwaltung, dann müssen sowohl beim Übergang auf den Erben als auch bei demjenigen auf den Vermächtnisnehmer der gleiche Bewertungsmaßstab angewendet werden. Richtigerweise wäre jedoch in beiden Fällen der Abfindungsanspruch mit seinem nach § 12 Abs. 1 ErbStG iVm § 12 BewG anzusetzenden Nennwert in die Erbschaftsteuerberechnung mit einzubeziehen und die Betriebsvermögensvergünstigungen vollen Umfangs zu versagen.[184]

- Bei der **Übernahmeklausel** werden die Erben mit dem Tod des Erblassers Gesellschafter der Personengesellschaft. Die erbschaftsteuerliche Behandlung entspricht (zunächst) derjenigen bei der einfachen Nachfolgeklausel (→ Rn. 75). Dies gilt grundsätzlich auch für die Steuerbegünstigungen der §§ 13a, 19a ErbStG. Macht der berechtigte Mitgesellschafter von seinem Übernahmerecht keinen Gebrauch, bleibt es dabei. Für den Fall der Ausübung des Übernahmerechts entfallen mit der Übernahme durch den übernahmeberechtigten Mitgesellschafter die erbschaftsteuerlichen Vergünstigungen (Verschonungsabschlag, Abzugsbetrag, Tarifbegrenzung) für die anderen Miterben, § 13a Abs. 5 ErbStG. Ist die Übernahmeklausel allerdings so ausgestaltet, dass die Ausübung des Übernahmerechtes durch den übernahmeberechtigten Altgesellschafter auf den Todestag zurückwirkt, kommt es zivilrechtlich zu einem unmittelbaren Erwerb durch den Übernahmeberechtigten.[185] In diesem Fall erfolgt die erbschaftsteuerliche Behandlung wie bei der Fortsetzungsklausel (→ Rn. 74). Die Vergünstigungen der §§ 13a, 19a ErbStG können von den Erben insoweit nicht beansprucht werden, wohl aber von dem Altgesellschafter. 80

Schuldet der übernahmeberechtigte Altgesellschafter keine oder nur eine Minderabfindung, liegt in seiner Person ein Erwerb durch Schenkung auf den Todesfall nach § 3 Abs. 1 Nr. 2 ErbStG vor. Beim Erben ist der Anteil bei unverzüglicher Übertragung nach dem Todesfall an einen verbleibenden Gesellschafter aufgrund einer gesellschaftsvertraglichen Weitergabeverpflichtung nur mit dem geringeren Abfindungswert anzusetzen, § 10 Abs. 10 ErbStG.

Die **Sondernachfolge nach der Höfeordnung** ist erbschaftsteuerlich entsprechend den Grundsätzen zu behandeln, die für die qualifizierte Nachfolgeklausel gelten (→ Rn. 77).

Anders als der Wert eines gewerblichen oder freiberuflichen Einzelunternehmens ist der für die Personengesellschaft ermittelte gemeine Wert zwecks Feststellung des auf den einzelnen Gesellschafter entfallenden Anteils an der Personengesellschaft noch aufzuteilen, §§ 3, 97 Abs. 1a BewG. Die dort vorgeschriebene Aufteilungsmethode soll der Finanzverwaltung schwierige Verkehrswertermittlungen ersparen und gilt auch in den Fällen, in denen der Gesellschaftsvertrag zB im Falle des Ausscheidens eines Gesellschafters oder bei Liquidation eine andere Verteilung des Betriebsvermögens vorsieht.[186] Die Aufteilung selbst vollzieht sich sodann in vier Schritten: 81

(1) Zuerst sind den einzelnen Gesellschaftern ihre **Kapitalkonten aus der Gesamthandsbilanz** vorweg zuzuordnen, § 97 Abs. 1a Nr. 1 lit. a BewG. Bei dieser Vorwegzurechnung der Kapitalkonten sind nur diejenigen der Gesamthandsbilanz zu berücksichtigen einschließlich der variablen Kapitalkonten und einer gesamthänderisch gebundenen Rücklage; etwaige Kapitalkonten in Sonder- und/oder Ergänzungsbilanzen bleiben außer Ansatz. Ausnahmsweise können auch **Darlehenskonten** als Kapitalkonten vorweg zuzuordnen sein, sofern diese aufgrund der Begleitumstände im Zuge der Darlehenshingabe zu materiellem Eigenkapital geworden sind.[187] Seit Inkrafttreten des MoMiG zum 1.11.2008 dürften hierunter allerdings nur solche Darlehen oder sonstigen Aufwendungen fallen, die zu einer offenen oder verdeckten Einla- 82

---

[184] Ebenso Troll/Gebel/Jülicher/Gottschalk/*Gottschalk* ErbStG § 3 Rn. 211.
[185] OLG Hamm ZEV 1999, 321.
[186] *Christoffel* GmbHR 1997, 517.
[187] Rösler/Troll/*Eisele* BewG § 97 Rn. 28.

ge in das Kapital der Gesellschaft geführt haben (so zB der Verzicht auf eine noch werthaltige Forderung), da das Eigenkapitalersatzrecht seitdem aufgehoben und durch den gesetzlichen Nachrang sämtlicher Gesellschafterfinanzierungen im Insolvenzfall ersetzt wurde, Art. 9 MoMiG, § 39 Abs. 1 Nr. 5 InsO, Finanzplandarlehen, Darlehen mit Rangrücktritt oder Besserungsschein fallen dagegen grundsätzlich nicht mehr hierunter und können dementsprechend nicht als Kapitalkonten vorweg zugeordnet werden. Als Eigenkapital und damit wie Kapitalkonten vorweg zuzurechnen sind jedoch Genussrechtskapital und die Einlagen stiller Gesellschafter, sofern sie die hierfür erforderlichen Kriterien[188] erfüllen.

83 Ein **negatives Kapitalkonto** ist dem Komplementär stets und in vollem Umfang zuzurechnen.[189] Das negative Kapitalkonto eines Kommanditisten ist aber nach Ansicht der Finanzverwaltung nur dann und nur in der Höhe anzusetzen, in der der Kommanditist nachschusspflichtig ist, seine Kommanditeinlage noch nicht erbracht hat, seine Haftung aufgrund von Entnahmen gem. § 172 Abs. 4 Satz 2 HGB wieder auflebt oder in den Fällen übersteigender Außenhaftung. In allen anderen Fällen ist anstatt des negativen Betrages der Betrag 0 EUR anzusetzen.[190] Begründet wird dies damit, dass der Kommanditist, soweit er seine Einlage erbracht hat und keine Nachschusspflicht etc. besteht, nicht wirtschaftlich belastet sei. Für die Zurechnung eines negativen Kapitalkontos bei den übrigen Personengesellschaften bzw. Mitunternehmerschaften wendet die Finanzverwaltung diese Grundsätze entsprechend an und prüft, ob der Gesellschafter bzw. Mitunternehmer einem Komplementär oder einem Kommanditisten vergleichbar ist.[191] Richtigerweise ist das negative Kapitalkonto dem Personengesellschafter bzw. Mitunternehmer stets und in voller Höhe zuzurechnen und zwar unabhängig von einer etwaigen Haftung im Außenverhältnis. Schon der Gesetzeswortlaut des § 97 Abs. 1a Nr. 1 BewG differenziert nicht zwischen Kommanditisten und Komplementären.[192] Dort heißt es kurz und knapp und ohne Einschränkung, dass die Kapitalkonten aus der Gesamthandsbilanz dem jeweiligen Gesellschafter vorweg zuzurechnen sind. Auch wenn den Gesellschafter/Mitunternehmer keine Nachschusspflicht trifft und er auch nicht haftet, ist sein negatives Kapitalkonto in der Weise „belastet" als dass er dieses mit künftigen Gewinnen einschließlich eines Veräußerungsgewinns erst einmal wieder auffüllen muss. Das negative Kapitalkonto weist also letztlich den Zeitpunkt aus, ab dem der Gesellschafter wirklich wieder am Gewinn der Gesellschaft partizipieren wird.[193] Dieser Aspekt wird ausgeblendet, wenn man – wie die Finanzverwaltung – statt des negativen Kapitalkontos den Wert 0 EUR ansetzt. Hierin liegt ein Verstoß gegen das Bereicherungsprinzip.[194]

Noch deutlicher wird das Problem, wenn Sonderbetriebsvermögen vorliegt, welches mit dem gemeinen Wert zu bewerten ist. Denn steht dem negativen Kapitalkonto ein positives Sonderbetriebsvermögen gegenüber, führt der Ansatz des negativen Kapitalkontos mit 0 dazu, dass das Sonderbetriebsvermögen voll zu versteuern ist, da keine Verrechnung stattfindet (Beispiel → Rn. 86).

84 (2) Der danach verbleibende Rest des Ertragswerts wird sodann nach dem für die Gesellschaft maßgebenden Gewinnverteilungsschlüssel aufgeteilt; Vorabgewinnanteile sind dabei nicht zu berücksichtigen, § 97 Abs. 1a Nr. 1 lit. b BewG. Die im Bewertungsgesetz gewählte Formulierung entspricht derjenigen in § 35 EStG zur Verteilung des

---

[188] Vgl. Beck Bil-Komm/*Schubert* HGB § 247 Rn. 227 ff. zu Genussrechtskapital und Rn. 235 f. zu Einlagen stiller Gesellschafter.
[189] Gleichlautende Ländererlasse BStBl. I 2014, 882 Tz. 2.2.2.
[190] R B 97.3 Abs. 1 S. 3 ErbStG; gleichlautende Ländererlasse BStBl. I 2014, 882 Tz. 2.2.1.1; Kreutziger/Schaffner/Stephany/*Kreutziger* BewG § 97 Rn. 61.
[191] Gleichlautende Ländererlasse BStBl. I 2014, 882 Tz. 2.3.
[192] *Gerlach* DStR 2010, 309.
[193] *Knobbe-Keuk*, Bilanz- und Unternehmenssteuerrecht, § 11a II, 484; Gürsching/Stenger/*Dötsch* BewG § 97 Rn. 1770.
[194] Gürsching/Stenger/*Dötsch* BewG § 97 Rn. 1770.

Gewerbesteuermessbetrags bei Personengesellschaften. Konsequenterweise wird auch hier also die handelsrechtliche Gewinnverteilung maßgebend sein, wie sie sich aus dem HGB oder dem Gesellschaftsvertrag ergibt.[195] Ist diese Gewinnverteilung steuerlich nicht anzuerkennen, ist der entsprechend korrigierte Gewinnverteilungsschlüssel maßgebend. Ebenso wie Vorabgewinnanteile sind Sondervergütungen im Sinne des § 15 Abs. 1 S. 1 Nr. 2 EStG nicht zu berücksichtigen.[196]

(3) Das mit dem gemeinen Wert ermittelte Sonderbetriebsvermögen (→ Rn. 72 wird dem jeweiligen Gesellschafter zugerechnet.

(4) Der Wert des Personengesellschaftsanteils bildet zusammen mit dem Wert des Sonderbetriebsvermögens den Anteilswert des Gesellschafters, § 97 Abs. 1a Nr. 3 BewG.

Beispiel:[197]
Wert des Gesamthandsvermögens der A, B & C KG
zum Bewertungsstichtag: 12.000.000 EUR
Kapitalkonten lt. Gesamthandsbilanz der Personengesellschaft: 9.000.000 EUR
Davon entfallen auf A 5.000.000 EUR, auf B 1.000.000 EUR und auf C 3.000.000 EUR.
Gewinn- und Verlustverteilung A, B und C je 1/3
Der Gesellschafter A verpachtet an die Personengesellschaft ein Grundstück mit einem gemeinen Wert von 1.500.000 EUR.
Zu bewerten ist der Anteil des Gesellschafters A, der von Todes wegen in vollem Umfang auf seinen Sohn S als Alleinerben übergegangen ist.

Gesellschafter		A	B/C
	EUR	EUR	EUR
Wert des Gesamthandsvermögens	12.000.000		
Abzüglich Kapitalkonten lt. Gesamthandsbilanz	9.000.000	5.000.000	4.000.000
Unterschiedsbetrag	3.000.000	+ 1.000.000	+ 2.000.000
Anteil am Wert des Gesamthandsvermögens		6.000.000	6.000.000
Wert des Sonderbetriebsvermögens		+ 1.500.000	
Anteil am Wert des Betriebsvermögens		7.500.000	

cc) Betriebsvermächtnis. Ist ein ganzer Betrieb Gegenstand eines Vermächtnisses, kommt es zu mindestens zwei Erwerben von Todes wegen, und zwar zum einen im Zuge des Erbanfalls beim Erben und zum anderen im Zuge des Vermächtnisses beim Vermächtnisnehmer, § 3 Abs. 1 Nr. 1 ErbStG. Zugleich ist die Verpflichtung zur Erfüllung eines Vermächtnisses beim Erben Erbfallschuld und mindert so dessen erbschaftsteuerlichen Erwerb. Sie entsteht beim Eintritt des Erbfalls und ist daher, soweit das Vermächtnis nicht ausgeschlagen wird, sofort abzugsfähig. Dies gilt unabhängig davon, ob und inwieweit es später erfüllt wird. Während der Erbanfall beim Erben als Summe der aktiven und passiven Wirtschaftsgüter des Betriebsvermögens mit dem Steuerwert anzusetzen ist, erwirbt der Vermächtnisnehmer demgegenüber lediglich einen auf Betriebsübertragung gerichteten **Vermächtnisanspruch** (§ 2174 BGB) und somit nur eine **Forderung gegen den Erben,** nicht hingegen den Vermächtnisgegenstand, dh den Betrieb unmittelbar. Diese auf Übertragung der Sach- und Rechtsgesamtheit „Betrieb" gerichtete Forderung ist ein Sachleistungsanspruch,[198] obwohl bei der Bewertung von Sachleistungsansprüchen und Sachleistungsverpflichtungen aus gegenseitigen Verträgen eigentlich auf die Regelungen des allgemeinen Teils des Bewertungsgesetzes und damit insbesondere auf §§ 9 Abs. 1, 10 und 12 BewG zurückgegriffen werden müsste, wie der Bundesfinanzhof es bei

---
[195] BMF DStR 2016, 2653 Rn. 20.
[196] So zu § 35 EStG BFH DStRE 2009, 794 mit umfangreichen Nachweisen.
[197] H B 97.3 ErbStH 2011, Beispiel 1.
[198] BFH BStBl. III 1966, 507; BStBl. II 1997, 820; BStBl. II 2000, 588; R B 9.1 Abs. 2 S. 1 ErbStR 2011.

der Bewertung von in den Nachlass fallenden Sachleistungsansprüchen auch tat. Nun hat der Bundesfinanzhof entschieden, dass bei Sachleistungsansprüchen grundsätzlich der gemeine Wert anzusetzen ist.[199] Allerdings will er aus Gründen des Vertrauensschutzes für die Dauer der Fortgeltung des ErbStG in allen seinen Fassungen, die es bis zum Beschluss des Bundesverfassungsgerichts vom 7.11.2006[200] erfahren hat, von einer Änderung seiner Rechtsprechung zu den Sachvermächtnissen abzusehen,[201] was aber nicht für Kaufrechts- und Übernahmevermächtnisse gelten soll.[202] Durch das ErbStRG 2009 und die darin verankerte Annäherung der Steuerwerte an die Verkehrswerte hat sich das Problem entschärft, ist aber, da die Praxis gezeigt hat, dass die Steuerwerte zum Teil immer noch unter den Verkehrswerten liegen, noch immer virulent.

88 Handelt es sich bei dem Betriebsvermächtnis um ein **Verschaffungsvermächtnis,** müssen die Erben den nicht zum Nachlass gehörenden Betrieb erwerben und mit den Anschaffungskosten und damit grundsätzlich mit dem Teilwert aktivieren. Diese Kosten fließen dann auch in die erbschaftsteuerliche Wertermittlung ein, so dass auch bereits vor Inkrafttreten des ErbStRG 2009 der gemeine Wert maßgebend war.[203]

89 Ein häufiges Problem beim Vermächtnis ist das Auseinanderfallen des Steuerentstehungszeitpunkts und des Erfüllungszeitpunkts. Die Erbschaftsteuer entsteht im Zeitpunkt des Todes des Erblassers, § 9 Abs. 1 Nr. 1 ErbStG, und ist zu diesem Zeitpunkt zu bewerten, § 11 ErbStG. Der Wert im Zeitpunkt der Erfüllung des Vermächtnisses durch die Erben spielt aufgrund des Stichtagsprinzips grundsätzlich keine Rolle.[204] Etwaige **Wertveränderungen** wirken nicht zurück. Bei zwischenzeitlichen Wertsteigerungen führt dies beim Vermächtnisnehmer daher zu keinerlei Problemen. Kommt es aber bis zur Erfüllung des Vermächtnisses zu einem Wertverlust, so hat auch dieser keinen Einfluss auf die Erbschaftsteuerlast. Dies wird zB dann zum Problem, wenn der Wert derart sinkt, dass die Erbschaftsteuer höher ist als der Wert des Vermächtnisgegenstands im Erfüllungszeitpunkt. Die steuerlichen Begünstigungen beim Betriebsvermögen relativieren dieses Problem. Bedenkt man aber zB, dass bestimmte Nachsteuertatbestände den unternehmerischen Misserfolg sanktionieren (zB Betriebsaufgabe aufgrund Insolvenz → Rn. 199; Nichteinhaltung der Lohnsumme → Rn. 189), fällt dieser Aspekt in Krisensituationen eher schwach aus. Zwar trifft diese Wertveränderung den Erben in gleicher Weise. Er hat jedoch grundsätzlich die Geschicke selbst in der Hand. Dem Vermächtnisnehmer sind bis zur Erfüllung des Vermächtnisses die Hände gebunden. Nicht zuletzt kann auch ein Streit über das Vermächtnis den Betrieb in eine Krise führen. Schlimmstenfalls erhält der Vermächtnisnehmer ein insolventes Unternehmen, dass er dann auch noch versteuern muss.

90 dd) **Vermächtnis bezüglich eines Personengesellschaftsanteils.** Ein Personengesellschaftsanteil, der Gegenstand eines Vermächtnisses ist, ist ebenso wie das Betriebsvermächtnis ein Stückvermächtnis und somit entsprechend zu behandeln. Es ist mit dem Steuerwert des Anteils anzusetzen.[205] Um das Vermächtnis überhaupt erfüllen zu können, bedarf es aber regelmäßig einer einfachen oder qualifizierten Nachfolgeklausel oder wenn diese fehlt, eines Falles des § 177 HGB (→ Rn. 16 aE), um den Übergang des Personengesellschaftsanteils auf den vermächtnisbelasteten Erben sicher zu stellen. Doch auch wenn der Erbe bedingt durch die Nachfolgeklausel bzw. § 177 HGB im Wege der Sondererbfolge Gesellschafter geworden ist, heißt das noch nicht, dass er den Personengesellschaftsanteil auch an den Vermächtnisnehmer weitergeben darf. Dies kann nämlich nur dann erfolgen, wenn die Weitergabe im Gesellschaftsvertrag bereits zugelassen ist oder alle Ge-

---

[199] BFH BStBl. II 2008, 982; ebenso *Viskorf* FR 2004, 1337; aA *Crezelius* ZEV 2004, 476.
[200] BVerfGE 117, 1.
[201] BFH BFH/NV 2008, 1379.
[202] BFH BStBl. II 2008, 982.
[203] Troll/Gebel/Jülicher/Gottschalk/*Gebel* ErbStG § 3 Rn. 174.
[204] BFH/NV 1991, 243.
[205] Troll/Gebel/Jülicher/Gottschalk/*Gebel* ErbStG § 3 Rn. 209.

sellschafter ihr zustimmen. Fehlt es daran, kann das Vermächtnis nicht erfüllt werden. Hat der Erbe dies zu vertreten, haftet er nach §§ 275, 283 BGB und muss den Vermächtnisnehmer, da die Herstellung in Natur nicht möglich ist, grundsätzlich in Geld entschädigen, § 251 Abs. 1 BGB.[206] Hat daneben ein Dritter, zB ein anderer Gesellschafter daran mitgewirkt, das Vermächtnis zu vereiteln, kann gegen diesen ein Schadensersatzanspruch aus § 826 BGB bestehen. Sofern der Dritte hierdurch Eigentümer des Gesellschaftsanteils geworden ist, kann der Anspruch auch auf Herausgabe des Gesellschaftsanteils gerichtet sein (Naturalrestitution).[207] Hat sich der mit dem Vermächtnis beschwerte Erbe aber ernsthaft bemüht, die Zustimmung der Mitgesellschafter zur Übertragung des Anteils einzuholen, verliert der Vermächtnisnehmer sein Forderungsrecht und der Erbe wird von seiner Leistungspflicht wegen nachträglicher Unmöglichkeit nach § 275 Abs. 1 BGB frei.[208] Da er die Unmöglichkeit nicht zu vertreten hat, muss er nur eventuell erlangte Surrogate herausgeben, § 285 BGB.[209] Die nachträglich eingetretene (objektive oder subjektive) Unmöglichkeit hat aber keinen Einfluss auf die bereits entstandene Steuerschuld.[210] Der Erlöschensgrund war im Zeitpunkt der Entstehung der Steuer (noch) nicht gegeben. Er kann dementsprechend auch nicht auf den Steuerentstehungszeitpunkt zurückbezogen werden. Sofern hier nicht durch Auslegung des Testaments Abhilfe geschaffen werden kann, kommt es in diesem Fall zu dem fatalen Ergebnis, dass der Erbe den Personengesellschaftsanteil im Wege der Sondererbfolge erwirbt und obwohl er ihn aufgrund der Unmöglichkeit nicht an den Vermächtnisnehmer herausgeben muss, die Vermächtnislast trotzdem abziehen darf. Der Vermächtnisnehmer bekommt den Personengesellschaftsanteil nicht und muss ihn dennoch als Vermächtniserwerb versteuern.[211] Abhilfe kann hier wohl nur die Ausschlagung oder ein Erlass (§§ 163, 227 AO) als Billigkeitsmaßnahme schaffen.[212] Die Ausschlagung eines Vermächtnisses ist zwar nicht fristgebunden (→ § 11 Rn. 23), setzt aber voraus, dass das Vermächtnis noch nicht angenommen wurde.

Fehlt es an einer Nachfolgeklausel und kommt es durch den Tod des Erblassers zu einer Liquidation der Gesellschaft (→ Rn. 13) oder durch dessen Tod zu seinem Ausscheiden, so geht nur ein Anteil an der Liquidationsgesellschaft bzw. der Abfindungsanspruch auf den Erben über. Vermächtnisgegenstand ist im ersten Fall der mit dem Steuerwert zu bewertende Liquidationsgesellschaftsanteil. Im zweiten Fall kann der Vermächtnisgegenstand aber nur der mit dem gemeinen Wert zu bemessende Abfindungsanspruch sein. **Eintrittsvermächtnisse,** die auf den Abfindungsanspruch gerichtet, mit einem Beitrittsrecht gekoppelt sind, sind ebenso wie die Eintrittsklausel zu behandeln (→ Rn. 18). Das Vermächtnis ist mit dem gemeinen Wert des Abfindungsanspruchs zu bewerten.[213] Die Finanzverwaltung nimmt bei Ausübung des Eintrittsrechts durch den Vermächtnisnehmer allerdings einen Erwerb nach § 3 Abs. 1 Nr. 4 ErbStG an, so dass der Vermächtnisnehmer den Personengesellschaftsanteil vom Erblasser unmittelbar erwirbt.[214] Die Bewertung erfolgt danach mithin mit dem Steuerwert und die Betriebsvermögensbegünstigungen können ebenfalls in Anspruch genommen werden.

ee) Vermächtnis bezüglich eines Kapitalgesellschaftsanteils. Auch ein Kapitalgesellschaftsanteil, der Gegenstand eines Vermächtnisses ist, ist ein Stückvermächtnis und letztlich ein Sachleistungsanspruch. Nach der hier vertretenen Ansicht ist er aber dennoch mit dem Steuerwert des Anteils anzusetzen. Unabhängig davon ist die Problematik, ob der

---

[206] BGH NJW 1984, 2570 zum vereitelten Eintritt in eine OHG mit umfassenden Erläuterungen zur Schadensberechnung.
[207] BGH NJW 1992, 2152; MüKoBGB/*Rudy* § 2171 Rn. 11.
[208] *Kamps* ErbStB 2008, 267; Palandt/*Weidlich* 2174 Rn. 5; MüKoBGB/*Rudy* BGB § 2171 Rn. 11.
[209] Palandt/*Weidlich* § 2174 Rn. 5; MüKoBGB/*Rudy* BGB § 2171 Rn. 11.
[210] Troll/Gebel/Jülicher/Gottschalk/*Gebel* ErbStG § 3 Rn. 198; *Kamps* ErbStB 2008, 267.
[211] Troll/Gebel/Jülicher/Gottschalk/*Gebel* ErbStG § 3 Rn. 198; *Kamps* ErbStB 2008, 267.
[212] *Kamps* ErbStB 2008, 267.
[213] Troll/Gebel/Jülicher/Gottschalk/*Gebel* ErbStG § 3 Rn. 198; *Kamps* ErbStB 2008, 211.
[214] R E 13b.1 Abs. 2 S. 3 ErbStR 2011.

Steuerwert oder der gemeine Wert anzusetzen sind, mit der Angleichung von Steuerwert und gemeinem Wert faktisch bedeutungslos geworden, zumal die Finanzverwaltung den Erwerb durch Vermächtnis als begünstigten Erwerb behandelt, wenn der Vermächtnisnehmer begünstigtes Vermögen erhält.[215]

Anders als Anteile an Personengesellschaften können Kapitalgesellschaftsanteile grundsätzlich frei veräußert oder übertragen werden, sofern der Gesellschaftsvertrag keine anderweitige Regelung enthält. Insbesondere bei personalistisch organisierten Kapitalgesellschaften finden sich daher oft **Vinkulierungsklauseln.** § 15 Abs. 5 GmbHG bestimmt ausdrücklich, dass die Abtretung von Geschäftsanteilen an weitere Voraussetzungen geknüpft und insbesondere von der Genehmigung der Gesellschaft abhängig gemacht werden kann. Derartige Vinkulierungsklausel bergen aber in Vermächtnisfällen, zumindest, wenn sie auf diesen nicht abgestimmt sind, das Risiko, dass der Vermächtnisnehmer etwas versteuern muss, was er nicht bekommt (→ Rn. 89). Denn das Vermächtnis ist bereits im Zeitpunkt des Todes und nicht erst im Zeitpunkt seiner Erfüllung zu versteuern, §§ 9 Abs. 1 Nr. 1, 11 ErbStG. Wird die aufgrund der Vinkulierungsklausel erforderliche Zustimmung berechtigterweise verweigert, wird der Erbe von der Verpflichtung zur Erfüllung des Vermächtnisses wegen nachträglicher Unmöglichkeit frei, § 275 Abs. 1 BGB. Dies bleibt für ihn folgenlos, sofern er sich, wenn auch erfolglos um die Zustimmung bemüht hat und der Kapitalgesellschaftsanteil auch nicht für Rechnung des Vermächtnisnehmers an einen Dritten abgetreten werden kann.[216] Die nicht erteilte Zustimmung, die den Übergang des Kapitalgesellschaftsanteils auf den Vermächtnisnehmer verhindert, ist ein Ereignis nach dem Stichtag, welches erbschaftsteuerlich keine Rückwirkung entfaltet.[217] Der Vermächtnisnehmer erhält die Kapitalgesellschaftsanteile nicht und muss sie dennoch versteuern. Der Erbe dagegen kann die Kapitalgesellschaftsanteile behalten und die (später nicht mehr zu erfüllende) Vermächtnislast trotzdem als Nachlassverbindlichkeit abziehen. Sachgerecht könnte es sein, dieses mit der Vinkulierungsklausel verbundene Erfüllungsrisiko bei der Bewertung des Vermächtnisses angemessen zu berücksichtigen.[218] Dies würde aber nur dann zu vertretbaren Ergebnissen führen, wenn man den Erbanfall und das Vermächtnis als Erbfallschuld anders bewertet, als den Vermächtnisanfall.

93 **ff) Vermächtnis bezüglich einzelner Wirtschaftsgüter des Betriebsvermögens.** Ist der Erbe, auf den ein Betrieb durch Erbfall übergegangen ist, verpflichtet, in Erfüllung einer Vermächtnisanordnung einzelne Wirtschaftsgüter an den Vermächtnisnehmer zu übertragen (Sachleistungsanspruch), stellt sich auch hier wiederum die Frage, mit welchem Wert das Wirtschaftsgut beim Vermächtnisnehmer anzusetzen ist. In Betracht kommen der Teilwert, der gemeine Wert des weitergegebenen Wirtschaftsgutes, oder aber, was vorzugswürdig ist, der Steuerwert. Auch hier hat sich die Problematik durch die Annäherung der Steuerwerte an den gemeinen Wert entschärft.

Einkommensteuerlich ist zu beachten, dass der Erbe aufgrund der Entnahme des zu übertragenden Wirtschaftsgutes einen Entnahme- oder Aufgabegewinn zu -versteuern hat (→ Rn. 306). Ihm erwächst somit aus der Vermächtniserfüllung eine zusätzliche Einkommensteuerlast.

94 **gg) Vermächtnisnießbrauch am Betriebsvermögen.** Der Erblasser will im Falle seines Todes eine bestimmte Person versorgt wissen. Er weist daher durch letztwillige Verfügung das Vermögen bestimmten Personen zu, verpflichtet diese jedoch dazu, der zu versorgenden Person den Nießbrauch an dem Vermögen oder Teilen davon einzuräumen (sog. **Vermächtnisnießbrauch**). Gegenstand der Zuwendung, der der Erbschaftsteuer zu

---

[215] R E 13b.1 Abs. 1 S. 4 Nr. 1 ErbStR 2011.
[216] Troll/Gebel/Jülicher/Gottschalk/*Gebel* ErbStG § 3 Rn. 214.
[217] Troll/Gebel/Jülicher/Gottschalk/*Gottschalk* ErbStG § 3 Rn. 198.
[218] Troll/Gebel/Jülicher/Gottschalk/*Gebel* ErbStG § 3 Rn. 215 und Rn. 199.

unterwerfen ist, das Nießbrauchsrecht selbst. Dieses **Nutzungsrecht** ist bei der erbschaftsteuerlichen Wertermittlung mit seinem nach §§ 13–16 BewG ermittelten **Kapitalwert** anzusetzen, § 12 Abs. 1 ErbStG (→ § 28 Rn. 24). Dies gilt sowohl für den Ansatz als Vermächtnislast beim Erben als auch für den Erwerb von Todes wegen beim Vermächtnisnehmer. Der Nießbraucher (Vermächtnisnehmer) kann anstatt der Einmalbesteuerung des Nutzungsrechtes gem. § 23 Abs. 1 ErbStG auch eine fortlaufende jährliche **Besteuerung nach dem Jahreswert** wählen (→ § 28 Rn. 25). Dem Nießbraucher (Vermächtnisnehmer) stehen die Begünstigungen der §§ 13a, 19a ErbStG zu, sofern er Mitunternehmer geworden ist (→ Rn. 26). Aufgrund der Kürzung der Last hat der Vermächtnisnießbrauch im Ergebnis die gleiche negative Auswirkung in Bezug auf das Begünstigungsvolumen wie der Zuwendungsnießbrauch (→ § 28 Rn. 28). Dieser Effekt wird allein durch die Abzugsmöglichkeit der Erbschaftsteuer im Rahmen des § 35b EStG gemildert. Dabei ist der Effekt umso größer, je höher der Erbschaftsteuersatz ist.

Der Vermächtnisnießbrauch kann eine steuergünstige **Alternative zur Vor- und Nacherbschaft** sein. Die steuerliche Doppelbelastung entfällt, wenn die als Vorerbe vorgesehene Person stattdessen Vermächtnisnießbraucher und die als Nacherbe vorgesehene Person stattdessen gleich Vollerbe wird. Dieser kann darüber hinaus den Nießbrauch mit seinem Kapitalwert als Vermächtnislast abziehen. Hierdurch wird faktisch der Nachlass, soweit er das Unternehmen betrifft, auf zwei Erwerber verteilt, was idR wegen der Freibeträge und des progressiven Steuertarifs zu einer insgesamt günstigeren Besteuerung führt. Die Position des Nießbrauchsberechtigten (häufig: des überlebenden Ehegatten) gegenüber dem Erben (häufig: den Kindern) kann durch die Anordnung von Testamentsvollstreckung gestärkt werden. Dieses Modell ließe sich auch noch mit einer Ablösung des Nießbrauchs durch Versorgungsleistungen kombinieren. Hierzu löst der Nießbrauchsbesteller nach Ablauf der Behaltensfristen gemäß § 13a Abs. 5, Abs. 8 Nr. 2 ErbStG den Nießbrauch durch eine **wertidentische Versorgungsleistung** iSd § 10 Abs. 1a Nr. 2 EStG ab.[219] Der ehemalige Nießbraucher erhält nun eine Rente, was seinem Versorgungsbedürfnis grundsätzlich entgegen kommt. Zugleich entfällt die Verpflichtung zur Bewirtschaftung. Der Übergang stellt sich mithin als gleitende Vermögensübergabe dar. Liegt der Wert der Versorgungsleistung unter dem Wert der Ablösung des Nießbrauchs, kommt es zu einer schenkungsteuerbaren Zuwendung des ehemaligen Nießbrauchers an den ehemaligen Nießbrauchsbesteller.

b) Nachlassverbindlichkeiten. Gemäß § 10 Abs. 5 ErbStG sind bei der Berechnung der Bereicherung des Erwerbers die abzugsfähigen Nachlassverbindlichkeiten abzuziehen. Sind sie zunächst nicht bekannt, so kann der Abzug innerhalb der vierjährigen Festsetzungsfrist (§ 169 Abs. 2 Nr. 2 AO iVm § 170 Abs. 1 und Abs. 5) nachgeholt werden. Die Berichtigung erfolgt dann gem. § 173 bzw. § 175 AO.

aa) Erblasserverbindlichkeiten. Bei den vom Erblasser herrührenden Schulden (sog. Erblasserverbindlichkeiten, § 10 Abs. 5 Nr. 1 ErbStG) handelt es sich um Verbindlichkeiten, die bei seinem Tod noch nicht erfüllt waren. Es kann sich um Verpflichtungen handeln, die der Erblasser in einem Vertrag eingegangen ist oder durch deliktische Handlungen (vgl. §§ 823 ff. BGB) herbeigeführt hat. Aber auch Abgaben-, Gebühren- und Steuerschulden gehören hierzu. Nicht erforderlich ist, dass sie bereits bestanden. Sie können vielmehr auch mit dem Erbfall oder aber erst danach entstehen. Entscheidend ist lediglich, dass sie in der Person des Erblassers schon derart begründet waren, dass sie auch entstanden wären, wenn er nicht verstorben wäre.[220] Ist dies der Fall, kann der Abzug vorgenommen werden. Zu beachten ist, dass Schulden und Lasten, soweit sie begünstigtes

---

[219] BMF BStBl. I 2010, 227 Rn. 25 und 50; gleichlautende Ländererlasse BStBl. I 2012, 1101; *Stein* DStR 2013, 567 Ziff. 5.2.
[220] Moench/Weimann/*Weinmann* ErbStG § 10 Rn. 51.

Vermögen im Sinne des § 13b ErbStG betreffen, nur mit dem Betrag abzugsfähig sind, der dem Verhältnis des nach Anwendung des § 13a und 13c ErbStG verbleibenden Werts dieses Vermögens zu dem Wert vor der Anwendung des § 13a und 13c ErbStG entspricht, § 10 Abs. 6 S. 4 ErbStG (→ Rn. 108). Stehen Erblasserverbindlichkeiten mit einem zum Nachlass gehörenden Betriebsvermögen in wirtschaftlichem Zusammenhang und wurden sie bei dessen Bewertung bereits berücksichtigt, ist ein erneuter Abzug als Erblasserverbindlichkeit nicht zulässig.

98 Steuerschulden, die nach § 45 AO auf die Erben übergehen, gehören ebenfalls zu den Erblasserverbindlichkeiten, und zwar auch dann, wenn die Steuerfestsetzung erst nach dem Erbfall erfolgt und auch wenn sie erst mit Ablauf des Todesjahres, also nach dem Tod des Erblassers entstehen.[221] Der Erblasser verwirklicht auch dann in eigener Person einen einkommensteuerrelevanten Tatbestand, wenn er unmittelbar mit seinem Ableben steuerpflichtige Einkünfte erzielt und diese in die Besteuerung für das Todesjahr einbezogen werden.[222] Bei einer Zusammenveranlagung von im selben Jahr verstorbenen Ehegatten sind Abschlusszahlungen für das Todesjahr analog § 270 AO aufzuteilen und als Nachlassverbindlichkeiten beim jeweiligen Erwerb von Todes wegen abzugsfähig.[223] Als Nachlassverbindlichkeit abzugsfähig ist die Einkommensteuer-Abschlusszahlung im Sinne des § 36 Abs. 4 S. 1 EStG, also diejenige Einkommensteuer, die sich nach Anrechnung der vom Erblasser entrichteten Einkommensteuer-Vorauszahlungen und der durch Steuerabzug erhobenen anrechenbaren Einkommensteuer ergibt.[224] Es kommt dabei allein auf die materielle Rechtslage und nicht auf die Steuerfestsetzungen an. Entsprechendes gilt für den Solidaritätszuschlag sowie für die ebenfalls an das Einkommen anknüpfende, nach Landesrecht festzusetzende Kirchensteuer. Erfolgt der Übergang eines Anteils an einer Personengesellschaft aufgrund einer **qualifizierten Nachfolgeklausel** und gelangen die Wirtschaftsgüter, die beim Erblasser zum Sonderbetriebsvermögen gehörten, mit dem Erbfall insoweit in das Privatvermögen, als sie anteilig den „nichtqualifizierten" Miterben zuzurechnen sind, kommt es somit ertragsteuerlich zu einem entsprechenden Entnahmegewinn (→ Rn. 293 f.). Die **Einkommensteuer** entsteht dabei noch in der Person des Erblassers und ist daher als Erblasserverbindlichkeit abzuziehen.[225] Auch **hinterzogene oder verkürzte Steuern** des Erblassers sowie **Hinterziehungszinsen**[226] gehören zu den Erblasserverbindlichkeiten, jedenfalls insoweit sie auch tatsächlich festgesetzt wird.[227] Die Einkommensteuerschuld, die nach dem Erbfall in der Person des Erben entsteht, ist dagegen eine Eigenschuld des Erben. Gleiches gilt für die **latente Ertragsteuerbelastung,** die aus der Sphäre des Erblassers stammt, aber erst vom Erben realisiert wird,[228] oder für die **Gewerbesteuer,** wenn diese nur deshalb anfällt, weil dem Erben die freiberufliche Qualifikation fehlt (→ Rn. 336). Sie verwirklicht sich erst in der Person des Erben und stellt als dessen Schuld keine Nachlassverbindlichkeit dar.

99 Auch die Zugewinnausgleichsschuld nach § 1371 Abs. 2 BGB (sog. güterrechtlicher Ausgleich) ist eine Erblasserverbindlichkeit, obwohl dem Forderungsinhaber bis zum Tod des Ehepartners nur eine Erwerbsaussicht zustand, die noch kein disponibles Anwartschaftsrecht ist.[229] Anzusetzen ist die Ausgleichsschuld mit ihrem Nennwert.[230]

---

[221] BFH DStR 2012, 1698; aA R E 10.8 Abs. 3 S. 2 ErbStR 2011.
[222] BFH BFH/NV 2012, 1792.
[223] BFH DStR 2012, 1698; BFH/NV 2012, 1785; BFH/NV 2012, 1788; BFH/NV 2012, 1790; BFH/NV 2012, 1792.
[224] BFH BFH/NV 2012, 1792.
[225] *Gebel,* Betriebsvermögensnachfolge, Rn. 520 aE; BFH BStBl. II 2012, 790.
[226] BFH BStBl. II 1992, 9.
[227] BFH DStR 2016, 401; FinMin Nordrhein-Westfahlen DStR 2003, 77.
[228] BFH BStBl. II 1996, 287; BFH/NV 2012, 1785; aA *Meincke/Hannes/Holtz* ErbStG § 10 Rn. 32; *Mellinghoff* DStJG 22, 1999, 127 (152); *Hilgers,* Die Berücksichtigung vom Erblasser herrührender Einkommensteuervor- und -nachteile bei der Nachlassbewertung im Erbrecht, 2001.
[229] BGH BStBl. II 2008, 874; Troll/Gebel/Jülicher/Gottschalk/*Gebel* ErbStG § 10 Rn. 121.
[230] BFH BStBl. II 2008, 874.

I. Erbschaftsteuer § 27

Eine am Todestag bereits verjährte Schuld soll der Erbe als Erblasserverbindlichkeit abziehen können, wenn feststeht, dass er die Einrede der Verjährung nicht erheben wird.[231] Besteht dagegen nach bürgerlich rechtlichen Grundsätzen überhaupt keine den Erben belastende Verbindlichkeit, so kommt eine Berücksichtigung als Erblasserverbindlichkeit nicht in Betracht. Dies gilt auch dann, wenn sich der Erbe aus tatsächlichen oder sittlichen Gründen zur Leistung verpflichtet fühlte.[232] An einer wirtschaftlichen Belastung fehlt es auch, wenn bei objektiver Würdigung der Verhältnisse angenommen werden kann, dass der Gläubiger seine Forderung nicht geltend machen wird.[233] Die Forderung ist dann in dieser Höhe nicht als Erblasserverbindlichkeit zu berücksichtigen. Wird eine Erblasserverbindlichkeit nach dem Erbfall freiwillig von einem Dritten getilgt, ist dies für den Abzug unerheblich, da es allein auf die Verhältnisse im Todeszeitpunkt ankommt.[234] Allerdings könnte die Leistung des Dritten als freigebige Zuwendung im Sinne des § 7 Abs. 1 Nr. 1 ErbStG zu werten sein.

Zusätzliche Kosten, die dem Erben durch die Begleichung der Erblasserverbindlichkeiten entstehen, erhöhen den nach § 10 Abs. 5 Nr. 1 ErbStG abzugsfähigen Betrag und sind somit selbst als Erblasserverbindlichkeiten zu klassifizieren.[235] Sie werden mithin nicht von dem Pauschbetrag nach § 10 Abs. 5 Nr. 3 S. 2 ErbStG erfasst. Gleiches gilt für die Aufwendungen, die dem Erben wegen der noch durchzuführenden Veranlagung des Erblassers erwachsen (zB Steuerberatungskosten). Nicht hierher gehören dagegen die Kosten für die Erstellung der Erbschaftsteuererklärung; dies sind Erbfallkosten (→ Rn. 102). **100**

bb) Erbfallschulden. Erbfallschulden sind Verbindlichkeiten, die mit dem Erbfall zusammenhängen. Hierbei handelt es sich im Wesentlichen um testamentarische Anordnungen sowie Pflichtteils- und Erbersatzansprüche, § 10 Abs. 5 Nr. 2 ErbStG. Die Verpflichtung zur Erfüllung eines **Vermächtnisses** entsteht beim Eintritt des Erbfalls und ist daher, soweit das Vermächtnis nicht ausgeschlagen wird, sofort abzugsfähig. Dies gilt unabhängig davon, ob und inwieweit es später erfüllt wird. Auch hier stellt sich wiederum die Frage, mit welchem Wert das Wirtschaftsgut beim Erben anzusetzen ist. In Betracht kommen der gemeine Wert des weiterzugebenden Wirtschaftsguts oder aber der ggf. abweichende Steuerwert. Sachgerecht erscheint hier allein ein identischer Wertansatz beim Erben und beim Vermächtnisnehmer im Wege eines erbschaftsteuerlichen **Korrespondenzprinzips.** Denn der Vermächtnisgegenstand ist mehrfach in die erbschaftsteuerliche Wertermittlung einbezogen ist. Würden dabei der Sachleistungsanspruch des Vermächtnisnehmers[236] und die ihm korrespondierende Sachleistungsverpflichtung des Erben jeweils mit dem aus dem Verkehrswert des Gegenstandes abgeleiteten Wert, der Gegenstand selbst aber bei der Nachlasswertberechnung mit einem niedrigeren Steuersachwert angesetzt, so würden die steuerlichen Ergebnisse gegen den Gleichbehandlungsgrundsatz verstoßen und beim Erben überdies zu einer unzutreffenden Besteuerung führen.[237] Dieses Ergebnis kann nur vermieden werden, wenn bei der Besteuerung die auf ein bestimmtes Bewertungsobjekt bezogene Wertermittlung durchgängig von übereinstimmenden Wertansätzen ausgeht. Dies bedeutet, dass der Vermächtnisgegenstand beim Erwerb durch den Erben, beim Abzug als Erbfallschuld und beim Erwerb des Vermächtnisnehmers entweder jeweils durchgängig mit dem Steuerwert[238] oder jeweils mit dem gemeinen Wert anzusetzen ist. Diese **101**

---

[231] Troll/Gebel/Jülicher/Gottschalk/*Gebel* ErbStG § 10 Rn. 132; zum verjährten Pflichtteilsanspruch: FG Schleswig-Holstein DStRE 2016, 1443 Rev. II R 17/16; aA FG München UVR 1993, 55; EFG 2002, 1625; FG Hessen DStRE 2017, 545, Rev. II R 1/16.
[232] Troll/Gebel/Jülicher/Gottschalk/*Gebel* ErbStG § 10 Rn. 134; BFH BStBl. II 1988, 1006; BStBl. II 1995, 62.
[233] BFH BStBl. II 2008, 874; DStRE 1999, 717 mwN.
[234] Troll/Gebel/Jülicher/Gottschalk/*Gebel* ErbStG § 10 Rn. 131; aA wohl *Moench* DStR 1992, 1185 (1188).
[235] Troll/Gebel/Jülicher/Gottschalk /*Gebel* ErbStG § 10 Rn. 136.
[236] So BFH BStBl. II 2004, 1039 in einem obiter dictum; → Rn. 89.
[237] *Gebel*, Betriebsvermögensnachfolge, Rn. 210; *Martin* DB 1990, 1536.
[238] So BFH/NV 2011/1147.

Problematik ist seit der Änderung der erbschaftsteuerlichen Wertermittlung durch das Erbschaftsteuerreformgesetz zum 1.1.2009 faktisch behoben worden, da die Bewertung seitdem generell mit Verkehrswerten oder zumindest mit Annäherungswerten an den gemeinen Wert erfolgt und dementsprechend nur noch verhältnismäßig geringe Abweichungen möglich sind. Entsteht aufgrund der Erfüllung eines Vermächtnisses, zB weil einzelne Wirtschaftsgüter des Betriebsvermögens an den Vermächtnisnehmer zu übertragen sind, ein Entnahme- oder Aufgabegewinn, ist die darauf entfallende **Einkommensteuer** nicht bereicherungsmindernd zu berücksichtigen (→ Rn. 98). Dem Erben erwächst durch die Vermächtniserfüllung eine zusätzliche Steuerlast, die er ohne das Vermächtnis nicht hätte. Hierbei handelt es sich nicht um **latente Steuerlasten,** die nach der Rechtsprechung bei der Nachlasswertberechnung nicht berücksichtigt werden dürfen.[239] Denn latente Steuerlasten sind nur solche, die durch eigene Vermögensdispositionen des Erben entstehen, mit denen er unter Einsatz des zum Nachlass gehörenden Vermögens einen Tatbestand der Einkünfteerzielung verwirklicht.[240] Seit dem Wegfall des erbschaftsteuerlichen Abzugsverbots nach § 25 ErbStG für Erwerbe ab dem 1.1.2009 ist der Barwert eines **Nießbrauchsvermächtnisses** bei der Ermittlung des erbschaftsteuerlichen Erwerbs als Erbfallschuld abziehbar. Auch hier sind der Wert der Vermächtnislast aufgrund des Nießbrauchs und der Wert des korrespondierenden Vermächtnisnießbrauchanspruchs grundsätzlich identisch. Ist das mit dem Nießbrauch belastete Vermögen allerdings ganz oder zum Teil nach §§ 13 ff. ErbStG steuerfrei, sind die Erbfallschulden nicht bzw. nur anteilig abzugsfähig, § 10 Abs. 6 ErbStG. **Auflagen** und Bedingungen stellen ebenfalls eine Erbfallschuld dar, sofern eine Bewertung in Geld möglich ist[241] und sie dem Beschwerten nicht selbst zugutekommen (vgl. § 10 Abs. 9 ErbStG). Sie sind ebenso wie Vermächtnisse grundsätzlich sofort abziehbar. Etwas Anderes gilt seit dem 1.1.2009 auch nicht mehr bei Vermächtnissen und Auflagen, die wiederkehrenden Nutzungen und Leistungen zugunsten des überlebenden Ehegatten zum Gegenstand haben. **Zugewinnausgleichsschulden,** dh Verbindlichkeiten, die die Erben bei der güterrechtlichen Abwicklung der Zugewinngemeinschaft als Ausgleichsforderung des überlebenden Ehegatten zu begleichen haben, sind ebenfalls zu den Erbfallschulden zu zählen.[242] Verbindlichkeiten aus **Pflichtteilen** und **Erbersatzansprüchen** sind nur dann abzugsfähig, wenn der Anspruch geltend gemacht wird. Zu den Erbfallschulden gehören zivilrechtlich auch diejenigen Verbindlichkeiten, die zwar nicht mit dem Erbfall, aber infolge des Erbfalls entstehen (**Nachlasskosten-** und **Nachlassverwaltungsschulden**).[243] Nach Ansicht des BFH zählen hierzu auch die durch die Tätigkeit eines Nachlassverwalters verursachten Verbindlichkeiten einschließlich der hierdurch beim Erben ausgelösten Einkommensteuerlast.[244] In dem entschiedenen Fall hatte der Nachlassverwalter die im Nachlass befindliche Kommanditbeteiligung gekündigt und so die auf den Veräußerungsgewinn entfallende Einkommensteuerschuld ausgelöst, welche als Erbfallschuld in Form einer Nachlassverwaltungsschuld klassifiziert. Sofern die entsprechende Steuerschuld also eine Nachlassverbindlichkeit darstellt, muss dies konsequenterweise aufgrund der zivilrechtlichen Maßgeblichkeit auch im Erbschaftsteuerrecht gelten.[245]

102 cc) Erbfallkosten. Erbfallkosten sind gemäß § 10 Abs. 5 Nr. 3 ErbStG die Beerdigungskosten und die so genannten **Nachlassregelungskosten.** Bei Letzteren handelt es sich um Kosten, die dem Erwerber unmittelbar im Zusammenhang mit der Abwicklung, Re-

---

[239] BFH/NV 1990, 643; BStBl. II 1979, 23.
[240] *Gebel,* Betriebsvermögensnachfolge, Rn. 217.
[241] BFH HFR 1964, 83.
[242] *Kussmann,* Schenken, Erben, Steuern, Rn. 269.
[243] MüKoBGB/*Küpper* § 1967 Rn. 10a.
[244] BFH BStBl. II 2016, 372 zur Beschränkung der Erbenhaftung gem. § 45 Abs. 2 S. 1 AO iVm § 1975 BGB auf den Nachlass, obwohl es sich um eine Steuerschuld des Erben und nicht des Erblassers handelt.
[245] Ebenso *Loose* ErbR 2016, 627; aA Troll/Gebel/Jülicher/*Gebel* ErbStG § 10 Rn. 175.

I. Erbschaftsteuer § 27

gelung oder Verteilung des Nachlasses oder mit der Erlangung des Erwerbs entstehen. Dies trifft jedoch nicht auf Kosten für die Verwaltung des Nachlasses zu (→ Rn. 104). Abzugsfähig sind danach zB die Kosten für die Erstellung der Erbschaftsteuererklärung oder der Erklärung zur gesonderten Feststellung nach § 157 iVm § 151 BewG,[246] nicht hingegen die Erbschaftsteuerschuld, § 10 Abs. 8 ErbStG. Erbfallkosten sind ferner die **Kosten der Erbauseinandersetzung** einschließlich der gerichtlichen und außergerichtlichen Kosten einer Auseinandersetzungsklage oder eines Rechtsstreits zwischen den Miterben sowie der entstandenen Kosten für Sachverständige, Gerichts- und Notargebühren und Rechtsanwaltskosten.[247] Dies gilt auch für die Kosten die im Zuge der Versilberung des Nachlasses zum Zwecke der Erbauseinandersetzung in den Fällen der § 2042 Abs. 2 iVm § 753 BGB und § 2046 Abs. 3 BGB sowie für Verwertungshandlungen, die zum Vollzug letztwilliger, nicht allein dem Erben selbst zugutekommender Anordnungen des Erblassers erforderlich sind.[248] Die **Kosten der Nachlassverwertung**, sofern sie nicht der Erbauseinandersetzung dienen, sind dagegen grundsätzlich nicht abzugsfähig.

Zu den abzugsfähigen Erwerbskosten zählen auch **Abfindungsleistungen,** die der Erwerber aufwenden muss, um in die Position des Erblassers einzurücken. Es muss eine synallagmatische Verknüpfung zwischen den Kosten und der Erwerberstellung vorliegen. Hierzu gehört zB die Abfindung, die der Ersatzerbe an den Erben zahlt, um diesen zur Ausschlagung der Erbschaft zu bewegen, ferner diejenige, die der Erbe an den weichenden Erbprätendenten zur Beendigung eines gerichtlichen Rechtsstreits wegen Klärung der Erbenstellung zahlt,[249] sowie die Abfindung für einen Erbverzicht.[250] Zu beachten ist, dass es für die Erbfallkosten einen Pauschalbetrag in Höhe von 10.300 EUR gibt, § 10 Abs. 5 Nr. 3 S. 2 ErbStG. Dieser Betrag wird als Erbfallkosten ohne Nachweis abgezogen. Höhere Kosten können abgezogen werden, wenn sie glaubhaft gemacht werden.[251] Den Abzug der Kosten, die dem Erben/Erwerber unmittelbar im Zusammenhang mit dem Erwerb entstehen, lässt die Finanzverwaltung neben dem Pauschalbetrag zu.[252]

103

Ebenso wie bei der Einkommensteuer (→ Rn. 330) sind die **Testamentsvollstreckerkosten** auch bei der Erbschaftsteuer differenziert zu betrachten. Kosten für die Dauervollstreckung sind nicht abzugsfähig. Kosten für die Ermittlung und Verteilung des Nachlasses (sog. Konstitutions- und Auseinandersetzungsgebühr) sind abzugsfähig, allerdings nur soweit sie angemessen sind.[253] Soweit die Testamentsvollstreckerkosten das angemessene Maß übersteigen und vom Erblasser auf Grund besonderer Umstände angeordnet wurden, die tatsächlich und rechtlich nicht mit der Testamentsvollstreckung zusammenhängen, stellen sie ein Vermächtnis zugunsten des Testamentsvollstreckers dar. Insoweit unterliegen sie grundsätzlich der Erbschaft- und nicht der Einkommensteuer und sind als solches gemäß § 10 Abs. 5 Nr. 2 ErbStG von dem erbschaftsteuerlichen Erwerb abzugsfähig (→ Rn. 21).[254] Liegen diese Umstände allerdings – wie wohl in der Regel – nicht vor, besteht eine Vermutung dafür, dass eine vom Erblasser als Testamentsvollstreckerhonorar bezeichnete Vergütung auch tatsächlich und rechtlich mit der Testamentsvollstreckung zusammenhängt; denn sie ist im Gegensatz zum Vermächtnis dadurch gekennzeichnet, dass der Testamentsvollstrecker sie nur dann erhält, wenn er sein Amt

104

---

[246] H E 10.7 ErbStH 2011; FinMin Nordrhein-Westfalen DB 1991, 525; aA FG Nürnberg DStRE 2003, 677; FG Köln EFG 1991, 198; FG München UVR 1991, 215.
[247] BFH BStBl. II 2010, 489; OFD Frankfurt BeckVerw 248, 894.
[248] BFH BStBl. II 1995, 786; BStBl. II 2010, 489; Troll/Gebel/Jülicher/Gottschalk/*Gebel* ErbStG § 10 Rn. 217.
[249] BFH BStBl. II 2017, 128.
[250] BFH BStBl. II 1981, 473.
[251] *Gohlisch* SteuerStud 1997, Beil. zu Heft 2, 12.
[252] R 30 Abs. 4 ErbStR.
[253] RFH RStBl. 1938, 527; zur Angemessenheit vgl. *Schuhmann* UVR 1991, 363.
[254] BFH DStR 2005, 825; BStBl. II 1990, 1028.

ausübt.²⁵⁵ Das Erbschaftsteuerrecht folgt insoweit nicht dem Zivilrecht (vgl. § 2221 BGB) und unterwirft das Honorar in vollem Umfang nur der Einkommensteuer.

105 **Schulden und Lasten,** die mit Gegenständen zusammenhängen, die ganz oder teilweise von der Erbschaftbesteuerung ausgenommen sind, unterliegen einem **Abzugsverbot,** § 10 Abs. 6 ErbStG. Erfasst werden zunächst Schulden und Lasten, die im wirtschaftlichen Zusammenhang mit Wirtschaftsgütern stehen, die in vollem Umfang von der Besteuerung ausgenommen sind. Dies sind Vermögensgegenstände, die wie zB Kulturgüter iSd § 13 Abs. 1 Nr. 2 ErbStG ausdrücklich steuerbefreit oder wie Anwartschaften oder bloße Erwerbsaussichten nicht steuerbar sind. Übersteigen die Schulden den Wert der Vermögensgegenstände, mit denen sie wirtschaftlich zusammenhängen, soll auch der **Schuldenüberhang** nicht abzugsfähig sein.²⁵⁶ In diesen Fällen hilft nur der Verzicht auf die Steuerbefreiung, sofern er denn zulässig ist (vgl. § 13 Abs. 3 ErbStG).

Schulden und Lasten, die mit teilweise steuerbefreiten Vermögensgegenständen im wirtschaftlichen Zusammenhang stehen, sind nur mit dem Teil abzugsfähig, der dem steuerpflichtigen Teil entspricht, § 10 Abs. 6 S. 3 ErbStG. In erster Linie gilt diese Regelung für erhaltenswerte Kunstgegenstände iSd § 13 Abs. 1 Nr. 2a ErbStG. Da diese mit 60% ihres Werts steuerfrei bleiben, sind auch mit ihnen zusammenhängende Schulden nur zu 40% abzugsfähig. Nicht unter diese Regelung fallen Vermögensgegenstände, für deren Erwerb ein sachlicher Freibetrag gewährt wird (vgl. zB § 13 Abs. 1 Nr. 1a) ErbStG für Hausrat iHv 41.000 EUR; → Rn. 109); mit ihnen zusammenhängende Schulden und Lasten sind voll berücksichtigungsfähig.²⁵⁷

106 Bei **Pflichtteilsschulden** wendet die neuere Rechtsprechung § 10 Abs. 6 ErbStG nicht an, da diese in keinem wirtschaftlichen Zusammenhang mit den vom Erben steuerfrei erworbenen Vermögensgegenständen stehen.²⁵⁸ Dies gilt auch dann, wenn zum Nachlass nach §§ 13a, 13c ErbStG begünstigtes Vermögen gehört. Gehören zum Nachlass also ganz oder teilweise steuerbefreite Vermögensgegenstände, kann die Pflichtteils- oder Zugewinnausgleichsforderung von dem steuerpflichtigen Rest ungekürzt abgezogen werden, was faktisch auf eine doppelte Entlastung hinausläuft.

107 Darüber hinaus könnte § 10 Abs. 6 S. 3 ErbStG beim Abzug von aus Vermächtnissen herrührenden Erbfallschulden Bedeutung erlangen, wobei sich diese Problematik nach der seit 1.1.2009 geltenden erbschaftsteuerlichen Bewertung deutlich entschärft hat und nur noch in Ausnahmesituationen zum Tragen kommen kann (→ Rn. 101). Der Bundesfinanzhof hat in einem obiter dictum angedeutet, dass er bei den Erben die vermächtnisweise Verpflichtung zur Herausgabe eines Grundstücks als eine mit diesem wirtschaftlich zusammenhängende Last ansehen möchte.²⁵⁹ Da der Erwerb des Grundstücks beim Erben nur mit dem Steuerwert anzusetzen ist, sei er teilweise „steuerfrei" gestellt. Die Verpflichtung zur Herausgabe, die als Sachwertanspruch grundsätzlich mit dem gemeinen Wert anzusetzen sei, müsse dementsprechend gekürzt werden. Für den Erben ändert sich insoweit nichts. Bei Abweichung von gemeinem Wert und Steuerwert ist der Leidtragende der Vermächtnisnehmer, der dann den höheren gemeinen Wert des Grundstücks zu versteuern hat, wohingegen früher durchgängig nur der geringere Steuerwert zum Ansatz kam. Konsequenterweise wird diese beabsichtigte Rechtsprechungsänderung nicht nur bei Grundstücken, sondern auch bei allen anderen Arten von unterbewertetem Vermögen anzuwenden sein.

108 Bei beschränkter Steuerpflicht werden Schulden und Lasten nur bei Vermögensgegenständen berücksichtigt, die zum Inlandsvermögen gehören oder die Aufgrund der Zuweisung eines Doppelbesteuerungsabkommens im Inland besteuert werden (§ 10 Abs. 6 S. 2

---

²⁵⁵ BFH DStR 2005, 825; BStBl. II 1990, 1028; BFH/NV 2017, 1180.
²⁵⁶ RFH RStBl. 1943, 567, vgl. auch BFH BStBl. II 1981, 640 zur Vermögensteuer.
²⁵⁷ R E 10.10 Abs. 3 S. 2 ErbStR 2011.
²⁵⁸ BFH BStBl. II 2016, 230; BFH/NV 2015, 158; FinMin Bayern DStR 2016, 1750; aA R E 10.10 Abs. 2, 1 ErbStR 2011.
²⁵⁹ BFH BStBl. II 2004, 1039; → Rn. 89; → Rn. 105; → Rn. 281 ff.

ErbStG, → § 34 Rn. 21, 24, 72). Schließlich sind Schulden und Lasten, soweit sie mit nach § 13a und § 13c ErbStG begünstigtem Betriebsvermögen und nach § 13d ErbStG begünstigtem Grundvermögen wirtschaftlich zusammenhängen, nur mit dem Betrag abzugsfähig, der dem Verhältnis des nach Anwendung des § 13a und § 13c bzw. § 13d ErbStG verbleibenden Werts dieses Vermögens zu dem Wert vor der Anwendung des § 13a und § 13c bzw. § 13d ErbStG entspricht, § 10 Abs. 6 S. 4 und 5 ErbStG. Diese Regelung gilt nicht für Betriebsschulden und -lasten, da diese bereits im gesondert festzustellenden Unternehmenswert berücksichtigt wurden und sich somit bereits reduzierend ausgewirkt haben (→ Rn. 50).

c) Allgemeine sachliche Steuerbefreiungen. Sachliche Steuerbefreiungen knüpfen 109 grundsätzlich nicht an persönliche Verhältnisse des Erwerbers an, sondern hängen von den sachlichen Voraussetzungen des Vermögensanfalls ab. Liegen diese Voraussetzungen vor, so bewirken sie, dass der Vermögensanfall ganz oder teilweise erbschaftsteuerfrei bleibt, und mindern so den steuerpflichtigen Erwerb. Im ErbStG sind die sachlichen Steuerbefreiungen in §§ 13 bis 13d ErbStG geregelt.

§ 13 ErbStG spielt im Bereich der Unternehmensnachfolge grundsätzlich kaum eine Rolle. Erwähnenswert ist, dass die in § 13 Abs. 1 Nr. 1 ErbStG genannten Freibeträge, die für Hausrat und sonstige bewegliche körperliche Gegenstände (zB PKW und Schmuck) gewährt werden, nicht für Wertpapiere und auch nicht für Gegenstände gelten, die zum land- und forstwirtschaftlichen Vermögen oder zum Betriebsvermögen gehören. Erwähnenswert sind auch Zuwendungen unter Lebenden im Zusammenhang mit einem **inländischen Familienwohnheim** nebst dazugehörigen Grundstück,[260] welche unter Ehegatten und eingetragenen Lebenspartnern steuerfrei bleiben, § 13 Abs. 1 Nr. 4a ErbStG. Im Rahmen der Unternehmensnachfolge eignet sich das **Familienwohnheim** als Baustein des Nachfolgekonzepts dazu, Vermögen steuerfrei zwischen Ehegatten zu transferieren: Dem vermögenden Ehepartner gehört das Wohnhaus. Er schenkt es dem anderen Ehegatten nach § 13 Abs. 1 Nr. 4a ErbStG erbschaftsteuerfrei. Danach kauft er es zurück. Im Endeffekt wird dem anderen Ehegatten auf diese Weise letztlich Geld zugewendet. Gehört dem nicht vermögenden Ehegatten das Haus, verkauft er dieses zuerst und lässt es sich dann zurück schenken. Der Vorgang lässt sich grundsätzlich beliebig oft wiederholen. Man spricht daher auch von der sog. **„Wohnheimschaukel"**. Auch der Erwerb des Familienwohnheims durch Kinder und Stiefkinder (§ 15 Abs. 1 Nr. 2 ErbStG) sowie, im Falle deren Vorversterbens, deren Kinder und Stiefkinder kann steuerbefreit sein, § 13 Abs. 1 Nr. 4c ErbStG. Die Steuerbefreiung entspricht im Wesentlichen derjenigen des Erwerbs durch den überlebenden Ehegatten. Anders als diese unterliegt die Steuerbefreiung für die Kinder allerdings einer Größenbegrenzung. Die Befreiung ist auf eine Wohnfläche der selbst genutzten Wohnung des Erblassers von höchstens 200 m^2 begrenzt, § 13 Abs. 1 Nr. 4c S. 1 letzter Hs. ErbStG.

Der **Vermögensrückfall** an Eltern oder Voreltern bleibt steuerfrei, § 13 Abs. 1 Nr. 10 110 ErbStG. Begünstigt ist nur der Rückfall von Vermögensgegenständen an die Person, die sie zuvor durch Schenkung übertragen hat. Erforderlich ist ferner, dass die zurückgefallenen Gegenstände bei objektiver Betrachtung nach Art- und Funktionsgleichheit mit den geschenkten identisch sind (gegenständliche Identität).[261] Ist dies nicht der Fall, ist der Rückfall von im Austausch der zugewendeten Gegenstände in das Vermögen des Beschenkten gelangten Vermögensgegenstände nicht begünstigt. Wertsteigerungen, die auf die wirtschaftliche Entwicklung (bei einem Grundstück zB auf die Verbesserung der Verkehrslage oder auf die Aufschließung eines landwirtschaftlichen Grundstücks zu Bauland)

---

[260] BFH DStR 2009, 575; Moench/Weinmann/*Kien-Hümbert* ErbStG § 13 Rn. 28.
[261] BFH BStBl. II 1994, 656; R E 13.6 Abs. 2 S. 2 u. 3 ErbStR 2011.

zurückgehen, sollen steuerfrei sein.[262] Wertsteigerungen, die durch den Einsatz von Kapital oder Arbeit oder durch Stehenlassen von Gewinnen entstanden sind, sollen dagegen ebenso wie aus dem Schenkungsgegenstand gezogene Früchte und deren Erträge steuerpflichtig sein.[263] Die gesetzliche Regelung des Vermögensrückfalls ist unbefriedigend.

Beispiel:
Ein Vater schenkt seiner Tochter ein Aktienpaket eines Maschinenherstellers. Einige Zeit später schichtet die Tochter ihr Depot um, verkauft die Aktien und erwirbt von dem Erlös Pfandbriefe. Wenig später verstirbt sie kinderlos und unverheiratet. Der Vater erbt die Pfandbriefe. Er schenkt diese kurz darauf seinem Sohn. Das geschenkte Vermögen unterliegt zunächst in der Gestalt der Aktien und danach in der Gestalt der Pfandbriefe insgesamt dreimal der Besteuerung. § 13 Abs. 1 Nr. 10 ErbStG kommt nicht zum Tragen, da die Pfandbriefe nicht art- und funktionsgleich mit den Aktien sind.

111 Es empfiehlt sich daher, bereits bei der Schenkung ein **Rückforderungsrecht** für den Fall des Vorversterbens des Beschenkten einschließlich etwaiger Surrogate zu vereinbaren (→ § 28 Rn. 40). Dann greift zwar § 13 Abs. 1 Nr. 10 ErbStG nicht ein, da aber bereits die Steuer auf den (ersten) Zuwendungsakt gem. § 29 Abs. 1 Nr. 1 ErbStG entfällt und der Rückfall des Vermögens aufgrund des Rückforderungsrechts selbst keine Bereicherung darstellt, ist diese Gestaltung günstiger. Die vertraglich vereinbarte Rückforderung geht in erster Linie, soweit nicht anders vereinbart, entsprechend § 812 Abs. 1 S. 1 Alt. 1 BGB auf den geschenkten Vermögensgegenstand. Ist dieser aber nicht mehr vorhanden, ist Wertersatz zu leisten, § 818 Abs. 2 BGB. Auf diese Weise werden auch Surrogate erfasst, da auch insoweit die Steuer erstattet wird. Die Rückübertragung eines geschenkten Grundstücks kann allerdings Grunderwerbsteuer auslösen, sofern die Befreiungsvorschriften des § 3 GrEStG nicht eingreifen. Erfasst das Rückforderungsrecht neben dem geschenkten Vermögensgegenstand und dessen Surrogaten darüber hinaus noch die Nutzungen, liegt auch hinsichtlich der Früchte und deren zwischenzeitlichem Wertzuwachs keine Schenkung vor.[264]

112 Nach § 13 Abs. 1 Nr. 11 ErbStG ist der **Verzicht auf die Geltendmachung des Pflichtteilsanspruchs** oder des Erbersatzanspruchs steuerbefreit. Die stillschweigende Unterlassung der Geltendmachung ist gleichgestellt.[265] Nicht befreit ist demgegenüber der Verzicht auf einen bereits geltend gemachten Pflichtteilsanspruch oder auf ein bereits angenommenes entsprechendes Erbieten des Verpflichteten.[266] In dem Pflichtteilsverzicht liegt eine schenkungsteuerpflichtige Zuwendung des Pflichtteilsberechtigten an den Erben, § 1 Abs. 1 Nr. 2 iVm § 7 Abs. 1 Nr. 1 ErbStG. Die Geltendmachung und die Entstehung der Erbschaftsteuer setzen nicht voraus, dass der Pflichtteil bereits beziffert ist.[267] Der Berechtigte sollte sich daher zunächst darauf beschränken, vom Erben nur Auskunft gemäß § 2314 BGB zu verlangen, und sich die Geltendmachung des Pflichtteils vorzubehalten.[268] Erhält ein Pflichtteilsberechtigter nach Eintritt des Erbfalls für einen entstandenen, aber bisher noch nicht geltend gemachten Pflichtteilsanspruch eine Abfindung, unterliegt diese gem. § 3 Abs. 2 Nr. 4 ErbStG der Erbschaftsteuer, wobei hier die Abfindung als vom Erblasser zugewendet gilt, so dass es für die anzuwendende Steuerklasse und die Vorerwerbe auf das Verhältnis zum Erblasser ankommt. Die Abfindung vor dem Erbfall, die ein künftiger gesetzlicher Erbe an einen anderen künftigen gesetzlichen

---

[262] BFH BStBl. II 1994, 759; BVerfG DStRE 1997, 968; R E 13.6 Abs. 2 S. 4 ErbStR 2011; Kapp/Ebeling/*Geck* ErbStG § 13 Rn. 87.
[263] BFH BStBl. II 1994, 759; BVerfG DStRE 1997, 968; R E 13.6 Abs. 2 S. 5 und 6 ErbStR 2011; Kapp/Ebeling/*Geck* ErbStG § 13 Rn. 87; krit. *Wolf* DStR 1988, 563; *Felix* BB 1994, 1694.
[264] Troll/Gebel/Jülicher/Gottschalk/*Jülicher* ErbStG § 13 Rn. 130.
[265] Troll/Gebel/Jülicher/Gottschalk/*Jülicher* ErbStG § 13 Rn. 132.
[266] BFH BStBl. II 2006, 718; BFH/NV 2010, 902; RFH RStBl. 1936, 1131.
[267] BFH BStBl. II 2006, 718 mwN; aA *Meincke/Hannes/Holtz* ZErb 2004, 1.
[268] *Von Oertzen/Cornelius* ErbStB 2006, 49.

I. Erbschaftsteuer   § 27

Erben für den Verzicht auf einen künftigen Pflichtteilsanspruch zahlt, ist eine freigebige Zuwendung des einen künftigen Erben an den Verzichtenden, wobei sich die Steuerklasse nicht nach dem Verhältnis des Verzichtenden zum Erblasser, sondern nach dem zum zahlenden künftigen Erben richtet.[269] Vorerwerbe vom künftigen Erblasser spielen daher insoweit keine Rolle.[270] § 13 Abs. 1 Nr. 1 ErbStG kommt daher nicht zum Tragen.

d) Steuerbegünstigtes Betriebsvermögen. Die weitaus größte Bedeutung kommt aber der besonderen sachlichen Begünstigung für den **Erwerb von betrieblich gebundenem Vermögen** zu, für welches §§ 13a, 13c ErbStG eine Verschonungsregelung vorsehen, die in bestimmten Fällen sogar zur völligen Steuerfreistellung dieses Vermögens führen kann. Als zusätzliche Privilegierung ist in diesen Fällen im Rahmen der Ermittlung der Erbschaftsteuer noch eine Tarifentlastung nach § 19a ErbStG vorgesehen (→ Rn. 246). Die §§ 13a und 13c ErbStG begünstigen grundsätzlich jeglichen **Erwerb von Todes wegen und durch Schenkung unter Lebenden.**[271] Es kommt mithin nur darauf an, dass es sich um einen in §§ 3, 7 ErbStG aufgezählten Erwerb handelt, so dass auch Abfindungserwerbe, wie zB Ausschlagung gegen Abfindung, begünstigt sind. Da aber nur der Erwerb bestimmten Vermögens begünstigt ist (→ Rn. 118 ff.), sind die Erwerbsformen, die (wie zB der Pflichtteilserwerb) nur einen Geldanspruch zum Gegenstand haben oder sich nur auf einzelne Wirtschaftsgüter des Betriebsvermögens beziehen, nicht privilegiert. Geldvermächtnisnehmer, Pflichtteils- und Zugewinnausgleichsberechtigte etc. erwerben vom Erblasser kein begünstigtes Vermögen. Die Erfüllung derartiger auf Geldzahlung gerichteter Ansprüche durch Hingabe von begünstigtem Vermögen fällt nicht unter die Weitergabetatbestände des § 13a Abs. 5 ErbStG,[272] sondern ist als tauschähnlicher Vorgang ein nachsteuerauslösender Veräußerungstatbestand (→ Rn. 192). Statt der Abgeltung an Erfüllung statt sollte daher ein Abfindungserwerb gemäß § 3 Abs. 2 Nr. 4–6 ErbStG durchgeführt werden. **Vor- und Nacherbfall** sind jeweils für sich getrennt zu betrachten. Es können daher die Begünstigungen des § 13a ErbStG für beide in Betracht kommen. 113

Hinsichtlich der **Nachfolgeklauseln bei Personengesellschaften** gilt Folgendes: 114
– Bei der **Fortsetzungsklausel** fällt der Gesellschaftsanteil nicht in den Nachlass. Die Erben können daher mangels eines Übergangs von Betriebsvermögen die Begünstigungen der §§ 13a, 13c ErbStG nicht in Anspruch nehmen. Er steht vielmehr den verbleibenden Gesellschaftern zu, sofern bei ihnen ein Erwerb von Todes wegen vorliegt.[273]
– Bei der **einfachen Nachfolgeklausel** (→ Rn. 75) können die Miterben für ihren jeweiligen Erwerb die Begünstigung nach §§ 13a, 13c ErbStG in Anspruch nehmen.
– Die **qualifizierte Nachfolgeklausel** (→ Rn. 77) zugunsten eines Miterben wird erbschaftsteuerlich nicht beachtet und wie ein Erwerb durch Erbanfall behandelt.[274] Aufgrund der Neuregelung in § 13a Abs. 5 S. 2 ErbStG können die „nichtqualifizierten" Miterben die Begünstigungen der §§ 13a, 13c ErbStG aufgrund der Weitergabe des begünstigten Vermögens nicht in Anspruch nehmen. Durch die Zuordnung des Betriebsvermögens zum qualifizierten Erben kommt diese allein und in vollem Umfang diesem zugute. Die erbschaftsteuerlichen Begünstigungen gehen mithin nicht verloren. Zahlt der qualifizierte Erbe an die nicht nichtqualifizierten Miterben einen Wertausgleich aus eigenem Vermögen, weil der Wert des Gesellschaftsanteils den seiner Erbquote übersteigt, stellt dies insoweit einen entgeltlichen, erbschaftsteuerlich nicht zu beachtenden

---
[269] BFH BStBl. II 2018, 201; aA noch BFH BStBl. II 2013, 922.
[270] BFH BStBl. 2018, 201.
[271] Troll/Gebel/Jülicher/Gottschalk/*Jülicher* ErbStG § 13a Rn. 18.
[272] Koordinierte Ländererlasse BStBl. I 2017, 902 Abschn. 13b.1 Abs. 4.
[273] R E 13b.1 Abs. 2 S. 5 ErbStR 2011; koordinierte Ländererlasse BStBl. I 2017, 902 Abschn. 13b.1 Abs. 2 S. 5.
[274] R E 13b.1 Abs. 2 S. 1 ErbStR 2011; koordinierte Ländererlasse BStBl. I 2017, 902 Abschn. 13b.1 Abs. 2 S. 1; zur Problematik bei Vorliegen von Sonderbetriebsvermögen → Rn. 294; zur Bewertung → Rn. 77.

Erwerb dar (→ Rn. 77), mit der weiteren Folge, dass insoweit auch die erbschaftsteuerlichen Vergünstigungen gem. § 13a ErbStG nicht zum Tragen kommen.

– Bei der **Eintrittsklausel** (→ Rn. 78) ist zu unterscheiden: Verzichtet der Erbe, folgt die erbschaftsteuerliche Behandlung der einer Fortsetzungsklausel. Übernimmt er die Anteile, entspricht sie zumindest nach Ansicht der Finanzverwaltung derjenigen bei der qualifizierten Nachfolgeklausel.[275] Sieht die Eintrittsklausel vor, dass ein **Nichterbe** gegen eine Einlage in Höhe des im vom Erblasser vermächtnisweise zugewendeten Abfindungsanspruchs rückbezüglich auf dessen Tod eintrittsberechtigt ist, liegt auch hierin ein nach §§ 13a, 13c ErbStG begünstigter Erwerb.[276]

– Bei der **Übernahmeklausel** (→ Rn. 80) werden die Erben (zunächst) Gesellschafter der Personengesellschaft. Die erbschaftsteuerliche Behandlung entspricht derjenigen bei der einfachen Nachfolgeklausel, so dass die Steuervergünstigungen der §§ 13a, 13c ErbStG grundsätzlich zum Tragen kommen. Für den Fall der Ausübung des Übernahmerechts entfallen mit der Übernahme durch den übernahmeberechtigten Gesellschafter die Vergünstigungen für Miterben gemäß § 13a Abs. 5 ErbStG und kommen allein dem Übernehmenden zugute. Ist die Übernahmeklausel allerdings so ausgestaltet, dass die Ausübung des Übernahmerechtes durch den übernahmeberechtigten Altgesellschafter auf den Todestag zurückwirkt, kommt es zivilrechtlich zu einem unmittelbaren Erwerb durch den Übernahmeberechtigten.[277] Die Vergünstigungen der §§ 13a, 13c ErbStG können hier von den Erben, ebenso wie bei der Fortsetzungsklausel, nicht beansprucht werden, wohl aber von dem Altgesellschafter.

115 Für **mittelbare Schenkungen** kann die Begünstigung nach Ansicht der Rechtsprechung nur in Anspruch genommen werden, wenn das erworbene Vermögen sowohl auf Seiten des Schenkers als auch auf Seiten des Beschenkten begünstigtes Vermögen ist.[278] Die Finanzverwaltung erkennt daher mittelbar zugewandtes begünstigungsfähiges Vermögen nur in den Fällen an, in denen der Schenker dem Beschenkten einen Geldbetrag mit der Auflage zuwendet, dass dieser sich damit am Betriebsvermögen oder land- und forstwirtschaftlichen Vermögen des Schenkers beteiligt oder vom Schenker unmittelbar gehaltene Anteile an einer Personengesellschaft oder einer Kapitalgesellschaft erwerben muss.[279] Danach ist lediglich die mittelbare Schenkung zwecks Beteiligung am grundsätzlich begünstigungsfähigen Vermögen eines Dritten nicht begünstigt, da insoweit das zu erwerbende Vermögen nicht bereits beim Schenker begünstigt war.[280]

116 Die Verschonung von der Besteuerung ist nicht nur an zahlreiche Hürden geknüpft, sondern der Steuerpflichtige kann auch zwischen zwei Verschonungsmodellen wählen. Bei der Regelverschonung sind die Hindernisse auf dem Weg zur Steuerbefreiung etwas niedriger als bei der Optionsverschonung, welches demgegenüber einen höheren Grad an Steuerbefreiung vorsieht. Zunächst ist in einem ersten Schritt zu prüfen, ob und in welchem Umfang vom Grunde her begünstigungsfähiges Vermögen vorliegt. Sodann ist nach einem extrem komplizierten Verfahren[281] der Anteil des Verwaltungsvermögens festzustellen. Nur wenn dieser bei der Regelverschonung $\leq 90\%$ und bei der Optionsverschonung

---

[275] R E 13b.1 Abs. 2 S. 2 ErbStR 2011; koordinierte Ländererlasse BStBl. I 2017, 902 Abschn. 13b.1 Abs. 2 S. 2.
[276] R E 13b.1 Abs. 2 S. 3 ErbStR 2011; koordinierte Ländererlasse BStBl. I 2017, 902 Abschn. 13b.1 Abs. 2 S. 3.
[277] OLG Hamm NJW-RR 2000, 1701.
[278] BFH BStBl. II 2007, 443; BFH/NV 2008, 1163 unter D.; BFH/NV 2011, 2063.
[279] R E 13b.2 Abs. 2 S. 1 ErbStR 2011; koordinierte Ländererlasse BStBl. I 2017, 902 Abschn. 13b.2 Abs. 2. Zur Problematik der mittelbaren Schenkung im Bereich des § 13a ErbStG vgl. *Gebel*, Betriebsvermögensnachfolge, Rn. 687 ff.
[280] R E 13b.2 Abs. 2 ErbStR 2011; ebenso FG Hessen DStRE 2017, 862, Rev. II R 18/16.
[281] *Seer/Michalowski* GmbHR 2017, 609 halten die Regelungen des § 13b ErbStG als „polyteles, hyperlexes Konstrukt" zu Recht für verfassungswidrig, da sie wegen ihrer Komplexität, Unbestimmtheit und Unklarheit gegen das Rechtsstaatsprinzip verstoßen und zugleich aufgrund ihrer Komplexität ein strukturelles Vollzugsdefizit bewirken.

≤ 20 % ist, kommt eine Verschonung überhaupt in Betracht. Das Verwaltungsvermögen ist daher nicht per se begünstigungsschädlich, sondern erst ab einer bestimmten Höhe. Während das Verwaltungsvermögen grundsätzlich nicht mehr begünstigt, sondern voll steuerpflichtig ist, unterliegt das restliche Vermögen nur in Höhe von 15 % bei der Regelverschonung und überhaupt nicht bei der Optionsverschonung der Besteuerung. Für Familiengesellschaften, die die in § 13a Abs. 9 ErbStG aufgelisteten strengen Voraussetzungen erfüllen, ist das restliche Vermögen allerdings vorab noch um einen Vorababschlag von bis zu 30 % zu kürzen (→ Rn. 170 ff.). Der Verschonungsabschlag in Höhe von 85 % bzw. 100 % ist sodann an eine „Wohlverhaltensperiode" von 5 Jahren bei der Regelverschonung und 7 Jahren bei der Optionsverschonung geknüpft, in der bestimmte Parameter erfüllt werden müssen. Beim Vorababschlag beträgt die Wohlverhaltensperiode sogar 20 Jahre (!). Erst wenn man diesen Zeitraum unbeschadet überstanden hat, ist die Steuerbefreiung endgültig.

Bei Großvermögenserwerben von mehr als 26 Mio. EUR bis 90 Mio. EUR pro Erwerber, wird der Verschonungsabschlag in Höhe von 85 % bzw. 100 % um einen Prozentpunkt für jede vollen 750.000 EUR abgeschmolzen (→ Rn. 229 ff.). Bei einem Erwerb von mehr als 90 Mio. EUR kommt es zu keiner Verschonung mehr, § 13c ErbStG. Alternativ kann der Erwerber bei Großvermögenserwerben und zwar auch denen jenseits der 90 Mio. EUR-Grenze nach bestimmten Kriterien der Erlass der Erbschaftsteuer beantragen, § 28a ErbStG (→ Rn. 233 ff.). 117

aa) Begünstigungsfähiges Vermögen. Ausgangspunkt für die Ermittlung des begünstigungsfähigen Vermögens ist die wirtschaftliche Einheit und die dieser im Rahmen der Bewertung zugewiesenen Vermögensgegenstände.[282] Im Rahmen dieses Verfahrens wurde auch die Zugehörigkeit zu den einzelnen Vermögensarten festgestellt. Innerhalb der wirtschaftlichen Einheit ist sodann das dem Grunde nach begünstigungsfähige Vermögen zu identifizieren. Gem. § 13b Abs. 1 ErbStG zählen dazu nur 118
– inländisches Betriebsvermögen,
– Betriebsvermögen, dass einer EU/EWR Betriebsstätte dient,
– inländisches land- und forstwirtschaftliches Vermögen
– land- und forstwirtschaftliches Vermögen, dass einer EU/EWR Betriebsstätte dient, und
– Anteile an Kapitalgesellschaften mit Sitz im Inland, der EU oder dem EWR.

Bei Vermögen, das über einen **Treuhänder** gehalten wird, kommt es für die Frage der erbschaftsteuerlichen Begünstigungen darauf an, auf welchen Gegenstand sich der Herausgabeanspruch bezieht. Bei Betriebsvermögen hat der Gesetzgeber in § 13a Abs. 6 S. 1 Nr. 1 und Nr. 3, § 13b Abs. 1 Nr. 2 ErbStG auf die einkommensteuerlichen Vorschriften der § 15 Abs. 1 S. 1 Nr. 2, Abs. 3 und 18 Abs. 4 EStG verwiesen. Der Begriff des Betriebsvermögens ist daher ebenso wie bei der Bewertung (→ Rn. 60) nicht zivilrechtlich sondern einkommensteuerlich zu verstehen.[283] Da einkommensteuerlich Mitunternehmer auch der nur mittelbar Beteiligte sein kann, § 15 Abs. 1 S. 1 Nr. 2 S. 2 EStG, gelten für ihn erbschaftsteuerlich auch die steuerlichen Vergünstigungen nach §§ 13a, 13b, 13c und 19a ErbStG. Es kommt allein darauf an, dass dem Treugeber durch die Treuhand eine Mitunternehmerstellung vermittelt wird. Ist dies der Fall, stehen ihm die Vergünstigungen grundsätzlich zu. Entsprechendes gilt für inländisches Betriebsvermögen im Übrigen. Durch die Verweisung in § 13b Abs. 1 Nr. 2 ErbStG auf § 95 BewG sind auch hier die einkommensteuerlichen Wertungen für das Erbschaftsteuerrecht maßgebend. Treuhänderisch gehaltenes Betriebsvermögen wird abweichend von der Zivilrechtslage über § 39 AO dem Treugeber einkommensteuerrechtlich zugerechnet. Auch insoweit stehen dem 119

---

[282] Koordinierte Ländererlasse BStBl. I 2017, 902 Abschn. 13b.3 Abs. 1 S. 1.
[283] BFH/NV 2011, 2066 Rn. 17; BStBl. II 2010, 923 Rn. 24; BFH/NV 2011, 1147 Rn. 36; koordinierte Ländererlasse BStBl. I 2017, 902 Abschn. 13b.5 Abs. 3 S. 2.

Treugeber die Vergünstigungen grundsätzlich zu. Bei land- und forstwirtschaftlichem Vermögen nach § 13b Abs. 1 Nr. 1 ErbStG und bei Kapitalgesellschaftsanteilen nach § 13b Abs. 1 Nr. 3 ErbStG fehlt eine derartige Verweisung auf das Einkommensteuerrecht, so dass hier die zivilrechtliche Rechtslage maßgebend sein dürfte. Da der Herausgabeanspruch gegen den Treuhänder ein Sachleistungsanspruch ist, der als Forderung nicht in den Kreis des begünstigungsfähigen Vermögens einbezogen ist, kann sein Erwerb folglich auch nicht als Erwerb begünstigungsfähigen Vermögens iSv § 13b Abs. 1 Nr. 1 bzw. Nr. 3, § 19a Abs. 1 S. 1 ErbStG behandelt werden. Ein Rückgriff auf die wirtschaftliche Zuordnungsregelung des § 39 Abs. 2 AO scheidet im zivilrechtlich geprägten Erbschaftsteuerrecht aus. Die ertragsteuerliche Zuordnung des Treuguts beim Treugeber ist insofern unbeachtlich.[284] Dennoch ist zuzugeben, dass sich der Herausgabeanspruch als einseitiger Sachleistungsanspruch aus einem zweiseitigen Treuhandvertrag[285] kaum von zB Sachleistungsvermächtnissen unterscheidet, welche nach Ansicht der Finanzverwaltung dem Bereich des begünstigungsfähigen betrieblichen Vermögens zuzuordnen sind.[286] Die Finanzverwaltung stellt lediglich darauf ab, ob es sich bei dem Treugut um nach § 13b ErbStG begünstigungsfähiges Vermögen handelt.[287] Genau hieran könnte es aber, wie dargelegt, bei land- und forstwirtschaftlichem Vermögen und Anteilen an Kapitalgesellschaften scheitern. In beiden Fällen ist daher aus Vorsichtsgründen eine direkte Beteiligung anzuraten.[288]

120 Der Begriff **inländisches Betriebsvermögen** umfasst aufgrund der Verweisung auf die §§ 95–97 BewG zunächst einmal grundsätzlich alle Wirtschaftsgüter, die ertragsteuerlich dem Betriebsvermögen zuzuordnen sind und zwar unabhängig davon, ob es sich um bilanzierende oder nichtbilanzierende Gewerbetreibende oder freiberuflich Tätige handelt. Dies bedeutet, dass auch Grundstücke, die im Rahmen einer Betriebsaufspaltung (→ § 8 Rn. 1 ff.) zum Gewerbebetrieb gehören, ebenso wie Sonderbetriebsvermögen zum begünstigten Betriebsvermögen zu zählen sind, sofern deren Betriebszugehörigkeit nicht entfällt.[289] Entfallen bei einer Betriebsaufspaltung aufgrund des Erbfalls oder der Schenkung deren Voraussetzungen, verlieren sämtliche Wirtschaftsgüter des vormaligen Besitzunternehmens ihre ertragsteuerliche Eigenschaft als Betriebsvermögen und sind kein begünstigtes Betriebsvermögen mehr.[290] Entsprechendes wird anzunehmen sein, wenn ein Schenker im Zusammenhang mit der Übertragung eines Mitunternehmeranteils wesentliche Betriebsgrundlagen zurückbehält oder anderweitig überträgt, ohne selbst an dieser Mitunternehmerschaft beteiligt zu bleiben. Insoweit kommt es zu einer Betriebsaufgabe in der Hand des Schenkers, so dass kein Betriebsvermögen übertragen wird.[291] Ferner kann auf dem Weg über gewerblich geprägte Personengesellschaften beliebiges Vermögen zum begünstigten Betriebsvermögen „mutieren".[292] Hier ist allerdings zu beachten, dass derartige Gesellschaften, die kein Handelsgewerbe betreiben, erst mit ihrer Eintragung in das Handelsregister und nicht schon mit Einreichung des Eintragungsantrages beim Handelsregister begünstigungsfähig werden.[293] Ob derartige Gestaltungen im Hinblick auf die

---

[284] FinMin Bayern DStR 2010, 2084.
[285] *Wachter* DStR 2005, 1844.
[286] R B 9.1 Abs. 1 S. 1 ErbStR 2011; vgl. auch Troll/Gebel/Jülicher/Gottschalk/*Jülicher* ErbStG § 13b Rn. 74.
[287] LfSt Bayern DStR 2013, 708; vgl. hinsichtlich der Kapitalgesellschaftsanteile auch R E 13b.6 Abs. 1 S. 1, Abs. 2 S. 3 ErbStR 2011; koordinierte Ländererlasse BStBl. I 2017, 902 Abschn. 13b.6 Abs. 1 S. 1, Abs. 2 S. 3.
[288] Ähnlich Troll/Gebel/Jülicher/Gottschalk/*Jülicher* ErbStG § 13b Rn. 180 und 219; vgl. BFH ZEV 2013, 464.
[289] Troll/Gebel/Jülicher/Gottschal /*Jülicher* ErbStG § 13b Rn. 126 ff.
[290] Troll/Gebel/Jülicher/Gottschalk/*Jülicher* ErbStG § 13b Rn. 117; koordinierte Ländererlasse BStBl. I 2017, 902 Abschn. 13b.5 Abs. 2 S. 1.
[291] Koordinierte Ländererlasse BStBl. I 2017, 902 Abschn. 13b.5 Abs. 3 S. 8; aA Kapp/Ebeling/*Geck* ErbStG § 13b Rn. 18.
[292] *Moench* ZEV 1997, 268; vgl. auch *Felix* NJW 1997, 1040; *Weßling* DStR 1997, 1381; → Rn. 53.
[293] BFH BStBl. II 2009, 600; BFH/NV 2011, 2063.

I. Erbschaftsteuer § 27

Nachteile der ertragsteuerlichen Verstrickung der Vermögenswertsteigerungen und dem Ausschluss der dann zumeist als Verwaltungsvermögen geltenden Wirtschaftsgüter von der Begünstigung immer sinnvoll sind, sollte genau kalkuliert werden (→ § 13 Rn. 1 ff.). Entsprechendes gilt für die Bildung von gewillkürtem Betriebsvermögen, die nicht nur bei bilanzierenden Gewerbetreibenden und freiberuflich Tätigen zulässig ist, sondern auch bei denen, die ihren Gewinn durch Einnahmenüberschussrechnung nach § 4 Abs. 3 EStG ermitteln.[294]

Dieses inländische Betriebsvermögen ist jedoch nur dann begünstigt, wenn es im Zusammenhang mit dem Erwerb eines **ganzen Gewerbebetriebs, Teilbetriebs oder eines Personengesellschafts-/Mitunternehmeranteils** iSd § 15 Abs. 1 S. 1 Nr. 2, Abs. 3 oder § 18 Abs. 4 EStG, eines Komplementäranteils an einer KGaA oder eines Anteils daran erworben wurde, § 13b Abs. 1 Nr. 2 ErbStG. Die Begriffe werden dabei wie im Ertragsteuerrecht verstanden.[295] Hierdurch wird die begünstigte Übertragung **einzelner Wirtschaftsgüter** eines inländischen Betriebsvermögens ausgeschlossen. Möglich ist jedoch der begünstigte Erwerb einzelner Wirtschaftsgüter aus dem Sonderbetriebsvermögen eines Gesellschafters, wenn er mit dem Erwerb einer Gesellschaftsbeteiligung und sei es auch nur ein Zwerganteil verbunden ist **(disquotale Übertragung von Sonderbetriebsvermögen).**[296] Umgekehrt können auch Teilmitunternehmeranteile übertragen und bei der Übertragung eines Mitunternehmeranteils kann auch Sonderbetriebsvermögen ganz oder teilweise zurückbehalten werden (über- oder unterquotale Übertragung von Sonderbetriebsvermögen), ohne dass dies die Begünstigung entfallen ließe. § 13b Abs. 1 Nr. 2 EStG enthält keinen Verweis auf § 6 Abs. 3 S. 1 EStG, so dass die Voraussetzungen für eine Buchwertfortführung nicht gegeben sein müssen.[297] Hier ist aber zu beachten, dass dies einkommensteuerliche Folgen auslöst (→ Rn. 294). Bei der Übertragung von ganzen Betrieben oder Teilbetrieben müssen sämtliche wesentlichen Betriebsgrundlagen mit übertragen werden.[298] Der Begriff der wesentlichen Betriebsgrundlage, der nach ertragsteuerrechtlichen Gesichtspunkten zu interpretieren ist,[299] ist dabei nicht funktional-quantitativ zu verstehen, sondern rein funktional entsprechend dem Verständnis bei der Unternehmensverpachtung auszulegen, so dass die stillen Reserven insoweit keinen Ausschlag geben.[300] Der Erwerber muss darüber hinaus in die Stellung eines Mitunternehmers (→ § 25 Rn. 26 ff.) einrücken.[301] Auch atypisch stille Beteiligungen und atypische Unterbeteiligungen sind begünstigt.[302]

Begünstigt ist nunmehr auch **ausländisches Betriebsvermögen,** sofern es einer EU/EWR Betriebsstätte zu dienen bestimmt ist. Die Zugehörigkeit ist nach deutschen Maßstäben zu beurteilen. Die Beteiligung an einer ausländischen Personengesellschaft in einem **Drittstaat,** zB einer Schweizer Personengesellschaft, ist daher auch begünstigt, wenn sie aus deutscher Sicht zum Betriebsvermögen eines inländischen Gewerbebetriebs, einer inländischen Mitunternehmerschaft oder einer EU/EWR-Betriebsstätte gehört.[303]

---

[294] BFH BStBl. II 2004, 985; BMF BStBl. I 2004, 1064; Schmidt/*Heinicke* EStG § 4 Rn. 167.
[295] R E 13b.5 Abs. 3 S. 2 ErbStR 2011; koordinierte Ländererlasse BStBl. I 2017, 902 Abschn. 13b.1 Abs. 3 S. 2; zu den Begriffsdefinitionen → § 25 Rn. 7, 12, 24.
[296] R E 13b.5 Abs. 3 S. 6 ff. ErbStR 2011; koordinierte Ländererlasse BStBl. I 2017, 902 Abschn. 13b.1 Abs. 3 S. 5 ff.; FG Köln DStRE 2018, 741, Rev. II R 38/17.
[297] R E 13b.5 Abs. 3 S. 4 Hs. 2 ErbStR 2011; koordinierte Ländererlasse BStBl. I 2017, 902 Abschn. 13b.1 Abs. 3 S. 4 Hs. 2; *Wachter* FR 2017, 69.
[298] FG Münster EFG 2003, 1636.
[299] R E 13b.5 Abs. 3 S. 2 ErbStR 2011; koordinierte Ländererlasse BStBl. I 2017, 902 Abschn. 13b.1 Abs. 3 S. 2.
[300] Wie hier Moench/Weinmann/*Weinmann* ErbStG § 13b Rn. 29; Troll/Gebel/Jülicher/Gottschalk/*Jülicher* ErbStG § 13b Rn. 51; → § 7 Rn. 9.
[301] BFH BStBl. II 2015, 821; DStRE 2012, 38; BFH/NV 2010, 900; H E 13b.5 ErbStH 2011 „Schenkung von Betriebsvermögen unter freiem Widerrufsvorbehalt"; ebenso Troll/Gebel/Jülicher/Gottschalk/*Jülicher* ErbStG § 13b Rn. 110; dagegen *Ebeling* NJW 1999, 1087; *Herff* KÖSDI 2001, 12885.
[302] FinMin BaWü DB 2009, 878; FinMin Bayern ZEV 2013, 228.
[303] R E 13b.5 Abs. 4 S. 4 ErbStR 2011; Troll/Gebel/Jülicher/Gottschalk/*Jülicher* ErbStG § 13b Rn. 68.

Entsprechendes gilt für die Beteiligung im Sonderbetriebsvermögen, da dieses zum Mitunternehmeranteil gehört.[304] Hinsichtlich der Qualifizierung als Personengesellschaft bzw. Mitunternehmerschaft ist bei ausländischen Gesellschaften der Typenvergleich heranzuziehen.[305] Im Übrigen ist Drittstaatenvermögen nicht begünstigt. Das Betriebsvermögen von Gewerbebetrieben, deren wirtschaftliche Einheit sich ausschließlich auf Drittstaaten erstreckt ist daher nicht begünstigt.[306] Zusammengefasst lässt sich damit festhalten, dass zum begünstigungsfähigen Vermögen von Einzelunternehmen und Mitunternehmerschaften im Inland oder EU-/EWR-Raum die

– Betriebsstätte im Inland, in einem Mitgliedsstaat der EUR oder des EWR,[307]
– Beteiligung an einer Personengesellschaft im Inland oder im EU/EWR-Ausland, auch soweit die Personengesellschaft eine Betriebsstätte in einem Drittstaat unterhält,[308]
– Beteiligung an einer Personengesellschaft im Drittland, auch soweit die Personengesellschaft eine Betriebsstätte in einem Drittstaat unterhält.[309]
– Anteile an einer Kapitalgesellschaft im Inland oder EU/EWR-Ausland und[310]
– Anteile an einer Kapitalgesellschaft in einem Drittstaat[311]

zählen. Nicht zum begünstigungsfähigen Vermögen gehören dagegen ausländisches Betriebsvermögen in Drittstaaten, wenn sich die wirtschaftliche Einheit ausschließlich auf Drittstaaten erstreckt, und die Betriebsstätte im Drittstaat.[312] Da es bei Drittstaatenvermögen damit entscheidend darauf ankommt, ob es Teil einer wirtschaftlichen Einheit im Inland, der EU oder dem EWR ist, wird zukünftig die rechtzeitige Zuordnung dieses Vermögens zu einer dieser Einheiten zB durch Einbringung in eine Personen- oder Kapitalgesellschaft zur gestalterischen Herausforderung werden. Entscheidend ist der funktionale Zusammenhang, § 13b Abs. 1 Nr. 2 ErbStG, §§ 95 bis 97 Abs. 1 S. 1 BewG iVm § 1 Abs. 5 S. 3 AStG, § 1 Abs. 1 S. 1 BsGaV. Für die Zuordnung von Beteiligungen könnte die Personalfunktion ausschlaggebend sein.[313] Wer sicher gehen will hängt das Betriebsvermögen an eine Kapitalgesellschaft im EU- bzw. EWR-Gebiet an. Solange diese ihren Sitz oder ihre Geschäftsleitung dort (oder im Inland) hat, kommt es – anders als bei dem Gewerbebetrieb oder möglicherweise der Personengesellschaft – nicht auf die Belegenheit deren Vermögens an (→ § 12 Rn. 138).

123 Begünstigt ist ferner **inländisches land- und forstwirtschaftlichen Vermögen,** das im Besteuerungszeitpunkt als solches vom Erblasser auf den Erwerber übergeht und in der Hand des Erwerbers land- und forstwirtschaftliches Vermögen bleibt. Voraussetzung ist, dass dieses Vermögen bewertungsrechtlich zum Betriebsvermögen eines Betriebs der Land- und Forstwirtschaft gehört, § 13b Abs. 1 Nr. 1 ErbStG. Nicht begünstigt sind kraft gesetzlicher Regelung Stückländereien, sowie der Wohnteils des Betriebsinhabers, die Betriebswohnungen und die Altenteilerwohnungen, da diese nicht zum Wirtschaftsteil des

---

[304] BFH BStBl. II 1995, 890.
[305] Vgl. zB zur US-amerikanischen LLC: BFH DStRE 2008, 1424; BMF BStBl. I 2004, 411; zur LLP: FSen Berlin DStR 2007, 1034.
[306] R E 13b.5 Abs. 4 S. 2 u. 3 ErbStR 2011; koordinierte Ländererlasse BStBl. I 2017, 902 Abschn. 13b.5 Abs. 4 S. 2 u. 3.
[307] R E 13b.5 Abs. 4 S. 1 ErbStR 2011; H E 13b.5 ErbStH 2011; koordinierte Ländererlasse BStBl. I 2017, 902 Abschn. H 13b.5.
[308] R E 13b.5 Abs. 4 S. 1 ErbStR 2011; H E 13b.5 ErbStH 2011; koordinierte Ländererlasse BStBl. I 2017, 902 Abschn. H 13b.5.
[309] R E 13b.5 Abs. 4 S. 4 ErbStR 2011; H E 13b.5 ErbStH 2011; koordinierte Ländererlasse BStBl. I 2017, 902 Abschn. H 13b.5.
[310] R E 13b.5 Abs. 4 S. 1 ErbStR 2011; H E 13b.5 ErbStH 2011; koordinierte Ländererlasse BStBl. I 2017, 902 Abschn. H 13b.5.
[311] R E 13b.5 Abs. 4 S. 4 ErbStR 2011; H E 13b.5 ErbStH 2011; koordinierte Ländererlasse BStBl. I 2017, 902 Abschn. H 13b.5.
[312] R E 13b.5 Abs. 4 S. 2 u. 3 ErbStR 2011; H E 13b.5 ErbStH 2011; koordinierte Ländererlasse BStBl. I 2017, 902 Abschn. H 13b.5.
[313] *Bockhoff* ZEV 2017, 186.

I. Erbschaftsteuer § 27

land- und forstwirtschaftlichen Betriebes gehören. Ob ein Wirtschaftsgut ertragsteuerlich zum Betriebsvermögen gehört, spielt seit dem 1.1.2009 keine Rolle mehr.

Land- und forstwirtschaftliches Vermögen, das zu einer EU/EWR-Betriebsstätte gehört, ist nach den inländischen Maßstäben zu beurteilen. Wird dieses Vermögen aufgrund ausländischen Rechts anders definiert, ist es für Zwecke der Erbschaftsteuer entsprechend den deutschen Regelungen des Bewertungs- und Erbschaftsteuergesetzes umzudeuten. Drittstaatenvermögen ist grundsätzlich nicht begünstigt (→ § 12 Rn. 138).

Begünstigt ist schließlich noch der Erwerb von zum Privatvermögen gehörenden **Anteilen an Kapitalgesellschaften,** wenn die Kapitalgesellschaft im Besteuerungszeitpunkt ihren Sitz (§ 11 AO) oder ihre Geschäftsleitung (§ 10 AO) im **Inland,** in einem Mitgliedsstaat der **EU** oder des **EWR** hatte und der Erblasser zu diesem Zeitpunkt **zu mehr als einem Viertel** am Nennkapital der Kapitalgesellschaft beteiligt war, § 13b Abs. 1 Nr. 3 ErbStG. Der Begriff der „Anteile an Kapitalgesellschaften" ist rein zivilrechtlich und nicht anhand der ertragsteuerlichen Grundsätze des § 17 EStG zu beurteilen.[314] Anteile im Betriebsvermögen (zB Anteile des Kommanditisten an der Komplementär GmbH, → Rn. 120f.) werden von § 13b Abs. 1 Nr. 2 ErbStG erfasst. Gleiches gilt für die Vorgründungs-Gesellschaft, die bis zum Abschluss des notariellen Gesellschaftsvertrages eine Gesellschaft bürgerlichen Rechts ist. Die Vor-GmbH fällt dagegen unter § 13b Abs. 1 Nr. 3 ErbStG.[315] Für die Einordnung ausländischer Gesellschaften als Kapitalgesellschaft im Sinnes des § 13b Abs. 1 Nr. 3 ErbStG gelten die Grundsätze des Typenvergleichs.[316] Gesellschaften in **Drittstaaten** sind nicht begünstigt. Allerdings können diese in den Genuss der Vergünstigung kommen, wenn sie im Typenvergleich einer deutschen Kapitalgesellschaft entsprechen und ihre **Geschäftsleitung im Inland, der EU oder dem EWR** haben. Anders als bei Betriebsvermögen und land- und forstwirtschaftlichem Vermögen kommt es daher auf die Belegenheit des Vermögens bei Kapitalgesellschaften nicht an. Das Vermögen der Kapitalgesellschaft einschließlich der von ihr gehaltenen Beteiligungen (Tochter- und Enkelgesellschaften) kann sich sogar ausschließlich in Drittstaaten befinden, ohne dass dies einen Einfluss auf die erbschaftsteuerliche Begünstigung hätte.[317] Bei Beteiligungen in Drittstaaten kann es sich daher aus erbschaftsteuerlicher Sicht möglicherweise lohnen, diese in einer Holding im Inland, der EU oder dem EWR zusammenzufassen. Bei Schenkung einer Beteiligung in einem Drittstaat sollte geprüft werden, ob sich die Zwischenschaltung einer inländischen bzw. EU/EWR-Kapitalgesellschaft lohnt. Dabei sind in jedem Fall jedoch immer auch die ertragsteuerlichen Folgen zu bedenken.

§ 13b Abs. 1 Nr. 3 ErbStG stellt allein auf die Beteiligungshöhe in der Hand des Schenkers ab. Keine Rolle spielt, wie viel von der Beteiligung übergeht. Dies können auch weniger als 25% sein. In die Berechnung der Beteiligungsquote sind grundsätzlich nur die vom Erblasser **unmittelbar** gehaltenen Anteile mit einzubeziehen. Dies muss angesichts des eindeutigen Wortlauts des Gesetzes auch für **einbringungsgeborene Anteile** gelten.[318] Eine **mittelbare** Beteiligung ist dem Erblasser nach Ansicht von Rechtsprechung und Finanzverwaltung auch nicht ausnahmsweise dann zuzurechnen, wenn die Anteile von einer nichtgewerblichen Personengesellschaft gehalten werden, auch wenn hier gem. § 10 Abs. 1 S. 4 ErbStG kraft gesetzlicher Fiktion ein Durchgriff erfolgt.[319] Bei

---

[314] *Jülicher* ZEV 1996, 97; Troll/Gebel/Jülicher/Gottschalk/*Jülicher* ErbStG § 13b Rn. 171.
[315] BFH BFH/NV 2011, 1147 Rn. 124; Troll/Gebel/Jülicher/Gottschalk/*Jülicher* ErbStG § 13b Rn. 182.
[316] Troll/Gebel/Jülicher/Gottschalk/*Jülicher* ErbStG § 13b Rn. 177; vgl. zur US-LLC: BFH DStRE 2008, 1424; BMF BStBl. I 2004, 411; zur LLP: FSen Berlin DStR 2007, 1034.
[317] *Hannes/Onderka* ZEV 2008, 10; *Rödder* DStR 2008, 997.
[318] R E 13b.6 Abs. 1 S. 2 ErbStR 2011; koordinierte Ländererlasse BStBl. I 2017, 902 Abschn. 13b.6 Abs. 1 S. 2; aA *Crezelius* DB 1997, 1584, der § 13a ErbStG auch auf einbringungsgeborene Anteile anwenden will, wenn die Beteiligungshöhe 25% nicht überschreitet.
[319] BFH BStBl. II 2013, 742; H E 10.4 ErbStH 2011 „Entlastungen nach § 13a/19a ErbStG für Anteile an Kapitalgesellschaften im Gesellschaftsvermögen"; koordinierte Ländererlasse BStBl. I 2017, 902 Ab-

einer treuhänderisch gehaltenen Beteiligung könnte das Unmittelbarkeitserfordernis beim Treugeber fehlen (→ Rn. 119). Ansonsten kann die erforderliche Beteiligungshöhe bei mittelbarer Beteiligung nur durch eine Poolvereinbarung (→ Rn. 126) zwischen mittelbar und unmittelbar Beteiligtem erreicht werden. Soweit die Gesellschaft **eigene Anteile** hält, mindern diese das Nennkapital der Gesellschaft und führen bei der Prüfung der Beteiligungshöhe eines Gesellschafters zu deren Erhöhung.[320]

126 Die Hürde einer mehr als 25%igen Beteiligungshöhe stellt in der Praxis häufig ein unüberwindbares Hindernis dar und ist zugleich eine unverständliche Schlechterstellung der Gesellschafter einer Kapitalgesellschaft gegenüber den Gesellschaftern einer Personengesellschaft, bei der eine solche Restriktion gerade nicht vorgesehen ist. Vor diesem Hintergrund hat der Gesetzgeber für diese benachteiligten Gesellschafter der Kapitalgesellschaft die Möglichkeit eines Poolings geschaffen, mit welchem diese das geforderte Quorum zusammen erreichen können. Die Regelung sieht vor, dass Gesellschafter von Kapitalgesellschaften mit einer Beteiligung von nicht mehr als 25% in den Genuss der Verschonungsregelung kommen können, wenn sie zusammen mit weiteren Gesellschaftern der Kapitalgesellschaft untereinander gebunden über eine **Poolvereinbarung** auf die erforderliche Beteiligungsquote von mehr als 25% kommen. Die Poolvereinbarung muss grundsätzlich von den Gesellschaftern getroffen werden, bereits den Erblasser oder Schenker binden und so ausgestaltet sein, dass die vertragschließenden Gesellschafter untereinander verpflichtet sind, über die Anteile nur einheitlich zu verfügen bzw. ausschließlich auf andere derselben Verpflichtung unterliegende Anteilseigner zu übertragen und das Stimmrecht gegenüber nicht gebundenen Gesellschaftern einheitlich auszuüben. Anstatt einer separaten Poolvereinbarung können sich die geforderten Verfügungsbeschränkungen auch aus dem Gesellschaftsvertrag oder einer letztwilligen Verfügung ergeben oder der Anteilsübergang an die Poolbindung geknüpft werden.[321] Die „Poolung" der Anteile darf allerdings nach Ansicht der Finanzverwaltung nicht, zB in einer Gesellschaft bürgerlichen Rechts, verfestigt sein, weil die Anteile an der Kapitalgesellschaft dann nur noch mittelbar (→ Rn. 125), nämlich über die Beteiligung an der Gesellschaft bürgerlichen Rechts, in deren Gesamthandsvermögen sich die Anteile dann nämlich befinden, gehalten würden.[322] Im Hinblick auf den Nachversteuerungstatbestand des § 13a Abs. 5 S. 1 Nr. 5 ErbStG sollte die Frist zur ordentlichen Kündigung der Poolvereinbarung an die Behaltefrist von fünf bzw. sieben Jahren angepasst werden.

127 Die erste Alternative, dass über die Anteile nur einheitlich verfügt werden darf, wirft durch das Abstellen auf den zivilrechtlichen terminus technicus **„Verfügung"** die Frage auf, ob dieser Rechtsbegriff im gleichen zivilrechtlichen Sinne auszulegen ist oder aber eine eigenständige, erbschaftsteuerliche Bedeutung erhalten soll. Denn zivilrechtlich wird Verfügung als ein Rechtsgeschäft definiert, das unmittelbar darauf gerichtet ist, auf ein bestehendes Recht einzuwirken, es zu verändern, zu übertragen oder aufzuheben.[323] Dies hätte zur Folge, dass neben der Übertragung der Gesellschaftsanteile (zB durch Kaufvertrag oder von Todes wegen), was vom Gesetzeszweck her völlig ausreichend wäre,[324] auch deren Belastung zB mit einem Nießbrauch und die Verpfändung der Anteile und

---

schn. 13b.6 Abs. 2 S. 3; aA FG Köln DStR 2012, 10; Troll/Gebel/Jülicher/Gottschalk/*Jülicher* ErbStG § 13b Rn. 217.
[320] R E 13b.6 Abs. 2 S. 2 ErbStR 2011; koordinierte Ländererlasse BStBl. I 2017, 902 Abschn. 13b.6 Abs. 2 S. 2; aA *Hübner* NWB Fach 10, 787; aA noch R 53 Abs. 2 S. 2 ErbStR 2003.
[321] R E 13b.6 Abs. 6 ErbStR 2011; koordinierte Ländererlasse BStBl. I 2017, 902 Abschn. 13b.6 Abs. 6; Troll/Gebel/Jülicher/Gottschalk/*Jülicher* ErbStG § 13b Rn. 212; *Feick/Nordmeier* DStR 2009, 893; *Hannes/Onderka* ZEV 2008, 16.
[322] H E 10.4 ErbStH 2011; BFH ZEV 2013, 464; aA FG Köln DStR 2012, 10; *Pilz* DStR 2008, 2237; Troll/Gebel/Jülicher/Gottschalk/*Jülicher* ErbStG § 13b Rn. 212 und 217.
[323] BGHZ 1, 294; Palandt/*Ellenberger* BGB vor § 104 Rn. 16.
[324] Vgl. Begr. Gesetzentwurfs der BReg. BT-Drs. 16/7918, 35. Durch ein Abstellen auf die einkommensteuerrechtliche Übertragung würde darüber hinaus auch das wirtschaftliche Eigentum miterfasst werden, wenn dies denn für erforderlich erachtet würde.

jede Änderung des Gesellschaftsvertrags³²⁵ mit erfasst werden würde. Angesichts dessen, dass das Erbschaftsteuerrecht zivilistisch geprägt ist, ist eine Auslegung in diesem – weiten – Sinne nicht auszuschließen. Hinsichtlich der Verpfändung hat die Finanzverwaltung mittlerweile erklärt, dass damit die einheitliche Verfügung noch nicht verloren geht, da das Mitgliedschafts- und Stimmrecht beim Gesellschafter verbleibt.³²⁶ Erst mit der Pfandverwertung verliert der betreffende Gesellschafter, und zwar nur er,³²⁷ die Begünstigung. Trotz dieser Klarstellung bleibt in den anderen Bereichen die Unsicherheit. Es sollte daher jede Poolvereinbarung über eine verbindliche Auskunft abgesichert werden, in der beabsichtigt wird, von der weiten Auslegung des Begriffs „Verfügung" abzuweichen, indem sie zB die Belastung der Anteile für zulässig erklärt. Auch mit der Bestellung eines Nießbrauchs hat die Finanzverwaltung kein Problem mehr, solange nur das Stimmrecht beim Nießbrauchbesteller bleibt.³²⁸ Sie unterscheidet dabei allerdings nicht zwischen dem Zuwendungsnießbrauch (→ § 28 Rn. 23), bei dem die Anteile dinglich beim bisherigen Eigentümer bleiben, und dem Vorbehaltsnießbrauch (→ § 28 Rn. 19), der mit einem Eigentumsübergang der Anteile einhergeht. Aufgrund des Gesellschafterwechsels kann der Vorbehaltsnießbrauch durchaus eine Verfügung darstellen.

Ferner darf die Verfügung nur **einheitlich** ausgeübt werden. Auch bei diesem, nicht gesetzlich definierten Rechtsbegriff ist unklar, wie er zu verstehen ist. Im Extremfall bedeutet er, dass jeder einer Poolvereinbarung unterliegender Gesellschafter seine Anteile nur gleichzeitig, nur zu denselben Konditionen und nur auf dieselbe Person übertragen kann.³²⁹ Eine derart einschränkende Auslegung des Merkmals „einheitlich" schießt insbesondere im Hinblick auf die in der Gesetzesbegründung explizit genannte Familien-Kapitalgesellschaft, deren Anteile über mehrere Generationen hinweg weiter gegeben werden, deutlich über das Ziel hinaus. Richtigerweise wird die Einheitlichkeit daher gewahrt sein müssen, wenn die Poolvereinbarung lediglich eine Verpflichtung zur Verfügung (im Sinne einer Übertragung, → Rn. 127) nach einheitlichen Grundsätzen bzw. Kriterien vorsieht.³³⁰ So muss zB die Verpflichtung, die Anteile nur im Wege der vorweggenommenen Erbfolge auf die eigenen Kinder oder Kinder poolverbundener Gesellschafter zu übertragen ausreichend für die Einheitlichkeit sein. Entsprechend kann es nicht auf die Gleichzeitigkeit der Verfügung, auf die Übertragung sämtlicher Anteile und die identische Ausgestaltung der Konditionen ankommen.³³¹ Die Finanzverwaltung versteht das Merkmal dahingehend, dass die Verfügung einheitlichen Regeln unterworfen ist, also zB nur an einen bestimmten Personenkreis (zB Familienmitglieder) übertragen werden darf oder die Übertragung an Mehrheitserfordernisse im Poolmitgliederkreis geknüpft ist.³³² Solange auch hier verbindliche Verwaltungsanweisungen fehlen, wird ebenfalls bei hiervon abweichenden Planungen nur der Weg über die verbindliche Auskunft die erforderliche Rechtssicherheit vermitteln können.

Alternativ zu dem Tatbestandsmerkmal, dass alle Gesellschafter nur einheitlich über die Anteile verfügen dürfen, kann die Poolvereinbarung auch vorsehen, dass die durch sie untereinander gebundenen Anteilsinhaber dazu verpflichtet sind, ihre Anteile ausschließlich **auf andere derselben Verpflichtung unterliegende Anteilseigner** zu übertragen.

---

³²⁵ So zutreffend *Feick/Nordmeier* DStR 2009, 893.
³²⁶ R E 13a.10 Abs. 1 Nr. 2 ErbStR 2011; koordinierte Ländererlasse BStBl. I 2017, 902 Abschn. 13a.16 Abs. 1 S. 1 Nr. 2.
³²⁷ R E 13a.10 Abs. 1 Nr. 2 S. 4 ErbStR 2011; koordinierte Ländererlasse BStBl. I 2017, 902 Abschn. 13a.16 Abs. 1 Nr. 2 S. 3 u. 4.
³²⁸ R E 13a.10 Abs. 1 Nr. 1 ErbStR 2011; koordinierte Ländererlasse BStBl. I 2017, 902 Abschn. 13a.16 Abs. 1 Nr. 1.
³²⁹ *Feick/Nordmeier* DStR 2009, 893.
³³⁰ *Feick/Nordmeier* DStR 2009, 893; *Scholten/Korezkij* DStR 2009, 73; *Hannes/Onderka* ZEV 2008, 173; *dies.* 2008, 16; *Weber/Schwind* ZEV 2009, 16.
³³¹ *Feick/Nordmeier* DStR 2009, 893; *Scholten/Korezkij* DStR 2009, 73; *Weber/Schwind* ZEV 2009, 16.
³³² R E 13b.6 Abs. 4 S. 3 ErbStR 2011; koordinierte Ländererlasse BStBl. I 2017, 902 Abschn. 13b.6 Abs. 4 S. 3.

Dieselbe Verpflichtung bedeutet hierbei die Verpflichtung zur einheitlichen Verfügung. Danach ist eine Übertragung an jemanden, der zugleich Anteilseigner und Poolmitglied ist unproblematisch. Es muss aber auch möglich sein, die Anteile außerhalb des Poolkreises begünstigt zu übertragen, wenn der Erwerber zeitgleich mit der Übertragung der Poolvereinbarung beitritt.[333]

130 Neben der Verfügungsbeschränkung ist die **einheitliche Ausübung des Stimmrechts** die zweite Voraussetzung, die der Pool erfüllen muss, um in den Genuss der Verschonungsregelungen zu kommen. Nach der Gesetzesbegründung kommt es darauf an, dass die Einflussnahme einzelner Anteilseigner zum Zwecke einer einheitlichen Willensbildung zurücktreten muss. Ausreichend sei danach, dass die Poolmitglieder einen gemeinsamen Sprecher bestimmen.[334] Dieser muss nicht notwendig ein Anteilseigner, sondern kann auch ein Dritter sein.[335] Ferner könne auch vereinbart werden, dass einzelne Anteilseigner auf ihr Stimmrecht verzichten[336] oder die Anteile von vornherein stimmrechtslos seien. Letztere zB in der Form von Vorzugsaktien oder stimmrechtslosen GmbH-Anteilen eignen sich daher besonders für die erbschaftsteuerliche Planung eines Familienpools. Auf die tatsächliche Stimmrechtsausübung kommt es nicht an.[337] Die Finanzverwaltung lässt es – bei entsprechender Dokumentation – zu, dass die Poolmitglieder zum Zwecke der einheitlichen Stimmrechtsausübung eine entsprechende Abstimmung zeitgleich zur Gesellschafterversammlung aber vor Beschlussfassung durch diese herbeiführen.[338] Die Verpflichtung zur einheitlichen Stimmrechtsausübung bedarf einer schuldrechtlichen Vereinbarung zwischen den gebundenen Gesellschaftern einschließlich des Erblassers, die dem einzelnen gebundenen Gesellschafter einen einklagbaren Anspruch gegen die anderen Poolmitglieder einräumt.[339] Diese Verpflichtung muss für alle künftigen Abstimmungen gelten und kann im Gesellschaftsvertrag oder einer gesonderten Vereinbarung und schriftlich oder mündlich begründet werden.[340] Nicht ausreichend für eine wirksame Verpflichtung zur einheitlichen Stimmrechtsausübung ist ein rein faktischer Zwang (zB aufgrund von Mehrheitsverhältnissen in der Gesellschafterversammlung), eine moralische Verpflichtung oder eine langjährige tatsächliche Handhabung.[341] Der Nachweis für das Bestehen einer mündlichen Vereinbarung zur einheitlichen Stimmrechtsausübung ist von Steuerpflichtigen zu erbringen.[342]

131 **bb) Ermittlung des begünstigten Vermögens.** Die erbschaftsteuerliche Begünstigung von Betriebsvermögen führte in der Vergangenheit dazu, dass dieses gezielt vom Steuerpflichtigen generiert wurde (→ § 13 Rn. 1 ff.). Das heißt, zB an sich privates Kapital- und Grundvermögen wurde in ein bestehendes Betriebsvermögen zB als gewillkürtes Betriebsvermögen eingebracht oder es wurde gar eigens für dieses private Vermögen eine rein vermögensverwaltende GmbH oder gewerblich geprägte Gesellschaft gegründet, nur um so erbschaftsteuerlich nicht begünstigtes Vermögen in begünstigtes zu verwandeln. Die hieraus resultierende Ungleichbehandlung sah das Bundesverfassungsgericht als nicht

---

[333] R E 13b.6 Abs. 4 S. 5 ErbStR 2011; koordinierte Ländererlasse BStBl. I 2017, 902 Abschn. 13b.6 Abs. 4 S. 5; *Hannes/Onderka* ZEV 2008, 16; *Scholten/Korezkij* DStR 2009, 73; *Feick/Nordmeier* DStR 2009, 893.
[334] R E 13b.6 Abs. 5 S. 3 ErbStR 2011; koordinierte Ländererlasse BStBl. I 2017, 902 Abschn. 13b.6 Abs. 5 S. 3.
[335] So wohl auch *Scholten/Korezkij* DStR 2009, 73.
[336] R E 13b.6 Abs. 5 S. 3 ErbStR 2011; koordinierte Ländererlasse BStBl. I 2017, 902 Abschn. 13b.6 Abs. 5 S. 3.
[337] BFH DStR 2019, 1261; R E 13b.6 Abs. 5 S. 4 ErbStR 2011; koordinierte Ländererlasse BStBl. I 2017, 902 Abschn. 113b.6 Abs. 5 S. 4.
[338] R E 13b.6 Abs. 5 S. 10 ErbStR 2011; koordinierte Ländererlasse BStBl. I 2017, 902 Abschn. 13b.6 Abs. 5 S. 10.
[339] BFH DStR 2019, 1261.
[340] BFH DStR 2019, 1261; aA R E 134 b.6 Abs. 6 EStR 2011; koordinierte Ländererlasse BStBl. I 2017, 902 Abschn. 13b.6 Abs. 6, wonach Schriftform erforderlich sein soll.
[341] BFH DStR 2019, 1261.
[342] BFH DStR 2019, 1261; Kapp/Ebeling/*Geck* ErbStG § 13b Rn. 61.1.

gerechtfertigt an. Zwar bleibt es dem Gesetzgeber unbenommen, mit Hilfe des Steuerrechts außerfiskalische Förder- und Lenkungsziele aus Gründen des Gemeinwohls zu verfolgen. Dabei hat er die Lenkungsnormen allerdings so auszugestalten, dass das Lenkungsziel ausreichend punktgenau und innerhalb des Begünstigtenkreises möglichst gleichmäßig eintritt.[343] Der Gesetzgeber versucht diesen Vorgaben dadurch gerecht zu werden, indem er das betriebliche, vom Grundsatz her begünstigungsfähige Vermögen unterteilt und zwar in solches, das in erster Linie der betrieblichen Tätigkeit dient, und solches, dass eher Kapitalanlagecharakter aufweist. Letzteres wird von der Begünstigung grundsätzlich ausgenommen. Das begünstigungsfähige Vermögen nach § 13b Abs. 1 ErbStG ist begünstigt, soweit sein gemeiner Wert den um das unschädliche Verwaltungsvermögen nach § 13b Abs. 7 ErbStG gekürzten Nettowert des Verwaltungsvermögens iSd § 13b Abs. 6 ErbStG übersteigt.

Ist im ersten Schritt zunächst festgestellt worden, dass es sich um dem Grunde nach begünstigungsfähiges Vermögen handelt, ist nun im zweiten Schritt, welcher sich wiederum in viele kleinere Schritte zergliedert, der sog. **Verwaltungsvermögenstest** durchzuführen und zwar unabhängig davon, um welche Art von begünstigtem Vermögen es sich handelt. Der Umfang des Tests richtet sich nach der übertragenen bzw. zu übertragenden Vermögenseinheit. Bei der Übertragung eines land- und forstwirtschaftlichen Wirtschaftsteils und eines ganzen Gewerbebetriebes ergeben sich keine Besonderheiten. Der Umfang wird durch die zuvor durchgeführte Bewertung bestimmt. Bei der Übertragung eines Teilbetriebs muss lediglich das diesem Teilbetrieb zugeordnete Betriebsvermögen dem Verwaltungsvermögenstest unterzogen werden.[344] Bei der Übertragung eines Anteils an einer Personengesellschaft (Mitunternehmerschaft) erstreckt sich der Test auf den übertragenen Anteil zuzüglich des mit übertragenen Sonderbetriebsvermögens (gesellschafterbezogene Betrachtungsweise).[345] Hinsichtlich des Sonderbetriebsvermögens ist nur der Teil zu berücksichtigen, der auch tatsächlich übertragen wird.[346] Bei der Übertragung eines Kapitalgesellschaftsanteils ist das gesamte Vermögen der Kapitalgesellschaft in den Test mit einzubeziehen, die Höhe des übertragenen Anteils spielt hier keine Rolle.[347] Bei der Übertragung von mehrstufigen Einheiten und im Konzern ist der Verwaltungsvermögenstest konsolidiert über eine sog. Verbundvermögensaufstellung durchzuführen, § 13b Abs. 9 S. 1 ErbStG. Wird eine Beteiligung nicht im Gesamthandsvermögen, sondern im Sonderbetriebsvermögen gehalten, ist diese gleichwohl in die Verbundvermögensaufstellung einzubeziehen, sofern sie nicht insgesamt Verwaltungsvermögen darstellen.[348]

Der Verwaltungsvermögenstest ist **auf den Besteuerungszeitpunkt,** dh zum Zeitpunkt des Erbfalls bzw. der Schenkung durchzuführen. Es gibt keine Nachlauffristen.[349] Gestalterische Maßnahmen haben daher – rechtzeitig – davor zu erfolgen. Ist der Erbfall eingetreten bzw. die Schenkung vollzogen, ist es zu spät. Es kommt folglich darauf an, Verwaltungsvermögen rechtzeitig zu entnehmen oder umzuschichten. Die Entnahme von Verwaltungsvermögen vor dem Besteuerungszeitpunkt kombiniert mit der Wiedereinlage

---

[343] BVerfG DStR 2015, 31; DStR 2007, 235.
[344] Scholten/Korezkij DStR 2009, 147; Rödder DStR 2008, 997.
[345] H E 13b.15 ErbStH 2011 „Anteile an Kapitalgesellschaften im Sonderbetriebsvermögen" Beispiele 1 u. 2; koordinierte Ländererlasse BStBl. I 2017, 902 Abschn. 13b.12 Abs. 4 S. 1 u. 2.; Abschn. H 13b.20 Beispiele 1 u. 2; Scholten/Korezkij DStR 2009, 147; Rödder DStR 2008, 997; Schmidt/Schwind NWB 2009, 2151; St. Viskorf/Philipp ZEV 2009, 230; aA Schulze zur Wiesch DStR 2009, 732 (gesellschaftsbezogene Betrachtungsweise), ebenso Schulz/Althof BBEV 2009, 77.
[346] Koordinierte Ländererlasse BStBl. I 2017, 902 Abschn. 13b.12 Abs. 4 S. 1; Scholten/Korezkij DStR 2009, 147; aA Schulze zur Wiesch DStR 2009, 732.
[347] Scholten/Korezkij DStR 2009, 147; Rödder DStR 2008, 997; R E 13b.8 Abs. 1 S. 3 ErbStR 2011; koordinierte Ländererlasse BStBl. I 2017, 902 Abschn. 13b.12 Abs. 1 S. 2.
[348] Werthebach DB 2018, 1690.
[349] R E 13b.8 Abs. 2 S. 2 ErbStR 2011; koordinierte Ländererlasse BStBl. I 2017, 902 Abschn. 13b.12 Abs. 2 S. 3; Scholten/Korezkij DStR 2009, 147; Rödder DStR 2008, 997.

des Vermögens kurz danach wird teilweise als rechtsmissbräuchlich angesehen.[350] Die zeitnahe Wiedereinlage sollte daher unterbleiben. Gleiches soll für die Umschichtung gelten,[351] was allerdings bei wirtschaftlicher Begründung dieses Aktivtauschs, bei dem Verwaltungsvermögen gegen Nicht-Verwaltungsvermögen getauscht wird, nicht zwingend erscheint. Daneben wäre auch die steuerneutrale Verlagerung des Verwaltungsvermögens in ein anderes Betriebsvermögen gemäß § 6 Abs. 5 EStG eine denkbare Gestaltungsalternative. Bei allen Rufen nach § 42 AO sollte allerdings nicht vergessen werden, dass das Ausreizen der Grenzen einer Typisierung durch den Rechtsanwender nicht missbräuchlich ist.[352]

134 Der in § 13b ErbStG chaotisch eingebaute und ausgestaltete Verwaltungsvermögenstest beginnt damit, das Verwaltungsvermögen einzeln zu ermitteln und zu bewerten. Dabei sind folgende Kategorien zu unterscheiden:
– das sonstige Verwaltungsvermögen iSd § 13b Abs. 4 Nr. 1–4 ErbStG,
– Finanzmittel iSd § 13b Abs. 4 Nr. 5 ErbStG,
– junges Verwaltungsvermögen iSd § 13b Abs. 7 S. 2 ErbStG,
– junge Finanzmittel iSd § 13b Abs. 4 Nr. 5 S. 2 ErbStG sowie
– Schulden.

Daneben gilt es noch das Deckungskapital für die betriebliche Altersversorgung und die damit zusammenhängenden Schulden zu identifizieren und zu bewerten. Dieses ist sodann vorrangig auszuscheiden. Bei Konzernstrukturen ist das gefundene Verwaltungsvermögen konsolidiert in einer Verbundvermögensaufstellung zusammenzufassen, § 13b Abs. 9 ErbStG, wobei die Finanzverwaltung dies weitestgehend in Zwischenschritten auf Ebene der jeweiligen Betriebsfinanzämter vollziehen will. Es folgt der 90%-Brutto-Verwaltungsvermögenstest, bei dem sich entscheidet, ob überhaupt begünstigtes Vermögen gegeben ist. Denn übersteigt das Brutto-Verwaltungsvermögen die Grenze von 90% gilt das gesamte Vermögen als nicht begünstigt, § 13b Abs. 2 S. 2 ErbStG. Es folgt eine Bereinigung der Schulden um wirtschaftlich nicht belastende Schulden und diejenigen, die den durchschnittlichen Schuldenstand der letzten drei Jahre übersteigen. Der danach verbleibende Schuldenrest wird anteilig auf das Verwaltungsvermögen und das grundsätzlich begünstigte Vermögen aufgeteilt, § 13b Abs. 6 ErbStG. Beim Verwaltungsvermögen spricht man sodann vom Netto-Verwaltungsvermögen. Dieses wird anschließend um einen 10%igen Kulanzpuffer bzw. „Schmutzzuschlag" gekürzt und bildet das schädliche bzw. „verminderte Netto-Verwaltungsvermögen". Im letzten Schritt wird das schädliche Verwaltungsvermögen vom gemeinen Wert der übertragenen betrieblichen Einheit abgezogen. Der danach verbleibende Betrag entspricht dem **begünstigten Vermögen**.

135 Bei Erwerben von Todeswegen ist noch die **Reinvestitionsklausel** zu berücksichtigen, nach der grundsätzlich als Verwaltungsvermögen zu qualifizierendes Vermögen unter bestimmten Voraussetzungen diese Eigenschaft wieder verliert und zu begünstigten Vermögen wird. Da hierfür ein Zeitraum von zwei Jahren vorgesehen ist, kann es sein, dass der Verwaltungsvermögenstest ggf. mehrfach zu durchlaufen ist. Für die Beantragung der Optionsverschonung ist zusätzlich die 20%-Grenze zu überprüfen. Schon dieser verkürzten und vereinfachten Darstellung des Prüfungsablaufs zeigt, dass der Verwaltungsvermögenstest zu einem kaum handhabbaren und extrem streitanfälligen Moloch ausgewachsen ist. Im Folgenden soll daher nicht der „Gesetzessystematik" gefolgt werden, sondern der Reihenfolge der einzelnen Prüfschritte.

136 Nach Identifizierung und Ermittlung des gemeinen Werts des begünstigungsfähigen Vermögens (→ Rn. 118 ff.) ist im ersten Schritt des Verwaltungsvermögenstests das Verwaltungsvermögen zu identifizieren und zu bewerten. Die Bewertung erfolgt gegen-

---

[350] *Piltz* ZEV 2008, 229; *Scholten/Korezkij* DStR 2009, 147. Vgl. auch BFH BStBl. 1981, 223, der ein Hin- und Herzahlen zur Vermeidung der Hinzurechnung von Dauerschuldzinsen bei der bis 2007 geltenden Gewerbesteuer mit § 42 AO negierte.
[351] *Scholten/Korezkij* DStR 2009, 147.
[352] *Müller-Gatermann* FR 2008, 353.

I. Erbschaftsteuer § 27

standsbezogen nach den allgemeinen Kriterien (→ Rn. 32 ff.). Bei mehrstufigen Einheiten ist nach § 13b Abs. 9 S. 1 ErbStG eine Verbundvermögensaufstellung aufzustellen. Nach Vornahme gewisser Berechnungen und Feststellungen auf der Ebene einer jeden Beteiligungsgesellschaft gehen die einzelnen Vermögensgegenstände (und nicht etwa die gesamte Untereinheit) mit ihren jeweiligen Werten, ggf. entsprechend der durchgerechneten Beteiligungsquote, in die Verbundvermögensaufstellung der Obergesellschaft ein.[353] Es empfiehlt sich daher, das Verwaltungsvermögen zunächst nach den einzelnen Gesellschaften/Beteiligungen getrennt zu ermitteln. Eine Zusammenführung erfolgt dann in einem späteren Schritt. Bei Personengesellschaften/Mitunternehmerschaften ist das Sonderbetriebsvermögen mit einzubeziehen. Auch hier empfiehlt es sich, eine Verbundvermögensaufstellung – mit dem Vermögensempfänger als fiktive Konzernobergesellschaft – zu fertigen und zwar selbst dann, wenn weder im Gesamthandsvermögen bzw. mitunternehmerischen Vermögen noch im Sonderbetriebsvermögen Anteile oder Beteiligungen gehalten werden.[354] Forderungen und Verbindlichkeiten, die sich im Mitunternehmerschaftsvermögen und im Sonderbetriebsvermögen des Mitunternehmers gegenüber stehen, sind nach Ansicht der Finanzverwaltung allerdings nicht nach § 13b Abs. 8 S. 3 ErbStG zu neutralisieren.[355] Aus Gründen der Übersichtlichkeit kann es durchaus hilfreich sein, sich eine Art Vermögensaufstellung analog einer (konsolidierten) Bilanz zu erstellen und die jeweils ermittelten Werte dort entsprechend abzubilden.[356]

Zusammengefasst ergibt sich folgendes Berechnungsschema: 137

Ermittlung des begünstigten Vermögens[357]
- ☐ Schritt 1: Identifizierung des begünstigungsfähigen Vermögens (§ 13b Abs. 1 ErbStG)
- ☐ Schritt 2: Ermittlung des gemeinen Werts des begünstigungsfähigen Vermögens (§§ 11, 199 BewG)
- ☐ Schritt 3: Identifizierung und Ermittlung der gemeinen Werte
  Bei mehrstufigen Strukturen für jede Einheit des Verbunds gesondert, mit Ausnahme von nicht gepoolten Beteiligungen an Kapitalgesellschaften von bis zu 25 %.

3.1	des sonstigen Verwaltungsvermögens (§ 13b Abs. 4 ErbStG): Dritten zur Nutzung überlassene Grundstücke etc. (§ 13b Abs. 4 Nr. 1 ErbStG) Anteile an Kapitalgesellschaften ≤ 25 % (§ 13b Abs. 4 Nr. 2 ErbStG) + typischerweise der privaten Lebensführung dienende Gegenstände (§ 13b Abs. 4 Nr. 3 ErbStG) + Wertpapiere und vergleichbare Forderungen (§ 13b Abs. 4 Nr. 4 ErbStG) = Summe von Vermögensgegenständen des sonstigen Verwaltungsvermögens (§ 13b Abs. 4 Nr. 1–4 ErbStG)
3.2	des jungen Verwaltungsvermögens (§ 13b Abs. 7 S. 2 ErbStG) – gesondert festzustellen
3.3	der Finanzmittel (§ 13b Abs. 4 Nr. 5 ErbStG)
3.4	der jungen Finanzmittel (§ 13b Abs. 4 Nr. 5 S. 2 ErbStG) – gesondert festzustellen (soweit Saldo der Einlagen und Entnahmen von Finanzmitteln > 0)
3.5	der Schulden
3.6	der wirtschaftlich nicht belastenden Schulden (§ 13b Abs. 8 S. 2, Abs. 9 S. 5 ErbStG)
3.7	des durchschnittlichen Schuldenstands der letzten drei Jahre (§ 13b Abs. 8 S. 2 ErbStG)
3.8	der Schulden aus Altersversorgungsverpflichtungen (§ 13b Abs. 3 S. 1 ErbStG)
3.9	des Deckungsvermögens für betriebliche Altersversorgungsverpflichtungen (§ 13b Abs. 3 S. 1 ErbStG)
3.10	des Deckungsvermögens, das nicht zum Verwaltungsvermögen gehört,
3.11	des sonstiges Verwaltungsvermögen, das zum Deckungsvermögen zählt (§ 13b Abs. 3 S. 1 ErbStG)
3.12	des jungen Verwaltungsvermögens, das zum Deckungsvermögen zählt (§ 13b Abs. 3 S. 1 ErbStG)
3.13	der Finanzmittel, die zum Deckungsvermögen zählen (§ 13b Abs. 3 S. 1 ErbStG)
3.14	der jungen Finanzmittel, die zum Deckungsvermögen zählen (FVerw)

---
[353] Koordinierte Ländererlasse BStBl. I 2017, 902 Abschn. 13b.29; *Korezkij* DStR 2016, 2434.
[354] *Korezkij* DStR 2016, 2434; *Königer* ZEV 2017, 365.
[355] Koordinierte Ländererlasse BStBl. I 2017, 902 Abschn. 13b.29 Abs. 3 S. 5.
[356] *Seer/Michalowski* GmbHR 2017, 609.
[357] In Anlehnung an *Korezkij* DStR 2016, 2434.

3.15	des zu reinvestierenden bzw. reinvestierten sonstigen Verwaltungsvermögens (§ 13b Abs. 5 S. 1 u. 2 ErbStG) – gilt nur für Erwerbe von Todes wegen
3.16	der zu reinvestierenden bzw. reinvestierten Finanzmittel (§ 13b Abs. 5 S. 1 u. 2 bzw. S. 3–4 ErbStG) – gilt nur für Erwerbe von Todes wegen
☐ Schritt 4:	Ermittlung sonstiges Verwaltungsvermögens: *Für jede Einheit des Verbunds (außer nicht gepoolten Kapitalgesellschaftsbeteiligungen ≤ 25%) sowie Personengesellschaften und Sonderbetriebsvermögen jeweils getrennt (vgl. Schritt 3)*
4.1	sonstiges Verwaltungsvermögen, das zum Deckungsvermögen zählt (Schritt 3.11) ./. Schulden aus Altersversorgungsverpflichtungen (Schritt 3.8) = Teil des Deckungsvermögens, das dem sonstigen Verwaltungsvermögen zuzurechnen ist (mindestens null)
4.2	sonstiges Verwaltungsvermögen, das zum Deckungsvermögen zählt (Schritt 3.11) ./. Teil des Deckungsvermögens, das dem sonstigen Verwaltungsvermögen zuzurechnen ist (Schritt 4.1) = sonstiges Verwaltungsvermögen, das nach § 13b Abs. 3 ErbStG abzuziehen ist
4.3	Summe von Vermögensgegenständen des sonst. Verwaltungsvermögens (Schritt 3.1) ./. sonstiges Verwaltungsvermögen, das nach § 13b Abs. 3 ErbStG abzuziehen ist (Schritt 4.2) ./. später reinvestiertes sonstiges Verwaltungsvermögen (Schritt 3.15) = sonstiges Verwaltungsvermögen (gesondert festzustellen)
☐ Schritt 5:	Ermittlung der Finanzmittel: *Für jede Einheit des Verbunds (außer nicht gepoolten Kapitalgesellschaftsbeteiligungen ≤ 25%) sowie Personengesellschaften und Sonderbetriebsvermögen jeweils getrennt (vgl. Schritt 3)*
5.1	Schulden aus Altersversorgungsverpflichtungen (Schritt 3.8) ./. sonstiges Verwaltungsvermögen, das nach § 13b Abs. 3 ErbStG abzuziehen ist (Schritt 4.2) = verbleibende Schulden aus Altersversorgungsverpflichtungen
5.2	Finanzmittel, die zum Deckungsvermögen zählen (Schritt 3.13) (./. junge Finanzmittel, die zum Deckungsvermögen zählen (Schritt 3.14); str.[358]) ./. verbleibende Schulden aus Altersversorgungsverpflichtungen (Schritt 5.1) = Teil des Deckungsvermögens, das den Finanzmitteln zuzurechnen ist (mindestens null)
5.3	Finanzmittel, die zum Deckungsvermögen zählen (Schritt 3.13) ./. Teil des Deckungsvermögens, das den Finanzmitteln zuzurechnen ist (Schritt 5.2) = Finanzmittel, die nach § 13b Abs. 3 ErbStG abzuziehen sind
5.4	Summe der Finanzmittel (Schritt 3.3) ./. Finanzmittel, die nach § 13b Abs. 3 ErbStG abzuziehen sind (Schritt 5.3) ./. später reinvestierte Finanzmittel (Schritt 3.16) = Finanzmittel (gesondert festzustellen)
☐ Schritt 6:	Ermittlung der Schulden: *Für jede Einheit des Verbunds (außer nicht gepoolten Kapitalgesellschaftsbeteiligungen ≤ 25%) sowie Personengesellschaften und Sonderbetriebsvermögen jeweils getrennt (vgl. Schritt 3)*
6.1	Summe der Schulden (Schritt 3.5) ./. sonstiges Verwaltungsvermögen, das nach § 13b Abs. 3 ErbStG abzuziehen ist (Schritt 4.2) ./. Finanzmittel, die nach § 13b Abs. 3 ErbStG abzuziehen sind (Schritt 5.3) = Schulden (gesondert festzustellen)
6.2	gesondert festgestellte Schulden (Schritt 6.1) ./. wirtschaftlich nicht belastende Schulden (Schritt 3.6) = wirtschaftlich belastende Schulden

☐ Schritt 7:	Prüfung der 90%-Grenze (§ 13b Abs. 2 S. 2 ErbStG):
	sonstiges Verwaltungsvermögen (Schritt 4.3)
	+ Finanzmittel (Schritt 5.4),
	   mindestens jedoch junge Finanzmittel (Schritt 3.4)
	= Verwaltungsvermögen für den 90%-Test
	/ festgestellter gemeiner Wert des begünstigungsfähigen Vermögens (Schritt 2)
	   (maßgeblich ist der gemeine Wert des Betriebs etc. und nicht derjenige der einzelnen Wirtschaftsgüter desselben)

---

[358] Koordinierte Ländererlasse BStBl. I 2017, 902 Abschn. 13b.11 Abs. 2 S. 3 (→ Rn. 156).

I. Erbschaftsteuer § 27

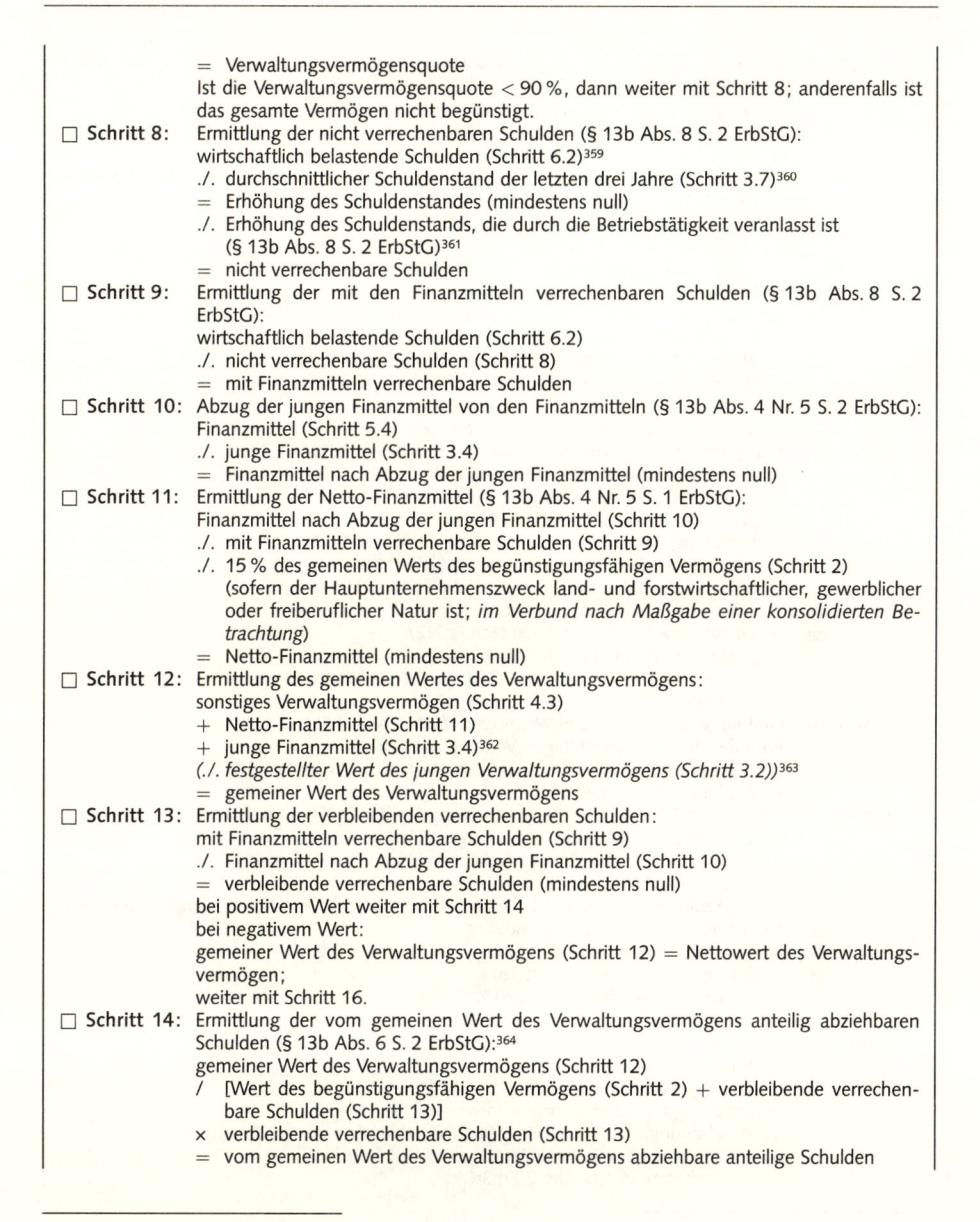

☐ Schritt 8:
= Verwaltungsvermögensquote
Ist die Verwaltungsvermögensquote < 90 %, dann weiter mit Schritt 8; anderenfalls ist das gesamte Vermögen nicht begünstigt.
Ermittlung der nicht verrechenbaren Schulden (§ 13b Abs. 8 S. 2 ErbStG):
wirtschaftlich belastende Schulden (Schritt 6.2)[359]
./. durchschnittlicher Schuldenstand der letzten drei Jahre (Schritt 3.7)[360]
= Erhöhung des Schuldenstandes (mindestens null)
./. Erhöhung des Schuldenstands, die durch die Betriebstätigkeit veranlasst ist (§ 13b Abs. 8 S. 2 ErbStG)[361]
= nicht verrechenbare Schulden

☐ Schritt 9: Ermittlung der mit den Finanzmitteln verrechenbaren Schulden (§ 13b Abs. 8 S. 2 ErbStG):
wirtschaftlich belastende Schulden (Schritt 6.2)
./. nicht verrechenbare Schulden (Schritt 8)
= mit Finanzmitteln verrechenbare Schulden

☐ Schritt 10: Abzug der jungen Finanzmittel von den Finanzmitteln (§ 13b Abs. 4 Nr. 5 S. 2 ErbStG):
Finanzmittel (Schritt 5.4)
./. junge Finanzmittel (Schritt 3.4)
= Finanzmittel nach Abzug der jungen Finanzmittel (mindestens null)

☐ Schritt 11: Ermittlung der Netto-Finanzmittel (§ 13b Abs. 4 Nr. 5 S. 1 ErbStG):
Finanzmittel nach Abzug der jungen Finanzmittel (Schritt 10)
./. mit Finanzmitteln verrechenbare Schulden (Schritt 9)
./. 15 % des gemeinen Werts des begünstigungsfähigen Vermögens (Schritt 2)
(sofern der Hauptunternehmenszweck land- und forstwirtschaftlicher, gewerblicher oder freiberuflicher Natur ist; *im Verbund nach Maßgabe einer konsolidierten Betrachtung*)
= Netto-Finanzmittel (mindestens null)

☐ Schritt 12: Ermittlung des gemeinen Wertes des Verwaltungsvermögens:
sonstiges Verwaltungsvermögen (Schritt 4.3)
+ Netto-Finanzmittel (Schritt 11)
+ junge Finanzmittel (Schritt 3.4)[362]
(*./. festgestellter Wert des jungen Verwaltungsvermögens (Schritt 3.2)*)[363]
= gemeiner Wert des Verwaltungsvermögens

☐ Schritt 13: Ermittlung der verbleibenden verrechenbaren Schulden:
mit Finanzmitteln verrechenbare Schulden (Schritt 9)
./. Finanzmittel nach Abzug der jungen Finanzmittel (Schritt 10)
= verbleibende verrechenbare Schulden (mindestens null)
bei positivem Wert weiter mit Schritt 14
bei negativem Wert:
gemeiner Wert des Verwaltungsvermögens (Schritt 12) = Nettowert des Verwaltungsvermögen;
weiter mit Schritt 16.

☐ Schritt 14: Ermittlung der vom gemeinen Wert des Verwaltungsvermögens anteilig abziehbaren Schulden (§ 13b Abs. 6 S. 2 ErbStG):[364]
gemeiner Wert des Verwaltungsvermögens (Schritt 12)
/ [Wert des begünstigungsfähigen Vermögens (Schritt 2) + verbleibende verrechenbare Schulden (Schritt 13)]
× verbleibende verrechenbare Schulden (Schritt 13)
= vom gemeinen Wert des Verwaltungsvermögens abziehbare anteilige Schulden

---

[359] Nach Ansicht der Finanzverwaltung soll die Begrenzung der Schuldenverrechnung nicht verbundübergreifend, sondern auf der Ebene jeder Gesellschaft erfolgen, koordinierte Ländererlasse BStBl. I 2017, 902 Abschn. 13b.29 Abs. 4 S. 1 (→ Rn. 153).

[360] Vgl. Fn. 350.

[361] Vgl. Fn. 350.

[362] Nach Ansicht der Finanzverwaltung nicht zu addieren, koordinierte Ländererlasse BStBl. I 2017, 902 Abschn. 13b.9 Abs. 2 II.3.1 (→ Rn. 145, 149).

[363] Nach Ansicht der Finanzverwaltung ist noch der festgestellte Wert des jungen Verwaltungsvermögens herauszurechnen, koordinierte Ländererlasse BStBl. I 2017, 902 Abschn. 13b.9 Abs. 2 II.3.1 (→ Rn. 145).

[364] Die Finanzverwaltung setzt hier den um junge Finanzmittel und junges Verwaltungsvermögen verminderten gemeinen Wert des Verwaltungsvermögens als Zähler an und kommt so zu einer geringeren Quote der abzugsfähigen Schulden, koordinierte Ländererlasse BStBl. I 2017, 902 Abschn. 13b.9 Abs. 2 II.3.2.

☐ **Schritt 15:** Ermittlung des Nettowertes des Verwaltungsvermögens (§ 13b Abs. 6 S. 1, Abs. 8 S. 1 u. 3 ErbStG):
gemeiner Wert des Verwaltungsvermögens (Schritt 12)
./. junges Verwaltungsvermögen (Schritt 3.2)
./. junge Finanzmittel (Schritt 3.4)
./. vom gemeinen Wert des Verwaltungsvermögens abziehbare anteilige Schulden (Schritt 14)
= Zwischenergebnis (mindestens null)
+ junges Verwaltungsvermögen (Schritt 3.2)[365]
+ junge Finanzmittel (Schritt 3.4)[366]
= Nettowert des Verwaltungsvermögens

☐ **Schritt 16:** Ermittlung des unschädlichen Verwaltungsvermögens (§ 13b Abs. 7 S. 1 ErbStG):
Wert des begünstigungsfähigen Vermögens (Schritt 2)
./. Nettowert des Verwaltungsvermögens (Schritt 15)[367]
= Bemessungsgrundlage für das unschädliche Verwaltungsvermögen
× 10 %
= unschädliches Verwaltungsvermögen

☐ **Schritt 17:** Abzug des unschädlichen Verwaltungsvermögens (§ 13b Abs. 7 S. 1 und 2 ErbStG):
Nettowert des Verwaltungsvermögens (Schritt 15)
./. junges Verwaltungsvermögen (Schritt 3.2)[368]
./. junge Finanzmittel (Schritt 3.4)[369]
= bereinigter Nettowert des Verwaltungsvermögens
./. unschädliches Verwaltungsvermögen (Schritt 16)
= schädliches Verwaltungsvermögen ohne junges Verwaltungsvermögen und ohne junge Finanzmittel (mindestens null)
+ junges Verwaltungsvermögen (Schritt 3.2)
+ junge Finanzmittel (Schritt 3.4)
= steuerpflichtiger Wert des schädlichen Verwaltungsvermögens (nicht begünstigtes Vermögen)

☐ **Schritt 18:** Ermittlung des begünstigten Vermögens (§ 13b Abs. 2 S. 1 ErbStG)
Wert des begünstigungsfähigen Vermögens (Schritt 2)
./. steuerpflichtiger Wert des schädlichen Verwaltungsvermögens (Schritt 17)
= begünstigtes Vermögen

☐ **Schritt 19:** Prüfung der 20 %-Grenze bei der Beantragung der Optionsverschonung
gemeiner Wert des Verwaltungsvermögens (Schritt 12)[370]
./. 20 % × Wert des begünstigungsfähigen Vermögens (Schritt 2)
= Saldo
Ist der Saldo negativ, dann ist die Optionsverschonung auf Antrag möglich; anderenfalls ist nur Regelverschonung möglich.

☐ **Schritt 20:** Berechnung des Vorwegabschlags nach § 13a Abs. 9 ErbStG
begünstigtes Vermögen (Schritt 18)
× Vorwegabschlag in %, max. 30 %
= Vorwegabschlag

☐ **Schritt 21:** Berechnung des steuerpflichtigen Vermögens
begünstigtes Vermögen (Schritt 18)
./. Vorwegabschlag (Schritt 20)
= begünstigtes Vermögen nach Vorwegabschlag
./. Verschonungsabschlag (85 %/100 %/Prozentsatz nach Abschmelzung)
= verbleibendes begünstigtes Vermögen
./. Abzugsbetrag (§ 13a Abs. 2 ErbStG)

---

[365] Nach Ansicht der Finanzverwaltung nicht zu addieren, koordinierte Ländererlasse BStBl. I 2017, 902 Abschn. H 13b.9 Abs. 2 II.3.3 (→ Rn. 145).

[366] Nach Ansicht der Finanzverwaltung nicht zu addieren, koordinierte Ländererlasse BStBl. I 2017, 902 Abschn. H 13b.9 Abs. 2 II.3.3 (→ Rn. 147).

[367] Nach Ansicht der Finanzverwaltung sind zusätzlich noch die festgestellten Werte des jungen Verwaltungsvermögens und der jungen Finanzmittel abzuziehen, koordinierte Ländererlasse BStBl. I 2017, 902 Abschn. 13b.9 Abs. 2 II.4.1.

[368] Nach Ansicht der Finanzverwaltung nicht zu subtrahieren, koordinierte Ländererlasse BStBl. I 2017, 902 Abschn. 13b.9 Abs. 2 II.4.3 (→ Rn. 145).

[369] Nach Ansicht der Finanzverwaltung nicht zu subtrahieren, koordinierte Ländererlasse BStBl. I 2017, 902 Abschn. 13b.9 Abs. 2 II.4.3 (→ Rn. 147).

[370] Anders als bei der Berechnung des gemeinen Werts des Verwaltungsvermögens (vgl. Schritt 16) addiert die Finanzverwaltung hier die jungen Finanzmittel hinzu und rechnet das junge Verwaltungsvermögen nicht heraus, vgl. koordinierte Ländererlasse BStBl. I 2017, 902 Abschn. H 13a.20.

I. Erbschaftsteuer § 27

> = steuerpflichtiges begünstigtes Vermögen
> + steuerpflichtiger Wert des schädlichen Verwaltungsvermögens (Schritt 17)
> + sonstiges nicht begünstigtes Vermögen
> = steuerpflichtiges Vermögen

Für die **Verbundvermögensaufstellung** sieht die Finanzverwaltung folgende Zuständigkeiten und Vorgehensweise vor:[371] 138

> **Betriebs-Finanzamt bzw. -ämter**
> Ermittlung der gemeinen Werte der den einzelnen Gesellschaften zuzurechnenden Vermögensgegenstände des
>   Anteile an Kapitalgesellschaften ≤ 25 % (§ 13b Abs. 4 Nr. 2 ErbStG)
>   sonstiges Verwaltungsvermögen, § 13b Abs. 4 Nr. 1–4 ErbStG
>   junges Verwaltungsvermögen, § 13b Abs. 7 S. 2 ErbStG
>   Finanzmittel, § 13b Abs. 4 Nr. 5 ErbStG
>   junge Finanzmittel, § 13b Abs. 4 Nr. 5 S. 2 ErbStG
>   Schulden
>   ggf. anteilig
> Von unten nach oben ist auf jeder Beteiligungsstufe eine Verbundvermögensaufstellung zu erstellen, die dann wiederum in die darüber liegende Vermögensaufstellung einzubeziehen, dh zu konsolidieren ist. Auf jeder Beteiligungsstufe sind
> – Finanzmittel und Schulden gegen verbundene Unternehmen, soweit Beteiligungsidentität besteht, zu kürzen
> – Verwaltungsvermögen, das zum Deckungsvermögen zählt, auszuscheiden
> – Schulden aus Altersversorgungsverpflichtungen auszuscheiden
> – die Schulden nach § 13b Abs. 8 ErbStG zu begrenzen
> – zu prüfen, ob Hauptunternehmenszweck land- und forstwirtschaftlicher, gewerblicher oder freiberuflicher Natur ist
> – ob die Voraussetzungen des Vorwegabschlags nach § 13a Abs. 9 ErbStG vorliegen und wie hoch der Prozentsatz ausfällt
> – der Umfang und der Wert des ausländischen Vermögens, welches im festgestellten Wert des Betriebsvermögens enthalten ist, aber einer Betriebsstätte im Drittstaat dient (nur bei Einzelunternehmen und Beteiligung an Personengesellschaft)
> – Mitteilung der Werte des dem Grundvermögen zuzuordnenden Anteils für Grundstücke, die zugleich dem Betriebsvermögen zuzuordnen sind
> – Der Teilbetrag des festgestellten Werts des begünstigten Vermögens, der auf den übertragenen Anteil am Gesamthandsvermögen und derjenigen der auf das übertragene Sonderbetriebsvermögen entfällt.
> Junge Finanzmittel werden erst auf der obersten Ebene begrenzt.
> Dieses oberste Betriebsfinanzamt teilt auch mit, welche Teilbeträge der festgestellten Werte auf den übertragenen Anteil am Gesamthandsvermögen und das übertragene Sonderbetriebsvermögen entfallen.
> Unter Einbeziehung der untergeordneten Ebene ist auf jeder Beteiligungsstufe von unten nach oben zu prüfen, ob Hauptunternehmenszweck (immer noch) land- und forstwirtschaftlicher, gewerblicher oder freiberuflicher Natur ist, und der darüber liegenden Feststellungsebene mitzuteilen.
>
> **Erbschaftsteuer-Finanzamt**
> Übernahme der vom obersten Betriebsfinanzamt mitgeteilten Werte.
> Nicht zur Verbundvermögensaufstellung gehören und nicht gesondert festzustellen sind
> – die Schuldenverrechnung bei Finanzmitteln, § 13b Abs. 4 Nr. 5 ErbStG
> – der Abzug des Sockelbetrages von 15 %, § 13b Abs. 4 Nr. 5 ErbStG
> – der Abzug der anteilig verbleibenden Schulden zur Ermittlung des Nettowerts des Verwaltungsvermögens, § 13b Abs. 6 ErbStG
> – die Berücksichtigung des Werts des unschädlichen Verwaltungsvermögens, § 13b Abs. 7 ErbStG
> – das Saldierungsverbot von Schulden mit jungen Finanzmitteln und jungem Verwaltungsvermögen, § 13b Abs. 8 ErbStG

---

[371] Vgl. koordinierte Ländererlasse BStBl. I 2017, 902.

139 Was zum **Verwaltungsvermögen im Einzelnen** gehört, ist in § 13b Abs. 4 ErbStG abschließend aufgezählt[372] und der Steuerbilanz zu entnehmen. Nicht maßgebend sind HGB-, IFRS-, US-GAAP-Einzel- bzw. Konzernabschlüsse.[373] Zum Verwaltungsvermögen zählen bzw. können führen:
- Dritten zur Nutzung überlassene Grundstücke
- Minderheitsanteile an Kapitalgesellschaften
- Kunstgegenstände, Kunstsammlungen uä
- Wertpapiere und vergleichbare Forderungen
- Finanzmittel
- junge Finanzmittel.

140 Zum Verwaltungsvermögen zählen zunächst **Dritten zur Nutzung überlassene Grundstücke,** Grundstücksteile, grundstücksgleiche Rechte und Bauten, § 13b Abs. 4 Nr. 1 ErbStG. Der Grundstücksbegriff etc. soll sachenrechtlich zu verstehen sein und daher zB auch ideelle Miteigentumsanteile an Grundstücken, ertragsteuerlich bilanzierungsfähige Gebäude auf fremden Grund und Boden, das Erbbaurecht und das Wohnungseigentum umfassen.[374] Dritte im Sinne des § 13b Abs. 4 Nr. 1 ErbStG können alle natürlichen oder juristischen Personen außer dem Schenker bzw. Erblasser und dem Erwerber sein.[375] Die Nutzungsüberlassung kann als Vermietung, Verpachtung, aber auch als unentgeltliche Nutzungsüberlassung erfolgen. Auf ihre Dauer kommt es nicht an,[376] so dass bei auf Vermietung ausgerichteten Gewerbebetrieben wie zB Hotels, Campingplätze und Parkhäusern die Grundstücke grundsätzlich mit zum Verwaltungsvermögen zu zählen wären. Die Finanzverwaltung stellt jedoch zu Recht darauf ab, ob neben der Überlassung von Grundstückteilen noch weitere gewerbliche Leistungen einheitlich angeboten und in Anspruch genommen werden.[377] Ist die Tätigkeit danach wie bei Beherbergungsbetrieben als originär gewerblich einzustufen, zählen die Grundstücksteile nicht zum Verwaltungsvermögen. Leerstehende, nicht vermietete Gebäude werden dagegen nicht erfasst, so dass es Sinn machen kann, ein ungenutztes Grundstück nicht zu vermieten, wenn eine Übertragung ansteht. Nicht erfasst und dementsprechend Verwaltungsvermögen sind auch Grundstücke der Logistikbranche und zwar selbst dann, wenn das Logistikunternehmen weitere Leistungen für die Beschaffungs- und Vertriebsorganisation seiner Kunden erbringt, es aber am Absatz von eigenen Erzeugnissen oder Produkten iSv § 13b Abs. 4 Nr. 13.2 lit. e ErbStG fehlt.[378] Grundstücke im **Sonderbetriebsvermögen** sowie im Rahmen einer **Betriebsaufspaltung** (→ § 8 Rn. 1 ff.) sind ausgenommen und zählen nicht zum Verwaltungsvermögen, sofern die Rechtsstellung des Erblassers bzw. Schenkers auf den Erwerber übergegangen ist und die Grundstücke von der Gesellschaft nicht an einen weiteren Dritten überlassen werden, § 13b Abs. 4 Nr. 1 S. 2 lit. a ErbStG. Erforderlich ist, dass der Erblasser bzw. Schenker allein oder zusammen mit anderen sowohl im überlassenden als auch im nutzenden Betrieb einen einheitlichen geschäftlichen Betätigungswillen durchsetzen kann, was nach ertragsteuerlichen Grundsätzen zu beurteilen ist.[379] Alle Fälle, in denen die Betriebsaufspaltung erst mit dem Erbfall bzw. der Schen-

---

[372] *Korezkij* DStR 2016, 2434; *Pilz* ZEV 2008, 229.
[373] *Scholten/Korezkij* DStR 2009, 147.
[374] Troll/Gebel/Jülicher/Gottschalk/*Jülicher* ErbStG § 13b Rn. 260.
[375] *Pilz* ZEV 2008, 229; *Scholten/Korezkij* DStR 2009, 147.
[376] AA Troll/Gebel/Jülicher/Gottschalk/*Jülicher* ErbStG § 13b Rn. 261, der eine „gewisse längere Dauer" verlangt.
[377] R E 13b.9 S. 3 ErbStR 2011; koordinierte Ländererlasse BStBl. I 2017, 902 Abschn. 13b.13 S. 3.
[378] Koordinierte Ländererlasse BStBl. I 2017, 902 Abschn. 13b.18 S. 4; LfSt Bayern DStR 2018, 355; aA *Korezkij* DStR 2018, 715.
[379] Koordinierte Ländererlasse BStBl. I 2017, 902 Abschn. 13b.14 Abs. 1 S. 4; FG Münster ZEV 2019, 167, Rev. II R 3/19, der abweichend von der ertragsteuerlichen Wertung für eine Betriebsaufspaltung iSd § 13b Abs. 4 Nr. 13.2 lit. a ErbStG die Vermutung zugrunde legen will, dass Ehegatten bzw. Eltern und Kinder gleichgerichtete wirtschaftliche Interessen (Sicherung des Unternehmensbestands; finanzielle Versorgung der Familie) haben. Sofern also keine gegenteiligen Anzeichen vorliegen,

kung begründet wird, scheiden aus.[380] Gleiches gilt, wenn nicht sowohl Besitz- als auch Betriebsgesellschaft übergehen.[381] Der Grundbesitz bleibt dann jeweils Verwaltungsvermögen. Eine weitere Ausnahme bildet die **Verpachtung** eines ganzen Gewerbebetriebes oder Betriebes eines Selbständigen, solange der Erblasser bzw. Schenker[382] als Verpächter keine Betriebsaufgabe erklärt hatte, und der bisherige Pächter durch letztwillige oder rechtsgeschäftliche Verfügung als Erbe eingesetzt wird oder der Beschenkte den Betrieb noch nicht führen konnte und der Betrieb daher zur Überbrückung, längstens jedoch für 10 Jahre an einen Dritten verpachtet wird, § 13b Abs. 4 Nr. 1 S. 2 lit. b ErbStG (→ § 7 Rn. 38 ff.). Die Verpachtung eines Teilbetriebs, die nach dem Einkommensteuergesetz einer Verpachtung eines ganzen Betriebes gleichsteht, dürfte daher wohl nur im Rahmen einer Analogie nicht als Verwaltungsvermögen zu qualifizieren sein.[383] Die vorübergehende Verpachtung an einen Dritten gilt, obwohl sie nur bei der Schenkung genannt ist, auch für Erwerbe von Todes wegen.[384] Die hierfür vorgesehene Maximalfrist von 10 Jahren beginnt bei Minderjährigen erst mit Vollendung des 18. Lebensjahres. Eine Rückausnahme und damit die Rückqualifizierung zu Verwaltungsvermögen betrifft die Verpachtung eines Betriebes ohne begünstigungsfähiges Vermögen bzw. mit Verwaltungsvermögen von mehr als 50% bzw. Betriebe mit dem Hauptzweck der Nutzungsüberlassung von Grundstücken etc. an Dritte, die nicht zugleich Wohnungsunternehmen sind. Dritter ist dabei jeder, der weder Erblasser noch Schenker ist und somit auch Angehörige, Mitarbeiter und verbundene Unternehmen.[385] Dies gilt auch dann, wenn das Verpachtungsunternehmen und eine pachtende Betriebs-GmbH aufeinander angewiesen sind.[386] Schließlich sind Nutzungsüberlassungen im Konzern und von **Wohnungsunternehmen** (→ § 13 Rn. 13) kein Verwaltungsvermögen, § 13b Abs. 4 Nr. 1 S. 2 lit. c und d ErbStG. Ebenfalls kein Verwaltungsvermögen liegt vor, wenn Grundstücke, grundstücksgleiche Rechte und Bauten vorrangig überlassen werden, um im Rahmen von Lieferverträgen dem Absatz von eigenen Erzeugnissen und Produkten zu dienen, § 13b Abs. 4 Nr. 1 S. 2 lit. E ErbStG. Dies betrifft vor allem Tankstellen von Mineralölgesellschaften und Gaststätten bei Brauereien. Verpachtete **land- und forstwirtschaftliche Grundstücke** gehören grundsätzlich nicht zum Verwaltungsvermögen; § 13b Abs. 4 Nr. 1 lit. f ErbStG. Dies gilt auch für Stückländereien.[387] Beim land- und forstwirtschaftlichen Vermögen ist zu beachten, dass Grund und Boden sowie Gebäude und Gebäudeteile, die nicht land- und forstwirtschaftlichen Zwecken dienen, schon bewertungsrechtlich nicht zum land- und forstwirtschaftlichen Vermögen gehören, § 158 Abs. 4 Nr. 1 BewG.

Ein Betrieb oder eine Gesellschaft gehören zu einem **Konzern,** wenn sie nach dem einschlägigen Rechnungslegungsstandard in einen Konzernabschluss einzubeziehen sind, § 4h Abs. 3 S. 5 EStG, oder einbezogen werden könnten oder ein Gleichordnungskon-

---

wären die Gesellschaftsanteile von Familienangehörigen im ErbStG für die Beurteilung einer Betriebsaufspaltung zusammen zu rechnen.
[380] R E 13b.10 Abs. 1 S. 9 ErbStR 2011; koordinierte Ländererlasse BStBl. I 2017, 902 Abschn. 13b.14 Abs. 1 S. 9.
[381] R E 13b.10 Abs. 1 S. 3 ErbStR 2011; koordinierte Ländererlasse BStBl. I 2017, 902 Abschn. 13b.14 Abs. 1 S. 3, 7; Troll/Gebel/Jülicher/Gottschalk/*Jülicher* ErbStG § 13b Rn. 263; *Meincke/Hannes/Holtz* ErbStG § 13b Rn. 13; *Kramer* DStR 2011, 1113.
[382] Die Finanzverwaltung hat den engen Gesetzeswortlaut auf lebzeitige Schenkungen ausgedehnt, R E 13b.11 Abs. 1 S. 1 Nr. 2 ErbStR 2011; koordinierte Ländererlasse BStBl. I 2017, 902 Abschn. 13b.15 Abs. 1 S. 1 Nr. 2.
[383] Troll/Gebel/Jülicher/Gottschalk/*Jülicher* ErbStG § 13b Rn. 275.
[384] Troll/Gebel/Jülicher/Gottschalk/*Jülicher* ErbStG § 13b Rn. 280.
[385] Kapp/Ebeling/*Geck* ErbStG § 13b Rn. 94; v. Oertzen/Loose/*Stalleiken* ErbStG § 13b Rn. 107; *Scholten/Korezkij* DStR 2009, 147.
[386] FG Baden-Württemberg ZEV 2018, 531 mAnm v. *Korezkij;* krit. *Wachter* GmbHR 2019, 431.
[387] R E 13b.14 Abs. 1 S. 2 ErbStR 2011; koordinierte Ländererlasse BStBl. I 2017, 902 Abschn. 13b.19 Abs. 1 S. 2.

zern im Sinne des § 4h Abs. 3 S. 6 EStG vorliegt.[388] Für das Vorliegen eines Gleichordnungskonzerns ist erforderlich, dass die Finanz- und Geschäftspolitik des Betriebs mit einem oder mehreren anderen Betrieben einheitlich bestimmt werden kann.[389] Ein Konzern kann somit auch dann vorliegen, wenn eine natürliche Person oder eine vermögensverwaltend tätige Gesellschaft[390] an der Spitze des Konzerns steht und die Beteiligungen an den beherrschten Rechtsträgern im Privatvermögen gehalten werden.

142 Anteile an **Kapitalgesellschaften** gehören zum Verwaltungsvermögen, wenn die unmittelbare Beteiligung am Nennkapital $\leq 25\%$ beträgt und die Poolregelung ($\rightarrow$ Rn. 126 ff.) nicht greift, § 13b Abs. 4 Nr. 2 ErbStG. Bei mehrstufigen Beteiligungen ist die Mindestbeteiligungsquote nach § 13b Abs. 4 Nr. 2 ErbStG von mehr als 25% auf jeder Beteiligungsebene zu prüfen.[391] Beteiligungen an Kapitalgesellschaften, die zT unmittelbar und zT im Sonderbetriebsvermögen eines Gesellschafters gehalten werden, sollen nach Ansicht der Finanzverwaltung getrennt geprüft werden.[392] Dieses Ergebnis kann ggf. durch Poolung der Anteile vermieden werden.[393] Die spätere Aufhebung des Poolvertrages ist wegen des Stichtagsprinzips bedeutungslos.[394] Der Begriff „Anteile an Kapitalgesellschaften" ist wie in § 13b Abs. 1 Nr. 3 ErbStG zu verstehen ($\rightarrow$ Rn. 124). Die Bewertung dieser (nicht gepoolten) Beteiligungen erfolgt in der Verbundvermögensaufstellung als Einheit.[395] Sie sind als Verwaltungsvermögen anzusetzen, § 13b Abs. 9 S. 5 ErbStG und nicht transparent, wie Beteiligungen an Kapitalgesellschaften von mehr als 25%. Dementsprechend werden das Verwaltungsvermögen (sonstiges und junges Verwaltungsvermögen, Finanzmittel und junge Finanzmittel) sowie die Schulden dieser „kleinen" Beteiligungen an Kapitalgesellschaften nicht in die Verbundvermögensaufstellung mit einbezogen. Für Kredit- und Finanzdienstleistungsinstitute sowie Kreditinstitute ist in § 13b Abs. 4 Nr. 2 ErbStG eine Rückausnahme vorgesehen, so dass deren Beteiligungen von 25% oder weniger an Kapitalgesellschaften kein Verwaltungsvermögen darstellen.

143 **Kunstgegenstände,** Kunstsammlungen, wissenschaftliche Sammlungen, Bibliotheken, Archive, Münzen, Edelmetalle und Edelsteine, Briefmarkensammlungen, Oldtimer, Yachten, Segelflugzeuge sowie „sonstige typischerweise der privaten Lebensführung dienende Gegenstände" zählen zum Verwaltungsvermögen, sofern der Handel mit diesen Gegenständen oder deren Herstellung oder Verarbeitung oder die entgeltliche Nutzungsüberlassung an Dritte nicht Hauptzweck des zu beurteilenden Betriebes sind, § 13b Abs. 4 Nr. 3 ErbStG. Unklar ist, wie der Hauptzweck zu definieren ist. Als Kriterien können Umsatz, Gewinn oder Anzahl der beschäftigten Mitarbeiter oder aber die Zuordnung dieser Wirtschaftsgüter zum Umlaufvermögen dienen.[396] Daneben kann der Gewerbebetrieb auch noch weitere Zwecke verfolgen, solange dem Handel mit Kunstgegenständen etc. daneben noch eine eigenständige Bedeutung zukommt. Bei der Übertragung eines Teilbetriebs dürfte nur auf den Hauptzweck dieses Teilbetriebs abzustellen sein.[397] Unklar ist

---

[388] R E 13b.12 S. 3 ErbStR 2011; koordinierte Ländererlasse BStBl. I 2017, 902 Abschn. 13b.16 S. 3; H 27; vgl. auch BMF BStBl. I 2008, 718 Rn. 59–68; aA FG Hessen ZEV 2018, 741, Rev. II R 26/18, wonach der Konzernbegriff des § 13b ErbStG enger als der des § 4h EStG auszulegen ist.

[389] H E 13b.12 ErbStH 2011 „Grundstücksüberlassung im Konzern"; koordinierte Ländererlasse BStBl. I 2017, 902 Abschn. H 13b.16; BMF BStBl. I 2008, 718 Rn. 60.

[390] AA FG Hessen ZEV 2018, 741, Rev. II R 26/18, wonach die Leitung durch eine Personengruppe von der Konzernklausel nicht erfasst sein soll.

[391] R E 13b.15 Abs. 4 ErbStR 2011; koordinierte Ländererlasse BStBl. I 2017, 902 Abschn. 13b.20 Abs. 4 S. 1; *Königer* ZEV 2017, 365.

[392] R E 23 b.15 Abs. 2 S. 2 ErbStR 2011; H E 13b.15 ErbStH 2011; koordinierte Ländererlasse BStBl. I 2017, 902 Abschn. 13b.20 Abs. 2 S. 2.

[393] *Schmidt/Schwind* NWB 2009, 2151.

[394] R E 13b.15 Abs. 1 S. 3 ErbStR 2011; koordinierte Ländererlasse BStBl. I 2017, 902 Abschn. 13b.20 Abs. 1 S. 3; Troll/Gebel/Jülicher/Gottschalk/*Jülicher* ErbStG § 13b Rn. 309 mwN.

[395] *Korezkij* DStR 2016, 2434.

[396] *Scholten/Korezkij* DStR 2009, 147; R E 13b.18 S. 3 ErbStR 2011; koordinierte Ländererlasse BStBl. I 2017, 902 Abschn. 13b.21 S. 3.

[397] *Scholten/Korezkij* DStR 2009, 147.

auch, ob der Begriff der Gegenstände, die typischerweise der privaten Lebensführung dienen, im Sinne des § 4 Abs. 5 S. 1 Nr. 4 EStG zu verstehen ist. Die dazu ergangene Rechtsprechung[398] wird aber sicherlich einen Anhaltspunkt für die Auslegung dieser unklar gefassten Gesetzesformulierung bieten. Aus gestalterischer Sicht könnte die Auslagerung dieser Gegenstände in eine Gesellschaft mit anschließender entgeltlicher Nutzungsüberlassung erwogen werden, um in den Bereich der Rückausnahme zu kommen.[399] Zum begünstigungsfähigen Vermögen gehörende Kunstgegenstände, die zum Verwaltungsvermögen gehören, können immer noch nach § 13 Abs. 1 Nr. 2 ErbStG als Kulturgüter ganz oder teilweise steuerfrei bleiben.[400] Dies dürfte jedoch nichts daran ändern, dass diese Kulturgüter als Verwaltungsvermögen bei der Prüfung der 90% Grenze zählen und sich hier negativ auswirken.

Unter den Begriff **Wertpapiere**, die nach § 13b Abs. 4 Nr. 4 ErbStG zum Verwaltungsvermögen gehören, fallen alle Urkunden, die eine Geldforderung verbriefen und für die der Schuldner ein Entgelt zu zahlen hat.[401] Als vergleichbare Forderungen sind unverbriefte Forderungen zu verstehen, die mit den durch Wertpapiere verbrieften Forderungen Ähnlichkeit haben, wie zB Darlehensforderungen gegen fremde Dritte und Finanzinnovationen.[402] Die Finanzverwaltung stellt in beiden Fällen auf § 2 Abs. 1 WpHG ab.[403] Nicht hierunter fallen Kundenforderungen aus Lieferung und Leistung, Forderungen aus konzerninternen Darlehen, Wechsel, Schecks, sowie andere auf Order lautende Anweisungen und Rektapapiere, auch wenn sie zivilrechtlich dem Wertpapierbegriff zugeordnet werden.[404] Sie zählen aber zu den ggf. zusätzlichen Begünstigungen unterliegenden Finanzmitteln gemäß § 13b Abs. 4 Nr. 5 ErbStG. Auch Aktien sind hier nicht zu erfassen, da die Regelung in § 13b Abs. 4 Nr. 2 ErbStG insoweit vorgeht.[405] Unklar ist die Einordnung von Geldmarktfonds, Festgeldfonds, Pfandbriefe und Schuldbuchforderungen zum Verwaltungsvermögen, da diese sowohl als „vergleichbare Forderungen" unter § 13b Abs. 4 Nr. 4 ErbStG als auch als „Geldforderungen und andere Forderungen" unter § 13b Abs. 4 Nr. 5 ErbStG fallen können. Da der Gesetzgeber hier keinen Vorrang einer der Normen vorgesehen hat, dürfte im Zweifel § 13b Abs. 4 Nr. 5 ErbStG als die günstigere Norm anzuwenden sein.[406] Beim land- und forstwirtschaftlichen Vermögen ist zu beachten, dass Wertpapiere schon bewertungsrechtlich nicht zum land- und forstwirtschaftlichen Vermögen gehören, § 158 Abs. 4 Nr. 3 BewG. Eine Rückausnahme ist wiederum für Kredit- und Finanzdienstleistungsinstitute sowie Versicherungsunternehmen vorgesehen. Insbesondere der Bereich der Finanzdienstleistungsinstitute im Sinne des § 1 Abs. 1 Nr. 1a KWG ist nicht an allzu große Hürden geknüpft und könnte sich für entsprechende Gestaltungsmaßnahmen eignen.

Als nächstes ist das sog. **„junge" Verwaltungsvermögen** festzustellen und bewerten, denn es wird nicht mit Schulden saldiert, § 13b Abs. 8 S. 1 ErbStG, und zählt auch nicht zum unschädlichen Verwaltungsvermögen, § 13b Abs. 7 S. 2 ErbStG. Ferner ist es zusammen mit den jungen Finanzmitteln als Mindestwert beim Nettowert des Verwaltungsvermögens anzusetzen, § 13b Abs. 8 S. 3 ErbStG. Als „jung" gilt das sonstige Verwaltungs-

---

[398] Vgl. Schmidt/*Heinicke* EStG § 4 Rn. 576.
[399] *Korezkij* DStR 2017, 2434.
[400] Troll/Gebel/Jülicher/Gottschalk/*Jülicher* ErbStG § 13b Rn. 319.
[401] *Pilz* ZEV 2008, 229.
[402] *Pilz* ZEV 2008, 229; *Scholten/Korezkij* DStR 2009, 147.
[403] R E 13b.17 Abs. 1 S. 2 ErbStR 2011; koordinierte Ländererlasse BStBl. I 2017, 902 Abschn. 13b.22 Abs. 1 S. 2 u. 3.
[404] Vgl. *Scholten/Korezkij* DStR 2009, 147 mwN; R E 13b. 17 Abs. 1 S. 4 ErbStR 2011; koordinierte Ländererlasse BStBl. I 2017, 902 Abschn. 13b.22 Abs. 1 S. 4.
[405] R E 13b. 17 Abs. 1 S. 5 ErbStR 2011; koordinierte Ländererlasse BStBl. I 2017, 902 Abschn. 13b.22 Abs. 1 S. 5.
[406] Troll/Gebel/Jülicher/Gottschalk/*Jülicher* ErbStG § 13b Rn. 325; *Kowanda* ErbStB 2017, 48; aA gleichlautende Ländererlasse v. 10.10.2013 BStBl. I 2013, 802 Rn. 2.6; koordinierte Ländererlasse BStBl. I 2017, 902 Abschn. H 13b.22.

vermögen nach § 13b Abs. 4 Nr. 1–4 ErbStG, das dem Betrieb im Besteuerungszeitpunkt nach § 9 ErbStG weniger als zwei Jahre zuzurechnen ist. Der Gesetzgeber wollte mit dieser Regelung dem missbräuchlichen Einlegen von Verwaltungsvermögen kurz vor der Übertragung bzw. dem Erbfall vorbeugen. Ausgangspunkt für die Ermittlung des Zwei-Jahres-Zeitraums ist der Besteuerungszeitpunkt. Von ihm wird zurück gerechnet. Für die Berechnung der Frist gelten die §§ 186 ff. BGB. Es ist zu prüfen, ob das Vermögen, dass im Besteuerungszeitpunkt als sonstiges Verwaltungsvermögen identifiziert wurde, seit mindestens zwei Jahren dem Betrieb, nicht dem Verwaltungsvermögen selbst, zuzuordnen war.[407] Unerheblich ist, ob das Vermögen von vornherein als Verwaltungsvermögen zugeführt wurde oder ob es erst innerhalb des Zwei-Jahres-Zeitraumes zu Verwaltungsvermögen wurde, es sei denn der Vermögensgegenstand zählt schon länger als zwei Jahre zum Betriebsvermögen.[408] Erfasst werden neben dem Hinzuerwerb von Verwaltungsvermögen von Dritten, nur per Einlagen zugeführte Vermögensgegenstände. Nach Ansicht der Finanzverwaltung und der erstinstanzlichen Rechtsprechung ist auch die Umschichtung in Form des Aktivtauschs einschließlich der Umschichtung eines betrieblichen Wertpapierdepots erfasst.[409] Dies führt aber zu nicht tragbaren Ergebnissen[410] und überzeugt auch argumentativ nicht.[411] Fraglich ist, ob konzerninterne Umstrukturierungen erfasst werden.[412] So dürften nach dem Gesetzeswortlaut zB die Aufstockung einer bereits länger als zwei Jahre gehaltenen Beteiligung und die Neugründung einer Tochtergesellschaft, auch im Rahmen der Umwandlung, als junges Verwaltungsvermögen zu qualifizieren sein.[413] Entsprechendes könnte für die Übertragung einer länger als zwei Jahre gehaltenen Kapitalgesellschaftsbeteiligung von ≤ 25% an ein anderes Unternehmen des Konzernverbunds gelten. Richtigerweise dürfte hier die konsolidierte Betrachtung anzuwenden sein, die derartige Unschärfen ausblendet.[414] Innerhalb eines Verbundes würden Umschichtungen dann kein junges Verwaltungsvermögen begründen. Allerdings spricht § 13b Abs. 10 S. 1 ErbStG eher für die Ermittlung des jungen Verwaltungsvermögens auf jeder Ebene des mehrstufigen Verbunds. Denn zuständig hierfür ist das Betriebsstättenfinanzamt.[415] Danach würden die Kriterien für die Einordnung als junges Verwaltungsvermögen nicht konzernübergreifend sondern auf der Ebene einer jeden Gesellschaft geprüft werden. Vermögensverschiebungen innerhalb einer mehrgliedrigen Gesellschaftsstruktur – einschließlich derjenigen aufgrund von Verschmelzung und Anwachsung – würden somit stets die Zwei-Jahresfrist neu beginnen lassen, obwohl sich an der Zugehörigkeit des Vermögens zum Verband/Konzern nichts geändert hat. Diese gesellschaftsbezogene Betrachtungsweise der Finanzverwaltung[416] läuft dem Sinn und Zweck des § 13b Abs. 9 ErbStG zuwider, da hierdurch gerade keine steuerneutrale Ermittlung des begünstigten Vermögens erreicht wird.[417] Richtigerweise ist daher nur der Wert des jeweiligen Verwaltungsvermögens so-

---

[407] *Scholten/Korezkij* DStR 2009, 147; gleichlautende Ländererlasse BStBl. I 2017, 902 Abschn. 13b.27.
[408] *Scholten/Korezkij* DStR 2009, 147; R E 13b.19 Abs. 1 S. 3 ErbStR 2011; koordinierte Ländererlasse BStBl. I 2017, 902 Abschn. 13b.27 S. 3.
[409] R E 13b.19 Abs. 1 S. 2 ErbStR 2011; koordinierte Ländererlasse BStBl. I 2017, 902 Abschn. 13b.27 S. 2; FG Rheinland-Pfalz DStRE 2019, 620 – Rev. II R 13/18; FG Münster DStRE 2018, 1501 – Rev. II R 8/18 zu § 13b Abs. 2 S. 3 ErbStG aF; aA *Wachter* DB 2018, 1632; Kapp/Ebeling/*Geck* ErbStG § 13b Rn. 171; Meincke/Hannes/*Holtz* ErbStG § 13b Rn. 96; Daragan/Halaczinsky/Riedel/*Riedel* ErbStG § 13b Rn. 286; von Oertzen/Loose/*Stalleiken* ErbStG § 13b Rn. 225; Viskorf/Schuck/Wälzholz/*Viskorf* ErbStG § 13b Rn. 284.
[410] So zutreffend *Scholten/Korezkij* DStR 2009, 147.
[411] So zutreffend *Wachter* DB 2018, 1632; ZEV 2018, 229.
[412] So FG Niedersachsen DStR 2019, 921.
[413] *Scholten/Korezkij* DStR 2009, 147.
[414] *Korezkij* DStR 2016, 2434; *Werthebach* DB 2018, 1690 (1696); LfSt Bayern ZEV 2017, 735.
[415] *Korezkij* DStR 2016, 2434.
[416] Gleichlautende Ländererlasse BStBl. I 2017, 902 Abschn. 13b.29 „Junges Verwaltungsvermögen im Verbund".
[417] Troll/Gebel/Jülicher/Gottschalk/*Jülicher* ErbStG § 13b Rn. 420; Olbing/Stenert FR 2017, 701; *Geck* ZEV 2017, 481; Viskorf/Schuck/Wälzholz/*Viskorf* ErbStG § 13b Rn. 284; *Weber/Schwind* ZEV 2018, 509.

wie dessen Zugehörigkeit zu der jeweiligen betrieblichen Einheit auf der Gesellschafterebene durch das Betriebsstättenfinanzamt festzustellen, die zeitliche Zugehörigkeit aber auf der Ebene des Verbunds.[418] Im Zuge der Vorbereitung einer Unternehmensnachfolge sollten angesichts der restriktiven Haltung der Finanzverwaltung bei mehrgliedrigen Strukturen eher keine Einlagen erfolgen und stattdessen niedrig verzinsliche Darlehen vergeben werden. Finanzmittel zählen nicht mehr zum jungen Verwaltungsvermögen.[419] Die Summe der gemeinen Werte des Verwaltungsvermögens und des jungen Verwaltungsvermögens sind vom örtlich zuständigen Finanzamt (§ 152 BewG) gesondert festzustellen, wobei der Wert des jungen Verwaltungsvermögens in den Wert des Verwaltungsvermögens einzubeziehen ist.[420]

Finanzmittel im Sinne des § 13b Abs. 4 Nr. 5 ErbStG sind, soweit es sich nicht um junges Verwaltungsvermögen handelt (→ Rn. 145), nicht per se Verwaltungsvermögen. Erst was nach Abzug des gemeinen Werts der Schulden an Finanzmitteln verbleibt und 15 % des anzusetzenden Werts des Betriebsvermögens übersteigt, ist als Verwaltungsvermögen zu berücksichtigen. Abzustellen ist auf den Bruttobestand der Finanzmittel; Schulden bleiben für die Ermittlung der Finanzmittel außer Betracht.[421] Hohe liquide Mittel, die als Finanzmittel einzuordnen sind, gilt es folglich zu vermeiden. Sofern der 15 %ige Sockelbetrag gem. § 13b Abs. 4 Nr. 5 ErbStG allerdings noch nicht erreicht ist, kann es sinnvoll sein, diesen durch die Veräußerung von Verwaltungsvermögen noch zu Lebzeiten entsprechend aufzustocken. Factoring, welches dazu führt, dass die Forderungen aus Lieferung und Leistung sofort der Tilgung von Verbindlichkeiten dienen, kann hier dazu dienen, den Effekt zu senken.[422] Eine Liquiditätseinlage bis zur Höhe des Schuldenstands ist – anders als früher – nicht mehr möglich, ohne zugleich junge, nicht begünstigte Finanzmittel zu generieren. Dies wäre anders, wenn der Begriff der Finanzmittel netto, also nach Abzug der Schulden zu verstehen wäre.[423] Nach § 13b Abs. 4 Nr. 5 S. 1 ErbStG können Zahlungsmittel, Geschäftsguthaben, Geldforderungen und andere Forderungen zu Verwaltungsvermögen führen. Hierzu zählen neben Geld, Sichteinlagen, Sparanlagen, Festgeldkonten, Kundenforderungen aus Lieferung und Leistung, Forderungen aus konzerninternen Darlehen, Wechseln, Schecks und anderen auf Order lautenden Anweisungen und Rektapapieren, Ansprüchen aus Rückdeckungsversicherungen auch Forderungen gegen Gesellschafter und Mitunternehmer[424] sowie Anzahlungen, Steuerforderungen[425] und – zumindest dem Wortlaut nach – auch Sachleistungsansprüche und aktive Rechnungsabgrenzungsposten,[426] sowie „sonstige auf Geld gerichtete Forderungen aller Art". Auch Forderungen im Sonderbetriebsvermögen eines Gesellschafters einer Personengesellschaft/Mitunternehmers, insbesondere Forderungen des Gesellschafters/Mitunternehmers gegen die Gesellschaft zählen zu den Finanzmitteln.[427] Eine Rückausnahme ist wiederum für Kredit- und Finanzdienstleistungsinstitute sowie Versicherungsunternehmen

146

vorgesehen, § 13b Abs. 4 Nr. 5 S. 3 ErbStG, sofern es dem Hauptzweck dieser Gesellschaften dient. Bei Mitunternehmerschaften können sich die Finanzmittel in der Mitunternehmerschaft[428] selbst oder im Sonderbetriebsvermögen des einzelnen Mitunternehmers befinden. Beträgt der Mitunternehmeranteil weniger als 100 %, sind die Finanzmittel der Mitunternehmerschaft nur anteilig maßgebend. Für die Berechnung der Finanzmittel sind diese zunächst jeweils getrennt voneinander im Mitunternehmerschaftsvermögen und im Sonderbetriebsvermögen zu ermitteln:

Finanzmittel im Mitunternehmerschaftsvermögen
× gemeiner Wert des Anteils des Gesellschafters
/ gemeiner Wert des Mitunternehmerschaftsvermögens

= anteiliger Wert der Finanzmittel im Mitunternehmerschaftsvermögen
+ Finanzmittel im Sonderbetriebsvermögen

= festgestellter Wert der Finanzmittel des Gesellschafters

147 Sodann sind die **jungen Finanzmittel** zu identifizieren und zu bewerten. Anders als bei den übrigen Verwaltungsvermögensgegenständen, bei denen es allein auf den Zeitpunkt der Anschaffung bzw. Umschichtung ankommt, ist für die jungen Finanzmittel im Sinne des § 13b Abs. 4 Nr. 5 S. 2 ErbStG der **Saldo** der in den letzten zwei Jahren eingelegten und entnommenen Finanzmittel maßgebend. Ist dieser positiv, existiert also ein Einlagenüberhang, liegen junge Finanzmittel vor. Bei Kapitalgesellschaften dürfte anstatt der Entnahmen auf die Ausschüttungen abzustellen sein.[429] Aufgrund der Definition der Finanzmittel als Bruttogröße dürften sich Veränderungen des Schuldenstands durch Entnahmen und Einlagen für die Ermittlung der jungen Finanzmittel keine Rolle spielen, sofern sie nicht zuerst in die Gesellschaft gezahlt werden.[430] Tilgt ein Gesellschafter eine Verbindlichkeit der Gesellschaft direkt gegenüber der Bank, fließen der Gesellschaft keine Finanzmittel zu. Ähnlich müsste der Fall zu behandeln sein, wenn ein Einzelunternehmer von einem außerbetrieblichen Konto ein Bankdarlehen ablöst. Reine Umschichtungen innerhalb der Finanzmittel sind grundsätzlich unschädlich, da sie sich nicht auf den Saldo auswirken.[431] Abzustellen ist ausschließlich auf die Einlagen und Entnahmen/Ausschüttungen von Finanzmitteln.[432] Einlagen und Entnahmen von sonstigem Verwaltungsvermögen im Sinne des § 13b Abs. 4 Nr. 1–4 ErbStG, aber auch Nutzungseinlagen sind unbeachtlich.[433] Die Veräußerung von sonstigem Verwaltungsvermögen kann schon deswegen nicht zu jungem Verwaltungsvermögen führen, da sie nicht aus einer Einlage resultiert. Auf diese Weise verliert junges, nicht zu den Finanzmitteln zählendes Verwaltungsvermögen seinen Status als „jung". So kann zB ein größeres Aktienpaket vor dem Übertragungszeitpunkt in das Betriebsvermögen eingelegt und anschließend veräußert werden, ohne dass dies zu jungem Verwaltungsvermögen führt. Denn im Zeitpunkt der Übertragung liegt kein Verwaltungsvermögen im Sinne des § 13b Abs. 4 Nr. 4 ErbStG mehr vor und im Bereich des § 13b Abs. 4 Nr. 5 ErbStG kann die Veräußerung zwar zu Verwaltungsvermögen führen, dieses ist jedoch mangels Einlage von Finanzmitteln (eingelegt wurden Wertpapiere) nicht jung. Eingelegte Finanzmittel, die zB in Sacheinlagen investiert werden, verlieren ihre Zugehörigkeit zu den jungen Finanzmitteln hierdurch nicht. Teilentgeltliche Geschäfte mit dem Gesell-

---

[428] Nicht jede Mitunternehmerschaft hat Gesamthandsvermögen, so zB die atypisch stille Gesellschaft, weshalb an dieser Stelle auf die Mitunternehmerschaft abgestellt wird.
[429] *Korezkij* DStR 2016, 2434.
[430] Ebenso *Korezkij* DStR 2016, 2434.
[431] *Korezkij* DStR 2013, 1764; *Weber/Schwind* ZEV 2013, 369; *Stalleiken* DB 2013, 1382.
[432] *Korezkij* DStR 2013, 1764; *Stalleiken* DB 2013, 1382; *Weber/Schwind* ZEV 2013, 369; *Eisele* NWB 2013, 2292; *Siegmund/Zipfel* NWB 2013, 2302.
[433] *Korezkij* DStR 2013, 1764.

schafter führen in Höhe des unentgeltlichen Teils zu jungen Finanzmitteln.[434] Wie schon bei der Ermittlung des jungen Verwaltungsvermögens (→ Rn. 145) stellt sich auch beim jungen Finanzvermögen die Frage, auf welcher Ebene eines mehrstufigen Verbunds die jungen Finanzmittel zu ermitteln sind. Auch hier könnte § 13b Abs. 10 S. 1 ErbStG eher für eine Ermittlung auf jeder einzelnen Ebene des Verbunds sprechen.[435] Dies führt jedoch beim „Durchreichen" von Finanzmitteln auf jeder Stufe des Verbunds zu einer Erhöhung (bei durchgereichter Einlage) oder Verringerung (bei durchgereichter Ausschüttung/Entnahme) von jungen Finanzmitteln, obwohl sich der Bestand an Finanzmitteln im gesamten Verbund nicht verändert hat.[436] Diese Verzerrung sollte durch eine Konsolidierung bereinigt werden können (→ Rn. 145).

148 Bei Mitunternehmerschaften können sich die jungen Finanzmittel wiederum in der Mitunternehmerschaft[437] selbst oder im Sonderbetriebsvermögen des einzelnen Mitunternehmers befinden. Beträgt der Mitunternehmeranteil weniger als 100%, sind die jungen Finanzmittel der Mitunternehmerschaft nur anteilig maßgebend. Für die Berechnung der jungen Finanzmittel sind diese jeweils getrennt voneinander im Mitunternehmerschaftsvermögen und im Sonderbetriebsvermögen zu ermitteln. Im Mitunternehmerschaftsvermögen sind die jungen Finanzmittel mitunternehmerschaftsbezogen, dh als Saldo aller Einlagen von Finanzmitteln in die Mitunternehmerschaft und aller Entnahmen daraus zu ermitteln und zwar von allen Gesellschaftern. Dieser Saldo ist sodann mitunternehmerbezogen, dh nach dem Wert des Anteils des Gesellschafters am Gesamthands-/Mitunternehmerschaftsvermögen zum gemeinen Wert des Gesamthands-/Mitunternehmerschaftsvermögens (§ 97 Abs. 1a Nr. 1 BewG) auf die Gesellschafter aufzuteilen.[438] Einlagen und Entnahmen aus dem Sonderbetriebsvermögen (SBV) eines Gesellschafters sind nur anzusetzen, soweit sie die übertragene Beteiligung betreffen:[439]

Eingelegte Finanzmittel aller Gesellschafter ./. entnommene Finanzmittel aller Gesellschafter
= junge Finanzmittel im Mitunternehmerschaftsvermögen × gemeiner Wert des Anteils des Gesellschafters / gemeiner Wert des Mitunternehmerschaftsvermögens
= anteilige junge Finanzmittel im Mitunternehmerschaftsvermögen + eingelegte Finanzmittel in das SBV der übertragenen Beteiligung ./. entnommene Finanzmittel aus dem SBV der übertragenen Beteiligung
= festgestellter Wert der jungen Finanzmittel des Gesellschafters

149 Soweit junge Finanzmittel vorliegen, zählen diese in voller Höhe zum Verwaltungsvermögen, § 13b Abs. 4 Nr. 5 ErbStG. Sie bleiben ferner bei der Ermittlung des unschädlichen Verwaltungsvermögens außer Betracht, § 13b Abs. 7 S. 2 ErbStG, und werden nicht mit Schulden saldiert, § 13b Abs. 8 S. 1 ErbStG. Schließlich bilden die jungen Finanzmittel zusammen mit dem jungen Verwaltungsvermögen den Mindest-Nettowert des Verwaltungsvermögens, § 13b Abs. 8 S. 3 ErbStG (→ Rn. 145).

150 Die nächste zu ermittelnde Summe ist der gemeine Wert der **Schulden,** der ebenfalls gemäß § 13b Abs. 10 S. 1 ErbStG gesondert festzustellen ist. Beim Begriff „Schulden" orientiert sich die Finanzverwaltung an § 103 BewG und damit letztlich am HGB. Er umfasst danach neben den Verbindlichkeiten auch sämtliche handelsrechtlich gebotenen

---

[434] *Korezkij* DStR 2013, 1764.
[435] So wohl gleichlautend Ländererlasse BStBl. I 2017, 902 Abschn. 13b.23 Abs. 1 S. 2.
[436] *Korezkij* DStR 2013, 1764; *Weber/Schwind* ZEV 2018, 509.
[437] Nicht jede Mitunternehmerschaft hat Gesamthandsvermögen, so zB die atypisch stille Gesellschaft, weshalb an dieser Stelle auf die Mitunternehmerschaft abgestellt wird.
[438] Koordinierte Ländererlasse BStBl. I 2017, 902 Abschn. 13b.23 Abs. 9 S. 5f.
[439] Koordinierte Ländererlasse BStBl. I 2017, 902 Abschn. 13b.23 Abs. 9 S. 7.

Rückstellungen und zwar unabhängig davon, ob sie steuerlich überhaupt passiviert werden dürfen.[440] Die Schulden können, sofern vorhanden, der Bilanz entnommen werden. Bei nicht bilanzierenden Gewerbetreibenden und Freiberuflern müssen die Schulden mit dem Betriebsvermögen überhaupt zusammenhängen.[441] Ein Zusammenhang mit Finanzmitteln ist nicht erforderlich. Irrelevant ist auch, ob Privatvermögen als Sicherheit für die Schulden dient. Sonstige Abzüge, wie zB passive Rechnungsabgrenzungsposten zählen nicht zu den Schulden, wohl aber Sachleistungsverpflichtungen, soweit sie bei nicht bilanzierenden Gewerbetreibenden und Freiberuflern abzugsfähig sind bzw. den Charakter von Verbindlichkeiten oder Rückstellungen haben.[442] Rücklagen zählen nicht zu den Schulden, § 103 Abs. 3 BewG. Für Darlehenskonten von Gesellschaftern ist die ertragsteuerliche Wertung als Fremdkapital maßgebend.[443] Korrespondierend zu den Finanzmitteln können sich bei Mitunternehmerschaften die Schulden in der Mitunternehmerschaft[444] selbst oder im Sonderbetriebsvermögen des einzelnen Mitunternehmers befinden. Beträgt der Mitunternehmeranteil weniger als 100 %, sind die Schulden der Mitunternehmerschaft nur anteilig maßgebend. Für die Berechnung der Schulden sind diese jeweils getrennt voneinander im Mitunternehmerschaftsvermögen und im Sonderbetriebsvermögen zu ermitteln:

Schulden im Mitunternehmerschaftsvermögen
× gemeiner Wert des Anteils des Gesellschafters
/ gemeiner Wert des Mitunternehmerschaftsvermögens

= anteiliger Wert der Schulden im Mitunternehmerschaftsvermögen
+ Schulden im Sonderbetriebsvermögen

= festgestellter Wert der Schulden des Gesellschafters

151 Innerhalb der so festgestellten Schulden sind wiederum die wirtschaftlich nicht belastenden Schulden und die Schulden, die den durchschnittlichen Schuldenstand der letzten drei Jahre übersteigen zu identifizieren. Denn diese können weder mit Finanzmitteln noch mit dem sonstigen Verwaltungsvermögen verrechnet werden, § 13b Abs. 8 S. 2 ErbStG. **Wirtschaftlich nicht belastende Schulden** sind nach Ansicht der Finanzverwaltung in erster Linie Darlehen, einer bilanziell überschuldeten Gesellschaft, die nur deshalb keine Insolvenz anmelden muss, weil der Gläubiger den Rangrücktritt erklärt hat, oder wenn die überschuldete Gesellschaft durch eine Unternehmensgruppe und die Forderung durch eine nahestehende Person erworben wird.[445] Warum nahestehende Personen und Unternehmen in einem Verbund schlechter gestellt werden sollen, ist nicht recht einsichtig. Die Finanzverwaltung geht offenbar davon aus, dass bei diesen Personen bzw. Gesellschaften eine „natürliche Hemmschwelle" die Geltendmachung verhindert. Richtigerweise sind hier die Grundsätze zugrunde zu legen, die die Rechtsprechung zu § 10 Abs. 5 Nr. 1 ErbStG für den Abzug als Nachlassverbindlichkeit entwickelt hat. Danach fehlt es an einer wirtschaftlichen Belastung, wenn bei objektiver Würdigung der Verhältnisse angenommen werden kann, dass der Gläubiger seine Forderung nicht geltend ma-

---

[440] R B 11.3 Abs. 3 S. 3 ErbStR 2011; R B 109.1 S. 3 ErbStR 2011; koordinierte Ländererlasse BStBl. I 2017, 902 Abschn. 13b.23 Abs. 4 S. 2; *Hannes* DStR 2013, 1417; *Korezkij* DStR 2013, 1764; *Weber/Schwind* ZEV 2013, 369; *Siegmund/Zipfel* NWB 2013, 2302.
[441] *Korezkij* DStR 2013, 1764; anders ist dies bei § 10 Abs. 6 ErbStG, wo die Schulden im wirtschaftlichen Zusammenhang mit den jeweiligen Wirtschaftsgütern stehen müssen (→ Rn. 56).
[442] Koordinierte Ländererlasse BStBl. I 2017, 902 Abschn. 13b.23 Abs. 4 S. 2, R B 103.2 Abs. 5 ErbStR 2011; FG Rheinland-Pfalz ZEV 2018, 224.
[443] Koordinierte Ländererlasse BStBl. I 2017, 902 Abschn. 13b.23 Abs. 4 S. 4. Zur einkommensteuerlichen Behandlung vgl. eingehend Schmidt/*Weber-Grellet* EStG § 5 Rn. 550 „Gesellschafterfremdfinanzierung; Eigenkapitalersatz; Restrukturierung".
[444] Nicht jede Mitunternehmerschaft hat Gesamthandsvermögen, so zB die atypisch stille Gesellschaft, weshalb an dieser Stelle auf die Mitunternehmerschaft abgestellt wird.
[445] Koordinierte Ländererlasse BStBl. I 2017, 902 Abschn. 13b.28 Abs. 2 S. 2.

chen wird.[446] Verjährte oder anderweitig einredebehaftete Verbindlichkeiten können nur dann als wirtschaftlich nicht belastend eingestuft werden, wenn feststeht, dass die Einrede nicht erhoben wird.[447] Verbindlichkeiten, deren Gläubiger unbekannt sind,[448] sind dagegen solange als wirtschaftlich belastend anzusehen, wie sie noch nicht verjährt sind. Bis dahin kann der Gläubiger immer noch auftauchen.[449] Besteht eine Schuld formal, ist sie aber einredebehaftet, kann sie dennoch wirtschaftlich belastend sein, wenn sich der Schuldner aus tatsächlichen oder sittlichen Gründen zur Leistung verpflichtet. Dies betrifft zB Verbindlichkeiten gegenüber wichtigen Geschäftspartnern.[450] Fühlt sich der Schuldner jedoch nur aus sittlichen Gründen verpflichtet, eine Schuld zu begleichen, die nicht existiert, ist eine wirtschaftliche Belastung nicht gegeben; es handelt sich um eine rein moralische Belastung ohne wirtschaftlichen Hintergrund.[451] Bei mehrstufigen Strukturen sind die wirtschaftlich nicht belastenden Schulden für jede Einheit des Verbunds gesondert zu ermitteln.[452] Bei Beteiligungen von <100% ist der anteilige Wert maßgebend.

152 Der **durchschnittliche Schuldenstand der letzten drei Jahre** darf ebenfalls das Verwaltungsvermögen nicht mindern. In § 13b Abs. 8 S. 2 ErbStG bestimmt nicht wie der durchschnittliche Schuldenstand zu ermitteln ist. Der Schuldenstand ist keine statische Größe, sondern unterliegt ständigen Veränderungen. Außer den klassischen Bankdarlehen gehören auch die Verbindlichkeiten aus Lieferungen und Leistungen zu den Schulden. Handelt es sich um Fremdwährungsverbindlichkeiten kommt noch das unterjährige Bewertungsproblem hinzu. Da zu den Bilanzstichtagen ohnehin eine Bewertung stattfindet, könnte man, wie die Finanzverwaltung es zulässt,[453] aus Vereinfachungsgründen auf die Schuldenstände der letzten drei Bilanzen vor dem Zeitpunkt der Entstehung der Steuer (§ 9 ErbStG, → Rn. 32 ff.) zurückgreifen und hieraus den Durchschnitt ermitteln. Dies kann aber, wie jede stichtagsbezogene Betrachtung zu Verzerrungen führen und ggf. zu gestalterischen Maßnahmen genutzt werden. Denn eine Erhöhung der Schulden jeweils zum Bilanzstichtag würde den durchschnittlichen Schuldenstand zu Gunsten des Steuerpflichtigen künstlich hochtreiben. Umkehrt wirkt eine Verringerung des Schuldenstands zum Bilanzstichtag zB aus Gründen der Bilanzkosmetik negativ.[454] Eine Korrektur aufgrund einer betrieblichen Veranlassung der Verringerung, wie sie bei der Erhöhung des Schuldenstands existiert, ist hier nicht vorgesehen. So verlockend der Rückgriff auf die letzten drei Bilanzen auch sein mag, ist er doch stets einzelfallbezogen zu hinterfragen. Berater sollten hierbei auch an die haftungsrechtlichen Konsequenzen denken.

153 Eine Begrenzung der Schulden erfolgt nicht, soweit die Erhöhung des Schuldenstands durch die Betriebstätigkeit veranlasst ist, § 13b Abs. 8 S. 2 letzter Hs. ErbStG. Bei Forderungen aus Lieferungen und Leistungen dürfte die betriebliche Veranlassung stets gegeben sein. Sie sind durch den laufenden Geschäftsbetrieb veranlasst.[455] Nicht betrieblich veranlasst ist dagegen die schuldenfinanzierte Anschaffung von Wirtschaftsgütern des nicht betriebsnotwendigen Vermögens.[456] Das eigentliche Problem für den Anwender besteht aber darin, eine in der Regel nicht homogene Saldogröße, die möglicherweise noch vereinfacht ermittelt wurde, in einen betrieblichen Zusammenhang zu bringen. Dies lässt sich

---

[446] BFH DStR 2016, 401; BFH/NV 1999, 1339 mwN; Troll/Gebel/Jülicher/Gottschalk/*Jülicher* ErbStG § 10 Rn. 129.
[447] *Olbing/Stenert* FR 2017, 701; Troll/Gebel/Jülicher/Gottschalk/*Jülicher* ErbStG § 10 Rn. 132; enger Kapp/Ebeling/*Geck* ErbStG § 13b Rn. 172, der darauf abstellt, ob dem Schuldner die Einrede im Zeitpunkt der Steuerentstehung bekannt war.
[448] *Olbing/Stenert* FR 2017, 701.
[449] AA BFH DStR 2016, 401, der darauf abstellt, ob mit einer Entdeckung durch den Gläubiger zu rechnen ist.
[450] *Olbing/Stenert* FR 2017, 701.
[451] BFH BFH/NV 2009, 1655.
[452] Koordinierte Ländererlasse BStBl. I 2017, 902 Abschn. 13b.29 Abs. 2 S. 4.
[453] Koordinierte Ländererlasse BStBl. I 2017, 902 Abschn. 13b.28 Abs. 2 S. 4.
[454] Vgl. *Korezkij* DStR 2016, 2434.
[455] Koordinierte Ländererlasse BStBl. I 2017, 902 Abschn. 13b.28 Abs. 2 S. 7.
[456] Koordinierte Ländererlasse BStBl. I 2017, 902 Abschn. 13b.28 Abs. 2 S. 8.

grundsätzlich nur dadurch erreichen, dass man die Saldogröße wieder zerlegt und die einzelnen Schulden auf ihren betrieblichen Zusammenhang analysiert. Bei mehrstufigen Strukturen sind der durchschnittliche Schuldenstand sowie seine Begrenzung nach Ansicht der Finanzverwaltung für jede Einheit des Verbunds gesondert zu ermitteln.[457] Bei Beteiligungen von <100% ist der anteilige Wert maßgebend. Diese Sichtweise entspricht nicht dem Gesetz, da § 13b Abs. 8 S. 2 ErbStG gemäß § 13b Abs. 9 S. 4 ErbStG auf die Werte in der Verbundvermögensaufstellung abstellt.[458] Demzufolge hat die Begrenzung der Schuldenverrechnung verbundübergreifend und eben nicht gesellschaftsbezogen zu erfolgen. Ziel der Verbundvermögensaufstellung ist es Verzerrungen aufgrund der Konzernstruktur zu bereinigen. Eine Schuldenbegrenzung auf Ebene einer jeden Gesellschaft würde genau das Gegenteil bewirken

154 Teile des begünstigungsfähigen Vermögens, die ausschließlich und dauerhaft der Erfüllung von Schulden aus Altersversorgungsverpflichtungen dienen und dem Zugriff aller übrigen nicht aus den Altersversorgungsverpflichtungen unmittelbar berechtigten Gläubiger entzogen sind, gehören bis zur Höhe des gemeinen Werts der Schulden aus Altersversorgungsverpflichtungen nicht zum Verwaltungsvermögen im Sinne des § 13b Abs. 4 Nr. 1–5 ErbStG (§ 13b Abs. 3 S. 1 ErbStG). Der Begriff der **Altersversorgungsverpflichtungen** umfasst betriebliche Versorgungsleistungen, die der Arbeitgeber seinen Arbeitnehmern aus Anlass eines Arbeitsverhältnisses bei Alter, Invalidität und/oder Tod im Sinne des § 1 Abs. 1 BetrAVG oder in anderer Weise zusagt.[459] Er umfasst damit auch sämtliche langfristigen Verpflichtungen mit Versorgungscharakter, wie zB Altersteilzeitverpflichtungen oder solche aus Lebensarbeitszeit- bzw. Wertkontenmodellen, Verpflichtungen zur Gewährung von Übergangs-, Sterbe-, Überbrückungs- und Vorruhestandsgeldern, aber auch Verpflichtungen aus Jubiläumsleistungen und Beihilfen.[460] Die Finanzverwaltung beschränkt den Anwendungsbereich auf Arbeitnehmer und schließt damit Altersversorgungsverpflichtungen, die anlässlich eines Dienstverhältnisses gegenüber Organmitgliedern, insbesondere Geschäftsführern – auch Fremdgeschäftsführern – oder gegenüber einem Gesellschafter einer Personengesellschaft zugesagt worden sind, aus. Da die Regelung nach der Gesetzesbegründung allerdings an § 246 Abs. 2 S. 2 HGB angelehnt sein sollte, ist diese Auslegung zu eng. Richtigerweise sollte der Anwendungsbereich zumindest auf Personen iSd § 17 Abs. 1 S. 2 BetrAVG erweitert werden. Damit würden zumindest Altersversorgungsverpflichtungen für Fremdgeschäftsführer und ähnliche, „fremde" Organmitglieder sowie Minderheits-Gesellschaftergeschäftsführer erfasst werden. Vom Wortlaut des § 13b Abs. 3 ErbStG kann der Anwendungsbereich aber auch durchaus noch weiter gefasst werden.[461] Nachdem die Altersversorgungsverpflichtungen identifiziert wurden, sind diese mit dem gemeinen Wert nach § 9 BewG zu bewerten.[462] Es kann daher auf die handelsrechtliche Bewertung zurückgegriffen werden.[463] Im Rahmen der Bewertung kann der Abinsungszinssatz als Stellschraube zur Anpassung genutzt werden. Die Beschränkungen des § 6a EStG finden keine Anwendung.[464]

155 Zum **Deckungsvermögen für betriebliche Altersversorgungsverpflichtungen** zählen alle Vermögensgegenstände, die dem Zugriff aller Gläubiger dauerhaft entzogen sind (Vollstreckungs- bzw. Insolvenzsicherheit) und ausschließlich der Erfüllung von Altersversorgungsverpflichtungen oder vergleichbaren langfristig fälligen Verpflichtungen ge-

---

[457] Koordinierte Ländererlasse BStBl. I 2017, 902 Abschn. 13b.29 Abs. 2 S. 4.
[458] *Korezkij* DStR 2017, 1729.
[459] Koordinierte Ländererlasse BStBl. I 2017, 902 Abschn. 13b.11 Abs. 1.
[460] BeckBilKo/*Schmidt*/*Ries* HGB § 246 Rn. 121; IDW RS HFA 30, Tz. 8.
[461] *Erkis* DStR 2016, 1441; *Wachter* FR 2016, 690; *Korezkij* DStR 2016, 2434; *Olbing*/*Stenert* FR 2017, 701.
[462] Koordinierte Ländererlasse BStBl. I 2017, 902 Abschn. 13b.11 Abs. 3.
[463] *Geck* ZEV 2016, 546; *Olbing*/*Stenert* FR 2017, 701.
[464] *Geck* ZEV 2016, 546; *Olbing*/*Stenert* FR 2017, 701; aA *Kaminski* Stbg 2016, 441; *Kotzenberg*/*Jülicher* GmbHR 2016, 1135.

I. Erbschaftsteuer § 27

genüber dem berechtigten Personenkreis dienen (sog. Zweckexklusivität; vgl. § 246 Abs. 2 S. 2 HGB). Dieses Vermögen gilt es zunächst zu identifizieren. Als Deckungsvermögen kommen zB Bankhaben, Wertpapiere, Rückdeckungsversicherungsansprüche, Grundstücke und Gebäude in Betracht. Sie müssen im Verhältnis zu Dritten unbelastet sein und jederzeit zur Verwertung zwecks Erfüllung der Altersversorgungsverpflichtungen zur Verfügung stehen.[465] Bei betriebsnotwendigem Vermögen ist die jederzeitige Verwertung in der Regel nicht möglich, so dass es grundsätzlich kein Deckungsvermögen sein kann.[466] Die Zweckexklusivität wird üblicherweise durch eine unbefristete und nicht unter einer aufschiebenden Bedingung stehende Verpfändung an den begünstigten Personenkreis oder Übertragung auf einen Treuhänder im Rahmen einer doppelseitigen Treuhand (sog. Contractual Trust Arrangement – CTA – Strukturen) erreicht. Die Insolvenzsicherheit ist gegeben, wenn die Voraussetzungen des § 7e Abs. 2 SGB IV erfüllt sind, also die Übertragung der Vermögensgegenstände unter Ausschluss der Rückführung auf einen Dritten oder ein gleichwertiges Sicherungsmittel, insbesondere ein Versicherungsmodell oder ein schuldrechtliches Verpfändungs- oder Bürgschaftsmodell mit ausreichender Sicherung gegen Kündigung.[467] Entscheidend ist ein nachhaltiger Insolvenzschutz bei dem die Versorgungs- bzw. Anspruchsberechtigten im Sicherungsfall an den Vermögensgegenständen ein Aussonderungs- (§ 47 InsO) oder Absonderungsrecht (§ 49 InsO) zusteht.[468] Eine Rückdeckungsversicherung für die Altersversorgungsverpflichtungen für sich allein genügt folglich nicht;[469] es bedarf zusätzlich der Verpfändung im og Sinne zugunsten der Berechtigten.

Das Deckungsvermögen kann sowohl aus den Vermögensgegenständen des Verwaltungsvermögens iSd § 13b Abs. 4 Nr. 1–5 ErbStG als auch aus denjenigen bestehen, die nicht unter den Verwaltungsvermögenskatalog fallen. Da § 13b Abs. 3 S. 1 ErbStG nur auf das Verwaltungsvermögen abstellt, sind im nächsten Schritt aus dem zuvor identifizierten Deckungsvermögen für die betrieblichen Altersversorgungsverpflichtungen die nicht zum Verwaltungsvermögen gehörenden Vermögensgegenstände des Deckungsvermögens herauszurechnen. Die Finanzverwaltung will zusätzlich auch junge Finanzmittel iSd § 13b Abs. 4 Nr. 5 S. 2 ErbStG nicht als Deckungsvermögen iSd § 13b Abs. 3 ErbStG zulassen. Diese könnten als reine Stromgröße aus Einlagen abzüglich Entnahmen nicht zur Absicherung der Altersversorgungsverpflichtungen dienen.[470] Dem Gesetzeswortlaut ist diese Einschränkung jedoch nicht zu entnehmen. Hinsichtlich der – übrigen – Finanzmittel iSd § 13b Abs. 4 Nr. 5 S. 1 ErbStG stellt die Finanzverwaltung erfreulicherweise klar, dass die Finanzmittel vor Verrechnung der Schulden und vor Abzug des 15 %igen Sockelbetrages maßgebend sind.[471] Die so ermittelten Vermögensgegenstände des Verwaltungsvermögens im Deckungsvermögen einschließlich derjenigen des jungen Verwaltungsvermögens[472] sind nun mit den Schulden aus Altersversorgungsverpflichtungen bis zu deren Höhe zu verrechnen, § 13b Abs. 3 S. 1 ErbStG. Bei einer Überdotierung, wenn also das zum Verwaltungsvermögen gehörende Deckungsvermögen größer als die Schulden aus Altersversorgungsverpflichtungen ist, zählt der überschießende Betrag zum Verwaltungsvermögen.[473] Da das zum Verwaltungsvermögen gehörende Deckungsvermögen durch die Schulden nicht verbraucht wird, stellt sich die Frage, welche Verwaltungsvermögensbestandteile in welcher Reichenfolge aus dem Verwaltungsvermögen ausscheiden. Die Fi-

156

---

[465] BeckBilKo/*Ries/Schmidt* HGB § 246 Rn. 122.
[466] IDW RS HFA 30, Tz. 27 f.; BeckBilKo/*Ries/Schmidt* HGB § 246 Rn. 122.
[467] IDW RS HFA 30 Tz. 26.
[468] IDW RS HFA 30 Tz. 23 f.
[469] Koordinierte Ländererlasse BStBl. I 2017, 902 Abschn. 13b.11 Abs. 2 S. 7.
[470] Koordinierte Ländererlasse BStBl. I 2017, 902 Abschn. 13b.11 Abs. 2 S. 3; Abschn. 13b.30 Abs. 3 S. 3; Abschn. H 13b.30; aA *Wachter* GmbHR 2017, 841; *Korezkij* DStR 2017, 1729 mwN in Fn. 38.
[471] Koordinierte Ländererlasse BStBl. I 2017, 902 Abschn. 13b.11 Abs. 2 S. 2 letzter Hs.
[472] Koordinierte Ländererlasse BStBl. I 2017, 902 Abschn. 13b.11 Abs. 2 S. 2; *Geck* ZEV 2016, 546; *Korezkij* DStR 2016, 2434; *Olbing/Stenert* FR 2017, 701.
[473] Koordinierte Ländererlasse BStBl. I 2017, 902 Abschn. 13b.11 Abs. 4 S. 2.

nanzverwaltung nimmt eine für den Steuerpflichtigen günstige Verrechnungsreihenfolge an, in dem sie die Schulden erst mit jungem Verwaltungsvermögen iSd § 13b Abs. 7 S. 2 ErbStG, dann mit dem sonstigen Verwaltungsvermögen iSd § 13b Abs. 4 Nr. 1–4 ErbStG und zum Schluss mit den Finanzmitteln iSd § 13b Abs. 4 Nr. 5 S. 1 ErbStG verrechnet.[474] Hierfür ist es wiederum erforderlich, dass das junge und das sonstige Verwaltungsvermögen sowie die Finanzmittel, die zum Deckungsvermögen zählen, ermittelt und festgehalten werden. Bei einer Unterdotierung, bei der das zum Verwaltungsvermögen gehörende Deckungsvermögen kleiner als die Schulden aus Altersversorgungsverpflichtungen ist, sind die nach erfolgter Verrechnung verbleibenden Schulden aus Altersversorgungsverpflichtungen im Rahmen des Finanzmitteltests nach § 13b Abs. 4 Nr. 5 ErbStG oder der Schuldenverrechnung gemäß § 13b Abs. 6 ErbStG zu berücksichtigen.[475] Die mit Deckungsvermögen verrechneten Schulden sind insoweit „verbraucht", § 13b Abs. 3 S. 2 ErbStG. Bei mehrstufigen Strukturen sind das Verwaltungsvermögen und die Schulden im Zusammenhang mit Altersversorgungsverpflichtungen auf jeder Beteiligungsstufe zu ermitteln und zu verrechnen.[476]

157 Bei Erwerben von Todes wegen können Vermögensgegenstände, die an sich als Verwaltungsvermögen iSd § 13b Abs. 4 Nr. 1–5 ErbStG zu klassifizierendes sind, rückwirkend diese Eigenschaft wieder verlieren, wenn sie vom Erwerber innerhalb von zwei Jahren ab dem Zeitpunkt der Entstehung der Steuer (§ 9 ErbStG) innerhalb der vom Erblasser erworbenen begünstigten Vermögensart in andere Vermögensgegenstände investiert werden, die unmittelbar einer gewerblichen, freiberuflichen oder land- und forstwirtschaftlichen Tätigkeit dienen und dort kein Verwaltungsvermögen darstellen, § 13b Abs. 5 S. 1 ErbStG. Diese **Investitionsklausel** kann dazu genutzt werden, um die 90%-Grenze des § 13b Abs. 2 S. 2 ErbStG zu unterschreiten und so überhaupt nur in den Genuss der Betriebsvermögensvergünstigung zu kommen.[477] Dies gilt für sonstiges Verwaltungsvermögen und Finanzmittel gleichermaßen. Nur für Finanzmittel gibt es eine zusätzliche, wiederum nur auf Erwerbe von Todes wegen anzuwendende Vergünstigung. Werden diese innerhalb von zwei Jahren ab Entstehung der Steuer (§ 9 ErbStG) dazu verwendet, um bei aufgrund wiederkehrender saisonaler Schwankungen fehlenden Einnahmen die Löhne und Gehälter zu zahlen, entfällt deren Zugehörigkeit zum Verwaltungsvermögen rückwirkend, § 13b Abs. 5 S. 3 ErbStG. Beide Investitionsbegünstigungen setzen zudem einen vorgefassten Plan des Erblassers voraus, § 13b Abs. 5 S. 2 bzw. S. 4 ErbStG. Das Vorliegen dieser Voraussetzungen, die kumulativ erfüllt sein müssen, ist vom Erwerber nachzuweisen, § 13b Abs. 5 S. 5 ErbStG. Aufgrund der Differenzierung der beiden Investitionsvergünstigungen sind das zu reinvestierende sonstiges Verwaltungsvermögen und die zu reinvestierenden Finanzmittel jeweils gesondert zu ermitteln. Bei Finanzmitteln bezieht sich die Reinvestitionsklausel auf den Bruttobetrag, also auf den Betrag vor Abzug der Schulden und des 15%igen Freibetrages.[478]

158 Erste Voraussetzung für beide Investitionsbegünstigungen ist der Erwerb von Todes wegen. Auf Erwerbe durch Schenkungen unter Lebenden und auf die Ersatzerbschaftsteuer nach § 1 Abs. 1 Nr. 4 ErbStG bei Familienstiftungen sind die Investitionsbegünstigungen nicht anwendbar.[479] Die Finanzverwaltung lehnt die Anwendung der Investitionsklauseln aufgrund des Stichtagsprinzips auch in Härtefällen ab, da Schenkungen und deren

---

[474] Koordinierte Ländererlasse BStBl. I 2017, 902 Abschn. 13b.11 Abs. 4 S. 1; *Korezkij* DStR 2016, 2434; *ders.* DStR 2017, 1729.
[475] Koordinierte Ländererlasse BStBl. I 2017, 902 Abschn. 13b.11 Abs. 4 S. 3.
[476] Koordinierte Ländererlasse BStBl. I 2017, 902 Abschn. 13b.29 Abs. 4 S. 1; *Korezkij* DStR 2016, 2434.
[477] Von Oertzen/Loose/*Stalleiken* ErbStG § 13b Rn. 81 f.; Kapp/Ebeling/*Geck* ErbStG § 13b Rn. 74.2; *Brabender*/Winter ZEV 2017, 81.
[478] *Stalleiken*/*Korezkij* DStR 2018, 1597; aA Kapp/Ebeling/*Geck* ErbStG § 13b Rn. 161; Meincke/Hannes/Holtz/*Hannes*/Holtz § 13b Rn. 39.
[479] Koordinierte Ländererlasse BStBl. I 2017, 902 Abschn. 13b.24 Abs. 6 S. 2 u. 3; *Korezkij* DStR 2016, 2434; *Wachter* FR 2016, 690.

I. Erbschaftsteuer § 27

Vollzug planbar seien.[480] Dies ist nur bedingt richtig. Schenkungen an Minderjährige werden zB erst mit der Genehmigung durch das Familiengericht wirksam, welche für den Schenker nicht planbar ist und auch nicht zurück wirkt.[481] Auf von Todes wegen zu errichtende Stiftungen und Zweckzuwendungen findet § 13b Abs. 5 ErbStG hingegen Anwendung.

Für die Investitionsklausel nach § 13b Abs. 5 S. 1 und 2 ErbStG muss die Investition **innerhalb des vom Erblasser erworbenen begünstigungsfähigen Vermögens** erfolgen, das kein Verwaltungsvermögen ist. Damit dürfte nur das anlässlich des Erwerbs von Todes wegen übergegangene Vermögen gemeint sein. Die Investition in aufgrund von etwaigen Vorschenkungen übergegangenes begünstigungsfähiges Vermögen wäre danach eher nicht begünstigt.[482] Allerdings sollte eine Begünstigung trotzdem in Betracht kommen, wenn das von Todes wegen übergegangene und das zuvor übertragene Vermögen ein und derselben begünstigten Vermögenseinheit zugehören. Wird zB ein Betrieb oder Mitunternehmeranteil sukzessive übergeben, entspricht es dem Sinn und Zweck des § 13b Abs. 5 ErbStG die Investition in diesen Betrieb bzw. diese Mitunternehmerschaft insgesamt als begünstigt zu behandeln und diese nicht etwa prozentual oder sachbezogen aufzuteilen. Sind anlässlich des Erwerbs von Todes wegen mehrere begünstigungsfähige Einheiten übergegangen oder handelt es sich bei dem begünstigungsfähigen Vermögen um einen Verbund, so ist die Investition von Verwaltungsvermögen der einen Einheit in Vermögensgegenstände einer der anderen im Zuge dieses Erwerbs übergegangenen Einheiten vom Sinn und Zweck der Investitionsklauseln mit umfasst.[483] 159

Die Investition darf **nicht in Verwaltungsvermögen** erfolgen, was im Zeitpunkt der Investition zu prüfen ist.[484] Bei der Investition in den Anteil an einer Kapitalgesellschaft ist daher wegen § 13b Abs. 4 Nr. 3 ErbStG darauf zu achten, dass dieser mehr als 25 % beträgt. Bei einer Investition in einen Betrieb oder einen Anteil an einer Mitunternehmerschaft stellt sich dieses Problem hingegen nicht. Das Investitionsgut selbst muss keinen Verwaltungsvermögenstest durchlaufen.[485] Ein Verweis auf die Restriktionen der § 13b Abs. 1 und Abs. 2 ErbStG fehlt in § 13b Abs. 5 S. 1 ErbStG. Die Investition von Verwaltungsvermögen in das Deckungsvermögen für die betrieblichen Altersversorgungsverpflichtungen zählt nach § 13b Abs. 3 S. 1 ErbStG nicht zum Verwaltungsvermögen und ist daher solange hierdurch keine Überdotierung entsteht ein zulässiges Investitionsgut.[486] Entsprechendes muss gelten, wenn das Verwaltungsvermögen nicht investiert, sondern zB durch Verpfändung in Deckungsvermögen umgewandelt wird. Die Begleichung betrieblicher Schulden mit Verwaltungsvermögen ist sicherlich eine sinnvolle und vom Sinn und Zweck des Gesetzes durchaus getragene Maßnahme, ob dies die Finanzverwaltung aber als zulässige Investition iSd § 13b Abs. 5 S. 1 ErbStG ansehen wird, ist fraglich.[487] Eine Umschichtung des zu investierenden Verwaltungsvermögens innerhalb des zwei Jahres Zeitraums dürfte unschädlich sein. 160

Neben der Regelung in § 13b Abs. 5 S. 1 ErbStG, wonach das Investitionsgut kein Verwaltungsvermögen sein darf, nimmt § 13b Abs. 5 S. 2 ErbStG noch einmal auf das Verwaltungsvermögen Bezug und bestimmt, dass **keine anderweitige Ersatzbeschaffung von Verwaltungsvermögen** erfolgen darf. Während zT diese doppelte Bezugnahme auf das Verwaltungsvermögen als überflüssig angesehen wird,[488] sehen andere in dieser zweiten Bezugnahme eine Regelung zur Verhinderung einer Ersatzbeschaffung des inves- 161

---

[480] Koordinierte Ländererlasse BStBl. I 2017, 902 Abschn. 13b.24 Abs. 6 S. 1.
[481] *Wachter* FR 2016, 690.
[482] *Olbing/Stenert* FR 2017, 701.
[483] *Olbing/Stenert* FR 2017, 701; *Stalleiken/Korezkij* DStR 2018, 1597.
[484] *Korezkij* DStR 2017, 745.
[485] *Korezkij* DStR 2017, 745; aA *Bäuml* NWB 2016, 3516.
[486] *Korezkij* DStR 2017, 745.
[487] *Korezkij* DStR 2017, 1729, der darauf hinweist, dass die koordinierten Ländererlasse BStBl. I 2017, 902 in Abschn. 13b.24 Abs. 2 S. 1 Nr. 3 nur von „Gegenständen" sprechen.
[488] *Korezkij* DStR 2017, 745.

tierten Verwaltungsvermögens.[489] Denn würde der Erwerber im ersten Schritt Verwaltungsvermögen in zulässiger Weise investieren, dieses oder ähnliches Verwaltungsvermögen aber durch den Einsatz von begünstigtem Vermögen wieder anschaffen, hätte sich an der Vermögenszusammensetzung vor und nach der Investition grundsätzlich nichts geändert. Es wäre mit dem eingesetzten Verwaltungsvermögen kein zusätzliches betriebliches Vermögen geschaffen worden, sondern es hätte nur einen Ringtausch gegeben. Da § 13b Abs. 5 S. 2 ErbStG keine zeitliche Limitierung enthält stellt sich als Folgefrage, wie lange eine derartige Ersatzbeschaffung des Verwaltungsvermögens ausgeschlossen sein soll.[490] Darüber hinaus sieht § 13b Abs. 5 S. 2 ErbStG für die Ersatzbeschaffung von Verwaltungsvermögen keine betragsmäßige Begrenzung vor, so dass hier schon die Ersatzbeschaffung im Wert von 1,00 EUR die Anwendung der Investitionsklausel insgesamt ausschließen könnte. Da dies nicht sachgerecht erscheint, wird im Wege der systematischen Auslegung das Wort „soweit" in § 13b Abs. 5 S. 2 ErbStG ergänzt, so dass nur in Höhe der Ersatzbeschaffung von Verwaltungsvermögen die Investitionsklausel nicht anwendbar ist.[491] Eine ähnliche Problematik stellt sich in § 13b Abs. 5 S. 1 ErbStG, wenn das zu investierende Verwaltungsvermögen veräußert wird und nicht der gesamte Erlös investiert wird. Denn wird zB ein vermietetes Grundstück (Verwaltungsvermögen nach § 13b Abs. 4 Nr. 1 ErbStG) veräußert und der erzielte Erlös nur zur Hälfte in eine neue Produktionsanlage investiert, wäre nicht dieser Verwaltungsvermögensgegenstand, sondern nur ein Teil davon investiert worden. Auch hier ist es erforderlich, das Wort „soweit" im Wege der systematischen Auslegung zu ergänzen.[492] Der nicht investierte Teil bleibt (ggf. zunächst) Verwaltungsvermögen. Insoweit liegt eine unschädliche Umschichtung von Verwaltungsvermögen vor, das bei Vorliegen der übrigen Voraussetzungen noch begünstigt investiert werden kann. Unschädlich ist auch der umgekehrte Fall, bei dem der Veräußerungserlös des Verwaltungsvermögens für die Investition nicht ausreicht und daher zusätzlich Privatvermögen eingesetzt wird.[493] Das zur Finanzierung eingesetzte Verwaltungsvermögen wird rückwirkend zum Besteuerungszeitpunkt nicht mehr als solches behandelt.[494] Das eingesetzte Privatvermögen wird allerdings nicht rückwirkend zum Besteuerungszeitpunkt als vom Erblasser erworbenes begünstigtes Vermögen behandelt.[495]

162 Nächste Voraussetzung der Investitionsklausel nach § 13b Abs. 5 S. 1 und 2 ErbStG ist, dass die angeschafften Vermögensgegenstände einer **originär betrieblichen Tätigkeit dienen** müssen. Investitionen in eine gewerblich geprägte Personengesellschaft iSd § 15 Abs. 3 Nr. 2 EStG scheiden mithin aus.[496] Hinsichtlich des „Dienens" stellt sich die Frage nach der Intensität. Im Hinblick darauf, dass letztlich der Unternehmer zu entscheiden hat, was seinem Unternehmen dient, sollte es ausreichend sein, wenn das Investitionsgut zumindest eine gewisse unterstützende Funktion hinsichtlich der begünstigten Tätigkeiten entfaltet. Anders ausgedrückt sollte das Dienen einer begünstigten Tätigkeit nur dann nicht angenommen werden, wenn der Bezug zu einer begünstigten Tätigkeit selbst bei wohlwollender Betrachtung nicht hergestellt werden kann.[497] Ferner stellt sich die Frage, wie lange das Reinvestitionsgut den Bezug zur begünstigten Tätigkeit aufweisen muss. Richtigerweise muss mit dem angeschafften Investitionsgut entsprechend seinem Zweck verfahren werden dürfen. Wird das Verwaltungsvermögen zB in Umlaufvermögen investiert, muss dieses entsprechend dem geordneten Geschäftsgang verarbeitet und/oder wei-

---

[489] *Kowanda* DStR 2017, 469; *Olbing/Stenert* FR 2017, 701.
[490] *Olbing/Stenert* FR 2017, 701 stellen hier auf die Zwei-Jahres-Frist des § 13b Abs. 5 S. 1 ErbStG ab und sehen Ersatzbeschaffungen von Verwaltungsvermögen innerhalb der ersten zwei Jahre ab dem Besteuerungszeitpunkt als schädlich an.
[491] *Kowanda* DStR 2017, 469; *Olbing/Stenert* FR 2017, 701.
[492] *Kowanda* DStR 2017, 469; *Olbing/Stenert* FR 2017, 701.
[493] Koordinierte Ländererlasse BStBl. I 2017, 902 Abschn. 13b.24 Abs. 3 S. 4.
[494] Koordinierte Ländererlasse BStBl. I 2017, 902 Abschn. 13b.24 Abs. 3 S. 5.
[495] Koordinierte Ländererlasse BStBl. I 2017, 902 Abschn. 13b.24 Abs. 3 S. 6.
[496] *Wachter* FR 2016, 690; *Olbing/Stenert* FR 2017, 701.
[497] *Korezkij* DStR 2017, 745.

terveräußert werden können.⁴⁹⁸ Erweist sich eine Investition als Fehlentscheidung, muss der Steuerpflichtige bzw. die Geschäftsführung auch entsprechend reagieren können. Konsequenterweise kann es eine Behaltefrist für das Investitionsgut nicht geben.

Vorletzte Voraussetzung ist, dass die Investition auf Grund eines im Zeitpunkt der Entstehung der Steuer (§ 9 ErbStG) vorgefassten **Plans des Erblassers** erfolgt, § 13b Abs. 5 S. 2 ErbStG. Wohl dem der stets planvoll handelt. Pech für den der aus dem Bauch heraus agiert und planlos stirbt. Der Tod kommt häufig überraschend und ungeplant. Die Anforderungen an den Plan des Erblassers sollten daher mit Augenmaß und nicht zu hoch gehängt werden, um der Mentalität des Unternehmers und den Umständen seines Todes angemessen Rechnung zu tragen.⁴⁹⁹ Die Finanzverwaltung verlangt, dass der Plan des Erblassers so konkret ist, dass dieser und die entsprechend vom Erwerber getätigte Investition nachvollzogen werden können. Er muss die zu erwerbenden oder herzustellenden Gegenstände beinhalten, dem Erwerber jedoch keine Vorgaben machen, welche Gegenstände des Verwaltungsvermögens er hierfür einzusetzen hat.⁵⁰⁰ Eine bestimmte Form des Plans ist danach offenbar nicht erforderlich. Ein mündlich geäußerter Plan,⁵⁰¹ ein konkludenter Wille⁵⁰² oder gewisse Vorbereitungshandlungen⁵⁰³ müssten danach ausreichend sein, sofern der entsprechende Nachweis erbracht werden kann. Ebenfalls nicht erforderlich ist, dass der Erblasser einen bestimmten Zeithorizont für die geplante Investition vorgegeben hat.⁵⁰⁴ Auch hinsichtlich des Investitionsobjekts sind die Erlasse der Finanzverwaltung offen gestaltet. Zwar müssen die zu erwerbenden oder herzustellenden Gegenstände genannt sein. Der Vollzug des Investitionsplans ist jedoch Sache des Erwerbers,⁵⁰⁵ so dass dieser entscheidet, welche Investition er in welchem Umfang tätigt. Seitens des Erblassers ist daher nur zu umreißen, was zukünftig angeschafft, ausgetauscht oder in sonstiger Weise investiert wird. Um Schwierigkeiten aus dem Weg zu gehen, sollte jedem Unternehmen dazu geraten werden, eine Investitionsplanung vorrätig zu haben, die etwaige Investitionsobjekte zumindest nach Art und Güte hinreichend bestimmt und diese rollierend zu überarbeiten.⁵⁰⁶ Der Plan sollte auch Investitionsalternativen beinhalten, damit der Erwerber entsprechend flexibel agieren kann. Das Erfordernis des Plans des Erblassers ist erkennbar auf Einzelunternehmer zugeschnitten und bedarf bei Personen- und Kapitalgesellschaften einer erweiternden Auslegung um rechtsformneutral zu wirken.⁵⁰⁷ Denn hier treffen häufig die Gesellschafter oder Geschäftsführer die Investitionsentscheidungen. Die Finanzverwaltung lässt es daher in Fällen, in denen der Erblasser (zB als Minderheitsgesellschafter) keinen Einfluss auf die Geschäftsleitung hatte, genügen, dass diese zum Zeitpunkt des Todes des Erblassers einen konkreten Investitionsplan gefasst hatte.⁵⁰⁸ Dies sollte nicht auf die Fälle des mangelnden Einflusses beschränkt bleiben. Denn die Entscheidungsbefugnis für viele Investitionsentscheidungen fällt in den Kompetenzbereich der Geschäftsführung. Planungen der Geschäftsführung oder in Gesellschafterbeschlüssen manifestierte Investitionsentscheidungen und deren Umsetzung durch die Geschäftsleitung sollten daher bei Personen- und Kapitalgesellschaften grundsätzlich dem Erblasser zugerechnet werden. Gegebenenfalls kann es sich empfehlen, dass die Gesellschafter der Geschäftsführung entsprechende Vorgaben und Weisungen per Gesellschafterbeschluss aufgeben.

---

⁴⁹⁸ *Wachter* FR 2016, 690; *Korezkij* DStR 2017, 745; *Korezkij* DStR 2016, 2434.
⁴⁹⁹ Ebenso *Korezkij* DStR 2017, 745; *Wachter* FR 2016, 690; *Geck* ZEV 2016, 546.
⁵⁰⁰ Koordinierte Ländererlasse BStBl. I 2017, 902 Abschn. 13b.24 Abs. 3 S. 1–3.
⁵⁰¹ *Wachter* FR 2016, 690; *Geck* ZEV 2016, 546.
⁵⁰² *Wachter* FR 2016, 690.
⁵⁰³ *Geck* ZEV 2016, 546.
⁵⁰⁴ AA *Kotzenberg/Jülicher* GmbHR 2016, 1135.
⁵⁰⁵ Vgl. Gesetzesbegründung BT-Drs. 18/8911, 42.
⁵⁰⁶ *Bäuml* NWB 2016, 3516.
⁵⁰⁷ *Wachter* FR 2016, 690.
⁵⁰⁸ Koordinierte Ländererlasse BStBl. I 2017, 902 Abschn. 13b.24 Abs. 3 S. 7f.

164 Schließlich muss der Erwerber das Verwaltungsvermögen **innerhalb von zwei Jahren** ab dem Zeitpunkt der Entstehung der Steuer (§ 9 ErbStG) investiert haben. Die Berechnung der Frist erfolgt gemäß § 108 Abs. 1 AO, §§ 186, 187 BGB und beginnt somit um 0:00 Uhr des Tages, der auf den Tag folgt, an dem die Erbschaftsteuer für den begünstigungsfähigen Erwerb gemäß § 9 ErbStG entstanden ist. Bei Personen- und Kapitalgesellschaften ist es ausreichend, wenn die Geschäftsleitung anstatt des Erwerbers die Investition innerhalb des Zwei-Jahres-Zeitraums umsetzt.[509] Es stellt sich mithin die Frage, ob innerhalb dieses zwei-Jahres-Zeitraums die Investition voll umgesetzt worden sein muss, das eingesetzte Verwaltungsvermögen im Unternehmen also nicht mehr vorhanden sein darf und das angeschaffte Investitionsgut zumindest im wirtschaftlichen Eigentum des Erwerbers[510] stehen muss. Oder ob es reicht, dass der Erwerber das Verpflichtungsgeschäft abgeschlossen hat und das Verwaltungsvermögen dann sukzessive zB nach Baufortschritt auch nach Ablauf der zwei Jahresfrist veräußert bzw. überweist. Vom Sinn und Zweck der gesetzlichen Regelung her sollte es ausreichen, dass das Verpflichtungsgeschäft abgeschlossen wurde. Im Verbund ist die Investitionsklausel nach § 13b Abs. 5 S. 1 ErbStG auf jeder Beteiligungsstufe anzuwenden.

165 Die **Investitionsklausel für Finanzmittel zur Lohnzahlung bei saisonalen Schwankungen** nach § 13b Abs. 5 S. 3 und 4 ErbStG ist neben der Investitionsklausel für die Anschaffung neuer Vermögensgegenstände nach § 13b Abs. 5 S. 1 und 2 ErbStG – wiederum nur bei Erwerben von Todes wegen – eine zusätzliche Möglichkeit Verwaltungsvermögen, diesmal allerdings nur Finanzmittel in begünstigtes Vermögen zu verwandeln. Danach entfällt die Verwaltungsvermögenseigenschaft bei Finanzmitteln rückwirkend zum Zeitpunkt der Entstehung der Erbschaftsteuer (§ 9 ErbStG), soweit der Erwerber diese Finanzmittel innerhalb von zwei Jahren ab dem Zeitpunkt der Entstehung der Steuer (§ 9 ErbStG) verwendet, um bei fehlenden Einnahmen aufgrund wiederkehrender saisonaler Schwankungen Löhne und Gehälter zu zahlen. Auch bei dieser Investionsklausel muss dies aufgrund eines vorgefassten Plans des Erblassers erfolgen und es darf vom Erwerber keine anderweitige Ersatzbeschaffung von Verwaltungsvermögen vorgenommen werden.

166 Begünstigt ist nur der Einsatz von Finanzmitteln nach § 13b Abs. 4 Nr. 5 ErbStG und zwar in vollem Umfang.[511] Dies sind in erster Linie Geld, Sichteinlagen, Sparanlagen, Festgeldkonten. Nicht hierunter fallen nach Ansicht der Finanzverwaltung Geldmarktfonds und Festgeldfonds.[512] Der umsichtige Erblasser muss daher bereits bei der Anlage seiner Gelder aufpassen und ggf. auf Zinsen verzichten, um die Umschichtungsmöglichkeit in Lohnzahlungen nach § 13b Abs. 5 S. 3 ErbStG nicht zu gefährden. Ist der Erbfall ausnahmsweise planbar, sollte rechtzeitig daran gedacht werden, in Aktien, Geldmarktfonds und Festgeldfonds angelegte Gelder in liquide Mittel iSd § 13b Abs. 4 Nr. 5 ErbStG umzuschichten.[513] Fraglich ist, ob auch junge Finanzmittel umgeschichtet werden können. ZT wird dies verneint, da § 13b Abs. 5 S. 3 ErbStG lediglich auf § 13b Abs. 4 Nr. 5 S. 1 ErbStG Bezug nehme, junge Finanzmittel aber in § 13b Abs. 4 Nr. 5 S. 2 ErbStG geregelt seien. Der Schluss ist nicht zwingend. Nach dem Gesetzeswortlaut bestimmt § 13b Abs. 4 Nr. 5 S. 1 ErbStG, welche Finanzmittel zum Verwaltungsvermögen gehören. Der S. 1 dieser Vorschrift umfasst daher die jungen Finanzmittel, die erst in einem zweiten Schritt von dem nach § 13b Abs. 4 Nr. 5 S. 1 ErbStG gefundenen gemeinen Wert

---

[509] Koordinierte Ländererlasse BStBl. I 2017, 902 Abschn. 13b.24 Abs. 3 S. 7f.
[510] *Geck* ZEV 2016, 546.
[511] Eine Beschränkung nur auf den durch saisonale Schwankungen entstandenen erhöhten Finanzmittelbestand, wie er möglicherweise in der Gesetzesbegründung zum Ausdruck kommt, findet sich im Gesetz letztendlich nicht wieder; vgl. auch *Kowanda* ErbStB 2017, 48.
[512] Koordinierte Ländererlasse BStBl. I 2017, 902 Abschn. H13b.22; gleichlautende Ländererlasse v. 10.10. 2013 BStBl. I 2013, 802 Rn. 2.6; aA Troll/Gebel/Jülicher/Gottschalk/*Jülicher* ErbStG § 13b Rn. 325; *Kowanda* ErbStB 2017, 48 (→ Rn. 157).
[513] *Kowanda* ErbStB 2017, 48.

abgezogen werden. Der fehlende Bezug auf § 13b Abs. 4 Nr. 5 S. 2 ErbStG in der Investitionsklausel nach § 13b Abs. 5 S. 3 ErbStG besagt daher, dass es auf die Zuordnung zu den jungen Finanzmitteln gerade nicht ankommen soll. Dies entspricht auch dem Sinn und Zweck der Norm. Legt der Inhaber eines Saisonbetriebes außerhalb der Saison Geld ein, um seine Arbeitnehmer in dieser Zeit bezahlen zu können, und verstirbt er vor der Saison, ist exakt der Fall eingetreten, für den der Gesetzgeber die Investitionsklausel nach § 13b Abs. 5 S. 3 ErbStG geschaffen hat.[514]

Voraussetzung für die Anwendung der Investitionsklausel nach § 13b Abs. 5 S. 3 ErbStG ist, dass es in dem Unternehmen zu **wiederkehrenden saisonalen Schwankungen** kommt. Das Gesetz verlangt nicht, dass es sich um einen typischen Saisonbetrieb handelt. Erfasst werden daher zB neben Bergbahnen, Strandkorbvermietungen[515] und Eisdielen[516] auch Betriebe der Tourismus- und Baubranche, des Garten- und Landschaftsbaus[517] sowie land- und forstwirtschaftliche Betriebe. Die Schwankungen müssen wiederkehrend sein, also zumindest mehrmals auftreten. Sie müssen darüber hinaus saisonal bedingt sein, so dass es einen Zeitraum mit gutem und einen mit schlechtem Geschäft geben muss. Völlig unklar ist, was wie stark und wie lange schwanken muss.[518] Schwanken muss wohl der Geschäftsbetrieb, also die zu leistende Arbeit. Eine bestimmte Dauer sieht das Gesetz ebenso wenig vor, wie bestimmte Schwankungsbreiten. Als saisonale Schwankung könnten folglich auch Betriebsferien oder der Urlaub des Inhabers in Betracht kommen. Weiter müssen aufgrund dieser Schwankungen Einnahmen fehlen. Der Begriff der Einnahmen dürfte weit zu verstehen und nicht auf den Begriff in § 8 Abs. 1 EStG beschränkt sein. Auch hinsichtlich des Fehlens der Einnahmen macht das Gesetz keine Vorgaben zu Dauer des Fehlens und der Höhe der Einnahmen. Es ist daher nicht erforderlich, dass Einnahmen in einem bestimmten Zeitraum vollständig fehlen. Ausreichend muss ein Rückgang der Einnahmen in den schwächeren Perioden im Vergleich zu den stärkeren Zeiträumen sein. Dass neben den schwankenden Einnahmen auch konstante Einnahmen bestehen, dürfte folglich nicht schädlich sein. Das Gesetz verlangt zwischen den saisonalen Schwankungen und den fehlenden Einnahmen einen Kausalzusammenhang („aufgrund wiederkehrender saisonaler Schwankungen fehlenden Einnahmen"). Dieser dürfte bei Saisonbetrieben aber immanent sein. Des Weiteren muss ein Kausalzusammenhang zwischen der Zahlung der Löhne und diesen saisonal bedingten fehlenden Einnahmen bestehen.[519] Zutreffend wird hiergegen eingewandt, dass die Zahlung der Löhne aufgrund von vertraglichen Vereinbarungen, wie Arbeits- und Dienstverträgen erfolgt.[520] Letztlich soll damit wohl nur zum Ausdruck gebracht werden, dass der erhöhte Bestand der Finanzmittel in guten Zeiten angespart worden sein muss und nun in den schlechten Zeiten für Lohnzahlungen ausgegeben wird.[521] Wann die Finanzmittel angespart wurden und ob ein permanent hoher Liquiditätsbestand dafür vorrätig gehalten wird, dürfte keine Rolle spielen. Entscheidend ist aber, dass Löhne in der „Off-Season" auch tatsächlich gezahlt werden.[522] Die Betriebe, die nur Saisonkräfte beschäftigen oder ihre Mitarbeiter nach der Saison entlassen, wie zB die Eisdiele oder das Hotel, die im Winter schließen, haben zwar laufende Kosten in Form von Miete, Heizkosten etc. aber

---

[514] Olbing/Stenert FR 2017, 701; wohl auch koordinierte Ländererlasse BStBl. I 2017, 902 Abschn. 13b.24 Abs. 4 S. 1, wo die Anwendung der Investitionsklausel nach § 13b Abs. 5 S. 3 ErbStG „für nicht begünstigte Finanzmittel im Sinne des § 13b Abs. 3 und 4 Nr. 5 ErbStG" bestimmt wird, was auch auf junge Finanzmittel im Sinne des § 13b Abs. 4 Nr. 5 S. 2 ErbStG zutrifft.
[515] Geck ZEV 2016, 546.
[516] Korezkij DStR 2016, 2434.
[517] Kowanda ErbStB 2017, 48; Olbing/Stenert FR 2017, 701.
[518] Korezkij DStR 2016, 2434.
[519] Die koordinierten Ländererlasse BStBl. I 2017, 902 sind hier wenig hilfreich, da sie in Abschn. 13b.24 Abs. 4 S. 1 Nr. 3 lediglich den Gesetzestext mit anderen Worten wiederholen.
[520] Korezkij DStR 2017, 1729.
[521] Kowanda ErbStB 2017, 48.
[522] Kowanda ErbStB 2017, 48.

eben keine Lohnkosten. Wird der Betrieb allerdings in der Rechtsform einer Kapitalgesellschaft betrieben, dürften zumindest die Finanzmittel, die in dieser Zeit für das Geschäftsführergehalt gezahlt werden, nicht mehr zum Verwaltungsvermögen zählen.[523] Unklar ist, ob sämtliche Lohnzahlungen, die aus dem Finanzmittelbestand zum Zeitpunkt der Entstehung der Steuer nach § 9 ErbStG erfolgen, begünstigt sind oder nur die Zahlungen, die im saisonalen Tief aufgewendet werden. Die Gesetzesbegründung spricht davon, dass ein saisonbedingter „erhöhter Bestand an Finanzmitteln dazu verwendet" wird, „die laufenden Löhne in Phasen geringerer Einnahmen zu zahlen".[524] Dies deutet also darauf hin, dass wohl nur die Zahlungen in der „Off-Season" begünstigt sein sollen. In der praktischen Umsetzung dürfte dies den Steuerpflichtigen, der ja gemäß § 13b Abs. 5 S. 5 ErbStG die Voraussetzungen nachzuweisen hat, häufig vor ein unlösbares Problem stellen. Ein weiteres praktisches Problem ist die Verwendung der im Zeitpunkt der Entstehung vorhandenen Finanzmittel. Denn nach dem Gesetzeswortlaut („soweit der Erwerber **diese** Finanzmittel ... verwendet") müssen genau diese Finanzmittel zur Lohnzahlung verwendet werden. Die Finanzmittel nach § 13b Abs. 1 Nr. 5 S. 1 ErbStG (Geld, Sicht- und Spareinlagen, Festgeldkonten) sind aber extrem flüchtig. Werden zB vom Girokonto nach dem Stichtag vom Erwerber neue Waren gekauft, dürfte der Betrag für die Investitionsklausel nicht mehr in Betracht kommen. Es bleibt zu hoffen, dass die Finanzverwaltung insoweit eine Saldobetrachtung genügen lässt und alle Lohnzahlungen bis zur Höhe des zum Stichtag festgestellten Finanzmittelbestandes zur Umschichtung zulässt.[525] Wer sicher gehen will, separiert die Finanzmittel zum Stichtag und zahlt alles außer den begünstigten Lohnzahlungen aus anderen Mitteln.

168 Hinsichtlich der durch die Investitionsklausel begünstigten Lohnzahlungen verweist § 13b Abs. 5 S. 3 ErbStG auf die Vergütungen der Lohnsummenregelung in § 13a Abs. 3 S. 6–10 ErbStG. Danach sind sämtliche Löhne und Gehälter einschließlich des Arbeitnehmeranteils der Sozialversicherungsbeiträge sowie anderer Bezüge und Vorteile, Sachleistungen, Sondervergütungen, Prämien, Gratifikationen, Abfindungen, Zuschüsse zu Lebenshaltungskosten, Familienzulagen, Provisionen, Teilnehmergebühren begünstigt, unabhängig davon, ob sie regelmäßig oder unregelmäßig gezahlt werden. Eine Unterscheidung in Voll- und Teilzeitkräfte findet nicht statt.[526] Nicht begünstigt sind nach § 13b Abs. 5 S. 3 iVm § 13a Abs. 3 S. 7 ErbStG die Zahlung von Vergütungen für Beschäftigte im Mutterschutz, Auszubildende und Saisonarbeiter sowie Mitarbeiter die Kranken- oder Erziehungsgeld beziehen.[527] Vor dem Hintergrund, dass die Investitionsklausel der Sicherung der bestehenden Beschäftigung dienen soll, macht nur die Einschränkung betreffend die Saisonarbeiter Sinn, wäre aber auch nicht erforderlich gewesen, da in diesen Zeiten der Kausalzusammenhang mit den fehlenden Einnahmen nicht besteht. Alle anderen in § 13a Abs. 3 S. 7 Nr. 1–4 ErbStG genannten Zahlungen dienen der Beschäftigungssicherung. Weder dem Gesetzeswortlaut noch dem Sinn und Zweck ist zu entnehmen, dass nur im Zeitpunkt der Entstehung der Steuer (§ 9 ErbStG) bestehende Arbeitsverhältnisse begünstigt sein sollen. Begünstigt sind daher auch neu hinzu gekommene Arbeitnehmer.[528]

169 Auch bei dieser Investitionsklausel muss die Zahlung aufgrund eines im Zeitpunkt der Entstehung der Steuer (§ 9 ErbStG) **vorgefassten Plans des Erblassers** erfolgen, § 13b Abs. 5 S. 2 und 4 ErbStG. Die Lohnzahlungen erfolgen aufgrund von Arbeits- und Dienstverträgen. Soweit diese vom Erblasser geschlossen wurden, ist der „Plan" imma-

---

[523] Zweifelnd *Kowanda* ErbStB 2017, 48.
[524] BT-Drs. 18/8911, 43.
[525] Dies ist indes fraglich, da die koordinierten Ländererlasse BStBl. I 2017, 902 in Abschn. 13b.24 Abs. 4 S. 1 Nr. 2 davon sprechen, dass der Erwerber „erworbene nicht begünstigte Finanzmittel" verwenden muss.
[526] *Kowanda* ErbStB 2017, 48.
[527] *Kowanda* ErbStB 2017, 48; aA *Olbing/Stenert* FR 2017, 701.
[528] *Kowanda* ErbStB 2017, 48.

I. Erbschaftsteuer

§ 27

nent, denn anderenfalls hätte er sie nicht geschlossen. Soweit der Erwerber die Dienstverträge schließt und es sich um den Ersatz von Arbeitskräften handelt, gilt das gleiche. Der Plan des Erblassers kann sich daher nur auf etwaige strukturelle Veränderungen, zB eine Betriebserweiterung nach dem Todeszeitpunkt beziehen. Insoweit gelten die Ausführungen zu der Investitionsklausel nach § 13b Abs. 5 S. 1 ErbStG entsprechend (→ Rn. 163). Dies gilt auch für die Voraussetzung, dass der Erwerber keine anderweitige Ersatzbeschaffung von Verwaltungsvermögen vornehmen darf (→ Rn. 161). Die Zahlungen müssen innerhalb von zwei Jahren ab den Zeitpunkt der Entstehung der Steuer erfolgen. Die Berechnung der Frist erfolgt gemäß § 108 Abs. 1 AO, §§ 186, 187 BGB und beginnt somit um 0:00 Uhr des Tages, der auf den Tag folgt, an dem die Erbschaftsteuer für den begünstigungsfähigen Erwerb gemäß § 9 ErbStG entstanden ist. Bei Personen- und Kapitalgesellschaften ist es ausreichend, wenn die Geschäftsleitung anstatt des Erwerbers die Lohnzahlungen innerhalb des Zwei-Jahres-Zeitraums vornimmt.[529] Im Verbund ist die Investitionsklausel nach § 13b Abs. 5 S. 3 ErbStG auf jeder Beteiligungsstufe anzuwenden.

cc) Vorwegabschlag für „Familienunternehmen". Bei Gesellschaften, die bestimmte gesellschaftsvertragliche Beschränkungen betreffend die Verfügung über Gesellschaftsanteile, die Entnahme bzw. Ausschüttung und die Abfindung im Falle des Ausscheidens aus der Gesellschaft vorsehen, ist im Gesetz zur Kompensation des hieraus resultierenden geringeren Werts des erworbenen begünstigten Vermögens ein 30%iger **Vorwegabschlag** vorgesehen. In der Regel findet man derartige Beschränkungen bei Familiengesellschaften. Der Abschlag ist aber keineswegs auf diese beschränkt, sondern kann bei jeder Gesellschaft, die die Voraussetzungen erfüllt, in Anspruch genommen werden. Er gilt nicht für Einzelunternehmen. Hier könnte es sich ggf. lohnen, als den Erbfall bzw. die Schenkung vorbereitende Maßnahme unter Beachtung der zweijährigen Vorlaufzeit des § 13a Abs. 9 S. 4 ErbStG eine Gesellschaft mit dem erkorenen Nachfolger zu gründen oder das Einzelunternehmen in eine GmbH umzuwandeln. Der Vorwegabschlag soll nach Ansicht der Finanzverwaltung darüber hinaus nicht bei Aktiengesellschaften zum Tragen kommen, da die in § 13a Abs. 9 vorgesehenen Restriktionen aufgrund der Regelungen im Aktiengesetz nicht zulässig seien.[530] Dies mag für Inhaberaktien zutreffen, gilt aber nicht bei Namensaktien.[531] Schließlich soll es nach Ansicht der Finanzverwaltung auch für den Anwachsungserwerb aufgrund der Einziehung von GmbH-Geschäftsanteilen (§ 3 Abs. 1 Nr. 2 S. 3, § 7 Abs. 7 S. 2 ErbStG) keinen Vorwegabschlag geben, da es sich nicht um den Erwerb begünstigten Vermögens handele.[532] Bei Personengesellschaften/Mitunternehmerschaften soll der Vorwegabschlag nur für den Anteil am Gesamthandsvermögen bzw. mitunternehmerschaftlichen Vermögen, nicht aber für das Sonderbetriebsvermögen gelten.[533] Da das Sonderbetriebsvermögen aber in das Ergebnis des begünstigten Vermögens einbezogen ist, muss allein für die Zwecke des Vorwegabschlags in einer Schattenrechnung der Wert des begünstigten Vermögens auf Basis des Gesamthands-/Mitunternehmervermögens ohne Einbeziehung des mitübertragenen Sonderbetriebsvermögens und ohne Prüfung der 90%-Grenze des § 13b Abs. 2 S. 2 ErbStG (nochmals) ermittelt werden.[534] Der Vorwegabschlag ist nicht antragsgebunden, seine Voraussetzungen müssen aber vom Erwerber dem Betriebsfinanzamt gegenüber nachgewiesen werden.[535] Dieses teilt das Vorliegen der Voraussetzungen und den zu gewährenden Prozentsatz des Vorwegabschlags nachrichtlich dem

170

---

[529] Koordinierte Ländererlasse BStBl. I 2017, 902 Abschn. 13b.24 Abs. 4 S. 3 iVm Abs. 3 S. 7f.
[530] Koordinierte Ländererlasse BStBl. I 2017, 902 Abschn. 13a.19 Abs. 1 S. 4 Nr. 2.
[531] *Wachter* GmbHR 2017, 841, der darüber hinaus auch den europarechtlichen Kontext anspricht.
[532] Koordinierte Ländererlasse BStBl. I 2017, 902 Abschn. 13a.19 Abs. 1 S. 4 Nr. 3 iVm R E 3.4 Abs. 3 S. 7ff. u. H E 7.9 ErbStR 2011; aA *Wachter* GmbHR 2017, 841.
[533] Koordinierte Ländererlasse BStBl. I 2017, 902 Abschn. 13a.19 Abs. 3 S. 3.
[534] Koordinierte Ländererlasse BStBl. I 2017, 902 Abschn. 13a.19 Abs. 3 S. 3; H 13a.19 Bsp. 2; *Korezkij* DStR 2017, 1729.
[535] Koordinierte Ländererlasse BStBl. I 2017, 902 Abschn. 13a.19 Abs. 1 S. 2.

Erbschaftsteuerfinanzamt mit.[536] Eine gesonderte Feststellung ist nicht vorgesehen. Der Vorwegabschlag erfolgt vor Anwendung des Verschonungsabschlags (Regel- bzw. Optionsverschonung, → Rn. 174) und vor der Verschonungsbedarfsprüfung (→ Rn. 233).[537] Bei Erwerb von begünstigtem Vermögen in Höhe von bis zu 37.142.856 EUR führt der Vorwegabschlag zu einer Reduzierung des begünstigten Vermögens unter die Freigrenze von 26 Mio. EUR, so dass die Restriktionen für Großerwerbe nicht mehr gelten. Darüber wirkt der Vorwegabschlag positiv auf die Abschmelzungszone. Zu beachten ist, dass Beteiligungen im Sonderbetriebsvermögen für den Vorwegabschlag nicht zu berücksichtigen sind, da sie grundsätzlich keinen gesellschaftsvertraglichen Verfügungsbeschränkungen unterliegen, so dass der Vorwegabschlag nur auf das Gesamthandsvermögen anzuwenden ist.[538]

171 Voraussetzung für den Vorwegabschlag ist zunächst, dass die Entnahme bzw. Ausschüttung auf höchstens 37,5 Prozent des um die auf den Gewinnanteil bzw. die Ausschüttung entfallenden Steuern vom Einkommen gekürzten Betrages des steuerrechtlichen Gewinns (§ 4 Abs. 1 S. 1 EStG) beschränkt ist und so auch durchgeführt wird, § 13a Abs. 9 S. 1 Nr. 1 ErbStG. Ergebnisse aus Sonder- und Ergänzungsbilanzen bleiben unberücksichtigt.[539] Über sie kann uneingeschränkt verfügt werden.[540] Entnahmen und Ausschüttungen zur Begleichung der darauf entfallenden Steuern vom Einkommen sind unschädlich. Entnahmen zur Begleichung der aus den Ergebnissen aus Sonder- und/oder Ergänzungsbilanzen resultierenden Steuerlasten sind problemlos möglich, zählen aber auch nicht zu der entnahmefähigen Steuer, die den unschädlichen Entnahmebetrag bestimmt.[541] Die Finanzverwaltung lässt es aus Vereinfachungsgründen genügen, wenn die auf die Entnahme/Ausschüttung entfallende Steuer mit 30 % angenommen wird.[542] Entnahmen und Ausschüttungen zur Begleichung der Erbschaftsteuer werden von der Finanzverwaltung als schädlich angesehen und in die Berechnung des 37,5 %igen Maximalentnahme- bzw. -ausschüttungsbetrages mit einbezogen.[543] Die Begriffe Entnahme und Ausschüttung sind nach ertragsteuerlichen Grundsätzen auszulegen.[544]

172 Weitere Voraussetzung für den Vorwegabschlag ist, dass nach Gesellschaftsvertrag oder Satzung die Verfügung über die Beteiligung nur auf Mitgesellschafter, Angehörige iSd § 15 AO oder auf eine inländische oder ausländische[545] Familienstiftung, erfolgen darf, § 13a Abs. 9 S. 1 Nr. 2 ErbStG. Nach Ansicht der Finanzverwaltung muss die Beschränkung auf diesen Kreis der möglichen Erwerber in die gesellschaftsvertragliche Regelung explizit aufgenommen werden und darf keine Verfügungsmöglichkeit auf andere Personen beinhalten.[546] Ein Zustimmungsvorbehalt der Gesellschafterversammlung für derartige Übertragungen reicht nicht und führt dazu, dass der Vorwegabschlag entfällt. Auch eine Verfügung auf eine vermögensverwaltende Familiengesellschaft, an der Angehörige des Gesellschafters beteiligt sind, darf nicht zulässig sein.[547] Der Begriff der Verfügung wird wie beim Pooling von Gesellschaftsanteilen (→ Rn. 126) im Rahmen der Ermittlung des begünstigungsfähigen Vermögens nach § 13b Abs. 1 Nr. 3 S. 2 ErbStG verstanden. Da-

---

[536] Koordinierte Ländererlasse BStBl. I 2017, 902 Abschn. 13a.19 Abs. 1 S. 10; Abschn. 13b.30 Abs. 5 S. 1 Nr. 2.
[537] Koordinierte Ländererlasse BStBl. I 2017, 902 Abschn. 13a.19 Abs. 1 S. 5; Abschn. 13 c.1 Abs. 1 S. 2.
[538] *Werthebach* DB 2018, 1690 (1695) mwN in Fn. 50; aA *Hannes* ZEV 2016, 558; *Reich* DStR 2016, 2447.
[539] Koordinierte Ländererlasse BStBl. I 2017, 902 Abschn. 13a.19 Abs. 2 S. 2 Nr. 1 S. 2.
[540] Koordinierte Ländererlasse BStBl. I 2017, 902 Abschn. 13a.19 Abs. 2 S. 2 Nr. 1 S. 4.
[541] Koordinierte Ländererlasse BStBl. I 2017, 902 Abschn. 13a.19 Abs. 2 S. 2 Nr. 1 S. 4.
[542] Koordinierte Ländererlasse BStBl. I 2017, 902 Abschn. 13a.19 Abs. 2 S. 2 Nr. 1 S. 3.
[543] Koordinierte Ländererlasse BStBl. I 2017, 902 Abschn. 13a.19 Abs. 2 S. 2 Nr. 1 S. 5.
[544] Koordinierte Ländererlasse BStBl. I 2017, 902 Abschn. 13a.19 Abs. 2 S. 2 Nr. 1 S. 6.
[545] Koordinierte Ländererlasse BStBl. I 2017, 902 Abschn. 13a.19 Abs. 2 S. 2 Nr. 2 S. 1.
[546] Koordinierte Ländererlasse BStBl. I 2017, 902 Abschn. 13a.19 Abs. 2 S. 2 Nr. 2 S. 3; aA *Viskorf/Löcherbach/Jehle* DStR 2016, 2425.
[547] Koordinierte Ländererlasse BStBl. I 2017, 902 Abschn. 13a.19 Abs. 2 S. 2 Nr. 2 S. 3.

I. Erbschaftsteuer § 27

nach ist ein Eigentumsübergang erforderlich.[548] Verpfändung und Nießbrauchbestellung sind folglich keine Verfügungen. Vorsicht ist jedoch beim Vorbehaltsnießbrauch geboten, da hier ein Eigentumswechsel stattfindet.

173 Schließlich muss in Gesellschaftsvertrag oder Satzung für den Fall des Ausscheidens aus der Gesellschaft eine Abfindung vorsehen, die unter dem gemeinen Wert der Beteiligung an der Personengesellschaft oder des Anteils an der Kapitalgesellschaft liegt, § 13a Abs. 9 S. 1 Nr. 3 ErbStG. Die Abfindungsbeschränkung muss generell gelten. Es reicht nicht, dass ein Verkauf an den begünstigten Personenkreis unter dem gemeinen Wert zulässig ist.[549] Nicht ausreichend dürfte ferner sein, dass der Gesellschaftsvertrag nur für bestimmte Fälle des Ausscheidens eine Abfindung unter dem Verkehrswert vorsieht. Der Abfindungsbeschränkung kommt insofern erhöhte Bedeutung zu, als sie für die Höhe des Vorwegabschlags maßgeblich ist, § 13a Abs. 9 S. 3 ErbStG. Die Höhe des Vorwegabschlags richtet sich ausschließlich nach der Abfindungsbeschränkung. Entnahme- und Verfügungsbeschränkung sind nur Voraussetzungen für den Vorwegabschlag, wirken sich aber nicht auf dessen Höhe aus. Der Vorwegabschlag beträgt maximal 30 %, § 13a Abs. 9 S. 3 ErbStG. Sieht der Gesellschaftsvertrag – unabhängig von der zivilrechtlichen Zulässigkeit – zB vor, dass der Gesellschafter im Falle seines Ausscheidens mit 60 % des gemeinen Werts abgefunden wird, beträgt der Vorwegabschlag dennoch nur 30 % und nicht etwa 40 %. Sieht der Gesellschaftsvertrag oder die Satzung unterschiedliche Abfindungshöhen abhängig von dem Grund des Ausscheidens des Gesellschafters vor, ist die höchste in Betracht kommende Abfindung für die Ermittlung des Vorwegabschlags maßgebend.[550] Alle drei Beschränkungen (Entnahme-, Verfügungs- und Abfindungsbeschränkung) müssen nach dem Gesetzeswortlaut im Gesellschaftsvertrag oder der Satzung verankert sein. Es dürfte daher nicht ausreichen, wenn sie sich aus dem Poolvertrag oder nebenvertraglichen Vereinbarungen ergeben, auch wenn dies nach dem Sinn und Zweck der Vorschrift sicherlich sinnvoll wäre.[551] Alle Beschränkungen müssen kumulativ vorliegen, in einem Zeitraum von zwei Jahren vor dem Zeitpunkt der Steuerentstehung (§§ 9, 11 ErbStG) gegeben sein und in dem Zeitraum von 20 Jahren nach diesem Zeitpunkt bestehen und tatsächlich eingehalten werden, § 13a Abs. 9 S. 4 u. 5 ErbStG. Änderungen des Gesellschaftsvertrages bzw. der Satzung sind zulässig, sofern sie sich innerhalb des durch § 13a Abs. 9 S. 1 Nr. 1–3 ErbStG vorgegebenen Rahmens bewegen.[552] Dies muss auch für Änderungen des Gesellschaftsvertrages und der Satzung innerhalb des Zwei-Jahres-Zeitraums vor dem Erwerb gelten. Kommt es innerhalb der 20 jährigen Wohlverhaltensperiode zu einer gesellschaftsvertraglichen Änderung nach der die Voraussetzungen des Vorwegabzugs nicht mehr gegeben wären, oder wird gegen die Voraussetzungen verstoßen, entfällt der Vorwegabschlag mit Wirkung für die Vergangenheit.[553] Führt die nach dem Erwerb vorgenommene gesellschaftsvertragliche Änderung dazu, dass ein niedrigerer Prozentsatz des Vorwegabschlags zur Anwendung kommen würde, entfällt dieser nicht etwa vollständig, sondern ist nur entsprechend der Veränderung zu kürzen.[554] In entsprechender Weise sollte bei tatsächlichen Verstößen gegen die Abfindungsbeschränkung verfahren werden,[555] wobei im Interesse der Gesellschaft erfolgte tatsächliche Verstöße, wie zB die zu hohe Abfindung für einen lästigen Gesellschafter außer Betracht bleiben sollten.[556] Wie fakti-

---

[548] Koordinierte Ländererlasse BStBl. I 2017, 902 Abschn. 13a.19 Abs. 2 S. 2 Nr. 2 S. 2, Abschn. 13b.6 Abs. 4 S. 1.
[549] Koordinierte Ländererlasse BStBl. I 2017, 902 Abschn. 13a.19 Abs. 2 S. 2 Nr. 3 S. 2.
[550] Koordinierte Ländererlasse BStBl. I 2017, 902 Abschn. 13a.19 Abs. 4 S. 4; aA *Wachter* GmbHR 2017, 841, der zu Recht darauf hinweist, dass das Gesetz insoweit ungenau ausgestaltet ist und zugunsten der Steuerpflichtigen daher die niedrigste prozentuale Abfindung ausschlaggebend sein müsste.
[551] AA *Reich* BB 2016, 1879.
[552] Koordinierte Ländererlasse BStBl. I 2017, 902 Abschn. 13a.19 Abs. 6 S. 2.
[553] Koordinierte Ländererlasse BStBl. I 2017, 902 Abschn. 13a.19 Abs. 6 S. 2.
[554] Koordinierte Ländererlasse BStBl. I 2017, 902 Abschn. 13a.19 Abs. 6 S. 4.
[555] *Korezkij* DStR 2017, 1729.
[556] *Viskorf/Löcherbach/Jehle* DStR 2016, 2425.

sche Verstöße gegen die Entnahmeregelung zu behandeln sind, ist völlig unklar. Regelmäßige, bewusste Verstöße gegen die Entnahme- bzw. Ausschüttungsrestriktionen dürften den Vorwegabschlag entfallen lassen,[557] da die tatsächlichen Verhältnisse dann nicht den Bestimmungen des Gesellschaftsvertrages bzw. der Satzung entsprechen. Einmalige oder zB aufgrund nachträglicher Gewinnveränderungen durch steuerliche Außenprüfungen hervorgerufene Überentnahmen oder -ausschüttungen sollten dagegen folgenlos bleiben. Denn anderenfalls wäre insbesondere die Entnahmebeschränkung nicht kalkulierbar. Darüber hinaus bedeuten Entnahme- und Ausschüttungsbeschränkungen nicht, dass die Ausschüttung auch jährlich erfolgen muss bzw. der Gewinn entsprechend entnommen werden muss. Nicht entnommene bzw. ausgeschüttete Gewinne, deren Ausschüttung bzw. Entnahme aber innerhalb des Rahmens des § 13a Abs. 9 S. 1 Nr. 1 ErbStG möglich gewesen wäre, müssen daher vorgetragen und in den Folgejahren ausgeschüttet oder entnommen werden können. Der Erwerber ist verpflichtet, dem Erbschaftsteuerfinanzamt (§ 35 ErbStG) innerhalb einer Frist von einem Monat etwaige Änderungen der Bestimmungen des § 13a Abs. 9 S. 1 ErbStG oder der tatsächlichen Verhältnisse anzuzeigen, § 13a Abs. 9 S. 6 ErbStG. Der Vorwegabschlag entfällt nicht, wenn das begünstigte Vermögen, bei dem der Vorwegabschlag vorgenommen wurde, innerhalb der 20 jährigen Wohlverhaltensperiode im Wege des Übergangs von Todes wegen übergeht, durch Schenkung unter Lebenden übertragen wird oder entgeltlich veräußert wird, sofern der Erwerber zum begünstigten Personenkreis nach § 13a Abs. 9 S. 1 Nr. 2 ErbStG gehört und die im Zeitpunkt des ursprünglichen Erwerbs geltenden Beschränkungen beachtet werden.[558] Damit endet aber nur für den Erblasser, nicht aber für den Schenker bzw. Veräußerer die 20 jährige Nachsteuerfrist.[559] Denn kommt es beim nachfolgenden Erwerber bis zum Ablauf der Nachsteuerfrist des Ersterwerbers zu einem Verstoß gegen die Voraussetzungen des Vorwegabschlags, verliert (auch) der Schenker bzw. Veräußerer den Vorwegabschlag. Dieser wird daher im Verkaufs- bzw. Schenkungsvertrag durch umfassende Zustimmungsvorbehalte sowie Informations- und Schadensersatzklauseln vorbeugen müssen. Entfällt der Vorwegabschlag, weil sich die Beschränkungen oder die tatsächlichen Verhältnisse geändert haben, wirkt sich das auch auf die Begünstigung nach § 13a Abs. 1 oder Abs. 10 ErbStG aus, sofern hierdurch erstmals der Schwellenwert von 26 Mio. EUR überschritten wird. Auch diese entfallen rückwirkend ganz oder teilweise.[560] Der Erwerber kann das Ergebnis aber über einen Antrag nach § 13c ErbStG oder § 28a ErbStG abmildern.[561] Ein Verstoß gegen die Lohnsummenregelung (§ 13a Abs. 3 ErbStG) oder die Behaltensregelungen nach § 13a Abs. 6 ErbStG hat keine Auswirkung auf den Vorwegabschlag.[562]

174 dd) Verschonungsabschlag und Abzugsbetrag. Liegt begünstigungsfähiges Vermögen vor, bleibt ein bestimmter Teil dieses Vermögens bei der Steuerberechnung außer Ansatz. Der Erwerber kann dabei zwischen der Regelverschonung und der mit größeren Hürden und Auflagen versehenen Optionsverschonung wählen. Die **Regelverschonung** beträgt 85 % und wird auf das zuvor ermittelte begünstigte Vermögen angewandt. Die Begünstigung tritt kraft Gesetzes ein und steht grundsätzlich jedem Erwerber des begünstigten Vermögens zu (natürlichen wie auch juristischen Personen) und zwar unabhängig davon, ob er unbeschränkt oder nur beschränkt steuerpflichtig ist. Der Verschonungsabschlag ist nicht als fester, unter den Erwerbern aufzuteilender Betrag ausgestaltet, sondern als prozentualer Abschlag auf das jeweils erworbene Vermögen. Eine Aufteilungsproblematik stellt sich mithin nicht.

---

[557] *Viskorf/Löcherbach/Jehle* DStR 2016, 2425.
[558] Koordinierte Ländererlasse BStBl. I 2017, 902 Abschn. 13a.19 Abs. 7 S. 1, 2.
[559] Koordinierte Ländererlasse BStBl. I 2017, 902 Abschn. 13a.19 Abs. 7 S. 3.
[560] Koordinierte Ländererlasse BStBl. I 2017, 902 Abschn. 13a.19 Abs. 6 S. 12.
[561] Koordinierte Ländererlasse BStBl. I 2017, 902 Abschn. 13a.19 Abs. 6 S. 13.
[562] Koordinierte Ländererlasse BStBl. I 2017, 902 Abschn. 13a.19 Abs. 6 S. 14.

Anders als bei der Optionsverschonung verbleibt nach Anwendung des Regelverschonungsabschlags ein Restvermögen, dass der Besteuerung unterworfen wird und auf das bei Erwerbern der Steuerklassen II und III ein Entlastungsbetrag nach § 19a ErbStG angewandt wird. Für dieses begünstigte Restvermögen wird in Abhängigkeit von dessen Höhe nach § 13a Abs. 2 ErbStG ein **Abzugsbetrag** von maximal 150.000,– EUR gewährt und zwar für jeden Erwerber für von derselben Person zugewendetes Vermögen einmal innerhalb von zehn Jahren (→ Rn. 244). Ist das Restvermögen kleiner als 150.000,– EUR ist es – vorbehaltlich des Nachsteuervorbehalts (→ Rn. 196 ff.) – erbschaftsteuerfrei. Liegt es über diesem Betrag, verringert sich der Abzugsbetrag um die Hälfte des 150.000,– EUR übersteigenden Betrages. Bei einem Restvermögen von 450.000,00, EUR, was einem begünstigten Vermögen von insgesamt 3.000.000,– EUR entspricht, entfällt der Abzugsbetrag vollständig.

Beispiel:[563]

Wert des Betriebsvermögens	1.000.000 EUR	2.000.000 EUR	3.000.000 EUR
./. Verschonungsabschlag 85 %	− 850.000 EUR	− 1.700.000 EUR	− 2.550.000 EUR
= Restvermögen	= 150.000 EUR	= 300.000 EUR	= 450.000 EUR
./. Abzugsbetrag	− 150.000 EUR	− 75.000 EUR	− 0 EUR
= steuerpflichtiges Vermögen	= 0 EUR	= 225.000 EUR	= 450.000 EUR

Werden gleichzeitig mehrere begünstigte Einheiten übertragen (zB eine 30%ige Beteiligung an einer Kapitalgesellschaft und ein Einzelunternehmen), sind die sich nach Anwendung des Regelverschonungsabschlags verbleibenden Restvermögen zu addieren und der Abzugsbetrag auf den sich danach ergebenden Gesamtwert des Restvermögens anzuwenden.[564] Der Abzugsbetrag ist von Amts wegen zu gewähren, so dass es keines Antrags bedarf. Verteilt der Erwerber begünstigtes Vermögen auf mehrere Erwerber steht jedem der Erwerber der Abzugsbetrag zu. Jeder Erwerber kann den Abzugsbetrag aber für von derselben Person anfallende Erwerbe innerhalb von zehn Jahren nur einmal in Anspruch nehmen, § 13a Abs. 2 S. 3 ErbStG (→ Rn. 244). Hierdurch soll verhindert werden, dass eine größere Zuwendung in mehrere Zuwendungen aufgespalten wird, um so den Abzugsbetrag mehrfach oder überhaupt zu erhalten. Ohne diese Regelung könnte das im obigen Beispiel genannte begünstigte Vermögen im Wert von 3.000.000 EUR in drei Zuwendungen á 1.000.000 EUR aufgespalten werden und bliebe dann aufgrund des dem Restvermögen entsprechenden Abzugsbetrages steuerfrei. So aber muss der Erwerber jeweils zehn Jahre zwischen den Zuwendungen warten. Dadurch, dass der Abzugsbetrag aber wie ein persönlicher Freibetrag im Sinne des § 16 ErbStG wirkt, ist er durch Verteilung des begünstigten Vermögens auf mehrere Erwerber vervielfältigbar. Soll das Vermögen allerdings an nur einen erkorenen Nachfolger weitergereicht werden, darf die Schenkung an den „Durchgangserwerber" nicht bereits mit einer Weiterleitungsverpflichtung versehen sein.[565] Ein eingetretener Verbrauch des Abzugsbetrages entfällt wieder, wenn die eine Steuerbegünstigung gewährende Steuerfestsetzung (wie zB in einem Nachversteuerungsfall oder bei Widerruf der Schenkung) rückwirkend vollständig beseitigt wird.[566] Damit entfällt auch der Lauf der Sperrfrist rückwirkend, so dass der Freibetrag sofort wieder zur Verfügung steht. Wird der Abzugsbetrag mit der ersten Zuwendung von einem Erwerber nicht überschritten, wird von der Finanzverwaltung und der herrschenden Meinung in der Literatur die Ansicht vertreten, dass der nicht in Anspruch genom-

---

[563] *Scholten/Korezkij* DStR 2009, 73.
[564] *Schulze zur Wiesche* UVR 2008, 79 (Beispiel 13); *Scholten/Korezkij* DStR 2009, 73; R E 13b.7 Abs. 2 S. 1 ErbStR 2011; koordinierte Ländererlasse BStBl. I 2017, 902 Abschn. 13b.7 Abs. 1 S. 1.
[565] BFH BStBl. II 1994, 128; vgl. auch BFH/NV 2012, 580.
[566] Troll/Gebel/Jülicher/Gottschalk/*Jülicher* ErbStG § 13a Rn. 50; vgl. auch R E 13a.12 Abs. 1 S. 7 ErbStR 2011; koordinierte Ländererlasse BStBl. I 2017, 902 Abschn. 13a.18 Abs. 1 S. 7.

mene Teil des Abzugsbetrags verfällt.[567] Da der Erwerber auf die Anwendung des Abzugsbetrags nicht verzichten kann, um ihn bei einem anderen Erwerb in Anspruch zu nehmen, und ihm dieser von Amts wegen gewährt wird, müsste dies bei der langfristigen Planung berücksichtigt und die erste Zuwendung gegebenenfalls aufgestockt werden. Ferner wäre darüber nachzudenken, bei den den Freibetrag nicht vollständig ausnutzenden Schenkungen generell einen Widerrufsvorbehalt vorzusehen (→ § 28 Rn. 39). Der Widerruf einer Schenkung ließe die Steuerpflicht mit Wirkung für die Vergangenheit entfallen und den Abzugsbetrag wiederaufleben. Hierbei wären allerdings auch die einkommensteuerlichen Folgen zu beachten. So dürfte der Widerrufsvorbehalt zB nicht dazu führen, die Mitunternehmerstellung zu konterkarieren, da ansonsten die Vergünstigung gänzlich entfallen könnte (→ Rn. 121; → § 25 Rn. 26 ff.).

175 Die **Optionsverschonung** sieht einen Verschonungsabschlag von 100% vor und wird auf das zuvor ermittelte begünstigte Vermögen angewandt. Diese Vollbefreiung unternehmerischen Vermögens erfolgt anders als die Regelverschonung nicht kraft Gesetzes, sondern aufgrund einer unwiderruflichen Erklärung des Erwerbers, die Verschonung zu 100% in Anspruch nehmen zu wollen. Die Option ist nicht als Antrag ausgestaltet, so dass die Erklärung unmittelbar wirkt und kein genehmigendes Verwaltungshandeln erforderlich ist. Entscheidend ist allein der Zugang beim Finanzamt. Die Erklärung kann bis zur materiellen Bestandskraft der Steuerfestsetzung abgegeben werden.[568] Die unwiderrufliche Erklärung des Steuerpflichtigen ist allerdings als hinfällig bzw. als nicht gestellt zu betrachten, wenn danach festgestellt wird, dass die Verwaltungsvermögensquote doch über 20% lag. Der Steuerpflichtige fällt dann automatisch auf die Regelverschonung zurück, soweit dessen Voraussetzungen erfüllt sind, dh nicht mehr als 90% Verwaltungsvermögen vorhanden sind.[569] Kommt es aufgrund eines Verstoßes gegen die Behaltefrist (→ Rn. 192 ff.) oder die Lohnsummenregelung (→ Rn. 189 ff.) zu einer Nachversteuerung, bleibt der Übernehmer an seine Erklärung und damit an die Optionsverschonung gebunden. Werden mehrere Einheiten von begünstigtem Vermögen übertragen ist unklar, ob die Erklärung für sämtliche Einheiten abgegeben werden muss[570] oder aber auf einzelne Einheiten beschränkt werden kann.[571] Da sowohl die Lohnsummenprüfung (→ Rn. 176 ff.) als auch der Verwaltungsvermögenstest (→ Rn. 132) an die einzelne begünstigte Einheit anknüpfen, muss auch die Erklärung bezüglich der Wahl der Optionsverschonung für jede einzelne Einheit gesondert gestellt werden können.[572] Dies bedeutet entgegen der Ansicht der Finanzverwaltung, dass zB bei der Übertragung zweier Teilbetriebe auf einen Erwerber, bei der einer der Teilbetriebe konjunkturell immer mal wieder schwächelt und daher der strengere Lohnsummenparameter nicht einzuhalten sein wird, gesplittet werden kann. Für den konjunkturabhängigen Teilbetrieb kann daher die Regelverschonung und für den anderen die Optionsverschonung gewählt werden. Mangels Steuerlast bleibt bei der Optionsverschonung kein Raum für einen Abzugsbetrag oder den Entlastungsbetrag nach § 19a ErbStG.[573]

---

[567] R E 13a.2 Abs. 2 S. 3 ErbStR 2011; koordinierte Ländererlasse BStBl. I 2017, 902 Abschn. 13a.3 Abs. 2 S. 3. *Scholten/Korezkij* DStR 2009, 73; *Meincke/Hannes/Holtz* ErbStG § 13a Rn. 14; Fischer/Jüptner/Pahlke/Wachter/*Wachter* ErbStG § 13a Rn. 138; Mönch/Weinmann/*Weinmann* ErbStG § 13a Rn. 47; vgl. auch FG Hessen ZEV 2010, 82; aA mE zu Recht Troll/Gebel/Jülicher/Gottschalk/*Jülicher* ErbStG § 13a Rn. 51.

[568] Troll/Gebel/Jülicher/Gottschalk/*Jülicher* ErbStG § 13a Rn. 517; R E 13a.13 Abs. 2 S. 2 ErbStR 2011; koordinierte Ländererlasse BStBl. I 2017, 902 Abschn. 13a.20 Abs. 2 S. 2.

[569] *Scholten/Korezkij* DStR 2009, 991; *Geck* ZEV 2008, 557; *Schulte/Birnbaum/Hinkers* BB 2009, 300; *Brey/Merz/Neufang* BB 2009, 692; R E 13a.13 Abs. 3 ErbStR 2011; koordinierte Ländererlasse BStBl. I 2017, 902 Abschn. 13a.20 Abs. 4.

[570] R E 13a.13 Abs. 1 ErbStR 2011; koordinierte Ländererlasse BStBl. I 2017, 902 Abschn. 13a.20 Abs. 1 S. 1. Mönch/Weinmann/*Weinmann* ErbStG § 13a Rn. 171.

[571] *Scholten/Korezkij* DStR 2009, 73.

[572] *Scholten/Korezkij* DStR 2009, 73.

[573] *Scholten/Korezkij* DStR 2009, 991; *Landsittel* ZErb 2009, 11; *Gluth* ErbStB 2009, 89; aA *Hübner*, Erbschaftsteuerreform 2009, 390 (392, 441, 447); zutreffend hiergegen *Scholten/Korezkij* DStR 2009, 991 Fn. 4.

Die Finanzverwaltung akzeptiert dies hingegen nicht und will die Erklärung insgesamt nur einheitlich für alle Arten des erworbenen begünstigten Vermögens akzeptieren.[574] Im Erbfall besteht danach keine Wahl; es gilt das „Alles-oder-Nichts-Prinzip". Fällt eine wirtschaftliche Einheit durch den Verwaltungsvermögenstest, scheidet sie aus der Begünstigung aus, ohne das für sie die Regelverschonung in Anspruch genommen werden könnte.[575] Die anderen wirtschaftlichen Einheiten bleiben weiterhin verschont. Bei Schenkungen ist auf den jeweiligen Erwerb abzustellen, so dass die Erwerbe in selbständige, zeitlich und sachlich getrennte Vorgänge gesplittet werden sollten. Ein einheitlicher Schenkungswille sollte dabei aber vorsichtshalber nicht zu Tage treten. Denn unterliegen diese nicht einem „einheitlichen Schenkungswillen", liegen auch nach Ansicht der Finanzverwaltung eigenständige Schenkungen vor, für die jeweils die Optionsverschonung in Anspruch genommen werden kann.[576]

ee) Verschonungsparameter Lohnsumme. Der Gesetzgeber rechtfertigt die zwar mit 176 Hürden versehenen, im Ergebnis aber doch sehr weit reichenden Begünstigungen von betrieblich gebundenem Vermögen mit dem volkswirtschaftlichen Nutzen der Fortführung des übertragenen Unternehmens. Neben dem Erhalt des betrieblichen Vermögens als solchem (hierzu → Rn. 192 ff.) zielt er in erster Linie auf den Erhalt der Arbeitsplätze durch den Unternehmensnachfolger. Derjenige, der nach dem Erwerb des betrieblichen Vermögens die damit verbundenen Arbeitsplätze abbaut, hat eine erbschaftsteuerliche Verschonung grundsätzlich nicht verdient. Der Bestand der Begünstigungen (Verschonungsabschlag, Abzugsbetrag und Tarifbegrenzung) ist daher ua von einer **Lohnsummenprüfung** abhängig, bei der eine Ausgangslohnsumme ins Verhältnis zu einer bestimmten Mindestlohnsumme der Folgezeit gesetzt wird. Bei der Regelverschonung darf die Summe der Lohnsummen innerhalb von fünf Jahren nach dem Erwerb bei Betrieben mit mehr als 15 Beschäftigten insgesamt 400% der Ausgangslohnsumme (sog. Mindestlohnsumme) nicht unterschreiten. Anders ausgedrückt, muss der Erwerber innerhalb des 5-Jahreszeitraums durchschnittlich 80% p.a. der Ausgangslohnsumme erreichen, um die Begünstigung vollen Umfangs behalten zu dürfen. Erleichterungen gibt es für Betriebe mit 15 oder weniger Beschäftigten. So gilt für Betriebe mit mehr als fünf, aber nicht mehr als zehn Beschäftigten nur eine Mindestlohnsumme von 250% (= durchschnittlich 50% der Ausgangslohnsumme p.a.) und bei Betrieben mit einer Beschäftigtenzahl von mehr als zehn, aber nicht mehr als 15 Beschäftigten eine Mindestlohnsumme von 300% (= durchschnittlich 60% der Ausgangslohnsumme p.a.). Bei Wahl der Optionsverschonung müssen innerhalb von sieben Jahren bei Betrieben mit mehr als 15 Beschäftigten 700% (mithin durchschnittlich 100% p. a), mit mehr als zehn, aber weniger als 15 Beschäftigten 565% (= durchschnittlich 80,71% p.a.) und bei Betrieben mit mehr als fünf, aber nicht mehr als zehn Beschäftigten 500% (= durchschnittlich 71,43% p.a.) der Ausgangslohnsumme erreicht werden. Die Ausgangslohnsumme und die Mitarbeiteranzahl sind jeweils gesondert festzustellen und können dementsprechend gesondert angefochten werden.[577] Aufgrund der Durchschnittsbetrachtung sollen zwischenzeitliche, konjunkturell bedingte Schwankungen ausgeglichen werden, was jedoch nicht immer gelingt. Wird die Mindestlohnsumme unterschritten, entfällt der Verschonungsabschlag anteilig. Damit ändert sich zugleich die Bemessungsgrundlage für den Abzugsbetrag und die Tarifbegrenzung. Gleichwohl soll der Abzugsbetrag nach Ansicht der Finanzverwaltung durch den Verstoß gegen die Lohnsummenregelung unangetastet bleiben,[578] so dass nur die Tarifbegrenzung entsprechend neu zu

---

[574] R E 13a.13 Abs. 1 ErbStR 2011; koordinierte Ländererlasse BStBl. I 2017, 902 Abschn. 13a.20 Abs. 1.
[575] R E 13a.13 Abs. 3 S. 2 ErbStR 2011; koordinierte Ländererlasse BStBl. I 2017, 902 Abschn. 13a.20 Abs. 4 S. 2.
[576] R E 13a.13 Abs. 1 S. 2 ErbStR 2011; koordinierte Ländererlasse BStBl. I 2017, 902 Abschn. 13a.20 Abs. 1 S. 2.
[577] BFH BStBl. II 2019, 42.
[578] Koordinierte Ländererlasse BStBl. I 2017, 902 Abschn. 13a.8 Abs. 1 S. 10 Nr. 1.

berechnen ist. Bei Betrieben mit bis zu fünf Mitarbeitern ist die Lohnsummenprüfung nicht durchzuführen, § 13a Abs. 3 S. 3 Nr. 2 ErbStG. Der spätere Abbau von Arbeitsplätzen wirkt sich hier also nicht aus. Die Lohnsummenprüfung erfolgt bei gleichzeitigem Erwerb mehrerer wirtschaftlicher Einheiten zunächst betriebsbezogen und danach zu einer einheitlichen Mindestlohnsumme zusammengerechnet.[579] Dennoch müsste eine horizontale Aufspaltung in Betriebe, die alle eine Beschäftigtenzahl von maximal fünf aufweisen, vorbehaltlich des Gestaltungsmissbrauchs nach § 42 AO die Lohnsummenprüfung entfallen lassen.[580] Ausgenommen hiervon ist aufgrund expliziter Regelung in § 13a Abs. 3 S. 13 ErbStG die Betriebsaufspaltung (→ § 8 Rn. 17), bei der die Anzahl der Beschäftigten aus Betriebs- und Besitzunternehmen zusammenzuzählen ist. Auch die Gründung einer Arbeitnehmergesellschaft als Schwestergesellschaft ist nach wie vor als Gestaltung möglich.[581] Was so einfach klingt, wirft allerdings im Detail viele Fragen auf.

177 Die Lohnsummenprüfung unterbleibt, wenn die Ausgangslohnsumme 0,00 EUR beträgt oder der Betrieb zum Besteuerungszeitpunkt maximal fünf Beschäftigte hat, § 13a Abs. 3 S. 3 ErbStG. Wurde die Beschäftigtenzahl kurz vor dem Stichtag entsprechend gesenkt, um unter die Zahl der Beschäftigten auf fünf oder darunter zu senken, soll nach Ansicht der Finanzverwaltung die Lohnsummenprüfung erfolgen.[582] Unklar ist, was unter dem „Betrieb" zu verstehen ist und wer zu den Beschäftigten zählt. In horizontale Ebene ist jeder **Betrieb** gesondert zu betrachten.[583] Eine Ausnahme hiervon bildet kraft ausdrücklicher gesetzlicher Regelung in § 13a Abs. 3 S. 13 ErbStG die Betriebsaufspaltung. Hier sind die Anzahl der Beschäftigten der Besitzgesellschaft und der Betriebsgesellschaft zur Ermittlung der Beschäftigtengrenze zusammenzuzählen. Bei Anteilen an Kapitalgesellschaften im Inland und EU/EWR-Raum, sofern der Anteil mehr als 25 % am Nennkapital beträgt, und Beteiligungen an dortigen Personengesellschaften ist auf die beschäftigten Arbeitnehmer der Gesellschaft abzustellen.[584] Beträgt die Beteiligung nicht 100 % ist die Beschäftigtenanzahl nur anteilig zu berücksichtigen. Soweit die Anzahl der beschäftigten Arbeitnehmer in einer der wirtschaftlichen Einheiten nicht mehr als fünf beträgt, bleibt deren Ausgangs- und Mindestlohnsumme außer Betracht. Dies gilt auch in der vertikalen Ebene.[585] Dementsprechend kommt es hier bei der Beschäftigtengrenze auch auf die Beschäftigten der nachgeordneten Gesellschaften an. Für die Frage der Mindestbeschäftigtenzahl sind die Beschäftigten der nachgeordneten Gesellschaften (ggf. quotal) und diejenigen des Mutterunternehmens zusammen zu zählen. Beschäftigte bei Kapitalgesellschaften mit Sitz oder Geschäftsleitung im Inland oder im EU/EWR-Raum, wenn im Besteuerungszeitpunkt eine mittelbare bzw. unmittelbare Beteiligung von 25 % oder weniger besteht, sind nicht mit in die Berechnung der Beschäftigtengrenze einzubeziehen. Gleiches gilt für Beschäftigte von Personen- und Kapitalgesellschaften in einem Drittstaat und zwar auch dann, wenn die Beteiligung mehr als 25 % beträgt und sie ebenfalls von den Betriebsvermögensvergünstigungen profitieren,[586] sowie für die Beschäftigten einer Betriebsstätte in einem Drittstaat von Personengesellschaften und Einzelunternehmen, nicht jedoch bei dort belegenen Betriebsstätten einer Kapitalgesellschaft.[587]

---

[579] Koordinierte Ländererlasse BStBl. I 2017, 902 Abschn. 13a.6 S. 1 u. 2.
[580] Troll/Gebel/Jülicher/Gottschalk/*Jülicher* ErbStG § 13a Rn. 70.
[581] Troll/Gebel/Jülicher/Gottschalk/*Jülicher* ErbStG § 13a Rn. 128; *Hannes/Steger* ErbStB 2009, 113.
[582] R E 13a.4 Abs. 2 S. 3 ErbStR; koordinierte Ländererlasse BStBl. I 2017, 902 Abschn. 13a.4 Abs. 2 S. 4.
[583] R E 13a.4 Abs. 2 S. 6 ErbStR 2011; koordinierte Ländererlasse BStBl. I 2017, 902 Abschn. 13a.6 S. 1.
[584] R E 13a.4 Abs. 2 S. 7 ErbStR 2011; koordinierte Ländererlasse BStBl. I 2017, 902 Abschn. 13a.6 S. 4.
[585] Mönch/Weinmann/*Weinmann* § 13a Rn. 59; *Balmes/Felten* FR 2009, 258; R E 13a.4 Abs. 2 S. 9 ErbStR 2011; koordinierte Ländererlasse BStBl. I 2017, 902 Abschn. 13a.4 Abs. 2 S. 12.
[586] BFH BStBl. II 2019, 42.
[587] H E 13a.4 (6) ErbStH 2011 „Ermittlung der Zahl der Beschäftigten und der Ausgangslohnsumme bei Übertragung begünstigten Betriebsvermögens" und H E 13 a.4 (7) ErbStH 2011 „Ermittlung der Zahl der Beschäftigten und der Ausgangslohnsumme bei Übertragung begünstigter Anteile an Kapitalgesellschaften".

I. Erbschaftsteuer § 27

Beispiel:

Das Mutterunternehmen beschäftigt einen Mitarbeiter. Bei der 50%igen Tochtergesellschaft arbeiten 9 Beschäftigte in Deutschland. Ferner existiert noch eine 100%ige Tochtergesellschaft in Kolumbien mit 20 Arbeitnehmern. Für die Ermittlung der Beschäftigungsgrenze ist die Anzahl der Beschäftigten des Mutterunternehmens voll und die der Tochtergesellschaft zu 50% zu berücksichtigen. Die Mitarbeiter in Kolumbien werden nicht mitgezählt. Die Beschäftigtenanzahl beträgt folglich 5,5 (= 1 + 4,5 + 0) und damit mehr als fünf Beschäftigte. Die Lohnsummenprüfung ist durchzuführen.

Die **Kapitalgesellschaftsbeteiligung** von 25% oder weniger bleibt auch dann unberücksichtigt, wenn die Anteile an der nachgeordneten Kapitalgesellschaft die Voraussetzungen einer Poolvereinbarung im Sinne des § 13b Abs. 2 S. 2 Nr. 2 S. 2 ErbStG erfüllen.[588] Bei einer unmittelbaren Beteiligung an einer Kapitalgesellschaft von 25% oder weniger ist immer zusätzlich die Höhe der mittelbaren Beteiligung zu prüfen. Es ist daher zB nicht möglich, die Mitarbeiter in eine Enkelgesellschaft zu verlagern, an der fünf Tochtergesellschaften jeweils 20% halten, um so der Lohnsummenprüfung zu entgehen. Zwar beträgt die unmittelbare Beteiligung jeweils unter 25%. Maßgebend ist in diesem Fall aber die mittelbare Beteiligung der Muttergesellschaft, die in Bezug auf die Enkelgesellschaft 100% (= 5 × 20%) beträgt.[589] Bei **Personengesellschaften** gibt es eine derartige Beteiligungsgrenze nicht. Die Lohnsummen von unmittelbar und mittelbar gehaltenen Beteiligungen an Personengesellschaften (Mitunternehmerschaften) sind daher stets in die Lohnsummenprüfung mit einzubeziehen. Lohnsummen von Personengesellschaften finden allerdings dann keine Berücksichtigung, soweit eine mittelbare Beteiligung an einer Personengesellschaft durch eine Kapitalgesellschaft vermittelt wird, die ihrerseits in der Lohnsummenprüfung unberücksichtigt bleibt.[590] Diese Kapitalgesellschaft entfaltet mithin Abschirmwirkung.

178

Es fehlt eine gesetzliche Definition des **„Beschäftigten"**. Der Hinweis in der Gesetzesbegründung auf § 23 Abs. 1 S. 3 KSchG deutet darauf hin, dass nur Arbeitnehmer bei der Ermittlung der Beschäftigtengrenze mit zu zählen sind. Allerdings hat das Bundesarbeitsgericht entschieden, dass Leiharbeiter im Rahmen von § 23 Abs. 1 S. 3 KSchG zu berücksichtigen sind, wenn ihr Einsatz auf einem „in der Regel" vorhandenen Personalbedarf beruhe. Freie Mitarbeiter, Praktikanten und Auszubildende dürften dagegen nicht zu den Beschäftigten zählen.[591] Wobei angesichts der Rechtsprechung des Bundesarbeitsgerichts[592] zu Praktikanten deren Verträge genau zu prüfen sind. Vertretungsorgane von juristischen Personen (zB Vorstandsmitglieder einer AG; GmbH-Geschäftsführer) sollen zu den Beschäftigten gehören und zwar auch dann, wenn sie sozialversicherungsrechtlich nicht als Arbeitnehmer zu behandeln sind.[593] Dies gilt auch für Gesellschafter-Geschäftsführer einer Kapitalgesellschaft.[594] Vertretungsberechtigte Gesellschafter von Personengesellschaften gehören nicht zu den Beschäftigten im Sinne des § 13a Abs. 3 ErbStG,[595] wohl aber leitende Angestellte. Unsicherheit besteht auch bei mitarbeitenden Familienangehörigen. Sofern diese formal zu den Arbeitnehmern gehören, dürften sie wohl in die Beschäftigtengrenze mit einzubeziehen sein. Arbeiten sie jedoch aufgrund familienrechtli-

179

---

[588] Gleichlautende Ländererlasse BStBl. I 2012, 1250 Abschn. 1.1 DStR 2013, 93.
[589] Gleichlautende Ländererlasse BStBl. I 2012, 1250 Abschn. 1.1 mit weiteren Beispielen DStR 2013, 93.
[590] Gleichlautende Ländererlasse BStBl. I 2012, 1250 Abschn. 1.2 DStR 2013, 93; *Korezkij* DStR 2013, 346.
[591] Für Auszubildende ist dies nunmehr in § 13a Abs. 3 S. 7 Nr. 2 ErbStG geregelt.
[592] BAG nv BeckRS 2008, 54164.
[593] H E 13a.4 Abs. 2 ErbStH 2011; koordinierte Ländererlasse BStBl. I 2017, 902 Abschn. 13a.4 Abs. 2 S. 6; Abschn. H 13a.4; Mönch/Weinmann/*Weinmann* ErbStG § 13a Rn. 58; Troll/Gebel/Jülicher/Gottschalk/*Jülicher* ErbStG § 13a Rn. 82; aA für Vorstandsmitglieder einer AG Kapp/Ebeling/*Geck* ErbStG § 13a Rn. 25.
[594] H E 13a.4 Abs. 2 ErbStH 2011; koordinierte Ländererlasse BStBl. I 2017, 902 Abschn. 13a.4 S. 6; Abschn. H 13a.4; Mönch/Weinmann/*Weinmann* ErbStG § 13a Rn. 58.
[595] Koordinierte Ländererlasse BStBl. I 2017, 902 Abschn. H 13a.4.

cher Beziehungen im Betrieb mit, zählen sie nicht zu den Beschäftigten im Sinne des § 13a Abs. 3 ErbStG. Aus dem Hinweis des Gesetzgebers auf das Kündigungsschutzgesetz ist zu schließen, dass teilzeitbeschäftigte Arbeitnehmer mit einer wöchentlichen Arbeitszeit von nicht mehr als 20 Stunden mit 0,5 und solche mit einer wöchentlichen Arbeitszeit von nicht mehr als 30 Stunden mit 0,75 zu berücksichtigen sind. Geringfügig Beschäftigte (450-Euro-Mini-Jobber) werden daher regelmäßig mit 0,5 bei der Feststellung der Anzahl der Beschäftigten zu berücksichtigen sein, obwohl dies angesichts des Gesetzeszwecks nicht sinnvoll erscheint. Dem folgt die Finanzverwaltung allerdings nicht und wertet jedes Arbeitsverhältnis mit eins.[596] Lediglich Leiharbeiter sowie Gesellschaftergeschäftsführer von Personengesellschaften sollen ausgeschlossen sein.[597] Explizit ausgenommen sind nunmehr Beschäftigte in Mutterschutz und Elternzeit, Langzeitkranke, Auszubildende und Saisonarbeiter, § 13a Abs. 3 S. 7 Nr. 1–5 ErbStG. Geringfügig Beschäftigte zählen dagegen weiterhin voll zu den Beschäftigten im Sinne des § 13a Abs. 3 ErbStG.[598] Die Finanzverwaltung wird bei Betrieben, deren Beschäftigtenzahl bei oder knapp unter 5 liegt, prüfen, ob kurzfristig vor der Übertragung eine Minderung der Anzahl der Beschäftigten erfolgte und diese gegebenenfalls über § 42 AO (→ § 36 Rn. 7 ff.) negieren.[599] Dennoch bleiben bei lebzeitigen Schenkungen oder sich abzeichnenden Erbfällen bei Betrieben im Grenzbereich Gestaltungsmöglichkeiten.

180 Sowohl Ausgangs- als auch Mindestlohnsumme stellen auf die Lohnsumme ab, unterscheiden sich allerdings in zeitlicher Hinsicht. Die **Ausgangslohnsumme** für den Vergleich mit der Mindestlohnsumme ist die durchschnittliche Lohnsumme der letzten fünf vor dem Zeitpunkt der Entstehung der Steuer endenden Wirtschaftsjahre, § 13a Abs. 3 S. 2 ErbStG. Da das Gesetz ausdrücklich von „endenden" Wirtschaftsjahren spricht, ist ein noch nicht abgeschlossenes Wirtschaftsjahr, selbst dann nicht zu berücksichtigen, wenn es kurz vor dem Abschluss steht.[600] Endet ein Wirtschaftsjahr am 31.12. und erfolgt die Übertragung zB zum 31.12.2017, 24:00 Uhr, so tritt sie noch im alten Wirtschaftsjahr ein, ist mithin nicht in 2017 beendet, so dass das Jahr 2017 auch nicht in die Ausgangslohnsumme mit einzubeziehen ist.[601] Soll das Jahr 2017 bei der Ermittlung der Ausgangslohnsumme Berücksichtigung finden, wäre die Übertragung auf den 1.1.2018, 00:00 Uhr, zu legen. Rumpfwirtschaftsjahre gelten als ein Wirtschaftsjahr und werden nicht auf ein volles Wirtschaftsjahr hochgerechnet.[602] Das Gesetz stellt explizit nicht auf Kalenderjahre oder Monate ab. Sie fließen mit ihrer regelmäßig geringeren Lohnsumme in die Berechnung der Ausgangslohnsumme ein und reduzieren so die Sollgröße. Ist der Betrieb noch keine fünf Jahre am Markt, ist auf den Durchschnitt der entsprechend geringen Zeitspanne abzustellen und als Ausgangslohnsumme ein entsprechender Jahresbetrag zu ermitteln.[603] Bei Umwandlungen kann für die Ermittlung der Ausgangslohnsumme auf die Lohnsumme der umgewandelten Altgesellschaft bzw. des umgewandelten Einzelunternehmens abgestellt werden.[604]

181 Für die Ermittlung der **Mindestlohnsumme** als Ist-Lohnsumme und Vergleichsmaßstab zur Sollgröße Ausgangslohnsumme kommt es auf den Zeitraum nach dem Erwerb an. Dies

---

[596] R E 13a.4 Abs. 2 S. 4 ErbStR 2011; koordinierte Ländererlasse BStBl. I 2017, 902 Abschn. 13a.4 Abs. 2 S. 5.
[597] R E 13a.4 Abs. 2 S. 2 ErbStR 2011; H E 13a.4 (2) ErbStH 2011; koordinierte Ländererlasse BStBl. I 2017, 902 Abschn. H 13a.4.
[598] Koordinierte Ländererlasse BStBl. I 2017, 902 Abschn. 13a.4 Abs. 2 S. 7.
[599] R E 13a.4 Abs. 2 S. 3 ErbStR 2011; Koordinierte Ländererlasse BStBl. I 2017, 902 Abschn. 13a.4 Abs. 2 S. 4.
[600] Troll/Gebel/Jülicher/Gottschalk/*Jülicher* ErbStG § 13a Rn. 61; *Scholten/Korezkij* DStR 2009, 253; so auch BFH BStBl. II 2007, 635 zur Parallelproblematik beim früher geltenden Stuttgarter Verfahren, dass auf den gewichteten Durchschnittsertrag der letzten drei vor dem Besteuerungszeitpunkt abgelaufenen Wirtschaftsjahre abstellte.
[601] AA *Scholten/Korezkij* DStR 2009, 253.
[602] *Scholten/Korezkij* DStR 2009, 253; aA R E 13a.4 Abs. 5 S. 4 u. 5 ErbStR 2011; koordinierte Ländererlasse BStBl. I 2017, 902 Abschn. 13a.7 Abs. 1 S. 4, wonach eine Umrechnung auf 12 Monate erfolgen soll.
[603] R E 13a.4 Abs. 5 S. 5 ErbStR 2011; koordinierte Ländererlasse BStBl. I 2017, 902 Abschn. 13a.7 Abs. 1 S. 5.
[604] R E 13a.4 Abs. 5 S. 6 ErbStR 2011; koordinierte Ländererlasse BStBl. I 2017, 902 Abschn. 13a.7 Abs. 1 S. 6.

sind fünf Jahre bei der Regelverschonung bzw. sieben Jahre bei der Optionsverschonung. Anders als bei der Ermittlung der Ausgangslohnsumme stellt das Gesetz an dieser Stelle nicht auf Wirtschaftsjahre, sondern auf Jahre ab. Der Fünf- bzw. Sieben-Jahres-Zeitraum läuft mithin unterjährig, beginnend mit dem Zeitpunkt des Erwerbs.[605] Weicht der Stichtag des Erwerbs, dh der Zeitpunkt der Steuerentstehung (§ 9 ErbStG) von dem Schlusstag des Wirtschaftsjahres des Betriebes ab, sind innerhalb des Fünf- bzw. Sieben-Jahres-Zeitraums zwei fiktive Rumpfwirtschaftsjahre zu berücksichtigen, von denen das eine zu Beginn und das andere am Ende des für die Lohnsummenprüfung maßgebenden Zeitraums liegt. Die Ermittlung der Lohnsummen wird hierdurch nicht einfacher. Aus gestalterischer Sicht sollten Einmalzahlungen wenn möglich nach dem Übertragungsstichtag gezahlt werden. Soweit diese hierdurch aus einem Wirtschaftsjahr in das nächste verschoben werden, resultiert hieraus ein doppelter Entlastungseffekt: Im Wirtschaftsjahr vor der Übertragung verringert sich die Ausgangslohnsumme (maßgebend hierfür ist nicht die bilanzielle Behandlung, → Rn. 188) und die Mindestlohnsumme wird zugleich erhöht. Gegen Ende des Fünf- bzw. Sieben-Jahres-Zeitraums sollten derartige Einmal- und Sonderzahlungen so vorgezogen werden, dass Sie noch mit in die Mindestlohnsumme mit einfließen.

182 Ausgangs- wie Mindestlohnsumme stellen auf die **Lohnsumme** gemäß § 13a Abs. 3 S. 6 ErbStG ab. Das Erbschaftsteuergesetz greift allerdings nicht auf bereits existierende Definitionen wie zB diejenigen in § 19 EStG bzw. § 2 LStDV zurück, sondern stellt auf einen eigenständigen Bedeutungsinhalt ab. Der Begriff der Lohnsumme wird dabei sehr weit gefasst und beinhaltet nicht nur sämtliche Brutto-Vergütungen einschließlich Sachleistungen, Sondervergütungen, Prämien, Gratifikationen, Abfindungen, Zuschüsse zu den Lebenshaltungskosten, Familienzulagen, Provisionen, Teilnehmergebühren und vergleichbare Gebühren, § 13a Abs. 3 S. 10 ErbStG. Der Arbeitgeberanteil zur Sozialversicherung ist im Gesetz nicht genannt, § 13a Abs. 3 S. 10 ErbStG. Er bleibt ebenso wie tariflich vereinbarte, vertraglich festgelegte oder freiwillige Sozialbeiträge durch den Arbeitgeber ausgenommen.[606] Pauschal einkommenversteuerte Leistungen des Arbeitgebers sind mit dem Nettowert einzubeziehen. Die vom Arbeitgeber entrichtete pauschalierte Einkommensteuer wird nicht im Namen des konkreten Beschäftigten an das Finanzamt abgeführt und fällt mithin nicht unter § 13a Abs. 3 S. 9 ErbStG.[607] Vergütungen an Leiharbeitnehmer bleiben außer Betracht. Entsprechendes gilt für das von der Bundesagentur für Arbeit an den Arbeitgeber überwiesene Kurzarbeitergeld; es mindert den Gehaltsaufwand und damit die Lohnsumme nicht.[608]

183 Die **Ermittlung der Lohnsumme** erfolgt betriebsbezogen, wobei nur horizontal nebeneinander existierende Betriebe eigenständig beurteilt werden. Eine Ausnahme bildet hier kraft Gesetzes die Betriebsaufspaltung, § 13a Abs. 3 S. 13 ErbStG, bei der die Lohnsummen von Besitz- und Betriebsgesellschaft zusammenzuzählen sind. Hinsichtlich des Begriffs „Betriebsaufspaltung" wird auf die ertragsteuerlichen Grundsätze zurückzugreifen sein (→ § 8 Rn. 3 ff., so dass zB auch die kapitalistische Betriebsaufspaltung zwischen einer Kapitalgesellschaft als Besitzunternehmen und einer weiteren Kapital- oder Personengesellschaft als Betriebsunternehmen erfasst wird.[609] Die Lohnsummen der Betriebe, die vertikal mit dem Betrieb verbunden sind, fließen in die Lohnsumme dieses Betriebes ein. Eine Aufspaltung eines Unternehmens in selbständige Schwesterunternehmen, deren Anteile nicht zum Betriebsvermögen des jeweils anderen Unternehmens zählen, führt dazu,

---

[605] Troll/Gebel/Jülicher/Gottschalk/*Jülicher* ErbStG § 13a Rn. 64; *Stahl/Fuhrmann* KÖSDI 2009, 16402; aA *Scholten/Korezkij* DStR 2009, 253, die auf alle Wirtschaftsjahre abstellen, die in dem Fünf- bzw. Sieben-Jahres-Zeitraum enden.
[606] Koordinierte Ländererlasse BStBl. I 2017, 902 Abschn. 13a.5 S. 3.
[607] Troll/Gebel/Jülicher/Gottschalk/*Jülicher* ErbStG § 13a Rn. 92.
[608] Koordinierte Ländererlasse BStBl. I 2017, 902 Abschn. 13a.5 S. 4.
[609] Troll/Gebel/Jülicher/Gottschalk/*Jülicher* ErbStG § 13a Rn. 117; vgl. auch Schmidt/*Wacker* EStG § 15 Rn. 800 ff.

dass die Lohnsummen jeder Schwestergesellschaft für sich zu betrachten sind.[610] Tochterkapitalgesellschaften (mittelbare Beteiligungen) sind hingegen bei der Ermittlung der Lohnsumme der Muttergesellschaft zu berücksichtigen, wenn die Beteiligung unmittelbar oder mittelbar mehr als 25 % beträgt und die Tochtergesellschaft ihren Sitz oder ihre Geschäftsleitung im Inland oder EU-/EWR-Ausland hat. Bei Tochterpersonengesellschaften kommt es auf die Höhe der Beteiligung nicht an. Hier kommt es allein darauf an, dass sie ihren Sitz oder ihre Geschäftsleitung im Inland oder dem EU-/EWR-Ausland haben. Auf Personen- und Kapitalgesellschaften in einem Drittstaat entfallende Vergütungen sind nicht mit in die Lohnsumme einzubeziehen. Gleiches gilt für Betriebsstätten von Personengesellschaften und Einzelunternehmen in einem Drittstaat sowie Kapitalgesellschaften mit Sitz oder Geschäftsleitung im Inland oder im EU/EWR-Raum, wenn im Besteuerungszeitpunkt eine mittelbare bzw. unmittelbare Beteiligung von 25 % oder weniger besteht.[611] Auf in einem Drittstaat belegene Betriebsstätten von Kapitalgesellschaften mit Sitz oder Geschäftsleitung im Inland, EU- oder EWR-Raum entfallende Vergütungen sind in die Lohnsumme mit einzubeziehen.[612] Die Finanzverwaltung gesteht zwar die betriebsbezogene Berechnung der Lohnsumme zu, will aber bei Vorliegen mehrerer selbständiger wirtschaftlicher Einheiten zur Ermittlung der maßgebenden Lohnsumme auf die Lohnsumme aller wirtschaftlichen Einheiten abstellen.[613] Beteiligungsbesitz wird anteilig hinzuaddiert. Die Beschäftigten von Kapitalgesellschaftsbeteiligungen sind daher – entsprechend der gegebenenfalls zusammengerechneten Beteiligungsquoten – zu berücksichtigen, wenn aus Sicht der übertragenen Muttergesellschaft eine unter Umständen über mehrere Stränge zusammengerechnete unmittelbare oder mittelbare Beteiligung von mehr als 25 % besteht. Gleiches gilt für die Beschäftigten von Personengesellschaften allerdings unabhängig von einer Mindestbeteiligungshöhe und vorbehaltlich einer Abschirmung durch eine zwischengeschaltete Kapitalgesellschaftsbeteiligung. Diese Berechnung hat den Vorteil, dass betriebsbezogene Schwankungen bei der Lohnsummenprüfung ausgeglichen werden können. Eine Verlagerung von Arbeitsplätzen aus dem Inland in einen Drittstaat führt daher zu einer Verringerung der Lohnsumme. Die Verlagerung vom Drittstaat ins Inland wirkt dagegen lohnsummenerhöhend. Der Arbeitsplatzabbau im Drittland wirkt sich dagegen – abgesehen bei Betriebsstätten von Kapitalgesellschaften – überhaupt nicht auf die Lohnsumme aus. Bei Beteiligungen von weniger als 100 % erfolgt die Berücksichtigung der Lohnsumme mit dem entsprechenden Anteil. Bei mittelbaren Beteiligungen kommt es auf die durchgerechnete Quote an. Erreicht diese die erforderliche Beteiligungshöhe von mehr als 25 %, so wird die Lohnsumme entsprechend der durchgerechneten Quote bei der Muttergesellschaft mit einbezogen.[614] Betriebe im Vereinten Königreich, deren Löhne und Gehälter in die Ausgangslohnsumme eingeflossen sind, sind auch nach dem Brexit zu berücksichtigen, § 37 Abs. 17 ErbStG.

184 Ob Vergütungen an **Geschäftsführer** von Kapitalgesellschaften oder Vorstände von Aktiengesellschaften bei der Ermittlung der Lohnsumme zu erfassen sind, hängt davon ab, ob man sie zu den Beschäftigten im Sinne des § 13a Abs. 3 ErbStG zählt. Nach der hier vertretenen Auffassung zur Beschäftigtengrenze (→ Rn. 179), würden sie nicht mit einzubeziehen sein, da sie keine Arbeitnehmer sind. Anderseits spricht § 13a Abs. 3 S. 6 ErbStG davon, dass alle Vergütungen an „auf den Lohn- und Gehaltslisten erfassten Be-

---

[610] § 13a Abs. 3 S. 1 ErbStG spricht von „des Betriebs" und nicht „der Betriebe"; aA koordinierte Ländererlasse BStBl. I 2017, 902 Abschn. 13a.6 S. 2.
[611] Gleichlautende Ländererlasse BStBl. I 2012, 1250 Abschn. 1.1; koordinierte Ländererlasse BStBl. I 2017, 902 Abschn. H 13a.7 (2) u. (3).
[612] H E 13a.4 (6) ErbStH 2011 „Ermittlung der Zahl der Beschäftigten und der Ausgangslohnsumme bei Übertragung begünstigten Betriebsvermögens" und H E 13a.4 (7) ErbStH 2011 „Ermittlung der Zahl der Beschäftigten und der Ausgangslohnsumme bei Übertragung begünstigter Anteile an Kapitalgesellschaften"; koordinierte Ländererlasse BStBl. I 2017, 902 Abschn. H 13a.7 (2) u. (3).
[613] R E 13a.4 Abs. 3 S. 3 ErbStR 2011; koordinierte Ländererlasse BStBl. I 2017, 902 Abschn. H 13a.6 S. 2 u. 3.
[614] *Scholten/Korezkij* DStR 2009, 253; *Schulz/Althof/Markl* BB 2008, 528; *Rödder* DStR 2008, 997.

I. Erbschaftsteuer § 27

schäftigten" bei der Ermittlung der Lohnsumme zu berücksichtigen sind. Da auch Geschäftsführer und Vorstände auf den Gehaltslisten erfasst werden, sind sie mit in die Ermittlung der Lohnsummen einzubeziehen, was Last und Chance zugleich sein kann. Eine Last wird dies insbesondere für kleinere Kapitalgesellschaften darstellen, in denen neben dem übertragenden Geschäftsführer zugleich auch der Übernehmer als Arbeitnehmer erfasst wird. Scheidet der Übertragende aus dem Betrieb aus, ist sein Gehalt in der Ausgangslohnsumme enthalten und hat sich hier erhöhend ausgewirkt. In den Folgejahren entfällt dieser Gehaltsaufwand jedoch und wirkt mindestlohnsummensenkend. Bei gleichbleibenden Verhältnissen wird die Lohnsumme nicht eingehalten werden können und die Verschonung dürfte entfallen. Als Chance erweist sich die Einbeziehung des Geschäftsführergehalts bei beherrschenden Gesellschaftergeschäftsführern, die zum Erreichen der Mindestlohnsumme ihre eigenen Bezüge erhöhen können. Denn selbst wenn hierin eine verdeckte Gewinnausschüttung liegen sollte, ändert dies nichts an der Zahlung der Vergütung (→ Rn. 188).[615] Darüber hinaus ist dem Erbschaftsteuerrecht ein Fremdvergleich fremd, so dass einkommen- bzw. körperschaftsteuerliche Aspekte nicht durchgreifen.[616] Allerdings können sich etwaige verdeckte Gewinnausschüttungen negativ bei der Ermittlung eines etwaigen Entnahmeüberschusses gemäß § 13a Abs. 5 Nr. 3 ErbStG auswirken (→ Rn. 211). Entsprechendes gilt hinsichtlich der Anerkennung von Arbeitsverhältnissen mit Familienangehörigen. Bei Personengesellschaften und Einzelunternehmen ist der Unternehmerlohn nicht in die Lohnsumme mit einzubeziehen, da er nicht als Vergütung gezahlt wird.[617]

Vergütungen an bestimmte „Arbeitnehmer", zu denen der Geschäftsführer mangels Arbeitnehmereigenschaft nicht gehört (→ Rn. 179), sind gemäß § 13a Abs. 3 S. 7 ErbStG nicht in die Ermittlung der Lohnsumme mit einzubeziehen. Dies betrifft die Vergütungen an Beschäftigte, die sich im Mutterschutz (§ 13a Abs. 3 S. 7 Nr. 1 ErbStG), in einem Ausbildungsverhältnis (§ 13a Abs. 3 S. 7 Nr. 2 ErbStG) befinden oder Bezieher von Krankengeld (§ 13a Abs. 3 S. 7 Nr. 3 ErbStG) oder Elterngeld (§ 13a Abs. 3 S. 7 Nr. 4 ErbStG) sind. Nach § 13a Abs. 3 S. 7 Nr. 5 ErbStG ausgenommen sind schließlich auch Beschäftigte, die nicht ausschließlich oder überwiegend in dem Betrieb tätig sind. Der neu eingefügte Klammerzusatz „Saisonarbeiter" dürfte einschränkend wirken und andere Teilzeitkräfte als Saisonarbeiter aus der Ausnahmeregelung ausschließen. Teilzeitkräfte, die in einem unbeschränkten Arbeitsverhältnis stehen, oder zumindest das ganze Jahr über beschäftigt werden, sind mit den auf sie entfallenden Lohnsummen folglich mit einzubeziehen.[618] Der Begriff „Saisonarbeiter" muss im Zusammenhang mit der nicht ausschließlichen oder überwiegenden Tätigkeit im Betrieb gesehen werden. Er ist daher nicht auf die klassischen Erntehelfer beschränkt, sondern erfasst auch solche Beschäftigten, die zur Bewältigung von arbeitsbedingten Spitzen befristet eingestellt werden. Nach Ansicht der Finanzverwaltung sind auch geringfügig Beschäftigte vollständig in die Lohnsummenberechnung einzuziehen.[619] 185

Verzerrungen der Lohnsumme können durch den **Zu- und Verkauf von Unternehmensteilen** und Beteiligungen (Personen- oder Kapitalgesellschaften) ausgelöst werden. Der Verkauf einer Beteiligung wirkt sich senkend auf die Lohnsumme aus, der Kauf erhöhend. Gleiches gilt für das Absinken der Beteiligungshöhe auf 25 % oder weniger bei einer Kapitalgesellschaftsbeteiligung und das Überschreiten der 25 %-Grenze. Erfolgt er in- 186

---

[615] Jetzt allerdings aA H E 13a.4 (4) ErbStH 2011; koordinierte Ländererlasse BStBl. I 2017, 902 Abschn. H 13a.5.
[616] Troll/Gebel/Jülicher/Gottschalk//*Jülicher* ErbStG § 13a Rn. 90; Troll/Gebel/Jülicher/Gottschalk/*Gebel* ErbStG § 10 Rn. 133.
[617] R E 13a.4 Abs. 10 ErbStR 2011; H E 13a.4 (2) ErbStH 2011 „Gesellschafter-Geschäftsführer einer Personengesellschaft"; koordinierte Ländererlasse BStBl. I 2017, 902 Abschn. 6 Abs. 6.
[618] Troll/Gebel/Jülicher/Gottschalk/*Jülicher* ErbStG § 13a Rn. 85; krit. *Wachter* FR 2016, 690, der darin eine verfassungsrechtlich bedenkliche Benachteiligung der Teilzeitbeschäftigung sieht.
[619] H E 13a.4 (2) ErbStH 2011 „Beschäftigte Arbeitnehmer"; koordinierte Ländererlasse BStBl. I 2017, 902 Abschn. 13a.1 Abs. 2 S. 7, 9; → Rn. 179.

nerhalb des Fünf-Jahres-Zeitraums **vor dem Übertragungsstichtag** würde sich die Lohnsumme der Tochtergesellschaft aufgrund der Durchschnittsbetrachtung anteilig erhöhend auf die Ausgangslohnsumme auswirken und einen Verstoß ggf. vorprogrammieren. Es ist daher für die Ermittlung der Ausgangslohnsumme lediglich auf solche Beteiligungen an Kapital- und Personengesellschaften abzustellen, die im Besteuerungszeitpunkt noch vorhanden waren.[620] Bei Kapitalgesellschaften muss die Beteiligungshöhe zusätzlich noch über 25 % gelegen haben. Vor der Übertragung erfolgte Verkäufe oder Betriebsstillegungen etc. sind daher nicht in die Ermittlung der Ausgangslohnsumme einzubeziehen. Gehörten die zum Besteuerungszeitpunkt vorhandenen Beteiligungen an den Kapital- und Personengesellschaften nicht innerhalb des gesamten vorangegangenen, für die Ermittlung der Ausgangslohnsumme maßgebenden Fünfjahreszeitraums zum Betrieb, ist die Lohnsumme nur für den Zeitraum der Zugehörigkeit in die Ausgangslohnsumme einzubeziehen.[621] Schwankte die Beteiligungshöhe innerhalb dieses Zeitraums, ist die Lohnsumme der Gesellschaft für den jeweiligen Zeitraum in der jeweils bestehenden Beteiligungshöhe einzubeziehen.[622] Dies gilt auch für Veränderungen einer im Besteuerungszeitpunkt bestehenden Kapitalgesellschaftsbeteiligung von mehr als 25 %. Innerhalb des Fünfjahreszeitraums eintretende Veränderungen sind mit ihrer jeweiligen Beteiligungshöhe in die Ausgangslohnsumme einzubeziehen, auch wenn diese unter 25 % gelegen haben sollte.[623]

187 Entsprechend gegenläufig wirkt sich der Kauf oder Verkauf eines Unternehmensteils, einer Beteiligung an einer Personengesellschaft (Mitunternehmerschaft) oder einer mehr als 25 %igen Kapitalgesellschaftsbeteiligung **nach dem Übertragungsstichtag** aus. Gleiches gilt für die Erhöhung der Beteiligung an einer Kapitalgesellschaft auf mehr als 25 %. Durch den Hinzuerwerb von „Arbeitsplätzen" erhöht sich die Lohnsumme ab dem Erwerbszeitpunkt bzw. ab Überschreitens der 25 %-Grenze, so dass es dem Erwerber leichter fallen wird, die Mindestlohnsumme zu erreichen.[624] Eine Bereinigung der Lohnsumme um Zu- oder Verkäufe ist gesetzlich nicht vorgesehen. Insbesondere der Zukauf kann daher als Gestaltungsmittel eingesetzt werden, um notwendige Entlassungen im übernommenen Betrieb oder Umstrukturierungen zu kompensieren.[625]

188 Entscheidend für die Lohnsumme sind die innerhalb des jeweils maßgebenden Zeitraums **gezahlten** Vergütungen, § 13a Abs. 4 S. 1 ErbStG. Unabhängig davon, in welcher Art und Weise für den Betrieb der Gewinn ermittelt wird, kommt es folglich allein auf den Mittelabfluss an. Für bilanzierende Betriebe ergibt sich hier das Problem, dass ihre Buchhaltung anders aufgebaut ist und sie dementsprechend neue Berechnungen werden anstellen müssen. Hinzu kommt, dass zB Urlaubsrückstellungen und Kurzarbeitergeld nicht lohnsummenmindernd berücksichtigt werden dürfen. Für die Ermittlung der Ausgangslohnsumme ist auf bereits vergangene Zeiträume abzustellen, in denen entsprechende Aufzeichnungen häufig fehlen werden, so dass hier in der Praxis ggf. umfangreiche Recherchen und Umrechnungen notwendig werden.[626] Bei inländischen Gewerbebetrieben und Betriebsstätten im EU/EWR-Raum akzeptiert die Finanzverwaltung grundsätzlich, wenn von dem in der inländischen Gewinn- und Verlustrechnung ausgewiesenen Aufwand für Löhne und Gehälter ausgegangen wird, vgl. § 275 Abs. 2 Nr. 6 HGB, ab-

---

[620] R E 13a.4 Abs. 6 u. 7 ErbStR 2011; gleichlautende Ländererlasse BStBl. I 2012, 1250 Abschn. 2.2; koordinierte Ländererlasse BStBl. I 2017, 902 Abschn. 13a.7 Abs. 2 u. 3; vgl. auch *Korezkij* DStR 2013, 346.
[621] Koordinierte Ländererlasse BStBl. I 2017, 902 Abschn. 13a.7 Abs. 2 S. 2, Abs. 3 S. 7.
[622] Koordinierte Ländererlasse BStBl. I 2017, 902 Abschn. 13a.7 Abs. 2 S. 3, Abs. 3 S. 8.
[623] Koordinierte Ländererlasse BStBl. I 2017, 902 Abschn. 13a.7 Abs. 3 S. 8 letzter Hs.; H 13a.7 (3) Beispiel 2 u. 3.
[624] R E 13a.4 Abs. 8 ErbStR 2011; gleichlautende Ländererlasse BStBl. I 2012, 1250 Abschn. 2.1; vgl. auch *Korezkij* DStR 2013, 346.
[625] *Scholten/Korezkij* DStR 2009, 253; *Schulz/Althof/Markl* BB 2008, 528; Troll/Gebel/Jülicher/Gottschalk/ *Jülicher* ErbStG § 13a Rn. 112 aE.
[626] *Scholten/Korezkij* DStR 2009, 253; *Schulz/Althof/Markl* BB 2008, 528.

I. Erbschaftsteuer § 27

züglich des Arbeitgeberanteils zu den Sozialabgaben[627] welcher allerdings nach Bilanzierungsgrundsätzen und nicht unter Mittelabflussgesichtspunkten ermittelt wird. Bei Tochtergesellschaften im EU-/EWR-Ausland sowie bei in einem Drittstaat belegenen Betriebsstätten von Kapitalgesellschaften mit Sitz oder Geschäftsleitung im Inland, EU- oder EWR-Raum soll diese Vereinfachung offenbar nicht anwendbar sein. Hier kommt erschwerend hinzu, dass dort die Buchführung nicht notwendigerweise den Bedürfnissen des § 13a Abs. 3 ErbStG angepasst ist, sondern den lokalen Gepflogenheiten folgt. Bei EU-/EWR-Betriebsstätten kann hingegen auf den für inländische Besteuerungszwecke in der Gewinn- und Verlustrechnung ausgewiesenen Lohnaufwand abgestellt werden, wobei allerdings der für Zwecke der Umsatzsteuer festgestellte Wechselkurs im Besteuerungszeitpunkt zugrunde gelegt werden soll.[628]

Ein **Verstoß gegen die Lohnsummenregelung** liegt vor, wenn die Summe der maßgebenden jährlichen Lohnsummen nach Ablauf von fünf bzw. sieben Jahren die nach der Anzahl der Beschäftigten jeweils anzuwendende Mindestlohnsumme unterschreitet. In diesem Fall entfällt der **Verschonungsabschlag** nachträglich, § 13 Abs. 3 S. 5 ErbStG, allerdings grundsätzlich nicht vollständig, sondern nur in dem prozentualen Umfang, wie die Mindestlohnsumme unterschritten wurde. Für die Berechnung des Lohnsummenzeitraums und der jährlich festzustellenden Lohnsumme ist der Tag der Steuerentstehung nicht mit einzubeziehen.[629]

189

Beispiel:
Ein Unternehmer überträgt seinen Gewerbebetrieb mit mehr als 15 Beschäftigten im Wert von 10.000.000 EUR auf sein einziges Kind. Die Ausgangslohnsumme beträgt 500.000 EUR. Die Mindestlohnsumme beläuft sich mithin bei der Regelverschonung auf 2.000.000 EUR (= 400 %) und bei der Optionsverschonung auf 3.500.000 EUR (= 700 %).
Erreicht die Summe der maßgebenden jährlichen Lohnsummen im Fünf-Jahres-Zeitraum der Regelverschonung nur 1.900.000 EUR (= 380 %), so verringert sich der Verschonungsabschlag um 5 % (= [2.000.000 − 1.900.000]/2.000.000 × 100) auf 80,75 %. Die Steuer berechnet sich wie folgt:

	Ursprüngliche Berechnung	Nachsteuerberechnung (5 %)
Begünstigtes Vermögen	10.000.000	10.000.000
./. Verschonungsabschlag	− 8.500.000	− 8.075.000
= Restvermögen	1.500.000	1.925.000
./. Abzugsbetrag	0	0
./. persönlicher Freibetrag	− 400.000	− 400.000
./. Erbfallkostenpauschale	− 10.300	− 10.300
= steuerpflichtiger Erwerb (abger.)	1.089.700	1.514.700
Steuersatz	19 %	19 %
Steuer	207.043	287.793
Mehrbelastung		80.750

---

[627] R E 13a.4 Abs. 4 S. 2 u. 3 sowie Abs. 9 ErbStR 2011; Koordinierte Ländererlasse BStBl. I 2017, 902 Abschn. 13a.5 S. 2.
[628] Koordinierte Ländererlasse BStBl. I 2017, 902 Abschn. 13a.7 Abs. 5.
[629] Gleichlautende Ländererlasse BStBl. I 2012, 1250 Abschn. 3; koordinierte Ländererlasse BStBl. I 2017, 902 Abschn. 13a.8 Abs. 1 S. 2.

Würde die Summe der maßgebenden jährlichen Lohnsummen im Sieben-Jahres-Zeitraum der Optionsverschonung wiederum nur 1.900.000 EUR (= 380 %) betragen, verringerte sich der Verschonungsabschlag um 45,71 % (= [3.500.000–1.900.000]/3.500.000 × 100). Der Verschonungsabschlag wäre mithin um 45,7143 % zu kürzen und beliefe sich nur noch auf 54,29 %. Nach Abzug des persönlichen Freibetrags und der Erbfallkostenpauschale verbliebe ein steuerpflichtiger Erwerb in Höhe von 4.161.128 EUR, der mit 19 % zu versteuern wäre, so dass eine Nachsteuer von 790.614 EUR entstünde. Diese entspricht zugleich der Mehrbelastung, da das begünstigte Vermögen bei der Optionsverschonung bei Erreichen der Mindestlohnsumme zu 100 % steuerfrei geblieben wäre. Im Vergleich zur Regelverschonung ergäbe sich somit bei ansonsten gleichen Parametern eine um 502.821 EUR höhere Steuerbelastung.

190 Da der Verschonungsabschlag bei der Regelverschonung und der Optionsverschonung unterschiedlich hoch ist und nur prozentual entfällt, lohnt es sich, die Auswirkungen beider Modelle zu berechnen, wenn feststeht, dass die Mindestlohnsumme nicht erreicht werden wird. Dies kann so weit gehen, dass bei bestimmten Konstellationen die Optionsverschonung stets günstiger ist als die Regelverschonung.[630] Allerdings lässt sich hieraus keine generelle Empfehlung ableiten, da die Vorteilhaftigkeit der Modelle stark von den tatsächlichen Gegebenheiten abhängt, die aufgrund der Länge des relevanten Zeitraums nur schwer einschätzbar sind. Grundsätzlich bleibt jedoch festzuhalten, dass die Wahl der Optionsverschonung möglichst spät erfolgen und wenn möglich sogar hinausgezögert werden sollte. Denn je später sie erfolgt, umso sicherer ist die Datenlage für die Entscheidung. Der Antrag auf Optionsverschonung muss spätestens bis zur materiellen Bestandskraft des Erbschaftsteuerbescheides gestellt werden.[631]

191 Der **Abzugsbetrag** nach § 13a Abs. 2 ErbStG entfällt beim Unterschreiten der Mindestlohnsumme nicht, nach Ansicht der Finanzverwaltung auch nicht mittelbar.[632] Er müsste aufgrund der Verringerung des Verschonungsabschlags neu berechnet werden. Ob und inwieweit er gewährt wird, müsste also von dem nach Abzug des verringerten Verschonungsabschlags verbleibenden begünstigten Vermögen abhängen und bei einem Wert dieses Restvermögens von ≥ 450.000 EUR vollständig entfallen. Für das aufgrund des Unterschreitens der Mindestlohnsumme nunmehr höhere Restvermögen kann insgesamt der **Entlastungsbetrag** nach § 19a ErbStG in Anspruch genommen werden. Die Bemessungsgrundlage des Entlastungsbetrags erhöht sich nachträglich um den anteilig entfallenden Verschonungsabschlag. Die sich insoweit ergebende Nachsteuer ist nicht zu verzinsen. Der Liquiditäts- und der **Zinsvorteil** bleiben dem Steuerpflichtigen auf jeden Fall erhalten.[633]

192 **ff) Behaltefrist und Nachversteuerung.** Die Privilegierung des Betriebsvermögens ist nur dann gerechtfertigt, wenn es als solches erhalten bleibt. Sowohl der Verschonungsabschlag (§ 13a Abs. 1 ErbStG) als auch der Abzugsbetrag (§ 13a Abs. 2 ErbStG) und die Tarifbegrenzung (§ 19a Abs. 1 ErbStG) führen daher erst nach Ablauf von fünf Jahren bei der Regelverschonung und sieben Jahren bei der Optionsverschonung (sog. **Behaltefrist**) zu einer endgültigen Begünstigung. Bis zu diesem Zeitpunkt sind die Begünstigungen nur materiell vorläufig.[634] Wird in dieser Zeit einer der Nachsteuertatbestände des § 13a Abs. 6 Nr. 1–5 ErbStG verwirklicht, entfallen die Begünstigungen **rückwirkend** und zwar je nach Art des Verstoßes zeit- sowie wertmäßig anteilig. Dementsprechend kann der Erbschaftsteuerbescheid, auch wenn er bereits formell bestandskräftig war, gemäß

---

[630] Vgl. die Berechnungen bei *Scholten/Korezkij* DStR 2009, 991, allerdings noch auf Basis der ursprünglich vorgesehenen Lohnsummenfristen von sieben bzw. zehn Jahren.
[631] R E 13a.13 Abs. 2 S. 2 ErbStR 2011.
[632] R E 13a.4 Abs. 1 S. 7 ErbStR 2011; koordinierte Ländererlasse BStBl. I 2017, 902 Abschn. 13a.8 Abs. 1 S. 10.
[633] *Scholten/Korezkij* DStR 2009, 253.
[634] Troll/Gebel/Jülicher/Gottschalk/*Jülicher* ErbStG § 13a Rn. 198.

I. Erbschaftsteuer §27

§ 175 Abs. 1 Nr. 2 AO berichtigt werden[635] und zwar indem die ursprünglich festgesetzte Erbschaftsteuer um die **Nachsteuer** erhöht wird. Der hiervon betroffene Steuerpflichtige muss den Differenzbetrag zur ursprünglich festgesetzten Erbschaftsteuer nachentrichten. Die Nachsteuer ist jedoch nicht zu verzinsen. Einen wesentlichen Problempunkt der Nachversteuerung hat die Finanzverwaltung mittlerweile entschärft: Kommt es zur Nachversteuerung, würde im Falle der Schenkung neben dem sich schädlich verhaltenden Erwerber auch der Übergeber zur Steuerzahlung herangezogen werden können. Denn beide sind Steuerschuldner, § 20 Abs. 1 S. 1 ErbStG. Natürlich empfiehlt es sich für diesen Fall Rückforderungsrechte in den Schenkungsvertrag zu implementieren (→ Rn. 39). Das hilft aber nichts, wenn das übertragene Vermögen nicht mehr vorhanden und auch sonst nichts beim Erwerber zu holen ist. Hier hat die Finanzverwaltung nun verfügt, dass eine Inanspruchnahme des Schenkers für die Schenkungsteuer nach § 20 Abs. 1 S. 1 ErbStG bei einem Verstoß des Erwerbers gegen die Behaltensregelungen oder die Lohnsummenregelung für begünstigtes Vermögen nicht erfolgt, es sei denn, der Schenker hat die Steuer nach § 10 Abs. 2 ErbStG auch für diesen Fall selbst übernommen,[636] was regelmäßig nicht der Fall sein dürfte.

Die Behaltefrist beginnt mit dem Erwerb. Sie berechnet sich nach § 108 Abs. 1 AO, **193** §§ 186, 187 BGB und beginnt somit um 0:00 Uhr des Tages, der auf den Tag folgt, an dem die Erbschaftsteuer für den begünstigungsfähigen Erwerb gemäß 9 ErbStG entstanden ist. Dies ist nicht immer der auf den Todestag folgende Tag. Insbesondere bei bedingten, betagten oder befristeten Erwerben kann es hier zu Verschiebungen kommen, die im Auge behalten werden müssen. Die Behaltefrist endet genau fünf bzw. sieben Jahre um 24:00 Uhr des Tages, der nach seiner Benennung oder seiner Zahl dem Tag der Steuerentstehung entspricht. Die Regelung des § 193 BGB ist nicht anwendbar, so dass das Fristbeginn und -ende auf jedem beliebigen Tag, also auch einen Sonnabend, Sonntag oder gesetzlichen Feiertag fallen können.[637] Ob der Nachsteuertatbestand willentlich oder unabsichtlich ausgelöst wurde spielt ebenso wenig eine Rolle, wie die Motive des Erwerbers.[638] Selbst eine wegen eines Berufsverbots oder durch Insolvenz erzwungene Betriebsaufgabe soll Nachsteuer auslösen (→ Rn. 199).

Der Erwerber ist hinsichtlich der Verwirklichung der Nachsteuertatbestände nach § 13a **194** Abs. 7 S. 2 ErbStG, § 153 Abs. 2 AO selbst **anzeigepflichtig.** Hierauf wird in den Erbschaftsteuerbescheiden explizit hingewiesen.[639] Unterlässt der Erwerber die Anzeige, setzt er sich der Gefahr strafrechtlicher Verfolgung aus. In diesem Fall kann je nach Schwere des Verhaltens eine leichtfertige Steuerverkürzung nach § 378 AO oder eine Steuerhinterziehung nach § 370 AO verwirklicht sein. Darüber hinaus sind die Finanzämter gehalten, von sich aus die Behaltensregelung zu überwachen,[640] was sie auch tun. Regelmäßig geschieht dies in dem Jahr, in dem die Behaltefrist endet und bei Erbschaftsteuerbescheiden, die unter dem Vorbehalt der Nachprüfung ergangen sind und bei denen dieser Vorbehalt nun aufgehoben werden soll. Die Aufhebung steht gemäß § 164 Abs. 3 AO einer Steuerfestsetzung ohne Vorbehalt gleich. Verstöße gegen die Behaltensregelung vor der Aufhebung stellen dann kein rückwirkendes Ereignis mehr dar, dass nach § 175 Abs. 1 Nr. 2

---

[635] R E 13a.5 Abs. 1 S. 3 ErbStR 2011; koordinierte Ländererlasse BStBl. I 2017, 902 Abschn. 13a.11 Abs. 1 S. 4; Troll/Gebel/Jülicher/Gottschalk/*Jülicher* ErbStG § 13a Rn. 199.
[636] R E 13a.1 Abs. 3 ErbStR 2011; koordinierte Ländererlasse BStBl. I 2017, 902 Abschn. 13a.1 Abs. 3.
[637] Ebenso Moench/Weinmann/*Weinmann* ErbStG § 13a Rn. 79; Troll/Gebel/Jülicher/Gottschalk/*Jülicher* ErbStG § 13a Rn. 252.
[638] BFH BStBl. II 2010, 749; BStBl. II 2005, 571; Meincke/Hannes/Holtz ErbStG § 13a Rn. 21; Moench/Weinmann/*Weinmann* ErbStG § 13a Rn. 80; Troll/Gebel/Jülicher/Gottschalk/*Jülicher* ErbStG § 13a Rn. 239 und 240.
[639] R E 13a.5 Abs. 1 S. 5 ErbStR 2011; koordinierte Ländererlasse BStBl. I 2017, 902 Abschn. 13a.11 Abs. 1 S. 6.
[640] R E 13a.5 Abs. 1 S. 6 ErbStR 2011; koordinierte Ländererlasse BStBl. I 2017, 902 Abschn. 13a.11 Abs. 1 S. 7; OFD München DB 2003, 637.

AO geändert werden könnte. Dies versetzt die Finanzverwaltung regelmäßig in Zugzwang.

195 Daneben hat der Gesetzgeber spezielle Anzeigepflichten in § 13a Abs. 7 ErbStG konstituiert. Danach ist der Erwerber verpflichtet, dem gemäß § 35 ErbStG zuständigen Finanzamt innerhalb von sechs Monaten nach Ablauf der Lohnsummenfrist das Unterschreiten der Lohnsumme und bei einem Verstoß gegen die Behaltefrist innerhalb eines Monats nach dessen Verwirklichung den schädlichen Sachverhalt anzuzeigen. Soweit ausländisches Vermögen zum begünstigten Vermögen gehört, hat der Steuerpflichtige darüber hinaus nachzuweisen, dass die Voraussetzungen für die Begünstigungen im Zeitpunkt der Entstehung der Steuer und während der gesamten Behaltefrist bestanden haben, § 13a Abs. 8 ErbStG. Schwierig wird insoweit der Beweis zu erbringen sein, dass kein eine Nachsteuer auslösender Tatbestand verwirklicht wurde. Dies wird wohl ähnlich wie die Parallelproblematik in § 6 AStG bei der Stundung der Wegzugsteuer dadurch zu lösen sein, dass es zunächst genügt, wenn der Steuerpflichtige dem Finanzamt mitteilt, er habe nicht veräußert.[641]

196 Bei den **Nachsteuertatbeständen** handelt es sich um eine abschließende Auflistung, die zum Nachteil des Steuerpflichtigen nicht ausdehnbar ist. Sie knüpfen an die unterschiedlichen Arten des begünstigten Vermögens an. Bei **Betriebsvermögen**[642] sowie **land- und forstwirtschaftlichem Vermögen** entfällt die Begünstigung, wenn
– Betriebe, Teilbetriebe oder Mitunternehmeranteile veräußert oder aufgegeben (§ 13a Abs. 6 Nr. 1 S. 1 bzw. Nr. 2 ErbStG),
– wesentliche Betriebsgrundlagen veräußert, entnommen oder für betriebsfremde Zwecke verwendet (§ 13a Abs. 6 Nr. 1 S. 2 ErbStG bzw. § 13a Abs. 6 Nr. 2 ErbStG),
– strukturelle Änderungen beim land- und forstwirtschaftlichen Vermögen vorgenommen (§ 13a Abs. 6 S. 1 Nr. 2 S. 2 ErbStG),
– größere Entnahmen getätigt (§ 13a Abs. 6 Nr. 3 ErbStG) oder
– Anteile an einer Kapitalgesellschaft oder Mitunternehmeranteile veräußert werden, die der Veräußerer durch eine Sacheinlage (§ 20 Abs. 1 UmwStG) aus begünstigtem Vermögen oder durch eine Einbringung von begünstigtem Vermögen in eine Personengesellschaft (§ 24 UmwStG) erworben hat (§ 13a Abs. 6 Nr. 1 S. 2 ErbStG bzw. § 13a Abs. 6 Nr. 2 S. 2 iVm Nr. 1 S. 2 ErbStG).

197 Der erste Nachsteuertatbestand knüpft an die ertragsteuerlichen Begriffe der **Unternehmensveräußerung** (§ 16 Abs. 1 EStG) und der **Unternehmensaufgabe** (§ 16 Abs. 3 EStG) an. Bei der Auslegung der Begriffe kann daher grundsätzlich auf die ertragsteuerlichen Begriffe und Wertungen zurückgegriffen werden. Allerdings erstreckt sich der Rückgriff lediglich auf die Tatbestandsebene und dies bei der Betriebsaufgabe auch nur eingeschränkt (→ Rn. 199). Aus der Anlehnung an die ertragsteuerlichen Begriffe folgt also nicht, dass auch die ertragsteuerlichen Besonderheiten und Ausnahmen schenkungsteuerrechtlich nachvollzogen werden müssen. Die Anlehnung kann nur soweit gehen, wie es um das Grundverständnis dieser Begriffe geht und im Übrigen nur solche ertragsteuerlichen Besonderheiten erfassen, die mit erbschaftsteuer- und schenkungsteuerrechtlichen Grundsätzen vereinbar sind.[643] Das Erbschaftsteuerrecht wertet daher zB eine **Vermögensübertragung gegen Versorgungsleistungen** (→ § 28 Rn. 60 ff.), die ertragsteuerlich einen unentgeltlichen Vorgang darstellt, entsprechend der zivilrechtlichen Rechtslage als gemischte Schenkung oder Schenkung unter Leistungsauflage, mit der Folge, dass der entgeltliche Teil dieser Vermögensübertragungen den Nachsteuertatbestand gemäß § 13a Abs. 5 ErbStG auslöst.[644] Eine der Schenkung beigefügte **Duldungsauflage**

---
[641] Troll/Gebel/Jülicher/Gottschalk/*Jülicher* ErbStG § 13a Rn. 465 unter Hinweis auf Flick/Wassermeyer/Baumhoff/*Wassermeyer* AStG § 6 Rn. 311 ff.
[642] Dies gilt gleichermaßen für gewerbliches wie für freiberufliches Betriebsvermögen.
[643] BFH BStBl. II 2005, 532; Moench/Weinmann/*Weinmann* ErbStG § 13a Rn. 89.
[644] BFH BStBl. II 2005, 532; Troll/Gebel/Jülicher/Gottschalk/*Jülicher* § 13a Rn. 218; vgl. auch R E 13a.5 Abs. 2 Nr. 2 S. 2 ErbStR 2011.

(zB Nießbrauchsvorbehalt, → § 28 Rn. 15) stellt schenkungsteuerlich keine Gegenleistung dar und führt nicht zur (Teil-)Entgeltlichkeit.[645] **Gleichstellungsgelder,** die zB ein Hofübernehmer bei lebzeitiger Hofübertragung iSd § 17 HöfeO zugunsten weichender Erben innerhalb der Behaltefrist bezahlt, führen beim Übergeber zu einer Veräußerung und sind daher teilweise nachsteuerauslösend.[646] Die Übereignung von begünstigtem Vermögen als Abfindung für einen Verzicht auf den entstandenen Pflichtteilsanspruch oder für die Ausschlagung einer Erbschaft, eines Erbersatzanspruchs oder eines Vermächtnisses oder für die Zurückweisung eines Rechts aus einem Vertrag des Erblassers zugunsten Dritter auf den Todesfall oder anstelle eines anderen Erwerbs von Todes wegen gemäß § 3 Abs. 1 ErbStG sind ebenso nachsteuerschädlich wie dessen Hingabe zur Erfüllung anderer schuldrechtlicher Ansprüche, zB auf Grund eines Geldvermächtnisses, Pflichtteils- oder Zugewinnausgleichsanspruchs gegen Erlöschen der entsprechenden Erbfallschulden.[647] Der Brexit an sich ist weder eine Betriebsaufgabe noch eine Veräußerung und dementsprechend kein Behaltensfristverstoß.[648]

Für den Wegfall der Begünstigung ist es nicht erforderlich, dass ein Veräußerungs- oder Aufgabegewinn entsteht oder es zur Realisierung der stillen Reserven kommt.[649] Bei der Verwirklichung des **Nachsteuertatbestands der Veräußerung** kommt es aufgrund der Anknüpfung an das Einkommensteuerrecht auf die ertragsteuerliche Wertung an.[650] Der in § 13a Abs. 6 Abs. 1 S. 1 Nr. 1 ErbStG verwendete Begriff „Anteil an einer Gesellschaft im Sinne des § 15 Abs. 1 Nr. 2 und Abs. 3 oder § 18 Abs. 4 S. 2 des Einkommensteuergesetzes" ist dementsprechend ertragsteuerrechtlich im Sinne eines Mitunternehmeranteils ohne Rücksicht auf zivilrechtliche Beteiligungsverhältnisse zu verstehen. Das Erbschaftsteuerrecht stellt zwar vom Grundsatz her auf die zivilrechtliche Lage ab und setzt daher in der Regel den Eigentumsübergang voraus, so dass es auf den Übergang des wirtschaftlichen Eigentums nicht ankommt. Soweit das Ertragsteuerrecht jedoch den Übergang des wirtschaftlichen Eigentums als Veräußerung wertet, ist dies auch für den Nachsteuertatbestand maßgebend. Umgekehrt löst eine Veräußerung, bei der das wirtschaftliche Eigentum beim Veräußerer verbleibt und ihm das zivilrechtlich veräußerte Vermögen somit ertragsteuerlich weiterhin zuzurechnen ist, keine Nachsteuer nach § 13a Abs. 5 ErbStG aus.[651] Die Begründung eines Treuhandverhältnisses ist demzufolge grundsätzlich unschädlich, da der Treugeber ertragsteuerlich weiterhin Unternehmer bzw. Mitunternehmer bleibt. Das Ziel einer späteren Veräußerung an den Treuhänder schadet per se noch nicht.[652] Auch die Einräumung eines Nießbrauchs an dem begünstigten Vermögen führt, solange der Nießbrauchsbesteller zumindest Mitunternehmer bleibt, zu keiner Nachsteuer.[653] Hinsichtlich des Zeitpunkts der Veräußerung kann dementsprechend nicht apodiktisch auf den Zeitpunkt des obligatorischen oder des dinglichen Rechtsgeschäfts abgestellt werden. Vielmehr ist – wie im Ertragsteuerrecht – grundsätzlich der Übergang des Eigentums und damit das dingliche Rechtsgeschäft maßgebend. Bei Auseinanderfallen des Zeitpunkts der

198

---

[645] Moench/Weinmann/*Weinmann* ErbStG § 13a Rn. 87; Troll/Gebel/Jülicher/Gottschalk/*Jülicher* ErbStG § 13a Rn. 234; BayLfSt DStR 2016, 1322.
[646] Schmidt/*Kulosa* EStG § 14 Rn. 23; Troll/Gebel/Jülicher/Gottschalk/*Jülicher* ErbStG § 13 Rn. 328.
[647] R E 13a.5 Abs. 3 ErbStR 2011; koordinierte Ländererlasse BStBl. I 2017, 902 Abschn. 13a.11 Abs. 3; Troll/Gebel/Jülicher/Gottschalk/*Jülicher* ErbStG § 13a Rn. 221 und 223; Schmidt/*Wacker* EStG § 16 Rn. 599.
[648] Bode/Bron/Fleckenstein-Weiland/Mick/*Reich* BB 2016, 1367; *Eisele* NWB 2019, 1451.
[649] *Gebel*, Betriebsvermögensnachfolge, Rn. 37.
[650] BFH BStBl. 2005, 571; BStBl. II 2016, 230; Troll/Gebel/Jülicher/Gottschalk/*Jülicher* ErbStG § 13a Rn. 176; aA FG Düsseldorf ZEV 2006, 378; Moench/Weinmann/*Weinmann* ErbStG § 13a Rn. 89. Vgl. auch BFH/NV 2011, 2066 Rn. 17; BStBl. II 2010, 923 Rn. 24; BFH/NV 2011, 1147 Rn. 36 zur Parallelproblematik der Einordnung als begünstigtes Betriebsvermögen nach § 13b Abs. 1 Nr. 1 ErbStG.
[651] Troll/Gebel/Jülicher/Gottschalk/*Jülicher* ErbStG § 13a Rn. 208.
[652] Troll/Gebel/Jülicher/Gottschalk/*Jülicher* ErbStG § 13a Rn. 209.
[653] H E 13a.5 ErbStH 2011 „Einräumung obligatorischer Nutzungsrechte an begünstigtem Vermögen"; koordinierte Ländererlasse BStBl. I 2017, 902 Abschn. H 13a.11; Troll/Gebel/Jülicher/Gottschalk/*Jülicher* ErbStG § 13a Rn. 233f.

dinglichen Eigentumsübertragung und der Einräumung der wirtschaftlichen Eigentümerstellung ist letzterer entscheidend.⁶⁵⁴ Es sollte aber dennoch sicherheitshalber darauf geachtet werden, dass sowohl das dingliche, als auch das obligatorische Rechtsgeschäft erst nach Ablauf der Behaltefrist liegen und auch die Umstände, die zum Übergang des wirtschaftlichen Eigentums führen, nicht vor diesem Zeitpunkt verwirklicht werden.

199   Der **Nachsteuertatbestand der Betriebsaufgabe,** der dem einer Veräußerung gleichgestellt ist, ist ebenfalls nach ertragsteuerlichen Kriterien zu beurteilen.⁶⁵⁵ Damit stellt sich die Frage, wann der Nachsteuertatbestand verwirklicht ist, denn die Betriebsaufgabe ist grundsätzlich kein stichtagsbezogenes Ereignis, sondern setzt sich aus einzelnen Akten zusammen und erstreckt sich daher regelmäßig über einen längeren Zeitraum.⁶⁵⁶ Diesem Aspekt wird nicht genüge getan, wenn für die Verwirklichung des Nachsteuertatbestands allein auf den Beginn der Betriebsaufgabe abgestellt wird.⁶⁵⁷ Zwar wird die entlastungsschädliche Betriebsaufgabe stichtagsbezogen als solche tatsächlich, nicht jedoch unbedingt auch endgültig in die Wege geleitet, wie man an der Betriebsunterbrechung sieht. Der Betrieb hört jedoch üblicherweise nicht an diesem Stichtag auf zu leben. Darüber hinaus führt diese Ansicht dazu, dass die Vergünstigungen des § 13a ErbStG stichtagsbezogen in vollem Umfang entfallen, obwohl ein Teil des Betriebsaufgabegewinns möglicherweise erst nach Ablauf der fünfjährigen Behaltefrist entsteht. Damit würde an sich begünstigungsfähiges Betriebsvermögen vorzeitig in die Nachversteuerung mit einbezogen, obwohl der Gesetzgeber für die Veräußerung bzw. Entnahme einzelner wesentlicher Betriebsgrundlagen mit § 13a Abs. 6 Nr. 1 S. 2 ErbStG eine eigenständige Nachsteuerregelung vorgesehen hat. Soweit eine Betriebsaufgabe sukzessive durchgeführt wird, ist für die Verwirklichung des Nachsteuertatbestands daher auf die jeweils einzelnen Aufgabehandlungen, zB die Veräußerung eines einzelnen Wirtschaftsguts, abzustellen. Nicht jeder Aufgabeteilakt führt dann aber sogleich zu einer Nachsteuer. Solange die Betriebsaufgabe noch nicht beendet ist, entfällt die Begünstigung nur, wenn einer der auf die allmähliche Abwicklung gerichteten Nachsteuertatbestände ausgelöst wird. Dies ist grundsätzlich nur dann der Fall, wenn wesentliche Betriebsgrundlagen veräußert, entnommen oder für betriebsfremde Zwecke verwendet werden (→ Rn. 200) oder größere Entnahmen getätigt werden (→ Rn. 202). Dies bedeutet, dass sich der Nachsteuertatbestand der Betriebsaufgabe letztlich nur auf die Fälle erstreckt, in denen die Betriebsaufgabe in einem Akt erfolgt, wie zB bei der verdeckten Einlage, oder aber auf den letzten Akt bei einer sich über einen längeren Zeitraum hinziehenden Betriebsaufgabe. Entscheidend ist daher allein die **Beendigung der Betriebsaufgabe.**⁶⁵⁸ Der Beendigungsgrund spielt nach der Rechtsprechung keine Rolle. Auch die durch ein Berufsverbot oder eine Insolvenz erzwungene Betriebsaufgabe, selbst wenn sie vom Insolvenzverwalter ausgesprochen wird, löst beim Erwerber den Nachsteuertatbestand aus.⁶⁵⁹ Die Eröffnung des Insolvenzverfahrens bei einer Untergesellschaft führt nicht zu einer Betriebsaufgabe bei der Obergesellschaft und löst daher für sich genommen noch keine Nachsteuer aus.⁶⁶⁰ Nachsteuerauslö-

---

⁶⁵⁴ Troll/Gebel/Jülicher/Gottschalk/*Jülicher* ErbStG § 13a Rn. 208; Schmidt/*Wacker* EStG § 16 Rn. 20; Schmidt/*Kulosa* EStG § 14 Rn. 2; aA FG Düsseldorf ZEV 2006, 378 und Moench/Weinmann/*Weinmann* ErbStG § 13a Rn. 89, der stets auf das obligatorische Rechtsgeschäft abstellen will.
⁶⁵⁵ Troll/Gebel/Jülicher/Gottschalk/*Jülicher* ErbStG § 13a Rn. 271; Moench/Weinmann/*Weinmann* ErbStG § 13a Rn. 92.
⁶⁵⁶ BFH BStBl. II 1993, 710; Schmidt/*Wacker* EStG § 16 Rn. 260.
⁶⁵⁷ So aber *Hübner* DStR 1995, 197 (202); Moench/Weinmann/*Weinmann* ErbStG § 13a Rn. 92.
⁶⁵⁸ Wohl ebenso BFH BStBl. II 2005, 571; H E 13a.6 ErbStH 2011 „Erzwungene Betriebsaufgabe"; koordinierte Ländererlasse BStBl. I 2017, 902 Abschn. H 13a.12; Troll/Gebel/Jülicher/Gottschalk/*Jülicher* ErbStG § 13a Rn. 253; Wilms/Jochum/*M. Söffing* ErbStG § 13a Rn. 140.
⁶⁵⁹ Zur Insolvenz: FG Nürnberg ZEV 2018, 476, Rev. II R 19/18; BeckRS 2018, 22429, Rev. II R 20/18; koordinierte Ländererlasse BStBl. I 2017, 902 Abschn. 13a.12 Abs. 1 S. 2; R E 13a.6 Abs. 1 S. 2 ErbStR 2011; BFH BStBl. I 2005, 571; zur eventuellen Ausweichgestaltung vgl. Kapp/Ebeling/*Geck* ErbStG § 13a Rn. 83; Troll/Gebel/Jülicher/Gottschalk/*Jülicher* ErbStG § 13a Rn. 241. Zum Berufsverbot: BFH BStBl. II 2010, 749; LfSt Bayern BeckVerw 343523.
⁶⁶⁰ FG Düsseldorf ZEV 2018, 349, Rev. II R 10/18; BeckRS 2018, 1825, Rev. II R 11/18.

sendes Ereignis soll bereits die Eröffnung des Insolvenzverfahrens sein, was allerdings nicht zwingend ist, da der Betrieb bzw. die Gesellschaft auch danach noch weitergeführt werden kann. Der Erwerber ist daher „zum Erfolg verdammt" und muss versuchen, den ererbten Betrieb etc. zumindest über die Behaltefrist zu retten. Denn auch ein Erlass der Nachsteuer aus Billigkeitsgründen kommt nach der Rechtsprechung nicht in Betracht, da der für einen Billigkeitserlass erforderliche Gesetzesüberhang über die Wertungen des Gesetzgebers nicht besteht.[661] Entscheidend sei, dass der Gesetzgeber im Rahmen seiner Typisierungsbefugnis die Vergünstigungen bei jeder Betriebsveräußerung und Betriebsaufgabe versagt und die Umstände des jeweiligen Einzelfalls, die dazu geführt haben, bewusst nicht berücksichtigt. Der Strukturwandel von einer Einkunftsart in die andere führt – abgesehen von den gesetzlich geregelten Fällen im Bereich der Land- und Forstwirtschaft (→ Rn. 209) – zu keiner Nachsteuer. Gleiches gilt hinsichtlich des Übergangs in einen Liebhabereibetrieb.[662]

200 Ergänzend erfasst der zweite Nachsteuertatbestand die Zuführung von **wesentlichen Betriebsgrundlagen** zu betriebsfremden Zwecken. Dabei kann es sich, wie zB bei der **allmählichen Abwicklung,** um alle wesentlichen Betriebsgrundlagen handeln. Aber auch die Verfügung über lediglich eine wesentliche Betriebsgrundlage reicht grundsätzlich schon zur Verwirklichung des Nachsteuertatbestands aus.[663] Bei mehrstöckigen Gesellschaftsstrukturen soll eine auf einer unteren Ebene wesentliche Betriebsgrundlage grundsätzlich auch bei der Obergesellschaft eine wesentliche Betriebsgrundlage sein können.[664] Bei der unentgeltlichen Übertragung eines Mitunternehmeranteils ist einmal mehr das Sonderbetriebsvermögen im Auge zu behalten. Denn zum Mitunternehmeranteil gehört neben der Mitgliedschaft und einer etwaigen dinglichen Berechtigung am Gesamthandsvermögen auch das Sonderbetriebsvermögen des einzelnen Mitunternehmers. Wird eine wesentliche Betriebsgrundlage des Sonderbetriebsvermögens zurückbehalten und in das Privatvermögen überführt, führt dies zur Aufgabe des Mitunternehmeranteils insgesamt.[665] Damit entfällt eine zuvor in Anspruch genommene Vergünstigung insgesamt und nicht nur bezogen auf die Entnahme einer wesentlichen Betriebsgrundlage. Wird der Betrieb der Mitunternehmerschaft fortgeführt, so bleibt er als Betriebsvermögen, nur eben ohne das zurückbehaltene Einzelwirtschaftsgut, erhalten. Es erscheint daher aus erbschaftsteuerlicher Sicht eine teleologische Reduktion dahingehend gerechtfertigt, dass die Entnahme einer wesentlichen Betriebsgrundlage aus dem Sonderbetriebsvermögen als schädliche Verfügung in ihrer Wirkung auf eben diese Entnahme beschränkt bleibt. Wird die wesentliche Betriebsgrundlage nicht entnommen, sondern zeitgleich nach § 6 Abs. 5 EStG zum Buchwert in ein anderes Betriebsvermögen überführt, kommt es einkommensteuerrechtlich zu keiner Betriebsaufgabe.[666] Zwar liegen die Voraussetzungen des § 6 Abs. 3 S. 1 EStG nicht vor, da funktional wesentliche Betriebsgrundlagen, die auch im Sonderbetriebsvermögen gehalten werden können, taggleich mit der Übertragung des Mitunternehmeranteils an einen Dritten oder in ein anderes Betriebsvermögen des ehemaligen Mitunternehmers überführt werden. Allerdings ist diese Übertragung nach § 6 Abs. 5 EStG privilegiert. Da ein Rangverhältnis zwischen den Abs. 3 und 6 des § 6 EStG weder ausdrücklich geregelt noch durch Auslegung zu bestimmen ist, stehen sie gleichberechtigt nebeneinander. Ist also § 6 Abs. 5 EStG erfüllt, kann der insoweit zugrundeliegende Sach-

---

[661] BFH BStBl. II 2010, 663; BFH/NV 2010, 1601; aA Troll/Gebel/Jülicher/Gottschalk/*Jülicher* ErbStG § 13a Rn. 240 mwN.
[662] Troll/Gebel/Jülicher/Gottschalk/*Jülicher* ErbStG § 13a Rn. 275; BFH/NV 2011, 1147; BStBl. II 2009, 852; zu Land- und Forstwirtschaft vgl. BFH BStBl. II 1986, 282; BStBl. II 1997, 228; Troll/Gebel/Jülicher/Gottschalk/*Jülicher* ErbStG § 13a Rn. 326.
[663] R E 13a.6 Abs. 2 S. 1 ErbStR 2011; koordinierte Ländererlasse BStBl. I 2017, 902 Abschn. 13a.12 Abs. 2 S. 1.
[664] FG Düsseldorf ZEV 2018, 349, Rev. II R 10/18; BeckRS 2018, 1825, Rev. II R 11/18; aA *Korezkij* DStR 2018, 2415.
[665] BFH BStBl. II 1995, 890; Schmidt/*Wacker* EStG § 16 Rn. 438 mwN.
[666] BFH ZEV 2012, 685; aA BMF BStBl. I 2005, 458 Rn. 6, 7; BMF BStBl. I 2013, 1164.

verhalt auf § 6 Abs. 3 EStG keinen negativen Einfluss haben. Dies gilt entsprechend, wenn die wesentliche Betriebsgrundlage nicht zeitgleich, sondern **vor** der Übergabe des Mitunternehmeranteils erfolgt ist,[667] und hinsichtlich des unentgeltlichen Teils einer teilentgeltlichen Übertragung von wesentlichen Betriebsgrundlagen.[668] Diese einkommensteuerrechtliche Wertung ist auch im Erbschaftsteuerrecht zu beachten, denn die Begriffe ganzer Gewerbebetrieb, Teilbetrieb und Beteiligung an einer Personengesellschaft sind nach ertragsteuerlichen Gesichtspunkten zu beurteilen.[669] Zur Beurteilung, ob ein Wirtschaftsgut eine wesentliche Betriebsgrundlage darstellt, sind die ertragsteuerlichen Grundsätze heranzuziehen.[670] Auch hier ist allein auf **funktionale Kriterien** abzustellen, da die Nachsteuerregelung nicht voraussetzt, dass durch die freibetragsschädlichen Verfügungen oder Zuordnungen stille Reserven aufgedeckt werden.[671] Wird eine wesentliche Betriebsgrundlage vor Übertragung unter Aufdeckung sämtlicher stiller Reserven veräußert, verliert sie ihre „Wesentlichkeit" und die Übertragung des Betriebes, Teilbetriebes oder Mitunternehmeranteils wäre mithin ertrag- und erbschaftsteuerrechtlich begünstigt. Denn in zeitlicher Hinsicht kommt es ausschließlich auf die Verhältnisse im Zeitpunkt von deren Übertragung an, sofern die Veräußerung der – zuvor wesentlichen – Betriebsgrundlage auf Dauer angelegt ist, mag sie auch an eine nahestehende Person erfolgt sein.[672] Soweit wesentliche Betriebsgrundlagen zum jungen Verwaltungsvermögen iSd § 13b Abs. 7 S. 2 ErbStG gehörten, ist ihre Veräußerung oder Entnahme unschädlich.[673] Unschädlich ist auch der Verkauf einer wesentlichen Betriebsgrundlage bei zeitnaher Ersatzbeschaffung (→ Rn. 217), wobei ein wirtschaftlicher Zusammenhang genügt, § 13a Abs. 6 S. 3 ErbStG. Die Behaltefrist erstreckt sich dann auf das Surrogat.[674] Der Umfang der schädlichen Verfügung bemisst sich nach dem gemeinen Wert der entnommenen wesentlichen Betriebsgrundlage im ursprünglichen Besteuerungszeitpunkt, der nach §§ 151 ff. BewG festzustellen ist.[675] Zwischenzeitliche Wertveränderungen wirken sich mithin nicht aus. Die durch den Nachsteuertatbestand ausgelöste Bewertung des Einzelwirtschaftsguts folgt idR nicht der ursprünglichen Bewertung der Sachgesamtheit. So kann es zu Wertverschiebungen kommen, weil der Wert des später entnommenen Einzelwirtschaftsguts zB im vereinfachten Ertragswertverfahren nicht isoliert abgebildet wird.

201 Für die Beurteilung, ob eine Betriebsgrundlage wesentlich oder unwesentlich ist, kommt es allein auf den **Zeitpunkt der Veräußerung** an.[676] Nur so kann dem Umstand, dass ein Betrieb ein lebender Organismus des Wirtschaftslebens ist, der sich den Wandlungen des Marktes anzupassen hat, hinreichend Rechnung getragen werden. Dies ändert

---

[667] BFH ZEV 2012, 691 mAnm v. *Geck*; aA BMF BStBl. I 2005, 458 Rn. 6 und 7.
[668] BFH DStR 2012, 2051; aA BMF BStBl. I 2011, 1279 Rn. 15; BMF BStBl. I 2013, 1164.
[669] R E 13b.5 Abs. 3 S. 2 ErbStR 2011, koordinierte Ländererlasse BStBl. I 2017, 902 Abschn. 13a.12 Abs. 2 S. 3.
[670] R E 13a.6 Abs. 2 S. 3 ErbStR 2011; koordinierte Ländererlasse BStBl. I 2017, 902 Abschn. 13a.12 Abs. 2 S. 3.
[671] FG Münster EFG 2003, 1636; R E 13a.6 Abs. 2 S. 3 ErbStR 2011; H E 13a.6 ErbStH 2011 „wesentliche Betriebsgrundlage" mit Verweis auf H 16 (5) EStH 2010; gleichlautende Ländererlasse BStBl. I 2009, 713 Abschn. 10 Abs. 2 S. 3; H 10; Troll/Gebel/Jülicher/Gottschalk/*Jülicher* ErbStG § 13a Rn. 244.
[672] BFH BStBl. II 2012, 638.
[673] R E 13 a.6 Abs. 2 S. 2 ErbStR 2011; koordinierte Ländererlasse BStBl. I 2017, 902 Abschn. 13 a.12 Abs. 2 S. 2.
[674] Troll/Gebel/Jülicher/Gottschalk/*Jülicher* ErbStG § 13a Rn. 421.
[675] Koordinierte Ländererlasse BStBl. I 2017, 916 Abschn. 13a.12 Abs. 2 S. 4f.
[676] *Gebel*, Betriebsvermögensnachfolge, Rn. 263; Troll/Gebel/Jülicher/Gottschalk/*Jülicher* ErbStG § 13a Rn. 294; *Hübner* DStR 1995, 197; *Felix* BB 1994, 477; aA R E 13a.6 Abs. 2 S. 1 ErbStR „im Besteuerungszeitpunkt wesentliche Betriebsgrundlagen"; koordinierte Ländererlasse BStBl. I 2017, 902 Abschn. 13a.12 Abs. 2 S. 1; Moench/Weinmann/*Weinmann* ErbStG § 13a Rn. 114; *Franz/Rupp* BB 1993, Beil. 20, 17, die auf den Zeitpunkt der Steuerentstehung abstellen wollen. Nach Meincke/Hannes/Holtz ErbStG § 13a Rn. 30, ist im Zweifel anzunehmen, dass die Wesentlichkeit zu beiden Zeitpunkten bestanden haben muss; nach Wilms/Jochum/*Söffing* ErbStG § 13a Rn. 1496 muss die Betriebsgrundlage bereits im Zeitpunkt des Erwerbs als wesentliche Betriebsgrundlage vorhanden gewesen sein.

I. Erbschaftsteuer   § 27

nichts daran, dass die zu beurteilende Betriebsgrundlage bereits bei Erwerb – da gegebenenfalls noch als unwesentliche Betriebsgrundlage – vorhanden gewesen sein muss.

Durch die Veräußerung **unwesentlicher Betriebsgrundlagen** wird grundsätzlich keine Nachsteuer ausgelöst. Da dies, vor allem wenn man der funktionalen Betrachtungsweise folgt, dazu führen würde, dass ein beträchtlicher Teil des begünstigten Vermögens (man denke nur an Wirtschaftsgüter des gewillkürten Betriebsvermögens) ohne nachteilige erbschaftsteuerliche Folgen aus dem Betriebszusammenhang gelöst werden könnte, entfallen gem. § 13a Abs. 6 Nr. 3 ErbStG die Begünstigungen auch, wenn der Erwerber bis zum Ende des letzten in die Fünf- bzw. Sieben-Jahres-Frist fallenden Wirtschaftsjahres Entnahmen tätigt, die die Summe seiner Einlagen und der ihm zuzurechnenden Gewinne oder Gewinnanteile seit dem Erwerb um mehr als 150.000 EUR übersteigen (sog. **Überentnahmen**), wobei Verluste unberücksichtigt bleiben. Auch hier erfolgt die Interpretation der Begriffe Entnahme, Einlage, Gewinn und Verlust wieder nach ertragsteuerlichen Grundsätzen.[677] Eine Ausnahme bildet auch nicht mehr die Sachentnahme, die nun mit dem ertragsteuerlichen Wert im Entnahmezeitpunkt anzusetzen ist.[678] Der Grund für die Entnahmen (zB Bezahlung der Erbschaftsteuer)[679] spielt keine Rolle. Unschädlich ist die Entnahme von jungem Verwaltungsvermögen, da es zuvor auch nicht begünstigt übergegangen ist.[680] Problematisch könnte es aber, insbesondere bei Finanzmitteln nach § 13b Abs. 4 Nr. 5 ErbStG sein, dieses zu identifizieren. 202

Sondervergütungen eines Mitunternehmers im Sinne des § 15 Abs. 1 S. 1 Nr. 2 S. 1 Hs. 2 EStG sind im Ergebnis für die Nachsteuer nicht relevant, denn sie mindern zwar den Steuerbilanzgewinn, nicht jedoch den Gesamtgewinn der Mitunternehmerschaft, weil der Betrag der in der Steuerbilanz als Aufwand anzusetzen ist, zeit- und betragskonform in der Sonderbilanz des Mitunternehmers als Ertrag angesetzt werden muss.[681] Der Ertrag aus der Sonderbilanz fließt in die für die Entnahmebegrenzung anzustellende Vergleichsrechnung von Gewinn und Entnahmen mit ein. 203

Bei land- und forstwirtschaftlichem Betriebsvermögen können Wirtschaftsgüter, die zwar ertragsteuerlich, nicht jedoch zum nach § 13b Abs. 1 Nr. 1 ErbStG begünstigten Betriebsvermögen des Betriebs der Land- und Forstwirtschaft gehören, nachsteuerunschädlich entnommen werden.[682] Somit ist die Entnahme von Betriebswohnungen, von Mietwohngrundstücken oder erbbaurechtsbelasteten Flächen und des denkmalgeschützten Wohnteils im Sinne § 13 Abs. 2 Nr. 2 EStG nicht schädlich. 204

Die Berechnung bezieht sich auf die jeweilige Betriebsvermögenseinheit, dh den Betrieb bzw. den Gesellschaftsanteil. Teilbetriebe sind dagegen nicht gesondert zu erfassen. Gleiches gilt für Gewerbebetriebe mit Beteiligungen.[683] Hat ein Erwerber sowohl gewerbliches/freiberufliches Betriebsvermögen als auch land- und forstwirtschaftliches Betriebsvermögen erworben, ist die Entnahmebegrenzung für beide Vermögensarten getrennt zu betrachten.[684] Kommt es bei wesentlichen Betriebsgrundlagen zur Nachversteuerung, bleiben die hierauf entfallenden Entnahmen bei der Berechnung außer Be- 205

---

[677] R E 13a.8 Abs. 1 S. 4 ErbStR 2011; koordinierte Ländererlasse BStBl. I 2017, 902 Abschn. 13a.14 Abs. 1 S. 3.
[678] R E 13a.8 Abs., 1 S. 5 ErbStR 2011; koordinierte Ländererlasse BStBl. I 2017, 902 Abschn. 13a.14 Abs. 1 S. 5.
[679] BFH BStBl. II 2010, 305; R E 13a.8 Abs. 1 S. 2 ErbStR 2011; koordinierte Ländererlasse BStBl. I 2017, 902 Abschn. 13a.14 Abs. 1 S. 2.
[680] R E 13a.8 Abs. 1 S. 6 ErbStR 2011; koordinierte Ländererlasse BStBl. I 2017, 902 Abschn. 13a.14 Abs. 1 S. 6; Troll/Gebel/Jülicher/Gottschalk/*Jülicher* ErbStG § 13a Rn. 336.
[681] Vgl. Schmidt/*Wacker* EStG § 15 Rn. 440 mwN; Troll/Gebel/Jülicher/Gottschalk/*Jülicher* ErbStG § 13a Rn. 356.
[682] R E 13a.8 Abs. 2 ErbStR 2011; koordinierte Ländererlasse BStBl. I 2017, 902 Abschn. 13a.14 Abs. 2; *Eisele* INF 1999, 37.
[683] R E 13a.8 Abs. 1 S. 7 ErbStR 2011; koordinierte Ländererlasse BStBl. I 2017, 902 Abschn. 13a.14 Abs. 1 S. 7.
[684] Troll/Gebel/Jülicher/Gottschalk/*Jülicher* ErbStG § 13a Rn. 346; R 65 Abs. 2 ErbStR 2003.

tracht.[685] War der Erwerber eines Personengesellschaftsanteils vorher bereits an dieser Gesellschaft beteiligt, bezieht sich die Entnahmebegrenzung nur auf den zusätzlich erworbenen Anteil; sein Kapitalkonto im Besteuerungszeitpunkt übersteigende Entnahmen, Gewinne und Einlagen sind dementsprechend nur anteilig in die Berechnung mit einzubeziehen.[686] Maßgebend für die Berechnung ist die gesamte fünf- bzw. siebenjährige Behaltefrist. Dh, der Erwerber kann innerhalb der Behaltefrist durchaus mehr als 150.000 EUR entnehmen, solange er nur bis zu deren Ende die Überentnahmen durch Einlagen wieder verringert. Hierin liegt kein Gestaltungsmissbrauch.[687]

> **Praxistipp:**
> Die Entnahmen sollten während der Behaltefrist parallel zur Buchführung gesondert aufgezeichnet werden. Auf diese Weise erlangt man einen schnellen Überblick über die Entnahmesituation und kann rechtzeitig etwaigen Überentnahmen entgegenwirken.

206 Vorsicht ist bei einer „fremdfinanzierten Einlage" geboten. Ist der Kredit als betriebliche Schuld oder negatives Sonderbetriebsvermögen zu werten liegt keine Einlage vor.[688] Bei der Entnahmegrenze von 150.000 EUR sollte auch einkalkuliert werden, dass sich die dabei zugrunde gelegten Berechnungsfaktoren im Falle einer Außenprüfung auch noch Jahre später ändern können.[689] Schließlich soll noch darauf hingewiesen werden, dass die Finanzverwaltung bei Betrieben der Land- und Forstwirtschaft, die ihren Gewinn nach § 13a EStG ermitteln, nicht prüft.[690] Früher galt dies auch für **nicht bilanzierende** Gewerbetreibende, freiberuflich Tätige, Land- und Forstwirte, da für diese keine Verpflichtung zur Aufzeichnung von Entnahmen und Einlagen bestand und somit die Überprüfung faktisch nicht möglich war.[691] Seit Einschränkung des betrieblichen Schuldzinsenabzugs in § 4 Abs. 4a EStG und der damit einhergehenden Aufzeichnungspflicht in S. 6 auch für Steuerpflichtige, die Ihren Gewinn nach § 4 Abs. 3 EStG, ist dieses Hindernis jedoch entfallen, so dass nun auch hier Überentnahmen geprüft werden können.[692]

207 Auch für die Entnahmebegrenzung gilt grundsätzlich die fünf- bzw. siebenjährige **Behaltefrist,** hier jedoch als Zeitraum der Beschränkung der Entnahmerechte verstanden. Sie beginnt mit dem Zeitpunkt des begünstigten Erwerbs (§ 9 ErbStG), umfasst aber nur dann genau fünf bzw. sieben Jahre, wenn dieser Zeitpunkt auf den Beginn eines Wirtschaftsjahres fällt. In allen anderen Fällen beträgt die Behaltefrist weniger als fünf bzw. sieben Jahre, da sie gemäß § 13a Abs. 6 Nr. 3 ErbStG bereits mit Ablauf des letzten Wirtschaftsjahres endet, das innerhalb der fünf- bzw. siebenjährigen Behaltenszeit endet. In der Regel bildet daher das Wirtschaftsjahr des begünstigten Erwerbs für die Entnahmebegrenzung ein „Rumpfwirtschaftsjahr", wohingegen die folgenden vier bzw. sechs zu berücksichtigenden Jahreszeiträume grundsätzlich mit den Wirtschaftsjahren bei der steuerlichen Gewinnermittlung übereinstimmen.[693] Entspricht das Wirtschaftsjahr zB dem Kalenderjahr

---

[685] R E 13a.8 Abs. 1 S. 6 ErbStR 2011; koordinierte Ländererlasse BStBl. I 2017, 902 Abschn. 13a.14 Abs. 1 S. 6.
[686] R E 13a.8 Abs. 3 ErbStR 2011; koordinierte Ländererlasse BStBl. I 2017, 902 Abschn. 13a.14 Abs. 3 S. 1 u. 2.
[687] R E 13a.8 Abs. 4 S. 1 ErbStR 2011; koordinierte Ländererlasse BStBl. I 2017, 902 Abschn. 13a.14 Abs. 4 S. 1.
[688] R E 13a.8 Abs. 4 S. 2 u. 3 ErbStR 2011; koordinierte Ländererlasse BStBl. I 2017, 902 Abschn. 13a.14 Abs. 4 S. 2 u. 3.
[689] *Moench* ZEV 1997, 268 Fn. 61.
[690] R E 13a.8 Abs. 5 ErbStR 2011; koordinierte Ländererlasse BStBl. I 2017, 902 Abschn. 13a.14 Abs. 5.
[691] So noch R 65 Abs. 6 ErbStR 2003.
[692] *Schmidt/Leyh* NWB 2009, 2557.
[693] FG Münster EFG 2009, 1661; Moench/Weinmann/*Weinmann* ErbStG § 13a Rn. 114; Troll/Gebel/Jülicher/Gottschalk/*Jülicher* ErbStG § 13a Rn. 348; *Korn* KÖSDI 1997, 11260; aA *von Rechenberg* GmbHR 1997, 813 (821), der eine Verlängerung des Beurteilungszeitraums annimmt.

und erfolgt der begünstigte Erwerb am 12.4.2017, so würden nur die Entnahmen vom 13.4.2022 bis 31.12.2021 erfasst werden. Entnahmen im Zeitraum vom 1.1. bis 12.4.2022 wären dagegen für die Berechnung der Überentnahmen irrelevant. Umgekehrt bedeutet dies aber auch, dass etwaige Einlagen zum Ausgleich von getätigten Überentnahmen noch in dem letzten Wirtschaftsjahr getätigt werden müssen. Einlagen im Jahr 2022 wären im Beispielsfall daher zu spät und könnten nicht mehr berücksichtigt werden.[694]

Umwandlungsvorgänge iSd §§ 20, 24 UmwStG sind steuerunschädlich. Erst die Veräußerung führt zur Nachversteuerung. Dies muss auch für land- und forstwirtschaftliches Vermögen gelten. Zwar fehlt in § 13a Abs. 6 S. 1 Nr. 2 ErbStG eine entsprechende Legalverweisung, was jedoch als bloßes Redaktionsversehen des Gesetzgebers angesehen wird.[695] Wird bei der Einbringung nach § 20 UmwStG auch nur eine funktional[696] wesentliche Betriebsgrundlage des Sonderbetriebsvermögens nicht mit eingebracht, greift § 20 Abs. 1 UmwStG nicht ein, so dass es sich insgesamt um die Aufgabe eines Mitunternehmeranteils handelt,[697] die sodann zur Nachsteuer führt. Es ist also nicht nur eine Entnahme einer wesentlichen Betriebsgrundlage, sondern eine schädliche Verfügung über den Mitunternehmeranteil insgesamt (→ Rn. 200). Sofern hier für Zwecke der Erbschaftsteuer keine teleologische Reduktion erfolgt, wirkt die Umwandlung auf den gesamten Mitunternehmeranteil nachsteuerauslösend. Ob insoweit die Rechtsprechung zur Übertragung einer wesentlichen Betriebsgrundlage in ein anderes Betriebsvermögen anwendbar ist (→ Rn. 200), ist zumindest fraglich, da die §§ 20, 24 UmwStG grundsätzlich vom Ansatz des gemeinen Werts und nicht wie § 6 Abs. 3 und Abs. 5 EStG vom zwingenden Buchwertansatz ausgehen.[698] **Realteilungen** sind nur dann nachsteuerauslösend, wenn jeder Realteiler lediglich einzelne Wirtschaftsgüter erhält, mag er diese auch anschließend in einen eigenen Gewerbebetrieb einbringen.[699] Ansonsten privilegiert die Finanzverwaltung die Realteilungsvorgänge[700] und zwar offenbar auch diejenigen mit Spitzenausgleich, die einkommensteuerlich als gewinnrealisierende Veräußerung angesehen werden.[701] Auch die **Verschmelzung** und der **Formwechsel** sind nach Ansicht der Finanzverwaltung unschädlich.[702]

Bei **land- und forstwirtschaftlichem Vermögen** werden neben den Nachsteuertatbeständen Veräußerung, Übernahme usw, wie sie auch für Gewerbebetriebe und freiberufliche Praxen gelten, zusätzlich bestimmte strukturelle Änderungen als nachsteuerauslösend bestimmt, § 13a Abs. 5 S. 1 Nr. 2 S. 2 ErbStG. Nachsteuerschädlich ist es, wenn
– das land- und forstwirtschaftliche Vermögen dem Betrieb der Land- und Forstwirtschaft nicht mehr dauernd zu dienen bestimmt ist,
– der land- und forstwirtschaftliche Betrieb innerhalb der Behaltefrist als Stückländerei zu qualifizieren ist oder
– Grundstücke im Sinne des § 159 BewG nicht mehr selbst bewirtschaftet werden.

---

[694] FG Münster EFG 2009, 1661; Troll/Gebel/Jülicher/Gottschalk/*Jülicher* ErbStG § 13a Rn. 348; Moench/Weinmann/*Weinmann* ErbStG § 13a Rn. 116.
[695] Troll/Gebel/Jülicher/Gottschalk/*Jülicher* ErbStG § 13a Rn. 262; zweifelhaft, da der Gesetzgeber mittlerweile die Regelung mehrfach angepasst hat, ohne dies zu ändern.
[696] Der Begriff ist in diesem Zusammenhang rein funktional und nicht funktional-quantitativ zu verstehen; vgl. BMF BStBl. I 2011, 1314 Rn. 20.06. Dies gilt auch bei einem Büro- oder Verwaltungsgebäude, wenn es die räumliche und funktionale Grundlage für die Geschäftstätigkeit der Betriebsgesellschaft bildet; vgl. BFH BStBl. II 2000, 621; BFH/NV 2016, 19; OFD Koblenz DStR 2004, 727; → § 26 Rn. 41.
[697] BFH BStBl. II 1996, 342; BFH/NV 2011, 1748.
[698] Vgl. *Bohn/Peters* DStR 2013, 281; *Schulze zur Wiesche* DStR 2012, 2414.
[699] FG Rheinland-Pfalz ZEV 2005, 364.
[700] R E 13a.6 Abs. 3 S. 2 ErbStR 2011; koordinierte Ländererlasse BStBl. I 2017, 902 Abschn. 13a.12 Abs. 3 S. 2; Troll/Gebel/Jülicher/Gottschalk/*Jülicher* ErbStG § 13a Rn. 272.
[701] Viskorf/Knobel/Schuck/*Philipp* ErbStG § 13a Rn. 87; aA Troll/Gebel/Jülicher/Gottschalk/*Jülicher* ErbStG § 13a Rn. 228 für die Realteilung mit Spitzenausgleich aus eigenem Vermögen eines Miterben; zur einkommensteuerlichen Rechtslage vgl. Schmidt/*Wacker* EStG § 16 Rn. 548; → Rn. 275ff.
[702] R E 13a.6 Abs. 3 S. 2 ErbStR 2011; koordinierte Ländererlasse BStBl. I 2017, 902 Abschn. 13a.12 Abs. 3 S. 2.

Verändert sich ein land- und forstwirtschaftlicher Betrieb hin zum Gewerbebetrieb, dient das Vermögen einer anderen Vermögensart und somit nicht mehr der Land- und Forstwirtschaft. Anders als beim Gewerbebetrieb, bei dem ein Strukturwandel nicht schädlich ist (→ Rn. 199), löst er beim land- und forstwirtschaftlichen Betrieb Nachsteuer aus. Vorsicht ist geboten, wenn der Landwirt Wirtschaftsgüter außerbetrieblich verwendet. Von einer gesonderten gewerblichen Tätigkeit ist auszugehen, wenn ein Land- und Forstwirt mit Wirtschaftsgütern seines Betriebsvermögens auch Dienstleistungen für fremde land- und forstwirtschaftliche Betriebe erbringt und die dadurch erzielten Umsätze nachhaltig mehr als ein Drittel des Gesamtumsatzes oder mehr als 51.500,– EUR im Wirtschaftsjahr betragen.[703] Doch auch wenn diese Grenzen nicht überschritten werden, liegt ein Gewerbebetrieb vor, wenn der Einsatz für eigenbetriebliche Zwecke geringfügig ist und nachhaltig einen zeitlichen Umfang von 10 % unterschreitet.[704] Ein Hofladen wird dann zum Gewerbebetrieb, wenn der darin getätigte Nettoumsatz mit Fremdprodukten aller Art nachhaltig ein Drittel des Nettogesamtumsatzes oder den Höchstbetrag von 51.500,– EUR übersteigt. Wird eine dieser Grenzen drei Jahre in Folge überschritten, führt die gesamte Verkaufstätigkeit im Hofladen einschließlich des Verkaufs von Eigenprodukten ab dem vierten Jahr zu gewerblichen Einkünften.[705] Gefahr droht auch bei der Reinvestition von Veräußerungserlösen (→ Rn. 217 ff.). Werden Wirtschaftsgüter eigens zu dem Zweck angeschafft, sie an andere land- und forstwirtschaftliche Betriebe zu vermieten, wird hierdurch ein Gewerbebetrieb gegründet.[706] Dabei ist es unerheblich, wenn der Land- und Forstwirt sie gelegentlich auch in der eigenen Landwirtschaft einsetzt. Ein Strukturwandel innerhalb der Vermögensart Land- und Forstwirtschaft ist ebenso unschädlich, wie der Wechsel vom mit Gewinnerzielungsabsicht geführten Betrieb hin zum Liebhabereibetrieb. In beiden Fällen ändert sich an der bewertungsrechtlichen Einordnung als land- und forstwirtschaftlichem Betrieb nichts.[707] Die Umqualifizierung zur Stückländerei erfolgt durch die Verpachtung des Betriebes über einen Zeitraum von mehr als 15 Jahren (vgl. § 160 Abs. 7 S. 2 BewG). Solange eine Verpachtung aufgrund ihrer vertraglichen Ausgestaltung nicht zur Stückländerei wird, bleibt das verpachtete Vermögen land- und forstwirtschaftliches Vermögen und stellt auch kein Verwaltungsvermögen dar. Nachsteuer wird nicht ausgelöst. Grundstücke im Sinne des § 159 BewG zählen nur deshalb noch zum land- und forstwirtschaftlichen Vermögen, da sie selbst bewirtschaftet werden. Entfällt die Selbstbewirtschaftung, erfolgt der Übergang zur vermögensverwaltenden Tätigkeit und ist damit als schädlich anzusehen.[708]

210 Bei im Privatvermögen gehaltenen **Anteilen an Kapitalgesellschaften** entfällt die Begünstigung gem. § 13a Abs. 6 Nr. 4 ErbStG bei
- vollständiger oder teilweiser Veräußerung der erworbenen Anteile,
- verdeckter Einlage der Anteile in eine andere Kapitalgesellschaft,
- Auflösung der Kapitalgesellschaft,
- Herabsetzung des Nennkapitals der Kapitalgesellschaft,
- Veräußerung der wesentlichen Betriebsgrundlagen durch die Kapitalgesellschaft und Ausschüttung der außerordentlichen Erträge,
- Vornahme größerer Ausschüttungen (§ 13a Abs. 6 Nr. 3 ErbStG)
- Veräußerung von Anteilen an einer Kapitalgesellschaft oder Mitunternehmeranteilen, die der Veräußerer durch eine Sacheinlage (§ 20 Abs. 1 UmwStG) aus begünstigtem Vermögen oder durch eine Einbringung von begünstigtem Vermögen in eine Perso-

---

[703] BFH BStBl. II 2009, 654; BStBl. II 2007, 516; BStBl. II 2004, 512; gleichlautende Ländererlasse BStBl. I 2011, 1213 Rn. II.9, 11.
[704] BFH/NV 2008, 569; BStBl. II 2007, 516; BStBl. II 2004, 512.
[705] BFH DStR 2009, 1576; gleichlautende Ländererlasse BStBl. I 2011, 1213 Rn. II.6, 11.
[706] BFH BStBl. II 2007, 516; BStBl. II 1992, 651; gleichlautende Ländererlasse BStBl. I 2011, 1213 Rn. II.9 S. 4.
[707] BFH BStBl. II 1986, 282; Troll/Gebel/Jülicher/Gottschalk/*Jülicher* ErbStG § 13a Rn. 326.
[708] R E 13a.7 Abs. 3 ErbStR 2011; koordinierte Ländererlasse BStBl. I 2017, 902 Abschn. 13a.13 Abs. 3.

I. Erbschaftsteuer § 27

nengesellschaft (§ 24 UmwStG) erworben hat (§ 13a Abs. 6 Nr. 4 letzter Hs. iVm § 13a Abs. 6 Nr. 1 S. 2 ErbStG oder
– Auflösung von Stimmbindungsvereinbarungen.

Die ersten Nachsteuertatbestände sind an § 17 EStG angelehnt, so dass auf die ertragsteuerlichen Begriffe und Wertungen grundsätzlich zurückgegriffen werden kann. Hinsichtlich der Nachsteuertatbestände gelten die Ausführungen zu § 13a Abs. 6 Nr. 1 ErbStG im Wesentlichen entsprechend (→ Rn. 196). Eine schädliche Veräußerung liegt daher bereits bei der Übertragung des **wirtschaftlichen Eigentums** vor.[709] Die Überführung von Kapitalgesellschaftsanteilen aus dem Privatvermögen in das Betriebsvermögen desselben Steuerpflichtigen oder in sein Sonderbetriebsvermögen als Gesellschafter einer Personengesellschaft ist unschädlich. Die Übertragung aus dem Privatvermögen in das Gesamthandsvermögen einer Personengesellschaft mit Betriebsvermögen gegen Entgelt oder Gewährung neuer Gesellschaftsanteile führt demgegenüber zur Veräußerung und zwar in dem Verhältnis, in dem an der Mitunternehmerschaft andere Personen beteiligt sind.[710] Erfolgt die Übertragung im Wege einer verdeckten Einlage, ist dies unschädlich, da gemäß § 13a Abs. 6 Nr. 4 S. 1 Hs. 2 ErbStG nur die verdeckte Sacheinlage in eine andere Kapitalgesellschaft, nicht aber diejenige in eine Personengesellschaft schädlich ist.[711] War der Erwerber bereits früher an der Kapitalgesellschaft beteiligt, ist bei einer teilweisen Veräußerung seiner Anteile nach Ansicht der Finanzverwaltung[712] davon auszugehen, dass er zunächst die ihm bereits früher gehörenden Anteile veräußert. Bei der Herabsetzung des Nennkapitals sieht die Finanzverwaltung im Billigkeitsweg von einer Nachversteuerung ab, wenn es sich um eine nur nominelle Kapitalherabsetzung zum Zweck der Sanierung der Gesellschaft handelt **und** kein Kapital an die Gesellschafter zurückgezahlt wird.[713] Die Veräußerung von wesentlichen Betriebsgrundlagen führt anders als bei Betrieben und Personengesellschaften bei der Kapitalgesellschaft noch nicht zu einer Nachversteuerung. Hinzukommen muss die Verteilung des dabei entstandenen Veräußerungserlöses an die Gesellschafter, § 13a Abs. 6 Nr. 4 S. 2 ErbStG.

Bei **Ausschüttungen an Gesellschafter einer Kapitalgesellschaft** sind die Überentnahmeregelungen (→ Rn. 202) seit dem 1.1.2009 sinngemäß anzuwenden. Erfasst werden sowohl ordentliche Ausschüttungen als auch verdeckte Gewinnausschüttungen, so dass das körperschaftsteuerliche Dauerstreitthema mit der Finanzverwaltung nun auch in das Erbschaftsteuerrecht Einzug hält. Anders als bei der Personengesellschaft hat der zur Ausschüttung gelangende Gewinn zuvor auf Ebene der Kapitalgesellschaft der Körperschaftsteuer unterlegen. Nur der Ausschüttungsbetrag gilt als Entnahme für die Überentnahmeregelung. Bei der Personengesellschaft wird der Gewinn auf der Ebene der Gesellschaft nicht ertragsteuerlich versteuert. Dies erfolgt erst beim Gesellschafter, so dass die Entnahme insoweit – bei gleichem Gewinn – höher ist. Während bei der Personengesellschaft und beim Einzelunternehmen Überentnahmen personenbezogen durch Einlagen des Erwerbers des begünstigten Vermögens kompensiert werden können, ist dies bei Kapitalgesellschaften nicht ohne weiteres möglich, da bei ihr individuelle Kapitalkonten der Gesellschafter nicht existieren. Um dem Kapitalgesellschafter aber dennoch eine ähnliche Ausgleichsmöglichkeit zur Kompensation von Überausschüttungen zu ermöglichen, sollte der Gesellschaftsvertrag der Kapitalgesellschaft die Möglichkeit vorsehen, dass ein Anteilseigner im Interesse der Gesellschaft Zuführungen in die Kapitalrücklage leistet, die zu ei-

211

---

[709] Troll/Gebel/Jülicher/Gottschalk/*Jülicher* ErbStG § 13a Rn. 376 und 208; → Rn. 178; aA *Gebel*, Betriebsvermögensnachfolge, Rn. 1056.
[710] Troll/Gebel/Jülicher/Gottschalk/*Jülicher* ErbStG § 13a Rn. 378.
[711] Troll/Gebel/Jülicher/Gottschalk/*Jülicher* ErbStG § 13a Rn. 378.
[712] R E 13a.9 Abs. 1 S. 2 ErbStR 2011; koordinierte Ländererlasse BStBl. I 2017, 902 Abschn. 13a.15 Abs. 1 S. 2.
[713] R E 13a.9 Abs. 2 ErbStR 2011; koordinierte Ländererlasse BStBl. I 2017, 902 Abschn. 13a.12 Abs. 2.

nem späteren Zeitpunkt wieder an den Gesellschafter zurückgeführt werden.[714] Die Finanzverwaltung erkennt allerdings auch verdeckte Einlagen an.[715]

212 Der Zusatz im Nachsteuertatbestand in § 13 Abs. 6 Nr. 4 S. 2 letzter Hs. ErbStG bewirkt, dass die **Umwandlungstatbestände** bei Kapitalgesellschaften denen bei der Personengesellschaft gleichgestellt sind (→ Rn. 208). Die **Ausgliederung von Vermögensteilen** einer Kapitalgesellschaft auf eine bereits bestehende oder neu zu gründende Kapitalgesellschaft nach § 1 Abs. 1 S. 2 UmwStG ist ebenso wie die **Einbringung** von sog. „mehrheitsvermittelnden Anteilen an Kapitalgesellschaften" gemäß § 20 Abs. 1 S. 2 UmwStG nach § 20 UmwStG zu behandeln und über die Verweisung in § 13a Abs. 6 S. 1 Nr. 4 S. 2 letzter Hs. ErbStG auch privilegiert.[716]

213 Da Kapitalgesellschaftsbeteiligungen von 25% und weniger nur begünstigt übergehen können, wenn sie zu einer Beteiligung von mehr als 25% gepoolt wurden, muss konsequenterweise die Begünstigung bei **Aufhebung der Stimmbindungsvereinbarungen** entfallen, § 13a Abs. 6 S. 1 Nr. 5 ErbStG. Abzustellen ist auf den Zeitpunkt der Aufhebung der Bindungen. Bloße Vertragsänderungen oder -ergänzungen, die keine Aufhebung der Poolvereinbarungen oder Veränderung ihrer erbschaftsteuerlich erforderlichen Kernelemente zur Folge haben, sind unschädlich. Die bloße Einräumung eines Pfandrechts ist – anders als die Pfandrechtsverwertung – unschädlich.[717] Denn es ist nicht gerechtfertigt, die Poolmitglieder schlechter zu stellen, als Gesellschafter von Kapitalgesellschaften, die aufgrund der Höhe ihrer Beteiligung von mehr als 25% der Anteile, nicht auf den Abschluss einer Poolvereinbarung angewiesen waren. Diese können nämlich ihre Anteile unzweifelhaft verpfänden.[718] Unschädlich ist auch, wenn ein Gesellschafter an seinem Anteil einen Nießbrauch bestellt, solange das Stimmrecht beim Nießbrauchbesteller verbleibt.[719] Fällt die Stimmbindungsvereinbarung durch Konfusion weg, weil zB bei einem zweigliedrigen Pool einer der Gesellschafter seine Anteile auf den anderen überträgt, liegt hierin keine Aufhebung. Der Vorgang ist daher unschädlich.[720] Scheidet ein Poolmitglied durch entgeltliche Übertragung aus dem Stimmbindungspool aus, führt dies bei dem ausscheidenden Mitglied zur Nachversteuerung.[721] Dies gilt aufgrund der Veräußerung auch dann, wenn er seine Anteile entgeltlich an ein anderes Poolmitglied überträgt, § 13a Abs. 6 Nr. 4 ErbStG;[722] der Pool bleibt in diesem Fall grundsätzlich unangetastet. Bei den verbleibenden Poolmitgliedern kommt es darauf an, ob diese zusammen noch über mehr als 25% der Anteile verfügen. Ist dies der Fall, werden sie von dem Ausscheiden des einen Poolmitglieds nicht betroffen. Ein Nachsteuertatbestand ist nicht erfüllt. Sinkt die Quote durch das Ausscheiden aber auf 25% oder weniger, wirkt das Ausscheiden des einen Poolmitglieds zugleich nachsteuerauslösend auf alle anderen Poolmitglieder.[723] Die Poolvereinbarung sollte daher dem ausscheidenden Poolmitglied den Steuer-

---

[714] *Milatz/Kämper* GmbHR 2009, 762 mit Formulierungsvorschlag.
[715] R E 13a.8 Abs. 6 S. 2 ErbStR 2011; koordinierte Ländererlasse BStBl. I 2017, 902 Abschn. 13a.14 Abs. 6 S. 2.
[716] Troll/Gebel/Jülicher/Gottschalk/*Jülicher* ErbStG § 13a Rn. 395.
[717] R E 13a.10 Abs. 1 Nr. 2 ErbStR 2011; koordinierte Ländererlasse BStBl. I 2017, 902 Abschn. 13a.16 Abs. 1 Nr. 2.
[718] *Scholten/Korezkij* DStR 2009, 304; *von Oertzen* Ubg. 2008, 59.
[719] R E 13a.10 Abs. 1 Nr. 1 ErbStR 2011; koordinierte Ländererlasse BStBl. I 2017, 902 Abschn. 13a.16 Abs. 1 Nr. 1.
[720] R E 13a.10 Abs. 1 Nr. 3 ErbStR 2011; koordinierte Ländererlasse BStBl. I 2017, 902 Abschn. 13a.16 Abs. 1 Nr. 3; *Scholten/Korezkij* DStR 2009, 304; Troll/Gebel/Jülicher/Gottschalk/*Jülicher* ErbStG § 13a Rn. 408.
[721] R E 13a.10 Abs. 2 Nr. 1 ErbStR 2011; koordinierte Ländererlasse BStBl. I 2017, 902 Abschn. 13a.16 Abs. 2 Nr. 1.
[722] R E 13a.10 Abs. 2 Nr. 1 ErbStR 2011; koordinierte Ländererlasse BStBl. I 2017, 902 Abschn. 13a.16 Abs. 2 Nr. 1; aA *Wälzholz* DStR 2009, 1605.
[723] R E 13a.10 Abs. 2 Nr. 1 ErbStR 2011; koordinierte Ländererlasse BStBl. I 2017, 902 Abschn. 13a.16 Abs. 2 Nr. 1 S. 2; *Scholten/Korezkij* DStR 2009, 304; Troll/Gebel/Jülicher/Gottschalk/*Jülicher* ErbStG § 13a Rn. 401; aA Fischer/Jüptner/Pahlke/Wachter/*Wachter* ErbStG § 13a Rn. 470.

schaden aufbürden, der durch sein Ausscheiden entsteht.[724] Dabei muss allerdings darauf geachtet werden, dass das Ausscheiden aus wichtigem Grund sanktionslos bleibt, da anderslautende Vereinbarungen gesellschaftsrechtlich unzulässig sind.

Folgende Maßnahmen stellen **keinen Verstoß gegen die Behaltepflichten** dar, sind also unschädlich: 214

- Die **Einbringung** eines Betriebes, Teilbetriebes oder Mitunternehmeranteils in eine Kapital- oder Personengesellschaft gegen Gewährung von Gesellschaftsanteilen (→ Rn. 208, 212),
- die formwechselnde Umwandlung, Verschmelzung oder Realteilung einer Personengesellschaft (→ Rn. 208, 212); ob dies zum Buchwert, zum Teilwert oder zu einem Zwischenwert erfolgt ist ohne Belang; erst die Veräußerung der dadurch erhaltenen Gesellschaftsanteile innerhalb der Behaltefrist führt zur Nachsteuer;[725]
- die Übertragung von begünstigtem Vermögen von Todes wegen[726] und im Wege der Schenkung unter Lebenden,[727] jedoch nur soweit diese unentgeltlich erfolgt; der entgeltliche Teil ist nachsteuerauslösend (→ Rn. 208);
- der Erwerb wesentlicher Betriebsgrundlagen nach dem Erbfall unter Verwendung freien Betriebsvermögens, eigener Mittel oder Erlöse aus der Veräußerung unwesentlicher Betriebsgrundlagen; die Nachsteuerregelung kann sich nämlich nur auf begünstigtes Betriebsvermögen, also auf (wesentliche) Wirtschaftsgüter beziehen, die beim Erbfall bereits Erwerbsgegenstand waren;[728]
- sowie die Übertragung von begünstigtem Vermögen im Rahmen der Erbauseinandersetzung auf einen oder mehrere Miterben, und zwar auch gegen Abfindungsleistung oder bei Verkauf des Erbteils an einem Miterben in zeitlicher Nähe zum Erbfall.[729]

Auch eine **steuerneutrale Übertragung von Einzelwirtschaftsgütern** nach § 6 Abs. 5 EStG gegen Gewährung von Gesellschaftsrechten ist zwar einkommensteuerlich entgeltlich, für die Nachsteuertatbestände aber unschädlich.[730] Dies entspricht zwar nicht dem Wortlaut des § 13a Abs. 6 Nr. 1 ErbStG, ist aber nach dem Sinn und Zweck der Begünstigung von Betriebsvermögen geboten. Denn danach kommt eine Nachversteuerung nur in Betracht, wenn zuvor begünstigtes Betriebsvermögen den betrieblichen Bereich des Erwerbers verlässt. Solange sich die Finanzverwaltung allerdings hierzu noch nicht bekannt hat, sollten derartige Vorhaben mit einer verbindlichen Auskunft abgesichert werden. Schädlich ist dagegen jede Übertragung von wesentlichen betrieblichen Einzelwirtschaftsgütern **in das Privatvermögen** und zwar auch dann, wenn sie im Wege der Schenkung unter Lebenden, aufgrund einer Weitergabeverpflichtung, als Abfindung oder im Rahmen der Erbauseinandersetzung erfolgen. Wird begünstigtes Betriebsvermögen zur **Tilgung von Geldschulden** (zB von Geldvermächtnissen, Pflichtteils- oder Zugewinnausgleichsansprüchen) **an Erfüllungs** statt weiter übertragen, handelt es sich hierbei um eine schädliche Verfügung.[731] Die Abgeltung der Geldverbindlichkeit mit dem begünstigten Vermögen ist eine tauschähnliche Vereinbarung zwischen Gläubiger und Schuldner und damit ein entgeltlicher, nachsteuerauslösender Vorgang. In derartigen Fällen sollte 215

---

[724] *V. Oertzen*, FS Schaumburg, 1045 (1055); Troll/Gebel/Jülicher/Gottschalk/*Jülicher* ErbStG § 13a Rn. 407.
[725] R E 13a.6 Abs. 3 S. 3 ErbStR 2011; koordinierte Ländererlasse BStBl. I 2017, 902 Abschn. 13a.12 Abs. 3 S. 3.
[726] R E 13a.5 Abs. 2 S. 1 Nr. 1 ErbStR 2011; koordinierte Ländererlasse BStBl. I 2017, 902 Abschn. 13a.11 Abs. 2 Nr. 1.
[727] R E 13a.5 Abs. 2 S. 1 Nr. 2 ErbStR 2011; koordinierte Ländererlasse BStBl. I 2017, 902 Abschn. 13a.11 Abs. 2 Nr. 2.
[728] *Gebel*, Betriebsvermögensnachfolge, Rn. 263; → Rn. 180.
[729] FG Münster EFG 2004, 1309; Troll/Gebel/Jülicher/Gottschalk/*Jülicher* ErbStG § 13a Rn. 230.
[730] Ebenso *Gebel*, Betriebsvermögensnachfolge, Rn. 258; vgl. auch Schmidt/*Kulosa* EStG § 6 Rn. 681 ff.; vgl. auch *Müller/Dorn* DStR 2016, 1063, die in diesen Fällen eine Reinvestition gem. § 13a Abs. 6 S. 3 f. ErbStG annehmen; ähnlich *Wälzholz* ZEV 2017, 444.
[731] R E 13a.5 Abs. 3 Nr. 2 ErbStR 2011; koordinierte Ländererlasse BStBl. I 2017, 902 Abschn. 13a.11 Abs. 3 Nr. 2.

darüber nachgedacht werden, anstatt des begünstigten Vermögens lediglich junges Verwaltungsvermögen im Sinne des § 13b Abs. 7 S. 2 ErbStG zu übertragen. Da dieses explizit aus der Begünstigung ausgenommen ist, kann eine Verfügung darüber auch keine Nachsteuer auslösen.[732] Die **Einräumung eines Nutzungsrechts** (zB Nießbrauch) an dem begünstigten Vermögen durch den Erwerber verstößt mangels Substanzübertragung nicht gegen die Behaltensregelung.[733]

216 Schließlich ist erforderlich, dass das schädliche Verhalten **dem Erwerber,** der die Steuerbegünstigung in Anspruch genommen hat, als Tatbestandsverwirklichung **zuzurechnen** ist. Dies ist immer der Fall, wenn er den Nachsteuertatbestand selbst verwirklicht hat. Dagegen scheidet eine Zurechnung grundsätzlich aus, wenn der Erwerber den Nachsteuertatbestand nicht in eigener Person realisiert hat. Ist die Entlastung zB mehreren Miterben zugutegekommen und verstößt nur einer von ihnen gegen die Behaltensregelung, geht dies ausschließlich zu Lasten der von diesem in Anspruch genommenen Befreiung.[734] Wurde das begünstigte Vermögen innerhalb der noch laufenden Frist von fünf bzw. sieben Jahren zB verschenkt oder im Rahmen der Erbauseinandersetzung auf einen oder mehrere Miterben übertragen, wird insoweit nicht gegen die Behaltensregelungen verstoßen. Verstößt in diesem Fall allerdings der nachfolgende Erwerber gegen die Behaltensregelungen, verliert auch der vorangegangene Erwerber die Verschonung, soweit bei ihm die Behaltenszeit noch nicht abgelaufen ist.[735] Entsprechendes gilt hinsichtlich der Lohnsumme, so dass für die verbleibenden Jahre der Lohnsummenfrist die Verhältnisse beim Letzterwerber für den Ersterwerber maßgebend sind.[736] Zwischen den Erst-, gegebenenfalls Zwischen- und dem Letzterwerber sollten daher vorsichtshalber durch **vertragliche** Abreden entsprechende **Schadensersatzansprüche** für den Fall der Nachversteuerung vorgesehen werden. Richtigerweise sollte die nachsteuerbegründende **Zurechnung von Drittverhalten** jedoch auf Ausnahmefälle beschränkt bleiben und – selbst wenn sie in einem Gesetz ausdrücklich vorgesehen ist – einer besonderen Rechtfertigung bedürfen, wie zB in den Fällen, in denen der Vorerwerber das Geschehen selbst beherrscht, das zur Realisierung der tatbestandlichen Voraussetzungen führt, oder wenn ihm auch die Vorteile des Verhaltens des Dritten zugutekommen.[737] Der Vorerwerber erhält die steuerliche Begünstigung aufgrund eigener Tatbestandsverwirklichung. Konsequenterweise muss er dementsprechend selbst ein dem Begünstigungszweck zuwiderlaufendes Verhalten verwirklichen, damit ihm die Begünstigung wieder entzogen werden kann. Darüber hinaus widerspricht es dem Prinzip der Besteuerung nach der Leistungsfähigkeit, wenn das Verhalten eines Dritten einem Erwerber zugerechnet wird, der selbst nicht durch dieses Verhalten leistungsfähiger geworden ist. Ist ein **Minderheitsgesellschafter** bei Entscheidungen über ein steuerschädliches Verhalten einem Mehrheitsvotum unterlegen, kommt es nach dem eindeutigen Wortlaut der Nachsteuertatbestände trotzdem zum Wegfall der Begünstigungen. Anders als in den Fällen des unmittelbaren Drittverhaltens wirkt hier das Verhalten Dritter lediglich mittelbar und führt letztlich zu einer Tatbestandsverwirklichung durch den Minderheitsgesellschafter selbst.[738] Ihm kommen auch die Vorteile des

---

[732] R E 13a.6 Abs. 2 S. 2 ErbStR 2011; koordinierte Ländererlasse BStBl. I 2017, 902 Abschn. 13a.16 Abs. 2 S. 2; *Scholten/Korezkij* DStR 2009, 304.
[733] H E 13a.5 ErbStH 2011; koordinierte Ländererlasse BStBl. I 2017, 902 Abschn. H 13a.11; FinMin BaWü DStR 2000, 248; Troll/Gebel/Jülicher/Gottschalk/*Jülicher* ErbStG § 13a Rn. 176 zum Nießbrauch.
[734] R E 13a.12 Abs. 4 S. 2 ErbStR 2011; koordinierte Ländererlasse BStBl. I 2017, 902 Abschn. 13a.18 Abs. 4 S. 2.
[735] FG Berlin ZEV 2003, 37, rkr.; FG Münster EFG 2013, 1781; R E 13a.1 Abs. 5 S. 2 ErbStR 2011; koordinierte Ländererlasse BStBl. I 2017, 902 Abschn. 13a.18 Abs. 5 S. 2 aA *Gebel*, Betriebsvermögensnachfolge, Rn. 267 ff.
[736] R E 13a.12 Abs. 5 S. 3 ErbStR. 2011; koordinierte Ländererlasse BStBl. I 2017, 902 Abschn. 13a.18 Abs. 5 S. 3; Troll/Gebel/Jülicher/Gottschalk/*Jülicher* ErbStG § 13a Rn. 249.
[737] *Gebel*, Betriebsvermögensnachfolge, Rn. 267, mit weiteren Ausführungen und Nachweisen zu den Rechtfertigungsgründen in Fn. 217.
[738] BFH BStBl. II 2005, 571; BStBl. II 2010, 749.

I. Erbschaftsteuer § 27

Wegfalls selbst zugute, was seine steuerliche Leistungsfähigkeit bedingt. Entsprechendes gilt bei einem von der Geschäftsführung ausgeschlossenen Gesellschafter, wenn dieser zB die Veräußerung einer wesentlichen Betriebsgrundlage nicht verhindern kann.[739] Hier gilt es Vorsorge zu treffen, zB durch entsprechende Regeln im Gesellschaftsvertrag. Denn ob dem Minderheitsgesellschafter ein zivilrechtlicher Schadensersatzanspruch oder gar ein Unterlassungsanspruch zusteht, ist zweifelhaft.[740] Entsprechendes gilt für den Fall der Schenkung, wenn der Beschenkte das ihm geschenkte nachsteuerverhaftete Vermögen veräußert oder in sonstiger Weise schädlich verfügt. Auch hier sollte der Schenkungsvertrag eine an die Nachversteuerungstatbestände des § 13a Abs. 6 ErbStG anknüpfende Regelung enthalten.

gg) Reinvestitionsklausel. Ausnahmsweise kommt es bei der Veräußerung von Betrieben, Teilbetrieben, wesentlichen Betriebsgrundlagen und Anteilen an Kapitalgesellschaften von mehr als 25 % nicht zur Nachversteuerung, wenn der Veräußerungserlös innerhalb der nach § 13b Abs. 1 Nr. 1–3 ErbStG begünstigten Vermögensart bleibt, § 13a Abs. 6 S. 3 ErbStG. Damit wird die bloße Umschichtung von begünstigtem Vermögen unschädlich, sofern dieses der erhöhten Sozialgebundenheit nicht entzogen wird. Unverständlich und unnötig ist die Beschränkung auf die nämliche Vermögensart.[741] Danach darf der Erlös zB nicht aus dem Betriebsvermögen einer Personengesellschaft herausgenommen und in einer Kapitalgesellschaft platziert werden.[742] Das Erbschaftsteuergesetz lässt an anderer Stelle den unschädlichen Wechsel der Vermögensart, etwa bei Umwandlungen zu.[743] Es wäre daher zu begrüßen, wenn die Finanzverwaltung dies im Erlasswege korrigieren würde, wozu sie sich aber bislang noch nicht durchringen konnte.[744] Bis dahin bleibt wohl nur der Weg über eine der Reinvestition in die andere Vermögensart vorgeschaltete Umwandlung. Solange die Reinvestition innerhalb derselben Vermögensart erfolgt, wird keine Betriebsbezogenheit verlangt. Die Teilnahme an einer Kapitalerhöhung bei einer anderen Kapitalgesellschaft ist eine zulässige Reinvestition.[745] Unschädlich ist, wenn die hierdurch erworbene Beteiligung weniger als 25 % beträgt.[746]

Die Reinvestition muss innerhalb von sechs Monaten geschehen, wobei dies keine Ausschlussfrist ist, der Zeitraum mithin auch länger sein kann.[747] Sie muss in begünstigtes Vermögen im Sinne des § 13b Abs. 2 ErbStG erfolgen. Reinvestiert werden darf in Anlagegüter, Betriebsteile oder neue Betriebe, die das veräußerte Vermögen im Hinblick auf den ursprünglichen oder einen neuen Betriebszweck ersetzen. Aufgrund des Verweises auf § 13b Abs. 2 ErbStG muss das Reinvestitionsobjekt den Verwaltungsvermögenstest durchlaufen.[748] Auch die Tilgung betrieblicher Schulden ist zulässig.[749] Ungeachtet der Frist von sechs Monaten liegt eine unschädliche Reinvestition auch vor, wenn damit Liquiditätsreserven, die nicht zum Verwaltungsvermögen gehören, erhöht werden.[750] Die Entnahme des Veräußerungserlöses ist vergünstigungsschädlich,[751] eine Investition in Verwaltungsvermögen ebenfalls. Allerdings sind die Voraussetzungen der Verschonungsregelung auch dann erfüllt, wenn bei einer Wiederanlage begünstigten Vermögens erst durch die Teil-

217

218

---

[739] *Hübner* NWB Fach 10, 701 (710).
[740] *Weng* BB 2009, 1780.
[741] *Hübner* Ubg 2009, 1.
[742] Troll/Gebel/Jülicher/Gottschalk/*Jülicher* ErbStG § 13a Rn. 418.
[743] *Hübner* Ubg 2009, 1.
[744] R E 13a.11 S. 1 ErbStR 2011; koordinierte Ländererlasse BStBl. I 2017, 902 Abschn. 13a.17 S. 1.
[745] FG Münster EFG 2018, 153, Rev. II R 2/18.
[746] FG Münster EFG 2018, 153, Rev. II R 2/18.
[747] FG Münster EFG 2018, 153, Rev. II R 2/18; Kapp/Ebeling/*Geck* ErbStG § 13a Rn. 120; aA koordinierte Ländererlasse BStBl. I 2017, 902 Abschn. 13a.17 S. 4.
[748] Troll/Gebel/Jülicher/Gottschalk/*Jülicher* ErbStG § 13a Rn. 423 ff.
[749] R E 13a.11 S. 3 ErbStR 2011; koordinierte Ländererlasse BStBl. I 2017, 902 Abschn. 13a.17 S. 3; Troll/Gebel/Jülicher/Gottschalk/*Jülicher* ErbStG § 13a Rn. 360.
[750] R E 13a.11 S. 4 ErbStR 2011; koordinierte Ländererlasse BStBl. I 2017, 902 Abschn. 13a.17 S. 5.
[751] R E 13a.11 S. 6 ErbStR 2011; koordinierte Ländererlasse BStBl. I 2017, 902 Abschn. 13a.17 S. 7.

nahme an einer – disquotalen – Kapitalerhöhung die eigene Beteiligung unter die 25 % Grenze fällt.[752] Eine Reinvestition in begünstigungsfähiges Vermögen im Vereinigten Königreich ist auch nach dem Brexit möglich, sofern nur der die Behaltefrist auslösende unentgeltliche Erwerb vor dem Brexit erfolgte, § 37 Abs. 17 ErbStG.[753]

219 Es kann daher nur dazu geraten werden, den Veräußerungserlös einem separaten Konto zuzuführen und die Verwendung des Geldes genauestens zu dokumentieren. Darüber hinaus empfiehlt es sich, die davon angeschafften Gegenstände innerhalb der fünf- bzw. siebenjährigen Behaltefrist nicht betriebsfremden Zwecken zuzuführen bzw. im Fall der Veräußerung wieder entsprechend der Reinvestitionsklausel zu verfahren. Es fehlt nämlich eine gesetzliche Regelung zu der Nachsteuerverhaftung der reinvestierten Wirtschaftsgüter. Konsequenterweise ist davon auszugehen, dass die angeschafften Wirtschaftsgüter während der Behaltefrist wie die zuvor veräußerten wesentlichen Betriebsgrundlagen zu behandeln sind und jede steuerschädliche Verfügung dementsprechend Nachsteuer auslöst.[754] Dies wird auch für den Fall gelten, dass von dem Veräußerungserlös unwesentliche Betriebsgrundlagen (**nachsteuerverhaftete unwesentliche Betriebsgrundlagen**) angeschafft werden. Auch die Ermittlung der Summe der maßgebenden jährlichen Lohnsummen des § 13a Abs. 3 S. 6 ff. ErbStG erstreckt sich dann auch auf das Reinvestitionsobjekt, soweit dieses in die Ermittlung der Lohnsumme nach § 13a Abs. 3 ErbStG einzubeziehen ist.[755]

220 **hh) Nachsteuerberechnung.** Während für die tatbestandlichen Voraussetzungen die Verhältnisse im Zeitpunkt der Tatbestandsverwirklichung maßgebend sind, ist für die **Berechnung der Nachsteuer,** soweit kein zwischenzeitlicher Wertverlust eingetreten ist, auf die **Verhältnisse im Erwerbszeitpunkt** abzustellen. Dies gilt auch bei der Veräußerung einer wesentlichen Betriebsgrundlage, wenn der erzielte Veräußerungserlös entnommen wird.[756] Der Erwerber ist also so zu besteuern, als sei der Teil des der Nachversteuerung unterliegenden Vermögens mit dem erbschaftsteuerlichen Wert im Besteuerungszeitpunkt auf ihn als nicht begünstigtes Vermögen übergegangen. Im Fall von Überentnahmen ist dagegen auf den ertragsteuerrechtlichen Wert im Entnahmezeitpunkt abzustellen.[757]

Hinsichtlich der Folgen der Nachversteuerung ist dementsprechend zwischen Überentnahmen und sonstiger schädlicher Verwendung zu differenzieren. Bei den **Überentnahmen** (§ 13a Abs. 6 S. 1 Nr. 3 ErbStG) erfolgt die Nachversteuerung nur bezogen auf den Überentnahmebetrag. Der Überentnahmebetrag wird als von Anfang an als nicht begünstigt behandelt und unterliegt der normalen Erbschaftbesteuerung. Der übrige Teil des begünstigten Vermögens bleibt verschont. Da der Verschonungsabschlag nicht nur zeitanteilig, sondern in Höhe der Überentnahme vollständig entfällt, und darüber hinaus Regelverschonung und Optionsverschonung mit unterschiedlich hohen Verschonungsabschlägen beginnen, kommt es je nach Höhe der Überentnahme zu einem Vorteil der Optionsverschonung. Dieser relativiert sich mit steigender Höhe der Überentnahme, bis es schließlich ab einer bestimmten Höhe der Überentnahme zu einem Gleichlauf der Steuermehrbelastung von Regelverschonung und Optionsverschonung kommt.[758] Eine Vorteilhaftigkeit der Regelverschonung kann es dagegen nicht geben. Da eine Verzinsung der

---

[752] FG Münster EFG 2018, 153.
[753] *Bron* BB 2019, 664; *Eisele* NWB 2019, 1451.
[754] Vgl. R E 13a.11 S. 7 ErbStR 2011; koordinierte Ländererlasse BStBl. I 2017, 902 Abschn. 13a.17 S. 8 wonach die bestehenden Behaltensregelungen fortgelten.
[755] Koordinierte Ländererlasse BStBl. I 2017, 902 Abschn. 13a.17 S. 9.
[756] R E 13a.12 Abs. 1 S. 2 und 3 ErbStR 2011; koordinierte Ländererlasse BStBl. I 2017, 902 Abschn. 13a.18 Abs. 1 S. 3.
[757] R E 13a.12 Abs. 1 S. 4 ErbStR 2011; koordinierte Ländererlasse BStBl. I 2017, 902 Abschn. 13a.18 Abs. 1 S. 4.
[758] Vgl. *Scholten/Korezkij* DStR 2009, 991 mit umfangreichen Beispielberechnungen.

I. Erbschaftsteuer § 27

Nachsteuer unterbleibt, dürfte tendenziell die Optionsverschonung in Fällen der Überentnahme zu bevorzugen sein.

Bei der **schädlichen Verwendung** (dh alle Fälle außer diejenigen des § 13a Abs. 6 S. 1 Nr. 3 ErbStG) entfallen alle Begünstigungen, dh sowohl der Verschonungsabschlag als auch der Abzugsbetrag als auch die Tarifbegrenzung rückwirkend, soweit über begünstigt erworbenes Vermögen schädlich verfügt wurde, § 13a Abs. 6 S. 1 ErbStG. Es ist daher zunächst zu prüfen, ob sich die schädliche Verwendung auf das gesamte begünstigte Vermögen bezog oder nur auf einen Teil desselben gerichtet war. Betrifft die schädliche Verfügung das gesamte begünstigte Vermögen, entfallen Verschonungsabschlag, Abzugsbetrag und Tarifbegrenzung insgesamt. Betrifft die schädliche Verwendung dagegen nicht das gesamte begünstigte Vermögen, wie zB bei der Veräußerung einer wesentlichen Betriebsgrundlage oder bei der Veräußerung einer von mehreren Betriebsvermögenseinheiten (zB Verkauf eines Gewerbebetriebs und Behalten des ebenfalls ererbten Mitunternehmeranteils), so entfällt der **Verschonungsabschlag nur wertmäßig anteilig**.[759] Ist der Teil wie zB bei einer gemischten Schenkung nicht real zu ermitteln, ist er prozentual anzusetzen.[760] In einem zweiten Schritt ist sodann zu prüfen, wann die schädliche Verwendung erfolgte. Denn der Verschonungsabschlag entfällt darüber hinaus auch nur **zeitanteilig** für das Jahr der schädlichen Verfügung und die restlichen Jahre der Behaltefrist. Die Begünstigung wird also nur für volle Jahre gewährt. Dabei kommt es nicht auf die Kalenderjahre an, sondern auf die Vollendung des Jahres der Behaltefrist, welches bei unterjähriger Übertragung gerade nicht identisch mit dem Kalenderjahr ist. Der Verschonungsabschlag entfällt daher pro nicht vollendetem Jahr um ein 1/5 (= 17%) bei der Regelverschonung und um 1/7 (= 14,28%) bei der Optionsverschonung. Vorsicht ist bei Übertragungen zum Ende eines Jahres der Behaltefrist geboten. Eine schädliche Verfügung um 24:00 Uhr des letzten Tages eines Jahres der Behaltefrist führt dazu, dass die Verschonung für dieses Jahr entfällt. Erfolgt die Übertragung dagegen um 00:00 Uhr des Folgetages, bleibt die Begünstigung für das Vorjahr erhalten.

Beispiel:
Zwei gleichwertige Teilbetriebe wurden zum 30.11.2015 schenkungsweise übertragen. Der Erwerber veräußert einen der Teilbetriebe zum 30.11.2017, 24:00 Uhr. Da die Teilbetriebe gleichwertig waren, entfällt die Begünstigung nur zu 50%. Der Verschonungsabschlag bezogen auf den veräußerten Teilbetrieb entfällt nicht nur für 3, sondern für 4 Jahre. Die schädliche Verfügung erfolgte am 30.11.2017 um 24 Uhr und damit noch in dem zweiten Jahr der Behaltefrist, sozusagen in der letzten Sekunde. Der Erwerber muss somit 4/5 von 50% = 40% nachversteuern. Hätte die Übertragung am 1.12.2017 um 00:00 Uhr stattgefunden, wären nur 3/5 von 50% = 30% nachzuversteuern gewesen. Die Wahl der falschen juristischen Sekunde kostet den Erwerber mithin 10% mehr. Repariert werden kann dieser Fehler nur dadurch, dass der Erwerber den Veräußerungserlös innerhalb von sechs Monaten in begünstigungsfähiges Vermögen reinvestiert (→ Rn. 217 ff.).

Hat der Erwerber einen Betrieb, eine Personen- oder Kapitalgesellschaftsbeteiligung sukzessive erworben und ist für einen Teil davon bereits die Behaltefrist abgelaufen, so kann über den Anteil insoweit nachsteuerunschädlich verfügt werden,[761] obwohl der erworbene Anteil in einer einheitlichen Mitgliedschaft mit der bisherigen Beteiligung des Erwerbers aufgegangen ist.[762] Betrifft die steuerschädliche Verfügung zum Teil auch den Anteil, für den die Behaltefrist noch nicht abgelaufen ist, so hat der Steuerpflichtige nur

---
[759] Vgl. auch R E 13a.12 Abs. 1 S. 6 ErbStR 2011; koordinierte Ländererlasse BStBl. I 2017, 902 Abschn. 13a.18 Abs. 1 S. 6.
[760] BFH BStBl. II 2005, 532; Troll/Gebel/Jülicher/Gottschalk/*Jülicher* ErbStG § 13a Rn. 262.
[761] BFH BStBl. II 2014, 581.
[762] BFH BStBl. II 2010, 555.

insoweit steuerschädlich verfügt.[763] Der BFH schlussfolgert dies aus dem Zweck des § 13a Abs. 6 ErbStG, wonach die Nachbesteuerung nur das begünstigt erworbene Vermögen erfassen soll und daher zugunsten des Steuerpflichtigen davon auszugehen ist, dass die Steuerbegünstigungen nur insoweit wegfallen können, als der Gesellschafter nach der Veräußerung nicht mehr in Höhe des begünstigt erworbenen Gesellschaftsanteils beteiligt ist. Diese Grundsätze lassen sich auf den Fall übertragen, in dem der Erwerber bereits an dem Personen- oder Kapitalgesellschaftsanteil beteiligt war oder danach seine Beteiligung entgeltlich aufgestockt hat. In Höhe des bereits vorhandenen bzw. des aufgestockten Anteils kann der Erwerber daher nachsteuerunschädlich verfügen. Es kommt nur darauf an, dass er in Höhe des steuerbegünstigt erworbenen Anteils weiterhin beteiligt bleibt.

223 Während der Verschonungsabschlag zeit- und wertanteilig entfällt, wird der **Abzugsbetrag** neu berechnet.[764] Ob und inwieweit er gewährt wird, hängt also von dem nach Abzug des verringerten Verschonungsabschlags verbleibenden begünstigten Restvermögen ab. Die neue Bemessungsgrundlage des Abzugsbetrages entspricht dem verbleibenden begünstigten Vermögen abzüglich des darauf entfallenden Verschonungsabschlags. Zur Ermittlung des verbleibenden begünstigten Vermögens ist der Wert des schädlich verwendeten begünstigungsfähigen Vermögens von dem Wert des ursprünglichen begünstigten Erwerbs abzuziehen. Ist der Wert des Restvermögens ≥ 450.000 EUR entfällt der Abzugsbetrag vollständig. Kam ein Abzugsbetrag wegen der Kürzung nach § 13a Abs. 2 S. 2 ErbStG bei der erstmaligen Steuerfestsetzung nicht in Betracht, kann er bei einer Änderung der Steuerfestsetzung zur Anwendung kommen, wenn nunmehr das Restvermögen erstmals unter 450.000 EUR sinkt.[765] Bei einem Unterschreiten der Mindestlohnsumme bleibt der Abzugsbetrag unverändert.[766]

224 Entsprechend verhält es sich mit dem **Entlastungsbetrag** nach § 19a ErbStG. Die Bemessungsgrundlage des Entlastungsbetrags erhöht sich nachträglich um den anteilig entfallenden Verschonungsabschlag. Das schädlich verwendete Vermögen gilt als von Anfang an nicht begünstigtes Vermögen.

Beispiel:[767]

Ein Unternehmer ohne Familienangehörige überträgt seinen Gewerbebetrieb im Wert von 1.200.000 EUR und ein Anteil von 30 % an einer GmbH mit einem Steuerwert von 400.000 EUR auf seinen bisherigen Prokuristen. Die Lohnsummenprüfung ist nicht anwendbar. Ein Antrag nach § 13a Abs. 10 ErbStG wurde nicht gestellt. Zum Nachlass gehört Kapitalvermögen mit einem Wert von 750.000 EUR. Nach vier vollendeten Jahren veräußert der Prokurist den GmbH-Anteil. Die Steuer berechnet sich wie folgt:

Betriebsvermögen (begünstigt)		1.200.000
GmbH-Anteil (begünstigt)		+ 400.000
Begünstigtes Vermögen	1.600.000	1.600.000
Verschonungsabschlag (85 %)		./. 1.360.000
Verbleiben		240.000
Abzugsbetrag	150.000	
Verbleibender Wert (15 %)	240.000	
Abzugsbetrag	./. 150.000	

---

[763] BFH BStBl. II 2014, 581; Troll/Gebel/Jülicher/Gottschalk/*Jülicher* ErbStG § 13a Rn. 263.
[764] *Scholten/Korezkij* DStR 2009, 991; Troll/Gebel/Jülicher/Gottschalk/*Jülicher* ErbStG § 13a Rn. 3261; aA *Thonemann* DB 2008, 2616, der auch bei anteiliger schädlicher Verwendung den vollständigen Abzugsbetrag entfallen lassen will.
[765] R E 13a.12 Abs. 1 S. 7 ErbStR 2011; koordinierte Ländererlasse BStBl. I 2017, 902 Abschn. 13a.18 Abs. 1 S. 7.
[766] R E 13a.12 Abs. 2 S. 2 ErbStR 2011; koordinierte Ländererlasse BStBl. I 2017, 902 Abschn. 13a.18 Abs. 2 S. 2.
[767] In Anlehnung an H E 19 a.3 ErbStH 2011.

I. Erbschaftsteuer

Unterschiedsbetrag	90.000		
Davon 50 %		./. 45.000	
Verbleibender Abzugsbetrag		105.000	105.000
Steuerpflichtiges Unternehmensvermögen			135.000
Kapitalvermögen			+ 750.000
Gesamter Vermögensanfall			885.000
Erbfallkostenpauschale			./. 10.300
Persönlicher Freibetrag			./. 20.000
Steuerpflichtiger Erwerb			854.700
Steuer nach Stkl. III (30 %) = festzusetzende Steuer			215.910

Nachversteuerung

Betriebsvermögen begünstigt		1.200.000	
Verschonungsabschlag (85 %)		./. 1.020.000	
Verbleiben		180.000	180.000
GmbH-Anteil (nicht begünstigt)		400.000	
Verschonungsabschlag (85 %)	340.000		
Zeitanteilig zu gewähren zu 3/5		./. 204.000	
Verbleiben		196.000	+ 196.000
Zwischensumme			376.000
Abzugsbetrag		150.000	
Verbleibender Wert (15 %)	180.000		
Abzugsbetrag	./. 150.000		
Unterschiedsbetrag	./. 30.000		
Davon 50 %		./. 15.000	
Verbleibender Abzugsbetrag		135.000	./. 135.000
Steuerpflichtiges Unternehmensvermögen			241.000
Kapitalvermögen			+ 750.000
Gesamter Vermögensanfall			991.000
Erbfallkostenpauschale			./. 10.300
Persönlicher Freibetrag			./. 20.000
Steuerpflichtiger Erwerb			960.700
Anteil des tarifbegünstigten Vermögens:[768] (180.000 EUR – 135.000 EUR): 991.000 EUR = 4,55 %			
Steuer nach Stkl. III (30 %)			288.210
Auf begünstigtes Vermögen entfällt davon 288.210 EUR × 4,55 %		13.114	
Steuer nach Stkl. I (19 %) = 182.533 EUR			
Auf begünstigtes Vermögen entfällt davon 182.533 EUR × 4,55 %		./. 8.305	
Unterschiedsbetrag		4.809	./. 4.809

---

[768] Aufgrund des Verkaufs ist der GmbH-Anteil insgesamt nicht mehr als tarifbegünstigtes Vermögen anzusehen.

Festzusetzende Steuer		283.401

225 Bei der Optionsverschonung bleiben sowohl der Abzugsbetrag als auch der Entlastungsbetrag Null, da der auf das verbleibende begünstigte Vermögen entfallende Verschonungsabschlag stets 100% dieses Vermögens beträgt und somit keine Bemessungsgrundlage für Abzugs- und Entlastungsbetrag verbleibt.[769]

Beispiel:

Sachverhalt wie im Beispiel zur Regelverschonung (vgl. → Rn. 224). Allerdings wurde ein Antrag nach § 13a Abs. 10 ErbStG gestellt. Die Steuer berechnet sich wie folgt:

Betriebsvermögen (begünstigt)		1.200.000	
GmbH-Anteil (begünstigt)		+ 400.000	
Begünstigtes Vermögen		1.600.000	1.600.000
Verschonungsabschlag (100%)			./. 1.600.000
Steuerpflichtiges Unternehmensvermögen			0
Kapitalvermögen			+ 750.000
Gesamter Vermögensanfall			750.000
Erbfallkostenpauschale			./. 10.300
Persönlicher Freibetrag			./. 20.000
Steuerpflichtiger Erwerb			719.700
Steuer nach Stkl. III (30%)			256.410
Auf begünstigtes Vermögen entfällt davon 256.410 EUR × 15,26%		39.129	
Steuer nach Stkl. I (19%) = 162.393 Auf begünstigtes Vermögen entfällt davon 162.393 EUR × 15,26%		./. 24.781	
Unterschiedsbetrag		14.348	./. 14.348
Festzusetzende Steuer			242.062

Nachversteuerung

Betriebsvermögen begünstigt		1.200.000	
Verschonungsabschlag (100%)		./. 1.200.000	
Verbleiben		0	0
GmbH-Anteil (nicht begünstigt)		400.000	
Verschonungsabschlag (100%)	400.000		
Zeitanteilig zu gewähren zu 3/7		./. 171.429	
Verbleiben		228.571	+ 228.571
Steuerpflichtiges Unternehmensvermögen			228.571
Kapitalvermögen			+ 750.000
Gesamter Vermögensanfall			978.571
Erbfallkostenpauschale			./. 10.300
Persönlicher Freibetrag			./. 20.000
Steuerpflichtiger Erwerb			948.271
Steuer nach Stkl. III (30%) = festzusetzende Steuer			284.481

---
[769] *Scholten/Korezkij* DStR 2009, 991.

I. Erbschaftsteuer § 27

Bei der Nachversteuerung aufgrund schädlicher Verwendung zeigt sich im Ergebnis, dass der Vorteil der Regelverschonung im Vergleich zur Optionsverschonung desto früher einsetzt, je höher der Anteil des schädlich verwendeten Vermögens ist.[770] Zugleich lässt sich darüber hinaus festhalten, dass der Vorteil der Regelverschonung im Falle der Nachversteuerung aufgrund schädlicher Verwendung höher ist, wenn der Erwerber der Steuerklassen II oder III angehört.[771] Anders ausgedrückt, ist in diesen Nachversteuerungsfällen die Optionsverschonung mit Vorsicht zu betrachten und die unwiderrufliche Erklärung nach § 13a Abs. 10 ErbStG sollte nur nach sorgfältiger Abwägung und Berechnung und so spät wie möglich abgegeben werden (→ Rn. 190). 226

Die Nachsteuerregelungen bei Nichterreichen der Mindestlohnsumme und bei Verstoß gegen die Behaltensregelungen (schädliche Verwendung und Überentnahme), führen jede für sich betrachtet zu sachgerechten Ergebnissen, solange im gesamten Nachsteuerzeitraum nur ein Nachsteuertatbestand allein bzw. nur solche der gleichen Art (zB nur Überentnahmen) verwirklicht werden. Problematisch wird es jedoch, wenn mehrere unterschiedliche Nachsteuerregelungen realisiert werden und es zu einer **Konkurrenz der Nachsteuertatbestände** kommt. 227

Beispiel:
Der Erwerber erhält einen Gewerbebetrieb im Wert von 2.000.000 EUR. Im dritten Jahr veräußert er 70 % des Betriebs für 1.000.000 EUR. Zusammen mit dem veräußerten Betriebsteil ging der überwiegende Teil der Arbeitnehmer mit auf den Dritten über. Der Erwerber unterschreitet daraufhin zum Ende der Behaltefrist zugleich die Mindestlohnsumme um 80 %. Aufgrund seines aufwendigen Lebensstils entnimmt er einen großen Teil des Veräußerungserlöses, so dass er bis zum Ende der Behaltefrist auch noch Überentnahmen in Höhe von 500.000 EUR getätigt hat.

Die Problematik dieser Zusammenballung von nachsteuerauslösenden Tatbeständen liegt darin, dass sie alle am Verschonungsabschlag anknüpfen, aber nicht auf einer einheitlichen Berechnungsmethode basieren. Der Verstoß gegen die Lohnsummenregelung knüpft prozentual am Verschonungsabschlag an, was im Beispielsfall dazu führt, dass 80 % des Verschonungsabschlags nach § 13a Abs. 3 S. 5 ErbStG wegfallen. Der Verstoß gegen die Behaltensregelung aufgrund schädlicher Verwendung knüpft ebenfalls am Verschonungsabschlag an, lässt diesen aber nur zeit- und wertanteilig entfallen, dh zu 42 % (= 70 % × 3/5) entfallen. Hinzu kommt schließlich die Überentnahme, die den Verschonungsabschlag isoliert betrachtet um 425.000 EUR senkt, was bei der Regelverschonung einer Reduktion des Verschonungsabschlags um 25 % entspricht. Alle Abschläge beruhen auf dem gleichen Lebenssachverhalt. Das Beispiel macht deutlich, dass eine uneingeschränkt kumulative Anwendung der Nachsteuertatbestände nicht erfolgen kann. Denn die Abschläge ergäben zusammen eine Reduktion von 147 % (= 42 % + 80 % + 25 %), wobei mehr als 100 % des Verschonungsabschlags nicht entfallen können. Das Ergebnis ist nicht sachgerecht, wird doch tatsächlich nur über 70 % des ehemals begünstigten Vermögens verfügt. Hinsichtlich der verbleibenden 30 % verhält sich der Erwerber durchaus so, wie es der Gesetzgeber vorsah: Er führt den verbleibenden 30 %igen Betriebsteil über die Behaltefrist hinaus unverändert fort. Richtig ist es, die Überentnahme als unschädlich zu behandeln, da diese der Veräußerung nachfolgt und somit bereits sanktioniert ist. Zweck des § 13a Abs. 6 ist es, dass die Nachbesteuerung nur das begünstigt erworbene Vermögen erfassen soll. Der Veräußerungserlös ist aber kein begünstigtes Vermögen und muss daher nachsteuerunschädlich entnommen werden. Hinsichtlich des gleichzeitigen Verstoßes gegen die Lohnsummenregelung und die Behaltensregelung will die Finanzverwaltung den höheren bzw. höchsten der sich bei getrennter Ermittlung ergebenden Beträge bei der 228

---

[770] *Scholten/Korezkij* DStR 2009, 991.
[771] *Scholten/Korezkij* DStR 2009, 991.

Kürzung ansetzen.⁷⁷² Danach wäre eine 80%ige Kürzung vorzunehmen. Bei isolierten Verstößen gegen die Entnahmebeschränkungen und gegen die Behaltefrist, sollen beide Verstoßfolgen zu addieren sein.⁷⁷³ Entsprechendes soll bei einem Zusammentreffen der Überentnahme mit einem damit nicht zusammenhängenden Verstoß gegen die Lohnsummenregelung gelten.⁷⁷⁴

Kommt es zu einem vollständigen Wegfall der Begünstigungen, ist dem Steuerpflichtigen der zuvor nach § 10 Abs. 6 S. 4 ErbStG eingeschränkte Schuldenabzug beim Erwerb nachträglich uneingeschränkt zu gewähren.⁷⁷⁵ Bei einem vollständigen Wegfall des Freibetrags entfällt auch die zehnjährige Sperrfrist gemäß § 13a Abs. 2 S. 3 ErbStG.⁷⁷⁶

229 **ii) Abschmelzungsmodell.** Regel- und Optionsverschonung sind ausgeschlossen, wenn der Wert des erworbenen begünstigten Vermögens des (aktuellen) Erwerbs zuzüglich des Werts der Erwerbe begünstigten Vermögens von derselben Person innerhalb von 10 Jahren den Betrag von 26 Mio. EUR übersteigt, § 13a Abs. 1 S. 1 ErbStG. Die früheren Erwerbe sind dabei mit ihrem früheren Wert zu berücksichtigen, § 13a Abs. 1 S. 2 ErbStG. Obwohl das Gesetz in § 13a Abs. 1 S. 2 ErbStG nur eine Zusammenrechnung von „begünstigtem Vermögen im Sinne des § 13b Abs. 2 ErbStG" vorsieht und es diese Vorschrift erst seit dem 1.7.2016 gibt,⁷⁷⁷ will die Finanzverwaltung den Zehnjahreszeitraum auch auf Erwerbe davor und sogar auf Erwerbe vor dem 1.1.2009 anwenden.⁷⁷⁸ Dabei sollen die Erwerbe vor dem 1.1.2009 mit dem vollen Wert des damals begünstigten Vermögens, also zu 100% angesetzt werden und nicht nur in Höhe des Freibetrags von 225.000 EUR bzw. des 35%igen Abschlags.⁷⁷⁹ Erwerbe in der Zeit vom 1.1.2009 bis 30.6.2016 sollen dagegen mit dem Wert angesetzt werden, mit dem sie steuerfrei blieben, was 85% bzw. 100% entspräche.⁷⁸⁰ Sollte es bei den Vorerwerben zu einer Nachversteuerung gekommen sein, müsste dieser Erwerb entsprechend zu kürzen sein, da er insoweit nicht steuerfrei geblieben ist.⁷⁸¹

230 Auch bei Erwerben von begünstigtem Vermögen von mehr als 26 Mio. EUR kann der Erwerber auf Antrag zumindest noch teilweise in den Genuss der Regel- und Optionsverschonung kommen, § 13c ErbStG, sog. **Abschmelzungsmodell.** Alternativ kann er die sog. Verschonungsbedarfsprüfung nach § 28a ErbStG beantragen (→ Rn. 233). Der Verschonungsabschlag nach § 13a Abs. 1 ErbStG von 85% bzw. nach § 13a Abs. 10 ErbStG von 100% verringert sich jenseits von 26 Mio. EUR um jeweils einen Prozentpunkt für jede vollen 750.000 EUR, die der Wert des begünstigten Vermögens iSd § 13b Abs. 2 ErbStG den Betrag von 26 Mio. EUR übersteigt, § 13c Abs. 1 S. 1 ErbStG. Ab einem begünstigten Vermögen von 89,75 Mio. EUR bei der Regelverschonung und ab 90 Mio. EUR bei der Optionsverschonung (§ 13c Abs. 1 S. 2 ErbStG) ist der Verschonungsabschlag auf null abgeschmolzen. Mehrere Erwerbe von demselben Erblasser oder Schenker innerhalb von zehn Jahren werden zusammengerechnet. Es kommt beim Abschmelzungsmodell zu zwei gegenläufigen Effekten: Eine Erhöhung des begünstigten Vermögens bewirkt, dass mehr Vermögen vom Verschonungsabschlag profitiert. Zeitgleich

---

⁷⁷² R E 13a.12 Abs. 3 S. 2 ErbStR 2011; H E 13a.12 Beispiel 2 ErbStH 2011; koordinierte Ländererlasse BStBl. I 2017, 902 Abschn. 13a.18 Abs. 3 S. 2; vgl. auch Troll/Gebel/Jülicher/Gottschalk/*Jülicher* ErbStG § 13a Rn. 77.
⁷⁷³ Troll/Gebel/Jülicher/Gottschalk/*Jülicher* ErbStG § 13a Rn. 373.
⁷⁷⁴ Troll/Gebel/Jülicher/Gottschalk/*Jülicher* ErbStG § 13a Rn. 375.
⁷⁷⁵ R E 10.10 Abs. 4 S. 5 ErbStR 2011; gleichlautende Ländererlasse BStBl. I 2009, 713 Abschn. 1 Abs. 4 S. 5.
⁷⁷⁶ R E 13a.12 Abs. 7 ErbStR 2011; koordinierte Ländererlasse BStBl. I 2017, 902 Abschn. 13a.18 Abs. 7.
⁷⁷⁷ Worauf *Wachter* GmbHR 2017, 841 zu Recht hinweist; vgl. auch *Reich* BB 2016, 1879; *Viskorf/Löcherbach/Jehle* DStR 2016, 2425.
⁷⁷⁸ Koordinierte Ländererlasse BStBl. I 2017, 902 Abschn. 13a.2 Abs. 2; aA *Wachter* GmbHR 2017, 841.
⁷⁷⁹ Koordinierte Ländererlasse BStBl. I 2017, 902 Abschn. 13a.2 Abs. 2 S. 9.
⁷⁸⁰ Koordinierte Ländererlasse BStBl. I 2017, 902 Abschn. 13a.2 Abs. 2 S. 8.
⁷⁸¹ *Korezkij* DStR 2017, 1729.

sinkt jedoch der prozentuale Verschonungsabschlag. Das zusätzliche begünstigte Vermögen kommt zwar in den Genuss des – verringerten – Verschonungsabschlags, zeitgleich sinkt aber die Verschonung des bisherigen begünstigten Vermögens **insgesamt**. Je mehr das begünstigte Vermögen den Sockelbetrag von 26 Mio. EUR übersteigt, umso stärker steigt der negative Effekt aufgrund des sinkenden Verschonungsabschlags. Der positive Effekt wird dann durch den negativen Gegeneffekt überlagert und das Abschmelzungsmodell wird unattraktiv.[782] Ab einem Wert des begünstigten Vermögens von ca. 51 Mio. EUR bei der Optionsverschonung nach § 13a Abs. 10 ErbStG und von ca. 45 Mio. EUR bei der Regelverschonung nach § 13a Abs. 1 ErbStG wirkt sich das Abschmelzungsmodell bei Erwerben in der Steuerklasse I nachteilig aus.[783] Bei den Steuerklassen II und III tritt der Effekt aufgrund des hier zusätzlich zu berücksichtigenden Entlastungsbetrags nach § 19a ErbStG später ein.[784]

Ein weiterer Effekt ergibt sich daraus, dass das Abschmelzungsmodell in Schritten zu jeweils vollen 750.000 EUR voranschreitet. Dies bedeutet zB, dass das Abschmelzungsmodell bis zu einem Betrag von 26.749.999 EUR den ungekürzten Verschonungsabschlag (85 % bei der Regelverschonung und 100 % bei der Optionsverschonung) gewährt, da das begünstigte Vermögen die Grenze von 26 Mio. EUR nicht um volle 750.000 EUR übersteigt. Dieser Fallbeileffekt bewirkt aber, dass zukünftig genau geschaut werden muss, ob sich der Wert des begünstigten Vermögens nicht doch etwas verringern lässt, um in den Genuss der nächst niedrigeren Stufe zu kommen: **231**

begünstigtes Vermögen	57.500.000,00	57.499.999,00
./. verbliebenem Verschonungsabschlag (58 %)	33.350.000,00	
./. verbliebenem Verschonungsabschlag (59 %)		33.924.999,41
Zwischensumme	24.150.000,00	23.574.999,59
+ nicht begünstigtes Vermögen	0,00	1,00
	24.150.000,00	23.575.000,59
darauf Schenkungsteuer (27 %)	6.520.500,00	6.365.250,16

Ein Euro weniger begünstigtes Vermögen bewirkt im Beispiel eine um 155.249,84 EUR geringere Erbschaftsteuerlast. Der Effekt wird umso größer, je höher der Betrag des begünstigten Vermögens ist. Ein Bewertungsfehler kann hier schnell zur Haftungsfalle werden.

Der Antrag nach § 13c ErbStG ist ggf. neben dem Antrag auf Optionsverschonung nach § 13a Abs. 10 ErbStG zu stellen und an das Erbschaftsteuerfinanzamt zu richten.[785] Er kann nur einheitlich für alle Arten des erworbenen begünstigungsfähigen Vermögens gestellt,[786] nicht isoliert auf einzelne erworbene wirtschaftliche Einheiten beschränkt werden und gilt innerhalb des Zehnjahreszeitraums für alle Erwerbe von dem jeweiligen Erblasser oder Schenker. Der Antrag nach § 13c ErbStG kann bis zum Eintritt der materiellen Rechtskraft der Festsetzung der Erbschaft- oder Schenkungsteuer gestellt[787] und nach Eingang beim zuständigen Finanzamt nicht mehr widerrufen werden, § 13c Abs. 2 S. 6 ErbStG.[788] In der Unwiderruflichkeit des Antrags liegt zumindest bei potentiellen weiteren Erwerben innerhalb eines Zehnjahreszeitraums (§ 13c Abs. 2 S. 2 ErbStG) von demselben Erblasser bzw. Schenker auch die Gefahr. Denn führt der zweite Erwerb dazu, dass der Punkt, an dem das Abschmelzungsmodell kippt (→ Rn. 230), überschritten wird oder die Verschonung gänzlich entfällt, wirkt sich der Antrag plötzlich negativ aus, ohne dass man noch etwas daran ändern könnte. Denn der durch den Folgeerwerb verminderte Verschonungsabschlag ist **232**

---

[782] *Korezkij* DStR 2017, 189.
[783] *Korezkij* DStR 2017, 189.
[784] *Korezkij* DStR 2017, 189.
[785] Koordinierte Ländererlasse BStBl. I 2017, 902 Abschn. 13c.1 Abs. 1 S. 3, Abs. 2 S. 1.
[786] Koordinierte Ländererlasse BStBl. I 2017, 902 Abschn. 13c.1 Abs. 3 S. 1.
[787] Koordinierte Ländererlasse BStBl. I 2017, 902 Abschn. 13c.1 Abs. 2 S. 2.
[788] Koordinierte Ländererlasse BStBl. I 2017, 902 Abschn. 13c.1 Abs. 2 S. 4.

auch auf den früheren Erwerb anzuwenden, sog. **Abschmelzungsfalle.**[789] Führt der Folgeerwerb dazu, dass die Abschmelzhöchstgrenzen überschritten werden und der Verschonungsabschlag auf null sinkt, dürfte zumindest die Möglichkeit, einen Antrag auf Verschonungsbedarfsprüfung nach § 28a ErbStG zu stellen, wieder aufleben.[790] Da der Erwerber beim Abschmelzungsmodell letztlich in den Genuss des Verschonungsabschlags kommt, ist es nur konsequent, dass dieser an die gleichen Lohnsummen- und Behaltefristen gebunden ist, wie sie bei der Regel- bzw. Optionsverschonung gelten § 13c Abs. 2 S. 1 ErbStG. Bei einem Verstoß dagegen entfällt die gewährte Verschonung ganz oder teilweise entsprechend der dort geltenden Regelungen (→ Rn. 174 ff.). Entsprechendes gilt hinsichtlich der Weitergabeverpflichtung oder der Nachlassteilung (→ Rn. 113 ff.), den Anzeigepflichten des Erwerbers in den Fällen des Verstoßes gegen die Lohnsummen- oder Behaltefristen inklusive des Hinausschiebens der Festsetzungsverjährung (→ Rn. 194 f.) und für die erhöhten Mitwirkungs- und Nachweispflichten des Erwerbers bei Auslandssachverhalten (→ § 12 Rn. 206 ff.).[791]

233 **jj) Verschonungsbedarfsprüfung.** Hat der Erwerber begünstigtes Vermögen von mehr als 26 Mio. EUR erworben, hat er alternativ zum Abschmelzungsmodell nach § 13c ErbStG die Möglichkeit einen Antrag auf **Verschonungsbedarfsprüfung** zu stellen, § 28a ErbStG. Bei Vorliegen der Voraussetzungen und dem Einsatz von 50 % des verfügbaren Vermögens zur Tilgung der Erbschaftsteuerschuld werden ihm die auf das begünstigte Vermögen entfallenden Steuern ganz oder zumindest teilweise erlassen. Jenseits der Abschmelzungshöchstgrenzen von 89.750.000 EUR bei der Regelverschonung und 89.999.999 EUR bei der Optionsverschonung ist die Verschonungsbedarfsprüfung – neben der Tarifbegrenzung nach § 19a ErbStG für Erwerber der Steuerklassen II und III – die einzige verbliebene Verschonungsmöglichkeit. Unterhalb des Schwellenwerts von 26 Mio. EUR besteht für die Verschonungsbedarfsprüfung kein Bedarf, da hier Regel- und Optionsverschonung die entsprechenden Steuerentlastungen gewähren. Bei Überschreiten dieser Grenze wird die Steuer grundsätzlich ohne Verschonung festgesetzt. Um die hierdurch verursachte Belastung abzumildern kann der Erwerber entweder den unwiderruflichen Antrag nach § 13c ErbStG stellen und kommt so zumindest noch in den Genuss einer partiellen Verschonung. Tut er dies, ist der Weg zur Verschonungsbedarfsprüfung versperrt, §§ 13c Abs. 2 S. 6, 28a Abs. 8 ErbStG. Stellt er den Antrag nach § 13c ErbStG (ggf. zunächst) nicht, wird die Steuer auch auf das begünstigte Vermögen ohne Verschonung festgesetzt. In diesem Fall kann der Erwerber den widerruflichen[792] Antrag nach § 28a ErbStG stellen. Stellt sich hinterher heraus, dass der Antrag nach § 13c ErbStG für ihn günstiger gewesen wäre, kann er die Verschonungsbedarfsprüfung somit noch rückgängig machen. Umgekehrt funktioniert dies jedoch nicht.

234 Ausgangspunkt für die Verschonungsbedarfsprüfung ist die tarifliche, ggf. um die anzurechnende Steuer auf einen Vorerwerb nach § 14 Abs. 1 ErbStG gekürzte Steuer nach § 19 ErbStG auf den gesamten steuerlichen Erwerb.[793] Da die Verschonungsbedarfsprüfung nur die auf das begünstigte Vermögen entfallende Steuer erfasst, ist der so ermittelte Gesamtsteuerbetrag nach dem Verhältnis des Werts des begünstigten Vermögens – ggf. nach Abzug des Vorwegabschlags nach § 13a Abs. 9 ErbStG und nach Abzug der damit in wirtschaftlichem Zusammenhang stehenden abzugsfähigen Schulden und Lasten (§ 10 Abs. 5 und 6 ErbStG) – zum Wert des gesamten Vermögensanfalls nach Abzug der mit diesem Vermögen wirtschaftlichen Zusammenhang stehenden abzugsfähigen Schulden

---

[789] Koordinierte Ländererlasse BStBl. I 2017, 902 Abschn. 13c.4 Abs. 2 S. 3; *Stalleiken* § 13c Rn. 16; *ders.* Ubg 2016, 569; aA *Thonemann-Micker/Kanders* DStZ 2015, 510; Troll/Gebel/Jülicher/Gottschalk/*Jülicher* ErbStG § 13c Rn. 23.
[790] So ist wohl koordinierte Ländererlasse BStBl. I 2017, 902 Abschn. 13c.1 Abs. 4 S. 3 zu verstehen.
[791] Koordinierte Ländererlasse BStBl. I 2017, 902 Abschn. 13c.3.
[792] Koordinierte Ländererlasse BStBl. I 2017, 902 Abschn. 28 a.1 Abs. 2 S. 2 Hs. 2.
[793] Koordinierte Ländererlasse BStBl. I 2017, 902 Abschn. 28 a.1 Abs. 5 Nr. 1.

I. Erbschaftsteuer   § 27

und Lasten aufzuteilen.[794] Auf den auf das begünstigte Vermögen entfallenden Steuerbetrag sind schließlich noch die §§ 19a, 21 und 27 ErbStG anzuwenden.[795] Der danach verbleibende Rest, ist die nach § 28a ErbStG „verschonungsfähige" Steuer.

Im nächsten Schritt ist zu ermitteln, inwieweit der Erwerber **verfügbares Vermögen** 235 hat. Maßgebend sind allein die Verhältnisse im Besteuerungszeitpunkt. Es kommt auf den Nettowert des zu diesem Zeitpunkt grundsätzlich vorhandenen verfügbaren Vermögens an. Zum verfügbaren Vermögen selbst zählen aber „nur" 50% dieses Werts. Bei der Berechnung des Nettowerts sind Schulden und Lasten einschließlich der Nachlassverbindlichkeiten nach § 10 Abs. 5 ErbStG sowie Gegenleistungen im Falle einer Schenkung abzuziehen.[796] Ein wirtschaftlicher Zusammenhang der Schulden und Lasten mit dem verfügbaren Vermögen muss nicht vorliegen.[797] Nach Ansicht der Finanzverwaltung ist die auf den steuerpflichtigen Erwerb entfallende Steuer nicht vom Wert des verfügbaren Vermögens abzuziehen.[798] Zu den Gegenständen des verfügbaren Vermögens zählen alle Vermögensgegenstände, die nicht zum begünstigten Vermögen zählen, also zB Anteile an Kapitalgesellschaften in Höhe von 25% oder weniger, ausländisches Betriebsvermögen in einem Drittstaat, das nicht begünstigte Verwaltungsvermögen (→ Rn. 139 ff.), Kapitalvermögen, Grundstücke etc.[799] Auch steuerfrei übertragenes Vermögen wie zB Hausrat, Kulturgüter und das selbst genutzte Familienheim zählen zum verfügbaren Vermögen.[800] Wurden im Rahmen der Steuerberechnung aufgrund dieser Steuerbefreiungen Schulden nach § 10 Abs. 6 ErbStG nur eingeschränkt abgezogen, sind diese bei der Ermittlung des verfügbaren Vermögens nun ungekürzt abzuziehen.[801] Neben den im Wege des Erwerbs übergegangenen Vermögensgegenständen zählen auch die Vermögensgegenstände, die dem Erwerber im Zeitpunkt der Steuerentstehung bereits gehörten und kein begünstigtes Vermögen darstellen, § 28a Abs. 2 Nr. 2 ErbStG. Ob der Erwerber über das verfügbare Vermögen auch tatsächlich frei verfügen kann, ist unbeachtlich, persönliche Freibeträge nach §§ 16, 17 ErbStG sind nicht zu berücksichtigen.[802] Der 50% des so ermittelten Nettowerts des grundsätzlich verfügbaren Vermögens übersteigende „verschonungsfähige" Steuerbetrag ist sodann zu erlassen.

Der Erlass der Steuer steht unter der auflösenden Bedingung, dass die für die Options- 236 verschonung maßgebenden Lohnsummen (→ Rn. 176) und die Behaltefrist von sieben Jahren (→ Rn. 192) eingehalten werden. Bei Verstoß gegen die Lohnsummenregelung vermindert sich der zu gewährende Erlass der Steuer mit Wirkung für die Vergangenheit in demselben prozentualen Umfang, wie die Mindestlohnsumme unterschritten wird, § 28a Abs. 4 S. 1 Nr. 1 S. 3 ErbStG. Bei einem Verstoß gegen die Behaltefrist lässt den Erlass zeitanteilig entfallen; § 13a Abs. 6 S. 2–4 ErbStG gelten entsprechend (→ Rn. 221 ff.), § 28a Abs. 4 S. 1 Nr. 2 S. 2 ErbStG. Ferner entfällt der Steuererlass vollständig, wenn der Erwerber innerhalb von 10 Jahren nach dem Besteuerungszeitpunkt durch Schenkung oder von Todes wegen weiteres Vermögen erhält, dass verfügbares Vermögen im Sinne des § 28 Abs. 2 ErbStG darstellt. Der Folgeerwerb muss nicht vom ursprünglichen Schenker oder Erblasser stammen und auch nicht der Erbschaftsteuer unterliegen.[803] Aus Vereinfachungsgründen sind übliche Gelegenheitsgeschenke iSd § 13 Abs. 1

---

[794] Koordinierte Ländererlasse BStBl. I 2017, 902 Abschn. 28 a.1 Abs. 5 Nr. 2.
[795] Koordinierte Ländererlasse BStBl. I 2017, 902 Abschn. 28 a.1 Abs. 5 Nr. 3.
[796] Koordinierte Ländererlasse BStBl. I 2017, 902 Abschn. 28 a.2 Abs. 2 S. 5.
[797] *Reich* BB 2017, 1879.
[798] Koordinierte Ländererlasse BStBl. I 2017, 902 Abschn. 28 a.2 Abs. 2 S. 6; aA LfSt Bayern ZEV 2017, 735; *Reich* DStR 2016, 2447.
[799] Koordinierte Ländererlasse BStBl. I 2017, 902 Abschn. 28 a.2 Abs. 1 S. 7.
[800] Koordinierte Ländererlasse BStBl. I 2017, 902 Abschn. 28 a.2 Abs. 2 S. 7; *Geck* ZEV 2017, 481; *Reich* BB 2017, 1879; *Viskorf/Löcherbach/Jehle* DStR 2016, 2425.
[801] Koordinierte Ländererlasse BStBl. I 2017, 902 Abschn. 28 a.2 Abs. 2 S. 8.
[802] Koordinierte Ländererlasse BStBl. I 2017, 902 Abschn. 28 a.2 Abs. 2 S. 9, 11.
[803] Koordinierte Ländererlasse BStBl. I 2017, 902 Abschn. 28 a.4 Abs. 2 S. 2.

Nr. 14 ErbStG unbeachtlich.⁸⁰⁴ Für Erwerbe nach dem 14.12.2018 entfällt der Steuererlass darüber hinaus, wenn nachträglich für die Erlasshöhe entscheidende Wertansätze aufgrund Ergehen, Änderung oder Aufhebung der entsprechenden Feststellungsbescheide erstmalig zum Ansatz kommen oder geändert werden, § 28a Abs. 4 S. 1 Nr. 4 ErbStG, die dem Erlass zugrunde liegende Steuerfestsetzung geändert und dabei von den dem Erlass zugrunde gelegten Werten abgewichen wird, § 28a Abs. 4 S. 1 Nr. 5 ErbStG, und wenn begünstigtes Vermögen iSd § 13b Abs. 2 ErbStG aufgrund einer Verpflichtung an Dritte weiter übertragen wird und der Erlass deshalb ganz oder teilweise nicht mehr in Anspruch genommen werden kann, § 28a Abs. 4 S. 1 Nr. 6 ErbStG. Die Wertveränderung kann dabei sowohl höher als auch niedriger ausfallen. Der Erwerber kann die negativen Folgen jeweils dadurch vermeiden, dass er erneut einen Antrag nach § 28a Abs. 1 ErbStG stellt, § 28a Abs. 4 S. 1 Nr. 3 S. 2, Nr. 4 S. 2, Nr. 5 S. 2, Nr. 6, S. 2 ErbStG. In diesem Fall kommt es zu einer erneuten Verschonungsbedarfsprüfung bei der das ursprüngliche verfügbare Vermögen um 50 % des Nettowerts des hinzuerworbenen Vermögens im Zeitpunkt des Hinzuerwerbs erhöht wird. Das Procedere läuft letztlich darauf hinaus, dass der Erwerber 50 % des verfügbaren Vermögens aus sämtlichen innerhalb von 10 Jahren nach dem Ersterwerb erfolgenden Folgeerwerben für die Tilgung der ursprünglichen Erbschaftsteuerschuld einsetzen muss. Da auch der Folgeerwerb der Erbschaftsteuer unterliegen und selbst in den Anwendungsbereich der Verschonungsbedarfsprüfung fallen kann, bleibt ggf. für ihn kein verfügbares Vermögen mehr übrig, um einen Antrag nach § 28a ErbStG zu stellen.

237 Um diesen Schwierigkeiten zu entgehen oder die Folgen zumindest einzudämmen, sollte gestalterisch vorgebeugt werden. Auf der Unternehmensebene ist im Vorwege der Anteil des Verwaltungsvermögens von maximal 10 % anzustreben und junges Verwaltungsvermögen sowie junge Finanzmittel sollten nach Möglichkeit vollständig vermieden werden. Sofern der Sockelbetrag für Finanzmittel, § 13b Abs. 4 Nr. 5 ErbStG, noch nicht vollständig ausgenutzt werden würde, könnte eine entsprechende Veräußerung von Verwaltungsvermögen die Erbschaftsteuerlast reduzieren.⁸⁰⁵ Bei Mitunternehmerschaften kann das Verwaltungsvermögen einkommensteuerneutral nach § 6 Abs. 5 S. 3 Nr. 2 EStG vom Gesamthands- in das Sonderbetriebsvermögen überführt werden. Der auf diese Weise abgespeckte Mitunternehmeranteil kann im Rahmen der Verschonungsbedarfsprüfung unter Zurückbehaltung eines kleinen Restmitunternehmeranteils und des Sonderbetriebsvermögens nach § 6 Abs. 3 S. 2 EStG auf den Erwerber optimiert übertragen werden.⁸⁰⁶ Der Erwerber sollte idealerweise ebenfalls nur über begünstigtes Vermögen verfügen. Das zurückbehaltene Sonderbetriebsvermögen sollte einem anderen Erwerber zugedacht werden, um es nicht innerhalb der Zehnjahresfrist doch noch zur Steuerzahlung einsetzen zu müssen. Bei Ehepartnern lassen sich hier fiktive Zugewinnausgleichsforderungen gestalterisch einsetzen.⁸⁰⁷ Testamente wären in diesem Sinne anzupassen. Auch das **„Supervermächtnis"**, bei dem die Erfüllung im freien Belieben des Erben steht, wäre anzudenken. Hier stellt die Erfüllungsentscheidung des beschwerten Erben ein zeitlich ungewisses Ereignis dar, was erbschaftsteuerlich zur Folge hat, dass es sich um eine Betagung iSd § 9 Abs. 1 Nr. 1a ErbStG handelt, und die Steuerentstehung auf den Zeitpunkt der Erfüllung vertagt.⁸⁰⁸ Auf diese Weise könnte der Zeitpunkt eines Folgeerwerbs so verschoben werden, dass dieser außerhalb der Zehnjahresfrist des § 28a Abs. 4 S. 1 Nr. 3 S. 1 ErbStG liegt. Ein vorbehaltener Nießbrauch kann auch bei der Verschonungsbedarfsprüfung die Schenkungsteuerbelastung reduzieren.⁸⁰⁹ Schließlich könnte auch darüber nachgedacht werden, eine oder mehrere Familienstiftungen als Erwerber einzusetzen (→ Rn. 238 ff.).

---

⁸⁰⁴ Koordinierte Ländererlasse BStBl. I 2017, 902 Abschn. 28 a.4 Abs. 2 S. 3.
⁸⁰⁵ *Dietz* NWB 2019, 945.
⁸⁰⁶ *Reich* DStR 2016, 2447.
⁸⁰⁷ *Reich* DStR 2016, 2447.
⁸⁰⁸ *Keim* ZEV 2016, 6; BFH ZEV 2004, 35; vgl. auch *Reich* DStR 2016, 2447.
⁸⁰⁹ *Dietz* NWB 2019, 945.

I. Erbschaftsteuer § 27

Mangels eigenen Vermögens dürfte im Idealfall ein vollständiger Steuererlass im Rahmen der Verschonungsbedarfsprüfung zu erreichen sein.[810]

kk) Familienstiftung. Der Übergang von Vermögen auf eine vom Erblasser angeordnete Stiftung/Familienstiftung ist als Erwerb von Todes wegen nach § 3 Abs. 2 Nr. 1 ErbStG steuerbar. Die Vergünstigungen durch Freibetrag, Vowegabschlag und Bewertungsabschlag werden auch beim Vermögensübergang auf eine Familienstiftung und bei der Bemessung der Ersatzerbschaftsteuer einer Familienstiftung oder eines Familienvereins gewährt, soweit zum Vermögen der Stiftung oder des Vereins begünstigtes Vermögen gehört, § 13a Abs. 7 ErbStG. Dies gilt auch, wenn begünstigtes Vermögen erst auf eine vom Erblasser angeordnete Stiftung (§ 3 Abs. 2 Nr. 1 ErbStG) übergeht.[811] Bei einer Familienstiftung von Todes wegen ist der Steuerentstehungszeitpunkt der Erbschaftsteuer und der Bewertungsstichtag nicht der Todestag des Erblassers, sondern der Zeitpunkt der zivilrechtlichen Anerkennung der von Todes wegen entstandenen Stiftung.[812] Demnach müsste es möglich sein, in dem Übergangszeitraum bis zur Anerkennung der Stiftung von Todes wegen, gestalterisch einzugreifen. Hierdurch lässt sich zwar kein neues Betriebsvermögen schaffen, da dieses bereits in der Hand des Erblassers als solches hätte existieren müssen. Allerdings könnte zB die Anerkennung hinausgezögert werden, so dass junges Verwaltungs- und Finanzmittelvermögen zu allgemeinem Verwaltungsvermögen wird.[813] Aber auch der Zuzug einer Drittstaaten-Kapitalgesellschaft nach Deutschland, die Umstrukturierung im Verwaltungsvermögensbereich, die Lohnsummenoptimierung und das Ausnutzen von Bewertungsschwankungen müssten in den Zeitraum bis zur Anerkennung möglich sein.[814] Voraussetzung ist hier natürlich, dass das Testament dem Testamentsvollstrecker einen entsprechenden Handlungsspielraum einräumt. Vorsicht ist geboten, wenn zum potentiellen Nachlass eine gewerblich geprägte Personengesellschaft gehört und der Anteil auf eine **gemeinnützige Stiftung** übergehen soll. Eine gewerblich geprägte Personengesellschaft erfüllt nämlich nicht die Voraussetzungen eines wirtschaflichen Geschäftsbetriebs,[815] so dass § 6 Abs. 3 EStG mangels Besteuerung der stillen Reserven nicht anwendbar ist und es zu einer Aufgabe des gewerblich geprägten Mitunternehmeranteils in der Hand des Erblassers kommt (→ § 28 Rn. 143). Da in diesem Fall kein Betrieb bzw. kein Mitunternehmeranteil vererbt wird, kommen die erbschaftsteuerlichen Vergünstigungen nicht zum Tragen. Der Kreis der begünstigten Familienstiftungen ist aufgrund des Verweises auf § 1 Abs. 1 Nr. 4 ErbStG auf rechtsfähige Stiftungen beschränkt.[816] Nicht begünstigt sind dagegen unselbständige Stiftungen oder Treuhandstiftungen.[817] Ob eine Stiftung als Familienstiftung anzusehen ist, ist anhand des vom Stifter verfolgten Zwecks der Stiftung zu beurteilen, wie er ihn objektiv erkennbar in der Satzung zum Ausdruck gebracht hat.[818] Die Bezeichnung durch den Stifter sowie die Einschätzung der Stiftungsaufsicht sind für die erbschaftsteuerrechtliche Beurteilung unerheblich.[819] Eine Stiftung ist im Interesse einer Familie errichtet, wenn sie den Vermögensinteressen einer Familie gewidmet ist.[820] Zu den weit zu fassenden Vermögensinteressen gehören nicht nur Bezugs- und Anfallsrechte,

238

---

[810] *Wachter* FR 2017, 69; *Reich* DStR 2016, 2447; koordinierte Ländererlasse BStBl. I 2017, 902 Abschn. 28 a.6.
[811] R 69 S. 2 ErbStR; → § 9 Rn. 1ff.
[812] BFH BStBl. II 1996, 99; H E 9.3. ErbStH; *von Oertzen/Reich* BB 2018, 1367; aA Kapp/Ebeling/*Geck* ErbStG § 9 Rn. 47.
[813] *Von Oertzen/Reich* BB 2018, 1367.
[814] *Von Oertzen/Reich* BB 2018, 1367.
[815] BFH BStBl. II 2011, 858; 2017, 251.
[816] BFH BStBl. II 2018, 199. Zur Frage, ob bei einem von mehreren Gesellschaftern gehaltenen Familienunternehmen und einer angestrebten Familienstiftungslösung eine Mehr-Familienstiftung oder mehrere Ein-Familienstiftungen vorzugswürdig sind, vgl. *von Oertzen/Reich* DStR 2019, 317.
[817] *Wachter* FR 2017, 69, 82; BFH BStBl. II 2018, 199.
[818] BFH/NV 2010, 898.
[819] BFH/NV 2010, 898.
[820] BFH BStBl. II 1998, 114; 2010, 898.

sondern alle unmittelbaren oder mittelbaren, nicht notwendig in Geld bezifferbaren Vermögensvorteile, die die begünstigte Familie aus dem Stiftungsvermögen zieht.[821] „Wesentlich" im Interesse einer Familie errichtet ist eine Stiftung dann, wenn das Wesen der Stiftung nach der Satzung und ggf. dem Stiftungsgeschäft darin besteht, es der Familie zu ermöglichen, das Stiftungsvermögen, soweit es einer Nutzung zu privaten Zwecken zugänglich ist, zu nutzen und die Stiftungserträge aus dem gebundenen Vermögen an sich zu ziehen.[822] Sind auch Dritte begünstigt, ist eine wertende Gesamtschau aller Vermögensinteressen vorzunehmen. Abzustellen ist dabei jeweils auf den Dreißigjahreszeitraum.[823] Besteht das Stiftungsvermögen im Wesentlichen aus einem Unternehmen und/oder Unternehmensbeteiligungen, spricht dies weder für noch gegen eine Familienstiftung.[824] Die Finanzverwaltung nimmt eine Familienstiftung in Anlehnung an § 15 Abs. 2 AStG an, wenn nach ihrer Satzung der Stifter, seine Angehörigen und deren Abkömmlinge zu mehr als der Hälfte bezugs- oder anfallberechtigt sind, nimmt aber auch bei einer Bezugs- oder Anfallberechtigung von mehr als 25 % eine Familienstiftung an, wenn daneben zusätzliche Merkmale ein „wesentliches Familieninteresse" belegen.[825]

239 Mangels eigenen Vermögens wird häufig ein vollständiger Steuererlass im Rahmen der Verschonungsbedarfsprüfung zu erreichen sein.[826] Denn für die Verschonungsbedarfsprüfung (→ Rn. 233 ff.) kommt es auf das Vermögen des jeweiligen Erwerbers, vorliegend also der Familienstiftung an. Eine Zusammenrechnung des Vermögens der Stiftung mit dem des Erben oder des Destinatärs ist im Gesetz nicht vorgesehen.[827] Sie bietet sich daher insbesondere bei Erwerben von begünstigtem Vermögen iSd § 13b Abs. 2 S. 1 ErbStG von über EUR 26 Mio. an, bei denen der Erwerber, zB der Erbe über eigenes verfügbares Vermögen iSd § 28a Abs. 1 S. 1 ErbStG verfügt, welches er dann zu 50 % zur Steuerzahlung einsetzen müsste. Anders als das Abschmelzungsmodell kennt der Steuererlass im Rahmen der Verschonungsbedarfsgrenze keine Obergrenze, so dass ein Erlass auch bei Erwerben von mehr als EUR 90 Mio. möglich ist.[828]

Beispiel:
Der Wert des begünstigten Vermögens beträgt 100 Mio. EUR. Nicht begünstigtes Vermögen ist nicht vorhanden. Alleinerbe ist der Sohn, der aufgrund von Vorschenkungen bereits ein beträchtliches Vermögen hat. Davon sind 60 Mio. EUR sonstiges nicht begünstigtes Vermögen. Die Erbschaftsteuer nach dem Vater beträgt 30 Mio. EUR. Ein Antrag auf Verschonungsbedarfsprüfung macht hier keinen Sinn, da der Sohn 50 % seines eigenen nicht begünstigten Vermögens für die Steuerzahlung einsetzen müsste, was in diesem Falle exakt der Erbschaftsteuerbelastung entsprechen würde. Der Sohn muss in beiden Fällen 30 Mio. EUR Erbschaftsteuer zahlen.
Hätte der Vater verfügt, dass das begünstigte Vermögen auf eine neu zu errichtende Familienstiftung übergeht, deren Destinatär der Sohn ist, beträgt die Erbschaftsteuer zwar immer noch EUR 30 Mio. Wird nun allerdings der Antrag auf Verschonungsbedarfsprüfung gestellt und werden deren Voraussetzungen (→ Rn. 233 ff.) eingehalten, ist die Schenkungsteuerschuld von 30 Mio. EUR zu erlassen. Darauf, dass der Sohn über 60 Mio. EUR nicht begünstigtes Vermögen verfügt, kommt es nicht an, da nicht er, sondern die Familienstiftung das Vermögen erworben hat.

---

[821] BFH BStBl. II 2010, 898.
[822] BFH BStBl. II 2010, 898.
[823] BFH BStBl. II 2010, 898.
[824] BFH BStBl. II 2010, 898.
[825] R E 2.2 Abs. 2 S. 1 ErbStR 2011.
[826] *Wachter* FR 2017, 69; *Reich* DStR 2016, 2447; koordinierte Ländererlasse BStBl. I 2017, 902 Abschn. 28 a.6.
[827] *Wachter* FR 2017, 130 (131).
[828] *Wachter* FR 2017, 130 (131).

I. Erbschaftsteuer § 27

Neben diesem steuerlichen Aspekt eignet sich die Familienstiftung aber auch aus anderen Gründen zunehmend für den Einsatz in der Unternehmensnachfolge. In erster Linie wird hier meist der Fortbestand des Unternehmens bei nicht geeigneten oder nicht interessierten Abkömmlingen genannt. Hierbei darf man aber nicht verkennen, dass auch die Stiftung dieses Problem nicht löst. Denn auch das in der Stiftung geführte Unternehmen braucht einen der es führt. Entscheidender dürfte die Separierung des Unternehmens vom Vermögen des Stifters sein. Weder die Gläubiger des Stifters noch diejenigen der Erben bzw. Destinatäre haben Zugriff auf das Unternehmen. Zugleich werden Pflichtteils- und Zugewinnausgleichsansprüche reduziert und bei rechtzeitiger Planung lässt sich auch der Pflichtteilsergänzungsanspruch ausschließen. Schließlich sollte in Zeiten zunehmender Mobilität der Erbengeneration auch der Aspekt der Vermeidung der Wegzugsbesteuerung nach § 6 AStG nicht außer Acht gelassen werden (→ § 12 Rn. 171 ff.). Die Übertragung von Mitunternehmeranteilen kann gewerbesteuerliche Verlustvorträge gefährden (→ Rn. 337). 240

Das Vermögen einer inländischen Familienstiftung unterliegt alle 30 Jahre einer **Erbersatzsteuer**, § 1 Abs. 1 Nr. 4 ErbStG. Dabei wird der doppelte Kinderfreibetrag nach § 16 Abs. 1 Nr. 2 ErbStG mithin EUR 800.000 gewährt. Die Steuer ist nach dem Prozentsatz der Steuerklasse I zu berechnen, der für die Hälfte des steuerpflichtigen Vermögens gelten würde, § 15 Abs. 1 S. 3 ErbStG. Inländisch ist die Familienstiftung sofern sie entweder Geschäftsleitung oder ihren Sitz im Inland hat. Ausländische Familienstiftungen und nichtrechtsfähige Stiftungen unterliegen nicht der Erbersatzsteuer.[829] Der Besteuerung unterliegt das gesamte Vermögen der Familienstiftung, § 10 Abs. 1 S. 7 EStG, unabhängig von dessen Belegenheit. Die Bewertung des Vermögens richtet sich nach den allgemeinen Regeln (→ Rn. 32 ff.). Die übrigen Steuerbefreiungen und -begünstigungen gelten auch bei der Erbersatzsteuer.[830] Für die Begünstigungsgrenze von 26 Mio. EUR werden alle Erwerbe der letzten zehn Jahre zusammengerechnet, § 13a Abs. 1 S. 2 ff. ErbStG. Aufgrund der Stichtagsbezogenheit ist die Erbersatzsteuer gut planbar. Ausschüttungen an die Destinatäre sollten vor dem Stichtag erfolgen. Dabei sollte primär, auch im Hinblick auf die Verschonungsbedarfsprüfung nach § 28a ErbStG nicht begünstigtes Verwaltungsvermögen verwendet werden.[831] Für Zwecke der Verschonungsbedarfsprüfung ist die Stiftung selbst Erwerber. Sie hat ihr nicht begünstigtes Vermögen zur Steuerzahlung einsetzen. Nach § 24 ErbStG kann die Stiftung zwar verlangen, die Steuer in 30 gleichen jährlichen Teilbeträgen zu entrichten. Die damit einhergehende Verzinsung der Steuer mit 5,5 % ist aber gerade in Niedrigzinsphasen häufig ein Hemmschuh. Sofern die zivilrechtlichen Hürden einer Auflösung der Stiftung genommen werden konnten, unterliegt die Aufhebung nach § 7 Abs. 1 Nr. 9 ErbStG der Erbschaftsteuer. Ob daneben noch Einkommensteuer anfällt, es mithin zu einer doppelten Besteuerung kommt, ist umstritten (→ Rn. 304). 241

3. Steuerklassen

Um dem persönlichen Verhältnis des Erwerbers zum Erblasser Rechnung zu tragen, verwendet das ErbStG keine einheitliche Steuerklasse, sondern differenziert hier entsprechend dem Verwandtschaftsverhältnis. Welche Erbschaftsteuerbelastung ein Erwerber zu tragen hat, wird einerseits durch die Steuerklasse, zu der er gehört, und andererseits innerhalb dieser Steuerklasse wiederum nach der Höhe des steuerpflichtigen Erwerbs bestimmt. Gemäß § 15 Abs. 1 ErbStG sind folgende drei Steuerklassen zu unterscheiden: 242

---

[829] BFH BStBl. II 2018, 199.
[830] *Von Oertzen/Reich* Ubg 2015, 629; *Wachter* FR 2017, 130 (135).
[831] *Von Oertzen/Reich* Ubg 2015, 629.

Steuerklasse I:
1. Ehegatte/Lebenspartner, soweit die Ehe/Lebenspartnerschaft zum Zeitpunkt des Erbanfalls rechtswirksam besteht
2. eheliche, nichteheliche und adoptierte Kinder sowie Stiefkinder
3. Abkömmlinge dieser Kinder und Stiefkinder
4. Eltern und Voreltern bei Erwerben von Todes wegen

Steuerklasse II:
1. Eltern und Voreltern bei Erwerben aufgrund Schenkungen unter Lebenden
2. eheliche und nichteheliche Geschwister sowie Stief- und Adoptivgeschwister
3. Abkömmlinge ersten Grades von Geschwistern (Nichten und Neffen)
4. Stiefeltern
5. Schwiegerkinder
6. Schwiegereltern
7. geschiedene Ehegatten und der Lebenspartner einer aufgehobenen Lebenspartnerschaft

Steuerklasse III:
Alle übrigen Erwerber (zB Verlobte, Pflegekinder, Pflegeeltern, Lebenspartner) und die Zweckzuwendungen.

Beim Übergang von Vermögen auf eine vom Erblasser angeordnete **Familienstiftung** wird zur Bestimmung der anwendbaren Steuerklasse auf den zum Erblasser entferntesten Berechtigten abgestellt, § 15 Abs. 2 S. 1 ErbStG. Die Finanzverwaltung stellt hinsichtlich des Berechtigten auf den nach der Satzung entferntest möglichen Berechtigten ab, auch wenn dieser im Zeitpunkt der Errichtung der Familienstiftung noch nicht unmittelbar bezugsberechtigt ist, sondern es erst in der Generationenfolge wird.[832] Um im Zuge der Errichtung der Familienstiftung in die günstige Errichtungssteuerklasse I zu gelangen, kann es sich empfehlen, Stiftungsuntervermögen und bestimmte Destinatärsgruppen zu bilden.[833] **Ausländische Familienstiftungen und sonstige Vermögensmasse ausländischen Rechts** sind schon nach dem Wortlaut des § 15 Abs. 2 S. 1 ErbStG nicht wie inländische Familienstiftungen zu behandeln. Sie unterliegen ebenso wie Nicht-Familienstiftungen der Steuerklasse III.[834] Europarechtlich dürfte dies unzulässig sein, so dass ausländische Familienstiftungen, die ihren Sitz oder ihre Geschäftsleitung im EU-Ausland haben, den inländischen Familienstiftungen gleich gestellt werden müssten.[835] Hat die ausländische Familienstiftung bei Errichtung allerdings ihre Geschäftsleitung im Inland, gilt sie aufgrund des weiten Inländerbegriffs in § 2 Abs. 1 Nr. 1 S. 2 lit. d ErbStG als inländische Familienstiftung, so dass insoweit § 15 Abs. 2 S. 1 ErbStG Anwendung findet.[836] Die Besteuerung der Abfindung, die ein künftiger gesetzlicher Erbe an einen anderen Erben für den Verzicht auf einen künftigen Pflichtteilsanspruch zahlt, richtet sich nach der zwischen den Erben maßgebenden Steuerklasse und nicht nach der Steuerklasse gemäß dem Verhältnis des zahlenden Erben zum Erblasser.[837]

4. Freibeträge

243 Das ErbStG gewährt neben den sachlichen Steuerbefreiungen (→ Rn. 109 ff.) auch noch persönliche Freibeträge (§ 16 ErbStG) und in bestimmten Fällen einen Versorgungsfreibetrag (§ 17 ErbStG). Die Freibeträge richten sich gemäß § 16 Abs. 1 ErbStG bei unbeschränkt Steuerpflichtigen nach der Steuerklasse (→ Rn. 242) und ggf. weiteren hinzutretenden Kriterien:

---

[832] R E 15.2 Abs. 1 S. 2 ErbStR 2011; ebenso FG Münster ZEV 2017, 669 – Rev. BFH II R 32/17.
[833] *Von Oertzen/Reich* DStR 2019, 317.
[834] FG Rheinland-Pfalz EFG 1998, 1021.
[835] *Thömmes/Stockmann* IStR 1999, 261.
[836] *Werkmüller* ZEV 1999, 138; Troll/Gebel/Jülicher/Gottschalk/*Jülicher* ErbStG § 15 ErbStG Rn. 110.
[837] BFH BStBl. II 2018, 201; aA noch BFH BStBl. II 2013, 922.

I. Erbschaftsteuer § 27

Steuerklasse I
Ehegatte und Lebenspartner   500.000 EUR
Kind oder Kind eines verstorbenen Kindes 400.000 EUR
Kind der Kinder   200.000 EUR
Alle übrigen Erwerber   100.000 EUR

Steuerklasse II
Alle Erwerber   20.000 EUR

Steuerklasse III
Alle übrigen Erwerber   20.000 EUR

Bei beschränkt Steuerpflichtigen gilt dies ebenfalls, allerdings mit der Maßgabe, dass der jeweils anzuwendende Freibetrag um den Teilbetrag zu mindern ist, der dem Verhältnis der Summe der Werte des in demselben Zeitpunkt erworbenen, nicht der beschränkten Steuerpflicht unterliegenden Vermögens und derjenigen, nicht der beschränkten Steuerpflicht unterliegenden Vermögensvorteile, die innerhalb von 10 Jahren von derselben Person angefallen sind, zum Wert des Vermögens entspricht, das insgesamt innerhalb von 10 Jahren von derselben Person angefallen ist, § 16 Abs. 2 S. 2 ErbStG (→ § 12 Rn. 149 ff.).

Der Versorgungsfreibetrag beträgt für den Ehegatten und eingetragene Lebenspartner 256.000 EUR, § 17 Abs. 1 S. 1 ErbStG. Kinder erhalten einen nach Altersstufen gestaffelten Versorgungsfreibetrag, § 17 Abs. 2 S. 1 ErbStG. Dieser ist in beiden Fällen um den nach dem Bewertungsgesetz zu ermittelnden Kapitalwert der nicht der Erbschaftsteuer unterliegenden Versorgungsbezüge zu kürzen.[838]

Mehrere innerhalb von 10 Jahren von derselben Person anfallende Vermögensvorteile werden nach § 14 ErbStG in der Weise zusammengerechnet, dass dem letzten Erwerb die früheren Erwerbe nach ihrem früheren Wert zugerechnet werden und von der Steuer für den Gesamtbetrag die Steuer abgezogen wird, welche für die früheren Erwerbe **zur Zeit des letzten Erwerbs** zu erheben gewesen wäre **(fiktive Abzugssteuer)**. Negative Erwerbe bleiben unberücksichtigt, sofern positive und negative Erwerbe nicht einen einheitlichen Erwerb darstellen. Ein Alleinerbe, der zugleich Vermächtnisnehmer ist, darf den positiven Erwerb aus dem Vermächtnis mit einem negativen Erwerb aus der Erbschaft saldieren, sofern Vermächtnis und Erbfall den gleichen Steuerentstehungszeitpunkt haben. Ist die Fälligkeit des Vermächtnisses aber durch ein ungewisses Ereignis hinausgeschoben, ist der Steuerentstehungszeitpunkt entsprechend hinausgeschoben, § 9 Abs. 1 Nr. 1a ErbStG, so dass die Steuerentstehungszeitpunkte auseinanderfallen und kein einheitlicher Erwerb mehr vorliegt.[839] Die Steuerklasse, die persönlichen Freibeträge und der Steuertarif richten sich nach aktuellem Recht. Durch diese Regelung wird bewirkt, dass die Freibeträge innerhalb des Zeitraums von 10 Jahren nur einmal zum Abzug gelangen. Darüber hinaus verhindert die Vorschrift eine Steuerersparnis für die Fälle, in denen eine größere Zuwendung in mehrere Teilzuwendungen zerlegt wird. Bei der Ermittlung des 10 Jahres Zeitraumes ist ausgehend vom letzten Erwerb gemäß §§ 187 Abs. 2, 188 Abs. 2 Alt. 2 BGB rückwärts zu rechnen, wobei der Tag des letzten Erwerbs mitzuzählen ist, die Anwendung des § 108 Abs. 3 AO aber nach dem Sinn und Zweck des § 14 ErbStG ausscheidet.[840] Da jeder Erwerb trotz der Zusammenrechnung selbständig bleibt,[841] werden Vorerwerbe nur in Höhe des nach § 13a ErbStG verbleibenden Abzugsbetrags nach § 13a Abs. 2 ErbStG zusammengerechnet.[842] Da der Abzugsbetrag nach § 13a Abs. 2 S. 2 ErbStG bei Überschreiten der Grenze von 150.000,– EUR ratierlich abgeschmolzen wird (→ Rn. 174), gilt dies auch dann, wenn der Betrag von 150.000,– EUR erst durch einen Nacherwerb erstmals überschritten wird. Allerdings wird hierdurch nur die Besteuerung

---
[838] § 17 Abs. 1 S. 2 bzw. Abs. 2 S. 2 ErbStG; vgl. auch Moench/Weinmann/*Moench* ErbStG § 17 Rn. 7 ff.
[839] FG Münster ZEV 2017, 731; BFH/NV 2006, 1480.
[840] BFH BStBl. II 2012, 599.
[841] R E 14.1 Abs. 1 S. 2 ErbStR 2011.
[842] R E 14.2 Abs. 3 S. 1 ErbStR 2011; H E 14.2 (3) Bsp. 1 ErbStH 2011.

des Nacherwerbs beeinflusst; der anteilig auf den Vorerwerb entfallende Abzugsbetrag kann nicht im Nachhinein abgeschmolzen werden.[843] Entsprechendes muss für § 13c ErbStG gelten. Bei der Verschonungsbedarfsprüfung nach § 28a ErbStG bezieht sich der Erlass auf die nach Anwendung des § 14 ErbStG erhöhte Erbschaftsteuer.[844] Durch den Abzug der fiktiven Steuer auf den Vorerwerb (§ 14 Abs. 1 S. 2 ErbStG) oder den Abzug der tatsächlich zu entrichtenden Steuer (§ 14 Abs. 1 S. 3 ErbStG) darf die Steuer, die sich für den letzten Erwerb allein ergeben würde, nicht unterschritten werden (Mindeststeuer), § 14 Abs. 1 S. 4 ErbStG. Ist also die für die Vorerwerbe tatsächlich gezahlte Erbschaftsteuer höher als die fiktive Abzugsteuer, ist diese an deren Stelle abzuziehen. Dies kann zB vorkommen, wenn Zuwendungen vor und nach einer Heirat erfolgten. Vor der Eheschließung war der Erwerb nach Steuerklasse III zu versteuern, was bei einem Erbfall nach der Eheschließung, aber innerhalb des Zehnjahreszeitraums, der dann nach der Steuerklasse I zu versteuern wäre, zu hohen Abzugsteuern führt. Überschreiten die Abzugssteuern die Steuer des Letzterwerbs, ist die Mindeststeuer zu zahlen.[845]

Beispiel:
Der Alleingesellschafter einer GmbH überträgt im Jahr 2008 an seinen langjährigen Freund, mit dem er nicht verwandt ist, die Hälfte seiner GmbH-Beteiligung. Der Anteil hat einen erbschaftsteuerlichen Wert von EUR 2 Mio. Im Jahr 2016 verstirbt er und hinterlässt dem Freund die zweite Hälfte des GmbH-Anteils (Steuerwert: EUR 2 Mio.) nebst weiterem Vermögen im Wert von EUR 500.000,–. Ein Antrag nach § 13a Abs. 8 ErbStG aF wurde nicht gestellt.

		EUR
Vorerwerb 2008		2.000.000,–
./. Freibetrag, § 13a Abs. 1 ErbStG	./.	225.000,–
= verbleiben		1.775.000,–
./. Bewertungsabschlag 35 %	./.	621.250,–
= verbleiben		1.153.750,–
./. persönlicher Freibetrag (StKl. III)	./.	5.200,–
= steuerpflichtiger Erwerb		1.148.550,–
= steuerpflichtiger Erwerb (abgerundet)		1.148.500,–
Steuer nach StKl. III (35 %)		401.975,–
Anteil des begünstigten Vermögens: 100 %		
Steuer auf begünstigtes Vermögen nach StKl. III (35 %):	401.975,–	
Steuer auf begünstigtes Vermögen nach StKl. I (19 %):	218.215,–	
Unterschiedsbetrag	183.769,–	
./. Entlastungsbetrag (88 %), § 19a ErbStG	./.	161.717,–
= festzusetzende Steuer		240.258,–
Nacherwerb 2016		2.000.000,–
./. Verschonungsabschlag (85 %)	./.	1.700.000,–
= verbleiben		300.000,–
./. Abzugsbetrag	./.	75.000,–
= verbleiben		225.000,–

---

[843] Troll/Gebel/Jülicher/Gottschalk/*Jülicher* ErbStG § 14 Rn. 41.
[844] Troll/Gebel/Jülicher/Gottschalk/*Jülicher* ErbStG § 14 Rn. 43a.
[845] H E 14.3 ErbStH 2011 „Mindeststeuer".

I. Erbschaftsteuer § 27

+ übriges Vermögen	+	500.000,–
gesamter Vermögensanfall 2016		725.000,–
+ Vorerwerb 2008	+	1.148.500,–
= Gesamterwerb		1.873.500,–
Erbfallkostenpauschbetrag	./.	10.300,–
./. persönlicher Freibetrag (StKl. III)	./.	20.000,–
= steuerpflichtiger Gesamterwerb		1.843.200,–
Erbschaftsteuer auf den Gesamterwerb (30 %)		552.960,–

Nachdem der steuerpflichtige Gesamterwerb ermittelt wurde, ist als Nächstes die fiktive Abzugssteuer (→ Rn. 244) entsprechend den Verhältnissen im Zeitpunkt des Nacherwerbs zu berechnen. Sodann sind fiktive und tatsächliche Abzugssteuer für den Vorerwerb miteinander zu vergleichen. Der höhere der beiden Abzugssteuerbeträge wird als Steuer für den Vorerwerb abgezogen, § 14 Abs. 1 S. 3 ErbStG.

		EUR
Vorerwerb 2008		1.148.500,–
./. persönlicher Freibetrag (20.000,–), maximal beim Vorerwerb verbrauchter Freibetrag (StKl. III)	./.	5.200,–
= fiktiver steuerpflichtiger Erwerb		1.143.300,–
= fiktiver steuerpflichtiger Erwerb (abgerundet)		1.143.300,–
fiktive Abzugssteuer nach StKl. III (30 %, vor § 19a ErbStG)		342.990,–
tatsächliche Steuer nach StKl. III (35 %, vor § 19a ErbStG)		401.975,–
anzusetzende höhere fiktive Abzugssteuer		**401.975,–**

Um den Entlastungsbetrag zu berechnen, wird die anzusetzende fiktive Abzugssteuer von der Steuer auf den Gesamterwerb abgezogen. Die dann verbleibende Steuer auf den Nacherwerb ist nach der tatsächlichen Steuerklasse des Erwerbers berechnet und berücksichtigt noch nicht den Entlastungsbetrag nach § 19a ErbStG.

Steuer auf den Gesamterwerb von EUR 1.843.200,–		552.960,–
./. Abzugssteuer für den Vorerwerb	./.	401.975,–
verbleibende Steuer auf den Nacherwerb		150.985,–

Da der Entlastungsbetrag sich aus der Differenz zu der Steuer nach Steuerklasse I berechnet, muss auf den fiktiven steuerpflichtigen Erwerb die Abzugssteuer nach Steuerklasse I ermittelt werden. Diese wird von der Steuer auf den Gesamterwerb, ebenfalls ermittelt nach Steuerklasse I, abgezogen.

		Steuerklasse I EUR
fiktiver steuerpflichtiger Vorerwerb		1.148.500,–
fiktive Abzugssteuer (19 %)		218.215,–
Steuer auf den Gesamterwerb von EUR 1.843.200,– (19 %)		350.208,–
./. Abzugssteuer für den Vorerwerb	./.	218.215,–
verbleibende Steuer auf den Nacherwerb		131.993,–

Die Differenz zwischen der verbleibenden Steuer auf den Nacherwerb ermittelt nach Steuerklasse III und der verbleibenden Steuer auf den Nacherwerb nach Steuerklasse I muss nun noch allein auf das begünstigte Vermögen bezogen werden. Hierzu wird sie mit dem Anteil des begünstigten Vermögens am Nacherwerb multipliziert.

§ 27

		EUR
verbleibende Steuer auf den Nacherwerb (StKl. III)		150.985,–
./. verbleibende Steuer auf den Nacherwerb (StKl. I)	./.	131.993,–
= Differenz		18.992,–
begünstigter Nacherwerb		225.000,–
/gesamter Nacherwerb	/	725.000,–
= Anteil des begünstigten Nacherwerbs in %		31,0345 %
Differenz der verbleibenden Steuer		18.992,–
× Anteil des begünstigten Nacherwerbs in %	×	31,0345 %
= Entlastungsbetrag (gerundet)		5.894,–

Die Steuer ermittelt sich wie folgt:

		EUR
Steuer auf den Gesamterwerb		350.208,–
./. Abzugssteuer	./.	218.215,–
./. Entlastungsbetrag	./.	5.894,–
= vorläufige Steuer		126.099,–

Da nach § 14 Abs. 1 S. 4 ErbStG die Steuer, die sich für den letzten Erwerb ohne Zusammenrechnung mit früheren Erwerben ergibt, durch den Abzug der Abzugssteuer (einschließlich Entlastungsbetrag) nicht unterschritten werden darf, ist noch diese Mindeststeuer zu berechnen:

		EUR
gesamter Vermögensanfall 2016		725.000,–
Erbfallkostenpauschbetrag	./.	10.300,–
./. persönlicher Freibetrag (StKl. III)	./.	20.000,–
steuerpflichtiger Erwerb 2016		694.700,–
Steuer nach Steuerklasse III (30 %)		208.410,–
./. Steuer nach Steuerklasse I (19 %)	./.	131.993,–
= Differenz		76.417,–
begünstigter Nacherwerb		225.000,–
/gesamter Nacherwerb	/	725.000,–
= Anteil des begünstigten Nacherwerbs in %		31,0345 %
Differenz der verbleibenden Steuer		76.410,–
× Anteil des begünstigten Nacherwerbs in %	×	31,0345 %
= Entlastungsbetrag (gerundet)		23.713,–

Die Mindeststeuer ermittelt sich wie folgt:

Steuer auf den Gesamterwerb		208.410,–
./. Abzugssteuer	./.	131.993,–
./. Entlastungsbetrag	./.	23.713,–
= festzusetzende Steuer		52.704,–

Da die Mindeststeuer geringer ist, beträgt die festzusetzende Steuer EUR 126.099,–.

5. Steuertarife

Die Erbschaftsteuer steigt gemäß § 19 Abs. 1 ErbStG progressiv mit dem Wert des Erwerbs, und zwar in jeder der drei Steuerklassen stufenweise in so genannten **Wertstufen**. Der maßgebliche Steuersatz wird auf den gesamten Erwerb angewendet.   245

Wert des steuerpflichtigen Erwerbs bis einschließlich	Prozentsätze in den Steuerklassen		
EUR	I	II	III
75.000	7	15	30
300.000	11	20	30
600.000	15	25	30
6.000.000	19	30	30
13.000.000	23	35	50
26.000.000	27	40	50
über 26.000.000	30	43	50

Bei nur geringem Überschreiten der vorangegangenen Wertstufe sieht § 19 Abs. 3 ErbStG eine Ermäßigung der Steuer vor.[846]

§ 19a ErbStG gewährt eine zusätzliche Vergünstigung für den Erwerb von **Betriebsvermögen, von land- und forstwirtschaftlichem Vermögen und von Anteilen an Kapitalgesellschaften**. Ist der Erwerber dieser Vermögen eine natürliche Person und gehört er zu den Steuerklassen II oder III, wird er zumindest beim Erwerb des begünstigten Vermögens unabhängig von den verwandtschaftlichen Verhältnissen fast so gestellt, als hätte er dieses nach der Steuerklasse I erworben **(Tarifermäßigung)**. Allerdings erstreckt sich die Fiktion nur auf den Tarif und nicht auf die Freibeträge.[847] Die Voraussetzungen für die Gewährung der Tarifentlastung und den nachträglichen Wegfall des Entlastungsbetrages sind zwar eigenständig in § 19a ErbStG geregelt, entsprechen aber weitgehend denen des § 13a ErbStG (→ Rn. 113ff.). Auch die Folgen der Weitergabeverpflichtung entsprechen denen nach § 13a Abs. 5 ErbStG (→ Rn. 217f.). Anders als bei § 13a ErbStG zählen allerdings nur natürliche Personen zum Kreis der Begünstigten.[848] Stiftungen und andere Körperschaften kommen daher nicht in den Genuss der Begünstigung nach § 19a ErbStG. Schließlich gelten auch die gleichen Behaltefristen von fünf bzw. sieben Jahren und die gleichen Behaltensregelungen für die Verschonungen, § 19a Abs. 5 ErbStG (→ Rn. 192ff.). Für Erwerbe nach dem 14.12.2018 gilt die Behaltefrist von sieben Jahren nun bei der Verschonungsbedarfsprüfung, § 19a Abs. 5 S. 2 ErbStG.   246

Der Entlastungsbetrag wird nur für den Teil des zu einem Erwerb gehörenden begünstigten Vermögens im Sinne des § 13b Abs. 2 ErbStG gewährt, das nicht unter § 13a Abs. 1 oder § 13c ErbStG fällt **(tarifbegünstigtes Vermögen)**. Dem Verschonungsabschlag unterliegendes Vermögen bleibt daher unberücksichtigt, da es ohnehin keiner Steuer unterliegt. Danach kommt der Entlastungsbetrag in den Fällen der Regelverschonung im Übertragungszeitpunkt nach Abzug des 85%igen Verschonungsabschlags auf 15% des begünstigten Vermögens zur Anwendung. Bei der Optionsverschonung verbleibt nach Anwendung des Abschlags kein tarifbegünstigtes Vermögen. Verwaltungsvermögen ist nicht tarifbegünstigt. Zur Berechnung des Entlastungsbetrages ist der Wert des tarifbe-   247

---
[846] Eine Tabelle der maßgebenden Grenzwerte für die Anwendung dieses Härteausgleichs findet sich in Troll/Gebel/Jülicher/Gottschalk/*Jülicher* ErbStG § 19 Rn. 33 bis 35, H E 19 ErbStH 2011; sowie in den gleichlautenden Ländererlassen BStBl. I 2009, 713 Abschn. 38, H 38.
[847] *Hübner* NWB Fach 10, 787 (802); Troll/Gebel/Jülicher/Gottschalk/*Jülicher* ErbStG § 14 Rn. 2 und 11.
[848] R E 19 a.1 Abs. 1 S. 2 ErbStR 2011; gleichlautende Ländererlasse BStBl. I 2009, 713 Abschn. 39 Abs. 1.

günstigten Vermögens nach Anwendung des § 13a ErbStG und nach Abzug der mit diesem Vermögen in wirtschaftlichem Zusammenhang stehenden abzugsfähigen Schulden und Lasten (§ 10 Abs. 5 und Abs. 6 ErbStG) zu dem Wert des gesamten Vermögensanfalls ins Verhältnis zu setzen. Umfasst das auf einen Erwerber übertragene begünstigte Vermögen mehrere selbständig zu bewertende wirtschaftliche Einheiten einer Vermögensart (zB mehrere Gewerbebetriebe) oder mehrere Arten begünstigten Vermögens, sind deren Werte zuvor zusammenzurechnen und gegebenenfalls bei negativen Werten zu saldieren.[849] Ist der Steuerwert des gesamten begünstigten Vermögens nicht insgesamt positiv, kommt eine Tarifentlastung nicht in Betracht. Der **Wert des gesamten Vermögensanfalls** (§ 10 Abs. 1 S. 2 ErbStG) entspricht dem Steuerwert des gesamten übertragenen Vermögens gekürzt um die Befreiungen nach §§ 13, 13a, 13c und 13d ErbStG und die Nachlassverbindlichkeiten oder die bei Schenkungen abzugsfähigen Schulden und Lasten einschließlich der Erwerbsnebenkosten, die im wirtschaftlichen Zusammenhang mit dem betreffenden Vermögen stehen. Nachlassverbindlichkeiten bzw. Schulden und Lasten, die nicht mit dem erworbenen Vermögen wirtschaftlich zusammenhängen und die persönlichen Freibeträge sind nicht abzuziehen **(Netto-Methode).**[850] Der **Entlastungsbetrag** ergibt sich dann als Unterschiedsbetrag zwischen der auf das tarifbegünstigte Vermögen entfallenden tariflichen Steuer nach den Steuersätzen der tatsächlichen Steuerklasse des Erwerbers und nach den Steuersätzen der Steuerklasse I. Die Erbschaftsteuer muss hierzu folglich zweimal berechnet werden und zwar einmal nach der tatsächlichen Steuerklasse des Erwerbers und das zweite Mal nach Steuerklasse I. Beide Male ist nach dem Schlüssel des 19a Abs. 3 ErbStG aufzuteilen, um so den Anteil zu ermitteln, der auf das begünstigte Vermögen entfällt. In beiden Fällen ist der Härteausgleich nach § 19 Abs. 3 ErbStG zu beachten.[851] 100% des Unterschiedsbetrages ergeben dann den Entlastungsbetrag.

Beispiel:[852]
Ein Jungunternehmer verstirbt kinderlos bei einem Unfall. Er hinterlässt seiner Schwester sein Unternehmen in der Rechtsform einer GmbH (100%ige Beteiligung) mit einem Steuerwert von 1.200.000 EUR, einen im Zusammenhang mit der Anschaffung der GmbH Anteile aufgenommenen Kredit der noch mit 200.000 EUR valutiert und weiteres, nicht begünstigtes Vermögen im Wert von 750.000 EUR. Eine Erklärung nach § 13a Abs. 10 ErbStG wurde nicht abgegeben.

	EUR	EUR
Steuerwert des Betriebsvermögens		1.200.000
Verschonungsabschlag	– 1.020.000	
verbleiben		180.000
Abzugbetrag	– 135.000	
steuerpflichtiges Unternehmensvermögen		45.000
übriges Vermögen		750.000
gesamter Vermögensanfall		795.000
Schuld aus der Anschaffung der GmbH-Beteiligung	200.000	
Kürzung nach § 10 Abs. 6 ErbStG:		
Wert des begünstigten Vermögens	45.000	
Berechnung des abziehbaren Anteils der Schuld		

---

[849] R E 19 a.1 Abs. 2 S. 4 ErbStR 2011; gleichlautende Ländererlasse BStBl. I 2009, 713 Abschn. 39 Abs. 2 S. 4.
[850] R E 19 a.2 Abs. 1 S. 1 ErbStR 2011; gleichlautende Ländererlasse BStBl. I 2009, 713 Abschn. 40 Abs. 1; Troll/Gebel/Jülicher/Gottschalk/*Jülicher* ErbStG § 19a Rn. 9 und 10.
[851] R E 19 a.2 Abs. 2 S. 2 ErbStR 2011; gleichlautende Ländererlasse BStBl. I 2009, 713 Abschn. 40 Abs. 2 S. 2.
[852] H E 19 a.2 ErbStH 2011.

200.000 × 45.000/1.200.000 =	7.500	
		− 7.500
Verbleiben		787.500
Erbfallkostenpauschale		− 10.300
Persönlicher Freibetrag		− 20.000
Steuerpflichtiger Erwerb		757.200

Auf das tarifbegünstigte Vermögen entfällt ein Anteil von [45.000 − 7.500]/787.500 = 4,77 %.

Steuer nach Steuerklasse III		
Steuer nach Stkl. III bei Steuersatz von 30 %	227.160	
Davon entfällt auf das begünstigte Vermögen 4,77 % =	10.836	
Steuer nach Stkl. I bei Steuersatz von 19 %	143.868	
Davon entfällt auf das begünstigte Vermögen 4,77 % =	6.862	
Unterschiedsbetrag (10.836 EUR ./. 6.862 EUR =)	3.974	
Entlastungsbetrag		− 3.974
Festzusetzende Steuer		
Steuer nach Stkl. III		227.160
Entlastungsbetrag		− 3.974
Festzusetzende Steuer		223.186

6. Stundung und Erlöschen der Erbschaftsteuer

248 Erwerber einer **Rente** oder anderer **wiederkehrender Nutzungen oder Leistungen** müssten die Erbschaftsteuer hierauf grundsätzlich nach dem Kapitalwert sofort in voller Höhe entrichten. Im Gegensatz zum Erwerb von Barvermögen hat der Erwerber bei wiederkehrenden Leistungen allerdings noch nicht das dem Kapitalwert entsprechende Vermögen zur freien Verfügung und kann infolgedessen auch die für die Entrichtung der Erbschaftsteuer erforderlichen Beträge nicht aus diesem Vermögen entnehmen. Er müsste deshalb – sofern vorhanden – zunächst auf sein eigenes Vermögen oder den übrigen Erwerb zurückgreifen. Doch auch dies kann schwierig sein. In § 23 Abs. 1 ErbStG ist daher vorgesehen, dass der Erwerber die Erbschaftsteuer auf Antrag auch jährlich im Voraus nach dem Jahreswert der wiederkehrenden Leistung entrichten kann.[853] Die Steuer kann daher aus der effektiven Jahresleistung entnommen werden.[854] Hinzu kommt – unabhängig davon, ob Sofort- oder Jahresbesteuerung gewählt wird – die Belastung mit Einkommensteuer auf die laufenden Erträge. Eine Doppelbelastung wird zumindest hinsichtlich des Erwerbs von Todes wegen, nicht jedoch in Bezug auf Schenkungen, durch § 35b EStG vermieden. Danach ist die gezahlte Erbschaftsteuer im Rahmen der Einkommensteuer abzugsfähig. Gem. § 23 Abs. 2 ErbStG hat der Erwerber das Recht, die Jahressteuer zum jeweils nächsten Fälligkeitstermin mit ihrem Kapitalwert abzulösen.

249 Soweit zum Erwerb von Todes wegen begünstigtes Vermögen iSd § 13b Abs. 2 ErbStG gehört, ist dem Erwerber die darauf entfallende Erbschaftsteuer auf Antrag bis zu 7 Jahre zu stunden, § 28 Abs. 1 S. 1 ErbStG. Bei Erwerb unter Lebenden scheidet eine Stundung aus. Gleiches gilt für die Steuer, die auf nicht begünstigtes Vermögen entfällt, sowie diejenige, die aufgrund eines Verstoßes gegen die Behaltensregelungen nach § 13a Abs. 6

---

[853] Zur Berechnung vgl. H E 23 ErbStH 2011, wobei der einzelne Jahreswert der Nutzungen und Leistungen nicht auf volle 100 EUR nach unten abzurunden ist, LfSt Bayern ZEV 2013, 288.
[854] Zu den Vor- und Nachteilen von Sofort- und Jahressteuer vgl. *Rose* StbJb 1979/80, 49 (79 ff.); Moench/Weinmann/*Moench* ErbStG § 23 Rn. 23 ff.; Troll/Gebel/Jülicher/Gottschalk/*Jülicher* ErbStG § 23 Rn. 29.

ErbStG (Veräußerung oder Aufgabe) oder die Lohnsummenregelung des § 13a Abs. 3 ErbStG entstanden ist, § 28 Abs. 1 S. 7 ErbStG. Die Stundung betrifft daher vorwiegend die Fälle, in denen aufgrund der Regelverschonung, bei Anwendung des § 13c ErbStG oder des § 28a ErbStG eine Steuer verbleibt und in denen überhaupt keine Verschonung nach § 13c oder 28a ErbStG beantragt wurde. Die insoweit für den Erwerb von Todes wegen von begünstigtem Vermögen zu entrichtende Steuer wird nur im ersten Jahr zinslos gestundet. Danach betragen die Stundungszinsen grundsätzlich gemäß §§ 234, 238 AO für jeden Monat 0,5%, was einer Verzinsung von 6% p.a. entspricht. Eine Sicherheitsleistung ist anders als in den Fällen einer Stundung nach § 222 AO nicht vorgesehen.[855] Verstößt der Steuerpflichtige gegen die Behaltensregelung nach § 13a Abs. 6 ErbStG oder veräußert oder verschenkt er das begünstigte Vermögen oder gibt den Betrieb, die Beteiligung an der Personen- oder Kapitalgesellschaft auf, so endet die Stundung, § 28 Abs. 1 S. 5, 8 ErbStG. Die Steuer ist in jährlichen Raten zu zahlen. Die Höhe der Raten und die Dauer der Stundung (maximal jedoch 7 Jahre) werden letztlich durch den Antrag des Steuerpflichtigen bestimmt, da beides nicht im Gesetz geregelt ist und die Stundung nach § 28 Abs. 1 S. 1 ErbStG zu gewähren ist. Die Stundung ist daher keine Ermessensentscheidung des Finanzamts, sondern wird allenfalls einer Angemessenheitsprüfung unterliegen.[856] Der Steuerpflichtige hat einen Rechtsanspruch auf die Stundung. Die Regelungen des § 28 Abs. 1 ErbStG sind auf die Erbersatzsteuer nach § 1 Abs. 1 Nr. 4 ErbStG entsprechend anzuwenden, § 28 Abs. 2 ErbStG. Für Immobilienvermögen iSd § 13d Abs. 3 ErbStG gilt eine entsprechende bis zu zehn Jahre dauernde Stundungsmöglichkeit, § 28 Abs. 3 ErbStG.

Bei Vorliegen der Voraussetzungen der Verschonungsbedarfsprüfung gem. § 28a ErbStG ist die auf das begünstigte Vermögen entfallende Erbschaftsteuer auf Antrag zu erlassen, soweit er nicht in der Lage ist, die Steuer aus seinem verfügbaren Vermögen zu begleichen (→ Rn. 233). Die danach verbleibende Steuer kann ganz oder teilweise bis zu sechs Monate gestundet werden, § 28 Abs. 3 S. 1 ErbStG.

250 Die **Erbschaftsteuer erlischt,** wenn ein Geschenk aufgrund eines Rückforderungsrechts des Schenkers wieder herauszugeben ist, § 29 Abs. 1 Nr. 1 ErbStG, soweit der Beschenkte die Herausgabe wegen Notbedarfs des Schenkers durch eine Zahlung abwendet, § 29 Abs. 1 Nr. 2 ErbStG, soweit unentgeltliche Zuwendungen auf den Zugewinnausgleich angerechnet werden und zwar unabhängig davon, ob es sich hierbei um den güterrechtlichen oder den fiktiven Ausgleich handelt, § 29 Abs. 1 Nr. 3 ErbStG, oder soweit der Erwerb innerhalb von zwei Jahren an inländische Gebietskörperschaften und inländische gemeinnützige Stiftungen weitergegeben wird, § 29 Abs. 1 Nr. 4 ErbStG.[857] Aus gestalterischer Sicht am bedeutsamsten ist das Erlöschen der Erbschaftsteuer aufgrund eines **vertraglichen Rückforderungsrechts** (→ § 28 Rn. 39).[858]

251 Soll anstatt des Schenkers ein Dritter den Gegenstand erhalten, kann eine **Weiterleitungsklausel** vereinbart werden. Ob hier jedoch § 29 Abs. 1 Nr. 1 ErbStG anwendbar ist und die zuvor bezahlte Erbschaftsteuer erstattet wird, ist aufgrund der möglicherweise bestehenden zivilrechtlichen Unzulässigkeit derartiger Klauseln nicht sicher (→ § 28 Rn. 41).[859] Darüber hinaus ist darauf zu achten, dass ihre Ausgestaltung nicht zu sehr der Vor- und Nacherbfolge ähnelt, da dann mE die Regelungen des § 6 ErbStG Vorrang haben. Ferner unterliegt die Weiterleitung häufig einer schlechteren Steuerklasse als der

---

[855] *Meincke* ErbStG § 28 Rn. 2; Troll/Gebel/Jülicher/Gottschalk/*Jülicher* ErbStG § 28 Rn. 2.
[856] Troll/Gebel/Jülicher/Gottschalk/*Jülicher* ErbStG § 28 Rn. 6.
[857] Zum Erlöschen der Erbschaft- und Schenkungsteuer bei Übertragung von Vermögen auf eine nichtrechtsfähige, gemeinnützige Stiftung nach § 29 Abs. 1 Nr. 4 ErbStG vgl. LfSt Bayern DStR 2019, 166.
[858] Troll/Gebel/Jülicher/Gottschalk/*Gebel* ErbStG § 29 Rn. 51 ff.; Moench/Weinmann/*Moench* ErbStG § 29 Rn. 6 ff. Umfassend zu Rückforderungsrechten vgl. *Pauli* ZEV 2013, 289.
[859] Jochum/Wilms/*Jochum* ErbStG § 29 Rn. 38 unter Hinweis auf OLG Stuttgart HEZ 3, 2 (4); vgl. auch Troll/Gebel/Jülicher/Gottschalk/*Gebel* ErbStG § 29 Rn. 15 ff. und 66 ff.; BFH/NV 2001, 39.

Rückfall (→ § 28 Rn. 41). Derartige Gestaltungen lassen sich im Erbfall dann zB durch eine Ausschlagung reparieren (→ § 11 Rn. 1 ff.).

Für den Zeitraum von der Zuwendung bis zur Rückforderung stand dem Beschenkten grundsätzlich die Nutzung des Schenkungsgegenstands zu. § 29 Abs. 2 ErbStG bestimmt daher, dass er für diese Zeit wie ein Nießbraucher zu behandeln ist. § 29 Abs. 2 ErbStG ist jedoch von vornherein nicht anzuwenden, wenn der Beschenkte neben dem Schenkungsgegenstand auch die gezogenen Nutzungen herausgeben muss.[860]

Jeder der Erbschaftsteuer unterliegende Erwerb ist vom Erwerber binnen einer Frist von drei Monaten nach erlangter Kenntnis von dem Erbfall dem für die Verwaltung der Erbschaftsteuer zuständigen Finanzamt anzuzeigen (→ Rn. 6). Eine unterlassene, verspätete oder falsche Anzeige kann eine Steuerhinterziehung nach § 370 Abs. 1 AO darstellen (→ Rn. 6). **251a**

II. Einkommen-/Körperschaftsteuer

1. Besteuerung des Erblassers

Der Erbfall stellt ertragsteuerlich eine unentgeltliche Betriebsübertragung im Sinne des § 6 Abs. 3 EStG dar. Es kommt daher **weder** zu einer Betriebsveräußerung **noch** zu einer Betriebsaufgabe **durch den Erblasser.** Dies gilt selbst dann, wenn der Betrieb mit dem Tod des Erblassers zum Stillstand kommt und geeignete Erben für die Fortführung des Betriebs nicht vorhanden sind.[861] Denn für einen Veräußerungsgewinn des Erblassers ist Voraussetzung, dass dieser den Betrieb **vor seinem Tod** veräußert hat, und sei es nur aufschiebend bedingt auf den Zeitpunkt des Todes. In diesem Fall gehört zum Nachlass nicht der Betrieb, sondern das erlangte Surrogat. Entsprechend verhält es sich mit einem Aufgabegewinn des Erblassers. Auch hier musste die Betriebsaufgabe durch ihn bereits vor seinem Tod erfolgen. Nur dann befindet sich kein Betrieb mehr im Nachlass; es werden vielmehr nur noch einzelne Wirtschaftsgüter eines ehemaligen Betriebsvermögens vererbt. Von diesen Fällen abgesehen kann eine Betriebsveräußerung oder -aufgabe daher erst seitens der Erben erfolgen. Der Erblasser unterliegt folglich der Besteuerung im von ihm verwirklichten Umfang. Sein Tod löst für seine persönliche Besteuerung keinerlei Besonderheiten aus. Der bis dahin entstandene **laufende Gewinn** und von ihm verwirklichte **außerordentliche Einkünfte** sind **ihm** und nicht den Erben **zuzurechnen**.[862] Der Erbe tritt nur in materieller und in verfahrensrechtlicher Hinsicht in die abgabenrechtliche Stellung des Erblassers ein und schuldet die Einkommensteuer des Erblassers als Gesamtschuldner in der Höhe, in der sie durch die Einkünfteerzielung des Erblassers entstanden ist.[863] Eine Einbeziehung der Erblassereinkünfte in die Veranlagung des Erben erfolgt nicht, auch nicht über § 2 Abs. 7 S. 3 EStG. Der laufende Gewinn kann durch eine Zwischenbilanz auf den Todestag oder aber durch Schätzung ermittelt werden. Letzteres kann zB in der Weise erfolgen, dass der Gewinn zeitanteilig entsprechend der Dauer der Unternehmereigenschaft in dem betreffenden Wirtschaftsjahr aufgeteilt wird. Ein etwaiger beim Erblasser noch bestehender Verlustabzug kann von ihm (im Gegensatz zum Erben → Rn. 256) noch genutzt werden. **252**

2. Besteuerung des Alleinerben bei Übergang eines Einzelunternehmens

Mit dem Erbfall tritt der Erbe ertragsteuerlich ebenso wie im Zivilrecht in die Rechtsstellung des Erblassers ein. Sofern er es noch nicht war, wird der Erbe ab dem Zeitpunkt des Todes des Erblassers zum Gewerbetreibenden. Der Betrieb wird von ihm (ertragsteuer- **253**

---
[860] Troll/Gebel/Jülicher/Gottschalk/*Gebel* ErbStG § 29 Rn. 121; BFH/NV 2001, 39.
[861] BFH BStBl. II 1993, 716; BFH/NV 2011, 1147; insbesondere der Tod bestimmter selbständig tätiger Erblasser kann für die Erben teuer werden, vgl. → Rn. 82.
[862] BFH BStBl. II 1973, 544; FinMin Schleswig-Holstein BeckVerw 249, 396.
[863] BStBl. II 2018, 223.

lich) fortgeführt, und zwar unabhängig davon, ob er dies will oder der Erblasser die Veräußerung oder Aufgabe des Betriebs angeordnet hat.[864] Der Erbfall selbst ist ein unentgeltlicher Vorgang. Erst ein Verhalten des Erben führt zu einer Änderung der bisherigen ertragsteuerlichen Behandlung und löst dementsprechend auch erst dann ertragsteuerliche Konsequenzen beim Erben aus. Gleiches gilt hinsichtlich des Vorerben und nach Eintritt des Nacherbfalls für den Nacherben. Veräußert zB ein befreiter Vorerbe das ererbte Einzelunternehmen vor Eintritt des Nacherbfalls, fallen lediglich die im Zuge der Veräußerung erlangten Surrogate in den Nachlass. Der Nacherbe kann dann keinen Betrieb mehr erben.

254 Schlägt ein Erbe die Erbschaft aus (→ § 11 Rn. 1 ff.), entfällt seine vorläufige Unternehmereigenschaft rückwirkend.[865] Erst der endgültige Erbe tritt ertragsteuerlich in die Rechtsstellung des Erblassers ein. Dies soll ausnahmsweise dann nicht gelten, wenn der ausschlagende Erbe eine Abfindung erhält.[866] Er wird dabei als Durchgangsunternehmer, dh als Veräußerer (→ § 25 Rn. 5) behandelt und die Abfindung als Veräußerungserlös (→ § 25 Rn. 61 ff.) gewertet. Korrespondierend hierzu liegen beim endgültigen Erben Anschaffungskosten (→ § 25 Rn. 130) in Höhe der Abfindungszahlung vor. Die Ausschlagung und Geltendmachung des Pflichtteils führt zu keinem Durchgangserwerb.[867]

255 Der Erbfall stellt eine **unentgeltliche Betriebsübertragung** im Sinne des § 6 Abs. 3 EStG dar. Es kommt aufgrund des Todes des Erblassers bei den Erben zu **keinem Anschaffungsvorgang** und somit auch zu keinen Anschaffungskosten. Es sind vielmehr die Buchwerte des Einzelunternehmens **fortzuführen.** Der Übergang der **Erblasserschulden** ist kein Entgelt und führt daher nicht zu Anschaffungskosten beim Erben. Gleiches gilt für die Belastung des Erben mit Vermächtnissen, Auflagen und sonstigen **Erbfallschulden** (→ Rn. 305 ff.). Geht das Einzelunternehmen aufgrund eines Erbfalls auf eine **Kapitalgesellschaft** über, ist das Nachlassvermögen bei dieser nach Einlagegrundsätzen anzusetzen und zu bewerten,[868] sofern der Übergang (überwiegend) gesellschaftsrechtlich veranlasst ist. Entsprechendes gilt, wenn der erbrechtliche Erwerb auf persönlichen oder beruflichen Beziehungen zwischen dem Erblasser und den Gesellschaftern der Kapitalgesellschaft beruht. Ertragsteuerlich handelt es sich hierbei um eine mittelbare (verdeckte) Einlage des Gesellschafters. Erfolgte die letztwillige Zuwendung aber ausschließlich oder überwiegend aufgrund der eigenen gewerblichen Tätigkeit der Kapitalgesellschaft (zB Erbschaft eines Pflegeheims) oder zur Sicherung der Fortführung der Geschäftsbeziehung mit der Kapitalgesellschaft, unterliegt die Erbschaft neben der Erbschaftsteuer[869] zusätzlich als Betriebseinnahme der Körperschaftsteuer.[870] Der auf der Erbschaft beruhende steuerbilanzielle Gewinn der Kapitalgesellschaft ist nicht durch den Abzug einer Einlage zu neutralisieren (§§ 4 Abs. 1 Satz 1 und 5 Abs. 1 Satz 1 EStG iVm. § 8 Abs. 1 KStG).

256 Bis zum 18. 8. 2008[871] konnte der Erbe einen noch in der Person des Erblassers entstandenen **Verlust** abziehen, sofern und soweit der Erblasser diesen gemäß § 10d EStG hätte abziehen können und soweit der Erbe den Verlust des Erblassers auch tatsächlich zu tragen hat, seine Haftung für die Nachlassverbindlichkeiten also nicht ausgeschlossen oder beschränkt ist.[872] Diese seit über 40 Jahren gefestigte und auch von der Finanzverwaltung entsprechend gehandhabte Rechtsprechung wurde vom Großen Senat des BFH aufgege-

---

[864] *Ehlers/Kreutzinger* DStZ 1987, 79.
[865] Die Ausschlagung ist rückwirkendes Ereignis iSd § 175 Abs. 1 Nr. 2 AO.
[866] BFH BStBl. II 1998, 431; *Groh* DB 1992, 1312; *Tiedtke/Wälzholz* BB 2001, 234; *dies.* ZEV 2002, 183; BMF BStBl. I 2006, 253 Rn. 37 aA *Zimmermann* ZEV 2001, 5.
[867] *Flick* DStR 2000, 1816.
[868] BFH BStBl. II 1993, 799; krit. *Thiel* DStR 1993, 1881; *Winter* GmbHR 1994, 110.
[869] Zum Nebeneinander von Erbschaft- und Schenkungsteuer vgl. BFH BStBl. II 2017, 324.
[870] BFH BStBl II 2017, 324; BStBl II 2006, 650.
[871] BMF BStBl. I 2008, 809.
[872] BFH BStBl. II 1999, 653; BMF BStBl. I 2002, 667; H 115 EStH; FG Hmb EFG 2002, 1230 rkr.; Schmidt/*Heinicke* EStG § 10d Rn. 14.

ben.[873] Verluste des Erblassers nach § 10d EStG entfallen mit dessen Tode und können vom Erben nicht genutzt werden. Vom Erblasser erzielte, aber nicht mehr verwertete ausländische Verluste iSd § 2a Abs. 1 EStG, Verluste aus Kapitalvermögen gemäß § 20 Abs. 6 EStG (ab Veranlagungszeitraum 2009) und aus privaten Veräußerungsgeschäften (§ 22 Nr. 2 iVm § 23 Abs. 3 S. 7–10 EStG) sowie von ihm erzielte Verluste aus sonstigen Leistungen gemäß § 22 Nr. 3 S. 4 EStG und Verluste aus Termingeschäften gemäß § 15 Abs. 4 S. 3–5 EStG sind ebenfalls nicht vererblich.[874] **Verluste aus privaten Veräußerungsgeschäften,** bei denen der Erbfall bereits vor der verlustbehafteten Tatbestandsverwirklichung eintrat (sog. gespaltene Tatbestandsverwirklichung), gehen auf den Erben über.[875] Dieses ist dann der Fall, wenn der Erbfall nach dem Anschaffungsvorgang aber vor dem Veräußerungsgeschäft eintritt. Vererblich sind auch **verrechenbare Verluste** iSd § 15a EStG. Wird zB ein Kommanditanteil von Todes wegen oder voll unentgeltlich unter Lebenden übertragen, tritt der Übernehmer, sofern er Mitunternehmer wird, nicht nur in die bilanzrechtliche Rechtsstellung seines Rechtsvorgängers ein, sondern auch in das Recht zur Verlustverrechnung nach § 15a EStG. Er muss daher die ihm zukünftig zuzurechnenden Gewinnanteile bis zur Höhe des verrechenbaren Verlustes nicht versteuern.[876] Auch Verluste aus gewerblicher Tierzucht (§ 15 Abs. 4 EStG) sind, sofern der Betrieb, Teilbetrieb oder Mitunternehmeranteil nicht durch den Erblasser aufgegeben oder veräußert wurde, vererblich.[877] Gleiches gilt für Verluste im Zusammenhang mit **Steuerstundungsmodellen** (§ 15b EStG).[878] Hat der Erblasser einen Verlust aus einer ausländischen Betriebsstätte nach § 2 Abs. 1 S. 1 AuslInvG bzw. § 2a Abs. 3 EStG aF abgezogen, so ist der entsprechende Betrag bei der Besteuerung des Erben hinzuzurechnen, wenn in dessen Person die Voraussetzungen des § 2 Abs. 1 S. 3 AuslInvG erfüllt sind.[879] Vom Erblasser **nicht verrechnete Verluste nach § 2a Abs. 1 EStG** gehen im Erbfall auf den Erben über.[880]

Sind mehrere Erben vorhanden, sind die Verluste des Erblassers, sofern und soweit sie auf diese übergehen, nach dem Verhältnis der Erbteile bei den einzelnen Erben auszugleichen oder abzuziehen.[881] Dies gilt auch für den Ehegatten des Erblassers. Ist er kein Erbe oder nicht Alleinerbe, bedarf er für eine **Zusammenveranlagung** im Todesjahr der Zustimmung des Erben.[882] Da die meisten Verluste (zB nach 10d EStG) mit dem Tod des Erblassers untergehen, ist die Zusammenveranlagung häufig die einzige Möglichkeit zumindest einen Teil davon noch schnell zu verbrauchen. Denn im Rahmen der Zusammenveranlagung im Todesjahr sind Verluste des verstorbenen Ehegatten aus dem Todesjahr zu verrechnen und Verlustvorträge des verstorbenen Ehegatten abzuziehen, § 26b EStG. Sofern auch schon für das Vorjahr eine Zusammenveranlagung gewählt wurde, ist ein Rücktrag des nicht ausgeglichenen Verlusts des Erblassers in das Vorjahr möglich.[883] Erfolgte im Vorjahr eine Einzelveranlagung nach § 26a EStG ist trotz Zusammenveranlagung für das Todesjahr, ist ein Rücktrag des noch nicht ausgeglichenen Verlusts des Erblassers nur bei der Veranlagung des Erblassers zu berücksichtigen, § 62d Abs. 1 EStDV. Im umgekehrten Fall, in dem die Ehegatten im Vorjahr zusammenveranlagt, für das Todesjahr

---

[873] BFH BStBl. II 2008, 608; BFH/NV 2017, 11.
[874] *Dötsch* DStR 2008, 641; OFD Frankfurt BeckVerw 340337 Hes Rn. 2.4.2–2.4.4.
[875] OFD Frankfurt BeckVerw 340337 Hes Rn. 2.4.3 Abs. 2.
[876] BFH BStBl. II 1999, 269; OFD Frankfurt BeckVerw 340337 Hes Rn. 2.4.1; Schmidt/*Wacker* EStG § 15a Rn. 234; *Dötsch* DStR 2008, 641.
[877] OFD Frankfurt BeckVerw 340337 Hes Rn. 2.4.; aA *Dötsch* DStR 2008, 641.
[878] BMF BStBl. I 2007, 542 Rn. 25; OFD Frankfurt BeckVerw 340337 Hes Rn. 2.4.1; aA *Dötsch* DStR 2008, 641.
[879] BFH BStBl. II 2011, 113; OFD Frankfurt BeckVerw 340337 Hes Rn. 2.1.1; aA *Dötsch* DStR 2008, 641.
[880] FG Düsseldorf DStR 2017, 577 – Rev. BFH IX R 5/17 zu Immobilienverlusten; BeckOK EStG/*Hufeld* EStG § 2a Rn. 244; aA OFD Frankfurt BeckVerw 340337 R. 4; Kirchhof/*Gosch* EStG § 2a Rn. 42 aE.
[881] BFH BStBl. II 1973, 679.
[882] BFH BStBl. II 1980, 188.
[883] R 10d Abs. 9 S. 4 EStR 2012.

aber nach § 26a EStG veranlagt werden, ist ein Rücktrag des nicht ausgeglichenen Verlusts des Erblassers in das Vorjahr und dort eine Verrechnung mit positiven Einkünften des überlebenden Ehegatten möglich, § 62d Abs. 2 Satz 1 EStDV. Werden die Ehegatten sowohl im Todesjahr als auch im Vorjahr nach § 26a EStG veranlagt, ist ein Rücktrag des noch nicht ausgeglichenen Verlusts des Erblassers nur bei der Veranlagung des Erblassers zu berücksichtigen.[884] Für den überlebenden Ehegatten sind für den Verlustvortrag und die Anwendung der sog. Mindestbesteuerung nach § 10d Abs. 2 EStG allein die auf ihn entfallenden nicht ausgeglichenen negativen Einkünfte maßgeblich.

3. Besteuerung einer Erbengemeinschaft bei Übergang eines Einzelunternehmens

258 Geht ein Einzelunternehmen nicht nur auf einen Alleinerben, sondern auf mehrere Miterben über, erben diese zur gesamten Hand. Ebenso wie der Alleinerbe können die Miterben den Betrieb fortführen, verpachten, veräußern oder aufgeben. In allen Fällen geht das Unternehmen als Ganzes zunächst auf die Erbengemeinschaft über. Veräußert diese es zB an einen Dritten, so entsteht ein eventueller Veräußerungsgewinn bei der Erbengemeinschaft und ist den Miterben entsprechend ihren Erbteilen ertragsteuerlich zuzurechnen.[885]

259 **a) Erbengemeinschaft als Mitunternehmerschaft.** Mit dem Zeitpunkt des Todes des Erblassers wird die Erbengemeinschaft als mit einer Personengesellschaft vergleichbare Gemeinschaft zur Mitunternehmerschaft. Man spricht insoweit auch von einer **geborenen Mitunternehmerschaft.**[886] Sie dauert an, bis die Auseinandersetzung über den Gewerbebetrieb vollzogen ist. Es kommt daher insoweit nicht darauf an, auf welchen Zeitraum die Erbengemeinschaft angelegt ist. Nach hM gilt dies auch, wenn der Erblasser den Gewerbebetrieb durch **Teilungsanordnung** nur einem Miterben zugeteilt hat und die Erbengemeinschaft demgemäß auseinander gesetzt wird.[887] Demgegenüber ist nach der Gegenansicht der begünstigte Erbe zu Recht bereits mit dem Tod des Erblassers als wirtschaftlicher Eigentümer anzusehen.[888] Er erwirbt danach unmittelbar vom Erblasser; die anderen Erben erlangen an dem durch die Teilungsanordnung dem einem Miterben zugeteilten Betrieb wirtschaftlich betrachtet keine vermögensmäßige Eigenposition. Unabhängig vom Vorliegen einer Teilungsanordnung soll darüber hinaus der Übergang des Betriebes unmittelbar vom Erblasser auf einen Miterben erfolgen und die übrigen Miterben nicht Mitunternehmer werden, wenn einer der Miterben von Anfang an für sich die Alleinerbenstellung beansprucht und er später vergleichsweise auch so gestellt wird, als sei er Alleinerbe gewesen.[889]

260 Als Mitunternehmer beziehen die Erben **Einkünfte aus Gewerbebetrieb,** die ihnen grundsätzlich **erbanteilig zuzurechnen** sind. Ausnahmsweise erkennt die Finanzverwaltung an, dass die **laufenden Einkünfte** nur dem- oder denjenigen Miterben zugerechnet werden, die den Gewerbebetrieb übernehmen.[890] Dies ist der Fall, wenn die Auseinandersetzung innerhalb von sechs Monaten seit dem Erbfall klar und rechtsverbindlich vereinbart und durchgeführt wird.[891] Gemeint ist dabei nur, dass die Auseinandersetzung über den Gewerbebetrieb vollzogen sein muss, nicht hingegen über den gesamten, zum Teil nicht mit dem betreffenden Gewerbebetrieb zusammenhängenden Nachlass. Die Auseinandersetzung über den Gewerbebetrieb ist vollzogen mit der Übertragung des wirtschaft-

---

[884] R 10d Abs. 9 S. 7 EStR 2012.
[885] BFH BStBl. II 1992, 392; BMF BStBl. I 2006, 253 Rn. 54.
[886] Schmidt/*Wacker* EStG § 16 Rn. 606.
[887] BMF BStBl. I 2006, 253 Rn. 56; Schmidt/*Wacker* EStG § 16 Rn. 611 mwN.
[888] *Flume* DB 1990, 2390; *Spiegelberger* DStR 1992, 584.
[889] BFH BStBl. II 1992, 330; BMF BStBl. I 2006, 253 Rn. 67 aE.
[890] BMF BStBl. I 2006, 253 Rn. 8–9; BMF BStBl. I 2002, 1392.
[891] BMF BStBl. I 2006, 253 Rn. 8f.; ist die Rechtslage ungeklärt kann der Auseinandersetzungszeitraum auch länger als sechs Monate sein, BFH BStBl. II 2002, 850; BStBl. II 2013, 858.

lichen Eigentums an dessen wesentlichen Betriebsgrundlagen. Sofern der den Gewerbebetrieb übernehmende Miterbe nicht von Anfang an bereits als wirtschaftlicher Eigentümer anzusehen war (→ Rn. 259), ändert die Rückbeziehung nichts daran, dass alle Miterben mit dem Erbfall Mitunternehmer geworden sind und daher Ausgleichszahlungen einerseits zu Anschaffungskosten und andererseits zu Veräußerungserlösen führen,[892] sofern nicht die Grundsätze der Realteilung eingreifen.

Mit der Zurechnung der Einkünfte wird zugleich entschieden, wem die Steuerermäßigung nach § 35 EStG zusteht.

Unterhält eine Erbengemeinschaft neben dem Gewerbebetrieb auch noch nichtgewerbliches Betriebsvermögen oder Privatvermögen, führen die gewerblichen Einkünfte nicht dazu, dass auch die übrigen, nicht gewerblichen Einkünfte infiziert werden. Die so genannte **Abfärbetheorie,** § 15 Abs. 3 Nr. 1 EStG, gilt für die Erbengemeinschaft nicht.[893] Hieran ändert sich auch dann nichts, wenn ein Miterbe seinen Anteil an der Erbengemeinschaft an einen Dritten veräußert.[894] Die Erbengemeinschaft erzielt somit zum Teil gewerbliche und zum Teil nicht gewerbliche Einkünfte, die gegebenenfalls nach unterschiedlichen Einkünfteermittlungsvorschriften ermittelt werden. Umfasst der Nachlass eine **freiberufliche Praxis,** verwandelt sich diese mit dem Erbfall in einen Gewerbebetrieb, sofern nicht alle Miterben eine gleichartige freiberufliche Qualifikation besitzen.[895] Dies gilt nicht, wenn die Erben lediglich die noch vom Erblasser geschaffenen Werte realisieren.[896] „Gleichartige freiberufliche Qualifikation" bedeutet dabei nicht notwendig dieselbe. Unschädlich ist zB, wenn ein Rechtsanwalt und ein Steuerberater eine Steuerberatungskanzlei erben. Ausnahmsweise kommt es nicht zur Umqualifizierung, wenn sich bei einem Erbfall die Beteiligung der berufsfremden Person (Erbe) auf eine kurze Übergangszeit beschränkt,[897] oder sich lediglich als Verwertung der freiberuflichen Tätigkeit des Erblassers darstellt.[898] In Anlehnung daran nimmt die Finanzverwaltung keine gewerblichen Einkünfte an, wenn ein freiberuflich qualifizierter Miterbe innerhalb von sechs Monaten nach dem Erbfall rückwirkend auf diesen die Praxis übernimmt.[899] In diesem Fall sind die laufenden Einkünfte freiberuflicher Natur und allein dem übernehmenden Erben zuzurechnen. Hierbei handelt es sich allerdings nur um eine Vereinfachungsregelung. Im Einzelfall kann die „kurze Übergangszeit" auch kürzer oder länger dauern. Maßgebend sind die Umstände des Einzelfalls. Die bloße Umqualifizierung von einer freiberuflichen Praxis in einen Gewerbebetrieb führt nicht zur Betriebsaufgabe und damit auch nicht zur Gewinnrealisierung,[900] da es sich insoweit nur um eine Strukturänderung handelt (→ § 26 Rn. 1).

b) Auseinandersetzung der Erbengemeinschaft. Bei der Auseinandersetzung einer Erbengemeinschaft erwirbt ein Miterbe, der Teile des Nachlasses erlangt, grundsätzlich nur insoweit **entgeltlich,** als der Wert der erlangten Gegenstände den Wert seines Erbanteils übersteigt und er dafür einen Ausgleich leistet. Im Übrigen erwirbt er **unentgeltlich.**[901] Dieser Grundsatz gilt auch, wenn die Auseinandersetzung durch „Verkauf" an einen Miterben[902] oder im Wege der Teilungsversteigerung erfolgt.[903]

---

[892] GrS BFH BStBl. II 1990, 837, 845; BMF BStBl. I 2006, 253 Rn. 14, 26.
[893] GrS BFH BStBl. II 1990, 845; BMF BStBl. I 2006, 253 Rn. 4; *Groh* DB 1990, 2135.
[894] BMF BStBl. I 2006, 253 Rn. 47.
[895] BFH BStBl. II 1993, 36; BMF BStBl. I 2006, 253 Rn. 5; aA *Felix* DStZ 1990, 620.
[896] BFH BStBl. II 1994, 922 mwN.
[897] BFH BStBl. III 1963, 189: Keine kurze Übergangszeit bei einem Zeitraum von vier Jahren und vier Monaten.
[898] BFH BStBl. II 1993, 716.
[899] BMF BStBl. I 2006, 253 Rn. 8–9; vgl. *Wacker/Franz* BB 1993, Beil. 5, 4; *Hörger* DStR 1993, 37 fordert in Anlehnung an § 71 Abs. 1 StBerG eine dreijährige Übergangsfrist.
[900] BFH BStBl. II 1993, 36; BFH/NV 2007, 436; BFH/NV 2011, 1147; BMF BStBl. I 2006, 253 Rn. 5.
[901] GrS BFH BStBl. II 1990, 835 (844); aA *Stobbe* StuW 1996, 289; bei Teilungsanordnung aA *Flume* DB 1990, 2391; *Knobbe-Keuk* § 22 Abs. VI a d, e; *Spiegelberger* DStR 1992, 584.

263 **aa) Verfügung über Erbanteile.** Ein Miterbe kann über seinen Erbanteil grundsätzlich frei verfügen. Er kann ihn verschenken oder verkaufen. Besteht der Erbanteil nur aus Betriebsvermögen, richten sich die steuerlichen Folgen der Schenkung nach § 6 Abs. 3 EStG. Der Beschenkte muss das Kapitalkonto des Schenkers fortführen (→ § 28 Rn. 133). Im Falle der Veräußerung handelt es sich um die Veräußerung eines Mitunternehmeranteils gemäß § 16 Abs. 1 S. 1 Nr. 2 EStG (→ § 25 Rn. 49 ff.). Es entsteht ein ggf. begünstigter Veräußerungsgewinn in Höhe der Differenz zwischen dem Veräußerungspreis und dem sich aus der Erbquote ergebenden Anteil am Nachlassbetrieb. Beim Erwerber entstehen entsprechende Anschaffungskosten. Veräußert ein Miterbe seinen Anteil an einer Erbengemeinschaft, die sowohl einen Gewerbebetrieb als auch Privatvermögen unterhält (sog. **Mischnachlass**), an einen Dritten oder an einen Miterben, so ist dies zugleich die Veräußerung eines Mitunternehmeranteils nach § 16 Abs. 1 S. 1 Nr. 2 EStG und die Veräußerung von Privatvermögen.[904] Das Entgelt ist in diesem Fall entsprechend dem Verhältnis der Verkehrswerte aufzuteilen, sofern die Erben nicht eine nach außen hin erkennbare Zuordnung der Anschaffungskosten vorgenommen haben, die nicht unangemessen erscheint.[905] Erwirbt ein Miterbe alle Anteile der anderen, sind damit zugleich Erbengemeinschaft und Mitunternehmerschaft beendet. Verschenkt der Miterbe seinen Anteil am Mischnachlass, hat der Erwerber im privaten Bereich die AfA der Erbengemeinschaft nach § 11d Abs. 1 EStDV und im betrieblichen Bereich die Buchwerte der Erbengemeinschaft nach § 6 Abs. 3 EStG fortzuführen.

264 **bb) Ausscheiden von Miterben.** Scheidet ein Miterbe aus der Erbengemeinschaft aus, wächst den verbleibenden Miterben sein Anteil am Gemeinschaftsvermögen an. Da sich die Erbengemeinschaft personell verändert, spricht man in diesem Zusammenhang auch von **persönlicher (Teil-)Auseinandersetzung**. Die ertragsteuerliche Behandlung richtet sich zum einen danach, ob es sich um einen reinen Betriebsvermögensnachlass oder um einen Mischnachlass handelt, und zum anderen nach Art und Höhe der Abfindung. Letzteres ist insbesondere dafür von Bedeutung, ob es sich um ein entgeltliches oder ein unentgeltliches Rechtsgeschäft handelt (→ § 28 Rn. 46 ff.). Scheidet ein Miterbe **ohne Abfindung** aus der Erbengemeinschaft aus, liegt ertragsteuerlich eine Schenkung des Erbteils vor (→ Rn. 263).

265 Wird ein Nachlass, der nur aus einem oder mehreren Gewerbebetrieben besteht, in der Weise auseinandergesetzt, dass einer oder mehrere Miterben aus der Erbengemeinschaft gegen eine **Abfindung in Geld** ausscheiden und der oder die verbleibenden Miterben den Gewerbebetrieb fortführen, entspricht die ertragsteuerliche Behandlung derjenigen beim Ausscheiden eines Gesellschafters aus einer gewerblich tätigen Personengesellschaft gegen Barentgelt (→ § 25 Rn. 49 bzw. § 26 Rn. 37). Die ausscheidenden Miterben veräußern ihre Mitunternehmeranteile gemäß § 16 Abs. 1 Nr. 2 EStG auf. Die Abfindung ist für sie Veräußerungserlös und führt gegebenenfalls zu einem Veräußerungsgewinn. Die übernehmenden Miterben haben Anschaffungskosten in Höhe der Abfindung.[906] Handelt es sich um einen **Mischnachlass,** sind die Zahlungen der verbliebenen Miterben, soweit es sich dabei nicht bloß um die Zuteilung der liquiden Mittel des Nachlasses handelt, entsprechend dem Verhältnis der Verkehrswerte aufzuteilen, sofern die Erben nicht eine nach außen hin erkennbare Zuordnung der Anschaffungskosten vorgenommen haben, die

---

[902] BFH BFH/NV 1992, 24.
[903] BFH BStBl. II 1992, 727; BMF BStBl. I 2006, 253 Rn. 15.
[904] BFH/NV 2000, 702; BMF BStBl. I 2006, 253 Rn. 46 iVm 37 ff.; *Tiedtke/Wälzholz* BB 2001, 234.
[905] BFH BStBl. II 2006, 9 zur Schenkung von Privatvermögen; BStBl. II 2014, 878 aE zu Erbauseinandersetzungskosten bei Grundstücken; BMF BStBl. I 2006, 253 Rn. 42 für reinen Privatvermögensnachlass und Rn. 46 für Mischnachlass. Unbefriedigend ist, dass die Finanzverwaltung eine derartige Regelung für den reinen Betriebsvermögensnachlass zB in Rn. 39 nicht getroffen hat. Hier wäre ggf. an die Umgestaltung des reinen Betriebsvermögensnachlasses in einen Mischnachlass nachzudenken.
[906] GrS BFH BStBl. II 1990, 835 (843).

nicht unangemessen erscheint.⁹⁰⁷ Ansonsten gelten die gleichen Grundsätze wie beim reinen Betriebsvermögensnachlass (→ Rn. 259 f.).

Erhält der Ausscheidende ganz oder teilweise Wirtschaftsgüter des ererbten Betriebsvermögens **(Sachwertabfindung)**, handelt es sich um einen zweistufigen Veräußerungsvorgang. Auf der ersten Stufe kommt es zu einer Veräußerung des Mitunternehmeranteils. Die steuerliche Behandlung entspricht der Veräußerung gegen Geldabfindung. Der ausscheidende Miterbe realisiert entsprechend dem Wert der vorgesehenen Abfindung seine Anteile an den stillen Reserven sämtlicher Wirtschaftsgüter der Gesellschaft einschließlich der zur Abfindung bestimmten Sachwerte als Bestandteil seines Veräußerungsgewinns. Auf der zweiten Stufe wird die Abfindungsschuld durch die verbliebenen Miterben beglichen (Vollzug der Sachwertabfindung). Wird der Abfindungsgegenstand beim weichenden Erben Privatvermögen, wird das betreffende Wirtschaftsgut des Betriebsvermögens von den verbliebenen Miterben entnommen und auf den ausgeschiedenen Miterben übertragen. Es entsteht bei den verbliebenen Miterben in Höhe der Differenz zwischen dem insoweit aufgestockten Buchwert des zur Abfindung verwendeten Wirtschaftsguts und dessen Teilwert ein nicht begünstigter laufender Gewinn aus Gewerbebetrieb.⁹⁰⁸ Überführt der Ausscheidende das Wirtschaftsgut allerdings in ein eigenes Betriebsvermögen, sind zwingend die Buchwerte fortzuführen.⁹⁰⁹ 266

cc) Veräußerung der Nachlassgegenstände. Gemäß §§ 2046 ff. BGB kann die Erbauseinandersetzung auch in der Weise erfolgen, dass alle Wirtschaftsgüter des Nachlasses veräußert werden und der Erlös nach Begleichung der Nachlassverbindlichkeiten den Erbquoten entsprechend unter den Miterben verteilt wird. Gehört zum Nachlass ein Gewerbebetrieb, Teilbetrieb oder Mitunternehmeranteil, so handelt es sich bei dessen Versilberung entweder um eine begünstigte **Veräußerung** (§ 25 Rn. 4 ff.) bzw. **Aufgabe** (§ 26 Rn. 3 ff.) oder um eine nicht begünstigte **allmähliche Abwicklung** (§ 26 Rn. 25 u. 63). Der von der Erbengemeinschaft erzielte Gewinn ist den Miterben entsprechend ihren Erbquoten zuzurechnen und von diesen – im Falle einer begünstigten Veräußerung oder Aufgabe tarifbegünstigt – zu versteuern. Gegebenenfalls erhält der einzelne Mitunternehmer den seinen persönlichen Verhältnissen entsprechenden Freibetrag nach § 16 Abs. 4 EStG. Soweit zum Nachlass Privatvermögen gehört, ist die Veräußerung ertragsteuerlich nur relevant bei wesentlichen Beteiligungen (§ 17 EStG, → § 25 Rn. 143), privaten Veräußerungsgeschäften (§ 23 EStG), Kapitalanlagen (§ 20 Abs. 2 EStG, → § 25 Rn. 213) und einbringungsgeborenen Anteilen (§ 21 UmwStG). 267

dd) Realteilung ohne Ausgleichszahlung. Eine Realteilung ohne Ausgleichszahlung liegt vor, wenn eine Erbengemeinschaft sich in der Weise auseinandersetzt, dass jeder Erbe nur einen seinem Anteil am Nachlass entsprechenden Anteil am realen Nachlass erhält. Besteht der Nachlass nur aus einem oder mehreren Gewerbebetrieben und wird deren aktives wie passives Betriebsvermögen durch Zuweisung von **Einzelwirtschaftsgütern** auf die Miterben gleichmäßig nach Erbquoten verteilt (Zerschlagung des Nachlassbetriebes), führt dies – vorbehaltlich der Körperschaftsklausel, § 16 Abs. 3 S. 4 EStG (→ § 26 Rn. 42 ff.) – für Realteilungen nach dem 31. 12. 2000 nicht mehr zwingend zur gewinnrealisierenden **Aufgabe** der Mitunternehmeranteile der Miterben nach § 16 Abs. 3 S. 1 EStG (§ 26 Rn. 39). Zu einer Betriebsaufgabe kommt es nach Ansicht der Finanzverwaltung nur, wenn alle wesentlichen Betriebsgrundlagen ins Privatvermögen,⁹¹⁰ in das Gesamthandsvermögen einer anderen Mitunternehmerschaft, an der der 268

---
⁹⁰⁷ BMF BStBl. I 2006, 253 Rn. 50.
⁹⁰⁸ BFH BStBl. II 1996, 194; BMF BStBl. I 2006, 253 Rn. 51; vgl. auch Schmidt/*Wacker* § 16 Rn. 647; aA *Röhrig* DStR 2006, 969: kein Gewinn der verbliebenen Erben.
⁹⁰⁹ BMF BStBl. I 2006, 253 Rn. 52; BMF BStBl. I 2019, 11; es liegt ein Fall der unechten Realteilung vor.
⁹¹⁰ BMF BStBl. I 2006, 253 Rn. 13.

übernehmende Erbe ebenfalls beteiligt ist,[911] oder in das Gesamthandsvermögen einer personenidentischen Schwesterpersonengesellschaft überführt werden.[912] Durch die Einbeziehung der Zuweisung einzelner Wirtschaftsgüter in den Buchwertfortführungszwang des § 16 Abs. 3 S. 2 EStG kommt es nicht nur bei der Übertragung von Teilbetrieben oder Mitunternehmeranteilen zu einer steuerneutralen Auseinandersetzung der Erbengemeinschaft, sondern auch bei der Verteilung einzelner Wirtschaftsgüter des Betriebsvermögens. Gleiches gilt, wenn der zu einem **Mischnachlass** gehörende Gewerbebetrieb zerschlagen wird. Voraussetzung ist lediglich, dass die zugewiesenen Wirtschaftsgüter beim übernehmenden Miterben in ein Betriebsvermögen gelangen und die Versteuerung der zum Buchwert übergegangenen Wirtschaftsgüter sichergestellt ist. Das Betriebsvermögen, in welches das Wirtschaftsgut überführt werden soll, kann auch erst durch den Übertragungsakt entstehen. Nicht erforderlich ist, dass die realgeteilte Mitunternehmerschaft untergeht. Scheidet ein Mitunternehmer unter Mitnahme eines Teilbetriebs aus der Mitunternehmerschaft aus und verbleibt in der Mitunternehmerschaft ein Betrieb/Teilbetrieb, so handelt es sich ebenfalls um einen Fall der Realteilung.[913] Scheidet einer der Erben aus der Mitunternehmerschaft gegen Abfindung mit einem Einzelwirtschaftsgut aus, ohne dass der Betrieb der Mitunternehmerschaft beendet wird, soll nun auch nach Ansicht der Finanzverwaltung nur in dem Fall keine Realteilung, sondern eine Sachwertabfindung gegeben sein, wenn das Wirtschaftsgut in das Privatvermögen überführt wird. Demgegenüber handelt es sich um eine Realteilung, wenn es in ein Betriebsvermögen überführt wird.[914] Die Sperrfrist, in der das Wirtschaftsgut nicht entnommen oder veräußert werden darf, richtet sich sodann nicht nach § 6 Abs. 3 S. 4 EStG (→ § 26 Rn. 43), sondern nach § 16 Abs. 3 S. 3 EStG und beträgt ebenfalls 3 Jahre ab Abgabe der betreffenden Steuererklärung. Es gelten mithin die Regelungen des § 16 Abs. 3 S. 3 u. 4 EStG. § 6 Abs. 5 EStG wird insoweit verdrängt. Es kommt daher auch dann nicht zur Aufdeckung stiller Reserven, wenn der ausscheidende Mitunternehmer keinen klar abgegrenzten Teilbetrieb übernimmt oder sich dieser von dem zurückbleibenden Teilbetrieb nicht sonderlich unterscheidet.

269 Trotz Buchwertfortführung kann in der Folgezeit eine Nachsteuer anfallen, wenn bei der Realteilung einzelne Wirtschaftsgüter übertragen worden sind und der Abfindungsempfänger innerhalb einer **Sperrfrist von drei Jahren** die übernommenen wesentlichen Wirtschaftsgüter veräußert oder entnimmt, § 16 Abs. 3 S. 3 EStG. Die Frist beginnt im Zeitpunkt der Realteilung und endet drei Jahre nach Abgabe der Steuererklärung der Mitunternehmerschaft für den Veranlagungszeitraum der Realteilung. Der durch den rückwirkenden Ansatz des gemeinen Werts entstehende Veräußerungs-, Aufgabe- oder Entnahmegewinn ist der Erbengemeinschaft zuzurechnen. Sofern ein Steuerbescheid bereits ergangen ist, wird die hierdurch entstehende Nachsteuer im Wege einer Bescheidkorrektur nach § 175 Abs. 1 S. 1 Nr. 2 AO erfasst.

270 Werden die Einzelwirtschaftsgüter in das **Privatvermögen** überführt, kommt es hierdurch zu einer Entnahme. Der dabei entstehende Entnahmegewinn soll allen Miterben zuzurechnen sein.[915] Werden alle (wesentlichen) Wirtschaftsgüter des zum Nachlass gehörenden Gewerbebetriebes unter den Miterben verteilt und ins Privatvermögen überführt, liegt eine begünstigte Betriebsaufgabe vor (→ § 26 Rn. 16 ff.).

271 Werden **Teilbetriebe** nicht zerschlagen, sondern einzelnen Miterben als Ganzes im Rahmen einer quotengerechten Aufteilung des Nachlasses zugewiesen, kommt es ebenso wenig zur Aufdeckung stiller Reserven wie bei der quotengerechten Zuweisung von **Mitunternehmeranteilen.** Gemäß § 16 Abs. 3 S. 2 EStG haben die Miterben die

---

[911] BMF BStBl. I 2019, 6 Rn. 12.
[912] BMF BStBl. I 2019, 6 Rn. 12.
[913] BFH BStBl. II 2017, 37; DStR 2017, 1381; BMF BStBl. I 2017, 36 Rn. II.
[914] BMF BStBl. I 2019, 6 Rn. 2; BMF BStBl. I 2018, 11; BFH DStR 2017, 1376; Schmidt/*Wacker* § 16 Rn. 536 mwN.
[915] BMF BStBl. I 2006, 253 Rn. 13.

Buchwerte fortzuführen. Es entstehen weder Veräußerungserlöse noch Anschaffungskosten. Werden **ganze Betriebe** nicht zerschlagen, sondern anderen Miterben im Zuge der quotengerechten Erbauseinandersetzung zugewiesen, erwerben diese in vollem Umfang unentgeltlich. Die **Buchwerte sind fortzuführen,** wobei § 6 Abs. 3 S. 1 Hs. 1 EStG unmittelbar zur Anwendung gelangt; § 16 Abs. 3 S. 2 EStG erfasst nicht die Auskehrung eines ganzen Betriebes.

Entspricht der Buchwert des erhaltenen Vermögens dem Buchwert des bisherigen Kapitalkontos des jeweiligen Realteilers und geht auf ihn betragsmäßig genau der Anteil an den stillen Reserven über, der ihm zuvor auf der Ebene der Mitunternehmerschaft zuzurechnen war, finden in der Eröffnungsbilanz des betreffenden Realteilers keine bilanziellen Anpassungsmaßnahmen statt. Sind die stillen Reserven in den Einzelwirtschaftsgütern unterschiedlich hoch und kommt es deshalb aufgrund der Zuteilung dieser Wirtschaftsgüter zu einer disquotalen Verteilung der Buchwerte auf die Realteiler, so entsprechen die Buchwerte der übernommenen Wirtschaftsgüter nicht den bisherigen Kapitalkonten der Realteiler. Es bedarf daher einer bilanziellen Korrektur, die entweder auf der Aktivseite durch Anwendung der sog. Buchwertanpassungsmethode oder auf der Passivseite durch die sog. Kapitalausgleichsmethode[916] bzw. nach der **Kapitalkontenanpassungsmethode** erfolgen kann. Die Finanzverwaltung hat sich für letztere entschieden.[917] Dabei bleiben die Buchwerte in der Eröffnungsbilanz des Realteilers unverändert. Sein Kapitalkonto laut Schlussbilanz der Mitunternehmerschaft wird jedoch durch Auf- oder Abstocken gewinnneutral dahingehend angepasst, dass es der Höhe nach der Summe der Buchwerte der übernommenen Wirtschaftsgüter entspricht. Hierdurch springen stille Reserven von dem das Kapitalkonto aufstockenden Gesellschafter auf den das Kapitalkonto abstockenden Gesellschafter über.[918] Im Falle einer Realisierung der stillen Reserven hat ersterer in Höhe des Aufstockungsbetrages weniger stille Reserven zu versteuern und letzterer in Höhe Abstockungsbetrages mehr stille Reserven zu versteuern. Dies sollte bei der Erbauseinandersetzung vertraglich erfasst und entsprechend ausgeglichen werden. 272

Diese Grundsätze gelten auch, sofern es sich um einen **Mischnachlass** handelt.[919] Der Miterbe, der im Zuge der Realteilung des Mischnachlasses Privatvermögen (zB ein Mietwohngrundstück) übernimmt, ist in gleicher Weise an den vom Erblasser auf die Erbengemeinschaft übergegangenen und von dieser fortgeführten Steuerwert (§ 11d Abs. 1 EStDV) gebunden.[920] Übernimmt der andere Miterbe einen ganzen Betrieb, Teilbetrieb oder Mitunternehmeranteil, führt dies weder zu einer anteiligen Gewinnrealisierung noch zu Anschaffungskosten bei dem Erwerber. Dabei spielt es keine Rolle, ob die Erbengemeinschaft alsbald oder erst mehrere Jahre später auseinander gesetzt wird oder ob der Mischnachlass bereits im Zeitpunkt des Erbfalles bestand oder erst im Zuge der Verwaltung des Nachlasses zB durch Entnahmen aus dem Betriebsvermögen entstanden ist.[921] Soweit es nicht zur Zerschlagung von Betrieben oder Teilbetrieben kommt und die dabei entstehenden Einzelwirtschaftsgüter nicht ins Privatvermögen überführt werden, entstehen weder Veräußerungserlöse noch Anschaffungskosten. 273

Nachlassverbindlichkeiten inklusive **Erblasserschulden** zählen nicht zu den Ausgleichszahlungen (→ Rn. 96 ff.). Sie können daher zur steuerneutralen, quotengerechten Aufteilung des Nachlasses, sozusagen als Manövriermasse eingesetzt werden **(ausgleichende Schuldübernahme).** Unerheblich ist, ob es sich um eine betriebliche oder um eine private Verbindlichkeit handelt. Man spricht daher in diesem Zusammenhang auch von „neutralen" Wirtschaftsgütern. Durch die Übernahme einer betrieblichen Verbindlichkeit durch einen Erben, der nur Aktivwerte des Privatvermögens erhält, wandelt sich 274

---

[916] *Lange/Bilitewski/Hunfeld,* Personengesellschaften im Steuerrecht, Rn. 2499 f.
[917] BMF BStBl. I 2017, 36 Rn. VII.
[918] *Schell* BB 2006, 1026; BFH DStR 2017, 1376.
[919] BMF BStBl. I 2006, 253 Rn. 32.
[920] GrS BFH BStBl. II 1990, 837 (845); BMF BStBl. I 2006, 253 Rn. 32.
[921] BMF BStBl. I 2006, 253 Rn. 33.

diese in eine Privatschuld um, ist aber ansonsten ohne Auswirkung auf das übrige Betriebsvermögen. Dies könnte bei Pensionsrückstellungen allerdings anders zu beurteilen sein.[922] Wird umgekehrt die Zuteilung von Betriebsvermögen durch die Übernahme einer Privatschuld ganz oder zum Teil ausgeglichen, wandelt sich diese in eine Betriebsschuld um mit der Folge, dass die auf diese Schuld entfallenden Schuldzinsen als Betriebsausgaben abzugsfähig sind.[923] Den übernommenen Schulden kommt dann nur die Funktion einer negativen Rechengröße zu. Übernimmt ein Erbe über seine Erbquote hinaus Verbindlichkeiten der Erbengemeinschaft (**überquotale Schuldübernahme**), führt dies nicht zu Anschaffungskosten,[924] und zwar auch dann nicht, wenn durch die Art der Verteilung zusätzlicher Ausgleichsbedarf unter den Erben geschaffen wird. Soweit die Miterben den hierdurch entstandenen Ausgleichsbedarf durch Leistungen aus eigenem Vermögen abdecken, bleibt es eine reine Realteilung ohne Ausgleichszahlung, denn mit der überquotalen Schuldübernahme des einen Miterben korrespondiert grundsätzlich eine aus der Zuteilung resultierende Freistellungsverpflichtung der übrigen Miterben ihm gegenüber. Ob und inwieweit der Finanzierungszusammenhang zwischen Wirtschaftsgut und Schuld erhalten bleibt, ist dabei unerheblich.[925]

Beispiel:
Zum Nachlass gehören zwei gleichwertige Grundstücke, die je mit einer Grundschuld von EUR 100.000,– belastet sind. Im Zuge der Erbauseinandersetzung erhalten die beiden Erben jeder ein Grundstück. Einer der Miterben übernimmt beide Grundschulden. Der andere Miterbe zahlt deshalb an ihn aus seinem sonstigen Vermögen EUR 100.000,–. Er erfüllt lediglich intern die Freistellungsverpflichtung, so dass eine Realteilung ohne Abfindungszahlung vorliegt.

Vorsicht ist bei Neuschulden geboten. Werden diese im engen zeitlichen Zusammenhang mit der Erbauseinandersetzung eingegangen, liegt nach Ansicht der Finanzverwaltung ein Missbrauch von Gestaltungsmöglichkeiten gemäß § 42 AO vor, so dass es sich steuerlich nicht mehr um eine Nachlassverbindlichkeit handelt.[926] Auch liquide Mittel können zumindest bei der Realteilung durch Aufspaltung des Unternehmens in zwei oder mehr Teilbetriebe justierend eingesetzt werden, um eine Angleichung der Werte der Teilbetriebe zu erreichen.[927]

275 **ee) Realteilung mit Ausgleichszahlung.** Erhält einer der Miterben im Rahmen der Realteilung mehr, als seiner **Erbquote** entspricht, und zahlt er deshalb an den oder die anderen Miterben einen Ausgleich (Realteilung mit Ausgleichszahlung), führt die Zahlung für das „Mehr" beim weichenden Miterben zu einem Veräußerungserlös und hierzu korrespondierend beim übernehmenden Miterben zu Anschaffungskosten. Dabei erstreckt sich das Veräußerungsgeschäft nur auf das „Mehr", nicht hingegen auf die Zuteilung im Ganzen. Die Zuweisung des der Erbquote entsprechenden Teils erfolgt daher unentgeltlich.

276 Besteht der Nachlass nur aus **Betriebsvermögen** und kommt es zu einer Zerschlagung des Betriebes, ist der analog § 16 Abs. 3 S. 6 EStG ermittelte Aufgabegewinn um erhaltene oder zu leistende Ausgleichszahlungen zu korrigieren,[928] sofern **sämtliche Einzelwirtschaftsgüter** in das Privatvermögen der Miterben überführt werden. Werden die

---

[922] Vgl. OFD Magdeburg GmbHR 1999, 254.
[923] BMF BStBl. I 2006, 253 Rn. 34; aA *Groh* DB 1990, 2135 (2139); nähere Einzelheiten zum Schuldzinsenabzug vgl. *Wacker/Franz* BB 1993, Beil. 5, 29; *Märkle*, FS L. Schmidt, 1993, 809 (827).
[924] GrS BFH BStBl. II 1990, 837; BMF BStBl. I 2006, 253 Rn. 25; Schmidt/*Wacker* § 16 Rn. 630 mwN; aA BFH/NV 2005, 619; Nichtanwendungserlass: BMF DStR 2006, 652; BFH BFH/NV 2009, 1808.
[925] BMF BStBl. I 2006, 253 Rn. 24.
[926] BMF BStBl. I 2006, 253 Rn. 25; offen gelassen von BFH BStBl. II 2017, 37 Rn. 45.
[927] BFH BStBl. II 2017, 37 Rn. 44 mwN.
[928] BMF BStBl. I 2006, 253 Rn. 14; *Wacker* StB 1999, Beil. 2, 7.

II. Einkommen-/Körperschaftsteuer § 27

Einzelwirtschaftsgüter dagegen ganz oder teilweise in ein Betriebsvermögen der Miterben überführt, so ändert dies – vorbehaltlich Behaltefrist und Körperschaftsklausel (→ § 26 Rn. 42ff.) – nichts an dem Zwang zur Buchwertfortführung nach § 16 Abs. 3 S. 2 EStG. Bei der Zuweisung von **ganzen Betrieben**,[929] **Teilbetrieben** und **Mitunternehmeranteilen** gilt grundsätzlich nichts anderes. Der Wertausgleich führt lediglich zum Entstehen eines nicht gewerbesteuerpflichtigen (Ausnahme: § 7 S. 2 GewStG) Gewinns.[930] Nach Ansicht des VIII. Senats des BFH entsteht ein laufender Gewinn in Höhe des Ausgleichsbetrages, der nicht nach §§ 16 Abs. 4, 34 EStG begünstigt ist.[931] In dieser Höhe erziele der Ausgleichsempfänger Betriebseinnahmen und der Ausgleichsverpflichtete Anschaffungskosten. Nach Ansicht der Finanzverwaltung und der hM wird nur im Verhältnis der Ausgleichszahlung zum Wert des übernommenen Betriebsvermögens entgeltlich angeschafft und veräußert und nur insoweit Gewinn realisiert.[932]

Dieser Gewinn ist mangels zusammengeballter Realisierung der stillen Reserven nicht nach §§ 16 Abs. 4, 34 EStG begünstigt.[933] Ein derartiger Wertausgleich und seine steuerlichen Folgen lassen sich vermeiden, wenn liquide Mittel oder Verbindlichkeiten so zugeordnet werden, dass der Verkehrswert der durch die Realteilung entstehenden (Teil-)Betriebe jeweils gleich ist.[934] Sofern nicht genügend Ausgleichsmasse hierfür im Vermögen Betriebsvermögen vorhanden sind, können vor der Realteilung die liquiden Mittel des Gesellschaftsvermögens durch Kreditaufnahme oder Einlage aus dem Eigenvermögen des Gesellschafters in für den Wertausgleich erforderlicher Höhe aufgestockt werden (sog. **Einlagenlösung**).[935] Erfolgen zeitnah im Zusammenhang mit der Realteilung Kreditaufnahmen zum Zwecke der Durchführung derselben, nimmt die Finanzverwaltung Gestaltungsmissbrauch an.[936] Grundsätzlich erkennt sie jedoch die Einbeziehung liquider Mittel in die Realteilung an.[937]

277

Beispiel:

Ein Nachlass besteht aus zwei gewerblichen Betrieben. Der erste Betrieb hat einen Wert von EUR 1 Mio. und einen Buchwert von EUR 100.000,–. Der zweite Betrieb hat einen Wert von EUR 800.000,– und einen Buchwert von EUR 80.000,–. Darüber hinaus weist die Bilanz des zweiten Betriebes eine Bankverbindlichkeit in Höhe von EUR 100.000,– aus. Sohn und Tochter des Erblassers sind Erben zu je 1/2. Im Wege der Erbauseinandersetzung erhält der Sohn den ersten Betrieb und die Tochter den zweiten Betrieb. Zum Wertausgleich zahlt der Sohn an seine Schwester eine Abfindung von EUR 100.000,–.

Anteilsmäßig stehen dem Sohn am Nachlass EUR 900.000,– zu. Da er aber den ersten Betrieb erhält, der EUR 1 Mio. wert ist, erhält er EUR 100.000,– mehr als ihm zusteht. Hierfür zahlt er den Ausgleich an seine Schwester. Er erwirbt daher zu 9/10 unentgeltlich und zu 1/10 entgeltlich. Auf diese 1/10 entfällt ein Buchwert von EUR 10.000,–, so dass der Sohn die Aktivwerte um EUR 90.000,– aufstocken muss. Korrespondierend hierzu erzielt die Tochter einen steuerpflichtigen, nach Ansicht der Finanzverwaltung tarifbegünstigten Veräußerungsgewinn in Höhe von EUR 90.000,– (EUR 100.000,–./. EUR 10.000,–).

---

[929] Vgl. *Wacker* StB 1999, Beil. 2, 9.
[930] BFH BStBl. II 1994, 809; BMF BStBl. I 2006, 228; BMF BStBl. I 2006, 253 Rn. 14 und 19.
[931] BFH BStBl. II 1994, 607; BFH/NV 1995, 98; ebenso *Reiß* DStR 1995, 1129.
[932] BMF BStBl. I 2006, 228; BMF BStBl. I 2006, 253 Rn. 14 und 19; Schmidt/*Wacker* EStG § 16 Rn. 549, 619 mwN; weitere aA *Esser* DStZ 1997, 439 (443); *Seeger* DB 1992, 1010.
[933] BMF BStBl. I 2006, 228; BMF BStBl. I 2006, 253 Rn. 14 und 19; ebenso Schmidt/*Wacker* EStG § 16 Rn. 549.
[934] BFH BStBl. II 2017, 37 Rn. 44 mwN.
[935] *Knobbe-Keuk* § 22 IX 3; *Groh* WPg 1991, 620; *Hörger* DStR 1993, 37 (43); *Winkemann* BB 2004, 130 (135); aA Schmidt/*Wacker* EStG § 16 Rn. 550, der in diesen Einlagen lediglich „Scheineinlagen" sieht, die nichts an der Gewinnrealisierung ändern sollen.
[936] BMF BStBl. I 2006, 253 Rn. 25.
[937] BMF BStBl. I 2006, 253 Rn. 30.

Hätten sich die beiden Erben in gleicher Weise auseinandergesetzt, der Sohn aber anstatt der Abfindung die Bankverbindlichkeit des zweiten Betriebes übernommen, läge insgesamt eine unentgeltliche Realteilung vor (→ Rn. 274). Stille Reserven wären nicht realisiert worden.

278   Die Realteilung hat zur Folge, dass die übernommenen Buchwerte der Wirtschaftsgüter und das diesen angeglichene Kapitalkonto in der Fortführungs(eröffnungs)bilanz bzw. Ergänzungsbilanz des ausgleichsverpflichteten Miterben entsprechend aufzustocken sind[938] und zwar gleichmäßig im Verhältnis der realisierten zu den insgesamt vorhandene stillen Reserven des übernommenen Betriebsvermögens.[939] Dieses Zusammentreffen von Buchwertfortführung und teilweiser Gewinnrealisierung durch Spitzenausgleich führt beim ausgleichsberechtigten Miterben zu einem nicht nach §§ 16, 34 EStG begünstigten, **laufenden Gewinn** im Rahmen der Auseinandersetzung der Erbengemeinschaft, da es nicht zur zusammengeballten Realisierung der stillen Reserven kommt.[940] Soweit der ausgleichsverpflichtete, übernehmende Miterbe anteilig unentgeltlich, dh unter Buchwertfortführung erwirbt, tritt er hinsichtlich der Abschreibung, der Vorbesitzzeit (§ 6b Abs. 4 S. 1 Nr. 2 EStG) etc. in die Rechtsstellung des Erblassers ein.[941] Hinsichtlich des entgeltlich erworbenen Teils kann auf die durch die Abfindungszahlung entstandenen Anschaffungskosten eine Rücklage nach § 6b EStG übertragen werden.[942] Bei der Übernahme eines Grundstücks gegen Ausgleichszahlung sind daher zwei AfA-Reihen, getrennt nach entgeltlich und nach unentgeltlich erworbenen Gebäudeteil, zu bilden. Bei beweglichen Wirtschaftsgütern kann dagegen auf eine Aufspaltung in zwei AfA-Reihen verzichtet werden.[943]

279   Werden einzelne Wirtschaftsgüter des Betriebsvermögens im Zuge der Teilung des Nachlasses ins **Privatvermögen** überführt, kommt es hierdurch zu einer Entnahme, durch die die stillen Reserven auch insoweit aufgedeckt werden, als sie nicht bereits durch das mit der Abfindungszahlung auf den „Mehrempfang" begrenzte Veräußerungsgeschäft realisiert worden sind.

280   Bei der Realteilung eines **Mischnachlasses,** bei der Wirtschaftsgüter verschiedener Einkunftsarten übernommen werden, richtet sich das Verhältnis, in dem die Ausgleichszahlung den einzelnen Wirtschaftsgütern zuzurechnen ist, nach dem jeweiligen Netto-Vermögenswert, dh dem Wert des Vermögens nach Abzug der zuzuordnenden Verbindlichkeiten.[944] Übernimmt einer der Miterben von den Betriebsschulden mehr, als seiner Erbquote entspricht, ist hierin keine Ausgleichszahlung zu sehen.[945] Derartige „neutrale" Wirtschaftsgüter können daher als Manövriermasse eingesetzt werden (→ Rn. 274). Ansonsten gelten die Grundsätze zum reinen Betriebsvermögensnachlass bzw. reinen Privatvermögensnachlass entsprechend. Soweit sich in dem Nachlass nur ein Mitunternehmeranteil oder ein Betrieb befindet und dieser einem der Erben zugewiesen wird, hat dieser die Buchwerte nach § 6 Abs. 3 EStG fortzuführen.

Bei der Zerschlagung des Betriebs und Zuweisung der **Einzelwirtschaftsgüter** in das Privatvermögen ist der analog § 16 Abs. 3 S. 6 EStG ermittelte Aufgabegewinn um erhaltene oder zu leistende Ausgleichszahlungen zu korrigieren.

---

[938] Schmidt/*Wacker* § 16 Rn. 619 mwN unter Hinweis auf BFH BStBl. II 1994, 607 (612); BMF BStBl. I 2006, 228; BMF BStBl. I 2006, 253 Rn. 14 und 17.
[939] Schmidt/*Wacker* § 16 Rn. 620 aE; BMF BStBl. I 2006, 228; BMF BStBl. I 2006, 253 Rn. 14 und 17.
[940] BFH BStBl. II 1994, 607 (613); *Wacker* StB 1999, Beil. 2, 8; BMF BStBl. I 2006, 228; BMF BStBl. I 2006, 253 Rn. 14 und 19.
[941] BMF BStBl. I 2006, 253 Rn. 20 und 21; Schmidt/*Wacker* § 16 Rn. 620.
[942] BMF BStBl. I 2006, 253 Rn. 21; Schmidt/*Wacker* § 16 Rn. 620.
[943] BMF BStBl. I 2006, 253 Rn. 20.
[944] *Wacker/Franz* BB 1993, Beil. 5, 14.
[945] BMF BStBl. I 1993, 62 Rn. 17; Schmidt/*Wacker* § 16 EStG Rn. 621 mwN.

ff) Teilerbauseinandersetzung. Die Teilerbauseinandersetzung ist dadurch gekennzeichnet, dass die personelle Zusammensetzung der Erbengemeinschaft unverändert bleibt und lediglich das Nachlassvermögen den Miterben in sukzessiver Form zugewiesen wird. Man spricht daher auch von einer gegenständlichen Teilerbauseinandersetzung. Die ertragsteuerliche Behandlung entspricht, solange keine Abfindungen gezahlt werden, grundsätzlich derjenigen einer Realteilung ohne Ausgleichszahlung. Soweit betriebliche Einzelwirtschaftsgüter des Nachlasses in ein Privatvermögen übertragen werden, tätigt die Erbengemeinschaft eine mit dem Teilwert anzusetzende Entnahme. Der dadurch entstehende laufende Gewinn oder Verlust ist als Teil des Gesamtgewinns der Erbengemeinschaft nach Erbquoten (§§ 2038 Abs. 2, 743 Abs. 1 BGB) zuzurechnen.[946] Überführt der übernehmende Miterbe das Wirtschaftsgut in ein eigenes Betriebsvermögen, hat er es zwingend mit dem Buchwert anzusetzen, § 6 Abs. 5 S. 3 EStG. 281

Erfolgt die gegenständliche Teilerbauseinandersetzung **gegen eine Abfindungszahlung,** führt diese **in voller Höhe** zu Anschaffungskosten des übernehmenden Miterben.[947] Denn bei dieser Ausgleichszahlung handelt es sich um eine Abfindung, die für die Erbquoten der anderen Miterben an diesem Wirtschaftsgut gezahlt wird. Insoweit gelten daher die zur Realteilung mit Ausgleichszahlung dargestellten Grundsätze entsprechend (→ Rn. 275 ff.). Erfolgt die Übertragung von Einzelwirtschaftsgütern des Nachlassbetriebs gegen Abfindungszahlung und ist keine Betriebsaufgabe anzunehmen, liegt im Umfang der Erbquote des übernehmenden Miterben eine Entnahme vor. 282

Erhält ein Miterbe, der in einem früheren Teilauseinandersetzungsschritt Abfindungen erbracht hat, nun selbst Abfindungszahlungen (sog. **umgekehrte Abfindungen**), ist darin eine Rückzahlung zu sehen, die den ursprünglichen Veräußerungserlös und die Anschaffungskosten rückwirkend mindert, wenn die Miterben eine entsprechend weitere Auseinandersetzung von vornherein im Auge hatten.[948] Gleiches soll gelten, wenn zunächst nur der Gesellschaftsanteil übertragen wird und das dazugehörige Sonderbetriebsvermögen erst Monate später an den gleichen Miterben nachfolgt. Aufgrund der Gesamtplangrundsätze soll der betriebliche Zusammenhang gewahrt sein, so dass es durch die zeitlich gestreckte Übertragung von Gesellschaftsanteil und Sonderbetriebsvermögen zu keiner Entnahme des Letzteren kommt.[949] Ein Zusammenhang dieser Teilauseinandersetzungsschritte ist nach Ansicht der Finanzverwaltung anzunehmen, wenn seit der vorangegangenen Teilauseinandersetzung nicht mehr als fünf Jahre verstrichen sind.[950] Ein späterer, dh nach Ablauf von fünf Jahren erfolgender Auseinandersetzungsschritt soll dagegen selbständig, ohne Rücksicht auf die vorhergehende Teilauseinandersetzung, zu beurteilen sein.[951] In beiden Fällen kann es sich allerdings angesichts der Rechtsprechung nur um eine widerlegbare Vermutung handeln. Liegen zwei oder mehr einheitlich zu beurteilende Teilauseinandersetzungsschritte vor, handelt es sich bei dem jeweils nachfolgenden Schritt um ein Ereignis mit steuerlicher Rückwirkung im Sinne des § 175 Abs. 1 Nr. 2 AO, das für alle Schritte und gleichermaßen für den Veräußerungsgewinn des einen Miterben wie für die Anschaffungskosten und die AfA des anderen Miterben maßgebend ist. Für die Berechnung des Fünfjahreszeitraums ist der Übergang des wirtschaftlichen Eigentums entscheidend (→ § 25 Rn. 157).[952] 283

---

[946] BMF BStBl. I 2006, 253 Rn. 57; Schmidt/*Wacker* § 16 EStG Rn. 648; aA BFH BStBl. II 1977, 823: Zurechnung des Entnahmegewinns beim Empfänger des Wirtschaftsguts.
[947] BMF BStBl. I 2006, 253 Rn. 56.
[948] GrS BFH BStBl. II 1990, 837 (845).
[949] FG Münster EFG 2008, 200.
[950] BMF BStBl. I 2006, 253 Rn. 58.
[951] BMF BStBl. I 2006, 253 Rn. 58.
[952] AA *Wacker/Franz* BB 1993, Beil. 5, 20: Verpflichtungsgeschäft.

4. Personengesellschaftsanteil als Nachlassgegenstand

284 Die steuerliche Beurteilung hängt von den zivilrechtlichen Vorgaben ab. Grundsätzlich ist danach zu unterscheiden, ob die Gesellschaft aufgrund des Todes des Erblassers aufzulösen ist oder fortgeführt werden kann. Letzteres wird häufig dadurch gestaltet, dass im Gesellschaftsvertrag entsprechende Klauseln vorgesehen werden, deren ertragsteuerliche Folgen unterschiedlich sind.

Sofern keine gesellschaftsvertraglichen Regelungen vorgesehen sind, scheidet der Gesellschafter einer OHG mit dem Tod aus, § 131 Abs. 3 S. 1 Nr. 1 HGB. Gleiches gilt beim Tod eines Komplementärs einer KG, §§ 161 Abs. 2, 131 Abs. 3 S. 1 Nr. 1 HGB. Die ertragsteuerliche Behandlung entspricht derjenigen bei Vorliegen einer Fortsetzungsklausel (→ Rn. 286). Beim Tod eines Kommanditisten wird die Gesellschaft mit den Erben fortgesetzt, so dass die ertragsteuerliche Behandlung derjenigen bei Vorliegen einer einfachen Nachfolgeklausel entspricht (→ Rn. 291). Gleiches gilt im Falle des Todes eines stillen Gesellschafters, § 234 Abs. 2 HGB.

285 **a) Liquidation der Gesellschaft.** Stirbt der Gesellschafter einer GbR, einer zweigliedrigen OHG, der Komplementär einer zweigliedrigen Kommanditgesellschaft oder der Inhaber des Handelsgeschäfts bei einer atypischen stillen Gesellschaft, so wird, sofern der Gesellschaftsvertrag keine andere Regelung vorsieht oder die Erben des verstorbenen Gesellschafters zusammen mit den übrigen Gesellschaftern die Fortsetzung der Gesellschaft beschließen, die Gesellschaft aufgelöst (§ 727 Abs. 1 BGB) und abgewickelt (§§ 730 ff. BGB). Der Alleinerbe bzw. bei mehreren Erben die Erbengemeinschaft tritt in die Liquidationsgesellschaft ein. Einkommensteuerlich werden der Alleinerbe unmittelbar und die Mitglieder der Erbengemeinschaft mittelbar Mitunternehmer.[953] Ihre Mitunternehmerstellung endet erst mit deren Vollbeendigung. Kommt es zur Veräußerung (§ 25 Rn. 49 ff.) oder Aufgabe (§ 26 Rn. 37 ff.) des Betriebes der Gesellschaft, führt dies zur Realisierung der stillen Reserven. Der den Miterben entsprechend ihrer Erbquote zuzurechnende Veräußerungs- oder Aufgabegewinn unterliegt der Tarifbegünstigung der §§ 16, 34 EStG (→ § 25 Rn. 90).

286 **b) Fortsetzungsklausel.** Bei der Fortsetzungsklausel wird die Gesellschaft von den überlebenden Gesellschaftern bzw. bei einer zweigliedrigen Gesellschaft das Unternehmen vom verbleibenden Gesellschafter allein fortgesetzt. Die Erben des verstorbenen Gesellschafters erlangen nur einen schuldrechtlichen Abfindungsanspruch gegen die Gesellschaft. Ertragsteuerlich handelt es sich hierbei in der Regel um eine entgeltliche Veräußerung oder Aufgabe des Mitunternehmeranteils auf den Todesfall gemäß § 16 Abs. 1 Nr. 2 EStG bzw. § 16 Abs. 3 S. 1 EStG. Nicht die Erben, sondern bereits der Erblasser erzielt in Höhe des Unterschieds zwischen Abfindungsanspruch und Buchwert des Kapitalkontos im Todeszeitpunkt einen tarifbegünstigten Veräußerungs- bzw. Aufgabegewinn.[954] Ob und in welcher Höhe ein Freibetrag nach § 16 Abs. 4 EStG gewährt wird, bestimmt sich somit nach den Verhältnissen beim Erblasser. An der ertragsteuerlichen Beurteilung ändert sich auch dann nichts, wenn zum Kreis der übernehmenden Gesellschafter auch Miterben gehören[955] oder der Erblasser den Abfindungsanspruch einem Dritten vermacht hat,[956] da bereits der Erblasser den Veräußerungs- bzw. Aufgabetatbestand verwirklicht. Die Vereinnahmung der Abfindungszahlung durch die Erben ist nicht einkommensteuerpflichtig.[957] Die übernehmenden Gesellschafter haben in Höhe der Abfindungsverbindlichkeit An-

---

[953] BFH BStBl. II 1995, 241.
[954] BFH BStBl. II 1994, 227 mwN; BMF BStBl. I 1993, 62 Rn. 78; aA Kirchhof/Söhn/*Reiß* EStG § 16 Rn. B 123: Gewinn der Erben.
[955] *Wacker/Franz* BB 1993, Beil. 5, 24.
[956] BFH BStBl. II 1994, 227; BGH BB 2001, 222.
[957] *Bolk* DStZ 1986, 547.

schaffungskosten.⁹⁵⁸ Die Abfindungsverbindlichkeit selbst ist ebenso wie ein zu ihrer Tilgung aufgenommener Kredit passivierungspflichtige Betriebsschuld der Gesellschaft, sofern diese bilanziert. Die für den Kredit gezahlten Zinsen sind Betriebsausgaben. Vermindert sich der Wert des Abfindungsanspruchs in der Folgezeit, kann sich auch der Veräußerungsgewinn mindern (→ § 25 Rn. 59, 71). Dass es sich dabei um Wertminderungen handelt, die auf Ereignissen beruhen, die erst nach dem Tod des Erblassers eingetreten sind, ist unerheblich.⁹⁵⁹

Um keine Zwischenbilanz aufstellen zu müssen, wird häufig vereinbart, dass sich die Höhe des Abfindungsanspruchs nach dem Wert des Gesellschaftsanteils am letzten Bilanzstichtag richtet und der verstorbene Gesellschafter am Gewinn oder Verlust des laufenden Geschäftsjahres nicht mehr teilnimmt. Unerheblich ist, ob sich die Höhe des Anspruchs am Buchwert, Verkehrswert oder einem Zwischenwert orientiert. Hierbei handelt es sich um eine im Vorhinein getroffene, abweichende Gewinnverteilungsabrede, die auch steuerlich zu beachten ist. Dem Erblasser ist daher kein Anteil am Gewinn oder Verlust des laufenden Geschäftsjahres mehr zuzurechnen.⁹⁶⁰ 287

Hatte der Erblasser **Sonderbetriebsvermögen,** so wird dieses von der gesellschaftsvertraglichen Fortsetzungsklausel nicht erfasst. Sofern der oder die Erben nicht Gesellschafter der Personengesellschaft sind, werden die Wirtschaftsgüter des Sonderbetriebsvermögens notwendiges Privatvermögen. Auch dieser Entnahmetatbestand wird noch vom Erblasser verwirklicht. Es handelt sich um einen betriebsaufgabeähnlichen Vorgang. Analog § 16 Abs. 3 S. 7 EStG ist der gemeine Wert dieser Wirtschaftsgüter dem Wert des Abfindungsanspruchs hinzuzurechnen und erhöht auf diese Weise den begünstigten Veräußerungsgewinn des Erblassers.⁹⁶¹ Wird das Sonderbetriebsvermögen von den Erben unmittelbar nach dem Erbfall einer **gemeinnützigen Einrichtung,** die nach § 5 Abs. 1 Nr. 9 KStG von der Körperschaftsteuer befreit ist, für steuerbegünstigte Zwecke im Sinne des § 10 Abs. 1 S. 1 oder S. 3 EStG überlassen, kann die erbfallbedingte Entnahme mit dem Buchwert angesetzt werden, § 6 Abs. 1 Nr. 4 S. 4 EStG. Der Erbe hat dann ein Wahlrecht. Gleiches gilt, wenn die gemeinnützige Einrichtung selbst Erbe geworden ist.⁹⁶² In beiden Fällen handelt es sich um einen betriebsaufgabeähnlichen Vorgang analog § 16 Abs. 3 S. 7 EStG. Nach der Rechtsprechung sind die Vergünstigungen der §§ 16 Abs. 4, 34 EStG auch dann zu gewähren, wenn die Entnahme zum Buchwert erfolgt.⁹⁶³ Zwar werden infolge dieser Überführung anlässlich des Erbfalls nicht alle stillen Reserven des Mitunternehmeranteils aufgedeckt. Der Erblasser hat sich ihrer aber uno actu zusammen mit dem Gesellschaftsanteil entäußert.⁹⁶⁴ Gehörte der Gesellschaftsanteil und das dazugehörige Sonderbetriebsvermögen zu einem Betriebsvermögen des Erblassers, so ändert sich die Zuordnung des Sonderbetriebsvermögens durch den Tod des Erblassers grundsätzlich nicht. Mangels Entnahme kommt es in diesem Fall nicht zur Gewinnrealisierung. 288

Ist der **Abfindungsanspruch** des verstorbenen Gesellschafters und seiner Erben gesellschaftsvertraglich **ausgeschlossen,** liegt eine unentgeltliche Übertragung des Mitunternehmeranteils auf die Erben vor, wenn diese Regelung auf familiäre Gründe zurückzuführen ist.⁹⁶⁵ Die übernehmenden Gesellschafter haben keine Anschaffungskosten und treten im Übrigen in die Rechtsstellung des Erblassers ein. Ist der Ausschluss betrieblich veranlasst, entsteht in der Person des Erblassers ein Veräußerungsverlust.⁹⁶⁶ Die erwerbenden Gesellschafter haben, je nach den Vorstellungen der Beteiligten, beim Vertragsschluss 289

---

⁹⁵⁸ *Bolk* DStZ 1986, 547.
⁹⁵⁹ *Gebel,* Betriebsvermögensnachfolge, Rn. 793.
⁹⁶⁰ Schmidt/*Wacker* EStG § 16 Rn. 661.
⁹⁶¹ *Groh* DB 1990, 2135 (2140).
⁹⁶² BFH BStBl. II 2003, 237.
⁹⁶³ BFH BStBl. II 2003, 237 mwN.
⁹⁶⁴ BFH BStBl. II 2003, 237.
⁹⁶⁵ BFH BStBl. II 1971, 83; BFH/NV 1999, 165.
⁹⁶⁶ *Bolk* DStZ 1986, 547.

über den Wert des Gesellschaftsvermögens entweder die Anteile des Erblassers am Gesellschaftsvermögen abzustocken oder die Buchwerte fortzuführen und in deren Höhe einen laufenden Gewinn.[967]

290 **c) Übernahmeklausel.** Die Übernahmeklausel unterscheidet sich von der Fortsetzungsklausel dadurch, dass der Gesellschaftsvertrag den überlebenden Gesellschaftern lediglich ein Recht zubilligt, die Übernahme des Gesellschaftsanteils des verstorbenen Gesellschafters innerhalb einer bestimmten Frist zu erklären. Wird die Übernahme nicht erklärt, treten die Erben in die Rechtsstellung des Erblassers ein. Machen die verbleibenden Gesellschafter dagegen von ihrem Übernahmerecht Gebrauch, kommt es zu einer Veräußerung bzw. Aufgabe des Mitunternehmeranteils **durch die Erben.** Anders als bei der Fortsetzungsklausel handelt es sich bei der Übernahmeklausel nicht um eine Veräußerung bzw. Aufgabe auf den Todesfall, sondern lediglich um eine vorbereitende Maßnahme durch den Erblasser.[968] Mit dessen Tod treten die Erben vorübergehend in die Personengesellschaft ein. Der Veräußerungs- bzw. Aufgabegewinn wird daher erst von den Erben verwirklicht und ist ihnen entsprechend ihrer Erbquoten zuzurechnen. Ob und in welcher Höhe ein Freibetrag nach § 16 Abs. 4 EStG zu gewähren ist, richtet sich somit nach den individuellen persönlichen Verhältnissen beim jeweiligen Erben.

291 **d) Einfache Nachfolgeklausel.** Aufgrund der einfachen Nachfolgeklausel wird der Alleinerbe bzw. jeder Miterbe mit dem Erbfall nach Maßgabe seiner Erbquote unmittelbar Gesellschafter und damit einkommensteuerrechtlich auch Mitunternehmer.[969] Dies gilt selbst dann, wenn der Gesellschaftsanteil aufgrund eines Vermächtnisses[970] oder einer Teilungsanordnung[971] herauszugeben ist. Dies hat zur Folge, dass der Gesellschaftsanteil aufgeteilt auf die Miterben übergeht, etwaiges Sonderbetriebsvermögen dagegen gesamthänderisch in der Erbengemeinschaft gebunden ist. In beiden Fällen liegt jedoch eine unentgeltliche Übertragung auf die Miterben gemäß § 6 Abs. 3 EStG vor. Ein Veräußerungsgewinn entsteht daher nicht. Die Erben haben die Buchwerte anteilig fortzuführen.

292 Obwohl der Gesellschaftsanteil bereits aufgeteilt auf die Erben übergegangen ist, kann dieser in die Auseinandersetzung des Nachlasses rechnerisch einbezogen werden.[972] Der Gesellschaftsanteil kann daher wie ein Einzelunternehmen bei der Realteilung berücksichtigt werden (→ Rn. 268 ff., 275 ff.). Es besteht also die Möglichkeit, bis zur Erbauseinandersetzung die Zusammensetzung des Vermögens der Erbengemeinschaft so zu verändern, dass die Voraussetzungen für eine Realteilung ohne Abfindungen geschaffen werden und stille Reserven nicht realisiert werden müssen. Nachlassverbindlichkeiten inklusive Erbfallschulden können dabei als Steuerungsinstrument für eine quotengerechte Erbauseinandersetzung eingesetzt werden (→ Rn. 274). Sie zählen zum Nachlass und stellen keine Anschaffungskosten des erbten Mitunternehmeranteils dar, so dass auch eine Aufstockung der Buchwerte ausscheidet. Einigen sich die Miterben und die überlebenden Gesellschafter nach dem Erbfall dahin, dass zB nur **einer der Miterben Gesellschafter** bleibt oder alle Erben aus der Gesellschaft ausscheiden und die ausscheidenden Miterben abgefunden werden, liegt eine entgeltliche, tarifbegünstigte Veräußerung von Mitunternehmeranteilen durch die weichenden Miterben vor,[973] sofern nicht aufgrund weiterer betrieblicher Vermögenswerte eine Realteilung in Betracht zu ziehen ist (→ Rn. 268 ff.). Soweit weichende Miterben bereits vor dem Erbfall Mitunternehmer waren und dieser

---

[967] Schmidt/*Wacker* EStG § 16 Rn. 663.
[968] Vgl. Schmidt/*Wacker* EStG § 16 Rn. 664 mwN.
[969] BFH BStBl. II 1995, 714.
[970] BFH BStBl. II 1995, 714.
[971] BFH BStBl. II 2002, 850; BMF BStBl. I 2006, 253 Rn. 71.
[972] BFH BStBl. II 1992, 510 (512).
[973] Schmidt/*Wacker* EStG § 16 Rn. 670 und 671; aA bei Übertragung auf einen Erben *Knobbe-Keuk* § 22 VI 4 f.

nicht ererbte Anteil nicht zugleich mit veräußert wird, soll bei diesen Miterben keine Veräußerung eines **gesamten** Mitunternehmeranteils vorliegen, § 16 Abs. 1 S. 1 Nr. 2 EStG, so dass der hierbei entstehende Veräußerungsgewinn nicht tarifbegünstigten laufenden Gewinn darstellt.[974] Der die weichenden Miterben abfindende Miterbe hat Anschaffungskosten für den Anteil der weichenden Miterben an den Wirtschaftsgütern des Gesellschaftsvermögens. Wird die Abfindung an die weichenden Erben von den Gesellschaftern der Mitunternehmerschaft gezahlt, haben diese die Anschaffungskosten. Sind die Erben mit dem Vermächtnis belastet, den Gesellschaftsanteil an einen Dritten zu übertragen oder eine Unterbeteiligung daran einzuräumen, so liegt in der Erfüllung des Vermächtnisses ein weiterer unentgeltlicher Erwerb, § 6 Abs. 3 S. 2 EStG.[975]

e) Qualifizierte Nachfolgeklausel. Anders als bei der einfachen Nachfolgeklausel geht bei der qualifizierten Nachfolgeklausel der Gesellschaftsanteil auf einen oder einzelne Miterben über. Die anderen Miterben werden nicht Gesellschafter und mangels Mitunternehmerinitiative auch nicht Mitunternehmer, sondern erlangen nur einen auf Erbrecht beruhenden schuldrechtlichen Wertausgleichsanspruch gegen den oder die Nachfolger-Miterben, nicht jedoch einen Abfindungsanspruch gegen die Gesellschaft.[976] Nur die Nachfolger-Miterben werden Mitunternehmer.[977] Sie erwerben vom Erblasser unentgeltlich und haben die Buchwerte gemäß § 6 Abs. 3 EStG fortzuführen. Der Wertausgleich führt weder bei den Nachfolger-Miterben zu Anschaffungskosten noch bei den anderen Miterben zu einem Veräußerungspreis. Die Wertausgleichsschuld steht einer Vermächtnisschuld näher als einer Abfindung bei Erbauseinandersetzung.[978] Sie ist Privatschuld. Stundungs- und Refinanzierungszinsen stellen folglich keine Betriebsausgaben dar.[979] 293

Hatte der Erblasser **Sonderbetriebsvermögen**, so wird dieses im Gegensatz zu dem Personengesellschaftsanteil zivilrechtlich Gesamthandsvermögen der Erbengemeinschaft. Einkommensteuerrechtlich wird es bei den Nachfolger-Miterben nur in Höhe der Erbquote zu dessen Sonderbetriebsvermögen. In Höhe der Erbquote der anderen, nicht qualifizierten Miterben wird das (bisherige) Sonderbetriebsvermögen des Erblassers zu notwendigem Privatvermögen mit der Folge, dass insoweit ein nicht begünstigter Entnahmegewinn **des Erblassers** entsteht.[980] Soll hier eine Realisierung der stillen Reserven verhindert werden, so setzt dies voraus, dass kein Durchgangserwerb bei der Erbengemeinschaft stattfindet. Das Sonderbetriebsvermögen muss daher bereits im Todeszeitpunkt auf die Nachfolger-Miterben übergehen. Eine (Zwangs-)Entnahme des Sonderbetriebsvermögens kann durch Alleinerbschaft des qualifizierten Erben, durch Übertragung des Mitunternehmeranteils nebst Sonderbetriebsvermögens im Wege der vorweggenommenen Erbfolge oder durch Schenkung des Sonderbetriebsvermögens auf den Todesfall, dies allerdings nur bei beweglichen Wirtschaftsgütern des Sonderbetriebsvermögens, erreicht werden.[981] Bei zum Sonderbetriebsvermögen gehörenden Grundstücken scheidet die 294

---

[974] Schmidt/*Wacker* EStG § 16 Rn. 670; aA *Schulze zur Wiesche* FR 2001, 1096.
[975] Zur Zurechnung der Einkünfte in der Zeit zwischen Erbfall und Erfüllung des Vermächtnisses vgl. → Rn. 307.
[976] BGHZ 68, 225.
[977] BFH BStBl. II 1992, 512.
[978] Vgl. Schmidt/*Wacker* EStG § 16 Rn. 672 mwN.
[979] BFH BStBl. II 1994, 625; aA *Schmidt*, 17. Aufl. 1998, EStG § 16 Rn. 673: Geborene Betriebsschuld (passives Sonderbetriebsvermögen); *Esser* DStZ 1997, 439 (446).
[980] BFH BStBl. II 1992, 512; BMF BStBl. I 2006, 253 Rn. 73 f.; aA *Gebel*, Betriebsvermögensnachfolge, Rn. 814 ff. mwN., der die weichenden Erben zunächst als Mitunternehmer behandelt, was zur Folge hat, dass der Gewinn aus der anteiligen Entnahme des Sonderbetriebsvermögens bei der Erbengemeinschaft entsteht und der Wertausgleich, den der Nachfolgererbe an die „nichtqualifizierten" Miterben zu leisten hat, bei dem Zahlenden zu Anschaffungskosten und bei den weichenden Miterben zu einem Veräußerungsgewinn führt.
[981] Vgl. *Bohlmann* BB 1994, 189; *Hörger* DStR 1993, 37 (47). Zum Miterben- und Schenkungsmodell vgl. *Daragan/Zacher-Röder* DStR 1999, 89 und 972; aA *Fleischer* DStR 1999, 972; wohl auch Schmidt/*Wacker* EStG § 16 Rn. 675.

Schenkung auf den Todesfall wegen § 925 Abs. 2 BGB als taugliche Maßnahme aus.[982] Hier kann die Auflassung nur durch die Erben erfolgen. Es kommt daher grundsätzlich zu einem Durchgangserwerb der Erbengemeinschaft. Gleiches gilt hinsichtlich der Teilungsanordnung und dem Vorausvermächtnis.[983] Als die Erbfolge vorbereitende Maßnahme kann das Sonderbetriebsvermögen vom Erblasser auch zu Buchwerten in das Gesamthandvermögen einer gewerblich geprägten GmbH & Co. KG **(Schwester-Personengesellschaft)** eingebracht werden, § 6 Abs. 5 S. 3 und 4 EStG. Es wird dann trotz unveränderter Nutzung bereits mit der Übertragung eigenes Betriebsvermögen der KG[984] und behält diese Qualität auch beim Tod des Erblassers bei.[985]

295 **f) Teilnachfolgeklausel.** Bei der Teilnachfolgeklausel treten nur bestimmte Miterben mit dem ihrer Erbquote entsprechenden Bruchteil der Mitgliedschaft des Erblassers in die Gesellschaft ein. Die anderen Miterben sind von der Gesellschaft abzufinden. Der Gesellschaftsanteil wird daher aufgespalten: Zum einen geht ein Bruchteil auf die zu Gesellschaftern berufenen Miterben über. Die einkommensteuerlichen Folgen entsprechen insoweit denen der **einfachen Nachfolgeklausel** (→ Rn. 291). Mit dem restlichen Bruchteil scheidet der Erblasser aus der Gesellschaft in der Weise aus, dass dieser Bruchteil den bisherigen Gesellschaftern anwächst und den nicht zu Gesellschaftern berufenen Miterben ein Abfindungsanspruch gegen die Gesellschaft zusteht. Die einkommensteuerlichen Folgen entsprechen insoweit denen der **Fortsetzungsklausel** (→ Rn. 286 ff.).

296 **g) Eintrittsklausel.** Die Eintrittsklausel gibt dem oder den Erben das Recht, in die Gesellschaft nach Maßgabe der Mitgliedschaft des Erblassers einzutreten. Macht der Erbe von diesem Recht **keinen Gebrauch,** wächst den bisherigen Gesellschaftern der Gesellschaftsanteil an. Dem Erben steht ein Abfindungsanspruch gegen die Gesellschaft zu. Die einkommensteuerlichen Folgen entsprechen insoweit denen der **Fortsetzungsklausel** (→ Rn. 286 ff.). Macht der Erbe demgegenüber von seinem Eintrittsrecht **Gebrauch,** ist danach zu unterscheiden, welche Variante der Eintrittsklausel gewählt wurde: Bei der sog. **Treuhandvariante** halten die überlebenden Gesellschafter die ihnen mit dem Tod zufallenden Vermögensrechte treuhänderisch für den Eintrittsberechtigten und übertragen sie auf diesen im Falle des Eintritts. Abfindungsansprüche kommen nur zum Tragen, wenn der Eintrittsberechtigte nicht eintritt; ansonsten sind sie ausgeschlossen.[986] Der Gesellschaftsanteil geht hierbei unentgeltlich vom Erblasser auf die überlebenden Gesellschafter (Treuhänder) und sodann auf den Eintrittsberechtigten über. Der Eintrittsberechtigte erwirbt unentgeltlich gemäß § 6 Abs. 3 EStG. Die einkommensteuerlichen Folgen entsprechen insoweit denen der **einfachen bzw. qualifizierten Nachfolgeklausel** (→ Rn. 291 ff.), wenn alle oder nur einzelne Miterben ein Eintrittsrecht haben, und denen der **Teilnachfolgeklausel** (→ Rn. 295), wenn nur ein Teil der Miterben das allen zustehende Eintrittsrecht ausübt. Dies gilt wohl auch dann, wenn das Eintrittsrecht erst nach Ablauf der von der Finanzverwaltung gewährten Sechsmonatsfrist[987] ausgeübt wird.[988]

297 Bei der sog. **Abfindungsvariante** erhält der Eintrittsberechtigte im Todeszeitpunkt einen Abfindungsanspruch, mit dem er im Falle des Eintritts in die Gesellschaft sodann seine gesellschaftsrechtliche Einlageverpflichtung erfüllt. Der Erblasser erzielt hierbei einen Veräußerungsgewinn, und zwar unabhängig davon, ob der Erbe später von seinem Eintrittsrecht Gebrauch macht oder nicht[989] oder die überlebenden Gesellschafter im Innen-

---

[982] *Wacker/Franz* BB 1993, Beil. 5, 25 f.; *Bohlmann* BB 1994, 189.
[983] *Wacker/Franz* BB 1993, Beil. 5, 25; aA *Knobbe-Keuk* § 22 VI 4 f.
[984] BFH BStBl. II 1999, 483; BMF BStBl. I 1998, 583; Schmidt/*Wacker* EStG § 15 Rn. 536.
[985] *Märkle* FR 1997, 135; *Schulze zur Wiesche* DB 1998, 695.
[986] BGH NJW 1978, 264; vgl. *Wacker/Franz* BB 1993, Beil. 5, 26.
[987] BMF BStBl. I 2006, 253 Rn. 70.
[988] Ebenso *Wacker/Franz* BB 1993, Beil. 5, 26; aA wohl BMF BStBl. I 2006, 253 Rn. 70.
[989] *Groh* DB 1990, 2135 (2140).

verhältnis verpflichtet sind, den Eintrittsberechtigten so zu stellen, als ob er bereits im Zeitpunkt des Todes des Erblassers Gesellschafter geworden wäre.[990] Die einkommensteuerlichen Folgen entsprechen insoweit denen der **Fortsetzungsklausel** (→ Rn. 286 ff.). Bei Ausübung des Eintrittsrechts kommt es zu einer Verrechnung des Abfindungsanspruchs mit der Einlageverpflichtung des Erben. Der Erbe erwirbt den Gesellschaftsanteil somit entgeltlich.

Die Finanzverwaltung geht offenbar unabhängig von der zivilrechtlichen Beurteilung der Eintrittsklausel davon aus, dass grundsätzlich die einkommensteuerlichen Folgen der Fortsetzungsklausel eintreten. Macht der Eintrittsberechtigte allerdings innerhalb von sechs Monaten nach dem Erbfall von seinem Eintrittsrecht Gebrauch, so sollen bei Eintritt aller Erben die für die einfache Nachfolgeklausel geltenden Rechtsfolgen eingreifen und bei Eintritt nur eines oder nur einiger Miterben die Regeln der qualifizierten Nachfolgeklausel anwendbar sein.[991] Diese Anordnung der Finanzverwaltung ist hinsichtlich der Treuhandvariante unzutreffend und in Bezug auf die Abfindungsvariante als Billigkeitsregelung zu verstehen.[992] Besteht das **Eintrittsrecht zugunsten eines Nichterben** und ist diesem der Abfindungsanspruch gegen die Gesellschaft vermächtnisweise zugewandt, gelten die gleichen Regelungen wie beim Eintrittsrecht eines Erben.[993] Angesichts dessen, dass die Billigkeitsregelung der Finanzverwaltung nur für Erben gilt,[994] sollte in diesen Fällen die Treuhandvariante unmissverständlich vereinbart werden. Wird das Eintrittsrecht durch den Nichterben nicht ausgeübt, treten die Rechtsfolgen einer Fortsetzungsklausel ein. 298

5. Kapitalgesellschaftsanteil als Nachlassgegenstand

Gehören die Kapitalgesellschaftsanteile zu einem **Betriebsvermögen** gehen sie grundsätzlich mit dem Gewerbebetrieb auf den Alleinerben bzw. die Erbengemeinschaft über (→ Rn. 253 ff.). Dieser hat die Steuerbilanzwerte fortzuführen, § 6 Abs. 3 EStG. Auch für die Behandlung der Erbauseinandersetzung gelten die allgemeinen Regeln (→ Rn. 262 ff.). Die Kapitalgesellschaftsanteile sind Einzelwirtschaftsgüter und teilen bis zu ihrer Entnahme oder Überführung in ein anderes Betriebsvermögen grundsätzlich das Schicksal des Gewerbebetriebes. Ergänzend ist hier darauf hinzuweisen, dass, obwohl § 6 Abs. 3 EStG die 100%ige Beteiligung an einer Kapitalgesellschaft nicht erfassen soll,[995] ihre Auskehrung im Rahmen einer Realteilung dennoch nach § 16 Abs. 3 S. 3 EStG dem Zwang zur Buchwertfortführung unterliegt.[996] Zu bedenken bleibt allerdings, dass die 100%ige Kapitalgesellschaftsbeteiligung wesentliche Betriebsgrundlage eines Teilbetriebs oder Mitunternehmeranteils sein kann. Werden beide im Zuge der Realteilung getrennt, kommt es sowohl bei dem von der Abspaltung betroffenen Gesellschafter als auch bei dem Empfänger der abgespaltenen Beteiligung zu einer Aufgabe von Mitunternehmeranteilen.[997] Wird durch die Entnahme der Kapitalgesellschaftsbeteiligung oder durch die Aufdeckung stiller Reserven im Rahmen einer Betriebsaufgabe ein Entnahme- bzw. Aufgabegewinn erzielt, unterliegt dieser gemäß § 3 Nr. 40a EStG dem Teileinkünfteverfahren (→ § 25 Rn. 183). Das Gleiche gilt für den Gewinnanteil, der bei einer entgeltlichen Betriebsübergabe auf die zu diesem Betriebsvermögen gehörenden Kapitalgesellschaftsanteile entfällt, § 3 Nr. 40b EStG. Soweit die Kapitalgesellschaftsanteile beim Erblasser zum **Privatvermögen** gehören, gehen sie mit dem Erbfall 299

---

[990] BGH NJW 1978, 264.
[991] BMF BStBl. I 2006, 253 Rn. 70.
[992] Ebenso *Wacker/Franz* BB 1993, Beil. 5, 26.
[993] Ebenso *Wacker/Franz* BB 1993, Beil. 5, 26.
[994] BMF BStBl. I 2006, 253 Rn. 70.
[995] BFH BStBl. II 2006, 457; Schmidt/*Wacker* EStG § 16 Rn. 161; aA zu Recht Kirchhof/*Reiß* EStG § 16 Rn. 99; *Haritz/Slabon* GmbHR 1998, 1159.
[996] *Wacker* StB 1999, Beil. 2, 10.
[997] *Wacker* StB 1999 Beil. 2, 10.

auf den Alleinerben bzw. die Erbengemeinschaft über. Sie sind auch insoweit voll unentgeltlich erworben als der Erbe mit Vermächtnissen und sonstigen Erbfallschulden belastet ist. Der Erwerb der Beteiligung durch Erbanfall ist daher weder beim Erblasser ein Veräußerungstatbestand noch beim Erwerber ein Anschaffungsvorgang. Gleiches gilt für die Weitergabe der Kapitalgesellschaftsbeteiligung im Rahmen der Erfüllung eines Vermächtnisses. Hinsichtlich der Anschaffungskosten und der Vorbesitzzeiten tritt der Erbe/Vermächtnisnehmer in die Rechtsstellung des Erblassers ein, § 17 Abs. 2 S. 5, Abs. 1 S. 4 EStG. Besaß der Erbe/Vermächtnisnehmer bereits Anteile und erhält er durch den Erbfall weitere hinzu, so dass bei ihm eine relevante Beteiligung entsteht, ist anstatt der Anschaffungskosten der gemeine Wert der Beteiligung im Zeitpunkt des Entstehens der relevanten Beteiligung maßgebend, und zwar sowohl hinsichtlich des Ererbten als auch hinsichtlich des bereits besessenen Kapitalgesellschaftsanteils.[998] Die vom Erben gezahlte Erbschaftsteuer zählt nicht zu den (nachträglichen) Anschaffungskosten der Beteiligung.[999]

300 **Veräußert ein Miterbe seinen Erbanteil,** liegt zivilrechtlich keine Veräußerung der Kapitalgesellschaftsbeteiligung vor. Dies ist einkommensteuerrechtlich jedoch anders, da der Anteil an einer Personengesellschaft und dementsprechend erst recht der Anteil an einer Erbengemeinschaft steuerrechtlich kein Wirtschaftsgut ist. Er verkörpert vielmehr nur die Summe aller Anteile an den zum Gesellschafts- bzw. Gemeinschaftsvermögen gehörenden Wirtschaftsgütern. Für die Frage, ob eine relevante Beteiligung vorliegt, ist also nicht auf die Erbengemeinschaft als solche, sondern auf die einzelnen Mitglieder abzustellen, da die Beteiligung diesen nach § 39 Abs. 2 Nr. 2 AO anteilig zuzurechnen ist.[1000] Befindet sich zB im Nachlass einer aus drei zu gleichen Teilen erbberechtigten Erben bestehenden Erbengemeinschaft ein 1,5 %iger Kapitalgesellschaftsanteil, ist keiner der Miterben relevant beteiligt, sofern er nicht noch eigene nicht ererbte Anteile von mindestens 0,5 % hat. Veräußern sie ihre Erbanteile innerhalb von fünf Jahren nach Erbanfall, kommt allerdings der erweiterte Besteuerungstatbestand des § 17 Abs. 1 S. 4 EStG aufgrund der relevanten Beteiligung des Erblassers zum Zuge. Nach Ablauf der Fünfjahresfrist ist die Veräußerung dann steuerfrei. Gleiches gilt, wenn die Erbengemeinschaft die Beteiligung veräußert. Eine **Veräußerung durch die Erbengemeinschaft** stellt daher eine gleichzeitige, aber getrennte Veräußerung der den Miterben anteilig zuzurechnenden Beteiligung dar.

301 Bei einer **Realteilung ohne Ausgleichszahlung** erlangen die Miterben die durch Teilung entstandenen Anteile an der Kapitalgesellschaft in Erfüllung ihrer erbrechtlichen Auseinandersetzungsansprüche und damit einkommensteuerrechtlich gemäß § 11d EStDV unentgeltlich.[1001] Dies gilt auch dann, wenn die Miterben sich untereinander die Kapitalgesellschaftsanteile „verkaufen" und der Erlös hinterher entsprechend der Erbquoten geteilt wird (sog. verschleierte Realteilung).[1002] Lag beim Erblasser noch eine wesentliche Beteiligung vor und ist es durch den Erbfall wegen der Bruchteilsbetrachtung nach § 39 Abs. 2 Nr. 2 AO zu zwei oder mehr unwesentlichen Beteiligungen gekommen, ist auch hier wieder die für die erweiterte Steuerpflicht nach § 17 Abs. 1 S. 4 EStG maßgebliche Fünfjahresfrist auf den Erbfall zu bestimmen. Bei einer **Realteilung mit Spitzenausgleich** erfolgt die Übertragung der Anteile auf der Grundlage „getrennter" Rechtsgeschäfte. In Höhe seines erbrechtlichen Auseinandersetzungsanspruches erbt der die Beteiligung übernehmende Erbe unentgeltlich nach § 11d EStDV. Im Übrigen, dh bezüglich des Mehrempfangs erwirbt er entgeltlich und hat die Ausgleichszahlung als Anschaffungskosten für die erhaltene Beteiligung anzusetzen. Der übertragende Miterbe erzielt ein ei-

---

[998] Vgl. § 25 Rn. 178; ebenso Schmidt/*Weber-Grellet* EStG § 17 Rn. 159 und 182; die aA BFH BStBl. II 1999, 486; Dötsch/Pung/Möhlenbrock/*Pung*/*Werner* EStG § 17 Rn. 251 ist verfassungsrechtlich bedenklich.
[999] FG Hessen, EFG 1982, 566, rkr; Schmidt/*Weber-Grellet* EStG § 17 Rn. 182.
[1000] Vgl. H 17 (2) EStH „Gesamthandsvermögen".
[1001] GrS BFH BStBl. II 1990, 837 (844); BMF BStBl. I 2006, 253 Rn. 22.
[1002] Schmidt/*Wacker* EStG § 16 Rn. 609 und 625.

nem Veräußerungserlös gleichstehendes Entgelt für das aufgegebene Vermögen.[1003] Auch hier ist wieder zu berücksichtigen, dass die Anteile bereits vom Erbfall an den Miterben anteilig gemäß § 39 Abs. 2 Nr. 2 AO wie Bruchteilseigentum zuzurechnen sind.

6. Übergang auf eine Familienstiftung

Ertragsteuerlich gestaltet sich der Übergang von Unternehmen auf eine Stiftung nach den allgemeinen Regelungen. Die Übertragung eines **Einzelunternehmens** mit allen wesentlichen Betriebsgrundlagen, rechtlich gesehen eine betriebliche Sachgesamtheit, erfolgt im Erbgang nach § 6 Abs. 3 EStG zu Buchwerten. Ein Veräußerungsgewinn entsteht nicht, sofern die Besteuerung der stillen Reserven sichergestellt ist. Letzteres ist nicht der Fall, wenn das vererbte Vermögen in den steuerfreien Bereich einer gemeinnützigen Körperschaft gelangt, da diese gem. § 5 Abs. 1 Nr. 9 S. 1 KStG von der Körperschaftsteuer befreit ist. Nur wenn das im Nachlass befindliche Betriebsvermögen bei der gemeinnützigen Stiftung einen wirtschaftlichen Geschäftsbetrieb darstellt, kommt § 6 Abs. 3 EStG zum Tragen, da in diesem Fall die Steuerbefreiung ausgeschlossen ist, § 5 Abs. 1 Nr. 9 S. 2 KStG.[1004] Die aufnehmende, nicht gemeinnützige Stiftung hat die Buchwerte fortzuführen, § 8 Abs. 1 KStG, § 6 Abs. 3 Satz 3 EStG (→ § 28 Rn. 143). Bei der Vererbung eines **Mitunternehmeranteils** auf die Familienstiftung ist der gesamte Mitunternehmeranteil zu übertragen. Die Buchwertfortführung gilt gemäß § 6 Abs. 3 S. 1 HS 2 EStG nur für natürliche Personen. Da die Stiftung keine natürliche Person ist, gilt sie für die Übertragung von Teilmitunternehmeranteilen nicht (zur Gestaltung → § 28 Rn. 143). Vorsicht ist bei Mitunternehmeranteilen geboten, bei denen eine **Thesaurierungsrücklage** gem. § 34a EStG gebildet wurde. In diesem Falle führt der Übergang des betreffenden Mitunternehmeranteils zur Nachversteuerung, § 34a Abs. 6 S. 1 Nr. 3 EStG.[1005] Die Vererbung einer **gewerblich geprägten Personengesellschaft** iSd § 15 Abs. 3 Nr. 2 EStG auf eine **gemeinnützige Stiftung** ist nicht zu Buchwerten nach § 6 Abs. 3 EStG möglich.[1006] Die Übertragung würde demnach zu einer Aufgabe des Mitunternehmeranteils und zur Aufdeckung sämtlicher in dem Mitunternehmeranteil verhafteten stillen Reserven führen. Dies kann dadurch vermieden werden, dass die dem Mitunternehmeranteil umfassenden Wirtschaftsgüter der gemeinnützigen Stiftung unentgeltlich überlassen werden, § 6 Abs. 1 Nr. 4 S. 4 EStG, was am Besten bereits durch den Erblasser angeordnet sein sollte (→ § 28 Rn. 143).

302

Wird eine **Kapitalgesellschaftsbeteiligung** an eine Familienstiftung vererbt, ist danach zu unterscheiden, ob es sich um eine im Privatvermögen gehaltene Beteiligung handelt oder ob sich die Beteiligung im Betriebs- oder Sonderbetriebsvermögen befindet. Bei im **Privatvermögen** gehaltenen Kapitalgesellschaftsbeteiligungen ist der Übergang auf die Familienstiftung ertragsteuerneutral. Der Erwerber ist nach § 11d Abs. 1 EStDV an die bisherigen Steuerwerte gebunden (→ § 28 Rn. 127). Auch wenn es sich um eine verdeckte Einlage handeln sollte, greifen die § 17 Abs. 1 S. 2 EStG bzw. § 20 Abs. 2 S. 2 EStG nicht ein, weil die Familienstiftung keine Kapitalgesellschaft ist.[1007] Gehört die Kapitalgesellschaftsbeteiligung dagegen zu einem **Betriebsvermögen,** kommt es zu einer Entnahme der Beteiligung nach § 6 Abs. 1 S. 1 Nr. 4 EStG und zur Gewinnrealisierung und Aufdeckung aller stillen Reserven. Das Buchwertprivileg gemäß § 6 Abs. 1 S. 1 Nr. 4 EStG gilt nur für gemeinnützige Körperschaften, nicht aber für Familienstiftungen. Sind in der Kapitalgesellschaft Verlustvorträge vorhanden, kann die Übertragung auf die Fami-

303

[1003] GrS BFH BStBl. II 1990, 837 (844); BMF BStBl. I 2006, 253 Rn. 27.
[1004] *Hänsch* NWB 2017, 935; *Kraft/Ungemach* NWB 2019, 1730.
[1005] *Demuth* KÖSDI 2018, 20909 (20913 f.).
[1006] BFH BStBl. II 2011, 858; 2017, 251; OFD Frankfurt a.M. DB 2016, 1048; DB 2016, 1966; FinMin Schleswig-Holstein DStR 2016, 1474; aA *Kirchhain* DB 2016, 1605; *Zimmermann/Raddatz* NJW 2017, 531; *Wachter* FR 2017, 69 (75).
[1007] *Demuth* KÖSDI 2018, 20909 (20914).

lienstiftung dazu führen, dass diese nach § 8c Abs. 1 KStG verloren gehen,[1008] wenn innerhalb von 5 Jahren mehr als 50% des gezeichneten Kapitals, der Mitgliedschafts-Beteiligungs- oder Stimmrechte an einen Erwerber oder diesem nahestehende Personen übergehen, sofern § 8c Abs. 1 KStG verfassungsgemäß ist.[1009] Zwar hat die Finanzverwaltung auch für Erbfall einschließlich der unentgeltlichen Erbauseinandersetzung eine Billigkeitsregelung getroffen.[1010] Diese ist aber auf Angehörige im Sinne des § 15 AO beschränkt, so dass sie auf die Familienstiftung keine Anwendung findet.[1011] Ein fortführungsgebundener Verlustvortrag nach § 8d KStG ist jedoch möglich.

304 Die Stiftung ist, soweit sie Sitz oder Geschäftsleitung im Inland hat, unbeschränkt körperschaftsteuerpflichtig, § 1 Abs. 1 Nr. 4 KStG. Die Körperschaftsteuerpflicht beginnt nicht erst mit der Anerkennung einer Stiftung auf den Todesfall, sondern bereits mit dem Tode des Stifters.[1012] Die Einkünfte einer gemeinnützigen Stiftung sind, sofern sie nicht auf einen wirtschaftlichen Geschäftsbetrieb der Stiftung entfallen, steuerfrei, § 5 Abs. 1 Nr. 9 KStG. Diese Steuerbefreiung ist allerdings ausgeschlossen, solange keine den §§ 59 ff. AO entsprechende Satzung existiert.[1013] Bei gemeinnützigen Stiftungen auf den Todesfall ist daher die Satzung bereits mit dem Testament aufzustellen. Wurde dies versäumt, sollte sie unmittelbar nach dem Tod verfasst werden. Anders als Kapitalgesellschaften erzielt sie wie eine natürliche Person nicht nur gewerbliche Einkünfte, sondern kann alle Einkunftsarten verwirklichen, § 8 Abs. 1 KStG iVm §§ 13 ff. EStG. Sofern Sie Kapitalgesellschaftsanteile hält, ist die Vermögensverwaltung, so dass sie insoweit grundsätzlich Einkünfte aus Kapitalvermögen erzielt. Eine andere Beurteilung kann dann in Betracht kommen, wenn die Familienstiftung über eine Zusammenfassung mehrerer Beteiligungen in einer Holding planmäßig Unternehmenspolitik betreibt oder in anderer Weise entscheidenden Einfluss auf die Geschäftsführung der Kapitalgesellschaft ausübt und damit durch sie unmittelbar selbst am allgemeinen wirtschaftlichen Verkehr teilnimmt.[1014] Gewerbliche Einkünfte kann sie über gewerbliche Mitunternehmerschaften oder ein ihr übertragenes Einzelunternehmen, aber auch im Rahmen einer Betriebsaufspaltung erzielen.[1015] Beteiligungseinkünfte und Veräußerungsgewinne sind bei einer Beteiligung der Familienstiftung an der Kapitalgesellschaft zu Beginn des Kalenderjahres in Höhe von 10% nach § 8b KStG steuerfrei. Allerdings gelten von dem jeweiligen Gewinn iSd § 8b Abs. 2 S. 1, 3 und 6 KStG 5% als Ausgaben, die nicht als Betriebsausgaben abgezogen werden dürfen, § 8b Abs. 3 S. 1 KStG, so dass letztlich nur 95% steuerfrei bleiben.

Die Leistungen der Stiftung an ihre Destinatäre sind in der Regel Einkünfte aus Kapitalvermögen iSd § 20 Abs. 1 Nr. 9 EStG (→ § 28 Rn. 148). Kommt es zu einer Auflösung der Stiftung unterliegt die Auszahlung des Liquidationsendvermögens der Erbschaftsteuer (→ Rn. 241), nicht jedoch der Einkommensteuer, da die Auszahlung an den Anfallberechtigten nicht mit einer Gewinnausschüttung iSd § 20 Abs. 1 Nr. 1 EStG vergleichbar ist.[1016]

7. Erbfallschulden

305 Erbfallschulden, wie zB Vermächtnis-, Untervermächtnis-, Pflichtteils-, Ersatz- und Abfindungsschulden nach HöfeO oder bei qualifizierter Nachfolge- oder Eintrittsklausel, stellen **keine Anschaffungskosten** für das im Erbwege erlangte Betriebsvermögen

---

[1008] BMF BStBl. I 2017, 1645 Tz. 4; FG Münster EFG 2016, 412; zum GewSt-Verlust → § 28 Rn. 191.
[1009] FG Hmb DStR 2017, 2377 Az. BVerfG II BVL 19/17; FG Hmb BeckRS 2018, 6461.
[1010] BMF BStBl. I 2017, 1645 Tz. 4.
[1011] *Demuth* KÖSDI 2018, 20909 (20914).
[1012] BFH BStBl. II 2005, 149; FG Münster ZEV 2018, 230 mwN.
[1013] FG Münster ZEV 2018, 230.
[1014] BFH/NV 2011, 312 Rn. 11; BFH BStBl. II 2018, 495 Rn. 20 mwN.
[1015] BFH/NV 2011, 312.
[1016] BFH DStRE 2018, 857; aA BMF BStBl. I 2006, 417: Zusätzlich zur ErbSt unterliegt die Auszahlung nach § 20 Abs. 1 Nr. 9 EStG auch der ESt.

dar.¹⁰¹⁷ Korrespondierend hierzu handelt es sich bei den Empfängern dieser Leistungen (zB Vermächtnisnehmer oder Pflichtteilsberechtigte) auch nicht um „Veräußerungserlös", so dass die Leistung seitens des Erben von diesen einkommensteuerfrei vereinnahmt wird.¹⁰¹⁸ Der Erbe hat die Buchwerte fortzuführen. Die Erbfallschulden sind beim Erben **notwendige Privatschulden,** und zwar auch dann, wenn sie aus dem Betriebsvermögen im Nachlass herrühren.¹⁰¹⁹ Stundungs- und Verzugszinsen stellen daher keine Betriebsausgaben dar. Gleiches gilt, wenn ein Kredit aufgenommen wird, um die Erbfallschuld zu begleichen, oder wenn ein Erbfallschuld in ein Darlehen umgewandelt wird (Novation).¹⁰²⁰ Etwas Anderes gilt allerdings, hinsichtlich eines Kredits, der zur Finanzierung betrieblicher Aufwendungen aufgenommen wird, nachdem die zuvor vorhandenen betrieblichen Mittel zur Tilgung der Erbfallschuld aufgewandt wurden.¹⁰²¹ Dieser Kredit ist betrieblich veranlasst und die hierauf gezahlten Zinsen sind Betriebsausgaben. Durch die vorangegangene Entnahme zur Tilgung der Erbfallschuld kann es allerdings zu einer Überentnahme iSd § 4 Abs. 4a EStG gekommen sein, welche eine Gewinnzurechnung auslöst, die den Schuldzinsenabzug insoweit negiert. Nicht zu den Erbfallschulden gehören die Kosten für die Erstellung der Erbschaftsteuererklärung.

a) Sachvermächtnis. Ist der Erbe testamentarisch dazu verpflichtet, **einzelne Wirtschaftsgüter des Betriebsvermögens** eines zum Nachlass gehörenden Gewerbebetriebs an einen Dritten herauszugeben (Sachvermächtnis), führt dies bei ihm unabhängig davon, ob es beim Empfänger Betriebs- oder Privatvermögen wird, zu einer Entnahme dieses Wirtschaftsguts.¹⁰²² Denn der Erbe erwirbt zunächst den ganzen Gewerbebetrieb und erfüllt danach das Vermächtnis. Er hat daher auch den Entnahmegewinn als laufenden Gewinn zu versteuern.¹⁰²³ Dies gilt auch dann, wenn der Vermächtnisnehmer, der nicht zugleich Miterbe ist, das ihm übertragene Wirtschaftsgut in ein Betriebsvermögen überführt. Anders ist dies allerdings bei einem **Vorausvermächtnis zugunsten eines Miterben** zu beurteilen, wenn das Wirtschaftsgut in dessen Betriebsvermögen überführt wird. Hier ist gemäß § 6 Abs. 5 S. 3 EStG zwingend der Buchwert fortzuführen. Ausnahmsweise kann eine Betriebsaufgabe anzunehmen sein, wenn der Erbe alle wesentlichen Betriebsgrundlagen an verschiedene Vermächtnisnehmer herauszugeben hat oder wenn durch die Herausgabe die Voraussetzungen einer Betriebsaufspaltung entfallen. In diesen Fällen erzielt der Erbe einen begünstigten Veräußerungsgewinn. Erbringt der Vermächtnisnehmer eine Gegenleistung, so handelt es sich um ein **Kaufrechtsvermächtnis.** Soweit dabei ein entgeltliches Geschäft vorliegt, entsteht kein Entnahme-, sondern ein Veräußerungsgewinn des Erben. Korrespondierend hierzu hat der Vermächtnisnehmer Anschaffungskosten.¹⁰²⁴ 306

Ist ein **Betrieb, Teilbetrieb oder Mitunternehmeranteil** Gegenstand eines Sachvermächtnisses, erwirbt auch hier zunächst wieder der Erbe und erst mit Erfüllung der Vermächtnisschuld der Vermächtnisnehmer.¹⁰²⁵ Es kommt somit zu zwei einander nachfolgenden unentgeltlichen Übertragungen, für die jeweils § 6 Abs. 3 EStG gilt. Der Vermächtnisnehmer hat die Buchwerte des mit dem Vermächtnis belasteten **Erben** fortzuführen, da er von diesem und nicht vom Erblasser erwirbt. Eine Gewinnrealisierung tritt 307

---

¹⁰¹⁷ Vgl. Schmidt/*Wacker* § 16 EStG Rn. 592; aA zB *Paus* BB 1994, 1759.
¹⁰¹⁸ BFH BStBl. II 1993, 275.
¹⁰¹⁹ BFH BStBl. II 1995, 413 und 714 aE; zutr. aA *Knobbe-Keuk* § 22 VI 5.
¹⁰²⁰ GrS BFH BStBl. II 1990, 817 (824); 1994, 623; 1997, 284 zu 4.
¹⁰²¹ BFH GrS BStBl. II 1990, 817 (825); Schmidt/*Wacker* EStG § 16 Rn. 593.
¹⁰²² GrS BFH BStBl. II 1990, 837 (840); BMF BStBl. I 2006, 253 Rn. 60; aA *Seeger* DB 1992, 1010; *Knobbe-Keuk* § 22 VI 4h: Entnahme des Erblassers.
¹⁰²³ BFH BStBl. II 1994, 319; BMF BStBl. I 2006, 253 Rn. 60; aA *Paus* FR 1991, 586.
¹⁰²⁴ BMF BStBl. I 2006, 63 Rn. 71; aA *Gebel*, Betriebsvermögensnachfolge, Rn. 342: Das Kaufrechtsvermächtnis sei eine Privatschuld, so dass der Vermächtniserfüllung eine Entnahme vorangehe. Der Streit wirkt sich aus, wenn die Gegenleistung des Vermächtnisnehmers nicht dem Entnahmewert nach § 6 Abs. 1 Nr. 4 EStG entspricht.
¹⁰²⁵ BFH BStBl. II 1995, 714.

daher nicht ein. Da der Vermächtnisnehmer grundsätzlich erst mit Erfüllung des Vermächtnisses selbst Unternehmer im einkommensteuerlichen Sinne wird, sind nach Ansicht von Rechtsprechung und Verwaltung[1026] die zwischen Erbfall und Übertragung erzielten Gewinne (inklusive AfA) allein dem oder den Erben zuzurechnen. Erst die nach Übertragung erzielten Gewinne sind nicht mehr bei den Erben, sondern beim Vermächtnisnehmer zu erfassen. Etwas Anderes soll nur dann gelten, wenn der Vermächtnisnehmer bereits ab Erbfall wirtschaftlicher Eigentümer des Betriebes, Teilbetriebes oder Mitunternehmeranteils war. Hier sollen die Einkünfte bereits ab dem Erbfall allein dem Vermächtnisnehmer zugerechnet werden. Eine starke und auch zutreffende Gegenmeinung rechnet dem Vermächtnisnehmer dagegen die ab Erbfall erzielten Gewinne sofort zu, sofern es sich nicht um ein aufschiebend bedingtes Vermächtnis handelt.[1027] Dem Vermächtnisnehmer stehen nämlich zivilrechtlich nach § 2184 BGB bereits ab dem Erbfall die Früchte des Betriebes zu. Sie müssen ihm daher konsequenterweise auch ab diesem Zeitpunkt einkommensteuerlich zugerechnet werden, vorausgesetzt, das Vermächtnis wird zügig im Anschluss an den Erbfall bzw. bei unklarer Sachlage unmittelbar nach Klärung der erbrechtlichen Verhältnisse erfüllt. Der oder die Erben sind nichts weiter als bloße Durchgangserwerber; die Gewinne verbleiben nicht bei ihnen. Es ist daher systemgerecht, die Besteuerung nicht beim Erben, sondern beim Vermächtnisnehmer anfallen zu lassen, der auch die Vorteile erlangt. Darüber hinaus stelle man sich die praktischen Schwierigkeiten vor, die die Meinung der Rechtsprechung und der Verwaltung nach sich zieht. Zumeist liegt zwischen Erbfall und Erfüllung des Vermächtnisses nur ein kurzer Zeitraum. Wie soll hier der in diese Zeitspanne fallende Gewinn ermittelt werden und müssen hierzu gar zwei Zwischenbilanzen aufgestellt werden? Sofern und soweit dem Vermächtnisnehmer die Einkünfte zuzurechnen sind, steht ihm auch die Steuerermäßigung nach § 35 EStG zu.

308 Handelt es sich bei dem vermächtnisweise übertragenen Betrieb um eine **Freiberuflerpraxis,** erzielt der Vermächtnisnehmer nur dann Einkünfte aus freiberuflicher Tätigkeit, wenn er selbst über die erforderliche berufliche Qualifikation verfügt. Ist dies nicht der Fall, handelt es sich beim Vermächtnisnehmer um gewerbliche Einkünfte (Strukturwandel, → § 26 Rn. 31).

309 Wird ein Wirtschaftsgut des Betriebsvermögens **an Erfüllungs statt** übereignet, so liegt hierin keine Entnahme,[1028] sondern eine entgeltliche Veräußerung des betreffenden Wirtschaftsguts durch den Erben unmittelbar aus dem Betriebsvermögen heraus.[1029] Korrespondierend hierzu hat der berechtigte Erwerber Anschaffungskosten. Dies gilt auch, wenn ein Betrieb, Teilbetrieb oder Mitunternehmeranteil an Erfüllungs statt übereignet wird.[1030] Der verpflichtete Erbe kann bei Vorliegen der entsprechenden Voraussetzungen eine den steuerlichen Gewinn mindernde Rücklage nach § 6b EStG bilden.[1031] Besteht das Sachvermächtnis darin, dass dem Vermächtnisnehmer eine im Privatvermögen gehaltene **Kapitalgesellschaftsbeteiligung** zu übertragen ist, erwirbt dieser unentgeltlich und ist nach § 11d Abs. 1 EStDV an die bisher für den Alleinerben bzw. die Erbengemein-

---

[1026] BFH/NV 2004, 476; BFH BStBl. II 1992, 330; BMF BStBl. I 2006, 253 Rn. 61; Schmidt/*Wacker* EStG § 16 Rn. 28.
[1027] BFH/NV 2004, 476; *Spiegelberger* Rn. 539; *Märkle* DStR 1993, 506; *Groh* DB 1992, 1312; *Tiedtke/Peterek* ZEV 2007, 349.
[1028] Nach BFH BStBl. II 1996, 60 u. FG Düsseldorf EFG 2003, 519 handelt es sich um eine Entnahme der Verpflichteten und einen entgeltlichen Erwerb durch den Berechtigten.
[1029] BMF BStBl. I 2006, 253, Rn. 35; Schmidt/*Wacker* EStG § 16 Rn. 599; Littmann/Bitz/Pust/*Benz*/*Schacht* EStG § 16 Rn. 25.
[1030] BMF BStBl. I 2006, 253, Rn. 35; Schmidt/*Wacker* EStG § 16 Rn. 599; ebenso BFH BStBl. II 2005, 554; Hess FG ZEV 2014, 566; *Hübner* ZEV 2005, 319; *Lohr/Görges* DStR 2011, 1890 zu Pflichtteilsschuld; aA *Tiedtke/Langenheim* FR 2007, 368 zu Pflichtteilsschuld.
[1031] Nach BFH BStBl. II 1996, 60 wäre dies nicht möglich, da die Vermächtniserfüllung danach ein einer Entnahme nachfolgendes unentgeltliches Vorgang wäre.

schaft maßgebenden Steuerwerte gebunden.[1032] Hinsichtlich der Fünfjahresfrist nach § 17 Abs. 1 EStG wird dem Vermächtnisnehmer die Besitzzeit des Erblassers und des Erben angerechnet (§ 25 Rn. 159).

b) Nießbrauchsvermächtnis. Ein Nießbrauchsvermächtnis liegt vor, wenn der Erbe einem Dritten den Nießbrauch an einem Nachlassgegenstand einzuräumen hat. Dem Nießbraucher (Vermächtnisnehmer) wird das Vermächtnis unmittelbar vom Erben zugewandt und ist somit als unentgeltlicher **Zuwendungsnießbrauch** zu behandeln. Ebenso wie bei anderen Vermächtnissen führt dies nicht zu einem Veräußerungs- oder Anschaffungsvorgang. Bei einem Betrieb führt die Erfüllung des Nießbrauchsvermächtnisses beim Erben zu einem ruhenden Betrieb.[1033] Der Vermächtnisnehmer erzielt ebenso wie der Erbe Einkünfte aus Gewerbebetrieb, ist aber nicht berechtigt, die Abschreibung in Anspruch zu nehmen, da diese dem Erben zusteht.[1034] Auch bei der vermächtnisweisen Belastung einzelner Vermögensgegenstände des Nachlasses ist der Vermächtnisnehmer nicht berechtigt, die Abschreibung dafür in Anspruch zu nehmen.[1035] 310

aa) Nießbrauch an einem Einzelwirtschaftsgut. Erhält der Vermächtnisnehmer den Nießbrauch an einem einzelnen Wirtschaftsgut des Betriebsvermögens zugewandt **(Zuwendungsnießbrauch)**, bleibt das Eigentum beim Erben, so dass es grundsätzlich nicht zu einer Entnahme des Gegenstandes kommt.[1036] Unabhängig davon, ob es sich um einen entgeltlich oder einen unentgeltlich bestellten Nießbrauch handelt, bleibt der Erbe daher in der Regel wirtschaftlicher Eigentümer.[1037] Dies ist ausnahmsweise dann anders zu beurteilen, wenn dem Vermächtnisnehmer die Substanz zugewendet wird. Denkbar wäre dies zB bei beweglichen Wirtschaftsgütern, deren Nutzungsdauer geringer ist als die Dauer des Nießbrauchrechts. Bei **Betriebsgrundstücken** wird in der Regel keine Substanz zugewendet. Dementsprechend bleibt der Zuwendungsnießbrauch an einem Betriebsgrundstück, das der Vermächtnisnehmer (Nießbraucher) dem Erben (Nießbrauchbesteller) mietweise zur Nutzung überlässt, zumindest solange gewillkürtes Betriebsvermögen, bis es entnommen wird. Eine zwangsweise Entnahme des Grundstücks kommt nur in Betracht, wenn die Bestellung des Nießbrauchs ausnahmsweise zum Übergang des wirtschaftlichen Eigentums am Grundstück auf den Vermächtnisnehmer als Nießbraucher führt, was jedoch nicht der Fall ist, wenn das Grundstück weiterhin dem Betrieb zur Verfügung steht und dieser Zustand nach Beendigung des Nießbrauchsrechts voraussichtlich weiterhin anhalten wird.[1038] Auch eine Änderung der Nutzungsart des Wirtschaftsguts wird aber regelmäßig nicht schädlich sein. Das Wirtschaftsgut wird bei Einräumung des Nießbrauchs aus privaten Gründen allenfalls seine Eigenschaft als notwendiges Betriebsvermögen verlieren, aber – solange es nicht entnommen wird – gewillkürtes Betriebsvermögen bleiben. Entscheidend ist, ob es nach Wegfall des Nutzungsrechts voraussichtlich weiterhin dem Betrieb dienen soll.[1039] Die Einräumung des Nießbrauchs führt allerdings zur **Entnahme der** mit der Nutzung verbundenen (unter Umständen anteiligen) **Wertabgaben** des Betriebes.[1040] Hier kann eine Teilwertabschreibung in Betracht kommen.[1041] 311

Beim Vermächtnisnießbrauch an einem Betriebsgrundstück sind die Mietzinszahlungen beim Erben als Nießbrauchbesteller Betriebsausgaben. Gleiches gilt für die Grundstücksaufwendungen, soweit er sie aufgrund einer Vereinbarung mit dem Nießbraucher (Ver- 312

[1032] BMF BStBl. I 2006, 253 Rn. 66.
[1033] BFH BFH/NV 1996, 601.
[1034] BFH BStBl. II 1996, 440.
[1035] BFH BStBl. II 1994, 319; BMF DStR 2013, 2112 Rn. 32 und 71.
[1036] BFH BStBl. II 1995, 241.
[1037] BFH BStBl. II 1995, 241; ähnlich BFH BStBl. II 1990, 961 zu Erbbaurecht.
[1038] BFH/NV 2000, 1039.
[1039] BFH BStBl. II 1986, 713.
[1040] BFH BStBl. II 1995, 241.
[1041] Vgl. zB *Wüllenkemper* FR 1991, 101.

mächtnisnehmer) zu tragen hat. Die Abschreibung auf ein auf dem Grundstück belegenen Gebäude kann der Erbe nicht abziehen, da aufgrund der Bestellung des Nießbrauchs die Nutzung des Betriebsgrundstücks außerhalb des Betriebes beim Vermächtnisnehmer erfolgt. Die Einräumung des Nießbrauchs führt danach zur Entnahme der mit der Nutzung verbundenen anteiligen jährlichen Wertabgaben des Betriebs für das Grundstück, insbesondere der Abschreibung auf das Gebäude (sog. **Aufwandsentnahme**).[1042] Der Nießbrauch gehört beim Vermächtnisnehmer (Nießbraucher) grundsätzlich zu dessen Privatvermögen. Die von dem Erben (Nießbrauchbesteller) gezahlten Mieten gehören bei ihm daher zu den Einkünften aus Vermietung und Verpachtung.[1043] Da die Bestellung des Nießbrauchs an Betriebsvermögen zu keiner Entnahme des Grundstücks führt, lässt sich der Nießbrauch im Rahmen der Unternehmensnachfolge als Gestaltungselement einsetzen. Insbesondere lassen sich mit ihm die üblicherweise drohenden steuerlichen Probleme mit dem Sonderbetriebsvermögen (→ Rn. 2, 237) vermeiden. Soll zB der Sohn den Betrieb bzw. den Mitunternehmeranteil übernehmen, die Tochter aber die Erträge bzw. den Vermögenswert des Betriebsgrundstücks erhalten, lässt sich dies steuergünstig verwirklichen, indem der Erblasser dem Sohn den Betrieb bzw. den Mitunternehmeranteil nebst Betriebsgrundstück vermacht und der Tochter (ggf. neben anderem Vermögen) lediglich ein Nießbrauchsrecht an dem Betriebsgrundstück zuwendet.[1044]

313 **bb) Nießbrauch am Einzelunternehmen.** Beim Nießbrauch an einem Einzelunternehmen sind der Unternehmensnießbrauch und der Ertragsnießbrauch zu unterscheiden.[1045] Ein **Unternehmensnießbrauch** liegt vor, wenn der Nießbraucher (Vermächtnisnehmer) das Unternehmen selbst auf eigene Rechnung und Gefahr führt. Er muss aufgrund des Nießbrauchs im eigenen Namen Unternehmerinitiative (→ § 25 Rn. 29) entfalten und Unternehmerrisiko (→ § 25 Rn. 28) tragen. In diesem Fall sind ihm regelmäßig alle Einkünfte aus dem Unternehmen zuzurechnen.[1046] Er erzielt dann je nach Art des Betriebs Einkünfte aus Gewerbebetrieb, Land- und Forstwirtschaft oder freiberuflicher Tätigkeit; letzteres allerdings nur, sofern er auch die berufliche Qualifikation besitzt (→ Rn. 261). Aufgrund der Nießbrauchsbestellung kommt es zu einer der Unternehmensverpachtung vergleichbaren Situation, bei der zwei Betriebe nebeneinander vorliegen.[1047]

314 Der **Betrieb** in der Hand **des Erben** (Nießbrauchsbestellers) wird zum ruhenden Betrieb. Ebenso wie dem Verpächter (→ § 7 Rn. 8 ff.) steht auch dem nießbrauchsverpflichteten Erben ein **Wahlrecht** zu: Solange er die Betriebsaufgabe nicht ausdrücklich erklärt, gilt der bisherige Betrieb in einkommensteuerrechtlicher Hinsicht als fortbestehend. Etwaige Einnahmen aus dem Nießbrauch stellen, solange keine Betriebsaufgabe erklärt wurde, Einkünfte aus Gewerbebetrieb bzw. Land- und Forstwirtschaft dar. Bei der Nießbrauchbestellung an einer freiberuflichen Praxis erzielt er allerdings mangels eigenverantwortlicher Tätigkeit Einkünfte aus Gewerbebetrieb. Da der Erbe grundsätzlich weiterhin Eigentümer des Betriebsvermögens bleibt, ist er auch AfA-berechtigt. Etwas Anderes gilt nur, wenn der Vermächtnisnehmer (Nießbraucher) ausnahmsweise wirtschaftlicher Eigentümer werden sollte.[1048] Ist die Nießbrauchsbestellung entgeltlich, kann der Erbe daher die Abschreibungen als Betriebsausgaben abziehen.[1049] Liegt keine entgeltliche Nießbrauchsbestellung vor, ist ein Betriebsausgabenabzug beim Erben nicht möglich, da er

---

[1042] BFH BStBl. II 1995, 241 mwN; str. vgl. Schmidt/*Weber-Grellet* EStG § 5 Rn. 655 mwN.
[1043] BFH/NV 2000, 1039.
[1044] *Paus* StB 2001, 2; → Rn. 95 zur reizvollen Gestaltung der anschließenden Ablösung des Nießbrauchs durch eine Einmalzahlung.
[1045] Zur zivilrechtlichen Zulässigkeit → § 22.
[1046] *Paus* BB 1190, 1675; *Biergans* DStR 1985, 325.
[1047] BFH BStBl. II 1987, 772; Schmidt/*Wacker* EStG § 15 Rn. 144.
[1048] Zum Vorbehaltsnießbraucher als wirtschaftlichen Eigentümer vgl. BFH BStBl. II 1992, 605.
[1049] BMF BStBl. I 2013, 1184 Rn. 30 zu VuV.

keine Einnahmen erzielt.[1050] Erklärt der Erbe, dass er den Betrieb aufgeben wolle, liegt eine begünstigte Betriebsaufgabe vor. Ein Firmenwert bleibt dabei, unabhängig davon, ob er originär oder derivativ erworben wurde, außer Ansatz.[1051] Die dem Nießbrauchsbesteller und neuen Eigentümer überlassenen Wirtschaftsgüter werden dann zu Privatvermögen. Nach erfolgter Betriebsaufgabe des ruhenden Betriebs erzielt er daher Einnahmen aus Vermietung und Verpachtung.

Der **Betrieb** in der Hand **des Vermächtnisnehmers** (Nießbrauchers) ist dagegen ein aktiver, wirtschaftender Betrieb.[1052] Soweit gegenüber dem nießbrauchsverpflichteten Erben Zahlungen zu leisten sind, liegen beim Vermächtnisnehmer Betriebsausgaben vor. Da der Vermächtnisnehmer nicht Eigentümer und regelmäßig auch nicht wirtschaftlicher Eigentümer des Betriebsvermögens wird, ist grundsätzlich nicht abschreibungsberechtigt.[1053] Sofern er bilanziert, ist kein Anlagevermögen, sondern nur das Umlaufvermögen auszuweisen, welches nach § 1067 BGB grundsätzlich in sein Eigentum übergeht. Die Nießbrauchsrechte, die wegen des Auseinanderfallens von Eigentum und Nutzungsrecht an dem Unternehmen neue selbständige Wirtschaftsgüter darstellen, gehören als wesentliche Grundlage des Betriebes des Nießbrauchers zu dessen notwendigem Betriebsvermögen.[1054] Da ihm diese aber unentgeltlich zugewendet wurden, kann er sie mangels eigener Anschaffungskosten nicht mit dem Teilwert in der Bilanz seines Unternehmens ansetzen.[1055] Gibt der Vermächtnisnehmer den Nießbrauch auf, liegt eine begünstigte Betriebsaufgabe vor. Eine ihm hierfür von dem Erben (Nießbrauchsbesteller) gezahlte Entschädigung ist dabei in voller Höhe als Aufgabepreis zu erfassen.[1056] Korrespondierend hierzu entstehen dem Nießbrauchsbesteller nachträgliche Anschaffungskosten.[1057] Dies gilt auch dann, wenn die Entschädigung in Form von lebenslänglichen wiederkehrenden Leistungen besteht.[1058] In Höhe des Kapitalwerts der wiederkehrenden Leistungen liegen Anschaffungskosten vor. In Höhe des in den Leistungen jeweils enthaltenen Zinsanteils entstehen dem Erben Betriebsausgaben. Einigen sich der Vermächtnisnehmer und der Erbe nach dem Tode des Erblassers darauf, dass der Steuerpflichtige gegen eine Abfindung auf den Nießbrauch verzichtet, so unterliegt die Abfindung in diesem besonderen Falle nicht der Einkommensteuer.[1059] Der Erbe als der aus dem Vermächtnis Verpflichtete und der Nießbraucher als Vermächtnisnehmer haben das das Vermächtnis „Gewährung des Nießbrauchs am Nachlassgegenstand" einvernehmlich in ein Vermächtnis auf Zahlung eines entsprechenden Geldbetrages „umgewandelt". Ausschlaggebend war für den BFH hierbei, dass keine Einkommensteuer angefallen wäre, wenn der Nießbraucher statt des Nießbrauchs von vornherein vom Erblasser einen Kapitalbetrag erhalten hätte. In diesem Fall entstehen dem Erben daher keine Anschaffungskosten.

Ein **Ertragsnießbrauch** an einem Unternehmen liegt vor, wenn dem Nießbraucher (Vermächtnisnehmer) lediglich die Erträge ganz oder teilweise zustehen, ohne dass er das Unternehmen selbst führt. Mangels Unternehmerstellung erzielt er keine gewerblichen Einkünfte, sondern entweder Versorgungsleistungen iSv § 22 EStG oder nicht einkommensteuerpflichtige Einkünfte.[1060] Die steuerliche Behandlung des Ertragsnießbrauchs

---

[1050] BMF BStBl. I 2013, 1184 Rn. 24f. zu VuV.
[1051] BFH BStBl. II 1989, 606; BStBl. II 2002, 387; aA *Paus* BB 1990, 1675.
[1052] BFH BStBl. II 1996, 600.
[1053] Schmidt/*Kulosa* EStG § 13 Rn. 156.
[1054] BFH BStBl. II 2013, 210; BStBl. II 1981, 396.
[1055] BFH BStBl. II 2013, 210; BStBl. II 1981, 396.
[1056] BFH BStBl. II 1981, 396.
[1057] BFH/NV 1991, 681; BFH/NV 2011, 1480; BFH/NV 2009, 1100.
[1058] BFH/NV 1997, 284.
[1059] BFH BStBl. III 1964, 576; ob der Vorgang erbschaftsteuerlich korrespondierend behandelt wird, ist zweifelhaft. Aufgrund der zivilrechtlichen Prägung des Erbschaftsteuerrechts dürfte § 3 Abs. 2 Nr. 4 ErbStG nur dann anwendbar sein, wenn dies das Ergebnis eines Streits zwischen Erbe und Vermächtnisnehmer ist. Anderenfalls läge ein vermächtnisweiser Erwerb des Einzelunternehmens nach § 3 Abs. 1 Nr. 1 ErbStG vor. Die Einigung wäre dann nachgelagert und separat erbschaftsteuerlich zu beurteilen.
[1060] Schmidt/*Wacker* EStG § 15 Rn. 144, 308.

entspricht derjenigen einer Vermögensübergabe gegen Versorgungsleistungen (→ § 28 Rn. 163). Der Betrieb geht vom Erblasser auf den Erben unentgeltlich über. Er hat die Buchwerte fortzuführen, § 6 Abs. 3 EStG, und ist Unternehmer. Ihm ist der gesamte Gewinn zuzurechnen, auch wenn er ihn an den Nießbraucher (Vermächtnisnehmer) herauszugeben hat.[1061] Die Zahlungen an den Nießbraucher/Vermächtnisnehmer sind beim Erben je nach Art des dem Nießbrauchsrecht zugrunde liegenden Rechtsverhältnisses (unentgeltlich oder entgeltlich) entweder nicht abzugsfähig, Sonderausgaben oder Betriebsausgaben.[1062] Eine lohnende Alternative zum Ertragsnießbrauch kann die **Vermögensübergabe gegen Versorgungsleistungen** zugunsten des Vermächtnisnehmers oder seines Ehegatten sein (→ § 28 Rn. 163). Sie entspricht wirtschaftlich dem Ertragsnießbrauch. Hierbei handelt es sich nicht um einen Missbrauch der Gestaltungsmöglichkeiten gem. § 42 AO.

317 cc) **Nießbrauch am Personengesellschaftsanteil.** Aus einkommensteuerrechtlicher Sicht ist auch beim Nießbrauch am Mitunternehmeranteil (zB Personengesellschaftsanteil, Anteil an Erben- oder Gütergemeinschaft, Anteil an Bruchteilsgemeinschaft) mit Betriebsvermögen[1063] danach zu unterscheiden, ob es sich um einen (partiellen) Unternehmensnießbrauch oder um einen Ertragsnießbrauch bzw. Nießbrauch am Gewinnstammrecht handelt. Für die Einordnung als **(partieller) Unternehmensnießbrauch** kommt es einkommensteuerrechtlich darauf an, ob der **Nießbraucher (Vermächtnisnehmer) als Mitunternehmer** anzusehen ist. Dies ist der Fall, wenn er aufgrund der im Einzelfall getroffenen Abreden oder mangels solcher gesetzlich eine rechtliche und tatsächliche Stellung erlangt, die dem Typusbegriff des Mitunternehmers entspricht.[1064] Erforderlich ist daher, dass der Nießbraucher Mitunternehmerrisiko trägt und Mitunternehmerinitiative entfalten kann. Vor dem Hintergrund, dass sich das Mitunternehmerrisiko üblicherweise in einer Beteiligung am laufenden Gewinn und Verlust sowie an den stillen Reserven und am Geschäftswert ausdrückt (→ § 25 Rn. 26), der Nießbraucher aber an den stillen Reserven des Anlagevermögens und dem Geschäftswert nicht teilnimmt, ist dieses Merkmal beim Nießbraucher nicht unproblematisch. Dennoch ist nach der Rechtsprechung eine Gewinnbeteiligung ausreichend, wenn der Nießbraucher wenigstens einen Teil der mit der Mitgliedschaft verbundenen Verwaltungsrechte, wie zB Stimmrechte hinsichtlich der laufenden Geschäfte der Personengesellschaft, allein oder zusammen mit dem Gesellschafter ausübt[1065] und diese im Einzelfall praktische Bedeutung im Sinne einer Mitunternehmerinitiative haben.[1066] Daneben bleibt auch der **Nießbrauchsbesteller (Erbe)** grundsätzlich **Mitunternehmer,** da er als Anteilsinhaber einen hinreichenden Bestand an vermögensrechtlicher Substanz des nießbrauchsbelasteten Gesellschaftsanteils und an gesellschaftsrechtlichen Mitgliedschaftsrechten zurückbehält.[1067]

318 Sind sowohl Nießbraucher (Vermächtnisnehmer) als auch Nießbrauchsbesteller (Erbe) Mitunternehmer, erfolgt die **Gewinnverteilung** im einheitlichen und gesonderten Feststellungsbescheid der Personengesellschaft in zwei Schritten:[1068]

(1) Im ersten Schritt wird der Gewinn der Personengesellschaft nach den allgemeinen Regeln ermittelt. Dabei sind Sondervergütungen nach § 15 Abs. 1 S. 1 Nr. 2 EStG[1069] so-

---

[1061] BFH BStBl. II 1995, 714; FG Köln DStRE 2003, 643; Schmidt/*Wacker* EStG § 15 Rn. 308.
[1062] *Haas* FS L. Schmidt, 1993, 315.
[1063] Zum Nießbrauch am Anteil an einer vermögensverwaltenden Personengesellschaft vgl. *Paus* FR 1999, 24.
[1064] Vgl. Schmidt/*Wacker* EStG § 15 Rn. 306 mwN.
[1065] BFH BStBl. II 2011, 261; *Gschwendtner* NJW 1995, 1875; *Korn* KÖSDI 2018, 20597.
[1066] BFH BStBl. II 1976, 374; FG Köln EFG 2003, 587 rkr.
[1067] BFH BStBl. II 1995, 241; *Schulze zur Wiesche* FR 1999, 281.
[1068] Vgl. *Paus* BB 1990, 1675, BMF ZEV 2013, 108.
[1069] BFH BStBl. II 1973, 528; zwar spricht § 15 Abs. 1 S. 1 Nr. 2 EStG vom „Gesellschafter", Teilhaber einer Gemeinschaft werden aber in den Anwendungsbereich der Vorschrift mit einbezogen, wenn diese einer Personengesellschaft vergleichbar ist; vgl. auch Schmidt/*Wacker* EStG § 15 Rn. 307.

wie Aufwand und Ertrag des Sonderbetriebsvermögens von Nießbraucher und Nießbrauchsbesteller in die Gewinnermittlung mit einzubeziehen.[1070]

(2) Im zweiten Schritt wird dann der Gewinnanteil auf Nießbraucher und Nießbrauchsbesteller aufgeteilt. Hierbei werden allen Gesellschaftern und dem Nießbraucher jeweils zunächst ihre Sondervergütungen, -erträge und -aufwendungen zugeteilt. Danach wird der Restgewinn auf die Gesellschafter verteilt, wobei der auf den Nießbrauchsbesteller entfallende Anteil dann zwischen diesem und dem Nießbraucher aufzuteilen ist. Nach wohl hM steht dem Nießbraucher dabei der nach dem Gesellschaftsvertrag oder Gewinnverwendungsbeschluss der Gesellschaft entnahmefähige Teil des Anteils am festgestellten (evtl. bereits durch Bildung von Gewinnrücklagen geminderten) Handelsbilanzgewinn abzüglich des darin enthaltenen Gewinns aus der Realisierung stiller Reserven des Anlagevermögens zu.[1071] Der Nießbrauchsbesteller erhält dagegen den auf den Gesellschaftsanteil entfallenden Anteil an den bei Bilanzfeststellung gebildeten Gewinnrücklagen, am nichtentnahmefähigen Teil des Bilanzgewinnanteils einschließlich der Mehrgewinnanteile in der Steuerbilanz gegenüber der Handelsbilanz und den Teil des entnahmefähigen Gewinnanteils, der aus der Realisierung stiller Reserven herrührt.[1072] Für die Zurechnung von Verlustanteilen kommt es darauf an, wie das Rechtsverhältnis zwischen dem Nießbraucher und dem Nießbrauchsbesteller ausgestaltet ist, aber auch, wie die Verluste nach dem Gesellschaftsvertrag behandelt werden. Werden zB Verluste mit künftigen Gewinnen ausgeglichen, erscheint es sachgerecht, die Verluste, soweit sie die Einlage übersteigen, (überwiegend) dem Nießbraucher zuzurechnen, da dieser künftige (entnahmefähige und nicht aus der Realisierung stiller Reserven des Anlagevermögens herrührende) Gewinnanteile verliert.[1073] Der BFH sieht dies indes anders.[1074]

Soweit der Erbe als Nießbrauchsbesteller steuerlich einen Gewinn erzielt, steht der hieraus resultierenden Steuer regelmäßig keine entsprechende Einnahme gegenüber. Ist der Nießbraucher (Vermächtnisnehmer) vertraglich zur Übernahme dieser Steuern verpflichtet, entsteht ihm grundsätzlich ein betrieblicher Aufwand und dem Nießbrauchsbesteller korrespondierend hierzu eine Sonderbetriebseinnahme.

Diese komplizierte Regelung zeigt, dass man der Gewinnverteilung im Nießbrauchsvertrag (→ § 28 Rn. 155) bzw. im Testament besondere Aufmerksamkeit schenken sollte.

319 Ist der Nießbraucher **kein Mitunternehmer** oder liegt ein **Ertragsnießbrauch** bzw. ein **Nießbrauch am Gewinnstammrecht** vor, ist dem Nießbrauchsbesteller (Erben) der gesamte Gewinnanteil wie gewohnt zuzurechnen, auch soweit er diesen dem Nießbraucher überlassen muss (→ Rn. 316). Die Zahlungen an den Nießbraucher sind bei ihm je nach Art des Nießbrauchsrechts (unentgeltlich oder entgeltlich) entweder nicht abzugsfähig, Sonderausgaben oder Betriebsausgaben und beim Nießbraucher entweder nicht einkommensteuerpflichtig, wiederkehrende Leistungen gemäß § 22 Nr. 1 EStG oder Betriebseinnahmen.[1075]

320 **dd) Nießbrauch am Kapitalgesellschaftsanteil.** Der Vermächtnisnießbrauch an Kapitalgesellschaftsanteilen begründet grundsätzlich kein wirtschaftliches Eigentum an diesen Anteilen.[1076] Etwas anderes gilt nur dann, wenn der Vermächtnisnießbrauch als sog. **Dispositionsnießbrauch** ausgestaltet ist, dh der Nießbraucher ermächtigt ist, auf eigene Rechnung über die nießbrauchsbelasteten Anteile zu verfügen, oder ihm zumindest die stillen Reserven zustehen.[1077] In diesem Fall kann es bei der Aufgabe des Nießbrauchsrechts zu

---

[1070] *Paus* BB 1990, 1675; Schmidt/*Wacker* EStG § 15 Rn. 307.
[1071] BFH BStBl. II 1995, 241; *Petzoldt* DStR 1992, 1171; BMF ZEV 2013, 108.
[1072] Vgl. Schmidt/*Wacker* EStG § 15 Rn. 310 mwN.
[1073] Vgl. Schmidt/*Wacker* EStG § 15 Rn. 311 mwN.
[1074] BFH/NV 2016, 742; ebenso *Daragan* DStR 2011, 1347; *Wälzholz* DStR 2010, 1930.
[1075] *Paus* BB 1990, 1675.
[1076] GmbH-Centrale GmbHR 1997, 303; Schmidt/*Weber-Grellet* EStG § 17 Rn. 53.
[1077] Dötsch/Pung/Möhlenbrock/*Pung* EStG § 17 Rn. 190; BFH BStBl. 1999, 263.

einem einkommensteuerlich nach § 17 EStG zu erfassenden Veräußerungsgeschäft (→ § 25 Rn. 142 ff.) bzw. zu einer Liquidation (→ § 26 Rn. 65 ff.) kommen. Der Vermächtnisnießbrauch an **Kapitalvermögen** ist nach der Finanzverwaltung wie der **Vorbehaltsnießbrauch** an Kapitalvermögen zu behandeln (→ § 28 Rn. 177).[1078] Die Einnahmen aus den Kapitalgesellschaftsanteilen werden daher dem Nießbraucher zugerechnet. Da der Vermächtnisnehmer allerdings nicht unmittelbar vom Erblasser, sondern vom Erben erwirbt, wäre eine Behandlung analog dem Zuwendungsnießbrauch (→ Rn. 179) wohl richtiger.[1079] Soweit dem Nießbraucher Werbungskosten erwachsen, sind diese nach Ansicht der Finanzverwaltung nach §§ 9, 3c Abs. 2 EStG zur 60% abzugsfähig. Der **Nießbrauchsbesteller** (Erbe) erzielt dagegen keine Einnahmen aus den Kapitalgesellschaftsanteilen. Dementsprechend steht ihm auch kein Werbungskostenabzug zu. **Verdeckte Gewinnausschüttungen** sind bei demjenigen zu erfassen, dem sie zugeflossen sind.[1080] Auch insoweit die Kapitalgesellschaftsanteile mit einem Nießbrauch belastet sind, können sie daher dem Nießbrauchsbesteller zuzurechnen sein, wenn ihm der durch die verdeckte Gewinnausschüttung veranlasste Vermögensvorteil zugeflossen ist.

321   c) **Rentenvermächtnis.** Bei einem Rentenvermächtnis ist danach zu differenzieren, ob es sich um eine Versorgungs-, Unterhalts- oder gar Austauschleistung handelt. In aller Regel wird eine „erbrechtliche Version der zugewendeten bzw. freiwillig verfügten **Unterhaltsrente**"[1081] vorliegen (→ § 28 Rn. 128 ff.). Die Rentenzahlungen sind in diesem Fall beim belasteten Erben in vollem Umfang, dh auch hinsichtlich eines etwaigen Zinsanteils, nicht als Sonderausgaben abzugsfähig, § 12 Abs. 2 EStG. Auch ein Werbungskosten- oder Betriebsausgabenabzug scheidet aus. Eine steuerliche Berücksichtigung kommt allenfalls als außergewöhnliche Belastung nach § 33a Abs. 1 und 2 EStG in Betracht. Beim Rentenberechtigten ist die Unterhaltszahlung, sofern der belastete Erbe unbeschränkt steuerpflichtig ist, nicht einkommensteuerpflichtig, § 22 Nr. 1 S. 2 EStG iVm § 12 Nr. 2 EStG. Die wiederkehrenden Leistungen begründen beim Erben keine Anschaffungskosten.

322   Eine **Versorgungsleistung** (→ § 28 Rn. 60 ff.) und nicht nur eine Verrentung des Erbteils liegt ausnahmsweise vor, wenn ein zum Generationennachfolgeverbund gehörender Empfänger statt seines gesetzlichen Erbteils aus übergeordneten Gründen der Erhaltung des Familienvermögens lediglich Versorgungsleistungen aus dem ihm an sich zustehenden Vermögen erhält.[1082] Die ertragsteuerliche Behandlung ist dann davon abhängig, ob das Rentenvermächtnis als Leibrente oder als dauernde Last ausgestaltet ist. Handelt es sich um eine **Leibrente,** sind die Zahlungen beim belasteten Erben in Höhe des Ertragsanteils als Sonderausgaben abzugsfähig, § 10 Abs. 1 Nr. 1a EStG und beim Rentenberechtigten in dieser Höhe sonstige Einkünfte im Sinne des § 22 Nr. 1 S. 3 Buchst. a EStG.[1083] Liegt eine **dauernde Last** vor, sind die Zahlungen beim belasteten Erben in voller Höhe als Sonderausgaben abzugsfähig, § 10 Abs. 1 Nr. 1a EStG, und beim Rentenberechtigten in dieser Höhe sonstige Einkünfte gemäß § 22 Nr. 1 S. 1 EStG.[1084] In beiden Fällen kommt ein Abzug der Zahlungen als Werbungskosten oder Betriebsausgaben beim belasteten Erben nicht in Betracht.

323   Handelt es sich um eine **Austauschleistung** (→ § 28 Rn. 119 ff.), stellt sich das Rentenvermächtnis als Kaufrechtsvermächtnis (→ Rn. 118) dar. Soweit dabei ein entgeltliches

---

[1078] OFD Hannover FR 1999, 671; BMF BStBl. I 1983, 508 Rn. 55; zustimmend Schmidt/*Levedag* EStG § 20 Rn. 176.
[1079] Vgl. *Blümich/Ratschow* EStG § 20 Rn. 460; *Stuhrmann* DStR 1998, 1405.
[1080] BFH BStBl. II 1992, 605.
[1081] *Fischer* Wiederkehrende Bezüge, Rn. 261; vgl. BFH BStBl. II 1994, 633; FinVerw BStBl. I 2002, 893 Rn. 28.
[1082] BFH BStBl. II 1994, 633; 2004, 820; BMF BStBl. I 2004, 922 Rn. 40.
[1083] BFH BStBl. II 1993, 298.
[1084] BFH BStBl. II 1994, 633.

Geschäft vorliegt, entsteht kein Entnahme-, sondern ein Veräußerungsgewinn des Erben. Korrespondierend hierzu hat der Vermächtnisnehmer Anschaffungskosten.

d) Stille Gesellschaft als Vermächtnis. Ebenso wie im Gesellschaftsrecht wird auch steuerlich zwischen typisch und atypisch stiller Gesellschaft unterschieden. Liegen die Voraussetzungen für eine Mitunternehmerschaft vor (→ § 25 Rn. 26 ff.), handelt es sich einkommensteuerrechtlich um eine atypisch stille Gesellschaft, ist dies nicht der Fall, liegt eine typisch stille Gesellschaft vor.

Ordnet der Erblasser eine **typisch stille Gesellschaft** im Wege des Vermächtnisses an, erwirbt der Vermächtnisnehmer unentgeltlich und bezieht als typisch stiller Gesellschafter gemäß § 20 Abs. 1 Nr. 4 EStG Einkünfte aus Kapitalvermögen. Eine Aufteilung des Gewinns im Rahmen einer einheitlichen und gesonderten Gewinnfeststellung findet nicht statt. Die Besteuerung erfolgt im Zuflusszeitpunkt (Gutschrift auf dem Konto, Scheckübergabe, Barauszahlung). Fehlt eine Vereinbarung über den Auszahlungszeitpunkt, gelten die Gewinnanteile mit der Feststellung des Jahresabschlusses als zugeflossen, sofern über den Gewinnanspruch wirtschaftlich verfügt werden kann[1085] und der Geschäftsinhaber auch tatsächlich zur Zahlung in der Lage ist.[1086] Die Gewinnanteile unterliegen grundsätzlich der Abgeltungsteuer, § 32d Abs. 1 EStG. Dies gilt nicht, wenn stiller Gesellschafter und Geschäftsinhaber nahestehende Personen sind, § 32d Abs. 2 Nr. 1 lit. a EStG. Dies ist der Fall, wenn Gläubiger und Schuldner unmittelbar oder mittelbar einem beherrschenden Einfluss ausgesetzt sind.[1087] Sofern beide nur Angehörige iSd § 15 AO sind, reicht dies für sich genommen noch nicht aus, um sie als nahestehende Personen iSd § 32d EStG zu klassifizieren. Der Abzug von Werbungskosten ist im Falle der Anwendung der Abgeltungsteuer nicht zulässig. Sparerfreibetrag und Werbungskostenpauschbetrag sind in diesem Fall durch einen Sparer-Pauschbetrag ersetzt worden, der bei der Ermittlung der Einkünfte aus Kapitalvermögen als Werbungskosten abzuziehen ist, § 20 Abs. 9 EStG.[1088] Ist die Abgeltungsteuer nicht anwendbar, zB weil stiller Gesellschafter und Geschäftsherr als nahestehende Personen einzuordnen sind, unterliegen die Einkünfte aus der stillen Beteiligung nach Abzug der Werbungskosten zusammen mit den anderen Einkünften des typisch stillen Gesellschafters der Einkommensteuer. Ein Sparer-Pauschbetrag wird insoweit nicht gewährt, § 32d Abs. 2 Nr. 1 S. 2 EStG. Aus der Sicht des **Beteiligungsunternehmens** stellen die Einlagen des typisch stillen Gesellschafters Fremdkapital dar. Dementsprechend handelt es sich bei dem Gewinnanteil des typisch stillen Gesellschafters um Betriebsausgaben des Beteiligungsunternehmens. Dieses hat nach §§ 43 Abs. 1 Nr. 3, 43a Abs. 1 Nr. 1 EStG von dem Gewinnanteil des typisch stillen Gesellschafters 25 % Kapitalertragsteuer einzubehalten und an das Finanzamt abzuführen. Diese kann auf die Einkommensteuer angerechnet bzw. gegebenenfalls erstattet werden, §§ 36 Abs. 2 Nr. 2, 46 Abs. 2 Nr. 8, 44b EStG. Bei einer vereinbarten Beteiligung des typisch stillen Gesellschafters am Verlust des Geschäftsinhabers sind die auf ihn entfallenden Verlustanteile im Rahmen des § 20 Abs. 1 Nr. 4 EStG als Werbungskosten zu berücksichtigen.[1089] § 15a EStG gilt entsprechend, § 20 Abs. 1 Nr. 4 S. 2 EStG. Gewinne aus der Veräußerung einer typischen stillen Beteiligung unterliegen seit dem 1.1.2009 der Einkommenbesteuerung. Gewerbesteuerlich ist ausschließlich der Geschäftsinhaber Schuldner der Gewerbesteuer. Ausgangspunkt ist der einkommensteuerliche Gewinn, der bereits um den Gewinnanteil des typisch stillen Gesellschafters gemindert ist. Nach § 8 Nr. 3 GewStG ist dieser Ge-

---

[1085] BFH BFH/NV 2005, 2183.
[1086] BFH BStBl. II 1997, 755; OFD Karlsruhe BeckVerw 253245; Schmidt/*Krüger* EStG § 11 Rn. 50 „Darlehen"; „Gutschrift".
[1087] BFH BStBl. II 2014, 986; Schmidt/*WeberGrellet* EStG § 32d Rn. 8 mwN.
[1088] Er beträgt 801 EUR bei Ledigen und 1.602 EUR bei zusammenveranlagten Ehegatten, § 20 Abs. 9 EStG.
[1089] BFH BStBl. II 1988, 186; *Märkle* DStZ 1985, 509 mwN; aA Littmann/Bitz/*Hellwig* EStG § 20 Rn. 204, die die Verlustanteile des typisch stillen Gesellschafters als negative Einnahmen ansehen.

winnanteil allerdings dem Gewerbeertrag des Geschäftsinhabers grundsätzlich wieder hinzuzurechnen, so dass letztlich auch der Gewinnanteil des typisch stillen Gesellschafters mit Gewerbesteuer belastet ist. Vom stillen Gesellschafter getragene Verluste führen zu einer Kürzung.[1090] Sofern er auch am Verlust beteiligt ist, stellen die ihm zugeschriebenen Verluste Werbungskosten dar.[1091]

325 Auch der Vermächtnisnehmer der eine atypisch stille Beteiligung als Vermächtnis erhält, erwirbt unentgeltlich. Als **atypisch stiller Gesellschafter** ist er **Mitunternehmer** (→ § 25 Rn. 26 ff.). Seine Einkünfte sind gemäß § 15 Abs. 1 Nr. 2 EStG Einkünfte aus Gewerbebetrieb. Der Gewinn der Mitunternehmerschaft wird nach § 180 AO einheitlich und gesondert festgestellt.[1092] Die Einlage des atypisch stillen Gesellschafters ist je nach Ausgestaltung des Gesellschaftsvertrages entweder Fremd- oder Eigenkapital. Ein Betriebsausgabenabzug beim Beteiligungsunternehmen kommt nicht in Betracht. Ebenso wenig besteht eine Pflicht, Kapitalertragsteuer einzubehalten, da die §§ 43 Abs. 1 Nr. 3, 44 Abs. 3 EStG nicht für die atypisch stille Gesellschaft gelten. Im Verlustfall gelten die Beschränkungen des sofortigen Verlustausgleichs, § 15a Abs. 5 Nr. 1 EStG. Gewinne aus der Veräußerung einer als Mitunternehmerschaft zu wertenden atypischen stillen Beteiligung führen zu Einkünften aus Gewerbebetrieb, §§ 16, 34 EStG. Veräußerungsverluste sind im Rahmen des § 15a EStG steuerlich nutzbar.

326 **e) Unterbeteiligung als Vermächtnis.** Der Erblasser kann auch eine Unterbeteiligung als Vermächtnis anordnen. Ebenso wie die stille Gesellschaft kommt auch die Unterbeteiligung in zwei Ausprägungen vor, von denen die eine zu Einkünften aus Kapitalvermögen und die andere zu gewerblichen Einkünften führt. Soweit keine Mitunternehmerschaft anzunehmen ist, gleicht die steuerliche Behandlung derjenigen einer typisch stillen Gesellschaft (→ Rn. 324). Gewinne unterliegen analog § 20 Abs. 1 Nr. 4 EStG der Einkommensteuer und gemäß §§ 43 Abs. 1 Nr. 3, 43a Abs. 1 Nr. 2 EStG der Kapitalertragsteuer in Höhe von 25%.[1093] Die **mitunternehmerische Unterbeteiligung** ist eine reine Innengesellschaft zwischen dem Hauptbeteiligten und dem Unterbeteiligten (Vermächtnisnehmer) in der Rechtsform einer GbR.[1094] Für sie wird daher in der einheitlichen und gesonderten Gewinnfeststellung nur über die Zurechnung des Gewinns des Hauptbeteiligten entschieden. Ist dieser eine Personengesellschaft, müssen zwei einheitliche und gesonderte Gewinnfeststellungen erfolgen.[1095] Auf der Ebene der Personengesellschaft (Hauptbeteiligung) ist der Unterbeteiligte nicht zu erfassen. Der Unterbeteiligte erzielt bei der mitunternehmerischen Unterbeteiligung Einkünfte aus Gewerbebetrieb (→ Rn. 325).

327 **f) Sonstige Vermächtnisse.** Ist der Erbe mit einem **Geldvermächtnis** beschwert, erfolgt die Übertragung des Geldes vom Erben auf den Vermächtnisnehmer unentgeltlich. Der Erbe hat somit keine Anschaffungskosten bezüglich des Nachlasses, und zwar auch dann, wenn er eigenes Vermögen zur Vermächtniserfüllung einsetzt oder gar hierfür einen Kredit aufnimmt.[1096] Dementsprechend führen auch Aufwendungen des Erben zur Erfüllung eines sog. **Verschaffungsvermächtnisses,** dh für den Erwerb eines nicht zum Nachlass gehörenden Gegenstandes, nicht zu Anschaffungskosten bezüglich des Nachlassvermögens, sondern zu Anschaffungskosten des vermächtnisweise zugewandten Wirtschaftsguts. Der Vermächtnisnehmer ist an diese gemäß § 6 Abs. 3 EStG bzw. § 11d EStDV gebunden.

[1090] R 8.1 Abs. 3 S. 2 GewStR 2009.
[1091] BFH BStBl. II 1988, 186; Schmidt/*Heinicke* EStG § 20 Rn. 143; aA *Littmann* EStG § 20 Rn. 204: negative Einnahmen.
[1092] BFH BStBl. III 1966, 197.
[1093] BFH BStBl. II 1991, 313.
[1094] GrS BFH BStBl. II 1972, 530.
[1095] BFH BStBl. II 1974, 480.
[1096] BFH BStBl. II 1993, 275; Schmidt/*Wacker* EStG § 16 Rn. 593.

8. Testamentsvollstreckung

Der Testamentsvollstrecker ist grundsätzlich nur Vermögensverwalter (§ 34 Abs. 3 AO). **328**
Steuerlich treffen ihn verschiedene Rechte und Pflichten, die sich an seinen zivilrechtlichen Machtbefugnissen orientieren. So treffen zB einen Testamentsvollstrecker, der lediglich einen Vermächtnisgegenstand anstelle des Vermächtnisnehmers zu verwalten hat, grundsätzlich keine steuerlichen Pflichten im Hinblick auf die Erben. Im Einzelfall ist daher genau zu prüfen, welche Rechte und Pflichten er wahrzunehmen hat. Als Leitgedanke lässt sich jedoch fest halten, dass es nicht Aufgabe des Testamentsvollstreckers ist, öffentlich-rechtliche Pflichten des Erben zu erfüllen,[1097] zumindest sofern die Erben feststehen und die Eigentumsverhältnisse am Nachlassvermögen geklärt sind.[1098] Im Folgenden soll von einer umfassend angeordneten Testamentsvollstreckung ausgegangen werden.

In einkommensteuerrechtlicher Hinsicht bezieht sich der Tätigkeitsumfang des umfassend verpflichteten Testamentsvollstreckers nicht allein auf nach dem Tode entstehende **329**
Steuern. Seine Aufgabe beginnt vielmehr bereits bei der Einkommensteuerpflicht des Erblassers. Er hat daher rückständige Steuererklärungen des Erblassers abzugeben und Erklärungen, die der Erblasser unrichtig bzw. unvollständig abgegeben hat, zu berichtigen, § 153 Abs. 1 S. 2 AO. Soweit der Erblasser ihm zustehende einkommensteuerrechtliche Wahlrechte (zB Abschreibungswahlrechte, Sonderabschreibungen, 6 b-Rücklagen etc.) noch nicht ausgeübt hat, kann dies der Testamentsvollstrecker tun, § 34 Abs. 3 AO.[1099] Hinsichtlich der nach dem Erbfall entstehenden Einkommensteuer gilt grundsätzlich, dass die Erben Steuersubjekt und -schuldner sind und nicht etwa der Testamentsvollstrecker. Dies gilt in der Regel auch, wenn der Testamentsvollstrecker das Einzelunternehmen des Erblassers fortführt. Tut er dies im Namen der Erben und tragen diese auch das unternehmerische Risiko **(Vollmachtslösung)**, so sind sie allein als **(Mit-)Unternehmer** anzusehen. Die Einkünfte sind daher nur ihnen zuzurechnen.[1100] Grundsätzlich gilt dies auch, wenn das Unternehmen auf den Testamentsvollstrecker treuhänderisch übergeht, dieser es also im eigenen Namen, aber für Rechnung des Erben fortführt **(Treuhandlösung)**. Seine mit der Testamentsvollstreckung verbundene Verwaltungsmacht begründet kein wirtschaftliches Eigentum an dem Unternehmen.[1101] Dennoch wurde teilweise eine steuerliche Mitunternehmerstellung des Testamentsvollstreckers angenommen.[1102] Begründet wurde dies mit dem großen Haftungsrisiko aufgrund seiner unbeschränkten Außenhaftung für die Gesellschaftsverbindlichkeiten der Treuhänder (Mitunternehmerrisiko) im Zusammenspiel mit seiner unentziehbaren Vertretungsmacht (Mitunternehmerinitiative).[1103] Insbesondere im Hinblick auf die Rechtsprechung zur Mitunternehmerschaft der Komplementär-GmbH, die als Mitunternehmer eingeordnet ist, obwohl sie häufig lediglich eine Haftungsvergütung erhält und am Vermögen und Gewinn der KG nicht teilhat, ist diese Argumentation nicht ganz von der Hand zu weisen. Denn auch beim Testamentsvollstrecker kommt es letztlich für seine Mitunternehmerstellung nur darauf an, ob er Mitunternehmerinitiative und Mitunternehmerrisiko trägt (→ § 25 Rn. 26).[1104] Folgt man dieser Ansicht, ist der Testamentsvollstrecker allerdings nur **neben** den Treugebern (Erben) Mitunternehmer. Hierdurch würde sich an der Zurechnung der Einkünfte aus dem fortgeführten Unternehmen nichts ändern; diese wären auch weiterhin allein den

---

[1097] BFH/NV 1992, 223; BStBl. II 1974, 100.
[1098] BFH BStBl. II 1977, 481.
[1099] BFH BStBl. II 1989, 782; Klein/*Rüsken* AO § 34 Rn. 26.
[1100] BFH BStBl. II 1978, 499; 1970, 747; Schmidt/*Wacker* EStG § 15 Rn. 141.
[1101] BFH BStBl. III 1954, 250; 1995, 714; Schmidt/*Wacker* EStG § 15 Rn. 141.
[1102] So zB Blümich/*Stuhrmann*, Stand 2004, EStG § 15 Rn. 150; heute aA Blümich/*Bode* EStG § 15 Rn. 363.
[1103] Vgl. BFH DB 1988, 996; BStBl. II 1987, 33.
[1104] BFH BFH/NV 1997, 393.

Erben zuzurechnen.[1105] Allerdings wäre sein **Honorar** nicht mehr zu den Einkünften aus selbständiger Tätigkeit im Sinne des § 18 EStG zu zählen. Da er zusammen mit dem bzw. den Erben dann eine Mitunternehmerschaft bilden würde, wäre das Testamentsvollstrecker-Honorar bei der einheitlichen und gesonderten Gewinnfeststellung als gewerbliche Sonderbetriebseinnahme gemäß § 15 Abs. 1 Nr. 2 EStG mit zu erfassen. Darüber hinaus würde es gewerbesteuerpflichtig werden.

> **Empfehlung:**
> Um eine mögliche Gewerblichkeit der Testamentsvollstreckervergütung zu vermeiden, sollte die Vollmachtlösung bevorzugt werden.

Ist der Testamentsvollstrecker allerdings selbst auch Gesellschafter der Personengesellschaft, auf deren Anteil sich die Testamentsvollstreckung bezieht, ist er schon aus diesem Grunde Mitunternehmer und sein Honorar aus der Testamentsvollstreckung dementsprechend auch Sonderbetriebseinnahme gemäß § 15 Abs. 1 Nr. 2 EStG.

330　Die **Testamentsvollstreckerkosten** können grundsätzlich nicht von der Einkommensteuer des Erben abgezogen werden, da der Vermögenserwerb durch Erbfall **keine Einkünfteerzielung** im Sinne des EStG ist.[1106] Dies bezieht sich jedoch nur auf die Kosten in unmittelbarem Zusammenhang mit dem Erbfall. Nicht abzugsfähig sind daher die Kosten, die im Zusammenhang mit der Ermittlung des Nachlasses, seiner Inbesitznahme, der Aufstellung des Verzeichnisses der Nachlassgegenstände usw. stehen. Gleiches muss hinsichtlich der Auseinandersetzung gelten, aber nur soweit diese nicht im Zusammenhang mit Einkünften nach § 2 EStG steht. Wirkt der Testamentsvollstrecker zB an einer Unternehmensveräußerung oder -aufgabe mit, so gehört das hierfür an ihn gezahlte Honorar zu den Veräußerungskosten. Ebenfalls abzugsfähig sind Testamentsvollstreckerkosten, sofern und soweit die Tätigkeit des Testamentsvollstreckers vermögensverwaltender Art ist und hierdurch steuerpflichtige Einkünfte generiert werden. Insoweit kann es auch nicht davon abhängen, ob die Verwaltung in zeitlichem Zusammenhang mit dem Erbfall steht.[1107] Entsprechendes muss gelten, wenn der Testamentsvollstrecker zB ein Einzelhandelsunternehmen führt oder einen Personengesellschaftsanteil verwaltet. In diesen Fällen ist ein konkreter Bezug zwischen den Testamentsvollstreckerkosten und steuerpflichtigen Einkünften herstellbar; die private Veranlassung ist nur noch von untergeordneter Bedeutung. Je nach Einkunftsart handelt es sich bei den Kosten um Betriebsausgabe oder Werbungskosten.[1108] Sind die Aufwendungen für den Testamentsvollstrecker durch mehrere Einkunftsarten veranlasst, sind sie nach Maßgabe ihrer jeweiligen Veranlassung auf die Einkunftsarten aufzuteilen.[1109] Eine Aufteilung der Kosten nach dem anteiligen Zeitaufwand des Testamentsvollstreckers soll nach der Rechtsprechung nicht in Betracht kommen, wenn sich der Anspruch des Testamentsvollstreckers nach dem Nachlasswert bemisst.[1110] Ist eine anteilige Zuordnung nicht möglich, zB weil sich die Testamentsvollstreckervergütung am Nachlasswert bemisst, sind sie der Einkunftsart zuzuordnen, die im Vordergrund steht und die Beziehungen zu den anderen Einkünften verdrängt.[1111] Dies ist nicht etwa anhand der Verhältnisse im Zeitpunkt des Erbfalls zu beurteilen. Vielmehr ist die Veranlassung der Vergütung für jedes Jahr der Testamentsvollstreckung aufs Neue zu prüfen.[1112] Dieser Umstand spielt insofern eine gro-

---

[1105] *Bengel/Reimann/Piltz/Holtz* Testamentsvollstreckung, 8. Kap. Rn. 110; aA *Schulze zur Wiesche* Vermögensnachfolge, Rn. 450, ohne nähere Begründung.
[1106] BFH BStBl. II 1978, 499; 1980, 351.
[1107] AA offenbar Bengel/Reimann/Piltz/Holtz Testamentsvollstreckung, 8. Kap. Rn. 178.
[1108] BFH BStBl. II 2018, 191; 1980, 351.
[1109] BFH BStBl II 2008, 937; 2018, 191.
[1110] BFH BStBl II 2018, 191.
[1111] BFH BStBl II 2017, 48; 2018, 191.
[1112] BFH BStBl II 2017, 48; 2018, 191.

ße Bedeutung, als der Werbungskostenabzug bei Kapitalvermögen nach § 20 Abs. 9 S. 1 EStG, abgesehen von den in § 32d Abs. 2 EStG genannten Fällen, ausgeschlossen ist. Besteht der Nachlass zB im Zeitpunkt des Erbfalls überwiegend aus Immobilien, sind die Kosten für die Verwaltungstestamentsvollstreckung als Werbungskosten bei den Einkünften aus Vermietung und Verpachtung absetzbar. Sind die Immobilien im Zuge der Erbauseinandersetzung allerdings verteilt und befindet sich nur noch Kapitalvermögen im verwalteten Nachlass, so greift die Abzugsbeschränkung des § 20 Abs. 9 S. 1 EStG und der Werbungskostenabzug der Testamentsvollstreckerkosten entfällt. Ein Abzug als Sonderausgaben und außergewöhnliche Belastung wird wohl in keinem Fall zulässig sein.[1113]

> **Empfehlung:**
> Da die Abzugsfähigkeit der Testamentsvollstreckerkosten sehr stark von der jeweils ausgeübten Tätigkeit abhängt, sollte dieser auch entsprechend differenziert nach abziehbaren und nichtabziehbaren Kosten abrechnen. Tut er dies nicht, sollten die Erben darauf hinwirken.

Die Verwaltungsbefugnisse des Testamentsvollstreckers begründen noch kein wirtschaftliches Eigentum an einer **Kapitalgesellschaftsbeteiligung**.[1114] Die Dividenden und etwaige Veräußerungsgewinne sind daher allein den Erben zuzurechnen. Für Kapitalerträge wie zB Dividenden, die nach § 43 Absatz 1 EStG dem Steuerabzug unterliegen, haben der Schuldner der Kapitalerträge, die die Kapitalerträge auszahlende Stelle oder die zur Abführung der Steuer verpflichtete Stelle dem Gläubiger der Kapitalerträge auf Verlangen eine Steuerbescheinigung nach amtlich vorgeschriebenem Muster auszustellen, die die nach § 32d EStG erforderlichen Angaben enthält. Hält der Testamentsvollstrecker die Beteiligung treuhänderisch, ist bei Ausschüttungen von Nicht-Kreditinstituten darauf zu achten, dass diese Bescheinigung nicht auf den Testamentsvollstrecker, sondern auf den Erben als Treugeber auszustellen ist.[1115] Die mit der Verwaltung der Kapitalgesellschaft zusammenhängenden Testamentsvollstreckerkosten sind zwar Werbungskosten bei den Einkünften aus Kapitalvermögen, wirken sich aber aufgrund der Abzugsbeschränkung in § 20 Abs. 9 EStG nur in den Fällen des § 32d Abs. 2 Nr. 1 lit. a bis c EStG, bei Antragstellung gemäß § 32d Abs. 2 Nr. 3 EStG und bei einer verdeckten Gewinnausschüttung iSd § 32d Abs. 2 Nr. 4 EStG aus. Betreffen die Testamentsvollstreckerkosten allerdings den Vermögensbereich, ist der Werbungskostenabzug ausgeschlossen, sofern sie nicht mit Veräußerungsgeschäften im Sinne des § 17 EStG zusammenhängen, § 3c Abs. 1 EStG.

III. Gewerbesteuer

Der **Tod eines Einzelunternehmers** gilt als Einstellung des Gewerbebetriebes durch ihn. Gemäß § 45 AO haften die Erben auch für die rückständige Gewerbesteuer des Erblassers. Führt der Erbe den Betrieb fort, ist dies gewerbesteuerlich eine **Neugründung** durch diesen.[1116] Für vor dem Erbfall entstandene kann der Übernehmer nur aufgrund der Gesamtrechtsnachfolge oder im Wege der Haftung iSd § 69 AO in Anspruch genommen werden. Bei unterjährigem Erbfall muss sowohl für den Erblasser als auch für den Erben jeweils eine eigene Steuererklärung abgegeben werden. Mit dem Tod des Einzelunternehmers **entfällt der Verlustabzug** gemäß § 10a GewStG vollständig, beim Tod eines Gesellschafters einer **Personengesellschaft** dagegen nur, soweit der Fehlbetrag anteilig auf

---
[1113] Herrmann/Heuer/Raupach § 33 EStG Rn. 141 ff. und Rn. 300 „Nachlassverbindlichkeiten".
[1114] Hess. FG EFG 2015, 1299; BFH BStBl. III 1963, 62 zur Gesellschaftsteuer.
[1115] BMF BStBl. I 2018, 13 Rn. 54.
[1116] BFH BStBl. II 1971, 526.

den ausgeschiedenen Gesellschafter entfällt.[1117] Hierbei spielt keine Rolle, ob eine gesetzliche oder testamentarische Erbfolge vorliegt.[1118] Der **Testamentsvollstrecker,** der das Unternehmen des Erblassers fortführt, sei es in Vollmacht oder sei es treuhänderisch, ist insoweit nicht gewerbesteuerlicher Unternehmer und folglich auch nicht Steuerschuldner der Gewerbesteuer, § 5 Abs. 1 GewStG.[1119] Allerdings hat er trotzdem die Gewerbesteuererklärung für das Unternehmen abzugeben.[1120] Bei einer Personengesellschaft ist diese als solche Steuerschuldner, § 5 Abs. 1 S. 3 GewStG.

333 Geht ein Einzelunternehmen auf eine **Erbengemeinschaft** über, werden die einzelnen Miterben Mitunternehmer.[1121] Dies gilt auch dann, wenn die Erben das Unternehmen alsbald abwickeln und einstellen oder auf einen Dritten übertragen. Da eine Erbengemeinschaft kein Rechtssubjekt ist, kann ein Unternehmen nicht für deren Rechnung betrieben werden.[1122] Steuerschuldner iS des § 5 Abs. 1 GewStG ist also nicht die Erbengemeinschaft als solche, sondern sind die einzelnen Miterben in Erbengemeinschaft. Bleibt die Erbengemeinschaft bestehen, so umfasst auch bei einem gemischten Nachlass, der sich aus Privat- und Betriebsvermögen zusammensetzt, die gewerbliche Tätigkeit der Erbengemeinschaft ausschließlich den zum Nachlass gehörenden Gewerbebetrieb. § 15 Abs. 3 Nr. 1 EStG, nach dem die gewerbliche Tätigkeit andere Tätigkeiten „infiziert", ist auf Erbengemeinschaften nicht anzuwenden.[1123] Die gewerblichen Einkünfte sind dem Miterben grundsätzlich so lange zuzurechnen, wie der Gewerbebetrieb ihm zuzurechnen ist. Verkauft der Miterbe eines Nachlasses, zu dem ein Gewerbebetrieb gehört, seinen Erbteil, so ist ihm der Gewinn erst nach der Veräußerung nicht mehr zuzurechnen.[1124] Ist eine testamentarische Teilungsanordnung dahin gehend zu verstehen, dass der Gewinn des Gewerbebetriebs, der einem der Miterben zugeteilt ist, diesem bereits vor der entsprechenden Verteilung des Nachlasses zustehen soll, und wird diese Anordnung von den Miterben entsprechend durchgeführt, werden ihm die gewerblichen Einkünfte bereits ab diesem früheren Zeitpunkt zugerechnet.[1125] Entsprechendes muss für Vermächtnisse gelten, wenn diese zügig im Anschluss an den Erbfall bzw. bei unklarer Sachlage unmittelbar nach Klärung der erbrechtlichen Verhältnisse erfüllt werden (→ Rn. 307).

334 War der Erblasser **Mitunternehmer,** richtet sich die Stellung der Erben vorrangig nach den Regelungen im Gesellschaftsvertrag. Die gewerbesteuerliche Beurteilung folgt hier der einkommensteuerlichen Sichtweise (→ Rn. 284 ff.). Soweit Erben nicht in die Sonderrechtsnachfolge in den Gesellschaftsanteil einbezogen sind, entnimmt der Erblasser den auf sie entfallenden Bruchteil des zum Mitunternehmeranteil gehörenden **Sonderbetriebsvermögens.** Der dadurch beim Erblasser entstehende Gewinn aus der Entnahme des Sonderbetriebsvermögens unterliegt nicht der Gewerbesteuer.[1126] Kommt es bei einer Sonderrechtsnachfolge in den Mitunternehmeranteil aufgrund einer **qualifizierten Nachfolgeklausel** beim Erblasser zu einem Gewinn aus der Entnahme des Sonderbetriebsvermögens, da dieses Gesamthandsvermögen der Erbengemeinschaft und somit in Höhe der Erbquote der nicht qualifizierten Miterben bei diesen notwendiges Privatvermögen wird, unterliegt auch dieser nicht der Gewerbesteuer.[1127] Gewerbesteuerlich liegt ein Unternehmerwechsel vor, der nach § 2 Abs. 5 GewStG als Betriebseinstellung gilt und damit eine Beendigung der sachlichen Steuerpflicht des Mitunternehmers (Erblasser)

[1117] BFH BStBl. II 1994, 331; vgl. → § 25 Rn. 234.
[1118] BFH BStBl. III 1965, 115.
[1119] Blümich/*Gosch* GewStG § 5 Rn. 30 mwN.
[1120] *Bengel/Reimann/Piltz/Holtz* Testamentsvollstreckung, 8. Kap. Rn. 143.
[1121] GrS BFH BStBl. II 1990, 837; Lenski/Steinberg/*Keß* GewStG § 2 Rn. 2300; aA *Flume* DB 1990, 2390 für Teilungsanordnung.
[1122] BFH BStBl. II 1985, 657.
[1123] BFH BStBl. II 1987, 120.
[1124] BFH/NV 2000, 702.
[1125] BFH DStR 2002, 850.
[1126] BFH BStBl. II 2000, 316.
[1127] BFH BStBl. II 2000, 316.

III. Gewerbesteuer § 27

zur Folge hat.[1128] § 2 Abs. 5 GewStG ordnet diese Rechtsfolge zwar nur für den Übergang eines Gewerbebetriebs „im Ganzen auf einen anderen Unternehmer" an; der Übergang eines Mitunternehmeranteils auf einen anderen Mitunternehmer ist aber nach den vom Großen Senat des BFH entwickelten Grundsätzen genauso wie ein vollständiger Unternehmerwechsel zu behandeln.[1129]

Die Finanzverwaltung lässt bei einer Erbauseinandersetzung innerhalb von sechs Monaten nach dem Erbfall eine rückwirkende Zurechnung der laufenden Einkünfte an die vereinbarungsgemäß zur Betriebsfortführung berechtigten Erben zu (→ Rn. 260).[1130] Dies schlägt auch auf die Gewerbesteuer durch.

Erbengemeinschaften als solche sind nicht **Steuerschuldner** der Gewerbesteuer.[1131] **335** Dies sind vielmehr die einzelnen Miterben.[1132] Hieran ändert auch eine angeordnete Testamentsvollstreckung nichts.[1133] Die unter Aufführung der Mitglieder der Erbengemeinschaft ergangenen Gewerbesteuermessbescheide sollen als nach §§ 184 Abs. 1, 155 Abs. 3 AO zusammengefasste Bescheide gegen Gesamtschuldner (§ 44 AO) zu verstehen sein, wenn die Miterben dort als Mitadressaten bezeichnet sind.[1134] Da die einzelnen Miterben Steuerschuldner der Gewerbesteuer sind, entsteht beim Übergang eines Mitunternehmeranteils keine doppelstöckige Personengesellschaft, da keine Zwischenschaltung der Erbengemeinschaft vorliegt. Der Gewinn der Mitunternehmerschaft entfällt folglich auf die Miterben als unmittelbar beteiligte Personen. Soweit die Miterben natürliche Personen sind, ist der Gewinn aus der Veräußerung oder Aufgabe eines Betriebes, Teilbetriebes einer Mitunternehmerschaft gewerbesteuerfrei; § 7 S. 2 GewStG gilt insoweit nicht.

Beim **Tod eines Freiberuflers** verwandelt sich dessen freiberufliche Praxis mit dem **336** Erbfall in einen Gewerbebetrieb, sofern nicht der Alleinerbe bzw. alle Miterben eine gleichartige freiberufliche Qualifikation (→ Rn. 261) besitzen.[1135] Dies gilt nicht, wenn die Erben lediglich die noch vom Erblasser geschaffenen Werte realisieren.[1136] Ausnahmsweise nimmt die Finanzverwaltung keine gewerblichen Einkünfte an, wenn ein freiberuflich qualifizierter Miterbe innerhalb von sechs Monaten nach dem Erbfall rückwirkend die Praxis übernimmt.[1137] In diesem Fall sind die laufenden Einkünfte freiberuflicher Natur und allein dem übernehmenden Erben zuzurechnen. Die bloße Umqualifizierung von einer freiberuflichen Praxis in einen Gewerbebetrieb führt nicht zur Betriebsaufgabe,[1138] da es sich insoweit nur um eine Strukturänderung handelt (→ § 26 Rn. 31). Erhält ein Vermächtnisnehmer das Unternehmen oder ein Nießbraucher den Nießbrauch daran und weisen sie nicht die erforderliche berufliche Qualifikation auf, führt dies ebenfalls zur Gewerblichkeit und damit zur Gewerbesteuerpflicht nach § 2 Abs. 1 GewStG.

Die Übertragung von Betriebsvermögen auf eine **Stiftung** kann gewerbesteuerliche **337** Verlustvorträge gefährden. Gewerbesteuerlich ist für den Erhalt und die Nutzung gewerbesteuerlicher Verlustvorträge Unternehmens- und Unternehmeridentität erforderlich (→ § 25 Rn. 233). Wird ein Einzelunternehmen auf eine Stiftung übertragen entfällt ein gewerbesteuerlicher Verlustvortrag (→ § 25 Rn. 237 f.). Wird ein Mitunternehmeranteil auf die Stiftung übertragen, geht der auf den Ausscheidenden entfallende Anteil am gewerbesteuerlichen Verlustvortrag unter, da es auch insoweit an der Unternehmeridentität

---

[1128] BFH BStBl. II 2000, 316.
[1129] BFH BStBl. II 2000, 316 unter Hinweis auf BFH BStBl. II 1993, 616.
[1130] BMF BStBl. I 2006, 253 Rn. 8.
[1131] BFH BStBl. II 1985, 657.
[1132] Glanegger/Güroff GewStG § 5 Rn. 12; Blümich/Gosch GewStG § 5 Rn. 50.
[1133] BFH BStBl. II 1977, 481.
[1134] BFH BStBl. II 1997, 569; 1994, 463; Glanegger/Güroff/Selder GewStG § 5 Rn. 12; aA Blümich/Gosch GewStG § 5 Rn. 50: In der Adressierung muss deutlich gemacht werden, dass der Bescheid jeden einzelnen Miterben, nicht aber die Erbengemeinschaft betrifft.
[1135] BFH BStBl. II 1993, 36; BMF BStBl. I 2006, 253 Rn. 5; aA Felix DStZ 1990, 620.
[1136] BFH BStBl. II 1994, 922 mwN.
[1137] BMF BStBl. I 2006, 253 Rn. 8 f.; vgl. Wacker/Franz BB 1993, Beil. 5, 4 u. Rn. 82.
[1138] BFH BStBl. II 1993, 36; BMF BStBl. I 2006, 253 Rn. 5.

IV. Grunderwerbsteuer

338 Erfolgt der **Grundstückserwerb von Todes wegen,** unterliegt er in der Regel nicht der Grunderwerbsteuer. Er ist gemäß § 3 Nr. 2 S. 1 GrEStG hiervon befreit. Erfasst werden alle grundstücksbezogenen Vorgänge des § 3 ErbStG. Formunwirksame Verfügungen von Todes wegen, die trotz der Formunwirksamkeit tatsächlich vollzogen werden, sind nach § 41 Abs. 1 S. 1 AO entsprechend dem Vollzug der Erbschaftsteuer zu unterwerfen. Dem folgt das Grunderwerbsteuerrecht in § 3 Abs. 2 GrEStG.[1139] Entsprechendes gilt beim Erbvergleich. Auch hier sind die erbschaftsteuerlichen Grundsätze für das Grunderwerbsteuerrecht maßgebend.[1140] Vor- und Nacherbfall sind grunderwerbsteuerlich zwei getrennte Erbfälle. Dabei spielt keine Rolle, ob Erblasser und Erbe miteinander verwandt sind oder ob der Erwerb kraft gesetzlicher Erbfolge oder aufgrund testamentarischer Anordnung erfolgte. Entsprechendes gilt für Miterben und deren Ehegatten im Rahmen einer **Erbauseinandersetzung.** Nach § 3 Nr. 3 S. 1 bzw. S. 3 GrEStG ist die Übertragung eines zum Nachlass gehörenden Grundstücks auf einen Miterben bzw. auf den Ehegatten eines Miterben im Rahmen der Erbauseinandersetzung grunderwerbsteuerfrei. Es kommt dabei nicht darauf an, ob der Wert des Grundstücks dem Wert seines Erbteils entspricht oder nicht. Gehört der überlebende Ehegatte nicht zu den Miterben, so ist der Erwerb eines Grundstücks aus dem Nachlass nur dann steuerfrei, wenn der überlebende Ehegatte mit den Erben des Verstorbenen gütergemeinschaftlich zu teilen hat oder wenn ihm in Anrechnung auf eine Ausgleichsforderung am Zugewinn des verstorbenen Ehegatten ein zum Nachlass gehörendes Grundstück übertragen wird, § 3 Nr. 3 S. 2 GrEStG.

339 Kommt es aufgrund eines Erbfalls zu einer unmittelbaren oder mittelbaren Vereinigung von mindestens 95 v.H. der Anteile einer Gesellschaft mit inländischem Grundvermögen im Sinne des § 1 Abs. 3 Nr. 2 GrEStG **(Anteilsvereinigung),** unterliegt diese, soweit sie auf einer Anteilsübertragung im Erbgang beruht, nicht der Grunderwerbsteuer (→ § 25 Rn. 255).[1141] Dies gilt sowohl für Personen- wie Kapitalgesellschaften. Auch der aufgrund einer erbrechtlichen einfachen oder qualifizierten **Nachfolgeklausel** erfolgende Erwerb einer grundbesitzenden Personengesellschaftsbeteiligung ist ein Erwerb durch Erbanfall, der entweder nicht nach § 1 Abs. 2a GrEStG steuerbar ist (→ § 25 Rn. 253 ff.), da der Erwerb von Anteilen von Todes wegen nach § 1 Abs. 2a, S. 6 GrEStG außer Betracht, oder aufgrund § 3 Nr. 2 GrEStG steuerfrei bleibt, sofern durch den Erwerb von Todes wegen § 1 Abs. 3 (→ § 25 Rn. 255) oder Abs. 3a GrEStG (→ § 25 Rn. 256) verwirklicht wird.[1142] Erwirbt ein Miterbe im Rahmen der **Erbauseinandersetzung** einen zum Nachlass gehörenden Anteil an einer grundbesitzenden Personen- oder Kapitalgesellschaft und führt dieser Erwerb nach § 1 Abs. 3 Nr. 1 GrEStG zu einer Vereinigung von Anteilen an einer grundbesitzenden Kapitalgesellschaft, ist die Anteilsvereinigung **nicht** nach § 3 Nr. 3 Satz 1 GrEStG von der Grunderwerbsteuer befreit. Denn der übernehmende Miterbe erwirbt zwar im Rahmen der Erbauseinandersetzung zusammen mit dem Gesellschaftsanteil das in der Gesellschaft befindliche Grundstück. Dieses Grundstück gehört aber nicht zum Nachlass, sondern ist ein Gesellschaftsgrundstück, so dass § 3 Nr. 3 GrEStG.[1143] Sind die Anteile an einer grundbesitzenden Personen- oder Kapitalgesellschaft

---

[1139] Boruttau/*Meßbacher-Hönsch* GrEStG § 3 Rn. 153.
[1140] Boruttau/*Meßbacher-Hönsch* GrEStG § 3 Rn. 155.
[1141] BFH BStBl. II 2012, 793; die Beteiligungsgrenze soll auf 90% sinken, § 1 Abs. 3 GrEStG-E. Darüber hinaus soll der Tatbestand auf grundbesitzende Kapitalgesellschaften erweitert werden, § 1 Abs. 2b GrEStG-E.
[1142] BFH/NV 2005, 1568; Boruttau/*Meßbacher-Hönsch* GrEStG § 3 Rn. 133; auch hier soll die Beteiligungsgrenze auf 90% sinken, § 1 Abs. 2a, Abs. 3, Abs. 3a GrEStG-E.
[1143] BFH BStBl. II 2016, 234; Boruttau/*Meßbacher-Hönsch* GrEStG § 3 Rn. 289 f.

bereits vereinigt und kommt es im Rahmen der Erbschaftsauseinandersetzung zu einem Erwerb nach § 1 Abs. 3 Nr. 3 oder Nr. 4 GrEStG (→ § 25 Rn. 255), ist dieser nach § 3 Abs. 3 GrEStG steuerfrei. Da die Beteiligung von mindestens 95% bereits vorlag, wird der Gesellschafter (Erblasser) grunderwerbsteuerlich so behandelt, als ob der Grundbesitz ihm gehört. Im Erbfall erwirbt daher zunächst die Erbengemeinschaft und im Rahmen der Auseinandersetzung danach der Miterbe die Beteiligung und damit den dazugehörigen Grundbesitz.[1144]

Die **Übertragung eines Erbteils** unterliegt als Übergang des Eigentums nach § 1 Abs. 1 Nr. 3 GrEStG der Grunderwerbsteuer (→ § 25 Rn. 255), sofern zum Nachlass ein Grundstück gehört.[1145] Währen der Erwerb von Personengesellschaftsanteilen, abgesehen von der Anteilsvereinigung, grundsätzlich keine Grunderwerbsteuer auslöst, unterliegt der Erwerb eines derartigen Erbteils der Grunderwerbsteuer, auch wenn der Erbteil noch so gering ist. Erwirbt ein Miterbe den Erbteil, ist der Vorgang nach § 3 Nr. 3 GrEStG steuerfrei. Wird der Erbteilskaufvertrag zwischen den Vertragsparteien aufgrund eines vertraglich eingeräumten Rücktrittsrechts rückgängig gemacht, wird auf Antrag die Grunderwerbsteuerfestsetzung nach § 16 Abs. 1 Nr. 1 GrEStG rückgängig gemacht. Nach Ansicht des BFH gilt dies in entsprechender Anwendung des § 16 Abs. 2 Nr. 3 GrEStG auch, wenn ein Miterbe sein gesetzliches Vorkaufsrecht nach § 2035 Abs. 1 S. 1 BGB ausübt.[1146] Dies ist nicht zwingend, da bei der Ausübung eines gesetzlichen Vorkaufsrechts eigentlich keine „Nichterfüllung von Vertragsbedingungen" vorliegt, was § 16 Abs. 2 Nr. 3 GrEStG aber fordert. Aus Sicht des Erwerbers könnte es sich daher empfehlen, sicherheitshalber den Erbteilskaufvertrag unter die auflösende Bedingung der Nichtausübung eines Vorkaufsrechts durch andere Miterben zu stellen oder aber ein Rücktrittsrecht für den Fall der Ausübung des Vorkaufsrechts zu vereinbaren. Wird bei einer Erbengemeinschaft, zu deren Vermögen ein Grundstück gehört, das letzte Erbteil an denjenigen abgetreten, dem die übrigen schon zustehen, erlischt die Erbengemeinschaft und es kommt zu einer Quasi-Vereinigung der Erbteile. Diese löst Grunderwerbsteuer nach § 1 Abs. 1 Nr. 3 GrEStG (→ § 25 Rn. 255) aus, wobei allerdings nicht der gesamte Erwerb, sondern nur der zuletzt erworbene quotale Anteil zu versteuern ist.[1147] Der Erwerb ist allerdings nach § 3 Nr. 3 GrEStG befreit, sofern ein Miterbe erwirbt. Ist dies nicht der Fall, so ist der Erwerb immerhin noch nach § 6 Abs. 2 GrEStG begünstigt, sofern nicht § 6 Abs. 4 GrEStG eingreift (§ 25 Rn. 257). § 1 Abs. 3 GrEStG kann demgegenüber diesen Fall nicht erfassen, da die Erbengemeinschaft keine Gesellschaft ist und darüber hinaus die Erbengemeinschaft mit der „Vereinigung" erlischt.[1148] Das Gleiche gilt, wenn sämtliche Erbteile auf eine Personengesellschaft übertragen werden.[1149]

Kommt es im Zuge der Übertragung von Personengesellschaftsanteilen auf eine vom Erblasser angeordnete **Stiftung** unmittelbar oder mittelbar zu einer Änderung im Gesellschafterbestand, so dass 95% der Anteile am Gesellschaftsvermögen auf neue Gesellschafter übergehen, ist dies ein nach § 1 Abs. 2a S. 1 GrEStG grunderwerbsteuerpflichtiger Vorgang (→ § 25 Rn. 253 ff.). Der Vorgang bleibt aber nach § 3 Nr. 2 S. 1 GrEStG steuerfrei, da die Befreiungen des § 3 GrEStG auch bei Änderungen im Gesellschafterbestand iSd § 1 Abs. 2a GrEStG anzuwenden sind.[1150]

[1144] Boruttau/*Meßbacher-Hönsch* GrEStG § 3 Rn. 291.
[1145] BFH BStBl. II 1991, 731; 2015, 399; Boruttau/*Fischer* § 1 GrEStG Rn. 567.
[1146] BFH BStBl. II 2015, 399.
[1147] BFH BStBl. III 1964, 486; Boruttau/*Fischer* GrEStG § 1 Rn. 571; *Pahlke* GrEStG § 1 Rn. 180.
[1148] RGZ 88, 116; Boruttau/*Fischer* GrEStG § 1 Rn. 571.
[1149] BFH BStBl. II 1975, 249; Boruttau/*Fischer* GrEStG § 1 Rn. 572.
[1150] BFH BStBl. II 2013, 360; *Werkmüller* ZEV 2018, 446 (450).

V. Umsatzsteuer

342 Mit dem **Tod eines Unternehmers** endet dessen Unternehmereigenschaft iSv § 2 Abs. 1 S. 1 UStG und somit auch die Berechtigung zum Vorsteuerabzug iSv § 15 UStG.[1151] Der Gesamtrechtsnachfolger tritt in die umsatzsteuerrechtlich noch nicht abgewickelten unternehmerischen Rechtsverhältnisse seines Rechtsvorgängers ein.[1152] Unternehmen und Unternehmereigenschaft – nun in der Person des Gesamtrechtsnachfolger – erlöschen erst, wenn der Unternehmer alle Rechtsbeziehungen abgewickelt hat, die mit dem aufgegebenen Betrieb zusammenhängen.[1153] Soweit Vermögen vom Erblasser auf den Erben übergeht, liegt kein umsatzsteuerbarer Vorgang vor. Dies gilt auch, wenn der Erbanfall auf einer letztwilligen Verfügung des Erblassers beruht.[1154] Der Erbe schuldet die Umsatzsteuer, die auf die Tätigkeit des Erblassers zurückgeht, §§ 1922, 1967 BGB, § 45 AO, und muss gegebenenfalls noch dessen Abrechnungspflichten gemäß § 14 Abs. 1 S. 1 u. 2 UStG erfüllen. Hierbei handelt es sich lediglich um eine Folge der vorherigen Tätigkeit des verstorbenen Unternehmers. Unerheblich ist, wenn bei der sog. Ist-Versteuerung nach § 13 Abs. 1 Nr. 1 lit. b UStG die Vereinnahmung erst durch den Erben erfolgt.[1155] Änderungen der Bemessungsgrundlagen nach § 17 UStG der vom Erblasser verwirklichten Umsätze, die erst beim Erben eintreten, sind auch bei diesem im Rahmen der Nachwirkung zu berücksichtigen. Auch der Anspruch auf Vergütung der Vorsteuer geht auf den Erben über und zwar unabhängig davon, ob er das Unternehmen fortführt oder nicht. Darüber hinaus kann er als Gesamtrechtsnachfolger des Erben die Handlungen und Erklärungen vornehmen, die für die abgeschlossene Umsatztätigkeit des Erblassers rechtserheblich sind (zB § 9 Abs. 1 UStG). Bereits vom Erblasser abgegebene Erklärungen (zB nach § 19 Abs. 2 S. 1 u. 2 UStG) binden den Erben grundsätzlich nicht.[1156] Anders ist dies für den Verzicht auf die Besteuerung nach § 24 Abs. 4 UStG bei land- und forstwirtschaftlichen Betrieben. Dieser bindet den Erben.[1157]

Eine **Personengesellschaft** oder eine **Kapitalgesellschaft** ist selbst Unternehmer. Der Tod eines Gesellschafters ändert hieran nichts.

343 Wächst nach dem **Tod eines Gesellschafters** einer zweigliedrigen Personengesellschaft das Vermögen dem einzig verbleibenden Gesellschafter an (§ 738 Abs. 1 S. 1 BGB), ist dieser Vorgang nicht umsatzsteuerbar. Stirbt dagegen der Gesellschafter einer mehrgliedrigen Personengesellschaft und wird die Gesellschaft aufgelöst, bleibt sie als Liquidationsgesellschaft umsatzsteuerlich zunächst bestehen. Soweit sie im Rahmen der Liquidation steuerbare und steuerpflichtige Umsätze tätigt, fällt Umsatzsteuer an. Scheidet lediglich einer der Gesellschafter durch den Tod aus und erhalten die Erben eine **Abfindung** in Geld, unterliegt diese nicht der Umsatzsteuer. Erhalten die Erben Sachwerte als Abfindung, liegt hierin eine umsatzsteuerbare Leistung der Personengesellschaft. Sie kann aber steuerfrei sein, wenn ein Miterbe zB mit einem Grundstück abgefunden wird (§ 4 Nr. 9a UStG).[1158]

344 Der **Erbe** wird nicht durch den Erbfall, sondern erst, wenn er selbst Umsätze im Sinne des UStG ausführt, zum Unternehmer.[1159] Hierfür ausreichend ist zB bereits die lediglich kurzfristige **Fortführung des Unternehmens** des Erblassers. Die bloße Geschäftsveräußerung im Ganzen durch den Erben ohne eigene unternehmerische Tätigkeit des Erben

---

[1151] BFH BStBl. II 2016, 550; Rau/Dürrwächter/*Stadie* UStG § 2 Rn. 690; Sölch/Ringleb/*Treiber* UStG § 2 Rn. 351.
[1152] BFH BStBl. II 2016, 550; 2011, 241 Rn. 24, mwN.
[1153] BFH BStBl II 2016, 550; 2011, 241 Rn. 26, mwN.
[1154] Rau/Dürrwächter/*Stadie* UStG § 2 Rn. 696; aA *Birkenfeld* UR 1992, 29 (36); *Husmann,* FS Flick, 1997, 293 (295 f.).
[1155] BFH BStBl. II 1971, 121.
[1156] Rau/Dürrwächter/*Stadie* UStG § 2 Rn. 718.
[1157] Rau/Dürrwächter/*Stadie* UStG § 2 Rn. 718: Arg. § 24 Abs. 4 S. 2 Hs. 2 UStG.
[1158] Zur Grunderwerbsteuer vgl. → Rn. 338.
[1159] BFH BStBl. II 2011, 241; R 2.6 Abs. 5 S. 2 UStR.

V. Umsatzsteuer § 27

ist dagegen keine ausreichend nachhaltige Tätigkeit gemäß § 2 Abs. 1 S. 3 UStG und begründet keine Unternehmereigenschaft des Erben.[1160] War der Erbe schon vor dem Erbfall unternehmerisch tätig, erweitert sich der Rahmen seines bisherigen Unternehmens entsprechend. Er hat die vom Erblasser begonnenen Berichtigungszeiträume fortzuführen.[1161] Verwendet der Erbe ein auf ihn übergegangenes Wirtschaftsgut zur Ausführung von Umsätzen, die zu einer Änderung der für den ursprünglichen Vorsteuerabzug maßgeblichen Verhältnisse führen, ist nach allgemeinen Grundsätzen eine Berichtigung der auf die Anschaffungs- oder Herstellungskosten entfallenden Vorsteuerbeträge vorzunehmen. Denn er tritt insoweit in die § 15a UStG-Bindung des Erblassers ein und setzt diese hinsichtlich aller vom Erblasser begründeter Merkmale (Vorsteuervolumen, Verwendungsverhältnisse, Verwendungsbeginn) fort.[1162] Entsprechendes gilt für den potentiellen nachträglichen Vorsteuervergütungsanspruch nach § 15a UStG.

Der Erbe entfaltet eine eigene unternehmerische Tätigkeit, wenn er das Unternehmen 345 durch Einzelverkäufe liquidiert. Bestand die unternehmerische Tätigkeit des Erblassers in einer Nutzungsüberlassung (Duldungsleistungen), so rückt der Erbe aufgrund der Gesamtrechtsnachfolge ohne weiteres Zutun in die Rechtsposition des Erblassers ein und wird zugleich Unternehmer, da die Duldungsleistungen per se nachhaltig im Sinne von gewerblich bzw. beruflich sind.[1163] Ein Leistungsaustausch, der nach dem Erbanfall durch den Erben, die Erbengemeinschaft oder den Testamentsvollstrecker erfolgt, ist nach den allgemeinen umsatzsteuerlichen Regelungen zu behandeln (zur Unternehmensveräußerung → § 25 Rn. 256 ff.; zur Unternehmensaufgabe → § 26 Rn. 96).

Bei der **Erbauseinandersetzung** unter den einzelnen Miterben wird unter Verweis 346 auf die Rechtsprechung des RFH[1164] ein steuerbarer Vorgang angenommen, da die Abfindungsleistung in Form von Waren oder Geld an die Miterben nicht als Gegenleistung für die Aufgabe von Gesellschafterrechten sondern zur Erbauseinandersetzung geleistet würden und daher nicht steuerbar seien.[1165] Dies soll allerdings nicht gelten, wenn im Rahmen der Erbauseinandersetzung ein ganzes Unternehmen übertragen wird.[1166] Die Differenzierung überzeugt nicht. Richtigerweise stellt die Übertragung eines gesamten Unternehmens oder eines gesondert geführten Betriebes auf einen oder mehrere Miterben im Rahmen der Erbauseinandersetzung zu einer Geschäftsveräußerung im Ganzen nach § 1 Abs. 1a UStG (→ § 25 Rn. 257 ff.).[1167] Erhalten die Miterben einzelne Gegenstände des Betriebsvermögens als Abfindung, so liegt hierin eine Entnahme des das Unternehmen fortführenden Miterben, nicht jedoch der Miterbengemeinschaft.[1168] Zu beachten ist auch hier, dass Maßnahmen in Bezug auf den Nachlass zu einer Berichtigung des vom Erblasser vorgenommenen Vorsteuerabzugs nach § 15a UStG führen können (→ § 25 Rn. 268). Bei einer Realteilung stellt die Aufgabe der gesamthänderischen Mitberechtigung die Gegenleistung dar, so dass steuerbare entgeltliche Umsätze der Miterbengemeinschaft vorliegen, auch wenn diese das Unternehmen nicht fortführt.[1169] Etwaige Ausgleichszahlungen zählen zur Gegenleistung.[1170]

Als Verwalter des Nachlasses kann auch der **Testamentsvollstrecker** anstatt des Erben 347 die rechtserheblichen Handlungen und Erklärungen vornehmen. Er sollte dies jedoch nur in Abstimmung mit den Erben tun, um sich keinen Schadensersatzansprüchen auszuset-

---

[1160] BGH UR 1996, 190; OFD Frankfurt a.M. UR 1997, 72; OFD Saarbrücken DB 1984, 1440; vgl. auch BFH BStBl. II 1987, 512; aA Rau/Dürrwächter/*Stadie* UStG § 2 Rn. 591.
[1161] Abschn. 15a.10 Satz 1 Nr. 2 UStAE
[1162] R 215 Abs. 2 S. 4, 5 UStR; Rau/Dürrwächter/*Stadie* UStG § 2 Rn. 582.
[1163] Rau/Dürrwächter/*Stadie* UStG § 2 Rn. 692.
[1164] RFH BStBl. 1935, 863; 1935, 877.
[1165] Sölch/Ringleb/*Oelmaier* UStG § 1 Rn. 87; Bunjes/*Robisch* UStG § 1 Rn. 58.
[1166] RFH RStBl. 1945, 13.
[1167] Rau/Dürrwächter/*Stadie* UStG § 2 Rn. 726.
[1168] *Birkenfeld* UR 1992, 29 (36); Rau/Dürrwächter/*Stadie* UStG § 2 Rn. 727.
[1169] Rau/Dürrwächter/*Stadie* UStG § 2 Rn. 727 mwN; aA *Birkenfeld* UR 1992, 29 (37).
[1170] Rau/Dürrwächter/*Stadie* UStG § 2 Rn. 727.

zen. Ist er Unternehmer im Sinne des UStG, was zB bei Rechtsanwälten, Steuerberatern und Wirtschaftsprüfern regelmäßig, bei anderen Personen nur dann der Fall sein wird, wenn sie die Testamentsvollstreckertätigkeit nachhaltig ausüben,[1171] ist er mit dem erhaltenen Honorar umsatzsteuerpflichtig. Führt er Umsätze im Namen des Erben aus, ist grundsätzlich dieser und nicht der Testamentsvollstrecker Unternehmer.[1172] Erbringt der Testamentsvollstrecker allerdings Leistungen im eigenen Namen, wie zB bei der Treuhandlösung,[1173] ist er selbst Unternehmer und damit Schuldner der Umsatzsteuer. Unabhängig davon hat er aber die Umsatzsteuererklärung, und zwar sowohl bei der Treuhand- wie auch bei der Vollmachtslösung, abzugeben. Der Erbe bzw. Erwerber kann die ihm vom Testamentsvollstrecker in Rechnung gestellte Umsatzsteuer nur dann als Vorsteuer abziehen, wenn er selbst Unternehmer ist und aus dem unter Testamentsvollstreckung stehenden Vermögen keine steuerfreien Einnahmen erzielt, § 15 Abs. 2 UStG.

348 Verändert sich die Stellung eines Erben aufgrund eines nachträglich aufgefundenen Testaments oder einer wirksamen Anfechtung der Erbeinsetzung, führt dies nicht zu einer rückwirkenden Änderung der Unternehmereigenschaft.[1174] Die Unternehmereigenschaft knüpft nicht an das Eigentum der für das Unternehmen verwendeten Gegenstände an, sondern an die Tätigkeit im Sinne des § 2 Abs. 1 S. 1 u. 3 UStG. Der vermeintliche Erbe bleibt für die Zeit seit Tod des Erblassers bzw. seit Beginn seiner unternehmerischen Tätigkeit Unternehmer. Der rechtmäßige Erbe wird erst ab dem Zeitpunkt selbst Unternehmer, ab dem er eigenständig die Kriterien für die Unternehmereigenschaft erfüllt. Der Übergang des Unternehmens von dem vermeintlichen auf den rechtmäßigen Erben ist gemäß § 1 Abs. 1a UStG nicht steuerbar.

VI. Verfahrensrecht

349 Nicht nur alle Steuerschulden (§ 45 AO), sondern auch die verfahrensrechtlichen Rechte und Pflichten des Erblassers gehen auf den Erben als **Gesamtrechtsnachfolger** über.[1175] Steuerschuldner ist nicht etwa der Nachlass selbst, denn er ist keine Vermögensmasse mit eigener steuerlicher Rechtspersönlichkeit, sondern der Erbe.[1176] An dem Übergang der Rechte und Pflichten kann der Erblasser durch testamentarische Verfügung nichts ändern und insbesondere keine die Erben treffenden steuerrechtlichen Pflichten mit öffentlich-rechtlicher Wirkung auf Dritte (zB den Testamentsvollstrecker) verlagern. Dementsprechend haben grundsätzlich die Erben die Steuererklärungen abzugeben. Bei der **Erbschaftsteuererklärung** ist allerdings jeder Erwerber nur für seinen Erwerb anzeige- und erklärungspflichtig. Bei mehreren Nachlassbeteiligten kann gemäß § 31 Abs. 4 ErbStG eine gemeinsame Steuererklärung abgegeben werden. Dies ist jedoch nicht zwingend erforderlich. Ist ein Testamentsvollstrecker vorhanden, trifft grundsätzlich ihn die Pflicht zur Abgabe der Erbschaftsteuererklärung, § 31 Abs. 5 S. 1 ErbStG.

350 Der **Testamentsvollstrecker**[1177] ist nicht gesetzlicher Vertreter der Erben, sondern nur Vermögensverwalter. Er ist ebenso wie der **Nachlassverwalter**[1178] grundsätzlich nicht Steuerschuldner für die Steuer auf das unter Testamentsvollstreckung bzw. Nachlassverwaltung stehende Vermögen und seine Erträge. Auch den Testamentsvollstrecker treffen verfahrensrechtliche Pflichten, allerdings nur, soweit seine Verwaltung reicht, § 34 Abs. 3 AO. So trifft ihn zB die Pflicht zur Berichtigung der Erbschaftsteuererklärung und von Einkommensteuererklärungen des Erblassers nach § 153 AO. Er ist jedoch ebenso wenig

---

[1171] BFH BStBl. II 1976, 57; BStBl. II 1987, 524.
[1172] *Birkenfeld* Umsatzsteuer-Handbuch I, Rn. 168.
[1173] BFH BStBl. II 1991, 191; R 2.1 Abs. 7 S. 3 UStR; Rau/Dürrwächter/*Stadie* UStG § 2 Rn. 399f.
[1174] Rau/Dürrwächter/*Stadie* UStG § 2 Rn. 694.
[1175] BFH BStBl. II 1978, 501; DStR 2018, 297.
[1176] BFH BStBl. II 1992, 781; DStR 2018, 297.
[1177] Zur Ausnahme bei der USt vgl. Rn. 148.
[1178] BFH BStBl. II 1992, 781; 1991, 820.

wie der Erbe dazu verpflichtet, nach Unrichtigkeiten zu suchen.[1179] Die Pflicht nach § 30 Abs. 1 ErbStG, den Erbanfall anzuzeigen, trifft ihn nicht, solange er nicht selbst Erwerber ist. Soweit der Erblasser für die in seiner Person verwirklichten Steuern noch keine Steuererklärungen abgegeben hat, muss dies der Testamentsvollstrecker tun.[1180] Er hat grundsätzlich auch die Erbschaftsteuererklärung abzugeben, § 31 Abs. 5 ErbStG. Allerdings ist seine Erklärungspflicht zum einen auf die Person beschränkt, für deren Erwerb er eingesetzt ist, und zum anderen auf die von ihm verwalteten Teile des Nachlasses.[1181] In der Erklärung sind oftmals Angaben zu machen, die der Testamentsvollstrecker nur mit Hilfe der Erben treffen kann (zB über Vorschenkungen). Damit er seine Pflichten ordnungsgemäß erfüllen kann, steht ihm ein Auskunftsanspruch nach §§ 2218, 242 BGB gegen die Erwerber zu.[1182] Gegenüber den Finanzbehörden ist er auskunftspflichtig, § 93 Abs. 1 AO. Ein Auskunftsverweigerungsrecht steht ihm nicht zu, und zwar auch dann nicht, wenn er Angehöriger (§ 15 AO) des Erben ist.[1183] Entsprechendes gilt im Rahmen einer steuerlichen Außenprüfung, soweit sein Wirkungskreis reicht.

351 Steuerbescheide, auch soweit die Steuertatbestände vom Erblasser verwirklicht wurden, sind an den Erben zu richten und auch diesem **bekannt zu geben,** es sei denn, der Testamentsvollstrecker ist Empfangsbevollmächtigter.[1184] Ein Steuerbescheid, der nach dem Erbfall noch an den Erblasser gerichtet wird, ist nichtig.[1185] Ein Steuerbescheid, der noch vor dem Erbfall an den Erblasser gerichtet war, braucht gegenüber den Erben nicht noch einmal wiederholt zu werden. Soweit der Testamentsvollstrecker steuererklärungsverpflichtet war (§ 31 Abs. 5 ErbStG), ist ihm auch der Steuerbescheid mit Wirkung für und gegen die Erwerber bekannt zu geben. Ansonsten können an den Erben gerichtete Steuerbescheide dem Testamentsvollstrecker gegenüber nur dann wirksam bekannt gegeben werden, wenn dieser durch den Erben ausdrücklich zum Empfangsbevollmächtigten bestellt wurde.[1186] Entsprechendes gilt, wenn der Testamentsvollstrecker zur Erfüllung von Nachlassverbindlichkeiten verpflichtet ist und die Steuerschuld aus dem von ihm verwalteten Nachlass beglichen werden soll.[1187] **Rechtsbehelfe,** auch gegen den Erbschaftsteuerbescheid,[1188] kann nur der Erbe einlegen, es sei denn der Testamentsvollstrecker wird, wie zB beim Duldungs- oder Haftungsbescheid, selbst in Anspruch genommen.

352 Die in der Person des Erblassers entstandenen **Steuerschulden** hat der Testamentsvollstrecker aus den von ihm verwalteten Nachlassmitteln zu tilgen, § 34 Abs. 3 iVm Abs. 1 S. 2 AO. Insoweit müssen daher auch etwaige **Vollstreckungsmaßnahmen** gegen ihn und nicht gegen den Erben gerichtet werden, §§ 265 AO, 748 ZPO. Umgekehrt sind Steuererstattungsansprüche als Teil des Nachlasses vom Testamentsvollstrecker geltend zu machen.

353 Bei der Erbschaftsteuer trifft die **Steuerzahlungspflicht** ebenfalls die Erwerber. Allerdings hat der Testamentsvollstrecker für die Bezahlung der Erbschaftsteuer zu sorgen, § 32 Abs. 1 S. 2 ErbStG. Das Finanzamt kann ihn durch Bescheid dazu auffordern, seiner Pflicht nachzukommen. Unter Umständen hat er auf entsprechenden Duldungsbescheid die Vollstreckung der Steueransprüche in den Nachlass zu dulden, § 77 Abs. 1 AO. Ist die Erbschaftsteuer aus dem der Testamentsvollstreckung unterliegenden Vermögen bezahlt worden, sind zwar hinsichtlich etwaiger Erstattungsansprüche die Erben Inhaber dersel-

---

[1179] Tipke/Kruse/*Seer* § 153 AO Rn. 3.
[1180] Tipke/Kruse/*Loose* § 34 AO Rn. 29.
[1181] BFH BStBl. II 1991, 49 und 52.
[1182] MüKoBGB/*Zimmermann* BGB § 2218 Rn. 9.
[1183] Tipke/Kruse/*Seer* AO § 101 Rn. 8.
[1184] BFH BStBl. II 1979, 501; Tz. 2.13.1.1 AEAO; BMF BStBl. I 2014, 290.
[1185] BFH BStBl. II 1993, 174.
[1186] Niedersächsisches FG EFG 1983, 483 rkr.
[1187] BFH BStBl. II 1988, 120.
[1188] BFH BStBl. II 1982, 262.

ben, jedoch ist der Testamentsvollstrecker verfügungsberechtigt und damit empfangszuständig. Das Finanzamt kann daher mit befreiender Wirkung an ihn zahlen.[1189]

354 Die Erben **haften** nach § 45 Abs. 2 AO für die aus dem Nachlass zu entrichtenden Schulden entsprechend der bürgerlich-rechtlichen Regelungen. Damit stehen dem Erben sämtliche zivilrechtlichen Möglichkeiten zur Beschränkung seiner Erbenhaftung auch im Steuerrecht zur Verfügung. Der Testamentsvollstrecker haftet neben dem Erben gesamtschuldnerisch (§ 44 Abs. 1 AO), für die Erfüllung von Steuerschulden des Erblassers bei vorsätzlicher oder grob fahrlässiger Verletzung seiner Pflichten persönlich nach §§ 69, 34 AO und zwar auch dann, wenn der Steuerbescheid nicht an ihn, sondern an die Erben gerichtet war. Die Verschuldensfrage ist bei mehreren Testamentsvollstreckern für jeden getrennt zu beurteilen. Daneben kann sich für ihn eine Haftung nach § 20 Abs. 6 S. 2 ErbStG ergeben, wenn er das sich in seinem Gewahrsam befindende Vermögen des Erblassers vorsätzlich oder fahrlässig vor Entrichtung oder Sicherstellung der Erbschaftsteuer ins Ausland bringt oder im Ausland wohnhaften Berechtigten zur Verfügung stellt. Hat der Testamentsvollstrecker allerdings nur einen Kaufpreis für die Veräußerung eines Erbteils in das Ausland überwiesen, fällt dies nicht hierunter. Zu beachten ist auch die zivilrechtliche Haftung nach § 27 HGB für den Fall, dass ein zu einem Nachlass gehörendes Handelsgeschäft von den Erben fortgesetzt wird. In diesem Fall gilt § 25 HGB entsprechend, mit der Folge, dass die Erben für die im Betriebe des Geschäfts begründeten Verbindlichkeiten des Erblassers, wozu auch dessen betriebliche Steuern gehören, haften.

355 Das **Steuergeheimnis** bezüglich der Verhältnisse des Erblassers besteht grundsätzlich fort. Dies gilt allerdings nicht gegenüber den Erben, da diese als Rechtsnachfolger an die Stelle des Erblassers treten. Hat der Erblasser eine Steuerhinterziehung begangen und erfährt der Erbe hiervon oder von anderen unsichtigen oder unvollständigen Erklärungen des Erblassers, trifft ihn eine Berichtigungspflicht nach § 153 Abs. 1 S. 1 Nr. 1 und S. 2 AO.[1190] Verletzt er diese Berichtigungspflicht, begeht der Erbe selbst eine Steuerhinterziehung durch Unterlassen nach § 370 Abs. 1 Nr. 2 AO.[1191] Die Berichtigungspflicht des Erben wird nicht dadurch ausgeschlossen, dass er bereits vor dem Tod des Erblassers Kenntnis davon hatte, dass dessen Steuererklärung unrichtig war.[1192] Eine Steuerhinterziehung des Erblassers führt zu einer Verlängerung der Festsetzungsfrist nach § 169 Abs. 2 S. 2 AO. Die Fristverlängerung knüpft allein an die objektiv gegebene Hinterziehung an,[1193] so dass die Berichtigungspflicht des Erben entsprechend weit zurück reicht. Verletzt ein Miterbe die Berichtigungspflicht, müssen die anderen Miterben, da sie Gesamtschuldner sind, dessen Steuerhinterziehung gegen sich gelten lassen.[1194]

356 Land- und Forstwirte, Gewerbetreibende und freiberuflich Tätige haben gemäß § 138 Abs. 1 AO als Erben und auch als Nießbraucher die Pflicht, die **Betriebseröffnung anzuzeigen** (→ § 25 Rn. 274 ff.), sofern sie einen derartigen Betrieb übertragen erhalten bzw. ihnen der Nießbrauch daran eingeräumt wird.[1195]

357 Wird ein echter Unternehmensnießbrauch bestellt, tritt der Nießbraucher an die Stelle des bisherigen Inhabers des Unternehmens. Die Nießbrauchsbestellung wird daher einer Übereignung des Unternehmens im Sinne des § 75 Abs. 1 S. 1 AO gleichgestellt, was zur Folge hat, dass der Nießbraucher für die betrieblichen Steuern haftet (→ § 25 Rn. 287 ff.).[1196]

[1189] BFH BStBl. II 1986, 704.
[1190] BFH DStR 2018, 297; Klein/Rätke AO § 153 Rn. 35; Klein/Jäger AO § 370 Rn. 61b.
[1191] BFH DStR 2018, 297; Klein/Rätke AO § 153 Rn. 35; Klein/Jäger AO § 370 Rn. 61b.
[1192] BFH DStR 2018, 297; Klein/Rätke AO § 153 Rn. 7; Tipke/Kruse/Seer AO § 153 Rn. 17.
[1193] BFH DStR 2018, 297; Klein/Rüsken AO § 169 Rn. 28; Tipke/Kruse/Kruse AO § 169 Rn. 18.
[1194] BFH DStR 2018, 297; Tipke/Kruse/Kruse AO § 169 Rn. 23; Tipke/Kruse/Drüen AO § 44 Rn. 19.
[1195] Tipke/Kruse/Brandis AO § 138 Rn. 1a.
[1196] Tipke/Kruse/Loose AO § 75 Rn. 29; aA Schwarz AO § 75 Rn. 17 a.

VII. Reparatur einer verunglückten Erbfolge

Hat der Erblasser kein oder kein gültiges Testament hinterlassen oder „falsch" testiert, spricht man von einer verunglückten Erbfolge. Die Hinterbliebenen sollten in einer derartigen Situation bestehende Reparaturmöglichkeiten offensiv ergreifen und sich nicht aus falsch verstandener Rücksichtnahme auf die vermeintlichen Wünsche des Erblassers pietätvoll zurückhalten. Grundsätzlich kann unterstellt werden, dass der Erblasser das Familienvermögen lieber einvernehmlich unter den Hinterbliebenen verteilt sieht, als es unnötigerweise dem Staat in der Form von vermeidbaren Steuerzahlungen zu schenken. Um diesbezüglichen Bedenken der Erben vorzubeugen, sollte der Erblasser in seinem Testament den Erben dazu raten, steuerliche Gestaltungs- und Reparaturmöglichkeiten zu ergreifen.[1197] Aufgrund der sich ständig ändernden Rahmenbedingungen im Steuerrecht sollte den Erben gleichzeitig bei dieser Gelegenheit nahe gelegt werden, die testamentarischen Verfügungen schnellstmöglich auf nachträgliche Optimierungsmöglichkeiten zu überprüfen lassen. Die unter Umständen relevante sechswöchige Ausschlagungsfrist (→ § 11 Rn. 2) ist schnell verstrichen. Eine derartige Klausel könnte beispielsweise wie folgt aussehen:

358

> **Formulierungsvorschlag:**
> „Es ist möglich, dass sich seit der Erstellung dieses Testaments die rechtlichen Rahmenbedingungen geändert haben. Ich empfehle meinen Erben daher, das Testament unmittelbar nach meinem Tode in zivil- und steuerrechtlicher Hinsicht auf Optimierungsmöglichkeiten überprüfen zu lassen. Eine Ausschlagung der Erbschaft oder eines Vermächtnisses, die zu einer Steuerersparnis führt, den Bestand des Familienvermögens sichert oder eine Verteilung der Nachlassgegenstände zur Konsequenz hat, welche den Wünschen meiner Hinterbliebenen und meiner Freunde mehr entspricht, wird von mir ausdrücklich mitgetragen, auch wenn dies eine Änderung meiner testamentarischen Anordnungen nach sich ziehen sollte. Die durch dieses Testament gebildeten Erbteile, sowie etwaige aufgrund dieses Testaments sich ergebende Erbteile dürfen gesondert angenommen bzw. ausgeschlagen werden."

Im Wesentlichen lassen sich im Rahmen der Reparatur einer verunglückten Erbfolge folgende Fallgruppen unterscheiden:
– Erfüllung unwirksamer Verfügungen von Todes wegen,
– Auslegung nach dem Erblasserwillen,
– Korrektur durch rückwirkende Ereignisse,
– Erbvergleich.

Zu den Reparaturmöglichkeiten im weiteren Sinne gehört für den altruistisch denkenden Erben auch die Möglichkeit der steuerneutralen Sachspende zur Förderung steuerbegünstigter Zwecke.

1. Erfüllung unwirksamer Verfügungen von Todes wegen

Ist eine **Verfügung von Todes wegen unwirksam,** weil sie zB vom Erblasser nur mündlich geäußert oder auf einem Computer verfasst wurde oder der Erblasser bei ihrer Abfassung nicht testierfähig war, fällt der Nachlass zivilrechtlich nicht an die darin benannten Personen, sondern an diejenigen, die insoweit durch gesetzliche Erbfolge oder durch eine frühere, wirksame Verfügung von Todes wegen als Erben berufen sind. Wird diese unwirksame Verfügung trotzdem so erfüllt, wie sie vom Erblasser verfügt wurde, verändert dies zivilrechtlich nicht die Erbfolge. Vielmehr verfügen die tatsächlichen Erben in einem zweiten Schritt im Wege der Schenkung über das ererbte Vermögen. Da sich die Erbschaftsteuer eng an das Zivilrecht anlehnt und ihr eine wirtschaftliche Betrachtungs-

359

[1197] *Flick* DStR 2000, 1816 (1817).

weise fremd ist,[1198] müssten in diesem Fall rein formal die Erben nach § 3 Abs. 1 Nr. 1 ErbStG und die in der unwirksamen Verfügung genannten und aufgrund der Verfügung der Erben bereicherten Personen nach § 7 Abs. 1 Nr. 1 ErbStG steuerpflichtig erwerben. Diese „doppelte" Besteuerung[1199] tritt nach der Rechtsprechung aber ausnahmsweise dann nicht ein, wenn – vom Formmangel abgesehen – eine Anordnung des Erblassers von Todes wegen vorliegt und der Erbe dem Begünstigten das diesem zugedachte Vermögen überträgt, um dadurch den Willen des Erblassers zu vollziehen.[1200] Dies gilt auch dann, wenn eine unwirksame Verfügung von Todes wegen nur teilweise beachtet wird.[1201] In diesem Ausnahmefall ist also abweichend von der zivilrechtlichen Rechtslage eine unwirksame Verfügung von Todes wegen der Besteuerung zugrunde zu legen. Diese Regeln lassen sich auf diejenigen Fälle übertragen, in denen der Erblasser seinen Willen nur mündlich verfügt hat,[1202] wenngleich hier der Nachweis schwer zu führen sein wird.

360 Zwingende Voraussetzung ist eine **Anordnung des Erblassers.** Deren Nachweis kann mit allen gesetzlichen Beweismitteln geführt werden. Die Feststellungslast trägt der Steuerpflichtige, wenn er als Erwerber eine aus einer behaupteten unwirksamen Anordnung des Erblassers resultierende Erbfallschuld (zB ein mündliches Vermächtnis) bereicherungsmindernd geltend machen will.[1203] Verbleibende Zweifel gehen zu Lasten der Finanzverwaltung, wenn sie aus einer unwirksamen Verfügung von Todes wegen einen Steueranspruch gegen den durch sie Begünstigten ableiten will. Ist der Nachweis schwierig zu erbringen, lässt sich das Nachweisproblem dadurch umgehen, dass die Beteiligten einen **Erbvergleich** (→ Rn. 364) oder einen **Auslegungsvertrag** (→ Rn. 362) schließen.[1204]

361 Die Erbschaftsteuer für den Erwerb aufgrund der unwirksamen Verfügung von Todes wegen entsteht mit der Übertragung des Vermögens auf den durch sie Begünstigten, denn erst in diesem Zeitpunkt ist die zweite Voraussetzung der Rechtsprechung erfüllt, wonach der Begünstigte das ihm zugedachte Vermögen auch erhalten muss. Dies ändert jedoch nichts daran, dass für die Wertermittlung auf die Verhältnisse am Todestag abzustellen ist, da die unwirksame Verfügung von Todes wegen in diesem Fall als von Anfang an wirksam behandelt wird. Die Erfüllung selbst ist folglich ein Ereignis mit steuerlicher Wirkung für die Vergangenheit.[1205] Wird die unwirksame Verfügung des Erblassers erfüllt, nachdem die Steuer gegen den Erben bereits festgesetzt wurde, ist diese nach § 175 Abs. 1 S. 1 Nr. 2 AO zugunsten des Erben oder Vermächtnisnehmers zu ändern, der seinen Erwerb ganz oder teilweise weitergibt.[1206] Daneben kommt eine Änderung nach § 174 Abs. 1 AO in Betracht, wenn auch gegen den aufgrund der unwirksamen Verfügung von Todes wegen Begünstigten Erbschaftsteuer festgesetzt wurde. Diese Änderungsmöglichkeit ist vor allem nach Ablauf der Festsetzungsfrist von Bedeutung.[1207]

2. Auslegung nach dem Erblasserwillen

362 Die einvernehmliche **Auslegung nach dem Erblasserwillen** durch die Erben entsprechend den tatsächlichen Verhältnissen (zB im Rahmen eines Auslegungsvertrages) führt ebenfalls zu einem originären Erwerb vom Erblasser. Es gelten die allgemeinen Auslegungsregeln. Die Auslegung findet dort ihre Grenze, wo die Erben vom erklärten Erblas-

---

[1198] BFH BStBl. III 1969, 348; 1963, 178; vgl. auch → Rn. 3.
[1199] Die „doppelte" Besteuerung kann aber bei bestimmten Fallkonstellationen günstiger sein, als die „Korrektur" der unwirksamen Verfügung; vgl. *Gebel* UVR 1995, 239.
[1200] BFH BStBl. II 2007, 461; 2000, 588; 1982, 28; 1974, 340; 1970, 119.
[1201] BFH BStBl. II 1982, 28.
[1202] Moench/Weinmann/*Weinmann* ErbStG § 3 Rn. 58; Troll/Gebel/Jülicher/Gottschalk/*Gottachalk* ErbStG § 3 Rn. 58.
[1203] Troll/Gebel/Jülicher/Gottschalk/*Gottschalk* ErbStG § 3 Rn. 60.
[1204] *Theysohn-Wadle* ZEV 2002, 221; Moench/Weinmann/*Weinmann* ErbStG § 3 Rn. 59.
[1205] *Gebel* UVR 1995, 239.
[1206] Troll/Gebel/Jülicher/Gottschalk/*Gottschalk* ErbStG § 3 Rn. 70; aA Kapp/Ebeling/*Geck* ErbStG § 3 Rn. 81; RFH RStBl. 1936, 551.
[1207] Troll/Gebel/Jülicher/Gottschalk/*Gottschalk* ErbStG § 3 Rn. 70.

serwillen derart abweichen, dass sie die Erbregelung nach eigenem Gutdünken verändern.[1208] Es ist daher grundsätzlich nicht möglich, einen in einem Testament nicht als Erben eingesetzten Dritten als Miterben zu behandeln, sofern nicht außerhalb desselben liegende Umstände hierauf schließen lassen.[1209]

3. Ausschlagung und Anfechtung der Annahme

Als **rückwirkende Umstände** kommen die Ausschlagung und die Anfechtung der Annahme (§§ 1954, 1957 BGB) in Betracht. Beides sind Gestaltungsmittel, die es einem Erben oder Vermächtnisnehmer erlauben, eine vorgefundene Situation **rückwirkend** zu beeinflussen. Sie ermöglichen den Erben bzw. Vermächtnisnehmer eine echte Handlungsalternative. 363

Aufgrund der **Ausschlagung** gilt der Erwerb gem. § 1953 Abs. 1 bzw. § 2180 BGB als nicht erfolgt und der Nachlass fällt mit Wirkung ab dem Erbfall an den nächstberufenen Erben (→ § 11 Rn. 7). Häufig schrecken Erben vor der Unbedingtheit der Erbausschlagung und dem Gedanken zurück, keinen Anspruch mehr auf Gegenstände aus dem Nachlass zu haben, welche sie als Erinnerung an den Verstorbenen gern behalten hätten. Dem kann durch entsprechende Vereinbarungen in Ausschlagungsverträgen zwischen dem Ausschlagenden und dem danach zur Erbfolge Berufenen Rechnung getragen werden. Darüber hinaus reduziert sich die Gefahr in vielen Fällen auch dadurch, dass von dem Ausschlagenden ein Pflichtteilsrecht oder ein güterrechtlicher Anspruch gegen den Nachlass geltend gemacht werden kann. Im Einzelnen sei hier auf die ausführliche Darstellung in § 11 verwiesen.

4. Erbvergleich

Bei einem Erbvergleich handelt es sich um einen Vertrag, durch den nicht nur ein Streit unter den Erben, sondern auch die Ungewissheit über erbrechtliche Verhältnisse im Wege gegenseitigen Nachgebens beseitigt wird, § 779 Abs. 1 BGB. Beteiligte des Erbvergleichs können Erben, Vermächtnisnehmern und Pflichtteilsberechtigte sein, nicht hingegen nicht am Nachlass beteiligten Dritten.[1210] Die erbschaftsteuerliche Anerkennung des Erbvergleichs stellt eine nicht weiter verallgemeinerungsfähige Ausnahme von dem Grundsatz dar, dass weder die Miterben noch sonst am Nachlass beteiligte Personen berechtigt sind, den Kreis der steuerpflichtigen Personen oder den Umfang der steuerpflichtigen Bereicherung nach dem Erbfall durch freie Vereinbarung eigenmächtig neu zu bestimmen.[1211] Auf den Vergleich über die Höhe der Zugewinnausgleichsforderung, die dem überlebenden Ehegatten, der weder Erbe noch Vermächtnisnehmer geworden ist, zum Ausgleich des Zugewinns beim Tode des anderen Ehegatten zusteht, sind die Grundsätze des Erbvergleichs daher nicht übertragbar. Die Zugewinnausgleichsforderung ist eine Erblasserschuld, die dem ehelichen Güterrecht, nicht aber dem Erbrecht entspringt.[1212] 364

Es muss beim Erbvergleich immer um die Regelung ernstlich streitiger und zugleich zweifelhafter Rechtsverhältnisse gehen.[1213] Nur wenn dies der Fall ist, sind die in dem Vergleich bestimmten Verhältnisse der Besteuerung zugrunde zu legen. Voraussetzung ist allerdings, dass sich alle Beteiligten im Erbvergleich zu der Rechtsgestaltung bekennen und diese ihren letzten Rechtsgrund auch noch im Erbrecht hat.[1214] Erbschaftsteuerlich ist so zu verfahren, als hätte der Erblasser diese Regelung durch Verfügung von Todes wegen

---

[1208] Moench/Weinmann/*Weinmann* ErbStG § 3 Rn. 58.
[1209] BFH BStBl. III 1966, 593; BStBl. II 1984, 9.
[1210] BFH BStBl. II 2008, 629; Troll/Gebel/Jülicher/Gottschalk/*Gottschalk* ErbStG § 3 Rn. 83.
[1211] BFH/NV 2008, 1051; BStBl. II 2008, 874.
[1212] BFH BStBl. II 2008, 874.
[1213] BFH BStBl. II 2008, 874; BFH/NV 2001, 163.
[1214] BFH/NV 2001, 601; 1999, 313.

getroffen.¹²¹⁵ Die Festsetzung der Erbschaftsteuer nach der Bereicherung, die sich aus einem ernst gemeinten Erbvergleich ergibt, ist nicht dadurch ausgeschlossen, dass das in dem Vergleich Vereinbarte nicht Inhalt eines Urteils über das streitige Erbrecht sein könnte.¹²¹⁶ Die Grenze einer vergleichsweisen Einigung ist dort erreicht, wo Regelungen getroffen werden, die der Erblasser nicht in der letztwilligen Verfügung hätte regeln können. Werden innerhalb des Erbvergleichs auch Regelungen getroffen, die wie zB die Erbauseinandersetzung oder die Teilungsanordnung die Nachlassregulierung betreffen, sind diese erbschaftsteuerlich nicht maßgeblich. Insoweit gilt für den Erbvergleich nichts Anderes als für entsprechende Anordnungen des Erblassers selbst. Bei einem Erbvergleich, für den nach dem 24.6.2017 die Erbschaftsteuer entsteht, ist § 3 Abs. 2 Nr. 4 letzte Alt. ErbStG zu beachten. Danach kann eine Abfindung, die ein Erbe im Rahmen eines Erbvergleichs dafür erhält, dass er auf die Geltendmachung seiner Rechte als Erbe nach dem Tod eines Gesellschafters einer unternehmerisch tätigen Personengesellschaft/Mitunternehmerschaft verzichtet, der Erbschaftsteuer unterliegen. Zugleich kann hierin aber auch das Ausscheiden eines Miterben aus der Personengesellschaft/Mitunternehmerschaft gesehen werden, sofern der Ausscheidende gesellschaftsrechtlich nicht von der Rechtsnachfolge in den Gesellschaftsanteil ausgeschlossen war, was dann ertragsteuerlich zu einem Gewinn und somit zu einer Doppelbesteuerung führt.¹²¹⁷

5. Sachspende

365 Wird Betriebsvermögen unmittelbar im Anschluss an eine Entnahme bestimmten gemeinnützigen Einrichtungen für steuerbegünstigte Zwecke im Sinne des § 10b Abs. 1 S. 1 EStG überlassen, können die entnommenen Wirtschaftsgüter mit dem **Buchwert** angesetzt werden, § 6 Abs. 1 Nr. 4 S. 4 und 5–7 EStG. Die Folge ist, dass die im Betriebsvermögen enthaltenen stillen Reserven trotz Verlagerung in den steuerfreien Bereich nicht versteuert werden.¹²¹⁸ Sinn und Zweck dieser Regelung ist die Förderung der Spendenbereitschaft durch den Verzicht auf die Besteuerung stiller Reserven. Begünstigt sind Zuwendungen an Stiftungen des öffentlichen Rechts, unabhängig davon ob sie steuerbefreit sind oder nicht, und an nach § 5 Abs. 1 Nr. 9 KStG steuerbefreite Stiftungen des privaten Rechts, wobei eine Rechtsfähigkeit der Stiftung nicht erforderlich ist.¹²¹⁹ Die Begrenzung des Spendenabzugs nach § 10b EStG gilt nicht für das **Buchwertprivileg.** Aufgrund der Buchwertfortführung bei der gemeinnützigen Einrichtung kommen die in den entnommenen Wirtschaftsgütern enthaltenen stillen Reserven bei der Gewerbesteuer nicht zum Ansatz. Für den Spendenabzug ist die anfallende Umsatzsteuer dem Entnahmewert hinzu zu rechnen, § 10b Abs. 3 Satz 2 EStG. Veräußert die steuerbegünstigte Körperschaft das ihr zugewendete Wirtschaftsgut unmittelbar nach Erhalt, zB um sich liquide Mittel zu verschaffen, ändert dies nichts am Buchwertprivileg des § 6 Abs. 1 Nr. 4 S. 4 EStG.¹²²⁰

Diese Möglichkeit, die entnahmebedingte Aufdeckung stiller Reserven zu verhindern, lässt sich immer dann anwenden, wenn es aufgrund des Erbfalls zu einer zwangsweisen Entnahme kommt. Das Buchwertprivileg ist nämlich bei einer Betriebsaufgabe und bei betriebsaufgabeähnlichen Vorgängen anwendbar.¹²²¹ Wird zB aufgrund einer Fortsetzungsklausel die Gesellschaft mit den verbleibenden Gesellschaftern fortgesetzt, wird das Sonderbetriebsvermögen des Erblassers zwangsweise in das Privatvermögen des Verstorbenen überführt, soweit die Erben nicht zugleich Gesellschafter der fortgeführten Gesellschaft sind. Eine entsprechende Problematik kann sich zB auch bei der qualifizierten Nachfolgeklausel ergeben. Überlässt der Erbe das noch vom Erblasser entnommene Sonderbetriebs-

---

[1215] BFH BStBl. III 1961, 133; 1957, 447; RFH RStBl. 1938, 857.
[1216] BFH BStBl. II 1972, 886.
[1217] BFH BStBl. II 2013, 858; *Meßbacher-Hönsch* ZEV 2018, 182.
[1218] BFH BStBl. II 2017, 251 Rn. 21.
[1219] *Hüttemann* DB 2000, 1584; *Lex* DStR 2000, 1939.
[1220] *Hüttemann* DB 2008, 1590; Schmidt/*Kulosa* EStG § 6 Rn. 541; R 6.12 Abs. 3 EStR.
[1221] BFH BStBl. II 2003, 237 unter II.1.b.

VII. Reparatur einer verunglückten Erbfolge § 27

vermögen einer der genannten gemeinnützigen Einrichtungen unentgeltlich, werden die stillen Reserven nicht aufgedeckt, die ansonsten unvermeidbare Aufdeckung und Versteuerung stiller Reserven unterbleibt. Gleiches gilt, wenn die gemeinnützige Einrichtung selbst Erbe geworden ist.[1222]

In beiden Fällen handelt es sich zwar um einen betriebsaufgabeähnlichen Vorgang, der der Besteuerung nach §§ 16, 34 EStG unterliegt. Da sich dieser Vorgang jedoch als Gesamtentnahme des Betriebsvermögens des Erblassers (Gesellschafters) darstellt, erfüllt der Teil, der der gemeinnützigen Einrichtung zugewendet wird, den Tatbestand des § 6 Abs. 1 Nr. 4 S. 4, 5 EStG.[1223] Hinsichtlich des restlichen Teils bleiben die Vergünstigungen der §§ 16 Abs. 4, 34 EStG unverändert bestehen. Zwar werden infolge dieser Überführung anlässlich des Erbfalls nicht alle stillen Reserven des Mitunternehmeranteils aufgedeckt. Der Erblasser hat sich ihrer aber uno actu zusammen mit dem Gesellschaftsanteil entäußert.[1224]

[1222] BFH BStBl. II 2003, 237.
[1223] BFH BStBl. II 2003, 237.
[1224] BFH BStBl. II 2003, 237.

§ 28 Vorweggenommene Erbfolge

Übersicht

	Rn.
I. Erbschaft-/Schenkungsteuer	2
1. Schenkung unter Lebenden	4
2. Ermittlung des steuerpflichtigen Erwerbs	9
a) Gemischte Schenkung und Schenkung unter Auflage	12
b) Nießbrauch	19
c) Sachliche Steuerbefreiungen	29
3. Steuerberechnung	38
4. Stundung und Erlöschen der Schenkungsteuer	39
II. Einkommen-/Körperschaftsteuer	42
1. Abgrenzung von entgeltlichen und unentgeltlichen Übertragungen	46
2. Sonderproblematik im Bereich der wiederkehrenden Leistungen	55
a) Vermögensübergabe gegen Versorgungsleistungen	60
b) Vermögensübergabe gegen Austauschleistung (Gegenleistungsrente)	119
c) Vermögensübergabe gegen Unterhaltsleistungen	128
3. Unentgeltliche Übertragungen	132
a) Unentgeltlicher Erwerb	133
b) Versorgungsleistung	136
c) Unterhaltsleistung	142
d) Übertragung auf eine Familienstiftung	143
4. Entgeltliche (teilentgeltliche) Übertragungen	150
5. Übertragung unter Nießbrauchsvorbehalt	155
a) Nießbrauch an einem Einzelunternehmen	160
b) Nießbrauch an einem Einzelwirtschaftsgut	167
c) Nießbrauch an einem Personengesellschafts-/Mitunternehmeranteil	169
d) Nießbrauch an einem Kapitalgesellschaftsanteil	177
6. Ertragsteuerliche Kernprobleme bei Familiengesellschaften	180
III. Gewerbesteuer	190
IV. Grunderwerbsteuer	194
V. Umsatzsteuer	198
VI. Verfahrensrecht	199

1 Eine der bedeutendsten Fragen, die sich einem Unternehmer im Hinblick auf die Nachfolgeregelung regelmäßig stellt oder zumindest stellen sollte, ist die, ob der vorgesehene Nachfolger auch die ihm zugedachte Rolle wird erfüllen können. Hierbei ist eine Prognose zu treffen, die sowohl für das Unternehmen als auch für den vorgesehenen Nachfolger von erheblicher Tragweite ist. Ein verantwortungsvoller Unternehmer sollte sich daher nicht allein auf letztwillige Anordnungen für den Todesfall verlassen, sondern vielmehr rechtzeitig seine Nachfolge einleiten und sodann begleiten. Diesen Vorgang bezeichnet man als vorweggenommene Erbfolge. Die genaue Definition dieses gesetzlich nicht bestimmten Begriffs wurde vom BFH in Anlehnung an den BGH als die zumindest teilweise unentgeltliche und einzelvertraglich vereinbarte „Übertragung des Vermögens (oder eines wesentlichen Teils davon) durch den (künftigen) Erblasser auf einen oder mehrere als (künftige) Erben in Aussicht genommene Empfänger" festgelegt.[1] Die Übertragung des Vermögens wird in diesem Zusammenhang als Vermögensübergabe bezeichnet.

---

[1] BFH/NV 1994, 373; BGH NJW 1991, 1345.

I. Erbschaft-/Schenkungsteuer

Im Rahmen der vorweggenommenen Erbfolge spielen erbschaftsteuerlich vor allem die Schenkung unter Lebenden (§ 1 Abs. 1 Nr. 2 ErbStG) und die **Schenkung auf den Todesfall** eine Rolle. Da Letztere im Sinne der erbschaftsteuerlichen Terminologie zu den Erwerben von Todes wegen zu zählen ist (→ § 3 Abs. 1 Nr. 2 ErbStG), ist sie beim Erbfall erläutert worden (→ § 27 Rn. 25). Steuerschuldner ist neben dem Erwerber (Beschenkten) auch der Schenker, § 20 Abs. 1 ErbStG. Allerdings hat sich das Finanzamt in erster Linie an den Beschenkten zu halten.[2] Den Schenker trifft dagegen lediglich eine Art Haftungsschuld für den Fall, dass der Beschenkte die Erbschaftsteuer[3] nicht zahlen will oder kann.[4] Ist Erwerber einer Schenkung unter Lebenden eine Gesamthandsgemeinschaft, ist nicht sie selbst, sondern sind die Gesellschafter Erwerber im erbschaftsteuerlichen Sinne und damit auch Steuerschuldner.[5] Anders ist dies bei einer Kapitalgesellschaft; diese ist selbst Steuerschuldner. **Übernimmt der Schenker** bei einer Schenkung auch die Entrichtung der geschuldeten Erbschaftsteuer, gilt diese als zusätzlicher Erwerb. Diese Zurechnung ist jedoch nur einmalig bereicherungserhöhend. Die auf die übernommene Steuer entfallende zusätzliche Erbschaftsteuer stellt nach § 10 Abs. 2 ErbStG keinen weiteren zusätzlichen steuerpflichtigen Erwerb dar. Ist die Übernahme der geschuldeten Steuer durch den Schenker dem Finanzamt bekannt, hat es die Steuer grundsätzlich gegen diesen festzusetzen. Zwar bleibt der Bedachte Steuerschuldner, da die Beteiligten nicht durch privatrechtliche Vereinbarung über die gesetzlich geregelte Steuerschuldnerschaft disponieren können.[6] Dennoch wirkt sie sich im Rahmen der zu fällenden Ermessensentscheidung aus, so dass die Festsetzung der Erbschaftsteuer gegen den Beschenkten in derartig gelagerten Fällen regelmäßig zu begründen ist.[7]

Bei der Schenkung unter Lebenden entsteht die Erbschaftsteuer mit dem Zeitpunkt der Ausführung der Zuwendung, § 9 Abs. 1 Nr. 2 ErbStG. Dies ist der Fall, wenn der Beschenkte dasjenige erhalten hat, was ihm nach dem Willen des Schenkers verschafft werden sollte und er frei darüber verfügen kann.[8] Maßgebend ist grundsätzlich allein die zivilrechtliche Eigentumsposition, nicht das wirtschaftliche Eigentum, § 39 Abs. 2 Nr. 1 AO. Weder ein Rücktrittsrecht,[9] noch ein freier Widerrufsvorbehalt für den Schenker oder eine dem Zuwendenden erteilte Verfügungsvollmacht des Zuwendungsempfängers kann daher das Vorliegen einer Schenkung verhindern. Auch eine anderweitige einkommensteuerliche Zuordnung des unter Vorbehalt übertragenen Gegenstandes ändert hieran nichts. Etwas anderes soll allerdings dann gelten, wenn der Bedachte im Verhältnis zum Übergeber über den Vermögensgegenstand (noch) nicht tatsächlich und rechtlich frei verfügen kann.[10] Eine Grundstücksschenkung gilt allerdings schon als ausgeführt, wenn die Vertragsparteien die für die Eintragung der Rechtsänderung in das Grundbuch erforderlichen Erklärungen in gehöriger Form abgegeben haben und der Beschenkte aufgrund dieser Erklärungen in der Lage ist, beim Grundbuchamt die Rechtsänderung zu beantragen. Auflassung und Eintragungsbewilligung müssen daher vorliegen, der Antrag selbst braucht dagegen noch nicht gestellt zu sein.[11] Jede Schenkung ist grundsätzlich vom Erwerber

---

[2] BFH BStBl. III 1962, 323; BStBl. II 2008, 897.
[3] Das ErbStG verwendet nicht den Begriff „Schenkungsteuer", sondern spricht einheitlich von der „Erbschaftsteuer". Dies soll hier beibehalten werden.
[4] Die ist verfassungsrechtlich nicht zu beanstanden, BVerfG ZEV 2013, 99.
[5] BFH BStBl. II 1995, 81; 2009, 606.
[6] Troll/Gebel/Jülicher/Gottschalk/*Gebel* ErbStG § 20 Rn. 20.
[7] BFH BStBl. II 2008, 897.
[8] BFH BStBl. II 1985, 382; 2007, 669.
[9] Troll/Gebel/Jülicher/Gottschalk/*Gebel* ErbStG § 7 Rn. 54.
[10] BFH BStBl. II 2007, 669.
[11] BFH BStBl. II 2005, 312; 1983, 179; R E 23 ErbStR 2011; aA *Gebel* DStR 2004, 165. Diese Vorverlegung des Ausführungszeitpunkts einer Grundstücksschenkung vor den Zeitpunkt der Eintragung der Rechtsänderung im Grundbuch (§ 873 Abs. 1 BGB) ist auf den Erwerb durch Erbanfall nach der Rechtsprechung nicht übertragbar, da bei diesem die Steuer grundsätzlich mit dem Tod des Erblassers entstehe

gem. § 30 Abs. 1 ErbStG binnen einer Frist von drei Monaten ab Kenntnis vom Schenkungsanfall dem Finanzamt anzuzeigen (→ Rn. 201). Den Schenker trifft die gleiche **Anzeigepflicht**. Die dabei zu machenden Angaben ergeben sich aus § 30 Abs. 4 ErbStG.[12]

1. Schenkung unter Lebenden

4 Die Schenkung unter Lebenden ist in § 7 ErbStG geregelt. Ebenso wie im Erbfall unterliegt ein Vermögenstransfer nur insoweit der Besteuerung, als es beim Erwerber zu einer **Bereicherung** kommt. Im Bereich der Unternehmensnachfolge sind hier hauptsächlich zu nennen
- die **freigebige Zuwendung**, § 7 Abs. 1 Nr. 1 ErbStG,
- die Zuwendung aufgrund einer **Auflage** oder **Bedingung**, § 7 Abs. 1 Nr. 2 ErbStG,
- **Gleichstellungs-** und **Ausgleichsgelder**, § 7 Abs. 1 Nr. 3 ErbStG,
- die Abfindung für einen **Erbverzicht**, § 7 Abs. 1 Nr. 5 ErbStG,
- die **vorzeitige Übertragung von Nachererbschaftsvermögen** vom Vorerben auf den Nacherben, § 7 Abs. 1 Nr. 7 ErbStG,
- der Übergang von Vermögen aufgrund eines **Stiftungsgeschäfts unter Lebenden**, § 7 Abs. 1 Nr. 8 ErbStG,
- die Aufhebung einer Stiftung, § 7 Abs. 1 Nr. 9 ErbStG,
- die Zuwendung aufgrund überhöhter Gewinnbeteiligung, § 7 Abs. 6 ErbStG,
- die Zuwendung aufgrund Ausscheidens eines Gesellschafters aus einer Kapital- oder Personengesellschaft einschließlich der Weiterübertragung ererbter Gesellschaftsanteile kraft Gesellschaftsvertrages, § 7 Abs. 7 ErbStG,
- die Werterhöhung von Kapitalgesellschafts- und Genossenschaftsanteilen, wenn sie von einer an der Gesellschaft zumindest mittelbar beteiligten natürlichen Person oder Stiftung durch die Leistung einer anderen Person an die Gesellschaft erlangt wird, § 7 Abs. 8 ErbStG.[13]

5 Eine **freigebige Zuwendung** liegt vor, wenn sie unentgeltlich erfolgt, der Erwerber objektiv auf Kosten des Zuwendenden bereichert ist und der Zuwendende die Unentgeltlichkeit subjektiv gewollt hat.[14] **Objektiv** ist somit notwendig, dass es zu einer **Entreicherung** des Zuwendenden und zu einer **Bereicherung** des Erwerbers kommt. Ferner muss zwischen der Vermögensmehrung auf der einen Seite und der Vermögensminderung auf der anderen **Kausalität** bestehen.[15] Nicht erforderlich ist jedoch, dass der vom Schenker weggegebene Vermögensbestandteil identisch mit dem Zuwendungsgegenstand ist (sog. mittelbare Schenkung); objektiv entscheidend ist lediglich die hierdurch erlangte Bereicherung. Neben der Vermögensvermehrung kann es zu einer Bereicherung auch durch eine Verminderung von Schulden oder Belastungen beim Bedachten kommen.

6 Eine objektive **Bereicherung** des Erwerbers erfordert einen ganz oder teilweise unentgeltlichen Erwerb. **Unentgeltlich** ist ein Erwerb, soweit er nicht rechtlich abhängig ist von einer den Erwerb ausgleichenden Gegenleistung, die sowohl nach Art eines gegenseitigen Vertrags als auch durch Setzen einer Auflage oder Bedingung begründet sein kann.[16] Objektiv **entgeltlich** ist ein Erwerb, bei dem sich die Leistung und Gegenleistung ausgewogen gegenüberstehen. Dies ist anhand der gemeinen Werte (Verkehrswerte) zu beurteilen.[17] Stehen Leistung und Gegenleistung in einem Missverhältnis zueinander, so liegt ein **teilentgeltlicher** Erwerb (die sog. **gemischte Schenkung** → Rn. 12 ff.) vor. In diesem Fall gilt als Bereicherung der Unterschied zwischen dem Steuerwert der Leis-

---

und nur die in diesem Zeitpunkt in der Person des Erblassers bestehende Rechtsposition auf den Erben übergehen könne; vgl. BFH/NV 2007, 1663; DStR 2018, 671.
[12] Vgl. iE *Jülicher* ZErb 2001, 6 ff.
[13] Vgl. hierzu im Einzelnen die gleichlautenden Ländererlasse BStBl. I 2018, 632.
[14] R E 7.1 Abs. 1 S. 2 und 3 ErbStR 2011.
[15] BFH/NV 2001, 1407; *Gebel* DStR 1992, 1341.
[16] R E 7.1 Abs. 2 S. 3 ErbStR 2011.
[17] R E 7.1 Abs. 2 S. 2 ErbStR 2011.

tung des Schenkers und dem Steuerwert der Gegenleistung des Erwerbers,[18] wobei die Abzugsverbote für Schulden und Lasten nach § 10 Abs. 6 ErbStG zu berücksichtigen sind. Die zivilrechtlich nicht als Schenkung einzuordnenden **ehebedingten (unbenannten) Zuwendungen** gelten erbschaftsteuerlich grundsätzlich als freigebige Zuwendung und damit als unentgeltlich und steuerbar.[19] Entsprechendes gilt konsequenterweise dann auch für unbenannte Zuwendungen unter eingetragenen Lebenspartnern.

Neben der objektiven Entreicherung des Schenkers, der Bereicherung des Beschenkten und der Kausalität zwischen beidem ist **subjektiv** erforderlich, dass der Zuwendende die Unentgeltlichkeit wollte. Anders als im Zivilrecht ist es nicht notwendig, dass die Bereicherung des Beschenkten in übereinstimmendem Willen von Schenker und Beschenktem erfolgt.[20] Erbschaftsteuerlich ist nur auf den Zuwendenden abzustellen. Er muss in dem Bewusstsein – nicht notwendig in dem Willen – handelt, dass er zu der Vermögenshingabe rechtlich nicht verpflichtet ist, er also seine Leistung ohne rechtlichen Zusammenhang mit einer Gegenleistung oder einem Gemeinschaftszweck erbringt.[21] Die Finanzverwaltung beurteilt das **Bewusstsein der Unentgeltlichkeit** auf der Grundlage der dem Zuwendenden bekannten objektiven Umstände nach den Maßstäben des allgemein Verkehrsüblichen.[22]

7

Der vor dem Erbfall erfolgende Verzicht auf den Pflichtteilsanspruch ist nicht steuerbar, sofern hierfür kein Entgelt bezahlt wird.[23] Erfolgt der Verzicht dagegen vor dem Erbfall gegen Abfindung gegenüber dem Erblasser, liegt hierin eine freigebige Zuwendung nach § 7 Abs. 1 Nr. 5 ErbStG.[24] Erfolgt der Verzicht vor dem Erbfall nicht gegenüber dem Erblasser, sondern gegenüber einem anderen künftigen gesetzlichen Erben und zahlt dieser hierfür eine Abfindung, liegt hierin eine freigebige Zuwendung des künftigen Erben an den Verzichtenden nach § 7 Abs. 1 Nr. 2 ErbStG.[25] Die anzuwendende Steuerklasse richtet sich in diesem Fall nicht nach dem Verhältnis von Verzichtendem zum künftigen Erblasser, sondern nach dem Verhältnis zwischen dem verzichtenden und dem zahlenden Erben.[26]

8

Die übrigen Tatbestände, die als Schenkung unter Lebenden gelten, sind im Wesentlichen denen des § 3 Abs. 2 Nr. 1 bis 6 ErbStG nachgebildet. Es kann daher auf die diesbezüglichen Ausführungen verwiesen werden (→ § 27 Rn. 8 f.).

2. Ermittlung des steuerpflichtigen Erwerbs

Steuerbemessungsgrundlage der Erbschaftsteuer ist gemäß § 10 Abs. 1 S. 1 ErbStG der Wert der Bereicherung, soweit diese nicht steuerfrei gestellt ist. Während für einen Erwerb von Todes wegen § 10 Abs. 1 S. 2 ErbStG explizit regelt, wie der steuerpflichtige Erwerb zu ermitteln ist, fehlt eine entsprechende Wertermittlungsvorschrift für die freigebige Zuwendung.[27] Die Rechtsprechung greift daher auf § 7 Abs. 1 Nr. 1 ErbStG zurück, wonach als Schenkung jede freigebige Zuwendung unter Lebenden gilt, „soweit der Bedachte durch sie auf Kosten des Zuwendenden bereichert wird".[28] **Bewertungszeitpunkt** ist grundsätzlich der Zeitpunkt der Entstehung der Steuerschuld, § 11 ErbStG. Bei der Schenkung ist dies der Zeitpunkt von deren Ausführung (§ 9 Abs. 1 Nr. 2 ErbStG; → Rn. 3). Es ist daher eine schenkungsteuerliche **Stichtagsbewertung** aller zum Erwerb

9

---

[18] R E 7.4 Abs. 1 S. 2 ErbStR 2011; aA Troll/Gebel/Jülicher/Gottschalk/*Gebel* ErbStG § 7 Rn. 204, der zu Recht auf die Verkehrswerte bzw. gemeinen Werte abstellt.
[19] BFH BStBl. II 1994, 366; R E 7.2 ErbStR 2011; zu Recht aA *Meincke/Hannes/Holtz* ErbStG § 7 Rn. 83 ff.; *Crezelius* NJW 1994, 3066; *Felix* BB 1994, 1342; *Klein-Blenkers* ZEV 1994, 223.
[20] R E 7.1 Abs. 1 S. 1 ErbStR 2011.
[21] BFH BStBl. II 2005, 845 mwN; BFH/NV 2010, 893; R E 7.1 Abs. 3 S. 1 und 2 ErbStR 2011.
[22] R E 7.1 Abs. 3 S. 3 und 4 ErbStR 2011.
[23] Troll/Gebel/Jülicher/Gottschalk/*Gottschalk* ErbStG § 3 Rn. 237; *Lohr/Görges* DStR 2011, 1939.
[24] BFH BStBl. II 2001, 456; *Lohr/Görges* DStR 2011, 1939.
[25] BFH BStBl. II 2018, 201; 2013, 922.
[26] BFH BStBl. II 2018, 201; aA noch BFH BStBl. II 2013, 922.
[27] R 17 Abs. 1 S. 1 ErbStR; Moench/Weinmann/*Weinmann* ErbStG § 7 Rn. 100.
[28] BFH/NV 1994, 373; BStBl. II 1982, 83.

10 Ebenso wie beim Erbfall ist der Ausgangspunkt der Wert des Vermögensanfalls (→ § 27 Rn. 32 ff.). Hierunter ist der Steuerwert des übergegangenen Vermögens abzüglich der sachlichen Steuerbefreiungen zu verstehen. Bei der gemischten Schenkung und der Schenkung unter Auflage sind zusätzlich etwaige Gegenleistungen zu berücksichtigen (→ Rn. 12). Wird keine Gegenleistung erbracht, ändert sich im Verhältnis zum Erwerb von Todes wegen an der Ermittlung des steuerpflichtigen Erwerbs nichts. Die **Bewertung der Zuwendungsgegenstände** richtet sich gemäß § 12 Abs. 1 ErbStG nach den Vorschriften des ersten Teils des BewG, soweit sich aus den Abs. 2 bis 7 des § 12 ErbStG nichts Anderes ergibt. Die zum jeweiligen Erwerb gehörenden Vermögensgegenstände sind zum Zwecke der Erbschaftbesteuerung einzeln und gesondert zu bewerten. Bewertungsgegenstand ist die sog. wirtschaftliche Einheit, § 2 BewG. Hierbei kann es sich um einen einzelnen Vermögensgegenstand handeln. Dienen mehrere Vermögensgegenstände eines Eigentümers einem gemeinschaftlichen wirtschaftlichen Zweck, sind sie zu einer wirtschaftlichen Einheit zusammenzufassen (→ § 27 Rn. 32). Welches Bewertungsverfahren zugrunde zu legen ist und welche Maßstäbe hierbei anzulegen sind, hängt im Wesentlichen davon ab, um was für einen Bewertungsgegenstand, dh um welche wirtschaftliche Einheit es sich handelt. Soweit nichts Anderes vorgeschrieben ist, ist für die Bewertung einer wirtschaftlichen Einheit immer der gemeine Wert maßgebend, § 9 Abs. 1 BewG (→ § 27 Rn. 33). Bei Familienunternehmen, bei denen Entnahme- bzw. Ausschüttungs-, Verfügungs- und Abfindungsbeschränkungen existieren, gewährt § 13a Abs. 9 ErbStG einen Wertabschlag. Hierbei handelt es sich um eine gesetzlich geregelte, nicht in § 9 BewG verankerte[30] Verschonung in der Form eines Abschlags vom Unternehmenswerts, um den besonderen persönlichen Verhältnissen bei diesen Gesellschaften Rechnung zu tragen (→ § 27 Rn. 174 ff.).

11 Hinsichtlich der hier vornehmlich interessierenden Bewertung von Betriebsvermögen und von Anteilen an Kapitalgesellschaften kann auf die zum Erbfall gemachten Erläuterungen verwiesen werden (→ § 27 Rn. 32 ff.). Die Anknüpfung an die ertragsteuerliche Zuordnung zum Betriebsvermögen hat zur Folge, dass im Zuge der Schenkung zurückbehaltene oder an andere Personen verschenkte Wirtschaftsgüter des Betriebsvermögens ertragsteuerlich als vom Schenker entnommen behandelt werden. Sie scheiden daher erbschaftsteuerlich aus der Bewertungseinheit Betriebsvermögen aus und selbständig zu bewerten. Da der betriebliche Zusammenhang gelöst ist, können sie, auch wenn sie beim Erwerber sofort wieder in ein Betriebsvermögen eingelegt werden, nicht als solches behandelt werden. Werden vom Schenker wesentliche Betriebsgrundlagen zurückbehalten, kann dies noch bei ihm ertragsteuerlich eine **Betriebsaufgabe** auslösen (→ § 26 Rn. 12). Da es in diesem Fall auch zu einem Wechsel der Vermögensart kommt (die zugewendeten Wirtschaftsgüter wechseln im Rahmen der Betriebsaufgabe in das Privatvermögen), erwirbt der Beschenkte kein Betriebsvermögen, so dass auch die Vergünstigungen der §§ 13a, 19a ErbStG entfallen.[31] Soweit eine **gemischte Schenkung** oder eine **Schenkung unter**

---

[29] BVerfG BStBl. II 1995, 671 unter B. 2. und C. II. 3.; BFH/NV 1990, 643; Mönch/Weinmann/*Weinmann* § 11 Rn. 12; Meincke/Hannes/Holtz ErbStG § 9 Rn. 11; → § 11 Rn. 5.
[30] BVerfG BStBl. II 2007, 192 verlangt eine Trennung von Bewertungs- und Verschonungsebene, weshalb der Verschonungsabschlag nicht in den Bewertungsvorschriften eingefügt werden konnte; vgl. Troll/Gebel/Jülicher/Gottschalk/*Jülicher* ErbStG § 12 Rn. 73.
[31] Koordinierte Ländererlasse BStBl. I 2017, 902 Abschn. 13 b.5 Abs. 3 S. 8; aA Kapp/Ebeling/*Geck* ErbStG § 13b Rn. 18, der darauf abstellt, dass das unternehmerische Engagement mit Hilfe der übertragenen Wirtschaftsgüter des Übergebers vom Übernehmer fortgesetzt werden kann.

Leistungsauflage vorliegt, weicht die Rechtsprechung von dem Grundsatz der Identität von Erbschaft- und Schenkungsteuer im Bereich der Wertermittlung ab.

a) Gemischte Schenkung und Schenkung unter Auflage. Gegenleistungen im Sinne des Schenkungsteuerrechts sind nicht nur die Leistungen des Bedachten, die mit der Zuwendung synallagmatisch verknüpft sind, sondern alle diejenigen, die in einem konditionalen oder kausalen Zusammenhang mit der Zuwendung des Schenkers stehen.[32] Dies ist zB auch der Fall bei **Versorgungsleistungen,** die somit im Erbschaftsteuerrecht anders als im Einkommensteuerrecht (→ Rn. 56) als Gegenleistung zu behandeln sind.[33] Hier kann die Gegenleistung (Versorgungs- oder Betreuungsleistung) der Schenkung auch vorausgehen, was allerdings eine von vornherein getroffene Entgeltabrede voraussetzt.[34] Auch die **Übernahme von Schulden** ist Gegenleistung, jedoch nur, wenn Zins- und Tilgungsleistungen auch vom Erwerber getragen werden[35] und es sich nicht um Betriebsschulden oder um die Übernahme anteiliger Gesellschaftsschulden im Zuge der Schenkung einer Beteiligung an einer rein vermögensverwaltenden Personengesellschaft handelt (→ Rn. 18). Bei einer **Betriebsübergabe** ist Zuwendungsgegenstand der Gewerbebetrieb in seiner wirtschaftlichen Einheit aus Besitz- und Schuldposten („Inbegriff von Sach- und Rechtsgesamtheiten"; → § 27 Rn. 57).[36] Die bloße **Schuldübernahme** stellt erbschaftsteuerlich daher **keine Gegenleistung** dar.[37] Dies bedeutet, dass eine Betriebsübergabe, bei der auch die Betriebsschulden übernommen werden, aber ansonsten keine Gegenleistung vorgesehen ist, keine gemischte Schenkung darstellt.

Auch **Abstandsleistungen** und **Ausgleichsleistungen an Dritte** (zB Gleichstellungsgelder) sind Gegenleistungen. Bei den letzteren ist allerdings zu unterscheiden zwischen dem Deckungsverhältnis zwischen dem Schenker und dem beschenkten Ausgleichsverpflichteten einerseits und dem Valutaverhältnis zwischen dem Schenker und dem Dritten andererseits. Lediglich im Deckungsverhältnis stellt die Ausgleichsleistung eine Gegenleistung dar. Das Valutaverhältnis ist für den Beschenkten schenkungsteuerlich unbeachtlich. Der Dritte erhält ein für sich gesondert zu betrachtendes Forderungsrecht vom Schenker. Dabei kann es sich ebenfalls um eine Schenkung handeln, die unter Abkürzung des Leistungsweges mit Hilfe des beschenkten Ausgleichsverpflichteten erbracht wird und deren Empfänger der Dritte ist. In diesem Verhältnis ist die Ausgleichsleistung zugleich eine freigiebige Zuwendung des Schenkers an den Dritten. Dieses Forderungsrecht – und nicht erst die zu seiner Erfüllung erbrachte Ausgleichsleistung – ist Gegenstand der weiteren mit dem Übertragungsvertrag zu Gunsten des Ausgleichsberechtigten bewirkten Schenkung gemäß § 7 Abs. 1 Nr. 1 ErbStG, die bereits mit Abschluss dieses Vertrages iSd § 9 Abs. 1 Nr. 2 ErbStG ausgeführt ist.[38]

Soweit in Übergabeverträgen **Pflegeverpflichtungen** für den Bedarfsfall vereinbart werden, stellen diese Pflegeleistungen eine Gegenleistung für die Übertragung dar.[39] Sofern der Bedarfsfall nicht schon bei Übergabe vorliegt, handelt es sich um eine aufschiebend bedingte Last, die gemäß § 6 Abs. 1 BewG vor Eintritt der Bedingung nicht zu berücksichtigen ist.[40] Die Pflegeverpflichtung bleibt deshalb im Zeitpunkt der Ausführung der Schenkung zunächst unberücksichtigt, so dass es sich insoweit erst einmal um eine reine Schenkung handelt, die sich allerdings bei Eintritt des Bedarfsfalles zu einer gemischten Schenkung wandelt. Der Eintritt des Pflegefalls wird von der Finanzverwaltung

---

[32] BFH NJW 1992, 2566.
[33] *Gebel,* Betriebsvermögensnachfolge, Rn. 617.
[34] HessFG ZEV 2011, 443; FG RhPf DStRE 2003, 551.
[35] BFH BStBl. II 2002, 165; H 7.4 (1) bis (4) ErbStH 2011.
[36] BGH NJW 1988, 1668.
[37] FinMin Bayern DStR 1984, 44; FinMin Nds DB 1984, 588; Moench/Weinmann/*Weinmann* ErbStG § 7 Rn. 92; aA *Gebel,* Betriebsvermögensnachfolge, Rn. 607 ff.
[38] BFH DStRE 2009, 25; BStBl. II 1981, 78.
[39] H E 7.4 (1) ErbStH 2011.
[40] BFH BStBl. II 1989, 814; BStBl. II 2006, 475; H E 7.4 (1) ErbStH 2011.

bei Pflegebedürftigkeit im Sinne des § 15 SGB XI (Pflegegrad 1) anerkannt. Im Übrigen verlangt sie vom Steuerpflichtigen geeignete Nachweise. Um hier nicht in Erklärungsnot zu kommen, sollte der Pflegebegriff im Übergabevertrag näher beschrieben werden. Der ursprüngliche Schenkungsteuerbescheid ist gemäß § 175 Abs. 1 S. 1 Nr. 2 AO zu ändern. Die Pflegeleistungen sind mit ihrem Kapitalwert im Zeitpunkt des Eintritts des Pflegefalles zu bewerten. Dieser ist auf den Zeitpunkt der Ausführung der Zuwendung (§ 9 Abs. 1 Nr. 2 ErbStG) abzuzinsen. Liegt Pflegebedürftigkeit iSd § 15 SGB XI vor, kann der Jahreswert der Leistung (§ 15 BewG), soweit sich aus der vertraglichen Vereinbarung nichts Anderes ergibt, mit dem Zwölffachen der in der gesetzlichen Pflegeversicherung vorgesehenen monatlichen Pauschalvergütung bei Inanspruchnahme von Pflegesachleistungen (§ 36 Abs. 3 SGB XI) angesetzt werden. Dieser liegt aber erst ab dem Pflegegrad 2 vor. Ansonsten ist er zu schätzen, wobei nach Ansicht der Finanzverwaltung die Werte der Pflegesachleistungen nicht überschritten werden dürfen.[41] Da Pflegesachleistungen aber erst ab dem Pflegegrad 2 vorgesehen sind, § 36 Abs. 1 S. 1 SGB XI, könnte dies implizieren, dass es nach Ansicht der Finanzverwaltung bei einem Pflegegrad 1 noch zu keiner Berichtigung der Erbschaftsteuer kommt. Richtigerweise kommt es aber allein auf die Vereinbarung und eine sachgerechte Schätzung an. Die gesetzlichen Werte sind daher lediglich eine Art Richtgröße.

15 Keine Gegenleistung ist die **Auflage,** da die Schenkung unter Auflage zivilrechtlich eine Vollschenkung darstellt. Verpflichtet sie den Bedachten zu einer Geld- oder Sachleistung an den Zuwendenden oder einen Dritten (sog. **Leistungsauflagen**), wird sie von der Rechtsprechung allerdings der Gegenleistung gleichgestellt. Leistungsauflagen, bei denen der Bedachte an einen Dritten leisten muss, sind wie Ausgleichsleistungen an Dritte zu behandeln. Auch hier ist folglich zwischen Deckungs- und Valutaverhältnis zu unterscheiden (→ Rn. 13). Dagegen werden sog. **Duldungs- oder Nutzungsauflagen** (zB obligatorische und dinglich gesicherte Nutzungsvorbehalte) lediglich als bereicherungsmindernde Faktoren angesehen, die mit ihrem Kapitalwert nach § 12 ErbStG iVm §§ 13–16 BewG vom Steuerwert des Zuwendungsgegenstandes abzuziehen sind.[42] Bei Schenkungen, die sowohl Elemente der gemischten Schenkung und Schenkung unter Leistungsauflage als auch der Schenkung unter Nutzungs- oder Duldungsauflage enthalten (sog. **Mischfälle**), ist nach Ansicht der Rechtsprechung zunächst die Verhältnisrechnung durchzuführen und sodann von dem so ermittelten Steuerwert der freigebigen Zuwendung der anteilig darauf entfallende Kapitalwert der Nutzungs- oder Duldungsauflage als Last abzuziehen.[43] Nach neuerer Ansicht der Finanzverwaltung sind die einzelnen Auflagen (Leistungs- und Nutzungs-/Duldungsauflage) mit ihrem jeweiligen Steuerwert vom Steuerwert der Schenkungsleistung abzuziehen.[44]

16 Ebenso wie beim Erwerb von Todes wegen und bei der Schenkung auf den Todesfall ist auch bei der **gemischten Schenkung unter Lebenden** und derjenige der **Schenkung unter Leistungsauflage** der Steuerwert der Gegenleistung vom Steuerwert des Leistungsgegenstandes abziehen. Es kommt daher zu einer einfachen Saldierung zwischen Leistung und Gegenleistung, wobei die Abzugsverbote des § 10 Abs. 6 ErbStG zu beachten sind.[45] Dies gilt auch dann, wenn im Einzelfall der nach dem Bewertungsgesetz ermittelte Steuerwert hinter dem gemeinen Wert zurückbleibt.[46] Es bedarf daher auch in diesem Fall keiner Verhältnisrechnung.

---

[41] H E 7.4 (1) ErbStH 2011.
[42] R E 7.4 Abs. 1 S. 2 u. 3 ErbStR 2011.
[43] BFH BStBl. II 1996, 243; BStBl. II 2002, 25; Troll/Gebel/Jülicher/Gottschalk/*Gebel* ErbStG § 7 Rn. 210.
[44] R E 7.4. ErbStR 2011; H E 7.4 (3) ErbStH 2011.
[45] R E 7.4 ErbStR 2011; BFH DStR 2018, 1709; Troll/Gebel/Jülicher/Gottschalk/*Gebel* ErbStG § 7 Rn. 207; *Meincke* ErbStG § 7 Rn. 37 ff.
[46] BFH DStR 2018, 1709.

I. Erbschaft-/Schenkungsteuer § 28

Bei der Ermittlung des **Steuerwerts** der Leistung des Schenkers richtet sich die Bewertung der Zuwendungsgegenstände gemäß § 12 Abs. 1 ErbStG ebenso wie im Erbfall nach den Vorschriften des ersten Teils des BewG, soweit sich aus den Abs. 2 bis 7 des § 12 ErbStG nichts Anderes ergibt. Wird ein **Betriebsvermögen** oder ein Betriebsvermögensanteil zugewendet[47] **und** übernimmt der Erwerber (Beschenkte) **andere Schulden und Lasten** als Betriebsschulden **oder negatives Sonderbetriebsvermögen,** ist die Verhältnisrechnung bezogen auf den nach § 12 Abs. 5 ErbStG ermittelten Steuerwert des zugewendeten Betriebsvermögens bzw. Betriebsvermögensanteils anzuwenden bzw. nach Ansicht der Finanzverwaltung von diesem der Steuerwert der anderen Schulden und Lasten bzw. des negativen Sonderbetriebsvermögens abzuziehen. **Wiederkehrende Leistungen** (zB Versorgungsleistungen) sind mit ihrem nach §§ 13 bis 16 BewG zu ermittelnden Kapitalwert in die zur Berechnung des Steuerwerts der freigebigen Zuwendung erforderliche Verhältnisrechnung mit einzubeziehen. 17

Bei einer **Betriebsübergabe** (Betriebsvermögen) ist Zuwendungsgegenstand der Gewerbebetrieb in seiner wirtschaftlichen Einheit aus Besitzposten und Schuldposten („Inbegriff von Sach- und Rechtsgesamtheiten").[48] Der **Schuldübergang** stellt – im Gegensatz zur Schuldübernahme – erbschaftsteuerlich daher **keine Gegenleistung** dar.[49] Gleiches gilt für die Schenkung einer Beteiligung an einer gewerblich tätigen Personengesellschaft. Auch hier werden die Betriebsschulden im Rahmen der Bewertung des Betriebsvermögens abgezogen. Anders verhält es sich allerdings bei rein **vermögensverwaltend tätigen Personengesellschaften,** insbesondere bei geschlossenen Immobilienfonds in der Rechtsform einer Gesellschaft bürgerlichen Rechts oder einer Kommanditgesellschaft. Nach § 10 Abs. 1 S. 4 ErbStG erhält der Beschenkte in diesem Fall keine Sachgesamtheit, sondern anteilige Wirtschaftsgüter. Hierdurch soll die Gleichstellung zur Übertragung von Einzelwirtschaftsgütern erreicht werden, so dass im privaten Bereich keine gebündelte Zuwendung von anteiligen Besitz- und Schuldposten mehr möglich wäre. Anders als bei der betrieblichen Beteiligung, bei der die Betriebsschulden im Rahmen der Bewertung des Zuwendungsobjekts „Gesellschaftsanteil" ungekürzt abgezogen werden, hat diese Beurteilung zur Folge, dass als Zuwendungsgegenstände lediglich die (anteiligen) positiven Wirtschaftsgüter anzusehen sind. Die Übernahme der anteiligen Gesellschaftsschulden wäre dann nicht mehr als Schuldübergang im Rahmen eines einheitlichen Zuwendungsobjekts zu beurteilen, sondern als Schuldübernahme und somit wie eine Gegenleistung zu werten.[50] Es läge somit – anders als bei der Schenkung der betrieblichen Beteiligung – eine gemischte Schenkung vor. Anders sieht dies bislang der Bundesfinanzhof, der allerdings noch keine Gelegenheit hatte, sich zu der geänderten Gesetzeslage zu äußern. Da eine rein vermögensverwaltende Personengesellschaft kein Betriebsvermögen habe, sei die Saldierung der positiven und negativen Wirtschaftsgüter wegen der zivilrechtlich vorgegebenen Einheitlichkeit des Zuwendungsgegenstandes, eines Mitgliedschaftsrechts als „Bündel" von Rechten und Pflichten geboten.[51] Zur Wertermittlung ist danach zunächst der Gesamtsteuerwert des Gesellschaftsvermögens festzustellen. Dieser ergibt sich aus dem Steuerwert der Wirtschaftsgüter des Gesellschaftsvermögens, von dem der Nennwert der Gesellschaftsschulden abzuziehen ist. Der entsprechende Anteil an dem so ermittelten Gesamtsteuerwert des Gesellschaftsvermögens stellt den Wert des Erwerbs des Erwerbers dar. Nach Ansicht der Finanzverwaltung wäre lediglich zu saldieren. 18

---

[47] Etwaige betriebliche Schulden werden bereits bei der Wertermittlung gem. § 12 Abs. 5 ErbStG erfasst. Insoweit handelt es sich um einen Schuldübergang, der stets zu einer Saldierung führt, 96; aA Troll/Gebel/Jülicher/Gottschalk/*Gebel* ErbStG § 7 Rn. 220.
[48] BGH NJW 1988, 1668.
[49] Troll/Gebel/Jülicher/Gottschalk/*Gebel* ErbStG § 7 Rn. 220.
[50] R E 10.4 Abs. 2 ErbStR 2011.
[51] BFH/NV 1999, 1338; Troll/Gebel/Jülicher/Gottschalk/*Gebel* ErbStG § 10 Rn. 59; Moench/Weinmann/*Weimann* ErbStG § 7 Rn. 85; Moench/Weinmann/*Weinmann* ErbStG § 10 Rn. 27 mwN.

Im Übrigen wird auf die zum Erbfall gemachten Erläuterungen verwiesen (→ § 27 Rn. 11 ff.).

19 **b) Nießbrauch.** Will der Unternehmer zwar die Unternehmensnachfolge einleiten, das Eigentum am Betriebsvermögen jedoch noch nicht aufgeben, räumt er häufig einen **Unternehmensnießbrauch** ein. Der bisherige Eigentümer überträgt im Rahmen der vorweggenommenen Erbfolge das Unternehmen auf einen Dritten und behält sich den Nießbrauch an diesem Vermögen vor (sog. **Vorbehaltsnießbrauch**). Gegenstand der Zuwendung ist beim Vorbehaltsnießbrauch der nießbrauchsbelastete Vermögensgegenstand. Bleibt der Nießbraucher und frühere Eigentümer ausnahmsweise wirtschaftlicher Eigentümer des übertragenen Vermögens, ändert dies nichts an der Schenkungsteuerbarkeit des Erwerbs. Denn die Frage nach dem Vorliegen einer Schenkung entscheidet sich im Erbschaftsteuerrecht ausschließlich nach zivilrechtlichen Kriterien. Der Vorbehaltsnießbrauch ist keine Gegenleistung, sondern als bereicherungsmindernder Faktor mit seinem nach §§ 13–16 ErbStG zu ermittelnden Kapitalwert vom Steuerwert des Zuwendungsgegenstandes abzuziehen sind.[52]

20 Wird ein **Betrieb, Teilbetrieb, Mitunternehmeranteil** iSd § 13b Abs. 1 EStG unentgeltlich übertragen, kommen auch die Begünstigungen gemäß §§ 13a, 19a ErbStG grundsätzlich zum Tragen (→ § 27 Rn. 113 ff.). Maßgebend für die Frage, ob ein Betrieb, Teilbetrieb oder Mitunternehmeranteil vorliegt, ist die ertragsteuerliche Wertung und damit letztlich nicht die sonst im Erbschaftsteuerrecht anzuwendende zivilrechtliche Sichtweise, sondern die wirtschaftliche Betrachtungsweise.[53] Es kommt daher nur darauf an, dass der Beschenkte (Nießbrauchsbesteller) eine Unternehmer- bzw. Mitunternehmerstellung erlangt und die wesentlichen Betriebsgrundlagen übertragen erhält.[54] Behält sich der Schenker bei der freigebigen Zuwendung eines Mitunternehmeranteils den Nießbrauch zu einer bestimmten Quote hiervon einschließlich der Stimm- und Mitverwaltungsrechte vor und vermittelt daher der mit dem Nießbrauch belastete Teil der Kommanditbeteiligung dem Erwerber für sich genommen keine Mitunternehmerstellung, können für diesen Teil die Steuervergünstigungen nach § 13b Abs. 1 Nr. 2 ErbStG nicht beansprucht werden, wohl aber für den restlichen Anteil.[55]

21 Die Bestellung eines **Nießbrauchs am Anteil einer Kapitalgesellschaft** ist nicht nach §§ 13a, 13b ErbStG begünstigt. Der Wortlaut des § 13b Abs. 1 Nr. 3 ErbStG verweist anders als § 13b Abs. 1 Nr. 2 ErbStG für Personengesellschafts- und Mitunternehmeranteile nicht auf das Ertragsteuerrecht, so dass es insoweit bei der streng zivilrechtlichen Sichtweise des Erbschaftsteuerrechts bleibt und auf die wirtschaftliche Betrachtungsweise nicht ankommt. Danach ist der Nießbrauch, mag er gesellschaftsrechtlich dem Nießbraucher auch eine dem Gesellschafter stark angenäherte Rechtsposition verschaffen, eben kein Kapitalgesellschaftsanteil.[56] Dies bedeutet aber zugleich, dass der Nießbrauchsvorbehalt der begünstigten Übertragung des Kapitalgesellschaftsanteils nicht im Wege steht und zwar selbst dann nicht, wenn er so ausgestaltet ist, dass der Nießbraucher ertragsteuerlich wirtschaftlicher Eigentümer des Anteils bleibt.[57]

22 Anders als der Unternehmensnießbrauch gewährt der **Ertragsnießbrauch** kein Recht auf eigenständige Betriebsführung, sondern lediglich einen Anspruch auf den fortlaufend erzielten Jahresgewinn bzw. einen Teil davon. Auch hier ist der Kapitalwert nach den §§ 13 bis 16 BewG zu ermitteln. Allerdings ist § 16 BewG (Höchstwertbegrenzung) nur

---

[52] R E 7.4 Abs. 1 S. 2 ErbStR 2011.
[53] BFH BStBl. II 2010, 555.
[54] BFH ZEV 2009, 140; BStBl. II 2015, 821; *Korn/Carlé* KÖSDI 2009, 16514; *Korn* DStR 1999, 1461 (1471); *Carlé/Bauschatz* KÖSDI 2001, 12872 (12884); wohl auch H E 13 b.5 ErbStH 2011 „Schenkung von Betriebsvermögen unter freiem Widerrufsvorbehalt".
[55] BFH BStBl. II 2013, 635.
[56] Troll/Gebel/Jülicher/Gottschalk/*Jülicher* ErbStG § 13b Rn. 187; *Götz* DStR 2013, 448 unter Ziff. 4.2.
[57] Troll/Gebel/Jülicher/Gottschalk/*Jülicher* ErbStG § 13b Rn. 187.

I. Erbschaft-/Schenkungsteuer § 28

anwendbar, wenn sich der eingeräumte Ertragsnießbrauch noch als Nutzung eines Betriebes, dh eines Inbegriffes von Vermögensgegenständen, darstellt. Handelt es sich lediglich um einen Anspruch auf fortlaufende Gewinnbeteiligung, zB wenn dem Nießbraucher auch in Verlustjahren ein Mindestgewinn zusteht, so ist § 16 BewG nicht anzuwenden.[58]

Beim **Zuwendungsnießbrauch** beabsichtigt der Eigentümer eines Vermögensgegenstands, die Versorgung eines anderen sicherzustellen. Anders als beim Vorbehaltsnießbrauch behält grundsätzlich der Eigentümer den Vermögensgegenstand und wendet einem Dritten lediglich den Nießbrauch an diesem Gegenstand zu. Ziel dieser Gestaltung ist es, dem Dritten eine Einkunftsquelle zu verschaffen. Im Vordergrund steht zumeist ein Versorgungsgedanke. Allerdings kann eine derartige Gestaltung auch dazu dienen, sich durch die Aufteilung der Einkunftsquellen auf mehrere Familienmitglieder einen bisher ungenutzten Grundfreibetrag, zB den eines Kindes, zu erschließen und gegebenenfalls die Steuerprogression auf das Einkommen des Nießbrauchbestellers zu vermindern. Ein Gestaltungsmissbrauch liegt hierin nicht.[59] 23

Das Nutzungsrecht ist bei der erbschaftsteuerlichen Wertermittlung mit seinem nach §§ 13–16 BewG ermittelten **Kapitalwert** anzusetzen, § 12 Abs. 1 ErbStG. Dies gilt nach Ansicht der Finanzverwaltung auch dann, wenn das Nießbrauchsrecht Sonderbetriebsvermögen und damit mit dem gemeinen Wert anzusetzen ist, § 97 Abs. 1a Nr. 2 BewG.[60] Ob der Nießbraucher Mitunternehmer geworden ist oder nicht, ist allein für die Steuerbefreiung nach § 13a ErbStG von Bedeutung (→ § 27 Rn. 121), spielt aber für die Frage der Bewertung grundsätzlich keine Rolle. Erlischt der Nießbrauch erst mit dem Tod des Nießbrauchsberechtigten, entspricht der Kapitalwert nach § 14 Abs. 1 BewG dem aus der vom Bundesministerium der Finanzen zusammengestellten Tabelle zu entnehmenden Vielfachen des Jahreswerts.[61] Hängt die Dauer des lebenslänglichen Nießbrauchs von der Lebenszeit mehrerer Personen ab und erlischt das Recht mit dem Tod des Letztversterbenden, ist das Alter und Geschlecht desjenigen maßgebend, für den sich der höchste Vervielfältiger ergibt; bei Erlöschen mit dem Tod des zuerst Versterbenden ist der niedrigste Vervielfältiger maßgebend, § 14 Abs. 3 BewG. Gem. § 15 Abs. 3 BewG ist als Jahreswert des Unternehmensnießbrauchs und des Nießbrauchs an GmbH-Anteilen der Gewinn zugrunde zu legen, der in Zukunft im Durchschnitt der Jahre voraussichtlich erzielt werden wird, höchstens jedoch der sich nach § 16 BewG ergebende Wert.[62] Die Ermittlung des künftigen **Durchschnittsertrages** erfolgt in der Regel auf der Grundlage des Ertrags der dem Stichtag vorangehenden drei Jahre, wobei dies allerdings nicht schematisch erfolgen darf.[63] So kann es insbesondere bei stark ungleichmäßigem Anstieg oder Abfall der Erträge geboten sein, dies durch einen Tendenzzuschlag oder -abschlag auf den Durchschnittsertrag zu berücksichtigen.[64] Bei zB konjunkturbedingt stark schwankenden Erträgen kann es erforderlich sein, einen längeren als den Drei-Jahres-Zeitraum zugrunde zu legen.[65] Die Betriebsergebnisse der Folgezeit können, auch wenn sie zum Zeitpunkt der Wertermittlung schon bekannt sind, wegen des Stichtagsprinzips grundsätzlich nicht berücksichtigt werden, es sei denn, die Ergebnisse beruhen ersichtlich auf Umständen, die bereits am Stichtag vorlagen. Bei einer Kapitalgesellschaft kommt es grundsätzlich auf die Ausschüttung an. Diese kann aber, je nach Einfluss des Nießbrauchbestellers, gesteuert werden. Hat also zB eine GmbH in den letzten drei Jahren keine Ausschüttungen vorge- 24

---

[58] BFH BStBl. II 1983, 740; III 1966, 307.
[59] BFH/NV 1996, 122.
[60] Gleichlautende Ländererlasse BStBl. I 2012, 1101, Ziff. 1. b).
[61] BMF BStBl. I 2016, 1166; für Bewertungsstichtage ab 1.1.2016 vgl. BMF BStBl. I 2015, 954 und für Bewertungsstichtage ab 1.1.2013 bis zum 1.1.2015 BMF BStBl. I 2012, 950, da das Statistische Bundesamt in den Jahren 2013 und 2014 keine aktualisierte Sterbetafel veröffentlicht hat.
[62] BFH BStBl. II 1972, 448; BFH/NV 1989, 215; FG Düsseldorf EFG 2007, 1968.
[63] BFH BStBl. II 1972, 448; FG Düsseldorf EFG 2007, 1968.
[64] *Esskandari* NWB 2009, 930.
[65] FG Baden-Württemberg EFG 1987, 395: 5 Jahre.

nommen, würde dies zu einem künftigen Durchschnittsertrag von Null führen.[66] In dieser und ähnlich gelagerten Fallkonstellationen ist abweichend von der schematischen Bewertung der Durchschnittsertrag anhand der Ertragslage zu bestimmen, wobei im Zuge ordnungsgemäßer Geschäftsführung thesaurierte Gewinne nicht zu berücksichtigen sind.[67] Dies gilt dann aber auch im umgekehrten Fall, in dem in dem zur Ermittlung des Durchschnittsertrags zugrunde zu legenden Zeitraum überdurchschnittlich hohe Ausschüttungen erfolgten. Der Jahreswert des Nießbrauchs ist gemäß § 16 BewG auf den durch 18,6 geteilten Wert des nießbrauchsbelasteten Gegenstands begrenzt. Der Wert des nießbrauchsbelasteten Gegenstands entspricht den erbschaftsteuerlichen Werten und ist bei Grundstücken nach §§ 176 ff. BewG und bei Betrieben, Teilbetrieben, Mitunternehmeranteilen und Kapitalgesellschaften nach §§ 11 bzw. 199 ff. BewG zu ermitteln. Wird für den Zuwendungsnießbrauch an einem Grundstück der niedrigere gemeine Wert gemäß § 198 BewG zugrunde gelegt, ist zum Zwecke der Begrenzung des Jahreswerts nach § 16 BewG der Bruttowert durch 18,6 zu teilen.[68]

25 Der Nießbraucher kann anstatt der Einmalbesteuerung des Nutzungsrechtes gem. § 23 Abs. 1 ErbStG auch eine fortlaufende jährliche **Besteuerung nach dem Jahreswert** wählen. Das einheitliche Nutzungsrecht wird dann wie eine Reihe alljährlich neu für die Dauer eines Jahres begründeter Nutzungsrechte behandelt, wobei hinsichtlich des Jahreswertes aber jeweils auf die Verhältnisse am **ursprünglichen Bewertungsstichtag** abgestellt wird.[69] Auf die tatsächliche Entwicklung der Rentenhöhe, die sich zB aufgrund einer Wertsicherungsklausel verändern kann, kommt es nicht an.[70] Nur in eng begrenzten Ausnahmefällen kann eine abweichende Festsetzung der Erbschaftsteuer für die Ablösung der Jahressteuer nach § 23 Abs. 2 ErbStG iVm § 163 S. 1 AO im Billigkeitswege gerechtfertigt sein.[71] Gem. § 23 Abs. 2 ErbStG kann die Jahressteuer zum jeweils nächsten Fälligkeitstermin mit ihrem Kapitalwert abgelöst werden. Der Kapitalwert des Ablösungsbetrages ist nach den §§ 13, 14 BewG zu ermitteln.

26 Die Begünstigungen für Betriebsvermögen nach §§ 13a, 19a ErbStG gelten nunmehr auch nach Ansicht der Finanzverwaltung für den Zuwendungsnießbrauch an **Betriebsvermögen**.[72] Was zum begünstigten Betriebsvermögen gehört, bestimmt sich nach den §§ 13b Abs. 1, 19a Abs. 2 ErbStG iVm §§ 95, 96, 97 Abs. 1 S. 1 Nr. 5 S. 1 BewG, welche ausdrücklich auf die ertragsteuerliche Wertung abstellen. Die zivilrechtliche Beurteilung erstreckt sich daher lediglich darauf, ob es sich um einen erbschaftsteuerlich relevanten Übertragungsakt handelt. In einem zweiten Schritt ist sodann zu prüfen, ob die Zuwendung begünstigtes Betriebsvermögen enthält. Dies hat ausweislich der gesetzlichen Regelung nach ertragsteuerlichen und nicht nach zivilrechtlichen Gesichtspunkten zu erfolgen. Danach ist der Begriff „Gesellschaft" in § 97 Abs. 1 S. 1 Nr. 5 S. 1 BewG nicht zivilrechtlich als Personengesellschaft, sondern als Mitunternehmerschaft im ertragsteuerlichen Sinne zu verstehen.[73]

27 Die Bestellung eines Nießbrauchs am **Anteil einer Kapitalgesellschaft** ist nicht nach §§ 13a, 13b ErbStG begünstigt. Der Wortlaut des § 13b Abs. 1 Nr. 3 ErbStG verweist anders als § 13b Abs. 1 Nr. 2 ErbStG für Personengesellschafts- und Mitunternehmeranteile nicht auf das Ertragsteuerrecht, so dass es insoweit bei der streng zivilrechtlichen Sichtweise des Erbschaftsteuerrechts bleibt. Danach ist der Nießbrauch, mag er gesell-

---

[66] Vgl. FG Düsseldorf EFG 2007, 1968; *Kapp/Ebeling* ErbStG § 12 Rn. 250; *Esskandari* NWB 2009, 930.
[67] Vgl. FG Düsseldorf EFG 2007, 1968; *Esskandari* NWB 2009, 930.
[68] OFD Münster DStR 2012, 971.
[69] BFH BStBl. II 1979, 562.
[70] FG München EFG 2005, 1363; Moench/Weinmann/*Weinmann* ErbStG § 23 Rn. 8.
[71] BFH BStBl. II 2015, 237.
[72] Gleichlautende Ländererlasse BStBl. I 2012, 1101; vgl. auch BFH BStBl. II 2013, 210.
[73] BFH BStBl. II 2013, 210 mwN in → Rn. 19; gleichlautende Ländererlasse BStBl. I 2012, 1101, Ziff. 1. b); koordinierte Ländererlasse v. 22.6.2017, BStBl. I 2017, 902 H 13 b.5.

schaftsrechtlich dem Nießbraucher auch eine dem Gesellschafter stark angenäherte Rechtsposition verschaffen, eben kein Kapitalgesellschaftsanteil.[74]

Seit dem 1.1.2009 ist die Nießbrauchslast nur mit einem entsprechend den Begünstigungen gemäß § 13a ErbStG gekürzten Wert anzusetzen, § 10 Abs. 6 S. 4 ErbStG. Dies bedeutet, dass der Nießbraucher als Empfänger der Kapitalleistungen voll, dh ohne Abzüge, mit dem kapitalisierten Wert der Bezüge besteuert wird, während sich beim Nießbrauchsbelasteten wegen der anteiligen Kürzung der Last dies nicht in entsprechender Weise auswirkt. Im Ergebnis geht daher durch die Einräumung eines nicht begünstigten Zuwendungsnießbrauchs Begünstigungsvolumen verloren.[75]   **28**

c) Sachliche Steuerbefreiungen. Im Rahmen des Erwerbs durch Schenkung oder aufgrund eines Stiftungsgeschäfts unter Lebenden[76] sind die sachlichen Steuerbefreiungen der §§ 13, 13a und 13b ErbStG grundsätzlich ebenso anzuwenden wie im Erbfall (→ § 27 Rn. 109 ff.). Im Folgenden sollen dementsprechend nur einige Besonderheiten angesprochen werden.   **29**

Begünstigt ist nur das in § 13b ErbStG genannte Vermögen. Es ist darauf zu achten, dass die betreffenden Wirtschaftsgüter des Betriebsvermögens durch den Zuwendungsvorgang ihre Zugehörigkeit zu der begünstigten Vermögensart nicht verlieren dürfen. Sie müssen also als Betriebsvermögen die Vermögenssphäre des Zuwendenden verlassen und auch als solches beim Erwerber ankommen. Schenkungsteuerlich kommt eine begünstigte **Betriebs- oder Teilbetriebsübergabe** daher nur in Betracht, wenn der Schenkungsvorgang den Erfordernissen des § 6 Abs. 3 EStG genügt.[77] Behält der Übergeber wesentliche Betriebsgrundlagen zurück, kommt es noch in seiner Hand zu einer Betriebsaufgabe, die auch den Vergünstigungen des §§ 13a, 19a ErbStG entgegensteht. Auch bei **Mitunternehmeranteilen** spielt die einkommensteuerliche Wertung für die Begünstigung nach §§ 13a, 19a ErbStG eine entscheidende Rolle. Sofern einkommensteuerlich keine Aufgabe eines Mitunternehmeranteils vorliegt, sind auch die erbschaftsteuerlichen Vergünstigungen zu gewähren. **Einzelwirtschaftsgüter** sind grundsätzlich nicht nach § 13a ErbStG begünstigt übertragbar, da es durch die Übertragung zu einer Entnahme aus dem Betriebsvermögen kommt. Ebenfalls nicht erbschaftsteuerlich begünstigt ist die isolierte Übertragung von **Wirtschaftsgütern des Sonderbetriebsvermögens.** Dieses ist zwar Teil eines Mitunternehmeranteils, nicht jedoch ein Anteil an einem Mitunternehmeranteil.[78] Möglich ist jedoch der begünstigte Erwerb einzelner Wirtschaftsgüter aus dem Sonderbetriebsvermögen eines Gesellschafters durch eine natürliche Person, wenn er mit dem Erwerb einer Gesellschaftsbeteiligung und sei es nur ein Zwerganteil verbunden ist.[79] Denn ein begünstigter Anteil an einer Personengesellschaft liegt nicht nur vor, wenn der Schenker zusammen mit einem Teil seiner Beteiligung in entsprechendem quotalem Umfang sein Sonderbetriebsvermögen überträgt. Vielmehr gilt dies auch dann, wenn er sein Sonderbetriebsvermögen insgesamt mit einem Teil eines Mitunternehmeranteils überträgt (disquotale Übertragung von

---

[74] Troll/Gebel/Jülicher/Gottschalk/*Jülicher* ErbStG § 13b Rn. 187; *Götz* DStR 2013, 448 unter Ziff. 4.2.
[75] Troll/Gebel/Jülicher/Gottschalk/*Jülicher* ErbStG § 13b Rn. 143.
[76] Das in der früheren Gesetzesfassung vorgesehene Merkmal „durch vorweggenommene Erbfolge", welches der BFH restriktiv auslegte und nur für Schenkungen akzeptieren wollte, die einem Erbfall materiell vergleichbar seien (vgl. BFH BStBl. II 2001, 414; Nichtanwendungserlass BStBl. I 2001, 350), ist durch das Steueränderungsgesetz 2001 rückwirkend für alle am Tag der Verkündung des Gesetzes noch nicht bestandskräftig veranlagten Fälle aufgehoben worden. Die Gesetzesänderung entfaltet jedoch keine Wirkung für Altfälle des § 13 Abs. 2a ErbStG aF aus der Zeit bis zum 31. Dezember 1995. Diesbezüglich hält der BFH an seiner engen Auslegung des Begriffs „vorweggenommene Erbfolge" fest (vgl. BFH BStBl. II 2002, 441; Nichtanwendungserlass BStBl. I 2002, 656).
[77] *Gebel*, Betriebsvermögensnachfolge, Rn. 685.
[78] BFH/NV 2006, 745: koordinierter Ländererlass A 13b Abs. 5 S. 9 f.; Troll/Gebel/Gottschalk/Jülicher/ *Jülicher* § 13b ErbStG Rn. 127 f. mwN.
[79] Koordinierter Ländererlass BStBl. I 2017, 902, A 13b.5 Abs. 3 S. 4 f.; Troll/Gebel/Gottschalk/Jülicher/ *Jülicher* § 13b ErbStG Rn. 131.

Sonderbetriebsvermögen).[80] Entsprechendes gilt, wenn der Schenker sein Sonderbetriebsvermögen in geringerem Umfang überträgt oder es insgesamt zurückbehält und das zurückbehaltene Sonderbetriebsvermögen weiterhin zum Betriebsvermögen derselben Personengesellschaft gehört.[81] Die Übertragung von mit übertragenen Sonderbetriebsvermögen bewegt sich erbschaftsteuerlich unabhängig von § 6 Abs. 3 EStG S. 2 EStG. Das einkommensteuerlich eine Nachsteuer anfallen kann, wenn der zugewendete Mitunternehmeranteil oder wesentliche Betriebsgrundlagen des übernommenen Sonderbetriebsvermögens vom Übernehmer innerhalb von fünf Jahren veräußert oder aufgegeben wird (§ 6 Abs. 3 S. 2 EStG) bzw. innerhalb der in § 6 Abs. 5 S. 4 EStG normierten Sperrfrist überquotal zugewendetes Sonderbetriebsvermögen veräußert oder entnommen wird, ist erbschaftsteuerlich nur dann von Bedeutung, wenn dieser Vorgang zugleich einen Nachsteuertatbestand im Sinne des § 13a Abs. 6 ErbStG verwirklicht, was allerdings in der Regel der Fall sein wird.[82] Dies hat zur Folge, dass die erbschaftsteuerlichen Vergünstigungen ggf. nur zeitanteilig entfallen (→ § 27 Rn. 192ff.). Aufgrund der engen Anlehnung der erbschaftsteuerlichen Vergünstigungen an das Ertragsteuerrecht ist jedoch nicht auszuschließen, dass die einkommensteuerlichen Folgen auch auf das Erbschaftsteuerrecht durchschlagen. Da der Verletzung der fünfjährigen Behaltefrist einkommensteuerlich rückwirkend zu einer Aufgabe des Mitunternehmeranteils führen[83] und hierin ein rückwirkendes Ereignis iSd § 175 Abs. 1 S. 1 Nr. 2 AO gesehen wird,[84] könnte die erbschaftsteuerliche Begünstigung von Anfang an, also komplett entfallen.[85] Bereits aus einkommensteuerlicher Sicht ist dem Schenker dringend dazu zu raten, eine entsprechende Absicherung zB in Form eines Zustimmungsvorbehalts im Übertragungsvertrag zu vereinbaren, da der einkommensteuerlich nicht begünstigte Aufgabegewinn in seiner Person entsteht. Vorsicht ist bei einer zeitlich versetzten Übertragung von Sonderbetriebsvermögen und Mitunternehmeranteil geboten, auch wenn beides in einem einheitlichen Vertrag vereinbart wird.[86] So erfolgt die Übertragung von Kommanditanteilen aufgrund zivilrechtlicher Haftung in der Regel unter der aufschiebenden Bedingung der Eintragung der Sonderrechtsnachfolge im Handelsregister. In diesem Fall ist das Sonderbetriebsvermögen entweder unter der gleichen aufschiebenden Bedingung abzutreten (wie zB bei GmbH-Anteilen) oder bei Grundstücken im Sonderbetriebsvermögen durch die Anweisung an den Notar, die Auflassung erst dann dem Grundbuchamt zum Vollzug vorzulegen, wenn der Kommanditistenwechsel im Handelsregister eingetragen ist.[87]

30 Für **mittelbare Schenkungen** kann die Begünstigung nur in Anspruch genommen werden, wenn der Schenker dem Beschenkten einen Geldbetrag mit der Auflage zuwendet, dass dieser sich damit am Betriebsvermögen oder an land- und forstwirtschaftlichem Vermögen des Schenkers beteiligt oder vom Schenker unmittelbar gehaltene Anteile an einer Personengesellschaft oder einer Kapitalgesellschaft erwirbt.[88] Erforderlich ist, dass der Zuwendungsgegenstand sowohl beim Zuwendenden als auch beim Zuwendungsempfänger ununterbrochen seine Betriebsvermögenseigenschaft behält. Die mittelbare Schenkung ist dementsprechend nicht begünstigt, wenn die Beteiligung am Vermögen eines Dritten erfolgen soll, weil insoweit kein begünstigtes Vermögen vom Schenker auf den Erwerber übergeht.[89]

---

[80] Koordinierter Ländererlass BStBl. I 2017, 902, A 13b.5 Abs. 3 S. 5; FG Köln DStRE 2018, 741, Rev. II R 38/17.
[81] Koordinierter Ländererlass BStBl. I 2017, 902, A 13b.5 Abs. 3 S. 6.
[82] *Gebel*, Betriebsvermögensnachfolge, Rn. 957.
[83] Schmidt/*Kulosa* EStG § 6 Rn. 668.
[84] Schmidt/*Kulosa* EStG § 6 Rn. 669; krit. *Crezelius* FR 2002, 805; *Kanzler* FS Korn, 2005, 287 (302).
[85] Troll/Gebel/Jülicher/Gottschalk/*Jülicher* ErbStG § 13b Rn. 133.
[86] Nach FG Köln DStRE 2018, 741, Rev. II R 38/17, liegen in diesem Fall zwei selbständige Zuwendungen vor, mit der Folge, dass die Begünstigung nach §§ 13a, 13b ErbStG entfällt.
[87] *Demuth* KÖSDI 2018, 20806; *Wälzholz* ZEV 2017, 535 mit Formulierungsvorschlag.
[88] Koordinierter Ländererlass BStBl. I 2017, 902, A 13b.2 Abs. 2 S. 1.
[89] Koordinierter Ländererlass BStBl. I 2017, 902, A 13b.2 Abs. 2 S. 2; BFH BStBl. II 2007, 443; Hess. FG DStR 2017, 10, Rev. BFH II R 18/16.

I. Erbschaft-/Schenkungsteuer § 28

Bei der **Übertragung auf eine Familienstiftung** werden die erbschaftsteuerlichen 31
Vergünstigungen (Freibetrag, Vowegabschlag und Bewertungsabschlag) sowohl beim
Vermögensübergang auf eine Familienstiftung als auch bei der Bemessung der Ersatzerbschaftsteuer gewährt, soweit zum Vermögen der Stiftung begünstigtes Vermögen gehört,
§ 13a Abs. 7 ErbStG (→ § 27 Rn. 238). Vorsicht ist bei der Übertragung eines Anteils
an einer gewerblich geprägten Personengesellschaft auf eine gemeinnützige Stiftung geboten. Diese führt zu einer Aufgabe des Mitunternehmeranteils in der Hand des Übertragenden (→ Rn. 143), so dass kein Betriebsvermögen übertragen wird und die erbschaftsteuerlichen Vergünstigungen nicht zum Tragen kommen. Die unentgeltliche
Überlassung der den Mitunternehmeranteil umfassenden Wirtschaftsgüter an die gemeinnützige Stiftung dürfte zwar gem. § 6 Abs. 1 Nr. 4 S. 4 EStG die Ertragsbesteuerung verhindern (→ Rn. 143), führt aber erbschaftsteuerlich nicht dazu, dass ein Mitunternehmeranteil übertragen wird; es bleiben einzelne Wirtschaftsgüter. Der Kreis der
begünstigten Familienstiftungen ist aufgrund des Verweises auf § 1 Abs. 1 Nr. 4 ErbStG
auf rechtsfähige Stiftungen beschränkt. Nicht begünstigt sind dagegen unselbständige
Stiftungen oder Treuhandstiftungen.[90] Mangels eigenen Vermögens wird häufig ein
vollständiger Steuererlass im Rahmen der Verschonungsbedarfsprüfung zu erreichen sein
(→ § 27 Rn. 239).[91] Das Vermögen einer inländischen Familienstiftung unterliegt alle
30 Jahre einer **Erbersatzsteuer**, § 1 Abs. 1 Nr. 4 ErbStG (→ § 27 Rn. 241). Dabei
wird der doppelte Kinderfreibetrag nach § 16 Abs. 1 Nr. 2 ErbStG mithin
EUR 800.000 gewährt. Die Steuer ist nach dem Prozentsatz der Steuerklasse I zu berechnen, der für die Hälfte des steuerpflichtigen Vermögens gelten würde, § 15 Abs. 1
S. 3 ErbStG. Inländisch ist die Familienstiftung sofern Sie entweder Geschäftsleitung
oder ihren Sitz im Inland hat. Die Übertragung von Mitunternehmeranteilen kann gewerbesteuerliche Verlustvorträge gefährden (→ § 27 Rn. 337).

Der **Verwaltungsvermögenstest** ist auf den Besteuerungszeitpunkt, dh zum Zeit- 32
punkt des Erbfalls bzw. der Schenkung durchzuführen. Es gibt keine Nachlauffristen.[92]
Gestalterische Maßnahmen haben daher – rechtzeitig – davor zu erfolgen. Ist der Erbfall
eingetreten bzw. die Schenkung vollzogen, ist es zu spät. Es kommt folglich darauf an,
Verwaltungsvermögen rechtzeitig zu entnehmen oder umzuschichten. Die Entnahme von
Verwaltungsvermögen vor dem Besteuerungszeitpunkt kombiniert mit der Wiedereinlage
des Vermögens kurz danach wird teilweise als rechtsmissbräuchlich angesehen.[93] Die zeitnahe Wiedereinlage sollte daher unterbleiben. Gleiches soll für die Umschichtung
gelten,[94] was allerdings bei wirtschaftlicher Begründung dieses Aktivtauschs, bei dem Verwaltungsvermögen gegen Nicht-Verwaltungsvermögen getauscht wird, nicht zwingend
erscheint. Daneben wäre auch die steuerneutrale Verlagerung des Verwaltungsvermögens
in ein anderes Betriebsvermögen gemäß § 6 Abs. 5 EStG eine denkbare Gestaltungsalternative. Bei allen Rufen nach § 42 AO sollte allerdings nicht vergessen werden, dass das
Ausreizen der Grenzen einer Typisierung durch den Rechtsanwender nicht missbräuchlich ist.[95] Sofern der 15%ige Sockelbetrag gem. § 13b Abs. 4 Nr. 5 ErbStG bei den Finanzmitteln noch nicht erreicht ist, kann es sich empfehlen, diesen durch die Veräußerung von sonstigen Verwaltungsvermögen entsprechend aufzustocken. Als weiteres Mittel,
die Schenkungsteuerlast zu senken, kommt der Vorbehalt des Nießbrauchs am Verwaltungsvermögen in Betracht. Bei der Übertragung von mehrstufigen Einheiten und im

---

[90] *Wachter* FR 2017, 69 (82); BFH BStBl. II 2018, 199.
[91] *Wachter* FR 2017, 69; *Reich* DStR 2016, 2447; koordinierte Ländererlasse BStBl. I 2017, 902 Abschn. 28 a.6.
[92] R E 13 b.8 Abs. 2 S. 2 ErbStR 2011; koordinierte Ländererlasse BStBl. I 2017, 902 Abschn. 13 b.12 Abs. 2 S. 3; *Scholten/Korezkij* DStR 2009, 147; *Rödder* DStR 2008, 997.
[93] *Piltz* ZEV 2008, 229; *Scholten/Korezkij* DStR 2009, 147. Vgl. auch BFH BStBl. 1981, 223, der ein Hin- und Herzahlen zur Vermeidung der Hinzurechnung von Dauerschuldzinsen bei der bis 2007 geltenden Gewerbesteuer mit § 42 AO negierte.
[94] *Scholten/Korezkij* DStR 2009, 147.
[95] *Müller-Gatermann* FR 2008, 353.

Konzern ist der Verwaltungsvermögenstest konsolidiert über eine sog. Verbundvermögensaufstellung durchzuführen, § 13b Abs. 9 S. 1 ErbStG. Wird eine Beteiligung nicht im Gesamthandsvermögen, sondern im Sonderbetriebsvermögen gehalten, ist diese gleichwohl in die Verbundvermögensaufstellung einzubeziehen.[96] Wird nur ein Teil dieser im Sonderbetriebsvermögen gehaltenen Beteiligung übertragen, ist nur der tatsächlich übertragene Teil des Sonderbetriebsvermögens, hier also der Beteiligung in der Verbundvermögensaufstellung zu berücksichtigen.[97]

33 Bei Erwerben von Todes wegen können Vermögensgegenstände, die an sich als **Verwaltungsvermögen** iSd § 13b Abs. 4 Nr. 1–5 ErbStG zu klassifizierendes sind, rückwirkend diese Eigenschaft wieder verlieren, wenn sie vom Erwerber innerhalb von zwei Jahren ab dem Zeitpunkt der Entstehung der Steuer (§ 9 ErbStG) innerhalb der vom Erblasser erworbenen begünstigten Vermögensart in andere Vermögensgegenstände investiert werden, die unmittelbar einer gewerblichen, freiberuflichen oder land- und forstwirtschaftlichen Tätigkeit dienen und dort kein Verwaltungsvermögen darstellen, § 13b Abs. 5 S. 1 ErbStG. Diese **Investitionsbegünstigung** ist auf Erwerbe durch Schenkungen unter Lebenden und auf die Ersatzerbschaftsteuer nach § 1 Abs. 1 Nr. 4 ErbStG bei Familienstiftungen nicht anwendbar.[98] Die Finanzverwaltung lehnt die Anwendung der Investitionsklauseln aufgrund des Stichtagsprinzips auch in Härtefällen ab, da Schenkungen und deren Vollzug planbar seien.[99] Dies ist nur bedingt richtig. Schenkungen an Minderjährige werden zB erst mit der Genehmigung durch das Familiengericht wirksam, welche für den Schenker nicht planbar ist und auch nicht zurück wirkt.[100]

34 Anders als bei der Optionsverschonung verbleibt nach Anwendung des Regelverschonungsabschlags ein Restvermögen, dass der Besteuerung unterworfen wird und auf das bei Erwerbern der Steuerklassen II und III ein Entlastungsbetrag nach § 19a ErbStG angewandt wird. Für dieses begünstigte Restvermögen wird in Abhängigkeit von dessen Höhe nach § 13a Abs. 2 ErbStG ein **Abzugsbetrag** von maximal 150.000,– EUR gewährt und zwar für jeden Erwerber für von derselben Person zugewendetes Vermögen einmal innerhalb von zehn Jahren (→ § 27 Rn. 174). Verteilt der Erwerber begünstigtes Vermögen auf mehrere Erwerber steht jedem der Erwerber der Abzugsbetrag zu. Jeder Erwerber kann den Abzugsbetrag aber für von derselben Person anfallende Erwerbe innerhalb von zehn Jahren nur einmal in Anspruch nehmen, § 13a Abs. 2 S. 3 ErbStG (→ § 27 Rn. 244). Hierdurch soll verhindert werden, dass eine größere Zuwendung in mehrere Zuwendungen aufgespalten wird, um so den Abzugsbetrag mehrfach oder überhaupt zu erhalten. Dadurch, dass der Abzugsbetrag aber wie ein persönlicher Freibetrag im Sinne des § 16 ErbStG wirkt, ist er durch Verteilung des begünstigten Vermögens auf mehrere Erwerber vervielfältigbar. So erhält der Beschenkte zB durch die Zwischenschaltung des Ehegatten oder der Geschwister letztlich den Abzugsbetrag mehrfach, da er begünstigtes Betriebsvermögen von mehreren Schenkern erhält. Hierbei darf die erste Schenkung an den „Durchgangserwerber" allerdings nicht bereits mit einer Weiterleitungsverpflichtung versehen sein.[101]

35 Der Abzugsbetrag ist von Amts wegen zu gewähren. Wird er mit der ersten Zuwendung von einem Erwerber nicht vollständig ausgeschöpft, soll der nicht in Anspruch genommene Teil des Abzugsbetrags verfallen (→ § 27 Rn. 174).[102] Ein eingetretener Ver-

---

[96] *Werthebach* DB 2018, 1690.
[97] *Werthebach* DB 2018, 1690 (1692).
[98] Koordinierte Ländererlasse BStBl. I 2017, 902 Abschn. 13b.24 Abs. 6 S. 2 u. 3; *Korezkij* DStR 2016, 2434; *Wachter* FR 2016, 690.
[99] Koordinierte Ländererlasse BStBl. I 2017, 902 Abschn. 13b.24 Abs. 6 S. 1.
[100] *Wachter* FR 2016, 690.
[101] BFH BStBl. II 1994, 128; vgl. auch BFH/NV 2012, 580.
[102] R E 13 a.2 Abs. 2 S. 3 ErbStR 2011; koordinierte Ländererlasse BStBl. I 2017, 902 Abschn. 13 a.3 Abs. 2 S. 3. *Scholten/Korezkij* DStR 2009, 73; *Meincke/Hannes/Holtz* ErbStG § 13a Rn. 14; Fischer/Jüptner/Pahlke/Wachter/*Wachter* ErbStG § 13a Rn. 138; Mönch/Weinmann/*Weinmann* ErbStG § 13a

brauch des Abzugsbetrages entfällt wieder, wenn die eine Steuerbegünstigung gewährende Steuerfestsetzung (wie zB in einem Nachversteuerungsfall oder bei Widerruf der Schenkung) rückwirkend vollständig beseitigt wird (→ § 27 Rn. 174).[103] Da der Abzugsbetrag von Amts wegen gewährt wird und der Erwerber auf die Anwendung des Abzugsbetrags nicht verzichten kann, um ihn bei einem anderen Erwerb in Anspruch zu nehmen, muss dies bei der langfristigen Planung berücksichtigt und die erste Zuwendung gegebenenfalls aufgestockt werden. Ferner wäre darüber nachzudenken, bei den den Freibetrag nicht vollständig ausnutzenden Schenkungen generell einen Widerrufsvorbehalt vorzusehen (→ Rn. 39). Der Widerruf einer Schenkung ließe die Steuerpflicht mit Wirkung für die Vergangenheit entfallen und den Abzugsbetrag wiederaufleben. Hierbei wären allerdings auch die einkommensteuerlichen Folgen zu beachten. So dürfte der Widerrufsvorbehalt zB nicht dazu führen, die Mitunternehmerstellung zu konterkarieren, da ansonsten die Vergünstigung gänzlich entfallen könnte (→ § 27 Rn. 121; → § 25 Rn. 26 ff.).

Die **Optionsverschonung** sieht einen Verschonungsabschlag von 100 % vor und wird auf das zuvor ermittelte begünstigte Vermögen angewandt. Diese Vollbefreiung unternehmerischen Vermögens erfolgt anders als die Regelverschonung nicht kraft Gesetzes, sondern aufgrund einer unwiderruflichen Erklärung des Erwerbers, die Verschonung zu 100 % in Anspruch nehmen zu wollen. Werden mehrere Einheiten von begünstigtem Vermögen übertragen, muss die Erklärung nach Ansicht der Finanzverwaltung für sämtliche Einheiten abgegeben werden.[104] Im Erbfall besteht danach keine Wahl; es gilt das „Alles-oder-Nichts-Prinzip". Bei Erwerben unter Lebenden ist der Erwerb aber steuerbar, so dass die Erwerbe in selbständige, zeitlich und sachlich getrennte Vorgänge gesplittet werden sollten. Ein einheitlicher Schenkungswille sollte dabei aber vorsichtshalber nicht zu Tage treten. Denn unterliegen diese nicht einem **„einheitlichen Schenkungswillen"**, liegen auch nach Ansicht der Finanzverwaltung eigenständige Schenkungen vor, für die jeweils die Optionsverschonung in Anspruch genommen werden kann.[105] Maßgeblich für die Beurteilung des einheitlichen Schenkungswillens, ob eine einheitliche Schenkung vorliegt, ist der Parteiwille. Es darf weder ein rechtlicher noch ein wirtschaftlicher Zwang bestehen, die Schenkungsgegenstände einheitlich zu übertragen. Auch wenn mehrere Schenkungen am selben Tag erfolgen, kann hieraus noch nicht auf den erforderlichen einheitlichen Schenkungswillen geschlossen werden.[106] 36

Die Privilegierung des Betriebsvermögens ist nur dann gerechtfertigt, wenn es als solches erhalten bleibt. Sowohl der Verschonungsabschlag (§ 13a Abs. 1 ErbStG) als auch der Abzugsbetrag (§ 13a Abs. 2 ErbStG) und die Tarifbegrenzung (§ 19a Abs. 1 ErbStG) führen daher erst nach Ablauf von fünf Jahren bei der Regelverschonung und sieben Jahren bei der Optionsverschonung (sog. **Behaltefrist**) zu einer endgültigen Begünstigung. Bis zu diesem Zeitpunkt sind die Begünstigungen nur materiell vorläufig.[107] Wird in dieser Zeit einer der **Nachsteuertatbestände** des § 13a Abs. 6 Nr. 1–5 ErbStG verwirklicht, entfallen die Begünstigungen **rückwirkend** und zwar je nach Art des Verstoßes zeit- sowie wertmäßig anteilig. Dementsprechend kann der Erbschaftsteuerbescheid, auch wenn er bereits formell bestandskräftig war, gemäß § 175 Abs. 1 Nr. 2 AO berichtigt werden[108] und zwar indem die ursprünglich festgesetzte Erbschaftsteuer um die **Nachsteuer** erhöht 37

Rn. 47; vgl. auch HessFG ZEV 2010, 82; aA mE zu Recht Troll/Gebel/Jülicher/Gottschalk/*Jülicher* ErbStG § 13a Rn. 51.
[103] Troll/Gebel/Jülicher/Gottschalk/*Jülicher* ErbStG § 13a Rn. 50; vgl. auch R E 13 a.12 Abs. 1 S. 7 ErbStR 2011; koordinierte Ländererlasse BStBl. I 2017, 902 Abschn. 13 a.18 Abs. 1 S. 7.
[104] R E 13 a.13 Abs. 1 ErbStR 2011; koordinierte Ländererlasse BStBl. I 2017, 902 Abschn. 13 a.20 Abs. 1 S. 1. Mönch/Weinmann/*Weinmann* ErbStG § 13a Rn. 171.
[105] R E 13 a.13 Abs. 1 S. 2 ErbStR 2011; koordinierte Ländererlasse BStBl. I 2017, 902 Abschn. 13 a.20 Abs. 1 S. 2.
[106] FG Münster Urteil BeckRS 2018, 20121.
[107] Troll/Gebel/Jülicher/Gottschalk/*Jülicher* ErbStG § 13a Rn. 198.
[108] R E 13 a.5 Abs. 1 S. 3 ErbStR 2011; koordinierte Ländererlasse BStBl. I 2017, 902 Abschn. 13 a.11 Abs. 1 S. 4; Troll/Gebel/Jülicher/Gottschalk/*Jülicher* ErbStG § 13a Rn. 199.

wird. Der hiervon betroffene Steuerpflichtige muss den Differenzbetrag zur ursprünglich festgesetzten Erbschaftsteuer nachentrichten. Die Nachsteuer ist jedoch nicht zu verzinsen. Einen wesentlichen Problempunkt der Nachversteuerung hat die Finanzverwaltung mittlerweile entschärft: Kommt es zur Nachversteuerung, würde im Falle der Schenkung neben dem sich schädlich verhaltenden Erwerber auch der Übergeber zur Steuerzahlung herangezogen werden können. Denn beide sind Steuerschuldner, § 20 Abs. 1 S. 1 ErbStG. Natürlich empfiehlt es sich für diesen Fall Rückforderungsrechte in den Schenkungsvertrag zu implementieren (→ Rn. 39). Das hilft aber nichts, wenn das übertragene Vermögen nicht mehr vorhanden und auch sonst nichts beim Erwerber zu holen ist. Hier hat die Finanzverwaltung nun verfügt, dass eine Inanspruchnahme des Schenkers für die Schenkungsteuer nach § 20 Abs. 1 S. 1 ErbStG bei einem Verstoß des Erwerbers gegen die Behaltensregelungen oder die Lohnsummenregelung für begünstigtes Vermögen nicht erfolgt, es sei denn, der Schenker hat die Steuer nach § 10 Abs. 2 ErbStG auch für diesen Fall selbst übernommen,[109] was regelmäßig nicht der Fall sein dürfte.

3. Steuerberechnung

38 Einen besonderen Versorgungsfreibetrag wie beim Erwerb von Todes wegen gibt es bei der vorweggenommenen Erbfolge nicht. Ansonsten gelten für die Steuerberechnung die zum Erbfall gemachten Ausführungen entsprechend (→ § 27 Rn. 242 ff.). Ergänzend sei hier darauf hingewiesen, dass für den Fall, dass der Schenker neben einer Schenkung zusätzlich die Entrichtung der geschuldeten Erbschaftsteuer übernimmt, diese als zusätzlicher Erwerb gilt. Diese Zurechnung ist jedoch nur einmalig bereicherungserhöhend. Die auf die übernommene Steuer entfallende zusätzliche Erbschaftsteuer stellt nach § 10 Abs. 2 ErbStG keinen weiteren zusätzlichen steuerpflichtigen Erwerb dar. Sie errechnet sich wie folgt:

$$\text{Steuer} = \text{Steuersatz} \times (\text{Erwerb} + \text{ursprüngliche Steuer auf den Erwerb})$$

Eine Doppelbelastung des Vermögens mit Erbschaft- und Einkommensteuer wird nur hinsichtlich des Erwerbs von Todes wegen, nicht jedoch in Bezug auf Schenkungen, durch § 35b EStG vermieden.

4. Stundung und Erlöschen der Schenkungsteuer

39 Soweit zum Erwerb von Todes wegen begünstigtes Vermögen iSd § 13b Abs. 2 ErbStG gehört, ist dem Erwerber die darauf entfallende Erbschaftsteuer auf Antrag bis zu 7 Jahre zu stunden, § 28 Abs. 1 S. 1 ErbStG. Bei Erwerb unter Lebenden scheidet diese Stundung aus.

Die **Erbschaftsteuer erlischt,** wenn ein Geschenk aufgrund eines Rückforderungsrechts des Schenkers wieder herauszugeben ist, § 29 Abs. 1 Nr. 1 ErbStG, soweit der Beschenkte die Herausgabe wegen Notbedarfs des Schenkers durch eine Zahlung abwendet, § 29 Abs. 1 Nr. 2 ErbStG, soweit unentgeltliche Zuwendungen auf den Zugewinnausgleich angerechnet werden und zwar unabhängig davon, ob es sich hierbei um den güterrechtlichen oder den fiktiven Ausgleich handelt, § 29 Abs. 1 Nr. 3 ErbStG, oder soweit der Erwerb innerhalb von zwei Jahren an inländische Gebietskörperschaften und inländische gemeinnützige Stiftungen weitergegeben wird, § 29 Abs. 1 Nr. 4 ErbStG. Ein bestandskräftiger Schenkungsteuerbescheid ist nach § 175 Abs. 1 S. 1 Nr. 2 AO zu ändern.[110] Existiert noch kein Schenkungsteuerbescheid, darf diese nicht mehr festgesetzt werden[111] und etwaige ausstehende Steuerzahlungen sind nicht mehr geschuldet.[112] Steu-

---

[109] R E 13 a.1 Abs. 3 ErbStR 2011; koordinierte Ländererlasse BStBl. I 2017, 902 Abschn. 13 a.1 Abs. 3.
[110] Preisler/Rödl/Seltenreich/Regierer/*Vosseler* ErbStG § 29 Rn. 65, 34; *Kamps/Stenert* DStR 2018, 2671.
[111] FG Rheinland-Pfalz DStRE 2001, 765; *Kamps/Stenert* DStR 2018, 2671.
[112] *Meincke/Hannes/Holtz* ErbStG § 29 Rn. 2; *Kamps* FR 2001, 717; *Kamps/Stenert* DStR 2018, 2671.

erliche Nebenleistungen wie Säumniszuschläge, Stundungs-, Aussetzungs- und Hinterziehungszinsen müssten konsequenterweise ebenfalls entfallen, zumindest dürften sie aber nicht mehr beigetrieben werden.[113] Aus gestalterischer Sicht am bedeutsamsten ist das Erlöschen der Erbschaftsteuer aufgrund eines **vertraglichen Rückforderungsrechts**.[114] Insbesondere bei der schenkweisen Übertragung im Rahmen der vorweggenommenen Erbfolge will der Schenker häufig bei ihm nicht genehmen Entwicklungen der Verhältnisse des bzw. zu dem Beschenkten Einfluss auf den Schenkungsgegenstand nehmen. Im Hinblick auf etwaige Rechtsprechungsänderungen bei der Bewertung könnte an ein Rückforderungsrecht gedacht werden, wenn sich diese verwirklichen. Schließlich wäre ein Rückforderungsrecht möglicherweise auch angesichts des sich ständig wandelnden Steuerrechts interessant, dann nämlich, wenn das neue Recht zu steuerlich günstigeren Ergebnissen führt. Dies gilt einmal mehr als das Erbschaftsteuerrecht eigentlich permanent auf dem verfassungsrechtlichen Prüfstand steht. Allein die Verfassungswidrigkeit würde grundsätzlich keine gesetzlichen Rückforderungsrechte auslösen. In Betracht käme allenfalls der Wegfall der Geschäftsgrundlage nach § 313 BGB.[115] Ob die Verfassungsmäßigkeit des Erbschaftsteuerrechts aber eine bei Schenkung zutage getretene, dem Beschenkten bzw. Schenker erkennbar gewordene und von ihm nicht beanstandete Vorstellung der anderen Partei oder sogar die gemeinsame Vorstellung beider Parteien gewesen ist, ist schwer nachweisbar. Behauptet der Beschenkte, dass er eine Schenkung zurückgewähren muss, trifft ihn die Feststellungslast für die Tatsachen, die den Tatbestand der zur Rückgewähr verpflichtenden Rechtsnorm ausfüllen.[116] Um dieser Problematik von Anfang an zu entgehen, empfiehlt sich die Vereinbarung eines vertraglichen Rückforderungsrechts im Schenkungsvertrag. Auf diese Weise könnten Schenkungen in unsicheren steuerlichen Zeiten schon vorgenommen werden, besteht doch die Möglichkeit der Reparatur. Vereinbart werden daher Rücktrittsrechte nach §§ 346 ff. BGB, Widerrufsvorbehalte mit den Rechtsfolgen analog § 531 Abs. 2 BGB oder auflösende Bedingungen. Sofern diese Rechte bereits im ursprünglichen Schenkungsvertrag vereinbart wurden, fällt die auf sie zurückzuführende Rückgabe grundsätzlich unter § 29 ErbStG. Vereinbaren Schenker und Beschenkter dagegen die Rückforderungsrechte erst nachträglich, liegt hierin eine – neue – selbständige Rückschenkung, aufschiebend bedingt auf den Zeitpunkt der Ausübung des Gestaltungsrechts bzw. des Eintritts der Bedingung. § 29 ErbStG ist nicht anwendbar.[117] Vertragliche Rückfallklauseln sollten immer dann vereinbart werden, wenn der Schenker gleichzeitig als Erbe des Beschenkten in Betracht kommt. Anders als im Fall des § 13 Abs. 1 Nr. 10 ErbStG (→ § 27 Rn. 110) entfällt dann im Erbfall auch die Steuer auf den ersten Zuwendungsakt, so dass diese Gestaltung günstiger ist, als wenn § 13 Abs. 1 Nr. 10 ErbStG eingreift. Ertragsteuerlich ist bei Mitunternehmerschaften darauf zu achten, dass die Rückforderungsrechte nicht die Mitunternehmerstellung des Erwerbers entfallen lassen (→ § 27 Rn. 121; → § 25 Rn. 26 ff.). Bei Grundstücken sollte das Rückforderungsrecht durch Auflassungsvormerkung gesichert werden. Bei Minderjährigen ist zu beachten, dass eine Schenkung unter Widerrufsvorbehalt nicht als lediglich rechtlich vorteilhaft gilt,[118] so dass bei Schenkungen durch die Eltern oder eines Elternteils die Einschaltung eines Ergänzungspflegers erforderlich wird, §§ 181, 1629 Abs. 2, 1795 S. 1 Nr. 1, 1909 Abs. 1 BGB.

---

[113] *Meincke/Hannes/Holtz* ErbStG § 29 Rn. 2; Wilm/Jochum/*Jochum* ErbStG § 29 Rn. 68; aA hinsichtlich bereits festgesetzter Säumniszuschläge und Stundungszinsen Troll/Gebel/Jülicher/Gottschalk/*Jülicher* ErbStG § 29 Rn. 76; aA bez. Hinterziehungszinsen Hess. FG EFG 2018, 1253.
[114] Troll/Gebel/Jülicher/Gottschalk/*Gebel* ErbStG § 29 Rn. 51 ff.; Moench/Weinmann/*Moench* ErbStG § 29 Rn. 6 ff. Umfassend zu Rückforderungsrechten vgl. *Pauli* ZEV 2013, 289.
[115] Zum Stand der Diskussion vgl. Troll/Gebel/Jülicher/Gottschalk/*Gebel* ErbStG § 29 Rn. 35 ff., *Götz* ZEV 2017, 371.
[116] BFH/NV 1990, 1234.
[117] Troll/Gebel/Jülicher/Gottschalk/*Gebel* ErbStG § 29 Rn. 8 mwN.
[118] Palandt/*Ellenberger* BGB, 76. Aufl. 2017, § 107 Rn. 6.

40 Formulierungsvorschlag:

Der Schenker kann vom Beschenkten die Rückübereignung des Schenkungsgegenstands verlangen, wenn
– der Beschenkte den Schenkungsgegenstand ohne Zustimmung des Schenkers ganz oder teilweise veräußert oder belastet, oder
– in den Schenkungsgegenstand Zwangsvollstreckungsmaßnahmen eingeleitet werden, oder
– über das Vermögen des Beschenkten das Insolvenzverfahren eröffnet wird, oder
– der Beschenkte vor dem Schenker verstirbt oder
– der Schenkungsgegenstand anstatt mit dem Steuerwert mit einem höheren Wert zu bewerten ist oder
– ein Nachversteuerungstatbestand eintritt oder
– sich die erbschaftsteuerlichen Normen derart ändern, dass eine Schenkung nach neuem Recht zu einer günstigeren Erbschaftsbesteuerung führt.

Für den Fall der Rückforderung des Schenkungsgegenstands bei Vorversterben des Beschenkten erhält der Schenker hiermit unter Befreiung von den Beschränkungen des § 181 BGB und unwiderruflich auf den Tod des Beschenkten Vollmacht zur Abgabe und zum Empfang aller Erklärungen, die zur Rückübertragung des Eigentums auf ihn selbst erforderlich sind. Das Rückforderungsrecht erlischt mit dem Tode des Schenkers.

41 Soll anstatt des Schenkers ein Dritter den Gegenstand erhalten, kann eine **Weiterleitungsklausel** vereinbart werden. Ob hier jedoch § 29 Abs. 1 Nr. 1 ErbStG anwendbar ist und die zuvor bezahlte Erbschaftsteuer erstattet wird, ist aufgrund der möglicherweise bestehenden zivilrechtlichen Unzulässigkeit derartiger Klauseln nicht sicher.[119] Darüber hinaus ist darauf zu achten, dass ihre Ausgestaltung nicht zu sehr der Vor- und Nacherbfolge ähnelt, da dann mE die Regelungen des § 6 ErbStG Vorrang haben. Ferner unterliegt die Weiterleitung häufig einer schlechteren Steuerklasse als der Rückfall. Schenkt zB der Vater dem Sohn einen Vermögensgegenstand und kommt es zur Weiterleitung an den Bruder, fällt dieser Vorgang in Steuerklasse II; ein Rückfall an den Vater und eine Schenkung durch diesen unterläge demgegenüber der Steuerklasse I. Derartige Gestaltungen lassen sich im Erbfall dann zB durch eine Ausschlagung reparieren (→ § 11 Rn. 1 ff.).

Für den Zeitraum von der Zuwendung bis zur Rückforderung stand dem Beschenkten grundsätzlich die Nutzung des Schenkungsgegenstands zu. § 29 Abs. 2 ErbStG bestimmt daher, dass er für diese Zeit wie ein Nießbraucher zu behandeln ist. § 29 Abs. 2 ErbStG ist jedoch von vornherein nicht anzuwenden, wenn der Beschenkte neben dem Schenkungsgegenstand auch die gezogenen Nutzungen herausgeben muss.[120]

II. Einkommen-/Körperschaftsteuer

42 Die rechtzeitige Planung und Durchführung der Überleitung eines Unternehmens auf einen möglichen Nachfolger kann aus ertragsteuerlicher Sicht gegenüber dem Erbfall zu steuerlich deutlich günstigeren Ergebnissen führen. Sie birgt aber gleichzeitig Risiken in sich, die nicht verschwiegen werden sollen. Bei der Unternehmensübertragung im Rahmen der vorweggenommenen Erbfolge ruht das ertragsteuerliche Risiko in erster Linie auf den Schultern des Übertragenden. Kommt es zB zur Aufdeckung stiller Reserven oder anderen Gewinnrealisierungen, so schlagen diese sich regelmäßig in einem Veräußerungsgewinn nieder, dessen Einkommensversteuerung grundsätzlich allein dem Übertra-

---

[119] Jochum/Wilms/*Jochum* ErbStG § 29 Rn. 38 unter Hinweis auf OLG Stuttgart v. 20.7.1949 – U 332/48, HEZ 3, 2 (4); vgl. auch Troll/Gebel/Jülicher/Gottschalk/*Gebel* ErbStG § 29 Rn. 15 ff. und 66 ff.; BFH/NV 2001, 39.
[120] Troll/Gebel/Jülicher/Gottschalk/*Gebel* ErbStG § 29 Rn. 121; BFH/NV 2001, 39.

genden obliegt.[121] Der Übernehmer ist hiervon in aller Regel nicht bzw. nicht nachteilig betroffen. Bei der Übertragung von Betrieben, Teilbetrieben oder Mitunternehmeranteilen profitiert er sogar noch von der Gewinnrealisierung. Er bekommt Anschaffungskosten und damit (unverhofftes) Abschreibungspotential. Im Bereich der vorweggenommenen Erbfolge sollte insbesondere der Übertragende, aber auch der Übernehmer, die einkommensteuerlichen Folgen der geplanten Handlungen genauestens untersuchen.

Den Grundstein zur Klärung der steuerlichen Probleme hat der Große Senat des BFH in seinem Beschluss vom 5. 7. 1990[122] gelegt. Hierauf aufbauend hat die Finanzverwaltung sich des Problems in zwei richtungweisenden BMF-Schreiben angenommen, von denen sich das erste mit der vorweggenommenen Erbfolge insgesamt[123] und das zweite mit dem besonders problematischen Bereich der wiederkehrenden Leistungen[124] beschäftigt. **43**

Im Rahmen der vorweggenommenen Erbfolge kann die Übertragung eines Unternehmens sowohl entgeltlich als auch unentgeltlich oder in einer Mischform aus beidem, dh teilentgeltlich erfolgen (→ Rn. 49). Je nachdem, welcher Weg von den Vertragsparteien eingeschlagen wird, werden unterschiedliche Rechtsfolgen ausgelöst. **Entgeltliche Vermögensübertragungen** sind als Veräußerungen steuerlich grundsätzlich nach den §§ 16, 17 EStG zu beurteilen. Sie führen beim Veräußerer regelmäßig zu einem positiven oder negativen Veräußerungsgewinn und beim Erwerber zu Anschaffungskosten. **Unentgeltliche Übertragungen** fallen demgegenüber in der Regel unter § 6 Abs. 3 bzw. 5 EStG. Hierbei erzielt der Übertragende keinen Veräußerungsgewinn. Auf der anderen Seite ist der Erwerber an die Buchwerte gebunden und hat diese fortzuführen. **Teilentgeltliche Vorgänge** können dagegen – je nach Ausgestaltung – entweder vollständig den Regeln der unentgeltlichen, vollständig denen der entgeltlichen Vermögensübertragung, oder aber beiden Regelungen anteilig unterworfen sein. **44**

Aufgrund der unterschiedlichen Behandlung der Vermögensübertragungsvorgänge ist es daher zunächst erforderlich, einen Blick auf die verschiedenen Übertragungsmöglichkeiten und ihre Einordnung zu werfen. **45**

Hierbei ergeben sich besondere Probleme, wenn die Vermögensübertragung gegen wiederkehrende Leistungen erfolgt. Diese von außerordentlicher Schwierigkeit und Komplexität gekennzeichnete Sonderproblematik wird im Anschluss an die Darstellung der allgemeinen Abgrenzungskriterien ausführlich dargestellt (→ Rn. 55 ff.). Erst danach sollen die einzelnen Übertragungstatbestände erörtert werden (→ Rn. 132 ff.). Die unentgeltliche und die teilentgeltliche Übertragung eines verpachteten Betriebes wird im Rahmen der Betriebsverpachtung dargestellt (→ § 7 Rn. 31 ff.).

Ein **Verlustabzug** nach § 10d EStG kann weder bei entgeltlichen noch bei unentgeltlichen Rechtsgeschäften unter Lebenden vom Übergeber auf den Übernehmer übertragen werden.[125] Er kann nur von demjenigen geltend gemacht werden, der ihn erlitten hat. Anders ist dies beim **verrechenbaren Verlust** nach § 15a EStG. Dieser geht auf den Übernehmer über, sofern er Mitunternehmer wird.[126] Entsprechendes gilt beim Ausscheiden eines Gesellschafters aus einer zweigliedrigen KG. Hier geht der verrechenbare Verlust bei einer unentgeltlichen Übertragung des Mitunternehmeranteils auf den das Unternehmen fortführenden Gesellschafter über.[127] Bei einer unentgeltlichen Übertragung eines Teilmitunternehmeranteils richtet sich der Übergang der verrechenbaren Verluste nach

---

[121] Vgl. das Beispiel in → § 25 Rn. 78.
[122] GrS BFH BStBl. II 1990, 847.
[123] BMF BStBl. I 1993, 80.
[124] BMF BStBl. I 2010, 227.
[125] BFH BStBl. II 1991, 899; zur Gesamtrechtsnachfolge → § 27 Rn. 256.
[126] Schmidt/*Wacker* EStG § 15a Rn. 234, der aber eine unentgeltliche Übertragung nur annimmt, wenn stille Reserven und ein Geschäftswert vorhanden sind, die anteilig höher als das negative Kapitalkonto sind. Sind sie niedriger, ist die Anteilsübertragung nur bis zur Höhe der stillen Reserven (einschließlich Geschäftswert) unentgeltlich iSd § 6 Abs. 3 EStG. Im Übrigen soll ein Gewinn aus dem Wegfall des restlichen negativen Kapitalkontos entstehen (→ § 25 Rn. 67).
[127] BFH BStBl. II 2018, 527; 1999, 269.

dem vom Erwerber übernommenen (anteiligen) Gewinnbezugsrecht.[128] Die verrechenbaren Verluste resultieren aus der Entstehung oder Erhöhung eines negativen Kapitalkontos. Das negative Kapitalkonto wiederum führt handelsrechtlich zu der Verpflichtung des Mitunternehmers, künftige Gewinne zur Auffüllung desselben zu verwenden bzw. stehen zu lassen. Dies rechtfertigt es, den verrechenbaren Verlust demjenigen zuzuordnen, der ihn später wirtschaftlich zu tragen hat.[129] Dies bedeutet, dass über das Gewinnbezugsrecht die Zuordnung von verrechenbaren Verlusten gesteuert werden kann. Bei einer entgeltlichen Übertragung eines Mitunternehmeranteils geht der verrechenbare nicht auf den Erwerber über, sondern wird beim Veräußerer mit dessen Veräußerungsgewinn verrechnet.[130] Bei der entgeltlichen Übertragung eines Teil-Mitunternehmeranteils ist nur der dem veräußerten Kapitalkontenanteil bzw. das damit verbundene anteilige Gewinnbezugsrecht entsprechende Anteil des verrechenbaren Verlusts mit dem Veräußerungsgewinn zu verrechnen. Der restliche verrechenbare Verlust wird vorgetragen und ist mit zukünftigen Gewinnen verrechenbar. Die Zurechnung des verrechenbaren Verlustes hat im Rahmen der gesonderten Feststellung nach § 15a Abs. 4 EStG zu erfolgen.[131]

1. Abgrenzung von entgeltlichen und unentgeltlichen Übertragungen

46 Eine Übersicht über die Komplexität der vermeintlich einfachen Abgrenzung von unentgeltlicher, teilentgeltlicher und entgeltlicher Übertragung gibt die nachfolgende Graphik (→ S. 1491).

---

[128] BFH BStBl. II 2018, 527.
[129] BFH BStBl. II 2018, 527.
[130] BFH BStBl. II 2018, 527.
[131] BFH BStBl. II 1999, 269.

II. Einkommen-/Körperschaftsteuer § 28

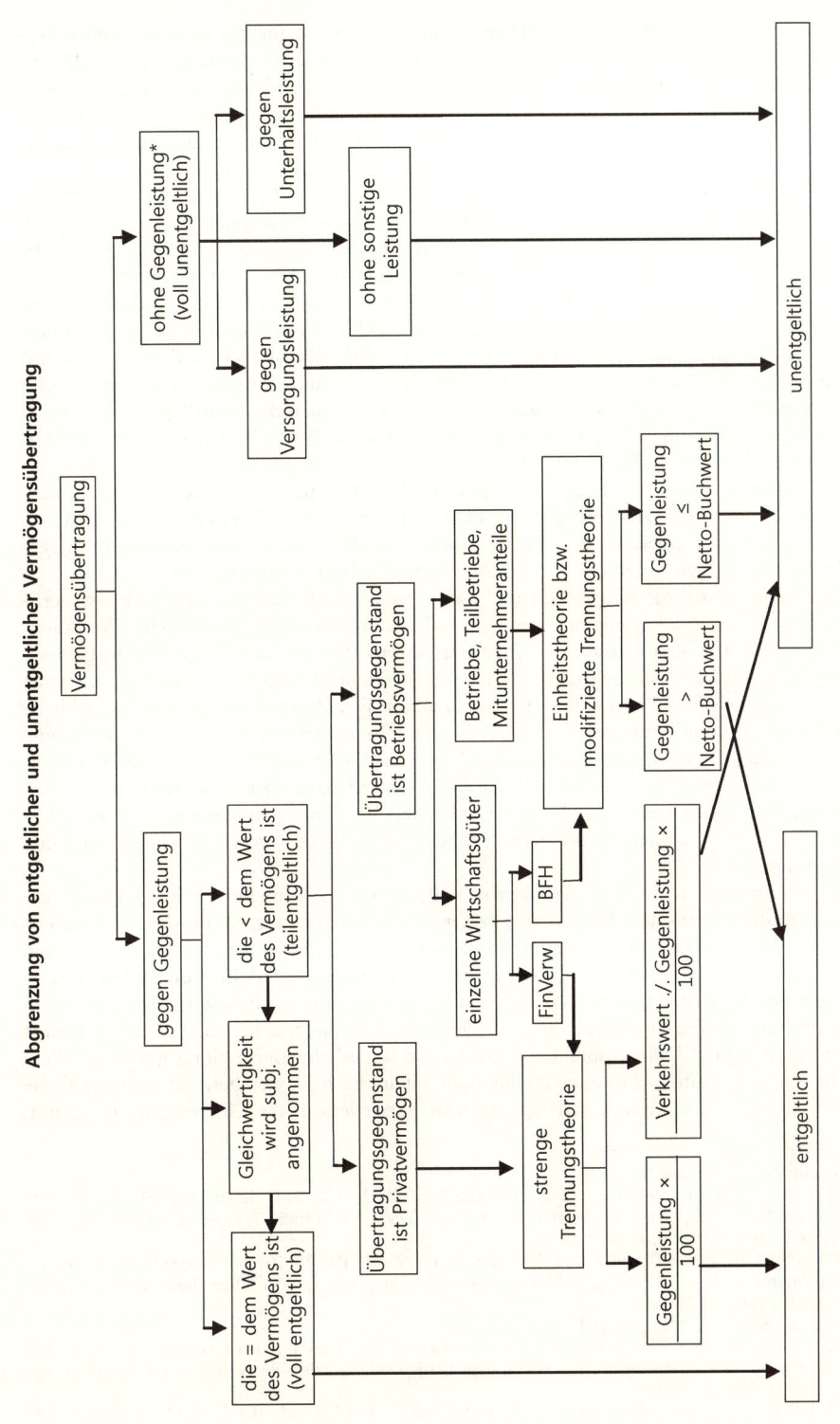

Abgrenzung von entgeltlicher und unentgeltlicher Vermögensübertragung

Vermögensübertragung
- ohne Gegenleistung* (voll unentgeltlich)
  - gegen Unterhaltsleistung → unentgeltlich
  - ohne sonstige Leistung → unentgeltlich
  - gegen Versorgungsleistung → unentgeltlich
- gegen Gegenleistung
  - die = dem Wert des Vermögens ist (voll entgeltlich) → entgeltlich
  - Gleichwertigkeit wird subj. angenommen
  - die < dem Wert des Vermögens ist (teilentgeltlich)
    - Übertragungsgegenstand ist Betriebsvermögen
      - Betriebe, Teilbetriebe, Mitunternehmeranteile
      - Einheitstheorie bzw. modifizierte Trennungstheorie
        - Gegenleistung ≤ Netto-Buchwert → unentgeltlich
        - Gegenleistung > Netto-Buchwert → entgeltlich
    - Übertragungsgegenstand ist Privatvermögen
      - einzelne Wirtschaftsgüter
        - BFH
        - FinVerw
      - strenge Trennungstheorie
        - $\dfrac{\text{Verkehrswert} \div \text{Gegenleistung} \times 100}{}$
        - $\dfrac{\text{Gegenleistung} \times 100}{}$

* Ohne Gegenleistung ist auch der Anteil einer Leistung, der > dem Wert des Vermögens ist.

47 Eine **(voll) unentgeltliche Übertragung** liegt vor, wenn für die Leistung **keine Gegenleistung** erbracht wird. Oft fällt sie zusammen mit anderen Vorgängen, wie zB Unterhalts- und Versorgungsleistungen, die allerdings keine Gegenleistungen darstellen. Diese auf den ersten Blick etwas verwirrende und paradox anmutende Sonderproblematik im Bereich der wiederkehrenden Leistungen wird im Anschluss an die allgemeine Darstellung der Abgrenzung von entgeltlichen und unentgeltlichen Übertragungen in einem eigenen Kapitel ausführlich erläutert werden (→ Rn. 55 ff.). Im einkommensteuerlichen Sinne ist auch die sog. unbenannte Zuwendung zwischen Ehegatten – unabhängig von der zivilrechtlichen Beurteilung – ein voll unentgeltlicher Vorgang.[132] Gleiches gilt für die bloße Übertragung eines Gewerbebetriebs, Teilbetriebs oder Mitunternehmeranteils, wenn der Erwerber nicht nur Aktiva, sondern auch Passiva übernimmt und daneben **keine** Abstandszahlungen, Gleichstellungsgelder oder Ähnliches zahlt oder private Verbindlichkeiten übernimmt. Denn die übernommenen Verbindlichkeiten sind nach ganz hM nichts anderes als Wirtschaftsgüter des übertragenen Betriebsvermögens und damit selbst Übertragungsgegenstand.[133] Ihre Buchwerte hat der Übernehmer gemäß § 6 Abs. 3 EStG fortzuführen. Dies gilt selbst dann, wenn die Passiva die Buchwerte der Aktiva übersteigen, dh ein Betrieb, Teilbetrieb oder Mitunternehmeranteil mit einem negativen Kapitalkonto übertragen wird; immer vorausgesetzt, dass die anteiligen stillen Reserven einschließlich eines Geschäftswerts das übernommene negative Kapitalkonto übersteigen und im Übrigen kein Entgelt gezahlt wird.[134] Auch insoweit werden – unabhängig vom negativen Saldo – lediglich positive und negative Wirtschaftsgüter übertragen.

48 **In vollem Umfang entgeltlich** und damit eine Veräußerung im einkommensteuerlichen Sinne ist eine Übertragung, wenn sie in Erfüllung eines schuldrechtlichen Verpflichtungsgeschäfts (zB Kaufvertrag, Tauschvertrag) erfolgt, bei dem die **Gegenleistung**[135] wie unter Fremden kaufmännisch nach dem vollen Wert der Leistung bemessen ist. Gleiches gilt, wenn durch die Übertragung eine aus anderem Rechtsgrund entstandene betriebliche (zB Darlehensschuld eines anderen Betriebs des Übertragenden) oder private Geldschuld (zB Darlehen, Zugewinnausgleichsanspruch) an Erfüllung statt[136] getilgt wird. Entscheidend ist allerdings auch in diesem Fall die **Gleichwertigkeit von Leistung und Gegenleistung**. Ausnahmsweise kann jedoch trotz objektiver Ungleichwertigkeit eine entgeltliche Übertragung vorliegen, wenn die Beteiligten subjektiv von der Gleichwertigkeit ausgegangen sind.[137]

49 Schwieriger wird die Abgrenzung von entgeltlicher und unentgeltlicher Übertragung bei den **teilentgeltlichen Vorgängen** (zB gemischte Schenkungen), für die das Einkommensteuerrecht keine ausdrückliche Regelung vorsieht. Teilentgeltlich sind diejenigen Übertragungen, bei denen sich **Leistung und Gegenleistung nicht wertmäßig ausgewogen** gegenüberstehen und den Parteien dieser Umstand auch bewusst ist. Bei einem teilentgeltlichen Vorgang vereinen sich Elemente der unentgeltlichen und der entgeltlichen Übertragung. Dementsprechend erfolgt die steuerliche Behandlung entweder allein nach den Vorschriften für entgeltliche oder allein nach denjenigen für unentgeltliche Übertragungen, und zwar jeweils angewendet entweder auf die Übertragung insgesamt,

---

[132] Schmidt/*Wacker* EStG § 16 Rn. 36.
[133] BFH GrS BStBl. II 1990, 847 (854); BFH BStBl. II 1992, 472; BMF BStBl. I 1993, 80 Rn. 29 f.; Schmidt/*Wacker* EStG § 16 Rn. 38 und 68; aA *Märkle* DStR 1993, 1005; *Trompeter* BB 1996, 2494; diff. *Pfalzgraf/Meyer* BB 1996, 1090.
[134] BFH BStBl. II 2018, 527; 1999, 269; BMF BStBl. I 1993, 80 Rn. 30. Zu den Folgen bei gleichzeitiger Entgeltzahlung, Abstandszahlung, Zahlung von Gleichstellungsgeldern oder Übernahme privater Verbindlichkeiten vgl. → § 25 Rn. 68.
[135] Zum Begriff vgl. → § 25 Rn. 61 ff.
[136] Bei der Leistung an Erfüllungs statt erlischt die Forderung des Übertragenden bereits mit dem Bewirken der Leistung. Der Übernehmer erhält neben dem Betrieb etc. zusätzlich die Schuld, vgl. § 415 BGB; vgl. auch BFH/NV 2011, 1323.
[137] BFH BStBl. II 1992, 465; 2004, 211; BMF BStBl. I 1993, 80 Rn. 2; OFD Frankfurt juris FMNR24c310016 Rn. 5.

oder aber nur auf einen Teil der Übertragung. Zu unterscheiden ist hierbei, ob es sich um eine teilentgeltliche Übertragung von Privatvermögen oder von Betriebsvermögen (einzelne Wirtschaftsgüter des Betriebsvermögens, ganze Betriebe, Teilbetriebe oder Mitunternehmeranteile) handelt und bei Betriebsvermögen zusätzlich, ob es im betrieblichen Bereich verbleibt oder der außerbetrieblichen Sphäre zugeführt wird.

Die teilentgeltliche Übertragung von **Privatvermögen** ist in einen voll entgeltlichen und einen voll unentgeltlichen Teil aufzuteilen (sog. **Trennungstheorie**[138]). Das Wertverhältnis der beiden Teile wird, sofern die Parteien keine Aufteilung auf die einzelnen Wirtschaftsgüter vorgenommen haben,[139] nach der sog. **Aufteilungsmethode oder strengen Trennungstheorie**[140] entsprechend dem Verhältnis des Verkehrswerts der übertragenen Wirtschaftsgüter zur Gegenleistung ermittelt: 50

$$\text{Entgeltlicher Teil der Übertragung in \%} = \frac{\text{Gegenleistung} \times 100}{\text{Verkehrswert}}$$

$$\text{Unentgeltlicher Teil der Übertragung in \%} = \frac{(\text{Verkehrswert} ./. \text{Gegenleistung}) \times 100}{\text{Verkehrswert}}$$

Demgegenüber stellt die teilentgeltliche Übertragung von ganzen **Betrieben, Teilbetrieben oder Mitunternehmeranteilen** einen einheitlichen Vorgang dar (sog. **Einheitsmethode**).[141] Dh es liegt entweder eine in vollem Umfang entgeltliche oder aber in vollem Umfang unentgeltliche Übertragung vor. Eine Aufspaltung in einen entgeltlichen und einen unentgeltlichen Teil scheidet aus. Hierbei kommt dem Verkehrswert des Unternehmens keine Bedeutung zu. Maßgebend ist vielmehr das Kapitalkonto des Übergebers, dh der Unterschiedsbetrag zwischen Aktiva und Passiva. Übersteigt die Gegenleistung das buchmäßige Kapital des Übergebers, handelt es sich um einen voll entgeltlichen Vorgang. Ist dagegen die Gegenleistung niedriger, liegt eine voll unentgeltliche Übertragung vor. 51

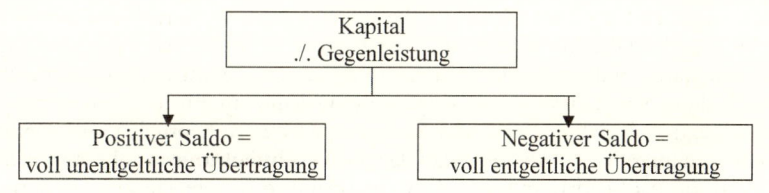

```
              ┌─────────────────┐
              │     Kapital     │
              │ ./. Gegenleistung│
              └────────┬────────┘
                       │
         ┌─────────────┴─────────────┐
         ▼                           ▼
┌─────────────────────┐   ┌─────────────────────┐
│  Positiver Saldo =  │   │  Negativer Saldo =  │
│ voll unentgeltliche │   │  voll entgeltliche  │
│     Übertragung     │   │     Übertragung     │
└─────────────────────┘   └─────────────────────┘
```

Bei der Einheitsmethode wird dabei auf das **Kapitalkonto nach Übergabe** abgestellt. Verbleiben Betriebsschulden beim Übergeber, so bleiben diese bei der Ermittlung des Kapitals als Saldogröße aus Aktiva minus Passiva unberücksichtigt. In diesem Fall ist das Kapital nach Übergabe höher als vor Übergabe, da weniger Passiva abzuziehen sind. Umgekehrt verhält es sich, wenn (unwesentliche) Wirtschaftsgüter des Betriebsvermögens zurückbehalten werden. Das Kapital ist dann nach Übergabe kleiner als vor Übergabe, da weniger Aktiva übertragen werden. 52

Im Gegensatz zu den betrieblichen Einheiten (Betrieb, Teilbetrieb, Mitunternehmeranteil) unterliegt die teilentgeltliche Übertragung **einzelner Wirtschaftsgüter des Betriebsvermögens** ebenso wie die Übertragung von Privatvermögen der Trennungstheo-

---

[138] BFH BStBl. II 1985, 722; 1991, 793; BMF BStBl. I 1993, 80 Rn. 14 und 15; vgl. auch Schmidt/*Kulosa* EStG § 6 Rn. 367 (3) mwN.
[139] BFH DStRE 2005, 1379; BMF BStBl. I 2006, 253 Rn. 42; OFD Münster ZEV 2006, 208: Die Aufteilung ist, sofern sie zu keinen unangemessenen wertmäßigen Verschiebungen führt, zugrunde zu legen.
[140] BFH BStBl. II 1981, 11 zu § 17 EStG; BFH BStBl. II 1988, 942 zu § 23 EStG; BMF BStBl. I 1993, 80, Rn. 14f.; H 17 Abs. 4 EStH 2011 „teilentgeltliche Übertragung".
[141] BFH BStBl. II 1995, 367 mwN; BMF BStBl. I 1993, 80 Rn. 35 bis 38.

rie, sofern sie in ein anderes Betriebsvermögen überführt werden.[142] Allerdings ist umstritten, wie sich der Veräußerungsgewinn berechnet. Die Finanzverwaltung vertritt die Trennungstheorie mit Aufteilung des Buchwerts (sog. strenge Trennungstheorie). Danach wäre die teilentgeltliche Übertragung einzelner Wirtschaftsgüter des Betriebsvermögens wie diejenige steuerverstrickter Wirtschaftsgüter des Privatvermögens zu behandeln und entsprechend dem Verhältnis des Verkehrswerts der übertragenen Wirtschaftsgüter zur Gegenleistung in einen entgeltlichen und einen unentgeltlichen Teil aufzuteilen.[143] Im Zuge dessen führen die Teilentgelte im Umfang der Entgeltlichkeitsquote zur Realisierung stiller Reserven, die nicht durch eine Ergänzungsbilanz neutralisiert werden können.[144] Demgegenüber vertritt der IV. Senat des BFH die Trennungstheorie mit vorrangiger Zuordnung des Buchwerts zum entgeltlichen Teil (sog. modifizierte Trennungstheorie).[145] Dies bedeutet, dass bei den Buchwert des übertragenen Wirtschaftsguts nicht übersteigenden Entgelten kein Veräußerungsgewinn entsteht. Der Streit ist dem Großen Senat des BFH zur Entscheidung vorgelegt worden,[146] der aber an einer endgültigen Entscheidung des Streits dadurch gehindert wurde, dass das Finanzamt dem Begehren des Klägers abhalf.[147]

Wird ein Wirtschaftsgut des Betriebsvermögens dagegen dem außerbetrieblichen Bereich (zB Privatvermögen) zugeführt, kommt es zu einer Entnahme des Wirtschaftsguts zum Teilwert, § 6 Abs. 1 Nr. 4 EStG und zur Versteuerung eines Entnahmegewinns in Höhe des Teilwerts abzüglich des Buchwerts und etwaige Veräußerungs-/Entnahmekosten.

53 Bei der **Abgrenzung** von (teil-)entgeltlicher und unentgeltlicher Übertragung ist zunächst festzustellen, ob überhaupt eine Gegenleistung vorliegt. Ist dies der Fall, so ist deren Höhe zum Netto-Buchwert bzw. dem Verkehrswert des übertragenen Vermögens in Beziehung zu setzen. Für die Frage, ob überhaupt eine **Gegenleistung** vorliegt oder nicht, ist zuvörderst entscheidend, ob sich die Werte der Leistung und der Gegenleistung **gleichwertig,** dh wie unter Fremden nach kaufmännischen Gesichtspunkten gegeneinander ausgewogen gegenüberstehen. Ist dies der Fall, liegt grundsätzlich ein voll entgeltliches Geschäft vor.[148] Gleiches gilt, wenn die Parteien trotz objektiver Ungleichwertigkeit **subjektiv** von der Gleichwertigkeit ausgegangen sind,[149] wobei das Vorliegen einer entsprechenden klaren und eindeutigen Vereinbarung immer vorauszusetzen ist. Die wertmäßige Beurteilung von Leistung und Gegenleistung kann im Einzelfall allerdings ebenso wie die subjektive Annahme der Gleichwertigkeit schwer zu beurteilen sein. Deshalb hat die Rechtsprechung für die Abgrenzung folgende **Vereinfachungsregel** entwickelt:
- Bei **Vermögensübertragungen auf Abkömmlinge** besteht eine nur in Ausnahmefällen widerlegbare Vermutung dafür, dass die Übertragung aus familiären Gründen, nicht aber im Wege eines Veräußerungsgeschäfts unter kaufmännischer Abwägung von Leistung und Gegenleistung erfolgt.[150]

---

[142] BFH DStR 2012, 2051; BMF BStBl. I 1993, 80 Rn. 34, sowie BStBl. I 2011, 1279 Rn. 15.
[143] BMF BStBl. I 2011, 1279 Rn. 15; BStBl. I 2013, 1164 (Nichtanwendungserlass zu IV R 11/12 u. IV R 41/11), ebenso *Heuermann* DB 2013, 1328; *Dornheim* DStZ 2013, 397; *Brandenberg* DStZ 2002, 551; *Niehus/Wilke* FR 2005, 1012; ebenso wohl auch der X. Senat des BFH, BStBl. II 2016, 81.
[144] Schmidt/*Kulosa* EStG § 6 Rn. 697 (1).
[145] BFH DStR 2012, 2051; DStR 2012, 1500; ebenso *Korn* KÖSDI 2002, 13272; *Ley* StbJb 2003/2004, 135; *Prinz/Hütig* DB 2012, 2597; *Wendt* DB 2013, 834; *Wendt* StbJb 2012/2013, 29. Zu den unterschiedlichen rechnerischen Auswirkungen der verschiedenen Varianten der modifizierten Trennungstheorie vgl. BFH BStBl. II 2016, 81 Rn. 36 ff.
[146] BFH BStBl. II 2016, 81.
[147] BFH GrS BStBl. II 2019, 77.
[148] Vgl. BMF BStBl. I 1993, 80 Rn. 2; BMF BStBl. I 2010, 22 Rn. 4; OFD Frankfurt juris FMNR24C310016 Rn. 6.
[149] BStBl. II 1992, 465; 2008, 99; BMF BStBl. I 2010, 227 Rn. 4; BStBl. I 1993, 80 Rn. 2; OFD Frankfurt juris FMNR24C310016 Rn. 5.
[150] GrS BFH BStBl. II 1990, 847; 2008, 99; BMF BStBl. I 1993, 80 Rn. 5; 2010, 227 Rn. 5; OFD Frankfurt juris FMNR24C310016 Rn. 5.

- Dies bedeutet im Umkehrschluss, dass unter **fremden Dritten** die nur in Ausnahmefällen widerlegbare Vermutung besteht, dass bei der Übertragung von Vermögen Leistung und Gegenleistung kaufmännisch gegeneinander abgewogen sind, es sich mithin um ein entgeltliches Veräußerungsgeschäft handelt.[151] Hieran ändert auch ein Freundschaftsverhältnis zwischen dem Zuwendenden und dem Empfänger nichts.[152]

Mit anderen Worten trifft bei der Vermögensübergabe an Angehörige den Steuerpflichtigen die **Beweislast** für das Vorliegen eines entgeltlichen Geschäfts. Bei einer Vermögensübergabe an familienfremde Dritte trifft ihn dagegen die Beweislast für das Vorliegen eines unentgeltlichen Geschäfts. Hat der Steuerpflichtige nachweisen können, dass Leistung und Gegenleistung gleichwertig bzw. ungleichwertig sind, ist es sodann Aufgabe des Finanzamts, andere Umstände darzulegen, die eine betriebliche Veranlassung in Frage stellen.[153]

54

> Empfehlung:
> Bereits bei der Planung und erst recht bei der Durchführung der Unternehmensübergabe sollte der Wille der Parteien dokumentiert und veobjektiviert werden. Ist ein entgeltliches Geschäft beabsichtigt, sollten entsprechende Formulierungen wie zB „verkaufen", „Kaufpreis" und „Unternehmensveräußerung" im Vertrag verwandt werden. Daneben können Wertgutachten und Übernahme- bzw. Kaufangebote fremder Dritter wertvolle Hilfe leisten. Ferner ist die Einhaltung von Formalien immer auch ein Indiz für eine Übertragung „wie unter Fremden". Hierbei sollte bei Gesellschaften vor allem dem Gesellschaftsvertrag wieder einmal Beachtung geschenkt werden.

2. Sonderproblematik im Bereich der wiederkehrenden Leistungen

Erfolgt die Übertragung gegen wiederkehrende Leistungen, können sich besondere Probleme ergeben. Hierbei handelt es sich ausschließlich um eine Besonderheit, die den Bereich der **Gegenleistung** betrifft. Denn wiederkehrende Leistungen im Zusammenhang mit einer Unternehmensnachfolge können ihrem Charakter nach entweder Versorgungsleistungen, Unterhaltsleistungen, oder aber wiederkehrende Leistungen im Austausch mit einer Gegenleistung[154] – kurz: Austauschleistungen oder Gegenleistungsrenten[155] – sein. Während Versorgungs- und Unterhaltsleistungen ertragsteuerlich nicht als Gegenleistung angesehen werden und somit immer zu unentgeltlichen Vermögensübertragungen führen, handelt es sich bei der Austauschleistung (Gegenleistungsrente) stets um eine Gegenleistung, die sowohl zu einer entgeltlichen als auch zu einer unentgeltlichen Vermögensübertragung führen kann. Welche von beiden Alternativen vorliegt, ist sodann nach den oben bereits erörterten allgemeinen Grundsätzen zu beurteilen (→ Rn. 46 ff.).

55

Um es noch einmal zu verdeutlichen: Es geht hier allein um die Frage, **ob eine Gegenleistung vorliegt.** Ob es sich letztlich um eine entgeltliche oder eine unentgeltliche Vermögensübertragung handelt, ist eine andere Frage (→ Rn. 46 ff.).

---

[151] BFH BStBl. II 1998, 718; 2008, 99; 2018, 94; BMF BStBl. I 2010, 227 Rn. 6; OFD Frankfurt juris FMNR24C310016 Rn. 6.
[152] BFH BStBl. II 2018, 94.
[153] BFH BStBl. II 1992, 465.
[154] Diesen Ausdruck verwendet das BMF in BStBl. I 2010, 227 zB in Rn. 1, 21, 56, 58 u. 65; OFD Frankfurt juris FMNR24C310016 Rn. 1, 21, 56, 58 u. 65.
[155] Vgl. *Fischer* MittBayNot 1996, 137.

```
                    wiederkehrende Leistungen
    ┌───────────────────┼───────────────────┐
Versorgungsleistungen ↔ Unterhaltsleistungen ↔ Austauschleistung
          ↓                    ↓                    ↓
  ohne Gegenleistung    ohne Gegenleistung    mit Gegenleistung
          ↓                    ↓                    ↓
     unentgeltlich        Unentgeltlich      entgeltlich oder
                                              unentgeltlich
```

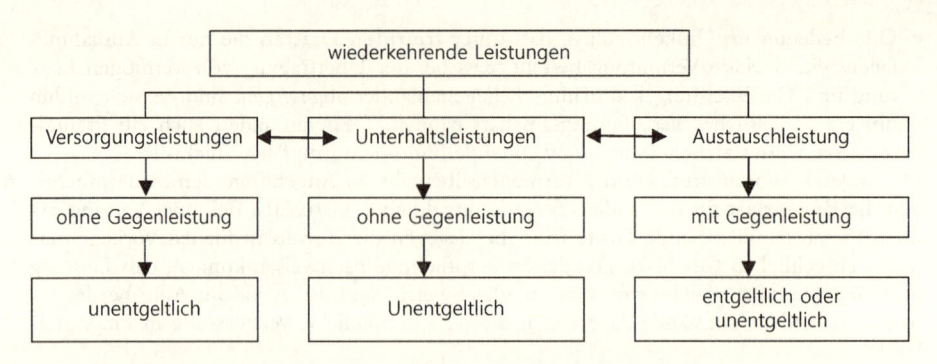

56 **Versorgungsleistungen** sind wiederkehrende Leistungen in Form von Renten oder dauernden Lasten (→ Rn. 136), die im Rahmen einer Vermögensübergabe zur vorweggenommenen Erbfolge vereinbart werden und die Versorgung des Vermögensübergebers oder einer von ihm benannten anderen Person zumindest teilweise sichern sollen. Es handelt sich bei der Vermögensübergabe gegen Versorgungsleistungen um ein von der Rechtsprechung geschaffenes und mittlerweile in § 10 Abs. 1a Nr. 2 EStG gesetzlich verankertes Sonderrecht, welches einerseits kein entgeltliches Geschäft, andererseits aber auch keine Vermögensübergabe gegen Unterhaltsleistungen darstellt. Die in diesem Zusammenhang vereinbarten wiederkehrenden Versorgungsleistungen führen nicht zu Anschaffungskosten und damit auch nicht zu Abschreibungsvolumen, wie dies bei einem entgeltlichen Geschäft der Fall wäre. Andererseits sind sie aber auch nicht wie Unterhaltsleistungen überhaupt nicht zu berücksichtigen. Sie stellen vielmehr ein unentgeltliches Geschäft dar, dessen Leistungen beim Vermögensübernehmer, dem Verpflichteten, zu Sonderausgaben und beim Vermögensübergeber, dem Berechtigten, zu sonstigen Einkünften führen (→ Rn. 138).

57 Die diesem Sonderrecht ursprünglich zugrundeliegende Problematik ist typischerweise dadurch gekennzeichnet, dass der Übergeber Inhaber eines Hofes oder Unternehmens ist, dessen Erträge zur Deckung seines Unterhalts ausreichen. Irgendwann kommt jedoch der Zeitpunkt, in dem er aus Altersgründen nicht mehr in der Lage sein wird, die Erträge selbst zu erwirtschaften. Er überträgt daher den Hof bzw. das Unternehmen auf die nächste Generation und vereinbart im Zuge dessen wiederkehrende Leistungen, um seine Existenz auch weiterhin zu sichern. Er ist auf diese Weise auch zukünftig nicht auf Unterhalt angewiesen. Werden also in Verbindung mit einer Vermögensübergabe Versorgungsleistungen vereinbart, die der Übernehmer an den Übergeber zu erbringen hat, so liegt hierin ertragsteuerlich regelmäßig **keine Gegenleistung** für die hingegebenen Wirtschaftsgüter. Die Versorgungsleistungen werden vielmehr als **zukünftige Erträge des übertragenen Vermögens** angesehen, die sich der Vermögensübergeber sozusagen „als von dem übertragenen Vermögen abgespaltenes Recht" vorbehält, die nunmehr allerdings vom Vermögensübernehmer zu erwirtschaften sind. Geht man davon aus, dass sich der Wert eines Unternehmens aus der Substanz und den zukünftigen Erträgen zusammensetzt, so behält sich der Übertragende – wirtschaftlich gesehen – an den zukünftigen Erträgen denjenigen Teil zurück, den er zur Lebenshaltung benötigt.[156] Das Vermögen selbst, dh die Substanz, und der nicht benötigte Anteil an den zukünftigen Erträgen geht daher originär unentgeltlich über, was die Versorgungsleistung von der Kauf- bzw. der Veräußerungsleistung unterscheidet. Dies impliziert gleichzeitig, dass eine Versorgungsleistung nicht in Betracht kommt, wenn der Wert des übertragenen Vermögens kleiner oder gleich dem Barwert der wiederkehrenden Leistung ist. Denn dann hat der Übergeber nichts zurückbehalten. Durch die Charakterisierung als vorbehaltene Vermögenserträge unterscheiden sich die Versorgungsleistungen gleichzeitig von den Unterhaltsleistungen im Sinne des

---

[156] GrS BFH BStBl. II 1992, 78, in Anlehnung an RFH RStBl. 1933, 583.

§ 12 Nr. 1 EStG. Diese sind dadurch gekennzeichnet, dass der Unterhaltsempfänger vom Unterhaltsverpflichteten etwas erhält. Behält sich der Übertragende die Erträge aber vor, kann der Übernehmer ihm diese nicht zukommen lassen; der Übertragende hat sich ihrer nie entäußert. Aus dem gleichen Grund kann es sich auch nicht um Zuwendungen des Vermögensübernehmers aufgrund einer freiwillig begründeten Rechtspflicht im Sinne des § 12 Nr. 2 EStG handeln. Versorgungsleistungen kommen mittlerweile aufgrund der gesetzlichen Neuregelung nur noch in Betracht im Zusammenhang mit der Übertragung
- eines Mitunternehmeranteils an einer Personengesellschaft, die eine Tätigkeit iSd §§ 13, 15 Abs. 1 S. 1 Nr. 1 oder des § 18 Abs. 1 EStG ausübt,
- eines Betriebs oder Teilbetriebs sowie
- eines mindestens 50 Prozent betragenden Anteils an einer Gesellschaft mit beschränkter Haftung (GmbH), wenn der Übergeber als Geschäftsführer tätig war und der Übernehmer diese Tätigkeit nach der Übertragung übernimmt.

Unterhaltsleistungen orientieren sich demgegenüber regelmäßig an den individuellen Bedürfnissen des Vermögensübergebers. Ihre Finanzierung erfolgt grundsätzlich nicht, oder aber nicht vollständig[157] aus dem übertragenen Vermögen. Die Höhe der Unterhaltsleistungen ist daher regelmäßig losgelöst vom Ertrag des übertragenen Vermögens. Es handelt sich mithin im Unterschied zur Versorgungsleistung nicht um vorbehaltene Vermögenserträge. Maßgebend ist der Gedanke der **Existenzsicherung** des Übergebers. Der Unterhaltsleistung liegen folglich persönliche und damit außersteuerliche Gründe zugrunde. Werden also in Verbindung mit einer Vermögensübergabe Unterhaltsleistungen vereinbart, die der Übernehmer an den Übergeber zu erbringen hat, so liegt hierin regelmäßig **keine Gegenleistung** für die hingegebenen Wirtschaftsgüter. Auch die Vermögensübergabe gegen Unterhaltsleistungen erfolgt daher ebenso wie diejenige gegen Versorgungsleistungen unentgeltlich und unterscheidet sich dabei gleichzeitig von der Vermögensübergabe gegen Austauschleistung. 58

Ausgehend von der Vereinfachungsregel bei Verträgen zwischen Angehörigen (→ Rn. 53 f.) haben Rechtsprechung und Verwaltung im Bereich der Vermögensübergabe gegen wiederkehrende Leistungen bestimmte Formen der Gestaltung typisiert,[158] die bei der Unterscheidung zwischen Versorgungs-, Unterhalts- und Austauschleistung (Gegenleistungsrente) weiterhelfen sollen: 59

---

[157] Dies ist der Fall, wenn die Erträge der existenzsichernden Wirtschaftseinheit nicht ausreichen, dh die 50%-Grenze der Finanzverwaltung nicht erreichen (vgl. Rn. 124 ff.).
[158] Vgl. BMF BStBl. I 2010, 227; OFD Frankfurt juris FMNR24c310016.

§ 28　　　　　　　　　　　　　　　　　　　　　　　　　Vorweggenommene Erbfolge

```
                        wiederkehrende Leistungen*
                         /                    \
              auf Lebenszeit              auf festbestimmte Zeit
                /         \                /
  an begünstigte            an nicht begünstigte Leistungsempfänger
  Leistungsempfänger
       /       \             /
  von begünstigten     von nicht begünstigten Vermögensempfängern
  Vermögensempfängern
      /         \             /
  übertragenes          übertragenes Vermögen war nicht begünstigt
  Vermögen war
  begünstigt
    /    \
  und     und
  ausreichend   nicht ausreichend
  ertragbringend  ertragbringend
                      \
                       der Wert des Vermögens ist
                          /              \
                    < 50 % des        ≥ 50 % des
                    Rentenbarwerts    Rentenbarwerts
                                          |
                                    Aufteilung der
                                    wiederkehrenden
                                    Leistung
                                      /        \
                                   über        bis
                                 Verkehrs-   Verkehrs-
                                   wert        wert
    |                      |              |
  Versorgungsleistung   Unterhaltsleistung   Austauschleistung
                                             (Gegenleistungsrente)
    |                      |                   |
  Vermögensübertragung  Vermögensübertragung  Vermögensübertragung
  ohne Gegenleistung    ohne Gegenleistung    gegen Gegenleistung
```

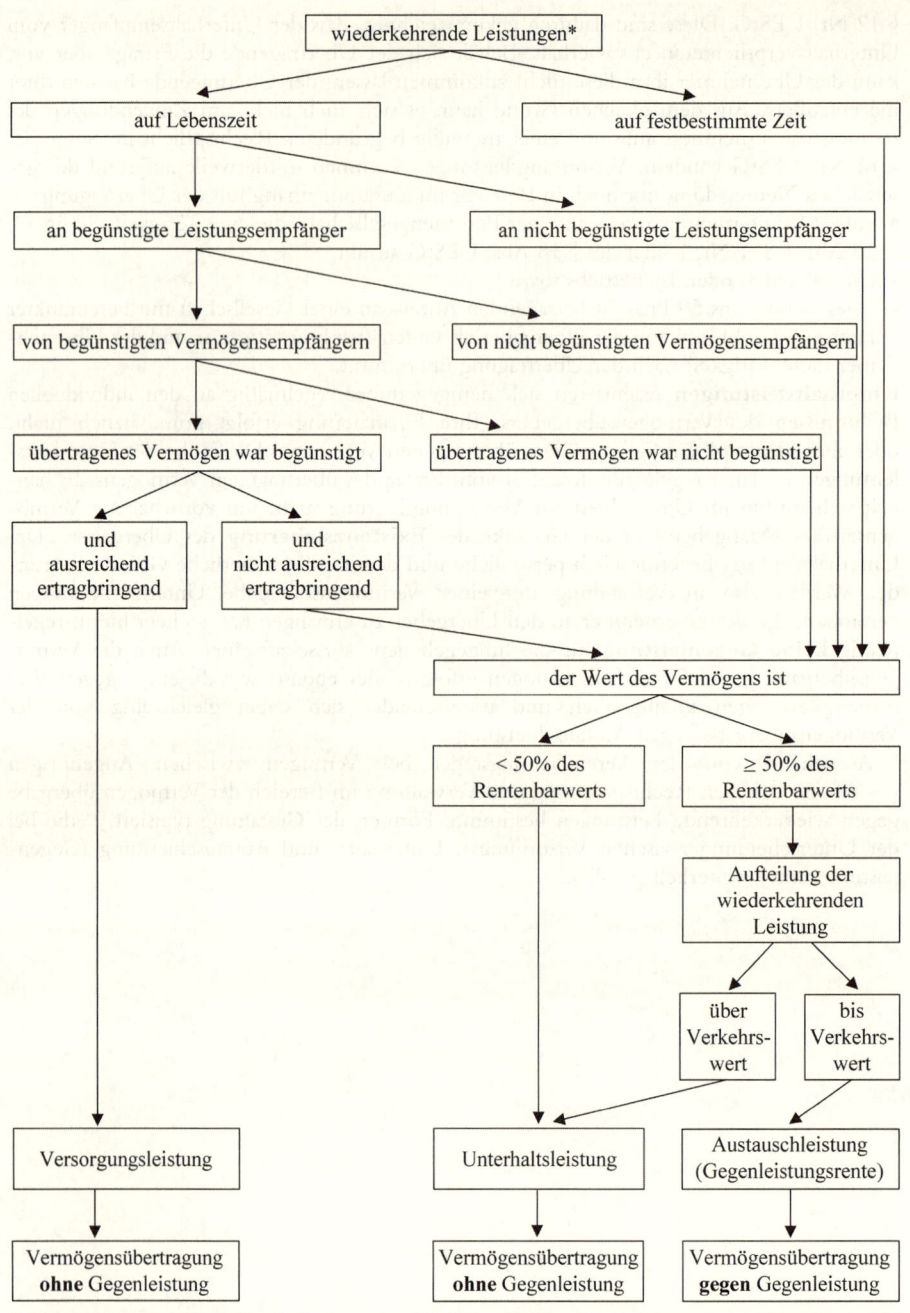

* Anmerkung: Unterstellt wird, dass der Kapitalwert der wiederkehrenden Leistungen nicht > und nicht = dem Wert des übertragenen Vermögens ist und die Parteien auch nicht von der Gleichwertigkeit ausgegangen sind, sowie dass sie eine klare und eindeutige Vereinbarung getroffen haben.

a) **Vermögensübergabe gegen Versorgungsleistungen.** Eine Vermögensübergabe gegen Versorgungsleistungen[159] liegt vor, wenn 60
- aufgrund einer klaren, eindeutigen, rechtswirksamen und auch durchgeführten Vereinbarung
- Leistungen auf Lebenszeit
- an bestimmte Empfänger erbracht werden und
- eine begünstigte und
- ausreichend ertragbringende Wirtschaftseinheit
- auf bestimmte Empfänger übertragen wurde.

Die erste Tatbestandsvoraussetzung einer **klaren, eindeutigen, rechtswirksamen und auch durchgeführten Vereinbarung** ist eine Besonderheit, die immer im Zusammenhang mit Verträgen unter Angehörigen auftritt. Denn frei nach dem Grundsatz, dass „Blut dicker ist als Wasser", gehen Rechtsprechung und Finanzverwaltung einhellig davon aus, dass die Vertragsparteien derartiger Verträge es mit dem Abschluss und der Durchführung nicht so genau nehmen, wie sie es bei Verträgen mit fremden Dritten tun würden. Ähnlich wie die oben bereits erwähnte Vereinfachungsregel (→ Rn. 53 f.) dient das Tatbestandsmerkmal der Erleichterung der Arbeit der Finanzverwaltung und nicht zuletzt auch derjenigen der Gerichte. Es wirkt durch die Festlegung bestimmter Eckdaten der Manipulation entgegen und erleichtert die Überprüfbarkeit. Der Steuerpflichtige wird dazu gezwungen, sich so zu verhalten, wie er es auch gegenüber fremden Dritten täte. Voraussetzung ist zunächst, dass ein Übergabevertrag abgeschlossen wird, in dem die gegenseitigen Rechte und Pflichten **klar und eindeutig** vereinbart werden.[160] Die Finanzverwaltung verlangt hierzu, dass im Übergabevertrag zumindest der Umfang des zu übertragenden Vermögens, die Höhe der Versorgungsleistungen sowie die Art und Weise der Zahlung als wesentlicher Vertragsinhalt angegeben werden. Zu Recht hat es die Rechtsprechung jedoch genügen lassen, dass sich der Inhalt der Vereinbarung auch durch Auslegung ermitteln lässt. Eine Vereinbarung, dass dem Übertragenden lebenslänglich auf der übertragenen Besitzung ein freies Altenteilsrecht eingeräumt wird, zielt auf den Kernbestand eines Altenteilrechts, wonach die Altenteiler weiterhin im übergebenen Besitz wohnen dürfen und am Tisch des Übernehmers verköstigt werden.[161] Daneben sollte klar geregelt sein, welche Versorgungsleistungen geschuldet werden. Denn nur, wenn die vom Verpflichteten geleisteten Zahlungen laut Übergabevertrag geschuldet werden, können sie als Sonderausgaben abgezogen werden. Dies betrifft insbesondere Verpflichtungen, die nicht vom gesetzlichen Grundtypus erfasst werden, wie zB größere Instandhaltungsarbeiten beim Altenteilsvertrag.[162] 61

Das Merkmal der **Rechtswirksamkeit** setzt insbesondere den formgültigen Abschluss des Vertrages voraus.[163] So bedarf zB bei der Übertragung von GmbH-Anteilen sowohl das Verpflichtungsgeschäft als auch die Abtretung der notariellen Beurkundung, § 15 GmbHG. Darüber hinaus ist für das echte Leibrentenversprechen die schriftliche Erteilung des Versprechens erforderlich, § 761 BGB. Das vertragliche Altenteilsrecht kann dagegen formlos vereinbart werden,[164] so dass hier die Rechtswirksamkeit grundsätzlich gegeben ist. Schenkungen bedürfen der notariellen Beurkundung nach § 518 BGB. Aller- 62

---

[159] Mit Wirkung des 1.11.2004 kann eine Vermögensübergabe gegen Versorgungsleistungen nicht mehr durch Übergabe einer existenzsichernden Wirtschaftseinheit ohne ausreichende Erträge (sog. Typus 2) erfolgen. Die Vermögensübergabe gegen Versorgungsleistungen Typus 1, bei der die erzielbaren laufenden Nettoerträge des übergebenen Vermögens die vereinbarten wiederkehrenden Leistungen abdecken, ist nunmehr alleiniger Standard, an dem die Vermögensübergabeverträge zu messen sind. Der Typus 2 (vgl. hierzu im Einzelnen Sudhoff/*von Sothen* § 55 Rn. 75 ff.) bleibt jedoch für Altfälle relevant: BMF BStBl. I 2010, 227 Rn. 81; OFD Frankfurt juris FMNR24c310016 Rn. 81.
[160] BMF BStBl. I 2010, 227 Rn. 59; OFD Frankfurt juris FMNR24c310016 Rn. 59.
[161] BFH/NV 2005, 201.
[162] BFH BStBl. II 2000, 21; BFH/NV 2011, 1711.
[163] BFH BStBl. III 1963, 563.
[164] Palandt/*Sprau* BGB § 759 Rn. 8.

dings ist die Formwirksamkeit steuerlich unbeachtlich, wenn die Beteiligten das wirtschaftliche Ergebnis dieses Rechtsgeschäfts gleichwohl eintreten und bestehen lassen, § 41 Abs. 1 AO.

63 Wie grundsätzlich im Steuerrecht, darf es **keine Rückwirkung** geben. Die Vereinbarung muss somit für die Zukunft geschlossen werden. Dies entspricht dem Gedanken der „vorbehaltenen Erträge". Denn wenn das Vermögen bereits vollständig übergegangen ist, kann der Übergeber sich nichts mehr vorbehalten. Der Vermögensübernehmer würde die wiederkehrenden Leistungen auf rein freiwilliger Basis zahlen. Die Zahlungen würden daher in diesem Fall Unterhaltsleistungen darstellen. Ausnahmsweise lässt die Verwaltung eine steuerliche Rückwirkung zu, wenn der Zeitraum der Rückwirkung kurz ist und die Vereinbarung der Rückwirkung lediglich technische Bedeutung besitzt.[165] Beide Voraussetzungen müssen kumulativ vorliegen. Offen ist bislang, was hierunter zu verstehen ist. Eine Rückbeziehung bis zu drei Monaten dürfte unschädlich sein.[166] Der Zeitraum ist relativ überschaubar und erlaubt noch, etwaige zwischenzeitliche Veränderungen nachzuvollziehen. Darüber hinaus sollte man auch bedenken, dass die Aufstellung einer Bilanz, die in vielen Fällen der Vermögensübertragung zugrunde gelegt, oder aber zumindest als Orientierungshilfe herangezogen wird, häufig nicht so schnell nach dem Stichtag möglich ist. Mit der technischen Vereinfachung ist wohl insbesondere die Rückbeziehung auf den Bilanzstichtag gemeint. Dem Steuerpflichtigen bleibt es auf diese Weise erspart, auf den Übertragungsstichtag eine neue Bilanz zu erstellen. Entsprechendes muss für kurz zuvor erfolgte Bewertungen des Übertragungsgegenstandes gelten. Hinzuweisen ist darauf, dass der BFH vereinzelt aus Vereinfachungsgründen eine kurzfristige Rückbeziehung insbesondere auf den Bilanzstichtag zuließ, allerdings zusätzlich verlangte, dass diese ohne steuerliche Auswirkung geblieben sein muss.[167] Dies wird von der Finanzverwaltung im Rentenerlass bislang nicht verlangt, sollte allerdings vorsichtshalber bei der Planung berücksichtigt werden.

64 Der Vertrag muss ferner **ernsthaft gewollt** und entsprechend seiner Bestimmungen auch **durchgeführt** werden. Hat sich der Vermögensübernehmer nach dem Vermögensübergabevertrag zu mehreren Versorgungsleistungen verpflichtet, die zum Mindestbestand von Versorgungsverträgen gehören sowie als typusprägend anzusehen und als jeweils gleichgewichtig zu beurteilen sind, muss der Rechtsbindungswille nach Ansicht der Rechtsprechung hinsichtlich **aller** geschuldeten Versorgungsleistungen gegeben sein.[168] Willkürliche **Vertragsänderungen** sind nicht zulässig. Auch hier soll die Angleichung an Verträge mit fremden Dritten erreicht werden. Begründete Anpassungen der Versorgungsleistungen sind jedoch grundsätzlich zulässig und ggf. erforderlich.[169]

Ist beabsichtigt, dem Versorgungsempfänger mehrere, ihrer Art nach gleichwertige Versorgungsleistungen zukommen zu lassen (zB ein lebenslängliches Wohnrecht bei freier Heizung und freier Beköstigung einerseits und eine monatliche Rente andererseits), sollte aus praktischen Erwägungen überlegt werden, ob sich hieraus nicht mehrere separate Versorgungszusagen machen lassen. Wird eine Vereinbarung nicht durchgeführt (zB die Zahlung), entfällt nur deren steuerliche Abziehbarkeit als Sonderausgaben, nicht jedoch die der anderen, ordnungsgemäß erbrachten Versorgungsleistungen. Ist dies nicht möglich, muss jede beabsichtigte Veränderung der Versorgungsleistungen zwischen den Parteien vereinbart und begründet werden.

---

[165] BMF BStBl. I 2010, 227 Rn. 60; OFD Frankfurt juris FMNR24c310016 Rn. 60; BFH BStBl. II 1989, 281; 1987, 712 mwN.
[166] Sudhoff/*von Sothen* § 55 Rn. 40; Schmidt/*Wacker* EStG § 16 Rn. 443.
[167] BFH BStBl. II 1979, 581; BFH/NV 2006, 1829.
[168] BFH BStBl. II 2005, 434; DStRE 2011, 279.
[169] BFH BFH/NV 2004, 1389; BFH/NV 2016, 184 Rn. 27 mwN; OFD Frankfurt juris FMNR24c310016 Rn. 62.

II. Einkommen-/Körperschaftsteuer § 28

Eine völlige oder zeitweilige Aussetzung der Zahlungen ohne Änderung der Verhältnisse 65
wird als willkürlich gewertet.[170] Offenbar wird in der grundlosen Zahlungseinstellung ein
Indiz für die mangelnde Ernsthaftigkeit gesehen.[171] Die Konsequenz dieser Ansicht ist,
dass **von Anfang an** keine Versorgungsleistung sondern eine Unterhaltsleistung vorgelegen hat. Dies kann nicht zutreffend sein. Es muss den Vertragsparteien möglich sein, einen
ernsthaft gewollten und den Vertragsbestimmungen gemäß durchgeführten Versorgungsvertrag gemeinschaftlich ab einem bestimmten Zeitpunkt aufzuheben, ohne steuerschädliche Folgen befürchten zu müssen. Denn für das Vorliegen einer Versorgungsleistung
kommt es nicht darauf an, ob der Vermögensübergeber, der sich die Erträge vorbehalten
hat, auf diese angewiesen oder gar überversorgt ist.[172] Bei einer zeitweiligen, willkürlichen
Aussetzung wird die Ansicht vertreten, dass die wiederkehrenden Leistungen ab dem
Zeitpunkt der Zahlungseinstellung ihren Charakter als Versorgungsleistung verlieren.[173]
Dieser Schluss ist nicht zwingend. Die zeitweise Einstellung kann – eine klare und eindeutige Vereinbarung vorausgesetzt – auch als Verzicht auf Teile des zurückbehaltenen
Ertrages und damit als Schenkung dieser Teile angesehen werden. Die Wiederaufnahme
der Zahlungen würde in diesem Fall zu keiner neuen Versorgungsleistung führen, die nur
im Zusammenhang mit einer erneuten Vermögensübertragung steuerlich anzuerkennen
wäre. Die alte Vereinbarung würde einfach fortgesetzt. Dem stünde auch der Versorgungscharakter nicht entgegen, denn die Leistungen werden nur für einen bestimmten, in
der Regel überschaubaren Zeitraum ausgesetzt. Der Versorgungscharakter an sich wird
nicht angetastet. Darüber hinaus stellt die Rechtsprechung in Bezug auf die Abänderbarkeit einer Versorgungsvereinbarung in steuerlicher Hinsicht lediglich auf die Ertragskraft
des übergebenen Vermögens ab (→ Rn. 94 ff.). Diese ist bei einem Verzicht unverändert
gegeben.

Der Verzicht ist, auch wenn er nur kurzfristig erfolgen soll, grundsätzlich **schriftlich** zu 66
vereinbaren. Zwar gilt das Formerfordernis eines Leibrentenvertrages nach § 761 BGB
(schriftliche/elektronische Erteilung des Versprechens) nicht bei nachträglichen Einschränkungen oder bloße Erläuterungen.[174] Auch könnten die Vertragsparteien einen etwaig
vereinbarten Formzwang jederzeit aufheben.[175] Allerdings hält es die Rechtsprechung für
geboten, dass über das Formerfordernis in § 761 BGB hinaus auch nachträgliche Einschränkungen der Rentenverpflichtung schriftlich belegt werden müssen.[176] Denn die
Änderung eines Versorgungsvertrags ist steuerrechtlich nur anzuerkennen, wenn die veränderte Bedarfslage des Berechtigten oder eine verbesserte bzw. verschlechterte Leistungsfähigkeit des Verpflichteten dies erfordert. Diese Voraussetzungen müssen für eine spätere
Überprüfung festgehalten werden. Eine schriftliche Fixierung der Änderungen des Versorgungsvertrags ermögliche es im Übrigen den Beteiligten auch, bei Meinungsverschiedenheiten den Inhalt der abweichenden Regelung nachzuweisen. Die Finanzverwaltung hat
sich dem angeschlossen und versagt nach dem 29.7.2011 vorgenommenen nachträglichen
Vertragsänderungen einer Versorgungsverpflichtung die steuerliche Anerkennung, sofern
sie nur mündlich oder konkludent und nicht schriftlich geschlossen wurden.[177] Jedwede
nachträgliche Änderung einer Versorgungsleistung sollte daher unbedingt schriftlich fixiert
werden. Daneben ist es selbstverständlich möglich, die Aussetzung für eine bestimmte
Zeit zu vereinbaren, wenn dies vor der Aussetzung erfolgt und ein wie unter fremden

---

[170] BFH BStBl. II 2005, 434; BMF BStBl. I 2004, 922 Rn. 39; OFD Nordrhein-Westfalen BeckVerw NRW 323181 Rn. 2.7.7; OFD Frankfurt juris FMNR24c310016 Rn. 63.
[171] Vgl. BFH DStRE 2011, 279; *Paus* INF 1997, 193 (199).
[172] BFH/NV 1993, 717; BFH/NV 2005, 201; BStBl. II 2008, 123; Sudhoff/*v. Sothen* § 55 Rn. 41.
[173] BFH DStRE 2011, 279; BStBl. II 2011, 641; BStBl. II 2011, 641; *Wacker* NWB Fach 3, 9933 (9946 B I 5); OFD Frankfurt juris FMNR24c310016 Rn. 63.
[174] Staudinger/*J. Mayer* BGB § 761 Rn. 4.
[175] Palandt/*Ellenberger* BGB § 125 Rn. 19.
[176] BFH BStBl. II 2011, 641.
[177] BMF BeckVerw 253048.

Dritten üblicher Darlehensvertrag zugrunde liegt.[178] Vertragsänderungen sind also durchaus möglich und zulässig, solange sie ebenfalls wie der Versorgungsvertrag selbst klar und eindeutig vereinbart werden, ernsthaft gewollt sind und vereinbarungsgemäß durchgeführt werden. Vor allem ist sicherzustellen, dass sie **rechtzeitig im Vorhinein** abgeschlossen werden.

> **Empfehlung:**
>
> Da nach Ansicht der Finanzverwaltung[179] die wiederkehrenden Leistungen offenbar von Anfang an nicht als Versorgungsleistung anzusetzen sind, wenn zB eine Aussetzung der Zahlungen willkürlich erfolgt, bietet sich hier dem Steuerpflichtigen ein Gestaltungsinstrument.[180] Stellt sich im Nachhinein heraus, dass die Behandlung der wiederkehrenden Bezüge als Veräußerungsleistung steuerlich günstiger gewesen wäre, so ist dies durch längerfristige Einstellung der Zahlung durchaus noch erreichbar – sofern sie nicht insgesamt als Unterhaltsleistungen zu klassifizieren sind. Das Aussetzen einzelner Versorgungsleistungen in wirtschaftlich schweren Zeiten reicht nicht.[181]

67 Auch nach Ansicht der Finanzverwaltung sind Veränderungen des Vertrages zulässig, die auf einer **Änderung der Verhältnisse,** dh der objektiven Rahmenbedingungen, beruhen. Gemeint sind hier insbesondere eine grundsätzlich langfristige Veränderung des Versorgungsbedürfnisses des Berechtigten und/oder eine Veränderung der wirtschaftlichen Leistungsfähigkeit des Verpflichteten. Aber auch vor dem 1.1.2008 vereinbarte Versorgungsleistungen, bei denen eine dauernde Last gegen die innere Überzeugung der Beteiligten nur deshalb gewählt wurde, um die mit ihr verbundenen steuerlichen Folgen zu erreichen, müssen nach der gesetzlichen Gleichstellung von Versorgungsrenten und dauernden Lasten dahingehend abgeändert werden können, dass § 323 ZPO ausdrücklich ausgeschlossen wird.[182] Die Vertragsanpassung muss nicht explizit im Übergabevertrag vorgesehen sein. Sie ist darüber hinaus sogar steuerlich unschädlich durchführbar, wenn sie im Vertrag ausdrücklich ausgeschlossen wurde.[183] Denn es liegt in der Rechtsnatur des Versorgungsvertrages, dass die Vertragspartner zB auf geänderte Bedarfslagen angemessen reagieren. Die Vertragsänderung muss auch hier wieder in die Zukunft wirken. Eine steuerliche Rückbeziehung ist grundsätzlich ausgeschlossen. Allerdings gilt die für den Vertragsschluss zulässige Ausnahme von diesem Grundsatz auch für die Vertragsanpassung (→ Rn. 63). Der Rahmen einer möglichen Abänderbarkeit ergibt sich in zivilrechtlicher Hinsicht einerseits aus der Versorgungsbedürftigkeit des Empfängers und andererseits aus der aus dem übertragenen Wirtschaftsgut resultierenden Leistungsfähigkeit des Verpflichteten.[184] In steuerlicher Hinsicht stellt die Rechtsprechung zu Recht lediglich auf die Ertragskraft des übergebenen Vermögens ab. Soweit die geänderte Versorgungsleistung durch die erzielbaren Nettoerträge geleistet wird, ist sie weiterhin als dauernde Last bzw. Versorgungsrente abziehbar.[185] Jenseits dieser Grenze führt die Änderung zu Zuwendungen iSd § 12 EStG, die allenfalls noch als außergewöhnliche Belastung steuerlich berücksichtigt werden können. Umgekehrt bedeutet dies, dass eine Änderung eines als Versor-

---

[178] BFH/NV 1995, 498 mwN.
[179] BMF BStBl. I 2010, 227 Rn. 63; vgl. auch BFH DStRE 2011, 279 (viele Jahre); BStBl. II 2011, 641 (Einstellung der Zahlungen über 17 Monate).
[180] *Strahl* KÖSDI 1998, 11575 Rn. 11.
[181] BFH BStBl. II 2011, 641.
[182] *Geck* KÖSDI 2009, 16444.
[183] BFH BStBl. II 1992, 1020; BFH/NV 2011, 581; OFD Frankfurt juris FMNR24c310016 Rn. 60; kritisch *Paus* INF 1997, 193 (199).
[184] BFH ZEV 2006, 226; OFD Frankfurt juris FMNR24c310016 Rn. 61; BGH NJW 1957, 1798; OLG Düsseldorf NJW-RR 1988, 326.
[185] BFH ZEV 2006, 226; BMF BStBl. I 2010, 227 Rn. 61; OFD Frankfurt juris FMNR24c310016 Rn. 61.

II. Einkommen-/Körperschaftsteuer § 28

gungsleistung anerkannten Vertrages, die zu einer Verringerung der Versorgungsleistungen führt, egal aus welchem Grund sie erfolgt, immer anzuerkennen ist.

Zweite Tatbestandsvoraussetzung ist, dass es sich grundsätzlich um eine **Leistung auf Lebenszeit** handeln muss, § 10 Abs. 1a Nr. 2 S. 1 EStG.[186] Dies entspricht dem Charakter einer Versorgungsleistung und dem Interesse des Übertragenden, denn üblicherweise erstrebt dieser eine Versorgung ohne für ihn erlebbaren Endtermin, dh bis zu seinem Tode und nicht bis zum Erreichen eines bestimmten Alters. In erster Linie erfüllen daher Leibrenten und dauernde Lasten auf Lebenszeit (zum Unterschied → Rn. 136f.) diese Voraussetzung.

68

Bei **wiederkehrenden Leistungen auf festbestimmte Zeit** ist demgegenüber die Interessenlage grundsätzlich eine andere. Der exakte Endtermin erlaubt bereits bei Vertragsschluss eine genaue Berechnung der insgesamt zu zahlenden wiederkehrenden Leistungen. Die Vorgehensweise entspricht daher eher derjenigen bei einer Veräußerungsleistung, bei der der Kaufpreis, das Gleichstellungsgeld oder Ähnliches der Höhe nach bekannt ist. Die insgesamt zu zahlenden wiederkehrenden Leistungen werden zur Gegenleistung. Der Umstand, dass als Gegenleistung Rentenzahlungen vereinbart und auch gezahlt werden, erweist sich als bloße Zahlungsmodalität. Der Versorgungsgedanke, insbesondere die finanzielle Absicherung bis an das Lebensende, tritt aufgrund der „vorzeitigen" Beendigung in den Hintergrund. Dem würde es – zutreffend und konsequent – entsprechen, wenn nicht auf die statistische, sondern auf die tatsächliche Lebenserwartung abgestellt werden würde. Denn nimmt man den Gedanken der Versorgung ernst, kann die Versorgungsleistung nicht plötzlich enden, nur weil ein bestimmter Zeitpunkt erreicht ist.[187] Der zu Versorgende möchte bis zu seinem tatsächlichen Lebensende und nicht nur bis zu seinem statistischen Tode abgesichert sein. Deshalb spielt es auch keine Rolle, welche Motive der Leistende für die Vereinbarung einer zeitlichen Begrenzung hatte. Beabsichtigt er zB, sein Risiko zu mindern, so bringt er ein kalkulatorisches Element in die Vereinbarung, welches den Versorgungsgedanken zurückdrängt.[188] Eine Vereinbarung, die mit einer zeitlichen Beschränkung dem etwaigen künftigen Wegfall der Versorgungsbedürftigkeit des Berechtigten Rechnung trägt,[189] indem die Versorgungsleistung eine „Versorgungslücke" beim Berechtigten, etwa bis zum erstmaligen Bezug einer Sozialversicherungsrente oder bis zur Wiederverheiratung (sog. Wiederverheiratungsklausel), schließen soll,[190] sind aufgrund des eindeutigen gesetzlichen Wortlauts seit dem 1.1.2008 nicht mehr als Versorgungsleistungen einzuordnen.

69

Für die einzelnen Arten wiederkehrender Leistungen gilt Folgendes:

70

– **Leibrenten** sind auf Lebenszeit ausgerichtet und können daher Versorgungsleistungen sein, wenn die übrigen Tatbestandsvoraussetzungen erfüllt sind.[191]
– Gleiches gilt für **dauernde Lasten**.[192]
– **Langfristige Raten,** seien es Kaufpreis- oder Tilgungsraten, gehören nicht zu den Versorgungsleistungen.
– **Zeitrenten,** bei denen vereinbart wird, dass die Zahlungen des Übernehmers auf eine festbestimmte Zeit zu leisten sind, sind ebenfalls keine Versorgungsleistungen.
– Bei **verlängerten Leibrenten (Mindestzeitrenten, verlängerte dauernde Lasten)**, bei denen die Leistungen zwar auf Lebenszeit, in jedem Fall aber auf eine bestimmte Zeit zu erbringen sind, steht das Gegenleistungselement im Vordergrund. Sie sind keine

---

[186] BFH DStR 2000, 147; BMF BStBl. I 2010, 227 Rn. 56; aA *Wälzholz* DStR 2008, 273.
[187] Ebenso *Paus* INF 1997, 232; BFH DStR 2000, 147; wohl auch der X. Senat des BFH BStBl. II 1996, 672; OFD Frankfurt juris FMNR24c310016 Rn. 56; wohl aA BFH BStBl. II 1975, 173.
[188] AA *Wendt*, Harzburger Steuerprotokoll 1996, 210.
[189] So noch BFH BStBl. II 1994, 633; BMF BStBl. I 2004, 922 Rn. 58.
[190] So noch BFH DStR 1995, 408; BMF BStBl. I 2004, 922 Rn. 58.
[191] BMF BStBl. I 2010, 227 Rn. 56.
[192] BMF BStBl. I 2010, 227 Rn. 56.

Versorgungsleistungen.[193] Dies gilt unabhängig von der statistischen Lebenserwartung des Berechtigten (→ Rn. 44).
– Auch bei der **abgekürzten Leibrente** oder der **dauernden Last,** die zwar auf Lebenszeit des Berechtigten, aber höchstens auf eine bestimmte Zeit von Jahren zu leisten ist, überwiegt aufgrund der zeitlichen Begrenzung der Gegenleistungsgedanke. Sie sind keine Versorgungsleistungen.

Eine dauernde Last liegt auch dann vor, wenn eine Bezugnahme auf § 323 ZPO oder eine gleichwertige Änderungsklausel im Versorgungsvertrag fehlt.[194] Die Abänderbarkeit der Versorgungsleistungen ist den zivilrechtlichen Grundlagen des Versorgungsvertrages immanent. Lediglich wenn sie von den Vertragsparteien ausdrücklich ausgeschlossen wurde, liegt eine Leibrente vor. Im Übrigen sind Versorgungsrenten und dauernde Lasten seit dem 1.1.2008 steuerlich gleichgestellt. Da die dauernde Last erhebliche zivilrechtliche Nachteile betreffend die Absicherung des Übergebers hat, ist grundsätzlich die Vereinbarung einer Versorgungsrente zu empfehlen.[195] Altverträge aus der Zeit vor dem 1.1.2008 sollten gegebenenfalls in der Weise abgeändert werden, dass § 323 ZPO ausdrücklich ausgeschlossen wird.

71 Die wiederkehrende Leistung muss **im sachlichen Zusammenhang mit einer Vermögensübertragung** stehen.[196] Geht zB ein Unternehmen vom Vater auf die Kinder über und verpflichten sich diese formgültig aus einer sittlichen Verpflichtung heraus, aber dennoch freiwillig, ihrer Tante väterlicherseits eine Leibrente zu zahlen, so fehlt hier der sachliche Zusammenhang zwischen Vermögensübertragung und Rentenversprechen. Denn die Rentenzahlungen an die Tante erfolgen nicht aus Erträgen des übergebenen Vermögens, die sich der **Vater** vorbehalten hat. Sie erfolgten vielmehr freiwillig durch die **Kinder.** Hätte der Vater dagegen im Zuge der Vermögensübertragung auf die Kinder seiner Schwester eine Leibrente zugesagt, wäre der sachliche Zusammenhang gegeben.[197]

72 Bei den **Empfängern dieser Versorgungsleistungen** darf es sich nach Ansicht der Rechtsprechung und der Finanzverwaltung nicht um beliebige Personen handeln; sie müssen vielmehr einem bestimmten Personenkreis zuzuordnen sein. In Betracht kommen danach
– der Übertragende,
– sein Ehegatte bzw. Lebenspartner einer eingetragenen Lebenspartnerschaft und
– seine gesetzlich erb- und pflichtteilsberechtigten Abkömmlinge sowie
– gegenüber dem Übertragenden aus dem übertragenen Vermögen anspruchsberechtigte Eltern.[198]

Nicht zum Kreis der empfangsberechtigten Personen zählen familienfremde Dritte und der nichteheliche Lebenspartner.[199] Während der Übertragende selbst, sein Ehegatte und auch sein eingetragener Lebenspartner noch relativ leicht zu bestimmen sind, ist nicht ganz klar, wer in den Kreis der „gesetzlich erb- und pflichtteilsberechtigten Abkömmlinge" mit einzubeziehen ist. Zu den Abkömmlingen gehören zunächst die Verwandten des Übertragenden in absteigender Linie, dh Kinder, Enkel, Urenkel usw. Aber auch das

---

[193] BFH DStR 2000, 147; BMF BStBl. I 2010, 227 Rn. 56; OFD Frankfurt juris FMNR24c310016 Rn. 56.
[194] BFH/NV 2004, 1386 mwN; 2016, 184; 2017, 1164; BMF BStBl. I 2004, 622 Rn. 47; OFD Frankfurt juris FMNR24c310016 Rn. 62.
[195] *Geck* KÖSDI 2009, 16444.
[196] BFH BStBl. II 1992, 612.
[197] Eine andere Frage ist, ob die Schwester/Tante zum begünstigten Empfängerkreis der Versorgungsleistung gehört. Nach der hier vertretenen Ansicht (vgl. → Rn. 72) wäre dies der Fall. Anders urteilt die Finanzverwaltung, da es sich bei der Tante nicht um einen gesetzlich erb- und pflichtteilsberechtigten Abkömmling, Ehegatten oder Elternteil des Vermögensübergebers handelt.
[198] BMF BStBl. I 2010, 227 Rn. 50; OFD Frankfurt juris FMNR24c310016 Rn. 50.
[199] BMF BStBl. I 2010, 227 Rn. 50; OFD Frankfurt juris FMNR24c310016 Rn. 50; BFH/NV 2010, 2259 (hier: nicht ehelicher Lebenspartner); BFH BStBl. II 2008, 99; BFH DStR 1995, 1054 (hier: Haushälterin).

nichteheliche und das Adoptivkind[200] zählen zu den Abkömmlingen, nicht hingegen Stiefkinder.[201] Problematisch wird es aufgrund des Zusatzes „gesetzlich erb- und pflichtteilsberechtigten". Denn gemäß § 1924 Abs. 2 BGB schließt ein zur Zeit des Erbfalls lebender Abkömmling die durch ihn mit dem Erblasser verwandten Abkömmlinge aus. Das bedeutet, dass Enkelkinder erst nach dem Tode des entsprechenden Elternteils, oder aber erst, wenn dieser die Erbschaft ausschlägt, gesetzlich erbberechtigt wären. Versorgungsleistungen könnten daher in der Regel lediglich zugunsten der Kinder und nur selten zugunsten der Enkel oder gar Großeltern vereinbart werden. So akzeptiert die Finanzverwaltung die Eltern – und konsequenterweise auch weitere Voreltern – nur dann als Empfänger der Versorgungsleistungen, wenn das übertragene Vermögen von ihnen selbst stammt und von ihnen im Wege der Vermögensübergabe gegen Versorgungsleistungen auf den Übertragenden übertragen wurde.[202] Begünstigt ist danach nur die Kettenübertragung (→ Rn. 76). Darüber hinaus können auch nichteheliche Kinder, die vor dem 1.7.1949 geboren wurden, nicht Empfänger der Versorgungsleistungen sein, da ihnen nur ein Erbersatzanspruch zusteht, sie somit nicht gesetzlich erbberechtigt sind. Eine sachliche Rechtfertigung für diese Abgrenzung ist nicht erkennbar. Man wird daher alle Abkömmlinge gleich behandeln müssen.

Rechtsprechung[203] und Literatur[204] beziehen auch Geschwister des Vermögensübergebers und deren Abkömmlinge sowie die Eltern in den begünstigten Empfängerkreis mit ein. Allerdings ist hier stets zu prüfen, ob es sich tatsächlich um Versorgungsleistungen handelt oder ob die Leistungen ihren Ursprung in einem anderen Rechtsverhältnis haben. Wird zB in erster Linie der Erb- oder Pflichtteilsverzicht verrentet, steht nicht die Versorgung der Geschwister im Vordergrund. Diese Abgrenzung hängt von den Umständen des Einzelfalls ab, wobei nach der BFH-Rechtsprechung die allgemeine Vermutung gilt, dass zB Geschwister nicht in erster Linie versorgt, sondern gleichgestellt werden sollen. Es gelte daher die widerlegliche Vermutung auf, dass bei wiederkehrenden Leistungen an Geschwister des Vermögensübernehmers eher Gleichstellungsgelder als Versorgungsleistungen vorliegen.[205] Anders ist dies zu beurteilen, wenn sie auf dem Hof mitarbeiten, dort leben und bei der früheren Hofübergabe durch die Eltern des Hofübergebers zugunsten der Geschwister übergangen worden waren.[206] Offenbar sieht die Rechtsprechung also selbst die Notwendigkeit ihr starres Postulat im Sinne der familiären Strukturen aufzuweichen, nur leider nicht mit der wünschenswerten Konsequenz. Der Rechtsgedanke der vorbehaltenen Vermögenserträge würde damit zum einen nicht allein auf bestimmte Fälle der vorweggenommenen gesetzlichen Erbfolge begrenzt sein und zum anderen auch erbrechtliche Gestaltungen außerhalb der gesetzlichen Erbfolge, aber innerhalb des „Familiennachfolge-Verbundes"[207] erfassen. Dem steht auch der Wille des Gesetzgebers nicht entgegen (→ Rn. 75). Die Aufnahme von eingetragenen Lebenspartnern in den Kreis der begünstigten Empfänger der Versorgungsleistungen zeigt, dass auch familienähnliche Strukturen erfasst werden sollen. Wenn die Tante des Übergebers, dessen langjähriger nicht ehelicher Lebenspartner,[208] seine Schwester[209] oder ein ihm ans Herz gewachsenes

---

[200] Palandt/*Weidlich* BGB § 1924 Rn. 5; insoweit unzutreffend *Paus* INF 1997, 193 (198).
[201] BFH BStBl. II 2004, 820; BFH/NV 2001, 1242.
[202] BFH BStBl. II 1997, 458; BMF BStBl. I 2010, 227 Rn. 50; OFD Frankfurt juris FMNR24c310016 Rn. 50.
[203] BFH BStBl. II 1997, 458 (hier: Großeltern); BFH /NV 2011, 1511 (hier: Geschwister); BFH/NV 2012, 212 (hier: Eltern).
[204] *Schmidt* FR 1992, 548; *Fischer* FR 1992, 765.
[205] BFH/NV 2014, 845; OFD Frankfurt juris FMNR24c310016 Rn. 50.
[206] BFH BStBl. II 2004, 820; BFH/NV 2011, 1511.
[207] Vgl. *Fischer* FR 1992, 765.
[208] So BFH BStBl. II 2004, 820; FG München EFG 2000, 855; EFG 2001, 282; FG Nürnberg EFG 2001, 562; BMF DStR 2004, 1696 = BStBl. I 2004, 922 Rn. 36.
[209] So BFH BStBl. II 2004, 820; BFH BStBl. II 1992, 612.

Stiefkind[210] ausgeschlossen sein sollen, so ist dies Willkür. Der BFH führt als Rechtfertigung für die engen Grenzen des Empfängerkreises den Modellfall der Hofübergabe an. Erforderlich soll sein, dass der Versorgungsempfänger seinerseits einen eigenen „Vermögenswert", in der Regel sind dies eigene, ihm auch vom Erblasser nicht entziehbare Erb- und/oder familienrechtliche Ansprüche, aufwendet.[211] Konsequenterweise müsste der BFH dann aber auch dessen tatsächliche Aufgabe als Kriterium verlangen, was er aber nicht tut. Ohne diese Konsequenz fehlt der Restriktion jedoch die Rechtfertigung.

74 Erhalten andere, dh familienfremde Personen, wie zB die Haushälterin,[212] der Mitarbeiter im Betrieb des Übergebers[213] oder nach Ansicht von Rechtsprechung und Finanzverwaltung[214] auch der nicht eheliche Lebenspartner des Vermögensübergebers, wiederkehrende Leistungen, sind diese nicht als dauernde Lasten bzw. Versorgungsrenten abziehbar und korrespondierend hierzu auch nicht beim Empfänger als sonstige Einkünfte im Sinne des § 22 Nr. 1 S. 1 EStG steuerbar. Familienfremde Personen gehören nicht zum begünstigten Empfängerkreis der Versorgungsleistungen. Zwar kann in zivilrechtlicher Hinsicht im Zuge einer Vermögensübergabe auch die Versorgung familienfremder Personen vereinbart werden. Dieser weiten personellen Grenzziehung folgt das Steuerrecht jedoch nicht. Das Sonderrecht der Vermögensübergabe gegen Versorgungsleistungen ist ein von der Rechtsprechung entwickeltes, aus dem gesetzgeberischen Willen abgeleitetes Rechtsinstitut. Es ist nicht die Regel, sondern die Ausnahme. Historisch geht es auf die typische Hofübergabe an Abkömmlinge zurück, bei der diese zugleich Altenteilslasten übernahmen. Begünstigt werden sollte allein die Versorgungsleistung beim Vermögensübergang im traditionell stark verbundenen Familienverbund. Hier liegt (noch) die personelle Grenze. Denn eine darüber hinausgehende Erweiterung des Personenkreises würde die in § 12 EStG niedergelegte Grundwertung unterlaufen,[215] wonach Aufwendungen aufgrund einer freiwillig begründeten Rechtspflicht nicht die Steuerbemessungsgrundlage mindern dürfen. Der Wille des Gesetzgebers würde folglich durch die Einbeziehung familienfremder Personen in den Empfängerkreis der Versorgungsleistungen nicht verwirklicht, sondern umgangen. Dem steht nicht entgegen, familienähnliche Strukturen gleich zu behandeln (→ Rn. 75). Langjährige nicht eheliche Lebenspartner können mit dem Übergeber ebenso einen „Familie" bilden wie das Stiefkind. Die enge Grenzziehung ist nicht zeitgemäß.

Empfehlung:
Soll ein familienfremder Dritter, wie zB die Haushälterin oder ein verarmter langjähriger Freund der Familie, Erträge eines bestimmten Vermögens zu seiner Versorgung erhalten, so wäre dies steuerrechtlich wirksam durch den „guten alten Nießbrauch"[216] möglich. Ein Nachteil könnte allerdings in der Pflicht zur Bewirtschaftung gemäß § 1036 Abs. 2 BGB und in der Erhaltung der Sache (zB des Unternehmens) nach § 1041 BGB (→ Rn. 155 ff.) liegen. Hier wären insbesondere im Hinblick auf das Alter Vorkehrungen zu treffen.

75 Demgegenüber lässt sich dem Willen des Gesetzgebers nicht entnehmen, dass innerhalb des Familienverbundes eine weitere Eingrenzung des Empfängerkreises der Versorgungsleistungen vorzunehmen ist. Der „Familiennachfolge-Verbund" – im weiten Sinne verstanden – ist ausreichendes Eingrenzungskriterium. Der Personenkreis ist überschaubar und kann genau definiert werden. Die in § 12 EStG niedergelegte Grundwertung wird nicht ausge-

---

[210] So BFH BStBl. II 2004, 820; BFH/NV 2001, 1242.
[211] BFH BStBl. II 2004, 820.
[212] BFH BStBl. II 2004, 820; BFH BStBl. II 1996, 680; FG München EFG 2001, 282.
[213] BFH BStBl. II 2004, 820; FG Hmb EFG 1996, 94.
[214] BFH BStBl. II 2004, 820; BMF DStR 2004, 1696 = BStBl. I 2004, 922 Rn. 36.
[215] BFH FR 1995, 503.
[216] *Fischer* Stbg 1997, 201 (209).

höhlt. Darüber hinaus könnte der Übertragende auf diese Weise die Versorgungsleistung auch demjenigen innerhalb der Familie zuwenden, der sie vielleicht nötiger braucht. Gerade dies kennzeichnet einen Familien**verbund**. Eine andere Frage ist aber, ob man den nicht ehelichen Lebenspartner nicht mit in den Kreis des Familienverbundes mit einbezieht. Die Einstellung vieler Menschen zum Institut der Ehe, welches angesichts der hohen Scheidungsraten auch nicht mehr den traditionellen Zusammenhalt garantiert, hat sich verändert. Gleiches gilt für den Bereich der gleichgeschlechtlichen Paare, die häufig in eheähnlichen Lebensgemeinschaften leben ohne sich als Lebenspartnerschaft eintragen zu lassen oder die Ehe einzugehen. In beiden Bereichen hat eine gesellschaftliche Veränderung stattgefunden, der sich das Steuerrecht zumindest bei der richterrechtlich entwickelten Versorgungsleistung anpassen sollte. Dies wäre ein zeitgemäßes Verständnis von Versorgung im „Familienverbund". Bis dahin bleibt den Betroffenen nur die Möglichkeit des Vorbehaltsnießbrauchs (→ Rn. 74). Gleiches gilt hinsichtlich der Stiefkinder.

Empfänger der Versorgungsleistungen kann schließlich noch derjenige sein, der das in **76** Rede stehende Vermögen dem Übertragenden einst selbst gegen Versorgungsleistungen übertragen hat. Dies ist lediglich eine Vereinfachung, damit nicht eine Kette von Versorgungsleistungen zu erbringen ist. Will der anderweitig ausreichend versorgte Vater den vom Großvater gegen Versorgungsleistungen erworbenen Familienbetrieb auf seinen Sohn überleiten, kann hier eine direkte Versorgung des Großvaters vereinbart werden.

Sind die Geschwister des Übernehmers Empfänger der Versorgungsleistungen, besteht **77** nach Ansicht von Rechtsprechung und Finanzverwaltung die widerlegbare Vermutung, dass es sich hierbei um Gleichstellungsgelder und nicht um Versorgungsbezüge handelt.[217] Ausgangspunkt ist die Vermutung, dass der Übertragende – zumindest nicht in erster Linie – danach strebt, die Geschwister des Übernehmenden zu versorgen, sondern gleichzustellen oder aber einen Erb- oder Pflichtteilsverzicht zu verrenten. Eine hiervon abweichende Beurteilung bedarf entweder eines Leibgedingvertrages oder zumindest eines Versorgungsvertrages, der seinem äußeren Erscheinungsbild nach einem solchen Vertrag zumindest entspricht, oder aber einer besonderen Rechtfertigung. Orientieren sich die wiederkehrenden Leistungen, die die Geschwister des Übernehmenden erhalten sollen, an dem Maßstab des bürgerlich-rechtlichen Altenteilsrechts und sind zB auf Versorgung durch Wohnungsgewährung und persönliche Betreuung gerichtet, so wäre die Vermutung widerlegt. In den meisten Fällen gehen die an die Geschwister zu zahlenden Renten aber nach Gegenstand und Höhe über diesen Rahmen deutlich hinaus. Dem Steuerpflichtigen wird es daher in aller Regel sehr schwer fallen, die Vermutung der privaten Veranlassung zu widerlegen mit der Folge, dass grundsätzlich ein entgeltliches Geschäft vorliegt (→ Rn. 150, →§ 25 Rn. 68).

Weiteres Tatbestandsmerkmal für das Vorliegen einer Versorgungsleistung ist, dass eine **78** **begünstigte Wirtschaftseinheit** übertragen werden muss. Dies ist der Fall, wenn
– Mitunternehmeranteile an einer Personengesellschaft, die eine Tätigkeit im Sinne der §§ 13, 15 Abs. 1 S. 1 Nr. 1 oder des § 18 Abs. 1 EStG ausübt,
– Betriebe oder Teilbetriebe, oder
– ein mindestens 50% betragender Anteil an einer GmbH übertragen wird und wenn der Übergeber als Geschäftsführer tätig war und der Übernehmer diese Tätigkeit nach Übertragung übernimmt.[218]

Begünstigt ist auch der Teil der Versorgungsleistungen, der auf den Wohnteil eines land- und forstwirtschaftlichen Betriebs entfällt, allerdings nur, wenn dieser zusammen mit einer begünstigten Wirtschaftseinheit übertragen wird. Die isolierte Übertragung des Wohnteils reicht nicht.[219] Die Aufzählung in § 10 Abs. 1a Nr. 2 S. 2 und 3 EStG ist abschließend.

---

[217] BFH BStBl. II 2000, 602; BFH /NV 2011, 1511; BFH/NV 2014, 845; BMF BStBl. I 2010, 227 Rn. 50; OFD Frankfurt juris FMNR24c310016 Rn. 50.
[218] OFD Frankfurt juris FMNR24c310016 Rn. 50.
[219] BMF BStBl. I 2010, 227 Rn. 48; OFD Frankfurt juris FMNR24c310016 Rn. 50; Schmidt/*Krüger* § 10 Rn. 143; *Risthaus* DB 2010, 744.

Dass das übertragene Vermögen zum einen für eine „generationsübergreifende dauerhafte Anlage" geeignet und bestimmt ist und zum anderen dem Übernehmer zur Fortsetzung des Wirtschaftens überlassen wird, um damit wenigstens teilweise die Existenz des Übergebers zu sichern,[220] kommt es nicht mehr an, zumindest nicht ausdrücklich. Ob der Übergeber reich oder arm ist, ob er noch weiteres Vermögen besitzt oder bereits durch Sozialversicherungsrente oder Kapitallebensversicherung abgesichert ist, spielt keine Rolle.[221]

79 Begünstigt sind **Mitunternehmeranteile an Personengesellschaften** mit land- und forstwirtschaftlicher, gewerblicher oder selbständiger Tätigkeit. Erfasst sind auch Personengesellschaften, die nur aufgrund Abfärbung gewerblich sind.[222] Auch Teile von Mitunternehmeranteilen sind erfasst. Das Gesetz enthält keine Beschränkung auf den ganzen Anteil eines Mitunternehmers, wie dies etwa in § 16 Abs. 1 S. 1 Nr. 2 EStG vorgesehen ist.[223] Der Begriff des Mitunternehmeranteils ist grundsätzlich wie in § 6 Abs. 3 EStG zu verstehen.[224] Es müssen daher Mitunternehmerrisiko und Mitunternehmerinitiative vorliegen (→ § 25 Rn. 26 ff.). Die gesetzliche Einschränkung auf § 15 Abs. 1 S. 1 Nr. 1 EStG schließt jedoch die gewerblich geprägte Personengesellschaft ohne eigene gewerbliche Tätigkeit aus und damit auch den Mitunternehmeranteil daran.[225] Vor einer Übertragung eines Mitunternehmeranteils an einer gewerblich geprägten Personengesellschaft muss dieser folglich eine gewerbliche Tätigkeit zugeordnet werden, so dass nach der Abfärbetheorie die gesamte Tätigkeit gewerblich wird.[226] Bei einer derartigen Infektion darf die gewerbliche Tätigkeit nicht völlig untergeordnet sein, was bei einem Umsatzanteil von lediglich bis zu 3% und Netto-Umsatzerlösen von bis zu 24.500 EUR der Fall wäre.[227] Alternativ könnte auch eine Betriebsaufspaltung begründet werden, da die gewerbliche Tätigkeit der Betriebskapitalgesellschaft ebenfalls eine gewerbliche Infektion auslöst. Ferner bestünde auch die Möglichkeit, die erforderliche Gewerblichkeit durch die Begründung eines gewerblichen Grundstückshandels zu erreichen. Schließlich bleibt noch der Formwechsel in eine GmbH, wobei hier allerdings die Beteiligungshöhe von mindestens 50% erreicht und das Geschäftsführungserfordernis beachtet werden müssen.[228]

80 Zu dem Mitunternehmeranteil gehört das **Sonderbetriebsvermögen**[229] und zwar notwendiges ebenso wie gewillkürtes. Grundsätzlich erfordert die Übertragung eines Mitunternehmeranteils auch die Übertragung des dazugehörigen funktional wesentlichen Sonderbetriebsvermögens.[230] Funktional unwesentliches Sonderbetriebsvermögen muss dagegen nicht mit übertragen werden.[231] Im Falle der Übertragung eines Teils eines Mitunternehmeranteils kann das funktional wesentliche Sonderbetriebsvermögen, sofern man für die Unentgeltlichkeit von Übertragungsvorgängen in § 10 Abs. 1a S. 1 Nr. 1 S. 2 Buchst. a EStG analog zu § 6 Abs. 3 und 5 EStG versteht, nicht nur in demselben Verhältnis übergehen, in dem der übertragene Teil des Mitunternehmeranteils zum gesamten Anteil an der Perso-

---

[220] So zur früheren Rechtslage BMF BStBl. I 2004, 922 Rn. 9.
[221] BFH BStBl. II 1992, 526; *P. Fischer* Stbg 1997, 201 (204); aA *Engelhardt* StuW 1997, 241.
[222] BMF BStBl. I 2010, 227 Rn. 9; OFD Frankfurt juris FMNR24c310016 Rn. 9; *Schmidt/Heinicke* EStG § 10 Rn. 143; *Geck* KÖSDI 2009, 16444; zur Abfärbetheorie vgl. BFH BStBl. II 2002, 221.
[223] BMF BStBl. I 2010, 227 Rn. 8; OFD Frankfurt juris FMNR24c310016 Rn. 8; vgl. auch *von Oertzen/Stein* DStR 2009, 1117, mit tiefer gehender Begründung; *Schmidt/Heinicke* EStG § 10 Rn. 143.
[224] *Wälzholz* DStR 2008, 273.
[225] BFH/NV 2015, 676; OFD Frankfurt juris FMNR24c310016 Rn. 10.
[226] *Geck* KÖSDI 2009, 16444; *Geck* DStR 2011, 962; → § 25 Rn. 30.
[227] BFH BStBl. II 2015, 1002; Schmidt/*Wacker* EStG § 15 Rn. 188; FM Hamburg BeckVerw HBG 319469.
[228] *Geck* DStR 2011, 962.
[229] BMF BStBl. I 2010, 227 Rn. 8; OFD Frankfurt juris FMNR24c310016 Rn. 8; BFH BStBl. II 1991, 635; BFH/NV 2000, 1554; *von Oertzen/Stein* DStR 2009, 1117.
[230] BMF BStBl. I 2010, 227 Rn. 8; OFD Frankfurt juris FMNR24c310016 Rn. 8.
[231] BMF BStBl. I 2005, 458 Rn. 8; OFD Frankfurt juris FMNR24c310016 Rn. 8.

nengesellschaft steht, sondern auch über- oder unterquotal.[232] Dem Wortlaut des § 10 Abs. 1a Nr. 2 EStG ist insoweit keine Einschränkung zu entnehmen. Die Finanzverwaltung sieht dies indes anders und verlangt die quotengerechte Übertragung des Sonderbetriebsvermögens.[233] Rechtsfolge einer unterquotalen Übertragung wäre ein teilentgeltliches Rechtsgeschäft.[234] Dem kann entgegen gewirkt werden, indem die Versorgungsleistungen so bemessen werden, dass ihr kapitalisierter Wert das anteilige Kapitalkonto des Übergebers nicht übersteigt.[235] Aufgrund der Einheitsmethode (→ Rn. 51 f.) führt dieser teilentgeltliche Vorgang zu keinem Veräußerungsgewinn. Vor diesem Hintergrund sollte die über- oder unterquotale Übertragung von funktional wesentlichem Sonderbetriebsvermögen vermieden werden. Alternativ könnte das zurückzubehaltende Sonderbetriebsvermögen vor der Übertragung des Mitunternehmeranteils gegen Versorgungsleistungen in eine personenidentische Mitunternehmerschaft zum Buchwert gemäß § 6 Abs. 5 S. 3 EStG übertragen werden. Die so entstehende mitunternehmerische Betriebsaufspaltung würde dann Mieteinnahmen erzielen.[236] Gehört ein Anteil an einer GmbH zum Betriebsvermögen, wie dies bei der GmbH & Co. KG, der Betriebsaufspaltung, aber auch bei der GmbH & atypisch stillen Gesellschaft regelmäßig der Fall ist, tritt § 10 Abs. 1a Nr. 2 lit. c EStG hinter die beiden anderen Varianten a) und b) zurück.[237] Eine mindestens 50%ige Beteiligung ist in diesem Fall nicht erforderlich. Ausländische Mitunternehmeranteile sind ebenfalls begünstigt, sofern sie entsprechend dem Typenvergleich einer deutschen Personengesellschaft im Sinne des § 15 Abs. 1 Nr. 1 EStG entsprechen.[238] Allerdings wird hier der Sonderausgabenabzug regelmäßig daran scheitern, dass die Einkünfte der ausländischen Personengesellschaft im Inland nach einem DBA freigestellt sind und damit entsprechend dem Wortlaut des § 10 Abs. 1a Nr. 2 EStG auch der Sonderausgabenabzug nicht in Betracht kommt. Dieser wird daher nur dann möglich sein, wenn kein DBA besteht und Deutschland eine Steuerermäßigung nach § 34c EStG gewährt.[239]

Begünstigt sind ferner **Betriebe und Teilbetriebe** land- und forstwirtschaftlicher, gewerblicher oder selbständiger Art. Die Begriffe sind im Sinne des §§ 6 Abs. 3, 16 Abs. 1 Nr. 1 EStG zu verstehen.[240] Ausreichend muss daher die Übertragung der wesentlichen Betriebsgrundlagen (→ § 25 Rn. 8 ff.) gegen Versorgungsleistungen sein, wobei die Frage der Wesentlichkeit nach der funktionalen Betrachtungsweise zu beantworten ist.[241] Seit dem 1.1.2008 sind land- und forstwirtschaftliche Betriebe, die lediglich aufgrund von Wirtschaftsüberlassungsverträgen überlassen werden, nicht mehr begünstigt. Diese Verträge gelten zwar als Vorstufe zu einer Hof- oder Betriebsaufgabe, führen aber lediglich zu einer Nutzungsüberlassung ohne Substanzübertragung und damit gerade nicht zur Übertragung eines Betriebs.[242] Gleiches muss auch für entsprechende Überlassungsverträge (obligatorische Nutzungsrechte, Zuwendungs- oder Vermächtnisnießbrauch) gelten, die auf die unentgeltliche Nutzungsüberlassung von gewerblichen Betrieben gerichtet sind.[243] Verpachtete Betriebe und Teilbetriebe, bei denen die Betriebsaufgabe nicht erklärt wurde, 81

---

[232] BFH ZEV 2012, 685; BStBl. II 2011, 261, jeweils zu § 6 Abs. 3 EStG; *Wälzholz* DStR 2008, 273; *Geck* KÖSDI 2009, 16444; *von Oertzen/Stein* DStR 2009, 1117.
[233] BMF BStBl. I 2010, 227 Rn. 8; OFD Frankfurt juris FMNR24c310016 Rn. 8.
[234] BMF BStBl. I 2010, 227 Rn. 57; OFD Frankfurt juris FMNR24c310016 Rn. 57.
[235] *Geck* DStR 2011, 1303.
[236] *Geck* DStR 2011, 1303.
[237] *Geck* KÖSDI 2009, 16444; *Wälzholz* DStR 2008, 273; OFD Frankfurt juris FMNR24c310016 Rn. 23.
[238] *Von Oertzen/Stein* DStR 2009, 1117.
[239] *Von Oertzen/Stein* DStR 2009, 1117; *Korn/Kaminski* EStG § 34c Rn. 6.
[240] Schmidt/*Krüger* EStG § 10 Rn. 143; aA *Wälzholz* DStR 2008, 273, der den Teilbetrieb im Sinne des Umwandlungssteuerrechts verstanden haben will und dementsprechend eine weitegehende Loslösung und Verselbständigung des Teilbetriebs bereits beim Übergeber nicht für erforderlich hält.
[241] *Wälzholz* DStR 2008, 273.
[242] BFH BStBl. II 2014, 889; BMF BStBl. I 2010, 227 Rn. 22; OFD Frankfurt juris FMNR24c310016 Rn. 22; Schmidt/*Kulosa* EStG § 13 Rn. 144; vgl. zur alten Rechtslage: BFH BStBl. II 1993, 395; BStBl. II 1993, 546; BStBl. II 1993, 548; BFH/NV 1994, 14; BMF BStBl. I 2004, 922 Rn. 10.
[243] OFD Frankfurt juris FMNR24c310016 Rn. 21.

sind ebenfalls begünstigt.[244] Auch ein ruhender Betrieb kann Gegenstand einer Vermögensübergabe gegen Versorgungsleistungen sein.[245]

82 Schließlich kann Gegenstand der Vermögensübergabe ein **Anteil von mindestens 50% an einer GmbH** sein, wenn zugleich ein Wechsel in deren Geschäftsführung vom Übergeber auf den Übernehmer stattfindet. § 10 Abs. 1a Nr. 2 lit. c EStG ist ein unüberlegter, spontan ausgehandelter Kompromiss im Gesetzgebungsverfahren,[246] der in dieser Form aus europarechtlicher und verfassungsrechtlicher Sicht keinen Bestand haben kann. Zunächst fällt auf, dass er sich lediglich auf die Familien-GmbH kapriziert und nicht auf die Familienkapitalgesellschaft. Nach dem Wortlaut ist allein die GmbH, nicht jedoch die AG begünstigt. Auch Rechtsformen des EU/EWR-Auslands wie Limited, SARL, SRL oder BV, für die der EuGH den Weg ins nationale Steuerrecht geebnet hat,[247] werden hier schlicht ausgegrenzt. Eine Begründung für die gesetzgeberische Bevorzugung der GmbH gegenüber den anderen Ausprägungen der Kapitalgesellschaft fehlt ebenfalls. Richtigerweise wird daher der Anwendungsbereich des § 10 Abs. 1a Nr. 2 lit. c EStG auf alle Kapitalgesellschaftsanteile ausgedehnt werden müssen,[248] wobei der dann maßgebende Begriff der Anteile an Kapitalgesellschaften in diesem Fall iSv § 17 Abs. 1 S. 3 EStG zu verstehen ist. Die Finanzverwaltung will demgegenüber nur der GmbH vergleichbare Gesellschaftsformen des EU/EWR-Auslands mit in den Anwendungsbereich einbeziehen.[249] Der Anteil an der GmbH muss mindestens 50% betragen und orientiert sich am Stammkapital (bzw. Grundkapital). Das Gesetz stellt explizit auf den Anteil ab und nicht wie § 17 EStG auf das Kapital. Eigene Anteile der GmbH bewirken daher keine Reduktion des zu übertragenden Anteils. Hält eine mit 50.000,– EUR Stammkapital ausgestattete GmbH zB 20% eigene Anteile, muss der Übergeber nicht etwa nur Anteile in Höhe von nominal 20.000,– EUR (= 40%) übertragen, sondern mindestens Anteile in Höhe von nominal 25.000,– EUR; hält die GmbH 60% eigene Anteile ist eine Vermögensübergabe gegen Versorgungsleistungen nicht möglich. Zieht die GmbH dagegen Anteile ein, verändern sich die Beteiligungsverhältnisse. Würde die GmbH im ersten Beispielsfall die eigenen Anteile einziehen, wäre die Übertragung der nominellen Beteiligung von 20.000,– EUR ausreichend. Maßgebend für die Höhe der 50%-Grenze ist der Zeitpunkt des Übergangs von Besitz, Nutzen und Lasten.[250] Nach Ansicht der Finanzverwaltung sind Teilübertragungen jeweils isoliert zu betrachten.[251] Dies führt dazu, dass eine sukzessive Übertragung erschwert oder gar unmöglich ist. Ist ein Gesellschafter zu 50% an einer GmbH beteiligt, muss er seinen gesamten Anteil in einem Akt übertragen. Überträgt er dagegen im ersten Schritt 20% und ein Jahr später die restlichen 30% jeweils gegen wiederkehrende Leistungen auf seine Tochter, sind beide Übertragungen nicht begünstigt. Soll eine Beteiligung auf mehrere Vermögensübernehmer verteilt werden, sind diese Übertragungen ebenfalls jeweils isoliert zu betrachten.

83 Weitere Voraussetzung für die Begünstigung bei Kapitalgesellschaftsanteilen ist, dass der Übergeber als Geschäftsführer tätig war und der Übernehmer diese Tätigkeit nach der Übertragung übernimmt. Auch diese Einschränkung zeugt von mangelnder Praxisnähe des Gesetzgebers.[252] Die gewählte Formulierung in § 10 Abs. 1a Nr. 2 lit. c EStG legt

---

[244] BMF BStBl. I 2010, 227 Rn. 12; OFD Frankfurt juris FMNR24c310016 Rn. 12, sofern sie steuerrechtlich nicht als Wirtschaftsüberlassungsverträge zu würdigen sind; OFD Frankfurt juris FMNR24c310016 Rn. 22.
[245] Schmidt/*Heinicke* EStG § 10 Rn. 143; *Wißborn* FR 2010, 322; *Kratzsch* NWB 2010, 1964.
[246] So zutreffend *Wälzholz* DStR 2008, 273.
[247] EuGH NJW 2002, 3614 – Überseering; EuGH NJW 2003, 3331 – Inspire Art.
[248] *Wälzholz* DStR 2008, 273.
[249] BMF BStBl. I 2010, 227 Rn. 15 (vgl. Tabellen zum BMF BStBl. I 1999, 1076); OFD Frankfurt juris FMNR24c310016 Rn. 15.
[250] *Wälzholz* DStR 2008, 273.
[251] BMF BStBl. I 2010, 227 Rn. 16 und 17; OFD Frankfurt juris FMNR24c310016 Rn. 16 und 17.
[252] *Geck* KÖSDI 2009, 16444.

nahe, dass ein Wechsel in der Geschäftsführung stattfinden muss.²⁵³ Dies macht ein Heranführen des Nachfolgers praktisch unmöglich und konterkariert jede gleitende Unternehmensübergabe. Darüber hinaus bleibt die Frage unbeantwortet, warum ein Alleingesellschafter, der 50% seiner Anteile auf den Nachfolger überträgt, aus der Geschäftsführung ausscheiden soll. Nach der Rechtsprechung muss er sich wohl mit der Stellung eines Prokuristen zufriedengeben, wenn er in der GmbH in annähernd geschäftsleitender Funktion bleiben soll. Was ist mit dem Übernehmer, der bereits Geschäftsführer der GmbH ist? Kann er überhaupt gegen Versorgungsleistungen übernehmen? Muss er möglicherweise zuvor erst in die Stellung eines Prokuristen zurück, um dann den gesetzlichen Anforderungen entsprechend zusammen mit der Übertragung wieder in die Position des Geschäftsführers aufzusteigen? Die Beispiele zeigen, dass das Merkmal dahingehend ausgelegt werden muss, dass es allein darauf ankommt, dass der Übernehmer eine seiner übernommenen Beteiligung entsprechende unternehmerische Verantwortung übernimmt. Ist der Übernehmer daher bereits Geschäftsführer, ist die Einräumung der Geschäftsführung ein Minus zu seiner bisherigen Stellung; er hat bereits die Position inne, die ihm das Gesetz erst verschaffen will. Das Merkmal ist daher erfüllt. Dies sieht mittlerweile auch die Finanzverwaltung so.²⁵⁴ Allerdings darf danach der Übergeber nicht Geschäftsführer bleiben.²⁵⁵ Der Übergeber darf für die GmbH nur noch in anderer Weise als der eines Geschäftsführers tätig werden. Die Finanzverwaltung hat es leider nicht geschafft, die verunglückte Gesetzgebung zügig mit einer Verwaltungsanweisung gerade zu rücken. Gegebenenfalls wäre daher über den Wechsel der Rechtsform hinein in die Mitunternehmerschaft nachzudenken.²⁵⁶ Hier stellen sich diese Probleme nicht.

§ 10 Abs. 1a Nr. 2 S. 2 lit. c EStG stellt explizit auf die Tätigkeit und nicht auf die **84** Funktion als Geschäftsführer ab, so dass eine rein organschaftliche Stellung weder beim Übergeber noch beim Übernehmer ausreicht. Das Gesetz verlangt zwar eine Übernahme der Geschäftsführertätigkeit durch den Übernehmer, schweigt jedoch zu der Dauer dieser Tätigkeit. Die Finanzverwaltung sieht die Geschäftsführungstätigkeit des Übernehmers als Dauertatbestand.²⁵⁷ Die Begünstigung der Versorgungsleistungen würde mithin in dem Moment entfallen, in dem der Übernehmer diese Tätigkeit – aus welchen Gründen auch immer – einstellt. Diese Einschränkung ist mit dem Gesetzeswortlaut nicht vereinbar. Insbesondere ein Vergleich mit der Rechtslage beim Mitunternehmeranteil, der wie zB beim Kommanditisten keine Geschäftsführungstätigkeit vorsieht, gleichwohl aber eine Begünstigung nach § 10 Abs. 1a Nr. 2 EStG vorsieht, zeigt, dass die Auslegung der Verwaltung deutlich über das Ziel hinausschießt. Maßgebend kann daher nur sein, dass der Übernehmer die Geschäftsführungstätigkeit vom Übergeber übernimmt. Die Dauer seiner Tätigkeit dürfte sich hier – wie so oft – am Missbrauch von Gestaltungsmöglichkeiten gemäß § 42 AO orientieren.²⁵⁸

Wertpapiere und vergleichbare Kapitalforderungen (zB Festgelder, Bundesschatzbriefe, **85** Sparbuch), typisch stille Beteiligungen, Grundstücke, unabhängig davon, ob sie bebaut sind (zB Geschäfts- und Mietwohngrundstücke, Ein- und Zweifamilienhäuser, Eigentumswohnungen) oder ob es sich um unbebaute, verpachtete oder vermietete Grundstücke handelt, Geld, Hausrat, Kunstgegenstände, Sammlungen und ähnliche Wertgegenstände gehören nicht bzw. seit dem 1.1.2008 nicht mehr zu den begünstigten Wirtschaftseinheiten. Die Übertragung derartiger angeblich nicht existenzsichernder Wirtschaftseinheiten führt seitdem auch nicht mehr ausnahmsweise doch noch zu einer Versorgungsleistung, wenn sich der Übernehmer im Übergabevertrag oder in einer Nebenabrede hierzu zum Erwerb einer ihrer Art nach ausreichend ertragbringenden Wirtschaftseinheit verpflichtet und diese **Um-**

---

²⁵³ So explizit BFH BStBl. II 2017, 985.
²⁵⁴ BMF BStBl. I 2010, 227 Rn. 18; OFD Frankfurt juris FMNR24c310016 Rn. 18.
²⁵⁵ BMF BStBl. I 2010, 227 Rn. 18; OFD Frankfurt juris FMNR24c310016 Rn. 18.
²⁵⁶ *Wälzholz* DStR 2008, 273.
²⁵⁷ BMF BStBl. I 2010, 227 Rn. 18; OFD Frankfurt juris FMNR24c310016 Rn. 18.
²⁵⁸ *Wälzholz* DStR 2008, 273.

schichtung innerhalb von drei Jahren nach Abschluss des Übergabevertrages vollzogen wird.[259]

86 Infolge **Totalnießbrauchs** völlig ertragloses dem Grunde nach begünstigungsfähiges Vermögen (Mitunternehmeranteile, Betriebe, Teilbetriebe, 50%iger GmbH-Anteil) führt nach wie vor zu keiner Vermögensübergabe gegen Versorgungsleistungen,[260] es sei denn, der Vorbehalt des Nießbrauchs dient lediglich Sicherungszwecken und der Übergeber überlässt gleichzeitig mit der Bestellung des Nießbrauchs dessen Ausübung nach § 1059 BGB dem Übernehmer. Ist dies jedoch nicht der Fall, erwirtschaftet der Übergeber selbst aufgrund des Nießbrauchs und nicht der Übernehmer die Erträge. Die Einschränkung der für eine Vermögensübergabe gegen Versorgungsleistungen geeigneten Vermögensgegenstände sollte nicht den Charakter dieses Rechtsinstituts einschränken. Beim Totalnießbrauch hat sich der Übergeber bereits alle Erträge gesichert; er hat nichts, dass er zusätzlich noch im Rahmen der Vermögensübergabe zurückbehalten könnte. Die **Ablösung** eines derartigen Nießbrauchs durch eine zu dem begünstigten Empfängerkreis gehörende Person (→ Rn. 72 ff.) kann seit dem 1.1.2008 für sich allein mangels Zugehörigkeit zum begünstigten Vermögen nicht mehr zu einer Vermögensübergabe gegen Versorgungsleistungen führen. Es muss zusätzlich das Vermögen übertragen werden. Besteht zwischen Vermögensübergabe und Ablösung des Nießbrauchs ein sachlicher Zusammenhang, spricht man insoweit von einer **gleitenden Vermögensübergabe,** da der Übergeber sich die Erträge seines Vermögens zunächst in Form des Nießbrauchsrechts und erst später als Versorgungsleistungen vorbehält. Ab dem Zeitpunkt der Ablösung des Nießbrauchs liegen daher – wenn auch die anderen Voraussetzungen erfüllt sind – grundsätzlich Versorgungsleistungen vor. Auf einen zeitlichen Zusammenhang kommt es insoweit nicht an, da auch die neue Gesetzesfassung nur einen „Zusammenhang" fordert.[261]

87 Als unschädlich ist die Einräumung eines **partiellen Nießbrauchs** anzusehen, solange es sich nur um eine begünstigte Wirtschaftseinheit handelt.[262] Denn nur soweit der Nießbrauch reicht, erwirtschaftet der Übertragende die Erträge, im Übrigen erwirtschaftet sie der Übernehmer. Eine andere Frage ist jedoch, wie sich dies auf die Ermittlung der ausreichenden Erträge auswirkt, sofern es hierauf überhaupt noch ankommt (→ Rn. 94 ff.).

88 Der **Vermächtnisnießbrauch,** bei dem der Erblasser die Erträge bestimmter Nachlassgegenstände einem Begünstigten zugewiesen hat, ist insoweit gleich zu behandeln. Begünstigt ist auch die **Ausschlagung einer Erbschaft** gegen Versorgungsleistungen (→ § 11 Rn. 6), wenn sich begünstigtes Vermögen im Nachlass befindet.[263] Auch hier werden Versorgungsleistungen „im Zusammenhang mit" der Übertragung von begünstigtem Vermögen vereinbart. Die Ausschlagung kann dann vorteilhaft sein, wenn der Übernehmer einen höheren Steuersatz unterliegt, als der Ausschlagende. Der **Verzicht auf** die Geltendmachung eines **Pflichtteilsanspruchs** oder eines güterrechtlichen **Zugewinnausgleichsanspruchs** gegen wiederkehrende Leistungen soll unter den gleichen Bedingungen ebenfalls möglich sein.[264] Hier dürfte aber regelmäßig nicht die Versorgung des Verzichtenden, sondern vielmehr ein Ausgleich für den Verzicht auf seine Beteiligung am Nachlass beabsichtigt sein. Dies schließt eine Zuordnung zum Typus einer „Vermögensübergabe gegen Versorgungsleistungen", der durch eine ganz andere Interessenlage bestimmt ist, von vornherein aus.[265] Es empfiehlt sich daher in derartigen Fällen ausdrücklich im Verzichtsvertrag zu dokumentieren, dass die wiederkehrenden Leistungen der

---

[259] So seinerzeit BMF BStBl. I 2004, 922 Rn. 13 ff. Voraussetzung war allerdings, dass das Reinvestitionsobjekt auch ausreichend ertragbringend war, MAH ErbR/*von Sothen*, 2. Aufl., § 36 Rn. 174 ff.
[260] BFH BStBl. II 1992, 803; BStBl. II 1994, 19; BMF BStBl. II 2010, 227 Rn. 24; OFD Frankfurt juris FMNR24c310016 Rn. 24; krit. *Spiegelberger* FS Offerhaus, 1999, 547 (558 f.).
[261] BMF BStBl. II 2010, 227 Rn. 25; OFD Frankfurt juris FMNR24c310016 Rn. 25; vgl. auch BFH BStBl. II 1993, 98; BStBl. II 2016, 331.
[262] *Wacker* NWB Fach 3, 9933 (9962); *Paus* INF 1997, 193 (196).
[263] BFH BStBl. II 1997, 32; vgl. *Bolz* KFR F 3 EStG § 10, 3/96, 334.
[264] *Hofer* NWB Fach 3, 9395 (9400).
[265] BFH/NV 2011, 1511; BFH BStBl. II 2000, 82; BStBl. II 2000, 602; siehe auch → Rn. 77.

Versorgung des Verzichtenden dienen sollen, wenn eine Vermögensübertragung gegen Versorgungsleistung angestrebt wird.

Der Wortlaut des § 10 Abs. 1a Nr. 2 S. 1 EStG stellt lediglich auf „Versorgungsleistungen im Zusammenhang mit der Übertragung" eines begünstigten Mitunternehmeranteils, Betriebes, Teilbetriebes und GmbH-Anteils ab. Dass die begünstigten Wirtschaftseinheiten bereits in der Hand des Übergebers als solche existieren müssen, ist zumindest dem Wortlaut nicht zu entnehmen. Danach müsste eine **mittelbare Unternehmensschenkung** gegen wiederkehrende Leistungen (→ Rn. 26 ff.) grundsätzlich zulässig sein.[266] Eine Übertragung vom Übergeber auf den Übernehmer fordert das Gesetz jedenfalls nicht ausdrücklich. Allerdings ist die Rechtfertigung der Beschränkung auf die genannten Wirtschaftseinheiten ähnlich der Situation bei der Verschonung von Betriebsvermögen nach § 13a ErbStG und wird folglich grundsätzlich entsprechend auszulegen sein.[267] Dann würde die mittelbare Unternehmensschenkung gegen wiederkehrende Leistungen nicht begünstigt sein, da der Übertragungsgegenstand beim Übertragenden nicht zum Betriebsvermögen gehörte. So sieht es nunmehr die Finanzverwaltung, wonach bei einer Umschichtungsverpflichtung im Übertragungsvertrag nicht begünstigt ist.[268] Ein Durchgangserwerb des Übergebers erscheint danach erforderlich. Da die Finanzverwaltung keine Vorbesitzzeit verlangt, kann das begünstigte Vermögen auch kurzfristig weitergereicht werden.

89

Werden ihrer Art nach begünstigte Wirtschaftsgüter übertragen, die zwar laufende Nettoerträge abwerfen, jedoch weder über einen positiven Substanzwert noch über einen positiven Ertragswert verfügen, soll eine Vermögensübergabe gegen Versorgungsleistungen nach Ansicht der Rechtsprechung daran scheitern, dass derartige Wirtschaftsgüter kein Vermögen darstellen, das auf die nachfolgende Generation übertragen werden könnte.[269] Dieses merkwürdig anmutende und von der Finanzverwaltung[270] zu Recht abgelehnte Ergebnis resultiert daraus, dass die für die Berechnung des Ertragswertes eines Unternehmens zugrunde zu legenden Gewinne bei betriebswirtschaftlicher Wertermittlung um einen Unternehmerlohn zu kürzen sind.[271] Verbleibt danach kein Ertragswert und ist auch kein Substanzwert vorhanden, existiert nach Auffassung des Großen Senats des Bundesfinanzhofs kein Vermögen, das übergeben werden könnte. Da aber Wirtschaftsgüter übertragen werden, ist auch Vermögen vorhanden, es hat bloß möglicherweise keinen oder sogar einen negativen Wert. Dies ändert jedoch nichts an seiner Existenz. Auf den Wert des Vermögens kommt es nicht an. Maßgebend ist allein, dass es hinreichende Erträge abwirft.

90

Der Große Senat des BFH führt weiter an, dass die wiederkehrenden Leistungen in den Fällen, in denen nach Abzug eines Unternehmerlohns ein Unternehmenswert nicht mehr vorhanden ist, nicht mehr als vorbehaltene Erträge des Unternehmens verstanden werden könnten, da sie ausschließlich aus der Arbeitsleistung des Übernehmers finanziert würden. Genau hierauf kommt es aber gerade nicht an. Dieser Gedanke wird von der Rechtsprechung selbst auch nicht konsequent durchgehalten.[272] Denn der Grundgedanke

91

---

[266] AA *Geck* KÖSDI 2009, 16444.
[267] Vgl. hierzu BFH BStBl. II 2007, 443.
[268] BMF BStBl. I 2010, 227 Rn. 36; OFD Frankfurt juris FMNR24c310016 Rn. 36.
[269] GrS BFH BStBl. II 2004, 100 (Az. 2/00).
[270] BMF BStBl. I 2010, 227 Rn. 31; OFD Frankfurt juris FMNR24c310016 Rn. 31.
[271] IDW S 1 2008 Rn. 40; vgl. auch GrS BFH BStBl. II 2004, 100 (Az. 2/00).
[272] GrS BFH BStBl. II 2004, 100 (Az. 2/00) unter C. II. 1. d): „Versorgungsleistungen sind beim Übernehmer als Sonderausgaben selbst dann als abziehbar und beim Übergeber als wiederkehrende Leistungen zu versteuern, wenn sie teilweise aus dem Unternehmerlohn herrühren" Unter C. II. 1. c) heißt es demgegenüber noch: „Ist nach Abzug des Unternehmerlohns ein Unternehmenswert nicht mehr vorhanden, können – abgesehen davon, dass der übergebene Betrieb kein Vermögen darstellt – die Leistungen, die der Übergeber vom Übernehmer zu seiner Versorgung erhält, nicht mehr als vorbehaltene Erträge des übergebenen Unternehmens verstanden werden. Sie werden vielmehr ausschließlich durch die Arbeitsleistung des Übernehmers finanziert." Der Unterschied zwischen beiden Aussagen des Großen Senats besteht allein darin, dass im letztgenannten Fall die Versorgungsleistungen vollständig und im erstgenann-

der Vermögensübergabe gegen Versorgungsleistungen kennt keinen Unternehmerlohn, wie er einem Fremden zu zahlen wäre. Dies sieht der Große Senat vom Grundsatz her zumindest bei der Frage, ob ausreichend Erträge erwirtschaftet werden können, genauso und zieht dort den Unternehmerlohn nicht ab (→ Rn. 99). Kennzeichnend ist daher vielmehr, dass eine für den Übergeber eine begünstigte Wirtschaftseinheit innerhalb des Generationennachfolgeverbunds übertragen wird und er sich die Erträge vorbehält, die nun allerdings vom Übernehmenden zu erwirtschaften sind. Einkommensteuerlich gehört auch ein Unternehmerlohn zu den Erträgen im Sinne der §§ 13, 15 und 18 EStG und kann daher vom Übergeber auch zurückbehalten werden. Dass diese Erträge vom Übernehmer zu erwirtschaften sind, ist der Vermögensübergabe gegen Versorgungsleistungen immanent. Ob und wie viel der Nettoerträge für den Übernehmer übrigbleiben, ist, da die Erträge zurückbehalten werden, irrelevant. Entscheidend ist nur, dass Nettoerträge zurückbehalten werden. Diese Erträge entstehen dann (noch) beim Übertragenden und nicht beim Übernehmer.

92 Damit wiederkehrende Leistungen als Versorgungsleistungen qualifiziert werden können, reicht es nach Ansicht des Großen Senats also nicht aus, wenn die Leistungen aus den laufenden Nettoerträgen der übertragenen Wirtschaftsgüter erbracht werden können. Es ist vielmehr erforderlich, dass die übertragenen Wirtschaftsgüter auch einen positiven Wert darstellen. Zur Ermittlung dieses Werts können alle gängigen Bewertungsmethoden herangezogen werden. Üblicherweise wird hier entweder auf den Ertragswert oder, wie bei der vom Großen Senat angeführten Mittelwertmethode, eine Mischung aus Substanz- und Ertragswert abgestellt. Bei Kapitalgesellschaftsanteilen kann man daher, sofern kein Börsenkurs existiert, auf das vereinfachte Ertragswertverfahren (→ § 27 Rn. 42 ff.) zurückgreifen. Gleiches gilt für Personengesellschaftsanteile (→ § 27 Rn. 58). Ansonsten sollte grundsätzlich auf betriebswirtschaftliche Bewertungsmethoden zurückgegriffen werden, da das steuerliche Bewertungsrecht häufig zu niedrigeren Werten gelangt und in Grenzfällen den eigenen Argumentationsspielraum sehr einengt. Immer soll jedoch ein Unternehmerlohn wertmindernd zu berücksichtigen sein (→ Rn. 91). Bei land- und forstwirtschaftlichen Betrieben wird auf diese Weise kaum jemals ein nennenswerter Ertragswert verbleiben, was allerdings bei gering verschuldeten Betrieben durch einen entsprechend hohen Substanzwert kompensiert werden kann. Bei verschuldeten Betrieben, Dienstleistungsunternehmen und Pachtbetrieben, bei denen ein Substanzwert praktisch nicht vorhanden ist, hat der Große Senat mit seiner Rechtsprechung für die Vermögensübertragung gegen Versorgungsleistungen eine sehr hohe Hürde aufgebaut. Gleichzeitig negiert er faktisch die von ihm am selben Tag in einer anderen Entscheidung[273] entwickelte Beweiserleichterung hinsichtlich der Übertragung von Betriebsvermögen bei Betrieben, die keinen ausreichenden Substanzwert aufweisen. Danach soll bei der Übertragung von Betriebsvermögen eine nur in seltenen Ausnahmefällen widerlegbare Vermutung gelten, dass die Erträge ausreichen, um die vollen Versorgungsleistungen zu erbringen (→ Rn. 97). Dies hätte aber zur Folge, dass gerade keine Prüfung des Ertrags erfolgen müsste.[274] Dadurch, dass die Rechtsprechung jedoch auf den Vermögenswert abstellt, muss überall dort, wo sich aufgrund des Substanzwerts noch kein hinreichender Unternehmenswert ergibt, zusätzlich der Ertragswert ermittelt werden. Da im ersten Schritt geprüft wird, ob – so die Rechtsprechung – überhaupt Vermögen vorhanden ist und hierzu in der überwiegenden Zahl der Fälle auf das Ertragswertverfahren zurückgegriffen werden muss, kommt der Beweiserleichterung im nachfolgenden Schritt bei der Prüfung der Frage, ob die Erträge ausreichen, in den meisten Fällen keine Bedeutung mehr zu. Das, was bei Betriebsvermögen grundsätzlich nicht zu prüfen ist, wurde schon

---

ten Fall nur teilweise durch die Arbeitsleistung des Übernehmers finanziert werden. Wo ist hier die Grenze?
[273] GrS BFH BStBl. II 2004, 95 (Az. 1/00).
[274] Ähnlich *Schwenke* DStR 2004, 1679.

geprüft. Dass die Finanzverwaltung die Rechtsprechung insoweit nicht anwendet und Versorgungsleistungen grundsätzlich auch dann akzeptiert, wenn der übergebene Betrieb nicht über einen ausreichenden Unternehmenswert verfügt,[275] heißt aber noch nicht, dass der Steuerpflichtige oder sein Berater den Unternehmenswert nicht ermitteln muss. Dieser wird nämlich immer dann wieder eine Rolle spielen, wenn eine Vermögensübergabe gegen Versorgungsleistungen vor die Finanzgerichte gebracht wird. Es ist davon auszugehen, dass diese die Rechtsprechung des Großen Senats beachten werden, mag auch ein anderer Streitpunkt für das Verfahren ursächlich gewesen sein.

Ähnlich problematisch wie die Übertragung von wertlosem oder gar negativem Vermögen wird die **Übertragung von geringfügigem Vermögen** gegen wiederkehrende Leistungen gesehen.[276] Vermögen mit einem Wert bis zu EUR 25.000,– sei die existenzsichernde Qualität abzusprechen.[277] Ob eine Versorgungsleistung vorliegt oder nicht, ist jedoch kein Problem der Höhe des Vermögens.[278] Denn auch kleines Vermögen ist durchaus für eine generationenübergreifende dauerhafte Anlage geeignet. Gegenstand einer Vermögensübergabe gegen Versorgungsleistungen kann daher zB auch eine im Nebenerwerb betriebene Landwirtschaft sein,[279] solange es sich nicht um einen Liebhabereibetrieb handelt (→ Rn. 100). Richtigerweise fordern Rechtsprechung und Finanzverwaltung deshalb auch nicht, dass die Versorgung des Übertragenden vollständig aus dem übernommenen Vermögen gesichert sein soll.[280] Die Höhe des Vermögens begrenzt in der Regel lediglich dessen Ertragskraft. Es könnte daher bei kleineren Vermögen allenfalls das Problem der nicht ausreichenden Ertragskraft auftreten. Dies ist jedoch ein anderer Punkt und lässt sich unter Gestaltungsgesichtspunkten ohne weiteres über die Höhe der wiederkehrenden Leistungen beeinflussen. 93

Weitere Voraussetzung für das Vorliegen einer Vermögensübergabe gegen Versorgungsleistungen ist, dass die begünstigte Wirtschaftseinheit **ausreichend ertragbringend** ist. Der seit 1.1.2008 geltende Gesetzeswortlaut und die Beschränkung des übertragbaren Vermögens auf den betrieblichen Bereich führen letztlich zu der widerlegbaren Vermutung, dass bei Fortführung des Unternehmens und unentgeltlichen Betriebsübergaben gegen nicht wesentlich überhöhte wiederkehrende lebenslange Leistungen in der Regel „Versorgungsleistungen im Zusammenhang mit der Übertragung" von Vermögen iSd § 10 Abs. 1a Nr. 2 EStG zu unterstellen ist.[281] Dies entspricht im Übrigen auch der bisherigen Handhabung durch die Rechtsprechung und die Finanzverwaltung.[282] Allerdings soll die gesetzliche Beweiserleichterung nach Ansicht der Finanzverwaltung dann nicht gelten, wenn im Rahmen einer einheitlichen Vermögensübertragung neben begünstigtem Vermögen auch nicht begünstigtes übertragen wird.[283] Es könnte sich daher anbieten, begünstigtes und nicht begünstigtes Vermögen vertraglich zu trennen. Die wiederkehrenden Leistungen könnten dann insgesamt der Übertragung des begünstigten Vermögens zugeordnet werden und das nicht begünstigte Vermögen schlicht geschenkt werden. Auch bei verpachteten oder überwiegend verpachteten Übertragungsgegenständen soll die Beweiserleichterung nicht gelten.[284] 94

---

[275] BMF BStBl. I 2010, 227 Rn. 31; OFD Frankfurt juris FMNR24c310016 Rn. 31.
[276] *Wacker* NWB Fach 3, 9933 (9949).
[277] *Wacker* NWB Fach 3, 9933 (9949); offen gelassen bei einem KG-Anteil im Wert von 18.000 DM im BFH DStRE 2000, 1301; ablehnend BFH BStBl. II 2001, 175.
[278] Ebenso nunmehr auch BFH BStBl. II 2000, 188; 2001, 175.
[279] BFH/NV 2005, 201.
[280] GrS BFH BStBl. II 2004, 100 (Az. 2/00); 1990, 847; BFH BStBl. II 1992, 609; BMF BStBl. I 2010, 227 Rn. 26.
[281] Schmidt/*Heinicke* EStG § 10 Rn. 145.
[282] GrS BFH BStBl. II 2004, 95, vgl. dort unter II. 6. d) bb); BFH BStBl. II 2005, 133; BMF BStBl. I 2010, 227 Rn. 29; OFD Frankfurt juris FMNR24c310016 Rn. 29.
[283] BMF BStBl. I 2010, 227 Rn. 30 und 47; OFD Frankfurt juris FMNR24c310016 Rn. 30 und 47.
[284] BMF BStBl. I 2010, 227 Rn. 29; OFD Frankfurt juris FMNR24c310016 Rn. 29.

95 Die Prüfung der ausreichenden Ertragsfähigkeit wird daher die Ausnahme bleiben. Ist sie durchzuführen, kommt es darauf an, dass die wiederkehrenden Leistungen im Zeitpunkt der Vermögensübergabe nicht höher sind als der langfristig erzielbare Ertrag des übergebenen Vermögens.[285]

> Wiederkehrende Leistungen ≤ langfristig erzielbarer Ertrag des übergebenen Vermögens

Bei dieser im Zeitpunkt des Vertragsschlusses (→ Rn. 60) anzustellenden **Ertragsprognose** handelt es sich um eine überschlägige Berechnung.[286] Ausgangspunkt sollen nach der Rechtsprechung die steuerlichen Einkünfte sein, die um die Abschreibung für Abnutzung, erhöhte Absetzungen, Sonderabschreibungen sowie um außerordentliche Aufwendungen zu bereinigen seien.[287] Da es hier aber um die Frage geht, ob der Vermögensübernehmer die Versorgungsleistungen aus den Erträgen des übernommenen Vermögens bestreiten kann, muss bei der Beurteilung der Ertragsfähigkeit nicht auf das steuerliche, sondern auf das betriebswirtschaftliche Ergebnis abgestellt werden. Sonderabschreibungen und andere rein steuerliche Vergünstigungen haben daher außer Betracht zu bleiben. Der Sonderausgabenabzug soll nicht daran scheitern, dass die erzielbaren Nettoerträge die Summe der versprochenen Vermögenserträge geringfügig unterschreiten. Jedenfalls die im Steuerrecht allgemein anerkannte Geringfügigkeitsgrenze von 10 vH ist auch in diesem Zusammenhang anwendbar.[288] Die Finanzverwaltung folgt dabei der Rechtsprechung.[289] Diese nutzt das Merkmal zur **Abgrenzung** der Versorgungsleistung **von der Unterhaltsleistung,** nicht jedoch zur Abgrenzung von der Austausch- bzw. Veräußerungsleistung. Die Höhe des langfristig erzielbaren Ertrages des übertragenen Vermögens markiert die Obergrenze für die Zulässigkeit einer Versorgungsleistung. Dies basiert auf dem Gedanken der vorbehaltenen Erträge. Es kann nichts vorbehalten werden, was nicht Ertrag ist. Ist die Zahlung der wiederkehrenden Leistung aufgrund einer Prognose im Übergabezeitpunkt nicht allein aus den Erträgen möglich, sondern muss der Übernehmende hierzu die Substanz des übertragenen Vermögens oder gar sein eigenes Vermögen angreifen, überwiegt – insoweit (→ Rn. 96) – der Unterhaltscharakter (→ Rn. 58). Demgegenüber ist es für das Vorliegen einer Versorgungsleistung völlig unerheblich, wenn das übertragene Vermögen mehr Erträge abwirft als der Übernehmer an wiederkehrenden Leistungen zu erbringen hat. Die wiederkehrenden Leistungen sind durch die Erträge gedeckt; die Substanz des übertragenen Vermögens muss ebenso wenig angetastet werden wie sonstiges privates Vermögen des Übernehmers. Der Übergeber hat sich einfach weniger Erträge vorbehalten.

96 Ergibt die Ertragsprognose, dass die wiederkehrenden Leistungen nicht allein aus den zukünftigen Erträgen bestritten werden können, scheint die Finanzverwaltung nach dem „Alles-oder-nichts-Prinzip" vorzugehen und eine Versorgungsleistung insgesamt zu verneinen.[290] Diese Vorgehensweise ist nicht zwingend und auch so nicht unbedingt aus den Entscheidungen des Großen Senats des Bundesfinanzhofs[291] ableitbar. Ausgangspunkt des von der Rechtsprechung entwickelten Rechtsinstituts der Vermögensübergabe gegen Versorgungsleistungen sind die **vorbehaltenen Erträge.** Wird Vermögen übertragen und sind die in diesem Zusammenhang gezahlten wiederkehrenden Leistungen höher als die Erträge, die mit dem Vermögen erwirtschaftet werden können, ändert dies nichts daran, dass der Übergeber sich die Erträge, soweit sie aus dem übergebenen Vermögen erwirt-

---

[285] BMF BStBl. I 2010, 227 Rn. 27; OFD Frankfurt juris FMNR24c310016 Rn. 27.
[286] GrS BFH BStBl. II 2004, 95 (Az. 1/00); 2005, 130; BMF BStBl. I 2010, 227 Rn. 27; OFD Frankfurt juris FMNR24c310016 Rn. 27.; *Kempermann* DStR 2003, 1736.
[287] BFH ZEV 2006, 226; GrS BFH BStBl. II 2004, 100 unter C. II. 6. b. aa) c); → Rn. 200.
[288] BFH BStBl. II 2005, 130 unter Hinweis auf BFH BStBl. II 2004, 493 mwN.
[289] BMF BStBl. I 2010, 227 Rn. 28, 32 bis 35; OFD Frankfurt juris FMNR24c310016 Rn. 28, 32 bis 35; vgl. auch BFH BStBl. II 2000, 188 mwN.
[290] BMF BStBl. II 2010, 227 Rn. 66; Schmidt/*Heinicke* EStG § 10 Rn. 145.
[291] GrS BFH BStBl. II 2004, 95 (Az. 1/00); BStBl. II 2004, 100 (Az. 2/00), wo diese Problematik ausdrücklich offengelassen wird.

schaftet werden können, dennoch vorzubehalten vermag. Konsequent wäre es daher, den Anteil der wiederkehrenden Leistungen, der erwirtschaftet werden kann, als Versorgungsleistung zu qualifizieren. Ähnlich der Problematik bei der Anpassung der Vereinbarung bei gestiegenen Versorgungsbedürfnissen des Übergebers, dass aus den Erträgen des übergebenen Vermögens nicht bedient werden kann (→ Rn. 67), würde dann lediglich der darüber hinausgehende Betrag eine steuerlich unbeachtliche Unterhaltsleistung darstellen.[292] Diese im Wege einer Verhältnisrechnung durchzuführende Aufteilung der wiederkehrenden Leistungen in eine Versorgungs- und in eine Unterhaltskomponente wird nicht nur dem Charakter der „vorbehaltenen Erträge" am ehesten gerecht, sondern würde darüber hinaus die Fälle, in denen die Parteien sich bei der Ertragskraft verkalkuliert haben, mit den Fällen gleichstellen, die von vornherein zweigeteilt waren. Der Abzug als Versorgungsleistung wäre nämlich unstreitig zulässig, wenn neben entsprechend niedrigen wiederkehrenden Leistungen für die Vermögensübergabe der zusätzlich vorgesehene Anteil durch eine separat abgeschlossene Unterhaltsvereinbarung abgedeckt würde.

Maßgebender Zeitpunkt für die Berechnung der langfristigen Erträge ist der Übergabezeitpunkt.[293] Bei der gleitenden Vermögensübergabe (→ Rn. 86) ist der Zeitpunkt der Ablösung des Vorbehaltsnießbrauchs entscheidend.[294] In beiden Fällen ist eine Prognose zu treffen. Denn es kommt darauf an, wie sich die zukünftig erzielbaren Erträge aus der Sicht des Übergabe- bzw. Ablösezeitpunkts darstellen. Die tatsächliche Entwicklung danach ist unerheblich.[295] Da Prognoseentscheidungen immer mit gewisser Unsicherheit behaftet sind, ist eine **überschlägige Berechnung** ausreichend. Aus Vereinfachungsgründen kann hierzu auf die Einkünfte des Jahres der Vermögensübergabe und der beiden vorangegangenen Jahre zurückgegriffen werden.[296] Entscheidend ist jedoch der zukünftig erzielbare Ertrag. Es ist daher auch zulässig, zukünftig erzielbare Erträge bei der Ertragsprognose zugrunde zu legen.[297] Dies wird zB dann in Betracht kommen, wenn der jüngere, gesunde Übernehmer aufgrund seiner besseren körperlichen Leistungsfähigkeit voraussichtlich höhere Erträge mit dem übertragenen Vermögen erwirtschaften wird als der Übergeber, der wegen seines fortgeschrittenen Alters oder Krankheit hierzu nicht mehr in der Lage war. Stellt der Steuerpflichtige zur Ermittlung der ausreichenden Ertragskraft auf die Zukunft ab, nimmt die Finanzverwaltung sowohl beim Übergeber als auch beim Übernehmer die Veranlagungen des Jahres der Vermögensübergabe und die der beiden nachfolgenden Jahre nach § 165 AO vorläufig vor.[298] Diese Handhabung ist jedoch unzulässig. Entscheidend ist eine auf die Verhältnisse bei Vertragsschluss abstellende **Ertragsprognose**. Ob und inwieweit sich diese später verwirklicht, ist irrelevant. Wenn sich die im Zeitpunkt der Übergabe vorhandenen, nach objektiven Kriterien zu beurteilenden Gewinnerwartungen nicht erfüllen, darf das nicht dazu führen, dass nachträglich von einem entgeltlichen Geschäft ausgegangen wird und die stillen Reserven des übertragenen Vermögens aufgedeckt werden müssen.[299]

Bei der Übertragung eines gewerblichen, land- und forstwirtschaftlichen oder auf selbständiger Tätigkeit beruhenden Unternehmens (Betrieb, Teilbetrieb oder Mitunternehmeranteil) gegen wiederkehrende Leistungen im Zuge einer vorweggenommenen Erbfol-

---

[292] Ebenso BFH ZEV 2006, 226; *Fischer* NWB Fach 3, 12655 unter V. 2.
[293] So nun auch BFH/NV 2005, 1789 u. wohl auch GrS BFH BStBl. II 2004, 95, der unter C. II. 6. c) zunächst von den „Verhältnissen bei Vertragsschluss" spricht, dann aber auf den „Zeitpunkt der Übergabe" abstellt; BMF BStBl. I 2010, 227 Rn. 34; OFD Frankfurt juris FMNR24c310016 Rn. 34.
[294] BFH BStBl. II 2005, 130; BMF BStBl. I 2010, 227 Rn. 34 S. 3; OFD Frankfurt juris FMNR24c310016 Rn. 34 S. 3.
[295] So nun auch GrS BFH BStBl. II 2004, 95 (Az. 1/00).
[296] GrS BFH BStBl. II 2004, 95 (Az. 1/00); BMF BStBl. I 2010, 227 Rn. 34 S. 4; OFD Frankfurt juris FMNR24c310016 Rn. 34 S. 4.
[297] GrS BFH BStBl. II 2004, 95 (Az. 1/00); BMF BStBl. I 2010, 227 Rn. 35; OFD Frankfurt juris FMNR24c310016 Rn. 35.
[298] BMF BStBl. I 2010, 227 Rn. 35; OFD Frankfurt juris FMNR24c310016 Rn. 35.
[299] GrS BFH BStBl. II 2004, 95 (Az. 1/00).

ge besteht, sofern kein weiteres, nicht begünstigtes Vermögen mit übertragen wird, eine nur in Ausnahmefällen widerlegbare Vermutung dafür, dass es sich um eine ausreichend ertragbringende Wirtschaftseinheit handelt, sofern das Unternehmen tatsächlich fortgeführt wird.[300] Eine derartige Ausnahme sieht der Große Senat des BFH zB darin, wenn kein positiver Vermögenswert vorhanden ist (→ Rn. 92). Diese Beweiserleichterung soll nicht bei verpachteten oder überwiegend verpachteten Betrieben sowie bei gewerblich geprägten Personengesellschaften im Sinne des § 15 Abs. 3 Nr. 2 EStG gelten.[301] Wird neben dem begünstigten Vermögen weiteres, nicht begünstigtes Vermögen übertragen, soll die Beweiserleichterung ebenfalls nicht anwendbar sein.[302]

99 Der Ertrag des einzelnen Jahres, der hier als **maßgebender Ertrag** bezeichnet werden soll, errechnet sich nach dem Renten-Erlass der Finanzverwaltung wie folgt:[303]

    Einkünfte im Sinne des § 2 Abs. 1 EStG
   + Nutzungsvorteil (bei vom Übernehmer eigengenutzter Wohnung)
   + AfA (inkl. Sonderabschreibungen und erhöhter AfA)
   + außerordentliche Aufwendungen (zB Erhaltungsaufwendungen)

   = maßgebender Ertrag lt. Finanzverwaltung

Ein Unternehmerlohn ist nicht abzuziehen. Bei der Übertragung eines GmbH-Anteils und dementsprechend auch bei der Übertragung anderer Kapitalgesellschaftsanteile ist das Gehalt des Gesellschaftergeschäftsführers dem Ertrag wieder hinzuzurechnen.[304] Dies dürfte allerdings nicht für das Gehalt eine Gesellschaftergeschäftsführers gelten, der nicht zugleich Übernehmer des Kapitalgesellschaftsanteils ist.

100 Für die Berechnung des Ertrages dürfen nur Einkünfte im Sinne des § 2 Abs. 1 EStG zugrunde gelegt werden. Fehlt die Einkunfts- oder Gewinnerzielungsabsicht, so sind die Einnahmen insoweit nicht in die Berechnung mit einzubeziehen. Bei Übertragung eines **Liebhabereibetriebs** können daher keine Versorgungsleistungen vereinbart werden. In den Fällen, in denen beim Übergeber noch Liebhaberei vorliegt, während der Erwerber den Betrieb zB durch höheren Arbeitseinsatz, Änderungen der Betriebsstruktur oder Kapitalzuführung mit Gewinnerzielungsabsicht fortführt, ist für die Frage, ob eine Versorgungsleistung vereinbart werden kann, auf die Beurteilung beim Erwerber abzustellen sein.[305] Für die Beurteilung, ob Versorgungsleistungen vorliegen oder nicht, ist von einer Zukunftsprognose auszugehen (→ Rn. 97). Lediglich aus Vereinfachungsgründen kann auf die Vergangenheit zurückgegriffen werden. Ein Abstellen auf die Verhältnisse des Erwerbers ist daher nur aus eben diesen Vereinfachungsgründen zulässig. Vorrangig sind jedoch die Verhältnisse beim Übernehmer. Ist der beim Übertragenden noch als Liebhaberei zu wertende Betrieb beim Übernehmer ein bei objektiver betriebswirtschaftlicher Beurteilung zur nachhaltigen Gewinnerzielung geeigneter Betrieb und wird er auch von diesem entsprechend bewirtschaftet, so liegt eine ertragbringende und grundsätzlich auch existenzsichernde Wirtschaftseinheit vor. Erst die im Wege einer Zukunftsprognose ermittelte Ertragskraft dieser Wirtschaftseinheit bestimmt dann, ob die Versorgungsleistungen nach deren Übertragung zukünftig vom Übernehmer erwirtschaftet werden können. Maßgebend ist also allein, was der Erwerber aus dem Liebhabereibetrieb zu machen gedenkt. Abzustellen ist hierbei auf den Zeitpunkt der Übergabe (→ Rn. 97). Verspricht die einem Sanierungsplan nicht unähnliche Konzeption des Übernehmers ausreichende Erträge, so kann sich der Übertragende diese Vermögenserträge auch vorbehalten. Denn ohne die Vermögensübergabe könnte der Erwerber sie mit eben diesem Vermögen nicht selbst

---

[300] GrS BFH BStBl. II 2004, 95 (Az. 1/00); BMF BStBl. I 2010, 227 Rn. 29.
[301] BMF BStBl. I 2010, 227 Rn. 29.
[302] BMF BStBl. I 2010, 227 Rn. 30.
[303] BMF BStBl. I 2010, 227 Rn. 32; OFD Frankfurt juris FMNR24c310016 Rn. 32.
[304] BMF BStBl. I 2010, 227 Rn. 32; OFD Frankfurt juris FMNR24c310016 Rn. 32.
[305] *Paus* INF 1997, 193 (196), so wohl nun auch GrS BFH BStBl. II 2004, 95 (Az. 1/00).

erwirtschaften. Allerdings muss deutlich darauf hingewiesen werden, dass der Übernehmer an die vorgefundene Substanz gebunden ist, wenn Versorgungsleistungen vereinbart werden sollen. Wird aus dem Liebhabereibetrieb nur deshalb ein ertragreiches Unternehmen, weil der Übernehmer umfangreiche Investitionen tätigt, so werden die Erträge nicht bzw. nicht nur aus dem übertragenen Vermögen erwirtschaftet. Hier sollte auf die Grundsätze für die Übertragung von geringfügigem Vermögen zurückgegriffen werden (→ Rn. 93). Demgegenüber ist ein höherer persönlicher Einsatz des Übernehmers ebenso unschädlich wie die Einstellung zusätzlichen Personals, solange nur die Substanz im Wesentlichen unverändert bleibt. Ist dies nicht möglich, wäre es gegebenenfalls aus gestalterischen Aspekten sinnvoll, die Investitionen noch vom Übertragenden tätigen zu lassen.

Hinsichtlich der Berechnung der Erträge gilt, dass **Absetzungen für Abnutzung,** erhöhte Absetzungen und außerordentliche Aufwendungen, die als Ausgaben den Gewinn mindern, wieder hinzuzurechnen sind und die Erträge somit erhöhen. Bei der Ermittlung der Erträge geht die Finanzverwaltung und nunmehr ihr folgend auch die Rechtsprechung[306] offenbar von einer der finanzwirtschaftlichen Cashflow-Berechnung angenäherten Berechnungsmethode aus. Der Cashflow gibt an, welche Selbstfinanzierungs- und Ertragskraft eine Unternehmung besitzt. Das „tatsächliche Ertragsbild" soll wiedergegeben und verfälschende Faktoren (wie zB außerordentliche Erträge bzw. Aufwendungen oder eine unterschiedliche Abschreibungspolitik) eliminiert werden. Auch Sonderabschreibungen und andere rein steuerliche Vergünstigungen haben daher entgegen der Ansicht von Rechtsprechung[307] und Finanzverwaltung[308] außer Betracht zu bleiben. Allerdings berücksichtigt die Finanzverwaltung nur die Aufwands-, nicht jedoch die Ertragsseite. Dies führt dazu, dass Zuschreibungen und außerordentliche Erträge das Ertragsbild einseitig verzerren. Die Erträge erscheinen höher als sie tatsächlich sind. Richtigerweise müsste die oben (→ Rn. 99) genannte Formel entsprechend erweitert werden: 101

     maßgebender Ertrag lt. Finanzverwaltung
- Zuschreibungen
- außerordentliche Erträge

= maßgebender Ertrag

Da eine Vermögensübertragung gegen Versorgungsleistungen erfordert, dass die Versorgungsleistungen nicht höher sind als der langfristig zu erzielende Ertrag des übergebenen Vermögens, erlaubt die Berechnungsmethode der Finanzverwaltung grundsätzlich höhere Versorgungsleistungen als die hier für richtig erachtete Methode. Die Grenze zur Unterhaltsleistung wird hier zugunsten der Versorgungsleistung verschoben. Darüber hinaus kann bei ihr der langfristig zu erzielende Ertrag – selbstverständlich lediglich innerhalb der Grenzen des § 42 AO – gezielt erhöht werden. Denn aus Vereinfachungsgründen ist es – wie bereits dargestellt (→ Rn. 97) – zulässig, auf die Einkünfte des Jahres der Vermögensübergabe und der beiden vorangegangenen Jahre abzustellen. Durch planmäßig in diesen Jahren vorgenommene Zuschreibungen oder herbeigeführte außerordentliche Erträge (zB Verkauf eines Betriebsgrundstücks gegebenenfalls sogar an den zukünftigen Übernehmer) kann der Übertragende die zulässige Höhe seiner späteren Versorgungsleistungen steuern. Auf diese Weise ist zB eine Umwandlung ansonsten unbeachtlicher Unterhaltsleistungen in steuerlich anzuerkennende Versorgungsleistungen möglich. 102

Werden **Anteile an Kapitalgesellschaften** übertragen, ist für die Berechnung des erzielbaren Nettoertrags nach Ansicht von Rechtsprechung und Finanzverwaltung auf den **ausschüttungsfähigen Gewinn der Gesellschaft** und nicht auf die Einkünfte aus Kapi- 103

---

[306] GrS BFH BStBl. II 2004, 95 (Az. 1/00).
[307] GrS BFH BStBl. II 2004, 100; BFH ZEV 2006, 226.
[308] BMF BStBl. I 2010, 227 Rn. 32; OFD Frankfurt juris FMNR24c310016 Rn. 32.

talvermögen gemäß § 20 EStG abzustellen.[309] Unerheblich ist, ob es sich bei dem übertragenen Vermögen um eine relevante (→ § 25 Rn. 145 ff.) oder eine geringfügige Beteiligung an der Kapitalgesellschaft handelt und ob der Übernehmer oder der Übergeber beherrschenden Einfluss auf das Ausschüttungsverhalten haben.[310] Es kommt daher allein auf das auf die vom Übergeber übertragenen Kapitalgesellschaftsanteile entfallende Jahresergebnis der Kapitalgesellschaft und nicht auf die tatsächlichen Ausschüttungen an. Die Finanzverwaltung schränkt dies insoweit ein, als sie auf den ausschüttungsfähigen Gewinn abstellt.[311] Ähnlich eng scheint es die Rechtsprechung zu sehen, wenn sie auf die „mögliche Gewinnausschüttung" abstellt.[312] Danach wären Erträge, die zB aufgrund einer Verrechnung mit Verlustvorträgen oder wegen Überschuldung der Kapitalgesellschaft nicht ausschüttungsfähig sind, wohl nicht zum erzielbaren Nettoertrag zu rechnen. Dem kann nicht gefolgt werden. Der Große Senat hat zu Recht darauf hingewiesen, dass es für die Berechnung des ausreichenden Ertrags allein auf die **Ertragskraft** des existenzsichernden Vermögens ankommt. Maßgebend ist daher allein das Jahresergebnis der Kapitalgesellschaft und nicht dessen Verwendung. Dem entspricht es, wenn der Große Senat des BFH darauf hinweist, dass der maßgebliche Nettoertrag nicht notwendigerweise mit den steuerlichen Einkünften identisch sein muss und auch ein Nutzungsvorteil berücksichtigt werden kann, und zwar unabhängig davon, ob er zu steuerbaren oder nicht steuerbaren Einkünften führt.[313]

104 Die auf den Übergeber (bei vergangenheitsbezogener Betrachtung) bzw. auf den Übernehmer (bei zukunftsorientierter Betrachtungsweise) als Gesellschaftergeschäftsführer entfallenden **Tätigkeitsvergütungen** zählen ebenfalls zum erzielbaren Nettoertrag und sind dem erzielten Jahresergebnis wieder hinzuzurechnen.[314] Der BFH sorgt auf diese Weise im Rahmen der Vermögensübergabe gegen Versorgungsleistungen für eine Gleichbehandlung der Übertragung von Kapitalgesellschaftsanteilen mit derjenigen von Einzelunternehmen und Personengesellschaftsanteilen, bei denen der Abzug eines Unternehmerlohns den Gewinn nicht mindern darf. Eine echte Gleichstellung wird aber nur dann erreicht, wenn sämtliche Vergütungen, die ein Gesellschafter einer Kapitalgesellschaft für eine Tätigkeit in der Gesellschaft erhält, zu den erzielbaren Nettoerträgen hinzugezählt werden, denn dies entspricht der Handhabung beim Einzelunternehmer. Führt man diese Sichtweise konsequent zu Ende, müssten bei Personengesellschaften auch diejenigen Tätigkeiten zum erzielbaren Ertrag zu zählen sein, bei denen ein wirtschaftlicher Zusammenhang zwischen Leistung und Mitunternehmerschaft ausgeschlossen erscheint und die deshalb nicht zu den Einkünften nach § 15 Abs. 1 Nr. 2 EStG gehören.[315] Es ist fraglich, ob die Rechtsprechung den Kreis der erzielbaren Nettoerträge so weit auszudehnen gewillt ist, stellt sie doch bislang bei der GmbH lediglich explizit auf den Gesellschaftergeschäftsführer ab.[316] Konsequent und gerecht wäre es jedenfalls.

105 Im Übrigen ist zu beachten, dass für die Ermittlung der Erträge immer nur auf die Erträge desjenigen Vermögens abgestellt werden darf, das gegen wiederkehrende Leistungen übertragen wird. Wird neben den wiederkehrenden Leistungen zB noch eine andere Leistung erbracht, so liegen zwei Vorgänge vor, die unterschiedliche Auswirkungen haben können. Nur der Vermögensteil, der konkret mit den wiederkehrenden Leistungen zusammenhängt, ist hier hinsichtlich seiner Ertragslage zu beurteilen.

---

[309] BFH BStBl. II 2005, 133; BMF BStBl. I 2010, 227 Rn. 32; OFD Frankfurt juris FMNR24c310016 Rn. 32.
[310] Evtl. aA BFH BStBl. II 2005, 133.
[311] BMF BStBl. I 2010, 227 Rn. 32.
[312] BFH BStBl. II 2005, 133.
[313] GrS BFH BStBl. II 2004, 95 (Az. 1/00); ihm folgend BFH BStBl. II 2005, 133.
[314] GrS BFH BStBl. II 2004, 95 (Az. 1/00); BFH BStBl. II 2005, 133; BMF BStBl. I 2010, 227 Rn. 32; OFD Frankfurt juris FMNR24c310016 Rn. 32.
[315] Vgl. hierzu Schmidt/*Wacker* EStG § 15 Rn. 562 mwN.
[316] GrS BFH BStBl. II 2004, 95; BFH BStBl. II 2005, 133; ebenso BMF BStBl. I 2010, 227 Rn. 32; OFD Frankfurt juris FMNR24c310016 Rn. 32.

II. Einkommen-/Körperschaftsteuer § 28

Beim **partiellen Nießbrauch** (zB am Teilbetrieb eines Unternehmens) darf bei der Ermittlung der Erträge derjenige Anteil nicht berücksichtigt werden, der auf das Vermögen entfällt, das sich der Übertragende im Wege des Nießbrauchs vorbehalten hat. Denn insoweit liegen keine vorbehaltenen Erträge vor, die der Übernehmer zu erwirtschaften hat (→ Rn. 57). Diese erwirtschaftet der Übertragende aufgrund seines Nießbrauchsrechts selbst. Nur ein Teil des Vermögens wird hier gegen wiederkehrende Leistungen übertragen und nur insoweit kommen Versorgungsleistungen in Betracht, die zur Unentgeltlichkeit führen. Der Rest des Vermögens wird gegen Vorbehalt des Nießbrauchs übertragen. Die Feststellung, welcher Anteil des übertragenen Vermögens gegen Nießbrauch und welcher gegen wiederkehrende Leistungen erbracht wird, ist nach der Aufteilungsmethode (→ Rn. 50) zu ermitteln: 106

$$\text{Nießbrauchsbelasteter Anteil in \%} = \frac{\text{Wert des nießbrauchsbelasteten Vermögens} \times 100}{\text{Verkehrswert}}$$

$$\text{Gegen wiederkehrende Leistungen übertragener Anteil in \%} = \frac{(\text{Verkehrswert ./. Wert des nießbrauchsbelasteten Vermögens}) \times 100}{\text{Verkehrswert}}$$

Dies steht nicht in Widerspruch zur Rechtsprechung, denn vorliegend sollen nur die Anteile des übertragenen Vermögens bestimmten, korrespondierenden Leistungen zugeordnet werden. Es geht somit allein um eine Aufteilung des Vermögens und nicht um die Bestimmung von Entgeltlichkeit bzw. Unentgeltlichkeit.

Der auf diese Weise ermittelte Anteil entspricht dem maßgebenden Ertrag des einzelnen Jahres und ist den Versorgungsleistungen gegenüber zu stellen.[317] Reicht er aus, um daraus die Versorgungsleistungen bestreiten zu können, liegt vorbehaltlich der anderen Voraussetzungen eine Vermögensübertragung gegen Versorgungsleistungen vor. 107

Schließlich ist noch Voraussetzung, dass das Vermögen auf bestimmte Empfänger übertragen wird. Empfänger des übertragenen Vermögens können sein 108
– Abkömmlinge des Übergebers
– entferntere Verwandte des Übergebers und
– in Ausnahmefällen auch nahe stehende Dritte.[318]

Nach Ansicht der Finanzverwaltung kann jeder Abkömmling des Vermögensübergebers Empfänger des Vermögens sein. Der Empfängerkreis ist hier also nicht wie beim Empfänger der Versorgungsleistungen (→ Rn. 72 ff.) auf die gesetzlich erbberechtigten Abkömmlinge begrenzt. Zu den Abkömmlingen gehören daher die Verwandten des Übertragenden in absteigender Linie, dh Kinder, Enkel, Urenkel usw, aber auch das nichteheliche und das Adoptivkind. Nicht zu den Abkömmlingen gehören Pflegekinder. Diese können allerdings zu dem Kreis der nahestehenden Personen zählen. Begünstigte Vermögensübernehmer sind ferner gesetzlich erbberechtigte entferntere Verwandte. Der einschränkende Zusatz „gesetzlich erbberechtigt" bedeutet, dass entferntere Verwandte zu den Erben des Vermögensübergebers im Zeitpunkt der Vermögensübergabe gehören müssten, wenn dieser in diesem Augenblick ohne Anordnung auf den Todesfall, dh zB ohne Testament, versterben würde. Der entferntere Verwandte zählt danach erst dann zum begünstigten Empfängerkreis des Vermögens, wenn die vor ihm in der Erbfolge stehenden Personen verstorben sind oder aber gem. § 2346 BGB durch Vertrag mit dem Erblasser auf ihr gesetzliches Erbrecht verzichtet haben. Eine testamentarische Erbeinsetzung würde also nicht genügen. Nahestehende familienzugehörige, also auch gesetzlich nicht erbberechtigte entferntere Verwandte, und ausnahmsweise auch familienfremde Dritte sollen nach Ansicht von Rechtsprechung und Finanzverwaltung nur dann in den Kreis der möglichen Empfänger des Vermögens einzubeziehen sein, wenn

---

[317] Lt. Finanzverwaltung vgl. → Rn. 97 bzw. nach der hier vertretenen Auffassung → Rn. 99.
[318] BMF BStBl. I 2010, 227 Rn. 4; OFD Frankfurt juris FMNR24c310016 Rn. 4.

diese aufgrund besonderer persönlicher Beziehungen zum Übergeber ein persönliches Interesse an der lebenslangen angemessenen Versorgung des Übergebers haben oder aber die Vertragsbedingungen allein nach dem Versorgungsbedürfnis des Übergebers und der Leistungsfähigkeit des Übernehmers vereinbart worden sind.[319] Vor diesem Hintergrund hat der Bundesfinanzhof Übertragungen von einem Gesellschafter auf einen nicht verwandten Mitgesellschafter,[320] der Stiefmutter auf den nicht gesetzlich unterhaltsberechtigten Stiefsohn[321] und von der Tante auf die Nichte[322] zugelassen. Eine sachliche Rechtfertigung für die enge Eingrenzung des Empfängerkreises nicht erkennbar.[323] Anders als bei der Versorgungsleistung kommt es bei der Vermögensübergabe auf die in § 12 EStG niedergelegte Grundwertung (→ Rn. 57) nicht an. Denn bei dem Sonderrecht der Vermögensübergabe gegen Versorgungsleistungen geht es um die „Versorgungsleistung" und nicht um die Vermögensübergabe. Nur insoweit bedarf es also der Eingrenzung. Die Begünstigung der Versorgungsleistung bezweckt im Wesentlichen, dass sich der Vermögensübergeber im Interesse der Erhaltung und Fortführung seines Hofes, Betriebes oder Vermögens die Erträge vorbehalten kann. Diese Möglichkeit bleibt ihm auch, wenn er sein Vermögen oder Teile davon auf entferntere Verwandte oder sogar einen Nichtverwandten, dh **einen familienfremden Dritten** überträgt.[324] Die hier vertretene Auffassung entspricht auch der Rechtsprechung des BFH. So hat der IX. Senat entschieden, dass eine Vermögensübertragung zwar in aller Regel unter Angehörigen stattfindet, unter Fremden aber nicht ausgeschlossen sei.[325] Der zivilrechtliche Grundsatz der Testierfreiheit (§ 2302 BGB, Art. 14 Abs. 1 S. 1 GG) erlaubt es jedem Steuerpflichtigen, einen Fremden als Erben einzusetzen. Es gibt keinen rechtfertigenden Grund, steuerrechtlich hiervon abzuweichen und die Vermögensübergabe gegen Versorgungsleistungen steuerrechtlich derart zu beschränken. Es kommt allein darauf an, dass der Übergeber Versorgungsleistungen zurückbehält. Wer sie erdient, ist unerheblich.

109 Eine hiervon zu unterscheidende Frage ist, ob es sich noch um eine Vermögensübergabe gegen Versorgungsleistung handelt, wenn sie ihren Grund nicht in der persönlichen und familienähnlichen Beziehung der Beteiligten hat. Die Besonderheit dieses Sonderrechts liegt nämlich darin, dass es sich um einen unentgeltlichen Vorgang handelt. Bei einer Übertragung des Vermögens auf fremde Dritte besteht nach der Rechtsprechung des Bundesfinanzhofs die nur in Ausnahmefällen widerlegbare Vermutung, dass bei der Übertragung von Vermögen Leistung und Gegenleistung kaufmännischen Gesichtspunkten gegeneinander abgewogen sind, es sich mithin um ein entgeltliches Anschaffungsgeschäft handelt (→ Rn. 53). Hält man also die Übertragung des Vermögens an familienfremde Dritte für zulässig, so müssen in Abgrenzung zu den entgeltlichen Geschäften zusätzlich bestimmte Beweisanzeichen vorliegen, die den Anschein der Entgeltlichkeit widerlegen. Denkbare Beweisanzeichen sind
– besondere persönliche Beziehungen zwischen dem Übertragenden und dem Übernehmer,
– die Vertragsbedingungen wurden allein nach dem Versorgungsbedürfnis des Übergebers und der Leistungsfähigkeit des Übernehmers vereinbart oder
– die Versorgungsleistungen sind aus dem übertragenen Vermögen zu erwirtschaften.

---

[319] BFH BStBl. II 2008, 99; BMF BStBl. I 2010, 227 Rn. 4; OFD Frankfurt juris FMNR24c310016 Rn. 4; Schmidt/*Weber-Grellet* EStG § 22 Rn. 81.
[320] BFH HFR 1964, 416; BFH/NV 2002, 10.
[321] BFH BStBl. III 1966, 675; der BFH spricht hier von einem lediglich „nahestehenden Angehörigen".
[322] BFH DStR 1994, 497; vgl. auch FG München ZEV 2014, 274: Sonderausgabenabzug des Sohns und jetzigen Hofübernehmers für das vom Vater bei dessen Hofübernahme gegenüber einem Bruder übernommene, als Versorgungsleistung zu qualifizierende Wohnungsrecht; BFH Beschl. v. 19.3.2014 – X R 10/14, Revision wurde zurückgenommen, nv.
[323] Sudhoff/*v. Sothen* § 55 Rn. 72 f.
[324] *Fischer*, Harzburger Steuerprotokoll 1994, 127 (142); *Vorwold* DStR 1998, 585.
[325] BFH BStBl. II 1998, 718.

Eine Veränderung des übernommenen Vermögens, die sog. **Umschichtung,** ist zum einen zulässig, wenn zeitnah die Wiederanlage in begünstigtes Vermögen erfolgt.[326] Allerdings muss die Wiederanlage in Mitunternehmeranteile, Betriebe, Teilbetriebe oder 50%ige Kapitalgesellschaftsbeteiligungen erfolgen; das Merkmal des Wechsels in der Geschäftsführung bei der GmbH ist mE in den Umschichtungsfällen nicht mehr relevant. Erfolgt die Umschichtung in derart begünstigtes Vermögen ändert sich an der Einordnung der wiederkehrenden Leistungen als Versorgungsleistungen nichts. Die Wiederanlage in begünstigtes Vermögen ist im Wege des Tausches, aber auch durch Veräußerung und Reinvestition[327] zulässig. Die Einbringung des übernommenen Vermögens in eine Kapital- oder Personengesellschaft iSd §§ 20, 24 UmwStG gegen Gewährung von Gesellschaftsanteilen bzw. -rechten und der Anteilstausch iSd § 21 UmwStG stellen nach Ansicht der Finanzverwaltung – unabhängig davon, ob der Wertansatz bei der übernehmenden Gesellschaft zum Buchwert, Teilwert oder Zwischenwert erfolgt – keine nachträgliche Umschichtung dar, sofern danach weiterhin die Voraussetzungen des § 10 Abs. 1a Nr. 2 Buchst. a und c EStG vorliegen.[328] Gleiches gilt für die formwechselnde Umwandlung, Verschmelzung oder die Realteilung von Personengesellschaften. Erst die Veräußerung oder Übertragung in sonstiger Weise auf Dritte führt zur Umschichtung oder Beendigung der Versorgungsleistung. Die Einschränkung der Finanzverwaltung in den Umwandlungsfällen führt beim Weg in die Kapitalgesellschaft zu einer Verschlechterung. Denn dies scheint nur noch dann möglich zu sein, wenn der Anteil an der Kapitalgesellschaft nach Umwandlung mindestens 50% beträgt.[329] Daneben könnte es erforderlich sein, dass der bisherige Mitunternehmer in der Kapitalgesellschaft auch Geschäftsführer werden muss.[330]

110

Unklar ist, was die Finanzverwaltung bei der nachträglichen Umschichtung des übergebenen Vermögens unter dem Begriff „zeitnah" versteht. Hier hat die Finanzverwaltung keinen Zeithorizont benannt. Jedenfalls muss dem Übernehmer grundsätzlich die Möglichkeit verbleiben, sich in angemessener Zeit und ohne Hektik eine adäquate Ersatzinvestition zu suchen. Eine Frist von einem Jahr wird man ihm daher schon zubilligen müssen.[331]

Scheidet ein Übernehmer aufgrund einer Regelung im Gesellschaftsvertrag einer Gesellschaft mit Erreichen einer bestimmten Altersgrenze aus der Gesellschaft zwangsweise aus und schichtet er die Abfindung in begünstigtes Vermögen um, kann er die an den Übergeber gezahlten wiederkehrenden Leistungen auch weiterhin als Sonderausgaben abziehen, sofern dieses neue Vermögen ausreichend ertragbringend ist. Dies könnte in den Fällen, in denen eine Abfindung zum Buchwert vorgesehen ist, möglicherweise schwierig werden. Bei der Übertragung von Personen- und Kapitalgesellschaftsanteilen ist daher diesen Regelungen im Gesellschaftsvertrag Beachtung zu schenken. Ist keine Abfindung vorgesehen oder reicht die Abfindung nicht aus, um ausreichend ertragreiches Vermögen zu erwerben, dürfte nach Ansicht der Finanzverwaltung der Sonderausgabenabzug beim Übernehmer und die Versteuerung beim Übergeber ab diesem Zeitpunkt entfallen;[332] es liegt ab dann eine steuerlich unbeachtliche Unterhaltsleistung vor.

111

---

[326] BFH BStBl. II 2011, 470; BMF BStBl. I 2010, 227 Rn. 41; OFD Frankfurt juris FMNR24c310016 Rn. 41; Schmidt/*Krüger* EStG § 10 Rn. 144; *Fleischer* ZEV 2007, 475; wohl auch *Geck* KÖSDI 2009, 16444; aA *Wälzholz* DStR 2008, 273; BFH BStBl. 2002, 646.
[327] BMF BStBl. I 2010, 227 Rn. 41; OFD Frankfurt juris FMNR24c310016 Rn. 41.
[328] BMF BStBl. I 2010, 227 Rn. 42; OFD Frankfurt juris FMNR24c310016 Rn. 42.
[329] BMF BStBl. I 2010, 227 Rn. 42 u. OFD Frankfurt juris FMNR24c310016 Rn. 42 verweisen explizit auf die Rn. 15–20, worin mehrfach auf das Erfordernis einer mindestens 50%igen Beteiligung abgestellt wird.
[330] BMF BStBl. I 2010, 227 Rn. 42 u. OFD Frankfurt juris FMNR24c310016 Rn. 42 verweisen explizit auf die Rn. 15–20, wonach auch die Geschäftsführung übernommen werden muss.
[331] Ebenso *Schwenke* DStR 2004, 1679. Nach dem Beispiel in BMF BStBl. I 2004, 922 Rn. 31 zu urteilen, ist jedenfalls ein Monat als zeitnah anzusehen.
[332] BMF BStBl. I 2010, 227 Rn. 37; OFD Frankfurt juris FMNR24c310016 Rn. 37.

112 Hinsichtlich der Frage, ob in ausreichend ertragbringendes Vermögen umgeschichtet wurde, ist eine **neue Ertragsprognose** auf den Zeitpunkt der Umschichtung aufzustellen.[333] Den Nachweis der ausreichenden Erträge des umgeschichteten Vermögens muss der Steuerpflichtige erbringen.[334] Die Finanzverwaltung stellt ausschließlich auf die Erträge ab dem Zeitpunkt der Anschaffung oder Herstellung der Ersatzwirtschaftseinheit ab. Ausreichende Erträge sollen danach vorliegen, wenn die durchschnittlichen Erträge des Jahrs der nachträglichen Umschichtung und der beiden folgenden Jahre ausreichen.[335] Letztlich trifft die Finanzverwaltung auf diese Weise keine Prognose, sondern wartet einfach ab, ob die nächsten drei Jahre durchschnittlich ausreichende Erträge bringen. In dieser „Bewährungsfrist" werden die Veranlagungen über § 165 AO insoweit „offen" gehalten. Das Risiko der allgemeinen wirtschaftlichen Entwicklung ruht somit auf den Schultern des umschichtenden Übernehmers. Dies entspricht nicht den Vorgaben der Rechtsprechung.[336] Entscheidend ist eine Schätzung im Zeitpunkt des Erwerbs des Ersatzvermögens. Dabei ist auch hier von einer überschlägigen Berechnung auszugehen und die im Steuerrecht allgemein anerkannte Geringfügigkeitsgrenze von 10 vH zu beachten. Im Übrigen müsste hier ebenfalls die von der Finanzverwaltung für die Übertragung vorgesehene Beweiserleichterung gelten, wonach bei Übertragung von begünstigtem Vermögen iSd § 10 Abs. 1a Nr. 2 EStG eine widerlegbare Vermutung dafür besteht, dass ausreichend Erträge aus dem übernommenen – hier angeschafften – Vermögen erwirtschaftet werden können.[337]

113 Veräußert der Übernehmer Teile des übernommenen Vermögens an Dritte, ist dies solange unschädlich, wie der verbleibende Rest des übernommenen Vermögens weiterhin eine begünstigte (→ Rn. 78 ff.) und ausreichend ertragbringende (→ Rn. 94 ff.) Wirtschaftseinheit darstellt.[338] Maßgebend für die Beurteilung sind die Erträge ab dem Zeitpunkt, ab dem der übertragende Vermögensteil nicht mehr dem Übernehmer, sondern dem Dritten steuerlich zuzurechnen ist.

114 Überträgt der Übernehmer das übernommene Vermögen auf einen Dritten und erwirbt er lediglich mit einem Teil des Erlöses zeitnah eine begünstigte (→ Rn. 78 ff.) und ausreichend ertragbringende (→ Rn. 94 ff.) Wirtschaftseinheit oder stellt eine solche her, so bleibt der sachliche Zusammenhang zwischen der wiederkehrenden Leistung und der Vermögensübergabe bestehen.[339] Entscheidend ist, dass der Ertrag der angeschafften oder hergestellten Wirtschaftseinheit ausreicht, um die wiederkehrenden Leistungen – bei Berücksichtigung der Geringfügigkeitsgrenze zumindest zu 90 vH – zu erbringen. Es muss daher nur so viel umgeschichtet werden, dass sich die wiederkehrenden Leistungen hieraus noch finanzieren lassen. Über den Rest kann der Übernehmer frei verfügen. Entsprechendes gilt, wenn der Übernehmer zusätzlich zu dem aus der Veräußerung der übergebenen Wirtschaftseinheit erlangten Erlös eigene Mittel aufwendet[340] oder die Ersatzwirtschaftseinheit daneben fremdfinanziert. Auch hier kommt es für den sachlichen Zusammenhang zwischen den wiederkehrenden Leistungen und der Vermögensübergabe allein darauf an, dass diese aus dem umgeschichteten Vermögen zumindest zu 90 vH erbracht werden können. Der auf den zusätzlichen eigen- oder fremdfinanzierten Anteil entfallende Erlös ist für die Beurteilung der ausreichenden Ertragskraft auszublenden.

115 Bei der **Umschichtung in nicht begünstigtes Vermögen** endet die Versorgungsleistung in dem Zeitpunkt, in dem der Übernehmer das übernommene Vermögen auf einen

---

[333] BFH BStBl. II 2011, 622.
[334] BFH BStBl. II 2011, 622.
[335] BMF BStBl. I 2010, 227 Rn. 41; OFD Frankfurt juris FMNR24c310016 Rn. 41; BFH BStBl. II 2011, 622.
[336] GrS BFH BStBl. II 2004, 95 unter C. II. 6. c); BFH BStBl. 2011, 622.
[337] Ebenso *Geck* ZEV 2010, 161.
[338] BMF BStBl. I 2010, 227 Rn. 40; OFD Frankfurt juris FMNR24c310016 Rn. 40.
[339] BMF BStBl. I 2010, 227 Rn. 41; OFD Frankfurt juris FMNR24c310016 Rn. 41.
[340] BMF BStBl. I 2010, 227 Rn. 41; OFD Frankfurt juris FMNR24c310016 Rn. 41.

Dritten überträgt und es ihm steuerrechtlich nicht mehr zuzurechnen ist.[341] Ab dann erzielt der Übergeber Unterhaltsleistungen iSd § 12 Nr. 2 EStG, die gemäß § 22 Nr. 1 EStG nicht mehr steuerbar sind und die beim Übernehmer nicht mehr als Sonderausgaben nach § 10 Abs. 1a Nr. 2 EStG abgezogen werden dürfen.

116 Bei der **Weiterübertragung im Wege der vorweggenommenen Erbfolge** endet der sachliche Zusammenhang der wiederkehrenden Leistung mit der Vermögensübergabe grundsätzlich nicht, sofern die Versorgungsleistung mit übergeht oder aber, wenn der Übernehmer die Versorgungsleistung aus ihm im Rahmen der weiteren Vermögensübertragung seinerseits eingeräumten Versorgungsleistung oder aus einem an dem weiter übertragenen Vermögen vorbehaltenem Nießbrauchsrecht bewirken kann.[342] Wird ein **Vorbehaltsnießbrauch durch wiederkehrende Leistungen abgelöst** und geschieht dies im Zusammenhang mit einer – dann lastenfreien – Veräußerung des Nießbrauchsgegenstandes durch den Nießbrauchsbelasteten, handelt es sich mangels einer Übertragung von begünstigtem Vermögen bei den wiederkehrenden Leistungen nicht um Versorgungsleistungen.[343]

117 Ändern sich die Verhältnisse beim übertragenen Vermögen, ohne dass dies auf eine Umschichtung zurückzuführen ist, zB weil die Tätigkeit eines im Zeitpunkt der Übergabe gewerblich tätigen Unternehmens auf das Niveau einer gewerblich geprägten Personengesellschaft absinkt, hat dies grundsätzlich keine Auswirkung auf den Sonderausgabenabzug. Denn die Veränderung ändert nichts daran, dass die Versorgungsleistungen im Zusammenhang mit der Übertragung eines Mitunternehmeranteils vereinbart wurden. Ob die Finanzverwaltung dies ebenso sieht, bleibt abzuwarten. Vorsorglich sollte in der Praxis darauf geachtet werden, dass die Mitunternehmerschaft selbst bei einer reduzierten Tätigkeit zumindest iSd § 15 Abs. Abs. 3 Nr. 1 EStG gewerblich tätig und dementsprechend infiziert ist.[344]

118 Nach Ansicht der Finanzverwaltung kann es in verschiedenen Fällen zum Wegfall des Sonderausgabenabzugs kommen, zB
– wenn der Empfänger der Versorgungsleistungen in das nicht EU/EWR-Ausland verzieht oder
– in das EU/EWR-Ausland verzieht, dort die Versorgungsleistungen aber nicht steuerpflichtig sind,[345]
– wenn der Übernehmer das übernommene Vermögen veräußert und keine Ersatzinvestition tätigt,[346]
– wenn der Übernehmer eines begünstigt übertragenen GmbH-Anteils seine Tätigkeit als Geschäftsführer beendet,[347]
– wenn die Versorgungsleistungen willkürlich ausgesetzt werden, so dass die Versorgung des Übergebers gefährdet ist.[348]

Nicht immer erfolgen diese Ereignisse freiwillig und im Einvernehmen von Übergeber und Übernehmer. Der Wegfall des Sonderausgabenabzugs bei unveränderter Zahlungsverpflichtung gegenüber dem Übergeber kann dementsprechend auch Kalkulationen zu Fall bringen und wirtschaftliche Probleme verursachen. Vor diesem Hintergrund könnte es sich anbieten, im Übertragungsvertrag vorsorglich eine wechselseitige Anpassungspflicht zu vereinbaren.[349]

---

[341] BFH BStBl. 2011, 633; BStBl. II 2004, 830; BMF BStBl. I 2010, 227 Rn. 37; OFD Frankfurt juris FMNR24c310016 Rn. 37.
[342] BMF BStBl. I 2010, 227 Rn. 38; OFD Frankfurt juris FMNR24c310016 Rn. 38.
[343] Vgl. auch BFH BStBl. II 1996, 687.
[344] *Geck* KÖSDI 2009, 16444.
[345] BMF BStBl. I 2010, 227 Rn. 53; OFD Frankfurt juris FMNR24c310016 Rn. 53.
[346] BMF BStBl. I 2010, 227 Rn. 37; OFD Frankfurt juris FMNR24c310016 Rn. 37.
[347] BMF BStBl. I 2010, 227 Rn. 18; OFD Frankfurt juris FMNR24c310016 Rn. 18.
[348] BMF BStBl. I 2010, 227 Rn. 63; OFD Frankfurt juris FMNR24c310016 Rn. 63; BFH BStBl. II 2011, 641.
[349] Nach *Wälzholz* DStR 2010, 850.

> **Formulierungsvorschlag:**
> „Sofern nachträglich der Sonderausgabenabzug für die Versorgungsleistungen aus Gründen wegfällt, die der Erwerber zu vertreten hat, sind die Zahlungsbeträge in dem Umfang herabzusetzen, dass dem Übergeber der gleiche durchschnittliche Nettobezug verbleibt wie vor dem Wegfall der Steuerpflicht beim Übergeber. Sofern nachträglich der Sonderausgabenabzug für die Versorgungsleistungen aus Gründen wegfällt, die der Übergeber zu vertreten hat, sind die Zahlungsbeträge in dem Umfang herabzusetzen, dass dem Erwerber die gleiche durchschnittliche Nettobelastung verbleibt wie vor dem Wegfall der Abzugsfähigkeit als Sonderausgaben. Hat kein Vertragsteil den Wegfall des Sonderausgabenabzugs zu vertreten, so ist das arithmetische Mittel der beiden vorstehenden Anpassungsbeträge maßgeblich."

119 **b) Vermögensübergabe gegen Austauschleistung (Gegenleistungsrente).** Bei der Austauschleistung (Gegenleistungsrente, zum Begriff → Rn. 55) handelt es sich stets um eine Gegenleistung, die sowohl zu einer entgeltlichen, als auch zu einer unentgeltlichen Vermögensübertragung führen kann.[350] Anders als bei der Versorgungs- (→ Rn. 56 f.) oder Unterhaltsleistung (→ Rn. 58) führt die Feststellung einer Gegenleistungsrente noch nicht automatisch zu einem Ergebnis über die Entgeltlichkeit oder Unentgeltlichkeit der Vermögensübertragung. Dies ist vielmehr in einem zweiten Schritt zu prüfen (→ Rn. 46 ff., 55).

120 Eine Vermögensübergabe gegen Austauschleistung liegt nach dem Renten-Erlass vor, wenn im Zusammenhang mit der Vermögensübergabe **entweder**
– die Beteiligten Leistung (Vermögensübergabe) und Gegenleistung (wiederkehrende Leistungen) nach kaufmännischen Gesichtspunkten gegeneinander abgewogen haben
– und subjektiv von der Gleichwertigkeit der beiderseitigen Leistungen ausgehen durften, auch wenn Leistung und Gegenleistung objektiv ungleichgewichtig sind **(1. Alternative)**,
oder
– Leistungen auf festbestimmte Zeit erbracht werden oder
– Leistungen nicht an begünstigte Leistungsempfänger erbracht werden oder
– Kein begünstigtes Vermögen oder
– kein ausreichend ertragbringendes begünstigtes Vermögen übertragen wird oder
– der Übernehmer nicht zum begünstigten Personenkreis gehört
und
– der Wert der übertragenen Wirtschaftseinheit mindestens 50 % des Rentenbarwerts beträgt **(2. Alternative)**.

121 Bei der **ersten Alternative** handelt es sich um das klassische Veräußerungsgeschäft. Die Gegenleistung besteht hier in einer wiederkehrenden Leistung. Maßgebend ist, dass sich die Parteien wie fremde Dritte verhalten haben. Es sollte nichts geschenkt, sondern vielmehr ein kaufmännisches Geschäft vollzogen werden. Jeder ist darauf bedacht, seine Interessen gegenüber dem anderen zu wahren. Auf die objektive Wertgleichheit von Leistung und Gegenleistung kommt es zutreffenderweise nicht an. Jeder, der schon einmal versucht hat, ein Unternehmen zu bewerten, weiß, dass es einen derartigen objektiven Wert nicht gibt und auch nicht geben kann. Bei Verträgen unter Angehörigen ist jedoch zu beachten, dass den Steuerpflichtigen die Beweislast für die kaufmännische Ausgewogenheit trifft (→ Rn. 53). Wird der Beweis erbracht, ist die Übertragung voll entgeltlich (→ Rn. 48). Die wiederkehrenden Leistungen sind in voller Höhe Veräußerungserlös des Übergebers sowie in Höhe des Barwerts Anschaffungskosten des Übernehmers.

---

[350] Vgl. das Schaubild in → Rn. 59.

Die **zweite Alternative** ist aus der Abgrenzung zur Versorgungsleistung entstanden und 122
unterscheidet sich von dieser im Wesentlichen dadurch, dass bestimmte Tatbestandsvoraussetzungen der Versorgungsleistung nicht erfüllt sind. Man könnte daher insoweit auch von einem Auffangtatbestand sprechen. Gleichzeitig wird deutlich, dass die Finanzverwaltung – und wohl auch die Rechtsprechung – bei der Vermögensübertragung gegen wiederkehrende Leistungen zunächst prüft, ob es sich um eine Versorgungsleistung handelt. Ist dies nicht der Fall, wird primär der Gegenleistungsaspekt verfolgt. Erst danach gelangt man zur Unterhaltsleistung. Die ersten fünf Tatbestandsmerkmale müssen nur alternativ vorliegen. Es schadet jedoch nicht, wenn sie kumulativ gegeben sind. So kann es sich zB auch bei einer Leibrente auf fünf Jahre (Leistung auf festbestimmte Zeit) an die Haushälterin (nicht begünstigte Leistungsempfängerin) gegen Übertragung einer Briefmarkensammlung (keine existenzsichernde Wirtschaftseinheit) an einen leidenschaftlichen, dem Übertragenden aber völlig unbekannten Sammler (nicht zum begünstigten Personenkreis) zumindest teilweise um eine Austauschleistung handeln, wenn der Wert der Sammlung nur größer als 50% des Kapitalwerts der Leibrente ist. Hinsichtlich der steuerlichen Folgen ist zu unterscheiden:
– Liegt der Barwert der wiederkehrenden Leistungen **unter** dem Wert des übertragenen Vermögens, liegt eine teilentgeltliche Übertragung vor (→ Rn. 49 ff.).
– Liegt der Barwert der wiederkehrenden Leistungen zwischen 100% und 200% des Verkehrswertes des übertragenen Vermögens, liegt in Höhe des Verkehrswertes eine voll entgeltliche Übertragung vor (→ Rn. 48) und in Höhe des diesen übersteigenden Barwerts eine Unterhaltsleistung (→ Rn. 58).
– Liegt der Barwert der wiederkehrenden Leistungen über 200% des Verkehrswertes des übertragenen Vermögens, liegt insgesamt eine Unterhaltsleistung vor (→ Rn. 128 ff.).

Bei den **Leistungen auf festbestimmte Zeit** steht der Gegenleistungsgedanke im Vordergrund (→ Rn. 69). Zu ihnen zählen: 123
– **langfristige Raten**, seien es Kaufpreis- oder Tilgungsraten,
– **Zeitrenten**,
– **verlängerte Leibrenten (Mindestzeitrenten, verlängerte dauernde Lasten)**[351] und
– **abgekürzte Leibrenten** oder **dauernde Lasten**.

Werden die wiederkehrenden Leistungen an **nicht begünstigte Leistungsempfänger** (zB die Haushälterin) gezahlt (→ Rn. 72), entspricht dies nicht mehr dem Charakter der vorbehaltenen Vermögenserträge und der Übertragung im Generationennachfolgeverbund. Sind die Geschwister des Übernehmers Empfänger der Versorgungsleistungen, besteht nach Ansicht von Rechtsprechung und Finanzverwaltung die widerlegbare Vermutung, dass es sich hierbei um Gleichstellungsgelder und nicht um Versorgungsbezüge handelt.[352] Maßstab ist der zivilrechtliche Altenteilsvertrag. In den meisten Fällen gehen die an die Geschwister zu zahlenden Renten aber nach Gegenstand und Höhe über wiederkehrende Leistungen eines typischen Leibgedingvertrages deutlich hinaus. Dem Steuerpflichtigen wird es daher in aller Regel sehr schwer fallen, die Vermutung der privaten Veranlassung zu widerlegen mit der Folge, dass grundsätzlich eine Gegenleistungsrente vorliegt (→ Rn. 77, § 25 Rn. 68). Werden die wiederkehrenden Leistungen allerdings für einen Erb- oder Pflichtteilsverzicht gezahlt, so handelt es sich um auf den erbrechtlichen Ausgleich gerichtete Schulden des (zukünftigen) Erben gegenüber (zukünftigen) Miterben, die Ihrer Rechtsnatur nach privat sind und die Einkunftssphäre nicht berühren.[353]

Kumulativ fordert die Finanzverwaltung als Abgrenzung zur Unterhaltsleistung zusätzlich, dass der Wert des übertragenen Vermögens **mindestens** die Hälfte des Kapitalwerts der wiederkehrenden Leistungen ausmacht **(sog. 50 vH-Regel)**:[354] 124

---

[351] Dies gilt unabhängig von der statistischen Lebenserwartung des Berechtigten, → Rn. 44.
[352] BFH BStBl. II 2000, 602; BFH/NV 2014, 845; BMF BStBl. I 2004, 922 Rn. 36; OFD Frankfurt juris FMNR24c310016 Rn. 50; vgl. Rn. 77.
[353] BFH BStBl. II 2000, 82; BStBl. II 2000, 602; BFH/NV 2002, 1575; BStBl. II 2014, 56; → Rn. 77.
[354] BMF BStBl. I 2010, 227 Rn. 66 S. 3; OFD Frankfurt juris FMNR24c310016 Rn. 66 S. 3; → Rn. 129.

Wert der Wirtschaftseinheit ≥ 50% des Kapitalwerts

Der Wert des Vermögens bestimmt sich nach dem Betrag, den ein fremder Dritter als Kaufpreis akzeptieren würde.[355] Er ist daher gleichzusetzen mit dem Verkehrswert. Bei der Berechnung ist auf das Vermögen im **Zeitpunkt der Vermögensübergabe** abzustellen. Dies gilt auch bei der gleitenden Vermögensübergabe, bei der zunächst nur das Vermögen unter Vorbehalt des Nießbrauchs übertragen und erst später das vorbehaltene Nutzungsrecht gegen wiederkehrende Leistungen abgelöst wird.[356] Der Vorbehaltsnießbrauch ist bei der Berechnung des Vermögenswerts nicht wertmindernd zu berücksichtigen.

Der **Kapitalwert der wiederkehrenden Leistungen** ist entsprechend § 14 BewG zu ermitteln, wenn die **Leistungen auf Lebenszeit** gezahlt werden. Hierzu ist der Jahreswert der wiederkehrenden Leistungen, dh die Summe, die jährlich zu zahlen ist, mit dem aus der zu § 14 BewG vom Bundesministerium der Finanzen zusammengestellten Tabelle zu entnehmenden Vervielfältiger zu multiplizieren. Bei nicht auf die Lebenszeit laufenden Leistungen ist der Kapitalwert nach § 12 ff. BewG oder nach versicherungsmathematischen Grundsätzen zu ermitteln.[357]

Nur wenn der Wert des übertragenen Vermögens oberhalb der 50%-Grenze ist, können Austauschleistungen überhaupt vorliegen. Liegt er darunter, stellen die wiederkehrenden Leistungen **in voller Höhe** Unterhaltsleistungen dar.[358] Im Einzelnen sind drei Fälle zu unterscheiden:

125 (1) Der Kapitalwert der wiederkehrenden Leistungen und der Wert des übertragenen Vermögens entsprechen einander (**Kapitalwert = Vermögenswert**). Es liegt im Grunde genommen ein Fall der ersten Alternative (→ Rn. 120) vor, der sich allerdings dadurch von dieser unterscheidet, dass die Beteiligten keine kaufmännischen Interessen verfolgten und auch subjektiv nicht von der Gleichwertigkeit ausgingen. Bei Vermögensübertragungen zwischen Angehörigen muss die Vermutung, dass die wiederkehrenden Leistungen nach dem Versorgungsbedürfnis der Angehörigen bemessen wurden und daher eine Unterhaltsleistung anzunehmen ist (→ Rn. 53), durch das Vorliegen zumindest eines der ersten Tatbestandsmerkmale der zweiten Alternative als widerlegt angesehen werden. Die wiederkehrenden Leistungen sind daher vollen Umfangs Austauschleistungen. Die Übertragung erfolgt gegen Gegenleistung und ist voll entgeltlich.

126 (2) Der Wert des Vermögens ist größer oder gleich 50%, aber kleiner als 100% des Kapitalwerts der wiederkehrenden Leistungen (**Vermögenswert ≥ 50%, aber < 100% des Kapitalwerts**). Hier ist lediglich eine Austauschleistung **in Höhe des angemessenen Kaufpreises** anzunehmen. Der übersteigende Betrag ist eine Zuwendung im Sinne des § 12 Nr. 2 EStG. Die jeweiligen Anteile werden nach der Aufteilungsmethode ermittelt:

$$\text{Austauschleistung in \%} = \frac{\text{Verkehrswert} \times 100}{\text{Kapitalwert}}$$

$$\text{Unterhaltsleistung in \%} = \frac{(\text{Kapitalwert ./. Verkehrswert}) \times 100}{\text{Kapitalwert}}$$

---

[355] BFH BStBl. III 1964, 422.
[356] BMF BStBl. I 2010, 227 Rn. 25 und 65 f.; OFD Frankfurt juris FMNR24c310016 Rn. 25 und 65; → Rn. 129.
[357] BMF BStBl. I 2010, 227 Rn. 69; OFD Frankfurt juris FMNR24c310016 Rn. 69.
[358] Der Große Senat des BFH hat die Frage ausdrücklich offengelassen, ob bei Unterschreiten der 50%-Grenze die wiederkehrenden Leistungen entsprechend der bisherigen Rechtsprechung (BFH BStBl. III 1964, 422) und Verwaltungsauffassung insgesamt als Unterhaltsleistungen zu werten sind, oder ob – wie hier befürwortet, vgl. Rn. 59a – eine Aufteilung in Versorgungsleistungen (vorbehaltene Erträge) einerseits und Unterhaltsleistungen andererseits vorzunehmen ist, GrS BFH BStBl. II 2004, 100 (Az. 2/00).

Da durch die Aufteilung erreicht wird, dass sich Austauschleistung und Vermögenswert entsprechen, führt die Vorgehensweise faktisch ebenfalls zu einer Behandlung wie bei der ersten Alternative. Im Übrigen liegen nicht steuerbare Unterhaltsleistungen vor (→ Rn. 128).

(3) Der Wert des Vermögens ist größer als 100% des Kapitalwert der wiederkehrenden Leistungen (**Vermögenswert > 100% des Kapitalwerts**). Es liegt in vollem Umfang eine Austauschleistung vor. Die Vermögensübertragung erfolgte gegen eine Gegenleistung. Ob diese entgeltlicher oder unentgeltlicher Natur ist, ist nach den allgemeinen Grundsätzen (→ Rn. 46) zu entscheiden. 127

c) **Vermögensübergabe gegen Unterhaltsleistungen.** Unterhaltsleistungen sind in der Regel wiederkehrende Leistungen, die nicht mit einer Einkünfteerzielung zusammenhängen. Sie sind deshalb grundsätzlich weder steuererhöhend noch steuermindernd zu berücksichtigen, es sei denn, das Gesetz sieht dies ausdrücklich vor, wie zB in bestimmten Fällen als Sonderausgaben oder außergewöhnliche Belastung (→ § 12 Nr. 1 und 2 EStG). Die Abgrenzung derartiger Privataufwendungen von steuerlich zu beachtenden Vorgängen wie der Versorgungsleistung und der Austauschleistung (Gegenleistungsrente) ist schwierig. Die Finanzverwaltung hat im Renten-Erlass eine Abgrenzung versucht. Eine Vermögensübergabe gegen Unterhaltsleistungen liegt danach vor, wenn **entweder** im Zusammenhang mit der Vermögensaufgabe 128
– Leistungen auf festbestimmte Zeit erbracht werden oder
– Leistungen nicht an begünstigte Leistungsempfänger erbracht werden oder
– kein begünstigtes Vermögen oder
– kein ausreichend ertragbringendes begünstigtes Vermögen übertragen wird oder
– der Übernehmer nicht zum begünstigten Personenkreis gehört und
– soweit der Wert der übertragenen Wirtschaftseinheit **keine** 50% des Rentenbarwerts beträgt (**1. Variante**)
oder
– insoweit der Kapitalwert der wiederkehrenden Leistungen den Wert des übertragenen Vermögens übersteigt, aber nicht mehr als doppelt so hoch ist (**2. Variante**).

Die **erste Variante** ist entstanden aus der Abgrenzung zur Austauschleistung (Gegenleistungsrente; → Rn. 119 ff.). Sie unterscheidet sich von dieser nur darin, dass die übertragene Wirtschaftseinheit **weniger als die Hälfte** des Rentenbarwerts der wiederkehrenden Leistungen wert ist. Der Übernehmer zahlt somit mehr als das Doppelte des Vermögenswerts. Hinsichtlich der übrigen Voraussetzungen kann auf die Erläuterungen bei der Austauschleistung (→ Rn. 122 ff.) verwiesen werden. Die wiederkehrenden Leistungen sind **in voller Höhe**[359] Unterhaltsleistungen. 129

Bei der **zweiten Variante** beträgt der Wert des übertragenen Vermögens größer oder gleich 50%, aber kleiner als 100% des Kapitalwerts der wiederkehrenden Leistungen (**Vermögenswert ≥ 50% aber < 100% des Kapitalwerts**). Auch hier zahlt der Übernehmer mehr, als das übertragene Vermögen tatsächlich wert ist. Die Finanzverwaltung nimmt in diesem Fall an, dass der Übernehmer das Vermögen voll entgeltlich in Höhe des angemessenen Kaufpreises erworben hat und darüber hinaus noch Unterhaltsleistungen an den Übertragenden zahlt.[360] Es liegen somit nicht in voller Höhe der wiederkehrenden Leistungen Unterhaltsleistungen vor. Lediglich **der übersteigende Betrag** ist eine Zuwendung im Sinne des § 12 Nr. 2 EStG. Im Übrigen handelt es sich um ein entgeltliches Geschäft. Zur Ermittlung der jeweiligen Anteile wird die Aufteilungsmethode angewandt (→ Rn. 50): 130

---

[359] BMF BStBl. I 2010, 227 Rn. 66; OFD Frankfurt, juris FMNR24c310016 Rn. 66. Hier könnte es auch zu einer Aufteilung in Unterhalts- und Austauschleistung kommen, vgl. GrS BFH BStBl. II 2004, 100 (Az. 2/00).
[360] BMF BStBl. I 2010, 227 Rn. 66; OFD Frankfurt, juris FMNR24c310016 Rn. 66.

$$\text{Entgeltlicher Teil der Übertragung in \%} = \frac{\text{Verkehrswert} \times 100}{\text{Kapitalwert}}$$

$$\text{Unentgeltlicher Teil der Übertragung in \%} = \frac{(\text{Kapitalwert ./. Verkehrswert}) \times 100}{\text{Kapitalwert}}$$

Zusammenfassend stellen sich die beiden Variante graphisch wie folgt dar:

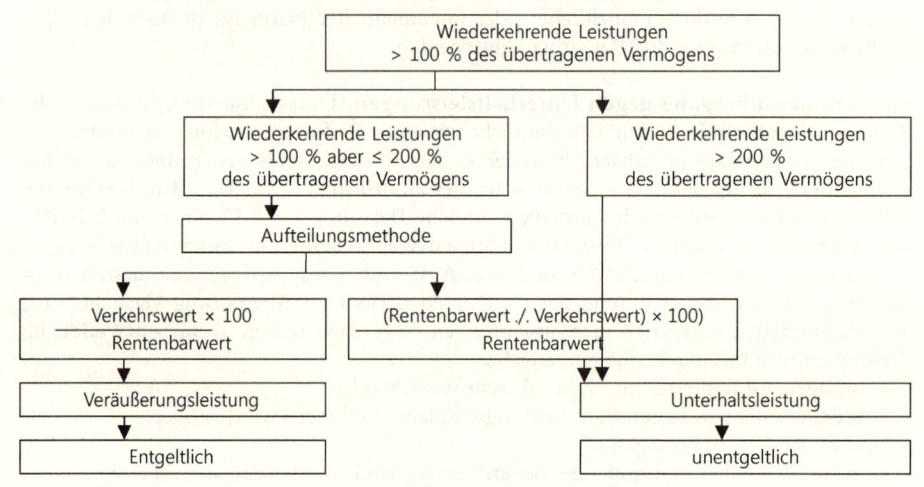

```
              Wiederkehrende Leistungen
              > 100 % des übertragenen Vermögens
                   │              │
         ┌─────────┘              └─────────┐
         ▼                                  ▼
  Wiederkehrende Leistungen         Wiederkehrende Leistungen
  > 100 % aber ≤ 200 %                    > 200 %
  des übertragenen Vermögens         des übertragenen Vermögens
         │
   Aufteilungsmethode
     │         │
     ▼         ▼
 Verkehrswert × 100   (Rentenbarwert ./. Verkehrswert) × 100)
 ───────────────      ─────────────────────────────────────
  Rentenbarwert                 Rentenbarwert
     │                                  │
     ▼                                  ▼
 Veräußerungsleistung             Unterhaltsleistung
     │                                  │
     ▼                                  ▼
  Entgeltlich                      unentgeltlich
```

131 Werden wiederkehrenden Leistungen für einen Erb- oder Pflichtteilsverzicht gezahlt, so handelt es sich um auf den erbrechtlichen Ausgleich gerichtete Schulden des (zukünftigen) Erben gegenüber (zukünftigen) Miterben, die ihrer Rechtsnatur nach privat sind und die Einkunftssphäre nicht berühren.[361] Sie zählen daher zu den Unterhaltsleistungen (→ Rn. 73).

3. Unentgeltliche Übertragungen

132 Wie oben bereits gezeigt, können unentgeltlich sein:
– Vermögensübertragungen ohne jede Gegenleistung,
– Betriebs-, Teilbetriebs- oder Mitunternehmeranteilsübertragungen gegen eine Gegenleistung, die kleiner als der Netto-Buchwert des übertragenen Vermögens ist,
– ein Anteil von Übertragungen einzelner Wirtschaftsgüter des Betriebsvermögens, wenn die Gegenleistung niedriger als der Verkehrswert ist, sowie
– ein Anteil von Privatvermögensübertragungen, wenn die Gegenleistung niedriger als der Verkehrswert ist.

Bei der ertragsteuerlichen Behandlung ist zwischen dem unentgeltlichen Erwerb einerseits und einer gegebenenfalls erfolgenden Leistung (Versorgungs-, Unterhaltsleistung) andererseits zu unterscheiden.

133 a) Unentgeltlicher Erwerb. Die unentgeltliche Übertragung eines **Betriebs, Teilbetriebs oder Mitunternehmeranteils** richtet sich nach § 6 Abs. 3 EStG. Dieser setzt voraus, dass das wirtschaftliche Eigentum an allen wesentlichen Betriebsgrundlagen unentgeltlich auf einen Erwerber in einem einheitlichen Vorgang übertragen wird, der Übergeber damit seine bisher in diesem Betrieb entfaltete unternehmerische Betätigung aufgibt und die Besteuerung der stillen Reserven sichergestellt ist.[362] Beim Übergeber tritt

---
[361] BFH BStBl. II 2000, 602; BFH/NV 2002, 1575; BStBl. II 2014, 56.
[362] Zu den Besonderheiten bei freiberuflicher Tätigkeit → § 27 Rn. 261 ff.

keine Gewinn- oder Verlustrealisierung ein. Der Erwerber hat keine Anschaffungskosten und ist an die Werte des Übergebers gebunden, § 6 Abs. 3 S. 3 EStG. Obwohl eine Gegenleistung, die niedriger als der Buchwert ist, beim Erwerber zu keinen Anschaffungskosten führt, sollen die Gegenleistungsschuld und ihre Finanzierung nach Ansicht der Finanzverwaltung betrieblich veranlasst sein.[363] Sie ist als Betriebsschuld im Betriebs- oder Sonderbetriebsvermögen zu passivieren bzw. die Zinsen sind als Betriebsausgaben zu erfassen. Ob dies vom Bundesfinanzhof auch so gesehen wird, erscheint zumindest fraglich.[364] Wird nur ein Teil der wesentlichen Betriebsgrundlagen (→ § 26 Rn. 19 unentgeltlich übertragen und der Rest bei gleichzeitiger Betriebseinstellung in das Privatvermögen überführt, liegt je nachdem, wie schnell die einzelnen Entnahmeakte erfolgen, entweder eine Betriebsaufgabe, § 16 Abs. 3 EStG, oder eine nicht begünstigte allmähliche Abwicklung vor. Sämtliche Wirtschaftsgüter, dh auch die unentgeltlich übertragenen, gelten als zuvor entnommen. Der Übergeber erzielt einen ggf. begünstigten Aufgabegewinn. Möchte der Übergeber wesentliche Betriebsgrundlagen zurückbehalten, ohne die stillen Reserven aufzudecken, muss er sie **vorab** in ein anderes seiner Betriebsvermögen, in sein Sonderbetriebsvermögen bei einer anderen Mitunternehmerschaft, in das Gesamthandsvermögen einer anderen Mitunternehmerschaft oder in das Sonderbetriebsvermögen eines anderen Mitunternehmers bei derselben Mitunternehmerschaft überführen, § 6 Abs. 5 S. 3 EStG. Diese Wirtschaftsgüter sind dann gemäß § 6 Abs. 5 EStG zwingend mit dem Buchwert anzusetzen. Behält der Übergeber Schulden, die mit den übertragenen Wirtschaftsgütern zusammenhängen zurück, werden diese bei Überführung der Wirtschaftsgüter in eine Mitunternehmerschaft dort zu Sonderbetriebsvermögen.[365] Zeitlich danach, auch am selben Tag und unmittelbar nach dem Zeitpunkt des Übergangs von Nutzen und Lasten kann er den Betrieb sodann unentgeltlich nach § 6 Abs. 3 EStG zum Buchwert auf den Erwerber übertragen.[366] Nach Ansicht der Rechtsprechung stehen § 6 Abs. 3 und Abs. 5 S. 3 EStG gleichwertig nebeneinander. Auch eine Vorab-Entnahme oder eine vorhergehende Veräußerung funktional wesentlicher Betriebsgrundlagen ist möglich und hindert eine steuerneutrale Übertragung des Rest-Betriebes nach § 6 Abs. 3 S. 1 EStG nicht, solange dieses Restbetriebsvermögen für sich allein noch lebensfähig ist.[367] Der Übergeber kann sich so zB bestimmte Vermögensgegenstände vorbehalten, um mit den daraus erzielten Erlösen seinen Lebensunterhalt zu bestreiten. Die Finanzverwaltung fokussiert sich demgegenüber bisher unter Anwendung der sog. Gesamtplanrechtsprechung allein auf § 6 Abs. 3 EStG.[368] Werde im zeitlichen Zusammenhang mit der Übertragung des Betriebs, Teilbetriebs oder Mitunternehmeranteils eine wesentliche stille Reserve nicht mitübertragen, sondern in zeitlicher Nähe zum Buchwert in ein anderes Betriebsvermögen überführt, sei § 6 Abs. 3 EStG mangels Übertragung **aller** wesentlichen Betriebsgrundlagen nicht erfüllt. Danach käme es zur Aufdeckung aller stillen Reserven. Zugleich würde eine begünstigte Betriebsaufgabe nach § 16 Abs. 3 EStG ausscheiden und die unentgeltliche Übertragung der übrigen Wirtschaftsgüter eine Entnahme auslösen. Übernimmt der Erwerber die unentgeltlich erworbenen Wirtschaftsgüter in ein Betriebsvermögen, sind diese grundsätzlich mit dem Teilwert im Zeitpunkt der Zuführung anzusetzen, § 6 Abs. 1 Nr. 5 bzw. Nr. 6 EStG. Wer trotz der mittlerweile gefestigten Rechtsprechung insoweit sichergehen will, muss daher zwischen Ausgliederung der wesentlichen Betriebsgrundlage und Übertragung des Betriebs etc. einige Zeit verstreichen

---

[363] BMF BStBl. I 1993, 80 Rn. 38; vgl. auch *Märkle* DStR 1993, 1173.
[364] Vgl. Schmidt/*Wacker* EStG § 16 Rn. 40 mwN.
[365] BFH/NV 2017, 1032; vgl. auch *Steger/Raible* NWB 2018, 426 mit weiteren Fallbeispielen.
[366] BFH ZEV 2012, 685 mit Anm. v. *Geck* ZEV 2012, 691; BFH/NV 2016, 1702; DStR 2016, 1518; BFH/NV 2016, 1452; BMF BStBl. I 2013, 1164 (Nichtanwendungserlass zu IV R 41/11). Zum Zeitpunkt „vorab" vgl. BFH DStR 2018, 1014 mAnm *Wacker;* gleicher Ansicht *Wendt* FR 2018, 513.
[367] BFH DStR 2015, 211; FG Düsseldorf NZG 2018, 874, Rev. IV R 14/18; *Kirchhof/Reiß* EStG § 16 Rn. 86c, 1423a, 187; krit. Schmidt/*Wacker* EStG § 16 Rn. 15.
[368] BMF BStBl. I 2005, 458 Rn. 6 und 7; BMF BStBl. I 2013, 1164 (Nichtanwendungserlass zu IV R 41/11); BMF BStBl. I 2011, 1314 Rn. 24.03 iVm Rn. 20.07.

lassen. Als „Schamfrist" wird in der Literatur wohl überwiegend ein Jahr als ausreichend erachtet.[369] Wird im Zuge der unentgeltlichen Übertragung eines Teils eines Mitunternehmeranteils Sonderbetriebsvermögen ganz oder teilweise **unterquotal** übertragen, sind – sofern die fünfjährige Behaltefrist eingehalten wird – ebenfalls die Buchwerte fortzuführen, § 6 Abs. 3 S. 2 EStG. Die Behaltefrist entfällt, wenn der Erwerber später den restlichen Mitunternehmeranteil erhält. Denn dann hat er – in Teilschritten – den gesamten Mitunternehmeranteil erhalten, für den diese Restriktion nicht gilt.[370] Auch bei der **überquotalen** Übertragung von Sonderbetriebsvermögen anlässlich einer Teilanteilsübertragung kommt es zur Buchwertfortführung. Nach Ansicht der Rechtsprechung unterliegt der Vorgang einheitlich § 6 Abs. 3 S. 1 EStG mit der Folge, dass keine Sperrfrist zu beachten ist.[371] Die Finanzverwaltung will den an sich einheitlichen Vorgang demgegenüber aufspalten und behandelt die Teilanteilsübertragung einschließlich des quotenentsprechenden Anteils des übertragenen Sonderbetriebsvermögens nach § 6 Abs. 3 S. 1 EStG, den überquotalen Teil des Sonderbetriebsvermögens hingegen nach § 6 Abs. 5 S. 3 Nr. 3 EStG.[372] Dies hat zur Folge, dass der überquotale Anteil des Sonderbetriebsvermögens in die dreijährige Sperrfrist des § 6 Abs. 5 S. 4 EStG fallen würde. Bei der **Übertragung eines Mitunternehmeranteils** ist darauf zu achten, dass die Mitunternehmerstellung des Übertragenden **vollständig** auf den Erwerber übergeht.[373] Werden dagegen nicht alle Mitunternehmermerkmale des Übertragenden auf den Erwerber überführt, wird dieser kein Mitunternehmer. Es kommt ertragsteuerlich zur Entnahme bzw. Aufgabe des (Teil-)Mitunternehmeranteils. Erbschaftsteuerlich führt dies zum Wegfall der Betriebsvermögensbegünstigungen (→ § 27 Rn. 121 aE).

134 Werden nur **einzelne Wirtschaftsgüter des Betriebsvermögens** an einen Dritten übertragen, führt dies beim Übergeber unabhängig davon, ob die übergebenen Wirtschaftsgüter beim Empfänger Betriebs- oder Privatvermögen werden, zu einer Entnahme. Er hat daher auch den Entnahmegewinn als laufenden Gewinn zu versteuern.[374] Werden die Wirtschaftsgüter dagegen gemäß § 6 Abs. 5 EStG in ein anderes Betriebsvermögen, Sonderbetriebsvermögen oder in das Gesamthandsvermögen einer anderen Mitunternehmerschaft überführt, ist der Buchwert fortzuführen. Ein Entnahmegewinn entsteht nicht.[375] Ausnahmsweise kann eine Betriebsaufgabe anzunehmen sein, wenn der Übergebende alle wesentlichen Betriebsgrundlagen an verschiedene Erwerber überträgt oder wenn durch die Herausgabe die Voraussetzungen einer Betriebsaufspaltung entfallen. In diesen Fällen erzielt der Übergeber einen ggf. begünstigten Aufgabegewinn, § 16 Abs. 3 EStG.

135 Überträgt der Übergeber zum **Privatvermögen** gehörende **Kapitalgesellschaftsanteile,** ist der Erwerber nach § 11d Abs. 1 EStDV an die bisher für diesen maßgebenden Steuerwerte gebunden. Er führt die Abschreibung des Übergebers fort. Dem Erwerber wird in Bezug auf die Fünfjahresfrist nach § 17 Abs. 1 EStG die Besitzzeit des Schenkers angerechnet.[376] Die unentgeltliche Übertragung stellt auch keine Anschaffung im Sinne des § 23 EStG dar. Auch hier tritt der Erwerber in die Vorbesitzzeit des Schenkers ein, § 23 Abs. 1 S. 3 EStG. Anders ist dies aber, wenn Abstandszahlungen an den Vermögensübergeber oder Ausgleichszahlungen oder Gleichstellungsgelder an Dritte geleistet werden.

---

[369] BFH BStBl. II 2007, 602; *Brandenberg* Stbg 2012, 145; *Stahl* KÖSDI 2013, 18216 mwN.
[370] BFH ZEV 2012, 685 mAnm v. *Geck* ZEV 2012, 691.
[371] BFH ZEV 2012, 685 mAnm v. *Geck* ZEV 2012, 691.
[372] BMF BStBl. I 2005, 458 Rn. 16.
[373] BFH BStBl. II 2018, 539; DStR 2018, 2689; DStR 2018, 2372.
[374] BFH BStBl. II 1994, 319; BMF BStBl. I 2006, 253 Rn. 60; aA *Paus* FR 1991, 586.
[375] Zur Behandlung zurückbehaltener Schulden, die mit den übertragenen Wirtschaftsgütern zusammenhängen, vgl. *Steger/Raible* NWB 2018, 426.
[376] Vgl. iE Sudhoff/*von Sothen* § 51 Rn. 162 ff.

b) Versorgungsleistung. Die ertragsteuerliche Behandlung der Versorgungsleistung richtet sich für nach dem 1.1.2008 abgeschlossene Versorgungsverträge nicht mehr danach, ob es sich bei ihr um eine Leibrente oder eine dauernde Last handelt. Seitdem ist von einer Versorgungsrente auszugehen, wenn die Vereinbarung einen festen Betrag als Sockel enthält, der unter bestimmten wirtschaftlichen oder persönlichen Voraussetzungen noch um einen variablen Betrag erhöht wird (→ Rn. 60 ff.). Liegt eine Versorgungsleistung vor, ist diese beim Übernehmer grundsätzlich in voller Höhe als Sonderausgabe abzugsfähig, § 10 Abs. 1a Nr. 2 EStG. Beim Vermögensübergeber sind sie als Einnahme zu erfassen, allerdings nur insoweit der Übernehmer zum Sonderausgabenabzug berechtigt ist, § 22 Abs. 1b EStG (sog. **materielles Korrespondenzprinzip**). Da die dauernde Last gegenüber der Versorgungsrente hinsichtlich der Absicherung des Übergebers zivilrechtlich nachteilig ist, sollte aus dessen Sicht grundsätzlich eine Versorgungsrente vereinbart werden. Für vor dem 1.1.2008 vereinbarte Versorgungsleistungen ist danach zu differenzieren, ob es sich um eine Leibrente oder um eine dauernde Last handelt. Leibrenten und dauernde Lasten unterscheiden sich nach der Rechtsprechung des BFH zu Altverträgen darin, dass Rentenbezüge **gleich bleibende, nicht abänderbare Leistungen** in Geld oder vertretbaren Sachen voraussetzen.[377] Denn aus der Regelung des Ertragsanteils ergibt sich, dass der Gesetzgeber von gleich bleibenden Leistungen ausgeht. Die **Leibrente** hat ein einheitliches nutzbares Recht (sog. Rentenstammrecht) zum Inhalt, das dem Berechtigten (Übergeber) für eine vom Leben einer Person abhängige Zeit eingeräumt ist und dessen Früchte als fortlaufend wiederkehrende, gleichmäßige, zahlen- und wertmäßig festgelegte Leistungen bestehen. 136

Dagegen handelt es sich um **dauernde Lasten,** wenn eine Abhängigkeit von **variablen Werten** wie Umsatz oder Gewinn vereinbart wird oder die Bezüge abänderbar (zB durch Bezugnahme auf § 323 ZPO) sind. Ob die Abänderbarkeit eine ausdrückliche Bezugnahme auf § 323 ZPO erfordert[378] oder ob sie sich auch aus dem Vertragsinhalt ergeben kann,[379] wurde von der Rechtsprechung nicht einheitlich beurteilt. Durchzusetzen scheint sich allerdings die Ansicht, dass sich bei typischen Leibgedings- und Altenteilsverträgen sowie bei mit diesen vergleichbaren Verträgen die Abänderbarkeit aus der Rechtsnatur des Versorgungsvertrages ergeben kann.[380] Die Finanzverwaltung hat sich dem nun angeschlossen und nimmt bei Versorgungsleistungen regelmäßig eine dauernde Last an. Sie hält in diesem Fall eine Bezugnahme auf § 323 ZPO für entbehrlich.[381] Nur wenn die Vertragsparteien die Abänderbarkeit ausdrücklich ausschließen, könne eine Leibrente vorliegen.[382] 137

Handelt es sich bei der Versorgungsleistung aufgrund eines Altvertrages um eine Leibrente, so ist diese mit ihrem **Ertragsanteil** beim Berechtigten (Übergeber) steuerpflichtig, § 22 Nr. 1 EStG. Korrespondierend hierzu ist der Ertragsanteil der Leibrente beim Verpflichteten (Beschenkten) als Sonderausgabe abziehbar, § 10 Abs. 1a Nr. 2; § 52 Abs. 18 EStG **(sog. Korrespondenzprinzip).** Handelt es sich dagegen bei der Versorgungsleistung um eine dauernde Last, so ist sie beim Berechtigten (Übergeber) **in vollem Umfang** steuerpflichtiger wiederkehrender Bezug, § 22 Nr. 1 EStG, und korrespondierend hierzu beim Verpflichteten (Beschenkten) in vollem Umfang als Sonderausgaben abziehbar, § 10 Abs. 1a Nr. 2 EStG. 138

Es liegt in der Rechtsnatur des Versorgungsvertrages, dass Übergeber und Übernehmer zB auf geänderte Bedarfslagen angemessen reagieren dürfen. Eine derartige **Änderung des Versorgungsvertrages** ist anzuerkennen, wenn sie durch nachweisbare Umstände 139

---

[377] GrS BFH BStBl. II 1992, 78; BFH BStBl. II 1992, 499.
[378] So der XI. Senat, BFH BStBl. II 1992, 526.
[379] So der X. Senat BFH BStBl. II 1992, 499.
[380] BFH/NV 2013, 1574; FH BStBl. II 2004, 827; 824 mwN.
[381] BMF BStBl. I 2004, 922 Rn. 47 unter Bezugnahme auf ein Urteil des X. Senats des BFH, BStBl. II 1992, 499.
[382] BMF BStBl. I 2004, 922 Rn. 48.

veranlasst ist, die nach Maßgabe des Vertragstextes oder nach der Rechtsnatur des Vertrages rechtserheblich sind, und wenn diese Umstände eine veränderbare Leistungsfähigkeit des Verpflichteten (Übernehmer) und/oder eine andere Bedarfslage des Berechtigten (Übergebers) anzeigen.[383] Diese Situation ist bei Altverträgen grundsätzlich als gegeben anzusehen, wenn eine Leibrente – bei unveränderter Fortgeltung der Zahlungsverpflichtung – in eine dauernde Last umgewandelt wird.[384] Ab dem Zeitpunkt der Vertragsänderung hat der Übergeber (Berechtigte) dann den vollen Betrag der Versorgungsleistungen zu versteuern und der Übernehmer (Verpflichtete) kann den vollen Nennbetrag als Sonderausgaben abziehen.

140 Haben die Parteien eine **Wertsicherungsklausel** vereinbart, schließt dies die Abänderbarkeit des Versorgungsvertrages nicht aus.[385] Machen die Vertragsparteien später von der vereinbarten Wertsicherungsklausel keinen Gebrauch, lässt dies für sich allein noch keinen zwingenden Schluss auf das Fehlen eines Rechtsbindungswillens zu. Denn wenn diese von einer vereinbarten Wertsicherungsklausel keinen Gebrauch machen, können sie damit auch zum Ausdruck bringen, dass nach ihrer Einschätzung die aktuelle Versorgungssituation eine Anpassung des Zahlbetrags nicht erfordert. Das Verhalten ist daher vielmehr im Rahmen der gebotenen Gesamtwürdigung zu berücksichtigen. Für diese ist jedenfalls bei Versorgungsverträgen entscheidend, ob eine festgestellte Abweichung von den vertraglichen Vereinbarungen darauf hindeutet, dass es den Parteien am erforderlichen Rechtsbindungswillen fehlt. Da es sich bei diesen Verträgen ohnehin um privat veranlasste Verträge handelt, kann sich ein Fremdvergleich nur darauf beziehen, ob und welche rechtliche Bindungswirkung die Parteien dem Vertrag beimessen. Es ist folglich in erster Linie darauf abzustellen, ob die Vereinbarung willkürlich abgeändert oder nicht durchgeführt wird, was zB bei Zahlungen in schwankender Höhe angenommen wird.[386] Die dauerhafte Zahlung der Versorgungsleistungen mit ihrem ursprünglich vereinbarten Nennbetrag lässt daher ohne weitere Indizien noch keinen Schluss auf einen fehlenden Rechtsbindungswillen der Parteien zu. Auch die zivilrechtliche Unwirksamkeit einer Wertsicherungsklausel hat – entgegen der Auslegung des § 139 BGB – nicht die Unwirksamkeit des gesamten Vertrages zur Folge und damit keinen Einfluss auf die Beurteilung des Versorgungsvertrages.[387]

141 Die Ablösung von wiederkehrenden Versorgungsleistungen zB bei Veräußerung eines übernommenen Gewerbebetriebs durch den Übernehmer, ist privat veranlasst und führt weder beim Übernehmer zu Veräußerungskosten noch beim Übergeber zu nachträglichen Anschaffungskosten. Es handelt sich um eine unentgeltliche Vermögensübergabe, im Beispielsfall nach § 6 Abs. 3 EStG. Bei dieser wertenden Zuordnung des Vermögensübergangs als privat und unentgeltlich bleibt es auch dann, wenn die wiederkehrenden Leistungen mit ihrem kapitalisierten Betrag abgelöst werden.[388] Der BFH wertet sie als letzten Akt der – nunmehr vertraglich modifizierten – Erfüllung eines Dauerrechtsverhältnisses, das infolge der gesetzlichen Zuordnung zu den Sonderausgaben privaten Charakter hat und deshalb nicht zur Sphäre der Einkünfteerzielung gehört. Der einmal eingeschlagene „private" Weg ist durch die Veräußerung des Übernehmers nicht umkehrbar. Die Ablösung vollzieht sich in der Privatsphäre. Eine dingliche Sicherung ändert hieran nichts.[389] Da keine Umschichtung in eine andere existenzsichernde und ausreichend ertragbringende Wirtschaftseinheit erfolgt, endet im Zeitpunkt der Veräußerung des Vermögens die Abziehbarkeit der dauernden Last beim Übernehmer (Verpflichteten) und korrespondierend hierzu die Steuerbarkeit der Versorgungsleistung beim Übergeber (Berechtigten).

---

[383] BFH BStBl. II 2008, 16; 2004, 824; 1992, 1020; BMF BStBl. I 2010, 227 Rn. 59 ff.
[384] BFH BStBl. II 2004, 824.
[385] BFH BStBl. II 1992, 499; BMF BStBl. I 2010, 227 Rn. 64.
[386] BFH BStBl. II 2004, 826; BMF BStBl. I 2010, 227 Rn. 64.
[387] BFH BStBl. II 2004, 826 unter Bezugnahme auf BGH NJW 1983, 1909.
[388] BFH BStBl. II 2004, 830; OFD Frankfurt juris FMNR24c310016 Rn. 37.
[389] BFH BStBl. II 2004, 830.

Gleiches soll gelten, wenn die Vertragsparteien eines Übergabevertrages die Versorgungsleistungen ablösen und damit den Transfer vorbehaltener Erträge beenden.[390] Die Abziehbarkeit der Ablösezahlung als dauernde Last kann danach auch nicht mit der Überlegung begründet werden, dass es sich beim Verpflichteten um eine letzte Zahlung auf der die dauernde Last begründende Rechtsgrundlage handelt.

c) Unterhaltsleistung. Unterhaltsleistungen unterliegen **keiner Versteuerung** beim Berechtigten (Übergeber), wenn sie von einem unbeschränkt steuerpflichtigen Unterhaltsverpflichteten gezahlt werden, §§ 22 Nr. 1 S. 2 iVm 12 Nr. 2 EStG. Korrespondierend hierzu kann der Verpflichtete sie auch nicht als Sonderausgaben abziehen, § 12 Nr. 2 EStG. Sie können bei ihm allenfalls im Rahmen der außergewöhnlichen Belastung in besonderen Fällen gemäß § 33a Abs. 1 und 2 EStG Berücksichtigung finden. 142

d) Übertragung auf eine Familienstiftung. Ertragsteuerlich gestaltet sich der Übergang von Unternehmen auf eine Stiftung nach den allgemeinen Regelungen. In der Regel erfolgt die Übertragung auf die Stiftung unentgeltlich. Die Übertragung eines **Einzelunternehmens** mit allen wesentlichen Betriebsgrundlagen, rechtlich gesehen eine betriebliche Sachgesamtheit, erfolgt nach § 6 Abs. 3 EStG zu Buchwerten. Ein Veräußerungsgewinn entsteht nicht, sofern die Besteuerung der stillen Reserven sichergestellt ist. Letzteres ist nicht der Fall, wenn das übertragene Vermögen in den steuerfreien Bereich einer gemeinnützigen Körperschaft überführt wird, da diese gem. § 5 Abs. 1 Nr. 9 S. 1 KStG von der Körperschaftsteuer befreit sind. Sofern der auf eine gemeinnützige Stiftung übertragene Betrieb allerdings auch bei der Stiftung einen wirtschaftlichen Geschäftsbetrieb darstellt, ist die Steuerbefreiung ausgeschlossen, § 5 Abs. 1 Nr. 9 S. 2 KStG, so dass die Buchwerte fortzuführen sind.[391] Die aufnehmende nicht gemeinnützige Stiftung hat die Buchwerte fortzuführen, § 8 Abs. 1 KStG, § 6 Abs. 3 Satz 3 EStG. Bei der unentgeltlichen Übertragung eines **Mitunternehmeranteils** auf die Familienstiftung ist der gesamte Mitunternehmeranteil zu übertragen. Die Buchwertfortführung gilt gemäß § 6 Abs. 3 S. 1 HS 2 EStG nur für natürliche Personen. Da die Stiftung keine natürliche Person ist, gilt sie für die Übertragung von Teilmitunternehmeranteilen nicht. Soll der andere Teil des Mitunternehmeranteils auf eine natürliche Person erfolgen, hat diese Übertragung zuerst zu erfolgen. Die natürliche Person erwirbt nach § 6 Abs. 3 S. 1 Hs. 3 zu Buchwerten. Die Stiftung erwirbt dann im zweiten Schritt den restlichen Teil, bei dem es sich nun um einen gesamten Mitunternehmeranteil handelt, nach § 6 Abs. 3 S. 1 HS 1 EStG. Alternativ könnte der auf die Stiftung zu übertragende Teilmitunternehmeranteil auch zunächst gemäß § 24 UmwStG auf eine neue GmbH & Co. KG ausgegliedert werden und in einem zweiten Schritt dann alle Anteile an dieser GmbH & Co. KG zu Buchwerten auf die Familienstiftung gemäß § 6 Abs. 3 S. 1 HS 1 EStG übertragen werden.[392] Vorsicht ist bei der Übertragung von Mitunternehmeranteilen geboten, bei denen eine **Thesaurierungsrücklage** gem. § 34a EStG gebildet wurde. In diesem Falle führt die Übertragung des betreffenden Mitunternehmeranteils zur Nachversteuerung, § 34a Abs. 6 S. 1 Nr. 3 EStG.[393] Die Übertragung einer **gewerblich geprägten Personengesellschaften** iSd § 15 Abs. 3 Nr. 2 EStG auf eine **gemeinnützige Stiftung** ist nicht zu Buchwerten nach § 6 Abs. 3 EStG möglich.[394] Die Übertragung würde demnach zu einer Aufgabe des Mitunternehmeranteils und zur Aufdeckung sämtlicher in dem Mitunternehmeranteil verhafteten stillen Reser- 143

---

[390] BFH BStBl. II 2004, 830.
[391] *Hänsch* NWB 2017, 935; *Kraft/Ungemach* NWB 2019, 1730.
[392] *Wachter* FR 2017, 69 (75).
[393] *Demuth* KÖSDI 2018, 20909 (20913 f.).
[394] BFH BStBl. II 2011, 858; 2017, 251; OFD Frankfurt a.M. DB 2016, 1048; DB 2016, 1966; FinMin Schleswig-Holstein DStR 2016, 1474; aA *Kirchhain* DB 2016, 1605; *Zimmermann/Raddatz* NJW 2017, 531; *Wachter* FR 2017, 69 (75).

ven führen. Die durch die Aufgabe bedingte Entnahme führt dann zu keiner Besteuerung der stillen Reserven, wenn die den Mitunternehmeranteil umfassenden Wirtschaftsgüter der gemeinnützigen Stiftung unentgeltlich überlassen werden, § 6 Abs. 1 Nr. 4 S. 4 EStG.[395] Originär gewerblich und gewerblich infizierte Mitunternehmeranteile können nach § 6 Abs. 3 EStG ertragsteuerneutral auf eine gemeinnützige Stiftung übertragen werden.[396] Wird der Mitunternehmeranteil nach der Übertragung durch die übernehmende gemeinnützige Stiftung im Rahmen einer Überführung von Wirtschaftsgütern in den steuerfreien Bereich der Stiftung bzw. durch Betriebsaufgabe oder durch Veräußerung zerschlagen, kommt es rückwirkend zu einer Besteuerung eines Aufgabegewinns der seinerzeitigen Übertragung auf die gemeinnützige Stiftung beim Übertragenden, § 175 Abs. 1 S. 1 Nr. 2 AO, § 16, 34 EStG.[397] Dies gilt es in der Folgezeit im Auge zu behalten und ggf. im Rahmen des Stiftungsgeschäfts durch entsprechende Regelungen vorzubeugen.

144 Bei der Übertragung eines Kommanditanteils mit **Sonderbetriebsvermögen,** insbesondere Grundstücken im Sonderbetriebsvermögen könnte sich ein neues Problemfeld abzeichnen.[398] Um die Haftungsrisiken des § 176 Abs. 2 HGB auszuschließen, wird im Zusammenhang mit der Übertragung eines Kommanditanteils in der Regel vereinbart, dass die dingliche Wirkung der Übertragung und Abtretung des Anteils erst mit Eintragung im Handelsregister als Kommanditist kraft Sonderrechtsnachfolge erfolgen soll. Auf diese Weise wird der Erwerber zivilrechtlich erst mit dem Tag seiner Eintragung im Handelsregister Kommanditist der KG. Wird das Sonderbetriebsvermögen deshalb nicht gleichzeitig mit dem Kommanditanteil übertragen, könnte dies bedeuten, dass es zu einer Aufdeckung der stillen Reserven kommt, weil nicht der gesamte Mitunternehmeranteil, sondern nur Sonderbetriebsvermögen übertragen wurde, § 6 Abs. 3 S. 1 EStG mithin keine Anwendung findet. § 6 Abs. 5 EStG würde nur anwendbar sein, wenn die Familienstiftung zuvor bereits Mitunternehmer bei derselben Kommanditgesellschaft gewesen wäre. Stattdessen läge eine nicht tarifbegünstigte Entnahme vor.[399] Die Übertragung des Mitunternehmeranteils würde jedoch nach § 6 Abs. 3 S. 1 EStG zu Buchwerten erfolgen. Richtigerweise wird aber mit der Übertragung der Kommanditbeteiligung zugleich das wirtschaftliche Eigentum an dem Anteil übertragen, so dass es wirtschaftlich zu keinem zeitlichen Auseinanderfallen von der Übertragung des Anteils und derjenigen des Sonderbetriebsvermögens kommt. Sicherheitshalber könnte es sich jedoch empfehlen, das Sonderbetriebsvermögen ebenfalls aufschiebend bedingt auf den Zeitpunkt der Eintragung des Kommanditisten im Handelsregister zu übertragen.[400]

145 Erhält der Stifter eine **Versorgungszusage,** handelt es sich nicht um eine Vermögensübergabe gegen Versorgungsleistung, da die Stiftung keine gesetzlich erbberechtigte Person ist (→ Rn. 108).[401] Die Übertragung ist aber dennoch unentgeltlich, solange der Kapitalwert der Versorgungsleistung unter dem Buchwert des übertragenen Unternehmens bzw. des Mitunternehmeranteils bleibt (→ Rn. 51).

146 Wird eine **Kapitalgesellschaftsbeteiligung** unentgeltlich auf eine Familienstiftung übertragen, ist danach zu unterscheiden, ob es sich um eine im Privatvermögen gehaltene Beteiligung handelt oder ob sich die Beteiligung im Betriebs- oder Sonderbetriebsvermögen befindet. Bei im **Privatvermögen** gehaltenen Kapitalgesellschaftsbeteiligungen ist

---

[395] OFD Frankfurt a.M. DB 2016, 1048; *Hänsch* NWB 2017, 935.
[396] BFH/NV 2012, 786; BFH BStBl. II 2011, 858; *Hänsch* NWB 2017, 935; *Kraft/Ungemach* NWB 2019, 1730.
[397] *Kraft/Ungemach* NWB 2019, 1730.
[398] Dies geht auf FG Köln ZEV 2017, 535 zurück, welches zu § 13a Abs. 1 ErbStG ergangen ist, aufgrund der Maßgeblichkeit der ertragsteuerlichen Wertungen aber auch für § 6 Abs. 3 EStG Bedeutung haben könnte, vgl. *Götz* DStR 2018, 115.
[399] BFH BStBl. II 2011, 261; *Götz* DStR 2018, 115.
[400] *Götz* DStR 2018, 115.
[401] AA *Kahsnitz* DStR 2016, 2137 für den Übergang auf eine gemeinnützige Körperschaft gegen Versorgungszusage.

II. Einkommen-/Körperschaftsteuer § 28

die Übertragung ertragsteuerneutral. Der Erwerber ist nach § 11d Abs. 1 EStDV an die bisherigen Steuerwerte gebunden (→ Rn. 135). Auch wenn es sich um eine verdeckte Einlage handeln sollte, greifen die § 17 Abs. 1 S. 2 EStG bzw. § 20 Abs. 2 S. 2 EStG nicht ein, weil die Familienstiftung keine Kapitalgesellschaft ist.[402] Gehört die Kapitalgesellschaftsbeteiligung dagegen zu einem **Betriebsvermögen,** kommt es zu einer Entnahme der Beteiligung nach § 6 Abs. 1 S. 1 Nr. 4 EStG und zur Gewinnrealisierung und Aufdeckung aller stillen Reserven (→ Rn. 134). Das Buchwertprivileg gemäß § 6 Abs. 1 S. 1 Nr. 4 EStG gilt nur für gemeinnützige Körperschaften, nicht aber für Familienstiftungen. Sind in der Kapitalgesellschaft Verlustvorträge vorhanden, kann die Übertragung auf die Familienstiftung dazu führen, dass diese nach § 8c Abs. 1 KStG verloren gehen,[403] wenn innerhalb von 5 Jahren mehr als 50 % des gezeichneten Kapitals, der Mitgliedschafts-, Beteiligungs- oder Stimmrechte an einen Erwerber oder diesem nahestehende Personen übergehen, sofern dieser verfassungsgemäß ist.[404] Zwar hat die Finanzverwaltung für unentgeltliche Übertragungen im Wege der vorweggenommenen Erbfolge eine Billigkeitsregelung getroffen.[405] Diese ist aber auf Angehörige im Sinne des § 15 AO beschränkt, so dass sie auf die Familienstiftung keine Anwendung findet.[406] Ein fortführungsgebundener Verlustvortrag nach § 8d KStG ist jedoch möglich.

Die Stiftung ist, soweit sie Sitz oder Geschäftsleitung im Inland hat, unbeschränkt körperschaftsteuerpflichtig, § 1 Abs. 1 Nr. 4 KStG. Anders als Kapitalgesellschaften erzielt sie wie eine natürliche Person nicht nur gewerbliche Einkünfte, sondern kann alle Einkunftsarten verwirklichen, § 8 Abs. 1 KStG iVm §§ 13 ff. EStG. Sofern Sie Kapitalgesellschaftsanteile hält, ist dies Vermögensverwaltung, so dass sie insoweit grundsätzlich Einkünfte aus Kapitalvermögen erzielt. Eine andere Beurteilung kann dann in Betracht kommen, wenn die Familienstiftung über eine Zusammenfassung mehrerer Beteiligungen in einer Holding planmäßig Unternehmenspolitik betreibt oder in anderer Weise entscheidenden Einfluss auf die Geschäftsführung der Kapitalgesellschaft ausübt und damit durch sie unmittelbar selbst am allgemeinen wirtschaftlichen Verkehr teilnimmt.[407] Gewerbliche Einkünfte kann sie über gewerbliche Mitunternehmerschaften oder ein ihr übertragenes Einzelunternehmen, aber auch im Rahmen einer Betriebsaufspaltung erzielen.[408] Beteiligungseinkünfte und Veräußerungsgewinne sind bei einer Beteiligung der Familienstiftung an der Kapitalgesellschaft zu Beginn des Kalenderjahres in Höhe von 10 % nach § 8b KStG steuerfrei. Allerdings gelten von dem jeweiligen Gewinn iSd § 8b Abs. 2 S. 1, 3 und 6 KStG 5 % als Ausgaben, die nicht als Betriebsausgaben abgezogen werden dürfen, § 8b Abs. 3 S. 1 KStG, so dass letztlich nur 95 % steuerfrei bleiben.

147

Für die laufende **Besteuerung der Destinatäre** ist danach zu unterscheiden, ob es sich um satzungsgemäße Leistungen zur Verwirklichung des Stiftungszwecks handelt oder ob die Leistungen nicht darauf beruhen. Solange die **Leistungen zur Verwirklichung des Stiftungszwecks** erbracht werden, handelt es sich, auch wenn der Begünstigte keinen schuldrechtlichen Anspruch auf sie hat, nicht um eine freigebige Zuwendung iSd § 7 Abs. 1 Nr. 1 ErbStG.[409] Einkommensteuerlich fallen die satzungsgemäßen Leistungen unter § 20 Abs. 1 Nr. 9 EStG, wenn die Stellung des Destinatärs wirtschaftlich derjenigen eines Anteilseigners entspricht, was wiederum der Fall ist, wenn die Leistungsempfänger einer Stiftung unmittelbar oder mittelbar Einfluss auf das Ausschüttungsverhalten der Stiftung nehmen können.[410] Ist dies nicht der Fall, unterliegen Sie als sonstige Einkünfte iSd

148

---

[402] *Demuth* KÖSDI 2018, 20909 (20914).
[403] BMF BStBl. I 2017, 1645 Tz. 4; FG Münster EFG 2016, 412; zum GewSt-Verlust → Rn. 191.
[404] FG Hmb DStR 2017, 2377, Az. BVerfG II BVL 19/17; FG Hmb BeckRS 2018, 6461.
[405] BMF BStBl. I 2017, 1645 Tz. 4.
[406] *Demuth* KÖSDI 2018, 20909 (20914).
[407] BFH/NV 2011, 312 Rn. 11; BFH BStBl II 2018, 495 Rn. 20 mwN.
[408] BFH/NV 2011, 312.
[409] RFH RStBl. 1939, 789; *Meilicke* DStR 2017, 227.
[410] BFH BStBl. II 2011, 417 Rn. 15 mwN; BFH/NV 2018, 857.

§ 22 Nr. 1 EStG der Besteuerung. Die Finanzverwaltung differenziert demgegenüber nicht und behandelt alle wiederkehrenden oder einmaligen Leistungen einer Stiftung, die von den beschlussfassenden Stiftungsgremien aus den Erträgen der Stiftung an den Stifter, seine Angehörigen oder deren Abkömmlinge ausgekehrt werden, als Einkünfte aus Kapitalvermögen iSd § 20 Abs. 1 Nr. 9 EStG.[411] Der Unterschied besteht zum einen darin, dass die Einkünfte nach § 22 Nr. 1 EStG nicht dem Halbeinkünfteverfahren unterliegen und zum anderen, dass bei den Einkünften aus § 20 Abs. 1 Nr. 9 EStG die Kapitalertragsteuer einzubehalten ist. Für die Praxis sollte sich die Stiftung an der Ansicht der Finanzverwaltung orientieren. Denn kommt sie ihrer gesetzlichen Verpflichtung, Kapitalertragsteuer einzubehalten und an das FA abzuführen, nicht nach, handelt sie auch bei nicht eindeutiger Rechtslage regelmäßig grob fahrlässig und haftet nach § 44 Abs. 5 EStG.[412] Zusätzlich zur Einkommensteuer könnte die Leistung an die Destinatäre der Erbschaftsteuer nach § 7 Abs. 1 Nr. 9 S. 2 ErbStG und somit einer Doppelbesteuerung unterliegen, da die Finanzverwaltung die Destinatäre einer ausländischen (und patentiell auch die einer inländischen) Familienstiftung als lediglich Zwischenberechtigte iSd Vorschrift ansieht.[413]

149 Werden die Leistungen nicht im Rahmen der Verwirklichung des Stiftungszwecks erbracht, handelt es sich also um sog. **freiwillige Leistungen** der Stiftung, so gilt einkommensteuerlich das gleiche. Allerdings können diese Leistungen anders als die satzungsgemäßen zusätzlich der Schenkungsteuer nach § 7 Abs. 1 Nr. 1 und Nr. 9 ErbStG unterliegen.[414] Es kann insoweit zu einer Doppelbesteuerung kommen. Kommt es zu einer Auflösung der Stiftung ist seit 2007 danach zu unterscheiden, ob die dem Anfallberechtigten zufließenden Einnahmen wirtschaftlich einer Rückzahlung von Nennkapital vergleichbar sind oder ob es sich im Rahmen der Liquidation um eine Auszahlung thesaurierter Erträge des Stiftungsvermögens handelt. Im ersten Fall, bei dem es sich um die Mitte handeln dürfte, die ihr im Rahmen des Stiftungsgeschäfts und aufgrund späterer Zustiftungen zugeflossen sind, dürfte lediglich eine Besteuerung nach § 7 Abs. 1 Nr. 9 ErbStG in Betracht kommen.[415] Im zweiten Fall könnten die thesaurierten Erträge aber sowohl nach § 7 Abs. 1 Nr. 9 ErbStG als auch nach § 20 Abs. 1 Nr. 9 EStG der Besteuerung unterliegen, da einkommensteuerlich § 20 Abs. 1 Nr. 2 EStG seitdem entsprechend gilt.[416] Ob sich diese Doppelbelastung der thesaurierten Erträge dadurch vermeiden lässt, dass diese vor Beginn der Liquidation an die Anfallberechtigten ausgeschüttet werden, könnte vor dem Hintergrund sich abzeichnender Tendenzen der Finanzverwaltung, auch diese Leistungen der Stiftung § 7 Abs. 1 Nr.9 ErbStG zu unterwerfen,[417] zweifelhaft sein.

4. Entgeltliche (teilentgeltliche) Übertragungen

150 Wie oben bereits gezeigt, können entgeltlich sein:
– Vermögensübertragung gegen eine Gegenleistung, die größer als oder gleich dem Wert des Vermögens ist,
– Entnahme einzelner Wirtschaftsgüter des Betriebsvermögens in den außerbetrieblichen Bereich,
– Betriebs-, Teilbetriebs- oder Mitunternehmeranteilsübertragungen gegen eine Gegenleistung, die größer als der Netto-Buchwert des übertragenen Vermögens ist,

---

[411] BMF BStBl. I 2006, 417.
[412] BFH BStBl. II 2011, 417.
[413] Vgl. hierzu *Wunderlich* DStR 2018, 905.
[414] *Meilicke* DStR 2017, 227; *Demuth* KÖSDI 2018, 20909; FG BW DStRE 2017, 404, Rev. II R 6/16; krit. *Wunderlich* DStR 2018, 905.
[415] *Oppel* ZEV 2018, 543; *Meilicke* DStR 2017, 227 mwN; aA *Staschewski*, die ebenso wie BMF BStBl. I 2006, 417 auch diesen Teil der Auszahlung an den Anfallberechtigten der Einkommenbesteuerung nach § 20 Abs. 1 Nr. 9 EStG unterwerfen will.
[416] BMF BStBl. I 2006, 417; zu Recht aA *Oppel* ZEV 2018, 543; *Meilicke* DStR 2017, 227.
[417] Vgl. hierzu *Wunderlich* DStR 2018, 905.

– ein Anteil der Übertragung einzelner Wirtschaftsgüter des Betriebsvermögens, wenn die Gegenleistung größer als der Netto-Buchwert des übertragenen Vermögens ist (so der IV. Senat des BFH), bzw. ein Anteil von Übertragungen einzelner Wirtschaftsgüter des Betriebsvermögens, soweit die Gegenleistung niedriger als der Verkehrswert ist (so die FVerw) sowie
– ein Anteil von Privatvermögensübertragungen, wenn die Gegenleistung niedriger als der Verkehrswert ist.

Die entgeltliche Übertragung eines **Betriebs, Teilbetriebs oder Mitunternehmeranteils** führt zu einem ggf. begünstigten Veräußerungsgewinn nach §§ 16 Abs. 1 bzw. Abs. 3, 34 EStG, je nachdem, ob diese auf einen oder mehrere Erwerber übertragen werden (→ § 25 Rn. 40 ff. u. → § 26 Rn. 16 ff.). Hat der Veräußerer das 55. Lebensjahr vollendet oder ist er im sozialversicherungsrechtlichen Sinne dauernd berufsunfähig, erhält er auf Antrag einmalig einen Freibetrag von bis zu 45.000 EUR, sofern der Veräußerungsgewinn die relative Freibetragsgrenze von 136.000 EUR nicht übersteigt, § 16 Abs. 4 S. 1, 2 EStG.[418] Jenseits dieser Grenze wird der Freibetrag abgeschmolzen, § 16 Abs. 4 S. 3 EStG. Insoweit kann auf die diesbezüglichen Ausführungen zur Unternehmensveräußerung verwiesen werden (→ § 25 Rn. 87 ff. u. → § 26 Rn. 58). Im Rahmen der vorweggenommenen Erbfolge werden Gegenleistungen typischerweise in der Form von Veräußerungsrenten, Abstandszahlungen an den Übertragenden, Gleichstellungsgeldern und der Übernahme privater Verbindlichkeiten vereinbart. Sind aufgrund des Übergabevertrages **Leistungen an Dritte** zu erbringen, muss zB ein Wirtschaftsgut des übergebenen Betriebsvermögens vereinbarungsgemäß an einen Drittbegünstigten weitergegeben werden, stellt sich die Frage, wem der dabei anfallende Entnahmegewinn einkommensteuerlich zuzurechnen ist. Da die zur Entnahme führende Leistung an den Dritten auf einer Auflage des Übergebers beruht und im Verhältnis zu diesem ihren Rechtsgrund in der Schenkung hat, erscheint es folgerichtig, eine Entnahme durch den Übergeber anzunehmen.[419]

151

Die **voll entgeltliche** Übertragung **einzelner Wirtschaftsgüter des Betriebsvermögens** stellt einkommensteuerlich für den Übergeber ein Veräußerungsgeschäft und für den Erwerber ein Anschaffungsgeschäft dar. Gleiches gilt bei der **teilentgeltlichen** Übertragung einzelner Wirtschaftsgüter des Betriebsvermögens.[420] Die Ermittlung des Veräußerungsgewinns erfolgt bei Übertragung in ein Betriebsvermögen nach Ansicht des IV. Senats des BFH nach der modifizierten Trennungstheorie, was bedeutet, dass der Buchwert der veräußerten Wirtschaftsgüter vorrangig dem entgeltlichen Teil zugeordnet wird (→ Rn. 52).[421] Bei den Buchwert des übertragenen Wirtschaftsguts nicht übersteigenden Entgelten entsteht daher nach dieser Ansicht kein Veräußerungsgewinn. Die Finanzverwaltung vertritt demgegenüber die Trennungstheorie mit Aufteilung des Buchwerts (sog. strenge Trennungstheorie). Danach wäre die teilentgeltliche Übertragung einzelner Wirtschaftsgüter des Betriebsvermögens wie diejenige steuerverstrickter Wirtschaftsgüter des Privatvermögens zu behandeln und entsprechend dem Verhältnis des Verkehrswerts der übertragenen Wirtschaftsgüter zur Gegenleistung in einen entgeltlichen und einen unentgeltlichen Teil aufzuteilen.[422] Im Zuge dessen führen die Teilentgelte im Umfang der Entgeltlichkeitsquote zur Realisierung stiller Reserven, die nicht durch eine Ergänzungsbilanz neutralisiert werden können.[423] Anders als bei Betriebs- oder Teilbetriebsübertra-

152

---

[418] Zur Berechnung → § 25 Rn. 87.
[419] *Gebel*, Betriebsvermögensnachfolge, Rn. 541; so auch BMF BStBl. I 1993, 80 Rn. 32, sofern das Wirtschaftsgut im unmittelbaren Anschluss an die Übertragung weitergegeben wird.
[420] BFH DStR 2012, 2051; aA zu einzelnen Wirtschaftsgütern des Betriebsvermögens BMF BStBl. I 1993, 80 Rn. 34, sowie BStBl. I 2011, 1279 Rn. 15.
[421] BFH DStR 2012, 2051; DStR 2012, 1500; ebenso *Korn* KÖSDI 2002, 13272; *Ley* StbJb 2003/2004, 135; *Prinz/Hütig* DB 2012, 2597; *Wendt* DB 2013, 834; *Wendt* StbJb 2012/2013, 29.
[422] BMF BStBl. I 2011, 1279 Rn. 15; BStBl. I 2013, 1164 (Nichtanwendungserlass zu IV R 11/12 u. IV R 41/11), ebenso *Heuermann* DB 2013, 1328; *Dornheim* DStZ 2013, 397; *Brandenberg* DStZ 2002, 551; *Niehus/Wilke* FR 2005, 1012; ebenso wohl der X. Senat des BFH BStBl. II 2016, 81.
[423] Schmidt/*Kulosa* EStG § 6 Rn. 697 (1); → Rn. 52.

gungen[424] stellt die Übernahme betrieblicher Verbindlichkeiten eine steuerbare Gegenleistung dar und zwar unabhängig davon, ob die Betriebsschuld nur im Innenverhältnis (durch Freistellungsverpflichtung) oder auch im Außenverhältnis (durch Schuldübernahme) übernommen wird.[425] Nach Ansicht der Finanzverwaltung entsteht durch die Übernahme der Verbindlichkeit mithin immer ein Veräußerungsgewinn in Höhe der Entgeltlichkeitsquote, nach Ansicht des IV. Senat des BFH allerdings nur dann, wenn die übernommene Verbindlichkeit den Buchwert des zugleich übernommenen Wirtschaftsguts übersteigt. Beim Erwerber erfolgt der Wertansatz korrespondierend zur Behandlung beim Übergeber.

153 Bei teilentgeltlicher Übertragung eines Wirtschaftsguts in den außerbetrieblichen Bereich (zB Privatvermögen) kommt es zu einer Entnahme des Wirtschaftsguts zum Teilwert (§ 6 Abs. 1 Nr. 4 EStG) und zur Versteuerung eines Entnahmegewinns in Höhe des Teilwerts abzüglich geleisteten Teilentgelts, des Buchwerts und etwaiger Veräußerungs-/Entnahmekosten. Werden mit dem Wirtschaftsgut künftig **Überschusseinkünfte** erzielt, bildet das geleistete Gesamtentgelt nebst den Anschaffungsnebenkosten beim Erwerber die künftige AfA-Bemessungsgrundlage für den entgeltlichen Teil. Hinsichtlich des unentgeltlichen Teils ist gemäß § 11d Abs. 1 EStDV der anteilige Entnahmewert maßgebend. Legt der Erwerber das Wirtschaftsgut dagegen in ein **Betriebsvermögen** ein, ist grundsätzlich der Teilwert (§ 6 Abs. 1 Nr. 5 EStG) die Bemessungsgrundlage der künftigen Abschreibungen. Erfolgt die Einlage innerhalb von drei Jahren nach dem Erwerb in vorweggenommener Erbfolge und ist der anteilige Teilwert im Zeitpunkt der Zuführung höher als das Gesamtentgelt nebst Anschaffungsnebenkosten, so sind nach § 6 Abs. 1 Nr. 5a EStG nur diese Anschaffungskosten anzusetzen. Nach der Finanzverwaltung, die bei der teilentgeltlichen Übertragung nicht der Einheitsmethode folgt, sondern die Trennungstheorie anwendet, ist hinsichtlich des unentgeltlichen Teils gem. § 11d Abs. 1 EStDV der anteilige Entnahmewert für die Abschreibung maßgebend. Bei Einlage in ein Betriebsvermögen verbleibt es hinsichtlich dieses unentgeltlichen Teils beim Ansatz der Einlage mit dem anteiligen Teilwert.[426]

154 Bei der entgeltlichen Übertragung von im Privatvermögen gehaltenen **Anteilen an einer Kapitalgesellschaft** ist danach zu unterscheiden, ob es sich um eine relevante (früher: wesentliche) oder um eine nicht relevante (früher: unwesentliche) Beteiligung handelt. Die entgeltliche Übertragung einer relevanten, dh einer Beteiligung ≥ 1% führt zu einem Veräußerungsgewinn beim Übergeber und zu Anschaffungskosten beim Erwerber (→ § 25 Rn. 142 ff.). Soweit die Anteile teilentgeltlich erworben wurden, sind sie nach dem Verhältnis des Verkehrswerts[427] der übertragenen Anteile zur Gegenleistung „wertmäßig"[428] in einen voll entgeltlichen und einen voll unentgeltlichen Teil aufzuspalten. Die entgeltliche Übertragung einer nicht relevanten, dh einer Beteiligung < 1% führt beim Veräußerer zu Einkünften aus Kapitalvermögen iSd § 20 Abs. 2 Nr. 1 EStG.

5. Übertragung unter Nießbrauchsvorbehalt

155 Nießbrauchsgestaltungen sind dadurch gekennzeichnet, dass das Vermögen und dessen Erträge unterschiedlichen Personen zugeordnet werden. Zu unterscheiden sind drei klassische Szenarien:
– Der bisherige Eigentümer überträgt im Rahmen der vorweggenommenen Erbfolge Vermögen auf einen Dritten und behält sich den Nießbrauch an diesem Vermögen vor (sog. **Vorbehaltsnießbrauch**).

---

[424] → § 25 Rn. 67.
[425] *Gebel*, Betriebsvermögensnachfolge, Rn. 584.
[426] BFH BStBl. II 1994, 15.
[427] *Schmidt/Weber-Grellet* EStG § 17 Rn. 83.
[428] *Widmann* StKongRep 1994, 83 (92); aA *Littmann/Rapp* EStG § 17 Rn. 161: gegenständlich.

– Der Erblasser will im Falle seines Todes eine bestimmte Person versorgt wissen. Er weist daher durch letztwillige Verfügung das Vermögen bestimmten Personen zu, verpflichtet diese jedoch dazu, der zu versorgenden Person den Nießbrauch an dem Vermögen oder Teilen davon einzuräumen (sog. **Vermächtnisnießbrauch**).
– Der Eigentümer eines Vermögensgegenstands beabsichtigt, die Versorgung eines anderen sicherzustellen. Er selbst bestellt daher zu dessen Gunsten den Nießbrauch an dem Gegenstand; die Eigentumsverhältnisse bleiben unverändert (sog. **Zuwendungsnießbrauch**).

Zuwendungs- und Vermächtnisnießbrauch (Nießbrauchsvermächtnis) sind dadurch gekennzeichnet, dass der Vermögensgegenstand beim Eigentümer bzw. dessen Erben verbleibt und einem Dritten (dem Nießbraucher) nur das Nießbrauchsrecht an diesem nießbrauchsbelasteten Gegenstand eingeräumt wird. Beim Vorbehaltsnießbrauch verhält es sich dagegen genau umgekehrt. Hier geht das Vermögen, dh die Substanz auf den Dritten über, während der ursprüngliche Eigentümer die Nutzung dieses Vermögens zurückbehält. Die steuerlichen Folgen derartiger Nießbrauchsgestaltungen richten sich zum einen danach, wem das Vermögen und wem die Erträge daraus zuzuordnen sind. Zum anderen spielt die Art der Vermögensgegenstände und ihre Zugehörigkeit zum Privat- oder Betriebsvermögen eine wesentliche Rolle. Schließlich kommt es auch noch auf den Umfang des Nießbrauchsrechts an (Vollrechts- oder Ertragsnießbrauch).[429] In jedem Fall gilt jedoch, dass man in dem Nießbrauchsvertrag und/oder Gesellschaftsvertrag die Rechte und Pflichten des Nießbrauchers und auch des Nießbrauchsbestellers genauestens regeln sollte.[430] Das gilt insbesondere für die Gewinnverteilung, für die Ausübung der Stimmrechte und für eine mögliche Auflösung des Nießbrauchsvertrages.

156 Der **Vorbehaltsnießbrauch** ist ein typisches gestalterisches Element im Bereich der vorweggenommenen Erbfolge. Mit ihm soll überwiegend nur die wirtschaftliche Absicherung des Übertragenden und ggf. diejenige seiner Familie erreicht werden. Die steuerliche Beratung erstreckt sich daher in diesem Bereich vornehmlich darauf, nachteilige bzw. unvorhergesehene Wirkungen des Nießbrauchs zu vermeiden.[431] Darüber hinaus ist er seit der Beschränkung des Sonderausgabenabzugs bei der Vermögensübergabe gegen Versorgungsleistungen auf die Übertragung bestimmten betrieblichen Vermögens (→ Rn. 78 ff.) insbesondere bei Grundstücken zu einer echten Alternative hierzu erstarkt. Hinzu kommt, dass das erbschaftsteuerliche Abzugsverbot nach § 25 ErbStG seit dem 1.1.2009 gefallen ist und der Barwert des vorbehaltenen Nießbrauchs als Gegenleistung bei der Ermittlung des erbschaftsteuerlichen Erwerbs abgezogen werden kann (→ § 27 Rn. 101). Beim Vorbehaltsnießbrauch hält der Nießbrauchsbesteller die Nutzung des Vermögens zurück. Dementsprechend kann der Vorbehaltsnießbrauch auch kein Entgelt für die Vermögensübertragung sein.[432] Die Problematik der Entgeltlichkeit stellt sich somit hinsichtlich des zurückbehaltenen Rechts nicht, wohl aber hinsichtlich des übertragenen Vermögens. Die **Ausschlagung** einer Erbschaft gegen Vorbehalt des Nießbrauchs erfolgt unentgeltlich, da der vorbehaltene Nießbrauch keine Gegenleistung darstellt.[433] Der Nießbrauchsbesteller wird durch die Ausschlagung Erbe und erwirbt ebenfalls unentgeltlich.

157 Beim Vorbehaltsnießbrauch überträgt der Nießbraucher das Vermögen auf den Nießbrauchsbesteller. Dieser wird zivilrechtlicher Eigentümer des nießbrauchsbelasteten Vermögens. Der Nießbraucher ist daher im Normalfall nicht Eigentümer und auch nicht wirtschaftlicher Eigentümer des Vermögens. Ihm steht nur das Recht zur Nutzung und Fruchtziehung zu. Wirtschaftliches Eigentum des Vorbehaltsnießbrauchers wird ausnahmsweise angenommen, wenn die Veräußerung des geschenkten Gegenstandes der Zustimmung des Nießbrauchers bedarf und letzterer außerdem die unentgeltliche Rück-

---
[429] Zum Ertragsnießbrauch → § 27 Rn. 316.
[430] *Paus* BB 1990, 1675.
[431] Zur umsatzsteuerlichen Behandlung vgl. *Korn* DStR 1999, 1461 (1472) mwN.
[432] GrS BFH BStBl. II 1990, 847; BMF DStR 2013, 2112 Rn. 40.
[433] BFH BStBl. II 1998, 431; BMF DStR 2013, 2112 Rn. 39.

übertragung für den Fall des Vorversterbens des Beschenkten verlangen kann.[434] Zugleich ist es bei Wirtschaftsgütern mit längerer oder unbestimmter Lebensdauer unerheblich, wenn der Eigentümer (Beschenkter/Nießbrauchbesteller) nicht für die gewöhnliche Nutzungsdauer, sondern lediglich für die Lebenszeit des Einwirkungsberechtigten von der Einwirkung auf das Wirtschaftsgut ausgeschlossen werden kann.[435] Die Substanz wird während dieses Zeitraums nicht verbraucht und verbleibt in diesen Fällen folglich beim Nießbrauchbesteller und Beschenkten. Nur wenn der Nießbraucher und früherer Eigentümer aufgrund der ihm bei Bestellung des Nießbrauchs vorbehaltenen Rechte in der Lage ist, den (neuen) Eigentümer von der Verfügung über den Gegenstand des Nießbrauchs auszuschließen oder wenn dieser während des Nießbrauchs verbraucht wird, bleibt er **wirtschaftlicher Eigentümer** desselben, § 39 Abs. 2 Nr. 1 AO. So bleibt der Nießbraucher zB wirtschaftlicher Eigentümer, wenn er den Nießbrauchsgegenstand unter jederzeit ausübbarem freiem Widerrufsvorbehalt auf den jetzigen (rechtlichen) Eigentümer und Nießbrauchbesteller übertragen hat.[436] Entsprechendes gilt, wenn der Nießbraucher nach dem Inhalt der getroffenen Abrede alle mit der Beteiligung verbundenen wesentlichen Rechte (Vermögens- und Verwaltungsrechte) ausüben und im Konfliktfall effektiv durchsetzen kann.[437] In diesen Fällen würde sich an der einkommensteuerlichen Zuordnung des nießbrauchsbelasteten Vermögens durch die Bestellung des Nießbrauchs nichts ändern. Gezielte Vorbehalte für besondere Zwecke führen dagegen nicht zur Begründung wirtschaftlichen Eigentums.[438] Das zivilrechtliche und wirtschaftliche Eigentum geht somit regelmäßig auf den Nießbrauchbesteller und Übernehmer über.[439] Ihm ist in diesem Falle nur die Substanz zuzurechnen. Die Einkünfte aus dem Vermögen sind dagegen **dem Nießbraucher zuzurechnen,** da dessen Rechtsstellung es ihm gestattet, die Tatbestandsmerkmale zu verwirklichen, die für die jeweils betroffene Einkunftsart charakteristisch sind. Hierfür ist es allerdings erforderlich, dass er seine Rechtsstellung auch tatsächlich in dieser Weise zur Erzielung von Einkünften nutzt.[440] Es ist somit jede Einkunftsart für sich daraufhin zu betrachten, ob der Nießbraucher die notwendigen Voraussetzungen erfüllt. Nach Ansicht des X. Senats des BFH soll eine unentgeltliche Übertragung eines Einzelunternehmens zu Buchwerten nicht möglich sein.[441] § 6 Abs. 3 S. 1 EStG erfordere, dass der Übertragende seine bisherige gewerbliche Tätigkeit einstellt. Daran fehle es, wenn er aufgrund des Vorbehaltsnießbrauchs die wesentlichen Betriebsgrundlagen weiterhin verpachte. Die Rechtsprechung des IV. Senats,[442] der bei einem land- und forstwirtschaftlichen Betrieb unter Nießbrauchsvorbehalt die Buchwertfortführung anerkannte,[443] sei auf Gewerbebetriebe nicht übertragbar. Diese Differenzierung zwischen Gewerbebetrieben und land- und forstwirtschaftlichen Betrieben ist nicht gerechtfertigt und mit dem Gesetzeszweck, Unternehmensnachfolgen nicht durch die Besteuerung stiller Reserven zu belasten, nicht vereinbar.[444] Anders als der frühere § 7 Abs. 1 EStDV, fordert dessen Nachfolger § 6 Abs. 3 EStG gerade keine Betriebseinstellung.[445]

158 Anders als beim Vorbehaltsnießbrauch behält beim **Zuwendungsnießbrauch** grundsätzlich der Eigentümer den Vermögensgegenstand und wendet einem Dritten lediglich

---

[434] BFH BStBl. II 1999, 263.
[435] BFH BStBl. II 1999, 263; DStR 2017, 1308 Rn. 36.
[436] BFH BStBl. II 1989, 877.
[437] BFH BStBl. II 2012, 308 zum GmbH-Anteil; BStBl. II 2010, 460 zur Quotentreuhand; BFH/NV 2013, 9 zur Unterbeteiligung an Aktien.
[438] BFH BStBl. II 1992, 241 (246); vgl. auch BFH DStR 1999, 372.
[439] LfSt Bayern BB 2011, 1010.
[440] BFH BStBl. II 1980, 432; BFH/NV 1994, 866; BMF DStR 2013, 2112 Rn. 1.
[441] BFH DStR 2017, 1308.
[442] BFH BStBl. II 1987, 772; 2016, 765.
[443] So nun auch der VI. Senat, BFH DStRE 2019, 129, der in einem obiter dictum in Rn. 32 klarstellt, dass diese Sichtweise nicht auf Forstbetriebe zu beschränken sei.
[444] *Wendt* FR 2017, 1061; *Hübner/Fritz* DStR 2017, 2353; *Korn* KÖSDI 2018, 20597.
[445] *Hübner/Fritz* DStR 2017, 2353; *Korn* KÖSDI 2018, 20597.

den Nießbrauch an diesem Gegenstand zu. Ziel dieser Gestaltung ist es, dem Dritten eine Einkunftsquelle zu verschaffen. Im Vordergrund steht zumeist ein Versorgungsgedanke. Allerdings kann eine derartige Gestaltung auch dazu dienen, sich durch die Aufteilung der Einkunftsquellen auf mehrere Familienmitglieder einen bisher ungenutzten Grundfreibetrag, zB den eines Kindes, zu erschließen und gegebenenfalls die Steuerprogression auf das Einkommen des Nießbrauchbestellers zu vermindern. Ein Gestaltungsmissbrauch liegt hierin nicht.[446] Anders als beim Vermächtnisnießbrauch, der immer unentgeltlich ist, und beim Vorbehaltsnießbrauch, bei dem der Nießbraucher wirtschaftlich betrachtet etwas zurückbehält und sich die Frage der **Entgeltlichkeit** somit in der Regel überhaupt nicht stellt, ist beim Zuwendungsnießbrauch zunächst zu klären, ob der Nießbrauch voll unentgeltlich, voll entgeltlich oder teilentgeltlich bestellt wurde. Auch hier gilt der Grundsatz, dass ein entgeltlich bestellter Nießbrauch bei Personen, die nicht miteinander verwandt sind (→ § 15 AO), als **vollentgeltlich** anzusehen ist.[447] Die Beweislast für das Gegenteil trägt das Finanzamt. Bestehen zwischen Nießbraucher und Nießbrauchbesteller jedoch verwandtschaftliche Bande, gilt diese Vermutung nicht (→ Rn. 53). Sind der Wert des Nießbrauchs und der Wert der Gegenleistung nicht nach wirtschaftlichen Gesichtspunkten abgewogen, handelt es sich um einen **teilentgeltlichen** Vorgang, auf den die Aufteilungsmethode (→ Rn. 50) anzuwenden ist.[448] Dies gilt sowohl für unausgewogene Nießbrauchsbestellungen unter Verwandten wie unter fremden Dritten. Auch die Art des nießbrauchsbelasteten Vermögens soll keine Rolle spielen, so dass die Aufteilungsmethode auch beim teilentgeltlichen Zuwendungsnießbrauch an Betrieben, Teilbetrieben und Mitunternehmeranteilen sowie einzelnen Wirtschaftsgütern des Betriebsvermögens gilt.[449] Wird keine Gegenleistung erbracht oder beträgt der Wert der Gegenleistung weniger als 10% des Werts des Nießbrauchs, liegt ein **unentgeltlich** bestellter Nießbrauch vor.[450] Die Bewertung des Nießbrauchsrechts kann aus Vereinfachungsgründen entsprechend §§ 13–16 BewG erfolgen. Im Übrigen stellt sich wie beim Vorbehaltsnießbrauch (→ Rn. 157) auch beim Zuwendungsnießbrauch die Frage, wem die Einkünfte **persönlich zuzurechnen** sind. Entscheidend ist wiederum, wessen Rechtsstellung es ihm ermöglicht, die Tatbestandsmerkmale der betreffenden Einkunftsart zu verwirklichen und dass der Betreffende diese Rechtsstellung auch tatsächlich zur Erzielung von Einkünften nutzt.

Wird der **Vertrag mit Familienangehörigen** geschlossen, muss der Nießbrauch bürgerlich-rechtlich begründet, klar vereinbart, ernsthaft gewollt und tatsächlich durchgeführt werden (sog. **Klarheitsgebot**).[451] Wichtig ist in diesen Fällen, dass sich äußerlich tatsächlich auch etwas ändert und nicht alles beim Alten bleibt. Dies erweist sich insbesondere bei Verträgen mit Minderjährigen oft als problematisch. Es muss eine klare Trennung des Vermögens der Eltern und des Kindesvermögens gewährleistet sein. Erlangen die minderjährigen Kinder durch die Nießbrauchbestellung nicht lediglich einen rechtlichen Vorteil oder haben sie das siebente Lebensjahr noch nicht vollendet, müssen sie bei der Begründung des Nutzungsrechts durch einen Ergänzungspfleger vertreten werden.[452] Dies ist ausnahmsweise dann nicht erforderlich, wenn das Familiengericht die Mitwirkung eines Ergänzungspflegers für entbehrlich gehalten hat.[453] Die Anordnung der Ergänzungspflegschaft ist allerdings nur für die Nießbrauchsbestellung und nicht für die spätere Verwaltung erforderlich.[454] Darüber hinaus erfordert die tatsächliche Durchführung des Nieß-

---

[446] BFH/NV 1996, 122.
[447] BMF DStR 2013, 2112 Rn. 11; → Rn. 53.
[448] BMF DStR 2013, 2112 Rn. 12; *Jansen/Jansen* Rn. 213; aA *Warnke* INF 1998, 483 u. *Stuhrmann* DStR 1998, 1407, die analog § 21 Abs. 2 S. 2 EStG Teilentgeltlichkeit erst annehmen, wenn die Gegenleistung 50% des Werts des Nutzungsrechts unterschreitet.
[449] *Jansen/Jansen* Rn. 213.
[450] BMF DStR 2013, 2112 Rn. 13.
[451] BFH BStBl. II 1986, 322; BFH/NV 2005, 1062 mwN; BMF DStR 2013, 2112 Rn. 2.
[452] BFH BStBl. II 1992, 506 mwN; BMF BStBl. I 2001, 171.
[453] BMF DStR 2013, 2112 Rn. 4 und 5; aA BFH BStBl. II 1992, 506.
[454] BFH BStBl. II 1984, 366; BMF BStBl. I 2001, 171; DStR 2013, 2112 Rn. 4.

brauchs, dass der Nießbraucher zB als Vermieter bzw. Verpächter gegenüber den Mietern bzw. Pächtern in Erscheinung tritt. Bei einer im Grundbuch eingetragenen dinglichen Nießbrauchbestellung gehen die Miet- bzw. Pachtverträge zwangsläufig auf den Nießbraucher über. Bei obligatorischen Nutzungsrechten bedarf es hier einer rechtsgeschäftlichen Vertragsübernahme.[455] Vertreten Eltern ihre minderjährigen Kinder, müssen die Erklärungen im Namen der Kinder abgegeben werden.[456] Schließlich darf der Nießbrauch nicht frei widerruflich sein, da ansonsten die Einkünfte trotz zivilrechtlich wirksamer und tatsächlich durchgeführter Nießbrauchbestellung dem Besteller zuzurechnen sind.[457] Eine Rückvermietung des Grundstücks an die Eltern durch die minderjährigen Kinder als Zuwendungsnießbraucher ist kein Gestaltungsmißbrauch iSd § 42 AO.[458]

160 a) **Nießbrauch an einem Einzelunternehmen.** Beim **Vorbehaltsnießbrauch** an einem Einzelunternehmen ist zwischen Unternehmensnießbrauch und Ertragsnießbrauch zu unterscheiden. Ein **Unternehmensnießbrauch** liegt vor, wenn der Nießbraucher das Unternehmen selbst auf eigene Rechnung und Gefahr führt. Er muss aufgrund des Nießbrauchs im eigenen Namen Unternehmerinitiative entfalten und Unternehmerrisiko tragen. Dies wird beim Vorbehaltsnießbrauch in der Regel der Fall sein, da sich hinsichtlich der vor der Übertragung liegenden Situation grundsätzlich nichts verändert. Nach der Rechtsprechung des X. Senats des BFH soll die Übertragung und Nießbrauchsbestellung allerdings zu einer Realisierung des Gewinns führen.[459] § 6 Abs. 3 EStG sei nicht anwendbar, da dieser voraussetze, dass der übertragende seine bisherige gewerbliche Tätigkeit einstellt. Daran fehle es, wenn die wesentlichen Betriebsgrundlagen aufgrund des vorbehaltenen Nießbrauchs vom bisherigen Betriebsinhaber weiterhin gewerblich genutzt werden. Dabei sei unerheblich, ob ein aktiv betriebener oder ein verpachteter Betrieb unter Vorbehaltsnießbrauch übertragen wird. Dies gelte nur für die unentgeltliche Übertragung eines land- und forstwirtschaftlichen Einzelbetriebs gegen Vorbehaltsnießbrauch nicht, da diese auf § 14 EStG beruht, der anders als § 6 Abs. 3 EStG keine Einstellung der Tätigkeit erfordert.[460] Der Vorbehaltsnießbraucher erzielt je nach Art des Betriebs Einkünfte aus Gewerbebetrieb, Land- und Forstwirtschaft oder freiberuflicher Tätigkeit. Aufgrund der Nießbrauchsbestellung kommt es zu einer der Unternehmensverpachtung vergleichbaren Situation, bei der zwei Betriebe nebeneinander vorliegen.[461]

161 Der **Betrieb** in der Hand **des Nießbrauchbestellers** (und neuen Eigentümers) wird zum ruhenden Betrieb. Abgesehen von etwaigen stillen Reserven im Umlaufvermögen[462] kommt es bei ihm grundsätzlich zu keiner Gewinnrealisierung, § 6 Abs. 3 EStG. Ebenso wie dem Verpächter (→ § 7 Rn. 8 ff.) steht auch dem nießbrauchsverpflichteten Erwerber ein **Wahlrecht** zu: Solange er die Betriebsaufgabe nicht ausdrücklich erklärt, gilt der bisherige Betrieb in einkommensteuerrechtlicher Hinsicht als fortbestehend. Etwaige Einnahmen aus dem Nießbrauch stellen, solange keine Betriebsaufgabe erklärt wurde, Einkünfte aus Gewerbebetrieb bzw. Land- und Forstwirtschaft dar. Dieser Gewinn ist zwischen dem Nießbraucher und früherem Eigentümer einerseits und dem Nießbrauchsbesteller und jetzigen Eigentümer andererseits aufzuteilen. Denn innerhalb des Gewinns steht dem Nießbraucher – vorbehaltlich anderweitiger Vereinbarungen – nur derjenige

---

[455] BFH BStBl. II 1983, 502; BFH/NV 2013, 1228; BMF DStR 2013, 2112 Rn. 36.
[456] BFH BStBl. II 1981, 295; BFH/NV 2004, 1079; BMF DStR 2013, 2112 Rn. 15; Schmidt/*Kulosa* EStG § 21 Rn. 74.
[457] BFH/NV 2004, 1079.
[458] Schmidt/*Kulosa* EStG § 21 Rn. 74 unter Hinweis auf BFH BStBl. II 2004, 643; aA noch BFH BStBl. II 1991, 205.
[459] BFH DStR 2017, 1308; aA *Wendt* FR 2017, 1061; *Hübner/Fritz* DStR 2017, 2353; *Korn* KÖSDI 2018, 20597; → Rn. 157.
[460] BFH BStBl. II 2016, 785; BFH DStR 2017, 1308; BFH DStRE 2019, 129 Rn. 32.
[461] BFH BStBl. II 1987, 772; Schmidt/*Wacker* EStG § 15 Rn. 144.
[462] *Korn* DStR 1999, 1461 (1470).

Teil zu, der nicht auf die realisierten stillen Reserven im Anlagevermögen entfällt.[463] Letzterer ist dem Nießbrauchsbesteller und jetzigen Eigentümer zuzurechnen, da die Reduzierung stiller Reserven eine Minderung des nießbrauchsbelasteten Vermögens selbst darstellt. Erklärt der Nießbrauchbesteller, dass er den Betrieb aufgeben wolle, liegt eine begünstigte Betriebsaufgabe vor. Ein Firmenwert bleibt dabei, unabhängig davon, ob er originär oder derivativ erworben wurde, außer Ansatz.[464] Die dem Nießbrauchsbesteller und neuen Eigentümer überlassenen Wirtschaftsgüter werden dann zu Privatvermögen. Nach erfolgter Betriebsaufgabe des ruhenden Betriebs erzielt er daher Einnahmen aus Vermietung und Verpachtung. Obwohl der Nießbrauchsbesteller grundsätzlich Eigentümer des Betriebsvermögens ist, ist er aufgrund des unentgeltlich vorbehaltenen Nießbrauchs nicht abschreibungsberechtigt. Die Abschreibung steht vielmehr dem Nießbraucher und früheren Eigentümer zu, und zwar auf Basis seiner ursprünglichen Anschaffungs- und Herstellungskosten.[465] Die sog. **rheinische Hofübergabe,** bei der die Hofübergabe unter Vorbehaltsnießbrauch und gleichzeitiger entgeltlicher[466] Verpachtung des Betriebs an den Hofnachfolger erfolgt, ist nach den gleichen Grundsätzen zu behandeln. Der Nießbraucher (früherer Eigentümer und jetziger Verpächter) erzielt weiterhin laufende gewerbliche oder land- und forstwirtschaftliche Einkünfte, von denen er die Abschreibungen abziehen kann.[467] Das Verpächterwahlrecht ist durch diese Konstruktion nicht ausgeschlossen, da der Vorbehaltsnießbraucher die Möglichkeit zur Fortführung des Betriebes hat und diesen zuvor auch selbst bewirtschaftet hatte.[468] Geschieht dies unter Familienangehörigen, also übereignen zB Eltern ihren Kindern – im Zusammenhang mit der unentgeltlichen Übertragung eines Hofes, aber auch eines Gewerbebetriebs oder eines Anteils an einer gewerblich tätigen Personengesellschaft – schenkweise unter Vorbehalt des Nießbrauchs ein ganz oder teilweise betrieblich genutztes Grundstück und vermieten sie in Ausübung des vorbehaltenen Nießbrauchs das Grundstück zum Zwecke der betrieblichen Nutzung an die Kinder oder an eine Personengesellschaft, deren Gesellschafter die Kinder sind, so ist dies ertragsteuerlich anzuerkennen, wenn
– der Nießbrauch ernstlich gewollt, zivilrechtlich wirksam bestellt ist und tatsächlich ausgeübt wird,
– in Ausübung des Nießbrauchs ein inhaltlich auch zwischen Fremden möglicher Mietvertrag zivilrechtlich wirksam abgeschlossen und tatsächlich durchgeführt wird und
– die im Rahmen des Mietverhältnisses für die Überlassung des Grundstücks zur betrieblichen Nutzung erbrachten Gegenleistungen nicht überhöht sind, insbesondere die Aufwendungen nicht übersteigen, die bei Anmietung eines vergleichbaren Objektes von einem Fremden insgesamt anfallen würden.[469]

Der **Betrieb** in der Hand **des Vorbehaltsnießbrauchers** (und vormaligen Eigentümers) ist dagegen ein aktiver, wirtschaftender Betrieb.[470] Soweit gegenüber dem Nießbrauchsverpflichteten (und neuen Eigentümer) Verbindlichkeiten bestehen, liegen Betriebsausgaben vor. Aufgrund der Fortführung des vorbehaltenen Betriebs erzielt der Nießbraucher grundsätzlich weiterhin gewerbliche bzw. land- und forstwirtschaftliche Einkünfte. Der

162

---

[463] BFH BStBl. II 1995, 241; BStBl. II 1992, 605.
[464] BFH BStBl. II 1989, 606; BStBl. II 2002, 387; aA *Paus* BB 1990, 1675.
[465] Schmidt/*Kulosa* EStG § 13 Rn. 154.
[466] Bei unentgeltlicher Verpachtung bzw. Wirtschaftsüberlassung soll die AfA-Befugnis auf den Nießbrauchsbesteller (jetzigen Eigentümer) übergehen, Schmidt/*Kulosa* EStG § 13 Rn. 154.
[467] Schmidt/*Kulosa* EStG § 13 Rn. 154; aA evtl. BFH/NV 2005, 1062 unter II.1. wonach es möglicherweise aufgrund der Verpachtung zur Betriebsaufgabe kommt und der Nießbraucher dann dementsprechend Einkünfte aus Vermietung und Verpachtung erzielt.
[468] AA evtl. BFH/NV 2005, 1062 unter Hinweis auf sein Urt. v. 20.4.1989 – IV R 95/87, BStBl. II 1989, 863, und Frotscher/*Geurts* EStG § 13 Rn. 479: Da stille Reserven nur vom Eigentümer realisiert werden können, stehe dem verpachtenden Nießbrauchberechtigten (Vorbehaltsnießbraucher) kein Verpächterwahlrecht zu; mE nicht stichhaltig, da die stillen Reserven beim Eigentümer/Nießbrauchsbesteller steuerverstrickt sind.
[469] BFH BStBl. II 1986, 322; BFH/NV 2005, 1062 mwN; → Rn. 250.
[470] BFH BStBl. II 1987, 772; BStBl. II 2016, 765.

Vorbehaltsnießbraucher ist zwar nicht Eigentümer und regelmäßig auch nicht wirtschaftlicher Eigentümer des Betriebsvermögens, ist aber grundsätzlich abschreibungsberechtigt und zwar auf Basis seiner ursprünglichen Anschaffungs- und Herstellungskosten.[471] Sofern er bilanziert, ist kein Anlagevermögen, sondern nur das Umlaufvermögen auszuweisen, welches nach § 1067 BGB grundsätzlich in sein Eigentum übergeht. Die Nießbrauchsrechte, die wegen des Auseinanderfallens von Eigentum und Nutzungsrecht an dem Unternehmen neue selbständige Wirtschaftsgüter darstellen, gehören als wesentliche Grundlage des Betriebes des Nießbrauchers zu dessen notwendigem Betriebsvermögen.[472] Im Falle der Bilanzierung scheitert ein Wertansatz in der Bilanz des Nießbrauchers an der Unentgeltlichkeit des Erwerbes der Nießbrauchsrechte.[473] Ertragsteuerlich gilt das Aktivierungsverbot für immaterielle Wirtschaftsgüter gemäß § 5 Abs. 2 EStG. Gibt der Vorbehaltsnießbraucher den Nießbrauch auf, liegt eine begünstigte Betriebsaufgabe vor. Eine ihm hierfür von dem Nießbrauchsbesteller (und neuen Eigentümer) gezahlte Entschädigung ist dabei in voller Höhe als Aufgabepreis zu erfassen.[474] Korrespondierend hierzu entstehen dem Nießbrauchsbesteller nachträgliche Anschaffungskosten.[475]

163 Ein **Ertragsnießbrauch** an einem Unternehmen liegt vor, wenn dem Vorbehaltsnießbraucher (und früheren Eigentümer) lediglich die Erträge ganz oder teilweise zustehen, ohne dass er das Unternehmen selbst führt. Mangels Unternehmerstellung erzielt er keine gewerblichen Einkünfte.[476] Die steuerliche Behandlung des Vorbehaltsertragsnießbrauchs entspricht derjenigen einer Vermögensübergabe gegen Versorgungsleistungen (→ Rn. 167). Der Betrieb geht daher vom Nießbraucher (früheren Eigentümer) auf den Nießbrauchsbesteller in der Regel unentgeltlich über. Dieser hat die Buchwerte fortzuführen, § 6 Abs. 3 EStG, und ihm ist der gesamte Gewinn zuzurechnen, auch wenn er ihn an den Nießbraucher herauszugeben hat.[477] Die Zahlungen an den Nießbraucher sind beim Nießbrauchsbesteller je nach Art des dem Nießbrauchsrecht zugrunde liegenden Rechtsverhältnisses (unentgeltlich oder entgeltlich) entweder nicht abzugsfähig, Sonderausgaben oder Betriebsausgaben.[478] Korrespondierend hierzu sind sie beim Nießbraucher entweder nicht einkommensteuerpflichtig, wiederkehrende Leistungen iSd § 22 Nr. 1 EStG oder Betriebseinnahmen.[479] Eine lohnende Alternative zum Ertragsnießbrauch kann die **Vermögensübergabe gegen Versorgungsleistungen** zugunsten des Vermögensübergebers oder seines Ehegatten sein (→ Rn. 56, 60 ff.). Sie entspricht wirtschaftlich dem Ertragsnießbrauch. Hierbei handelt es sich nicht um einen Missbrauch der Gestaltungsmöglichkeiten gem. § 42 AO.

164 Die entgeltliche Nießbrauchbestellung an einem gewerblichen Einzelunternehmen im Rahmen eines **Zuwendungsnießbrauchs** entspricht einer **Betriebsverpachtung im Ganzen.**[480] Gleiches gilt für die Nießbrauchbestellung bei selbständigen oder land- und forstwirtschaftlichen Betrieben. Durch die Nießbrauchbestellung entstehen zwei Betriebe, wenn sowohl der Nießbrauchbesteller als auch der Nießbraucher die Kriterien einer Unternehmer- bzw. Mitunternehmerstellung erfüllen. Der **Nießbrauchbesteller** führt grundsätzlich ähnlich dem Betriebsverpächter sein Unternehmen fort, solange er nicht die Betriebsaufgabe erklärt (→ § 7 Rn. 8 ff.). Er erzielt bis zur Betriebsaufgabe weiterhin Einkünfte aus Gewerbebetrieb bzw. Land- und Forstwirtschaft. Bei der Nießbrauchbestellung an einer freiberuflichen Praxis erzielt er allerdings mangels eigenverantwortlicher Tätigkeit Einkünfte aus Gewerbebetrieb. Nach Betriebsaufgabe erzielt er Einkünfte aus Vermietung und Verpachtung, § 21 EStG.

---

[471] Schmidt/*Kulosa* EStG § 13 Rn. 154.
[472] BFH BStBl. II 2013, 210; BStBl. II 1981, 396.
[473] BFH BStBl. II 2013, 210; BStBl. II 1981, 396.
[474] BFH BStBl. II 1981, 396.
[475] BFH/NV 1991, 681; BFH/NV 2011, 1480; BFH/NV 2009, 1100.
[476] Schmidt/*Wacker* EStG § 15 Rn. 145 und 308.
[477] FG Köln DStRE 2003, 643; Schmidt/*Wacker* EStG § 15 Rn. 308.
[478] *F.J. Haas* FS L. Schmidt, 1993, 315.
[479] *Biergans* DStR 1985, 327 (335); *Paus* BB 1990, 1675 (1681).
[480] *Carlé/Bauschatz* KÖSDI 2001, 12873 (12878).

Der **Nießbraucher** erzielt gewerbliche oder Einkünfte aus Land- und Forstwirtschaft. **165**
Einen land- und forstwirtschaftlichen oder gewerblichen Betrieb kann der Nießbraucher
durch einen angestellten Geschäftsführer leiten lassen.[481] Bei einer freiberuflichen Praxis
muss er dagegen selbst leitend und eigenverantwortlich tätig sein. Lässt er die Praxis von
einem angestellten Freiberufler führen, erzielt er gewerbliche Einkünfte, und zwar auch
dann, wenn er die berufliche Qualifikation besitzt. Er hat die vorausgezahlten Aufwendungen für den Nießbrauch als immaterielles Wirtschaftsgut zu aktivieren und auf die
Nutzungsdauer abzuschreiben.[482] Der Nießbraucher kann keine AfA von den Anschaffungs- oder Herstellungskosten des Eigentümers vornehmen.

Beim **unentgeltlichen Zuwendungsnießbrauch** stehen dem Nießbraucher weder **166**
Abschreibungen nach den Anschaffungs- oder Herstellungskosten des Nießbrauchsbestellers zu, noch kann er mangels eigener Aufwendungen das Nießbrauchsrecht aktivieren
und abschreiben. Eine dem Nießbraucher für die Aufgabe des Nießbrauchs gezahlte Entschädigung in voller Höhe als nach § 34 Abs. 1 und Abs. 2 Nr. 1 EStG tarifbegünstigter
Aufgabegewinn zu erfassen ist.[483] Der unentgeltliche Zuwendungsnießbrauch kommt aufgrund dieser Nachteile faktisch kaum mehr vor.

b) Nießbrauch an einem Einzelwirtschaftsgut. Die isolierte Übereignung von Wirt- **167**
schaftsgütern des Betriebsvermögens (zB von Betriebsgrundstücken) unter Nießbrauchsvorbehalt **(Vorbehaltsnießbrauch)**, ertragsteuerlich zur Entnahme und zur Auflösung
der auf das betreffende Wirtschaftsgut entfallenden stillen Reserven. Der Entnahmewert
entspricht dem Teilwert des übertragenen Wirtschaftsguts. Eine Kürzung um den Nießbrauchsvorbehalt erfolgt nicht.[484] Entsprechendes gilt für Wirtschaftsgüter des Sonderbetriebsvermögens. Eine Übertragung der stillen Reserven auf ein Ersatzwirtschaftsgut gemäß § 6b EStG ist nicht möglich.[485] Der Vorbehaltsnießbraucher kann das Nutzungsrecht
nicht mit dem Teilwert in das eigene Betriebsvermögen einlegen, auch wenn er das übereignete Wirtschaftsgut aufgrund des Nießbrauchs unverändert nutzt.[486] Er kann lediglich
die eigenen Aufwendungen abziehen, zu denen auch die abziehbaren Anschaffungs- und
Herstellungskosten gehören, die er selbst getragen hat. Dies erfolgt gewinnmindernd
durch Ansatz einer entsprechenden Einlage. Bemessungsgrundlage für die Abschreibung
eines Gebäudes ist dessen Entnahmewert (Teilwert), so dass die als Einlage und Betriebsausgabe zu berücksichtigende Abschreibung höher als die bisher vor der Entnahme vorgenommene Abschreibung sein kann.[487] Soweit sich der vorbehaltene Nießbrauch auf den
Grund und Boden bezieht ist keine Abschreibung zulässig.

Die Bestellung eines **Zuwendungsnießbrauchs** an einem Einzelwirtschaftsgut des **168**
Betriebsvermögens führt grundsätzlich nicht zu einer Entnahme des Gegenstandes.[488] Unabhängig davon, ob es sich um einen entgeltlich oder einen unentgeltlich bestellten Nießbrauch handelt, bleibt der Zuwendende (Nießbrauchsbesteller) idR wirtschaftlicher Eigentümer.[489] Dies ist ausnahmsweise dann anders zu beurteilen, wenn dem Nießbraucher
auch die Substanz zugewendet (→ Rn. 157) oder durch die Nutzung seitens des Bedachten der sachliche Betriebszusammenhang durchbrochen wird.[490] Der Zuwendungsnießbrauch an einem **Betriebsgrundstück,** das der Nießbraucher dem Nießbrauchsbesteller
mietweise zur Nutzung überlässt, führt bei dem Besteller weder zu einer Entnahme des

---

[481] *Paus* BB 1990, 1675.
[482] BFH/NV 2006, 1812; Schmidt/*Weber-Grellet* EStG § 5 Rn. 176 mwN.
[483] BFH BStBl. II 1981, 396.
[484] BFH BStBl. II 1989, 763; BStBl. II 1990, 368.
[485] *Paus* StWa 2001, 43 (48).
[486] GrS BFH BStBl. II 1995, 281.
[487] BFH BStBl. II 1990, 368; aA Schmidt/*Kulosa* EStG § 7 Rn. 65 (ursprüngliche Anschaffungs-/Herstellungskosten des Schenkers) mwN.
[488] BFH BStBl. II 1995, 241.
[489] BFH BStBl. II 1990, 961; 1992, 605.
[490] Schmidt/*Heinicke* EStG § 4 Rn. 360 „Nießbrauch".

Grundstücks noch zu einer Entnahme des Nießbrauchsrechts.[491] Das Grundstück bleibt zumindest solange gewillkürtes Betriebsvermögen, bis es entnommen wird. Eine zwangsweise Entnahme des Grundstücks kommt nur in Betracht, wenn die Bestellung des Nießbrauchs ausnahmsweise zum Übergang des wirtschaftlichen Eigentums am Grundstück auf den Nießbraucher führt, was jedoch nicht der Fall ist, wenn das Grundstück weiterhin dem Betrieb zur Verfügung steht und dieser Zustand auch nach Beendigung des Nießbrauchsrechts voraussichtlich weiterhin anhalten wird.[492] Die Mietzinszahlungen sind beim Nießbrauchbesteller Betriebsausgaben. Gleiches gilt für die Grundstücksaufwendungen, soweit er sie aufgrund einer Vereinbarung mit dem Nießbraucher zu tragen hat. Die Abschreibung auf ein auf dem Grundstück belegenen Gebäude kann der Nießbrauchbesteller nicht abziehen, da aufgrund der Bestellung des Nießbrauchs die Nutzung des Betriebsgrundstücks außerhalb des Betriebes beim Nießbraucher erfolgt. Die Einräumung des Nießbrauchs führt danach zur Entnahme der mit der Nutzung verbundenen anteiligen jährlichen Wertabgaben des Betriebs für das Grundstück, insbesondere der Abschreibung auf das Gebäude (sog. Aufwandsentnahme).[493] Der Nießbrauch gehört beim Nießbraucher grundsätzlich zu dessen Privatvermögen. Die von dem Nießbrauchbesteller gezahlten Mieten gehören bei ihm daher zu den Einkünften aus Vermietung und Verpachtung.[494] Da die Bestellung des Nießbrauchs an Betriebsvermögen zu keiner Entnahme des Grundstücks führt, lässt sich der Nießbrauch im Rahmen der Unternehmensnachfolge als Gestaltungselement einsetzen. Insbesondere lassen sich mit ihm die üblicherweise drohenden steuerlichen Probleme mit dem Sonderbetriebsvermögen (→ Rn. 29) vermeiden. Soll zB der Sohn den Betrieb bzw. den Mitunternehmeranteil übernehmen, die Tochter aber die Erträge bzw. den Vermögenswert des Betriebsgrundstücks erhalten, lässt sich dies steuergünstig verwirklichen, indem der Erblasser dem Sohn den Betrieb bzw. den Mitunternehmeranteil nebst Betriebsgrundstück vermacht und der Tochter (ggf. neben anderem Vermögen) lediglich ein Nießbrauchsrecht an dem Betriebsgrundstück zuwendet.[495]

169 **c) Nießbrauch an einem Personengesellschafts-/Mitunternehmeranteil.** Beim **Vorbehaltsnießbrauch** am Mitunternehmeranteil (zB Personengesellschaftsanteil, Anteil an Erben- oder Gütergemeinschaft, Anteil an Bruchteilsgemeinschaft) mit Betriebsvermögen[496] ist darauf zu achten, dass der Vorbehaltsnießbraucher (und früherer zivilrechtlicher Eigentümer) nicht wirtschaftlicher Eigentümer geblieben ist (→ Rn. 157). Ist dies bereits der Fall, stellt sich die Frage nach einer eventuellen Mitunternehmerschaft nicht mehr. Wirtschaftliches Eigentum an einem Personengesellschaftsanteil liegt beim Nießbraucher zB dann vor, wenn er den Anteil zwar verschenkt hat, seine Rückgabe aber jederzeit ohne Angabe von Gründen einseitig verlangen oder er alle mit der Beteiligung verbundenen wesentlichen Rechte ausüben und im Konfliktfall auch effektiv durchsetzen kann.[497] Ist der Vorbehaltsnießbraucher kein wirtschaftlicher Eigentümer geblieben, ist danach zu unterscheiden, ob es sich um einen (partiellen) Unternehmensnießbrauch (→ Rn. 231) oder um einen Ertragsnießbrauch[498] handelt. Für die Einordnung als **(partieller) Unternehmensnießbrauch** kommt es darauf an, ob der **Vorbehaltsnießbraucher als Mitunternehmer** (→ § 25 Rn. 24 ff.) anzusehen ist. Dies ist der Fall, wenn er aufgrund der

---

[491] BFH/NV 2000, 1039; BStBl. II 1995, 241.
[492] BFH/NV 2000, 1039.
[493] BFH BStBl. II 1995, 241 mwN; str. vgl. Schmidt/*Weber-Grellet* EStG § 5 Rn. 655 mwN.
[494] BFH/NV 2000, 1039.
[495] *Paus* StB 2001, 2; → § 27 Rn. 95 zur reizvollen Gestaltung der anschließenden Ablösung des Nießbrauchs durch eine Einmalzahlung.
[496] Zum Nießbrauch am Anteil an einer vermögensverwaltenden Personengesellschaft vgl. *Paus* FR 1999, 24.
[497] BFH BStBl. II 2012, 308 zum GmbH-Anteil; BStBl. II 1989, 877; BFH/NV 2009, 32.
[498] Soweit man einen Nießbrauch am Gewinnstammrecht für zulässig erachtet, ist dieser steuerlich wie ein Ertragsnießbrauch zu behandeln; → Rn. 163.

im Einzelfall getroffenen Abreden oder mangels solcher gesetzlich eine rechtliche und tatsächliche Stellung erlangt, die dem Typusbegriff des Mitunternehmers entspricht.[499] Erforderlich ist daher, dass der Nießbraucher Mitunternehmerrisiko trägt und Mitunternehmerinitiative entfalten kann. Vor dem Hintergrund, dass sich das Mitunternehmerrisiko üblicherweise in einer Beteiligung am laufenden Gewinn und Verlust sowie an den stillen Reserven und am Geschäftswert ausdrückt (→ § 25 Rn. 28), der Nießbraucher aber an den stillen Reserven des Anlagevermögens und dem Geschäftswert nicht teilnimmt, ist dieses Merkmal beim Nießbraucher nicht unproblematisch. Der Nießbraucher und frühere Eigentümer trägt jedenfalls dann Mitunternehmerrisiko, wenn er nicht nur an dem auf den Personengesellschaftsanteil entfallenden Gewinn und Verlust beteiligt ist, sondern sich sein Nießbrauch auch auf die Erträge des Nießbrauchsbestellers aus der Auflösung von Rücklagen und stiller Reserven sowie zumindest anteilig auf das Auseinandersetzungsguthaben, die Abfindung bzw. den Veräußerungspreis erstreckt, wenn die Personengesellschaft aufgelöst wird oder der Nießbrauchsbesteller aus dieser ausscheidet.[500] Insoweit bedarf es einer konkreten Vereinbarung bei Nießbrauchsbestellung, da nach der zivilrechtlichen Grundkonstruktion dieser Teil des Gewinns nur den Nießbrauchsbesteller zusteht (→ Rn. 172). Eine persönliche Haftung des Nießbrauchers ist für das Vorliegen von Mitunternehmerrisiko nicht erforderlich; ein nennenswertes wirtschaftliches Risiko muss der Nießbraucher allerdings tragen.[501] Hinsichtlich der Mitunternehmerinitiative ist nach der Rechtsprechung eine Gewinnbeteiligung ausreichend, wenn der Nießbraucher wenigstens einen Teil der mit der Mitgliedschaft verbundenen Verwaltungsrechte wie zB Stimmrechte hinsichtlich der laufenden Geschäfte der Personengesellschaft allein oder zusammen mit dem Gesellschafter ausübt.[502] Ein häufig zur gesellschaftsrechtlichen Absicherung des Nießbrauchs vereinbartes Treuhandverhältnis,[503] bei dem der Nießbraucher (und Alteigentümer) die Gesellschafterstellung als Treuhänder des Nießbrauchsbestellers (und neuen Eigentümers) wahrnimmt, verstärkt auch die Mitunternehmerinitiative. Sie entfällt jedoch, wenn vereinbart wird, dass der Nießbraucher, wie häufig die Eltern für ihre Kinder, die Gesellschafterrechte wahrnehmen soll und ihm „vorsorglich" eine Stimmrechtsvollmacht eingeräumt wird.[504] Begründet der Nießbrauch aufgrund seiner Ausgestaltung eine Mitunternehmerstellung des Nießbrauchers, so ist dieser Mitunternehmer in der Personengesellschaft ohne deren Gesellschafter zu sein. Der Nießbrauch selbst stellt dann notwendiges Sonderbetriebsvermögen II dar, da er Voraussetzung für die Erzielung von Einkünften aus Gewerbebetrieb durch den Nießbraucher ist.[505] Ein Ansatz in der Sonderbilanz scheitert ertragsteuerlich am Aktivierungsverbot für immaterielle Wirtschaftsgüter nach § 5 Abs. 2 EStG. Ob bei der Übertragung eines Mitunternehmeranteils gegen Vorbehaltsnießbrauch im Hinblick auf die Rechtsprechung zum Vorbehaltsnießbrauch bei Übertragung eines Betriebs nach § 6 Abs. 3 EStG eine Einstellung der bisherigen gewerblichen Tätigkeit erforderlich ist (→ Rn. 157), ist bislang ungeklärt und sollte durch Einholung einer verbindlichen Auskunft abgesichert werden.[506] Möglich dürfte jedoch die Übertragung eines Mitunternehmeranteils nebst Sonderbetriebsvermögen sein, bei der sich der Nießbrauch nicht auf den Mitunternehmeranteil sondern allein auf das Sonderbetriebsvermögen erstreckt. In diesem Fall erfolgt die Übertragung des Mitunernehmerantteils einschließlich des Sonderbetriebsvermögens steuerneutral nach § 6 Abs. 3 EStG und

---

[499] Vgl. Schmidt/*Wacker* EStG § 15 Rn. 306 mwN.
[500] BFH BStBl. II 2013, 210.
[501] BFH BStBl. II 1992, 330; BStBl. II 2005, 168.
[502] BFH BStBl. II 2013, 210; BFH/NV 2010, 690; BStBl. II 2015, 821; *Gschwendtner* NJW 1995, 1875.
[503] *Janßen/Nickel* 76 ff.
[504] BFH ZEV 2009, 149; BFH/NV 2016, 1565; BStBl. II 2015, 821.
[505] BFH BStBl. II 2013, 210.
[506] Vgl. *Strahl* BeSt 2017, 29; nach FG Münster ZEV 2014, 687, ist der Vorbehaltsnießbrauch im Rahmen der Übertragung von Mitunternehmeranteilen unschädlich.

170 Neben dem Nießbraucher bleibt auch der **Nießbrauchsbesteller** (und neuer Eigentümer) grundsätzlich **Mitunternehmer,** da er – jedenfalls bei einem nach den (dispositiven) Vorgaben des BGB ausgestalteten Nießbrauchs – als Anteilsinhaber einen hinreichenden Bestand an vermögensrechtlicher Substanz des nießbrauchsbelasteten Personengesellschaftsanteils und an gesellschaftsrechtlichen Mitgliedschaftsrechten zurückbehält.[508] Es kommt mithin zu einer Verdoppelung der Mitunternehmerstellung. Dies gilt auch bei einem Nießbrauch in Verbindung mit einem Treuhandverhältnis, da der Treuhänder-Kommanditist die für die Mitunternehmerinitiative erforderlichen Stimm-, Kontroll- und Widerspruchsrechte im Innenverhältnis pflichtgebunden für den Treugeber-Kommanditisten ausübt und dieser im Innenverhältnis auch das alleinige Mitunternehmerrisiko trägt.[509] Ist der Nießbrauch des Schenkers und Nießbrauchers allerdings zB bei Einräumung einer Stimmrechtsvollmacht zu umfassend ausgestattet, wird der Nießbrauchbesteller und neuer Anteilseigner kein Mitunternehmer.[510] Ob es überhaupt eine Verdoppelung der Mitunternehmerstellung an ein und demselben Mitunternehmeranteil geben kann, wird neuerdings vom IV. Senat des BFH in Zweifel gezogen.[511] Dieser stellt darauf ab, das es nur eine einzige Mitunternehmerstellung gebe und der Erwerber eines Mitunternehmeranteils nur dann Mitunternehmer werden kann, wenn Mitunternehmerinitiative und Mitunternehmerrisiko vollständig auf ihn übergegangen sind, er also anstelle des Übertragenden in dessen Position als Mitunternehmer eintritt.[512] Das Problem der Mitunternehmerschaft beim Nießbrauch lässt sich gestalterisch grundsätzlich nicht dadurch umgehen, dass dem auserkorenen Nachfolger und späteren Nießbrauchbesteller zunächst nur eine kleine Gesellschaftsbeteiligung ohne Nießbrauchsvorbehalt eingeräumt wird und ihm später weitere Anteile unter Nießbrauchsvorbehalt übertragen werden. Personengesellschaftsrechtlich gibt es zwar nur eine einheitliche „Beteiligung" eines Gesellschafters mit der Folge, dass zB ein Kommanditist nicht zugleich zwei oder mehr kommanditistische Beteiligungen an derselben KG halten kann.[513] Daraus lässt sich aber nach der Rechtsprechung keine Unteilbarkeit auch der Mitunternehmerstellung ableiten, mit der Folge, dass der nachfolgende Erwerb unter Nießbrauchsvorbehalt für sich zu betrachten ist und folglich keine Mitunternehmerinitiative vermittelt.[514] Vor diesem Hintergrund kann es sich anbieten, für alle wesentlichen und ggf. auch laufenden Entscheidungen der Mitunternehmerschaft im Innenverhältnis festzulegen, dass die Stimm- und sonstigen Mitverwaltungsrechte nur einvernehmlich von Nießbraucher und Nießbrauchbesteller ausgeübt werden dürfen und dass die laufenden Gewinne im Sinne eines Quotennießbrauchs zu teilen sind.[515] Zur Sicherung der Mitunternehmerinitiative kann auch das Stimmrecht vertraglich zwischen beiden aufgespalten werden, wobei das Stimmrecht des Nießbrauchbestellers Strukturänderungen und Organisationsgeschäfte umfassen und das Stimmrecht des Nießbrauchers sich auf gewöhnliche und außergewöhnliche Geschäftsführungsmaßnahmen beschränken sollte.[516] Soweit mit Stimmrechtsvollmachten gearbeitet werden soll, ist auf Vollmachtsbe-

---

[507] Schmidt/*Kulosa* EStG § 6 Rn. 651; FG Münster ZEV 2014, 68.
[508] BFH BStBl. II 1995, 241; ZEV 2013, 409; H 15.8 EStH 2011 „Nießbrauch"; vgl. auch *Schulze zur Wiesche* FR 1999, 281; aA FG Köln DStRE 2007, 762, wonach die bloße Beteiligung des Nießbrauchsbestellers an den stillen Reserven einschließlich Firmenwert ohne gleichzeitige Teilhabe am laufenden Gewinn nicht ausreicht, Mitunternehmerrisiko zu begründen.
[509] BFH BStBl. II 1995, 714; *Schulze zur Wiesche* BB 2004, 355.
[510] BFH ZEV 2009, 149; BStBl. II 2010, 555; ZEV 2013, 409.
[511] BFH DStR 2018, 2372 Rn. 36.
[512] BFH DStR 2018, 2372 Rn. 36; DStR 2017, 2653 Rn. 35; krit. *Stein* ZEV 2019, 131.
[513] *Crezelius* DB 1997, 1584; aA *Ulmer* ZHR Bd. 167, 2003, 103 (114); *K. Schmidt,* Gesellschaftsrecht, 4. Aufl. 2002, § 45 I. 2. b bb.
[514] BFH ZEV 2013, 409; BFH/NV 2009, 32; BStBl. II 2010, 555.
[515] *Wälzholz* DStR 2010, 1930; ders. DStR 2010, 1786; ders. NWB 2013, 1334 mit konkreten Formulierungsvorschlägen.
[516] *Fleischer* ZEV 2012, 466; ders. DStR 2013, 902.

schränkungen im Gesellschaftsvertrag zu achten.[517] Im Hinblick auf die Tendenz der Rechtsprechung des IV. Senats, der einer Verdoppelung der Mitunternehmerstellung wohl ablehnend gegenübersteht, sollte jede Gestaltung aber durch eine verbindliche Auskunft abgesichert werden. Für die Beurteilung der **Gewinnerzielungsabsicht** ist die Totalgewinnprognose anhand einer fiktiven Konsolidierung der Betriebe des Nießbrauchers und des Nießbrauchsbestellers zu erstellen.[518] Dies ist mE nicht auf land- und forstwirtschaftliche Betriebe beschränkt.

Eine Alternative zur schrittweisen Übertragung von Mitunternehmeranteilen kann die **gleitende Vermögensübergabe** darstellen. Hierbei wird der gesamte Mitunternehmeranteil unter Vorbehalt des Nießbrauchs übertragen und nach Ablauf der Behaltensfristen gemäß § 13a Abs. 6, Abs. 9 Nr. 2 ErbStG durch eine **wertidentische Versorgungsleistung** iSd § 10 Abs. 1a Nr. 2 EStG abgelöst.[519] Der ehemalige Nießbraucher zieht sich nun aus der aktiven Rolle zurück und erhält eine Rente, was seinem Versorgungsbedürfnis grundsätzlich entgegen kommt. Liegt der Wert der Versorgungsleistung unter dem Wert der Ablösung des Nießbrauchs, kommt es zu einer schenkungsteuerbaren Zuwendung des ehemaligen Nießbrauchers an den ehemaligen Nießbrauchsbesteller. Aufgrund der Ablösung des Nießbrauchs kann es bei Wirtschaftsgütern des Sonderbetriebsvermögens zu einer Entnahme kommen.

Sind sowohl Nießbraucher (früherer Eigentümer) als auch Nießbrauchsbesteller (neuer Eigentümer) Mitunternehmer, erfolgt die **Gewinnverteilung** im einheitlichen und gesonderten Feststellungsbescheid der Personengesellschaft in zwei Schritten:[520]

- Im **ersten Schritt** wird der Gewinn der Personengesellschaft nach den allgemeinen Regeln ermittelt. Dabei sind Sondervergütungen iSv § 15 Abs. 1 S. 1 Nr. 2 EStG,[521] sowie Aufwand und Ertrag des Sonderbetriebsvermögens von Nießbraucher und Nießbrauchsbesteller in die Gewinnermittlung mit einzubeziehen.[522]
- Im **zweiten Schritt** wird dann der Gewinnanteil auf Nießbraucher und Nießbrauchsbesteller aufgeteilt. Hierbei werden allen Gesellschaftern und dem Nießbraucher jeweils zunächst ihre Sondervergütungen, -erträge und -aufwendungen zugeteilt. Danach wird der Restgewinn auf die Gesellschafter verteilt, wobei der auf den Nießbrauchsbesteller entfallende Gewinnanteil dann zwischen diesem und dem Nießbraucher aufzuteilen ist. Nach wohl hM stehen dem Nießbraucher dabei der nach dem Gesellschaftsvertrag oder Gewinnverwendungsbeschluss der Gesellschaft entnahmefähige Teil des Anteils am festgestellten (evtl. bereits durch Bildung von Gewinnrücklagen geminderten) Handelsbilanzgewinn abzüglich des darin enthaltenen Gewinns aus der Realisierung stiller Reserven des Anlagevermögens zu.[523] Der Nießbrauchsbesteller erhält dagegen den auf den Gesellschaftsanteil entfallenden Anteil an den bei Bilanzfeststellung gebildeten Gewinnrücklagen, am nicht entnahmefähigen Teil des Bilanzgewinnanteils einschließlich der Mehrgewinnanteile in der Steuerbilanz gegenüber der Handelsbilanz und den Teil des entnahmefähigen Gewinnanteils, der aus der Realisierung stiller Reserven herrührt.[524] Für die Zurechnung von Verlustanteilen kommt es darauf an, wie das Rechtsverhältnis zwischen dem Nießbraucher und dem Nießbrauchsbesteller ausgestaltet ist, aber auch, wie die Verluste nach dem Gesellschaftsvertrag behandelt werden. Werden zB Verluste mit künftigen Gewinnen ausgeglichen, erscheint es sachgerecht, die Verluste, soweit sie die Einlage übersteigen, (überwie-

---

[517] *Wälzholz* NWB 2013, 1334.
[518] BFH DStRE 2019, 129.
[519] BMF BStBl. I 2010, 227 Rn. 25 und 50; gleichlautende Ländererlasse BStBl. I 2012, 1101; *Stein* DStR 2013, 567 Ziff. 5.2.
[520] Vgl. *Paus* BB 1990, 1675; BMF ZEV 2013, 108.
[521] BFH BStBl. II 1973, 528. Zwar spricht § 15 Abs. 1 S. 1 Nr. 2 EStG vom „Gesellschafter". Teilhaber einer Gemeinschaft werden aber in den Anwendungsbereich der Vorschrift mit einbezogen, wenn diese einer Personengesellschaft vergleichbar ist; vgl. auch Schmidt/*Wacker* EStG § 15 Rn. 307.
[522] *Paus* BB 1990, 1675; Schmidt/*Wacker* EStG § 15 Rn. 307.
[523] BFH BStBl. II 1995, 241; BStBl. II 1992, 605; *Petzoldt* DStR 1992, 1171; BMF ZEV 2013, 108.
[524] Vgl. Schmidt/*Wacker* EStG § 15 Rn. 310 mwN.

gend) dem Nießbraucher zuzurechnen, da dieser künftige (entnahmefähige und nicht aus der Realisierung stiller Reserven des Anlagevermögens herrührende) Gewinnanteile verliert.[525] Der BFH sieht dies indes anders.[526] Abweichende Vereinbarungen zwischen Nießbrauchbesteller und Nießbraucher sind möglich und führen zu gegebenenfalls abweichenden Gewinnzuordnungen im Rahmen der Gewinnverteilung.

173 Die Schwierigkeiten im Bereich der Mitunternehmerschaft sowie bei der Gewinn- und Verlustbeteiligung von Vorbehaltsnießbraucher und Nießbrauchbesteller zeigen, dass man als Berater dem Nießbrauchsvertrag besondere Aufmerksamkeit schenken sollte. Dabei sollte man stets bedenken, dass neben dem Nießbraucher und dem Besteller auch noch die übrigen Gesellschafter der Mitunternehmerschaft vorhanden sind. Das Problem für die Gestaltungs- und Beratungspraxis besteht darin, in den Nießbrauchsverträgen schuldrechtliche Vereinbarungen zu treffen, die einerseits dem Besteller und dem Nießbraucher neben einer sinnvollen Aufteilung des Gewinns und des Verlusts sowie den Vermögensrechten jeweils angemessene Mitwirkungs- und Verwaltungsrechte sichern und andererseits ein praktikables und gedeihliches Zusammenwirken des Bestellers (Gesellschafters), des Nießbrauchers, der übrigen Mitgesellschafter und der Gesellschaft bzw. ihres Geschäftsführers zu gewährleisten.[527] Typische Fragestellungen, wie diejenigen, wer an der Gesellschafterversammlung teilnehmen darf, wie die Stimmen abzugeben, welche Konten zu führen sind und vor allem wie die Gewinne entnommen werden können, bilden nur die Spitze des Eisbergs. Bei ihrer Beantwortung sollte grundsätzlich der Steuerberater der Gesellschaft mit eingebunden werden. Auch der Gesellschaftsvertrag der Personengesellschaft ist in die Überlegungen mit einzubeziehen. Sieht dieser zB vor, dass Gewinne der Gesellschaft einer gesamthänderisch gebundenen Rücklage zugeführt werden müssen, stehen diese Gewinnanteile nicht dem Nießbraucher, sondern dem Nießbrauchbesteller zu.[528] Letzterer hat sie zu versteuern, ohne dass ihm die hierfür erforderliche Liquidität zufließt.[529] Zusätzliche im Gesellschaftsvertrag eingeräumte Entnahmerechte würden hier nicht helfen, da die Zusätzliche Entnahme – ohne entsprechende Regelung im Nießbrauchsvertrag – dem Nießbraucher zustehen würde.[530] Auch hinsichtlich der Gewerbesteueranrechnungsguthaben nach § 35 EStG könnte Handlungsbedarf bestehen. Denn die Verteilung des gewerbesteuerlichen Anrechnungsguthabens erfolgt grundsätzlich nach dem allgemeinen Gewinnverteilungsschlüssel der Mitunternehmerschaft, § 35 Abs. 2 S. 2 EStG. Dementsprechend sind Vorabgewinnanteile und Sondervergütungen iSd § 15 Abs. 1 S. 1 Nr. 2 EStG, die in ihrer Höhe nicht vom Gewinn abhängig sind, sowie die Ergebnisse aus Sonder- und Ergänzungsbilanzen bei der Aufteilung nicht zu berücksichtigen, wohl aber gewinnabhängige Vorabgewinne und Sondervergütungen.[531] Hier müsste ggf. der Gesellschaftsvertrag angepasst werden.[532]

174 Ist der Nießbraucher **kein Mitunternehmer** oder liegt ein **Ertragsnießbrauch** vor, ist dem Nießbrauchbesteller der gesamte Gewinnanteil einschließlich des laufenden Gewinns zuzurechnen. Die Zahlungen an den Nießbraucher sind Einkommensverwendung und bei ihm je nach Art des Nießbrauchsrechts (unentgeltlich oder entgeltlich) entweder nicht abzugsfähig, Sonderausgaben oder Betriebsausgaben und beim Nießbraucher entweder nicht einkommensteuerpflichtig, wiederkehrende Leistungen iSd § 22 Nr. 1 EStG oder Betriebseinnahmen. Ist der Nießbrauchbesteller kein Mitunternehmer, ist dem Nießbraucher der gesamte Gewinnanteil einschließlich des nicht entnahmefähigen Steuerbilanzgewinnanteils zuzurechnen. Der steuerliche Ausgleich soll in diesem Fall erst bei

---

[525] Vgl. Schmidt/*Wacker* EStG § 15 Rn. 311.
[526] BFH/NV 2016, 742; ebenso *Daragan* DStR 2011, 1347; *Wälzholz* DStR 2010, 1930.
[527] *Janßen/Nickel* 82 f.
[528] *Baumbach/Hopt* HGB § 105 Rn. 45.
[529] *Schulze zur Wiesche* BB 2004, 355.
[530] Vgl. Formulierungsvorschlag bei *Wälzholz* DStR 2010, 1930 unter Ziff. 4.2.
[531] BMF BStBl. I 2009, 440 Rn. 20 ff.
[532] Vgl. Formulierungsvorschlag bei *Wälzholz* DStR 2010, 1930 unter Ziff. 7.

Beendigung des Nießbrauchs durch Ansatz entsprechenden Aufwands und Ertrags durchzuführen sein.[533]

Beim **Zuwendungsnießbrauch** an einem gewerblichen Personengesellschafts-/Mitunternehmeranteil behält der Nießbrauchbesteller einen hinreichenden Bestand an vermögensrechtlicher Substanz, des nießbrauchbelasteten Gesellschaftsanteils (Mitunternehmerrisiko) und einen hinreichenden Bestand an gesellschaftsrechtlichen Mitwirkungsrechten (Mitunternehmerinitiative) zurück, so dass seine bisherige Mitunternehmerstellung aufrechterhalten bleibt.[534] Der Nießbraucher wird Unternehmer bzw. Mitunternehmer, wenn er die dafür erforderlichen Vermögens- und Verwaltungsrechte erlangt.[535] Sind sowohl Nießbraucher als auch Nießbrauchsbesteller (Zuwendender) Mitunternehmer, erfolgt die Gewinnverteilung im einheitlichen und gesonderten Feststellungsbescheid (→ Rn. 172). Ist der Zuwendungsnießbrauch lediglich als **Ertragsnießbrauch** ausgestaltet, erhält der Nießbraucher also nur ein Recht gegen den Gesellschafter bzw. Unternehmer (Nießbrauchbesteller) auf Auszahlung des diesem zustehenden – ggf. anteiligen – Gewinns, ist er mangels Mitunternehmerinitiative kein Mitunternehmer. Denn die Mitgliedschaftsrechte in der Gesellschaft stehen ausschließlich dem Gesellschafter zu. Eine Gewinnrealisierung durch die Nießbrauchbestellung entsteht beim unentgeltlichen Zuwendungsnießbrauch grundsätzlich nicht, abgesehen von stillen Reserven im Umlaufvermögen, welches in das Eigentum des Nießbrauchers übergeht (→ Rn. 161 f.). Im Übrigen gelten die steuerlichen Folgen wie beim Vorbehaltsnießbrauch (→ Rn. 169 ff.). 175

Die Zulässigkeit eines Zuwendungsnießbrauchs an einem Gesellschaftsanteil ist heute weitestgehend anerkannt. Da dies nicht immer so war, behalf man sich früher mit einer treuhänderischen Anteilsübertragung (**sog. Treuhandlösung**).[536] Der Gesellschaftsanteil wird dabei auf den Übernehmer übertragen und sogleich wieder auf den Übergeber als Treuhand-Gesellschafter zurückübertragen. Der Nießbraucher wird im Außenverhältnis Gesellschafter auf Zeit und nimmt für die Zeit des Nießbrauchs auch der Gesellschaft gegenüber alle Rechte eines Gesellschafters wahr. Im Innenverhältnis zum Nießbrauchsbesteller hält er den Gesellschaftsanteil treuhänderisch. Das Einkommensteuerrecht folgt hier dem Innenverhältnis. Mitunternehmer ist daher grundsätzlich der Nießbrauchsbesteller (Treugeber).[537] Gleichzeitig kann auch der Nießbraucher als Mitunternehmer anzusehen sein, da er mit seinem Anspruch auf bestmögliche Nutzung nicht nur in Konkurrenz mit dem Anspruch des Nießbrauchsbestellers auf Erhaltung der Substanz des Anteils tritt, sondern auch in die Verpflichtung der Gesellschafter zur Erreichung eines gemeinsamen Zwecks mit einbezogen wird.[538] 176

d) Nießbrauch an einem Kapitalgesellschaftsanteil. Beim **Vorbehaltsnießbrauch** an Kapitalvermögen (zB GmbH-Anteilen, Aktien) sind die Einkünfte dem Nießbraucher zuzurechnen, wenn er während der Dauer des Nießbrauchs die Dispositions- und Verwaltungsbefugnisse tatsächlich hat und ausübt.[539] Die Finanzverwaltung geht demgegenüber sogar grundsätzlich davon aus, dass dem Vorbehaltsnießbraucher die Einkünfte aus dem nießbrauchsbelasteten Kapitalvermögen zuzurechnen sind.[540] Vorbehaltlich einer anderweitigen Vereinbarung steht dem Nießbraucher jedoch nur derjenige Teil des ausgeschütteten Gewinns zu, der nicht auf die Realisierung stiller Reserven im Anlagevermögen entfällt. Die Ausschüttung stiller Reserven stellt eine Anteilsminderung dar, und gebührt 177

---

[533] Schmidt/*Wacker* EStG § 15 Rn. 307; *Weber* DStZ 1991, 530.
[534] BFH BStBl. II 1995, 241 mwN.
[535] Schmidt/*Wacker* EStG § 15 Rn. 306; *Korn* DStR 1999, 1461 (1474); → Rn. 98 ff.
[536] Vgl. zB MüKoBGB/*Petzold* § 1068 Rn. 14.
[537] BFH BStBl. II 1995, 241; *Gschwendtner* NJW 1995, 1875.
[538] *Gschwendtner* NJW 1995, 1875.
[539] FG Münster GmbHR 2003, 911; FG Düsseldorf DStRE 2000, 731; offen gelassen im BFH DStRE 2001, 1026 sowie BFH/NV 2006, 273; Schmidt/*Weber-Grellet* EStG § 20 Rn. 174; *Milatz/Sonneborn* DStR 1999, 137.
[540] BMF BStBl. I 1983, 508 Rn. 55; OFD Erfurt DStR 1995, 1419.

daher dem Nießbrauchbesteller und Anteilsinhaber.[541] In jedem Falle scheidet eine Zurechnung von Einkünften jedoch aus, wenn die bezogenen Erträge an den Nießbraucher lediglich weitergeleitet werden müssen, ohne dass dieser rechtlich in irgendeiner Weise auf die Verwaltung des Vermögens Einfluss nehmen kann.[542] Eine solche Nießbrauchsbestellung liegt im Bereich der Einkommensverwendung. Sicherheitshalber sollte bei der Gestaltung darauf geachtet werden, dass der Nießbraucher die für die Kapitaleinkünfte typischen Tätigkeitsmerkmale anstelle des Eigentümers entfaltet. Zu vermeiden ist eine Situation, bei der der Eigentümer dem Nießbraucher lediglich Erträge auskehrt, in deren Erzielung der Nießbraucher nicht eingeschaltet ist, denn dann erzielt der Kapitaleigner die Einkünfte.[543] Die Regelungen und Regelungsbereiche könnten zB wie folgt aussehen:[544]

– Kapitalerhöhungen aus Gesellschaftsmitteln, Gratisaktien und Bezugsrechte stehen dem Eigentümer (Nießbrauchbesteller) zu. Hier ist zu regeln, ob diese neuen Papiere ebenfalls nießbrauchsbelastet sein sollen.
– Es sollte vereinbart werden, wer die Stimm-, Anfechtungs- und Mitgliedschaftsrechte ausübt. Hier könnte es sachgerecht sein, dass Eigentümer und Nießbraucher dies einvernehmlich tun.
– Durch Veräußerung realisierte Wertzuwächse sollten dem Nießbrauchsbesteller zustehen. Diesem wären dann auch etwaige private Veräußerungsgeschäfte im Sinne des § 23 EStG zuzurechnen.
– Darüber hinaus sollte die Position des Nießbrauchers an Kapitalgesellschaftsanteilen durch eine Vollmacht gestärkt werden, die es ihm ermöglicht, die Stimmrechte und andere Verwaltungsrechte ggf. zusammen mit dem Gesellschafter auszuüben.[545]

178 Hat der Nießbraucher die Kapitaleinkünfte zu versteuern, unterliegen diese grundsätzlich der Abgeltungsteuer gem. § 43 Abs. 5 EStG und damit dem besonderen Tarif von 25 %, § 32d EStG. Werbungskosten können nicht berücksichtigt werden. Unklar ist, ob der Nießbraucher gemäß § 32d Abs. 2 Nr. 3 EStG zur Regelbesteuerung optieren kann. Denn er erfüllt nicht die gesetzlichen Voraussetzungen hinsichtlich der Beteiligung an der Kapitalgesellschaft (mindestens 25 % ige Beteiligung oder mindestens 1 %ige Beteiligung bei gleichzeitiger Berufstätigkeit für die Kapitalgesellschaft), jedenfalls dann nicht, wenn er nicht zugleich direkt beteiligt ist. Allerdings sollten ihm für Zwecke des § 32d EStG die Anteile zugerechnet werden, an denen der Nießbrauch besteht, da er nach § 20 Abs. 5 S. 3 EStG als Anteilseigner gilt, wenn ihm die Einnahmen iSd § 20 Abs. 1 Nr. 1 oder 2 EStG zuzurechnen sind.[546]

179 Beim **Zuwendungsnießbrauch** an Kapitalvermögen sind die Einkünfte dem Nießbrauchsbesteller als Eigentümer des Kapitalvermögens zuzurechnen. Sie gelten mit dem Zufluss beim Nießbraucher als vom Besteller vereinnahmt. Der Nießbraucher erzielt keine Einkünfte.[547] So führt der Nießbrauch an einem Gewinnbezugsrecht unter Rückbehalt der Anteile ebenso wenig wie die Veräußerung eines derartigen Rechtes oder die Einkünfteabtretung zu einem Wechsel des Anteilseigners und der Einkünftezurechnung.[548] Anders verhält es sich, wenn dem Nießbraucher zugleich Rechte eingeräumt werden, die ihm die Ausübung mitgliedschaftlicher Rechte ermöglichen.[549] Bei **unentgeltlicher Bestellung** sind die Einnahmen grundsätzlich dem Nießbrauchsbesteller zuzurechnen, auch wenn sie dem Nießbraucher zufließen.[550] Solange es sich hierbei nicht um eine Voll-

---
[541] BFH BStBl. II 1995, 241; BStBl. II 1992, 605.
[542] BFH BStBl. II 1998, 190; BFH/NV 2006, 273.
[543] *Korn* DStR 1999, 1461 (1468).
[544] *Korn* DStR 1999, 1461 (1468 f.).
[545] *Milatz/Sonneborn* DStR 1999, 137.
[546] *Korn/Carlé* KÖSDI 2009, 16514.
[547] BFH BStBl. II 1977, 115; BMF BStBl. I 1983, 508 Rn. 57; krit. *Korn* DStR 1999, 1461 (1474).
[548] BFH BStBl. II 1970, 212.
[549] FG Münster GmbHR 2003, 911; *Milatz/Sonneborn* DStR 1999, 137.
[550] BFH BStBl. II 1977, 115; BMF BStBl. I 1983, 508 Rn. 57 und 1.

rechtsübertragung handelt,[551] liegt eine einkommensteuerlich unerhebliche Abtretung der Ertragsansprüche vor. Bei **entgeltlicher Bestellung** ist dem Nießbrauchsbesteller das hierfür gezahlte Entgelt gemäß § 20 EStG[552] zuzurechnen. Entsprechend zieht der Nießbraucher lediglich eine Forderung ein, so dass die Kapitalerträge bei ihm nicht zu besteuern sind.[553]

6. Ertragsteuerliche Kernprobleme bei Familiengesellschaften

Die Finanzverwaltung prüft bei Familiengesellschaften, inwieweit die Gestaltung des Gesellschaftsvertrages und der schuldrechtlichen Verträge durch familiäre Beziehungen zwischen den Vertragspartnern beeinflusst werden. Nur soweit die Vertragsbeziehungen denen unter fremden Dritten wirtschaftlich entsprechen, sind sie anzuerkennen (sog. **Fremdvergleich**).[554] Die **Angemessenheitsprüfung** erfolgt dabei auf zwei Ebenen: Zum einen wird die Anerkennung der vertraglichen Vereinbarungen an sich untersucht **(Anerkennung dem Grunde nach)** und zum anderen die Angemessenheit der Gewinnverteilungsabrede bzw. der Vergütungen **(Anerkennung der Höhe nach)**. Daneben kommt es noch darauf an, ob die Verträge auch tatsächlich so wie vereinbart durchgeführt werden. 180

Aus steuerlichen Gründen sind Eltern häufig gern bereit den Kindern eine Beteiligung einzuräumen. So richtig trennen können sie sich dann aber doch nicht davon. Soll das Familienmitglied an einer gewerblichen, land- und forstwirtschaftlichen oder freiberuflichen Personengesellschaft als Mitunternehmer beteiligt sein, müssen bei diesem die Voraussetzungen für eine Mitunternehmerschaft vorliegen. Das bedeutet, sie müssen Mitunternehmerrisiko tragen und Mitunternehmerinitiative entfalten können (→ § 25 Rn. 24 ff.). Die Folgende Vertragsklauseln können die Mitunternehmerstellung eines Familienangehörigen gefährden:
– Entnahmerecht nur mit Zustimmung der Eltern,[555]
– Ausschluss der Informations-, Überwachungs- und Widerspruchsrechte gemäß §§ 164, 166 HGB,[556]
– Ausschluss des Stimmrechts[557]
– einseitiges Kündigungsrecht der Eltern,[558]
– langfristige Bindung des Auseinandersetzungsguthabens (zB über 15 Jahre),[559]
– jederzeitige Verpflichtung zur unentgeltlichen Rückübertragung,[560]
– vom jeweiligen Jahresgewinn abhängiger Gewinnanteil,[561]
– mangelnde Einlage,[562]
– Bareinlage als Darlehen, das aus dem ersten Gewinnanteil wieder zu tilgen ist.[563]
– befristete Gesellschafterstellung der Kinder,[564]
– jederzeitige Ausschluss zum Buchwert,[565]

---

[551] BFH DStR 1991, 76.
[552] So Schmidt/*Levedag* EStG § 20 Rn. 178.
[553] BFH BStBl. II 1970, 212; BMF BStBl. I 1983, 508 Rn. 58.
[554] BFH BStBl. II 1985, 243 mwN; vgl. auch grundlegend *Bordewin* DB 1996, 1359; *Westerfelhaus* DB 1997, 2933.
[555] BFH BStBl. II 1972, 10.
[556] Bloßer Ausschluss des Widerspruchsrechts stört dagegen nicht, BFH BStBl. II 1979, 620.
[557] BFH BStBl. II 2009, 312; BFH/NV 2009, 774; v. 10.12.2008 – II R 33/07, nv (jeweils zu Vorbehaltsnießbrauch mit „vorsorglicher" Stimmrechtsvollmacht); BStBl. II 2008, 631; BStBl. II 1989, 762.
[558] BFH BStBl. II 1974, 404; H 15.9 Abs. 2 EStH 2011 „Kündigung".
[559] *Spiegelberger*, Vermögensnachfolge, Rn. 415.
[560] BFH BStBl. II 1989, 877; BFH/NV 2006, 1828; R 15.9 Abs. 2 S. 1 EStR 2008; H 15.9 Abs. 1 EStH 2011 „Rückübertragungsverpflichtung".
[561] *Spiegelberger*, Vermögensnachfolge, Rn. 415.
[562] BFH BStBl. II 1973, 221.
[563] BFH BStBl. II 1973, 526; H 15.9 Abs. 2 EStH 2011 „Verfügungsbeschränkungen".
[564] BFH BStBl. II 1976, 324; H 15.9 Abs. 2 EStH 2011 „Befristete Gesellschafterstellung".
[565] BFH BStBl. II 1981, 663; BStBl. II 1996, 269; H 15.9 Abs. 1 EStH 2011 „Buchwertabfindung".

– jederzeitige Änderungsmöglichkeit des Gesellschaftsvertrages zu Lasten der Kinder,[566]
– Ausschlussklausel bei Scheidung.[567]

181 In Grenzfällen kann die Mitunternehmereigenschaft jedoch zu bejahen sein, wenn die Vertragsgestaltung nach objektiven Kriterien darauf abzielt, die Kinder an das Unternehmen heranzuführen, um dadurch dessen Fortbestand zu sichern.[568] Voraussetzung ist allerdings, dass die Kinder ihrem Alter nach bereits die für die Heranführung an das Unternehmen erforderliche Reife besitzen.[569]

Wird die Gesellschafterstellung eines Familienangehörigen dem Grunde nach anerkannt, wird auf der zweiten Stufe die Angemessenheit des gewährten Gewinnanteils überprüft. Die Gewinnverteilungsabrede wird nur insoweit anerkannt, als der auf das Familienmitglied entfallende Gewinnanteil seiner Gesellschafterstellung entspricht. Eine darüberhinausgehende Gewinnbeteiligung gilt als durch familiäre Beziehungen veranlasst und stellt eine einkommensteuerlich unbeachtliche Einkommensverwendung dar (§ 12 Nr. 2 EStG) bzw. ist nach den Regeln des Missbrauchs von rechtlichen Gestaltungsmöglichkeiten zu korrigieren (§ 42 AO). Die Höhe der von der Finanzverwaltung und der Rechtsprechung als angemessen anerkannten Gewinnbeteiligung ist einerseits von der gewählten Gesellschafterstellung (Kommanditist, GmbH-Gesellschafter, stiller Gesellschafter) abhängig und andererseits davon, ob die Beteiligung schenkweise eingeräumt oder mit eigenen Mitteln erworben wurde.

182 Erhält ein Familienangehöriger einen Kommanditanteil im Wege der Schenkung, wird die Gewinnverteilungsabrede mit steuerlicher Wirkung anerkannt, wenn sie den den einzelnen Gesellschaftern zuzurechnenden Leistungsbeiträgen entspricht. Arbeitet der minder- oder volljährige Familienangehörige nicht mit, besteht sein Leistungseinsatz grundsätzlich nur im Kapitaleinsatz. Es kann daher mit steuerlicher Wirkung nur eine Gewinnverteilung vereinbart werden, die auf längere Sicht zu einer angemessenen Verzinsung des tatsächlichen Werts des Gesellschaftsanteils führt. Angemessen ist eine Gewinnverteilungsabrede nach Ansicht des BFH und der Finanzverwaltung, die im Zeitpunkt der Vereinbarung bei vernünftiger kaufmännischer Beurteilung eine durchschnittliche **Rendite bis zu maximal 15 %** des wahren Wertes der Beteiligung erwarten lässt.[570] Dieser Grundsatz soll auch auf die schenkweise Übertragung einer atypischen stillen Beteiligung, einer atypischen Unterbeteiligung,[571] einer typisch stillen Beteiligung mit Verlustbeteiligung[572] und bei einem schenkweise erworbenen Kommanditgesellschaftsanteil, bei dem der neue Kommanditist nur in nachgeordneter Funktion mitarbeitet,[573] anzuwenden sein. Bei einer typischen stillen Beteiligung, bei der der stille Gesellschafter nur am Gewinn beteiligt ist, reduziert sich der Renditewert auf maximal 12 %.[574] Die 15 %-Grenze ist nicht auf den entgeltlich erworbenen Kommanditanteil, sowie auf die entgeltlich erworbene atypische stille Beteiligung und atypische Unterbeteiligung anzuwenden. Bei atypisch stillen Beteiligungen sollen Maximalrenditen von 25 % (ohne Verlustbeteiligung)[575] und von 35 % (mit Verlustbeteiligung)[576] vereinbart werden können, jeweils bezogen auf das eingesetzte Kapital bzw. den wahren Wert der Beteiligung. Grundsätzlich

---

[566] Schmidt/*Wacker* EStG § 15 Rn. 756; BFH BStBl. II 1989, 762 bei gleichzeitigem Ausschluss des Widerspruchsrechts nach § 164 HGB; aA BFH BStBl. II 1989, 758: solange keine Änderung erfolgt.
[567] BFH BStBl. II 1994, 645.
[568] BFH BStBl. II 1979, 620; H 15.9 Abs. 2 EStH 2011 „Alter des Kindes".
[569] Bejahend bei 17 Jahren: BFH BStBl. II 1979, 620; verneinend bei 12 Jahren: BFH BStBl. II 1979, 670; vgl. auch H 15.9 Abs. 2 EStH 2011 „Alter des Kindes".
[570] GrS BFH BStBl. II 1973, 5; BFH BStBl. II 1987, 54; H 15.9 Abs. 3 S. 2 EStH 2011 „Allgemeines"; aA zB *Westerfelhaus* DB 1997, 2033 (2035) mwN.
[571] BFH BStBl. II 1987, 54; aA BFH BStBl. II 2002, 460.
[572] H 15.9 Abs. 5 EStH 2011 „Schenkweise eingeräumte stille Beteiligung".
[573] BFH/NV 1986, 327.
[574] BFH BStBl. II 1973, 650; H 15.9 Abs. 5 EStH 2011 „Schenkweise eingeräumte stille Beteiligung".
[575] BFH BStBl. II 1973, 395; H 15.9 Abs. 5 EStH 2011 „Eigene Mittel".
[576] BFH BStBl. II 1982, 387; H 15.0 Abs. 5 EStH 2011 „Eigene Mittel".

II. Einkommen-/Körperschaftsteuer § 28

wird auch eine quotale Gewinnbeteiligung anzuerkennen sein, wenn diese für die Überlassung des Haftkapital gezahlt wird oder wenn damit zusätzlich nur Gesellschafterbeiträge abgegolten werden, und zwar auch, wenn die Quote zu einer höheren Kapitalverzinsung als 15 % führt.[577]

Zur Bestimmung des **tatsächlichen Werts des Gesellschaftsanteils** ist zunächst der Wert des gesamten Unternehmens einschließlich stiller Reserven und Geschäftswert bei Vertragsschluss zu ermitteln und dieser sodann auf die einzelnen Gesellschafter nach einem einheitlichen Maßstab zu verteilen, sofern keine Sonderrechte bestehen.[578] Als einheitlicher Maßstab ist die Beteiligung am Liquidationsergebnis gemäß den Bestimmungen des Gesellschaftsvertrages heranzuziehen, da letztlich nur dieses den tatsächlichen Wert des Gesellschaftsanteils wiedergibt. Gleiches gilt, sofern Beschränkungen zB hinsichtlich der Gewinnentnahme oder der Abfindungsansprüche bei Ausscheiden aus der Gesellschaft alle Gesellschafter gleichermaßen treffen. Gelten derartige Beschränkungen nur für einzelne Gesellschafter, ist bei diesen vom Anteilswert ein Abschlag zu machen.[579] Umgekehrt ist bei Sonderrechten, die nur für einzelne Gesellschafter gelten, ein Zuschlag zum Anteilswert zu machen. 183

Zur Berechnung des angemessenen Gewinnanteils ist auf den **Restgewinn** abzustellen. Dieser errechnet sich aus dem Gesamtgewinn abzüglich einer angemessenen Tätigkeitsvergütung, einer Prämie für die Haftungsübernahme durch den Komplementär, einer festen Verzinsung der Kapitalanteile sowie ggf. weiterer angemessener Abgeltungen von Sonderleistungen.[580] Bei dieser Prüfung ist nicht auf den tatsächlichen Gewinn abzustellen, der in den einzelnen Geschäftsjahren erzielt wird, auch nicht auf einen tatsächlichen Durchschnittsgewinn der auf den Vertragsschluss folgenden fünf Jahre,[581] sondern auf den (fiktiven) Gewinn, der nach den zum Zeitpunkt der Gewinnverteilungsvereinbarung bekannten Umständen und der sich aus ihnen für die Zukunft (in der Regel den nächsten fünf Jahren) ergebenden wahrscheinlichen Entwicklung zu erwarten ist.[582] Wird dieser Wert in einzelnen Jahren bei besonders günstiger Geschäftsentwicklung überschritten oder bei besonders ungünstiger Entwicklung unterschritten, so hat das auf die tatsächliche Gewinnverteilung und auf die Angemessenheit keinen Einfluss mehr.[583] 184

Bei der **Beteiligung von Familienangehörigen an einer Kapitalgesellschaft** ist die Gewinnverteilung gleichfalls daraufhin zu untersuchen, ob der Verteilungsmaßstab auf gesellschaftsrechtlichen Gründen beruht oder von persönlichen Beziehungen beeinflusst wird. Sieht der Gesellschaftsvertrag in Anlehnung an das Wesen einer Kapitalgesellschaft eine Gewinnverteilung im Verhältnis der Kapitalanteile vor, besteht kein Anlass die Gewinnverteilungsabrede zu korrigieren. Allerdings ist es zulässig, einen anderen Aufteilungsmaßstab festzulegen, § 29 Abs. 3 S. 2 GmbHG. Eine Korrektur kann hier nur in den engen Grenzen eines Gestaltungsmissbrauchs nach § 42 AO erfolgen.[584] Denn die für die unentgeltliche Übertragung eines Kommanditanteils auf ein Familienmitglied entwickelten Beurteilungsmaßstäbe sind nicht heranzuziehen.[585] Auch nicht herangezogen werden kann § 12 Nr. 2 EStG, da diese Vorschrift im Verhältnis zwischen einer Kapitalgesellschaft und ihren Anteilseignern nicht anwendbar ist. Schließlich greifen auch nicht die Rege- 185

---

[577] BFH BStBl. II 2002, 460; BStBl. II 1973, 489; Schmidt/*Wacker* EStG § 15 Rn. 778; nur für die Unterbeteiligung: H 15.9 Abs. 3 EStH 2011 „Unterbeteiligung".
[578] GrS BFH BStBl. II 1973, 5; BFH BStBl. II 2002, 460; Schmidt/*Wacker* EStG § 15 Rn. 778; der BFH hat jedoch keine Aussage darüber getroffen, welche Methode der Unternehmensbewertung (zB Ertragswert- oder Substanzwertverfahren) heranzuziehen ist; vgl. hierzu zB *Märkle* BB 1993, Beil. 2, 15; *Jacobs/Scheffler/Spengel,* Unternehmensbesteuerung und Rechtsform, 361 ff.
[579] BFH BStBl. II 1973, 489; *Märkle* BB 1993, Beil. 2, 15.
[580] BFH BStBl. II 1973, 489.
[581] *Littmann* INF 1973, 1 (3).
[582] GrS BFH BStBl. II 1973, 5 unter IV 2d cc; H 15.9 Abs. 3 EStH 2011 „Allgemeines" aE.
[583] BFH BStBl. II 1973, 489; BStBl. II 1973, 395.
[584] Vgl. zB *Schwendy,* FS L. Schmidt, 1993, 787 (798 ff.); → Rn. 7.
[585] Vgl. zB *Costede* GmbHR 1979, 13.

lungen über verdeckte Gewinnausschüttungen, da diese sich grundsätzlich nur außerhalb der gesellschaftsvertraglichen Gewinnverteilungsabrede bewegen.

186 Ist eine Gewinnverteilungsabrede nach den vorstehenden Grundsätzen nicht anzuerkennen, werden den am Unternehmen beteiligten Familienmitgliedern steuerlich nur die Gewinnanteile zugerechnet, die innerhalb der Angemessenheitsgrenze liegen. Die diese übersteigenden Gewinnanteile sind Einkommensverwendung und – unabhängig von der zivilrechtlichen Beurteilung – bei den Übertragenden bzw. übrigen Gesellschaftern (zB den Eltern) einkommensteuerpflichtig. Diese haben somit Gewinnanteile zu versteuern, die ihnen nicht zugeflossen sind, sondern zivilrechtlich den Familienmitgliedern zustehen.[586] Wird der als unangemessen angesehene Gewinnanteil den Familienmitgliedern belassen, unterliegt er bei Gesellschaftern von Personengesellschaften, vorwiegend Kommanditisten und stillen Gesellschaftern[587] als selbständige Schenkung der Erbschaftsteuer, § 7 Abs. 6 ErbStG. Bemessungsgrundlage ist der Kapitalwert der als unangemessen angesehenen Gewinnbeteiligung auf Basis des durchschnittlichen Gewinns der letzten drei Jahre, der nach Ansicht der Finanzverwaltung mit dem 9,3fachen Jahreswert anzusetzen ist.[588] Bei zeitlicher Begrenzung der überhöhten Gewinnbeteiligung oder bei absehbarer Änderung der Ertragsaussichten ist eine entsprechend andere Bewertung vorzunehmen.

187 Ein anderer, häufig problematischer Bereich ist die **Gesellschafterstellung**. Bei der Prüfung, ob die Gesellschafterstellung dem Grunde nach anzuerkennen ist, wird darauf abgestellt, ob das Familienmitglied zivilrechtlich eine Gesellschafterstellung erlangt hat. Erste Voraussetzung für die steuerliche Anerkennung einer Familiengesellschaft ist daher grundsätzlich, dass der zugrunde liegende Gesellschaftsvertrag zivilrechtlich wirksam zustande gekommen ist.[589] Diese Forderung ist eine Besonderheit von Familiengesellschaften, denn bei Verträgen zwischen fremden Dritten ist nach § 41 Abs. 1 S. 1 AO die Unwirksamkeit eines Rechtsgeschäftes dann unbeachtlich, wenn die Beteiligten das wirtschaftliche Ergebnis eintreten bzw. bestehen lassen.[590] Die zivilrechtliche Unwirksamkeit ist allerdings nur ein Indiz und entbindet nicht von einer Gesamtwürdigung aller Einzelumstände.[591] Insbesondere bei der **Beteiligung von minderjährigen Kindern** sind strenge Vorschriften zu beachten. Wird der Gesellschaftsvertrag mit den Eltern abgeschlossen, können diese aufgrund des Selbstkontrahierungsverbotes nach § 181 BGB ihre Kinder beim Abschluss des Gesellschaftsvertrages nicht wirksam vertreten. Für den Vertragsabschluss muss daher nach § 1909 BGB ein Abschlusspfleger bestellt werden. Aber auch hier sind die Gesamtumstände zu würdigen. Dies gilt auch dann, wenn die Beteiligung von den Eltern schenkungsweise übertragen wird, da die Gesellschafterstellung nicht nur rechtliche Vorteile bringt.[592] Die Aufnahme eines minderjährigen Kindes als Kommanditist bedarf ferner der familiengerichtlichen Genehmigung (§ 1822 Nr. 3 BGB), die steuerlich nur dann für die Vergangenheit wirkt, wenn sie unverzüglich nach Abschluss des Gesellschaftsvertrages beantragt und in angemessener Frist erteilt wird.[593] Einer notariellen Beurkundung bedarf es bei der schenkungsweisen Aufnahme in eine Kommanditbeteiligung grundsätzlich nicht, wenn diese gemäß § 518 Abs. 2 BGB vollzogen ist. Dies ist der Fall, sobald die Kommanditeinlage auf den neuen Gesellschafter umgebucht und

---

[586] Vgl. *Felix/Streck* DB 1975, 2213; *Knobbe-Keuk* StuW 1985, 382 (383 f.).
[587] *Meincke/Hannes/Holtz* § 7 Rn. 134; Troll/Gebel/Jülicher/Gottschalk/*Gebel* ErbStG § 7 Rn. 388 aA Kapp/Ebeling/*Geck* ErbStG § 7 Rn. 190.9, die die typisch stille Beteiligung nicht in den Anwendungsbereich des § 7 Abs. 6 ErbStG einbeziehen.
[588] R E 7.8 Abs. 1 S. 4 ErbStR 2011.
[589] BFH BStBl. II 2007, 294; BStBl. II 2011, 24; BFH/NV 2012, 612; BMF BStBl. I 2011, 37; Schmidt/*Wacker* EStG § 15 Rn. 747.
[590] Zur Kritik s. *Knobbe-Keuk* Unternehmenssteuerrecht, 507 f.
[591] BFH BStBl. II 2011, 24; BFH/NV 2012, 612; BMF BStBl. I 2011, 37; strenger Schmidt/*Wacker* EStG § 15 Rn. 747: Zivilrechtliche Wirksamkeit ist unerlässlich.
[592] BFH BStBl. II 1973, 309.
[593] BFH BStBl. II 1973, 307; H 15.9 Abs. 2 EStH „Familiengerichtliche Genehmigung".

dieser beim Handelsregister angemeldet ist.[594] Bei durch den Abschluss eines Gesellschaftsvertrages entstehender Unterbeteiligung, mit der dem Unterbeteiligten über eine schuldrechtliche Mitberechtigung an den Vermögensrechten des dem Hauptbeteiligten zustehenden Gesellschaftsanteils hinaus mitgliedschaftliche Rechte eingeräumt werden, ist die Schenkung mit dem Abschluss des Gesellschaftsvertrages iSv § 2301 Abs. 2, § 518 Abs. 2 BGB vollzogen.[595] Bei schenkungsweise begründeten atypisch stillen Beteiligungen und Unterbeteiligungen ist zur zivilrechtlichen Wirksamkeit grundsätzlich notarielle Beurkundung erforderlich.[596] Der Abschluss eines GmbH-Gesellschaftsvertrages bedarf stets der notariellen oder gerichtlichen Beurkundung, §§ 2 Abs. 1, 15 Abs. 3 GmbHG. Ausnahmsweise sind tatsächlich durchgeführte Verträge zwischen nahen Angehörigen von Anfang an steuerlich zu berücksichtigen, wenn den Vertragspartnern die Nichtbeachtung der Formvorschriften nicht angelastet werden kann und sie zeitnah nach dem Erkennen der Unwirksamkeit oder dem Auftauchen von Zweifeln an der Wirksamkeit des Vertrages die erforderlichen Maßnahmen eingeleitet haben, um die Wirksamkeit herbeizuführen oder klarzustellen.[597]

188 Ergibt die Prüfung, dass die Gesellschafterstellung des Familienmitglieds steuerlich dem Grunde nach nicht anerkannt werden kann, könnte ertragsteuerlich möglicherweise trotzdem der gewünschte Effekt eintreten, sofern § 41 Abs. 1 S. 1 AO anzuwenden wäre.[598] Danach wäre die Unwirksamkeit als für die Besteuerung unerheblich anzusehen, soweit und solange die Beteiligten das wirtschaftliche Ergebnis dieses unwirksamen Rechtsgeschäfts gleichwohl eintreten und bestehen lassen. Die Anwendung von § 41 AO ist hier aber fraglich, da die Kinder letztlich keine Mitunternehmerstellung erlangt haben und somit die Zuweisung von Gewinnen letztlich nur ertragsteuerlich unbeachtliche Gewinnverwendung gemäß § 12 Nr. 2 EStG ist.[599] Daher werden die Gewinnanteile und die Gesellschaftsanteile bei Unwirksamkeit der vertraglichen Grundlage als einkommensteuerlich unbeachtliche Einkommensverwendung bzw. als wirtschaftliches Eigentum in voller Höhe dem Übertragenden (zB den Eltern) zugerechnet und bei diesen der Einkommensteuer unterworfen. Die zivilrechtliche Beurteilung wird hiervon nicht berührt. Dementsprechend wird im Erbschaft- und Schenkungsteuerrecht, welches an das Zivilrecht anknüpft, die zivilrechtlich wirksame Übertragung des Gesellschaftsanteils als Schenkung iSd § 7 Abs. 1 Nr. 1 ErbStG angesehen.

189 Schließlich müssen die Gesellschaftsverträge den vertraglichen Bestimmungen gemäß vollzogen werden.[600] Bei der Beteiligung von minderjährigen Kindern erfordert der **tatsächliche Vollzug** des Gesellschaftsvertrages nicht die Bestellung eines Ergänzungspflegers (Dauerpfleger).[601] Die Eltern können daher als gesetzliche Vertreter die Gesellschafterrechte ihrer minderjährigen Kinder ausüben. Dem tatsächlichen Vollzug steht auch nicht entgegen, wenn die entnahmefähigen Gewinnanteile nicht entnommen werden.[602] Schädlich ist aber, wenn die Eltern die Gewinnanteile zwar in ihrer Eigenschaft als gesetzliche Vertreter des minderjährigen Kindes entnehmen, danach jedoch für eigene Zwecke verwenden.[603] Dies soll sogar dann gelten, wenn die Eltern die Gewinnanteile für den Unterhalt des Kindes verwenden.[604] Erfahrungsgemäß gerät der Gesellschaftsvertrag nach erfolgreicher und formal richtig gestalteter Beteiligung der Familienangehörigen an der

---

[594] BGH NJW 1984, 2290.
[595] BGH DStR 2012, 471.
[596] BFH BStBl. II 1979, 768; Schmidt/*Wacker* EStG § 15 Rn. 773 mwN. Vgl. aber FG RhPf EFG 2013, 835.
[597] BFH BStBl. II 2011, 24; BFH BStBl. II 2000, 386; BMF BStBl. I 2011, 37.
[598] *Carlé/Halm* KÖSDI 2000, 12387.
[599] Schmidt/*Wacker* EStG § 15 Rn. 748.
[600] BFH BStBl. II 1989, 762.
[601] BFH BStBl. II 1976, 328.
[602] BFH BStBl. II 1976, 328; BFH/NV 2003, 1547.
[603] BFH BStBl. II 1986, 802.
[604] Schmidt/*Wacker* EStG § 15 Rn. 749 mwN; aA *Seer* DStR 1988, 600 (604).

Gesellschaft schnell aus dem Fokus. Schon bei der Gestaltung sollte den Beteiligten die Ernsthaftigkeit des tatsächlichen Vollzugs deutlich gemacht werden. Bei Dauermandaten sollte dieser Punkt beraterseits immer wieder überprüft und ggf. angemahnt werden.

III. Gewerbesteuer

190 Bei der unentgeltlichen Betriebsübertragung gilt der **Betrieb** als durch den bisherigen Unternehmer eingestellt und durch den übernehmenden Unternehmer neu gegründet, wenn er nicht mit einem bestehenden Gewerbebetrieb vereinigt wird, § 2 Abs. 5 GewStG. Dabei wird der Zeitpunkt des Übergangs (Unternehmerwechsel) als Zeitpunkt der Einstellung und als Zeitpunkt der Neugründung gesehen. In diesem Zeitpunkt erlischt die Steuerpflicht des eingestellten Betriebs und gleichzeitig tritt der neu gegründete in die Steuerpflicht neu ein.[605] Entsprechendes gilt hinsichtlich der Steuerschuldnerschaft von Übergeber und Übernehmer, § 5 Abs. 2 GewStG. Bei einer **Mitunternehmerschaft** gilt dies nur, wenn alle Gesellschafter wechseln. Solange mindestens einer der bisherigen Unternehmer das Unternehmen unverändert fortführt, besteht die sachliche Steuerpflicht des Unternehmens fort.[606] Geht ein **Teilbetrieb** eines Unternehmens auf einen anderen Unternehmer über, liegt beim bisherigen Unternehmer die Einstellung eines Gewerbebetriebes nicht vor. In diesem Fall kommt für den Unternehmer, der den Betrieb abgibt, zunächst nur eine Anpassung der Gewerbesteuervorauszahlungen in Betracht. Wird der Betrieb beim Übernehmer nicht mit einem bestehenden Unternehmen vereinigt, kann es zur erstmaligen Festsetzung von Gewerbesteuervorauszahlungen kommen, ansonsten zu einer Erhöhung.

191 Auch bei der vorweggenommenen Erbfolge geht der **Gewerbeverlust** nach § 10a GewStG mangels Unternehmeridentität verloren, wenn ein Inhaberwechsel bei einem Einzelunternehmen stattfindet.[607] Bei der Übertragung eines Personengesellschaftsanteils gilt dies entsprechend, allerdings nur soweit der Fehlbetrag anteilig auf den ausgeschiedenen Gesellschafter entfällt.[608] Seit dem 1.1.2008 ist bei einer Mitunternehmerschaft der sich für sie insgesamt ergebende Fehlbetrag den Mitunternehmern entsprechend dem sich aus dem Gesellschaftsvertrag ergebenden **allgemeinen Gewinnverteilungsschlüssel** zuzurechnen (§ 10a S. 4 GewStG); Vorabgewinnanteile sind nicht zu berücksichtigen. Die Sonderbetriebseinnahmen und -ausgaben des ausgeschiedenen Gesellschafters sind ebenfalls nicht mit zu berücksichtigen. Überträgt ein Gesellschafter jedoch nur einen Teil seiner Beteiligung und bleibt somit weiterhin Gesellschafter der Personengesellschaft, hat dies keinen Einfluss auf seinen Verlustvortrag nach § 10a GewStG, da die Unternehmeridentität gewahrt bleibt.[609] Ein Übergang des Verlustvortrags auf den Erwerber des (Teil-)Gesellschaftsanteils kommt nicht in Betracht. Die Grundsätze gelten auch für die Übertragung von Betriebsvermögen auf eine **Stiftung** (→ Rn. 143).

192 Da der Gewerbeverlust bei einer Personengesellschaft bzw. Mitunternehmerschaft mitunternehmerbezogen zu beurteilen ist, richten sich die Folgen eines **Wechsels im Gesellschafterbestand** nach dem Schicksal des Mitunternehmers bzw. des Mitunternehmeranteils:
– Tritt ein Gesellschafter (zusätzlich) in eine bestehende Personengesellschaft ein, ist der vor dem Eintritt des neuen Gesellschafters entstandene Gewerbeverlust weiterhin insgesamt, jedoch nur von dem Betrag abziehbar, der von dem gesamten Gewerbeertrag entsprechend dem sich aus dem Gesellschaftsvertrag ergebenden Gewinnverteilungs-

---

[605] R 2.7 Abs. 1 GewStR 2009.
[606] R 2.7 Abs. 2 GewStR 2009; BFH GrS BStBl. II 1993, 616; FG Baden-Württemberg DStRE 2018, 922 zum Wechsel aller Kommanditisten mit Ausnahme der nicht am Gewinn und Vermögen beteiligten Komplementär-GmbH.
[607] R 10 a.3 Abs. 1 S. 2 u. 3 GewStR 2009; Glanegger/Güroff/*Güroff* GewStG § 10a Rn. 91.
[608] BFH BStBl. II 1994, 331; R 10 a.3 Abs. 1 S. 9 Nr. 1 GewStR 2009; → § 25 Rn. 239 ff.
[609] BFH DStR 2006, 461; BStBl. II 1994, 364; BStBl. II 2008, 380; → § 25 Rn. 240, 242.

schlüssel auf die bereits vorher beteiligten Gesellschafter entfällt.[610] Hierdurch kommt es zu einer verzögerten Verlustverwertung.
– Veräußert ein Gesellschafter seinen Mitunternehmeranteil an einen Dritten, entfällt der Gewerbeverlust insoweit anteilig (→ § 25 Rn. 240ff.). Der auf die verbleibenden Gesellschafter entfallende Gewerbeverlust ist weiterhin insgesamt, jedoch nur von dem Betrag abziehbar, der von dem gesamten Gewerbeertrag entsprechend dem sich aus dem Gesellschaftsvertrag ergebenden Gewinnverteilungsschlüssel auf die bereits vorher beteiligten Gesellschafter entfällt.[611]
– Bleibt nur ein Gesellschafter übrig und wird der Gewerbebetrieb von diesem fortgeführt, kann er nur den auf ihn entfallenden Gewerbeverlust weiter nutzen, der auf die ausgeschiedenen Gesellschafter entfallende Gewerbeverlust geht unter.[612]
– Bei der Einbringung des Betriebes einer Personengesellschaft in eine andere Personengesellschaft und bei der Verschmelzung zweier Personengesellschaften besteht die für den Verlustabzug erforderliche Unternehmeridentität, soweit die Gesellschafter der eingebrachten Gesellschaft auch Gesellschafter der aufnehmenden Gesellschaft sind. Bei der Einbringung in eine Kapitalgesellschaft und der Verschmelzung auf eine Kapitalgesellschaft geht der Gewerbeverlust wegen Verlusts der Unternehmeridentität unter.[613]
– Liegen bei der Realteilung einer Personengesellschaft die Voraussetzungen der Unternehmensidentität vor, kann jeder Inhaber eines aus der Realteilung hervorgegangenen Teilbetriebs vom Gewerbeertrag insoweit den auf ihn entfallenden vortragsfähigen Gewerbeverlust weiterhin abziehen. Dabei macht die Finanzverwaltung die Einschränkung dahingehend, dass jeweils höchstens nur der Teil des Gewerbeverlustes abgezogen werden darf, der dem übernommenen Teilbetrieb tatsächlich zugeordnet werden kann.[614]

Soweit im Zuge der vorweggenommenen Erbfolge ein **Veräußerungs- oder Aufgabegewinn** im Sinne des § 16 EStG entsteht, unterliegt dieser grundsätzlich nicht der Gewerbesteuer. Dies gilt auch bei teilentgeltlicher Veräußerung.

Um die Ertragsteuerbelastung gewerblicher und nicht gewerblicher Unternehmer (zB Freiberufler) anzugleichen, ist in § 35 EStG eine pauschalierte **Gewerbesteueranrechnung** auf die Einkommensteuer vorgesehen. Sie gilt nur für Einzelunternehmer, Mitunternehmer und persönlich haftende Gesellschafter einer KGaA. Kapitalgesellschaften sind insoweit nicht begünstigt. Das sich maximal ergebende potenzielle Anrechnungsvolumen ergibt sich aus dem 3,8-fachen des Gewerbesteuermessbetrages. Einzelunternehmer erhalten diesen vollständig, Mitunternehmer und persönlich haftende Gesellschafter einer KGaA nur anteilig. Dieser Anrechnungsbetrag wird begrenzt auf den Anteil der tariflichen Einkommensteuer, der auf die gewerblichen Einkünfte entfällt, § 35 Abs. 1 S. 1 EStG, und auf die tatsächlich zu zahlende Gewerbesteuer (ggf. anteilig), § 35 Abs. 1 S. 5 EStG. Bei Mitunternehmerschaften ist der Gewerbesteuermessbetrag nach dem zum Ende des gewerbesteuerlichen Erhebungszeitraums geltenden allgemeinen handelsrechtlichen Gewinnverteilungsschlüssel auf die Mitunternehmer aufzuteilen. Vorabgewinnanteile, Sondervergütungen und gewinnwirksame Vorgänge in Sonder- und Ergänzungsbilanzen werden nicht berücksichtigt.[615] Da die Gewerbesteuer erst mit Ablauf des Erhebungszeitraums (§ 18 GewStG) entsteht, sind unterjährig ausgeschiedene Mitunternehmer nicht mehr in die Begünstigung einzubeziehen, auch nicht anteilig pro rata temporis Zugehörigkeit im Erhebungszeitraum.[616] Der für den Erhebungszeitraum festgestellte Gewerbesteuermessbetrag ist somit nur auf die Gesellschafter aufzuteilen, die zum Ende des gewer-

---
[610] R 10 a.3 Abs. 3 S. 9 Nr. 2 GewStR 2009.
[611] R 10 a.3 Abs. 3 S. 9 Nr. 3 GewStR 2009.
[612] R 10 a.3 Abs. 3 S. 9 Nr. 4 GewStR 2009; → § 25 Rn. 240 ff.
[613] R 10 a.3 Abs. 3 S. 9 Nr. 5 GewStR 2009.
[614] R 10 a.3 Abs. 3 S. 9 Nr. 7 GewStR 2009.
[615] Schmidt/*Wacker* EStG § 35 Rn. 25.
[616] BFH BStBl. II 2016, 875; BMF BStBl. I 2016, 440 Rn. 28.

besteuerlichen Erhebungszeitraums noch beteiligt waren. Dies gilt bei unterjährigem Gesellschafterwechsel unabhängig davon, ob er entgeltlich oder unentgeltlich oder im Wege der Einzel- oder Gesamtrechtsnachfolge erfolgt und selbst dann, wenn sich der aus der Gesellschaft ausgeschiedene Veräußerer eines Mitunternehmeranteils zivilrechtlich zur Übernahme der auf einen Veräußerungsgewinn entfallenden Gewerbesteuer verpflichtet hat.[617] Bei einer Schenkung von Mitunternehmeranteilen kann das Gewerbesteueranrechnungsvolumen daher gesteuert werden.

Der Gesellschafterwechsel bei einer Kapitalgesellschaft löst keine gewerbesteuerlichen Folgen bei der Kapitalgesellschaft aus (→ § 25 Rn. 222).

IV. Grunderwerbsteuer

194 Erfolgt der Grundstückserwerb durch **Schenkung unter Lebenden,** unterliegt er in der Regel nicht der Grunderwerbsteuer, sondern ist gemäß § 3 Nr. 2 GrEStG hiervon befreit. Erfasst werden alle Vorgänge, die unter § 7 ErbStG fallen. Steuerfrei sind auch sämtliche Grundstücksübertragungen an den Ehegatten (§ 3 Nr. 4 GrEStG), an Personen, die mit dem Übergeber/Veräußerer in gerader Linie verwandt sind, und an deren Ehegatten sowie an Stiefkinder und deren Ehegatten (§ 3 Nr. 6 GrEStG). Dies gilt ebenso, wenn das Grundstück gegen eine Rentenverpflichtung übertragen wird. Nicht steuerfrei sind dagegen Grundstücksübertragungen an Geschwister und an Pflegekinder. Diese sind nur dann ausnahmsweise nach § 3 Nr. 6 GrEStG steuerfrei, wenn sich der Grundstückserwerb als abgekürzter Übertragungsweg nach den Eltern darstellt.[618] Eine **Schenkung unter Auflage** unterliegt jedoch der Besteuerung hinsichtlich des Werts solcher Auflagen, die bei der Schenkungsteuer abziehbar sind, § 3 Nr. 2 S. 2 GrEStG. Dies ist insbesondere bei der Übertragung eines Betriebes auf die Kinder zu beachten, wenn der Übernehmer die Auflage erhält ein Betriebsgrundstück als Gleichstellungsgeld an ein Geschwisterteil zu übertragen.[619] Gehört allerdings der Erwerber zum begünstigten Personenkreis des § 3 Nr. 6 GrEStG, so geht diese Regelung vor. Der Erwerb ist dann steuerfrei.

195 Ein aufgrund Schenkung herbeigeführter **Wechsel im Gesellschafterbestand** einer grundbesitzenden Personengesellschaft nach § 1 Abs. 2a GrEStG (→ § 25 Rn. 253 ff.) ist nach § 3 Nr. 2 GrEStG steuerfrei, soweit er auf einer schenkweisen Anteilsübertragung beruht.[620] Sinn und Zweck des § 3 Nr. 2 GrEStG sei es, die doppelte Belastung ein und desselben Lebensvorgangs mit Grunderwerbsteuer und Erbschaft- oder Schenkungsteuer zu vermeiden. Der dort verwendete Begriff „Grundstücksschenkungen unter Lebenden" erfasse daher nicht nur isolierte freigebige Zuwendungen von Grundstücken, sondern schließe auch die Fälle mit ein, in denen Gegenstand einer freigebigen Zuwendung ein Anteil an einer Personengesellschaft mit Grundbesitz ist. Entsprechendes gilt für die **Anteilsvereinigung** bei einer grundbesitzenden Kapitalgesellschaft gemäß § 1 Abs. 3 Nr. 1 GrEStG (→ § 25 Rn. 255).[621] Diese ist insoweit nach § 3 Nr. 2 S. 1 GrEStG von der Grunderwerbsteuer befreit, als sie auf einer schenkweisen Anteilsübertragung beruht. Ansonsten finden die personenbezogenen Befreiungsvorschriften wie zB § 3 Nr. 6 GrEStG bei der Anteilsvereinigung nach § 1 Abs. 3 Nr. 1 und Nr. 2 GrEStG keine Anwendung, da in diesem Fall derjenige, in dessen Hand sich alle Anteile an der grundbesitzenden Gesellschaft vereinigen, grunderwerbsteuerlich so behandelt wird, als habe er das Grund-

---

[617] BFH BStBl. II 2016, 875; BFH/NV 2016, 1024.
[618] BFH BStBl. II 2019, 325.
[619] Abgesehen davon ist diese Konstellation auch einkommensteuerlich nicht unbedingt empfehlenswert, vgl. § 25 Rn. 41.
[620] BFH BStBl. II 2012, 793; FinMin BW DStR 2004, 1610; gleichlautende Ländererlasse BStBl. I 2013, 773.
[621] BFH BStBl. II 2012, 793; *Schenkelberg* BB 2012, 2227; *Gottwald* ZEV 2012, 499; gleichlautende Ländererlasse BStBl. 2018, 1069.

stück von der Gesellschaft erworben.[622] Erforderlich für die Anwendung der Befreiung nach § 3 Nr. 2 S. 1 GrEStG ist jedoch, dass die Anteilsübertragung auf der Schenkung beruht. Erfolgt die Anteilsvereinigung erst danach aufgrund weiterer Rechtsvorgänge, kommt eine Steuerbefreiung nach § 3 Nr. 2 S. 1 GrEStG nicht in Betracht.[623] In den Fällen, in denen bereits vereinigte Anteile an grundbesitzenden Gesellschaften übertragen werden, § 1 Abs. 3 Nr. 3 und Nr. 4 GrEStG (→ § 25 Rn. 255) finden die Steuerbefreiungen nach § 3 GrEStG uneingeschränkt Anwendung.[624]

196 Wird ein Anteil an einer grundbesitzenden Gesellschaft nicht in vollem Umfange unentgeltlich, sondern im Wege einer **gemischten Schenkung** teilweise entgeltlich auf einen Erwerber übertragen, ist im Falle der Anteilsvereinigung nach § 1 Abs. 3 Nr. 1 GrEStG (→ § 25 Rn. 255) der (fiktive) Erwerb der Gesellschaftsgrundstücke durch den Erwerber nur insoweit nach § 3 Nr. 2 S. 1 GrEStG steuerbefreit, als der Anteil iSd § 7 Abs. 1 Nr. 1 ErbStG freigebig zugewendet wurde.[625] Erfolgt die Anteilsvereinigung (§ 1 Abs. 3 Nr. 1 GrEStG) aufgrund mehrerer **zeitlich gestreckter,** teilweise unentgeltlicher und teilweise entgeltlicher Übertragungen von Anteilen an einer grundbesitzenden Kapitalgesellschaft, ist eine komplexe Berechnung erforderlich, da sich grunderwerbsteuerfreie und grunderwerbsteuerpflichtige Vorgänge vermengen. Es sind daher bei der Ermittlung der Steuerbegünstigung nach § 3 Nr. 2 S. 1 GrEStG sowohl die Änderungen des Grundstücksbestands als auch die Werterhöhung der Grundstücke zu berücksichtigen.[626] Dabei ist die Höhe der jeweiligen Steuerbegünstigung in Form einer Quote im Feststellungsbescheid zu bestimmen. Bei der Berechnung ist von der der Gesellschaft im **Zeitpunkt der Steuerentstehung** gehörenden Grundstücke auszugehen, wobei ggf. auch Werterhöhungen bzw. -minderungen eines Grundstücks seit der jeweiligen Anteilsübertragung zu berücksichtigen sind. Die Höhe der Steuerbegünstigung ist abhängig vom jeweiligen Verkehrswert des Grundbesitzes der Gesellschaft zum **Zeitpunkt des jeweiligen Anteilserwerbs** zu ermitteln.[627] Zu beachten ist, dass die **Feststellungslast** für die Steuerbegünstigung nach § 3 Nr. 2 Satz 1 GrEStG beim Erwerber (§ 13 Nr. 5 lit. a GrEStG) liegt.[628]

197 Wird ein Anteil an einer Personengesellschaft mit Grundbesitz auf eine **Stiftung** übertragen und kommt es hierdurch unmittelbar oder mittelbar zu einer Änderung im Gesellschafterbestand, so dass 95 % der Anteile am Gesellschaftsvermögen auf neue Gesellschafter übergehen, ist dies ein nach § 1 Abs. 2a S. 1 GrEStG grunderwerbsteuerpflichtiger Vorgang (→ § 25 Rn. 253 ff.). Der Vorgang bleibt aber nach § 3 Nr. 2 S. 1 GrEStG steuerfrei, soweit dies unentgeltlich geschieht, da die Befreiungen des § 3 GrEStG auch bei Änderungen im Gesellschafterbestand iSd § 1 Abs. 2a GrEStG anzuwenden sind.[629] Bei einer teilentgeltlichen Übertragung greift die Steuerbefreiung nach § 3 Nr. 2 S. 1 GrEStG nur hinsichtlich des unentgeltlichen Teils. Der entgeltliche Teil unterliegt der Grunderwerbsteuer, sofern nicht andere Befreiungsvorschriften eingreifen.

V. Umsatzsteuer

198 Entnimmt der Unternehmer **Wirtschaftsgüter des Betriebsvermögens,** um sie im Rahmen der vorweggenommenen Erbfolge zB an seine Kinder zu übertragen, so unterliegt diese Sachentnahme als **unentgeltliche Wertabgabe** (früher: Eigenverbrauch) gemäß § 3 Abs. 1b Nr. 1 UStG grundsätzlich der Umsatzsteuer, sofern der Gegenstand oder

---

[622] BFH BStBl. II 1982, 424; gleichlautende Ländererlasse BStBl. I 2018, 1069.
[623] BFH DStR 2017, 856.
[624] Gleichlautende Ländererlasse BStBl. I 2018, 1069 Tz. 1; *Boruttau/Meßbacher-Hönsch* GrEStG § 3 Rn. 54.
[625] BFH BStBl. II 2012, 793 Rn. 21; 2015, 405 Rn. 34; gleichlautende Ländererlasse BStBl. I 2018, 1069.
[626] BFH BStBl. II 2015, 405.
[627] BFH BStBl. II 2015, 405.
[628] BFH BStBl. II 2015, 405.
[629] BFH BStBl. II 2013, 360; *Werkmüller* ZEV 2018, 446 (450).

seine Bestandteile zum vollen oder teilweisen Vorsteuerabzug berechtigt haben.[630] Die schenkungsbedingte Entnahme von Grundstücken ist allerdings nach § 4 Nr. 9a UStG steuerbefreit, da sie unter das GrEStG fällt und führt ggf. zur Berichtigung des Vorsteuerabzugs gemäß § 15a Abs. 4 und 5 iVm Abs. 1 UStG.[631] Ein Verzicht auf die Steuerbefreiung nach § 9 UStG kommt nicht in Betracht.[632] Die Entnahme ist auch dann umsatzsteuerfrei, wenn sie wie zB die Schenkung an Abkömmlinge grunderwerbsteuerfrei ist. Wird ein **Unternehmen** oder ein in der Gliederung des Unternehmens selbständig geführter Betrieb **(Teilbetrieb)** im Ganzen entgeltlich oder unentgeltlich an einen anderen Unternehmer für dessen Unternehmen übereignet oder in eine Gesellschaft eingebracht, liegt gemäß § 1 Abs. 1a UStG eine nicht steuerbare Geschäftsveräußerung im Ganzen vor (→ § 25 Rn. 260). Erfolgt die Übertragung an mehrere Personen, unterliegt sie den allgemeinen umsatzsteuerlichen Regelungen. Bei der Übertragung von Anteilen an einer Kapitalgesellschaft (→ § 25 Rn. 270) oder an einer Personengesellschaft (→ § 25 Rn. 271) fällt in der Regel keine Umsatzsteuer an.

VI. Verfahrensrecht

199 Land- und Forstwirte, Gewerbetreibende und freiberuflich Tätige haben gemäß § 138 Abs. 1 AO als Beschenkte und auch als Nießbraucher die Pflicht, die Betriebseröffnung anzuzeigen (→ § 25 Rn. 274 ff.), sofern sie einen derartigen Betrieb übertragen erhalten bzw. ihnen der Nießbrauch daran eingeräumt wird.[633]

200 Wird ein Betrieb oder ein Teilbetrieb unentgeltlich übertragen, trifft den Erwerber grundsätzlich die Haftung nach § 75 AO (→ § 25 Rn. 287 ff.). Entsprechendes gilt für die Haftung des Eigentümers von Gegenständen, die dem Unternehmen dienen (§ 74 AO; → § 25 Rn. 277 ff.). Bei der Bestellung eines echten Unternehmensnießbrauchs haftet der Nießbraucher nach § 75 AO (→ § 27 Rn. 357).[634]

201 Die Schenkungsteuererklärung ist von dem Beschenkten abzugeben, § 30 Abs. 1 ErbStG. Gleichzeitig trifft die Anzeigepflicht aber auch den Schenker, § 30 Abs. 2 ErbStG. Die zu machenden Angaben ergeben sich aus § 30 Abs. 4 ErbStG.

---

[630] BFH BStBl. II 2014, 1029.
[631] BFH BStBl. II 1987, 44; *Rau/Dürrwächter-Klenk* § 4 Nr. 9 UStG Rn. 119 ff., der allerdings § 4 Nr. 9 UStG analog anwenden will, da der Entnahmetatbestand selbst keine Grunderwerbsteuer auslöse.
[632] BFH BStBl. II 1987, 44.
[633] Tipke/Kruse/*Brandis* AO § 138 Rn. 1a; AEAO zu § 138 Rn. 1 S. 3.
[634] Tipke/Kruse/*Loose* AO § 75 Rn. 29; aA Hübschmann/Hepp/Spitaler/*Boeker* AO § 75 Rn. 53; *Schwarz* AO § 75 Rn. 17a.

8. Kapitel. Gestaltung der Nachfolge durch Umwandlung des Unternehmens

§ 29 Allgemeines

Übersicht

	Rn.
I. Bedeutung von Umwandlungen im Rahmen der Unternehmensnachfolge	1
II. Die Interessen der Beteiligten	6
1. Interessen bei der Bestimmung des Ziels der Nachfolgeregelung	7
a) Interessen des Unternehmers	8
b) Interessen des Unternehmer-Nachfolgers	15
c) Interessen anderer Erben	18
d) Interessen des Unternehmens	21
2. Interessen bei der Entscheidung über die Durchführung der Umwandlung	26
III. Größe des umzuwandelnden Unternehmens	31

I. Bedeutung von Umwandlungen im Rahmen der Unternehmensnachfolge

Die Planung einer optimalen Unternehmensnachfolge erschöpft sich nicht darin, die erforderlichen Verfügungen von Todes wegen zu treffen und gegebenenfalls Schenkungen im Wege der vorweggenommenen Erbfolge vorzunehmen. Stattdessen hat eine solche Planung in der Regel auch Rückwirkungen auf den Gegenstand der Nachfolge selbst, nämlich das Unternehmen.[1] Die Suche nach dem richtigen Nachfolger und dem richtigen Zuschnitt des Unternehmens, aber auch die Überlegung, wie die Übertragung am zweckmäßigsten zu gestalten ist, führen fast zwangsläufig zu der Frage, ob das Unternehmen in seiner gegenwärtigen Form für die geplante Übertragung sowie die Fortführung nach dem Wechsel passend strukturiert ist. Es ist dementsprechend erforderlich, dass sich der Unternehmer-Erblasser und seine Berater über die möglichen Voraussetzungen und Konsequenzen im Klaren sind, die bei einer im Rahmen der Unternehmensnachfolge vorgenommenen Umwandlung des Unternehmens von Bedeutung sein können. 1

Hierzu ist es zunächst erforderlich, sich im Rahmen einer Bestandsaufnahme sämtlicher relevanter Faktoren sowohl im menschlichen Bereich (zB hinsichtlich in Frage kommender Unternehmer-Nachfolger und sonstiger Erben) sowie wirtschaftlicher und steuerlicher Art Klarheit über die bestehende Ausgangslage zu verschaffen. Auf dieser Grundlage müssen die bestehenden Interessen der Beteiligten analysiert und gegeneinander abgewogen werden; auf diese Weise kann sodann das Ziel der zu entwickelnden Nachfolgeregelung definiert werden. Nachfolgend sollen typische Interessenlagen im Rahmen der Unternehmensnachfolge und die sich in diesem Zusammenhang anbietenden Gestaltungsmöglichkeiten durch Umwandlungen aufgezeigt und die wesentlichen rechtlichen und steuerlichen Rahmenbedingungen beschrieben werden. 2

Die Planung der Unternehmensnachfolge bietet mitunter auch Anlass, lange aufgeschobene allgemeine Restrukturierungsnotwendigkeiten anzupacken, um dem Unternehmer-Nachfolger ein wohlgeordnetes Geschäft zu übergeben. Ein häufig relevantes Beispiel für derartige allgemein veranlasste Umwandlungen ist der Wechsel des Unternehmens in eine haftungsbegrenzte Rechtsform, etwa die Umwandlung eines bisherigen einzelkaufmännischen Unternehmens in die Rechtsform einer GmbH. Hinter derartigen Maßnahmen steht meist die Überlegung, dass die persönliche Haftung des Geschäftsinhabers angesichts der heute bestehenden vielfältigen Risiken häufig nicht mehr angemessen ist; im Übrigen 3

---

[1] Allgemein zur Umwandlung im Rahmen der Unternehmensnachfolge: *Esch/Baumann/Schulze zur Wiesche*, Handbuch der Vermögensnachfolge, Erstes Buch, Rn. 1789 ff.; *Schwedhelm*, Harzburger Steuerprotokoll 1997, 221 ff.; *Mayer* DNotZ 1998, Sonderheft 25, Deutscher Notartag, 159 ff.

stellt die Übertragung des Unternehmens auf den Nachfolger ohnehin eine Zäsur dar, die den Wechsel in die haftungsbegrenzte Rechtsform auch den Geschäftspartnern des Unternehmens leichter plausibel macht (→ § 32 Rn. 1). Ein anderes Beispiel besteht in der Veräußerung von Unternehmensteilen, die nicht zum Kerngeschäft des Betriebes gehören, weniger nachhaltige Erträge versprechen oder aus anderen Gründen nicht gehalten werden sollen. Die – möglichst steuerneutrale – Ausgliederung derartiger Unternehmensteile und ihre – möglichst steuerbegünstigte – Veräußerung kann gerade bei der Planung der Unternehmensnachfolge sinnvoll sein, nämlich dann, wenn es um den (vorzeitigen) Ausgleich zwischen dem Unternehmer-Nachfolger und anderen Erben geht, die zukünftig an dem zu übertragenden Unternehmen nicht oder zumindest nicht wesentlich beteiligt werden sollen.

4 In den vorgenannten Fällen geht die Bedeutung der Restrukturierung weit über die Planung einer sinnvollen Nachfolgeregelung hinaus. Aber selbst wenn man solche Aspekte außer Betracht lässt, ist die Bedeutung von Umwandlungen im Rahmen der Unternehmensnachfolge erheblich: Bei der Planung der Unternehmensnachfolge spielen vielfältige Faktoren eine Rolle, wie insbesondere die Person des Unternehmer-Nachfolgers und der anderen Erben, das zukünftige Verhältnis zwischen ihnen, die sich daraus ergebenden Ausgleichsfragen, steuerliche Überlegungen im Rahmen der Übertragung des Unternehmens und seiner Fortführung nach der Übertragung, die Auswirkungen der Übernahme auf das Unternehmen selbst, insbesondere die Kunden, Haftungsfragen, die zukünftige Positionierung des Unternehmens im Markt usw. Die Vielfalt dieser Faktoren führt dazu, dass kaum eine Situation denkbar ist, in der nicht einer oder mehrere dieser Umstände durch eine Umwandlung des Unternehmens vorteilhafter gestaltet werden könnten.

5 Die sich hieraus uU ergebenden finanziellen Vorteile für den Erblasser, die Erben und das Unternehmen können erheblich sein. Neben den möglichen Steuerersparnissen sind insbesondere die Einsparungen relevant, die sich aus einer sinnvollen und für alle Beteiligten unangreifbaren Aufteilung des Gesamtnachlasses zwischen dem Unternehmer-Nachfolger und den übrigen Erben sowie aus einer effektiven Überleitung des Unternehmens auf den geeigneten Unternehmer-Nachfolger ergeben. Es genügt nämlich nicht, einen geeigneten Unternehmer-Nachfolger zu identifizieren und ihm die Führung des Unternehmens durch entsprechende Verfügung von Todes wegen oder im Rahmen der vorweggenommenen Erbfolge zu übertragen. Vielmehr sind eine Reihe weiterer Überlegungen anzustellen, die zB die effektive Überleitung des Unternehmens im Erbfall auf den Nachfolger ohne langwierige Streitigkeiten, die Sicherung der zukünftigen gesellschaftsrechtlichen Kontrolle durch den Unternehmer-Nachfolger und die Gewährleistung der Liquidität des Unternehmens durch entsprechende Gestaltung etwaiger Ausgleichsleistungen an die übrigen Erben betreffen. All diese Aspekte sind von der Struktur des Unternehmens abhängig; meist können sie durch Umwandlungen im Rahmen der Unternehmensnachfolge positiv beeinflusst werden. Ziel dieses Kapitels ist es deshalb, bei Unternehmern und Beratern das Bewusstsein für die im Bereich der Unternehmensstruktur wurzelnden Problemkreise zu schärfen und für eine Reihe von typischen Problemlagen Lösungsansätze aufzuzeigen.

II. Die Interessen der Beteiligten

6 Neben der zunächst erforderlichen Bestandsaufnahme der Ist-Situation ist es erforderlich, sich über die Interessen der einzelnen Beteiligten klar zu werden. Dabei sollten zunächst die Interessen ermittelt werden, die auf das Ergebnis der Nachfolgeregelung (also die Frage, wer in welcher Weise an dem Unternehmen und dem sonstigen Nachlass beteiligt wird) gerichtet sind. Die Analyse und Abwägung dieser Interessen wird in vielen Fällen eine Umwandlung des bestehenden Unternehmens nahelegen, um dem Ziel der Nachfolgeregelung besser gerecht werden zu können. Sind dieses Ziel und die erforderliche Um-

II. Die Interessen der Beteiligten § 29

wandlung festgelegt, sind zur Auswahl der optimalen Umwandlungsmethode die im Rahmen der Durchführung der Umwandlung bestehenden Interessen zu definieren.

1. Interessen bei der Bestimmung des Ziels der Nachfolgeregelung

Die auf das Ziel der Nachfolgeregelung gerichteten Interessen sind vielfältig. Oft hängen sie von den persönlichen Erfahrungen und subjektiven Bewertungen des Unternehmer-Erblassers und seiner Erben ab. Nachfolgend sollen einige typische Interessen dargestellt werden, die – wenn auch in unterschiedlicher Gewichtung – bei der Planung der Unternehmensnachfolge häufig eine wesentliche Rolle spielen: 7

a) Interessen des Unternehmers

- **Etablierung des geeigneten Unternehmer-Nachfolgers.** Entscheidend ist nicht nur die Auswahl des Unternehmer-Nachfolgers, sondern oft auch dessen Ausbildung und Bewährung in der Praxis. Darüber hinaus ist sowohl für das Unternehmen als auch für den Nachfolger von großer Bedeutung, dass die Person des Unternehmer-Nachfolgers im Unternehmen und in der Familie des Erblassers die erforderliche Anerkennung erfährt. Diesen Interessen wird am besten durch ein frühzeitig begonnenes, langsames Hineinwachsen des Unternehmer-Nachfolgers in die unternehmerische Verantwortung Rechnung getragen. 8

- **Zweckmäßige Aufteilung bei mehreren Unternehmer-Nachfolgern.** Sind mehrere Erben vorhanden, die Eignung und Neigung zum Unternehmer-Nachfolger haben, wird vielfach eine zweckmäßige Aufteilung des Unternehmens angestrebt. Denkbar ist sowohl eine örtliche Aufteilung (zB bei Filialbetrieben) als auch eine sachliche, zB nach Betriebsteilen oder Tätigkeitsbereichen. Entscheidend ist bei der Aufteilung von Unternehmen, in welchem Maße die getrennten Unternehmen auch nach dem Nachfolgefall noch miteinander verbunden sein sollen: Hier wird man aus Gründen der Konfliktvermeidung oft eine möglichst weitgehende Trennung anstreben, während die Erhaltung von Synergieeffekten (zB gemeinsamer Einkauf, zentrale Verwaltung usw) meist das Gegenteil nahe legt. 9

- **Reibungslose Überleitung auf Unternehmer-Nachfolger.** Die kritische Phase bei der Unternehmensnachfolge ist der Zeitraum der effektiven Überleitung des Unternehmens auf den oder die Unternehmer-Nachfolger. Dies gilt sowohl für Überleitungen im Rahmen des Erbfalls (Erbauseinandersetzung), als auch für die vorweggenommene Erbfolge. Hier muss der Unternehmer-Erblasser durch entsprechende rechtliche Gestaltung des Unternehmens und des Überleitungsvorgangs selbst sicherstellen, dass keine Blockaden zwischen den Erben mit negativen Auswirkungen auf das Unternehmen eintreten können. 10

- **Effektive Fortführung des Unternehmens.** Das Interesse des Unternehmer-Erblassers, Blockaden zwischen den Erben zu vermeiden, setzt sich auch nach der Überleitungsphase fort. Hier geht es darum, dem oder den Unternehmer-Nachfolger(n) eine starke Position in der Geschäftsführung des Unternehmens und vor allem die erforderliche Mehrheit in der Gesellschafterversammlung zu verschaffen, um die für richtig gehaltenen unternehmerischen Entscheidungen effektiv umsetzen zu können. 11

- **Gerechter Ausgleich zwischen den Erben.** Während sich die vorgenannten Interessen allein auf das Unternehmen und die Absicherung des Unternehmer-Nachfolgers beziehen und daher im Wesentlichen gleichgerichtet sind, geht das Interesse auf Herstellung eines gerechten Ausgleichs zwischen den Erben oft in die entgegengesetzte Richtung. Denn meist geht es hier um den Ausgleich zwischen dem Unternehmer-Nachfolger und anderen Erben, wobei zumindest dann, wenn das Unternehmen den größten Teil des zu verteilenden Vermögens darstellt, ein Ausgleich nur durch (kapitalistische) Beteiligung der anderen Erben am Unternehmen geschaffen werden kann. Gerade diese Gestaltung führt aber nicht selten zu Schwierigkeiten bei der weiteren 12

Unternehmensführung, wenn sich der Unternehmer-Nachfolger und die kapitalistisch beteiligten anderen Erben über wesentliche geschäftspolitische Entscheidungen (zB Kapitalerhöhungen, Kooperationen und Joint Ventures, neue Geschäftszweige, Restrukturierungen usw.) nicht einigen können.

13 • **Bewahrung der Kontrolle bis zum Erbfall.** Das Interesse des Erblassers an einer möglichst weitgehenden Kontrolle bis zum Erbfall steht mitunter im Konflikt mit dem oben genannten Interesse an einer frühzeitigen Etablierung des geeigneten Unternehmer-Nachfolgers im Unternehmen entgegen. Ein Ausgleich zwischen diesen beiden Interessen liegt in der graduellen Überleitung des Unternehmens auf den Nachfolger, wie dies bei den sog. „Familiengesellschaften" vielfach durchgeführt wird.

14 • **Schaffung einer erbschaftsteuerbegünstigten Übertragungsstruktur.** Angesichts der mit der Neufassung des Erbschaftsteuergesetzes vorgenommenen Beschränkungen der erbschaftsteuerlichen Begünstigung von Betriebsvermögen spielen vermehrt Gestaltungsüberlegungen dahingehend eine Rolle, das Unternehmen so auf den Schenkungs- oder Erbfall vorzubereiten, dass Erblasser und Erbe weitestmöglich von den verbliebenen Begünstigungsregelungen profitieren und so der Bestand des Unternehmens nicht durch übermäßige Erbschaftsteuerbelastungen gefährdet wird.

b) Interessen des Unternehmer-Nachfolgers

15 • **Etablierung im Unternehmen.** Im Grundsatz dürfte dieses Interesse des Nachfolgers weitgehend parallel zum entsprechenden Interesse des Unternehmer-Erblassers laufen. Unterschiedliche Zielstellungen bestehen hier allenfalls im Zeitplan der Überleitung, also der Frage, zu welchem Zeitpunkt der Generationenwechsel im Unternehmen effektiv stattfindet (Möglichst frühzeitige Etablierung im Unternehmen versus möglichst weitgehende Kontrolle des Erblassers bis zum Erbfall).

16 • **Keine Liquiditätsbelastungen.** Der Unternehmer-Nachfolger wird oft außer dem Unternehmen keine liquiden Mittel übertragen erhalten, da diese zur „Abfindung" der übrigen Erben benötigt werden. Im Gegenteil, in vielen Fällen werden dem Unternehmer-Nachfolger Ausgleichszahlungen an die übrigen Erben auferlegt, die seine persönliche Bewegungsfreiheit, aber auch die Handlungsmöglichkeiten des Unternehmens empfindlich stören können.

17 • **Keine Behinderungen durch Zustimmungsvorbehalte.** Wird der Unternehmer-Nachfolger nicht Alleingesellschafter des Unternehmens, so können die Gesellschafterrechte der übrigen Erben (namentlich Zustimmungsvorbehalte bei wesentlichen Geschäftsführungsmaßnahmen, Änderungen der Unternehmensstruktur und sonstigen weitreichenden Entscheidungen) eine mehr oder weniger starke Behinderung des Unternehmer-Nachfolgers darstellen. Sein Interesse geht also dahin, dass die übrigen Erben auf eine rein kapitalistische Beteiligung beschränkt werden und ihnen nur das gesetzliche Mindestmaß an Mitsprache- und Informationsrechten gewährt wird.

c) Interessen anderer Erben

18 • **Interesse, selbst Unternehmer-Nachfolger zu werden.** Sind mehrere geeignete Unternehmer-Nachfolger vorhanden, wird der Unternehmer-Erblasser meist eine Aufteilung des Unternehmens anstreben, schon um einen gerechten Ausgleich herzustellen. Ist dies nicht möglich, ist eine effektive Trennung des Unternehmens (das vom Unternehmer-Nachfolger fortgeführt wird) und des übrigen Vermögens von eminenter Bedeutung; eine auch nur kapitalistische Beteiligung des weichenden Erben sollte in diesem Fall vermieden werden. Besondere Bedeutung erlangt in dieser Situation auch die effektive Überleitung des Unternehmens, da der weichende Erbe ansonsten versucht sein wird, im Rahmen der Überleitung, insbesondere bei der Erbauseinandersetzung, entgegen dem Erblasserwillen doch auf das Unternehmen zuzugreifen.

19 • **Keine Einbußen an Erbquoten.** Geht man davon aus, dass das Unternehmen gerade im mittelständischen Bereich meist den wesentlichen Vermögensgegenstand des Unter-

nehmer-Erblassers ausmachen wird, so besteht für die anderen Erben die Gefahr, dass sie im Rahmen der Erbfolge summenmäßig weniger erhalten, als ihnen bei rein quotaler Betrachtung zustünde. In dieser Situation geht das Interesse der weichenden Erben auf eine angemessene Beteiligung am Unternehmen.
- **Rechte im Unternehmen.** Werden die anderen Erben etwa aus Gründen des angemessenen Ausgleichs am Unternehmen beteiligt, geht ihr Interesse auf eine möglichst starke Gesellschafterstellung und läuft damit dem Interesse des Unternehmer-Nachfolgers, die übrigen Erben auf eine rein kapitalistische Beteiligung ohne Mitspracherechte zu beschränken, entgegen. Aus Sicht der übrigen Erben bestehen die typischen Schutzbedürfnisse von Minderheitsgesellschaftern, insbesondere vor Fehlentscheidungen des Mehrheitsgesellschafter-Geschäftsführers, Vermögensverschiebungen zu Lasten der Gesellschaft, Vorenthaltung wesentlicher Informationen usw.

d) Interessen des Unternehmens

- **Sicherung einer qualifizierten Geschäftsleitung.** Aus Sicht des Unternehmens ist die Überleitung auf den vom Unternehmer-Erblasser bestimmten Nachfolger nur dann akzeptabel, wenn dieser die erforderliche Eignung, Leistungsfähigkeit und -bereitschaft mitbringt. In vielen Fällen sind Unternehmer-Nachfolger, die diese Kriterien uneingeschränkt erfüllen, nicht vorhanden. Dann ist aus Sicht des Unternehmens eine Struktur vorzugswürdig, die ein leistungsfähiges Fremdmanagement ermöglicht.
- **Ausschluss möglicher Blockaden.** Aus Sicht des Unternehmens müssen klare Mehrheitsverhältnisse in der Gesellschafterversammlung geschaffen werden, damit eine Blockade der Geschäftsaktivitäten nicht entstehen kann.
- **Minimierung des Kapitalabflusses.** Dem Unternehmer-Nachfolger auferlegte Ausgleichsleistungen gehen oft direkt oder indirekt zu Lasten der Liquidität des Unternehmens. Hier muss eine ausreichende Versorgung mit liquiden Mitteln sichergestellt werden.
- **Schaffung lebensfähiger Einheiten.** Sofern das Unternehmen zur Überleitung auf mehrere Nachfolger geteilt wird, dürfen keine willkürlichen Trennungen vorgenommen werden, die zur Entstehung nicht lebensfähiger Einheiten führen.

In der Praxis wird man die verschiedenen gleichgerichteten und divergierenden Interessen auflisten, um einen Überblick über die mögliche Zielstellung der Nachfolgeregelung zu erhalten. Das Interesse des Unternehmer-Erblassers wird meist darauf gerichtet sein, einen gerechten Ausgleich zwischen den divergierenden Interessen herzustellen und im Übrigen den von ihm vorzugsweise verfolgten Interessen effektiv zur Durchsetzung zu verhelfen. Obwohl die im Einzelfall auftretenden Fallkonstellationen vielfältig sind, lassen sich typische Interessengegensätze und ihre Lösungsmöglichkeiten herausarbeiten. Diese Fallgruppen betreffen namentlich den Wechsel in eine haftungsbegrenzte Rechtsform (→ § 32 Rn. 1 ff.), die schrittweise Übertragung des Unternehmens auf die Nachfolger (→ § 33 Rn. 1), den Ausgleich zwischen dem Unternehmer-Nachfolger und anderen Erben (→ § 34 Rn. 1 ff.), das Fehlen eines Unternehmer-Nachfolgers (→ § 35 Rn. 1) sowie generell die Möglichkeiten steuerlicher Optimierung im Rahmen der Unternehmensnachfolge (→ § 36 Rn. 1).

2. Interessen bei der Entscheidung über die Durchführung der Umwandlung

Führt die Analyse und Abwägung der im Hinblick auf das Ziel der Nachfolgeregelung bestehenden Interessen zu dem Ergebnis, dass eine Umwandlung des Unternehmens vorgenommen werden sollte, sind in einem zweiten Schritt die bei der Entscheidung über die Durchführung der Umwandlung erheblichen Kriterien zu ermitteln. Sinn dieser Überlegungen ist es zunächst, die dem jeweiligen Fall angemessenste Umwandlungsmethode (Vorgehen nach dem UmwG oder Verfolgung einer alternativen Umwandlungsmöglichkeit) zu bestimmen. Nicht selten wird sich anhand dieser Kriterien jedoch auch entscheiden, ob die Umwandlung überhaupt durchgeführt werden soll.

27 **Steuerliche Überlegungen.** Steuerlich geht es meist um die Frage, ob die Umwandlung steuerneutral, also ohne Aufdeckung stiller Reserven vorgenommen werden kann. Dies ist bei einer Vorgehensweise nach dem UmwG meist gewährleistet, kann aber auch bei einigen alternativen Umwandlungsmethoden sichergestellt werden. Darüber hinaus ist meist von entscheidender Bedeutung, ob in dem Unternehmen vorhandene steuerliche Verlustvorträge durch die Umwandlung berührt werden. Weiter ist in Betracht zu ziehen, dass die durch die Umwandlung geschaffene Einheit möglichst erbschaftsteuerbegünstigt auf den Unternehmern-Erblasser und ggf. die übrigen Erben übertragen werden kann. Zu den Einzelheiten → § 36 Rn. 2 ff., 8 ff. und § 41 Rn. 14, 16 ff.

28 • **Zeit- und Kostenaufwand für die Restrukturierung.** Viele im Rahmen der Unternehmensnachfolge zweckmäßige Umwandlungen werden daran gemessen, ob sie mit vertretbarem Zeit- und Kostenaufwand durchgeführt werden können. In diesem Bereich kommt der Wahl der in der jeweiligen Situation angemessenen Umwandlungsmethode entscheidende Bedeutung zu (→ § 39 Rn. 7 ff.). Im Übrigen muss der im Rahmen der Umwandlung entstehende Aufwand abgewogen werden gegen die Vorteile, die sich aus der neuen Unternehmensstruktur für die Nachfolgeregelung ergeben.

29 • **Außenwirkung der Umwandlung.** Das Ob und Wie einer Umwandlung wird darüber hinaus oft davon abhängig gemacht, welche Außenwirkung die Umwandlung auf Gläubiger, Vertragspartner und Konkurrenten des Unternehmens hat oder haben könnte. Auch in diesem Bereich kommt der Auswahl der richtigen Umwandlungsmethode meist entscheidende Bedeutung zu (→ § 39 Rn. 10 ff.). Zu beachten sind in diesem Zusammenhang auch die im Rahmen einer Umwandlung bestehenden Publizitätspflichten (s. zum Gesichtspunkt der Vertraulichkeit bei der Auswahl der Umwandlungsmethode → § 39 Rn. 13 f.).

30 • **Innerbetriebliche Auswirkungen.** Sie hängen zum größten Teil nicht von dem Umwandlungsvorgang als solchem, sondern vom Ergebnis der Umwandlung ab (zB selbständige Lebensfähigkeit eines in mehrere Gesellschaften aufgespaltenen Unternehmens mit verschiedenen Betriebsteilen, ausreichende Personal- und Kapitalausstattung usw.). Den Umwandlungsvorgang selbst können jedoch arbeitsrechtliche Erwägungen betreffen, die sich auf die Wahl der anzuwendenden Umwandlungsmethode auswirken können (→ § 39 Rn. 15 ff.).

III. Größe des umzuwandelnden Unternehmens

31 Es ist ein verbreiteter Irrglaube, dass Umwandlungen als Mittel zur Gestaltung der Unternehmensnachfolge wegen des entstehenden Restrukturierungsaufwandes nur bei größeren Unternehmen eine Rolle spielen. Richtig ist, dass bei größeren Unternehmen bisweilen andere Interessenlagen von ausschlaggebender Bedeutung sind als bei kleineren, namentlich einzelkaufmännischen Unternehmen. Bei Letzteren wird sich (auch im Rahmen der Unternehmensnachfolge) meist die Frage stellen, ob der Anlass zu einem Wechsel in eine haftungsbegrenzte Rechtsform genutzt werden soll. Demgegenüber sind andere Überlegungen naturgemäß nur bei größeren Unternehmen relevant, wie zB die Frage, wie ein Unternehmen für qualifiziertes Fremdmanagement auf Dauer attraktiv gestaltet werden oder wie die Eigenkapitalbasis der Gesellschaft durch Zugang zum Kapitalmarkt (Wechsel in die Rechtsform einer AG oder KGaA) verbreitert werden kann. Dagegen treten die im Rahmen der Unternehmensnachfolge typischen Konfliktlagen (Ausgleich zwischen Unternehmer-Nachfolger und anderen Erben, zwischen mehreren Unternehmer-Nachfolgern untereinander sowie Fehlen eines Unternehmer-Nachfolgers) sowohl bei kleinen als auch bei bedeutenden Unternehmen auf.

§ 30 Möglichkeiten der Umwandlung

Übersicht

Rn.

I. Umwandlungsmethoden 1
   1. Vorgehen nach dem UmwG 1
   2. Andere Umwandlungsmethoden 5
II. Umwandlungsarten 8
   1. Verschmelzung 9
   2. Spaltung 12
   3. Formwechsel 14
III. Beteiligte Rechtsträger 16
   1. Begriff des Rechtsträgers 16
   2. Verschmelzungen 17
   3. Spaltung 20
   4. Formwechsel 21
   5. Anwachsung 23
   6. Einzelrechtsübertragung 25

I. Umwandlungsmethoden

1. Vorgehen nach dem UmwG

Nahezu sämtliche denkbaren Fälle der Umwandlung werden im UmwG vom 28.10. **1**
1994 systematisch geregelt (→ § 37 Rn. 10). Das UmwG unterscheidet vier Umwandlungsarten, nämlich Verschmelzung, Spaltung, Vermögensübertragung und Formwechsel. In Bezug auf jede dieser Umwandlungsarten bestimmt das Gesetz die Rechtsform der jeweils beteiligten Rechtsträger, für die eine Umwandlung nach dem UmwG ermöglicht wird (→ Rn. 16 ff.).

Die nach dem UmwG durchgeführten Umwandlungen folgen einem bei allen Um- **2**
wandlungsarten und beteiligten Rechtsträgern ähnlichen **formalisierten Verfahren,** dessen Hauptmerkmale ein (stets beurkundungspflichtiger und damit kostenintensiver) Umwandlungsvertrag, -plan oder -beschluss, Zustimmungsbeschlüsse der Gesellschafter der beteiligten Rechtsträger, bestimmte Berichterstattungs- und Prüfungspflichten und schließlich die Anmeldung und Eintragung des Umwandlungsvorgangs im Handelsregister der beteiligten Rechtsträger sind. Sämtliche nach dem Umwandlungsgesetz durchgeführten Umwandlungen beruhen auf dem Prinzip der (partiellen) Gesamtrechtsnachfolge, dh sämtliche Vermögensgegenstände, Verpflichtungen und Verträge des übertragenden Rechtsträgers gehen kraft Gesetzes (und nicht durch rechtsgeschäftliche Einzelübertragung) auf den übernehmenden Rechtsträger über (→ § 37 Rn. 6).

Die **Vorteile** der im UmwG verkörperten gesetzlichen Umwandlungsregelung liegen **3**
zunächst in der Tatsache, dass nahezu alle denkbaren Umwandlungsalternativen realisiert werden können (zu den Ausnahmen → § 39 Rn. 23 f.). Darüber hinaus sind Umwandlungen nach dem UmwG in fast allen Fällen steuerneutral, also ohne Aufdeckung der im Unternehmen vorhandenen stillen Reserven möglich (→ § 41 Rn. 16 ff.). Vorteilhaft ist schließlich, dass eine Beteiligung von Gläubigern und Vertragspartnern des umzuwandelnden Unternehmens regelmäßig[1] nicht erforderlich ist, da Vertragsverhältnisse und Verbindlichkeiten des Ausgangsunternehmens (übertragenden Rechtsträgers) im Wege der Gesamtrechtsnachfolge auf das Zielunternehmen (übernehmender Rechtsträger) übergehen.

Nachteilig ist ein Vorgehen nach dem UmwG vor allem bei kleineren und ggf. nur **4**
wenige Wirtschaftsgüter betreffenden Umwandlungsfällen, für die das formalisierte Ver-

---

[1] Eine Ausnahme für Rechte, welche die Übertragbarkeit von Gegenständen betreffen, besteht jedoch bei allen Formen der Spaltung, s. § 132 UmwG.

fahren nach dem UmwG oft unnötig kosten- und zeitaufwendig ist. Darüber hinaus ergibt sich aus den im UmwG vorgeschriebenen Prüfungs- und Berichtspflichten iVm der erforderlichen Handelsregisteranmeldung eine Publizität des Umwandlungsvorgangs, die bei Familienbetrieben und mittelständischen Unternehmen, aber auch bei Großunternehmen bisweilen unerwünscht ist (→ § 39 Rn. 13 f.). Die Entscheidung für oder gegen ein Vorgehen nach dem UmwG oder nach einer alternativen Umwandlungsmethode kann nur anhand der Besonderheiten des Einzelfalls getroffen werden (zu den Entscheidungskriterien → § 39 Rn. 4 ff.).

2. Andere Umwandlungsmethoden

5   Obwohl § 1 Abs. 2 UmwG Umwandlungen außerhalb der im UmwG geregelten Fälle nur zulässt, wenn sie durch ein anderes Bundesgesetz oder ein Landesgesetz ausdrücklich vorgesehen sind, besteht Einigkeit, dass die auf allgemeinen Rechtsgrundsätzen beruhenden, bereits vor Inkrafttreten des UmwG praktizierten alternativen Umwandlungsmethoden auch weiterhin zulässig sind (→ § 37 Rn. 2). Durch derartige alternative Umwandlungsmethoden können oft Ergebnisse erzielt werden, die einer nach dem UmwG durchgeführten Restrukturierung zumindest wirtschaftlich gleichwertig sind.

6   Die in der Praxis bedeutsamste alternative Umwandlungsmethode ist das sog. Anwachsungsmodell (→ § 38 Rn. 4 ff.). Nach diesem Modell können formwechselnde Umwandlungen und Verschmelzungen von Personengesellschaften (GbR, OHG, KG) in Kapitalgesellschaften vorgenommen werden. Anwachsungsmodelle sind gegenüber einem Vorgehen nach dem UmwG oft zeit- und kostengünstiger (→ § 39 Rn. 7 ff.). Da Anwachsungen ebenso wie Umwandlungen nach dem UmwG eine Vermögensübertragung im Wege der Universalsukzession bewirken, ist zudem in beiden Fällen eine Zustimmung von Gläubigern und Vertragspartnern des umzuwandelnden Unternehmens nicht erforderlich.

7   Nahezu sämtliche anderen Formen der im UmwG vorgesehenen Restrukturierungen lassen sich darüber hinaus durch eine Kombination aus Einzelrechtsübertragung der jeweils betroffenen Vermögensgegenstände und verschiedenen gesellschaftsrechtlichen Maßnahmen durchführen (→ § 38 Rn. 11 ff.). Wegen der mit der Einzelrechtsübertragung verbundenen Nachteile, vor allem der nach dem sachenrechtlichen Bestimmtheitsgrundsatz erforderlichen Aufzählung der übergehenden Wirtschaftsgüter, sind diese alternativen Umwandlungsmethoden jedoch häufig nachteilig gegenüber der nach dem UmwG stattfindenden Gesamtrechtsnachfolge. Hinzu kommt, dass diese Umwandlungsformen oft eine Vielzahl von Einzelschritten erfordern, um ein dem Vorgehen nach dem Umwandlungsgesetz gleichwertiges Ergebnis zu erreichen. Dies gilt namentlich bei der Spaltung,[2] die nach dem UmwG regelmäßig erheblich einfacher und darüber hinaus steuerneutral durchgeführt werden kann.

II. Umwandlungsarten

8   Das UmwG unterscheidet zwischen vier Formen oder Arten der Umwandlung, nämlich Verschmelzung, Spaltung, Vermögensübertragung und Formwechsel. Die Vermögensübertragung betrifft nur besondere beteiligte Rechtsträger, wie den Bund, ein Land, Versicherungsaktiengesellschaften, Versicherungsvereine auf Gegenseitigkeit oder öffentlich-rechtliche Versicherungsunternehmen und ist daher im Rahmen der Unternehmensnachfolge nicht relevant.[3] Im Einzelnen sind nach dem UmwG und den auf allgemeinen Rechts-

---

[2] S. zur sog. „wirtschaftlichen Spaltung", die im Wege der Einzelrechtsnachfolge im Zusammenspiel mit verschiedenen gesellschaftsrechtlichen Maßnahmen durchgeführt wird, → § 38 Rn. 17 ff.
[3] Vgl. §§ 174 ff. UmwG; Esch/Baumann/Schulze zur Wiesche, Handbuch der Vermögensnachfolge, Erstes Buch, Rn. 1791.

II. Umwandlungsarten   § 30

grundsätzen beruhenden alternativen Umwandlungsmöglichkeiten folgende Formen der Umwandlung denkbar:

1. Verschmelzung

Die Verschmelzung ist die Übertragung des Vermögens eines Rechtsträgers[4] (des sog. übertragenden Rechtsträgers) auf einen anderen Rechtsträger (übernehmender Rechtsträger) mit allen Aktiva, Passiva und Vertragsverhältnissen. Der übertragende Rechtsträger erlischt, seine Gesellschafter werden regelmäßig durch Gewährung von Gesellschaftsrechten am übernehmenden Rechtsträger abgefunden (§§ 2 ff. UmwG; zu den Einzelheiten → § 37 Rn. 9 ff.). 9

Ein den Verschmelzungen entsprechender Effekt kann außerhalb des UmwG namentlich durch die sog. Anwachsungsmodelle erreicht werden (→ § 38 Rn. 4 ff.). Auch sie bewirken den Übergang des gesamten Vermögens eines übertragenden Rechtsträgers auf einen übernehmenden Rechtsträger, wobei als übertragender Rechtsträger allerdings nur eine Personengesellschaft oder Personenhandelsgesellschaft (GbR, OHG, KG) in Betracht kommt. In allen anderen Fällen kann ein der Verschmelzung vergleichbarer Effekt nur durch Einzelrechtsübertragung sämtlicher Wirtschaftsgüter des übertragenden Rechtsträgers auf den übernehmenden Rechtsträger im Rahmen einer Sachkapitalerhöhung mit anschließender Liquidation des übertragenden Rechtsträgers erzielt werden (→ § 38 Rn. 15). 10

Verschmelzungen und verschmelzungsähnliche Vorgänge sind im Rahmen der Unternehmensnachfolge praktisch von geringer Bedeutung, da sich die Aufgabe einer Zusammenfügung mehrerer Rechtsträger im Rahmen einer Nachfolgeregelung meist nicht stellt. Die Vorschriften und Techniken zur Verschmelzung sind aber deswegen von Bedeutung, weil sich alle Formen der Spaltung von Unternehmen in ihrer technischen Abwicklung an den Verschmelzungsvorschriften orientieren.[5] 11

2. Spaltung

Bei der Spaltung werden ein oder mehrere Teile des Vermögens eines übertragenden Rechtsträgers auf einen oder mehrere übernehmende Rechtsträger übertragen (§§ 123 ff. UmwG; → § 37 Rn. 16 ff.). Das Gesetz unterscheidet zwischen Aufspaltung, Abspaltung und Ausgliederung: Bei der **Aufspaltung** wird das gesamte Vermögen des übertragenden Rechtsträgers in mehreren Teilen auf verschiedene übernehmende Rechtsträger übertragen, so dass der übertragende Rechtsträger erlischt (→ § 37 Rn. 17 f.). Bei der **Abspaltung** wird nur ein Teil des Vermögens des übertragenden Rechtsträgers auf einen (oder mehrere) übernehmende Rechtsträger übertragen. Bei der Aufspaltung wie auch bei der Abspaltung erhalten die Anteilseigner des übertragenden Rechtsträgers Gesellschaftsanteile an dem übernehmenden Rechtsträger zum Ausgleich für die Wertminderung des übertragenden Rechtsträgers (§ 123 Abs. 1 und 2 UmwG). Auch bei der **Ausgliederung** wird nur ein Teil des Vermögens des übertragenden Rechtsträgers auf den übernehmenden Rechtsträger übertragen; anders als bei der Abspaltung erhält jedoch der übertragende Rechtsträger (und nicht dessen Gesellschafter) die zum Ausgleich gewährten Gesellschaftsrechte an dem übernehmenden Rechtsträger (§ 123 Abs. 3 UmwG; → § 37 Rn. 21 f.). 12

Die verschiedenen Formen der Spaltung können auch im Wege der Einzelrechtsübertragung durchgeführt werden. Die am einfachsten zu ersetzende Spaltungsform ist die Ausgliederung, die durch Einzelrechtsübertragung im Rahmen einer Sachkapitalerhöhung (bzw. Sachgründung) einer Tochtergesellschaft des übertragenden Rechtsträgers vorge- 13

---
[4] Zum Begriff des Rechtsträgers → Rn. 16.
[5] S. etwa § 125 UmwG, der hinsichtlich der auf die Spaltung anwendbaren Vorschriften grundsätzlich auf die Regelungen über die Verschmelzung verweist; → § 37 Rn. 24.

nommen werden kann (→ § 38 Rn. 13). Dagegen sind Auf- und Abspaltungen im Wege der Einzelrechtsnachfolge nur durch eine Abfolge komplizierter Einzelschritte zu realisieren (→ § 38 Rn. 17 ff.).

3. Formwechsel

14 Bei der formwechselnden Umwandlung wechselt der beteiligte Rechtsträger lediglich seine Rechtsform unter Beibehaltung seiner rechtlichen Identität; eine irgendwie geartete Übertragung von Vermögen findet also nicht statt (§ 190 Abs. 1 UmwG; → § 37 Rn. 23).

15 Nach § 190 Abs. 2 UmwG (vgl. auch § 1 Abs. 2 UmwG) bleiben die nach anderen gesetzlichen Vorschriften stattfindenden Formwechsel durch die Regelung im UmwG unberührt. Dies betrifft namentlich den (automatisch stattfindenden) Formwechsel einer Gesellschaft bürgerlichen Rechts in eine OHG, wenn die GbR ein Handelsgewerbe im Sinne der §§ 1 ff. HGB aufnimmt, und umgekehrt (→ § 38 Rn. 3). Schließlich kann auch durch **Anwachsung** eine formwechselnde Umwandlung bewirkt werden, nämlich aus einer Personengesellschaft oder Personenhandelsgesellschaft (GbR, OHG, KG) in eine Kapitalgesellschaft.[6]

III. Beteiligte Rechtsträger

1. Begriff des Rechtsträgers

16 Der Begriff des Rechtsträgers ist eine Wortschöpfung des UmwG. Er bezeichnet jeden Vollinhaber eines Rechts und jede im Rechtsverkehr auftretende, an einem Umwandlungsvorgang beteiligte juristische Einheit, die Träger von Rechten und Pflichten sein kann. Gleichgültig ist, ob die rechtliche Einheit eigene Rechtspersönlichkeit (natürliche oder juristische Person) hat oder nicht (wie zB die Personengesellschaften und Personenhandelsgesellschaften). Der Begriff des Unternehmens wird vom UmwG bewusst nicht verwendet, weil es nicht darauf ankommen soll, ob ein Rechtsträger ein Unternehmen im betriebswirtschaftlichen oder rechtlichen Sinne betreibt.[7] Der Begriff des Rechtsträgers stellt somit die neutrale Bezeichnung für jeden an einem Umwandlungsvorgang Beteiligten dar.

2. Verschmelzungen

17 Nach § 3 Abs. 1 UmwG können als übertragende, übernehmende oder neue Rechtsträger (also solche, die im Rahmen der Verschmelzung erst geschaffen werden) beteiligt sein:
– Personenhandelsgesellschaften (OHG, KG) und Partnerschaftsgesellschaften;
– Kapitalgesellschaften (GmbH, AG, KGaA);
– eingetragene Genossenschaften;
– eingetragene Vereine (§ 21 BGB);
– genossenschaftliche Prüfungsverbände; und
– Versicherungsvereine auf Gegenseitigkeit (VVaG).

18 Durch diese umfassende Zulassung von beteiligten Rechtsträgern zu Verschmelzungen wird insbesondere die Verschmelzung von Personenhandelsgesellschaften untereinander sowie die Verschmelzung von Personenhandelsgesellschaften auf Kapitalgesellschaften ermöglicht. Nicht möglich ist jedoch nach wie vor die Verschmelzung unter Beteiligung von Gesellschaften bürgerlichen Rechts;[8] deren „Verschmelzung" (Vollübertragung von

---

[6] Zwar bewirkt die Anwachsung eine Vermögensübertragung und damit im strengen Sinne keinen (identitätswahrenden) Formwechsel; im wirtschaftlichen Ergebnis findet aber ein Formwechsel statt, da das zunächst von einer Personengesellschaft gehaltene Vermögen nach der Anwachsung von einer Kapitalgesellschaft gehalten wird. Zur Anwachsung → § 38 Rn. 4 ff.
[7] Regierungsentwurfsbegründung BR-Drs. 75/1994, 71; Schmitt/Hörtnagl/Stratz/*Hörtnagl* UmwG § 1 Rn. 2.
[8] Schmitt/Hörtnagl/Stratz/*Stratz* UmwG § 3 Rn. 13.

Aktiva, Passiva und Vertragsverhältnissen) kann daher nur im Wege der Anwachsung bzw. Einbringung durchgeführt werden (→ § 38 Rn. 4ff.).

Neben den vorgenannten, umfassend verschmelzungsfähigen Rechtsträgern können an Verschmelzungen auch wirtschaftliche Vereine (§ 22 BGB) als übertragende Rechtsträger und natürliche Personen, die als Alleingesellschafter einer Kapitalgesellschaft deren Vermögen übernehmen, als übernehmende Rechtsträger beteiligt sein (§ 3 Abs. 2 UmwG). Verschmelzungen können auch unter Beteiligung von in Liquidation befindlichen übertragenden Rechtsträgern vorgenommen werden, wenn deren Fortsetzung beschlossen werden könnte (§ 3 Abs. 3 UmwG). Zudem ist es mittlerweile auch möglich, grenzüberschreitende Verschmelzungen unter Beteiligung anderer Kapitalgesellschaften aus dem Gebiet der Europäischen Union oder des Europäischen Wirtschaftsraums durchzuführen (§§ 122a UmwG ff.).

3. Spaltung

Hinsichtlich der spaltungsfähigen Rechtsträger verweist § 124 UmwG im Wesentlichen auf die Regelung zu den verschmelzungsfähigen Rechtsträgern (§ 3 UmwG; → Rn. 17ff.). An einer Auf- oder Abspaltung können demgemäß dieselben Rechtsträger als übertragende, übernehmende oder neue Rechtsträger beteiligt sein, die auch an Verschmelzungen mitwirken können. Bei Ausgliederungen können auf der übertragenden Seite darüber hinaus eine Reihe weiterer Rechtsträger, insbesondere Einzelkaufleute und Stiftungen, beteiligt sein.

4. Formwechsel

Für den Formwechsel unterscheidet § 191 UmwG zwischen der Ausgangsrechtsform („formwechselnder Rechtsträger") und der Zielrechtsform („Rechtsträger neuer Rechtsform"). Formwechselnde Rechtsträger können sein:
– Personenhandelsgesellschaften (OHG, KG) und Partnerschaftsgesellschaften;
– Kapitalgesellschaften (GmbH, AG, KGaA);
– eingetragene Genossenschaften;
– rechtsfähige Vereine;
– Versicherungsvereine auf Gegenseitigkeit (VVaG) und
– Körperschaften und Anstalten des öffentlichen Rechts.
– Rechtsträger neuer Rechtsform können sein:
– Gesellschaften bürgerlichen Rechts (GbR);
– Personenhandelsgesellschaften und Partnerschaftsgesellschaften;
– Kapitalgesellschaften und
– eingetragene Genossenschaften.

Durch das UmwG 1995 wurde erstmals die Möglichkeit einer formwechselnden (identitätswahrenden) Umwandlung von Kapitalgesellschaften in Personenhandelsgesellschaften und umgekehrt geschaffen. Anders als bei der Verschmelzung (→ Rn. 18) ist die GbR beim Formwechsel zumindest als „Zielrechtsträger" beteiligungsfähig. Obwohl Personenhandelsgesellschaften sowohl als formwechselnde Rechtsträger als auch als Rechtsträger neuer Rechtsform aufgeführt sind, kann ein Wechsel von einer Form der Personenhandelsgesellschaft in eine andere (zB von GbR in KG) nicht nach dem UmwG erfolgen, da § 214 UmwG diese Möglichkeit nicht zulässt. Ein derartiger Wechsel ist nur nach den allgemeinen handelsrechtlichen Vorschriften möglich.

5. Anwachsung

An Umwandlungen (wirtschaftliche Verschmelzungen und Formwechsel), die im Wege der Anwachsung vorgenommen werden, können als übertragende bzw. formwechselnde Rechtsträger nur Personengesellschaften und Personenhandelsgesellschaften (GbR, OHG und KG) beteiligt sein. Dies folgt aus der Tatsache, dass alle Anwachsungsmodelle auf der Vorschrift des § 738 Abs. 1 S. 1 BGB beruhen, die allein für die vorgenannten Gesellschaftsformen Gültigkeit hat (vgl. §§ 105 Abs. 2, 161 Abs. 2 HGB).

24 Als übernehmender Rechtsträger bzw. Rechtsträger neuer Rechtsform können an einer Anwachsung sowohl Kapitalgesellschaften (GmbH, AG und KGaA) als auch Personenhandels- und Personengesellschaften (OHG, KG und GbR) beteiligt sein, da alle diese Gesellschaften als Gesellschafter einer Personengesellschaft bzw. Personenhandelsgesellschaft in Betracht kommen.[9] Dies gilt mittlerweile – entgegen der früheren hM – auch für die Außen-GbR.[10]

6. Einzelrechtsübertragung

25 Wirtschaftliche Verschmelzungen oder Spaltungen, die im Wege der Einzelrechtsübertragung und Sachkapitalerhöhung bzw. -herabsetzung durchgeführt werden (→ § 38 Rn. 11 ff.), können im Rahmen der allgemeinen Gesetze zwischen allen denkbar beteiligten Rechtsträgern[11] vorgenommen werden. Begrenzungen ergeben sich hier nur aus allgemeinen Gestaltungsüberlegungen, namentlich steuerlicher Art. So ist etwa die Einbringung von Betrieben, Teilbetrieben oder Mitunternehmeranteilen in Kapital- oder Personengesellschaften im Wege der Sacheinlage gegen Gewährung von Gesellschaftsanteilen (wirtschaftliche Verschmelzung oder Spaltung) steuerneutral nur unter bestimmten, in § 20 UmwStG bzw. § 24 UmwStG bezeichneten Voraussetzungen möglich (→ § 42 Rn. 24).[12] Eine steuerneutrale sog. Realteilung kommt im Grundsatz nur bei der Liquidation von Personengesellschaften (GbR, OHG und KG) in Betracht.[13] Die Finanzverwaltung hat diesen Grundsatz allerdings – in Umsetzung der entsprechenden Rechtsprechung des BFH[14] bereits dahingehend aufgelockert, dass eine Realteilung auch dann vorliegen soll, wenn ein oder mehrere Mitunternehmer unter Mitnahme jeweils eines Teilbetriebs aus der Mitunternehmerschaft ausscheiden und die Mitunternehmerschaft von den verbleibenden Mitunternehmern fortgeführt wird (oder wenn nur ein Mitunternehmer verbleibt von diesem als Einzelunternehmen).[15] Der BFH hat diese Ausnahme zudem nochmals dahingehend erweitert, dass ein Gesellschafter selbst dann nach Realteilungsgrundsätzen gewinnneutral ausscheiden kann, wenn er nur Einzelwirtschaftsgüter ohne Teilbetriebseigenschaft erhält.[16] Insgesamt dürfte das Instrument der Realteilung damit künftig auch im Bereich von Umstrukturierungen in Vorbereitung einer Unternehmensübertragung deutlich zunehmen.

---

[9] Vgl. Baumbach/Hopt/*Roth* HGB § 105 Rn. 28 mwN.
[10] Baumbach/Hopt/*Roth* HGB § 105 Rn. 28.
[11] Zum Begriff des Rechtsträgers → Rn. 16.
[12] Die Vorschriften der §§ 20, 24 UmwStG gehen in ihrem Anwendungsbereich (Einlage von Betrieben, Teilbetrieben oder Mitunternehmeranteilen im Wege der Sacheinlage gegen Gewährung von Gesellschafterrechten) der allgemeinen Regelung des § 6 EStG (unentgeltliche Übertragung von Betrieben, Teilbetrieben oder Mitunternehmeranteilen) vor, vgl. Schmidt/*Kulosa* EStG § 6 Rn. 658, 710. Für die Überführung von Einzelwirtschaftsgütern zwischen verschiedenen Betriebsvermögen desselben Steuerpflichtigen oder in das Gesamthandsvermögen einer Mitunternehmerschaft gilt § 6 Abs. 5 EStG.
[13] Näheres zur Realteilung → § 38 Rn. 21 ff. sowie Schmidt/*Wacker* EStG § 16 Rn. 530 ff.
[14] BFH BStBl. II 2017, 37 = DStR 2016, 377.
[15] BMF BStBl. I 2017, 36.
[16] BFH DStRE 2017, 891.

§ 31 Der richtige Zeitpunkt

Übersicht

	Rn.
I. Vorweggenommene Erbfolge und Erbauseinandersetzung	1
II. Zweck der Umwandlung	3
III. Betriebliche Notwendigkeiten	5
IV. Steuerliche Überlegungen	7
V. Überlegungen zum Umwandlungsvorgang	12

I. Vorweggenommene Erbfolge und Erbauseinandersetzung

Umwandlungen als Mittel zur Gestaltung der Unternehmensnachfolge kommen sowohl vor dem Erbfall (etwa im Rahmen einer vorweggenommenen Erbfolge, aber auch unabhängig von der sofortigen Übertragung von Vermögenswerten auf den Unternehmer-Nachfolger und die anderen Erben) in Frage als auch nach Versterben des Unternehmer-Erblassers als Mittel der Erbauseinandersetzung oder der sonstigen Neuordnung des Unternehmer-Nachlasses. Insbesondere die Auf- und Abspaltung von Gesellschaften kommt als Mittel zur Auseinandersetzung von Erbengemeinschaften aus mehreren potentiellen Unternehmer-Nachfolgern in Betracht, indem das vererbte Unternehmen in mehrere Teil-Unternehmen aufgespalten wird (dazu das Fallbeispiel → § 34 Rn. 8 ff.). Bei nachfolgenden Umstrukturierungen sollte jedoch stets beachtet werden, dass durch die jeweiligen Maßnahmen nicht die für die Sicherung der erbschaftsteuerlichen Betriebsvermögensbegünstigungen relevanten Lohnsummen- und Behaltefristen verletzt werden. 1

Je früher das zu übertragende Unternehmen für die Unternehmensnachfolge „passend" restrukturiert wird, desto größer sind die Chancen für eine reibungslose Überleitung. Umwandlungen, insbesondere Spaltungen (aber auch Formwechsel) führen bisweilen zu Irritationen bei Kunden, Lieferanten und Kreditgebern des Unternehmens. Diese lassen sich erheblich leichter überwinden, wenn der Unternehmer-Erblasser noch zur Verfügung steht, um Kontinuität zu gewährleisten und das oft über Jahrzehnte gewonnene Vertrauen von Geschäftspartnern der Gesellschaft auf die nächste Generation überzuleiten. Schließlich ist zu bedenken, dass Umwandlungen an sich nicht ganz unkomplizierte Vorgänge sind, die dann, wenn sie erst im Rahmen der Erbauseinandersetzung durchgeführt werden, durch etwaige Streitigkeiten zwischen dem oder den Unternehmer-Nachfolger(n) und den übrigen Erben leicht zum Scheitern gebracht werden können. 2

II. Zweck der Umwandlung

Der richtige Zeitpunkt für die Umwandlung eines Unternehmens wird vornehmlich von dem mit der Umwandlung verfolgten Zweck (→ § 29 Rn. 6 ff. u. §§ 32 ff.) bestimmt. Besteht der Zweck der Umwandlung etwa darin, den Wechsel in eine haftungsbegrenzte Rechtsform zu vollziehen, so wird es sich in vielen Fällen empfehlen, die Umwandlung so frühzeitig wie möglich vorzunehmen, um die Haftungsbeschränkung so schnell wie möglich (nämlich nach Ablauf der fünfjährigen Nachhaftungsfrist, → § 32 Rn. 7) herbeizuführen. Andererseits wird in diesen Fällen auch häufig die Überlegung eine Rolle spielen, dass der Wechsel mit der Übergabe des Unternehmens zusammenfallen solle, da diese ohnehin eine Zäsur darstellt, die den Gläubigern und Vertragspartnern den Wechsel in eine haftungsbegrenzte Rechtsform plausibel macht. 3

Liegt der Zweck der Umwandlung dagegen darin, das Unternehmen für eine schrittweise Übertragung auf den Unternehmer-Nachfolger vorzubereiten, so wird die Umwandlung bereits frühzeitig erfolgen, sobald nämlich erkennbar ist, welcher Unternehmer-Nachfolger in das Unternehmen eintreten wird. Entsprechend müssen Regelungen 4 zum Ausgleich zwischen einem Unternehmer-Nachfolger und den übrigen Erben spätestens mit dessen Eintritt in das Unternehmen geplant und je nach Entwicklung des Gesamtvermögens von Zeit zu Zeit angepasst werden.

III. Betriebliche Notwendigkeiten

5 Selbstverständlich spielen auch betriebliche Notwendigkeiten eine wesentliche Rolle bei der Auswahl des richtigen Zeitpunkts für die Umwandlung. So wird man einen Wechsel in eine haftungsbegrenzte Rechtsform möglichst nicht in finanziell kritischen Zeiten vornehmen, da dies zu Abwehrreaktionen von Gläubigern und Vertragspartnern führen könnte.

6 Wird die Spaltung eines Unternehmens beabsichtigt, etwa um einen Teil zu veräußern (→ § 34 Rn. 14 ff.) oder um eine Überleitung auf mehrere Unternehmer-Nachfolger vorzubereiten (→ § 34 Rn. 1 ff.), so kann und sollte diese erst dann erfolgen, wenn in dem einheitlichen Unternehmen entsprechende, selbständig lebensfähige Betriebsteile (steuerlich sog. „Teilbetriebe", → § 25 Rn. 12 „*Unternehmensveräußerungen*") herausgebildet worden sind. Auf diese Weise können nicht nur die Chancen auf einen wirtschaftlichen Erfolg der Spaltung erheblich erhöht werden, sondern wird zudem eine steuerneutrale Durchführung der Spaltung überhaupt erst ermöglicht (→ § 42 Rn. 5).

IV. Steuerliche Überlegungen

7 Auch steuerliche Überlegungen haben oft entscheidenden Einfluss auf die Wahl des richtigen Zeitpunkts für die Durchführung einer Umwandlung im Rahmen der Unternehmensnachfolge. Sie hängen zum erheblichen Teil von der persönlichen einkommen- bzw. körperschaftsteuerlichen Situation der beteiligten natürlichen und juristischen Personen ab. So lässt sich beispielsweise bei übertragenden Umwandlungen (Auf- und Abspaltungen, Ausgliederungen und Verschmelzungen) die Entstehung eines Übertragungsgewinns (auf der Ebene des übertragenden Rechtsträgers) bzw. eines Übernahmegewinns (auf der Ebene des übernehmenden Rechtsträgers) nicht immer vermeiden (→ §§ 36, 41, 42). Entsteht ein Übertragungs- oder Übernahmegewinn, so wird man den Zeitpunkt der Umwandlung tunlichst so wählen, dass ein derartiger Gewinn mit im gleichen Veranlagungszeitraum anfallenden steuerlichen Verlusten oder vorhandenen Verlustvorträgen verrechnet werden kann. Auf diese Weise kann eine Besteuerung des entstehenden Übertragungs- oder Übernahmegewinns jedenfalls im Rahmen der zulässigen Nutzung von Verlustvorträgen (also nach § 10d EStG bis EUR 1 Mio. in voller Höhe und darüber hinaus in Höhe von 60%) vermieden werden.

8 Bei Umwandlungen, die auf eine schrittweise Übertragung des Unternehmens im Wege der vorweggenommenen Erbfolge zielen, ist zu bedenken, dass die steuerlichen **Freibeträge** nach § 16 ErbStG (zB für Ehegatten in Höhe von EUR 500.000,– und Kinder in Höhe von 400.000 EUR) **alle zehn Jahre** erneut ausgenutzt werden können (→ § 27 Rn. 243 f. „*Erbfall*"). Dasselbe gilt für die bei 26 Mio. EUR angesetzte Obergrenze für die Anwendung des Verschonungsabschlages in § 13a Abs. 1 ErbStG sowie die Berechnung des Abzugsbetrages iHv 150.000 EUR in § 13a Abs. 2 ErbStG.[1] Die Möglichkeit einer mehrfachen Ausnutzung dieser Freibeträge spricht für eine frühzeitige Umwandlung des Unternehmens.

9 Ähnliche Überlegungen gelten für den Verschonungsabschlag nach § 13a Abs. 1 ErbStG, nach dem Betriebsvermögen zu 85% steuerfrei bleibt, und den Entlastungsbetrag gem. § 19a Abs. 1 und 4 ErbStG. Diese Vergünstigungen fallen nämlich mit Wirkung für die Vergangenheit weg, wenn der Unternehmer-Nachfolger innerhalb von **fünf Jahren nach dem Erwerb** bestimmte Veräußerungs- oder veräußerungsgleiche Tatbestände er-

---
[1] BMF BStBl. I 2017, 36 (Abschnitt II).

füllt, §§ 13a Abs. 6, 19a Abs. 5 ErbStG (→ § 27 Rn. 192 ff. „*Erbfall*").[2] Wird bei der Übertragung für eine Vollverschonung zu 100% optiert, verlängert sich die Behaltefrist für den Verschonungsabschlag sogar auf **sieben Jahre** (§ 13a Abs. 10 ErbStG). Auch diese Regelungen sprechen dafür, eine den Eintritt des Unternehmer-Nachfolgers in das Unternehmen ermöglichende Umwandlung bereits frühzeitig durchzuführen, damit der Unternehmer-Erblasser ggf. selbst dafür sorgen kann, dass innerhalb der Fünf- bzw. Siebenjahresfrist keine steuerschädlichen Veräußerungen erfolgen.

Eine **Fünfjahresfrist** ist auch bei der beabsichtigten oder zumindest als möglich erscheinenden **Spaltung** von Kapitalgesellschaften zur Trennung von Gesellschafterstämmen zu beachten. Nach § 15 Abs. 3 S. 5 UmwStG können Spaltungen nämlich nur dann unter Ausnutzung des Bewertungswahlrechts aus § 11 Abs. 1 UmwStG zum Buchwert – und damit steuerneutral – vorgenommen werden, wenn die verschiedenen Gesellschafterstämme mindestens fünf Jahre vor dem steuerlichen Übertragungsstichtag an der zu spaltenden Gesellschaft beteiligt waren. Zwar wird die Vorbesitzzeit des Erblassers auf diese Frist angerechnet[3]; dies gilt nach teilweise vertretener Auffassung jedoch nur bei Erwerb von Todes wegen und nicht bei Übertragung im Rahmen der vorweggenommenen Erbfolge (→ § 42 Rn. 13).[4] Für den Unternehmer-Erblasser und seine Berater ergibt sich daher die folgende Empfehlung: Kommt die Auf- oder Abspaltung einer Kapitalgesellschaft zur Regelung der Unternehmensnachfolge in Betracht (so etwa bei Vorhandensein mehrerer Unternehmer-Nachfolger), so sollten die in Frage kommenden Unternehmer-Nachfolger bereits frühzeitig zumindest mit geringen Anteilen[5] beteiligt werden, damit dann, wenn die Auf- oder Abspaltung tatsächlich erfolgen soll, eine steuerneutrale nicht-verhältniswahrende Spaltung zur Übertragung der Gesellschaften auf die verschiedenen Unternehmer-Nachfolger möglich ist. Lässt sich im gegebenen Fall die Fünfjahresfrist des § 15 Abs. 3 S. 5 UmwStG nicht mehr einhalten, so kann gleichwohl eine steuerneutrale Spaltung vorgenommen werden, wenn eine „Trennung" der Gesellschafterstämme im Sinne des § 15 Abs. 3 S. 5 UmwStG vermieden wird. Dies lässt sich dadurch erreichen, dass der jeweils andere Gesellschafterstamm auch nach der Spaltung noch mit einer nicht unwesentlichen Beteiligung an der ihm nicht mehrheitlich zugewiesenen Kapitalgesellschaft beteiligt bleibt (zu Einzelheiten → § 24 Rn. 11).

Auch wenn Kapitalgesellschaften gespalten werden sollen, um die Veräußerung etwa des abgespaltenen Teils an außenstehende Dritte vorzubereiten (→ § 34 Rn. 14), kann die Spaltung nur dann ohne Aufdeckung der stillen Reserven und damit steuerneutral erfolgen, wenn die anschließende Veräußerung der Gesellschaftsanteile an der abgespaltenen (oder der gespaltenen) Kapitalgesellschaft nicht innerhalb von fünf Jahren nach dem steuerlichen Übertragungsstichtag der Abspaltung erfolgt, § 15 Abs. 3 S. 3 u. 4 UmwStG. Dies gilt jedenfalls dann, wenn die später veräußerten Anteile mehr als 20% der vor Wirksamwerden der Spaltung an der übertragenden Kapitalgesellschaft bestehenden Anteile ausmachen, § 15 Abs. 3 S. 4 UmwStG. Auch diese Überlegung legt eine möglichst frühzeitige Durchführung der Spaltung nahe.

V. Überlegungen zum Umwandlungsvorgang

Verschmelzungen und Spaltungen sind zur Ergebnisabgrenzung zwischen dem übertragenden und dem oder den übernehmenden Rechtsträger(n) auf einen Übertragungsstichtag[6] zu beziehen, der höchstens **acht Monate** vor dem Zeitpunkt liegen darf, an dem die Anmeldung der Verschmelzung oder Spaltung beim Handelsregister eingeht, §§ 17 Abs. 2

---

[2] *Haas* BRAK-Mitt. 1997, 193 (194).
[3] Dötsch/Patt/Pung/Möhlenbrock/*Dötsch/Pung* UmwStG § 15 Rn. 356.
[4] Rödder/Herlinghaus/van Lishaut/*Schumacher* UmwStG § 15 Rn. 260 mwN.
[5] Die Höhe der Anteile ist für die Vermeidung von § 15 Abs. 3 S. 5 UmwStG nicht von Bedeutung, → § 42 Rn. 12.
[6] Verschmelzungsstichtag (§ 5 Abs. 1 Nr. 6 UmwG) bzw. Spaltungsstichtag (§ 126 Abs. 1 Nr. 6 UmwG).

S. 4 UmwG iVm 125 UmwG. Dies gilt auch für die steuerliche Gewinnermittlung, §§ 2 Abs. 1, 20 Abs. 6 S. 1, 24 Abs. 4 UmwStG. Beim Formwechsel ist zwar handelsrechtlich keine Stichtagsbilanz erforderlich; jedoch sind eine steuerliche Übertragungsbilanz und eine Eröffnungsbilanz aufzustellen, deren Stichtag gleichfalls höchstens acht Monate vor der Handelsregisteranmeldung liegen darf (§ 25 UmwStG). Die Möglichkeit eines bis zu achtmonatigen Rückbezugs gilt auch für eine Reihe von Umwandlungen, die außerhalb des UmwG durchgeführt werden, so etwa für die sog. erweiterte Anwachsung (→ § 38 Rn. 9), für wirtschaftliche Spaltungen im Wege der Einzelrechtsnachfolge und sonstige Einbringungsvorgänge.[7] Die Rückwirkung gilt nach dem BFH allerdings nicht für die Zwecke der Erbschaftsteuer, so dass einmal vererbte GmbH-Anteile nicht für die Zwecke des Erbfalls nachträglich in Kommanditanteile umgewandelt werden können.

---

[7] Die Vorschrift des § 20 Abs. 6 UmwStG gilt nicht nur für Umwandlungen nach dem UmwG, sondern für sämtliche Einbringungsvorgänge (zum Begriff → § 41 Rn. 39).

§ 32 Wechsel in haftungsbegrenzte Rechtsform

Übersicht
Rn.
I. Interessenlage 1
II. Erleichterungen durch das Nachhaftungsbegrenzungsgesetz 4
III. Durchführung der Umwandlung 6

I. Interessenlage

Der Wechsel in eine haftungsbegrenzte Rechtsform ist oft durch die allgemein gestiegenen erheblichen Haftungsrisiken im unternehmerischen Bereich motiviert. Haftung für Umweltschäden, Produkthaftung und Sozialplanrisiko[1] lassen selbst in Bereichen, die traditionell als einzelkaufmännische Unternehmen oder offene Handelsgesellschaften geführt wurden, den Wechsel in eine haftungsbegrenzte Rechtsform angeraten erscheinen. Dies gilt umso mehr, wenn eine Steigerung der Haftungsrisiken zu erwarten ist, etwa durch die Aufnahme neuer Geschäftsfelder (zB Auslandsgeschäft) oder allgemein die Expansion des Geschäftsbetriebes.[2]   1

Einen weiteren Anstoß zum Übergang in eine haftungsbegrenzte Rechtsform bieten die Vorschriften des Nachhaftungsbegrenzungsgesetzes vom 18.3.1994 (→ Rn. 7f.). Während es vor Inkrafttreten des NachhBG nahezu unmöglich war, sich in absehbarer Zeit von der Haftung für Verbindlichkeiten des Unternehmens zu befreien (in einzelnen Fällen bestand eine Haftung von bis zu 30 Jahren), beträgt die Nachhaftung nunmehr durchweg nur noch fünf Jahre. Trotz dieser erheblichen Verkürzung ist dringend anzuraten, den Wechsel in eine haftungsbegrenzte Rechtsform in Zeiten untadeliger finanzieller Verhältnisse des Unternehmens vorzunehmen.   2

Im Übrigen geht mit der Umwandlung in eine haftungsbegrenzte Rechtsform, also etwa der Einbringung eines kaufmännischen Einzelunternehmens in eine GmbH oder der Umwandlung einer OHG oder KG in eine GmbH & Co. KG, die Möglichkeit einher, die Geschäftsführung des Unternehmens an der Gesellschaft nicht beteiligten Dritten zu überlassen (Fremdmanagement). Auch die Ermöglichung von Fremdmanagement stellt oft einen wichtigen Beweggrund für die Umwandlung dar, etwa wenn der Unternehmer-Erblasser (persönlich haftender Gesellschafter) sich aus dem Geschäft zurückziehen will, ohne dass oder bevor ein geeigneter Unternehmer-Nachfolger zur Verfügung steht (→ § 35 Rn. 1 ff.).   3

II. Erleichterungen durch das Nachhaftungsbegrenzungsgesetz

Durch das NachhBG wurde die Nachhaftung von Kaufleuten bei Geschäftsveräußerung (§ 26 HGB), die Nachhaftung eines Einzelkaufmanns, der in die Stellung eines Kommanditisten wechselt (§ 28 Abs. 3 HGB), des ausgeschiedenen bzw. Kommanditist gewordenen persönlich haftenden Gesellschafters (§ 160 HGB) einer OHG sowie die Nachhaftung bei Umwandlung einer Personenhandelsgesellschaft oder eines einzelkaufmännischen Unternehmens in eine Kapitalgesellschaft (§§ 45, 157, 224 UmwG) auf fünf Jahre begrenzt. Eine Haftung besteht nach diesen Regelungen nur dann, wenn die betreffenden Ansprüche vor Ablauf von fünf Jahren nach dem Ausscheiden fällig und gerichtlich geltend gemacht werden. Es handelt sich um eine Ausschlussfrist (Einwendung) und nicht, wie früher nach § 159 HGB aF, eine Sonderverjährung (Einrede). Die nach altem Recht   4

---

[1] Vgl. etwa *Esch/Baumann/Schulze zur Wiesche,* Handbuch der Vermögensnachfolge, Rn. 1789.
[2] *Kallmeyer* GmbHR 1993, 461 (462).

bestehenden, an den Fristbeginn anknüpfenden Haftungserweiterungen bestehen daher nicht mehr.

5   Die Fünfjahresfrist beginnt bei Umwandlungen nach dem UmwG jeweils an dem Tage, an dem die Eintragung der Umwandlung im Bundesanzeiger sowie in einem weiteren Blatt bekannt gemacht wurde (§§ 45 iVm 19 Abs. 3 UmwG). Im Hinblick auf die bisherige Rechtsprechung des BGH zum sog. „geschäftsleitenden Kommanditisten"[3] wird ausdrücklich klargestellt, dass die Haftungsbegrenzung nach neuem Recht auch dann gilt, wenn der persönlich haftende Gesellschafter in dem Rechtsträger neuer Rechtsform geschäftsführend tätig wird (§§ 45 Abs. 4, 157 Abs. 4, 224 Abs. 5 UmwG).

III. Durchführung der Umwandlung

6   Die beabsichtigte Umwandlung eines **einzelkaufmännischen Unternehmens in eine GmbH** kann sowohl nach den Vorschriften des UmwG als auch im Wege der Einzelrechtsnachfolge vorgenommen werden.[4] Bei der Einzelrechtsnachfolge werden sämtliche Aktiva und Passiva des einzelkaufmännischen Unternehmens im Wege der Sachgründung auf die GmbH übertragen. Dies setzt hinsichtlich der Verbindlichkeiten und Vertragsverhältnisse eine Zustimmung der Gläubiger und Vertragspartner voraus, was in manchen Geschäftsbereichen sensibel ist und den Ausschlag gegen die Umwandlung im Wege der Einzelrechtsnachfolge geben kann.[5] Steuerlich ist die Einbringung des gesamten einzelkaufmännischen Geschäftes als Einbringung eines gesonderten Betriebes nach § 20 Abs. 1 UmwStG zu Buchwerten und damit steuerneutral durchführbar. Die Steuerneutralität setzt allerdings voraus, dass keine wesentlichen Betriebsgrundlagen zurückbehalten werden. Ansonsten ist § 20 UmwStG nicht anwendbar mit der Folge, dass sämtliche stillen Reserven aufgedeckt und versteuert werden müssen.[6]

7   Der Wechsel kann jedoch auch nach dem UmwG im Wege der Ausgliederung vollzogen werden, §§ 123 Abs. 3, 152 UmwG. Das UmwG begreift die Übertragung eines einzelkaufmännischen Betriebes auf eine (bestehende oder zu diesem Zweck neu gegründete) GmbH als Ausgliederung, weil der Kaufmann neben seinem Geschäftsbetrieb in aller Regel noch Privatvermögen hält, so dass insgesamt lediglich ein Teil seines Vermögens gegen Gewährung von Gesellschafterrechten übertragen wird. Die Ausgliederung kann allerdings nur nach dem UmwG erfolgen, wenn der Kaufmann nicht überschuldet ist, § 152 S. 2 UmwG.[7] Der Vorteil der Ausgliederung nach dem UmwG besteht darin, dass die Übertragung des Vermögens im Wege der Gesamtrechtsnachfolge erfolgt und daher keine Zustimmung von Gläubigern oder Vertragspartnern erforderlich ist. Im Übrigen bietet die Gesamtrechtsnachfolge in diesem Zusammenhang jedoch keinen weiteren Vorteil, da auch bei der Ausgliederung sämtliche übergehenden Aktiva und Passiva in einer dem Bestimmtheitsgrundsatz entsprechenden Form im Spaltungsvertrag bzw. Spaltungsplan aufgeführt werden müssen, § 126 Abs. 1 Nr. 9 UmwG. Auch im Hinblick auf die steuerliche Behandlung ergeben sich keine Unterschiede, da die Ausgliederung ebenso wie die Sachgründung als Einbringungsvorgang nach § 20 UmwStG gewertet wird (→ § 42 Rn. 30). Nachteilig ist an der Ausgliederung jedoch der Umstand, dass ein relativ aufwendiges und formalisiertes Verfahren (notarielle Beurkundung des Spaltungsvertrages bzw. Spaltungsplanes, ggf. Zuleitung an den Betriebsrat, Prüfung durch das Handelsregister) ggf. zusätzlich zu den allgemeinen Gründungsvorschriften der GmbH anzuwenden

---

[3] BGH BGHZ 78, 114.
[4] S. im Einzelnen *Schwedhelm,* Harzburger Steuerprotokoll 1997, 223 ff. sowie zur Umwandlung eines einzelkaufmännischen Betriebes in eine Personengesellschaft S. 228 ff.; zur Umwandlung einer KG in eine GmbH & Co. KG → § 35 Rn. 4 ff.
[5] S. etwa *Kallmeyer* GmbHR 1993, 461 (462).
[6] Dies gilt jedenfalls dann, wenn es sich nicht um eine Betriebsaufspaltung handelt, Rödder/Herlinghaus/van Lishaut/*Herlinghaus* UmwStG § 20 Rn. 50.
[7] Kritisch dazu *Kallmeyer* GmbHR 1993, 461 (462).

III. Durchführung der Umwandlung § 32

ist. Insbesondere bei kleineren Unternehmen wird daher ein Vorgehen im Wege der Einzelrechtsübertragung (Sachgründung einer GmbH) vorzugswürdig sein.

Allerdings kann die vorherige Gründung einer KG mit anschließendem Formwechsel in eine GmbH zur Ersparnis von Grunderwerbsteuer empfehlenswert sein.[8] Wird der einzelkaufmännische Betrieb nach dem UmwG oder im Wege der Einzelrechtsnachfolge direkt in eine GmbH umgewandelt, fällt aufgrund der Übertragung von Betriebsgrundstücken Grunderwerbsteuer an. Dies kann vermieden werden, wenn das Grundstück zunächst in eine KG eingebracht (grunderwerbsteuerfrei nach § 5 Abs. 2 GrEStG) und die KG anschließend formwechselnd in eine GmbH umgewandelt wird.[9] Allerdings wird diese Gestaltung aufgrund des mit ihr verbundenen zusätzlichen Aufwandes nur bei wertvollen Betriebsgrundstücken in Betracht zu ziehen sein.

8

---

[8] S. etwa *Schwedhelm*, Harzburger Steuerprotokoll 1997, 225.
[9] Beim Formwechsel fällt gleichfalls keine Grunderwerbsteuer an, → § 43 Rn. 7.

§ 33 Schrittweise Übertragung des Unternehmens auf die Nachfolger

Übersicht

	Rn.
I. Gründung einer Familiengesellschaft	1
II. Restrukturierung einer bereits vorhandenen Gesellschaft als Familiengesellschaft	5
1. Formwechsel einer GmbH & Co. KG in eine GmbH	6
a) Fallbeispiel	6
b) Lösungsmodell	7
c) Durchführung der Umwandlung	13
2. Formwechsel einer GmbH in eine GmbH & Co. KG	15
a) Fallbeispiel	15
b) Lösungsmodell	16
c) Durchführung der Umwandlung	20

I. Gründung einer Familiengesellschaft

1 In vielen Fällen werden in Betracht kommende Unternehmernachfolger frühzeitig am Unternehmen beteiligt (Gründung einer sog. Familiengesellschaft). Die Motive für die Gründung einer derartigen Gesellschaft bestehen vor allem in der schrittweisen Übertragung von Verantwortung auf den Unternehmer-Nachfolger, der Minimierung von Streitigkeiten zwischen den Erben nach Eintritt des Erbfalls, der Möglichkeit einer mehrfachen Ausnutzung der erbschaft- und schenkungsteuerlichen Freibeträge (alle 10 Jahre) sowie einer durch mehrere Personen erfolgenden Ausnutzung der steuerlichen Freibeträge bei laufenden Einkünften und Gewinnen aus einer etwaigen Veräußerung von Beteiligungen.

2 Wurde das Unternehmen bisher als Einzelunternehmen geführt, so steht meist die Umwandlung in eine GmbH oder in eine GmbH & Co. KG an.[1] Die Umwandlung eines einzelkaufmännischen Unternehmens in eine GmbH oder eine GmbH & Co. KG hat zudem den Vorteil, dass ein Wechsel in eine haftungsbegrenzte Rechtsform erreicht wird (dazu und zur Durchführung der Umwandlung in eine GmbH → § 32 Rn. 9).

3 Wenn mehrere potentielle Unternehmer-Nachfolger vorhanden sind oder mehrere räumlich oder sachlich getrennte selbständige Betriebsteile vorliegen, kann es sich empfehlen, von vornherein zwei oder mehrere Familiengesellschaften zu gründen. Eine solche Struktur kann zB dann sinnvoll sein, wenn verschiedene potentielle Unternehmer-Nachfolger von Anfang an auf einzelne Teilunternehmen festgelegt werden können oder wenn in den einzelnen Gesellschaften Fremdgeschäftsführer auch als Gesellschafter beteiligt werden sollen. Eine solche Gestaltung ist vor allem dann ratsam, wenn einer der Nachfolger möglicherweise nicht als Unternehmer tätig werden will. In diesem Fall kann dieser Erbe seine Beteiligung an der ihm zugewiesenen Spaltgesellschaft später ggf. unter Ausnutzung der erheblichen Steuervorteile des Teileinkünfteverfahrens aus § 3 Nr. 40 S. 1 lit. c) EStG iVm § 17 Abs. 1 S. 1 EStG veräußern. Danach wird im Ergebnis 40 % des Veräußerungsgewinns von der Einkommensteuer freigestellt;[2] dies gilt jedenfalls dann, wenn zwischen dem Einbringungsvorgang und der Veräußerung ein Zeitraum von mehr als 7 Jahren liegt.[3] Insgesamt wird durch derartige Regelungen bereits frühzeitig ein Aus-

---

[1] Zu typischen Interessenlagen, die zur Wahl der einen oder anderen Gesellschaftsform führen, s. die Beispiele in → Rn. 5 ff.; s. auch *Schwedhelm*, Harzburger Steuerprotokoll 1997, 223 ff.
[2] Gewerbesteuer fällt ohnehin nicht an, Abschn. 39 Abs. 1 Nr. 2 GewStR.
[3] § 22 UmwStG ordnet insofern an, dass eine Veräußerung oder bestimmte mit einer Veräußerung vergleichbare Vorgänge rückwirkend zu einer Besteuerung der bei der Einbringung in die GmbH vorhandenen stillen Reserven des Unternehmen führt. Für jedes volle abgelaufene Jahr seit Einbringung mindert sich der so entstehende Einbringungsgewinn allerdings um je 1/7.

gleich zwischen verschiedenen Unternehmer-Nachfolgern oder zwischen dem Unternehmer-Nachfolger und anderen Erben geschaffen (→ § 34 Rn. 1 ff.).

Darüber hinaus besteht die Möglichkeit, die Gründung einer Familiengesellschaft mit einer Betriebsaufspaltung zu verbinden, also mit der Aufspaltung des Unternehmens in eine Besitzgesellschaft (der etwa das Betriebsgrundstück oder andere wesentliche Betriebsgrundlagen übertragen werden) und eine Betriebsgesellschaft (die den operativen Geschäftsbetrieb führt). Eine solche Betriebsaufspaltung kommt insbesondere dann in Betracht, wenn die Nachfolger effektiv das unternehmerische Risiko nicht tragen können oder wollen.[4]

II. Restrukturierung einer bereits vorhandenen Gesellschaft als Familiengesellschaft

Wird das Unternehmen, um dessen mittel- oder langfristige Übertragung auf den Unternehmer-Nachfolger es geht, bereits von einer Gesellschaft betrieben, stellt sich die Frage, ob die gegenwärtige Struktur der Gesellschaft (insbesondere die Gesellschaftsform) für die von den Beteiligten verfolgten Zwecke optimal geeignet ist. Die Möglichkeiten der Restrukturierung durch Formwechsel, Verschmelzung, Auf- oder Abspaltung sowie Ausgliederung sind vielfältig. Zur Verdeutlichung sollen zwei typische Interessenlagen beispielhaft dargestellt werden, nämlich der Formwechsel von einer GmbH & Co. KG in eine GmbH und umgekehrt.

1. Formwechsel einer GmbH & Co. KG in eine GmbH

a) Fallbeispiel. Ein Unternehmen wird von einem Unternehmer-Erblasser in der Rechtsform einer Ein-Mann-GmbH & Co. KG betrieben. Nach Beendigung seiner Ausbildung soll der Sohn des Unternehmers in das Unternehmen eintreten; bei dieser Gelegenheit sollen auch die Ehefrau und die Tochter beteiligt werden. Die Finanzierung der Gesellschaft erfolgt zum nicht unerheblichen Teil über Darlehen, welche der Unternehmer-Erblasser der Gesellschaft gewährt hat. Mittelfristig ist an eine Teilveräußerung der Gesellschaft gedacht, um die Kapitalbasis der Gesellschaft zu verbreitern und einen starken Partner als Mitgesellschafter zu gewinnen.

b) Lösungsmodell. Der Unternehmer-Erblasser überträgt an seine Frau 10 % und an seine Tochter und seinen Sohn jeweils 30,0 % der Kommanditanteile an der KG. Die Übertragung erfolgt im Wege der vorweggenommenen Erbfolge unter Ausnutzung der steuerlichen Freibeträge für die Ehefrau (500.000 EUR) sowie die Tochter und den Sohn (jeweils 400.000 EUR), § 16 ErbStG. Die Übertragung der Anteile kann vor oder nach Umwandlung der GmbH & Co. KG in eine GmbH vorgenommen werden. Aufgrund des in Folge des Beschlusses des Bundesverfassungsgerichts vom 7.11.2006[5] hergestellten Gleichlaufs bei der Bewertung von Kapital- und Personengesellschaftsanteilen ist nun in beiden Fällen der gemeine Wert der maßgebliche Bewertungsansatz. Dies ergibt sich für Kapitalgesellschaftsanteile direkt aus § 11 Abs. 2 BewG, während § 109 Abs. 2 S. 2 BewG für die Bewertung eines Anteils am Betriebsvermögen einer Personengesellschaft § 11 Abs. 2 BewG für entsprechend anwendbar erklärt. Fehlt es danach an hinreichend aktuellen (weniger als ein Jahr zurückliegend) bewertungsmaßstabbildenden Verkäufen unter fremden Dritten, so ist regelmäßig das vereinfachte Ertragswertverfahren anzuwenden, vorausgesetzt es bringt keine offensichtlich unzutreffenden Ergebnisse hervor, §§ 11 Abs. 2 S. 4 iVm 199 ff. BewG. Der Wert des Betriebsvermögens einer Personengesell-

---

[4] Näheres zur Betriebsaufspaltung → § 8 Rn. 3 ff. *"Führung eines Betriebs in eine Betriebsaufspaltung"*.
[5] BVerfG DStR 2007, 235.

schaft ist gem. § 97a Abs. 1a BewG sodann aufzuteilen und dem Erblasser ist sein Anteil zuzuweisen.

Da Betriebsvermögen übertragen wird, sind zudem der Verschonungsabschlag in Höhe von 85% des begünstigten Betriebsvermögens gem. § 13a Abs. 1 ErbStG (oder aber auf Antrag sogar ggf. der 100%-Verschonungsabschlag des § 13a Abs. 10 ErbStG) sowie der pauschale Abzugsbetrag in Höhe von 150.000 EUR gem. § 13a Abs. 2 ErbStG zu berücksichtigen.

8   Anschließend wird die Umwandlung der GmbH & Co. KG in die GmbH vorgenommen (→Rn. 11). Der Unternehmer-Erblasser kann auch in dieser Phase in der Geschäftsführung die Kontrolle behalten, indem er – jedenfalls anfänglich – die Mehrheit der Geschäftsanteile an der am Vermögen der KG nicht beteiligten Komplementär-GmbH behält.[6]

9   Soll die ins Auge gefasste Teilveräußerung an einen Dritten stattfinden, so können sowohl die Ehefrau als auch die Tochter und der Unternehmer-Erblasser Teile oder die Gesamtheit der von ihnen gehaltenen Geschäftsanteile durch das Teileinkünfteverfahren[7] steuerbegünstigt an den Erwerber veräußern. Voraussetzung dafür ist allerdings, dass die im Gegenzug für die Einbringung erhaltenen Anteile nicht mehr sperrfristbehaftet sind gem. § 22 Abs. 1 Satz 1 UmwStG. Erfolgt ein Formwechsel nämlich zu Buchwerten (und damit steuerneutral) gem. § 25 S. 1, 20 Abs. 2 S. 2 UmwStG und waren in der Gesellschaft stille Reserven vorhanden, sind die Anteile nach Maßgabe von § 22 Abs. 1 UmwStG sperrfristbehaftet, →§ 68 Rn. 47). Die spätere Veräußerung der Anteile führt dementsprechend zu einer rückwirkenden Besteuerung der bei Einbringung vorhandenen stillen Reserven zum Einbringungszeitpunkt, § 22 Abs. 1 S. 1 UmwStG. Hierbei ist allerdings zu beachten, dass sich der zu versteuernde Einbringungsgewinn für jedes seit Einbringung abgelaufene Zeitjahr um jeweils ein Siebtel vermindert, § 22 Abs. 1 S. 3 UmwStG.

10 Nach Ablauf der 7-jährigen Sperrfrist des § 22 Abs. 1 S. 1 UmwStG könnten daher sowohl die Tochter als auch die Ehefrau die zuvor an sie übertragenen Anteile von 30% bzw. 10% des Gesellschaftskapitals unter Ausnutzung des Teileinkünfteverfahrens (dh unter 40% Freistellung des Veräußerungsgewinns) an den Investor veräußern. Damit ist nicht nur die Tochter steuergünstig abgefunden und die Ehefrau versorgt, sondern auch ein erster Schritt für die Übertragung des Familienunternehmens auf den Sohn getan, der fortan mit 30% neben seinem Vater (gleichfalls 30%) und dem Investor (40%) an der Gesellschaft beteiligt ist.[8]

11 Ohne die vorangegangene Umwandlung der Gesellschaft in die Rechtsform einer GmbH hätten dem Unternehmer-Erblasser zwar die Vergünstigungen aus §§ 16 Abs. 4, 34 EStG zugestanden. Doch sind diese Steuervergünstigungen für die Zwecke der Unternehmensnachfolge oft wenig hilfreich: Beide Vergünstigungen (Freibetrag und Progressionsminderung oder halber Steuersatz) setzen zunächst voraus, dass der Steuerpflichtige eine natürliche Person ist, das 55. Lebensjahr vollendet hat oder im sozialversicherungsrechtlichen Sinne berufsunfähig ist und die Vergünstigung ausdrücklich beantragt, wobei diese ihm nur einmal im Leben gewährt wird. Der Freibetrag von 45.000 EUR ermäßigt sich jedoch um den Betrag des Veräußerungsgewinns der 136.000 EUR übertrifft. Die Tarifermäßigung des § 34 Abs. 1 EStG (Progressionsglättung durch Anwendung der sog. Fünftelregelung) führt nur zu einer echten Entlastung, wenn nicht auch bei einer Verteilung auf 5 Jahre der Höchststeuersatz erreicht wird. Der anstelle der Progressionsermäßi-

---

[6] Bei dieser Gestaltung ist der Unternehmer-Erblasser nur für sog. „Grundlagengeschäfte" (vgl. § 164 Satz 1 2. HS HGB) von der Zustimmung der Familienmitglieder abhängig; zur Beschränkbarkeit dieser Kommanditistenrechte Baumbach/Hopt/*Roth* HGB § 164 Rn. 6.
[7] Zu diesem schon oben → Rn. 3.
[8] Zusätzlich ist bei der Veräußerung von Anteilen an Kapitalgesellschaften der Freibetrag des § 17 Abs. 3 EStG iHv 9 060 EUR zu berücksichtigen, der allerdings aufgrund der sog. „Kappungsgrenze" von 36.100 EUR häufig eingeschränkt ist bzw. ganz entfällt, → § 25 Rn. 184ff. *„Unternehmensveräußerung"* sowie das Berechnungsbeispiel bei Schmidt/*Weber-Grellet* EStG § 17 Rn. 193.

gung auf Antrag zu gewährende 56% Steuersatz nach § 34 Abs. 3 EStG ist auf einen Höchstbetrag von 5 Mio. EUR begrenzt.[9] Alle diese Vergünstigungen haben zudem den Nachteil, dass sie nur dem Unternehmer-Erblasser (Überschreiten des 55. Lebensjahres!) gewährt werden, der auf diese Weise gezwungen wäre, nach dem Verkauf nicht betriebliches Vermögen (also ohne Freibetrag, Bewertungsabschlag) im Wege der vorweggenommenen Erbfolge oder von Todes wegen zu übertragen.

Schließlich hat das hier vorgeschlagene Lösungsmodell den Vorteil, dass das an den Sohn gezahlte Geschäftsführergehalt sowie die Zinsen auf das zur Finanzierung der Gesellschaft gewährte Darlehen den Gewerbeertrag der GmbH mindern und auf diese Weise zu nicht unerheblichen laufenden Steuerersparnissen der GmbH beitragen würden. Dies gilt jedenfalls insoweit, wie die Gesellschafter-Finanzierung der GmbH der Zinsschranke unterfällt (§ 4h EStG, § 8a KStG) und deshalb nur eingeschränkt steuerlich berücksichtigungsfähig ist.

c) Durchführung der Umwandlung. Die Umwandlung einer GmbH & Co. KG in eine GmbH wird in der Praxis meist nach dem sog. Anwachsungsmodell, bei Vorhandensein stiller Reserven in der KG nach dem sog. „erweiterten Anwachsungsmodell" (→ § 38 Rn. 9) durchgeführt. Dabei werden die Kommanditanteile an der KG im Wege der Sacheinlage in die bisherige Komplementär-GmbH gegen Gewährung von Gesellschaftsrechten eingelegt. Mit Übertragung der Anteile erlischt die KG; ihr Vermögen wächst der GmbH an, die den Geschäftsbetrieb weiterführt. Da eine Gesamtrechtsnachfolge stattfindet, ist eine Beteiligung von Gläubigern und Vertragspartnern der Gesellschaft nicht erforderlich. Zudem ist das erweiterte Anwachsungsmodell kostengünstig und erlaubt die Fortführung der steuerbilanziellen Buchwerte durch die GmbH (§§ 25, 20 Abs. 1 UmwStG; → § 41 Rn. 41ff.).

Der Formwechsel der GmbH & Co. KG in die GmbH kann auch nach den Vorschriften des UmwG durchgeführt werden (§§ 190, 214 UmwG). Wegen der zwingenden notariellen Beurkundung des Umwandlungsbeschlusses wird dieses Verfahren jedoch meist aufwendiger sein und ist schon aus diesem Grund nicht zu empfehlen. Darüber hinaus stellt sich dann, wenn die Komplementär-GmbH am Vermögen der KG wie meist nicht beteiligt ist, die Frage, ob die Komplementär-GmbH im Rahmen des Formwechsels aus der Gesellschaft ausscheidet, so dass sie an der entstehenden GmbH nicht mehr beteiligt ist;[10] selbst wenn dies der Fall ist, würde die bisherige Komplementär-GmbH neben der in die GmbH umgewandelten ehemaligen KG fortbestehen und mangels anderer Verwendung liquidiert werden müssen. Soll daher nach dem UmwG vorgegangen werden, wird man zweckmäßigerweise keine formwechselnde Umwandlung, sondern eine Verschmelzung der KG auf die Komplementär-GmbH vornehmen (zur Verschmelzung → § 37 Rn. 9ff., 24ff.)

2. Formwechsel einer GmbH in eine GmbH & Co. KG

a) Fallbeispiel. Der Unternehmer-Erblasser betreibt sein Unternehmen in der Rechtsform der GmbH. Zwei Kinder sollen frühzeitig kapitalistisch an dem Unternehmen beteiligt werden, mit der Möglichkeit, die Beteiligungen im Laufe der Zeit flexibel aufzustocken. Selbst wenn die Mehrheit der Gesellschaftsanteile bereits auf die Kinder übertragen worden ist, will der Unternehmer-Erblasser vorläufig die Kontrolle über die Geschäftsführung der Gesellschaft behalten, da noch unklar ist, ob die Kinder einmal in die Ge-

---

[9] Der Steuersatz beträgt mindestens 19,9%, § 34 Abs. 3 S. 2 EStG.
[10] Dies entspräche der gesetzlichen Regelung für die Umwandlung einer KGaA in eine GmbH, § 247 Abs. 3 UmwG. Ob diese Vorschrift analog angewendet werden kann, ist jedoch zweifelhaft; s. zum umgekehrten Fall eines Formwechsels einer GmbH in eine GmbH & Co. KG → § 37 Rn. 69ff. Beim Formwechsel gilt der Grundsatz, dass alle Gesellschafter des formwechselnden Rechtsträgers auch an dem Rechtsträger neuer Rechtsform beteiligt werden müssen, vgl. § 194 Abs. 1 Nr. 3 UmwG.

schäftsführung des Unternehmens eintreten sollen. Anstellungs- oder sonstige Leistungsaustauschverträge bestehen nicht. Der Ertrag des Unternehmens wird regelmäßig voll ausgeschüttet, eine Thesaurierung ist nicht erforderlich.

16 b) Lösungsmodell. Die Gesellschaft wird in eine GmbH & Co. KG umgewandelt. Nach der Umwandlung wird den beiden Kindern je eine Kommanditbeteiligung in Höhe von beispielsweise jeweils 20% übertragen. Für die schenkungsteuerliche Behandlung im Rahmen der vorweggenommenen Erbfolge gelten die Ausführungen in Rn. 7 entsprechend.

17 Die Übertragung weiterer Kommanditanteile auf die Kinder kann anders als bei der GmbH durch privatschriftliche Urkunden erfolgen. Lediglich die nach § 162 HGB erforderliche Anmeldung weiterer Kommanditanteilsübertragungen zum Handelsregister ist notariell zu beglaubigen. Im Gesellschaftsvertrag der Kommanditgesellschaft stimmen die Kinder derartigen weiteren Übertragungen bereits im Vorwege zu und bevollmächtigen im Übrigen den Unternehmer-Erblasser in notariell beglaubigter Form, die erforderlichen Handelsregisteranmeldungen vorzunehmen.

18 Der Unternehmer-Erblasser bleibt alleiniger Gesellschafter der Komplementär-GmbH.[11] Auf diese Weise kann er die Geschäftsführung der Kommanditgesellschaft auch dann noch kontrollieren, wenn die Mehrheit der Kommanditanteile bereits auf die Kinder übertragen wurde. Die Widerspruchsrechte der Kommanditisten aus § 164 HGB werden – soweit rechtlich möglich[12] – ausgeschlossen.

19 Hinsichtlich der laufenden Einkommensteuerbelastung der Kommanditisten findet eine mehrfache Ausnutzung der Freibeträge und eine Optimierung der Progressionsbesteuerung statt. Zusätzlich profitieren die Kommanditisten von der Steuerermäßigung für gewerbliche Einkünfte nach § 35 EStG.[13] Verstirbt der Unternehmer-Erblasser, ist nur noch eine (geringere) Kommanditbeteiligung auf die Kinder zu übertragen; dabei ist auch hier der gemeine Wert für die Bewertung von Anteilen an Personengesellschaften, wie an nicht börsennotierten Kapitalgesellschaften maßgeblich.

20 c) Durchführung der Umwandlung. Der Formwechsel einer GmbH in eine GmbH & Co. KG wird regelmäßig nach den Vorschriften des UmwG (§§ 190, 228 UmwG) vorgenommen. Dabei ergibt sich allerdings die Schwierigkeit, dass die Komplementär-GmbH der im Rahmen des Formwechsels entstehenden Kommanditgesellschaft gesondert gegründet werden muss. Zu den Einzelheiten → § 37 Rn. 69 ff.

21 Trotz dieser Schwierigkeiten ist die formwechselnde Umwandlung einer GmbH in eine GmbH & Co. KG außerhalb des UmwG meist noch komplizierter und daher wenig empfehlenswert. Da die Umwandlung nicht im Wege der Anwachsung vorgenommen werden kann,[14] müsste die GmbH ihren gesamten Geschäftsbetrieb auf eine im Wege der Sachgründung errichtete GmbH & Co. KG übertragen; anschließend müsste die GmbH liquidiert werden, um die Kommanditanteile an der Kommanditgesellschaft auf die GmbH-Gesellschafter übertragen zu können.

---

[11] Sog. „nicht-beteiligungsgleiche GmbH & Co.", vgl. dazu Baumbach/Hopt/*Hopt/Kumpan/Merkt/Roth* HGB Anh. § 177a Rn. 7; alternativ können die Anteile an der Komplementär-GmbH entsprechend der Beteiligung an der KG auf die Kinder übertragen werden, wenn dem Unternehmer-Erblasser entsprechende Sonderrechte (zB zur Geschäftsführung und zur Weisungsungebundenheit gegenüber der Gesellschafterversammlung) eingeräumt werden.

[12] Dh, soweit der „Kernbereich" der Kommanditistenrechte nicht angetastet wird, s. Baumbach/Hopt/*Roth* HGB § 164 Rn. 6.

[13] Nach § 35 Abs. 1 EStG ermäßigt sich bei Einkünften aus Gewerbebetrieb die tarifliche Einkommensteuer, soweit sie anteilig auf im zu versteuernden Einkommen enthaltene gewerbliche Einkünfte entfällt, um das 1,8-fache des Gewerbesteuer-Messbetrags. Die Gewerbesteuer ist dabei weiterhin als Betriebsausgabe abzugsfähig. S. zum Regelungszusammenhang Schmidt/*Wacker* EStG § 35 Rn. 6.

[14] Anwachsungsmodelle sind nur bei einem Formwechsel von Personengesellschaften als formwechselnde Rechtsträger (nicht als Rechtsträger neuer Rechtsform) möglich, → § 38 Rn. 5.

§ 34 Ausgleich zwischen dem Unternehmer-Nachfolger und anderen Erben oder zwischen mehreren Unternehmer-Nachfolgern

Übersicht

	Rn.
I. Aufteilung des Unternehmens zur Überleitung auf verschiedene Unternehmer-Nachfolger	1
1. Spaltung im Rahmen der vorweggenommenen Erbfolge	3
a) Fallbeispiel	3
b) Lösungsmodell	4
c) Durchführung der Umwandlung	6
2. Spaltung zur Erbauseinandersetzung	8
a) Fallbeispiel	8
b) Lösungsmodell	9
c) Durchführung der Spaltung	14
II. Abspaltung von Unternehmensteilen zur Vorbereitung einer Teilveräußerung	15
1. Fallbeispiel	18
2. Lösungsmodell	19
3. Durchführung der Umwandlung	21
III. Sicherung der Überleitung von GmbH-Anteilen auf den Unternehmer-Nachfolger	22
1. Interessenlage	22
2. Lösungsmodell	24
3. Durchführung der Umwandlung	27

I. Aufteilung des Unternehmens zur Überleitung auf verschiedene Unternehmer-Nachfolger

Sind zwei oder mehrere als Unternehmer-Nachfolger geeignete Erben vorhanden, so besteht die naheliegende Lösung oft darin, ihnen in dem zu vererbenden Unternehmen verschiedene Verantwortungsbereiche zuzuweisen und auf diese Weise beide oder alle an der Fortführung des Unternehmens zu beteiligen. Dieser Weg erscheint jedoch nur gangbar, wenn sichergestellt ist, dass die verschiedenen Unternehmer-Nachfolger auch zukünftig (dh nach dem Rückzug des Unternehmer-Erblassers) vertrauensvoll zusammenarbeiten werden.[1] Ist dies nicht der Fall ist zu prüfen, ob das Unternehmen in verschiedene Nachfolge-Gesellschaften gespalten werden kann, um jedem der Unternehmer-Nachfolger seinen eigenen Wirkungskreis zu schaffen. Aber auch wenn zwischen den potentiellen Unternehmer-Nachfolgern bestes Einverständnis herrscht, kann sich eine Spaltung des Unternehmens empfehlen, etwa wenn sich die Trennung wegen Vorhandenseins mehrerer sachlicher oder räumlicher Betriebsteile anbietet, wenn die Nachfolger unterschiedliche Neigungen, einen abweichenden Führungsstil oder ihrerseits unterschiedliche familiäre Bindungen haben oder wenn die Trennung aus Haftungsgesichtspunkten ratsam erscheint. 1

Die Auf- und Abspaltung wurde durch das UmwG 1995 für alle Kapitalgesellschaften eingeführt (→ § 42 Rn. 3ff.). Die Spaltung ist eines der wichtigsten Mittel zur Gestaltung der Unternehmensnachfolge.[2] Sie kommt sowohl zur Aufteilung des Unternehmens zwischen verschiedenen Unternehmer-Nachfolgern als auch zur Vorbereitung einer Teil-Veräußerung des Unternehmens in Betracht (zu Letzterem → Rn. 14), wobei die Aufteilung jeweils vor dem Erbfall im Rahmen der vorweggenommenen Erbfolge oder nach dem 2

---

[1] S. etwa das Fallbeispiel von *Wiese* GmbHR 1997, 60.
[2] S. zu diesem Thema etwa *Wassermeyer* DStR 1993, 589 (591) (noch zur Rechtslage nach dem „Spaltungserlass"); *Mayer* DNotZ 1998, Sonderheft 25, Deutscher Notartag, 159 (184f.); *Schwedhelm*, Harzburger Steuerprotokoll 1997, 238.

Erbfall im Rahmen der Erbauseinandersetzung erfolgen kann. Im Hinblick auf die Aufteilung eines Unternehmens zwischen mehreren Unternehmer-Nachfolgern werden im Folgenden zwei typische Interessenlagen behandelt.

1. Spaltung im Rahmen der vorweggenommenen Erbfolge

3 **a) Fallbeispiel.** Der Unternehmer-Erblasser ist Alleingesellschafter einer GmbH (A-GmbH) mit zwei Betriebsteilen, nämlich einerseits dem Handel mit Heimwerkerbedarf und andererseits einem Stahlhandel. In der GmbH sind erhebliche stille Reserven vorhanden. Der Unternehmer hat zwei Kinder, einen Sohn und eine Tochter; der Sohn soll in den Stahlhandel eintreten, die Tochter den Heimwerkermarkt betreiben. Zu dem Betriebsteil Heimwerkermarkt gehören Grundstücke; im Übrigen handelt es sich um den nach Maßgabe der Bilanzsumme größeren Betriebsteil. Die Überleitung soll noch zu Lebzeiten des Unternehmers eingeleitet werden.

4 **b) Lösungsmodell.** Von der A-GmbH wird der Betriebsteil Stahlhandel mit sämtlichen Aktiva und Passiva auf eine neu gegründete GmbH (B-GmbH) abgespalten. Da es sich sowohl bei dem Stahlhandel (abgespaltener Bereich) als auch bei dem Heimwerkermarkt (zurückbleibender Bereich) jeweils um einen Teilbetrieb im Sinne des § 15 Abs. 1 S. 2 UmwStG (→ § 42 Rn. 5) handelt, kann die Abspaltung gem. §§ 15 Abs. 1 iVm 11 Abs. 1 UmwStG unter Fortführung der Buchwerte und damit steuerneutral erfolgen (→ § 42 Rn. 4 ff.). Aus Kostengründen wird lediglich der Teilbetrieb Stahlhandel aus der A-GmbH abgespalten und keine Aufspaltung der A-GmbH (in zwei neue GmbH) oder umgekehrt eine Abspaltung des Heimwerkermarktes vorgenommen. Denn zum einen ist die Abspaltung bereits aus organisatorischen Gründen kostengünstiger als die Aufspaltung (es muss nur *eine* neue GmbH gegründet werden, geringere Transaktionskosten durch geringere Gegenstandswerte usw.) und zum anderen wird durch die Belassung des Heimwerker-Teilbetriebs in der A-GmbH der Anfall von Grunderwerbsteuer vermieden.

5 Nach der Abspaltung ist der Unternehmer-Erblasser Alleingesellschafter sowohl der A-GmbH (mit dem Teilbetrieb Heimwerkerbedarf) als auch der B-GmbH (mit dem Teilbetrieb Stahlhandel). Er überträgt Beteiligungen in der gewünschten Höhe[3] an der A-GmbH auf seine Tochter und an der B-GmbH auf seinen Sohn im Wege der vorweggenommenen Erbfolge.[4] Durch diese unentgeltlichen Übertragungen wird die Steuerneutralität der Spaltungen nicht gefährdet, da § 15 Abs. 3 S. 3 UmwStG bei unentgeltlichen Verfügungen nicht anwendbar ist (→ § 42 Rn. 7). Hinsichtlich der ihm noch verbliebenen Beteiligungen an der A-GmbH und der B-GmbH wird der Unternehmer-Erblasser durch Abschluss eines entsprechenden Erbvertrages mit seinem Sohn und seiner Tochter, durch Anordnung der entsprechenden Vorausvermächtnisse, durch Teilungsanordnungen oder durch Umwandlung der beiden Gesellschaften in Kommanditgesellschaften (→ Rn. 20 ff.) sicherstellen, dass jedes seiner Kinder im Erbfall Allein- oder doch Mehrheitsgesellschafter der ihnen jeweils zugeordneten Gesellschaften wird (wobei zu beachten ist, dass eine Erbauseinandersetzung mit Ausgleichszahlungen ggf. doch wieder als schädliche Veräußerung iSd § 15 Abs. 3 S. 3 UmwStG angesehen wird[5]).

6 **c) Durchführung der Umwandlung.** Die Abspaltung des Stahlhandels aus der A-GmbH wird nach §§ 123 Abs. 2 Ziff. 2, 126, 135, 138 UmwG (Abspaltung zur Neugründung) im Wege der sog. partiellen Gesamtrechtsnachfolge durchgeführt. Zu den Voraussetzungen und der Durchführung der Umwandlung im Einzelnen → § 37 Rn. 24 ff.

---

[3] Zur schrittweisen Überleitung des Unternehmens auf den Unternehmer-Nachfolger → § 33 Rn. 1.
[4] Zu den schenkungsteuerlichen Implikationen → § 28 Rn. 2 ff. *„Vorweggenommene Erbfolge"*.
[5] BMF v. 11.11.2011, BStBl. I 1314, Rn. 15.23.

Durch das Vorgehen nach dem UmwG wird sichergestellt, dass eine steuerneutrale Spaltung der Gesellschaft erfolgt (→ § 42 Rn. 4 ff.).

Auch eine Abspaltung im Wege der Einzelrechtsnachfolge wäre möglich (→ § 38 Rn. 17), jedoch nicht ratsam, da die Abspaltung im Wege der Einzelrechtsnachfolge aufgrund der Vielzahl der erforderlichen Einzelschritte komplizierter ist als die Abspaltung nach dem UmwG und weil die Möglichkeit zur Buchwertfortführung bei dieser Vorgehensweise seit dem Inkrafttreten des UmwStG 1995 nicht mehr sichergestellt ist (→ § 38 Rn. 20). 7

2. Spaltung zur Erbauseinandersetzung

a) Fallbeispiel. Im obigen Beispielsfall (→ Rn. 3) sind der Sohn und die Tochter des Unternehmers durch Erbfall in Erbengemeinschaft (also als Gesamthandsgemeinschaft) Inhaber der Geschäftsanteile an der A-GmbH geworden. Aufgrund einer Teilungsanordnung obliegt es dem Testamentsvollstrecker, die A-GmbH so aufzuteilen, dass der Sohn den Stahlhandel und die Tochter den Heimwerkermarkt fortführen soll. 8

b) Lösungsmodell. Der Testamentsvollstrecker wird eine sog. **nicht-verhältniswahrende Spaltung** der A-GmbH gem. §§ 123 Abs. 2 Nr. 2, 128, 135, 138 UmwG anstreben (zur Spaltung → § 37 Rn. 16 ff.), bei der der Teilbetrieb Stahlhandel auf eine neu gegründete GmbH abgespalten wird (B-GmbH) und der Sohn sämtliche Geschäftsanteile an der B-GmbH erwirbt. Von einer nicht-verhältniswahrenden Spaltung spricht man, wenn bei der Auf- oder Abspaltung die Anteile an dem übernehmenden Rechtsträger den Anteilsinhabern des übertragenden Rechtsträgers nicht in dem Verhältnis zugeteilt werden, das ihrer Beteiligung an dem übertragenden Rechtsträger entspricht. Gemäß § 128 S. 1 UmwG bedarf die Spaltung in diesen Fällen unabhängig von den im Übrigen bestehenden Mehrheitserfordernissen[6] der Zustimmung sämtlicher Anteilsinhaber des übertragenden Rechtsträgers. 9

In diesem Zusammenhang stellt sich die Frage, ob die Abspaltung durch den Testamentsvollstrecker ggf. auch **gegen den Widerspruch der Erben** (also des Sohnes oder der Tochter) durchgeführt werden kann. Zwar ist der Testamentsvollstrecker zur Auseinandersetzung des Nachlasses verpflichtet (§ 2204 Abs. 1 BGB), und die Auseinandersetzung des in den Nachlass fallenden GmbH-Geschäftsanteils kann sinnvollerweise auch im Wege der Spaltung der GmbH erfolgen. Darüber hinaus liegt in der nicht-verhältniswahrenden Spaltung auch keine dem Testamentsvollstrecker ohne Zustimmung der Erben untersagte unentgeltliche Verfügung über den Geschäftsanteil, da eine Verfügung im Rahmen der Nachlassauseinandersetzung nicht unter diese Vorschrift fällt.[7] Doch ist der Testamentsvollstrecker an einer Durchführung der Abspaltung ohne Zustimmung der Erben gehindert, soweit durch sie – wie im Beispiel – eine GmbH neu gegründet wird und damit nicht unerhebliche Haftungsrisiken für den oder die Gesellschafter (im Beispielsfall für den Sohn) einhergehen, welche die private Vermögenssphäre des Erben betreffen.[8] Da die Abspaltung zur Neugründung zu einer Sachgründung der neu entstehenden B-GmbH führt, besteht für den Sohn als Gesellschafter der B-GmbH zumindest die Gefahr einer Differenzhaftung aus §§ 135 Abs. 2 UmwG iVm aus § 9 GmbHG im Falle einer unzutreffenden Bewertung des auf die B-GmbH abgespaltenen Netto-Vermögens.[9] Aus diesem Grund wird man die Abspaltung durch den Testamentsvollstrecker nur unter Zustim- 10

---

[6] Bei der GmbH regelmäßig 75 % des stimmberechtigten Kapitals, § 50 Abs. 1 S. 1 UmwG.
[7] S. zur Frage, inwieweit in einer nicht-verhältniswahrenden Spaltung eine unentgeltliche Verfügung über den Geschäftsanteil liegt, *Dörrie* GmbHR 1996, 245 (250).
[8] Scholz/*Cramer* GmbHG § 2 Rn. 58; Soergel/*Damrau* BGB § 2205 Rn. 51; aA Hachenburg/*Ulmer* GmbHG § 2 Rn. 34; s. zur Testamentsvollstreckung über GmbH-Anteile vgl. *Mayer* ZEV 2002, 212 (215); *Frank* ZEV 2003, 5 (6 f.).
[9] S. im Einzelnen *Dörrie* GmbHR 1996, 245 (247 f.).

mung der Erben zulassen, es sei denn, eine Haftung der Erben kann durch eine entsprechende Festsetzung der Kapitalverhältnisse mit Sicherheit ausgeschlossen werden.

11 Anders wird man entscheiden, wenn die **Spaltung der Gesellschaft im Testament bereits angeordnet** war. In diesem Fall sind die Erben verpflichtet, die aus der Spaltung resultierenden Risiken ebenso wie alle anderen mit dem Nachlass verbundenen Risiken in Kauf zu nehmen, wenn sie die Erbschaft nicht ausschlagen wollen. Gleiches gilt auch im Hinblick auf die Umwandlung einer Personengesellschaft in eine Kapitalgesellschaft: Liegt eine Umwandlungsanordnung des Erblassers vor, bedarf es keiner Zustimmung der Gesellschafter-Erben zum Umwandlungsbeschluss. Die Erben müssen die Umwandlungsanordnung dulden. Denn der Testamentsvollstrecker nimmt die Mitgliedschaftsrechte nicht gegen, sondern nach dem von ihm zu erfüllenden Erblasserwillen gerade für die Erben wahr. Ob sich die vom Testamentsvollstrecker ergriffenen Maßnahmen im gesetzlichen Rahmen der ordnungsgemäßen Verwaltung (§ 2216 Abs. 1 BGB) halten, ist in einem zweiten Schritt zu prüfen.[10]

12 Eine weitere Schwierigkeit ergibt sich aus der **Beteiligung der Erbengemeinschaft an der Ausgangs-GmbH.** Durch die Abspaltung zur Nachlassauseinandersetzung soll die Tochter Alleingesellschafterin der A-GmbH und der Sohn Alleingesellschafter der B-GmbH (mit dem abgespaltenen Stahlhandels-Betrieb) werden. Auch im Rahmen der nicht-verhältniswahrenden Spaltung gem. § 128 UmwG kann aber niemand Gesellschafter der abgespaltenen Kapitalgesellschaft (B-GmbH) werden, der nicht bereits an der Ausgangs-GmbH (A-GmbH) – gleichgültig in welcher Höhe – selbst beteiligt war. Dies folgt aus § 123 Abs. 2 UmwG, der bestimmt, dass (ausschließlich) die Anteilsinhaber des übertragenden Rechtsträgers für den bei diesem im Rahmen der Abspaltung eintretenden Vermögensverlust durch Gewährung von Anteilen an dem übernehmenden Rechtsträger entschädigt werden.[11] Da die Erbengemeinschaft in ihrer gesamthänderischen Gebundenheit nicht mit einer direkten Beteiligung des Sohnes und der Tochter gleichgesetzt werden kann, müssen Letztere vor Durchführung der Umwandlung zunächst unmittelbar an der Ausgangs-GmbH (A-GmbH) beteiligt werden. Dementsprechend wird der Testamentsvollstrecker den in den Nachlass gefallenen Geschäftsanteil an der A-GmbH zunächst in zwei Geschäftsanteile in Höhe von beispielsweise 90% und 10% des Stammkapitals der A-GmbH teilen und den 90%-Geschäftsanteil auf die Tochter sowie den 10%-Geschäftsanteil auf den Sohn übertragen, wobei der Sohn den 10%-Geschäftsanteil treuhänderisch für seine Schwester hält. In einem zweiten Schritt wird sodann die nicht-verhältniswahrende Spaltung gem. §§ 123 Abs. 2, 128 UmwG durchgeführt, mit der Maßgabe, dass der Sohn sämtliche Geschäftsanteile an der im Rahmen der Abspaltung entstehenden B-GmbH (mit dem auf diese übertragenen Stahlhandels-Teilbetrieb) erwirbt. In einem dritten Schritt wird sodann das Treuhandverhältnis über den 10%-Geschäftsanteil an der A-GmbH aufgelöst, so dass die Tochter Alleingesellschafterin der A-GmbH (mit dem bei dieser verbliebenen Heimwerkerbedarf-Teilbetrieb) wird.

13 Steuerlich ermöglicht die Abspaltung nach §§ 123 Abs. 2, 128 UmwG eine Fortführung der Buchwerte für die im Rahmen der Abspaltung übergegangenen Wirtschaftsgüter durch die B-GmbH nach §§ 15 Abs. 1, 11 Abs. 1 UmwStG.[12] Voraussetzung hierfür ist zunächst, dass sowohl die im Rahmen der Abspaltung übergehenden Wirtschaftsgüter als auch das der übertragenden Körperschaft verbleibende Vermögen jeweils einen Teilbetrieb im Sinne des § 15 Abs. 1 UmwStG darstellten (zum Begriff → § 42 Rn. 5), was im Beispielsfall anzunehmen war. Weitere Voraussetzung ist, dass keiner der Umgehungstatbestände des § 15 Abs. 3 UmwStG eingreift; bei der Trennung von Gesellschafterstämmen – die im Beispielsfall vorliegt – bedeutet dies, dass die an der Abspaltung beteiligten

---

[10] *Frank* ZEV 2003, 5 (6 f.); s. auch *Mayer* ZEV 2002, 212 (215).
[11] S. nur Kallmeyer/*Sickinger* UmwG § 123 Rn. 6 sowie → § 37 Rn. 19; aA *Priester* DB 1997, 560 (566).
[12] Zur entsprechenden Anwendung von § 11 UmwStG s. Schmitt/Hörtnagl/Stratz/*Hörtnagl* UmwStG § 15 Rn. 244 ff.

Gesellschafter der übertragenden Körperschaft ihre Beteiligung an dieser mindestens fünf Jahre vor dem steuerlichen Übertragungsstichtag gehalten haben müssen. Zwar haben im Beispielsfall der Sohn und die Tochter ihre Beteiligungen an der A-GmbH erst unmittelbar vor der Spaltung erworben; doch ist die Besitzzeit des Erblassers nach zutreffender Auffassung in die Berechnung der Fünfjahresfrist miteinzubeziehen (→ § 42 Rn. 13), so dass der Umgehungstatbestand des § 15 Abs. 3 S. 5 UmwStG bei entsprechender Vorbesitzzeit des Unternehmer-Erblassers nicht eingreift. Unschädlich dürfte in diesem Zusammenhang sein, dass ein Zwischenerwerb des Sohnes und der Tochter aufgrund lebzeitiger Verfügung erfolgte, obwohl Vorbesitzzeiten grundsätzlich nur bei Erwerb von Todes wegen anrechenbar sind (→ § 42 Rn. 13).

c) Durchführung der Spaltung. Die im ersten Schritt vorzunehmende Teilung und 14 Übertragung des von der Erbengemeinschaft gehaltenen Geschäftsanteils an der A-GmbH auf die Tochter (Teil-Geschäftsanteil von 90%) und den Sohn (Teil-Geschäftsanteil von 10%) erfolgt im Wege der Einzelrechtsübertragung. Die Spaltung wird nach den §§ 123 Abs. 2, 128, 138 UmwG durchgeführt, wobei im Rahmen der Spaltung die B-GmbH unter Beachtung der Gründungsvorschriften (§ 135 Abs. 2 UmwG) errichtet wird (näheres → § 37 Rn. 53). Eine Durchführung der Spaltung im Wege der Einzelrechtsübertragung ist nicht zu empfehlen (→ Rn. 7).

II. Abspaltung von Unternehmensteilen zur Vorbereitung einer Teilveräußerung

Sind mehrere Erben vorhanden, von denen nur einer als Unternehmer-Nachfolger in Betracht kommt, so besteht eine Gestaltungsmöglichkeit darin, einen Teil des Unternehmens im Hinblick auf eine später beabsichtigte Veräußerung abzuspalten. Mit einer derartigen Gestaltung wird das Ziel verfolgt, die übrigen Erben als Gesellschafter von dem (Kern-)Unternehmen fern zu halten und sie mittelfristig mit dem Erlös aus der Veräußerung der Geschäftsanteile an dem abgespaltenen Unternehmen abzufinden. Dementsprechend wird man den Weg einer Abspaltung vornehmlich dann wählen, wenn anderes Vermögen zur Abfindung der weichenden Erben nicht oder nicht in ausreichendem Umfang vorhanden ist. Die Gestaltung setzt darüber hinaus voraus, dass in dem Unternehmen Teilbereiche vorhanden sind, die sich etwa aus sachlichen oder räumlichen Gründen (Konzentration auf das Kerngeschäft, Aufgabe von Teilbereichen mit geringeren Zukunftsaussichten, Vorhandensein verschiedener Zweigniederlassungen usw.) für eine Abspaltung eignen. Aus steuerlichen Gründen ist darüber hinaus wünschenswert, dass sowohl der in dem Ursprungs-Unternehmen zurückbleibende Bestand als auch der abgespaltene Teil des Unternehmens jeweils einen **Teilbetrieb** im Sinne des § 15 Abs. 1 UmwStG darstellen, um die Spaltung steuerneutral durchführen zu können. 15

Bereits aus steuerlichen Gründen empfiehlt es sich darüber hinaus, die Spaltung von 16 Kapitalgesellschaften im Hinblick auf eine mögliche Teilveräußerung **so früh als irgend möglich** vorzunehmen und die abgespaltenen Geschäftsanteile im Wege der vorweggenommenen Erbfolge auf den oder die weichenden (also die nicht als Unternehmer-Nachfolger in Betracht kommenden) Erben zu übertragen. Denn zum einen kann die Spaltung nur dann steuerneutral (also ohne Aufdeckung der vorhandenen stillen Reserven) durchgeführt werden, wenn die nachfolgende Übertragung von Anteilen an einer an der Spaltung beteiligten Körperschaft nicht innerhalb von fünf Jahren nach dem steuerlichen Übertragungsstichtag erfolgt.[13] Zum anderen sollte an die weichenden Erben nicht der Erlös aus der Veräußerung der Geschäftsanteile an der abgespaltenen Gesellschaft übertragen werden; vorzugswürdig ist vielmehr eine Übertragung der Geschäftsanteile selbst, weil auf diese Weise im Rahmen der erbschaft- bzw. schenkungsteuerlichen Behandlung

---

[13] Dies gilt jedenfalls dann, wenn mehr als 20% der vor Wirksamwerden der Spaltung an der Ausgangs-Gesellschaft bestehenden Anteile veräußert werden, § 15 Abs. 3 S. 3 und 4 UmwStG; → § 42 Rn. 7f.

der Übertragung ggf. der Betriebsvermögensfreibetrag gem. § 13a Abs. 2 ErbStG in Höhe von 150.000 EUR und der Verschonungsabschlag gem. § 13a Abs. 1, 10 ErbStG in Höhe von 85% bzw. 100% in Anspruch genommen werden können. Da diese Vergünstigungen mit Wirkung für die Vergangenheit wegfallen, soweit der Erwerber die Anteile innerhalb von fünf bzw. sieben Jahren nach dem Erwerb ganz oder teilweise veräußert (§ 13a Abs. 6, 10 ErbStG), muss die Übertragung im Wege der vorweggenommenen Erbfolge mindestens fünf Jahre vor der ins Auge gefassten Veräußerung erfolgen.

17 Aus den vorgenannten Gründen ist eine Abspaltung von Unternehmensteilen aus Kapitalgesellschaften zur Vorbereitung von Teilveräußerungen nur im Rahmen einer langfristig geplanten Unternehmensnachfolge steuerlich sinnvoll. Aus der Praxis sind jedoch Fälle bekannt, in denen solche langfristigen Strategien mit Erfolg betrieben wurden. Regelmäßig findet die Geschäftsführung der abgespaltenen Kapitalgesellschaft in der Zwischenzeit nach wie vor durch den Unternehmer-Erblasser bzw. ggf. auch den Unternehmer-Nachfolger statt, so dass sich einschneidende Veränderungen während des Fünfjahreszeitraums nicht ergeben müssen. Die weichenden Erben, die während dieser Zeit bereits Allein- oder doch Mehrheitsgesellschafter der abgespaltenen Kapitalgesellschaft sind, werden im eigenen Interesse mit der Geschäftsführung kooperieren, um eine Optimierung oder jedenfalls eine Erhaltung des Unternehmenswertes der Spaltgesellschaft zu gewährleisten.

1. Fallbeispiel

18 Ein Unternehmer-Erblasser hält sämtliche Geschäftsanteile an einer GmbH (A-GmbH), die zwei Reifen-Fachhandelsbetriebe unterhält. Die Geschäftsführung im Stammhaus am Wohnsitz des Unternehmers wird von dem Unternehmer allein wahrgenommen, während er sich für die Führung der Geschäfte in der in einer anderen Stadt befindlichen Zweigniederlassung eines angestellten Geschäftsleiters bedient. Der Unternehmer hat einen Sohn und eine Tochter; der Sohn soll als Unternehmer-Nachfolger in das Unternehmen eintreten, die Tochter zeigt hieran kein Interesse. Sonstiges Vermögen zur Abfindung der Tochter ist nicht vorhanden. Der Geschäftsleiter der Zweigniederlassung will diese mittelfristig erwerben. Sowohl im Stammhaus wie auch in der Zweigniederlassung sind erhebliche stille Reserven in Gestalt von Kundenbeziehungen (goodwill) vorhanden.

2. Lösungsmodell

19 Mit Wirkung zum 1.1.2016 (steuerlicher Übertragungsstichtag) spaltet der Unternehmer-Erblasser die Ausgangs-GmbH dergestalt, dass die zum Zweigbetrieb zugehörigen Aktiva und Passiva im Wege der Abspaltung zur Neugründung auf eine neue GmbH (B-GmbH) übertragen werden (§§ 123 Abs. 2, 135, 138 UmwG). Nach Eintragung der Spaltung im Handelsregister (am 1.7.2016) überträgt der Unternehmer-Erblasser die von ihm gehaltenen 100% der Geschäftsanteile an der B-GmbH auf seine Tochter im Wege der vorweggenommenen Erbfolge unter Ausschöpfung der anwendbaren schenkungsteuerlichen Vergünstigungen, insbesondere des Freibetrages für Betriebsvermögen in Höhe von 150.000 EUR (§ 13a Abs. 2 ErbStG) und des Verschonungsabschlages von 85% (§ 13a Abs. 1 ErbStG). Durch diese Übertragung wird die steuerneutrale Spaltung der A-GmbH nicht in Frage gestellt, da eine Veräußerung im Sinne der Missbrauchsvorschrift des § 15 Abs. 3 S. 3 UmwStG bei einer unentgeltlichen Übertragung im Wege der vorweggenommenen Erbfolge nicht vorliegt (→ § 42 Rn. 7). Gleichzeitig überträgt er Anteile an der A-GmbH (die zu diesem Zeitpunkt nur noch das Stammgeschäft betreibt) im Wege der vorweggenommenen Erbfolge auf seinen Sohn. Die Tochter wäre bei dieser Gestaltung frühestens am 1.7.2021 in der Lage, Anteile an der B-GmbH auf einen möglichen Erwerber, zB den Geschäftsleiter der B-GmbH, zu übertragen; anderenfalls würden die o.g. im Rahmen der vorweggenommenen Erbfolge in Anspruch genommenen Vergünstigungen mit Wirkung für die Vergangenheit wegfallen (§ 13a Abs. 6 ErbStG). Demgemäß wäre eine Zeitspanne von 5 1/2 Jahren erforderlich, um die Spaltung der GmbH und die

Übertragung der Anteile auf die Tochter mit anschließender Weiterveräußerung im Hinblick auf die Buchwertfortführung und die Inanspruchnahme der schenkungsteuerlichen Vergünstigungen für Betriebsvermögen steueroptimal zu gestalten. Der **Vorteil** liegt für die Beteiligten darin, dass eine Teilung des Unternehmens im Hinblick auf die zukünftige Beteiligung des Geschäftsleiters an der Zweigniederlassung und zur Vorbereitung der Abfindung der Tochter zu Buchwerten (also ohne Aufdeckung der stillen Reserven) möglich war. Zudem konnte die Übertragung an die Tochter unter Ausschöpfung des Freibetrages für Betriebsvermögen sowie des 85%igen Verschonungsabschlages erfolgen; hätte die A-GmbH lediglich die Vermögensgegenstände der Zweigniederlassung an den Geschäftsleiter verkauft und den Erlös an den Unternehmer-Erblasser ausgeschüttet, hätten diese Vergünstigungen bei der anschließenden Schenkung des Geldes an die Tochter nicht zur Verfügung gestanden.

Die Tochter kann schließlich die Anteile an der B-GmbH unter Ausnutzung des Teileinkünfteverfahrens nach § 3 Nr. 40 S. 1 lit. c) EStG iVm § 17 Abs. 1 S. 1 EStG veräußern, dh der entstehende Veräußerungsgewinn wird zu 40% von der Einkommensteuer freigestellt.[14] 20

3. Durchführung der Umwandlung

Die Spaltung der A-GmbH (Körperschaft) sollte zweckmäßigerweise nach den Vorschriften des UmwG (§§ 123 Abs. 2, 135, 138 UmwG) erfolgen (→ Rn. 13). Die Spaltung einer Kommanditgesellschaft kann auch im Wege der Einzelrechtsübertragung durch Entnahme der zum Zweigbetrieb zugehörigen Wirtschaftsgüter und Einbringung im Wege der Sacheinlage in eine neu gegründete GmbH & Co. KG erfolgen. Steuerlich kann ein derartiger Einbringungsvorgang grundsätzlich sowohl nach § 24 UmwStG als auch nach den Grundsätzen der Realteilung in § 16 Abs. 3 S. 2 EStG in der Fassung des Gesetzes zur Fortentwicklung der Unternehmenssteuer (UntStFG) v. 20.12.2001 erfolgen. Zu den Einzelheiten → § 42 Rn. 26 ff. 21

III. Sicherung der Überleitung von GmbH-Anteilen auf den Unternehmer-Nachfolger

1. Interessenlage

Die Nachfolge in GmbH-Geschäftsanteile vollzieht sich – anders als die Nachfolge in Anteile an Personenhandelsgesellschaften – nicht im Wege der Sondererbfolge, also nicht im Rahmen eines unmittelbaren dinglichen Übergangs des GmbH-Geschäftsanteils auf den vom Erblasser bestimmten Unternehmer-Nachfolger (→ § 24 *„Die Gesellschaftsformen im Einzelnen"*). Zwar steht dem Unternehmer-Erblasser und seinen Beratern ein ganzes Arsenal von Instrumenten zur Verfügung, um die Überleitung des GmbH-Geschäftsanteils auf den gewünschten Unternehmer-Nachfolger abzusichern (→ § 24 *„Die Gesellschaftsformen im Einzelnen"*). Dieses reicht von der Verfügung von Teilungsanordnungen und Vorausvermächtnissen über die Statuierung gesellschaftsvertraglicher Abtretungserfordernisse und Einziehungsdrohungen bis hin zur aufschiebend bedingten Abtretung des GmbH-Geschäftsanteils an den gewünschten Unternehmer-Nachfolger mit Wirkung auf den Todesfall des Unternehmer-Erblassers. Doch sind alle diese Instrumentarien mit Nachteilen behaftet, welche die entsprechenden Gestaltungen als gegenüber einer Sondererbfolge nachteilig erscheinen lassen. Zur Verdeutlichung diene folgendes 22

---

[14] S. dazu schon → § 33 Rn. 3; die steuerneutrale Spaltung wird dabei selbst dann nicht in Frage gestellt, wenn die B-GmbH mehr als 20% der Ausgangs-GmbH ausmacht (§ 15 Abs. 3 Satz 4 UmwStG); weil die Veräußerung mehr als 5 Jahre nach dem steuerlichen Übertragungszeitpunkt der Spaltung (1. Januar 2004) erfolgte; Näheres →§ 42 Rn. 7 f.

23 **Beispiel:**

An der A & B-GmbH, die einen Elektro-Großhandel betreibt, seien A und B mit je 50 % beteiligt. A hat drei Söhne, S1, S2 und S3: S1 ist angehender Elektroingenieur, S2 ist Journalist mit Hang zur Verschwendungssucht und S3 Schauspieler. Es soll sichergestellt werden, dass S1 beim Tod von A möglichst umgehend Gesellschafter wird.

2. Lösungsmodell

24 Bestimmt der Erblasser A durch Teilungsanordnung oder durch Anordnung eines Vorausvermächtnisses, dass der 50%ige Geschäftsanteil an der A & B-GmbH dem S1 zufallen solle, fällt der Geschäftsanteil zunächst in den Nachlass. Bei entsprechenden Streitigkeiten unter den Miterben S1, S2 und S3 kann sich ein erheblicher Zeitverlust und damit eine vollständige Blockierung der Gesellschaft (etwa für die Durchführung wichtiger Investitionsvorhaben und alle sonstigen Maßnahmen, welche die Zustimmung der Gesellschafterversammlung erfordern) ergeben. Dasselbe gilt für die Statuierung einer Abtretungspflicht. Wird die Nichtabtretung des Geschäftsanteils innerhalb einer bestimmten Zeit durch die Möglichkeit der Einziehung des Geschäftsanteils durch die Gesellschafterversammlung sanktioniert, so stellt dies zwar eine wirksame Drohung dar; doch würde die Durchsetzung der Sanktion den Interessen des Erblassers A zuwiderlaufen, weil ihm sein Sohn S1 dann nicht als Gesellschafter in die A & B-GmbH nachfolgen könnte. Bei der aufschiebend bedingten Übertragung auf den Todesfall stellt sich zumindest das Problem der lebzeitigen Verfügungsbefugnis des Erblassers A.[15]

25 Aus Gründen der effektiven Überleitung kann sich daher die Umwandlung der GmbH in eine Personenhandelsgesellschaft, etwa eine GmbH & Co. KG, empfehlen. Im Gesellschaftsvertrag der GmbH & Co. KG ist sodann durch eine qualifizierte Nachfolgeklausel sicherzustellen, dass die Gesellschaft im Falle des Todes von A mit seinem Erben S1 fortgesetzt wird. Mit dem Tode von A erwirbt S1 im Wege der Sondererbfolge unabhängig von seiner Erbquote direkt den Gesellschaftsanteil an der KG. Es entsteht keinerlei zeitliche Verzögerung aufgrund des Erbfalls; die Kontinuität der Überleitung von A auf S1 wird gewahrt.

26 Bei der GmbH & Co. KG ist darüber hinaus sicherzustellen, dass die Beteiligung an der Komplementär-GmbH der Beteiligung an der Kommanditgesellschaft jeweils entspricht, damit die Kommanditisten auch als Gesellschafter der GmbH die Geschäftsführung der Kommanditgesellschaft bestimmen können. Da zwar die Nachfolge in den Kommanditanteil im Wege der Sondererbfolge geregelt werden kann, nicht jedoch die Nachfolge in den Geschäftsanteil an der Komplementär-GmbH, empfiehlt es sich, die Geschäftsanteile an der Komplementär-GmbH im Wege einer zusätzlichen Einlage in die Kommanditgesellschaft einzubringen. Es entsteht eine sog. **„Einheits-Kommanditgesellschaft"**, bei der die KG sämtliche Geschäftsanteile an ihrer eigenen Komplementär-GmbH hält.[16] Durch diese Gestaltung erübrigt sich eine Übertragung der Geschäftsanteile an der Komplementärin auf den Unternehmer-Nachfolger.

3. Durchführung der Umwandlung

27 Die Durchführung des Formwechsels von der GmbH in die GmbH & Co. KG erfolgt zweckmäßigerweise nach den Vorschriften des UmwG (§§ 190, 228 UmwG) (zu den Einzelheiten → § 37 Rn. 73 ff.). Eine Umwandlung im Wege der Einzelrechtsnachfolge durch Sachgründung der Kommanditgesellschaft durch die A & B-GmbH, Bargründung der Komplementär-GmbH und anschließende Liquidation der A & B-GmbH ist wegen der Vielzahl der erforderlichen Einzelschritte meist aufwendiger als ein Vorgehen nach dem UmwG.

---

[15] *Priester* GmbHR 1981, 209.
[16] S. zur Einheits-GmbH & Co. Baumbach/Hopt/*Hopt*/*Kumpan*/*Merkt*/*Roth* HGB Anh. § 177a Rn. 8; Vertragsmuster bei Hopt/*Lang* Form II. C. 5. (Vertrag einer Einheits-GmbH & Co. KG), Hopt/*Weyland*/*Hoger* Form II. D. 1. 5. (Vertrag einer Komplementär-GmbH).

§ 35 Fehlen eines Unternehmer-Nachfolgers

Übersicht

	Rn.
I. Ermöglichung von Dritt-Management	1
1. Interessenlage	1
2. Lösungsmodell, Durchführung der Umwandlung	4
II. Stärkung des Management, Zugang zum Kapitalmarkt	10
1. Formwechsel einer GmbH in eine AG zur Unternehmenssicherung	10
2. Die „kleine AG"	14
a) Ziele und Inhalt der gesetzlichen Regelung	15
b) Vergleich „kleine AG"/GmbH	24

I. Ermöglichung von Dritt-Management

1. Interessenlage

Soll bei Fehlen eines Unternehmer-Nachfolgers kein Verkauf des Unternehmens erfolgen, muss jedenfalls die Möglichkeit bestehen oder geschaffen werden, die Geschäftsführung der Gesellschaft Nicht-Gesellschaftern zu überlassen. Diese Forderung gewinnt insbesondere dann Bedeutung, wenn die vorhandenen Erben zwar die Geschäftsführung nicht selbst übernehmen wollen, aber bereit und in der Lage sind, die einem Gesellschafter zukommenden Kontrollfunktionen wirksam auszuüben. Insbesondere wenn noch andere Mitgesellschafter vorhanden sind, die eine wirksame Kontrolle des Fremd-Managements gewährleisten, kann es bei Fehlen eines Unternehmer-Nachfolgers ausreichen, die Geschäftsführung auf Dauer in die Hände eines Fremd-Geschäftsführers zu legen. 1

Einzelkaufmännische Betriebe, offene Handelsgesellschaften und Kommanditgesellschaften mit natürlichen Personen als persönlich haftende Gesellschafter ermöglichen ein wirksames Dritt-Management bekanntlich nicht. In diesen Unternehmensformen ist der Geschäftsinhaber bzw. sind der oder die persönlich haftenden Gesellschafter grundsätzlich in eigener Person zur Geschäftsführung berechtigt und verpflichtet (Grundsatz der Selbstorganschaft). Wird das Unternehmen in einer dieser Rechtsformen betrieben, ist dementsprechend eine Restrukturierung in eine die Beteiligung von Fremd-Management ermöglichende Rechtsform (meist GmbH oder GmbH & Co. KG) erforderlich.[1] 2

Beispiel: Elektromeister E betreibt einen Elektro-Großhandel in der Rechtsform einer Kommanditgesellschaft. E ist persönlich haftender Gesellschafter und hat eine Einlage von 250.000 EUR geleistet. Einziger Kommanditist ist sein Bruder B, der eine Kommanditeinlage in gleicher Höhe erbracht hat. B ist Kaufmann und in einem anderen Unternehmen beschäftigt. E will sich aus Altersgründen aus dem Elektro-Großhandel zurückziehen, sein einziger Sohn S kommt als Unternehmer-Nachfolger jedoch nicht in Frage. Die Geschäfte sollen zukünftig durch den verdienten Angestellten P als Geschäftsführer fortgeführt werden, der bereits seit einigen Jahren als Prokurist in dem Unternehmen tätig ist. 3

2. Lösungsmodell, Durchführung der Umwandlung

E und B entscheiden sich, die Kommanditgesellschaft in eine GmbH & Co. KG umzuwandeln. Es handelt sich nicht um eine formwechselnde Umwandlung im eigentlichen Sinne, da dieselbe Kommanditgesellschaft Inhaberin des Geschäftes bleibt und nur Veränderungen im Gesellschafterkreis vorgenommen werden. Ein Vorgehen nach dem UmwG ist daher nicht erforderlich und im Übrigen auch gar nicht möglich (→ § 30 Rn. 22, § 39 Rn. 23). Vielmehr erfolgt die Restrukturierung durch folgende gesellschaftsrechtliche Einzelschritte: 4

---

[1] Zur Umwandlung eines einzelkaufmännischen Unternehmens in eine GmbH → § 32 Rn. 9.

5 Zunächst erfolgt der Wechsel von E aus seiner Position als persönlich haftender Gesellschafter in die Stellung eines Kommanditisten. Da E auch bereits als persönlich haftender Gesellschafter eine Einlage geleistet hatte, kann diese Einlage als Kommanditeinlage umgebucht werden und haftet den Gesellschaftsgläubigern zukünftig nach Maßgabe von § 172 HGB. Im Übrigen ergeben sich keine Änderungen; insbesondere die Gewinnverteilung richtet sich vor wie nach der Restrukturierung nach der Höhe der von den Gesellschaftern erbrachten Einlagen, unabhängig davon, ob es sich um Hafteinlagen im Sinne des § 172 HGB oder um sonstige gesellschaftsvertraglich bedungene Einlagen handelte.

6 Gleichzeitig gründen E und B eine neue GmbH, die zukünftig als Komplementärin der Elektro-Großhandels-KG fungiert. Die GmbH tritt der KG als Komplementärin bei; sie leistet keine Einlage und ist am Vermögen der Gesellschaft nicht beteiligt. Der bisherige Prokurist P wird zum Geschäftsführer der Komplementärin ernannt.

7 Sodann sind die Veränderungen im Gesellschafterkreis zum Handelsregister der KG anzumelden, § 162 HGB. Dies betrifft zunächst das Ausscheiden von E als persönlich haftender Gesellschafter und seinen Eintritt als Kommanditist, die Höhe seiner Einlage sowie den Eintritt der GmbH als neuer persönlich haftender Gesellschafterin.

8 Ist die Restrukturierung soweit durchgeführt, kann sich E zurückziehen oder für eine Übergangszeit als Geschäftsführer der Komplementär-GmbH weiterarbeiten. Der durch den Wechsel des E in die Kommanditistenstellung geschaffene Kommanditanteil kann im Wege der vorweggenommenen Erbfolge oder durch Verfügung von Todes wegen unter Ausnutzung der steuerlichen Freibeträge für die Übertragung von Betriebsvermögen (→ § 27 Rn. 184 ff. „Der Erbfall") auf den Sohn übertragen werden. Bei der Kontrolle des neuen Geschäftsführers P wird der Sohn durch seinen Onkel B auch in Zukunft unterstützt.

9 Ein – meist willkommener – Nebeneffekt dieser Gestaltung liegt darin, dass E aus seiner persönlichen Haftung für die Verbindlichkeiten der Kommanditgesellschaft kommt. Nach dem durch das NachhBG im Jahre 1994 neu gefassten § 160 HGB haftet E für die bis zur Eintragung seines Ausscheidens als persönlich haftender Gesellschafter im Handelsregister begründeten Verbindlichkeiten, wenn sie vor Ablauf von fünf Jahren nach seinem Ausscheiden fällig und daraus Ansprüche gegen ihn gerichtlich geltend gemacht werden. Entgegen der früheren Rechtsprechung[2] gilt dies auch dann, wenn E zukünftig als Geschäftsführer der Komplementär-GmbH die Geschäfte der KG weiterführt, § 160 Abs. 3 S. 4 HGB.

II. Stärkung des Management, Zugang zum Kapitalmarkt

1. Formwechsel einer GmbH in eine AG zur Unternehmenssicherung

10 Die Umwandlung einer GmbH in eine Aktiengesellschaft kann sich im Rahmen der Unternehmensnachfolge insbesondere dann empfehlen, wenn eine starke Zersplitterung der Gesellschafter zB durch Übergang von Geschäftsanteilen verschiedener Gesellschafter-/Familienstämme jeweils auf eine Mehrzahl von Erben gegeben ist oder wenn ein Unternehmer-Nachfolger nicht zur Verfügung steht. In dieser Situation können auf Gesellschafterebene erhebliche Defekte eintreten (etwa durch Unvermögen, Desinteresse oder die Entstehung von Patt-Situationen), die zu einer vollständigen Blockade der Gesellschaft führen können.

11 Sind derartige Defekte auf Gesellschafterebene zu befürchten, kommt der Stärkung des Fremd-Managements wesentliche Bedeutung zu. Je unabhängiger das Management zum Wohle der Gesellschaft agieren kann, desto mehr werden die denkbaren negativen Einflüsse etwaiger Defizite auf Gesellschafterebene zurückgedrängt. Im Rahmen der GmbH

---

[2] S. etwa BGH BGHZ 78, 114; weitere Nachweise bei Baumbach/Hopt/*Roth* HGB § 160 Rn. 7.

(oder der GmbH & Co. KG) lässt sich eine solche Stärkung des Fremd-Managements nur begrenzt erreichen, weil die Geschäftsführung grundsätzlich an sämtliche Weisungen der Gesellschafterversammlung gebunden ist. Dagegen wird die Aktiengesellschaft vom Vorstand unter eigener Verantwortung geleitet (§ 76 Abs. 1 AktG); der Aufsichtsrat kann in die Geschäftsführung des Vorstandes nur im Rahmen von Zustimmungsvorbehalten für bestimmte Arten von Geschäften eingreifen, § 111 Abs. 4 AktG, die Hauptversammlung entscheidet über Fragen der Geschäftsführung grundsätzlich nur bei einem entsprechenden Verlangen des Vorstandes, § 119 Abs. 2 AktG. Die Rechtsform der Aktiengesellschaft stellt daher noch am ehesten sicher, dass die Geschäfte des Unternehmens unter etwaigen Streitigkeiten im Gesellschafterkreis nicht leiden.

Der Wechsel in die Rechtsform der AG stellt aber nicht nur objektiv eine Stärkung des Managements dar, sondern bewirkt auch subjektiv eine Steigerung des Sozial-Prestiges sowie des Verantwortungswillens auf Seiten des Managements. Für eine Vorstandsposition in einer AG lassen sich qualifizierte Manager leichter finden als für die Stellung eines (weisungsabhängigen) Geschäftsführers einer GmbH. Selbstverständlich spiegeln sich diese Unterschiede auch in der höheren Dotierung von Vorstandspositionen wider. 12

Bei großen Familiengesellschaften kann durch einen Wechsel in die Rechtsform der AG zudem der Gang an die Börse vorbereitet werden. Dabei kann der Einfluss der Unternehmer-Familie durch die Ausgabe von stimmrechtslosen Vorzugsaktien gewahrt bleiben (→ § 24 „Die Gesellschaftsformen im Einzelnen"). 13

2. Die „kleine AG"

Die in der Rechtsform der AG liegenden Nachteile, die in der Vergangenheit dazu geführt haben, dass insbesondere größere mittelständische Betriebe die Rechtsform der AG gemieden haben, sind durch die Einführung der sog. „kleinen AG" weitgehend beseitigt worden. 14

a) Ziele und Inhalt der gesetzlichen Regelung. Die „kleine AG" ist keine neue Rechtsform, sondern eine Vielzahl von einzelnen Deregulierungsvorschriften, die die Attraktivität der Rechtsform AG steigern sollen. Das Gesetz gibt keine Definition; insbesondere ist die Größe der Gesellschaft (nach Umsatz, Arbeitnehmern usw.) grundsätzlich irrelevant. Nach dem Inhalt der Neuregelung lässt sich die Erscheinungsform jedoch wie folgt umschreiben: Die „kleine AG" ist eine nicht börsennotierte Aktiengesellschaft mit überschaubarem, der Gesellschaft bekanntem Gesellschafterkreis („die noch private, aber schon AG"). 15

Die gesetzgeberischen Ziele der Neuregelung bestanden vornehmlich in der Schaffung eines Zugangs für den Mittelstand zum Eigenkapitalmarkt und der Stärkung des Finanzplatzes Deutschland durch Belebung des deutschen Kapitalmarktes. Dadurch sollte auch die Sicherung der Unabhängigkeit des Unternehmens ermöglicht werden. Für den Bereich der Unternehmensnachfolge ist hervorzuheben, dass die Deregulierungsvorschriften zur kleinen AG insbesondere auch eine Rechtsform für Familiengesellschaften im Generationenwechsel bereitstellen sollten.[3] Nach einschlägigen Erhebungen[4] war die Zahl der Aktiengesellschaften in Deutschland Ende 1993 auf unter 3400 gesunken; mit dem Gesetz für kleine Aktiengesellschaften vom 2.8.1994 hat der Gesetzgeber diesen Trend umgekehrt: Bis Ende 2003 war die Zahl der Aktiengesellschaften auf über 15.000 gestiegen, zeigt im Folgenden aber einen Abwärtstrend und verblieb gleichwohl auf einem vergleichsweise hohen Niveau von knapp 12000 in 2012. 16

---

[3] Zu den Motiven für die Gründung einer kleinen AG s. Seibert/Kiem/Schüppen/*Seibert* HdB der kleinen AG Rn. 1.28 ff.; s. auch *Gaugler/Keese/Schawilye* AG-Report 2002, 251.
[4] Vgl. MüKoAktG/*Habersack* Einl. Rn. 11.

17 Die **Kernpunkte der gesetzlichen Regelung** lassen sich wie folgt zusammenfassen:
18 • **Ein-Mann-Gründung.** Nach altem Recht mussten sich an der Gründung einer AG mindestens fünf Personen beteiligen. Die sog. Ein-Mann-Gründung war nur im Rahmen einer Umwandlung oder über sog. „Strohmann-Gründungen" möglich. Nach der Neufassung des § 2 AktG ist die Ein-Mann-Gründung nunmehr unmittelbar zugelassen worden.[5] Gemäß § 42 AktG müssen Name, Beruf und Wohnort des Alleinaktionärs zum Handelsregister angemeldet, jedoch nicht im Handelsregister eingetragen werden. Dies gilt auch bei nachträglicher Vereinigung aller Anteile in einer Hand.
19 • **Satzungsautonomie bei Gewinnverwendung.** Nach bisherigem Recht konnten Vorstand und Aufsichtsrat bis zur Hälfte des Jahresüberschusses – je nach Satzung auch mehr – in freie Rücklagen **einstellen**, § 58 Abs. 2 AktG aF Nach der Neufassung des § 58 Abs. 2 S. 2 besteht für nicht börsennotierte AG volle Satzungsautonomie bezüglich der Berechtigung von Vorstand und Aufsichtsrat zur Rücklagendotierung; zulässig ist es nunmehr auch, die Rücklagendotierung einem Beschluss der Hauptversammlung vorzubehalten.
20 • **Vereinfachung der Hauptversammlung.** Nach altem Recht musste die Einberufung von Hauptversammlungen und die Bekanntmachung der Tagesordnung im Bundesanzeiger und den sonstigen Gesellschaftsblättern veröffentlicht werden, was einen Vorlauf von mindestens zwei Monaten erforderte. Bei der kleinen AG (wenn alle Aktionäre namentlich bekannt sind) kann die **Ladung** nunmehr durch eingeschriebenen Brief erfolgen, §§ 121 Abs. 4, 124 Abs. 1 S. 3 AktG. Wird gegen die Einberufungsvorschriften verstoßen, sind die auf der Hauptversammlung gefassten Beschlüsse zwar grundsätzlich nichtig (§ 241 Nr. 1 AktG); doch besteht die Möglichkeit einer Heilung bei Genehmigung durch die betroffenen Aktionäre, § 242 Abs. 2 S. 4 AktG.
21 Nach altem Recht musste jeder Beschluss einer Hauptversammlung durch eine über die Verhandlung notariell aufgenommene Niederschrift beurkundet werden (§ 130 Abs. 1 S. 1 AktG). Dieses Erfordernis gilt für die kleine AG nur noch bei Beschlüssen, für die nach Gesetz 75 % des Grundkapitals oder eine größere Kapitalmehrheit erforderlich ist (Grundlagenbeschlüsse); ansonsten reicht ein vom Aufsichtsratsvorsitzenden unterzeichnetes Protokoll, das zum Handelsregister einzureichen ist (§ 130 Abs. 1 S. 3, Abs. 5 AktG).
22 Im Übrigen stellt das Gesetz nunmehr klar, dass bei einer Vollversammlung ein Verzicht auf sämtliche Formen und Fristen möglich ist, vorausgesetzt dass alle Aktionäre anwesend oder vertreten sind und kein Aktionär Widerspruch erhebt (§ 121 Abs. 6 AktG).
23 **Wegfall der Mitbestimmung bei weniger als 500 Arbeitnehmern.** Nach altem Recht wurde die AG von mittelständischen Unternehmen meist schon deswegen gemieden, weil sie nach § 76 Abs. 1 BetrVG 1952 auch dann einen Aufsichtsrat, der zu 1/3 aus Arbeitnehmervertretern zu bestehen hatte, bilden musste, wenn die Gesellschaft weniger als 500 Arbeitnehmer ständig beschäftigte. Eine Ausnahme galt nach altem Recht nur für sog. Familien-Aktiengesellschaften. Darunter werden solche Aktiengesellschaften verstanden, deren Aktionär eine einzelne natürliche Person ist oder deren Aktionäre untereinander iSv § 15 AO verwandt oder verschwägert sind. Insoweit hat das Gesetz für kleine Aktiengesellschaften und zur Deregulierung des Aktienrechts vom 2. 8. 1994 eine Gleichstellung der AG mit der GmbH gebracht, so dass auch Aktiengesellschaften, die keine Familiengesellschaften sind, einen Aufsichtsrat mit Drittelparität nur noch dann bilden müssen, wenn sie in der Regel mehr als 500 Arbeitnehmer beschäftigen, § 1 Abs. 1 S. 1 Nr. 1 DrittelbG. Allerdings kommt dieses Privileg nur Aktiengesellschaften zugute, die ab dem 10. 8. 1994 eingetragen worden sind (§ 1 Abs. 1 Nr. 1 S. 2 DrittelbG). Im Übrigen ist unter dem gerade in Familiengesellschaften meist besonders relevanten Gesichtspunkt

---

[5] Vgl. dazu Art. 6 der 12. Richtlinie 89/667/EWG des Rates vom 21. 12. 1989 auf dem Gebiet des Gesellschaftsrechts betreffend Gesellschaften mit beschränkter Haftung mit einem einzigen Gesellschafter ABl. L 395 vom 30. 12. 1989, 40–42; Näheres s. Seibert/Kiem/Schüppen/*Zimmermann* HdB der kleinen AG Rn. 2.60.

der Vermeidung der Unternehmensmitbestimmung auf die Rechtslage bei der GmbH & Co. KG hinzuweisen. Dort muss erst ab 2000 Arbeitnehmern ein mitbestimmter Aufsichtsrat gebildet werden, der nach § 4 MitbestG bei der Komplementär-GmbH und nicht bei der KG zu etablieren ist.[6]

b) Vergleich „kleine AG"/GmbH. Schlagwortartig lassen sich die Unterschiede zwischen kleiner AG und GmbH wie folgt zusammenfassen: 24

Kriterium	„kleine AG"	GmbH
Gestaltungsfreiheit	Grundsatz der „Satzungsstrenge"; Abweichungen vom Gesetz nur möglich, soweit ausdrücklich zugelassen (§ 23 Abs. 5 AktG) Ziel: Schutz des (Klein-)Anlegers	Gesetz weitgehend dispositiv; hohe Flexibilität bei Satzungsgestaltung; zwingend primär Vorschriften der Kapitalaufbringung und -erhaltung Ziel: Gläubigerschutz
Kompetenzzuordnung	Strikte Zuordnung von Kompetenz- und Verantwortungsbereichen zwischen den Organen Vorstand, Aufsichtsrat und Hauptversammlung	Kompetenzverteilung weitgehend gestaltbar; fakultative Organe (zB Beirat, Gesellschafterausschuss etc.) möglich
Entscheidungsfreiheit der Geschäftsleitung	Weisungsfreiheit des Vorstandes; Trennung von Management und Anteilseignern; Entscheidung der Hauptversammlung über Geschäftsführungsfragen grundsätzlich nur auf Verlangen des Vorstandes (§ 119 Abs. 2 AktG)	Weisungsunterworfenheit der Geschäftsführung; praktisch häufig: Zustimmungsvorbehalte für wesentliche Geschäftsmaßnahmen in Satzung oder Geschäftsordnung
Bestellung der Geschäftsleitung	Bestellung des Vorstandes durch Aufsichtsrat für maximal fünf Jahre; vorzeitige Abberufung nur aus wichtigem Grund möglich (§ 84 Abs. 3 AktG)	Bestellung der Geschäftsführung durch Gesellschafterversammlung zeitlich unbefristet möglich; Abberufung jederzeit zulässig (§ 38 Abs. 2 GmbHG)
Gewinnverwendung	Beschränkung der Gewinnverwendung durch gesetzliche Rücklage (§ 150 AktG)	Keine Beschränkungen bei Gewinnverwendung
Verwendung von Rücklagen	Unzulässigkeit der Ausschüttung von Kapitalrücklagen (§ 57 Abs. 3 AktG)	Freie Ausschüttung von Kapital- und Gewinnrücklagen möglich, begrenzt nur durch Verbot der Rückgewähr der (Stamm-)Einlagen (§ 30 GmbHG)
Erwerb eigener Anteile	Erwerb eigener Aktien nur in Ausnahmefällen und begrenzt auf 10 % des Grundkapitals zulässig (§ 71 AktG)	Erwerb eigener Geschäftsanteile zulässig, soweit aus freiem Vermögen ohne Beeinträchtigung des Stammkapitals möglich (§ 33 GmbHG)

---

[6] Bei Unternehmen mit mehr als 500, aber weniger als 2000 Arbeitnehmern, die in der Rechtsform der GmbH & Co. KG betrieben werden, ist ein mitbestimmter Aufsichtsrat nicht zu bilden, weil das DrittelbG eine dem § 4 MitbestG vergleichbare Regelung nicht kennt, vgl. § 2 Abs. 2 DrittelbG.

Kriterium	„kleine AG"	GmbH
Beschlussfassung der Gesellschafter	Trotz Deregulierung zahlreiche Formalitäten bei Abhaltung von Hauptversammlungen (zB Protokollierungspflicht, Einreichung der Protokolle zum Handelsregister etc.); keine Beschlussfassung im schriftlichen Verfahren	Formalitäten weitgehend disponibel; Beschlussfassung im schriftlichen Verfahren möglich
Übertragung von Anteilen	Grundsätzlich formfreie und daher einfache und kostengünstige Übertragung von Anteilen ohne Zustimmung der Verwaltung, aber Vinkulierung möglich (§ 68 Abs. 2 AktG)	Notarielle Beurkundung für Anteilsübertragung (§ 15 AktG); bei Teilung Genehmigung der Verwaltung erforderlich (§ 17 GmbHG)
Zugang zum Kapitalmarkt	Börsenfähig	Nicht börsenfähig; Kapitalmarkt nur über Genussscheine oÄ zugänglich

§ 36 Steuerliche und bilanzielle Erwägungen

Übersicht

	Rn.
I. Vermeidung eines steuerpflichtigen Umwandlungsgewinns	2
II. Vermeidung eines handelsrechtlichen Übernahmeverlustes	7
III. Übertragung vorhandener steuerlicher Verlustvorträge	8
IV. Grunderwerbsteuer	9

Steuerliche Erwägungen spielen bei jeder Umwandlung eine wichtige, oft sogar die entscheidende Rolle. In vielen Fällen ist die Umwandlung selbst steuerlich motiviert, um das Unternehmen im Hinblick auf seine künftige ertragsteuerliche Position günstiger zu strukturieren oder um die Übertragung des Unternehmens unter erbschaft- und schenkungsteuerlichen Gesichtspunkten steuergünstiger zu gestalten. Unabhängig von diesen auf das Ziel der Umwandlung abstellenden Überlegungen werden Umwandlungen aber darüber hinaus meist davon abhängig gemacht, dass sich aus dem Umwandlungsvorgang selbst keine nachteiligen steuerlichen Wirkungen ergeben. Hier wird meist auf die folgenden Gesichtspunkte abgestellt: 1

I. Vermeidung eines steuerpflichtigen Umwandlungsgewinns

Umwandlungen werden in den meisten Fällen unterbleiben, wenn sie zu Umwandlungsgewinnen führen, die nicht durch Verlustvorträge oder auf andere Weise kompensiert werden können und daher zu einer effektiven Steuerbelastung der Beteiligten führen. Umwandlungsgewinne können sowohl auf der Ebene des übertragenden/formwechselnden Rechtsträgers (als sog. **„Übertragungsgewinn"**) als auch bei dem übernehmenden Rechtsträger/Rechtsträger neuer Rechtsform (**„Übernahmegewinn"**) und schließlich auch bei den Gesellschaftern des übernehmenden Rechtsträgers (namentlich wenn dieser eine Personengesellschaft ist) eintreten. Ihre Entstehung oder Vermeidung hängt von der Ausübung der im UmwStG vorgesehenen Wahlrechte für die steuerliche Schlussbilanz des übertragenden/formwechselnden Rechtsträgers und die Steuerbilanz des übernehmenden Rechtsträgers/Rechtsträgers neuer Rechtsform ab (→ §§ 40–43). 2

Die Ermöglichung steuerneutraler Umwandlungen war eines der erklärten Ziele der Reform des Umwandlungssteuerrechts, die zu der Neufassung des UmwStG zum 1.1. 1995 geführt hat. Das UmwStG 1995 und das in der Folge 2006 im Rahmen des Gesetzes über steuerliche Begleitmaßnahmen zur Einführung der Europäischen Gesellschaft und zur Änderung weiterer steuerrechtlicher Vorschriften (SEStEG) fortentwickelte UmwStG 2006 erlauben in einer Vielzahl von Umwandlungsfällen die Fortführung der steuerlichen Buchwerte des übertragenden Rechtsträgers durch den übernehmenden Rechtsträger, was in den meisten Fällen zur Steuerneutralität der betreffenden Umwandlung führt. Die Möglichkeit der Fortführung von Buchwerten ist jedoch bei den einzelnen Umwandlungsalternativen an eine Reihe unterschiedlicher Voraussetzungen geknüpft, die jeweils im Einzelfall sorgfältig geprüft werden müssen (→ §§ 40–43). Hervorzuheben sind folgende Fälle: 3

- Die **Verschmelzung und der Formwechsel von Kapitalgesellschaften auf bzw. in Personengesellschaften** ist bei Vorhandensein erheblicher offener Rücklagen in der Kapitalgesellschaft selbst bei Fortführung von Buchwerten meist nicht steuerneutral möglich. Dies liegt an dem Systemwechsel von der Besteuerung der Kapitalgesellschaften zu der Besteuerung auf der Ebene der Personengesellschaften bzw. deren Gesellschafter.[1] 4

---

[1] Näheres → § 41 Rn. 25.

5 • Bei der **Spaltung von Kapitalgesellschaften** setzt die Buchwertfortführung voraus, dass sowohl die in der gespaltenen Körperschaft verbliebenen Vermögensgegenstände als auch die im Rahmen der Spaltung übergehenden Wirtschaftsgüter jeweils als Teilbetrieb zu qualifizieren sind (§ 15 Abs. 1 UmwStG). Zusätzlich sind die Umgehungsvorschriften des § 15 Abs. 3 UmwStG zu beachten (zu diesen s. § 42 Rn. 6 ff. sowie die Fallbeispiele in § 34 Rn. 3 ff.).

6 • **Verschmelzungen, Spaltungen und Formwechsel von Personengesellschaften** auf Kapitalgesellschaften oder (andere) Personengesellschaften können grundsätzlich nur dann steuerneutral erfolgen, wenn ein Betrieb, Teilbetrieb, Mitunternehmeranteil oder eine Beteiligung an einer Kapitalgesellschaft (sofern die Übernehmerin aufgrund des Umwandlungsvorgangs oder unabhängig davon die Mehrheit der Stimmrechte an der Kapitalgesellschaft hält) übertragen werden, §§ 20 Abs. 1, 24 Abs. 2, 25 UmwStG.

II. Vermeidung eines handelsrechtlichen Übernahmeverlustes

7 Bei der Verschmelzung und dem Formwechsel von Kapitalgesellschaften auf bzw. in Personengesellschaften ergibt sich ein handelsrechtlicher Übernahmeverlust auf der Ebene der Gesellschafter der übernehmenden Personengesellschaft, wenn die im Rahmen der Verschmelzung untergehenden Anteile an der übertragenden Körperschaft zum Betriebsvermögen gehören und wenn der Beteiligungsansatz für diese Anteile höher als der Netto-Wert der übergegangenen Wirtschaftsgüter ist. Dies ist namentlich dann der Fall, wenn bei Erwerb der Anteile an der übertragenden Kapitalgesellschaft ein Firmenwert (goodwill) mitbezahlt wurde. Ein derartiger handelsrechtlicher Übernahmeverlust kann durch entsprechende Aufstockung der Buchwerte für die übergegangenen Wirtschaftsgüter in der Handelsbilanz des übertragenden Rechtsträgers vermieden werden. Die Aufstockung ist im Rahmen von § 24 UmwG zulässig.

III. Übertragung vorhandener steuerlicher Verlustvorträge

8 Auch die Übertragbarkeit vorhandener Verlustvorträge wird oft ein entscheidendes Kriterium für die Durchführung von Umwandlungen sein. Steuerlich ist die Übertragung von Verlustvorträgen allerdings idR ausgeschlossen. (§§ 4 Abs. 2 S. 2, 12 Abs. 3, 15 UmwStG – für den Anteilstausch dürfte sich ein Verlustuntergang idR aus allgemeinen Erwägungen ergeben.[2] Bei einer Einbringung bleiben die Verlustvorträge beim Einbringenden idR zurück.) Dies gilt auch für gewerbesteuerliche Verlustvorträge (vgl. dazu ausdrücklich auch im Fall der Einbringung und des Anteilstauschs § 23 Abs. 5 UmwStG).

IV. Grunderwerbsteuer

9 Von erheblicher Bedeutung kann schließlich auch die im Rahmen von Umwandlungsvorgängen anfallende Grunderwerbsteuer sein. Grundsätzlich fällt bei **übertragenden Umwandlungen** (Verschmelzungen, Auf- und Abspaltungen, Ausgliederungen) Grunderwerbsteuer an; soweit die Umwandlungen nach dem UmwG im Wege der (partiellen) Gesamtrechtsnachfolge durchgeführt werden, ist der Tatbestand des § 1 Abs. 1 Nr. 3 GrEStG erfüllt.[3] Aus grunderwerbsteuerlicher Sicht ist die Abspaltung der Aufspaltung daher in der Regel vorzuziehen, da bei der Abspaltung Grunderwerbsteuer nur hinsichtlich der Grundstücke anfällt, die Gegenstand der Abspaltung sind.[4] Beim **Formwechsel** än-

---

[2] Vgl. dazu Gosch/*Roser* KStG § 8c Rn. 56.
[3] Zu den Einzelheiten Schmitt/Hörtnagl/Stratz/*Keuthen* Verkehrsteuern, Rn. 39 ff.
[4] Es ist jedoch zu beachten, dass eine Abspaltung unter Zurückbehaltung sämtlicher Grundstücke in der übertragenden Gesellschaft zur Versagung der Teilbetriebseigenschaft des abgespaltenen Betriebes führen kann, da Grundeigentum nach ständiger Praxis der Finanzverwaltung zu den wesentlichen Betriebsgrundlagen gehört, ohne die ein Teilbetrieb nicht anerkannt wird.

IV. Grunderwerbsteuer § 36

dert sich die Identität des Rechtsträgers nicht; da keine Übertragung von Grundstücken stattfindet, ist auch für den Anfall von Grunderwerbsteuer kein Raum (näher →§ 43 Rn. 7). Aus diesem Grund kann es sich empfehlen, bei der beabsichtigten Umwandlung eines einzelkaufmännischen Betriebes mit zugehörigem wertvollen Grundstück in eine GmbH den Betrieb zunächst grunderwerbsteuerfrei in eine KG einzubringen und diese anschließend formwechselnd in eine GmbH umzuwandeln (→ § 32 Rn. 11). § 6a GrEStG sieht bei Umstrukturierungen in Konzernen unter bestimmten Voraussetzungen (insbesondere: ununterbrochene Beteiligung desselben Unternehmens an den beteiligten Rechtsträgern jeweils fünf Jahre vor und nach der relevanten Umstrukturierung) ein Absehen von der Erhebung der Grunderwerbsteuer vor. Diese Regelung liegt aktuell allerdings als möglicherweise unzulässige Beihilfe dem EuGH zur Prüfung vor. Auch bei Vorliegen der Voraussetzungen des § 6a GrEStG kann daher aktuell nicht sicher auf ein Absehen von der Steuererhebung vertraut werden.

§ 37 Vorgehen nach dem Umwandlungsgesetz

Übersicht

	Rn.
I. Allgemeines	1
1. Typenzwang	2
2. Beschränkung auf das Inland	3
3. Gesamtrechtsnachfolge	9
II. Möglichkeiten der Umwandlung	10
1. Verschmelzung	12
a) Regelfall: Seitwärts-Verschmelzung (Verschmelzung von Schwestergesellschaften)	13
b) Ausnahme: Aufwärts-Verschmelzung (Vertikale Verschmelzung)	14
c) Vermeidung der Seitwärts-Verschmelzung bei beteiligungsgleichen Schwestergesellschaften	16
2. Spaltung	19
a) Aufspaltung	20
b) Abspaltung	22
c) Ausgliederung	24
3. Formwechsel	26
III. Voraussetzungen übertragender Umwandlungen	27
1. Umwandlungsvertrag	28
a) Organzuständigkeit	28
b) Beurkundung/Kosten	29
c) Wesentlicher Inhalt	31
d) Zuleitung des Umwandlungsvertrages an den Betriebsrat (§§ 5, 126 Abs. 3 UmwG)	44
2. Umwandlungsbericht (§§ 8, 127 UmwG)	47
3. Umwandlungsprüfung (§§ 9 ff., 125 UmwG)	48
4. Umwandlungsbeschlüsse (§§ 13, 125 UmwG)	51
5. Anmeldung und Eintragung (§§ 16 ff., 129 ff. UmwG)	52
a) Inhalt und Anlagen der Handelsregisteranmeldung	53
b) Wirkungen der Eintragung	55
6. Allgemeine Gründungsvoraussetzungen	56
7. Check-Liste/Zeitplan	57
IV. Einzelfragen	71
1. Formwechsel einer GmbH in eine GmbH & Co. KG	72
a) Allgemeines, Problemstellung	72
b) Ablauf der Umwandlung	76
2. Minderheitenschutz	81
a) Rechte der Minderheitsgesellschafter	82
b) Verhinderung missbräuchlicher Anfechtungsklagen	86
3. Auswirkungen auf Verbindlichkeiten und Verträge	88

I. Allgemeines

1 Das zum 1.1.1995 in Kraft getretene Umwandlungsgesetz regelt nahezu alle denkbaren Möglichkeiten der Umwandlung. Es benutzt dazu eine Verweisungstechnik, die zunächst zwischen den vier Grundformen der Umwandlung (nämlich Verschmelzung, Spaltung, Vermögensübertragung und Formwechsel) unterscheidet und innerhalb dieser Formen jeweils allgemeine und besondere, rechtsformspezifische Vorschriften enthält. Daraus ergibt sich ein System von Verweisungen unter Weiterverweisungen, das zwar bisweilen umständlich anmutet, aber besonders für den seltener mit Umwandlungsfällen befassten Praktiker den Vorteil hat, dass die für die Rechtsform des umzuwandelnden Unternehmens

I. Allgemeines

und die Form der Umwandlung relevanten Vorschriften anhand der Inhaltsübersicht des Gesetzes aufgefunden werden können.

1. Typenzwang

Nach § 1 Abs. 2 UmwG sind Umwandlungen außerhalb der im UmwG geregelten Fälle nur möglich, soweit dies durch ein Bundes- oder Landesgesetz ausdrücklich vorgesehen ist. Die Vorschrift ist allerdings nicht so streng zu verstehen, wie ihr Wortlaut („ausdrücklich") nahe legt; so sind insbesondere die in der Praxis seit langem üblichen Anwachsungsmodelle (zu diesen → § 38 Rn. 4 ff.), die auf allgemeinen Gesellschafts- und steuerrechtlichen Vorschriften beruhen (zB § 738 BGB, § 105 Abs. 2 HGB, §§ 55 ff. GmbHG) nach wie vor zulässig, obwohl dort die Umwandlung nicht expressis verbis zugelassen wird.[1] Der Regelungsgehalt von § 1 Abs. 2 UmwG wird daher allgemein darin gesehen, dass keine Vermischung der im UmwG vorgesehenen Formen vorgenommen werden darf (Typenzwang) und dass keine anderen Rechtsträger als die im UmwG genannten beteiligt werden dürfen.[2] Angesichts der Vielzahl der vom UmwG geregelten Fälle dürfte sich aus dieser Einschränkung kaum eine nennenswerte Beeinträchtigung für die Regelung der Unternehmensnachfolge ergeben (zu einzelnen Einschränkungen bzw. Zweifelsfällen → § 39 Rn. 23 ff.).

2

2. Beschränkung auf das Inland

Eine auch im Rahmen der Unternehmensnachfolge relevante Einschränkung der Umwandlungsmöglichkeiten ergibt sich jedoch aus der Tatsache, dass das Umwandlungsgesetz – mit Ausnahme der in §§ 122a ff. UmwG geregelten grenzüberschreitenden Verschmelzung sowie Umwandlungsvorgängen unter Beteiligung einer europäischen Aktiengesellschaft (SE) (dazu sogleich) – nur die Umwandlung von **Rechtsträgern mit Sitz im Inland** regelt (vgl. § 1 Abs. 1 UmwG). Gerade bei Unternehmertestamenten ist aber zunehmend Vermögen im Ausland vorhanden; soweit es sich dabei um Betriebsvermögen handelt, wird sich eine im Inland notwendige Restrukturierung anlässlich einer Nachfolgeregelung oft auch auf das ausländische Unternehmen bzw. den ausländischen Unternehmensteil beziehen. Das UmwG hat grenzüberschreitende Umwandlungen jedoch bewusst nicht geregelt, um der europäischen Harmonisierung nicht vorzugreifen.[3] Durch die sog. Verschmelzungsrichtlinie des Rats vom 26.10.2005[4], die durch die Einfügung der §§ 122a bis 122l UmwG[5] umgesetzt wurde, und die Rechtsprechung des EuGH hat die ausdrückliche Bezugnahme auf Rechtsträger mit Sitz im Inland seine beschränkende Wirkung jedoch weitgehend verloren, sodass eine Anpassung des § 1 Abs. 1 UmwG an sich geboten wäre, doch vom Gesetzgeber bis heute nicht vorgenommen wurde.[6]

3

Bereits 2001 wurde mit der Verordnung über das Statut der Europäischen Gesellschaft, sog. SE-VO[7], erstmals eine grenzüberschreitende Verschmelzung zur Gründung einer SE geregelt, bei der es sich um eine Abweichung im Sinne des § 1 Abs. 3 UmwG handelt.[8] Das seit 2007 in dem Zehnten Abschnitt des Zweiten Buchs normierte Recht der grenzüberschreitenden Verschmelzung von Kapitalgesellschaften regelt nach § 122a Abs. 1

4

---

[1] So die Regierungsbegründung BR-Drs. 75/94, 80 zu § 1 Abs. 2 UmwG.
[2] Siehe etwa Schmitt/Hörtnagl/Stratz/*Hörtnagl* UmwG § 1 Rn. 62.
[3] So die Regierungsbegründung, BR-Drs. 75/94, 80. Näheres Sagasser/Bula/Brünger/*Sagasser*, Umwandlungen, § 2 Rn. 40.
[4] 2005/56/EG, geändert durch die Richtlinie 2009/109/EG des Europäischen Parlaments und des Rates vom 16. September 2009 zur Änderung der Richtlinien 77/91/EWG, 78/855/EWG und 82/891/EWG des Rates sowie der Richtlinie 2005/56/EG hinsichtlich der Berichts- und Dokumentationspflicht bei Verschmelzungen und Spaltungen.
[5] Zweites Gesetz zur Änderung des Umwandlungsgesetzes v. 19.4.2007, BGBl. I 542.
[6] Sagasser/Bula/Brünger/*Sagasser*, Umwandlungen, § 2 Rn. 42.
[7] Verordnung (EG) Nr. 2157/2001 des Rates vom 8.10.2001.
[8] Vgl. im Überblick Sagasser/Bula/Brünger/*Sargasser*, Umwandlungen, § 2 Rn. 44.

UmwG darüber hinaus Verschmelzungen, bei denen wenigstens eine der beteiligten Gesellschaften dem Recht eines anderen Mitgliedstaates der EU oder eines Vertragsstaates des Abkommens über den EWR unterliegt. Diese Öffnung des Anwendungsbereichs des Umwandlungsgesetzes geht der Einschränkung in § 1 Abs. 1 UmwG als *lex specialis* vor und setzt den Vorbehalt für rein inlandsbezogene Umwandlungen somit partiell außer Kraft. § 122a Abs. 2 UmwG verweist für solche grenzüberschreitenden Verschmelzungen auf die entsprechend anzuwendenden Vorschriften zu innerstaatlichen Verschmelzungen, während §§ 122b bis 122l UmwG Sonderregelungen enthalten, die dem grenzüberschreitenden Charakter der Umwandlung Rechnung tragen. Über ihren dort definierten unmittelbaren Anwendungsbereich hinaus lässt sich aus der Existenz von §§ 122a bis 122l UmwG ableiten, dass vor allem früher vertretene restriktive Auslegungen von § 1 Abs. 1 UmwG keine Grundlage haben.[9] Von einer kategorischen Abschaffung der Einschränkung auf Rechtsträger mit Sitz im Inland hat der Gesetzgeber nur aus dem Grund abgesehen, dass er ein allgemeines und einheitliches IPR der Gesellschaften erwogen hat,[10] das jedoch bisher nicht Wirklichkeit geworden ist.

5 Das europäische Sekundärrecht wird von der Rechtsprechung des EuGH zu grenzüberschreitenden gesellschaftsrechtlichen Sachverhalten flankiert. Nach diesen Entscheidungen verstößt es gegen die Niederlassungsfreiheit, wenn das Recht eines anderen Mitgliedstaates zur Nichtanerkennung der Rechts- und Parteifähigkeit einer nach dem Recht eines Mitgliedstaates wirksam gegründeten Gesellschaft führt.[11] Dies wird auf Gesellschaften aus anderen EU-Staaten und aus Drittstaaten ausgedehnt, die auf staatsvertraglicher Grundlage einem den Art. 49, 54 AEUV (ex. Art. 43, 48 EGV) vergleichbaren Schutz unterliegen.[12] Dies soll selbst dann gelten, wenn nie beabsichtigt war, dass die Gesellschaft in ihrem Gründungsstaat überhaupt Geschäftsaktivitäten entfaltet, sondern sie dort nur gegründet wurde, um den als strenger empfundenen Gründungsvorschriften des Staates, in dem die Gesellschaft tatsächlich tätig werden soll, zu entgehen. Aus diesen Entscheidungen wurde der Schluss gezogen, dass die bis dahin im deutschen internationalen Gesellschaftsrecht vertretene Sitztheorie mit der Niederlassungsfreiheit unvereinbar ist.[13] Dem schloss sich der VII. Senat des BGH in dem nach der Entscheidung des EuGH ergangenen Urteil im Falle *Überseering* an und erkannte eine in den Niederlanden gegründete BV mit tatsächlichem Verwaltungssitz in Deutschland als niederländische BV an.[14]

6 In *SEVIC*[15] hat der EuGH daraufhin erkannt, dass es einen Verstoß gegen die Niederlassungsfreiheit statuiert, wenn ein Mitgliedstaat die Eintragung einer grenzüberschreitenden Verschmelzung verweigert, in einem gleichgelagerten rein inländischen Fall aber die Eintragung gewähren würde. Gegenstand des Urteils war aber nur die Behinderung einer Hereinverschmelzung, was die Frage nach der Behandlung von Hinausverschmelzungen zunächst unbeantwortet lässt. Gleichwohl wird weitgehend von der Übertragbarkeit der in dem Urteil zum Ausdruck gebrachten Überlegungen auf Hinausverschmelzungen ausgegangen.[16] Dies wird von den EuGH-Urteilen in *Cartesio*[17] und *Vale*[18] gestützt. In *Cartesio* stellte der EuGH in einem *obiter dictum* klar, dass er den formwechselnden Wegzug

---

[9] So auch Lutter/*Drygala* UmwG § 1 Rn. 4 mwN.
[10] Vgl. Regierungsbegründung, BT-Drs. 16/2919, 11.
[11] Vgl. EuGH 9.3.1999 – C-212/97 – Centros; EuGH 5.11.2002 – C-208/00 – Überseering; EuGH 30.9.2003 – C-167/01 – Inspire Art; s. dazu *Lutter* BB 2003, 7; *Zimmer* BB 2003, 1; *Behrens* IPRax 2003, 193; *Kindler* NZG 2003, 1086; *ders.* NJW 2003, 1073.
[12] Sagasser/Bula/Brünger/*Sagasser*, Umwandlungen, § 2 Rn. 41.
[13] Vgl. *Behrens* IPRax 2003, 193; *Eidenmüller* ZIP 2002, 2233 (2238 f.); *Lutter* BB 2003, 7 (9); *Zimmer* BB 2003, 1 (3); aA *Kindler* NJW 2003, 1073 (1076 ff.).
[14] BGH DStR 2003, 947.
[15] EuGH 13.12.2005 – C-411/03 – SEVIC.
[16] Vgl. Widmann/Mayer/*Heckschen*, Umwandlungsrecht, § 1 UmwG Rn. 251; Lutter/*Bayer* UmwG § 122a Rn. 11; Kallmeyer/*Marsch-Barner* UmwG Vor. §§ 122a–122l Rn. 11 f.; Sagasser/Bula/Brünger/*Sagasser*, Umwandlungen, § 2 Rn. 49; a.A. *Oechsler* NJW 2006, 812 (813); *Decher* Der Konzern 2006, 805 (809).
[17] EuGH 16.12.2008 – C-210/06 – Cartesio.
[18] EuGH 12.7.2012 – C-378/10 – Vale.

I. Allgemeines § 37

einer inländischen Gesellschaft für einen von der Niederlassungsfreiheit geschützten Vorgang hält, der von dem Wegzugsstaat nicht durch ein Erfordernis der Auflösung und Liquidation verhindert werden darf.[19] Das Urteil in *Vale* bestätigt dies, wenn auch unter der *Cadbury Schweppes*[20] entlehnten Einschränkung, dass eine wirkliche und kontinuierliche wirtschaftliche Tätigkeit in dem Aufnahmemitgliedstaat Voraussetzung für den Schutz durch die Niederlassungsfreiheit ist.

Der bloße Mangel an speziellen Regeln zu grenzüberschreitenden Verschmelzungen darf eine solche nicht behindern; stattdessen müssen die diesbezüglichen Regelungslücken mithilfe der entsprechenden nationalen Vorschriften angemessen ausgefüllt werden.[21] Naheliegend ist dabei vor allem die analoge Anwendung von §§ 122a ff. UmwG auf die nicht ausdrücklich dort erfassten Verschmelzungsfälle, sowie auf Spaltungen als gleichsam „umgekehrte Verschmelzungen".[22] Darüber hinausgehend verlangt das sich aus der Judikatur des EuGH ableitbare Gebot der Gleichbehandlung von grenzüberschreitenden Sachverhalten mit entsprechenden Inlandsfällen, dass die Normen zum Formwechsel, §§ 190 ff. UmwG, analog auf die grenzüberschreitende Sitzverlegung anzuwenden sind.[23] Die europarechtlichen Anforderungen an ein grundfreiheitenkonformes Umwandlungsrecht überschreiben insofern § 1 Abs. 2 UmwG. 7

Soweit eine grenzüberschreitende Verschmelzung nicht durch die gerade beschriebenen europarechtlichen Grundsätze oder besondere staatsvertragliche Regeln ermöglicht wird, wie sie insbesondere der mit den USA bestehende Freundschafts-, Handels- und Schifffahrtsvertrag vom 29.10.1954[24] enthält, folgt das deutsche internationale Gesellschaftsrecht in Beziehung zu Drittstaaten noch immer grundsätzlich der sog. Sitztheorie.[25] Das hat zur Konsequenz, dass Umwandlungen nach Deutschland regelmäßig sowohl an § 1 Abs. 1 UmwG, als auch an den enumerativen Aufzählungen umwandlungsfähiger Rechtsformen in §§ 3, 124, 175, 191 UmwG scheitern. Deutsche Gesellschaften mit Sitz im Nicht-EU/EWR-Ausland können hingegen nach § 4a GmbHG, § 5 AktG weiterbestehen, wenn das ausländische internationale Privatrecht der Gründungstheorie folgt und darum auf das deutsche Recht zurückverweist (§ 4 Abs. 1 S. 1 EGBGB). Andernfalls bedeutet der Statutenwechsel für die Gesellschaft, dass sie aufgelöst und liquidiert werden muss. 8

3. Gesamtrechtsnachfolge

Soweit bei Umwandlungen nach dem UmwG Vermögen von einem Rechtsträger auf einen anderen übertragen wird (also in allen Fällen mit Ausnahme des bloßen Formwechsels, s. → Rn. 28), geschieht dies im Wege der Gesamtrechtsnachfolge bzw. im Falle der Spaltung im Wege der partiellen Gesamtrechtsnachfolge: Das Vermögen des übertragenden Rechtsträgers mit allen Aktiva, Passiva und noch nicht vollständig abgewickelten Vertragsverhältnissen geht mit der abschließenden Eintragung der Verschmelzung im Handelsregister durch gesetzliche Anordnung (s. etwa §§ 20, 131 UmwG) auf den übernehmenden Rechtsträger über, ohne dass es insoweit der Zustimmung von Gläubigern und Vertragspartnern bedürfte. Da es sich um einen gesetzlichen Eigentumserwerb handelt, finden die Vorschriften über den gutgläubigen Erwerb vom Nichtberechtigten keine Anwendung; nur vermeintlich dem übertragenden Rechtsträger gehörende Vermögensgegenstände Dritter gehen also nicht auf den übernehmenden Rechtsträger über. Die im UmwG angeordnete Gesamtrechtsnachfolge bildet den entscheidenden Unterschied zu den alternativen Umwandlungsmöglichkeiten (näher zu diesen → § 38 Rn. 1 sowie zu den Vor- und Nachteilen der beiden Vorgehensweisen → § 39 Rn. 1 ff.). 9

---

[19] Vgl. Sagasser/Bula/Brünger/*Sagasser*, Umwandlungen, § 2 Rn. 50.
[20] EuGH 12.9.2006 – C-196/04 – Cadbury Schweppes.
[21] Sagasser/Bula/Brünger/*Sagasser*, Umwandlungen, § 2 Rn. 54; Lutter/*Drygala* UmwG § 1 Rn. 34.
[22] Lutter/*Drygala* UmwG § 1 Rn. 35 f. mwN.
[23] Lutter/*Drygala* UmwG § 1 Rn. 37.
[24] BGBl. II 1956, 487.
[25] Ausführlich, auch zum Folgenden: Sagasser/Bula/Brünger/*Sagasser*, Umwandlungen, § 2 Rn. 55 ff.

II. Möglichkeiten der Umwandlung

10 Das Umwandlungsgesetz kennt vier Grundformen der Umwandlung:
- die Verschmelzung,
- die Spaltung,
- den Formwechsel und
- die Vermögensübertragung.

11 Von den vier Umwandlungsformen ist die Vermögensübertragung für die Unternehmensnachfolge praktisch ohne Bedeutung.[26] Die übrigen Formen der Umwandlung lassen sich wie folgt charakterisieren:

1. Verschmelzung

12 Die Verschmelzung ist die Übertragung des gesamten Vermögens eines Rechtsträgers (oder mehrerer Rechtsträger) durch Gesamtrechtsnachfolge
- auf einen bestehenden Rechtsträger (Verschmelzung durch Aufnahme §§ 2 Nr. 1; 4ff. UmwG); oder
- auf einen neu gegründeten Rechtsträger (Verschmelzung durch Neugründung, §§ 2 Nr. 2; 36ff. UmwG).

Durch die Verschmelzung erlischt der übertragende Rechtsträger ohne Abwicklung (Liquidation); ebenso erlöschen die Anteile (Mitgliedschaften) an dem übertragenden Rechtsträger. Die Anteilseigner des übertragenden Rechtsträgers werden für den Verlust ihrer Anteile in der Regel dadurch entschädigt, dass ihnen Anteile des übernehmenden Rechtsträgers gewährt werden (s. etwa §§ 2 letzter HS; 5 Abs. 1 Nr. 2 bis 5; 46 Abs. 1 S. 1 UmwG). Von diesem Grundsatz bestehen eine Reihe von Ausnahmen, deren wichtigste die sog. „Aufwärts-Verschmelzung" darstellt:

13 **a) Regelfall: Seitwärts-Verschmelzung (Verschmelzung von Schwestergesellschaften).** Verschmelzung zweier Schwestergesellschaften (oder zweier nicht verbundener Gesellschaften); die Gesellschafter A und B werden für den Verlust ihrer Anteile des übertragenden Rechtsträgers durch Anteile des übernehmenden Rechtsträgers entschädigt.

14 **b) Ausnahme: Aufwärts-Verschmelzung (Vertikale Verschmelzung).** Sämtliche Anteile des übertragenden Rechtsträgers befinden sich in der Hand des übernehmenden Rechtsträgers. Den Anteilseignern A und B des übernehmenden Rechtsträgers dürfen keine neuen Anteile des übernehmenden Rechtsträgers gewährt werden (s. etwa §§ 5 Abs. 2, 54 Abs. 1 Nr. 1 UmwG).

15 Die Vertikale Verschmelzung ist auch in umgekehrter Richtung als „Abwärts-Verschmelzung" oder „downstream-merger" möglich; dabei wird die Muttergesellschaft auf ihre Tochter verschmolzen (vgl. etwa § 54 Abs. 1 S. 2 Nr. 2 UmwG).

16 **c) Vermeidung der Seitwärts-Verschmelzung bei beteiligungsgleichen Schwestergesellschaften.** In der Praxis wird die Aufwärts-Verschmelzung der Seitwärts-Verschmelzung meist vorgezogen, weil sie eine Kapitalerhöhung beim übernehmenden Rechtsträger sowie die Erforderlichkeit des Verschmelzungsberichts und der Verschmelzungsprüfung vermeidet (§§ 8 Abs. 3, 9 Abs. 3, 12 Abs. 3 UmwG).[27] Kapitalerhöhungen im Rahmen der Verschmelzung unterliegen grundsätzlich den allgemeinen Regeln (vgl. etwa § 55

---

[26] Die Vermögensübertragung stellt einen Sonderfall der Verschmelzung sowie der Spaltung dar, bei der die Anteilseigner des übertragenden Rechtsträgers nicht in Anteilen am übernehmenden Rechtsträger, sondern anderweitig (etwa durch eine Geldzahlung) abgefunden werden. Da an Vermögensübertragungen nur öffentlich-rechtliche Körperschaften und bestimmte Großunternehmen (etwa Versicherungs-Aktiengesellschaften) beteiligt sein können (§ 175 UmwG), sind die Vorschriften für die Unternehmensnachfolge nicht von Bedeutung.

[27] *Priester* BB 1985, 363 (366).

II. Möglichkeiten der Umwandlung

Abs. 1 UmwG); insbesondere gilt bei Kapitalgesellschaften das Verbot der Unter-pari-Emission. Da die Kapitalerhöhung im Wege der Verschmelzung eine Sachkapitalerhöhung darstellt, ist die Werthaltigkeit des durch die Verschmelzung auf den übernehmenden Rechtsträger übergehenden Geschäftsbetriebes gegenüber dem Handelsregister durch Vorlage von Sachverständigengutachten (etwa Bewertungsgutachten eines Wirtschaftsprüfers) nachzuweisen.[28] Darüber hinaus muss das Kapital grundsätzlich in dem Umfang erhöht werden, der dem Wertverhältnis zwischen den Geschäftsbetrieben des übertragenden und des übernehmenden Rechtsträgers nach der Verschmelzung entspricht; dies folgt aus dem Zweck der Gewährung von Anteilen des übernehmenden Rechtsträgers an die Anteilseigner des übertragenden, der darin liegt, die Anteilseigner für die untergegangenen Anteile des übertragenden Rechtsträgers angemessen zu entschädigen.[29] Dementsprechend ist eine Bewertung beider Unternehmen (und zwar nach derselben Bewertungsmethode) erforderlich.

Bei beteiligungsgleichen Schwestergesellschaften (also Gesellschaften, an denen dieselben Gesellschafter in jeweils gleicher Höhe beteiligt sind) war das Erfordernis einer (verhältniswahrenden) Kapitalerhöhung und der damit einhergehenden aufwändigen Bewertung der Rechtsträger lange umstritten.[30] Dies liegt darin begründet, dass selbst bei vollständigem Verzicht auf jede Kapitalerhöhung bei reinen Schwestergesellschaften keine Benachteiligung einzelner Gesellschafter möglich ist, da der Wert der untergehenden Anteile als stille Reserve in den Wert der bestehenden Anteile am übernehmenden Rechtsträger eingeht, und zwar in demselben Beteiligungsverhältnis. Auf eine Benachteiligung der Gläubiger durch Verringerung des ihnen insgesamt zur Verfügung stehenden Haftkapitals kann es nicht ankommen, da die Gesellschafter es ohnehin in der Hand haben, ihre Anteile am übertragenden Rechtsträger in die Kapitalrücklage des übernehmenden Rechtsträgers einzulegen und eine Aufwärts-Verschmelzung ohne Kapitalerhöhung durchzuführen. 17

Diese Frage hat der Gesetzgeber mit Einführung des § 53 Abs. 1 S. 3 UmwG durch das Zweite Gesetz zur Änderung des UmwG[31] geklärt. Eine Verschmelzung beteiligungsgleicher Schwestergesellschaften ist danach auch ohne Anteilsgewährung möglich, wenn alle Anteilsinhaber des übertragenden Rechtsträgers in notariell beurkundeter Form darauf verzichten. 18

2. Spaltung

Spaltung ist die Übertragung von Teilen des Vermögens eines Rechtsträgers (übertragender Rechtsträger) auf einen oder mehrere andere Rechtsträger (übernehmende Rechtsträger) im Wege der Sonderrechtsnachfolge in drei verschiedenen Formen: 19

a) Aufspaltung. Als Aufspaltung bezeichnet man die Übertragung von Vermögensteilen des übertragenden Rechtsträgers auf mehrere übernehmende Rechtsträger unter Auflösung des übertragenden Rechtsträgers gegen Gewährung von Anteilen der übernehmenden Rechtsträger an die Gesellschafter des übertragenden Rechtsträgers (§ 123 Abs. 1 UmwG): 20

Die übernehmenden Rechtsträger können bei der Aufspaltung bereits bestehen (in diesem Fall spricht man von Aufspaltung zur Aufnahme, vgl. §§ 126 ff. UmwG) oder im Rahmen der Aufspaltung erst geschaffen werden (Aufspaltung zur Neugründung, vgl. §§ 135 ff. UmwG). 21

---

[28] Siehe etwa Schmitt/Hörtnagl/Stratz/*Stratz* UmwG § 55 Rn. 18.
[29] Schmitt/Hörtnagl/Stratz/*Stratz* UmwG § 55 Rn. 15; vgl. auch OLG Frankfurt BeckRS 9998, 16890.
[30] Dazu Semler/Stengel/*Reichert* UmwG § 54 Rn. 19 ff.
[31] Gesetz vom 19.4.2007, BGBl. I 542.

22 **b) Abspaltung.** Eine Abspaltung liegt vor bei Übertragung von Vermögensteilen des übertragenden Rechtsträgers auf einen (oder mehrere) übernehmende Rechtsträger bei Fortbestehen des übertragenden Rechtsträgers gegen Gewährung von Anteilen des übernehmenden Rechtsträgers an die Gesellschafter des übertragenden Rechtsträgers (§ 123 Abs. 2 UmwG):

23 Auch die Abspaltung kann sowohl auf einen bereits bestehenden Rechtsträger (Abspaltung zur Aufnahme, § 123 Abs. 2 Nr. 1 UmwG) als auch auf einen durch die Abspaltung erst gegründeten Rechtsträger erfolgen (Abspaltung zur Neugründung, § 123 Abs. 2 Nr. 2 UmwG).

24 **c) Ausgliederung.** Als Ausgliederung bezeichnet man die Übertragung von Vermögensteilen des übertragenden Rechtsträgers auf einen (oder mehrere) übernehmende Rechtsträger gegen Gewährung von Anteilen des übernehmenden Rechtsträgers an den übertragenden Rechtsträger:

25 Die Ausgliederung unterscheidet sich von der Abspaltung dadurch, dass die durch die Spaltung geschaffenen Anteile des übernehmenden Rechtsträgers nicht den Gesellschaftern des übertragenden Rechtsträgers, sondern diesem selbst gewährt werden. Ebenso wie bei den anderen Spaltungsformen ist auch bei der Ausgliederung die Spaltung zur Aufnahme (§ 123 Abs. 3 Nr. 1) und zur Neugründung (§ 123 Abs. 3 Nr. 2 UmwG) möglich. Bei sämtlichen Spaltungsformen lässt das Gesetz darüber hinaus Mischformen zu, so dass in einem Spaltungsvorgang Vermögensübertragungen sowohl auf bestehende wie auf neu gegründete Rechtsträger erfolgen können (§ 123 Abs. 4 UmwG).

3. Formwechsel

26 Formwechsel ist die Änderung der Rechtsform eines Unternehmens unter Wahrung seiner Identität. Der Formwechsel ist im fünften Buch des UmwG (§§ 190 ff. UmwG) geregelt. Der nach früherem Recht bestehende Unterschied zwischen der sog. identitätswahrenden Umwandlung (dem Formwechsel bei juristischen Personen) und der übertragenden (Formwechsel zwischen juristischen Personen und Gesamthandsvermögen, wie etwa GbR, OHG, KG) wurde vom UmwG bewusst aufgegeben.[32] Damit herrscht Klarheit darüber, dass auch an einem Formwechsel von einer Kapitalgesellschaft (etwa einer GmbH) in eine Personenhandelsgesellschaft (etwa eine KG) oder umgekehrt lediglich ein Rechtsträger beteiligt ist, und nicht etwa auf Seiten der umgewandelten Kommanditgesellschaft deren Gesellschafter als gesamthänderische Träger ihres Vermögens. Ein Rechtsträgerwechsel findet für die Zwecke des UmwG nicht statt.[33]

III. Voraussetzungen übertragender Umwandlungen

27 Übertragende Umwandlungen, also insbesondere die Verschmelzung und die verschiedenen Formen der Spaltung, haben im Wesentlichen ähnliche Voraussetzungen. Dem trägt auch das UmwG Rechnung, indem es für die verschiedenen Formen der Umwandlung vielfach auf die gesetzliche Grundform, die Verschmelzung, verweist. Abgesehen davon, dass beim Formwechsel nur ein Rechtsträger beteiligt ist (→ Rn. 23) und daher anstelle des bei den übrigen Umwandlungsformen vorgesehenen (zwei- oder mehrseitigen) Umwandlungsvertrages lediglich ein (einseitiger) Umwandlungsbeschluss erforderlich ist, sind auch die Voraussetzungen des Formwechsels im Wesentlichen vergleichbar. Zweck der

---

[32] So ausdrücklich BR-Dr 75/94.
[33] So BFH DStR 1997, 112, im Zusammenhang mit der Frage, ob der Formwechsel einer GmbH in eine KG ein nach § 1 Abs. 1 Nr. 3 GrEStG steuerpflichtiger Vorgang sei; Näheres → § 24 *„Die Gesellschaftsformen im Einzelnen"*. Manche Autoren bezeichnen die Identität des Rechtsträgers bei Umwandlungen in oder von Gesamthandsgemeinschaften allerdings zu Unrecht als bloße gesetzliche Fiktion; aA zutr. Schmitt/Hörtnagl/Stratz/*Stratz* UmwG § 190 Rn. 10.

III. Voraussetzungen übertragender Umwandlungen § 37

nachfolgenden Zusammenfassung über die Voraussetzungen übertragender Umwandlungen ist es, dem Praktiker eine Vorstellung über den Ablauf einer Umwandlung zu geben. Differenzen im Detail, die sich aus den Rechtsformen der beteiligten Rechtsträger und selbstverständlich aus der jeweiligen Form der Umwandlung ergeben, müssen dabei weitgehend außer Betracht bleiben.

1. Umwandlungsvertrag

a) Organzuständigkeit. Der Umwandlungsvertrag ist das Kernstück jeder übertragenden Umwandlung. Er wird zwischen den direkt beteiligten Rechtsträgern geschlossen, also etwa bei der Verschmelzung zwischen der übertragenden und der übernehmenden Gesellschaft oder bei der Spaltung zwischen der aufzuspaltenden und den die einzelnen Teile aufnehmenden Gesellschaften (die das Gesetz gleichfalls als übertragende/übernehmende Rechtsträger bezeichnet, § 123 UmwG). Die Organzuständigkeit für den Abschluss des Umwandlungsvertrages liegt bei dem nach der jeweiligen Unternehmensform für die Führung der Geschäfte zuständigen Gremium, also etwa dem Vorstand einer AG, der Geschäftsführung einer GmbH oder dem bzw. den persönlich haftenden Gesellschafter(n) einer KG oder OHG. 28

b) Beurkundung/Kosten. Umwandlungsverträge bedürfen der notariellen Beurkundung, § 6 UmwG. Dies gilt auch dann, wenn für die Gesellschaftsform der beteiligten Rechtsträger statutarische Vereinbarungen sonst ohne notarielle Beurkundung getroffen werden können, wie etwa bei den Personenhandelsgesellschaften. Bei übertragenden Umwandlungen entstehen oft nicht unerhebliche **Notargebühren,** weil sich der kostenrechtliche Gegenstandswert grundsätzlich nach dem Aktivvermögen des übertragenden Rechtsträgers ohne Abzug der Verbindlichkeiten bemisst, §§ 97 Abs. 1, 3, 107 Abs. 1 GNotKG iVm Anlage 1 Nr. 21100 KV und § 38 Abs. 1 S. 1 GNotKG. Sind mehrere übertragende Rechtsträger beteiligt (wie etwa bei einer Verschmelzung zur Neugründung), müssen die Aktivvermögen der mehreren Rechtsträger addiert werden. Die daraus resultierenden Beurkundungskosten (gemäß §§ 97 Abs. 1, 3, 107 Abs. 1 GNotKG iVm Anlage 1 Nr. 21100 KV fällt eine 2,0-Gebühr für die Beurkundung des Verschmelzungsvertrages an) stehen oft außer Verhältnis zu der Bedeutung der Sache und dem beim Notar verursachten Aufwand. Daran ändert auch die Tatsache wenig, dass der Gegenstandswert von Verschmelzungsverträgen und anderen Verträgen nach dem Umwandlungsgesetz nunmehr aufgrund von § 107 Abs. 1 GNotKG auf EUR 10 Mio. begrenzt ist, so dass die Beurkundungsgebühren für den Verschmelzungsvertrag den Betrag von EUR 22.770,– nicht übersteigen können. 29

Umwandlungen größerer Gesellschaften sind daher in der Vergangenheit häufig im Ausland beurkundet worden.[34] Bekanntlich wird von der noch hM anerkannt, dass Beurkundungen gesellschaftsrechtlicher Vorgänge insbesondere durch niederländische und manche Schweizer Notare (sog. lateinisches Notariat) in Deutschland anzuerkennen seien; denn die betreffenden ausländischen Urkundspersonen werden in Bezug auf ihre Ausbildung und Stellung im Rechtsleben als den deutschen Notaren gleichwertig erachtet, sofern sie ein vergleichbares Beurkundungsverfahren einhalten (Verlesen der Urkunde).[35] Nachdem der Richter im II. Senat des BGH, Dr. Goette, jedoch Zweifel an der Richtigkeit dieser Auffassung geäußert hatte,[36] haben sich einige Registergerichte (namentlich das Registergericht Frankfurt am Main)[37] auf den Standpunkt gestellt, Auslandsbeurkundungen unter Einhaltung der Ortsform (Art. 11 Abs. 1 HS 2 EGBGB) könnten jedenfalls bei 30

---

[34] Zum Ganzen s. Sagasser/Bula/Brünger/*Sagasser/Luke,* Umwandlungen, § 9 Rn. 166 f.
[35] Siehe etwa BGH NJW 1981, 1160; KG DB 2018, 2236; Schmitt/Hörtnagl/Stratz/*Stratz* UmwG § 6 Rn. 6.
[36] *Goette* DStR 1996, 709.
[37] Siehe auch LG Augsburg NJW-RR 1997, 420.

Umwandlungen nicht als gleichwertig anerkannt werden, weil nicht sichergestellt sei, dass die ausländischen Notare über das deutsche Umwandlungsrecht ausreichend belehren könnten. Aufgrund der oft einschneidend nachteiligen wirtschaftlichen Folgen, die sich aus Verzögerungen bei der Eintragung von Umwandlungen im Handelsregister ergeben können, muss aufgrund dieser Entwicklung gegenwärtig davon abgeraten werden, Umwandlungen im Ausland beurkunden zu lassen.

31 **c) Wesentlicher Inhalt.** Die inhaltlichen Anforderungen an den Umwandlungsvertrag sind im Wesentlichen in § 5 UmwG (für die Verschmelzung) bzw. § 126 UmwG (für die Spaltung) geregelt. Hinzu kommen rechtsformspezifische Besonderheiten (s. etwa § 40 UmwG für die Verschmelzung unter Beteiligung von Personenhandelsgesellschaften, § 46 UmwG für Gesellschaften mbH und § 80 UmwG für Genossenschaften), auf die im Rahmen dieses Überblicks nicht umfassend eingegangen werden kann. Im Normalfall enthält der Umwandlungsvertrag fast ausschließlich standardisierte, technische Regelungen. Dies erleichtert die Verwendung der einschlägigen Vertragsmuster.[38]

32 • **Firma (Name) und Sitz der beteiligten Rechtsträger (§§ 5, 126 Abs. 1 Nr. 1 UmwG).** Dass in dem Vertrag die Parteien genau bezeichnet werden müssen, ist eine Selbstverständlichkeit. Bei der Verschmelzung sowie der Spaltung zur Neugründung sind auch Firma und Sitz des neu gegründeten übernehmenden Rechtsträgers anzugeben, die nach den für die jeweilige Rechtsform einschlägigen firmen- und gesellschaftsrechtlichen Bestimmungen bestimmt werden müssen.

33 • **Vereinbarung über die Vermögensübertragung (§§ 5, 126 Abs. 1 Nr. 2 UmwG).** Aus dem Verschmelzungsvertrag muss eindeutig hervorgehen, dass die Übertragung des Vermögens jedes übertragenden Rechtsträgers als Ganzes[39] gegen Gewährung von Anteilen oder Mitgliedschaften an dem übernehmenden Rechtsträger[40] gewollt ist. Bei der Spaltung ist zu bestimmen, welcher Teil des Vermögens des übertragenden Rechtsträgers im Wege der Aufspaltung, Abspaltung oder Ausgliederung jeweils als Gesamtheit auf welchen übernehmenden Rechtsträger übergehen soll.

34 • **Umtauschverhältnis der Anteile (§§ 5, 126 Abs. 1 Nr. 3 UmwG).** Die Bestimmung des Umtauschverhältnisses ist das wirtschaftliche Kernstück des Umwandlungsvertrages. Die Anteilseigner des durch die Umwandlung eliminierten übertragenden Rechtsträgers werden im Regelfall ausschließlich durch Gewährung von Anteilen am übernehmenden Rechtsträger kompensiert. Bare Zuzahlungen sind nur zur Schaffung praktikabler Umtauschverhältnisse in begrenztem Umfang[41] zulässig. **Dementsprechend** muss der Nennwert der den Anteilseignern des übertragenden Rechtsträgers zu gewährenden Anteile in demselben Verhältnis zum Nennwert der von den Anteilseignern des übernehmenden Rechtsträgers vor der Umwandlung gehaltenen Anteile stehen wie der tatsächliche Wert des übertragenen Geschäftsbetriebes zum Geschäftsbetrieb des übernehmenden Rechtsträgers vor der Umwandlung. Dies erfordert eine aufwendige Bewertung beider Geschäftsbetriebe nach derselben Methode (zu Gestaltungen, die eine derartige Bewertung vermeiden, → Rn. 14 f.). Von der hM wird in der Regel die Ertragswertmethode zur Wertermittlung herangezogen.[42]

---

[38] Vgl. zum Standardfall der Verschmelzung zweier Gesellschaften mbH etwa Hopt/Bungert/Wettich, Vertrags- und Formularbuch, Formular II.J.1 (Verschmelzung zur Aufnahme GmbH auf GmbH).
[39] Gesamtrechtsnachfolge → Rn. 6.
[40] Entfällt bei der Aufwärtsverschmelzung (zu dieser → Rn. 11 ff.) und in einer Reihe von anderen Fällen, zB bei der Verschmelzung von Gesellschaften mbH, soweit die übernehmende Gesellschaft Anteile an der übertragenden innehat, § 54 Abs. 1 Nr. 1 UmwG.
[41] 10% der im Rahmen des Umtausches zu gewährenden Anteile an dem übernehmenden Rechtsträger, vgl. § 54 Abs. 4 UmwG (für die GmbH) und § 68 Abs. 3 UmwG (für die AG). Wird dagegen das Umtauschverhältnis im Umwandlungsvertrag zu niedrig bemessen, so kann jeder Anteilsinhaber bare Zuzahlungen in der zum Ausgleich erforderlichen Höhe verlangen; die 10%-Grenze gilt hier nicht, § 15 Abs. 1 letzter HS UmwG.
[42] Näheres s. etwa Schmitt/Hörtnagl/Stratz/Stratz UmwG § 5 Rn. 11; Lutter/Drygala UmwG § 5 Rn. 52.

- **Einzelheiten der Anteilsübertragung (§§ 5, 126 Abs. 1 Nr. 4 UmwG).** Auf die Einzelheiten der Anteilsübertragung bzw. des Erwerbs der Mitgliedschaft an dem übernehmenden Rechtsträger ist im Umwandlungsvertrag idR nur dann gesondert einzugehen, wenn der Erwerb über einen Treuhänder geschieht. Dies ist ausschließlich bei der AG/KGaA als übernehmendem Rechtsträger erforderlich, §§ 71 Abs. 1, 73, 78 UmwG.

- **Gewinnbezugsrecht der neuen Anteile (§§ 5, 126 Abs. 1 Nr. 5 UmwG).** Festzulegen ist der Zeitpunkt, von dem an die den Anteilseignern des übertragenden Rechtsträgers zu gewährenden Anteile am übernehmenden Rechtsträger gewinnberechtigt sind. IdR wird dieser Zeitpunkt mit dem Verschmelzungsstichtag (§ 5 Abs. 1 Nr. 6 UmwG) übereinstimmen: Da von diesem Tag an der übertragene Geschäftsbetrieb als für Rechnung des übernehmenden Rechtsträgers geführt gilt, ist es angemessen, die Anteilseigner des übertragenden Rechtsträgers auch ab diesem Zeitpunkt am Gewinn des übernehmenden Rechtsträgers partizipieren zu lassen. Abweichungen sind jedoch zulässig, sofern ein etwa erforderlicher Ausgleich für durch die Zeitverschiebung verursachte Gewinnausfälle im Rahmen des Umtauschverhältnisses oder durch bare Zuzahlungen ausgeglichen wird.[43] Zweckmäßigerweise wird das Gewinnbezugsrecht ab dem ersten Tag eines (meist: des laufenden) Geschäftsjahres des übernehmenden Rechtsträgers gewährt, um die Ergebnisabgrenzung auf der Grundlage eines Jahresabschlusses zu ermöglichen und auf diese Weise die Notwendigkeit von Zwischenabschlüssen oder das Erfordernis (stets ungenauer) Schätzungen zu vermeiden.

- **Umwandlungsstichtag (§§ 5, 126 Abs. 1 Nr. 6 UmwG).** Der Umwandlungsstichtag ist der Zeitpunkt, von dem an die Handlungen des übertragenden Rechtsträgers als für Rechnung des übernehmenden Rechtsträgers vorgenommen gelten. Da der Verschmelzung eine Schlussbilanz des übertragenden Rechtsträgers zugrunde zu legen ist, die auch beim Handelsregister eingereicht werden muss (§§ 17 Abs. 2, 125 UmwG), wird der Verschmelzungsstichtag üblicherweise auf den Tag festgelegt, der dem letzten Bilanzstichtag des übertragenden Rechtsträgers unmittelbar nachfolgt. Zwischen dem Umwandlungsstichtag und der Anmeldung zum Handelsregister dürfen höchstens 8 Monate liegen, § 17 Abs. 2 S. 4 UmwG.

- **Gewährung besonderer Rechte (§§ 5, 126 Abs. 1 Nr. 7 UmwG).** Der Umwandlungsvertrag muss die **Sonderrechte,** die einzelnen Anteilsinhabern gewährt werden, im Einzelnen bezeichnen. Dieses Erfordernis bezweckt, den anderen, nicht mit Sonderrechten ausgestatteten Anteilsinhabern frühzeitig Gelegenheit zu geben, gegen etwaige Verstöße gegen den gesellschaftsrechtlichen Gleichbehandlungsgrundsatz vorzugehen. Sonderrechte kommen nicht nur bei der Aktiengesellschaft in Betracht (wie die beispielhafte Aufzählung in Nr. 7 nahe legen könnte), sondern auch bei anderen Gesellschaftsformen (etwa bei der GmbH bestimmte Klassen von Geschäftsanteilen, Benennungsrechte oder das Geschäftsführungsrecht).

- **Sondervorteile für Organmitglieder (§§ 5, 126 Abs. 1 Nr. 8 UmwG).** Zu den hier aufzuzählenden Sondervorteilen gehören insbesondere Abfindungen an Organmitglieder (etwa Geschäftsführer oder Vorstandsmitglieder) des übertragenden Rechtsträgers, die nach der Umwandlung nicht zu Mitgliedern des entsprechenden Organs des übernehmenden Rechtsträgers bestellt werden sollen (durch die übertragende Umwandlung werden die Organmitglieder des übertragenden Rechtsträgers, der im Zuge der Umwandlung erlischt, nicht automatisch zu Organen des übernehmenden).

- **Folgen der Umwandlung für die Arbeitnehmer und ihre Vertretungen (§§ 5 Abs. 1 Nr. 9, 126 Abs. 1 Nr. 11 UmwG).** Die arbeitsrechtlichen Folgen müssen im Umwandlungsvertrag beschrieben werden, damit die Arbeitnehmer, denen über den Betriebsrat frühzeitig der Entwurf des Umwandlungsvertrages zuzuleiten ist (§§ 5 Abs. 3, 126 Abs. 3 UmwG; näher dazu → Rn. 41 ff.), über die sie persönlich **betref-**

---

[43] S. Semler/Stengel/*Schröer* UmwG § 5 Rn. 46.

fenden Auswirkungen informiert sind; dies soll eine möglichst sozial verträgliche Durchführung der Umwandlung erleichtern.[44] Die insoweit erforderlichen Ausführungen im Umwandlungsvertrag haben rein deklaratorischen Charakter; die tatsächlichen individual- und kollektivarbeitsrechtlichen Folgen der Umwandlung werden, soweit sie im Umwandlungsvertrag unzutreffend wiedergegeben sind, durch den Vertrag nicht geändert. Ob nur die direkten oder auch weiter entfernt liegenden mittelbaren arbeitsrechtlichen Folgen im Umwandlungsvertrag geschildert werden müssen, ist unklar und umstritten.[45] Richtig erscheint es, nur die unmittelbaren und wesentlichen individual- und kollektivrechtlichen Folgen der Umwandlung in Form einer kurzen Aufzählung darzustellen.[46] Unmittelbare Folgen der Umwandlung sind nur solche, die sich ipso iure aus dem gesellschaftsrechtlichen Umwandlungsvorgang ergeben oder doch zwangsläufig mit ihm einhergehen.[47] Die Aufzählung sollte dementsprechend umfassen:

– Übergang der Arbeitsverträge von dem übertragenden auf den übernehmenden Rechtsträger entsprechend § 613a BGB,[48]
– Auswirkung der Umwandlung auf von dem übertragenden Rechtsträger abgeschlossene Betriebsvereinbarungen (die bei Übergang des gesamten Betriebes in der Regel gegenüber dem übernehmenden Rechtsträger fortgelten)[49] und Verbands- oder Firmentarifverträge (die nicht automatisch gegenüber dem übernehmenden Rechtsträger fortgelten, sondern nur dann, wenn dieser tarifgebunden und – bei Verbandstarifverträgen – Mitglied in demselben Arbeitgeberverband ist),[50]
– Auswirkungen der Umwandlung für die bestehenden Betriebsräte und sonstigen Arbeitnehmervertretungen (hier sind insbesondere die Regelungen über das Übergangsmandat des Betriebsrats bei Betriebsspaltung gem. §§ 21a, b BetrVG zu beachten) sowie
– Angaben über die Wirkung der Verschmelzung für die betriebliche Mitbestimmung. Insoweit ist § 325 UmwG über die Beibehaltung der Mitbestimmung zu beachten, sofern aufgrund einer Spaltung beim übertragenden Rechtsträger die gesetzlichen Voraussetzungen für die betriebliche Mitbestimmung entfallen.

41 • **Aufteilung der Vermögensgegenstände bei der Spaltung (§ 126 Abs. 1 Nr. 9, 10 UmwG).** Bei der Spaltung ist zusätzlich anzugeben, welche Gegenstände des Aktiv- und Passivvermögens des übertragenden Rechtsträgers auf den oder die übernehmenden Rechtsträger übergehen. Zwar gehen die Vermögensgegenstände im Wege der Gesamtrechtsnachfolge über; doch da nicht das gesamte Vermögen des übertragenden Rechtsträgers als Einheit, sondern nur Teile desselben übertragen werden (sog. „partielle Gesamtrechtsnachfolge" oder „Sonderrechtsnachfolge"), ist eine genaue Bezeichnung der Vermögensgegenstände nach dem sachenrechtlichen Bestimmtheitsgrundsatz erforderlich. Ausreichend ist jedoch, wenn die einzelnen übergehenden Vermögensgegenstände aufgrund der Angaben im Spaltungsvertrag bestimmbar sind, etwa durch Bezugnahme auf Bilanzen und Inventare.[51]

---

[44] So BT-Drs. 12/6699, 83.
[45] Siehe etwa *Willemsen* NZA 1996, 791(796) mwN; Kallmeyer/*Willemsen* UmwG § 5 Rn. 50.
[46] Zutreffend Schmitt/Hörtnagl/Stratz/*Langner* UmwG § 5 Rn. 89f.
[47] Eingehend *Willemsen* RdA 1998, 23 (28); s. auch → § 39 Rn. 16; nach aA sind auch die mittelbaren Folgen gem. § 5 Abs. 1 Nr. 9 UmwG mit anzugeben, s. etwa *Joost* ZIP 1995, 976 (979); offen gelassen von OLG Düsseldorf NZA 1998, 766f.
[48] Die Vorschrift ist anwendbar, obwohl es sich nicht um einen rechtsgeschäftlichen, sondern einen gesetzlichen Betriebsübergang handelt, Lutter/*Drygala* UmwG § 5 Rn. 89.
[49] *Willemsen* NZA 1996, 802 mwN.
[50] *Willemsen* NZA 1996, 802; soweit danach Firmen- oder Verbandstarifverträge nicht fortgelten, wirken deren Bedingungen zugunsten der Arbeitnehmer auf individualvertraglicher Basis fort und können nicht vor Ablauf eines Jahres nach dem Betriebsübergang zu Lasten des Arbeitnehmers geändert werden, § 613a Abs. 1 S. 2–4 BGB.
[51] Siehe Lutter/*Priester* UmwG § 126 Rn. 49f.

III. Voraussetzungen übertragender Umwandlungen § 37

Darüber hinaus ist bei der Spaltung anzugeben, wie die im Rahmen der Spaltung auszugebenden Anteile an dem übernehmenden Rechtsträger auf die Anteilseigner des übertragenden Rechtsträgers aufgeteilt werden. Dieser Angaben bedarf es, weil die Spaltung – anders als die Verschmelzung – auch unter Änderung der Beteiligungsverhältnisse möglich ist (sog. „nichtverhältniswahrende Spaltung", § 128 UmwG; Näheres → § 34 Rn. 9). 42

- **Abfindungsangebot (§§ 29, 125 UmwG).** Der Umwandlungsvertrag muss ein Abfindungsangebot an die Anteilseigner des übertragenden Rechtsträgers enthalten, wenn im Rahmen einer Verschmelzung, Auf- oder Abspaltung ein Wechsel der Rechtsform stattfindet oder, bei gleicher Rechtsform, soweit die Anteile an dem übernehmenden Rechtsträger vinkuliert sind, §§ 29, 125 UmwG. Das Angebot kann von jedem Anteilseigner des übertragenden Rechtsträgers angenommen werden, der gegen den Verschmelzungsbeschluss Widerspruch zur Niederschrift in der Gesellschafterversammlung erklärt, die über die Zustimmung zu dem Verschmelzungsvertrag zu entscheiden hat (→ Rn. 51). Das Abfindungsangebot beinhaltet regelmäßig die Übernahme der dem betreffenden Anteilseigner im Rahmen der Umwandlung zukommenden Anteile durch den übernehmenden Rechtsträger; soweit dieser keine eigenen Anteile erwerben kann, ist die Barabfindung bei Ausscheiden des betreffenden Anteilsinhabers aus dem übernehmenden Rechtsträger zu gewähren (§ 29 Abs. 1 S. 3 UmwG). Die Annahmefrist beträgt zwei Monate nach Bekanntmachung der Eintragung der Umwandlung in das Handelsregister des Sitzes der übertragenden Gesellschaft (§ 31 UmwG). Die Höhe der Barabfindung ist durch den Verschmelzungsprüfer zu prüfen (→ Rn. 45). Der Verschmelzungsbeschluss kann nicht mit der Behauptung angefochten werden, dass die angebotene Barabfindung zu niedrig bemessen sei (näheres dazu →Rn. 83). 43

d) Zuleitung des Umwandlungsvertrages an den Betriebsrat (§§ 5, 126 Abs. 3 UmwG). Nach §§ 5, 126 Abs. 3 UmwG ist der Umwandlungsvertrag oder sein Entwurf spätestens einen Monat vor Fassung der Zustimmungsbeschlüsse zum Umwandlungsvertrag den Betriebsräten der beteiligten Rechtsträger zuzuleiten. Im Zusammenspiel mit den in den Umwandlungsvertrag aufzunehmenden Angaben über die Folgen der Umwandlung für die Arbeitnehmer und ihre Vertreter (→ Rn. 37) soll dieses Erfordernis eine frühzeitige Information und damit eine sozial verträgliche Durchführung der Umwandlung sicherstellen. Besteht bei einem der beteiligten Unternehmen kein Betriebsrat, so entfällt das Erfordernis der Zuleitung gem. §§ 5 Abs. 3, 126 Abs. 3 UmwG.[52] 44

Das Informationsrecht des Betriebsrates nach dem UmwG tritt neben das Informationsrecht des Wirtschaftsausschusses gem. § 106 Abs. 3 Nr. 8 BetrVG. Ein Mitbestimmungsrecht des Betriebsrates wird durch das Umwandlungsgesetz nicht statuiert; Umwandlungen von Unternehmen sind also nicht per se mitbestimmungspflichtig, sondern nur dann, wenn sie gleichzeitig Betriebsänderungen im Sinne des § 111 BetrVG auslösen.[53] Dies ist nach § 111 S. 2 Nr. 3 BetrVG[54] insbesondere dann der Fall, wenn aufgrund der Umwandlung ein Zusammenschluss bzw. eine Spaltung von Betrieben stattfindet; wird dagegen die organisatorische Einheit des Betriebes trotz der Verschmelzung oder Spaltung wie zuvor fortgeführt, liegt keine mitbestimmungspflichtige Maßnahme vor. Dies gilt auch dann, wenn betriebsbezogene Umstrukturierungsmaßnahmen (wie zB die Reduzierung von Personal nach einer erfolgten Verschmelzung oder die Verlegung von Betrieben oder Betriebsteilen im Gefolge einer Spaltung) bei Durchführung der (gesellschaftsrechtlichen) Umwandlung bereits möglich erscheinen, aber noch nicht konkret in die Tat umgesetzt werden. Derartige „mittelbare" Folgen – deren Eintritt bei Durchführung der Umwand- 45

---

[52] Lutter/*Drygala* UmwG § 5 Rn. 145 mwN.
[53] Eingehend *Willemsen* NZA 1996, 797; ders. RdA 1998, 29 ff.
[54] Diese Vorschrift wurde durch Art. 13 Abs. 2 des Umwandlungsrechtsbereinigungsgesetzes neu eingeführt.

lung meist noch gar nicht feststeht – brauchen gem. § 5 Abs. 1 Nr. 9 UmwG im Verschmelzungsvertrag nicht dargestellt zu werden.[55]

46 Da dem Handelsregister die rechtzeitig erfolgte Zuleitung an den Betriebsrat bei Anmeldung der Verschmelzung nachgewiesen werden muss (§§ 17 Abs. 1, 125 UmwG), empfiehlt es sich, von den Vorsitzenden der beteiligten Betriebsräte entsprechende schriftliche Empfangsbestätigungen einzuholen. Diese müssen datiert sein und auf eine genau bezeichnete Version des Umwandlungsvertrages verweisen, da manche Registergerichte anderenfalls den Nachweis gem. § 17 Abs. 1 UmwG nicht als erbracht ansehen. Sofern dem Betriebsrat also kein bereits beurkundeter Umwandlungsvertrag, sondern lediglich ein Entwurf zugeleitet wird (was nach §§ 5, 126 Abs. 3 UmwG zulässig ist), sollte der Empfangsbestätigung zweckmäßigerweise eine Kopie des dem Betriebsrat übergebenen Entwurfes beigefügt werden.

2. Umwandlungsbericht (§§ 8, 127 UmwG)

47 Im Umwandlungsbericht haben die Vertretungsorgane (Vorstand, Geschäftsführung) der beteiligten Rechtsträger den Umwandlungsvorgang, insbesondere das Umtauschverhältnis der Anteile sowie die Höhe einer etwaigen Barabfindung, rechtlich und wirtschaftlich zu erläutern. In den Bericht sind insbesondere Angaben über die Bewertung der beteiligten Unternehmen und die daraus gezogenen Konsequenzen für Umtauschverhältnis und Barabfindung aufzunehmen (s. → Rn. 36). Der Umwandlungsbericht ist entbehrlich, wenn alle Anteilsinhaber durch notarielle Erklärung auf seine Erstattung verzichten (derartige Verzichtserklärungen werden zweckmäßigerweise zusammen mit dem Zustimmungsbeschluss in dieselbe notarielle Urkunde aufgenommen) oder wenn sich alle Anteile des übertragenden Rechtsträgers in der Hand des übernehmenden befinden (upstream-merger, → Rn. 12), §§ 8 Abs. 3, 127 S. 2 UmwG.

3. Umwandlungsprüfung (§§ 9 ff., 125 UmwG)

48 Ebenso wie der Umwandlungsbericht dient auch die Umwandlungsprüfung dem Schutz der Anteilseigner der beteiligten Rechtsträger. Anders als der Umwandlungsbericht, der grundsätzlich bei jeder Umwandlung zu erstatten ist, hängt die Erforderlichkeit einer Umwandlungsprüfung von der Rechtsform der beteiligten Rechtsträger ab (§ 9 Abs. 1 UmwG). Bei der Umwandlung unter Beteiligung von Gesellschaften mbH ist der Umwandlungsvertrag auf Verlangen eines Gesellschafters zu prüfen (§ 48 UmwG). Dasselbe gilt bei Personenhandelsgesellschaften (OHG/KG), soweit nach dem Gesellschaftsvertrag ein Mehrheitsentscheid über die Umwandlung zulässig ist (§§ 44, 43 Abs. 2 UmwG).[56] Bei der AG schließlich ist entsprechend der Rechtslage vor Inkrafttreten des Umwandlungsgesetzes 1995 grundsätzlich eine Umwandlungsprüfung erforderlich (§ 60 UmwG). Gegenstand der Umwandlungsprüfung ist die Rechtmäßigkeit der Umwandlung, also insbesondere die Vollständigkeit und Richtigkeit des Umwandlungsvertrages und der sonstigen Umwandlungsdokumente sowie vor allem die wirtschaftliche Kontrolle des Umtauschverhältnisses, ggf. der baren Zuzahlung sowie des Abfindungsangebotes (→ Rn. 40).

49 Die Umwandlungsprüfer sind vom Vertretungsorgan des jeweiligen Rechtsträgers zu bestellen (§ 10 Abs. 1 UmwG). Die Verschmelzungsprüfung wird regelmäßig von Wirtschaftsprüfern oder Wirtschaftsprüfungsgesellschaften durchgeführt, § 11 Abs. 1 UmwG, § 319 Abs. 1 HGB. Nach der zuletzt genannten Vorschrift dürfen als Verschmelzungsprüfer insbesondere nicht solche Wirtschaftsprüfungsgesellschaften bestellt werden, welche die

---

[55] *Willemsen* RdA 1998, 28; str., offen gelassen von OLG Düsseldorf NZA 1998, 766 f.
[56] Entspricht der Gesellschaftsvertrag der OHG oder KG dagegen dem gesetzlichen Leitbild, so dass über die Umwandlung ein einstimmiger Gesellschafterbeschluss herbeigeführt werden muss, ist nach der ratio legis (Schutz von Minderheitsgesellschaftern) eine Umwandlungsprüfung nicht erforderlich; denn Minderheitsgesellschafter können ihre dann erforderliche Zustimmung von der Vornahme entsprechender Prüfungen abhängig machen.

III. Voraussetzungen übertragender Umwandlungen   § 37

Bewertung der an der Verschmelzung beteiligten Rechtsträger zur Feststellung des im Verschmelzungsvertrag anzugebenden Umtauschverhältnisses (→ Rn. 31) vorgenommen haben. Über das Ergebnis der Prüfung ist ein schriftlicher Bericht zu erstatten, der mit dem Testat des § 12 Abs. 2 UmwG über die Angemessenheit von Umtauschverhältnis und barer Zuzahlung abzuschließen ist.

Die Durchführung einer Umwandlungsprüfung ist aufgrund der genannten Aufgabenstellung zeit- und kostenintensiv. Sie sollte daher soweit wie möglich vermieden werden, was immer dann möglich ist, wenn sämtliche Anteilseigner der beteiligten Rechtsträger in notarieller Form auf die Umwandlungsprüfung verzichten (§§ 9 Abs. 3 iVm 8 Abs. 3, 125 UmwG). Darüber hinaus ist eine Umwandlungsprüfung auch dann entbehrlich, wenn sich alle Anteile eines übertragenden Rechtsträgers in der Hand des übernehmenden Rechtsträgers befinden (§ 9 Abs. 2 sowie §§ 9 Abs. 3 iVm 8 Abs. 3 UmwG). Wegen der aus dem Wegfall der Prüfung resultierenden Zeit- und Kostenersparnis wird in der Praxis eine Verschmelzung im Tochter-Mutter-Verhältnis (upstream-merger) der Verschmelzung von Schwestergesellschaften regelmäßig vorgezogen (dazu → Rn. 13). Entsprechend dem Schutzzweck der Umwandlungsprüfung (Schutz der Minderheitsgesellschafter der beteiligten Rechtsträger) ist eine Prüfung bei der Ausgliederung nicht erforderlich (§ 125 S. 2 UmwG): Da die Anteile an dem übernehmenden Rechtsträger bei der Ausgliederung dem übertragenden Rechtsträger selbst (und nicht dessen Anteilsinhaber) gewährt werden, ist eine wirtschaftliche Benachteiligung einzelner Anteilsinhaber ausgeschlossen.[57]   50

4. Umwandlungsbeschlüsse (§§ 13, 125 UmwG)

Die Wirksamkeit des Umwandlungsvertrages ist davon abhängig, dass die Anteilsinhaber   51
der beteiligten Rechtsträger einen zustimmenden Gesellschafterbeschluss fassen. Unabhängig von der Rechtsform der beteiligten Rechtsträger ist der Umwandlungsbeschluss notariell zu beurkunden (§ 13 Abs. 3 S. 1 UmwG). Der Umwandlungsvertrag (oder sein Entwurf) ist dem Zustimmungsbeschluss als Anlage beizufügen,[58] um sicherzustellen, dass sich der Beschluss auf den tatsächlich abgeschlossenen Vertrag bezieht.

Die Mehrheitserfordernisse sind von der Rechtsform der beteiligten Rechtsträger abhängig. Bei Personenhandelsgesellschaften (OHG/KG) ist in Übereinstimmung mit allgemeinen Grundsätzen des Personengesellschaftsrechts grundsätzlich Einstimmigkeit erforderlich; im Gesellschaftsvertrag kann jedoch eine Entscheidung mit bloßer qualifizierter Mehrheit (75 % der Stimmen) zugelassen werden (§ 43 Abs. 2 UmwG).[59] Bei Kapitalgesellschaften bedürfen die Zustimmungsbeschlüsse grundsätzlich einer qualifizierten Mehrheit von 75 % der Stimmen, soweit keine höhere Kapitalmehrheit (und ggf. weitere Voraussetzungen) in der Satzung vorgesehen sind, §§ 50, 65, 125 UmwG. Neben diesen allgemeinen Mehrheitserfordernissen müssen jedenfalls die Träger von Sonderrechten, Minderheitenrechten oder besonderen Haftungsrisiken der Umwandlung zustimmen.[60]

5. Anmeldung und Eintragung (§§ 16 ff., 129 ff. UmwG)

Die Umwandlung ist durch die Vertretungsorgane der beteiligten Rechtsträger zum Han-   52
delsregister jedes beteiligten Rechtsträgers anzumelden. Bei der GmbH muss die Anmeldung grundsätzlich nur von Geschäftsführern in vertretungsberechtigter Anzahl unter-

---

[57] Allerdings können die Minderheitsgesellschafter des übertragenden Rechtsträgers aufgrund der Ausgliederung künftig keinen direkten Einfluss mehr auf den ausgegliederten Geschäftsanteil nehmen (Problem der Konzernbildungskontrolle, s. etwa Scholz/*Emmerich* GmbHG Anh. § 13 GmbH-Konzernrecht Rn. 41 ff.).
[58] § 13 Abs. 3 S. 2 UmwG.
[59] Widerspricht ein persönlich haftender Gesellschafter der Umwandlung, so ist ihm nach § 43 Abs. 2 S. 3 UmwG in der übernehmenden Personenhandelsgesellschaft die Stellung eines Kommanditisten zu gewähren. Dasselbe gilt für einen persönlich haftenden Gesellschafter der übernehmenden Personenhandelsgesellschaft.
[60] Dies ist zB dann der Fall, wenn einzelnen Gesellschaftern einer übertragenden GmbH das Recht zur Geschäftsführung oder ein besonderes Minderheitsrecht zusteht, § 50 Abs. 2 GmbHG.

zeichnet werden. Ist jedoch im Rahmen der Umwandlung eine Kapitalerhöhung der übernehmenden GmbH erforderlich (wie dies regelmäßig etwa bei Verschmelzungen zwischen Schwestergesellschaften der Fall ist), müssen gem. § 78 GmbHG sämtliche Geschäftsführer handeln.[61]

53 **a) Inhalt und Anlagen der Handelsregisteranmeldung.** In der Anmeldung ist zunächst der Tatbestand der erfolgten Umwandlung (Verschmelzung, Spaltung, zur Aufnahme/Neugründung) unter Nennung der beteiligten Rechtsträger und der für sie eintretenden Rechtsfolgen mitzuteilen. Gemäß § 16 Abs. 2 UmwG haben die Vertretungsorgane bei der Anmeldung darüber hinaus zu erklären, dass eine Klage gegen die Wirksamkeit eines Verschmelzungsbeschlusses nicht fristgemäß erhoben oder rechtskräftig abgewiesen oder zurückgenommen worden ist (sog. „Negativerklärung"), § 16 Abs. 2 S. 1 UmwG. Die Negativerklärung ist Voraussetzung für die Eintragung der Umwandlung im Handelsregister; sie ist lediglich dann entbehrlich, wenn die klageberechtigten Anteilsinhaber in notariell beurkundeter Form auf die Klage gegen die Wirksamkeit des Verschmelzungsbeschlusses verzichtet haben, § 16 Abs. 2 S. 2 UmwG.[62] Um Minderheitsgesellschaftern der beteiligten Rechtsträger die Möglichkeit zu nehmen, den Vollzug der Umwandlung durch offensichtlich unbegründete Anfechtungsklagen gegen die Umwandlungsbeschlüsse zu hemmen,[63] besteht nach § 16 Abs. 3 UmwG für die beteiligten Rechtsträger die Möglichkeit, durch gerichtlichen Beschluss feststellen zu lassen, dass die Erhebung der Anfechtungsklage der Eintragung der Umwandlung nicht entgegensteht. Der Beschluss ergeht in einem summarischen Verfahren (sog. **„Unbedenklichkeitsverfahren"**), in dem lediglich geprüft wird, ob die Anfechtungsklage gegen den Umwandlungsbeschluss unzulässig oder offensichtlich unbegründet ist oder ob das Vollzugsinteresse der beteiligten Rechtsträger und ihrer Mehrheitsgesellschafter gegenüber dem Aussetzungsinteresse der die Anfechtungsklage führenden Minderheitsgesellschafter überwiegt.

54 Der Anmeldung sind (regelmäßig in Ausfertigung bzw. – bei nicht beurkundungspflichtigen Dokumenten – im Original oder in öffentlich beglaubigter Abschrift) folgende Anlagen beizufügen:
– **Verschmelzungsvertrag,**
– **Niederschriften der Verschmelzungsbeschlüsse** sowie der evtl. erforderlichen Zustimmungserklärungen einzelner Anteilsinhaber,
– **Verschmelzungsbericht** oder notarielle Verzichtserklärungen gem. § 8 Abs. 3 UmwG,
– **Prüfungsbericht** oder die Verzichtserklärungen nach §§ 9 Abs. 3 iVm 8 Abs. 3 UmwG (oder, wenn nicht auf Prüfung, wohl aber auf die Erstattung des Prüfungsberichtes verzichtet worden ist, die Verzichtserklärung gem. §§ 12 Abs. 3 iVm 9 Abs. 3 UmwG),
– **Empfangsbekenntnis der Betriebsratsvorsitzenden** der beteiligten Rechtsträger über den rechtzeitigen Zugang des Verschmelzungsvertrages oder seines Entwurfes; zwischen der Zuleitung an den Betriebsrat und der Verabschiedung des Zustimmungsbeschlusses muss mindestens ein Monat liegen, §§ 5 Abs. 3, 126 Abs. 3 UmwG (→ Rn. 41), sowie
– **Schlussbilanz des übertragenden Rechtsträgers.** Sie ist nur der Anmeldung zum Register des übertragenden Rechtsträgers beizufügen. Ihr Bilanzstichtag darf höchstens acht Monate vor dem Tag liegen, an dem die (vollständige) Anmeldung der Umwand-

---

[61] Entsprechendes gilt für die AG, §§ 78 Abs. 2, 188 Abs. 1 AktG.
[62] In der Praxis wird die notarielle Verzichtserklärung der Anteilsinhaber regelmäßig in den Zustimmungsbeschluss zum Umwandlungsvertrag aufgenommen zusätzlich zu der von dem betreffenden Vertretungsorgan abgegebenen Negativerklärung gem. § 16 Abs. 2 S. 1 UmwG. Erforderlich ist dies jedoch nicht.
[63] Mit dieser Möglichkeit wurde vor Inkrafttreten des UmwG 1995 oft Missbrauch getrieben, indem sich die klagenden Minderheitsgesellschafter die Beilegung der betreffenden Streitigkeiten oft teuer abkaufen ließen.

lung beim Handelsregister eingeht. Da für die Schlussbilanz die Vorschriften über die Jahresbilanz und deren Prüfung entsprechend gelten (§ 17 Abs. 2 S. 2 UmwG), werden Umwandlungen meist auf der Grundlage der (ohnehin zu erstellenden) Jahresbilanz des übertragenden Rechtsträgers durchgeführt. Aus demselben Grunde ist die Schlussbilanz vom Geschäftsführungsorgan des übertragenden Rechtsträgers festzustellen und entsprechend § 245 HGB zu unterzeichnen.[64]
– **Liste der Gesellschafter,** soweit es sich bei der übernehmenden Gesellschaft um eine GmbH handelt (§§ 52 Abs. 2, 125 UmwG).

b) Wirkungen der Eintragung. Mit der zeitlich letzten Eintragung der Umwandlung (Verschmelzung, Auf- oder Abspaltung, Ausgliederung) im Handelsregister der beteiligten Rechtsträger[65] erfolgt ipso iure der Vermögensübergang von dem übertragenden auf den übernehmenden Rechtsträger im Wege der (partiellen) Gesamtrechtsnachfolge (hierzu näher → Rn. 6), §§ 20, 131 UmwG. Bei der Verschmelzung und Aufspaltung (nicht jedoch bei der Abspaltung und Ausgliederung) erlöschen gleichzeitig die übertragenden Rechtsträger; einer besonderen Abwicklung oder Löschung bedarf es nicht, §§ 20 Abs. 1 Nr. 2, 131 Abs. 1 Nr. 2 UmwG. Schließlich werden die Anteilsinhaber der übertragenden Rechtsträger mit der letzten Handelsregistereintragung zu Anteilsinhabern des oder der übernehmenden Rechtsträger(s) nach Maßgabe der Bestimmungen des Umwandlungsvertrages; dies gilt selbstverständlich nicht in den Fällen, in denen die Gewährung von Anteilen am übernehmenden Rechtsträger im Rahmen der Umwandlung ausgeschlossen ist, wie insbesondere bei der Verschmelzung im Tochter-Mutter-Verhältnis (upstream-merger, → Rn. 12). Mit der Eintragung im Handelsregister wird ein etwaiger Formmangel des Verschmelzungsvertrages bzw. der Zustimmungs- oder Verzichtserklärungen ebenso geheilt wie sonstige Mängel der Verschmelzung, §§ 20 Abs. 1 Nr. 4, Abs. 2, 131 Abs. 1 Nr. 4, Abs. 2 UmwG. Da es wegen der Prüfung der eingereichten Unterlagen durch das Handelsregister kaum jemals zu einer Eintragung auf der Grundlage eines nicht beurkundeten Umwandlungsvertrages kommen wird, liegt die Bedeutung dieser Regelung darin, einer aus etwaigen formunwirksamen Nebenabreden folgenden Unwirksamkeit gem. § 139 BGB abzuhelfen.

6. Allgemeine Gründungsvoraussetzungen

Soweit der übernehmende Rechtsträger im Rahmen der Umwandlung neu gegründet wird (Verschmelzung bzw. Spaltung zur Neugründung, §§ 2 Nr. 2, 123 Abs. 1, 2 u. 3, jeweils Nr. 2 UmwG), sind zusätzlich zu den genannten Voraussetzungen der Umwandlung die allgemeinen Gründungsvoraussetzungen der Rechtsform des jeweils neu gegründeten übernehmenden Rechtsträgers zu beachten (§§ 36 Abs. 2, 135 Abs. 2 UmwG). Von diesem Grundsatz macht das Umwandlungsgesetz eine Reihe von Ausnahmen. So ist etwa der Sachgründungsbericht für eine im Zuge einer Verschmelzung neu gegründete GmbH oder AG entbehrlich, wenn der übertragende Rechtsträger gleichfalls eine Kapitalgesellschaft ist (§§ 58 Abs. 2, 75 Abs. 2 UmwG).

7. Check-Liste/Zeitplan

Umwandlungen sind komplexe Vorgänge, die ein koordiniertes Zusammenwirken der beteiligten Rechtsträger und Anteilsinhaber sowie ihrer Berater erfordern. Aufgrund der 8-Monats-Frist des § 17 Abs. 2 S. 4 UmwG stehen Umwandlungen darüber hinaus bisweilen unter erheblichem Zeitdruck. Eine sorgfältige Planung der zutreffenden Maßnah-

---

[64] Fehlt es an diesem Erfordernis, ist bei vielen Handelsregistern mit einer Zwischenverfügung zu rechnen; s. zum Ganzen Schmitt/Hörtnagl/Stratz/*Hörtnagl* UmwG § 17 Rn. 8 ff.
[65] Die Verschmelzung ist zuerst in das Handelsregister des übertragenden Rechtsträgers und anschließend in das des übernehmenden Rechtsträgers einzutragen, § 19 Abs. 1 UmwG. Bei der Spaltung ist es umgekehrt, § 130 UmwG.

men sowie die Aufstellung eines Zeitplanes sind daher unabdingbar.[66] Im vorliegenden Rahmen können nur eine kursorische **Check-Liste** sowie grundlegende Überlegungen für den aufzustellenden Zeitplan dargestellt werden:

58 • Aufstellung der **Schlussbilanz des übertragenden Rechtsträgers** sowie Prüfung der Bilanz, soweit dies nach dem Gesetz (s. insbesondere § 316 HGB) oder dem Gesellschaftsvertrag des übertragenden Rechtsträgers erforderlich ist. Erfolgt die Umwandlung (wie in der Regel, → Rn. 13, 31, 47) gegen Gewährung von Anteilen am übernehmenden Rechtsträger an die Anteilsinhaber des übertragenden Rechtsträgers und muss daher das Umtauschverhältnis für die Gewährung der neuen Anteile festgelegt werden, so ist darüber hinaus die Aufstellung und ggf. Prüfung des Jahresabschlusses des übernehmenden Rechtsträgers erforderlich, um auf dieser Grundlage das Umtauschverhältnis bestimmen zu können (→ Rn. 36). Regelmäßig erfolgt die Umwandlung auf der Grundlage einer Jahresbilanz des übertragenden Rechtsträgers.

59 • Die Bilanz ist von sämtlichen Mitgliedern des Vertretungsorgans des übertragenden Rechtsträgers (bei der GmbH also etwa von sämtlichen Geschäftsführern einschließlich der Stellvertreter, § 44 GmbHG) zu unterzeichnen, § 245 HGB. Anschließend ist die Schlussbilanz von den zuständigen Organen des übertragenden Rechtsträgers **festzustellen.** Dies ergibt sich zwar nicht ausdrücklich aus dem Gesetz, folgt jedoch aus § 17 Abs. 2 S. 2 UmwG sowie aus dem von § 17 Abs. 2 UmwG verfolgten Schutzzweck des Gläubigerschutzes und der Kapitalerhöhungskontrolle.[67]

60 • Bei Verschmelzungen und bei Spaltungen ist zu prüfen, ob eine **Fusionsanmeldung** des daraus resultierenden Zusammenschlussvorhabens beim Bundeskartellamt oder der EU-Kommission zu erfolgen hat. Ist dies der Fall, so muss die kartellrechtliche Nichtuntersagung spätestens bei Anmeldung der Verschmelzung oder Spaltung zum Handelsregister feststehen.[68]

61 • Ist die Ausgabe von Anteilen am übernehmenden Rechtsträger an die Anteilseigner des übertragenden Rechtsträgers nicht im Einzelfall ausgeschlossen, so ist eine **Bestimmung des Umtauschverhältnisses** für die Gewährung der neuen Anteile und damit eine **Unternehmensbewertung** erforderlich.

62 • Spätestens nachdem die Überlegungen zum Umtauschverhältnis abgeschlossen sind, folgt die **Erstellung der Umwandlungsdokumentation,** insbesondere des Umwandlungsvertrages, der Zustimmungsbeschlüsse der Anteilseignerversammlungen der beteiligten Rechtsträger, des Umwandlungsberichtes (soweit auf seine Erstellung nicht verzichtet wurde, § 8 Abs. 3 UmwG) sowie bei der Verschmelzung bzw. Spaltung zur Neugründung des Gesellschaftsvertrages des durch die Umwandlung entstehenden neuen Rechtsträgers.

63 • Auf der Grundlage der Umwandlungsdokumentation sowie des Umtauschverhältnisses müssen die gerichtlich bestellten Verschmelzungsprüfer ihren **Prüfungsbericht** gem. § 12 UmwG vorbereiten, soweit auf die Umwandlungsprüfung nicht gem. §§ 9 Abs. 3. iVm 8 Abs. 3 UmwG verzichtet worden oder die Prüfung sonst entbehrlich ist (→ Rn. 45 ff.). Der Prüfungsbericht der Verschmelzungsprüfer wird üblicherweise in den Verschmelzungsbericht aufgenommen und zusammen mit diesem an die Aktionäre bzw. die sonstigen Gesellschafter verteilt.

64 • Rechtzeitig vor dem Notartermin, in welchem auch der Umwandlungsvertrag abgeschlossen werden soll, muss die **Vorbereitung der Anteilseignerversammlungen,** die über den Umwandlungsvertrag zu beschließen haben, erfolgen. Die Anteilseigner sind form- und fristgerecht zu laden und – je nach der Rechtsform der beteiligten

---

[66] Ein graphischer Überblick über die einzelnen Phasen wird etwa gegeben von Sagasser/Bula/Brünger/ *Sagasser/Luke,* Umwandlungen, § 9 Rn. 40; zur Vorbereitung von Umwandlungen s. auch *Kallmeyer* ZIP 1994, 1746 (1758).
[67] Diese wären bei einer nur vorläufigen Bilanz, die aufgrund von Beanstandungen der Anteilseignerversammlung noch Änderungen unterliegen könnte, nicht gewährleistet.
[68] AA *Kallmeyer* ZIP 1994, 1758: spätestens bei Fassung der Zustimmungsbeschlüsse.

Rechtsträger – über den Gegenstand der Beschlussfassung zu informieren. So müssen zB bei der GmbH die Zustimmung zum Verschmelzungsvertrag ausschließlich als Gegenstand der Beschlussfassung in der Ladung bezeichnet und die Jahresabschlüsse sowie Lageberichte der an der Umwandlung beteiligten Rechtsträger für die letzten drei Geschäftsjahre zur Einsicht durch die Gesellschafter ausliegen; Kopien des Verschmelzungsvertrages und -berichts sind den Gesellschaftern spätestens zusammen mit der Ladung zu übersenden, §§ 47, 49, 125 UmwG.

- Nachdem der Umwandlungsvertrag seine voraussichtlich endgültige Fassung gefunden hat, muss die **Zuleitung an den Betriebsrat** der beteiligten Rechtsträger erfolgen, §§ 5 Abs. 3, 126 Abs. 3 UmwG. Da der rechtzeitige Zugang gegenüber dem Registergericht nachgewiesen werden muss, müssen entsprechende Empfangsbekenntnisse der Betriebsratsvorsitzenden (oder bei Verhinderung von deren Stellvertretern) eingeholt werden. **65**

- Zur Vorbereitung des Notartermins für die Beurkundung des Umwandlungsvertrages, der Zustimmungsbeschlüsse der Anteilseigner sowie etwaiger Verzichtserklärungen gem. §§ 8 Abs. 3, 9 Abs. 3, 12 Abs. 3 UmwG wird zweckmäßigerweise eine Liste der für die einzelnen Beteiligten vertretungsberechtigten Personen erstellt. Es handelt sich hierbei um die Organmitglieder der beteiligten Rechtsträger und ihrer Anteilseigner. Regelmäßig genügt die Vertretung der beteiligten Rechtsträger durch Geschäftsführer oder sonstige Organmitglieder in vertretungsberechtigter Zahl, es sei denn, Sondervorschriften verlangten etwa die Handelsregisteranmeldung durch sämtliche Organmitglieder (so zB bei der etwa erforderlichen Kapitalerhöhung einer GmbH, § 78 GmbHG). Gerade im Rahmen von konzern- bzw. gruppeninternen Verschmelzungen ist besonders auf die Beschränkungen des § 181 BGB zu achten; ggf. muss einzelnen handelnden Personen für den Abschluss des Umwandlungsvertrages Befreiung durch Gesellschafterbeschluss erteilt werden. Sofern wie in der Regel nicht alle handelnden Personen im Notartermin anwesend sein können, sollten entsprechende Vollmachten (ggf. mit Vertretungsnachweis) rechtzeitig eingeholt werden. **66**

- Soweit für die Verschmelzung bei dem übernehmenden Rechtsträger eine Kapitalerhöhung erforderlich ist, muss diese parallel vorbereitet werden. Die Kapitalerhöhung ist vor der Verschmelzung in das Handelsregister einzutragen (§§ 53, 66 UmwG); sie unterliegt vereinfachten Bedingungen (§§ 55, 69 UmwG). **67**

Auf der Grundlage des vorstehenden Arbeitsprogramms muss ein **Zeitplan** erstellt werden. Die Überlegungen dazu setzen zweckmäßigerweise am Ende des Prozesses an, nämlich bei der Anmeldung der Umwandlung zum Handelsregister. Denn üblicherweise erfolgt die Umwandlung auf der Grundlage einer Jahresabschlussbilanz des übertragenden Rechtsträgers, deren Stichtag gem. § 17 Abs. 2 S. 4 UmwG bei Anmeldung zum Handelsregister nicht länger als acht Monate zurückliegen darf. Entspricht das Geschäftsjahr des übertragenden Rechtsträgers dem Kalenderjahr, markiert also regelmäßig der 31. August des Folgejahres das Datum, an dem die Anmeldung spätestens beim Handelsregister der beteiligten Rechtsträger vorliegen muss. Rechnet man von diesem Datum zurück, so wird man folgende Überlegungen anstellen: **68**

Zunächst muss man jedenfalls etwa eine Woche für die Ausfertigung der Umwandlungsdokumente sowie Postlaufzeiten einkalkulieren, so dass der Notartermin für die Beurkundung der Umwandlungsdokumente und Beglaubigung der Handelsregisteranmeldungen spätestens in der dritten Augustwoche liegen sollte. Da die Zustimmungsbeschlüsse der Anteilseignerversammlungen frühestens einen Monat nach Zuleitung des Umwandlungsvertrages bzw. seines Entwurfs an den Betriebsrat der beteiligten Rechtsträger gefasst werden dürfen (§§ 5 Abs. 3, 126 Abs. 3 UmwG), muss die Zuleitung an die Betriebsräte also spätestens in der dritten Juliwoche geschehen. Im Übrigen sind vor dem Notartermin die Ladungsfristen für die Einberufung der Anteilseignerversammlungen zu beachten. **69**

70 Damit der Entwurf des Umwandlungsvertrages den Betriebsräten spätestens in der dritten Juliwoche zugeleitet und zu den Anteilseignerversammlungen geladen werden kann, muss zu diesem Zeitpunkt die Umwandlungsdokumentation im Wesentlichen fertig sein. Dies schließt insbesondere die Bestimmung des Umtauschverhältnisses ein, die wiederum auf einer Bewertung des übertragenden und des übernehmenden Rechtsträgers fußt. Rechnet man nur ca. zwei Wochen für den Entwurf der Dokumentation, so müssen die Überlegungen zum Umtauschverhältnis einschließlich der Unternehmensbewertungen spätestens Ende Juni vorliegen. Die weiteren Überlegungen, insbesondere bezüglich Aufstellung, Prüfung und Feststellung des Jahresabschlusses des übertragenden Rechtsträgers, sind je nach der Rechtsform dieses Rechtsträgers und den sonstigen Gegebenheiten des Einzelfalles anzustellen.

IV. Einzelfragen

71 Die verschiedenen im Rahmen der Unternehmensnachfolge denkbaren Umwandlungen werfen eine Vielzahl von Einzelfragen auf, die im vorliegenden Rahmen nicht erschöpfend behandelt werden können. Allerdings gibt es einige häufiger auftretende Problemkreise und Fallkonstellationen, die für die Beratungspraxis in Bezug auf Umwandlungen zur Unternehmensnachfolge von erheblicher praktischer Bedeutung sind. So kann es sich insbesondere aus steuerlichen Erwägungen empfehlen, vor Überleitung des Unternehmens auf den Nachfolger einen Formwechsel des betroffenen Unternehmens aus der Rechtsform der GmbH in eine GmbH & Co. KG durchzuführen (→ Rn. 73 ff.; zu den steuerlichen Beweggründen → § 36 Rn. 10). Darüber hinaus mögen sich gerade im Rahmen von Umwandlungen zur Vorbereitung einer Unternehmensnachfolge Probleme des Minderheitenschutzes stellen, wenn etwa verschiedene Familienzweige, Fremdgeschäftsführer oder sonst Dritte eine Minderheitsbeteiligung an dem umzuwandelnden Unternehmen halten; die Grundsätze des Minderheitenschutzes nach dem UmwG werden unter → Rn. 79 ff. dargestellt. Schließlich ist auch bei Umwandlungen im Rahmen der Unternehmensnachfolge stets zu bedenken, wie sich die beabsichtigte Restrukturierung auf das Verhältnis zu den Vertragspartnern und Gläubigern der umzuwandelnden Gesellschaft auswirkt (zu diesem Problemkreis → Rn. 88 ff.).

1. Formwechsel einer GmbH in eine GmbH & Co. KG

72 **a) Allgemeines, Problemstellung.** Nach § 1 Abs. 1 S. 1 UmwG aF war der Formwechsel einer Kapitalgesellschaft (etwa einer GmbH) in eine Personengesellschaft, an der eine Kapitalgesellschaft als einzige persönlich haftende Gesellschafterin beteiligt war (also etwa eine GmbH & Co. KG), untersagt. Das UmwG 1995 enthält diese Einschränkung nicht mehr; sie wurde durch den Gesetzgeber bewusst aufgegeben.[69] Allerdings wurde die Umwandlung einer GmbH in eine GmbH & Co. KG auch nicht ausdrücklich im Umwandlungsgesetz geregelt, so dass der Formwechsel aufgrund seiner besonderen Struktur auf zwei Schwierigkeiten stößt, die außerhalb des im Umwandlungsgesetz vorgezeichneten Mechanismus gelöst werden müssen:

73 Zum einen wird im Rahmen des Formwechsels eine weitere GmbH benötigt, welche die Rolle der persönlich haftenden Gesellschafterin bei der Ziel-GmbH & Co. KG übernimmt. Da nach dem UmwG Identität zwischen der Ausgangs-GmbH und der Ziel-KG besteht, kann die Komplementär-GmbH nicht im Rahmen der Umwandlung entstehen. Die persönlich haftende Gesellschafterin muss also zusätzlich nach den allgemeinen Vorschriften gegründet bzw. erworben werden. Für den Regelfall der erforderlichen Bar-

---

[69] BR-Drs. 75/94, 97 f. Allg. zum Formwechsel einer GmbH in eine GmbH & Co. KG s. etwa *Sigel* GmbHR 1998, 1208; Engl/*Greve,* Formularbuch Umwandlungen, E. 3.

gründung einer Komplementär-GmbH setzt dies einen weiteren zeitlichen Vorlauf von (je nach Bearbeitungszeit des zuständigen Handelsregisters) 2 bis 8 Wochen voraus.

Das zweite Problem besteht darin, dass das UmwG grundsätzlich nicht nur die Identität 74 von altem und neuem Rechtsträger annimmt, sondern auch die Identität der Anteilseigner des vom Formwechsel betroffenen Rechtsträgers, §§ 194 Abs. 1 Nr. 3, 202 Abs. 1 Nr. 2 UmwG. Zwar enthält das Umwandlungsgesetz eine Reihe von Vorschriften, die von diesem Grundsatz abweichen;[70] doch handelt es sich bei diesen Regelungen um einzelne, nicht verallgemeinerungsfähige Sonderbestimmungen.[71] Dementsprechend ist im Rahmen des Formwechsels einer GmbH in eine GmbH & Co. KG nicht nur die **Entstehung** der benötigten Komplementär-GmbH ausgeschlossen, sondern (wenn die Komplementär-GmbH außerhalb des Formwechselprozesses gegründet oder erworben worden ist) auch deren **Beitritt** zu dem Rechtsträger neuer Rechtsform, also der entstehenden Kommanditgesellschaft. Zwar lässt § 194 Abs. 1 Nr. 4 UmwG den Beitritt eines persönlich haftenden Gesellschafters im Rahmen des Umwandlungsprozesses ausdrücklich zu; doch ist diese Vorschrift nach den Gesetzesmaterialien ausschließlich auf die Umwandlung einer Kapitalgesellschaft in eine KGaA zugeschnitten.[72]

Während lange streitig war, ob der Beitritt der neu gegründeten Komplementärs- 75 GmbH auch gleichzeitig mit Wirksamwerden des Formwechsels möglich ist, hat der BGH dies in einem obiter dictum bejaht. Danach stellt der gleichzeitige Beitritt der neu gegründeten GmbH als persönlicher Gesellschafter der Ziel-KG keinen Verstoß gegen den Grundsatz der Kontinuität der Anteilseigner dar.[73] Damit ist der Ein- und Austritt bei Formwechsel jedenfalls in eine GmbH & Co. KG auch ohne umständliche Hilfslösungen möglich.[74]

b) Ablauf der Umwandlung. Der nach den vorstehenden Überlegungen zu empfehlen- 76 de Ablauf des Formwechsels einer GmbH in eine GmbH & Co. KG soll durch das folgende Beispiel verdeutlicht werden: Die Gesellschafter A und B halten je 50% des Stammkapitals einer Ausgangs-GmbH (A-GmbH), die in eine GmbH & Co. KG umgewandelt werden soll.

- **Gründung der Komplementär-GmbH.** Zunächst gründen oder erwerben die Ge- 77 sellschafter A und B die zukünftige Komplementär-GmbH (K-GmbH), an der sie sich im gleichen Verhältnis beteiligen wie an der A-GmbH. Die Beteiligungsgleichheit soll sicherstellen, dass die Gesellschafter A und B nach dem Formwechsel der A-GmbH in die Ziel-Kommanditgesellschaft sowohl an der KG wie auch an deren Komplementär-GmbH im gleichen Verhältnis beteiligt sind.
- **Umwandlungsbeschluss.** Anschließend fassen die Gesellschafter A, B und K-GmbH 78 den Umwandlungsbeschluss über den Formwechsel der Ausgangs-GmbH in die Ziel-Kommanditgesellschaft (Z-KG) gem. §§ 193, 194 UmwG (zu den weiteren Voraussetzungen der Umwandlung, wie etwa der Erstellung eines Umwandlungsberichtes, → Rn. 44 ff.). Die Einzelheiten des Umwandlungsbeschlusses richten sich nach § 194 UmwG (vgl. zu dem weitgehend identischen Inhalt eines Umwandlungsvertrages bei formwechselnden Umwandlungen → Rn. 25 ff.). Dabei ist gleichzeitig der Beitritt des

---

[70] So sind etwa bei der sog. nicht verhältniswahrenden Spaltung „zu null" (vgl. § 128 UmwG) nicht alle Anteilseigner des übertragenden Rechtsträgers auch an dem übernehmenden Rechtsträger beteiligt. S. darüber hinaus die §§ 221, 236, 247 Abs. 3 und 255 Abs. 3 UmwG zum Formwechsel der KGaA.
[71] In der Literatur wird diese Frage teilweise abweichend beurteilt, s. etwa *K. Schmidt* GmbHR 1995, 695; ders. ZIP 1998, 186; siehe zum Ganzen Schmidt/Hörtnagl/Stratz/*Stratz* UmwG § 226 Rn. 3; Sagasser/Bula/Brünger/*Sagasser/Luke,* Umwandlungen, § 26 Rn. 160.
[72] BR-Drs. 75/94, 114.
[73] BGH DStR 2005, 1539; so auch Semler/Stengel/*Bärwaldt* UmwG § 194 Rn. 9 f.; Lutter/*Decher/Hoger* UmwG § 202 Rn. 12.
[74] Dazu Sagasser/Bula/Brünger/*Sagasser/Luke,* Umwandlungen, § 26 Rn. 165, die diese Lösung in der Praxis auch weiterhin empfehlen.

persönlich haftenden Gesellschafters zu beschließen und im Umwandlungsbeschluss mitzuteilen.

Dagegen ist es nicht erforderlich, dem Umwandlungsbeschluss zum Formwechsel einer GmbH in eine GmbH & Co. KG den vollständigen **Gesellschaftsvertrag der Kommanditgesellschaft** beizufügen. Allerdings muss im Umwandlungsbeschluss Firma und Sitz der Gesellschaft festgestellt werden (§ 234 UmwG). Die Z-KG darf die **Firma** der A-GmbH fortführen, § 200 Abs. 1 UmwG. Dies gilt nach dem Handelsrechtsreformgesetz auch dann, wenn es sich um eine Sachfirma handelt.

79 Schließlich ist beim Formwechsel einer GmbH in eine GmbH & Co. KG zu beachten, dass die Gesellschaftsform der Kommanditgesellschaft nur zur Verfügung steht, wenn der **Unternehmensgegenstand** der (umzuwandelnden) A-GmbH auf den Betrieb eines Handelsgewerbes im Sinne der §§ 1 ff. HGB gerichtet ist.[75] In manchen Fällen werden Zweifel darüber bestehen, ob die Ausgangs-GmbH, die ja schon kraft Rechtsform Handelsgesellschaft ist, ein Handelsgewerbe betreibt. Allerdings werden diese Fälle nach dem Handelsrechtsreformgesetz sehr viel seltener auftreten, da es nach der Neufassung des HGB nicht mehr auf den Betrieb eines sog. Grundhandelsgewerbes (vgl. § 1 HGB aF) ankommt. Für die verbleibenden Fälle eröffnet § 228 Abs. 2 UmwG die Möglichkeit, durch Aufnahme einer entsprechenden Bestimmung in den Umwandlungsbeschluss zum Ausdruck zu bringen, dass der Formwechsel der Ausgangs-GmbH hilfsweise in die Rechtsform der Gesellschaft bürgerlichen Rechts vorgenommen werden soll. Zu einem solchen Formwechsel in die GbR kommt es aber nur dann, wenn ein entsprechender Wille im Umwandlungsbeschluss eindeutig zum Ausdruck gekommen ist.[76] Da der Formwechsel in die GbR zur unbeschränkten Gesellschafterhaftung führt, wird das Interesse der beteiligten Anteilseigner bei Nichterfüllung der an den Unternehmensgegenstand einer Kommanditgesellschaft zu stellenden Anforderungen vielfach dahin gehen, die Umwandlung schlechthin abzubrechen.

80 **Anmeldung der Umwandlung zum Handelsregister** Für die Anmeldung des Formwechsels zum Handelsregister und die Wirkungen gilt im Wesentlichen das unter → Rn. 49 ff. zu übertragenden Umwandlungen Dargestellte entsprechend. Mit der Eintragung des Formwechsels im Handelsregister besteht die Ausgangs-GmbH in der Zielrechtsform der Kommanditgesellschaft als Z-KG weiter.

2. Minderheitenschutz

81 Umwandlungen stellen einen schwerwiegenden Eingriff in die Gesellschafterstellung dar. Durch Verschmelzungen können etwa erhebliche Haftungsrisiken des übertragenden Rechtsträgers auf den übernehmenden übergeleitet, durch Spaltungen wesentliche Betriebsgrundlagen außer Kontrolle der Gesellschaft gebracht und durch Formwechsel ein neues Haftungsregime eingeführt werden. Derartige Auswirkungen treten zum Teil bei den beteiligten Rechtsträgern (und damit nur mittelbar bei deren Anteilseignern) ein; zum Teil sind die Anteilseigner direkt betroffen. Während die Nachteile einer Umwandlung von der Gesellschaftermehrheit in der Regel bewusst in Kauf genommen werden (anderenfalls würde die Umwandlung nicht beschlossen), kann der Minderheit gegen ihren Willen ein neues, für sie nachteiliges Regime aufgezwungen werden. Derartige Interessengegensätze treten im Rahmen der Unternehmensnachfolge gehäuft auf, weil nach einem Erbfall oft ein inhomogener Gesellschafterkreis mit unterschiedlichen Grundinteressen entsteht oder die Interessengegensätze bereits zuvor etwa durch die Beteiligung von Fremdmanagement an Familiengesellschaften entstanden sind. Zum Ausgleich derartiger Interessenkonflikte sieht das Umwandlungsgesetz eine Reihe differenzierter Lösungsansätze vor, die nachfolgend überblickartig dargestellt werden.

---

[75] Dies folgt bereits aus § 161 Abs. 1 HGB und wird durch § 228 UmwG bestätigt, s. etwa Schmitt/Hörtnagl/Stratz/*Stratz* UmwG § 228 Rn. 1.
[76] Schmitt/Hörtnagl/Stratz/*Stratz* UmwG § 228 Rn. 5.

IV. Einzelfragen　　　　　　　　　　　　　　　　　　　　　　　　§ 37

a) Rechte der Minderheitsgesellschafter. Grundstein jeder Wahrnehmung von Min-　82
derheitsrechten ist die umfassende **Information** aller Gesellschafter über die beabsichtigte
Umwandlung. Das Umwandlungsgesetz sieht daher vor, dass bereits der Umwandlungsvertrag oder -beschluss alle für die Umwandlung wesentlichen Details (zB Umtauschverhältnis der Anteile, Höhe der baren Zuzahlung, Erwerb der Mitgliedschaft beim übernehmenden Rechtsträger, Gewinnbezugsrecht der neuen Anteile, Umwandlungsstichtag und
Sondervorteile) enthalten muss (§§ 5, 126, 194 UmwG). Da der Umwandlungsvertrag
bzw. sein Entwurf den Gesellschaftern vor der Beschlussfassung zu übersenden oder – insbesondere bei Aktiengesellschaften – in den Geschäftsräumen der beteiligten Rechtsträger
auszulegen ist, wird bereits auf diese Weise eine weitgehende Information der Anteilseigner sichergestellt. Hinzu kommt das Erfordernis des Umwandlungsberichtes (§§ 8, 127,
192 UmwG), in dem sämtliche für die Umwandlung erheblichen Umstände wirtschaftlich
erläutert und begründet werden müssen; da auf den Umwandlungsbericht nur mit Zustimmung sämtlicher Gesellschafter verzichtet werden kann, ist eine umfassende Information der Minderheit sichergestellt. Der Umwandlungsvertrag und insbesondere die
zugrunde liegenden wirtschaftlichen Annahmen sind durch unabhängige Umwandlungsprüfer zu prüfen. Umwandlungsbericht sowie Prüfungsbericht sind den Anteilseignern
vor der Entscheidung über die Umwandlung zugänglich zu machen.

Ein weiterer grundlegender Pfeiler des Minderheitenschutzes besteht in den gesetzli-　83
chen **Zustimmungserfordernissen.** Entsprechend allgemeinen gesellschaftsrechtlichen
Grundsätzen geht die Regel dahin, dass die Anteilseigner von Kapitalgesellschaften mindestens mit einer Mehrheit von 75 % der abgegebenen Stimmen (GmbH) bzw. des bei
der Beschlussfassung vertretenen Grundkapitals (AG) zustimmen müssen, während bei
Personengesellschaften grundsätzlich die Zustimmung sämtlicher (auch der nicht erschienenen) Gesellschafter erforderlich ist; auch bei Personengesellschaften kann der Gesellschaftsvertrag jedoch eine $\frac{3}{4}$-Mehrheit vorsehen, § 43 Abs. 2 UmwG. Über diese allgemeinen Mehrheitserfordernisse hinaus ist die Zustimmung einzelner Gesellschafter immer
dann erforderlich, wenn in ihre Sonderrechte (etwa das Sonderrecht zur Geschäftsführung
bei der GmbH, § 50 Abs. 2 UmwG) eingegriffen oder ihnen eine Sonderlast (zB die persönliche Haftung, §§ 240 Abs. 2, 233 Abs. 2 S. 3 UmwG) aufgebürdet werden soll.[77]

In bestimmten Konstellationen gibt das Umwandlungsgesetz den opponierenden Min-　84
derheitsgesellschaftern zwar nicht die Macht, die Durchführung der Umwandlung zu verhindern; sie erhalten aber die Möglichkeit, gegen Zahlung einer **Barabfindung** aus dem
betreffenden Rechtsträger auszuscheiden. Dies ist stets der Fall bei Wechsel der Rechtsform, zB durch Verschmelzung eines Rechtsträgers auf einen Rechtsträger mit anderer
Rechtsform, § 29 Abs. 1 S. 1 UmwG, Auf- und Abspaltung eines Rechtsträgers auf einen
Rechtsträger anderer Rechtsform, § 125 iVm §§ 29 ff. UmwG sowie grundsätzlich bei jedem Formwechsel, § 207 UmwG. Eine Barabfindung muss ferner angeboten werden,
wenn die im Zuge der Umwandlung gewährten Anteile an dem übernehmenden Rechtsträger Verfügungsbeschränkungen unterworfen sind (§ 29 Abs. 1 S. 2 UmwG). Nach der
Rechtsprechung ist darüber hinaus eine Abfindung zu gewähren, wenn eine börsennotierte Aktiengesellschaft aufgrund eines Umwandlungsvorgangs die Börsenzulassung ihrer
Aktien einbüßt (sog. „cold delisting"), sei es durch Formwechsel in eine nicht börsenfähige Gesellschaftsform oder Verschmelzung auf eine zwar börsenfähige, aber nicht börsennotierte andere Gesellschaft.[78] In allen diesen Fällen geht das Gesetz davon aus, dass der

---

[77] Widerspricht ein bereits persönlich haftender Gesellschafter einer (übertragenden oder übernehmenden) Personenhandelsgesellschaft einer Verschmelzung, so ist ihm in der übernehmenden Personenhandelsgesellschaft die Position eines Kommanditisten zu gewähren, § 43 Abs. 2 S. 3 UmwG (in Anlehnung an § 139 Abs. 1 HGB).

[78] BGH NJW 2003, 1032 – Macrotron. Die Besonderheit dieser Abfindung gegenüber den gesetzlich normierten Fällen liegt darin, dass auch Aktionäre, die bei der Beschlussfassung über die Umwandlungsmaßnahme keinen Widerspruch zur Niederschrift erklärt haben, zur Annahme des Abfindungsangebotes berechtigt sind.

betreffende Gesellschafter eine qualitativ andere Beteiligung erhält. Es soll daher in seinem Ermessen stehen, ob er die Änderungen hinnehmen oder gegen Abfindung ausscheiden will.[79] Das Angebot auf Zahlung einer Barabfindung ist in den Umwandlungsvertrag aufzunehmen; es kann von jedem Gesellschafter angenommen werden, der gegen den Umwandlungsbeschluss Widerspruch zur Niederschrift erklärt. Die Höhe der Barabfindung unterliegt der gerichtlichen Nachprüfung in einem gesonderten Verfahren der freiwilligen Gerichtsbarkeit, sog. **„Spruchverfahren"**, §§ 34, 305 bis 312 UmwG.

85 Schließlich können Minderheitsgesellschafter ganz allgemein eine **Verbesserung des Umtauschverhältnisses** der Anteile am übernehmenden Rechtsträger für die Anteile am übertragenden Rechtsträger verlangen, wenn das im Umwandlungsvertrag festgelegte Umtauschverhältnis einschließlich einer etwaigen baren Zuzahlung keine vollständige Kompensation für den Verlust der Mitgliedschaft bei dem übertragenden Rechtsträger darstellt, §§ 15, 125 UmwG. Die Verbesserung des Umtauschverhältnisses erfolgt ausschließlich im Wege einer baren Zuzahlung; es werden also keine zusätzlichen Anteile an dem übernehmenden Rechtsträger ausgegeben. Dieser Nachbesserungsanspruch kann von den Anteilseignern des übertragenden Rechtsträgers allerdings nicht im Wege einer Anfechtungsklage gegen die Wirksamkeit des Umwandlungsbeschlusses durchgesetzt werden (§§ 14 Abs. 2, 125 UmwG). Zum Ausgleich für diese Beschränkung der Rechtsschutzmöglichkeiten von Minderheitsgesellschaftern sieht das Gesetz vor, dass die Höhe der ggf. zu leistenden baren Zuzahlung in einem Verfahren der freiwilligen Gerichtsbarkeit, dem sog. **„Spruchverfahren"**, vom Gericht festgelegt werden kann. Die Einzelheiten ergeben sich aus dem Spruchverfahrensgesetz[80], in welchem die bisher über verschiedene Gesetze verstreuten Regelungen zum Spruchverfahren zusammengefasst worden sind. Die Antragsfrist für die Verbesserung des Umtauschverhältnisses beträgt drei Monate nach Bekanntmachung der Eintragung der Umwandlung, § 4 Abs. 1 Nr. 4 SpruchG. Dagegen sind die Anteilsinhaber des aufnehmenden Rechtsträgers nach wie vor darauf verwiesen, bei Bewertungsrügen Anfechtungsklage gegen den Verschmelzungsbeschluss (bzw. den sonstigen Umwandlungsbeschluss) zu erheben, da § 14 Abs. 2 UmwG derartige Anfechtungsklagen lediglich für die Anteilsinhaber des *übertragenden* Rechtsträgers ausschließt. Diese Beschränkung ist zu Recht vielfach kritisiert worden; es ist nicht einzusehen, warum nur die Anteilsinhaber des übertragenden, nicht jedoch die des aufnehmenden Rechtsträgers an der Erhebung von Anfechtungsklagen wegen Bewertungsrügen gehindert und stattdessen auf das – dieser Situation sehr viel besser angemessene – Spruchverfahren verwiesen sein sollen.[81]

86 **b) Verhinderung missbräuchlicher Anfechtungsklagen.** Während das UmwG 1995 materiell eine Verstärkung der Rechte der Minderheitsgesellschafter gebracht hat, ist ein wesentliches formelles Druckmittel, nämlich die Möglichkeit zur Verhinderung oder doch jedenfalls langwierigen Verzögerung der Durchführung einer Umwandlung durch Erhebung von Anfechtungsklagen gegen die einschlägigen Umwandlungsbeschlüsse, weitgehend eingeschränkt worden. So kann nach § 14 Abs. 2 UmwG eine Klage gegen die Wirksamkeit des Verschmelzungsbeschlusses des übertragenden Rechtsträgers nicht darauf gestützt werden, dass das Umtauschverhältnis der Anteile zu niedrig bemessen oder der Anteilstausch insgesamt eine unangemessene Kompensation für den Verlust der untergehenden Anteile am übertragenden Rechtsträger sei. Ebenso wenig kann eine Anfechtungsklage darauf gestützt werden, dass das im Umwandlungsvertrag oder -beschluss enthaltene Angebot auf Zahlung einer Barabfindung[82] zu niedrig bemessen oder nicht

---

[79] Zutreffend Schmitt/Hörtnagl/Stratz/*Stratz* UmwG § 29 Rn. 1.
[80] Gesetz zur Neuordnung des gesellschaftsrechtlichen Spruchverfahrens (Spruchverfahrensneuordnungsgesetz) vom 12.6.2003, BGBl. I 838.
[81] Siehe zu dieser Kritik nur Schmitt/Hörtnagl/Stratz/*Stratz* UmwG § 14 Rn. 20; *Martens* Die AG 2000, 301.
[82] Zu den Fällen, in denen ein solches Angebot unterbreitet werden muss, → Rn. 81.

IV. Einzelfragen   § 37

ordnungsgemäß angeboten worden sei. Gleiches gilt beim Formwechsel für die Behauptung, im Umwandlungsbeschluss seien den Anteilseignern zu wenig bzw. niedrige Anteile an dem Rechtsträger neuer Rechtsform zugeordnet worden (§ 196 UmwG). In all diesen Fällen hat sich der Gesetzgeber dafür entschieden, die Durchführung der Umwandlung nicht vom Ausgang der Streitigkeiten über ihre finanziellen Auswirkungen abhängig zu machen. Um die Minderheitsgesellschafter in diesem Bereich nicht schutzlos zu stellen, wurde das **Spruchverfahren,** in dem die Höhe des Umtauschverhältnisses bzw. der baren Zuzahlung gerichtlich festgelegt werden kann, allgemein eingeführt.

Durch diese Regelungen wurde einem Großteil der vor Inkrafttreten des UmwG 1995 87 gegen Umwandlungsbeschlüsse geführten Anfechtungsklagen der Boden entzogen. Derartige Anfechtungsklagen können seitdem nicht mehr auf sog. Bewertungsrügen oder auf bewertungsrelevante Informationsmängel (insbesondere behauptete Verletzungen des Auskunftsrechts der Aktionäre aus § 131 AktG) gestützt werden. Da die Eintragung von Umwandlungen nach dem Gesetz grundsätzlich von einer Versicherung der die Anmeldung bewirkenden Organe des betreffenden Rechtsträgers abhängig ist, dass keine Anfechtungsklagen gegen die Umwandlungsbeschlüsse anhängig sind (sog. „Negativattest", §§ 16 Abs. 2, 125, 198 Abs. 3 UmwG), können Minderheitsgesellschafter die Durchführung einer Umwandlung jedoch nach wie vor auf andere behauptete Verletzungen von Gesetz und Satzung gestützten Anfechtungsklagen verzögern. Um offensichtlich unbegründeten Anfechtungsklagen die Wirkung zu nehmen, kann gem. § 16 Abs. 3 UmwG in einem summarischen Verfahren (sog. **„Unbedenklichkeitsverfahren"**) durch gerichtlichen Beschluss festgestellt werden, dass die Anfechtungsklage der Eintragung der Umwandlung nicht entgegensteht (näheres → Rn. 50).[83]

3. Auswirkungen auf Verbindlichkeiten und Verträge

Wegen des Grundsatzes der (partiellen) Gesamtrechtsnachfolge (→ Rn. 6) haben Vertrags- 88 partner und sonstige Gläubiger keinen Einfluss auf die Durchführung der Umwandlung. Ebenso wie die Aktiva des übertragenden Rechtsträgers gehen auch seine Verbindlichkeiten sowie die zwischen ihm und Dritten bestehenden Vertragsverhältnisse als Ganzes im Wege der Gesamtrechtsnachfolge auf den übernehmenden Rechtsträger über. Auch vinkulierte Gesellschaftsanteile an Tochtergesellschaften in der Rechtsform der GmbH oder AG (vinkulierte Namensaktien) gehen ohne Beachtung der statutarischen Zustimmungserfordernisse über. Vertragspartnern und Gläubigern des übertragenden Rechtsträgers wird also ohne irgendeine Einflussmöglichkeit ein neuer Schuldner bzw. Kontrahent präsentiert, der in Bezug auf Bonität, fachliche Leistungsfähigkeit, Stellung im Markt und dergleichen eine erhebliche Verschlechterung gegenüber dem ursprünglich ausgewählten Vertragspartner bzw. Schuldner darstellen kann. Beim Formwechsel bleibt die Identität des umzuwandelnden Unternehmens zwar erhalten; doch sind auch hier die Interessen der Gläubiger und Vertragspartner berührt, wenn zB ein Wechsel in eine haftungsbegrenzte Rechtsform vorgenommen wird.

Diese Auswirkungen des Prinzips der Gesamtrechtsnachfolge werden bei manchen Re- 89 strukturierungen den Ausschlag für ein Vorgehen nach dem Umwandlungsgesetz und gegen andere Formen der Umwandlung (hierzu → § 38 Rn. 11 ff.) geben. Die gesetzliche Überleitung von Verbindlichkeiten und Vertragsverhältnissen ist insbesondere immer dann von Vorteil, wenn das umzuwandelnde Unternehmen einen großen Bestand an langfristigen Verbindlichkeiten und Vertragsverhältnissen hat und wenn eine Übertragung dieser Verbindlichkeiten und Vertragsverhältnisse mit Zustimmung der betreffenden Gläubiger und Kontrahenten einen erheblichen Verwaltungsaufwand verursachen oder etwa zu Irri-

---

[83] Freilich wäre es rechtspolitisch wünschenswert, die Sperrwirkung des § 14 Abs. 2 UmwG auch auf die Anteilsinhaber des *aufnehmenden* Rechtsträgers zu erstrecken; dazu → Rn. 82.

tationen im Markt führen würde.[84] Dagegen wird eine Verschmelzung oder sonstige Umwandlung, die zB unter Fortführung der vom übertragenden Rechtsträger zuvor geführten Firma erfolgt, von vielen Vertragspartnern und Schuldnern häufig kaum wahrgenommen. Dies ist bei einer Einzelrechtsübertragung anders, weil die Zustimmung der beteiligten Dritten zur Übertragung von Verbindlichkeiten und Verträgen eingeholt werden muss.

90 Andererseits sieht selbstverständlich auch das Umwandlungsgesetz Mechanismen zum Schutz der betroffenen Gläubiger vor. So ist den Gläubigern der an der Umwandlung beteiligten Rechtsträger (also sowohl den Gläubigern des übertragenden wie auch denen des übernehmenden Rechtsträgers) **Sicherheit zu leisten,** wenn sie glaubhaft machen, dass durch die Umwandlung die Erfüllung ihrer Forderungen gefährdet ist und die Sicherheitsleistung innerhalb von sechs Monaten nach Bekanntmachung der Handelsregistereintragung beantragt wird, §§ 22 Abs. 1, 125, 204 UmwG. Eine Sicherheitsleistung kann nicht verlangt werden, wenn der betreffende Gläubiger bereits Erfüllung fordern kann. Eine Gefährdung der Gläubigerforderung ist im Übrigen anhand konkreter Hinweise glaubhaft zu machen, wie zB die Tatsache, dass das Aktivvermögen des übernehmenden Rechtsträgers nach der Verschmelzung zur Deckung der Gesamtverbindlichkeiten nicht mehr ausreicht; die Tatsache allein, dass sich die Gläubiger etwa des übertragenden Rechtsträgers nunmehr mit einem neuen Schuldner (nämlich dem übernehmenden Rechtsträger) konfrontiert sehen, reicht zur Glaubhaftmachung der Gefährdung ihres Anspruches nicht aus.[85] Die Forderung einer Sicherheitsleistung ist auch ausgeschlossen, wenn den Gläubigern im Falle der Insolvenz das Recht auf vorzugsweise Befriedigung aus einer staatlich überwachten Deckungsmasse (wie zB bei Forderungen gegen den Pensionssicherungsverein)[86] zusteht, § 22 Abs. 2 UmwG. Bei der Spaltung haften die beteiligten Rechtsträger (also sowohl der übertragende Rechtsträger als auch der oder die aufnehmende(n) Rechtsträger) für die vor dem Wirksamwerden der Spaltung begründeten Verbindlichkeiten der übertragenden (gespaltenen) Gesellschaft für einen Zeitraum von fünf Jahren als Gesamtschuldner, § 139 UmwG.

91 Die Gläubiger des übertragenden Rechtsträgers bei Verschmelzungen sowie Ab- und Aufspaltungen sind darüber hinaus durch einen besonderen **Schadensersatzanspruch** gegen die Organmitglieder des übertragenden Rechtsträgers geschützt, §§ 25, 26, 125 UmwG. Der Anspruch setzt voraus, dass die handelnden Organmitglieder (Geschäftsführer, Vorstands- und Aufsichtsratsmitglieder, ggf. persönlich haftende Gesellschafter) im Rahmen der Verschmelzung ihre Sorgfaltspflichten in Bezug auf die Prüfung der Vermögenslage oder den Abschluss des Verschmelzungsvertrages verletzt haben.[87] Gemäß § 25 Abs. 2 UmwG gilt der übertragende Rechtsträger für die Geltendmachung dieses Schadensersatzanspruches (sowie für die Geltendmachung anderer, aus allgemeinen Vorschriften folgender Schadenersatzansprüche) als fortbestehend. Für die Durchsetzung des Schadensersatzanspruches ist vom Gericht des Sitzes des übertragenden Rechtsträgers auf Antrag eines Anteilsinhabers oder eines Gläubigers dieses Rechtsträgers ein besonderer Vertreter zu bestellen, § 26 Abs. 1 UmwG. Gläubiger des übertragenden Rechtsträgers können die Einsetzung des besonderen Vertreters allerdings nur beantragen, wenn sie von dem übernehmenden Rechtsträger keine Befriedigung erlangen können, § 26 Abs. 1 S. 3

---

[84] Mit Recht bezeichnet *Kallmeyer* GmbHR 1993, 461 f., die „Umwandlung" eines Einzelunternehmens in eine GmbH im Wege der Sachgründung aus diesem Grunde als „in vielen Fällen undurchführbar".
[85] Lutter/*Grunewald* UmwG § 22 Rn. 12.
[86] S. Sagasser/Bula/Brünger/*Sagasser/Luke,* Umwandlungen, § 3 Rn. 33; Lutter/*Grunewald* UmwG § 22 Rn. 26 mwN.
[87] Diese Anspruchsvoraussetzung ergibt sich zwar nicht aus dem Gesetz; § 25 Abs. 1 S. 1 UmwG statuiert nur eine Schadensersatzpflicht der Organmitglieder, ohne deren Voraussetzungen zu nennen. Das Erfordernis der Sorgfaltspflichtverletzung folgt aber aus allgemeinen Grundsätzen sowie aus § 25 Abs. 1 S. 2 UmwG, der den Organmitgliedern in Bezug auf die Prüfung der Vermögenslage der Rechtsträger und den Abschluss des Verschmelzungsvertrages eine Exkulpationsmöglichkeit eröffnet. Dies wäre ohne das Erfordernis eines dahin gehenden Pflichtverstoßes nicht sinnvoll, Lutter/*Grunewald* UmwG § 25 Rn. 8.

IV. Einzelfragen § 37

UmwG. Der besondere Vertreter hat die Gläubiger des übertragenden Rechtsträgers zur Anmeldung ihrer Forderungen innerhalb einer Frist von wenigstens einem Monat aufzufordern und die Beträge, die er aus der Geltendmachung des Schadensersatzanspruches gegen die Organmitglieder erzielt, unter den Gläubigern zu verteilen.

§ 38 Andere Methoden der Umwandlung

Übersicht

	Rn.
I. Überblick	1
II. Anwachsungsmodelle	4
1. Allgemeines	4
2. Einfaches Anwachsungsmodell	6
3. Erweitertes Anwachsungsmodell	9
III. Einzelrechtsübertragung	11
1. Allgemeines	11
2. Ausgliederung	13
3. Wirtschaftliche Verschmelzung	15
4. Wirtschaftliche Spaltung	17
5. Realteilung	22
a) Realteilung ohne Spitzenausgleich	28
b) Realteilung mit Spitzenausgleich	31

I. Überblick

1 Obwohl das UmwG 1995 eine umfassende Regelung der früher in verschiedenen anderen Gesetzen verstreuten gesetzlichen Umwandlungsmöglichkeiten darstellt, sind Formwechsel und Ausgliederungen sowie jedenfalls im wirtschaftlichen Ergebnis auch Verschmelzungen und Spaltungen auch außerhalb des Umwandlungsgesetzes durch Ausnutzung allgemeiner Rechtsinstitute möglich. So können Formwechsel und in beschränktem Umfang auch Verschmelzungen unter Beteiligung von Personengesellschaften im Wege der sog. Anwachsungsmodelle vorgenommen, Ausgliederungen und wirtschaftliche Verschmelzungen im Wege der Einzelrechtsübertragung sowie der Sachgründung bzw. Sachkapitalerhöhung und Spaltungen durch eine Kombination von Einzelrechtsübertragungen und verschiedenen gesellschaftsrechtlichen Maßnahmen (zB die Einziehung von Geschäftsanteilen sowie die Kapitalherabsetzung) vorgenommen werden.

2 Die **Zulässigkeit** von Umwandlungsmaßnahmen aufgrund solcher allgemeinen Rechtsinstitute wird allgemein bejaht. Zwar bestimmt § 1 Abs. 2 UmwG, dass Verschmelzungen, Spaltungen, Vermögensübertragungen und Formwechsel außer in den im Umwandlungsgesetz geregelten Fällen nur möglich sind, soweit sie durch ein anderes Bundesgesetz oder Landesgesetz ausdrücklich vorgesehen sind. Doch wollte der Gesetzgeber durch diese Vorschrift die auf allgemeinen Rechtsgrundsätzen, insbesondere auf dem Grundsatz der Anwachsung bei Personengesellschaften (§ 738 BGB), beruhenden sonstigen Umwandlungsformen nicht ausschließen.[1]

3 Bestimmte Umwandlungen, die auf gesetzlichen Vorschriften außerhalb des Umwandlungsgesetzes beruhen, sind für Umwandlungen im Rahmen der Unternehmensnachfolge weitgehend irrelevant und seien daher hier nur am Rande erwähnt. So findet ohne weiteres Zutun der Beteiligten ein Formwechsel von einer GbR in eine OHG statt, wenn die GbR ein Handelsgewerbe im Sinne der §§ 1 ff. HGB aufnimmt. Umgekehrt wandeln sich Personenhandelsgesellschaften (OHG, KG) ohne weiteres (und oft unbemerkt von ihren Gesellschaftern) in Gesellschaften bürgerlichen Rechts um, wenn ein ursprünglich betriebenes Handelsgewerbe aufgegeben wird.[2] Derartige Formwechsel geschehen oft un-

---

[1] BR-Drs. 75/94, 80. Dies wird für den Formwechsel auch aus § 190 Abs. 2 UmwG deutlich, wo ausdrücklich die Rede ist von „einer Änderung der Rechtsform, die in anderen Gesetzen vorgesehen oder zugelassen ist".

[2] Dies ist nach der Rspr. des BGH insbes. dann der Fall, wenn eine ein Handelsgewerbe betreibende KG im Wege der Betriebsaufspaltung ihren Betrieb an eine Tochter-Kapitalgesellschaft verpachtet und sich künftig

gewollt; hier ist insbesondere insoweit Vorsicht geboten, als mit dem Formwechsel einer KG in eine GbR der Verlust der Haftungsbeschränkung für den Kommanditisten droht.[3]

II. Anwachsungsmodelle

1. Allgemeines

Sämtliche Anwachsungsmodelle basieren auf der Vorschrift des § 738 Abs. 1 S. 1 BGB, die nicht nur für die Gesellschaft bürgerlichen Rechts, sondern (über §§ 105 Abs. 2, 161 Abs. 2 HGB) auch für die OHG und die KG gilt. Nach dieser – vertraglich nicht abdingbaren – Regelung wächst der einem ausscheidenden Gesellschafter zustehende Anteil am Gesellschaftsvermögen den übrigen Gesellschaftern zu. Der ausscheidende Gesellschafter verliert seinen Anteil an dem gesamthänderisch gebundenen Vermögen der Gesellschaft, ohne dass es irgendwelcher Übertragungsakte bedürfte, ja ohne dass solche Übertragungsakte überhaupt möglich wären.[4] Die Anwachsung stellt daher einen Fall der Gesamtrechtsnachfolge dar; insoweit ist sie der Funktionsweise des Umwandlungsgesetzes ähnlich, bei der gleichfalls eine Universalsukzession stattfindet.[5]

4

Aufgrund der Gesamtrechtsnachfolge ermöglichen die Anwachsungsmodelle besonders einfache Umwandlungen von Personengesellschaften (GbR, OHG, KG) in Kapitalgesellschaften, da weder eine Aufzählung der im Einzelnen übergehenden Vermögensgegenstände (bzw. der an ihnen bestehenden Anteile) noch die Zustimmung von Gläubigern und Vertragspartnern erforderlich ist.[6] Zudem sind Anwachsungsmodelle zeitsparend und kosteneffizient durchzuführen, weil sie weder umfangreiche Formalien erfordern noch an irgendwelche bestimmte Umwandlungsstichtage gebunden sind. Anwachsungsmodelle ermöglichen sowohl Verschmelzungen als auch Formwechsel von Personengesellschaften auf bzw. in Kapitalgesellschaften. Der umgekehrte Fall einer Umwandlung von Kapitalgesellschaften in Personengesellschaften lässt sich allerdings nicht aufgrund Anwachsung im Wege der Gesamtrechtsnachfolge durchführen; hier ist als Alternative zu einem Vorgehen nach dem Umwandlungsgesetz nur eine Sachgründung der Personengesellschaft durch die Kapitalgesellschaft (Einzelrechtsübertragung erforderlich) mit anschließender Liquidation der Kapitalgesellschaft denkbar (Näheres → Rn. 15).[7]

5

2. Einfaches Anwachsungsmodell

In der Grundform des Anwachsungsmodells (sog. „einfaches Anwachsungsmodell") erfolgt eine Verschmelzung der Personengesellschaft (etwa einer KG) auf die Kapitalgesellschaft (etwa eine GmbH) dadurch, dass die übernehmende GmbH, soweit nicht bereits der Fall, zunächst Gesellschafterin der KG wird und anschließend sämtliche anderen Gesellschafter außer der aufnehmenden GmbH aus der KG austreten; ihr Anteil am Gesamthandsvermögen der KG wächst gem. § 738 Abs. 1 S. 1 BGB der einzigen verbleibenden Gesellschafterin, nämlich der GmbH, an. In dieser Verschmelzung liegt im wirtschaftlichen Ergebnis zugleich ein Formwechsel, da sich die Gesellschaftsform des Unterneh-

6

---

nur noch mit der Verpachtung ihres Anlagevermögens befasst, BGH NJW-RR 1990, 798; zust. MüKoHGB/*K. Schmidt* § 1 Rn. 28 mwN; aA Heymann/*Emmerich* HGB § 1 Rn. 11 u. § 2 Rn. 11; Staub/*Hüffer* HGB § 17 Rn. 20; OLG München NJW 1988, 1036. Ob es nach der Reform des Handelsrechts, insbesondere der Abschaffung des früher in § 1 Abs. 2 HGB geregelten Grundhandelsgewerbes, bei dieser Rechtsprechung bleibt, muss abgewartet werden.

[3] Zu weiteren ipso iure stattfindenden Formwechseln s. etwa Lutter/*Decher*/*Hoger* UmwG § 190 Rn. 13.
[4] MüKoBGB/*Schäfer* § 738 Rn. 5.
[5] So jedenfalls bei der Verschmelzung, s. → § 37 Rn. 6. Bei der Spaltung liegt ein Fall der partiellen Gesamtrechtsnachfolge (Sonderrechtsnachfolge) vor, beim Formwechsel erfolgt keine Vermögensübertragung.
[6] Zum Anwendungsbereich für Umwandlungen durch Anwachsung s. *Orth* DStR 1999, 1011 (1014); Sagasser/Bula/Brünger/*Sagasser*, Umwandlungen, § 8 Rn. 13.
[7] Zu den einzelnen Gestaltungsmöglichkeiten unter Verwendung von Anwachsungsmodellen s. auch *Kallmeyer* ZIP 1994, 1746 f.

mensträgers aufgrund der Anwachsung von der einer KG in die einer GmbH gewandelt hat. Dies ist jedoch nicht notwendigerweise der Fall: Denkbar ist auch eine Verschmelzung zweier Personengesellschaften, etwa zweier Kommanditgesellschaften, indem nämlich die übernehmende Kommanditgesellschaft als Gesellschafterin (meist Kommanditistin) in die übertragende KG eintritt und sodann alle anderen Gesellschafter aus der übertragenden Kommanditgesellschaft ausscheiden.

7   Die **Nachteile** des einfachen Anwachsungsmodells gegenüber einem Vorgehen nach dem Umwandlungsgesetz liegen zunächst darin, dass das Anwachsungsmodell in vielen Fällen nur zwischen beteiligungsgleichen Gesellschaften in Frage kommt, also nur dann, wenn an der übernehmenden Kapitalgesellschaft dieselben Gesellschafter in gleicher Höhe beteiligt sind wie an der übertragenden Personengesellschaft.[8] Ohne eine solche Beteiligungsidentität kommt es bei Anwachsungsmodellen zu einer meist – aber nicht notwendigerweise immer – unerwünschten Verschiebung der Beteiligungsverhältnisse. Denn einem Gesellschafter, der zwar an der übertragenden Personengesellschaft, nicht jedoch an der übernehmenden Kapitalgesellschaft beteiligt war, steht nach § 738 Abs. 1 S. 2 BGB lediglich eine Entschädigung für den Verlust seines Anteils am Gesamthandsvermögen der Personengesellschaft zu, nicht jedoch eine Beteiligung an der übernehmenden Kapitalgesellschaft. In diesem Punkt unterscheiden sich die Anwachsungsmodelle von Verschmelzungen nach dem Umwandlungsgesetz, wo – von hier nicht bedeutsamen Ausnahmen abgesehen – sämtliche Gesellschafter des übertragenden Rechtsträgers für den Verlust ihrer untergehenden Gesellschafterstellung in Anteilen des übernehmenden Rechtsträgers entschädigt werden.

8   Ein weiterer Nachteil des einfachen Anwachsungsmodells liegt in der Tatsache, dass die aufgrund der Anwachsung stattfindende Vermögensübertragung nicht ertragsteuerneutral durchgeführt werden kann.[9] Ein steuerneutraler Einbringungsvorgang gem. § 20 UmwStG liegt nicht vor, weil an die einbringenden Gesellschafter der Personengesellschaft keine Gesellschaftsanteile der Kapitalgesellschaft ausgegeben werden. Vielmehr liegt eine verdeckte Einlage vor, die gem. § 16 Abs. 3 EStG zur Versteuerung sämtlicher stiller Reserven der im Rahmen der Anwachsung untergehenden Mitunternehmerschaft führt.[10] Ein weiterer Nachteil besteht darin, dass der gewerbesteuerliche Verlustabzug nach § 10a GewStG der Personenhandelsgesellschaft bei einem einfachen Anwachsungsmodell vollständig verloren geht, da es insofern an der erforderlichen partiellen Unternehmensidentität fehlt.[11] Das einfache Anwachsungsmodell kommt also immer dann nicht in Frage, wenn bei der übertragenden Personengesellschaft stille Reserven vorhanden sind, die nicht im Rahmen der Umwandlung aufgedeckt werden sollen.

3. Erweitertes Anwachsungsmodell

9   Um die ertragsteuerliche Neutralität des Umwandlungsvorgangs zu gewährleisten, wird heute meist das sog. „erweiterte Anwachsungsmodell" verfolgt. Dabei wird die Anwachsung des Vermögens der übertragenden Personengesellschaft auf die übernehmende Kapitalgesellschaft dadurch durchgeführt, dass die übrigen (meist natürlichen) Gesellschafter ihre Gesellschaftsanteile an der übertragenden Personengesellschaft im Wege der Sachkapitalerhöhung gegen Gewährung von Gesellschaftsanteilen in die übernehmende Kapitalgesellschaft einbringen. Ertragsteuerlich handelt es sich bei diesem Vorgang um eine Einbringung von Mitunternehmeranteilen in eine Kapitalgesellschaft gegen Gewährung neuer Anteile, die nach § 20 Abs. 1 UmwStG steuerneutral möglich ist. Anders als beim

---

[8] An der übertragenden Personengesellschaft muss lediglich zusätzlich noch die übernehmende Kapitalgesellschaft beteiligt sein, auf die das Vermögen im Wege der Anwachsung übergehen soll.
[9] *Schwedhelm*, Harzburger Steuerprotokoll 1997, 221 ff.; BMF 11.11.2011, BStBl. I 2011, 1314 Tz. E 20.10; Schmitt/Hörtnagl/Stratz/*Schmitt* UmwStG § 20 Rn. 194; Sagasser/Bula/Brünger/*Sagasser*, Umwandlungen, § 29 Rn. 21.
[10] Siehe nur *Orth* DStR 1999, 1053 (1056).
[11] Sagasser/Bula/Brünger/*Sagasser*, Umwandlungen, § 29 Rn. 24; *Orth* DStR 1999, 1053 (1056).

einfachen Anwachsungsmodell, wo die Finanzverwaltung in der Regel nur eine Rückbeziehung von bis zu sechs Wochen ohne weiteres zulässt, kann die Vermögensübertragung beim erweiterten Anwachsungsmodell ebenso wie beim Vorgehen nach dem Umwandlungsgesetz um bis zu acht Monate rückbezogen werden (§ 20 Abs. 8 S. 3 UmwStG).[12] Dies gilt jedoch nicht bei der im Wege der Anwachsung erfolgenden Übertragung des Vermögens seiner Personengesellschaft auf eine andere Personengesellschaft. Denn in den Fällen des § 24 UmwStG (Einbringung von Betriebsvermögen in eine Personengesellschaft) besteht nach Ansicht der Finanzverwaltung nicht das Rückbeziehungswahlrecht des § 24 Abs. 4 2. HS UmwStG, da sie die Anwachsung als Fall der Einzelrechtsnachfolge ansieht.[13]

Der **Nachteil** des erweiterten Anwachsungsmodells liegt darin, dass bei der Einbringung der Mitunternehmeranteile in die übernehmende Kapitalgesellschaft die Sachgründungsvorschriften beachtet werden müssen. Dadurch verliert das Anwachsungsmodell einiges von seinem Reiz gegenüber einem Vorgehen nach dem Umwandlungsgesetz, der ja vor allem in der einfachen und kostengünstigen Gestaltung des Umwandlungsvorgangs liegt. Doch lässt sich das Erfordernis einer Einhaltung der Sachgründungsvorschriften dadurch erheblich entschärfen, dass als Nennwert der Sachkapitalerhöhung ein weit unter dem tatsächlichen Wert der Mitunternehmeranteile liegender Betrag gewählt und vereinbart wird, den überschießenden Betrag in die Kapitalrücklage der Kapitalgesellschaft einzustellen. Auf diese Weise wird der gegenüber dem Handelsregister zu führende Werthaltigkeitsnachweis häufig ohne aufwendige Gutachten, sondern etwa aufgrund zeitnaher testierter Bilanzen der übertragenden Personengesellschaft möglich sein. Wird auf diese Weise verfahren, so dürfte ein Vorgehen nach dem erweiterten Anwachsungsmodell regelmäßig immer noch weniger zeit- und kostenaufwendig als eine Verschmelzung nach dem Umwandlungsgesetz sein.[14] Dies gilt insbesondere im Hinblick auf die oft als unangemessen hoch empfundenen Kosten für die Beurkundung von Verschmelzungsverträgen (Näheres → § 37 Rn. 26). Ein weiterer Nachteil besteht darin, dass der Erwerb von Grundstücken im Wege der Anwachsung einen grunderwerbsteuerpflichtigen Tatbestand nach § 1 Abs. 1 Nr. 3 GrEStG darstellt. Demgegenüber fällt bei einem reinen Formwechsel, der nach den Vorschriften des UmwG durchgeführt wird, keine Grunderwerbsteuer an. (Näheres → § 43 Rn. 7) Demgemäß wird man anstelle einer Anwachsung eher nach dem UmwG vorgehen, wenn die Ausgangs-Personengesellschaft (wertvolle) Grundstücke hält und lediglich ein Formwechsel beabsichtigt ist.

III. Einzelrechtsübertragung

1. Allgemeines

Die Verschmelzung sowie sämtliche Formen der Spaltung (Ausgliederung, Auf- und Abspaltung) lassen sich zumindest in ihrem wirtschaftlichen Ergebnis auch außerhalb des Umwandlungsgesetzes durch eine Kombination aus der Einzelrechtsübertragung der jeweils betroffenen Wirtschaftsgüter und einer Reihe gesellschaftsrechtlicher Maßnahmen (zB Sachkapitalerhöhung oder -herabsetzung usw.) durchführen. Gemeinsam ist diesen alternativen Umwandlungsformen, dass sie eine Übertragung einzelner Wirtschaftsgüter und damit wegen des sachenrechtlichen Bestimmtheitsgrundsatzes eine Aufzählung der jeweils zu übertragenden Vermögensgegenstände erfordern. Wird hierbei nicht mit der gebotenen Genauigkeit verfahren, so führt dies oft zu unliebsamen Entwicklungen, die bisweilen erst Jahre später offenbar werden (zB Übertragung des Eigentums betriebswe-

---

[12] Zum erweiterten Anwachsungsmodell s. *Kallmeyer* GmbHR 1993, 461 (463); Lutter/Decher/Hoger UmwG § 190 Rn. 15 sowie zur steuerlichen Behandlung BeckHdB GmbH/Otto/Scholz § 14 Rn. 188; *Orth* DStR 1999, 1053 (1055 ff.); Sagasser/Bula/Brünger/*Sagasser*, Umwandlungen, § 29 Rn. 23.
[13] BMF 11.11.2011, BStBl. I 2011, 1314 Tz. 24.06.
[14] So auch *Schwedhelm*, Unternehmensumwandlung, Rn. 1560.

sentlicher Wirtschaftsgüter an den „falschen" Rechtsträger). Hinzu kommt, dass für den Übergang von Verbindlichkeiten und Vertragsverhältnissen im Wege der Einzelrechtsübertragung die Zustimmung der Gläubiger und Vertragspartner erforderlich ist, deren Einholung in der Praxis jedoch oft versäumt oder wegen der damit verbundenen Publizität gescheut wird.

12 Die auf der Einzelrechtsübertragung aufbauenden Alternativmodelle haben gegenüber dem Umwandlungsgesetz darüber hinaus oft den Nachteil, dass sie die Zielsetzung der jeweiligen Umwandlungsform nicht vollständig, sondern allenfalls im wirtschaftlichen Ergebnis erreichen; zur Erreichung desselben rechtlichen Ergebnisses ist dagegen oft eine Vielzahl komplizierter Einzelschritte erforderlich, so dass ein Vorgehen nach dem Umwandlungsgesetz auch unter dem Aspekt des Zeit- und Kostenaufwandes vorzugswürdig ist (so zB bei der sog. wirtschaftlichen Spaltung, dazu → Rn. 17). Dagegen kann eine auf der Einzelrechtsübertragung basierende Umwandlung dann vorzugswürdig sein, wenn es auf die präzise rechtliche Umsetzung des wirtschaftlich Gewollten nicht ankommt oder ein einfacher Umwandlungsfall (wie etwa die Ausgliederung) in Frage steht.

2. Ausgliederung

13 Als einfachste Form der Umwandlung im Wege der Einzelrechtsübertragung ist die Ausgliederung zu nennen.[15] Ein übertragender Rechtsträger kann Teile seines Vermögens (etwa einen Betriebsteil, eine Abteilung, eine Beteiligung oder Ähnliches) oder auch sein gesamtes Vermögen im Wege der Sachgründung in eine andere, auf diese Weise neu gegründete Gesellschaft, oder im Wege der Sachkapitalerhöhung auf einen bereits bestehenden Rechtsträger gegen Gewährung von Gesellschaftsanteilen ausgliedern.[16] Abgesehen davon, dass die Ausgliederung im Wege der Einzelrechtsübertragung eine Auflistung sämtlicher betroffener Wirtschaftsgüter sowie die Zustimmung der Gläubiger und Vertragspartner des übertragenden Rechtsträgers erfordert, liegt ein weiterer Unterschied darin, dass nach dem Umwandlungsgesetz in jedem Falle eine Zustimmung der Anteilseigner der beteiligten Rechtsträger erforderlich ist (§§ 13 Abs. 1, 123 Abs. 3, 125 UmwG). Dagegen stellt die Ausgliederung im Wege der Einzelrechtsübertragung regelmäßig eine normale Geschäftsführungsmaßnahme dar, die zumindest bei Fehlen besonderer Zustimmungserfordernisse der Satzung oder einer Geschäftsordnung von dem Vertretungsorgan des übertragenden Rechtsträgers ohne Zustimmung der Gesellschafterversammlung vorgenommen werden kann.[17]

14 Im Übrigen kann die Ausgliederung im Wege der Einzelrechtsnachfolge ebenso wie nach dem Umwandlungsgesetz ertragsteuerneutral durchgeführt werden. Dies gilt bei einer Ausgliederung auf eine Kapitalgesellschaft aufgrund von § 20 UmwStG, bei einer Ausgliederung auf eine Personengesellschaft nach § 24 UmwStG oder § 6 Abs. 5 Satz 3 EStG. Allerdings ist in diesem Zusammenhang darauf hinzuweisen, dass die Steuerneutralität bei der beabsichtigten Einbringung von Betrieben oder Betriebsteilen nach § 24 Abs. 1 UmwStG voraussetzt, dass alle wesentlichen Betriebsgrundlagen auch tatsächlich übergehen.[18]

---

[15] Zum Vorgehen nach dem UmwG s. → § 37 Rn. 21.
[16] S. *Kallmeyer* ZIP 1994, 1749.
[17] Eine Ausnahme liegt jedoch dann vor, wenn das gesamte Vermögen (vgl. § 179a AktG) oder doch wesentliche Teile des Betriebsvermögens ausgegliedert werden sollen (BGH NJW 1982, 1709 „Holzmüller") oder – allgemeiner – wenn der übertragende Rechtsträger durch die Ausgliederung zum herrschenden Unternehmen eines Konzerns wird.
[18] S. nur Schmitt/Hörtnagl/Stratz/*Schmitt* UmwStG § 24 Rn. 83 ff.; Haritz/Menner/*Schlößer/Schley* UmwStG § 24 Rn. 25.

3. Wirtschaftliche Verschmelzung

Die Verschmelzung einer Gesellschaft auf eine andere lässt sich im wirtschaftlichen Ergebnis **15** dadurch erreichen, dass die übertragende Gesellschaft ihr gesamtes Vermögen (Aktiva und Passiva) durch Einzelrechtsübertragung im Wege der Sachkapitalerhöhung in die übernehmende Gesellschaft gegen Gewährung von Gesellschaftsanteilen einbringt. Da die übertragende Gesellschaft auf diese Weise zur Holding wird und sich damit ihr Unternehmenszweck ändert, ist ein satzungsändernder Gesellschafterbeschluss erforderlich.[19] Darüber hinaus setzt diese Variante voraus, dass die bisherigen Gesellschafter des übernehmenden Rechtsträgers an dessen Kapitalerhöhung nicht beteiligt werden; diese Voraussetzung stellt bei einem überschaubaren Gesellschafterkreis und Einvernehmen innerhalb der Gesellschafter keine Schwierigkeit dar; ansonsten bedarf es einer sachlichen Rechtfertigung für den Bezugsrechtsausschluss.[20] Schließlich ist zu beachten, dass durch die Sachkapitalerhöhung lediglich der übertragende Rechtsträger zum Gesellschafter des übernehmenden Rechtsträgers wird; um eine mit der Verschmelzung nach dem Umwandlungsgesetz identische Situation herzustellen, bedarf es daher noch der Liquidation des übertragenden Rechtsträgers; diese ist zwar aufgrund der Tatsache, dass der übertragende Rechtsträger nur noch einen Vermögensgegenstand (nämlich den Anteil am übernehmenden Rechtsträger) hält, stark vereinfacht, dennoch sind insbesondere bei Kapitalgesellschaften zeitraubende Formalitäten einzuhalten,[21] die diese Art der Verschmelzung nur in Ausnahmefällen angeraten erscheinen lassen.

Andere, ähnliche Spielarten der wirtschaftlichen Verschmelzung liegen in der Sach- **16** gründung eines neuen Rechtsträgers (etwa im Sinne einer Joint-Venture-Gesellschaft) durch zwei bestehende Rechtsträger im Wege der Einzelrechtsübertragung ihrer jeweiligen Geschäftsbetriebe. Abgesehen von dem dann nicht bestehenden Problem des Bezugsrechtsausschlusses verdoppeln sich bei dieser Gestaltung die oben dargelegten Erfordernisse. Dies gilt insbesondere auch für die durch das Erfordernis der Einzelrechtsübertragung verursachten Kosten und die damit verbundenen Risiken (→ Rn. 11).

4. Wirtschaftliche Spaltung

Bei der sog. wirtschaftlichen Spaltung handelt es sich um eine Methode zur Auf- und **17** Abspaltung von Kapitalgesellschaften, die vor allem vor Einführung der gesetzlichen Spaltungsvorschriften im UmwG 1995 (§§ 123 ff. UmwG, → § 37 Rn. 16) angewendet wurde. Die wirtschaftliche Spaltung fasst Elemente der Einzelrechtsübertragung, der Sachkapitalerhöhung (bzw. Sachgründung) und andere gesellschaftsrechtliche Vorgänge (Ausschüttungen, Einziehung von Geschäftsanteilen, Herabsetzung von Kapital usw.) zusammen, um das wirtschaftliche Ziel einer Auf- oder Abspaltung von Kapitalgesellschaften unter Gewährung von Anteilen der übernehmenden Kapitalgesellschaft an die Gesellschafter der übertragenden Körperschaft zu erreichen. Die wirtschaftliche Spaltung von Kapitalgesellschaften ist zu unterscheiden von der sog. **Realteilung** von Personengesellschaften: Diese stellt im Grundsatz eine Form der Liquidation von Mitunternehmerschaften (GbR, OHG und KG) dar, bei der den Gesellschaftern die Wirtschaftsgüter der Personengesellschaft, die zuvor im Gesamthandseigentum standen, zu Alleineigentum übertragen werden (Näheres → Rn. 21 ff.).

Je nach der Gesellschaftsform der zu spaltenden Kapitalgesellschaft (zB GmbH, AG, **18** eG) haben sich in der Praxis unterschiedliche Einzelschritte zur Umsetzung der wirtschaftlichen Spaltung eingebürgert. Allen Modellen gemeinsam ist, dass zunächst die aufzuspaltenden Vermögensteile bzw. – bei der Abspaltung – der abzuspaltende Vermö-

---

[19] Hierauf weist *Kallmeyer* ZIP 1994, 1747 zu Recht hin.
[20] BGH NJW 1981, 1512; Sagasser/Bula/Brünger/*Sagasser*, Umwandlungen, § 8 Rn. 11. Bei Aktiengesellschaften sind die Voraussetzungen des § 186 Abs. 3 AktG zu beachten.
[21] So etwa die (vor ARUG 2009: dreimalige) Veröffentlichung der Liquidation gem. § 65 Abs. 2 GmbHG sowie das Sperrjahr gem. § 73 Abs. 1 GmbHG.

gensteil der übertragenden Gesellschaft im Wege einer **Sachgründung** oder Sachkapitalerhöhung in eine (bei der Abspaltung) oder mehrere (bei der Aufspaltung) Tochtergesellschaften der übertragenden Kapitalgesellschaft eingebracht werden. Die Einbringung erfolgt im Wege der Einzelrechtsübertragung; dies hat den Nachteil, dass die jeweils betroffenen Vermögensgegenstände (Aktiva wie Passiva) einzeln aufgezählt werden müssen und die Zustimmung von Forderungsgläubigern und Vertragspartnern zum Übergang von Verbindlichkeiten und Vertragsverhältnissen einzuholen ist. Nach Abschluss dieses ersten Schrittes wird zunächst ein der Ausgliederung entsprechendes Stadium erreicht, das dadurch gekennzeichnet ist, dass die Gesellschaftsanteile des übernehmenden Rechtsträgers zunächst noch dem übertragenden Rechtsträger und nicht bereits dessen Gesellschaftern zustehen.

19   Die Übertragung der auf- bzw. abzuspaltenden Vermögensgegenstände auf die Tochter-Kapitalgesellschaft muss im Wege der Sachgründung bzw. Sachkapitalerhöhung erfolgen. Diese Vorgehensweise hat zwar den Nachteil, dass die gesellschaftsrechtlichen Sachkapitalerhöhungsvorschriften anzuwenden sind, mit der Folge insbesondere einer Verpflichtung zur Vorlage von Unterlagen beim Handelsregister, aus denen sich die Werthaltigkeit der eingebrachten Sacheinlagen ergibt. Von Konstruktionen, mit denen dieses Erfordernis umgangen wird (wie etwa einer Bargründung mit anschließendem käuflichen Erwerb der betreffenden Vermögensgegenstände) ist jedoch dringend abzuraten. Es handelt sich hierbei meist um sog. „verdeckte Sacheinlagen"[22] mit der Folge, dass die übertragende Gesellschaft trotz der Zahlung weiterhin die Leistung der Bareinlage in die übernehmende Gesellschaft schuldet. Das Ausführungsgeschäft ist jedoch nicht unwirksam (§ 27 Abs. 3 S. 2 AktG, § 19 Abs. 4 S. 2 GmbHG). Kommt es dennoch zu einer Eintragung der Gesellschaft ins Handelsregister wird der Wert der betreffenden Vermögensgegenstände auf die Einlagepflicht angerechnet.[23]

20   Nach Übertragung der auf- bzw. abzuspaltenden Vermögensgegenstände auf die übernehmende Gesellschaft müssen die an dieser Gesellschaft bestehenden **Gesellschaftsanteile** von dem übertragenden Rechtsträger auf dessen Gesellschafter A und B **übertragen** werden. Ist hinreichend ausschüttungsfähiges Eigenkapital der übertragenden Gesellschaft vorhanden (etwa vorgetragene Gewinne oder bei Gesellschaften mbH Kapitalrücklagen), so kann die Auskehrung im Wege der ordentlichen Gewinnausschüttung erfolgen, wobei die Gesellschafter des übertragenden Rechtsträgers beschließen, die ordentliche Gewinnausschüttung nicht in Geld, sondern durch Auskehrung der Gesellschaftsanteile an dem übernehmenden Rechtsträger vorzunehmen. Anderenfalls kann (bei der Abspaltung) eine Kapitalherabsetzung des übertragenden Rechtsträgers bzw. (bei der Aufspaltung) eine Liquidation dieser Gesellschaft beschlossen werden, mit der Folge, dass der übertragende Rechtsträger seinen Gesellschaftern die Gesellschaftsanteile an dem übernehmenden Rechtsträger als Liquidationsüberschuss oder als Gegenleistung für die Kapitalherabsetzung ausschüttet.

21   Ist der übertragende Rechtsträger eine GmbH, so wird bei einer beabsichtigten Abspaltung meist die entgeltliche Einziehung von Teilen der von den Gesellschaftern gehaltenen Geschäftsanteile beschlossen, wobei das von dem übertragenden Rechtsträger zu leistende Einziehungsentgelt in der Übertragung der Gesellschaftsanteile an dem übernehmenden Rechtsträger besteht. Da jedenfalls die Vornahme von Liquidationen und Kapitalherabsetzungen nach den einschlägigen gesellschaftsrechtlichen Vorschriften einschneidenden Gläubigerschutzbestimmungen unterworfen sind,[24] werden derartige Gestaltungen nach Ermöglichung der Spaltung im Wege der Gesamtrechtsnachfolge nach dem UmwG 1995 kaum noch gewählt.

---

[22] Vgl. § 27 Abs. 3 Satz 1 AktG, § 19 Abs. 4 S. 1 GmbHG.
[23] § 27 Abs. 3 S. 3 u. 4, § 19 Abs. 4 S. 3 u. 4 GmbHG; zur Neuregelung durch das MoMiG siehe MüKoGmbHG/*Schwandtner* § 19 Rn. 166 ff.
[24] Siehe etwa die (vor ARUG 2009: dreimalige) Veröffentlichung der Liquidation gem. § 65 Abs. 2 GmbHG oder das Sperrjahr gem. § 73 Abs. 1 GmbHG.

5. Realteilung

Kommt es im Rahmen einer Umstrukturierung tatsächlich zu der Übertragung von Wirtschaftsgütern der Personengesellschaft auf einen oder mehrere Mitunternehmer, so entspricht es der Logik des Umwandlungssteuerrechts (→ 4. Abschnitt), dass der Vorgang steuerneutral erfolgen können muss, wenn die Besteuerung der stillen Reserven dadurch nicht ausgeschlossen, sondern nur aufgeschoben wird. § 16 Abs. 3 S. 2 EStG behandelt eine solche Übertragung als einen Sonderfall der Aufgabe der Mitunternehmerstellung gegen eine Sachabfindung, wenn sie im Zuge der Realteilung der Mitunternehmerschaft durchgeführt wird. In einem solchen Fall führt die übertragende Personengesellschaft die Buchwerte für Teilbetriebe, Mitunternehmeranteile oder einzelne Wirtschaftsgüter weiter, wenn diese in das Betriebsvermögen des jeweiligen Mitunternehmers übergehen und die spätere Besteuerung der stillen Reserven sichergestellt ist. Der übernehmende Mitunternehmer ist dann an diese Werte gebunden. 22

Der in § 16 Abs. 3 S. 2 EStG beschriebene Tatbestand unterscheidet sich von sonstigen Fällen, in denen ein Mitunternehmer gegen eine Abfindung ausscheidet und die stillen Reserven gem. § 16 Abs. 1 S. 1 Nr. 2 EStG besteuert werden, durch den Bezug zu einer sog. „Realteilung". Bei der sog. Realteilung handelt es sich in ihrer Grundform um die Auflösung einer Mitunternehmerschaft unter Verteilung des Betriebsvermögens auf die bisherigen Mitunternehmer.

Nach der Gesetzesbegründung werden unter Realteilung „die Sachverhalte verstanden, in denen die Gesellschafter einer Mitunternehmerschaft ihr gemeinschaftliches Engagement beenden und dabei die Mitunternehmerschaft entweder gänzlich auflösen und alle Wirtschaftsgüter in ihre anderen Betriebsvermögen oder ggf. in ihr Privatvermögen überführen oder die Mitunternehmerschaft zwar bestehen bleibt, jedoch Teile des Betriebsvermögens dem ausscheidenden Gesellschafter als Abfindung überlassen werden, der Anteile an der Kapitalgesellschaft im Privatvermögen hält".[25] § 16 Abs. 3 S. 2 EStG 1999 führte zur Gewinnrealisierung, wenn die Gesellschafter der Personengesellschaft jeweils nur einzelne Wirtschaftsgüter (Aktiva oder Passiva) erhielten. Nur soweit die Realteilung auf die Übertragung eines Teilbetriebs oder Mitunternehmeranteils gerichtet war, war die Buchwertfortführung möglich und – wie sich aus dem Verweis auf § 6 Abs. 3 EStG ergibt – zwingend.[26] Die Vorschrift stand damit bereits ein Jahr später im Widerspruch zu § 6 Abs. 5 S. 3 EStG idF des Steuersenkungsgesetzes 2000, der die erfolgsneutrale Übertragung einzelner Wirtschaftsgüter zwischen (Sonder-)Betriebsvermögen der Mitunternehmer und dem Gesamthandsvermögen der Mitunternehmerschaft ermöglichte.[27] Durch das Unternehmenssteuerfortentwicklungsgesetz 2001 wurde dieser Missstand behoben und § 16 Abs. 3 EStG an die gleichfalls überarbeitete Bestimmung des § 6 Abs. 5 S. 3 EStG mit Wirkung ab dem 1.1.2001 angepasst.[28] 23

Nach § 16 Abs. 3 EStG idF UnStFG gilt für die Realteilung nunmehr Folgendes: Werden im Zuge der Realteilung einer Mitunternehmerschaft Teilbetriebe, Mitunternehmeranteile oder einzelne Wirtschaftsgüter in das jeweilige Betriebsvermögen der einzelnen Mitunternehmer übertragen, so ist der **Buchwert** anzusetzen, sofern die Besteuerung der stillen Reserven sichergestellt ist. Damit wurde das bis 1998 bestehende Wahlrecht zur Buchwertfortführung, zum Teilwertansatz oder zum Ansatz eines Zwischenwertes endgültig abgeschafft. 24

In Anlehnung an den zivilrechtlichen Begriff der „Naturalteilung", hat der BFH die Realteilung lange Zeit als eine Form der Auseinandersetzung verstanden und die Auflö-

---

[25] BT-Drs. 13/23, 178.
[26] Zu den Rechtsfolgen der Realteilung nach § 16 Abs. 3 EStG 1999 s. *Blumers/Beinert/Witt* BB 1999, 1786 (1787 ff.); *Engl* DStR 2001, 1725 (1726); *Wacker* BB 1999 Beilage 5, 1 (6 ff.).
[27] S. nur Schmidt/*Wacker* EStG § 16 Rn. 532; *Haritz/Wisniewski* GmbHR 2000, 789 (793).
[28] S. *Engl* DStR 2001, 1725 (1727); *Spiegelberger/Wälzholz* DStR 2001, 1093 (1095).

sung der Mitunternehmerschaft als ein notwendiges Begriffsmerkmal angesehen.[29] Diese Ansicht fand Gefolgschaft in der Finanzverwaltung, aber auch in großen Teilen der Fachliteratur.[30] Im Jahr 2015 hat das Gericht den steuerrechtlichen Realteilungsbegriff gleichwohl von seinem zivilrechtlichen Ursprung emanzipiert und im Zuge dessen das Auflösungserfordernis fallen gelassen. Das Gericht nahm hier an, dass eine Realteilung jedenfalls auch dann vorliegt, wenn die Wirtschaftsgüter, die in das Betriebsvermögen eines ausscheidenden Mitunternehmers übertragen werden, einen Teilbetrieb bilden; ob die Übertragung eines einzelnen Wirtschaftsgut für eine Realteilung ausreichen würde, musste der BFH hingegen nicht beantworten und lies dies darum offen.[31]

25 Stellung zu dieser Frage musste der BFH dann 2017 beziehen.[32] Hier hat er klargestellt, dass er in allen Fällen einer Sachwertabfindung das Ausscheiden des Mitunternehmers als eine § 16 Abs. 3 S. 2 EStG unterfallende Aufgabe des Mitunternehmeranteils ansieht. § 16 Abs. 1 S. 1 Nr. 2 EStG findet nach dieser Ansicht nur noch insoweit Anwendung, wie der Mitunternehmer durch eine Geldzahlung abgefunden wird. Beachtenswert ist, dass die Finanzverwaltung diese Ansicht in ihrem in Folge des BFH-Urteils von 2015 ergangenen Schreiben nicht teilt.[33] Dort hat sie trotz der damals noch vom BFH in dieser Frage geübten Zurückhaltung es als notwendige Voraussetzung einer Realteilung angesehen, dass wenigstens ein Mitunternehmer unter Mitnahme eines Teilbetriebs ausscheidet. Diese Einschränkung überzeugt kaum, zumal die vom BFH 2015 angeführten Argumente friktionslos auf den weitergehenden Fall übertragbar sind.[34] Gerade der Regelungszweck sinnvolle Umstrukturierungsmaßnahmen nicht durch eine Steuerbelastung zu behindern ist im Falle des Ausscheidens eines Mitunternehmers gegen eine Sachabfindung nicht nur dann betroffen, wenn die Abfindung das Teilbetriebserfordernis erfüllt. Es ist abzuwarten, ob die Finanzverwaltung ihr Vorgehen an die Rechtsprechung anpasst.

26 Abweichend von dem danach bestehenden Zwang zur Buchwertfortführung ordnet Absatz 3 S. 3 unter bestimmten Voraussetzungen für den jeweiligen Übertragungsvorgang rückwirkend die **Gewinnrealisierung** an: Wurden im Zuge der Realteilung einzelne Wirtschaftsgüter übertragen und handelt es sich bei den übertragenen Wirtschaftsgütern um Grund und Boden, Gebäude oder andere wesentliche Betriebsgrundlagen, so ist rückwirkend der gemeine Wert anzusetzen, wenn das Wirtschaftsgut innerhalb einer Sperrfrist von drei Jahren nach Abgabe der Steuererklärung der Mitunternehmerschaft für den Veranlagungszeitraum der Realteilung von dem übernehmenden Steuerpflichtigen veräußert wird.[35] Der Sinn dieser Haltefrist liegt auf der Hand: Es soll verhindert werden, dass die Realteilung nicht der Umstrukturierung, sondern der Vorbereitung einer Veräußerung oder Entnahme dient.[36] Zu einer Gewinnrealisierung kommt es im Zuge der Realteilung ferner dann, wenn an der real zu teilenden Mitunternehmerschaft Kapitalgesellschaften beteiligt sind und diese im Zuge der Teilung einzelne Wirtschaftsgüter (im Gegensatz zu Teilbetrieben oder 100 %igen Beteiligungen an Kapitalgesellschaften) übernehmen, § 16 Abs. 3 Satz 4 EStG. Durch diese Regelung soll die Übertragung von in Einzelwirtschaftsgütern liegenden stillen Reserven auf Kapitalgesellschaften (mit der Möglichkeit der anschließenden Veräußerung der Kapitalgesellschaftsanteile unter Inanspruchnahme des Halbeinkünfteverfahrens) verhindert werden.[37] In diesen Ausnahmefällen kommt es zur Gewinnrealisierung: Die nicht in ein steuerverstricktes Betriebsvermögen überführten Wirtschaftsgüter werden im Falle der Veräußerung nach § 16 Abs. 3 S. 5 EStG mit den

---

[29] *Zur Wiesche* BB 2016, 1753 (1754).
[30] Vgl. die Nachweise bei BFH Urt. v. 17. 9. 2015 – III R 49/13, BStBl. II 2017, 37, Rn. 32.
[31] BFH BStBl. II 2017, 37, Rn. 34.
[32] BFH DStR 2017, 1376.
[33] BMF v. 20. 12. 2016, BStBl. I 2017, 36.
[34] So auch BFH DStR 2017, 1376.
[35] S. Schmidt/*Wacker* EStG § 16 Rn. 554; *Engl* DStR 2002, 119 (120).
[36] BT-Drs. 14/6882, 34.
[37] Schmidt/*Wacker* EStG § 16 Rn. 553; die Regelung entspricht § 6 Abs. 5 Satz 5 EStG.

III. Einzelrechtsübertragung § 38

Veräußerungspreisen, im Übrigen nach § 16 Abs. 3 S. 6, 7 EStG mit dem gemeinen Wert angesetzt.

Für die praktische Durchführung der Realteilung ist zwischen Realteilung ohne Spitzenausgleich und Realteilung mit Spitzenausgleich zu unterscheiden: 27

a) Realteilung ohne Spitzenausgleich.

Beispiel: 28

Erblasser E und sein Bruder B sind Gesellschafter einer OHG mit zwei Tankstellen; beide sind jeweils zur Hälfte beteiligt und verfügen über ein Kapitalkonto von jeweils EUR 18.000,–. Da sich beide über die zukünftige Unternehmensstrategie – gerade im Hinblick auf eine Nachfolge für E – nicht einigen können, wird die OHG aufgelöst. Nach der Realteilung führen beide jeweils eine Tankstelle als Einzelunternehmer fort, und zwar erhält E die Tankstelle I mit einem Teilwert von EUR 200.000,– und einem Buchwert von EUR 20.000,–. B erhält Tankstelle II mit einem Teilwert von EUR 160.000,– und einem Buchwert von EUR 16.000,–. Ausgleichszahlungen werden nicht geleistet.

Lösung: 29

Die beiden Tankstellen bilden Teilbetriebe; damit sind nach § 16 Abs. 3 S. 2 EStG die Buchwerte der Tankstellen in den Eröffnungsbilanzen der Einzelunternehmen fortzuführen; eine Haltefrist nach § 16 Abs. 3 Satz 3 EStG kommt nicht zur Anwendung. Es kommt zur Anpassung der Kapitalkonten der Übernehmenden an die Buchwerte des jeweils übernommenen Vermögens (Kapitalkontenanpassungsmethode).[38] Diese Methode führt zu folgendem Ergebnis: Im Einzelunternehmen des E ist ein Kapitalkonto von EUR 20.000,– und im Einzelunternehmen des B von EUR 16.000,– anzusetzen. In beiden Einzelunternehmen sind die Buchwerte fortzuführen; da die Voraussetzungen des § 16 Abs. 3 Satz 2 vorliegen und keiner der in Abs. 3 Satz 3 und 4 genannten Ausnahmetatbestände vorliegen, ist der Buchwertansatz zwingend.

b) Realteilung mit Spitzenausgleich 30

Beispiel:

Im obigen Beispielsfall stehen B wertmäßig im Rahmen der Realteilung EUR 180.000 zu; E muss daher einen Wertausgleich (sog. Spitzenausgleich) in Höhe von EUR 20.000 an B zahlen.

Lösung: 31

Wiederum sind die beiden Tankstellen in den Einzelunternehmen zum Buchwert fortzuführen, allerdings führt die Realteilung mit Ausgleichszahlung zur Gewinnrealisierung. Der entstandene Gewinn ist aber als laufender Ertrag nicht tarifbegünstigt (§§ 16 Abs. 4, 34 EStG), da nicht alle stille Reserven aufgelöst werden. B muss daher den entstandenen Gewinn in Höhe von 20.000,– EUR[39] als Betriebseinnahme ohne Anwendung der §§ 16 Abs. 4, 34 EStG versteuern; E hat in seiner Eröffnungsbilanz zusätzliche Anschaffungskosten in Höhe von 20.000,– EUR.

---

[38] S. BFH BStBl. II 1992, 385 (391); Schmidt/*Wacker* EStG § 16 Rn. 547.
[39] Die Berechnung des zu versteuernden Gewinns ist streitig, s. BFH BStBl. II 1994, 607; aA insbes. BMF 11.8.1994, BStBl. I 1994, 601 (Nichtanwendungserlass). Nach Auffassung der Finanzverwaltung liegt eine entgeltliche Veräußerung nur im Verhältnis des Wertes der Ausgleichszahlung zum Wert der übernommenen Wirtschaftsgüter vor, so dass auch nur in diesem Umfange eine Gewinnrealisierung stattfindet. Im Beispielsfall → Rn. 27, 29 entsteht ein Veräußerungsgewinn daher nur in Höhe von 18 000 EUR, zur Berechnung und zum Streitstand Schmidt/*Wacker* EStG § 16 Rn. 548.

§ 39 Wahl der richtigen Umwandlungsmethode

Übersicht

	Rn.
I. Überblick	1
II. Steuerliche Erwägungen	4
III. Zeit- und Kostenaufwand der Restrukturierung	7
IV. Beteiligung von Gläubigern und Vertragspartnern	10
V. Vertraulichkeit	13
VI. Arbeitsrechtliche Erwägungen	15
VII. Im UmwG nicht geregelte Fälle	22
VIII. Sonstige Überlegungen	24

I. Überblick

1 Die verschiedenen denkbaren Ziele einer Umwandlung (namentlich die Verschmelzung zweier Rechtsträger, der Formwechsel eines Rechtsträgers oder die unterschiedlichen Formen der Spaltung einschließlich der Ausgliederung) lassen sich in aller Regel sowohl durch ein Vorgehen nach dem UmwG (dazu → § 37 Rn. 10 ff.) als auch auf andere Weise, zB im Wege der Anwachsung oder der Einzelrechtsnachfolge (dazu → § 38 Rn. 4 ff.) erreichen. Damit stellt sich die Frage, welche dieser zur Verfügung stehenden Umwandlungsmethoden jeweils vorzugswürdig ist. Wegen der Vielzahl der denkbaren Sachverhaltsvorgaben lässt sich diese Frage nicht generell, sondern nur für den Einzelfall beantworten. Immerhin ist es möglich, eine Reihe von Kriterien zu bestimmen, anhand derer die Entscheidung für ein Vorgehen nach dem UmwG oder in sonstiger Weise meist getroffen wird. Dabei ist die Gewichtung der Kriterien wiederum von den Anforderungen des Einzelfalles abhängig. Oft werden die steuerlichen Aspekte der Umwandlung (→ Rn. 4 ff.) oder die Minimierung des erforderlichen Zeit- und Kostenaufwandes (→ Rn. 7 ff.) im Vordergrund stehen; es sind jedoch auch Situationen denkbar, in denen diese Kriterien gänzlich oder doch zum größten Teil von arbeitsrechtlichen Überlegungen (→ Rn. 15 ff.) oder Vertraulichkeitserwägungen (→ Rn. 13 ff.) verdrängt sind.

2 Obwohl die Auswahl der Umwandlungsmethode demgemäß stets eine Einzelfallentscheidung anhand der nachfolgend beschriebenen Kriterien darstellt, wird eine Überlegung für die Auswahl häufig ausschlaggebend sein: Dort, wo das mit der Umwandlung angestrebte Ziel auch außerhalb des UmwG auf direktem Wege und steuerneutral erreicht werden kann, sind die alternativen Umwandlungsformen einem Vorgehen nach dem UmwG meist vorzuziehen. So kann zB eine beabsichtigte Ausgliederung sowohl nach § 123 Abs. 3 UmwG als auch im Wege der Einzelrechtsübertragung (etwa durch Sachgründung einer Tochtergesellschaft) erfolgen; in beiden Fällen richten sich die steuerlichen Folgen nach den §§ 20 bis 24 UmwStG (hierzu → § 42 Rn. 26 ff.), bzw., wenn nur einzelne Wirtschaftsgüter ausgegliedert werden, nach § 6 Abs. 5 EStG.

3 Insbesondere in Fällen, in denen Umwandlungen im Wege der **Anwachsung** (hierzu → § 38 Rn. 4 ff.) vollzogen werden können, ist es oft weniger vorteilhaft, die entsprechende Umwandlung nach dem UmwG durchzuführen. Denn ebenso wie nach dem UmwG vollzieht sich auch bei der Anwachsung der Vermögensübergang im Wege der Gesamtrechtsnachfolge (§ 738 Abs. 1 S. 1 BGB), so dass ein Vorgehen nach dem UmwG wegen der hieraus im Allgemeinen folgenden Vorteile (namentlich dem Übergang von Verträgen und Verbindlichkeiten ohne Zustimmung der jeweiligen Vertragspartner und Gläubiger sowie der Übergang sämtlicher Wirtschaftsgüter ohne Einzelaufzählung) unter diesem Gesichtspunkt keine Vorzüge bietet. Auch hinsichtlich der ertragsteuerlichen Folgen sind die beiden Umwandlungsmethoden oft gleichwertig; dies gilt zumindest dann, wenn im Wege der sog. erweiterten Anwachsung (→ § 38 Rn. 9 ff.) vorgegangen wird.

Bestehen demgemäß hinsichtlich zweier der oft als ausschlaggebend empfundenen Kriterien keine Vorzüge des einen oder anderen Umwandlungsmodells, so spricht für die Anwachsung der einfache Umstand, dass sie schneller, flexibler und oft kostengünstiger als zB eine entsprechende Verschmelzung oder ein Formwechsel nach dem UmwG durchgeführt werden kann.

II. Steuerliche Erwägungen

Umwandlungen im Rahmen der Unternehmensnachfolge werden oft nur dann durchgeführt, wenn sie bei den Beteiligten keine negativen ertragsteuerlichen Folgen auslösen. Die **ertragsteuerliche Neutralität** stellte eines der erklärten Ziele der Reform des Umwandlungs- und Umwandlungssteuerrechts des Jahres 1994 dar; im Grundsatz ist davon auszugehen, dass sämtliche Umwandlungsvorgänge, die nach dem UmwG 1995 durchgeführt werden, durch entsprechende Ausübung der Bewertungswahlrechte ertragsteuerneutral vorgenommen werden können. Entscheidend ist jedoch die konkrete steuerliche Situation der Beteiligten, die in Einzelfällen – namentlich bei der Verschmelzung oder dem Formwechsel von Kapitalgesellschaften auf bzw. in Personengesellschaften – zu steuerbaren Übertragungs- oder Übernahmegewinnen führen kann (→ § 41 Rn. 6 ff.). 4

Allerdings ist eine ertragsteuerlich neutrale Gestaltung der Umwandlung in einer Reihe von Umwandlungsfällen nicht nur bei einem Vorgehen nach dem UmwG, sondern auch bei Realisierung einer anderen Umwandlungsmethode möglich. Dies gilt insbesondere für **Ausgliederungen**, die umwandlungssteuerrechtlich stets nach den §§ 20 bis 24 UmwStG (wenn es sich um Betriebe, Teilbetriebe oder mehrheitsvermittelnde Beteiligungen an Kapitalgesellschaften handelt) bzw. nach § 6 Abs. 5 EStG (wenn es sich um einzelne Wirtschaftsgüter handelt) behandelt werden, unabhängig davon, ob die Umwandlung handelsrechtlich nach § 123 Abs. 3 UmwG oder im Wege der Einzelrechtsnachfolge (etwa durch Sachgründung einer Tochtergesellschaft) erfolgt. Ertragsteuerneutral sind auch Formwechsel bzw. Verschmelzungen von Personengesellschaften in bzw. auf Kapitalgesellschaften oder Personengesellschaften möglich, wenn sie im Wege der sog. erweiterten Anwachsung (hierzu → § 38 Rn. 9 ff.) erfolgen. Auch die erweiterte Anwachsung gilt als Einbringungsvorgang, der ertragsteuerneutral durchgeführt werden kann, wenn die Voraussetzungen der §§ 20 bis 24 UmwStG eingehalten werden (→ § 42 Rn. 24). Dagegen sind Verschmelzungen oder Formwechsel von Kapitalgesellschaften auf bzw. in Personengesellschaften nur steuerneutral möglich, wenn die Umwandlung handelsrechtlich im Wege der Gesamtrechtsnachfolge nach den Vorschriften des UmwG durchgeführt wird. Denn die Vorschriften des zweiten und vierten Teils des UmwStG, die steuerneutrale Verschmelzungen bzw. Formwechsel von Körperschaften auf/in Personengesellschaften ermöglichen, gelten nur für Umwandlungen aufgrund des UmwG (§ 1 Abs. 1 S. 1 UmwStG). 5

Abgesehen von der Ausgliederung können alle anderen Formen der Spaltung (also die Auf- und Abspaltung jeweils zur Aufnahme oder zur Neugründung) ertragsteuerneutral nur bei Vorgehen nach dem UmwG durchgeführt werden. Seit Inkrafttreten des UmwStG 1995 sind Spaltungen außerhalb des UmwG (sog. „**wirtschaftliche Spaltungen**", → § 38 Rn. 17) von Kapitalgesellschaften ertragsteuerneutral nicht mehr möglich, da der dies zuvor ermöglichende Spaltungserlass[1] seit Inkrafttreten des UmwStG 1995 nicht mehr anwendbar ist. Nach dem UmwStG sind ertragsteuerneutrale Spaltungen von Kapitalgesellschaften aber nur bei einem Vorgehen nach dem UmwG möglich.[2] Wie bereits erwähnt, können Kapitalgesellschaften dagegen im Wege der Ausgliederung auch dann 6

---

[1] BMF 9.1.1992, BStBl. I 1992, 47.
[2] Die §§ 15, 16 UmwStG, welche die ertragsteuerneutrale Spaltung von Kapitalgesellschaften ermöglichen, sind nach § 1 Abs. 1 S. 1 UmwStG nur auf Umwandlungen nach dem UmwG anwendbar.

steuerneutral gespalten werden, wenn nicht nach dem UmwG, sondern im Wege der Einzelrechtsnachfolge vorgegangen wird.[3]

III. Zeit- und Kostenaufwand der Restrukturierung

7 Unter dem Gesichtspunkt des zu betreibenden Zeit- und Kostenaufwandes ist ein Vorgehen nach den alternativen Umwandlungsmethoden oft günstiger als nach dem UmwG durchgeführte Restrukturierungen.[4] Dies gilt allerdings nur in den Bereichen, in denen mit alternativen Umwandlungsmethoden auf einfache Weise, dh ohne die Notwendigkeit einer längeren Abfolge einzelner gesellschaftsrechtlicher Schritte, ein dem Vorgehen nach dem UmwG identisches Ziel erreicht werden kann. So können etwa **Ausgliederungen** meist einfacher als Sachgründungen im Wege der Einzelrechtsnachfolge denn als Umwandlungen nach §§ 123 Abs. 3, 152 ff. UmwG vorgenommen werden.[5] Insbesondere in den Fällen, in denen nach dem (erweiterten) **Anwachsungsmodell** vorgegangen werden kann, also bei Verschmelzungen und Formwechseln von Personengesellschaften auf bzw. in Kapitalgesellschaften (Näheres → § 38 Rn. 4 ff.), ist ein Vorgehen nach dem UmwG unter dem Gesichtspunkt der Zeit- und Kosteneffizienz oft wenig ratsam. Denn Anwachsungsmodelle bewirken ebenso wie ein Vorgehen nach dem UmwG einen Übergang von Vermögensgegenständen im Wege der Gesamtrechtsnachfolge, so dass auf eine Einzelaufzählung der Wirtschaftsgüter ebenso verzichtet werden kann wie auf die Einholung der Zustimmung von Gläubigern und Vertragspartnern. Anders als Verschmelzungen und Formwechsel nach dem UmwG bedürfen Anwachsungen jedoch regelmäßig keiner notariellen Beurkundung[6] und laufen nach einem wesentlich flexibleren, weil weniger formalisierten Verfahren ab.[7]

8 Das UmwG schreibt ein komplexes, formalisiertes Umwandlungsverfahren vor, das bei kleineren Umwandlungsfällen, in denen zB nur wenige Wirtschaftsgüter eines übertragenden Rechtsträgers im Wege der Verschmelzung auf einen übernehmenden Rechtsträger übergehen, die einhergehenden Vorteile (Gesamtrechtsnachfolge; keine Zustimmung von Gläubigern und Vertragspartnern erforderlich) nicht aufwiegt. Umwandlungsverträge und -beschlüsse (Verschmelzungsverträge, Spaltungsverträge, Umwandlungsbeschlüsse beim Formwechsel) bedürfen stets der notariellen Beurkundung; dasselbe gilt für die den Abschluss des jeweiligen Umwandlungsvertrages autorisierenden Gesellschafterbeschlüsse des übertragenden und des übernehmenden Rechtsträgers. Diese Beurkundungspflicht gilt selbst dann, wenn nach der Rechtsform der involvierten Rechtsträger (zB bei Personenhandelsgesellschaften) an sich keine Beurkundung erforderlich wäre. Zusätzlicher Zeit- und Kostenaufwand entsteht häufig durch das Erfordernis eines Umwandlungsberichts bzw. einer Umwandlungsprüfung. Schließlich hängt die Wirksamkeit von Umwandlungen nach dem UmwG stets von der Eintragung des Umwandlungsvorganges im Handelsregister der beteiligten Rechtsträger ab; dies kann zu einer extensiven Prüfung der Umwandlungsvorgänge durch die Handelsregister führen, wobei das Maß der Beanstandungen bisweilen in keinem Verhältnis zum Schutzzweck einer möglicherweise verletzten Vorschrift des UmwG steht.

9 Andererseits ist ein Vorgehen nach dem UmwG auch unter dem Gesichtspunkt der Zeit- und Kosteneffizienz in all den Bereichen vorzugswürdig, in denen das gewünschte

---

[3] Die Ausgliederung unterliegt in jedem Falle den §§ 20 bis 24 UmwStG, gleichgültig, ob sie nach dem UmwG oder im Wege der Einzelrechtsnachfolge vorgenommen wird, vgl. § 1 Abs. 1 S. 2 UmwStG.
[4] Vgl. etwa *Schwedhelm*, Unternehmensumwandlung, 2016, Rn. 1560.
[5] Steuerlich folgen beide Vorgehensweisen ohnehin denselben Regeln, nämlich den §§ 20 bis 24 UmwStG, s. → § 42 Rn. 32.
[6] Anders beim sog. „erweiterten" Anwachsungsmodell (→ § 38 Rn. 9 ff.), das eine Sachkapitalerhöhung der aufnehmenden Kapitalgesellschaft erfordert; doch sind die Beurkundungskosten einer derartigen Kapitalerhöhung oft wesentlich geringer als die eines Verschmelzungsvertrages oder Umwandlungsbeschlusses.
[7] Ebenso Sagasser/Bula/Brünger/*Sagasser/Bula/Abele*, Umwandlungen, § 29 Rn. 6; *Kallmeyer* GmbHR 1993, 461 (463); *Schwedhelm*, Harzburger Steuerprotokoll 1997, 244.

Ergebnis durch alternative Umwandlungsmethoden nicht direkt, sondern nur auf Umwegen erreicht werden kann. Dies ist insbesondere bei der **Auf- und Abspaltung von Kapitalgesellschaften** der Fall. Die hier zur Verfügung stehenden alternativen Gestaltungsmöglichkeiten der sog. „wirtschaftlichen Spaltung" (→ § 38 Rn. 17 ff.) erfordern eine Vielzahl gesellschaftsrechtlicher Einzelschritte, die im Vergleich zu einer Spaltung nach dem UmwG wesentlich komplizierter und damit aufwendiger sind. Dasselbe gilt für die **Verschmelzung von Kapitalgesellschaften** als übertragende Rechtsträger. Wird hier im Wege der Einzelrechtsnachfolge vorgegangen (→ § 38 Rn. 15 f.), so bleibt die übertragende Kapitalgesellschaft als zu liquidierender Rechtsträger zurück; dies ist aufgrund der bei der Liquidation von Kapitalgesellschaften zu beachtenden Formalitäten[8] meist aufwendiger als eine Verschmelzung nach dem UmwG. Darüber hinaus finden Verschmelzungen nach dem UmwG im Wege der Gesamtrechtsnachfolge statt, so dass die nach dem sachenrechtlichen Bestimmtheitsgrundsatz sonst erforderliche, oft mühsame Einzelaufzählung sämtlicher übergehender Wirtschaftsgüter entbehrlich ist.

IV. Beteiligung von Gläubigern und Vertragspartnern

Im Rahmen der Restrukturierung von Unternehmen stellt es sich oft als heikles Thema dar, wenn Gläubiger und Vertragspartner der Gesellschaft um ihre Zustimmung zum Übergang von Verbindlichkeiten und Vertragsverhältnissen der umzuwandelnden Gesellschaft nachgesucht werden müssen. Insbesondere bei Dauerschuldverhältnissen mit längerer Laufzeit, wie zB Miet- und Pachtverträgen, aber auch bei auf längere Zeit angelegten Liefer- und Bezugsverträgen werden Restrukturierungen von Gläubigern und Vertragspartnern oft als willkommene Gelegenheit angesehen, unliebsame vertragliche Bindungen zu lösen oder Nachverhandlungen einzufordern. 10

Unter diesem Gesichtspunkt ist ein Vorgehen nach dem UmwG meist vorzugswürdig. Da die übertragenden Umwandlungen (Verschmelzungen, Auf- und Abspaltungen sowie Ausgliederungen) im Wege der Gesamtrechtsnachfolge abgewickelt werden, ist eine Zustimmung von Gläubigern und Vertragspartnern des übertragenden Rechtsträgers nicht erforderlich. Deren Interessen werden nach dem UmwG vielmehr nur dadurch geschützt, dass sie Sicherheitsleistung verlangen können, wenn sie glaubhaft machen, dass durch die übertragende Umwandlung die Erfüllung ihrer Forderung gefährdet wird.[9] 11

Demgegenüber müssen die Gläubiger und Vertragspartner des übertragenden Rechtsträgers bei Umwandlungen, die im Wege der Einzelrechtsnachfolge vorgenommen werden, gem. § 415 Abs. 1 BGB ihre Zustimmung zur Übertragung von Verbindlichkeiten und Vertragsverhältnissen erteilen. Dies gilt jedoch nicht für Umwandlungen, die im Wege des Anwachsungsmodells vorgenommen werden: Auch die Anwachsung nach § 738 Abs. 1 BGB stellt eine Form der Gesamtrechtsnachfolge dar, so dass auch Verbindlichkeiten und Vertragsverhältnisse unabhängig von der Zustimmung der jeweiligen Gläubiger und Vertragspartner auf den übernehmenden Rechtsträger übergehen. 12

V. Vertraulichkeit

Unter dem Gesichtspunkt der Vertraulichkeit ist das Vorgehen nach einer alternativen Umwandlungsmethode meist vorzugswürdig. Denn nach dem UmwG sind erhebliche Offenlegungsvorschriften zu befolgen. So sind zB der Anmeldung einer Verschmelzung zum Handelsregister nicht nur eine Abschrift des Verschmelzungsvertrages sowie der Verschmelzungsbeschlüsse, sondern insbesondere auch der Verschmelzungsbericht (nach § 8 UmwG) sowie der Prüfungsbericht (nach § 12 UmwG) beizufügen. Diese Unterlagen 13

---
[8] Etwa die (vor ARUG 2009 dreimalige) Veröffentlichung der Liquidation gem. § 65 Abs. 2 GmbHG sowie die Beachtung des Sperrjahres gem. § 73 Abs. 1 GmbHG.
[9] § 22 Abs. 1 UmwG iVm § 125 UmwG; s. auch → § 37 Rn. 87.

können anschließend im Handelsregister von jedermann eingesehen werden. Zwar sieht § 8 Abs. 2 UmwG vor, dass in den Verschmelzungsbericht solche Tatsachen nicht aufgenommen zu werden brauchen, deren Bekanntwerden einem der beteiligten Rechtsträger oder einem verbundenen Unternehmen einen nicht unerheblichen Nachteil zufügen könnte;[10] doch wird bei den Beteiligten oft ein Interesse daran bestehen, für die Verschmelzung relevante Einzelheiten (wie zB die für Angemessenheit des Umtauschverhältnisses maßgeblichen Umstände) auch unterhalb dieser Schwelle nicht einer breiten Öffentlichkeit zugänglich zu machen. Darüber hinaus besteht nach § 8 Abs. 2 S. 2 UmwG die Verpflichtung, im Verschmelzungsbericht ggf. die Gründe, aus denen einzelne Tatsachen in den Bericht nicht aufgenommen worden sind, darzulegen, was wiederum Rückschlüsse auf die Tatsachen selbst erlauben dürfte.

14 Dagegen beschränken sich die Offenlegungspflichten beim Vorgehen nach einer alternativen Umwandlungsmethode meist auf weniger brisante Umstände, deren Veröffentlichung nach anderen Publizitätsvorschriften (zB nach den §§ 325 ff. HGB) ohnehin erforderlich ist. So können etwa Kapitalerhöhungen von Körperschaften, die im Rahmen des sog. erweiterten Anwachsungsmodells durchzuführen sind, regelmäßig unter Bezugnahme auf zeitnah testierte Jahresabschlüsse vorgenommen werden.

VI. Arbeitsrechtliche Erwägungen

15 Auch arbeitsrechtliche Erwägungen können für die Wahl der anzuwendenden Umwandlungsmethode ausschlaggebend sein. So geht zB bei einer Verschmelzung der vom übertragenden Rechtsträger abgeschlossene Tarifvertrag im Wege der Gesamtrechtsnachfolge auf den neuen Rechtsträger über.[11] Diese Wirkung lässt sich vermeiden, wenn eine Umstrukturierung außerhalb des UmwG im Wege der Einzelrechtsnachfolge vorgenommen wird.[12] Darüber hinaus sind die im UmwG enthaltenen, spezifisch arbeitsrechtlichen Vorschriften (insbesondere die §§ 322 bis 325 UmwG) nach zutreffender Ansicht auf Umwandlungen, die nicht nach dem UmwG durchgeführt werden, nicht entsprechend anwendbar.[13] Da das UmwG eine Reihe von Vorschriften enthält, welche die Arbeitnehmer der an der Umwandlung beteiligten Rechtsträger vor Verschlechterungen ihrer Rechtsposition schützen, kann es aus Gesellschaftersicht in Einzelfällen durchaus zweckmäßig sein, die Umwandlung in Verfolgung einer alternativen Umwandlungsmethode durchzuführen. Dies gilt insbesondere auch deswegen, weil einzelne der arbeitsrechtlichen Vorschriften im UmwG in ihren Anforderungen und Auswirkungen derart unklar sind, dass sie sich als Instrument zur Blockade beabsichtigter gesellschaftsrechtlicher Umwandlungen durch den Betriebsrat eignen.

16 So sind gem. § 5 Abs. 1 Nr. 9 UmwG im Verschmelzungsvertrag (und entsprechend in Spaltungsverträgen und Umwandlungsbeschlüssen im Rahmen eines Formwechsels, §§ 126 Abs. 1 Nr. 11, 194 Abs. 1 Nr. 7 UmwG) „**die Folgen der Verschmelzung** für die Arbeitnehmer und ihre Vertretungen sowie die insoweit vorgesehenen Maßnahmen" anzugeben (→ § 37 Rn. 37). Unklar ist insoweit zunächst, ob im Rahmen dieser Mindestangaben nur die direkten und wesentlichen Folgen der Umwandlung für die Arbeitnehmer angegeben werden müssen (also solche, die mit der Umwandlung notwendigerweise einhergehen),[14] oder auch mittelbare und tatsächliche Folgen, deren Eintritt bei Durchführung der Umwandlung zwar wahrscheinlich, aber noch keineswegs sicher ist.[15]

---

[10] Dies gilt gem. § 12 Abs. 3 UmwG auch für den Prüfungsbericht.
[11] Willemsen/Hohenstatt/Schweibert/Seibt/*Hohenstatt* Umstrukturierung E Rn. 91 mwN.
[12] Willemsen/Hohenstatt/Schweibert/Seibt/*Hohenstatt* Umstrukturierung E Rn. 93.
[13] S. Kallmeyer/*Willemsen* UmwG § 323 Rn. 119 gegen eine analoge Anwendung der spezialgesetzlichen Vorschriften; gegen eine analoge Anwendung von § 323 UmwG Semler/Stengel/*Simon* UmwG § 323 Rn. 3; s. auch Schmitt/Hörtnagl/Stratz/*Hörtnagl* UmwG § 323 Rn. 4.
[14] So zutreffenderweise etwa Kallmeyer/*Willemsen* UmwG § 5 Rn. 50 f.
[15] Für die Aufnahme solcher Folgen etwa *Bachner* NJW 1995, 2881 (2886). Näheres → § 37 Rn. 37.

VI. Arbeitsrechtliche Erwägungen § 39

Unklar ist ferner, wie weit dem Registergericht hinsichtlich der arbeitsrechtlichen Mindestangaben im Umwandlungsvertrag oder -beschluss ein Prüfungsrecht zusteht. Richtigerweise wird man dem Registerrichter, der die möglicherweise hochkomplizierten individual- und kollektivarbeitsrechtlichen Folgen kaum überblicken kann, lediglich ein formelles, nicht aber ein materielles Prüfungsrecht einräumen.[16] Es wird jedoch auch vertreten, dass der Registerrichter zumindest eine Schlüssigkeitsprüfung der materiellen Richtigkeit vorzunehmen habe;[17] daher besteht durchaus die Gefahr, dass die Eintragung aufgrund der vorgenannten Unklarheiten scheitert oder zumindest verzögert wird.

Bedeutsamer ist in diesem Zusammenhang jedoch das umstrittene Verhältnis der in den Umwandlungsvertrag oder -beschluss aufzunehmenden arbeitsrechtlichen Mindestangaben einerseits zu den betriebsverfassungsrechtlichen **Mitbestimmungsrechten der §§ 111 ff. BetrVG** andererseits. Insoweit wird vertreten, dass Umwandlungen regelmäßig mit Betriebsänderungen im Sinne des § 111 BetrVG einhergingen und dass der Betriebsrat daher Unterlassung der Umwandlung verlangen könne, wenn das gesetzlich vorgesehene Interessenausgleichsverfahren nicht rechtzeitig durchgeführt worden ist.[18] Dementsprechend soll dem Betriebsrat die Möglichkeit zustehen, beim Arbeitsgericht im Beschlussverfahren gemäß § 85 Abs. 2 ArbGG einen Antrag auf Erlass einer einstweiligen Verfügung zum Zwecke der Untersagung der beabsichtigten Umwandlung zu stellen, wenn das Interessenausgleichsverfahren nicht vor Fassung der die Umwandlung autorisierenden Beschlüsse der Anteilseigner beendet worden ist. Obwohl diesen Überlegungen richtigerweise nicht gefolgt werden darf,[19] kann nicht ausgeschlossen werden, dass Betriebsräte im Einzelfall versuchen werden, Umwandlungen auf diese Weise zu blockieren, um dadurch Zugeständnisse bei Interessenausgleichs- und Sozialplanverhandlungen zu erzwingen. In der Praxis sind schon Fälle bekannt geworden, in denen Betriebsräte durch Eingaben bei den für die Eintragung zuständigen Handelsregistern versucht haben, die Durchführung einer bereits beschlossenen Umwandlung zu verhindern.[20] In Fällen, in denen derartige Eskalationen mit dem Betriebsrat drohen, mag es sich empfehlen, die Umwandlung auch unter Inkaufnahme sonstiger Nachteile in anderer Weise außerhalb des UmwG, etwa im Wege der Einzelrechtsnachfolge oder der Anwachsung, vorzunehmen.

Dasselbe gilt für die Vorschrift des § 323 UmwG, der zufolge sich die „**kündigungsrechtliche Stellung**" von Arbeitnehmern aufgrund einer Spaltung für die Dauer von zwei Jahren ab Wirksamwerden der Spaltung „nicht verschlechtert". Auch hinsichtlich der Reichweite dieser Vorschrift bestehen erhebliche Unklarheiten.[21] Einigkeit besteht nur insoweit, dass Arbeitnehmer von gespaltenen Rechtsträgern insoweit nicht schlechter gestellt werden sollen, als die Anwendbarkeit des gesetzlichen Kündigungsschutzes aufgrund des Absinkens der Beschäftigtenzahl durch die Spaltung nicht mehr gewährleistet ist (s. etwa § 23 Abs. 1 S. 2 KSchG, wonach die Vorschriften des ersten Abschnitts des KSchG nicht für Betriebe und Verwaltungen mit in der Regel fünf oder weniger Arbeit-

---

[16] Kallmeyer/*Willemsen* § 5 UmwG Rn. 58; Willemsen/Hohenstatt/Schweibert/Seibt/*Schweibert/Willemsen* Umstrukturierung C Rn. 378; in dies. Richtung auch OLG Düsseldorf Beschl. v. 15.5.1998 – 3 Wx 156/98 = NZA 1998, 766 f.
[17] *Joost* ZIP 1995, 976 (986).
[18] *Bachner* NJW 1995, 2886.
[19] Richtigerweise ist bei Umwandlungen zwischen der gesellschaftsrechtlichen und der betrieblichen Ebene zu unterscheiden: Ein Unterlassungsanspruch des Betriebsrates kommt daher allenfalls dann in Betracht, wenn durch die Umwandlung nicht nur eine gesellschaftsrechtliche Restrukturierung, sondern gleichzeitig eine *Betriebs*spaltung oder *Betriebs*verschmelzung bewirkt wird. Auch in diesem Fall kann sich der Unterlassungsanspruch allenfalls auf die betriebliche, nicht dagegen auf die gesellschaftsrechtliche Restrukturierung richten, *Willemsen* NZA 1996, 797 f.
[20] Nach Ansicht von *Bachner* NJW 1995, 2886, soll das Handelsregister in diesem Fall verpflichtet sein, von einer Eintragung der Umwandlung abzusehen. Dagegen mit Recht *Willemsen* RdA 1998, 30 (33): Eine derartige Prüfungsbefugnis steht dem Registerrichter weder zu noch ist er überhaupt in der Lage, im Rahmen des FGG-Verfahrens die erforderliche Prüfung vorzunehmen.
[21] S. Kallmeyer/*Willemsen* UmwG § 323 Rn. 2; Willemsen/Hohenstatt/Schweibert/Seibt/*Willemsen* Umstrukturierung H Rn. 150 ff.

nehmern gelten). Dagegen ist umstritten, ob § 323 UmwG auch eine mittelbare Verschlechterung der kündigungsrechtlichen Stellung ausschließen will, wie sie etwa durch die Tatsache eintritt, dass in einem abgespaltenen Betrieb zwangsläufig weniger Arbeitnehmer mit anderen Sozialdaten beschäftigt sind (dies wirkt sich insbesondere auf die Sozialauswahl bei betriebsbedingten Kündigungen aus), oder dadurch, dass in dem abgespaltenen Betrieb die Größenvoraussetzungen für die Erzwingbarkeit von Interessenausgleichsverhandlungen und Sozialplänen gemäß §§ 111 ff. BetrVG nicht mehr vorhanden sind.[22]

19   Ferner ist in diesem Zusammenhang auch zu bedenken, dass bei Abspaltungen oder Ausgliederungen, die nach dem UmwG durchgeführt werden, das bisherige Maß der **Mitbestimmung** der Arbeitnehmervertreter im Aufsichtsrat des gespaltenen Rechtsträgers durch § 325 Abs. 1 UmwG für einen Zeitraum von fünf Jahren nach dem Wirksamwerden der Spaltung zementiert ist. Spaltet etwa eine GmbH mit 2200 Arbeitnehmern einen Betriebsteil, dem 300 Arbeitnehmer zuzuordnen sind, auf eine andere, nicht zum Konzernverbund gehörende GmbH ab, so unterläge die gespaltene GmbH nicht mehr der paritätischen Mitbestimmung nach § 1 MitbestG, sondern nur noch der „Drittelparität" nach § 77 BetrVG 1952. Aufgrund der Mitbestimmungsbeibehaltung gem. § 325 Abs. 1 UmwG ist jedoch der paritätisch besetzte Aufsichtsrat noch für weitere fünf Jahre beizubehalten.[23] Auch diese Regelung, die allein auf nach dem UmwG durchgeführte Restrukturierungen anwendbar ist, mag ausschlaggebend für die Entscheidung sein, die Umwandlung auf andere Weise durchzuführen.

20   Die Wahl einer alternativen Umwandlungsmethode kann allerdings nicht das Eingreifen der zum 1.8.2001 in Kraft getretenen §§ 21a, b BetrVG verhindern:[24] Hat die Restrukturierung eines Rechtsträgers nach dem Betriebsbegriff des BetrVG eine Betriebsspaltung oder Zusammenlegung von Betrieben und/oder Betriebsteilen zur Folge,[25] so steht gemäß § 21a Abs. 1, 2 BetrVG dem Betriebsrat des gespaltenen Rechtsträgers (bzw. bei der Zusammenlegung dem Betriebsrat des nach der Zahl der wahlberechtigten Arbeitnehmer größten Betriebs) ein so genanntes sechsmonatiges **Übergangsmandat** bis zur Wahl eines neuen Betriebsrates zu. Das Übergangsmandat kann um weitere sechs Monate auf insgesamt zwölf Monate erstreckt werden, wenn eine entsprechende tarifvertragliche Vereinbarung oder Betriebsvereinbarung getroffen wird. § 21a Abs. 3 BetrVG stellt dabei klar, dass die Regelungen in Abs. 1, 2 *auch* dann gelten, „wenn die Spaltung oder Zusammenlegung im Zusammenhang mit einer Betriebsveräußerung oder Umwandlung nach dem Umwandlungsgesetz erfolgt". Im Rahmen von § 321 UmwG war bis zur Entscheidung des BAG vom 31.5.2000[26] umstritten, ob diese Regelung analog auch auf betriebliche Umstrukturierungen außerhalb des Umwandlungsgesetzes anzuwenden war.[27] Nunmehr hat sich der Gesetzgeber offensichtlich für ein „allgemeines" – nicht auf Restrukturierungen nach dem Umwandlungsgesetz beschränktes – Übergangsmandat des Betriebsrates entschieden.

---

[22] S. Kallmeyer/*Willemsen* UmwG § 323 Rn. 14 mwN.
[23] Diese Regelung wird allerdings durch die – unberührt bleibenden – Konzernklauseln der §§ 5 MitbestG, 76, 77a BetrVG 1952 erheblich entschärft, da Ausgliederungen und Abspaltungen bereits nach diesen Vorschriften keine Änderungen der Mitbestimmung auslösen, soweit die übernehmenden Rechtsträger Konzernunternehmen des gespaltenen sind.
[24] Ausführlich zur Neuregelung Fitting BetrVG § 21a Rn. 1 ff., § 21b Rn. 1 ff.; Willemsen/Hohenstatt/ Schweibert/*Hohenstatt* Umstrukturierung D Rn. 74 ff.
[25] Also eine Spaltung oder Zusammenlegung der organisatorischen Einheit, innerhalb derer ein Arbeitgeber allein oder mit seinen Arbeitnehmern mit Hilfe von sächlichen oder immateriellen Mitteln bestimmte arbeitstechnische Zwecke fortgesetzt verfolgt, *Fitting* BetrVG § 1 Rn. 63.
[26] BAG DB 2000, 2482.
[27] Zum Meinungsstand Kallmeyer/*Willemsen* UmwG § 323 Rn. 19; Willemsen/Hohenstatt/Schweibert/ Seibt/*Hohenstatt* Umstrukturierung D Rn. 70 f.

§ 21a BetrVG geht auf Art. 6 Nr. 1 Abs. 4 der Betriebsübergangrichtlinie[28] zurück und verhindert bei der Spaltung und beim Zusammenschluss von Betrieben einen „betriebsratslosen" Zustand: Ohne diese Regelung hätten die Arbeitnehmer etwa bei einer Abspaltung zur Neugründung, die gleichzeitig eine Betriebsspaltung mit sich bringt, gerade in der besonders kritischen Phase der Restrukturierung kein Vertretungsorgan. Dementsprechend könnten zB die Mitwirkungsrechte des Betriebsrates bei Kündigungen gemäß § 102 BetrVG sowie bei (weiteren) Betriebsänderungen, insbesondere betriebsbedingten Massenentlassungen, gemäß §§ 111 ff. BetrVG nicht wahrgenommen werden. § 21b BetrVG vervollständigt diesen Schutz der Mitarbeiter in „kritischen" Phasen: Die Vorschrift schafft ein Restmandat für den Betriebsrat, dessen Betrieb durch Stilllegung, Spaltung oder Zusammenlegung untergeht.[29] Dieser Betriebsrat bleibt „so lange im Amt, wie dies zur Wahrnehmung der damit im Zusammenhang stehenden Mitwirkungs- und Mitbestimmungsrechte erforderlich ist" (§ 21b BetrVG); die Ausübung des Restmandats ist also in zeitlicher Hinsicht nicht beschränkt.

VII. Im UmwG nicht geregelte Fälle

Manche Konstellationen von Umwandlungen können nach dem UmwG, das einen Numerus Clausus von Umwandlungsfällen regelt (→ § 37 Rn. 2), nicht durchgeführt werden. In diesen Fällen bleibt den Beteiligten keine andere Wahl, als nach den herkömmlichen Umwandlungsmethoden, namentlich im Wege der Einzelrechtsnachfolge oder Anwachsung, vorzugehen.

So ist zB der **Formwechsel einer GbR in eine GmbH** im UmwG nicht vorgesehen; § 191 Abs. 1 UmwG führt die GbR als formwechselnden Rechtsträger nicht auf.[30] Dementsprechend kann zB eine aus den Gesellschaftern A, B und C bestehende Werbeagentur (Gesellschaft bürgerlichen Rechts, sofern nach Art und Umfang kein kaufmännischer Geschäftsbetrieb gem. § 1 Abs. 2 HGB betrieben wird) nicht nach dem UmwG,[31] wohl aber im Wege der (ggf. erweiterten) Anwachsung in eine GmbH umgewandelt werden. Die Umwandlung müsste also in der Weise vorgenommen werden, dass A, B und C die von ihnen jeweils gehaltene Beteiligung an der GbR in eine (neu gegründete) GmbH im Wege der Sacheinlage einbringen; aufgrund der Anteilsvereinigung erlischt die GbR, ihr Vermögen wächst der GmbH gem. § 738 Abs. 1 BGB an. Auch der **Formwechel zwischen Personen(handels)gesellschaften** kann nicht nach dem UmwG durchgeführt werden, da § 214 Abs. 1 UmwG nur den Formwechsel von Personengesellschaften in Kapitalgesellschaften oder eingetragene Genossenschaften zulässt. Der Formwechsel zwischen Personengesellschaften vollzieht sich nach allgemeinen Grundsätzen (hierzu → § 38 Rn. 3). Nicht dem UmwG unterfällt auch die Restrukturierung einer Kommanditgesellschaft mit einer natürlichen Person als persönlich haftender Gesellschafter in eine GmbH & Co. KG; hier geht es lediglich um den Wechsel auf der Gesellschafterebene (→ § 36 Rn. 22).

---

[28] Richtlinie 2001/23/EG des Rates vom 12.3.2001 zur Angleichung der Rechtsvorschriften der Mitgliedstaaten über die Wahrung von Ansprüchen der Arbeitnehmer beim Übergang von Unternehmen, Betrieben oder Betriebsteilen ABl. 2001 L 82 vom 22.3.2001, 16–20.

[29] S. *Fitting* BetrVG § 21b Rn. 1 ff.; Widmann/Mayer/*Wälzholz*, Umwandlungsrecht, Vor §§ 321 ff. UmwG Rn. 14.

[30] Dagegen können umgekehrt Kapitalgesellschaften in GbR umgewandelt werden, da § 191 Abs. 2 Nr. 1 UmwG die GbR ausdrücklich als Rechtsträger neuer Rechtsform nennt. Entgegen dem Gesetzeswortlaut ist jedoch der Formwechsel einer Personenhandelsgesellschaft (OHG, KG) in eine GbR, der gem. § 191 Abs. 1 Nr. 1, Abs. 2 Nr. 1 UmwG zulässig zu sein scheint, nicht möglich, s. Semler/Stengel /*Schwanna* UmwG § 191 Rn. 11. Die Entscheidung, ob eine Personengesellschaft oHG oder GbR ist, hängt allein davon ab, ob die Gesellschaft ein Handelsgewerbe nach § 1 Abs. 2 HGB betreibt oder nach § 2 HGB in das Handelsregister eingetragen ist, vgl. Schmitt/Hörtnagl/Stratz/ *Stratz* UmwG § 191 Rn. 5.

[31] Um einen Formwechsel nach dem Umwandlungsgesetz zu ermöglichen, müsste die GbR zunächst außerhalb des UmwG in eine OHG formgewechselt werden, indem sie nach § 105 Abs. 2 HGB in das Handelsregister eingetragen wird.

VIII. Sonstige Überlegungen

24 Im Einzelfall kann eine Vielzahl weiterer Überlegungen für die Wahl der besseren Umwandlungsmethode ausschlaggebend sein. Wegen der Vielzahl der denkbaren Interessenlagen, beteiligten Unternehmensformen und Umwandlungsarten lassen sich weitere generelle Aspekte kaum herausstellen.

25 In Einzelfällen mögen zB **Haftungsfragen** ausschlaggebend sein. So ergibt sich bei einem Vorgehen nach dem UmwG bisweilen eine gegenüber den herkömmlichen Methoden verschärfte Haftung: Beim Formwechsel einer Kommanditgesellschaft in eine GmbH haften beispielsweise die Kommanditisten, die für den Formwechsel gestimmt haben, wie Gründer, also im Wege der Differenzhaftung, §§ 219 Abs. 1, 197 UmwG iVm 9 GmbHG.[32] Diese tritt bei Durchführung der Umwandlung nach dem **einfachen** Anwachsungsmodell nicht ein.[33] Wird zur Vermeidung der Aufdeckung stiller Reserven nach dem erweiterten Anwachsungsmodell vorgegangen, so kann sich allerdings auch hier eine Differenzhaftung ergeben, wenn das Stammkapital der GmbH, in welche die KG-Anteile im Wege der Sachkapitalerhöhung eingebracht werden, entsprechend hoch festgesetzt wird, § 9 GmbHG.

26 Andere Aspekte, die bei der Wahl der Umwandlungsmethode eine Rolle spielen können, folgen aus der Tatsache, dass Umwandlungen nach dem UmwG im Wege der (partiellen) **Gesamtrechtsnachfolge** vorgenommen werden. Neben der dadurch bewirkten Erleichterung der Abwicklung (s. dazu bereits oben → Rn. 8 ff.) hat dies den technischen Vorteil, dass – etwa bei der Aufspaltung eines Rechtsträgers – ein „Vergessen" der Zuordnung einzelner Vermögensgegenstände nicht möglich ist. Diese werden nach Maßgabe des Spaltungs- und Übernahmevertrages entweder dem einen oder dem anderen übernehmenden Rechtsträger zugeordnet, § 126 Abs. 1 Nr. 9 UmwG. Die lückenlose Zuordnung von Vermögensgegenständen kann insbesondere aus steuerlichen Gründen vorteilhaft sein. So kann die Spaltung von Kapitalgesellschaften, aber auch von Personengesellschaften grundsätzlich nur dann steuerneutral durchgeführt werden, wenn im Wege der Spaltung Betriebe oder Betriebsteile inklusive sämtlicher wesentlicher Betriebsgrundlagen übertragen werden. Andererseits ist darauf hinzuweisen, dass der Eigentumsübergang nach dem UmwG ein gesetzlicher und kein rechtsgeschäftlicher ist. Dementsprechend ist ein gutgläubiger Erwerb von scheinbar im Eigentum des übertragenden Rechtsträgers stehenden Vermögensgegenständen aufgrund von Verschmelzungen und Spaltungen nach dem UmwG nicht möglich.[34]

27 Schließlich wird in Einzelfällen Bedeutung gewinnen, dass grundsätzlich alle nach dem UmwG durchgeführten Restrukturierungen sowohl handels- als auch steuerrechtlich auf einen bis zu acht Monate zurückliegenden **Stichtag** zurückbezogen werden können.[35] Dasselbe gilt auch für Umwandlungen, die im Wege der erweiterten Anwachsung durchgeführt werden, da § 20 Abs. 8 S. 3 UmwStG auch insoweit die Bezugnahme auf eine Schlussbilanz des übertragenden Unternehmens zulässt, deren Stichtag höchstens acht Monate vor der Anmeldung zur Eintragung in das Handelsregister liegt. Dagegen erkennen die Steuerbehörden ansonsten Rückbeziehungen der Übertragung von Geschäftsbetrieben und Anteilen an Personengesellschaften nur für einen Zeitraum von sechs bis acht Wochen an.

---

[32] Lutter/*Joost*, Verschmelzung – Spaltung – Formwechsel nach neuem Umwandlungsrecht und Umwandlungssteuerrecht, 1995, 256; Lutter/*Decher/Hoger* UmwG § 190 Rn. 15.
[33] Zum einfachen und erweiterten Anwachsungsmodell → § 38 Rn. 4 ff.
[34] Schmitt/Hörtnagl/Stratz/*Stratz* UmwG § 20 Rn. 32.
[35] Siehe etwa § 17 Abs. 2 S. 4 UmwG, § 14 S. 3 UmwStG.

§ 40 Allgemeines zum Umwandlungssteuergesetz

Übersicht

	Rn.
I. Reichweite des UmwStG	1
II. Systematik des UmwStG	5

I. Reichweite des UmwStG

Gestaltung und Durchführung von Umwandlungen im Rahmen der Unternehmensnachfolge sind – wie alle Umwandlungen – häufig abhängig von den dadurch ausgelösten steuerlichen Folgen. Im Rahmen der vorliegenden Darstellung soll daher ein Überblick über die Regelungen des Umwandlungssteuergesetzes gegeben werden. Dabei kann nur ein erster Einblick in die umwandlungssteuerrechtlichen Regelungen vermittelt werden; dagegen können die nachfolgenden Ausführungen, zumal bei komplizierten Gestaltungen, keine steuerliche Beratung im Einzelfall ersetzen. 1

Das UmwStG (in der Fassung des SEStEG v. 7.12.2006) regelt zunächst **alle** aus steuerrechtlicher Sicht relevanten **Umwandlungen, die nach dem UmwG 1995** im Wege der (partiellen) Gesamtrechtsnachfolge durchgeführt werden. Nicht vom Umwandlungssteuergesetz geregelt werden insbesondere der nach dem UmwG mögliche Formwechsel von Kapitalgesellschaften in Kapitalgesellschaften und der nach allgemeinen Rechtsgrundsätzen mögliche Formwechsel von Personenhandelsgesellschaften in Personenhandelsgesellschaften; diese Umwandlungen sind aus ertragsteuerlicher Sicht irrelevant und bedurften daher keiner Regelung.[1] 2

Das UmwStG regelt aber nicht nur die im UmwG vorgesehenen Formen der Umwandlung, sondern auch die **außerhalb des UmwG** weiterhin möglichen Restrukturierungen im Wege der Gesamtrechtsnachfolge (zB das sog. „erweiterte Anwachsungsmodell", → § 38 Rn. 9)[2] sowie im Wege der Einzelrechtsnachfolge.[3] Nach § 1 Abs. 1 S. 1 UmwStG gelten der 2. bis 5. Teil (§§ 3 bis 19) des UmwStG nur für Umwandlungen nach dem UmwG; Die §§ 20 bis 25 UmwStG gelten gem. § 1 Abs. 3 UmwG auch für Umwandlungen, die handelsrechtlich nicht auf der Grundlage des UmwG durchgeführt werden (allgemein zu den insoweit bestehenden Möglichkeiten → § 38 Rn. 4 ff.). Diese umwandlungssteuerrechtlichen Regelungen haben gemeinsam, dass der Gegenstand der Umwandlung die Einbringung von Betrieben, Teilbetrieben, Mitunternehmeranteilen oder Anteilen an einer Kapitalgesellschaft in Kapitalgesellschaften oder Personengesellschaften sein muss (vgl. §§ 20, 21, 24 UmwStG).[4] Für den Fall des Formwechsels von Personenhandelsgesellschaften in Kapitalgesellschaften gelten die §§ 20 bis 23 UmwStG gem. § 25 UmwStG entsprechend. Diese Vorschriften (§§ 20 bis 25 UmwStG), die den 6. bis 8. Teil des UmwStG ausmachen, betreffen mithin sowohl Umwandlungen nach allgemeinen Rechtsgrundsätzen außerhalb des UmwG als auch nach dem UmwG durchgeführte Umwandlungen, namentlich Ausgliederungen im Wege der Gesamtrechtsnachfolge, die umwandlungssteuerrechtlich als Einbringungstatbestände angesehen werden (vgl. § 1 Abs. 3 UmwStG) sowie allgemein sämtliche übertragenden Umwandlungen und Formwechsel einer Personenhandelsgesellschaft in eine Kapitalgesellschaft. 3

---

[1] Schmitt/Hörtnagl/Stratz/*Hörtnagl* UmwStG Einf. Rn. 31; Lutter/*Schaumburg,* Verschmelzung – Spaltung – Formwechsel nach neuem Umwandlungsrecht und Umwandlungssteuerrecht, 334.
[2] Schmitt/Hörtnagl/Stratz/*Schmitt* UmwStG § 20 Rn. 195; Umwandlungssteuererlass 2011 vom 11.11.2011, BStBl. I 1314 Rn. 01.44.
[3] Schmitt/Hörtnagl/Stratz/*Hörtnagl* UmwStG Einf. Rn. 31; Umwandlungssteuererlass 2011 vom 11.11.2011, BStBl. I 1314 Rn. 01.44.
[4] Im Falle der Einbringung von Anteilen an einer Kapitalgesellschaft spricht man insofern nicht von Einbringung, sondern von einem „Anteilstausch", § 21 UmwStG.

4 Trotz dieses weit gespannten Regelungsbereiches sind die Vorschriften des **UmwStG** in verschiedener Hinsicht **nicht abschließend**. Zunächst regelt das UmwStG nur die ertragssteuerliche Behandlung von Umwandlungen, also Fragen der Einkommensteuer, Körperschaftsteuer und Gewerbesteuer. Nicht geregelt werden insbesondere die umsatzsteuerliche Behandlung sowie die Grunderwerbsteuer.[5] Dementsprechend gilt etwa die nach den §§ 2, 20 Abs. 6 UmwStG zugelassene steuerliche Rückwirkung von bis zu acht Monaten nicht für den Bereich des UStG. Die übertragende Körperschaft ist bis Wirksamwerden der Umwandlung umsatzsteuerlicher Unternehmer im Sinne von § 2 UStG.[6] Die Körperschaft bleibt insofern bis zur Eintragung der Verschmelzung Unternehmer im Sinne des UStG. Darüber hinaus sind die Regelungen des UmwStG auch in ertragssteuerlicher Hinsicht nicht abschließend, sondern werden durch Spezialvorschriften außerhalb des UmwStG ergänzt (beispielsweise § 20 Abs. 4a EStG oder § 12 Abs. 2 S. 2 KStG). Vermögensübertragungen nach § 6 Abs. 5 EStG sowie Realteilungen nach § 16 Abs. 3 S. 2 EStG und schließlich der Betriebsaufspaltung können weiterhin ohne Aufdeckung der stillen Reserven vorgenommen werden.[7] Dagegen ist die ertragsteuerlich neutrale Vornahme von wirtschaftlichen Spaltungen aufgrund des sog. Spaltungserlasses seit Inkrafttreten des UmwStG (und der darin ermöglichten steuerneutralen Spaltung) ausgeschlossen (→ § 38 Rn. 16).

II. Systematik des UmwStG

5 Der Anwendungsbereich des UmwStG deckt sich seit dem UmwStG 1995 nur teilweise mit dem UmwG 1995.[8] Aus diesem Grund, aber auch wegen der spezifisch steuerrechtlichen Einordnung zivilrechtlicher Rechtsinstrumente kann es so leicht zu Anwendungsschwierigkeiten mit zumindest einem der beiden Gesetzeswerke kommen:

6 Das UmwG ist streng nach den verschiedenen Umwandlungsformen (Verschmelzung, Spaltung, Vermögensübertragung und Formwechsel) gegliedert, wobei die ausführlichen Vorschriften über die Verschmelzung gewissermaßen als allgemeiner Teil des Gesetzes gelten, auf den bei den anderen Umwandlungsformen vielfach verwiesen wird. Demgegenüber baut das UmwStG hauptsächlich auf der Unterscheidung zwischen Kapitalgesellschaften (Körperschaften) einerseits und Personengesellschaften (GbR, OHG, KG) und Einzelunternehmern andererseits als übertragende Rechtsträger (bei den übertragenden Umwandlungen Verschmelzung, Spaltung und Vermögensübertragung) bzw. als formwechselnde Rechtsträger beim Formwechsel auf; innerhalb dieser Gruppen wird wiederum zwischen Kapitalgesellschaften und Personengesellschaften als übernehmende Rechtsträger bzw. Rechtsträger neuer Rechtsform unterschieden.

- So betreffen die §§ 3 bis 16 UmwStG nur Umwandlungen von Kapitalgesellschaften als übertragende/formwechselnde Rechtsträger, und zwar die §§ 3 bis 9 die Verschmelzung oder den Formwechsel von Kapitalgesellschaften auf Personengesellschaften oder Einzelunternehmen, die §§ 11 bis 13 UmwStG die Verschmelzung von Kapitalgesellschaften untereinander und die §§ 15 und 16 die verschiedenen Formen der Spaltung von Kapitalgesellschaften.
- Die §§ 20 bis 25 UmwStG betreffen dagegen auch Umwandlungen, bei denen Personengesellschaften oder Einzelunternehmer übertragende/formwechselnde Rechtsträger sind.[9] Diese Fälle werden vom UmwStG grundsätzlich als sog. „Einbringung" bzw.

---

[5] Umwandlungssteuererlass 2011 vom 11.11.2011, BStBl. I 1314 Rn. 01.01; Maßgeblich sind die Regelungen bzgl. Einzel- oder Gesamtrechtsnachfolgen in den einschlägigen Gesetzen.
[6] Schmitt/Hörtnagl/Stratz/*Hörtnagl* UmwStG § 1 Rn. 11.
[7] S. zur Realteilung von Personenhandelsgesellschaften etwa Blümich/*Schallmoser* EStG § 16 Rn. 390 ff.; s. zur Betriebsaufspaltung Blümich/*Bode* EStG § 15 Rn. 590 ff.
[8] Rödder/Herlinghaus/van Lishaut/*Rödder* UmwStG Einf. Rn. 45.
[9] In den Anwendungsbereich können auch Kapitalgesellschaften als übertragender Rechtsträger fallen, s. Schmitt/Hörtnagl/Stratz/*Schmitt* UmwStG § 20 Rn. 177.

II. Systematik des UmwStG

„Anteilstausch" behandelt, und zwar in §§ 20 bis 23 UmwStG die Einbringung (Anteilstausch) in eine Kapitalgesellschaft, in § 24 UmwStG die Einbringung in eine Personengesellschaft und in § 25 den Formwechsel einer Personengesellschaft in eine Kapitalgesellschaft.

Übersetzt man diesen Aufbau des UmwStG in die streng an den Formen der Umwandlung ausgerichtete Systematik des UmwG, so ergibt sich folgender Überblick: 7

Umwandlungsart	Von	in/auf	2.–5. Teil UmwStG §§	6. und 8. Teil UmwStG §§	7. Teil UmwStG §§
Verschmelzung	Körperschaft Körperschaft Körperschaft PersGes PersGes	PersGes Alleingesellschafter Körperschaft KapGes PersGes	3 ff., 18 3 ff., 18 11 ff., 19 – 	20 ff.	24
Spaltung – Aufspaltung	Körperschaft Körperschaft PersGes PersGes	PersGes Körperschaft KapGes PersGes	16, 18 15, 19 – –	20 ff.	24
– Abspaltung	Körperschaft Körperschaft PersGes PersGes	PersGes Körperschaft KapGes PersGes	16, 18 15, 19 – –	20 ff.	24
– Ausgliederung	Körperschaft Körperschaft PersGes PersGes	PersGes KapGes KapGes PersGes	– – – –	– 20 ff. 20 ff. –	24 – – 24
Vermögensübertragung – Vollübertragung – Teilübertragung	KapGes/ VersU	ÖffHand/ VersU	11–13, 17, 19 15, 17, 19	–	–
Formwechsel	KapGes/eG PersGes KapGes PersGes	PersGes KapGes KapGes PersGes	9, 18 – – –	– 25 – –	– – – –
Einbringung – Einzelrechtsübertragung	EU/PersGes/ Körperschaft	KapGes	–	20 ff.	–
erw. Anwachsung	EU/PersGes/ Körperschaft	PersGes	–	–	24 ff.

8

Gemäß § 1 Abs. 1 S. 1 UmwStG regeln die Teile 2 bis 5 des Gesetzes (§§ 3 bis 19 9 UmwStG) ausschließlich Umwandlungen, die im Wege der (partiellen) Gesamtrechtsnachfolge nach dem UmwG vorgenommen werden, diese allerdings nicht erschöpfend: Namentlich die Ausgliederung (§ 1 Abs. 1 S. 2 UmwStG) sowie sämtliche Umwandlungen unter Beteiligung von Personengesellschaften als übertragende bzw. formwechselnde Rechtsträger unterfallen den Teilen 6 bis 8 (§§ 20 bis 25 UmwStG); diese Vorschriften regeln sowohl Umwandlungen nach dem UmwG als auch nach anderen zivilrechtlichen Regelungen (zB erweitertes Anwachsungsmodell, Einzelrechtsnachfolge usw.).

§ 41 Steuerliche Auswirkungen der Verschmelzung

Übersicht

	Rn.
I. Verschmelzung von Kapitalgesellschaften auf Personengesellschaften	2
1. Auswirkungen bei der übertragenden Kapitalgesellschaft	6
2. Auswirkungen bei der übernehmenden Personengesellschaft	10
a) Vermeidung eines (handelsrechtlichen)Übernahmeverlustes	10
b) Eintritt in die Rechtsstellung der übertragenden Körperschaft	12
c) Keine Übernahme des Verlustvortrages	14
3. Auswirkungen bei den Gesellschaftern der übernehmenden Personengesellschaft	16
a) Anteile im Betriebsvermögen, Beteiligungen iSd § 17 Abs. 1 EStG im Privatvermögen und gleichgestellte Fälle	18
b) Beteiligungen von weniger als 1% im Privatvermögen	24
II. Verschmelzung von Kapitalgesellschaften auf Kapitalgesellschaften	26
1. Allgemeines	26
2. Auswirkungen bei der übertragenden Körperschaft	28
3. Auswirkungen bei der übernehmenden Kapitalgesellschaft	31
4. Auswirkungen bei den Gesellschaftern der übertragenden Kapitalgesellschaft	35
III. Verschmelzung von Personengesellschaften auf Kapitalgesellschaften	37
1. Allgemeines	37
2. Auswirkungen bei der übernehmenden Kapitalgesellschaft	39
3. Auswirkungen bei der übertragenden Personengesellschaft	44
4. Auswirkungen bei den Gesellschaftern der übertragenden Personengesellschaft	46
IV. Verschmelzung von Personengesellschaften auf Personengesellschaften	48

1 Entsprechend der vorstehend dargestellten Systematik des UmwStG ist grundsätzlich zu unterscheiden zwischen der Verschmelzung von Kapitalgesellschaften auf Personengesellschaften, von Kapitalgesellschaften untereinander, von Personengesellschaften auf Kapitalgesellschaften und schließlich von Personengesellschaften untereinander.

I. Verschmelzung von Kapitalgesellschaften auf Personengesellschaften

2 Die ertragsteuerlichen Folgen der Verschmelzung von Kapitalgesellschaften auf Personengesellschaften oder auf natürliche Personen sind im zweiten Teil des UmwStG (§§ 3 bis 10 UmwStG) geregelt. Neben dem dritten (Verschmelzung von Kapitalgesellschaften untereinander) und dem sechsten Teil (Einbringung von Sachgesamtheiten in Kapitalgesellschaften) handelt es sich um einen der drei Hauptteile des UmwStG.

3 Anders als Kapitalgesellschaften (s. zB § 1 Abs. 1 Nr. 1 KStG) bilden Personengesellschaften (also GbR, OHG und KG) für ertragsteuerliche Zwecke[1] keine eigenständigen Steuersubjekte. Steuersubjekte sind vielmehr die Gesellschafter der Personengesellschaft, denen der in der Gesellschaft erwirtschaftete Gewinn unmittelbar als Einkünfte aus Gewerbebetrieb zugerechnet wird. Andererseits wird der Gewinn der Personengesellschaft einheitlich und gesondert festgestellt (§ 180 AO); buchführungs- und gewinnermittlungspflichtig ist dementsprechend die Personengesellschaft selbst, nicht dagegen sind es ihre Gesellschafter. Wegen dieser Dichotomie sind bei den bilanziellen und ertragsteuerlichen Auswirkungen der Verschmelzung von Kapitalgesellschaften auf Personengesellschaften nicht nur die übertragende Körperschaft und die übernehmende Personengesellschaft, sondern auch die Gesellschafter der übernehmenden Mitunternehmerschaft zu betrachten.

4 Hinsichtlich der handelsrechtlichen und steuerlichen Auswirkungen von Umwandlungen im Allgemeinen und Verschmelzungen im Besonderen ist grundsätzlich auf vier Bilanzen zu schauen:

---

[1] Mit Ausnahme der Gewerbesteuer.

I. Verschmelzung von Kapitalgesellschaften auf Personengesellschaften § 41

- die steuerliche Schlussbilanz des übertragenden Rechtsträgers,
- die Steuerbilanz des übernehmenden Rechtsträgers,
- die handelsrechtliche Schlussbilanz des übertragenden Rechtsträgers und
- die Handelsbilanz des übernehmenden Rechtsträgers.

Nach dem aus § 5 Abs. 1 EStG abgeleiteten **Maßgeblichkeitsgrundsatz** ist prinzipiell 5 die Handelsbilanz für die Steuerbilanz maßgeblich. Im Bereich des UmwStG wird dieser Grundsatz allerdings durchbrochen. Eine Verschmelzung bewirkt steuerlich grundsätzlich eine Gewinnrealisierung (vgl. § 3 Abs. 1 UmwStG). Es besteht nur ein Wahlrecht, unter bestimmten Voraussetzungen, den Buchwert fortzuführen oder einen Zwischenwert anzusetzen (vgl. § 3 Abs. 2 UmwStG). Handelsrechtlich kommt es dagegen nicht zu einer Gewinnrealisierung, sondern stets zu einer Fortführung des Buchwertes auf Seiten der übertragenden Körperschaft, § 17 Abs. 2 S. 2 UmwG.[2] Darüber hinaus basiert das UmwStG auf dem Prinzip der **Wertverknüpfung**. Im Falle der Verschmelzung wird dieses Wahlrecht mit Ansatz in der Steuerbilanz durch den übertragenden Rechtsträger ausgeübt (hier: die Kapitalgesellschaft) und ist für den übernehmenden Rechtsträger bindend (§ 4 Abs. 1 S. 1 UmwStG).[3] Dieser grundlegende Unterschied bei der steuer- und handelsbilanziellen Behandlung macht es erforderlich, dass bei jeder Umwandlung die vorgenannten vier Bilanzen im Einzelnen durchgegangen werden müssen.

1. Auswirkungen bei der übertragenden Kapitalgesellschaft

Die übertragende Kapitalgesellschaft hat die übergehenden Wirtschaftsgüter in der **steu-** 6 **erlichen Schlussbilanz** entsprechend des Bewertungsgrundsatzes aus § 3 Abs. 1 S. 1 UmwStG grundsätzlich mit dem gemeinen Wert anzusetzen. Erfasst werden alle übertragenen Wirtschaftsgüter und die darin enthaltenen stillen Reserven. Der Bewertungsgrundsatz kommt damit auch für stille Reserven in selbst geschaffenen immateriellen Wirtschaftsgütern zur Anwendung.[4] Abweichend davon kann unter bestimmten Voraussetzungen ein einheitlicher Buchwert oder ein unter dem gemeinen Wert liegender Wert (sog. Zwischenwert) angesetzt werden, § 3 Abs. 2 Satz 1 UmwStG. Es muss zunächst gewährleistet sein, dass die übertragenen Wirtschaftsgüter in das Betriebsvermögen der übernehmenden Personengesellschaft eingehen und die Besteuerung mit Einkommen- oder Körperschaftssteuer sichergestellt ist, § 3 Abs. 2 S. 1 Nr. 1 UmwStG. Ebenso darf das Besteuerungsrecht für Gewinne aus der Veräußerung der Wirtschaftsgüter nach Verschmelzung weder beschränkt noch ausgeschlossen sein, § 3 Abs. 2 S. 1 Nr. 2 UmwStG. Darüber hinaus dürfen Gegenleistungen für die Übertragung der Wirtschaftsgüter nur in Form von Gesellschafterrechten gewährt werden, § 3 Abs. 2 S. 1 Nr. 3 UmwStG. Die Begünstigung wird nur auf Antrag hin gewährt, wobei das Vorliegen der Voraussetzungen für jeden Gesellschafter gesondert geprüft werden muss. Abgestellt wird auf die Beteiligungsverhältnisse zum Zeitpunkt der Registereintragung der Umwandlung.[5]

Dagegen muss die übertragende Kapitalgesellschaft ihre Wirtschaftsgüter in der **han-** 7 **delsrechtlichen Schlussbilanz** mit den fortgeführten (handelsrechtlichen) Buchwerten ansetzen.[6] Dies folgt aus § 17 Abs. 2 S. 2 UmwG, der bestimmt, dass die Vorschriften über die Jahresbilanz für die handelsrechtliche Schlussbilanz entsprechend gelten. Der Grundsatz der Maßgeblichkeit (→ Rn. 5) wird damit für den Regelfall der Verschmelzung

---

[2] Rödder/Herlinghaus/van Lishaut/*Birkemeier* UmwStG § 3 Rn. 60.
[3] Eine Ausnahme stellt der Einbringungsfall bzw. Anteilstausch dar, da hier eine „rückwärtsgewandte" Wertverknüpfung besteht, in der das Wahlrecht vom übernehmenden Rechtsträger ausgeübt wird (vgl. §§ 20 Abs. 3, 21 Abs. 2 UmwStG).
[4] Rödder/Herlinghaus/van Lishaut/*Birkemeier* UmwStG § 3 Rn. 55.
[5] Rödder/Herlinghaus/van Lishaut/*Birkemeier* UmwStG § 3 Rn. 80.
[6] Ein handelsrechtliches Bewertungswahlrecht wird nur der übernehmenden Personengesellschaft eingeräumt, die die übernommenen Wirtschaftsgüter mit den fortgeführten Buchwerten oder mit einem höheren Wert (näheres → Rn. 10) ansetzen darf, § 24 UmwG.

durchbrochen.⁷ Nur für den Fall, dass die übertragende Kapitalgesellschaft von ihrem Wahlrecht aus § 3 Abs. 2 S. 1 UmwStG zur Fortführung des Buchwertes Gebrauch macht, kommt es zu einem Gleichlauf von Handels- und Steuerbilanz. Die Ansicht der Finanzverwaltung, dass es bei steuerlicher Buchwertfortführung und handelsrechtlicher Aufdeckung der stillen Reserven zu einer „phasenverschobenen Wertaufholung" in der Steuerbilanz, die auf den Übertragungsstichtag folgt, kommt, wird seit Einführung des SEStEG⁸ im Jahre 2006 nicht mehr vertreten (→ Rn. 11).⁹

8 Setzt die übertragende Körperschaft die übergehenden Wirtschaftsgüter in ihrer steuerlichen Schlussbilanz nicht mit den Buchwerten an, entsteht ein steuerpflichtiger Übertragungsgewinn. Dieser Übertragungsgewinn bietet die letztmalige Möglichkeit, Verluste und Verlustvorträge der übertragenden Kapitalgesellschaft zu nutzen, da ein Übergang auf die übernehmende Personengesellschaft in § 4 Abs. 2 S. 2 UmwStG nicht vorgesehen ist (→ Rn. 14f.). Abgezogen werden können insbesondere die Kosten der Umwandlung als sofort abzugsfähige Betriebsausgaben, § 4 Abs. 4 S. 1 UmwStG. Jeder der beteiligten Rechtsträger trägt dabei seine Aufwendungen für die Umwandlung selbst.¹⁰ Maßgeblich für die Zurechnung ist das objektive Veranlassungsprinzip.¹¹ Eine Vereinbarung über die Zuordnung von Umwandlungskosten ist unzulässig.¹² Streit besteht bzgl. der Aufwendungen, die erst nach dem Übertragungsstichtag entstehen aber durch die übertragende Körperschaft veranlasst wurden. Die Finanzverwaltung ordnet die Kosten in diesem Zeitraum stets dem übernehmenden Rechtsträger zu, da die übertragende Körperschaft steuerlich bereits nicht mehr existiert (→ Rn. 9).¹³ Die überwiegende Ansicht in der Literatur hält dies für falsch, insbesondere weil bei der übernehmenden Personengesellschaft aufgrund von § 4 Abs. 5 S. 2 UmwStG in der Regel ein Übernahmeverlust entsteht, der gem. § 4 Abs. 6 UmwStG außer Ansatz bleibt (→ Rn. 23). Die Auslegung der Finanzverwaltung verhindert damit im Ergebnis eine steuerliche Geltendmachung der Umwandlungskosten¹⁴ Über die Lösung des Problems, dass die Übertragerin bei Kostenentstehung nicht mehr besteht, besteht wiederum Uneinigkeit.¹⁵ Hinsichtlich der Nutzung von Verlustvorträgen gelten die Beschränkungen der Mindestbesteuerung, § 10d Abs. 2 EStG.¹⁶

9 Übereinstimmung besteht zwischen den handelsrechtlichen und den steuerlichen Regelungen aber insoweit, als der **Stichtag,** auf den die jeweilige Schlussbilanz aufgestellt wurde, sowohl nach dem UmwG als auch nach dem UmwStG höchstens acht Monate vor der Anmeldung der Verschmelzung zum Handelsregister liegen darf, §§ 17 Abs. 2 S. 4 UmwG, 2 UmwStG. Obwohl die Verschmelzung handelsrechtlich erst mit Eintragung im Handelsregister der übernehmenden Personengesellschaft wirksam wird und die übertragende Kapitalgesellschaft auch erst zu diesem Zeitpunkt erlischt (§ 20 Abs. 1 UmwG), werden die Wirkungen der Verschmelzung für die Zwecke der Einkommensteuer, Körperschaftsteuer und Gewerbesteuer auf den Ablauf des steuerlichen Übertragungsstichtags zurückbezogen (§ 2 Abs. 1 UmwStG). Durch diese steuerliche Fiktion wird eine erhebliche Umqualifizierung der wesentlichen Rechtsbeziehungen zwischen der übertragenden

---

[7] Rödder/Herlinghaus/van Lishaut/*Birkemeier* UmwStG § 3 Rn. 64; Umwandlungssteuererlass 2011 vom 11.11.2011, BStBl. I 1314 Rn. 03.10.
[8] Gesetz vom 7.12.2006, BGBl. I 2782.
[9] Klargestellt durch den Umwandlungssteuererlass 2011 vom 11.11.2011, BStBl. I 1314 Rn. 03.10., 03.25, 04.04; vgl. schon Regierungsentwurf des SEStEG vom 12.7.2006, BT-Drs. 16/2710, 34f., 37; Rödder/Herlinghaus/van Lishaut/*van Lishaut* UmwStG § 4 Rn. 13.
[10] Schmitt/Hörtnagl/Stratz/*Schmitt* UmwStG § 4 Rn. 43; Umwandlungssteuererlass 2011 vom 11.11.2011, BStBl. I 1314 Rn. 04.34.
[11] Schmitt/Hörtnagl/Stratz/*Schmitt* UmwStG § 4 Rn. 43.
[12] Rödder/Herlinghaus/van Lishaut/*Birkemeier* UmwStG § 3 Rn. 157.
[13] Umwandlungssteuererlass 2011 vom 11.11.2011, BStBl. I 1314 Rn. 04.34.
[14] Schmitt/Hörtnagl/Stratz/*Schmitt* UmwStG § 4 Rn. 45; Rödder/Herlinghaus/van Lishaut/*Birkemeier* UmwStG § 3 Rn. 157 mwN.
[15] Passivierung als Rückstellungen in der steuerlichen Schlussbilanz, Schmitt/Hörtnagl/Stratz/*Schmitt* UmwStG § 4 Rn. 45 mwN.
[16] Rödder/Herlinghaus/van Lishaut/*Birkemeier* UmwStG § 3 Rn. 156.

I. Verschmelzung von Kapitalgesellschaften auf Personengesellschaften § 41

Körperschaft, der übernehmenden Personengesellschaft und ihrer Gesellschafter erforderlich.[17] Mit Ablauf des steuerlichen Übertragungsstichtages endet die Steuerpflicht der übertragenden Kapitalgesellschaft im Hinblick auf die Körperschaftsteuer und die Gewerbesteuer.

2. Auswirkungen bei der übernehmenden Personengesellschaft

a) Vermeidung eines (handelsrechtlichen) Übernahmeverlustes. In der steuerlichen Eröffnungsbilanz hat die übernehmende Personengesellschaft die Werte aus der steuerlichen Schlussbilanz der übertragenden Körperschaft zu übernehmen (Wertverknüpfung, § 4 Abs. 1 UmwStG). Auch insoweit besteht indessen keine Übereinstimmung mit den handelsrechtlichen Regelungen des UmwG: Nach § 24 UmwG darf der übernehmende Rechtsträger in seinen Jahresbilanzen die übernommenen Wirtschaftsgüter nämlich „auch" mit den Wertansätzen der Schlussbilanz des übertragenden Rechtsträgers übernehmen. Durch diese Formulierung sollte ein von den fortgeführten Buchwerten abweichender Wertansatz nach dem **Anschaffungswert-Prinzip** (§ 253 Abs. 1 HGB) ermöglicht werden, um auf diese Weise die Entstehung eines handelsrechtlichen Übernahmeverlustes zu vermeiden.[18] Ist nämlich der Beteiligungsansatz für die im Rahmen der Verschmelzung untergehenden Anteile an der übertragenden Körperschaft höher als der Nettowert der übergegangenen Wirtschaftsgüter (zB wegen eines im Anteilskaufpreis mitbezahlten goodwill), so ergibt sich ein handelsrechtlicher Verschmelzungsverlust, obwohl tatsächlich keine Wertminderung eingetreten ist. Es besteht die Möglichkeit, die in den übernommenen Wirtschaftsgütern liegenden stillen Reserven (teilweise) aufzudecken und auf diese Weise die Entstehung eines handelsrechtlichen Übernahmeverlustes zu vermeiden. § 24 UmwG beschränkt sich allerdings auf die Feststellung, dass der übernehmende Rechtsträger „auch" die Buchwerte des übertragenden Rechtsträgers fortführen könne, ohne die im Übrigen zulässigen Wertansätze im Einzelnen zu definieren. Insoweit besteht Einigkeit, dass die zulässigen Wertansätze aus dem Anschaffungswert-Prinzip (§ 253 Abs. 1 HGB) abzuleiten sind.[19] Dementsprechend hat die übernehmende Personengesellschaft ein Wahlrecht, ob sie die übernommenen Wirtschaftsgüter mit den fortgeführten Buchwerten, dem (auf die Wirtschaftsgüter verteilten) Zeitwert der im Rahmen der Verschmelzung untergehenden Anteile an der übertragenden Körperschaft oder mit den vorsichtig geschätzten Zeitwerten der übertragenen Aktiva und Passiva ansetzt.[20]

Steuerliche Folgen hat die Ausübung des handelsrechtlichen Bewertungswahlrechts nicht. Die frühere Auffassung der **Finanzverwaltung**[21] sah in diesen Fällen eine sog. „phasenverschobene Wertaufholung" vor. Steuerlich fortgeführte Buchwerte sollten aufgrund des Maßgeblichkeitsgrundsatzes in der auf den Übertragungsstichtag folgenden Steuerbilanz auf das Niveau des handelsrechtlichen Ansatzes aufgestockt werden. Seit Einführung des SEStEG verfolgt die Finanzverwaltung diese Ansicht nicht weiter.[22] Das Leerlaufen des Bewertungswahlrechts aus § 3 Abs. 2 UmwStG durch eine „phasenverschobene Wertaufholung" wird dadurch verhindert.[23]

b) Eintritt in die Rechtsstellung der übertragenden Körperschaft. Entsprechend dem das Umwandlungsrecht beherrschenden Grundsatz der Gesamtrechtsnachfolge

---

[17] Schmitt/Hörtnagl/Stratz/*Hörtnagl* UmwStG § 2 Rn. 17; Umwandlungssteuererlass 2011 vom 11.11.2011, BStBl. I 1314 Rn. 02.10 und 02.11.
[18] Schmitt/Hörtnagl/Stratz/*Hörtnagl* UmwG § 24 Rn. 1; BR-Drs. 75/94, 93.
[19] Schmitt/Hörtnagl/Stratz/*Hörtnagl* UmwG § 24 Rn. 2, 10 ff.
[20] Zu den handelsrechtlichen Problematiken s. Schmitt/Hörtnagl/Stratz/*Hörtnagl* UmwG § 24 Rn. 31 ff.
[21] BMF-Schreiben v. 25.3.1998, BStBl. I 268 Tz. 3.02., 11.01. f.
[22] Rödder/Herlinghaus/van Lishaut/*van Lishaut* UmwStG § 4 Rn. 13; Umwandlungssteuererlass 2011 vom 11.11.2011, BStBl. I 1314 Rn. 03.10, 03.25, 04.04.
[23] Rödder/Herlinghaus/van Lishaut/*van Lishaut* UmwStG § 4 Rn. 13.

(→ § 37 Rn. 6) sieht § 4 Abs. 2 UmwStG einen weitgehenden Eintritt der übernehmenden Personengesellschaft in die steuerliche Rechtsstellung der übertragenden Körperschaft vor. Dies gilt für die Bewertung der übernommenen Wirtschaftsgüter, die laufenden Abschreibungen und die den steuerlichen Gewinn mindernden Rücklagen, nicht jedoch für die Übertragung von Verlustvorträgen (→ Rn. 14).

13 Die übernehmende Personengesellschaft tritt hinsichtlich der Abschreibungen grundsätzlich auch dann in die Rechtsstellung der übertragenden Körperschaft ein, wenn es zu einer **Aufdeckung der stillen Reserven** nach §§ 3 Abs. 1 S. 1, 4 Abs. 1 UmwStG kommt. In diesem Fall ist jedoch gemäß § 4 Abs. 3 UmwStG die Bemessungsgrundlage um den **sog. Aufstockungsbetrag** zu erhöhen, dh um die Differenz zwischen den Buchwerten und den in der Schlussbilanz angesetzten Werten (Teilwerten oder Zwischenwerten). Da das UmwStG davon ausgeht, dass die Restnutzungsdauer der Wirtschaftsgüter trotz der so erhöhten Bemessungsgrundlage gleich bleibt, erhöhen sich dementsprechend die Abschreibungssätze und die Abschreibungsbeträge.[24]

14 **c) Keine Übernahme des Verlustvortrages.** Eines der wesentlichen steuerlichen Hemmnisse für die Verschmelzung und den Formwechsel[25] von Körperschaften auf bzw. in Personengesellschaften stellt die Regelung des § 4 Abs. 2 S. 2 UmwStG dar, nach der die bei der übertragenden Kapitalgesellschaft vorhandenen Verlustvorträge (verbleibender Verlustabzug im Sinne des § 10d Abs. 4 S. 2 EStG) nicht auf die übernehmende Personengesellschaft bzw. auf deren Gesellschafter übergehen.

15 Verlustvorträge können demnach letztmalig von der übertragenden Körperschaft durch Verrechnung mit dem Übertragungsgewinn oder Verlustrücktrag genutzt werden. Das Bewertungswahlrecht des § 3 Abs. 2 S. 1 UmwStG kann aber auch für einen Ansatz der Wirtschaftsgüter über dem Buchwert und unter dem gemeinen Wert genutzt werden. So kann die Höhe des steuerlichen Übertragungsgewinns, gesteuert werden, um eine optimale Verlustnutzung zu gewährleisten. Neben der Verlustnutzung wird zudem zusätzliches Abschreibungspotential für den übernehmenden Rechtsträger generiert. Beschränkt wird die Verlustnutzung allerdings durch die Mindestbesteuerung gem. § 10d Abs. 2 EStG.[26]

3. Auswirkungen bei den Gesellschaftern der übernehmenden Personengesellschaft

16 Da die übernehmende Personengesellschaft als Mitunternehmerschaft kein Steuersubjekt ist (Ausnahme: Gewerbesteuer), treten die ertragsteuerlichen Folgen der Verschmelzung weitgehend direkt bei ihren Gesellschaftern ein. Insoweit geht es hauptsächlich um die Frage, wie ein aus der Verschmelzung entstehender steuerlicher Gewinn oder Verlust zu berücksichtigen ist. Ein **Übernahmegewinn (-verlust)** entsteht, wenn der Saldo der Werte, mit denen die zu übernehmenden Wirtschaftsgüter in der steuerlichen Schlussbilanz der übertragenden Körperschaft angesetzt wird, höher (geringer) als der Buchwert der im Rahmen der Verschmelzung untergehenden Anteile an der übertragenden Kapitalgesellschaft ist (§ 4 Abs. 4 S. 1 UmwStG).

17 § 4 Abs. 4 bis 7 UmwStG zielen darauf ab, einen bei der Verschmelzung entstehenden Übernahmegewinn dann als gewerbliche Einkünfte zu besteuern, wenn die Anteile an der übertragenden Kapitalgesellschaft steuerverstrickt waren. Daher ist für die steuerliche Behandlung grundsätzlich zu unterscheiden zwischen Fällen, in denen die Anteile an der übertragenden Kapitalgesellschaft am Stichtag zu einem inländischen Betriebsvermögen gehören, und ähnlich gelagerten Fällen (zB bei Beteiligungen im Sinne des § 17 EStG, dh Beteiligungen von mindestens 1%, und Anteile, die aufgrund eines Einbringungsvorgan-

---

[24] Dies wird im UmwStG zwar nicht ausdrücklich erwähnt, entspricht aber dem Willen des Gesetzgebers, vgl. Schmitt/Hörtnagl/Stratz/*Schmitt* UmwG/UmwStG § 4 UmwStG Rn. 79 ff.; lediglich bei Gebäuden erhöht sich der Abschreibungssatz nicht, sondern verlängert sich de facto die Restnutzungsdauer.
[25] Vgl. § 9 S. 1 UmwStG, der auf § 4 UmwStG verweist.
[26] Haritz/Menner/*Brinkhaus* UmwStG § 3 Rn. 146.

ges im Sinne des UmwStG gewährt wurden) einerseits und im Privatvermögen gehaltenen Beteiligungen von unter 1% andererseits. Aus demselben Grunde ist die Entstehung eines Übernahmegewinns bzw. -verlustes grundsätzlich für jeden Gesellschafter der übernehmenden Personengesellschaft gesondert festzustellen.[27]

a) Anteile im Betriebsvermögen, Beteiligungen iSd § 17 Abs. 1 EStG im Privatvermögen und gleichgestellte Fälle. Nach § 4 Abs. 4 S. 3 UmwStG ist ein Übernahmegewinn oder -verlust grundsätzlich nur insoweit zu berücksichtigen, als die Anteile an der übertragenden Kapitalgesellschaft am steuerlichen Übertragungsstichtag zum Betriebsvermögen **der übernehmenden Personengesellschaft** gehörten.[28] Diesem gesetzlichen Regelfall werden gemäß § 5 UmwStG eine Reihe von Fällen gleichgestellt, namentlich im Betriebsvermögen *eines Gesellschafters* der übernehmenden Personengesellschaft gehaltene Anteile (§ 5 Abs. 3 UmwStG) und im Privatvermögen gehaltene Beteiligungen iSd § 17 Abs. 1 EStG eines Gesellschafters der übernehmenden Personengesellschaft (§ 5 Abs. 2 UmwStG). Mit dem SEStEG wurde die Regelung § 5 Abs. 4 UmwStG, die einen gleichgestellten Fall für einbringungsgeborene Anteile iSd § 21 UmwStG a.F vorsah, gestrichen. Durch einen Einbringungsvorgang gem. §§ 20, 21 UmwStG erhaltene Anteile werden gem. § 17 Abs. 6 EStG, unabhängig von der Beteiligungsquote, im Rahmen von § 5 Abs. 2 UmwStG erfasst.[29] Für derartige Anteile an der übertragenden Körperschaft wird von § 5 Abs. 2 UmwStG für die Ermittlung des Verschmelzungsgewinns oder -verlustes fingiert, dass sie am steuerlichen Stichtag in das Betriebsvermögen der Personengesellschaft eingelegt worden seien.

18

Der umwandlungssteuerrechtlich zu berücksichtigende Übernahmegewinn bzw. -verlust wird in einem **mehrstufigen Verfahren** berechnet:[30]

19

- Zunächst ist zu ermitteln, welcher Übernahmegewinn/-verlust sich aufgrund von § 4 Abs. 4 S. 1 UmwStG ergibt (sog. bilanzielles Übernahmeergebnis). Dazu ist die Differenz zwischen dem Nettowert der übernommenen Wirtschaftsgüter abzüglich der Umwandlungskosten und dem Buchwert der Anteile an der übertragenden Körperschaft zu ermitteln. Maßgeblich sind nur die Wirtschaftsgüter, die auf steuerverstrickte Anteile entfallen, § 4 Abs. 4 S. 3 UmwStG.
- Ein daraus resultierender Übernahmegewinn bzw. Übernahmeverlust erhöht (verringert) sich um den Zuschlag für neutrales Vermögen iSv § 4 Abs. 4 S. 2 UmwStG. Erfasst werden stille Reserven in Wirtschaftsgütern an denen ein deutsches Besteuerungsrecht auf Ebene der Übertragerin nicht besteht. Anlass zur Einführung der Regelung durch das SEStEG[31] war die Schließung einer Regelungslücke.[32] Veräußert ein Anteilsinhaber seine Anteile an der Körperschaft vor Verschmelzung, bestimmt sich der Wert der Anteile und damit der steuerpflichtige Veräußerungsgewinn nach den stillen Reserven in allen Wirtschaftsgütern unabhängig davon, ob an diesen selbst ein deutsches Besteuerungsrecht besteht. Veräußert der Anteilsinhaber hingegen nach der Verschmelzung den erhaltenen Mitunternehmeranteil, ist der Teil des Gewinns von der Besteuerung freigestellt, der auf Wirtschaftsgüter entfällt an denen kein deutsches Besteuerungsrecht besteht (zumindest, wenn die Freistellungsmethode im entsprechenden DBA vorgesehen ist und zur Anwendung kommt).[33] Der Zuschlagsbetrag iSd § 4 Abs. 4 S. 2 UmwStG sorgt nunmehr dafür, dass es zu einem Besteuerungsgleichlauf kommt.

20

---

[27] Rödder/Herlinghaus/van Lishaut/*van Lishaut* UmwStG § 4 Rn. 79.
[28] Anteile, die nach dem steuerlichen Übertragungsstichtag angeschafft werden gelten gem. § 5 Abs. 1 UmwStG als am Stichtag angeschafft. Gleiches gilt für den Fall, dass ein Anteilseigner abgefunden wird.
[29] Rödder/Herlinghaus/van Lishaut/*van Lishaut* UmwStG § 5 Rn. 20.
[30] Rödder/Herlinghaus/van Lishaut/*van Lishaut* UmwStG § 4 Rn. 75; Umwandlungssteuererlass 2011 vom 11.11.2011, BStBl. I 1314 Rn. 04.27.
[31] Gesetz vom 7.12.2006, BGBl. I 2782.
[32] Schmitt/Hörtnagl/Stratz/*Schmitt* § UmwStG 4 Rn. 113.
[33] Rödder/Herlinghaus/van Lishaut/*van Lishaut* UmwStG § 4 Rn. 93.

- Darüber hinaus erhöht sich ein Übernahmegewinn bzw. vermindert sich ein Übernahmeverlust gemäß § 4 Abs. 5 UmwStG um einen möglicherweise noch vorhandenen **Sperrbetrag nach § 50c EStG.** Ein solcher Sperrbetrag entstand vor der Abschaffung des Körperschaftsteueranrechnungsverfahrens, wenn der Gesellschafter der übertragenden Körperschaft zwar selbst körperschaftsteueranrechnungsberechtigt war, die Anteile an der Körperschaft aber zu einem über dem Nennwert der Anteile liegenden Kaufpreis von einer Person erworben hatte, die ihrerseits nicht zur Anrechnung der Körperschaftsteuer berechtigt war.[34] Der Regelung über den Sperrbetrag kommt heute freilich keine wesentliche wirtschaftliche Bedeutung mehr zu, da § 50c EStG im Rahmen des StSenkG gestrichen worden und ein Fortwirken nur bis in das Jahr 2011 möglich ist.[35]
- Gewinnmindernd bzw. Verlusterhöhend berücksichtigt werden müssen zudem Bezüge, die nach § 7 UmwStG zu den Einkünften aus Kapitalvermögen zählen, § 4 Abs. 5 S. 2 UmwStG. Die Rede ist von in der übertragenden Gesellschaft enthaltenen **offenen Rücklagen.**[36] Diese werden nicht mit dem Veräußerungsgewinn als gewerbeertrag, sondern vorrangig als Kapitalertrag nach § 20 Abs. 1 S. 1 EStG versteuert. Grund hierfür ist, dass die offenen Rücklagen bei Entnahme aus der übertragenden Kapitalgesellschaft als Kapitalerträge versteuert worden wären. Da offene Rücklagen bei Personengesellschaften steuerfrei entnommen werden können, ist die isolierte Besteuerung gem. § 7 UmwStG erforderlich.[37] Es gelten je nach Rechtsform die für die Versteuerung von Kapitalerträgen einschlägigen Vorschriften.

21-22 Entsteht auf dieser Grundlage ein **Übernahmegewinn,** so regelt § 4 Abs. 7 UmwStG die grundlegenden Folgen seiner Besteuerung. Ein Übernahmegewinn bleibt außer Ansatz, soweit er auf eine unbeschränkt steuerpflichtige Körperschaft, Personenvereinigung oder Vermögensmasse als Mitunternehmerschaft entfällt, § 4 Abs. 7 Satz 1 UmwStG. In den übrigen Fällen, also soweit der Gewinn auf eine natürliche Person als Mitunternehmer der übernehmenden Personengesellschaft entfällt, wird der Übernahmegewinn zu 60 % angesetzt, § 4 Abs. 7 Satz 2 UmwStG. Diese Regelung soll sicherstellen, dass der Übernahmegewinn so besteuert wird, als würde die Beteiligung an der übertragenden Kapitalgesellschaft von ihren Anteilseignern verkauft werden.[38] Sie ist Konsequenz der Steuerfreiheit von Veräußerungsgewinnen gem. § 8b Abs. 2 KStG bzw. aufgrund des Teileinkünfteverfahrens für Dividendeneinkünfte und Gewinne aus der Veräußerung von Kapitalgesellschaften durch natürliche Personen gemäß § 3 Nr. 40 EStG. Aufgrund der Regelungen des § 4 Abs. 4 bis 7 UmwStG ist eine **steuerneutrale Verschmelzung** selbst dann **nicht gewährleistet,** wenn die übernehmende Personengesellschaft die steuerlichen Buchwerte der übertragenden Körperschaft fortführt; ein steuerbarer Verschmelzungsgewinn kann auch in diesen Fällen entstehen. Insbesondere, wenn die Anteilseigner der übertragenden Kapitalgesellschaft bei Erwerb der Anteile die dort vorhandenen und später aufgedeckten stillen Reserven nicht mitbezahlt haben, entsteht ein Übernahmegewinn; denn in diesem Fall ist der Buchwert der im Rahmen der Verschmelzung untergehenden Anteile an der übertragenden Körperschaft entsprechend niedriger, so dass ein höherer Verschmelzungsgewinn entsteht.[39] Immerhin ist auf einen etwaigen Übernahmegewinn keine Gewerbesteuer zu zahlen, da diese gem. § 18 Abs. 2 UmwStG auf den Übernahmegewinn nicht anfällt. Durch die isolierte Besteuerung offener Rücklagen gem. § 7 UmwStG entsteht ein Übernahmegewinn aufgrund von § 4 Abs. 5 S. 2 UmwStG nur noch selten. Die Umwandlungskosten der übernehmenden Personengesellschaft erhöhen somit häufig nur den Ver-

---

[34] Einzelheiten Schmitt/Hörtnagl/Stratz/*Schmitt* UmwStG § 4 Rn. 118.
[35] Schmitt/Hörtnagl/Stratz/*Schmitt* UmwStG § 4 Rn. 118.
[36] Rödder/Herlinhaus/van Lishaut/*van Lishaut,* UmwStG § 4 Rn. 105.
[37] Rödder/Herlinghaus/van Lishaut/*Birkemeier* UmwStG § 7 Rn. 2; vgl. auch Begründung zum Gesetzentwurf des SEStEG idF des Kabinettsbeschluss v. 12.7.2006, BT-Drs. 16/2710, 40.
[38] Schmitt/Hörtnagl/Stratz/*Schmitt* UmwStG § 4 Rn. 143f.
[39] Schmitt/Hörtnagl/Stratz/*Schmitt* UmwStG § 4 Rn. 120.

I. Verschmelzung von Kapitalgesellschaften auf Personengesellschaften § 41

lust, der gem. § 4 Abs. 6 UmwStG grundsätzlich außer Ansatz bleibt.[40] Verschärft wird diese Problematik durch die Auffassung der Finanzverwaltung, nach der pauschal alle Umwandlungskosten, die nach dem Übertragungsstichtag entstehen, der Übernehmerin zuzuordnen sind (vgl. → Rn. 8).[41]

Ein **Übernahmeverlust** kann gem. § 4 Abs. 6 UmwStG grundsätzlich nicht in Ansatz 23 gebracht werden. Aufgrund der isolierten Besteuerung der in der übertragenden Körperschaft enthaltenen offenen Rücklagen gem. § 7 UmwStG, wird in bestimmten Fällen jedoch von diesem Grundsatz abgewichen. Durch den Abzug der offenen Rücklagen vom Übernahmeergebnis gem. § 4 Abs. 5 S. 2 UmwStG entstehen häufig künstlich Übernahmeverluste (→ Rn. 23).[42] Dementsprechend soll der Teil des Übernahmeverlustes, der auf den Abzug der offenen Rücklagen entfällt, steuerlich zu berücksichtigen sein. Unterschieden wird nach der Rechtsform des Mitunternehmers. Für Kapitalgesellschaften wird die Abzugsfähigkeit der Verluste vom Vorliegen der Voraussetzungen des § 8b Abs. 7 oder 8 KStG abhängig gemacht, § 4 Abs. 6 S. 2 UmwStG. Die Maximale Verlustnutzung wird dabei auf den im Rahmen von § 7 UmwStG zu versteuernden Betrag begrenzt. Für natürliche Personen sind hingegen grundsätzlich 60% des Betrages, der im Rahmen von § 7 UmwStG versteuert wurde, abzugsfähig, § 4 Abs. 6 S. 4f. UmwStG. Ein vollständiges Ansatzverbot des Übernahmeverlustes besteht dagegen für den Fall, dass es sich um einen Veräußerungsverlust im Sinne von § 17 Abs. 2 S. 6 EStG handelt oder die Anteile an der übertragenden Körperschaft innerhalb der letzten fünf Jahre vor dem steuerlichen Übertragungsstichtag entgeltlich erworben wurden, § 4 Abs. 6 S. 6 UmwStG.

b) Beteiligungen von weniger als 1% im Privatvermögen. Für im Privatvermögen 24 gehaltene Beteiligungen an der übertragenden Körperschaft von weniger als 1% (dh Beteiligungen, die nicht dem § 17 EStG unterliegen) findet grundsätzlich keine Besteuerung des Übernahmegewinns statt. Dies folgt aus § 4 Abs. 4 S. 3 iVm § 5 UmwStG, weil diese Anteile nicht als in das Betriebsvermögen der übernommenen Personengesellschaft eingelegt gelten (→ Rn. 18).

Wegen des Systemwechsels von der Körperschaft in die Personengesellschaft findet 25 aber auch bei Anteilen, die nicht dem § 17 EStG unterfallen, sowie unter den vorgenannten Umständen auch bei dem § 17 EStG unterfallenden Beteiligungen eine Besteuerung **der offenen Reserven** gem. § 7 UmwStG statt. Nach dieser Regelung wird den derart beteiligten Anteilseignern das in der Steuerbilanz der übertragenden Kapitalgesellschaft ausgewiesene Eigenkapital anteilig (im Verhältnis ihrer Beteiligung zum Nennkapital der übertragenden Körperschaft) zugerechnet. Dieser Betrag wird um den Bestand des steuerlichen Einlagekontos nach § 27 KStG vermindert und um den Sonderausweis nach §§ 29 Abs. 1, 28 Abs. 2 KStG erhöht. Der verbleibende Betrag wird dem Anteilseigner sodann als Einkommen aus Kapitalvermögen iSd § 20 Abs. 1 Nr. 1 EStG zugerechnet. Infolgedessen müssen nicht iSd § 17 EStG beteiligte Anteilseigner die bei der übertragenden Kapitalgesellschaft bestehenden offenen Rücklagen anteilig versteuern, allerdings nur nach dem Teileinkünfteverfahren. Demgegenüber kann eine Versteuerung der stillen Reserven auch bei dieser Gesellschaftergruppe durch den nach § 3 Abs. 2 Satz 1 UmwStG möglichen Buchwertansatz in der steuerlichen Schlussbilanz der übertragenden Kapitalgesellschaft vermieden werden.

---

[40] Bei der Dividendenbesteuerung bleiben die Kosten der Übernahme unberücksichtigt.
[41] Umwandlungssteuererlass 2011 vom 11.11.2011, BStBl. I 1314 Rn. 04.34.
[42] Rödder/Herlinhaus/van Lishaut/*van Lishaut* UmwStG § 4 Rn. 106f.; Schmitt/Hörtnagl/Stratz/*Schmitt* UmwStG § 4 Rn. 120.

II. Verschmelzung von Kapitalgesellschaften auf Kapitalgesellschaften

1. Allgemeines

26 Verschmelzungen von Kapitalgesellschaften untereinander sind im dritten Teil des UmwStG (§§ 11 bis 13 UmwStG) geregelt. Herausragendes Merkmal ist, dass Verschmelzungen von Körperschaften untereinander regelmäßig steuerneutral möglich sind, und zwar auf allen drei betroffenen Ebenen, nämlich auf der Ebene der übertragenden Körperschaft (geregelt in § 11 UmwStG), auf der Ebene der übernehmenden Kapitalgesellschaft (§ 12 UmwStG) und auf der Ebene der Gesellschafter der übertragenden Körperschaft (§ 13 UmwStG).

27 Ganz allgemein ist die Verschmelzung von Körperschaften untereinander dem das UmwG beherrschenden Grundsatz der Gesamtrechtsnachfolge weitgehend angepasst: Eine Ausnahme bildet aber auch hier die Übertragbarkeit von Verlusten, § 12 Abs. 3 iVm § 4 Abs. 2 S. 2 UmwStG. Die übernehmende Körperschaft tritt auch hier nur hinsichtlich der Abschreibungen, der Bewertung usw. in die Rechtsposition der übertragenden Körperschaft ein (§ 12 Abs. 3 UmwStG).

2. Auswirkungen bei der übertragenden Körperschaft

28 Ebenso wie bei der Verschmelzung auf Personengesellschaften[43] muss die übertragende Körperschaft auch bei der Verschmelzung auf Kapitalgesellschaften nach § 11 Abs. 1 UmwStG grundsätzlich die übergehenden Wirtschaftsgüter mit ihrem gemeinen Wert in der steuerlichen Schlussbilanz ansetzen. Erfasst werden dabei insbesondere auch nicht entgeltlich erworbene immaterielle Wirtschaftsgüter.[44] Es kommt zu einer Gewinnrealisierung durch die steuerpflichtige Aufdeckung aller stiller Reserven (sog. Übertragungsgewinn). Unter den Voraussetzungen des § 11 Abs. 2 UmwStG kann allerdings optional der Buchwert fortgeführt oder ein Zwischenwert angesetzt werden (Bewertungswahlrecht). Setzt die übertragende Körperschaft die Wirtschaftsgüter mit dem Buchwert an, so wird die Entstehung eines Übertragungsgewinnes vermieden und die Verschmelzung ist auf der Ebene der übertragenden Körperschaft steuerneutral. Werden höhere Werte angesetzt (Teilwert oder Zwischenwert), so entsteht ein vollen Umfangs der Gewerbesteuer und Körperschaftsteuer zu unterwerfender Übertragungsgewinn.

29 Die Möglichkeit, durch Ansatz des Buchwertes einen Übertragungsgewinn zu vermeiden, ist gemäß § 11 Abs. 2 UmwStG abhängig von **drei Voraussetzungen:** Es muss sichergestellt sein, dass die bei der übertragenden Körperschaft vorhandenen stillen Reserven später bei der übernehmenden Körperschaft der Körperschaftsteuer unterliegen (Nr. 1). Zudem darf das deutsche Besteuerungsrecht bezüglich eines Gewinnes aus der Veräußerung der übergegangenen Wirtschaftsgüter nach der Umwandlung weder beschränkt noch ausgeschlossen sein (Nr. 2). Darüber hinaus dürfen keine Gegenleistungen gewährt werden, die nicht ausschließlich in der Gewährung von Gesellschaftsrechten bestehen (Nr. 3). Die erste Voraussetzung (**Besteuerung der stillen Reserven sichergestellt**) liegt bei im Inland ansässigen Kapitalgesellschaften, sofern diese nicht steuerbefreit sind, regelmäßig vor.[45] Eine Ausnahme ergibt sich jedoch, wenn die übertragende Körperschaft im Ausland belegenes Vermögen hält, das aufgrund der dort anwendbaren ausländischen Rechtsvorschriften nicht auf die übernehmende Körperschaft übergeht (denkbar insbesondere bei Grundstücken). Das Tatbestandsmerkmal „Körperschaftsteuer" bezieht sich nicht nur auf die deutsche Körperschaftsteuer. Im Zuge der Anpassung an die europarechtlichen Vorgaben, ist der Anwendungsbereich des Umwandlungssteuergesetzes geöffnet worden. Es kommt lediglich darauf an, dass die stillen Reserven nach der

---

[43] Vgl. § 3 S. 1 UmwStG, Näheres → Rn. 6.
[44] Schmitt/Hörtnagl/Stratz/*Schmitt* UmwStG § 11 Rn. 41.
[45] Umwandlungssteuererlass 2011 vom 11.11.2011, BStBl. I 1314 Rn. 11.07 iVm Rn. 03.17.

Umwandlung der **in- oder ausländischen Körperschaftssteuer** unterliegen.[46] Die Sicherung des deutschen Steuersubstrats dagegen ist Zweck der zweiten Voraussetzung (**Keine Beschränkung oder Ausschluss des deutschen Besteuerungsrechts**).[47] Das deutsche Besteuerungsrecht wird eingeschränkt oder ausgeschlossen, sofern es durch die Umwandlung zu einer sog. Entstrickung kommt. Dies ist der Fall, wenn die übernehmende Kapitalgesellschaft im Gegensatz zur übertragenen Kapitalgesellschaft nicht oder nur beschränkt in Deutschland steuerpflichtig ist.[48] Ausreichend kann schon der Umstand sein, dass nach der Umwandlung ausländische Steuern auf die deutsche Steuer anrechenbar sind.[49] Bei jeglichen Umstrukturierungsmaßnahmen unter der Beteiligung ausländischer Rechtsträger ist deshalb eine sorgfältige Prüfung angezeigt. Die dritte Voraussetzung (**Gegenleistung wird nicht gewährt oder besteht nur in Gesellschaftsrechten**) ist bei Verschmelzungen nach dem UmwG regelmäßig erfüllt, da die Gesellschafter des übertragenden Rechtsträgers für den Verlust ihrer im Rahmen der Verschmelzung untergehenden Anteile regelmäßig nur durch Gesellschaftsrechte am übernehmenden Rechtsträger entschädigt werden. In den Fällen, in denen der übernehmende Rechtsträger sein Kapital im Rahmen der Verschmelzung nicht erhöhen darf oder nicht zu erhöhen braucht, zB wenn die übernehmende Kapitalgesellschaft Anteile am übertragenden Rechtsträger hält (sog. Up-Stream Merger), § 54 Abs. 1 Nr. 1 UmwG, liegt keine Gegenleistung im Sinne von § 11 Abs. 2 Ziff. 3 UmwStG vor, so dass auch in diesen Fällen die dritte Voraussetzung gegeben ist. Dagegen fehlt es an der dritten Voraussetzung zB dann, wenn ausnahmsweise neben den an die Gesellschafter der übertragenden Kapitalgesellschaft gewährten Gesellschaftsrechten an der übernehmenden Kapitalgesellschaft eine bare Zuzahlung zur Verbesserung des Umtauschverhältnisses im Sinne von § 15 UmwG (→ § 37 Rn. 82) geleistet wird. Auch in diesen Fällen ist die Ausübung des Bewertungswahlrechtes auf § 11 Abs. 2 UmwStG jedoch nicht grundsätzlich ausgeschlossen, sondern nur anteilig („soweit", § 11 Abs. 2 S. 1 UmwStG).[50] In dem Umfang, in welchem die Voraussetzungen für die Ausübung des Bewertungswahlrechtes gem. § 11 Abs. 2 UmwStG nicht vorliegen, sind die übergegangenen Wirtschaftsgüter in der steuerlichen Schlussbilanz der übertragenden Kapitalgesellschaft mit dem gemeinen Wert anzusetzen (§ 11 Abs. 1 UmwStG). Anders als im Rahmen der Einbringungstatbestände des UmwStG stellt die Leistung bereits vorhandener, eigener Anteile keine schädliche Gegenleistung im Sinne von § 11 Abs. 2 S. 1 Nr. 3 UmwStG dar.[51]

Der Bewertungsgrundsatz für die steuerliche Schlussbilanz des übertragenden Rechtsträgers gem. § 11 Abs. 1 UmwStG gilt nicht parallel für die in der handelsrechtlichen Schlussbilanz anzusetzenden Werte. Insoweit ist der übertragende Rechtsträger zur Fortführung der handelsrechtlichen Buchwerte verpflichtet, § 17 Abs. 2 S. 2 UmwG. Die übernehmende Körperschaft kann darüber entscheiden einen höheren Wert anzusetzen, § 24 UmwG Der **Grundsatz der Maßgeblichkeit** der Handelsbilanz für die Steuerbilanz wird allerdings auch bei der Verschmelzung von Kapitalgesellschaften untereinander **durchbrochen**.[52] Zu einer „phasenverschobenen Wertaufholung" kommt es nicht (→ Rn. 11).

---

[46] Rödder/Herlinghaus/van Lishaut/*Rödder* UmwStG § 11 Rn. 107; Umwandlungssteuererlass 2011 vom 11.11.2011, BStBl. I 1314 Rn. 11.07 iVm Rn. 03.17.
[47] Rödder/Herlinghaus/van Lishaut/*Rödder* UmwStG § 11 Rn. 107.
[48] Umwandlungssteuererlass 2011 vom 11.11.2011, BStBl. I 1314 Rn. 11.09 iVm Rn. 03.18 ff.
[49] Rödder/Herlinghaus/van Lishaut/*Rödder* UmwStG § 11 Rn. 119.
[50] Schmitt/Hörtnagl/Stratz/*Schmitt* UmwStG § 11 Rn. 133; Umwandlungssteuererlass 2011 vom 11.11. 2011, BStBl. I 1314 Rn. 11.10 iVm Rn. 03.23.
[51] Schmitt/Hörtnagl/Stratz/*Schmitt* UmwStG § 11 Rn. 132.
[52] S. zur Verschmelzung von Kapitalgesellschaften auf Personengesellschaften → Rn. 7, 11; Umwandlungssteuererlass 2011 vom 11.11.2011, BStBl. I 1314 Rn. 11.05.

3. Auswirkungen bei der übernehmenden Kapitalgesellschaft

31 Die übernehmende Kapitalgesellschaft hat für die übergegangenen Wirtschaftsgüter die Werte aus der steuerlichen Schlussbilanz der übertragenden Körperschaft zu übernehmen (Grundsatz der **Wertverknüpfung**, §§ 12 Abs. 1 S. 1 UmwStG). Die Übernehmerin ist steuerlich an den Wertansatz gem. § 11 Abs. 1 oder 2 UmwStG der Übertragerin gebunden.[53]

32 Ein aufgrund der Verschmelzung bei der übernehmenden Körperschaft entstehender **Übernahmegewinn oder -verlust** bleibt gemäß § 12 Abs. 2 S. 1 UmwStG **steuerlich außer Ansatz**.[54] Der Übernahmegewinn (-verlust) ergibt sich aus der Differenz zwischen dem Buchwert der Anteile an der übertragenden Kapitalgesellschaft und dem Wert der übergegangenen Wirtschaftsgüter. Ein Übernahmegewinn entsteht namentlich dann, wenn die Übernehmerin (im Zuge der Verschmelzung untergehende) Gesellschaftsanteile an der übertragenden Kapitalgesellschaft hielt und deren Buchwert unter (über) dem Nettowert der übergegangenen Wirtschaftsgüter lag. In die Ermittlung eines Übernahmeverlustes gehen aber auch von der übertragenden Körperschaft gehaltene eigene Anteile (die im Zuge der Verschmelzung ebenfalls untergehen) und von der übertragenden Körperschaft gehaltene Anteile an der Übernehmerin ein, die etwa anstelle einer sonst notwendigen Kapitalerhöhung den Gesellschaftern der übertragenden Körperschaft gewährt werden.[55] Durch die steuerliche Nichtberücksichtigung des so ermittelten Übernahmegewinnes/-verlustes (Übernahmegewinn/-verlust im engeren Sinne) wird sichergestellt, dass die in den untergehenden Anteilen an der übertragenden Kapitalgesellschaft ruhenden stillen Reserven im Rahmen der Verschmelzung steuerlich nicht aufgedeckt werden.[56] Zu einer steuerlichen Berücksichtigung kommt es, soweit der Übernahmegewinn dem Anteil der übernehmenden Kapitalgesellschaft an der übertragenden Kapitalgesellschaft entspricht, § 12 Abs. 2 S. 2 UmwStG. Das Gesetz geht damit vom Falle eines Up-Stream-Mergers aus und ordnet die Anwendung von § 8b KStG an.[57] Dadurch bleiben 95% des Übertragungsgewinns steuerfrei, während 5% als nicht abziehbare Betriebsausgaben gelten, § 8b Abs. 2, 3 S. 1 KStG. Aufgrund des allgemeinen Verweises in § 12 Abs. 2 S. 2 UmwStG ist aber auch eine Anwendung des § 8 Abs. 7 und 8 KStG möglich, wodurch unter Umständen eine vollständige Steuerpflicht des Übernahmegewinns entsteht.[58] Dem Übernahmegewinn/-verlust im engeren Sinne hinzuzurechnen ist der sog. Beteiligungskorrekturgewinn gemäß § 12 Abs. 1 Sätze 2 iVm § 4 Abs. 1 Satz 2 und 3 UmwStG. Ein solcher Gewinn ergibt sich dann, wenn die tatsächlichen Anschaffungskosten der untergehenden Anteile an der übertragenden Körperschaft den Buchwert dieser Anteile übersteigen, was insbesondere dann der Fall ist, wenn zwischenzeitlich eine Teilwertabschreibung oder eine Übertragung gemäß § 6b EStG vorgenommen wurde. Nunmehr wird in § 12 Abs. 1 Satz 2 iVm § 4 Abs. 2 Satz 3 UmwStG klargestellt, dass dies jedenfalls dann nicht gilt, wenn die Teilwertabschreibung wegen § 8b Abs. 3 steuerlich nicht anerkannt wurde.[59]

---

[53] Handelsrechtlich besteht eine solche Bindung nicht: Danach hat der übernehmende Rechtsträger in seiner Schlussbilanz die (fortgeführten) Buchwerte anzusetzen, § 17 Abs. 2 S. 2 UmwG, während der übernehmende Rechtsträger an diese Wertansätze nicht gebunden ist, § 24 UmwG; → Rn. 10.

[54] Ein zunächst bilanziell zu erfassender Übernahmegewinn bzw. -verlust ist dementsprechend außerbilanziell im Zuge der Ermittlung des steuerpflichtigen Einkommens zu neutralisieren, Schmitt/Hörtnagl/Stratz/*Schmitt* UmwStG § 12 Rn. 41; Umwandlungssteuererlass 2011 vom 11.11.2011, BStBl. I 1314 Rn. 12.05.

[55] Näheres Schmitt/Hörtnagl/Stratz/*Schmitt* UmwStG § 12 Rn. 41 ff.

[56] Schmitt/Hörtnagl/Stratz/*Schmitt* UmwStG § 12 Rn. 43.

[57] Unabhängig davon wird das Übernahmeergebnis auch ermittelt, wenn die übernehmende Kapitalgesellschaft nicht an der übertragenden Kapitalgesellschaft beteiligt ist, s. Umwandlungssteuererlass 2011 vom 11.11.2011, BStBl. I 1314 Rn. 12.05. Für die Ermittlung der Beteiligungsverhältnisse gelten nach dem Stichtag angeschaffte Anteile als an diesem Stichtag angeschafft, § 12 Abs. 2 S. 3 iVm § 5 Abs. 1 UmwStG.

[58] Rödder/Herlinghaus/van Lishaut/*Rödder* UmwStG § 12 Rn. 88 ff.

[59] Siehe Umwandlungssteuererlass 2011 vom 11.11.2011, BStBl. I 1314 Rn. 12.03, 11.17.

II. Verschmelzung von Kapitalgesellschaften auf Kapitalgesellschaften § 41

Im Übrigen tritt die übernehmende Körperschaft hinsichtlich der Abschreibungen, der Bewertung, der den steuerlichen Gewinn mindernden Rücklagen usw. in die Rechtsstellung der übertragenden Körperschaft ein (§ 12 Abs. 2 S. 1 UmwStG). Dieser Eintritt entspricht dem das Umwandlungsgesetz beherrschenden Grundsatz der Gesamtrechtsnachfolge. Der Gesetzgeber hatte diese Konsequenz des Grundsatzes der Gesamtrechtsnachfolge zunächst auch für vorhandene Verlustvorträge im Sinne des § 10d EStG gezogen. Aufgrund des durch das UmwStG 1995 neu eingeführten § 12 Abs. 3 S. 2 UmwStG aF fand grundsätzlich ein **Übergang von Verlustvorträgen** auf die übernehmende Körperschaft statt. Durch das SEStEG ist diese Möglichkeit mit § 12 Abs. 3 Halbsatz 2 UmwStG beseitigt worden. Auch bei einer Verschmelzung von Kapitalgesellschaften untereinander sind die Verlustvorträge nicht übertragbar.[60] Grund hierfür war die Befürchtung ausländische Verlustvorträge könnten importiert werden und das Steueraufkommen in Deutschland schmälern.[61] 33

Im Falle des Vermögensübergangs auf eine Körperschaft im nicht steuerpflichtigen oder steuerbefreiten Bereich gilt das in der Steuerbilanz ausgewiesene Eigenkapital abzüglich des Bestands des steuerlichen Einlagekontos im Sinne des § 27 KStG, der sich nach Anwendung des § 20 Abs. 1 EStG ergibt, als Bezug im Sinne des § 20 Abs. 1 Nr. 1 EStG, vgl. § 12 Abs. 5 S. 1 UmwStG. 34

4. Auswirkungen bei den Gesellschaftern der übertragenden Kapitalgesellschaft

Bei der Verschmelzung einer Kapitalgesellschaft kommt es für die Anteilseigner wirtschaftlich betrachtet zu einem (fiktiven) Anteilstausch. Die Anteile an der übertragenden Gesellschaft, die im Zuge der Verschmelzung untergehen, werden gegen die neu gewährten Anteile an der übernehmenden Kapitalgesellschaft eingetauscht.[62] Auch auf der Ebene der Gesellschafter der übertragenden Körperschaft ist die Verschmelzung nach § 13 Abs. 1 UmwStG grundsätzlich gewinnrealisierend. Der umwandlungssteuerrechtlichen Regelung liegt die Konzeption einer Veräußerung[63] der untergehenden Anteile zugrunde. Die untergehenden Anteile gelten als zum gemeinen Wert veräußert, die neuen Anteile als mit diesem Wert angeschafft, § 13 Abs. 1 UmwStG. Nach § 13 Abs. 2 UmwStG besteht die Möglichkeit die Verschmelzung für die Anteileigner der übertragenden Kapitalgesellschaft steuerneutral zu gestalten. Voraussetzung ist, dass das deutsche Besteuerungsrecht nicht beschränkt oder ausgeschlossen wird oder Art. 8 der Fusionsrichtlinie[64] Anwendung findet. Gehörten die untergehenden Anteile zu einem **Betriebsvermögen,** so fingiert § 13 Abs. 2 ihre Veräußerung zum Buchwert und die Anschaffung der den Gesellschaftern gewährten Anteile an der übertragenen Kapitalgesellschaft zu demselben Wert. Dabei wird freilich vorausgesetzt, dass die neuen Anteile ebenfalls in das Betriebsvermögen des betreffenden Gesellschafters gelangen.[65] Der auf diese Weise bewirkte Anteilstausch erfolgt dementsprechend steuerneutral. 35

Werden die Anteile an der übertragenden Körperschaft im **Privatvermögen** gehalten, so ist Steuerneutralität gleichfalls gewährleistet. Anstelle des Buchwertes werden die Anschaffungskosten der untergegangenen Anteile für die neuen Anteile fortgeführt, § 13 Abs. 2 S. 3 UmwStG. Dies gilt allerdings nur für Anteile im Privatvermögen im Sinne von § 17 Abs. 1 EStG und solche die innerhalb der letzten fünf Jahre im Rahmen einer Einbringung gem. §§ 20 ff. UmwStG gewährt wurden, § 17 Abs. 6 EStG. Für alle anderen Anteile gilt § 20 Abs. 4a EStG vorrangig, der einen verbindlichen Eintritt der neuen 36

---

[60] Rödder/Herlinghaus/van Lishaut/*Rödder* UmwStG § 12 Rn. 104.
[61] Rödder/Herlinghaus/van Lishaut/*Rödder* UmwStG § 12 Rn. 107.
[62] Rödder/Herlinghaus/van Lishaut/*Neumann* UmwStG § 13 Rn. 2.
[63] Materiell liegt ein tauschähnliches Geschäft vor, vgl. Schmitt/Hörtnagl/Stratz/*Schmitt* UmwStG § 13 Rn. 5.
[64] RL 2009/133/EG.
[65] Rödder/Herlinghaus/van Lishaut/*Neumann* UmwStG § 13 Rn. 25 ff.; Umwandlungssteuererlass 2011 vom 11.11.2011, BStBl. I 1314 Rn. 13.01.

Anteile in die Rechtsstellung der untergegangenen Anteile vorsieht. Zur Anwendung gelangt § 20 Abs. 4a EStG allerdings nur, soweit keine zusätzlichen Gegenleistungen gewährt wurden. Der Betrag der zusätzlichen Gegenleistung gilt als Ertrag im Sinne von § 20 Abs. 1 Nr. 1 EStG.

III. Verschmelzung von Personengesellschaften auf Kapitalgesellschaften

1. Allgemeines

37 Die Verschmelzung von Personengesellschaften auf Körperschaften als solche ist im UmwStG nicht gesondert geregelt. Vielmehr zeigt § 25 UmwStG, dass eine solche Verschmelzung umwandlungssteuerrechtlich als **Einbringungsvorgang** angesehen wird. Einbringung im umwandlungssteuerrechtlichen Sinne ist die Einlage eines Betriebes, Teilbetriebes, Mitunternehmeranteils (§ 20 Abs. 1 UmwStG) im Wege der Sacheinlage. 100%ige Beteiligungen an einer Kapitalgesellschaft stellen keinen eigenen Betrieb dar.[66] Sollen Anteile im Rahmen der Verschmelzung mit übergehen, müssen sie dem übertragenen Betrieb zugeordnet sein.[67] Liegt diese Zuordnung nicht vor, handelt es sich um einen Anteilstausch im Sinne von § 21 UmwStG. Aus der Behandlung der (umwandlungsrechtlichen) Verschmelzung als (umwandlungssteuerrechtlicher) Einbringungsvorgang ergibt sich eine konstruktive Schwierigkeit insoweit, als steuerrechtlich der Einbringende grundsätzlich derjenige ist, der (in § 20 Abs. 1 S. 1 UmwStG näher qualifizierte) Vermögensgegenstände gegen Gewährung von Gesellschaftsrechten hingibt, während bei der Verschmelzung von Personengesellschaften auf Körperschaften die Personengesellschaft ihre Vermögensgegenstände hingibt und die neuen Anteile an der Übernehmerin nicht der Personengesellschaft, sondern deren Gesellschaftern gewährt werden. Man wird § 20 Abs. 1 UmwStG insoweit dahin gehend auszulegen haben, dass bei einer Verschmelzung nicht die Personengesellschaft, sondern ihre Gesellschafter als Einbringende im Sinne dieser Vorschrift anzusehen sind.[68]

38   Die im sechsten Teil des UmwStG enthaltenen Einbringungsvorschriften gelten entsprechend ihrer vom UmwG abweichenden Grundkonzeption nicht nur für Verschmelzungen und andere Umwandlungen im Wege der Gesamtrechtsnachfolge nach dem UmwG (namentlich die Ausgliederung, die Aufspaltung, Abspaltung sowie den Formwechsel),[69] sondern auch für wirtschaftliche Verschmelzungen und Formwechsel im Wege der Einzelrechts- und Gesamtrechtsnachfolge außerhalb der Vorschriften des UmwG, insbesondere für die sog. **erweiterte Anwachsung** (→ § 38 Rn. 9; zur Systematik → § 40 Rn. 6).

2. Auswirkungen bei der übernehmenden Kapitalgesellschaft

39 Aus der Behandlung der Verschmelzung als Einbringungsvorgang folgt zunächst, dass bei der übernehmenden Kapitalgesellschaft steuerlich eine Einlage vorliegt, so dass sich dort die Frage nach einem Übernahmegewinn nicht stellt. Die Wertansätze der übernommenen Wirtschaftsgüter in der Steuerbilanz der Übernehmerin sind jedoch gem. § 20 Abs. 3 S. 1 UmwStG für die Ermittlung eines Übertragungsgewinnes bzw. -verlustes (Einbringungsgewinn/-verlust) des Einbringenden maßgeblich; insoweit wird eine **rückwärts gewandte**[70] Wertverknüpfung angeordnet. Aufgrund dieser Regelung liegt im Wertansatz

---

[66] Rödder/Herlinghaus/van Lishaut/*Herlinghaus* UmwStG § 20 Rn. 70.
[67] Rödder/Herlinghaus/van Lishaut/*Herlinghaus* UmwStG § 20 Rn. 70.
[68] Vgl. auch Schmitt/Hörtnagl/Stratz/*Schmitt* UmwStG § 20 Rn. 181 f.
[69] Einzelheiten Schmitt/Hörtnagl/Stratz/*Schmitt* UmwStG § 20 Rn. 181 f.
[70] Im Unterschied zu der „vorwärtsgewandten" Buchwertverknüpfung zwischen der steuerlichen Schlussbilanz des übertragenden Rechtsträgers und der Steuerbilanz des übernehmenden Rechtsträgers bei der Verschmelzung von Kapitalgesellschaften auf Personengesellschaften bzw. Kapitalgesellschaften, vgl. § 4 Abs. 1 S. 1 UmwStG.

III. Verschmelzung von Personengesellschaften auf Kapitalgesellschaften § 41

der übergehenden Wirtschaftsgüter bei der übernehmenden Kapitalgesellschaft die entscheidende Weichenstellung bei der steuerlichen Behandlung der Verschmelzung von Personengesellschaften auf Körperschaften.

Die übernehmende Kapitalgesellschaft muss die übernommenen Wirtschaftsgüter 40 grundsätzlich mit dem gemeinen Wert ansetzen, § 20 Abs. 2 Satz 1 UmwStG. Allerdings kann bei Vorliegen entsprechender Voraussetzungen für die übernommenen Wirtschaftsgüter ein **Bewertungswahlrecht** ausgeübt werden: Das eingebrachte Betriebsvermögen kann mit dem Buchwert, dem Teilwert oder einem Zwischenwert angesetzt werden (§ 20 Abs. 2 S. 2 UmwStG). Das Wahlrecht setzt einen Einbringungsvorgang im Sinne des § 20 Abs. 1 UmwStG voraus, wird also nur gewährt, wenn ein **Betrieb, Teilbetrieb, Mitunternehmeranteil** eingebracht wird (§ 20 Abs. 1 S. 1 UmwStG). Diese Voraussetzung ist indessen bei Verschmelzung einer Personengesellschaft auf eine Körperschaft stets gegeben, da wegen des Grundsatzes der Gesamtrechtsnachfolge stets ein vollständiger Betrieb übergeht. Wie auch bei anderen Umwandlungsvorgängen muss sichergestellt sein, dass das Betriebsvermögen bei der übernehmenden Kapitalgesellschaft der Körperschaftsteuer unterliegt (§ 20 Abs. 2 S. 2 Nr. 1 UmwStG)[71] und das deutsche Besteuerungsrecht hinsichtlich eines Gewinns aus der Veräußerung des eingebrachten Betriebsvermögens nicht ausgeschlossen oder beschränkt ist (§ 20 Abs. 2 S. 2 Nr. 3 UmwStG).[72] Darüber hinaus sind folgende Besonderheiten sind zu beachten:

- Der **Buchwertansatz** ist nur zulässig, **soweit die übernommenen Passivposten die** 41 **gleichzeitig übernommenen Aktivposten nicht übersteigen,** § 20 Abs. 2 S. 2 Nr. 2 UmwStG. Maßgeblich ist der Ansatz des Betriebsvermögens in der Steuerbilanz.[73] Dem Maßgeblichkeitsgrundsatz aus § 5 Abs. 1 EStG kommt keine Bedeutung zu.[74] Liegt der Wert der Passivposten über dem der Aktivposten in der Steuerbilanz, ist eine Aufstockung der Buchwerte insofern erforderlich. In diesem Falle ergibt sich daraus ein entsprechender Einbringungsgewinn bei der übertragenden Personengesellschaft, § 20 Abs. 3 UmwStG.

- Anders als andere Umwandlungsmaßnahmen verlangt § 20 Abs. 2 S. 2 UmwStG nicht, 42 dass die Gegenleistung ausschließlich in der Gewährung von Gesellschafterrechten besteht. Vielmehr sind Gegenleistungen (etwa bare Zuzahlungen zur Verbesserung des Umtauschverhältnisses im Sinne des § 15 UmwG, → § 37 Rn. 82) auch in anderer Form zulässig, soweit Sie einen bestimmten Betrag nicht überschreiten. Für Umwandlungen, deren Umwandlungsbeschluss vor dem 31. 12. 2014 beschlossen wurde, darf der gemeine Wert „anderer Wirtschaftsgüter", die dem Einbringenden gewährt wurden, nicht den Buchwert des eingebrachten Betriebsvermögens übersteigen, § 20 Abs. 2 S. 4 a. F UmwStG.[75] Wird dieser Wert überschritten, muss ein Ansatz des eingebrachten Betriebsvermögens mindestens mit dem gemeinen Wert der anderen Wirtschaftsgüter erfolgen. Für Umwandlungen, deren Umwandlungsbeschluss seit dem 1. 1. 2015 getroffen wurde, sind die Wertgrenzen für andere Gegenleistungen durch das Jahressteuergesetz 2015[76] nachhaltig verschärft worden. „Sonstige Gegenleistungen" dürfen nun nur noch 25 % des Buchwertes des eingebrachten Betriebsvermögens oder 500.000 EUR betragen, § 20 Abs. 2 S. 2 Nr. 4 UmwStG nF.[77] Hinzu kommt eine Deckelung der sonstigen Gegenleistungen auf maximal den Buchwert des eingebrachten Betriebsvermögens.[78] Ein Verstoß hat jedoch nicht die vollständige Versagung der Buchwertfort-

---

[71] Vgl. hierzu Ausführungen in → Rn. 29.
[72] Näheres Rödder/Herlinghaus/van Lishaut/*Herlinghaus* UmwStG § 20 Rn. 165 ff.
[73] Das steuerliche Eigenkapital bleibt für den Vergleich von Aktiv- und Passivposten außer Ansatz, § 20 Abs. 2 S. 2 Nr. 2 Halbsatz 2 UmwStG.
[74] Umwandlungssteuererlass 2011 vom 11. 11. 2011, BStBl. I 1314 Rn. 20.20.
[75] Schmitt/Hörtnagl/Stratz/*Schmitt* UmwStG § 20 Rn. 353 ff.
[76] BGBl. I 2015, 1835.
[77] Maßgeblich ist bei der Beurteilung der jeweils höhere Wert, Schmitt/Hörtnagl/Stratz/*Schmitt* UmwStG § 20 Rn. 365b.
[78] Schmitt/Hörtnagl/Stratz/*Schmitt* UmwStG § 20 Rn. 365b.

führung zur Folge. Der Buchwert kann nur „soweit" fortgeführt werden, wie die sonstigen Gegenleistungen, die genannten Wert nicht übersteigen. Hierfür muss das Verhältnis von Gesamtwert des eingebrachten Betriebsvermögens, abzüglich des „schädlichen Teils" der sonstigen Gegenleistung[79], zum Gesamtwert des eingebrachten Betriebsvermögen ermittelt werden. Der sich daraus ergebende Prozentsatz gibt an in welchem Verhältnis der Buchwert fortgeführt werden kann. Zu diesem fortführungsfähigen Betrag ist wiederum der schädliche Teil der sonstigen Gegenleistungen hinzuzurechnen.[80] Das Ergebnis ist der Wert mit dem das eingebrachte Betriebsvermögen in der Steuerbilanz der übernehmenden Kapitalgesellschaft angesetzt werden muss.[81] Unsicherheiten ergeben sich in diesem Bereich insbesondere aufgrund des terminologischen Wechsels von gewährten „anderen Wirtschaftsgüter" zu „sonstigen Gegenleistungen". Es wurde offengelassen, ob beispielsweise weiterhin die Qualität eines Wirtschaftsgutes für die Berücksichtigung im Rahmen von § 20 Abs. 2 S. 2 Nr. 4 UmwStG erforderlich ist.[82]

43 Im Übrigen tritt die übernehmende Kapitalgesellschaft entsprechend dem Grundsatz der Gesamtrechtsnachfolge hinsichtlich der **Abschreibungen** und der steuerlichen Besitzzeiten in die Rechtsstellung der übertragenden Personengesellschaft ein, soweit sie deren Buchwerte fortführt (§§ 23 Abs. 1 iVm §§ 4 Abs. 2 S. 3 und 12 Abs. 3 S. 1 UmwStG). Eine Übertragung des **Verlustvortrages** erfolgt nicht, da dieser nicht der übertragenden Personengesellschaft, sondern deren Gesellschaftern zusteht (§ 23 Abs. 1 UmwStG verweist insoweit lediglich auf § 12 Abs. 3 S. 1, nicht auch Satz 2 jener Vorschrift). Wählt die Übernehmerin für die übertragenen Wirtschaftsgüter einen Ansatz über den Buchwerten, so werden jedenfalls bei der Einbringung im Wege der Verschmelzung die bisherigen Abschreibungen auf der Grundlage aufgestockter Bemessungsgrundlagen fortgeführt (§ 23 Abs. 3, 4 letzter Hs. UmwStG).

3. Auswirkungen bei der übertragenden Personengesellschaft

44 Gemäß §§ 20 Abs. 3 S. 1 bzw. 21 Abs. 2 S. 1 UmwStG gilt der Wert, mit dem die übernehmende Kapitalgesellschaft das eingebrachte Betriebsvermögen (die eingebrachten Anteile) ansetzt, für den Einbringenden als Veräußerungspreis und als Anschaffungskosten der Gesellschaftsanteile. Da bei der Verschmelzung von Personengesellschaften auf Körperschaften jedoch steuerlich nicht die Personengesellschaft selbst, sondern ihre Gesellschafter als Einbringende anzusehen sind (→ Rn. 37), tritt ein insoweit etwa entstehender Übertragungsgewinn bzw. -verlust (Einbringungsgewinn/-verlust) nicht bei der Personengesellschaft, sondern bei ihren Gesellschaftern ein.

45 Dagegen ist die übertragende Personengesellschaft selbst als Gewerbesteuersubjekt anzusehen; somit stellt sich für sie die Frage nach der Gewerbesteuerpflicht eines etwaigen Veräußerungsgewinns. Allerdings findet bei der Verschmelzung eine Gesamtrechtsnachfolge (und somit stets ein Betriebsübergang) statt, so dass der Einbringungsgewinn dem Veräußerungsgewinn gleichgestellt ist; eine Gewerbesteuerpflicht entsteht daher nicht.[83]

4. Auswirkungen bei den Gesellschaftern der übertragenden Personengesellschaft

46 Bei den Gesellschaftern der Übertragerin entsteht zunächst ein Übertragungsgewinn, wenn die übernehmende Kapitalgesellschaft die übertragenen Wirtschaftsgüter mit dem

---

[79] Der schädliche Teil der sonstigen Gegenleistung ergibt sich aus der Differenz zwischen dem gemeinen Wert der sonstigen Gegenleistung und dem für § 20 Abs. 2 S. 2 Nr. 4 UmwStG maßgeblichen Wert.
[80] Korrespondierend stellt dieser Wert den Veräußerungspreis des Betriebsvermögens beim Einbringenden dar, § 20 Abs. 3 S. 1 UmwStG (→ Rn. 46).
[81] Schmitt/Hörtnagl/Stratz/*Schmitt* UmwStG § 20 Rn. 366; BT-Drs. 18/4902, 49 f.
[82] Schmitt/Hörtnagl/Stratz/*Schmitt* UmwStG § 20 Rn. 366d; *Benecke/Möllmann* FR 2016, 741 (746 ff.); *Ettinger/Mörz* GmbHR 2016, 154 (158 ff.).
[83] Rödder/Herlinghaus/van Lishaut/*Herlinghaus* UmwStG § 20 Rn. 214a und 214c.

gemeinen Wert ansetzt, § 20 Abs. 2 S. 1 erster Halbsatz UmwStG. Denn dieser Wertansatz gilt für die Gesellschafter als Veräußerungspreis ihrer Beteiligung an der Personengesellschaft (§ 20 Abs. 3 S. 1 UmwStG). Eine **Steuerneutralität** kann aber **unter Fortführung der Buchwerte** durch Ausübung des Bewertungswahlrechtes seitens der übernehmenden Kapitalgesellschaft erreicht werden, § 20 Abs. 2 Abs. 2 S. 2 UmwStG. Ein bei Ansatz höhererWerte entstehender Veräußerungsgewinn unterliegt gemäß §§ 20 Abs. 4 S. 1 UmwStG dem Freibetrag aus § 16 Abs. 4 EStG (→ § 33 Rn. 9b), wenn der Einbringende eine natürliche Person ist und die Kapitalgesellschaft das eingebrachte Betriebsvermögen oder die eingebrachte Beteiligung iSd § 17 EStG mit dem gemeinen Wert ansetzt, (§ 20 Abs. 4 S. 1 UmwStG). Unter denselben Voraussetzungen sind auch die Progressionsminderungen nach § 34 Abs. 1 EStG oder der an ihrer Stelle auf Antrag zu gewährende halbe Steuersatz nach § 34 Abs. 3 EStG anzuwenden (→ § 33 Rn. 9b), allerdings nur insoweit, als der Veräußerungsgewinn nicht bereits nach § 3 Nr. 40 S. 1 iVm § 3c Abs. 2 EStG (Teileinkünfteverfahren) teilweise steuerbefreit ist.

Führt die übernehmende Kapitalgesellschaft die übernommenen Wirtschaftsgüter zum Buchwert fort oder setzt einen Zwischenwert an, so wird zwar die sofortige (vollständige) Aufdeckung und Besteuerung der stillen Reserven vermieden; damit die Besteuerung dieser Reserven dem Fiskus nicht endgültig verloren geht (was zumindest dann der Fall wäre, wenn die im Zuge der Verschmelzung gewährten Anteile an der übernehmenden Kapitalgesellschaft bei dem Gesellschafter nicht eine, im Privatvermögen gehaltene Beteiligung im Sinne des § 17 EStG darstellen), werden diese Anteile nach Maßgabe des § 22 UmwStG steuerverstrickt. Kommt es innerhalb von sieben Jahren nach der Einbringung zu einer Veräußerung der neu gewährten Anteile (sog. Sperrfristanteile), kommt es rückwirkend zu einer Versteuerung des Einbringungsgewinns im Wirtschaftsjahr der Einbringung (sog. Einbringungsgewinn I.).[84] Der Gewinn gilt als Gewinn des Mitunternehmers im Sinne von § 16 EStG, wodurch der Gewinn in voller Höhe gewerbesteuerpflichtig ist. Eine Anwendung von § 16 Abs. 4 und § 34 EStG wird ausgeschlossen, § 22 Abs. 1 S. 1 Halbsatz 2 UmwStG. Neben der Veräußerung der Anteile sind sog. Ersatzrealisationstatbestände in § 22 Abs. 1 S. 6 Nr. 1 bis 6 UmwStG aufgeführt. In den dort genannten Fällen kommt es ebenfalls zu einer rückwirkenden Besteuerung des Einbringungsgewinns. Darunter fallen die unentgeltliche Übertragung der erhaltenen Anteile sowie die Auflösung oder Abwicklung der Kapitalgesellschaft an der die Anteile bestehen. Auch weitere Einbringungen der erhaltenen Anteile, soweit dies erneut zu Buchwerten erfolgt, stellen grundsätzlich einen schädlichen Vorgang dar.[85] Kommt es dennoch zu einer rückwirkenden Besteuerung des Einbringungsgewinns, ist der steuerpflichtige Betrag um je ein Siebtel der bereits seit Einbringung vergangenen Zeitjahre abzuschmelzen, § 22 Abs. 1 S. 3 UmwStG.

IV. Verschmelzung von Personengesellschaften auf Personengesellschaften

Auch die Verschmelzung von Personengesellschaften auf Personengesellschaften wird umwandlungssteuerrechtlich als Einbringungsvorgang behandelt. Sie ist in § 24 UmwStG geregelt, der in vielfacher Hinsicht an die Vorschriften über die Verschmelzung von Personengesellschaften auf Kapitalgesellschaften in §§ 20 bis 23 UmwG anknüpft.

Der **übernehmenden Personengesellschaft** wird in § 24 Abs. 2 S. 2 UmwStG ein Wahlrecht eingeräumt, die übernommenen Wirtschaftsgüter in ihrer Bilanz einschließlich

---

[84] Soweit es zur rückwirkenden Besteuerung des Einbringungsgewinn gem. § 22 UmwStG kommt, kann die übernehmende Kapitalgesellschaft die Buchwerte unter den Voraussetzungen des § 23 Abs. 2 UmwStG aufstocken.
[85] Die Finanzverwaltung sieht hier jedoch unter Billigkeitsgesichtspunkten von einer Besteuerung ab, wenn die Umwandlungsmaßnahmen in der Gesamtschau der Veräußerung des eingebrachten Vermögens dienen, vgl. Umwandlungssteuererlass 2011 vom 11.11.2011, BStBl. I 1314 Rn. 22.23; zur Problematik: Rödder/Herlinghaus/van Lishaut/*Stangl* UmwStG § 22 Rn. 53ff.

der Ergänzungsbilanzen für ihre Gesellschafter mit den Buchwerten, dem Teilwert oder einem Zwischenwert anzusetzen. Dieses Wahlrecht entspricht dem der übernehmenden Kapitalgesellschaft durch § 20 Abs. 2 S. 2 UmwStG eröffneten Wahlrecht, freilich nicht mit den dort vorgesehenen Einschränkungen, die aus den Besonderheiten bei der Übernahme durch Körperschaften entstehen (vgl. §§ 20 Abs. 2 S. 2 Nr. 1, 2 u. 20 Abs. 3 UmwStG). Ebenso wie dort wird jedoch auch bei der Verschmelzung von Personengesellschaften untereinander vorausgesetzt, dass ein Betrieb, Teilbetrieb oder Mitunternehmeranteil eingebracht wird; diese Voraussetzung ist bei der Verschmelzung allerdings stets gegeben, da handelsrechtlich eine Gesamtrechtsnachfolge und damit ein Betriebsübergang vorliegt.[86] Darüber hinaus ist die Zahlung sonstiger Gegenleistungen an den Einbringenden ebenfalls beschränkt worden, § 24 Abs. 2 S. 2 Nr. 2 UmwStG n. F (vgl. → Rn. 40).[87]

50   Da die Verschmelzung steuerlich als Einbringungsvorgang betrachtet wird, stellt sich die Frage nach einem Übernahmegewinn/-verlust auf der Ebene der übernehmenden Personengesellschaft nicht. Die von der Übernehmerin gewählten Wertansätze sind jedoch für die Ermittlung eines etwaigen Übertragungsgewinnes (Einbringungsgewinn) der **Gesellschafter der übertragenden Personengesellschaft** ausschlaggebend: Gemäß § 24 Abs. 3 S. 1 UmwStG gilt nämlich der Wert, mit dem die übergegangenen Wirtschaftsgüter in der Bilanz der Übernehmerin einschließlich der Ergänzungsbilanzen ihrer Gesellschafter angesetzt werden, für den Einbringenden als Veräußerungspreis. Da bei der Verschmelzung von Personengesellschaften untereinander als Einbringender nicht die übertragende Personengesellschaft, sondern deren Gesellschafter anzusehen sind (→ Rn. 37), entsteht bei den Gesellschaftern demgemäß ein Übertragungsgewinn, wenn die Übernehmerin die übernommenen Wirtschaftsgüter mit den Teilwerten oder einem Zwischenwert ansetzt. Ein daraus resultierender Einbringungsgewinn unterliegt bei den Gesellschaftern der Progressionsabsenkung des § 34 Abs. 1 EStG (oder wahlweise dem halben Steuersatz nach § 34 Abs. 3 EStG, s. dazu § 60 Rn. 9b) sowie dem Freibetrag nach § 16 Abs. 4 EStG, soweit das eingebrachte Betriebsvermögen mit seinem gemeinen Wert angesetzt wird und es sich nicht um die Einbringung von Teilen eines Mitunternehmeranteiles handelt (§§ 24 Abs. 3 S. 2 UmwStG iVm 16 Abs. 4 und 34 Abs. 1 und 3 EStG). Die Anwendbarkeit der §§ 16 Abs. 4, 34 EStG setzt voraus, dass sämtliche stille Reserven, einschließlich der selbstgeschaffenen immateriellen Wirtschaftsgüter und insbesondere eines selbstgeschaffenen Firmenwertes, aufgelöst werden.[88]

---

[86] Lutter/*Schaumburg*, Verschmelzung – Spaltung – Formwechsel nach neuem Umwandlungsrecht und Umwandlungssteuerrecht, 1995, 364.
[87] Für Einbringungen bis zum 31.12.2014 s. Schmitt/Hörtnagl/Stratz/*Schmitt* UmwStG § 24 Rn. 139 ff.
[88] Vgl. Schmitt/Hörtnagl/Stratz/*Schmitt* UmwG/UmwStG § 24 UmwStG Rn. 246 mwN.

§ 42 Steuerliche Auswirkungen der Spaltung

Übersicht

	Rn.
I. Allgemeines	1
II. Auf- und Abspaltung von Kapitalgesellschaften auf Kapitalgesellschaften	3
1. Überblick	3
2. Voraussetzungen für die entsprechende Anwendung der Verschmelzungsvorschriften	4
a) Teilbetrieb	5
b) Keine Umgehung des Teilbetriebs-Erfordernisses	6
c) Keine Veräußerung an Außenstehende	7
d) Trennung von Gesellschafterstämmen	9
3. Rechtsfolgen	17
III. Auf- und Abspaltung von Kapitalgesellschaften auf Personengesellschaften	20
IV. Auf- und Abspaltungen von Personengesellschaften auf Kapitalgesellschaften	24
V. Auf- und Abspaltung von Personengesellschaften auf Personengesellschaften und Realteilung	26
1. Auf- und Abspaltung von Personengesellschaften auf Personengesellschaften	26
2. Exkurs: Realteilung	29
VI. Ausgliederung	32
1. Überblick	32
2. Ausgliederung aus Kapitalgesellschaften auf Personengesellschaften	33
3. Ausgliederung aus Kapitalgesellschaften auf Kapitalgesellschaften	34
4. Ausgliederung aus Personenhandelsgesellschaften auf Kapitalgesellschaften	35
5. Ausgliederung aus Personengesellschaften auf Personengesellschaften	36

I. Allgemeines

Anders als im UmwG, wo die Vorschriften über die Spaltung in einer einheitlichen Regelung (nämlich im dritten Buch des UmwG) zusammengefasst sind, haben die verschiedenen Formen der Spaltung (Auf- und Abspaltung sowie Ausgliederung) im UmwStG keine einheitliche, zusammenhängende Regelung erfahren.[1] Vielmehr ist nach dem UmwStG grundsätzlich zwischen der Auf- und Abspaltung einerseits und der Ausgliederung andererseits zu unterscheiden. Letztere wird umwandlungssteuerrechtlich stets als Einbringungsvorgang betrachtet, für den ausschließlich die Vorschriften des sechsten und siebten Teils des UmwStG (§§ 20 bis 24 UmwStG) gelten, und zwar auch dann, wenn die Ausgliederung aus einer Kapitalgesellschaft vorgenommen wird.[2] Auch hinsichtlich der Auf- und Abspaltung enthält das UmwStG keine zusammenhängende Regelung. Vielmehr ist zu unterscheiden, ob eine Auf- oder Abspaltung einer Kapitalgesellschaft oder einer Personengesellschaft (jeweils als übertragender Rechtsträger) vorliegt: Die Auf- und Abspaltung von Kapitalgesellschaften ist im vierten Teil des UmwStG (§§ 15, 16) geregelt, und zwar durch weitgehenden Verweis auf die Vorschriften über die Verschmelzung. Die Auf- und Abspaltung von Personengesellschaften hat keinerlei selbständige Regelung im UmwStG erfahren; sie wird als Einbringungsvorgang nach den §§ 20 bis 24 UmwStG oder als Realteilung iSd § 16 Abs. 3 Satz 2ff. EStG (→ § 38 Rn. 21ff.) angesehen und behandelt. Für die umwandlungssteuerliche Behandlung ist bei Spaltungen nach dem dritten Buch des UmwG daher wie folgt zu unterscheiden: 1

---

[1] Dies liegt an der Entstehungsgeschichte sowie der unterschiedlichen Systematik des UmwStG, → § 40 Rn. 5ff.
[2] Dies folgt aus § 1 Abs. 1 S. 2 UmwStG; im Übrigen werden alle nach dem UmwG durchgeführten Umwandlungen von Kapitalgesellschaften als übertragender/formwechselnder Rechtsträger im zweiten bis fünften Teil des UmwStG (§§ 3 bis 19 UmwStG) geregelt; zur Systematik → § 40 Rn. 6.

- Auf- und Abspaltungen von Kapitalgesellschaften auf Kapitalgesellschaften (§§ 15 iVm 11 bis 13 UmwStG; → Rn. 3 ff.);
- Auf- und Abspaltungen von Kapitalgesellschaften auf Personengesellschaften (§§ 16 iVm 3 bis 8, 10 und 15 UmwStG; → Rn. 20 ff.);
- Auf- und Abspaltungen von Personengesellschaften auf Kapitalgesellschaften (§§ 20 bis 23 UmwStG; Näheres → Rn. 24 ff.);
- Auf- und Abspaltungen von Personengesellschaften auf Personengesellschaften (§§ 24 UmwStG; § 16 Abs. 3 Satz 2 EStG; → Rn. 26 ff.) und
- Ausgliederung aus Kapital- oder Personengesellschaften (§§ 20 bis 24 UmwStG; → Rn. 29 ff.).

2 Die sich aus dieser verwirrend anmutenden Systematik ergebenden, im Einzelnen jeweils anwendbaren umwandlungssteuerrechtlichen Rechtssätze haben indessen einen gemeinsamen Nenner: Da sich die Auf- und Abspaltung eines (übertragenden) Rechtsträgers als (Teil-)Verschmelzung dieses Rechtsträgers mit einem oder mehreren anderen (übernehmenden) Rechtsträger(n) begreifen lässt, wird für die Auf- und Abspaltung im Wesentlichen auf die umwandlungssteuerlichen Regelungen über die Verschmelzung verwiesen.[3] Insoweit folgt das UmwStG dem UmwG, das für die Spaltung gleichfalls weitgehend auf die Vorschriften über die Verschmelzung verweist (§ 125 UmwG).

II. Auf- und Abspaltung von Kapitalgesellschaften auf Kapitalgesellschaften

1. Überblick

3 Die Auf- oder Abspaltung von Körperschaften auf eine oder mehrere andere Körperschaften ist in § 15 UmwStG im Wesentlichen durch Verweisung auf die für Verschmelzungen von Kapitalgesellschaften untereinander geltenden §§ 11 bis 13 UmwStG geregelt. § 15 UmwStG beschränkt sich daher weitgehend darauf, die Voraussetzungen für die entsprechende Anwendung der Regelungen über die Verschmelzung festzulegen. Da die Vorschriften des zweiten bis fünften Teils des UmwStG gem. § 1 Abs. 1 S. 1 UmwStG nur für nach dem UmwG durchgeführte Umwandlungen im Wege der (partiellen) Gesamtrechtsnachfolge gelten, sind die Regelungen des § 15 UmwStG nicht auf sog. „wirtschaftliche Spaltungen", also Aufteilungen von Kapitalgesellschaften im Wege der Einzelrechtsnachfolge (→ § 38 Rn. 17 ff.), anzuwenden.

2. Voraussetzungen für die entsprechende Anwendung der Verschmelzungsvorschriften

4 § 15 UmwStG ordnet die entsprechende Anwendung der Regelungen über die Verschmelzung (§§ 11 bis 13 UmwStG) und damit die **Möglichkeit** einer ertragsteuerneutralen Auf- und Abspaltung unter zwei Gruppen von Voraussetzungen an: Zum einen muss es sich sowohl bei den im Rahmen der Auf- oder Abspaltung übertragenen Wirtschaftsgütern (§ 15 Abs. 1 Satz 1 UmwStG) als auch bei den (im Falle der Abspaltung) beim übertragenden Rechtsträger zurückbleibenden Wirtschaftsgütern (§ 15 Abs. 1 Satz 2 UmwStG) jeweils um einen **Teilbetrieb** handeln. Zum anderen wird die Möglichkeit einer steuerneutralen Spaltung nur eröffnet, sofern keiner der in § 15 Abs. 2 UmwStG geregelten **Missbrauchstatbestände** vorliegt.

5 **a) Teilbetrieb.** Sowohl die übertragenen wie auch die zurückbleibenden Wirtschaftsgüter müssen jeweils als Teilbetrieb zu qualifizieren sein, § 15 Abs. 1 UmwStG (sog. doppeltes

---

[3] S. insbesondere §§ 15 Abs. 1 S. 1, 16 S. 1 UmwStG für die Auf- oder Abspaltung von Kapitalgesellschaften; die Auf- oder Abspaltung von Personengesellschaften wird ebenso wie die Verschmelzung als Einbringungsvorgang nach den §§ 20 bis 24 UmwStG angesehen.

Teilbetriebserfordernis).[4] Die Finanzverwaltung versteht unter einem Teilbetrieb die Gesamtheit der in einem Unternehmensteil einer Gesellschaft vorhandenen aktiven und passiven Wirtschaftsgüter, die in organisatorischer Hinsicht einen selbstständigen Betrieb, dh eine aus eigenen Mitteln funktionsfähige Einheit, darstellen. Zum Teilbetrieb gehören danach alle funktional zuordenbaren Wirtschaftsgüter sowie alle nach wirtschaftlichen Zusammenhängen zuordenbare Wirtschaftsgüter. Maßgeblich für die Beurteilung ist die funktionale Betrachtungsweise aus der Sicht des übertragenden Rechtsträgers.[5] Gemäß § 15 Abs. 1 S. 3 UmwStG gilt als Teilbetrieb auch ein Mitunternehmeranteil (also ein Anteil an einer OHG, KG oder GbR) oder die Beteiligung an einer Kapitalgesellschaft, wobei allerdings vorausgesetzt wird, dass Letztere das gesamte Nennkapital der Gesellschaft umfasst (sog. fiktiver Teilbetrieb).[6] Mit dem Erfordernis, dass die steuerneutrale Auf- und Abspaltung von Kapitalgesellschaften nur bei Übergang und Zurückbleiben jeweils eines Teilbetriebes gewährleistet ist, werden die (weitergehenden) handelsrechtlichen Möglichkeiten der Spaltung von Kapitalgesellschaften entwertet: Nach diesen können Kapitalgesellschaften beliebig gespalten werden, also auch etwa in der Form, dass nur einzelne Wirtschaftsgüter (wie zB ein Grundstück oder eine bestimmte technische Anlage) im Wege der Spaltung auf den übernehmenden Rechtsträger übertragen werden.[7] Das der übertragenden Körperschaft unter den Voraussetzungen des § 11 Abs. 2 UmwStG gewährte Bewertungswahlrecht und damit die Möglichkeit, durch Ansatz von Buchwerten Steuerneutralität zu erreichen, steht gemäß § 15 Abs. 2 UmwStG unter einem dreifachen Missbrauchsvorbehalt[8]:

b) Keine Umgehung des Teilbetriebs-Erfordernisses. Zunächst ist das Wahlrecht für 6 im Rahmen der Auf- und Abspaltung übergehende Mitunternehmeranteile oder Beteiligungen ausgeschlossen, wenn sie innerhalb eines Zeitraums von drei Jahren vor dem steuerlichen Übertragungsstichtag durch Übertragung von Wirtschaftsgütern, die kein Teilbetrieb sind, erworben oder aufgestockt worden sind, § 15 Abs. 2 S. 1 UmwStG. Durch diese Regelung sollen Umgehungen des Teilbetriebs-Erfordernisses gemäß § 15 Abs. 1 UmwStG verhindert werden. Denn nach § 15 Abs. 1 S. 3 UmwStG wird für Mitunternehmeranteile und 100%ige Beteiligungen an Kapitalgesellschaften die Teilbetriebseigenschaft fingiert; ohne die Missbrauchsregelung bestünde daher die Möglichkeit, dass einzelne Wirtschaftsgüter, die für sich genommen keinen Teilbetrieb darstellen, steuerneutral in eine Personengesellschaft eingebracht und anschließend der Mitunternehmeranteil abgespalten oder dass eine nicht 100%ige Beteiligung an einer Kapitalgesellschaft zunächst steuerneutral in eine 100%ige Zwischen-Holding eingebracht und anschließend diese im Wege der Abspaltung auf den übernehmenden Rechtsträger übertragen wird.[9] Aus dieser

---

[4] Vgl. Gesetzesbegründung in BT-Drs. 16/2710, 41 f.
[5] Umwandlungssteuererlass 2011 vom 11.11.2011, BStBl. I 1314 Rn. 15.02; Die Finanzverwaltung stellt damit stets auf den Teilbetriebsbegriff nach Art. 2 lit. j der Fusionsrichtlinie (RL 2009/133/EG vom 19.10.2009, ABl. EU L 310, 34) ab, s. Schmitt/Hörtnagl/Stratz/*Hörtnagl* UmwStG § 15 Rn. 50; auch zu abweichenden Teilbetriebsdefinitionen Schmitt/Hörtnagl/Stratz/*Schmitt* UmwStG § 20 Rn. 79 ff.
[6] Eine 100%ige Beteiligung stellt keinen eigenständigen Teilbetrieb dar, wenn sei einem anderen Teilbetrieb als funktional wesentliche Betriebsgrundlage zugerechnet werden können, vgl. Umwandlungssteuererlass 2011 vom 11.11.2011, BStBl. I 1314 Rn. 15.06;
[7] Die Zuordnung der Wirtschaftsgüter des übertragenden Rechtsträgers bestimmt sich nach den handelsrechtlichen Vorschriften allein nach den Festlegungen des Spaltungs- und Übernahmevertrages, in dem die Aufteilung der Gegenstände des Aktiv- und Passivvermögens im Einzelnen vorzunehmen ist, § 126 Abs. 1 Nr. 9 UmwG.
[8] Fraglich ist die Vereinbarkeit der typisierenden Missbrauchsvorschriften mit den Vorgaben von Art. 15 Abs. 1 lit. a Fusionsrichtlinie (RL 2009/133/EG vom 19.10.2009, ABl. EU L 310, 34), wonach nur auf Grundlage einer umfassenden, gerichtlich überprüfbaren Einzelfallbewertung ein begünstigungsschädlicher Missbrauch angenommen werden könne, vgl. Rödder/Herlinghaus/van Lishaut/*Schumacher* UmwStG § 15 Rn. 209.
[9] S. dazu etwa Schmitt/Hörtnagl/Stratz/*Hörtnagl* UmwStG § 15 Rn. 117; Umwandlungssteuererlass 2011 vom 11.11.2011, BStBl. I 1314 Rn. 15.16.

Zielrichtung, aber auch aus dem Wortlaut von § 15 Abs. 2 S. 1 UmwStG folgt, dass die Missbrauchsvorschrift nur eingreift, wenn Mitunternehmeranteile oder Beteiligungen an Kapitalgesellschaften im Wege der Spaltung übergehen; kein Missbrauch liegt demgemäß vor, wenn die übertragende Kapitalgesellschaft innerhalb der letzten drei Jahre vor dem Stichtag Wirtschaftsgüter zugekauft und dies zur Entstehung eines selbständigen Teilbetriebes geführt hat.[10]

7 **c) Keine Veräußerung an Außenstehende.** Das Bewertungswahlrecht wird der übertragenden Körperschaft ferner dann versagt, wenn durch die Spaltung die Veräußerung an außenstehende Personen vollzogen oder vorbereitet wird, § 15 Abs. 2 S. 2 bis 4 UmwStG. Durch diese Regelung soll verhindert werden, dass eine an sich steuerpflichtige Veräußerung einzelner Wirtschaftsgüter des übertragenden Rechtsträgers an außenstehende Dritte im Wege der (nicht-verhältniswahrenden) Spaltung mit nachfolgender Anteilsveräußerung unter Inanspruchnahme der erheblichen Steuervergünstigungen bei der Veräußerung von Anteilen an Kapitalgesellschaften (vgl. § 8b Abs. 2 KStG, § 3 Nr. 40 EStG – Teileinkünfteverfahren) umgangen werden kann.[11] Gemäß § 15 Abs. 2 S. 4 UmwStG wird eine schädliche Veräußerungsvorbereitung stets angenommen, wenn **innerhalb von fünf Jahren** nach dem steuerlichen Übertragungsstichtag Anteile an einer an der Spaltung beteiligten Körperschaft, die mehr als 20 % der vor Wirksamwerden der Spaltung an der Körperschaft bestehenden Anteile ausmachen, veräußert werden. Dabei ist unter Veräußerung nur die **entgeltliche Übertragung** von Anteilen an einer (gleich welcher) der an der Spaltung beteiligten Gesellschaften zu verstehen. Weder eine nachfolgende unentgeltliche Übertragung noch eine (entgeltliche) Veräußerung einzelner Wirtschaftsgüter löst den Missbrauchstatbestand aus.[12] Dementsprechend sind insbesondere unentgeltliche Übertragungen im Rahmen eines Erbfalls, einer vorweggenommenen Erbfolge oder Erbauseinandersetzungen (solange sie ohne Ausgleichszahlungen erfolgen) unschädlich.[13]

8 Allerdings ist § 15 Abs. 2 S. 2 UmwStG jedenfalls bei wörtlichem Verständnis der Vorschrift ohne Anwendungsbereich, da durch die Spaltung eine Veräußerung an außenstehende Personen nicht bewirkt werden kann. Denn die handelsrechtlichen Spaltungsvorschriften (§ 123 Abs. 2 UmwG) setzen voraus, dass die als Gegenleistung für den Vermögensübergang auszugebenden Anteile am übernehmenden Rechtsträger nur den Gesellschaftern der Überträgerin zu gewähren sind. Der prospektive Erwerber muss also (kurz) vor der Spaltung zumindest einen minimalen (und ggf. treuhänderisch gehaltenen) Anteil an dem übertragenden Rechtsträger erworben haben, damit er (bei nicht verhältniswahrender Spaltung: sämtliche) im Rahmen der Spaltung gewährten Anteile am übernehmenden Rechtsträger erwerben kann. Ist der Erwerber aber Gesellschafter der Übertragerin, so kann er nicht mehr als „außenstehende Person" angesehen werden.[14] Durch die verunglückte Regelung des § 15 Abs. 2 S. 2 UmwStG sollte offenbar die dem dritten Missbrauchstatbestand (Trennung von Gesellschafterstämmen) zugrunde liegende Situation geregelt werden[15] (dazu sogleich). Da die negativen Folgen (→ Rn. 18 f.) einer Veräußerung von Anteilen innerhalb der Fünfjahresfrist nicht nur den Veräußerer, sondern auch die anderen an der vorangehenden Spaltung beteiligten Gesellschafter treffen, ist zu empfehlen, die Gesellschafter untereinander zur Beachtung der in § 15 Abs. 2 S. 4 UmwStG

---

[10] Zu weiteren Einschränkungen der Missbrauchsvorschrift s. Schmitt/Hörtnagl/Stratz/*Hörtnagl* UmwG/UmwStG § 15 UmwStG Rn. 118; Zu beachten ist, dass nach Ansicht der Finanzverwaltung die Anwendung der Missbrauchsregelung auch auf den beim übertragenden Rechtsträger verbleibenden Teilbetrieb Anwendung findet, s. Umwandlungssteuererlass 2011 vom 11.11.2011, BStBl. I 1314 Rn. 15.17; aA Rödder/Herlinghaus/van Lishaut/*Schumacher* UmwStG § 15 Rn. 196.
[11] Schmitt/Hörtnagl/Stratz/*Hörtnagl* UmwStG § 15 Rn. 136 – unter Hinweis auf BT-Drs. 12/6885, 22 ff.
[12] Schmitt/Hörtnagl/Stratz/*Hörtnagl* UmwStG § 15 Rn. 154; Umwandlungssteuererlass 2011 vom 11.11.2011, BStBl. I 1314 Rn. 15.23.
[13] Umwandlungssteuererlass 2011 vom 11.11.2011, BStBl. I 1314 Rn. 15.23.
[14] Näheres Schmitt/Hörtnagl/Stratz/*Hörtnagl* UmwStG § 15 Rn. 138, 142.
[15] S. auch Rödder/Herlinghaus/van Lishaut/*Schumacher* UmwStG § 15 Rn. 217 ff.

vorgeschriebenen Haltefrist zu verpflichten und ihnen bei Missachtung entsprechende Schadensersatzpflichten aufzuerlegen; diese Regelungen können im Spaltungsbeschluss getroffen werden.[16]

d) Trennung von Gesellschafterstämmen. Für die Trennung von Gesellschafterstämmen enthält § 15 Abs. 2 S. 5 UmwStG eine Sonderregelung. Insoweit wird für die Gewährung des Bewertungswahlrechtes und damit die Ermöglichung der steuerneutralen Spaltung „außerdem" (also zusätzlich zu den sonstigen Missbrauchstatbeständen) vorausgesetzt, dass die Beteiligungen an der übertragenden Körperschaft mindestens fünf Jahre vor dem steuerlichen Übertragungsstichtag bestanden haben. Der Sinn dieser Regelung besteht offenbar darin, den durch § 15 Abs. 2 S. 3 u. 4 UmwStG bewirkten Missbrauchsschutz für wirtschaftlich beabsichtigte Veräußerungen von Betriebsvermögen der übertragenden Kapitalgesellschaft auf Gestaltungen auszudehnen, in denen der potentielle Erwerber (kurz) vor der Spaltung Gesellschafter der Übertragerin wird und anschließend die betreffenden Wirtschaftsgüter im Wege der nicht-verhältniswahrenden Spaltung auf eine andere Kapitalgesellschaft übertragen werden, deren alleiniger Gesellschafter der potentielle Erwerber ist.[17]

Bei der Anwendung dieser im Rahmen der Unternehmensnachfolge äußerst bedeutsamen Vorschrift ist leider vieles unklar. So definiert das Gesetz weder den Begriff des „Gesellschafterstamms", noch ist eindeutig, wann eine „Trennung" von Gesellschafterstämmen vorliegt. Der Begriff des **„Gesellschafterstamms"** ist nicht identisch mit dem des Familienstammes (§ 1924 Abs. 3 BGB);[18] vielmehr kann ein Gesellschafterstamm auch dann vorliegen, wenn die entsprechende Beteiligung an der übertragenden Kapitalgesellschaft von einer juristischen Person gehalten wird.[19] Angesichts der Zielsetzung der Vorschrift setzt der Begriff des Gesellschafterstammes auch nicht voraus, dass es sich um eine Mehrzahl von Gesellschaftern handelt.[20] Dementsprechend kann auch eine Körperschaft mit nur zwei Anteilseignern zwei Gesellschafterstämme haben. Es wäre aber zu weitgehend, wenn man grundsätzlich jeden Anteilsinhaber der übertragenden Körperschaft als selbständigen Gesellschafterstamm ansehen wollte.[21] Denn in diesem Falle wäre nicht erklärlich, warum der Gesetzgeber den engeren und unklaren Begriff des Gesellschafterstammes verwendet hat, obwohl tatsächlich der weitere und eindeutige Begriff des Gesellschafters gemeint gewesen sein soll. Richtigerweise wird man annehmen, dass mehrere Gesellschafterstämme nur dann vorliegen, wenn etwa aufgrund unterschiedlicher familiärer Abstammung und/oder wirtschaftlicher Interessen, die zB auch durch Stimmbindungs- oder Poolverträge indiziert sein können, grundlegend unterschiedliche Interessen zwischen den verschiedenen Gesellschaftern oder Gesellschaftergruppen vorliegen.[22]

Ob eine **Trennung** von Gesellschafterstämmen die vollständige Entflechtung der verschiedenen Gesellschaftergruppen in dem Sinne voraussetzt, dass der eine Gesellschafterstamm keinerlei Beteiligung mehr an der einen und der andere Gesellschafterstamm keinerlei Anteile mehr an der anderen aus der Spaltung hervorgehenden Gesellschaft hält, ist umstritten.[23] Einigkeit besteht nur darin, dass nicht bereits jede nicht verhältniswahrende

---

[16] *Schwedhelm*, Harzburger Steuerprotokoll 1997, 239.
[17] Schmitt/Hörtnagl/Stratz/*Hörtnagl* UmwStG § 15 Rn. 217.
[18] Haritz/Menner/*Asmus* UmwStG § 15 Rn. 178, der zugleich zwecks etymologischer Analyse des Begriffs auf das Merkmal eines gewissen „Zusammengehörigkeitsgefühls" abstellt.
[19] Schmitt/Hörtnagl/Stratz/*Hörtnagl* UmwStG § 15 Rn. 220.
[20] Schmitt/Hörtnagl/Stratz/*Hörtnagl* UmwStG § 15 Rn. 222; Haritz/Menner/*Asmus* UmwStG § 15 Rn. 179.
[21] Diese Ansicht vertritt aber die Finanzverwaltung, Umwandlungssteuererlass 2011 vom 11.11.2011, BStBl. I 1314 Rn. 15.37.
[22] Schmitt/Hörtnagl/Stratz/*Hörtnagl* UmwStG § 15 Rn. 222ff.
[23] Die mittlerweile wohl überwiegende Meinung verlangt die vollständige Trennung, Schmitt/Hörtnagl/Stratz/*Hörtnagl* UmwStG § 15 Rn. 233 mwN; engeres Verständnis insofern die Finanzverwaltung s. Umwandlungssteuererlass 2011 vom 11.11.2011, BStBl. I 1314 Rn. 15.37.

Spaltung im Sinne des § 128 UmwG[24] zu einer Trennung im Sinne von § 15 Abs. 2 S. 5 UmwStG führt. Richtigerweise wird man mit der überwiegenden Auffassung eine Trennung im Grundsatz nur dann annehmen, wenn eine vollständige Entflechtung vorliegt, wenn also keiner der Gesellschafterstämme noch an der jeweils anderen Gesellschaft beteiligt ist. Dies hindert jedoch nicht daran, in offensichtlichen Missbrauchsfällen – und um die Verhinderung von Missbräuchen geht es bei § 15 Abs. 2 S. 5 UmwStG – eine Trennung auch dann anzunehmen, wenn einer der Gesellschafterstämme eine Minimalbeteiligung an der anderen Gesellschaft offensichtlich zur Ausschaltung des Tatbestandsmerkmales der Trennung zurückbehalten hat. Dies wird man annehmen dürfen, wenn im Übrigen (etwa aufgrund einem der Spaltung nur kurz vorangehenden Erwerb der Beteiligung durch den einen, später getrennten Gesellschafterstamm) angenommen werden kann, dass die Spaltung nur der Veräußerung von Wirtschaftsgütern des übertragenden Rechtsträgers dienen soll.[25]

12   Liegt danach eine Trennung von Gesellschafterstämmen vor, setzt die Anwendung des Bewertungswahlrechts aus § 11 Abs. 2 UmwStG eine zum Zeitpunkt des steuerlichen Übertragungsstichtages mindestens **fünf Jahre bestehende Beteiligung** der Gesellschafterstämme an der übertragenden Körperschaft voraus (§ 15 Abs. 2 S. 5 UmwStG). Die bedeutet aber nicht, dass die Beteiligungen in ihrer am Übertragungsstichtag bestehenden Höhe bereits seit fünf Jahren unverändert geblieben sein müssen. Entscheidend ist vielmehr, dass die Beteiligung während des gesamten Fünfjahreszeitraums dem Grunde nach und in der Person eines jeden Gesellschafters bestand.[26] Denn eine dem Grunde nach bereits fünf Jahre bestehende Beteiligung ist ausreichend, um dem Vorwurf einer in Wahrheit beabsichtigten Veräußerung von Betriebsvermögen den Boden zu entziehen.

13   Eine Verletzung der Bestandsfrist ist auch dann nicht gegeben, wenn die Gesellschafter innerhalb des Fünfjahreszeitraums ihre Beteiligungen durch unentgeltlichen Erwerb erlangt haben. In diesem Fall wird man die Besitzzeit des Rechtsvorgängers in die Berechnung der Besitzdauer miteinbeziehen, so dass die Missbrauchsvorschrift des § 15 Abs. 2 S. 5 UmwStG bei entsprechend langer Vorbesitzzeit nicht eingreift.[27] Dafür spricht, dass so ein interpretatorischer Gleichklang mit den Missbrauchstatbeständen in § 15 Abs. 2 S. 2 bis 4 UmwStG hergestellt wird, die ebenso wie § 15 Abs. 2 S. 5 UmwStG die steuerneutrale Veräußerung von Betriebsvermögen mittels des rechtstechnischen Mittels einer Spaltung verhindern sollen. Darüber hinaus lässt sich einigen spezialgesetzlichen Vorschriften die Anrechenbarkeit der Vorbesitzzeit des Rechtsvorgängers entnehmen, wie etwa §§ 4 Abs. 2 S. 3; 12 Abs. 3 und 23 Abs. 1 UmwStG.

14   Selbst wenn die nach § 15 Abs. 2 S. 5 UmwStG bestehenden Voraussetzungen für die Gewährung des Bewertungswahlrechtes gem. § 11 Abs. 2 UmwStG erfüllt sind, bestehen Zweifel, ob die Trennung von Gesellschafterstämmen im Wege der **Abspaltung** ertragsteuerneutral durchgeführt werden kann. Denn die Übertragung der nach der Abspaltung verbleibende Beteiligung des „abgespaltenen" Gesellschafterstammes[28] am übertragenden Rechtsträger auf den verbleibenden Gesellschafterstamm könnte als Veräußerungsvorgang

---

[24] Also eine Spaltung, bei der die Anteile am übernehmenden Rechtsträger den Anteilsinhabern des übertragenden Rechtsträgers nicht in dem Verhältnis zugeteilt werden, das ihrer Beteiligung am übertragenden Rechtsträger entspricht.
[25] Hierzu verbleibt der Rückgriff auf § 42 AO; Eine Quote lässt sich weder aus dem Wortlaut noch aus der Gesetzesbegründung ableiten, vgl. Schmitt/Hörtnagl/Stratz/*Hörtnagl* UmwStG § 15 Rn. 233 mwN.
[26] Vgl. Umwandlungssteuererlass 2011 vom 11.11.2011, BStBl. I 1314 Rn. 15.36; Widmann/Mayer/*Schießl*, Umwandlungsrecht, § 15 UmwStG Rn. 472; aA Schmitt/Hörtnagl/Stratz/*Hörtnagl* UmwStG § 15 Rn. 234 und Haritz/Menner/*Asmus* UmwStG § 15 Rn. 185, die auf den Gesellschaftsstamm abstellen wollen, aber keine befriedigenden Antworten auf die sich daraus ergebenden Folgefragen geben.
[27] Schmitt/Hörtnagl/Stratz/*Hörtnagl* UmwStG § 15 Rn. 237; Haritz/Menner/*Asmus* UmwStG § 15 Rn. 189; aA Anrechenbarkeit der Vorbesitzzeit nur bei Erwerb durch Erbfall Widmann/Mayer/*Schießl*, Umwandlungsrecht, § 15 UmwStG Rn. 476f.
[28] Also des Gesellschafterstammes, der bei einer nicht verhältniswahrenden Abspaltung sämtliche im Rahmen der Spaltung gewährten Anteile am übernehmenden Rechtsträger erhält.

im Sinne von § 15 Abs. 2 S. 3 und 4 UmwStG zu qualifizieren sein, wenn diese innerhalb von fünf Jahren durchgeführt wird und die Beteiligung die 20%-Grenze überschreitet. Konsequenz wäre dann, dass die gesamte Spaltung nicht zu Buchwerten vorgenommen werden könnte. Gleiches könnte außerdem dann gelten, wenn die Anteile des abgespaltenen Gesellschafterstammes am übertragenden Rechtsträger nach der Spaltung gegen Entgelt eingezogen werden würden. Dies würde im Ergebnis die Trennung von Gesellschafterstämmen deutlich erschweren, zumal der dann regelmäßig vorzugswürdige Weg der einer Aufspaltung wäre, die aber die Übertragung auf mehrere Gesellschaften erforderlich machen würde und außerdem Grunderwerbsteuer auslösen könnte. Es ist darum zu begrüßen, dass die Finanzverwaltung in einem etwaigen Mehrwert der an den Anteilseigner gewährten Anteile keine Gegenleistung im Sinne von § 11 Abs. 2 S. 1 Nr. 3 UmwStG erkennt und bei einer solchen Quoten- bzw. Werteverschiebung die Anwendung von § 15 Abs. 2 S. 2 bis 4 UmwStG verneint, es sei denn, die Beteiligungsquoten verschieben sich zugunsten außenstehender Personen.

Beispiel: 15

An der K+B Kiesgruben GmbH sind zwei Gesellschafterstämme A und B mit je 50% beteiligt. Die GmbH hat zwei Teilbetriebe: Zum einen betreibt sie Kiesgruben auf umfangreichem eigenen Grundbesitz, zum anderen werden erfolgreich Baustoffe recycelt; in beiden Teilbetrieben sind stille Reserven vorhanden. Der Gesellschafterstamm A soll die Kiesgruben mit den Grundstücken, der Gesellschafterstamm B den Baustoffrecycling-Betrieb jeweils in einer eigenen Gesellschaft erwerben.

Wird der Baustoffrecycling-Betrieb in dieser Situation auf eine andere GmbH abgespalten, 16 deren alleiniger Gesellschafter aufgrund einer nicht verhältniswahrenden Spaltung nach § 128 UmwG der Gesellschafterstamm B wird, so bleibt B dennoch an der verbleibenden K+B GmbH (in der sich allerdings nur noch die Kiesgruben befinden) mit 50% beteiligt. Die Beteiligung kann nach § 11 Abs. 2 S. 1 Nr. 3 UmwStG steuerneutral auf den Gesellschafterstamm A übertragen werden. Die Vornahme einer aufwändigeren und wegen dem Anfall der Grunderwerbsteuer auch teureren Aufspaltung ist darum nicht erforderlich.

3. Rechtsfolgen

Liegen die in § 15 Abs. 1 u. 3 UmwStG normierten Voraussetzungen für die entsprechende Anwendung der umwandlungssteuerlichen Vorschriften über die Verschmelzung (§§ 11 bis 13 UmwStG) vor, so kann hinsichtlich der Rechtsfolgen weitestgehend auf die in diesem Zusammenhang bereits gemachten Ausführungen verwiesen werden (→ § 41 Rn. 16 ff.). Danach ist eine steuerneutrale Spaltung grundsätzlich für alle Beteiligten möglich, also sowohl auf der Ebene der übertragenden wie der übernehmenden Kapitalgesellschaft als auch bei den Gesellschaftern der übertragenden Körperschaft. 17

Fehlt es an dem doppelten Teilbetriebserfordernis des § 15 Abs. 1 UmwStG (übergehender und zurückbleibender Teilbetrieb), so finden die §§ 11 bis 13 UmwStG gleichwohl Anwendung, jedoch unter Ausnahme der Bewertungswahlrechte nach §§ 11 Abs. 2 und 13 Abs. 2 UmwStG. Das hat zum einen zur Folge, dass die stillen Reserven des übergehenden Vermögens nach § 11 Abs. 1 UmwStG stets aufzudecken sind. Zum anderen wird bei den Anteilsinhabern nach Maßgabe von § 13 Abs. 1 UmwStG eine Veräußerung der Anteile an der übertragenden Gesellschaft zum gemeinen Wert, sowie eine Anschaffung der an ihre Stelle tretenden Anteile an der übernehmenden Gesellschaft zu ebendiesem Wert fingiert. Im Falle der Aufspaltung bedeutet dies einen vollständigen Anteilstausch, bei dem sämtliche stillen Reserven in den Anteilen an der übertragenden Gesellschaft aufgedeckt werden, während eine Abspaltung als teilweise Veräußerung im Umfang des Wertabgangs der Anteile an der übertragenden Gesellschaft zu qualifizieren 18 ist.[29] Soweit eine Aufteilung der Anschaffungskosten bzw. des Buchwerts der Anteile an der übertragenden Gesellschaft erforderlich ist, kann hierfür grundsätzlich auf das Umtauschverhältnis der Anteile im Spaltungs- oder Übernahmevertrag oder im Spaltungsplan abgestellt werden, hilfsweise ist die Aufteilung anhand des Verhältnisses der gemeinen Werte der übergehenden Vermögensteile zu dem vor der Spaltung vorhandenen Vermögen vorzunehmen.[30] Maßgeblicher Zeitpunkt der fiktiven Veräußerung bzw. Anschaffung ist die Eintragung der Spaltung in das Handelsregister; § 2 UmwStG findet insofern keine Anwendung.[31]

19   Die Spaltung führt grundsätzlich dazu, dass der übernehmende Rechtsträger umfassend in die steuerliche Rechtsstellung des übertragenden Rechtsträgers eintritt gem. §§ 15 Abs. 1 S. 1 iVm 12 Abs. 3 UmwStG. Entsprechend § 4 Abs. 3 S. 2 UmwStG gilt dies jedoch nicht für verrechenbare Verluste, verbleibende Verlustvorträge, nicht ausgeglichene negative Einkünfte, sowie einen Zinsvortrag nach § 4h Abs. 1 S. 5 EStG und einen EBITDA-Vortrag nach § 4h Abs. 1 S. 3 EStG. Der Einschub „nicht ausgeglichene negative Einkünfte" soll als Reaktion auf eine insofern abweichende höchstrichterliche Judikatur[32] gewährleisten, dass bei Spaltungen zu einem unterjährigen Übertragungsstichtag die bis dahin angefallenen laufenden Verluste ebenso behandelt werden wie die bereits förmlich festgestellten Verlustvorträge.[33] Dies führt bei Aufspaltungen dazu, dass die Verlustpositionen vollständig untergehen, während im Falle von Abspaltungen § 15 Abs. 3 UmwStG eine Sonderregelung mit Blick auf den Fortbestand des übertragenden Rechtsträgers trifft. Danach bleibt diesem ein Anteil an jeder Verlustpositionen erhalten, der sich nach dem Verhältnis des gemeinen Werts des ihm verbleibenden Betriebsvermögens zum übertragenen Vermögen bestimmt. Regelmäßig entspricht dieses Verhältnis dem Spaltungsschlüssel.[34]

III. Auf- und Abspaltung von Kapitalgesellschaften auf Personengesellschaften

20   Die Auf- und Abspaltung von Körperschaften auf Personengesellschaften ist in § 16 UmwStG durch Verweisung auf die §§ 3 bis 8, 10 und 15 UmwStG geregelt: Aus § 15 UmwStG ergeben sich die Voraussetzungen für die Anwendbarkeit der Vorschriften über die Verschmelzung von Körperschaften auf Personengesellschaften (§§ 3 bis 8, 10 UmwStG), und aus jenen Vorschriften folgen die bestehenden Bewertungswahlrechte und die Rechtsfolgen für die übertragende Körperschaft, die übernehmende Personengesellschaft sowie deren Gesellschafter.

21   Hinsichtlich der **Voraussetzungen** für die Anwendbarkeit der Verschmelzungsvorschriften (namentlich des Bewertungswahlrechtes der übertragenden Körperschaft gemäß § 3 UmwStG) kann auf die Ausführungen zu § 15 UmwStG (→ Rn. 4) verwiesen werden. Danach ist eine steuerneutrale Spaltung grundsätzlich nur dann möglich, wenn sowohl das im Rahmen der Spaltung übergehende wie auch das zurückbleibende Vermögen jeweils einen tatsächlichen oder fiktiven Teilbetrieb darstellt (§§ 16 S. 1 iVm 15 Abs. 1 UmwStG) und wenn keiner der Missbrauchstatbestände des § 15 Abs. 2 UmwStG eingreift (→ Rn. 5 ff.).

22   Liegen die Voraussetzungen für die Ausübung des Bewertungswahlrechtes gemäß § 15 Abs. 1 u. 2 UmwStG vor, so gelten hinsichtlich der Rechtsfolgen die §§ 3 bis 8, 10 UmwStG. Danach hat die übertragende Körperschaft das Wahlrecht, die übergehenden Vermö-

---

[29] Rödder/Herlinghaus/van Lishaut/*Schumacher* UmwStG § 15 Rn. 92 f.
[30] Umwandlungssteuererlass 2011 vom 11.11.2011, BStBl. I 1314, Rn. 15.43.
[31] Rödder/Herlinghaus/van Lishaut/*Neumann* UmwStG § 13 Rn. 20.
[32] Vgl. BT-Drs. 16/2710, 38.
[33] Vgl. Umwandlungssteuererlass 2011 vom 11.11.2011, BStBl. I 1314, Rn. 15.41; Haase/Hruschka/*Steierberg* UmwStG § 4 Rn. 70; Schmitt/Hörtnagl/Stratz/*Schmitt* UmwStG § 4 Rn. 77.
[34] Umwandlungssteuererlass 2011 vom 11.11.2011, BStBl. I 1314, Rn. 15.41.

gensgegenstände mit Buchwerten, dem Teilwert oder einem Zwischenwert anzusetzen (§ 3 UmwStG).

Die übernehmende Personengesellschaft hat die Wertansätze der steuerlichen Schlussbilanz zu übernehmen (Grundsatz der Buchwertverknüpfung, § 4 Abs. 1 UmwStG). Bei ihr kann ein Übernahmegewinn bzw. -verlust aufgrund der Regelung in § 4 Abs. 4 bis 7 UmwStG eintreten. Inwieweit ein solcher Übernahmegewinn oder -verlust bei den Gesellschaftern der übernehmenden Personengesellschaft als Einkünfte aus Gewerbebetrieb zu versteuern ist, hängt davon ab, ob die Anteile an der übertragenden Körperschaft bei dem betreffenden Gesellschafter Betriebsvermögen oder Privatvermögen darstellten und ob es sich (im letzteren Fall) um eine Beteiligung im Sinne des § 17 EStG handelte. Hinsichtlich der Einzelheiten sei auf die Erläuterungen zur Verschmelzung von Kapitalgesellschaften auf Personengesellschaften verwiesen (→ § 41 Rn. 2 ff.). 23

IV. Auf- und Abspaltungen von Personengesellschaften auf Kapitalgesellschaften

Die Auf- und Abspaltung von Personengesellschaften auf Körperschaften hat im UmwStG keine ausdrückliche Regelung erfahren. § 1 Abs. 3 Nr. 1 UmwStG lässt sich aber entnehmen, dass es sich um einen Anwendungsfalls des Sechsten bis Achten Teils des UmwStG handeln soll. Danach wird die Spaltung von Personengesellschaften auf Kapitalgesellschaften als **Einbringungsvorgang** angesehen, der, soweit die Voraussetzungen einer Einbringung gemäß § 20 Abs. 1 UmwStG vorliegen, nach den Regelungen der §§ 20 bis 23 UmwStG grundsätzlich steuerneutral erfolgen kann.[35] Eine Einbringung liegt vor, wenn ein Betrieb, Teilbetrieb, Mitunternehmeranteil oder eine Beteiligung an einer Kapitalgesellschaft (sofern die Übernehmerin dadurch die Mehrheit der Stimmrechte an der Kapitalgesellschaft erhält) im Wege der Sacheinlage einer Körperschaft zugeführt werden. Dabei gilt bei der Auf- und Abspaltung nicht der übertragende Rechtsträger (also die zu spaltende Körperschaft), sondern deren Gesellschafter als Einbringender im Sinne der §§ 20 bis 23 UmwStG (→ § 41 Rn. 37), zumal den Gesellschaftern die Anteile an der übernehmenden Gesellschaft unabhängig davon zivilrechtlich zustehen, ob die Personengesellschaft im Zuge einer Aufspaltung untergeht oder nach einer Abspaltung fortbesteht.[36] 24

Liegen die Voraussetzungen einer Einbringung vor, so kann hinsichtlich der Auf- und Abspaltung von Personengesellschaften auf Körperschaften auf die Ausführungen zur Verschmelzung verwiesen werden (→ § 41 Rn. 39 ff.). Gemäß § 20 Abs. 2 UmwStG steht der übernehmenden Kapitalgesellschaft das Wahlrecht zu, die auf sie übergehenden Wirtschaftsgüter mit dem Buchwert oder mit einem höheren Wert bis zur Höhe des Teilwertes anzusetzen, wenn sie einen Betrieb, Teilbetrieb oder Mitunternehmeranteil bilden und die vier kumulativen Voraussetzungen nach § 20 Abs. 2 S. 2 erfüllt sind; die ersten drei Voraussetzungen sollen gewährleisten, dass es nur zu einer Aufschiebung und nicht zu einem Ausschluss der Besteuerung der stillen Reserven kommt, während die vierte Voraussetzung fiskalpolitisch unerwünschte, steuerinduzierte Umwandlungsgestaltungen durch eine wertmäßige Beschränkung der sonstigen Gegenleistung, die neben den neuen Gesellschaftsanteilen gewährt werden, verhindern soll.[37] Der Wert, mit dem die Kapitalgesellschaft das eingebrachte Betriebsvermögen ansetzt, gilt für den Einbringenden (also den Gesellschafter der übertragenden Personengesellschaft) als Veräußerungspreis und als Anschaffungskosten der ihm im Rahmen der Spaltung gewährten Anteile an der übernehmenden Kapitalgesellschaft (§ 20 Abs. 3 S. 1 UmwStG). Dementsprechend ist der Wertansatz bei der Überneh- 25

---

[35] Vgl. Umwandlungssteuererlass 2011 vom 11.11.2011, BStBl. I 1314, Rn. 01.44, lit. aa, zweiter Gedankenstrich.
[36] Umwandlungssteuererlass 2011 vom 11.11.2011, BStBl. I 1314, Rn. 20.03.
[37] Vgl. BT-Drs. 18/4902, 48 f.; Blümich/*Nitzschke* UmwStG § 20 Rn. 84d.

merin für die Entstehung oder Vermeidung eines Übertragungsgewinnes bei den Gesellschaftern der übertragenden Personengesellschaft entscheidend.

V. Auf- und Abspaltung von Personengesellschaften auf Personengesellschaften und Realteilung

1. Auf- und Abspaltung von Personengesellschaften auf Personengesellschaften

26 Für die Auf- und Abspaltung von Personengesellschaften auf andere Personengesellschaften gilt ebenso der Verweis in § 1 Abs. 3 Nr. 1 UmwStG auf den Sechsten bis Achten Teil des UmwStG. Insbesondere die Gesetzesbegründung zum UmwStG und dem folgend die Finanzverwaltung gehen davon aus, dass diese Spaltungsfälle als Einbringungsvorgänge im Sinne von § 24 UmwStG zu behandeln seien.[38] Der Gegenansicht, die die Spaltung nach den Grundsätzen der Realteilung gem. § 16 Abs. 3 S. 2 EStG behandeln wollte, ist damit die Grundlage entzogen, wofür außerdem die Überlegung spricht, dass es an dem für eine Realteilung erforderlichen (Zwischen-)Erwerb durch die Gesellschafter fehlt.[39]

27 Gleichwohl wird teilweise vertreten, dass § 16 Abs. 3 S. 2 EStG zumindest dann die einschlägige Regelung sei, wenn es sich um eine nicht verhältniswahrende Spaltung handele, da dann bei wenigstens einem Einbringenden das für die Anwendung von § 24 UmwStG erforderliche synallagmatische Verhältnis zwischen Leistung (eingebrachtes Betriebsvermögen) und Gegenleistung (Einräumung einer Mitunternehmerposition) nicht gegeben sei.[40] Eine solches Erfordernis lässt sich aber weder dem Wortlaut von § 24 UmwStG, noch seinem Zweck entnehmen, der darin besteht wirtschaftlich sinnvolle und handelsrechtlich zulässige Umstrukturierungen nicht durch eine Besteuerung der stillen Reserven zu behindern. Da diese Zielsetzung auch nicht-verhältniswahrende Spaltungen betrifft, ist eine unterschiedliche Behandlung gegenüber verhältniswahrenden Spaltungen nicht berechtigt. Die gesetzliche Entscheidung Spaltungen nach § 123 UmwG generell dem Siebten Teil des UmwStG zu unterstellen ist darum folgerichtig und kann aufgrund des Spezialitätsverhältnisses von § 24 UmwStG gegenüber § 16 EStG schon aus gesetzessystematischen Gründen nicht übergangen werden.[41]

28 Geht man hiervon aus, so darf die **übernehmende Personengesellschaft** das eingebrachte Betriebsvermögen in ihrer Bilanz einschließlich der Ergänzungsbilanzen für ihre Gesellschafter mit seinem Buchwert oder mit einem höheren Wert bis zur Höhe des Teilwertes ansetzen (§ 24 Abs. 2 S. 1 u. 3 UmwStG). Voraussetzung ist allerdings wiederum, dass das übergehende Vermögen einen Betrieb oder Teilbetrieb darstellt oder dass es sich um einen Mitunternehmeranteil handelt, § 24 Abs. 1 UmwStG, das deutsche Besteuerungsrecht weder beschränkt, noch ausgeschlossen wird und die neben den neuen Gesellschaftsanteilen gewährten Gegenleistungen nicht bestimmte Obergrenzen überschreiten (zum Zweck dieser Einschränkung → Rn. 25), § 24 Abs. 2 S. 2 UmwStG. Der von der Übernehmerin gewählte Wertansatz gilt gemäß § 24 Abs. 3 S. 1 UmwStG für den Einbringenden als Veräußerungspreis. Da als Einbringender nicht die übertragende Personengesellschaft, sondern deren Gesellschafter anzusehen sind (→ § 41 Rn. 37), entscheidet der Wertansatz bei der Übernehmerin im Ergebnis darüber, ob bei den Gesellschaftern der **übertragenden Personengesellschaft** ein Übertragungsgewinn entsteht.

---

[38] BT-Drs. 12/6885, 25; Umwandlungssteuererlass 2011 vom 11.11.2011, BStBl. I 1314, Rn. 01.47, lit. bb, zweiter Gedankenstrich.
[39] Schmitt/Hörtnagl/Stratz/*Schmitt* UmwStG § 24 Rn. 48f.
[40] Semler/Stengel/*Moszka* UmwStG Anh. Rn. 569a.
[41] Semler/Stengel/*Moszka* UmwStG Anh. Rn. 569c ff.

2. Exkurs: Realteilung

Kommt es im Rahmen einer Umstrukturierung tatsächlich zu der Übertragung von Wirtschaftsgütern der Personengesellschaft auf einen oder mehrere Mitunternehmer (→ Rn. 26), so entspricht es der Logik des Umwandlungssteuerrechts, dass der Vorgang steuerneutral erfolgen können muss, wenn die Besteuerung der stillen Reserven dadurch nicht ausgeschlossen, sondern nur aufgeschoben wird. § 16 Abs. 3 S. 2 EStG behandelt eine solche Übertragung als einen Sonderfall der Aufgabe der Mitunternehmerstellung gegen eine Sachabfindung, wenn sie im Zuge der Realteilung der Mitunternehmerschaft durchgeführt wird. In einem solchen Fall führt die übertragende Personengesellschaft die Buchwerte für Teilbetriebe, Mitunternehmeranteile oder einzelne Wirtschaftsgüter weiter, wenn diese in das Betriebsvermögen des jeweiligen Mitunternehmers übergehen und die spätere Besteuerung der stillen Reserven sichergestellt ist. Der übernehmende Mitunternehmer ist dann an diese Werte gebunden. Zu beachte ist die dreijährige Haltefrist für zum Buchwert übertragenen Grund und Boden, übertragene Gebäude oder andere wesentlichen Betriebsgrundlagen, die nicht Teil eines übertragenen Teilbetriebs sind, § 16 Abs. 3 S. 3 EStG

Der in § 16 Abs. 3 S. 2 EStG beschriebene Tatbestand unterscheidet sich von sonstigen Fällen, in denen ein Mitunternehmer gegen eine Abfindung ausscheidet und die stillen Reserven gem. § 16 Abs. 1 S. 1 Nr. 2 EStG besteuert werden, durch den Bezug zu einer sog. „Realteilung". Dieser Begriff war ursprünglich eine Schöpfung der Finanzgerichte[42], bis er durch das StEntlG 1999/2000/2002[43] in das EStG eingeführt, aber nicht definiert wurde. Die damit verbundenen Unklarheiten machen die Anwendung von § 16 Abs. 3 S. 2 EStG dementsprechend schwierig und streitanfällig. In Anlehnung an den zivilrechtlichen Begriff der „Naturalteilung", hat der BFH die Realteilung lange Zeit als eine Form der Auseinandersetzung verstanden und die Auflösung der Mitunternehmerschaft als ein notwendiges Begriffsmerkmal angesehen.[44] Diese Ansicht fand Gefolgschaft in der Finanzverwaltung, aber auch in großen Teilen der Fachliteratur.[45] Im Jahr 2015 hat das Gericht den steuerrechtlichen Realteilungsbegriff gleichwohl von seinem zivilrechtlichen Ursprung emanzipiert und im Zuge dessen das Auflösungserfordernis fallen gelassen. Das Gericht nahm hier an, dass eine Realteilung jedenfalls auch dann vorliegt, wenn die Wirtschaftsgüter, die in das Betriebsvermögen eines ausscheidenden Mitunternehmers übertragen werden, einen Teilbetrieb bilden; ob die Übertragung eines einzelnen Wirtschaftsgut für eine Realteilung ausreichen würde, musste der BFH hingegen nicht beantworten und ließ dies darum offen.[46]

Stellung zu dieser Frage musste der BFH dann 2017 beziehen.[47] Hier hat er klargestellt, dass er in allen Fällen einer Sachwertabfindung das Ausscheiden des Mitunternehmers als eine § 16 Abs. 3 S. 2 EStG unterfallende Aufgabe des Mitunternehmeranteils ansieht. § 16 Abs. 1 S. 1 Nr. 2 EStG findet nach dieser Ansicht nur noch insoweit Anwendung, wie der Mitunternehmer durch eine Geldzahlung abgefunden wird. Beachtenswert ist, dass die Finanzverwaltung diese Ansicht in ihrem in Folge des BFH-Urteils von 2015 ergangenen Schreiben nicht teilt.[48] Dort hat sie trotz der damals noch vom BFH in dieser Frage geübten Zurückhaltung es als notwendige Voraussetzung einer Realteilung angesehen, dass wenigstens ein Mitunternehmer unter Mitnahme eines Teilbetriebs ausscheidet. Diese Einschränkung überzeugt kaum, zumal die vom BFH 2015 angeführten Argumente friktionslos auf den weitergehenden Fall übertragbar sind.[49] Gerade der Regelungszweck

---

[42] Vgl. zB BFHE 56, 473; BFHE 104, 543; BFH BB 1992, 742; BFH DStR 1995, 1913.
[43] BGBl. I 1999, 402.
[44] *Zur Wiesche* BB 2016, 1753 (1754).
[45] Vgl. die Nachweise bei BFH DStR 2016, 377 Rn. 32.
[46] BFH DStR 2016, 377, Rn. 34.
[47] BFH DStR 2017, 1376.
[48] BMF BStBl. I 2017, 36.
[49] So auch BFH DStR 2017, 1376, Rn. 35.

sinnvolle Umstrukturierungsmaßnahmen nicht durch eine Steuerbelastung zu behindern ist im Falle des Ausscheidens eines Mitunternehmers gegen eine Sachabfindung nicht nur dann betroffen, wenn die Abfindung das Teilbetriebserfordernis erfüllt. Es ist abzuwarten, ob die Finanzverwaltung ihr Vorgehen an die Rechtsprechung anpasst.

VI. Ausgliederung

1. Überblick

32 Obwohl die Ausgliederung im UmwG geregelt ist (§§ 123 Abs. 3, 152 ff. UmwG) und im Wege der partiellen Gesamtrechtsnachfolge vollzogen wird, unterfällt sie umwandlungssteuerrechtlich nicht dem zweiten bis siebten Teil des UmwStG (§ 1 Abs. 1 S. 2 UmwStG). Alle denkbaren Kombinationen der Ausgliederung sind vielmehr als **Einbringungsvorgänge** zu werten und gemäß den §§ 20 bis 24 UmwStG zu behandeln.[50] Dies gilt auch für Ausgliederungen aus Kapitalgesellschaften, auch wenn sämtliche anderen Fälle, in denen Körperschaften als übertragende bzw. formwechselnde Rechtsträger auftreten, im zweiten bis siebten Teil des UmwStG (§§ 3 bis 19 UmwStG) geregelt sind. Im Übrigen gelten die §§ 20 bis 24 UmwStG auch für Ausgliederungen, die nicht nach dem UmwG, sondern im Wege der Einzelrechtsnachfolge (zB durch Sachgründung einer Tochtergesellschaft) durchgeführt werden.

2. Ausgliederung aus Kapitalgesellschaften auf Personengesellschaften

33 Diese Konstellation der Ausgliederung wird als Einbringungsvorgang nach § 24 UmwStG behandelt. Die übernehmende Personengesellschaft darf das eingebrachte Betriebsvermögen mit dem Buchwert oder mit einem höheren Wert bis zur Höhe des Teilwertes fortführen, sofern ein Betrieb oder Teilbetrieb oder ein Mitunternehmeranteil eingebracht wird und die Voraussetzungen von § 24 Abs. 2 S. 2 UmwStG gewahrt sind. Führt die Personengesellschaft die Buchwerte fort, so wird bei der übertragenden Kapitalgesellschaft die Entstehung eines Übertragungsgewinnes vermieden, weil der Wertansatz bei der Übernehmerin gemäß § 24 Abs. 3 S. 1 UmwStG als Veräußerungspreis bei der Übertragerin gilt („rückwärts gewandte Buchwertverknüpfung"). Die weiteren Rechtsfolgen werden von § 24 Abs. 4 UmwStG durch Verweis auf § 23 Abs. 1, 3, 4 und 6 UmwStG geregelt und hängen damit entscheidend von dem durch die übernehmende Gesellschaft gewählten Wertansatz ab. Gemäß §§ 24 Abs. 6 iVm § 20 Abs. 9 gehen ein Zinsvortrag nach § 4h Abs. 1 S. 5 EStG und ein EBITDA-Vortrag nach § 4h Abs. 1 S. 3 EStG nicht auf die übernehmende Gesellschaft über. Dies gilt auch für die laufenden Verluste, wie für Verlustvorträge nach § 2a EStG, § 10d EStG, § 15 IV EStG, § 15a EStG, § 15b EStG[51], während der Verweis in § 23 Abs. 1 UmwStG auf § 4 Abs. 2 S. 3 UmwStG und § 12 Abs. 3 erster Hs. UmwStG ein ansonsten umfassendes Eintreten der übernehmenden Gesellschaft in die steuerliche Rechtsstellung der übertragenden Gesellschaft anordnet. Das umfasst die Fälle, in denen die übernehmende Gesellschaft einen unter dem gemeinen Wert liegenden Wert wählt, wobei nach § 23 Abs. 3 bei einem Wertansatz über dem Buchwert aber unter dem gemeinen Wert eine entsprechende Anpassung der absetzungsrelevanten Bilanzpositionen vorzunehmen ist, weiterhin wenn die übernehmende Gesellschaft das Betriebsvermögen auf den gemeinen Wert aufstockt und die Ausgliederung im Wege der Gesamtrechtsnachfolge geschieht, § 23 Abs. 4 zweiter Hs. UmwStG. Handelt es sich dagegen um einen Fall der Einzelrechtsnachfolge, so fingiert § 23 Abs. 4 erster Hs. UmwStG eines Anschaffungsvorgangs zum Zeitpunkt der Einbringung.

---

[50] Umwandlungssteuererlass 2011 vom 11.11.2011, BStBl. I 1314, Rn. 01.43 zweiter Gedankenstrich.
[51] Haritz/Menner/*Bilitewski* UmwStG § 23 Rn. 50.

3. Ausgliederung aus Kapitalgesellschaften auf Kapitalgesellschaften

Die Ausgliederung aus Kapitalgesellschaften auf Kapitalgesellschaften wird als Einbringungsvorgang angesehen, der den §§ 20 bis 23 UmwStG unterfällt. Auch hier ist eine steuerneutrale Gestaltung möglich, wenn die Übernehmerin das eingebrachte Betriebsvermögen mit seinem Buchwert ansetzt. Dazu ist sie nach § 20 Abs. 2 S. 1 UmwStG allerdings nur berechtigt, wenn ein Betrieb, Teilbetrieb, Mitunternehmeranteil oder Anteile an einer Kapitalgesellschaft (wenn die übernehmende Kapitalgesellschaft die Mehrheit der Stimmrechte an der Gesellschaft erwirbt) den Gegenstand der Einlage bildet und die Voraussetzungen nach § 20 Abs. 2 S. 2 UmwStG gegeben sind. Führt die Übernehmerin die Buchwerte fort, so gilt dieser Wertansatz für die Übertragerin als Veräußerungspreis und als Anschaffungskosten der ihr im Rahmen der Ausgliederung gewährten Gesellschaftsanteile an der Übernehmerin, § 20 Abs. 3 S. 1 UmwStG. Dementsprechend wird bei Ansatz von Buchwerten auch bei der Übertragerin die Entstehung eines Übertragungsgewinnes vermieden. Aus der Behandlung der Ausgliederung als Einbringungsvorgang folgt, dass der bei der Übertragerin vorhandene Zinsvortrag nach § 4h Abs. 1 S. 5 EStG und der vorhandene EBITDA-Vortrag nach § 4h Abs. 1 S. 3 EStG ebenso wenig – auch nicht anteilig – auf die Übernehmerin übergeht, § 20 Abs. 9 UmwStG, wie laufende Verluste und Verlustvorträge. Materiell ist allerdings kein Grund ersichtlich, warum bei der Ausgliederung aus Kapitalgesellschaften auf Kapitalgesellschaften nicht ebenso wie bei der Abspaltung (vgl. dort § 15 Abs. 3 UmwStG) eine anteilige Übertragung des Verlustvortrages stattfinden sollte. 34

4. Ausgliederung aus Personenhandelsgesellschaften auf Kapitalgesellschaften

Auch diese Konstellation der Ausgliederung wird als Einbringungsvorgang den §§ 20 bis 23 UmwStG unterstellt. In diesem Bereich laufen die Auf- und Abspaltung einerseits sowie die Ausgliederung andererseits weitgehend parallel, mit der einen Besonderheit, dass bei der Ausgliederung der übertragende Rechtsträger (und nicht, wie bei der Auf- und Abspaltung, dessen Gesellschafter) als Einbringender im Sinne der §§ 20 bis 23 UmwStG anzusehen ist. 35

5. Ausgliederung aus Personengesellschaften auf Personengesellschaften

In diesem Falle liegt steuerlich eine Einbringung nach § 24 UmwStG vor. Die Ausgliederung hat dieselben steuerlichen Folgen wie die Auf- und Abspaltung; jedoch gilt die übertragende Personengesellschaft und nicht deren Gesellschafter als Einbringender im Sinne des § 24 UmwStG. 36

§ 43 Steuerliche Auswirkungen des Formwechsels

Übersicht

	Rn.
I. Allgemeines	1
II. Formwechsel von Kapitalgesellschaften in Personengesellschaften	3
III. Formwechsel von Personengesellschaften in Kapitalgesellschaften	5
IV. Grunderwerbsteuer	7

I. Allgemeines

1 Das UmwStG enthält für den Formwechsel zwei materielle Regelungen: § 9 UmwStG erklärt für den Formwechsel einer Kapitalgesellschaft in eine Personengesellschaft die Vorschriften über die Verschmelzung von Kapitalgesellschaften in Personengesellschaften (§§ 3 bis 8, 10 UmwStG) für entsprechend anwendbar, und nach § 25 UmwStG sind auf den Formwechsel einer Personenhandelsgesellschaft in eine Kapitalgesellschaft die Vorschriften des achten Teils entsprechend anzuwenden, also die Vorschriften über die Einbringung eines Betriebs, Teilbetriebs oder Mitunternehmeranteils in eine Kapitalgesellschaft, die auch auf die Verschmelzung von Personengesellschaften auf Kapitalgesellschaften Anwendung finden. Umwandlungssteuerrechtlich wird der **Formwechsel also der Verschmelzung gleichgestellt.** Dies steht mit der zivilrechtlichen Systematik nicht im Einklang, da der Formwechsel nach den §§ 190 Abs. 1, 202 Abs. 1 Nr. 1 UmwG ohne Vermögensübergang stattfindet (sog. „identitätswahrende Umwandlung"). Für die steuerliche Behandlung ist jedoch entscheidend, dass mit dem Formwechsel einer Kapitalgesellschaft in eine Personengesellschaft oder umgekehrt (sog. heterogener Formwechsel) auch ein Wechsel zwischen steuerlichem Trennungs- und Transparenzprinzip eintritt: statt der getrennten Versteuerung der anfallenden Gewinne auf der Ebene der (Kapital-)Gesellschaft und der Ausschüttungen auf der Ebene der Gesellschafter findet nach dem Formwechsel in eine Personengesellschaft eine sofortige Besteuerung der bei der Personengesellschaft anfallenden Gewinne auf der Ebene ihrer Gesellschafter statt. Mit dem Systemwechsel geht dementsprechend eine Änderung der steuerlichen Vermögenszuordnung von der Kapitalgesellschaft zu den Mitunternehmern (oder umgekehrt) einher, sodass der heterogene Formwechsel dieselben Regelungsnotwendigkeiten nach sich zieht wie die Verschmelzung der Kapitalgesellschaft auf eine hypothetische Personengesellschaft bzw. die Verschmelzung der Personengesellschaft auf eine hypothetische Kapitalgesellschaft.

2 Für den **Formwechsel von Kapitalgesellschaften untereinander** (also etwa von einer GmbH in eine AG) **oder von Personengesellschaften untereinander** (zB von einer OHG in eine KG) enthält das UmwStG keine Regelungen (sog. homogener Formwechsel). Diese Formwechsel sind umwandlungssteuerlich irrelevant. Dies bedeutet für den Formwechsel von Kapitalgesellschaften insbesondere, dass Verlustvorträge sowohl für körperschaftsteuerliche als auch für gewerbesteuerliche Zwecke unverändert fortbestehen.

II. Formwechsel von Kapitalgesellschaften in Personengesellschaften

3 Auf den Formwechsel von Kapitalgesellschaften (GmbH, AG, KGaA) oder eingetragenen Genossenschaften in Personengesellschaften sind gem. § 9 S. 1 UmwStG die Vorschriften über die Verschmelzung von Kapitalgesellschaften auf Personengesellschaften (§§ 3 bis 8, 10 UmwStG) entsprechend anzuwenden. Das bedeutet, dass die Kapitalgesellschaft gem. § 3 S. 1 UmwStG grundsätzlich den gemeinen Wert anzusetzen hat, sie aber das Wahlrecht hat ihre Wirtschaftsgüter mit dem Buchwert, dem Teilwert oder einem Zwischenwert anzusetzen, wenn die drei Voraussetzungen von § 3 Abs. 2 S. 1 UmwStG erfüllt

sind. Dies gilt unabhängig von dem handelsbilanziellen Ansatz, der mangels eines realisierungsauslösenden Übergangs von Vermögensgegenständen nicht in einer von der Kapitalgesellschaft aufzustellenden Handelsbilanz aufgestockt werden kann. Die frühere Ansicht der Finanzverwaltung, die daraus in Verbindung mit dem Maßgeblichkeitsgrundsatz die steuerrechtliche Verbindlichkeit der handelsrechtlichen Buchwerte ableitete, ist aufgrund entgegenstehender Rechtsprechung des BFH mittlerweile obsolet und wird auch von der Verwaltung nicht mehr vertreten[1]. Beim Formwechsel von Kapitalgesellschaften auf Personengesellschaften können auch vorhandene **Verlustvorträge nicht übertragen** werden, § 4 Abs. 2 S. 2 UmwStG (→ § 41 Rn. 14). Allenfalls kann versucht werden, in der steuerlichen Schlussbilanz der formwechselnden Kapitalgesellschaft etwa noch vorhandene Verlustvorträge anderweitig auszunutzen, etwa durch Auflösung von Rückstellungen oder steuerfreien Rücklagen. Die Personengesellschaft hat die Wertansätze der Kapitalgesellschaft zu übernehmen (Buchwertverknüpfung, § 4 Abs. 1 UmwStG) und einen etwaigen Übernahmegewinn oder -verlust nach Maßgabe der §§ 4 Abs. 4 bis 7, 5 UmwStG zu errechnen. Schließlich sind die Auswirkungen auf der Ebene der Gesellschafter zu betrachten. Nach § 7 UmwStG wird den Gesellschaftern der auf sie entfallende ausschüttbare Gewinn der Kapitalgesellschaft (steuerbilanzielles Eigenkapital abzüglich des Bestands des steuerlichen Einlagekontos) jeweils als nach § 20 Abs. 1 Nr. 1 EStG steuerpflichtiger Kapitalertrag zugerechnet. Hinsichtlich der Einzelheiten kann auf die Ausführungen zur Verschmelzung von Kapitalgesellschaften auf Personengesellschaften (→ § 41 Rn. 6 ff.) verwiesen werden.

Handelsrechtlich besteht beim Formwechsel keine Verpflichtung zur Aufstellung einer Schluss- oder Übertragungsbilanz. Wegen des steuerlichen Systemwechsels weicht das Umwandlungssteuerrecht insoweit vom Handelsrecht ab und bestimmt, dass die formwechselnde Kapitalgesellschaft eine Übertragungsbilanz und die Personengesellschaft als Rechtsträger neuer Rechtsform eine Eröffnungsbilanz aufzustellen habe (§ 9 S. 2 UmwStG). Nach dem verunglückten Wortlaut dieser Vorschrift wären diese Bilanzen grundsätzlich „auf den Zeitpunkt, in dem der Formwechsel wirksam wird", also auf den Zeitpunkt der Eintragung im Handelsregister (vgl. § 202 UmwG) aufzustellen. Dies ist praktisch unmöglich und offensichtlich auch nicht gemeint. Nach § 9 S. 3 UmwStG können die Bilanzen jedoch „auch" auf den Übertragungsstichtag ausgestellt werden, der höchstens acht Monate vor der Anmeldung zum Handelsregister liegen darf. Der Formwechsel kann daher ebenso wie die übertragenden Umwandlungen (vgl. § 20 Abs. 6 S. 1 UmwStG) bis zu acht Monate rückbezogen werden.

III. Formwechsel von Personengesellschaften in Kapitalgesellschaften

Der Formwechsel einer Personengesellschaft in eine Kapitalgesellschaft wird spiegelbildlich zu dem umgekehrten Fall wie eine Verschmelzung einer Personengesellschaft auf eine Kapitalgesellschaft behandelt. Aus diesem Grund verweist § 25 UmwStG auf die ebenso für den Verschmelzungsfall maßgeblichen Einbringungsvorschriften des Achten Teils des UmwStG. Ein ertragsteuerneutraler Formwechsel ist aufgrund dieser Vorschriften möglich, wenn die Kapitalgesellschaft als Rechtsträger neuer Rechtsform das Betriebsvermögen gemäß § 20 Abs. 2 S. 2 UmwStG mit dem Buchwert ansetzt. Die nach § 20 Abs. 1 UmwStG bestehende Voraussetzung für die Buchwertfortführung, nämlich dass das Vermögen der formwechselnden Personengesellschaft als Betrieb, Teilbetrieb oder Mitunternehmeranteil anzusehen ist, liegt bei einem Formwechsel stets vor, da der Rechtsträger neuer Rechtsform aufgrund der identitätswahrenden Umwandlung Eigentümer sämtlicher Wirtschaftsgüter des formwechselnden Rechtsträgers bleibt und somit – sinngemäß – ein

---

[1] Vgl. Umwandlungssteuererlass 2011 vom 11.11.2011, BStBl. I 1314, Rn. 03.10; Haritz/Menner/*Greve* UmwStG § 9 Rn. 38.

vollständiger Betriebsübergang gegeben ist. Darüber hinaus gelten auch hier die in § 20 Abs. 2 S. 2 UmwStG genannten vier Voraussetzungen der Buchwertfortführung.

6   Gemäß §§ 25 S. 2 iVm 9 S. 2 und 3 UmwStG hat die übertragende Personenhandelsgesellschaft eine Steuerbilanz auf den steuerlichen Übertragungsstichtag aufzustellen, der bis zu acht Monate vor Anmeldung des Formwechsels zum Handelsregister liegen darf. Im Übrigen sei hinsichtlich der Einzelheiten auf die Ausführungen zur Verschmelzung von Personengesellschaften auf Kapitalgesellschaften verwiesen (→ § 41 Rn. 37 ff.).

IV. Grunderwerbsteuer

7   Da der Formwechsel zivilrechtlich als sog. identitätswahrende Umwandlung ausgestaltet ist, also kein Vermögensübergang und damit auch kein Rechtsträgerwechsel stattfindet, stellt der Formwechsel keinen grunderwerbsteuerbaren Vorgang dar. Denn die Regelungen des Grunderwerbsteuergesetzes knüpfen im Grundsatz an einen zivilrechtlichen Rechtsübergang an, der beim Formwechsel gerade nicht eintritt. Das gilt genauso für einen heterogenen, wie für einen homogenen Formwechsel; die Fiktionen eines Vermögensübergangs im Zuge des ertragsteuerlichen Systemwechsels nach §§ 9 und 25 UmwStG zeitigen somit keine grunderwerbsteuerlichen Konsequenzen. Da das Grunderwerbsteuerrecht bezüglich des steuerbaren Rechtsträgerwechsels unmittelbar an den zivilrechtlichen Vorgang anknüpft, ist zudem für eine auf abweichende steuerliche Wertungen abstellende Korrektur über § 42 AO selbst dann kein Raum, wenn alles für das Vorliegen eines Gestaltungsmissbrauchs spricht.[2]

8   Ein heterogener Formwechsel kann mittelbar grunderwerbsteuerliche Folgen zeitigen. Das ist etwa dann der Fall, wenn der Formwechsel zu einem nachträglichen Fortfall der Vergünstigungen nach §§ 5 bis 6a GrEStG führt. Dies ergibt sich daraus, dass diese die Nichterhebung der Grunderwerbsteuer stets an das Erfordernis einer gleichbleibenden Beteiligung des Veräußerers an dem Vermögen des Erwerbers für einen fünfjährigen Zeitraum nach dem Rechtsvorgang knüpfen. Soweit also der Formwechsel zu einer Beteiligungsverschiebung in Folge der sich ändernden Vermögenszurechnung führt, kommt es zu dem nachträglichen Wegfall der Vergünstigung.[3]

---

[2] Widmann/Mayer/*Pahlke,* Umwandlungsrecht, Anhang 12: Grunderwerbsteuer Rn. 13.
[3] Ausführlich Widmann/Mayer/*Pahlke,* Umwandlungsrecht, Anhang 12: Grunderwerbsteuer Rn. 17 ff.

Sachregister

Die fettgedruckten Zahlen bezeichnen die Paragrafen, die mageren die Randnummern

3-Monats-Einrede
- Vermächtnis **18** 37

Abfärbetheorie 27 261
Abfindung
- Ausschlagung gegen **11** 11
- Auszahlungsmodalitäten **14** 146
- Beschränkungsklausel **14** 138 f.
- Erb-/Pflichtteilsverzicht **2** 230
- Fälligkeitsvereinbarung **24** 396
- Gesellschafterausscheiden **24** 267 f.
- Konzept der Schlussabrechnung **24** 397
- Schuldner **24** 398
- umgekehrte bei Teilerbauseinandersetzung **27** 283

Abfindung, überdotierte
- bei Pflichtteilsanspruch **11** 9

Abfindungsanspruch
- Nachlass **27** 12

Abfindungsausschluss 1 47; **22** 277, 285
Abfindungsbeschränkung 14 138 f.; **22** 277, 278
- Buchwertklausel **14** 141
- Ertragswert **14** 144
- Formulierungsmuster **14** 149
- Nennwertklausel **14** 142
- Vor-/Nachteile **14** 147

Abfindungsklausel
- Anteilsbewertung Familienholding **6** 254
- Beschränkung **6** 251
- Familienholding **6** 249
- Gesellschaftsvertrag **1** 46
- Sittenwidrigkeit **6** 251
- Zahlungsmodalitäten **6** 256

Abfindungsvereinbarung
- Ausschluss, vollständiger **24** 393
- Buchwertmethode **24** 378
- Fälligkeit **24** 396
- Form **24** 383
- Gesellschafterausscheiden **24** 375 f.
- goodwill **24** 379
- Grenzen, materielle **24** 389
- Inhalt **24** 377
- Missverhältnis, grobes **24** 392
- Pflichtteilsansprüche **24** 395
- Pflichtteilsergänzung **24** 395
- schwebende Geschäfte **24** 382
- Sittenwidrigkeit **24** 390
- stille Reserven/Lasten **24** 379

Abgabenordnung
- Anzeigepflichten **25** 276

Abgeltungssteuer
- bei Auflösung/Liquidation Kapitalgesellschaft **26** 65

Abschichtung
- Erbengemeinschaft **19** 58

Abschichtungsbilanz 25 121
Abschlussprüfung
- Personengesellschaft **21** 15

Abschmelzungsfälle 27 232
Abschmelzungsmodell
- Betriebsvermögen, steuerbegünstigtes **27** 229

Abschreibung
- Ermittlung Buchwert Betriebsvermögen **25** 78
- Ermittlung des laufenden Gewinns während Betriebsveräußerung **25** 123

Absicherung
- Unternehmensverkauf **3** 343, 383

Abspaltung 30 12; **37** 22
- Grunderwerbsteuer-Problematik **36** 9
- Rechtsträger, beteiligte **30** 20
- steuerliche Behandlung A. Kapital- auf Kapitalgesellschaft **42** 3 f., 17
- steuerliche Behandlung A. Kapital- auf Personengesellschaft **42** 20
- steuerliche Behandlung A. Personen- auf Kapitalgesellschaft **42** 24
- steuerliche Behandlung A. Personen- auf Personengesellschaften **42** 26
- steuerliche Behandlung Realteilung **42** 29
- Teilbetriebserfordernis **42** 5
- UmwStG **41** 1 f., 8
- Unternehmensteil zur Vorbereitung Teilveräußerung **34** 15 f., 21
- zur Erstellung Familienholding **6** 111

Abspaltungsverbot
- GbR **24** 51

Abstandszahlung 10 4, 6; **22** 169
- Gegenleistung **28** 13

Abtretung
- Geschäftsanteil GmbH **24** 740

Abtretungsklausel
- Formulierungsmuster **14** 67
- GmbH **14** 62
- Kapitalgesellschaftsanteil **1** 45
- Vor-/Nachteile **14** 67

Abwachsung 24 16
Abwehr Drittansprüche
- Unternehmensverkauf **3** 379

Abwerbeverbot
- Unternehmensverkauf **3** 439

Abwicklung
- Abgrenzung zu Betriebsaufgabe **26** 12
- GmbH **24** 771
- Kapitalgesellschaft **26** 65 f., 68
- KGaA **24** 938
- Personengesellschaft **5** 92

Sachregister

Abwicklungs-Anfangsvermögen 26 75
Abwicklungs-Endvermögen 26 73
Abwicklungsgesellschaft
– Reaktivierung 27 14
Abwicklungsgewinn 26 72
– Besteuerung 26 77
– Kapitalertragsteuer 26 78
Abwicklungsregelung Gegenleistung 22 149
Abwicklungstestamentsvollstreckung 14 81; 18 104
– Personengesellschaft 18 162
– Testamentsvollstrecker 18 117
Abwicklungszeitraum 26 69
– Beginn 26 70
– Ende 26 70
Abzugssteuer, fiktive 27 244
Adoptivkind
– Erbrecht, gesetzliches 17 3
AG 5 99; 23 31; 24 784 f.; sa *Vor-AG*
– Abtretungsklausel 14 69
– Aktionärspflichten 24 846
– Aktionärsrechte 24 838
– Auflösung 24 900
– Aufsichtsrat 24 862 f.
– Aufsichtsrat 5 126
– Beendigung 24 900
– Beschlussfassung 5 125
– Bestellung erster Aufsichtsrat 24 825
– durch Formwechsel GmbH 35 10
– Einziehungs-/Abtretungsklausel 14 69
– Entstehen 24 793
– Entstehung durch Umwandlung 24 837
– Geschäftsführung 5 127
– Grundkapital 24 792
– Grundlagen rechtliche 24 785
– Gründung 24 793
– Gründungsbericht 24 826
– Gründungsprüfung 24 827
– Haftung 24 791
– Haftung Gründungsbeteiligte 24 836
– Handelsgewerbe 24 788
– Handelsregisteranmeldung 24 830
– Handelsregistereintragung 24 832
– Handlungen vor Handelsregisteranmeldung 24 824
– Hauptversammlung 24 885 f.
– Hauptversammlung 5 125
– Kapitalaufbringung 24 792
– Kapitalerhaltung 24 792
– Kaufmannseigenschaft 24 788
– Leistung der Einlagen 24 828
– Liquidation 24 900
– Nachgründung 24 833
– Organbestellung 24 825
– Organe 24 848 f.
– Prüfung Handelsregister 24 831
– Recht, anwendbares 24 786
– Rechtsfähigkeit 24 789
– Rechtsnatur 24 787

– share deal 5 248
– Stimmbindungsabsprache 22 255
– Stimmgewichtsverteilung 22 240
– Trennungsprinzip 24 790
– Übertragung Inhaberaktien 5 249
– Übertragung Mitgliedschaftsrechte 24 897
– Übertragung Namensaktien 5 256
– Übertragung vinkulierte Namensaktien 5 258
– Übertragung, unentgeltliche 2 71
– Vertretung 5 127
– Vinkulierungsklausel 22 198
– Vor- 24 796
– Vorgründungsgesellschaft 24 793, 795
– Vorstand 24 849 f.
– Zustimmungserfordernisse 2 297, 299
– Zwangseinziehungsklausel 14 69
AG, kleine 35 14 f.
– Ein-Mann-Gründung 35 18
– Gewinnverwendung 35 19
– Hauptversammlung 35 20
– Mitbestimmungsrecht 35 23
– Vergleich zu GmbH 35 24
Aktie
– Inhaberaktie 24 807
– Kapitalgesellschaftsanteil 25 144
– Namensaktie 24 807
– Nennbetragsaktie 24 805
– Stammaktie 24 806
– Stückaktie 24 805
– Übernahme der Aktien 24 818
– Übertragung, unentgeltliche 2 71
– Vinkulierung 22 203
– Vererblichkeit 24 899
– Vorzugsaktie 24 806
Aktienregister 24 807
Aktionär
– Auskunftsrecht 24 844
– Einsichtsrecht Geschäftsunterlagen 24 844
– Geschäftsführungsbefugnis 24 843
– Gleichbehandlungsgebot 24 838
– Pflichten 24 846
– Rechte 24 838 f.
– Stimmkraft 24 842
– Stimmrecht 24 841
– Teilnahmerecht Hauptversammlung 24 840
– Übertragung Mitgliedschaftsrechte 24 897
– Vermögensrechte 24 854
– Vertretungsbefugnis 24 843
– Verwaltungsrechte 24 839
Aktivierungsverbot
– Ermittlung Buchwert Betriebsvermögen 25 78
Alleinerbe
– Besteuerung bei Übergang Einzelunternehmen 27 253
Alleinerbenmodell 1 25
Alleinerbennachfolge
– Unternehmertestament 1 25

Sachregister

Altenteil 10 4, 6; **22** 153
– Grundbucheintragung **22** 157
Altersversorgung
– Gesellschaftsform **23** 68
– Sicherung mit Zugewinn **15** 51
Altersversorgungsverpflichtungen 27 154
– Deckungsvermögen **27** 155
Amtshilfeabkommen 12 205
Andienungsklausel 14 131
– Formulierungsmuster **14** 136
– Vor-/Nachteile **14** 135
Andienungsrecht
– Familienholding **6** 219
Anfechtung
– Annahme Erbschaft **19** 11
– Ausschlagung Erbschaft **19** 11
– Durchführung **17** 137
– Erbvertrag **17** 141
– Erklärung **19** 13
– Frist **17** 138, 144; **19** 13
– Motivirrtum **17** 135
– Reparatur verunglückter Erbfolge **27** 363
– Testament, gemeinschaftliches **17** 143
– Verfügung von Todes wegen **17** 133 f.
– Verfügung, wechselbezügliche **15** 175 f.
– Verhältnis zu Auslegung **17** 134
– wegen Drohung **17** 135
– wegen Irrtum **17** 135
– Wirkung **17** 139; **19** 13
Anfechtungsklage
– missbräuchliche **37** 86
– Verhinderung bei Umwandlung **37** 86
Angemessenheitsprüfung
– Vertragsbeziehungen Familiengesellschaft **28** 180
Anglo-amerikanischer Rechtskreis
– personal representative **12** 78
– trust **12** 84
Ankaufsrecht 22 256
Annahme
– Anfechtung **19** 11
– Erbschaft **19** 1, 6
– Nichtigkeit **19** 10
Anrechnung
– auf Pflichtteil **20** 5, 41
– Erbfolge, vorweggenommene **10** 13 f.
– Pflichtteil **19** 80; **20** 41
Anschaffungskosten 25 129, 170, 220
– asset-deal **25** 131
– Aufwendungen, nachträgliche **25** 172, 220
– bei Überführung aus Betriebs- in Privatvermögen **25** 170
– Hinzuerwerb **25** 179
– historische **25** 179, 220
– Kapitalgesellschaftsanteil **25** 170
– Mitunternehmeranteil **25** 133
– Transformation in Abschreibungspotential **25** 219
– unterschiedliche **25** 181

– Verteilung nach Stufentheorie **25** 131
Anschaffungsnebenkosten 25 130, 171, 220
Anschaffungszeitpunkt 25 129
Anschlusskündigung 24 406
Anstalt
– öffentlich rechtliche **5** 14
Anteil, sperrfristverhafteter
– Entstrickung **12** 195
Anteile, alt-einbringungsgeborene
– Wegzug **12** 192
Anteile, eigene
– relevante Kapitalbeteiligung **25** 147
Anteile, einbringungsgeborene
– Betriebsvermögen, steuerbegünstigtes **27** 125
Anteilsbelastung
– Familienholdinganteil **6** 234
Anteilsbewertung
– Abfindungsklausel Familienholding **6** 254
Anteilsrotation
– zur Hebung Liquidationsverlust **26** 88
Anteilsschenkung
– bedingte **6** 294
– Familienholding **6** 29 f.
– Kapitalwert Nießbrauch **6** 38
– Nießbrauchsverzicht bei **6** 172
– Nießbrauchsvorbehalt **6** 35
– Rückfall **6** 300
– Rückforderungsrecht **6** 306
– Rücktrittsklausel **6** 291 f., 312
– Rücktrittsrecht **6** 302
– steuerliche Behandlung Rückabwicklung **6** 308
– Steuerrecht **6** 40
– Widerruf **6** 292
– Zeitpunkt **6** 169
– Zweckverfehlung **6** 291 f., 312
Anteilstausch
– Sperrfrist **25** 1a
Anteilsvereinigung
– Grunderwerbsteuer **25** 252, 255; **27** 339
Anteilsverkauf
– Auslandsbezug **12** 96
Anwachsung 38 1, 4 f.
– bei Erbeinsetzung **18** 7
– bei Gesellschafterausscheiden **24** 361
– Familienholding **6** 347 f.
– GbR **24** 13
– Inhalt **24** 17
– KG **24** 170
– OHG **24** 170
– Prinzip der **24** 13, 170
– Rechtsträger, beteiligte **30** 23
– Umwandlung, formwechselnde **30** 15
– UmwStG **41** 1 f., 8
– Wahl der Umwandlungsmethode **39** 3
Anwachsungsmodell 30 6; **38** 1, 4 f.
– einfaches **38** 6
– erweitertes **38** 9

Sachregister

Anwartschaft
– Kapitalgesellschaftsanteil 25 144, 148
Anzeigepflicht
– Abgabenordnung 25 276 f.
– Auslandsbezug 12 207
– bei Betriebsverpachtung 7 47
– Betriebsaufgabe 26 97
– Betriebseröffnung 27 356
– Nachsteuertatbestand 27 194
– Rechtsvorgänge, grundsteuerrelevante 25 254, 255, 256
– Schenkung 28 3, 201
– Schenkung unter Lebenden 28 201
– steuerliche/AO 25 276
– vorweggenommene Erbfolge 28 201
Arbeitnehmerrechte
– asset deal 3 237
Arbeitsrecht
– Umwandlung/-smethode 39 15
Arbeitsvergütung
– Rechtswahl Familienholding 6 81
Arbeitsverhältnisse
– key employees 3 243, 334
– Übergang bei asset deal 3 236
Arbeitsvertrag
– Betriebsverpachtung 7 4
asset deal
– Anschaffungskosten 25 131
– Arbeitnehmerrechte 3 237
– Arbeitsverhältnisse 3 236
– Betriebsvermögen, gesamtes 3 222
– catch all Klausel 5 177, 192, 213
– change of control Klausel 3 233
– Durchführung 3 225
– Einzelunternehmen 5 187 f.
– Finanzverbindlichkeiten 3 246
– Freistellungsverpflichtung Haftung 3 224
– Gesellschafterdarlehen 3 248
– Haftung 3 224
– Kapitalgesellschaft 5 242
– Kapitalgesellschaft & Co.KG 5 265
– Kapitalgesellschaft & Co.KGaA 5 269
– Kundenverträge 3 228
– Lieferantenverträge 3 228
– Personengesellschaft 5 220
– Rechtsnachfolge 5 177
– Spartenverkauf 3 223
– Unternehmenskaufvertrag 3 220 f.
– Unternehmensverkauf 3 28
– Vorüberlegungen 3 221
Aufenthalt, gewöhnlicher
– Erbschaftsteuerpflicht 12 107
– EuErbVO 12 13
Aufgabe
– 100 %-ige Kapitalgesellschaftsbeteiligung 26 35
– Gewerbebetrieb 26 16 f.
– Mitunternehmeranteil 26 37
– Teilbetrieb 26 33

Aufgabegewinn
– Aufgabezeitpunkt 26 50
– Betriebsaufgabe 26 47 f.
– Buchwert Betriebsvermögen 26 57
– Freibetrag 26 58
– laufender Gewinn/Verlust 26 62
– Rücklage nach §§ 6b, 6c EStG 26 61
– Steuerermäßigung § 35 EStG 26 60
– Tarifvergünstigung 26 59
Aufgabekosten
– Betriebsaufgabe 26 55
Aufgabepreis
– Betriebsaufgabe 26 51
– sonstige Erträge 26 54
– Veräußerungspreis 26 52
Aufgabezeitpunkt
– Betriebsaufgabe 26 50
Aufgebotseinrede 19 17
Aufgebotsverfahren
– Nachlassverbindlichkeit 19 19
Aufhebbarkeit Ehe
– Ausschluss Ehegattenerbrecht 15 301
Aufhebung
– Erb-/Pflichtteilsverzicht 20 87
– Erbvertrag 17 117
– Familienstiftung, ausländische 12 205
– Stimmbindungsvereinbarung 27 213
Aufhebungsantrag Ehe
– Ausschluss Ehegattenerbrecht 15 285
Aufhebungsvertrag
– Erb-/Pflichtteilsverzicht 2 227
Aufklärungspflichten 3 119
– Haftung bei vorsätzlich falscher Auskunft 3 132
– Q&A-Listen 3 178 ff., 181
– Schadensnachweis 3 135
– Verletzung 3 124
– Vermutung aufklärungsrichtiges Verhalten 3 134
Auflage
– Abgrenzung zu Vermächtnis 18 182
– Anordnung 18 187
– Anspruch auf Vollziehung 18 185
– Begriff 18 182
– Bindungswirkung 18 187
– Erbanfall/Erwerb von Todes wegen 27 28
– Erbeinsetzung 18 20, 21
– Erbvertrag 18 187
– Ersatzbegünstigter 18 187
– Formulierung 18 187
– Gegenleistung 28 15
– Nichtvollziehung 2 199
– Pflichtteil 18 187
– Schenkung unter 2 140
– Testament, gemeinschaftliches 18 187
– Umwandlung 1 29
– Unternehmensfortführung 18 188
Auflösung
– AG 24 900

Sachregister

- bei Gesellschafterausscheiden 24 404, 405
- Bekanntmachung 24 773
- GbR 24 157
- GmbH 24 758
- Kapitalgesellschaft 5 145; 26 65f., 68
- KG 24 498f., 505
- KGaA 24 936
- OHG 24 498f., 505
- Personengesellschaft 5 90
- steuerliche Behandlung Kapitalgesellschaft 26 65f.

Aufnahmevertrag
- Neugesellschafter/Kommanditist in KG 2 87

Aufsichtsrat
- AG 24 862f.
- Bestellung erster 24 825
- fakultativer 24 647
- GmbH 24 645f.
- GmbH & Co. KG 24 975
- Haftung 24 685
- KG 24 329
- KGaA 24 924
- Mitbestimmungsrecht bei Umwandlung 39 19
- OHG 24 329

Aufsichtsrat AG 24 862f.
- Amtszeit 24 878
- Anstellungsverhältnis 24 879
- Aufgaben 24 863
- Beendigung 24 880
- Beschlussfassung 24 882
- Bestellung 24 874
- Bestellung/Abberufung Vorstand 24 853, 863
- DrittelbG 24 873
- Entsenderecht 24 875
- Geschäftsordnung 24 882
- Haftung 24 884
- MitbestG 24 872
- Mitbestimmung 24 867
- Mitgliederanzahl 24 867
- MontanMitbestErgG 24 871
- MontanMitbestG 24 870
- Stellung 24 863
- Voraussetzungen, persönliche 24 876

Aufspaltung 30 12; 37 20
- Grunderwerbsteuer-Problematik 36 9
- Rechtsträger, beteiligte 30 20
- steuerliche Behandlung A. Kapital- auf Kapitalgesellschaft 42 3f., 17
- steuerliche Behandlung A. Kapital- auf Personengesellschaft 42 20
- steuerliche Behandlung A. Personen- auf Kapitalgesellschaft 42 24
- steuerliche Behandlung A. Personen- auf Personengesellschaften 42 26
- Behandlung Realteilung 42 29
- Teilbetriebserfordernis 42 5
- UmwStG 41 1f., 8
- zur Erstellung Familienholding 6 111

Aufstockungsbetrag 25 131

Aufteilung gemeiner Wert
- Darlehenskonto 27 82
- Kapitalkonto 27 82
- Kapitalkonto, negatives 27 83

Aufwandsentnahme 27 312

Aufwandspauschale
- M&A Berater 3 83, 85

Aufwendungen, nachtägliche
- Anschaffungskosten 25 172, 220

Aufwendungsersatz
- Betriebsratsmitglied 24 1016
- GbR-Gesellschafter 24 94
- GmbH-Gesellschafter 24 595

Auseinandersetzung
- Auseinandersetzungsplan durch Dritten 19 74
- Ausgleichspflichten 19 75f.
- Ausschluss 19 60
- Aussetzung 19 59
- Begriff 19 58
- Beschränkung 19 59
- Durchführung 19 62
- Durchführung Ausgleichung 19 82
- Erbengemeinschaft 19 58
- GbR 24 99
- GbR-Gesellschafter 24 161
- Haftung Miterbe nach 19 26, 63
- KG 24 249, 508
- Klage auf 19 65
- OHG 24 249, 508
- Realteilung mit Ausgleichszahlung 27 275
- Teilauseinandersetzung 19 58
- Teilung Nachlassgrundstück 19 68
- Teilungsanordnung 19 70
- Testamentsvollstreckung 19 74
- Übernahmerecht 19 71
- Vermittlung 19 65
- Vorausvermächtnis 19 70
- zu Lebzeiten des Erblassers 19 59

Ausgleichsanspruch
- GbR-Gesellschafter bei Inanspruchnahme 24 138
- Konsequenzen, liquide 1 19
- Zuwendung, lebzeitige 1 19

Ausgleichsgemeinschaft
- Lebenspartnerschaft 15 47

Ausgleichsleistung
- Gegenleistung 28 13
- Zuwendung an Familienmitglied 10 2

Ausgleichspflichten
- Anordnung, nachträgliche 19 77
- Auseinandersetzung 19 75f.
- Auskunftsanspruch 19 82
- Durchführung Ausgleichung 19 82
- Formulierungsmuster 19 79
- Gestaltung 19 78
- Verrechnung 19 82

Sachregister

Ausgleichszahlung
- Ausschlagung bei Erbauseinandersetzung **11** 25

Ausgleichung
- Erbfolge, vorweggenommene **10** 13 f., 21
- Pflichtteil **20** 42

Ausgliederung 30 12; **37** 24
- Einzelrechtsübertragung **38** 13
- Grunderwerbsteuer-Problematik **36** 9
- Rechtsträger, beteiligte **30** 20
- steuerliche Behandlung A. Kapital- auf Kapitalgesellschaften **42** 34
- steuerliche Behandlung A. Kapital- auf Personengesellschaft **42** 33
- steuerliche Behandlung A. Personen- auf Kapitalgesellschaft **42** 35
- steuerliche Behandlung A. Personen- auf Personengesellschaft **42** 36
- Steuerrecht **39** 5; **42** 32 f.
- UmwStG **41** 1 f., 8
- zur Erstellung Familienholding **6** 111

Auskunftsanspruch
- Ausgleichspflichten **19** 82
- Berichtigung Vorsteuerabzug **25** 272
- Erbschaftsanspruch **19** 89
- Pflichtteil **20** 5 f.

Auskunftspflicht
- Testamentsvollstrecker **18** 147

Auslandsberührung
- DBA **27** 7

Auslandsbezug
- Anzeigepflichten **12** 207
- Ausschlagungsfrist **11** 2
- Beweisvorsorge **12** 208
- Eintrittsklausel **12** 52
- Erbengemeinschaft **12** 75
- Erbfolge, vorweggenommene **12** 95
- Erbrecht, anwendbares **12** 10 f.
- Erbschaftsteuer **12** 103 f.
- Erbschaftsteuerpflicht, beschränkte **12** 116
- Erbschein **12** 89
- Erbvertrag **12** 60
- EuErbVO **12** 12
- Form **12** 101
- Form Verfügung von Todes wegen **12** 69
- Freibetrag Erbschaftsteuer **12** 149
- Gesellschaftsrecht, anwendbares **12** 31
- Güterrecht **12** 133
- Güterrecht, eheliches **12** 85
- Holding **12** 81
- Mitwirkungspflichten **12** 205, 208
- Nachfolge Einzelunternehmen **12** 54
- Nachfolgeklausel **12** 44
- Nachfolgeklausel, qualifizierte **12** 48
- Nachfolgeklausel, rechtsgeschäftliche **12** 50
- Nachfolgeregelung **21** 8
- Nachlass-Spaltung **17** 28
- Nachlasszeugnis, europäisches **12** 90
- Nießbrauchsvermächtnis **12** 72
- Recht, nationales **12** 29
- Schenkung **12** 99
- Staatsverträge **12** 11
- Steuerrecht **12** 102 f.
- Stiftung von Todes wegen **12** 82
- Testament, gemeinschaftliches **12** 60
- Testamentsvollstreckung **12** 77
- trust **12** 84
- Unternehmensnachfolge **12** 1 ff.
- Unternehmertestament **12** 56 f.
- Vererblichkeit Gesellschaftsanteil **12** 39
- Vererblichkeit Kapitalgesellschaftsanteil **12** 40
- Vererblichkeit Personengesellschaftsanteil **12** 42
- Verfahrensrecht **12** 88 f.
- Verkauf **12** 96
- Vermächtnis **12** 71
- Vermeidung Doppelbesteuerung **12** 151
- Vor-/Nacherbfolge **12** 74
- Wohnsitzverlagerung ins Ausland **16** 39

Auslandsvermögen
- Betriebsvermögen, steuerbegünstigtes **27** 122
- Bewertung bei Einzelunternehmen **27** 73
- Bewertung bei Kapitalgesellschaft **27** 52
- Bewertung bei Personengesellschaft **27** 73
- Wertermittlung **12** 134

Auslegung
- Auslegungsregeln, gesetzliche **17** 126
- Auslegungsvertrag **17** 131
- ergänzende **17** 124
- nach Erblasserwillen **27** 362
- Verfügung, letztwillige **17** 122 f.
- Verhältnis zu Anfechtung **17** 134
- wohlwollende **17** 125

Auslegungsvertrag 17 131; **27** 360

Ausnutzung
- Bewertungswahlrecht bei Spaltung **31** 10
- Freibetrag **31** 8
- Verschonungsabschlag **31** 9

Ausscheiden
- Gesellschafter Personengesellschaft **5** 83

Ausschlagung 11 1 ff.
- Adressat **19** 2
- Anfechtung **19** 11
- Ausgleichszahlung bei Erbauseinandersetzung **11** 25
- Auslandsbezug **11** 2
- Ausschluss Erbrecht bei gewillkürter Erbfolge **15** 304
- Bedingung **19** 3
- bei ausgeschöpften Freibeträgen **11** 35
- bei Betriebsaufspaltung **11** 24
- bei Eintrittsklausel **11** 20
- bei Jastrow'scher Formel **11** 32
- bei Pflichtteilsstrafklausel **11** 32
- bei qualifizierter Nachfolgeklausel **11** 20
- bei Sozialhilfe/-bedürftigkeit **11** 38
- bei vermächtnisweiser Zuwendung von Betriebsvermögen **11** 22

Sachregister

- bei Vorversterben **11** 34
- bei Zugewinngemeinschaft **11** 10
- Berliner Testament **11** 27
- Erbe **27** 24
- Erbschaft **11** 1; **19** 1
- Erbschaft durch überlebenden Ehe-/Lebenspartner **15** 327
- Erbschaft, überschuldete **11** 38
- Erklärung **19** 2
- Frist **11** 2; **19** 2
- Frist bei Auslandsberührung **11** 2
- Frist bei Vermächtnis **11** 37
- gegen Abfindung **11** 11
- gegen Nießbrauch **11** 7
- gegen Versorgungsleistung **11** 6; **28** 88
- gegen Vorbehalt des Wohnrechts **11** 7
- Gestaltungs-/Reparaturmöglichkeiten, steuerliche **11** 18
- Gläubigerbenachteiligung **11** 38
- nach Maß **11** 16
- Nichtigkeit **19** 10
- Pflichtteilsanspruch bei **11** 8
- Pflichtteilsberechtigte **20** 36, 40
- Rechtsfolgen **19** 7
- Reparatur verunglückter Erbfolge **27** 363
- steuerliche Behandlung **11** 5
- Stundungsvereinbarung **11** 15
- taktische **11** 1 ff.
- Teilausschlagung **11** 16; **15** 330
- Unternehmensnachfolge **1** 51
- Unwiderruflichkeit **19** 3
- Veräußerungsgeschäft **11** 13
- Vererblichkeit **19** 4
- Verfügung, wechselbezügliche **15** 163
- Verfügungen des vorläufigen Erben **19** 9
- Vermächtnis **11** 1, 36; **15** 327; **27** 24
- Zugewinnausgleichsfreibetrag bei **11** 40

Ausschließungsklausel **14** 156
- Formulierungsmuster **14** 160
- Vor-Nachteile **14** 159

Ausschluss
- Auseinandersetzung Erbengemeinschaft **19** 60
- Ehegattenerbrecht **17** 18
- Erbrecht bei gewillkürter Erbfolge **15** 304 f.
- Erbrecht Ehepartner **15** 283, 285 f., 301
- Erbrecht Lebenspartner **15** 283, 295 f.
- Pflichtteilsanspruch **20** 24
- von Erbfolge **20** 1 ff.

Ausschlusseinrede **19** 19
Ausschlussklausel **22** 116
- freie **22** 294

Ausschüttung, disparitätische **22** 267 f.
Austauschleistung
- an nicht begünstigten Empfänger **28** 123
- auf bestimmte Zeit **28** 123
- auf Lebenszeit **28** 124
- steuerliche Behandlung Rentenvermächtnis **27** 323
- Vermögensübertragung gegen **28** 55, 119 f.

Austritt
- Gesellschafter Kapitalgesellschaft **5** 140

Austrittsrecht
- Kapitalgesellschaft **22** 221

Außengesellschaft
- Begriff **23** 11
- Personengesellschaft **23** 12

Außensteuergesetz **12** 169 f.
- Entstrickung Kapitalgesellschaftsanteil einer gewerblich geprägten Personengesellschaft **12** 184
- Verlegung Geschäftsleitung auf auslandsansässigen Erben **12** 187
- Wegfall Entstrickungsschutz **12** 186
- Wegzugstatbestände **12** 171

Ausstattung **16** 22
- Ausgleichsanspruch **1** 19
- Ausgleichspflichten **19** 76

Bankkonto
- Vertrag zugunsten Dritter auf den Todesfall **2** 154

Bareinlage
- Zuwendung, disquotale **2** 75

Baureederei **5** 56
Bedingung
- Erbanfall/Erwerb von Todes wegen **27** 28

Bedingung, auflösende **22** 143
- Formulierungsmuster **22** 145

Bedingung, aufschiebende
- Unternehmensverkauf **3** 317, 334

Bedürftigkeit
- Rückforderungsrecht Schenkung **2** 185

Beendigung
- KG **24** 497 f.
- OHG **24** 497 f.

Behaltefrist
- bei Entnahmebegrenzung **27** 207
- bei Spaltung **31** 10
- Betriebsvermögen, steuerbegünstigtes **27** 192
- Kapitalgesellschaftsanteil, relevanter **25** 194
- Schenkung unter Lebenden **28** 37

Beherrschung, faktische **25** 285
Behindertentestament **17** 150
Beirat
- Abgrenzung **24** 1005
- Ablehnungsbefugnisse **24** 1032
- Aufgaben **24** 1021
- Aufgaben, schiedsgerichtliche **24** 1034
- Begriff **24** 1002
- Beratungsbefugnisse **24** 1033
- Beschlussfassung **24** 1036
- Beschlussfassung, fehlerhafte **24** 1037
- Bestellung bei Familienholding **6** 201
- Einberufung Beiratssitzung **24** 1036
- Familienholding **6** 199 f.
- Feststellung Jahresabschluss **24** 1029
- Geschäftsordnung **24** 1035
- Gestaltungsfreiheit **24** 2022

Sachregister

- GmbH **24** 648
- GmbH & Co. KG **24** 977
- Grenzen Kompetenzzuweisung **24** 1024
- Haftung **24** 686, 1045
- KG **24** 329
- Kompetenzzuweisung **24** 1023f., 1027
- Mitglieder **24** 1007f.
- OHG, – KG
- OHG **24** 329
- Ordnung, innere **24** 1035
- Organ, fakultatives **24** 1001f.
- Personalentscheidungen **24** 1028
- Protokollierung Sitzung **24** 1036
- Prüfung Jahresabschluss **24** 1029
- Rechte/Pflichten **24** 1040
- Schlichtung **24** 1034
- Überwachung Geschäftsführung **24** 1027
- Vorsitz **24** 1035
- Weisungsbefugnis **24** 1031
- Zulässigkeit **24** 1004
- Zustimmung bei Übertragung Geschäftsanteil **24** 1030
- Zustimmungsbefugnisse **24** 1032

Belehrungspflicht
- steuerrechtliche Folgen **27** 3

Belgien
- Testament, gemeinschaftliches **15** 185

Berater
- Unternehmensverkauf **3** 91

Beraterhonorar
- Caps **3** 98
- Deckelung **3** 98
- Erfolgshonorar **3** 93
- Festpreis **3** 98
- Stundenhonorar **3** 96
- Unternehmensverkauf **3** 91f.

Berliner Testament **15** 192f.; **17** 53f.
- Ausschlagung **11** 27
- Einheitslösung **17** 53, 54, 56, 59
- Erbeinsetzung, gegenseitige **15** 197
- Erbenbestimmung nach dem Längstlebenden **15** 202
- Erblasser gegenüber Vermächtnisnehmer **15** 215
- Erbschaftsteuerbelastung **17** 60
- Pflegeanordnung für minderjährige Kinder **15** 214
- Pflichtteilsklausel **15** 237; **18** 16
- Rechtsstellung des überlebenden Partners bei Wiederverheiratung **15** 233
- Rechtsstellung des überlebenden Partners bis zur Wiederverheiratung **15** 223
- Schlusserbeneinsetzung **17** 61
- Sicherung Immobilienvermögen **15** 236
- Strafklauseln **15** 226
- Trennungslösung **17** 53, 55, 56, 59
- Wiederverheiratungsklausel **15** 216f.

Berufsausbildung
- Ausgleichsanspruch **1** 19

- Ausgleichspflichten **19** 76

Beschränkung
- Pflichtteil in guter Absicht **20** 27
- Pflichtteilsberechtigte **20** 36, 40

Beschwerung
- Pflichtteilsberechtigte **20** 36, 40

Besitzunternehmen
- Betriebsaufspaltung **8** 3
- Einbringung **8** 13
- Entnahme **8** 11
- Sitzverlegung **8** 11

Besitzzeitanrechnung
- relevante Beteiligungsquote **25** 159

Bestellung
- Ergänzungspfleger für Minderjährige **2** 309

Besteuerungswahlrecht
- Ausübung **25** 118
- Sofort-/Zuflussbesteuerung **25** 202
- Sofortbesteuerung **25** 113
- Veräußerung Kapitalgesellschaftsbeteiligung, relevante **25** 202
- Veräußerungsgewinn **25** 113f.
- Veräußerungspreis aus mehreren Komponenten **25** 119
- Zuflussbesteuerung **25** 113

Besteuerungszeitraum
- Abwicklung **26** 71
- Rumpfwirtschaftsjahr **26** 71

Beteiligung, mittelbare **12** 123

Beteiligung, wesentliche
- nach § 74 AO **25** 281

Beteiligungserwerb, schädlicher
- Verlustvortrag **25** 206

Beteiligungshöhe
- Personen, nahestehende **12** 122

Beteiligungsquote Kapitalgesellschaft
- Betriebsvermögen, steuerbegünstigtes **27** 124, 125

Beteiligungsquote, relevante
- Abbau, sukzessiver **25** 197
- Behaltensfrist **25** 194
- Berechnung **25** 149
- Besitzzeitanrechnung **25** 159
- Ermittlung bei Kapitalbeteiligung **25** 145f.
- Fünf-Jahres-Frist **25** 154
- Hinzuerwerb **25** 179
- mittelbare Beteiligung **25** 151, 152
- teilentgeltlicher Erwerb **25** 160
- unentgeltlicher Erwerb **25** 160
- verschmelzungs-/spaltungsgeborene Anteile **25** 158
- Verstrickungswert **25** 180

Beteiligungsträgerstiftung **9** 25

Betrieb
- Begriff **5** 4
- Begriff, umsatzsteuerlicher **25** 262
- Erwerb, entgeltlicher **28** 151f.
- Erwerb, teilentgeltlicher **28** 151f.
- Erwerb, unentgeltlicher **28** 132f.

Sachregister

- Gewerbesteuer bei Veräußerung 25 227
- Grunderwerbsteuer bei Veräußerung 25 251
- Sachvermächtnis 27 307
- Steuerwertermittlung Schenkung 28 18
- Unternehmensaufgabe 26 1 ff.
- Verlegung Geschäftsleitung auf auslandsansässigen Erben 12 187
- Vermögensübertragung 28 51, 133, 151
- Versorgungsleistung bei Übertragung 28 78, 81

Betriebsaufgabe 7 6, 27
- 100%-ige Kapitalgesellschaftsbeteiligung 26 35
- Abgrenzungen 26 12
- anderweitige gewerbliche Tätigkeit des Veräußerers 26 29
- Anzeigepflicht 25 277; 26 97
- Aufgabeentschluss 26 17
- Aufgabeerklärung 7 27; 26 17
- Aufgabegewinn 26 47 f.
- Aufgabehandlung 26 19, 22
- Aufgabekosten 26 55
- Aufgabepreis 26 51
- Aufgabevorgang 26 11 f.
- Aufgabezeitpunkt 26 50
- Aufwendungen, sonstige 26 56
- Beginn 26 26
- Betriebseinstellung 26 28
- Beurteilungswandel 26 31
- Buchwert Betriebsvermögen 26 57
- Einbringungsvorgänge 26 13
- einheitlicher Vorgang 26 24
- Ende 26 26
- Entstrickungsfälle 26 32
- Freibetrag Aufgabegewinn 26 58
- gemeiner Wert bei Entnahme 26 53
- Gewerbebetrieb 26 16 f.
- Gewerbesteuer 26 91
- Gewinnerzielungsabsicht 26 46
- Grunderwerbsteuer 26 95
- laufender Gewinn/Verlust 26 62
- Mitunternehmeranteil 26 37
- Nachsteuertatbestand 27 199
- Objekt-/Subjektbezogenheit 26 30
- Privatentnahme 26 19
- Realisierung stiller Reserven 26 23
- Realteilung Mitunternehmerschaft 26 38
- Rücklage nach §§ 6b, 6c EStG 26 61
- Sacheinlage, verschleierte 26 13
- Schenkungsteuer 26 94
- Steuerermäßigung bei gewerblichen Einkünften nach § 35 EStG 26 60
- steuerliche Behandlung beim Erwerber 26 64
- Strukturwandel 26 31
- sukzessive 26 25
- Tarifvergünstigung 26 59
- Teilbetrieb 26 33
- Umsatzsteuer 26 96

- Veräußerung//Überführung Kapitalgesellschaftsanteil aus Betriebsvermögen 25 215
- verdeckte Einlage 26 13, 21
- Verlagerung in Ausland 26 22
- Vernichtung der wesentlichen Betriebsgrundlagen 26 22
- Wahlrecht 7 6
- Wegfall der Voraussetzungen für Betriebsaufspaltung 26 22
- Zerstörung des Betriebes 26 27

Betriebsaufspaltung 8 1 ff.
- Ausschlagung bei 11 24
- Beendigung 8 11
- Begriff 8 3
- Beherrschungsidentität 8 9
- bei Einbringung 6 123
- Besitzunternehmen 8 3
- Beteiligungsidentität 8 8
- Betriebsunternehmen 8 3
- Betriebsverpachtung nach Wegfall Verflechtung 8 12
- echte 8 4
- Einbringung Besitzunternehmen 8 13
- Einbringung Wirtschaftsgüter Besitzunternehmen 8 13
- Entflechtung, personelle 8 11
- Entflechtung, sachliche 8 11
- Erbschaftsteuer 8 14
- grenzüberschreitende 8 16
- mit Gründung Familiengesellschaft 33 4
- Nachversteuerung 8 17
- Nutzungsüberlassung 8 7, 12
- share deal Personengesellschaft 3 217
- steuerliche Behandlung Beendigung 8 11
- umgekehrte 8 4
- unechte 8 4
- Veräußerung Betriebsgrundlagen 25 19
- Verflechtung, personelle 8 8
- Verflechtung, sachliche 8 5
- Verlegung Geschäftsleitung ins Ausland 12 197
- Vermeidung der Besteuerung stiller Reserven 8 12
- Wegfall der Voraussetzungen 26 22
- Wiesbadener Modell 8 2, 10

Betriebsausgaben
- Ermittlung des laufenden Gewinns während Betriebsveräußerung 25 123

Betriebsausgaben, nicht abzugsfähige
- Ermittlung Buchwert Betriebsvermögen 25 78
- Ermittlung des laufenden Gewinns während Betriebsveräußerung 25 123

Betriebsbereitschaftskosten 25 130
Betriebseinstellung 26 28
Betriebseröffnung
- Anzeigepflicht 25 277; 27 356

Betriebsfortführung 7 6, 11, 19
- Wahlrecht 7 6

Sachregister

Betriebsgrundlagen, unwesentliche
– steuerliche Behandlung bei Überführung ins Privatvermögen **25** 67
– Verfügung über unwesentliche **27** 202

Betriebsgrundlagen, wesentliche
– Begriff **25** 8
– Rücklage nach § 6b EStG **25** 11
– Teilbetriebsveräußerung **25** 18
– Unternehmensaufgabe **26** 4, 5, 9
– Veräußerung **25** 7, 40
– Verfügung über wesentliche zu betriebsfremden Zwecken **27** 200
– Vernichtung der **26** 22
– Verpachtung **7** 9, 10

Betriebsgrundstück
– Nießbrauch **28** 167

Betriebskapitalgesellschaft
– Einbringung Besitzunternehmen **8** 13

Betriebsrat
– Übergangsmandat bei Umwandlung **39** 20
– Umwandlungsvertrag **37** 44, 65

Betriebsratsmitglied 24 1007 f.
– Abberufung **24** 1020
– Amtszeit **24** 1018
– Anzahl **24** 1008
– Aufwendungsersatz **24** 1016
– Beendigung **24** 1019
– Bestellung **24** 1012
– Entsenderecht **24** 1013
– Haftung **24** 1045
– Kooptionsrecht **24** 1014
– Nichtgesellschafter **24** 1011
– Pflichten **24** 1044
– Rechte **24** 1043
– Rechtsverhältnis, organschaftliches **24** 1016
– Rechtsverhältnis, schuldrechtliches **24** 1017
– Vergütung **24** 1016
– Voraussetzungen, persönliche **24** 1010

Betriebsstätte
– Abgrenzung zu Teilbetrieb **25** 12
– Erbschaftsteuerpflicht, beschränkte **12** 120

Betriebsteil
– Abgrenzung zu Teilbetrieb **25** 12

Betriebsübergabe
– Steuerwertermittlung Schenkung **28** 18

Betriebsübergang
– Informationspflicht **7** 4

Betriebsübernehmer
– Haftung für Steuerschulden **25** 289, 295
– Haftung nach § 75 AO **25** 290 f., 295
– Haftung, sonstige **25** 298

Betriebsübertragung
– entgeltliche **7** 33
– teilentgeltliche **7** 34
– unentgeltliche **7** 31

Betriebsunterbrechung 7 6; **26** 28
– Abgrenzung zu Betriebsaufgabe **26** 12

Betriebsunternehmen
– Betriebsaufspaltung **8** 3

Betriebsveräußerung
– Abgrenzung zu Betriebsaufgabe **26** 12
– laufende Gewinnermittlung während **25** 123
– Umsatzsteuer **25** 261

Betriebsverlagerung
– Abgrenzung zu Betriebsaufgabe **26** 12
– ins Ausland **26** 22

Betriebsverlegung
– Anzeigepflicht **25** 277

Betriebsvermächtnis
– Erbschaftsteuer **27** 87
– Ermittlung des steuerpflichtigen Erwerbs **27** 87
– Nachlassgegenstand **27** 22
– Verschaffungsvermächtnis **27** 88

Betriebsvermögen
– Aufgabegewinn **26** 57
– Ausschlagung vermächtnisweiser Zuwendung **11** 22
– Betriebsaufgabe Kapitalgesellschaftsanteil **25** 215
– Bewertung **27** 57 f.
– Bewertungsstichtag **27** 59
– Buchwert **25** 75
– durch Einbringung Privatvermögen **6** 136
– durch Umwandlung Privatvermögen **13** 4, 15
– durch Umwandlung Verwaltungsvermögen **13** 15
– Erbschaftsteuerpflicht, beschränkte **12** 119, 124
– Erlassmodell Erbschaftsteuer **21** 62
– Freiberufler, bilanzierender **27** 61
– Freiberufler, nicht bilanzierender **27** 65
– Gewerbesteuer bei Unternehmensveräußerung aus **25** 223 f.
– Gewerbesteuer Liquidationsauskehrung **26** 93
– Gewerbetreibender, bilanzierender **27** 61
– Gewerbetreibender, nicht bilanzierender **27** 65
– gewillkürtes **27** 65, 67
– Haltefrist Verschonung **6** 34
– Lohnsummenklausel Verschonung **6** 34
– Nachsteuertatbestand **21** 58; **27** 196 f.
– Nettoverwaltungsvermögen **21** 55
– Optionsverschonung **13** 2
– Personengesellschaft, bilanzierende **27** 63
– Personengesellschaft, nicht bilanzierende **27** 67
– Privilegierung **21** 51
– Privilegierung, erbschaftsteuerliche **13** 1 f.
– Privilegierung, ertragsteuerliche **13** 22 f.
– Rechtsnachfolge **21** 51
– Regelverschonung **13** 2
– Sachspende **27** 365
– Steuerbefreiung, sachliche **28** 29
– steuerliche Behandlung Einnahmen/Aufwendungen **13** 20
– steuerliche Behandlung Kapitalgesellschaftsanteil als Nachlassgegenstand **27** 299

Sachregister

- steuerliche Behandlung Liquidationsauskehrung Kapitalgesellschaftsbeteiligung im B. **26** 89, 90
- steuerliche Behandlung Veräußerungsgewinne/-verluste **13** 21
- Steuerwertermittlung Schenkung **28** 17, 18
- Tarifermäßigung **27** 246
- Tausch Kapitalgesellschaftsanteil **25** 215
- teil-/entgeltliche Übertragung Wirtschaftsgut **28** 152
- teilentgeltliche Übertragung **25** 39
- Übertragung Kapitalgesellschaftsanteil auf Familienstiftung **28** 146
- Umfang **27** 60
- unentgeltliche Übertragung Wirtschaftsgut **28** 134
- Veräußerung Kapitalgesellschaftsanteil aus **25** 215
- Vermächtnisnießbrauch **27** 94
- Verschonung bei Familienholding **6** 30
- Verschonungsregeln **21** 53
- Verschonungsregelung bei ausländischem **12** 138
- Verwaltungsvermögensquote **13** 12
- Vorbehaltsnießbrauch Einzelwirtschaftsgut **28** 167
- Wertermittlung ausländisches in Drittstaat **12** 135
- Wertermittlung in- und ausländisches Betriebsvermögen innerhalb Unternehmen **12** 136
- Wohnungsunternehmen **13** 13
- Zuwendungsnießbrauch Einzelwirtschaftsgut **28** 167

Betriebsvermögen, begünstigungsfähiges
- Immobilienbesitz **6** 143

Betriebsvermögen, gewillkürtes
- Freiberufler, nicht bilanzierender **27** 65
- Gewerbetreibender, nicht bilanzierender **27** 65
- Personengesellschaft, nicht bilanzierende **27** 67

Betriebsvermögen, steuerbegünstigtes **27** 113f., 118f.
- Abschmelzungsmodell **27** 229
- Altersversorgungsverpflichtungen **27** 154
- Anteile, einbringungsgeborene **27** 125
- Auslandsvermögen **27** 122
- Beteiligungsquote **27** 124
- Entlastungsbetrag **27** 247
- Ermittlung **27** 131f.
- Familienstiftung **27** 238
- Generierung **27** 131f.
- Haltefrist **27** 192
- Inlandsvermögen **27** 120
- Kapitalgesellschaftsanteil **27** 118, 124f.
- landwirtschaftliches Vermögen **27** 118, 123
- Lohnsummenprüfung **27** 176
- Nachversteuerung **27** 192
- Optionsverschonung **27** 175
- Poolvereinbarung **27** 126
- Regelverschonung **27** 174
- Reinvestitionsklausel **27** 217
- Treuhandvermögen **27** 119
- Verbundvermögensaufstellung **27** 138
- Verschonungsabschlag **27** 174
- Verschonungsbedarfsprüfung **27** 233
- Verwaltungsvermögen **27** 131, 139f.
- Verwaltungsvermögenstest **27** 132f.
- Vorwegabschlag Familienunternehmen **27** 170f.
- Wegfall Begünstigung **9** 98
- Zuwendungsnießbrauch **28** 26

Betriebsverpachtung **7** 1ff.; **26** 28
- Anzeigepflicht bei **7** 47
- Arbeitsverträge **7** 4
- Ausgestaltung Pachtvertrag **7** 4
- Betrieb, gepachteter wirtschaftender **7** 21
- Betriebsaufgabe **7** 6, 27
- Betriebsfortführung **7** 6, 11, 19
- Betriebsübertragung **7** 31
- Betriebsunterbrechung **7** 6
- Eigentümerbetrieb, ruhender **7** 21
- Einkommensteuer **7** 6f.
- Eiserne Verpachtung **7** 24, 46
- Erbschaftsteuer **7** 38
- Erhaltungsaufwand **7** 23
- FördG/ InvZulG **7** 26
- Fortführung durch Pächter **7** 11
- Freiberufliche Praxis **7** 9
- Gegenstand **7** 9
- Gewerbesteuer **7** 36
- Gewinnermittlung **7** 25
- Grunderwerbsteuer **7** 42
- im Vorgriff auf Hofübertragung **7** 24
- Interimslösung **7** 1
- Kauf Umlaufvermögen **7** 22
- nach Wegfall Verflechtung bei Betriebsaufspaltung **8** 12
- Nutzungsüberlassung **7** 12
- Pachtvertrag **7** 2
- Rückstellung für Erneuerungen **7** 21
- Steuerrecht **7** 6f.
- Teilbetrieb **7** 9
- Überleitung Vertragsverhältnisse **7** 4
- Umsatzsteuer **7** 43
- Verpächter **7** 15
- Verwaltungsvermögen **27** 140
- Wahlrecht des Verpächters **7** 8, 15
- Wegfall des Wahlrechts **7** 35
- wesentliche Betriebsgrundlagen **7** 9, 10
- Wiederaufnahme nach Beendigung der **7** 6
- Zebragesellschaft **7** 15

Beurkundung
- Erb-/Pflichtteilsverzicht **2** 130
- Immobiliengeschäft **2** 118
- Schenkung **2** 41
- Schenkung, gemischte **2** 42

Beurteilungswandel
- Betriebsaufgabe **26** 31

Sachregister

Beweisvorsorge
- Auslandsbezug 12 208

Bewertung
- Auslandsvermögen Einzelunternehmen 27 73
- Auslandsvermögen Kapitalgesellschaft 27 52
- Auslandsvermögen Personengesellschaft 27 73
- Betriebsvermögen 27 57 f.
- Buchwert-Abfindungsklausel 20 71
- DCF-Verfahren 27 41
- Einzelunternehmen 20 67
- Ertragswert 20 68
- Ertragswertverfahren 27 37, 41
- Ertragswertverfahren, vereinfachtes 27 42
- Gemeiner Wert 27 35, 36
- IDW-Standard 27 38
- Kapitalgesellschaft/-santeil 20 74; 27 35
- Komplementär-GmbH 27 54
- Liquidationswert 20 69; 27 38
- Multiplikatormethode 27 39
- Nachlass 20 17
- Niederstwertprinzip 20 53
- Nutzungsrecht, vorbehaltenes 20 54
- Personengesellschaft/-santeil 20 71
- Rekonstruktionswert 27 38, 49
- Reproduktionswert 27 49
- Schenkung 20 53
- Sonderbetriebsvermögen 27 70
- Stuttgarter Verfahren 27 45
- substanzorientierte 27 38
- Substanzwert 20 67; 27 49
- Verfahren, ertragswertorientierte 27 41
- Verfahren, marktgängige 27 38
- Verfahren, marktorientierte 27 39
- Verhältnis zu Verschonungsregelung 27 56
- Wertuntergrenze 27 49
- Zuwendungsgegenstand Schenkung 28 10

Bewertungsverfahren
- DCF-Methode 3 272
- discounted cash flow Methode 3 272
- Ertragswertmethode 3 278
- Multiplikatorenmethode 3 267
- Unternehmensverkauf 3 264 f.
- Vergleichswertmethode 3 264
- Wertermittlung 27 34

Bewertungswahlrecht
- bei Spaltung Kapitalgesellschaft 31 10
- bei Veräußerung an Außenstehende 42 7

Bewertungszeitpunkt
- Erbschaftsteuer 27 32

Bezüge, wiederkehrende
- Anschaffungskosten 25 170

Bezugsberechtigung
- Lebensversicherung 1 23, 48

Bezugsrecht
- bei Nießbrauch Kapitalgesellschaftsanteil 22 80
- Ermittlung relevanter Beteiligungsquote 25 148
- Kapitalgesellschaftsanteil 25 144, 148

Bibliothek
- Verwaltungsvermögen 27 143

Bieterverfahren
- Unternehmensverkauf 3 63

Bilanzgarantie 3 369, 403

Boruttau'sche Formel 25 251

break-up fee
- Unternehmensverkauf 3 111

Bruchteilseigentum
- Ermittlung relevanter Beteiligungsquote 25 151

Bruchteilsgemeinschaft
- Begriff 5 25
- Rechtsfähigkeit 5 26

Bruchteilsnießbrauch 22 22

Bruttonießbrauch 22 22

Buchwert
- Betriebsvermögen 25 75
- Ermittlung 25 78

Buchwert-Abfindungsklausel 20 71

Buchwertklausel
- Erbschaftsteuer 27 74
- Minderabfindung infolge 27 74

Bürgermeistertestament 17 89

Bürgschaft
- kein Kapitalgesellschaftsanteil 25 144

Bürgschaftsinanspruchnahme
- Anschaffungskosten 25 175

Call-Option 3 8
- Erfolgshonorar M&A Berater 3 89

Campingplatz
- Verwaltungsvermögen 27 140

carve-out 3 28
- Unternehmensverkauf 3 337

cash
- Unternehmenskaufvertrag 3 282, 285, 289

Cash-GmbH 13 9
- abgespeckte 13 10

catch all Klausel 5 177, 192, 213
- Formulierungsmuster 5 214

change of control Klausel
- asset deal 3 233
- Unternehmensverkauf 3 233, 334

Checkliste
- due diligence 3 151
- financial due diligence 3 153
- legal due diligence 3 152
- tax due diligence 3 154

closing
- Strukturmaßnahmen bis zum 3 336

closing accounts
- Unternehmensverkauf 3 294

Compliance
- Geschäftsführer GmbH 24 630
- Unternehmensverkauf 3 418

covenants
- Freistellungsverpflichtung 3 434
- Unternehmensverkauf 3 304

Sachregister

culpa in contrahendo 3 124
– Verhältnis zu Garantien 3 130

Dachholding
– Familienholding 6 76

Dänemark
– DBA 12 158

Darlehen, partiarisches
– Erbschaftsteuerpflicht 12 127

Darlehenskonto
– Aufteilung gemeiner Wert 27 82

Datenraum
– Datenerfassung, elektronische 3 155
– Inhalt 3 151 f.
– Inhalte, besondere 3 170
– Nachladen von Dokumenten 3 182
– Q&A-Listen 3 178 f.
– Vertraulichkeitsvereinbarung 3 157

Dauernde Last 22 167

Dauertestamentsvollstreckung 14 81, 82; 18 104
– Familienholding 6 282
– Formulierungsmuster Anordnung 18 120
– Testamentsvollstrecker 18 119

DCF-Methode 27 41
– Unternehmensverkauf 3 272

DDR
– Erbrecht 15 101, 126

de minimis Klausel
– Unternehmensverkauf 3 360

debt
– Unternehmenskaufvertrag 3 285, 289

Deckungsvermögen
– Altersversorgungsverpflichtungen 27 155

Destinatär
– Besteuerung bei ausländischer Familienstiftung 12 204
– steuerliche Behandlung 28 148
– steuerliche Behandlung bei Familienstiftung 9 115
– steuerliche Behandlung bei gemeinnütziger Stiftung 9 118

Deutsch-französische Wahl-Zugewinngemeinschaft 15 42, 67, 69, 80

Dienstbarkeit, beschränkte persönliche 2 247

discounted cash flow Methode 3 272

Doppelbesteuerung
– Vermeidung bei Auslandsbezug 12 151

Doppelbesteuerungsabkommen 12 157 f.
– Dänemark 12 158
– Doppelansässigkeit 12 190
– Erbschaftsteuer 12 152; 27 7
– Frankreich 12 159
– Griechenland 12 160
– Schweden 12 161
– Schweiz 12 162
– USA 12 164

Doppelgesellschaft, Theorie der bewusst geplanten 8 9

Doppelholding
– Familienholding 6 76

Doppelstiftung
– Ausgestaltung 9 38
– Begriff 9 37
– Geschäftsbetrieb, wirtschaftlicher 9 41

Dreimonatseinrede 19 17

Dreißigster
– Ehe-/Lebenspartner 15 87
– Ehegattenerbrecht 17 17

Dreizeugentestament 17 89

Dritt-Management
– Ermöglichung 35 1

Drittanspruch
– Abwehr 3 379

Drittaufwand
– Anschaffungskosten 25 178

Drittbestimmung
– Unternehmensnachfolger 1 27

DrittelbG
– Aufsichtsrat AG 24 873

Drittstaaten-Gesellschaften
– Rechtfähigkeit mit Anerkennungsübereinkommen 5 31
– Rechtfähigkeit ohne Anerkennungsübereinkommen 5 37

due diligence
– Aufklärungspflichten 3 119 f.
– Checklisten 3 151
– Datenerfassung, elektronische 3 155
– Datenraum 3 151
– Datenraum, besonderer 3 170
– financial due diligence 3 153
– Informationspflichten 3 119 f.
– legal due diligence 3 152
– Nachladen von Dokumenten 3 182
– non-disclosure-agreement 3 157
– Q&A-Listen 3 178 f.
– tax due diligence 3 154
– Umfang 3 151 f.
– Umgang mit Unterlagen 3 164
– vendor due diligence 3 173
– Vertraulichkeitsvereinbarung 3 157
– Wissenszurechnung 3 138
– Zeitfenster 3 186

Duldungsauflage
– Gegenleistung 28 15

Durchgriffshaftung
– Kapitalgesellschaft 5 137
– Rechtsformmissbrauch 24 667
– Unterkapitalisierung 24 668
– Vermögensvermischung 24 671

Dürftigkeitseinrede 19 17

earn-out 3 24
– Erfolgshonorar M&A Berater 3 89
– Unternehmensverkauf 3 309

Sachregister

EFTA-Gesellschaften
– Rechtsfähigkeit **5** 35
Eheaufhebbarkeit
– Ausschluss Ehegattenerbrecht **15** 301
Eheaufhebungsantrag
– Ausschluss Ehegattenerbrecht **15** 285
Ehegattenunterhalt
– Unterhaltsanspruch nach Erbfall **15** 333
Ehegattenunterhalt, nachehelicher
– Gestaltungsmöglichkeiten **15** 337
– Unterhaltsanspruch nach Erbfall **15** 334
Ehegüterrecht
– bei Zu Stiftung **9** 64
Ehepartner
– Ausschlagung des überlebenden **15** 327
– Ausschluss des Erbrechts **15** 283, 285 f., 301
– Dreißigster **15** 87
– Einheitslösung **15** 113, 114
– Eintritt in Mietvertrag **15** 88
– Erbrecht **17** 7 f.
– Erbrecht, gesetzliches **15** 53
– Güterrechtsstatut **15** 97
– Steuerfreibeträge **1** 11
– Testament, gemeinschaftliches **17** 48 f.
– Trennungslösung **15** 113, 115
– Unterhaltsanspruch nach dem Erbfall **15** 333
– Verfügung von Todes wegen **15** 103
– Versorgung **1** 8
– Versorgungsrente an **10** 25
– Versterben, gleichzeitiges **15** 89
– Voraus **15** 84
– Vorrang Gesellschaftsrecht vor Erbrecht **1** 41
– Wahl der „richtigen" Verfügungsart **15** 277
– Zustimmung Vermögensübertragung Einzelunternehmen **5** 194
– Zustimmungserfordernisse **2** 306
Ehepartnererbbrecht 17 7 f.
– Ausschluss **17** 18
– Dreißigster **17** 17
– Einbeziehung Güterrecht **15** 66
– gesetzliches **15** 53
– Gütergemeinschaft **15** 69, 71; **17** 8
– Gütergemeinschaft, fortgesetzte **15** 72
– Gütertrennung **15** 69, 70; **17** 9
– Pflichtteil, großer **17** 15
– Pflichtteil, kleiner **17** 12
– Pflichtteilsrecht **17** 12
– Vermächtnisse **17** 17
– Voraus **17** 17
– Zugewinnausgleich **17** 12
– Zugewinngemeinschaft **15** 69, 73; **17** 10
– Zugewinngemeinschaft, modifizierte **15** 78; **17** 11
Eigentümer
– Haftung nach § 74 AO **25** 280 f., 287, 289
Eigentümerbetrieb, ruhender
– bei Betriebsverpachtung **7** 21
Eigentümernießbrauch 22 22

Einberufung
– Gesellschafterversammlung GmbH **24** 643
– Hauptversammlung AG **24** 891
Einbindung
– Personen, die nicht Unternehmensnachfolger werden **10** 1 ff.
Einbringung
– aus Privatvermögen **6** 130 f.
– Besitzunternehmen **8** 13
– Betriebsaufgabe **26** 13
– Betriebsaufspaltung bei **6** 123
– formelle Anforderungen **6** 147
– Grunderwerbsteuer **6** 120
– Privatvermögen in Betriebsvermögen **6** 136
– Rechte **6** 127
– Schulden **6** 140
– Sperrfrist **25** 1a
– UmwStG **41** 1 f., 8
– Vermeidung der Entnahme Sonderbetriebsvermögen **6** 123
– Wirtschaftsgüter (Einzelrechtnachfolge) in Familienholding **6** 117
Einbuchung
– Kommanditanteil **2** 87
Einfluss, beherrschender
– nach § 74 Abs. 2 S. 1 AO **25** 285
Einheit, wirtschaftliche
– Bewertungsverfahren **27** 34
– Wert, gemeiner **27** 34
– Wertermittlung **27** 33
Einheitslösung
– Berliner Testament **15** 192 f., 197
– Ehe-/Lebenspartner **15** 113, 114
– Verfügung von Todes wegen **15** 113, 197
Einheitsthese
– Nachfolgeklausel **27** 16
Einkommensteuer
– Erbfall **27** 252 ff.
– Erbfolge, vorweggenommene **28** 42 f.
– Erblasserverbindlichkeit **27** 98
– Schenkung unter Lebenden **28** 42 f.
– Stiftung **9** 102
– Stiftung, ausländische **9** 123
– Testamentsvollstreckerkosten **27** 330
– Totalentnahme **26** 11
– Unternehmensaufgabe **26** 1 ff.
– Unternehmensveräußerung **25** 2 f.
– Vermögensübertragung auf ausländische Stiftung **9** 96
Einlage, verdeckte
– Anschaffungskosten **25** 172, 220
– Betriebsaufgabe **26** 13
– Hinzurechnung bei Aufgabe **26** 53
Einlagenlösung
– Realteilung **26** 40
Einlagerückzahlung, verbotene
– GmbH **24** 661
Einreden 19 17

Sachregister

Eintritt
- Gesellschafter Kapitalgesellschaft **5** 141
- Gesellschafter Personengesellschaft **5** 86

Eintrittsklausel **4** 36
- Auslandsbezug **12** 52
- Ausschlagung bei **11** 20
- Betriebsvermögen, steuerbegünstigtes **27** 114
- Erbanfall **27** 18
- Erbschaftsteuer **27** 78
- Ersatzlösung **24** 435
- Familienholding **6** 264, 267 f.
- Formulierungsmuster **14** 35
- Gesellschaftereintritt **24** 420 f.
- Gesellschafts-/Geschäftsanteil **2** 151
- Haftung **24** 448
- Personengesellschaft **14** 30
- steuerliche Behandlung bei **27** 296
- Testamentsvollstreckung **1** 31
- Vor-/Nachteile **14** 32; **24** 450

Eintrittsvermächtnis **27** 23
- Erbschaftsteuer **27** 79

Eintrittsvertrag
- KG **2** 87

Einzelansprache
- Unternehmensverkauf **3** 63

Einzelhandelsgeschäft
- Haftung bei unentgeltlicher Übertragung **2** 55, 59
- Übertragung, unentgeltliche **2** 55

Einzelkaufmann
- Nachhaftung bei Wechsel in Kommanditistenstellung **32** 4

Einzelrechtsnachfolge **5** 177
- catch all Klausel **5** 177, 192, 213
- Einbringung in Familienholding **6** 117

Einzelrechtsübertragung **30** 7; **38** 11 f.
- Ausgliederung **38** 13
- Realteilung **38** 22 f.
- Rechtsträger, beteiligte **30** 25
- Spaltung, wirtschaftliche **38** 17
- Verschmelzung, wirtschaftliche **38** 15

Einzelunternehmen
- asset deal **5** 187 f.
- Auslandsbezug Nachfolge **12** 54
- Begriff **5** 40; **23** 10
- beherrschender Einfluss nach § 74 Abs. 2 S. 1 AO **25** 285
- Beibehaltung der Rechtsform bei vorweggenommener Erbfolge **2** 62
- Besteuerung Alleinerbe bei Übergang des **27** 253
- Besteuerung Erbengemeinschaft bei Übergang des **27** 258
- Bewertung **20** 67
- Bewertung Auslandsvermögen **27** 73
- Bewertung Betriebsvermögen **27** 57 f.
- Ermittlung des steuerpflichtigen Erwerbs **27** 57 f.
- Ermöglichung Dritt-Management **35** 2
- Ertragswert **20** 68
- Erwerbsgegenstand bei Erwerb von Todes wegen **27** 11
- gesellschaftsrechtliche Gestaltung der Übertragung **5** 215
- Gewerbesteuer **25** 223
- Gewerbesteuer bei Teil-/Betriebsveräußerung **25** 227
- Gewerbesteuer bei Veräußerung Kapitalgesellschaftsanteil **25** 230
- Gewerbesteuer bei Veräußerung Mitunternehmeranteil **25** 228
- Grunderwerbsteuer bei Veräußerung **25** 250 f.
- Haftung bei unentgeltlicher Übertragung **2** 55, 59
- Haftung Erbe **19** 28
- Liquidationswert **20** 69
- Nachhaftung bei Umwandlung in Kapitalgesellschaft **32** 4
- Nießbrauch an **22** 44 f.
- Pflichtteilsergänzung **20** 65
- Pflichtteilsrecht **20** 57, 64
- Privilegierung, ertragsteuerliche **13** 23
- Rechtsfähigkeit **5** 40
- steuerliche Behandlung der Veräußerung **25** 3 ff.
- steuerliche Behandlung Erwerber **25** 128 f.
- steuerliche Behandlung Nießbrauch am **27** 313
- steuerliche Behandlung Übertragung auf Familienstiftung **27** 302
- Testamentsvollstreckung **18** 159 f., 170
- Übertragung **5** 186 f.
- Übertragung Aktivvermögen **5** 201
- Übertragung auf Familienstiftung **28** 143
- Übertragung laufende Schuldverhältnisse **5** 211
- Übertragung Passivvermögen **5** 206
- Übertragung unter Nießbrauchsvorhehalt **28** 160 f.
- Übertragung, unentgeltliche **2** 55
- Umwandlung/Einzelrechtsnachfolge in GmbH **32** 6
- Umwandlung/UmwG in GmbH **32** 6
- Unternehmensaufgabe **26** 2
- Veräußerer **25** 5
- Verlustvortrag, gewerbesteuerlicher **25** 233 f., 237, 238
- wesentliche Beteiligung nach § 74 AO **25** 281
- Zustimmung Ehe-/Lebenspartner zur Vermögensübertragung **5** 194
- Zustimmungsverstoß **5** 196

Einzelwirtschaftsgut *s Wirtschaftsgut*

Einziehung
- Geschäftsanteil GmbH **24** 738
- relevante Kapitalbeteiligung **25** 147

Einziehungsklausel
- Familienholding **6** 236 f.
- Formulierungsmuster **14** 61

Sachregister

- GmbH **14** 54
- Vor-/Nachteile **14** 59

Eiserne Verpachtung **7** 24, 46

Eltern
- Anforderungen bei Verwaltung Kindesvermögen **2** 269
- Beschränkung der Vermögenssorge für Zuwendung an Minderjährige **2** 255, 260
- Genehmigung, familiengerichtliche **2** 315

Enkelkinder
- Steuerfreibeträge **1** 11

Enterbung **18** 1

Entgeltlichkeit
- Begriff **21** 38

Entlastungsbetrag
- Erbschaftsteuer **27** 247

Entnahme
- Gemeiner Wert **26** 53

Entnahmerechte
- Familienholding **6** 179

Entsenderecht
- Aufsichtsrat AG **24** 875
- Betriebsratsmitglied **24** 1013

Entsprechensklausel
- Erbschaftsteuer **12** 153

Entstrickung **26** 1
- Betriebsaufgabe **26** 32
- Kapitalgesellschaftsanteil einer gewerblich geprägten Personengesellschaft **12** 184
- Kapitalgesellschaftsanteil, sperrfristverhafteter **12** 195
- Wegfall Entstrickungsschutz **12** 186

Entstrickungsregelung
- Nachsteuer **12** 144

Entzug
- Pflichtteil **20** 25

Erbanfall
- Auflage **27** 28
- Ausschlagung **27** 24
- Bedingung **27** 28
- Begriff **27** 9
- Eintrittsklausel **27** 18
- Gewinnbezugsrecht Kapitalgesellschaft **27** 55
- Nachfolgeklausel **27** 16
- Nachfolgeklausel, qualifizierte **27** 10, 17
- Schenkung auf den Todesfall **27** 25
- Stiftung **27** 27
- Treuhandklausel **27** 19
- Übernahmeklausel **27** 20
- Vermächtnis **27** 21

Erbanteil
- Veräußerung bei Auseinandersetzung Erbengemeinschaft **27** 263
- Verfügung über **27** 263

Erbauseinandersetzung **27** 10
- Ausschlagung Ausgleichszahlung **11** 25
- Erbengemeinschaft **27** 262
- Miterbe **27** 264
- Nachlassverbindlichkeiten **27** 274

- Realteilung ohne Ausgleichszahlung **27** 268
- Spaltung bei **34** 8f., 14
- Teilerbauseinandersetzung **27** 281
- Umsatzsteuer **27** 346
- Umwandlung bei **31** 1
- Veräußerung Nachlassgegenstände **27** 267
- Wegzugsbesteuerung **12** 176

Erbe
- Ausschlagung **11** 1; **27** 24
- endgültiger **19** 1
- Erbschaftsanspruch **19** 85, 87
- erste Ordnung **17** 2
- Gesamtrechtsnachfolger **27** 349
- Haftung **19** 14f.; **27** 354
- Haftung als Erbe GbR-Gesellschafter **19** 33
- Haftung als Erbe Kapitalgesellschafter **19** 34
- Haftung als Erbe KG-Gesellschafter **19** 31
- Haftung als Erbe Kommanditist **19** 31
- Haftung als Erbe Komplementär **19** 31
- Haftung als Erbe OHG-Gesellschafter **19** 29
- Haftung bei Einzelunternehmen **19** 28
- Haftung bei Vermächtnis **18** 36
- Haftung mehrerer **19** 22
- Haftungsbeschränkung **19** 14f.
- steuerliche Behandlung bei Eintrittsklausel **27** 296
- steuerliche Behandlung bei Fortsetzungsklausel **27** 286
- steuerliche Behandlung bei Liquidation der Personengesellschaft **27** 285
- steuerliche Behandlung bei Nachfolgeklausel **27** 291
- steuerliche Behandlung bei qualifizierter Nachfolgeklausel **27** 293
- steuerliche Behandlung bei Teilnachfolgeklausel **27** 295
- steuerliche Behandlung bei Übernahmeklausel **27** 290
- Verhältnis zu Testamentsvollstrecker **18** 146f.
- Vermögensübertragung auf Stiftung **9** 70
- vorläufiger **19** 1
- Wahlrecht bei Betriebsverpachtung **7** 15
- zweite Ordnung **17** 4

Erbe, gesetzlicher
- Vereinbarung, schuldrechtliche mit **10** 34

Erbeinsetzung **18** 1f.
- Abgrenzung zu Vermächtnis **18** 6
- Anwachsung **18** 7
- Auflage **18** 20, 21
- bedingte **18** 11
- Ersatzerbe **18** 8
- gegenständlich abgegrenzte **18**
- Herausgabevermächtnis **18** 21
- Minderjährige **18** 5
- Quote **18** 1
- Strafklausel **18** 11
- Verwirkungsklausel **18** 11f., 22
- Verzicht **20** 93
- Vor-/Nacherbfolge **18** 11

Sachregister

- Wiederverheiratungsklausel **18** 15

Erbengemeinschaft 19 44 f.
- Abschichtung **19** 58
- Auseinandersetzung **19** 58
- Auseinandersetzung **27** 262
- Auseinandersetzungsklage **19** 65
- Auslandsbezug **12** 75
- Ausscheiden Miterbe **27** 264
- Besteuerung bei Übergang Einzelunternehmen **27** 258
- Ermittlung relevanter Beteiligungsquote **25** 151
- gegenständlich abgegrenzte **18** 3
- Gesamthandsgemeinschaft **19** 45
- Gestaltung **19** 72
- Gewerbesteuer **25** 229
- Grunderwerbsteuer **25** 255
- Mitunternehmerschaft **27** 259
- Nachlassverwaltung **19** 49
- Realteilung mit Ausgleichszahlung **27** 275
- Realteilung ohne Ausgleichszahlung **27** 268
- steuerliche Behandlung Mitunternehmer **27** 260
- Surrogation **19** 46
- Teilerbauseinandersetzung **27** 281
- Veräußerung Nachlassgegenstände **27** 267
- Verfügung über Anteil **19** 47
- Vertretung bei Familienholding **6** 287
- Verwaltung des Nachlasses **19** 49
- Vorkaufsrecht Miterbenanteil **19** 48
- Wegzugsbesteuerung **12** 175
- Zurechnung Erwerb von Todes wegen **27** 10

Erbersatzsteuer
- Familienstiftung **6** 99; **27** 241; **28** 31
- Kinderfreibetrag **28** 31

Erbfall
- Einkommensteuer **27** 252 ff.
- Erbschaftsteuer **27** 4 ff.
- Gewerbesteuer **27** 332 f.
- Grunderwerbsteuer **27** 338
- Körperschaftsteuer **27** 252 ff.
- Reparatur verunglückter Erbfolge **27** 358 f.
- Steuergeheimnis **27** 355
- steuerliche Belehrungspflicht **27** 3
- Steuerrecht **27** 1 ff.
- Umsatzsteuer **27** 342
- Unterhaltsanspruch nach Erbfall **15** 333
- Verfahrensrecht **27** 349
- Verhalten der Überlebenden nach dem Erbfall **15** 322 f.

Erbfallkosten 27 102
- Abzugsverbot **27** 105
- Pflichtteilsschulden **27** 106
- Schulden/Lasten **27** 105

Erbfallkostenschulden
- Nachlassverbindlichkeit **19** 21

Erbfallschulden 27 101
- Nachlassverbindlichkeit **19** 21
- steuerliche Behandlung **27** 305 f.

Erbfolge
- Ausschluss von **20** 1 ff.

Erbfolge, gesetzliche
- Verhalten der Überlebenden nach dem Erbfall **15** 322 f.

Erbfolge, gewillkürte 15 102 f.; **17** 31 f.
- Ausschluss Erbrecht **15** 304 f.
- Erbvertrag **17** 98 f.
- Güterstand **15** 117
- Verhalten der Überlebenden nach dem Erbfall **15** 322 f.

Erbfolge, verunglückte
- Reparatur **27** 358 f.

Erbfolge, vorweggenommene 21 1 ff.
- Abwicklungsregelung Gegenleistung **22** 149
- Anrechnung **10** 13 f.
- Anzeigepflicht **28** 201
- Ausgleichung **10** 13 f., 21
- Auslandsbezug **12** 95
- Ausschöpfung Freibeträge **21** 43
- Bedingung, auflösende **22** 143
- Beibehaltung Rechtsform Einzelunternehmen **2** 62
- Einkommensteuer **28** 42 f.
- einkommensteuerliche Behandlung **28** 42 f.
- Einkommensverlagerung **21** 41
- Erbschaftsteuer **28** 2 ff.
- Familienholding **6** 1
- Forstwirtschaftlicher Betrieb
- Gestaltung Gesellschaftsvertrag **22** 173 f.
- Gestaltungsinstrumentarien **22** 6 ff.
- Gewerbesteuer **28** 190
- Grunderwerbsteuer **28** 194
- Kompensation anderer Erbanwärter **10** 11
- Körperschaftsteuer **28** 42 f.
- Landwirtschaftlicher Betrieb
- Nießbrauch **22** 15; **28** 19
- Pflichtteil **16** 18
- Pflichtteilsminimierung **2** 65
- Rückforderungsrecht **28** 39
- Rückforderungsrecht **22** 120 f.
- Schenkung **22** 15
- Schenkung unter Auflage **28** 12
- Schenkung, gemischte **28** 12
- Spaltung **34** 3 f., 6
- Steuerbefreiung, sachliche **28** 29
- Steuerberechnung **28** 38
- steuerliche Behandlung **28** 1 ff.
- steuerrechtliche Behandlung **21** 38
- Stille Gesellschaft **22** 82, 84 f.
- Übertragung entgeltliche **28** 44, 48, 150 f.
- Übertragung teilentgeltliche **28** 44, 49, 150 f.
- Übertragung unentgeltliche **28** 44, 47, 132 f.
- Übertragung Unternehmen **2** 1 ff.
- Umsatzsteuer **28** 198
- Umwandlung bei **31** 1
- Unterbeteiligung **22** 82, 92 f.
- Unterlassungsverpflichtung **22** 7
- Verfahrensrecht **28** 201

Sachregister

- Verfügungsverbot **22** 7
- Verpflichtung des Zuwendungsempfängers **22** 151 f.
- Weitergabeverpflichtung **22** 146
- Weiterübertragung **28** 116
- Widerrufsvorbehalt **22** 138
- Wiederkaufrecht **22** 148
- Wohnrecht **22** 104 f.
- zivilrechtliche Behandlung **21** 38

Erbfolgeklausel
- Familienholding **6** 263 f.

Erbgang
- Unternehmensübertragung **1** 23 f.

Erblasser
- Anordnungen **18** 1 ff.
- steuerliche Behandlung **27** 252 ff.
- Testierfähigkeit **17** 34

Erblasserschulden
- Nachlassverbindlichkeit **19** 21

Erblasserverbindlichkeit 27 97

Erblasserwille
- Auslegung nach **27** 362

Erbrecht
- Adoptivkind **17** 3
- Ausschluss **15** 283 f.
- Ausschluss bei gewillkürter Erbfolge **15** 304 f.
- DDR **15** 101, 126
- deutsches **17** 20
- dritte Ordnung **17** 5
- Ehepartner **17** 7 f.
- EuErbVO **17** 22
- gesetzliches **17** 1 f.
- gleichzeitiger Tod Erblasser und Erben **17** 6
- Haftungssystem **19** 14 f.
- Kommorientenvermutung **17** 6
- Lebenspartner **17** 19
- Parentelsystem **17** 4
- Pflichtteil **15** 317
- Verhältnis zu Gesellschaftsrecht **23** 57
- Verwandte **17** 2
- Zuständigkeit, internationale **17** 30

Erbrecht, anwendbares
- Bestimmung **12** 10 f.
- EuErbVO **12** 12
- Recht, nationales **12** 29
- Staatsverträge **12** 11

Erbschaft
- Abwicklung **19** 35
- Anfechtung der Annahme **27** 363
- Annahme **19** 1, 6
- Ausschlagung **15** 327; **19** 1; **27** 363
- Ausschlagung überschuldete **11** 38
- Erbschaftskauf **19** 90 f.
- Herausgabeanspruch **19** 85
- Verhalten der Überlebenden nach dem Erbfall **15** 322 f.

Erbschaftsanspruch 19 85
- Auskunftsanspruch **19** 89
- Stufenklage **19** 86

- Surrogation **19** 86

Erbschaftskauf 19 90 f.

Erbschaftsteuer 27 4 ff.
- 10-Jahres-Frist Freibetrag **21** 43
- Abzugssteuer, fiktive **27** 244
- Anrechnung ausländischer Steuer **12** 152
- Anteilsschenkung Familienholding **6** 29 f.
- Auflage/Bedingung bei Erwerb von Todes wegen **27** 28
- Auslandsberührung **27** 7
- Auslandsbezug **12** 103 f.
- Ausschlagung **11** 5
- Ausschlagung Erbschaft/Vermächtnis **27** 25
- Ausschlagung gegen Abfindung **11** 12
- Beteiligung, mittelbare **12** 123
- Betriebsaufspaltung **8** 14
- Betriebsvermächtnis **27** 87
- Betriebsvermögen, steuerbegünstigtes **27** 113 f.
- Betriebsverpachtung **7** 38
- Bewertungszeitpunkt **27** 32
- Buchwertklausel **27** 74
- DBA **12** 152; **27** 7
- Einheit, wirtschaftliche **27** 33
- Eintrittsklausel **27** 78
- Eintrittsvermächtnis **27** 79
- Einziehung Gesellschaftsanteil bei Kapitalgesellschaft **27** 26
- Entlastungsbetrag **27** 247
- Entsprechensklausel **12** 153
- Entstehung **27** 6
- Erbersatzsteuer **27** 241
- Erbfolge, vorweggenommene **28** 2 ff.
- Erlassmodell **21** 62
- Erlöschen **27** 250; **28** 39
- Ermittlung des steuerpflichtigen Erwerbs **27** 31 f.
- Ermittlung des steuerpflichtigen Erwerbs bei Schenkung **28** 9
- Ersatzerbschaftsteuer **27** 5
- Erwerb von Todes wegen **27** 8 f.
- Familienwohnheim **27** 109
- Fortsetzungsklausel **27** 74
- Freibetrag **12** 149; **27** 243
- Höfeordnung **27** 80
- Immobiliengesellschaft **6** 143
- Nachfolgeklausel **27** 74, 75
- Nachfolgeklausel, qualifizierte **4** 43; **27** 77
- Nachlassverbindlichkeiten **27** 96 f.
- Nachsteuer **27** 192
- Nachsteuerberechnung **27** 220 f.
- Nachsteuerregelung **12** 143
- Nachsteuertatbestand **27** 196
- Nachversteuerung steuerbegünstigtes Betriebsvermögen **27** 192
- Nießbrauch **28** 19
- Nutzung/Leistung, wiederkehrende **27** 248
- Optionsverschonung **13** 2
- Personengesellschaft **27** 4

Sachregister

- Poolvereinbarung Kapitalgesellschaftsanteile **27** 126
- Privilegierung Betriebsvermögen **13** 1
- Regelverschonung **13** 2
- Rente **27** 248
- Rückforderungsrecht **28** 39
- Schenkung auf den Todesfall **27** 25
- Schenkung unter Auflage **28** 12
- Schenkung unter Lebenden **28** 4 f.
- Schenkung, gemischte **28** 12
- Schuldner **27** 30
- Steuerbefreiung, sachliche **27** 109; **28** 29
- Steuerberechnung vorweggenommene Erbfolge **28** 38
- Steuerklassen **27** 242
- Steuerklassenprivileg bei Zuwendung an Stiftung **9** 73
- steuerliche Behandlung Erbfallschulden **27** 305 f.
- Steuerpflicht, beschränkte **12** 116
- Steuerpflicht, erweitert beschränkte **12** 129
- Steuerpflicht, erweiterte unbeschränkte **12** 108
- Steuerpflicht, persönliche **12** 104
- Steuerpflicht, unbeschränkte **12** 105
- Steuertarife **27** 245
- Stiftung **9** 109
- Stiftung, ausländische **9** 119
- Stundung **27** 248, 249; **28** 39
- Tarifermäßigung **27** 246
- testamentary trust **27** 27
- Übernahmeklausel **27** 80
- Umstrukturierung **12** 143
- Umwandlung Privat- in Betriebsvermögen **13** 4, 8
- Vererbung Anteil Familienholding **6** 40
- Verfahrensrecht **27** 349
- Vermächtnis **27** 21
- Vermächtnis Kapitalgesellschaftsanteil **27** 92
- Vermächtnis Personengesellschaftsanteil **27** 90
- Vermächtnisnießbrauch am Betriebsvermögen **27** 94
- Vermeidung Doppelbesteuerung **12** 151
- Vermögensrückfall **27** 110
- Vermögensübergang auf Stiftung **27** 27
- Vermögensübertragung auf ausländische Stiftung **9** 93
- Vermögensübertragung auf Stiftung **9** 71
- Vermögensübertragung auf Stiftung durch Erben **9** 70
- Verschaffungsvermächtnis **27** 88
- Verschonungsbedarfsprüfung **12** 148
- Verschonungsregelung ausländisches Betriebsvermögen **12** 138
- Verwaltungsvermögen **13** 11
- Verzicht auf Pflichtteilsanspruch **27** 112
- Vinkulierungsklausel **27** 92
- Weltvermögensprinzip **12** 104
- Wert des Vermögensanfalls **27** 33
- Wirtschaftsgut Betriebsvermögen **27** 93
- Zahlungspflicht **27** 353
- Zustiftung **9** 74
- Zugewinnausgleichsanspruch **15** 24

Erbschaftsteuererklärung
- Erklärungspflicht **27** 349
- Testamentsvollstrecker **18** 142

Erbschaftsteuerpflicht
- Aufenthalt, gewöhnlicher **12** 107
- beschränkte **12** 116
- erweitert beschränkte **12** 129
- erweiterte unbeschränkte **12** 108
- Geschäftsleitungsfunktion **12** 110
- Gestaltung internationaler Unternehmensnachfolge bei unbeschränkter **12** 165
- Gestaltung internationaler Unternehmensnachfolge bei beschränkter **12** 167
- Gestaltung internationaler Unternehmensnachfolge bei erweitert beschränkter **12** 168
- Körperschaft **12** 109, 112, 113
- Personenvereinigung **12** 109, 112
- persönliche **12** 104
- Rechtsform des ausländischen Rechts **12** 112
- Rechtstypenvergleich **12** 113
- unbeschränkte **12** 105
- Vermögensmasse **12** 109, 112
- Verschonungsregelung bei unbeschränkter/erweitert beschränkter **12** 138
- Wohnsitz **12** 106

Erbschaftsteuerplanung
- Gesellschaftsform **23** 72

Erbschein **19** 38 f.
- Antrag **19** 39, 43
- Begriff **19** 38
- Hinweis auf Testamentsvollstreckung **18** 112
- Kosten **19** 42
- öffentlicher Glaube **19** 38
- unrichtiger **19** 40
- Verfahrensrecht **12** 89

Erbscheinsverfahren **19** 40

Erbstatut **12** 6

Erbteil
- Nießbrauchsvermächtnis **18** 61
- Teilausschlagung **11** 16

Erbteilskauf **19** 90 f.

Erbteilspfändung **19** 23

Erbteilsverzicht
- Form **2** 130

Erbunwürdigkeit
- Pflichtteil **20** 24, 94
- Verzeihung **20** 94

Erbvergleich **27** 360
- Reparatur verunglückter Erbfolge **27** 364

Erbvertrag **15** 270 f.; **17** 98 f.
- Abgrenzung zu Testament **17** 98
- Anfechtung **17** 141
- Anordnung Bindungswirkung **17** 104
- Arten **17** 102
- Aufhebung **17** 117

Sachregister

- Auflage 17 102, 115; 18 187
- Auslandsbezug 12 60
- Auslegung 17 122
- Beurkundung 17 101
- Bindungswirkung 15 272; 17 109
- Erbeinsetzung 17 102, 115
- Errichtung 17 101
- Form 15 272
- gemeinschaftlicher 17 106
- Rechtswahl 17 27, 102, 115
- Rücktritt 17 120
- Schenkung, beeinträchtigende 17 110
- un-/entgeltlicher 17 108
- Verfügung, einseitige 17 102
- Verfügung, vertragsmäßige 17 102
- Verfügungen, wechselbezügliche 17 99
- Verfügungsunterlassung 17 113
- Verhalten der Überlebenden nach dem Erbfall 15 322 f.
- Vermächtnis 17 102, 115
- Vermögensübertragung auf Stiftung 9 66
- Vor-/Nachteile 15 270
- Vorbehalte 17 116
- Widerruf Verfügungen 17 115

Erbverzicht 16 11
- Abfindung 2 230
- absoluter 20 89
- Aufhebung/Beseitigung 20 87
- Aufhebungsvertrag 2 227
- bei Zugewinngemeinschaft 20 91
- Familienmitglied 10 2, 5, 28 f., 32
- Form 2 130; 20 77
- Formulierungsmuster 20 78
- Korrektur bis zum Ableben des Erblassers 2 222
- Korrektur nach Ableben des Erblassers 2 229
- Korrekturmöglichkeiten weichender Erbe 2 221 f.
- Pflichtteil 20 24, 77 f.
- Rechtsfolgen 20 89
- stillschweigender 20 85
- Verhältnis zu Abfindungserklärung 20 86

Erfolgshonorar
- M&A Berater 3 72, 86, 89
- Rechtsanwalt/Steuerberater 3 93

Erfüllung
- Reparatur verunglückter Erbfolge 27 359

Erfüllungsgehilfe
- Wissenszurechnung 3 139

Ergänzungsbilanz
- negative 25 138
- positive 25 137

Ergänzungspfleger
- Bestellung für Minderjährige 2 309
- Minderjährige 18 176

Erhaltungsaufwand
- Pächter 7 23

Erlassmodell
- Erbschaftsteuer Betriebsvermögen 21 62

Errichtungsstatut
- Unternehmertestament 12 57

Errungenschaftsgemeinschaft
- Erbschaftsteuerpflicht 12 133

Ersatzbeschaffung
- Verwaltungsvermögen 27 161

Ersatzerbe 18 8

Ersatzerbschaftsteuer 27 5
- Familienstiftung 1 21; 9 111
- Familienstiftung, ausländische 9 119

Ertragsnießbrauch 22 21
- Einzelunternehmen 28 163
- Personengesellschafts-/Mitunternehmeranteil 28 174, 175
- Unternehmen 27 313, 316

Ertragsteuer
- Ausschlagung 11 5
- Ausschlagung gegen Abfindung 11 11
- deutsches Besteuerungsrecht bei beschränkter 12 169
- deutsches Besteuerungsrecht bei erweitert beschränkter 12 169
- deutsches Besteuerungsrecht bei unbeschränkter 12 169
- Familienstiftung 6 95
- Nachfolgeklausel, qualifizierte 4 44
- Privilegierung Betriebsvermögen 13 22 f.
- Stiftung 9 102
- Stiftung, ausländische 9 123
- Umwandlung Familienholding 6 26
- Verkauf Familienholdinganteil nach Vererbung 6 43
- Verkauf Kapitalgesellschaft aus Familienholding 6 21, 23, 25
- Verkauf Personengesellschaft aus Familienholding 6 18, 23
- Vermögensübertragung auf ausländische Stiftung 9 96
- Vermögensübertragung auf Stiftung 9 90

Ertragsteuerbelastung, latente
- Erblasserverbindlichkeit 27 98

Ertragswert
- Einzelunternehmen 20 68

Ertragswertverfahren 27 41
- Kapitalgesellschaftsanteil 27 37
- Unternehmensbewertung 1 16
- Unternehmensverkauf 3 278
- vereinfachtes 27 42

Ertragswertverfahren, vereinfachtes
- Unternehmerlohn 27 69

Erwerb von Todes wegen
- Auflage/Bedingung 27 28
- Erbschaftsteuer 27 8 f.
- Schuldner Erbschaftsteuer 27 30
- Unternehmensnachfolge, internationale 12 132
- Wegzugsbesteuerung 12 175

Erwerb, entgeltlicher
- steuerliche Behandlung 28 150 f.

Sachregister

Erwerb, erbschaftsteuerpflichtiger 27 31 f.
- Einzelunternehmen 27 57 f.
- Erblasserverbindlichkeit 27 97
- Ermittlung bei Schenkung 28 9 f.
- Kapitalgesellschaft/-santeile 27 35 f.
- Mitunternehmeranteil 27 57 f.
- Nachlassverbindlichkeit 27 96 f.
- Personengesellschaft/-santeile 27 57 f.
- Wertermittlung 27 32 f.

Erwerb, teilentgeltlicher
- steuerliche Behandlung 28 150 f.

Erwerb, unentgeltlicher
- steuerliche Behandlung 28 132 f.

Erwerber
- steuerliche Behandlung bei Betriebsaufgabe 26 64

escrow
- Absicherungsinteresse Käufer 3 383
- Höhe 3 386

EU-Gesellschaften
- Rechtsfähigkeit 5 32

EuErbVO 12 12; 15 91; 17 22
- Anknüpfung, objektive 12 13
- Aufenthalt, gewöhnlicher 12 13
- Gerichtsstandvereinbarung 15 104
- Nachlasszeugnis, europäisches 12 90
- Rechtswahl 12 27
- Verfügung, wechselbezügliche 15 185
- Verweisung 12 19

Europäische Aktiengesellschaft (SE) 5 28, 107, 160

Europäische Genossenschaft (SCE) 5 28, 147, 162

Europäische Wirtschaftliche Interessenvereinigung (EWIV) 5 28, 59, 157

Exklusivitätsvereinbarung
- break-up fee 3 111
- Haftung 3 117
- Kündigung 3 115
- Unternehmensverkauf 3 109
- Verstöße 3 117

Falschauskunft
- Haftung bei vorsätzlicher 3 132
- Schadensnachweis 3 135

Familiengesellschaft
- Formwechsel GmbH & Co. KG in GmbH 33 6 f., 13
- Formwechsel GmbH in GmbH & Co. KG 33 15 f., 20
- Fremdvergleich Vertragsbeziehungen 28 180
- Gesellschafter, minderjähriger 28 187
- Gesellschafterstellung 28 187
- Gewinnverteilung 28 182 f.
- Gründung mit Betriebsaufspaltung 33 4
- Kapitalgesellschaft 28 185
- KGaA 24 940
- Mitunternehmerstellung 28 180 f.

- Restrukturierung bereits bestehender Gesellschaft als 33 5 f.
- Schenkung 2 57
- steuerliche Behandlung 28 180 f.
- Übertragung, schrittweise auf 33 1 ff.
- Unternehmensverkauf über Kapitalerhöhung 3 18
- Wert Geschäftsanteil 28 183

Familienholding 6 1 ff.
- Abfindungsanspruch Nießbraucher 6 166
- Abfindungsklausel 6 249
- Andienungsrecht 6 219
- Anteilsbewertung bei Abfindung 6 254
- Anteilsschenkung, bedingte 6 294
- Anteilsveräußerung an Dritte 6 216, 229
- Anteilsveräußerung bei Testamentsvollstreckung 6 285
- Anwachsung 6 347 f.
- Arbeitsvergütung 6 81
- Bargründung 6 101
- Beirat 6 199 f.
- Beiratsbestellung 6 201
- Belastung von Anteilen 6 234
- Doppelholding 6 76
- Einbeziehung Familienmitglieder 6 3
- Einbindung Familienmitglieder 6 195
- Einbringung aus Privatvermögen 6 130 f.
- Einbringung Schulden 6 140
- Einbringung von Rechten 6 127
- Einbringung von Vermögen 6 103, 147
- Einbringung Wirtschaftsgüter (Einzelrechtnachfolge) 6 117
- Eintrittsklausel 6 264, 267 f.
- Einziehungsklausel 6 236 f.
- Entnahmerechte 6 179
- Erbfolgeklausel 6 263 f.
- Erbschaftsteuer bei Anteilsschenkung 6 29 f.
- Erstellung der Struktur 6 111
- Ertragsteuer bei Anteilsverkauf nach Vererbung 6 43
- Ertragsteuer bei Umwandlung 6 26
- Ertragsteuer bei Verkauf Kapitalgesellschaft 6 21, 23, 25
- Ertragsteuer bei Verkauf Personengesellschaft 6 18, 23
- Ertragsteuer Kapitalgesellschaft 6 13, 15
- Ertragsteuer Personengesellschaft 6 9, 15
- Familienstiftung 6 90 f.
- Fortsetzungsklausel 6 265, 267 f.
- GbR 6 84
- Geschäftsführer 6 185
- Geschäftsführung 6 185
- Geschäftsführung, Aufteilung der 6 192
- Gesellschafterausscheiden 6 259
- Gestaltungsmöglichkeiten, steuerliche 6 7 f., 50
- Gewinnausschüttung 6 179
- Gewinnverteilung, disquotale 6 152, 160
- GmbH & Co. KG 6 72

Sachregister

- Grunderwerbsteuer **6** 120
- Gründung **6** 101 f.
- Gründung aus Privatvermögen **6** 134
- Haftung bei Kapitalgesellschaft **6** 58
- Haftung bei Personengesellschaft **6** 70
- Holding-Besteuerung **6** 7 f., 25
- Immobiliengesellschaft **6** 142
- Kapitalgesellschaft **6** 54 f.
- KGaA **6** 86
- Kündigung Kapitalgesellschaft **6** 245
- Kündigung Personengesellschaft **6** 239
- Kündigungsrecht **6** 236 f.
- Mitverkaufsrecht **6** 232
- Nachfolgegeschäftsführer **6** 189
- Nachfolgeklausel **6** 264, 267 f.
- Nachfolgeklausel, qualifizierte **6** 265, 267 f.
- Nachfolgeregelung **6** 263 f.
- Nießbrauchsverzicht bei Anteilsschenkung **6** 172
- Nießbrauchsvorbehalt **6** 152, 155
- Nießbrauchsvorbehalt Anteilsschenkung **6** 35
- Personengesellschaft **6** 64 f.
- Rückfall Anteilsschenkung **6** 300, 312
- Rückforderungsrecht Anteilsschenkung **6** 306, 312
- Rücktrittsklausel **6** 291 f., 312
- Rücktrittsrecht Anteilsschenkung **6** 302, 312
- Sachgründung **6** 101
- Sonderrechte **6** 152
- Sonderstimmrechte **6** 176
- steuerliche Behandlung Anteilsvererbung **6** 40
- steuerliche Behandlung rechtzeitiger Anteilsschenkung **6** 47
- steuerliche Behandlung Rückabwicklung Anteilsschenkung **6** 308
- Steuerrecht **6** 7 f., 47, 50
- Steuerrecht bei Kapitalgesellschaft **6** 54
- Steuerrecht bei Personengesellschaft **6** 65
- Struktur **6** 150 f.
- Testamentsvollstreckung **6** 275 f.
- Trennung Gesellschafts-/Gesellschaftervermögen **6** 60
- Vermeidung der Entnahme Sonderbetriebsvermögen **6** 123
- Verschonung Betriebsvermögen **6** 30
- Vertretung Erbengemeinschaft **6** 287
- Verwaltungsvermögen, schädliches **6** 32
- Verwaltungsvermögensquote **6** 32
- Vinkulierung Gesellschaftsanteile **6** 210
- Vorerwerbsrecht **6** 219
- Vorkaufsrecht **6** 218
- Widerruf Anteilsschenkung **6** 292, 312
- Wirksamwerden Gesellschafterausscheiden **6** 259
- Zahlungsmodalitäten Abfindung **6** 256
- Zeitpunkt Anteilsschenkung **6** 169
- Zweckverfehlung bei Anteilsschenkung **6** 291 f., 312

Familienmitglied
- Ausgleichsleistung **10** 2
- Einbindung Geschäftsführung Familienholding **6** 195
- Einbindung nicht unmittelbarer Unternehmensnachfolger **10** 2
- Erbverzicht **10** 2, 5, 28 f., 32
- Familienholding **6** 3
- Konsortialvertrag **14** 179
- Nießbrauch **10** 2
- Pflichtteilsverzicht **10** 2, 5, 28 f.
- Versorgungsleistung **10** 2
- Zuwendung an **10** 2

Familienstiftung **1** 20; **9** 27 f.; **23** 42
- als Vorerbin **9** 86
- Ausgestaltung **9** 31
- ausländische **12** 198 f.
- Begriff **9** 28
- Betriebsvermögen, steuerbegünstigtes **27** 238
- Einfluss Familienmitglieder **6** 94
- Erbersatzsteuer **6** 99; **27** 241; **28** 31
- Ersatzerbschaftsteuer **1** 21; **9** 111; **27** 5
- Ertragsteuer bei Vermögensübertragung auf **9** 90
- Familienholding **6** 90 f.
- gemeinnützige **9** 36
- Grunderwerbsteuer **12** 206
- Motivation **9** 29
- Steuerbefreiung, sachliche für Übertragung auf **28** 31
- Steuerklassenprivileg bei Zuwendung an **9** 73
- steuerliche Behandlung **1** 20; **6** 95
- steuerliche Behandlung Destinatär **9** 115; **28** 148
- steuerliche Behandlung Errichtung **9** 80
- Struktur **6** 95
- Teilverbrauchsstiftung **6** 93
- Übertragung Einzelunternehmen auf **27** 302
- Übertragung Kapitalgesellschaftsanteil auf **27** 303
- Übertragung Mitunternehmeranteil auf **27** 302
- Vermögensübertragung auf **28** 143 f.
- Verschonungsabschlag **9** 81 f., 87
- Verschonungsbedarfsprüfung **9** 80 f.
- Zwecke, nicht steuerbegünstigte **6** 91

Familienstiftung, ausländische **12** 198 f.
- Amtshilfeabkommen **12** 205
- Aufhebung **12** 205
- Errichtung **12** 201
- Ersatzerbschaftsteuer **9** 119
- Grunderwerbsteuer **12** 206
- Körperschaftsteuerpflicht **12** 203
- Mitwirkungspflichten **12** 205, 208
- steuerliche Behandlung Ausschüttungen **12** 204
- Steuerrecht **9** 119
- Vermögensübertragung auf **12** 202
- Wegzugsbesteuerung **12** 202

Sachregister

- Zurechnungsbesteuerung **12** 204

Familienunternehmen
- Verschonungsregeln **21** 53, 59
- Vinkulierungsklausel **22** 185
- Vorababschlag **22** 292
- Vorwegabschlag **27** 170 f.
- Wertabschlag **27** 34

Familienverein
- Ersatzerbschaftsteuer **27** 5

Familienwohnheim
- Erbschaftsteuer **27** 109
- Schenkung **21** 45

Festkapitalkonto
- Abtretung bei share deal **3** 199

Festkaufpreis
- Unternehmensverkauf **3** 300

financial due diligence
- Checkliste **3** 153

Finanzgarantie 3 403

Finanzierungsleasing
- Unternehmensverkauf **3** 297

Finanzmittel
- Investitionsklausel **27** 157 f., 165
- Verwaltungsvermögen, junges **27** 146

Finanzmittel, junge 27 147

Finanzplandarlehen
- Anschaffungskosten **25** 173

Finanzverbindlichkeiten
- asset deal **3** 246
- Unternehmensverkauf **3** 246, 280

Firma
- GmbH **24** 539
- OHG/KG **24** 180

Folgeschaden
- Haftungsbeschränkung auf **3** 363

Forderung
- Erbschaftsteuerpflicht **12** 127

Forderung, gestundete
- Gegenleistung **25** 67

Forderungsverzicht
- Anschaffungskosten **25** 172
- Zuwendung, disquotale **2** 75

Form 23 60 f.
- Erb-/Pflichtteilsverzicht **2** 130
- Heilung Formmangel **2** 80 f.
- Immobiliengeschäft **2** 118
- registerrechtliche Erfordernisse **2** 133
- Schenkung **2** 39, 41
- Schenkung, gemischte **2** 39, 42

Formmangel
- Heilung bei Schenkung **2** 80 f.

Formstatut
- Auslandsbezug **12** 101

Formwechsel 30 14; **37** 26
- GbR in GmbH **39** 23
- GmbH & Co. KG in GmbH **33** 6 f., 13
- GmbH in AG **35** 10
- GmbH in GmbH & Co. KG **33** 15 f., 20; **37** 72 f., 76

- Grunderwerbsteuer **36** 9, **43** 7
- Personengesellschaft in OHG/KG **24** 191, 194
- Rechtsträger, beteiligte **30** 21
- Sperrfrist **25** 1a
- steuerneutraler F. Personen- auf Kapitalgesellschaft **36** 6
- Steuerrecht **43** 1 ff.
- UmwStG **41** 1 f., 8
- Vermeidung Übertragungsgewinn bei F. Kapital- auf Personengesellschaft **36** 4
- zwischen Personen(handels)gesellschaften **39** 23

Forstwirtschaftlicher Betrieb
- Erbfolge, vorweggenommene **2** 58
- USt-Besteuerung nach Durchschnittssätzen **7** 44

Forstwirtschaftliches Vermögen
- Entnahmen, nachsteuerunschädliche **27** 204
- erbschaftsteuerliche Begünstigung **27** 118, 123
- Erbschaftsteuerpflicht, beschränkte **12** 118
- Nachsteuertatbestand **27** 196, 209
- Tarifermäßigung **27** 246

Fortsetzungsklausel 4 31
- Abfindung als Nachlassgegenstand **27** 15
- Betriebsvermögen, steuerbegünstigtes **27** 114
- Eintrittsberechtigter **24** 424
- Erbschaftsteuer **27** 74
- Familienholding **6** 265, 267 f.
- Formulierungsmuster **14** 11
- GbR **24** 336 f., 345
- Gesellschaftereintritt **24** 423
- Personengesellschaft **14** 4 f.
- steuerliche Behandlung bei **27** 286
- Vor-/Nachteile **14** 9

Fortsetzungsvereinbarung
- GbR **24** 336 f., 345

Frankreich
- DBA **12** 159
- Deutsch-französische Wahl-Zugewinngemeinschaft **15** 42, 67, 69, 80
- Testament, gemeinschaftliches **15** 185
- Vindikationslegat **12** 71
- Wahl-Zugewinngemeinschaft, deutsch-französische **2** 10

Freiberufler, bilanzierender
- Betriebsvermögen **27** 61

Freiberufler, nicht bilanzierender
- Betriebsvermögen **27** 65
- Betriebsvermögen, gewillkürtes **27** 65

Freiberufliche Praxis
- Verpachtung **7** 9

Freibetrag
- 10-Jahres-Frist **21** 43
- Ausnutzung **31** 8
- Ausschlagung bei ausgeschöpftem **11** 35
- Betriebsaufgabe **26** 58
- Erbschaftsteuer **12** 149; **27** 243
- Freibetragsgrenze **25** 187

Sachregister

- Veräußerung Kapitalgesellschaftsanteil **25** 184
Freibetrag § 16 Abs. 4 EStG
- Berufsunfähigkeit, dauernde **25** 80, 84
- einmal pro Leben **25** 85
- Ermäßigungsbetrag **25** 87
- Freibetragsgrenze **25** 87
- Gewerbeertrag **25** 224
- Lebensalter Veräußerer **25** 80, 83
- Veräußerung gegen wiederkehrende Leistung **25** 89
- Veräußerungsgewinn **25** 79 f.
Freibetragsgrenze 25 87
Freigabe
- Nachlassgegenstand **18** 149
Freistellungsverpflichtung
- covenants **3** 434
- Haftung bei asset deal **3** 224
- sonstige **3** 432
- Steuerhaftung **3** 426
- Verkäufer Unternehmensverkauf **3** 355 f.
Fremdvergleich
- Angemessenheitsprüfung **28** 180
- Vertragsbeziehungen Familiengesellschaft **28** 180
Fremdwährungsforderung
- Gegenleistung **25** 67
Fusionskontrolle
- Unternehmensverkauf **3** 318

Garantien
- Absicherungsinteresse Käufer **3** 383
- Arbeitsrecht **3** 413
- Bilanzgarantie **3** 369, 403
- Compliance **3** 418
- de minimis Klausel **3** 360
- Finanzgarantie **3** 403
- Freistellungsverpflichtung Steuerhaftung **3** 426
- Garantiekatalog **3** 388 f.
- good title Garantie **3** 375, 383, 400
- IP-Rechte **3** 416
- IT-Rechte **3** 416
- Jahresabschlussgarantie **3** 369
- Kaufrecht, deutsches **3** 356
- Mitarbeiten **3** 413
- Naturalrestitution **3** 358
- objektive **3** 394
- Rechtsgarantie **3** 400
- Rechtsstreitigkeiten **3** 418
- Schutzrechte, gewerbliche **3** 416
- Sicherheitsleistung **3** 383
- Steuergarantien **3** 422 f.
- subjektive **3** 395
- Unternehmensverkauf **3** 130
- Unternehmensverkauf **3** 355 f.
- Verjährung **3** 435
- Verträge, wesentliche **3** 411
- Wissen, positives **3** 396

Gaststätte
- Verwaltungsvermögen **27** 140
Gattungsvermächtnis 18 55
GbR 24 2 ff.
- Abspaltungsverbot **24** 51
- Änderung Gesellschafterbestand **24** 144 f.
- Anwachsung **24** 13
- Auflösung **5** 90, 91; **24** 157
- Aufsichtsrat **24** 142
- Auseinandersetzung **24** 99
- Auseinandersetzung der Gesellschafter **24** 161
- Ausscheiden Gesellschafter **5** 84
- Außengesellschaft **5** 52; **23** 15
- Beendigung **24** 156 f.
- bei Rechtsformverfehlung **24** 47
- Beirat **24** 142
- Beitragspflicht **24** 30
- Beschlussfassung **24** 79
- Bewirkung der versprochenen Leistung/Zuwendung **2** 98
- Bezeichnung im Rechtsverkehr **24** 20
- Dauer **24** 32
- durch Umwandlung **24** 45
- Entstehung **24** 21 f.
- Entstehungszeitpunkt **24** 42
- Ergebnisverteilung/-beteiligung **24** 97
- Familienholding **6** 84
- Förderpflicht **24** 29
- Formwechsel in GmbH **39** 23
- Formwechsel in KG **24** 193
- Formwechsel in OHG **24** 193
- Fortsetzungsvereinbarung/-klausel **24** 336 f., 345
- Gesamthandschaft **24** 10
- Geschäftsführung **24** 53 f.
- Gesellschafter **24** 24
- Gesellschafterausscheiden **24** 145
- Gesellschafterpflichten **24** 108 f.
- Gesellschafterrechte **24** 49, 50 f.
- Gesellschafterwechsel **24** 150 f.
- Gesellschaftsvertrag **24** 21
- Haftung bei unentgeltlicher Übertragung **2** 55
- Haftung Erbe **19** 33
- Haftung Gesellschafter **24** 122 f.
- Haftung nach Beendigung **24** 137
- Handelsgewerbe **24** 19
- Innengesellschaft **5** 48
- Kaufmannseigenschaft **24** 19
- Kontrollrechte **24** 84
- Kündigung Geschäftsführung **24** 69
- Kündigung zur Unzeit **24** 91
- Kündigungsfolgen **24** 92
- Kündigungsrecht **24** 86 f.
- Nachfolge, gesetzliche **4** 26
- Nachfolgeklausel **24** 154
- Nachfolgeklausel, qualifizierte **24** 155
- Nachfolgeklausel, rechtsgeschäftliche **24** 153
- Nachhaftung **5** 237
- Nachschusspflicht **24** 30

- Rechtsfähigkeit **5** 52, 61; **24** 7
- Selbstorganschaft **24** 54
- Stille Gesellschaft **22** 84
- Stimmrecht **24** 79
- Stimmverbot **24** 83
- Übernahmeklausel **24** 339
- Übertragung, unentgeltliche **2** 55
- Vererblichkeit Anteil **1** 38
- Vermögensrechte **24** 93 f.
- Vertretung **24** 71 f.
- Vollbeendigung **24** 162
- Vollstreckung gegen **24** 102
- Zweck, gemeinsamer **24** 26

GbR-Gesellschafter
- Aufwendungsersatz **24** 94
- Auseinandersetzung **24** 99, 161
- Ausgleichsanspruch **24** 138
- Auskunftspflicht **24** 119
- Ausscheiden **24** 145
- Ausschluss **24** 146
- Beitragspflicht **24** 110, 118
- Einreden bei Haftung **24** 131
- Eintritt **24** 147
- Einwendungen bei Haftung **24** 131
- Entzug Geschäftsführungsbefugnis **24** 64
- Entzug Vertretungsbefugnis **24** 74
- Ergebnisbeteiligung **24** 97
- Geschäftsführungsbefugnis **24** 53 f.
- Haftung **24** 122 f., 141
- Haftung ausgeschiedener **24** 136
- Haftung eintretender **24** 135
- Haftung für Gesellschaft **24** 125
- Haftung gegenüber Mitgesellschafter **24** 133
- Haftung nach Beendigung der Gesellschaft **24** 137
- Haftungsbeschränkung **24** 129
- Herausgabepflicht **24** 121
- Kontrollrechte **24** 84
- Kündigung, außerordentliche **24** 87
- Kündigung, ordentliche **24** 89
- Leistungsverweigerung **24** 132
- Nachhaftung **24** 136
- Nachschusspflicht **24** 111
- Pflichten **24** 108 f.
- Pflichten, organschaftliche **24** 114
- Rechenschaftspflicht **24** 120
- Rechte **24** 50 f.
- Stimmrecht **24** 79
- Stimmverbot **24** 83
- Tätigkeitspflicht **24** 115
- Treuepflicht **24** 112, 116
- Untervertretung **24** 78
- Vermögensrechte **24** 93 f.
- Vertretenmüssen/Verschulden **24** 128
- Vertretungsbefugnis **24** 71 f.
- Verwaltungsrechte **24** 51 f.
- Vollstreckung gegen **24** 103
- Wechsel **24** 150
- Wettbewerbsverbot **24** 113, 117

- Widerspruchsrecht **24** 62

Gegenleistung
- Abgrenzung un-/teil-/entgeltliche Vermögensübertragung **28** 46 f.
- Abwicklungsregelung **22** 149
- Austauschleistung **28** 55, 119 f.
- Begriff **25** 62
- gemeiner Wert **25** 168
- Korrektur Wertansatz **25** 71
- Leistung, wiederkehrende **28** 55 f., 59
- Novation **25** 73
- Schenkung **28** 12
- Sofort-/Zuflussbesteuerung **25** 67, 113
- teilentgeltliche Veräußerung **25** 167
- Übernahme mit negativem Kapitalkonto **25** 67, 70
- Vermögensübertragung, entgeltliche **28** 48
- Vermögensübertragung, teilentgeltliche **28** 49
- Wertansatz **25** 168
- Wertansatz **25** 65
- wiederkehrende **25** 67

Gegenleistungsrente **28** 119 f.

Gegenstand
- Haftung des Eigentümers nach § 74 AO **25** 280 f., 288

Geldvermächtnis
- steuerliche Behandlung **27** 327

Geliebtentestament **17** 150

Gemeiner Wert
- Entnahme im Zuge der Betriebsaufgabe **26** 53
- Gegenleistung **25** 168

Gemeinschaft
- Abgrenzung zu Gesellschaft **5** 24

Genehmigung
- familiengerichtliche **2** 315
- Grundstücksverkehrsgesetz **2** 324

Genehmigungsvorbehalt
- Unternehmensverkauf **3** 318

Generationennachfolgeregelung **2** 2
- Zustimmungserfordernisse **2** 273 f.

Genossenschaft **5** 146

Genossenschaftsanteil **25** 144
- Übertragung, unentgeltliche **2** 74

Genussschein
- Ermittlung relevanter Beteiligungsquote **25** 148
- Kapitalgesellschaftsanteil **25** 144

Gerichtsstandsklausel
- Unternehmensverkauf **3** 448

Gerichtsstandvereinbarung
- nach Art 5 ff. EuErbVO **15** 104

Gesamthandklage **19** 24, 25

Gesamthandschaft **5** 27
- GbR **24** 10
- KG **24** 169
- OHG **24** 169

Gesamthandsgemeinschaft
- Grunderwerbsteuer **25** 257

Sachregister

Gesamthandsvermögen
- Ermittlung relevanter Beteiligungsquote 25 151

Gesamtplanrechtsprechung 25 91
- Privilegierung, ertragsteuerliche 13 25

Gesamtrechtsnachfolge 5 170
- partielle 5 172
- Umwandlung 37 9
- Umwandlungsmethode 39 26

Gesamtschuldklage 19 23, 25

Geschäftsanteil *sa GmbH-Geschäftsanteil*
- Belastung Familienholdinganteil 6 234
- Schenkung, aufschiebend bedingte auf Tod des Schenkers 2 149
- Vinkulierung bei Familienholding 6 210
- Zuwendung ohne Gegenleistung 2 50 f.

Geschäftsbetrieb, wirtschaftlicher
- Wohnungsunternehmen 13 14

Geschäftsführer
- Beteiligung bei Unternehmensverkauf 3 325
- Nachfolgegeschäftsführer Familienholding 6 189

Geschäftsführer GmbH
- Abberufung 24 632
- Bestellung 24 621
- Bestellung erster 24 563
- Compliance-Pflicht 24 630
- Haftung 24 677 f.
- Kompetenzen 24 623
- Legalitätspflicht 24 627
- Pflichten 24 625
- Sorgfaltspflicht 24 626, 628
- Treuepflicht 24 631
- Überwachungspflicht 24 629
- Vertretungsbefugnis 24 624
- Voraussetzungen 24 622

Geschäftsführervertrag
- Neuabschluss bei Unternehmensverkauf 3 324

Geschäftsführung
- Dritt-Management 35 1
- Einbindung Familienmitglieder in Familienholding 6 195
- Familienholding 6 185, 192
- Sonderrecht 1 7

Geschäftsführungsbefugnis
- Ausübung, persönliche 24 70, 216
- Einzelgeschäftsführungsbefugnis 24 56, 203
- Entzug 24 64, 209
- GbR-Gesellschafter 24 53 f.
- gemeinschaftliche 24 56, 204
- GmbH-Gesellschafter 24 586
- Grundlagengeschäfte 24 61, 207
- KG-Gesellschafter 24 201 f.
- Kündigung 24 69, 215
- OHG-Gesellschafter 24 201 f.
- Umfang 24 58, 205
- Verhältnis zu Vertretungsbefugnis 24 72

Vertretungsbefugnis
- Verhältnis zu Geschäftsführungsbefugnis 24 72

Geschäftsführungsmaßnahmen
- Zustimmungserfordernisse Kapitalgesellschaft 2 299
- Zustimmungserfordernisse Personengesellschaft 2 275, 287, 290

Geschäftsleitungsbetriebsstätte
- ausländische 12 187

Geschäftsleitungsfunktion
- Erbschaftsteuerpflicht 12 110

Geschäftsordnung
- Neufassung bei Unternehmensverkauf 3 327

Geschäftsveräußerung
- an anderen Unternehmer für dessen Unternehmen 25 266
- nicht steuerbare 25 269
- Übereignung/Einbringung im Ganzen 25 265
- Umsatzsteuer 25 260 f.

Geschiedenentestament
- Pflichtteil 16 26

Geschwistergleichstellungsgeld 10 4, 6, 21

Gesellschaft
- Abgrenzung zu Gemeinschaft 5 24
- Begriff 5 20
- Beitragspflicht 5 23
- Gesellschaftsvertrag 5 22
- Liquidation 27 13
- numerus clausus 5 22
- Verfolgung gemeinsamer Zweck 5 21
- Zuwendung ohne Gegenleistung 2 50 f.
- Zuwendung, disquotale 2 75

Gesellschafter
- Loslösung aus der Gesellschaft 22 205 f.

Gesellschafter Kapitalgesellschaft
- Austritt 5 140
- Bestandsänderung 5 139
- Eintritt 5 141
- steuerliche Behandlung Liquidationsauskehrung 26 79 f.
- Übertragung der Beteiligung 5 142

Gesellschafter Personengesellschaft
- Ausscheiden 5 83
- Bestandsänderung 5 82
- Eintritt 5 86
- Haftung 5 79
- Übertragung Mitgliedschaft 5 88

Gesellschafter, persönlich haftender
- Haftung 24 280
- Nachhaftung bei Wechsel in Kommanditistenstellung 32 4
- Tod des 24 348
- Wechsel zur kommanditistischen Haftung 24 284

Gesellschafterausscheiden
- Abfindung, gesetzliche 24 367, 368
- Abfindungsklausel 24 375 f.
- Anwachsung bei 24 361
- Auflösung der Gesellschaft 24 404, 405

Sachregister

- Ausschluss **24** 407
- Ausschluss GmbH-Gesellschafter **24** 705
- Austritt GmbH-Gesellschafter **24** 689
- Befreiung von Gesellschaftsschulden **24** 365
- Fälligkeit Abfindung **24** 396
- Familienholding **6** 259
- Fortsetzung der Gesellschaft **24** 358
- GbR **24** 145
- KG **24** 331, 347 f., 356
- Nachhaftung **24** 365
- OHG **24** 331, 347 f., 356
- Rechtsfolgen Ausschluss **24** 441
- Rechtsfolgen, gesetzliche **24** 354, 355 f.
- Rechtsfolgen, vereinbarte **24** 401
- Rückgabe überlassener Gegenstände **24** 363
- Schuldner Abfindungsanspruch **24** 398

Gesellschafterausschluss 24 407
- Rechtsschutz **24** 415

Gesellschafterbestand
- Änderung bei GbR **24** 144 f.
- Änderung bei GmbH & Co. KG **24** 997
- Änderung bei GmbH **24** 688 f.
- Änderung bei KG **24** 330 f.
- Änderung bei KGaA **24** 934
- Änderung bei OHG **24** 330 f.

Gesellschafterbürgschaft
- keine Anschaffungskosten **25** 172, 175

Gesellschafterdarlehen
- asset deal **3** 248
- keine Anschaffungskosten **25** 172
- Unternehmensverkauf **3** 248

Gesellschafterdarlehen, kapitalersetzendes
- Anschaffungskosten **25** 173, 174

Gesellschaftereintritt
- Eintrittsart **24** 427
- Eintrittsbefristung **24** 434
- Eintrittsklausel **24** 420 f.
- Eintrittskonditionen **24** 429
- Eintrittsrecht **24** 444
- Ersatzlösung **24** 435
- Fortsetzungsklausel **24** 423
- GbR **24** 147
- GmbH-Gesellschafter **24** 747 f.
- Haftung **24** 448
- KG **24** 416 f.
- OHG **24** 416 f.
- Rechtsfolgen **24** 438
- unter Lebenden **24** 417, 748
- Vermögensübertragung **24** 445
- von Todes wegen **24** 756

Gesellschafterkonten Personengesellschaft
- bei share deal **3** 199

Gesellschafterleistung
- Zuwendung, disquotale **2** 75

Gesellschafterleistung, kapitalersetzende
- relevante Kapitalbeteiligung **25** 147

Gesellschafterstämme
- Trennung **42** 9

Gesellschafterstellung
- Familiengesellschaft **28** 187

Gesellschaftervereinbarung
- bei Unternehmensverkauf **3** 328

Gesellschafterversammlung
- Vertretungsklausel **14** 150

Gesellschafterversammlung GmbH 24 634 f.
- Einberufung **24** 643
- Haftung **24** 684
- Kompetenz **24** 635

Gesellschafterversammlung GmbH & Co. KG 24 974

Gesellschafterwechsel
- GmbH **24** 723 f.
- Grunderwerbsteuer **25** 254
- KG **24** 452
- Nachfolgeklausel **24** 461
- OHG **24** 452
- unter Lebenden **24** 453, 724
- von Todes wegen **24** 461, 730

Gesellschaftsanteil
- Belastung Familienholdinganteil **6** 234
- Schenkung, aufschiebend bedingte auf Tod des Schenkers **2** 149
- Vererblichkeit **12** 39
- Vinkulierung bei Familienholding **6** 210

Gesellschaftsbeteiligung
- Zuwendung ohne Gegenleistung **2** 50 f.

Gesellschaftsform 24 1 ff.
- Altersversorgung **23** 68
- Anteilszersplitterung **23** 69
- Erbschaftsteuerplanung **23** 72
- Haftungsrisiken **23** 70
- Kapitalabfluss, erbfallbedingter **23** 71
- Mischformen **23** 34 f.
- Übersicht **23** 1 ff.
- Unternehmensleitung **23** 67
- Unternehmensnachfolge **23** 65 f.
- Verhältnis Erb-/Gesellschaftsrecht **23** 57
- Vor-/Nachteile **23** 43 f.

Gesellschaftsgründung
- Pflichtteilsvermeidung **16** 32

Gesellschaftsrecht
- Formvorschriften **23** 60
- Nachfolgegestaltung **4** 22
- Pflichtteil **20** 55 f.
- Verhältnis zu Erbrecht **23** 57
- Zustimmungserfordernisse **2** 273 f.

Gesellschaftsrecht, anwendbares
- bei Sitzverlegung **12** 34
- Bestimmung **12** 31 f.
- Durchsetzung Gründungstheorie **12** 34
- Gründungstheorie **12** 32
- Nachfolge **12** 39
- Sitztheorie **12** 33
- Verweisung **12** 38

Gesellschaftsrecht, inländisches
- Rechtsträger, ausländischer **12** 115

Gesellschaftsstatut 12 7

Sachregister

Gesellschaftsvertrag
- Abfindungsausschluss 22 277, 285
- Abfindungsbeschränkung 22 277, 278
- Abfindungsbeschränkungsklausel 14 138 f.
- Abfindungsklausel 1 46; 14 62
- Andienungsklausel 14 131
- Ankaufsrecht 22 256
- Ausschließungsklausel 14 156
- Ausschlussklausel 22 116
- Ausschüttung, disparitätische 22 267 f.
- Auszahlungsmodalitäten Abfindung 14 146
- Einziehungsklausel 14 54
- Fortsetzungsklausel 14 4
- Gestaltungsinstrumentarien 22 173 f.
- Gewinnbeteiligung, disparitätische 22 267 f.
- Güterstandsklausel 14 88; 15 48
- Hinauskündigungsklausel 14 156; 22 116
- Hinauskündigungsklausel, freie 22 294
- Kontrolle Unternehmensleitung 22 262
- Loslösung Gesellschafter aus der Gesellschaft 22 205 f.
- Nachfolge-/Umwandlungsklausel 14 45
- Nachfolgeklausel, erbrechtliche 14 13
- Nachfolgeklausel, qualifizierte 14 21
- Nachfolgeklausel, rechtsgeschäftliche 14 36
- Nachfolgeklauseln 14 1 ff.
- Pensionsanwartschaft/-leistung 22 297
- Pflichtteilsverzichtsklausel 14 105
- Poolvereinbarung 14 161 f.
- Stimmbindungsabsprache 22 244
- Stimmgewichtsverteilung 22 225
- Testamentsvollstreckung 1 30
- Testamentsvollstreckungsklausel 14 78
- Vertretungsklausel Gesellschafterversammlung 14 150
- Vinkulierungsklausel 14 120; 22 183
- Vorabschlag Familienunternehmen 22 292
- Vorerwerbsklausel 14 131
- Vorkaufsrecht 22 256
- Vorsorgevollmachtsklausel 14 95
- Weitergabeverpflichtung 2 270
- Zulassungsklausel Nießbrauch 14 112
- Zwangseinziehungsklausel 14 69

Gesellschaftsvertrag GbR 24 21
- Beitragspflicht 24 30
- Dauer 24 32
- Förderpflicht 24 29
- Form 24 33
- Formverstoß 24 41
- Formvorgaben 24 34
- Gesellschafter 24 24
- Inhalt 24 23
- Rechtsnatur 24 22
- Wirksamwerden 24 42
- Zweck, gemeinsamer 24 26

Gesellschaftsvertrag GmbH 24 533
- Agio 24 552
- Aufsichtsrat 24 556
- Befristung 24 549
- Beirat 24 556
- Firma 24 539
- Form 24 561
- Gegenstand 24 538, 541
- Geldleistungspflichten 24 551
- Geschäftsanteil 24 544
- Gesellschafter 24 536
- Handlungen, sonstige 24 555
- Inhalt 24 535 f., 548 f.
- Nebenleistungspflichten 24 550
- Sacheinlage 24 547
- Sachleistungen 24 553
- Sitz 24 540
- Sonder-/Vorzugsrechte 24 554
- Stammeinlage 24 546
- Stammkapital 24 542
- Übernahme Gründungsaufwand 24 557
- Unterlassungen 24 555
- Vinkulierung 24 556

Gesellschaftsvertrag Kapitalgesellschaft 5 113 f.
- Änderung 5 118
- Form 5 115
- Inhalt 5 116

Gesellschaftsvertrag KG 24 173 f.
- Beitragspflicht 24 179
- Dauer 24 182
- Firma 24 180
- Förderpflicht 24 178
- Form 24 183
- Gesellschafter 24 175
- Haftung Gesellschafter 24 181
- Inhalt 24 175
- Rechtsnatur 24 174
- Zweck, gemeinsamer 24 177

Gesellschaftsvertrag OHG 24 173 f.
- Beitragspflicht 24 179
- Dauer 24 182
- Firma 24 180
- Förderpflicht 24 178
- Form 24 183
- Gesellschafter 24 175
- Haftung Gesellschafter 24 181
- Inhalt 24 175
- Rechtsnatur 24 174
- Zweck, gemeinsamer 24 177

Gesellschaftsvertrag Personengesellschaft 5 65
- Form 5 66

Gesellschaftsvertragsänderung
- Einstimmigkeitsprinzip 2 274

Gestaltungsmöglichkeiten
- Unternehmensnachfolge 1 1 ff.

Gewerbebetrieb
- Aufgabe 26 16 f.
- Begriff 25 7
- Betriebsvermögen, steuerbegünstigtes 27 121
- Kapitalgesellschaft 26 93
- Unternehmensaufgabe 26 4

Sachregister

- Veräußerung **25** 7, 40
- Veräußerungsvorgang **25** 40

Gewerbesteuer
- Aufgabe Mitunternehmeranteil **26** 91
- Betriebsaufgabe **26** 91
- Betriebsverpachtung **7** 36
- Einstellung Teilbetrieb **26** 91
- Einzelunternehmen **25** 223
- Erbengemeinschaft **25** 229
- Erbfall **27** 332 f.
- Ermittlung des laufenden Gewinns während Betriebsveräußerung **25** 123
- Freibetrag § 16 Abs. 4 EStG **25** 224
- Gewerbeertrag **25** 223
- Kapitalgesellschaft **25** 226
- Kapitalgesellschaft bei Veräußerung Mitunternehmeranteil **25** 229
- laufender Gewinn/Verlust bei Betriebsaufgabe **26** 62
- Personengesellschaft **25** 223
- Personengesellschaft, doppelstöckige **25** 229
- Realteilung **26** 92
- Steuerermäßigung bei Einkünften aus Gewerbebetrieb **25** 109
- Stiftung **9** 102
- umqualifizierter Veräußerungsgewinn **25** 225
- Unternehmensveräußerung **25** 222, 223 f.
- Veräußerung aus Betriebsvermögen **25** 223 f.
- Veräußerung aus Privatvermögen **25** 222
- Veräußerung Betrieb **25** 227
- Veräußerung Kapitalgesellschaftsanteil **25** 230, 232
- Veräußerung Mitunternehmeranteil **25** 228, 229
- Veräußerung Teilbetrieb **25** 227
- Verlustvortrag **25** 233 f.
- vorweggenommene Erbfolge **28** 190

Gewerbetreibender, bilanzierender
- Betriebsvermögen **27** 61

Gewerbetreibender, nicht bilanzierender
- Betriebsvermögen **27** 65
- Betriebsvermögen, gewillkürtes **27** 65

Gewerbliche Tätigkeit
- Begriff **25** 30

Gewinn, entgangener
- Haftungsbeschränkung auf **3** 363

Gewinn, laufender
- bei Veräußerung **25** 121
- Ermittlung während Betriebsveräußerung **25** 123

Gewinnausschüttung
- Familienholding **6** 179

Gewinnbeteiligung, disparitätische **22** 267 f.

Gewinnbezugsrecht
- Erbanfall **27** 55

Gewinnerzielungsabsicht
- Betriebsaufgabe **26** 46
- Unternehmensveräußerung **25** 53
- Veräußerung Kapitalgesellschaftsanteil **25** 165

Gewinnverteilung
- Änderung **6** 163
- disquotale bei Familienholding **6** 152, 160
- Familiengesellschaft **28** 182 f.
- Unangemessenheit **6** 162

Gewinnzuweisung
- bei share deal Personengesellschaft **3** 206

Gläubiger
- Beteiligung bei Umwandlung **39** 10

Gläubigerbenachteiligung
- Ausschlagung **11** 38

Gleichstellungsgeld **10** 4, 6, 21

Globalsukzession
- Rechtsnachfolge **5** 170

GmbH **5** 102; **23** 27; **24** 514 f.
- Abtretungsklausel **14** 62
- Abwicklung **24** 771
- Änderung Gesellschafterbestand **24** 688 f.
- Angaben Handelsregisteranmeldung **24** 580
- Auflösung **24** 758
- Aufsichtsrat **5** 132; **24** 645 f.
- Aufsichtsrat, fakultativer **24** 647
- Aufsichtsrat, gesetzlicher **24** 646
- Austritt Gesellschafter **24** 689
- Beendigung **24** 757
- Befristung **24** 549
- Beirat **24** 648
- durch Formwechsel GmbH & Co. KG in **33** 6 f., 13
- Durchgriffshaftung **24** 666
- Einlagerückzahlung, verbotene **24** 661
- Eintritt Gesellschafter **24** 747 f.
- Einziehungsklausel **14** 54
- Einziehungsrecht bei fehlender Weitergabeverpflichtung § 1638 BGB **2** 271
- Einziehungsrecht Geschäftsanteil **24** 738
- Entstehung **24** 523
- Entstehung durch Umwandlung **24** 583
- Ergebnisbeteiligung **24** 597
- Erklärungen Handelsregisteranmeldung **24** 579
- Firma **24** 539
- Formwechsel in AG **35** 10
- Formwechsel in GmbH & Co. KG **33** 15 f., 20; **37** 72 f., 76
- Geschäftsanteil **24** 544
- Geschäftsführer **24** 563, 620
- Geschäftsführerbestellung **24** 621
- Geschäftsführung **5** 134; **24** 586
- Gesellschafter **24** 536
- Gesellschafterhaftung in der Insolvenz **24** 672
- Gesellschafterpflichten **24** 600 f.
- Gesellschafterrechte **24** 584 f.
- Gesellschafterversammlung **5** 133; **24** 634 f.
- Gesellschafterwechsel **24** 723 f.
- Gesellschaftsvertrag **24** 533
- Gewinnverteilung, disquotale **6** 161
- Gründung **24** 523
- Gründung im vereinfachten Verfahren **24** 559

Sachregister

- Haftung 24 649, 650; 25 520
- Haftung Gesellschafter 24 651 f.
- Handelndenhaftung 24 572
- Handelsgewerbe 24 517
- Handelsregisteranmeldung 24 574 f.
- Handelsregistereintragung 24 581
- Kapitalaufbringung 24 521, 604 f.
- Kapitalerhaltung 24 521
- Kapitalerhöhung Geschäftsanteil 24 753
- Kaufmanneigenschaft 24 517
- Kündigungsrecht 24 592
- Leistung auf Stammeinlagen 24 569
- Liquidation 24 771
- Organe 24 619 f.
- Organhaftung 24 676
- Poolvertrag 22 253
- Rechnungslegung Liquidation 24 775
- Recht, anwendbares 24 515
- Rechtsfähigkeit 24 518
- Rechtsformmissbrauch 24 667
- Rechtsnatur 24 516
- Sacheinlage, verdeckte 24 607, 658
- Sachgründungsbericht 24 571
- Sitz 24 540
- Stammkapital 24 521, 542
- Stimmbindungsabsprache 22 251
- Stimmgewichtsverteilung 22 237
- Stimmrecht 24 588
- Stimmrechtsmissbrauch 24 663
- Teilung Geschäftsanteil 24 750
- Trennungsprinzip 24 519
- Übertragung 5 261
- Übertragung Geschäftsanteil 24 724
- Übertragung, unentgeltliche 2 71
- Unterbilanzhaftung Gesellschafter 24 660
- Unterkapitalisierung 24 668
- Unterlagen Handelsregisteranmeldung 24 575
- Vergleich zu kleiner AG 35 24
- Vermögensvermischung 24 671
- Vertretung 5 134
- Vinkulierungsklausel 22 190
- Vollbeendigung 24 782
- Vorgesellschaft 24 530 f.
- Vorgründungsgesellschaft 24 525
- Zustimmungserfordernisse 2 298, 303

GmbH & Co. KG 23 37
- Änderung Gesellschafterbestand 24 997
- Aufsichtsrat 24 975
- Beendigung 24 998
- Beendigung KG 24 999
- Beendigung Komplementär-GmbH 24 1000
- Beirat 24 977
- Beteiligungsgleiche 24 959
- Doppelstöckige 24 962
- durch Formwechsel GmbH 33 15 f., 20; 37 72 f., 76
- Einheits-GmbH & Co. KG 24 963
- Einpersonen-GmbH & Co. KG 24 961
- Entstehung 24 948
- Familienholding 6 72
- Formwechsel in GmbH 33 6 f., 13
- Geschäftsführer GmbH 24 966
- Gesellschafter KG 24 969
- Gesellschafter Komplementär-GmbH 24 973
- Gesellschafterrechte/-pflichten 24 965
- Gesellschafterversammlung 24 974
- Gestaltungsmöglichkeiten 24 954
- Gewinnverteilung 24 949
- Gründe für Rechtsformwahl 24 944
- Haftung 24 978 f.
- Haftung Aufsichtsrat/-smitglied 24 986, 994
- Haftung Beirat/-smitglied 24 987, 996
- Haftung Geschäftsführer Komplementär-GmbH 24 991
- Haftung Gesellschafter 24 980
- Haftung Gesellschafter Komplementär-GmbH 24 990
- Haftung KG 24 979
- Haftung Kommanditisten 24 982
- Haftung Komplementär-GmbH 24 981, 988 f.
- Kommanditisten 24 972
- Komplementär-GmbH 24 971
- Mehrstöckige 24 962
- Personengleiche 24 958
- share deal 3 211
- Unternehmensgegenstand 24 950

GmbH & Co. KGaA 23 41

GmbH-Geschäftsanteil
- Bewirkung der versprochenen Leistung/ Zuwendung 2 109
- Kapitalgesellschaftsanteil 25 144
- Mitveräußerung bei share deal GmbH & Co. KG 3 211
- Sicherung der Überleitung auf Unternehmer-Nachfolger 34 22 f., 27
- Übertragung, unentgeltliche 2 71
- Versorgungsleistung bei Übertragung 28 78, 82

GmbH-Geschäftsführer s *Geschäftsführer GmbH*
- Abtretung, auf Tod bedingte 24 735
- Abtretungspflicht an Erben 24 740
- Eintrittsrecht 24 742
- Einziehungsrecht der Gesellschaft 24 738
- Inhaltsänderung 24 744
- Kapitalerhöhung 24 753
- Nießbrauch 22 72
- Qualifikation von Erben 24 745
- Teilung 24 750
- Übernahme neu geschaffener 24 749
- Übertragung 24 724
- Übertragungsrecht der Gesellschaft 24 743
- Vererblichkeit 24 731
- Vinkulierung 24 726
- Vorkaufs-/Vorerwerbsrecht 24 728

GmbH-Gesellschafter 24 536
- Änderung Gesellschafterbestand 24 688 f.

Sachregister

- Aufwendungsersatz **24** 595
- Ausschluss **24** 705
- Ausschluss durch Gesellschafterbeschluss **24** 717
- Austritt **24** 689
- Beitragspflicht **24** 602
- Durchgriffshaftung **24** 666
- Einlage, kreditierte **24** 608
- Eintritt **24** 747 f.
- Ergebnisbeteiligung **24** 597
- Förderpflicht **24** 601
- Geschäftsführungsbefugnis **24** 586
- Haftung **24** 651 f.
- Haftung aus persönlicher Verpflichtung **24** 665
- Haftung gegenüber Gesellschaftsgläubigern **24** 664
- Haftung in der Insolvenz **24** 672
- Kontrollrechte **24** 589
- Nachrang Gesellschafterdarlehen in Insolvenz **24** 674
- Nachschusspflicht **24** 598, 614
- Pflichten **24** 600 f.
- Rechte **24** 584 f.
- Rechtsschutz bei Ausschluss **24** 716, 721
- Sacheinlage **24** 605
- Sacheinlage, verdeckte **24** 607, 658
- Stimmrecht **24** 588
- Treuepflicht **24** 617
- Unterbilanzhaftung **24** 660
- Verletzung Insolvenzantragspflicht **24** 673
- Vermögensrechte **24** 594
- Vertretungsbefugnis **24** 587
- Verwaltungsrechte **24** 585, 593
- Wettbewerbsverbot **24** 618

good title Garantie **3** 375, 383, 400
- Absicherungsinteresse **3** 383

Griechenland
- DBA **12** 160

Grundbesitz-Holding **6** 142

Grundbuch
- Besicherung von Ansprüchen **2** 236 f.
- Dienstbarkeit, beschränkte persönliche **2** 247
- Grunddienstbarkeit **2** 245
- Reallast **2** 237
- Rentenschuld **2** 249
- Rückauflassungsvormerkung **2** 251

Grunddienstbarkeit **2** 245

Grunderwerbsteuer **25** 250 f.
- Anteilsveräußerung **25** 250 f.
- Anteilsvereinigung **27** 339
- bei Anteilsvereinigung **25** 252, 255
- bei Gesellschafterwechsel **25** 254
- bei Umwandlung **36** 9
- Bemessungsgrundlage **25** 251
- Betriebsaufgabe **26** 95
- Betriebsverpachtung **7** 42
- Erbengemeinschaft **25** 255
- Erbfall **27** 338

- Familienholding **6** 120
- Familienstiftung **12** 206
- Formwechsel **36** 9, **43** 7
- Gesamthandsgemeinschaft **25** 257
- Rechtsvorgänge, anzeigepflichtige **25** 254, 255, 256
- Steuerbefreiung **25** 258
- Unternehmensveräußerung **25** 250 f.
- Veräußerung an Ehegatten/Lebenspartner/Verwandte **25** 258
- Veräußerung an Geschwister **25** 258
- vorweggenommene Erbfolge **28** 194
- Zurechnung, wirtschaftliche **25** 253

Grundstück, nutzungsüberlassenes
- Verwaltungsvermögen **27** 139, 140

Grundstücksübertragung
- Sperrfrist **25** 1a

Grundstücksverkehrsgesetz
- Genehmigung **2** 324

Gründung
- Rechtsträge bei Umwandlung **37** 56

Gründungstheorie
- Rechtsfähigkeit **5** 32

Grundvermögen
- Aufklärungspflicht bei Verkauf **3** 120
- Bewirkung der versprochenen Leistung/Zuwendung **2** 118
- Erbschaftsteuerpflicht, beschränkte **12** 118
- Schenkung **21** 45
- Schenkung, aufschiebend bedingte auf Tod des Schenkers **2** 148

Gütergemeinschaft **15** 38
- Ehepartnererbrecht **15** 69, 71; **17** 8
- fortgesetzte **15** 72; **16** 5
- Lebenspartnererbrecht **15** 69, 71
- Zuwendung, ehebedingte **2** 216

Güterrecht
- Auslandsbezug **12** 133

Güterrecht, eheliches
- Auslandsbezug **12** 85

Güterrechtsstatut **15** 97

Güterstand
- Änderung, rückwirkende **15** 5
- Erbfolge, gewillkürte **15** 117
- Gestaltung **15** 1 ff.
- Gütergemeinschaft **15** 38
- Gütertrennung **15** 33
- Vertragsfreiheit **15** 1
- Wahl-Zugewinngemeinschaft, deutsch-französische **2** 10
- Zugewinngemeinschaft **15** 10 f.

Güterstandsklausel **14** 88
- Formulierungsmuster **14** 94
- Gesellschaftsvertrag **15** 48
- Vor-/Nachteile **14** 92

Güterstandsschaukel **21** 48
- mehrfache **15** 23
- Pflichtteil **16** 3
- Zugewinngemeinschaft **15** 23

Sachregister

Güterstandswahl 1 49
- Steuerrecht 1 50

Güterstandswechsel
- Pflichtteil 16 1

Gütertrennung 15 33
- Ehepartnererbrecht 15 69, 70; 17 9
- Lebenspartnererbrecht 15 69, 70
- steuerliche Behandlung 1 50
- Zuwendung, ehebedingte 2 211

Gutgläubiger Erwerb 18 128

Haager Übereinkommen 17 29

Haftung
- AG 24 791
- Aufsichtsrat 24 685
- Aufsichtsrat AG 24 884
- Auskunft, vorsätzlich falsche 3 132
- bei unentgeltlicher Vermögensübertragung 2 55
- bei Unternehmensnachfolge 19 28 f.
- Beirat 24 686, 1045
- Beschränkung bei Nachfolgeklausel 24 474
- Beschränkung bei qualifizierter Nachfolgeklausel 24 494
- Betriebsratsmitglied 24 1045
- Betriebsübernehmer 25 298
- Betriebsübernehmer nach § 75 AO 25 290 f., 295
- culpa in contrahendo 3 124
- DurchgriffsKapitalgesellschaft 5 137
- Eigentümer nach § 74 AO 25 280 f., 287, 289
- Erbe 19 14 f.; 27 354
- Erbe bei Einzelunternehmen 19 28
- Erbe GbR-Gesellschaftsanteil 19 33
- Erbe Kapitalgesellschaft 19 34
- Erbe KG-Gesellschaftsanteil 19 31
- Erbe OHG-Gesellschaftsanteil 19 29
- Erben, mehrere 19 22
- Erbfallkostenschulden 19 21
- Erbfallschulden 19 21
- Erblasserschulden 19 21
- Freistellungsverpflichtung bei asset deal 3 224
- für Steuerschulden 25 289, 295, 298
- GbR-Gesellschafter 24 122 f., 141
- gesamtschuldnerische 3 373
- Geschäftsführer GmbH 24 677 f.
- Gesellschafter Personengesellschaft 5 79
- Gesellschafter, persönlich haftentender 24 280
- Gesellschaftereintritt 24 448
- Gesellschafterversammlung GmbH 24 684
- GmbH 24 649, 650; 25 520
- GmbH & Co. KG 24 978 f.
- GmbH-Gesellschafter 24 651 f.
- Gründungsbeteiligte AG 24 836
- Gründungsgesellschafter Personengesellschaft 24 281
- Gründungskommanditist 24 288
- Haftungsbeschränkung Minderjährige 24 314
- Haftungscap 3 362

- Haftungsquoten 3 373
- Handelndenbei Gründung GmbH 24 572
- Informationserteilung 3 124
- Kapitalgesellschaft 5 135, 136
- Kapitalgesellschaft als Familienholding 6 58
- KG-Gesellschafter 24 181, 277 f.
- KGaA 24 933
- Kommanditist 5 80; 24 287 f.
- Kommanditist, eintretender 24 300
- Komplementär 24 280 f.
- Miterbe 19 22
- Miterbe nach Auseinandersetzung 19 26, 63
- Nach5 237
- Nachlasserbenschulden 19 21
- Nachlassverbindlichkeit 19 21
- OHG-Gesellschafter 24 181, 277 f.
- Organhaftung GmbH 24 676
- Partner 5 81
- Personengesellschaft 5 78
- Personengesellschaft als Familienholding 6 70
- Risiken, außerbilanzielle 3 298
- Unternehmensnießbrauch 27 357
- Vermächtnis 18 35 f.
- Vor-/Nacherbe 19 27
- Vorgesellschaft Kapitalgesellschaft 5 119
- Vorstand AG 24 861
- Wahl der Umwandlungsmethode 39 25
- Wechsel zur kommanditistischen 24 284

Haftungsausschluss
- Informationserteilung 3 125
- Unternehmensverkauf 3 125

Haftungsbeschränkung
- de minimis Klausel 3 360
- Erbe 19 14 f.
- Folgeschaden 3 363
- GbR-Gesellschafter 24 129
- Gewinn, entgangener 3 363
- Haftungscap 3 362
- KG-Gesellschafter 24 313 f.
- OHG-Gesellschafter 24 313 f.
- Umwandlung zur 32 1 f.
- Unternehmensverkauf 3 360 f., 381

Haftungsrisiko
- Gesellschaftsform 23 70

Haltefrist
- bei Entnahmebegrenzung 27 207
- bei Spaltung 31 10
- Betriebsvermögen, steuerbegünstigtes 27 192
- Schenkung unter Lebenden 28 37

Handelndenhaftung
- Vorgesellschaft 5 120

Handelsregisteranmeldung
- AG 24 830
- GmbH 24 574 f.
- Kommanditanteil 2 91
- Prüfung 24 831
- Umwandlung 37 52

Handelsregistereintragung
- AG 24 832

Sachregister

- GmbH **24** 581
- Umwandlung **37** 55

Handschenkung **2** 40

Hauptversammlung AG **24** 885 f.
- Ablauf **24** 893
- Beschlussfassung **24** 894
- Beurkundung Niederschrift **24** 893
- Einberufung **24** 891
- Funktion **24** 886
- Kompetenzen **24** 888
- Protokoll **24** 893
- Stellung **24** 887

Hauptversammlung KGaA **24** 927
- Beschlussfassung **24** 932
- Kompetenzen **24** 928
- Stimmrecht **24** 931
- Teilnahmerecht **24** 930

Hausrat
- Formulierungsmuster Vermächtnis **18** 53

Heilung
- Formmängel bei Schenkung **2** 80 f.

Herausgabeanspruch
- Erbschaft **19** 85

Herausgabevermächtnis
- Erbeinsetzung **18** 21
- Pflichtteil **16** 30
- Verhältnis zu Vor-/Nacherbfolge **18** 95

Hinauskündigungsklausel **14** 156; **22** 116
- Formulierungsmuster **14** 160
- freie **22** 294
- Vor-Nachteile **14** 159

Hinterziehungszinsen
- Erblasserverbindlichkeit **27** 98

Hinzuerwerb
- Beteiligungsquote, relevante **25** 179

Höfeordnung
- Erbschaftsteuer **27** 80
- Pflichtteil **16** 47

Hofübergabe, rheinische **28** 161

Hofübertragung
- Betriebsverpachtung im Vorgriff auf **7** 24

Holding
- Auslandsbezug **12** 81
- Schenkung **1** 7
- Wegzugsbesteuerung **1** 12

Honorardeckelung
- Beraterhonorar Unternehmensverkauf **3** 98

Hotel
- Verwaltungsvermögen **27** 140

Immobilien
- Bewirkung der versprochenen Leistung/Zuwendung **2** 118
- Schenkung, aufschiebend bedingte auf Tod des Schenkers **2** 148

Immobilien-KG
- Ermittlung relevanter Beteiligungsquote **25** 151

Immobilienbesitz
- Schenkung **21** 45

Immobilienfonds, geschlossener
- Steuerwertermittlung Schenkung **28** 18

Immobiliengesellschaft
- Familienholding **6** 142
- steuerliche Behandlung **6** 142

Immobilienschenkung
- Formulierungsmuster Rückforderungsrecht **22** 133

Immobilienvermögen
- Sicherung bei Berliner Testament **15** 236

Informationserteilung
- Aufklärungspflichten **3** 119
- Haftung **3** 124
- Haftungsausschluss **3** 125
- irreführende **3** 124
- unrichtige **3** 124
- Unternehmensverkauf **3** 119 f.

Informationspflicht
- Arbeitnehmer bei Betriebsübergang **7** 4

Inhaberaktien **24** 807
- Einzelverbriefung **5** 252
- Sammelurkunde **5** 254
- Sammelverwahrung **5** 253
- Übertragung **5** 249

Inlandsvermögen
- Betriebsvermögen, steuerbegünstigtes **27** 120
- Erbschaftsteuerpflicht, beschränkte **12** 116

Innengesellschaft
- Begriff **23** 18
- Bewirkung der versprochenen Leistung/Zuwendung **2** 93, 101
- Personengesellschaft **23** 18
- Rechtsfähigkeit **5** 47
- Übertragung, unentgeltliche **2** 58
- Zulässigkeit Poolvereinbarung bei **2** 104

Insider-Listen
- Umgang mit Unterlagen **3** 164

Insolvenzantragspflicht
- Verletzung **24** 673

Interessengemeinschaft **5** 25

Interimslösung
- Betriebsverpachtung **7** 1

Internationales Privatrecht **12** 3; **15** 91
- Rechtswahl **15** 120

Inventar **19** 18
- Frist **19** 18

Inventaruntreue **19** 18

Investitionsklausel
- Finanzmittel **27** 157 f., 165
- Lohnzahlung bei saisonaler Schwankung **27** 165
- Verwaltungsvermögen **21** 56; **22** 174; **27** 157 f.

IP-Rechte
- Garantien **3** 416

Sachregister

Iran
- deutsch-iranisches Niederlassungsabkommen 12 11

Irrtumsanfechtung 17 135

IT-Rechte
- Garantien 3 416

Italien
- Testament, gemeinschaftliches 15 185
- Vindikationslegat 12 71

Jahresabschluss
- Personengesellschaft 21 13

Jahresabschlussgarantie 3 369

Jastrow'sche Formel 18 18
- Ausschlagung bei 11 32

Juristische Person
- Rechtsträger 5 13

Kapitalabfluss, erbfallbedingter 23 71

Kapitalbeteiligung
- Ermittlung relevanter Beteiligungsquote 25 145 f.

Kapitalerhöhung
- Geschäftsanteil GmbH 24 753
- Unternehmensverkauf über 3 18

Kapitalerhöhung aus Gesellschaftsmitteln
- Anschaffungskosten 25 170

Kapitalertragsteuer
- Abwicklungsgewinn 26 78

Kapitalgesellschaft
- Abtretungsklausel 14 62
- Abwicklung 26 65 f., 68
- AG 23 31
- als Bedachte 2 30 f.
- als Schenker 2 30 f.
- Änderung Gesellschafterbestand 5 139
- Änderung Satzung 5 118
- asset deal 5 242
- Aufhebung Stimmbindungsvereinbarung 27 213
- Auflösung 5 145; 26 65 f., 68
- Ausschüttung, disparitätische 22 275
- Austrittsrecht Gesellschafter 22 221
- Außengesellschaft 5 98
- Beendigung 5 144
- Begriff 5 95; 23 3, 23
- beherrschender Einfluss nach § 74 Abs. 2 S. 1 AO 25 285
- Bewertung 20 74
- Bewertung Auslandsvermögen 27 52
- Doppelholding 6 76
- Durchgriffshaftung 5 137
- Einpersonengesellschaft 5 109
- Einziehungsklausel 14 54
- Ermittlung des steuerpflichtigen Erwerbs 27 35 f.
- Ertragsteuer bei Verkauf aus Familienholding 6 21, 23, 25
- Ertragsteuer Familienholding 6 13, 15
- Familienholding 6 54 f.
- Formvorschriften 23 63
- Formwechsel in OHG/KG 24 195
- Fremdorganschaft 5 95; 21 33
- Gesellschafter 5 109
- Gesellschaftsvertrag 5 113 f.
- Gestaltung Unternehmertestament 4 55
- Gewerbebetrieb 26 93
- Gewerbesteuer 25 226
- Gewerbesteuer bei Betriebsaufgabe 26 91
- Gewerbesteuer bei Teil-/Betriebsveräußerung 25 227
- Gewerbesteuer bei Veräußerung Kapitalgesellschaftsanteil 25 232
- Gewerbesteuer bei Veräußerung Mitunternehmeranteil 25 229
- Gewinnbeteiligung, disparitätische 22 275
- GmbH 23 27; 24 514 f.
- Grunderwerbsteuer bei Veräußerung 25 250 f.
- Gründung 5 115
- Haftung 5 135, 136; 21 32
- Haftung Betriebsratsmitglied 24 1046
- Haftung Erbe 19 34
- Handelsgesellschaft 5 108
- Kapitalaufbringung 5 97
- Kapitalerhaltung 5 97, 110
- KGaA 23 33
- Liquidation 5 145; 26 65 f.
- Loslösung Gesellschafter 22 218
- Nachfolge, gesellschaftsvertragliche 4 54
- Nachfolge, gesetzliche 4 53
- Nachfolgeklauseln 14 53 ff.
- Nachfolgeregelung 4 52 f.
- Nachfolgeregelung mittels 21 25 f.
- Nachteile 23 53
- Organe 5 124 f.
- Pensionsrückstellung 22 297
- Pflichtteilsrecht 20 56
- Poolvereinbarung 14 161 f.
- Publizitätspflichten 21 31
- Rechtsfähigkeit 5 108
- Registerpflicht 5 121
- Satzung 5 113 f.
- share deal 3 191 f.
- Sperrfrist 25 1a
- Statistik 5 39
- Steuergarantien 3 424
- steuerliche Behandlung Ab-/Aufspaltung auf Kapitalgesellschaften 42 3 f., 17
- steuerliche Behandlung Ab-/Aufspaltung auf Personengesellschaften 42 20
- steuerliche Behandlung Ausgliederung auf Kapitalgesellschaft 42 34
- steuerliche Behandlung Ausgliederung auf Personengesellschaft 42 33
- steuerliche Behandlung Formwechsel in Personengesellschaft 43 3
- steuerliche Behandlung Gesellschafter der übertragenden 41 35

Sachregister

- steuerliche Behandlung laufender Gewinn/ Verlust **25** 218
- steuerliche Behandlung übernehmende **41** 31, 39
- steuerliche Behandlung überragende **41** 6, 28
- steuerliche Behandlung Unternehmensverkauf **3** 38
- steuerliche Behandlung Verschmelzung auf Kapitalgesellschaft **41** 26 f.
- steuerliche Behandlung Verschmelzung auf Personengesellschaft **41** 2 f.
- Stimmbindungsabsprache **22** 251 f.
- Stimmgewichtsverteilung **22** 236 f.
- Tätigkeitsvergütung Gesellschafter-Geschäftsführer **21** 34
- Testamentsvollstreckung **18** 177
- Testamentsvollstreckungsklausel **14** 78, 80
- Überentnahme/-ausschüttung **27** 211
- Übertragung **5** 241 f.
- Umwandlung in GbR **24** 45
- Unternehmenskaufvertrag share deal **3** 191 f.
- Unternehmergesellschaft **24** 514 f.
- Verlegung Geschäftsleitung ins Ausland **12** 189
- Verlustvortrag, gewerbesteuerlicher **25** 233 f., 246
- Vinkulierungsklausel **14** 120; **27** 92
- Vollbeendigung **5** 145
- Vor-/Nacherbfolge **18** 103
- Vorgesellschaft **5** 119
- Vorteile **23** 47
- Wegfall Verlustvortrag **25** 206
- wesentliche Beteiligung nach § 74 AO **25** 281
- Zustimmungserfordernisse **2** 296 f.
- Zustimmungserfordernisse Satzungsänderung **2** 296
- Zwangseinziehungsklausel **14** 69

Kapitalgesellschaft & Co.GbR
- Übertragung **5** 267

Kapitalgesellschaft & Co.KG **5** 149
- Einmann-Personengesellschaft **5** 152
- Geschäftsführung **5** 151
- Haftungsbeschränkung **5** 150
- Übertragung **5** 264
- Vertretung **5** 151

Kapitalgesellschaft & Co.KGaA **5** 154
- Übertragung **5** 268

Kapitalgesellschaft & Co.OHG **5** 153
- Übertragung **5** 266

Kapitalgesellschaftsanteil *sa Kapitalgesellschaftsbeteiligung, relevante*
- Abfindungsausschluss **1** 47
- Abtretungsklausel **1** 45
- Anschaffungskosten **25** 170
- Anschaffungskosten, nachträgliche **25** 172, 220
- Anschaffungskosten, unterschiedliche **25** 181
- Anschaffungsnebenkosten **25** 171, 220
- Anteile, eigene **25** 147

- Begriff **25** 144
- Begriff der 1 %-igen Beteiligung **25** 145
- Berechnung Beteiligungsquote **25** 149
- Besteuerung Veräußerung im Betriebsvermögen gehaltener **25** 215
- Besteuerung Veräußerung im Privatvermögen gehaltener **25** 213
- Besteuerung Vermögenszuwachs **12** 171
- Beteiligungshöhe **12** 122
- Betriebsaufgabe 100 %-iger **26** 35
- Betriebsaufgabe bei Veräußerung/Überführung aus Betriebsvermögen **25** 215
- Bewertung **20** 74
- Börsennotierung **27** 35
- Bruchteilsbetrachtung **25** 151
- eingezogene Geschäftsanteile **25** 147
- Einheitsbetrachtung **25** 151
- Entstrickung **12** 184
- Entstrickung sperrfristverhafteter **12** 195
- erbschaftsteuerliche Begünstigung **27** 118, 124 f.
- Erbschaftsteuerpflicht, beschränkte **12** 121
- Ermittlung des steuerpflichtigen Erwerbs **27** 35 f.
- Ertragswertverfahren **27** 37
- Erwerb, entgeltlicher aus Privatvermögen **28** 154
- Erwerb, unentgeltlicher aus Privatvermögen **28** 135
- Erwerbsgegenstand bei Erwerb von Todes wegen **27** 11
- Freibetrag bei Veräußerung **25** 184
- Freibetragsgrenze bei Veräußerung **25** 187
- Freiverkehr **27** 35
- Gemeiner Wert **27** 35, 36
- Gesellschafterleistungen, kapitalersetzende **25** 147
- Gewerbesteuer bei Veräußerung **25** 230, 232
- Gewinnbezugsrecht **27** 55
- Gewinnerzielungsabsicht bei Veräußerung **25** 165
- Grunderwerbsteuer bei Veräußerung **25** 250 f.
- Lohnsumme, verschonungsrelevante **27** 178
- mittelbarer **25** 151, 152
- Nachfolgeklausel **1** 45
- Nachsteuertatbestand **27** 210 f.
- nicht börsennotierte Anteile **27** 36
- Nichtbeteiligung, zwischenzeitliche **25** 154
- Nießbrauch **22** 72 f.; **28** 21, 27, 177
- Paketzuschlag **27** 36
- Personen, nahestehende **12** 121
- Poolvereinbarung **14** 161 f.; **21** 69; **27** 126
- Privilegierung, ertragsteuerliche **13** 26
- Realteilung mit Spitzenausgleich **27** 301
- Realteilung ohne Ausgleichszahlung **27** 301
- relevanter **25** 145
- Sachvermächtnis **27** 309
- Schätzung **27** 36

Sachregister

- Sicherung der Überleitung auf Unternehmer-Nachfolger **34** 22 f., 27
- Sperrfrist **25** 1a
- steuerliche Behandlung der Veräußerung **25** 142 ff.
- steuerliche Behandlung Erwerber **25** 219
- steuerliche Behandlung Liquidationsauskehrung bei Privatvermögen **26** 80, 87
- steuerliche Behandlung Liquidationsauskehrung bei Betriebsvermögen **26** 89, 90
- steuerliche Behandlung Nachlassgegenstand **27** 299
- steuerliche Behandlung Nießbrauch am **27** 320
- steuerliche Behandlung Übertragung auf Familienstiftung **27** 303
- steuerliche Behandlung Unternehmensverkauf **3** 38
- Stichtagskurs **27** 35
- Tarifermäßigung **27** 246
- Tausch im Betriebsvermögen **25** 215
- Telefonverkehr **27** 35
- Testamentsvollstreckung **27** 331
- Transformation Anschaffungskosten in Abschreibungspotential **25** 219
- Übertragung **5** 142
- Übertragung auf Familienstiftung **28** 146
- Übertragung, unentgeltliche **2** 71
- Umsatzsteuer bei Veräußerung **25** 273
- Unternehmensaufgabe 100%-iger **26** 7
- Veräußerung **25** 162
- Veräußerung 100%-iger **25** 20, 47
- Veräußerung aus Privatvermögen **25** 143 f., 213
- Veräußerungsgewinn **25** 166 f.
- Veräußerungsvorgang **25** 47
- Veräußerungszeitpunkt **25** 162, 164
- Vererblichkeit **1** 37
- Vererblichkeit ausländischer **12** 40
- Verkaufspreis **27** 36
- Verlustvortrag **25** 206 f.
- Vermächtnis **27** 92
- Vermögensübertragung **28** 103
- verschmelzungs-/spaltungsgeborener **25** 158
- Versorgungsleistung bei Übertragung **28** 78, 82
- Verwaltungsvermögen **27** 142
- Vinkulierungsklausel **27** 92
- Wegzugsbesteuerung **1** 12
- Werterhöhung, indirekte **2** 77

Kapitalgesellschaftsanteil, ausländischer
- Veräußerung **25** 144

Kapitalgesellschaftsbeteiligung, relevante 25 145
- Anschaffungskosten **25** 170
- Behaltensfrist **25** 194
- Besitzzeitanrechnung **25** 159
- Besteuerungswahlrecht bei Veräußerung **25** 202
- Freibetrag **25** 184
- Fristberechnung **25** 157
- Fünf-Jahres-Frist **25** 154
- Hinzuerwerb **25** 179
- Nichtbeteiligung, zwischenzeitliche **25** 154
- Tarifbegünstigung bei Veräußerung **25** 191
- Teileinkünfteverfahren **25** 183
- teilentgeltlicher Erwerb **25** 160
- unentgeltlicher Erwerb **25** 160
- Veräußerung aus Privatvermögen **25** 143 f.
- Veräußerungsgewinn **25** 166 f.
- Veräußerungsverlust **25** 192 f.
- Verlustvortrag **25** 206 f.
- verschmelzungs-/spaltungsgeborene Anteile **25** 158

Kapitalisierungszinssatz 1 16

Kapitalkonto
- Aufteilung gemeiner Wert **27** 82

Kapitalkonto, negatives
- Aufteilung gemeiner Wert **27** 83
- Betriebsübertragung bei **25** 67, 70

Kapitallebensversicherung
- Schenkung **20** 52

Kapitalmarkt
- Schaffung Zugangsmöglichkeit **35** 10

Kapitalrückzahlung
- steuerliche Behandlung **26** 81, 88, 89

Kapitalwert
- Leistung, wiederkehrende **28** 124
- Nießbrauch **6** 38
- Nutzungsrecht **28** 24

Kartellrecht
- Umwandlung **37** 60
- Unternehmensverkauf **3** 318

Käufer
- Absicherung Unternehmenskauf **3** 343, 383
- Absicherungerungsinteresse bei Garantien **3** 383

Kaufpreis
- Berechnung **3** 309
- closing accounts **3** 294
- covenants **3** 304
- earn out **3** 309
- Festkaufpreis **3** 300
- Finanzierungsleasing **3** 297
- Haftungsrisiken, außerbilanzielle **3** 298
- Kaufpreisklausel, atmende **3** 288
- locked box **3** 300
- off balance liabilities **3** 298
- sale and lease back Verfahren **3** 297
- trapped cash **3** 297
- Unternehmenskaufvertrag **3** 263 f., 287
- Vermeidung Doppelerfassung Steuerhaftung **3** 428
- Vermögen, nicht betriebsnotwendiges **3** 296

Kaufpreis, endgültiger
- Unternehmenskaufvertrag **3** 263 f., 287

Kaufpreis, vorläufiger
- Unternehmenskaufvertrag **3** 287

Sachregister

Kaufpreisanpassung
– Unternehmensverkauf **3** 280
Kaufpreiserhöhung, nachträgliche
– Unternehmensverkauf **3** 24
Kettenschenkung 1 11
key employees
– Arbeitsverhältnisse **3** 243, 334
KG 24 163 f.
– Dauer **24** 182
– Abtretung Festkapitalkonto **3** 199
– Änderung Gesellschafterbestand **24** 330 f.
– Anwachsung **24** 170
– Auflösung **5** 90, 91; **24** 498 f., 505
– Auflösung bei Gesellschafterausscheiden **24** 404, 405
– Aufsichtsrat **24** 329
– Auseinandersetzung **24** 249
– Auseinandersetzung der Gesellschafter **24** 508
– Ausscheiden Gesellschafter **5** 84
– Außengesellschaft **23** 17
– Beendigung **24** 497 f.
– Begriff **5** 55
– Beirat **24** 329
– Beschlussfassung **24** 225
– durch Formwechsel nach UmwG **24** 195
– durch Formwechsel Personengesellschaft **24** 191, 194
– Einpersonengesellschaft **24** 175
– Eintrittsklausel **24** 420 f.
– Entstehung **24** 173 f., 190 f.
– Entstehungszeitpunkt **24** 188
– Ergebnisbeteiligung/-verteilung **24** 244
– Firma **24** 180
– Form Gesellschaftsvertrag **24** 183
– Gesamthandschaft **24** 169
– Gesellschafter **24** 175
– Gesellschafterausscheiden **24** 331, 347 f., 356
– Gesellschaftereintritt **24** 416 f.
– Gesellschafterpflichten **24** 198, 254 f.
– Gesellschafterrechte **24** 198, 199 f.
– Gesellschafterwechsel **24** 452
– Gesellschaftsvertrag **24** 173 f.
– Gesellschaftszweck **24** 165
– Haftung Erbe **19** 31
– Haftung Gesellschafter **24** 181, 277 f.
– Haftung nach Beendigung **24** 324
– Handelsgewerbe **24** 171
– Herstellung Kommanditanteil **2** 87
– Kaufmann **24** 172
– Kommanditist **24** 176
– Komplementär **24** 176
– Kündigung Geschäftsführung **24** 215
– Kündigung durch Privatgläubiger des Gesellschafters **24** 350
– Kündigung zu Unzeit **24** 234
– Kündigungsfolgen **24** 234
– Kündigungsrecht **24** 230
– Liquidation **24** 508
– Nachfolge, gesetzliche **4** 27, 28
– Nachfolgeklausel **24** 463 f.
– Nachfolgeklausel, qualifizierte **24** 484
– Nachfolgeklausel, rechtsgeschäftliche **24** 462
– Nachfolgevermerk Kommanditbeteiligung **24** 460
– Rechnungslegung **24** 273
– Rechtsfähigkeit **5** 55, 61; **24** 168
– Rechtsfolgen Gesellschafterausscheiden **24** 354 f., 401
– Registerpflicht **24** 184
– Selbstorganschaft **24** 202
– Vertretungsbefugnis **24** 217
– Vollbeendigung **24** 512
– Zweck, gemeinsamer **24** 177
KG-Anteil
– Bewirkung der versprochenen Leistung/Zuwendung **2** 87
– Schenkung **2** 19
KG-Gesellschafter 24 275
– Abfindung ausgeschiedener **24** 267 f.
– Abfindung, gesetzliche **24** 368
– Abfindungsvereinbarung **24** 375 f.
– Aufwendungsersatz **24** 237
– Auseinandersetzung **24** 249
– Ausgleichsanspruch **24** 328
– Auskunftpflicht **24** 271
– Ausscheiden **24** 331, 347 f., 356
– Ausschluss **24** 407
– Beitragspflicht **24** 257
– Berichtspflicht **24** 270
– Einreden bei Haftung **24** 320
– Eintritt **24** 416 f.
– Einwendungen bei Haftung **24** 320
– Entnahmerecht **24** 247
– Entzug Geschäftsführungsbefugnis **24** 209
– Entzug Vertretungsbefugnis **24** 222
– Ergebnisbeteiligung **24** 244
– Förderpflicht **24** 256
– Geschäftsführungsbefugnis **24** 201 f.
– Haftung **24** 181, 277 f.
– Haftung ausgeschiedener **24** 322
– Haftung gegenüber Mitgesellschafter **24** 327
– Haftung Minderjährige **24** 314
– Haftung nach Beendigung der Gesellschaft **24** 324
– Haftung, eintretender **24** 282
– Haftungsbeschränkung **24** 313 f.
– Herausgebepflicht **24** 276
– Insolvenzeröffnung **24** 349
– Kontrollrecht **24** 227
– Kündigung, außerordentliche **24** 232, 350
– Kündigung, ordentliche **24** 231, 350
– Leistungsverweigerung **24** 321
– Mitgliedschaftspflicht **24** 255
– Nachhaftung **24** 365
– Pflichten **24** 198, 254 f.
– Pflichten, organschaftliche **24** 267
– Rechenschaftspflicht **24** 272
– Rechnungslegung **24** 273

Sachregister

- Rechte 24 198, 199 f.
- Registeranmeldung 24 266
- Stimmrecht 24 225
- Treuepflicht 24 259
- Untervertretung 24 224
- Vermögensrechte 24 236
- Vertretenmüssen/Verschulden 24 319
- Vertretungsbefugnis 24 217
- Verwaltungsrechte 24 200
- Wettbewerbsverbot 24 260, 269
- Widerspruchsrecht 24 208

KG-Gesellschafter, persönlich haftender
s Komplementär

KGaA 5 101; 23 33; 24 901 f.
- Abwicklung 24 938
- Änderung Gesellschafterbestand 24 934
- Auflösung 24 936
- Aufsichtsrat 5 131; 24 924
- Beendigung 24 936
- Beschlussfassung 5 129
- Entstehung 24 910
- Ergebnisverteilung 24 917
- Familiengesellschaft 24 940
- Familienholding 6 86
- Firma 24 914
- Fremdorganschaft 24 919
- Geschäftsführung 5 130; 24 920
- Gesellschafterrechte/-pflichten 24 918
- Gründer 24 911
- Grundlagen rechtliche 24 903
- Haftung 24 933
- Handelsgewerbe 24 907
- Hauptversammlung 5 129; 24 927
- Kapitalaufbringung 24 909
- Kapitalerhaltung 24 909
- Kaufmannseigenschaft 24 907
- Komplementär 24 915
- Liquidation 24 938
- Recht, anwendbares 24 905
- Rechtsfähigkeit 24 908
- Rechtsnatur 24 904
- Satzung 24 912
- Selbstorganschaft 24 919
- Stimmgewichtsverteilung 22 241
- Trennungsprinzip 24 908
- Übertragung 5 260
- Übertragung, unentgeltliche 2 71
- Vertretung 5 130; 24 920
- Vollbeendigung 24 939
- Wettbewerbsverbot 24 923

KGaA-Komplementär Anteil
- kein Kapitalgesellschaftsanteil 25 144

Kinder
- Steuerfreibeträge 1 11

Kinderfreibetrag
- Erbersatzsteuer 28 31

Kindesvermögen
- Anforderung an Verwalter des 2 269
- Anlage, mündelsichere 2 269

know how
- asset deal 3 221
- Kopien von Unterlagen 3 167
- non-disclosure-agreement 3 161

Kommanditanteil
- Bewirkung der versprochenen Leistung/ Zuwendung 2 87
- Einbuchung 2 87
- Handelsregisteranmeldung 2 91
- Nachfolge, gesetzliche 4 28
- Nachfolgevermerk 24 460
- Übertragung auf Familienstiftung 28 144
- Übertragung, unentgeltliche 2 67

Kommanditist 24 176; *sa KG-Gesellschafter*
- Aufnahmevertrag KG 2 87
- Eintrittsvertrag 2 87
- Entnahmerecht 24 248
- Haftung 5 80; 24 181, 287 f.
- Haftung eintretender 24 300
- Haftung Erbe 19 31
- Kontrollrecht 24 227
- Wechsel zu Komplementär 24 311

Kommanditistenhaftung 24 287 f.
- Änderung Haftsumme 24 304
- Befristung unbeschränkt 24 298
- beschränkte auf Haftsumme 24 289
- Beschränkung unbeschränkte 24 297
- Entfall der 24 308
- Gründungskommanditist 24 288
- Haftsumme 24 291
- Haftung, unbeschränkte 24 294 f.
- Vermeidung unbeschränkter 24 299
- Wechsel zu persönlicher Gesellschafterhaftung 24 311
- Wiederaufleben der 24 310
- Wirksamwerden Haftungsbeschränkung 24 293

Kommorientenvermutung 17 6

Kompensation
- Erbanwärter, anderer 10 11

Komplementär 24 176; *sa KG-Gesellschafter*
- Entnahmerecht 24 247
- Haftung 24 181, 280 f.
- Haftung eintretender 24 282
- Haftung Erbe 19 31
- Kontrollrecht 24 229
- Nachschusspflicht 24 258
- Tod des 24 348
- Wechsel zur kommanditistischen Haftung 24 284

Komplementär KGaA 24 915
- Rechte/Pflichten 24 918

Komplementär-GmbH
- Bewertung 27 54
- Gesellschafter 24 973
- GmbH & Co. KG 24 971

Komplementäranteil
- Bewirkung der versprochenen Leistung/ Zuwendung 2 98

Sachregister

- Haftung bei unentgeltlicher Übertragung **2** 55
- Nachfolge, gesetzliche **4** 27
- Übertragung, unentgeltliche **2** 55

Konsortialvertrag 14 179
- Begriff **14** 180
- Beschlussfassung **14** 182
- Formulierungsmuster **14** 187
- Rechtsnatur **14** 183
- Stimmbindung **14** 188, 164
- Veräußerungsverbot **14** 181
- Vor-/Nachteile **14** 185

Kontrolle
- Unternehmensleitung **22** 262

Kontrollrecht
- GbR-Gesellschafter **24** 84

Kooperationsvertrag, familienrechtlicher
- Zuwendung, ehebedingte **2** 220

Kooptionsrecht
- Betriebsratsmitglied **24** 1014

Körperschaft
- Erbschaftsteuerpflicht, unbeschränkte **12** 109, 112, 113
- öffentlich rechtliche **5** 14
- privatrechtliche **5** 19
- Privilegierung, ertragsteuerliche **13** 23
- Unternehmensaufgabe **26** 3

Körperschaftsklausel
- Realteilung **26** 42, 44

Körperschaftsteuer
- Abwicklungsgewinn **26** 77
- Erbfall **27** 252 ff.
- Erbfolge, vorweggenommene **28** 42 f.
- Schenkung unter Lebenden **28** 42 f.
- Stiftung **9** 102
- Stiftung, ausländische **9** 121
- Unternehmensaufgabe **26** 1 ff.
- Unternehmensveräußerung **25** 2 f.

Korrektur
- Verfügung, wechselbezügliche **15** 161

Korrespondenzprinzip 28 136

Kundenschutz
- Vertraulichkeitsvereinbarung **3** 161

Kundenverträge
- asset deal **3** 228

Kündigung
- Familienholding **6** 236 f.
- Geschäftsführungsbefugnis **24** 69, 215
- Personengesellschaft **22** 208
- Vertretungsbefugnis **24** 77, 223

Kündigung, außerordentliche
- GbR-Gesellschafter **24** 87
- zur Unzeit **24** 91, 234

Kündigung, ordentliche
- Anschlusskündigung **24** 406
- GbR-Gesellschafter **24** 89
- zur Unzeit **24** 91, 234

Kündigungsrecht
- Anschlusskündigung **24** 406
- GmbH **24** 592

Kündigungsschutz
- Umwandlung/-smethode **39** 18

Kunstgegenstand
- Verwaltungsvermögen **27** 143

Kunstsammlung
- Verwaltungsvermögen **27** 143

Landwirtschaftlicher Betrieb
- USt-Besteuerung nach Durchschnittssätzen **7** 44
- Erbfolge, vorweggenommene **2** 58

Landwirtschaftliches Vermögen
- Entnahmen, nachsteuerunschädliche **27** 204
- erbschaftsteuerliche Begünstigung **27** 118, 123
- Erbschaftsteuerpflicht, beschränkte **12** 118
- Nachsteuertatbestand **27** 196, 209
- Tarifermäßigung **27** 246

Last, dauernde 10 4, 6; **22** 167
- steuerliche Behandlung **28** 136
- steuerliche Behandlung Rentenvermächtnis **27** 322
- Zuflussbesteuerung **25** 115, 116

Lebenspartner
- Ausschlagung des überlebenden **15** 327
- Ausschluss des Erbrechts **15** 283, 295 f.
- Dreißigster **15** 87
- Einheitslösung **15** 113, 114
- Eintritt in Mietvertrag **15** 88
- Erbrecht **17** 19
- Trennungslösung **15** 113, 115
- Unterhaltsanspruch nach dem Erbfall **15** 333
- Verfügung von Todes wegen **15** 103
- Versterben, gleichzeitiges **15** 89
- Voraus **15** 84
- Wahl der „richtigen" Verfügungsart **15** 277
- Zustimmung Vermögensübertragung Einzelunternehmen **5** 194
- Zustimmungserfordernisse **2** 306

Lebenspartnererbrecht
- Einbeziehung Güterrecht **15** 66
- gesetzliches **15** 53
- Gütergemeinschaft **15** 69, 71
- Gütergemeinschaft, fortgesetzte **15** 72
- Gütertrennung **15** 69, 70
- Zugewinngemeinschaft **15** 69, 73
  - modifizierte **15** 78

Lebenspartnerschaft
- Ausgleichsgemeinschaft **15** 47
- Zugewinngemeinschaft **15** 46

Lebensversicherung
- Bezugsberechtigung **1** 23, 48
- Schenkung **1** 23
- Vertrag zugunsten Dritter auf den Todesfall **2** 154

legal due diligence
- Checkliste **3** 152

Leibgeding 22 153
- Rückforderungsrecht bei **22** 135

Sachregister

Leibrente 10 4, 6; 22 161
- Bewirkung der versprochenen Leistung/ Zuwendung 2 126
- steuerliche Behandlung 28 136
- steuerliche Behandlung der Gegenleistung 25 67
- Vertrag zugunsten Dritter auf den Todesfall 2 154
- Wertsicherung 25 72
- Zuflussbesteuerung 25 115, 116, 117

Leibrente, abgekürzte 25 72

Leistung, wiederkehrende
- Austauschleistung 28 55, 119 f.
- Erbschaftsteuer 27 248
- Kapitalwert 28 124
- steuerliche Behandlung der Gegenleistung 25 67
- Unterhaltsleistung 28 58, 128 f.
- Vermögensübertragung 28 55 f., 59
- Versorgungsleistung 28 56, 92

Leistungsauflage
- Gegenleistung 28 15

letter of intend
- Relevanz, rechtliche 3 107
- Unternehmensverkauf 3 102 f.

Liebhaberei
- Gewinnerzielungsabsicht 25 53; 26 46
- Vermögensübertragung 28 100

Lieferantenverträge
- asset deal 3 228

Liquidation
- Abwicklung der 24 779
- Abwicklungs-Anfangsvermögen 26 75
- Abwicklungs-Endvermögen 26 73
- Abwicklungsgewinn 26 72
- Abwicklungszeitraum 26 69
- AG 24 900
- Bekanntmachung 24 773
- Besteuerungszeitraum 26 71
- Gesellschaft 27 13
- GmbH 24 771
- Kapitalgesellschaft 5 145; 26 65 f.
- KG 24 508
- KGaA 24 938
- Maßnahmen, abschließende 24 781G
- OHG 24 508
- Personengesellschaft 27 285
- Rechnungslegung 24 775
- Rumpfwirtschaftsjahr 26 71
- steuerfreie Vermögensmehrungen 26 74
- steuerliche Behandlung Kapitalgesellschaft 26 65 f.
- Vermögensverteilung 24 780

Liquidationsauskehrung
- aus Kapitalgesellschaftsanteil Juristischer Person im Betriebsvermögen 26 90
- aus Kapitalgesellschaftsanteil natürlicher Person im Betriebsvermögen 26 89
- aus nicht relevanter Kapitalgesellschaftsbeteiligung im Privatvermögen 26 80
- aus relevanter Kapitalgesellschaftsbeteiligung im Privatvermögen 26 80
- Gewerbesteuer 26 91
- steuerliche Behandlung beim Gesellschafter 26 79 f.

Liquidationsgesellschaft
- Substanzwert 27 51

Liquidationsgewinn
- Besteuerung 26 77
- steuerliche Behandlung 26 65 f.
- steuerliche Behandlung Gesellschafter 26 79 f.
- steuerliche Behandlung Kapitalgesellschaft 26 66 f.

Liquidationsverlust
- Anteilsrotation 26 88
- steuerliche Behandlung 26 85

Liquidationswert 27 38
- Einzelunternehmen 20 69

Liquidität
- Ausgleichsansprüche 1 19
- Ausschlagung gegen Abfindung 11 15
- Pflichtteilsergänzung 1 14
- Schenkung 1 13 f.
- Unternehmertestament 1 23

locked box transaction
- Festkaufpreis Unternehmensverkauf 3 300
- share deal Personengesellschaft 3 208

Lohnsumme, verschonungsrelevante 27 176
- Ausgangslohnsumme 27 180
- Beschäftigte 27 179
- Geschäftsführer-/Vorstandsvergütung 27 184
- Kapitalgesellschaft/-santeil 27 178
- Lohnsummenermittlung 27 183
- Mindestlohnsumme 27 181
- Personengesellschaft/-santeil 27 178
- Rechtsfolgen Verstoß 27 189
- Unternehmenszu-/-verkäufe 27 186

Lohnsummenprüfung
- Betriebsvermögen, steuerbegünstigtes 27 176

long stop date
- Unternehmensverkauf 3 351

M&A Berater
- Aufwandspauschale 3 83, 85
- Beratervertrag 3 77
- Erfolgshonorar 3 72, 86
- Erfolgshonorar bei Optionen/earn out 3 89
- Exklusivität 3 77
- Unternehmensverkauf 3 71 f.
- Vorkenntniseinwand 3 80
- Zusatzhonorar 3 76

Management
- Stärkung durch Formwechsel 35 10

Management Buy Out
- Unternehmensverkauf 3 325

Sachregister

Material Adverse Change Klausel (MAC) 3 343 f.
– worst case Betrachtung 3 349
Mehrheitsbeteiligung
– Schenkung 1 7
memorandum of understanding
– Relevanz, rechtliche 3 107
– Unternehmensverkauf 3 102 f.
Mietvertrag
– Eintritt Ehe-/Lebenspartner 15 88
Minderabfindung
– infolge Buchwertklausel 27 74
Minderheitenschutz
– bei Umwandlung 37 81
Minderheitsgesellschafter
– Rechte bei Umwandlung 37 82
Minderjährige
– Beschränkung der elterlichen Vermögenssorge bei Schenkung 2 255, 260
– Erbeinsetzung 18 5
– Ergänzungspfleger 18 176
– Ergänzungspflegerbestellung 2 309
– Gesellschafter Familiengesellschaft 28 187
– Haftungsbeschränkung 24 314
– Pflegerbestellung für Zuwendung 2 262
– Schenkung an 28 33
– Unternehmertestament 1 34
Minderjährigen-Haftungsbeschränkungsgesetz 18 168
Mischformen 23 24 f.
Mischnachlass
– Ausscheiden des Miterben 27 265
– Realteilung mit Ausgleichszahlung 27 275, 280
– Realteilung ohne Ausgleichszahlung 27 268, 273
– Verfügung des Miterben 27 263
Mitarbeitergarantien 3 413
MitbestG
– Aufsichtsrat AG 24 872
Mitbestimmungsrecht
– AG, kleine 35 23
– Umwandlung/-smethode 39 17
Miterbe
– Abschichtung 19 58
– Auseinandersetzung Erbengemeinschaft 19 58
– Ausscheiden aus Erbengemeinschaft 27 264
– Haftung 19 22
– Haftung nach Auseinandersetzung 19 26, 63
– Veräußerung Mischnachlass 27 263
– Verfügung über Anteil 19 47, 93
– Verfügung über Erbanteil 27 263
– Verfügung über Erbschaft 19 47, 90 f.
– Vorkaufsrecht 19 48
Miterbenanteil
– Erbschaftskauf 19 90 f.
Miterbengemeinschaft s Erbengemeinschaft

Mitgesellschafter
– Bewirkung der versprochenen Leistung/Zuwendung an 2 105
Mitgliedschaft Personengesellschaft
– Übertragung 5 88
Mittel, liquide
– Unternehmensverkauf 3 282, 285, 289
Mitunternehmer
– Begriff 25 26
– Sondervergütung 27 203
Mitunternehmeranteil
– Anschaffungskosten 25 133
– Aufgabe 26 37
– Ermittlung des steuerpflichtigen Erwerbs 27 57 f.
– Erwerb, entgeltlicher 28 151 f.
– Erwerb, teilentgeltlicher 28 151 f.
– Erwerb, unentgeltlicher 28 132 f.
– Finanzmittel, junge 27 147
– Gewerbesteuer bei Liquidation 26 91
– Gewerbesteuer bei Veräußerung 25 228, 229
– Gewinn aus Anteilsveräußerung 25 123
– Nießbrauch 28 169
– Privilegierung, ertragsteuerliche 13 23
– Sachvermächtnis 27 307
– Sonderbetriebsvermögen 25 32; 27 70
– Sperrfrist 25 1a
– steuerliche Behandlung Erwerber 25 131
– steuerliche Behandlung Übertragung auf Familienstiftung 27 302
– Steuerwertermittlung Schenkung 28 18
– Thesaurierungsrücklage 27 302
– Übertragung auf Familienstiftung 28 143
– Umfang 25 31
– Unternehmensaufgabe 26 8
– Veräußerung 25 24, 49
– Veräußerung quasi an sich selbst 25 125
– Veräußerungsvorgang 25 49
– Vermögensübertragung 28 51, 133, 151
– Versorgungsleistung bei Übertragung 28 78, 79
Mitunternehmerinitiative 25 29
Mitunternehmerrisiko 25 28
Mitunternehmerschaft
– Abschichtungsbilanz 25 121
– Begriff 25 26
– Begriff 26 8
– Ermittlung relevanter Beteiligungsquote 25 151
– gewerbliche Tätigkeit 25 30
– Realteilung 26 38
Mitunternehmerschaft, geborene
– Erbengemeinschaft 27 259
Mitunternehmerstellung
– Familiengesellschaft 28 180 f.
Mitverkaufsrecht
– Familienholding 6 232

Sachregister

Mitverwaltungsrechte
- bei Nießbrauch Kapitalgesellschaftsanteil 22 77

Mitwirkungspflichten
- Auslandsbezug 12 205, 208
- Familienstiftung, ausländische 12 205, 208

MontanMitbestErgG
- Aufsichtsrat AG 24 871

MontanMitbestG
- Aufsichtsrat AG 24 870

Motivirrtum
- Anfechtung 17 135

Multiplikatormethode 27 39
- Unternehmensverkauf 3 267

Nacherbe
- Haftung 19 27

Nacherbentestamentsvollstreckung 18 111

Nachfolge-/Umwandlungsklausel
- Formulierungsmuster 14 52
- kombinierte 14 45
- Personengesellschaft 14 45
- Vor-/Nachteile 14 50

Nachfolgegeschäftsführer
- Auswahlrecht 6 190
- Familienholding 6 189

Nachfolgeklausel 24 461 f.
- Alleinerbe 24 471
- Ausgleichsansprüche 24 480
- Auslandsbezug 12 44
- Betriebsvermögen, steuerbegünstigtes 27 114
- einfache 4 32
- Erbanfall 27 16
- Erben, mehrere 24 471
- erbrechtliche 14 13; 24 463 f.
- Erbschaftsteuer 27 74, 75
- Familienholding 6 264, 267 f.
- Form 24 468
- Formulierungsmuster erbrechtliche 14 20
- Formulierungsmuster rechtsgeschäftliche 14 44
- Gesellschafts-/Geschäftsanteil 2 150
- Gesellschaftsvertrag 14 1 ff.
- Haftungsbeschränkung 24 474
- Inhalt 24 465
- Kapitalgesellschaft 14 53 ff.
- Kapitalgesellschaftsanteil 1 45
- Nachfolgerbestimmung 24 469
- Personengesellschaft 14 2 ff.
- Personengesellschaftsanteil 1 36 f.
- qualifizierte 4 34
- rechtsgeschäftliche 14 36; 24 462
- steuerliche Behandlung bei 27 291
- steuerrechtliche Risiken 1 42
- Übergang Beteiligung 24 470
- Vermächtnisnehmer 24 472
- Vor-/Nachteile 24 481
- Vor-/Nachteile erbrechtlicher 14 18
- Vor-/Nachteile rechtsgeschäftliche 14 41

- Zweck 24 464

Nachfolgeklausel, einfache 1 39; 4 32

Nachfolgeklausel, qualifizierte 1 40; 4 34; 24 484
- Ausgleichsansprüche 24 495
- Auslandsbezug 12 48
- Ausschlagung bei 11 20
- Betriebsvermögen, steuerbegünstigtes 27 114
- Erbanfall 27 10, 17
- Erbschaftsteuer 27 77
- Familienholding 6 265, 267 f.
- Form 24 489
- Formulierungsmuster 14 29
- Gestaltung Unternehmertestament 4 39 f.
- Haftungsbeschränkung 24 494
- Inhalt 24 486
- Nachfolgerbestimmung 24 492
- Nießbrauch 4 49
- Personengesellschaft 14 21
- Steuerliche Auswirkung bei Fehlschlagen 4 45
- steuerliche Behandlung bei 27 293
- steuerrechtliche Wirkung 4 42
- Störung, gesellschaftsvertragliche 1 41
- Übergang Beteiligung 24 493
- Unterbeteiligung 4 49
- Vermeidung Liquiditätsprobleme 4 40
- Vor-/Nachteile 14 26
- Zweck 24 485

Nachfolgeklausel, rechtsgeschäftliche
- Auslandsbezug 12 50

Nachfolgeplanung
- Ausschlagung 1 51
- Gesellschaftsrecht 4 22
- Heilung verunglückter 1 51
- Kapitalgesellschaft 4 52 f.
- Maßnahmen, begleitende 4 75 f.
- Nachfolgerbestimmung 4 6
- Nachfolgerbestimmung durch Dritten 4 13
- Personengesellschaft 4 24 f.
- Pflichtteilsverzicht 4 79
- Rahmenbedingungen, erbschaftsteuerliche 4 83
- Rechtswahl 4 70
- Unternehmertestament 4 1
- Vollmacht über Tod hinaus 4 76
- Vor-/Nacherbeneinsetzung 4 16
- Zugewinnausgleichverzicht 4 80

Nachfolger
- Bestimmung 4 6
- Bestimmung durch Dritten 4 13

Nachfolgeregelung
- Auslandsbezug 21 8
- Checkliste Planung 21 37
- Einbindung von Personen, die nicht Unternehmensnachfolger werden 10 1 ff.
- Erbeninteressen 29 18
- Erbfolge, vorweggenommene 21 1 ff.
- Familienholding 6 263 f.
- Kompensation anderer Erbanwärter 10 11

Sachregister

- Nachfolgerinteressen 29 15
- Stille Gesellschaft 22 82, 84 f.
- Überprüfung 21 4
- Umwandlung 29 7 f.
- Unterbeteiligung 22 82, 92 f.
- Unternehmensinteressen 29 21
- Unternehmerinteressen 29 8
- Wohnrecht 22 104 f.

Nachfolgevermerk
- Kommanditbeteiligung 24 460

Nachgründung
- AG 24 833

Nachhaftung
- bei Veräußerung 32 4
- Frist zur Geltendmachung von Ansprüchen 32 4
- GbR 5 237
- GbR-Gesellschafter 24 136
- Gesellschafterausscheiden 24 365
- KG-Gesellschafter 24 365
- OHG-Gesellschafter 24 365

Nachhaftungsbegrenzungsgesetz 32 2 f.

Nachkommen
- Begünstigung einzelner 1 7
- Versorgung übergangener 1 8

Nachlass
- Abfindungsanspruch 27 12
- Aufgebotseinrede 19 17
- Ausschlusseinrede 19 19
- Bewertung 20 17
- Bewirkung der versprochenen Leistung/Zuwendung 2 125
- Dreimonatseinrede 19 17
- Dürftigkeitseinrede 19 17
- Einreden 19 17
- Haftung des Erben 19 14 f.
- Inventar 19 18
- Nießbrauchsvermächtnis 18 57
- Überschwerungseinrede 19 17
- Verwaltung 19 49

Nachlass-Spaltung 17 28

Nachlassabwicklung 19 1 ff.

Nachlasserbenschulden
- Haftung 19 21

Nachlassgegenstand
- Freigabe durch Testamentsvollstrecker 18 149
- Geldvermächtnis 27 327
- Nießbrauchsvermächtnis 27 310 f.
- Sachvermächtnis 27 306
- steuerliche Behandlung Kapitalgesellschaftsanteil 27 299
- steuerliche Behandlung Personengesellschaftsanteil 27 284
- steuerliche Behandlung Rentenvermächtnis 27 321
- Stille Gesellschaft als Vermächtnis 27 324
- Unterbeteiligung als Vermächtnis 27 326
- Veräußerung bei Auseinandersetzung Erbengemeinschaft 27 267

- Verschaffungsvermächtnis 27 327

Nachlassgericht
- Aufgaben 19 25
- Erbschein 19 38 f., 40
- Eröffnung letztwilliger Verfügungen 19 36
- Nachlasssicherung 19 37
- Testamentsvollstreckerzeugnis 18 112, 157
- Vermittlungsverfahren Auseinandersetzung Erbengemeinschaft 19 65
- Verwahrung letztwilliger Verfügungen 19 36

Nachlassgrundstück
- Teilung 19 68

Nachlassinsolvenz 19 15

Nachlassplanung
- Verwirkungsklausel 20 39

Nachlassregelungskosten 27 102

Nachlasssicherung
- Nachlassgericht 19 37

Nachlassverbindlichkeiten
- Aufgebotsverfahren 19 19
- Auseinandersetzung Erbengemeinschaft 27 274
- Begriff 19 21
- Erbfallkosten 27 102
- Erbfallkostenschulden 19 21
- Erbfallschulden 19 21; 27 101
- Erblasserschulden 19 21
- Ermittlung des steuerpflichtigen Erwerbs 27 96 f.
- Vermächtnis 27 21

Nachlassverwaltung 19 15
- Außenverhältnis 19 52
- Gestaltung 19 56
- Innenverhältnis 19 50
- Testamentsvollstrecker 18 121, 146, 148
- Unternehmen/-sbeteiligungen 19 55
- Verbindlichkeiten 18 129
- Vorerbe 18 91

Nachlassverzeichnis 18 147

Nachlasszeugnis, europäisches 12 90

Nachschuss
- Anschaffungskosten 25 172

Nachschusspflicht
- GmbH-Gesellschafter 24 598, 614
- KG-Gesellschafter 24 258
- OHG-Gesellschafter 24 258

Nachsteuer
- Entnahmefiktion 12 145
- Entstrickungsregelung 12 144
- Erbschaftsteuer 12 143; 27 192
- Veräußerungsfiktion 12 144

Nachsteuerberechnung 27 220 f.
- Abzugsbetrag 27 223
- Entlastungsbetrag 27 224
- Konkurrenz Nachsteuertatbestände 27 227
- Verschonungsabschlag 27 221

Nachsteuertatbestand 27 196
- Anzeigepflicht 27 194

Sachregister

- Aufhebung Stimmbindungsvereinbarung **27** 213
- bei Umwandlung/-svorgängen **27** 208, 212, 214
- Betriebsvermögen **27** 196 f.
- Betriebsvermögenseinheit **27** 205
- Einlage, fremdfinanzierte **27** 206
- forstwirtschaftliches Vermögen **27** 196, 209
- Haltefrist bei Entnahmebegrenzung **27** 207
- Kapitalgesellschaftsanteil **27** 210 f.
- Konkurrenz **27** 227
- landwirtschaftliches Vermögen **27** 196, 209
- Nachsteuerberechnung **27** 220 f.
- Privatvermögen **27** 210 f.
- Reinvestitionsklausel **27** 217
- Überentnahme **27** 202
- Übertragung Einzelwirtschaftsgut **27** 215
- Unternehmensaufgabe **27** 197, 199
- Unternehmensveräußerung **27** 197
- Verfügung über wesentliche Betriebsgrundlagen **27** 196
- Zurechnung **27** 216

Nachvermächtnis **18** 47

Nachversteuerung
- Betriebsaufspaltung **8** 17
- Betriebsvermögen, steuerbegünstigtes **27** 192

Namensaktien **24** 807
- Einzelverbriefung **5** 257, 252
- Sammelurkunde **5** 257, 254
- Sammelverwahrung **5** 257, 253
- Übertragung **5** 256
- Übertragung vinkulierte **5** 258

nasciturus
- Rechtsträger **5** 11

Nebengeschäfte Veräußerung
- Umsatzsteuer **25** 275

Nennbetragsaktie **24** 805

net working capital
- Bestand durchschnittlicher **3** 289, 292
- Unternehmensverkauf **3** 283, 289

Nettonießbrauch **22** 22

Nettoumlaufvermögen
- Unternehmensverkauf **3** 283, 289

Nettoverwaltungsvermögen **21** 55

Nichtigkeit
- Annahme Erbschaft **19** 10
- Ausschlagung Erbschaft **19** 10
- Testament **17** 146 f.
- Verfügung, letztwillige **17** 146 f.
- Verfügung, wechselbezügliche **15** 147

Nichtvollziehung der Auflage
- Rückforderungsrecht Schenkung **2** 199

Nießbrauch **22** 15
- 10-Jahres-Frist **22** 25
- Abfindungsanspruch Nießbraucher **6** 166
- Aufwandsentnahme **27** 312
- Ausschlagung gegen **11** 7
- Auswirkung, zivilrechtliche **22** 25
- Beendigung **22** 39
- bei qualifizierter Nachfolgeklausel **4** 49
- bei Umwandlung **6** 168
- Bestellung **22** 39
- Bewirkung der versprochenen Leistung/Zuwendung **2** 114
- Bezugsrecht bei **22** 80
- Bruchteilsnießbrauch **22** 22
- Bruttonießbrauch **22** 22
- Eigentümernießbrauch **22** 22
- Einzelunternehmen **22** 44 f.; **27** 313
- Einzelwirtschaftsgut **27** 311
- Erbschaftsteuer **28** 19
- Erbschaftsteuerpflicht **12** 128
- Ertragsnießbrauch **22** 21; **27** 313, 316; **28** 22
- Folgen, schenkungsteuerliche **22** 26
- Genehmigung Bestellung **22** 81
- Güterrecht **22** 25
- Jahreswert **28** 25
- Kapitalgesellschaftsanteil **22** 72 f.; **27** 320; **28** 21, 27
- Kapitalwert **6** 38; **28** 24
- Kombinationen **22** 24a
- Mitunternehmeranteil **28** 20
- Mitunternehmerinitiative/-risiko **22** 32
- Mitverwaltungsrechte bei **22** 77
- Nettonießbrauch **22** 22
- partieller bei Vermögensübertragung **28** 87, 106
- Personengesellschaftsanteil **22** 59 f.; **27** 317
- Pflichtteilsergänzung **22** 25
- Quotennießbrauch **22** 21
- Sicherungsnießbrauch **22** 22
- steuerliche Behandlung **28** 19
- steuerliche Behandlung bei Anteilverkauf **6** 167
- Steuerwertermittlung **28** 18 f., 24
- Teil-/Betrieb **28** 20
- Unternehmen/-sbeteiligung **22** 41 f.
- Unternehmensnießbrauch **27** 313; **28** 19
- Vermächtnisnießbrauch **22** 24
- Vermächtnisnießbrauch am Betriebsvermögen **27** 94
- Vollrechtsnießbrauch **22** 21
- Vorbehaltsnießbrauch **22** 23; **28** 19
- Wegzugsbesteuerung **12** 179
- Zulassungsklausel **14** 112
- Zuwendung an Familienmitglied **10** 2
- Zuwendungsnießbrauch **22** 22; **27** 310, 311; **28** 23

Nießbrauchsvermächtnis **18** 56 f.
- Auslandsbezug **12** 72
- Erbteil **18** 61
- Formulierungsmuster **18** 68
- Nachlass **18** 57
- Quotennießbrauch **18** 64
- steuerliche Behandlung **27** 310 f.
- Testament, gemeinschaftliches **15** 266
- Unternehmensnachfolge **18** 67
- Verhältnis zu Vor-/Nacherbfolge **18** 96

Sachregister

– Verhältnis zu Vorerbschaft 18 65
Nießbrauchsverzicht
– bei Anteilsschenkung Familienholding 6 172
Nießbrauchsvorbehalt
– Abfindungsanspruch Nießbraucher 6 166
– Anteilsschenkung Familienholding 6 35
– Familienholding 6 152, 155
– Stifter 9 58
– Vermögensübertragung auf Stiftung 9 58
– Vermögensübertragung unter 28 155 f.
non-disclosure-agreement 3 157
– Inhalt 3 158
– Insider-Listen 3 164
– know how 3 161
– Kopien von Unterlagen 3 167
– Kundenschutz 3 161
– Umgang mit Unterlagen 3 164
– Verletzung 3 162
– Vertragsstrafe 3 162
Notar
– Vermittlungsverfahren Auseinandersetzung Erbengemeinschaft 19 65
Notbedarf 27 250
Nottestament 17 89
– Testament, gemeinschaftliches 15 134
Notverkauf
– Unternehmensverkauf 3 22
Notwendigkeit, betriebliche
– Umwandlung 31 5
Novation 25 73
Nutzung, wiederkehrende
– Erbschaftsteuer 27 248
Nutzungsauflage
– Gegenleistung 28 15
Nutzungsrecht
– Erbschaftsteuerpflicht 12 128
– Jahreswert 28 25
– Steuerwertermittlung 28 24
Nutzungsüberlassung 7 12
– Betriebsaufspaltung 8 7, 12
– kein Kapitalgesellschaftsanteil 25 144
Nutzungsüberlassung Grundstück
– Verwaltungsvermögen 27 139, 140

off balance liabilities
– Unternehmensverkauf 3 298
OHG 24 163 f.
– Änderung Gesellschafterbestand 24 330 f.
– Anwachsung 24 170
– Auflösung 5 90, 91; 24 498 f., 505
– Auflösung bei Gesellschafterausscheiden 24 404, 405
– Aufsichtsrat 24 329
– Auseinandersetzung 24 249
– Auseinandersetzung der Gesellschafter 24 508
– Ausscheiden Gesellschafter 5 84
– Außengesellschaft 23 16
– Beendigung 24 497 f.
– Begriff 5 54

– Beirat 24 329
– Beschlussfassung 24 225
– Bewirkung der versprochenen Leistung/ Zuwendung 2 98
– Dauer 24 182
– durch Formwechsel nach UmwG 24 195
– durch Formwechsel Personengesellschaft 24 191, 194
– Einpersonengesellschaft 24 175
– Eintrittsklausel 24 420 f.
– Entstehung 24 173 f., 190 f.
– Entstehungszeitpunkt 24 188
– Ergebnisbeteiligung/-verteilung 24 244
– Firma 24 180
– Form Gesellschaftsvertrag 24 183
– Gesamthandschaft 24 169
– Gesellschafter 24 175
– Gesellschafterausscheiden 24 331, 347 f., 356
– Gesellschaftereintritt 24 416 f.
– Gesellschafterpflichten 24 198, 254 f.
– Gesellschafterechte 24 198, 199 f.
– Gesellschafterwechsel 24 452
– Gesellschaftsvertrag 24 173 f.
– Gesellschaftszweck 24 165
– Haftung bei unentgeltlicher Übertragung 2 55
– Haftung Erbe 19 28
– Haftung Gesellschafter 24 181, 277 f.
– Haftung nach Beendigung 24 324
– Handelsgewerbe 24 171
– Kaufmann 24 172
– Kündigung durch Privatgläubiger des Gesellschafters 24 350
– Kündigung Geschäftsführung 24 215
– Kündigung zur Unzeit 24 234
– Kündigungsfolgen 24 235
– Kündigungsrecht 24 230
– Liquidation 24 508
– Nachfolge, gesetzliche 4 27
– Nachfolgeklausel 24 463 f.
– Nachfolgeklausel, qualifizierte 24 484
– Nachfolgeklausel, rechtsgeschäftliche 24 462
– Nachhaftung bei Umwandlung in Kapitalgesellschaft 32 4
– Rechnungslegung 24 273
– Rechtsfähigkeit 5 54, 61; 24 168
– Rechtsfolgen Gesellschafterausscheiden 24 354 f., 401
– Registerpflicht 24 184
– Selbstorganschaft 24 202
– Übertragung, unentgeltliche 2 55
– Vertretungsbefugnis 24 217
– Vollbeendigung 24 512
– Zweck, gemeinsamer 24 177
OHG-Gesellschafter 24 275
– Abfindung ausgeschiedener 24 267 f.
– Abfindung, gesetzliche 24 368
– Abfindungsvereinbarung 24 375 f.
– Aufwendungsersatz 24 237
– Auseinandersetzung 24 249

Sachregister

- Ausgleichsanspruch **24** 328
- Auskunftspflicht **24** 271
- Ausscheiden **24** 331, 347 f., 356
- Ausschluss **24** 407
- Beitragspflicht **24** 257
- Berichtspflicht **24** 270
- Einreden bei Haftung **24** 320
- Eintritt **24** 416 f.
- Einwendungen bei Haftung **24** 320
- Entnahmerecht **24** 247
- Entzug Geschäftsführungsbefugnis **24** 209
- Entzug Vertretungsbefugnis **24** 222
- Ergebnisbeteiligung **24** 244
- Förderpflicht **24** 256
- Geschäftsführungsbefugnis **24** 201 f.
- Haftung **24** 181, 277 f.
- Haftung ausgeschiedener **24** 322
- Haftung eintretender **24** 282
- Haftung gegenüber Mitgesellschafter **24** 327
- Haftung Minderjährige **24** 314
- Haftung nach Beendigung der Gesellschaft **24** 324
- Haftungsbeschränkung **24** 313 f.
- Herausgabepflicht **24** 276
- Insolvenzeröffnung **24** 349
- Kontrollrecht **24** 227
- Kündigung, außerordentliche **24** 232, 350
- Kündigung, ordentliche **24** 231, 350
- Leistungsverweigerung **24** 321
- Mitgliedschaftpflicht **24** 255
- Nachhaftung **24** 365
- Nachschusspflicht **24** 258
- Pflichten **24** 198, 254 f.
- Pflichten, organschaftliche **24** 267
- Rechenschaftspflicht **24** 272
- Rechnungslegung **24** 273
- Rechte **24** 198, 199 f.
- Registeranmeldung **24** 266
- Stimmrecht **24** 225
- Treuepflicht **24** 259
- Untervertretung **24** 224
- Vermögensrechte **24** 236
- Vertretenmüssen/Verschulden **24** 319
- Vertretungsbefugnis **24** 217
- Verwaltungsrechte **24** 200
- Wettbewerbsverbot **24** 260, 269
- Widerspruchsrecht **24** 208

Oldtimer
- Verwaltungsvermögen **27** 143

Optionsmodell
- Neufassung Satzung/Geschäftsordnung **3** 327

Optionsrecht
- Ermittlung relevanter Beteiligungsquote **25** 148
- Kapitalgesellschaftsanteil **25** 144
- Teilverkauf **3** 7 f.

Optionsverschonung 1 10
- Betriebsvermögen **13** 2
- Erbschaftsteuer **13** 2

- Verschonungsabschlag **27** 175, 190

Organschaft
- Auflösung bei Verkauf **3** 260
- rechtsfehlerhafte **3** 259
- Unternehmensverkauf **3** 255

Organschaftsverträge
- Unternehmensverkauf **3** 255

Österreich
- Testament, gemeinschaftliches **15** 104

Pachtvertrag
- Ausgestaltung **7** 4
- Betriebsverpachtung **7** 2
- Form **7** 3
- Überleitung Vertragsverhältnisse **7** 4

Paketzuschlag
- Kapitalgesellschaftsanteil **27** 36

Parentelsystem 17 4

Parkhaus
- Verwaltungsvermögen **27** 140

Partenreederei 5 56

Partner
- Haftung **5** 81

Partnerschaft
- Übertragung, unentgeltliche **2** 68

Partnerschaftsgesellschaft 5 58
- Auflösung **5** 90, 91
- Ausscheiden Partner **5** 84
- Bewirkung der versprochenen Leistung/Zuwendung **2** 98
- Übertragung, unentgeltliche **2** 68

Partnerschaftsgesellschaft mit beschränkter Berufshaftung (PartGmbB) 5 59
- Bewirkung der versprochenen Leistung **2** 98
- Übertragung, unentgeltliche **2** 69

Pensionsanwartschaft 22 297

Pensionsverpflichtung
- Ermittlung Buchwert Betriebsvermögen **25** 78
- Ermittlung des laufenden Gewinns während Betriebsveräußerung **25** 123

Person, natürliche
- Rechtsträger **5** 10

personal representative 12 78

Personen, nahestehende
- Beteiligungshöhe Kapitalgesellschaftsanteil **12** 122
- Kapitalgesellschaftsanteil **12** 121

Personengesellschaft
- Abbedingung Einstimmigkeitsprinzip **2** 276
- Abschlussprüfer/-prüfung **21** 15
- Abwicklung **5** 92
- als Bedachte **2** 30 f.
- als Schenker **2** 30 f.
- Änderung Gesellschafterbestand **5** 82
- Änderung Gesellschaftsvertrag **5** 68
- asset deal **5** 220
- Auflösung **5** 90

Sachregister

- Aufteilung gemeiner Wert auf Gesellschafter **27** 81 f.
- Ausschließungsklausel **14** 156
- Ausschüttung, disparitätische **22** 268
- Außengesellschaft **5** 51 f.; **23** 12
- Beendigung **5** 89
- Begriff **23** 2
- beherrschender Einfluss nach § 74 Abs. 2 S. 1 AO **25** 285
- Betriebsvermächtnis **27** 87
- Betriebsvermögen, steuerbegünstigtes **27** 114
- Bewertung **20** 71
- Bewertung Auslandsvermögen **27** 73
- Bewertung Betriebsvermögen **27** 57 f.
- Buchwert-Abfindungsklausel **20** 71
- Buchwertklausel **27** 74
- Doppelholding **6** 76
- Einlagen **5** 71
- Einpersonengesellschaft **5** 63
- Eintrittsklausel **4** 36; **14** 30; **27** 78
- Eintrittsvermächtnis **27** 79
- Entstehung **5** 69
- Erbschaftsteuer **27** 4
- Ermittlung des steuerpflichtigen Erwerbs **27** 57 f.
- Ermöglichung Dritt-Management **35** 2
- Ertragsteuer bei Verkauf aus Familienholding **6** 18, 23
- Ertragsteuer Familienholding **6** 9, 15
- Erwerbsgegenstand bei Erwerb von Todes wegen **27** 11
- Familienholding **6** 64 f.
- Formvorschriften **23** 61
- Formwechsel in OHG/KG **24** 191, 194
- Formwechsel zwischen **39** 23
- Fortsetzungsklausel **4** 31; **14** 4 f.; **27** 74, 286
- GbR **23** 15; **24** 2
- Geschäftsführung **5** 74
- Gesellschafter **5** 62
- Gesellschafterausschließung **22** 208 f.
- Gesellschafterbeiträge **5** 71
- Gesellschafterkonten bei share deal **3** 199
- gesellschaftsrechtliche Gestaltung der Übertragung **5** 239
- Gesellschaftsvertrag **5** 65
- Gesellschaftsvertragsänderung **2** 274
- Gestaltung Unternehmertestament **4** 38
- Gewerbesteuer **25** 223
- Gewerbesteuer bei Teil-/Betriebsveräußerung **25** 227
- Gewerbesteuer bei Veräußerung Kapitalgesellschaftsanteil **25** 230
- Gewerbesteuer bei Veräußerung Mitunternehmeranteil **25** 228
- gewerblich geprägte **25** 30
- Gewinnbeteiligung, disparitätische **22** 268
- Gewinnverteilung **21** 18
- Gewinnzurechnung **21** 21
- Gewinnzuweisung bei share deal **3** 206
- Grundbucheintragung **21** 23
- Grunderwerbsteuer bei Veräußerung **25** 250 f.
- Grundlagengeschäfte **2** 284; **5** 76
- Haftung **5** 78; **21** 19
- Haftung Betriebsratsmitglied **24** 1047
- Haftung Erbe GbR-Gesellschaftsanteil **19** 33
- Haftung Erbe KG-Gesellschaftsanteil **19** 31
- Haftung Erbe OHG-Gesellschaftsanteil **19** 29
- Haftung Gründungsgesellschafter **24** 281
- Haftung Gründungskommanditist **24** 288
- Handelsregistereintragung **21** 16
- Hinauskündigungsklausel **14** 156
- Innengesellschaft **5** 47 f.; **23** 18
- Jahresabschluss **21** 13
- KG **23** 17; **24** 163 f.
- Kündigung **22** 208
- Kündigungsausschluss **22** 211
- Liquidation **27** 285
- locked box transaction bei share deal **3** 208
- Loslösung Gesellschafter **22** 208
- Mehrheitsklauseln **2** 278
- MHbeG **18** 168
- Mischgesellschaften **24** 943 f.
- Nachfolge-/Umwandlungsklausel **14** 45
- Nachfolge, gesellschaftsvertragliche **4** 29
- Nachfolge, gesetzliche **4** 25
- Nachfolgeklausel **4** 32; **14** 2 f., 13; **27** 74, 75
- Nachfolgeklausel, qualifizierte **4** 34; **14** 21
- Nachfolgeklausel, rechtsgeschäftliche **14** 36
- Nachfolgeregelung **4** 24 f.
- Nachfolgeregelung mittels **21** 9 f.
- Nachlasszugehörigkeit **18** 174
- Nachteile **23** 51
- OHG **23** 16; **24** 163 f.
- Pensionsrückstellung **22** 297
- Pflichtteilsergänzung **20** 65
- Pflichtteilsrecht **20** 57
- Pflichtteilsvermeidung durch Gründung **16** 32
- Privilegierung, ertragsteuerliche **13** 23
- Rechtsfähigkeit **5** 28, 44 f., 61
- Rechtsnatur **5** 60
- Registerpflicht **5** 70
- Registerpflicht Änderung Gesellschafterbestand **5** 234
- Selbstorganschaft **5** 73; **21** 17
- share deal **3** 198 f.; **5** 225
- share deal bei Betriebsaufspaltung **3** 217
- Sonderbetriebsvermögen **27** 72
- Sonderbetriebsvermögen bei share deal **3** 214
- Sperrfrist **25** 1a
- Statistik **5** 39
- Steuergarantien **3** 424
- steuerliche Behandlung Ab-/Aufspaltung auf Kapitalgesellschaften **42** 24
- steuerliche Behandlung Ab-/Aufspaltung auf Personengesellschaften **42** 26
- steuerliche Behandlung Ausgliederung auf Kapitalgesellschaft **42** 35

Sachregister

- steuerliche Behandlung Ausgliederung auf Personengesellschaft **42** 36
- steuerliche Behandlung Formwechsel in Kapitalgesellschaft **43** 5
- steuerliche Behandlung Gesellschafter der übernehmenden **41** 16 f., 18, 24
- steuerliche Behandlung Gesellschafter übertragender **41** 46, 50
- steuerliche Behandlung Realteilung **42** 29
- steuerliche Behandlung übernehmende **41** 10
- steuerliche Behandlung übertragende **41** 44
- steuerliche Behandlung Unternehmensverkauf **3** 34
- steuerliche Behandlung Verschmelzung auf Kapitalgesellschaft **41** 37 f.
- steuerliche Behandlung Verschmelzung auf Personengesellschaft **41** 48 f.
- Stimmbindungsabsprache **22** 247
- Stimmgewichtsverteilung **22** 225
- Testamentsvollstreckung **18** 159 f., 170
- Testamentsvollstreckung bei Eigenen Anteilen des Erben **18** 175
- Testamentsvollstreckungsklausel **14** 78, 80
- Treuhandlösung Testamentsvollstreckung **18** 165
- Übernahmeklausel **27** 80
- Übertragung **5** 219 f.
- Übertragung auf gemeinnützige Stiftung **28** 143
- Umwandlung in GbR **24** 46
- Unternehmensaufgabe **26** 2
- Unternehmenskaufvertrag share deal **3** 198
- Veräußerungsgewinn **25** 56
- Verlegung Geschäftsleitung auf auslandsansässigen Erben **12** 187
- Verlustvortrag, gewerbesteuerlicher **25** 233 f., 238 f.
- Vermeidung handelsrechtlicher Übernahmeverlust **41** 10
- Vertretung **5** 77
- Vinkulierung **22** 189
- Vollbeendigung **5** 94
- Vollmachtlösung Testamentsvollstreckung **18** 166
- Vor-/Nacherbfolge **18** 97
- Vorsorgevollmachtsklausel **14** 95
- Vorteile **23** 44
- wesentliche Beteiligung nach § 74 AO **25** 281
- Zustimmungserfordernisse **2** 274 f.
- Zustimmungserfordernisse bei kapitalistisch strukturierter **2** 293

Personengesellschaft, bilanzierende
- Betriebsvermögen **27** 63

Personengesellschaft, doppelstöckige
- Gewerbesteuer bei Veräußerung **25** 229

Personengesellschaft, nicht bilanzierende
- Betriebsvermögen **27** 67
- Betriebsvermögen, gewillkürtes **27** 67

Personengesellschaft, vermögensverwaltende
- Ermittlung relevanter Beteiligungsquote **25** 151
- Schenkung **2** 57
- Steuerwertermittlung Schenkung **28** 18

Personengesellschaftsanteil
- Abfindungsausschluss **1** 47
- Betriebsvermögen, steuerbegünstigtes **27** 121
- Bewertung **20** 71
- Ermittlung des steuerpflichtigen Erwerbs **27** 57 f.
- Grunderwerbsteuer bei Veräußerung **25** 250 f
- Haftung bei unentgeltlicher Übertragung **2** 55
- Lohnsumme, verschonungsrelevante **27** 178
- Nachfolgeklausel **1** 36 f.
- Nachfolgeklausel, einfache **1** 39
- Nachfolgeklausel, qualifizierte **1** 40
- Nachlasszugehörigkeit **18** 174
- Nießbrauch **22** 59 f.; **28** 169
- Poolvereinbarung **21** 69
- Sperrfrist **25** 1a
- steuerliche Behandlung der Veräußerung **25** 3 ff.
- steuerliche Behandlung Erwerber **25** 128 f.
- steuerliche Behandlung Nachlassgegenstand **27** 284
- steuerliche Behandlung Nießbrauch am **27** 317
- steuerliche Behandlung Unternehmensverkauf **3** 34
- Testamentsvollstreckung **1** 29; **18** 159 f., 170
- Übertragung auf gemeinnützige Stiftung **28** 143
- Übertragung, unentgeltliche **2** 55
- Umsatzsteuer bei Veräußerung **25** 274
- Veräußerer **25** 5
- Vererblichkeit **1** 37
- Vererblichkeit ausländischer **12** 42
- Vermächtnis **27** 90
- Wegzugsbesteuerung **1** 12

Personengruppentheorie 8 9

Personenhandelsgesellschaft
- Begriff **5** 53; **23** 2
- Formwechsel zwischen **39** 23
- Rechtsfähigkeit **5** 53

Personenvereinigung
- Erbschaftsteuerpflicht, unbeschränkte **12** 109, 112

Pfleger
- Anforderungen bei Verwaltung Kindesvermögen **2** 269

Pflegerbestellung
- Schenkung an Minderjährige **2** 262

Pflegeverpflichtung
- Gegenleistung **28** 14

Pflichtteil
- Anrechnung **19** 80; **20** 41
- Anrechnung vorweggenommene Erbfolge **10** 13 f.

Sachregister

- Anspruch **15** 317; **20** 2
- Ausgleichung **20** 42
- Ausgleichung vorweggenommene Erbfolge **10** 13 f., 21
- Auskunftsanspruch **20** 5 f.
- Ausschluss **20** 24 f.
- bei Zustiftung **9** 64
- Berechtigte **20** 1
- Beschränkung **16** 52
- Beschränkung in guter Absicht **20** 27
- Bewertung Einzelunternehmen **20** 67
- Bewertung Kapitalgesellschaft/-santeil **20** 74
- Bewertung Personengesellschaft/-santeil **20** 71
- Ehegattenerbrecht **17** 12
- Eintrittsklausel **20** 62
- Einzelunternehmen **20** 57, 64
- Entziehung **16** 52
- Entzug **20** 25
- Erbfolge, vorweggenommene **16** 18
- Erbverzicht **16** 11; **20** 24, 77 f.
- Ergänzungsanspruch **20** 44
- Fälligkeit **20** 16
- Formulierungsmuster Anrechnung **19** 81
- Fortsetzungsklausel **20** 58
- Geschiedenentestament **16** 26
- Gesellschaftsgründung **16** 32
- großer **15** 321
- Gütergemeinschaft, fortgesetzte **16** 5
- Güterstandsschaukel **16** 3
- Güterstandswechsel **16** 1
- Herausgabevermächtnis **16** 30
- Höfeordnung **16** 47
- Kapitalgesellschaft **20** 56
- Klausel, fehlende zur Unternehmensnachfolge **20** 58
- kleiner **15** 321
- Nachfolgeklausel **20** 63
- Personengesellschaft **20** 57
- Pflichtteilslast **20** 28
- Pflichtteilsverzicht **16** 11
- Quote **20** 3
- Rechtswahl **16** 42
- Restanspruch **20** 33, 40
- Unternehmensbewertung **1** 16
- Unwürdigkeit **16** 49; **20** 24, 94
- Verfassungsrecht **16** 53
- Vermeidungsstrategien **16** 1 ff.
- Vervollständigungsanspruch **20** 33, 40
- Verwirkungsklausel **20** 39
- Verzicht **20** 24, 77 f., 79
- Volljährigenadoption **16** 43
- Vor-/Nacherbfolge **16** 25
- Vor-/Nachvermächtnis **16** 29
- Voraus **16** 10
- Wahl-Zugewinngemeinschaft **16** 6
- Wertermittlung **20** 11
- Wohnsitzverlagerung ins Ausland **16** 39
- Zugewinnausgleich, fliegender **16** 4
- Zuwendung, lebzeitige **16** 18

Pflichtteil, großer 15 321
- Ehegattenerbrecht **17** 15

Pflichtteil, kleiner 15 321
- Ehegattenerbrecht **17** 12

Pflichtteilsanrechnung 19 80; **20** 41
- Schenkung **1** 6

Pflichtteilsanspruch 15 317; **20** 2
- Abfindung, überdotierte **11** 9
- Anrechnungen **20** 5, 41
- Auskunft **20** 5 f.
- Auskunft gegen beschenkten Dritten **20** 15
- Ausschluss **20** 24
- bei Ausschlagung **11** 8
- Belegvorlage **20** 12
- Berechnung **15** 321; **20** 20
- Beschränkung in guter Absicht **20** 27
- Bewertung **20** 17
- Durchsetzung **20** 12
- Entstehung **20** 2
- Entzug **20** 25
- Erbfallschulden **20** 20
- Erblasserschulden **20** 20
- Erbrecht, gesetzliches **17** 1
- Fälligkeit **20** 16
- fiktiver **15** 335
- Nachlasswert **20** 17
- Schenkungen, ergänzungspflichtige **20** 5, 14
- Steuern, latente **20** 20, 73, 76
- Stundung **20** 21
- Unwürdigkeit **20** 24, 94
- Verjährung **20** 22
- Vermächtnis **20** 20
- Verzicht **20** 24, 77 f., 79
- Wertermittlung **20** 11
- Zusammensetzung Nachlass **20** 5
- Zuwendungen, ausgleichspflichtige **20** 5, 42

Pflichtteilsberechtigte 20 1
- Auschluss der Anfechtung Unternehmertestament **4** 61
- Ausschlagung **20** 36, 40
- Beschränkung **20** 36, 40
- Beschwerung **20** 36, 40
- Ergänzungsanspruch **20** 44, 51
- Pflichtteilsrestanspruch **20** 33, 40
- Schutz **20** 32 f.
- Vermächtnis **20** 38, 40
- Vervollständigungsanspruch **20** 33, 40
- Verwirkungsklausel **20** 39

Pflichtteilsergänzung 10 4, 29
- 10-Jahres-Frist **1** 17
- Anspruch **20** 44
- Anteile mit unbeschränkter Haftung **1** 18
- Einzelunternehmen **20** 65
- fiktive **15** 335
- Frist **20** 44
- Fristbeginn **20** 48
- Konsequenzen, liquide **1** 14
- Personengesellschaft **20** 65
- Schenkung **1** 14; **20** 44

Sachregister

- Schenkungsbegriff **20** 52
- Unternehmensbewertung **1** 16
- Zugewinngemeinschaft **15** 22

Pflichtteilsklausel
- Berliner Testament **15** 237; **18** 16
- Testament, gemeinschaftliches **15** 252

Pflichtteilslast 20 28

Pflichtteilsrecht 20 1 ff.
- Gesellschaftsrecht **20** 55 f.
- Güterstand **1** 49
- Schutz des Pflichtteilsberechtigten **20** 32 f.

Pflichtteilsstrafklausel
- Ausschlagung bei **11** 32

Pflichtteilsverzicht 16 11; **20** 24, 77 f., 79
- Abfindung **2** 230
- Aufhebung/Beseitigung **20** 87
- Aufhebungsvertrag **2** 227
- Erbschaftsteuer **27** 112
- Familienmitglied **10** 2, 5, 28 f.
- Form **2** 130
- Formulierungsmuster **20** 80
- gegen Versorgungsleistung **28** 88
- Korrektur bis zum Ableben des Erblassers **2** 222
- Korrektur nach Ableben des Erblassers **2** 229
- Korrekturmöglichkeiten weichender Erbe **2** 221 f.
- Rechtsfolgen **20** 92
- stillschweigender **20** 85
- Unterhalt, nachehelicher **10** 37
- Verhältnis zu Abfindungserklärung **20** 86

Pflichtteilsverzichtsklausel
- Formulierungsmuster **14** 111
- Klausel zur Verpflichtung **14** 105
- Vor-/Nachteile **14** 109

Pflichtteilsverzichtsvertrag 4 79

Planungsphase
- Unternehmensverkauf **3** 45 f.

Poolvereinbarung/-vertrag 14 161 f.; **21** 64 f.
- Anteilsübertragung auf gebundene Anteilseigner **27** 129
- Betriebsvermögen, steuerbegünstigtes **27** 126
- Einheitlichkeit der Verfügung **27** 128
- Form **14** 169
- Formulierungsmuster **14** 173
- GmbH **22** 253
- Innengesellschaft **21** 64
- Kapitalgesellschaftsanteil **21** 69
- Nachversteuerung bei Ausscheiden **21** 78
- Personengesellschaftsanteil **21** 69
- Rechtsnatur **14** 168
- steuerliche Behandlung Unternehmensübertragung **1** 10
- Stichentscheid durch Nichtgesellschafter **22** 253
- Stimmbindung **14** 162, 164; **21** 73, 74
- Stimmrechtsausübung **27** 130
- Stimmverbote **14** 166
- Verfügung **27** 127

- Verfügungsbeschränkung **14** 162, 163; **21** 72
- Vertragsstrafenregelung **14** 165, 176
- Vor-/Nachteile **14** 170
- Zulässigkeit bei Innengesellschaft **2** 104

Privatentnahme
- Betriebsaufgabe **26** 19

Privatgläubiger
- Kündigung OHG/KG **24** 350

Privatvermögen
- Einbringung in Betriebsvermögen **6** 136
- Einbringung in Familienholding aus **6** 130 f.
- entgeltliche Übertragung Kapitalgesellschaftsanteil **28** 154
- Gewerbesteuer bei Unternehmensveräußerung aus **25** 222
- Gewerbesteuer Liquidationsauskehrung **26** 93
- Gründung Familienholding **6** 134
- Nachsteuertatbestand **27** 210 f.
- steuerliche Behandlung Kapitalgesellschaftsanteil als Nachlassgegenstand **27** 299
- steuerliche Behandlung Liquidationsauskehrung Kapitalgesellschaftsbeteiligung im P. **26** 80, 87
- teilentgeltliche Übertragung **25** 39
- Übertragung Kapitalgesellschaftsanteil auf Familienstiftung **28** 146
- Umwandlung in Betriebsvermögen **13** 4, 15
- unentgeltliche Übertragung Kapitalgesellschaftsanteil **28** 135
- Veräußerung Kapitalgesellschaftsanteil **25** 213
- Veräußerung relevanter Kapitalgesellschaftsanteil **25** 143 f.
- Vermögensübertragung **28** 50
- Wertermittlung ausländischer Kapitalgesellschaftsanteil **12** 134

Privilegierung
- Betriebsvermögen **21** 51

Privilegierung, erbschaftsteuerliche
- Betriebsvermögen **13** 1 f.

Privilegierung, ertragsteuerliche
- Betriebsvermögen **13** 22 f.
- Gesamtplanrechtsprechung **13** 25
- Tarifentlastung, pauschale **13** 24
- Tarifglättung **13** 23

Prozessführung
- bei Testamentsvollstreckung **18** 135

Publikumsgesellschaft
- Zustimmungserfordernisse **2** 293

Put-Option 3 8
- Erfolgshonorar M&A Berater **3** 89

Q&A-Listen 3 178 f.
- Nachladen von Dokumenten **3** 182

Quotennießbrauch 18 64, 68; **22** 21
- Einzelunternehmen **22** 53

Rangrücktritt
- kein Kapitalgesellschaftsanteil **25** 144

Sachregister

Ratenzahlung
- steuerliche Behandlung der Gegenleistung **25** 67
- Zuflussbesteuerung **25** 115, 117

Reaktivierung
- Abwicklungsgesellschaft **27** 14

Reallast 2 237
- Gewährung Wohnraum **22** 114

Realteilung 38 22 f.
- Abgrenzung zu wirtschaftlicher Spaltung **38** 17
- Aufgabezeitpunkt **26** 50
- Auseinandersetzung Erbengemeinschaft mit Ausgleichszahlung **27** 275
- Auseinandersetzung Erbengemeinschaft ohne Ausgleichszahlung **27** 268
- Buchwertfortführung **38** 24
- Einlagenlösung **26** 40
- Gewerbesteuer bei **26** 92
- Gewinnrealisierung **26** 41; **38** 26
- Kapitalgesellschaftsanteil **27** 301
- Körperschaftsklausel **26** 42, 44
- mit Spitzenausgleich **38** 30
- Mitunternehmerschaft **26** 38
- ohne Spitzenausgleich **38** 28
- Sperrfrist **25** 1a; **26** 38, 43
- steuerneutrale **26** 39
- Steuerrecht **42** 29
- Verlustvortrag, gewerbesteuerlicher **25** 244
- Wertausgleich **26** 40

Rechnungsabgrenzungsposten
- Ermittlung Buchwert Betriebsvermögen **25** 78
- Ermittlung des laufenden Gewinns während Betriebsveräußerung **25** 123

Rechnungslegung
- Liquidation **24** 775
- Testamentsvollstrecker **18** 147

Recht, nationales
- Erbrecht, anwendbares **12** 29

Rechte
- Einbringung **6** 127

Rechtsanwalt
- Erfolgshonorar **3** 93
- Honorardeckelung Beraterhonorar **3** 98
- Stundenhonorar **3** 96
- Unternehmensverkauf **3** 91

Rechtsbehelf
- Einlegung **27** 351

Rechtsfähigkeit
- AG **24** 789
- EFTA-Gesellschaften **5** 35
- Einzelunternehmen **5** 40
- EU-Gesellschaften **5** 32
- EWIV **5** 28, 61
- GbR **5** 52, 61; **24** 7
- Genossenschaft **5** 146
- GmbH **24** 518
- Gründungstheorie **5** 32
- Innengesellschaft **5** 47
- Juristische Person **5** 13 f.
- Kapitalgesellschaft **5** 108
- KG **5** 55, 61; **24** 168
- KGaA **24** 908
- Natürliche Person **5** 10
- OHG **5** 54, 61; **24** 168
- Personengesellschaft **5** 28, 44 f., 61
- Rechtsformen aus Staaten mit Anerkennungsübereinkommen **5** 37
- Rechtsformen aus Staaten ohne Anerkennungsübereinkommen **5** 37
- SCE **5** 28, 147, 162
- SE **5** 28, 108
- Sitztheorie **5** 37
- USA-Gesellschaften **5** 36

Rechtsform
- Bedeutung **5** 38
- Bedeutung für Übertragung **5** 164 f.
- Einzelunternehmen **5** 40
- Europäische Union **5** 155 f.
- Genossenschaft **5** 146
- Gesellschaften aus EU-Mitgliedsaaten **5** 32
- Kapitalgesellschaft **5** 95
- Mischformen **5** 148; **23** 34 f.
- Mischgesellschaften **24** 943 f.
- Personengesellschaft **5** 44 f.
- Rechtsfähigkeit im Herkunftsstaat **5** 30
- Rechtsnachfolge **5** 166
- Statistik **5** 39
- Übersicht **23** 1 ff.
- Unternehmensnachfolge **5** 1 ff.; **23** 65 f.
- Verhältnis Erb-/Gesellschaftsrecht **23** 57
- Vor-/Nachteile **23** 43 f.

Rechtsform, haftungsbegrenzte
- Umwandlung in **32** 1 f.

Rechtsformverfehlung
- Entstehung GbR **24** 47

Rechtsformwahl 42 944

Rechtsgarantie 3 400

Rechtsnachfolge
- asset deal **5** 177
- Betriebsvermögen **21** 51
- Einzelrechtsnachfolge **5** 177
- Gesamtrechtsnachfolge **5** 170
- Gesamtrechtsnachfolge, partielle **5** 172
- share deal **5** 182
- Singularsukzession **5** 169
- Sonderrechtsnachfolge **5** 172, 182
- Sukzession **5** 166
- Universal-/Globalsukzession **5** 170
- Unternehmen **5** 176 f.

Rechtsstreitigkeiten
- Garantien **3** 418

Rechtsträger
- Begriff **5** 830 16
- Juristische Person des öffentlichen Rechts **5** 14
- Juristische Person des Privatrechts **5** 17 f.

Hagen 1737

Sachregister

- Person, natürliche **5** 10
Rechtsträger, ausländischer
- Gesellschaftsrecht, inländisches **12** 115
- intransparenter **12** 124
Rechtswahl
- Erbvertrag **17** 27
- EuErbVO **12** 27
- IPR **15** 120
- Pflichtteil **16** 42
- Testament **17** 24
- Unternehmertestament **4** 70
Reduktion
- Steuerlast **1** 11
Regelverschonung 1 10
- Betriebsvermögen **13** 2
- Erbschaftsteuer **13** 2
- Verschonungsabschlag **27** 174, 190
Reinvestitionsklausel 27 217
Rekonstruktionswert 27 38, 49
Rente
- Erbschaftsteuer **27** 248
Rentenrecht
- Erbschaftsteuerpflicht **12** 128
Rentenschuld 2 249
Rentenvermächtnis 18 69
- steuerliche Behandlung **27** 321
Reproduktionswert 27 49
Reserven, stille
- Aufdeckung bei Vermögensübertragung auf Stiftung **9** 90
Restrukturierung
- Umwandlung **29** 3
Rückabwicklung
- Anteilsschenkung **6** 308
Rückauflassungsvormerkung 2 251
Rückfall
- Anteilsschenkung **6** 300
Rückforderung
- Schenkung **27** 250
Rückforderungsrecht
- Anteilsschenkung **6** 306
- bei Leibgeding bei **22** 135
- Erbfolge, vorweggenommene **28** 39
- Erlöschen Erbschaftsteuer **28** 39
- Formulierungsmuster **22** 126
- Formulierungsmuster Immobilienschenkung **22** 133
- Schenkung **1** 5; **2** 175f.; **6** 306; **22** 120f.; **27** 111
- Zuwendung, ehebedingte **22** 136
Rückforderungsrecht Schenkung 2 175f., 177; **6** 306; **22** 120f.; **27** 111
- Bedürftigkeit **2** 191
- Frist **2** 191
- Nichtvollziehung der Auflage **2** 199
- Zweckverfehlung **2** 200
Rückgängigmachung
- Schenkung **2** 175f.

Rücklage § 6b EStG
- bei Betriebsaufgabe **26** 61
- Betriebsgrundlage, wesentliche **25** 11
- Veräußerungsgewinn **25** 111
Rücklage § 6c EStG
- bei Betriebsaufgabe **26** 61
- Veräußerungsgewinn **25** 111
Rücklagen, steuerfreie
- Ermittlung Buchwert Betriebsvermögen **25** 78
Rückstellungen
- Ermittlung Buchwert Betriebsvermögen **25** 78
- Ermittlung des laufenden Gewinns während Betriebsveräußerung **25** 123
Rücktritt
- Erbvertrag **17** 120
Rücktrittsklausel
- Anteilsschenkung Familienholding **6** 291f., 312
Rücktrittsrecht
- Anteilsschenkung **6** 302
- Stifter **9** 56
- Unternehmensverkauf **3** 351
Rückzahlung offener Vorabausschüttung
- Anschaffungskosten **25** 176
Rückzahlung verdeckter Gewinnausschüttung
- Anschaffungskosten **25** 176
Rumpfwirtschaftsjahr
- Besteuerungszeitraum **26** 71
Russland
- deutsch-sowjetischer Konsularvertrag **12** 11

Sacheinlage
- verdeckte bei GmbH **24** 607, 658
- Zuwendung, disquotale **2** 75
Sacheinlage, verschleierte
- Betriebsaufgabe **26** 13
Sachgründungsbericht
- GmbH **24** 571
Sachspende
- Reparatur verunglückter Erbfolge **27** 365
Sachvermächtnis 27 22
- steuerliche Behandlung **27** 306
sale and lease back Verfahren
- Unternehmensverkauf **3** 297
Salvatorische Klausel
- Unternehmertestament **4** 73
Satzung
- Neufassung bei Unternehmensverkauf **3** 327
Satzungsänderung
- Zustimmungserfordernisse **2** 296
Schadenersatz
- Testamentsvollstrecker **18** 148
Scheidungsantrag
- Ausschluss Ehegattenerbrecht **15** 285
Schenker
- Abstandszahlung an **22** 169

Sachregister

- Verpflichtung des Zuwendungsempfängers gegenüber S. **22** 151 f.
- **Schenkung** **2** 12 f.; **22** 15
- 10-Jahres-Frist **21** 43
- Abfindungsanspruch Nießbraucher **6** 166
- AG/-anteil **2** 71
- an Minderjährige **2** 255 f.; **28** 33
- Anrechnung auf Pflichtteil **19** 80
- Anteilsschenkung, bedingte **6** 294
- Anzeigepflicht **28** 3, 201
- Auflage **2** 140
- aufschiebend bedingte auf Tod des Schenkers **2** 144 f.
- Ausgleichsansprüche **1** 19
- Auslandsbezug **12** 99
- Bedingung, aufschiebende/-lösende **2** 17
- Begriff **2** 12
- Begünstigung einzelner Nachkommen **1** 7
- Behaltefrist **28** 37
- Bereicherung **28** 5
- Bereicherung des Bedachten **2** 19
- Beurkundung **2** 41
- Bewertung **20** 53
- Bewertung Zuwendungsgegenstand **28** 10
- Bewertungszeitpunkt **28** 9
- Bewirkung der versprochenen Zuwendung **2** 80 f.
- Einzelunternehmen **2** 55
- Entgeltvereinbarung, nachträgliche **2** 26
- Entreicherung **28** 5
- Entreicherung des Schenkers **2** 13
- Erbvertrag beeinträchtigende **17** 110
- Erfüllung auf den Todesfall **2** 15
- Ermittlung des steuerpflichtigen Erwerbs **28** 9 f.
- Ermittlung relevanter Beteiligungsquote **25** 150
- Familiengesellschaft/-santeil **2** 57
- Familienstiftung **1** 20
- Familienwohnheim **21** 45
- Form **1** 4; **2** 39 f.
- freigebige Zuwendung **28** 4, 5
- GbR/-anteil **2** 55
- Gegenleistung **28** 12
- gemischte **2** 36
- Genossenschaft/-santeil **2** 74
- Gesellschaft als Bedachter **2** 30 f.
- Gesellschaft als Schenker **2** 30 f.
- GmbH/-anteil **2** 71
- Grundvermögen **21** 45
- Hand2 40
- Heilung Formmängel **2** 80 f.
- Holding **1** 7
- Immobilienbesitz **21** 45
- Innengesellschaft/-santeil **2** 58
- Investitionsbegünstigung **28** 33
- Kapitalgesellschaftsanteil **2** 71
- Kapitallebensversicherung **20** 52
- KG-Anteil **2** 19
- KGaA/-anteil **2** 71
- Kommanditanteil **2** 67
- Kompensation Erbanwärter, anderer **10** 11
- Komplementärbeteiligung **2** 55
- Konsequenzen, liquide **1** 13 f.
- Lebensversicherung **1** 23
- Mehrheitsbeteiligung **1** 7
- mittelbare **2** 20
- OHG/-anteil **2** 55
- Optionsverschonung **28** 36
- PartGmbB **2** 69
- Partnerschaftsgesellschaft/-santeil **2** 68
- Personengesellschaft, vermögensverwaltende **2** 57
- Personengesellschaftsanteil **2** 55
- Pflichtteilsanrechnung **1** 6
- Pflichtteilsergänzung **1** 14; **20** 44
- Regelverschonung **28** 34
- Rückforderung **27** 250
- Rückforderung bei Bedürftigkeit **2** 185
- Rückforderung bei Nichtvollziehung der Auflage **2** 199
- Rückforderung bei Zweckverfehlung **2** 200
- Rückforderungsrecht **1** 5; **2** 177; **6** 306; **22** 120 f.; **27** 111
- Rückgängigmachung **2** 175 f.
- Schenkungsvertrag **1** 4
- SE/-anteil **2** 71
- Sonderrecht Geschäftsführung **1** 7
- Sperrfrist **25** 1a
- steuerliche Behandlung Rückabwicklung **6** 308
- Steuerrecht **1** 9 f.
- Steuerwertermittlung **28** 16, 17
- Stiftungsleistung **2** 29
- Stille Gesellschaftsbeteiligung **2** 58, 67
- SUP **2** 71
- Überlebensbedingung **2** 144 f.
- Überlegungen, vorbereitende **1** 3
- Unentgeltlichkeit **2** 22
- Unterbeteiligung **2** 58, 67
- Unternehmensnachfolge, internationale **12** 132
- Unternehmensübertragung **1** 3 f.
- Verpflichtung zur Weitergabe **2** 268, 270
- Versorgung Ehepartner **1** 8
- Versorgung übergangener Nachkommen **1** 8
- Versorgungsrente an Ehepartner **10** 25
- Verwaltungsvermögenstest **28** 32
- von Todes wegen **2** 142
- Wegfall der Geschäftsgrundlage **2** 201
- Wegzugsbesteuerung **12** 174
- Weiterleitungsklausel **28** 41
- Widerrufsrecht wegen groben Undanks **2** 195
- Zuwendung, schwiegerelterliche **2** 28
- Zuwendung, unbenannte **20** 52
- Zweckschenkung **2** 140
- **Schenkung auf den Todesfall**
- Erbschaftsteuer **27** 25

Sachregister

Schenkung unter Auflage
- Erbschaftsteuer 28 12
- Ermittlung des steuerpflichtigen Erwerbs 28 12
- Grunderwerbsteuer 28 194

Schenkung unter Lebenden
- Anzeigepflicht 28 201
- Einkommensteuer 28 42 f.
- einkommensteuerliche Behandlung 28 42 f.
- Erbschaftsteuer 28 4 f.
- Gewerbesteuer 28 190
- Grunderwerbsteuer 28 194
- Körperschaftsteuer 28 42 f.
- Rückforderungsrecht 28 39
- Steuerbefreiung, sachliche 28 29
- Steuerberechnung 28 38
- Steuerwertermittlung gemischte 28 16
- Umsatzsteuer 28 198

Schenkung unter Leistungsauflage
- Steuerwertermittlung 28 16

Schenkung von Todes wegen 2 142

Schenkung, aufschiebend bedingte auf Tod des Schenkers 2 144 f.
- Gesellschaftsanteile 2 149
- Grundvermögen 2 148
- Überlebensbedingung 2 144

Schenkung, gemischte 2 36
- Bereicherung 28 6
- Beurkundung 2 42
- Erbschaftsteuer 28 12
- Ermittlung des steuerpflichtigen Erwerbs 28 12

Schenkung, mittelbare
- Betriebsvermögen, steuerbegünstigtes 27 115
- Steuerbefreiung, sachliche 28 30

Schenkungsteuer *sa Erbschaftsteuer*
- Betriebsaufgabe 26 94
- Errichtung privatnütziger Stiftung 9 76
- Vorbehaltsnießbrauch 22 27
- Zuwendungsnießbrauch 22 30

Schenkungsvertrag 1 4 f.

Schiedsklausel
- Unternehmertestament 1 35

Schiedsverfahrensklausel
- Unternehmensverkauf 3 448

Schulden
- Einbringung 6 140
- Verwaltungsvermögen 27 150

Schuldübernahme
- ausgleichende 27 274
- Gegenleistung 28 12
- überquotale 27 274

Schuldumfassung 25 73

Schutzrechte, gewerbliche
- Garantien 3 416

Schweden
- DBA 12 161

Schweiz
- DBA 12 162

Schwestergesellschaft
- Verschmelzung 37 13

SE
- Übertragung, unentgeltliche 2 71

Seehandelsgesellschaft 5 56

Seetestament 17 89

Selbstorganschaft
- GbR 24 54
- KG 24 202
- OHG 24 202

Selbstzweckstiftung 9 26

share deal
- AG 5 248
- Betriebsaufspaltung Personengesellschaft 3 217
- change of control Klausel 3 234
- Gesellschafterkonten Personengesellschaft 3 199
- Gewinnzuweisung bei Personengesellschaft 3 206
- GmbH & Co. KG 3 211
- Kapitalgesellschaft 3 191 f.
- Kapitalgesellschaft & Co.KG 5 265
- Kapitalgesellschaft & Co.KGaA 5 269
- locked box transaction Personengesellschaft 3 208
- Personengesellschaft 3 198 f.; 5 225
- Rechtsnachfolge 5 182
- Sonderbetriebsvermögen Personengesellschaft 3 214
- Unternehmenskaufvertrag 3 191 f.
- Unternehmensverkauf 3 5

Sicherheitsleistung
- Höhe 3 386
- Unternehmensverkauf 3 383

Sicherung
- Überleitung Kapitalgesellschaftsanteil auf Unternehmer-Nachfolger 34 22 f., 27

Sicherungsnießbrauch 22 22

Singularsukzession
- Rechtsnachfolge 5 169

Sittenwidrigkeit
- Verfügung, letztwillige 17 149

Sitz
- GmbH 24 540

Sitztheorie
- Rechtsfähigkeit 5 37

Societas Cooperativa Europaea (SCE) 5 28, 147, 162

Societas Europaea (SE) 5 28, 107, 160

Societas Unius Personae (SUP) 2 71
- Veräußerung Kapitalgesellschaftsanteil 25 202
- Veräußerungsgewinn 25 113

Sofortversteuerung
- wiederkehrende Veräußerungsleistung 25 67

Sonder-Mitunternehmer 25 26

Sonderbetriebsvermögen
- bei share deal Personengesellschaft 3 214
- Betriebsvermögen, steuerbegünstigtes 27 121
- Finanzmittel, junge 27 147

Sachregister

- Mitunternehmeranteil 27 70
- Personengesellschaft 27 72
- steuerliche Behandlung 1 43
- überquotale Übertragung 28 133
- Übertragung auf Familienstiftung 28 144
- unterquotale Übertragung 28 133
- Veräußerung 25 123
- Veräußerung Mitunternehmeranteil 25 32
- Vermeidung der Entnahme bei Einbringung 6 123

Sonderrechtsnachfolge 5 172
- gewillkürte 5 182
- Vertrag zugunsten Dritter auf den Todesfall 2 155

Sonderstimmrechte
- Familienholding 6 176

Sondervergütung Mitunternehmer
- Nachsteuerrelevanz 27 203

Sondervermögen II
- Begriff 25 31

Sowjetunion
- deutsch-sowjetischer Konsularvertrag 12 11

Sozialhilfebedürftigkeit
- Ausschlagung bei 11 38

Spaltung 30 12
- Veräußerung an Außenstehende 42 7
- Abspaltung 37 22
- Aufspaltung 37 20
- Aufteilung Vermögensgegenstände 37 41
- Ausgliederung 37 24
- Ausnutzung Bewertungswahlrecht 31 10
- bei Erbauseinandersetzung 34 8 f., 14
- Buchwertfortführung bei S. Kapitalgesellschaft 36 5
- Erbfolge, vorweggenommene 34 3 f., 6
- Grunderwerbsteuer-Problematik 36 9
- Rechtsträger, beteiligte 30 20
- steuerneutrale S. Personen- auf Kapitalgesellschaft 36 6
- Steuerrecht 42 1 ff.
- Teilbetriebserfordernis 42 5
- Trennung Gesellschafterstämme 42 9
- Umgehung Teilbetriebserfordernis 42 6
- Umwandlung 37 19 f.
- UmwStG 41 1 f., 8
- wirtschaftliche 39 6

Spaltung, wirtschaftliche 38 17
Spaltungserlass 39 6
Spartenverkauf 3 28, 223
Sperrfrist
- Anteilstausch 25 1a
- Anteilsveräußerung 25 1a
- Anteilsverkauf Kapitalgesellschaft 25 1a
- Anteilsverkauf Personengesellschaft 25 1a
- Einbringung 25 1a
- Formwechsel 25 1a
- Realteilung 25 1a
- Schenkung 25 1a
- Übertragung Einzelwirtschaftsgut 25 1a
- Übertragung Grundstück 25 1a
- Übertragung Mitunternehmeranteil 25 1a
- Umstrukturierung, konzerninterne, 25 1a
- Unternehmensveräußerung 25 1a
- Verschmelzung 25 1a

Staatsvertrag
- Erbrecht, anwendbares 12 11

Stammaktie 24 806

Stammkapital GmbH
- Kapitalaufbringung 24 604 f.

Steuer, betriebsbedingte
- Haftung nach § 74 AO 25 289
- Haftung nach § 75 AO 25 295

Steuerbefreiung, sachliche
- Betriebsvermögen 28 29
- Schenkung unter Lebenden 28 29
- Schenkung, mittelbare 28 30
- Übertragung auf Familienstiftung 28 31

Steuerberater
- Erfolgshonorar 3 93
- Honorardeckelung Beraterhonorar 3 98
- Stundenhonorar 3 96
- Unternehmensverkauf 3 91

Steuerberechnung
- Erbfolge, vorweggenommene 28 38

Steuerbescheid
- Adressat 27 351

Steuerbilanz
- Bestandsidentität mit Vermögensaufstellung 27 61, 63

Steuerermäßigung
- Einkünfte aus Gewerbebetrieb 25 109

Steuerermäßigung § 35 EStG
- gewerblichen Einkünfte bei Betriebsaufgabe 26 60

Steuerfreibeträge 1 11
- Kettenschenkung 1 11

Steuergarantien
- Unternehmensverkauf 3 422 f.

Steuergeheimnis
- Erbfall 27 355

Steuerhaftung
- Unternehmensverkauf 3 426
- Vermeidung Doppelerfassung 3 428

Steuerklassen
- Erbschaftsteuer 27 242

Steuerklassenprivileg
- Zuwendung an Stiftung 9 73

Steuerklausel
- Vorteilsausgleich 3 430

Steuern, hinterzogene
- Erblasserverbindlichkeit 27 98

Steuern, verkürzte
- Erblasserverbindlichkeit 27 98

Steuerrecht
- Abgeltungssteuer bei Liquidation Kapitalgesellschaft 26 65
- Abwicklungsgewinn 26 72
- Anteilsschenkung Familienholding 6 40

Sachregister

- Anzeigepflichten Abgabenordnung **25** 276
- Aufdeckung stiller Reserven bei Vermögensübertragung auf Stiftung **9** 90
- Ausgliederung **39** 5; **42** 32 f.
- Auslandsbezug **12** 102 f.
- Außensteuergesetz **12** 169 f.
- bei Auflösung/Liquidation Kapitalgesellschaft **26** 65
- bei Testamentsvollstreckung **18** 139 f.
- bei Umwandlung Privat- in Betriebsvermögen **13** 20
- Belehrungspflicht **27** 3
- Betriebsverpachtung **7** 6 f.
- Destinatär **28** 148
- Einkommensteuer bei Erbfall **27** 252 ff.
- Erbfall **27** 1 ff.
- Erbfolge, vorweggenommene **28** 1 ff.
- Erlassmodell **1** 10
- Errichtung Familienstiftung **9** 80
- Ertragsteuer bei Vermögensübertragung auf Familien-/Stiftung **9** 90
- Familiengesellschaft **28** 180 f.
- Familienholding **6** 7 f., 47, 50
- Familienstiftung **6** 95
- Familienstiftung, ausländische **9** 119
- Formwechsel **43** 1 ff.
- Gestaltungs-/Reparaturmöglichkeiten bei Ausschlagung **11** 18
- Gewerbesteuer Unternehmensveräußerung **25** 222 f.
- gewerbesteuerliche Behandlung Verlustvortrag **25** 233 f.
- Güterstandsschaukel **15** 23, 31
- Güterstandswahl **1** 50
- Kapitalgesellschaft als Familienholding **6** 54
- Körperschaftsteuer bei Erbfall **27** 252 ff.
- Liquidationsverlust **26** 85
- Optionsverschonung **1** 10
- Personengesellschaft als Familienholding **6** 65
- Poolvertrag **1** 10
- Realteilung **42** 29
- Reduktion Steuerlast **1** 11
- Regelverschonung **1** 10
- Rückabwicklung Anteilsschenkung **6** 308
- Schenkung **1** 9 f.
- Sonderbetriebsvermögen **1** 43
- Spaltung **42** 1 ff.
- Sperrfrist Unternehmensveräußerung **25** 1a
- Steuerfreibeträge **1** 11
- Steuerklassenprivileg bei Zuwendung an Stiftung **9** 73
- steuerliche Behandlung Destinatär **9** 115
- steuerliche Behandlung Erbfallschulden **27** 305 f.
- steuerliche Behandlung Kapitalrückzahlung **26** 81, 88, 89
- Stiftung **9** 102 f.
- Stiftung, ausländische **9** 93 f., 119
- Teileinkünfteverfahren **26** 65
- Trennung Gesellschafterstämme **42** 9
- Umgehung Teilbetriebserfordernis **42** 6
- Umwandlung **36** 1 ff.
- UmwStG **41** 1 f.
- Unternehmensaufgabe **26** 1 ff.
- Unternehmensnachfolge, internationale **12** 102 f.
- Unternehmensverkauf **3** 31 f., 43; **25** 1 ff.
- Unternehmensverkauf Kapitalgesellschaft/-santeil **3** 38, 43
- Unternehmensverkauf Personengesellschaft/-santeil **3** 34, 43
- Veräußerung 100%-ige Kapitalgesellschaftsbeteiligung **25** 20, 47
- Veräußerung an Außenstehende **42** 7
- Veräußerung Gewerbebetrieb **25** 7, 40
- Veräußerung Kapitalgesellschaftsanteil aus Betriebsvermögen **25** 215
- Veräußerung Kapitalgesellschaftsanteil aus Privatvermögen **25** 213
- Veräußerung Mitunternehmanteil **25** 24, 49
- Veräußerung Teilbetrieb **25** 12, 46
- Veräußerung wesentliche Betriebsgrundlagen **25** 7, 40
- Veräußerungsgewinne/-verluste bei Betriebsvermögen **13** 21
- Verlagerung Alterssitz ins Ausland **2** 7
- Verlegung Geschäftsleitung Kapitalgesellschaft ins Ausland **12** 189
- Verlegungsgewinn **12** 190
- Vermächtnisnießbrauch **28** 155
- Vermeidung Umwandlungsgewinn **36** 2
- Vermögensübertragung auf ausländische Stiftung **9** 93 f.
- Vermögensübertragung auf Familienstiftung **28** 143 f.
- Vermögensübertragung auf Stiftung **9** 71 f.
- Vermögensübertragung unter Nießbrauchsvorbehalt **28** 155 f.
- Vermögensübertragung, entgeltliche **28** 150 f.
- Vermögensübertragung, teilentgeltliche **28** 150 f.
- Vermögensübertragung, unentgeltliche **28** 132 f.
- Verschmelzung **41** 1 ff.
- Verschonungsabschlag Familienstiftung **9** 81
- Versorgungsleistung **22** 170
- Verwaltungsvermögensübertragung **1** 10
- Vorbehaltsnießbrauch **28** 155, 156
- Wahl der Umwandlungsmethode **39** 4
- Wegfall Begünstigung Betriebsvermögen **9** 98
- Wegfall Sonderausgabenabzug bei Versorgungsleistung **28** 118
- Wegzug alt-einbringungsgeborene Anteile **12** 192
- Wegzugsbesteuerung **1** 12
- Zuwendung, disquotale **2** 76
- Zuwendungsnießbrauch **28** 155, 158

Sachregister

Steuerschulden
- Haftung **25** 289, 295, 298

Steuertarife Erbschaftsteuer 27 245

Stichtag
- Rückbeziehung Umwandlung auf **39** 27

Stifter
- Ehegüterrecht bei Zustiftung **9** 64
- Nießbrauchsvorbehalt **9** 58
- Nießbrauchsvorbehalt bei Familienholding **6** 152, 155
- Pflichtteilsrecht **9** 64
- Rücktrittsrecht **9** 56
- Versorgungszusage **28** 145
- Widerrufsrecht **9** 56

Stiftung 23 42
- Anerkennung **9** 23
- ausländische **9** 48
- Auslandsbezug **12** 82
- Begriff **9** 7
- Beteiligungsträgerstiftung **9** 25
- Doppelstiftung **9** 37
- Einkommensteuer **9** 102
- Eintragungspflicht Transparenzregister **9** 49
- Entstehung **9** 17 f.
- Erbschaftsteuer **9** 109
- Erbschaftsteuer bei Vermögensübertragung auf **9** 71
- Ertragsteuer bei Vermögensübertragung auf **9** 90
- Familienstiftung **9** 27 f.
- Formen **9** 25 f.
- gemeinnützige **9** 34
- Gewerbesteuer **9** 102
- Körperschaftsteuer **9** 102
- öffentlich rechtliche **5** 14
- Organisation **9** 13
- Pflichtteilsrecht bei Zu Stiftung **9** 64
- privatrechtliche **5** 18
- Rücktrittsrecht Stifter **9** 56
- Satzung **9** 20
- Schenkungsteuer bei lebzeitiger Errichtung **9** 76
- Selbstzweckstiftung **9** 26
- Steuerklassenprivileg bei Zuwendung an **9** 73
- steuerliche Behandlung **9** 102 f.
- Steuerrecht **9** 102 f.
- Stiftung & Co.KG **9** 42
- Stiftungs-GmbH **9** 46
- Stiftungsgeschäft **9** 18
- Stiftungsrecht **9** 6 f.
- Stiftungsstatut **12** 83
- Stiftungsvermögen **9** 12
- Stiftungswille **9** 8
- Stiftungszweck **9** 8
- Transparenzregister **9** 49
- Unternehmensbeteiligungsstiftung **9** 25
- Unternehmensträgerstiftung **9** 25
- unternehmensverbundene **9** 25
- Vermögensübertragung als Zustiftung **9** 55

- Vermögensübertragung auf **9** 1 f., 50 f.
- Vermögensübertragung durch Erben **9** 70
- Vermögensübertragung mit Stiftungsgeschäft **9** 53
- Vermögensübertragung unter Nießbrauchsvorbehalt **9** 58
- Vermögensübertragung von Todes wegen **9** 66
- Wegfall Begünstigung Betriebsvermögen **9** 98
- Widerrufsrecht Stifter **9** 56

Stiftung & Co.KG 9 42

Stiftung, ausländische 9 48
- Einkommensteuer **9** 123
- Erbschaftsteuer **9** 119
- Körperschaftsteuer **9** 121
- Steuerrecht **9** 93 f., 119
- Vermögensübertragung auf **9** 93 f.

Stiftung, gemeinnützige
- Begriff **9** 34
- Familienstiftung **9** 36
- steuerliche Behandlung **9** 35
- steuerliche Behandlung Destinatär **9** 118
- steuerliche Behandlung Zuführung **1** 52

Stiftungs-GmbH 9 46

Stiftungsgeschäft 9 18
- Vermögensübertragung mit **9** 53

Stiftungsstatut 12 83

Stille Beteiligung
- Erbschaftsteuerpflicht **12** 127
- Ermittlung relevanter Beteiligungsquote **25** 148

Stille Beteiligung, atypische
- Ermittlung relevanter Beteiligungsquote **25** 148

Stille Gesellschaft 22 82, 84 f.
- als Vermächtnis **27** 324
- atypische **22** 90
- Bewirkung der versprochenen Leistung/Zuwendung **2** 93
- GbR **22** 84
- Innengesellschaft **5** 49; **23** 19
- kein Kapitalgesellschaftsanteil **25** 144, 148
- typische **22** 88
- Übertragung, unentgeltliche **2** 58, 67

Stille Gesellschaft, atypische
- kein Kapitalgesellschaftsanteil **25** 144, 148

Stille Reserven
- Aufdeckung bei Veräußerung **25** 8
- Realisierung bei Betriebsaufgabe **26** 23

Stimmbindung
- Formulierungsmuster **14** 175
- Gesellschaftsvertrag **22** 244
- Kapitalgesellschaft **22** 251 f.
- Personengesellschaft **22** 247
- Poolvereinbarung **14** 162, 164; **21** 73, 74

Stimmbindungsvereinbarung
- Aufhebung **27** 213

Stimmgewichtsverteilung
- Kapitalgesellschaft **22** 236 f.

Sachregister

- Personengesellschaft **22** 225
Stimmrecht
- GbR-Gesellschafter **24** 79
- KG-Gesellschafter **24** 225
- Missbrauch bei GmbH **24** 663
- OHG-Gesellschafter **24** 225
Stimmverbot
- GbR-Gesellschafter **24** 83
Strafklausel
- Erbeinsetzung **18** 11
Strukturmaßnahmen
- bis closing Unternehmensverkauf **3** 336
- Zustimmungserfordernisse Kapitalgesellschaft **2** 299
Strukturwandel
- Betriebsaufgabe **26** 31
Stückaktie 24 805
Stückvermächtnis 18 51; **27** 22
Studienkosten
- Ausgleichspflichten **19** 76
Stufentheorie
- modifizierte **25** 132
- Verteilung Anschaffungskosten **25** 131
Stundenhonorar
- Rechtsanwalt/Steuerberater **3** 96
Stundung
- bei Ausschlagung gegen Abfindung **11** 15
- Erbschaftsteuer **27** 248, 249; **28** 39
- Pflichtteilsanspruch **20** 21
- Wegzugsbesteuerung **12** 181
Stuttgarter Verfahren 27 45
Substanzwert 27 49
- Einzelunternehmen **20** 67
- Unternehmensbewertung **1** 16
SUP (Societas Unius Personae)
- Übertragung, unentgeltliche **2** 71

Tankstelle
- Verwaltungsvermögen **27** 140
Tarifbegünstigung
- Kapitalgesellschaftsbeteiligung, relevante **25** 191
- Veräußerungsgewinn **25** 90 f.
Tarifentlastung
- Privilegierung, ertragsteuerliche **13** 24
Tarifermäßigung
- Erbschaftsteuer **27** 246
Tarifglättung
- Privilegierung, ertragsteuerliche **13** 23
Tarifvergünstigung
- Aufgabegewinn **26** 59
- Betriebsaufgabe **26** 59
Tätigkeit, gewerbliche
- Begriff **25** 30
- Einstellung bei Veräußerungsvorgang **25** 43
Tausch
- Anschaffungskosten **25** 170
- Gegenleistung **25** 67

- Kapitalgesellschaftsanteil im Betriebsvermögen **25** 215
tax due diligence
- Checkliste **3** 154
Teilausschlagung
- Erbteil **11** 16
Teilbetrieb
- Abspaltung zur Vorbereitung Veräußerung **34** 15 f., 21
- Aufgabe **26** 33
- Begriff **25** 12
- Betriebsvermögen, steuerbegünstigtes **27** 121
- Erwerb, entgeltlicher **28** 151 f.
- Erwerb, teilentgeltlicher **28** 151 f.
- Erwerb, unentgeltlicher **28** 132 f.
- Gewerbesteuer bei Liquidation **26** 91
- Gewerbesteuer bei Veräußerung **25** 227
- Grunderwerbsteuer bei Veräußerung **25** 251
- Sachvermächtnis **27** 307
- Steuerwertermittlung Schenkung **28** 18
- Unternehmensaufgabe **26** 6
- Veräußerung **25** 12, 46
- Veräußerung mit zeitlichem Abstand nach Zerstörung **25** 123
- Veräußerungsvorgang **25** 46
- Vermögensübertragung **28** 51, 133, 151
- Verpachtung **7** 9
- Versorgungsleistung bei Übertragung **28** 78, 81
Teilbetriebserfordernis
- Ab-/Aufspaltung **42** 5
- Umgehung **42** 6
Teilbetriebsveräußerung
- Wert **25** 65
- Wirtschaftsgutentnahme bei **25** 123
Teileinkünfteverfahren
- bei Auflösung/Liquidation Kapitalgesellschaft **26** 65
- Veräußerungsgewinn **25** 183
- Veräußerungsgewinn **25** 92
Teilerbauseinandersetzung
- Erbengemeinschaft **27** 281
Teilnachfolgeklausel
- steuerliche Behandlung bei **27** 295
Teilschenkung
- Erbschaftsteuerpflicht **12** 125
Teilung
- Geschäftsanteil GmbH **24** 750
Teilungsanordnung 27 10
- Auseinandersetzung **19** 70
- Formulierungsmuster **19** 73
- Unternehmensnachfolge **4** 10, 15
- Unternehmertestament **1** 26
- Wegzugsbesteuerung **12** 176
Teilungsversteigerung 19 68
Teilveräußerung
- Abspaltung Unternehmensteil zur Vorbereitung **34** 15 f., 21

Sachregister

Teilverbrauchsstiftung
- Familienstiftung **6** 93

Teilverkauf mit Optionsrecht 3 7 f.

term sheet
- Relevanz, rechtliche **3** 107
- Unternehmensverkauf **3** 102

Testament 17 36 f.
- Abgrenzung zu Erbvertrag **17** 98
- Ablieferpflicht **19** 36
- Änderung **17** 41
- Auslegung **17** 122
- außerordentliches **17** 89
- Brieftestament **17** 42
- Bürgermeistertestament **17** 89
- Dreizeugentestament **17** 89
- Eröffnung widerrufener **17** 96
- Errichtung öffentliches **17** 36
- Errichtung privates **17** 38
- Errichtung widersprechendes **17** 92
- Formen **17** 35
- Nichtigkeit **17** 146 f.
- Nottestament **17** 89
- öffentliches **17** 36, 44
- privates **17** 38, 44
- Rechtswahl **17** 24
- Rücknahme aus Verwahrung **17** 95
- Seetestament **17** 89
- Sittenwidrigkeit **17** 149
- Testierfähigkeit **17** 34
- Testierwille **17** 42
- Vergütung Testamentsvollstrecker **18** 154
- Verhalten der Überlebenden nach dem Erbfall **15** 322 f.
- Vermögensübertragung auf Stiftung **9** 66
- Vernichtung Testamentsurkunde **17** 93
- Verwahrung öffentliches **17** 37
- Verwahrung privates **17** 43
- Widerruf **17** 90 f.
- Widerruf des Widerrufs **17** 97
- Widerruf öffentliches **17** 95
- Widerrufstestament **17** 91

Testament, gemeinschaftliches 15 104; **17** 48 f.
- Abänderungsbefugnis **17** 81
- Anfechtung **17** 143
- Anfechtungsausschluss **17** 86
- Anordnung Bindungswirkung **17** 83
- Auflage **18** 187
- Auslandsbezug **12** 60
- Auslegung **15** 136; **17** 122
- Auslegung Verfügungen **17** 72
- Ausschluss des Erbrechts **15** 189
- Befreiung des Vorerben **15** 259
- bei Ehescheidung/-aufhebung **17** 52
- Berliner Testament **15** 192 f.; Testament **17** 53
- Bindungswirkung **15** 158, 169; **17** 70 f., 87
- Errichtung **15** 130; **17** 49
- EuErbVO **115** 185
- Form **15** 130
- gleichzeitiges **15** 128
- Inhalt **15** 135
- Nichtigkeit **15** 147
- Nießbrauchsvermächtnis **15** 266
- Nottestament **15** 134
- öffentliches **15** 133
- Pflichtteilsklausel **15** 252
- Pflichtteilsverzicht **15** 136
- Rechtsfolgen Wechselbezüglichkeit **17** 73
- Regelungsbefugnisse **17** 80
- Testierwille **17** 51
- Trennungslösung **15** 245 f.
- Verfügung, einseitige **15** 145
- Verfügung, gegenseitige **15** 145
- Verfügung, qualifizierte **15** 144
- Verfügung, wechselbezügliche **15** 139
- Verfügungen, bindende **17** 71
- Vermächtnisnehmerstellung des Partners **15** 269
- Vermeidung Bindungswirkung **17** 78
- Veröffentlichung **17** 50
- Verwirkungsklausel Pflichtteil **15** 252
- Vor-/Nachteile **15** 127
- Vor-Nachteile bei Trennungslösung **15** 246
- wechselbezügliches **15** 128, 138
- Wegfall Bindungswirkung **17** 79
- Wiederverheiratung **15** 261
- Wiederverheiratungsklausel **17** 62 f., 67

testamentary trust
- Erbschaftsteuer **27** 27

Testamentsvollstrecker 18 108
- Abwicklungsgebühr **18** 150
- Abwicklungstestamentsvollstreckung **18** 117
- Annahmeerklärung **18** 112
- Aufgaben **18** 116 f., 121
- Auseinandersetzungsgebühr **18** 150
- Auskunftspflicht **18** 147
- Beendigung des Amtes **18** 113
- Befreiung von Beschränkungen **18** 133
- Befugnisse **18** 116 f., 126
- Dauertestamentsvollstreckung **18** 119
- Erbschaftsteuererklärung **18** 142
- Ernennung **18** 106
- Ersatz-Testamentsvollstrecker **18** 106
- Freigabe Nachlassgegenstand **18** 149
- Gegenstandswert Gebühren **18** 152
- Honorarabrede mit Erben **18** 154
- Konstituierungsgebühr **18** 150
- Nachlassverwaltung **18** 121, 146, 148
- Nachlassverzeichnis **18** 147
- Rechnungslegung **18** 147
- Rechtsstellung **18** 116 f.
- Schadenersatzpflicht **18** 148
- steuerliche Behandlung **27** 328
- steuerliche Pflichten **18** 139 f.
- Treuhandlösung **27** 329
- Umsatzsteuer **18** 153
- Umsatzsteuerpflicht **27** 347

Sachregister

- verfahrensrechtliche Pflichten **27** 350
- Verfügungsbefugnis **18** 126
- Vergütung **18** 150
- Vergütungsanspruch, testamentarischer **18** 154
- Verhältnis mehrerer **18** 156
- Verhältnis zu Erben **18** 146 f.
- Vermögensanlage, mündelsichere **18** 122
- Verpflichtungen für Nachlass **18** 129
- Verwaltungsgebühr **18** 150
- Verwaltungstestamentsvollstreckung **18** 118
- Vollmacht auf den Todesfall **18** 181
- Vollmachtslösung **27** 329
- Zeithonorar **18** 155

Testamentsvollstreckerkosten
- Erbfallkosten **27** 104
- steuerliche Behandlung **27** 330

Testamentsvollstreckerzeugnis 18 112, 157
- Begriff **18** 157
- Beschränkung **18** 127
- Kosten **18** 158

Testamentsvollstreckung 18 104 f.; **27** 328 f.
- Abwicklungstestamentsvollstreckung **18** 104
- Anforderungen, formelle **6** 276
- Anordnung **4** 64; **18** 106
- Anordnung Ergänzungspfleger bei minderjährigen Erben **18** 176
- Anteilsveräußerung **6** 285
- Auseinandersetzung **19** 74
- Auslandsbezug **12** 77; **18** 144
- beaufsichtigende **18** 127
- Beendigung **18** 112
- Beginn **18** 112
- Dauertestamentsvollstreckung **6** 282; **18** 104
- Eintrittsklausel **1** 31
- Einzelunternehmen **18** 159 f., 170
- Familienholding **6** 275 f.
- Freigabe Erträge/Nachlassgegenstände **4** 66
- Gesellschaftsverträge **1** 30
- Grenzen, zeitliche **18** 115
- Grundlagengeschäfte **6** 286
- Interessenkonflikte **6** 279
- Kapitalgesellschaft **18** 177
- Kapitalgesellschaftsanteil **27** 331
- MHbeG **18** 168
- Nacherbentestamentsvollstreckung **18** 111
- Personengesellschaft/-santeil **18** 159 f., 170
- Personengesellschaftsanteil **1** 29
- Pflichtteil **18** 109
- Prozessführung bei **18** 135
- Steuern bei Schenkungen **18** 143
- Steuern durch Erbfall entstandene **18** 142
- Steuern nach Erbfall **18** 145
- Steuern vor Erbfall **18** 141
- Steuerrecht **18** 139 f.
- Testamentsvollstreckerrechte **6** 282
- Testamentsvollstreckervergütung **1** 32; **4** 68
- Treuhandlösung **18** 165
- Unternehmen **18** 159 f.
- Unternehmertestament **1** 29; **4** 63

- Vergütung Testamentsvollstrecker **18** 150
- Vermächtnisvollstrecker **18** 110
- Verwaltungstestamentsvollstreckung **6** 282; **18** 104
- Vollmacht auf den Todesfall **18** 178, 180
- Vollmachtlösung **18** 166
- Vor-/Nacherbfolge **18** 111
- Vorabanteile **1** 31
- Zwangsvollstreckung bei **18** 137

Testamentsvollstreckungsklausel 14 78
- Abwicklungstestamentsvollstreckung **14** 81
- Dauertestamentsvollstreckung **14** 81, 82
- Formulierungsmuster **14** 87
- Treuhandlösung **14** 83
- Vollmachtslösung **14** 83
- Vor-/Nachteile **14** 85

Testierfähigkeit 17 34

Thesaurierungsrücklage
- Mitunternehmeranteil **27** 302

Tonagebesteuerung 25 3

Totalentnahme
- Unternehmensaufgabe **26** 11

Totalnießbrauch
- Vermögensübertragung bei **28** 86

transition services agreement (TSA) 3 340

Transparenzregister 9 49

trapped cash
- Unternehmensverkauf **3** 297

Trennung
- Gesellschafterstämme **42** 9

Trennungslösung
- Ehe-/Lebenspartner **15** 113, 115
- Testament, gemeinschaftliches **15** 245 f.
- Verfügung von Todes wegen **15** 113

Treuhandklausel
- Erbanfall **27** 19

Treuhandlösung
- Testamentsvollstreckung Personengesellschaft **18** 165

Treuhandvermögen
- Betriebsvermögen, steuerbegünstigtes **27** 119

trust
- Auslandsbezug **12** 84

Türkei
- deutsch-türkischer Konsularvertrag **12** 11

Überausschüttung
- Kapitalgesellschaft **27** 211

Übereignung
- Begriff nach § 39 AO **25** 292

Überentnahme
- Kapitalgesellschaft **27** 211
- Nachsteuerberechnung **27** 220
- Nachsteuertatbestand **27** 202

Übergabestichtag 25 58, 60

Übergabevertrag
- Pflegeleistung **28** 14

Übergangsmandat
- Betriebsrat bei Umwandlung **39** 20

Sachregister

Übergangsvereinbarung
– nach Vollzugstag Unternehmensverkauf 3 341
Überlebensbedingung
– Schenkung 2 144 f.
Übernahmegewinn
– Vermeidung steuerrechtlicher 36 2
Übernahmeklausel
– Betriebsvermögen, steuerbegünstigtes 27 114
– Erbanfall 27 20
– Erbschaftsteuer 27 80
– GbR 24 339
– steuerliche Behandlung bei 27 290
Übernahmerecht
– Auseinandersetzung 19 71
Übernahmeverlust
– Vermeidung handelsrechtlicher 36 7, 41 10
Überschuldung
– Ausschlagung Erbschaft 11 38
– Beschränkung Pflichtteil in guter Absicht 20 27
Überschwerungseinrede 19 17
– Vermächtnis 18 36
Übertragung sa *Vermögensübertragung*
– Betriebsvermögen 25 39
– Einzelunternehmen 5 186 f.
– Geschäftsanteil GmbH 24 724
– GmbH 5 261
– Inhaberaktien 5 249
– Kapitalgesellschaft & Co.GbR 5 267
– Kapitalgesellschaft & Co.KG 5 264
– Kapitalgesellschaft & Co.KGaA 5 268
– Kapitalgesellschaft & Co.OHG 5 266
– Kapitalgesellschaft 5 241 f.
– Kapitalgesellschaftsanteil 5 142
– KGaA 5 260
– Mischformen 5 263 f.
– Mitgliedschaft 5 88
– Namensaktien 5 256
– Namensaktien, vinkulierte 5 258
– Personengesellschaft 5 219 f.
– Privatvermögen 25 39
– schrittweise auf Familiengesellschaft 33 1 f.
– UG 5 261
– Veräußerungszeitpunkt 25 58
– Verlustvortrag 36 8, 41 14
Übertragung, entgeltliche
– steuerliche Behandlung 25 36
Übertragung, teilentgeltliche
– steuerliche Behandlung 25 38
Übertragung, unentgeltliche
– steuerliche Behandlung 25 36; 26 14, 20
Übertragungsstichtag
– Umwandlung 31 12
UG
– Zustimmungserfordernisse 2 298
Umqualifizierung
– Veräußerungsgewinn bei Veräußerung 25 121 f.

Umsatzsteuer
– Auskunftsanspruch Vorsteuerabzug 25 272
– Betrieb, gesondert geführter 25 262
– Betriebsaufgabe 26 96
– Betriebsveräußerung 25 261
– Betriebsverpachtung 7 43
– Erbauseinandersetzung 27 346
– Erbfall 27 342
– Geschäftsveräußerung 25 260 f.
– Nebengeschäfte bei Veräußerung 25 275
– Testamentsvollstrecker 18 153; 27 347
– Unternehmensbegriff 25 261
– Unternehmensveräußerung 25 259 f., 261
– Veräußerung Kapitalgesellschaftsanteil 25 273
– Veräußerung Personengesellschaftsanteil 25 274
– Vorsteuerabzug 25 271
– Vorsteuerkorrektur 25 271
– vorweggenommene Erbfolge 28 198
Umschichtung
– Ertragsprognose, neue 28 112
– in nicht begünstigtes Vermögen 28 115
– in Wirtschaftseinheit, begünstigte 28 85
– Reinvestitionsklausel 27 217
– Vermögen, übernommenes 28 110
– Verwaltungsvermögen 13 12
Umstrukturierung
– Erbschaftsteuer 12 143
Umstrukturierung, konzerninterne
– Sperrfrist 25 1a
Umwandlung 29 1 ff.
– Abspaltung 30 12; 37 22
– Abspaltung Unternehmensteil zur Vorbereitung Teilveräußerung 34 15 f., 21
– Anfechtungsklage 37 86
– Anteilseignerversammlung 37 64
– Anwachsungsmodell 30 6; 38 1, 4 f.
– Arbeitsrecht 39 15
– Arten 30 8
– Auflage 1 29
– Aufspaltung 30 12; 37 20
– Ausgliederung (Einzelrechtsübertragung) 38 13
– Ausgliederung 30 12; 37 24
– Ausnutzung Freibetrag 31 8
– Ausnutzung Verschonungsabschlag 31 9
– Außenwirkung 29 29
– außerhalb UmwG 38 1 ff.
– Betriebsrat 37 65
– Checkliste 37 57
– Dokumentation 37 62
– Einzelrechtsübertragung 30 7; 38 11 f.
– Entscheidungskriterien 29 26
– Entstehung AG 24 837
– Entstehung GmbH 24 583
– Entstehung Unternehmergesellschaft 24 583
– Erbeninteressen 29 18
– ertragsteuerliche Behandlung Familienholding 6 26

Sachregister

- Formen **37** 10
- Formwechsel **30** 14; **37** 26
- Formwechsel GbR in GmbH **39** 23
- Formwechsel GmbH in AG **35** 10
- Formwechsel GmbH in GmbH & Co. KG **37** 72f., 76
- Formwechsel zwischen Personen(handels)gesellschaften **39** 23
- Fusionsanmeldung **37** 60
- GbR durch **24** 45
- Gesamtrechtsnachfolge **37** 9; **39** 26
- Gläubigerbeteiligung **39** 10
- GmbH & Co. KG in GmbH **33** 6f., 13
- GmbH in GmbH & Co. KG **33** 15f., 20
- Grunderwerbsteuer-Problematik **36** 9
- Gründungsvoraussetzungen **37** 56
- Haftungsrisiko **39** 25
- Haltefrist bei Spaltung Kapitalgesellschaft **31** 10
- Handelsregisteranmeldung **37** 52
- Handelsregistereintragung **37** 55
- in haftungsbegrenzte Rechtsform **32** 1f.
- Innerbetriebliche Auswirkung **29** 30
- Interessen der Beteiligten **29** 6
- Kapitalerhöhung **37** 67
- Kartellrecht **37** 60
- Kostenaufwand **29** 28; **39** 7
- Kündigung/-sschutz **39** 18
- Methoden **30** 1ff.
- Methoden, alternative **30** 5
- Minderheitenschutz **37** 81
- Minderheitsgesellschafter **37** 82
- Mitbestimmung Aufsichtsrat **39** 19
- Mitbestimmungsrecht **39** 17
- Nachfolgeregelung **29** 7f.
- Nachfolgerinteressen **29** 15
- Nachsteuertatbestände bei **27** 208, 212, 214
- Nießbrauch bei **6** 168
- Notwendigkeit, betriebliche **31** 5
- Numerus clausus **37** 2, **39** 22
- Privat- in Betriebsvermögen **13** 4, 15
- Prüfungsbericht **37** 63
- Rechtsträger, beteiligte **30** 16
- Rechtsträger, inländischer **37** 3
- Restrukturierung **29** 3
- Rückbeziehung auf Stichtag **39** 27
- Schlussbilanz übertragender Rechtsträger **37** 58
- Spaltung **30** 12; **37** 19f.
- Spaltung bei Erbauseinandersetzung **34** 8f., 14
- Spaltung bei vorweggenommener Erbfolge **34** 3f., 6
- steuerliche Behandlung U. Privat- in Betriebsvermögen **13** 20
- Steuerliche Überlegungen **29** 27; **31** 7
- Steuerrecht **36** 1ff.
- Typenzwang **37** 2, **39** 22
- Übergangsmandat Betriebsrat **39** 20
- Übertragung Verlustvortrag **36** 8, **41** 14
- Übertragungsstichtag **31** 12
- Umtauschverhältnis **37** 34 61
- Umwandlungsbericht **37** 47
- Umwandlungsbeschlüsse **37** 51
- Umwandlungsprüfung **37** 48
- Umwandlungsvertrag **37** 28f.
- UmwG **30** 1; **37** 1f.
- UmwStG **41** 1f.
- Unbedenklichkeitsverfahren **37** 87
- Unternehmensbewertung **37** 61
- Unternehmensgröße **29** 31
- Unternehmensinteressen **29** 21
- Unternehmerinteressen **29** 8
- Verfahren, formalisierte **30** 2
- Vermeidung handelsrechtlicher Übernahmeverlust **36** 7, **41** 10
- Vermeidung steuerrechtlicher Umwandlungsgewinn **36** 2f.
- Verschmelzung **30** 9; **37** 12f.
- Verschmelzung Kapital- auf Kapitalgesellschaft **41** 26f.
- Verschmelzung Kapital- auf Personengesellschaft **41** 2f.
- Verschmelzung Personen- auf Kapitalgesellschaft **41** 37f.
- Verschmelzung Personen- auf Personengesellschaft **41** 48f.
- Vertragspartner **37** 88; **39** 10
- Vertraulichkeit **39** 13
- Verwaltungsvermögen in Betriebsvermögen **13** 15
- Voraussetzungen **37** 27f.
- Wahl der Methode **39** 1ff.
- Wertverknüpfung, Prinzip der **41** 5
- Zeitaufwand **29** 28; **39** 7
- Zeitplan **37** 68
- Zeitpunkt, richtiger **31** 1
- zur Erstellung Familienholding **6** 111
- Zweck **31** 3

Umwandlungsbericht **37** 47
Umwandlungsbeschluss **37** 51
Umwandlungsgesetz **37** 1f.
- Anwendungsbereich **37** 1f.
- Typenzwang **37** 2, **39** 22

Umwandlungsgewinn
- Vermeidung steuerrechtlicher **36** 2

Umwandlungsmethode
- Anwachsung **39** 3
- Anwachsung/-smodelle **38** 1, 4f.
- Arbeitsrecht **39** 15
- Einzelrechtsübertragung **38** 11f.
- Gesamtrechtsnachfolge **39** 26
- Gläubigerbeteiligung **39** 10
- Haftungsrisiko **39** 25
- Kostenaufwand **39** 7
- Kündigung /-sschutz **39** 18
- Mitbestimmung Aufsichtsrat **39** 19
- Mitbestimmungsrecht **39** 17
- Steuerrecht **49** 4

Sachregister

- Übergangsmandat Betriebsrat **39** 20
- Vertragspartner **39** 10
- Vertraulichkeit **39** 13
- Wahl der richtigen **39** 1 ff.
- Zeitaufwand **39** 7

Umwandlungsprüfung 37 48
Umwandlungssteuergesetz 40 1 f.
- Anwendungsbereich **40** 1
- Systematik **40** 5
- Umwandlungsarten **40** 8

Umwandlungsvertrag
- Anfechtungsangebot **37** 43
- Anteilsübertragung **37** 35
- Aufteilung Vermögensgegenstände bei Spaltung **37** 41
- Betriebsrat **37** 44, 65
- Beurkundung **37** 29, 66
- Gewinnbezugsrecht **37** 36
- Inhalt **37** 31 f.
- Kosten **37** 29
- Organzuständigkeit **37** 28
- Rechtsfolgen für Arbeitnehmer **37** 40
- Rechtsträger, beteiligte **37** 32
- Sonderrechte **37** 38
- Sondervorteile Organmitglieder **37** 39
- Stichtag **37** 37
- Umtauschverhältnis **37** 34
- Vermögensübertragung **37** 33

Unbedenklichkeitsverfahren
- Umwandlung **37** 87

Undank, grober
- Widerruf Schenkung **2** 195

Unentgeltlichkeit
- Begriff **21** 38

Universalherausgabevermächtnis 16 30
Universalsukzession
- Rechtsnachfolge **5** 170

Unterbeteiligung 22 82, 92 f.
- als Vermächtnis **27** 326
- atypische **22** 102
- bei qualifizierter Nachfolgeklausel **4** 49
- Bewirkung der versprochenen Leistung/Zuwendung **2** 93
- Erbschaftsteuerpflicht **12** 126
- Formulierungsmuster Unterbeteiligungsvertrag **22** 93
- Formulierungsmuster Zuwendung **22** 93
- Innengesellschaft **5** 50; **23** 20
- typische **22** 102
- Übertragung, unentgeltliche **2** 58, 67

Unterbeteiligungsvertrag
- Formulierungsmuster **22** 93

Unterbilanzhaftung
- Gesellschafter GmbH **24** 660

Unterhalt, nachehelicher
- bei Pflichtteilsverzicht **10** 37

Unterhaltsanspruch
- nach dem Erbfall **15** 333

Unterhaltsleistung
- Leistung, wiederkehrende **28** 58, 128 f.
- steuerliche Behandlung **28** 142
- Vermögensübertragung gegen **28** 58, 128 f.

Unterhaltsrente
- steuerliche Behandlung Rentenvermächtnis **27** 321

Unterkapitalisierung
- Durchgriffshaftung **24** 668

Unterlagen
- Kopien von Unterlagen **3** 167
- Nachladen von Dokumenten **3** 182
- Umgang **3** 164

Unterlassungsverpflichtung
- Erbfolge, vorweggenommene **22** 7

Unternehmen
- Begriff **5** 2
- Begriff, umsatzsteuerlicher **25** 261
- Nießbrauch an **22** 41 f.
- Rechtsnachfolge **5** 176 f.
- Testamentsvollstreckung **18** 159 f.
- Übertragung, lebzeitige **2** 1 ff.

Unternehmensaufgabe 26 1 ff.; sa Betriebsaufgabe
- 100 %-ige Kapitalgesellschaftsbeteiligung **26** 7
- Abgrenzungen **26** 12
- Aufgabevorgang **26** 11 f.
- Begriff **26** 1
- Betriebsgrundlagen, wesentliche **26** 4, 5, 9
- Einzelunternehmen **26** 2
- Gegenstand **26** 4
- Gewerbebetrieb **26** 4
- Körperschaft **26** 3
- Mitunternehmeranteil **26** 8
- Nachsteuertatbestand **27** 197, 199
- Personengesellschaft **26** 2
- Teilbetrieb **26** 6

Unternehmensbeteiligungsstiftung 9 25
Unternehmensbewertung
- Ertragswertverfahren **1** 16
- Pflichtteilsberechnung **1** 16
- Substanzwert **1** 16

Unternehmensfortführung
- Auflage zur **18** 188

Unternehmenskauf 3 1 ff.
Unternehmenskaufvertrag 3 188 f.
- asset deal **3** 220 f.
- Bedingung, aufschiebende **3** 317
- cash/debt/working capital **3** 285, 289
- closing accounts **3** 294
- covenants **3** 304
- earn out **3** 309
- equity value **3** 286
- Festkaufpreis **3** 300
- Finanzierung **3** 189
- Finanzierungsleasing **3** 297
- Finanzverbindlichkeiten **3** 246, 280
- Gesellschafterdarlehen **3** 248
- Haftungsrisiken, außerbilanzielle **3** 298

Sachregister

- Kaufpreis **3** 263f., 287
- Kaufpreis, vorläufiger/endgültiger **3** 287
- Kaufpreisanpassung **3** 280
- Kaufpreisberechnung **3** 309
- locked box **3** 300
- locked box transaction Personengesellschaft **3** 208
- Mittel, liquide **3** 282, 285, 289
- net working capital **3** 283, 289
- off balance liabilities **3** 298
- Rücktrittsrecht **3** 351
- sale and lease back Verfahren **3** 297
- share deal Kapitalgesellschaft **3** 191f.
- share deal Personengesellschaft **3** 198
- Sonderbetriebsvermögen Personengesellschaft **3** 214
- strukturelle Vorfragen **3** 188
- trapped cash **3** 297
- Unternehmensverträge **3** 255
- Vermögen, nicht betriebsnotwendiges **3** 296
- Vorbereitung **3** 188
- Zwischenabschluss **3** 294

Unternehmensleitung
- Gesellschaftsform **23** 67
- Kontrolle **22** 262

Unternehmensnachfolge
- Abfindungsklausel, gesellschaftsvertragliche **1** 46
- Altersversorgung **23** 68
- Ausgleich zwischen Nachfolgern und anderen Erben **34** 1ff.
- Auslandsbezug **12** 1ff.
- Ausschlagung **1** 51
- Checkliste Planung **21** 37
- Dritt-Management **35** 1
- Einbindung von Personen, die nicht Nachfolger werden **10** 1ff.
- Erbfolge, vorweggenommene **21** 1ff.
- Erbschaftsteuerplanung **23** 72
- Erbstatut **12** 6
- Fehlen eines Unternehmer-Nachfolgers **35** 1ff.
- Gesellschaftsform **23** 65f.; **24** 1ff.
- Gesellschaftsstatut **12** 7
- Gestaltungsmöglichkeiten **1** 1ff.
- Güterstandswahl **1** 49
- Haftung bei **19** 28f.
- Haftungsrisiken **23** 70
- Heilung verunglückter Nachfolgeplanung **1** 51
- Kapitalabfluss, erbfallbedingter **23** 71
- Kapitalgesellschaft **21** 25f.
- Kapitalgesellschaftsanteil **1** 45
- Kapitalmarktzugang **35** 10
- Kompensation anderer Erbanwärter **10** 22
- Managementstärkung **35** 10
- Nachfolgeklausel **1** 36f.
- Nießbrauchsvermächtnis **18** 67
- Personengesellschaft **21** 9f.
- Pflichtteilsrecht **20** 55f.
- Rechtsform **5** 1ff.
- Sonderbetriebsvermögen **1** 43
- steuerrechtliche Risiken **1** 42
- Teilungsanordnung **4** 10, 15
- Umwandlung **29** 1ff.
- Unternehmen nicht dauerhaft in Familienstiftung **9** 86
- Unternehmensleitung **23** 67
- Unternehmensübertragung durch Schenkung **1** 3f.
- Vererblichkeit Gesellschaftsanteil **1** 37
- Vermächtnis **4** 7
- Vermögensübertragung auf Stiftung **9** 1ff.
- Vor-/Nacherbfolge **18** 97f.
- Vorausvermächtnis **4** 10, 14
- Vorrang Gesellschaftsrecht vor Erbrecht **1** 41
- Zersplitterung **23** 69

Unternehmensnachfolge, internationale **12** 1ff.
- Ertragsteuerrecht, deutsches **12** 169
- Erwerb von Todes wegen **12** 132
- Gestaltungsmaßnahmen bei unbeschränkter Steuerpflicht **12** 165
- Gestaltungsmaßnahmen bei beschränkter Steuerpflicht **12** 167
- Gestaltungsmaßnahmen bei erweitert beschränkter Steuerpflicht **12** 168
- Schenkung **12** 132
- Steuerrecht **12** 102f.
- Wertermittlung **12** 134

Unternehmensnachfolger
- Drittbestimmung **1** 27

Unternehmensnießbrauch **27** 313; **28** 19
- Einzelunternehmen **28** 160
- Erbschaftsteuer **28** 19
- Haftung bei **27** 357
- steuerliche Behandlung **28** 19

Unternehmensschenkung
- mittelbare gegen Versorgungsleistung **28** 89

Unternehmensträger
- Begriff **5** 5

Unternehmensträgerstiftung **9** 25

Unternehmensübertragung
- Erbgang **1** 23f.
- Erlassmodell **1** 10
- Familienstiftung **1** 20
- Konsequenzen, liquide **1** 13f.
- Optionsverschonung **1** 10
- Reduktion Steuerlast **1** 11
- Regelverschonung **1** 10
- Schenkung **1** 3f.
- Steuerfreibeträge **1** 11
- steuerliche Behandlung **1** 9f.
- Verkauf **1** 22
- Verwaltungsvermögen **1** 10

Unternehmensverkauf **3** 1ff.
- Absicherung Käufer **3** 343, 383
- Abwehr Drittansprüche **3** 379

Sachregister

- Abwerbeverbot **3** 439
- Analyse Marktstellung **3** 60
- Anzeigepflicht Abgabenordnung **25** 276 f.
- asset deal **3** 28
- Aufklärungspflichten **3** 119
- Aufwendungen, sonstige **25** 182
- Bedingung, aufschiebende **3** 317, 334
- Beendigung/Neuabschluss Drittverträge **3** 334
- Berater **3** 91
- Besteuerungswahlrecht **25** 113 f.
- Besteuerungswahlrecht bei relevanter Kapitalgesellschaftsbeteiligung **25** 202
- Bewertungsmethoden **3** 264 f.
- Bieterverfahren **3** 63
- Bilanzgarantie **3** 369, 403
- Bilanzoptimierung **3** 55
- break-up fee **3** 111
- Business-Plan **3** 58
- Call-Option **3** 8
- carve out **3** 28, 337
- cash/debt/working capital **3** 285, 289
- change of control Klausel **3** 233, 334
- closing accounts **3** 294
- Compliance **3** 418
- covenants **3** 304
- DCF-Methode **3** 272
- de minimis Klausel **3** 360
- Dokumentation für Käufer **3** 57
- due diligence-Checklisten **3** 61
- earn out **3** 24, 309
- EBIT(DA) **3** 52
- Einkommensteuer **25** 2 f.
- Einzelansprache Käufer **3** 63
- Einzelunternehmen **25** 3 ff.
- Ertragswertmethode **3** 278
- escrow **3** 383
- Exklusivitätsvereinbarung **3** 109
- Festkaufpreis **3** 300
- Festpreis Beraterhonorar **3** 98
- Finanzgarantie **3** 403
- Finanzierungsleasing **3** 297
- Finanzkennzahlen **3** 57
- Finanzverbindlichkeiten **3** 246, 280
- Freibetrag **25** 79 f.
- Freibetrag bei Kapitalgesellschaftsanteil **25** 184
- Freigrenze bei Kapitalgesellschaftsanteil **25** 187
- Freistellungsverpflichtung Steuerhaftung **3** 426
- Freistellungsverpflichtung, sonstige **3** 432
- Freistellungsversprechen Verkäufer **3** 355 f.
- Garantiekatalog **3** 388 f.
- Garantien **3** 130, 355 f.
- Gegenstand **25** 6
- Genehmigungsvorbehalt **3** 318
- Gerichtsstandsklausel **3** 448
- Gesamtpaket Haftung **3** 381
- Geschäftsführerverträge **3** 324
- Geschäftsordnung **3** 327
- Gesellschafterdarlehen **3** 248
- Gesellschaftervereinbarung **3** 328
- Gewerbebetrieb **25** 7
- Gewerbesteuer **25** 222 f.
- Gewinnerzielungsabsicht **25** 53, 165
- good title Garantie **3** 375, 383, 400
- Grunderwerbsteuer **25** 250 f.
- Haftung bei vorsätzlich falscher Auskunft **3** 132
- Haftung, gesamtschuldnerische **3** 373
- Haftungsausschluss **3** 125
- Haftungsbeschränkung **3** 360 f., 381
- Haftungscap **3** 362
- Haftungsquoten **3** 373
- Honorardeckelung Beraterhonorar **3** 98
- Informationserteilung **3** 119 f.
- Informationsmemorandum **3** 59
- Insider-Listen **3** 164
- Jahresabschlussgarantie **3** 369
- Kapitalgesellschaftsanteil **25** 142 ff., 162
- Kapitalgesellschaftsbeteiligung, 100-%ige **25** 20, 47
- Kartellrecht **3** 318
- Kaufpreis **3** 263 f., 287
- Kaufpreis, vorläufiger/endgültiger **3** 287
- Kaufpreisanpassung **3** 280
- Kaufpreiserhöhung, nachträgliche **3** 24
- Kaufrecht, anwendbares **3** 356
- Kaufrecht, deutsches **3** 356
- Kaufvertrag **3** 188 f.
- key employees **3** 243, 334
- Körperschaftsteuer **25** 2 f.
- Kopien von Unterlagen **3** 167
- Kündigung Exklusivitätsvereinbarung **3** 115
- laufender Gewinn/Verlust **25** 121 f.
- letter of intend **3** 102 f.
- Liebhaberei **25** 53
- locked box **3** 300
- long stop date **3** 351
- M&A Berater **3** 71 f.
- Management Buy Out **3** 325
- Management-Team **3** 59
- Marktstellung **3** 60
- material adverse change Klausel (MAC) **3** 343 f.
- memorandum of understanding **3** 102 f.
- Mitarbeitergarantien **3** 413
- Mittel, liquide **3** 282, 285, 289
- Mitunternehmeranteil **25** 24
- Multiplikatorenmethode **3** 267
- Nachhaftung **32** 4
- Nachsteuertatbestand **27** 197
- Naturalrestitution **3** 358
- net working capital **3** 283, 289
- Nettoumlaufvermögen **3** 283, 289
- non-disclosure-agreement **3** 157
- Notverkauf **3** 22
- off balance liabilities **3** 298
- Optimierung Aufwand/Ertrag **3** 48

Sachregister

- Organigramm 3 59
- Organschaft, rechtsfehlerhafte 3 259
- Organschaftsverträge 3 255
- Personalaufbau 3 59
- Personengesellschaftsanteil 25 3 ff.
- Planungsphase 3 45 f.
- Prüfungsumfang 3 62
- Put-Option 3 8
- Q&A-Listen 3 178 f.
- Rechtsanwälte 3 91
- Rechtsstreitigkeiten 3 418
- Rücklage §§ 6b, 6c EStG 25 111
- Rücktrittsrecht 3 351
- sale and lease back Verfahren 3 297
- Satzung 3 327
- Schadensnachweis Pflichtverletzung 3 135
- Schenkungsteuer 25 249
- Schiedsverfahrensklausel 3 448
- share deal 3 5
- Sicherheitsleistung 3 383
- Spartenverkauf 3 28, 223
- Sperrfrist, steuerliche 25 1a
- Steuerberater 3 91
- Steuergarantien 3 422 f.
- Steuerhaftung 3 426
- steuerliche Behandlung Erwerber 25 128 f., 219
- Steuerrecht 25 1 ff.
- Steuerrecht 3 31 f., 43
- Strukturmaßnahmen bis closing 3 336
- SWOT-Analyse 3 60
- Tarifbegünstigung bei relevantem Kapitalgesellschaftsanteil 25 191
- Tarifbegünstigung Veräußerungsgewinn 25 90 f.
- Teilbetrieb 25 12
- Teilverkauf mit Optionsrecht 3 7 f.
- term sheet 3 102
- transition services agreement (TSA) 3 340
- trapped cash 3 297
- über Kapitalerhöhung 3 18
- Übergangsvereinbarung nach Vollzugstag 3 341
- Umgang mit Unterlagen 3 164
- Umqualifizierung Veräußerungsgewinn 25 121 f.
- Umsatzsteuer 25 259 f., 261
- Umsatzsteuer Nebengeschäfte 25 275
- Unternehmensverträge 3 255
- vendor due diligence 3 173
- Veräußerer 25 5
- Veräußerungsgewinn 25 54 f.
- Veräußerungsgewinn Kapitalgesellschaftsanteil 25 166 f.
- Veräußerungspreis 25 61 f., 167
- Veräußerungsvorgang 25 36 f.
- Vergleichswertmethode 3 264
- Verkaufsteam 3 68
- Verlustvortrag, gewerbesteuerlicher 25 233 f.
- Vermögen, nicht betriebsnotwendiges 3 296
- Vertragsstrafe 3 443
- Vertraulichkeitsvereinbarung 3 107, 157
- Vorgehen im Verkaufsprozess 3 63 f.
- Vorteilsausgleich bei Steuern 3 430
- Vorüberlegungen 3 5
- Wettbewerbsverbot 3 439
- Wissenszurechnung 3 138 f.
- Zeitaufwand 3 68
- Zeitfenster due diligence 3 186
- Zukunftsbetrachtung 3 46
- Zwischenabschluss 3 294

Unternehmensverpachtung 7 1 ff.
- Einkommensteuer 7 6 f.

Unternehmensvertrag
- Unternehmensverkauf 3 255

Unternehmer
- Gewerbesteuer 25 223

Unternehmer-Nachfolger
- Fehlen 35 1 ff.
- Sicherung Überleitung Kapitalgesellschaftsanteil auf 34 22 f., 27

Unternehmergesellschaft (UG) 5 104; 24 514 f.
- durch Umwandlung 24 583
- Rechtsnatur 24 522
- Übertragung 5 261

Unternehmerlohn
- Ertragswertverfahren, vereinfachtes 27 69

Unternehmertestament 1 23 f.; 4 1 ff.
- Alleinerbennachfolge 1 25
- Anordnung Testamentsvollstreckung 4 64
- Aufenthalt, gewöhnlicher 4 58
- Auslandsbezug 12 56 f.
- Ausschluss der Anfechtung durch übergangenen Pflichtteilsberechtigten 4 61
- Drittbestimmung Unternehmensnachfolger 1 27
- Errichtungsstatut 12 57
- Gestaltung bei Kapitalgesellschaft 4 55
- Gestaltung bei Personengesellschaft 4 38
- Güterstand 4 58
- Kinder, minderjährige 1 34
- Nachfolgeklausel, qualifizierte 4 39 f.
- Nachfolgerbestimmung 4 6
- Nachfolgerwahl 1 24
- Recht, anwendbares 1 35
- Rechtswahl 4 70
- Salvatorische Klausel 4 73
- Schiedsklausel 1 35
- Sonderrechte Einzelner 1 33
- Staatsangehörigkeit 4 58
- Teilungsanordnung 1 26
- Testamentsvollstreckung 1 29
- Testamentsvollstreckung 4 63
- Testierfreiheit 4 58
- Umwandlung von Beteiligungen 1 29
- Vermächtnis 1 24
- Vor-/Nacherbfolge 1 28

Sachregister

- Vorausvermächtnis **1** 26
- vorhandene letztwillige Verfügungen **4** 58

Untervertretung
- GbR-Gesellschafter **24** 78
- KG-Gesellschafter **24** 224
- OHG-Gesellschafter **24** 224

Unwürdigkeit
- Ausschluss Erbrecht bei gewillkürter Erbfolge **15** 304
- Pflichtteil **20** 24, 94
- Verzeihung **20** 94

USA
- DBA **12** 164

USA-Gesellschaften
- Rechtsfähigkeit **5** 36

vendor due diligence **3** 173
- Vertrag zugunsten Dritter **3** 177

Veräußerer
- Freibetrag § 16 Abs. 4 EStG **25** 79f.
- steuerliche Behandlung **25** 5

Veräußerung
- 100%-ige Kapitalgesellschaftsbeteiligung **25** 20, 47
- Abspaltung Unternehmensteil zur Vorbereitung **34** 15f., 21
- Aufdeckung stiller Reserven **25** 8
- Besteuerungswahlrecht bei relevantem Kapitalgesellschaftsanteil **25** 202
- Einzelunternehmen **25** 3ff.
- Freibetrag bei Kapitalgesellschaftsanteil **25** 184
- Freigrenze bei Kapitalgesellschaftsanteil **25** 187
- Gegenleistung bei teilentgeltlicher **25** 167
- Gewerbebetrieb **25** 7, 40
- Gewinnerzielungsabsicht **25** 165
- Kapitalgesellschaftsanteil **25** 142ff., 162
- laufender Gewinn/Verlust **25** 121f.
- Mitunternehmeranteil **25** 24, 49
- Nachhaftung **32** 4
- Personengesellschaftsanteil **25** 3ff.
- quasi an sich selbst **25** 125
- Sonderbetriebsvermögen Mitunternehmeranteil **25** 32
- steuerliche Behandlung Erwerber **25** 128f., 219
- Tarifbegünstigung bei Kapitalgesellschaftsanteil **25** 191
- Teilbetrieb **25** 12, 46
- wesentliche Betriebsgrundlagen **25** 7, 40

Veräußerung, unterjährige
- Abschichtungsbilanz **25** 121

Veräußerungsgegenstand
- steuerliche Behandlung **25** 6

Veräußerungsgeschäft
- Ausschlagung **11** 13

Veräußerungsgewinn
- Anschaffungskosten **25** 170
- Begriff **25** 54

- Besteuerungswahlrecht **25** 113f.
- Buchwert Betriebsvermögen **25** 75
- Freibetrag nach § 16 Abs. 4 EStG **25** 79f.
- Freibetragsgrenze **25** 87
- Kapitalgesellschaftsanteil **25** 166f.
- Personengesellschaft **25** 56
- Privilegierung, ertragsteuerliche **13** 22f.
- Rücklage §§ 6b, 6c EStG **25** 111
- Sofortbesteuerung **25** 113
- Steuerermäßigung bei Einkünften aus Gewerbebetrieb **25** 109
- steuerliche Behandlung bei Betriebsvermögen **13** 21,– Tarifbegünstigung **25** 90f.
- Teileinkünfteverfahren **25** 92, 183
- teilentgeltliche Veräußerung **25** 55
- Übergabestichtag **25** 58, 60
- Umqualifizierung bei Veräußerung **25** 121f.
- Umqualifizierung in Gewerbeertrag **25** 225
- Umqualifizierung in laufenden Gewinn **25** 124
- Unternehmensveräußerung **25** 54f.
- Veräußerungskosten **25** 74, 169
- Verlustausgleich **25** 95, 97
- Zuflussbesteuerung **25** 113, 114

Veräußerungskosten **25** 169
- Begriff **25** 74, 169

Veräußerungskosten, vergebliche
- Anschaffungskosten **25** 177

Veräußerungspreis
- Begriff **25** 61
- Besteuerungswahlrecht **25** 119
- Betriebsaufgabe **26** 52
- Gegenleistung **25** 61f., 167
- steuerliche Behandlung bei wiederkehrender Leistung **25** 67
- teilentgeltliche Veräußerung **25** 167
- unterjährige Veräußerung **25** 63

Veräußerungsverbot
- Konsortialvertrag **14** 181

Veräußerungsverlust
- Kapitalgesellschaftsbeteiligung, relevante **25** 192f.
- steuerliche Behandlung bei Betriebsvermögen **13** 21
- unentgeltlich erworbener relevantem Kapitalgesellschaftsanteil **25** 199

Veräußerungsvorgang
- andere gewerbliche Tätigkeit **25** 54
- ein Erwerber **25** 41
- Einstellung bisheriger gewerblicher Tätigkeit **25** 43
- mehrere Einzelakte **25** 40
- steuerliche Behandlung **25** 36f.

Veräußerungszeitpunkt **25** 58
- Buchwert Betriebsvermögen **25** 76
- Kapitalgesellschaftsanteil **25** 162, 164

Verbindlichkeiten, betriebliche
- Übernahme **25** 67

Sachregister

Verbundvermögensaufstellung 27 138
– Verwaltungsvermögen 27 139 f.
Vereinbarung, schuldrechtliche
– mit gesetzlichem Erbe 10 34
Vererblichkeit
– Gesellschaftsanteil 1 37
– Gesellschaftsrecht, anwendbares 12 39
Verfahrensrecht
– Auslandsbezug 12 88 f.
– Erbfall 27 349
Verfügung von Todes wegen 17 31 f.
– Anfechtung 17 133 f.
– Auslegung 17 122 f.
– Ehe-/Lebenspartner 15 103
– Einheitslösung 15 113, 197
– Erbfolge, gewillkürte 15 102 f.
– Erbvertrag 17 98 f.
– Erfüllung unwirksamer 27 359
– Form bei Auslandsbezug 12 69
– Trennungslösung 15 113
– Verhalten der Überlebenden nach dem Erbfall 15 322 f.
– Wahl der „richtigen" Verfügungsart 15 277
– Weitergabeverpflichtung 2 270
Verfügung, letztwillige
– Anfechtung 17 133 f.
– Auslegung 17 122 f.
– Auslegung, ergänzende 17 124
– Auslegung, wohlwollende 17 125
– Auslegungsregeln, gesetzliche 17 126
– Erbvertrag 17 98 f.
– Nichtigkeit 17 146 f.
– Sittenwidrigkeit 17 149
– Verhalten der Überlebenden nach dem Erbfall 15 322 f.
– Vermögensübertragung auf Stiftung 9 66
– Verstoß gegen gesetzliches Verbot 17 148
– Wahl der „richtigen" Verfügungsart 15 277
Verfügung, wechselbezügliche
– Anfechtungsmöglichkeit 15 175 f.
– Ausschlagung 15 163
– Bindungswirkung 15 158, 169
– Eigeninteresse, lebzeitiges des gebundenen Erblassers 15 161
– EuErbVO 15 185
– Freistellungsvorbehalt 15 171
– Korrektur 15 161
– Nichtigkeit 15 147
– Testament, gemeinschaftliches 15 139
– Verfehlung des Bedachten 15 170
– Widerruf 15 149
– Widerrufsvorbehalt 15 171
Verfügungsbeschränkung
– Formulierungsmuster 14 174
– Poolvereinbarung 14 162, 163; 21 72
– Vorerbe 18 86
Verfügungsunterlassungsvertrag 17 113
Verfügungsverbot
– Erbfolge, vorweggenommene 22 7

– Formulierungsmuster 22 13
– Übermaß 22 9
Vergleichswertmethode
– Unternehmensverkauf 3 264
Vergütung
– Betriebsratsmitglied 24 1016
– Testamentsvollstrecker 18 150
Verjährung
– Garantien 3 435
– Pflichtteilsanspruch 20 22
Verkauf
– Auslandsbezug 12 96
– Familienholdinganteil an Dritte 6 216, 229
– Familienholdinganteil nach Vererbung 6 43
– Gesellschaftsanteil bei Testamentsvollstreckung 6 285
– Kapitalgesellschaft aus Familienholding 6 21, 23, 25
– Mitverkaufsrecht Familienholding 6 232
– Personengesellschaft aus Familienholding 6 18, 23
– Unternehmensübertragung 1 22
Verlegungsgewinn
– steuerliche Behandlung 12 190
Verlust, laufender
– bei Veräußerung 25 121
Verlustabzug
– bei Vermögensübertragung 28 45
Verlustausgleich
– horizontaler/vertikaler 25 97
– Veräußerungsgewinn 25 95, 97
Verlustdeckungshaftung
– Vorgesellschaft 5 122
Verlustvortrag
– Beteiligungserwerb, schädlicher 25 206
– Kapitalgesellschaftsanteil 25 206 f.
– Kapitalgesellschaftsbeteiligung, relevante 25 206 f.
– Übertragung 36 8, 41 14
Verlustvortrag, gewerbesteuerlicher 25 233 f.
– Einzelunternehmen 25 237, 238
– Kapitalgesellschaft 25 246
– Personengesellschaft 25 238 f.
– Realteilung 25 244
– Unternehmensidentität 25 233, 246
– Unternehmensidentität, partielle 25 245
– Unternehmeridentität 25 233, 246
Vermächtnis 18 24 f.
– 3-Monats-Einrede 18 37
– Abgrenzung zu Auflage 18 182
– Abgrenzung zu Erbeinsetzung 18 6
– Anfall 18 27
– Anfallfrist 18 32
– Anfechtung der Annahme 27 363
– Arten 18 41 f.
– Auslandsbezug 12 71
– Ausschlagung 11 1, 36; 15 327; 27 24, 363
– Bedingung 18 28, 32
– Befristung 18 28, 32

Sachregister

- Bestimmung durch Dritten **4** 14
- Betriebsvermächtnis **27** 22
- Ehegattenerbrecht **17** 17
- Eintritts**27** 23
- Erbanfall **27** 21
- Erbschaftsteuer bei Kapitalgesellschaftsanteil **27** 92
- Erbschaftsteuer bei Personengesellschaftsanteil **27** 90
- Ermittlung des steuerpflichtigen Erwerbs (Personengesellschaftsanteil) **27** 90
- Ermittlung des steuerpflichtigen Erwerbs (Kapitalgesellschaftsanteil) **27** 92
- Ermittlung des steuerpflichtigen Erwerbs (Wirtschaftsgut Betriebsvermögen) **27** 93
- Fälligkeit **18** 27
- Gattungsvermächtnis **18** 55
- Haftung **18** 35 f.
- Haftung des Erben **18** 36
- Haftung Vermächtnisnehmer **18** 40
- Hausrat **18** 53
- Kosten der Erfüllung **18** 26
- Nachlassverbindlichkeit **27** 21
- Nachvermächtnis **18** 47
- Nießbrauchsrecht Wohnungseigentum **18** 53
- Nießbrauchsvermächtnis **18** 56 f.
- Pflichtteilsberechtigte **20** 38, 40
- Rentenvermächtnis **18** 69
- Rückvermächtnis **18** 28
- Sachvermächtnis **27** 22
- Stille Gesellschaft **27** 324
- Stückvermächtnis **18** 51; **27** 22
- Überschwerungseinrede **18** 36
- Universalherausgabevermächtnis **16** 30
- Unterbeteiligung **27** 326
- Unternehmensnachfolge **4** 7
- Unternehmertestament **1** 24
- Unwirksamkeit **18** 32
- Vermächtnisnehmer **18** 33
- Verschaffungsvermächtnis **18** 54; **27** 88
- Verzicht **20** 93
- Vinkulierungsklausel **27** 92
- Vor-/Nachvermächtnis **16** 29
- Vorausvermächtnis **18** 41
- Wahlvermächtnis **18** 55
- Wegzugsbesteuerung **12** 178
- Wirtschaftsgut Betriebsvermögen **27** 93
- Wohnrechtsvermächtnis **18** 69
- Zuwendungsgegenstand **18** 33
- Zweckvermächtnis **18** 33

Vermächtnisanspruch **18** 27

Vermächtnisnießbrauch **22** 24; **28** 155
- bei Vermögensübertragung **28** 88
- Ermittlung des steuerpflichtigen Erwerbs **27** 94
- Verhältnis zu Vor-/Nacherbfolge **27** 95

Vermächtnisnießbrauch Betriebsvermögen
- Erbschaftsteuer **27** 94

Vermächtnisvollstrecker **18** 110

Vermittlung
- Auseinandersetzung **19** 65

Vermögen, gegenwärtiges
- Bewirkung der versprochenen Leistung/Zuwendung **2** 125

Vermögen, nicht betriebsnotwendiges
- Unternehmensverkauf **3** 296

Vermögensanlage
- Kindesvermögen **2** 269
- mündelsichere **2** 269

Vermögensaufstellung
- Bestandsidentität mit Steuerbilanz **27** 61, 63
- Ermittlung des steuerpflichtigen Erwerbs **27** 57, 59
- Verbundvermögensaufstellung **27** 138
- Verwaltungsvermögen **27** 139 f.

Vermögenseinbringung
- Familienholding **6** 103, 147

Vermögensmasse
- Erbschaftsteuerpflicht, unbeschränkte **12** 109, 112

Vermögensrechte
- GbR-Gesellschafter **24** 93 f.

Vermögensrückfall
- Erbschaftsteuer **27** 110

Vermögenssorge, elterliche
- Beschränkung **2** 255, 260
- Entziehung **2** 255
- Pflegerbestellung **2** 262

Vermögensübertragung
- Abgrenzung un-/teil-/entgeltliche **28** 46 f.
- als Zu Stiftung **9** 55
- auf ausländische Familienstiftung **12** 202
- auf ausländische Stiftung **9** 93 f.
- auf Familiengesellschaft **33** 1 f.
- auf Familienstiftung **28** 143 f.
- auf Stiftung **9** 1 f., 50 f.
- auf Stiftung durch Erben **9** 70
- auf Stiftung von Todes wegen **9** 66
- Austauschleistung **28** 55, 119 f.
- bei Totalnießbrauch **28** 86
- Betrieb **28** 51, 133, 151
- Einheitsmethode **28** 51
- Einzelunternehmen **5** 186 f.
- Empfänger **28** 108
- Empfänger, familienfremder **28** 108
- entgeltliche **28** 44, 48, 150 f.
- ertragsloses begünstigtes Vermögen **28** 86
- Formerfordernisse, registerrechtliche **2** 133
- Gegenleistung **28** 48, 49
- Gesellschaftereintritt **24** 445
- GmbH/-anteile **5** 261
- Haftung bei unentgeltlicher **2** 55
- Kapitalgesellschaft & Co.GbR **5** 267
- Kapitalgesellschaft & Co.KG **5** 264
- Kapitalgesellschaft & Co.KGaA **5** 268
- Kapitalgesellschaft & Co.OHG **5** 266
- Kapitalgesellschaft/-anteil **5** 241 f.
- Kapitalgesellschaftsanteil **28** 103

Sachregister

- KGaA **5** 260
- lebzeitige **2** 1 ff.
- Leistung, wiederkehrende **28** 55 f., 59
- Liebhaberei **28** 100
- Mischformen **5** 263 f.
- mit Stiftungsgeschäft **9** 53
- Mitunternehmeranteil **28** 51, 133, 151
- Nießbrauch, partieller **28** 87, 106
- Nießbrauchsvorbehalt **9** 58
- Personengesellschaft/-santeil **5** 219 f.
- Privatvermögen **28** 50
- Rücktrittsrecht Stifter **9** 56
- Steuerrecht bei V. auf Stiftung **9** 71
- Teilbetrieb **28** 51, 133, 151
- teilentgeltliche **28** 44, 49, 150 f.
- Trennungstheorie **28** 50
- UG **5** 261
- Umschichtung nach **28** 110
- UmwStG **41** 1 f., 8
- unentgeltliche **2** 50 f.; **28** 44, 47, 132 f.
- unter Nießbrauchsvorbehalt **28** 155 f.
- Unterhaltsleistung **28** 58, 128 f.
- Verlustabzug bei **28** 45
- Vermächtnisnießbrauch **28** 88
- Vermögen, geringfügiges **28** 93
- Versorgungsleistung **28** 56, 60 f.
- Weiterübertragung im Wege vorweggenommener Erbfolge **28** 116
- Widerrufsrecht Stifter **9** 56
- Wirtschaftsgut **28** 52
- Zustimmung Ehe-/Lebenspartner **5** 194
- Zustimmungsverstoß **5** 196

Vermögenszuwachs
- Besteuerung bei Kapitalgesellschaftsanteil **12** 171
- Ermittlung **12** 180

Verpächter **7** 15
- Betriebsfortführung **7** 19
- Wahlrecht bei Betriebsverpachtung **7** 8 f., 15
- Wegfall des Wahlrechts **7** 35

Verschaffungsvermächtnis **18** 54
- Erbschaftsteuer **27** 88
- steuerliche Behandlung **27** 327

Verschmelzung **30** 9
- Aufwärts-Verschmelzung **37** 14
- Grunderwerbsteuer-Problematik **36** 9
- Rechtsträger, beteiligte **30** 17
- Schwestergesellschaft **37** 13
- Seitwärts-Verschmelzung **37** 13
- Sperrfrist **25** 1a
- steuerliche Behandlung Gesellschafter übernehmender Personengesellschaft **41** 16 f., 18, 24
- steuerliche Behandlung Gesellschafter übertragender Kapitalgesellschaft **41** 35
- steuerliche Behandlung Gesellschafter übertragender Personengesellschaft **41** 46, 50
- steuerliche Behandlung Kapital- auf Kapitalgesellschaft **41** 26 f.
- steuerliche Behandlung Kapital- auf Personengesellschaft **41** 2 f.
- steuerliche Behandlung Personen- auf Kapitalgesellschaft **41** 37 f.
- steuerliche Behandlung Personen- auf Personengesellschaft **41** 48 f.
- steuerliche Behandlung übernehmende Kapitalgesellschaft **41** 31, 39
- steuerliche Behandlung übernehmende Personengesellschaft **41** 10
- steuerliche Behandlung übertragende Kapitalgesellschaft **41** 6, 28
- steuerliche Behandlung übertragende Personengesellschaft **41** 44
- steuerneutrale V. Personen- auf Kapitalgesellschaft **36** 6
- Steuerrecht **41** 1 ff.
- Übernahme Verlustvortrag **41** 14
- Umwandlung **37** 12 f.
- UmwStG **41** 1 f., 8
- Vermeidung Seitwärts-Verschmelzung **37** 16
- Vermeidung Übernahmeverlust **41** 10
- Vermeidung Übertragungsgewinn bei V. Kapital- auf Personengesellschaft **36** 4
- vertikale **37** 14
- wirtschaftliche **38** 15

Verschonungsabschlag
- Abzugsbetrag **27** 174, 191
- Ausnutzung **31** 9
- Betriebsvermögen, steuerbegünstigtes **27** 174
- Familienstiftung **9** 81 f., 87
- Optionsverschonung **27** 175, 190
- Regelverschonung **27** 174, 190
- Wegfall, nachträglicher **27** 189
- zeit-/anteiliger **27** 221

Verschonungsbedarfsprüfung **1** 10
- Betriebsvermögen, steuerbegünstigtes **27** 233
- Erbschaftsteuer **12** 148
- Familienstiftung **9** 80 f.

Verschonungsregelung
- Betriebsvermögen **21** 53
- Betriebsvermögen, ausländisches **12** 138
- Familienunternehmen **21** 53, 59
- Verhältnis zu Unternehmensbewertung **27** 56

Verschweigung **19** 20

Verschwendungssucht
- Beschränkung Pflichtteil in guter Absicht **20** 27

Versorgung
- Ehepartner **1** 8
- Nachkomme, übergangener **1** 8

Versorgungsleistung
- Ablösung Vorbehaltsnießbrauch **28** 116
- Altenteil **22** 153
- Änderung der Verhältnisse **28** 67
- Änderung Versorgungsvertrag **28** 139
- auf bestimmte Zeit **28** 69
- auf Lebenszeit **28** 68
- Ausschlagung gegen **11** 6; **28** 88

Sachregister

- bei Betriebsübertragung **28** 78, 81
- bei Geschäftsanteilsübertragung GmbH **28** 78, 82
- bei Kapitalgesellschaftsanteilsübertragung **28** 78, 82
- bei Mitunternehmeranteilsübertragung **28** 78, 79
- bei Teilbetriebsübertragung **28** 78, 81
- Dauernde Last **22** 167
- Durchführung **28** 64
- Empfänger **28** 72 f.
- ertragsteuerliche Behandlung **28** 136
- Familienverbund **28** 75
- Gegenleistung **28** 12
- Kapitalgesellschaftsanteil gegen **28** 103
- Leibgeding **22** 153
- Leibrente **22** 161
- Leistung, wiederkehrende **28** 56, 92
- Liebhabereiübertragung gegen **28** 100
- Pflichtteilsverzicht gegen **28** 88
- Rückwirkung **28** 63
- Sachzusammenhang **28** 71
- Sonderbetriebsvermögen **28** 80
- steuerliche Behandlung Rentenvermächtnis **27** 322
- Steuerrecht **22** 170
- tatsächliche **22** 152
- Übertragung begünstigte Wirtschaftseinheit **28** 78, 85
- Umschichtung in begünstigte Wirtschaftseinheit **28** 85
- Unternehmensschenkung, mittelbare **28** 89
- Vereinbarung **28** 61
- Vermögensübertragung **28** 56, 60 f.
- Vertragsform **28** 66
- Wegfall Sonderausgabenabzug **28** 118
- Wegzug Empfänger **28** 118
- wertidentische **28** 171
- Wertsicherungsklausel **28** 140
- Willkür **28** 64, 65
- Zugewinnausgleichsverzicht gegen **28** 88
- Zuwendung an Familienmitglied **10** 2

Versorgungsrente
- an Ehepartner des Schenkers **10** 25

Versorgungszeitrente **22** 168

Versorgungszusage
- Stifter **28** 145
- Vermögensübertragung gegen **28** 145

Versterben, gleichzeitiges
- Ehe-/Lebenspartner **15** 89

Verstrickungswert **25** 180

Vertrag zugunsten Dritter auf den Todesfall
- Abtretungsvereinbarung, aufschiebend bedingte **2** 171
- Anfechtung **2** 166
- Deckungsverhältnis **2** 157
- Dreiecksverhältnis **2** 155
- Kenntnis Zuwendungsempfänger **2** 164
- Korrekturmöglichkeiten **2** 159, 165
- nach Tod des Schenkers **2** 159
- Notgeschäftsführung **2** 172
- Valutaverhältnis **2** 157
- Vollzugsverhältnis **2** 157
- Widerrufsrecht **2** 159
- Zuwendung durch **2** 154 f.

Vertragspartner
- Auswirkung Umwandlung **37** 88
- Beteiligung bei Umwandlung **39** 10

Vertragsstrafe
- break-up fee **3** 111
- Unternehmensverkauf **3** 443
- Vertraulichkeitsvereinbarung **3** 162

Vertragsstrafenregelung
- Formulierungsmuster **14** 177
- Poolvereinbarung **14** 165, 176

Vertragsverhandlung
- Aufklärungspflichten **3** 119

Vertrauensschaden
- break-up fee **3** 111

Vertraulichkeit
- Umwandlung/-smethode **39** 13

Vertraulichkeitsvereinbarung **3** 157
- Inhalt **3** 158
- Insider-Listen **3** 164
- know how **3** 161
- Kopien von Unterlagen **3** 167
- Kundenschutz **3** 161
- Umgang mit Unterlagen **3** 164
- Unternehmensverkauf **3** 107
- Verletzung **3** 162
- Vertragsstrafe **3** 162

Vertreterklausel
- Familienholding **6** 287

Vertretungsbefugnis
- Entzug **24** 74, 222
- GbR-Gesellschafter **24** 71 f.
- Geschäftsführer GmbH **24** 624
- GmbH-Gesellschafter **24** 587
- Kündigung **24** 77, 223
- Publizität, fehlende **24** 76

Vertretungsklausel Gesellschafterversammlung **14** 150
- Formulierungsmuster **14** 155
- Vor-/Nachteile **14** 153

Verwaltung Kindesvermögen
- Anforderungen an Eltern/Pfleger **2** 269

Verwaltungsrechte
- GbR-Gesellschafter **24** 51 f.

Verwaltungstestamentsvollstreckung **18** 104
- Familienholding **6** 282
- Personengesellschaft **18** 159
- Testamentsvollstrecker **18** 118

Verwaltungsvermögen **27** 139 f.
- Altersversorgungsverpflichtungen **27** 154
- Betriebsverpachtung **27** 140
- Campingplatz **27** 140
- Erbschaftsteuer **13** 11
- Ersatzbeschaffung **27** 161

Sachregister

- Finanzmittel **27** 146
- Finanzmittel, junge **27** 147
- Gaststätte **27** 140
- Grundstück, zur Nutzung überlassenes **27** 139, 140
- Hotel **27** 140
- Investitionsklausel **21** 56; **22** 174; **27** 157 f.
- junges **27** 145
- Kapitalgesellschaftsanteil **27** 142
- Kunstgegenstand/-sammlung **27** 143
- Parkhaus **27** 140
- Schulden **27** 150
- steuerliche Behandlung Übertragung **1** 10
- Tankstelle **27** 140
- Umschichtung **13** 12
- Umwandlung in Betriebsvermögen **13** 15
- Wegfall, rückwirkender **27** 157
- Wertpapiere **27** 144
- Wohnungsunternehmen **13** 13; **27** 140

Verwaltungsvermögenstest
- Berechnungsschema **27** 137
- Besteuerungszeitpunkt **27** 133
- Ermittlung steuerbegünstigtes Betriebsvermögen **27** 132 f.
- Kriterien **27** 134
- Reinvestitionsklausel **27** 135
- Schenkung unter Lebenden **28** 32
- Verbundvermögensaufstellung **27** 138
- Verwaltungsvermögen **27** 139 f.

Verwandte
- Erbrecht, gesetzliches **17** 2

Verwirkungsklausel 20 39
- allgemeine **18** 22
- Erbeinsetzung **18** 11 f., 22

Verzeihung
- Unwürdigkeit **20** 94

Verzicht
- Ausschluss Erbrecht bei gewillkürter Erbfolge **15** 304
- Pflichtteil **20** 24, 77 f., 79
- Zuwendung **20** 93

Vinkulierung
- AG **22** 198
- Gesellschaftsanteil **22** 183
- Gesellschaftsanteile Familienholding **6** 210
- GmbH **22** 190
- Personengesellschaftsanteil **22** 189

Vinkulierungsklausel 14 120; **22** 183
- Erbschaftsteuer **27** 92
- Formulierungsmuster **14** 128
- Kapitalgesellschaft/-santeil **27** 92
- Vor-/Nachteile **14** 126

Vollbeendigung
- GbR **24** 162
- GmbH **24** 782
- Kapitalgesellschaft **5** 145
- KG **24** 512
- OHG **24** 512
- Personengesellschaft **5** 94

Volljährigenadoption
- Pflichtteilreduzierung durch **16** 43

Vollmacht
- auf den Todesfall **18** 178
- postmortale **18** 178
- transmortale **18** 178
- über Tod hinaus **4** 76

Vollmachtlösung
- Testamentsvollstreckung Personengesellschaft **18** 166

Vollrechtsnießbrauch 22 21
- Einzelunternehmen **22** 54

Vollstreckung
- gegen GbR **24** 102
- gegen GbR-Gesellschafter **24** 103

Vor-/Nacherbeneinsetzung
- Nachfolgeplanung **4** 16

Vor-/Nacherbfolge 16 25; **18** 71 f.
- Anordnung **18** 76
- Auslandsbezug **12** 74
- Auslegung **18** 77
- Ausschlagung **18** 80
- Bedingung **18** 76
- Befristung **18** 76, 79
- Erbeinsetzung, bedingte **18** 11
- Erben, mehrere **18** 78
- Formulierungsmuster **18** 72
- Kapitalgesellschaft **18** 103
- Nacherbe **18** 82
- Nachlassverwaltung durch Vorerben **18** 91
- Personengesellschaft **18** 97
- Pflichtteil **18** 81
- Stärkung Vorerbe **18** 94
- Stellung Nacherbe **18** 82
- Stellung Vorerbe **18** 85
- Surrogation **18** 90
- Testamentsvollstreckung **18** 111
- Unternehmertestament **1** 28
- Verfügungsbeschränkung **18** 86
- Verhältnis zu Herausgabevermächtnis **18** 95
- Verhältnis zu Nießbrauchsvermächtnis **18** 96
- Verhältnis zu Vermächtnisnießbrauch **27** 95
- Vorerbe, befreiter **18** 92
- Vorerbe, nicht befreiter **18** 85
- Wegzugsbesteuerung **12** 177
- Wiederverheiratung **18** 76, **17** 62

Vor-/Nachvermächtnis
- Pflichtteil **16** 29

Vor-AG 24 796
- Aktien **24** 805
- Bekanntmachungsform **24** 809
- Entstehung **24** 798
- Firma **24** 801
- Grundkapital **24** 804
- Gründungsaufwand **24** 812
- Handlungen vor Handelsregisteranmeldung **24** 824
- Sacheinlagen **24** 813
- Sachübernahme **24** 814

Sachregister

- Satzung **24** 799 f., 810, 815
- Satzungsregelungen, fakultative **24** 815
- Sitz **24** 802
- Sondervorteile **24** 811
- Übernahme der Aktien **24** 818
- Unternehmensgegenstand **24** 803
- Vorstandsmitglieder **24** 808

Vor-GmbH **24** 530 f.
- Grundlagen, rechtliche **24** 531

Vorababschlag
- Familienunternehmen **22** 292

Vorabanteile
- Testamentsvollstreckung **1** 31

Voraus **16** 10
- Ehe-/Lebenspartner **15** 84
- Ehegattenerbrecht **17** 17

Vorausvermächtnis **18** 41
- Auseinandersetzung **19** 70
- Formulierungsmuster **19** 73
- Unternehmensnachfolge **4** 10, 14
- Unternehmertestament **1** 26
- Wegzugsbesteuerung **12** 176

Vorbehaltsnießbrauch **22** 23; **28** 155, 156
- Betriebsgrundstück **28** 167
- Einzelunternehmen **22** 47; **28** 160
- Folgen, schenkungsteuerliche **22** 27
- Hofübergabe **28** 161
- Kapitalgesellschaftsanteil **28** 177
- Mitunternehmeranteil **28** 169
- Personengesellschaftsanteil **22** 60; **28** 169
- Wirtschaftsgut Betriebsvermögen **28** 167
- Zulassungsklausel **14** 112

Vorbelastungshaftung
- Gesellschafter GmbH **24** 660

Vorerbe
- befreiter **18** 92
- Familienstiftung **9** 86
- Gesellschafter Kapitalgesellschaft **18** 103
- Gesellschafter Personengesellschaft **18** 97
- Haftung **19** 27
- Nachlassverwaltung **18** 91
- nicht befreiter **18** 85
- Stärkung **18** 94
- Unternehmensnachfolger **18** 97 f.
- Verfügungsbeschränkung **18** 86

Vorerbschaft
- Verhältnis zu Nießbrauchsvermächtnis **18** 65

Vorerwerbsklausel **14** 131
- Formulierungsmuster **14** 136
- Vor-/Nachteile **14** 135

Vorerwerbsrecht
- Familienholding **6** 219
- Form **6** 226

Vorgesellschaft
- GmbH **24** 530 f.
- Haftung bei **5** 119
- Handelndenhaftung **5** 120
- Kapitalgesellschaft **5** 119
- Verlustdeckungshaftung **5** 122

Vorgesellschaftsanteil
- Kapitalgesellschaftsanteil **25** 144

Vorgründungsgesellschaft
- Haftung für Verbindlichkeiten der **24** 675

Vorgründungsstadium
- AG **24** 793, 795
- GmbH **24** 525

Vorkaufsrecht **22** 256
- Familienholding **6** 218
- Miterbe **19** 48

Vorschenkung
- Ausschlagung bei ausgeschöpften Freibeträgen **11** 35

Vorsorgevollmacht
- Formulierungsmuster **14** 104
- Vor-Nachteile **14** 102

Vorsorgevollmachtsklausel **14** 95

Vorstand AG **24** 849 f.
- Abberufung **24** 853
- Anstellungsvertrag **24** 854
- Aufgaben **24** 850
- Beendigung **24** 858
- Bestellung **24** 853
- Geschäftsführung **24** 850
- Geschäftsordnung **24** 857
- Haftung **24** 861
- Mitgliederanzahl **24** 856
- Organisation **24** 857
- Pflichten **24** 859
- Stellung **24** 850
- Vertretung **24** 852
- Voraussetzungen, persönliche **24** 855
- Zusammensetzung **24** 856

Vorsteuerabzug **25** 271
Vorsteuerkorrektur **25** 271

Vorteilsausgleich
- Steuerklausel **3** 430

Vorversterben
- Ausschlagung bei **11** 34

Vorwegabschlag
- Familienunternehmen **27** 170 f.

Vorzugsaktie **24** 806
- Kapitalgesellschaftsanteil **25** 144

VVaG-Anteil
- kein Kapitalgesellschaftsanteil **25** 144

Wahl-Zugewinngemeinschaft **16** 6
- Zuwendung, ehebedingte **2** 215

Wahl-Zugewinngemeinschaft, deutsch-französische **2** 10

Wahlrecht
- Betriebsverpachtung **7** 8, 15
- Wegfall bei Verpachtung **7** 35

Wahlvermächtnis **18** 55

Wandlungsrecht
- Ermittlung relevanter Beteiligungsquote **25** 148
- Kapitalgesellschaftsanteil **25** 144

Sachregister

Wegfall Begünstigung
- Betriebsvermögen **9** 98

Wegfall der Geschäftsgrundlage
- Schenkung **2** 201

Wegzugsbesteuerung 1 12
- Anteile, alt-einbringungsgeborene **12** 192
- Erbauseinandersetzung **12** 176
- Erbengemeinschaft **12** 175
- Ermittlung Vermögenszuwachs **12** 180
- Erwerb von Todes wegen **12** 175
- Nießbrauch **12** 179
- Schenkung **12** 174
- Schweiz **12** 163
- Stundung **12** 181
- Teilungsanordnung **12** 176
- Vermächtnis **12** 178
- Vermögensübertragung auf ausländische Familienstiftung **12** 202
- Vermögenszuwachs Kapitalgesellschaftsanteil **12** 171
- Vor-/Nacherbfolge **12** 177
- Vorausvermächtnis **12** 176
- Zehnjahresfrist **12** 173
- Zuzug wegzugsteuerbelasteter Erbe **12** 183

Wegzugsteuer
- Vermögensübertragung auf ausländische Stiftung **9** 96

Weitergabeverpflichtung 22 146
- Gesellschaftsvertrag **2** 270
- Schenkung **2** 268, 270
- Verfügung von Todes wegen **2** 270

Weiterleitungsklausel 27 251
- Schenkung **28** 41

Weiterübertragung
- im Wege vorweggenommener Erbfolge **28** 116

Weltvermögensprinzip 12 104

Wert, gemeiner
- Aufteilung auf Gesellschafter **27** 81 f.
- Einheit, wirtschaftliche **27** 34

Wertabschlag
- Familienunternehmen **27** 34

Wertansatz
- Gegenleistung Kapitalgesellschaftsanteilsveräußerung **25** 168
- Gegenleistung Unternehmensveräußerung **25** 65
- Korrektur **25** 71

Werterhöhung, indirekte 2 77

Wertermittlung
- Auslandsvermögen **12** 134
- Betriebsvermögen, ausländisches in Drittstaat **12** 135
- Betriebsvermögen, in- und ausländisches innerhalb Unternehmen **12** 136
- Bewertungsverfahren **27** 34
- Bewertungszeitpunkt **27** 32
- Einheit, wirtschaftliche **27** 33
- Erwerb, erbschaftsteuerpflichtiger **27** 32 f.

- Geschäftsanteil Familiengesellschaft **28** 183
- Kapitalgesellschaftsanteil, ausländischer im Privatvermögen **12** 134
- Pflichtteil **20** 11
- Substanzwert **27** 49

Wertpapiere
- Verwaltungsvermögen **27** 144

Wertsicherungsklausel
- Versorgungsleistung **28** 140

Wertverknüpfung
- Prinzip der **41** 5

Wettbewerbsverbot
- GbR-Gesellschafter **24** 113, 117
- GmbH-Gesellschafter **24** 618
- KG-Gesellschafter **24** 260, 269
- Komplementär KGaA **24** 923
- OHG-Gesellschafter **24** 260, 269
- Unternehmensverkauf **3** 439
- Vertragsstrafe **3** 443

Widerruf
- Anteilsschenkung **6** 292
- Schenkung wegen groben Undanks **2** 195
- Testament **17** 90 f.
- Verfügung im Erbvertrag **17** 115
- Verfügung, wechselbezügliche **15** 149

Widerrufsrecht
- Stifter **9** 56
- Vertrag zugunsten Dritter auf den Todesfall **2** 159

Widerrufstestament 17 91

Widerrufsvorbehalt 22 138
- Verfügung, wechselbezügliche **15** 171

Widerspruchsrecht
- Arbeitnehmer bei asset deal **3** 237

Wiederaufnahme
- nach Beendigung Betriebsverpachtung **7** 6

Wiederkaufrecht 22 148

Wiederverheiratung
- Berliner Testament **15** 216 f.
- Testament, gemeinschaftliches **15** 261

Wiederverheiratungsklausel 18 15
- Einheitsprinzip **17** 65
- Formulierungsmuster **17** 63
- Testament, gemeinschaftliches **17** 62 f., 67
- Trennungsprinzip **17** 64

Wiesbadener Modell 8 2, 10

Wirtschaftseinheit, begünstigte
- Absetzungen/Abschreibungen **28** 101
- Änderung der Verhältnisse **28** 117
- ausreichend ertragsbringende **28** 94, 101
- bei Vermögensübertragung **28** 78, 85
- Empfänger **28** 108
- Ertragsbild, tatsächliches **28** 101
- Ertragsfähigkeit **28** 90, 95
- ertragslose **28** 86
- Ertragsprognose **28** 95 f.
- Ertragsprognose bei Umschichtung **28** 112
- Kapitalgesellschaftsanteil **28** 103
- Liebhaberei **28** 100

Sachregister

- Umschichtung in **28** 85
- Umschichtung in nicht begünstigtes Vermögen **28** 115
- Umschichtung übernommenes Vermögen **28** 110
- Wertermittlung **28** 90

Wirtschaftsgut
- Einbringung in Familienholding **6** 117
- Erwerb, entgeltlicher **28** 152
- Erwerb, teilentgeltlicher **28** 152
- Erwerb, unentgeltlicher **28** 134
- Nießbrauch **28** 167
- Sperrfrist **25** 1a
- steuerliche Behandlung Nießbrauch am **27** 311
- Vermögensübertragung **28** 52

Wirtschaftsgut Betriebsvermögen
- Betriebsvermögen, steuerbegünstigtes **27** 121
- Vermächtnis **27** 93

Wirtschaftsüberlassungsvertrag 7 12

Wissensvertreter
- Wissenszurechnung **3** 139

Wissenszurechnung
- aktenmäßig zu erfassendes Wissen **3** 142
- Beweiserleichterung **3** 144
- Erfüllungsgehilfe **3** 139
- fingierte **3** 144
- Unternehmensverkauf **3** 138 f.
- Vermeidung Wissensfiktion **3** 146

Wohnheimschaukel 27 109

Wohnrecht 22 104 f.
- Ausschlagung gegen Vorbehalt des **11** 7
- Dauerwohnrecht § 31 Abs. 1 WEG **22** 107
- Dienstbarkeit, beschränkt persönliche **22** 113
- nach § 1093 BGB **22** 109

Wohnrechtsvermächtnis 18 69

Wohnsitzverlagerung
- ins Ausland **16** 39

Wohnung
- Gewährung als Reallast **22** 114
- Mitbenutzung **22** 113

Wohnungseigentum
- Formulierungsmuster Nießbrauchsrecht **18** 53

Wohnungsunternehmen
- Generierung Betriebsvermögen **13** 13
- Geschäftsbetrieb, wirtschaftlicher **13** 14
- Verwaltungsvermögen **27** 140

working capital
- Unternehmenskaufvertrag **3** 285, 289

Yacht
- Verwaltungsvermögen **27** 143

Zahlungsmodalitäten
- Abfindungsklausel **6** 256

Zebragesellschaft
- Betriebsverpachtung **7** 15

Zeitaufwand
- due diligence **3** 186

- Unternehmensverkauf **3** 68

Zeitpunkt
- Anteilsschenkung Familienholding **6** 169

Zeitrente
- steuerliche Behandlung der Gegenleistung **25** 67
- Zuflussbesteuerung **25** 115, 117

Zersplitterung
- Gesellschaftsform **23** 69

Zerstörung
- Betriebsaufgabe **26** 27

Zustiftung
- Ehegüterrecht **9** 64
- Pflichtteil bei **9** 64
- steuerliche Behandlung **9** 74
- Vermögensübertragung **9** 55

Zuflussbesteuerung
- Freibetrag § 16 Abs. 4 EStG **25** 89
- Veräußerung Kapitalgesellschaftsanteil **25** 202
- Veräußerungsgewinn **25** 113, 114
- wiederkehrende Veräußerungsleistung **25** 67

Zugewinnausgleich
- Ehegattenerbrecht **17** 12
- Erbschaftsteuer **15** 24
- Erbschaftsteuerpflicht **12** 133
- fliegender **16** 4
- Freibetrag bei Ausschlagung **11** 40
- Verzicht **4** 80
- Verzicht gegen Versorgungsleistung **28** 88

Zugewinnausgleichsschulden
- Erbfallschulden **27** 101
- Erblasserverbindlichkeit **27** 99

Zugewinngemeinschaft 15 10 f.
- Ausschlagung bei **11** 10
- Deutsch-französische Wahl-Zugewinngemeinschaft **15** 42, 69, 80
- Ehepartnererbrecht **15** 69, 73; **17** 10
- Erbverzicht bei **20** 91
- Güterstandsschaukel **15** 23
- Lebenspartnererbrecht **15** 69, 73
- Lebenspartnerschaft **15** 46
- modifizierte **15** 78
- Pflichtteilsergänzung **15** 22
- Regelung, ehevertragliche **15** 16
- Regelung, gesetzliche **15** 12
- steuerliche Behandlung **1** 50
- Zuwendung, ehebedingte **2** 212

Zugewinngemeinschaft, modifizierte 4 80, 81; **16** 2
- Ehegattenerbrecht **17** 11
- steuerliche Behandlung **1** 50

Zulassungsklausel Nießbrauch 14 112
- Formulierungsmuster **14** 117
- Vor-/Nachteile **14** 115

Zurechnungsbesteuerung
- Familienstiftung, ausländische **12** 204

Zuschuss
- Ausgleichsanspruch **1** 19
- Ausgleichspflichten **19** 76

Sachregister

Zuschuss, verlorener
- Anschaffungskosten **25** 172

Zuständigkeit, internationale 17 30

Zustimmungserfordernisse 2 273f.
- AG **2** 297, 299
- Ehe-/Lebenspartner **2** 306
- Geschäftsführungsmaßnahmen Kapitalgesellschaft **2** 299
- Geschäftsführungsmaßnahmen Personengesellschaft **2** 275, 287, 290
- GmbH **2** 298, 303
- Kapitalgesellschaft **2** 296 f.
- Personengesellschaft **2** 274 f.
- Personengesellschaft, kapitalistisch strukturierte **2** 293
- Publikumsgesellschaft **2** 293
- Satzungsänderung Kapitalgesellschaft **2** 296
- Strukturmaßnahmen Kapitalgesellschaft **2** 299
- UG **2** 298

Zuwendung
- an Familienmitglied **10** 2
- an Minderjährige **2** 255 f.
- Ausgleichspflichten **19** 76
- durch Vertrag zugunsten Dritter auf den Todesfall **2** 154 f.
- ehebedingte **2** 207
- Korrekturmöglichkeiten **2** 204 f.
- Korrekturmöglichkeiten Zuwendungsempfänger **2** 233
- unbenannte **2** 207
- Verzicht **20** 93

Zuwendung ohne Gegenleistung
- Gesellschafts-/Geschäftsanteil **2** 50 f.

Zuwendung, ausgleichspflichtige
- Pflichtteil **20** 5, 42

Zuwendung, disquotale 2 75
- steuerliche Behandlung **2** 76

Zuwendung, ehebedingte 2 207
- Inanspruchnahme bei Scheidung **2** 211 f.
- Inanspruchnahme während Ehe **2** 210
- Kooperationsvertrag, familienrechtlicher **2** 220
- Pflichtteilsergänzung **2** 207
- Rückabwicklung **2** 208
- Rückforderungsrecht **22** 136
- Scheidung bei Gütergemeinschaft **2** 216
- Scheidung bei Gütertrennung **2** 211
- Scheidung bei Wahl-Zugewinngemeinschaft **2** 215
- Scheidung bei Zugewinngemeinschaft **2** 212

Zuwendung, freigebige 28 5

Zuwendung, lebzeitige
- Ausgleichsanspruch **1** 19
- Pflichtteil **16** 18

Zuwendung, schwiegerelterliche
- Schenkung **2** 28

Zuwendung, unbenannte
- Schenkung **20** 52

Zuwendung, vermächtnisweise von Betriebsvermögen
- Ausschlagung **11** 22

Zuwendungsempfänger
- Verpflichtung gegenüber Schenker **22** 151 f.

Zuwendungsgegenstand
- Bewertung bei Schenkung **28** 10

Zuwendungsnießbrauch 22 22; **28** 155, 158
- Betriebsgrundstück **28** 168
- Betriebsvermögen, steuerbegünstigtes **28** 26
- Einzelunternehmen **22** 50, 54; **28** 164
- Folgen, schenkungsteuerliche **22** 30
- Kapitalgesellschaftsanteil **28** 179
- Mitunternehmeranteil **28** 175
- Personengesellschaftsanteil **28** 175
- steuerliche Behandlung **27** 310 f., 311
- Wirtschaftsgut Betriebsvermögen **28** 167
- Zulassungsklausel **14** 112

Zuzug
- Erbe, wegzugsteuerbelasteter **12** 183

Zwangseinziehungsklausel
- AG **14** 69
- Formulierungsmuster **14** 77
- Vor-/Nachteile **14** 75

Zwangsvollstreckung
- bei Testamentsvollstreckung **18** 137

Zwecke, betriebsfremde
- Betriebsgrundlagen, wesentliche **27** 200

Zweckschenkung 2 140

Zweckverfehlung
- bei Anteilsschenkung Familienholding **6** 291 f., 312
- Rückforderungsrecht Schenkung **2** 200

Zwischenabschluss
- Unternehmensverkauf **3** 294

Zwischenneuschulden 19 29

Zwischenschein
- Kapitalgesellschaftsanteil **25** 144